Schmidt
Einkommensteuergesetz

Herausgegeben von
Professor Dr. Heinrich Weber-Grellet

Erläutert von

Wolfgang Heinicke
Vors. Richter am Finanzgericht
in München a. D.

Dr. Roland Krüger
Richter am Bundesfinanzhof
in München

Dr. Egmont Kulosa
Richter am Bundesfinanzhof
in München

Dr. Christian Levedag, LL.M Tax
(London)
Richter am Bundesfinanzhof
in München

Dr. Friedrich Loschelder, LL.M
(Edin)
Richter am Bundesfinanzhof
in München

Prof. Dr. Siegbert F. Seeger
Präsident des Niedersächsischen
Finanzgerichts in Hannover a. D.

Prof. Dr. Roland Wacker
Vors. Richter am Bundesfinanzhof a. D.
in München

Prof. Dr. habil.
Heinrich Weber-Grellet
Vors. Richter am Bundesfinanzhof
in München a. D.

Begründet von Prof. Dr. Ludwig Schmidt †

41., völlig neubearbeitete Auflage
2022

Zitierweise

Schmidt/Heinicke EStG § 1 Rz 1
Schmidt/Krüger EStG § 8 Rz 1
Schmidt/Kulosa EStG § 6 Rz 1
Schmidt/Levedag EStG § 3 Rz 1
Schmidt/Loschelder EStG § 4 Rz 1
Schmidt/Seeger EStG § 5a Rz 1
Schmidt/Wacker EStG § 4i Rz 1
Schmidt/Weber-Grellet EStG § 2 Rz 1

Ausgeschiedene Autoren

Prof. Dr. Walter Drenseck† (1.–30. Aufl.)
Dr. Peter Glanegger (6.–28. Aufl.)
Prof. Dr. Ludwig Schmidt† (1.–25. Aufl.)

www.beck.de

ISBN 978 3 406 77895 7

© 2022 Verlag C. H. Beck oHG
Wilhelmstraße 9, 80801 München
Satz, Druck und Bindung: Druckerei C. H. Beck Nördlingen
(Adresse wie Verlag)
Umschlaggestaltung: Druckerei C. H. Beck Nördlingen

chbeck.de/nachhaltig

Gedruckt auf alterungsbeständigem, säurefreiem Papier
(hergestellt aus chlorfrei gebleichtem Zellstoff)

Vorwort zur 41. Auflage

Verehrte Leserinnen und Leser,

im zurückliegenden Jahr mussten wir von zwei Großen des Steuerrechts Abschied nehmen – von *Klaus Tipke* (1925–2021) und *Dieter Birk* (1946–2021). Beide haben die Entwicklung des Steuerrechts maßgeblich beeinflusst; das Steuerrecht verdankt ihnen ganz grundsätzliche Einsichten.

Tipkes Hauptanliegen war die Steuergerechtigkeit; er begriff die Steuergerechtigkeit als Imperativ der Ethik und der Verfassung und die Steuerrechtswissenschaft als Gerechtigkeitswissenschaft. Er war der festen Überzeugung, dass dem Steuerrecht eine Wertordnung zugrunde liege, dass sein Inhalt nicht beliebig sei, dass die einzelnen Gesetze und Normen aus dieser Wertordnung abzuleiten seien. Steuergesetze seien nicht nur am Willkürverbot zu messen, sondern an den inhaltlichen Vorgaben des Grundgesetzes und seinen Maßstäben. Für das Steuerrecht relevante Gerechtigkeitsgrundsätze seien der Gleichheitssatz, das Sozialstaatsprinzip und die Freiheitsgrundrechte *(s. auch Vorwort zur 37. Auflage)*.

Auch *Birk* verstand das Steuerrecht als eine Gerechtigkeitsordnung. Grundlegend war seine Habilitationsschrift „Das Leistungsfähigkeitsprinzip als Maßstab der Steuernormen" (1983). Die Frage, wann Leistungsgleichheit zwischen Steuerpflichtigen unterschiedlicher Leistungsfähigkeit hergestellt werde („vertikale Steuergerechtigkeit"), erfordere Aufschluss darüber, wie die Verteilungsgröße der wirtschaftlichen Leistungsfähigkeit rechtlich zu erfassen sei. Die steuerlichen Belastungswirkungen seien an den lastenausteilenden Verfassungsnormen, die steuerlichen Gestaltungswirkungen an den gestaltungsbegrenzenden Verfassungsnormen zu messen. Die von *Birk* formulierte Unterscheidung zwischen vertikaler und horizontaler Steuergerechtigkeit und zwischen steuerlichen Belastungs- und Gestaltungswirkungen ist bis heute Bestandteil der Formel, mit der das Bundesverfassungsgericht in ständiger Rechtsprechung die Verfassungsmaßstäbe für Steuernormen formuliert.

Gemeinsam war beiden die Einsicht, dass ohne Steuern kein Staat zu machen ist, dass Steuern notwendige und positive Beiträge des Einzelnen zur Gestaltung der Gesellschaft sind. Im demokratischen Rechtsstaat sind Steuern nicht Ausdruck von Zwang und Freiheitsbeschränkung, sondern ermöglichen eine „well-ordered society", die die materiellen Voraussetzungen für ein gedeihliches Miteinander, für ein geordnetes Staatswesen, für Wohlstand und Freiheit schaffen. Was wären Staat und Gesellschaft und Gemeinwesen ohne Steuern?

Die verfassungsrechtliche und ethische Verankerung des Steuerrechts hat ganz praktische Auswirkungen auf den Umgang mit den Steuergesetzen. Jede Auslegung ist letztlich im Sinne der Verfassung (und der ihr zugrunde liegenden Werte) vorzunehmen. Kein Rechtsanwender darf am Wortlaut des Gesetzes stehen bleiben, sondern muss das Ganze im Auge behalten und das einzelne Problem als Teil dieses Ganzen betrachten. Gerade im Einkommensteuerrecht kommen die fundamentalen Rechtsprinzipien zur Anwendung: Gleichheit, Freiheit, Systemgerechtigkeit, Folgerichtigkeit, Nettoprinzip, Rückwirkungsverbot, Beachtung der Grundrechte, verfassungskonforme Auslegung.

Das wissenschaftliche Werk von *Tipke* und *Birk* lebt auch in diesem Kommentar fort, wie die zahlreichen Zitate aus den von ihnen begründeten Werken zeigen.

Nun zu den aktuellen Entwicklungen im Steuerrecht: Gesetzgeber, Rechtsprechung und Verwaltung haben auch im vergangenen Jahr wieder – wie sollte es

Vorwort

Vorwort zur 41. Auflage

anders sein – das Steuerrecht angepasst, fortgebildet und reformiert, aber damit auch neue Zweifelsfragen geschaffen; viel Stoff, den wir als Autoren zu verarbeiten hatten.

Nachfolgend ein kurzer Überblick über die **thematischen Schwerpunkte** der vorliegenden Neuauflage:

1. Gesetzgebung

- Gesetz zur Reform des Vormundschafts- und Betreuungsrechts
- Gesetz zur Verlängerung des erhöhten Lohnsteuereinbehalts in der Seeschifffahrt
- Gesetz zur Umsetzung der Richtlinie (EU) 2019/2034 über die Beaufsichtigung von Wertpapierinstituten
- Gesetz zur Modernisierung der Entlastung von Abzugsteuern und der Bescheinigung der Kapitalertragsteuer (Abzugsteuerentlastungsmodernisierungsgesetz)
- Gesetz zur Stärkung des Fondsstandorts Deutschland und zur Umsetzung der Richtlinie (EU) 2019/1160 ... (Fondsstandortgesetz)
- Gesetz zur Umsetzung der Anti-Steuervermeidungsrichtlinie (ATAD-Umsetzungsgesetz)
- Gesetz zur Modernisierung des Körperschaftsteuerrechts
- Gesetz zur Abwehr von Steuervermeidung und unfairem Steuerwettbewerb und zur Änderung weiterer Gesetze
- Gesetz zur Rehabilitierung der wegen einvernehmlicher homosexueller Handlungen, wegen ihrer homosexuellen Orientierung oder wegen ihrer geschlechtlichen Identität dienstrechtlich benachteiligten Soldatinnen und Soldaten
- Gesetz über die Entschädigung der Soldatinnen und Soldaten und zur Neuordnung des Soldatenversorgungsrechts
- Gesetz zur Modernisierung des Personengesellschaftsrechts

2. BFH-Rechtsprechung

§ 3 **Nr. 11:** Keine Steuerbefreiung für beamtenrechtliches pauschales Sterbegeld (VI R 8/19)

§ **3b:** Steuerfreie Zuschläge für tatsächlich an Sonn-, Feiertagen oder zur Nachtzeit geleistete Arbeit (VIII R 28/19)

§ **4:** Voraussetzungen des Verbots des Abzugs von sog. Bestechungsgeldern (IV R 25/18)

§ **4:** Bilanzierungspflicht bei ausländischen Personengesellschaften (IV R 3/20)

§ **5:** Bildung von aktiven Rechnungsabgrenzungsposten auch in Fällen geringer Bedeutung (X R 34/19)

§ **5b:** Pflicht zur Einreichung einer E-Bilanz bei finanziellem Aufwand von ca. 40 € (XI R 29/20)

§ **6:** Teilwertzuschreibung bei einer Fremdwährungsverbindlichkeit mit einer Restlaufzeit von mehr als 10 Jahren (IV R 8/18; XI R 29/18)

§ **6:** Sperrfristverstoß bei Formwechsel (IV R 36/18)

§ **7g:** Erfüllung der Nutzungsvoraussetzungen des § 7g IV 1, VI Nr 2 in Fällen der Betriebsaufgabe (X R 30/19)

§ **9:** Typischerweise arbeitstägliches Aufsuchen eines vom Arbeitgeber festgelegten Sammelpunkts (VI R 6/19)

§ **9:** Erste Tätigkeitsstätte einer Mitarbeiterin des allgemeinen Ordnungsdienstes nach neuem Reisekostenrecht (VI R 9/19)

§ **10:** Unionsrechtmäßigkeit des Ausschlusses des Sonderausgabenabzugs für Sozialversicherungsbeiträge eines in Österreich tätigen Arbeitnehmers (I R 19/19)

Vorwort zur 41. Auflage

Vorwort

§ 10b: Spendenabzug bei Zuwendung mit konkreter Zweckbindung und unzutreffender Angabe in der Zuwendungsbestätigung (X R 37 /19)
§ 15: Betriebsaufspaltung und minderjährige Kinder (X R 5/19)
§ 15: Betriebsaufspaltung bei Treuhandverhältnissen (IV R 31/19)
§ 15: Betriebsaufspaltung über die Grenze (I R 72/16)
§ 15: Beherrschungsidentität bei mittelbarer Beteiligung über eine Kapitalgesellschaft an einer Besitz-Personengesellschaft (IV R 7/18)
§ 18: Managementbeteiligung als freiberufliches Betriebsvermögen (VIII R 21/17)
§ 19: Bewertung von Arbeitslohn anlässlich von Betriebsveranstaltungen (VI R 31/18)
§ 19: Zufluss von Arbeitslohn bei Übertragung einer Versorgungszusage auf einen Pensionsfonds (VI R 45/18)
§ 20: Besteuerung von Anteilszuteilungen durch eine EU-Kapitalgesellschaft – steuerneutrale Kapitalmaßnahmen i.S. des § 20 IVa (VIII R 14/20)
§ 20: Insolvenzbedingter Ausfall einer privaten Darlehensforderung als Verlust bei den Einkünften aus Kapitalvermögen (VIII R 28/18)
§ 20: Vorlagebeschluss zur Verfassungsmäßigkeit der Verlustverrechnungsbeschränkung bei Aktienveräußerungsverlusten (VIII R 11/18)
§ 22: Doppelte Besteuerung der gesetzlichen und privaten Altersversorgung (X R 20/19; X R 33/19)
§ 22: Zeitpunkt der Zusage einer Direktversicherung bei Einkünften gemäß § 22 Nr 5 (X R 44/18)
§ 23: Private Veräußerungsgeschäfte – Keine Besteuerung des auf das häusliche Arbeitszimmer entfallenden Veräußerungsgewinns (IX R 27/19)
§ 23: Private Veräußerungsgeschäfte – Berechnung der 10-Jahres-Frist bei Erteilung einer sanierungsrechtlichen Genehmigung (IX R 10/20)
§ 33: Keine Berücksichtigung von Unterhaltsaufwendungen an die BAföG-beziehende Lebensgefährtin als außergewöhnliche Belastung (VI R 2/19)
§ 34a: Nachsteuer und Solidaritätszuschlag (IX R 34/18)
§ 62: Kindergeld bei Wohnsitz der Eltern in verschiedenen EU-Mitgliedstaaten; Anwendbarkeit des ausländischen Rechts auf den im Inland wohnenden Elternteil (III R 71/18; III R 12/19; III R 27/19)
§ 74: Rückforderung von Kindergeld bei Auszahlung an das Kind (III R 1/20)

3. BMF-Schreiben

§ 4: Betrieblicher Schuldzinsenabzug nach § 4 IVa; Gewinnbegriff und Berücksichtigung außerbilanzieller Korrekturen (BStBl I 21, 119)
§ 4: Steuerliche Anerkennung von Aufwendungen für die Bewirtung von Personen aus geschäftlichem Anlass in einem Bewirtungsbetrieb als Betriebsausgaben (BStBl I 21, 908)
§ 4, § 10b: Steuerliche Maßnahmen zur Förderung der Hilfe für von der Corona-Krise Betroffene (BStBl I 21, 2205)
§ 6: Nutzung eines betrieblichen Kraftfahrzeugs für private Fahrten, Fahrten zwischen Wohnung und Betriebsstätte/erster Tätigkeitsstätte (…); Nutzung von Elektro- und Hybridelektrofahrzeugen (BStBl I 21, 2205)
§ 6: Zweifelsfragen zu § 6 III; Auswirkungen des BFH-Urteils IV R 14/18 (BMF BStBl I 21, 696)
§ 6: Rücklage für Ersatzbeschaffung (EStR 6.6); vorübergehende Verlängerung der Reinvestitionsfristen (BStBl I 21, 102 und BStBl I 21, 2475)
§ 7: Nutzungsdauer von Computerhardware und Software zur Dateneingabe und -verarbeitung (BStBl I 2021, 298)
§ 8: Abgrenzung zwischen Geldleistung und Sachbezug; Anwendung der Regelungen des § 8 I 2 und 3 und II 11 HS 2 (BStBl I 21, 624)

Vorwort   Vorwort zur 41. Auflage

§ 10, § 22: Einkommensteuerrechtliche Behandlung von Vorsorgeaufwendungen und Altersbezügen (BStBl I 21, 1831 und BStBl I 21, 1050)

§ 15, § 17, § 20, § 32d, § 44: Option zur Körperschaftsteuer (BStBl I 21, 2212)

§ 20: Einzelfragen zur Abgeltungsteuer (BStBl I 21, 723)

§ 20, § 36, § 36a: Steuerliche Behandlung von „Cum/Cum-Transaktionen" (BStBl I 21, 995)

§ 35c: Steuerliche Förderung energetischer Maßnahmen an zu eigenen Wohnzwecken genutzten Gebäuden (BStBl I 21, 103)

Kurz vor Redaktionsschluss:

Die vorliegende 41. Auflage ist auf dem **Rechtsstand vom 1. Februar 2022**. In Teilen sind auch spätere Änderungen, Urteile und Erlasse bis zum 15. Februar 2022 berücksichtigt worden.

Insbesondere wurden noch Ergänzungen zu dem am 2. Februar 2022 veröffentlichten **Referentenentwurf des 4. Corona-Steuerhilfegesetzes** vorgenommen. Das Gesetz soll aber erst im Frühsommer im BGBl verkündet werden. Es ist geplant, dass die Änderungen zum Teil rückwirkend in Kraft treten.

Im Wesentlichen sind folgende Änderungen geplant, die sofern nicht ausdrücklich genannt am Tag nach der Verkündung in Kraft treten sollen:

- **Corona-Sonderzahlung** für bestimmte Berufsgruppen im Pflegebereich bis 3.000 € steuerfrei (§ 3 Nr 11b iVm § 52 IV 4; Inkrafttreten: 1.1.21),
- Verlängerung der steuerlichen Förderung der steuerfreien Aufstockungsbeträge des Arbeitgebers zum **Kurzarbeitergeld** bis Ende März 2022 (§ 3 Nr 28a)
- Verlängerung der Home-Office-Pauschale bis 31.12.22 (§ 4 V 1 Nr 6b S 4 iVm § 52 VI 15),
- **Reinvestitionsrücklage:** Vorübergehende Verlängerung der Reinvestitionsfristen um ein weiteres Jahr (§ 6b III, VIII, X iVm § 52 XIV 4 bis 6),
- **Degressive AfA:** Verlängerung des Wahlrechts zur Inanspruchnahme bis Ende 2022 (§ 7 II 1),
- **Investitionsabzugsbetrag:** Verlängerung der im Kalenderjahr 2022 endenden Fristen um ein Jahr (§ 7g III 1 iVm § 52 XVI 3 bis 5),
- **Ausdehnung des erhöhten Verlustrücktrags auf die Jahre 2022 und 2023** sowie Einführung eines zweijährigen Verlustrücktrags dauerhaft für Verluste ab 2022 (§ 10d I 1 iVm § 52 XVIIIb 1),
- **Reduzierung der Verlustrücktragserhöhung ab 2024** (§ 10d I 1 iVm § 52 XVIIIb 3; Inkrafttreten: 1.1.24).

Wie in den Vorjahren bedanken wir uns auch in diesem Jahr für den engagierten und unermüdlichen Einsatz der Mitarbeiter des Verlags, ohne deren Hilfe und Unterstützung das Werk nicht gelingen könnte. Unser besonderer Dank gilt Herrn *Michael Müller*, der das Werk erstmals allein verantwortlich als Lektor betreut und der mit der ihm eigenen Akribie und Kompetenz unsere Manuskripte auf Herz und Nieren geprüft hat.

Dank gebührt auch Ihnen, liebe Leserinnen und Leser, die Sie wieder in zahlreichen Fällen mit uns in Kontakt getreten sind, uns auf Fehler und Ungereimtheiten aufmerksam gemacht und uns hilfreiche Anregungen gegeben haben.

Die häufigen Änderungen des Steuerrechts werden vielfach als Schwäche des Steuergesetzgebers verstanden. Diese Sichtweise verkennt die Funktion des Steuerrechts. Die zentrale Bedeutung des Rechts besteht in seiner Funktion als Motor gesellschaftlicher Prozesse und Entwicklungen, das Steuerrecht muss ganz konkret und unmittelbar auf die aktuellen gesellschaftlichen Entwicklungen antworten. Ändern sich die Verhältnisse, z.B. weil ein besonderer Finanzbedarf entstanden ist, weil der Gesetzgeber auf besondere Ereignisse (wie die Corona-Pandemie) und Erfordernisse (wie der Klimaschutz) reagieren muss, so muss das Steuerrecht angepasst werden. Das Steuerrecht ist ein extrem „politisches Recht", das sich insoweit von anderen Materien, wie etwa dem eher statischen Sachenrecht oder dem Erbrecht, deutlich unterscheidet.

Im März 2022   *Die Verfasser*

Redaktionelle Hinweise:

Kontaktadresse: Wenn Sie uns Fehler, Ungenauigkeiten oder Verbesserungsvorschläge mitteilen wollen, kontaktieren Sie uns bitte über die Mail-Adresse steuerrecht@beck.de.

Lücken bei den Randziffern: Die gelegentlichen Randziffern-Sprünge sind *bewusst gesetzt,* damit wir bei eventuell notwendigen Ergänzungen in späteren Auflagen nicht alle Randziffern der betreffenden Kommentierung ändern müssen.

Balken am vorangestellten Gesetzestext: Gesetzesänderungen seit der Vorauflage sind mit seitlichen Balken gekennzeichnet. So erkennen Sie auf einen Blick alle Änderungen, die der Gesetzgeber im vergangenen Jahr vorgenommen hat und die in der Kommentierung berücksichtigt sind.

Vorwort zur 1. Auflage 1982

Unsere Verwegenheit, dem geneigten Publikum einen neuen Kommentar zum Einkommensteuergesetz anzubieten, lässt sich rational kaum erklären, am ehesten vielleicht noch aus dem eigenen Wunsch nach einer auf praktische Bedürfnisse konzentrierten, aber gleichwohl möglichst umfassenden, aktuellen und einsichtigen Erläuterung des EStG. Jedenfalls war ein solches Werk das Ziel unserer Anstrengungen, wobei wir mit einer einsichtigen Erläuterung in aller Bescheidenheit nur eine Darstellung meinen, die bemüht ist, sowohl dem Experten als auch dem interessierten Steuerlaien weiterzuhelfen. Folgerichtig wenden wir uns zwar naturgemäß primär an den Praktiker im Bereich der beratenden Berufe, der Wirtschaft, der Gerichte und der Verwaltung, grundsätzlich aber an jeden, der gelegentlich (z.B. als Zivilrichter, als Anwalt, als Vermögensverwalter oder einfach als Steuerzahler) oder der erstmals (z.B. im Rahmen seiner Ausbildung) mit Fragen des Einkommensteuerrechts konfrontiert wird. Bei unserer Dokumentation zum EStG waren wir bemüht, die Rechtsprechung des Bundesfinanzhofs, soweit veröffentlicht und soweit nicht durch jüngere Entscheidungen überholt, erschöpfend zu berücksichtigen. Die Rechtsprechung der Finanzgerichte und das Schrifttum, insbesondere in Form von Aufsätzen und Monografien, sind in einer, wie wir hoffen, reichhaltigen und weiterführenden Auswahl dargeboten. Ein besonderes Anliegen war uns die stete Verbindung mit dem Zivilrecht einschließlich Handels- und Gesellschaftsrecht, insbesondere die Erkenntnis zivilrechtlicher Gegebenheiten als Grundlage einkommensteuerrechtlicher Wertungen. Unsere eigenen Rechtsansichten, für die jeder Autor nur persönlich verantwortlich zeichnet, bleiben nicht verborgen, stehen aber ebensowenig im Vordergrund der Kommentierung wie etwa neue Theorien oder Systeme.

Für Hinweise und Anregungen aus der Leserschaft werden wir uns stets dankbar zeigen.

Herzlicher Dank gebührt dem Verleger und seinen Mitarbeitern, unter ihnen insbesondere Herrn *Albert Buchholz* für das große Engagement und die vielfältige Unterstützung.

Im April 1982 *Die Verfasser*

Bearbeiterverzeichnis

Es wurden bearbeitet von

Wolfgang Heinicke
§§ 1, 1a, 2a, 4a, 4g, 10b–10d, 32b, 34c, 34d, 34g, 110, 111

Dr. Roland Krüger
§§ 8–9a, 10, 11–11b, 19, 19a, 35a, 38–42g, 100–109

Dr. Egmont Kulosa
§§ 6, 6e, 7–7i, 10f, 10g, 13–14, 21, 32c, 34b, 35b, 46

Dr. Christian Levedag
§§ 3–3c, 17, 20, 23, 32d, 35c, 36a, 43–45e, 50b, 50g, 50h, 50j

Dr. Friedrich Loschelder
§§ 4, 4h, 4j, 4k, 6b, 6c, 12, 24b, 31–32a, 33–33b, 36, 37–37b, 48–50a, 50c, 50d, 50e, 50i, 51a

Prof. Dr. Siegbert Seeger
§§ 5a, 15b, 25–28

Prof. Dr. Roland Wacker
§§ 4i, 15, 15a, 16, 18, 24, 24a, 34, 34a, 35, 79–99

Prof. Dr. habil. Heinrich Weber-Grellet
§§ 2, 4b–4f, 5, 5b, 6a, 9b, 10a, 22, 22a, 50f, 51, 52, 56–78

Inhaltsverzeichnis

Vorwort zur 41. Auflage	V
Vorwort zur 1. Auflage	X
Bearbeiterverzeichnis	XI
EStG-Inhaltsverzeichnis	XIII
EStDV-Inhaltsverzeichnis	XX
LStDV-Inhaltsverzeichnis	XXI
Abkürzungsverzeichnis	XXIII
Gesetzes- und Verordnungsentwicklung	1

Einkommensteuergesetz (EStG)

I. Steuerpflicht

§ 1	Steuerpflicht	5
§ 1a	[Fiktive unbeschränkte Steuerpflicht von EU- und EWR-Familienangehörigen]	19

II. Einkommen

1. Sachliche Voraussetzungen für die Besteuerung

§ 2	Umfang der Besteuerung, Begriffsbestimmungen	24
§ 2a	Negative Einkünfte mit Bezug zu Drittstaaten	46

2. Steuerfreie Einnahmen

§ 3	[Steuerfreie Einnahmen]	58
§ 3a	Sanierungserträge	126
§ 3b	Steuerfreiheit von Zuschlägen für Sonntags-, Feiertags- oder Nachtarbeit	136
§ 3c	Anteilige Abzüge	138

3. Gewinn

§ 4	Gewinnbegriff im Allgemeinen	148
§ 4a	Gewinnermittlungszeitraum, Wirtschaftsjahr	293
§ 4b	Direktversicherung	297
§ 4c	Zuwendungen an Pensionskassen	303
§ 4d	Zuwendungen an Unterstützungskassen (mit Anlage 1 zu § 4d)	305
§ 4e	Beiträge an Pensionsfonds	318
§ 4f	Verpflichtungsübernahmen, Schuldbeitritte und Erfüllungsübernahmen	321
§ 4g	Bildung eines Ausgleichspostens bei Entnahme nach § 4 Absatz 1 Satz 3	323
§ 4h	Betriebsausgabenabzug für Zinsaufwendungen (Zinsschranke)	327
§ 4i	Sonderbetriebsausgabenabzug bei Vorgängen mit Auslandsbezug	341
§ 4j	Aufwendungen für Rechteüberlassungen	345
§ 4k	Betriebsausgabenabzug bei Besteuerungsinkongruenzen	353
§ 5	Gewinn bei Kaufleuten und bei bestimmten anderen Gewerbetreibenden	363
§ 5a	Gewinnermittlung bei Handelsschiffen im internationalen Verkehr	474

Inhalt

§ 5b	Elektronische Übermittlung von Bilanzen sowie Gewinn- und Verlustrechnungen	485
§ 6	Bewertung	487
§ 6a	Pensionsrückstellung	637
§ 6b	Übertragung stiller Reserven bei der Veräußerung bestimmter Anlagegüter	661
§ 6c	Übertragung stiller Reserven bei der Veräußerung bestimmter Anlagegüter bei der Ermittlung des Gewinns nach § 4 Absatz 3 oder nach Durchschnittssätzen	688
§ 6d	*Euroumrechnungsrücklage*	691
§ 6e	Fondsetablierungskosten als Anschaffungskosten	691
§ 7	Absetzung für Abnutzung oder Substanzverringerung	694
§ 7a	Gemeinsame Vorschriften für erhöhte Absetzungen und Sonderabschreibungen	735
§ 7b	Sonderabschreibung für Mietwohnungsneubau	739
§ 7c	Sonderabschreibung für Elektronutzfahrzeuge und elektrisch betriebene Lastenfahrräder	746
§§ 7d–7f *(weggefallen)*		
§ 7g	Investitionsabzugsbeträge und Sonderabschreibungen zur Förderung kleiner und mittlerer Betriebe	747
§ 7h	Erhöhte Absetzungen bei Gebäuden in Sanierungsgebieten und städtebaulichen Entwicklungsbereichen	763
§ 7i	Erhöhte Absetzungen bei Baudenkmalen	767

4. Überschuss der Einnahmen über die Werbungskosten

§ 8	Einnahmen	772
§ 9	Werbungskosten	794
§ 9a	Pauschbeträge für Werbungskosten	859

4a. Umsatzsteuerrechtlicher Vorsteuerabzug

§ 9b	[Umsatzsteuerrechtlicher Vorsteuerabzug]	861

5. Sonderausgaben

§ 10	[Sonderausgaben]	864
§ 10a	Zusätzliche Altersvorsorge	913
§ 10b	Steuerbegünstigte Zwecke	923
§ 10c	Sonderausgaben-Pauschbetrag	940
§ 10d	Verlustabzug	940
§ 10e	*Steuerbegünstigung der zu eigenen Wohnzwecken genutzten Wohnung im eigenen Haus*	952
§ 10f	Steuerbegünstigung für zu eigenen Wohnzwecken genutzte Baudenkmale und Gebäude in Sanierungsgebieten und städtebaulichen Entwicklungsbereichen	952
§ 10g	Steuerbegünstigung für schutzwürdige Kulturgüter, die weder zur Einkunftserzielung noch zu eigenen Wohnzwecken genutzt werden	956

6. Vereinnahmung und Verausgabung

§ 11	[Vereinnahmung und Verausgabung]	959
§ 11a	Sonderbehandlung von Erhaltungsaufwand bei Gebäuden in Sanierungsgebieten und städtebaulichen Entwicklungsbereichen	975
§ 11b	Sonderbehandlung von Erhaltungsaufwand bei Baudenkmalen	976

Inhalt

7. Nicht abzugsfähige Ausgaben

§ 12 [Nicht abzugsfähige Ausgaben] 976

8. Die einzelnen Einkunftsarten

a) Land- und Forstwirtschaft (§ 2 Absatz 1 Satz 1 Nummer 1)

§ 13	Einkünfte aus Land- und Forstwirtschaft	991
§ 13a	Ermittlung des Gewinns aus Land- und Forstwirtschaft nach Durchschnittssätzen (mit Anlage 1a zu § 13a)	1039
§ 13b	Gemeinschaftliche Tierhaltung	1052
§ 14	Veräußerung des Betriebs	1053
§ 14a	*Vergünstigungen bei der Veräußerung bestimmter land- und forstwirtschaftlicher Betriebe*	*1061*

b) Gewerbebetrieb (§ 2 Absatz 1 Satz 1 Nummer 2)

§ 15	Einkünfte aus Gewerbebetrieb	1061
§ 15a	Verluste bei beschränkter Haftung	1226
§ 15b	Verluste im Zusammenhang mit Steuerstundungsmodellen	1265
§ 16	Veräußerung des Betriebs	1274
§ 17	Veräußerung von Anteilen an Kapitalgesellschaften	1397

c) Selbständige Arbeit (§ 2 Absatz 1 Satz 1 Nummer 3)

§ 18 [Einkünfte aus selbständiger Arbeit] 1442

d) Nichtselbständige Arbeit (§ 2 Absatz 1 Satz 1 Nummer 4)

§ 19	[Einkünfte aus nichtselbständiger Arbeit]	1500
§ 19a	Sondervorschrift für Einkünfte aus nichtselbständiger Arbeit bei Vermögensbeteiligungen	1573

e) Kapitalvermögen (§ 2 Absatz 1 Satz 1 Nummer 5)

§ 20 [Einkünfte aus Kapitalvermögen] 1579

f) Vermietung und Verpachtung (§ 2 Absatz 1 Satz 1 Nummer 6)

§ 21 [Einkünfte aus Vermietung und Verpachtung] 1646

g) Sonstige Einkünfte (§ 2 Absatz 1 Satz 1 Nummer 7)

§ 22	Arten der sonstigen Einkünfte	1685
§ 22a	Rentenbezugsmitteilungen an die zentrale Stelle	1726
§ 23	Private Veräußerungsgeschäfte	1729

h) Gemeinsame Vorschriften

§ 24	Entschädigungen, Nutzungsvergütungen u. Ä.	1744
§ 24a	Altersentlastungsbetrag	1767
§ 24b	Entlastungsbetrag für Alleinerziehende	1770

III. Veranlagung

§ 25	Veranlagungszeitraum, Steuererklärungspflicht	1775
§ 26	Veranlagung von Ehegatten	1781
§ 26a	Einzelveranlagung von Ehegatten	1790
§ 26b	Zusammenveranlagung von Ehegatten	1793
§§ 26c, 27 (weggefallen)		
§ 28	Besteuerung bei fortgesetzter Gütergemeinschaft	1799
§§ 29, 30 (weggefallen)		

Inhalt

IV. Tarif

§ 31	Familienleistungsausgleich	1800
§ 32	Kinder, Freibeträge für Kinder	1804
§ 32a	Einkommensteuertarif	1831
§ 32b	Progressionsvorbehalt	1835
§ 32c	Tarifermäßigung bei Einkünften aus Land- und Forstwirtschaft	1844
§ 32d	Gesonderter Steuertarif für Einkünfte aus Kapitalvermögen	1848
§ 33	Außergewöhnliche Belastungen	1858
§ 33a	Außergewöhnliche Belastung in besonderen Fällen	1891
§ 33b	Pauschbeträge für Menschen mit Behinderungen, Hinterbliebene und Pflegepersonen	1908
§ 34	Außerordentliche Einkünfte	1919
§ 34a	Begünstigung der nicht entnommenen Gewinne	1934
§ 34b	Steuersätze bei Einkünften aus außerordentlichen Holznutzungen	1959

V. Steuerermäßigungen

1. Steuerermäßigung bei ausländischen Einkünften

§ 34c	[Steuerermäßigung bei ausländischen Einkünften]	1964
§ 34d	Ausländische Einkünfte	1971

2., 2a (Gesetzeszwischenüberschriften) (gegenstandslos)

§ *34e (aufgehoben),* § *34f (gegenstandslos)*

2b. Steuerermäßigung bei Zuwendungen an politische Parteien und an unabhängige Wählervereinigungen

§ 34g	[Steuerermäßigung bei Zuwendungen an politische Parteien und an unabhängige Wählervereinigungen]	1973

3. Steuerermäßigung bei Einkünften aus Gewerbebetrieb

§ 35	[Steuerermäßigung bei Einkünften aus Gewerbebetrieb]	1975

4. Steuerermäßigung bei Aufwendungen für haushaltsnahe Beschäftigungsverhältnisse und für die Inanspruchnahme haushaltsnaher Dienstleistungen

§ 35a	Steuerermäßigung bei Aufwendungen für haushaltsnahe Beschäftigungsverhältnisse, haushaltsnahe Dienstleistungen und Handwerkerleistungen	1991

5. Steuerermäßigung bei Belastung mit Erbschaftsteuer

§ 35b	Steuerermäßigung bei Belastung mit Erbschaftsteuer	1998

6. Steuerermäßigung für energetische Maßnahmen bei zu eigenen Wohnzwecken genutzten Gebäuden

§ 35c	Steuerermäßigung für energetische Maßnahmen bei zu eigenen Wohnzwecken genutzten Gebäuden	2005

VI. Steuererhebung

1. Erhebung der Einkommensteuer

§ 36	Entstehung und Tilgung der Einkommensteuer	2010
§ 36a	Beschränkung der Anrechenbarkeit der Kapitalertragsteuer	2019

Inhaltsverzeichnis **Inhalt**

§ 37	Einkommensteuer-Vorauszahlung	2024
§ 37a	Pauschalierung der Einkommensteuer durch Dritte	2031
§ 37b	Pauschalierung der Einkommensteuer bei Sachzuwendungen	2033

2. Steuerabzug vom Arbeitslohn (Lohnsteuer)

§ 38	Erhebung der Lohnsteuer	2040
§ 38a	Höhe der Lohnsteuer	2049
§ 38b	Lohnsteuerklassen, Zahl der Kinderfreibeträge	2050
§ 39	Lohnsteuerabzugsmerkmale	2052
§ 39a	Freibetrag und Hinzurechnungsbetrag	2057
§ 39b	Einbehaltung der Lohnsteuer	2065
§ 39c	Einbehaltung der Lohnsteuer ohne Lohnsteuerabzugsmerkmale	2074
§ 39d	*(aufgehoben)*	
§ 39e	Verfahren zur Bildung und Anwendung der elektronischen Lohnsteuerabzugsmerkmale	2076
§ 39f	Faktorverfahren anstelle Steuerklassenkombination III/V	2082
§ 40	Pauschalierung der Lohnsteuer in besonderen Fällen	2084
§ 40a	Pauschalierung der Lohnsteuer für Teilzeitbeschäftigte und geringfügig Beschäftigte	2094
§ 40b	Pauschalierung der Lohnsteuer bei bestimmten Zukunftssicherungsleistungen	2101
§ 41	Aufzeichnungspflichten beim Lohnsteuerabzug	2105
§ 41a	Anmeldung und Abführung der Lohnsteuer	2109
§ 41b	Abschluss des Lohnsteuerabzugs	2113
§ 41c	Änderung des Lohnsteuerabzugs	2115
§§ 42, 42a	*(weggefallen)*	
§ 42b	Lohnsteuer-Jahresausgleich durch den Arbeitgeber	2118
§ 42c	*(weggefallen)*	
§ 42d	Haftung des Arbeitgebers und Haftung bei Arbeitnehmerüberlassung	2121
§ 42e	Anrufungsauskunft	2139
§ 42f	Lohnsteuer-Außenprüfung	2142
§ 42g	Lohnsteuer-Nachschau	2145

3. Steuerabzug vom Kapitalertrag (Kapitalertragsteuer)

§ 43	Kapitalerträge mit Steuerabzug	2148
§ 43a	Bemessung der Kapitalertragsteuer	2161
§ 43b	Bemessung der Kapitalertragsteuer bei bestimmten Gesellschaften	2166
§ 44	Entrichtung der Kapitalertragsteuer	2170
§ 44a	Abstandnahme vom Steuerabzug	2179
§ 44b	Erstattung der Kapitalertragsteuer	2188
§ 45	Ausschluss der Erstattung von Kapitalertragsteuer	2190
§ 45a	Anmeldung und Bescheinigung der Kapitalertragsteuer	2191
§ 45b	Angaben zur Bescheinigung und Abführung der Kapitalertragsteuer	2195
§ 45c	Zusammengefasste Mitteilung zur Bescheinigung und Abführung der Kapitalertragsteuer	2201
§ 45d	Mitteilungen an das Bundeszentralamt für Steuern	2203
§ 45e	Ermächtigung für Zinsinformationsverordnung	2204

4. Veranlagung von Steuerpflichtigen mit steuerabzugspflichtigen Einkünften

§ 46	Veranlagung bei Bezug von Einkünften aus nichtselbständiger Arbeit	2205
§ 47	*(weggefallen)*	

XVII

Inhalt

VII. Steuerabzug bei Bauleistungen

§ 48	Steuerabzug	2216
§ 48a	Verfahren	2220
§ 48b	Freistellungsbescheinigung	2221
§ 48c	Anrechnung	2223
§ 48d	Besonderheiten im Fall von Doppelbesteuerungsabkommen	2224

VIII. Besteuerung beschränkt Steuerpflichtiger

§ 49	Beschränkt steuerpflichtige Einkünfte	2225
§ 50	Sondervorschriften für beschränkt Steuerpflichtige	2259
§ 50a	Steuerabzug bei beschränkt Steuerpflichtigen	2271

IX. Sonstige Vorschriften, Bußgeld-, Ermächtigungs- und Schlussvorschriften

§ 50b	Prüfungsrecht	2288
§ 50c	Entlastung vom Steuerabzug in bestimmten Fällen	2288
§ 50d	Anwendung von Abkommen zur Vermeidung der Doppelbesteuerung	2297
§ 50e	Bußgeldvorschriften; Nichtverfolgung von Steuerstraftaten bei geringfügiger Beschäftigung in Privathaushalten	2317
§ 50f	Bußgeldvorschriften	2318
§ 50g	Entlastung vom Steuerabzug bei Zahlungen von Zinsen und Lizenzgebühren zwischen verbundenen Unternehmen verschiedener Mitgliedstaaten der Europäischen Union	2319
§ 50h	Bestätigung für Zwecke der Entlastung von Quellensteuern in einem anderen Mitgliedstaat der Europäischen Union oder der Schweizerischen Eidgenossenschaft	2322
§ 50i	Besteuerung bestimmter Einkünfte und Anwendung von Doppelbesteuerungsabkommen	2323
§ 50j	Versagung der Entlastung von Kapitalertragsteuern in bestimmten Fällen	2328
§ 51	Ermächtigungen	2330
§ 51a	Festsetzung und Erhebung von Zuschlagsteuern	2340
§ 52	Anwendungsvorschriften	2346
§§ 52a–53 *(aufgehoben)*, § 54 *(weggefallen)*		
§ 55	Schlussvorschriften (Sondervorschriften für die Gewinnermittlung nach § 4 oder nach Durchschnittssätzen bei vor dem 1. Juli 1970 angeschafftem Grund und Boden)	2371
§ 56	Sondervorschriften für Steuerpflichtige in dem in Artikel 3 des Einigungsvertrages genannten Gebiet	2371
§ 57	Besondere Anwendungsregeln aus Anlass der Herstellung der Einheit Deutschlands	2371
§ 58	Weitere Anwendung von Rechtsvorschriften, die vor Herstellung der Einheit Deutschlands in dem in Artikel 3 des Einigungsvertrages genannten Gebiet gegolten haben	2372
§§ 59–61 *(weggefallen)*		

X. Kindergeld

§ 62	Anspruchsberechtigte	2374
§ 63	Kinder	2381
§ 64	Zusammentreffen mehrerer Ansprüche	2383

Inhaltsverzeichnis

Inhalt

§ 65	Andere Leistungen für Kinder	2385
§ 66	Höhe des Kindergeldes, Zahlungszeitraum	2388
§ 67	Antrag	2389
§ 68	Besondere Mitwirkungspflichten und Offenbarungsbefugnis	2391
§ 69	Datenübermittlung an die Familienkassen	2393
§ 70	Festsetzung und Zahlung des Kindergeldes	2393
§ 71	Vorläufige Einstellung der Zahlung des Kindergelds	2397
§ 72	Festsetzung und Zahlung des Kindergeldes an Angehörige des öffentlichen Dienstes	2398
§ 73	*(weggefallen)*	
§ 74	Zahlung des Kindergeldes in Sonderfällen	2402
§ 75	Aufrechnung	2405
§ 76	Pfändung	2406
§ 76a	*(aufgehoben)*	
§ 77	Erstattung von Kosten im Vorverfahren	2406
§ 78	Übergangsregelungen	2407

XI. Altersvorsorgezulage

§ 79	Zulageberechtigte	2408
§ 80	Anbieter	2409
§ 81	Zentrale Stelle	2409
§ 81a	Zuständige Stelle	2410
§ 82	Altersvorsorgebeiträge	2410
§ 83	Altersvorsorgezulage	2414
§ 84	Grundzulage	2414
§ 85	Kinderzulage	2414
§ 86	Mindesteigenbeitrag	2415
§ 87	Zusammentreffen mehrerer Verträge	2417
§ 88	Entstehung des Anspruchs auf Zulage	2418
§ 89	Antrag	2418
§ 90	Verfahren	2419
§ 91	Datenerhebung und Datenabgleich	2421
§ 92	Bescheinigung	2422
§ 92a	Verwendung für eine selbst genutzte Wohnung	2423
§ 92b	Verfahren bei Verwendung für eine selbst genutzte Wohnung	2429
§ 93	Schädliche Verwendung	2430
§ 94	Verfahren bei schädlicher Verwendung	2433
§ 95	Sonderfälle der Rückzahlung	2434
§ 96	Anwendung der Abgabenordnung, allgemeine Vorschriften	2435
§ 97	Übertragbarkeit	2436
§ 98	Rechtsweg	2436
§ 99	Ermächtigung	2437

XII. Förderbetrag zur betrieblichen Altersversorgung

§ 100	Förderbetrag zur betrieblichen Altersversorgung	2437

XIII. Mobilitätsprämie

§ 101	Bemessungsgrundlage und Höhe der Mobilitätsprämie	2440
§ 102	Anspruchsberechtigung	2441
§ 103	Entstehung der Mobilitätsprämie	2441

Inhalt

§ 104	Antrag auf die Mobilitätsprämie	2442
§ 105	Festsetzung und Auszahlung der Mobilitätsprämie	2442
§ 106	Ertragsteuerliche Behandlung der Mobilitätsprämie	2443
§ 107	Anwendung der Abgabenordnung	2443
§ 108	Anwendung von Straf- und Bußgeldvorschriften der Abgabenordnung	2443
§ 109	Verordnungsermächtigung	2443

XIV. Sondervorschriften zur Bewältigung der Corona-Pandemie

§ 110	Anpassung von Vorauszahlungen für den Veranlagungszeitraum 2019	2443
§ 111	Vorläufiger Verlustrücktrag für 2020 und 2021	2445

Einkommensteuer-Durchführungsverordnung (EStDV)

§ 1	Anwendung auf Ehegatten und Lebenspartner	25
§§ 2 und 3	*(weggefallen)*	
§ 4	Steuerfreie Einnahmen	75
§ 5	*(weggefallen)*	
§ 6	Eröffnung, Erwerb, Aufgabe und Veräußerung eines Betriebs	152
§ 7	*(weggefallen)*	
§ 8	Eigenbetrieblich genutzte Grundstücke von untergeordnetem Wert	152
§ 8a	*(weggefallen)*	
§ 8b	Wirtschaftsjahr	293
§ 8c	Wirtschaftsjahr bei Land- und Forstwirten	294
§ 9	*(weggefallen)*	
§ 9a	Anschaffung, Herstellung	696
§ 10	Absetzung für Abnutzung im Fall des § 4 Abs. 3 des Gesetzes	696
§ 10a *(aufgehoben)*, §§ 11–11b *(weggefallen)*		
§ 11c	Absetzung für Abnutzung bei Gebäuden	697
§ 11d	Absetzung für Abnutzung oder Substanzverringerung bei nicht zu einem Betriebsvermögen gehörenden Wirtschaftsgütern, die der Steuerpflichtige unentgeltlich erworben hat	697
§§ 12–14 *(weggefallen)*		
§ 15	Erhöhte Absetzungen für Einfamilienhäuser, Zweifamilienhäuser und Eigentumswohnungen *(hier nicht abgedruckt)*	
§§ 16–28 *(weggefallen)*		
§ 29	Anzeigepflichten bei Versicherungsverträgen	872
§ 30	Nachversteuerung bei Versicherungsverträgen	872
§§ 31–47 *(weggefallen)*, §§ 48, 49 *(aufgehoben)*		
§ 50	Zuwendungsbestätigung	925
§ 51	Pauschale Ermittlung der Gewinne aus Holznutzungen	993
§ 52	Mitteilungspflichten bei Beihilfen aus öffentlichen Mitteln *(hier nicht abgedruckt)*	
§ 53	Anschaffungskosten bestimmter Anteile an Kapitalgesellschaften	1399
§ 54	Übersendung von Urkunden durch die Notare	1400
§ 55	Ermittlung des Ertrags aus Leibrenten in besonderen Fällen	1690
§ 56	Steuererklärungspflicht	1775
§§ 57–59 *(weggefallen)*		
§ 60	Unterlagen zur Steuererklärung	1776
§ 61	Antrag auf hälftige Verteilung von Abzugsbeträgen im Fall des § 26a des Gesetzes	1790
§§ 62–62c *(weggefallen)*		
§ 62d	Anwendung des § 10d des Gesetzes bei der Veranlagung von Ehegatten	941

Inhaltsverzeichnis **Inhalt**

§ 63	*(weggefallen)*	
§ 64	Nachweis von Krankheitskosten und der Voraussetzungen der behinderungsbedingten Fahrtkostenpauschale	1860
§ 65	Nachweis der Behinderung und des Pflegegrads	1910
§§ 66, 67	*(weggefallen)*	
§ 68	Nutzungssatz, Betriebsgutachten, Betriebswerk	1960
§ 68a	Einkünfte aus mehreren ausländischen Staaten	1966
§ 68b	Nachweis über die Höhe der ausländischen Einkünfte und Steuern	1966
§ 69	*(weggefallen)*	
§ 70	Ausgleich von Härten in bestimmten Fällen	2207
§§ 71–73	*(weggefallen)*	
§ 73a	Begriffsbestimmungen	2273
§ 73b	*(weggefallen)*	
§ 73c	Zeitpunkt des Zufließens im Sinne des § 50a Abs. 5 Satz 1 des Gesetzes	2273
§ 73d	Aufzeichnungen, Aufbewahrungspflichten, Steueraufsicht	2273
§ 73e	Einbehaltung, Abführung und Anmeldung der Steuer von Vergütungen im Sinne des § 50a Abs. 1 und 7 des Gesetzes (§ 50a Abs. 5 des Gesetzes)	2274
§ 73f	Steuerabzug in den Fällen des § 50a Abs. 6 des Gesetzes	2274
§ 73g	Haftungsbescheid	2275
§§ 74–80	*(weggefallen)*	
§ 81	Bewertungsfreiheit für bestimmte Wirtschaftsgüter des Anlagevermögens im Kohlen- und Erzbergbau *(nicht abgedruckt, da ohne aktuelle Bedeutung)*	
§ 82	*(weggefallen)*	
§ 82a	Erhöhte Absetzungen von Herstellungskosten und Sonderbehandlung von Erhaltungsaufwand für bestimmte Anlagen und Einrichtungen bei Gebäuden *(nicht abgedruckt, da ohne aktuelle Bedeutung)*	
§ 82b	Behandlung größeren Erhaltungsaufwandes bei Wohngebäuden	1647
§§ 82c–82e	*(weggefallen)*	
§ 82f	Bewertungsfreiheit für Handelsschiffe, für Schiffe, die der Seefischerei dienen, und für Luftfahrzeuge *(nicht abgedruckt, da ohne aktuelle Bedeutung)*	
§ 82g	Erhöhte Absetzungen von Herstellungskosten für bestimmte Baumaßnahmen *(nicht abgedruckt, da überholt; s jetzt § 7h EStG)*	
§ 82h	*(weggefallen)*	
§ 82i	Erhöhte Absetzungen von Herstellungskosten bei Baudenkmälern *(nicht abgedruckt, da überholt; s jetzt § 7i EStG)*	
§ 83	*(weggefallen)*	
§ 84	Anwendungsvorschriften	2366
§ 85	*(gegenstandslos)*	

Anlage 1 (aufgehoben), Anlagen 2–4 (weggefallen)
Anlage 5: Verzeichnis der Wirtschaftsgüter des Anlagevermögens über Tage im Sinne des § 81 Abs. 3 Nr. 1
 (nicht abgedruckt, da ohne aktuelle Bedeutung)
Anlage 6: Verzeichnis der Wirtschaftsgüter des beweglichen Anlagevermögens im Sinne des § 81 Abs. 3 Nr. 2
 (nicht abgedruckt, da ohne aktuelle Bedeutung)

Lohnsteuer-Durchführungsverordnung (LStDV)

§ 1	Arbeitnehmer, Arbeitgeber	1503
§ 2	Arbeitslohn	1503
§ 3	*(aufgehoben)*	
§ 4	Lohnkonto	2106

Inhalt

Inhaltsverzeichnis

§ 5	Besondere Aufzeichnungs- und Mitteilungspflichten im Rahmen der betrieblichen Altersversorgung	75
§§ 6, 7 *(aufgehoben)*		
§ 8	Anwendungszeitraum	2369
§ 9 *(aufgehoben)*		

Sachverzeichnis 2449

Abkürzungsverzeichnis

aA	anderer Ansicht
aaO	am angeführten Ort
AbgeltungSt	Abgeltungsteuer
abl	ablehnend
Abs	Absatz
abw	abweichend
AbwStVermG	Gesetz zur Abwehr von Steuervermeidung und unfairem Steuerwettbewerb
AbzStEntlModG	Abzugsteuerentlastungsmodernisierungsgesetz
AdV	Aussetzung der Vollziehung
AEAO	Anwendungserlass zur Abgabenordnung
AEUV	Vertrag über die Arbeitsweise der Europäischen Union
aF	alte Fassung
AfA	Absetzung für Abnutzung
AfaA	Absetzung für außergewöhnliche Abnutzung
AfS	Absetzung für Substanzverringerung
AG	Aktiengesellschaft; Die Aktiengesellschaft (Zeitschrift)
agB	außergewöhnliche Belastung
AK	Anschaffungskosten
AktG	Aktiengesetz
allg	allgemein
Alt	Alternative
AltEinkG	Alterseinkünftegesetz
AltfahrzeugG	Gesetz über die Entsorgung von Altfahrzeugen
Altmeppen	Kommentar zum GmbHG, 10. Aufl. 2021
AltvVerbG	Altersvorsorge-Verbesserungsgesetz
AltZertG	Altersvorsorgeverträge-Zertifizierungsgesetz
AmtshilfeRLUmsG	Amtshilferichtlinie-Umsetzungsgesetz
Anm	Anmerkung
ao	außerordentlich
AO	Abgabenordnung
AO-StB	Der AO-Steuerberater (Zeitschrift)
ArbG	Arbeitgeber
ArbLohn	Arbeitslohn
ArblVers	Arbeitslosenversicherung
ArbN	Arbeitnehmer
ArbVerh	Arbeitsverhältnis
ArbZG	Arbeitszeitgesetz
arg	argumentum
Art	Artikel
AStG	Außensteuergesetz
ATAD	Anti-Tax Avoidance Directive - Richtlinie (EU) 2016/1164 des Rates v 12.7.16 mit Vorschriften zur Bekämpfung von Steuervermeidungspraktiken mit unmittelbaren Auswirkungen auf das Funktionieren des Binnenmarkts (ABl. EU L 193 S. 1), zuletzt geändert durch RL (EU) 2017/952 des Rates v 29.5.17 (ABl. EU L 144 S. 1)
ATADUmsG	Gesetz zur Umsetzung der Anti-Steuervermeidungsrichtlinie
ATG	Altersteilzeitgesetz

Abkürzungen

AufenthG	Gesetz über den Aufenthalt, die Erwerbstätigkeit und die Integration von Ausländern
Aufl	Auflage
AÜG	Arbeitnehmerüberlassungsgesetz
Ausl, ausl	Ausland, ausländisch
AUV	Auslandsumzugskostenverordnung
AV	Anlagevermögen
AVmG	Altersvermögensgesetz
BA	Betriebsausgaben
BaFin	Bundesanstalt für Finanzdienstleistungsaufsicht
BAföG	Bundesausbildungsförderungsgesetz
BAG	Bundesarbeitsgericht
BAnz	Bundesanzeiger
BauGB	Baugesetzbuch
BaWü	Baden-Württemberg
Bay	Bayern (bayerisch)
BB	Betriebs-Berater (Zeitschrift)
BBg	Berlin-Brandenburg
Bbg	Brandenburg
BBK	Buchführung, Bilanz, Kostenrechnung (Zeitschrift)
BC	Bilanzbuchhalter und Controller (Zeitschrift)
Bd	Band
BE	Betriebseinnahme(n)
BeBiKo	Beck'scher Bilanz-Kommentar, 12. Aufl. 2020
BeckHdb PersGes	Beck'sches Handbuch der Personengesellschaften, 5. Aufl. 2020
BeckOK EStG	Kirchhof/Kulosa/Ratschow, Beck'scher Online-Kommentar zum Einkommensteuergesetz
BEEG	Bundeselterngeld- und Elternzeitgesetz
Beil	Beilage
Begr	Begründung
BehPauschG	Gesetz zur Erhöhung der Behinderten-Pauschbeträge u. a.
BeitrRLUmsG	Beitreibungsrichtlinie-Umsetzungsgesetz
bej	bejahend
BEPS-UmsG	Gesetz zur Umsetzung der Änderungen der EU-Amtshilferichtlinie und von weiteren Maßnahmen gegen Gewinnverkürzungen und -verlagerungen (*englisch:* **B**ase **E**rosion **P**rofit **S**hifting)
BerAusübGes	Berufsausübungsgesellschaft
beschr	beschränkt
bestr	bestritten
betr	betreffend
BetrAufsp	Betriebsaufspaltung
BetrAV	Mitteilungsblatt der Arbeitsgemeinschaft für betriebliche Altersversorgung (Zeitschrift)
BetrAVG	Gesetz zur Verbesserung der betrieblichen Altersversorgung
BetrRentStärkG	Betriebsrentenstärkungsgesetz
BetrVG	Betriebsverfassungsgesetz
BewG	Bewertungsgesetz
BFHE	Sammlung der Entscheidungen des Bundesfinanzhofs
BFH/NV	Sammlung amtlich nicht veröffentlichter Entscheidungen des Bundesfinanzhofs (Zeitschrift)
BFH-PR	Entscheidungen des BFH für die Praxis der Steuerberatung (Zeitschrift)
BGB	Bürgerliches Gesetzbuch

Abkürzungen

BGBl	Bundesgesetzblatt
BGHZ	Entscheidungen des Bundesgerichtshofs in Zivilsachen
BH	Brandis/Heuermann, Ertragsteuerrecht (Loseblatt)
BImSchG	Bundesimmissionsschutzgesetz
Binz/Sorg	Binz/Sorg, GmbH & Co. KG, 12. Aufl. 2018
BiRiLiG	Bilanzrichtlinien-Gesetz
Birk	Birk/Desens/Tappe, Steuerrecht, 24. Aufl. 2021
BKGG	Bundeskindergeldgesetz
Blaurock	Handbuch Stille Gesellschaft, 9. Aufl. 2020
Bln	Berlin
BMF	Bundesministerium der Finanzen
BNotO	Bundesnotarordnung
BoBr	Bordewin/Brandt, Kommentar zum EStG (Loseblatt)
BörsG	Börsengesetz
BP	Betriebsprüfung
BPO	Betriebsprüfungsordnung
BR	Bundesrat
BR-Drs	Bundesrats-Drucksache
BReg	Bundesregierung
Brem	Bremen
Brexit-StBG	Brexit-Steuerbegleitgesetz
BRKG	Bundesreisekostengesetz
BSG	Bundessozialgericht
BsGaV	Betriebsstättengewinnaufteilungs-Verordnung
BSGE	Entscheidungen des Bundessozialgerichts
BStBl	Bundessteuerblatt
BT	Bundestag
BT-Drs	Bundestags-Drucksache
Buchst	Buchstabe
BUKG	Bundesumzugskostengesetz
Bunjes	Bunjes, Kommentar zum UStG
BüroEntlG	Drittes Bürokratieentlastungsgesetz
BuW	Betrieb und Wirtschaft (Zeitschrift)
BV	Betriebsvermögen
BVerfG	Bundesverfassungsgericht
BVerwG	Bundesverwaltungsgericht
BVG	Bundesversorgungsgesetz
bzgl	bezüglich
BZSt	Bundeszentralamt für Steuern
Chem	Chemnitz
CoronaStHG I, II, III, IV	Corona-Steuerhilfegesetze I, II, III, IV
Cott	Cottbus
DA-KG	Dienstanweisung zum Kindergeld nach dem EStG
DB	Der Betrieb (Zeitschrift)
DBA	Doppelbesteuerungsabkommen
Ddorf	Düsseldorf
demggü	demgegenüber
ders	derselbe
DienstVerh	Dienstverhältnis
diff	differenzierend
DirektVers	Direktversicherung
Diss	Dissertation

Abkürzungen

DK	Der Konzern (Zeitschrift)
DMBilG	Gesetz über die Eröffnungsbilanz in Deutscher Mark und die Kapitalneufestsetzung
döR	des öffentlichen Rechts
Dötsch	Dötsch/Pung/Möhlenbrock, Kommentar zum KStG und UmwStG (Loseblatt)
Drs	Drucksache
DRV Bund	Deutsche Rentenversicherung Bund
DSAnpUG-EU	Zweites Datenschutz-Anpassungs- und Umsetzungsgesetz EU
DStBTg	Deutscher Steuerberatertag (Protokoll)
DStJG, Bd	Deutsche Steuerjuristische Gesellschaft e. V., Band
DStR	Deutsches Steuerrecht (Zeitschrift)
DStR-Beih	Beihefter zur Zeitschrift Deutsches Steuerrecht
DStRE	Deutsches Steuerrecht Entscheidungsdienst (Zeitschrift)
DStZ	Deutsche Steuer-Zeitung
dt	deutsch
DV, DVO	Durchführungsverordnung
EB	Eröffnungsbilanz
EBITDA	Gewinn vor Zinsen, Steuern und Abschreibungen (*englisch:* **e**arnings **b**efore **i**nterest, **t**axes, **d**epreciation and **a**mortization)
EFG	Entscheidungen der Finanzgerichte
EG	Einführungsgesetz; Europäische Gemeinschaft
EGAmtAnpG	EG-Amtshilfe-Anpassungsgesetz
EGMR	Europäischer Gerichtshof für Menschenrechte
EGRiLi	EG-Richtlinie
ehem	ehemalige(r)
EigRentG	Eigenheimrentengesetz
Einl	Einleitung
einschr	einschränkend
EK	Eigenkapital
EK-Vergleich	Eigenkapitalvergleich
entspr	entsprechend
Entw	Entwurf
ErbSt	Erbschaftsteuer
ErbStG	Erbschaftsteuer- und Schenkungsteuergesetz
ErbStPfl, erbstpfl	Erbschaftsteuerpflicht, erbschaftsteuerpflichtig
Erf	Erfurt
Erläut	Erläuterung
ESt	Einkommensteuer
EStÄndG	Einkommensteueränderungsgesetz
EStÄR	Einkommensteuer-Änderungsrichtlinien
EStB	Der Ertragsteuerberater (Zeitschrift)
EStDV	Einkommensteuer-Durchführungsverordnung
EStG	Einkommensteuergesetz
EStH	Einkommensteuer-Hinweise
estl	einkommensteuerlich
EStPfl, estpfl	Einkommensteuerpflicht, einkommensteuerpflichtig
EStR	Einkommensteuer-Richtlinien
EU	Europäische Union
EuG	Gericht der Europäischen Union
EuGH	Europäischer Gerichtshof
EURLUmsG	Richtlinien-Umsetzungsgesetz
EuroG	Gesetz zur Einführung des Euro
EuZW	Europäische Zeitschrift für Wirtschaftsrecht

Abkürzungen

evtl	eventuell
EWIV	Europäische wirtschaftliche Interessenvereinigung
EWR	Europäischer Wirtschaftsraum
EWS	Europäisches Wirtschafts- und Steuerrecht (Zeitschrift)
EZB	Europäische Zentralbank
FA, FÄ	Finanzamt, Finanzämter
FamEntlG	Gesetz zur steuerlichen Entlastung der Familien (Familienentlastungsgesetz)
FamFördG	Gesetz zur Familienförderung
FamLeistG	Familienleistungsgesetz
FB	Finanzbehörde
FELEG	Gesetz zur Förderung der Einstellung landwirtschaftlicher Erwerbstätigkeit
Felsmann	Felsmann u. a., Einkommensbesteuerung der Land und Forstwirte (Loseblatt)
Ffm	Frankfurt am Main
FG	Finanzgericht
FGO	Finanzgerichtsordnung
FinA	Finanzausschuss
FinVerw	Finanzverwaltung
FM	Finanzministerium
Fn	Fußnote
FN-IdW	Fachnachrichten des Instituts der Wirtschaftsprüfer
FördWachsG	Gesetz zur stl Förderung von Wachstum und Beschäftigung
FoStoG	Fondsstandortgesetz
FR	Finanz-Rundschau (Zeitschrift)
Frotscher/Geurts	Frotscher/Geurts, Kommentar zum EStG (Loseblatt)
FS	Festschrift
ForstschädAusglG	Forstschädenausgleichsgesetz
FSen	Senatsverwaltung/Senator für Finanzen
FusionsRL	Richtlinie 2009/133/EG des Rates v. 19.10.2009 (EU ABl. L 310 S. 34)
FVG	Gesetz über die Finanzverwaltung
FWBS	Flick/Wassermeyer/Baumhoff/Schönfeld, Kommentar zum Außensteuerrecht (Loseblatt)
GAV	Gewinnabführungsvertrag
GBl	Gesetzblatt
GbR	Gesellschaft bürgerlichen Rechts
gem	gemäß
GenG	Genossenschaftsgesetz
Ges	Gesellschaft
Ges'ter	Gesellschafter
GewBetr	Gewerbebetrieb
GewSt	Gewerbesteuer
gewstl	gewerbesteuerlich
GewStDV	Gewerbesteuer-Durchführungsverordnung
GewStG	Gewerbesteuergesetz
GewStPfl, gewstpfl	Gewerbesteuerpflicht, gewerbesteuerpflichtig
GewStR	Gewerbesteuer-Richtlinien
GG	Grundgesetz
ggf	gegebenenfalls
ggü	gegenüber
glA	gleicher Ansicht

Abkürzungen

Glanegger/Güroff, GewStG	Glanegger/Güroff, Kommentar zum GewStG, 10. Aufl. 2021
GLE	Gleichlautende Ländererlasse der obersten Finanzbehörden der Länder bzw. Küstenländer
GmbHG	Gesetz betreffend die GmbH
GmbHR	GmbH-Rundschau (Zeitschrift)
GmbH-StB	Der GmbH-Steuerberater (Zeitschrift)
GoB	Grundsätze ordnungsmäßiger Buchführung
Gosch	Gosch, Kommentar zum KStG, 4. Aufl. 2020
Gräber	Gräber, Kommentar zur FGO, 9. Aufl. 2019
grds	grundsätzlich
GrESt	Grunderwerbsteuer
GrEStG	Grunderwerbsteuergesetz
GrS	Großer Senat
GrStRefG	Grundsteuer-Reformgesetz
GrRentG	Grundrentengesetz
Grüneberg	Grüneberg, Kommentar zum BGB, 81. Aufl. 2022
GS	Gedächtnisschrift
GStB	Gestaltende Steuerberatung (Zeitschrift)
GuB	Grund und Boden
GuV	Gewinn- und Verlustrechnung
GVBl	Gesetz- und Verordnungsblatt
GWG	geringwertige Wirtschaftsgüter
Habil	Habilitationsschrift
HAG	Heimarbeitsgesetz
Hann	Hannover
HB	Handelsbilanz
HBeglG	Haushaltsbegleitgesetz
Hbg	Hamburg
HdJ	Schulze-Osterloh/Hennrichs/Wüstemann, Handbuch des Jahresabschlusses (Loseblatt)
Hess	Hessen
HFA	Hauptfachausschuss des Instituts der Wirtschaftsprüfer
HFR	Höchstrichterliche Finanzrechtsprechung
HHR	Herrmann/Heuer/Raupach, Kommentar zum EStG und KStG (Loseblatt)
HHSp	Hübschmann/Hepp/Spitaler, Kommentar zu AO und FGO (Loseblatt)
HK	Herstellungskosten
hL	herrschende Lehre
hM	herrschende Meinung
HöfeO	Höfeordnung
Hopt	Hopt, Kommentar zum HGB, 41. Aufl 2022 (vormals Baumbach/Hopt)
HReg	Handelsregister
HS	Halbsatz
HStruktG	Haushaltsstrukturgesetz
idF	in der Fassung
IdNr	Identifikationsnummer
idR	in der Regel
idS	in diesem Sinne
IdW	Institut der Wirtschaftsprüfer

Abkürzungen

iEinz	im Einzelnen
iErg	im Ergebnis
ieS	im engeren Sinne
iHd (e), (v)	in Höhe des (eines), (von)
IHK	Industrie- und Handelskammer
INF	Die Information über Steuer und Wirtschaft (Zeitschrift)
Inl, inl	Inland, inländisch
insb	insbesondere
InsO	Insolvenzordnung
InstFSt	Institut Finanzen und Steuern
InvG	Investmentgesetz
InvStG	Investmentsteuergesetz
iRd (e)	im Rahmen der/des (eines)
iSd (e)	im Sinne des (eines)
IStR	Internationales Steuerrecht (Zeitschrift)
iSv	im Sinne von
iÜ	im Übrigen
iVm	in Verbindung mit
IWB	Internationale Wirtschafts-Briefe
iwS	im weiteren Sinne
iZm	im Zusammenhang mit
Jauernig	Jauernig, Kommentar zum BGB, 18. Aufl. 2021
JbFfSt	Jahrbuch der Fachanwälte für Steuerrecht
jM	Juris Die Monatszeitschrift
JStG	Jahressteuergesetz
„JStG 2018"	Gesetz zur Vermeidung von Umsatzsteuerausfällen beim Handel mit Waren im Internet und zur Änderung weiterer steuerlicher Vorschriften
„JStG 2019"	Gesetz zur weiteren Förderung der Elektromobilität
JStG 2020	Jahressteuergesetz 2020
jurisPR-StR	PraxisReport Steuerrecht (juris)
Ka	Karlsruhe
KapCoRiLiG	Kapitalgesellschaften- und Co-Richtlinie-Gesetz
KapEinkünfte	Kapitaleinkünfte
KapErhStG	Kapitalerhöhungssteuergesetz
KapErträge	Kapitalerträge
KapESt	Kapitalertragsteuer
kapestfrei	kapitalertragsteuerfrei
kapestpfl	kapitalertragsteuerpflichtig
KapGes	Kapitalgesellschaft
KapKto	Kapitalkonto
KapVerm	Kapitalvermögen
KAV	Kindergeldauszahlungs-Verordnung
Kfm, kfm	Kaufmann, kaufmännisch
KG	Kammergericht; Kommanditgesellschaft
KGaA	Kommanditgesellschaft auf Aktien
KiGeld	Kindergeld
KiSt	Kirchensteuer
KiStPfl, kistpfl	Kirchensteuerpflicht, kirchensteuerpflichtig
Kj	Kalenderjahr
KKB	Kanzler/Kraft/Bäuml/Marx/Hechtner/Geserich, Kommentar zum EStG, 6. Aufl. 2021
Klein	Klein, Kommentar zur AO, 15. Aufl. 2020

Abkürzungen

KlimaSG	Gesetz zur Umsetzung des Klimaprogramms
Knobbe-Keuk	Knobbe-Keuk, Bilanz- und Unternehmenssteuerrecht, 9. Aufl. 1993
Kobl	Koblenz
KöKlausel	Körperschaftsklausel
KÖSDI	Kölner Steuerdialog (Zeitschrift)
KohleAusG	Kohleausstiegsgesetz
KöMoG	Körperschaftsteuer-Modernisierungsgesetz
Kom	Kommentar
KonTraG	Gesetz zu Kontrolle u. Transparenz im Unternehmensbereich
Korn	Korn, Kommentar zum EStG (Loseblatt)
krit	kritisch
KS	Kirchhof/Seer, Kommentar zum EStG, 20. Aufl. 2021
KSM	Kirchhof/Söhn/Mellinghoff, Kommentar zum EStG (Loseblatt)
KSt	Körperschaftsteuer
KStDV	Körperschaftsteuer-Durchführungsverordnung
KStG	Körperschaftsteuergesetz
kstl	körperschaftsteuerlich
KStPfl, kstpfl	Körperschaftsteuerpflicht, körperschaftsteuerpflichtig
KStR	Körperschaftsteuer-Richtlinien
KSVG	Künstlersozialversicherungsgesetz
K'tist	Kommanditist
Küttner	Küttner, Personalbuch 2021
KV	Krankenversicherung
KW	Küting/Weber, Handbuch der Rechnungslegung (Loseblatt)
KWG	Kreditwesengesetz
Lademann	Lademann, Kommentar zum EStG (Loseblatt)
LB	Lehrbuch
LBauO	Landesbauordnung
Leingärtner	Leingärtner, Besteuerung der Landwirte (Loseblatt)
Leip	Leipzig
lfd	laufend
LfD	Landesfinanzdirektion *(früher OFD)*
Lfg	Lieferung
LfSt	Landesamt für Steuern *(früher OFD)*
Littmann	Littmann/Bitz/Pust, Das Einkommensteuerrecht (Loseblatt)
LPartG	Gesetz über die eingetragene Lebenspartnerschaft
LSt	Lohnsteuer
LStDV	Lohnsteuer-Durchführungsverordnung
LStH	Lohnsteuer-Hinweise
LStJA	Lohnsteuerjahresausgleich
LStPfl, lstpfl	Lohnsteuerpflicht, lohnsteuerpflichtig
LStR	Lohnsteuer-Richtlinien
lstrechtl	lohnsteuerrechtlich
LuF, luf	Land- und Forstwirtschaft, land- und forstwirtschaftlich
LV	Lebensversicherung
Mbg	Magdeburg
Mchn	München
MDR	Monatsschrift für Deutsches Recht
mE	meines Erachtens
MHH	Meincke/Hannes/Holtz, Kommentar zum ErbStG, 18. Aufl. 2021

Abkürzungen

MeVo	Mecklenburg-Vorpommern
MietWoG	Gesetz zur steuerlichen Förderung des Mietwohnungsbaus
MinBl	Ministerialblatt
MoPeG	Gesetz zur Modernisierung des Personengesellschaftsrechts
Mster	Münster
MüKoBGB	Münchener Kommentar zum Bürgerlichen Gesetzbuch, 9. Aufl. 2021
MüKoHGB	Münchener Kommentar zum Handelsgesetzbuch, 5. Aufl. 2021
MUer	Mitunternehmer
MUerschaft	Mitunternehmerschaft
MuSchG	Mutterschutzgesetz
mwN	mit weiteren Nachweisen
Nbg	Nürnberg
Nds	Niedersachsen
nF	neue Fassung
NJW	Neue Juristische Wochenschrift
npoR	Zeitschrift für das Recht der Non Profit Organisationen
nrkr	nicht rechtskräftig
NRW, NW	Nordrhein-Westfalen
NSH	Noack/Servatius/Haas, Kommentar zum GmbHG, 23. Aufl. 2022 (vormals Baumbach/Hueck)
NV, nv	Nichtveranlagung, nichtveranlagt; nicht veröffentlicht
NWB	Neue Wirtschafts-Briefe
NZB	Nichtzulassungsbeschwerde
NZFam	Neue Zeitschrift für Familienrecht
NZG	Neue Zeitschrift für Gesellschaftsrecht
oÄ	oder Ähnliches
obj	objektiv
OECD-BEPS Aktionspunkt 2	OECD, Neutralisierung der Effekte hybrider Gestaltungen, Aktionspunkt 2 – Abschlussbericht 2015
OECD-BEPS Aktionspunkt 5	OECD, Wirksame Bekämpfung schädlicher Steuerpraktiken unter Berücksichtigung von Transparenz und Substanz, Aktionspunkt 5 – Abschlussbericht 2015
OECD-MA	OECD-Musterabkommen zur Vermeidung der Doppelbesteuerung auf dem Gebiet der Steuern vom Einkommen und vom Vermögen
OFD	Oberfinanzdirektion
OGAW-IV-UmsG	Gesetz zur Umsetzung der Richtlinie 2009/65/EG zur Koordinierung der Rechts- und Verwaltungsvorschriften betreffend bestimmte Organismen für gemeinsame Anlagen in Wertpapieren
OptGes	Optionsgesellschaft (optierende Gesellschaft iSv § 1a KStG)
österr	österreichisch
ÖStZ	Österreichische Steuer-Zeitung
OWiG	Ordnungswidrigkeitengesetz
ParteiG	Parteiengesetz
PartGG	Partnerschaftsgesellschafts-Gesetz
PersGes	Personen(handels)gesellschaft(en)
PflV	Pflegeversicherung
PflegeVG	Pflege-Versicherungsgesetz

Abkürzungen

PSV	Pensionssicherungsverein (auf Gegenseitigkeit)
PV	Privatvermögen
QuellenSt	Quellensteuer
RA	Rechtsanwalt(-anwälte)
RAP	Rechnungsabgrenzungsposten
RdF	Recht der Finanzinstrumente (Zeitschrift)
RegBegr	Regierungsbegründung
RegEntw	Regierungsentwurf
RfE	Rücklage für Ersatzbeschaffung
Rev	Revision
Rhl	Rheinland
RhPf	Rheinland-Pfalz
RIW	Recht der internationalen Wirtschaft (bis 1974 AWD)
rkr	rechtskräftig
RL	Richtlinien der EG/EU
Rspr	Rechtsprechung
RV	Rentenversicherung
Rz	Randziffer, Randzahl
S; s	Satz, Seite; siehe
SA	Sonderausgaben
Saarl	Saarland
Sachs	Sachsen
SachsAnh	Sachsen-Anhalt
Schaumburg	Schaumburg, Internationales Steuerrecht, 4. Aufl. 2017
Schaumburg/Englisch	Schaumburg/Englisch, Europäisches Steuerrecht, 2. Aufl. 2020
SchlHol	Schleswig-Holstein
Schrb	Schreiben
SchwArbBekG	Schwarzarbeitsbekämpfungsgesetz
SEStEG	Gesetz über steuerl Begleitmaßnahmen zur Einführung der Europäischen Ges und Änderung weiterer strechtl Vorschriften
SGB	Sozialgesetzbuch
SH	Schmitt/Hörtnagl, Kommentar zum UmwG, UmwStG, 9. Aufl. 2020
SK	Stöckler/Karst, Steuerrecht der betrieblichen Altersversorgung (Loseblatt)
Sölch/Ringleb	Sölch/Ringleb, Kommentar zum UStG (Loseblatt)
SolZ, SolZG	Solidaritätszuschlagsgesetz
SonderBV	Sonderbetriebsvermögen
SRÜ	UN-Seerechtsübereinkommen
StandOG	Standortsicherungsgesetz
StAnpG	Steueranpassungsgesetz
StÄndG	Steueränderungsgesetz
StB	Steuerbilanz; Der Steuerberater (Zeitschrift)
stbar	steuerbar
StBer	Steuerberater
StBerG	Steuerberatungsgesetz
StBereinG	Gesetz zur Bereinigung von steuerlichen Vorschriften
Stbg	Die Steuerberatung (Zeitschrift)
StBil	Steuerbilanz
StbJb	Steuerberater-Jahrbuch
StBP	Die steuerliche Betriebsprüfung (Zeitschrift)

Abkürzungen

StBürAbG	Steuerbürokratieabbaugesetz
StEd	Steuer-Eildienst (Zeitschrift)
StEntlG 99 ff	Steuerentlastungsgesetz 1999/2000/2002
SteuerStud	Steuer und Studium (Zeitschrift)
Steufa	Steuerfahndung
stfrei	steuerfrei
StGB	Strafgesetzbuch
StLex	Steuer-Lexikon
StMBG	Gesetz zur Bekämpfung des Missbrauchs und zur Bereinigung des Steuerrechts
StPfl, stpfl	Steuerpflicht(iger), steuerpflichtig
StPO	Strafprozessordnung
str	strittig
strechtl	steuerrechtlich
stRspr	ständige Rechtsprechung
Streck	Streck, Kommentar zum KStG, 10. Aufl. 2022
StRefG	Steuerreformgesetz
StSenkG	Steuersenkungsgesetz
StuB	Steuern und Bilanzen (Zeitschrift)
StuW	Steuer und Wirtschaft (Zeitschrift)
StVerG	Steuervereinfachungsgesetz
StVergAbG	Steuervergünstigungsabbaugesetz
subj	subjektiv(e)
SV	Sozialversicherung
SvEV	Sozialversicherungsentgeldverordnung
Thür	Thüringen
Tipke LB	Tipke/Lang, Steuerrecht, 24. Aufl. 2021
Tipke StRO II	Tipke, Die Steuerrechtsordnung, Bd II, 2. Aufl. 2013
TK	Tipke/Kruse, Kommentar zu AO und FGO (Loseblatt)
TEHG	Treibhaus-Emissionshandelsgesetz
TW	Teilwert
TW-AfA	Teilwertabschreibung
ua	unter anderem
uÄ	und Ähnliches
Ubg	Unternehmensbesteuerung (Zeitschrift)
UmweltHG	Umwelthaftungsgesetz
UmwG	Umwandlungsgesetz
UmwStG	Umwandlungs-Steuergesetz
unbeschr	unbeschränkt
unstr	unstrittig
UntStFG	Gesetz zur Fortentwicklung des Unternehmenssteuerrechts
UntStRefG	Unternehmenssteuerreformgesetz
unzul	unzulässig
unzutr	unzutreffend
UR	Umsatzsteuer-Rundschau (Zeitschrift)
Urt	Urteil
USt	Umsatzsteuer
UStDV	Umsatzsteuer-Durchführungsverordnung
UStG	Umsatzsteuergesetz
UStPfl, ustpfl	Umsatzsteuerpflicht, umsatzsteuerpflichtig
UStR	Umsatzsteuer-Richtlinien
uU	unter Umständen
UV	Umlaufvermögen

Abkürzungen

v	vom
VA	Verwaltungsakt
VAG	Versicherungsaufsichtsgesetz
VAStRefG	Gesetz zur Strukturreform des Versorgungsausgleichs
VBL	Versorgungsanstalt des Bundes und der Länder
VE	Vieheinheiten
VerfBeschw	Verfassungsbeschwerde
verf…	verfassungs…
VermBG	Vermögensbildungsgesetz
vern	verneinend
VersSt	Versicherungsteuer
Verw	Verwaltung
VerwG	Verwaltungsgericht
Vfg	Verfügung
vGA	verdeckte Gewinnausschüttung
vH	vom Hundert
VIZ	Zeitschrift für Vermögens- und Immobilienrecht
VO	Verordnung
Vogel/Lehner	Vogel/Lehner, DBA-Kommentar, 7. Aufl. 2021
Vorb	Vorbemerkung
VorSt	Vorsteuer
vT	von Tausend
VuV	Vermietung und Verpachtung
VVaG	Versicherungsverein auf Gegenseitigkeit
VWG BsGa	Betriebsstättengewinnaufteilungs-Verwaltungsgrundsätze
VwGO	Verwaltungsgerichtsordnung
VwZG	Verwaltungszustellungsgesetz
VZ	Veranlagungszeitraum
WagKapG	Gesetz zur Förderung des Wagniskapitals
Wassermeyer	Wassermeyer, Doppelbesteuerungsabkommen (Loseblatt-Kommentar)
WG	Wirtschaftsgut
WiB	Wirtschaftsrechtliche Beratung (Zeitschrift)
WM	Widmann/Mayer, Umwandlungsrecht (Loseblatt)
Wj	Wirtschaftsjahr
WK	Werbungskosten
WoBauG	Wohnungsbaugesetz
WoGG	Wohngeldgesetz
WoP(G)	Wohnungsbauprämie(ngesetz)
WP	Wirtschaftsprüfer
WPg	Die Wirtschaftsprüfung (Zeitschrift)
WPIG	Wertpapierinstitutsgesetz
WpÜG	Wertpapiererwerbs- und Übernahmegesetz
WRS	Wassermeyer/Richter/Schnittker, Personengesellschaften im Internationalen Steuerrecht, 2. Aufl. 2015
ZBB	Zeitschrift für Bankrecht und Bankwirtschaft
ZEV	Zeitschrift für Erbrecht und Vermögensnachfolge
ZfV	Zeitschrift für Versicherungswesen
ZgK	Zeitschrift für das gesamte Kreditwesen
ZGR	Zeitschrift für Unternehmens- und Gesellschaftsrecht
ZHR	Zeitschrift für das gesamte Handels- und Wirtschaftsrecht
ZIP	Zeitschrift für Wirtschaftsrecht
ZIV	Zinsinformationsverordnung

Abkürzungen

ZPO	Zivilprozessordnung
zR	zu Recht
zT	zum Teil
zul	zulässig
zust	zustimmend
ZustAnpVO	Zuständigkeitsanpassungsverordnung
zutr	zutreffend
ZVG	Gesetz über die Zwangsversteigerung und -verwaltung
zw	zwischen

Einkommensteuergesetz (EStG)

In der Fassung der Bekanntmachung vom 8.10.2009 (BGBl. I S. 3366), berichtigt am 8.12.2009 (BGBl. I S. 3862)

BGBl. III/FNA 611-1

Geändert durch Art. 1 Gesetz zur Beschleunigung des Wirtschaftswachstums v. 22.12.2009 (BGBl. I S. 3950), Art. 1 Gesetz zur Umsetzung steuerlicher EU-Vorgaben sowie zur Änderung steuerlicher Vorschriften v. 8.4.2010 (BGBl. I S. 386), Jahressteuergesetz 2010 v. 8.12.2010 (BGBl. I S. 1768), Gesetz zur Restrukturierung und geordneten Abwicklung von Kreditinstituten, zur Errichtung eines Restrukturierungsfonds für Kreditinstitute und zur Verlängerung der Verjährungsfrist der aktienrechtlichen Organhaftung v. 9.12.2010 (BGBl. I S. 1900), Gesetz zur bestätigenden Regelung verschiedener steuerlicher und verkehrsrechtlicher Vorschriften des HGB 2004 v. 5.4.2011 (BGBl. I S. 554), Gesetz zur Umsetzung der Richtlinie 2009/65/EG zur Koordinierung der Rechts- und Verwaltungsvorschriften betr. bestimmte Organismen für gemeinsame Anlagen in Wertpapieren v. 22.6.2011 (BGBl. I S. 1126), Steuervereinfachungsgesetz 2011 v. 1.11.2011 (BGBl. I S. 2131), Gesetz zur Umsetzung der Beitreibungsrichtlinie sowie zur Änderung steuerlicher Vorschriften v. 7.12.2011 (BGBl. I S. 2592), Gesetz zur Verbesserung der Eingliederungschancen am Arbeitsmarkt v. 20.11.2012 (BGBl. I S. 2854), Art. 13 Abs. 4 Gesetz zur Neuordnung der Organisation der landwirtschaftlichen Sozialversicherung v. 12.4.2012 (BGBl. I S. 579), Art. 3 Gesetz zur Änderung des Gemeindefinanzreformgesetzes und von steuerlichen Vorschriften v. 8.5.2012 (BGBl. I S. 1030), Gesetz zum Abbau der kalten Progression v. 20.2.2013 (BGBl. I S. 283), Gesetz zur Änderung und Vereinfachung der Unternehmensbesteuerung und des steuerlichen Reisekostenrechts v. 20.2.2013 (BGBl. I S. 285), Gesetz zur Verbesserung der steuerlichen Förderung der privaten Altersvorsorge v. 24.6.2013 (BGBl. I S. 1667), Art. 2 Gesetz zur Umsetzung der Amtshilferichtlinie sowie zur Änderung steuerlicher Vorschriften v. 26.6.2013 (BGBl. I S. 1809), Gesetz zur Änderung des EStG in Umsetzung der Entscheidung des BVerfG vom 7. Mai 2013 v. 15.7.2013 (BGBl. I S. 2397), Gesetz zur Anpassung des InvStG und anderer Gesetze an das AIFM-Umsetzungsgesetz v. 18.12.2013 (BGBl. I S. 4318), Gesetz zur Anpassung steuerlicher Regelungen an die Rechtsprechung des BVerfG v. 18.7.2014 (BGBl. I S. 1042), Art. 1, 2, 3 Gesetz zur Anpassung des nationalen Steuerrechts an den Beitritt Kroatiens zur EU und zur Änderung weiterer Vorschriften v. 25.7.2014 (BGBl. I S. 1266), Gesetz zur Änderung des Freizügigkeitsgesetzes/EU und weiterer Vorschriften v. 2.12.2014 (BGBl. I S. 1922), Gesetz zur Anpassung der Abgabenordnung an den Zollkodex der Union und zur Änderung weiterer steuerlicher Vorschriften v. 22.12.2014 (BGBl. I S. 2417), Gesetz zur Modernisierung der Finanzaufsicht über Versicherungen v. 1.4.2015 (BGBl. I S. 434), Gesetz zur Neuregelung der Unterhaltssicherung sowie zur Änderung soldatenrechtlicher Vorschriften v. 29.6.2015 (BGBl. I S. 1061), Gesetz zur Anhebung des Grundfreibetrags, des Kinderfreibetrags, des Kindergeldes und des Kinderzuschlags v. 16.7.2015 (BGBl. I S. 1202), Gesetz zur Entlastung insbesondere der mittelständischen Wirtschaft von Bürokratie v. 28.7.2015 (BGBl. I S. 1400), Zehnte Zuständigkeitsanpassungsverordnung v. 31.8.2015 (BGBl. I S. 1474), Steueränderungsgesetz 2015 v. 2.11.2015 (BGBl. I S. 1834), Gesetz zur Umsetzung der EU-Mobilitäts-Richtlinie v. 21.12.2015 (BGBl. I S. 2553), Gesetz zur Änderung des Einkommensteuergesetzes zur Erhöhung des Lohnsteuereinbehalts in der Seeschifffahrt v. 24.2.2016 (BGBl. I S. 310), Zweites Gesetz über die weitere Bereinigung von Bundesrecht v. 8.7.2016 (BGBl. I S. 1594), Gesetz zur Modernisierung des Besteuerungsverfahrens v. 18.7.2016 (BGBl. I S. 1679), Gesetz zur Reform der Investmentbesteuerung v. 19.7.2016 (BGBl. I S. 1730), Gesetz zur Neuregelung des Kulturgutschutzrechts v. 31.7.2016 (BGBl. I S. 1914), Gesetz zur steuerlichen Förderung von Elektromobilität im Straßenverkehr v. 7.11.2016 (BGBl. I S. 2498), Gesetz zur Beendigung der Sonderzuständigkeit der Familienkassen des öffentlichen Dienstes im Bereich des Bundes v. 8.12.2016 (BGBl. I S. 2835), Gesetz zur Umsetzung der Änderungen der EU-Amtshilferichtlinie und von weiteren Maßnahmen gegen Gewinnkürzungen und -verlagerungen v. 20.12.2016 (BGBl. I S. 3000), Gesetz zum Erlass und zur Änderung marktordnungsrechtlicher Vorschriften sowie zur Änderung des EStG v. 20.12.2016 (BGBl. I S. 3045), Drittes Gesetz zur Stärkung der pflegerischen Versorgung und zur Änderung weiterer Vorschriften v. 23.12.2016 (BGBl. I S. 3191), Gesetz zur Bekämpfung der Steuerumgehung und zur Änderung weiterer steuerlicher Vorschriften v. 23.6.2017 (BGBl. I S. 1682), Gesetz gegen schädliche Steuerpraktiken iZm Rechteüberlassungen v. 27.6.2017 (BGBl. I S. 2074), Zweites Gesetz zur

EStG Einkommensteuergesetz

Entlastung insbesondere der mittelständischen Wirtschaft von Bürokratie v. 30.6.2017 (BGBl. I S. 2143), Gesetz zur strafrechtlichen Rehabilitierung der nach dem 8. Mai 1945 wegen einvernehmlicher homosexueller Handlungen verurteilten Personen und zur Änderung des Einkommensteuergesetzes v. 17.7.2017 (BGBl. I S. 2443), Gesetz zum Ausschluss verfassungsfeindlicher Parteien von der Parteienfinanzierung v. 18.7.2017 (BGBl. I S. 2730), Gesetz zur Stärkung der betrieblichen Altersversorgung und zur Änderung anderer Gesetze v. 17.8.2017 (BGBl. I S. 3214), Gesetz zur steuerlichen Entlastung der Familien sowie zur Anpassung weiterer steuerlicher Regelungen v. 29.11.2018 (BGBl. I S. 2210), Gesetz zur Vermeidung von Umsatzsteuerausfällen beim Handel mit Waren im Internet und zur Änderung weiterer steuerlicher Vorschriften v. 11.12.2018 (BGBl. I S. 2338), Gesetz zur Umsetzung der Richtlinie (EU) 2016/2341 des Europäischen Parlaments und des Rates v. 14.12.2016 über die Tätigkeiten und Beaufsichtigung von Einrichtungen der betrieblichen Altersversorgung v. 29.12.2018 (BGBl. I S. 2672), Brexit-Steuerbegleitgesetz v. 25.3.2019 (BGBl. I S. 357); Gesetz gegen illegale Beschäftigung und Sozialleistungsmissbrauch v. 11.7.2019 (BGBl. I S. 1066); Gesetz zur steuerlichen Förderung des Mietwohnungsneubaus v. 4.8.2019 (BGBl. I S. 1122); Zweites Datenschutz-Anpassungs- und Umsetzungsgesetz EU v. 20.11.2019 (BGBl. I S. 1626); Drittes Bürokratieentlastungsgesetz v. 22.11.2019 (BGBl. I S. 1746); Grundsteuer-Reformgesetz v. 26.11.2019 (BGBl. I S. 1794); Gesetz zur weiteren steuerlichen Förderung der Elektromobilität und zur Änderung weiterer steuerlicher Vorschriften („JStG 2019") v. 12.12.2019 (BGBl. I S. 2451); Gesetz zur Regelung des Sozialen Entschädigungsrechts v. 12.12.2019 (BGBl. I S. 2652); Gesetz zur steuerlichen Förderung von Forschung und Entwicklung v. 14.12.2019 (BGBl. I S. 2763); Gesetz zur Einführung einer Pflicht zur Mitteilung grenzüberschreitender Steuergestaltungen v. 21.12.2019 (BGBl. I S. 2875); Gesetz zur Umsetzung des Klimaschutzprogramms 2030 im Steuerrecht v. 21.12.2019 (BGBl. I S. 2866); Elfte Zuständigkeitsanpassungsverordnung v. 19.6.2020 (BGBl. I S. 1328); Gesetz zur Umsetzung steuerlicher Hilfsmaßnahmen zur Bewältigung der Corona-Krise v. 19.6.2020 (BGBl. I S. 1385); Zweites Gesetz zur Umsetzung steuerlicher Hilfsmaßnahmen zur Bewältigung der Corona-Krise v. 29.6.2020 (BGBl. I S. 1512); Gesetz zur Reduzierung und zur Beendigung der Kohleverstromung und zur Änderung weiterer Gesetze v. 8.8.2020 (BGBl. I S. 1818); Gesetz zur Einführung der Grundrente für langjährige Versicherung in der gesetzlichen Rentenversicherung mit unterdurchschnittlichem Einkommen und für weitere Maßnahmen zur Erhöhung der Alterseinkommen v. 12.8.2020 (BGBl. I S. 1879); Zweites Gesetz zur steuerlichen Entlastung von Familien sowie zur Anpassung weiterer steuerlicher Regelungen v. 1.12.2020 (BGBl. I S. 2616); Gesetz zur Digitalisierung von Verwaltungsverfahren bei der Gewährung von Familienleistungen v. 3.12.2020 (BGBl. I S. 2668); Gesetz zur Erhöhung der Behinderten-Pauschbeträge und zur Anpassung weiterer steuerlicher Regelungen v. 9.12.2020 (BGBl. I S. 2770; Jahressteuergesetz v. 21.12.2020 (BGBl. I S. 3096); Gesetz zur Verbesserung der Transparenz in der Alterssicherung und der Rehabilitation sowie zur Modernisierung der Sozialversicherungswahlen und zur Änderung anderer Gesetze (Gesetz Digitale Rentenübersicht) v. 11.2.2021 (BGBl. I S. 154); Drittes Gesetz zur Umsetzung steuerlicher Hilfsmaßnahmen zur Bewältigung der Corona-Krise v. 10.3.2021 (BGBl. I S. 330); Gesetz zur Reform des Vormundschafts- und Betreuungsrechts v. 4.5.2021 (BGBl. I S. 882); Gesetz zur Verlängerung des erhöhten Lohnsteuereinbehalts in der Seeschifffahrt v. 12.5.2021 (BGBl. I S. 989); Gesetz zur Umsetzung der Richtlinie (EU) 2019/2034 über die Beaufsichtigung von Wertpapierinstituten v. 12.5.2021 (BGBl. I S. 990); Gesetz zur Modernisierung der Entlastung von Abzugsteuern und der Bescheinigung der Kapitalertragsteuer (Abzugsteuerentlastungsmodernisierungsgesetz – AbzStEntModG) v. 2.6.2021 (BGBl. I S. 1259); Gesetz zur Stärkung des Fondsstandorts Deutschland und zur Umsetzung der Richtlinie (EU) 2019/1160 zur Änderung der Richtlinien 2009/65/EG und 2011/61/EU im Hinblick auf den grenzüberschreitenden Vertrieb von Organismen für gemeinsame Anlagen (Fondsstandortgesetz – FoStoG) v. 3.6.2021 (BGBl. I S. 1498); Gesetz zur Umsetzung der Anti-Steuervermeidungsrichtlinie (ATAD-Umsetzungsgesetz – ATADUmsG) v. 25.6.2021 (BGBl. I S. 2035); Gesetz zur Modernisierung des Körperschaftsteuerrechts v. 25.6.2021 (BGBl. I S. 2050); Gesetz zur Abwehr von Steuervermeidung und unfairem Steuerwettbewerb und zur Änderung weiterer Gesetze v. 25.6.2021 (BGBl. I S. 2056); Gesetz zur Rehabilitierung der wegen einvernehmlicher homosexueller Handlungen, wegen ihrer homosexuellen Orientierung oder wegen ihrer geschlechtlichen Identität dienstrechtlich benachteiligten Soldatinnen und Soldaten v. 16.7.2021 (BGBl. I S. 2993); Gesetz über die Entschädigung der Soldatinnen und Soldaten und zur Neuordnung des Soldatenversorgungsrechts v. 20.8.2021 (BGBl. I S. 3932).

Einkommensteuergesetz **EStG**

Einkommensteuer-Durchführungsverordnung (EStDV)

In der Fassung v. 10.5.2000 (BGBl. I S. 717)

BGBl. III/FNA 611-1-1

Geändert durch Gesetz zur weiteren steuerlichen Förderung von Stiftungen v. 14.7.2000 (BGBl. I S. 1034), Steuersenkungsgesetz v. 23.10.2000 (BGBl. I S. 1433), Steuer-Euroglättungsgesetz v. 19.12.2000 (BGBl. I S. 1790), Neuntes Buch Sozialgesetzbuch (SGB IX) v. 19.6.2001 (BGBl. I S. 1046), Siebente Zuständigkeitsanpassungs-VO v. 29.10.2001 (BGBl. I S. 2785), Steueränderungsgesetz 2001 v. 20.12.2001 (BGBl. I S. 3794), Flutopfersolidaritätsgesetz v. 19.9.2002 (BGBl. I S. 3651), Kleinunternehmerförderungsgesetz v. 31.7.2003 (BGBl. I S. 1550), Achte Zuständigkeitsanpassungsverordnung v. 25.11.2003 (BGBl. I S. 2304), Gesetz zur Umsetzung der Protokollerklärung der Bundesregierung zur Vermittlungsempfehlung zum Steuervergünstigungsabbaugesetz v. 23.12.2003 (BGBl. I S. 2840), Gesetz zur Einordnung des Sozialhilferechts in das Sozialgesetzbuch v. 27.12.2003 (BGBl. I S. 3022), Haushaltsbegleitgesetz 2004 v. 29.12.2003 (BGBl. I S. 3076), Geschmacksmusterreformgesetz v. 12.3.2004 (BGBl. I S. 390), Alterseinkünftegesetz v. 5.3.2004 (BGBl. I S. 1427), EU-Richtlinien-Umsetzungsgesetz v. 9.12.2004 (BGBl. I S. 3310, 3843), Dreiundzwanzigste Verordnung zur Änderung der EStDV v. 29.12.2004 (BGBl. I S. 3884), Neunte Zuständigkeitsanpassungsverordnung v. 31.10.2006 (BGBl. I S. 2407), Gesetz über steuerliche Begleitmaßnahmen zur Einführung der Europäischen Gesellschaft und zur Änderung weiterer steuerrechtlicher Vorschriften v. 7.12.2006 (BGBl. I S. 2782), ber. BGBl. I 2007 S. 68, Gesetz zur weiteren Stärkung des bürgerschaftlichen Engagements v. 10.10.2007 (BGBl. I S. 2332), Jahressteuergesetz 2008 (JStG 2008) v. 20.12.2007 (BGBl. I S. 3150), Jahressteuergesetz 2009 (JStG 2009) v. 19.12.2008 (BGBl. I S. 2794), Gesetz zur Modernisierung und Entbürokratisierung des Steuerverfahrens v. 20.12.2008 (BGBl. I S. 2850), Gesetz zur Sicherung von Beschäftigung und Stabilität in Deutschland v. 2.3.2007 (BGBl. I S. 416), Begleitgesetz zur zweiten Föderalismusreform v. 10.8.2009 (BGBl. I S. 2702), VO zur Änderung steuerlicher Verordnungen v. 17.11.2010 (BGBl. I S. 1544), Gesetz über die weitere Bereinigung von Bundesrecht v. 8.12.2010 (BGBl. I S. 1864), Steuervereinfachungsgesetz 2011 v. 1.11.2011 (BGBl. I S. 2131), VO zum Erlass und zur Änderung steuerlicher Verordnungen v. 11.12.2012 (BGBl. I S. 2637), Gesetz zur Stärkung des Ehrenamts v. 21.3.2013 (BGBl. I S. 556), VO zur Übertragung der Zuständigkeit für das Steuerabzugs- und Veranlagungsverfahren nach den §§ 50 und 50a des EStG auf das Bundeszentralamt für Steuern und zur Regelung verschiedener Anwendungszeitpunkte und weiterer Vorschriften v. 24.6.2013 (BGBl. I S. 1679), Gesetz zur Anpassung steuerlicher Regelungen an die Rechtsprechung des BVerfG v. 18.7.2014 (BGBl. I S. 1042), Gesetz zur Anpassung des nationalen Steuerrechts an den Beitritt Kroatiens zur EU und zur Änderung weiterer steuerlicher Vorschriften v. 25.7.2014 (BGBl. I S. 1266), Art. 3 Verordnung zur Änderung steuerlicher Verordnungen und weiterer Vorschriften v. 22.12.2014 (BGBl. I S. 2392), Zehnte Zuständigkeitsanpassungsverordnung v. 31.8.2015 (BGBl. I S. 1474), Art. 5 Gesetz zur Modernisierung des Besteuerungsverfahrens v. 18.7.2016 (BGBl. I S. 1679), Art. 1 Dritte Verordnung zur Änderung steuerlicher Verordnungen v. 18.7.2016 (BGBl. I S. 1722), Art. 19 Abs. 14 Gesetz zur Stärkung der Teilhabe und Selbstbestimmung von Menschen mit Behinderungen (Bundesteilhabegesetz – BTHG) v. 23.12.2016 (BGBl. I S. 3234), Art. 8 Vierte Verordnung zur Änderung steuerlicher Verordnungen v. 12.7.2017, BGBl. I 2017 (BGBl. I S. 2360) und Gesetz zum Ausschluss verfassungsfeindlicher Parteien von der Parteienfinanzierung v. 18.7.2017 (BGBl. I S. 2730); Art. 2 Fünfte Verordnung zur Änderung steuerlicher Verordnungen v. 18.7.2020 (BGBl. I S. 1495); Gesetz zur Erhöhung der Behinderten-Pauschbeträge v. 9.12.2020 (BGBl. I S. 2770); Art. 6, Art. 7 Jahressteuergesetz 2020 v. 21.12.2020 (BGBl. I S. 3096); Art. 10 Gesetz zur Modernisierung der Entlastung von Abzugsteuern und der Bescheinigung der Kapitalertragsteuer (Abzugsteuerentlastungsmodernisierungsgesetz – AbzStEntModG) v. 2.6.2021 (BGBl. I S. 1259).

Lohnsteuer-Durchführungsverordnung (LStDV 1990)

In der Fassung v. 10.10.1989 (BGBl. I S. 1848)
BGBl. III/FNA 611-2

Geändert durch Steueränderungsgesetz 1992 v. 25.2.1992 (BGBl. I S. 297), Jahressteuergesetz 1996 v. 11.10.1995 (BGBl. I S. 1250), Steuerentlastungsgesetz 1999/2000/2002 vom 24.3. 1999 (BGBl. I S. 402), Steuerbereinigungsgesetz 1999 v. 22.12.1999 (BGBl. I S. 2601), Steuer-Euroglättungsgesetz v. 19.12.2000 (BGBl. I S. 1790), Steueränderungsgesetz 2001 v. 20.12. 2001 (BGBl. I S. 3794), Steueränderungsgesetz 2003 v. 15.12.2003 (BGBl. I S. 2645), Alterseinkünftegesetz v. 5.7.2004 (BGBl. I S. 1427), Art. 2 Jahressteuergesetz 2007 v. 13.12.2006 (BGBl. I S. 2878), Art. 2 Verordnung zur Änderung steuerlicher Verordnungen v. 17.11.2010 (BGBl. I S. 1544), Art. 3 Gesetz zur Umsetzung der Beitreibungsrichtlinie sowie zur Änderung steuerlicher Vorschriften v. 7.12.2011 (BGBl. I S. 2592), Art. 5 Gesetz zur Änderung und Vereinfachung der Unternehmensbesteuerung und des steuerlichen Reisekostenrechts v. 20.2. 2013 (BGBl. I S. 285), Art. 27 Gesetz zur Anpassung des nationalen Steuerrechts an den Beitritt Kroatiens zur EU und zur Änderung weiterer steuerlicher Vorschriften v. 25.7.2014 (BGBl. I S. 1266), Art. 6 Gesetz zur Modernisierung des Besteuerungsverfahrens v. 18.7.2016 (BStBl. I S. 1679), Betriebsrentenstärkungsgesetz v. 17.8.2017 (BGBl. I S. 3214), Art. 4 des Gesetzes zur Vermeidung von Umsatzsteuerausfällen beim Handel mit Waren im Internet und zur Änderung weiterer steuerlicher Vorschriften v. 11.12.2018 (BGBl. I S. 2338); Art. 2 Fünfte Verordnung zur Änderung steuerlicher Verordnungen v. 25.6.2020 (BGBl. I S. 1495).

Einkommensteuer-Richtlinien 2012 (EStR 2012)

Vom 16.12.2005 (BStBl. I Sondernummer 1) i. d. F. der EStÄR 2012
v. 25.3.2013 (BStBl. I S. 276). – Mit den **EStH 2021**

Lohnsteuer-Richtlinien 2015 (LStR 2015)

Vom 10.12.2007 (BStBl. I Sondernummer 1) i. d. F. der LStÄR 2021
v. 3.6.2021 (BStBl. I S. 776). – Mit den **LStH 2022**

I. Steuerpflicht

§ 1 Steuerpflicht

(1) ¹Natürliche Personen, die im Inland einen Wohnsitz oder ihren gewöhnlichen Aufenthalt haben, sind unbeschränkt einkommensteuerpflichtig. ²Zum Inland im Sinne dieses Gesetzes gehört auch der der Bundesrepublik Deutschland zustehende Anteil
1. an der ausschließlichen Wirtschaftszone, soweit dort
   a) die lebenden und nicht lebenden natürlichen Ressourcen der Gewässer über dem Meeresboden, des Meeresbodens und seines Untergrunds erforscht, ausgebeutet, erhalten oder bewirtschaftet werden,
   b) andere Tätigkeiten zur wirtschaftlichen Erforschung oder Ausbeutung der ausschließlichen Wirtschaftszone ausgeübt werden, wie beispielsweise die Energieerzeugung aus Wasser, Strömung und Wind oder
   c) künstliche Inseln errichtet oder genutzt werden und Anlagen und Bauwerke für die in den Buchstaben a und b genannten Zwecke errichtet oder genutzt werden, und
2. am Festlandsockel, soweit dort
   a) dessen natürliche Ressourcen erforscht oder ausgebeutet werden; natürliche Ressourcen in diesem Sinne sind die mineralischen und sonstigen nicht lebenden Ressourcen des Meeresbodens und seines Untergrunds sowie die zu den sesshaften Arten gehörenden Lebewesen, die im nutzbaren Stadium entweder unbeweglich auf oder unter dem Meeresboden verbleiben oder sich nur in ständigem körperlichen Kontakt mit dem Meeresboden oder seinem Untergrund fortbewegen können; oder
   b) künstliche Inseln errichtet oder genutzt werden und Anlagen und Bauwerke für die in Buchstabe a genannten Zwecke errichtet oder genutzt werden.

(2) ¹Unbeschränkt einkommensteuerpflichtig sind auch deutsche Staatsangehörige, die
1. im Inland weder einen Wohnsitz noch ihren gewöhnlichen Aufenthalt haben und
2. zu einer inländischen juristischen Person des öffentlichen Rechts in einem Dienstverhältnis stehen und dafür Arbeitslohn aus einer inländischen öffentlichen Kasse beziehen,

sowie zu ihrem Haushalt gehörende Angehörige, die die deutsche Staatsangehörigkeit besitzen oder keine Einkünfte oder nur Einkünfte beziehen, die ausschließlich im Inland einkommensteuerpflichtig sind. ²Dies gilt nur für natürliche Personen, die in dem Staat, in dem sie ihren Wohnsitz oder ihren gewöhnlichen Aufenthalt haben, lediglich in einem der beschränkten Einkommensteuerpflicht ähnlichen Umfang zu einer Steuer vom Einkommen herangezogen werden.

(3) ¹Auf Antrag werden auch natürliche Personen als unbeschränkt einkommensteuerpflichtig behandelt, die im Inland weder einen Wohnsitz noch ihren gewöhnlichen Aufenthalt haben, soweit sie inländische Einkünfte im Sinne des § 49 haben. ²Dies gilt nur, wenn ihre Einkünfte im Kalenderjahr mindestens zu 90 Prozent der deutschen Einkommensteuer unterliegen oder die nicht der deutschen Einkommensteuer unterliegenden Einkünfte den Grundfreibetrag nach § 32a Absatz 1 Satz 2 Nummer 1 nicht übersteigen; dieser Betrag ist zu kürzen, soweit es nach den Verhältnissen im Wohnsitzstaat des Steuerpflichtigen notwendig und angemessen ist. ³Inländische Einkünfte, die nach einem

§ 1 1, 2   Steuerpflicht

Abkommen zur Vermeidung der Doppelbesteuerung nur der Höhe nach beschränkt besteuert werden dürfen, gelten hierbei als nicht der deutschen Einkommensteuer unterliegend. ⁴Unberücksichtigt bleiben bei der Ermittlung der Einkünfte nach Satz 2 nicht der deutschen Einkommensteuer unterliegende Einkünfte, die im Ausland nicht besteuert werden, soweit vergleichbare Einkünfte im Inland steuerfrei sind. ⁵Weitere Voraussetzung ist, dass die Höhe der nicht der deutschen Einkommensteuer unterliegenden Einkünfte durch eine Bescheinigung der zuständigen ausländischen Steuerbehörde nachgewiesen wird. ⁶Der Steuerabzug nach § 50a ist ungeachtet der Sätze 1 bis 4 vorzunehmen.

(4) Natürliche Personen, die im Inland weder einen Wohnsitz noch ihren gewöhnlichen Aufenthalt haben, sind vorbehaltlich der Absätze 2 und 3 und des § 1a beschränkt einkommensteuerpflichtig, wenn sie inländische Einkünfte im Sinne des § 49 haben.

Einkommensteuer-/Lohnsteuer-Richtlinien: EStR 1/LStH 1

Übersicht

	Rz
I. Allgemeines zur persönlichen Steuerpflicht	
1. Persönliche Steuerpflicht, Begriff, Arten	1–4
2. EU-Problematik	5–10
3. Kreis der Steuerpflichtigen	11–17
II. Unbeschränkte Steuerpflicht, § 1 I	
1. Personenkreis	19
2. Wohnsitz	20–24
3. Gewöhnlicher Aufenthaltsort	27
4. Inland	30–34
III. Erweiterte unbeschränkte Steuerpflicht, § 1 II	
1. Personenkreis	35
2. Sachliche Voraussetzung	36
3. Rechtsfolgen	37
4. Deutsche Bedienstete der EU	38
5. Ausländische Diplomaten/Soldaten in Deutschland	39
IV. Grenzpendlerbesteuerung, § 1 III	
1. Personenkreis; Problemstellung	41
2. Grenzpendler (Einpendler) mit Inlandseinkünften	42–45
3. Ziel der besonderen Grenzpendlerbesteuerung, § 1 III 1	50
4. Persönlicher Geltungsbereich des § 1 III 1	51
5. Sachliche Voraussetzungen, § 1 III 2–5	52–60
6. Verfahrensfragen	65–67
7. Rechtsfolgen	70, 71
V. Beschränkte Steuerpflicht, § 1 IV	
1. Beschränkte Steuerpflicht, § 1 IV, §§ 49 ff	74
2. Erweiterte beschränkte Steuerpflicht, § 2 AStG	75
3. Beginn, Ende, Wechsel der Steuerpflicht (mit § 2 VII 3)	77
4. Doppelbesteuerung von Einkünften	80–83

I. Allgemeines zur persönlichen Steuerpflicht

1 **1. Persönliche Steuerpflicht. – a) Begriff.** Die ESt ist eine **Personensteuer.** Daher steht vor Prüfung der sachl StPfl die Prüfung der persönl StPfl, dh die Prüfung, ob eine Person als **Steuerschuldner** der dt ESt unterliegt.

2 **b) Arten der persönlichen Steuerpflicht.** § 1 unterscheidet nach Voraussetzungen und Rechtsfolgen zw unbeschr und beschr StPfl. Die **unbeschr StPfl** setzt grds gemäß **§ 1 I** einen Wohnsitz oder gewöhnl Aufenthalt im Inl voraus und erstreckt sich auf *alle* stbaren Einkünfte iSv § 2 I (Welteinkünfte – Doppelbesteue-

Allgemeines zur persönlichen Steuerpflicht 3–8 **§ 1**

rung s Rz 80). Die **beschr StPfl** erfasst grds alle übrigen Personen, aber nur mit ihren *inl* Einkünften iSv § 49 (§ 1 IV). Die unbeschr StPfl hat durch § 1 II für im Ausl ansässige öffentl Bedienstete eine personelle Erweiterung erfahren (sog **erweiterte unbeschr StPfl,** s Rz 35 ff), die beschr StPfl durch §§ 2, 5 AStG eine sachl Erweiterung (sog **erweiterte beschr StPfl,** s Rz 75). § 1 III nimmt **Grenzeinpendler** ohne inl Wohnsitz oder gewöhnl Aufenthalt in den Personenkreis der **fiktiv unbeschr StPfl** auf (s Rz 41 ff), aber nur mit ihren inl Einkünften iSv § 49 und mit auf den EU/EWR-Bereich begrenzten familienbezogenen Vergünstigungen nach § 1a. **Wechsel der StPfl** s § 2 VII 3 (Rz 77) und § 2 AStG (Rz 75).

c) Unterschiede unbeschränkte/beschränkte Steuerpflicht. – aa) Verfahrensrechtl Unterschiede, § 50 II, 50a. Die früheren Veranlagungsunterschiede (abgeltender StAbzug bei beschr StPfl, § 50 II 1) sind vor allem im EU-Bereich durch ein Veranlagungswahlrecht minimiert (§ 50 II 2; *Schmidt* 38. Aufl § 1 Rz 3). 3

bb) Sachliche Unterschiede. Bestimmte steuerl Vergünstigungen sind an die unbeschr StPfl geknüpft (zB § 1a, § 26, § 32 VI 2, § 32b I, § 50 I, § 62 I 1 – Bindung an EStBescheid s BFH III R 11/20 BStBl II 21, 682). 4

2. EU-Problematik

Schrifttum: *Kessler/Spengel* DB Beil 1/21 (Checkliste uU EU-widriger Normen); *Dobratz* IStR 19, 219 (EuGH-Verfahren); *Kahle/Kopp* DStR 21, 1569 (EU-Einflüsse im BilStRecht).

Verträge (ausführl *TK/Drüen* § 2 AO Rz 46; s *Schmidt* 39. Aufl § 1 Rz 5):
– Der *EU*-Gründungsvertrag **(EUV)** regelt die EU-Grundlagen und ersetzt den **EWG**-Gründungsvertrag **(EGV);** der EU-Arbeitsweisevertrag **(AEUV)** regelt gleichberechtigt mit dem EUV die Einzelheiten der vertragl Grundlagen einschließl der Grundfreiheiten; das *EWR*-Abkommen regelt die Gleichstellung weiterer nicht der EU angehöriger Staaten, vgl § 1a I, § 1a Rz 5. 5

Wichtige EuGH-Urteile zu direkten Steuern s *Schmidt* 39. Aufl § 1 Rz 5.

a) EG/EU-Recht und Einkommensteuer. Da der Einfluss des EG/EU-Rechts nur auf die indirekten Steuern (vor allem die USt) in Art 113 AEUV vorgeschrieben ist, hatten Gesetzgebung und Rspr den Einfluss auf die direkten Steuern, vor allem die ESt, lange negiert bzw unterschätzt. Das hat sich geändert. 6

b) EuGH-Rechtsprechung. – aa) Grundsatz. Im Urteil *„Schumacker"* EuGH C-279/73 DStR 95, 326 stellt der EuGH folgende Grundsätze klar: Die direkten Steuern fallen zwar in die Zuständigkeit der EU-Mitgliedstaaten. Diese müssen jedoch ihre Befugnisse unter Wahrung des Gemeinschaftsrechts ausüben und deshalb jede offene oder versteckte Diskriminierung Staatsangehöriger anderer EU-Staaten durch Verstoß gegen eine der EU-Grundfreiheiten unterlassen (s Rz 8). Das bedeutet zunächst, dass zwar **keine grds Bedenken** gegen unterschiedl nationale Steuerrechtsordnungen oder gegen die international übl unterschiedl **Besteuerung Gebietsfremder** als beschr StPfl und Gebietsansässiger als unbeschr StPfl bestehen (obj ungleichartige Stellung hinsichtl der Einkunftsquelle, der persönl Steuerkraft und des Familienstands; grds Gewährung personen- und auslandseinkünftebezogener Abzüge bereits bei Besteuerung im Wohnsitzstaat; keine Doppelentlastung), auch nicht gegen unterschiedl **DBA-Regelungen** (EuGH C-336/96 DStRE 98, 445 *Gilly*) oder unterschiedl **ausl Steuerfreibeträge** (EuGH C-39/10 DStRE 12, 1185 mwN; s auch § 1 III 4 mit Rz 56). Die EU-vertragl garantierte nationale Steuersouveränität ist im Grundsatz nicht in Frage gestellt; insb kann sich kein StPfl auf günstigere Regelungen in anderen EU-Staaten berufen **(kein Meistbegünstigungsanspruch,** s EuGH C-240/10 BStBl II 13, 56 – *Schulz* – zu § 3 Nr 64). 7

bb) Grenzen der Steuersouveränität. Der **EU-Vertrag** enthält **einzelne Grundfreiheitsrechte,** an welchen sich die nationalen Gesetzgeber stets zu orientieren haben. Dazu gehört insb die Freiheit des Personenverkehrs über die EU- 8

Grenzen hinweg (Freizügigkeit, Niederlassungsfreiheit für ArbN, Selbständige, Ges'ten, Art 45 ff, 49 ff AEUV (ausführl EuGH C-20/16 BStBl II 17, 1271), zu Kapitalverkehrsfreiheit Art 63 AEUV. **Diskriminierungen und sonstige ungerechtfertigte Behinderungen** dieser EU-Grundfreiheiten sind zu vermeiden. Primär ist der nationale Gesetzgeber gehalten, diskriminierende Vorschriften anzupassen; andernfalls sind diese von den Gerichten nicht anzuwenden bzw gemeinschaftskonform auszulegen oder dem EuGH vorzulegen. Verstöße sind nicht nur bei gezielter, sondern auch bei *versteckter* Benachteiligung gegeben, soweit im Einzelfall vorwiegend ausl Staatsangehörige betroffen sind.

9 cc) **Rechtfertigungsgründe; Vergleichbarkeit.** Vgl i Einz *Schmidt* 39. Aufl § 1 Rz 9. Nachteilige Regelungen diskriminieren nur insoweit, als *gleichartige* Situationen ungleich behandelt werden, also nur bei Ausländern, die eine dem unbeschr stpfl Inländer vergleichbare Stellung haben. IÜ ist eine **Tendenz der EuGH-Rspr** zu erkennen, die Rechtfertigungsgründe für eine unterschiedl Besteuerung auszudehnen und scharfe Eingriffe in die nationale Gesetzgebung abzuschwächen, vor allem durch Ausweitung des Rechtfertigungsgrundes der **„Kohärenz"** bei wechselseitigem Zusammenhang zw Entlastung und Besteuerung (s Rspr § 2a Rz 9 zu Ausschluss eines DBA-widrigen, uU doppelten Verlustabzuges und der freien Wahl des Verlustabzugsstaates) sowie durch Aufnahme des **Territorialitätsprinzips** und der **Abwehr von StVermeidung** als Rechtfertigungsgründe.

10 c) **Rechtsfolgen eines Verstoßes.** Der StPfl hat einen Rechtsanspruch auf Gleichbehandlung und auf Anwendung der EuGH-Rspr, allerdings kein *eigenes* EU-Beschwerderecht. Bei Abweichung durch die FinVerw kann (FG) bzw muss (BFH) der Fall dem EuGH vorgelegt werden. Die Vollziehung solcher StBescheide ist ggf auszusetzen (**AdV** – zB BFH I B 44/04 BStBl II 04, 882).

11 **3. Kreis der Steuerpflichtigen.** Das BGB unterscheidet zur Rechtsfähigkeit zw natürl und juristischen Personen; der ESt-Pflicht unterliegen nur natürl Personen (§ 1 I, IV). – a) **Natürliche Personen.** Das sind alle Menschen von der Geburt bis zum Tod (vgl § 1 BGB). Jede natürl Person ist *einzeln* stpfl, auch Kinder und zusammen veranlagte Ehegatten (s Wortlaut § 26 I). **Sonstige Persönlichkeitsmerkmale** wie Staatsangehörigkeit, Geschäftsfähigkeit, Alter, Verfügungsbeschränkungen durch Konkurs/Insolvenz oÄ berühren die StPfl grds nicht (Ausnahmen s § 1a, § 2a I –IIa, § 50 II 7 zu **EU-Staatsangehörigkeit**). – *Beispiele:*

– Dreijähriges **Kind** erbt Mietshaus; für das Kind als StPfl ist eine Veranlagung durchzuführen.
– Ausländische **Gastarbeiter** sind grds gemäß § 1 I estpfl (s Rz 23, 27; § 1a I); ohne inl Wohnsitz /Aufenthaltsort gilt § 1 III, sonst § 1 IV.
– **Gemeinschuldner** bleibt in der Insolvenz estpfl (BFH XI R 73/92 BFH/NV 94, 477).
– **Verschollene** werden im StRecht bis zur Rechtskraft der Todeserklärung als lebend und damit als stpfl ohne Wohnsitzaufgabe behandelt (§ 49 AO abw von §§ 13 ff VerschG).

12 b) **Juristische Personen.** Sie unterliegen nicht der ESt, sondern gem §§ 1, 2 KStG der KSt (KapGes einschließl Einmann-GmbH, Genossenschaften, Vereine). Nichtrechtsfähige Vereine sind zwar keine juristischen Personen, werden jedoch aus praktischen Gründen ebenso besteuert (§ 1 I Nr 5 KStG). Bei **Betriebsaufspaltung** sind Besitz- und Betriebsunternehmen zwei selbständige StSubjekte (s § 15 Rz 870), ebenso **Organträger/OrganGes** (§ 14 KStG, § 2 II 2 GewStG).

13 c) **Personengesellschaften.** OHG, KG, GbR unterliegen als solche zwar der USt und GewSt, nicht aber der ESt oder KSt. Stpfl sind nach § 1 EStG die beteiligten Ges'ter als natürl Personen. Um eine einheitl Besteuerung zu erreichen, werden die Einkünfte einheitl und gesondert festgestellt, auf die Ges'ter verteilt und diesen iRd Einkommensbesteuerung zugerechnet (§§ 179, 180 I Nr 2a, 182 I AO); über die persönl Voraussetzungen der unbeschr/beschr StPfl ist im ESt-Verfahren der Ges'ter zu entscheiden. Das gilt auch für die **GmbH & Co KG** (bei der ledigl GmbH mit dem festgestellten Gewinnanteil der KSt unterliegt) und

Unbeschränkte Steuerpflicht 14–21 § 1

die **atypische stille Ges** (vgl § 15 Rz 340 und 700), auch als **Publikumsgesellschaften.** Qualifikationsprobleme bei ausl Ges s § 34c Rz 4.

d) Steuerpflicht im Erbfall. S § 16 Rz 590 ff. Die persönl StPfl erlischt mit 14 dem Tod. – **aa) Bis zum Todeszeitpunkt erzielte Einkünfte:** Veranlagung des Verstorbenen als StPfl. Hierunter fallen – unterschiedl nach Art der Einkünfteermittlung – alle Einkünfte, die zu seinen Lebzeiten zu versteuern gewesen wären, einschließl Übergangsgewinn nach Auflösung einer Zwei-PersGes (BFH IV R 18/97 BStBl II 98, 290). Diese Einkünfte des Erblassers werden nicht mit denen des Erben zusammengerechnet, auch nicht über § 2 VII 3. Der Bescheid ist an den Erben *als Rechtsnachfolger* zu adressieren und ihm bekanntzugeben; er schuldet die Steuer als Nachlassverbindlichkeit (§ 45 AO).

bb) Nach dem Tode bezogene Einkünfte. Der Erbe tritt als Gesamtrechts- 15 nachfolger (vgl § 1922 BGB) zivilrechtl und strechtl in die vermögensgebundenen **Rechtsbeziehungen des Erblassers** ein, und zwar unabhängig von Nachlassverwaltung (s BFH VII R 33/91 BStBl II 92, 781), Nachlasskonkurs/-Insolvenz (BFH VII R 118/95 BStBl II 98, 705), Testamentsvollstreckung (s BFH X B 328/94 BStBl II 96, 322) oder Vermächtnissen (s BFH X R 14/94 BStBl II 96, 287). *Beispiele:* Art und Zurechnung der Einkünfte (s Rspr *Schmidt* 37. Aufl § 1 Rz 15); zu AfA und § 82b EStDV s § 21 Rz 126; Anschaffungszeitpunkt des Erblassers s § 16 Rz 590, § 23 Rz 40; Verlustabzug § 2a s dort Rz 45, 63; zu § 10d dort Rz 14. In der Person des Erben sind nur **höchstpersönl Besteuerungsmerkmale** zu prüfen, wie etwa fachl Voraussetzungen der freiberufl Tätigkeit iSv § 18 (s *Schmidt* 29. Aufl § 1 Rz 15 mwN).

cc) Erbengemeinschaft; Erbauseinandersetzung. Probleme der Gewinn- 16 realisierung s § 16 Rz 608 ff zu BFH GrS 2/89 BStBl II 90, 837.

dd) Vorweggenommene Erbfolge; Schenkung. S BFH GrS 4/89 BStBl II 17 90, 847, *BMF* BStBl I 93, 80 und I 07, 269, § 16 Rz 50 ff, § 23 Rz 41.

II. Unbeschränkte Steuerpflicht, § 1 I

1. Personenkreis. Unbeschr stpfl sind natürl Personen mit Wohnsitz oder ge- 19 wöhnl Aufenthalt im Inl (§ 1 I). EU/EWR-Angehörige s § 1a.

2. Wohnsitz. S AEAO § 8, *BMF* BStBl I 17, 1257, A 2 DA-KG ; zu Zuzug/ 20 Wegzug *Haag* DB 18, 1303. – **a) Allgemeines.** Einen Wohnsitz hat jemand dort, wo er eine Wohnung unter Umständen innehat, die darauf schließen lassen, dass er sie beibehalten und benutzen wird (§ 8 AO; zum von der Rspr neu eingeführten **Zeitmoment** – 6 Monate gem § 9 AO als Anhaltspunkt – s BFH I R 215/85 BStBl II 89, 956, auch zu Bindung an Tatsachenwürdigung durch FG). Die Begriffsmerkmale gehen fließend ineinander über und werden auch in der Rspr oft nicht sauber getrennt. **Mehrfache Wohnsitze** sind mögl (BFH I R 58/60 BFH/NV 19, 104 mwN; zu mehreren Wohnstätten mit **Ansässigkeit nach DBA** und **Doppelansässigkeit** s DBA-Einzelregelungen, zB Art 4 OECD-MA), auch Wohnsitz neben ständiger Wohnstätte (s *Kramer* DStR 19, 2572) oder gewöhnl Aufenthalt (nicht zwei gewöhnl Aufenthalte gleichzeitig, s Wortlaut § 1 I, BFH I R 241/82 BStBl II 84, 11). Für die unbeschr StPfl genügt *ein* inl Wohnsitz (BFH I R 250/73 BStBl II 75, 708), **unabhängig vom Lebensmittelpunkt** (BFH I R 74/16 BFH/NV 19, 388). WS-Prüfung ist dicht Recht zusteht ohne DBA für jeden StPfl und jeden VZ neu (BFH I R 8/94 BStBl II 96, 2 zu Ehegatten). Keine DBA-Ansässigkeit durch § 1 III (s Rz 70). Zur **Ansässigkeit nach Art 37 III WüD, Art 49 I WÜK** von Botschafts- und Konsularbediensteten vgl BFH I R 119/95 BFH/NV 97, 664; § 3 Rz 104. „**Heiratsprivileg**" bei Wegzug s *BMF* BStBl I 94, 683, BFH I R 44/10 BFH/NV 11, 2005.

b) Wohnung. Der Begriff ist weit auszulegen iSv Räumlichkeiten, die zum 21 Wohnen geeignet sind. Es braucht sich nicht um ein Gebäude oder einen baul abgeschlossenen Gebäudeteil zu handeln, wenn nur ein fester, zum Wohnen geeigneter Raum vorhanden ist (mit Möbeln ausgestattet, heizbar, idR Wasch- und Kochgelegenheit). Das kann ein möbliertes Zimmer sein, eine Unterkunft in einer Gemeinschaftsbaracke, eine Zweitwohnung, ein Sommer- oder Ferienhaus, ein Jagdhaus, uU eine „Standby-Wohnung" (BFH I R 50/12 BFH/NV 13, 1909; s aber FG Hess EFG 15, 2138, rkr), selbst ein *feststehender* Campingwagen, der ständig zu Wohnzwecken und nicht nur vorübergehend zu Erholungsaufenthalten benutzt wird (BFH VI R 195/72 BStBl II 75, 278; s aber BFH I R 80/92 BStBl II 93, 655; FG Hbg EFG 99, 222, rkr). Ein gemietetes Hotelzimmer wird allenfalls bei Dauernutzung eine Wohnung idS sein; keine Wohnung ist der Wohnwagen eines fahrenden Zirkusartisten oder das Wohnmobil in einem Ferienpark (FG Hbg EFG 82, 18, rkr). Je zweifelhafter es ist, ob eine solche Wohnung vorliegt, desto sorgfältiger sind Verfügungsrecht und sonstige Umstände zu prüfen (und umgekehrt, s FG BaWü EFG 85, 483, rkr).

22 **c) Verfügungsrecht.** Der Wohnberechtigte muss die Wohnung **„innehaben"**, dh er muss darüber nach Belieben verfügen können. Dabei steht weniger die rechtl als die *tatsächl* Verfügungsmöglichkeit im Vordergrund. Das Verbot des Bewohnens muss nicht entgegenstehen (BFH VI R 127/76 BStBl II 79, 335, Rz 27). Das Verfügungsrecht entfällt bei längerfristiger Vermietung (s Rz 24). Besuchsweise Überlassung an Dritte ist idR unschädl. Benutzungsrecht mehrerer Personen kann genügen − sorgfältige Prüfung der obj Umstände (s Rz 21, 23). **Strafgefangene** begründen keinen Wohnsitz am Ort der Strafanstalt, es fehlt die Verfügungsbefugnis (s Rz 27). Ausgewiesene Ausländer geben ihren Wohnsitz auf (FG Mchn EFG 04, 837, rkr) − Ausreiseverfügung allein reicht nicht. Das Verfügungsrecht kann von dritten Personen abgeleitet sein (**Kinder**/Ehegatten, s Rz 24).

23 **d) Tatsächliche Nutzung.** Darüber hinaus müssen **obj Umstände** darauf schließen lassen, dass eine **Wohnung beibehalten und benutzt** werden soll (objektivierter Wohnsitzbegriff im StRecht). Die *Absicht* des StPfl, einen Wohnsitz zu begründen, ist weder ausreichend noch erforderl. **Polizeil Anmeldung** ist nicht ausschlaggebend (zB BFH III R 89/06 BFH/NV 08, 351). Eine ständige Nutzung ist nicht geboten; ein bloßes Innehaben ohne Nutzung genügt nicht. Einschränkung durch Visabegrenzung s FG Hbg EFG 18, 1079, rkr. Im Einzelfall sind alle **tatsächl Umstände** zu berücksichtigen, die erkennen lassen, dass die Wohnung dadurch als Bleibe dient, dass sie ständig oder doch mit einer gewissen Regelmäßigkeit und Gewohnheit benutzt wird bzw zu nicht nur vorübergehenden Wohnzwecken *bestimmt* ist. Diese Umstände stellt das FG mit Bindung für den BFH fest (BFH VIII B 155/02 BFH/NV 03, 881). *Beispiele:* Dauer der tatsächl Nutzung, Bauausführung, Lage, Ausstattung und Einrichtung, Angemessenheit nach den sonstigen Lebensverhältnissen des Inhabers (BFH VI R 236/62 U BStBl III 64, 462), Anlass für den Aufenthalt, zeitl Pläne über Rückkehrabsicht eines **Gastarbeiters** in sein Heimatland sowie seine Familienbande nach dorthin, Umfang der tatsächl und rechtl Verfügungsmacht über eine Wohnung, Erst- oder Zweitwohnung, Familienstand, Entfernung vom Hauptwohnsitz (BFH I B 112/92 BFH/NV 94, 456). Bei **Zweitwohnung** mit begrenztem Verwendungszweck werden an die Ausstattung geringere Anforderungen gestellt; es muss jedoch ein zweiter Lebensmittelpunkt geschaffen werden. Kurzfristige Aufenthalte (Erholung, Ferien, Kur) *begründen* grds keinen Wohnsitz (BFH I 38/65 BStBl II 68, 439, FG BaWü EFG 88, 418, rkr − 5 bis 6 Wochen; zu besuchsweiser Nutzung eines Elternhauses BFH III B 99/05 BFH/NV 06, 300 mwN); sie können jedoch für die *Beibehaltung* reichen (s Rz 24). ArbN-Entsendung s Rz 24. Durch *regelmäßige* Aufenthalte an Wochenenden/in den **Ferien** kann ein Wohnsitz beibehalten werden (BFH VI R 107/99 BStBl II 01, 294). Aufenthalte von Familienangehörigen, Hauspersonal oder Gästen sind dem Wohnungsinhaber als **eigene Nutzung** zuzurechnen.

e) Aufgabe des Wohnsitzes. Sie ist anzunehmen, wenn tatsächl Umstände 24 so verändert werden, dass die Voraussetzungen des § 8 AO nicht mehr vorliegen. Die Begründung eines neuen Wohnsitzes ist nicht erforderl. Erzwungene Nutzungsunterbrechungen können, aber müssen nicht schädl sein (s Rz 22 – Gefängnis- oder Krankenhausaufenthalt – sowie unten zu Touristen- oder Kindesentführung). Die Begründung eines zweiten Wohnsitzes oder die längere Abwesenheit müssen keine Aufgabe des ersten Wohnsitzes bewirken, vor allem nicht bei **Familienwohnsitzen.** So wird ein Schiffskapitän oder ein längerfristig auswärts, auch im Ausl beschäftigter ArbN bei Aufrechterhaltung der ehel Wirtschaftsgemeinschaft und gelegentl Besuchen seinen Familienwohnsitz beibehalten (widerlegbare Vermutung, s BFH I R 8/94 BStBl II 96, 2; FG BaWü EFG 08, 1626, rkr). Entscheidend sind die tatsächl Umstände für oder gegen die Beibehaltung zu – auch zukünftigen – eigenen Wohnzwecken (vgl BFH III R 89/06 BFH/NV 08, 351). Dies ist für jeden Familienangehörigen gesondert zu prüfen (vgl BFH I R 58/16 BFH/NV 19, 104 mwN). Bei Auslandstätigkeit über 1 Jahr eines Ledigen bzw bei Familienmitnahme führen auch kurzzeitige Inlandsbesuche nicht zur Beibehaltung oder Begründung eines Wohnsitzes (vgl BFH III B 121/12 BFH/NV 13, 1381 mwN). **Vermietung** spricht idR für Aufgabe (FG Brem EFG 90, 93, rkr, zu Schiffsoffizier – **aA** zu befristeter/kurzfristiger Vermietung bis 6 Monate FG Hbg EFG 92, 277, rkr); bei Leerstehen während einer **ArbN-Entsendung** kommt es auf die Umstände des Einzelfalls an (kurzfristig idR keine Wohnsitzaufgabe, *BMF* BStBl I 17, 1257, AEAO § 8; uU auch nicht längerfristig, FG Mchn EFG 18, 1240, rkr – **aA** zu zweijähriger Abwesenheit FG Nds EFG 17, 544, rkr; zu Inlandsumzug zutr FG Mster EFG 20, 240, rkr). Aufgabe bei dauernder Überlassung an volljähriges Kind mit eigenen Einkünften (FG Nds EFG 97, 1150, rkr). Die **Ehefrau** teilt idR nicht ohne Weiteres den Wohnsitz des Mannes (BFH I R 8/94 BStBl II 96, 2; FG Hbg EFG 18, 1079, rkr; s aber BFH I R 69/96 BStBl II 97, 447; zu Zeit zw Heirat im Ausl und Bezug der Inlandswohnung des Ehegatten FG Hbg EFG 94, 730, rkr; vgl auch Rz 37; fragl bei anschließendem Umzug im Inl; zum umgekehrten Fall der Anmietung einer Familienwohnung im Ausl trotz kurzfristigen Verbleibs der Ehefrau und der Kinder bis zum Schuljahresabschluss s FG Nds EFG 03, 756, rkr); ohne besondere Umstände ist jedoch idR davon auszugehen (vgl BFH I R 56/02 BFH/NV 04, 917). **Kinder** behalten idR ihren Wohnsitz bei den Eltern, auch wenn sie sich vorübergehend berufl (zB FG Nds EFG 93, 135, rkr zu ledigem Seemann) oder zu Ausbildungszwecken auswärts aufhalten (BFH III R 38/14 BStBl II 16, 102; anders uU bei längerfristigen Auslandsstudien mit wenigen Inlandsaufenthalten, vgl BFH III R 10/14 BStBl II 15, 655, oder bei längerfristigem Aufenthalt von Gastarbeiterkindern im Heimatland trotz Ferienaufenthalts im Inl, s BFH III B 99/05 BFH/NV 06, 300, BFH III R 6/20 BFH/NV 2021, 646). IdR keine automatische Aufgabe durch **Kindesentführung** ins Ausl (s BFH III B 174/11 BFH/NV 12, 1599; A 23 VIII DA-KG) oder **Touristenentführung.** Dagegen grds Wohnsitzaufgabe im Ausl verheirateter Kinder (BFH VI B 387/98 NV 00, 42). **Studenten** begründen am Hochschulort idR weder Wohnsitz noch gewöhnl Aufenthalt (s zu **EU-Staatsangehörigen** FG BaWü EFG 92, 238, rkr).

3. Gewöhnlicher Aufenthaltsort (s *BMF* BStBl I 17, 1257, AEAO § 9). Diesen 27 hat der StPfl dort, wo er sich unter Umständen aufhält, die erkennen lassen, dass er an diesem Ort oder in diesem Gebiet nicht nur vorübergehend verweilt (**§ 9 AO,** BFH I R 215/85 BStBl II 89, 956), häufig neben Wohnsitz (Rz 20), mit der gleichen Rechtsfolge der unbeschr StPfl. Dann kann die schwierigere Wohnsitzprüfung uU unterbleiben, zB bei einem ein Jahr im Inl arbeitenden und wohnenden Gastarbeiter. Die **Unterschiede zum Wohnsitz** liegen darin, dass keine Wohnung als fester Lebensmittelpunkt unterhalten werden muss, dass nicht einmal ein gleich bleibender Aufenthaltsort zu bestehen braucht. Anders als beim Wohnsitz genügt es, dass sich jemand tatsächl für eine gewisse Dauer „in diesem Gebiet" aufhält (dh im Inl, s Rz 30). *Beispiele:* Fahrende Zigeuner, Filmschauspieler mit wechselnden Drehorten im Inl; zu Pilot mit Standby-Wohnung BFH I R 38/13 BFH/NV 14, 1046, Rz 21. **Vorübergehende Aufenthalte** begründen grds keinen gewöhnl Aufenthalt. Ausnahmen sind mögl. Vorübergehend sind nach § 9 S 2 AO Aufenthalte bis zu 6 Monaten, in Sonderfällen (Urlaub, Erholung, Kur, private Besuche, Studium – soweit dadurch überhaupt ein gewöhnl Aufenthalt begründet wird) bis zu einem Jahr, vgl § 9 S 3 AO. Alle längeren Aufenthalte, durch die kein Wohnsitz begründet wird, führen über die unwiderlegbare gesetzl Vermutung in § 9 S 2 AO zur unbeschr StPfl (s umgekehrt zur **Aufgabe** BFH I R 112/04 BFH/NV 05, 1756). Kurzfristige **Unterbrechungen** (zB Weihnachtsurlaub, Jahresurlaub eines Gastarbeiters) bleiben ohne Auswirkung, dh die 6-Monatsfrist läuft weiter und die Unterbrechungszeit wird mitgerechnet (vgl § 9 S 2 AO „von Beginn an"). Unterbrechungen setzen den erkennbaren Willen und die Möglichkeit zur Fortsetzung des unterbrochenen Aufenthaltes voraus. Beurteilung nach obj Merkmalen (zB Dauer) unter Einbeziehung der erkennbaren Pläne und Absichten. **Rechtswidriger** (FG BaWü EFG 91, 102, rkr) oder **unfreiwilliger Aufenthalt** genügt (**Krankenhaus/Gefängnis**, BFH VI B 97/86 BFH/NV 87, 262), unabhängig von Beibehaltung eines Wohnsitzes (s Rz 22). **Asylbewerber** werden erst ab Anerkennung unbeschr stpfl, dann aber rückwirkend ab Aufnahme (vgl BFH III R 148/86 BStBl II 88, 14). Die 6 Monate brauchen nicht in *einen* VZ zu fallen. *Beispiel:* Bei Aufenthalt eines **Gastarbeiters** vom 1.10.01 bis 15.4.02 mit 3 Wochen Weihnachtsurlaub unbeschr StPfl im VZ 01 und im VZ 02. Der gewöhnl Aufenthalt setzt eine gewisse Beständigkeit der Anwesenheit voraus. So verweilt ein ArbN, der sich regelmäßig zur Arbeit im Inl aufhält und tägl zu seinem Familienwohnsitz im Ausl zurückkehrt (**Grenzgänger**), nur vorübergehend im Inl (und umgekehrt); dagegen begründet er einen gewöhnl Aufenthalt im Inl, wenn er nur zum Wochenende heimfährt (vgl BFH I R 205/82 BStBl II 90, 687). Das gilt entspr für pendelnde **Inlandsunternehmer** (s *Löffler/Stadler* IStR 08, 832).

30 **4. Inland. – a) Staatliches Hoheitsgebiet als Grundlage unbeschränkter Steuerpflicht, § 1 I 1.** Inland idS ist – ohne Begriffsbestimmung im EStG – das staats- und völkerrechtl Gebiet der BRD innerhalb seiner Bundesgrenzen, dh der Geltungsbereich des GG. Die früheren Zollgrenzen sind nicht maßgebl, so dass auch „Zollausschlussgebiete" (EU-rechtl „Drittlandsgebiete"), „Zollfreigebiete"/Freihäfen sowie exterritoriale Grundstücke wie ausl Botschaften Inl idS sind (zB BFH IV R 196/85 BStBl II 89, 614), nicht aber „Zollanschlussgebiete" oder dt Botschaften im Ausl. **Schiffe** zählen zum Inl, soweit sie unter Inl Flagge in dt Gewässern oder auf hoher See fahren (vgl BFH I R 250/75 BStBl II 78, 50; s aber *Maciejewski/Theilen* IStR 13, 846 und IStR 16, 401), **Flugzeuge**, soweit sie dt Hoheitsgebiet oder völkerrechtl Niemandsland überfliegen (vgl BFH I R 148/87 BStBl II 89, 319).

31 **b) Ausdehnung des Inlandsbegriffs über das staatliche Hoheitsgebiet hinaus ab 2016, § 1 I 2** (= § 1 III KStG, § 2 VII GewStG; s *Hawlitschek* IStR 15, 413; *Maciejewski/Theilen* IStR 16, 401). Die zunehmende wirtschaftl Ausbeutung des Meeres und seines Untergrundes hat zu mehrfacher Ausdehnung des Inlandsbegriffs im Küstenbereich geführt. Dabei hat sich der Gesetzgeber an das **UN-Seerechtsübereinkommen** (**SRÜ**, BGBl II 94, 1799) angelehnt und die dortigen Tatbestände ohne Verweisung im Wortlaut übernommen. Das SRÜ unterscheidet zw inl Küstenmeer (s Rz 32) und dem anschließenden Seegebiet bis zu 200 Seemeilen von der Küste, das für abschließend festgelegte Zwecke hoheitl genutzt werden kann (s Rz 33, 34). Jenseits von 200 Seemeilen entfallen alle staatl Hoheitsrechte. Die Tatbestände des § 1 I 2 überschneiden sich weitgehend (Ausbeutung des Festlandsockels führt idR zu ausschließl Wirtschaftszone).

Erweiterte unbeschränkte Steuerpflicht   32–35 § 1

aa) Küstenmeer. Bis zu 12 Seemeilen (Art 2 ff SRÜ; vgl BGBl I 94, 3428) gehört das Küstenmeer ohne Einschränkung zum Inl iSv **§ 1 I 1** (so dass auch der gewöhnl Aufenthalt von ArbN in diesem Teil zur unbeschr StPfl führt). Daher betrifft § 1 I 2 nur den darüber hinausgehenden Bereich.   **32**
bb) Ausschließliche Wirtschaftszone, § 1 I 2 Nr 1. Dies ist das jenseits des Küstenmeeres angrenzende Seegebiet bis 200 Seemeilen, in dem der Küstenstaat unabhängig vom Festlandsockel (aber häufig überlappend) einzelne souveräne Rechte hat. Diese Rechte sind in Nr 1 in Anlehnung an Art 56 SRÜ abschließend aufgezählt und beschränken sich grds auf diese Tätigkeiten. – **Buchst a und b** erfassen jegl wirtschaftl Erforschung oder Ausbeutung der Zone. Die ursprüngl in § 1 I 2 aF geforderte Verbindung mit dem Meeresboden des Festlandsockels (zB Abbau von Mineralien oder anderen Naturschätzen, nach zutr hM wohl auch Erdöl, Erdgas, Kohle) war bereits ab 2008 erweitert worden um die Energieerzeugung unter Nutzung erneuerbarer Energien (zB Windräder, Solaranlagen, Erdwärmeanlagen, Gezeitenanlagen), ab 2015 erstmals ausgedehnt auf ausschließl Wirtschaftszonen zur Errichtung (neu) oder zum Betrieb von Energieerzeugungsanlagen unabhängig von einer Bodenverbindung, allerdings immer noch beschränkt auf die Nutzung erneuerbarer Energien (zB schwimmende Windanlagen). Damit waren die mögl Tatbestände noch nicht voll ausgeschöpft. Ab 2016 hat der Gesetzgeber alle Lücken geschlossen durch umfassende Übernahme der Hoheitsbefugnisse aus Art 56 SRÜ (neu vor allem „lebende Ressourcen über dem Meeresboden" wie Meeresfischzuchten, Pflanzennutzung). – **Buchst c** übernimmt als Sonderfall aus Art 56/60 SRÜ die Errichtung und Nutzung künstl Inseln oä dauerhafter Bauwerke unter Einbeziehung der Errichtung von Anlagen und Bauwerken für Zwecke des Buchst a, b.   **33**
cc) Festlandsockel, § 1 I 2 Nr 2. Der Festlandsockel umfasst den jenseits des Küstenmeeres gelegenen Meeresboden und -untergrund der Unterwassergebiete, die sich über die natürl Verlängerung des Landgebietes bis zur äußeren Kante des Festlandsockels oder bis zu einer Entfernung von 200 Seemeilen von der Küste erstrecken, nicht aber den Tiefseeboden (Art 76 SRÜ), für den ggf Nr 1 greift. – **Buchst a** entspricht im Wesentlichen den hier auf den Meeresboden beschränkten Hoheitsbefugnissen der ausschließl Wirtschaftszone (s Rz 33, Art 77 SRÜ). – **Buchst b** übernimmt (wie Art 80 den Art 60 SRÜ) wörtl § 1 I 2 Nr 1c. Unterseeische **Kabel und Rohrleitungen** darf nicht nur der Küstenstaat verlegen, sondern mit dessen Zustimmung jeder ausl Staat; das hindert den Küstenstaat nicht, diese auf seinem Festlandterritorium als inl Betriebsstätten zu besteuern (Art 79 SRÜ; § 49 I Nr 2 Buchst a, BFH II R 12/92 BStBl II 97, 12).   **34**

III. Erweiterte unbeschränkte Steuerpflicht, § 1 II

1. Personenkreis, § 1 II 1. § 1 II erfasst öffentl **Auslandsbedienstete** ohne unbeschr StPfl im Ausl. Die Vorschrift unterstellt unter bestimmten Voraussetzungen alle dt Staatsangehörigen, die keinen Wohnsitz oder gewöhnl Aufenthalt im Inl haben, der unbeschr StPfl, wenn sie zu einer inländischen juristischen Person döR in einem DienstVerh stehen und dafür ArbLohn aus einer **inl öffentl Kasse** beziehen (dazu BFH I R 88/00 BFH/NV 02, 623 – DAK –, wie § 3 Nr 64, anders § 49 I Nr 4b, s § 49 Rz 87). Das sind insbes (nicht nur, s unten und Rz 36) aktive Staatsbedienstete mit diplomatischem/konsularischem Status (s auch Rz 39, § 3 Nr 29, § 3 Rz 104), dagegen nicht dt Beschäftigte internationaler Organisationen (s dazu Rz 38; zu Goethe-Institut China BFH I R 60/05 BStBl II 07, 106; EStH 1a) und auch nicht Empfänger von Versorgungsbezügen (§ 1a II, s § 1a Rz 28). **Hintergrund:** Ihnen sollen die steuerl Vorteile der unbeschr StPfl erhalten bleiben, die sie sonst verlieren würden (vgl BFH V R 9/12 BStBl II 14, 715). **Auslandslehrer** können nach § 1 I, § 1 II oder § 1 III unbeschr stpfl sein (s *BMF* BStBl I 94, 853, BStBl I 96, 373 und 96, 688; I 99, 844 – USA –; FG BaWü EFG 99, 453, rkr), sonst beschr stpfl. Die   **35**

§ 1 36–39   Steuerpflicht

StPfl gem § 1 II erstreckt sich während dieser Zeit (s Rz 37) auf die zum Haushalt gehörenden **Angehörigen** iSv § 15 AO (also nicht nur Ehegatten/LPart und Kinder). Einschränkung bei *ausl* Staatsangehörigen: sie dürfen keine oder nur ausschließl im Inl stpfl Einkünfte beziehen (§ 1 II 1). IÜ können ausl EU-Ehegatten/LPart bei geringfügigen Auslandseinkünften unabhängig von § 1 II unbeschr StPfl nach **§ 1 III/§ 1a II** beantragen (s § 1a Rz 27).

36   **2. Sachliche Voraussetzung, § 1 II 2.** Der StPfl/der Angehörige darf bei Bezug eigener **Einkünfte** iSv § 2 I nach ausl Recht/Völkerrecht im ausl Wohnsitzstaat dort allenfalls nach den Grundsätzen der beschr EStPflicht zur ESt herangezogen werden, um nicht die doppelten Vorteile der unbeschr StPfl in beiden Staaten zu genießen (vgl Rz 3, 4; FG BaWü EFG 20, 582, Rev I R 45/19); das sind idR im Wohnsitzstaat erzielte und sonstige ohne Berücksichtigung persönl Verhältnisse besteuerte Einkünfte. Der Bezug im Ausl **stfreier Einkünfte** schließt eine wegen der dortigen Ansässigkeit grds bestehende unbeschr ausl StPfl nicht allg aus (vgl BFH V R 9/12 BStBl II 14, 715). Entscheidend ist die gesetzl Besteuerungs*möglichkeit*, nicht die tatsächl Besteuerung im Ausl (zu unterlassener Besteuerung ohne Freistellung BFH I R 271/81 BeckRS 1985, 22007405). Auch eine fehlende ausl Besteuerung wegen DBA-Zuweisung an das Inl ist einer beschr Besteuerung im Ausl iSv § 1 II 2 nicht gleich zu setzen (vgl BFH I R 205/82 BStBl II 90, 687). Dagegen besteht beschr ausl StPfl iSv § 1 II 2 (und damit unbeschr inl StPfl nach § 1 II 1) für Diplomaten und Konsularbeamte, die nach den Wiener Übereinkommen über diplomatische bzw konsularische Beziehungen (WÜD und WÜK) im Tätigkeitsstaat *allg* wie beschr StPfl behandelt werden (vgl FG BBg EFG 18, 1198, rkr).

37   **3. Rechtsfolgen, § 1 II 1.** Grds bestehen keine Unterschiede zur unbeschr StPfl nach § 1 I (s Rz 2). Auch die erweiterte unbeschr StPfl nach § 1 II erfasst entgegen § 1 III *alle* und nicht nur die von der öffentl Kasse gezahlten Einkünfte (vgl zur beschr StPfl § 49 I Nr 4b). Der mit einer Inländerin oder mit einer Ausländerin ohne oder mit geringfügigen (s Rz 35) Auslandseinkünften verheiratete Auslandsbeschäftigte kann die **LSt-Klasse III** bzw den **Splittingtarif** beanspruchen (Korrektur ggf nach § 50 II 2 Nr 2).

38   **4. Deutsche Bedienstete der EU.** Sie fallen nicht unter § 1 II, weil sie von der EU besoldet werden. Sie werden jedoch nach besonderen zwischenstaatl Vereinbarungen uU wie unbeschr StPfl behandelt (EG-Privilegienprotokoll BGBl II 65, 1482 und BGBl II 67, 2156). Ohne solche Vereinbarungen allg Beurteilung der StPfl nach § 1 (vgl BFH VI R 381/70 BStBl II 74, 230). Häufig *sachl* StBefreiung (s Rz 39, § 3 Nr 29, § 3 Rz 104; Aufstellung *BMF* BStBl I 13, 404).

39   **5. Ausländische Diplomaten/Soldaten in Deutschland.** Ausl **Diplomaten** sind wie sonstige Beschäftigte ausl Vertretungen trotz Wohnsitz im Inl hier grds nicht unbeschr stpfl (vgl § 3 Nr 29, § 3 Rz 104, BFH I R 119/95 BFH/NV 97, 664, s umgekehrt Rz 35). **Ausnahmen:** – Ständige Ansässigkeit nach § 49 WÜD (vgl FG Köln EFG 01, 552, rkr; s auch Rz 20, 35); – dt Staatsangehörigkeit (vgl FG Köln EFG 12, 65, rkr). Ausl Mitglieder **ausl Streitkräfte,** gleichgestellte technische Fachkräfte (BFH I R 47/04 BStBl II 06, 374) und ihre – ausl – Angehörigen sind im Inl mit ihren *Truppenbezügen* nicht stpfl (Art X NATO-Truppenstatut, BGBl II 61, 1190 sowie BGBl II 63, 745; BFH VI B 132/07 BFH/NV 09, 21; BFH I R 35/19 BFH/NV 21, 1354 zu **Rückkehrwillen).** Mit anderen in Einkünften unterliegen sie der beschr StPfl (zB US-Soldaten, die im Inl als Musiker auftreten). Ausl Mitglieder des zivilen Gefolges, die sich auf Grund dieser Tätigkeit im Inl aufhalten, sind nicht unbeschr stpfl, wohl aber dt Staatsangehörige, selbst als **Ehegatte** eines Truppenmitgliedes (BFH III R 95/68 BStBl II 70, 153), sowie uU Truppenangehörige, die im Inl einen Deutschen geheiratet haben (BFH I R 69/84 BStBl II 89, 290).

IV. Grenzpendlerbesteuerung, § 1 III

1. Personenkreis; Problemstellung. Die Problematik der Besteuerung im 41 Ausl wohnender, im Inl tätiger Personen hat sich durch zunehmende Durchlässigkeit der Grenzen iRd EG/EU ständig verschärft. Der Gesetzgeber musste daher im Anschluss an EuGH-Urt *Schumacker* (s Rz 7) die zunächst bestehenden Sonderregelungen durch eine familiengerechtere Grenzpendlerbesteuerung ersetzen.

2. Grenzpendler (Einpendler) mit Inlandseinkünften. – a) Fiktive Steuerpflicht. Abs. 3 fingiert seit VZ 1996 eine unbeschr StPfl für diesen Personenkreis. Zur begrenzten Wirkung der Fiktion s Rz 70. § 1a erstreckt darüber hinaus einzelne Vergünstigungen auf **Familienangehörige** im EU-Ausl, teils durch Fiktion deren begrenzter unbeschr StPfl (§ 1a I Nr 2 iVm § 26 I 1), teils durch Unbeachtlichkeit deren beschr StPfl (§ 1a I Nr 1). 42

b) Sonstige Steuerpflichtige. Besteht kein Wohnsitz/gewöhnl Aufenthalt im 45 Inl, fallen die StPfl mit ihren inl Einkünften unter die normale beschr StPfl nach **§ 1 IV, § 49, § 50 I 1–3, § 50a.** Sonderregelungen für die Besteuerung von ArbN und EU-Künstlern/Sportlern s § 50 und *Schmidt* 39. Aufl Rz 46 ff.

3. Ziel der besonderen Grenzpendlerbesteuerung, § 1 III 1. Die subj 50 Leistungsfähigkeit soll stärker berücksichtigt werden, soweit nach der Summe der Einkünfte und dem Anteil der Auslandseinkünfte anzunehmen ist, dass der Grenzpendler nicht auch im Wohnsitzstaat veranlagt wird und er persönl und familienbezogene Entlastungen nicht doppelt in Anspruch nehmen kann.

4. Persönlicher Geltungsbereich des § 1 III 1. Der Personenkreis der 51 Grenzpendler umfasst grds alle Personen ohne inl Wohnsitz oder gewöhnl Aufenthaltsort, die im Inl nach § 49 stbare Einkünfte erzielen (§ 1 III 1), mit denen sie sonst beschr stpfl wären. Das sind zwar vielfach ArbN (und Selbständige) aus EU-Staaten. Gleichwohl enthält § 1 III aus Gleichbehandlungsgründen **keine persönl Beschränkungen.** Die fiktive unbeschr StPfl erfasst alle (Nur-)Auslandsbewohner mit Inlandseinkünften. Sie beschränkt ihre begrenzte Wirkung jedoch zunächst auf die **Person des Grenzpendlers selbst.** Ledigl Familienvergünstigungen unterliegen weiteren persönl Beschränkungen nach **§ 1a.**

5. Sachliche Voraussetzungen, § 1 III 2–5. – a) Beschränkungen. Es gibt 52 keine Beschränkungen durch § 1 III nach Art der Einkünfte über § 49 hinaus (nicht nur ArbN) oder nach deren Erhebung (auch bei StAbzug), nur nach Höhe und anteiliger Länderzurechnung der Einkünfte.

b) Einkünftegrenzen, § 1 III 2. – aa) Voraussetzungen, § 1 III 2 HS 1. 53 Grenzpendler iSv § 1 III ist, wer seine weltweiten Einkünfte zu mindestens **90 %** im Inl zu versteuern hat **(relative Begrenzung).** Liegt der Inlandsanteil unter 90 vH, ist dies unschädl, wenn die Auslandseinkünfte im Kj den jeweiligen **Grundfreibetrag** § 32a I nicht übersteigen **(absolute Begrenzung** – 2021: 9744 €, 2022: 9984 €). Bei **Ehegatten/LPart** (§ 2 VIII) mit Splittingtarif nach § 1a I Nr 2 S 3 Verdopplung unter Zurechnung der Einkünfte beider Partner (auch in 90 %-Prüfung; § 1a Rz 21 zu BFH I R 16/14 BStBl II 15, 957). Nachweis s § 1 III 5, Rz 57. **Zeitl Kj-Zurechnung** nach EStG (§§ 4 ff, § 11). Erreicht der Auslandsanteil 10 % der Gesamtsumme *und* übersteigt er den Grundfreibetrag im Kj (*ein* höherer Betrag ist unschädl), entfällt das Wahlrecht nach § 1 III 1 und die Veranlagung nach § 46 II 1 Nr 7/ § 50. Die tatsächl Besteuerung ist für diese Berechnung unmaßgebl. Zur StFreiheit im Ausl s Rz 56. Die Beträge sind **personenbezogen,** auch bei PersGes; Einkünfte des Ehegatten/LPart sind nur in Fällen des § 1a I Nr 2 in die Berechnung einzubeziehen (s § 1a Rz 21).

bb) Kürzung, § 1 III 2 HS 2. Der Höchstbetrag ist zu **kürzen,** soweit dies 54 nach den Lebensverhältnissen des Wohnsitzstaates notwendig und angemessen ist (vgl die vom BFH gebilligten Länderaufstellungen ab 2021 *BMF* BStBl I 20, 1212).

§ 1 55–58 Steuerpflicht

An der **Rechtmäßigkeit der Grenze von 90%** geäußerte Zweifel hat der **EuGH** ausgeräumt (Fall *Gschwind* C-234/01 BStBl II 03, 859). **Zeitl** ist bei Wechsel im lfd VZ auf die Einkünfte *im Kj* abzustellen (EuGH C-9/14 DStRE 15, 1233, IStR 15, 554 vgl auch Rz 77 zu § 2 VII 3). Die erforderl **Einkünfteberechnung** erfolgt in 2 Schritten: – *(1) Gesamteinkünfteermittlung* (Rz 55 ff); – *(2) Aufteilung* (Rz 59).

55 c) **Gesamteinkünfteermittlung, § 1 III.** Zunächst ist die Gesamtheit der maßgebl inl und ausl Einkünfte zu ermitteln. – **aa) Einkünfte, § 1 III 1, 2.** „Einkünfte" = „Summe der Einkünfte". Einzubeziehen sind mangels Sonderregelung alle bei – unterstellter – Inlandsbesteuerung nach dt EStG im Kj anzusetzenden inl und ausl Einkünfte iSv § 2 I, II. Das ist die Summe der Gewinne/Verluste bzw der BE/Einnahmen abzügl BA/WK (ggf Pauschbeträge § 9a), Sparer-Freibetrag § 20 IX, Versorgungs-Freibetrag § 19 II, soweit diese Einkünfte bei unbeschr StPfl nach dt Recht ohne DBA stbar und stpfl wären (vgl zu entspr Regelung in § 2 AG-GrenzgNL BFH I R 222/82 BStBl II 87, 256). Dazu gehören nicht nur Einkünfte iSv § 49, sondern grds alle Inlands- und Auslandseinkünfte mit oder ohne Inlandsbezug, positive abzügl ausgleichbare negative Einkünfte ohne die Beschränkungen nach § 50 (s Rz 58), unabhängig vom inl StAbzug (§ 1 III 3, 6; auch Kap-Einkünfte iSv § 32d s *FM SchlHol* DStR 16, 1266, zu § 2 Vb BFH I R 18/14 BStBl II 16, 201, trotz § 3 Nr 40 voll, FG Köln EFG 17, 1072 mit Anm *Kahler*, rkr) und unabhängig davon, welchem Staat das Besteuerungsrecht zusteht (zB Grenzgänger). Besteuerungsgrundlagen außerhalb des Einkünftebereichs sind unbeachtl (zB Verluste § 10d).

56 bb) **Steuerpflicht/Steuerfreiheit von Auslandseinkünften, § 1 III 4.** Die Welteinkünfte müssen nach dt ESt-Grundsätzen zu § 1 III 2 stbar und stpfl sein (hM, str, offen BFH I R 18/13 BStBl II 15, 474); stfreie Einkünfte und nicht stbare Bezüge sind daher grds nicht einzubeziehen. Rechtsentwicklung bei StFreiheit *nur nach ausl Recht* s *Schmidt* 39. Aufl § 1 Rz 56. Nach § 1 III 4 (mit Folgewirkung auf § 1a I Nr 2 S 3) bleiben nicht der dt ESt unterliegende und hier der Art nach stfreie Einkünfte, die im Ausl nicht besteuert werden (also dort nicht stbar oder stfrei sind), seit 2008 außer Ansatz. Allerdings ist § 1 III 4 nach hM bei allen Ausländern davon abhängig, dass diese Einkünfte im Ausl stfrei sind und bei Inlandserzielung auch hier stfrei wären (vgl abl zu im Inl stfreiem, aber im Ausl stpfl Arbeitslosengeld BFH I R 18/13 BStBl II 15, 474, zu ausl KV-Leistungen FG Ddorf EFG 18, 631, Rev I R 3/18; *OFD NRW* DB 15, 1933; *Schmidt* 34. Aufl § 1 Rz 56 mwN – also **kein Umkehrschluss** aus § 1 III 4; str, **aA** FG Köln EFG 12, 1677, rkr; s auch Rz 58).

57 cc) **Nachweis, § 1 III 5.** Sonstige Auslandseinkünfte hat der StPfl zu erklären und ggf durch Vorlage einer **Vordruck-Bescheinigung EU** der zuständigen ausl StBehörde nachzuweisen (s auch § 90 II AO, § 76 I 4 FGO). Keine Bindung durch Auslandsbescheid – Berechnung nach EStG (BFH I R 78/07 BStBl II 09, 708). Der Nachweis muss als materielle Tatbestandsvoraussetzung grds auch dafür erbracht werden, dass *keine* ausl Einkünfte erzielt wurden (BFH I R 80/09 BStBl II 11, 447 – **Nullbescheinigung** des ausl FA oder der dt Auslandsvertretung). Der Gesetzeswortlaut des § 1 III 2 erfasst aus Praktikabilitätsgründen als Auslandseinkünfte auch **Drittstaateneinkünfte** (vgl BFH I R 72/02 BFH/NV 04, 321); mE bei Nachweis fehlender Berücksichtigung im Wohnsitzstaat und Drittstaaten durch den StPfl Billigkeitsanwendung von § 1 III (glA *OFD Ffm* DB 13, 907).

58 dd) **Ausnahmen.** Nicht einzubeziehen sind dagegen: – nach ausl Recht stbare, nach inl Recht auch bei unbeschr StPfl nicht stbare Einkünfte (zB Spekulationsgewinne nach Fristablauf § 23; nach ausl StRecht stpfl Wohnungseigennutzung, s BFH I R 18/13 BStBl II 15, 474); – nach § 3 oä Regelungen (außer DBA, s § 1 III 3, Rz 60) im Inl stfreie Einkünfte (zB inl Lohnersatzleistungen iSv § 3 Nr 2; s Rz 56); – nach §§ 40–40b pauschal besteuerter ArbLohn (s § 40 III 3); – Verluste, die nach EStG nicht ausgleichbar wären (zB nach §§ 2a, 15 IV, 15a, b, 22 Nr 3 S 3, 23 III 7), unabhängig vom Auslandsabzug und von einem Ausgleichsverbot (s zu § 50 II aF BFH I R 222/82 BStBl II 87, 256). KapEink s Rz 55. – **Ehegatteneinkünfte** sind – nur – bei Veranlagung nach § 26 I einzubeziehen (§ 1 I oder § 1a I Nr 2, Ehegatte/LPart im Inl oder EU-Ausl).

d) Einkünfteaufteilung, § 1 III 2. § 1 III 2 stellt für die Aufteilung in einem 59 *zweiten Schritt* auf Teilmengen der (Summe der) Einkünfte iSv Rz 55 ab. Nicht darin enthaltene Einkünfte (s Rz 58) und Inl Einkünfte, die nicht unter § 49 fallen oder nach DBA im Inl stfrei sind (s Rz 60), entfallen auch für die Aufteilung; die übrigen Einkünfte sind nach dem Verhältnis dt/ausl Besteuerungsrecht aufzuteilen (§ 1 III 2). Frei- und Pauschbeträge sind ohne Aufteilung den der dt Besteuerung unterliegenden Einkünften zuzurechnen. Drittstaateneinkünfte s Rz 57.

e) Sonderzuweisung, § 1 III 3. Für nach **DBA** im **Inl stfreie** inl Einkünfte 60 iSv § 49 gilt die Sonderregelung des § 1 III 3. Sie werden unabhängig von einem inl **Quellensteuerabzug** stets dem Auslandsanteil zugerechnet (unterliegen jedoch uU dem inl Progressionsvorbehalt). *Beispiel:* Ausl Gewerbetreibender bezieht im Inl neben gewerbl Eink auch KapEinkünfte, die im Inl nur einem begrenzten Quellensteuerabzug unterliegen. Letztere dürfen als ausl Eink die Grenzen des § 1 III 2 nicht überschreiten. Der StAbzug als solcher wird dadurch nicht in Frage gestellt (s Rz 71). Zur Gleichstellung mit Staaten ohne DBA hat der BFH **§ 1 III 3 nach seinem Wortsinn europarechtskonform** dahingehend ausgelegt, dass sich diese Vorschrift allein auf die Ermittlung der in S 2 geregelten Einkunftsgrenzen bezieht und nicht die Rechtsfolge nach sich zieht, dass die im Inl beschr stpfl und nach DBA nur einem beschr StAbzug unterliegenden Einkünfte keine „inländischen" iSv § 1 III 1 wären (BFH I R 67/01 BStBl II 03, 587). Der Einklang mit den DBA-rechtl Vorgaben ist danach durch quotale Aufteilung der rechnerischen Gesamtsteuer mit anschließender Reduzierung des StSatzes für die betr Einkünfte herzustellen. Bei DBA-Beschränkungen der Höhe nach (zB 15 % bei Auslandsrenten) ist nicht auf die abstrakte Besteuerungsbeschränkung abzustellen, sondern auf die konkrete Auswirkung der Kappungsgrenze im Einzelfall (FG MeVo EFG 21, 279, Rev I R 37/20). Inl Einkünfte, die nach DBA im Inl unter **Anrechnung** ausl ESt zu versteuern sind und Einkünfte eines StPfl mit Wohnsitz in einem Nicht-DBA-Staat gelten aber als der dt ESt unterliegende Einkünfte (*OFD Ffm* DB 13, 907).

6. Verfahrensfragen. – a) Zeitliche Anwendung. § 1 III gilt grds ab 1996 65 (§ 52 Abs 2 aF), § 1 III 4 ab 2008 (§ 52 Abs 1a aF).

b) Antrag, § 1 III 1. Grenzpendler haben ein **Wahlrecht** der Antragsbesteue- 66 rung wie unbeschr StPfl nach § 1 III (§ 32b I Nr 5 ist zu beachten) – ohne Antrag Besteuerung als beschr StPfl nach §§ 49 ff. Der Antrag ist personenbezogen, auch bei Ehegatten (nur für § 1a I Nr 2 einheitl Ausübung) und PersGes'tern (unterschiedl Ausübung mögl). Verfahrensrechtl ist er bis Schluss des Rechtsbehelfsverfahrens zu stellen/zu widerrufen (vgl BFH I R 109/09 BStBl II 11, 443 Tz 21).

c) Erhebungsverfahren. Der LStAbzug ist durch § 1 III nicht tangiert. Nach 67 § 1 III/§ 1a unbeschr StPfl sind nach § 46 II Nr 7 von Amts wegen zu veranlagen. So erhalten befristet beschäftigte ArbN-Grenzpendler uU ihre gesamte ESt erstattet. Für die übrigen Einkünfte gelten bei unbeschr und beschr StPfl die allg Veranlagungsvorschriften (§ 25, § 56 EStDV).

7. Rechtsfolgen. – a) Wirkung der fiktiven unbeschränkten Steuer- 70 **pflicht nach § 1 III.** Sie ist durch § 1 III 1 ausdrückl beschränkt auf die Besteuerung *inl Einkünfte iSv § 49.* Damit sollte zum Ausdruck kommen, dass die Regelung keine Bedeutung hat für die DBA-Ansässigkeit oder die Besteuerung ausl Einkünfte (keine Besteuerung der Welteinkünfte wie nach § 1 I und 1 II). § 1 III betrifft die Besteuerung des Grenzpendlers selbst; Ehegatten s § 1a.

71 **b) Steuerabzug, § 1 III 6.** Der StAbzug ist unabhängig von der Art der StPfl. Eine Besonderheit ist die unsystematische Regelung in § 1 III 6: Der StAbzug nach § 50a, der grds nur beschr StPfl trifft, wird trotz des Wechsels in die unbeschr StPfl zur Sicherung des StAufkommens und der Rechtssicherheit für den Vergütungsschuldner beibehalten; betroffen sind insb Künstler und Sportler.

V. Beschränkte Steuerpflicht, § 1 IV

74 **1. Beschränkte Steuerpflicht, §§ 1 IV, 49 ff.** Sie erfasst natürl Personen, die im Inl weder Wohnsitz noch gewöhnl Aufenthaltsort haben und auch nicht nach §§ 1 II, 1 III oder 1a unbeschr stpfl sind. Diese unterliegen der dt ESt, *soweit sie inl Einkünfte iSv §§ 49 ff erzielen.* Wie § 1 IV verweist der Kommentar insoweit auf die Erläut zu §§ 49 ff. Zu Besonderheiten bei Wechsel der StPfl s Rz 75 ff.

75 **2. Erweiterte beschränkte Steuerpflicht, § 2 AStG.** S Schrifttum *Schmidt* 38. Aufl § 1 Rz 75; *Haag* DB 18, 1303. Personen, die ihren Wohnsitz und gewöhnl Aufenthalt als Deutsche nach mindestens 5-jähriger unbeschr StPfl aus dem Inl wegverlegen, können 10 Jahre lang mit anderen als den in § 49 aufgezählten, nach dem Wegzug im In- und Ausl erzielten Einkünften in der BRD mit allen Rechtsfolgen wie bei unbeschr StPfl fiktiv erweitert stpfl sein. Voraussetzung ist, dass sie in einem niedrig besteuerten Land ansässig sind und wesentl wirtschaftl Interessen im Inl haben. IEinz wird auf § 2 AStG verwiesen.

77 **3. Beginn, Ende, Wechsel der Steuerpflicht (mit § 2 VII 3).** Die unbeschr StPfl beginnt mit Geburt oder Zuzug in das Inl und endet mit dem Tod (s Rz 14) bzw Wegzug aus dem Inl (s Rz 24). Den **Wechsel** von der unbeschr zur beschr StPfl (und umgekehrt) innerhalb eines VZ regelt **§ 2 VII 3.** Einzelheiten s *Schmidt* 39. Aufl § 1 Rz 77 und § 2 Rz 69.

80 **4. Doppelbesteuerung von Einkünften.** Sie ist idR ebenso wenig gewollt wie Keinmalbesteuerung. Da jeder Staat sein Besteuerungsrecht selbständig regelt, ergibt sich nach den einzelnen nationalen ESt-Gesetzen jedoch häufig eine mehrfache StPfl. *Beispiel:* A hat einen Wohnsitz im Inl (unbeschr StPfl mit Welteinkünften, § 1 I) und ein Mietshaus im Ausl (dort beschr StPfl mit den Mieteinkünften nach dem Belegenheitsprinzip; vgl dazu umgekehrt § 49 I Nr 6). Diese Doppelbesteuerung ist im Verhältnis zu vielen Staaten durch vertragl Vereinbarungen ausgeschlossen. Vgl jährl DBA-Zusammenstellung (zB BMF BStBl I 21, 265). Zum Verhältnis OECD-MA zu (vorrangigen) DBA s BFH I R 44/16 DStR 18, 2681.

81 **a) Zuteilungsverfahren mit Freistellung.** Die meisten DBA schränken den *sachl* Umfang der Besteuerung durch Zuweisung des Besteuerungsrechts an einen Staat nach Art der Einkünfte und Ort der Einkünfteerzielung ein. Die Einkünfte – Gewinne wie grds Verluste (§ 2a Rz 8) – sind dann nach DBA in dem anderen Staat stfrei, auch im EU-Raum, idR unabhängig davon, ob das vereinbarte Besteuerungsrecht im Einzelfall ausgeübt wird oder nicht (s § 49 Rz 6 mit Ausnahmen, zB § 50d VIII ff, § 50i – das Ziel der Vermeidung einer Doppelbesteuerung und der Sicherung einer Einmalbesteuerung wird oft durch unterschiedl Einkünftequalifikationen in Frage gestellt). DBA gehen wie andere internationale Abkommen den StGesetzen vor, soweit ihr Regelungsinhalt reicht (§ 2 AO). Sie beschränken nicht die *persönl* StPfl nach EStG (BFH I R 250/73 BStBl II 75, 708). Obwohl nach DBA stfreie Einkünfte im Inl nicht versteuert werden, sind sie idR in die Berechnung des – progressiven – Steuersatzes einzubeziehen (**Progressionsvorbehalt,** vgl § 32b I Nr 3); Einschränkungen bei Verlusten im EU-Bereich s § 2a Rz 6 ff, § 32b Rz 17. Nach DBA stfreie **Auslandsverluste** waren bei Entstehung vor 1999 in den Fällen des § 2a III 1, 2 aF absetzbar, sind aber später zeitl unbegrenzt wieder hinzuzurechnen (s § 2a III 3 mit Rz 55 ff).

b) Anrechnungsverfahren. Ohne Zuteilung erfolgt statt StBefreiung Doppelbesteuerung mit Anrechnung im Ausl erhobener, der dt ESt entspr QuellenSt auf die dt ESt nach DBA/§ 34c (vgl BFH I R 47/14 BStBl II 15, 808). 82

c) DBA-Klauseln. Reaktionen des dt Gesetzgebers zur Vermeidung einer Doppelbesteuerung bzw einer Doppelfreistellung oder Niedrigbesteuerung s *Schmidt* 37. Aufl § 1 Rz 83 sowie Einzelheiten bei **§ 50d, § 50i.** 83

§ 1a [Fiktive unbeschränkte Steuerpflicht von EU- und EWR-Familienangehörigen]

(1) Für Staatsangehörige eines Mitgliedstaates der Europäischen Union oder eines Staates, auf den das Abkommen über den Europäischen Wirtschaftsraum anwendbar ist, die nach § 1 Absatz 1 unbeschränkt einkommensteuerpflichtig sind oder die nach § 1 Absatz 3 als unbeschränkt einkommensteuerpflichtig zu behandeln sind, gilt bei Anwendung von § 10 Absatz 1a und § 26 Absatz 1 Satz 1 Folgendes:

1. Aufwendungen im Sinne des § 10 Absatz 1a sind auch dann als Sonderausgaben abziehbar, wenn der Empfänger der Leistung oder Zahlung nicht unbeschränkt einkommensteuerpflichtig ist. ²Voraussetzung ist, dass
   a) der Empfänger seinen Wohnsitz oder gewöhnlichen Aufenthalt im Hoheitsgebiet eines anderen Mitgliedstaates der Europäischen Union oder eines Staates hat, auf den das Abkommen über den Europäischen Wirtschaftsraum Anwendung findet und
   b) die Besteuerung der nach § 10 Absatz 1a zu berücksichtigenden Leistung oder Zahlung beim Empfänger durch eine Bescheinigung der zuständigen ausländischen Steuerbehörde nachgewiesen wird;

1a. *(aufgehoben)*
1b. *(aufgehoben)*
2. der nicht dauernd getrennt lebende Ehegatte ohne Wohnsitz oder gewöhnlichen Aufenthalt im Inland wird auf Antrag für die Anwendung des § 26 Absatz 1 Satz 1 als unbeschränkt einkommensteuerpflichtig behandelt. ²Nummer 1 Satz 2 Buchstabe a gilt entsprechend. ³Bei Anwendung des § 1 Absatz 3 Satz 2 ist auf die Einkünfte beider Ehegatten abzustellen und der Grundfreibetrag nach § 32a Absatz 1 Satz 2 Nummer 1 zu verdoppeln.

(2) Für unbeschränkt einkommensteuerpflichtige Personen im Sinne des § 1 Absatz 2, die die Voraussetzungen des § 1 Absatz 3 Satz 2 bis 5 erfüllen, und für unbeschränkt einkommensteuerpflichtige Personen im Sinne des § 1 Absatz 3, die die Voraussetzungen des § 1 Absatz 2 Satz 1 Nummer 1 und 2 erfüllen und an einem ausländischen Dienstort tätig sind, gilt die Regelung des Absatzes 1 Nummer 2 entsprechend mit der Maßgabe, dass auf Wohnsitz oder gewöhnlichen Aufenthalt im Staat des ausländischen Dienstortes abzustellen ist.

Einkommensteuer-Richtlinien: EStH 1a

Übersicht

	Rz
1. Hintergrund der Regelung	1
2. Regionale Voraussetzungen im EU/EWR-Raum	3–6
3. Zeitliche Voraussetzungen	7
4. Persönliche Voraussetzungen, § 1a I, II	10–14
5. Einzelne familienbezogene Vergünstigungen, § 1a I	15–22
6. Beamtenprivileg, § 1a II	25–27

§ 1a 1–11 Fiktive unbeschr StPfl von EU-/EWR-Angehörigen

1 **1. Hintergrund der Regelung.** Ziel von § 1a I ist die Beseitigung von StNachteilen für bestimmte nicht nach § 1 I–III unbeschr stpfl Personen. Damit (über)erfüllt der Gesetzgeber im Anschluss an § 1 III die Auflagen des EuGH, EU-Grenzpendlern, die im Inl weder Wohnsitz noch gewöhnl Aufenthaltsort haben, personen- und familienbezogene Vergünstigungen für Ehegatten/LPart im EU/EWR-Ausl zu gewähren, insb eine Zusammenveranlagung zu ermöglichen. Dies geschieht, indem § 1a entweder die unbeschr StPfl ausl Angehöriger fingiert (§ 1a I Nr 2) oder ihre beschr StPfl negiert (§ 1a I Nr 1). **§ 1a II** dehnt die Anwendung von § 1a I auf weitere Personen iSv § 1 II aus.

3 **2. Regionale Voraussetzungen im EU/EWR-Raum.** § 1a I enthält eine mehrfache regionale Begrenzung auf EU-Mitgliedstaaten (s Rz 4) bzw Staaten, auf die das Abkommen über den EWR anwendbar ist, das die EG/EU-Grundfreiheiten und deren Auslegung durch den EuGH übernimmt. Die Anknüpfungspunkte sind unterschiedl für den StPfl (Rz 11) und die Angehörigen (Rz 13).

4 a) **EU-Staaten.** Das waren bis 2004 Belgien, Niederlande, Luxemburg, Deutschland, Frankreich, Italien, Großbritannien bis 2020 (vgl Austritts-Übergangsregelung § 1 BrexitÜG, BGBl I 19, 402; *OFD Ffm* DStR 21, 1658), Irland, Spanien, Portugal, Griechenland, Dänemark, Finnland, Schweden, Österreich; ab 1.5.2004 Estland, Lettland, Litauen, Malta, Polen, Slowakische Republik, Slowenien, Tschechische Republik, Ungarn, Zypern; ab 2007 Bulgarien, Rumänien; ab 1.7.2013 Kroatien.

5 b) **EWR-Staaten.** Vgl EWR-Abkommen § 1 Rz 5. Das sind derzeit folgende frühere EFTA-Staaten: Island, Norwegen (seit 1994, s Rz 7) und Liechtenstein (ab 1996). Zu Unterschieden/Einschränkungen s § 2a IIa, § 32b I S 2, 3.

6 c) **Assoziationsabkommen.** Keine Ausdehnung auf andere assoziierte Staaten (zB Türkei, s FG Mchn EFG 99, 167, rkr; FG Hbg EFG 00, 866, rkr). Besonderheiten nach Freizügigkeitsabkommen **Schweiz** s Rz 13.

7 **3. Zeitliche Voraussetzungen.** § 1a gilt grds seit VZ 1996. Maßgebend ist der Zeitpunkt des EU-Beitritts bzw der vorherige EWR-Beitritt. Die Änderungen durch JStG 2008 (Abs 1 S 1 Nr 1, 2, Nr 1a aF) gelten ab 2008, die Änderungen durch JStG 2010 (Abs 1 Nr 1b aF) ab 2010, die Änderungen durch ZK-AnpG (Abs 1 Nr 1) ab 2015.

10 **4. Persönliche Voraussetzungen, § 1a I, II.** – a) **Person des Steuerpflichtigen.** – aa) **Personenkreis.** Es sind dies neben den nach der Fiktion des § 1 III im Ausl ansässigen unbeschr stpfl Grenzpendlern (diese unter Beachtung der Voraussetzungen des § 1 III 2–4) *alle* im Inl ansässigen unbeschr stpfl **Gastarbeiter** (§ 1 I), Letztere ohne die frühere Einschränkung, dass auch sie (und ihre Ehegatten/LPart) neben ihren Inlandseinkünften nur geringfügige Auslandseinkünfte erzielen dürften – die entspr Verweisung in § 1a I 1 aF auf § 1 III 2–4 entfällt nach Streichung dieses Zusatzes im JStG 2008 (s Rz 21, BFH I R 16/14 BStBl II 15, 957). StPfl iSv **§ 1 III** sind grds unbeschr stpfl; ausgenommen sind jedoch Ausländer-Ehegatten mit ihren Ausl stpfl Einkünften (§ 1 II). Sind diese Einkünfte geringfügig iSv § 1 III 2, erfüllt auch dieser Personenkreis die Grundvoraussetzungen des § 1 III 1/§ 1a (Klarstellung in **§ 1a II**; s auch § 1 Rz 35). **Sonstige Angehörige** iSv § 1 II müssen die Voraussetzungen des § 1 III gesondert erfüllen.

11 bb) **Staatsangehörigkeit; Ansässigkeit.** Anders als beim Angehörigen stellt der Gesetzgeber in § 1a I *beim StPfl selbst* (entgegen § 1 I und III) für alle Vergünstigungen nach § 1a nicht auf die Ansässigkeit, sondern primär auf die Staatsangehörigkeit zu einem Mitgliedstaat der EU/EWR ab. Grund: Die EU-Grundfreiheiten gelten nur für Gemeinschaftsangehörige. EU/EWR-Staatsangehörige iSv § 1 I haben stets einen Wohnsitz/gewöhnl Aufenthaltsort in Deutschland, solche iSv § 1 III im beliebigen Ausl. Das bedeutet, dass Nicht-EU/EWR-Staatsangehörige iSv § 1 III 1 den § 1a nicht in Anspruch nehmen können (zB BFH I B

101/13 BFH/NV 15, 201), auch nicht bei Wohnsitz im EU-Bereich. Umgekehrt ist zu differenzieren: Ein dt oder österr Staatsangehöriger mit Wohnsitz zB in der Schweiz erfüllt die Voraussetzungen des Einleitungssatzes von § 1a I und kann Unterhaltsleistungen an den geschiedenen Ehegatten in Deutschland oder Österreich absetzen (§ 1a I Nr 1). Einschränkungen können sich aber aus § 1a I Nr 2 ergeben (zB Splitting nach Nr 2 nur bei Gemeinschaftswohnung im EU/EWR-Bereich). Hier kann der gemeinsame Wohnsitzwechsel in ein Nicht-EU-Land auch bei dt Staatsangehörigkeit schädl sein. **Sonderregelung § 1a II s Rz 26.**

b) Person des Ehegatten/Lebenspartners. Die Vergünstigungen des § 1a I **13** **Nr 1 und 2** beziehen sich auf beschr stpfl Ehegatten/LPart (§ 2 VIII) im Ausl, für welche die angesprochenen Vorschriften sonst nicht anwendbar wären. Diese müssen einen **Wohnsitz** oder ihren gewöhnl Aufenthaltsort im Hoheitsgebiet eines EU-/EWR-Staates haben (vgl **§ 1a I Nr 1 Buchst a, Nr 2 S 2;** zu **Ausnahmen** nach Freizügigkeitsabkommen **Schweiz** s EuGH C-425/11 BStBl II 13, 896; FG BaWü DStRE 15, 591, rkr; *BMF* BStBl I 13, 1325). Anders als beim StPfl selbst ist ihre **Staatsangehörigkeit unerhebl** *(Beispiel:* Splitting für unbeschr stpfl Österreicher mit türkischem Ehegatten in Österreich, jedoch nicht mit dt Ehegatten in der Türkei). **Auslandsangehörige öffentl Bediensteter** können nach **§ 1 II** oder **§ 1 III** iVm § 1a II selbst unbeschr stpfl sein (s Rz 10, 25 ff).

c) Person des Versorgungsempfängers. § 1a I Nr 1 betrifft alle im EU/ **14** EWR-Bereich ansässigen Versorgungsempfänger iSv § 10 Ia (wie Rz 13).

5. Einzelne familienbezogene Vergünstigungen, § 1a I. Eine Reihe von **15** **Vergünstigungen,** die § 50 I für beschr StPfl ausschließt, die aber Gastarbeitern und Grenzpendlern schon vorher gewährt wurden, stehen auf Grund der unbeschr StPfl **nach § 1 III** auf Antrag zu. *Beispiele:* SA-Abzug nach § 10, Pauschbeträge nach §§ 9a, 10c aF/39b II 5, Freibeträge nach § 16 IV, § 24a, § 32 VI, § 33b V, Ki-Geld s §§ 62, 63, 65 I Nr 2, ag Belastungen nach §§ 33 ff; Anspruch auf Veranlagung nach § 46. § 1a gewährt darüber hinaus *einzelne,* idR familienbezogene Vergünstigungen, die von einem gesetzl geforderten, hier fehlenden Inlandsbezug abhängen (unbeschr StPfl des Ehegatten/LPart oder Versorgungsempfängers). Diesen Bezug fingiert § 1a I ohne Änderung der betroffenen Vorschriften, gewährt jedoch auch über § 1a I Nr 2 S 1 keine *allg* Behandlung als unbeschr StPfl (vgl FG Ddorf EFG 21, 1301, Rev I R 26/21). Die **Nachweisvoraussetzungen** (Wohnsitz/Besteuerung) sind für alle Varianten in **§ 1a I Nr 1 Buchst a, b** zusammengefasst (s § 1a I Nr 2 S 2).

a) Unterhaltszahlungen an geschiedene/getrennt lebende Ehegatten/ **16** **Lebenspartner, § 1a I Nr 1 iVm § 10 Ia Nr 1, § 2 VIII.** § 10 Ia Nr 1 knüpft den Abzug als SA grds an die unbeschr StPfl des Empfängers. Bei Vorliegen der persönl Voraussetzungen (s Rz 10 ff, 13) und der sonstigen Voraussetzungen des § 10 Ia Nr 1 ermöglicht § 1a I Nr 1 dagegen den Abzug auch bei Zahlung an beschr stpfl EU/EWR-Auslandsehegatten/-LPart, seit 2008 unabhängig davon, welchen Teil seiner Einkünfte dieser im Inl erzielt (s Rz 10). Der Abzug von Unterhaltsleistungen zB an die *im Inl nicht stpfl* geschiedene Ehefrau in Spanien ist jedoch davon abhängig, dass diese dem Ehemann bzw dessen FA durch Vorlage einer **Bescheinigung** der für sie zuständigen ausl StBehörde oder ihres StBescheides nachweist, dass sie die Leistungen dort tatsächl versteuert hat **(Nr 1 S 2 Buchst b).** Hieran wird der Abzug häufig scheitern, so auch wenn keine Besteuerung im Ausl vorgesehen ist (vgl zu Österreich BFH XI R 5/02 BFH/NV 06, 1069 – nicht EU-widrig dem EuGH C-403/03 DStR 05, 1265). Dieser Nachweis ersetzt die nach § 10 Ia Nr 1 geforderte Zustimmung. Er muss bis zur Veranlagung des Unterhaltsleistenden bzw bis zur Bestandskraft seines StBescheides vorliegen (s Rz 7). Bei nachträgl Auslandsveranlagung kann der Bescheid uU nach § 175 I 1 Nr 2 AO geändert werden (vgl auch § 10 Rz 106). Ist der Ehegatte im Inl unbeschr oder mit Eink iSv § 49 beschr stpfl, ist der Nachweis ab 2016 durch Mitteilung der **Identifikationsnummer** (§ 139b AO) zu erbringen (§ 10 Ia Nr 1 S 7–9, s § 10 Rz 108). Ist § 1a I nicht anwendbar (zB Ehefrau in den USA, s Rz 6) oder fehlt der Nachweis, kann sich eine Abzugsmöglichkeit aus DBA ergeben (zB USA, Kanada, s EStH 10.2).

17   **b) Versorgungsleistungen, § 1a I Nr 1 iVm § 10 Ia Nr 2.** § 10 Ia Nr 2 macht den SA-Abzug von Versorgungsleistungen iZm Vermögensübertragungen grds von der unbeschr StPfl des Empfängers abhängig. Zur Sicherung der EU-vertragl garantierten Freizügigkeit und des Korrespondenzprinzips (s § 1a I Nr 1 S 2 Buchst b) muss der SA-Abzug durch im Inl unbeschr estpfl Staatsangehörige aber auch bei Leistung an nicht im Inl stpfl, in einem EU/EWR-Mitgliedstaat ansässige Empfänger gewährt werden (s EuGH C-450/09 DStR 11, 664). Das stellt § 1a I Nr 1 für alle Versorgungsleistungen nach § 10 Ia Nr 2-4 unter den Voraussetzungen S 2 Buchst a, b sicher (Wohnsitz- und Besteuerungsnachweis wie Rz 16). S auch § 10 Rz 18, *BMF* BStBl I 15, 1088.

18   **c) Ausgleichsleistungen, § 1a I Nr 1 iVm § 10 Ia Nr 3.** § 1a I Nr 1 erfasst auch Ausgleichsleistungen *zur Vermeidung* eines Versorgungsausgleichs iSv § 10 Ia Nr 3, die auf Antrag des Leistenden mit Zustimmung des EU-EWR-Empfängers unabhängig von dessen inl StPfl als SA abgesetzt werden können (wie Rz 17).

19   **d) Versorgungsausgleichszahlungen, § 1a I Nr 1 iVm § 10 Ia Nr 4.** Auch für sie gilt die Erweiterung des SA-Abzugs entspr Rz 17, 18.

20   **e) Zusammenveranlagung, § 1a I Nr 2. – aa) Gesetzeszweck.** § 26 I 1 gewährt Ehegatten/LPart nur dann ein Veranlagungswahlrecht mit Splitting/LSt-Klasse III, wenn beide unbeschr stpfl sind. Nur hierfür (s Rz 15) und für Folgevorschriften (s Rz 22) fingiert § 1a I Nr 2 die unbeschr StPfl des Ehegatten/LPart im Ausl.

21   **bb) Voraussetzungen, § 1a I Nr 2 S 1**
– Gültige **Ehe/LPart**, bei Ausländern auch nach ausl Recht, s § 26 Rz 7;
– keine dauernde Trennung iS § 26 Rz 11);
– unbeschr **StPfl** *eines* Ehegatten/LPart nach § 1 I, § 1 II oder § 1 III;
– *dessen* EU/EWR-**Staatsangehörigkeit** (s Rz 11, 25 ff);
– **Ansässigkeit** des *anderen* Ehegatten/LPart im EU/EWR-Ausl (s Rz 3–6 und 13 mit Ausnahmen); diese ist selbst dann erforderl, wenn für den Ehegatten/LPart isoliert ebenfalls die Voraussetzungen des § 1 III vorlägen. *Beispiel:* Kein Splitting für US-Gastarbeiter (§ 1 I), wenn die Ehefrau in USA lebt, selbst wenn diese auf Grund eigener Einkünfte iSv § 1 III 2 im Inl unbeschr stpfl ist (anders aber, wenn sie EU-Staatsangehörige wäre, **§ 1a I Nr 2 S 2**); zum DBA-Ansässigkeitsnachweis s *OFD NRW* IStR 20, 435;
– **Antrag** (§ 1a I Nr 2 S 1, § 1 III 1), wohl entspr § 26 II 2, 3 von beiden schriftl oder zu Protokoll, ohne Frist bis zur Bestandskraft des StBescheides, aber nicht mehr im Revisionsverfahren (BFH I R 65/95 BStBl II 98, 21);
– **Einkünftegrenzen, § 1a I Nr 2 S 3.** – *(1)* Bei unbeschr StPfl des Inlands-Ehegatten/LPart nach § 1 I ist die Höhe der Auslandseinkünfte *beider* Ehegatten/LPart seit 2008 nicht mehr zu prüfen (geänderter Einleitungssatz § 1a I; s Rz 10). – *(2)* Bei unbeschr StPfl nach § 1 III sind inl und ausl Einkünfte beider Ehegatten/LPart in die abw von § 1 III einstufige Prüfung nach § 1 III 2 einzubeziehen (§ 1a I Nr 2 S 3, § 1a II). Zusammenveranlagung erfolgt nur, wenn die *gesamten* Einkünfte zu weniger als 10% oder bis zum doppelten Grundfreibetrag (s § 1 III 2, § 1 Rz 53) nicht der dt ESt unterliegen (BFH I R 16/14 BStBl II 15, 957; FG BaWü EFG 20, 582, Rev I R 45/19, abl Anm *Clausnitzer* IStR 20,349; EStH 1a). Einkünfte *eines* Ehegatten/LPart über den einfachen Höchstbetrag nach § 1 III 2 hinaus sind unschädl (zB 1000 + 10 000 €: § 1a). Berechnung der ausl Einkünfte nach dt Recht (s § 1 Rz 57, BFH I R 78/07

BStBl II 09, 708). Nach ausl Recht stfreie Auslandseinkünfte des im Ausl wohnhaften Ehegatten/LPart erhöhen die schädl Einkunftsgrenze, wenn sie im Inl stpfl wären (§ 1 III 4 mit Wirkung auf § 1a I Nr 2, s § 1 Rz 56). **Einkünftenachweis** des Ehegatten/LPart nach § 1a I Nr 2 S 3 gem § 1 III 5 (s § 1 Rz 57). – *(3)* StPfl iSv § 1 II s Sonderregelung dort (§ 1 Rz 35 ff) und § 1a II (Rz 25 ff).

cc) **Rechtsfolgen.** Zusammenveranlagung mit Splitting bzw LSt-Klasse III mit Pflichtveranlagung nach § 46 II Nr 7b und allen sonstigen Zusammenveranlagungsvergünstigungen (zB Verdopplung von Höchst- und Pauschbeträgen, § 10 III 2, § 9a S 1 Nr 2, § 20 IX 2; Grenze s Rz 15). Dafür Wegfall von Einzelveranlagungsvergünstigungen (zB § 24b). Bei StPfl nach § 1 I sind alle stpfl Einkünfte, bei StPfl nach § 1 III inl Einkünfte iSv § 49 nach Splittingtarif zu versteuern – die übrigen Einkünfte (nach DBA stfreie Einkünfte, bei § 1 III insb ausl Einkünfte beider Ehegatten/LPart) uU über den Progressionsvorbehalt.

6. Beamtenprivileg, § 1a II. – **a) Hintergrund der Regelung.** § 1a II erweitert aus Gleichbehandlungsgründen den persönl Anwendungsbereich von § 1 II/§ 1a I mit Ausdehnung des Ehegattensplittings nach § 1a I Nr 2 auf dt Diplomaten ua öffentl Bedienstete mit Einkünften, die aufgrund der Kassenstaatsklausel des § 1 II 1 Nr 2 der Besteuerung unterliegen, und deren Angehörige, bei denen einzelne Voraussetzungen dieser Vorschriften nicht gegeben sind (vor allem EU/EWR-Angehörigkeit nach § 1a I Nr 1 S 2, Nr 2 S 2). § 1a II erfasst außerdem Personen iSv § 1 II, die ohne Wohnsitz oder gewöhnl Aufenthaltsort im Inl ArbLohn aus einer inl öffentl Kasse für ihr öffentl Dienste iSv § 1 II 1 Nr 2 beziehen, aber nicht alle Voraussetzungen für eine unbeschr StPfl nach dieser Vorschrift erfüllen (zB ohne diplomatischen Status, ohne dt Staatsangehörigkeit), die jedoch nach § 1 III auf Antrag unbeschr stpfl sind. § 1a II soll nach BT-Drs 13/1558, 149 – unverständl verklausuliert – **zwei Dinge regeln:**

b) Erweiterung von § 1a I über EU/EWR-Raum hinaus, § 1a II Alt 1. Liegen bei Auslandsansässigkeit *im EU/EWR-Bereich* die übrigen Voraussetzungen des § 1a I vor (s Rz 11 und 13), stehen die Vergünstigungen des § 1a unabhängig von einer aktiven Tätigkeit im Ausl und damit auch für Versorgungsempfänger und ohne Anwendung von § 1a II nach § 1a I zu. *Beispiel:* dt Pensionäre in Spanien. Diesen Personenkreis erweitert § 1a II Alt 1 (und schränkt ihn gleichzeitig in Alt 2 ein). Zunächst soll ein Teil des „**Beamtenprivilegs**" über § 1a I hinaus erhalten bleiben. § 1a I Nr 2 soll grds auch für alle außerhalb des EU/EWR-Raums ansässigen öffentl Bediensteten iSv § 1 III, § 1 II 1 Nr 1 und 2 anwendbar sein, auch für Deutsche iSv § 1 II, deren Ehegatte nicht unter diese Vorschrift fällt (zB Russin mit geringfügigen Auslandseinkünften; s Rz 10). Die Voraussetzungen des § 1a S 1 (EU/EWR-Staatsangehöriger) brauchen nicht vorzuliegen, wohl aber die übrigen Voraussetzungen des § 1 III und § 1 II 1 Nr 1 und 2 (*Beispiel:* § 1a II, I Nr 2 für in Moskau ansässigen, von einer inl Kasse besoldeten russischen Botschaftssekretär ohne wesentl Auslandseinkünfte iSv § 1 III 2). Die sonst erforderl Ansässigkeit im EU/EWR-Bereich (§ 1a I Nr 2) wird durch ausreichende Ansässigkeit im Staat des ausl Dienstortes ersetzt.

c) Reduzierung des bisherigen „Beamtenprivilegs" auf seinen Kernbereich, § 1a II Alt 2. Hauptanliegen des Gesetzgebers war offenbar weniger eine erweiterte Anwendung von § 1a I Nr 2, als vielmehr die Absicht, durch § 1a II öffentl **Versorgungsempfänger** ua Personen iSv § 1 II, die aus privaten Motiven außerhalb des EU/EWR-Raums wohnen, von den familienbezogenen Vergünstigungen des § 1a I auszuschließen. § 1a II setzt daher (jedenfalls für Alt 2, str) **aktive Tätigkeit an einem ausl Dienstort** voraus (Schlechterstellung aller Personen mit Ruhestandsbezügen im Drittland, zB dt Beamter im Ruhestand in Südafrika).

II. Einkommen

1. Sachliche Voraussetzungen für die Besteuerung

§ 2 Umfang der Besteuerung, Begriffsbestimmungen

(1) ¹Der Einkommensteuer unterliegen
1. Einkünfte aus Land- und Forstwirtschaft,
2. Einkünfte aus Gewerbebetrieb,
3. Einkünfte aus selbständiger Arbeit,
4. Einkünfte aus nichtselbständiger Arbeit,
5. Einkünfte aus Kapitalvermögen,
6. Einkünfte aus Vermietung und Verpachtung,
7. sonstige Einkünfte im Sinne des § 22,

die der Steuerpflichtige während seiner unbeschränkten Einkommensteuerpflicht oder als inländische Einkünfte während seiner beschränkten Einkommensteuerpflicht erzielt. ²Zu welcher Einkunftsart die Einkünfte im einzelnen Fall gehören, bestimmt sich nach den §§ 13 bis 24.

(2) ¹Einkünfte sind
1. bei Land- und Forstwirtschaft, Gewerbebetrieb und selbständiger Arbeit der Gewinn (§§ 4 bis 7k und 13a),
2. bei den anderen Einkunftsarten der Überschuss der Einnahmen über die Werbungskosten (§§ 8 bis 9a).

²Bei Einkünften aus Kapitalvermögen tritt § 20 Absatz 9 vorbehaltlich der Regelung in § 32d Absatz 2 an die Stelle der §§ 9 und 9a.

(3) Die Summe der Einkünfte, vermindert um den Altersentlastungsbetrag, den Entlastungsbetrag für Alleinerziehende und den Abzug nach § 13 Absatz 3, ist der Gesamtbetrag der Einkünfte.

(4) Der Gesamtbetrag der Einkünfte, vermindert um die Sonderausgaben und die außergewöhnlichen Belastungen, ist das Einkommen.

(5) ¹Das Einkommen, vermindert um die Freibeträge nach § 32 Absatz 6 und um die sonstigen vom Einkommen abzuziehenden Beträge, ist das zu versteuernde Einkommen; dieses bildet die Bemessungsgrundlage für die tarifliche Einkommensteuer. ²Knüpfen andere Gesetze an den Begriff des zu versteuernden Einkommens an, ist für deren Zweck das Einkommen in allen Fällen des § 32 um die Freibeträge nach § 32 Absatz 6 zu vermindern.

(5a) ¹Knüpfen außersteuerliche Rechtsnormen an die in den vorstehenden Absätzen definierten Begriffe (Einkünfte, Summe der Einkünfte, Gesamtbetrag der Einkünfte, Einkommen, zu versteuerndes Einkommen) an, erhöhen sich für deren Zwecke diese Größen um die nach § 32d Absatz 1 und nach § 43 Absatz 5 zu besteuernden Beträge sowie um die nach § 3 Nummer 40 steuerfreien Beträge und mindern sich um die nach § 3c Absatz 2 nicht abziehbaren Beträge. ²Knüpfen außersteuerliche Rechtsnormen an die in den Absätzen 1 bis 3 genannten Begriffe (Einkünfte, Summe der Einkünfte, Gesamtbetrag der Einkünfte) an, mindern sich für deren Zwecke diese Größen um die nach § 10 Absatz 1 Nummer 5 abziehbaren Kinderbetreuungskosten.

(5b) Soweit Rechtsnormen dieses Gesetzes an die in den vorstehenden Absätzen definierten Begriffe (Einkünfte, Summe der Einkünfte, Gesamtbetrag der Einkünfte, Einkommen, zu versteuerndes Einkommen) anknüpfen, sind Kapitalerträge nach § 32d Absatz 1 und § 43 Absatz 5 nicht einzubeziehen.

(6) ¹Die tarifliche Einkommensteuer, vermindert um den Unterschiedsbetrag nach § 32c Absatz 1 Satz 2, die anzurechnenden ausländischen Steuern und die Steuerermäßigungen, vermehrt um die Steuer nach § 32d Absatz 3 und 4, die Steuer nach § 34c Absatz 5 und den Zuschlag nach § 3 Absatz 4 Satz 2 des Forstschäden-Ausgleichsgesetzes in der Fassung der Bekanntmachung vom 26. August 1985 (BGBl. I S. 1756), das zuletzt durch Artikel 412 der Verordnung vom 31. August 2015 (BGBl. I S. 1474) geändert worden ist, in der jeweils geltenden Fassung, ist die festzusetzende Einkommensteuer. ²Wurde der Gesamtbetrag der Einkünfte in den Fällen des § 10a Absatz 2 um Sonderausgaben nach § 10a Absatz 1 gemindert, ist für die Ermittlung der festzusetzenden Einkommensteuer der Anspruch auf Zulage nach Abschnitt XI der tariflichen Einkommensteuer hinzuzurechnen; bei der Ermittlung der dem Steuerpflichtigen zustehenden Zulage bleibt die Erhöhung der Grundzulage nach § 84 Satz 2 außer Betracht. ³Wird das Einkommen in den Fällen des § 31 um die Freibeträge nach § 32 Absatz 6 gemindert, ist der Anspruch auf Kindergeld nach Abschnitt X der tariflichen Einkommensteuer hinzuzurechnen; nicht jedoch für Kalendermonate, in denen durch Bescheid der Familienkasse ein Anspruch auf Kindergeld festgesetzt, aber wegen § 70 Absatz 1 Satz 2 nicht ausgezahlt wurde.

(7) ¹Die Einkommensteuer ist eine Jahressteuer. ²Die Grundlagen für ihre Festsetzung sind jeweils für ein Kalenderjahr zu ermitteln. ³Besteht während eines Kalenderjahres sowohl unbeschränkte als auch beschränkte Einkommensteuerpflicht, so sind die während der beschränkten Einkommensteuerpflicht erzielten inländischen Einkünfte in eine Veranlagung zur unbeschränkten Einkommensteuerpflicht einzubeziehen.

(8) Die Regelungen dieses Gesetzes zu Ehegatten und Ehen sind auch auf Lebenspartner und Lebenspartnerschaften anzuwenden.

Einkommensteuer-Durchführungsverordnung

§ 1 *Anwendung auf Ehegatten und Lebenspartner*

Die Regelungen dieser Verordnung zu Ehegatten und Ehen sind auch auf Lebenspartner und Lebenspartnerschaften anzuwenden.

Einkommensteuer-/Lohnsteuer-Richtlinien: EStR 2/EStH 2/LStH 2

Übersicht

	Rz
I. Grundaussage des § 2 I; Struktur und Aufbau des EStG	1
II. Kompetenzen; Grundlagen; Nichtanwendungserlasse	2
III. Einkunftsarten, § 2 I	
1. Einkunftssphäre	3
2. Welteinkommen	4
3. Währung	5, 6
IV. Ermittlung der Einkünfte, § 2 II	7
V. Verfassungsrechtliche Maßstäbe	
1. Maßstäbe des Grundgesetzes	8
2. Konkretisierungen	9
3. Objektives Nettoprinzip	10
4. Subjektives Nettoprinzip	11
5. Zulässigkeit von BVerfG-Vorlagen	12

	Rz
VI. Nichtsteuerbare Vermögensmehrungen	14
VII. Veranlassungszusammenhang; nichtabziehbare Vermögensminderungen	15
VIII. Sachliche Steuerbefreiungen	16
IX. Einkünfteerzielung	
1. Objektiver und subjektiver Tatbestand	18
2. Zurechnung	19–22
X. Einkünfteerzielungsabsicht; Liebhaberei	
1. Allgemeines	23
2. Einzelne Einkünfte	24
XI. Abgrenzung der Einkunftsarten	
1. Bedeutung	27
2. Abgrenzung	28
XII. Eheliches Güterrecht	30
XIII. Rechtsanwendung; wirtschaftliche Betrachtung; Missbrauch	
1. Rechtsanwendung; Auslegung; Methode	32–37
2. Wirtschaftliche Betrachtungsweise	38
3. Verhältnis zum Zivilrecht	39
4. Gestaltungsmissbrauch	40
XIV. Rückwirkung	
1. Rückwirkung von Gesetzen	41, 42
2. Rückwirkung von Rechtshandlungen	43–52
3. Rückwirkende Rechtsprechungsänderung	53
XV. „Übertragung von Einkunftsquellen"; Angehörigenverträge; Verträge Gesellschafter/Kapitalgesellschaft	
1. Ertragsgrundlagen	54
2. Einkünfteerzielung durch Minderjährige	55
3. Angehörigenverträge	56
4. Verträge Gesellschafter/Gesellschaft	57
XVI. Summe und Gesamtbetrag der Einkünfte, § 2 III	
1. Saldierung der Einkünfte	58
2. Einschränkungen	59
3. Gesamtbetrag der Einkünfte	60
XVII. Einkommen, § 2 IV–VI	
1. Einkommen, § 2 IV	61
2. Zu versteuerndes Einkommen, § 2 V 1	62
3. Außersteuerrechtliche Zwecke, § 2 Va 1	63
4. Abgeltungsteuer, § 2 Vb	64
5. Festzusetzende Einkommensteuer, § 2 VI	65, 66
6. Einkommensteuer bei Insolvenz	67
7. Einkunftsgrenzen; Einkommensgrenzen	68
XVIII. Abschnittsbesteuerung, § 2 VII	
1. Veranlagungszeitraum	69
2. Abweichendes Wirtschaftsjahr	70
XIX. Lebenspartnerschaften, § 2 VIII	
1. Anlass der Regelung	71
2. Betroffene Vorschriften	72
3. Erweiterungen	73
4. Anwendung	74

Schrifttum (Aufsätze bis 2014 s Vorauflagen): *Weber-Grellet,* Steuern im modernen Verfassungsstaat, 2001; *Urban,* Die Einkünfteerzielungsabsicht in der Systematik des EStG, 2015; *M. Vogel,* Die Auslegung privatrechtl geprägter Begriffe des ErtragStRechts, 2015. – *Weber-Grellet,* Zur Emanzipation des StRechts, StuW 16, 226. – **Verwaltung:** *BMF* BStBl I 21, 390 (Positivliste der geltenden Anweisungen).

I. Grundaussage des § 2 I; Struktur und Aufbau des EStG

§ 2 konstituiert das „Programm" und das **System der ESt** und normiert deren Begriffe. Mit der ESt soll der einzelne StPfl nach Maßgabe seiner finanziellen Leistungsfähigkeit zum Zwecke der (teilweisen) Deckung des Finanzbedarfs des Fiskus (Bund, Länder, Gemeinden) besteuert werden; daneben werden sozial- und wirtschaftspolitische Ziele verfolgt. Das Aufkommen der ESt (im Jahr 2017 ca 283 Mrd €) steht Bund und Ländern gemeinsam zu. – **§ 2 I** bestimmt die Steuerbarkeit von Einkünften, §§ 13–24 (1. aus LuF, 2. aus GewBetr, 3. aus selbständiger Arbeit, 4. aus nichtselbständiger Arbeit, 5. aus KapVerm, 6. aus VuV, 7. Sonstige Einkünfte iSd § 22); das EStG besteuert (entgeltl) Leistungen (§ 22 Rz 1, 130). – Erfasst werden die Einkünfte, die der StPfl während seiner unbeschr EStPfl oder als inl Einkünfte während seiner beschr EStPfl erzielt. – Gem **§ 2 II** sind Einkünfte nach §§ 13–18 der Gewinn (§§ 4–7k), nach §§ 19–22 der Überschuss der Einnahmen über die WK (§§ 8–9a); **Abzug erwerbssichernden Aufwandes (obj Nettoprinzip).** Bei Einkünften aus KapVerm tritt § 20 IX vorbehaltl der Regelung in § 32d II an die Stelle der §§ 9 und 9a. – Der sog **Dualismus der Einkunftsarten** (mit der Freistellung der nichtbetriebl Vermögenssphäre) ist durch § 20 II und auch durch die Erweiterung der §§ 17, 23 relativiert worden. – Die Summe der Einkünfte, vermindert um den Altersentlastungsbetrag, den Entlastungsbetrag für Alleinerziehende und den Abzug nach § 13 Abs. 3, bildet nach **§ 2 III** den Gesamtbetrag der Einkünfte. – Der Gesamtbetrag der Einkünfte, vermindert um die SA und die agB, ist gem **§ 2 IV** das Einkommen (**Abzug existenzsichernden Aufwandes; subj Nettoprinzip; Rz 11**). – Das Einkommen, vermindert um die Freibeträge nach § 32 VI 6 und um die sonstigen vom Einkommen abzuziehenden Beträge, ist das zu versteuernde Einkommen (**§ 2 V**); dieses bildet die Bemessungsgrundlage für die tarifl ESt. Dass gilt auch, wenn andere (Steuer-) Gesetze an den Begriff des zu versteuernden Einkommens anknüpfen. – Knüpfen außersteuerl Rechtsnormen an diese Begriffe an, erhöhen sich diese Größen um die Beträge nach § 32d I, § 43 V, § 3 Nr. 40, und mindern sich um die Beträge nach § 3c II (**§ 2 Va**). – IRd Gesetzes sind KapErträge nach § 32d I und § 43 V grds nicht einzubeziehen (**§ 2 Vb 1 und 2**). – Die tarifl ESt wird dann nach **§ 2 VI** errechnet (**progressiver Tarif**). – Nach **§ 2 VII** ist die ESt eine **Jahressteuer** (Kj, Wj). Bei gemischter unbeschr und beschr EStPflicht ist eine Veranlagung zur unbeschr EStPfl vorzunehmen. – **§ 2 VIII** überträgt EheRegelungen auf LPart.

II. Kompetenzen; Grundlagen; Nichtanwendungserlasse

Gesetzgebungskompetenz. Die konkurrierende Gesetzgebungskompetenz für die ESt hat der Bund (Art 105 II, Art 106 III GG); verwaltet wird die ESt durch Landesfinanzbehörden. Kompetent zur Steuerfestsetzung einschließl des Einspruchsverfahrens (§ 355 AO) sind die FinBeh (§ 16 AO, §§ 17, 21a FVG); zur Streitentscheidung über Steueransprüche sind allein die Finanzgerichte berufen (§ 2 FGO; Art 92, 20 III GG). – Steuern unterliegen dem Gesetzesvorbehalt (Gesetz; VO; *TK* § 4 AO Rz 50), die Verwaltung dem Legalitätsprinzip. Ausnahmsweise ist aus Billigkeitsgründen („Gerechtigkeit des Einzelfalls") eine Abweichung geboten (§§ 163, 227 AO), mE durch Einzel- und „Allgemein-Verfügung" (einschr BFH GrS 1/15 BStBl II 17, 393; dazu *BMF* BStBl I 17, 741; zR krit *Sistermann* DStR 17, 689); Neuregelung zum Sanierungsgewinn durch § 3a idF v 27.6.17, BGBl I 17, 2074). – Die Verwaltung handelt durch Richtlinien (Art 108 VII GG), BMF-Schreiben, Ländererlasse und (OFD-)Verfügungen (zur Bindung s *TK* § 4 AO Rz 80 f). Auf nach dem 31.12.16 verwirklichte StTatbestände sind nur die in der sog **Positivliste** aufgenommenen Anweisungen anzuwenden (*BMF* BStBl I 21, 390). Sog **Nichtanwendungserlasse** sind grds zul (*Weber-Grellet* FS Lang 2010, 927; ferner Beiträge in FS Spindler 2011); die Diskussion hat sich beruhigt. EUrechtl prüft der EuGH Normen der nicht harmonisierten ESt an den Grundfreiheiten und den Diskriminierungsverboten (*Kessler/Spengel* DB Beil 1/18: Übersicht über EUwidrige Normen).

III. Einkunftsarten, § 2 I

Schrifttum: *Birk*, Einkommen, Einkunftsarten, Einkünfteermittlung, DStJG 34 (2011), 11.

3 **1. Einkunftssphäre.** Der ESt unterworfen ist das Entgelt für Leistungen; dies dokumentiert § 22 Nr 3 als allgemeinste Einkunftsart; die sog Markteinkommenstheorie findet im Gesetz keine Stütze (*Weber-Grellet* Steuern im modernen Verfassungsstaat, 2001, 80 f; *Wernsmann* StuW 18, 100 (104); *P. Kirchhof* FS RFH/BFH 2018, 1197/1209; **aA** *Marx/Kilincsoy* StuW 19, 36). Das Gesetz erfasst nur die in § 2 I 1 aufgezählten sieben Einkunftsarten; nach der ursprüngl Konzeption wurde das private Vermögen nicht erfasst (Änderungen zB durch § 20 II). Die **Steuerfreiheit des Vermögensstamms** bildet mittlerweile die Ausnahme; zur Rechtsentwicklung sowie zur **Reinvermögenszuwachstheorie** und zur **Quellentheorie** *K/S/M* § 2 Rz A 240–460; zum Begriff der **„Einkunftsquelle"** s § 15b I. Zunehmend enthält das EStG **schedulenähnl** Elemente (zB § 20 VI).

Diskussionswürdig sind insoweit der Dualismus der Einkunftsarten, die differenzierte „Vermögenserfassung" (s nur VuV-Einkünfte) und die „rechtsnaturändernden" Neuerungen der letzten Zeit (zB AbgeltungSt, § 20 II, § 22, Erweiterung des § 23) diskussionswürdig. Der Einkünftedualismus in seinen verschiedenen Ausprägungen (zu den verschiedenen Dualismen *Niestegge* Dualismus der Einkunftsarten, Diss jur 2018) ist nicht mehr aufrecht zu halten; notwendig sind einheitl Regeln für die estrechtl Einkommensermittlung.

Mit der **KSt** werden die Erträge „juristisch ausgegliederter Sondervermögen" gesondert erfasst. Das Besteuerungssubstrat wird durch das Teileinkünfteverfahren aufgeteilt; die KSt ist wirtschaftl eine Art Vorauszahlung auf die ESt.

4 **2. Welteinkommen.** Der ESt unterliegen die Einkünfte, die weltweit erzielt werden („Welteinkommen"), wenn der StPfl unbeschr stpfl ist (§ 1 I–III). Ist er beschr stpfl (§ 1 IV), wird er (ledigl) mit seinen inl Einkünften zur ESt herangezogen (§§ 49–50a). Bei erweiterter beschr StPfl unterliegen der dt ESt auch die im Ausl erzielten Einkünfte, sofern sie nicht Einkünfte iSv § 34c I sind (§ 2 AStG); nach § 5 AStG kann sich auch eine Hinzurechnung von Einkünften aus Zwischen-Ges ergeben. Durch zahlreiche **DBA** ist der Grundsatz der Welteinkommensbesteuerung praktisch beseitigt, sodass es zu einem Ursprungsprinzip mutiert, das an den Arbeitsort oder die Betriebsstätte/Grundbesitz anknüpft (FG Köln EFG 10, 435, rkr; *Fischer* FR 01, 1). Soweit nach einem DBA das Besteuerungsrecht dem Quellenstaat zusteht, dieser davon aber keinen Gebrauch macht, fällt es an den Wohnsitzstaat nur dann zurück, wenn dies im DBA ausdrückl vorgesehen ist (BFH I R 14/02 BStBl II 04, 260).

3. Währung

Schrifttum (Aufsätze vor 2002 s Vorauflagen): *HHR/Hey* Einf ESt Rz 47 (4/20).

5 **a) Fremdwährungseinkünfte.** Sie sind zum **Tageskurs** (= *Anschaffungskurs = Zeitbezugsverfahren*) in € umzurechnen (BFH I R 117/87 BStBl II 90, 57, 59); **§ 340h HGB** schreibt für Kreditinstitute grds ebenfalls Bewertung nach dem Zeitbezugsverfahren vor, lässt aber Ausnahmen zu. – **Euro-Umstellung** s *Schmidt* 27. Aufl § 2 Rz 5.

6 **b) Nominalwertprinzip.** Die Einkünfte werden nach den nominellen Geldbeträgen ermittelt (BFH X R 20/19 BFH/NV 21, 980; BFH X R 33/19 BFH/NV 21, 992; *Weber* Inflationsberücksichtigung in der ESt, 2012; *Tipke* LB § 8 Rz 56. – § 5 Rz 82; § 6 Rz 21); zur Entwicklung des Preisrechts s *Schmidt* 34. Aufl § 2 Rz 6 – Das Nominalwertprinzip ist auch bei der Gegenüberstellung der Beitragszahlungen mit dem nicht stbaren Rentenzufluss verfrechtl zul (BVerfG 2 BvR 2683/11 DStR 15, 2757).

IV. Ermittlung der Einkünfte, § 2 II

Gewinn; Einnahmenüberschuss. Einkünfte sind der **Gewinn** (§§ 4–7k; der 7 Überschuss der BE über die BA bzw. die BV-Differenz, die Differenz von Aufwand und Ertrag) oder der **Überschuss** der Einnahmen über die WK (§§ 8–9a), die der StPfl iRd sieben Einkunftsarten erzielt (§ 2 II). Der Begriff der Einkünfte wird im EStG grds einheitl verwendet (BFH III R 69/09 DStRE 12, 880, zu § 32 IV 2). Ab **VZ 09** gehören dazu nicht mehr Einkünfte aus **Kapitalvermögen** (s Rz 64), sofern sie der AbgeltungSt unterliegen; bei ihnen wird statt der tatsächl WK der Sparer-Pauschbetrag (§ 20 IX) abgezogen; nach § 2 II 2 verdrängt § 20 IX die §§ 9 und 9a. Zur Einbeziehung bei Steuerermäßigungen s Rz 64. – Eine in § 2 II nicht erwähnte Ausnahme bildet der Gewinn iSd § 20 II, der in § 20 IV definiert wird. – Bei den Gewinneinkünften ist im Allgemeinen auch das (eingesetzte) Vermögen steuerverstrickt, also Erfassung von Veräußerungsgewinnen und -verlusten.

V. Verfassungsrechtliche Maßstäbe

Schrifttum (vor 2011 s Vorauflagen): *Birk/Desens/Tappe* Rz 185 ff; *HHR/G Kirchhof* Einf ESt Rz 220, 331 (4/20). – *Weber-Grellet,* Das Koordinatensystem des BVerfG bei der Prüfung von Steuergesetzen, FR 11, 1028; *Britz,* Der allg Gleichheitssatz in der Rspr des BVerfG, NJW 14, 346; *Kempny,* StRecht und Verfassungsrecht, StuW 14, 185; *F. Kirchhof,* Leistungsfähigkeitsprinzip nach dem GG, BB 17, 662; *Eichberger,* Gleichheitssatz im StR, FS RFH/BFH 2018, 501; *Weber-Grellet,* Die Ethik des Steuerrechts, DStR 18, 1398; *Kempny,* Gedanken zum Leistungsfähigkeitsprinzip, StuW 21, 85.

1. Maßstäbe des Grundgesetzes. Die verfrechtl Maßstäbe für das EStRecht 8 ergeben sich aus einzelnen Grundrechten, aus dem Rechtsstaatsprinzip und den Regelungen des GG über das Finanzwesen (Art 104a ff GG). Hauptmaßstab ist der **Gleichheitssatz** des Art 3 GG, der dem Gesetzgeber gebietet, wesentl Gleiches gleich und wesentl Ungleiches ungleich zu behandeln (BVerfG 2 BvL 22/14 DStR 20, 93; *Kirchhof* StuW 17, 3). Eine spezielle Ausprägung des Art 3 GG enthält Art 6 GG. – Die StBelastung fällt auch in den Schutzbereich des **Art 14 GG;** allerdings bildet der sog **Halbteilungsgrundsatz** keine Belastungsobergrenze (BVerfG 2 BvR 2194/99 DStR 06, 555); die Besteuerung „unterhalb der Schwelle der Erdrosselung" ist eine Konkretisierung des Inhalts und der Schranken des Art 14 GG. – Entscheidend ist der Aspekt der angemessenen **Lastenverteilung,** der mE in der BVerfG-Rspr und auch in der wissenschaftl Diskussion (s Beiträge bei BFH-Symposium DStR 15, 1137; krit zB *Weber-Grellet* BB 15, 1367; *ders* StuW 16, 226, 236; *Kempny* StuW 21, 85) zu kurz kommt.

2. Konkretisierungen. – *(1)* Konkretisiert werden Art 2, 3, 14 GG als steuer- 9 verfrechtl Maßstäbe *(a)* durch das Gebot der Besteuerung nach der finanziellen *Leistungsfähigkeit:* Die (stl) Leistungsfähigkeit, die nach strechtl Maßstäben und Wertungen zu bestimmen ist, bemisst sich nach den individuellen Möglichkeiten, die Einzelne zur Finanzierung des Gemeinwesens beitragen kann (und soll); *(b)* durch das Gebot (Subprinzip) der Besteuerung nach der horizontalen und vertikalen *Steuergerechtigkeit, (c)* durch das obj und subj *Nettoprinzip* (Rz 10, 11), *(d)* durch das – so die BVerfG-Rspr – *Gebot der Folgerichtigkeit,* das aber die (für eine Demokratie typische) Gemengelage widerstreitender Interessen vernachlässigt (krit auch *Tappe* JZ 16, 27; *Kempny* JÖR 64 (2016) 477; *BH/Ratschow* § 2 Rz 17; *Weber-Grellet* StuW 16, 226, 236; *Eichberger* FS RFH/BFH 2018, 501, 511 – Einbindung in Gleichheitsdogmatik) und *(e)* durch Beachtung des allg Grundsatzes der Verhältnismäßigkeit. – *(2)* Der Gesetzgeber hat im StRecht prinzipiell einen weiten Entscheidungsspielraum, er ist berechtigt, nichtfiskalische Förderungs- und Lenkungsziele zu verfolgen (dazu BVerfG 2 BvL 1/13 DStR 22, 19) und ist zur Vereinfachung und Typisierung befugt. – *(3)* Steuergesetze müssen auch den rechtsstaatl-verfahrensrechtl Geboten (ua Gebot der Normenklarheit; Rückwirkungsverbot; Datenschutz) genügen.

3. Objektives Nettoprinzip (s auch § 9 Rz 4).

Schrifttum: HHR/G. *Kirchhof* Einf ESt Rz 295 (4/20). – *Frye,* Die Eigentumsfreiheit des GG als Gebot des sog obj Nettoprinzips, FR 10, 603; *Seiler,* Obj Nettoprinzip, DStJG 34 (2011), 61; *Weber-Grellet,* Das Koordinatensystem des BVerfG bei der Prüfung von StGesetzen, FR 11, 1028; *F. Kirchhof,* Das Leistungsfähigkeitsprinzip nach dem GG, BB 17, 662; *Wernsmann,* Die Finanzverfassung als Rahmen der Besteuerung, StuW 18, 100.

10 Prinzipiell sind alle Aufwendungen, die durch die Einnahmeerzielung veranlasst sind, als BA/WK abziehbar; die ESt besteuert das Nettoeinkommen; dementsprechend definiert § 2 II (nur) den Gewinn bzw den Überschuss der Einnahmen über die Ausgaben als zu erfassende Einkünfte (*Tipke* LB § 8 Rz 54 f; *Birk/Desens/Tappe* Rz 615 f). Das obj Nettoprinzip ist ein Element der ESt, das der Besteuerung nach der individuellen Leistungsfähigkeit Rechnung trägt (*Wernsmann* StuW 18, 100, 107).

Das obj Nettoprinzip steht **typisierenden Regelungen** von Erwerbsaufwendungen nicht entgegen (BVerfG 2 BvL 77/92 BStBl II 97, 518; BVerfG 2 BvL 13/09 DStR 10, 1563), sodass WK- oder BA-Pauschalen, Freibeträge und mE auch Quellensteuern mit Abgeltungswirkung (zB KapESt) zul sind. In jüngerer Zeit ist das obj Nettoprinzip eingeschränkt worden, zB *(1)* § 4 V, *(2)* Teileinkünfteverfahren (§ 3 Nr 40), *(3)* Arbeitszimmer (§ 4 V Nr 6b; einschr BVerfG 2 BvL 13/09 DStR 10, 1563 – Arbeitszimmer; § 19 Rz 60), *(4)* Zinsschranke (§ 4h Rz 3), *(5)* Entfernungspauschale (§ 9 Rz 179), *(6)* Berufsausbildungskosten (BVerfG 19.11.19 – 2 BvL 22/14 DStR 20, 93: Der Beruf beginnt erst mit der (Erst-) Ausbildung (BFH VI R 17/20 BStBl II 20, 719); § 12 Rz 1, 4), *(7)* AbgeltungSt (§ 20 IX), *(8)* AK für Renteneinkünfte (§ 10 III 1). Ggf verlangt das obj Nettoprinzip eine realitätsgerechte Typisierung (BVerfG 2 BvL 13/09 DStR 10, 1563 zu § 4 V Nr 6b – Arbeitszimmer – und verbietet grundlose Schlechterstellungen (BVerfG 2 BvL 2/14 DStR 08, 2460 – Pendlerpauschale). – Sind die Erwerbsaufwendungen (BA/WK) höher als die Erträge/Einnahmen, ergeben sich ein **Verlust** bzw negative Einkünfte (§ 39a I Nr 5 Buchst b); ein Verlust ist nicht „wirksam gewordener Aufwand". Die Wirksamkeit (Abzug) kann durch Rücktrag bzw Vortrag nachgeholt werden; endgültiger Ausfall kann zu Verfassungswidrigkeit führen (BFH I R 59/12 BStBl II 14, 1016 – BVerfG-Vorlage 2 BvL 19/14; zu § 8 KStG). Schon bevor Einnahmen fließen, sowie nach dem Wegfall der Möglichkeit, Einnahmen zu erzielen, können negative Einkünfte (insb durch Zinsaufwendungen) entstehen. Verluste sind prinzipiell mit dem Ergebnis anderer Einkünfte auszugleichen, auch interperiodisch; ein intersubjektiver Ausgleich ist nur bei Ehegatten (LPart, § 2 VIII) geboten (Rz 19). – Gegenstand des obj Nettoprinzips ist auch die Frage, ob und in welchem Umfang sog gemischte Aufwendungen abgezogen werden können. BFH GrS 1/06 BStBl II 10, 672 hatte die Aufteilung grds zugelassen; **aA** (bedauerl im Lichte der aktuellen Home-office-Diskussion) BFH GrS 1/14 BStBl II 16, 265 zu Arbeitszimmeraufwendungen.

4. Subjektives Nettoprinzip

Schrifttum (vor 2016 s Vorauflagen): *Moes* Steuerfreiheit des Existenzminimums vor dem BVerfG, 2011; HHR/G. *Kirchhof* Einf ESt Rz 280 (4/20). – *Kirchhof,* Familiensplitting: Ein zukunftsweisendes Signal, DB 9/16, 2; *Becker/Englisch,* Reformbedarf ... beim Ehegattensplitting, DB 9/16, 3; *Bareis,* § 33 III – eine verfwidrige Zumutung?, DStR 17, 823; *Kempny,* Gedanken zum Leistungsfähigkeitsprinzip, StuW 21, 85.

11 Das subj Nettoprinzip, das nach Maßgabe strechtl und verfrechtl Maßstäbe die individuellen Verhältnisse der Einzelnen berücksichtigt, gebietet die Steuerfreiheit des **Existenzminimums,** mE aber auch die progressive Besteuerung höherer Einkommen. Der Grundfreibetrag hat sich an den Sozialhilfeleistungen zu orientieren (BVerfG 2 BvL 5/91 BStBl II 93, 413; krit *Bareis* DStR 10, 565: Abschmelzung zul; *Kempny* StuW 21, 85), die Kinderfreibeträge an den gesetzl Unterhaltslasten des StPfl (§§ 1601 ff BGB) und die Abziehbarkeit der Versicherungsbeiträge an

Sachliche Steuerbefreiungen 12–16 § 2

den Sozialhilfesätzen (vgl BVerfG 1 BvL 20/84 ua BStBl II 90, 653; BVerfG 2 BvL 1/06 DStR 08, 604, zum Abzug von Versicherungsleistungen als SA). – Nach BVerfG-Rspr ist das Existenzminimum durch einen Abzug von der estl Bemessungsgrundlage freizustellen (**aA** *Moes* aaO vor Rz 11: Grundlage der StFreiheit des Existenzminimums ist das Subsidiaritätsprinzip, das dem Gesetzgeber aber keinen Abzug des Existenzminimums von der Bemessungsgrundlage vorschreibt). Ein Verstoß gegen das subj Nettoprinzip sollte im Ausschluss des WK-Abzugs für Berufsausbildungskosten (§ 9 VI) liegen (so Vorlagebeschluss BFH VI R 2/12 HFR 14, 1049; **aA** BVerfG 2 BvL 22/14 DStR 20, 93). – Str ist auch, mit welchem tarifl StSatz (§ 32a I 2 Nr 1 oder Nr 2–5) unausweichl Privataufwendungen ggf freizustellen sind (dazu *Bareis* DStR 17, 823).

5. Zulässigkeit von BVerfG-Vorlagen. Sie bestimmt sich nach eigenen Regeln (*Franz* DStR 11, 2118); BVerfG 2 BvL 3/02 DStRE 09, 1292 zu SA bei Veräußerungsrente [„Endurteil" BFH X R 32, 33/01 DStR 10, 2073]; BVerfG 2 BvL 3/10 DStR 10, 1982, BVerfG 2 BvL 12/11 DStR 21, 2888 zum SolZ; BVerfG 2 BvR 2227/08 DStRE 10, 1058 zu § 3 Nr 12, § 22 Nr 4 (Abgeordnetenpauschale). Zur Mindestbesteuerung s BVerfG 2 BvL 59/06 DStR 10, 2290; zur (evtl missbräuchl) Vorlage BFH I R 80/12 (§ 6 V) vgl *Cropp* DStR 14, 1855. – Bei anhängigen **Musterverfahren** kann die Steuer vorläufig festgesetzt werden (§ 165 I AO; *BMF* BStBl I 21, 1042). 12

VI. Nichtsteuerbare Vermögensmehrungen

Das EStG erfasst Leistungen (*Weber-Grellet* DStR 12, 1253; *HHR/Musil* § 2 Anm 68). Bezüge (Einnahmen/Erträge), die außerhalb der gesetzl Einkunftsarten anfallen, sind nicht stbar (§ 6 III EStG 1925, der nach der Begründung zum EStG 1934, RStBl 35, 35, als selbstverständl gestrichen wurde). Bisher wurde die **private Vermögenssphäre** nur ausnahmsweise erfasst (zB §§ 17, 23). Das hat sich durch § 20 II völlig geändert; Ähnliches gilt bei der nachgelagerten Rentenbesteuerung. – Sittenwidrigkeit oder Strafbarkeit eines auf Vermögensmehrung gerichteten Verhaltens schließen die StBarkeit nicht aus (§ 40 AO; BFH X R 142/95 BStBl II 00, 610). Keine stbaren Einkünfte sind zB Erbschaften (**aA** für Pflegeheim-GmbH BFH I R 50/16 FR 17, 531; zR krit *Fischer* FR 17, 534; Erbschaft ist kein Leistungsentgelt), Schenkungen, Aussteuern, Ehrenpreise, Einkünfte aus Spiel und Wette, Erlöse aus der Veräußerung von (nicht zu einem BV gehörenden) Gegenständen des PV, soweit nicht die Voraussetzungen der §§ 17, 23 erfüllt sind, Schadenersatzleistungen für private Schäden (s iEinz § 22 Rz 51 f). 14

VII. Veranlassungszusammenhang; nichtabziehbare Vermögensminderungen

Einnahmen und Ausgaben müssen durch eine einkunftserzielende Tätigkeit veranlasst sein (§§ 2 I, 4 IV, 8, 9); entscheidend ist nicht eine kausale Verursachung, sondern der (normative) Sachzusammenhang (BFH VI R 37/12 BFH/NV 13, 1706; BFH I R 48/13 BStBl II 15, 713; *Birk* Rz 1022; *Tipke LB* § 8 Rz 205 ff; *Wacker* BB 18, 2519). – Grds nichtabziehbar sind Einkommensverwendungen (§ 12), auch wenn sie dem StPfl zwangsläufig erwachsen, zB Aufwendungen iRd familiären Haushaltsgemeinschaft (BFH IX B 5/05 BFH/NV 05, 1551). Allerdings sieht das EStG (außerhalb der Einkünfteermittlung) insoweit die Möglichkeit der Einkommensminderung durch Abzug von SA und agB vor. 15

VIII. Sachliche Steuerbefreiungen

Soweit Einnahmen und Einkünfte aus sachl Gründen von der Steuer befreit sind (zB § 3), sind sie bei den (stbaren) Einkünften nicht anzusetzen (BFH VI R 30/69 BStBl II 72, 341). Sie gehören idR auch nicht zum Gewerbeertrag des § 7 GewStG 16

(BFH IV R 84/74 BStBl II 78, 267). Damit zusammen hängende Aufwendungen dürfen die (stpfl) Einkünfte nicht mindern (§ 3c).

IX. Einkünfteerzielung

Schrifttum (Aufsätze vor 2007 s Vorauflagen): *Urban*, Die Einkünfteerzielungsabsicht in der Systematik des EStG, 2010. – *Hey* (Hrsg), Einkünfteermittlung, DStJG 34 (2011); *Ratschow*, Subjektsteuerprinzip, DStJG 34 (2011), 35; *Stöber*, Die subjektübergreifende Einkünfteerzielungsabsicht, FR 17, 801; *Danz*, Das Subjektsteuersprinzip ..., FR 18, 160.

Verwaltung: s Rz 30.

1. Objektiver und subjektiver Tatbestand. Wer den Tatbestand verwirklicht (s Rz 19), an den das EStG die Entstehung der Steuer knüpft (Tatbestand der Einkünfteerzielung), erzielt Einkünfte und hat sie zu versteuern (BFH IX R 269/87 BStBl II 94, 615; § 38 AO). Der Steuertatbestand der ESt setzt sich zusammen aus: Steuersubjekt, Steuerobjekt (= Einkünfte), Zurechnung (s Rz 19), Inlandsbezug, Bemessungsgrundlage, Steuersatz (*Tipke LB* § 6 Rz 27 f). StRecht ist **obj Lastenverteilungsrecht** (*Weber-Grellet* StuW 16, 226, 235); subj Absichten und Einschätzungen sind grds irrelevant (Rz 35); BFH GrS 1/10 BStBl II 13, 317 hat den subj Fehlerbegriffs aufgegeben). Im Fall BFH X R 10/16 BStBl II 18, 630 ging es hingegen um die Geeignetheit von BA (Ermessen des StPfl). StObjekt ist die einzelne **„Einkunftsquelle"**, die sich nach dem einheitl Nutzungs- und Funktionszusammenhang einer Sache/Sachgesamtheit bestimmt; dies gilt bei gewerbl Einkünften und auch bei VuV, zB die einzelne Etage bei unterschiedl Gebäudenutzung (BFH GrS 5/71 BStBl II 74, 132; BFH IX R 54/08 FR 10, 172; BFH III R 40/11 BStBl II 13, 340). – *(1)* **Objektiver Tatbestand.** Einkünfteerzielung setzt – sowohl bei den Gewinneinkünften als auch bei den Überschusseinkünften – eine wirtschaftl auf **Vermögensmehrung** gerichtete Tätigkeit des StPfl voraus (BFH GrS 4/82 BStBl II 84, 751 unter C III, IV; BFH IV R 15/05 BStBl II 08, 465). Diese zielgerichtete Tätigkeit muss auf die Erwirtschaftung eines Vermögenszuwachses – über die gesamte Dauer der Tätigkeit betrachtet – gerichtet sein (BFH IX R 80/94 BStBl II 98, 771); ist dementsprechend ein **Totalgewinn** wahrscheinl, ist dies ein gewichtiges Indiz einer Einkünfteerzielungsabsicht (s Rz 23, 24, 32; *Drüen* FR 99, 1097, 1102). Für die Totalerfolgsprognose (*Drüen* AG 06, 707) ist nach dem Grundsatz der **Individualbesteuerung** auf den jeweiligen StPfl und auf die (voraussichtl) Gesamtdauer der Betätigung abzustellen (BFH IV R 15/05 BStBl II 08, 465; BFH I R 2/16 BStBl II 18, 567; BFH IX R 8/17 BFH/NV 19, 398), bei Forstbetrieben auch generationsübergreifend (BFH IV R 38/13 BStBl II 16, 765); weiter BFH VI R 5/17 BStBl II 19, 601: Generationen- und betriebsübergreifende Totalgewinnprognose bei Übertragung eines Landwirtschaftsbetriebs (Pferdepension) wegen umfangreicher Investitionen (aber auf Stpfl begrenzt; *Geserich* BFH/PR 19, 70). Ob objekt- oder subjektbezogen zu prognostizieren ist, hängt von der jeweiligen Einkunftsart ab (*Stöber* FR 17, 801). Bei der Prognose ist nicht nur auf die Verhältnisse des jeweiligen VZ abzustellen; auch **spätere Erkenntnisse** (zB im Klageverfahren) sind zu berücksichtigen, ggf auch **rückwirkende Ereignisse** (VZ-übergreifend; BFH IX R 31/14 BFH/NV 16, 188). Ausnahmsweise (zB bei unentgeltl Rechtsnachfolge; § 6 III, § 24 Nr 2, § 11d EStDV) wird die Totalerfolgsrechnung personenübergreifend verstanden (dazu BFH GrS 2/04 BStBl II 08, 608 unter D. III. 6; BFH I R 2/16 BStBl II 18, 567). Aus der Entscheidung ergibt sich mE (natürl) nicht die Notwendigkeit, die Lebenserwartung von StPfl zu ermitteln; die Einkunftserzielung ist insoweit obj zu bestimmen. – *(2)* **Subjektiver Tatbestand.** Die Einkunfts-/Gewinnerzielungsabsicht wird gemeinhin als subj Tatbestandsmerkmal verstanden (Beiträge in DStR-Beih 39/07; mE ist sie keine innere Tatsache, kein Willenselement; iEinz, auch zur Liebhaberei s Rz 23. – *(3)* **Entstehung.** Die ESt entsteht grds („veranlagungstechnisch") erst mit Ablauf des VZ (§ 25 I, § 36 I; BFH I R 117/87 BStBl II 90, 57);

zur Rückwirkung Rz 41 ff. Die gesetzl Tatbestandsvoraussetzungen für die Erzielung von Einkünften (StGegenstand) sind in § 2 und §§ 13–24, § 32d festgelegt (§ 2 II 2). – *(4)* Der für die Beurteilung maßgebl **Zeitraum,** der für die Ermittlung und Einordnung der Einkünfte zu beachten ist, geht häufig über den Besteuerungsabschnitt (s Rz 23) hinaus, BFH IX R 31/14 BFH/NV 16, 188; vgl zB § 15 Rz 25.

2. Zurechnung. Nach Maßgabe des obj Nettoprinzips und des Prinzips der **19** Individualbesteuerung (**Subjektsteuerprinzip;** *Danz* FR 18, 160; krit *Ratschow* DStJG 34 (2011), 35; *HHR/Musil* § 2 Anm 100 f) können dem StPfl nur die selbst erzielten Einnahmen und der selbst geleistete Aufwand zugerechnet werden. Drittaufwand ist nicht abziehbar (Rz 21). Die **Tatbestandsverwirklichung** bestimmt die persönl Zurechnung der Einkünfte (Rz 54; *Fischer* jurisPR-StR 13/16 Anm 2). Das gilt prinzipiell auch für nahe Angehörige und für Ehegatten (LPart, § 2 VIII; BFH X R 25/12 DStRE 16, 660). Nach dem Tod des Erblassers erzielen allein die Erben Einkünfte (BFH IX B 142/15 BFH/NV 16, 1453); auch bei **Rechtsnachfolge** gilt der Grundsatz der Individualbesteuerung (*HHR/Musil* § 2 Anm 159).

a) Eigene Aufwendungen. Grds können nur selbst getragene Aufwendungen **20** abgesetzt werden (Rz 15), zB auch wenn der StPfl einem anderen Aufwendungen für eine Bürgschaft ersetzt (BFH VIII R 22/92 BStBl II 01, 385) oder bei Zinszahlungen auf Grund nachträgl Schuldbeitritts nach (unentgeltl) Grundstückserwerb (BFH IX R 14/00 BFH/NV 03, 468).

Als eigene Aufwendungen gelten ferner Zahlungen aus einem **gemeinsamen Konto** von Ehegatten zur Tilgung der Schuld eines von ihnen (BFH VIII R 10/14 BStBl II 17, 819); eigene Zahlungen sind auch gegeben bei **Abkürzung des Zahlungsweges** (§ 9 Rz 18 f) sowie bei **abgekürztem Vertragsweg** (BFH IX R 25/03 BStBl II 06, 623; BFH IX R 45/07 BStBl II 08, 572: sofern Vertrag des Dritten im Interesse des StPfl und Zuwendung durch Dritten an StPfl; zust *BMF* BStBl I 08, 717), nicht bei Kreditverbindlichkeiten und anderen Dauerschuldverhältnissen, nicht bei agB und bei SA (*BMF* BStBl I 08, 717). Problematisch ist der Fall, dass der Ehemann für seine Ehefrau eine Rente kauft und diese fremdfinanziert, möglicherweise kein Zinsabzug.

b) Drittaufwand. Drittaufwand (insb Nutzungsaufwand, Dritt-AfA) ist grds **21** nicht abziehbar (BFH GrS 2/04 BStBl II 08, 608 und BFH IX R 9/16 BFH/NV 17, 567 zum Erblasseraufwand; BFH X R 36/05 DStR 08, 2204; *HHR/Musil* § 2 Anm 139; § 4 Rz 500 ff; § 9 Rz 21 ff), weil von einem Dritten getragener Aufwand den StPfl nicht belastet, also seine Leistungsfähigkeit nicht mindert. (Abgekürzte) Zuwendungen (durch Übertragung von WG) sind zul (Zuwendungsgedanke; *Weber-Grellet* DB 95, 2550). Als Erwerbsaufwendungen (BA, WK) abziehbar sind daher zB Aufwendungen eines StPfl iZm dem Eigentumserwerb eines WG durch einen Dritten (zB den Ehegatten), die der StPfl im eigenen berufl Interesse trägt). Kein Drittaufwand bei abgekürztem Zahlungs- und Vertragsweg (BFH IX R 45/07 DStR 08, 495; BFH X R 36/05 DStR 08, 2204; *Kestler* DStR 15, 2465); das gilt nicht bei Kreditverbindlichkeiten und bei Dauerschuldverhältnissen (*BMF* BStBl I 08, 717).

c) Nutzungsüberlassung. Entscheidend ist, wer den Tatbestand der Einkunfts- **22** erzielung verwirklicht (Rz 18; *HHR/Musil* § 2 Anm 204 f). Die Einkünfteerzielung kraft **Nießbrauchs** setzt das Auftreten des Nießbrauchers ggü dem Vertragspartner (Mieter) voraus (*Carlé/Bauschatz* KÖSDI 01, 12872 mit Überblick). Der Vorbehaltsnießbraucher kann die AfA fortsetzen (§ 7 Rz 40; BFH IX B 34/20 BFH/NV 21, 632), nicht aber der (unentgeltl) Zuwendungsnießbraucher (§ 21 Rz 74 f). Dass auch im Eigentum eines Dritten stehende Betriebsgrundlagen nicht notwendigerweise einer Unternehmereigenschaft desjenigen entgegenstehen, der diese WG als fremdes Eigentum nutzt, zeigen die landwirtschaftl sog **Wirtschaftsüberlassungsverträge,** die häufig zw Eltern und Kindern bestehen (§ 13 Rz 91).

X. Einkünfteerzielungsabsicht; Liebhaberei

23 1. Allgemeines. Einkünfte (Gewinn oder Verlust) aus GewBetr kann nur erzielen, wer in der Absicht – mindestens Nebenabsicht – tätig ist, „Gewinn zu erzielen" (§ 15 II 1, 3; s Rz 18); „Einkünfte" aus Liebhaberei oder gemeinnütziger Tätigkeit sind nicht stbar (*Tipke LB* § 8 Rz 133; **aA** *Beiser* DB 05, 2598).

Der BFH-Rspr liegt der sog **zweigliedrige Liebhabereibegriff** zugrunde (*obj:* negative Ergebnisprognose (Rz 18); *subj:* Ausübung der Tätigkeit aus persönl Neigung; BFH IV B 137/10 BFH/NV 12, 732; BFH X B 20/15 NV 15, 1418; § 15 Rz 24f). Das BVerfG hat ihn akzeptiert (BVerfG DStR 98, 1743, Anm *Weber-Grellet* DStR 98, 1781).

(1) **Tatbestand.** Die Gewinnerzielungsabsicht liegt vor, wenn sich der StPfl **wie ein Gewerbetreibender** (und nicht wie ein „Liebhaber") verhält; (nur) in diesem Fall sind auch Verluste („fehlgeschlagene Gewinnerzielung") anzuerkennen. Im StRecht verwendet der Gesetzgeber „Absichten" iZm „unvollendeten" Sachverhalten (zB Abbruchabsicht, Investitionsabsicht); zu strafrechtl Absicht oder Vorsatz (als Wissen und Wollen) besteht keine Ähnlichkeit. Trotz fehlender Tatbestandsvollendung („Gewinnerzielung") ist die Einkunftserzielungsabsicht gegeben, wenn sich der StPfl (nach Maßgabe eines normativen Fremdvergleichs) **wie ein Einkünfteerzieler** verhält (grundlegend *Weber-Grellet* DStR-Beih 39/07, 40 (45f); *Wüllenkemper* EFG 10, 1413; *Plücker* FS Spindler 2011, 703; zur Maßgeblichkeit obj Kriterien auch BFH X R 25/06 BStBl II 09, 965; *Hartrott* FR 10, 72). Zu differenzieren ist zw Hobby- und Nicht-Hobby-Bereich (BFH X R 27/16 BFH/NV 18, 36). Die (positive) Einkunftserzielungsabsicht lässt den Versuch genügen, die fehlende Vollendung ist unerhebl. Die Rede von subj Tatbestandsmerkmalen und inneren Tatsachen führt mE in die Irre; maßgebl sind nicht Vorstellungen, sondern die obj Verhältnisse (so schon *Mrozek* PrEStG, 1914, § 14 Rz 2; vgl auch öVwGH 2006/15/0095 zur LiebhabereiVO 1993). Die Auslegung und Anwendung des Merkmals (auch der normative **Fremdvergleich**; dazu *Weber-Grellet* FR 15, 609 zu BFH VIII R 32/12 FR 15, 607) sind reine Gesetzesauslegung und Rechtsanwendung (*Stein* DStZ 13, 33) und haben mit Tatsachenermittlung und Beweiserhebung, mit Anscheinsbeweisen und Vermutungen nichts zu tun (*Schell* Subj Besteuerungsmerkmale im EStR, 2006, 65; **aA** *Anzinger* Anscheinsbeweis und tatsächl Vermutung, 2006; *HHR/Musil* § 2 Anm 413; *BH/Ratschow* § 2 Rz 121 f; **aA** zB auch BFH VIII R 32/12 FR 15, 607; BFH X R 27/16 BFH/NV 18, 36). –
(2) **Rechtsfolge.** Der Betrieb des Liebhabers wird strechtl nicht anerkannt; das entspr BV ist strechtl irrelevant; es nimmt am BV-Vergleich nicht teil (dasselbe gilt für BE und BA); beim Wechsel in die Liebhaberei wird das BV „eingefroren" (*Weber-Grellet* DStR 92, 602; DStZ 98, 357; BFH X R 61/14 BStBl II 16, 939); keine BetrAufgabe. Veräußerung/Aufgabe des „Liebhabereibetriebs" ist stpfl, soweit der Gewinn auf die estl relevante Phase des Betriebs entfällt. (BFH X R 15/15 BStBl II 17, 112). Veräußerung von UV führt ggf zu nachträgl BE (BFH X R 61/14 BStBl II 16, 939).

24 2. Einzelne Einkünfte. Inhalt und Funktion der Einkunftserzielungsabsicht sind von der jeweiligen Einkunftsart abhängig (*Stöber* FR 17, 801). Zur Gewinnerzielungsabsicht iRv gewerbl Einkünfte s § 15 Rz 24 ff; zur Einkünfteerzielungsabsicht bei **PersGes** s § 15 Rz 182f); zu den (Rz 23 bestätigenden) Besonderheiten der Forstwirtschaft BFH VI R 86/14 BStBl II 17, 981. Auch bei den **Überschusseinkünften** (§ 2 I Nr 4–7) gelten prinzipiell die zur sog Liebhaberei entwickelten Grundsätze: zu § 19 (§ 2 I Nr 4) s BFH VI R 50/06 BStBl II 09, 243; zur Einkunftserzielungsabsicht bei Vermietungseinkünften (§ 2 I Nr 6; mE [bisher] „Subventionstatbestand"; BFH IX R 46/13 BFH/NV 15, 668: keine Absicht bei langjährigem Leerstand; BFH IX R 16/18 DStR 19, 1914: objektbezogen; *KSM/Drüen* § 21 Rz B 135; krit *Stein* DStZ 09, 768; StBp 18, 376; iEinz § 21 Rz 25 f); zur Einkunftserzielungsabsicht bei **KapEinkünften** (§ 2 I Nr 5) s § 20

Rz 19. Zur Einkunftserzielungsabsicht iRd § 22 s § 22 Rz 2, zu § 23 s § 23 Rz 3. – Nach BFH I R 54/95 DStR 97, 492 und BFH I R 123/97 BFH/NV 99, 269 haben **KapGes** nur einen betriebl Bereich; danach können Liebhabereitätigkeiten nur als vGA erfasst werden (krit *Weber-Grellet* DStR 98, 873; *Briese* FR 14, 1001).

XI. Abgrenzung der Einkunftsarten

Schrifttum (Aufsätze vor 2006 s Vorauflagen): *Hey* in Tipke LB § 8 Rz 400 f; *Jah,* Zur steuerl Abgrenzung gewerbl Tätigkeit von freiberufl und sonstiger Tätigkeit, DB 07, 2613.

1. Bedeutung. Von der Zuordnung zu einer bestimmten Einkunftsart (§§ 13– 27 24) hängen ua ab die Art der Gewinnermittlung, der Zeitpunkt und Umfang der Erfassung von Vermögenszugängen und -minderungen, etwaige bzw unterschiedl Freibeträge (§ 13 III, § 14a, § 16 IV, § 17 III, § 18 III, IV, § 19 II, § 20 IX, § 22 Nr 3, § 23 III, § 24a), die Möglichkeit des Verlustausgleichs (s Rz 58) bzw Verlustabzugs (§ 10d, § 15a II, § 22 Nr 3, § 23 III, § 50 II), die Höhe der WK-Pauschbeträge und der Vorsorgepauschale (§ 9a, § 10c III), einkunftsartabhängige Steuervergünstigungen (§ 34, § 46, § 51 I Nr 2w) und Steuerbefreiungen (§ 3, § 3a, § 3b), die Freistellung von der dt Steuer auf Grund eines DBA bzw für die Besteuerung nach § 49. Zu den Schwierigkeiten der Erfassung der Einkünfte aus gewerbl Grundstückshandel s § 15 Rz 47.

2. Abgrenzung. Hinsichtlich der Artzurechnung wird auf die Erläut zu §§ 13, 15, 28 18, 19, 20, 21 und 22 verwiesen. Subsidiar sind KapVermEinkünfte (§ 20 VIII), VuV – (§ 21 III) und die sonstigen Einkünfte (§ 22 Nr 1 S 1, Nr 3; § 23 II). Fingiert wird der Umfang der gewerbl Einkünfte in § 8 II KStG für KapGes und in § 15 III für PersGes. – Wegen **gemischter Tätigkeiten** s § 15 Rz 97 f; § 18 Rz 50 ff.

XII. Eheliches Güterrecht

Soweit Ehegatten die zur Einkünfteerzielung verwendeten WG kraft ehel Güter- 30 rechts gemeinschaftl gehören und verwenden *(Gütergemeinschaft),* erzielen sie die Einkünfte grds je zur Hälfte. Beruht die Einkünfteerzielung (vorwiegend) auf – evtl qualifizierter – Arbeitsleistung, wie dies bei Einkünften aus **freiberufl Tätigkeit** die Regel und bei Einkünften aus GewBetr mögl ist, so erzielt die Einkünfte, wer die spezifische Tätigkeit ausübt (vgl BFH IV R 53/76 BStBl II 80, 634). Zur Bedeutung des Güterstandes für die gewerbl Einkünfteerzielung s § 15 Rz 375 f. Zur auch verdeckt mögl MUerschaft zw Eheleuten s § 15 Rz 286, 290 für gewerbl und *Schmidt* 39. Aufl § 13 Rz 104 für LuF-Einkünfte (Gütergemeinschaft ähnl der PersGes; BFH IV R 37/04 BFH/NV 05, 2289). – Für die Annahme der **Beherrschung** eines Unternehmens durch Ehegatten dürfen deren Anteile nicht wegen der Vermutung **gleichgerichteter Interessen** der Ehegatten zusammengerechnet werden (§ 15 Rz 823, 846 f); andererseits sind Besitz- und Betriebsunternehmen grds (materiell) als Einheit zu behandeln (BFH X R 59/00 BStBl II 06, 661).

XIII. Rechtsanwendung; wirtschaftliche Betrachtung; Missbrauch

1. Rechtsanwendung; Auslegung; Methode

Schrifttum (Aufsätze vor 2011 s Vorauflagen): *Eckhoff,* Rechtsanwendungsgleichheit, 285 ff; *Drüen* in T/K § 4 AO, Tz 200 ff; *Schwenke,* Die Rechtsfindung im StRecht, 2007; *Englisch* in Tipke LB § 5, Rz 46 f. – BFH-Symposium zu Rechtsanwendung im StRecht, DStR-Beih 31/11; *Drüen,* Verfassungskonforme Auslegung und Rechtsfortbildung ..., StuW 12, 269; *Weckerle,* Zur teleologischen Auslegung ..., StuW 12, 281; *Englisch,* Zulässigkeit und Grenzen steuerverschärfender Rechtsfortbildung, StuW 15, 302; *Weber-Grellet,* Zur Emanzipation des StRechts, StuW 16, 226.

a) Rechtsanwendung. Die Aussage, dass sich Sachverhalt und Norm decken, 32 ist ein auf Wertung und Abwägung beruhender argumentativer Prozess, die „Politik des Einzelfalls" nach Maßgabe des Gesetzes. Der Richter hat die Befugnis und die

Pflicht zu „schöpferischer Rechtsfindung" und Rechtsfortbildung (BVerfG 1 BvR 112/65 NJW 73, 1221; *Weber-Grellet* DStR 91, 438). Rechtsfortbildung intra legem ist Aufgabe der Gerichte und entspricht der grundgesetzl Kompetenzverteilung zw Gesetzgeber und Gerichten. Bei der Auslegung ist grds vom Wortlaut einer Norm (von der Wortbedeutung des einzelnen Tatbestandsmerkmals) auszugehen. Jedoch braucht der Richter nicht am Wortlaut haltzumachen (also ggf auch gegen den Wortlaut!), sondern ist verpflichtet, den Sinn und Zweck der Norm unter Berücksichtigung ihrer Einordnung in das Gesetz zu ermitteln (BFH GrS 1/05 BStBl II 07, 508; *Weber-Grellet* DStR-Beih 31/11, 48). Methodenfragen dienen nicht nur der Kontrolle, sondern haben unmittelbare Bedeutung für das Ergebnis (aA *F Kirchhof* DStR-Beih 31/11, 49). – Der wertende Auslegungsakt darf nicht mit einem Akt der Beliebigkeit und der Willkür gleichgesetzt werden; er ist auch kein (dezisionistischer) Willensakt (*Weber-Grellet* DStR 91, 438). In einem Kollegialgericht werden die einzelnen Argumente in einem offenen Diskurs erörtert und abgewogen; es entscheidet die Mehrheit des Spruchkörpers.

33   b) Auslegung. Das Gesetz ist als sinnvolle Einheit zu interpretieren, dessen Inhalt durch einen Rückgriff auf den Wortsinn, den Zweck (telos), die Entstehungsgeschichte und die Systematik der Norm zu bestimmen ist (BFH XI R 66/98 BStBl II 00, 533; BFH GrS 1/05 BStBl II 07, 508; BFH IX R 6/16 BStBl II 18, 9). Teleologische Reduktion und Extension sind uU auch gegen den eindeutigen Wortlaut der Norm zulässig (*Weber-Grellet* FR 18, 330). Maßgebend für die Interpretation eines Gesetzes ist letztl der in ihm zum Ausdruck kommende objektivierte Wille des Gesetzgebers. Die obj Theorie eröffnet die Möglichkeit, im Einzelfall vom Willen des historischen Gesetzgebers abzuweichen; das Gesetz kann klüger sein als der Gesetzgeber (aA *Rüthers* JZ 08, 446). Auch bei den sog Finanzzwecknormen – im Unterschied zu den steuerl Lenkungsnormen – ist eine teleologische Gesetzesauslegung geboten. Ein instruktives Beispiel für eine teleologische Auslegung bildet die Entscheidung des GrS zur Bodenschatzeinlage (BFH GrS 1/05 BStBl II 07, 508). Offene und verdeckte Lücken können durch Analogie, Reduktion und Extension geschlossen werden. Die Lückenausfüllung ist im Prinzip nur eine besondere Form der Auslegung, bei der allerdings deren Grenzen tangiert werden und daher erhöhte Vorsicht geboten ist (iEinz BFH-Symposium zu Rechtsanwendung im StRecht, DStR-Beih 31/11; *Englisch* StuW 15, 302).

34   c) Rechtlicher Vorgang. Die Auslegung und Anwendung eines Tatbestandes (auch der normative Fremdvergleich) sind reine Gesetzesauslegung und Rechtsanwendung und haben mit Tatsachenermittlung und Beweiserhebung, mit Anscheinsbeweisen und Vermutungen nichts zu tun (*Weber-Grellet* DStR-Beih 39/07, 40); der Fremdvergleich ist ein ergänzendes Tatbestandmerkmal für die Fälle, in denen der „natürl" Interessengegensatz (etwa zw Angehörigen, Ges'ter) fehlt (*Weber-Grellet* FR 15, 609; zum Fremdvergleich im Konzern *Gosch* DStR 19, 2441). Das einzelne Tatbestandsmerkmal ist erfüllt, wenn ihm Tatsachen zugeordnet werden können, die den Vorgaben des Tatbestandes entsprechen („ähnl" sind); zum immer noch unbefriedigenden Subsumtionsverständnis (Konkretisierung der Zuordnungs-/Argumentationslast) s *Gabriel/Gröschner* (Hrsg), Subsumtion, 2012.

35   d) Abgrenzung zur Tatsachenermittlung. Die Ermittlung der relevanten Tatsachen ist eine Sache der Tatsachenfeststellung (zur Beweiswürdigung, insb iZm der Bargeldbranche, BFH X B 73/15 BFH/NV 16, 1299); alles, was darüber hinausgeht, ist nicht mehr Tatsachenermittlung, sondern Rechtsanwendung (Subsumtion); anders für Einkünfteerzielungsabsicht etwa BFH IX R 8/17 BFH/NV 19, 398). Subj Absichten sind im StRecht grds fehl am Platz (iEinz *Weber-Grellet* DStR-Beih 39/07, 40; so zB zum Wohnsitz BFH III R 10/14 BStBl II 15, 655). – Die Lehre vom Typus-Begriff (zB der Gewerbebetrieb; § 15 Rz 11) ist im StRecht wegen dessen strikter Gesetzesgebundenheit nur mit Vorsicht einzusetzen (*Eckhoff*

Rechtsanwendungsgleichheit, 1999, 75 ff, 104; *Weber-Grellet* FS Beisse 1997, 551; HHR/Musil § 2 Anm 90).

e) Beweislast. Die **Verteilung der materiellen Beweislast** ist unter Berücksichtigung des eingriffs- und verteilungsrechtl Charakters des StRechts vorzunehmen. Die (materielle) Beweislast, die bestimmt, zu wessen Lasten ein „non-liquet" geht, liegt prinzipiell für steuerbegründende Merkmale (zB Einnahmen) beim Fiskus (s BFH VIII R 54/10 BFH/NV 14, 1501: Feststellungslast für vGA) und für steuerentlastende Merkmale (zB WK) beim StPfl. Die Gleichmäßigkeit der Besteuerung verlangt allerdings die vollständige Aufklärung des Sachverhalts und auch die Berücksichtigung von Beweisinteresse, Beweisnähe (Sphäre) und Beweisvereitelung (BFH X B 138/13 BFH/NV 14, 720). 36

f) Europarechtliche Aspekte. Seit der Entscheidung „avoir fiscal" (EuGH 28.1.86 270/83 EuGHE 6, 273) greift der EuGH auch in das Ertragsteuerrecht ein, trotz des Fehlens einer besonderen Harmonisierungskompetenz. Von besonderer Bedeutung ist der Anwendungsvorrang europäischen Rechts (BFH VIII R 24/07 BStBl II 09, 518), der dazu führt, dass bei eindeutiger Rechtslage europäisches Recht nationales Recht verdrängt (FG Köln DStRE 14, 966, rkr); iEinz s § 1 Rz 5 f; *Weber-Grellet* LdR 6/320 (9/12). 37

2. Wirtschaftliche Betrachtungsweise 38

Schrifttum allgemein (Aufsätze vor 1999 s auch Vorauflagen): *Ball*, StRecht und Privatrecht, 1924, 118 ff; *Tipke*, StRO, Bd III, §§ 28, 29 (1229 ff; 1309 ff); *Drüen*, Eigenständigkeit und Methodik des Steuerrechts, 2019, 95. – Zum Stand der strechtl Methodenlehre vgl *Tipke* StuW 08, 377 (zR gegen *Schenke* StuW 08, 206); *Weber-Grellet*, Zur Emanzipation des StRechts , StuW 16, 226 (234).

Die sog wirtschaftl Betrachtungsweise (besser: strechtl oder funktionale Betrachtungsweise) ist Ausdruck der Eigenständigkeit des StRechts, insb der funktionalen Differenz zw Zivil- und StRecht und ermöglicht die Besteuerung nach der wirtschaftl. Leistungsfähigkeit (*Tipke LB* § 3 Rz 40 f); die sog wirtschaftl Betrachtungsweise ist kein defizienter Modus der Rechtsanwendung; sie indiziert den Sieg der Wertungsjurisprudenz über die Begriffsjurisprudenz. – Die wirtschaftl Betrachtungsweise verlangt im Kern die autonome strechtl Beurteilung eines konkreten Sachverhalts (BFH VII B 39/15 BFH/NV 16, 230), eine an den spezifischen Regelungszielen einer strechtl Regelung und deren eigengesetzl Terminologie auszurichtende strechtl Beurteilung. Die wirtschaftl Betrachtungsweise stellt auf den Inhalt ab, nicht auf die äußere Form („substance over form"), zB bei dem grunderwerbsteuerl Vertragsbündel, bei der Leibrente (BFH GrS 1/90 BStBl II 92, 78) oder auch im Fall der BetrAufsp, bei der die zivilrechtl Aufspaltung einzelner Vorgänge überwunden und diese einheitl als betriebl erfasst werden (§ 15 Rz 800 f); zur wirtschaftl Betrachtungsweise im BilStR s *Weber-Grellet* BB 18, 2347.

3. Verhältnis zum Zivilrecht

Schrifttum: *Weber-Grellet*, Steuern im modernen Verfassungsstaat, 2001, 194 f, 207 f; *Vogel*, Die Auslegung privatrechtl geprägter Begriff im Ertragsteuerrecht, 2015; *Seer* in Tipke LB § 1 Rz 31 f; § 5 Rz 70 f.; *Hüttemann*, Strechtl Rechtsanwendung zw Eigenständigkeit und Maßgeblichkeit des Zivilrechts, in: Eigenständigkeit und Methodik des Steuerrechts, 2019, 115. – *Walz*, Wirtschaftsgüter und wirtschaftl Eigentum. Rechtsvergleichende Überlegungen zur Gegenstandswelt von Zivil- und StRecht, FS L. Fischer, 1999, 463; *Schön*, Die zivilrechtl Voraussetzungen steuerl Leistungsfähigkeit, StuW 05, 247.

Es besteht keine Vorrangigkeit des Zivilrechts, auch nicht dessen Maßgeblichkeit (BVerfG 2 BvL 1/00 BStBl II 09, 685: Vorrang des StRechts bei Jubiläumsrückstellung); das StRecht knüpft aber an zivilrechtl und gesellschaftsrechtl Gestaltungen und Verträge an und beurteilt sie nach strechtl Maßstäben. Zivilrecht und StRecht haben ihre jeweils eigenen Teleologien (BFH X R 28/12 BStBl II 16, 81, Rz 64 – 39

GrS-Vorlage; *Hüttemann* vor Rz 39). Zivilrechtl Begriffe haben in vielen Fällen infolge vertragl Gestaltung (§ 311 BGB) einen Inhalt, der von dem im StGesetz bestimmten Inhalt abweicht; in diesem Fall ist eine an dem Gehalt der StRechtsnorm orientierte, vom (konkreten) zivilrechtl Begriffsinhalt abw Bestimmung des Begriffs geboten (vgl das Leasing-Urt BFH IV R 144/66 BStBl II 70, 264), die sich aus der Eigenständigkeit des StRechts als Teil des öffentl Rechts ergibt (*Weber-Grellet* vor Rz 39, 207 f). § 39 AO enthält eine diesen Grundsätzen entspr Regelung des sog **wirtschaftl Eigentums** (dazu – und zur Übertragung von Mietereinbauten – BFH XI R 18/06 BStBl II 09, 957; ferner BFH X R 57/04 BFH/NV 06, 1819; *HHR/Musil* § 2 Anm 147). Da Einkünfteerzielung Tatbestandsverwirklichung bedeutet (§§ 13–24), besagt das wirtschaftl Eigentum an einem WG noch nicht, dass nur der wirtschaftl Eigentümer unter Einsatz des WG Einkünfte erzielen kann (*Beispiel:* der Mieter eines Gebäudes ist nicht dessen wirtschaftl Eigentümer, kann aber durch Untervermietung Einkünfte aus VuV erzielen). – Im Hinblick auf die Selbständigkeit des StRechts ist auch ein **Durchgriff** (durch die juristische Person des Privatrechts), insb in den Fällen des Missbrauchs (Rz 40) nicht ausgeschlossen (zB § 15 Rz 76). „Piercing the corporate veil" bedeutet die Einschränkung des Trennungsprinzips (dazu *Weber-Grellet* FR 15, 1085 zu BFH GrS 2/12 BStBl II 15, 1007); die zivilrechtl Abschirmwirkung kann im StRecht allenfalls begrenzte Wirkung entfalten.

4. Gestaltungsmissbrauch

Schrifttum: *Hensel,* Zur Dogmatik des Begriffs „Steuerumgehung", Festgabe für Zitelmann, 1923, 217; *Fischer,* Die StUmgehung in der neueren BFH-Rspr, FR 00, 451; *ders* jurisPR-StRecht 15/08 Anm 4; *Hahn,* Wie effizient ist § 42 AO nF?, DStZ 08, 483; *Hüttemann* (Hrsg), Gestaltungsfreiheit und -missbrauch im StRecht, DStJG 33 (2010); *HHR/G Kirchhof* Einf ESt Rz 207 (4/20); *Hüttemann,* StRspr und StUmgehung, DStR 15, 1146.

40 Nach § 42 AO kann das Gesetz durch den **Missbrauch** (unangemessene rechtl Gestaltung; § 42 II AO) von Gestaltungsmöglichkeiten des Rechts nicht umgangen werden, wie zB eine wirtschaftl sinnlose Zwischenvermietung bei Fehlen von „good business reasons" (vgl BFH IX R 17/07 BStBl II 08, 502). ME ist die Wertung als Missbrauch auf der Grundlage der jeweiligen Norm zu treffen; § 42 AO selbst regelt den Rahmen (unangemessene rechtl Gestaltung iSv Zweckwidrigkeit und innerer Widersprüchlichkeit) und das Verfahren der Missbrauchsprüfung (*Drüen* DStJG 33 [2010], 64). Bei missbräuchl Gestaltung fallen äußere Gestaltung und wirtschaftl Gehalt auseinander (zB Vermietung mit anschließender Rückmietung; BFH IX R 2/13 BStBl II 14, 527). – Missbrauch gebietet (zwingend) eine teleologische Reduktion (unangemessene Gestaltungen sind nicht solche iSd Gesetzes); rechtstheoretisch ist § 42 AO eine **Auslegungsnorm;** die Anwendung des § 42 AO ist Teil der Auslegung. Die Unangemessenheit ist nach Maßgabe des steuergesetzl geregelten Tatbestandes und dessen Zweck (also nach dem **„Gesamtplan des Gesetzes"**) zu bestimmen. § 42 AO bestimmt die Grenze der Norm von außen, die ratio legis von innen. Missbrauch und StUmgehung beruhen vielfach auf der sachwidrigen Anwendung und Übertragung von Formen des Privatrechts, zB durch Zwischenschaltung einer funktionslosen GmbH (BFH IV R 25/08 BStBl II 10, 622; BFH IV R 62/07 BFH/NV 10, 2261) oder durch künstl Inanspruchnahme des negativen Progressionsvorbehalts (sog Goldfälle; dazu *Dornheim* DStR 12, 1581). Nach § 42 I 2 AO entsteht der Steueranspruch so, wie er bei einer den wirtschaftl Verhältnissen angemessenen rechtl Gestaltung entsteht. § 42 AO bezieht sich nur auf den einzelnen Steueranspruch; die Rechtsfolgen des Gestaltungsmissbrauchs sind nicht auf andere Personen und andere Steuerarten zu erstrecken. Eine **Missbrauchsabsicht** ist obsolet; StRecht ist obj Lastenverteilungsrecht. Sondervorschriften können die Wertungen des Gesetzes verdeutlichen und den Missbrauchstatbestand konkretisieren (§ 42 I 2 AO). – Der **EuGH** sieht eine „obj künstl" Gestaltung, die „einzig darauf gerichtet ist, der Anwendung von

Regelungen des jeweils nationalen StRechts zu entgehen", als missbräuchl an (EuGH C-425/06 IStR 08, 258 – *Part Service Srl*). – Vom „Gesamtplan des Gesetzes" ist der **Gesamtplan der tatsächl und rechtl Gestaltung** („Figur des Gesamtplans") zu unterscheiden (zB BFH II R 37/11 BStBl II 13, 934; *Wacker* Ubg 16, 245); auch der Gesamtplan-Aspekt ist – wie § 42 AO – Teil der teleologischenAuslegung des Gesetzes (anderer Akzent bei BFH X B 43/10 BFH/NV 11, 636). IZm sog cum/ex-Geschäften hat der I. Senat (ohne Anwendung des § 42 AO) auf ein „modellhaft aufgelegtes Gesamtvertragskonzept" abgestellt und einen bloßen Durchgangserwerb angenommen (BFH I R 2/12 DStR 14, 2012). Der X. Senat hat in einem anderen Fall (bei vorbereitenden Veräußerungen) den „Plan in Einzelakten" kreiert (BFH X R 14/11 BStBl II 14, 158). In allen Fällen geht es iRd Rechtsanwendung um die Frage, inwieweit die einzelnen tatsächl und rechtl Elemente (die Umstände des einzelnen Falls) in ihrem jeweiligen Zusammenhang gesehen werden müssen (krit *Kempelmann* Der Gesamtplan im StRecht, Diss 2016).

XIV. Rückwirkung

Schrifttum (Aufsätze vor 2015 s Vorauflagen): *A. Leisner,* Kontinuität als Verfassungsprinzip, 2001; *Hey,* Steuerplanungssicherheit als Rechtsproblem, 2002; *HHR/G Kirchhof* Einf ESt Rz 331 (4/20). – *Kirchhof,* VerfRechtl Grenzen rückwirkender StGesetze, DStR 15, 717; *Bienert/Seidler,* Rückwirkung im HBilR, DB 20, 1451.
BVerfG: 2 BvR 748/05 BStBl II 11, 86 (zu § 17), 2 BvL 14/02 BStBl II 11, 76 (zu § 23), 2 BvL 1/03 DStR 10, 1736 (zu § 34); 1 BvL 6/07 BStBl II 12, 933 (zu § 8 Nr 5 GewStG); 1 BvL 5/08 DStR 14, 520 (zu §§ 40a I 2, 43 Abs 18 KAGG iVm § 8b II, III KStG).

1. Rückwirkung von Gesetzen. – a) Grundsätzliche Unzulässigkeit. Die **41** Grundrechte garantieren die Verlässlichkeit der Rechtsordnung. Unterschieden wird zw echter und unechter Rückwirkung. Eine Rechtsnorm entfaltet echte **Rückwirkung,** wenn ihre Rechtsfolge mit belastender Wirkung schon für vor dem Zeitpunkt ihrer Verkündung bereits abgeschlossene Tatbestände gelten soll („Rückbewirkung von Rechtsfolgen"); das ist grds verfassungsrechtl unzul (BVerfG 2 BvL 1/11 DStR 21, 1153). Eine **unechte Rückwirkung** ist mit den Grundsätzen grundrechtl und rechtsstaatl Vertrauensschutzes nur vereinbar, wenn sie zur Förderung des Gesetzeszwecks geeignet und erforderl ist und wenn bei einer Gesamtabwägung zwischen dem Gewicht des enttäuschten Vertrauens und dem Gewicht und der Dringlichkeit der die Rechtsänderung rechtfertigenden Gründe die Grenze der Zumutbarkeit gewahrt bleibt (BVerfG 2 BvL 1/11 DStR 21, 1153; wN s *Schmidt* 40. Aufl § 2 Rz 41).

b) Einzelfälle. Im Hinblick auf vor dem 29.10.04 geleistete Erbbauzins- **42** Vorauszahlungen hält BVerfG 2 BvL 1/11 DStR 21, 1153 § 11 II 3 idF RiLiUmsG v 9.12.04 für verfassungswidrig (Schutzbedürftigkeit nach Maßgabe des Gesetzgebungsverfahrens; Zinseffekte als vermögenswerte Position). – Eine gesetzl „Klarstellung", die eine Auslegungsvariante beseitigt, soll als echte Rückwirkung unzul sein (BVerfG 1 BvL 5/08 DStR 14, 520 [abw Meinung v *Masing*]; zust *Birk* FR 14, 338; *Wiese/Berner* DStR 14, 1260; zR krit *Lepsius* JZ 14, 488; *Ernst & Young* DB 15, 513).

2. Rückwirkung von Rechtshandlungen. – a) Einkommensteuerrecht- 43 liche Wirkung. Rechtshandlungen, die kraft Gesetzes zurückwirken (§§ 142, 184 BGB; § 175 I Nr 2 AO) wird auch estrechtl Rückwirkung beigelegt (BFH VIII R 67/02 BStBl II 04, 107 mwN); § 175 I Nr 2 AO ist die verfahrensrechtl Ausprägung eines materiellrechtl Prinzips; es ist sachgerecht, Änderungen, die sich auf einen strechtl relevanten Vorgang beziehen (wie etwa die Betriebsveräußerung) diesem Vorgang zuzuordnen, zB bei Änderung des Kaufpreises bzw Veräußerungserlöses, soweit dies nach Übergang des wirtschaftl Eigentums am Veräußerungsgegenstand zB durch **Anfechtung,** Kaufpreisermäßigung oder Forderungsausfall eintritt (BFH GrS 1/92 BStBl II 93, 894 mwN). Auch der Eintritt einer **auflösenden Bedingung** kann – unbeschadet § 158 II BGB – ein rückwirkendes Ereignis sein (BFH VIII R 67/02 BStBl II 04, 107 mwN). § 175 I 1 Nr 2 AO ist auch in den Fällen steuerl wirksamer Steuerklauseln anwendbar (Rz 45).

44   **b) Grundlagen.** Die Rspr beruht auf dem Grundsatz der Unabänderlichkeit des verwirklichten Einkünfteerzielungstatbestandes (zB BFH VIII R 149/75 BStBl II 80, 441 unter B II 3 zur nachträgl Erlangung der Bauherreneigenschaft). – Wegen der Besonderheiten bei **FamilienPersGes** s § 15 Rz 747. – **Einlagen** und **Entnahmen** können als tatsächl Vorgänge nicht auf einen früheren Zeitpunkt zurückbezogen werden (BFH X R 57/04 BFH/NV 06, 1819). Fehlt eine Einlage-/Entnahmehandlung, kann sie nicht rückwirkend nachgeholt werden, auch nicht dadurch, dass die Bilanz nach dem Bilanzstichtag berichtigt wird, da sie nicht unrichtig ist (BFH IV R 84/96 BStBl II 98, 104). Eine Entnahme kann nicht durch eine buchmäßige Behandlung oder durch „rückwirkende" Einbuchung einer Einlage/Entnahme aufgehoben werden (vgl BFH VIII R 15/80 BStBl II 83, 736; vgl *Barth* BB 89, 746.

45   **c) Steuerklauseln.** Noch nicht abschließend geklärt ist die strechtl Wirkung von Steuerklauseln (dazu *TK* § 41 AO Rz 49f). – Steuerklauseln sind Vertragsbestimmungen, denen zufolge ein Rechtsgeschäft als aufgelöst, nicht abgeschlossen und damit als unwirksam angesehen werden soll, wenn das Geschäft zu nicht vorhergesehenen ungünstigen Steuerfolgen führt. Strechtl können solche (salvatorischen) Klauseln prinzipiell nicht anerkannt werden, da das StRecht an den tatsächl verwirklichten Tatbestand anknüpft; die strechtl Folgen sind grds unbeachtl. BFH IX R 30/88 BStBl II 93, 296 hat die Frage der strechtl Wirksamkeit von StKlauseln ausdrückl offengelassen, aber ihre Unwirksamkeit für den Fall angenommen, dass die Steuerklausel zunächst (mehrere Jahre) dem FA nicht zur Kenntnis gebracht wurde. Die Rspr nimmt grds eine ablehnende Haltung ein: Keine Rückgängigmachung kraft **Satzungsklausel** wurde für vGA angenommen (BFH VIII R 10/07 BFH/NV 09, 1815), ebenso ablehnend bei Rückgängigmachung durch **Aufhebung des Gewinnverteilungsbeschlusses** (BFH I B 58/87 BFH/NV 89, 460).

46   **d) Einzelfälle.** In Fällen der Anfechtung (§§ 119, 123 BGB) kommt es darauf an, wie die Beteiligten das Geschäfts zunächst behandelt haben (§ 41 I 1 AO); die Anfechtung führt nicht automatisch zur Rückwirkung (*TK* § 41 AO Rz 43, 44). Die Rückabwicklung ist ggf ein neues Geschäft (*Schulz* Die Rückabwicklung im Ertragsteuerrecht, 2019). – Diese Grundsätze gelten auch für den Eintritt von Bedingungen (*TK* § 41 AO Rz 47). – Die Erstattung von KiSt ist insoweit ein rückwirkendes Ereignis iS des § 175 I 1 Nr 2 AO, als sie im Jahr der Erstattung gezahlte KiSt übersteigt (BFH X R 46/07 DB 08, 2465). – Bei der Ausübung von **Wahlrechten** sind die materiellrechtl und die verfahrensrechtl Ebene (Bestandskraft) zu trennen (BFH X R 56/13 BStBl II 16, 967; *Weber-Grellet* DStR 92, 1417). **Besonderheiten** gelten für **Bilanzierungswahlrechte** und **Bilanzänderungen**, s § 4 Rz 350.

52   **e) Ausnahmen vom Rückwirkungsverbot.** Diese sind aus Vereinfachungsgründen und im Falle fehlender steuerl Auswirkung bei kurzfristigen Rückbeziehungen, insb auf den Bilanzstichtag, zugelassen worden (BFH I R 202/75 BStBl II 79, 581); ferner bei gerichtl und außergerichtl Vergleichen (BFH I R 234/74 BStBl II 75, 603; FG Mster EFG 14, 1574, rkr). Als Ereignis mit Rückwirkung wird eine Auseinandersetzungsvereinbarung zw Erben zur Erbauseinandersetzung angesehen, wenn die Erbauseinandersetzung innerhalb von sechs Monaten nach dem Erbfall zustande kommt (*BMF* BStBl I 93, 62 Tz 8); zu längerer Frist s § 16 Rz 623. Soweit die Rspr wegen Unvorhersehbarkeit besonders harter steuerl Folgen die rückwirkende Aufhebung von Geschäftsvorfällen zugelassen hatte (zB BFH I 65/61 U BStBl III 62, 255), ist durch BFH VIII R 15/80 BStBl II 83, 736 eine Änderung

eingetreten; danach kommt in solchen Fällen nur eine **Billigkeitsmaßnahme** in Betracht.

3. Rückwirkende Rechtsprechungsänderung. Prinzipiell wirkt sich eine RsprÄnderung auf alle offenen Fälle aus; verfahrensrechtl bieten die §§ 176, 163 AO einen gewissen Schutz (BFH X R 45/03 BStBl II 07, 103). – Allerdings kann der GrS im Wege der Rechtsfortbildung anordnen, dass die RsprÄnderung erst in der Zukunft wirkt (BFH GrS 2/04 BStBl II 08, 608; *Kanzler* FS Spindler 2011, 265; zurückhaltend BFH GrS 1/10 BStBl II 13, 317). – Zur Rückwirkung von EuGH-Entscheidungen *Waldhoff* EuR 06, 615: „kontrollierte und maßvolle Folgenorientierung".

XV. „Übertragung von Einkunftsquellen"; Angehörigenverträge; Verträge Gesellschafter/Kapitalgesellschaft

Schrifttum (vor 2007 s Vorauflagen): *Ruppe* Möglichkeiten und Grenzen der Übertragung von Einkunftsquellen als Problem der Zurechnung DStJG 1, 7; *L. Schmidt* Möglichkeiten und Grenzen der Übertragung von Einkunftsquellen von Eltern auf Kinder DStJG 1, 41; *Kulosa*, Verträge zwischen nahen Angehörigen, DB 14, 972.

Verwaltung: *BMF* BStBl I 11, 37 (zu Darlehensverträgen).

1. Ertragsgrundlagen. Die Rspr stellt bei der Übertragung von Ertragsgrundlagen – unter Abkehr von der sog **Abspaltungstheorie** – zutr allein darauf ab, ob der Übertragungsempfänger mit Hilfe der ihm übertragenen WG und/oder ihm eingeräumten Rechtsposition (Ges'terstellung, Nießbrauch, Wohnrecht) den **Tatbestand der Einkünfteerzielung** selbst verwirklicht (BFH VIII R 128/78 BStBl II 81, 299; vgl § 4 Rz 60 f), weil er nicht nur die sächl Mittel wie Grundstücke oder Nutzungsrechte innehat, sondern auch darüber durch die Erbringung und Verwertung von Leistungen disponiert (*Ruppe* DStJG 1, 18 f).

2. Einkünfteerzielung durch Minderjährige. Auch Minderjährige können Einkünfte erzielen. Voraussetzung ist nur, dass die zur Einkünfteerzielung erforderl Maßnahmen in ihrem Namen, auf ihre Rechnung und Gefahr durchgeführt werden (BFH VIII R 75/79 BStBl II 81, 297) und dass ihnen **schenkweise** übertragene Ertragsgrundlagen nicht vom Schenker – zur Bewahrung der bisherigen Herrschaftsbefugnisse – zurückgefordert werden können (BFH IV R 27/76 BStBl II 79, 670; **aA** BFH IX R 54/00 BFH/NV 04, 1079: freie Widerruflichkeit eines Nießbrauchs für Einkünfteerzielung durch Nießbraucher – Kind – unschädl; mE bedenkl). – Die unentgeltl Bestellung eines Nießbrauchs zugunsten minderjähriger Kinder ist ohne Ergänzungspfleger unwirksam und nicht anzuerkennen (BFH IX R 216/84 BStBl II 92, 506), ebenso die Vereinbarung einer atypischen stillen Ges (BFH IV R 27/13 BFH/NV 16, 1559). Zur Übertragung von KapVerm auf Kinder vgl *OFD Mgb* DB 07, 603. – Von der (faktischen) Einkunftserzielung zu unterscheiden ist die **‚Anerkennung' von Geschäftsbeziehungen.** – Die zivilrechtl wirksame und nicht anzuzweifelnde **Darlehensschenkung** ist strechtl anzuerkennen (BFH VIII R 13/05 BStBl II 08, 568).

3. Angehörigenverträge. Vereinbarungen unter Angehörigen (§ 15 AO), die zu einer Verlagerung der Einkünfteerzielung führen können, müssen *(1)* zivilrechtl wirksam, *(2)* klar und eindeutig, *(3)* fremdübl sein (Fremdvergleich) und *(4)* tatsächl durchgeführt werden (s dazu § 12 Rz 20 ff; *BMF* BStBl I 11, 37, 14, 809; BFH X R 26/11 BStBl II 14, 374; BFH IX R 8/16 BStBl II 17, 273; iEinz *Kulosa* DB 14, 972; *Levedag* GmbHR 15, 57); Näheverhältnis kann auch zw Ges und Ges'tern bestehen (§ 20 Rz 43). Die einzelnen Kriterien haben unterschiedl Gewicht und sind im Lichte der konkreten Vereinbarung zu sehen (*Kulosa* DB 14, 972); methodisch geht es (auch hier) nicht um Indizien und Beweisanzeichen, sondern ausschl um Rechtsanwendung. – So ist etwa die **Formwirksamkeit** nur ein (formelles) **Indiz** der Ernsthaftigkeit des Vertrages/Geschäfts, sodass bei anderweitig erkennbarer Ernsthaftigkeit die (zeitweilige) Unwirksamkeit der steuerl Anerkennung eines Vertrages zw Angehörigen nicht entgegen steht (BFH IX R 45/06 BStBl II 11, 20; *BMF* BStBl I 11, 37); eine eher großzügige Prüfung ist bei Darlehen zur Finanzierung von Kaufverträgen angezeigt (BFH IX R 46/01 BStBl II 03, 243; *Kulosa* DB 14, 972/978). – Zum **Gestaltungsmissbrauch** bei Angehörigen-Vereinbarungen BFH IX R 17/07 BStBl II 08, 502.

57 4. Verträge Gesellschafter/Gesellschaft. Ähnl Maßstäbe (Rz 56) gelten für Verträge zw Ges'ter und KapGes (BFH X R 49/13 BFH/NV 15, 704), speziell auch bei den Voraussetzungen einer vGA (§ 20 Rz 45).

XVI. Summe und Gesamtbetrag der Einkünfte, § 2 III

58 1. Saldierung der Einkünfte. Die Summe der Einkünfte ist der sich bei ihrer Zusammenrechnung *im Veranlagungsverfahren* ergebende Saldo, der auch negativ sein kann (§ 39a I 1 Nr 5 Buchst b); Einkünfte aus KapVerm iSd § 43 V werden nicht einbezogen. Negative Einkünfte einer Einkunftsart werden zunächst mit positiven Einkünften derselben Einkunftsart ausgeglichen (BFH VIII R 209/72 BStBl II 75, 698); sog **horizontaler Verlustausgleich;** sodann werden verbleibende positive und negative Einkünfte verschiedener Einkunftsarten ausgeglichen; sog **vertikaler Verlustausgleich** (*HHR/Musil* § 2 Anm 560). Begünstigt zu versteuernde Einkünfte werden (zur Erhaltung des StVorteils) nachrangig ausgeglichen (BFH XI R 27/03 BStBl II 04, 547 Anm *Wendt* FR 04, 538; vgl auch § 34). Nicht am (horizontalen) Verlustausgleich nehmen Veräußerungsgewinne iSv § 14, § 14a I bis III, § 16 IV, § 17 III, § 18 III teil, da die Freibeträge als sachl StBefreiungen aufgefasst werden (BFH VIII R 147/71 BStBl II 76, 360). IÜ ist der Verlustausgleich vollständig, dh nicht nach Wahl des FA oder StPfl teilweise (etwa bis zu einer bestimmten Progression) durchzuführen (BFH IV R 188/71 BStBl II 76, 248). Auch bei der **Zusammenveranlagung** nach § 26b ergibt sich durch das „Zusammenrechnen" der Einkünfte ein Verlustausgleich (BFH VIII R 120/74 BStBl II 78, 8). – Der **Erbe** kann nach dem 12.3.08 entstandene Verluste des Erblassers nicht mehr ausgleichen (Veröffentlichung von BFH GrS 2/04 BStBl II 08, 608 [Drittaufwand]; nach *BMF* BStBl I 08, 809: kein Ausgleich von nach dem 18.8.08 entstandenen Verlusten (§ 10d Rz 14). – Ausgleichsfähig sind auch während eines **Insolvenzverfahrens** erlittene Verluste (BFH IV R 288/66 BStBl II 69, 726; EStH § 10d) Das gilt grds auch für nicht voll haftende Ges'ter einer PersGes (zB K'tist), wenn und soweit nach § 15a der Verlustausgleich nicht ausgeschlossen ist (vgl § 15a Rz 23). – Durch die Aufhebung der Sätze 2–8 ab VZ 2004 ist im Verlustentstehungsjahr wieder ein uneingeschränkter sog **vertikaler Verlustausgleich** mögl; zur Neuregelung des § 10d (Begrenzungen des Rück- und Vortrags) s § 10d Rz 4f. – Zum Verlustausgleich gem § 2 III von VZ 99 bis 03 s *Schmidt* 33. Aufl § 2 Rz 58.

59 2. Einschränkungen. Kein bzw eingeschränkter Verlustausgleich mit: *(1)* Verlusten aus **sonstigen Einkünfte** gem § 22 Nr 3 S 4 idF des StEntlG 99 sowie aus **privaten Veräußerungsgeschäften** gem § 23 III 7, 8; – *(2)* im Ausl erzielten negativen Einkünften iSd § 2a; – *(3)* in einem anderen Staat erzielten Verlusten, wenn dem anderen Staat durch ein **DBA** das Besteuerungsrecht für Einkünfte dieser Art zugewiesen ist (BFH I B 3/69 BStBl II 70, 569; auch nicht EU-widrig, EuGH C-414/06 BStBl II 09, 692 – *Lidl*); eine Steuerminderung kann sich aber durch den negativen **Progressionsvorbehalt** ergeben (§ 32b); – *(4)* Verlusten aus **gewerbl Tierhaltung, betriebl Termingeschäften** und **mitunternehmerischen InnenGes an KapGes** (§ 15 IV); wegen der Ermittlung des ausgleichsfähigen Verlustes bei Zusammentreffen mit Einkünften aus LuF vgl EStR 15.10; – *(5)* Verlusten bei beschränkter Haftung des StPfl gem § 15a, § 13 V, § 18 V, § 20 I Nr 4 S 2, § 21 I 2. – Dem **Steuerabzug** unterliegende positive Einkünfte **beschr StPfl** (§ 50 II, V, § 50a) und Einkünfte aus Grundpfandrechten und Kapitalforderungen (§ 20 I Nr 5, 8) können nicht mit negativen inl Einkünften ausgeglichen werden.

Einkommen　　　　　　　　　　　　　　　　　　　　　　　**60–64 § 2**

Unbeschr StPfl, die dem Steuerabzug unterliegende Einkünfte erzielen (LSt, KapErtragSt), können nach § 46 II Nr 8 Veranlagung beantragen und dadurch Verlustausgleich erreichen. Die im Steuerabzugsverfahren gem § 39a I 1 Nr 5 vorläufig berücksichtigten Verluste (Abzüge) werden im Veranlagungsverfahren endgültig ausgeglichen (§ 46 II Nr 4).

3. Gesamtbetrag der Einkünfte. Dieser ergibt sich gem § 2 III, indem von 60 der Summe der Einkünfte der Altersentlastungsbetrag (§ 24a) und der Entlastungsbetrag für Alleinerziehende (§ 24b; *Plenker/Schaffhausen* DB 04, 2440) und der Landwirtschaftsfreibetrag (§ 13 III) abgezogen werden. Der (verbleibende) Erstattungsüberhang nach § 10 IVb 3 erhöht nicht den Einkünfte-Gesamtbetrag (BFH IX R 34/17 BStBl II 19, 658: „negative SA").

XVII. Einkommen, § 2 IV–VI

1. Einkommen, § 2 IV. Zur Entstehung und Abgrenzung des Einkommensbe- 61 griffs ggü dem finanzwissenschaftl Sprachgebrauch s die Begründung zum EStG 1934 (RStBl 35, 34 f). Das Einkommen wird als die Besteuerungsgrundlage (nicht: Bemessungsgrundlage, § 2 V) angesehen. – Nach § 2 IV ist Einkommen der Gesamtbetrag der Einkünfte, vermindert um SA (§§ 10–10c) und agB (§§ 33–33c); das Einkommen berücksichtigt den Abzug privat veranlasster, zwangsläufiger, also **existenzsichernder Aufwendungen.** Da SA und agB dem StPfl zwangsläufig erwachsen (wenn auch nicht wie BA oder WK bei der Einkünfteerzielung), ist das Einkommen der Maßstab der Leistungsfähigkeit des StPfl für die Steuerbelastung; deshalb muss das **Existenzminimum** einschließl der gesamten Unterhaltslasten (§§ 1601, 1610 BGB) stfrei bleiben (s Rz 11 mwN). Wegen der teilweise unterschiedl Höhe dieser Abzüge je nach Veranlagungsart s Erläut zu § 26a und § 26b. – Den SA sind (rechtstechnisch) verschiedene Aufwendungen gleichgestellt, § 10d, §§ 10e–10i. – Ein KiSt-Erstattungsüberhang ist an Stelle der SA zu berücksichtigen und erhöht das Einkommen (FG Ddorf DStRE 20, 837, Rev X R 1/20).

2. Zu versteuerndes Einkommen, § 2 V 1. Das Einkommen, vermindert um 62 die Freibeträge nach § 32 VI und um die sonstigen vom Einkommen abzuziehenden Beträge, ist das zu versteuernde Einkommen; dieses bildet die Bemessungsgrundlage für die tarifliche Einkommensteuer (§ 2 V 1, § 32a; maßgebl auch für §§ 34, 34a, 34b, 34c, 35, 50, 51a; BFH X R 65/14 DStR 17, 1645). – § 2 V 2 legt fest, dass bei Verwendung des Begriffs „zu versteuerndes Einkommen" in anderen Gesetzen dieses stets (bei Vorhandensein berücksichtigungsfähiger Kinder und ohne Berücksichtigung von KiGeld) unter Abzug der Kinderfreibeträge (Kinderfreibetrag; Freibetrag für den Betreuungs- und Erziehungs- oder Ausbildungsbedarf) zu ermitteln ist (wohl aus Vereinfachungsgründen).

3. Außersteuerrechtliche Zwecke, § 2 Va 1. Für diese Zwecke werden nach 63 § 2 Va 1 bei Anknüpfung an die genannten strechtl Begriffe (zB § 1 VIII BEEG; § 14 I WoGG) die Einnahmen (§ 3 Nr 40) und die Erwerbsaufwendungen (§ 3c II) vollständig erfasst, und zwar auch die Einkünfte aus KapVerm, die (ab 2009, s § 52a II idF 2013) nach § 32d I und § 43 V der AbgeltungSt unterliegen (Begrenzung der Leistungsberechtigten; *HHR/Musil* § 2 Anm 870 f). Nach § 2 Va 2 (eingefügt durch StVerG 2011; BR-Drs 40/11), sind für außersteuerl Zwecke auch Kinderbetreuungskosten nach § 10 I Nr 5 abzuziehen (*Hechtner/Sielaff* BBK 11, 963).

4. Abgeltungsteuer, § 2 Vb. Soweit EStG-Rechtsnormen an die in den vor- 64 stehenden Absätzen definierten Begriffe (Einkünfte, Summe der Einkünfte, Gesamtbetrag der Einkünfte, Einkommen, zu versteuerndes Einkommen) anknüpfen, sind KapErträge nach § 32d I und § 43 V nicht einzubeziehen (Abkehr von der synthetischen ESt; BT-Drs 16/4841, 46; *HHR/Musil* § 2 Anm 872). Von § 2 V b erfasst werden ua die §§ 10b I, 10d, 24a, 24b, 25, 26b, 31, 32 IV2 ff., 32a, 32b, 33, 33a, 39 I Nr 5 Buchst. b, § 46 II Nr 1, V. Hingegen sind in die Prüfung der Einkunftsgrenzen nach § 1 III 2 auch die der AbgeltungSt unterliegenden KapEinkünfte einzubeziehen (BFH I R 18/14 BStBl II 16, 201; *FM SchlHol* DStR 16, 1266), ggf bei § 15b III (*Gragert* NWB 10, 2450).

65 **5. Festzusetzende Einkommensteuer, § 2 VI. – a) Berechnung.** Die festzusetzende (endgültige) ESt ergibt sich aus der Korrektur der tarifl ESt (Anwendung der EStTarifformel; § 32a I oder V) um die in § 2 VI 1 genannten Beträge, also Abzug von anzurechnenden ausl Steuern (BFH VIII R 11/14 BStBl II 17, 443), Abzug von StErmäßigungen und Hinzurechnung der Steuer nach § 32d III, IV, der Steuer nach § 34c V und des Zuschlags für Forstschädenausgleich (iEinz s Rechenschema in EStR 2). – Die festzusetzende ESt ist Steuermaßstab iSd § 51a II für die Zuschlagsteuern; dazu gehört ab 1995 auch der **Solidaritätszuschlag.** Mit der festzusetzenden ESt kann nach § 11 II, III AStG zu erstattende Steuer verrechnet werden. IÜ ist nach § 36 II abzurechnen. – Bei Abzug von **nach § 10a** ist eine gewährte Zulage (nach §§ 79 ff) hinzurechnen (VI 2). Die Grundzulage für junge Zulagenberechtigte wird nach VI 2 HS 2 nicht in die Günstigerprüfung einbezogen (*HHR/Musil* § 2 Anm 882). – Bei Abzug von **Freibeträgen (§§ 31, 32 VI)** ist das KiGeld hinzurechnen (VI 3; BFH III R 34/19 BStBl II 21, 848), Ausnahme in den Fällen des § 70 I 2.

66 **b) Ermittlungsschema.** Das Schema zur Ermittlung des zu versteuernden Einkommens und der festzusetzenden ESt ist in EStR 2 abgedruckt.

67 **6. Einkommensteuer bei Insolvenz** (iEinz *Roth,* Insolvenz StR, Kap 4 A; *Waza/Uhländer/Schmittmann,* Insolvenzen und Steuern, Teil II A). Die Insolvenz (§§ 17, 18 InsO) wirkt sich auf die Erfüllung der StSchuld aus (unzureichendes Vermögen; Bindung des Schuldners), nicht auf die Einkunftserzielung (BFH X R 12/12 BStBl II 16, 852). Zu unterscheiden ist zw der ESt-Schuld *(1)* als Teil der Insolvenzmasse (§ 35 InsO; angemeldete Insolvenzforderung), *(2)* als Masseverbindlichkeit (§ 55 InsO; BFH X R 31/16 BB 20, 703; BFH X R 13/19 DB 21, 31) und *(3)* als Teil des insolvenzfreien Vermögens (§§ 35 II, 36 InsO) bzw des nachinsolvenzl Vermögens. Die EStPflicht besteht unverändert fort; ein Insolvenzplanverfahren führt nicht zum Erlöschen (BFH VII R 13/17 BStBl II 19, 126). Handlungen des Insolvenzverwalters sind dem StPfl zuzurechnen; die ESt ist nach allg Regeln zu ermitteln. Der StBescheid ist bei *(1)* und bei *(2)* an den Insolvenzverwalter, bei *(3)* an den StPfl zurichten. – Einspruchs- und Klageverfahren werden unterbrochen (§ 240 ZPO); Fortsetzung §§ 85, 86, 180 II, 185 InsO. – Bei **Zwangsverwaltung** ist der Zwangsverwalter estpfl (BFH IX B 79/18 BFH/NV 19, 257; iEinz *BMF* BStBl I 17, 718; krit *Onusseit* DStR 16, 1297). Zum BA-Abzug bei Insolvenz s BFH X R 25/12 DStRE 16, 660, zur Aufteilung der EStSchuld s BFH VIII R 19/18 DStR 21, 534, zur Nachlassinsolvenz s *Kahlert* DStR 16, 1325.

68 **7. Einkunftsgrenzen; Einkommensgrenzen.** Soweit es nach dem Gesetz auf Einkunfts- oder Einkommensgrenzen ankommt (zB: § 13 III, § 24a, § 33 III, § 46, § 48), sind die nach § 2 II bzw § 2 IV sich tatsächl ergebenden Beträge maßgebl. **Stfreie** Beträge bleiben außer Ansatz. Auch bei nach § 26b zusammenzuveranlagenden Ehegatten sind Einkunftsgrenzen getrennt zu ermitteln.

XVIII. Abschnittsbesteuerung, § 2 VII

Schrifttum (vor 2005 s Vorauflagen): *Giloy,* Zum Zeitpunkt der steuerl Erfassung von Einnahmen/Ausgaben, GS Trzaskalik 2005, 311; *Ismer,* Periodizitätsprinzip, DStJG 34 (2011), 91.

69 **1. Veranlagungszeitraum.** Die ESt entsteht jährl mit Ablauf des Kj (§ 2 VII, § 36 I) und wird grds nachträgl veranlagt (§ 25 I, § 46); dabei sind auch außerhalb des Steuerabschnitts liegende Tatsachen und Umstände zu beachten. Zur Bedeutung des Prinzips der Abschnittsbesteuerung vgl BFH XI B 138/03 BFH/NV 05, 1264). Es werden Vorauszahlungen erhoben (§ 37), daneben findet ein grds auf die JahresESt anzurechnender Quellensteuerabzug durch LSt und KapESt statt. Für zusammenveranlagte Ehegatten entsteht die EStSchuld – ggf ohne Verwirklichung eines Einkünfteerzielungstatbestands – auf Grund des EStBescheids (§ 26b Rz 15). Hat die StPfl nicht während des ganzen Kj bestanden, ist idR der kürzere Zeitraum Ermittlungs-, nicht aber Veranlagungszeitraum (§ 25 Rz 15); auch dann ist die Tarifformel (§ 32a I, V) auf das tatsächl Einkommen anzuwenden. Vollzieht sich während des Kj ein **Wechsel** zw **unbeschr** und **beschr StPfl**, sind nach § 2 VII 3 (§ 1 Rz 77) während der beschr StPfl erzielte inl Einkünfte in eine Veranlagung zur unbeschr StPfl einzubeziehen. Dabei werden ausl Einkünfte, auch wenn sie auf Grund von DBA im Inl nicht der Besteuerung unterliegen, im Wege des **Progressionsvorbehalts** gem § 32b I Nr 2 und 3, II Nr 2 einbezogen (BFH I R 63/00 BFH/NV 02, 584; BFH I R 40/01 BStBl II 02, 660; *Schnitger* IStR 02, 638; **aA** *Jacob* FR 02, 1113/5). In der Konsequenz des veränderten Verständnisses der Freistellungsmethode durch den BFH liegt es, ausl Verluste aus Gründen des Leistungsfähigkeitsprinzips im Inl zu berücksichtigen (*Vogel* IStR 02, 91). Die Einbeziehung in die Veranlagung nach den für unbeschr StPfl geltenden Vorschriften schließt insb die Abgeltungswirkung nach § 50 II 1 aus (BT-Drs 13/5952, 44; *Jacob* FR 02, 1113). Nur eine Veranlagung ist beim Wechsel von unbeschr zu **erweitert unbeschr** StPfl vorzunehmen. Dadurch kann sich eine Minderung der Progression ergeben. § 4a II (s Rz 63) gilt hier ebenso. Zum Verlustabzug und Verlustausgleich beim Wechsel der StPfl s § 10d Rz 23. Wegen der Berücksichtigung agB bei Wegfall der unbeschr StPfl s § 33a Rz 2, 6.

2. Abweichendes Wirtschaftsjahr. Weicht das Wj vom Kj ab (§ 4a I), ist bei **70** LuF-Einkünften der Gewinn zeitanteilig aufzuteilen; bei Einkünften aus GewBetr wird er dem Kj zugerechnet, in dem das Wj endet (§ 4a II). Veräußerungsgewinne iSd §§ 16, 18 III, 14, 14a I–III (nicht § 14a IV) werden im Kj ihrer Entstehung (Veräußerung) erfasst (§ 4a Rz 21). Zum Ausscheiden eines MUer bei abw Wj BFH X R 8/07 BStBl II 10, 1043.

XIX. Lebenspartnerschaften, § 2 VIII

Schrifttum: *Merkt*, Die Gleichstellung der LPart mit der Ehe im EStR, DStR 13, 2312.

1. Anlass der Regelung. Die EStG-Regelungen zu Ehegatten und Ehen sind **71** uneingeschränkt auch auf Lebenspartner und Lebenspartnerschaften anzuwenden. Durch EStG-ÄndG v 19.7.13 zur Umsetzung von BVerfG BvR 909/06 DStR 13, 1228 ist § 2 VIII – rückwirkend für alle noch offenen Fälle – eingefügt worden. Ab 1.10.17 kann die Ehe nur von zwei Personen gleichen Geschlechts geschlossen werden (§ 1353 BGB; BGBl I 17, 2787); gem § 20a LPartG kann die LPart in eine Ehe umgewandelt werden; neue LPart können nicht mehr begründet werden (§ 26 Rz 1). § 2 VIII hat daher seine frühere Bedeutung verloren (zu weiteren Nachweisen s *Schmidt* 38. Aufl § 2 Rz 71). – Nicht eingetragene LPart werden nach wie vor nicht zusammenveranlagt (BFH III R 14/05 BStBl II 14, 829; *Kanzler* FR 14, 1048); das gilt auch für nicht eingetragene verschiedengeschlechtl LPart (BFH III B 100/16 BStBl II 17, 903; *Wendl* DStRK 17, 224).

2. Betroffene Vorschriften. § 2 VIII wirkt sich auf alle Regelungen aus, in **72** denen für Ehen und Ehegatten besondere Regelungen getroffen sind (vgl iEinz BT-Drs 17/11844, 8 ff; *Schmidt* 38. Aufl § 2 Rz 72).

3. Erweiterungen. Die Erstreckung des § 2 VIII auf DV und EStG-Neben- **73** gesetze (dazu *Merkt* DStR 13, 2312/2333) ist durch Gesetz v 18.7.14 BGBl I 14, 1042 obsolet geworden; die EStDV ist nach deren § 1 auch auf LPart anzuwenden.

4. Anwendung. § 2 VIII war (und ist) auf alle noch offenen Verfahren anwend- **74** bar (BFH VI R 76/12 BStBl II 14, 36; s Rz 71). – Ist die Veranlagung des einen LPart noch offen, die des anderen nicht, so ist (zur Vermeidung einer widerstreitenden StFestsetzung) auch der bestandskräftige Bescheid ggf zu ändern; das gilt mE auch für Saldierungsfälle und Fälle des § 164 AO.

§ 2a Negative Einkünfte mit Bezug zu Drittstaaten

(1) ¹Negative Einkünfte
1. aus einer in einem Drittstaat belegenen land- und forstwirtschaftlichen Betriebsstätte,
2. aus einer in einem Drittstaat belegenen gewerblichen Betriebsstätte,
3. a) aus dem Ansatz des niedrigeren Teilwerts eines zu einem Betriebsvermögen gehörenden Anteils an einer Drittstaaten-Körperschaft oder
    b) aus der Veräußerung oder Entnahme eines zu einem Betriebsvermögen gehörenden Anteils an einer Drittstaaten-Körperschaft oder aus der Auflösung oder Herabsetzung des Kapitals einer Drittstaaten-Körperschaft,
4. in den Fällen des § 17 bei einem Anteil an einer Drittstaaten-Kapitalgesellschaft,
5. aus der Beteiligung an einem Handelsgewerbe als stiller Gesellschafter und aus partiarischen Darlehen, wenn der Schuldner Wohnsitz, Sitz oder Geschäftsleitung in einem Drittstaat hat,
6. a) aus der Vermietung oder der Verpachtung von unbeweglichem Vermögen oder von Sachinbegriffen, wenn diese in einem Drittstaat belegen sind, oder
    b) aus der entgeltlichen Überlassung von Schiffen, sofern der Überlassende nicht nachweist, dass diese ausschließlich oder fast ausschließlich in einem anderen Staat als einem Drittstaat eingesetzt worden sind, es sei denn, es handelt sich um Handelsschiffe, die
        aa) von einem Vercharterer ausgerüstet überlassen oder
        bb) an in einem anderen als in einem Drittstaat ansässige Ausrüster, die die Voraussetzungen des § 510 Absatz 1 des Handelsgesetzbuchs erfüllen, überlassen oder
        cc) insgesamt nur vorübergehend an in einem Drittstaat ansässige Ausrüster, die die Voraussetzungen des § 510 Absatz 1 des Handelsgesetzbuchs erfüllen, überlassen
    worden sind, oder
    c) aus dem Ansatz des niedrigeren Teilwerts oder der Übertragung eines zu einem Betriebsvermögen gehörenden Wirtschaftsguts im Sinne der Buchstaben a und b,
7. a) aus dem Ansatz des niedrigeren Teilwerts, der Veräußerung oder Entnahme eines zu einem Betriebsvermögen gehörenden Anteils an
    b) aus der Auflösung oder Herabsetzung des Kapitals,
    c) in den Fällen des § 17 bei einem Anteil an
    einer Körperschaft mit Sitz oder Geschäftsleitung in einem anderen Staat als einem Drittstaat, soweit die negativen Einkünfte auf einen der in den Nummern 1 bis 6 genannten Tatbestände zurückzuführen sind,

dürfen nur mit positiven Einkünften der jeweils selben Art und, mit Ausnahme der Fälle der Nummer 6 Buchstabe b, aus demselben Staat, in den Fällen der Nummer 7 auf Grund von Tatbeständen der jeweils selben Art aus demselben Staat, ausgeglichen werden; sie dürfen auch nicht nach § 10d abgezogen werden. ²Den negativen Einkünften sind Gewinnminderungen gleichgestellt. ³Soweit die negativen Einkünfte nicht nach Satz 1 ausgeglichen werden können, mindern sie die positiven Einkünfte der jeweils selben Art, die der Steuerpflichtige in den folgenden Veranlagungszeiträumen aus demselben Staat, in den Fällen der Nummer 7 auf Grund von Tatbeständen der jeweils selben Art aus demselben Staat, erzielt. ⁴Die Minderung ist nur insoweit zulässig, als die negativen Einkünfte in den vorangegangenen Veranlagungszeiträumen nicht berücksichtigt werden konnten (verbleibende negative Einkünfte). ⁵Die am Schluss eines Veranlagungszeitraums verbleibenden negativen Einkünfte sind gesondert festzustellen; § 10d Absatz 4 gilt sinngemäß.

(2) ¹Absatz 1 Satz 1 Nummer 2 ist nicht anzuwenden, wenn der Steuerpflichtige nachweist, dass die negativen Einkünfte aus einer gewerblichen Betriebsstätte in einem Drittstaat stammen, die ausschließlich oder fast ausschließlich die Herstellung oder Lieferung von Waren, außer Waffen, die Gewinnung von Bodenschätzen sowie die Bewirkung gewerblicher Leistungen zum Gegenstand hat, soweit diese nicht in der Errichtung oder dem Betrieb von Anlagen, die dem Fremdenverkehr dienen, oder in der Vermietung oder der Verpachtung von Wirtschaftsgütern einschließlich der Überlassung von Rechten, Plänen, Mustern, Verfahren, Erfahrungen und Kenntnissen bestehen; das unmittelbare Halten einer Beteiligung von mindestens einem Viertel am Nennkapital einer Kapitalgesellschaft, die ausschließlich oder fast ausschließlich die vorgenannten Tätigkeiten zum Gegenstand hat, sowie die mit dem Halten der Beteiligung in Zusammenhang stehende Finanzierung gilt als Bewirkung gewerblicher Leistungen, wenn die Kapitalgesellschaft weder ihre Geschäftsleitung noch ihren Sitz im Inland hat. ²Absatz 1 Satz 1 Nummer 3 und 4 ist nicht anzuwenden, wenn der Steuerpflichtige nachweist, dass die in Satz 1 genannten Voraussetzungen bei der Körperschaft entweder seit ihrer Gründung oder während der letzten fünf Jahre vor und in dem Veranlagungszeitraum vorgelegen haben, in dem die negativen Einkünfte bezogen werden.

(2a) ¹Bei der Anwendung der Absätze 1 und 2 sind
1. als Drittstaaten die Staaten anzusehen, die nicht Mitgliedstaaten der Europäischen Union sind;
2. Drittstaaten-Körperschaften und Drittstaaten-Kapitalgesellschaften solche, die weder ihre Geschäftsleitung noch ihren Sitz in einem Mitgliedstaat der Europäischen Union haben.

²Bei Anwendung des Satzes 1 sind den Mitgliedstaaten der Europäischen Union die Staaten gleichgestellt, auf die das Abkommen über den Europäischen Wirtschaftsraum anwendbar ist, sofern zwischen der Bundesrepublik Deutschland und dem anderen Staat auf Grund der Amtshilferichtlinie gemäß § 2 Absatz 2 des EU-Amtshilfegesetzes oder einer vergleichbaren zwei- oder mehrseitigen Vereinbarung Auskünfte erteilt werden, die erforderlich sind, um die Besteuerung durchzuführen.

*(3)** ¹Sind nach einem Abkommen zur Vermeidung der Doppelbesteuerung bei einem unbeschränkt Steuerpflichtigen aus einer in einem ausländischen Staat belegenen Betriebsstätte stammende Einkünfte aus gewerblicher Tätigkeit von der Einkommensteuer zu befreien, so ist auf Antrag des Steuerpflichtigen ein Verlust, der sich nach den Vorschriften des inländischen Steuerrechts bei diesen Einkünften ergibt, bei der Ermittlung des Gesamtbetrags der Einkünfte abzuziehen, soweit er vom Steuerpflichtigen ausgeglichen oder abgezogen werden könnte, wenn die Einkünfte nicht von der Einkommensteuer zu befreien wären, und soweit er nach diesem Abkommen zu befreiende positive Einkünfte aus gewerblicher Tätigkeit aus anderen in diesem ausländischen Staat belegenen Betriebsstätten übersteigt. ²Soweit der Verlust dabei nicht ausgeglichen wird, ist bei Vorliegen der Voraussetzungen des § 10d der Verlustabzug zulässig. ³Der nach den Sätzen 1 und 2 abgezogene Betrag ist, soweit sich in einem der folgenden Veranlagungszeiträume bei den nach diesem Abkommen zu befreienden Einkünften aus gewerblicher Tätigkeit aus in diesem ausländischen Staat belegenen Betriebsstätten insge-

---

* Änderungen Abs 3: Sätze 1, 2 und 4 zum Verlustabzug ab VZ 1999 aufgehoben; Sätze 3, 5 und 6 zur späteren Hinzurechnung gelten jedoch gleichwohl fort, nach JStG 2008 (BGBl I 08, 3150) unbefristet auch über VZ 2008 hinaus (§ 52 II 3, 4).

§ 2a Negative Einkünfte mit Bezug zu Drittstaaten

samt ein positiver Betrag ergibt, in dem betreffenden Veranlagungszeitraum bei der Ermittlung des Gesamtbetrags der Einkünfte wieder hinzuzurechnen. [4] *Satz 3 ist nicht anzuwenden, wenn der Steuerpflichtige nachweist, daß nach den für ihn geltenden Vorschriften des ausländischen Staates ein Abzug von Verlusten in anderen Jahren als dem Verlustjahr allgemein nicht beansprucht werden kann.* [5] Der am Schluß eines Veranlagungszeitraums nach den Sätzen 3 und 4 der Hinzurechnung unterliegende und noch nicht hinzugerechnete (verbleibende) Betrag ist gesondert festzustellen; § 10d Abs. 4 gilt entsprechend. [6] In die gesonderte Feststellung nach Satz 5 einzubeziehen ist der nach § 2 Abs. 1 Satz 3 und 4 des Gesetzes über steuerliche Maßnahmen bei Auslandsinvestitionen der deutschen Wirtschaft vom 18. August 1969 (BGBl. I S. 1214), das zuletzt durch Artikel 8 des Gesetzes vom 25. Juli 1988 (BGBl. I S. 1093) geändert worden ist, der Hinzurechnung unterliegende und noch nicht hinzugerechnete Betrag.

(4)[*] [1] Wird eine in einem ausländischen Staat belegene Betriebsstätte

1. in eine Kapitalgesellschaft umgewandelt oder
2. entgeltlich oder unentgeltlich übertragen oder
3. aufgegeben, jedoch die ursprünglich von der Betriebsstätte ausgeübte Geschäftstätigkeit ganz oder teilweise von einer Gesellschaft, an der der inländische Steuerpflichtige zu mindestens 10 Prozent unmittelbar oder mittelbar beteiligt ist, oder von einer ihm nahe stehenden Person im Sinne des § 1 Absatz 2 des Außensteuergesetzes fortgeführt,

so ist ein nach Absatz 3 Satz 1 und 2 abgezogener Verlust, soweit er nach Absatz 3 Satz 3 nicht wieder hinzugerechnet worden ist oder nicht noch hinzuzurechnen ist, im Veranlagungszeitraum der Umwandlung, Übertragung oder Aufgabe in entsprechender Anwendung des Absatzes 3 Satz 3 dem Gesamtbetrag der Einkünfte hinzuzurechnen. [2] Satz 1 gilt entsprechend bei Beendigung der unbeschränkten Einkommensteuerpflicht (§ 1 Absatz 1) durch Aufgabe des Wohnsitzes oder des gewöhnlichen Aufenthalts oder bei Beendigung der unbeschränkten Körperschaftsteuerpflicht (§ 1 Absatz 1 des Körperschaftsteuergesetzes) durch Verlegung des Sitzes oder des Orts der Geschäftsleitung sowie bei unbeschränkter Einkommensteuerpflicht (§ 1 Absatz 1) oder unbeschränkter Körperschaftsteuerpflicht (§ 1 Absatz 1 des Körperschaftsteuergesetzes) bei Beendigung der Ansässigkeit im Inland auf Grund der Bestimmungen eines Abkommens zur Vermeidung der Doppelbesteuerung.

Einkommensteuer-Richtlinien: EStR 2a/EStH 2a

Übersicht

	Rz
I. Vorbemerkung	1
II. Regelungsinhalt, § 2a I, II, IIa	
1. Gesetzeszweck; Bedenken	2
2. Anwendungsbereich	3–6
3. § 2a und DBA; EU-Recht; Symmetriegrundsatz; finale Verluste	7–9
III. Einzelne Tatbestände, § 2a I, II	
1. Land- und Forstwirtschaft, § 2a I Nr 1	11
2. Gewerbeverluste	12–25
3. Verluste aus Beteiligung an Drittstaaten-Körperschaften, § 2a I 1 Nr 3, Nr 4, S 2, mit Ausnahmen, § 2a II 2	26–30
4. Stille Gesellschaft: partiarisches Darlehen, § 2a I Nr 5	32
5. Vermietung und Verpachtung, § 2a I Nr 6	33–36

---

[*] Abs 4 aF ist zwar formal ab 1999 aufgehoben, gilt aber gleichwohl fort in der hier abgedruckten Fassung (§ 52 III 8 aF).

	Rz
6. Mittelbare Drittstaatenverluste aus Beteiligung an Nicht-Drittstaaten-Körperschaften, § 2a I Nr 7	37–39
IV. Rechtsfolgen, § 2a I	
1. Beschränkter Verlustausgleich, § 2a I 1 HS 1	41, 42
2. Beschränkter Verlustabzug, § 2a I 1 HS 2, S 3–5; § 10d	43–45
3. Negativer Progressionsvorbehalt, § 32b	46
V. Verlustabzug, § 2a III 1, 2, 4 aF	
Verweisung auf *Schmidt* 39. Aufl § 2a Rz 50–53	50
VI. Hinzurechnung, § 2a III 3, 5, 6, IV	
1. Hinzurechnungsgrundsatz, § 2a III 3	55
2. Art der Hinzurechnungsbeträge	56
3. Höhe der Zurechnungsbeträge	57
4. Hinzurechnungsausnahmen, § 2a III 4 aF	58
5. Feststellung verbleibender Hinzurechnungsbeträge, § 2a III 5, 6	59
6. Sonstige Hinzurechnungen, § 2a IV	60–66

I. Vorbemerkung zu § 2a I–IV

§ 2a I, II und § 2a III, IV sind Vorschriften mit unterschiedl Regelungsinhalt, die **1** nur gemeinsam haben, dass sie beide Auslandsverluste betreffen und systemwidrig sind. Während § 2a I, II den sonst mögl Verlustabzug einschränkt, eröffnete § 2a III 1, 2, 4 aF für Verluste aus vor 1999 endenden Wj zusätzl Abzugsmöglichkeiten (Aufhebung durch StEntlG 99 ff). Nach § 52 II 3 sind vor 1999 abgezogene Verluste nach § 2a III 3, 5 und 6, IV jedoch gesondert festzustellen und ggf später wieder hinzuzurechnen, *ohne zeitl Begrenzung*, auch Altabzüge nach § 2 I/§ 8 V AIG.

II. Regelungsinhalt, § 2a I, II, IIa

1. Gesetzeszweck; Bedenken. Grds sind positive und negative Einkünfte eines **2** StPfl im selben Jahr iRv § 2 III auszugleichen, verbleibende Verluste iRv § 10d in anderen Jahren abziehbar. Aus wirtschaftspolitischen Erwägungen *beschränkt* § 2a I den Abzug *bestimmter* Auslandsverluste ohne Volkswirtschaftsnutzen von anderartigen positiven inl Einkünften. § 2a I, II ist verfmäßig und schließt *nach inl Recht* idR auch den **negativen Progressionsvorbehalt** aus, beides mit Beschränkung auf **Drittstaaten** außerhalb des EU/EWR-Bereichs (§ 2a IIa; Rz 46).

2. Anwendungsbereich. – a) Zeitl Anwendung s *Schmidt* 39. Aufl § 2a Rz 3. **3**

b) Persönliche Anwendung. § 2a I, II betrifft primär unbeschr stpfl Personen. **4** Ausl Verluste ohne gleichzeitige inl StPfl haben im EU-Bereich im Inl nicht ausgleichbar oder abziehbar (vgl BFH IX R 57/09 BStBl II 11, 405). § 2a I Nr 1 und 2 sind unternehmerbezogen, die Rechtsfolgen sind iRd Veranlagung des Einzelunternehmers bzw der KapGes (§ 8 I KStG) zu berücksichtigen. § 2a I Nr 3, 4 und 7 betreffen private StPfl und Unternehmer. Verluste einer **PersGes** (s Rz 25) sind einheitl und gesondert festzustellen, bindend zu Art, Höhe und Abziehbarkeit. Verlusthinzurechnung bei **Wechsel der StPfl** (Erbfall, Umwandlung) s Rz 60 ff.

c) Sachliche Anwendung. Negative Einkünfte (*eigene* Verluste, TochterGes- **5** und Betriebsstättenverluste iZm inl Einkünften) sind solche iSv § 2 I. **§ 2a I 1, 3** stellt jedoch nicht auf einzelne Einkunftsarten ab, sondern – unabhängig von Verlustgründen und strechtl Zuordnung gem § 13 ff – auf *der Art nach* bestimmte Quellen und Tätigkeiten *in einem Staat* (s auch BFH IV R 69/92 BFH/NV 94, 100). *Beispiel:* Eine KapGes kann aus Vermietung im Ausl nach Nr 2 gewerbl Verluste oder – ohne Betriebsstätte – Verluste iSv Nr 6 erzielen. Die Höhe der Einkünfte wird nach dt Recht ermittelt. **§ 2a I 2** stellt entspr **Gewinnminderungen** den negativen Einkünften gleich (s Rz 28). **Verhältnis zu anderen Verlustvorschriften:** Von mehreren einschlägigen Ausschlussvorschriften ist jeweils diejenige mit den weitergehenden Einschränkungen anzuwenden (Beispiele s *Schmidt* 39. Aufl § 2a Rz 10).

6 d) Regionale Anwendung; Drittstaaten, § 2a I, II, IIa. Wegen EU-rechtl Bedenken sind seit 2009 im *EU-Bereich* erzielte Auslandsverluste von Abzugsbeschränkungen nach § 2a I, II ausgenommen; sie sind grds mit positiven Einkünften jeder Art ausgleichbar. § 2a gilt daher nur für Verluste aus *Drittstaaten*, die **nicht EU-Mitgliedstaaten** sind (s § 1a Rz 4) bzw als KapGes weder Geschäftsleitung noch Sitz in einem EU-Mitgliedstaat haben **(§ 2a IIa S 1)**, sowie **EWR-Staaten** (s § 1a Rz 5), wenn ein gegenseitiges Amtshilfe- und Auskunftsrecht besteht **(§ 2a IIa S 2)**.

7 3. § 2a und DBA; EU-Recht; Symmetriegrundsatz; finale Verluste. – a) Ohne DBA-Einkünftefreistellung. § 2a I, II betrifft primär Verluste aus Drittstaaten, mit denen **kein DBA** den Einkünfteausgleich einschränkt (BFH I R 7/99 BStBl II 00, 605), auch bei DBA mit Anrechnungs- statt Freistellungsverfahren, also für EU-Staaten nur ausnahmsweise.

8 b) DBA-Einkünftefreistellung; Symmetriegrundsatz. Sind von Betriebsstätten oder TochterGes im EU-Ausl erzielte Gewinne nach DBA nur dort zu versteuern, sind symmetrisch dazu grds auch deren dort erlittene Verluste unabhängig von § 2a im Inl nicht abziehbar. So im Grundsatz ohne Prüfung der Vergleichbarkeit mit Inlandssachverhalten unter Berufung auf Rechtfertigungsgründe EuGH C-414/06 BStBl II 09, 692 – *Lidl Belgium* –, noch verstärkt durch EuGH C-157/07 BStBl II 09, 566 – *Wannsee* – zu § 2a III 3.

9 c) Einschränkung: „Finale Verluste" mangels Verlustabzugsmöglichkeit im Ausland. Der **EuGH** hatte im (Sonder-)Fall **Marks & Spencer** Rs C-446/03 DStR 05, 2168 zwar erstmals das Territorialitätsprinzip und die Abwehr von StVermeidung als Rechtfertigungsgründe anerkannt (keine generelle EU-Widrigkeit von § 2a, keine doppelte Verlustberücksichtigung und kein Wahlrecht des Verlustabzugsortes), aber den Verlustabzug über die Grenze gefordert, wenn der TochterGes/Betriebsstätte in ihrem ausl Sitzland kein entspr Verlustausgleich oder Verlustabzug zusteht. BFH-Rspr schwankte (s *Schmidt* 39. Aufl § 2a Rz 13). Der EuGH weichte später die *Marks & Spencer*- Überlegungen zur Vergleichbarkeit zunehmend auf, ohne allerdings von der (theoretischen) Möglichkeit des inl Abzugs ausl finaler Verluste endgültig abzurücken. EuGH C-388/14 BStBl II 16, 362 – **Timac Agro** – billigte schließl das dt Verlustabzugsverbot und verneinte – in der Begründung abw von seinen Vorentscheidungen – bereits die Vergleichbarkeit von inl und ausl Betriebsstätten in Freistellungsfällen. Damit schien die frühere Rspr zunächst faktisch überholt zu sein. Demggü hat der EuGH im Verfahren C-650/16 DStR 18, 1353 – **AS/Bevola** – dieses Ergebnis zum wiederholten Male „verfeinernd" eingeschränkt und wiederum eine Brücke zum Ausgangsverfahren *Marks & Spencer* geschlagen. Er hat zwar grds nochmals klargestellt, dass die Ungleichbehandlung inl und ausl Betriebsstätten zur Wahrung der Kohärenz des StSystems und zur Vermeidung einer doppelten Verlustberücksichtigung gerechtfertigt sein kann (so bei *Timac Agro*). Dabei müsse jedoch der Grundsatz der Verhältnismäßigkeit einer Abzugsbeschränkung ausl Verluste beachtet werden. Diese sei trotz des Besteuerungsrechts des ausl Staates dann nicht mehr gegeben, wenn die ausl Betriebsstätte – wie bei *Marks & Spencer* und bei *AS/Bevola* – zum einen alle Möglichkeiten zum Abzug dieser Verluste ausgeschöpft habe, die ihr das Recht des Belegenheitsstaats biete, und zum anderen über diese Betriebsstätte keine Einnahmen mehr erziele, sodass keine Möglichkeit mehr bestehe, die Verluste in diesem Mitgliedstaat zu berücksichtigen.. Dabei müsse jede doppelte Verlustberücksichtigung ausgeschlossen sein, auch die wirtschaftl Auswirkung durch eine Verkaufspreisminderung (Prüfung durch die Nationalgerichte) – wobei im Streitfall sogar unschädl war, dass die Klägerin die in Dänemark mögl Option einer „international gemeinsamen Besteuerung" nicht gewählt hatte. Vgl auch die Bestätigung

Einzelne Tatbestände 11–14 § 2a

durch EuGH C-28/17 DStRE 19, 224 – *NN*- sowie Einschränkungen der Finalität zu EnkelGes durch EuGH C-608/17 DStR 19, 1345 – *Holmen* und zu Verlustübertragung bei Fusion Mutter-/TochterGes EuGH C-607/17 DStR 19, 1349 – *Memira Holding* sowie EuGH C-405/18 IStR 20, 267 – *AURES* Anm *Schulz-Trieglaff* IStR 20, 271 und *Dautzenberg* FR 20, 370 zu „importierten Verlusten" durch grenzüberschreitende GesSitzverlegungen. Die Rspr der FG und des BFH war entspr verunsichert. Der I. Senat des **BFH**, der nach *Timac Agro* im Verfahren BFH I R 2/15 BStBl II 17, 709 von seiner früheren Rspr BFH I R 48/11 DStR 14, 837 zur Annahme finaler Verluste abgerückt war und eine weitere Vorlage an den EuGH zunächst abgelehnt hatte, sah sich durch diese neue EuGH-Rspr genötigt, mit unterschiedl FG-Ergebnissen anh Verfahren auszusetzen (BFH I R 17/16, I R 48/17, I R 49/17, I R 26/19), und den EuGH durch ein neues Vorabentscheidungsersuchen mit einer umfassenden Problemdarstellung und einem detaillierten Fragenkatalog endlich zu einer von Generalanwälten bereits mehrfach angemahnten grundlegenden Stellungnahme zum Verhältnis Symmetriegrundsatz bei DBA-Freistellung (Rz 8) und unionsrechtl EuGH-Ausnahmen bei finalen Verlusten im Grundsatz und in Einzelfällen zu zwingen (**BFH I R 32/18** BStBl 21, 68, ausführl Anm des zuständigen VorsRiBFH *Wacker* DStR 20, 2354, EuGH Rs C-538/20 BeckEuRS 2020, 665796); s auch *Mitschke* IStR 20, 889, *Niemann/Dodos* DStR 21, 441. Weitere offene Fragen und **Schrifttum** s *Schmidt* 39. Aufl § 2a Rz 13 mwN.

III. Einzelne Tatbestände, § 2a I, II

1. Land- und Forstwirtschaft, § 2a I Nr 1. Die Vorschrift beschränkt den 11 Abzug von Verlusten aus in Drittstaaten belegenen luf Betriebstätten (§ 12 AO), auch von Nebenbetrieben iSv § 13 II Nr 1 (vgl zu § 32b BFH I R 68/12 BStBl II 14, 875). Der Unternehmer braucht im Inl keine LuF zu betreiben. § 2a I Nr 1 erfasst Verluste jeder Art, auch solche aus *aktiver* Bewirtschaftung einer LuF oder Betriebsstättenveräußerung – § 2a II ist nicht anwendbar. *Beispiele:* Obstplantagen, luf Tierfarmen; BFH IV R 69/92 BFH/NV 94, 100.

2. Gewerbeverluste. – a) Grundsatz, § 2a I Nr 2. Beschr abziehbar sind Ver- 12 luste eines inl StPfl aus im Ausl belegenen Betrieben, unselbständigen Betriebstätten oder Beteiligungen an einer ausl PersGes. Dazu gehören alle durch die Auslandstätigkeit veranlassten Verluste einschließl Anlauf-, Veräußerungs- und Betriebsveräußerungsverlusten. – **(1) Betriebsstätten.** Das sind idR wie bei § 49 I Nr 2a solche iSv § 12 AO, nicht iSv DBA-Recht (s § 49 Rz 21 ff). Verlustermittlung nach wirtschaftl Veranlassung (BFH I R 49/84 BStBl II 89, 140, § 50 Rz 29 ff). Prüfung von § 2a für jede einzelne Betriebsstätte (EStR 2a II). Ohne ausl Betriebsstätte greift § 2a I Nr 2 nicht ein (zB bei normalen Exportgeschäften vom Inl aus). – **(2) Gewerblichkeit.** Gewerbl sind Betriebsstätten, in denen eine nach dt Recht ihrer Natur nach gewerbl Tätigkeit ausgeübt wird (§ 15 II, Rz 5). – **(3) Belegenheit.** Belegen ist eine Betriebsstätte unabhängig vom Sitz der Geschäftsleitung (str) dort, wo sie unterhalten und die wirtschaftl Tätigkeit/Leistung erbracht wird. S auch § 2a IIa 1 Nr 2. – **(4) Ausland/Drittstaaten** s Rz 6.

b) Ausnahmen vom Abzugsverbot ausl Gewerbeverluste, § 2a II. – 14 **aa) Aktivitäts-/Produktivitätsklausel, § 2a II 1 HS 1.** § 2a I Nr 2 ist auf bestimmte, erwünschte Auslandsbetätigungen nicht anzuwenden (Aktivitätsklausel, die zT von solchen nach DBA abweicht; EStR 2a III; vgl *Schmidt* 34. Aufl § 2a Rz 14 mwN). Die zunächst mit gewerbl Lieferungen und Leistungen recht umfassend anmutende – unschädl – Ausnahmeregelung des Abs 2 enthält ihrerseits eine Reihe wichtiger – schädl – Rückausnahmen, die wiederum unter Abs 1 Nr 2 fallen. Voraussetzung für alle Begünstigungen nach Abs 2 ist eine *(fast) ausschließl* (dh – indiziell – mindestens 90 % des Betriebsergebnisses tragende) Tätigkeit der ausl Betriebsstätte (vgl BFH I R 77/94 BStBl II 96, 122). **Progressionsvorbehalt** s Rz 46.

15 **bb) Beteiligungsverluste.** § 2a II 1 HS 2 schließt gewerbl Beteiligungen über KapGes ein (s Rz 23). § 2a II 2 erweitert die Aktivitätsklausel auf ausl Beteiligungsverluste iSv Abs 1 Nr 3, 4 (s Rz 26, Rz 30). **PersGes** s Rz 25.

16 **cc) Nachweispflicht.** Der Nachweis für das Vorliegen begünstigter Tätigkeitsmerkmale obliegt dem StPfl (klarstellend § 2a II 2, s Rz 39).

17 **dd) Warengeschäfte.** Auslandsverluste aus der Herstellung oder Lieferung von Waren sind grds abziehbar. Der **Begriff Waren** ist im EStG nicht bestimmt. Unstreitig handelt es sich um übl Gegenstände des Handelsverkehrs als Teile des UV (s § 266 II HGB unter B I 3). Unklar ist, ob alle zum Verkauf bestimmten WG darunter fallen. Dem allg Sprachgebrauch entspricht das kaum. Die hM versteht als Waren ausdrückl nur bewegl Sachen (BFH I R 70/00 BStBl II 03, 48). Strom oder ähnl Energie werden als Waren umgesetzt, **nicht** dagegen Grundstücke, Gebäude, immaterielle WG, Wertpapiere (vgl § 266 II HGB unter B III) oder sonstige nichtverbriefte Rechte des UV (s dazu Rz 33), auch nicht Spielfilme, bei denen nicht die Produktion oder Lieferung einer Ware, sondern die Übertragung von Rechten im Vordergrund steht (str, BFH X R 225/93 BStBl II 97, 320). Allg **PC-Software** auf Datenträger kann zu den Waren gehören (BFH IX R 22/08 BStBl II 09, 527; str, s *Schmidt* 37. Aufl § 2a Rz 17 mwN).

18 **ee) Waffen.** Alle Waffen einschl Sport- und Jagdwaffen und Kriegs-Rüstungsmaterial sind generell vom Warenverlustabzug ausgenommen, nicht jedoch der Handel mit Jagd- und Sportmunition (BFH I R 95/02 BStBl II 03, 918).

19 **ff) Umfang der Begünstigung; funktionale Betrachtungsweise.** § 2a II umfasst alle Vorgänge, die in einem funktionalen Zusammenhang mit dem förderungswürdigen Bereich stehen, einschließl Vorbereitungshandlungen, Herstellung von WG des AV zum Zwecke der Warenherstellung, Nebenkosten und -erträge, Veräußerungsgewinne und -verluste. S auch EStR 2a III.

20 **gg) Bodenschatzgewinnung, § 2a II 1.** Sie ist auf eigenem oder fremdem Grundstück grds ohne Einschränkung begünstigt. *Beispiele:* Gewinnung von Öl, Gas, Uran, Kohle uÄ. Begriff Bodenschatz s § 5 Rz 270. Aufsuchen ohne Gewinnung ist idR als gewerbl Leistung begünstigt (Rz 22).

22 **hh) Gewerbliche Leistungen, § 2a II 1.** Sonstige ihrer Art nach gewerbl Leistungen iSv § 15 (s oben Rz 5) sind nach § 2a I 1 HS 1 grds begünstigt. *Beispiele:* Handwerkl, technische und kfm Leistungen, Transportleistungen, Betrieb von Handelsschiffen und Luftfahrzeugen, Produktion von Spielfilmen.

23 **ii) Beteiligungsverluste, § 2a II 1 HS 2** erstreckt die aktiv begünstigten gewerbl Leistungen iSv HS 1 auf das unmittelbare Halten bestimmter Auslandsbeteiligungen iHv – entgegen § 271 HGB – mindestens ¼ des Nennkapitals einer (rechtl selbständigen) **KapGes/Körperschaft** (s auch Rz 26). **Voraussetzungen:** Die KapGes darf weder Geschäftsleitung noch Sitz (§§ 10, 11 AO) im Inl haben, im Ausl jedoch auch außerhalb des Betriebsstättenstaates. Sie muss selbst – im Ausl oder Inl – aktiv iSv Rz 14 tätig sein. Damit sind nicht nur Landes- und Funktionsholdings begünstigt, wie ursprüngl geplant. Nach § 2a II 1 HS 2 ist die Art der Finanzierung unerhebl. **Unmittelbares Halten** bedeutet Halten durch die Betriebsstätte bzw durch den inl StPfl für die Betriebsstätte, in deren Ergebnis die Beteiligungserträge eingehen (s Rz 12). **Sinn und Zweck der Regelung:** HS 2 betrifft nicht den Abzug von Verlusten der KapGes durch die KapGes oder den Halter, erweitert vielmehr nur den Umfang der begünstigten Auslandsaktivitäten der Betriebsstätte iSv HS 1 durch Fiktion des Haltens unabhängig vom Betriebsergebnis der KapGes als gewerbl Leistung der Betriebsstätte mit Folge des Abzugs etwaiger Betriebsstättenverluste beim inl StPfl.

24 **c) Rückausnahmen § 2a II 1 HS 1** („soweit diese nicht ..."). Nicht begünstigt sind die Errichtung und der Betrieb von **Fremdenverkehrsanlagen** in

Einzelne Tatbestände 25–32 § 2a

Drittstaaten (s Beispiele *Schmidt* 39. Aufl § 2a Rz 24) sowie die **gewerbl Vermietung und Verpachtung** einzelner WG jeder Art einschließl der Übertragung von Know-how uä Nutzungsrechten – Einschränkung der Verlustberücksichtigung für Besitz-, Leasing-, Lizenzvergabe- und Spielfilmverleihunternehmen.

d) Personengesellschaften. Verluste aus Beteiligung an ausl PersGes sind in 25 § 2a nicht ausdrückl geregelt. Der Ges'ter erzielt Einkünfte aus ausl Betriebsstätte mit der Folge, dass wirtschaftl durch die PersGes veranlasste Verluste (s BFH I R 7/99 BStBl II 00, 605) nach § 2a I Nr 2 grds nicht abziehbar sind.

3. Verluste aus Beteiligung an Drittstaaten-Körperschaften, § 2a I 1 26 **Nr 3, 4, S 2, mit Ausnahmen gem § 2a II 2. – a) Gesetzeszweck.** § 2a enthielt Besteuerungslücken, die bald ausgenutzt wurden: Die Wertminderung von Anteilen an ausl Körperschaften durch **TW-AfA**, Veräußerungs-, Entnahme- oder Liquidationsverluste als Folge schädl Auslandsverluste führte früher idR mittelbar zum unbeschr Abzug ausl Beteiligungsverluste im Inl. Diese Umgehungstatbestände schließt § 2a I Nr 3, 4 (und 7 – dazu Rz 37) für Verluste aus passiven Auslands- und Inlandsbeteiligungen aus, auch für inl Holding iSv § 2a II 1 HS 2 (s Rz 23). § 2a I 1 Nr 4 ist verfassungsgemäß (BFH VIII R 43/00 BFH/NV 02, 14).

b) Drittstaatenbezug. Er ist unterschiedl: Für Nr 3, 4 genügt grds die Aus- 27 landsbeteiligung (mit **Aktivitätsnachweismöglichkeit** des StPfl nach **§ 2a II 2**, s BFH VIII R 43/00 BFH/NV 02, 14); bei Nr 7 muss eine Tatbestandserfüllung Nr 1–6 durch die KapGes in einem EU/EWR-Staat feststehen.

c) Beteiligungsverluste im inländischen Betriebsvermögen. – *(1)* Wert- 28 **minderungstatbestände: –** *(a)* TW-AfA (§ 2a I Nr 3a, s § 6 Rz 281). – *(b)* Veräußerung oder Entnahme der Beteiligung oder eines Teils davon (§ 2a I Nr 3b). – *(c)* Auflösung oder Kapitalherabsetzung der ausl Ges (§ 2a I Nr 3b, s § 16 Rz 140). – *(2)* **Betriebsvermögen.** Für jegl BV iSd Einkunftsarten § 2 I Nr 1–3 , bei dessen inl Besteuerung sich der Verlust auswirken würde, gilt das Abzugsverbot. – *(3)* **Drittstaaten-Körperschaften** sind solche iSv §§ 1, 2 KStG ohne Sitz oder Geschäftsleitung im Inl oder im EU-Bereich (§ 2a IIa 1 Nr 2). – *(4)* **Gewinnminderungen.** § 2a I 2 schließt für Verlusten einzelne Gewinnminderungen iSv § 2a I 1 gleich (vorgangsbezogene Einschränkungen s BFH I R 35/18 DStR 21, 2442) und beschränkt so deren StAbzug insb bei (unmittelbaren/mittelbaren) Beteiligungen im BV, unabhängig vom Gesamtergebnis des Beteiligungsunternehmens. *Beispiel:* Die Minderung eines Gesamtgewinns von 1 Mio um eine darin enthaltene TW-AfA iHv 500 000 wirkt sich nur iHv 500 000 iRv § 2a steuerl aus.

d) Beteiligungsverluste im inländischen Privatvermögen, § 2a I 1 Nr 4. 29 Diese könnten sich nach **§ 17** auswirken. Nr 4 beschränkt den Verlustabzug aus der Veräußerung wesentl Beteiligungen im PV und aus der Auflösung einer Drittstaaten-KapGes bzw deren Kapitalherabsetzung – fragl bei Ansässigkeit von Veräußerer und Erwerber im Inl (FG Nds EFG 21, 815, rkr).

e) Aktivitätsklausel; Produktivitätsklausel, § 2a II S 2. Beteiligungsverluste 30 sind entgegen Abs 1 Nr 3, 4 im BV und im PV abziehbar, wenn der **StPfl nachweist**, dass die ausl Körperschaft selbst gewerbl aktiv tätig ist iSv Abs 2 S 1, und zwar nicht nur (stets) im Jahr des Beteiligungsverlusts, sondern volle 5 Jahre vorher oder – ohne Frist – seit (späterer) Gründung ohne Unterbrechung.

4. Stille Gesellschaft; partiarische Darlehen, § 2a I Nr 5. Die Regelung 32 betrifft die *typische* stille Ges iSv § 20 I Nr 4, über § 20 VIII auch gewerbl Verluste, auch vergebl Aufwendungen (BFH I B 80/98 BStBl II 99, 293), abl zu TW-AfA wegen Einlageverlust BFH I R 35/18, DStR 21, 2442. Verluste aus *atypisch* stiller Ges fallen unter § 2a I Nr 2, § 2a II. Sonstige absetzbare Verluste iSv § 20, § 23 fallen nicht unter § 2a. Der Schuldner der KapErträge muss Wohnsitz, Sitz oder Geschäftsleitung im Drittstaat haben.

Heinicke

33 **5. Vermietung und Verpachtung, § 2a I Nr 6. – a) Unbewegliches Vermögen, § 2a I Nr 6a.** Die Regelung beschränkt nur den Abzug von Verlusten aus der Nutzungsüberlassung von in Drittstaaten belegenem unbewegl Vermögen (Grundstücke, Gebäude, Gebäudeteile, registrierte Schiffe und Rechte, § 21 I Nr 1, FG Saarl EFG 06, 172, rkr) und Sachinbegriffen (§ 21 I Nr 2), *nicht* von bewegl Sachen (s § 22 Nr 3 S 3) und nicht registrierten Rechten oder Schiffen (§ 21 I Nr 1, 3, Rz 34. Soweit § 2a I Nr 2 nicht anwendbar ist, umfasst Nr 6 auch nach § 21 III gewerbl Vermietungsverluste, auch Veräußerungsverluste von BV.

34 **b) Schiffe, § 2a I Nr 6b.** Die Vorschrift beschränkt den Verlustabzug aus entgeltl Überlassung nicht registrierter Schiffe, wenn diese Einkünfte nicht tatsächl der inl Besteuerung unterliegen – vor allem bei betriebl Vercharterung ohne ausl Betriebsstätte (sonst § 2a I Nr 2 oder – privat – § 22 Nr 3). Die ursprüngl geplante Erstreckung auf Luftfahrzeuge/Raumfahrzeuge/Satelliten ist gescheitert (s *OFD Ffm* DB 02, 1408). Betroffen sind insb Leasingstrukturen und Beteiligungsmodelle mit hohen Anlauf-AfA-Verlusten (s *Dammer* IStR 99, 572; *Lüdicke* DB 99, 1921), vor allem die sog „bare-boat-Vercharterung" unausgerüsteter, in ausl Häfen liegender Freizeityachten. **Ausgenommen** sind diese Schiffe bei Nachweis des (fast = mindestens 90%) ausschließl Einsatzes im Inl, außerdem alle Handelsschiffe, die ausgerüstet verchartert oder an im Inl ansässige Ausrüster iSv § 510 I HGB oder nur vorübergehend an solche im Ausl ansässigen Ausrüster überlassen werden.

36 **c) Sonstige Verluste, § 2a I Nr 6c.** Nr 6c stellt klar (FG Brem EFG 95, 571, rkr), dass Vermietungsverluste, die wirtschaftl auf eine **Wertminderung** durch TW-AfA oder Übertragung von Auslandsvermögen iSv Buchst a u. b entfallen, im BV nicht abziehbar sind, unabhängig vom Gesamtergebnis (§ 2a I 2, s Rz 28). **Übertragungen** sollten solche in ein anderes BV (Veräußerungen) und ins PV umfassen (Entnahmen). Wertminderungen ausl KapGesAnteile fallen unter Nr 3, 4 (Rz 26 ff), inl KapGesAnteile unter Nr 7 (Rz 37).

37 **6. Mittelbare Drittstaatenverluste aus Beteiligung an Nicht-Drittstaaten-Körperschaften, § 2a I Nr 7. – a) Gesetzeszweck.** S Rz 26. § 2a I Nr 7 erweitert die Verlustabzugsbeschränkungen auf Grund der Tatbestände § 2a I Nr 1–6 kraft gesetzl Fiktion auf die nahe liegende Variante, solche wirtschaftl im Ausl angefallenen Verluste durch Zwischenschaltung einer inl KapGes in abziehbare inl Beteiligungsverluste umzuwandeln (vor allem Verluste iSv Nr 2, Nr 3, Nr 6d).

38 **b) Inlandsverlusttatbestände.** Die Tatbestände des § 2 I Nr 7 entsprechen den Beteiligungsverlusten nach Nr 3, Nr 4 in anderer Zusammenfassung (s auch Rz 41). Buchst a betrifft eindeutig nur BV, Buchst c nur PV, Buchst b sicher *auch* BV – hier ist fragl, aber wohl bedeutungslos, ob § 17 IV unter Buchst b oder c fällt.

39 **c) Auslandsbezug.** § 2a I Nr 7 erfasst anders als Nr 3, 4 nur Beteiligungen an Nicht-Drittstaaten-Körperschaften (s Rz 6), also idR mit Sitz im EU-/EWR-Raum. Abw von Nr 3 (s allg Rz 27) muss bei Nr 7 feststehen, dass der Beteiligungsverlust auf einen der in Nr 1–6 genannten Tatbestände zurückzuführen ist (s Rz 42), ohne Ausnahme nach § 2a II (dadurch mittelbarer Drittstaatenbezug). Diese Tatbestände erfüllt nicht der StPfl, sondern idR die KapGes. Offenbar hat der Gesetzgeber deshalb entgegen § 2a II 1 und 2 die **Beweislast** nicht dem StPfl auferlegt (s aber zu Mitwirkungspflicht § 90 II AO, oben Rz 15).

IV. Rechtsfolgen, § 2a I

41 **1. Beschränkter Verlustausgleich, § 2a I 1 HS 1. – a) Allgemeines.** Während „aktive" Verluste iSv § 2a II iRv § 2 III uneingeschränkt ausgleichbar sind, ist der Ausgleich sonstiger Verluste iSv § 2a I 1 Nr 1–7 beschränkt auf positive Einkünfte derselben Art und – mit Ausnahme von Nr 6b – aus demselben Staat (= **Verluststaat**). Dabei sind § 3 Nr 40 und § 3c vorrangig zu beachten (EStR 2a VIII). **Einkünfte derselben Art** (auch von zusammenveranlagten **Ehegatten**/

LPart; hM, s *Schmidt* 22. Aufl § 2a Rz 41 mwN; EStR 2a VII) sind weder solche einer Einkunftsart iSv § 2 I noch solche einzelner Einkunftsquellen (wie bei § 15a einer bestimmten Beteiligung); s auch Rz 5. Entscheidend sind grds die **einzelnen Nummern in Abs 1**, auch wenn sie mehrere Einzeltatbestände aufführen. *Beispiel:* Nr 2 zwei Betriebsstätten, Nr 5 stille Ges/partiarisches Darlehen, jeweils im selben Staat – bei Nr 2 mE nach Gesetzeswortlaut und -zweck unabhängig von der Aktivitätsklausel des Abs 2 (dh Verlustverrechnung auch mit „aktiven" Betriebsstättengewinnen, str). Die Zuordnung zu einer anderen Nr auf Grund einer **Subsidiaritätsklausel** (s Rz 5) stellt die Gleichartigkeit nicht in Frage. *Beispiel:* Gewerbl VuV-Verlust ohne Betriebsstätte ist mit positiven Einkünften aus VuV ausgleichbar – beides Nr 6; Nr 3 und 4 sind gleichartig.

b) Beteiligungsproblematik. § 2a I Nr 7 stellt auf „Tatbestände der jeweils 42 selben Art" ggü sonst „positive Einkünfte der jeweils selben Art" ab. Vor allem der Wortlaut von § 2a I 3 zeigt, dass der Gesetzgeber dabei nur die Lückenfüllung im Auge hatte, ohne die Auswirkungen abschließend zu bedenken. Die Neuregelung zu Beteiligungsverlusten iSv Nr 7 sollte sicher nicht die nummernmäßige Bestimmung der Art der Einkünfte durch eine buchstabenmäßige Abgrenzung oder andere „Tatbestände" ersetzen. Die nummernmäßige Artbestimmung gilt jetzt für Nr 1–7. Die Zusatzvoraussetzung für Nr 7 in § 2a I 1 aE geht offenbar auf den Wortlaut in Nr 7 zurück. Das Merkmal „soweit die negativen Einkünfte auf einen der in Nummern 1 bis 6 genannten Tatbestände zurückzuführen sind" betrifft unmittelbar die in KapGes und damit mittelbar den StPfl.

2. Beschränkter Verlustabzug, § 2a I 1 HS 2, I 3–5; § 10d. – a) Grund- 43 **satz.** § 2a I 1 HS 2 erstreckt die sachl *beschr* Verlustausgleichsregelung von § 2a-Verlusten auf den Abzug nach § 10d; § 2a I 3 beschränkt den Abzug auf einen beschr **Vortrag** nach § 10d II (Koppelung Verlustabzug/Verlustausgleich; keine Rücktragsmöglichkeit). Nur „aktive" Verluste iSv § 2a II (s Rz 14) können iRv § 10d (und ggf §§ 110, 111) zurück- und vorgetragen werden.

b) Verlustfeststellung. § 2a I 4, 5 gleichen die Regelung an § 10d an. Die 44 „**verbleibenden negativen Einkünfte**" (§ 2a I 4) werden wegen des Abzugs bei den Einkünften anders (einfacher) berechnet als der „verbleibende Verlustvortrag" nach § 10d. Negative Einkünfte **„konnten nicht berücksichtigt werden"**, wenn im Vorjahr gleichartige positive Einkünfte aus demselben Staat fehlten; die steuerl Auswirkung ist nicht entscheidend, solange die Summe der Einkünfte positiv bleibt. Die danach am Schluss eines VZ verbleibenden negativen Einkünfte sind entspr § 10d IV **gesondert festzustellen (§ 2a I 5).**

c) Erbfall. Ein Verlustabzug nach § 10d geht nicht auf Erben über (BFH GrS 45 2/04 BStBl II 08, 608). Das gilt – anders als bei Hinzurechnung späterer Gewinne beim Erben nach § 2a III 3, s Rz 63 – auch, wenn der Erbe später positive Einkünfte aus dem geerbten Verlustobjekt erzielt (BFH I R 23/17 BStBl II 21, 138).

3. Negativer Progressionsvorbehalt, § 32b. § 2a schließt nicht nur die Ein- 46 künfteminderung, sondern auch den negativen Progressionsvorbehalt aus (BFH I R 35/10 BStBl II 11, 494 mwN). **EU-rechtl Bedenken** sind weitgehend durch **Gesetzesänderungen** ausgeräumt: Nach DBA stfreie Einkünfte unterliegen grds dem allg (positiven wie negativen) Progressionsvorbehalt (§ 32b I Nr 3), der allerdings in Fällen des inl Abzugsverbots sowie bei bestimmten Einkünften im EU/EWR-Bereich entfällt (§ 32b I 2, 3, § 32b Rz 17).

V. Verlustabzug, § 2a III 1, 2, 4 aF

Verweisung auf *Schmidt* **EStG 39. Aufl** § 2a Rz 50–53, da Verluste nach § 2a 50 III 1 seit 1999 nicht mehr abziehbar sind und Altverluste für spätere Hinzurechnungen festzustellen waren (s Rz 59).

VI. Hinzurechnung, § 2a III 3, 5, 6, IV

55 **1. Hinzurechnungsgrundsatz, § 2a III 3.** Hinzugerechnet werden nur positive Einkünfte aus ausl gewerbl Tätigkeit, soweit bis 1998 gewerbl Verluste nach § 2a III aF abgezogen waren. Die ursprüngl **zeitl Begrenzung** bis längstens 2008 ist wegen der Vielzahl offener Verlustabzüge durch das JStG 2008 **aufgehoben** (s § 52 Abs 2 S 3) worden. Dabei werden nicht Gewinne als Einkünfte zugerechnet; vielmehr wird nur der **Verlustabzug korrigiert,** abw von § 2a IV der Höhe nach auf spätere Gewinne **begrenzt** und nur aus Vereinfachungsgründen nicht durch rückwirkende Berichtigung, sondern – zwingend – **ex nunc** durch Zurechnung zum Gesamtbetrag der Einkünfte *des Gewinnjahres* („in dem betreffenden VZ"). Anders als beim Verlustabzug ist das systematisch unstr (s BFH X R 181/87 BStBl II 89, 541). Wie die Beschränkung eines ausl Verlustabzugs ist die spätere Hinzurechnung **EU-rechtmäßig** (EuGH C-157/07 BStBl II 09, 566 – *Wannsee* –; BFH I R 2/15 BStBl II 17, 709 Rz 9). Bei **PersGes** ist die Hinzurechnung (wie früher der Verlustabzug) in das einheitl **Feststellungsverfahren** einzubeziehen (BFH I R 25/07 BFH/NV 08, 1097). Hinzurechnung beim Erben, beim Wechsel der StPfl und bei Umwandlung/Übertragung/Aufgabe s Rz 60 ff.

56 **2. Art der Hinzurechnungsbeträge.** § 2a III 3 enthält (neben § 2a IV) einen abschließenden Hinzurechnungstatbestand für Folgejahre. Hinzuzurechnen ist der **positive Saldo** aller stfreien Gewinne und Verluste aus – alten und neuen – **gewerbl Betriebsstätten iSv § 12 AO** *dieses* StPfl in *diesem* ausl Staat. Dazu gehören unselbständige Zweigniederlassungen einer Inlandsbetriebs, Auslandsbetriebe eines unbeschr StPfl und Beteiligungen an PersGes (nicht KapGes, BFH I R 78/80 BStBl II 82, 243), nicht selbständige TochterGes, nicht ständige Vertreter iSv § 13 AO. Gewerbl Gewinne sind unabhängig davon einzubeziehen, ob für *diese* Betriebsstätte bereits ein Verlustabzug beantragt war und ob die Gewinne aus produktiver Tätigkeit iSv § 2a II stammen (vgl BFH X R 180/87 BStBl II 90, 112). Abw von § 2a III 4 („in anderen Jahren") beschränkt § 2a III 3 die Zurechnung auf **Gewinne „der folgenden"** VZ. Gewerbl Gewinne vergangener VZ vor Verlusterzielung sind ebenso wenig hinzuzurechnen wie positive Einkünfte aus anderen Einkunftsarten. Sonstige Gründe, wie die bloße Tatsache eines endgültigen doppelten Verlustabzuges im Ausl und im Inl ohne spätere Gewinne (zB nach Liquidation, Wohnsitzwechsel) rechtfertigten keine Hinzurechnung *nach § 2a III 3* (aber uU nach § 2a IV, s Rz 60 ff); § 2a III ist **nicht** als **Entstrickungstatbestand** konzipiert. Bei **PersGes** sind § 15 I Nr 2 und § 15a zu beachten.

57 **3. Höhe der Zurechnungsbeträge.** Sie ist **doppelt begrenzt,** zum einen durch die festgestellten, *tatsächl* nach *§ 2a III 1 und 2* abgezogenen und „wieder hinzuzurechnenden" **Verlustbeträge,** zum anderen – abw von § 2a IV – durch die Höhe der zurechenbaren **Gewinne.** Gewinne über den Verlustabzug hinaus werden weder im gleichen VZ noch später hinzugerechnet, ein Restverlust allenfalls bei Gewinnen in späteren Jahren. Wie beim Verlustabzug (auf Grund ausdrückl Regelung in § 2a III 1 aF) müssen trotz Fehlens einer solchen Regelung in § 2a III 3 auch die Art der Einkünfte und die Höhe des Hinzurechnungsbetrages nach **inl Recht** bestimmt werden (BFH IV R 128/86 BStBl II 89, 543; str). Gleichwohl sind nicht Einkünfte zu ermitteln, sondern nur **Verlustkorrekturposten** auf der Grundlage der umgerechneten Betriebsstättengewinne als Anknüpfungspunkt und Berechnungsgrundlage. Daher erstreckt sich der Hinzurechnungsbetrag ohne Kürzung auf lfd und ao, aktive und passive, im Inl stpfl und stfreie Gewinne, stfreie Teile eines **Veräußerungsgewinns** (zu § 16 IV sBFH X R 181/87 BStBl II 89, 541) – für den auch keine Tarifmäßigung nach § 34 gewährt wird (BFH IV R 128/86 BStBl II 89, 543) –, *realisierte* **Umwandlungsgewinne** ua Gewinne aus Übertragung von GesAnteilen (str, s Rz 61).

Hinzurechnung   58–63 § 2a

4. Hinzurechnungsausnahmen, § 2a III 4 aF. § 2a III 4 aF, wonach von der 58
Hinzurechnung abgesehen werden konnte, falls der ausl Staat keinen Verlustabzug
kennt, ist an versteckter Stelle gestrichen worden (Fortgeltung der Hinzurechnungsvorschriften in § 52 II 3 ist auf § 2a III 3, 5, 6 beschränkt unter Ausnahme
von S 4).

5. Feststellung verbleibender Hinzurechnungsbeträge, § 2a III 5, 6. Am 59
Jahresende nicht gem § 2a III 3 (und ggf § 2 I 3, 4 AIG) ausgeglichene Verluste sind
entspr § 10d IV gesondert festzustellen, um eine spätere – dann unbefristete – Hinzurechnung sicherzustellen. Dabei ist der Ablauf der Feststellungsfrist zu beachten
(§§ 181 I 1 iVm 169 ff AO). Ungeklärt ist, ob § 181 V AO anwendbar ist oder
ob § 10d IV 6 einer späteren Feststellung entgegensteht, obwohl in Folgejahren
noch zu kürzende Gewinne zu erwarten sind. FG BaWü EFG 15, 626, rkr, hat
die nachträgl Feststellung im Jahr 2012 für VZ bis 1998 zugelassen, auch wenn das
FA die Feststellung jahrelang unterlassen hatte, mE zutr.

6. Sonstige Hinzurechnungen, § 2a IV (idF von § 52 II 3). – **a) Hinter-** 60
grund. Da nach § 2a III 3 grds nur Gewinne *des StPfl* zuzurechnen sind, der Verluste abgezogen hat, musste der Gesetzgeber weitere Hinzurechnungstatbestände
beim StPfl selbst schaffen, um die Umgehung der Rechtsfolgen des Abs 3 zu verhindern. Die Neufassung von § 2a IV ergibt sich allerdings nicht direkt aus § 2a,
sondern über § 52 II 3 aus § 52 III 8 aF!

b) Umwandlung, § 2a IV 1 Nr 1. Nur realisierte Umwandlungsgewinne sind 61
gem § 2a III zuzurechnen (s Rz 57); daher war die Sonderregelung in § 2a IV erforderl. Ausgangstatbestand war die Erfassung der Umwandlung ausl Betriebsstätten
auf eine KapGes (TochterGes) als selbständiges Rechtssubjekt. Wie bei § 1 IV 3
AIG aF sollten primär alle Fälle erfasst werden, in denen die Betriebsstätte ohne
Veräußerung in einer KapGes aufgeht (Untergang im Rechtssinne, endgültiger
Verlust der Zuordnung zum Inlandsbetrieb), s EStR 2aV. **Hierunter fällt** insb die
Einbringung der ausl Betriebsstätte in eine KapGes gegen Gewährung von Ges-
Rechten bei Einbringung ohne Gewinnrealisierung (vgl FG BaWü EFG 19, 1310,
Rev I R 38/18).

c) Weitere Hinzurechnungstatbestände, § 2a IV 1 Nr 2, 3, S 2 (idF von 62
§ 52 III 8 aF iVm § 52 II 3). Sie wurden von § 2a IV aF nicht erfasst, wenn nicht
der StPfl *selbst* einen der gesetzl Tatbestände erfüllte, sondern *ein Dritter*, auf den er
die Betriebsstätte übertrug oder wenn die persönl StPfl entfiel. Der Gesetzgeber
erweiterte daher die Zurechnungstatbestände zunächst ab 1999 (s BFH I R 48/11
DStR 14, 837) durch § 2a IV 1 Nr 2, 3 idF von § 52 III 7 aF auf Fälle der **Übertragung** und **Aufgabe**, ab 2006 durch § 2a IV 2 idF von § 52 III 8 aF/Abs 2 S 3
nF unter Aufhebung der ursprüngl zeitl Begrenzung bis 2008 auf die **Beendigung
der persönl StPfl** (verfgem Rückwirkung, s BFH I R 2/15 BStBl II 17, 709).

aa) Übertragung der Betriebsstätte, § 2a IV 1 Nr 2. Sie führt unabhängig 63
von einer tatsächl Gewinnrealisierung durch den StPfl oder Dritte vorweg zur
Hinzurechnung abgezogener Verluste *beim StPfl selbst*. – **(1) Entgeltl Übertragungen** sind Veräußerung, Einbringung gegen Gewährung von GesRechten und
Tausch (§ 2a IV ist wohl nicht Sonderregelung, sondern nur Ergänzungsregelung
zu § 2a III 3 – letztl ist der gesamte Verlust über § 2a IV hinzuzurechnen). Beteiligungsveräußerungen s BFH I R 57/11 BStBl II 16, 633, I R 2/15 BStBl II 17, 709.
– **(2) Unentgeltl Übertragungen.** Dies sind Schenkungen einschließl vorweggenommene Erbfolge; die Hinzurechnung nach § 2a IV 1 Nr 2 *beim StPfl* ersetzt eine spätere Verlusthinzurechnung beim Rechtsnachfolger. – **(3) Erbfall.** Im
Erbfall entfällt zwar der Verlustübergang auf den Erben – der Erbe kann daher grds
verbleibende Verluste des Erblassers nicht abziehen (s § 10d Rz 14). Das schließt
jedoch eine Nachversteuerung der vom Erblasser geltend gemachten Verluste durch
den Erben nicht aus: Die Hinzurechnung nach **§ 2a III 3 aF** (nach § 52 II 3 auch
nach Aufhebung fortgeltend) beruht auf einer Besteuerung von – nach DBA

stfreien – Auslandsgewinnen des Erben, sondern auf einer Korrektur des früheren Verlustabzugs durch den Erblasser (s Rz 55, 57). Diese Rechtsfolge geht wegen der systematischen Verklammerung zw Verlustabzug und Nachsteuer in § 2a III ohne Rückgriff auf § 2a IV Nr 2 auf den Erben als Gesamtrechtsnachfolger über, wenn dieser die Voraussetzungen des § 2a III 3 erfüllt und eigene positive Einkünfte aus dem Verlustabzugsstaat erzielt (glA BFH I R 13/09 BStBl II 11, 113 zu § 2 I 3 AuslInvG aF/§ 2a III 3 – **aA** zu § 2a I BFH I R 23/17 BStBl II 21, 138: keine Feststellung von Erblasserverlusten für spätere positive Einkünfte des Erben aus dem ausl Mietobjekt, s Rz 45). § 2a IV 2 betrifft den darüber hinaus gehenden Fall, dass der Erblasser eine in einem ausl Staat belegene Betriebsstätte vererbt: Dann erfolgt die Hinzurechnung bei ihm unabhängig von der Erzielung positiver Auslandsgewinne bereits im Zeitpunkt der Übertragung der Betriebsstätte.

64 **bb) Aufgabe der Betriebsstätte, § 2a IV 1 Nr 3.** Die *endgültige* Betriebsaufgabe ist unschädl. Erfasst werden soll die Umgehung der Hinzurechnung durch Fortführung der Geschäftätigkeit durch eine KapGes (nicht zwingend desselben Staates) ohne Umwandlung der Betriebsstätte; die Einbringung in eine PersGes (nach dt Recht, auch bei ausl Qualifikation als KapGes) fällt unter § 2a III 3. Voraussetzung ist, dass der StPfl oder eine nahe stehende Person iSv § 1 II AStG zu mindestens 10% unmittelbar oder mittelbar an der KapGes beteiligt ist.

65 **cc) Wegfall der unbeschränkten Steuerpflicht, § 2a IV S 2.** S 2 stellt klar, dass eine Nachversteuerung auch bei tatsächl Verlegung des Wohnsitzes/Sitzes oder Ansässigkeitsbeendigung nach DBA erfolgt (entspr Art 10 I 2 FusionsRL 2009/133/EG).

66 **d) Sofortige Hinzurechnung, § 2a IV.** Rechtsfolge ist in diesen Fällen die *sofortige* Hinzurechnung der vorher nach § 2a III 1 und 2 abgezogenen Verluste zum Gesamtbetrag der Einkünfte im Zeitpunkt des Ereigniseintritts nach § 2a IV, wohl auch bei Fortführung nach Betriebsaufgabe, § 2a IV 1 Nr 3. Trotz des Wortlauts (Hinzurechnung „entsprechend Abs 3 S 3") werden, anders als bei § 2a III 3 (s Rz 57) unabhängig von einer Gewinnauswirkung in vollem Umfang alle abgezogenen Verluste korrigiert. Berechnung nach dt Recht (wie Rz 57). Die Ausnahmeregelung „soweit ..." schließt doppelte Hinzurechnung bei Anwendung von § 2a III 3 in früheren Jahren („hinzugerechnet worden ist") und im lfd Jahr („noch hinzuzurechnen ist") und die Anwendung der weitergehenden Ausnahmeregelungen aus. Eine Feststellung entspr § 2a III 5 entfällt nach Änderung der persönl StPfl (s aber zu Erben Rz 63).

2. Steuerfreie Einnahmen

§ 3 [Steuerfreie Einnahmen]

Steuerfrei sind

1. a) Leistungen aus einer Krankenversicherung, aus einer Pflegeversicherung und aus der gesetzlichen Unfallversicherung,
   b) Sachleistungen und Kinderzuschüsse aus den gesetzlichen Rentenversicherungen einschließlich der Sachleistungen nach dem Gesetz über die Alterssicherung der Landwirte,
   c) Übergangsgeld nach dem Sechsten Buch Sozialgesetzbuch und Geldleistungen nach den §§ 10, 36 bis 39 des Gesetzes über die Alterssicherung der Landwirte,
   d) das Mutterschaftsgeld nach dem Mutterschutzgesetz, der Reichsversicherungsordnung und dem Gesetz über die Krankenversicherung der Landwirte, die Sonderunterstützung für im Familienhaushalt beschäftigte Frauen, der Zuschuss zum Mutterschaftsgeld nach dem Mutter-

schutzgesetz sowie der Zuschuss bei Beschäftigungsverboten für die Zeit vor oder nach einer Entbindung sowie für den Entbindungstag während einer Elternzeit nach beamtenrechtlichen Vorschriften;
2. a) das Arbeitslosengeld, das Teilarbeitslosengeld, das Kurzarbeitergeld, der Zuschuss zum Arbeitsentgelt, das Übergangsgeld, der Gründungszuschuss nach dem Dritten Buch Sozialgesetzbuch sowie die übrigen Leistungen nach dem Dritten Buch Sozialgesetzbuch und den entsprechenden Programmen des Bundes und der Länder, soweit sie Arbeitnehmern oder Arbeitsuchenden oder zur Förderung der Aus- oder Weiterbildung oder Existenzgründung der Empfänger gewährt werden,
b) das Insolvenzgeld, Leistungen auf Grund der in § 169 und § 175 Absatz 2 des Dritten Buches Sozialgesetzbuch genannten Ansprüche sowie Zahlungen des Arbeitgebers an einen Sozialleistungsträger auf Grund des gesetzlichen Forderungsübergangs nach § 115 Absatz 1 des Zehnten Buches Sozialgesetzbuch, wenn ein Insolvenzereignis nach § 165 Absatz 1 Satz 2 auch in Verbindung mit Satz 3 des Dritten Buches Sozialgesetzbuch vorliegt,
c) die Arbeitslosenbeihilfe nach dem Soldatenversorgungsgesetz,
d) Leistungen zur Sicherung des Lebensunterhalts und zur Eingliederung in Arbeit nach dem Zweiten Buch Sozialgesetzbuch,
e) mit den in den Nummern 1 bis 2 Buchstabe d und Nummer 67 Buchstabe b genannten Leistungen vergleichbare Leistungen ausländischer Rechtsträger, die ihren Sitz in einem Mitgliedstaat der Europäischen Union, in einem Staat, auf den das Abkommen über den Europäischen Wirtschaftsraum Anwendung findet oder in der Schweiz haben;
2a. *(aufgehoben)**
2b. *(aufgehoben)**
3. a) Rentenabfindungen nach § 107 des Sechsten Buches Sozialgesetzbuch, nach § 21 des Beamtenversorgungsgesetzes, nach § 9 Absatz 1 Nummer 3 des Altersgeldgesetzes oder entsprechendem Landesrecht und nach *§ 43* [ab dem 1.1.2025: § 59] des Soldatenversorgungsgesetzes in Verbindung mit § 21 des Beamtenversorgungsgesetzes,
b) Beitragserstattungen an den Versicherten nach den §§ 210 und 286d des Sechsten Buches Sozialgesetzbuch sowie nach den §§ 204, 205 und 207 des Sechsten Buches Sozialgesetzbuch, Beitragserstattungen nach den §§ 75 und 117 des Gesetzes über die Alterssicherung der Landwirte und nach § 26 des Vierten Buches Sozialgesetzbuch,
c) Leistungen aus berufsständischen Versorgungseinrichtungen, die den Leistungen nach den Buchstaben a und b entsprechen,
d) Kapitalabfindungen und Ausgleichszahlungen nach § 48 des Beamtenversorgungsgesetzes oder entsprechendem Landesrecht und nach den *§§ 28 bis 35 und 38* [ab dem 1.1.2025: §§ 43 bis 50 und 53] des Soldatenversorgungsgesetzes;
4. bei Angehörigen der Bundeswehr, der Bundespolizei, der Zollverwaltung, der Bereitschaftspolizei der Länder, der Vollzugspolizei und der Berufsfeuerwehr der Länder und Gemeinden und bei Vollzugsbeamten der Kriminalpolizei des Bundes, der Länder und Gemeinden
a) der Geldwert der ihnen aus Dienstbeständen überlassenen Dienstkleidung,
b) Einkleidungsbeihilfen und Abnutzungsentschädigungen für die Dienstkleidung der zum Tragen oder Bereithalten von Dienstkleidung Ver-

---

* § 3 Nr 2a und Nr 2b aufgehoben durch Gesetz v. 25.7.14 (BGBl I 14, 1266).

Levedag

pflichteten und für dienstlich notwendige Kleidungsstücke der Vollzugsbeamten der Kriminalpolizei sowie der Angehörigen der Zollverwaltung,
  c) im Einsatz gewährte Verpflegung oder Verpflegungszuschüsse,
  d) der Geldwert der auf Grund gesetzlicher Vorschriften gewährten Heilfürsorge;
5. a) die Geld- und Sachbezüge, die Wehrpflichtige während des Wehrdienstes nach § 4 des Wehrpflichtgesetzes erhalten,
  b) die Geld- und Sachbezüge, die Zivildienstleistende nach § 35 des Zivildienstgesetzes erhalten,
  c) die Heilfürsorge, die Soldaten nach § 16 des Wehrsoldgesetzes und Zivildienstleistende nach § 35 des Zivildienstgesetzes erhalten,
  d) das an Personen, die einen in § 32 Absatz 4 Satz 1 Nummer 2 Buchstabe d genannten Freiwilligendienst leisten, gezahlte Taschengeld oder eine vergleichbare Geldleistung,
  e) Leistungen nach § 5 des Wehrsoldgesetzes;
6. Bezüge, die auf Grund gesetzlicher Vorschriften aus öffentlichen Mitteln versorgungshalber an Wehrdienstbeschädigte, im Freiwilligen Wehrdienst Beschädigte, Zivildienstbeschädigte und im Bundesfreiwilligendienst Beschädigte oder ihre Hinterbliebenen, Kriegsbeschädigte, Kriegshinterbliebene und ihnen gleichgestellte Personen gezahlt werden, soweit es sich nicht um Bezüge handelt, die auf Grund der Dienstzeit gewährt werden. ²Gleichgestellte im Sinne des Satzes 1 sind auch Personen, die Anspruch auf Leistungen nach dem *Bundesversorgungsgesetz [ab 1.1.2024:* Vierzehnten Buch Sozialgesetzbuch] oder auf Unfallfürsorgeleistungen nach dem Soldatenversorgungsgesetz [*ab 1.1.2025:* Soldatenentschädigungsgesetz], Beamtenversorgungsgesetz oder vergleichbarem Landesrecht haben;
7. Ausgleichsleistungen nach dem Lastenausgleichsgesetz, Leistungen nach dem Flüchtlingshilfegesetz, dem Bundesvertriebenengesetz, dem Reparationsschädengesetz, dem Vertriebenenzuwendungsgesetz, dem NS-Verfolgtenentschädigungsgesetz sowie Leistungen nach dem Entschädigungsgesetz** und nach dem Ausgleichsleistungsgesetz, soweit sie nicht Kapitalerträge im Sinne des § 20 Absatz 1 Nummer 7 und Absatz 2 sind;
8. Geldrenten, Kapitalentschädigungen und Leistungen im Heilverfahren, die auf Grund gesetzlicher Vorschriften zur Wiedergutmachung nationalsozialistischen Unrechts gewährt werden. ²Die Steuerpflicht von Bezügen aus einem aus Wiedergutmachungsgründen neu begründeten oder wieder begründeten Dienstverhältnis sowie von Bezügen aus einem früheren Dienstverhältnis, die aus Wiedergutmachungsgründen neu gewährt oder wieder gewährt werden, bleibt unberührt;
8a. Renten wegen Alters und Renten wegen verminderter Erwerbsfähigkeit aus der gesetzlichen Rentenversicherung, die an Verfolgte im Sinne des § 1 des Bundesentschädigungsgesetzes gezahlt werden, wenn rentenrechtliche Zeiten auf Grund der Verfolgung in der Rente enthalten sind. ²Renten wegen Todes aus der gesetzlichen Rentenversicherung, wenn der verstorbene Versicherte Verfolgter im Sinne des § 1 des Bundesentschädigungsgesetzes war und wenn rentenrechtliche Zeiten auf Grund der Verfolgung in dieser Rente enthalten sind;
9. Erstattungen nach § 23 Absatz 2 Satz 1 Nummer 3 und 4 sowie nach § 39 Absatz 4 Satz 2 des Achten Buches Sozialgesetzbuch;
10. Einnahmen einer Gastfamilie für die Aufnahme eines Menschen mit Behinderungen oder von Behinderung bedrohten Menschen nach § 2 Ab-

---

** Aufgehoben durch den Einigungsvertrag v 31.8.90 (BGBl II 90, 889).

satz 1 des Neunten Buches Sozialgesetzbuch zur Pflege, Betreuung, Unterbringung und Verpflegung, die auf Leistungen eines Leistungsträgers nach dem Sozialgesetzbuch beruhen. ²Für Einnahmen im Sinne des Satzes 1, die nicht auf Leistungen eines Leistungsträgers nach dem Sozialgesetzbuch beruhen, gilt Entsprechendes bis zur Höhe der Leistungen nach dem Zwölften Buch Sozialgesetzbuch. ³Überschreiten die auf Grund der in Satz 1 bezeichneten Tätigkeit bezogenen Einnahmen der Gastfamilie den steuerfreien Betrag, dürfen die mit der Tätigkeit in unmittelbarem wirtschaftlichen Zusammenhang stehenden Ausgaben abweichend von § 3c nur insoweit als Betriebsausgaben abgezogen werden, als sie den Betrag der steuerfreien Einnahmen übersteigen;

11. Bezüge aus öffentlichen Mitteln oder aus Mitteln einer öffentlichen Stiftung, die wegen Hilfsbedürftigkeit oder als Beihilfe zu dem Zweck bewilligt werden, die Erziehung oder Ausbildung, die Wissenschaft oder Kunst unmittelbar zu fördern. ²Darunter fallen nicht Kinderzuschläge und Kinderbeihilfen, die auf Grund der Besoldungsgesetze, besonderer Tarife oder ähnlicher Vorschriften gewährt werden. ³Voraussetzung für die Steuerfreiheit ist, dass der Empfänger mit den Bezügen nicht zu einer bestimmten wissenschaftlichen oder künstlerischen Gegenleistung oder zu einer bestimmten Arbeitnehmertätigkeit verpflichtet wird. ⁴Den Bezügen aus öffentlichen Mitteln wegen Hilfsbedürftigkeit gleichgestellt sind Beitragsermäßigungen und Prämienrückzahlungen eines Trägers der gesetzlichen Krankenversicherung für nicht in Anspruch genommene Beihilfeleistungen;

11a. zusätzlich zum ohnehin geschuldeten Arbeitslohn vom Arbeitgeber in der Zeit vom 1. März 2020 bis zum 31. März 2022 auf Grund der Corona-Krise an seine Arbeitnehmer in Form von Zuschüssen und Sachbezügen gewährte Beihilfen und Unterstützungen bis zu einem Betrag von 1 500 Euro;

12. aus einer Bundeskasse oder Landeskasse gezahlte Bezüge, die zum einen
    a) in einem Bundesgesetz oder Landesgesetz,
    b) auf Grundlage einer bundesgesetzlichen oder landesgesetzlichen Ermächtigung beruhenden Bestimmung oder
    c) von der Bundesregierung oder einer Landesregierung
    als Aufwandsentschädigung festgesetzt sind und die zum anderen jeweils auch als Aufwandsentschädigung im Haushaltsplan ausgewiesen werden. ²Das Gleiche gilt für andere Bezüge, die als Aufwandsentschädigung aus öffentlichen Kassen an öffentliche Dienste leistende Personen gezahlt werden, soweit nicht festgestellt wird, dass sie für Verdienstausfall oder Zeitverlust gewährt werden oder den Aufwand, der dem Empfänger erwächst, offenbar übersteigen;

13. die aus öffentlichen Kassen gezahlten Reisekostenvergütungen, Umzugskostenvergütungen und Trennungsgelder. ²Die als Reisekostenvergütungen gezahlten Vergütungen für Verpflegung sind nur insoweit steuerfrei, als sie die Pauschbeträge nach § 9 Absatz 4a nicht übersteigen; Trennungsgelder sind nur insoweit steuerfrei, als sie die nach § 9 Absatz 1 Satz 3 Nummer 5 und Absatz 4a abziehbaren Aufwendungen nicht übersteigen;

14. Zuschüsse eines Trägers der gesetzlichen Rentenversicherung zu den Aufwendungen eines Rentners für seine Krankenversicherung und vom gesetzlichen Rentenversicherungsträger getragene Anteile (§ 249a des Fünften Buches Sozialgesetzbuch) an den Beiträgen für die gesetzliche Krankenversicherung;

15. Zuschüsse des Arbeitgebers, die zusätzlich zum ohnehin geschuldeten Arbeitslohn zu den Aufwendungen des Arbeitnehmers für Fahrten mit öffentlichen Verkehrsmitteln im Linienverkehr (ohne Luftverkehr) zwi-

schen Wohnung und erster Tätigkeitsstätte und nach § 9 Absatz 1 Satz 3 Nummer 4a Satz 3 sowie für Fahrten im öffentlichen Personennahverkehr gezahlt werden. ²Das Gleiche gilt für die unentgeltliche oder verbilligte Nutzung öffentlicher Verkehrsmittel im Linienverkehr (ohne Luftverkehr) für Fahrten zwischen Wohnung und erster Tätigkeitsstätte und nach § 9 Absatz 1 Satz 3 Nummer 4a Satz 3 sowie für Fahrten im öffentlichen Personennahverkehr, die der Arbeitnehmer auf Grund seines Dienstverhältnisses zusätzlich zum ohnehin geschuldeten Arbeitslohn in Anspruch nehmen kann. ³Die nach den Sätzen 1 und 2 steuerfreien Leistungen mindern den nach § 9 Absatz 1 Satz 3 Nummer 4 Satz 2 abziehbaren Betrag;

16. die Vergütungen, die Arbeitnehmer außerhalb des öffentlichen Dienstes von ihrem Arbeitgeber zur Erstattung von Reisekosten, Umzugskosten oder Mehraufwendungen bei doppelter Haushaltsführung erhalten, soweit sie die nach § 9 als Werbungskosten abziehbaren Aufwendungen nicht übersteigen;
17. Zuschüsse zum Beitrag nach § 32 des Gesetzes über die Alterssicherung der Landwirte;
18. das Aufgeld für ein an die Bank für Vertriebene und Geschädigte (Lastenausgleichsbank) zugunsten des Ausgleichsfonds (§ 5 des Lastenausgleichsgesetzes) gegebenes Darlehen, wenn das Darlehen nach § 7f des Gesetzes in der Fassung der Bekanntmachung vom 15. September 1953 (BGBl. I S. 1355) im Jahr der Hingabe als Betriebsausgabe abzugsfähig war;
19. Weiterbildungsleistungen des Arbeitgebers oder auf dessen Veranlassung von einem Dritten
    a) für Maßnahmen nach § 82 Absatz 1 und 2 des Dritten Buches Sozialgesetzbuch oder
    b) die der Verbesserung der Beschäftigungsfähigkeit des Arbeitnehmers dienen.
    ²Steuerfrei sind auch Beratungsleistungen des Arbeitgebers oder auf dessen Veranlassung von einem Dritten zur beruflichen Neuorientierung bei Beendigung des Dienstverhältnisses. ³Die Leistungen im Sinne der Sätze 1 und 2 dürfen keinen überwiegenden Belohnungscharakter haben;
20. die aus öffentlichen Mitteln des Bundespräsidenten aus sittlichen oder sozialen Gründen gewährten Zuwendungen an besonders verdiente Personen oder ihre Hinterbliebenen;
21. *(aufgehoben)*
22. *(aufgehoben)*
23. die Leistungen nach
    a) dem Häftlingshilfegesetz,
    b) dem Strafrechtlichen Rehabilitierungsgesetz,
    c) dem Verwaltungsrechtlichen Rehabilitierungsgesetz,
    d) dem Beruflichen Rehabilitierungsgesetz,
    e) dem Gesetz zur strafrechtlichen Rehabilitierung der nach dem 8. Mai 1945 wegen einvernehmlicher homosexueller Handlungen verurteilten Personen und
    f) dem Gesetz zur Rehabilitierung der wegen einvernehmlicher homosexueller Handlungen, wegen ihrer homosexuellen Orientierung oder wegen ihrer geschlechtlichen Identität dienstrechtlich benachteiligten Soldatinnen und Soldaten;
24. Leistungen, die auf Grund des Bundeskindergeldgesetzes gewährt werden;
25. Entschädigungen nach dem Infektionsschutzgesetz vom 20. Juli 2000 (BGBl. I S. 1045);
26. Einnahmen aus nebenberuflichen Tätigkeiten als Übungsleiter, Ausbilder, Erzieher, Betreuer oder vergleichbaren nebenberuflichen Tätigkeiten, aus

nebenberuflichen künstlerischen Tätigkeiten oder der nebenberuflichen Pflege alter, kranker Menschen oder Menschen mit Behinderungen im Dienst oder im Auftrag einer juristischen Person des öffentlichen Rechts, die in einem Mitgliedstaat der Europäischen Union, in einem Staat, auf den das Abkommen über den Europäischen Wirtschaftsraum Anwendung findet, oder in der Schweiz belegen ist, oder einer unter § 5 Absatz 1 Nummer 9 des Körperschaftsteuergesetzes fallenden Einrichtung zur Förderung gemeinnütziger, mildtätiger und kirchlicher Zwecke (§§ 52 bis 54 der Abgabenordnung) bis zur Höhe von insgesamt 3000 Euro im Jahr. ²Überschreiten die Einnahmen für die in Satz 1 bezeichneten Tätigkeiten den steuerfreien Betrag, dürfen die mit den nebenberuflichen Tätigkeiten in unmittelbarem wirtschaftlichen Zusammenhang stehenden Ausgaben abweichend von § 3c nur insoweit als Betriebsausgaben oder Werbungskosten abgezogen werden, als sie den Betrag der steuerfreien Einnahmen übersteigen;

26a. Einnahmen aus nebenberuflichen Tätigkeiten im Dienst oder Auftrag einer juristischen Person des öffentlichen Rechts, die in einem Mitgliedstaat der Europäischen Union, in einem Staat, auf den das Abkommen über den Europäischen Wirtschaftsraum Anwendung findet, oder in der Schweiz belegen ist, oder einer unter § 5 Absatz 1 Nummer 9 des Körperschaftsteuergesetzes fallenden Einrichtung zur Förderung gemeinnütziger, mildtätiger und kirchlicher Zwecke (§§ 52 bis 54 der Abgabenordnung) bis zur Höhe von insgesamt 840 Euro im Jahr. ²Die Steuerbefreiung ist ausgeschlossen, wenn für die Einnahmen aus der Tätigkeit – ganz oder teilweise – eine Steuerbefreiung nach § 3 Nummer 12, 26 oder 26b gewährt wird. ³Überschreiten die Einnahmen für die in Satz 1 bezeichneten Tätigkeiten den steuerfreien Betrag, dürfen die mit den nebenberuflichen Tätigkeiten in unmittelbarem wirtschaftlichen Zusammenhang stehenden Ausgaben abweichend von § 3c nur insoweit als Betriebsausgaben oder Werbungskosten abgezogen werden, als sie den Betrag der steuerfreien Einnahmen übersteigen;

26b. *Aufwandsentschädigungen nach § 1835a des Bürgerlichen Gesetzbuchs* [ab VZ 2023: Aufwandspauschalen nach § 1878 des Bürgerlichen Gesetzbuchs], soweit sie zusammen mit den steuerfreien Einnahmen im Sinne der Nummer 26 den Freibetrag nach Nummer 26 Satz 1 nicht überschreiten. ²Nummer 26 Satz 2 gilt entsprechend;

27. der Grundbetrag der Produktionsaufgaberente und das Ausgleichsgeld nach dem Gesetz zur Förderung der Einstellung der landwirtschaftlichen Erwerbstätigkeit bis zum Höchstbetrag von 18 407 Euro;

28. die Aufstockungsbeträge im Sinne des § 3 Absatz 1 Nummer 1 Buchstabe a sowie die Beiträge und Aufwendungen im Sinne des § 3 Absatz 1 Nummer 1 Buchstabe b und des § 4 Absatz 2 des Altersteilzeitgesetzes, die Zuschläge, die versicherungsfrei Beschäftigte im Sinne des § 27 Absatz 1 Nummer 1 bis 3 des Dritten Buches Sozialgesetzbuch zur Aufstockung der Bezüge bei Altersteilzeit nach beamtenrechtlichen Vorschriften oder Grundsätzen erhalten sowie die Zahlungen des Arbeitgebers zur Übernahme der Beiträge im Sinne des § 187a des Sechsten Buches Sozialgesetzbuch, soweit sie 50 Prozent der Beiträge nicht übersteigen;

28a. Zuschüsse des Arbeitgebers zum Kurzarbeitergeld und Saison-Kurzarbeitergeld, soweit sie zusammen mit dem Kurzarbeitergeld 80 Prozent des Unterschiedsbetrags zwischen dem Soll-Entgelt und dem Ist-Entgelt nach § 106 des Dritten Buches Sozialgesetzbuch nicht übersteigen und sie für Lohnzahlungszeiträume, die nach dem 29. Februar 2020 beginnen und vor dem 1. Januar 2022 enden, geleistet werden;

29. das Gehalt und die Bezüge,
    a) die die diplomatischen Vertreter ausländischer Staaten, die ihnen zugewiesenen Beamten und die in ihren Diensten stehenden Personen erhalten. ²Dies gilt nicht für deutsche Staatsangehörige oder für im Inland ständig ansässige Personen;
    b) der Berufskonsuln, der Konsulatsangehörigen und ihres Personals, soweit sie Angehörige des Entsendestaates sind. ²Dies gilt nicht für Personen, die im Inland ständig ansässig sind oder außerhalb ihres Amtes oder Dienstes einen Beruf, ein Gewerbe oder eine andere gewinnbringende Tätigkeit ausüben;
30. Entschädigungen für die betriebliche Benutzung von Werkzeugen eines Arbeitnehmers (Werkzeuggeld), soweit sie die entsprechenden Aufwendungen des Arbeitnehmers nicht offensichtlich übersteigen;
31. die typische Berufskleidung, die der Arbeitgeber seinem Arbeitnehmer unentgeltlich oder verbilligt überlässt; dasselbe gilt für eine Barablösung eines nicht nur einzelvertraglichen Anspruchs auf Gestellung von typischer Berufskleidung, wenn die Barablösung betrieblich veranlasst ist und die entsprechenden Aufwendungen des Arbeitnehmers nicht offensichtlich übersteigt;
32. die unentgeltliche oder verbilligte Sammelbeförderung eines Arbeitnehmers zwischen Wohnung und erster Tätigkeitsstätte sowie bei Fahrten nach § 9 Absatz 1 Satz 3 Nummer 4a Satz 3 mit einem vom Arbeitgeber gestellten Beförderungsmittel, soweit die Sammelbeförderung für den betrieblichen Einsatz des Arbeitnehmers notwendig ist;
33. zusätzlich zum ohnehin geschuldeten Arbeitslohn erbrachte Leistungen des Arbeitgebers zur Unterbringung und Betreuung von nicht schulpflichtigen Kindern der Arbeitnehmer in Kindergärten oder vergleichbaren Einrichtungen;
34. zusätzlich zum ohnehin geschuldeten Arbeitslohn erbrachte Leistungen des Arbeitgebers zur Verhinderung und Verminderung von Krankheitsrisiken und zur Förderung der Gesundheit in Betrieben, die hinsichtlich Qualität, Zweckbindung, Zielgerichtetheit und Zertifizierung den Anforderungen der §§ 20 und 20b des Fünften Buches Sozialgesetzbuch genügen, soweit sie 600 Euro im Kalenderjahr nicht übersteigen;
34a. zusätzlich zum ohnehin geschuldeten Arbeitslohn erbrachte Leistungen des Arbeitgebers
    a) an ein Dienstleistungsunternehmen, das den Arbeitnehmer hinsichtlich der Betreuung von Kindern oder pflegebedürftigen Angehörigen berät oder hierfür Betreuungspersonen vermittelt sowie
    b) zur kurzfristigen Betreuung von Kindern im Sinne des § 32 Absatz 1, die das 14. Lebensjahr noch nicht vollendet haben oder die wegen einer vor Vollendung des 25. Lebensjahres eingetretenen körperlichen, geistigen oder seelischen Behinderung außerstande sind, sich selbst zu unterhalten oder pflegebedürftigen Angehörigen des Arbeitnehmers, wenn die Betreuung aus zwingenden und beruflich veranlassten Gründen notwendig ist, auch wenn sie im privaten Haushalt des Arbeitnehmers stattfindet, soweit die Leistungen 600 Euro im Kalenderjahr nicht übersteigen;
35. die Einnahmen der bei der Deutsche Post AG, Deutsche Postbank AG oder Deutsche Telekom AG beschäftigten Beamten, soweit die Einnahmen ohne Neuordnung des Postwesens und der Telekommunikation nach den Nummern 11 bis 13 und 64 steuerfrei wären;
36. Einnahmen für Leistungen zu körperbezogenen Pflegemaßnahmen, pflegerischen Betreuungsmaßnahmen oder Hilfen bei der Haushaltsführung bis zur Höhe des Pflegegeldes nach § 37 des Elften Buches Sozialgesetz-

Steuerfreie Einnahmen § 3

buch, mindestens aber bis zur Höhe des Entlastungsbetrages nach § 45b Absatz 1 Satz 1 des Elften Buches Sozialgesetzbuch, wenn diese Leistungen von Angehörigen des Pflegebedürftigen oder von anderen Personen, die damit eine sittliche Pflicht im Sinne des § 33 Absatz 2 gegenüber dem Pflegebedürftigen erfüllen, erbracht werden. ²Entsprechendes gilt, wenn der Pflegebedürftige vergleichbare Leistungen aus privaten Versicherungsverträgen nach den Vorgaben des Elften Buches Sozialgesetzbuch oder nach den Beihilfevorschriften für häusliche Pflege erhält;

37. zusätzlich zum ohnehin geschuldeten Arbeitslohn vom Arbeitgeber gewährte Vorteile für die Überlassung eines betrieblichen Fahrrads, das kein Kraftfahrzeug im Sinne des § 6 Absatz 1 Nummer 4 Satz 2 ist;

38. Sachprämien, die der Steuerpflichtige für die persönliche Inanspruchnahme von Dienstleistungen von Unternehmen unentgeltlich erhält, die diese zum Zwecke der Kundenbindung im allgemeinen Geschäftsverkehr in einem jedermann zugänglichen planmäßigen Verfahren gewähren, soweit der Wert der Prämien 1080 Euro im Kalenderjahr nicht übersteigt;

39. der Vorteil des Arbeitnehmers im Rahmen eines gegenwärtigen Dienstverhältnisses aus der unentgeltlichen oder verbilligten Überlassung von Vermögensbeteiligungen im Sinne des § 2 Absatz 1 Nummer 1 Buchstabe a, b und f bis l und Absatz 2 bis 5 des Fünften Vermögensbildungsgesetzes in der Fassung der Bekanntmachung vom 4. März 1994 (BGBl. I S. 406), zuletzt geändert durch Artikel 2 des Gesetzes vom 7. März 2009 (BGBl. I S. 451), in der jeweils geltenden Fassung, am Unternehmen des Arbeitgebers, soweit der Vorteil insgesamt 1440 Euro im Kalenderjahr nicht übersteigt. ²Voraussetzung für die Steuerfreiheit ist, dass die Beteiligung mindestens allen Arbeitnehmern offensteht, die im Zeitpunkt der Bekanntgabe des Angebots ein Jahr oder länger ununterbrochen in einem gegenwärtigen Dienstverhältnis zum Unternehmen stehen. ³Als Unternehmen des Arbeitgebers im Sinne des Satzes 1 gilt auch ein Unternehmen im Sinne des § 18 des Aktiengesetzes. ⁴Als Wert der Vermögensbeteiligung ist der gemeine Wert anzusetzen;

40. 40 Prozent

a) der Betriebsvermögensmehrungen oder Einnahmen aus der Veräußerung oder der Entnahme von Anteilen an Körperschaften, Personenvereinigungen und Vermögensmassen, deren Leistungen beim Empfänger zu Einnahmen im Sinne des § 20 Absatz 1 Nummer 1 und 9 gehören, oder an einer Organgesellschaft im Sinne des § 14 oder § 17 des Körperschaftsteuergesetzes oder aus deren Auflösung oder Herabsetzung von deren Nennkapital oder aus dem Ansatz eines solchen Wirtschaftsguts mit dem Wert, der sich nach § 6 Absatz 1 Nummer 2 Satz 3 ergibt, soweit sie zu den Einkünften aus Land- und Forstwirtschaft, aus Gewerbebetrieb oder aus selbständiger Arbeit gehören. ²Dies gilt nicht, soweit der Ansatz des niedrigeren Teilwerts in vollem Umfang zu einer Gewinnminderung geführt hat und sowie diese Gewinnminderung nicht durch Ansatz eines Werts, der sich nach § 6 Absatz 1 Nummer 2 Satz 3 ergibt, ausgeglichen worden ist. ³Satz 1 gilt außer für Betriebsvermögensmehrungen aus dem Ansatz mit dem Wert, der sich nach § 6 Absatz 1 Nummer 2 Satz 3 ergibt, ebenfalls nicht, soweit Abzüge nach § 6b oder ähnliche Abzüge voll steuerwirksam vorgenommen worden sind,

b) des Veräußerungspreises im Sinne des § 16 Absatz 2, soweit er auf die Veräußerung von Anteilen an Körperschaften, Personenvereinigungen und Vermögensmassen entfällt, deren Leistungen beim Empfänger zu Einnahmen im Sinne des § 20 Absatz 1 Nummer 1 und 9 gehören, oder an einer Organgesellschaft im Sinne des § 14 oder § 17 des Körper-

schaftsteuergesetzes. ²Satz 1 ist in den Fällen des § 16 Absatz 3 entsprechend anzuwenden. ³Buchstabe a Satz 3 gilt entsprechend,
c) des Veräußerungspreises oder des gemeinen Werts im Sinne des § 17 Absatz 2. ²Satz 1 ist in den Fällen des § 17 Absatz 4 entsprechend anzuwenden,
d) der Bezüge im Sinne des § 20 Absatz 1 Nummer 1 und der Einnahmen im Sinne des § 20 Absatz 1 Nummer 9. ²Dies gilt nur, soweit sie das Einkommen der leistenden Körperschaft nicht gemindert haben. ³Sofern die Bezüge in einem anderen Staat auf Grund einer vom deutschen Recht abweichenden steuerlichen Zurechnung einer anderen Person zugerechnet werden, gilt Satz 1 nur, soweit das Einkommen der anderen Person oder ihr nahestehender Personen nicht niedriger ist als bei einer dem deutschen Recht entsprechenden Zurechnung. ⁴Satz 1 Buchstabe d Satz 2 gilt nicht, soweit eine verdeckte Gewinnausschüttung das Einkommen einer dem Steuerpflichtigen nahe stehenden Person erhöht hat und § 32a des Körperschaftsteuergesetzes auf die Veranlagung dieser nahe stehenden Person keine Anwendung findet,
e) der Bezüge im Sinne des § 20 Absatz 1 Nummer 2,
f) der besonderen Entgelte oder Vorteile im Sinne des § 20 Absatz 3, die neben den in § 20 Absatz 1 Nummer 1 und Absatz 2 Satz 1 Nummer 2 Buchstabe a bezeichneten Einnahmen oder an deren Stelle gewährt werden,
g) des Gewinns aus der Veräußerung von Dividendenscheinen und sonstigen Ansprüchen im Sinne des § 20 Absatz 2 Satz 1 Nummer 2 Buchstabe a,
h) des Gewinns aus der Abtretung von Dividendenansprüchen oder sonstigen Ansprüchen im Sinne des § 20 Absatz 2 Satz 1 Nummer 2 Buchstabe a in Verbindung mit § 20 Absatz 2 Satz 2,
i) der Bezüge im Sinne des § 22 Nummer 1 Satz 2, soweit diese von einer nicht von der Körperschaftsteuer befreiten Körperschaft, Personenvereinigung oder Vermögensmasse stammen.

²Dies gilt für Satz 1 Buchstabe d bis h nur in Verbindung mit § 20 Absatz 8. ³Satz 1 Buchstabe a, b und d bis h ist nicht anzuwenden auf Anteile, die bei Kreditinstituten, Finanzdienstleistungsinstituten und Wertpapierinstituten dem Handelsbestand im Sinne des § 340e Absatz 3 des Handelsgesetzbuchs zuzuordnen sind; Gleiches gilt für Anteile, die bei Finanzunternehmen im Sinne des Kreditwesengesetzes, an denen Kreditinstitute, Finanzdienstleistungsinstitute oder Wertpapierinstitute unmittelbar oder mittelbar zu mehr als 50 Prozent beteiligt sind, zum Zeitpunkt des Zugangs zum Betriebsvermögen als Umlaufvermögen auszuweisen sind. ⁴Satz 1 ist nicht anzuwenden bei Anteilen an Unterstützungskassen;

40a. 40 Prozent der Vergütungen im Sinne des § 18 Absatz 1 Nummer 4;
41. *(weggefallen)*
42. die Zuwendungen, die auf Grund des Fulbright-Abkommens gezahlt werden;
43. der Ehrensold für Künstler sowie Zuwendungen aus Mitteln der Deutschen Künstlerhilfe, wenn es sich um Bezüge aus öffentlichen Mitteln handelt, die wegen der Bedürftigkeit des Künstlers gezahlt werden;
44. Stipendien, die aus öffentlichen Mitteln oder von zwischenstaatlichen oder überstaatlichen Einrichtungen, denen die Bundesrepublik Deutschland als Mitglied angehört, zur Förderung der Forschung oder zur Förderung der wissenschaftlichen oder künstlerischen Ausbildung oder Fortbildung gewährt werden. ²Das Gleiche gilt für Stipendien, die zu den in Satz 1 bezeichneten Zwecken von einer Einrichtung, die von einer Körperschaft

des öffentlichen Rechts errichtet ist oder verwaltet wird, oder von einer Körperschaft, Personenvereinigung oder Vermögensmasse im Sinne des § 5 Absatz 1 Nummer 9 des Körperschaftsteuergesetzes gegeben werden. ³Voraussetzung für die Steuerfreiheit ist, dass
  a) die Stipendien einen für die Erfüllung der Forschungsaufgabe oder für die Bestreitung des Lebensunterhalts und die Deckung des Ausbildungsbedarfs erforderlichen Betrag nicht übersteigen und nach den von dem Geber erlassenen Richtlinien vergeben werden,
  b) der Empfänger im Zusammenhang mit dem Stipendium nicht zu einer bestimmten wissenschaftlichen oder künstlerischen Gegenleistung oder zu einer bestimmten Arbeitnehmertätigkeit verpflichtet ist;
45. die Vorteile des Arbeitnehmers aus der privaten Nutzung von betrieblichen Datenverarbeitungsgeräten und Telekommunikationsgeräten sowie deren Zubehör, aus zur privaten Nutzung überlassenen System- und Anwendungsprogrammen, die der Arbeitgeber auch in seinem Betrieb einsetzt, und aus den im Zusammenhang mit diesen Zuwendungen erbrachten Dienstleistungen. ²Satz 1 gilt entsprechend für Steuerpflichtige, denen die Vorteile im Rahmen einer Tätigkeit zugewendet werden, für die sie eine Aufwandsentschädigung im Sinne des § 3 Nummer 12 erhalten;
46. zusätzlich zum ohnehin geschuldeten Arbeitslohn vom Arbeitgeber gewährte Vorteile für das elektrische Aufladen eines Elektrofahrzeugs oder Hybridelektrofahrzeugs im Sinne des § 6 Absatz 1 Nummer 4 Satz 2 zweiter Halbsatz an einer ortsfesten betrieblichen Einrichtung des Arbeitgebers oder eines verbundenen Unternehmens (§ 15 des Aktiengesetzes) und für die zur privaten Nutzung überlassene betriebliche Ladevorrichtung;
47. Leistungen nach § 14a Absatz 4 und § 14b des Arbeitsplatzschutzgesetzes;
48. Leistungen nach dem Unterhaltssicherungsgesetz mit Ausnahme der Leistungen nach § 6 des Unterhaltssicherungsgesetzes;
49. *(aufgehoben)*
50. die Beträge, die der Arbeitnehmer vom Arbeitgeber erhält, um sie für ihn auszugeben (durchlaufende Gelder), und die Beträge, durch die Auslagen des Arbeitnehmers für den Arbeitgeber ersetzt werden (Auslagenersatz);
51. Trinkgelder, die anlässlich einer Arbeitsleistung dem Arbeitnehmer von Dritten freiwillig und ohne dass ein Rechtsanspruch auf sie besteht, zusätzlich zu dem Betrag gegeben werden, der für diese Arbeitsleistung zu zahlen ist;
52. *(weggefallen)*
53. die Übertragung von Wertguthaben nach § 7f Absatz 1 Satz 1 Nummer 2 des Vierten Buches Sozialgesetzbuch auf die Deutsche Rentenversicherung Bund. ²Die Leistungen aus dem Wertguthaben durch die Deutsche Rentenversicherung Bund gehören zu den Einkünften aus nichtselbständiger Arbeit im Sinne des § 19. ³Von ihnen ist Lohnsteuer einzubehalten;
54. Zinsen aus Entschädigungsansprüchen für deutsche Auslandsbonds im Sinne der §§ 52 bis 54 des Bereinigungsgesetzes für deutsche Auslandsbonds in der im Bundesgesetzblatt Teil III, Gliederungsnummer 4139-2, veröffentlichten bereinigten Fassung, soweit sich die Entschädigungsansprüche gegen den Bund oder die Länder richten. ²Das Gleiche gilt für die Zinsen aus Schuldverschreibungen und Schuldbuchforderungen, die nach den §§ 9, 10 und 14 des Gesetzes zur näheren Regelung der Entschädigungsansprüche für Auslandsbonds in der im Bundesgesetzblatt Teil III, Gliederungsnummer 4139-3, veröffentlichten bereinigten Fassung

vom Bund oder von den Ländern für Entschädigungsansprüche erteilt oder eingetragen werden;
55. der in den Fällen des § 4 Absatz 2 Nummer 2 und Absatz 3 des Betriebsrentengesetzes vom 19. Dezember 1974 (BGBl. I S. 3610), das zuletzt durch Artikel 8 des Gesetzes vom 5. Juli 2004 (BGBl. I S. 1427) geändert worden ist, in der jeweils geltenden Fassung geleistete Übertragungswert nach § 4 Absatz 5 des Betriebsrentengesetzes, wenn die betriebliche Altersversorgung beim ehemaligen und neuen Arbeitgeber über einen Pensionsfonds, eine Pensionskasse oder ein Unternehmen der Lebensversicherung durchgeführt wird; dies gilt auch, wenn eine Versorgungsanwartschaft aus einer betrieblichen Altersversorgung auf Grund vertraglicher Vereinbarung ohne Fristerfordernis unverfallbar ist. ²Satz 1 gilt auch, wenn der Übertragungswert vom ehemaligen Arbeitgeber oder von einer Unterstützungskasse an den neuen Arbeitgeber oder eine andere Unterstützungskasse geleistet wird. ³Die Leistungen des neuen Arbeitgebers, der Unterstützungskasse, des Pensionsfonds, der Pensionskasse oder des Unternehmens der Lebensversicherung auf Grund des Betrags nach Satz 1 und 2 gehören zu den Einkünften, zu denen die Leistungen gehören würden, wenn die Übertragung nach § 4 Absatz 2 Nummer 2 und Absatz 3 des Betriebsrentengesetzes nicht stattgefunden hätte;
55a. die nach § 10 des Versorgungsausgleichsgesetzes vom 3. April 2009 (BGBl. I S. 700) in der jeweils geltenden Fassung (interne Teilung) durchgeführte Übertragung von Anrechten für die ausgleichsberechtigte Person zu Lasten von Anrechten der ausgleichspflichtigen Person. ²Die Leistungen aus diesen Anrechten gehören bei der ausgleichsberechtigten Person zu den Einkünften, zu denen die Leistungen bei der ausgleichspflichtigen Person gehören würden, wenn die interne Teilung nicht stattgefunden hätte;
55b. der nach § 14 des Versorgungsausgleichsgesetzes (externe Teilung) geleistete Ausgleichswert zur Begründung von Anrechten für die ausgleichsberechtigte Person zu Lasten von Anrechten der ausgleichspflichtigen Person, soweit Leistungen aus diesen Anrechten zu steuerpflichtigen Einkünften nach den §§ 19, 20 und 22 führen würden. ²Satz 1 gilt nicht, soweit Leistungen, die auf dem begründeten Anrecht beruhen, bei der ausgleichsberechtigten Person zu Einkünften nach § 20 Absatz 1 Nummer 6 oder § 22 Nummer 1 Satz 3 Buchstabe a Doppelbuchstabe bb führen würden. ³Der Versorgungsträger der ausgleichspflichtigen Person hat den Versorgungsträger der ausgleichsberechtigten Person über die für die Besteuerung der Leistungen erforderlichen Grundlagen zu informieren. ⁴Dies gilt nicht, wenn der Versorgungsträger der ausgleichsberechtigten Person die Grundlagen bereits kennt oder aus den bei ihm vorhandenen Daten feststellen kann und dieser Umstand dem Versorgungsträger der ausgleichspflichtigen Person mitgeteilt worden ist;
55c. Übertragungen von Altersvorsorgevermögen im Sinne des § 92 auf einen anderen auf den Namen des Steuerpflichtigen lautenden Altersvorsorgevertrag (§ 1 Absatz 1 Satz 1 Nummer 10 Buchstabe b des Altersvorsorgeverträge-Zertifizierungsgesetzes), soweit die Leistungen zu steuerpflichtigen Einkünften nach § 22 Nummer 5 führen würden. ²Dies gilt entsprechend,
a) wenn Anwartschaften aus einer betrieblichen Altersversorgung, die über einen Pensionsfonds, eine Pensionskasse oder ein Unternehmen der Lebensversicherung (Direktversicherung) durchgeführt wird, lediglich auf einen anderen Träger einer betrieblichen Altersversorgung in Form eines Pensionsfonds, einer Pensionskasse oder eines Unternehmens der Lebensversicherung (Direktversicherung) übertragen wer-

Steuerfreie Einnahmen § 3

den, soweit keine Zahlungen unmittelbar an den Arbeitnehmer erfolgen,
b) wenn Anwartschaften der betrieblichen Altersversorgung abgefunden werden, soweit das Altersvorsorgevermögen zugunsten eines auf den Namen des Steuerpflichtigen lautenden Altersvorsorgevertrages geleistet wird,
c) wenn im Fall des Todes des Steuerpflichtigen das Altersvorsorgevermögen auf einen auf den Namen des Ehegatten lautenden Altersvorsorgevertrag übertragen wird, wenn die Ehegatten im Zeitpunkt des Todes des Zulageberechtigten nicht dauernd getrennt gelebt haben (§ 26 Absatz 1) und ihren Wohnsitz oder gewöhnlichen Aufenthalt in einem Mitgliedstaat der Europäischen Union oder einem Staat hatten, auf den das Abkommen über den Europäischen Wirtschaftsraum anwendbar ist; dies gilt auch, wenn die Ehegatten ihren vor dem Zeitpunkt, ab dem das Vereinigte Königreich Großbritannien und Nordirland nicht mehr Mitgliedstaat der Europäischen Union ist und auch nicht wie ein solcher zu behandeln ist, begründeten Wohnsitz oder gewöhnlichen Aufenthalt im Vereinigten Königreich Großbritannien und Nordirland hatten und der Vertrag vor dem 23. Juni 2016 abgeschlossen worden ist;
55d. Übertragungen von Anrechten aus einem nach § 5a Altersvorsorgeverträge-Zertifizierungsgesetz zertifizierten Vertrag auf einen anderen auf den Namen des Steuerpflichtigen lautenden nach § 5a Altersvorsorgeverträge-Zertifizierungsgesetz zertifizierten Vertrag;
55e. die auf Grund eines Abkommens mit einer zwischen- oder überstaatlichen Einrichtung übertragenen Werte von Anrechten auf Altersversorgung, soweit diese zur Begründung von Anrechten auf Altersversorgung bei einer zwischen- oder überstaatlichen Einrichtung dienen. ²Die Leistungen auf Grund des Betrags nach Satz 1 gehören zu den Einkünften, zu denen die Leistungen gehören, die die übernehmende Versorgungseinrichtung im Übrigen erbringt;
56. Zuwendungen des Arbeitgebers nach § 19 Absatz 1 Satz 1 Nummer 3 Satz 1 aus dem ersten Dienstverhältnis an eine Pensionskasse zum Aufbau einer nicht kapitalgedeckten betrieblichen Altersversorgung, bei der eine Auszahlung der zugesagten Alters-, Invaliditäts- oder Hinterbliebenenversorgung entsprechend § 82 Absatz 2 Satz 2 vorgesehen ist, soweit diese Zuwendungen im Kalenderjahr 2 Prozent der Beitragsbemessungsgrenze in der allgemeinen Rentenversicherung nicht übersteigen. ²Der in Satz 1 genannte Höchstbetrag erhöht sich ab 1. Januar 2020 auf 3 Prozent und ab 1. Januar 2025 auf 4 Prozent der Beitragsbemessungsgrenze in der allgemeinen Rentenversicherung. ³Die Beträge nach den Sätzen 1 und 2 sind jeweils um die nach § 3 Nummer 63 Satz 1, 3 oder Satz 4 steuerfreien Beträge zu mindern;
57. die Beträge, die die Künstlersozialkasse zugunsten des nach dem Künstlersozialversicherungsgesetz Versicherten aus dem Aufkommen von Künstlersozialabgabe und Bundeszuschuss an einen Träger der Sozialversicherung oder an den Versicherten zahlt;
58. das Wohngeld nach dem Wohngeldgesetz, die sonstigen Leistungen aus öffentlichen Haushalten oder Zweckvermögen zur Senkung der Miete oder Belastung im Sinne des § 11 Absatz 2 Nummer 4 des Wohngeldgesetzes sowie öffentliche Zuschüsse zur Deckung laufender Aufwendungen und Zinsvorteile bei Darlehen, die aus öffentlichen Haushalten gewährt werden, für eine zu eigenen Wohnzwecken genutzte Wohnung im eigenen Haus oder eine zu eigenen Wohnzwecken genutzte Eigentumswohnung, soweit die Zuschüsse und Zinsvorteile die Vorteile aus einer

Levedag

entsprechenden Förderung mit öffentlichen Mitteln nach dem *Zweiten Wohnungsbaugesetz*,* dem Wohnraumförderungsgesetz oder einem Landesgesetz zur Wohnraumförderung nicht überschreiten, der Zuschuss für die Wohneigentumsbildung in innerstädtischen Altbauquartieren nach den Regelungen zum Stadtumbau Ost in den Verwaltungsvereinbarungen über die Gewährung von Finanzhilfen des Bundes an die Länder nach Artikel 104a Absatz 4 des Grundgesetzes zur Förderung städtebaulicher Maßnahmen;

59. die Zusatzförderung nach § 88e des *Zweiten Wohnungsbaugesetzes** und nach § 51f des Wohnungsbaugesetzes für das Saarland und Geldleistungen, die ein Mieter zum Zwecke der Wohnkostenentlastung nach dem Wohnraumförderungsgesetz oder einem Landesgesetz zur Wohnraumförderung erhält, soweit die Einkünfte dem Mieter zuzurechnen sind, und die Vorteile aus einer mietweisen Wohnungsüberlassung im Zusammenhang mit einem Arbeitsverhältnis, soweit sie die Vorteile aus einer entsprechenden Förderung nach dem *Zweiten Wohnungsbaugesetz*,* nach dem Wohnraumförderungsgesetz oder einem Landesgesetz zur Wohnraumförderung nicht überschreiten;
60. das Anpassungsgeld für Arbeitnehmer der Braunkohlekraftwerke und -tagebaue sowie Steinkohlekraftwerke, die aus Anlass einer Stilllegungsmaßnahme ihren Arbeitsplatz verloren haben;
61. Leistungen nach § 4 Absatz 1 Nummer 2, § 7 Absatz 3, §§ 9, 10 Absatz 1, §§ 13, 15 des Entwicklungshelfer-Gesetzes;
62. Ausgaben des Arbeitgebers für die Zukunftssicherung des Arbeitnehmers, soweit der Arbeitgeber dazu nach sozialversicherungsrechtlichen oder anderen gesetzlichen Vorschriften oder nach einer auf gesetzlicher Ermächtigung beruhenden Bestimmung verpflichtet ist, und es sich nicht um Zuwendungen oder Beiträge des Arbeitgebers nach den Nummern 56, 63 und 63a handelt. ²Den Ausgaben des Arbeitgebers für die Zukunftssicherung, die auf Grund gesetzlicher Verpflichtung geleistet werden, werden gleichgestellt Zuschüsse des Arbeitgebers zu den Aufwendungen des Arbeitnehmers
    a) für eine Lebensversicherung,
    b) für die freiwillige Versicherung in der gesetzlichen Rentenversicherung,
    c) für eine öffentlich-rechtliche Versicherungs- oder Versorgungseinrichtung seiner Berufsgruppe,
    wenn der Arbeitnehmer von der Versicherungspflicht in der gesetzlichen Rentenversicherung befreit worden ist. ³Die Zuschüsse sind nur insoweit steuerfrei, als sie insgesamt bei Befreiung von der Versicherungspflicht in der allgemeinen Rentenversicherung die Hälfte und bei Befreiung von der Versicherungspflicht in der knappschaftlichen Rentenversicherung zwei Drittel der Gesamtaufwendungen des Arbeitnehmers nicht übersteigen und nicht höher sind als der Betrag, der als Arbeitgeberanteil bei Versicherungspflicht in der allgemeinen Rentenversicherung oder in der knappschaftlichen Rentenversicherung zu zahlen wäre;
63. Beiträge des Arbeitgebers aus dem ersten Dienstverhältnis an einen Pensionsfonds, eine Pensionskasse oder für eine Direktversicherung zum Aufbau einer kapitalgedeckten betrieblichen Altersversorgung, bei der eine Auszahlung der zugesagten Alters-, Invaliditäts- oder Hinterbliebenenversorgungsleistungen entsprechend § 82 Absatz 2 Satz 2 vorgesehen ist, soweit die Beiträge im Kalenderjahr 8 Prozent der Beitragsbemessungsgrenze in der allgemeinen Rentenversicherung nicht übersteigen.

---

* Zweites Wohnungsbaugesetz aufgehoben ab 1.1.2002.

²Dies gilt nicht, soweit der Arbeitnehmer nach § 1a Absatz 3 des Betriebsrentengesetzes verlangt hat, dass die Voraussetzungen für eine Förderung nach § 10a oder Abschnitt XI erfüllt werden. ³Aus Anlass der Beendigung des Dienstverhältnisses geleistete Beiträge im Sinne des Satzes 1 sind steuerfrei, soweit sie 4 Prozent der Beitragsbemessungsgrenze in der allgemeinen Rentenversicherung, vervielfältigt mit der Anzahl der Kalenderjahre, in denen das Dienstverhältnis des Arbeitnehmers zu dem Arbeitgeber bestanden hat, höchstens jedoch zehn Kalenderjahre, nicht übersteigen. ⁴Beiträge im Sinne des Satzes 1, die für Kalenderjahre nachgezahlt werden, in denen das erste Dienstverhältnis ruhte und vom Arbeitgeber im Inland kein steuerpflichtiger Arbeitslohn bezogen wurde, sind steuerfrei, soweit sie 8 Prozent der Beitragsbemessungsgrenze in der allgemeinen Rentenversicherung, vervielfältigt mit der Anzahl dieser Kalenderjahre, höchstens jedoch zehn Kalenderjahre, nicht übersteigen;

63a. Sicherungsbeiträge des Arbeitgebers nach § 23 Absatz 1 des Betriebsrentengesetzes, soweit sie nicht unmittelbar dem einzelnen Arbeitnehmer gutgeschrieben oder zugerechnet werden;

64. bei Arbeitnehmern, die zu einer inländischen juristischen Person des öffentlichen Rechts in einem Dienstverhältnis stehen und dafür Arbeitslohn aus einer inländischen öffentlichen Kasse beziehen, die Bezüge für eine Tätigkeit im Ausland insoweit, als sie den Arbeitslohn übersteigen, der dem Arbeitnehmer bei einer gleichwertigen Tätigkeit am Ort der zahlenden öffentlichen Kasse zustehen würde. ²Satz 1 gilt auch, wenn das Dienstverhältnis zu einer anderen Person besteht, die den Arbeitslohn entsprechend dem im Sinne des Satzes 1 geltenden Vorschriften ermittelt, der Arbeitslohn aus einer öffentlichen Kasse gezahlt wird und ganz oder im Wesentlichen aus öffentlichen Mitteln aufgebracht wird. ³Bei anderen für einen begrenzten Zeitraum in das Ausland entsandten Arbeitnehmern, die dort einen Wohnsitz oder gewöhnlichen Aufenthalt haben, ist der ihnen von einem inländischen Arbeitgeber gewährte Kaufkraftausgleich steuerfrei, soweit er den für vergleichbare Auslandsdienstbezüge nach § 55 des Bundesbesoldungsgesetzes zulässigen Betrag nicht übersteigt;

65. a) Beiträge des Trägers der Insolvenzsicherung (§ 14 des Betriebsrentengesetzes) zugunsten eines Versorgungsberechtigten und seiner Hinterbliebenen an eine Pensionskasse oder ein Unternehmen der Lebensversicherung zur Ablösung von Verpflichtungen, die der Träger der Insolvenzsicherung im Sicherungsfall gegenüber dem Versorgungsberechtigten und seinen Hinterbliebenen hat,
b) Leistungen zur Übernahme von Versorgungsleistungen oder unverfallbaren Versorgungsanwartschaften durch eine Pensionskasse oder ein Unternehmen der Lebensversicherung in den in § 4 Absatz 4 des Betriebsrentengesetzes bezeichneten Fällen,
c) der Erwerb von Ansprüchen durch den Arbeitnehmer gegenüber einem Dritten im Fall der Eröffnung des Insolvenzverfahrens oder in den Fällen des § 7 Absatz 1 Satz 4 des Betriebsrentengesetzes, soweit der Dritte neben dem Arbeitgeber für die Erfüllung von Ansprüchen auf Grund bestehender Versorgungsverpflichtungen oder Versorgungsanwartschaften gegenüber dem Arbeitnehmer und dessen Hinterbliebenen einsteht; dies gilt entsprechend, wenn der Dritte für Wertguthaben aus einer Vereinbarung über die Altersteilzeit nach dem Altersteilzeitgesetz vom 23. Juli 1996 (BGBl. I S. 1078), zuletzt geändert durch Artikel 234 der Verordnung vom 31. Oktober 2006 (BGBl. I S. 2407), in der jeweils geltenden Fassung oder auf Grund von Wertguthaben aus einem Ar-

beitszeitkonto in den im ersten Halbsatz genannten Fällen für den Arbeitgeber einsteht und

d) der Erwerb von Ansprüchen durch den Arbeitnehmer im Zusammenhang mit dem Eintritt in die Versicherung nach § 8 Absatz 3 des Betriebsrentengesetzes.

²In den Fällen nach Buchstabe a, b und c gehören die Leistungen der Pensionskasse, des Unternehmens der Lebensversicherung oder des Dritten zu den Einkünften, zu denen jene Leistungen gehören würden, die ohne Eintritt eines Falles nach Buchstabe a, b und c zu erbringen wären. ³Soweit sie zu den Einkünften aus nichtselbständiger Arbeit im Sinne des § 19 gehören, ist von ihnen Lohnsteuer einzubehalten. ⁴Für die Erhebung der Lohnsteuer gelten die Pensionskasse, das Unternehmen der Lebensversicherung oder der Dritte als Arbeitgeber und der Leistungsempfänger als Arbeitnehmer. ⁵Im Fall des Buchstaben d gehören die Versorgungsleistungen des Unternehmens der Lebensversicherung oder der Pensionskasse, soweit sie auf Beiträgen beruhen, die bis zum Eintritt des Arbeitnehmers in die Versicherung geleistet wurden, zu den sonstigen Einkünften im Sinne des § 22 Nummer 5 Satz 1; soweit der Arbeitnehmer in den Fällen des § 8 Absatz 3 des Betriebsrentengesetzes die Versicherung mit eigenen Beiträgen fortgesetzt hat, sind die auf diesen Beiträgen beruhenden Versorgungsleistungen sonstige Einkünfte im Sinne des § 22 Nummer 5 Satz 1 oder Satz 2;

66. Leistungen eines Arbeitgebers oder einer Unterstützungskasse an einen Pensionsfonds zur Übernahme bestehender Versorgungsverpflichtungen oder Versorgungsanwartschaften durch den Pensionsfonds, wenn ein Antrag nach § 4d Absatz 3 oder § 4e Absatz 3 gestellt worden ist;

67. a) das Erziehungsgeld nach dem Bundeserziehungsgeldgesetz und vergleichbare Leistungen der Länder,

b) das Elterngeld nach dem Bundeselterngeld- und Elternzeitgesetz und vergleichbare Leistungen der Länder,

c) Leistungen für Kindererziehung an Mütter der Geburtsjahrgänge vor 1921 nach den §§ 294 bis 299 des Sechsten Buches Sozialgesetzbuch sowie

d) Zuschläge, die nach den §§ 50a bis 50e des Beamtenversorgungsgesetzes oder nach den *§§ 70 bis 74* [ab 1.1.2025: §§ 96 bis 100] des Soldatenversorgungsgesetzes oder nach vergleichbaren Regelungen der Länder für ein vor dem 1. Januar 2015 geborenes Kind oder für eine vor dem 1. Januar 2015 begonnene Zeit der Pflege einer pflegebedürftigen Person zu gewähren sind; im Falle des Zusammentreffens von Zeiten für mehrere Kinder nach § 50b des Beamtenversorgungsgesetzes oder *§ 71* [ab 1.1.2025: § 97] des Soldatenversorgungsgesetzes oder nach vergleichbaren Regelungen der Länder gilt dies, wenn eines der Kinder vor dem 1. Januar 2015 geboren ist;

68. die Hilfen nach dem Gesetz über die Hilfe für durch Anti-D-Immunprophylaxe mit dem Hepatitis-C-Virus infizierte Personen vom 2. August 2000 (BGBl. I S. 1270);

69. die von der Stiftung „Humanitäre Hilfe für durch Blutprodukte HIV-infizierte Personen" nach dem HIV-Hilfegesetz vom 24. Juli 1995 (BGBl. I S. 972) gewährten Leistungen;

70. die Hälfte

a) der Betriebsvermögensmehrungen oder Einnahmen aus der Veräußerung von Grund und Boden und Gebäuden, die am 1. Januar 2007 mindestens fünf Jahre zum Anlagevermögen eines inländischen Betriebsvermögens des Steuerpflichtigen gehören, wenn diese auf Grund eines nach dem 31. Dezember 2006 und vor dem 1. Januar 2010 rechts-

wirksam abgeschlossenen obligatorischen Vertrages an eine REIT-Aktiengesellschaft oder einen Vor-REIT veräußert werden,
b) der Betriebsvermögensmehrungen, die auf Grund der Eintragung eines Steuerpflichtigen in das Handelsregister als REIT-Aktiengesellschaft im Sinne des REIT-Gesetzes vom 28. Mai 2007 (BGBl. I S. 914) durch Anwendung des § 13 Absatz 1 und 3 Satz 1 des Körperschaftsteuergesetzes auf Grund und Boden und Gebäude entstehen, wenn diese Wirtschaftsgüter vor dem 1. Januar 2005 angeschafft oder hergestellt wurden, und die Schlussbilanz im Sinne des § 13 Absatz 1 und 3 des Körperschaftsteuergesetzes auf einen Zeitpunkt vor dem 1. Januar 2010 aufzustellen ist.

²Satz 1 ist nicht anzuwenden,
a) wenn der Steuerpflichtige den Betrieb veräußert oder aufgibt und der Veräußerungsgewinn nach § 34 besteuert wird,
b) soweit der Steuerpflichtige von den Regelungen der §§ 6b und 6c Gebrauch macht,
c) soweit der Ansatz des niedrigeren Teilwerts in vollem Umfang zu einer Gewinnminderung geführt hat und soweit diese Gewinnminderung nicht durch den Ansatz eines Werts, der sich nach § 6 Absatz 1 Nummer 1 Satz 4 ergibt, ausgeglichen worden ist,
d) wenn im Fall des Satzes 1 Buchstabe a der Buchwert zuzüglich der Veräußerungskosten den Veräußerungserlös oder im Fall des Satzes 1 Buchstabe b der Buchwert den Teilwert übersteigt. ²Ermittelt der Steuerpflichtige den Gewinn nach § 4 Absatz 3, treten an die Stelle des Buchwerts die Anschaffungs- oder Herstellungskosten verringert um die vorgenommenen Absetzungen für Abnutzung oder Substanzverringerung,
e) soweit vom Steuerpflichtigen in der Vergangenheit Abzüge bei den Anschaffungs- oder Herstellungskosten von Wirtschaftsgütern im Sinne des Satzes 1 nach § 6b oder ähnliche Abzüge voll steuerwirksam vorgenommen worden sind,
f) wenn es sich um eine Übertragung im Zusammenhang mit Rechtsvorgängen handelt, die dem Umwandlungssteuergesetz unterliegen und die Übertragung zu einem Wert unterhalb des gemeinen Werts erfolgt.

³Die Steuerbefreiung entfällt rückwirkend, wenn
a) innerhalb eines Zeitraums von vier Jahren seit dem Vertragsschluss im Sinne des Satzes 1 Buchstabe a der Erwerber oder innerhalb eines Zeitraums von vier Jahren nach dem Stichtag der Schlussbilanz im Sinne des Satzes 1 Buchstabe b die REIT-Aktiengesellschaft den Grund und Boden oder das Gebäude veräußert,
b) der Vor-REIT oder ein anderer Vor-REIT als sein Gesamtrechtsnachfolger den Status als Vor-REIT gemäß § 10 Absatz 3 Satz 1 des REIT-Gesetzes verliert,
c) die REIT-Aktiengesellschaft innerhalb eines Zeitraums von vier Jahren seit dem Vertragsschluss im Sinne des Satzes 1 Buchstabe a oder nach dem Stichtag der Schlussbilanz im Sinne des Satzes 1 Buchstabe b in keinem Veranlagungszeitraum die Voraussetzungen für die Steuerbefreiung erfüllt,
d) die Steuerbefreiung der REIT-Aktiengesellschaft innerhalb eines Zeitraums von vier Jahren seit dem Vertragsschluss im Sinne des Satzes 1 Buchstabe a oder nach dem Stichtag der Schlussbilanz im Sinne des Satzes 1 Buchstabe b endet,
e) das Bundeszentralamt für Steuern dem Erwerber im Sinne des Satzes 1 Buchstabe a den Status als Vor-REIT im Sinne des § 2 Satz 4 des

REIT-Gesetzes vom 28. Mai 2007 (BGBl. I S. 914) bestandskräftig aberkannt hat. ⁴Die Steuerbefreiung entfällt auch rückwirkend, wenn die Wirtschaftsgüter im Sinne des Satzes 1 Buchstabe a vom Erwerber an den Veräußerer oder eine ihm nahe stehende Person im Sinne des § 1 Absatz 2 des Außensteuergesetzes überlassen werden und der Veräußerer oder eine ihm nahe stehende Person im Sinne des § 1 Absatz 2 des Außensteuergesetzes nach Ablauf einer Frist von zwei Jahren seit Eintragung des Erwerbers als REIT-Aktiengesellschaft in das Handelsregister an dieser mittelbar oder unmittelbar zu mehr als 50 Prozent beteiligt ist. ⁵Der Grundstückserwerber haftet für die sich aus dem rückwirkenden Wegfall der Steuerbefreiung ergebenden Steuern;

71. der aus einer öffentlichen Kasse gezahlte Zuschuss
   a) für den Erwerb eines Anteils an einer Kapitalgesellschaft in Höhe von 20 Prozent der Anschaffungskosten, höchstens jedoch 100 000 Euro. ²Voraussetzung ist, dass
      aa) der Anteil an der Kapitalgesellschaft länger als drei Jahre gehalten wird,
      bb) die Kapitalgesellschaft, deren Anteil erworben wird,
         aaa) nicht älter ist als sieben Jahre, wobei das Datum der Eintragung der Gesellschaft in das Handelsregister maßgeblich ist,
         bbb) weniger als 50 Mitarbeiter (Vollzeitäquivalente) hat,
         ccc) einen Jahresumsatz oder eine Jahresbilanzsumme von höchstens 10 Millionen Euro hat und
         ddd) nicht an einem regulierten Markt notiert ist und keine solche Notierung vorbereitet,
      cc) der Zuschussempfänger das 18. Lebensjahr vollendet hat oder eine GmbH oder Unternehmergesellschaft ist, bei der mindestens ein Gesellschafter das 18. Lebensjahr vollendet hat und
      dd) für den Erwerb des Anteils kein Fremdkapital eingesetzt wird. ²Wird der Anteil von einer GmbH oder Unternehmergesellschaft im Sinne von Doppelbuchstabe cc erworben, gehören auch solche Darlehen zum Fremdkapital, die der GmbH oder Unternehmergesellschaft von ihren Anteilseignern gewährt werden und die von der GmbH oder Unternehmergesellschaft zum Erwerb des Anteils eingesetzt werden.
   b) anlässlich der Veräußerung eines Anteils an einer Kapitalgesellschaft im Sinne von Buchstabe a in Höhe von 25 Prozent des Veräußerungsgewinns, wenn
      aa) der Veräußerer eine natürliche Person ist,
      bb) bei Erwerb des veräußerten Anteils bereits ein Zuschuss im Sinne von Buchstabe a gezahlt und nicht zurückgefordert wurde,
      cc) der veräußerte Anteil frühestens drei Jahre (Mindesthaltedauer) und spätestens zehn Jahre (Höchsthaltedauer) nach Anteilserwerb veräußert wurde,
      dd) der Veräußerungsgewinn nach Satz 2 mindestens 2000 Euro beträgt und
      ee) der Zuschuss auf 80 Prozent der Anschaffungskosten begrenzt ist.
   ²Veräußerungsgewinn im Sinne von Satz 1 ist der Betrag, um den der Veräußerungspreis die Anschaffungskosten einschließlich eines gezahlten Agios übersteigt. ³Erwerbsneben- und Veräußerungskosten sind nicht zu berücksichtigen.

Allgemeine Erläuterungen   1 **§ 3**

Einkommensteuer-Durchführungsverordnung:

§ 4 *EStDV Steuerfreie Einnahmen*

Die Vorschriften der Lohnsteuer-Durchführungsverordnung über die Steuerpflicht oder die Steuerfreiheit von Einnahmen aus nichtselbständiger Arbeit sind bei der Veranlagung anzuwenden.

Lohnsteuer-Durchführungsverordnung:

§ 5 *LStDV Besondere Aufzeichnungs- und Mitteilungspflichten im Rahmen der betrieblichen Altersversorgung*

(1) Der Arbeitgeber hat bei der Durchführung einer kapitalgedeckten betrieblichen Altersversorgung über eine Pensionskasse oder eine Direktversicherung im Fall des § 52 Absatz 40 des Einkommensteuergesetzes aufzuzeichnen, dass vor dem 1. Januar 2018 mindestens ein Beitrag nach § 40b Absatz 1 und 2 des Einkommensteuergesetzes in einer vor dem 1. Januar 2005 geltenden Fassung pauschal besteuert wurde.

(2) [1] Der Arbeitgeber hat der Versorgungseinrichtung (Pensionsfonds, Pensionskasse, Direktversicherung), die für ihn die betriebliche Altersversorgung durchführt, spätestens zwei Monate nach Ablauf des Kalenderjahres oder nach Beendigung des Dienstverhältnisses im Laufe des Kalenderjahres die für den einzelnen Arbeitnehmer geleisteten und
1. nach § 3 Nummer 56 und 63 sowie nach § 100 Absatz 6 Satz 1 des Einkommensteuergesetzes steuerfrei belassenen,
2. nach § 40b des Einkommensteuergesetzes in der am 31. Dezember 2004 geltenden Fassung pauschal besteuerten oder
3. individuell besteuerten

Beiträge mitzuteilen. [2] Ferner hat der Arbeitgeber oder die Unterstützungskasse die nach § 3 Nr. 66 des Einkommensteuergesetzes steuerfrei belassenen Leistungen mitzuteilen. [3] Die Mitteilungspflicht des Arbeitgebers oder der Unterstützungskasse kann durch einen Auftragnehmer wahrgenommen werden.

(3) [1] Eine Mitteilung nach Absatz 2 kann unterbleiben, wenn die Versorgungseinrichtung die steuerliche Behandlung der für den einzelnen Arbeitnehmer im Kalenderjahr geleisteten Beiträge bereits kennt oder aus den bei ihr vorhandenen Daten feststellen kann, und dieser Umstand dem Arbeitgeber mitgeteilt worden ist. [2] Unterbleibt die Mitteilung des Arbeitgebers, ohne dass ihm eine entsprechende Mitteilung der Versorgungseinrichtung vorliegt, so hat die Versorgungseinrichtung davon auszugehen, dass es sich insgesamt bis zu den in § 3 Nr. 56 oder 63 des Einkommensteuergesetzes genannten Höchstbeträgen um steuerbegünstigte Beiträge handelt, die in der Auszahlungsphase als Leistungen im Sinne von § 22 Nr. 5 Satz 1 des Einkommensteuergesetzes zu besteuern sind.

Einkommensteuer-/Lohnsteuer-Richtlinien 3.0–3.44/EStH 3.0–3.65; LStR 3.2–3.65/LStH 3.0–3.67

I. Allgemeine Erläuterungen

1. Steuerbefreiung von Einnahmen. – *(1) Einnahmenbegriff.* § 3 enthält   1
sachl (nicht persönl) StBefreiungen von *Einnahmen* unterschiedl Einkunftsarten (BFH I R 28/87 BStBl II 89, 449). *Ausl vergleichbare Einnahmen* sind stfrei, wenn nach dem Wortlaut des Einzeltatbestands nicht ausdrückl nur inl Einnahmen be-

freit sind (s BFH I R 152/94 BStBl II 97, 358; § 3 Nr 2 Buchst e, Rz 20). – **(2) Einkünfteermittlung.** IRd Einkünfteermittlung gem §§ 4 III, 8/9 sind stfreie Einnahmen nicht anzusetzen; bei § 4 I, § 5 I sind sie außerbilanziell abzuziehen (§ 4 Rz 447). – **(3) Geltendmachung.** Die Berücksichtigung einer StBefreiung gem § 3 erfolgt iRd Veranlagung und im StAbzugsverfahren (S BFH I R 28/87 BStBl II 89, 449; § 50a, § 50 Rz 6, 14; § 4 EStDV).

2. Persönlicher Geltungsbereich. – *(1)* **Natürliche Personen.** § 3 gilt für unbeschr und beschr ESt-Subjekte (BFH I R 28/87 BStBl II 89, 449; § 50 Rz 6, 14). – *(2)* **Körperschaften.** Zu den bei der kstl Einkommensermittlung (§ 7, § 8 KStG) anwendbaren Regelungen gem § 3 s R 8.1 KStR. Daneben stehen die persönl StBefreiungen gem § 5 KStG.

3. Verhältnis zu anderen Vorschriften. – *(1)* **Weitere Steuerbefreiungen im EStG.** S §§ 3a § 3b, § 20 I Nr 6 S 2, § 106. Freibeträge/Freigrenzen enthalten § 13 III, § 14, § 14a I, IV, V, § 16 IV, § 17 III, § 18 III, § 22 Nr. 3, § 24a, § 46 II Nr. 1, § 49 IV. § 163 I 2 AO ermöglicht die Nichtberücksichtigung von Besteuerungsgrundlagen aus Billigkeitsgründen.– *(2)* **DBA-Freistellung.** Sie wirkt für die StBemessungsgrundlage wie eine StBefreiung iSd § 3, da sie die ausl Einkünfte/Einnahmen hiervon ausnimmt (BFH I R 79/96 BStBl II 98, 113; § 49 Rz 6; *Wassermeyer* OECD-MA, Art. 23A Rz. 2, 20, 50 f, 56). § 3 ist auch iZm der Ermittlung des StSatzeinkommens (§ 32b I Nr 2, II Nr 2) anzuwenden. Sind Einkünfte gem § 3 stfrei, wird die DBA – Freistellung verdrängt (BFH I R 152/94 BStBl II 97, 358; § 32b Rz 11, 16, 20, 23); ansonsten sind stfreie Einkünfte aus dem StSatzeinkommen zu kürzen (zB BFH VI R 55/16 BFH/NV 18, 1145; § 32b Rz 31, 38). Zur DBA-Freistellung iRd inl StAbzugs s § 50d I Rz 4, 5. – *(3)* **Angehörige internationaler Organisationen.** StBefreiungen können aufgrund zwischenstaatl Abkommen zu gewähren sein (Übersicht s *BMF* BStBl I 13, 404 und *FSen Bln BeckVerw* 513312). **Einzelfälle:** zu Bediensteten des Europäischen Patentamts BFH I R 28/14 BFH/NV 16, 919; *FSen Bln* BeckVerw 436544; zu stpfl EU-Tagegeldern bei Abordnungen BFH I R 28/99 BStBl II 02, 238, *BMF* BStBl I 06, 340 und zu FRONTEX FG Thür EFG 21, 436, Rev I R 7/21; zur OSZE BFH I R 73/13 BFH/NV 15, 1674; zur ISAF abl FG RhPf EFG 14, 1455 (aufgehoben durch BFH I R 45/14 BFH/NV 16, 261), FG RhPf EFG 19, 577, Rev I R 43/19, FG BBg EFG 21, 264, Rev I R 17/20); zur stpfl Altersrente der Vereinten Nationen BFH X R 50/14 BFH/NV 17, 1101; zu UNO/Weltbank FG Köln EFG 07, 743, rkr. – *(4)* **Abzugsbeschränkung für Betriebsausgaben/Werbungskosten.** § 3c I enthält für WK ein Abzugsverbot der Höhe nach, wenn sie im unlösbaren Zusammenhang mit gem § 3 stfreien Einnahmen stehen. § 3c II enthält ein Teilabzugsverbot für BV-Minderungen/BA/AK, die durch Einnahmen gem § 3 Nr 40 veranlasst sind und § 3c III ein Abzugsverbot für ebensolche Aufwendungen iZm Einkünften gem § 3 Nr. 70. § 3c IV enthält ein Abzugsverbot für Sanierungsaufwendungen. – *(5)* **Rückzahlung steuerfreier Einnahmen.** S § 8 Rz 9 und § 9 Rz 108, 110. – *(6)* **Verhältnis zu § 4 IV/§ 9.** Die Erstattung von Ausgaben durch gem § 3 stfreie Einnahmen lässt nicht die für WK/BA erforderl wirtschaftl Belastung des StPfl entfallen. selbst wenn die stfreien Erstattungen zweckgerichtet und im Vorhinein gewährt werden, um die Aufwendungen daraus zu bestreiten (**aA zu** Stipendien FG Mchn EFG 20, 1750, Rev VI R 34/20; FG Köln EFG 19, 541, rkr). Dem StPfl erwachsen Aufwendungen (BA/WK), die er aufgrund der stfreien Einnahmen ggf zu kürzen (vgl § 3 Nr 15 S 3) hat oder die der gem § 3c I/einer Sondervorschrift (s § 3c Rz 2) nicht abzugsfähig sind (s § 9 Rz 112, § 19 Rz 67). S auch § 3 Rz 54, § 9 Rz 14, 15; § 4 Rz 490. – *(7)* **Verhältnis zum SA-Abzug.** § 10 IV 2 und § 10 IVb S 1, 2 enthalten für die dort genannten gem § 3 stfreien Zuschüsse/Erstattungen spezielle Kürzungs- und Verrechnungsregeln (§ 10 Rz 161, 167 ff; s aber § 3 Rz 23); iÜ kann aufgrund stfreier Zuschüsse die für eine SA erforderl wirtschaftl Belastung fehlen (§ 10 Rz 6, 7; zu § 10 I Nr 5 s § 3 Rz 112).

Kommentierung der Nrn 1–71 Nr. 1 § 3

– *(8)* **Progressionsvorbehalt, § 32b.** S oben *(2);* zu § 32b I Nr 1, II Nr 1 s die Einzelkommentierungen zu § 3 sowie § 32b Rz 12ff, 30ff. – *(9)* **Vereinbarkeit mit höherrangigem Recht.** § 3 enthält deklaratorische und konstitutive StBefreiungen. Wenn § 3 stbare Einnahmen konstitutiv befreit, ist dies als Durchbrechung der Besteuerung nach der Leistungsfähigkeit am Maßstab des Art 3 I GG rechtfertigungsbedürftig. In den Blick zu nehmen ist hierbei der jeweilige Normzweck der StBefreiung als Lenkungsnorm, Sozial-, Fiskalzweck- oder Vereinfachungsnorm. Zu Zweifelsfragen der Vereinbarkeit des § 3 mit dem Unionsrecht s *Kessler/Spengel* DB 21, Beil Nr. 1.

4. Übergreifende Auslegungsfragen zu § 3. – a) Zusätzlichkeitserfordernis. IRd § 3 sind manche Einnahmen nur stfrei, wenn sie „zusätzlich zum ohnehin geschuldeten" Lohn erbracht werden (s § 3 Nr 11a, Nr 15, Nr 33, Nr 34, Nr 34a, Nr 37, Nr 46). § 8 IV idF des JStG 2020 (BGBl I 20, 3096) definiert das Zusätzlichkeitserfordernis für die VZ ab 2020. Dies schränkt Entgeltumwandlungen zuvor stpfl Entgeltbestandteile in stfreie Lohnkomponenten ein (s iEinz § 8 Rz 80).

b) Corona-Bekämpfung. – *(1)* **Corona-Beihilfen des Arbeitgebers.** S § 3 Nr 11a (Rz 48) zu einem ggf neuen § 3 Nr 11b aufgrund des CoronaStHG IV s ebenfalls Rz 48. – *(2)* **Aufstockungsbeträge zum Kurzarbeitergeld.** S § 3 Nr 28a (Rz 103). – *(3)* **Verdienstausfallentschädigungen.** Durch Bescheid festgesetzte Entschädigungen für den Verdienstausfall aufgrund von Betriebsschließungen und Quarantäneanordnungen gem § 56 IfSG sind nach § 3 Nr 25 stfrei (Rz 88). – *(4)* **Sofort- und Überbrückungshilfen.** Seit Beginn der Pandemie gewähren Bund und Länder finanzielle Unterstützungsleistungen, zunächst als Soforthilfen (bis 31.5.20), als Überbrückungshilfe I (1.6.20–31.8.20), Überbrückungshilfe II (1.9.20–31.12.20), die Überbrückungshilfe III (Plus)/Neustarthilfe Plus (1.7.21–31.12.21) und die Überbrückungshilfe IV (für 2022). In allen Programmen werden nach verschiedenen Parametern Aufwandszuschüsse gewährt, die förderfähige Fixkosten pauschaliert ersetzen. Diese Zuschüsse sind stpfl BE (§ 4 Rz 460 „Zulagen/Zuschüsse"; s iEinz *BMF* 14.12.21 – Corona FAQ (Steuern) www.bundesfinanzministerium.de, unter XII Nr 1–Nr 3). Es handelt sich um staatl Aufwandszuschüsse, auch wenn diese pauschaliert am Vorjahresumsatz bemessen werden oder als Betriebskostenpauschale (Neustarthilfe Plus) gezahlt werden. Die BE aus den Aufwandszuschüssen sind auch nicht gem § 3 Nr 11 stfrei (wären sie es, wären die ersetzten BA gem § 3c I nicht abzugsfähig). Zuschüsse, die zweckgerichtet betriebl Einnahmenausfälle ersetzen, um die Lebenshaltung des Empfängers zu finanzieren (zB die Neustarthilfe für Soloselbständige), sind auch BE, können uU aber gem § 3 Nr 11 stfrei sein, wenn der Empfänger hilfsbedürftig ist (s iEinz *Heigl* BB 20, 2011, 2014; *Dellner* NWB 21, 1514ff; *ders* NWB 21, 3372ff; § 3 Rz 42). – *(5)* **Sonstige Steuerbefreiungen.** Zur Anwendung von § 3 Nr 26, Nr 26a auf „reaktivierte" StPfl, die im ärztl/pflegerischen Bereich arbeiten und zur stfreien Erstattung von Betreuungskosten iSd Nr 34a iHv 600 € jährl s *BMF* 14.12.21 aaO, VI Nr 5, Nr 6, Nr 9, XI. Nr 18, Nr 19.

II. Kommentierung der § 3 Nrn 1–71

Nr 1 Buchst a–d: Leistungen aus gesetzlichen Versicherungen, Übergangsgeld und Mutterschaftsgeld ua. – a) Kranken-, Pflege- und gesetzliche Unfallversicherung, § 3 Nr 1a. – aa) Krankenversicherungsleistungen. – *(1)* **Begriffsinhalt.** Stfrei sind Bar- und Sachleistungen für den StPfl und seine mitversicherten Angehörigen durch gesetzl (§ 4 I SGB V) *und* private KVen. Maßgebend ist der Leistungskatalog (§ 11 I SGB V, zur Krankenbehandlung §§ 27ff SGB V). KV-Leistungen im betriebl Bereich sind idR keine BE (s § 4 Rz 178ff). – *(2)* **Inländische Leistungen.** *Krankengeld* (§ 44 I SGB V) nach der Entgeltfortzahlung (§ 49 I Nr 1 SGB V) ist gem § 3 Nr 1a stfrei (BFH VI B 86/96 BFH/NV 97, 22; s auch § 32b Rz 23); der *Krankengeldzuschuss* des ArbG ist stpfl. Stfrei sind auch

§ 3 Nr 2 Steuerfreie Einnahmen

Leistungen privater *Tagegeldversicherungen* (BFH IV R 144/68 BStBl II 69, 489). *Bonuszahlungen* der KV erhöhen nicht das Einkommen, sind aber ggf mit den SA zu verrechnen (BFH X R 17/15 BStBl II 16, 989; BFH X R 16/18 DStR 20, 1905; § 10 Rz 6). *Sterbegeld* aus der gesetzl KV gibt es nicht mehr, es kann aber als öffentl Beihilfe gem § 3 Nr 11 (s Rz 42) stfrei sein; Sterbegeld in Form einer Einmalzahlung der DRV ist stpfl (s § 22 Rz 171). Zu **ausl Leistungen** s Rz 21. – *(3)* **Leistungen anderer Personen** als einer Versicherung sind nicht stfrei (zB BFH VI B 113/05 BFH/NV 06, 1093; zur Einkommensergänzung für Notare, auch zu § 3 Nr 2 s FG SachsAnh EFG 15, 31, rkr).

7   bb) **Pflegeversicherung.** – *(1)* **Pflegeversicherungsleistungen.** Zum Pflegebegriff und den Pflegegraden s § 14, § 15 SGB XI. Stfrei sind bei der pflegeversicherten Person das Pflegegeld und Sachleistungen einer inl PflV nach den §§ 28 ff SGB XI, unabhängig von der Art der PflV (gesetzl, privat, Beihilfe). – *(2)* **Abgrenzung.** Zu Altenteilsleistungen s § 10 Rz 119, zu Leistungen einer ausl PflV s Rz 21 und zur Pflegeperson § 3 Nr 26 (Rz 93) und § 3 Nr 36 (Rz 123).

8   cc) **Unfallversicherung.** – *(1)* **Leistungen aus gesetzlicher Unfallversicherung.** Die Stbefreiung erfasst einmalige und wiederkehrende Leistungen aus einer inl (§§ 27 ff SGB VII) oder ausl (s § 3 Nr 2e, s Rz 21) *gesetzl* Unfallversicherung (s auch *BMF* BStBl I 21, 1837 Rz 197). Empfänger können auch freiwillig Versicherte (zB der Betriebsinhaber gem § 6 SGB VII, s *OFD Koblenz* DStR 05, 968) und Hinterbliebene sein. Die ArbG-Beiträge sind BA (s § 4 Rz 186), beim ArbN gem § 3 Nr 62 stfrei; die ArbN-Beiträge sind SA (§ 10 Rz 56). Zur landwirtschaftl Unfallversicherung s *Leingärtner* Kap 49 Rz 30. – *(2)* **Leistungen aus freiwilligen Unfallversicherungen.** Diese sind stpfl bei ArbN , soweit sie Einnahmeausfälle ersetzen (s § 19 Rz 100 „Unfallversicherung", auch zur Behandlung der Beiträge) und bei Selbständigen, wenn sie infolge eines Berufsunfalls gezahlt werden oder BA ersetzen (§ 4 Rz 184, 186, 187). S zu *Unfallrenten* BFH X B 132/10 BFH/NV 11, 1136 und § 22 Rz 42). Zur vGA bei Beitragsübernahme durch die KapGes *Gosch* § 8 Rn 1195; zu Beiträgen der KapGes zu einer BetriebsunterbrechungsVers s aber BFH I R 16/13 BFH/NV 15, 1273.

9   b) **Sachleistungen und Kinderzuschüsse aus der gesetzlichen Rentenversicherung, § 3 Nr 1b.** – *(1)* **Sachleistungen.** Hierunter fallen alle Sachleistungen der RV-Träger nach SGB XI und den Landwirten nach ALG. – *(2)* **Kinderzuschüsse** gem § 270 SGB VI aus der gesetzl RV waren stfrei, werden aber nicht mehr gezahlt. Kinderzuschüsse aus einem berufsständischen Versorgungswerk sind stpfl (BFH X R 11/10 BStBl II 12, 312). S Rz 21.

10   c) **Übergangsgeld, § 3 Nr 1c.** Stfrei ist nur das in Nr 1c genannte gesetzl Übergangsgeld (aus der RV gem § 20–§ 27 SGB VI; für Landwirte gem § 10, § 36 bis § 39 ALG). S auch § 32b Rz 12, § 3 Rz 17 zu Leistungen gem § 119 SGB III und § 3 Rz 21 zu ausl Leistungen.

11   d) **Mutterschaftsgeld, § 3 Nr 1d.** – *(1)* **Gesetzlicher Katalog.** Stfrei sind heute noch das vor und nach der Entbindung innerhalb der Schutzfristen (ua § 3 MuSchG) gezahlte *Mutterschaftsgeld* gem § 19 I, II MuSchG und Zuschüsse des ArbG gem § 20 MuSchG sowie entspr Leistungen bei Beamten (§ 79 I BBG). Ferner sind Zuschüsse während eines Beschäftigungsverbots (§§ 1, 3, 4, 6 MuSchG) stfrei. *Mutterschutzlohn* (§ 18 MuSchG), der aufgrund eines Beschäftigungsverbots außerhalb der Schutzfristen gezahlt wird, die Fortzahlung von Zuschlägen iSd § 3b (s § 3b Rz 4), das bei freiwilliger Weiterarbeit gem § 3 I 2 MuSchG gezahlte Arbeitsentgelt (*Küttner* „Mutterschaftsgeld" Rz 3, 4) sowie *freiwillige Aufstockungsbeträge* des ArbG (s FG Köln EFG 20, 1114, Rev VIII R 39/19) sind stpfl. – *(2)* **Folgen.** S § 32b I Nr 1c (§ 32b Rz 12). Der LStJA ist ausgeschlossen (§ 42b I Nr 4).

16   **Nr 2 Buchst a–e: Entgeltersatzleistungen und Arbeitsförderungsleistungen.** – a) **Entgeltersatzleistungen nach § 3 IV SGB III, Nr 2a.** Stfrei sind

Kommentierung der Nrn 1–71   Nr 2 § 3

nach dem gesetzl Katalog in Nr 2a heute noch *Arbeitslosengeld* (§§ 136 ff SGB III), *Teilarbeitslosengeld* (§ 162 SGB III), *Kurzarbeitergeld* in sämtl Formen (§ 95 SGB III, Saison-Kurzarbeiter- [§ 101] und *Winterbeld* [§ 102 SGB III, s LStR 3.12 III] sowie das *Transferkurzarbeitergeld* [§ 111 SGB III], zu Aufstockungsbeträgen des ArbG s § 3 Nr 28a, Rz 103) und das *Übergangsgeld* für Behinderte gem § 119 SGB III und § 64 I, § 71 IV, V SGB IX; LStR 3.2 IV ist überholt). Den Zuschuss zum Arbeitsentgelt (§ 417 SGB III aF) gibt es nicht mehr. S auch § 32b Rz 12.

b) Arbeitsförderungsleistungen, Nr. 2a. – *(1)* **Leistungen nach dem SGB** 17 **III.** Der *Gründerzuschuss* gem § 93, § 94 SGB III an arbeitslose ArbN ist stfrei, nicht aber ein Zuschuss an bereits selbständig tätige StPfl (BFH IV R 39/01 BStBl II 02, 697; zum EXIST-Zuschuss s § 3 Rz 154). Andere stfreie *Leistungen nach dem SGB III an ArbN und Arbeitsuchende zur Aus- und Weiterbildung* sind Geld- und Sachleistungen der aktiven Arbeitsförderung (§ 3 II SGB III iVm dem Dritten Kapitel; s zu ArbG-Leistungen nach dem SGB III § 3 Nr 19, Rz 74). – *(2)* **Leistungen aus entsprechenden Programmen des Bundes und der Länder.** Stfrei sind auch landes- und bundesrechtl Existenzgründerzuschüsse bei Empfängern, die nicht ArbN/arbeitsuchend sind. Nicht stfrei sind Leistungen aus dem *Europäischen Sozialfonds,* wenn um Bundes- oder Landesmittel ergänzt werden (BFH IV R 39/01 BStBl II 02, 697). Eine Ausweitung der Norm durch die Rspr ist nicht mögl (BFH IX R 63/06 BFH/NV 08, 1108). S auch § 32b I Nr 1a (§ 32b Rz 12), § 3c Rz 7 und § 3 Nr 71 (Rz 235).

c) Insolvenzgeld und vergleichbare Leistungen, Nr 2b. – *(1)* **Insolvenz-** 18 **geld,** das iHd jeweiligen *Nettoentgelts* (§ 167 I SGB III) für die letzten drei Monate des ArbVerh vor Eintritt des maßgebl Insolvenzereignisses (§ 165 I 2 SGB III) durch die Arbeitsagentur als Lohnersatzleistung an den ArbN gezahlt wird, ist stfrei. Offene ArbN-Pflichtbeiträge zahlt die Arbeitsagentur gem § 175 I 1 SGB III an die Einzugsstelle; sie sind auch bei späterer Zahlung der ArbG an die Einzugsstelle stfrei (s *(2)*). Stfrei ist auch das von Dritten an den ArbN gezahlte vorfinanzierte Insolvenzgeld (BFH VI R 4/11 BStBl II 12, 596, dazu § 32b Rz 45). S auch § 3c Rz 6, § 32b I Nr 1a, § 32b III, § 41b, § 46 II Nr 1. – *(2)* **Leistungen gemäß § 169 III, § 175 II SGB III.** Mit Antragstellung auf Insolvenzgeld gehen die ArbN-Ansprüche aus dem ArbVerh vollständig (§ 165 II 1 SGB III) auf die Arbeitsagentur über (§ 169 SGB III). Leistungen des Insolvenzverwalters/ehemaligen ArbG auf übergegangene Ansprüche an die Agentur sind für den ArbN (zum Zufluss s BFH VI R 66/03 BStBl II 08, 375) stfrei, ebenso Rückzahlungen von ArbN-Pflichtbeiträgen seitens der Einzugsstelle an die Agentur (§ 175 II 1 SGB III, LStR 3.2 II). – *(3)* **Leistungen des ArbG an andere Träger.** Stfrei für den ArbN sind auch Zahlungen des ArbG an andere SV-Träger als die Agentur, die insolvenzbedingt zugunsten des ArbN vorleisten und durch Forderungsübergang gem § 115 SGB IX Gläubiger des ArbG werden.

d) Weitere Leistungen, Nr 2c, d. Stfrei ist gem *§ 3 Nr 2c* die *Arbeitslosenbeihilfe* 19 für Zeitsoldaten gem § 86a I SVG. Gem *§ 3 Nr 2d* sind die im SGB II (§§ 20 ff) geregelten Leistungen zur Sicherung des Lebensunterhalts (*Arbeitslosengeld II*) und Leistungen „zur Eingliederung" (§ 16 SGB II) stfrei. Offen ist, ob an ArbG gezahlte *Eingliederungszuschüsse* stfrei sind (BFH VIII R 17/13 BStBl II 18, 408); jedenfalls aber Kürzung der BA für den ArbLohn gem § 3c I. Lohnkostenzuschüsse sind nicht gem § 3 Nr 2d stfrei (BFH IV B 139/00 BFH/NV 03, 158).

e) Leistungen ausländischer Träger, Nr 2a–d iVm Nr 2e. Vergleichbare 20 ausl Leistungen iSv § 3 Nr 2a–d (ab VZ 21 auch *ausl Elterngeld* iSd Nr 67 Buchst b) aus EU, EWR und Schweiz sind stfrei. S auch § 1 Rz 56, 58.

f) Ausländische Leistungen gem § 3 Nr 1a–d iVm Nr 2e. – *(1)* **Klarstel-** 21 **lende Erweiterung.** Nach § 3 Nr 2e sind vergleichbare Leistungen ausl Versicherungsträger mit Sitz in einem EU/EWR-Staat oder in der Schweiz iSd § 3

§ 3 Nr 3–5 Steuerfreie Einnahmen

Nr 1a–d stfrei. Die Vergleichbarkeitsprüfung für die ausl Leistung ist anhand des Leistungskatalogs einer entspr gesetzl oder privaten inl Versicherung vorzunehmen (BFH X R 31/08 BFH/NV 09, 1625). – *(2) Einzelfälle.* Schweiz Geburtengeld: BFH X R 31/08 BFH/NV 09, 1625; Schweiz Krankentagegeld: BFH VI R 9/96 BStBl II 98, 581, FG BaWü EFG 19, 1903, rkr; niederländisches Krankengeld FG Ddorf EFG 18, 631, Rev I R 3/18; Taggeld der schweiz Invalidenversicherung BFH VI R 98/95 BStBl II 96, 478; zu schweiz Unfallrente FG BaWü EFG 17, 1140, rkr. Kinderrenten aus einer schweiz gesetzl RV und dem Obligatorium einer schweiz Pensionskasse sind gem § 3 Nr 1b stfrei. S zu § 1 III 4 auch § 1 Rn 56.

23 **Nr 3 Buchst a–d: Rentenabfindungen, Beitragserstattungen, berufsständische Versorgungsleistungen, Kapitalabfindungen und Ausgleichszahlungen.** – *(1) Abschließender Katalog.* Stfrei sind gem § 3 Nr 3a–d seit dem VZ 06 nur noch Abfindungen, Ausgleichszahlungen, Beitrags(rück)erstattungen nach den genannten inl Gesetzen. – *(2) Steuerfreie Leistungen.* Stfrei sind - nach *(Buchst a)* die Abfindung von Witwen- und Witwerrenten (bei Wiederheirat gem § 107 SGB VI, gem § 9 I Nr 3, § 9 IV AltGG und gem § 21 BeamtVG iVm Landesrecht oder § 43 SVG (ab 1.1.25 gem § 59 SVG idF des G v 20.8.21 BGBl I 21, 3932); – die *(Buchst b)* Erstattung von Beiträgen aus der gesetzl RV gem § 210, § 268d SGB VI, gem § 204, § 205, § 207 SGB VI, gem § 75, § 117 ALG und gem § 26 SGB IV sowie zu Unrecht gezahlter Beiträge; – die *(Buchst c)* entspr Leistungen berufsständischer Versorgungswerke (dazu *BMF* BStBl I 21, 1831 Rz 205) und – nach *(Buchst d)* Ausgleichsleistungen, Kapitalabfindungen gem § 48 BeamtVG, entspr Landesrecht, die bei vorzeitigem Ausscheiden aus dem Dienst gewährt werden und den §§ 28 bis 35, 38 SVG geltenden zu Kapitalabfindungen an Ruhestandssoldaten (ab 1.1.25 nach den §§ 43 bis 50, 53 SVG idF G v 20.8.21 BGBl I 21, 3932). – *(3) Einzelfälle:* zu Versorgungswerk BFH X R 3/17 BStBl II 21, 746 (Wesensgleichheit mit Leistungen nach Buchst a/b genügt). Eine Rentenbeitragserstattung iSd Nr 3 Buchst a ist nur stfreie Einnahme und keine negative SA (BFH X R 35/18 BStBl II 21, 750 auch zu § 10 II 1 Nr 1, § 10 IV b 2; § 10 Rn 7, 169). Zinsen auf Kapitalabfindungen sind stpfl (BFH VIII R 64/78 BStBl II 81, 6). – *(4) Ablösezahlungen für privatrechtliche Versorgungsansprüche* sind nicht stfrei (BFH IX B 45/12 BFH/NV 12, 1958). – *(5) Ausländische Kapitalabfindungen* etc sind nicht mehr stfrei (offen gelassen in BFH X R 43/11 BStBl II 16, 685; glA *Förster*, IStR 17, 461 (467), *BMF* BStBl I 16, 759, Rz 25; OFD Karlsruhe IStR 18, 814; krit iZm dem Unionsrecht *BeckOK EStG* § 3 Nr 3 Rz 14f).

25 **Nr 4 Buchst a–d: Leistungen an Berufssoldaten und andere.** – *(1) Persönliche Voraussetzungen.* Für Berufssoldaten der Bundeswehr (s LStR 3.4 S. 2), Angehörige der Bundespolizei u des Bundeskriminalamtes, Berufsfeuerwehr, Zollverwaltung (zu anderen Berufsgruppen s § 3 Nr 31) gelten zT klarstellend, da kein ArbLohn (s § 19 Rz 100 „Berufskleidung"), folgende StBefreiungen. – *(2) § 3 Nr 4a, § 3 Nr 4b:* für den Geldwert überlassener Dienstkleidung und entspr Einkleidungsbeihilfen sowie Abnutzungsentschädigungen (s LStR 3.4 S 1; zu den WK § 9 Rz 266 ff). – *(3) § 3 Nr 4c*, Verpflegungszuschüsse und Geldwert der unentgeltl Verpflegung *im Einsatz* (nicht im übl Dienstbetrieb, s LStR 8.1 VII). – *(4) § 3 Nr 4d,* Geldwert der gesetzl Heilfürsorge (§§ 69a–70a BBesG).

27 **Nr 5 Buchst a–f: Leistungen an Wehr-, Zivil- und Freiwilligendienstleistende.** – *(1) Leistungen an (freiwillig) Wehrdienst Leistende,* § 3 Nr 5a, Nr 5c, Nr 5e. Stfrei sind Geld- und Sachbezüge (Auflistung in LStH 3.5), Bezüge iRd truppenärztl Heilfürsorge und KV/PflV-Beiträge (§ 5 WSG), die während eines Wehrdienstes iSd § 4 WPflG (Grundwehrdienst und Spannungs-/Verteidigungsfall). Zu Reservisten s § 3 Nr 48. *(2) Zivildienstleistende,* § 3 Nr 5b, **Nr 5c.** Zur Aussetzung s § 1a ZDG. Geld- und Sachbezüge sowie Bezüge iRd Heilfürsorge nach § 35 ZDG sind stfrei. – *(3) Freiwillig dienstleistende Perso-

Kommentierung der Nrn 1–71　　　　　　　　　　　　　　　　　　　　**Nr 6–10　§ 3**

nen iSv § 32 IV 1 Nr 2d, § 3 Nr 5d. Hierunter fallen ua Dienstleistende nach dem JugendfreiwilligendienstG (JFDG). Taschengeld ist stfrei.

Nr 6: Leistungen an Wehrdienstbeschädigte und ähnliche Beschädigte. 29
§ 3 Nr 6 S 1 befreit Leistungen *aus öffentl Mitteln* (s Rz 41) an Kriegs- (§§ 80–86 BVG), Zivildienstgeschädigte und Angehörige von Freiwilligendiensten sowie Hinterbliebene, die aufgrund der Beschädigung versorgungshalber gezahlt werden. Sie dürfen gem § 3 Nr 6 S 1 HS 2 nicht „aufgrund der Dienstzeit" gezahlt werden; s BFH VI R 25/07 BStBl II 09, 150 zu Unfallruhegehalt. S den Katalog der stfreien Leistungen in LStR 3.6; LStH 3.6. § 3 Nr 6 S 2 befreit Leistungen an gleichgestellte Personen (idR Beamte), die auf dem BVG (ab 1.1.24: SGB XIV, s § 52 Abs. 54) beruhen und Unfallfürsorgeleistungen nach dem SVG (ab 1.1.25: SEG), BeamtVG, Landesrecht. Zu ausl Leistungen s BFH I R 152/94 BStBl II 97, 358.

Nr 7: Ausgleichsleistungen nach dem LAG und ähnlichen Geschädig- 30
tenleistungen. § 3 Nr. 7 HS 1 befreit Leistungen an Vertriebene, NS-Verfolgte, Flüchtlinge, für Reparationen aufgrund der genannten Gesetze (soweit diese noch nicht aufgehoben sind). Darlehen (zB zur Eingliederung) sind nicht stbar (EStH 3.7). Stfrei ist auch der Mehrerlös aus einem Weiterverkauf des begünstigtem Flächenerwerb und Wegfall der Beschränkungen gem § 3 X AusglLeistG (zutr *Otto* DStZ 20, 715 (718 f)). **§ 3 Nr 7 HS 2** nimmt KapErträge gem § 20 I Nr. 7, § 20 II von der Begünstigung aus (zB FG Hbg EFG 12, 60, rkr; FG Mchn EFG 13, 1012, rkr; FG Köln EFG 14, 273, rkr; FG SchlHol EFG 18, 1884, rkr).

Nr 8: Wiedergutmachungsleistungen. Stfrei sind gem **§ 3 Nr 8 S 1** Geld- 31
renten, Kapitalentschädigungen und Leistungen in einem Heilverfahren (s EStH 3.8). Leistungen, die nicht auf Wiedergutmachungsvorschriften beruhen, sind stpfl (BFH VIII R 93/70 BStBl II 75, 884). **§ 3 Nr 8 S 2** schließt die Stbefreiung für Bezüge aus neuen/wiederbegründeten ArbVerh aus. Zinsen gem § 20 I Nr 7 iZm stfreien Leistungen sind stpfl (BFH VIII R 64/78 BStBl II 81, 6).

Nr 8a: Verfolgten-Rentenleistungen. § 3 Nr 8a S 1 befreit Alters- und 33
Erwerbsunfähigkeitsrenten (s § 33 SGB VI; § 22 Rz 51), wenn der Empfänger Verfolgter iSv § 1 BundesentschädigungsG ist und verfolgungsbedingte rentenrechtl Zeiten (s § 54 SGB VI) im Rentenstammrecht enthalten sind. **§ 3 Nr 8a S 2** befreit Hinterbliebenenrenten.

Nr 9: Beitragserstattungen an Pflegepersonen. Gemäß § 3 Nr 9 Alt 1 sind 35
die vom Träger der öffentl Jugendhilfe an den StPfl als Pflegeperson geleisteten Erstattungen (§ 23 II Nr 3, 4 SGB VIII) für nachgewiesene Beiträge zu einer Unfallvers vollständig und Erstattungen für Beiträge zu einer angemessenen RV, KV, PflV hälftig stfrei (*BMF* BStBl I 16, 1236 zur Kindertagespflege und *BMF* BStBl I 21, 1802 zur Vollzeitpflege ua). Dies gilt insb für selbständige/angestellte Kindertagespflegeperson (§ 23 SGB VIII, zB „Tagesmütter"; s auch § 18 Rz 84, 155 „Kindertagespflege" und zu § 19 *BMF* BStBl I 16, 1236; *Thönnes/Langhoff* NWB 19, 3081). **§ 3 Nr 9 Alt 2** befreit entspr Leistungen (§ 39 IV SGB VIII) an StPfl, die Pflegeleistungen in Tagesgruppen, der Familienpflege (§ 32 SGB VIII), als Pflegeeltern iRd Kindervollzeitpflege (§ 33 SGB VIII, dazu § 18 Rz 100 „Kindervollzeitpflege"), in einer Fachfamilie/Einzelbetreuung (§ 34, § 35 SGB VIII) oder einer Tageseinrichtung gem § 35a SGB VIII erbringen. Es ist unerheblich, ob das Pflegegeld gem § 3 Nr 11 (s Rz 43) stfrei ist. Zum SA-Abzug s § 10 IV 2 (§ 10 Rz 161).

Nr 10: Einnahmen einer Gastfamilie für Betreutes Wohnen von Behin- 38
derten. – *(1) Abgrenzung.* § 3 Nr 10 stellt das sog *Betreuungsgeld* beim Empfänger stfrei, das für die Pflege, Betreuung, Unterbringung und Verpflegung eines erwachsenen Behinderten in einer Gastfamilie gezahlt wird. Dieses kann gem § 18 I Nr 1 stpfl (*BMF* BStBl I 21, 1802) oder bei der Pflege im familiären Umfeld nicht stbar sein. Die Regelung wurde eingeführt, da § 3 Nr 11 nur Leistungen an die

hilfsbedürftige Person und § 3 Nr 26 nur nebenberufl Betreuungsleistungen erfasst. – **(2) Behinderte.** Behinderte iSv § 2 I SGB IX sind Personen, deren körperl Funktion, geistige Fähigkeit oder seelische Gesundheit mit hoher Wahrscheinlichkeit länger als 6 Monate von dem für das Lebensalter typischen Zustand abweichen, sodass ihre Teilhabe am Leben in der Gesellschaft beeinträchtigt ist. – *(3)* **Zahlende.** Dies sind gem S 1 öffentl Leistungsträger nach dem SGB (zB § 21 SGB I, § 17, § 46 SGB IX) oder *gem S 2* andere Personen/Organisationen bzw der Behinderte als Selbstzahler. – *(4)* **Gastfamilien** sind neben Angehörigen des Behinderten auch andere Privatpersonen (BT-Drs 16/11108, 14), nicht aber Fachfamilien iSd § 34 SGB VIII und Pflegeheime (*BMF* BStBl I 21, 1802; s Rz 43). Der Behinderte muss in den „Familienhaushalt" aufgenommen werden (sonst uU § 3 Nr 36, häusl „Pflege"). Für die Zurechnung der stfreien Einnahmen ist festzulegen, wer aus der „Familie", die Einkünfte iSd § 2 erzielt. – *(5)* **Rechtsfolge.** Stfrei sind Einnahmen für Pflege, Betreuung, Unterbringung und Verpflegung. Die Leistungsbeträge iSd SGB IX bzw SGB XII definieren den nach S 1 und S 2 maximalen Freibetrag. – **(6) Verhältnis zu § 3c.** S 3 begrenzt den BA/WK-Abzug auf die die stfreien Einnahmen übersteigenden Ausgaben.

41 **Nr 11: Bezüge und Beihilfen aus öffentlichen Mitteln wegen Hilfsbedürftigkeit sowie zur Erziehungs-, Ausbildungs- und Kunstförderung. – a) Übergreifende Voraussetzungen.** – *(1)* **Öffentliche Mittel und Stiftungen.** Die Bezüge/Beihilfen für die gem Nr. 11 begünstigten Zwecke müssen aus öffentl Mitteln (nicht aus öffentl Kassen wie in § 3 Nr 12), dh aus Mitteln einer juristischen Person döR oder einer öffentl Stiftung verausgabt werden (BFH VI R 20/80 BStBl II 84, 113; LStH 3.11). Über die Mittel darf nur nach haushaltsrechtl Vorschriften verfügt werden können; die zweckgerichtete Verwendung muss einer gesetzl geregelten Kontrolle unterliegen. Bezüge können auch aus öffentl Mitteln stammen, wenn sie in einem öffentl Haushalt als Ausgaben festgelegt sind und verausgabt, aber über private Dritte an den Empfänger gezahlt werden (BFH VI R 20/80 BStBl II 84, 113; s auch Rz 42, 43). Öffentl Stiftungen sind juristische Personen döR mit einem eigenen oder durch eine solche Person verwalteten Stiftungsvermögen sowie rechtsfähige privatrechtl Stiftungen, die der Allgemeinheit dienen (EStH 3.11, zur nichtrechtsfähigen privatrechtl Stiftung abl FG RhPf EFG 15, 358, rkr). Empfänger der stfreien Bezüge/Beihilfen kann nur ein StPfl sein, dem die öffentl Mittel bewilligt werden (BFH IV R 26/96 BStBl II 97, 652). – **(2) Unmittelbare Förderung des Zwecks (S 1).** Die Zuwendung der öffentl Mittel muss die Erziehungs-, Ausbildungs- und Kunstförderung unmittelbar, dh ohne ein Dazwischentreten weiterer Ereignisse positiv beeinflussen. Die Übernahme der Lebenshaltungskosten genügt dem Unmittelbarkeitserfordernis bei iRd Erziehungs- und Ausbildungsförderung (BFH IV R 41/04 BStBl II 06, 755; EStH 3.11). – **(3) Kein Gegenleistungscharakter (S 3).** § 3 Nr 11 greift nicht, wenn die *Bezüge* Gegenleistung für eine wissenschaftl, künstlerische oder ArbN-Tätigkeit des Empfängers ist. Der Begriff der *Beihilfe* setzt ohnehin eine unentgeltl einseitige Leistung voraus (EStH 3.11). – **(4) Verhältnis zu § 3c.** S BFH IV R 41/04 BStBl II 06, 755.

42 **b) Bezüge und Beihilfen aus öffentlichen Mitteln wegen Hilfsbedürftigkeit, § 3 Nr 11 S 1, Alt 1. – (1) Körperliche Hilfsbedürftigkeit.** Der Begriff umfasst gem § 53 Nr 1 AO erstens Personen, die infolge ihres körperl, geistigen oder seelischen Zustandes (nur natürl Personen) auf die Hilfe anderer angewiesen ist und gem § 53 Nr 2 AO zweitens Personen, für die dies wegen ihrer Wirtschaftslage gilt. Der Empfänger der Beihilfe muss selbst hilfsbedürftig sein („wegen"). Hierunter fallen grds Beihilfen an öffentl Bedienstete nach den Beihilfevorschriften und an gleichgestellte Personen auf vertragl Grundlage. Auch die Beihilfe eines privaten ArbG muss aus öffentl Mitteln gezahlt werden (BFH VI R 128/99 BFH/NV 05, 12; BFH VI R 28/11 BStBl II 13, 572; FG Ddorf EFG 04, 1502, rkr sowie

LStR 3.11 I Nr. 1-4; LStH 3.11. *Beispiele.* Beihilfen in Krankheits-, Geburts- oder Todesfällen sind stfrei (LStR 3.11 I Nr 1, 2); nicht stfrei ist aber das pauschale (nicht am Bedarf ausgerichtete) beamtrechtl Sterbegeld BFH VI R 8/19, BFH/NV 21, 1253; FG Ddorf EFG 20, 1295, Rev VI R 33/20. S auch § 3 Nr. 25, Nr. 35, Nr. 68, Nr. 69. – **(2) Wirtschaftliche Hilfsbedürftigkeit.** Sie trifft Personen mit Bezügen, die die in § 53 Nr 2 AO genannten Grenzen (Anknüpfung an § 28 SGB XII) nicht übersteigen oder die sich bei höheren Bezügen in einer akuten Notlage befinden (BFH VI R 8/19 BFH/NV 21, 1253). *Einzelfälle:* Sozialhilfe (vgl BFH VIII R 32/02 BStBl II 04, 588); Leistungen nach dem AsylbLG (*OFD Ffm* BeckVerw 561501). Die FinVerw hält stfreie Beihilfen zur Abwehr einer Existenzgefährdung auch bei Körperschaften für mögl (KStR 8.1; offen gelassen für MUerschaften in BFH IV R 109/84 BStBl II 86, 806). Zu **öffentl Coronahilfen** s § 3 Rz 5. – **(3) Notstandsbeihilfen** des ArbG werden nach LStR 3.11 II (iRe Billigkeitsmaßnahme) idR bis zu 600 € pro Kj, in Katastrophenfällen darüber hinaus (aktuell zur Flutopferhilfe s *FM NRW* DStR 21, 1762 Tz. 4.4.1) stfrei gestellt. Zur Stbarkeit s § 19 Rz 100 „Beihilfen und Unterstützungen". Zum **Coronabonus** gem § 3 Nr 11a s Rz 48.

c) Bezüge und Beihilfen aus öffentlichen Mitteln zur Erziehung. – 43
(1) Erziehung. Erziehung ist die planmäßige Tätigkeit zur körperl, geistigen und sittl Formung von Kindern und Jugendlichen (BFH VIII R 29/11 BStBl II 17, 432). Sie findet iRd **Kindertagespflege** (§ 23 SGB VIII, s *BMF* BStBl I 16, 1236; zur Einkünfteermittlung *Thönnes/Langhoff* NWB 19, 3081, 3086), **Kindervollzeitpflege** (§ 33 SGB VIII, zu den Formen s *BMF* BStBl I 21, 1802), in **Einrichtungen** (§ 34 SGB VIII) und als **intensive Einzelbetreuung** (§ 35 SGB VIII) statt. – **(2) Begünstigte Erziehungsformen.** Stfrei ist ErG nur die Erziehung iRd *Kindervollzeitpflege* (§ 33 SGB VIII) und iRd *spezialisierten Tagesgruppenerziehung* (Familienpflege gem § 32 S 2 SGB VIII, s dazu *BMF* BStBl I 21, 1802), da nur das hierfür gewährte Pflegegeld eine Beihilfe ist. Wird das Pflegekind in den Haushalt des StPfl (der Pflegeperson) aufgenommen, liegt eine Vollzeitpflege vor; dies gilt auch bei einer intensiven Einzelbetreuung des Pflegekinds (BFH VIII R 27/18 BStBl II 21, 672; *BMF* BStBl I 21, 1802). Maßgebl dafür, ob eine Haushaltsaufnahme vorliegt, sind die tatsächl Verhältnisse der Unterbringung (deren geplante zeitl Dauer) und der Umfang der Betreuungsleistungen. Zur Abgrenzung der Haushaltsaufnahme gem § 33 SGB VIII von der Aufnahme in eine Einrichtung iSd § 34 SGB VIII s BFH VIII R 29/11 BStBl II 17, 432; *BMF* BStBl I 21, 1802 und FG SchlHol EFG 19, 766, nrkr. Bei der **Inobhutnahme** (§§ 42, 42a SGB VIII) kommt es ebenfalls auf die konkrete Durchführungsform an (*BMF* BStBl I 21, 1802); ebenso für die Tätigkeit sog **Erziehungs- und Familienhelfer** *OFD Ffm* BeckVerw 354354. – **(3) Beihilfe.** Das Pflegegeld für die Kindervollzeitpflege/ spezialisierte Tagesgruppenerziehung ist eine Beihilfe, da pauschalierend angenommen wird, dass es nur den sachl/zeitl Aufwand der Pflegeperson (des StPfl) ersetzt, nicht aber die Erziehungsleistung vergütet (BFH XI R 11/98 BStBl II 99, 133). Dies gilt bei der Kindervollzeitpflege, solange nicht mehr als sechs Kinder gleichzeitig betreut werden (*BMF* BStBl I 21, 1802). Pflegegelder, die iRd **anderen Erziehungsformen** gezahlt werden, sind unabhängig von der Zahl der betreuten Kinder wegen ihres Vergütungscharakters keine Beihilfen und stpfl (zu § 34, § 35 SGB VIII s BFH VIII R 29/11 BStBl II 17, 432; *BMF* BStBl I 21, 1802; zu § 35 SGB VIII auch FG BaWü EFG 19, 1969, Rev VIII R 13/19). Allerdings hat BFH VIII R 27/18 BStBl II 21, 672 den Umfang der begünstigten Vollzeitpflege erweitert. S zur stpfl Kindertagespflege s FG Mster EFG 20, 248, rkr; zu nachmittägl sozialpädagogischen Betreuung FG Nds EFG 20, 915, rkr). – **(4) Zahlung aus öffentlichen Mitteln.** Es genügt, wenn von den im Haushaltsplan den Jugendämtern bewilligten und der Verwendungskontrolle unterliegenden Mitteln für ein konkretes Pflegeverhältnis Gelder an einen privaten Träger der freien Jugendhilfe

vergeben werden, dieser mit dem StPfl einen Pflegevertrag abschließt und ihm für die Pflege eine Vergütung zahlt. Erforderl ist, dass das Jugendamt weiß, ob und in welcher Höhe der freie Träger einen Eigenanteil einbehält, dies billigt und ihm gegen den freien Träger ein gesetzl oder vertragl Anspruch zusteht, nach dem es eine Rechnungslegung zur Mittelverwendung und die Vorlage von Nachweisen verlangen kann (BFH VIII R 37/19 BStBl II 21, 685; *BMF* BStBl I 21, 1802: erst für Pflegegelder ab dem 1.1.22; s zT überholt FG RhPf EFG 21, 354, rkr). – *(5)* **Rechtsfolgen.** Das aus öffentl Mitteln gewährte Pflegegeld ist idR gem § 18, § 15 oder uU § 19 stbar. Es wird gem § 3 Nr 11 auch befreit, soweit es den Unterhalt der Pflegeperson abdeckt (s Rz 41). Nicht stfrei sind mangels erbrachter Pflegeleistungen das *Bereitschaftspflegegeld* und die Erstattung von *Platzhaltekosten* (*BMF* BStBl I 21, 1802).

44 **d) Bezüge und Beihilfen zur Ausbildungsförderung.** – *(1)* **Ausbildung.** S zum Begriff § 10 I Nr 7 (§ 10 Rz 81 ff); hierunter fällt nicht die Fortbildung (BFH X R 6/19 BStBl II 21, 557). – *(2)* **Beihilfe; Unmittelbarkeit.** Die Ausbildung muss gefördert werden, ohne dass der Empfänger eine Gegenleistung schuldet (s Rz 41); die Beihilfe darf auch der Sicherung des Lebensunterhalts dienen. – *(3)* **Einzelfälle.** Stfrei ist zB BaföG (LStH 3.11), nicht aber ein „Fortbildungszuschuss" (zB BFH IX R 63/06 BFH/NV 08, 1138) oder Promotionsstipendium (FG Mster EFG 14, 19, rkr) aus öffentl Mitteln. Der bay Meisterbonus ist nicht stbar (FG Mchn EFG 16, 1513, rkr). S. auch § 3 Nr. 19.

45 **e) Bezüge zur Wissenschafts- und Kunstförderung.** – *(1)* **Begriffsbestimmungen** s § 18 Rz 66. – *(2)* **Beihilfe; Unmittelbarkeit.** Der Zuschuss darf nur für Sachaufwendungen iZm der künstlerischen/wissenschaftl Tätigkeit (nicht zum Lebensunterhalt!, s Rz 41) und ohne Gegenleistung gewährt werden (zB BFH IV R 11/74 BStBl II 75, 378) – *(3)* **Einzelfälle.** Abl zu Bundesfilmpreis für Kinobesitzer BFH IV R 11/74 BStBl II 75, 378, zu Preisgeldern s *BMF* BStBl I 03, 76; zu Wissenschaftspreisen *Grotherr/Hardeck* StuW 14, 3. – *(4)* **Abgrenzung zu § 3 Nr 44.** Nr 44 begünstigt bestimmte Aus-, Fortbildungs- und Forschungsstipendien aus öffentl Mitteln. Die Vorschriften überschneiden sich zT.

46 **f) Ausschluss und Erweiterung, § 3 Nr 11 S 2 und 4.** Kinderzuschläge und -beihilfen auf Grund der Besoldungsgesetze oä Vorschriften (zB Ortszuschläge) sind stpfl (§ 3 Nr 11 *S 2*). Beitragsermäßigungen und -rückzahlungen einer gesetzl KV für nicht in Anspruch genommene Beihilfen werden gem § 3 Nr 11 *S 4* stfrei gestellt (BFH VI B 176/03 BFH/NV 05, 205).

48 **Nr 11a: Coronabeihilfen des Arbeitgebers.** – *(1)* **Geltungsbereich.** Der Freibetrag gem § 3 Nr 11a wurde durch das CoronaStHG I (BGBl I 20, 1385) mit Wirkung ab dem VZ 20 eingefügt. Durch das AbzStEntModG (BGBl I 21, 1259) wird der begünstigte Auszahlungszeitraum bis zum 31.3.22 verlängert. § 3 Nr 11a gilt für beschr und unbeschr stpfl *ArbN* (§ 3 Rz 3), auch für *Minijobber* (*BMF* 14.12.21 – Corona FAQ (Steuern) www.bundesfinanzministerium.de, unter VIII Nr 11 fremdübl Lohnabrede erforderl) und für *Ges'tergeschäftsführer* (*BMF* 14.12.21 aaO, VIII Nr 13: hinsichtl der Einordnung als vGA und zum Gegenbeweis gelten die Grundsätze unter § 3b Rz 1 entspr). – *(2)* **Verhältnis zu anderen Vorschriften.** Dass § 3 Nr 11a nur auf ArbN anwendbar ist und keine Einkünfte anderer StPfl befreit, ist angesichts des Regelungsziels, pandemiebedingte Härten auch ohne eine besondere individuelle Betroffenheit des ArbN abzumildern, verfrechtl zweifelhaft. – § 3 Nr 11a regelt vorbehaltl eines neuen § 3 Nr 11b (Rz 5) die Befreiung von pandemiebedingten ArbG-Sonderleistungen abschließend (*BMF* DStR 20, 2433); eine (zusätzl) Befreiung nach LStR 3.11 II (s § 3 Rz 42) ist ausgeschlossen. Eine stfreie Sonderzahlung nach § 3 Nr 11a kann aber neben stfreien Aufstockungsbeträgen gem § 3 Nr 28a geleistet werden (*BMF* 14.12.21 aaO, VIII Nr 5). – *(3)* **Arbeitgeberbeihilfen/-unterstützungen.** S zum Begriff § 3 Rz 42. Es muss sich um uneigennützige Geld- oder Sachzuwendung eines (privaten oder öffentl)

ArbG ohne Gegenleistungscharakter handeln. Solche Leistungen sind ArbLohn (§ 19 Rn 100 „Beihilfen und Unterstützungen"). Der obligatorische und der freiwillige Pflegebonus gem § 150a SGB XI können vorbehaltl des ggf neuen § 3 Nr 11b grds nach § 3 Nr 11a stfrei sein. Es genügt für die Leistungsgewährung „als ArbG" (BR-Drs. 503/20 (B), 30), dass der ArbG nur Zahlstelle ist, da sich der Anspruch des StPfl auf den Bonus gegen die Pflegekasse (nicht gegen den ArbG) richtet (s iEinz *Schlegel* NJW 20, 1911, 1917, 1921) und (9). – *(4)* **Zusätzlichkeitserfordernis.** S § 8 IV (§ 3 Rz 4), dh es ist eine Entgeltumwandlung ausgeschlossen. Der Anspruch des ArbN auf die Sonderzahlung kann auf einer Individualvereinbarung, einem Tarifvertrag oder einer Betriebsvereinbarung beruhen (*BMF* 14.12.21 aaO, VIII Nr 2, Nr 4, Nr 18). – *(5)* **Aufgrund der Corona-Krise.** Die FinVerw verlangt zutr, dass die Beihilfe auf einer nach dem 29.2.20 getroffenen Vereinbarung oder entstandenen Rechtsgrundlage beruhen muss, deren Zweck darin besteht, die coronabedingten Folgen für den ArbN abzumildern; dieser muss aber nicht individuell besonders betroffen sein (*BMF* 14.12.21 aaO, VIII Nr 1, Nr 6, Nr 7). – *(6)* **Zahlungszeitraum; Freibetrag.** Die Leistung des ArbG muss dem ArbN zw 1.3.20 und 31.3.22 gem § 11 zufließen. Stfrei sind nur Sonderleistungen bis zu 1500 € innerhalb des Begünstigungszeitraums (BT-Drs 19/25160, 212; *BMF* 14.12.21 aaO, VIII Nr 2). § 3 Nr 11a ist aber für jedes ArbVerh des ArbN und insoweit ggf mehrfach anwendbar (*BMF* 14.12.21 aaO, VIII Nr 14, Nr 15). – *(7)* **Rechtsfolgen.** Bei Überschreiten des Freibetrags wird stpfl ArbLohn erzielt. Zur Beitragsfreiheit stfreier Leistungen s § 1 I 1 Nr 1 SvEV (BT-Drs 19/18967, 77). § 32b erfasst gem § 3 Nr 11a stfreie Leistungen nicht. Zur Aufzeichnung s § 4 II Nr 4 LStDV, aber nicht erforderl ist die Angabe in LSt-Bescheinigung und ESt-Erklärung s *BMF* 14.12.21 aaO, VII Nr 12, Nr 18 – Nr 20). – *(8)* **Einzelfälle.** *Nicht stfrei* (zutr *BMF* 14.12.21 aaO, VIII Nr 3, Nr 5, Nr 6, Nr 7, Nr 9, Nr 10, Nr 16): *nachträgl Umwandlung einer vor dem 1.3.20 getroffenen Vereinbarung* über eine erdiente Sonderzahlung (zB Leistungsprämie, Abfindung) in eine Coronasonderzahlung. – *Stfrei*: nach dem 29.2.20 vereinbarte Coronabeihilfen, auch wenn sie statt anderer (beabsichtigter) freiwilliger Sonderzahlungen und Abfindungen gewährt werden; laut *BMF* sogar Beihilfen iZm dem Verzicht des ArbN auf Freizeitausgleich für Überstunden (zweifelhaft). – *(9)* **§ 3 Nr 11b-E.** Für in der Pflege tätige ArbN soll im CoronaStHG IV eine StBefreiung bis zu 3000 € für zusätzl gewährte (s Rz 4) Entgelte für besondere Leistungen eingefügt werden, die auf bundes- und landesrechtl Regelungen beruhen und zw dem 18.11.21 und 31.12.22 ausgezahlt werden. Ein vor dem 18.11.21 nach § 150a SGB XI ausgezahlter Pflegebonus ist noch nach § 3 Nr 11a stfrei.

Nr 12: Aufwandsentschädigungen aus öffentlichen Kassen. – **a) Allgemeines.** – *(1)* **Regelungsinhalt.** § 3 Nr 12 befreit Bezüge, die „als" Aufwandsentschädigung aus öffentl Kassen, iEinz aus Bundes- und Landeskassen (§ 3 Nr 12 S 1) und sonstigen öffentl Kassen (§ 3 Nr 12 S 2) gewährt werden. Aufwandsentschädigungen sind Ersatzleistungen für Ausgaben, Verdienstausfall und Zeitverlust (zur Stbarkeit s BFH IX R 10/16 BStBl II 18, 571; § 19 Rz 35 „Ehrenamtl Tätigkeit"; § 19 Rz 100 „Aufwandsentschädigungen"). – *(2)* **Verfassungskonforme Auslegung.** Anknüpfend an BVerfG 2 BvL 10/95 BStBl II 99, 502 befreit § 3 Nr 12 in S 1 und S 2 nur Aufwandsentschädigungen, die tatsächl entstandene Aufwendungen abgelten, welche den WK-Begriff erfüllen (BFH VIII R 57/09 BStBl II 13, 799; BFH IX R 10/16 BStBl II 18, 571). Zur Verfassungsmäßigkeit der § 3 Nr 12 S 1 stfreien Ausgabenpauschale gem § 12 AbgG s § 9a Rz 11. – *(3)* **Abgrenzung zu anderen Steuerbefreiungen und zu § 3c.** Statt nach § 3 Nr 12 können Entschädigungen uU vorrangig nach § 3 Nr 26, Nr 26a, Nr 26b stfrei sein (BFH IX R 10/16 BStBl II 18, 571; BFH VIII R 28/15 BFH/NV 18, 1196). Erhält der StPfl eine pauschale Aufwandsentschädigung für sämtl Aufwendungen (WK) iSd § 3 Nr 12 S 2 und stfreien Reisekostenersatz gem § 3 Nr 13 S 1, kann er wegen § 3c I iErg nur diejeni-

§ 3 Nr 12   Steuerfreie Einnahmen

gen Reisekosten als WK abziehen, die die stfreie Summe beider Bezüge übersteigen (BFH VI R 23/15 BStBl II 17, 345; s auch § 3c Rz 8, LStR 3.12 IV 1).

51   **b) Aufwandsentschädigungen gem § 3 Nr 12 S 1** – *(1)* **Voraussetzungen.** § 3 Nr 12 S 1 befreit idR für ArbN (aber auch für andere StPfl, str) **Bezüge in Geld,** die kumulativ – *(a)* auf Grund eines formellen Gesetzes, einer RVO, durch Kabinettsbeschluss der zuständigen Regierung (nicht Gemeinderatsbeschluss oÄ) als Aufwandsentschädigung festgesetzt (§ 3 Nr 12 S 1 Buchst *a/b*) oder im Haushaltsplan *als eigener Titel Aufwandsentschädigung* [mit Bezeichnung der ersetzten Ausgaben/der Entschädigungshöhe; str] ausgewiesen sind (§ 3 Nr 12 S 1 Buchst c) *und* – *(b)* als Aufwandsentschädigung von einer (inl) Bundes- oder Landeskasse ausgezahlt werden. – *(2)* **Einzelfälle.** Aufwandsentschädigungen für den Bundespräsidenten, Bundes- und Landesminister, Abgeordnete (§ 12 AbgG); zu EU-Parlament s § 22 Rz 161 ff), Bezirksverordnete (*FSen Bln DStR 17*, 1484) und Gerichtsvollzieher (FG BBg EFG 06, 1506, rkr) sind stfrei. Nicht stfrei sind zB Zahlungen der DRV Bund an Versichertenberater (BFH VIII R 28/15 BFH/NV 18, 1196), Entschädigungen gem § 18 JVEG an ehrenamtl Richter (BFH IX R 10/16 BStBl II 18, 571); zum Aufwendungsersatz für ehrenamtl Betreuer s FG BaWü EFG 19, 1262, Rev VIII R 20/19. – *(3)* **Nachweisanforderungen.** Bei Einhaltung der in S 1 benannten Festsetzungsvoraussetzungen für die Aufwandsentschädigung und dem WK-Charakter der ersetzten Aufwendungen ist grds unwiderlegbar zu vermuten, dass die Bezüge nur den tatsächl angefallenen Aufwand ersetzen (vgl BFH VIII R 57/09 BStBl II 13, 799).

52   **c) Gleichgestellte Aufwandsentschädigungen, § 3 Nr 12 S 2.** – *(1)* **Zahlung „als" Aufwandsentschädigung.** Die Zahlung muss gem *§ 3 Nr 12 S 2 HS 1* aus einer öffentl Kasse stammen und zweckgebunden geleistet werden, um tatsächl Aufwendungen auszugleichen, die dem Empfänger iZm der öffentl Dienstleistung entstanden und als WK/BA zu qualifizieren sind (BFH VI R 3/04 BStBl II 07, 308; BFH IX R 10/16 BStBl II 18, 571; Rz 50). Ferner darf kein Ausschlussgrund gem *§ 3 Nr. 2 S 2 HS 2* greifen (unten *(4)*). – *(2)* **Zahlung aus öffentlicher Kasse.** S zum Begriff § 3 Rz 55, LStH 3.11 und BFH IV R 228/82 BStBl II 86, 848). Dies sind zB Kassen der juristischen Personen döR (zB Kommunen), AOK, öffentl Rundfunkanstalten, uä Kassen, zB eines Versorgungswerks (BFH VIII R 34/11 BStBl II 14, 248), *nicht* Kassen der kommunalen Spitzenverbände (*FM BaWü DStR 09*, 1312; FG Mster EFG 19, 1895, rkr) und Fraktionskassen (FG Bln DStRE 02, 1168, rkr). – *(3)* **Öffentliche Dienste** leisten Personen, die eine hoheitl Tätigkeit im Gesamtbereich der Verwaltung einschließl der schlichten Hoheitsverwaltung, nicht aber der Daseinsvorsorge und Fiskalverwaltung iwS ausüben (grundlegend BFH VI R 288/66 BStBl II 68, 437, ebenso LStR 3.12 I). – *Einzelfälle:* Nr 12 S 2 befreit zB Entschädigungen aus Tätigkeiten für berufsständische Versorgungswerke [s BFH VIII R 34/11 BStBl II 14, 248 (Anwälte), BFH IV R 160/71 BStBl II 74, 631 (Ärzte)]; zu öffentl-rechtl Berufsverband/-kammer s BFH VIII R 72/03 DStR 05, 690 mwN; auch zur Einordnung als SBE). Zur Daseinsvorsorge s BFH VI R 42/86 BStBl II 90, 679. Die Fiskalverwaltung „iwS" umfasst Betriebe gewerbl Art von Körperschaften döR (s BFH VIII R 34/11 BStBl II 14, 248; s auch LStR 3.12). Bei gemischter Tätigkeit muss der hoheitl Teil überwiegen (BFH VI R 171/74 BStBl II 75, 563). – *(4)* **Kraft Gesetzes ausgeschlossene Steuerfreiheit, § 3 Nr 12 S 2 HS 2.** Entschädigungen für **Verdienstausfall oder Zeitverlust** sind stpfl (*Alt 1*). Maßgebl sind Bezeichnung und Auslegung der Rechtsgrundlage (BFH IX R 10/16 BStBl II 18, 571; BFH VIII R 28/15 BFH/NV 18, 1196; FG Nbg EFG 21, 1717, rkr). Ferner (*Alt 2*) darf die Entschädigung den tatsächl Aufwand iZm der öffentl Dienstleistung nicht **offenbar** übersteigen. Der Entschädigungsbetrag ist hierzu mit dem durchschnittl mehrjährigen Aufwand von Personen in ähnl dienstl Stellung zu vergleichen (BFH VI R 83/89 BStBl II 92, 140; LStR 3.12 II S 5). Das Merkmal „*offenbar*" schließt eine kleinl Prüfung aus. – *(5)* **Festlegung stfreier Entschädigungsbeträge.** Zu durch Gesetz/RVO festgelegten Entschädigungen s LStR 3.12

Kommentierung der Nrn 1–71 **Nr 13 § 3**

III 2. Die FinVerw kann ferner mit den obersten Landesbehörden Sätze für stfreie Entschädigungen bestimmter StPfl abstimmen (LStR 3.12 III S 10; BFH IV R 7/91 BStBl II 93, 50, auch LStR 3.12 V). Zur **Bindung** der FG an diese VerwAnweisungen s FG Hess EFG 13, 1820, rkr, FG Nbg EFG 15, 1188, rkr. Fehlen solche Sätze, wird gem LStR 3.12 III 3 eine stfreie Entschädigung *iHv monatl 200 €* pauschal anerkannt (Jahreshöchstbetrag 2400 €); der Monatsbetrag ist innerhalb des Kj übertragbar (dazu LStH 3.12 mit Beispiel). Der StPfl kann einen höheren tatsächl Aufwand iZm der ehrenamtl Nebentätigkeit nachweisen (LStR 3.12 IV), dieser umfasst nicht anteilige Fixkosten aus der Haupttätigkeit (FG Thür EFG 18, 543, Zurückverweisung durch BFH 29.9.20 VIII R 5/18, nv).

Nr 13: Reisekosten- und Umzugskostenvergütungen sowie Trennungs- 54
gelder aus öffentlichen Kassen. – a) Verhältnis zu anderen Vorschriften. –
(1) **Verhältnis zu § 3 Nr. 12.** § 3 Nr 13 ist ggü Nr. 12 vorrangig (BFH VI R 23/15 BStBl II 17, 345). – *(2)* **Verhältnis zu § 3c I.** Übersteigen die tatsächl BA/WK den stfreien Erstattungsbetrag, sind sie insoweit gem § 3c I abzugsfähig (BFH VI R 73/06 BFH/NV 08, 936; BFH VIII R 58/06 BStBl II 09, 405; s auch § 3 Rz 50). Fahrtkosten für regelmäßig verkehrende Beförderungsmittel sind nur iHd tatsächl Beförderungsentgelte WK, höhere Pauschbeträge sind keine WK (BFH VI R 50/18 BStBl II 21, 440). Die abzugsfähigen WK und die stfreie Fahrtkostenerstattung entsprechen sich. – *(3)* **§ 32b.** S Rz 66. – *(4)* **EU-Abordnungen.** S *BMF* BStBl I 06, 340 und Rz 3.

b) Übergreifende Voraussetzungen. – *(1)* **Berufliche Veranlassung der er-** 55
statteten Kosten. Stfrei ist nur der Ersatz tatsächl entstandener und berufl veranlasster Aufwendungen, die als BA/WK des ArbN abziehbar wären (BFH VI R 67/92 BStBl II 95, 17; BFH VIII R 58/06 BStBl II 09, 405; BFH VI R 25/10 BStBl II 13, 699; s auch § 19 Rz 66 ff). Werden Reisekosten-, Umzugskostenvergütungen, Trennungsgelder aus einer öffentl Kasse gezahlt, ist für die StBefreiung daher zu prüfen, in welchem Umfang durch die Zahlung estl BA/WK-ersetzt werden. Dies gilt insb bei Vergütungspauschalen (BFH VIII R 58/06 BStBl II 09, 405); s auch zur Umzugskostenerstattung des Erwerbs privater Kleidung BFH VI R 67/92 BStBl II 95, 17). – *(2)* **Öffentliche Kassen.** Dies sind inl juristische Personen döR sowie Unternehmen, Kammern, Verbände, die einer Dienstaufsicht und Prüfung ihres Finanzgebarens durch die öffentl Hand unterliegen (LStH 3.11). – *(3)* **Vergütungsformen.** Dies sind Bar- und Sachleistungen (EStR 3.13 I; § 19 Rz 67).

c) Steuerfreie Reisekostenvergütungen, § 3 Nr 13 S 1, 2. – *(1)* **Reisekos-** 56
tenbegriff. Reisekostenvergütungen werden gem § 1 II BRKG und dem entspr Landesrecht für Kosten einer *Dienstreise* gewährt. § 3 Nr 13 stellt Vergütungen stfrei, die nach diesen Vorschriften (EStR 3.13 II 1, IV 1) und aufgrund anderer Rechtsgrundlagen (zB Tarifverträge/öffentl-rechtl Satzungen) gewährt werden, den Vorschriften des Bundes/der Länder vollumfängl entsprechen (LStR 3.13 II) und aus einer öffentl Kasse gezahlt werden. **EStl** Reisekosten gem § 3 Nr 13 iVm § 9 sind der Verpflegungsmehraufwand, Fahrt-, Übernachtungs- und sonstige Kosten (s § 19 Rz 110 „Reisekosten", § 4 Rz 520 „Geschäftsreise"; § 4 Rz 570). Die einzelnen Aufwendungen dürfen zusammengefasst werden; die Vergütung ist nach § 3 Nr 13 stfrei, wenn sie die zul stfreie Gesamtsumme nicht übersteigt (*BMF* BStBl I 20, 1228, unten Rz 134). – *(2)* **Verpflegungsmehraufwand iSd § 9 IVa (§ 3 Nr 13 S 2 HS 1).** Reisekostenvergütungen (zB Tagegeld gem § 6, § 9 BRKG), die Verpflegungsaufwand ersetzen, sind nach S 2 HS 1 stfrei, soweit gem § 9 IVa ein WK-Abzug mögl wäre. Zu den Pauschbeträgen für Inlands- und Auslandsreisen und zur Kürzung bei Mahlzeitengestellung gem § 9 IVa s § 9 Rz 310. Übersteigende Vergütungen sind stpfl, können aber bis zur Höhe der doppelten Pauschbeträge gem § 40 II 1 Nr 4 pauschal besteuert werden (s § 40 Rz 16). – *(3)* **Übernachtungskosten.** Diese können bei **Auslands-/Inlandsreisen** durch den ArbG gem Nr 13 entweder in nachgewiesener Höhe oder *pauschal*, dh bei Auslandsreisen iHd nach § 7 BRKG

höchsten Auslandsübernachtungsgelds (*BMF* BStBl I 18, 1354) und bei Inlandsreisen iHv 20 € je Übernachtung stfrei erstattet werden (s iEinz LStR 9.7 III 1, *BMF* BStBl I 20, 1228 Rz 128). Der *WK-Abzug* von Übernachtungskosten ist hingegen nur iHd der tatsächl Kosten mögl (§ 9 Rz 260). – **(4) Fahrtkosten.** Dies sind bei Dienstreisen zB Vergütungen gem § 4, § 5 BRKG. Stfrei gem § 3 Nr 13 S 1 erstattbar sind die tatsächl Aufwendungen oder Pauschbeträge gem § 9 I 3 Nr 4a S 2, dh die höchste Wegstreckenentschädigung nach dem BRKG (*BMF* BStBl I 20, 1228 Rz 37; § 9 Rz 212, 213). Unter § 3 Nr 13 S 1 fallen weder Vergütungen des ArbG für Fahrten von der Wohnung zur ersten Tätigkeitsstätte iSd § 9 I 3 Nr 4 (s zu diesen bei § 3 Nr 15) noch für Familienheimfahrten (s aber § 3 Rz 58). Zur Bahncardgestellung durch den ArbG s § 3 Rz 69. – **(5) Reisenebenkosten** (vgl § 10 BRKG) können in nachgewiesener Höhe (LStR 9.8, Begriff: *BMF* BStBl I 20, 1228 Rz 129) stfrei erstattet werden, soweit sie beim ArbN WK sind.

57 **d) Steuerfreie Umzugskostenvergütungen, § 3 Nr 13 S 1.** Umzugskostenerstattungen aus öffentl Kassen an ArbN im öffentl Dienst (zu „Post-ArbN" s § 3 Nr 35), die berufl veranlasst sind, sind stfrei (s LStR 3.16, 3.13 IV). Die Höhe der Vergütungen richtet sich öffentl-rechtl nach dem BUKG bzw bei Umzügen zur Inl und Ausl nach der AUV (LStR 9.9 II). Auch hier gilt, dass nach öffentl Recht gewährten Umzugsvergütungen estl WK ersetzen müssen (s § 3 Rz 55; BFH VI R 53/04 BStBl II 07, 536; zur Indizwirkung einer Erstattung nach dem BUKG s BFH VI R 2/11 BStBl II 12, 104). Vergütungen nach dem BUKG, die keine tatsächl Aufwendungen oder solche erstatten, die gem § 12 Nr 1 keine BA/WK sind (BFH VI R 188/98 BStBl II 03, 314; BFH VI R 25/10 BStBl II 13, 699 zu § 8 III BUKG), sind stpfl. S iEinz § 19 Rz 110 „Umzugskosten".

58 **e) Steuerfreies Trennungsgeld.** – *(1)* **Verweis auf § 9 I 3 Nr 5, IVa.** Öffentl-rechtl handelt es sich um Vergütungen gem § 12 BUKG, § 15 BRKG, der TGV (BGBl I 09, 320) und der AuslandstrennungsgeldVO (BGBl I 2009, 160; BFH VI R 226/80 BStBl II 87, 385). Gem § 3 Nr 13 S 2, HS 2 ist das Trennungsgeld nur stfrei, soweit es Aufwendungen ersetzt, die iRe nach § 9 I 3 Nr 5 anzuerkennenden doppelten Haushaltsführung als WK abzugsfähig wären und auch gem § 3 Nr 16 stfrei ersetzt werden könnten (BFH VI B 31/00 BFH/NV 00, 1465). Dies sind Aufwendungen für die erste und letzte Fahrt zum Beschäftigungsort, für Familienheimfahrten, für Verpflegungsmehraufwand, für die notwendigen Kosten der Unterkunft am Beschäftigungsort und für sonstige Kosten. – *(2)* **Höhe der Steuerbefreiung, § 3 Nr 13 S 2 HS 2.** Stfrei sind Trennungsgelder bis zu den Pauschbeträgen gem § 9 I 3 Nr 5 S 4 für Unterkunftskosten, den WK gem § 9 I 3 Nr 5 S 5–8 für Familienheimfahrten, iHd tatsächl Kosten für die erste und letzte Fahrt zum Beschäftigungsort (s § 9 Rz 253) und iHd Verpflegungsmehraufwands gem § 9 IVa S 12f/§ 9 I 3 Nr 5b (LStR 9.11 VI–X).

61 **Nr 14: Krankenversicherungszuschüsse des Rentenversicherungsträgers an Rentner.** Zuschüsse iSd *§ 106 I 1, § 315 SGB VI* durch Träger der gesetzl RV an freiwillig in der gesetzl KV und an privat krankenversicherte Rentner sind stfrei. Gleiches gilt für Zuschüsse der gesetzl RV-Träger für pflichtversicherte Rentner an die gesetzl KV (§ 249a SGB V). S zum SA-Abzug jeweils § 10 IV 2 (§ 10 Rz 161).

63 **Nr 15: Zuschüsse des Arbeitgebers zu Fahrausweisen des Arbeitnehmers im öffentlichen Personenfernverkehr/Personennahverkehr.** S iEinz *BMF* BStBl I 19, 875. – *(1)* **Bezuschussung von Fahrausweisen, § 3 Nr 15 S 1.** S 1 befreit seit dem VZ 19 *zweckgebundene* Barzuschüsse des ArbG an (Leih-)ArbN (s *BMF* aaO, Rz 4) für Fahrausweise im Linienverkehr (Personenfernverkehr, **S 1 Alt 1**) mit öffentl Verkehrsmitteln (dazu *BMF* BStBl I 19, 875 Rz 3, 7), die die Strecke zw Wohnung und erster Tätigkeitsstätte, zum Sammelpunkt/weiträumiger Tätigkeitsstätte gem § 9 I 3 Nr 4a S 3 (§ 9 Rz 214 ff) betreffen. **S 1 Alt 2** befreit Zuschüsse an alle ArbN für Fahrausweise im öffentl Personennahverkehr (s *BMF* BStBl I 19, 875 Rz 5, 8–10), die berufl und private Fahrten betreffen. Zu Mobilitätsguthaben des ArbN s *Zimmermann* ua NWB 19, 1763. – **(2) Überlassung von Fahrausweisen, § 3 Nr 15 S 2.** S 2 befreit ArbLohn in Form der verbilligten/ unentgeltl Überlassung von Fahrausweisen durch den ArbG (zB Job-Tickets, s iEinz *BMF* BStBl I 19, 875 Rz 5). Die Fahrausweise dürfen nur zu denselben Fahrten wie in S 1 Alt 1 und Alt 2 (Personenfern- und -nahverkehr) berechtigen (s zu Rahmenabkommen des ArbG mit dem Beförderungsunternehmen BT-Drs 19/5595, 82). – **(3) Zusätzlichkeit.** S § 8 IV (§ 3 Rz 54). – **(4) Bahncard.** Die Bezuschussung/Überlassung einer Bahncard ist kein ArbLohn, wenn sie sich auf Grundlage einer Prognose durch Dienstreisen iSd *§ 3 Nr 13, Nr 16* vollständig amortisiert. *Stfrei* ist der Vorteil auch, wenn allein durch die gem § 3 Nr 15 begünstigten Fahrten prognostisch eine Vollamortisation erreicht wird (*BMF* BStBl I 19, 875 Rz 15–18). Bei Prognose einer *Teilamortisation* durch Dienstreisen gem *§ 3 Nr 13, Nr 16* entsteht iHd Vorteils ArbLohn, der gem § 3 Nr 15 für ersparte Fahrausweise zu den begünstigten Fahrten (nachträgl) stfrei oder zu mindern sein kann (*BMF* BStBl I 19, 875 Rz 19, 20; ebenso bei fehlender Amortisationsprognose s *BMF* BStBl I 19, 875 Rz 22; krit dazu § 19 Rz 100 „BahnCard"). – **(5) Bezuschussung von Kraftfahrzeugkosten des ArbN.** Diese Zuschüsse sind nicht nach § 3 Nr 15 stfrei, es darf aber pauschaliert werden (s § 40 Rz 20). – **(6) Kürzung (S 3).** Die stfreien ArbG-Zuschüsse mindern WK des ArbN aus der Entfernungspauschale bis maximal auf Null. Dies gilt unabhängig von der tatsächl Nutzung der Fahrberechtigung, es sei denn, der ArbN verzichtet auf deren Nutzung (*BMF* BStBl I 19, 875 Rz 27, 31, 38). Aufwendungen für **Zeitfahrkarten,** die in der Pandemie aufgrund von Homeofficearbeit ungenutzt bleiben, sind WK (*BMF* 14.12.21 aaO Corona (FAQ), VII. Nr. 7, Nr 8, s Rz 5); bei Bezuschussung gilt S 3. – **(7) Dokumentation.** S § 41b I 2 und iEinz *BMF* BStBl I 19, 875 Rz 39 ff.

Nr 16: Erstattungen privater Arbeitgeber für Reise- und Umzugskosten sowie Mehraufwendungen bei doppelter Haushaltsführung. – a) **Anknüpfung an Werbungskostenabzug. – (1) Allgemeines.** § 3 Nr 16 gilt für private ArbN und ergänzt § 3 Nr 13. Auch hier (s § 3 Rz 55) kann der ArbG nur Aufwendungen stfrei erstatten, die der ArbN als berufl veranlasste WK abziehen könnte (zB BFH VI R 53/04 BStBl II 07, 536; s auch § 19 Rz 67). – **(2) Verhältnis zu anderen Vorschriften.** Die stfreie Erstattung von Reisekosten gem § 3 Nr 13 iRe Gehaltsumwandlung ist zul, wenn sie vor dem Entstehen des Vergütungsanspruchs des ArbN vereinbart wird (BFH VI R 2/98 BStBl II 01, 601; LStH 3.16). Werden gemischt veranlasste Aufwendungen vom ArbG erstattet, müssen diese gem **§ 12 Nr 1** im Schätzwege aufgeteilt werden (BFH VI R 55/16 BFH/NV 18, 1145; LStH 3.13). Stfreie Reisekostenvergütungen sind keine Zuwendungen iRe Betriebsveranstaltung iSd **§ 19 I 1 Nr 1a** (§ 19 Rz 82). Zur Anwendung des § 3 Nr 16 iRd **§ 32b** s BFH VI R 21/18 BStBl II 21, 506; § 3 Rz 3 *(2)*. Zu **§ 3c I** s § 3 Rz 54. Ferner beachte § 41b I Nr 10, § 50 II 2, § 50a IV. Stfreier WK-Ersatz ist gem **§ 1 I 1 Nr 1 SvEV** beitragsfrei; nicht aber iRe Barlohnumwandlung (§ 17 I 1 Nr 1 SGB IV).

b) Steuerfrei erstattbare Aufwendungen. – (1) Reisekosten. S § 9 I Nr 4a, Nr 5a, § 9 IVa und § 19 Rz 110 „Reisekosten", „Einsatzwechseltätigkeit", „Fahrtätigkeit", „Kraftfahrzeugkosten"; zu Berufskraftfahrern s nunmehr § 9 I 3 Nr 5b (§ 9 Rz 263). Stfrei können sein: Vergütungen des ArbG für Verpflegungsmehraufwand, Fahrt-, Übernachtungs- und sonstige Kosten iRe Auswärtstätigkeit des ArbN, **nicht aber** für Fahrten zw Wohnung und erster Tätigkeitsstätte (BFH VI R 21/18 BStBl II 21, 506) und für Familienheimfahrten iRe doppelten Haushaltsführung. – **(2) Umzugskosten.** S § 19 Rz 110 „Umzugskosten" und LStR 9.9 II 4, III. – **(3) Doppelte Haushaltsführung.** S § 9 I 3 Nr 5, § 9 IVa 12, 13 und § 9 Rz 210 ff, Rz 245 ff, 252, 253. Stfrei sind Vergütungen von Aufwendungen des ArbN für die erste/letzte Fahrt zum Beschäftigungsort, für Familienheimfahrten, für Verpflegungsmehraufwand, für die notwendigen Kosten der Unterkunft am Beschäftigungsort und für sonstige Kosten.

68 **c) Keine Überschreitung der nach § 9 abziehbaren Werbungskosten. – (1) Reisekosten.** S zu Fahrtkosten iSd § 9 I 3 Nr 4a § 9 Rz 212, 213 und § 3 Rz 55; zu Übernachtungskosten iSd § 9 I 3 Nr 5a s § 9 Rn 260f sowie zu Auslandsreisen ab dem VZ 19 *BMF* DStR 18, 2580. Zu Verpflegungsmehraufwendungen s § 9 IVa 3, 5 (§ 9 Rz 310f). – **(2) Umzugskosten.** Zur stfrei erstattbaren Höhe s LStR 9.9 und § 19 Rz 110 „Umzugskosten". – **(3) Doppelte Haushaltsführung.** S LStR 9.11 VI–X. Stfrei erstattbare inl Übernachtungskosten am Beschäftigungsort sind auf 1000 €/Monat begrenzt (§ 9 I 3 Nr 5 S 4); erstattbare Auslandsübernachtungskosten müssen angemessen sein; Mietnebenkosten sind abgegolten (§ 9 Rz 246). Zur Erstattung der ersten/letzten Fahrt an den Beschäftigungsort s § 9 Rz 253. Zur Erstattung von WK für Familienheimfahrten s § 9 I 3 Nr 5 S 5, 6 (Entfernungspauschale); diese sind beim WK-Abzug des ArbN in der ESt-Erklärung um stfreie Vergütungen gem § 3 Nr 13, Nr 16 zu kürzen (§ 9 Rz 248). Zum stfrei erstattbaren Verpflegungsmehraufwand s § 9 IVa 12, 13 (§ 9 Rz 314) und zu sonstigen Kosten § 9 Rz 252. – **(4) Rechtsfolge.** Bei zu hoher Erstattung liegt iHd Differenz ArbLohn vor (s § 19 Rz 67; zur Beweislast BFH VI B 72/00 BFH/NV 01, 36).

69 **d) Bahncard- oder Kraftfahrzeuggestellung durch den Arbeitgeber. – (1) Bahncardgestellung.** S auch § 3 Rz 63. Kein ArbLohn wird erzielt bei Überlassung einer *Bahncard 100* oder *Bahncard 25/50* im eigenbetriebl Interesse des ArbG. Dies ist der Fall, wenn nach einer Prognoserechnung im Gewährungszeitpunkt die Kosten regulärer/ermäßigter Fahrausweise für von § 3 Nr 16 erfasste Reisen die Kosten der Bahncard übersteigen oder erreichen (sog *Vollamortisation*, s *BMF* BStBl I 19, 875, Rz 15); die auch private Nutzung der Bahncard durch den ArbN ist unerhebl. Bei prognostizierter *Teilamortisation/fehlender Amortisationsprognose* wird der Wert der Bahncard zunächst voll als ArbLohn erfasst und kann nachträgl durch stfreie Kürzungsbeträge (auch solche gem § 3 Nr 15, s § 3 Rz 63) gemindert werden (*BMF* BStBl I 19, 875 Rz 19, 20, 22; krit § 19 Rz 100 „Bahncard"). – **(2) Familienheimfahrten.** Bei unentgeltl Fahrzeuggestellung durch den ArbG kein Ansatz eines geldwerten Vorteils für Familienheimfahrten und kein WK-Abzug des ArbN (§ 9 I 3 Nr 5 S 8, § 9 Rz 250).

71 **Nr 17: Beitragszuschüsse zur Alterssicherung der Landwirte.** Zuschüsse an Landwirte und mitarbeitende Familienangehörige zur Entlastung von Beiträgen an die landwirtschaftl Alterskasse gem § 32 ALG sind stfrei, wenn das maßgebl jährl Einkommen 15 500 € nicht übersteigt. S *Leingärtner* § 49 Rz 17 (auch zum SA-Abzug).

72 **Nr 18: Aufgelder für Lastenausgleichsdarlehen.** Befreit wurden Aufgelder, die die Lastenausgleichsbank (§ 5 LAG) an die Empfänger zahlte. Die Regelung hat faktisch keinen Anwendungsbereich mehr, da die betroffenen Darlehen vor dem 1.1.55 gewährt worden sein müssen und getilgt sein dürften. Der Ausgleichsfonds gem § 5 LAG wurde aufgelöst.

74 **Nr 19: Weiterbildungsleistungen des Arbeitgebers nach dem SGB III.** Weiterbildungsmaßnahmen sind idR schon nicht stbar (BT-Drs 19/13436, S 89; § 19 Rz 100 „Betriebl Weiterbildung"). § 3 Nr 19 befreit in *S 1 Buchst a* iVm § 82 I Nr 1–4 SGB III bestimmte von der Arbeitsagentur und dem ArbG gemeinsam (§ 82 II SGB III) finanzierte außerbetriebl (von Trägern durchgeführte) Qualifizierungsmaßnahmen für beschäftigte ArbN, die nicht nur eine arbeitsplatzbezogene Fortbildung, sondern eine Kompetenzerweiterung bewirken sollen (zB Sprach-/PC-Kurse, Nachholung eines Schul-/Berufsabschlusses). *S 1 Buchst b* befreit sonstige (innerbetriebl und digitale) Weiterbildungsmaßnahmen mit derselben Ausrichtung (*OFD Ffm* DStR 21, 988). Nach S 3 sind auch Outplacementberatungen (zur StBarkeit s § 19 Rz 100 „Outplacementberatung"; zu Anwendungsfragen *Hilbert/Endert* NWB 21, 3108) stfrei. Die StBefreiung gilt gem S 3 nicht, wenn die Maßnahme überwiegend Belohnungscharakter hat, also leistungsabhängig ist.

Kommentierung der Nrn 1–71

Nr 20: Zuwendungen des Bundespräsidenten. – Die Zuwendungen (Einmalzahlungen, wiederkehrende Leistungen) stammen aus öffentl Mitteln des Bundespräsidenten, wenn sie auf einem entspr Haushaltstitel beruhen und der Rechnungskontrolle unterliegen (s § 3 Rz 192). 77

Nr 21: *(aufgehoben).* 80

Nr 22: *(aufgehoben).* 83

Nr 23: Leistungen an Verfolgte. § 3 Nr 23 befreit (ähnl § 3 Nr. 8, § 3 Nr. 8a) idR gem § 22 Nr. 1 stbare wiederkehrende Leistungen, die nach den im Wortlaut des § 3 Nr 23 in Bezug genommenem Gesetzen gewährt werden. Empfänger der Leistungen können dt Staats- und Volkszugehörige sein, die in der sowjetischen Besatzungszone unverschuldet (aus politischen Gründen) inhaftiert wurden, deren Angehörige sowie Personen, die während des SED-Regimes inhaftiert wurden, Opfer rechtswidrigen Verwaltungshandelns waren oder in ihrem berufl Fortkommen behindert wurden. Durch G v 16.7.21 (BGBl I 21, 2993) wurde § 3 Nr 23 mit Wirkung für den VZ 21 **neu gefasst.** 86

Nr 24: Bundeskindergeldgesetz-Leistungen. Leistungen nach dem BKGG sind stbar, aber gem § 3 Nr 24 stfrei. Zur KiGeld-Berechtigung nach dem BKGG s § 62 Rz 1. Stfrei sind auch die Zuschläge gem § 6a, § 6b BKKG. 87

Nr 25: Infektionsschutzgesetz-Entschädigungen. – § 3 Nr 25 befreit Entschädigungen für Verdienstausfall, die Erstattung von Mehraufwendungen sowie solche gem § 56 I IfSG, die aufgrund eines Betätigungsverbots, einer Quarantäneanordnung und aufgrund einer Betreuungspflicht für Kinder gem § 56 Ia IfSG idF CoronaStHG I (BGBl I 20, 1385) geleistet werden (s auch s § 32b). Stfrei sind auch Entschädigungen aufgrund behördl Maßnahmen an Gegenständen (§ 65 IfSG). Zu **Corona-Finanzhilfen** s § 3 Rz 5. 88

Nr 26: Einnahmen aus bestimmten nebenberuflichen Tätigkeiten. – **a) Einnahmen.** Die Einnahmen müssen stbar sein (BFH III R 23/15 BStBl II 19, 469 zur Einkunftserzielungsabsicht). Unerhebl ist, ob die Einnahme Aufwendungen, einen Verdienstausfall erstatten oder die Tätigkeit vergüten soll. 91

b) Tätigkeitskatalog – *(1)* **Abschließender Katalog.** § 3 Nr 26 begünstigt anders als § 3 Nr 26a nur stbare Einnahmen aus dem gesetzl Tätigkeitskatalog. S zu Beispielen LStR 3.26 I 2; OFD Ffm BeckVerw 457318. – *(2)* **Übungsleiter/ Ausbilder.** *Übungsleiter* fördern die Entwicklung geistiger und körperl Fähigkeiten anderer Menschen durch Ausbildung vorhandener Anlagen oder leiten Menschen an, Fähigkeiten selbst zu entwickeln oder zu erproben. *Ausbildung* ist nicht nur die Aus- oder Fortbildung iSd EStG, sondern auch die Vermittlung von Allgemeinwissen und handwerkl Fähigkeiten. *Unterricht* ist begünstigt, wenn die Aus- oder Fortbildung im Interesse der Allgemeinheit liegt (BFH IV R 34/91 BStBl II 93, 20). *Beispiele:* FG SchlHol EFG 18, 925, rkr - Lehrarzt; BFH IV R 24/84 BStBl II 86, 398 – Volkshochschule. S auch LStR 3.26 I 2. – *(3)* **Erzieher.** S zum Begriff § 18 Rz 84, zu den Formen § 3 Rz 43. – *(4)* **Betreuer.** Erforderl ist eine betreuende Tätigkeit mit pädagogischer Ausrichtung (etwa im Jugend- und Sportbereich). Zu Beispielen s LStR 3.26 I 2; *bejaht* zB für die Hausaufgabenbetreuung (FG Köln EFG 15, 2086, rkr); *verneint* für Versichertenberaterin der DRV (BFH VIII R 28/15 BStBl II 18, 715). Zu ehrenamtl rechtl Betreuer s § 3 Nr 26b. – *(5)* **Vergleichbare Tätigkeiten.** Es genügt nicht, dass eine Tätigkeit unter sozialen Aspekten wünschenswert ist (BFH VIII R 28/15 BStBl II 18, 715). Erforderl ist eine pädagogische Ausrichtung der Tätigkeit idS, dass der StPfl auf andere Menschen durch persönl Kontakt Einfluss nimmt, um auf diese Weise geistige und leibl Fähigkeiten zu entwickeln und zu fördern (BFH IV R 106/90 BStBl II 92, 176; LStR 3.26 I 2). Dies umfasst die Wissensvermittlung (auch zur Charakter- und Persönlichkeitsbildung) und Vermittlung von Fähigkeiten. *Beispiele:* § 3 Nr 26 wird bejaht für Examensprüfer (BFH IV R 189/85 BStBl II 87, 783; BFH IV R 21/86 BStBl 92

§ 3 Nr 26 — Steuerfreie Einnahmen

II 88, 890), für das Erstellen von Lehrplänen (BFH IV R 24/84 BStBl II 86, 398), für Tätigkeiten iRd Coronabekämpfung: § 3 Rz 5 *(5)*, zu Impfzentren *OFD Ffm* DStR 21, 870. – Verneint für Turnierrichter im Amateurpferdesport s FG Nbg EFG 15, 1425, rkr; für fachspezifische Vorträge s FG Köln BeckRS 2017, 141133; für den Auditor eines Studiengangs FG Hess BeckRS 2017, 94197; für das Fertigen von Lehrbriefen s BFH VIII R 43/14 BFH/NV 17, 569; für die Tätigkeit ehrenamtl Richter s BFH IX R 10/16 BStBl II 18, 571. – *(6)* **Künstlerische Tätigkeit.** Zum Begriff s § 18 Rz 66 ff. – *(7)* **Pflege alter, kranker, behinderter Menschen.** Stfrei sind auch Einnahmen für Pflegeleistungen, die vom StPfl iRd häusl und teilstationären Pflege erbracht werden (vgl § 36, § 45a SGB XI; zur Angehörigenpflege s § 3 Nr. 36). Der Pflegebegriff ist weit auszulegen (*Geserich* NWB 20, 2596, 2601) und umfasst auch Rettungs-, Hilfs- und Betreuungsdienste (LStR 3.26 I 4; FG Köln EFG 15, 1507, rkr: Hausnotruf; FG BaWü EFG 18, 1058, rkr: Hol- und Bringdienst iRd Tagespflege), nicht aber die Leitung einer Pflegeeinrichtung (BFH XI B 117/02 BFH/NV 04, 1405).

93 **b) Person des Auftraggebers.** Dieser kann entweder eine juristische Person döR, die im Inl, einem EU/EWR-Staat, der Schweiz ansässig ist bzw einer ihrer Behörden („im Dienst oder Auftrag") sein *oder* eine unter § 5 I Nr 9 KStG fallende Einrichtung mit gemeinnütziger Zweckverfolgung sein (s § 52 bis § 54 AO, LStR 3.26 IV–VI). *Beispiele:* Bund, Länder, Gemeinden, Universitäten, Schulen, Volkshochschulen, Beratungsstellen, Sportvereine, gemeinnützige Körperschaften, Ärzte- und Anwaltskammern, IHK, SV-Träger.

94 **c) Nebenberufliche Tätigkeit.** – *(1)* **Zulässiger zeitlicher Umfang.** Die Tätigkeit muss neben einer Vollzeitbeschäftigung in einem Hauptberuf geleistet werden können. Ein Hauptberuf muss aber nicht ausgeübt werden, dh auch Rentner, Studenten, Hausfrauen können nebenberufl tätig sein. BFH VI R 188/87 BStBl II 90, 854 und R 3.26 II 1 LStR nehmen eine Nebentätigkeit bis zu einem Drittel der übl Arbeitszeit einer Vollzeitkraft (Durchschnittswert bezogen auf das Kj) an. Diese strikte zeitl Anknüpfung überzeugt nicht. Tätigkeiten sind unabhängig vom zeitl Umfang ihrer Ausübung „nebenberufl", wenn die Vergütung den Freibetrag nicht überschreitet (FG Köln EFG 15, 1507, rkr; s auch *Bender* DStR 15, 2257, 2259). Das dienstrechtl Nebentätigkeitsrecht ist für die Einordnung als nebenberufl Tätigkeit unerhebl (FG Köln BeckRS 2017, 141133). – *(2)* **Gleichartige Nebentätigkeit für den ArbG.** Sind Haupt- und Nebentätigkeit gleichartig und erfüllt der StPfl mit der Nebentätigkeit eine ihm faktisch/rechtl obliegende Nebenpflicht oder unterliegt er vollständig der Weisung und Kontrolle des ArbG, liegt eine einheitl Haupttätigkeit vor (BFH VIII R 43/14 BFH/NV 17, 569; BFH VI B 75/17 BFH/NV 18, 337). LStR 3.26 II und *BMF* BStBl I 14, 1581, Nr 2 verneinen idR eine Nebentätigkeit für denselben ArbG, die Rspr prüft den Einzelfall (BFH VIII R 43/14 BFH/NV 17, 569; zum Freiberufler s FG SchlHol EFG 18, 925, rkr).

95 **d) Rechtsfolgen.** – *(1)* **Höhe der Steuerbefreiung.** Der Jahresfreibetrag beträgt ab VZ 21 **3000 €**. Er ist nicht zeitanteilig aufzuteilen (LStR 3.26 VIII 1); bei mehreren Tätigkeiten (BFH VIII R 28/15 BStBl II 18, 715) oder bei Nachzahlung für mehrere Jahre ist er nur einmal zu gewähren (BFH IV R 87/89 BStBl II 90, 686). Andere StBefreiungen, zB gem § 3 Nr 12, Nr 13, Nr 16, Nr 50 können neben § 3 Nr 26 in der für den StPfl günstigsten Reihenfolge angewendet werden, daneben greift ggf noch der ArbN-Pauschbetrag gem 9a I Nr 1 (LStR 3.26 IX). – *(2)* **Werbungskosten- und Betriebsausgabenabzug (S 2).** S 2 regelt (nur) den Fall, dass die stbaren Einnahmen (Rz 91) 3000 € übersteigen *und* die BA/WK höher als die Einnahmen sind. Die BA/WK dürfen dann oberhalb der Einnahmen abw von § 3c I (keine Aufteilung) voll abgezogen werden (s FG BBg EFG 08, 1535, rkr; *Selder* jurisPR-SteuerR 23/2018 Anm. 3; str). Sind *nur* (stbare!), zB vorweggenommene BA/WK angefallen, ist S 2 nicht anwendbar. Es gilt § 3c I, so dass die BA/WK voll abzugsfähig sind, weil sie die stfreien Einnahmen (0 €) übersteiggen (BFH XI R 61/04 BStBl II 06, 163; glA *HHR* § 3c Rz 22; str). Bei stfreien Einnahmen unter dem Freibetrag *und* BA/WK, die die stfreien Einnahmen übersteigen, sind gem § 3c I die BA/WK abzugsfähig, „soweit" sie höher als die stfreien Einnahmen sind (BFH III R 23/15 BStBl II 18, 469; BFH VIII R 17/16 BStBl II 19, 422). – *(3)* **Sozial- und Verfahrensrecht.** S § 1 I 1 Nr 16 SvEV (kein Arbeitsentgelt) und zu Minijobber § 40a Rz 9. S zum LSt-Abzug LStR 3.26 X 2.

Nr 26a: Freibetrag für weitere nebenberufliche Tätigkeiten. BMF BStBl I 14, 1581. – *(1)* **Ehrenamtspauschale.** § 3 Nr 26a enthält einen Freibetrag für stbare Einnahmen (Rz 91) aus nebenberufl Tätigkeiten „im gemeinnützigen Bereich", die nicht schon unter Nr 12 oder Nr 26 fallen. Pauschale Vergütungen an ehrenamtl Vorstände für *Arbeits- und Zeitaufwand* können nur stfrei sein, wenn sie gem § 27 III, § 662 BGB satzungsmäßig vorgesehen sind; ist bei einem pauschalen *Aufwendungsersatz* ist dies nicht erforderl *(BMF* BStBl I 14, 1581, Nr. 8). – *(2)* **Nebenberuflichkeit; Auftraggeber.** S Rz 93, Rz 94. – *(3)* **Begünstigte Tätigkeiten.** Die Tätigkeit im Dienst/Auftrag der juristischen Person döR müssen in deren Hoheitsbereich fallen. Tätigkeiten für gem § 52 –§ 54 AO steuerbegünstigte Körperschaften iSd § 5 I Nr 9 KStG müssen (überwiegende) iRd ideellen Bereichs einschließl der Zweckbetriebe ausgeübt werden (zur Tätigkeit für eine beherrschte und nur zT gemeinnützig tätige GmbH s FG BBg EFG 21, 825, Rev VIII R 9/21). Eine unmittelbare Förderung des steuerbegünstigten Zwecks ist nicht notwendig (vgl *BMF* BStBl I 14, 1581, Nr 1, Nr 4: Vermutung bei Handeln iRd Satzungszwecks). – *(4)* **Vorrang anderer Steuerbefreiungen, § 3 Nr 26a S 2.** Greifen für die *dieselbe Tätigkeit* auch die StBefreiungen gem Nr 12 S 2 oder Nr 26b, sind diese vorrangig (BFH IX R 10/16 BStBl II 18, 571; s iEinz *BMF* BStBl I 14, 1581, Nr 5; unzutr FG Nbg EFG 21, 1717, rkr). Fällt eine Tätigkeit nur zT unter Nr 26a, soll der Freibetrag laut *BMF* BStBl I 19, 875 Nr 6 nur zT gewährt werden (str, **aA** FG BBg EFG 21, 825, Rev VIII R 9/21). – *(5)* **Höhe.** Der Freibetrag für sämtl gem Nr 26a begünstigten Tätigkeiten beträgt ab VZ 21 **840 €** je VZ und ist ein Jahresbetrag (*BMF* BStBl I 14, 1581, Nr 9: keine Zwölftelung). S Rz 95 *(1)* zum ArbN-Pauschbetrag. – *(6)* **Rechtsfolgen.** S 3 entspricht Nr 26 S 2 (s Rz 95 *(2)*). Der Freibetrag kann bei unentgeltl Tätigkeit nicht von anderen Einkünften abgezogen werden (BFH VIII B 202/11 BFH/NV 12, 1330). Zum Sozial- und Verfahrensrecht s Rz 95 *(3)*. „Rückspenden" stfreier Einnahmen können unter den Spendenabzug fallen *(BMF*BStBl I 14, 1581, Nr 12).

Nr 26b: Aufwandsentschädigungen nach § 1835a BGB. – *(1)* **Aufwandsentschädigung (§ 3 Nr. 26b S 1, HS 1).** Aufwandsentschädigungen (zum Begriff s § 3 Rz 50) gem § 1835a BGB (ab VZ 23: Aufwandspauschalen gem § 1878 BGB) erhalten StPfl, die für ihre Tätigkeit keine Vergütung erhalten. Dies sind (*BMF* BStBl I 14, 1581) – ehrenamtl *rechtl Betreuer* Volljähriger (§ 1908i I 1 BGB) und – *Vormünder, Pfleger* Minderjähriger (§ 1773 I 1, § 1090 iVm § 1915 I BGB). Zur StBarkeit gem § 18 I Nr 3 s § 18 Rz 141; erforderl ist wie bei § 3 Nr 26 (Rz 91) die Einkunftserzielungsabsicht. Die Tätigkeit iSd § 3 Nr 26b muss nicht wie bei § 3 Nr 26 nebenberufl sein. – *(2)* **Höhe, (§ 3 Nr. 26b S 1, HS 2.** Die jährl Aufwandsentschädigung gem § 1835a I S 1 BGB berechnet sich nach dem 19fachen des Höchstbetrages einer einstündigen Zeugenentschädigung gem. § 22 S 1 JVEG (derzeit 399 €). Der StFreibetrag gem Nr 26b beträgt (zusammen mit einer ggf daneben ausgeübten Tätigkeit iSd Nr 26) 3000 €/Jahr. Eine zusätzl StBefreiung gem Nr 26a ist ausgeschlossen (§ 3 Nr 26a S 2). § 3 Nr 26b ist ggü § Nr 12 S 1, 2 spezieller (FG BaWü EFG 19, 1262, Rev VIII R 20/19). – *(3)* **Ausgabenabzug (S 2).** S Rz 94 zu § 3 Nr 26 S 2.

Nr 27: Grundbetrag für Produktionsaufgaberenten und Ausgleichsgelder. – *(1)* **Zweck.** Die Regelung hat nur noch für Bestandsrenten Bedeutung (§ 13 II Nr 3, § 13 Rz 84), zu denen Produktionsaufgaberenten und das Ausgleichsgeld gem § 1, § 9 FELEG gehören. Sie sind bis zum gesetzl Höchstbetrag (18 407 €) stfrei. Letzterer kann nur einmal in Anspruch genommen werden. Zum Ausgleichsgeld gem § 9 FELEG und zu SV-Beiträgen iSd § 15 FELEG als Entschädigungen gem § 24 Nr 1a s BFH VI R 134/01 BStBl II 05, 569, BFH IV R 30/06 BFH/NV 08, 546 und zum Ganzen *Leingärtner* § 49 Rz 35 ff, 40a. – **(2) Abgrenzung.** Nicht stfrei sind Vorruhestandsleistungen iZm einer Betriebsaufgabe nach anderen öffentl-rechtl Grundlagen (BFH IV R 17/08 BStBl II 11, 716).

102   Nr 28: Aufstockungsbeträge bei Altersteilzeit. – **(1) Stfreie Leistungen.** Stfreie Aufstockungsbeträge sind Lohnzuschläge, die gem *§ 3 I Nr 1 Buchst a AltTZG a* vom ArbG an einen ArbN in Altersteilzeit (§ 2 I AltTZG) gezahlt werden (Mindesthöhe 20 % des verringerten Altersteilzeitentgelts). Stfrei sind auch die vom ArbG gezahlten RV-Zusatzbeiträge gem *§ 3 I Nr 1a Buchst b AltTZG* und vergleichbare Aufwendungen für nicht RV-pflichtige ArbN gem *§ 4 II 2 AltTZG*. Stfrei sind die ArbG-Leistungen bis zur vorzeitigen Beendigung der Altersteilzeit (auch in sog Störfällen) oder bis zum regulären Renteneintritt. Unerhebl für die StBefreiung beim ArbN ist, ob der ArbG gem § 4 AltTZG gefördert und ob der Arbeitsplatz des ArbN wiederbesetzt wird (s iEinz LStR 3.28 I, II). – Auch die ArbG-Leistungen an Beamte, Richter und gleichgestellte Personen (*§ 27 I Nr 1–3 SGB III*) stfrei. – Ferner sind die vom ArbG *gem § 187a SGB VI* zum Ausgleich von Rentenminderungen bei vorzeitiger Altersrente freiwillig übernommenen RV-Beiträge bis zu 50% (ArbG-Anteil) stfrei. – Zu ausl ArbG-Beiträgen s BFH X R 10/15 BStBl II 17, 1251; FG BaWü EFG 21, 358, rkr, zu schweiz ArbG-Pensionskassen/Stiftungen. – **(2) Weitere Folgen.** WK des ArbN stehen nicht iSd § 3c I iZm dem gem Nr 28 stfreien Einnahmen (*OFD Rhl DB 08, 1408*). S auch § 19 Rz 96; § 32b Rz 12; § 38a Rz 2. § 3 Nr 28 führt zur Beitragsfreiheit (§ 1 I 1 Nr 1 SvEV).

103   Nr 28a: Aufstockungsbeträge zum Kurzarbeitergeld. – **(1) Geltungsbereich.** § 3 Nr 28a enthält einen Freibetrag für den unter *(4)* genannten Zeitraum. Er ist für beschr und unbeschr ArbN anwendbar (§ 3 Rz 3). Da ausl Kurzarbeitergeld gem § 3 Nr 2 Buchst a iVm Nr 2 Buchst e stfrei ist, ist auch § 3 Nr 28a für ausl Aufstockungsbeträge anzuwenden. – **(2) Verhältnis zu anderen Vorschriften.** Das Kurzarbeitergeld selbst ist gem § 3 Nr 2a stfrei (§ 3 Rz 17). § 3 Nr 28a befreit die vom ArbG an den ArbN gezahlten Aufstockungsbeträge bis zum gesetzl Höchstbetrag. Diese wären ansonsten stpfl Arblohn (vgl BFH IX R 44/17 BStBl II 19, 574). S auch § 3 Rz 48. – **(3) Zuschüsse zum Kurzarbeitergeld.** Der ArbG-Zuschuss kann neben sämtl Formen des Kurzarbeitergelds an den ArbN geleistet werden (*BMF 14.12.21 aaO* – Corona FAQ (Steuern), www.bundesfinanzministerium.de, unter VII Nr 2). Aus der maßgebl Anspruchsgrundlage muss hervorgehen, dass ein Aufstockungsbetrag gezahlt werden soll. – **(4) Begünstigungszeitraum.** Der Aufstockungsbetrag muss vom ArbG „für" Lohnzahlungszeiträume zw dem 29.2.20 und dem 31.12.21 (ggf Erweiterung im CoronaStHG IV bis einschließl 31.3.22) gezahlt werden. Es ist aber anders als bei Nr 11a nicht auch der Zufluss in diesem Zeitraum erforderl, sondern die Zweckbestimmung entscheidend, die auch Nachzahlungen sind grds stfrei mögl. – **(5) Deckelung.** Das Kurzarbeitergeld bestimmt sich nach einem von der Bezugsdauer und Familiengröße abhängigen Leistungssatz (60%/67%), der auf den Nettoentgeltausfallbetrag (Differenz zw dem Soll- und Ist-Entgelt iSd § 106 SGB III) angewendet wird. Der ArbG kann stfrei Zuschüsse leisten, bis die Gesamtsumme aus ArbLohn und Kurzarbeitergeld/Aufstocken 80% des Nettoentgeltausfallbetrags erreicht. – **(6) Rechtsfolgen.** Wird der Freibetrag überschritten, liegt insoweit stpfl ArbLohn vor. Zur Kombination/Abgrenzung von Aufstockungsbeträge und Sonderzahlungen gem Nr 11a s *BMF 14.12.21 aaO*, VIII Nr 5, Nr 18). Stfreie Einnahmen gem Nr 28a lösen kein Abzugsverbot gem § 3c I für WK des ArbN aus, da diese nur durch die geleistete Arbeit und den stpfl ArbLohn veranlasst sind (s § 3c Rz 7). S zum Progressionsvorbehalt § 32b I 1 Nr 1g. S zur Erklärungspflicht § 46 II Nr 1 (§ 46 Rz 13; BMF 15.9.21 aaO VII Nr 3); § 42b I 3 Nr 4 (Ausschluss LStJA), zur Aufzeichnung/Bescheinigung § 4 II Nr 4 LStDV und § 41b 2 Nr 5 sowie zur Beitragspflicht § 1 I 1 Nr 8 SvEV.

Nr 29 Buchst a und b: Gehälter und Bezüge ausländischer Diplomaten und Konsulatsangehöriger. – *(1) Vorrang des Völkerrechts.* Ausl Angehörige diplomatischer oder konsularischer Vertretungen besitzen im Inl einen exterritorialen Status; sie sind abw von § 1 I allenfalls beschr stpfl (*Wassermeyer* OECD-MA Art 28 Rz 7 f; EStH 3.29 Nr 2, § 1 Rz 39). Zu dt Diplomaten im Ausl s § 1 Rz 35. § 3 Nr 29 ergänzt die Wiener Übereinkommen über diplomatische Beziehungen (BGBl II 64, 957, BGBl II 65, 147) und für ausl Konsularbeamte (BGBl II 69, 1585; BGBl II 71, 1285). Die in den völkerrechtl Übereinkommen enthaltenen steuerl Privilegien sind ggü § 3 Nr 29 vorrangig (s Art 28 OECD-MA, *Wassermeyer* OECD-MA Art 28 Rz 7 f, 10, 16, 16a). – *(2) Persönlicher Anwendungsbereich.* Die StBefreiung gilt für ausl **Diplomaten** (Mitglieder des Verwaltungs- und technischen Personals, des dienstl und privaten Hauspersonals, jeweils einschließl der Familienangehörigen (s EStH 3.29 Nr 3, 4) in Deutschland, auch für ausl **Konsuln,** Konsulatsangehörige, privates Hauspersonal und Familienangehörige (EStH 3.29; OFD Bln BeckVerw 513312), aber nicht für ehrenamtl tätige **Wahlkonsuln** (EStR 3.29; *Streck/Hahn* ErbR 16, 64 auch zur ErbSt; ggf aber § 3 Nr 12). S auch OFD Ffm BeckVerw 455798. – *(3) Voraussetzungen.* Die gem § 3 Nr 29 begünstigten Personen dürfen nicht die dt Staatsangehörigkeit besitzen und nicht im Inl ständig ansässig sein (s § 3 Nr 29 Buchst a, Buchst b S 2), dh Grund für den Aufenthalt muss die Tätigkeit iRd inl Mission sein (FG BBg BeckRS 2021, 41513, nrkr). – *(4) Umfang, § 3 Nr 29 Buchst a, b.* Stfrei sind die Dienstbezüge iSd § 19, nicht aber andere beschr stpfl Einkünfte aus anderen inl Quellen. Für Personen iSd § 3 Nr 29 Buchst b gilt die StBefreiung nur, wenn kein Beruf, Gewerbe und keine andere gewinnbringende Tätigkeit im Inl ausgeübt wird, sonst ist auch das Gehalt stpfl. – *(5) Andere Fälle.* S *BMF* BStBl I 13, 404; EStH 3.29 Nr. 10.

Nr 30: Werkzeuggeld. Stfrei sind Entschädigungen des ArbG für den betriebl Einsatz ArbN-eigener Werkzeuge; idR fehlt die StBarkeit (§ 19 Rz 69, Rz 100 „Arbeitsmittel"). Der Aufwand des ArbN muss durch die Anschaffung, Erhaltung iSv § 9 I Nr 6 und den betriebl Einsatz der Werkzeuge veranlasst sein und zu den WK des ArbN gehören (s EStR 3.30 S 4 Nr 1 bis 3, auch Beförderungskosten, aber kein Ersatz für Zeitaufwand). Instrumentengeld für Orchestermusiker ist stpfl (BFH VI R 30/95 BStBl II 95, 906, s auch LStR 3.30 S 1). S LStR 9.13 zu Heimarbeitszuschlägen.

Nr 31: Überlassung typischer Berufskleidung und Barablösungen. – *(1) Überlassung an Arbeitnehmer.* Die verbilligte/unentgeltl Gestellung und die Übereignung typischer Berufskleidung (zum Begriff s § 9 Rz 246 f; LStR 3.31 I 3) durch den ArbG sind idR nicht stbar (s § 19 Rz 100 „Berufskleidung"), jedenfalls aber stfrei (Nr 31 HS 1). S auch § 3 Nr 4a, b, Nr 5. – *(2) Barablösungen des Arbeitgebers.* Hat der ArbN gegen den ArbG einen rechtl Anspruch auf Überlassung typischer Berufskleidung, trägt er aber aus betriebl Gründen die Aufwendungen für Erwerb, Instandhaltung (aber nicht Reinigung, s LStR 3.31 II, 1, 4) selbst, ist gem Nr 31 HS 2 auch eine angemessene Ablösezahlung des ArbG stfrei (BFH VI R 37/14 BStBl II 16, 751). Dies gilt auch für angemes2sene pauschale Barblösungen (vgl LStR 3.31 II 2).

Nr 32: Sammelbeförderung durch Arbeitgeber. Zur str Frage, ob die Beförderung ArbLohn ist, s § 19 Rz 55, 100 „Sammelbeförderung". – Stfrei ist nach *Nr. 32 HS 1* die unentgeltl/verbilligte, vom ArbG organisierte oder veranlasste Sammelbeförderung zw Wohnung und erster bzw einer weiträumigen Tätigkeitsstätte von mindestens zwei ArbN mit vom ArbG gestellten, nicht unbedingt arbeitgebereigenen Kfz oder sonstigen Beförderungsmitteln, die auf einer besonderen Rechtsgrundlage (Betriebsvereinbarung/eines Tarifvertrag) beruht (BFH VI R 56/

§ 3 Nr 33–34a Steuerfreie Einnahmen

07 BStBl II 10, 1067). FG MeVo EFG 21, 2081, rkr verneint mE unzutr die „Gestellung", wenn der ArbN ein ArbG-Fahrzeug zur Sammelbeförderung anderer ArbN einsetzen muss und auch privat nutzen darf. Zur gem *§ 3 Nr 32 HS 2* erforderl betriebl Notwendigkeit der Sammelbeförderung s LStR 3.32. – Der ArbN kann bei unentgeltl Sammelbeförderung keine WK abziehen (§ 9 I 3 Nr 4 S 3; § 9 Rz 190).

112 **Nr 33: Arbeitgeberleistungen zur vorschulischen Kinderbetreuung.** – *(1)* **Allgemeines.** Zum ArbLohn s § 19 Rz 100 „Kindergarten"; LStR 3.33 I 4. Die Begrenzung der StBefreiung in Nr 33 auf Kinder von ArbN ist verfgemäß (BFH III R 80/09 BStBl II 12, 816). Stfreie ArbG-Leistungen gem Nr 33 sind zweckgebunden und lassen insoweit die erforderl wirtschaftl Belastung des ArbN für den Abzug von Kinderbetreuungskosten iSd § 10 I Nr 5 entfallen (BFH III R 30/20 BStBl II 21, 772; FG Kln EFG 21, 439, Rev III R 54/20; § 10 Rz 76; § 3 Rz 3). – *(2)* **Voraussetzungen.** Leistungen des ArbG zur Unterbringung, Betreuung (nicht zu Beförderung und Unterricht, vgl LStR 3.33 II 5,6) nicht schulpflichtiger (und nicht einzuschulender, vgl LStR 3.33 III) Kinder in Betriebskindergärten oder entspr außerbetriebl Einrichtungen (nicht ArbN-Haushalt, s LStR 3.33 II) sind stfrei. *Unterbringung* ist die Unterkunft und Verpflegung, *Betreuung* die „behütende Betreuung" (*BMF* BStBl I 12, 307) des Kindes (BFH III R 29/11 BStBl II 12, 862). Zum *Zusätzlichkeitserfordernis* s § 8 IV (§ 3 Rz 4). Zu pandemiebedingten ArbG-Leistungen s § 3 Rz 5 *(5)*.

115 **Nr 34: Arbeitgeberleistungen zur betrieblichen Gesundheitsförderung.** – *(1)* **Steuerbarkeit.** Diese hängt davon ab, ob eine ArbG-Leistung aus eigenbetriebl Interesse erbracht wird s § 19 Rz 100 „Gesundheitsfürsorge". – *(2)* **Voraussetzungen.** Begünstigt sind Sachleistungen des ArbG iSd § 8 II (Dienstleistungen Dritter) und Barzuschüsse an die ArbN. Die Leistungen müssen der Verhinderung, Verminderung von Krankheitsrisiken (Primärprävention) dienen oder das gesundheitsorientierte Handeln der ArbN iRd betriebl Gesundheitsförderung fördern (§ 20 I 1, § 20 II, § 20 IV Nr 3, § 20b SGB V). Es muss sich danach um qualitativ zertifizierte Maßnahmen iRd verhaltensbezogenen Prävention oder um qualitativ gleichwertige nicht zertifizierte Maßnahmen, die das gesundheitsorientierte Verhalten des ArbN im Betrieb befördern (s dazu iEinz *BMF* BStBl I 21, 700), handeln. Die entspr Maßnahmen können vom ArbG oder Dritten (zB Fitnessstudio) angeboten werden. Nicht stfrei sind ua ArbG-Zuschüsse zu Mitgliedsbeiträgen des ArbN im Sportverein, Fitnessclub oder zu Eintrittsgeldern (*BMF* BStBl I 21, 700 Tz. 34). Zum Zusätzlichkeitserfordernis s § 8 IV (§ 3 Rz 5). Zum VZ 19 s § 52 IV 6 und *Schmidt* 38. Aufl § 3 Rn 115.– *(3)* **Freibetrag.** 600 €/Kj; bis zu dieser Höhe auch Beitragsfreiheit (§ 1 I 1 Nr 1 SvEV).

118 **Nr 34a Buchst a und b: Arbeitgeberleistungen zur Betreuung von Arbeitnehmerangehörigen.** – *(1)* **Inhalt.** ArbG-Leistungen, die ArbN unterstützen, welche nach einer Elternzeit in den Beruf zurückkehren oder die pflegebedürftige Angehörige betreuen, sind stfrei. Zur Zusätzlichkeitsanforderung s § 8 IV (§ 3 Rz 4). – *(2)* **Beratung oder Vermittlung (Buchst a).** Die Zahlungen des ArbG müssen an eine Fremdfirma erfolgen und Beratungsleistungen an den ArbN zum Gegenstand haben, die sich auf die Betreuung (zum Begriff s Rz 112) von Kindern iSd § 32 I, pflegebedürftigen Angehörigen (§ 14 I, § 15 I SGB XI) oder die Vermittlung von Betreuungspersonen beziehen. Die Leistungen des ArbG sind ohne Höchstbetrag stfrei. – *(3)* **Kurzfristige Betreuung (Buchst b).** Stfrei bis 600 €/Kj ist auch der Ersatz von Betreuungsaufwand durch den ArbG, der dem ArbN für die zwingend notwendige kurzfristige („Notfall"-)Betreuung von Kindern (iSd § 32 I, bei Behinderung iSd § 32 IV 1 Nr 3) oder pflegebedürftigen Angehörigen durch Dritte entsteht. Sie darf im Privathaushalt des ArbN geleistet werden. Der ArbN muss aufgrund betriebl Bedürfnisse des ArbG unabkömml sein. Zur Corona-Pandemie s Rz 5.

Nr 35: Ausdehnung von Steuerbefreiungen auf ehemalige Postbeamte. Die Regelung enthält eine Sonderregelung für die an Nachfolgeunternehmen der Bundespost zugewiesenen Beamten, um steuerl Nachteile aus der Postneuordnung zu vermeiden. Stfrei sind Leistungen iSd § 3 Nr 11 bis § 3 Nr 13 (zu § 3 Nr 13 s BFH VI R 22/10 BStBl II 12, 827) und Zuschläge iSd § 3 Nr 64.

Nr 36: Einnahmen für die Pflege von Angehörigen. – *(1)* **Steuerbarkeit.** Vergütungen für die Pflege von Angehörigen sind nur ausnahmsweise stbar. S BFH IX R 88/95 BStBl II 99, 776 (vern zu § 22 Nr 3), zu § 18 glA FG RhPf 4 K 3114/98 EFG 99, 1123, rkr. Fremddübl (Arbeits-)Verträge und stpfl ArbLohn sind aber auch unter Angehörigen mögl. § 3 Nr. 36 enthält für den Fall der StBarkeit der Einnahmen eine StBefreiung. Dem Gesetz liegt die Vorstellung zugrunde, dass der Pflegebedürftige die pflegerischen Leistungen des Angehörigen durch das stfreie Pflegegeld (§ 3 Nr. 1a) finanziert (BT-Drs 19/4455, 39). – *(2)* **Pflegebedürftiger.** Empfänger der Pflegeleistungen iRd **Nr. 36 S 1** muss ein Pflegebedürftiger (iSv § 14 I, II, § 15 SGB XI) sein, der für selbst beschaffte Pflegehilfen *Pflegegeld aus der gesetzl PflV* (§ 37 SGB XI) bezieht. Die Pflegebedürftigkeit ist formal nachzuweisen (vgl § 18 SGB XI: Feststellung Pflegegrad oder amtsärztl Zeugnis gem § 64 II EStDV). Eine dauerhafte Pflegebedürftigkeit (mindestens sechs Monate gem § 14 I SGB XI) oder Hilflosigkeit iSv § 33b VI ist nicht erforderl. Zur Anwendung der StBefreiung auf die Pflege Hilfsbedürftiger s *FinVerw* BeckVerw 464940). – *(3)* **Pflegeleistungen.** Für die Einnahmen müssen von der Pflegeperson Leistungen iRd körperbezogenen Grundpflege, Betreuung und hauswirtschaftl Versorgung erbracht werden. Maßgebl sind die Definitionen des SGB XI. Unerhebl ist, ob die Leistungen iRd häusl Pflegehilfe (§ 36 I SGB XI), der Verhinderungspflege (§ 39 SGB XI) oder als Unterstützungsleistungen gem § 45b SGB XI erbracht werden (BT-Drs 19/4455, 39). – *(4)* **Pflegeperson.** Diese muss ein Angehöriger iSv § 15 AO oder ein zur Pflege iSd § 33 II sittl verpflichteter Nichtangehöriger (zB Nachbar, Freund; s § 33 Rz 26) des Pflegebedürftigen sein, der mindestens 10 Stunden an zwei Tagen je Woche pflegt (vgl § 19 SGB XI). Hauptberufl tätige Pflegepersonen sind idR nicht sittl verpflichtet (vgl FG Hess EFG 01, 125, rkr; FG Nds EFG 07, 994, rkr). S zur Pflege durch Nichtangehörige auch § 3 Nr. 26 (Rz 92). – *(5)* **Höhe der Steuerbefreiung.** *Höchstbetrag* der stfreien Einnahmen ist der Betrag des Pflegegelds gem § 37 I, II SGB XI im jeweiligen Pflegegrad des Pflegebedürftigen. Für Pflegebedürftige *der Grade 2–5* gelten derzeit als monatl Höchstbeträge bei *Grad 2:* 316 €, *Grad 3:* 545 €, *Grad 4:* 728 €, *Grad 5:* 901 € (**aA** ggf *FSen Bln* BeckVerw 464940; stets bis zur Höhe von Grad 5). Bei Kombinationspflege (§ 38 I 1 SGB XI) durch den Angehörigen und einen Pflegedienst wird nur ein gekürztes Pflegegeld gewährt; gleichwohl stellt § 3 Nr 36 S 1 mit dem Verweis auf § 37 SGB XI auf den jeweiligen ungekürzten Höchstbetrag ab. Bei Pflegebedürftigen *der Stufe 1* sind Vergütungen iHd Entlastungsbetrags (§ 45b I 1 SGB XI = 125 €) stfrei. Bei mehreren gleichzeitig als Pflegepersonen tätigen Angehörigen muss der Freibetrag zeitanteilig (nicht entspr § 33b VI 6 kopfanteilig) aufgeteilt werden (str). – *(6)* **Entsprechende Geltung, § 3 Nr 36 S 2.** Einnahmen von Pflegeperson sind unter den Voraussetzungen des § 3 Nr. 36 S 1 auch stfrei, wenn der Pflegebedürftige dem Pflegegeld gem SGB XI entspr Zahlungen aus einer privaten PflV oder von der Beihilfe erhält (BT-Drs 19/4455, 40). – *(7)* **Pflege-unterstützungsgeld.** Dieses wird gem § 44a III SGB XI bei kurzzeitiger Arbeitsverhinderung (*Küttner* „Pflegezeit", Rz 51 f) an die Pflegeperson gezahlt. Es handelt sich um eine stpfl Lohnersatzleistung. – *(8)* **Bayerisches Landespflegegeld.** Diese Leistung wird auf Antrag für das sog Pflegegeldjahr (1.10. bis 30.9.) iHv 1000 € jährl neben dem Pflegegeld an Pflegebedürftige ab Pflegegrad 2 geleistet. Sie ist nicht stbar.

Nr 37: Überlassung eines betrieblichen Fahrrads an Arbeitnehmer. – *(1)* **Befristung.** Die StBefreiung für die Überlassung von „Diensträdern" zur Privatnutzung an ArbN gilt seit dem VZ 19 bis einschließl VZ 30 (§ 52 IV 7). –

(2) Betriebliches Fahrrad. Dies sind Fahrräder und E-Bikes, die keine Kfz sind (s § 6 Rz 583). Das Rad muss betriebl, dh der ArbG dessen zivilrechtl und wirtschaftl Eigentümer sein (zum Leasing durch den ArbG s *BMF* BStBl I 17, 1546 unter 1; zur ggf schädl Kaufoption des ArbN s *Wehl* NWB 16, 2811) und es dem ArbN zur *Nutzung* überlassen. ArbLohn aufgrund der *Übereignung* des Rads an den ArbN kann ab dem VZ 20 gem § 40 II 1 Nr 7 pauschaliert werden (§ 40 Rz 19) – *(3)* **Zusätzlichkeitserfordernis.** S § 8 IV (§ 3 Rz 4). – *(4)* **Rechtsfolgen.** Stfrei ist der ArbN-Vorteil aus der Privatnutzung (zur Bewertung s *GLE* BStBl I 20, 174). Die Fahrtkosten nach der Entfernungspauschale sind gem § 9 I 3 Nr 4 S 7 als WK abzugsfähig und nicht gem § 3c I zu kürzen (§ 9 Rz 204). S § 3 Nr 46 zum Aufladen und zur USt *Detmering/Haack* DStR 22, 71.

129 **Nr 38: Sachprämien aus Kundenbindungsprogrammen.** – *(1)* **Steuerpflicht der Prämien.** § 3 Nr 38 gilt für alle Einkunftsarten, betrifft idR aber Selbständige, ArbN und Abgeordnete. Die Einlösung von Gutschriften für Dienstleistungen, die der ArbN empfangen, aber der ArbG finanziert hat (zB Flugreise), durch den ArbN für private Zwecke ist ArbLohn (s § 19 Rz 70, § 37a Rz 5; *BMF* BStBl I 15, 143, Tz 2a). Die Einlösung betriebl erworbener Bonuspunkte für private Zwecke ist eine stpfl Entnahme (s § 37a Rz 3); umgekehrt kommt es zur Einlage. – *(2)* **Voraussetzungen.** *Sachprämien* sind Sachzuwendungen iSd § 8 II, III, nicht Rückvergütungen oder Preisnachlässe in Geld durch den Programmbetreiber. *Unentgeltl* erhält der StPfl die Prämie, soweit er die Gutschriften aus ihm ggü erbrachten Dienstleistungen (nicht für *Wareneinkäufe*!), die mit Mitteln des ArbG oder aus betriebl Mitteln finanziert wurden, im Kundenbindungsprogramm für die *private Inanspruchnahme* der Sachprämie einsetzt. Die Prämien müssen *planmäßig*, dh nach festen Regeln iRe *jedermann zugängl* Kundenbindungsprogramms vergeben werden (zu einem nicht öffentl Programm s FG Mster EFG 11, 1886, rkr). – *(3)* **Betriebliche Sachprämien.** Der Bezug einer Geschäftsreise durch Einlösung von Meilen iRe Kundenbindungsprogramms, die für selbst finanzierte betriebl Reisen erworben wurden, ist eine betriebl Zuwendung. Die Reise wird unentgeltl bezogen, weil sich ihr keine abgrenzbaren AK zuordnen lassen und ist iHd Kosten BE (§ 4 Rz 428); zugleich entsteht durch die Inanspruchnahme der Reise eine BA in gleicher Höhe (zutr FG Hess EFG 21, 1885, rkr zu § 4 III; § 4 Rz 473). § 3 Nr 38 bedarf iErg nicht (bei Anwendung stfreie BE; § 3c I für die BA). – *(4)* **Rechtsfolgen.** Der Freibetrag ist auf den gem § 8 II zu ermittelnden Prämienwert anzuwenden. Er beträgt 1080 € pro Kj. Prämien aus mehreren Programmen sind zu addieren und bis zum Höchstbetrag stfrei. Zur Pauschalierung des Betreibers s § 37a.

132 **Nr 39: Arbeitslohn aus Vermögensbeteiligungen.** – *Schrifttum: Möllmann/Zantopp* DStR 20, 2817; *Ungemach* DStZ 21, 288; *Westermann/Thor* FR 21, 198. – **a) Zeitlicher Anwendungsbereich; Verhältnis zu § 19, § 19a, § 37b.** – *(1)* **§ 19a aF, § 52 Abs 27.** § 3 Nr 39 ersetzte ab dem 1.1.09 § 19a aF (s *Schmidt* 40. Aufl § 3 Rz 132). – *(2)* **§ 3 Nr 39, § 19a, § 52 Abs 27.** In Nr 39 S 1 wurde mit Wirkung ab dem VZ 21 (Art 3 Nr 2, Art 19 I des FoStoG BGBl I 21, 1498 iVm § 52 I) der Freibetrag auf *1440 €* angehoben (zur Anwendung im VZ 21 *BMF* DStR 21, 2773, Tz 28, 29). Zu § 19a nF s dort. Zur ArbN-Sparzulage § 13 5.VermBG. – *(3)* **§ 19, § 37b.** Die unentgeltl oder verbilligte Zuwendung einer Vermögensbeteiligung ist stbarer ArbLohn (s § 19 Rz 100 „Aktien", „Ankaufsrecht", „Gewinnbeteiligung"; BFH VI R 73/12 BStBl II 14, 904). Ist die Überlassung nicht nach § 19a stfrei, darf der geldwerte Vorteil nicht pauschaliert werden (§ 37b II 2, s § 37b Rz 12; *BMF* DStR 21, 2735 Rz 24). – *(4)* **Sonderrechtsverhältnis.** IdR wird anknüpfend an eine verbilligte, unentgeltl und ggf stfreie Überlassung der Vermögensbeteiligung zw ArbN und ArbG ein Sonderrechtsverhältnis neben dem ArbVerh begründet (ausführl *Möllmann*, DStJG Bd 40, 401, 419 ff). Lfd Erträge und Veräußerungsgewinne des ArbN aus der Vermögensbeteiligung gehören idR nicht zu den Einkünften gem § 19, sondern zu denen aus § 17, § 20, § 23

Kommentierung der Nrn 1–71 **Nr 40 § 3**

(s § 19 Rz 52 mwN; § 20 Rz 259; BFH IX R 43/15 BStBl II 17, 790; zur ausnahmsweisen Überlagerung durch das ArbVerh s BFH VIII R 20/11 BStBl II 14, 275; BFH VIII R 44/11 BStBl II 15, 593). Zur Rückabwicklung s BFH VI R 17/08 BStBl II 10, 299: negative Einnahmen bei § 19 iHd ursprüngl Vorteils.

b) Voraussetzungen, § 3 Nr 39 S 1–3. – *(1)* Sachliche Voraussetzungen, 133 **§ 3 Nr 39 S 1.** Die *begünstigten Vermögensbeteiligungen* ergeben sich aus dem Verweis auf § 2 I Nr 1a, b, f–l, II–V 5 VermBG (*BMF* DStR 21, 2773 Rz 4–7). Dies sind verbriefte Beteiligungen in Form von handelbaren (Unternehmens-)Aktien (§ 2 I Nr 1a, nicht aber Aktienoptionen), bestimmte Schuldverschreibungen (§ 2 I Nr 1b, II, III), Genussrechte (§ 2 I Nr 1f, IV, V) sowie nichtverbriefte Beteiligungen an Genossenschaft, GmbH, stille Ges (§ 2 I Nr 1g–i, II, IV, V) oder Mitarbeiterdarlehen bzw nicht verbriefte Genussrechte (§ 2 I Nr 1k, l, II, IV, V). Die Beteiligungen müssen *am Unternehmen des ArbG* eingeräumt werden. Nicht stfrei sind *Barzuschüsse* des ArbG (*BMF* DStR 21, 2773 Rz 11). – *(2)* **Einzubeziehende Arbeitnehmer, § 3 Nr 39 S 2.** Dies sind unbeschr und beschr stpfl ArbN. Das Beteiligungsangebot muss sich mindestens – *(1)* an ArbN iSv § 1 LStDV richten, die in einem gegenwärtigen, dh arbeitsrechtl bestehenden Haupt- oder Neben-DienstVerh zum ArbG-Unternehmen stehen (auch ArbN in Altersteilzeit, Erziehungsurlaub, in einem ruhendem ArbVerh, in einem abzuwickelnden ArbVerh nach Kündigung, uU auch frühere ArbN, s *BMF* DStR 21, 2773, Rz 1 bis 3), wenn – *(2)* diese ArbN bei Bekanntgabe des Angebots ein Jahr oder länger beim ArbG-Unternehmen beschäftigt sind. Die Zuteilungsgrundsätze dürfen für verschiedene ArbN-Gruppen jedoch unterschiedl sein (zB Staffelung nach Zugehörigkeit, dann aber jeweils für alle). Kürzer Beschäftigte *können* beteiligt werden (dazu und zu Sonderfällen *BMF* DStR 21, 2773 Rz 13–17). – Ein Ausschluss zu beteiligender ArbN ist grds für alle ArbN schädl (Ausnahme jetzt aber *BMF* DStR 21, 2773 Rz 15). – *(3)* **Erweiterung der Beteiligungsunternehmen, § 3 Nr 39 S 3.** Die ArbN-Beteiligung darf auch an einem Konzernunternehmen iSv § 18 AktG eingeräumt werden. Zulässig ist auch, dass ein Dritter bei sich verwahrte Beteiligungen am ArbG-Unternehmen überträgt (*BMF* DStR 21, 2773 Rz 5–9). – *(4)* **Zufluss und Höhe, § 3 Nr 39 S 4.** Maßstab für eine *verbilligte Überlassung* der *Beteiligung* ist, ob die Gegenleistung des ArbN unterhalb des gemeinen Werts der Vermögensbeteiligung gem § 3 Nr 39 S 4 liegt. Gemeiner Wert bei Gewährung ist der Beteiligungswert gem § 9, § 11 BewG (vgl BFH VI R 73/12 BStBl II 14, 904; BFH VI R 8/16 BStBl II 18, 550). Zur vertragl Einigung über den gemeinen Wert s FG Ddorf EFG 21, 206, rkr. Die Freigrenze gem § 8 II 1 ist nach der FinVerw nicht anwendbar. Zu Nr 39 S 4 s iEinz *BMF* DStR 21, 2773 Rz 12, 18 ff. ArbN-Zuzahlungen mindern den geldwerten Vorteil. Die Zurechnung stpfl ArbLohns erfolgt bei Zufluss gem § 11, dh bei Erlangung der wirtschaftl Verfügungsmacht (*BMF* DStR 21, 2773 Rz 25–27; § 11 Rz 19); allerdings sieht § 19a IV eine aufgeschobene Besteuerung vor. – *(5)* **Höhe des Freibetrages.** Er beträgt 1440 €/Kj und kann bei mehreren ArbVerh mehrfach im Kj in Anspruch genommen werden (*BMF* DStR 21, 2773 Rz 10).

Nr 40 Buchst a–i: Teileinkünfteverfahren. – a) Allgemeines. – aa) Ent- 135 **lastung des Anteilseigners. – *(1)* Zweck.** § 3 Nr 40 mildert als sachl StBefreiung (BFH IV R 47/16 BFH/NV 19, 1367) iRd ESt die Doppelbelastung von lfd Bezügen und Veräußerungsgewinnen (sowie gleichgestellten Vorgängen) beim Anteilseigner eines in- oder ausl KSt-Subjekts. *Lfd Bezüge* des Anteilseigners sind auf Ebene des KSt-Subjekts mit KSt/SolZ/GewSt vorbelastet. Die *Veräußerung* von Anteilen stellt es der Gesetzgeber dem Fall gleich, dass eine Vollausschüttung bislang thesaurierter vorbelasteter Bezüge stattfindet. – *(2)* **Erfasste Beteiligungen/ Bezüge.** § 3 Nr 40 S 1 gilt gem § 3 Nr 40 S 2 iVm § 20 VIII nur *für BV-Mehrungen/BE* aus lfd Bezügen und Veräußerungsgewinnen, dh die jeweilige Beteiligung muss *zu einem BV* gehören. Veräußerungsgewinne iSd § 17 unterliegen ebenfalls dem Teileinkünfteverfahren (s § 3 Nr 40 S 1 Buchst c; s § 17 Rz 13). Bei

§ 3 Nr 40 Steuerfreie Einnahmen

Beteiligungen *im PV* werden die lfd Bezüge (§ 20 I Nr 1 und Nr 2) über den gesonderten Tarif des § 32d I entlastet. Allerdings ermöglicht § 32d II Nr 3 dem Anteilseigner, *für lfd Bezüge* des PV gem § 20 I Nr 1, Nr 2 zum Teileinkünfteverfahren zu optieren (§ 32d II Nr 3 S 2, s § 32d Rz 17); eine Hinzurechnung von Bezügen iSd § 20 I Nr 1 zu den tarifl besteuerten Einkünften im Wege der Günstigerprüfung bewirkt dies hingegen nicht (BFH VIII R 33/15 BStBl II 18, 69). Für Veräußerungsgewinne iSd § 20 II S 1 Nr 1 kann nicht optiert werden. – *(3)* **Persönlicher Anwendungsbereich.** § 3 Nr 40 gilt iRd Einkommensteuer für *unbeschr und beschr stpfl* (idR Einkünfte gem § 49 I Nr 2a, 2f, 5 oder 8) *natürl Personen*. S auch Rz 140. – *(4)* **Teilabzugsverbot.** Findet das *Teileinkünfteverfahren* Anwendung, sind BA iZm den Bezügen aus der Beteiligung und AK/Veräußerungskosten gem § 3c II nur zu 60% abzugsfähig; bei WK gilt dies gem § 32d II 1 Nr 3 iVm S 2 entspr (keine Anwendung des § 20 IX, s § 20 Rz 267). – *(5)* **Technik.** § 3 Nr 40 stellt die Brutto-BE/BV-Mehrungen anteilig stfrei. Bei lfd Bezügen gem § 20 I 1 Nr 1 umfassen diese auch die an das FA abgeführte KapESt (s unter bb (7)); bei Veräußerungsentgelten die volle Einnahme. Korrespondierend werden die abzugsfähigen BA/WK und AK/Veräußerungskosten gem § 3c II 1 anteilig gekürzt. Zunächst vollständig erfasste Einnahmen/Entgelte werden außerbilanziell um den stfreien Teil gemindert, die zunächst vollständig abgezogenen BA/WK/AK außerbilanziell iHd nicht abzugsfähigen Betrags hinzugerechnet (s § 15 Rz 438). – *(6)* **Verfahrensrecht.** Einnahmen iSd § 3 Nr 40 und BA/Veräußerungskosten/AK iSd § 3c II, die im Gesamthandsbereich, SonderBV oder iZm einem Gewinn gem § 16 iRe Mitunternehmerschaft erzielt werden, sind im Feststellungsbescheid *zwingend* für jeden Bereich als „Nettoeinkünfte" [= BE ./. stfreier Teil + nichtabzugsfähige BA/AK]; s auch § 7 S 4 GewStG) gesondert und einheitl festzustellen (BFH IV R 47/16 BStBl II 20, 142). Fehlt der Nettoausweis im Gewinnfeststellungsbescheid, ist durch dessen Auslegung zu ermitteln, ob sie vergessen wurde (dann ggf Nachholung durch Ergänzungsbescheid, § 179 III AO) oder ob sie bewusst nicht getroffen worden ist (dann negative Bindungswirkung gem § 182 AO). Ebenfalls zulässig (und bei mehrstöckigen PersGes idR geboten) ist die sog modifizierende Bruttofeststellung, dh Einnahmen/BV-Mehrungen iSd § 3 Nr 40 einerseits und BA/BV-Minderungen iSd § 3c II anderseits werden nebeneinander festgestellt, sodass der stfreie Nettobetrag im Folgebescheid ermittelt werden kann (BFH X R 28/10 BStBl II 13, 444; BFH IV R 5/18 BStBl II 20, 448). Die Feststellungen zu den BE/BV-Mehrungen gem § 3 Nr 40 und zu den BA/BV-Minderungen im Gesamthandsbereich, SBV oder iZm einem Gewinn gem § 16 sind verfahrensrechtl getrennte Feststellungen („andere Besteuerungsgrundlagen" iSd § 180 I Nr 2 Buchst a AO), die eigenständig bestandskräftig werden können (BFH IV R 5/18 BStBl II 20, 448). Bei mehrstöckigen MUerschaften müssen die Netto- oder Bruttobeträge auf jeder Stufe festgestellt werden (BFH IV R 47/16 BStBl II 20, 467).

136 **bb) Verhältnis zu anderen Vorschriften.** – *(1)* **EStG.** – *(a)* **§ 3 Nr 41.** Die StBefreiung gem § 3 Nr 41 aF war vorrangig (s Rz 147). – *(b)* **§ 6b X.** S § 6b Rz 106 und BFH IV R 19/14 BStBl II 18, 575. – *(c)* **§ 32b.** Keine Einbeziehung des stfreien Teils der Einnahmen in den Progressionsvorbehalt gem § 32b. – *(d)* **§ 16 IV, § 34.** Zu § 16 IV s BFH X R 61/08 BStBl II 10, 1011 und § 16 Rz 581 f. Entfällt ein Veräußerungsgewinn gem §§ 14, 14a, 16, 18 III zT auf den Anteil an einer KapGes im BV, ist dieser anteilig gem § 3 Nr 40/§ 3c stfrei (s Rz 140); für den stpfl Teil des Veräußerungsgewinns, der auf der Beteiligung beruht, greift § 34 I nicht (§ 34 II Nr 1; § 34 Rz 28 f). Zur Bildung einer Rücklage gem § 6b X für den stpfl Teil des Veräußerungsgewinns unter gleichzeitiger Inanspruchnahme der Tarifbegünstigung gem § 34 I s FG Mster EFG 16, 20, rkr. Die anteilig stfreien Einkünfte aus der *Veräußerung* des Anteils an einer KapGes gem § 17 II, § 3 Nr 40 S 1 Buchst c/§ 3c werden iRd ao Einkünfte gem § 34 I nicht begünstigt. – *(e)* **§ 34a.** Da die gem § 3 Nr 40 stfreien Einnahmen außerbilanziell gekürzt

Kommentierung der Nrn 1–71 **Nr 40 § 3**

werden (s Rz 135 *(3)*), erhöhen sie den „nicht entnommenen Gewinn" gem § 34a II nicht, können aber kompensatorisch wirken (s § 34a Rz 25 f); – *(f)* **§ 34c.** S § 34c Rz 12. – *(2)* **KStG.** Für *KapGes* sind § 8b I, II KStG ggü § 3 Nr 40 vorrangig und abschließend (auch bei Streubesitzdividenden gem § 8b IV KStG; s *Gosch* § 8b KStG Rz 287b; *RHN* § 8b KStG Rz 60, 448). Bei Durchschüttung durch eine MUerschaft ist für eine MUer–KapGes auf Ebene der PersGes § 8b KStG anzuwenden (§ 8b VI KStG). IRd kstl Organschaft wird das Einkommen der OrganGes dem Organträger außerhalb von § 3 Nr 40 zugerechnet (s § 3c Rz 19). – Bruttomethode: § 3 Nr 40/§ 3c II sind für Bezüge/Beteiligungsaufwendungen, die auf Ebene der OrganGes iZm der Beteiligung an einer Tochter-KapGes anfallen, beim Organträger anzuwenden (§ 15 I Nr 2 2 KStG, § 3c Rz 19). – *(3)* **GewStG.** – *(a)* **Regelfall.** Gem § 7 S 4 GewStG gehen in den Gewerbeertrag (§ 7 S 1 GewStG) die stpfl Einnahmen/Aufwendungen *nach* Anwendung der § 3 Nr 40/ § 3c II ein (Nettobetrag). Im zweiten Schritt sind ggf die Kürzungen gem § 9 Nr 2a/Nr 7 GewStG und die Hinzurechnung gem § 8 Nr 5 GewStG vorzunehmen. § 9 Nr 2a/Nr 7 GewStG verlangen einheitl eine 15 %-Beteiligung an der inl/ausl KapGes zu Beginn des Erhebungszeitraums des Zuflusses der Ausschüttung. – *(b)* **Gewerbesteuerliche Organschaft.** Für Bezüge gem § 20 I Nr 1, die eine OrganGes von einer Tochter-KapGes bezieht, gelten für die Ermittlung des Gewerbeertrags *der OrganGes* § 7a I, II GewStG iVm § 15 1 Nr 2 KStG. Nach diesen Vorschriften ist der Gewerbeertrag der OrganGes zweistufig zu ermitteln. Auf der ersten Stufe sind im Gewerbeertrag die Bezüge von den Tochter-KapGes und damit zusammenhängende Aufwendungen enthalten und werden gem § 3 Nr 40 um 40 % der Bruttodividende vermindert sowie gem § 3c II 1 um 40 % der Aufwendungen iSd § 9 Nr 2a S 3, Nr. 7 S 2, Nr 8 S 2 GewStG erhöht. Anschließend sind die Kürzungen gem § 9 Nr 2a, Nr 7, Nr 8 GewStG und die Hinzurechnungen gem § 8 Nr 5 GewStG vorzunehmen. Der so ermittelte Gewerbeertrag wird dem Organträger zugerechnet (s BT-Drs 18/9636, 60 mit Beispiel). – *(4)* **InvStG.** § 3 Nr 40/§ 3c finden keine Anwendung auf Bezüge aus Anteilen an *Publikums-Investmentfonds* im BV, da hier die steuersystematischen Teilfreistellungsregelungen (§ 16–§ 20 InvStG) greifen (s auch § 20 Rz 80 ff). Zu *Spezial-Investmentfonds* s § 34 II 1, § 42 InvStG. Zum 31.12.17 wurden Investmentanteile im BV gem § 56 III InvStG fiktiv veräußert und neu angeschafft; § 3 Nr 40 war hierauf anzuwenden (s *Stadler/ Bindl* DStR 17, 1409 (1410)). – *(5)* **REITG.** S § 19 REITG – *(6)* **UmwStG.** Bezüge gem § 7 UmwStG iVm § 20 I Nr 1 aus gem § 5 II UmwStG fiktiv eingelegten Anteilen werden gem § 20 VIII im BV erzielt; § 3 Nr 40 S 1 ist anzuwenden (BFH IV R 1/17 BStBl II 19, 501; BMF BStBl I 11, 1314 Rz 07.07, 18.04). Zur Anwendung des § 3 Nr 40 auf einen Übernahmegewinn s § 4 VII 2 UmwStG; zum Übernahmeverlust s § 4 VI 4 UmwStG. Bei Einbringungen in eine KapGes/ PersGes zum gemeinen Wert wird die Tarifbegünstigung gem § 20 IV S 2, § 24 III 2 UmwStG für den nicht gem § 3 Nr 40 anteilig stfreien Gewinn gewährt. § 3 Nr 40 findet auch auf einen Einbringungsgewinn II (§ 22 I 5, § 22 II 1 UmwStG) Anwendung, soweit er auf miteingebrachten Anteilen aus dem BV beruht, s *BMF* BStBl I 11, 1314 Rz 22.12 und zutr *SH* § 22 Rn 135. Der Einbringungsgewinn II gehört in voller Höhe nicht zum Gewerbeertrag (BFH I R 13/18 DStR 20, 444). – *(7)* **KapErtragSt.** Der KapESt-Abzug ist ohne Anwendung des § 3 Nr 40 vorzunehmen (§ 43 I 1 Nr 1, S 3, V, 43a I Nr 1, S § 43 Rz 9). IRd Veranlagung kann die KapESt angerechnet werden (§ 36 II Nr 2); zu beschr StPfl s § 50 II 1, 2 (§ 50 Rz 27, 28). – *(8)* **Zuschlagsteuern.** Zur Nichtanwendung des § 3 Nr 40 iRd KiSt/SolZ s § 51a II, § 3 I SolZG (§ 51a Rz 2). – *(9)* **AStG.** § 3 Nr 40 ist nicht auf den Hinzurechnungsbetrag (§ 10 II 4 AStG) anzuwenden.

cc) Zeitlicher Anwendungsbereich. Zur Entwicklung iEinz s *Schmidt* **137** 39. Aufl § 3 Rz 137 und unten Rz 141 *(3)*. Durch das ATADUmsG (BGBl I 21, 2035) wurde § 3 Nr 40 S 1 Buchst d S 3 rückwirkend für nach dem 31.12.19 zu-

§ 3 Nr 40

fließende Bezüge (§ 52 IV 9, s zum ATADUmsG § 4k Rz 1 mwN) eingefügt. In § 3 Nr 40 S 3 HS 1 u. 2 werden ab VZ 21 Wertpapierinstitute den bislang genannten Instituten gleichgestellt (Art 7 Abs 7 Nr 1, Art 8 des G v 12.5.21 BGBl I 21, 990 iVm § 52 I).

138 **b) Steuerbefreiung der Betriebsvermögensmehrungen und Betriebseinnahmen aus der Veräußerung von Anteilen und gleichgestellten Vorgängen, § 3 Nr 40 S 1 Buchst a–c. – aa) Übergreifende Voraussetzungen.** Die *Anteile* müssen an Körperschaften, Personenvereinigungen und Vermögensmassen bestehen, die Leistungen iSd § 20 I Nr 1 oder Nr 9 gewähren. Dies sind *inl KSt-Subjekte* gem § 1 I Nr 1 bis Nr 5 KStG und nach dem Typenvergleich *vergleichbare ausl KSt-Subjekte*. *Anteile an OrganGes* sind einbezogen, obwohl idR eine Gewinnabführung stattfindet und keine Ausschüttungen iSd § 20 I Nr 1 geleistet werden (s auch § 3c Rz 19). Die Anteile müssen bei *Buchst a, b* zu einem inl oder ausl BV/SonderBV des StPfl gehören [zB BetrAufsp (s § 15 Rz 873), gewerbl Holding-PersGes (s § 15 Rz 438, 714)]. *Buchst c* erfasst Anteile gem § 17 im *PV*.

139 **bb) Betriebsvermögensmehrungen/Betriebseinnahmen gem § 3 Nr 40 S 1 Buchst a. – *(1)* Erfasste Vorgänge (Buchst a S 1) – *(a)* Veräußerung; Entnahme.** Stfrei sind 40 % der BE aus der *Veräußerung* (auch Tausch und Einbringung), *Entnahme* (auch bei nachfolgender verdeckter Einlage zum TW, s § 6 Rz 872) von Anteilen (Begriff Rz 138) durch den Anteilseigner. Entnahmen sind auch *Entstrickungen* gem § 4 I 3, wenn kein Ausgleichsposten gem § 4g gebildet wird (s § 4 Rz 246; zur Auflösung des Ausgleichspostens s zutr FG Köln EFG 16, 793, rkr). – *(b)* **Auflösung, Liquidation, Herabsetzung des Nennkapitals.** Erforderl ist für stbare BV-Mehrungen/BE jeweils, dass die Auskehrungen der Kap-Ges den Buchwert der Anteile übersteigen (bis dahin steuerneutrale Minderung der AK, vgl zur Auflösung *BMF* BStBl I 03, 434; *BMF* BStBl I 08, 542; zur Herabsetzung des Nennkapitals s BFH IV R 19/14 BStBl II 18, 575). Auch eine Einlagenrückgewähr (§ 27 I 3 KStG), die den Beteiligungsbuchwert übersteigt, ist eine Veräußerungen iSd S 1 Buchst *a* (BFH VIII R 38/96 BStBl II 99, 647; BFH I R 116/08 BStBl II 11, 898). – Nach der sog **Einlagenlösung** (§ 14 IV S 2 KStG idF des KöMoG, BGBl I 21, 2050) verursachen auch organschaftl Mehrabführungen eine Veräußerung gem § 3 Nr 40 S 1 Buchst a, wenn der gesetzl fingierte Einlagenrückgewährbetrag der OrganGes den Buchwert der Anteile an der OrganGes beim Organträger übersteigt (s auch § 3c Rz 19). – *(2)* **Zuschreibungen (Buchst a S 2).** BE *aus Zuschreibungen* nach § 6 I Nr 2 S 3 iVm § 6 I Nr 1 S 4 (s § 6 Rz 371) sind zu 40 % stfrei, wenn die BA aus der vorherigen TW-AfA dem Abzugsverbot des § 3c II unterlegen hat. War die TW-AfA (idR mangels Anwendbarkeit des § 3c II vor Einführung des Halbeinkünfteverfahrens) *vollständig* gewinnmindernd, sind BE aus einer Zuschreibung solange in voller Höhe stpfl, bis diese Wertberichtigung aufgeholt worden ist. Auch die BE aufgrund der *Veräußerung/Entnahme* eines vollständig stw wertberichtigten Anteils vor einer Zuschreibung sind voll stpfl (BFH IV R 19/14 BStBl II 18, 575). Zur Verrechnungsreihenfolge mehrerer Zuschreibungen mit verschiedenen stwirk- und -unwirksamen TW-AfA-Beträgen s BFH I R 2/09 BStBl II 10, 760, BFH I R 21/17 BStBl II 19, 567 – mE auf S 2 übertragbar (glA *BeckOK EStG* § 3 Nr 40 Rz 66): zuerst Ausgleich der zeitl letzten TW-AfA. – *(3)* **Abzüge nach § 6b (Buchst a S 3).** BE aus Vorgängen nach S 1 sind voll stpfl, soweit zuvor § 6b uä Vergünstigungen steuerwirksam in Anspruch genommen wurden. Dies betrifft nur Altfälle (s § 6b Rn 100: Altfälle vor Geltung des § 6b X S 3).

140 **cc) Betriebsveräußerungsgewinne und Betriebsaufgabegewinne (§ 16 II und III), § 3 Nr 40 1 Buchst b S 1–3.** Bei *Betriebsveräußerungen* iSd § 16 I Nr 1 – Nr 3 und *Betriebsaufgaben* gem § 16 III (auch iRd § 14 oder § 18 III 2) ist der auf die Anteile iSv S 1 Buchst a (Rz 138) entfallende Teil des Veräußerungsentgelts iSd § 16 II (abl zur anteiligen Freistellung eines wegfallenden negativen

KapKtos FG Mchn EFG 17, 1340, rkr) bzw der gemeine Wert des Anteils iRd Aufgabegewinns (etwa bei Beendigung der BetrAufsp s BFH X R 14/11 BStBl II 14, 158; BFH X R 22/12 BStBl II 14, 388) nur zu 60% stpfl. Dies gilt auch für nachträgl BE bei Wahl der Zuflussbesteuerung (s § 16 Rz 221, 340 ff). Erfasst sind Teilentgelte/Entnahmegewinne iZm sämtl Veräußerungen iRd § 16 (echter Teilbetriebe, MUeranteile, fiktiver Teilbetrieb in Form der *100%-Beteiligung* an einer KapGes). Gleiches gilt für die *Aufgabetatbestände iSd § 16 III* (auch für den rückwirkenden TW-Ansatz iRd *Realteilung* gem § 16 III 2, 3 (s § 16 Rz 551, 553) und iSd § 16 IIIa. Die Bestimmung des auf die Beteiligung entfallenden Anteils am Gesamtkaufpreis kann im Kaufvertrag erfolgen (zur Bindung s BFH VIII B 110/13 BFH/NV 14, 1886), sonst nach dem Verhältnis der TW (§ 6 Rz 123). Abw von S 1 Buchst a schließt *Buchst b* S 3 die StBefreiung zwar nicht wegen einer vorangegangenen stwirksamen TW-AfA oÄ aus, jedoch wegen stwirksamer Abzüge nach § 6b oÄ (Rz 139).

dd) Veräußerungen und gleichgestellte Vorgänge bei Beteiligungen iSd 141
§ 17, § 3 Nr 40 S 1 Buchst c. – *(1)* Tatbestände. Stfrei sind 40% des – *(1) Veräußerungspreises* gem § 17 I 1, II 1, IV 2 (zum Veräußerungsbegriff s BFH IX R 1/16 BStBl II 18, 94; § 17 Rz 21 ff; zum Veräußerungspreis s § 17 Rz 139 ff). Hierzu gehören auch Abfindungen aufgrund einer Zwangseinziehung (FG RhPf EFG 16, 288, rkr: Veräußerung, keine Teilliquidation) und Entgelte iRd Erwerbs eigener Anteile durch die KapGes (BFH IX R 7/17 BStBl II 19, 213). Zur Veräußerung gegen wiederkehrende Leistungen s § 17 Rz 143, 146, 162. Die StBefreiung gilt auch iHv 40% – *(2)* des *gemeinen Werts* bei verdeckten Einlagen (§ 17 I 2 und II 2, s § 17 Rz 151), der – *(3)* in § 17 IV 1 als Veräußerung behandelten Auskehrungen iRe *Auflösung, KapHerabsetzung* (s BFH IX R 19/13 BStBl II 14, 682 zum Stammkapital) und iRe Einlagenrückgewähr § 27 I 3 – 5 KStG, *soweit sie die AK übersteigt* (BFH IX R 24/12 BStBl II 13, 484; BFH VIII R 25/05 BStBl II 08, 298) *und* keine Bezüge gem § 20 I Nr 2 umfassen (§ 17 IV S 3). Zur Einlagenlösung bei organschaftl Mehrabführung gilt § 3 Rz 139 *(1) (b)* entspr. Schließl ist – *(4)* das fiktive Entgelt in den Fällen des § 17 V anteilig stfrei (§ 17 Rz 240). – **(2) Ermittlung.** Die (ursprüngl und nachträgl) AK (s § 17 Rz 171 ff, 181 ff) und die Veräußerungskosten iSd § 17 IV sind gem § 3c II (§ 3c Rz 13) entspr zu kürzen. Dies gilt auch *bei Veräußerungs- und Auflösungsverlusten* (§ 3c Rz 11). Zu § 17 III s § 17 Rz 201. – **(3) Maßgeblichkeit des Veräußerungsjahrs.** Der Umfang der StBefreiung nach S 1 Buchst c richtet sich nach der Rechtslage im Veräußerungsjahr (BFH IX B 45/20 BFH/NV 21, 767; FG Mchn EFG 21, 573 rkr).

c) Betriebsvermögensmehrungen und Betriebseinnahmen aus lfd Be- 142
zügen und gleichgestellten Einnahmen, § 3 Nr 40 Satz 1 Buchst d–h. –
aa) Sachlicher/persönlicher Anwendungsbereich. Die Anteile, aus denen die Bezüge stammen, müssen wie bei § 3 Nr 40 S 1 Buchst a–c an inl oder vergleichbaren ausl KSt-Subjekten bestehen (s Rz 135, 138). Die Bezüge gem § 3 Nr 40 S 1 Buchst d–h sind nur anteilig stfrei nach S 1, wenn sie zu den BE gehören (s § 3 Nr 40 S 2 iVm § 20 VIII). Dies setzt die Zugehörigkeit der Anteile/Dividendenscheine und -ansprüche zum *BV/SBV* voraus. Für Bezüge *im PV* (nur bei solchen gem § 20 I Nr 1 und Nr 2 denkbar) muss die Option (§ 32d II Nr 3) ausgeübt werden (Rz 135).

bb) Betriebsvermögensmehrungen und Betriebseinnahmen gem § 20 I 143
Nr 1 und Nr 2, § 20 II 1 Nr 2 Buchst a, § 3 Nr 40 S 1 Buchst d, e, f, g, h.
– *(1)* Bezüge gem § 3 Nr 40 S 1 Buchst d S 1. – *(a)* Offene Ausschüttungen. Hierzu gehören die Bezüge iSd § 20 I Nr 1; auch disquotale offene Ausschüttungen und aus eigenkapitalähnl Genussrechten (§ 20 Rz 31, Rz 32). Ebenso fallen darunter Gewinnanteile des persönl haftenden Ges'ters der KGaA, die auf Bezügen von der KGaA iSd § 20 I Nr 1 beruhen (FG Mchn EFG 19, 267, Rev I R 44/18). Keine anteilig stfreien Bezüge nach Buchst d iVm § 20 I S 1 Nr 1 sind *Gewinn-*

abführungen iSd § 14 KStG (zur Kumulation mit Ausschüttungen s aber BFH IV R 61/16 DStR 19, 2131 und § 3c Rz 19). Nicht stbar (s § 20 I Nr 1 S 3) sind *Leistungen iRe Einlagenrückgewähr* (bis zur Höhe der AK, s Rz 139). *Nicht erfasst* von Buchst d und damit voll steuerpflichtig sind sonstige betriebl KapErträge, zB Zinsen aus Ges'terdarlehen iSd § 20 I Nr 7 (BFH IV R 5/18 BStBl 20, 448) oder Bezüge aus Aktienanleihen (FG Hess EFG 19, 599, rkr). – *(b)* **VGA**. Zum Begriff der *vGA* gem § 20 I Nr 1 S 2 s § 20 Rz 37. 40% der BE aus der vGA sind anteilig stfrei, wenn die Vorgaben in Buchst d S 3 erfüllt sind. Bei Einnahmen aufgrund einer vGA *im PV* gilt dies nur bei wirksamer Option (§ 32d II Nr 3, s Rz 135). – *(2)* **Rückausnahmen (S 2 bis S 4)**. – *(a)* **Fehlende Einkommensminderung (S 2)**. Die Bezüge iSd Buchst d S 1 (Ausschüttungen) sind nur stfrei, wenn sie das Einkommen der leistenden inl oder ausl Körperschaft (Rz 142) tatsächl (in deren StFestsetzung) nicht gemindert haben (s zur inl Körperschaft § 8 III S 1 KStG). Bezüge aus ausl Ges werden nicht freigestellt, wenn sie das Einkommen der ausl Körperschaft (zB wegen der ausl Qualifikation als BA) gemindert haben (zB aufgrund einer „umgekehrten" D/NI-Inkongruenz, s § 4k Rz 1, 12; BT-Drs 19/28652, 34). Bei *vGA* setzt die StBefreiung voraus, dass das Einkommen der KapGes erhöht wurde (§ 8 III 2 KStG). S zu den Auslegungsfragen *Rüsch* GmbHR 20, 251. – *(b)* **Zurechnungskonflikte (S 3)**. S 3 wurde durch das ATADUmsG (BGBl I 21, 2035) eingefügt und ist der Fallgruppe D/NI zuzurechnen (s § 4k Rz 1). S 3 betrifft wie zT auch § 4k I 1 Fälle sog. hybrider *Übertragungen* iSd Art 9 II Buchst b iVm Art 2 IX Abs 1 Buchst a, Abs 3 Buchst l der RL (EU) 2017/952 (ATAD II). Durch die Übertragung eines Finanzinstruments kann es zu einer abw persönl Zurechnung des Instruments und der Erträge/Aufwendungen kommen (s iEinz BT-Drs 19/28652, 32, 34, 35 43). S 3 versagt die anteilige StBefreiung des S 1, wenn eine Vergleichsbetrachtung ergibt, dass das Einkommen beim aus Sicht des Zahlungsstaats zutr anderen Gläubigers der Erträge iErg niedriger als bei einer aus inl Sicht zutr Zurechnung beim inl Gläubiger besteuert wird. S 3 bedarf angesichts des weiten Wortlauts der richtlinienkonformen Reduktion (s § 4k Rz 6, 12, 13). – *(c)* **Zuwendung an nahestehende Person (S 4)**. Wird eine vGA durch eine Zuwendung an eine dem Ges'ter nahestehende Person ausgelöst (Zufluss beim Ges'ter!, s § 20 Rz 43) wird dem Ges'ter die StBefreiung nach *S 3* (ebenso § 32d II Nr 4) trotz einer Einkommensminderung bei der KapGes gewährt, wenn die Zuwendung bei der nahestehenden Person stpfl veranlagt wurde und dies nicht mehr nach § 32a KStG geändert werden kann. – *(3)* **Bezüge gem § 20 I Nr 2, § 3 Nr 40 S 1 Buchst e**. Die Norm geht heute ins Leere (glA HHR/*Intemann* § 3 Nr 40 Rz 141). Lfde BE iRe Auflösung, Kapitalherabsetzung iSd Norm fallen bei Anteilen im BV nicht an, da S 1 Buchst a vorrangig ist (Rz 139); bei Anteilen im PV gem § 17, § 20 II greift Buchst e nicht (mehr). – *(4)* **Besondere Entgelte/Vorteile iSv § 20 III, § 3 Nr 40 S 1 Buchst f**. S zu § 20 III gem § 20 Rz 190. Stfrei sind BE (Rz 142) iHv 40% der Entgelte, die *neben* Einnahmen iSd § 20 I Nr 1 oder gem § 20 II 1 Nr 2 Buchst a (zB Freianteile, Barzahlungen neben Sachdividenden, vgl *Korn* § 3 Nr 40 Rz 43) im BV erzielt werden. – *(5)* **Veräußerung von Dividendenscheinen und sonstigen Ansprüchen, § 3 Nr 40 S 1 Buchst g**. Stfrei können nur BE sein (Rz 142); zum Begriff § 20 Rz 160. – *(6)* **Gewinne aus der Veräußerung von Dividendenansprüchen, § 3 Nr 40 S 1 Buchst h**: Stfrei zu 40% ist auch der Gewinn (nur BE, Rz 142) aus der Abtretung von Dividenden- uä Ansprüchen iSv § 20 II 1 Nr 2 Buchst a iVm § 20 II S 2 (s § 20 Rz 160).

144 d) **Sonstige gem Nr 40 S 1 steuerfreie Bezüge**. – *(1)* **Bezüge gem § 20 I Nr 9, § 3 Nr 40 S 1 Buchst d, Alt. 2**. Anteilig stfrei können *ausschüttungsähnl Bezüge* gem § 20 I Nr 9, § 20 I Nr 2 und aus vGA von sonstigen KSt-Subjekten (§ 1 I Nr 3–5 KStG, zB Stiftungen, s § 20 Rz 129 ff) sein, wenn es sich um BE des Empfängers handelt (§ 3 Nr 40 S 2, Rz 142). – *(2)* **Wiederkehrende Bezüge**

Kommentierung der Nrn 1–71 **Nr 40a § 3**

gem § 22 I 2, § 3 Nr 40 S 1 Buchst i. S zu den stbaren Leistungen iEinz § 22 Rz 68 und bei § 20 Rz 129 ff. Es muss sich beim Empfänger nicht um BE handeln. Wegen der Vorbelastung der Bezüge mit KSt sind die Bezüge nur anteilig stpfl.

e) Ausnahmetatbestände, § 3 Nr 40 S 2–4. – *(1)* **Beschränkung auf Betriebseinnahmen gem § 3 Nr 40 1 Buchst d–h (S 2).** S Rz 136, 143. – *(2)* **Nichtanwendung der § 3 Nr 40 1 Buchst a, b, d–h (S 3).** – Zur Rechtslage *bis Ende 2016* s *Schmidt* 37. Aufl § 3 Rz 140; FG Mchn EFG 18, 1527, Rev I R 37/18). – *(a)* *Rückausnahme.* Greift S 3, sind seit dem VZ 17 unter § 3 Nr 40 S 1 Buchst a, b, d bis h fallende BE/Verluste abw von § 3 Nr 40/§ 3c voll stpfl bzw abziehbar. Hierfür muss der StPfl ein *Kredit- oder Finanzdienstleistungsinstitut* oder ab dem VZ 21 (§ 3 Rz 137) ein *Wertpapierinstitut* sein und müssen die in S 1 Buchst a, b, d–h genannten WG dessen Handelsbestand iSd § 247 II, § 340e HGB zuzuordnen sein. Die Zuordnung zum Handelsbestand und der Erwerb der WG unter der Absicht voraus, einen kurzfristigen Eigenhandelserfolg zu erzielen und dass für die WG im Zugangszeitpunkt eine solche Zuordnungsentscheidung zum UV getroffen wird (BT-Drs 18/8828, 61–63). Die nachträgl Umgliederung aus dem AV in den Handelsbestand ist gem § 340 III HGB idR ausgeschlossen (s auch § 6 Rz 427). – *(b)* **Verhältnis zum Aufsichtsrecht.** Der Begriff des *Finanzunternehmens* in S 3 ist von demjenigen des KWG unabhängig. Er umfasst StPfl/MUerschaften, an denen Kredit- und Finanzdienstleistungsinstitute un- oder mittelbar zu mehr als 50 % beteiligt sind, sodass nur noch Strukturen im Bankensektor darunter fallen sollten (BT-Drs 18/8828, 62). *Wertpapierinstitute* sind solche iSd § 2 I, II WpIG, die Wertpapierdienstleistungen einschließl des Eigenhandels (§ 2 II Nr 10 WpIG) ausführen. – *(3)* **Nichtanwendung auf Bezüge aus Unterstützungskassen (S 4).** Unterstützungskassen sind idR rechtsfähige und gem § 5 I Nr 3 KStG steuerbefreite inl KSt-Subjekte iSd § 1 I KStG (s § 1b III, IV BetrAVG), die dem ArbN iRd betriebl Altersvorsorge (Rz 209) Leistungen gewähren. ArbG-Beiträge iSd § 3 Nr 63, die vom Trägerunternehmen an die Unterstützungskasse gezahlt werden, sind gem § 4d BA. Ist der StPfl Träger/Ges'ter der Unterstützungskasse, können ihm aufgrund einer Zuwendung (als vGA oder iRd Auflösung der Kasse) BE iSd § 3 Nr 40 S 1 Buchst a, d, e zufließen (zu Auswirkungen auf die StBefreiung gem § 5 I Nr 3 KStG s *Blomeyer/Rolfs/Otto* Teil 4 Abschn G Rz 76 f, 83 f; § 6 VI KStG). S 4 schließt (entspr § 8b XI KStG) die StBefreiung gem § 3 Nr 40 S 1 für sämtl Zuwendungen der Unterstützungskasse an den StPfl (Träger) aus. Grund hierfür ist, dass der StPfl ansonsten als Träger mit als BA abzugsfähigen ArbG-Beiträge (s § 4d) die Kasse überdotieren und anschließend das Kapital zT anteilig stfrei an sich zurückführen könnte (s BR-Drs 121/15, 45). S 4 ist überschießend, da der vorherige BA-Abzug gem § 4d nicht als tatbestandl Voraussetzung der Rückausnahme normiert wurde.

Nr 40a: Wagniskapitalförderung (Carried Interest). *Schrifttum: Schnittker ua* IStR 15, 760; *Weber-Grellet* DStR 18, 992. – *(1)* **Zeitlicher Anwendungsbereich.** S § 52 IV S 10: Die heutige 40 %-Befreiung gilt, wenn der Fonds (die vermögensverwaltende Ges iSd § 18 I Nr 4) nach dem 31.12.08 gegründet wurde. § 18 I Nr 4 gilt seit dem 6.8.04 (BGBl I 04, 2013; zu Übergangsfragen s FG Hess EFG 18, 569, § 18 Rz 289). – *(2)* **Persönlicher Anwendungsbereich.** § 3 Nr 40a gilt für beschr und unbeschr StPfl (auch bei Beteiligung an *Carry Holder* – PersGes) sowie für inl und ausl *Carry Holder* – KapGes (KStR 8.1 I; § 18 Rz 287). – *(3)* **Rechtsgrundverweisung.** Nr 40a befreit Einkünfte iSd § 18 I Nr 4. Kapitaldisproportionale Gewinnanteile für ideelle Ges'terbeiträge der Carry Berechtigten aus vermögensverwaltenden (nicht gewerbl) Fonds gem § 17, § 20 II werden gem § 18 I Nr 4 in Einkünfte gem § 18 umqualifiziert (BFH VIII R 11/16 DStR 19, 1136; FG Mchn EFG 21, 755, Rev VIII R 3/21; § 18 Rz 284). Der kapital-proportionale Gewinnanteil wird demgü nach allg Regeln (Bruchteilsbetrachtung, § 39 II AO

145

146

iVm § 17, § 20 II, ggf § 32d) besteuert. Abschläge, die vor der Rückgewähr des eingezahlten Kapitals an die Investoren erfolgen, fallen auch unter § 18 I Nr 4 iVm § 3 Nr 40a, wenn sie mit einer Rückgewährverpflichtung (sog *claw back*) zugewiesen werden (glA *BeckOK* § 18 Rn 616 mwN; **aA** § 18 Rz 286). – *(4)* **Vergütungen außerhalb des § 18 I Nr 4.** Der kapital-disproportionale und der proportionale Gewinnanteil aus einem gewerbl Fonds fallen unter § 15 iVm § 3 Nr 40 (BFH VIII R 11/16 DStR 19, 1136; keine Umqualifizierung in Einkünfte gem § 18 I Nr 3, zutr *Schnittker ua* IStR 15, 760/4; *Weber-Grellet* DStR 18, 992, 998; ausführl *BeckOK EStG* § 18 Rz 638 mwN). Schuldrechtl Vergütungen fallen ebenfalls weder unter § 18 I Nr 4 noch unter § 3 Nr 40a. – *(5)* **Höhe.** BE sind iHv 40% stfrei; BA zu 60% abziehbar (§ 3c II).

147 **Nr 41: Gewinnausschüttungen und Veräußerungsgewinne nach Hinzurechnungsbesteuerung.** – *(1)* **Neukonzeption.** § 3 Nr 41 wurde durch das ATADUmsG (BGBl I 21, 2035) im Zuge der Neuordnung der Hinzurechnungsbesteuerung mit Wirkung **ab dem VZ 22 aufgehoben** (§ 52 IV 15). Zu der für Ausschüttungen, Veräußerungs- und Auflösungsgewinne bis einschließl des VZ 21 geltenden Fassung der Norm s *Schmidt* 40. Aufl § 3 Rz 147. Der Gesetzgeber ist ab dem VZ 22 in § 11 AStG für Ausschüttungen aus ausl ZwischenGes, deren Einkünfte als Hinzurechnungsbetrag erfasst wurden und für Veräußerungs-, Auflösungsgewinne aus Anteilen an solchen Gesellschaften einen neuen Kürzungsbetrag eingeführt (sog. Hinzurechnungskorrekturvolumen). Dieser ist mit Erfassung des Hinzurechnungsbetrags nach § 10 AStG zu bilden (§ 11 II AStG). Nachgelagerte Ausschüttungen, Veräußerungs- und Auflösungsgewinne werden bei Bezug nach den allg Regeln besteuert (im EStG: § 20 I Nr 1 iVm § 32d/§ 3 Nr 40 und § 20 II Nr 2/§ 15, § 17, jeweils iVm § 3 Nr 40) und hinsichtl des stpfl Teils entweder mit der Summe der Einkünfte des StPfl (Fälle des § 3 Nr 40) oder mit den Bezügen selbst (Fälle des § 32d I) verrechnet (s § 11 I 1, II, IV AStG; zur GewSt s § 11 V AStG; s iEinz *Lentz/Sezer* ISR 21, 85, 93 ff; *Ditz/Quilitzsch* Ubg 21, 485, 495). Der Kürzungsbetrag eines VZ ist begrenzt auf die Summe des Hinzurechnungskorrekturvolumens zu Beginn des VZ zuzügl des Korrekturvolumens des VZ der Ausschüttung/Veräußerung (§ 11 II 1 AStG). Der Siebenjahreszeitraum nach § 3 Nr 41 a.F. für die Verrechnung ist entfallen. Das verbleibende Hinzurechnungskorrekturvolumen zum Ende eines VZ ist fortzuentwickeln und gesondert festzustellen (§ 11 III iVm § 18 AStG). – *(2)* **Überleitung.** Nach § 21 IV 4 AStG ist aus den Hinzurechnungsbeträgen, die für die VZ 15 bis VZ 22 nach § 10 II AStG a.F. der Hinzurechnungsbesteuerung ohne eine Kürzung gem § 3 Nr 41 für nachgelagerte Ausschüttungen, Veräußerungs- und Auflösungsgewinne unterliegen, zum 31.12.21 der Anfangsbestand des Hinzurechnungskorrekturvolumens zu bilden und gesondert festzustellen.

151 **Nr 42: Fulbright-Stipendium.** Maßgebl ist das Abkommen v. 20.11.62 (BGBl. II 64, 27; EStH 3.42). § 3 Nr 42 ist lex specialis zu § 3 Nr 11 (Rz 45) und § 3 Nr 44 (Rz 154).

152 **Nr 43: Ehrensold an Künstler.** – *(1)* **Ehrensold.** Dies sind Geld- oder Sachzuwendungen (zB Beigaben zu einem Verdienstorden). *(2)* **Zuwendungen der Deutschen Künstlerhilfe.** Diese müssen aus öffentl Mitteln (§ 3 Rz 45) an bedürftige Künstler gewährt werden. S auch § 3 Nr 11 („Förderung der Kunst aus öffentl Mitteln", Rz 45) und § 3 Nr 20 (Rz 77).

154 **Nr 44: Stipendien.** S *OFD Ffm* DStR 18, 1719. – *(1)* **Verhältnis zu anderen Steuerbefreiungen.** S zu Nr 42 Rz 151 und zu Nr 11 Rz 44 f. § 3 Nr 44 S 3 Buchst a stellt anders als Nr 11 auch die zum Bestreiten des Lebensunterhalts des Stipendiaten gewährten Mittel stfrei. – *(2)* **Stipendien aus öffentlichen Mitteln § 3 Nr 44 S 1.** Geber können zwischen- oder überstaatl Einrichtungen sein, denen die Bundesrepublik angehört (zB EU). Zum Begriff der *öffentl Mittel* s Rz 43. – *(3)* **Private Stipendiengeber iSd § 3 Nr 44 S 2.** In S 2 werden inl KSt-Sub-

Kommentierung der Nrn 1–71 **Nr 45 § 3**

jekte gem § 1 I Nr 1–5 KStG, die gem § 5 I Nr 9 KStG stbefreit sind und Einrichtungen, die von einer Körperschaft döR errichtet oder verwaltet werden, erfasst (FG Thür EFG 18, 1554, Rev VI R 33/18; zu privat mitfinanziertem Stipendium unten *(9)*). Gleiches gilt für EU-/EWR-KSt-Subjekte unter den Voraussetzungen des § 5 II Nr 2 KStG (zur Prüfung der Voraussetzungen s EStR 3.44 S 3, 4). Eine fehlende beschr inl StPfl gem § 2 Nr 1 KStG ist unschädl (BFH X R 33/08 BStBl II 11, 637). Zu Körperschaft aus Drittstaat s FG Thür EFG 15, 1717, rkr und *Betz/Stiegler* IStR 16, 850. – *(4)* **Bescheinigung, EStR 3.44 S 2.** Das zuständige FA hat die Voraussetzungen des Nr 44 zu prüfen und hierüber eine Bescheinigung zu erteilen (EStR 3.44 S 1–4), die kein Grundlagenbescheid gem § 171 X AO ist (FG Nbg EFG 21, 25, Rev X R 21/20). – *(5)* **Begünstigte Zwecke, § 3 Nr 44 S 1 und 2.** – *(a) Forschung.* Dies ist die Suche nach neuen wissenschaftl Erkenntnissen und damit ein Ausschnitt aus der „Wissenschaft", welche die Anwendung der Forschungsergebnisse umfasst. – *(b)* **Sonstiges.** Ferner wird die wissenschaftl oder künstlerische Aus- oder Fortbildung gefördert (zu den Merkmalen s Rz 45). – *(6)* **Zweckbindung; Höhe; Vergabe, § 3 Nr 44 S 3 Buchst a.** Das Stipendium darf durch Sach- oder Geldleistungen nur denjenigen Bedarf abdecken, der zur Umsetzung der Forschung, der wissenschaftl/künstlerischen Aus- und Fortbildung erforderl und zum Bestreiten eines angemessenen Lebensunterhalts notwendig ist. Der zur Förderung des Zwecks *erforderl Betrag* ist nach der Verkehrsanschauung zu ermitteln (s zu *Forschungsstipendien* BFH IV R 15/01 BStBl II 04, 190; BFH VIII R 43/12 BStBl II 15, 691 und EStH 3.44). Mittel zum Bestreiten des Lebensunterhalts sind idR angemessen, wenn die stfreien Netto(-Bezüge) aus dem Stipendium einen vor Aufnahme des Stipendiums bezogenen (Brutto-)Arb-Lohn nicht übersteigen (BFH VIII R 43/12 BStBl II 15, 691; s auch FG Mchn DStRK 22, 3; FG BaWü EFG 05, 1333, rkr). Zudem ist die Vergabe nach den *vom Geber erlassenen Richtlinien* erforderl. Fehlen solche Kriterien, ist das Stipendium nicht stfrei (zutr FG Mster EFG 14, 19, rkr; FG RhPf EFG 15, 358, rkr). – *(7)* **Fehlender Gegenleistungscharakter, § 3 Nr 44 S 3 Buchst b.** Das Stipendium darf keine offene, verdeckte Vergütung für ein wissenschaftl, künstlerische oder andere weisungsgebundene Arbeitsleistung des Empfängers sein (BFH X R 6/19 BStBl II 21, 557). – Indizien: Entscheidungsfreiheit des Stipendiaten innerhalb des Forschungsthemas, wobei themengebundene Vergabe des Stipendiums unschädl ist. Unschädl sind wissenschaftl Verpflichtungen, die Ergebnisse zu publizieren, Zwischen- und Abschlussberichte zu erstellen, an Stipendiatenkolloqium teilzunehmen sowie eine Residenzpflicht (FG Hbg EFG 13, 104 insoweit von BFH VIII R 43/12 BStBl II 15, 691 nicht beanstandet; FG Thür EFG 18, 1554, Rev VI R 33/18). – *(8)* **Rechtsfolgen.** Zur Stbarkeit der Bezüge aus dem Stipendien s bej BFH X R 6/19 BStBl II 21, 557; vern § 22 Rz 14, 51 mwN, 66, 150; *Heigl* FR 20, 724, 725 f). Greift Nr 44 nicht, sind im Fall der Stbarkeit die gesamten Bezüge steuerpflichtig – Aufwendungen des Stipendiaten für sein Projekt sind trotz der Erstattung BA, WK (dazu § 3 Rz 3 mwN, § 9 Rz 112), aber nicht abzugsfähig (§ 3c I), soweit sie gem Nr 44 stfrei ersetzt werden (BFH VI R 139/74 BStBl II 77, 207; BFH VI R 28/03 BFH/NV 04, 928; FG Mster EFG 19, 1973, rkr). – *(9)* **Einzelfälle.** Zu einer Übersicht s *OfD* Ffm DStR 18, 1719. Nicht stfrei sind EXIST-Gründerzuschüsse; diese sind BE beim Einzelunternehmer (BFH III B 128/11 BFH/NV 13, 29) und bei MUerschaften uU SonderBE (BFH VIII R 47/18 BStBl II 21, 696). Das Thüringen-Stipendium zur Facharztgewinnung ist nicht stfrei (zutr FG Thür EFG 18, 1554, Rev IX R 33/18). Zum gemischt (privat und öffentl) finanzierten Stipendium des Europäischen Sozialfonds s FG Nbg EFG 21, 25, Rev X R 21/20.

Nr 45: Private Nutzung arbeitgebereigener Datenverarbeitungsgeräte 157 und Telekommunikationsgeräte sowie Software-Überlassung. – *(1)* Steuerbefreiung für Arbeitnehmer, § 3 Nr 45 S 1. – *(a)* Anwendungsbereich. Zur

Steuerbarkeit der Vorteile aus der Privatnutzung s § 19 Rz 49, 100 „Internet". S 1 gilt für ArbN in einem aktiven ArbVerh (BFH XI R 50/05 BStBl II 06, 715). Eine Barlohnumwandlung ist zul (LStR 3.45 S 6). – *(b)* **Private Mitnutzung arbeitgebereigener Geräte und Leistungen.** *ArbG-eigene betriebl* Geräte erfordern mindestens dessen wirtschaftl Eigentum (s FG Sachs BeckRS 2017, 136911, rkr zum Leasing). Erfasst werden alle vom ArbN (im Betrieb oder zu Hause) auch privat genutzten betriebl *Datenverarbeitungsgeräte.* Hierzu gehören zB Personalcomputer (Desk- und Laptops, Tablets) einschließl aller Hardware-Standardkomponenten und Zubehörgeräte (s EStH 3.45). Betriebl *Telekommunikationsgeräte* sind zB Telefon, Faxgeräte und „Diensthandys". FG Mchn EFG 21, 1352 (Rev VI R 49/20, auch Rev VI R 50/20, VI R 51/20) bejaht eine Überlassung durch den ArbG bei Erwerb eines ArbN-Handys zu einem symbolischen Preis. Stfrei sind auch die vom ArbG getragenen Verbindungsentgelte für die Privatnutzung (LStR 3.45 S 5), nicht aber Barzuschüsse zur Anschaffung und Nutzung privater Handys der ArbN (zutr FG Mster EFG 17, 1598, nachgehend BFH VI R 40/17 BFH/NV 19, 1341). *System- und Anwendungsprogramme* sind solche, die der ArbG im Betrieb einsetzt und die der ArbN auf seinem privaten Rechner installieren und nutzen darf. Schließl sind *Dienstleistungen* stfrei, die sich auf die zur Nutzung überlassene Hard- und Software beziehen. Unerhebl ist das Verhältnis des privaten zum betriebl Nutzungsanteil (LStR 3.45 S 1). – **(2) Personen gem § 3 Nr 12, § 3 Nr 45 S 2.** Stfrei sind auch Vorteile iSd S 1, die öffentl Dienste leistenden Personen iSv § 3 Nr 12 S 2 (Rn 52; s *OFD Ffm* BeckVerw 492383 zu kommunalen Mandatsträgern) und Abgeordneten (§ 3 Nr 12 S 1) gewährt werden. – **(3) Übereignung von Geräten/Zubehör durch den Arbeitgeber** und die Einrichtung eines privaten Internetzugangs für den ArbN sind stpfl ArbLohn (BFH XI R 50/05 BStBl II 06, 715). Zur Pauschalierung s § 40 II 1 Nr 5 (§ 40 Rz 17). – **(4) Sonstiges.** Sind Geräte iSd Nr 45 S 1 in einem dem ArbN auch zur privaten Nutzung überlassenen Kfz fest eingebaut, ist der geldwerte Vorteil insoweit nicht stfrei (zu Navigationsgerät s BFH VI R 37/04 BStBl II 05, 563, str, s auch § 6 Rz 541, § 8 Rz 35). S auch § 9 Rz 270 „Computer"; § 4 Rz 270 „Nutzung", § 19 Rz 110 „Telekommunikationsaufwendungen".

160 **Nr 46: Aufladen von Elektrofahrzeugen. – *(1)* Zeitliche Anwendung.** Nr 46 gilt für vom ArbG nach dem 31.12.16 und bis zum 1.1.31 gewährte Vorteile (§ 52 Abs 4 S 14, Abs 37c). – **(2) Sachlicher Anwendungsbereich.** Zum Begriff des Elektro- und Hybridelektrofahrzeugs iSd § 6 I Nr 4 2 s § 6 Rz 548 und *BMF* BStBl I 20, 972 Rz 6–9). Bei Anwendung der 1%-Methode wirkt Nr 46 nicht, da die erfassten Vorteile mitabgegolten sind (*BMF* BStBl I 20, 972 Rz 14). Nr 46 befreit aus Vereinfachungsgründen bei ArbN-eigenen oder vom ArbG zur privaten Nutzung überlassenen begünstigten Fahrzeugen, *bei denen die Fahrtenbuchmethode Anwendung* findet, den geldwerten Vorteil aus – *(a)* dem kostenlosen/verbilligten Aufladen an einer ortsfesten Ladestation des ArbG oder eines verbundenen Unternehmens iSd § 15 AktG und – *(b)* aus der *Nutzungsüberlassung* einer arbeitgebereigenen Ladestation (samt Zubehör und Installationskosten) an den ArbN zur privaten (idR häusl) Verwendung (*BMF* BStBl I 20, 972 Rz 13; zur Übereignung s § 40 II 1 Nr 6). Zum Zusätzlichkeitserfordernis s § 8 IV, § 3 Rz 4. Das Aufladen von E-Bikes im Betrieb des ArbG ist nach *BMF* BStBl I 20, 972 Rz 10 iRe Billigkeitsregelung stfrei (s iÜ § 3 Rz 126). – **(3) Sonstiges.** Erstattet der ArbG dem ArbN Aufwendungen für Ladestrom, kann dies gem § 3 Nr 50 (Rz 167) stfrei sein (*BMF* BStBl I 20, 972 Rz 22 ff). § 3 Nr 46 bewirkt keine Kürzung des WK-Abzugs für Reisekosten beim ArbN (*BMF* BStBl I 20, 972 Rz 32 f).

162 **Nr 47: Leistungen nach dem Arbeitsplatzschutzgesetz. – *(1)* Vorsorgeaufwendungen gem § 14a IV ArbPlSchG.** Freiwillige Beiträge eines wehrpflichtigen ArbN zur gesetzl RV oder zu einer sonstigen Alters- und Hinterbliebenenversorgung sind nach Alt 1 stfrei, wenn sie dem ArbN für die Dauer des

Dienstes erstattet werden. Gleiches gilt bei Kriegsdienstverweigerern (§ 78 I Nr 1 ZDG). – **(2) Gleichgestellte Arbeitnehmer, § 14b ArbPlSchG.** Alt 2 befreit entspr erstattete Vorsorgeaufwendungen an öffentl-rechtl Versicherungs- oder Versorgungseinrichtungen für StPfl, die von der Versicherungspflicht in der gesetzl RV befreit sind.

Nr 48: Leistungen nach dem Unterhaltssicherungsgesetz. Leistungen 164 nach dem USG an StPfl, die Reservistendienst leisten (§ 1 USG), sind stfrei. Nicht stfrei sind Leistungen gem § 6 USG an StPfl mit Gewinneinkünften. S (auch zu § 3c I) FG BBg EFG 17, 1665, rkr. S ferner § 32b I Nr 1h.

Nr 49: *(weggefallen)* 165

Nr 50: Durchlaufende Gelder; Auslagenersatz. – (1) Steuerbarkeit. Weder 167 durchlaufende Gelder noch ein Auslagenersatz führen beim ArbN zu ArbLohn, da diese Gelder im eigenbetriebl Interesse des ArbG vereinnahmt und verausgabt werden (BFH VI R 24/03 BStBl II 06, 473; LStR 3.50 I, § 19 Rz 43, 65 ff). – **(2) Durchlaufende Gelder, § 3 Nr 50, Alt 1.** Dies sind nach der Legaldefinition Beträge, die dem ArbN im eigenbetriebl Interesse des ArbG zugewendet werden, um sie für zukünftige Aufwendungen des ArbG auszugeben. – **(3) Auslagenersatz, § 3 Nr 50, Alt 2.** Es handelt sich um die Erstattung von Aufwendungen, die im eigenbetriebl Interesse des ArbG getätigt, aber durch den ArbN verauslagt werden (s iEinz BFH VI R 24/03 BStBl II 06, 473; LStH 3.50 zum Instrumentengeld; zu Auslagen für das Homeoffice s *Isenhardt* DB 16, 1499 und für Ladestrom Rz 160). – **(4) Pauschaler Auslagenersatz.** Erforderl ist grds eine Einzelabrechnung der Auslagen und Erstattungen (LStR 3.50 II 1). Nach BFH IV R 4/02 BStBl II 04, 129 und LStR 3.50 II ist ein pauschaler Auslagenersatz stfrei, wenn die Pauschale den tatsächl Aufwendungen im Großen und Ganzen entspricht und sich die Verhältnisse nicht maßgebl ändern (zB Arbeitsplatzwechsel). S zum Nachweis wiederkehrender Ausgaben LStR 3.50 II 2 (Dreimonatszeitraum). Wiederkehrend anfallender Aufwand des ArbN *für Telekommunikation mit eigenen Geräten* (lfd Entgelte/Grundpreis), der im eigenbetriebl Interesse des ArbG entsteht, kann stfrei pauschal erstattet werden (LStR 3.50 II 3 ff; FG Mchn BeckRS 2016, 125496 – Erstattung von 20 % des monatl Rechnungsbetrags/maximal 20 € ohne Nachweis). S auch § 19 Rz 110 „Telekommunikationsaufwendungen" und zur Privatnutzung ArbN-eigener Handys § 3 Rz 157.

Nr 51: Trinkgelder. – (1) Arbeitslohn. Trinkgelder sind als Zuwendungen an 170 ArbN stbarer Drittlohn (BFH VI R 37/05 BStBl II 07, 712; § 19 Rz 70). – **(2) Voraussetzungen.** Stfrei gem Nr 51 sind Barentgelte (vgl § 107 III 2 GewO) und Sachzuwendungen, die dem ArbN *freiwillig* (ohne Rechtsanspruch) als „kleineres Geschenk" anlässl seiner Arbeitsleistung gewährt werden. Der ArbN muss in einer doppelten Leistungsbeziehung stehen, in der er aus dem ArbVerh den Lohn für seine Arbeitsleistung und das Trinkgeld aufgrund einer eigenständigen Beziehung zum Kunden/Dritten als „besonderes Entgelt" erhält (BFH VI R 6/14 BStBl II 15, 767; BFH VI R 37/14 BStBl II 16, 751). Unerhebl ist, ob der Geber dem ArbG eine Vergütung schuldet. – **(3) Einzelfälle.** *Stfrei* sind zB Beträge, die in einer allg Trinkgeldkasse zugewendet werden (BFH VI R 37/14 BStBl II 16, 751). *Stpfl* sind zB Gelder aus Spielbanktronc (BFH VI R 49/06 BStBl II 09, 820; zum Kassier im Automatenbereich s FG BBg EFG 09, 2006, rkr; anders ggf bei Saalassistenten s BFH VI R 37/14 BStBl II 16, 751); freiwillige Zahlungen von Notaren an Notarassessoren für eine Vertretung (BFH VI R 6/14 BStBl II 15, 767), Vergütungen von Krankenhausärzten aus Chefarzt-Pool (FG BaWü EFG 09, 1286, rkr). – **(4) Andere Steuerpflichtige.** S zur Steuerbarkeit § 4 Rz 442, § 8 Rz 13. § 3 Nr 51 greift insoweit nicht, was zu einer verfrechtl bedenklichen Ungleichbehandlung führt (offen gelassen in BFH VI R 49/06 BStBl II 09, 821). – **(5) Aufzeichnung.** Keine Aufzeichnungspflicht gem § 4 II Nr 4 LStDV.

Nr 52: *(weggefallen)* 173

§ 3 Nr 53–55 — Steuerfreie Einnahmen

175 **Nr 53: Übertragung von Wertguthaben.** *BMF* BStBl I 09, 1286 mit Ergänzung in BStBl I 19, 874. – *(1) Aufbauphase.* – *(a) Arbeitnehmer.* Bei Gutschriften auf Zeitwertkonten iSd § 7b SGB IV aufgrund einer Wertguthabenvereinbarung kommt es nicht zum Zufluss von ArbLohn im Zeitpunkt der Gutschrift; auch nicht iHd Beiträge zu einer ZeitkontenrückdeckungsV (s iEinz § 19 Rz 100 „Arbeitszeitkonten"; BFH VI R 17/16 BStBl II 19, 496; BFH VI R 39/17 BFH/NV 20, 85). FG BBg EFG 21, 1932 (Rev IX R 25/21) bejaht aber den Zufluss, wenn dem Wertguthaben Abfindungsbeträge zugeführt werden. – *(b)* **Organe von Kapitalgesellschaften.** Beim *beherrschendem Ges'ter-Geschäftsführer* wird grds eine vGA bei KapGes und Ges'ter iHd Rückstellung für das Zeitwertkonto angenommen (BFH I R 26/15 BStBl II 16, 489; *BMF* BStBl I 19, 874). Beim *nicht beherrschendem Ges'tergeschäftsführer* ist die Anerkennung der Vereinbarung mögl, dann weder Lohnzufluss noch vGA (*BMF* BStBl I 19, 874; **aA** FG RhPf EFG 17, 420, rkr). Gleiches gilt für *Fremdgeschäftsführer* (BFH VI R 17/16 BStBl II 19, 496; BFH VI R 39/17 BFH/NV 20, 85; ebenso *BMF* BStBl I 19, 874). Zum Wechsel eines ArbN in eine Organgestellung s *BMF* BStBl I 19, 874. – *(2)* **Übertragung von Wertguthaben (S 1).** Das Wertguthaben kann bei *Beendigung* eines ArbVerh gem § 7f I 1 Nr 2 SGB IV auf die DRV Bund übertragen werden, *wenn sich kein neues ArbVerh anschließt.* Die Übertragung ist trotz der Verfügung des ArbN über das Guthaben stfrei (mE deklaratorisch; str, glA § 19 Rz 100 „Arbeitszeitkonten", s auch BFH VI R 18/13 BStBl II 17, 730). Auch bei der in Nr 53 geregelten Übertragung eines Zeitwertkontos iRe *neuen ArbVerh* gem § 7f I 1 Nr 1 SGB IV auf einen *neuen* ArbG durch eine Schuldübernahme (*BMF* BStBl I 09, 1286, § 3 Rz 180) kommt es nach zutr hM nicht zum Lohnzufluss. – *(3)* **Leistungen aus dem Wertguthaben (S 2 und 3).** Leistungen der DRV aus dem Guthaben sind ArbLohn und unterliegen dem LStAbzug.

177 **Nr 54: Zinsen aus Entschädigungsansprüchen nach §§ 52–54 AuslWBG.** Die Regelung hat faktisch keine Bedeutung mehr. Sie betrifft Entschädigungsansprüche für vor 1945 ausgegebene Wertpapiere, die für in den in der Norm genannten Gesetzen für kraftlos erklärt wurden. Die Zinsen aus diesen Entschädigungsansprüchen sind stfrei.

180 **Nr 55: Übertragung von Versorgungsanwartschaften.** – *(1)* **Übertragung zwischen externen Einrichtungen (S 1).** – *(a)* **Bezugnahmen auf das BetrAVG.** ArbN können *bei einem ArbG-Wechsel* (Beendigung und Neubegründung des ArbV) bei bisheriger betriebl Altersvorsorge über einen Pensionsfonds, eine Pensionskasse oder DirektVers gem § 4 III Nr 1 und Nr 2 BetrAVG innerhalb der gesetzl Fristen deren Fortführung durch Versorgungseinrichtungen des neuen ArbG verlangen, wenn der versicherungsmathematische Anwartschaftsbarwert iSd § 4 V BetrAVG (sog Übertragungswert) die Beitragsbemessungsgrenze West in der gesetzl RV nicht übersteigt. Hierzu muss gem *§ 4 II Nr 2 BetrAVG* zw ArbN, altem und neuem ArbG vereinbart werden, dass der neue ArbG dem ArbN eine wertgleiche *Neuzusage* über eine sofort unverfallbare Anwartschaft (§ 4 I BetrAVG) erteilt; die Zusage des alten ArbG erlischt (§ 4 VI BetrAVG). – *(b)* **Steuerfreie Übertragungen.** Ohne Nr 55 S 1 würden die in S 1 erfassten Vorgänge zum Zufluss stpfl Einkünfte beim ArbN führen (ArbLohn gem § 19 I Nr 2 oder Einkünfte gem § 22 Nr 5 S 1), da er über den Übertragungswert der Altzusage disponiert, um eine Neuzusage zu erhalten (str, vgl auch BFH VI R 18/13 BStBl II 17, 730). Stfrei sind nach S 1 *nur* Übertragungen gem § 4 II Nr 2, § 4 III BetrAVG *zu externen Versorgungsträgern* (Pensionsfonds, Pensionskasse, DirektVers). S 1 HS 1 befreit die Übertragung gesetzl unverfallbarer Anwartschaften; S 1 HS 2 befreit die Übertragung vertragl unverfallbarer Anwartschaften. *Nicht* stfrei gem Nr 55 S 1 ist die Übertragung einer Anwartschaft von einem internen (Direktzusage/Unterstützungskasse) auf einen externen Durchführungsweg und umgekehrt, wenn weder § 3 Nr 63 noch § 3 Nr 66 greifen (*BMF* BStBl I 21, 1050, Rz 61; *BMF* BStBl I 17, 883 unter 2). Die Übertragung einer unverfallbaren Anwartschaft durch Schuldübernahme gem *§ 4 II Nr 1 BetrAVG* (*BMF* BStBl I 18, 147, Rz 58, 61) ist zwar nicht gem

Kommentierung der Nrn 1–71 **Nr 55a § 3**

Nr 55 S 1 befreit, sie ist aber *nicht stbar*. Gleiches gilt mE für den Übergang von Anwartschaften *gem § 613a BGB* auf einen neuen ArbG (aA *BMF* BStBl I 21, 1050 Rz 61: stpfl). S zu Übertragungen ohne ArbG-Wechsel § 3 Nr 55c S 2 Buchst a (Rz 183). – *(c)* **Arbeitnehmerbegriff**. – S *BMF* BStBl I 21, 1050, Rz 58. Erfasst sind auch (beherrschende) Ges'tergeschäftsführer einer KapGes. – *(2)* **Anwartschaftsübertragung zwischen internen Durchführungswegen (S 2).** Stfrei sind auch Übertragungen von Direktzusagen des alten ArbG sowie Unterstützungskassenzusagen auf einen neue(n) ArbG/neue Unterstützungskasse. – *(3)* **Einkünftezuordnung bei Auszahlung (S 3).** Die auf dem stfrei übergegangenen Übertragungswert beruhenden Versorgungsleistungen sind bei Auszahlung so zu besteuern, wie sie ohne die Übertragung aufgrund der vom ehemaligen ArbG erbrachten Beiträge zu besteuern wären (s auch § 3 Nr 65 S 3). Dies führt zu Einkünften iSd § 19 I Nr 2 oder § 22 Nr 5 (s auch § 22 Nr 5 S 10, 12). – *(4)* **Gesellschaftergeschäftsführer.** Bei Übertragungen gem § 4 II Nr 2 BetrAVG anlässl der Beendigung, Neubegründung des ArbVerh (s § 17 I 2 BetrAVG, Geltung des § 3 Nr 55 auch für Ges'tergeschäftsführer) kann auf Ebene der übertragenden oder übernehmenden KapGes (zB bei übernehmender Rentner-Ges) eine vGA ausgelöst werden, wenn die Ausgleichszahlung der übertragenden KapGes in Relation zum Übertragungswert und der Neuzusage zu hoch bzw zu niedrig ist (*RHN* § 8 KStG Rz 1441; zur angemessenen Ausstattung s BAG 3 AZR 358/06 GmbHR 08, 1326). Zur uU entbehrl Erdienbarkeitsprüfung beim wertgleichen Wechsel zw zwei internen Durchführungswegen s aber BFH I R 89/15 BStBl II 19, 70. Die *Ablösung* einer Pensionszusage bei der „alten" KapGes samt Übertragung des Deckungskapitals auf eine „neue" KapGes des Ges'ters durch Schuldübernahme *iSd §§ 414 ff BGB* führt zum stpfl Zufluss des Ablösebetrags, wenn der Ges'tergeschäftsführer wählen darf, ob er den Ablösebetrag aus der Ges oder einen Dritten auszahlen lässt (BFH VI R 6/02 BStBl II 07, 581); Nr 55 S 2 greift hier nicht. Kein Zufluss wird bei reiner Zustimmung zur Übertragung gem § 415 BGB ausgelöst (BFH VI R 18/13 BStBl II 17, 730; *BMF* BStBl I 17, 883; ausführl *Ott* DStZ 17, 435). Zum Übergang bei *Schuldbeitritt, Ausgliederung, Abspaltung* s *BMF* BStBl I 21, 1050, Rz 64; *Fuhmann* kösdi 16, 19982. – *(5)* **Ausländische Übertragungen.** Kein Zufluss von Arblohn, wenn Anrechte eines dt Grenzgängers von einer schweiz Pensionskasse auf ein schweiz Freizügigkeitskonto übertragen werden (BFH VI R 20/10 BStBl II 13, 405; BFH VIII R 41/11 BFH/NV 15, 1154).

Nr 55a: Versorgungsausgleich durch interne Teilung. Vgl *BMF* BStBl I 18, **181** 93 Rz 319 ff; zu SA s *BMF* BStBl I 13, 1087, Rz 270 ff. – *(1)* **Interne Teilung gem § 10 VersAusglG (S 1).** Die während einer Ehe/LPart erworbenen Versorgungsanrechte aus der betriebl und privaten Altersvorsorge werden bei einer Scheidung/Auflösung einer LPart durch das Familiengericht auf öffentl-rechtl Grundlage (Urteilswirkung) im jeweiligen System (§ 10 VersAusglG, § 20 LPartG) aufgeteilt. Jeder der Ehegatten/LPart erhält einen Anspruch oder Anwartschaft gegen den Versorgungsträger des Ausgleichsverpflichteten. Nr 55a EStG stellt die Übertragung der Anrechte für die ausgleichend – berechtigte Person stfrei, sodass hierdurch keine stpfl Einkünfte gem § 22 Nr 5 S 1 iRd privaten/betriebl Altersvorsorge oder iRd § 19 bei Direktzusagen/Unterstützungskassen entstehen können. Es liegt auch keine schädl Verwendung von Altersvorsorgevermögen iSd § 22 Nr 5 S 3 für die in § 93 Ia genannten Fälle vor (*BMF* BStBl I 18, 93 Rz 330 ff). Ob Nr 55 konstitutiv ist, ist noch nicht abschließend geklärt. – *(2)* **Auszahlungsphase (S 2).** Ausgleichspflichtiger und – berechtigter versteuern die zufließenden Leistungen aus den ihnen zustehenden Anwartschaftsrechten. Beim *Ausgleichsberechtigten* sind die Einkünfte aus dem neu begründeten Anrecht gem S 2 der Einkunftsart zugewiesen, die der Ausgleichsverpflichtete verwirklicht. Dessen persönl Verhältnisse sind grds auch für alle weiteren persönl Voraussetzungen maßgebl

Levedag 111

§ 3 Nr 55b

(s iEinz *BMF* BStBl I 18, 93 Rz 320–322; s auch § 19 Rz 89 zu Leistungen aus Direktzusagen/Unterstützungskassen). Auszahlungen, die gem Nr 55a S 2 Leistungen aus Altersvorsorgevermögen, Pensionsfonds, -kassen und DirektVers sind, unterliegen gem § 22 Nr 5 S 1 der vollen nachgelagerten Besteuerung, da sie *insoweit* auf einem stfrei neu begründeten Anrecht beruhen (s § 22 Nr 5 S 9, S 12 und § 22 Rz 170 ff). Für geteilte Anwartschaften aus Versicherungsverträgen iSd § 22 Nr 5 S 2 Buchst b/c iVm § 20 I Nr 6 ist für die Abgrenzung von Neu-/Altverträgen (s § 20 Rz 102, 106) gem § 52 Abs 28 S 9 auf den Abschlusszeitpunkt abzustellen. – **(3) Abgrenzung zum schuldrechtlichen Versorgungsausgleich.** Nr 55a ist *nicht entspr* auf die schuldrechtl Abtretung von Versorgungsansprüchen nach §§ 1587f, g, i BGB anzuwenden (BFH X R 7/14 BFH/NV 15, 824). Hier werden in der Auszahlungsphase vom Ausgleichsverpflichteten die vollen Versorgungsleistungen bezogen und weitergeleitet (zum SA-Abzug gem § 10 Ia Nr 4 s § 10 Rz 130 ff mwN; dort auch zum Versorgungsausgleich gem § 20–§ 22, § 26 VersAusglG; § 19 Rz 110 „Versorgungsausgleich"). Zu Ausgleichszahlungen zur Vermeidung eines schuldrechtl Versorgungsausgleichs s § 10 Ia Nr 3 (§ 10 Rz 127).

182 Nr 55b: Versorgungsausgleich durch externe Teilung. Vgl *BMF* BStBl I 18, 93, Rz 323 ff; *BMF* BStBl I 13, 1087, Rz 283 ff. – **(1) Versorgungsausgleich gem § 14 VersAusglG.** Ist eine interne Teilung nicht mögl, kann das Familiengericht im Fall der Scheidung/Auflösung einer Ehe/LPart eine externe Teilung (§ 14–§ 17 VersAusglG) durchführen, indem es für die ausgleichsberechtigte Person nach deren Weisung bei einem anderen Versorgungsträger ein neues Anrecht begründet oder ein bestehendes Anrecht aufstockt. Verbunden ist die externe Teilung mit der zweckgebundenen Leistung eines Kapitalbetrags (Ausgleichswert) vom Versorgungsträger der ausgleichspflichtigen an den Versorgungsträger der ausgleichsberechtigten Partei. – **(2) Steuerbefreiung der Übertragung (S 1).** Bei steuerl geförderten Anwartschaften dürfte die Übertragung ohne § 3 Nr 55b zum Zufluss stpfl Einkünfte beim Ausgleichsverpflichteten führen (s Rz 181; BMF BStBl I 18, 93 Rz 318). Sie wird iHd Ausgleichswerts unter der Voraussetzung stfrei gestellt, dass die *Leistungen* aus dem beim Ausgleichsberechtigten *neu begründeten Anrecht* in der Auszahlungsphase zu Einkünften gem § 19, § 20, § 22 führt (*BMF* BStBl I 18, 93 Rz 325 ff mit Beispielen). S zur Besteuerung der Leistungen beim Ausgleichsberechtigten aus Direktzusagen/Unterstützungskassen in der Auszahlungsphase § 19 I Nr 2 (§ 19 Rz 89) und von Leistungen aus Altersvorsorgeverträgen, Pensionsfonds/ -kassen und DirektVers § 22 Nr 5 S 2 iVm § 3 Nr 55b S 1, dh volle nachgelagerten Besteuerung gem § 22 Nr 5 S 1. Denn durch die Teilung werden insoweit stfrei *neue Anrechte* begründet (s § 22 Nr 5 S 12, § 22 Rz 172). Die StBefreiung der Übertragung ist nicht erforderl, soweit die späteren Auszahlungen beim Ausgleichsberechtigten nicht zu stpfl Einkünften führen, zB weil die externe Anwartschaft auf nicht geförderten Beiträgen beruht. Für die Aufteilung von *Altersvorsorgevermögen* entsteht gem § 22 Nr 5 S 3 keine StPfl aus der Übertragung, da keine schädl Verwendung vorliegt (§ 93 Ia). – **(3) Rückausnahme (S 2); Vermeidung.** Wenn die Einkünfte in der Auszahlungsphase zwar gem § 20/§ 22 stpfl sind, aber zu anteilig oder ganz stfreien Einkünften nach § 20 I Nr 6 (Besteuerung des Unterschiedsbetrags oder StBefreiung gem § 20 I Nr 6 S 2 aF bei Altverträgen, s zum Vertragsabschlusszeitpunkt § 22 Nr 5 S 12, § 52 Abs 28 S 9) gehören oder nur mit dem Ertragsanteil zu besteuernde Einkünfte gem § 22 Nr 1 S 3 Buchst a Doppelbuchst bb sind, wird der Ausgleichsbetrag nicht stbefreit, um interpersonelle Besteuerungslücken zu vermeiden. § 3 Nr 55b S 2 enthält also keine Rückausnahme für die nach § 22 Nr 1 S 3 Buchst a Doppelbuchst aa stpfl Einkünfte in der Übergangsphase bis zur Vollbesteuerung (§ 22 Rz 90). Zu Ausgleichszahlungen zur Vermeidung des Versorgungsausgleichs s Rz 181. – **(4) Mitteilungspflichten (S 3, 4).** Die Regelungen stellen die Datenübermittlung zw den Versorgungseinrichtungen sicher (*BMF* BStBl I 11, 6).

Nr 55c: Übertragung von Altersvorsorgevermögen. Vgl *BMF* BStBl I 21, **183** 1050, Rz 63; *BMF* BStBl I 18, 93, Rz 150 ff.– *(1)* **Übertragungen gem § 1 I Nr. 10 Buchst. b AltZertG (S 1).** – *(a)* **Vertragswechsel.** Nr 55c S 1 befreit den *Vertragswechsel*, wenn ein StPfl seinen Altersvorsorgevertrag vor der Auszahlungsphase kündigt und das bis dahin gebildete Altersvorsorgevermögen (s § 92 I Nr 5) auf einen anderen, *auf seinen Namen lautenden* Altersvorsorgevertrag bei demselben oder einem anderen Anbieter überträgt. Die FinVerw sieht im Vertragswechsel eine Disposition in Form der Beendigung des alten Vertrags und einen Neuabschluss (*BMF* BStBl I 18, 93, Rz 153, Rz 159 zu § 20 I Nr 6; krit *Patzner/Mann* BB 15, 2070). – *(b)* **Umfang der Steuerbefreiung.** Die Übertragung führt aufgrund der Disposition über das Anrecht ohne § 3 Nr 55c S 1 für (ganz oder zT) steuerl geförderten Altersvorsorgevermögen zu einem Zufluss stpfl Einkünfte gem § 22 Nr 5 S 1/2 (nicht gem § 22 Nr 5 S 3 iVm 93 II 2, s iEinz BT-Drs 17/7524, 9; *BMF* BStBl I 18, 93 Rz 149; str). S 1 befreit die Übertragung der Anwartschaft, soweit die Leistungen aus dem übergehenden Anrecht in der *Auszahlungsphase* gem § 22 Nr 5 S 1 oder S 2 stpfl sind. Die Übertragung vollständig ungeförderten Altersvorsorgevermögens ist nicht stbar, wenn eine hypothetische Auszahlung im *Übertragungszeitpunkt* gem § 22 Nr 5 S 2 Buchst b iVm § 20 I Nr 6 nicht stpfl und daher auch nicht gem Nr 55c S 1 stfrei wäre (*BMF* BStBl I 18, 93 Rz 152, 156). – *(c)* **Auszahlungsphase.** Gem § 22 Nr 5 S 1 sind die Leistungen aus einem gem § 3 Nr 55c S 1 stfrei übertragenen und in der Beitragsphase vollständig steuerl gefördertem Anrecht in vollem Umfang stpfl; bei nur zT geförderten Beiträgen gilt § 22 Nr 5 S 2 (*BMF* BStBl I 18, 93, Rz 137). Bei Vermögen iSd § 22 Nr 5 S 2 Buchst b iVm § 20 I Nr 6 aus ungeförderten Beiträgen, dessen Übertragung nicht stbar ist, bleibt das übertragene Kapital iRd Auszahlung stfrei; die beim aufnehmenden Anbieter aus dem übertragenen Kapital erzielten Erträge sollen nach dem *BMF* gem § 22 Nr 5 S 2 stpfl sein, obwohl sie es ohne die Übertragung nicht wären (*BMF* BStBl I 18, 93, Rz 153, 158; zu Recht krit *HHR* § 22 Rz 496; *Patzner/Mann* BB 15, 2070). – *(2)* **Entsprechende Anwendung des S 1 (S 2).** – *(a)* **Voraussetzungen.** *Satz 2 Buchst a* befreit die Übertragung von Anwartschaften eines ArbN zw externen Versorgungsträgern ohne ArbG-Wechsel, wenn dieser dabei keine unmittelbaren Zahlungen erhält. Anpassungen der Rahmenbedingungen beim übernehmenden Versorgungsträger sind unschädl; bei Versicherungen iSd § 20 I Nr 6 keine Novation (*BMF* BStBl I 21, 1050 Rz 63; *Meissner* DStR 21, 2774, 2777). – *Satz 2 Buchst b* erfasst die Abfindung von Anwartschaften auf betriebl Altersversorgung (vgl § 82 II, IV Nr 5 iVm § 3 BetrAVG), wenn diese *zu Lebzeiten* auf einen privaten oder betriebl Altersvorsorgevertrag des ArbN übertragen werden. – *Satz 2 Buchst c* befreit die Übertragung des Anrechts auf den Altersvorsorgevertrag eines nicht dauernd getrennt lebenden und in einem EU-/EWR-Staat ansässigen Ehegatten/LPart aufgrund eines *Todesfalls*. Buchst c HS 2 ermöglicht bei Vertragsabschluss durch den Erblasser vor dem 23.6.16 nach dem Brexit die stfreie Übertragung des Anrechts auf einen Ehegatten/LPart mit Wohnsitz im Vereinigten Königreich und Nordirland (BT-Drs 19/7959, 34). – *(b)* **Umfang der Steuerbefreiung.** Zur Stbarkeit der Übertragung s unter *(1)(b)*. Die Übertragung/Abfindung löst idR keine schädl Verwendung iSd § 22 Nr 5 S 3 (s § 93 II S 3) aus (*BMF* BStBl I 21, 1050, Rz 169, 172a). Nr 55c S 2 befreit wie S 1 die stbare Übertragung von Anrechten (nicht die Auszahlung des Übertragungswerts!), deren Leistungen in der Auszahlungsphase gem § 22 Nr 5 S 1, 2 ganz oder teilweise stpfl sind. – *(c)* **Auszahlungsphase.** Die Auszahlungen sind gem § 22 Nr 5 S 1, 2 stpfl (s *(1c)*). Beim Ehegatten/LPart sind nach einer gem Nr 55c S 2 Buchst c stfreien Übertragung die Leistungen, soweit sie auf dem stfrei übertragenen Kapital beruhen, in voller Höhe gem § 22 Nr 5 S 1 stpfl; mE aber keine StPfl nach einer nicht stbaren Übertragung (s *BMF* BStBl I 18, 93 Rz 153, 154, 158).

184 **Nr 55d: Übertragung von Anrechten auf Basisrenten. – *(1)* Voraussetzungen; Rechtsfolgen.** Nr 55d stellt nach dem Vorbild des § 3 Nr 55c die Übertragung der Anrechte aus einem nach § 5a AltZertG zertifizierten Basisrentenvertrag (Basis-/Rüruprente) auf einen anderen Vertrag dieser Art *desselben StPfl* stfrei. Dies gilt unabhängig davon, ob das Kapital vor der Übertragung steuerl gefördert wurde. Die Übertragung wäre an eine andere Leistung iSd § 22 Nr 1 S 3 Buchst a Doppelbuchst aa stbar (str). Der Übertragungsbetrag ist nicht als SA abziehbar (§ 10 II 1 Nr 1, s § 10 Rz 136). – *(2)* **Rentenzahlungen.** S zur Besteuerung § 22 Nr 1 S 3 Buchst a Doppelbuchst aa (§ 22 Rz 51).

185 **Nr 55e: Übertragung von Anrechten bei einer zwischenstaatlichen/ überstaatlichen Einrichtung. – *(1)* Voraussetzungen (§ 3 Nr. 55e S 1).** S 1 befreit die Übertragung von Anrechten auf Altersversorgung unter Beendigung des alten und Begr *eines neuen Anrechts* bei der übernehmenden Einrichtung, wenn die Übertragung in einem Abkommen mit einer zwischen- oder überstaatl Einrichtung vereinbart ist (nicht bei anteiliger Barauszahlung der bisherigen Anwartschaft s BT-Drs 17/7524, 9). Ob der spätere Versorgungsbezüge der inl StPfl unterliegen, ist unerhebl. – *(2)* **Auszahlungsphase (§ 3 Nr. 55e S 2) und Folgen.** Maßgebl ist, welcher Einkunftsart die Leistungen der übernehmenden Einrichtung bei Vergleichbarkeit der ausl Einrichtung und Leistungen mit dem Inlandsfall zuzuordnen sind (BFH X R 24/15 BStBl II 17, 636, zB Einkünfte gem § 19 I 1 Nr 2 oder gem § 22 Nr 5, s § 22 Nr 5 S 10). Die Auszahlungen können im Inl aufgrund von Abkommen (ua DBA) stfrei sein (s auch § 22 Nr 5 S 14). Zu den Folgen der Übertragung für den SA–Abzug s § 10 Rz 136.

188 **Nr 56: Arbeitgeberzahlungen an umlagefinanzierte Pensionskassen. – *(1)* Zuwendungen gem § 19 I 1 Nr 3 S 1, § 3 Nr 56 S 1.** S § 19 Rz 91 zum ArbLohn aufgrund der laufenden ArbG-Beiträge und Zuwendungen. – *(2)* **Voraussetzungen.** Nr 56 stellt den ArbLohn im ersten DienstVerh (Rz 200 ff) stfrei (zum ArbN-Begriff und DienstVerh *BMF* BStBl I 21, 1050 Rz 76 iVm Rz 23, 24: auch bei Kurzarbeit). Zu den Anforderungen an die Zusage s § 82 II und ausführl Rz 208 ff. Zu Einzelfragen s *BMF* BStBl I 21, 1050 Rz 76 ff. Zur erforderl Vergleichbarkeit ausl Versorgungseinrichtungen s BFH VI R 27/16, DStR 20, 1428 (Österreich); BFH X R 10/15 BStBl II 17, 1251 (Schweiz). – *(3)* **Steuerfreibetrag, § 3 Nr 56 S 1 und 2.** Dieser steigt schrittweise von 3 % ab dem 1.1.20 bis auf 4 % ab 2025 an. – *(4)* **Kürzung, § 3 Nr 56 S 3.** Der Freibetrag ist bei stfreien ArbG-Beiträgen gem § 3 Nr 63 iR desselben DienstVerh um diese zu kürzen. S auch *BMF* BStBl I 21, 1050, Rz 79. – *(5)* **Verhältnis zu § 40b I.** § 40b ist anwendbar, soweit Nr 56 nicht greift (*BMF* BStBl I 18, 147 Rz 77; § 40b Rz 1).

190 **Nr 57: Künstlersozialkassen-Leistungen. – *(1)* Beiträge an Träger der Sozialversicherung.** Beiträge, die die Künstlersozialkasse für bei ihr gem § 1, § 2 KSVG versicherte selbständige Künstler, Publizisten aus dem Aufkommen der Künstlersozialabgabe (§§ 24–26 KsvG) und dem Bundeszuschuss (§ 34 KSVG) an die Träger der SV zur RV/KV/PflV (§ 169 Nr 2 SGB VI, § 251 III SGB V) leistet, sind stfrei (entspr Nr 62 S 1 für ArbN). Die vom Künstler/Publizisten selbst zu tragende Beitragshälfte zur RV/KV/PflV (§ 15– § 16a KSVG) kann eine SA sein (s § 10 Rz 34). – *(2)* **Zuschüsse an den Versicherten.** Beitragszuschüsse an nicht in der gesetzl KV/PflV pflichtversicherte Künstler/Publizisten (§ 7 KSVG, § 10, § 10a KsvG) sind stfrei; nicht aber andere Zuschüsse (BFH IV R 13/89 BStBl II 90, 621).

192 **Nr 58: Wohngeldgesetz-Leistungen; andere Leistungen. – *(1)* Wohngeld.** Wohngeld wird nach dem WoGG als (nicht stbarer) Miet- oder (bei Wohneigentum) Lastenzuschuss für selbst genutzten Wohnraum an die Berechtigten (§ 3 WoGG) gezahlt und ist gem § 3 Nr 58 stfrei. – *(2)* **Sonstige Leistungen aus öffentlichen Mitteln.** Öffentl Haushalte sind die von der Allgemeinheit finanzierten Haushalte von Bund, Ländern, Gemeinden, Gemeindeverbänden, kommunalen Zweckverbänden (LStR 3.58, zu Handwerkskammern s BFH VI R 37/16 BStBl II 20, 241). Stfrei sind auch Leistungen gem § 11 II Nr 4 WoGG, die die Belastung aus Miete oder anderen Aufwendungen (zB Finanzierung) senken. – *(3)* **Aufwendungszuschüsse und Zinsvorteile** bei Darlehen für eigengenutztes Wohneigentum aus öffentl Haushalten sind bis zur Höhe der Fördergrenzen nach dem WoFG ebenfalls stfrei. Bei Überschreiten der Einkommensgrenzen des § 9 WoFG/der Fördergrenzbeträge können die Leistungen (zB gem § 19) stpfl sein (BFH VI R 37/16 BStBl II 20, 241). – *(4)* **Stadtumbau Ost.** Stfrei sind auch Zuschüsse iRd Programms Stadtumbau Ost für die Wohneigentumsbildung in innerstädtischen Altbauquartieren.

Nr 59: Wohnungsbau-Förderungsleistungen. – *(1)* **Bestimmte öffentliche** 194
Fördermittel für Mieter, § 3 Nr 59 HS 1. Fördermittel, die aufgrund der in *HS 1* genannten Gesetze an *Mieter* (nicht an Eigentümer, s BFH IX R 60/02 BStBl II 04, 14) gezahlt werden, sind stfrei, wenn der Mieter aus der geförderten Wohnung (Baujahrgänge ab 1957) selbst nach § 21 Einkünfte erzielt und die Fördermittel zu den stpfl Einnahmen gehören (zB bei Untervermietung). – *(2)* **Verbilligte Wohnraumüberlassung an Arbeitnehmer, § 3 Nr 59 HS 2.** Zur Steuerbarkeit s § 19 Rz 100 „Dienstwohnung"; § 8 II 12 (§ 8 Rz 69), LStR 8.1 VI S 7. *HS 2* erfasst einen Teilausschnitt dieser Fälle. Stfrei sind Mietvorteile des ArbN nur, wenn der ArbG ihm Wohnraum (Baujahrgänge ab 1957) überlässt, der bei Errichtung nach den in HS 2 genannten Gesetzen gefördert wurde, der Wohnraum noch den Mietbindungen der Fördergesetze unterliegt (BFH VI R 58/03 BStBl II 05, 750; LStR 3.59 S 5 ff) und der Mietvorteil des ArbN die Fördergrenzen nicht übersteigt. S auch die Billigkeitsmaßnahme in LStR 3.59 S 3 ff für „fiktiv öffentl geförderten Wohnraum".

Nr 60: Anpassungsgelder aufgrund des Kohleausstiegs. § 3 Nr 60 gilt mit 196
Wirkung für VZ 20. Stfrei sind Anpassungsgelder nach § 57 I KohleAusG (BGBl I 20, 1818), die als Lohnersatz an ArbN (mindestens 58 Jahre; für längstens 5 Jahre) aus öffentl Mitteln (Bundeshaushalt) wegen des Arbeitsplatzverlusts aufgrund der Stilllegung von *Braun- und Steinkohlekraftwerken* gezahlt werden; stfrei sind auch freiwillige RV-Beiträge zum Ausgleich von Rentenminderungen (ähnl § 3 Nr 28). S ferner § 32b I Nr 1 Buchst i. Anpassungsgelder iRd *Steinkohlebergbaus* sind bis zum 31.12.27 stfrei (§ 52 IV 15); für diese gilt § 32b nicht (BT-Drs 19/17342, 152).

Nr 61: Entwicklungshelferleistungen. Nur die gesetzl in Bezug genom- 198
menen Leistungen nach dem EntwicklungshelferG (EhfG) sind stfrei. Nr 61 ist nicht auf vergleichbare Leistungen aus anderen Gesetzen entspr anzuwenden (FG Nds XII 443/94 EFG 96, 1200, rkr).

Nr 62: Zukunftssicherungsleistungen des Arbeitgebers. – **a) Allgemei-** 200
nes. – *(1)* **Verhältnis zu anderen Vorschriften.** § 3 Nr 62 gilt *nur für ArbN*. Zur Übernahme gesetzl Pflichtbeiträge bei Landwirten gem § 9, § 15 FELEG s Nr 27 (Rz 100). Zu Beiträgen an die Künstlersozialkasse s Nr 57 (Rz 190). Zur Nachversicherung von Abgeordneten s § 22 Nr 4a (§ 22 Rz 164). ArbG-Anteile zum Gesamt-SozVersBeitrag für „angestellter MUer" sind Einkünfte gem § 15 (BFH XI R 37/88 BStBl II 92, 812); Zuschüsse eines Geschäftsherrn für die persönl Altersvorsorge des Handelsvertreters sind BE (BFH XI R 24/88 BFH/NV 91, 453). Zu ArbG-Beiträgen einer KapGes für den *Ges'ter-Geschäftsführer* s unten Rz 201, 204. Zum SA-Abzug der ArbN-Beiträge s § 10 Rz 31 ff und zur Nachentrichtung durch den ArbG BFH VI R 54/03 DStR 07, 2058. – *(2)* **Besteuerung der Leistungen.** Die aus den stfreien ArbG-Beiträgen und den ArbN-Beiträgen finanzierten Leistungen aus der *Kranken-/Pflege-/ArbeitslosenVers* sind gem § 3 Nr 1a und § 3 Nr 2a stfrei. Die Leistungen aus *den gesetzl RV,* denen die ArbN- und stfreien ArbG-Beiträge zugrunde liegen, werden gem § 22 I Nr 1 S 3 Buchst a/aa nachgelagert

§ 3 Nr 62

besteuert (§ 22 Rz 89 ff). Die Besteuerung von Auszahlungen aus einer ArbN-LV, die auf gem § 3 Nr 62 S 2 Buchst a stfrei gestellten ArbG-Zuschüssen beruhen, richtet sich idR nach § 20 I Nr 6 (ggf Altvertrag gem § 20 I Nr 6 S 2 aF, s § 20 Rz 102; zu Neuvertrag s 20 Rz 106), uU nach § 22 Nr 5 S 2.

201   **b) Steuerbefreiung der Arbeitgeberpflichtbeiträge, § 3 Nr 62 S 1. – aa) Beiträge an inländische Sozialversicherungsträger. – *(1)* Zukunftssicherungsleistungen für Arbeitnehmer.** Hierunter fallen Beiträge zur Absicherung des ArbN gegen Krankheit, Unfall, Invalidität, Alter, Tod und Arbeitslosigkeit (BFH VI R 20/17 BStBl II 21, 311 und § 2 II Nr 3 LStDV, LStR 3.62 I, II). Maßgebl für die Stbarkeit der ArbG-Beiträge als ArbLohn ist, ob dem ArbN aus der Beitragsleistung an die Versorgungseinrichtung ein leistungsrechtl Vermögenszuwachs in Form eines unentziehbaren eigenen Rechtsanspruchs gegen diese erwächst (BFH VI R 58/15 BStBl II 18, 72). Dies ist nicht der Fall bei den *gesetzl geschuldeten* ArbG-Beiträgen zur KV, RV, ArbeitslosenVers; diese werden in Nr 62 S 1 deklaratorisch steuerbefreit (s § 19 Rz 100 „ArbG-Anteil zur Gesamtsozialversicherung" mwN). Freiwillige ArbG-Beiträge sind stpfl ArbLohn, wenn dem ArbN der og Rechtsanspruch zusteht (BFH VI R 8/11 BStBl II 14, 124). S auch § 19 Rz 60. – **(2) Gesetzliche Pflichtbeiträge des Arbeitgebers.** – *(a)* **Sozialversicherungsrechtliche Verpflichtung, § 3 Nr 62 S 1, Alt 1.** Maßgebl ist trotz des auch iRd Nr 62 anzuwendenden steuerrechtl ArbN-Begriffs, ob sozialrechtl eine Beitragspflicht besteht (s § 19 Rz 21). Entscheidungen der SV-Träger zum Status des ArbN (zB Auskunft der RV-Anstalt Bund, § 7a SGB IV) entfalten eine Tatbestandswirkung, dh eine eigene steuerrechtl Prüfung, ob eine sozialrechtl Verpflichtung besteht, ist nur bei offensichtl Rechtswidrigkeit der Entscheidung des SV-Trägers zulässig (BFH VI R 52/08 BStBl II 10, 703 mwN, BFH VI B 38/12 BFH/NV 12, 1968; LStH 3.62 I). – Ferner muss eine gesetzl Pflicht des ArbG zur Beitragsleistung bestehen (s zu KV-/RV – Beiträgen LStR 3.62 II). – *(b)* **Andere gesetzliche oder auf einer gesetzlichen Ermächtigung beruhende Verpflichtungen, § 3 Nr 62 S 1, Alt 2 und Alt 3.** Stfrei sind auch Beiträge des ArbG auf Grund anderer Gesetze oder einer gesetzl Ermächtigung. Unter *Alt 2* fallen zB ArbG-Beiträge für geringfügig beschäftigte ArbN, der 50%ige Zuschuss zu den tatsächl Beitragszahlungen an die private KV/PflV oder an die gesetzl KV/PflV bei freiwilliger Versicherung eines nicht versicherungspflichtigen ArbN gem § 257 I, II SGB V, § 61 I, II SGB XI bis zur Höhe der gesetzl Versicherungsbeiträge (LStR 3.62 II Nr 3 S 1). Die *FinVerw* verlangt insb bei der PflV eine Vergleichbarkeit des Leistungsumfangs, s LStR 3.62 II Nr 3. Eine Verpflichtung aufgrund einer *Betriebsvereinbarung* fällt grds nicht unter S 1, Alt 2 und 3 (BFH VI R 8/07 BStBl II 10, 194; LStR 3.62 I S 4); wohl aber aufgrund eines *Tarifvertrags* bei Allgemeinverbindlicherklärung (BFH VI R 16/06 BStBl II 08, 394). Unter Alt 3 fallen zB RVO (BFH IX R 77/01 BFH/NV 06, 2242). Stfrei können auch ArbG-KV-Beiträge sein, die auf einer *zwischenstaatl VerwVereinbarung* mit gesetzl Ermächtigung beruhen (BFH VI R 24/10 BStBl II 11, 767). S iÜ LStR 3.62 II. – **(3) Höhe der Steuerbefreiung.** Diese umfasst stets nur den gesetzl geschuldeten Betrag. – **(4) Gesellschaftergeschäftsführer.** Die Stfreiheit der Beiträge der ArbG-KapGes gem Nr 62 S 1 hängt vom sozialversicherungsrechtl Status im Zeitpunkt der Beitragsleistung ab (BFH VI R 95/99 BStBl II 02, 886). Die sozialrechtl Statusentscheidung entfaltet eine Tatbestandswirkung (s *(2a)*). Entfällt der ArbN-Status, sind erst die nach der Änderung abgeführten ArbG-Beiträge stpfl ArbLohn (zur Erstattung der Beiträgen an den ArbG s BFH VI R 35/89 BStBl II 92, 663; an den ArbN § 10 Rz 6, 7). S dazu Rz 204. Zu vGA bei Weiterleitung erstatteter ArbG-Beiträge von der ArbG-KapGes an den beherrschenden Ges'tergeschäftsführer s FG Ddorf 14 K 5416/91 H (L) EFG 94, 566, rkr; *RHN* § 8 KStG Rz 891; zur Weiterleitung an die ArbN-Ehefrau des Ges'tergeschäftsführers BFH VIII R 21/12 BStBl II 15, 638.

bb) Beiträge an ausländische Sozialversicherungsträger. – *(1)* Doppelte Vergleichbarkeitsprüfung.

Für ArbG-Beiträge an ausl SV-Träger ist die *gesetzl oder andere Verpflichtung* des ArbG für Leistungen zur Zukunftssicherung des ArbN nach den im Ausl maßgebenden Vorschriften zu prüfen; ausreichend ist **nur** eine *gesetzl ausl* Beitragspflicht des ArbG; eine *vertragl Verpflichtung* reicht nicht aus (BFH VI R 20/17 BStBl II 21, 311; BFH VI R 6/11 BStBl II 16, 650; BFH VI R 27/06 BStBl II 09, 857 auch zur Vereinbarkeit mit dem Unionsrecht; zu freiwilligen oder tarifvertragl ArbG-Beiträgen BFH VI R 11/01 BStBl II 04, 1014; BFH I R 49/10 BStBl II 11, 446 – zur Nichtanwendung *BMF* BStBl I 14, 210). Hinzukommen muss, dass die ausl Vorsorgeeinrichtung nach Art und Struktur einer inl SozVers und deren Leistungen den Zukunftssicherungsleistungen einer inl SozVers (s Rz 201) vergleichbar sind (BFH X R 43/11 BStBl II 16, 685; BFH VI R 20/17 BStBl II 21, 311). – *(2)* **Deutsche Grenzgänger.** – *(aa)* **Schweiz.** Beiträge schweizer *privater und öffentl-rechtl ArbG* in die gesetzl RV (AHV-IV) und das *Obligatorium* schweiz Pensionskassen sind gem § 3 Nr 62 S 1 in der geschuldeten Höhe (keine Begrenzung auf die nach der inl BBG-West anfallenden Beiträge) stfrei (BFH VI R 6/11 BFH/NV 14, 241; BFH VIII R 39/10 BStBl II 16, 665; BFH X R 10/15 BStBl II 17, 1251; *BMF* BStBl I 16, 759, Rz 18–25); Renten und Einmalzahlungen aus diesen Einrichtungen sind gem § 22 I Nr 1 S 3 Buchst a/aa (ggf iVm § 34 II Nr 4) stpfl. Erreichen die obligatorischen ArbG-Beiträge nicht den Betrag, der bei inl RV-Pflicht stfrei wäre, ist keine Aufstockung vorzunehmen, selbst wenn daneben gezahlte überobligatorische ArbG-Beiträge iErg nicht entlastet werden (BFH VIII R 39/10 BStBl II 16, 665). ArbG-Beiträge in das sog *Überobligatorium* einer *öffentlrechtl Pensionskasse* sind gem Nr 62 S 1 stfrei (SA-Abzug für den ArbN-Beitrag gem § 10 I Nr 2 S 1 Buchst a); solche in das Überobligatorium einer *privaten* Pensionskassen jedoch nicht und damit stpfl ArbLohn (FG BaWü BeckRS 2020, 39130, rkr). Die Leistungen in der Auszahlungsphase fallen bei einer Befreiung unter § 22 I Nr 1 S 3 Buchst a/aa und sonst unter § 20 I Nr 6 (BFH X R 33/10 BStBl II 14, 103; BFH X R 43/11 BStBl II 16, 685; BFH I R 83/11 BStBl II 16, 681; BFH X R 10/15 BStBl II 17, 1251). Die *FinVerw* behandelt abw davon ArbG-Beiträge in das Obligatorium und in das Überobligatorium aller schweiz Pensionskassen in der Ein- und Auszahlungsphase jeweils gleich (iEinz *BMF* BStBl I 16, 759, Rz 16, 17, 26–29), dh in der Einzahlungsphase als stfreie ArbG-Beiträge (**aA** FG BaWü EFG 20, 1245, Rev X R 12/20) und in der Auszahlungsphase als stpfl Leistungen gem § 22 I Nr 1 S 3 Buchst a Doppelbuchst bb (§ 22 Rz 92), soweit aus obligatorischen Beiträgen finanziert und gem § 22 I Nr 1 S 3 Buchst a Doppelbuchst bb oder § 20 I Nr 6, soweit aus überobligatorischen Beiträgen finanziert. Zu ArbG-Beiträgen an schweiz UnfallVers s BFH VI R 98/95 BStBl II 96, 478; zu Beiträgen an die schweiz NBUV FG BaWü DStRE 21, 1091, Rev X R 1/21. – *(bb)* **Österreich.** Zu ArbG-Beiträgen nach dem österreichischen BMSVG s BFH VI R 20/17 BStBl II 21, 311; FG Mchn EFG 21, 660, rkr. – *(cc)* **Frankreich.** S BFH VI R 11/01 BStBl II 04, 1014; BFH I R 49/10 BStBl II 11, 446.

cc) Vorrang der § 3 Nr 56, § 3 Nr. 63, § 3 Nr. 63a, § 3 Nr. 62 S 1.

Gesetzl geschuldete ArbG-Beiträge können nicht gem Nr 62 stfrei gestellt werden, wenn sie als ArbG-Beiträge iRd betriebl Altersvorsorge stfrei gestellt werden, auch nicht wenn die Höchstbeträge iRd Nr 56 und Nr 63 überschritten sind.

c) Gleichgestellte Arbeitgeberbeiträge, § 3 Nr 62 S 2, 3. – *(1)* Befreiung des Arbeitnehmers von der gesetzlichen Rentenversicherungspflicht.

Der ArbN kann *auf eigenen Antrag oder Antrag des ArbG* (BFH VI R 39/81 BStBl II 83, 712) *durch VA* von der gesetzl RV-Pflicht befreit werden (s zu den Befreiungsregelungen LStR 3.62 III 1) und sich freiwillig anderweitig versichern. Stfrei sind gem S 2 ArbG-Zuschüsse zu Aufwendungen des ArbN für eine LV (S 2a), für die freiwillige Weiterversicherung in einer gesetzl RV (S 2b) und für eine öffentl-rechtl Versicherungs- oder Versorgungseinrichtung der Berufsgruppe des ArbN (S 2c).

Dies gilt auch für ArbG-Beiträge, die iRd der freiwilligen Versicherung des ArbN in der der knappschaftl RV oder iRd freiwilligen Weiter-/Selbstversicherung des ArbN in der gesetzl RV gezahlt werden (LStR 3.62 III 2). – *(2) Einzelfälle.* – *(a) Inland.* Stfrei gem S 2 sind zB ArbG-Zuschüsse, die an angestellte und von der RV-Pflicht befreite Freiberufler (zB gem § 6 I 1 Nr 1 SGB VI) zur Weiterleitung in ein Versorgungswerk gezahlt werden (zu *Syndikusanwälten* s BGBl I 15, 2517). VBL-Umlagezahlungen des ArbG sind hingegen stpfl ArbLohn (§ 19 Rz 61). – *(b) Ausland.* Für die Anwendung des S 2 auf ArbG-Beiträge in eine schweiz Anlagestiftung ist eine Befreiung des ArbN *von der schweiz RV-Pflicht* erforderl (BFH VIII R 40/11 BStBl II 16, 675), ebenso BFH VI R 11/01 BStBl II 1014 zu französischen SozVers-Beiträgen. – **(3) Organe von Kapitalgesellschaften; verdeckte Gewinnausschüttung.** Nicht stfrei gem S 2, sondern stpfl ArbLohn sind ArbG-Beiträge zu einer freiwilligen RV bei *gesetzl Versicherungsfreiheit* des ArbN (BFH VI R 8/11 BStBl II 14, 124; LStR 3.62 III 2). Dies gilt auch für Zuschüsse einer KapGes zur freiwilligen Altersvorsorge des angestellten versicherungsfreien Ges'tergeschäftsführers (BFH VI R 16/03 BFH/NV 06, 544). ArbG-Beiträge der KapGes sind aber vGA und nicht Lohn, wenn die Gesamtbezüge inkl der Beiträge unangemessen sind (*BMF* BStBl I 02, 679, § 20 Rz 56) oder die Beitragstragung bei beherrschenden Ges'tergeschäftsführern mit der KapGes nicht zuvor klar und eindeutig vereinbart wurde (*Gosch* § 8 KStG Rz 1016; *RHN* § 8 KStG Rz 91). – **(3) Subsidiaritätsklausel.** Der Vorrang der §§ 3 Nr 56, Nr 63, Nr 63a (s Rz 225) gilt für ArbG-Beiträge gem S 2 entspr. – **(4) Höhe der Steuerbefreiung (S 3).** Sie ist auf die Höhe des stfreien ArbG-Beitrags bei Versicherungspflicht begrenzt (LStR 3.62 IV 1). **(5) Beitragserstattung.** S § 3 Nr 3 Buchst b und c.

208 Nr 63: Betriebliche Altersvorsorgebeiträge des Arbeitgebers. Vgl *BMF* BStBl I 21, 1050. – **a) Allgemeines.** – **(1) Normzweck.** Gem Nr 63 werden ArbG-Beiträge stfrei gestellt, die iRe betriebl Altersvorsorge zugunsten des ArbN in der Aufbauphase an externe Versorgungseinrichtungen (kapitalgedeckte Pensionsfonds (§ 4e), Pensionskassen (§ 4c) und für DirektVers (§ 4b)) geleistet werden (zu ArbG-Beiträgen in umlagefinanzierte Pensionskasse s Nr 56). Der ArbN erwirbt aufgrund der ArbG-Beiträge für den Versorgungsfall unmittelbar Ansprüche gegen die Versorgungseinrichtung. Die ArbG-Beiträge sind stpfl ArbLohn (§ 19 I 1 Nr 3, § 2 II Nr. 3 LStDV; BFH VI R 47/02 BFH/NV 07, 1876; BFH VI R 36/09 BFH/NV 12, 201; s § 19 Rz 60, 91; zum Zuflusszeitpunkt je nach Durchführungsweg *BMF* BStBl I 21, 1050, Rz 8). Nr 63 gewährleistet durch die StBefreiung der ArbG-Beiträge in der Ansparphase iErg die Gleichbehandlung der externen Durchführungswege mit Direkt- und Unterstützungskassenzusagen, bei denen die ArbG-Beiträge/Rückstellungszuführungen gem § 6a kein ArbLohn des ArbN sind (s zur Direktzusage BFH VI R 165/01 BStBl II 05, 890; gegen die Unterstützungskasse hat der ArbN gem § 1b IV BetrAVG keinen eigen Anspruch). S zu Geringverdienern § 100. – **(2) Auszahlungsphase.** Die dem ArbN von der Pensionskasse, dem -fonds oder aufgrund der DirektVers (zum Begriff BFH X R 44/18 BFH/NV 21, 1175) gewährten Leistungen (wiederkehrend und Einmalzahlungen) sind unabhängig davon, ob die ArbG-Beiträge gem Nr 63 stbefreit waren, **kein Arbeitslohn** (BFH VI R 9/96 BStBl II 98, 581; zu schweiz Pensionskasse BFH VIII R 31/10 BStBl II 16, 653). Sie sind **gem § 22 Nr 5 S 1** stpfl; dies gilt auch bei rechtswidriger StBefreiung der ArbG-Beiträge in der Beitragsphase (BFH X R 43/11 BStBl II 16, 685; § 22 Rz 170; *BMF* BStBl I 21, 1050 Rz 148, 156; zur vertragl vereinbarten Kapitalabfindung des Rentenanspruchs aus einer Pensionskasse BFH X R 23/15 BStBl II 17, 347). Leistungen, die auf nicht gem Nr 63 stfrei gestellten ArbG-Beiträgen beruhen, unterliegen der Besteuerung **gem § 22 Nr 5 S 2 Buchst a–c** (iVm § 22 Nr 1 S 3 Buchst a oder iVm § 20 I Nr 6; trotz der Bezugnahme auf § 20 sind dies nur sonstige Einkünfte, vgl BFH X R 44/18 BFH/NV 21, 1175, § 22 Rz 172 ff, etc; § 22 Rz 172, § 4b Rz 35; § 4c Rz 9; § 4e Rz 11; *BMF* BStBl I 18, 147 Rz 150; Rz 154 ff zu Mischfällen;

BFH X R 29/18 BStBl II 21, 675 zu Auszahlung aus US-401k-Plan). Zur vorzeitigen Beendigung s *BMF* BStBl I 21, 1050 Rz 167 ff.– **(3) Behandlung beim Arbeitgeber.** Zum BA-Abzug des ArbG für Beiträge zu DirektVers s § 4; zu Beiträgen an Pensionsfonds s § 4e Rz 4 und an Pensionskassen § 4c Rz 6. S dort auch zu ArbN-Ehegatten; zur vGA *BMF* BStBl I 21, 1050 Rz 35. – *(4)* **Verhältnis zu BetrAVG/ Sozialrecht.** Die Regelungen in den §§ 1, 1a, 1b BetrAVG gelten auch für die Auslegung iRd § 3 Nr 63. Stfrei gestellte ArbG-Beiträge sind auch beitragsfrei (§ 1 I 1 Nr 9 SvEV). Der ArbG hat die Beitragsersparnis aufgrund einer Entgeltumwandlung des ArbN gem § 23 II SGB V als Zusatzbeitrag an die Versorgungseinrichtung zu zahlen (s auch Rz 216 zu Sicherungsbeiträgen gem § 23 I SGB V). – **(5) Übergangsrecht bei Pensionskassenzusagen und Direktversicherung.** S § 52 IV S 10–12; Abs 40. Es ist zu unterscheiden zw *vor dem 1.1.05* erteilten Altzusagen und *nach dem* 31.12.04 erteilten Neuzusagen. Ob eine Neuzusage erstmalig erteilt wurde, bestimmt sich nach dem Zeitpunkt der zu einem Rechtsanspruch führenden arbeitsrechtl bzw. betriebsrentenrechtl Verpflichtungserklärung des ArbG (BFH VI R 21/19 DStR 22, 25, auch zur Abgrenzung bei mehreren DirektV des ArbN). ArbG-Beiträge aufgrund von *Neuzusagen* sind nur gem § 3 Nr 63 stfrei (s § 40b Rz 1), dh StBefreiung in der Beitrags- und volle Besteuerung gem § 22 Nr 5 S 1 in der Auszahlungsphase. Bei *Altzusagen* werden hingegen die stpfl ArbG-Beiträge (§ 40b aF iVm § 52 Abs 40) in der Beitragsphase (vorgelagert) pauschal besteuert (20% und Höchstbetrag 1752 €/Kj; s auch § 40b Rz 5 sowie § 1 IV Nr 4 SvEV); zur Auszahlungsphase s § 22 Nr 5 S 2 (*BMF* BStBl I 21, 1050 Rz 148; § 22 Rz 172). *Altzusagen* behalten diesen Status für das ganze Leben des ArbN, wenn für den ArbN vor dem 1.1.18 ein personenbezogener ArbG-Beitrag an die Versorgungseinrichtung gezahlt, pauschal besteuert und vom ArbN eine Verzichtserklärung auf die StBefreiung der Beiträge gem § 3 Nr 63 abgegeben wurde (*BMF* BStBl I 21, 1050 Rz 85f); die Verzichtserklärung des ArbN ist seit dem VZ 18 entbehrl (Streichung der § 52 IV S 12, 13 und Änderung des § 5 LStDV, s BT-Drs 19/4455, 43). Zu *Einzelfragen* der Umwandlung von Alt- in Neuzusagen durch Inhaltsänderung s *Veh* DStR 20, 1101, zur Übertragung von Altzusagen auf neue ArbG gem § 4 II Nr 2 BetrAVG, zur gleichzeitigen Anwendung der § 3 Nr 63 iVm § 52 IV S 14, 40b beo Überschreiten des Pauschalierungshöchstbetrags s *BMF* BStBl I 21, 1050 Rz 86 ff mit Beispielen.

b) Voraussetzungen, § 3 Nr 63 S 1. – aa) Begünstigte Durchführungswege. – (1) Versorgungseinrichtungen. Unter Nr 63 S 1 fallen Beiträge aufgrund einer Zusage des ArbG, die dem ArbN Versorgungsleistungen aus einer DirektVers (§ 1b II BetrAVG, s § 4b Rz 5), kapitalgedeckten Pensionskasse (§ 1b III BetrAVG, s § 4c Rz 10) oder aus einem solchen Pensionsfonds (§ 1b III BetrAVG, s § 4e Rz 2, 5) verschafft. – **(2) Zusageformen.** Die Zusage des ArbG kann als Leistungszusage auf einen kalkulierbaren Rentenbetrag (§ 1 I BetrAVG) oder beitragsorientiert mit dynamischer Leistungshöhe (§ 1 II Nr 1 BetrAVG) oder als Beitragszusage mit Mindestleistung (§ 1 II Nr 2 BetrAVG) erteilt werden. Diesen Zusagen ist gemein, dass der ArbG die Höhe der späteren Versorgungsleistungen des ArbN garantieren muss (sog bAV-Welt I). Nach den Änderungen durch das BRSG (BGBl 17, 3214) kann im sog Sozialpartnermodell mit Anbindung an Tarifverträge (sog bAV-Welt II) vom ArbG auch eine *reine Beitragszusagen* ohne Haftung für die Höhe der späteren Leistungen an die externen Versorgungseinrichtung erteilt werden (§ 1 II Nr 2a BetrAVG); das Versorgungsrisiko liegt dann vollständig beim ArbN. Flankierend soll der ArbG aber Sicherungsbeiträge an die Versorgungseinrichtung erbringen (§ 23 I SGB V, zu diesen Rz 216) sowie ersparte SV-Vorteile aus einer Entgeltumwandlung pauschaliert an den ArbN weitergeben (§ 23 II SGB V). S *Meissner* DStR 17, 2366; *Schwindt* NWB 17, 2436 und zur sog „20-35-Asymmetrie" *Dommermuth/Schiller* NWB 17, 2738, 2739.

bb) Arbeitgeberbeiträge aus erstem Dienstverhältnis. – (1) Erfasste Beiträge. ArbG-Beiträge gem § 3 Nr 63 S 1 liegen vor, wenn der ArbG sie aufgrund einer eigenen versicherungsrechtl Außenverpflichtung ggü Pensionsfonds/Pensionskasse oder dem Versicherer leistet (BFH VI R 57/08 BStBl II 11, 978) und die Beiträge sich einem ArbN (anders als gem § 40b II bei Altzusagen, s § 40b Rz 9) individuell zuordnen lassen (s iEinz *BMF* BStBl I 21, 1050, Rz 25, bis 27: Beitragsschuld reicht). Stfrei sind *zusätzl zum ArbLohn gewährte, rein ArbG-finanzierte Beiträge* (§ 1 II Nr 1 BetrAVG; s § 8 IV, § 3 Rz 5; *BMF* BStBl I 21, 1050 Rz 9 ff) und ArbG-Beiträge, die durch eine *Bruttoentgeltumwandlung* des ArbN gem § 1 II Nr 3 BetrAVG (s zur sog Nettoentgeltumwandlung unten Rz 213) finanziert werden. Zur Entgeltumwandlung gehören auch ArbG-Beiträge gem § 23 II Betr AVG (Rz 209; *BMF* BStBl I 21, 1050 , Rz 26). Es kann sich um laufende und Einmalbeiträge handeln. Stfrei sind ArbG-Beiträge auch, wenn sie zwar durch *Eigenmittel* des ArbN finanziert, aber vom ArbG iRd von ihm der Versorgungseinrichtung geschuldeten Gesamtversicherungsbeitrags geleistet werden (BFH VI R 57/08 BStBl II 11, 978). *Nicht stfrei* sind ArbN-Eigenbeträge gem § 1 II Nr 4 BetrAVG, die der ArbN aufgrund einer eigenen rechtl Verpflichtung an die Versorgungseinrichtung leistet (s S 2; *BMF* BStBl I 21, 1050 Rz 26). – *(2)* **Arbeitnehmerbegriff; erstes Dienstverhältnis.** S § 1 LStDV. Unerhebl ist, ob eine gesetzl RV-Pflicht besteht. Erfasst sind zB auch geringfügig Beschäftigte sowie beherrschende Ges'tergeschäftsführer von KapGes (s § 4b Rz 11). Nur die ArbG-Beiträge *im bestehenden ersten DienstVerh* sind stfrei (*BMF* BStBl I 21, 1050 Rz 23; Rz 24 Kurzarbeit ist unschädl). – *(3)* **VGA.** Beiträge der KapGes für den Ges'tergeschäftsführer an Versorgungseinrichtungen iSd S 1 können ua bei unzulässiger Gesamtausstattung zu *vGA* führen. Die Bruttoentgeltumwandlung aus einem angemessenem Gehalt führt mE nicht zur vGA (entspr BFH VIII R 68/06 BStBl II 08, 973). S auch § 6a Rz 21; ausführl *Dommermuth/Killat/Linden* Altersversorgung ... Rz 711–860; *Gosch* § 8 KStG, Rz 721, 991 ff). Die *FinVerw* versagt zutr die StBefreiung für ArbG-Beiträge (*BMF* BStBl I 21, 1050 Rz 2), wenn die Beiträge VGA sind.

211 **cc) Kapitalgedeckte betriebliche Altersversorgung mit bestimmten zulässigen Auszahlungsformen.** – *(1)* **Betriebliche Altersversorgung.** Nach der arbeitsrechtl Legaldefinition ist dies die Zusage von Leistungen durch den ArbG aus Anlass des ArbVerh zur Alters-, Invaliditäts- oder Hinterbliebenenversorgung, die durch den ArbG selbst oder einen Versorgungsträger erfolgt (§ 1 I 1 und 2 BetrAVG). Nr 63 S 1 ist enger, da er eine externe Versorgungseinrichtung und weitere Anforderungen verlangt (krit *Briese* DStR 18, 899, 900). Unter den Begriff fallen auch Absicherungen des ArbN über reine Beitragszusagen im Sozialpartnermodell (Rz 209). S auch § 10a Rz 16. – *(2)* **Anforderungen im Einzelnen.** S *BMF* BStBl I 21, 1050 Rz 1 - 7 (zu den Neuerungen *Meissner* DStR 21, 2774 ff). Erforderl ist die Absicherung *mindestens eines biometrischen Risikos* des ArbN (Alter, Invalidität, Tod), eine Mehrfachabsicherung ist zulässig. Bei Absicherung des Risikos „Alter" darf die Auszahlung von Leistungen an den ArbN mit Vollendung des 60., bei Zusagen nach dem 31.12.11 des 62. Jahres erfolgen. Von der FinVerw wird zudem das Ausscheiden aus dem Erwerbsleben verlangt (*BMF* BStBl I 21, 1050 Rz 1, 3; str). Die Anwartschaft des ArbN darf nicht *vererblich* sein. Eine Hinterbliebenenversorgung darf idR nur Witwen, Witwer, LPart, Kinder, frühere Ehegatten und namentl benannte Lebensgefährten bei gemeinsamer Haushaltsführung begünstigen (iEinz *BMF* BStBl I 21, 1050 Rz 4–7). Auszahlungen dürfen *im Erlebensfall* nach dem Verweis auf § 82 II 2 Nr 1 Buchst a nur in Form einer lebenslangen monatl Rente oder eines Auszahlungsplans (mit 30 %-Obergrenze für eine Teilkapitalauszahlung und anschließender lebenslanger Teilkapitalverrentung) erfolgen. Entgegen BFH X R 23/15 BStBl II 17, 347 ist gem § 82 II Nr 1 Buchst b nur die Ausübung eines Kapitalwahlrechts und nicht dessen Existenz schädl. IRe reinen Beitragszusage müssen lebenslange (aber nicht gleichbleibende/steigende) Versorgungsleistungen erbracht werden (§ 82 II 2 Nr 2). S zur Nachschärfung *BMF* BStBl I 21, 1050 Rz 34). – *(3)* **Ausländische Versorgungseinrichtungen.** ArbG-

Beiträge an ausl Versorgungseinrichtungen können bei Vergleichbarkeit oder Geltung des Nr 63 aufgrund eines DBA (s *Vogel/Lehner* Art 18 Rz 140 ff) stfrei sein. Zu den Anforderungen s *BMF* BStBl I 21, 1050 Rz 36 ff. Für überobligatorische Beiträge schweiz ArbG in schweiz Pensionskassen s Rz 202 mwN.

dd) Höhe (S 1, 3). Stfrei sind ArbG-Beiträge maximal iHv 8 % der BBG-West. 212 Dies entspricht bei einer BBG iHv 84 600 € für 2022 einem stfreien Betrag iHv 6768 €; gem § 1 I 1 Nr 9 SvEV verbleibt es dort aber bei 4 % der BBG. Der Freibetrag ist ein Jahresbetrag, der bei unterjährigem Beginn des DienstVerh nicht gekürzt wird. Pauschal gem § 40b II iVm § 52 IV 14 besteuerte ArbG-Beiträge für Altzusagen sind auf den stfreien Betrag zuerst anzurechnen, anschließend wird er durch rein ArbG-finanzierte Beiträge und danach durch Beiträge aus einer Entgeltumwandlung des ArbN verbraucht. Übersteigende ArbG-Beiträge sind stpfl ArbLohn. S zum Ganzen *BMF* BStBl I 21, 1050 Rz 28–31.

c) Verzicht auf die Steuerbefreiung, § 3 Nr 63 S 2. ArbN können gem § 1a 213 III BetrAVG iRe sog *Nettoentgeltumwandlung* verlangen, dass die ArbG-Beiträge an Pensionskasse/-fonds oder für eine DirektVers iSd Nr 63 als stpfl ArbLohn behandelt werden. Es handelt sich dann um Altersvorsorgebeiträge aus dem Nettoeinkommen des ArbN gem § 10a, § 79, § 82 II 1 (s § 10a Rz 16). S iEinz *BMF* BStBl I 21, 1050 Rz 40 ff (neu sind insbes Rz 41a, 41b).

d) Steuerbefreiung bei Beendigung des Dienstverhältnisses, § 3 Nr 63 214 **S 3.** Bei Beendigung des DienstVerh kann der ArbN Abfindungen oder Wertguthaben aus Arbeitszeitkonten stfrei für den Aufbau einer kapitalgedeckten betriebl Altersversorgung in eine Versorgungseinrichtung iSd S 1 einzahlen. Die StBefreiung gem S 3 wird neben der nach Nr 63 S 1 gewährt. Der Freibetrag gem S 3 beträgt 4 % der BBG-West; er ist mit der Anzahl der Kj (bis zu 10 Kj) zu vervielfältigen, die das ArbVerh bestanden hat (*BMF* BStBl I 21, 1050 Rz 43).

e) Nachzahlung von Beiträgen, § 3 Nr 63 S 4. Stfrei sind auch ArbG- 215 Beiträge iSd § 3 Nr 63 S 1 (Rz 210), die geleistet werden, um eine Versorgungszusage nachträgl zu dotieren. Voraussetzung ist ein ruhendes inl erstes ArbVerh (idR aufgrund einer Entsendung) aus dem *während eines ganzen Kj* (BT-Drs 18/11286, 60) kein ArbLohn bezogen wurde. Nachgezahlte ArbG-Beiträge sind bis zu 8 % der BBG-West des Zahlungsjahres vervielfältigt mit der Anzahl der Kj, in denen das ruhende ArbVerh ganzjährig bestanden hat (bis zu 10 Kj) befreit. Bei höherer Nachzahlung kann ein nicht ausgeschöpfter Freibetrag gem Nr 63 S 1 genutzt werden. Die Nachzahlung für Kj vor 2018 ist stfrei, wenn sie nach dem 31.12.17 erfolgt. S iEinz *BMF* BStBl I 21, 1050 Rz 46 ff, insbes Rz 49.

Nr 63a: Zusatzbeiträge des Arbeitgebers. – *(1)* Reine Beitragszusage. 216 Nr 63a stellt Zusatzbeiträge des ArbG iSd § 23 I BetrAVG (sog Sicherungsbeiträge) stfrei, die aufgrund bei einer *reinen Beitragszusage* des ArbG (§ 1 II Nr 2a BetrAVG) ergänzend geleistet werden (s Rz 209). – **(2) Steuerbefreiung.** Die Zusatzbeiträge sind stfrei, wenn sie dem ArbN nicht unmittelbar gutgeschrieben werden; die späteren Versorgungsleistungen des ArbN, die auf den stfreien Zusatzbeiträgen beruhen, sind gem § 22 Nr 5 S 1 stpfl. Für Zusatzbeiträge des ArbG, die dem ArbN individuell gutgeschrieben werden, gilt § 3 Nr 63 (*BMF* BStBl I 21, 1050 Rz 51 f).

Nr 64: Auslandszuschläge; Kaufkraftausgleich. – *(1)* Arbeitnehmer im 218 **öffentlichen Dienst und Gleichgestellte, § 3 Nr 64 S 1, 2.** Bei Auslandsbediensteten im inl öffentl Dienst, die ArbLohn aus inl öffentl Kassen beziehen (s § 1 Rz 35; s auch § 49 Rz 88 zu § 49 I Nr 4), sind besondere Auslandsdienstbezüge (Auslandszuschlag, Mietzuschuss [LStR 8.1 VI 10] und Zulagen, § 47, § 52–§ 54 BBesG) sowie der Kaufkraftzuschlag nach § 55 BBesG *gem Nr 64 S 1* stfrei. Dies ist nicht EU-widrig (EuGH Rs C-240/10 BStBl II 13, 56, str). *Nr 64 S 2* stellt entspr Bezüge von ArbN sonstiger ganz oder wesentl durch öffentl Mittel finanzierter Einrichtungen stfrei, deren Gehalt nach öffentl-rechtl Grundlagen ermittelt wird. – *Beispiele:* Dt Zentrum für Luft- und Raumfahrt eV, Max-Planck-Ges; Goethe-Institut; Dt Akademischer Austauschdienst; Dt Entwicklungsdienste; Gesellschaft für technische Zusammenarbeit (FG Bbg EFG 02, 311, rkr). – *(2)* **Arbeitnehmer in der Privatwirtschaft, § 3 Nr 64 S 3.** Begründen diese zeitl begrenzt (dazu LStR 3.64 I 2) im Ausl einen Wohnsitz oder gewöhnl Aufenthalt, ist ein als Zuschlag gewährter Kaufkraftausgleich in Anlehnung an § 55 BBesG stfrei (zu verfrechtl Bedenken s BFH VI R 38/97 BStBl II 01, 132). Zu den zul Zuschlägen für einzelne Länder s *BMF* BStBl I 21, 1855; zu Abschlagsätzen und zur Berechnung des Freibetrags LStR 3.64 III bis V. Zu § 3c s BFH VI R 77/94 BFH/NV 96, 541, § 3c Rz 8. – *(3)* **Ausländisches Arbeitsverhältnis; Abordnungen.** S 3 greift nicht für vergleichbare ausl Zuschläge ausl ArbG (FG RhPf EFG 21, 264, Rev I R 17/20, auch zu Art 3 GG). Zu EU-Abordnungen s *BMF* BStBl I 06, 340 und Rz 3.

220 **Nr 65** Buchst a–d: **Beiträge des Insolvenzsicherungsträgers und ähnlichen Sicherungsleistungen.** S *BMF* BStBl I 21, 1050, Rz 53 ff. – *(1)* **Abgrenzung zu § 3 Nr 62.** Gesetzl geschuldete Beiträge *des ArbG* zur Insolvenzsicherung gem § 10 BetrAVG (Direkt- und Unterstützungskassenzusagen, DirektVers und Pensionsfonds an ArbN und ArbN-ähnl Personen iSd § 17 I 2 BetrAVG) sind nach § 3 Nr. 62 S 1 stfrei (LStR § 3 Nr 65 II). – *(2)* **Ablösung von Verpflichtungen des PSV (S 1 Buchst a).** Bei Eintritt eines Sicherungsfalls (Insolvenz des ArbG und gleichgestellte Ereignisse, § 7 I BetrAVG) geht der Versorgungsanspruch von ArbN und -ähnl Personen gem § 17 I 2 BetrAVG idR auf den PSV als gesetzl Träger der Insolvenzsicherung (§ 14 I BetrAVG) über. Diesen erfüllt der PSV idR nicht selbst, sondern zahlt gem § 8 I 1, § 8 Ia BetrAVG einen stfreien Einmalbeitrag an eine Pensionskasse oder ein LV-Unternehmen, damit der Übernehmer die Verpflichtung des PSV übernimmt. Durch die Übernahme wird die ursprüngl Verpflichtung zwar ggf in eine Pensionskassenzusage oder DirektVers umgewandelt. Es handelt sich aber im Kern nur um eine Schuldübernahme für die bestehende Zusage ähnl § 4 II Nr 1 BetrAVG (s auch Rz 180). Die StBefreiung der Leistung des PSV an den Übernehmer *gem S 1 Buchst a* ist idR deklaratorisch. Zur Besteuerung der Auszahlungen s S 2. Wird der Versorgungsberechtigte vom PSV abgefunden, führt dies idR zu stpfl Einkünften gem § 24 Nr 1 (s § 24 Rz 24 ff). – *(3)* **Leistungen in Fällen des § 4 IV BetrAVG (S 1 Buchst b).** Stfrei sind vom *ArbG* an eine Pensionskasse oder ein LV-Unternehmen erbrachte Leistungen, wenn im Fall der Liquidation/Betriebseinstellung des ArbG Verpflichtungen aus lfd Versorgungsleistungen und unverfallbare Anwartschaften (§ 1b BetrAVG) aller Durchführungswege von diesen unter Erteilung neuer Zusagen/DirektVers übernommen werden. *S 1 Buchst b* wirkt für den Versorgungsberechtigten konstitutiv (ähnl Rz 180, 223, str). Ges'tergeschäftsführer von KapGes sind bei Liquidation der KapGes einbezogen, auch wenn § 4 IV BetrAVG für sie gem § 17 BetrAVG nicht gilt (LStR 3.65 I S 3, 4). Die Vorgaben der § 4 IV, § 16 III Nr 2 BetrAVG sind zu erfüllen. Die *„Übernahme"* der Verpflichtung kann auch unter Änderung der zugesagten Leistungen erfolgen. Dies ist bei Wertäquivalenz der ursprüngl und neuen Zusage unschädl; beim Ges'tergeschäftsführer führt die Kürzung der Leistungen nach Übernahme aufgrund Verzichts ggf zur verdeckten Einlage (s *Dommermuth/Killat/Linden* Altersversorgung, Rz 1351–1360). Nr 65 S 1 Buchst b befreit nach Einmalzahlungen für die Übernahme einer Zusage, die bei der alten KapGes vGA war (str, s Rz 223). – *(4)* **Einräumung von zusätzlichen Ansprüchen für den Sicherungsfall (S 1 Buchst c).** Steuerbefreit ist **(S 1 Buchst c, HS 1)** beim *ArbN* ferner die Einräumung von Ansprüchen durch den ArbG gegen Dritte (idR Treuhänder), die eine Versorgungsverpflichtung bei Eintritt des Sicherungsfalls *neben* der gesetzl Insolvenzsicherung schuldrechtl absichern (zB durch

Kommentierung der Nrn 1–71 **Nr 66 § 3**

das sog doppelseitige Treuhandmodell, dazu *Niermann* DB 06, 2595). Ausgenommen sind RückdeckungsV (LStR 3.65 IV). **S 1 Buchst c HS 2** befreit auch die Absicherung von Ansprüchen aus Altersteilzeitmodellen und aus Arbeitszeitkonten durch Dritte. – **(5) Erwerb einer Rückdeckungsversicherung im Insolvenzfall (S 1 Buchst d).** Der ArbN darf gem § 8 III BetrAVG in eine für ihn abgeschlossene RückdeckungsV des ArbG oder als Versicherungsnehmer in eine Unterstützungskasse eintreten und diese fortführen. Die Zuwendung des Versicherungsanspruchs ist ArbLohn, den Nr 65 S 1 Buchst d befreit (*BMF* BStBl I 18, 147 Rz 54 f). Dies gilt auch für Ges'tergeschäftsführer einer KapGes (*Plenker* DB 17, 1545, 1553). – **(6) Behandlung der Auszahlungen (S 2–5).** S *BMF* BStBl I 21, 1050 Rz 54 f. *S 2* fingiert für die Auszahlungen eine Zuordnung zu der Einkunftsart, die sich ohne Eintritt des Sicherungsfalls (S 1 Buchst. a und c) bzw des Liquidationsfalls (S 1 Buchst. b) ergäbe (LStR 3.65 III). *S 3 und 4* ordnen den LStEinbehalt durch die auszahlende Stelle (als fiktiven ArbG) an, wenn die Auszahlungen fiktive Einkünfte gem § 19 I 1 Nr 2 sind (*BMF* BStBl I 21, 1050, Rz 53). *S 5* bestimmt für die Fälle des S 1 Buchst d, dass die Versorgungsleistungen aus der übernommenen Rückdeckungsversicherung beim ArbN gem § 22 Nr 5 S 1 zu besteuern sind, soweit sie auf geförderten ArbG-Beiträgen bis zum Eintritt des ArbN beruhen (HS 1); für die auf nicht geförderten Eigenbeiträgen des ArbN beruhenden Leistungen sind nach HS 2 entweder § 22 Nr 5 S 2 Buchst a (Ertragsanteil) oder Buchst b (§ 20 I Nr 6) anzuwenden (*BMF* BStBl I 21, 1050 Rz 55).

Nr 66: Leistungen des Arbeitgebers oder einer Unterstützungskasse an Pensionsfonds zur Übernahme von Versorgungsverpflichtungen. – **(1) Übertragungen auf Pensionsfonds.** – **(a) Arbeitslohn.** Stbarer ArbLohn fließt zu, wenn der ArbG dem ArbN einen unentziehbaren Rechtsanspruch gegen einen Pensionsfonds verschafft, der aufgrund einer Einmalzahlung des ArbG, der Unterstützungskasse die Versorgungsverpflichtung des ArbG aus einer Direktzusage, Unterstützungskassenzusage übernimmt (BFH VI R 66/97 BStBl II 00, 408; BFH VI R 19/92 BStBl II 94, 246; BFH VI R 45/18, BStBl II 21, 775; s auch § 19 Rz 61 ff; ebenso § 1 I Nr 10 SvEV). Nr 66 befreit den Übertragungsvorgang. Es kommt zum Wechsel vom internen in einen externen Durchführungsweg; mögl sind die sog sicherheitsorientierte oder die liquiditätschonende Übertragung (s § 112 I Nr 4, § 112 Ia VAG; *Dommermuth/Killat/Linden* Altersversorgung ..., Rz 1387, 1390). – **(b) Andere Übertragungen** von Verpflichtungen, Anwartschaften aus Direktzusagen unter Begründung einer DirektVers oder eines Anspruchs gegen eine Pensionskasse führen (außerhalb der Nr 63 S 1, 3, 4) zu stpfl ArbLohn (*Ausnahme*: Nr 65 1 Buchst b). Eine Einmalzahlung bei Übertragung einer Direktzusage auf eine Unterstützungskasse ist aber nicht stbar (*Dommermuth/Killat/Linden* aaO, Rz 1438, 1459). – **(2) Persönlicher Anwendungsbereich.** Nr 66 gilt für alle ArbN (§ 1 LStDV), unabhängig davon, ob sie in der gesetzl RV pflichtversichert sind (auch für beherrschende Ges'tergeschäftsführer, geringfügig Beschäftigte, s *BMF* BStBl I 21, 1050, Rz 23, 56), Str ist die Anwendbarkeit für arbeitnehmerähnl Selbständige (§ 17 I 2 BetrAVG (FG Thür EFG 17, 1784, rkr). – **(3) Antrag des Arbeitgebers gem § 4d III und § 4e III.** S zur Übertragung beim ArbG (Auflösung der Rückstellung und zeitl Streckung des idR höheren BA-Abzugs für die Zahlung an den Pensionsfonds durch außerbilanzielle Hinzurechnungen) iEinz unter § 4e Rz 8 ff und § 4d Rz 26, *BMF* BStBl I 15, 544. Wird der Antrag vom ArbG nicht bis zum Eintritt der Bestandskraft für StFestsetzung des Übertragungsjahrs gestellt, fließt dem ArbN aufgrund der Übertragung stpfl ArbLohn zu (s unter *(1)*; BFH VI R 45/18 BStBl II 21, 775). – **(4) Umfang.** – **(a) Höhe.** Bei aktiven ArbN befreit Nr 66 nach seinem Wortlaut (*„bestehenden"*) nur Zahlungen an den Pensionsfonds für die Übernahme bis zum Übertragungszeitpunkt erdienter Versorgungsanwartschaften *(past service);* bei ausgeschiedenen

223

ArbN für die volle Anwartschaft (BMF BStBl I 18, 147, Rz 56; BMF BStBl I 15, 544 unter 1). Zahlungen für die Übertragung noch zu erdienender Anwartschaften aktiver ArbN *(future service)* auf einen Pensionsfonds sind ausschließl iRd § 3 Nr 63 S 1, 3, 4 befreit. Mögl ist die Übertragung nur der Anwartschaft für den *future service* auf eine Unterstützungskasse (s unter *(1) bb)*. S zur Übertragung im sog Kombinationsmodell BFH XI R 52/17 BStBl II 20, 264. Nr 66 greift auch, wenn nach der Übertragung von Anwartschaften für *den past service* in einer zweiten Auslagerung die danach neu erdienten Anrechte übertragen werden (BMF BStBl I 21, 1050, Rz 55). – *(b)* **Verdeckte Gewinnausschüttung.** Zahlungen für die Übertragung von Direktzusagen, die während der Rückstellungsbildung gem § 6a bei der abgebenden ArbG-KapGes vGA waren, sind gem Nr 66 insgesamt stfrei. Die Einmalzahlung an den Pensionsfonds ist für die Prüfung des § 8 III 2 KStG als isolierter Geschäftsvorfall zu betrachten und betriebl veranlasst; die Anwartschaft *„besteht"* ungeachtet der vGA bei Rückstellungsbildung zivilrechtl in vollem Umfang (glA *Korn* § 3 Nr 66 Rz 7.3, str). – *(5)* **Auszahlungsphase.** Die Leistungen des Pensionsfonds unterfallen § 22 Nr 5 (s auch § 22 Nr 5 S 11 zu § 9a, § 19 II bei Leistungsbezug vor der Übertragung, dazu § 22 Rz 173).

226 **Nr 67 Buchst a–c: Erziehungsgeld, Elterngeld und Beamtenversorgungszuschläge.** *Schrifttum: Myßen/Müller* NWB 15, 905. – *(1)* **Leistungen nach dem BErzGG und ähnliche Leistungen, § 3 Nr 67 Buchst a.** Der Verweis auf das BErzGG und vergleichbare Leistungen der Länder ist überholt (Geltung des BErzGG vom 1.1.04 bis 31.12.08). – *(2)* **Elterngeld und ähnliche Leistungen, § 3 Nr 67 Buchst a.** Stfrei sind als einkünfteersetzende Sozialleistungen (BFH VI R 57/15 BStBl II 17, 194) das *Elterngeld* nach dem BEEG für ab 1.1.07 geborene Kinder ist) und das sog *Elterngeld Plus.* Zu § 32b I Nr 1j s § 32b Rz 12 und zu § 33a I 5 s § 33a Rz 28. *Ausl Elterngeld* ist ab VZ 21 gem § 3 Nr 2e idF des JStG 2020 (BGBl I 20, 3096, § 3 Rz 20) stfrei, s aber § 32b I Nr 1 k (§ 32b Rz 12). *Vergleichbares Landeselterngeld* kann stfrei sein, nicht aber kommunales (BFH IV R 26/96 BStBl II 97, 652). Stfrei ist auch das seit dem 1.9.18 gewährte *bay Familiengeld.* – *(3)* **Leistungen für Kindererziehung, § 3 Nr 67 Buchst c.** – Erfasst sind Leistungen in Rentenform „für Kindererziehung" (§ 294 bis § 299 SGB VI) an *vor dem 1.1.1921* geborene Mütter („Trümmerfrauen") und unter besonderen Voraussetzungen an *vor dem 1.1.1927* geborene Mütter, die keine gesetzl Altersrente erhalten und deshalb von erhöhten Anwartschaften für Kindererziehungszeiten nicht profitieren können (*Myßen/Müller* NWB 15, 905). Nr 67 Buchst c gilt nicht entspr für jüngere Personen (BFH X B 169/11 BFH/NV 13, 536). Bei Müttern der Geburtsjahrgänge ab 1921 wirken Kindererziehungszeiten nach dem SGB VI rentensteigernd. – *(4)* **Bestimmte Ruhegehaltszuschüsse, § 3 Nr 67 Buchst d.** S *BMF* BStBl I 16, 278; LStH 3.67. Die StFreiheit von Ruhegehaltszuschlägen für Kindererziehungs- und Pflegezeiten nach dem BeamtVG/SVG entfällt für *ab 2015* geborene Kinder/begonnene Pflegezeiten (s zum Ganzen krit *Myßen/Müller* NWB 15, 905).

228 **Nr 68: Anti-D-Hilfegesetz-Leistungen.** Mit Hepatitis-C infizierte Frauen und Kontaktpersonen, die zw dem 2.8.78 und dem 14.3.79 in der ehemaligen DDR mit Anti-D-Immunglobulin behandelt und infiziert wurden, erhalten Hilfeleistungen nach dem AntiDHG (BGBl I 00, 1270). – Stfrei sind Einmalzahlungen und Renten gem §§ 2 ff AntiHDG.

229 **Nr 69: HIV-Hilfegesetz-Leistungen.** Gem § 1 HIV-HilfeG wird Personen, die durch Blutprodukte mit dem HIV-Virus infiziert oder infolge davon an AIDS erkrankt sind und deren unterhaltsberechtigten Angehörigen finanzielle Hilfe gewährt. – Stfrei sind Leistungen gem § 15, § 16 HIV-HilfeG; zu sozialrechtl Einkommensermittlung (s § 17 I HIV-HilfeG; BT-Drs 14/2958, 11).

230 **Nr 70: REIT-Exit Tax.** – *(1)* **REIT-Besteuerung.** Die REIT-AG ist nach dem **REITG** (BGBl I 07, 914) von der KSt und GewSt befreit (§ 16–§ 18

Kommentierung der Nrn 1–71 **Nr 71 § 3**

REITG; *BMF* BStBl I 07, 527; zu Ausnahmen s § 1 II REITG, dann StPfl gem § 1 KStG). Das InvStG ist auf REITs auch ab 2018 nicht anzuwenden (§ 1 III 1 Nr 5 InvStG). Ausschüttungen an die **Anteilsinhaber** sind gem § 19, § 23 REITG iVm § 20 (s § 20 Rz 33; zur KapESt s § 20 REITG) oder als BE gem § 19 V, § 23 II REITG voll stpfl, da § 3 Nr 40 EStG/§ 8b KStG gem § 19 III REITG nicht anzuwenden sind. Zu Anteilsveräußerungsgewinnen s § 19 II REITG. – *(2)* **Steuerbefreiungs- und Nachversteuerungstatbestände (§ 3 Nr 70 S 1 Buchst a, § 3 Nr 70 S 1 Buchst b, § 3 Nr 70 S 3, 4; Haftung, § 3 Nr 70 S 5).** Weder die StBefreiungstatbestände für Veräußerungs- und Aufstockungsgewinne noch die Tatbestände zu deren rückwirkenden Korrektur sind heute wegen deren zeitl Anwendungsbereichs und der daran anknüpfenden Fristen noch relevant. Zur Kommentierung wird auf *Schmidt* 39. Aufl § 3 Rz 230 sowie die 27./29. Aufl und *Schmidt* 34. Aufl § 3 „REIT Exit Tax" verwiesen.

Nr 71: Zuschüsse für Wagniskapital. *Schrifttum:* Boxberger, GWR 15, 23; **235** *v Cölln,* DStR 17, 1185; *Gragert* NWB 17, 2326. – *(1)* **Gesetzesentwicklung.** S *Schmidt* 36. Aufl § 3 Rz 235 und zu den Änderungen ab dem VZ 17 (§ 52 IV S 16) *Schmidt* 38. Aufl § 3 Rz 235 und BT-Drs 18/12128, S 27 f. – *(2)* **Erwerbszuschuss, § 3 Nr 71 Buchst a.** – *(a)* **Steuerbarkeit des Zuschusses/Anschaffungskosten der Beteiligung.** Erwerbszuschüsse sind *bei im BV erworbenen Beteiligungen* stpfl BE des Erwerbers. Diese BE sind aufgrund der StBefreiung unabhängig von der Rechtsform des Zuschussempfängers außerbilanziell zu kürzen (*HHR* § 3 Nr 71 Rz 9; *Gragert* NWB 17, 2326, 2331). Ob im VZ der Vereinnahmung des Zuschusses sowohl eine Kürzung der AK der Beteiligung (s zu EStR 6.5 § 6 Rz 73; § 4 Rz 460 „Zulagen/Zuschüsse") als auch eine außerbilanzielle Korrektur der BE gem § 3 Nr 71 mögl ist, ist str (vern *Gragert* NWB 17, 2326, 2331). Bei Bezuschussung des Erwerbs einer *wesentl Beteiligung* (§ 17) oder Kapitalbeteiligung iSd § 20 II Nr 1 *im PV* liegen keine stbaren Einnahmen vor. Der Zuschuss ist weder sonstiger Bezug gem § 20 I Nr 1 iVm § 20 III noch gem § 22 Nr 3. § 3 Nr 71 ist insoweit deklaratorisch (aA *von Cölln* DStR 16, 2560, 2562 f; glA *Gragert* NWB 17, 2326, 2329). Es ist *im PV* auch keine zwingende Kürzung der AK der Beteiligung entspr EStR 21.5 I vorzunehmen (s § 6 Rz 71, 73). Hierdurch würde die StBefreiung unterlaufen, denn Nr 71 befreit nicht den späteren höheren Veräußerungsgewinn (zutr *HHR* § 3 Nr 71 Rz 9; *Gragert* NWB 17, 2326, 2329). – *(b)* **Voraussetzungen.** Der Zuschuss ist zu beantragen (zum Verfahren s Nr 7 der Förderrichtlinie des BMWi v 23.12.16, BAnz AT 23.12.16 B 1). Auszahlende öffentl Kasse (zum Begriff Rz 52, 55) ist das Bundesamt für Wirtschaft und Ausfuhrkontrolle. Gefördert wird der Erwerb neu ausgegebener Geschäftsanteile und Aktien (Nr 2 der Förderrichtlinie, nicht iRd Gründung). S weiter zu den beteiligungsbezogenen, persönl Voraussetzungen und zum zulässigen Einsatz von Fremdkapital § 3 Nr 71 Buchst a S 2. – *(c)* **Höhe der Steuerbefreiung.** Die Zuschüsse dürfen 20% der AK und nunmehr 100 000 € nicht überschreiten (maximale AK der Beteiligung damit 500 000 €). – *(3)* **Exitzuschuss, § 3 Nr 71 Buchst b.** – *(a)* **Normzweck.** Der Zuschuss kompensiert nach einem Beteiligungserwerb mit Erwerbszuschuss bei natürl Personen pauschalierend die bei der späteren Veräußerung entstehenden Steuern (BT-Drs 18/12128, S 33). – *(b)* **Steuerbarkeit des Zuschusses und Wirkung der Steuerbefreiung.** Der dem Veräußerer gewährte Exitzuschuss ist als Zahlung eines Dritten Bestandteil des Veräußerungspreises sowohl bei Beteiligungen im BV als auch iRd §§ 17, 20 II (*Gragert* NWB 17, 2326, 2332; *v Cölln* DStR 17, 1185, 1190). Im BV führt § 3 Nr 71 Buchst b zu einer außerbilanziellen Kürzung der BE aus dem Zuschuss; *bei Anteilen im PV* wird der Veräußerungspreis iHd Zuschusses gemindert. – *(c)* **Voraussetzungen.** S § 3 Nr 71 Buchst b S 1; der Zuschuss darf 80% der AK nicht übersteigen (Buchst b/Doppelbuchst ee). – *(d)* **Höhe der Steuerbefreiung.** 25% des Veräußerungsgewinns iSd Buchst b S 2.

§ 3a Sanierungserträge

(1) ¹Betriebsvermögensmehrungen oder Betriebseinnahmen aus einem Schuldenerlass zum Zwecke einer unternehmensbezogenen Sanierung im Sinne des Absatzes 2 (Sanierungsertrag) sind steuerfrei. ²Sind Betriebsvermögensmehrungen oder Betriebseinnahmen aus einem Schuldenerlass nach Satz 1 steuerfrei, sind steuerliche Wahlrechte in dem Jahr, in dem ein Sanierungsertrag erzielt wird (Sanierungsjahr) und im Folgejahr im zu sanierenden Unternehmen gewinnmindernd auszuüben. ³Insbesondere ist der niedrigere Teilwert, der nach § 6 Absatz 1 Nummer 1 Satz 2 und Nummer 2 Satz 2 angesetzt werden kann, im Sanierungsjahr und im Folgejahr anzusetzen.

(2) Eine unternehmensbezogene Sanierung liegt vor, wenn der Steuerpflichtige für den Zeitpunkt des Schuldenerlasses die Sanierungsbedürftigkeit und die Sanierungsfähigkeit des Unternehmens, die Sanierungseignung des betrieblich begründeten Schuldenerlasses und die Sanierungsabsicht der Gläubiger nachweist.

(3) ¹Nicht abziehbare Beträge im Sinne des § 3c Absatz 4, die in Veranlagungszeiträumen vor dem Sanierungsjahr und im Sanierungsjahr anzusetzen sind, mindern den Sanierungsertrag. ²Dieser Betrag mindert nacheinander

1. den auf Grund einer Verpflichtungsübertragung im Sinne des § 4f Absatz 1 Satz 1 in den dem Wirtschaftsjahr der Übertragung nachfolgenden 14 Jahren verteilt abziehbaren Aufwand des zu sanierenden Unternehmens, es sei denn, der Aufwand ist gemäß § 4f Absatz 1 Satz 7 auf einen Rechtsnachfolger übergegangen, der die Verpflichtung übernommen hat und insoweit der Regelung des § 5 Absatz 7 unterliegt. ²Entsprechendes gilt in Fällen des § 4f Absatz 2;
2. den nach § 15a ausgleichsfähigen oder verrechenbaren Verlust des Unternehmers (Mitunternehmers) des zu sanierenden Unternehmens des Sanierungsjahrs;
3. den zum Ende des dem Sanierungsjahr vorangegangenen Wirtschaftsjahrs nach § 15a festgestellten verrechenbaren Verlust des Unternehmers (Mitunternehmers) des zu sanierenden Unternehmens;
4. den nach § 15b ausgleichsfähigen oder verrechenbaren Verlust derselben Einkunftsquelle des Unternehmers (Mitunternehmers) des Sanierungsjahrs; bei der Verlustermittlung bleibt der Sanierungsertrag unberücksichtigt;
5. den zum Ende des dem Sanierungsjahr vorangegangenen Jahrs nach § 15b festgestellten verrechenbaren Verlust derselben Einkunftsquelle des Unternehmers (Mitunternehmers);
6. den nach § 15 Absatz 4 ausgleichsfähigen oder nicht abziehbaren Verlust des zu sanierenden Unternehmens des Sanierungsjahrs;
7. den zum Ende des dem Sanierungsjahr vorangegangenen Jahrs nach § 15 Absatz 4 festgestellten in Verbindung mit § 10d Absatz 4 verbleibenden Verlustvortrag, soweit er auf das zu sanierende Unternehmen entfällt;
8. den Verlust des Sanierungsjahrs des zu sanierenden Unternehmens;
9. den ausgleichsfähigen Verlust aus allen Einkunftsarten des Veranlagungszeitraums, in dem das Sanierungsjahr endet;
10. im Sanierungsjahr ungeachtet des § 10d Absatz 2 den nach § 10d Absatz 4 zum Ende des Vorjahrs gesondert festgestellten Verlustvortrag;
11. in der nachfolgenden Reihenfolge den zum Ende des Vorjahrs festgestellten und den im Sanierungsjahr entstehenden verrechenbaren Verlust oder die negativen Einkünfte
    a) nach § 15a,
    b) nach § 15b anderer Einkunftsquellen,

c) nach § 15 Absatz 4 anderer Betriebe und Mitunternehmeranteile,
d) nach § 2a,
e) nach § 2b,
f) nach § 23 Absatz 3 Satz 7 und 8,
g) nach sonstigen Vorschriften;
12. ungeachtet der Beträge des § 10d Absatz 1 Satz 1 die negativen Einkünfte nach § 10d Absatz 1 Satz 1 des Folgejahrs. ²Ein Verlustrücktrag nach § 10d Absatz 1 Satz 1 ist nur möglich, soweit die Beträge nach § 10d Absatz 1 Satz 1 durch den verbleibenden Sanierungsertrag im Sinne des Satzes 4 nicht überschritten werden;
13. den zum Ende des Vorjahrs festgestellten und den im Sanierungsjahr entstehenden
    a) Zinsvortrag nach § 4h Absatz 1 Satz 5,
    b) EBITDA-Vortrag nach § 4h Absatz 1 Satz 3. ²Die Minderung des EBITDA-Vortrags des Sanierungsjahrs und der EBITDA-Vorträge aus vorangegangenen Wirtschaftsjahren erfolgt in ihrer zeitlichen Reihenfolge.

³Übersteigt der geminderte Sanierungsertrag nach Satz 1 die nach Satz 2 mindernden Beträge, mindern sich insoweit nach Maßgabe des Satzes 2 auch der verteilt abziehbare Aufwand, Verluste, negative Einkünfte, Zinsvorträge oder EBITDA-Vorträge einer dem Steuerpflichtigen nahestehenden Person, wenn diese die erlassenen Schulden innerhalb eines Zeitraums von fünf Jahren vor dem Schuldenerlass auf das zu sanierende Unternehmen übertragen hat und soweit der entsprechende verteilt abziehbare Aufwand, die Verluste, negativen Einkünfte, Zinsvorträge oder EBITDA-Vorträge zum Ablauf des Wirtschaftsjahrs der Übertragung bereits entstanden waren. ⁴Der sich nach den Sätzen 2 und 3 ergebende Betrag ist der verbleibende Sanierungsertrag. ⁵Die nach den Sätzen 2 und 3 mindernden Beträge bleiben endgültig außer Ansatz und nehmen an den entsprechenden Feststellungen der verrechenbaren Verluste, verbleibenden Verlustvorträge und sonstigen Feststellungen nicht teil.

(3a) Bei Zusammenveranlagung sind auch die laufenden Beträge und Verlustvorträge des anderen Ehegatten einzubeziehen.

(4) ¹Sind Einkünfte aus Land- und Forstwirtschaft, Gewerbebetrieb oder selbständiger Arbeit nach § 180 Absatz 1 Satz 1 Nummer 2 Buchstabe a oder b der Abgabenordnung gesondert festzustellen, ist auch die Höhe des Sanierungsertrags nach Absatz 1 Satz 1 sowie die Höhe der nach Absatz 3 Satz 2 Nummer 1 bis 6 und 13 mindernden Beträge gesondert festzustellen. ²Zuständig für die gesonderte Feststellung nach Satz 1 ist das Finanzamt, das für die gesonderte Feststellung nach § 180 Absatz 1 Satz 1 Nummer 2 der Abgabenordnung zuständig ist. ³Wurden verrechenbare Verluste und Verlustvorträge ohne Berücksichtigung des Absatzes 3 Satz 2 bereits festgestellt oder ändern sich die nach Absatz 3 Satz 2 mindernden Beträge, ist der entsprechende Feststellungsbescheid insoweit zu ändern. ⁴Das gilt auch dann, wenn der Feststellungsbescheid bereits bestandskräftig geworden ist; die Feststellungsfrist endet insoweit nicht, bevor die Festsetzungsfrist des Einkommensteuerbescheids oder Körperschaftsteuerbescheids für das Sanierungsjahr abgelaufen ist.

(5) ¹Erträge aus einer nach den §§ 286 ff. der Insolvenzordnung erteilten Restschuldbefreiung, einem Schuldenerlass auf Grund eines außergerichtlichen Schuldenbereinigungsplans zur Vermeidung eines Verbraucherinsolvenzverfahrens nach den §§ 304 ff. der Insolvenzordnung oder auf Grund eines Schuldenbereinigungsplans, dem in einem Verbraucherinsolvenzverfahren zugestimmt wurde oder wenn diese Zustimmung durch das Gericht ersetzt wurde, sind, soweit es sich um Betriebsvermögensmehrungen oder Betriebs-

§ 3a 1–3   Sanierungserträge

einnahmen handelt, ebenfalls steuerfrei, auch wenn die Voraussetzungen einer unternehmensbezogenen Sanierung im Sinne des Absatzes 2 nicht vorliegen. [2] Absatz 3 gilt entsprechend.

Übersicht

                                                                                                             Rz

I. Allgemeines
1. Grundlagen 1
2. Zeitliche Anwendung 2, 3
3. Persönlicher Anwendungsbereich; erfasste Steuern 4
4. Verhältnis zum Insolvenzrecht 5

II. Begriff des Sanierungsertrags: Zwang zur Ausübung von Wahlrechten, § 3a I
1. Voraussetzung der Steuerbefreiung 8–17
2. Gewinnmindernde Ausübung von Wahlrechten 18

III. Unternehmensbezogene Sanierung, § 3a II
1. Begriffsinhalt 20–28
2. Nachweis durch den Schuldner 29

IV. Rechtsfolgen, § 3a III, IIIa
1. Steuerbefreiung des Sanierungsertrags 31
2. Gewinnmindernde Ausübung von Wahlrechten 32–34
3. Verbrauch von Verlusten, Vorträgen und Steuerminderungspositionen 35–40

V. Verfahrensrechtliche Regelungen, § 3a IV
1. Besondere Feststellungen 41
2. Korrekturvorschriften 42

VI. Unternehmerbezogene Sanierung, § 3a V
1. Erweiterung gegenüber Sanierungserlass 45
2. Voraussetzungen und Rechtsfolgen 46–49

I. Allgemeines

1   **1. Grundlagen.** § 3a wurde als Reaktion auf den Beschluss BFH GrS 1/15 BStBl II 17, 393 eingefügt, weil der BFH die StBefreiung von Sanierungsgewinnen gem § 163, § 227 AO nach dem *Sanierungserlass* (*BMF* BStBl I 03, 240, *BMF* BStBl I 10, 18) als Verstoß gegen den Grundsatz der Gesetzmäßigkeit der Verwaltung beurteilt hatte. § 3a wurde daraufhin mit § 3c IV EStG, § 8c II KStG, § 8d I 9 KStG, § 15 S 1 Nr 1, 1a KStG und § 7b GewStG im SchädlStPraktG (BGBl I 17, 2074) unter Vorbehalt der beihilferechtl Prüfung als erneute *gesetzl* StBefreiung von Sanierungserträgen geschaffen. Sämtl Vorschriften sind mit Aufhebung des Vorbehalts (Art 19 des „JStG 2018" [BGBl I 18, 2338]; BT-Drs 19/5595, 92) zum 5.7.17 mit Wirkung für den VZ 17 in Kraft getreten (§ 52 Abs 4a S 1). Die zu § 3 Nr 66 aF entwickelten Auslegungsgrundsätze der BFH sind auch für die Auslegung des § 3a II bedeutsam (BFH X B 63/20 BFH/NV 21, 531 mit Anm *Reddig* HFR 21, 438).

2   **2. Zeitliche Anwendung. – a) Schuldenerlasse nach dem 8.2.17 (Neufälle).** Gem § 52 IVa S 1 ist § 3a samt des nachträgl eingefügten § 3a IIIa (s § 52 IVa 4) auf Sanierungsgewinne aus Schuldenerlassen nach dem 8.2.17 *zwingend* anzuwenden (zur Rückausnahme Rz 4). § 3a gewährt eine StBefreiung des Gewinns nur im StFestsetzungs-/Feststellungsverfahren.

3   **b) Schuldenerlasse vor dem 9.2.17; Fälle des § 52 IVa 2.** Für Sanierungsgewinne aus bis *einschließl dem 8.2.17 vollzogenen* Schuldenerlassen (sog Altfälle) muss der StPfl gem **§ 52 IVa 3** für die StFestsetzung/Feststellung des Sanierungsjahres die Anwendung von § 3a iVm § 3c IV beantragen. Es handelt sich um ein unbefristetes Antragsrecht. Die Bestandskraft einer StFestsetzung/Feststellung des Sanierungsjahrs wird gem § 175 I 1 Nr 2 AO durchbrochen (vgl BFH II R 72/91 BStBl II 94, 302; *BH/Krumm* § 3a Rz 4 mwN). Eine Billigkeitsmaßnahme nach dem *Sanierungserlass* (Rz 1) gem S 3 kommt in Altfällen nicht in Betracht (s iEinz

Schmidt 39. Aufl § 3a Rz 3, 4; FG Mster EFG 19, 1353; rkr; FG RhPf, EFG 21, 992, rkr; krit *BH/Krumm* § 3a Rz 4). – Wenn dem StPfl bis zum 8.2.17 durch eine verbindl Auskunft/ Zusage Vertrauensschutz gewährt worden war und der Schuldenerlasss danach nur noch vollzogen wurde (Neufall, s Rz 3), kann er gem § 52 IVa 2 auf Antrag eine Billigkeitsmaßnahme nach dem *Sanierungserlass* (s Rz 1) beanspruchen (s iEinz *Schmidt* 38. Aufl. § 3a Rz 7; *BH/ Krumm* § 3a Rz 4; aA *Kanzler* NWB 21, 1235, 1241: Leerlaufen der Norm).

3. Persönlicher Anwendungsbereich; erfasste Steuern. § 3a findet auf un- 4 beschr und beschr StPfl Anwendung. Bei einer MUerschaft als Einkünfterzielungssubjekt (§ 15 Rz 164) ist § 3a auf Ebene der Ges anzuwenden (s § 3a IV). § 3a gilt über § 8 I KStG auch für KSt-Subjekte. Besondere Regelungen gibt es für Betriebe gewerbl Art (§ 8 VIII 6 KStG, § 8 IX 9 KStG, § 8c II KStG, § 8d I 9 KStG) und für die Organschaft (§ 15 S 1 Nr 1, Nr 1a KStG). Die StBefreiung gem § 3a gilt gem § 7b I GewStG auch für die GewSt.

4. Verhältnis zum Insolvenzrecht. Schulden können *vor* der Insolvenzer- 5 öffnung (außergerichtl Restrukturierung, auch gem § 17 StaRUG; iRe gerichtl bestätigten Sanierungsvergleichs/Restrukturierungsplans iRd StaRUG (dazu *Schülke* DStR 21, 621); iRd Eigenverwaltung gem § 270, § 270d InsO und im Insolvenzverfahren (iRe Insolvenzplans) erlassen werden. Da § 3a und das Insolvenzrecht nicht aufeinander abgestimmt sind, ist § 3a II jeweils iEinz zu prüfen (s insbes Rz 22). – § 3a ist iZm StForderungen, die Insolvenz- (§ 38 InsO) und Masseforderungen (§ 55 InsO) des FA sind, anzuwenden (BFH XI B 49/18 BFH/NV 19, 208). – Zur unternehmerbezogenen Sanierung (§ 3a V) s Rz 45.

II. Begriff des Sanierungsertrags; Zwang zur Ausübung von Wahlrechten, § 3a I

1. Voraussetzungen der Steuerbefreiung, § 3a I 1. – a) Betriebsvermö- 8 **gensmehrungen und Betriebseinnahmen.** § 3a I 1 (und § 3a V) setzt voraus, dass aufgrund eines Schuldenerlasses beim Schuldner (dem StPfl) eine BV-Mehrung gem § 4 I, § 5 I durch „Ausbuchung" (s Rz 10) oder BE gem § 4 III (s § 4 Rz 384), § 13a VII zu erfassen und als Sanierungsertrag (Rz 11) zu qualifizieren ist. § 3a greift nicht für Überschusseinkünfte.

b) Sanierungserträge, § 3a I 1. Ein Sanierungsertrag verlangt nach der Legal- 9 definition, dass Schulden zum Zweck einer unternehmerbezogenen Sanierung iSd § 3a II durch die Gläubiger ganz oder teilweise erlassen werden. Die Zweckbindung meint, dass der Gläubiger mit Sanierungsabsicht handeln muss, was § 3a II ohnehin vorgibt (Rz 21). Zu § 3a V s Rz 45.

c) Schuldenerlass. Der Gesetzgeber (BT-Drs 18/12128, 31) hat als Leitbild 10 für einen stfreien Sanierungsertrag *betriebl veranlasste* Sanierungsmaßnahmen der *Gläubiger* (nicht der Ges'ter!) vor Augen. Ein begünstigter Schuldenerlass wird verwirklicht, wenn aufgrund einer unternehmensbezogenen Sanierungsmaßnahme (§ 3a II) die Verbindlichkeit beim Schuldner nach bilanzsteuerrechtl Kategorien nicht mehr zu passivieren ist (glA *BH/Krumm* § 3a Rz 20, Rz 27; *BeckOK EStG* § 3a Rz 187 ff; weitergehend *Kanzler* NWB 21, 1235, 1245 ff: auch Verbindlichkeitsrückstellungen). Dessen wirtschaftl Belastung iSd § 247 HGB entfällt, wenn er mit einer Inanspruchnahme durch den Gläubiger nicht mehr rechnen muss. Die Vermögenslosigkeit/Insolvenz des Schuldners genügt nicht (BFH XI R 32/18 BStBl 21, 279 mwN; BFH XI B 49/18 BFH/NV 19, 208; § 5 Rz 311, Rz 313).

d) Einzelfälle. – aa) Schulduntergang. Die Gesetzesbegründung (BT- 11 Drs 18/12128, 31) fasst unter Abs 1 S 1 den Erlassvertrag (§ 397 I BGB) und das negative Schuldanerkenntnis (§ 397 II BGB). Auch der Forderungsverzicht und der auflösend bedingte Forderungsverzicht gegen Besserungsschein (dazu BFH II R 57/07 BStBl II 09, 606) des Gläubigers fallen unter Abs 1 S 1 (Umkehrschluss aus

§ 3c IV 3). Schließl ist der Verzicht eines öffentl-rechtl Gläubigers durch VA/ öffentl-rechtl Vertrag erfasst (s zum Ganzen *BH/Krumm* § 3a Rz 20; *BeckOK EStG* § 3a Rz 190 ff).

12   bb) Insolvenzplan, Restrukturierungsplan, Sanierungsvergleich. S auch Rz 5. Der Forderungsverzicht des Gläubigers iRe Insolvenzplans ist ein Schuldenerlass iSd Abs 1 S 1(BT-Drs 18/12128, 31). Wegen des aus § 227 I, § 254 I InsO folgenden Durchsetzungsverbots des Gläubigers entfällt die wirtschaftl Belastung des Schuldners (BFH XI B 49/18 BFH/NV 19, 208). Gleiches gilt für den (Teil-) Erlass iRe eines gerichtl bestätigten Restrukturierungsplans (§§ 2 I Nr 1, 7, 11, 67 I ff StaRuG; glA *BH/Krumm* § 3a Rz 20; *Gläser/Kosik* NWB Sanieren 21, 232). Beim Sanierungsvergleich (§ 95 I, § 97 I StaRUG) kann ein Forderungserlass oder Durchsetzungsverbot vereinbart werden. Beides genügt für § 3a I 1.

13   cc) Rangrücktritt. Ein einfacher Rangrücktritt (§ 19 II 2 InsO) lässt die wirtschaftl Belastung samt Passivierung unberührt (s Rz 8, Rz 10), sodass eine BV-Mehrung/BE iSd Abs 1 fehlt. Ist die Verbindlichkeit nach der Rangrücktrittsvereinbarung aber *nur* aus künftigen Einnahmen/Gewinnen (nicht auch aus sonstigem Vermögen) zu tilgen, ist sie gem § 5 IIa steuerl nicht mehr zu passivieren (s iEinz BFH XI R 32/18 BStBl II 21, 279 mwN). Ein solcher spezifizierter Rangrücktritt ist ein Schuldenerlass iSd Abs 1 S 1 (glA B/H/*Krumm* § 3a Rz 20; *BeckOK EStG* § 3a Rz 211). S auch Rz 26.

14   dd) Debt-Buy-Back. Beim sog Debt-Buy-Back erwirbt der Schuldner die Forderung des Gläubigers unterhalb des Nennwerts, sodass iHd Differenz zw Kaufpreis und Nennwert ein Konfusionsgewinn entsteht. Die verbilligte Veräußerung der Forderung durch den Gläubiger ist ein Schulderlass iSd § 3a I 1 (überzeugend *Kahlert/Schmidt* DStR 17, 1897, 1899; ebenso *BH/Krumm* § 3a Rz 20; *BeckOK EStG* § 3a Rz 201 mwN).

16   ee) Debt-Equity-Swap. S § 225a II InsO/§ 7 IV StaRUG. Erhält der Gläubiger iRe Insolvenz-/Restrukturierungsplans durch eine Kapitalerhöhung Anteile an der Schuldner-KapGes, für die er seine Forderung einbringt, entfällt die Verbindlichkeit bei der KapGes. Dies ist ein Schuldenerlass iSd § 3a I 1 (glA *BH/Krumm* § 3a Rz 20 mwN). Dies gilt auch für Vorgänge außerhalb eines Planverfahrens (glA *OFD Ffm* BeckVerw 353177; **aA** *Kanzler* NWB 21, 1235, 1247; *BeckOK EStG* § 3a Rz 202, 217).

17   ff) Nicht erfasste Maßnahmen. Zu diesen gehören nach hM ua die Stundung, Aufrechnung, Schuldübernahmen oder andere Sanierungsbeiträge von Gläubigern (akzeptierte Preiserhöhungen; geminderte Einkaufspreise, Barzuschüsse). S iEinz *BeckOK EStG* § 3a Rz 209 ff.

18   2. Gewinnmindernde Ausübung von Wahlrechten, § 3a I 2, 3. Der Unternehmer/MUer als StPfl hat im *Sanierungsjahr* (Wj = Kj) und im *Folgejahr* (bei abw Wj), dh im Gewinnermittlungszeitraum des Schuldenerlasses, bestehende steuerl Wahlrechte stmindernd auszuüben. Es soll hierdurch der Verlust des Sanierungsjahrs/Folgejahrs erhöht werden (BT-Drs 18/12128, 31) Zu dessen Verrechnung s iEinz Rz 33.

III. Unternehmensbezogene Sanierung, § 3a II

20   1. Begriffsinhalt. – a) Legaldefinition. Voraussetzungen für einen stfreien Sanierungsertrag sind ein betriebl begründeter Schuldenerlass des Gläubigers und der vom StPfl zu erbringende Nachweis der Sanierungsbedürftig- und -fähigkeit des Unternehmens, der Sanierungseignung des Schuldenerlasses und die hierauf bezogene Sanierungsabsicht (s Abs 2: „zum Zwecke der Sanierung"; BT-Drs 18/ 12128, 31). Zu den einzelnen Kriterien s BFH GrS 1/15 BStBl II 17, 393 und Tz 4 des Sanierungserlasses (Rz 1). Zu den **Rechtsfolgen s** Rz 31 ff.

Unternehmensbezogene Sanierung 21–26 § 3a

b) Sanierungsbedürftigkeit – aa) Voraussetzungen. Es ist nach obj Umständen zu prüfen, ob es ohne den Schuldenerlass mögl gewesen wäre, das Unternehmen auf Dauer nach kfm Gesichtspunkten rentabel und ertragsfähig fortzuführen. Dabei kommt es auf die Liquidität, die Schuldentraglast, die Fälligkeiten, Gliederung des BV, die Ertragslage, Kapitalverzinsung und Umstände in anderen Betrieben und im PV des StPfl an. Das Vorliegen der Insolvenzreife (§ 17, § 19 InsO) ist nicht erforderl. Die drohende Zahlungsunfähigkeit (§ 18 InsO) kann genügen (glA *BH/Krumm* § 3a Rz 24). 21

bb) Einzelfälle. S *zum Einzelunternehmer* BFH X R 39/10 BStBl II 14, 572 und bei mehreren Betrieben BFH VIII R 37/84 BStBl II 85, 501; zum Erlass von Schulden der Gesamthand bei MUerschaften: BFH IV R 63/01 BStBl II 04, 9; BFH VIII R 64/96 BStBl II 98, 537; *Kahlert/Schmidt* DStR 17, 1897, 1901. Ebenso finden diese Kriterien Anwendung bei Schuldenerlass ggü einer KapGes (*Kanzler* NWB 17, 2260, 2267; *Förster/Hechtner* DB 17, 1536, 1538). – StaRuG. S auch Rz 5. Bei außergerichtl Sanierungen, Sanierungsvergleichen und Restrukturierungsplänen darf nur die drohende Zahlungsunfähigkeit vorliegen (*Schülke* DStR 21, 621, 624). Die Sanierungsbedürftigkeit liegt idR vor, wenn der StPfl den Gläubigern ein Vergleichs-/Planangebot nach dem StaRUG macht (glA *Kanzler* NWB 21, 1235, 1252; wohl auch *Krumm* § 3a Rz 24; *Gläser/Kosik* NWB Sanieren 21, 232, 235). 22

c) Sanierungseignung/Sanierungsfähigkeit des Schuldenerlasses. Im Zeitpunkt der Maßnahme muss der Schuldenerlass geeignet erscheinen, den Zusammenbruch abzuwenden; die Ertragsfähigkeit muss auf Dauer oder bis zur Beendigung der geplanten Geschäftstätigkeit wiederhergestellt werden können. Maßgebende Indizien sind die Höhe der Verschuldung und des Erlasses, die Gründe, welche die Notlage bewirkt haben, die allg Ertragsaussichten sowie alle diese beeinflussenden Umstände. Ein tatsächl Sanierungserfolg ist nicht erforderl (BFH GrS 1/15 BStBl II 17, 393 mwN). Wird ein Insolvenz- oder Restrukturierungsplan erstellt, müssen sich Eignung und Fähigkeit aus der Planbegründung ergeben. 23

d) Sanierungsabsicht. Diese liegt vor, wenn die Schuld nach den Vorstellungen des Gläubigers zur Sanierung erlassen wird. Das Gläubigerinteresse muss zumindest mitentscheidend für den Erlass sein. Ausschließl eigennützige Motive des Gläubigers sind schädlich (zur uneinheitl Rspr BFH GrS 1/15 BStBl II 17, 393 mwN; BFH X B 63/20 BFH/NV 21, 531). Die Absicht ist iRe Gläubigerakkords/Planerlasses zu vermuten. 24

e) Schuldenerlass durch Gesellschafter/Mitunternehmer. – aa) Drittvergleich. Der Schuldenerlass des Ges'ters kann auf Grundlage eines Drittvergleichs betriebl begründet sein, wenn er zusammen mit den Gläubigern einen entspr (fremdübl) Verzicht leistet (*Förster/Hechtner* DB 17, 1536, 1539; *Kahlert/Schmidt* DStR 17, 1897, 1900; *Desens* FR 17, 981, 983, *FM SchlHol* BeckVerw 268796); ein alleiniger/weitergehender Verzicht ist durch das Ges'terverhältnis veranlasst. Der *gesetzl* Nachrang der Ges'ter-Forderung (§ 39 I Nr 5 InsO) allein schließt einen fremdübl Schuldenerlass nicht aus. Anders ist dies, wenn der Nachrang (zB aufgrund eines Rangrücktritts) auch auf dem Ges'ter-Verhältnis beruht (zutr *BH/Krumm* § 3a Rz 28). Der Ausbuchungsgewinn aufgrund eines *spezifizierten Rangrücktritts* iSd § 5 IIa (Rz 13) ist danach nicht fremdübl. Der Untergang der Ges'ter-Forderung iRe rechtl bestätigten Restrukturierungs-/Insolvenzplans ist nach denselben Maßstäben zu beurteilen (*BH/Krumm* § 3a Rz 28). 25

bb) Kapitalgesellschaft als Schuldnerin. S iEinz § 6 Rz 879f, 882. Ist ein Forderungsverzicht durch das *Ges'ter-Verhältnis* veranlasst, greift § 3a nicht. Es liegt iHd werthaltigen Teils der Forderung eine Einlage in die KapGes vor, die den Ausbuchungsertrag außerbilanziell neutralisiert und § 3a insoweit ausschließt. Der Ertrag iHd nicht werthaltigen Teils ist nicht fremdübl iSd § 3a II. Die Veranlassung durch das Ges'ter-Verhältnis prägt den gesamten Verzicht (str, glA *FM SchlHol* BeckVerw 268796; *BH/Krumm* § 3a Rz 27; *Kahlert/Schmidt* DStR 17, 1897, 1901; *Desens* FR 17, 981, 983; aA *Förster/Hechtner* DB 17, 1536, 1539). S auch ErbStR E 7.5 Abs 11 S 9. 26

27   cc) Mitunternehmerschaft als Schuldnerin. Ges'terdarlehen eines MUers sind nach den Grundsätzen zur korrespondierenden Bilanzierung funktionales Eigenkapital bis zur Veräußerung der Forderung oder Beendigung der MUerschaft/MUerstellung (BFH IV R 1/15 BStBl II 17, 943 mwN). Verzichtet der MUer auf die Forderung, entsteht nach zutr hM unabhängig von der Veranlassung (s Rz 25) und Werthaltigkeit gem § 6V 3 kein Ausbuchungsertrag bei der MUerschaft und im SonderBV des MUers (s iEinz § 6 Rz 799; *Lauer* DStR 21, 2333; FG RhPf EFG 21, 81, Rev IV R 28/20; diff § 15 Rz 550). Es entsteht keine BV-Mehrung/BE iSd § 3a I (s Rz 8). Ein *spezifizierter Rangrücktritt gem § 5 IIa* (Rz 13) des MUers führt zum Nichtausweis der Forderung im SonderBV und der Verbindlichkeit bei der MUerschaft (BFH II R 64/14 BStBl II 17, 104). Der Vorgang ist aber bei der MUerschaft nicht gewinnwirksam. Da Forderung und Verbindlichkeit zivilrechtl fortbestehen, bleiben sie funktionales Eigenkapital.

28   dd) Mitunternehmer als Schuldner. Erlässt der Gläubiger dem MUers eine zum SonderBV gehörende Schuld, entsteht der Ertrag idR nicht aufgrund einer unternehmensbezogenen Sanierung iSd Abs 2. (s aber zur Haftung der MUerschaft für die Schuld BFH IV R 31/96 BStBl II 97, 690; *Kahlert/Schmidt* DStR 17, 1897, 1902).

29   2. Nachweis durch den Schuldner. Die Voraussetzungen des Abs 2 sind in Neufällen (Rz 2) vom StPfl nachzuweisen (Freibeweis). Der Nachweis kann in StaRUG- und Insolvenzverfahren durch die Pflichtangaben im Sanierungsvergleich, Restrukturierungs- oder Insolvenzplan geführt werden. Trägt der StPfl zu Abs 2 nichts vor, sind FA/FG zur Amtsermittlung verpflichtet; erst ein non liquet führt zur Nichtanwendung. Ein faktisches Antragsrecht des StPfl folgt hieraus nicht (glA *BH/Krumm* § 3a Rz 31; aA hM: *Kanzler* NWB 21, 1311, 1312; *Desens* FR 17, 981, 984; *BeckOK EStG* § 3a Rz 314).

IV. Rechtsfolgen, § 3a III, IIIa

31   1. Steuerbefreiung des Sanierungsertrags. Ein Sanierungsertrag iSd Abs 2 ist iHd BV-Mehrung/BE aus der Ausbuchung (Rz 8) ohne Antrag des StPfl stfrei (Abs 1 S 1). Der gem § 3a stfreie Betrag ist im Sanierungsjahr außerbilanziell zu kürzen oder die BE nicht anzusetzen. Die gem § 3c IV nicht abzugsfähigen BA sind (ggf außerbilanziell) hinzuzurechnen (*BH/Krumm* § 3a Rz 32). Die Verrechnung der Verlustpotenziale des Sanierungsjahrs und vorgetragener Verluste gem Abs 3, 3a (s Rz 35 ff) kürzt nicht den stfreien Betrag. Das FA entscheidet idR über den stfreien Sanierungsertrag iRe Anlage zur StFestsetzung/Feststellungsbescheid.

32   2. Gewinnmindernde Ausübung von Wahlrechten, § 3a I 2, 3. – a) Steuerfreier Sanierungsertrag. Liegt ein stfreier Sanierungsertrag iSd § 3a I 1 vor, sind gem § 3a I 2, 3 steuerl Wahlrechte zwingend stmindernd auszuüben, um im Sanierungsjahr/Folgejahr einen Verlust zu erhöhen (s Rz 18). Der Verlust des Sanierungsjahrs mindert nicht den stfreien Sanierungsertrag (Rz 31). Ist er mit dem geminderten Sanierungsertrag iSd Abs 3 S 1 (zur gesetzl Rangfolge s § 3a III 2 Nr 8) zu verrechnen, kann er künftig nicht mehr genutzt werden. Das FA kann gem § 3a I 2, 3 die Besteuerungsgrundlagen so festsetzen, als habe der StPfl die Wahlrechte entspr Abs 1, 2, 3 ausgeübt, wenn er dies unterlässt (*Kahlert/Schmidt* DStR 17, 1897, 1902; *Kanzler* NWB 17, 2260, 2265). Abs 1 S 2/3 wirken überschießend, wenn durch die Wahlrechtsausübung im Sanierungsjahr neue Verluste geschaffen werden und der geminderte Sanierungsertrag schon mit den vorjahresbezogenen Posten gem Abs 3 S 2 Nr 1–7 vollständig verrechnet werden kann. Dennoch ist die Regelung eindeutig (*Desens* FR 17, 981, 989). Aus dem Gesetz ergibt sich zwar nicht, dass die Pflicht zur gewinnmindernden Ausübung der steuerl Wahlrechte der Höhe nach auf den Betrag des geminderten Sanierungsertrags gem Abs 3 S 2 zu begrenzen ist; die Vorschrift ist aber insoweit teleologisch zu reduzieren, da in diesem Fall eine Doppelbegünstigung ausgeschlossen ist (s *Förster/ Hechtner* DB 17, 1536, 1543).

b) Steuerliche Wahlrechte. – aa) Persönliche Reichweite. Erfasst werden 33 Wahlrechte, die für die Gewinnermittlung des zu sanierenden Unternehmens im Gewinnermittlungszeitraum des Schuldenerlasses (Rz 18) ausgeübt werden können (*Förster/Hechtner* DB 17, 1536, 1542).

bb) Begriff. – *(1)* **Regelbeispiel** gem Abs 1 S 3 ist die TW-AfA (§ 6 I Nr 1 34 S 2/§ 6 I Nr 2 S 2). Str ist, ob das Wahlrecht auch auszuüben ist, wenn sich gem § 8b III 3 KStG iVm KStR 7.1. Abs 1 aus der TW-AfA keine Gewinnauswirkung ergibt (zutr vern *Kahlert/Schmidt* DStR 17, 1897, 1902; *Förster/Hechtner* DStR 17, 1536, 1543). – *(2)* **Der Grundtatbestand** des Abs 1 S 2 umfasst bilanzielle und außerbilanzielle steuerl Wahlrechte (zu weitgehend *Kanzler* NWB 17, 2260, 2265). Dies sind solche iSd § 5 I 2 (s § 5 Rz 64 mit Aufzählung), die ohne Bindung an die HB ausgeübt werden können (*Förster/Hechtner* DB 17, 1536, 1542, auch zu Einzelfragen); nicht dazu gehören wegen des Gesetzesvorbehalts Wahlrechte in Verwaltungsvorschriften (str, zutr *Desens* FR 17, 981, 989; aA *Förster/Hechtner* DB 17, 1536, 1542; *Kanzler* NWB 2260, 2265). – *(3)* **§ 6b, § 6c, § 7g.** Die Wahlrechte zur Rücklagenbildung oder zum Abzug eines Investitionsabzugsbetrags müssen wegen der mögl Nachteile im Fall der Nichtinvestition nicht ausgeübt werden. Das Gesetz ist insoweit teleologisch zu reduzieren (str, glA *Kahlert/Schmidt* DStR 17, 1897, 1902; *Förster/Hechtner* DB 17, 1536, 1542; **aA** *Desens* FR 17, 981, 989; *Kanzler* NWB 17, 2260, 2265).

3. Verbrauch von Verlusten, Vorträgen und Steuerminderungspositionen, 35 **§ 3a III 2 ff, IIIa. – a) Normzweck.** Vermieden werden soll eine Doppelbegünstigung des StPfl, die eintreten würde, wenn die StBefreiung des Sanierungsertrags in Anspruch genommen werden und daneben bestehende Verluste zeitl unbefristet vorgetragen werden könnten (BT-Drs 18/12128, 31; dazu auch BFH GrS 1/15 BStBl II 17, 393). Anders als unter dem Sanierungserlass findet aber keine Kürzung des stfreien Betrags mehr statt (Rz 31). Stattdessen ordnet § 3a III 2 eine Minderung der Verlustpotenziale des StPfl an, wenn ein stfreier Sanierungsertrag gem Abs 1 S 1 entsteht. Speziellere Regelungen zu § 3a III 2 EStG enthalten § 8c II KStG, § 7b II GewStG.

b) Technik. Im ersten Schritt ist für die Verrechnung der Verlustpositionen der 36 stfreie Sanierungsertrag um die gem § 3c IV nichtabzugsfähigen BA zu kürzen (§ 3a III 1). Ergebnis der Kürzung ist der sog. *geminderte Sanierungsertrag* als Nettogröße (*Desens* FR 17 981, 986). Anschließend sind die in § 3a III 2 Nr 1–13 enthaltenen Posten mit dem geminderten Sanierungsertrag zu verrechnen und werden hierdurch verbraucht. Technisch setzt das Gesetz dies um, indem die Posten gem § 3a III 2 Nr 1–13 nacheinander vom geminderten Sanierungsertrag abzuziehen sind (BT-Drs 18/12128, 32). Posten aus dem Katalog, die von dem geminderten Sanierungsertrag vollständig abzuziehen sind, gehen unter (§ 3a III 5). Verbleibt nach der Verrechnung des geminderten Sanierungsertrags mit allen Posten des Katalogs gem Abs 3 S 2 Nr 1–13 (und ggf den Posten eines Dritten, § 3a III 3, § 3a IIIa) ein positiver Restbetrag, ist dies der *verbleibende Sanierungsertrag* (§ 3a III 4). Sind keine verrechenbaren Posten iSd § 3a III 2 Nr 1–13, vorhanden, ist der Sanierungsertrag iSd Abs 1 S 1 gleichwohl stfrei; die gem § 3c IV nicht abzugsfähigen BA sind aber anzusetzen. Die Verrechnung gem Abs S 2 ist nur Rechtsfolge eines positiven geminderten Sanierungsertrags, nicht aber Voraussetzung der StBefreiung des Sanierungsertrags iSd Abs 1 S 1 (*Kahlert/Schmidt* DStR 17, 1897, 1903).

c) Fallgruppen. – aa) Zeitliche Anknüpfung. Die im Katalog des § 3a III 2 37 enthaltenen Posten knüpfen zT an festgestellte Beträge (Nr 1) oder festgestellte Verluste zum Ende des *Vorjahres* des Sanierungsjahres (Nr 3, 5, 7, 11, 13) an. Der geminderte Sanierungsgewinn verringert diese Posten der gesetzl Reihenfolge, sodass sie sich im Gewinnermittlungszeitraum des Schuldenerlasses für andere BV-Mehrungen/BE (außerhalb des stfreien Sanierungsertrags) nicht mindernd auswirken können. Knüpft das Gesetz an Posten dss *Sanierungsjahrs/Folgejahrs* an, mindert der geminderte Sanierungsertrag die im Gewinnermittlungszeitraum des Schuldenerlasses (Rz 18) erst entstehenden Verlustpotenziale (*Förster/Hechtner* DB 17, 1536, 1541). Auch ein Verlustrücktrag ins Sanierungsjahr ist zu verrechnen (Nr 12).

38 **bb) Anknüpfung an Unternehmen und Steuerpflichtigen.** – *(1)* § 3a III 2 Nr. 1–8. Diese Posten erfassen Verluste des zu sanierenden Unternehmens und der MUer aus den Vorjahren oder aus dem Sanierungsjahr. – *(2)* § 3a III Nr 9–11, 12. Diese Posten erfassen Verluste, die nicht zwingend auf der unternehmerischen Tätigkeit beruhen. Dies ist iErg gerechtfertigt (*Desens* FR 17, 981, 986; krit *Sistermann/Beutel* DStR 17, 1065, 1068). **Nr 9** ordnet nach Durchführung eines horizontalen Verlustausgleichs (BT-Drs 18/12128, 32) und nach hM auch eines vertikalen Verlustausgleichs an, dass der ausgleichsfähige „Verlust" aus den „anderen" Einkunftsarten des StPfl im Sanierungsjahr zu verrechnen ist (str, glA *Desens* FR 17 981, 987; *Kanzler* NWB 17, 2260, 2270; **aA** *Förster/Hechtner* DB 17, 1536, 1541). **Nr 10** verlangt die Verrechnung eines Verlustvortrags zum Ende des Vorjahres gem § 10d mit dem geminderten Sanierungsertrag und **Nr 11 Buchst a–g** mit den dort genannten Verlusten des StPfl aus verschiedenen Verrechnungskreisen in der vorgegebenen Reihenfolge. „Sonstige Verluste" (Nr 11 Buchst g) sind nach hM festgestellte Verluste gem § 20 VI und § 22 Nr 3 S 4 (*Förster/Hechtner* DB 17, 1536, 1541; *Kanzler* NWB 17, 2260, 2270). Ein im sog Verlustverrechnungstopf gem § 43a III 2ff (§ 43a Rz 3) erfasster Verlust aus § 20 kann mE aber nicht verrechnet werden. Zu Nr 12 s Rz 22. – *(3)* § 3a III 2 **Nr 13**. Auch Zins- und EBITDA-Vorträge sind zu mindern (krit *Desens* FR 17, 981, 988; zur Organschaft s BT-Drs 18/12128, 32).

39 **cc) Untergang von Verlusten bei einer nahestehenden Person, § 3a III 3.** Ist nach der Minderung des geminderten Sanierungsertrags um die Posten gem § 3a III 2 Nr 1 bis 13 beim zu sanierenden Unternehmer/MUer noch ein Restbetrag vorhanden, kann dieser bei einer nahestehenden Person Posten iSd § 3a III 2 Nr 1–13 mindern und zum Untergang bringen. Dies gilt auch für die GewSt (§ 7b II 2 GewStG). § 3a III 3 enthält eine Missbrauchsvorschrift für den Fall, dass Schulden von einer nahestehenden Person innerhalb eines Zeitraums von fünf Jahren vor dem Schuldenerlass auf das zu sanierende Unternehmen (zB gem § 6 III EStG, 20, 24 UmwStG) übergegangen sind. Das Gesetz will Übertragungen treffen, durch die stfreier Sanierungsertrag und die Verlustpotenziale gem § 3a III 2 Nr 1–13 getrennt werden (s *Sistermann/Beutel* DStR 17, 1065, 1068: Betriebseinbringung samt Schulden in eine Tochter-KapGes unter Verbleib von Verlustvorträgen bei der Mutter-KapGes; anschließender Schuldenerlass durch die Gläubiger der Tochter-KapGes). Beziehungen, die ein Nahestehen zw übertragendem und übernehmendem Rechtsträger begründen, können familien-, gesellschafts- und schuldrechtl oder auch rein tatsächl Art sein (BT-Drs 18/12128, 32; s vertiefend *Desens* FR 17, 981, 989 ff mit Beispielen).

40 **d) Ehegatten, § 3a IIIa.** Bei *zusammenveranlagten* Ehegatten sind in die Verrechnung gem Abs 3 auch die lfd negativen Einkünfte und Verlustvorträge des anderen Ehegatten einzubeziehen. Es handelt sich um eine personenübergreifende Verrechnung iRd § 3a III 2, nicht um eine nachrangige iSd § 3a III 3. § 3a IIIa gilt immer, wenn § 3a zur Anwendung kommt (auch iRd Antrags, s Rz 2, 3; BT-Drs 19/1409, 40). § 3a IIIa widerspricht der individuellen Einkünfteermittlung der Ehegatten iRd Zusammenveranlagung. Bei getrennter Veranlagung für das Sanierungsjahr findet keine Verrechnung statt.

V. Verfahrensrechtliche Regelungen, § 3a IV

1. Besondere Feststellungen, § 3a IV 1, 2. § 3a IV enthält verfahrensrechtl **41** Regelungen für die Fälle, in denen iRe Betriebs iSd oder auf Ebene einer MUerschaft der Sanierungsertrag erzielt und die Einkünfte gesondert (und einheitl) festgestellt werden (§ 180 I Nr 2 Buchst a und Buchst b AO). Das zuständige Feststellungs-FA hat den Sanierungsertrag (Abs 1 S 1) und die nach § 3a III 2 Nr 1–6, 13 verrechneten Beträge bindend festzustellen (BT-Drs 18/12128, 32). Zu § 3c IV s § 3c Rz 24 ff. Für den Folgebescheid des MUers ist der geminderte Sanierungsbetrag (Abs 3 S 1) zu bestimmen und ggf die Verrechnung gem § 3a III 2 iVm § 3a III 2 Nr 9–Nr 12 durchzuführen. Die Feststellungen gem Abs 4 können mit den Feststellungen gem § 180 I Nr 2 Buchst a AO verbunden werden. Einspruchs- und klagebefugt ist dann die MUerschaft als Prozessstandschafterin (§ 352 I Nr 1 AO/§ 48 I Nr 1 FGO, s *Kanzler* NWB 17, 2260, 2272).

2. Korrekturvorschriften, § 3a III 3, 4. Die Regelungen enthalten eigene **42** Korrekturvorschriften, um Verlust- und sonstige Feststellungen zu ändern, falls in den festgestellten Beträgen auch gem § 3a III 5 untergegangene Beträge enthalten sind oder sich diese Beträge (etwa nach einer BP) ändern.

VI. Unternehmerbezogene Sanierung, § 3a V

1. Erweiterung gegenüber Sanierungserlass. § 3a V 1 regelt sog *unternehmer-* **45** *bezogene* Sanierungen, die unter dem Sanierungserlass (s *BMF* BStBl I 10, 18) zT nicht erfasst waren. Er normiert Fälle der persönl Billigkeit (*Kanzler* NWB 21, 1311, 1324). Die Voraussetzungen des Abs 2 zur unternehmensbezogenen Sanierung, insb die Sanierungsbedürftigkeit/-eignung/-absicht des Unternehmens, müssen nicht erfüllt sein (BFH X B 63/20 BFH/NV 21, 531). Eine Nachweispflicht wie bei Abs 2 (s Rz 29) besteht nicht (*Desens* FR 17, 981, 984).

2. Voraussetzungen und Rechtsfolgen. – a) Erfasste Maßnahmen. Abs 5 **46** S 1 nennt als begünstigte Fälle den Schuldenerlass aufgrund der Restschuldbefreiung (§ 286 InsO), iRe außergerichtl Schuldenbereinigungsplans gem §§ 304 ff InsO, auf Grund eines Schuldenbereinigungsplans, dem in einem Verbraucherinsolvenzverfahren durch die Gläubiger zugestimmt oder wenn diese Zustimmung durch das Insolvenzgericht ersetzt wurde. Der gesetzl Katalog ist abschließend (BT-Drs 18/12128, 31). § 3a V erfasst nicht rein unternehmerbezogen wirkende Schuldenerlasse iRe Insolvenzplans (*Uhländer* DB 21, 16, 19; BeckOK EStG § 3a Rz 20, 600; **aA** *BH/Krumm* § 3a Rz 29b: Analogie) und nicht Zahlungen iRe Vergleichs zur Insolvenanfechtung (FG Mster EFG 22, 31, nrkr).

b) Betriebsvermögensmehrungen; Betriebseinnahmen. Der Sanierungs- **47** ertrag muss wie bei § 3a I 1 (Rz 8) zu BV-Mehrungen/BE führen. Abs 5 erfasst daher iErg hauptsächl Einzelunternehmer. Gewinne aus dem Schuldenerlass iRe Restschuldbefreiung sind im Jahr der Restschuldbefreiung zu berücksichtigen. Der Untergang einer Verbindlichkeit iRe Restschuldbefreiung, die in einer Aufgabebilanz gem § 16 III erfasst war, wirkt aber auf den VZ der Aufgabe zurück (§ 175 I 1 Nr 2 AO) und betrifft damit einen VZ, in dem § 3a V nicht greift (BFH X R 4/15 BStBl II 17, 786; str zur Betriebsaufgabe im Insolvenzverfahren, s FG Mster EFG 19, 1781, Rev X R 28/19; BT-Drs 18/12128, 33).

c) Keine Geltung von § 3a I 2. Steuerl Wahlrechte sind iRd § 3a V nicht **48** gewinnmindernd auszuüben (*Kanzler* NWB 21, 1311, 1324).

d) Rechtsfolgen. Der geminderte Sanierungsertrag gem § 3a I 1 ist stfrei. **49** § 3a III gilt gem § 3a V 2 entsprechend.

§ 3b Steuerfreiheit von Zuschlägen für Sonntags-, Feiertags- oder Nachtarbeit

(1) Steuerfrei sind Zuschläge, die für tatsächlich geleistete Sonntags-, Feiertags- oder Nachtarbeit neben dem Grundlohn gezahlt werden, soweit sie
1. für Nachtarbeit 25 Prozent,
2. vorbehaltlich der Nummern 3 und 4 für Sonntagsarbeit 50 Prozent,
3. vorbehaltlich der Nummer 4 für Arbeit am 31. Dezember ab 14 Uhr und an den gesetzlichen Feiertagen 125 Prozent,
4. für Arbeit am 24. Dezember ab 14 Uhr, am 25. und 26. Dezember sowie am 1. Mai 150 Prozent

des Grundlohns nicht übersteigen.

(2) ^{1}Grundlohn ist der laufende Arbeitslohn, der dem Arbeitnehmer bei der für ihn maßgebenden regelmäßigen Arbeitszeit für den jeweiligen Lohnzahlungszeitraum zusteht; er ist in einen Stundenlohn umzurechnen und mit höchstens 50 Euro anzusetzen. ^{2}Nachtarbeit ist die Arbeit in der Zeit von 20 Uhr bis 6 Uhr. ^{3}Sonntagsarbeit und Feiertagsarbeit ist die Arbeit in der Zeit von 0 Uhr bis 24 Uhr des jeweiligen Tages. ^{4}Die gesetzlichen Feiertage werden durch die am Ort der Arbeitsstätte geltenden Vorschriften bestimmt.

(3) Wenn die Nachtarbeit vor 0 Uhr aufgenommen wird, gilt abweichend von den Absätzen 1 und 2 Folgendes:
1. Für Nachtarbeit in der Zeit von 0 Uhr bis 4 Uhr erhöht sich der Zuschlagssatz auf 40 Prozent,
2. als Sonntagsarbeit und Feiertagsarbeit gilt auch die Arbeit in der Zeit von 0 Uhr bis 4 Uhr des auf den Sonntag oder Feiertag folgenden Tages.

Lohnsteuer-Richtlinien: LStR 3b/LStH 3b

1 **1. Allgemeines. –** *(1)* **Inhalt und Zweck.** § 3b enthält eine StBefreiung ausschließl für Arbeitszeitzuschläge für Sonntags-, Feiertags- und Nachtarbeit bei § 19-Einkünften (krit wegen des Subventionscharakters BFH VI R 50/09 BStBl II 11, 43; BFH VI B 69/08 BStBl II 09, 730). – *(2)* **Restriktive Auslegung.** Der BFH hat eine über den Wortlaut hinausgehende Ausweitung des § 3b auf andere Erschwernisgründe stets abgelehnt (BFH VI R 6/09 BStBl II 12, 144; BFH VI R 30/16 BStBl II 17, 644.). – *(3)* **Persönlicher Geltungsbereich.** § 3b gilt für unbeschr/beschr stpfl ArbN, bei Pauschalierung gem § 40a (LStR 3b I 7). Zum unbeschr stpfl Grenzgänger s BFH VI R 48/12 BFH/NV 14, 341. – *(4)* **Verdeckte Gewinnausschüttungen.** Zuschläge iSd § 3b sind bei Ges'tergeschäftsführern und Ges'terangestellten von KapGes idR vGA, da die Arbeit zu den ungünstigten Zeiten als Ges'terbeitrag verlangt werden kann. Durch einen betriebsinternen Fremdvergleich kann die Veranlassung durch das GesVerhältnis widerlegt werden (BFH I R 111/03 BStBl II 05, 307; BFH VIII R 27/09 BFH/NV 12, 1127; zutr auch FG Mster, EFG 16, 671).

2 **2. Voraussetzungen, § 3b I, § 3b II. – a) Grundlohn.** Grundlohn ist der *laufende ArbLohn* iSd § 39b für die *regelmäßige Arbeitszeit* (Normalarbeitszeit) einschließl sog Grundlohnzusätze, ohne sonstige Bezüge. Nicht zum Grundlohn gehören Überstundenvergütungen und stpfl Zuschläge. Der Grundlohn ist in einen *Stundengrundlohn* umzurechnen (§ 3b II 1 HS 1; s LStR 3b II Nr 1 a, b iVm 39b.2, 3b II Nr 2; LStR 3b II Nr 1c; BFH VI R 61/14 BStBl II 17, 718), der Berechnungsgrundlage für die zulässigen stfreien vH-Zuschläge iSd § 3b I 1 Nr 1–4, III Nr 1 ist (Rz 7). ArbG-Beiträge an eine Unterstützungskasse, die iRe Entgeltumwandlung allein *durch die ArbN* finanziert werden (§ 3 Rz 210), sind bei teleologischer Auslegung Teil des Grundlohns iSd Abs 2. Der ArbG schuldet dem ArbN

Voraussetzungen 3–5 § 3b

statt des höheren lfd ArbLohns die Beitragsentrichtung (aA FG BaWü EFG 22, 99, Rev VI R 11/21). – Zur Ermittlung der regelmäßigen Stundenzahl s LStR 3b II Nr 2a S 5, Nr 3 S 2 (bei monatl Lohnzahlung: das 4,35-fache der wöchentl Arbeitszeit).

b) Zuschlag „für" Arbeit zu den ungünstigen Zeiten. – *(1)* Zuschlag. 3
Bei einheitl Vergütung der gesamten, auch zu den ungünstigen Zeiten geleisteten Arbeit ist § 3b I nicht erfüllt (BFH VI R 50/09 BStBl II 11, 43). Für die Sonn-, Feiertags- und Nachtarbeit muss nach der maßgebl Anspruchsgrundlage neben der Grundvergütung ein besonderes Entgelt (Zuschlag) vereinbart sein und zweckbestimmt gezahlt werden; die Bezeichnung des Zuschlags ist aber unerhebl (BFH VI R 30/16 BStBl II 17, 644). Der Anspruch des ArbN auf den Zuschlag kann auf Gesetz (§ 6 V ArbZG, s *Küttner* „Sonn- und Feiertagsarbeit", Rz 15; „Nachtarbeit", Rz 5), Tarifvertrag, Betriebs- oder Einzelvereinbarung beruhen (LStR 3b I S 2, 3). – *(2)* **Ausgestaltung.** § 3b I verlangt nicht, dass der ArbG einen unveränderl Bruttogrundlohn schuldet, der um den stfreien Zuschlag erhöht wird. Mögl ist auch die Vereinbarung eines festen Brutto(gesamt)lohns, der sich, aus den stfreien Zuschlägen und einem stpfl Restbetrag zusammensetzt, also zu einem variablen Nettolohn führt (s zB BFH VI R 50/09 BStBl II 11, 43; zur *Theaterbetriebszulage* BFH VI R 16/19, BFH/NV 21, 1552; FG BBg EFG 20, 252, Rev VI R 31/19; FG Hess EFG 20, 343, Rev VI R 30/19). – *(3)* **Einzelfälle.** S zu stpfl *Wechselschichtzulagen* BFH IX R 81/98 BStBl II 05, 888; zu stpfl Zuschlägen gem § 17a, § 17b EZulV BFH VI R 30/16 BStBl II 17, 644; zur *Offshorezulage* FG Nds EFG 15, 2165 rkr und zu *Bereitschaftsdienstzulagen* BFH VI R 61/14 BStBl II 17, 718. Ein *Mischzuschlag* ist ein auf Zuschlägen für verschiedene Erschwernisgründe beruhender einheitl Betrag. Er ist in einen stfreien/stpfl Teil aufteilbar, wenn der ArbG auf unterschiedl Ansprüche des ArbN zahlt (BFH VI R 79/86 BStBl II 91, 8). Zu Mischzuschlägen, die Mehrarbeit und Sonn-, Feiertags- und Nachtarbeit vergüten, s iEinz LStR 3b V.

c) Tatsächliche Arbeitsleistung. – *(1)* Ausübung. Der ArbN muss während 4
der Zeiten iSd Abs 1, 2 tätig sein. Hierzu zählen auch Zeiten für Telefonrufbereitschaft, Schichtübergabe, Pausen (BFH VI R 64/96 BStBl II 02, 883; LStR 3b VI S 2) und Reisezeiten (BFH VI R 28/19 DStR 22, 187). Die tatsächl Arbeitsleistung kann durch jedes Beweismittel nachgewiesen werden (BFH VI R 56/90 BStBl II 91, 298; s auch LStR 3b VI 6 und Rz 5; FG BW EFG 17, 1076, rkr zum Nachweis iRd ESt-Veranlagung). Stfreie Zuschläge dürfen aber nicht nach Erfahrungswerten/Modellen aus dem gezahlten Lohn herausgerechnet werden (BFH VI R 27/10 BStBl II 12, 288; BFH IX R 72/02 BStBl II 05, 725). Nicht stfrei sind mangels tatsächl Arbeitsleistung Zuschläge, die iRd Entgeltfortzahlung gezahlt werden (BFH VI B 69/08 BStBl II 09, 730). Erwirbt der ArbN durch Sonn-, Feiertags-, Nachtarbeit einen Anspruch auf vergüteten Freizeitausgleich, der durch eine Barablösung abgegolten wird, ist die Ablöse stpfl (BFH IX R 55/04 BFH/NV 06, 712; BFH IX R 27/05 BFH/NV 06, 1274). – *(2)* **Nachweis.** S LStR 3b VI/LStH 3b. Es ist eine Einzelaufstellung erforderl (BFH VI R 18/11 BStBl II 12, 291). Sie ist grds unverzichtbar und nicht nachholbar (BFH VI R 18/11 BStBl II 12, 291; BFH VI R 48/12 BFH/NV 14, 341), kann aber bei *ausschließl Nachtarbeit* entbehrl sein (BFH VI R 16/08 BFH/NV 10, 201).

d) Begünstigte Tätigkeiten und Höhe, § 3b I Nr 1–4. – *(1)* Nachtarbeit, 5
§ 3b I Nr 1. Zum Begriff s Rz 8. Stfrei sind 25 % Zuschlag zum Stundengrundlohn; zur Erhöhung gem Abs 3 Nr 1 s Rz 9. – *(2)* **Sonntagsarbeit, § 3b I Nr 2.** S auch Rz 8. Stfrei ist ein Zuschlag bis 50 vH; zur Ausweitung gem Abs 3 Nr 2 s Rz 9. – *(3)* **Feiertagsarbeit, § 3b I Nr 3, Nr 4.** S Rz 8. Stfrei sind Zuschläge bis 125 % (§ 3b I Nr 3) für Arbeit an sonstigen gesetzl Feiertagen; am 31.12. ab 14 Uhr; Zuschläge bis 150 % (§ 3b I Nr 4) für Arbeit am 1.5., 25. und 26.12. ganztags sowie am 24.12. ab 14 Uhr. Zur Ausweitung gem Abs 3 Nr 2 s Rz 9. –

*(4) Kollisionsregeln („vorbehaltlich"). *Für Arbeit an Feiertags- und Sonntagen, die auf den 31.12. fallen, gilt Nr 3; für Sonntagsarbeit an den in Nr 4 genannten Tagen hat Nr 4 Vorrang vor Nr 2. Zur Nachtarbeit gem Abs 3 s Rz 9.

6 **e) Auszahlung.** Abschlagszahlungen dürfen stfrei als lfd Pauschale im Vorgriff auf eine Einzelabrechnung gezahlt werden (LStR 3b VII; zur Abgrenzung stpfl Pauschalzuschläge von stfreien Vorschüssen FG Ddorf EFG 21, 381, rkr). Die Stfreiheit bleibt auch bei *zeitversetzter Auszahlung* der Zuschläge im Blockmodell oder bei Gutschrift als *Geldanspruch* auf einem Wertguthabenkonto erhalten; dies gilt nicht für Zinsen und Wertsteigerungen (s LStR 3b VIII).

7 **f) Rechtsfolgen, § 3b I.** – *(1) Steuerbefreiung.* Der stfreie Stundengrundlohn als Berechnungsgrundlage ist auf 50 € gedeckelt. Zuschläge sind bis zur gesetzl zulässigen Höhe stfrei („soweit", BFH VI R 28/19 DStR 22, 187). § 3b ist iRd LStAbzugs (§ 4 LStDV) und in der Veranlagung anwendbar (BFH VI B 45/17 BFH/NV 18, 333). – *(2) Beitragsfreiheit* besteht, wenn der Stundengrundlohn nicht mehr als 25 € (steuerl 50 €!) beträgt und § 3b iÜ erfüllt ist (§ 1 I 1 Nr 1 SvEV).

8 **3. Begünstigte Zeiten, § 3b II 2–4.** – *(1) Nachtarbeit, § 3b II 2.* 20 bis 6 Uhr des Folgetags. – *(2) Sonn- und Feiertagsarbeit, § 3b II 3.* 0 bis 24 Uhr. – *(3) Feiertagsbegriff, § 3b II 4.* Maßgebl sind die Landesfeiertagsgesetze.

9 **4. Nachtarbeitsaufnahme vor 0 Uhr, § 3b III.** – *(1) Erhöhung des vH-Satzes auf 40 %, § 3b III Nr 1.* Der stfreie Prozentsatz erhöht sich bei Arbeitsaufnahme zw 20 und 24 Uhr für Nachtarbeit, die zw 0 und 4 Uhr geleistet wird, auf 40 %; für die Nachtarbeit zw 20–24 Uhr und von 4 bis 6 Uhr bleibt es bei 25 % (§ 3b I Nr 1). – *(2) Erhöhung bei Sonn- und Feiertagsarbeit, § 3b III Nr 2.* Wird mit der Nachtarbeit an einem Sonn- oder Feiertag zw 20 und 24 Uhr begonnen, ist die fortgeführte Nachtarbeit zw 0 und 4 Uhr des Folgetags noch Sonn- oder Feiertagsnachtarbeit. Bei Sonntagsnachtarbeit sind zw 0 und 4 Uhr Zuschläge iHv 50 % + 40 % und bei Feiertagsnachtarbeit (§ 3b I Nr 3, 4) iHv 125 %/150 % + 40 % zum Grundlohn stfrei (s LStR 3b III).

§ 3c Anteilige Abzüge

(1) **Ausgaben dürfen, soweit sie mit steuerfreien Einnahmen in unmittelbarem wirtschaftlichen Zusammenhang stehen, nicht als Betriebsausgaben oder Werbungskosten abgezogen werden; Absatz 2 bleibt unberührt.**

(2) [1] **Betriebsvermögensminderungen, Betriebsausgaben, Veräußerungskosten oder Werbungskosten, die mit den dem § 3 Nummer 40 zugrunde liegenden Betriebsvermögensmehrungen oder Einnahmen oder mit Vergütungen nach § 3 Nummer 40a in wirtschaftlichem Zusammenhang stehen, dürfen unabhängig davon, in welchem Veranlagungszeitraum die Betriebsvermögensmehrungen oder Einnahmen anfallen, bei der Ermittlung der Einkünfte nur zu 60 Prozent abgezogen werden; Entsprechendes gilt, wenn bei der Ermittlung der Einkünfte der Wert des Betriebsvermögens oder des Anteils am Betriebsvermögen oder die Anschaffungs- oder Herstellungskosten oder der an deren Stelle tretende Wert mindernd zu berücksichtigen sind.** [2] **Satz 1 ist auch für Betriebsvermögensminderungen oder Betriebsausgaben im Zusammenhang mit einer Darlehensforderung oder aus der Inanspruchnahme von Sicherheiten anzuwenden, die für ein Darlehen hingegeben wurden, wenn das Darlehen oder die Sicherheit von einem Steuerpflichtigen gewährt wird, der zu mehr als einem Viertel unmittelbar oder mittelbar am Grund- oder Stammkapital der Körperschaft, der das Darlehen gewährt wurde, beteiligt ist oder war.** [3] **Satz 2 ist insoweit nicht anzuwenden, als nachgewiesen wird, dass auch ein fremder Dritter das Darlehen bei sonst gleichen Umständen gewährt oder noch nicht zurückgefordert hätte; dabei sind nur die eigenen Sicherungsmit-**

tel der Körperschaft zu berücksichtigen. ⁴Die Sätze 2 und 3 gelten entsprechend für Forderungen aus Rechtshandlungen, die einer Darlehensgewährung wirtschaftlich vergleichbar sind. ⁵Gewinne aus dem Ansatz des nach § 6 Absatz 1 Nummer 2 Satz 3 maßgeblichen Werts bleiben bei der Ermittlung der Einkünfte außer Ansatz, soweit auf die vorangegangene Teilwertabschreibung Satz 2 angewendet worden ist. ⁶Satz 1 ist außerdem ungeachtet eines wirtschaftlichen Zusammenhangs mit den dem § 3 Nummer 40 zugrunde liegenden Betriebsvermögensmehrungen oder Einnahmen oder mit Vergütungen nach § 3 Nummer 40a auch auf Betriebsvermögensminderungen, Betriebsausgaben oder Veräußerungskosten eines Gesellschafters einer Körperschaft anzuwenden, soweit diese mit einer im Gesellschaftsverhältnis veranlassten unentgeltlichen Überlassung von Wirtschaftsgütern an diese Körperschaft oder bei einer teilentgeltlichen Überlassung von Wirtschaftsgütern mit dem unentgeltlichen Teil in Zusammenhang stehen und der Steuerpflichtige zu mehr als einem Viertel unmittelbar oder mittelbar am Grund- oder Stammkapital dieser Körperschaft beteiligt ist oder war. ⁷Für die Anwendung des Satzes 1 ist die Absicht zur Erzielung von Betriebsvermögensmehrungen oder Einnahmen im Sinne des § 3 Nummer 40 oder von Vergütungen im Sinne des § 3 Nummer 40a ausreichend. ⁸Satz 1 gilt auch für Wertminderungen des Anteils an einer Organgesellschaft, die nicht auf Gewinnausschüttungen zurückzuführen sind. ⁹§ 8b Absatz 10 des Körperschaftsteuergesetzes gilt sinngemäß.

(3) Betriebsvermögensminderungen, Betriebsausgaben oder Veräußerungskosten, die mit den Betriebsvermögensmehrungen oder Einnahmen im Sinne des § 3 Nummer 70 in wirtschaftlichem Zusammenhang stehen, dürfen unabhängig davon, in welchem Veranlagungszeitraum die Betriebsvermögensmehrungen oder Einnahmen anfallen, nur zur Hälfte abgezogen werden.

(4) ¹Betriebsvermögensminderungen oder Betriebsausgaben, die mit einem steuerfreien Sanierungsertrag im Sinne des § 3a in unmittelbarem wirtschaftlichem Zusammenhang stehen, dürfen unabhängig davon, in welchem Veranlagungszeitraum der Sanierungsertrag entsteht, nicht abgezogen werden. ²Satz 1 gilt nicht, soweit Betriebsvermögensminderungen oder Betriebsausgaben zur Erhöhung von Verlustvorträgen geführt haben, die nach Maßgabe der in § 3a Absatz 3 getroffenen Regelungen entfallen. ³Zu den Betriebsvermögensminderungen oder Betriebsausgaben im Sinne des Satzes 1 gehören auch Aufwendungen im Zusammenhang mit einem Besserungsschein und vergleichbare Aufwendungen. ⁴Satz 1 gilt für Betriebsvermögensminderungen oder Betriebsausgaben, die nach dem Sanierungsjahr entstehen, nur insoweit, als noch ein verbleibender Sanierungsertrag im Sinne von § 3a Absatz 3 Satz 4 vorhanden ist. ⁵Wurden Betriebsvermögensminderungen oder Betriebsausgaben im Sinne des Satzes 1 bereits bei einer Steuerfestsetzung oder einer gesonderten Feststellung nach § 180 Absatz 1 Satz 1 der Abgabenordnung gewinnmindernd berücksichtigt, ist der entsprechende Steuer- oder Feststellungsbescheid insoweit zu ändern. ⁶Das gilt auch dann, wenn der Steuer- oder Feststellungsbescheid bereits bestandskräftig geworden ist; die Festsetzungsfrist endet insoweit nicht, bevor die Festsetzungsfrist für das Sanierungsjahr abgelaufen ist.

Einkommensteuer-Richtlinien: EStH 3c

Übersicht

	Rz
I. Allgemeine Abzugsbeschränkung, § 3c I	
1. Allgemeines	1, 2
2. Ausgaben	3
3. Steuerfreie Einnahmen	4, 5

	Rz
4. Unmittelbarer wirtschaftlicher Zusammenhang mit den steuerfreien Einnahmen	6–8
5. Rechtsfolgen	9
II. Abzugsbeschränkungen im Teileinkünfteverfahren, § 3c II	
1. Allgemeines	11, 12
2. Abzugsverbot gem § 3c II 1, 7	13
3. Abzugsverbot bei Substanzverlusten von Darlehens- und vergleichbaren Forderungen, § 3c II 2–5	14–17
4. Verluste aus verbilligter Wirtschaftsgutüberlassung an Kapitalgesellschaft, § 3c II 6	18
5. Wertminderungen bei Organgesellschaftsanteilen, § 3c II 8	19
6. Wertpapierleihe, § 3c II 9	20
III. Abzugsbeschränkungen bei § 3 Nr 70, § 3c III	21
IV. Abzugsbeschränkungen für Sanierungsaufwendungen, § 3c IV	
1. Allgemeines	24–26
2. Abzugsverbot, § 3c IV 1–3	27–31
3. Korrekturvorschriften, 3c IV 5, 6, HS 1	32

I. Allgemeine Abzugsbeschränkung, § 3c I

1 **1. Allgemeines. – a) Normzweck.** Das Abzugsverbot des § 3c I soll bei StBefreiung einer Einnahme den Abzug von iZm dieser stehenden BA/WK von anderen stpfl Einkünften verhindern (BFH VI R 26/00 BStBl II 02, 823; BFH XI R 61/04 BStBl II 06, 163).

2 **b) Verhältnis zu anderen Vorschriften. – (1) Einkünfteermittlung.** § 3c I gilt nur iRd Einkünfteermittlung (BA/WK). Gem § 12 nicht stbare Aufwendungen und nicht durch stbare Einnahmen veranlasste Aufwendungen sind weder WK/BA noch Ausgaben iSd § 3c I (BFH I R 34/05 BFH/NV 06, 1068; s Rz 5 zu DBA). – **(2) Speziellere Abzugsverbote.** § 3c II ist ggü § 3c I spezieller (§ 3c I HS 1). Speziellere Abzugsverbote für BA/WK enthalten § 3 Nr 10 S 3 (§ 3 Rz 38), Nr 26 S 2 (§ 3 Rz 95), Nr 26a S 3 (§ 3 Rz 96), Nr 26b S 2 (§ 3 Rz 98), § 22 Nr 4 S 2 (Abgeordnete), § 109. WK iZm KapErträgen iSd § 32d I sind nicht abzugsfähig (§ 2 Vb, § 20 IX); dies gilt auch für gem § 20 I Nr 6 S 2 hälftig stbefreite LV-Leistungen (s § 32d Rz 16). § 3c I gilt auch für beschr StPfl (§ 50 Rz 8, 9). Für die SA enthalten § 10 II Nr 1 (§ 10 Rz 138) und § 10 I Nr 5 (s BFH III R 30/20 BStBl II 21, 772) speziellere Regelungen. – **(3) Sonstiges.** Zum Progressionsvorbehalt s § 32b Rz 41. Zu ausl Einkünften gem § 34c, § 34d s § 34c Rz 11. – **(4) KStG.** § 3c I ist zwar grds auch iRd KSt (§ 8 I KStG, s KStR 8.1) anzuwenden, hat dort aber nur noch geringe Bedeutung. Für BA/AK iZm Beteiligungserträgen und Veräußerungsgewinnen gem § 8b I, III KStG sind § 8b III 2, § 8b V 2 KStG vorrangig (*RHN* § 8b KStG Rz 483; *Gosch* § 8b KStG Rz 280, 285, 484). § 8b I, V KStG werden ihrerseits nicht von einem DBA-Schachtelprivileg iVm § 3c I verdrängt (BFH I R 29/15 BFH/NV 17, 324; s auch BFH I R 84/15 BStBl II 18, 492 zum aufgehobenen § 3 Nr 41). Bei gem § 5 KStG persönl stbefreiten KSt-Subjekten sind Ausgaben, die iZm dem ideellen Bereich stehen, auch ohne Rückgriff auf § 3c I nicht von den stpfl Einkünften iRe wirtschaftl Geschäftsbetriebs (§ 5 I Nr 9 S 2 KStG) abzugsfähig (BFH I R 31/89 BStBl II 92, 103; BFH I R 48/13 BStBl II 15, 713). Zur Organschaft s § 3c Rz 19.

3 **2. Ausgaben. – (1) Begriff.** Ausgaben iSd § 3c I sind WK/BA (§ 4 IV/§ 9 I), die in Geld abfließen, Aufwendungen in Geldeswert sowie sämtl einkünftemindernden (auch buchmäßige) Aufwendungen wie Rückstellungen, RAP, AfA, TW-AfA, Gemeinkosten uÄ (vgl BFH IV R 122/79 BStBl II 83, 566; BFH I R 11/03 BStBl II 05, 581; s auch BFH I R 32/12 BFH/NV 14, 1090 zum Vorteilsverbrauch

Allgemeine Abzugsbeschränkung 4–7 § 3c

bei der vGA). – *(2)* **Rückzahlung steuerfreier Einnahmen.** Es handelt sich beim Zahlenden um Ausgaben oder negative Einnahmen, die iErg keine StMinderung bewirken (s § 3 Rz 3, § 8 Rz 9, § 9 Rz 108, 110).

3. Steuerfreie Einnahmen. – **a) Allgemeines.** Hierzu gehören Einnahmen 4 iSv § 2 I Nr 4–7, § 8, § 4 III, § 11 I sowie künftige stbare Vermögensmehrungen (*Bruttoeinnahmen*), die von der Besteuerung freigestellt sind. Die StBefreiung kann auf *gesetzl Vorschriften* (zB § 3, § 3b), *DBA* (s § 3 Rz 3), *Unionsrecht/Völkerrecht* (s § 3 Rz 3), *Billigkeitsregelungen* der Verwaltung (BFH VI R 209/82 BStBl II 89, 351) oder sog *technischen StBefreiungen* beruhen (§ 40–§ 40b; zu § 3 Nr 40 s aber § 3c II 1). – *(2)* **Abgrenzung.** Aufwendungen iZm Einlagen gem § 4 I fallen nicht unter § 3c I, da Einlagen keine stfreien Einnahmen sind (BFH I R 20/76, BStBl II 78, 346). Einnahmen, die iZm gem § 4 V nicht abzugsfähigen Ausgaben erzielt werden, sind *stpfl* ("keine Umkehrung des § 3c I", s § 4 Rz 460 "Abfindungen"). Hinzurechnungsbeträge gem § 10 AStG sind keine stfreien Einnahmen iSd § 3c I (BFH I R 118/04 BStBl II 06, 537; s auch *HHR/Desens* § 3c Rz 35).

b) DBA-Freistellung. – *(1)* **Einkünfte.** Bei Freistellung ausl „Einkünfte" 5 durch ein DBA bleiben diese als Nettogröße bei der inl Besteuerung außer Ansatz (BFH I R 32/93 BStBl II 94, 113). Der Anwendung des § 3c I bedarf es grds nicht (s aber zur mögl künftigen DBA-stfreien „Einkünfte"erzielung BFH VI R 5/10 BStBl II 12, 553). Entscheidendes Kriterium für die Zuordnung von BA/WK zu den nach DBA freigestellten Einkünften ist ein unmittelbarer wirtschaftl Veranlassungszusammenhang mit den im Inl freigestellten ausl Einkünften (*Wacker* BB 18, 2519, 2526). Diesen bejaht die Rspr zB bei zielgerichteten Aufwendungen (vorab entstandenen inl Bewerbungs-, Ausbildungs-, Umzugskosten, s BFH I R 32/93 BStBl II 94, 113; BFH I R 59/05 BStBl II 07, 756) und vergebl Gründungskosten für eine ausl Betriebsstätte (BFH I R 56/12 BStBl II 14, 703). FG Nbg EFG 21, 1396, Rev XI R 39/20 verneint einen unmittelbaren Zusammenhang zw stfreien Erträgen (§ 4 InvStG aF) und Zinsaufwand aus einer Banken-Poolfinanzierung. Die Rspr wendet die Aufteilungsgrundsätze (s Rz 7, nicht aber § 3c I) für die Zuordnung von WK zw DBA-freigestellten und inl Einkünften entspr an (BFH I R 25/08 BStBl II 10, 536; iErg zutr FG Köln EFG 15, 573, rkr). – *(2)* **Einnahmen.** § 3c I ist anwendbar, wenn das DBA die ausl *Einnahmen* (nicht die „Einkünfte") im Inl freistellt (ausführl *HHR/Desens* § 3c Rz 33).

4. Unmittelbarer wirtschaftlicher Zusammenhang der Ausgaben mit 6 **steuerfreien Einnahmen.** – **a) Grundsätze.** § 3c I verlangt zunächst die Prüfung, ob sich Ausgaben stfreien/stpfl Bezügen des StPfl zuordnen lassen. Stehen Ausgaben in einem unmittelbaren wirtschaftl Zusammenhang mit stfreien Einnahmen, sind sie nicht abzugsfähig. Der unmittelbare wirtschaftl Zusammenhang besteht, wenn die Ausgaben *nach ihrer Entstehung/Zweckbestimmung* mit stfreien Einnahmen *in einem unlösbaren Zusammenhang* stehen, dh ohne diese nicht angefallen wären. Dies ist der Fall, wenn die stfreien Einnahmen /Aufwendungen klar abgrenz- und feststellbar *durch dasselbe Ereignis* oder *dieselbe Tätigkeit* verursacht werden. Der Zusammenhang kann VZ-übergreifend sein, dh er kann zw Ausgaben und noch nicht erzielten stfreien Einnahmen bestehen und Ausgaben erfassen, die stfreien Einnahmen nachlaufen. Ferner kann der Zusammenhang bestehen, wenn stfreie Einnahmen der einen Einkunftsart BA/WK einer anderen Einkunftsart ersetzen (s zum Ganzen BFH VI R 66/91 BStBl II 93, 450; BFH VI R 26/00 BStBl II 02, 823; BFH I R 11/03 BStBl II 05, 581; BFH I R 62/09 BStBl II 12, 721, BFH I R 32/10 BStBl II 14, 513 und *HHR/Desens* § 3c Rz 37 ff).

b) Konkretisierung. – *(1)* **Eindeutige Zuordnung von Ausgaben zu steu-** 7 **erpflichtigen Bezügen.** Kein unlösbarer Zusammenhang iSd § 3c I besteht, wenn vom StPfl stfreie und stpfl Einnahmen erzielt werden, die Ausgaben aber *ausschließl* der Tätigkeit zuzuordnen sind, die durch stpfl Bezüge vergütet wird (BFH VI R 93/98 BStBl II 01, 199 [WK/ArbLohn/Insolvenzgeld]; BFH VI R 26/00

Levedag 141

BStBl II 02, 823). Gleiches gilt, wenn die stfreien Einnahmen dem StPfl unabhängig von der Tätigkeit zufließen, für die die Ausgaben anfallen (BFH I R 208/85 BStBl II 90, 88; BFH X R 62/09 BStBl II 12, 721). – **(2) Keine eindeutige Zuordenbarkeit der Ausgaben bei derselben Tätigkeit.** Werden durch *dieselbe Tätigkeit* stfreie/stpfl Einnahmen und Ausgaben (idR innerhalb einer Einkunftsart) erzielt und kann eine abgrenzbare Beziehung der Ausgaben nur zu den stfreien oder nur zu den stpfl Einnahmen nicht festgestellt werden, besteht der Zusammenhang nur mit den anteiligen stfreien Einnahmen; die Ausgaben sind im Verhältnis der stfreien Einnahmen zu den Gesamteinnahmen *aufzuteilen* und iHd Anteils nicht abzugsfähig (BFH VI R 26/00 BStBl II 02, 823; BFH I R 59/05 BStBl II 07, 756; BFH III R 23/15 BStBl II 19, 469). – **(3) Zuordnung der Ausgaben ausschließlich zu steuerfreien Einnahmen.** Liegt eine einheitl Tätigkeit mit stfreien/stpfl Einnahmen und Ausgaben vor, kann ein unlösbarer Zusammenhang der Ausgaben nur mit den stfreien Einnahmen bestehen. Dies ist der Fall, soweit bestimmte oder sämtl berufl veranlasste Aufwendungen durch stfreie Einnahmen erstattet werden (BFH IV R 41/04 BStBl II 06, 755). Die Erstattung lässt nicht schon die wirtschaftl Belastung des StPfl und damit die BA/WK-Eigenschaft der Ausgaben entfallen (§ 3 Rz 3). Soweit die BA/WK die stfreien Einnahmen übersteigen, können sie abgezogen werden, da § 3c I für die iZm stfreien Einnahmen stehenden Aufwendungen kein Abzugsverbot dem Grunde, sondern der Höhe nach enthält (BFH VI R 23/15 BStBl II 17, 345; BFH III R 23/15 BStBl II 19, 469). – **(4) Verschiedene Tätigkeiten; verschiedene steuerfreie Einnahmen.** Bei stfreien/stpfl Einnahmen aus verschiedenen Tätigkeiten ist eine Einzelzuordnung der Ausgaben zu den Einnahmen zu prüfen und bei Zusammenhang der Ausgaben mit sämtl stfreien/stpfl Einnahmen aufzuteilen (BFH IV R 41/04 BStBl II 06, 755 mit Beispiel). Werden iRe Tätigkeit nebeneinander verschiedene stfreie Einnahmen erzielt, die auf unterschiedl Zwecken beruhen, ist ebenfalls eine Einzelzuordnung der Ausgaben erforderl und erst bei fehlender Abgrenzbarkeit aufzuteilen (BFH VI R 71/02 BStBl II 04, 890). – **(5) Nebenberufliche (ehrenamtliche) Tätigkeit.** Sind bei einer nebenberufl Tätigkeit die stfreien Einnahmen niedriger als die Aufwendungen, ist die Einkünfteerzielungsabsicht zu prüfen (§ 3 Rz 94). Ist sie vorhanden, sind die die stfreien Einnahmen übersteigenden Aufwendungen abzugsfähig (BFH III R 23/15 BStBl II 19, 469; § 3 Rz 94). – **(6) Vergebliche Aufwendungen.** Entfallen beabsichtigte (zB gem § 3 Nr 26 stfreie) Einnahmen, steht § 3c I dem Abzug der BA/WK grds nicht entgegen (BFH XI R 61/04 BStBl II 06, 163).

c) Einzelfälle

Aufwendungsersatz/Ausbildungsförderung. Werden einzelne berufl veranlasste Ausgaben (zB WK dem ArbN) stfrei erstattet (zB § 3 Nr 13, § 3 Nr 16), sind die Ausgaben bis zur Höhe der stfreien Erstattung gem § 3c I nicht abzugsfähig (S § 3 Rz 3, § 9 Rz 14, 15, 112: § 19 Rz 66f mwN). § 3c I greift somit auch für BA/WK, die der StPfl aus stfreien Ausbildungsförderungsleistungen (Stipendien gem § 3 Nr 11, § 3 Nr 44) finanziert (§ 3 Rz 154 mwN); hier fehlt es nicht an der für BA/WK erforderl wirtschaftl Belastung (§ 3 Rz 3 mwN). Eine stfreie Unterstützung zum Lebensunterhalt/Zulage kann aber uU nur mit (künftigen) stpfl Einnahmen im Zusammenhang stehen (s § 3c Rz 7 unter (1)).

Aufwandsentschädigungen. Es ist *anhand der Zweckbestimmung* der Entschädigung (Auslegung der Rechtsgrundlage) zu ermitteln, ob die stfreien Einnahmen gezielt bestimmte Ausgaben erstatten (dann gelten die vorstehenden Grundsätze zum Aufwendungsersatz, *Fallgruppe 1*; s auch *HHR* § 3c Rz 39), ob sie pauschal alle Ausgaben der berufl Tätigkeit abgelten sollen *(Fallgruppe 2)* oder ob die stfreien Einnahmen einen gesonderten Vergütungsbestandteil neben der iÜ stpfl Vergütung bilden *(Fallgruppe 3)*. Stfreie Aufwandsentschädigungen der Fallgruppe 2, die *pauschal alle Ausgaben* abgelten sollen, stehen in unmittelbar wirtschaftl Zusammenhang mit allen BA/WK. Es dürfen gem § 3c I nur die den Entschädigungsbetrag übersteigenden BA/WK abgezogen werden (BFH VI R 33/86 BStBl II 90, 119, BFH VI R 23/15 BStBl II 17, 345, jeweils zu § 3 Nr 12 S 2). Bei stfreien Aufwandsentschädigungen der *Fallgruppe 3* (zB Auslandszuschlägen gem § 3 Nr 64), die nicht bestimmten Ausgaben zuzuordnen sind und iErg wie stfreie Zulagen innerhalb des ArbLohns wirken (BFH VI R 26/00 BStBl II 02, 823; BFH VI R 66/91 BStBl II 1993, 450), ist der gem § 3c I nicht abziehbare Teil der Ausgaben durch Aufteilung [stfreie Einnahmen/Gesamteinnahmen] zu ermitteln.

5. Rechtsfolgen. – (1) Technik. § 3c I enthält ein Abzugsverbot für Ausgaben. Haben gem § 3c I nicht abzugsfähige Ausgaben beim BV-Vergleich den Gewinn gemindert, sind sie *außerhalb der Bilanz* hinzuzurechnen. Bei der Gewinn-/Einkünfteermittlung gem § 4 III, § 8, § 9 sind sie erst gar nicht abzuziehen. Fallen Ausgaben und stfreie Einnahmen nicht innerhalb eines VZ an, ist bei Abfluss der Ausgaben vor Zufluss der stfreien Einnahmen § 3c I im Abflussjahr anzuwenden und dessen Veranlagung ggf gem § 175 I 1 Nr 2 AO zu korrigieren (*HHR* § 3c Rz 43). – **(2) Umfang des Abzugsverbots.** Der Umfang des Abzugsverbotes gem § 3c I beschränkt sich auch bei periodenübergreifender Anwendung auf den Betrag der *tatsächl erzielten* stfreien Einnahmen („soweit"). – **(3) WK-Pauschbeträge** sind nicht gem § 3c I zu kürzen.

II. Abzugsbeschränkungen im Teileinkünfteverfahren, § 3c II

1. Allgemeines. – a) Normzweck. – (1) Komplementärfunktion. § 3c II 1 statuiert ein besonderes Abzugsverbot iRd Teileinkünfteverfahrens für Aufwendungen, die iZm mit stfreien Einnahmen iSd § 3 Nr 40 stehen. Korrespondierend zur 60%-StPfl der Einnahmen sind nur 60% der BA/WK/AK abzugsfähig (§ 3 Rz 135). BFH XI R 61/04 BStBl II 06, 163 und BFH VIII R 69/05 BStBl II 08, 551 sehen wie bei § 3c I (s Rz 1) den Zweck des Abzugsverbots darin, doppelte Vorteile des StPfl durch den Abzug der Ausgaben von anderen stpfl Einkünften auszuschließen. Diese Rechtfertigung des Abzugsverbots für Beteiligungsaufwendungen und AK ist vor dem Hintergrund des *obj Nettoprinzips* str. Während § 3 Nr 40 der Vorbelastung der Einnahmen des Ges'ters auf Ebene der KapGes Rechnung trägt, greift § 3c II auch, wenn auf Ebene des Ges'ters Verluste entstehen, die nur auf Einlagen/nachträgl AK und nicht auf stfreien Einnahmen aus der Beteiligung beruhen (BFH IX R 19/13 BStBl II 14, 682; § 3 Rz 135, 141; zutr krit *Bareis* FR 15, 1 zu Liquidationsverlusten). Systemgerecht wäre es, den Abzug der Erwerbsaufwendungen (BA, AK und Veräußerungskosten) vollständig zuzulassen, wenn der StPfl. keine anteilig stfreien Einnahmen aus der Beteiligung erzielt (BFH IX R 42/08 BStBl II 10, 220; BFH IX R 8/09 BFH/NV 10, 399; BFH IX B 227/07 BStBl II 10, 627). Dies verhindert jedoch § 3c II 7 (s Rz 13). – **(2) Verfassungsmäßigkeit des § 3c II.** Der BFH beurteilt § 3c II 7 als verfgemäß (BFH IX R 43/13 BStBl II 15, 257; BFH IX R 40/17 BFH/NV 18, 944). ME ist zweifelhaft, ob die vom BFH angeführten Vereinfachungsgründe die Anwendung des Teilabzugsverbots bei einnahmelosen Beteiligungen rechtfertigen. – **(3) Verhältnis zu anderen Vorschriften.** S iEinz § 3 Rz 136 zur Anwendung des § 3 Nr 40 (dort auch zu § 7 S 4 GewSt, § 7a GewStG b). § 3c II ist auch anwendbar bei Einkünften aus § 18 I Nr 4 iVm § 3 Nr 40a; zu § 3 Nr 41 Buchst a HS 2 s § 3 Rz 147. – **(4) Verfahrensrecht.** S § 3 Rz 135 zur gesonderten und einheitl Feststellung.

b) Persönlicher Anwendungsbereich. § 3c II gilt wie § 3 Nr 40 für alle natürl Personen und PersGes (bzw deren MU'er) mit *Anteilen an KapGes im BV* (ausführl § 3 Rz 135 ff); *Beispiele:* Besitzunternehmen in der BetrAufsp und Holding-PersGes (zur Vertiefung bei MUerschaften *Bernhagen/Nöthen* Ubg 20, 573). Seit 2009 gilt gem § 32d II Nr 3 S 2 *bei Anteilen im PV* für *lfd Beteiligungsaufwendungen* (WK) § 3c II 1 statt § 20 IX, wenn *rechtzeitig* ein Antrag gem § 32d II Nr 3 gestellt wird (§ 32d Rz 19; § 3 Rz 143). Zudem gilt § 3c II 1 iRd § 17 II, IV (Rz 14). Zur Anwendung auf *KapGes* s Rz 1.

2. Abzugsverbot gem § 3c II 1, 7. – (1) Ausgabenkategorien, § 3c II 1 HS 1 und 2. § 3c II 1 erfasst mit den Merkmalen *BV-Minderungen, BA, Veräußerungskosten, WK, AK und HK* sämtl den Einnahmen/Vermögensmehrungen iSv § 3 Nr 40 korrespondierenden *„Ausgaben"* im BV und im PV (für letztere nur bei

§ 3c 14, 15 Anteilige Abzüge

Antragstellung gem § 32d II Nr 3): – *(a)* **bei lfd Vergütungen** iSv *§ 3 Nr 40 S 1 Buchst d* (§ 3 Rz 143), § 3 Nr 40a, gilt **§ 3c II 1 HS 1** für damit wirtschaftl zusammenhängende BA/WK (insb Fremdfinanzierungszinsen für den Beteiligungserwerb; zu Konzernabschlusskosten einer Holding s FG Mster EFG 19, 1072, rkr). – *(b)* **bei Einkünften iSv § 3 Nr 40 S 1 Buchst a** (Veräußerung, Entnahme von Kapitalbeteiligungen, iZm Liquidationserträgen, Erträgen aus der Kapital- und stbaren Einlagenrückgewähr (s § 3 Rz 139 und unten *(3)*) und bei Zuschreibungen sowie bei **Einkünften iSv § 3 Nr 40 S 1 Buchst b** (§ 3 Rz 140) greift **§ 3c II 1 HS 2** für die *anzusetzenden BV-Minderungen* (zB Veräußerungskosten, AK; zu § 3 Nr 40 S 1 Buchst a S 2 s § 3 Rz 139, 140); s auch § 3c II 5. – *(c)* **bei Veräußerungsentgelten** im PV gem **§ 3 Nr 40 S 1 Buchst c** iVm § 17 (s § 3 Rz 141) erfasst § 3c II S 1, HS 2 die Veräußerungskosten sowie die ursprüngl und nachträgl AK der Beteiligung (s zu § 17 IIa § 17 Rz 171 ff). – *(2)* **Wirtschaftlicher Zusammenhang.** Abw von § 3c I (Rz 6, 7) genügt iRd § 3c II 1 ein *wirtschaftl Zusammenhang* der Ausgaben mit den gem § 3 Nr 40 anteilig stfreien Einnahmen; hierfür reicht jede obj kausale oder finale Beziehung zw den Ausgaben und den anteilig stfreien Einnahmen aus (BFH IV R 4/11 BFH/NV 13, 1081; BFH X R 5/10 BStBl II 13, 785; BFH IV R 49/11 BStBl II 13, 802; zutr FG Hess EFG 19, 599, rkr: kein Zusammenhang zw BA aus der TW-AfA einer zum UV gehörenden Aktienanleihe und Bezügen gem § 3 Nr 40, auch wenn wahrscheinl ist, dass der Emittent die Anleihe durch Lieferung von Aktien erfüllen wird). – *(3)* **Zeitlicher Zusammenhang.** Gem **§ 3c II 1 HS 1** unterliegen Ausgaben (Rz 13 unter *(1)*) bei Verausgabung, unabhängig vom Zeitpunkt der Erzielung der stfreien Einnahmen gem § 3 Nr 40 dem Abzugsverbot. – *(4)* **Absicht der Einnahmenerzielung, § 3c II 7.** Bereits die *Absicht,* teilbefreite Einnahmen iSd § 3 Nr 40, § 3 Nr 40a zu erzielen, führt zur Anwendung der Abzugsbeschränkung. Es spielt keine Rolle, ob Einnahmen iSv § 3 Nr 40 tatsächl anfallen oder nicht (BFH IX R 43/13 BStBl II 15, 257; BFH IX R 40/17 BFH/NV 18, 944). Zur Klärung letzter Zweifelsfragen unter der früheren Rechtslage s BFH IV R 47/16 BFH/NV 19, 1367; BFH IV R 51/16 DStR 19, 2677. Bei Antragstellung gem § 32d II Nr 3 reicht für die Anwendung des § 3c II 1 (statt des § 20 IX) die abstrakte Absicht aus, Beteiligungserträge, die dann unter § 3 Nr 40 fallen, erzielen zu wollen (§ 32d Rz 20). – *(5)* **Rechtsfolgen.** Die BV-Minderungen, BA, Veräußerungskosten, WK, AK und HK iSd § 3c II 1 sind nur zu 60 % abzugsfähig. Bei zunächst vollständig gewinnminderndem Abzug sind im BV die nicht abzugsfähigen BA/AK *außerbilanziell* hinzurechnen (s § 3 Rz 135 unter *(3)*). Nicht gekürzt werden bei der Einkünfteermittlung zu berücksichtigende **WK-Pauschbeträge** (§ 9a), zu den **Freibeträgen** s § 3 Rz 136 zu § 16 IV und § 3 Rz 141 zu § 17 III.

14 **3. Abzugsverbot bei Substanzverlusten von Darlehensforderungen/vergleichbaren Forderungen, § 3c II 2–5.** – a) **Normzweck. § 3c II 2–5** fingieren einen wirtschaftl Zusammenhang zw bestimmten BV-Minderungen/BA und stfreien Beteiligungserträgen iSd § 3 Nr 40. Sie schreiben (wie § 8b III 3–8 KStG) die in *BMF* BStBl I 10, 1292 vertretene – von der BFH-Rspr aber abw (BFH X R 5/10 BStBl II 13, 785; BFH X R 7/10 BStBl II 13, 791; BFH IV R 45/10 BFH/NV 13, 518) – Auffassung der *FinVerw* (*BMF* BStBl I 13, 1269) für ab 2015 beginnende Wj (§ 52 V 2) gesetzl fest.

15 b) **Persönlicher und sachlicher Anwendungsbereich, § 3c II 2, 4.** – *(1)* **Persönlicher Anwendungsbereich.** *Hauptanwendungsfälle* der Regelung dürften StPfl mit einem Besitzunternehmen iRe BetrAufsp (auch MUer) und MUer betriebl Holding-PersGes sein. § 3c II 2 ff gilt auch bei Ges'tern mit Anteilen an der KapGes im PV, die gem § 32d II Nr 3 zum Teileinkünfteverfahren optieren. Die Regelungen sind aber nicht anzuwenden, wenn ein Ges'terdarlehen ausfällt oder der Ges'ter auf ein solches verzichtet, da es sich bei diesen Verlusten nicht um WK iSd § 20 IX handelt; § 32d II Nr 3 S 2 sperrt aber nur § 20 IX. –

(2) Sachlicher Anwendungsbereich. BV-Minderungen/BA, die aus Substanzverlusten aufgrund des *Verzichts (auf den nicht werthaltigen Teil)*, eines *Ausfalls* oder einer *TW-AfA* auf ein Ges'terdarlehen (Satz 2) oder auf eine vergleichbare Forderung (zB Rückgriffsforderungen aus Bürgschaften uA, Satz 4) gegen eine KapGes resultieren, an der der StPfl zu mehr als einem Viertel (qualifiziert) beteiligt ist, sind nur zu 60% abziehbar, wenn der StPfl nicht die Fremdüblichkeit der Forderung nachweist (Satz 3). – **(3) Einzelfälle.** § 5 Rz 550 „Gesellschafterfinanzierung"; *Levedag* SteuerStud 17, 287, 288 f.; § 6 Rz 879 f. – Beim *Forderungsverzicht* (auch gegen Besserungsschein) entsteht beim Ges'ter in Höhe des wertlosen Teils Aufwand (BFH GrS 1/94 BStBl II 98, 307), für den die Abzugsbeschränkung gem § 3c II 2 greift; diese steht neben der Gewinnauswirkung aus dem Wegfall der Verbindlichkeit bei der KapGes (s BFH I R 87/12 BStBl II 14, 859). – Bei Eintritt des *Besserungsfalls* entsteht durch die Wiedereinbuchung der Schuld iHd zuvor wertlosen Teils beim Ges'ter ein Ertrag (s auch Abs 4 S 3 zum Schuldner), der ggf analog § 3c II 5 nur zu 60% stpfl ist *(HHR* § 3c Rz 72, 75). – Beim *Rangrücktritt* ist zu unterscheiden: Ein unter § 19 II 2 InsO fallender Rangrücktritt ist ein Schuldänderungsvertrag, kein Forderungsverzicht (BGH IX ZR 133/14 DStR 15, 767). Er führt idR nicht zur Ausbuchung der Verbindlichkeit bei der KapGes (BFH XI R 32/18 BStBl II 21, 279), beim Ges'ter ggf zur TW-AfA. Ein *spezifizierter Rangrücktritt* führt zur ertragswirksamen Ausbuchung gem § 5 I, IIa in HB und StBil der KapGes (s BFH XI R 32/18 BStBl II 21, 279; § 3a Rz 13, 26); iHd werthaltigen Teils der Schuld liegt eine Einlage vor (BFH I R 44/14 BStBl II 15, 769; BFH I R 25/15 BStBl II 17, 670). Beim *Ges'ter* bleibt die Forderung bestehen und berechtigt idR zur TW-Afa *(Wacker* DB 17, 26, 30). – **(4) Nichteingreifen.** BFH und *BMF* BStBl I 13, 1269 nehmen bei Nichteingreifen der Regelung (Beteiligung bis 25% oder fremdübl Forderung) keinen Zusammenhang zw der BV-Minderung und dem gem § 3 Nr 40 teilbefreiten (künftigen) Beteiligungseinnahmen an. § 3c II 1 kommt auch nicht zur Anwendung, da die BA durch Untergang oder Wertminderung der betriebl Forderung veranlasst sind.

c) Wertaufholung, § 3c II 5. Wertaufholungen nach vorausgegangener TW-AfA unterliegen nicht der vollen Besteuerung. Satz 5 soll eine Übermaßbesteuerung vermeiden.

d) Beteiligungserfordernis; Gegenbeweis, § 3c II 3. Das *mittelbare/unmittelbare Beteiligungserfordernis* knüpft an den an der KapGes beteiligten „StPfl" an. Bei Besitz-PersGes (Beteiligung an KapGes und Darlehen im Sonder-BV) ist die Beteiligungsvoraussetzung *gesellschafterbezogen* zu prüfen, mit entspr Folgen auch für die Kürzung der BA. Bei Holding-PersGes (Beteiligung und Darlehen in der Gesamthand) ist nicht die PersGes der StPfl, sondern für die Beteiligungsvoraussetzung auf die MUer durchzurechnen (glA *HHR* § 3c Rz 71). – Schwierig ist der *Gegenbeweis* zu führen (§ 3c II 3). Die Fremdüblichkeit muss für die Verzinsung und Besicherung erfüllt sein. § 3c II erfasst mE überschießend auch fremdübl hingegebene Darlehen, die in der Krise stehen gelassen werden *(BMF* BStBl I 10, 1292), eine Abstimmung mit § 39, § 130 ff InsO fehlt (glA *Ott* DStZ 16, 14, 23). Krit ist, dass nur die eigenen Sicherungsmittel der KapGes iRd Fremdvergleichs zur Besicherung herangezogen werden sollen.

4. Verluste aus der verbilligten Wirtschaftsgutüberlassung an Kapitalgesellschaft, § 3c II 6. – (1) Voraussetzungen wie bei § 3c II 2–5. Zum zeitl, persönl Anwendungsbereich und zum qualifizierten Beteiligungserfordernis s Rz 14, 15, 17. § 12 ist bei verbilligter Nutzungsüberlassung an Angehörigen-KapGes vorrangig (s BFH VIII R 68/96 BFH/NV 00, 1278; *Levedag* SteuerStud 17, 287, 294 mit Beispiel). – **(2) Nutzungsüberlassung.** § 3c II 6 setzt die *verbilligte/unentgeltl Nutzungsüberlassung* eines WG durch einen qualifiziert beteiligten Ges'ter an eine KapGes und BV-Minderungen/BA iZm dieser voraus. Diese muss durch das Gesellschaftsverhältnis zumindest mitveranlasst sein. Str ist, ob schon eine nicht ausschließl betriebl veranlasste Minderung der Pacht ggü einer Betriebs-GmbH zu Sanierungszwecken schädl ist (vern *BMF* BStBl I 10, 1292; dazu *Ott* DStZ 16, 14). – **(3) Fiktiver Zusammenhang.** Die BFH-Rspr nimmt bei unentgeltl und verbilligter Nutzungsüberlassung für *substanzbezogene BV-Minderungen/BA* des Ges'ters (AfA; Erhaltungsaufwand) keinen wirtschaftl Zusammenhang mit gem § 3 Nr 40 anteilig stfreien Beteiligungserträgen an. Für *andere BV-Minderungen/BA* (zB Finanzierungsaufwendungen) des Ges'ters kann sich nach der Rspr aufgrund der nicht fremdübl Nutzungsüberlassung der Veranlassungszusammenhang der Aufwendungen von den Pachteinnahmen hin zu Beteiligungserträgen verlagern (BFH IV R 49/11 BStBl II 13, 802; BFH X R 17/11 BStBl II 13, 817; BFH X R 6/12 BFH/NV 14, 21; zustimmend *BMF* BStBl I 13, 1269). § 3c II 6 fingiert jedoch „ungeachtet eines tatsächl wirtschaftl Zusammenhangs" *für sämtl Aufwendungen* des Ges'ters einen Zusammenhang mit den Beteiligungserträgen. S 6 soll auch *BA aus einer TW-AfA* auf das zur Nutzung überlassene WG und bei dessen Veräußerung/Entnahme auch *Buchwerte/Veräußerungskosten* kürzen. Dies ist abzulehnen (str, s iEinz *Levedag* GmbHR 16, 261, 265). – **(4) Rechtsfolgen.** Die BV-Minderung/BA ist (ggf außerbilanziell) auf 60% der BA zu berichtigen (s auch *BMF* BStBl I 10, 1292 zur Aufteilung bei teilentgeltl Überlassung). Zur SchenkungSt s § 7 VIII ErbStG (ErbStR E 7.5 XI).

19 **5. Wertminderungen bei Organgesellschaftsanteilen, § 3c II 8.** – **(1) Anwendung des § 3c II beim Organträger.** Bei der Einkünfteermittlung eines Organträgers, der Einzelunternehmer/MUerschaft ist, sind BA (idR Refinanzierungszinsen für den Anteil) abzugsfähig, die iZm mit Gewinnabführungen der OrganGes stehen, da dies keine stfreien Einnahmen iSd § 3 Nr 40 S 1 Buchst d sind (§ 3 Rz 143; *Gosch* § 15 KStG Rz 438). § 3c II 1 ist aber anzuwenden, wenn der Organträger vor- oder nachorganschaftl Ausschüttungen iSd § 3 Nr 40 S 1 Buchst d bezieht (s BFH IV R 61/16 DStR 19, 2131: quotale Anwendung bei gleichzeitigem Bezug von Gewinnabführung und Ausschüttung; *Gosch* § 15 Rz 438). Für Bezüge iSd § 20 I Nr 1, Nr 2, die von einer EnkelGes über die OrganGes als Teil der Gewinnabführung zum Organträger gelangen, sind gem § 15 S 1 Nr 2 S 2 KStG nur § 3 Nr 40, § 3c II bei der Einkommensermittlung des Organträgers (nicht § 8b I, V KStG bei der OrganGes) anzuwenden (*Gosch* § 15 KStG Rz 16, 19, 24a). § 3c II kürzt beim Organträger die AK des Anteils an der OrganGes, wenn dieser veräußert wird (*Gosch* § 15 KStG Rz 438). Ab VZ 22 gilt dies auch, wenn eine organschaftl Mehrabführung eine Einlagenrückgewähr (§ 14 IV 2 KStG) auslöst, die den Betrag der AK übersteigt (s Rz 13 *(1) (b)*). – **(2) Teilwertabschreibung, § 3c II 8.** BA aus einer TW-AfA auf die OrganGes-Anteile, welche auf abführungsbedingten Gewinnminderungen beruht, sind gem *§ 3c II 8* beim Organträger nur zu 60% abzugsfähig (s KStR 14.7 III 2; *Gosch* § 15 KStG Rz 429 ff); für eine TW-AfA, die auf Ausschüttungen beruht, gilt dies gem § 3c II 1 (s unter *(1)*).

20 **6. Wertpapierleihe, § 3c II 9.** § 8b X KStG gilt sinngemäß. Die Regelung gilt für einen Entleiher, der der ESt unterfällt. Die Gewinnausschüttungen aus den entliehenen Anteilen sind bei ihm ggf anteilig stfrei, wenn er wirtschaftl Eigentümer der Anteile ist (BFH I R 88/13 BStBl II 16, 961; § 20 Rz 231 mwN). § 3c II 9 beschr den BA-Abzug für die vom Entleiher an den Verleiher entrichteten Entgelte für die Dividendenkompensationszahlung und die Leihgebühr.

III. Abzugsbeschränkungen bei § 3 Nr 70, § 3c III

21 Zu den ausgelaufenen hälftigen StBefreiungen gem § 3 Nr 70 s § 3 Rz 230. Die mit diesen wirtschaftl zusammenhängende BV-Minderungen, BA und Veräußerungskosten waren gem § 3c III nur anteilig abziehbar, soweit stille Reserven mit Gewinn aufgedeckt wurden. Verlustgeschäfte fallen nicht unter § 3 Nr 70 (s § 3 Nr 70 S 2 Buchst d).

IV. Abzugsbeschränkung für Sanierungsaufwendungen, § 3c IV

1. Allgemeines. – a) Normzweck. Abs 4 regelt iZm § 3a klarstellend, dass Sanierungsaufwendungen ähnl wie bei § 3c I VZ-übergreifend nicht abzugsfähig sind.

b) Zeitlicher Anwendungsbereich. – *(1)* Neufälle. § 52 Abs 5 S 3 verknüpft die zeitl Anwendung des § 3c IV mit der des § 3a. Abs 4 gilt danach für BV-Minderungen/BA, die iZm Sanierungserträgen aus Schuldenerlassen *nach dem 8.2.17* stehen *und* gem § 3a iVm § 52 IVa 1 stfrei sind (§ 3a Rz 2). Auch *vor dem 9.2.17* entstandene Sanierungsaufwendungen fallen unter § 3c IV (*Desens* FR 17, 981, 985). Bei Billigkeitsmaßnahmen (§ 52 IVa 2, s § 3a Rz 3) gilt nicht § 3c IV, sondern der *Sanierungserlass*, dh die Sanierungsaufwendungen mindern als BA den stfreien Sanierungsertrag (*Schwahn* FR 15, 453; *Desens* FR 17, 981, 984 mwN). – *(2)* **Altfälle.** § 3c IV gilt gem § 52 V 3 auch, wenn § 3a gem § 52a IVa 3 auf Antrag anzuwenden ist (s § 3a Rz 3).

c) Persönlicher Anwendungsbereich und Verhältnis zu anderen Vorschriften. S § 3a Rz 4. IRd GewSt gilt § 3c IV EStG gem § 7b I GewStG entspr. § 8 IX KStG, § 15 S 1 Nr 1 KStG enthalten Sonderregelungen.

2. Abzugsverbot, § 3c IV 1 bis 3. – a) Betriebsvermögensminderungen und Betriebsausgaben. Sanierungsaufwendungen sind unabhängig von der Gewinnermittlungsart nach § 3c IV nicht abzugsfähig (s Rz 31). Sie mindern *nicht* den stfreien Sanierungsertrag gem § 3a I, sondern werden nur als Rechengröße von diesem abgezogen, um den *geminderten Sanierungsertrag* zu ermitteln. Dieser ist anschließend gem § 3a III 1, 2 mit den Verlustposten des StPfl zu verrechnen (§ 3a Rz 36).

b) Unmittelbarer wirtschaftlicher Zusammenhang mit steuerfreien Sanierungserträgen. – *(1)* Sanierungskosten. S oben Rz 6. Diese sind der Regelfall des § 3c IV 1. Dazu gehören alle Aufwendungen, die unmittelbar der Erlangung von Sanierungsbeiträgen der Gläubiger dienen (zB Kosten für den Sanierungsplan und die -beratung) und Ausgaben für Vergleichsverfahren, Treuhänder und Sachverständige (BT-Drs 18/12128, 33; *Desens* FR 17, 981, 984), Kosten iRe StaRUG-Verfahrens. *Auch fruchtlose Sanierungskosten* sollen unter das Abzugsverbot fallen (BT-Drs 18/12128, 33). Dem ist nicht zuzustimmen, da § 3c II 7 iRd Abs 4 nicht gilt (glA *Desens* FR 17, 981, 985; *Förster/Hechtner* DB 17, 1536, 1543). – *(2)* **Veranlagungszeitraumübergreifend.** Vor und nach dem Entstehen des Sanierungsertrags entstehende Sanierungskosten sind VZ-übergreifend nicht abzugsfähig (BT-Drs 18/12128, 33); s aber Rz 28. – *(3)* **Höhe.** Anders als in § 3c I („soweit", s Rz 9) ist das Abzugsverbot in § 3c IV nicht auf die Höhe des stfreien Sanierungsertrags begrenzt. Entsteht ein *negativer geminderter Sanierungsertrag* iSd § 3a III 1, ist der Sanierungsertrag gem § 3a I 1 stfrei und die Verlustpositionen des StPfl können nicht gem § 3a III 2 verrechnet werden (§ 3a Rz 36).

c) Erweiterung, § 3c IV 3. BA aus der Wiedereinbuchung einer Verbindlichkeit nach Verzicht gegen Besserungsschein oder bei deren Tilgung aus künftigen Gewinnen iSd § 5 IIa (s Rz 14; *Förster/Hechtner* DB 17, 1536, 1543) fallen ebenfalls unter das Abzugsverbot.

d) Rückausnahmen, § 3c IV 2, 4. – *(1)* Sanierungskosten aus Vorjahren, § 3c IV S 2. Sind Sanierungskosten in Vorjahren der Entstehung eines stfreien Sanierungsertrags als BA in einen Verlustvortrag eingegangen, der iRd § 3a III 2 (s § 3a Rz 39) erlischt, greift das Abzugsverbot nicht. – *(2)* **Nachträgliche Sanierungskosten, § 3c IV S 4.** Sie fallen unter das Abzugsverbot, wenn nach Verrechnung eines geminderten Sanierungsertrags (§ 3a III 1) und Verbrauchs sämtl Verlustpotenziale (§ 3a III 2 Nr 1–13, § 3a IIIa) ein *verbleibender Sanierungsertrag* (§ 3a III S 4, s § 3a Rz 37) vorhanden ist.

§ 4 Gewinnbegriff im Allgemeinen

31 **e) Rechtsfolgen.** Gem Abs 4 S 1 sind die als BV-Minderungen/BA abgezogenen Sanierungsaufwendungen dem Gewinn des Entstehungsjahres außerbilanziell hinzuzurechnen (zur Rückausnahme gem IV 2 s Rz 30). Ähnl der Technik bei § 3c I (s Rz 7 *(2)*) sind Sanierungsaufwendungen/Besserungszahlungen im Verhältnis der unterschiedl Sanierungsbeiträge aufzuteilen und nur anteilig abzugsfähig, wenn sie iZm stfreien und anderen Sanierungsmaßnahmen stehen (*Kanzler* NWB 17, 2260, 2263; *Förster/Hechtner* DB 17, 1536, 1543).

32 **3. Korrekturvorschriften.** § 3c IV 5, 6 HS 1 ermöglichen die Änderung von (bestandskräftigen) Feststellungs- und StBescheiden für *Vorjahre* des Sanierungsjahres, wenn sich Sanierungsaufwendungen einkünftemindernd ausgewirkt haben und § 3c IV 2 (s Rz 30 *(1)*) nicht greift. § 3c IV 6 HS 2 setzt eine Ablaufhemmung für den Bescheid des Vorjahres bis zum Ablauf der Festsetzungsfrist des Sanierungsjahres.

3. Gewinn

§ 4 Gewinnbegriff im Allgemeinen

(1) ¹Gewinn ist der Unterschiedsbetrag zwischen dem Betriebsvermögen am Schluss des Wirtschaftsjahres und dem Betriebsvermögen am Schluss des vorangegangenen Wirtschaftsjahres, vermehrt um den Wert der Entnahmen und vermindert um den Wert der Einlagen. ²Entnahmen sind alle Wirtschaftsgüter (Barentnahmen, Waren, Erzeugnisse, Nutzungen und Leistungen), die der Steuerpflichtige dem Betrieb für sich, für seinen Haushalt oder für andere betriebsfremde Zwecke im Laufe des Wirtschaftsjahres entnommen hat. ³Einer Entnahme für betriebsfremde Zwecke steht der Ausschluss oder die Beschränkung des Besteuerungsrechts der Bundesrepublik Deutschland hinsichtlich des Gewinns aus der Veräußerung oder der Nutzung eines Wirtschaftsguts gleich; dies gilt auf Antrag auch in den Fällen, in denen die Beschränkung des Besteuerungsrechts der Bundesrepublik Deutschland hinsichtlich des Gewinns aus der Veräußerung eines Wirtschaftsguts entfällt und in einem anderen Staat eine Besteuerung auf Grund des Ausschlusses oder der Beschränkung des Besteuerungsrechts dieses Staates hinsichtlich des Gewinns aus der Veräußerung des Wirtschaftsguts erfolgt. ⁴Ein Ausschluss oder eine Beschränkung des Besteuerungsrechts hinsichtlich des Gewinns aus der Veräußerung eines Wirtschaftsguts liegt insbesondere vor, wenn ein bisher einer inländischen Betriebsstätte des Steuerpflichtigen zuzuordnendes Wirtschaftsgut einer ausländischen Betriebsstätte zuzuordnen ist. ⁵Satz 3 gilt nicht für Anteile an einer Europäischen Gesellschaft oder Europäischen Genossenschaft in den Fällen

1. einer Sitzverlegung der Europäischen Gesellschaft nach Artikel 8 der Verordnung (EG) Nr. 2157/2001 des Rates vom 8. Oktober 2001 über das Statut der Europäischen Gesellschaft (SE) (ABl. EG Nr. L 294 S. 1), zuletzt geändert durch die Verordnung (EG) Nr. 885/2004 des Rates vom 26. April 2004 (ABl. EU Nr. L 168 S. 1), und
2. einer Sitzverlegung der Europäischen Genossenschaft nach Artikel 7 der Verordnung (EG) Nr. 1435/2003 des Rates vom 22. Juli 2003 über das Statut der Europäischen Genossenschaft (SCE) (ABl. EU Nr. L 207 S. 1).

⁶Ein Wirtschaftsgut wird nicht dadurch entnommen, dass der Steuerpflichtige zur Gewinnermittlung nach § 13a übergeht. ⁷Eine Änderung der Nutzung eines Wirtschaftsguts, die bei Gewinnermittlung nach Satz 1 keine Entnahme ist, ist auch bei Gewinnermittlung nach § 13a keine Entnahme. ⁸Einlagen sind alle Wirtschaftsgüter (Bareinzahlungen und sonstige Wirtschaftsgüter), die der Steuerpflichtige dem Betrieb im Laufe des Wirtschaftsjahres zugeführt hat; einer Einlage steht die Begründung des Besteuerungsrechts der Bundesrepub-

Gewinnbegriff im Allgemeinen **§ 4**

lik Deutschland hinsichtlich des Gewinns aus der Veräußerung eines Wirtschaftsguts gleich. [9] In den Fällen des Satzes 3 zweiter Halbsatz gilt das Wirtschaftsgut als unmittelbar nach der Entnahme wieder eingelegt. [10] Bei der Ermittlung des Gewinns sind die Vorschriften über die Betriebsausgaben, über die Bewertung und über die Absetzung für Abnutzung oder Substanzverringerung zu befolgen.

(2) [1] Der Steuerpflichtige darf die Vermögensübersicht (Bilanz) auch nach ihrer Einreichung beim Finanzamt ändern, soweit sie den Grundsätzen ordnungsmäßiger Buchführung unter Befolgung der Vorschriften dieses Gesetzes nicht entspricht; diese Änderung ist nicht zulässig, wenn die Vermögensübersicht (Bilanz) einer Steuerfestsetzung zugrunde liegt, die nicht mehr aufgehoben oder geändert werden kann. [2] Darüber hinaus ist eine Änderung der Vermögensübersicht (Bilanz) nur zulässig, wenn sie in einem engen zeitlichen und sachlichen Zusammenhang mit einer Änderung nach Satz 1 steht und soweit die Auswirkung der Änderung nach Satz 1 auf den Gewinn reicht.

(3) [1] Steuerpflichtige, die nicht auf Grund gesetzlicher Vorschriften verpflichtet sind, Bücher zu führen und regelmäßig Abschlüsse zu machen, und die auch keine Bücher führen und keine Abschlüsse machen, können als Gewinn den Überschuss der Betriebseinnahmen über die Betriebsausgaben ansetzen. [2] Hierbei scheiden Betriebseinnahmen und Betriebsausgaben aus, die im Namen und für Rechnung eines anderen vereinnahmt und verausgabt werden (durchlaufende Posten). [3] Die Vorschriften über die Bewertungsfreiheit für geringwertige Wirtschaftsgüter (§ 6 Absatz 2), die Bildung eines Sammelpostens (§ 6 Absatz 2a) und über die Absetzung für Abnutzung oder Substanzverringerung sind zu befolgen. [4] Die Anschaffungs- oder Herstellungskosten für nicht abnutzbare Wirtschaftsgüter des Anlagevermögens, für Anteile an Kapitalgesellschaften, für Wertpapiere und vergleichbare nicht verbriefte Forderungen und Rechte, für Grund und Boden sowie Gebäude des Umlaufvermögens sind erst im Zeitpunkt des Zuflusses des Veräußerungserlöses oder bei Entnahme im Zeitpunkt der Entnahme als Betriebsausgaben zu berücksichtigen. [5] Die Wirtschaftsgüter des Anlagevermögens und Wirtschaftsgüter des Umlaufvermögens im Sinne des Satzes 4 sind unter Angabe des Tages der Anschaffung oder Herstellung und der Anschaffungs- oder Herstellungskosten oder des an deren Stelle getretenen Werts in besondere, laufend zu führende Verzeichnisse aufzunehmen.

(4) Betriebsausgaben sind die Aufwendungen, die durch den Betrieb veranlasst sind.

(4a) [1] Schuldzinsen sind nach Maßgabe der Sätze 2 bis 4 nicht abziehbar, wenn Überentnahmen getätigt worden sind. [2] Eine Überentnahme ist der Betrag, um den die Entnahmen die Summe des Gewinns und der Einlagen des Wirtschaftsjahres übersteigen. [3] Die nicht abziehbaren Schuldzinsen werden typisiert mit 6 Prozent der Überentnahme des Wirtschaftsjahres zuzüglich der Überentnahmen vorangegangener Wirtschaftsjahre und abzüglich der Beträge, um die in den vorangegangenen Wirtschaftsjahren der Gewinn und die Einlagen die Entnahmen überstiegen haben (Unterentnahmen), ermittelt; bei der Ermittlung der Überentnahme ist vom Gewinn ohne Berücksichtigung der nach Maßgabe dieses Absatzes nicht abziehbaren Schuldzinsen auszugehen. [4] Der sich dabei ergebende Betrag, höchstens jedoch der im Wirtschaftsjahr angefallenen Schuldzinsen, ist dem Gewinn hinzuzurechnen. [5] Der Abzug von Schuldzinsen für Darlehen zur Finanzierung von Anschaffungs- oder Herstellungskosten von Wirtschaftsgütern des Anlagevermögens bleibt unberührt. [6] Die Sätze 1 bis 5 sind bei Gewinnermittlung nach § 4 Absatz 3 sinngemäß anzuwenden; hierzu sind Entnahmen und Einlagen gesondert aufzuzeichnen.

§ 4 Gewinnbegriff im Allgemeinen

(5) ¹Die folgenden Betriebsausgaben dürfen den Gewinn nicht mindern:
1. Aufwendungen für Geschenke an Personen, die nicht Arbeitnehmer des Steuerpflichtigen sind. ²Satz 1 gilt nicht, wenn die Anschaffungs- oder Herstellungskosten der dem Empfänger im Wirtschaftsjahr zugewendeten Gegenstände insgesamt 35 Euro nicht übersteigen;
2. Aufwendungen für die Bewirtung von Personen aus geschäftlichem Anlass, soweit sie 70 Prozent der Aufwendungen übersteigen, die nach der allgemeinen Verkehrsauffassung als angemessen anzusehen und deren Höhe und betriebliche Veranlassung nachgewiesen sind. ²Zum Nachweis der Höhe und der betrieblichen Veranlassung der Aufwendungen hat der Steuerpflichtige schriftlich die folgenden Angaben zu machen: Ort, Tag, Teilnehmer und Anlass der Bewirtung sowie Höhe der Aufwendungen. ³Hat die Bewirtung in einer Gaststätte stattgefunden, so genügen Angaben zu dem Anlass und den Teilnehmern der Bewirtung; die Rechnung über die Bewirtung ist beizufügen;
3. Aufwendungen für Einrichtungen des Steuerpflichtigen, soweit sie der Bewirtung, Beherbergung oder Unterhaltung von Personen, die nicht Arbeitnehmer des Steuerpflichtigen sind, dienen (Gästehäuser) und sich außerhalb des Orts eines Betriebs des Steuerpflichtigen befinden;
4. Aufwendungen für Jagd oder Fischerei, für Segeljachten oder Motorjachten sowie für ähnliche Zwecke und für die hiermit zusammenhängenden Bewirtungen;
5. Mehraufwendungen für die Verpflegung des Steuerpflichtigen. ²Wird der Steuerpflichtige vorübergehend von seiner Wohnung und dem Mittelpunkt seiner dauerhaft angelegten betrieblichen Tätigkeit entfernt betrieblich tätig, sind die Mehraufwendungen für Verpflegung nach Maßgabe des § 9 Absatz 4a abziehbar;
6. Aufwendungen für die Wege des Steuerpflichtigen zwischen Wohnung und Betriebsstätte und für Familienheimfahrten, soweit in den folgenden Sätzen nichts anderes bestimmt ist. ²Zur Abgeltung dieser Aufwendungen ist § 9 Absatz 1 Satz 3 Nummer 4 Satz 2 bis 6 und Nummer 5 Satz 5 bis 7 und Absatz 2 entsprechend anzuwenden. ³Bei der Nutzung eines Kraftfahrzeugs dürfen die Aufwendungen in Höhe des positiven Unterschiedsbetrags zwischen 0,03 Prozent des inländischen Listenpreises im Sinne des § 6 Absatz 1 Nummer 4 Satz 2 des Kraftfahrzeugs im Zeitpunkt der Erstzulassung je Kalendermonat für jeden Entfernungskilometer und dem sich nach § 9 Absatz 1 Satz 3 Nummer 4 Satz 2 bis 6 oder Absatz 2 ergebenden Betrag sowie Aufwendungen für Familienheimfahrten in Höhe des positiven Unterschiedsbetrags zwischen 0,002 Prozent des inländischen Listenpreises im Sinne des § 6 Absatz 1 Nummer 4 Satz 2 für jeden Entfernungskilometer und dem sich nach § 9 Absatz 1 Satz 3 Nummer 5 Satz 5 bis 7 oder Absatz 2 ergebenden Betrag den Gewinn nicht mindern; ermittelt der Steuerpflichtige die private Nutzung des Kraftfahrzeugs nach § 6 Absatz 1 Nummer 4 Satz 1 oder Satz 3, treten an die Stelle des mit 0,03 oder 0,002 Prozent des inländischen Listenpreises ermittelten Betrags für Fahrten zwischen Wohnung und Betriebsstätte und für Familienheimfahrten die auf diese Fahrten entfallenden tatsächlichen Aufwendungen; § 6 Absatz 1 Nummer 4 Satz 3 zweiter Halbsatz gilt sinngemäß. ⁴§ 9 Absatz 1 Satz 3 Nummer 4 Satz 8 und Nummer 5 Satz 9 gilt entsprechend;
6a. die Mehraufwendungen für eine betrieblich veranlasste doppelte Haushaltsführung, soweit sie die nach § 9 Absatz 1 Satz 3 Nummer 5 Satz 1 bis 4 abziehbaren Beträge und die Mehraufwendungen für betrieblich veranlasste Übernachtungen, soweit sie die nach § 9 Absatz 1 Satz 3 Nummer 5a abziehbaren Beträge übersteigen;

6b. Aufwendungen für ein häusliches Arbeitszimmer sowie die Kosten der Ausstattung. ²Dies gilt nicht, wenn für die betriebliche oder berufliche Tätigkeit kein anderer Arbeitsplatz zur Verfügung steht. ³In diesem Fall wird die Höhe der abziehbaren Aufwendungen auf 1250 Euro begrenzt; die Beschränkung der Höhe nach gilt nicht, wenn das Arbeitszimmer den Mittelpunkt der gesamten betrieblichen und beruflichen Betätigung bildet. ⁴Liegt kein häusliches Arbeitszimmer vor oder wird auf einen Abzug der Aufwendungen für ein häusliches Arbeitszimmer nach den Sätzen 2 und 3 verzichtet, kann der Steuerpflichtige für jeden Kalendertag, an dem er seine betriebliche oder berufliche Tätigkeit ausschließlich in der häuslichen Wohnung ausübt und keine außerhalb der häuslichen Wohnung belegene Betätigungsstätte aufsucht, für seine gesamte betriebliche und berufliche Betätigung einen Betrag von 5 Euro abziehen, höchstens 600 Euro im Wirtschafts- oder Kalenderjahr;

7. andere als die in den Nummern 1 bis 6 und 6b bezeichneten Aufwendungen, die die Lebensführung des Steuerpflichtigen oder anderer Personen berühren, soweit sie nach allgemeiner Verkehrsauffassung als unangemessen anzusehen sind;

8. Geldbußen, Ordnungsgelder und Verwarnungsgelder, die von einem Gericht oder einer Behörde im Geltungsbereich dieses Gesetzes oder von einem Mitgliedstaat oder von Organen der Europäischen Union festgesetzt wurden sowie damit zusammenhängende Aufwendungen. ²Dasselbe gilt für Leistungen zur Erfüllung von Auflagen oder Weisungen, die in einem berufsgerichtlichen Verfahren erteilt werden, soweit die Auflagen oder Weisungen nicht lediglich der Wiedergutmachung des durch die Tat verursachten Schadens dienen. ³Die Rückzahlung von Ausgaben im Sinne der Sätze 1 und 2 darf den Gewinn nicht erhöhen. ⁴Das Abzugsverbot für Geldbußen gilt nicht, soweit der wirtschaftliche Vorteil, der durch den Gesetzesverstoß erlangt wurde, abgeschöpft worden ist, wenn die Steuern vom Einkommen und Ertrag, die auf den wirtschaftlichen Vorteil entfallen, nicht abgezogen worden sind; Satz 3 ist insoweit nicht anzuwenden;

8a. Zinsen auf hinterzogene Steuern nach § 235 der Abgabenordnung und Zinsen nach § 233a der Abgabenordnung, soweit diese nach § 235 Absatz 4 der Abgabenordnung auf die Hinterziehungszinsen angerechnet werden;

9. Ausgleichszahlungen, die in den Fällen der §§ 14 und 17 des Körperschaftsteuergesetzes an außenstehende Anteilseigner geleistet werden;

10. die Zuwendung von Vorteilen sowie damit zusammenhängende Aufwendungen, wenn die Zuwendung der Vorteile eine rechtswidrige Handlung darstellt, die den Tatbestand eines Strafgesetzes oder eines Gesetzes verwirklicht, das die Ahndung mit einer Geldbuße zulässt. ²Gerichte, Staatsanwaltschaften oder Verwaltungsbehörden haben Tatsachen, die sie dienstlich erfahren und die den Verdacht einer Tat im Sinne des Satzes 1 begründen, der Finanzbehörde für Zwecke des Besteuerungsverfahrens und zur Verfolgung von Steuerstraftaten und Steuerordnungswidrigkeiten mitzuteilen. ³Die Finanzbehörde teilt Tatsachen, die den Verdacht einer Straftat oder einer Ordnungswidrigkeit im Sinne des Satzes 1 begründen, der Staatsanwaltschaft oder der Verwaltungsbehörde mit. ⁴Diese unterrichten die Finanzbehörde von dem Ausgang des Verfahrens und den zugrundeliegenden Tatsachen;

11. Aufwendungen, die mit unmittelbaren oder mittelbaren Zuwendungen von nicht einlagefähigen Vorteilen an natürliche oder juristische Personen oder Personengesellschaften zur Verwendung in Betrieben in tatsächlichem oder wirtschaftlichem Zusammenhang stehen, deren Gewinn nach § 5a Absatz 1 ermittelt wird;

12. Zuschläge nach § 162 Absatz 4 der Abgabenordnung;
13. Jahresbeiträge nach § 12 Absatz 2 des Restrukturierungsfondsgesetzes.
²Das Abzugsverbot gilt nicht, soweit die in den Nummern 2 bis 4 bezeichneten Zwecke Gegenstand einer mit Gewinnabsicht ausgeübten Betätigung des Steuerpflichtigen sind. ³§ 12 Nummer 1 bleibt unberührt.

(5a) *(weggefallen)*

(5b) Die Gewerbesteuer und die darauf entfallenden Nebenleistungen sind keine Betriebsausgaben.

(6) Aufwendungen zur Förderung staatspolitischer Zwecke (§ 10b Absatz 2) sind keine Betriebsausgaben.

(7) ¹Aufwendungen im Sinne des Absatzes 5 Satz 1 Nummer 1 bis 4, 6b und 7 sind einzeln und getrennt von den sonstigen Betriebsausgaben aufzuzeichnen. ²Soweit diese Aufwendungen nicht bereits nach Absatz 5 vom Abzug ausgeschlossen sind, dürfen sie bei der Gewinnermittlung nur berücksichtigt werden, wenn sie nach Satz 1 besonders aufgezeichnet sind.

(8) Für Erhaltungsaufwand bei Gebäuden in Sanierungsgebieten und städtebaulichen Entwicklungsbereichen sowie bei Baudenkmalen gelten die §§ 11a und 11b entsprechend.

(9) ¹Aufwendungen des Steuerpflichtigen für seine Berufsausbildung oder für sein Studium sind nur dann Betriebsausgaben, wenn der Steuerpflichtige zuvor bereits eine Erstausbildung (Berufsausbildung oder Studium) abgeschlossen hat. ²§ 9 Absatz 6 Satz 2 bis 5 gilt entsprechend.

(10) § 9 Absatz 1 Satz 3 Nummer 5b ist entsprechend anzuwenden.

Einkommensteuer-Durchführungsverordnung:

§ 6 *EStDV Eröffnung, Erwerb, Aufgabe und Veräußerung eines Betriebs*

(1) Wird ein Betrieb eröffnet oder erworben, so tritt bei der Ermittlung des Gewinns an die Stelle des Betriebsvermögens am Schluss des vorangegangenen Wirtschaftsjahrs das Betriebsvermögen im Zeitpunkt der Eröffnung oder des Erwerbs des Betriebs.

(2) Wird ein Betrieb aufgegeben oder veräußert, so tritt bei der Ermittlung des Gewinns an die Stelle des Betriebsvermögens am Schluss des Wirtschaftsjahrs das Betriebsvermögen im Zeitpunkt der Aufgabe oder der Veräußerung des Betriebs.

§ 7 *EStDV (weggefallen)*

§ 8 *EStDV Eigenbetrieblich genutzte Grundstücke von untergeordnetem Wert*

Eigenbetrieblich genutzte Grundstücksteile brauchen nicht als Betriebsvermögen behandelt zu werden, wenn ihr Wert nicht mehr als ein Fünftel des gemeinen Werts des gesamten Grundstücks und nicht mehr als 20 500 Euro beträgt.

Einkommensteuer-Richtlinien: EStR 4.1 bis 4.14 / EStH 4.1–4.15

Übersicht

Rz

A. Allgemeines
I. Regelungsgegenstand
  1. Bedeutung 1
  2. Persönlicher und sachlicher Anwendungsbereich 2

Übersicht § 4

	Rz
3. Aufbau	3
4. Neuere Rechtsentwicklung	4

II. Systematik der Gewinnermittlung
1. Grundlagen ... 8
2. Gewinnermittlungsarten ... 9
3. Wahlrecht ... 10
4. Gesamtgewinngleichheit ... 11

B. Betriebsvermögensvergleich, § 4 I
I. Gewinn, § 4 I 1
1. Gewinnbegriff ... 20
2. Anwendungsbereich ... 21
3. Vermögensvergleich
   a) Vermögen ... 22
   b) Vergleich; Korrekturen ... 23
4. Betriebsvermögen
   a) Bedeutung; Begriff ... 24
   b) Wirtschaftsgüter ... 25
   c) Betrieb ... 26, 27
   d) Betriebliche Veranlassung ... 30–33
   e) Dreiteilung des Vermögens ... 34
   f) Notwendiges Betriebsvermögen ... 35–40
   g) Privatvermögen ... 41
   h) Gewillkürtes Betriebsvermögen ... 42–46
   i) Gemischt genutzte Wirtschaftsgüter ... 47–53
   j) Betriebsvermögen bei Personengesellschaften ... 54
   k) Betriebsvermögen bei Kapitalgesellschaften ... 55
5. Persönliche Zurechnung
   a) Betriebsinhaber ... 60
   b) Zivilrechtliches und wirtschaftliches Eigentum ... 61
   c) Miteigentum ... 62
   d) Ehegatten; Lebenspartner ... 63–66
6. Veränderungen im Betriebsvermögen
   a) Begründung von Betriebsvermögen ... 70–74
   b) Ausscheiden aus dem Betriebsvermögen ... 75–78
   c) Rechtsfolgen ... 79–81
   d) Buchungstechnik und laufende Gewinnauswirkung ... 82–85
   e) Gewinnrealisierung; Aufdeckung stiller Reserven ... 86–96
   f) Verzicht auf die Besteuerung realisierter Gewinne ... 98
7. Behandlung bestimmter Wirtschaftsgüter
   a) Grund und Boden ... 110–113
   b) Gebäude; Gebäudeteile ... 115–126
   c) Forderungen ... 130–137
   d) Verbindlichkeiten ... 140–148
   e) Geldbestände; Bankverbindlichkeiten ... 150–156
   f) Virtuelle Währungen (Token, Bitcoin etc) ... 158
   g) Beteiligungen ... 160–166
   h) Wertpapiere ... 170
   i) Immaterielle Wirtschaftsgüter ... 172–174
   j) Versicherungen ... 178–190
   k) Betriebliche wiederkehrende Bezüge ... 192–210

II. Einlagen und Entnahmen, § 4 I 2–8
1. Korrektur des Betriebsvermögensvergleichs ... 220
2. Gesetzliche Definition, § 4 I 2, 8
   a) Wirtschaftsgüter ... 221–232
   b) Betriebliche Veranlassung ... 233
   c) Einlagehandlung; Entnahmehandlung ... 234
   d) Einlagewille; Entnahmewille ... 235
   e) Ausnahmen; mittelbare Entnahmevorgänge ... 236–238
3. Entstrickung, § 4 I 3–5
   a) Entstrickung und Realisationsprinzip ... 240–243

	Rz
b) Entstrickungsbesteuerung, § 4 I 3 HS 1	244–247
c) Entnahmefiktion bei Verstrickung, § 4 I 3 HS 2	248
d) Ausländische Betriebsstätte, § 4 I 4	249
e) Europäische Gesellschaft/Genossenschaft, § 4 I 5	250
4. Gewinnermittlung nach § 13a, § 4 I 6, 7	252
5. Einlage, § 4 I 8 HS 1	253
6. Verstrickung; Wertverknüpfung, § 4 I 8 HS 2 und I 9	
a) Begründung des Besteuerungsrechts	254
b) Wegfall der Beschränkung, § 4 I 9 iVm I 3 HS 2	255
7. Rechtsfolgen von Einlagen/Entnahmen	256–262
8. ABC der Einlagen/Entnahmen	270

III. Verweisung, § 4 I 10 ... 272

C. Bilanzberichtigung; Bilanzänderung, § 4 II

I. Bilanzberichtigung, § 4 II 1
1. Bilanzberichtigung; Bilanzierungsfehler, § 4 II 1 HS 1 280–284
2. Sachliche Grenzen, § 4 II 1 HS 2 ... 285
3. Verhältnis zur Veranlagungsberichtigung ... 286–293
4. Bilanzenzusammenhang ... 295–306
5. Gewinnauswirkung ... 308–310
6. Technische Durchführung ... 311–313
7. Übersicht zur Bilanzfehlerkorrektur ... 315–326

II. Bilanzänderung, § 4 II 2
1. Begriff ... 350
2. Grenzen ... 351
3. Rechtsfolgen ... 352

D. Gewinnermittlung durch Überschussrechnung, § 4 III

I. Gewinn, § 4 III 1
1. Gewinnbegriff ... 370
2. Anwendungsbereich ... 371
3. Vorteile; Nachteile ... 372
4. Bedeutung des Geldes bei § 4 III ... 374–380
5. Umlaufvermögen ... 382
6. Forderungen bei § 4 III und ihr Wegfall ... 383
7. Verbindlichkeiten bei § 4 III und ihr Wegfall ... 384
8. Einlage und Entnahme bei § 4 III ... 386–395
9. Betriebsbeginn ... 398
10. Betriebsende ... 399
11. Wiederkehrende Leistungen bei § 4 III ... 400–402

II. Durchlaufende Posten, § 4 III 2 ... 404

III. Abweichungen vom Abflussprinzip, § 4 III 3, 4
1. Bedeutung der Regelungen ... 406
2. Geringwertige Wirtschaftsgüter; Sammelposten ... 407
3. Abnutzbare Wirtschaftsgüter des Anlagevermögens ... 408
4. Nicht abnutzbare Wirtschaftsgüter des Anlagevermögens .. 409
5. Bestimmte Wirtschaftsgüter des Umlaufvermögens ... 410

IV. Aufzeichnungspflichten, § 4 III 5
1. Allgemeine Aufzeichnungspflichten ... 412
2. Einnahmenüberschussrechnung, § 60 IV EStDV ... 413
3. Besondere Aufzeichnungspflichten nach § 4 III 5 ... 414
4. Fehlende oder unvollständige Aufzeichnungen ... 415–418

E. Betriebseinnahmen; Betriebsausgaben, § 4 IV–X

I. Betriebseinnahmen
1. Begriff „Betriebseinnahmen" ... 420
2. Wertzugänge ... 421–436
3. Betriebliche Veranlassung ... 440–448
4. Verhältnis Betriebseinnahmen/Einlagen/Entnahmen ... 450
5. Höhe der Betriebseinnahmen; Aufzeichnungen ... 452
6. Zeitpunkt der Besteuerung ... 454

Übersicht

	Rz
7. Persönliche Zurechnung von Betriebseinnahmen	456
8. ABC der Betriebseinnahmen	460

II. Betriebsausgaben, § 4 IV
1. Begriff ... 470
2. Aufwendungen ... 471–478
3. Betriebliche Veranlassung ... 480–492
4. Verhältnis zu Einlagen und Entnahmen ... 493
5. Höhe ... 494
6. Pauschbeträge ... 496
7. Aktivierung ... 498
8. Zeitpunkt des Betriebsausgabenabzugs ... 499
9. Persönliche Zurechnung; Drittaufwand ... 500–506
10. Angehörige; nahestehende Personen ... 510
11. ABC der Betriebsausgaben ... 520

III. Nicht abziehbare Betriebsausgaben, § 4 IVa–IX
1. Vorbemerkung ... 521
2. Schuldzinsen, § 4 IVa ... 522–535
3. Geschenke, § 4 V 1 Nr 1 ... 536–539
4. Bewirtungskosten, § 4 V 1 Nr 2 ... 540–557
5. Gästehäuser, § 4 V 1 Nr 3 ... 560–564
6. Jagd, Fischerei usw, § 4 V 1 Nr 4 ... 567–569
7. Verpflegungsmehraufwand, § 4 V 1 Nr 5 ... 570–578
8. Fahrtkosten Wohnung/Betrieb; Familienheimfahrten, § 4 V 1 Nr 6 ... 580–587
9. Doppelte Haushaltsführung, § 4 V 1 Nr 6a ... 588
10. Häusliches Arbeitszimmer; Home-Office, § 4 V 1 Nr 6b ... 590–600
11. Repräsentationsaufwand, § 4 V 1 Nr 7 ... 601–603
12. Geldbußen; Ordnungsgelder; Verwarnungsgelder, § 4 V 1 Nr 8 ... 604–607
13. Hinterziehungszinsen, § 4 V 1 Nr 8a ... 608
14. Ausgleichszahlungen bei Organschaft, § 4 V 1 Nr 9 ... 609
15. Bestechungsgelder; Schmiergelder, § 4 V 1 Nr 10 ... 610–612
16. Tonnagesteuer, § 4 V 1 Nr 11 ... 613
17. Sanktionszuschläge, § 4 V 1 Nr 12 ... 614
18. Restrukturierungsfondsbeiträge, § 4 V 1 Nr 13 ... 615
19. Betätigung mit Gewinnabsicht, § 4 V 2 ... 616
20. Privataufwendungen, § 4 V 3 ... 617
21. Gewerbesteuer, § 4 Vb ... 618
22. Förderung staatspolitischer Zwecke, § 4 VI ... 619
23. Gesonderte Aufzeichnung, § 4 VII ... 620–623
24. Verteilung von Gebäudeerhaltungsaufwand, § 4 VIII ... 624
25. Aufwendungen für Erstausbildung, § 4 IX ... 625
26. Übernachtungspauschale für Berufskraftfahrer (§ 9 I 3 Nr 5b), § 4 X ... 626
27. Benennung des Empfängers, § 160 AO ... 630

F. Wechsel der Gewinnermittlungsart

I. Allgemeines
1. Zulässigkeit des Wechsels ... 650
2. Auswirkungen auf stille Reserven ... 651
3. Zurechnungen/Abrechnungen beim laufenden Gewinn ... 652
4. Sonderfälle ... 653
5. Korrekturen bei Schätzung ... 654, 655

II. Durchführung
1. Prüfung im Einzelfall ... 656, 657
2. Beispiele ... 658
3. Laufender Gewinn ... 661
4. Zeitpunkt der Entscheidung/Versteuerung ... 663, 664
5. Rechtsfolgen fehlerhafter Ermittlung ... 666, 667
6. Veräußerung/Aufgabe/Einbringung von Betrieben ... 668

	Rz
7. Unentgeltliche Betriebsübertragung	669
8. Übergang zur Liebhaberei	670

A. Allgemeines
I. Regelungsgegenstand

1 **1. Bedeutung.** § 4 knüpft an § 2 II 1 Nr 1 an und enthält allg Grundsätze zur **Ermittlung des Gewinns** für die dort genannten Einkünfte aus LuF, GewBetr und selbständiger Arbeit. Der Gewinnbegriff und die Gewinnermittlungsvorschriften bilden die Grundlage für die Berechnung des stpfl Einkommens (§ 2 III–V). Sie dienen der Verwirklichung des **Leistungsfähigkeitsprinzips** auf der Grundlage des **obj Nettoprinzips** (§ 2 Rz 9). Der Gewinn ist zudem Ausgangsgröße für die Ermittlung des Gewerbeertrags bei der **GewSt**.

Kommentierungshinweis: Die in § 4 verwendeten und (nur teilweise) definierten Begriffe BV, BE, BA, Entnahmen, Einlagen, Bilanzänderung und -berichtigung gelten auch für die Gewinnermittlung buchführender Gewerbetreibender (§ 5 I, VI). Sie werden einheitl bei § 4 erläutert. – § 5 bestimmt, welche WG des BV zu bilanzieren sind, auch für die Gewinnermittlung nach § 4 I; bei § 5 werden daher insb die allg Grundsätze ordnungsmäßiger Buchführung und Bilanzierung nach Handels- und Steuerrecht mit dem Begriff WG und Fragen der Aktivierung und Passivierung erläutert. – **§§ 6 ff** behandeln die Bewertung von WG mit AfA für alle Gewinnermittlungsarten (vgl § 4 I 9, III 3 und IVa 6, § 5 VI und § 6 VII).

2 **2. Persönlicher und sachlicher Anwendungsbereich.** § 4 gilt unmittelbar für estpfl **natürl Personen** mit Gewinneinkünften (§ 2 II 1 Nr 1) und mittelbar (über §§ 1, 8 KStG) auch für kstpfl **juristische Personen**. Bei einer **PersGes** folgt die Gewinnermittlung für den Ges'ter der Gewinnermittlung der Ges (§ 15 Rz 400 ff). – Bei **unbeschr StPfl** gilt § 4 für inl und ausl Einkünfte, bei **beschr StPfl** für alle inl Einkünfte iSd § 49 mit Sonderregelungen in § 50 I 1 (BA, § 50 Rz 7) und § 50 II (Veranlagung inl Betriebe, § 50 Rz 28 ff).

3 **3. Aufbau.** § 4 I regelt die Gewinnermittlung durch BV-Vergleich mit den Begriffen BV, Entnahme und Einlage. § 4 II legt fest, unter welchen Voraussetzungen Bilanzberichtigungen und -änderungen zulässig sind. § 4 III eröffnet die Möglichkeit einer vereinfachten Gewinnermittlung durch Gegenüberstellung von BE und BA (Überschussrechnung). § 4 IV definiert den Begriff der BA. § 4 IVa beschränkt den Abzug von Schuldzinsen als BA. § 4 V enthält weitere Abzugsbeschränkungen und -verbote (unangemessene Aufwendungen etc), ebenso § 4 Vb (GewSt) und § 4 VI (politische Zuwendungen). Für bestimmte nur beschränkt abziehbare Aufwendungen sieht § 4 VII besondere Aufzeichnungspflichten vor. Für die Verteilung von Erhaltungsaufwand bei bestimmten Wohngebäuden (Sanierungsgebiet, Baudenkmal) verweist § 4 VIII auf §§ 11a, 11b. § 4 IX schließl regelt die Berücksichtigung von Ausbildungskosten als BA; und § 4 X verweist auf die neue Übernachtungspauschale für Berufskraftfahrer (§ 9 I 3 Nr 5b).

4 **4. Neuere Rechtsentwicklung.** Durch das *ATADUmsG* (BGBl I 21, 2035) sind neue Regelungen zur **Entstrickung** und **Verstrickung** in § 4 I 3 HS 2 und § 4 I 9 geschaffen worden (Rz 254 f); diese gelten erstmals für nach dem 31.12.19 endende Wj (§ 52 VI 1 und 3).

Die Regelung zur **Homeoffice-Pauschale** in § 4 V 1 Nr 6b S 4 ist durch das JStG 2020 eingefügt worden (Rz 600). § 4 V 1 Nr 6 idF des *KlimaSchG* verweist in einem neuen S 4 auf die Regelung zur befristeten Anhebung (ab VZ 21) der Entfernungspauschale und zur Einführung einer **Mobilitätsprämie** in § 9 I 3 Nr 4 Satz 8 und Nr 5 S 9 (Rz 583). – S iÜ *Schmidt* 39. Aufl § 4 Rz 4 und *BH/Drüen* § 4 Rz 2 ff.

II. Systematik der Gewinnermittlung

8 **1. Grundlagen.** Der Gewinn als steuerl Größe ist nach §§ 4–7k und 13a zu ermitteln (§ 2 II 1 Nr 1) und zwar **periodisch** für ein Kj (§ 2 VII, § 25 I) bzw Wj

Systematik der Gewinnermittlung 9–11 § 4

(§ 4a). Einkunfts- und Aufzeichnungsart beeinflussen den Lauf des Wj (§ 4a I EStG; §§ 8b, 8c EStDV) und die Höhe des Jahresgewinns (s Rz 11). Die Veranlagung erfolgt unabhängig von der Gewinnermittlung nach dem Prinzip der **Abschnittsbesteuerung** (§ 2 VII, § 25) jeweils für ein Kj. Der Gewinn eines abw Wj ist nach § 4a II auf das Kj umzurechnen. – Der Begriff „Gewinn" in § 4 I umfasst auch **Verluste** (s Rz 22). Seit 2012 sind Bilanzen und GuV-Rechnungen dem FA grds **elektronisch** zu übermitteln (§ 5b).

2. Gewinnermittlungsarten. Unterschieden wird zw drei Arten der Gewinnermittlung: 9
– **BV-Vergleich** gem § 5 I nach handelsrechtl GoB für *Gewerbetreibende*, die auf Grund gesetzl Verpflichtung (§§ 238 ff HGB; §§ 140, 141 AO) oder freiwillig Bücher führen und regelmäßige Abschlüsse machen (§ 5 Rz 6 ff);
– **BV-Vergleich** gem § 4 I für *Land- und Forstwirte*, die gesetzl buchführungspflichtig sind oder freiwillig Bücher führen (s iEinz § 13 Rz 191 ff), sowie für *Selbständige*, die freiwillig Bücher führen (Rz 21 ff);
– **Überschussrechnung** gem § 4 III für *(Klein-)Gewerbetreibende* und *Land- und Forstwirte*, die weder gesetzl buchführungspflichtig sind (§§ 238, 241a HGB, § 141 AO) noch freiwillig Bücher führen, sowie für *Selbständige*, die nicht freiwillig Bücher führen (Rz 370 ff).

Daneben gibt es Sonderregelungen für die **pauschalierende Gewinnermittlung** bei Handelsschiffen im internationalen Verkehr gem **§ 5a** (sog Tonnagesteuer) und die Gewinnermittlung nach Durchschnittsätzen für Land- und Forstwirte gem **§ 13a** (verfrechtl Problematik s § 13a Rz 2).

Bei **mehreren Schiffen** ist unterschiedl Gewinnermittlung je Schiff mögl (BFH IV B 16/20 BFH/NV 21, 1060). Zur Gewinnermittlung bei **Betriebsveräußerung/-aufgabe** s § 16 Rz 305; zur Abgrenzung zw lfd Gewinn und (tarifbegünstigtem) Aufgabegewinn s BFH VI R 51/16 BStBl II 18, 778 Rz 13 und § 16 Rz 325 ff. Zur Gewinnermittlung bei **Veräußerung von KapGes-Anteilen** s § 17 Rz 131.

3. Wahlrecht. StPfl, die nicht gesetzl verpflichtet sind, Bücher zu führen, be- 10 stimmen grds durch die **Art ihrer Aufzeichnungen** die Art der Gewinnermittlung: durch Erstellen entspr Abschlüsse nach der EB (§ 4 I) oder durch Anlegen einer geordneten Belegsammlung (§ 4 III; stRspr, s BFH IV R 39/13 BStBl II 17, 154: tatsächl Handhabung maßgebl; BFH X R 15/11 BFH/NV 13, 1548: Vorlage kursorischer Überschussrechnung). Die Wahl ist eine „Grundentscheidung", die nicht jährl wiederholt werden muss (BFH R 58/10 BStBl II 09, 368), aber einen **Wechsel** auch nicht ausschließt. Im Fall einer **PersGes** steht dieser das Gewinnermittlungswahlrecht zu, nicht dem Ges'ter (BFH IV R 3/20 DStR 21, 1806: auch bei ausl PersGes). – Wahl und Wechsel der Gewinnermittlungsart sind zwar **prinzipiell unbefristet** mögl, dh formal bis zur Bestandskraft der StFestsetzung (s BFH X R 15/11 BFH/NV 13, 1548: Schluss der mündl Verhandlung). Tatsächl ergeben sich jedoch **Schranken** durch die Gewinnermittlungsvorschriften des § 4 I, III; s Rz 650 ff. – Nur derjenige kann eine Wahl (ausdrückl oder durch schlüssiges Verhalten) treffen, der auch tatsächl einen **Willen zu Gewinnermittlung** hat (BFH IV R 57/07 BStBl II 09, 659 mwN).

Nachträgl BE werden stets ohne Wahlrecht nach § 4 III ermittelt (s Rz 446). – Zur Einschränkung des Wahlrechts bei Beteiligung eines inl StPfl an einer ausl PersGes und **ausl Bilanzierungspflicht** s auch BFH I R 24/13 BStBl II 15, 141 (atypisch stille Beteiligung an österr GmbH) und BFH R 3/13 BFH/NV 15, 667 (Beteiligung an englischer Partnership), Anm *Mann/Stahl* DStR 15, 1425; s auch EStR 4.1 IV; zweifelnd *Salzmann* IStR 15, 282; *Hennrichs* DStR 15, 1320; *Müller* BB 15, 2327.

4. Gesamtgewinngleichheit. Je nach Art der Gewinnermittlung können sich 11 **unterschiedl Periodengewinne** ergeben. Die Unterschiede sind geringfügig zw § 4 I und § 5, wesentl jedoch zw BV-Vergleich nach §§ 4 I/5 (Realisationsprinzip) und Überschussrechnung nach § 4 III (Zufluss-/Abflussprinzip, § 11 I 5, II 6; BFH IV R 12/14 BStBl II 18, 20, Rz 20). Nach dem verfrechtl Grundsatz der Gesamtgewinngleichheit (Art 3 I GG) muss aber jedenfalls *auf Dauer gesehen* nach § 4 III im Wesentlichen der **gleiche Totalgewinn** wie beim BV-Vergleich erfasst werden (vgl BFH VIII R 45/12 BStBl II 15, 759; BFH IV R 31/10 BFH/NV 14, 514; krit *Drüen* FR 99, 1097). Die richtige Besteuerung des einzelnen Geschäftsvorfalls und die Ermittlung des richtigen Totalgewinns haben **Vorrang** vor der Ermittlung richtiger Periodengewinne. Teilweise hat der Gesetzgeber sich um eine entspr Angleichung der Regelungen in § 4 III an den BV-Vergleich bemüht (s Rz 406). Darüber hinaus ist der Grundsatz der Gesamt-/Totalgewinngleichheit aber auch bei der Auslegung und Anwendung der Gewinnermittlungsvorschriften zu berücksichtigen (s BFH XI B 166/05 BFH/NV 06, 2047), insb durch eine **einheitl Auslegung** der maßgebl Grundbegriffe (s Rz 25 zu „Betrieb" und Rz 30 zu „betriebl Veranlassung").

Beispiele: Berücksichtigung von **Entnahmen/Einlagen** bei § 4 III (Rz 386 ff); **wiederkehrenden Leistungen** bei § 4 III (Rz 400); Geltung der Beschränkungen des **Schuldzinsenabzugs** (§ 4 IVa) bei § 4 III (Rz 534); Zu- und Abrechnungen beim **Wechsel der Gewinnermittlungsart** (Rz 651 ff); zum Grundsatz des **Bilanzenzusammenhangs** bei § 4 III s Rz 303. – Die StTarifbegünstigung für nicht entnommene Gewinne gem **§ 34a** gilt allerdings nur bei Gewinnermittlung nach § 4 I/§ 5 (s aber § 34a Rz 12: kein hinreichender sachl Grund). – Die *FinVerw* lässt zudem aus Billigkeits- oder Vereinfachungsgründen bei der **Rentenbesteuerung** rechtsunsystematische Abweichungen zu (s Rz 400 f), ebenso bei der „Rücklage für Ersatzbeschaffung" (EStR 6.6 V).

B. Betriebsvermögensvergleich, § 4 I

I. Gewinn, § 4 I 1

20 **1. Gewinnbegriff.** Gewinn iSv § 4 I 1 ist der Unterschiedsbetrag zw dem BV am Schluss des Wj und dem BV am Schluss des vorangegangenen Wj, vermehrt um den Wert der Entnahmen und vermindert um den der Einlagen. Es handelt sich um einen **stichtagsbezogenen Bestandsvergleich** durch Gegenüberstellung zweier Vermögensübersichten („Bilanz", s § 4 II 1; BFH IV R 13/17 BStBl II 19, 754, Rz 25). Zu Betriebsbeginn/-beendigung s § 6 EStDV.

Gem § 242 II HGB hat ein Kaufmann (jenseits der Umsatz-/Erlösgrenzen des § 241a HGB) für den Schluss eines jeden Geschäftsjahres (= Wj) neben der Bilanz eine **GuV** aufzustellen, in der die **Aufwendungen und Erträge** des Wj zusammengefasst werden (§§ 275 ff HGB; s *BeBiKo* § 275 HGB Rz 7: Gewinnermittlungs- und Informationsfunktion). Das Ergebnis der GuV (Differenz zw Aufwendungen und Erträgen) muss dem Ergebnis des BV-Vergleichs entsprechen.

21 **2. Anwendungsbereich.** Der BV-Vergleich gem § 4 I gilt für **Land- und Forstwirte,** die gesetzl buchführungspflichtig sind (§ 13 Rz 193 mwN) oder freiwillig Bücher führen, für **Selbständige,** die freiwillig Bücher führen (§ 18 Rz 156 ff), und gem § 5 I 1 auch für **Gewerbetreibende,** die gesetzl verpflichtet sind, Bücher zu führen und regelmäßige Abschlüsse zu machen, oder dies freiwillig tun, mit der Besonderheit, dass jeweils das nach den handelsrechtl **GoB** auszuweisende BV anzusetzen ist (§ 5 Rz 6 ff, 21 ff). – Auch **ausl Rechtsnormen** können eine int Buchführungspflicht begründen (BFH I R 81/16 BStBl II 19, 390). Die ausl gesetzl Pflichten müssen nicht mit den dt funktions- und informationsgleich sein (BFH IV R 3/20 DStR 21, 1806: ggf Überleitungsrechnung; BFH IV R 20/17 BFH/NV 21, 1191).

Im sachl Anwendungsbsereich des § 4 I 1 liegt dem BV-Vergleich keine HB, sondern eine **StB** zugrunde; aber auch hier ist das BV nach handelsrechtl GoB auszuweisen (s BFH IV R 13/17 BStBl II 19, 754, Rz 25 mwN). – Werden trotz Buchführungspflicht keine bzw keine ordnungsgemäßen Bücher geführt, erfolgt **Schätzung** nach § 4 I/§ 5 oder § 4 III (vgl BFH VI R 70/15 BStBl II 18, 174: Landwirt; s auch § 5 Rz 19).

22 **3. Vermögensvergleich. – a) Vermögen.** Vermögen idS das eingesetzte **Eigenkapital** als Differenz zw der Summe aller aktiven WG und der Summe aller passiven WG (Rz 24). Alle WG des BV müssen in einer geschlossenen Buchfüh-

Betriebsvermögensvergleich (Gewinn)

rung erfasst sein (s Rz 82). Zum Schluss eines Wj (§ 4a) ist eine **Inventur** (mengen- und wertmäßige Bestandsaufnahme, § 240 I, II HGB) durchzuführen und zu einem Jahresabschluss zusammenzufassen (Entwicklung der Bilanz aus dem Inventar, s § 5 Rz 18). Die „**Abschlüsse**" (s Wortlaut § 4a I Nr 2 und 3, § 5 I 1) bilden die **StB**; sie ist bei § 4 I unmittelbar zu erstellen und bei § 5 grds aus der HB abzuleiten (Maßgeblichkeitsgrundsatz, § 5 Rz 26 ff).

b) Vergleich; Korrekturen. Die **Differenz** zw den Ergebnissen der beiden Abschlüsse (Wj und vorangeganges Wj, Rz 20) bildet die Grundlage für die Ermittlung des Gewinns iSd § 4 I 1. Allerdings muss diese Differenz noch um **Entnahmen und Einlagen** bereinigt werden (Rz 220). Denn in der StB werden idR alle tatsächl Wertveränderungen des BV wiedergegeben, ohne Rücksicht auf die Veranlassung des jeweiligen Vorgangs; der estl Gewinn umfasst jedoch nur betriebl Wertveränderungen. Daher ist das Bilanzergebnis ggf außerhalb der Bilanz (s Rz 85, 89) zu korrigieren: durch Zurechnung aller *privat veranlassten Wertabgaben*, die das BV tatsächl gemindert haben (Entnahmen, § 4 I 2), und durch Kürzung um *privat veranlasste Wertzuführungen*, die das BV tatsächl erhöht haben (Einlagen, § 4 I 8 HS 1). – Ggf sind **weitere Korrekturen** vorzunehmen wegen stfreier BE (zB § 3 Nr 40, § 3c II, s auch Rz 447), nicht abziehbarer BA (zB § 4 V, s Rz 491, 521 ff) oder vGA (s Rz 296). Der nach § 4 I 1 ermittelte Gewinn (betriebl veranlasste Eigenkapitaländerung) ist daher nicht identisch mit dem stpfl Gewinn (BFH IV R 13/17 BStBl II 19, 754, Rz 25). – Das Ergebnis kann positiv oder negativ sein. „Gewinn" iSd § 4 I sind auch **Verluste**; das folgt zwingend aus § 4 I 1 (s auch BFH X R 17/16 BStBl II 18, 744 Rz 22 mwN; zu deren Berücksichtigung s § 10d Rz 1; zu Sonderregelungen s § 10d Rz 11). – Zum BV-Vergleich bei einer **PersGes** s § 15 Rz 407 ff, 441 ff.

4. Betriebsvermögen. – a) Bedeutung; Begriff. Ausgangsgröße der Gewinnermittlung nach § 4 I 1 ist das Betriebsvermögen (BV). Den Begriff „BV" verwendet das Gesetz, ohne ihn zu definieren (zB § 4 I, § 5 I, § 6 I 1, wohl synonym „WG des Betriebs" in § 6 I Nr 2 S 1). Nach stRspr gehören zum BV alle aktiven und passiven **WG,** die aus **betriebl Veranlassung** (Rz 30 ff) angeschafft, hergestellt oder eingelegt werden (BFH IV R 13/17 BStBl II 19, 754; BFH VI R 68/15 BStBl II 19, 128 zu § 4 III). Für jedes WG muss im Einzelfall geprüft werden, ob ein entspr *sachl* betriebl Zusammenhang vorliegt. Außerdem muss eine *persönl* Zurechnung erfolgen, da zum BV nur WG gehören, die dem StPfl **als eigene zuzurechnen** sind (s Rz 60 ff). BV ist demnach die Summe aller im Eigentum des Betriebsinhabers stehenden WG, die in einem **tatsächl oder wirtschaftl Zusammenhang** zum Betrieb stehen. Diese Voraussetzungen sind für jeden VZ neu zu prüfen; maßgebl sind idR die Verhältnisse zum **Bilanzstichtag** (Ende des jeweiligen Wj, §§ 4 I 1, 4a).

Zur Bedeutung für die Gewinnermittlung nach **§ 4 III** s Rz 370, 406. – **Überschusseinkünfte** (§ 2 I Nr 4–7) kennen nach bislang hM kein entspr „Einkünftevermögen"; alle für die Einkünfteerzielung eingesetzten WG sind PV (vgl Rz 41). – Zum BV von PersGes und KapGes s Rz 54 f.

b) Wirtschaftsgüter. Gegenstand des BV können **WG aller Art** sein. Der Begriff des WG ist weit zu fassen (s BFH IV R 9/17 BStBl II 21, 226: Wärmeenergie). Er beinhaltet neben Sachen und Rechten (§ 90 BGB) auch tatsächl Zustände, konkrete Möglichkeiten oder Vorteile für den Betrieb, deren Erlangung der Kaufmann sich etwas kosten lässt, die in einer besonderen Bewertung zugängl sind, idR eine Nutzung für mehrere Wj erbringen und zumindest mit dem Betrieb übertragen werden können (stRspr, BFH X R 20/17 BStBl II 20, 3 Rz 44 mwN; s auch § 5 Rz 93 f). Es kann sich um aktive und passive WG einschließl Rückstellungen handeln, um Wertberichtigungen und RAP, die beim BV-Vergleich als Bilanzierungshilfen *wie* WG behandelt werden, um abnutzbare WG (einschließl GWG) und nicht abnutzbare WG, um WG des AV und des UV, um materielle und immaterielle WG und unter den immateriellen nicht nur um dingl, sondern auch um obligatorische Nutzungsrechte. – **Eigene Arbeitskraft** ist kein WG (s Rz 229).

Welche Einzelposten dem BV zuzurechnen sind, bestimmt sich **ausschließl nach steuerrechtl Grundsätzen** (s § 5 Rz 22), vor allem nach dem tatsächl und wirtschaftl Zusammenhang zur betriebl Sphäre (Rz 30 ff). Die §§ 140 ff AO und die allg GoB sind zu beachten (vgl § 5 Rz 26; §§ 240 ff HGB). – Die in § 266 HGB vorgesehene **Gliederung** ist nicht allg verbindl (s § 5 Rz 30). Auf der Aktivseite der Bilanz müssen alle aktiven Vermögensmehrwerte erscheinen (mindestens AV, UV und RAP, § 5 Rz 92); die Passivseite muss die Herkunft der eingesetzten Mittel erkennen lassen (Fremd- und Eigenkapital § 5 Rz 306).

26 **c) Betrieb. – aa) Begriff; Funktion.** „Betrieb" ist im Grunde jede wirtschaftl, auf Gewinn ausgerichtete Betätigung des StPfl. Die Begriffe „Betrieb" und „betriebl" werden im EStG nicht definiert, obgleich sie die Definitionen für die Begriffe BV, BE, BA, Gewinn, Entnahme und Einlage prägen und damit **die Grundlage für die gesamte Gewinnermittlung** bilden. Sie haben je nach Regelungszusammenhang unterschiedl normspezifische Funktionen: Sie dienen zunächst und vor allem der *Abgrenzung* der estl relevanten **Erwerbssphäre** des StPfl von der estl irrelevanten **Privatsphäre**. Darüber hinaus trennen sie die Gewinneinkünfte von den übrigen Einkünften. Schließl grenzen sie verschiedene Einzelbetriebe desselben StPfl als organisatorische Einheiten voneinander ab (vgl § 6 V 1). – Zu den unterschiedl Facetten des Begriffs s auch *HHR/Kanzler* Vor §§ 4–7 Rz 84.

Die **Identität des Totalgewinns** (Rz 11) ist nur erreichbar, wenn die für die einzelnen Gewinnermittlungsarten maßgebl **Grundbegriffe einheitl ausgelegt** werden. Das gilt vor allem für die Zentralbegriffe „Betrieb" und „betriebl Veranlassung" (Rz 30 ff). Die Gewinnermittlungsvorschriften sind zT unscharf, weil sie in erster Linie die jeweilige Ermittlungstechnik im Auge haben. Entscheidend ist, dass sie alle die gleiche gedankl Wurzel haben: die *Abgrenzung* der betriebl von der außerbetriebl Sphäre. – Bei der Auslegung des Begriffs **Entnahme** für betriebsfremde Zwecke (§ 4 I 2) bei Überführung von einem Betrieb in einen anderen desselben StPfl hat sich allerdings die Rspr vom allg Betriebsbegriff gelöst (vgl Rz 243, § 6 III–VII).

27 **bb) Betrieb als Objekt der Gewinnermittlung.** Die Auffassungen zu der Frage, was iRd Gewinnermittlung als „Betrieb" heranzuziehen ist, sind vielfältig und reichen von der Ermittlung des Gewinns des Einzelbetriebs über den Gewinn aller Betriebe einer Einkunftsart bis hin zum (konsolidierten) Gewinn aus allen Gewinneinkunftsarten (§ 2 I Nr 1–3, II 1 Nr 1). ME steht es dem StPfl grds frei, den Umfang seines Betriebs selbst zu bestimmen; das entspricht auch der gängigen Praxis. Eine **natürl Person** kann demnach *mehrere* Betriebe und damit auch *mehrere* BV unterhalten (vgl § 141 I 1 AO; aA § 15 Rz 3 zu § 4 IVa; ferner: § 4h Rz 8, § 6 Rz 762 f, § 13 Rz 9, § 15 Rz 125; zu Einschränkungen für Freiberufler s § 18 Rz 50). Die Betriebe können unterschiedl Einkunftsarten angehören; es können aber auch innerhalb derselben Einkunftsart mehrere Einzelbetriebe geführt werden (vgl § 34a Rz 21). BV, Entnahmen, Einlagen und Gewinn sind den einzelnen Betrieben nach dem wirtschaftl Zusammenhang zuzuordnen. – **PerGes** und **Körperschaften** unterhalten dagegen stets *nur einen* Betrieb und haben somit auch nur *ein* BV (vgl BFH VI R 66/15 DStR 18, 2135 Rz 27 zu gewerbl und freiberufl MUerschaft; s auch § 18 Rz 39).

30 **d) Betriebliche Veranlassung. – aa) Definition.** Zum BV gehören alle WG, die aus betriebl Veranlassung angeschafft, hergestellt oder eingelegt werden (Rz 23). Eine betriebl Veranlassung liegt vor, wenn ein **obj wirtschaftl** oder **tatsächl Zusammenhang** zw dem angeschafften, hergestellten oder eingelegten WG und dem Betrieb besteht (BFH VI R 68/15 BStBl II 19, 128; BFH III R 42/13 BStBl II 17, 339). Dieser Zusammenhang wird grds nicht nur durch **Widmung** des angeschafften WG zu betriebl Zwecken begründet; er kann auch unabhängig von der tatsächl oder beabsichtigten Nutzung des WG dadurch hergestellt werden, dass die Anschaffung als solche ein **betriebl Vorgang** ist (s Rz 39).

Der Begriff „betriebl Veranlassung" dient ebenso wie der Betriebsbegriff (Rz 25) der für die Verwirklichung des obj Nettoprinzips erforderl Trennung der estl relevanten **Erwerbssphäre** des StPfl von der estl irrelevanten **Privatsphäre** (s auch § 4 IV). Es handelt sich um den wichtigsten Begriff der betriebl Einkunftsarten (vgl BFH VIII R 34/07 BStBl II 10, 612) bzw, wenn man auch den Begriff des Veranlassungszusammenhangs iRd Überschusseinkunftsarten mit einbezieht (s § 9 Rz 40 ff), der Einkünfteermittlung überhaupt. Die Auslegung des Veranlassungsbegriffs sollte **in allen Bereichen einheitl** erfolgen, nicht nur wegen der Identität des Totalgewinns (Rz 25), sondern weil eine unterschiedl Handhabung zu unterschiedl Ausprägungen des Nettoprinzips führt und damit den **allg Gleichheitssatz (Art 3 I GG)** verletzt (so zutr *Tipke* StRO II, 2. Aufl, S 765; s auch § 9 Rz 40).

bb) Allgemeine Zuordnungskriterien. – (1) Maßgeblichkeit des objektiven Zusammenhangs. Ein obj sachl Zusammenhang zw WG und Betrieb ist unabdingbare Voraussetzung für die Annahme von BV (s auch Rz 480 zu § 4 IV). Dieser obj Zusammenhang ist für **jedes einzelne WG** gesondert zu prüfen. Jedes *bewegl* WG kann grds nur einheitl zum BV oder zum PV gerechnet werden, auch bei **gemischter Nutzung** (hM, s Rz 47 ff); dagegen sind *GuB* (Rz 110 ff) sowie *Gebäude* (Rz 115 ff) ggf in mehrere WG aufzuteilen. Ob das jeweilige WG im konkreten Einzelfall bilanzierbar (§ 5) und bewertbar (§ 6) ist, berührt nicht die Zuordnung zum BV. Innerhalb dieses obj Rahmens steht dem StPfl als Betriebsinhaber ein **Handlungs- und Entscheidungsspielraum** hinsichtl der Frage zu, welche WG er im Betrieb zum Einsatz bringen will.

Ebenso wie beim BA-Begriff enthält der Begriff der betriebl Veranlassung gleichwohl auch im Zusammenhang mit dem BV ein **subj Element** (s Rz 484; vgl zu § 4 IV: BFH X R 10/16 BStBl II 18, 630 Rz 31). Daher setzt auch bei der Anschaffung oder Herstellung die Zuordnung zum BV nicht ausnahmslos voraus, dass der angestrebte betriebl Zweck auch tatsächl erreicht wird. Die BV-Eigenschaft kann auch darauf beruhen, dass der StPfl ein WG in der Erwartung anschafft oder herstellt, es würde dem Betrieb dienen; es muss sich aber um eine auch für Dritte *nachvollziehbare* Erwartung handeln (s etwa zu Fehlinvestitionen Rz 37 und 43, auch zur Beweislast).

(2) Betriebsvermögen und § 4 V. Dass Aufwendungen für ein WG nicht oder nur beschränkt als BA abziehbar sind, berührt die BV-Eigenschaft nicht. Ein betriebl Gästehaus ist trotz § 4 V 1 Nr 3 mit allen Folgen BV (s Rz 563); dasselbe gilt für ein häusl Arbeitszimmer (§ 4 V 1 Nr 6b; BFH XI R 87/03 BStBl II 06, 18) oder für unangemessene BA (§ 4 V 1 Nr 7; BFH VIII R 20/12 BStBl II 14, 679: geleaster Ferrari eines Tierarztes). Ein etwaiger **Veräußerungserlös** ist voll zu versteuern (BFH X R 14/12 BFH/NV 15, 973 mwN; aA *Stadie* FR 16, 289; s auch zur Veräußerung gemischt genutzter WG Rz 51).

(3) Mittelherkunft. Die Herkunft der für den Erwerb eines WG eingesetzten Mittel lässt keine zwingenden Rückschlüsse auf die Zuordnung des erworbenen WG zu (vgl BFH VIII R 1/08 BStBl II 11, 862 mwN: Arzt erwirbt Wertpapiere). Betriebl Mittel können dem Betrieb vorher entnommen und private Mittel vorher in den Betrieb eingelegt worden sein (s aber Rz 39).

e) Dreiteilung des Vermögens. Bei der Prüfung, ob der erforderl Veranlassungszusammenhang zw dem angeschafften, hergestellten oder eingelegten WG und dem Betrieb besteht, geht die Rspr (nach wie vor) von einer Dreiteilung des Vermögens des StPfl aus (s zB BFH X R 1/16 BStBl II 18, 181): WG, die nach Art und Einsatz eine *besonders enge Beziehung* zum Betrieb des StPfl aufweisen, werden als **notwendiges BV** bezeichnet, die des StPfl für Zwecke der *privaten Lebensführung* verwendet, sind **(notwendiges) PV**. Fehlt eine eindeutige Beziehung zu einem der beiden Bereiche, steht es dem StPfl grds frei zu bestimmen, ob er das *an sich neutrale WG* als sog **gewillkürtes BV** der Förderung betriebl Zwecke widmen will oder nicht (stRspr, vgl BFH IV R 56/11 BFH/NV 15, 317 mwN; Kritik s *Schmidt* 39. Aufl § 4 Rz 34).

f) Notwendiges Betriebsvermögen. – aa) Begriff. Zum notwendigen BV gehören alle WG, die dem Betrieb in der Weise unmittelbar dienen, dass sie obj erkennbar zum unmittelbaren Einsatz im Betrieb selbst bestimmt sind (BFH X R 38/17 BStBl II 19, 518, mwN). Sie rechnen ggf auch ohne weitere Einlagehandlung zum BV, also auch dann, wenn die Bilanzierung oder sonstige Erfassung in den Büchern des StPfl unterblieben ist (BFH VI R 68/15 BStBl II 19, 128; BFH X R 20/86 BStBl II 90, 128).

36 **(1) Unmittelbar dienen.** Dieses **obj Begriffsmerkmal** bringt die für den Veranlassungszusammenhang erforderl besonders enge, untrennbare Beziehung zum Betrieb zum Ausdruck (s auch § 18 III 1). Es wird nicht vorausgesetzt, dass das betr WG für den Betrieb „notwendig" iSv erforderl, wesentl oder unentbehrl ist (BFH X R 28/16 BStBl II 19, 474, Rz 27 mwN; mE nur in der Formulierung missverständl: BFH IV R 56/11 BFH/NV 15, 317, Rz 23). Es muss sich aber doch obj nachvollziehbar auf den konkreten Betriebsablauf (Fabrikation, Handel, Dienstleistung etc) beziehen.

Beispiele: Büro- und Fabrikgebäude, Lagerplätze, Roh- und Betriebsstoffe, Maschinen, Waren etc; Beteiligung eines **Bild-Journalisten** an Vermarktungs-GmbH (BFH VIII R 34/07 BStBl II 10, 612, Anm *Kempermann* FR 10, 664); Beteiligung eines **Arztes** an Lizenz-GmbH, die von ihm entwickelte Präparate vermarktet (BFH IV R 14/00 BStBl II 01, 798); Zuckerfabrik-Aktien eines **Landwirts**, der Rüben anbaut (BFH IV R 19/02 BStBl II 04, 280; FG Nbg EFG 10, 637, rkr). – **Weitere Beispiele:** § 18 Rz 163 ff (auch zur Bedeutung von Standesrecht).

37 **(2) Bestimmung.** Hinsichtl des **subj Begriffsmerkmals** „bestimmt sein" ist auf die tatsächl Zweckbestimmung abzustellen, also die konkrete Funktion des WG im Betrieb (BFH IV R 10/09 BStBl II 12, 93). Das erfordert eine (ggf konkludente) **endgültige Funktionszuweisung** oder „Widmung" durch den StPfl (BFH XI R 32/01 BStBl II 05, 431; vgl auch Wortlaut des § 16 III 5, 6; ferner § 247 HGB). Dies kann auch schon die abschließende Bestimmung sein, dass das WG *in Zukunft* betriebl genutzt werden soll (s Rz 32); es genügt hingegen nicht, wenn der Einsatz des WG im Betrieb nur als *mögl* in Betracht kommt (vgl BFH IV R 10/09 BStBl II 12, 93: „eindeutige Bekundung" und „überschaubarer Zeitraum"). – Ob der angestrebte betriebl Erfolg im Einzelfall erreicht wird, ist nicht entscheidend; auch eine **Fehlinvestition** kann notwendiges BV sein (BFH I R 6/73 BStBl II 76, 179; s allg auch BFH X R 10/16 BStBl II 18, 630 Rz 29 ff).

Beispiel: Bei einem gewerbl Grundstückshandel sind diejenigen Objekte zum Einsatz im Betrieb „bestimmt", auf die sich die Veräußerungs*absicht* des StPfl bezieht (BFH X R 26/17 BFH/NV 18, 1255 Rz 28).

38 **bb) Verwendung des Wirtschaftsguts.** Der erforderl unmittelbare Zusammenhang ergibt sich bei notwendigem BV idR aus der konkreten Verwendung des WG im Betrieb. Eine **aktuelle betriebl Nutzung** ist allerdings nicht zwingend erforderl. Als notwendiges BV werden nicht nur WG erfasst, die unmittelbar im technischen, verwaltungsmäßigen oder wirtschaftl Ablauf des Betriebsprozesses verwendet oder verwertet werden (zB Betriebsgrundstück, Maschinen, Fuhrpark etc), sondern auch WG, die (obj erkennbar) für eine **künftige Verwendung** im Betrieb bestimmt sind. – **Beleihung und dingl Belastung** für betriebl Zwecke funktionieren ein WG des PV nicht notwendig in BV um (und umgekehrt). Sie schaffen nur einen rechtl, keinen wirtschaftl Zusammenhang (s BFH XI R 16/93 BFH/NV 94, 631; Rz 270 „Belastung"). Daher können ein privates Mietshaus oder Wertpapiere *als PV* zur Absicherung einer Betriebsschuld eingesetzt werden. Die betriebl Schuld bleibt unabhängig davon BV (Rz 140). Dasselbe gilt für den **Verkauf** von WG zur Kapitalbeschaffung (BFH X R 18/19 DStR 21, 90).

Beispiele: WG des **Vorratsvermögens; Ersatzteile; Ersatzmaschinen;** ungenutzte **Grundstücke**, die nach konkreten Plänen später mit einem Betriebsgebäude bebaut oder als Lagerplatz verwendet werden sollen oder als betriebl Anlageobjekt dienen (vgl BFH X R 41/04 BFH/NV 07, 21: zu veräußerndes Grundstück eines Baubetreuers; BFH IV R 10/09 BStBl II 12, 93: auswärtiges Grundstück einer verpachteten LuF). Zu notwendigem BV eines

Betriebsvermögensvergleich (Gewinn) **39–41 § 4**

ruhenden **Verpachtungsbetriebs** s BFH VI R 53/16 DStR 20, 546, mit krit Anm *Kanzler* FR 737, 741). – Weitere Beispiele s *Schmidt* 37. Aufl § 4 Rz 143.

cc) Anschaffung als betrieblicher Vorgang. Ein betriebl Zusammenhang 39 kann sich unabhängig von der tatsächl oder beabsichtigten Nutzung des WG auch dadurch ergeben, dass die Anschaffung als solche ein **betriebl Vorgang** ist (BFH III R 42/13 BStBl II 17, 339 mwN), wenn zB das betr WG im lfd Geschäftsbetrieb angeschafft oder hergestellt wird (BFH X R 41/04 BFH/NV 07, 21) oder wenn das angeschaffte WG Entgelt für ein weggegebenes WG oder für einen sonstigen Wertabgang aus dem BV ist (BFH IV R 57/99 BStBl II 01, 546); denn WG, die für notwendiges BV eingetauscht worden sind, bleiben grds so lange selbst notwendiges BV, bis sie entnommen werden. Der Zugang des angeschafften WG zum BV ist in diesem Fall notwendige Folge des betriebl veranlassten Erwerbs (BFH VI R 68/15 BStBl II 19, 128 Rz 14 mwN). – Die Herkunft der aufgewendeten **Geldmittel** lässt allerdings keine zwingenden Rückschlüsse auf den Charakter des erworbenen WG zu (s Rz 33).

Beispiele für notwendiges BV: Börsenmakler erhält **AG-Anteile** zur Erfüllung seiner Courtageforderung (BFH III R 42/13 BStBl II 17, 339); StBer erhält **GmbH-Beteiligung** als Honorar (BFH X R 41/04 BFH/NV 07, 21); Einzelhändler erhält **unentgeltl Nutzungsrecht** für Ladenlokal in Geschäftszentrum gegen Belastung seines Betriebsgrundstücks (BFH X R 20/86 BStBl II 90, 128); Erwerb eines **Grundstücks** in der Zwangsversteigerung zur Rettung einer betriebl Forderung (BFH I R 7/84 BStBl II 88, 424; einschr für den Erwerb im **Umlegungsverfahren:** BFH IV R 70/06 BStBl II 10, 270). – *Kein notwendiges BV:* entgeltl Erwerb von WG mit betriebl Geldmitteln, zB **Barrengold** (BFH XI R 52/95 BStBl II 97, 351) oder **Wertpapiere** (BFH X R 37/91 BStBl II 94, 172).

dd) Berufstypische und branchentypische Geschäfte. Geschäftstypische 40 Vorgänge sind idR dem Betrieb zuzurechnen und führen grds auch dann zu notwendigem BV, wenn sie **buchmäßig nicht erfasst** oder **als Privatgeschäft behandelt** werden (BFH XI R 31/95 BStBl II 97, 247; anders allerdings für branchentypische *Risiko*geschäfte BFH IV R 67/95 BFH/NV 97, 114: lfd betriebl Verbuchung erforderl). So kann der StPfl Waren, die zum Sortiment seines Betriebs gehören, regelmäßig nicht „privat" verkaufen (vgl BFH X R 51/03 BFH/NV 05, 1532). Das schließt die Möglichkeit, durch branchentypische Geschäfte **PV** zu erwerben, zu verwalten und umzuschichten, nicht generell aus (vgl BFH X B 70/13 BFH/NV 14, 1043); auch begründet nicht jeder **Einsatz betriebl Kenntnisse,** Erfahrungen und Verbindungen einen notwendigen betriebl Zusammenhang (vgl BFH X R 39/88 BStBl II 91, 631; BFH III R 9/89 BFH/NV 94, 80 mwN). Doch muss im Zweifelsfall der Unternehmer anhand obj Umstände darlegen, dass er bestimmte WG **eindeutig vom betriebl Bereich getrennt** hat (vgl BFH X R 51/03 BFH/NV 05, 1532). Umgekehrt sind die Anforderungen an die Darlegung bzw Feststellung des notwendigen betriebl Zusammenhangs umso höher, je weiter sich Art und Inhalt des betr Geschäfts von der Haupttätigkeit des Betriebs entfernen (BFH VIII R 63/96 BStBl II 99, 466); s auch Rz 46.

Beispiele für branchentypische Geschäfte: Online-Händler verkauft (angebl) private Modelleisenbahn über **Ebay** (BFH X R 18/19 BStBl II 21, 213); gewerbl Grundstückshändler verkauft **Immobilien** (BFH X B 70/13 BFH/NV 14, 1043; BFH III R 20/01 BStBl II 03, 297); **Eigenprovision** eines Maklers für den Erwerb von Wertpapieren im PV (BFH X R 24/10 BStBl II 12, 498 mwN); überholt: BFH IV R 183/78 BStBl II 82, 587); Bauunternehmer veräußert **Teileigentumsanteile** an Grundstück (BFH XI R 71/96 BFH/NV 97, 839); Malermeister hält **Beteiligung an Bau-GmbH** (BFH XI R 18/93 BStBl II 94, 296: geringfügige Beteiligung); Kursmakler tätigt **Wertpapiergeschäfte** (BFH X R 38/92 BFH/NV 94, 850). – *Keine branchentypischen Geschäfte:* **Termingeschäfte** eines Textilhandels (BFH VIII R 63/96 BStBl II 99, 466; s aber auch BFH IV R 67/95 BFH/NV 97, 114: Termingeschäfte zur Stärkung des Betriebskapitals); **Darlehen** des Ges'ters einer Bank an GmbH (BFH IV R 2/90 BStBl II 91, 786).

g) Privatvermögen. WG, die der StPfl für Zwecke der **privaten Lebensfüh-** 41 **rung** einsetzt, sind kein BV und daher nicht in die Gewinnermittlung einzubeziehen. Das ergibt sich ohne Rückgriff auf § 12 EStG unmittelbar aus § 4 I, da es in entspr Fällen bereits obj am betriebl Zusammenhang fehlt (s auch BFH IV R 56/11 BFH/NV 15, 317). Den Begriff „PV" bzw „notwendiges PV" nennt das EStG nicht ausdrückl; er ergibt sich aber als Korrelat zum BV mittelbar aus § 4 I. – Ein WG ist PV entweder bereits durch Erwerb/Herstellung im privaten Bereich oder dadurch, dass ein zunächst bestehender betriebl Zusammenhang gelöst wird (Entnahme aus dem BV, vgl Rz 75, 220). Die Gründe hierfür können im Bereich der privaten Lebensführung liegen oder in der Verwendung des WG iZm einer Überschuss-Einkunftsart (§ 2 I Nr 4–7, II Nr 2). Beispiele s § 12 Rz 8 und 32; *Schmidt* 39. Aufl § 4 Rz 41. – Zum PV bei **PersGes** s § 15 Rz 484; eine KapGes hat grds kein PV (s Rz 55).

42 **h) Gewillkürtes Betriebsvermögen. – aa) Begriff.** WG, die weder notwendiges BV noch notwendiges PV sind, gehören zum gewillkürten BV, wenn sie **obj geeignet** und **subj dazu bestimmt** sind, den Betrieb zu fördern (BFH X R 1/16 BStBl II 18, 181). Fehlt es an einer eindeutigen Beziehung zu einem der beiden anderen Bereiche, hat der StPfl, insb der gewerbl Unternehmer (s Rz 45), die Möglichkeit zu bestimmen, ob er ein WG der Förderung betriebl Zwecke widmen will oder nicht (BFH IV R 56/11 BFH/NV 15, 317). – Zur Anerkennung gewillkürten BV bei Überschussrechnung nach § 4 III s BFH IV R 13/03 BStBl II 04, 985; EStR 4.1, 4.2.

Beispiele: fremdvermietete **Wohnungen/Grundstücke** eines Hotelbetriebs (BFH IV R 56/11 BFH/NV 15, 317: Nutzungsentnahme bei außerbetrieblich veranlasster verbilligter Vermietung); **Wertpapiere** im BV eines Arztes (BFH VIII R 1/08 BStBl II 11, 862: Ausnahme, s auch Rz 170 und § 18 Rz 164). – S iÜ zu **Grundstücken/Gebäuden** EStR 4.2 (9) und EStH 4.2 (9) mit Beispielen; zu **Forderungen** s Rz 130; zu **Beteiligungen** s Rz 45 und 160; zu **Wertpapieren** s Rz 170.

43 **bb) Fördern.** Das Begriffsmerkmal „fördern" drückt dabei eine weniger intensive Bindung an den Betrieb aus als der Begriff „unmittelbar dienen" beim notwendigen BV (Rz 36), setzt aber gleichwohl einen **obj Bezug** voraus, zumindest iSe obj *Fördermöglichkeit*. Ein freies Wahlrecht, WG allein durch einen formalen Buchungsakt dem gewillkürten BV zuzuweisen, gibt es nicht (s BFH GrS 2-3/88 BStBl II 90, 817, unter C.II.3.a.). – Die Anforderungen an die Feststellung, ob das betr WG obj geeignet ist, den Betrieb zu fördern, steigen dabei umso mehr, je weiter das WG bzw das damit verbundene Geschäft nach Art und Inhalt von der Haupttätigkeit des Betriebs entfernt sind (BFH IV R 5/07 BFH/NV 10, 612; s auch Rz 46). Innerhalb dieses obj Rahmens obliegt aber grds dem StPfl als Betriebsinhaber die **subj Bestimmung**, was dem Betrieb förderlich ist bzw sein soll. – Spätere (bessere) Erkenntnis schließt die Annahme von gewillkürtem BV nicht aus; der Stpfl muss aber glaubhaft machen, dass **aus damaliger Sicht** das betr WG geeignet *schien*, den Betrieb zu fördern (ähnl: vergebl Aufwendungen, s Rz 481). – Der für den Ausweis als gewillkürtes BV notwendige obj Zusammenhang kann auch dann bejaht werden, wenn die **endgültige Verwendung** im Zeitpunkt des Erwerbs noch offen ist (BFH VIII R 4/94 BStBl II 98, 461 mwN). – **Verbindlichkeiten,** die kein notwendiges BV sind, können nicht dem gewillkürten BV zugeordnet werden (stRspr, BFH X R 5/11 BFH/NV 14, 1018: kein gewillkürtes BV auf der Passivseite; s auch Rz 140 ff).

Die steuerrechtl Einordnung des WG beruht auf Tatsachenfeststellungen, für die **obj Beweislastregeln** gelten. Die bloße Behauptung, es seien betriebl Gründe ausschlaggebend gewesen, reicht nicht aus, wenn sich (wie in der Praxis häufig) später herausstellt, dass das WG dem Betrieb *tatsächl nicht obj förderl* war. Es obliegt dem StPfl, der sich auf die BV-Eigenschaft beruft, darzulegen, welche Beziehung das WG zum Betrieb haben sollte und welche vernünftigen wirtschaftl Überlegungen ihn veranlasst haben, das WG als BV zu behandeln (vgl BFH III B 123/07 BFH/NV 09, 916). Zu Risikogeschäften und betriebsschädl WG s Rz 46.

44 **cc) Widmung.** Eine Zuordnung zum gewillkürten BV kommt nur in Betracht, wenn der StPfl eine entspr Widmung des WG unmissverständl, zeitnah und unumkehrbar **dokumentiert** hat (s BFH X B 159/15 BFH/NV 17, 54 Rz 24 mwN), idR durch Ausweis der damit zusammenhängenden Aufwendungen und Erträge in der Buchführung und durch Aktivierung des WG (s BFH VIII R 9/18 BStBl II 20, 845: Aufnahme ins Anlagenverzeichnis; BFH VI R 53/16 BStBl II 21, 427: keine entspr Zuordnung). Die Widmung setzt einen klar nach außen in Erscheinung tretenden **Willensentschluss des StPfl** voraus; eine Zuordnung ledigl durch die BP genügt im Zweifel nicht (BFH X R 1/16 BStBl II 18, 181 mwN).

dd) Einkunftsart und gewillkürtes Betriebsvermögen. Gewerbetreibende **45** können Gegenstand und Umfang ihres Betriebs weitgehend frei bestimmen; das gibt ihnen grds auch einen weiten Spielraum bei der Zuordnung von WG zum gewillkürten BV (vgl unter Berufung auf § 344 I HGB: BFH IV R 45/05 BStBl II 09, 449; einschr BFH X R 36/03 BFH/NV 05, 682). Demggü unterliegen StPfl, die LuF betreiben oder freiberufl tätig sind, nach stRspr Einschränkungen, die sich aus den durch § 13 und § 18 umrissenen **Tätigkeitsbereichen der jeweiligen Einkunftsart** ergeben (vgl BFH IV R 49/00 BStBl II 01, 828; BFH VIII R 19/08 BFH/NV 11, 1311; s auch *Kahle/Kopp* FR 20, 1117, 1119). WG, die einem luf bzw freiberufl Betrieb wesensfremd sind, können daher grds kein gewillkürtes BV sein (BFH IV R 14/07 BStBl II 10, 227 mwN; s insb zu Geldgeschäften BFH VIII R 1/08 BStBl II 11, 862), es sei denn, ihnen kommt eine konkrete betriebsförderl Funktion zu (s Rz 46). Zu den Besonderheiten bei **LuF** s iÜ § 13 Rz 243 ff; zu **freiberufl Tätigkeit** s § 18 Rz 157 ff.

Beispiele: **Wertpapiere** im BV eines Arztes (BFH VIII R 1/08 BStBl II 11, 862: Ausnahme) oder RAs (BFH IV R 49/00 BStBl II 01, 828; BFH VIII R 19/08 BFH/NV 11, 1311; s auch Rz 170 und § 18 Rz 164); **Genossenschaftsanteile** eines luf Betriebs (BFH IV R 5/07 BFH/NV 10, 612). – *Notwendiges BV verneint:* Steuerberater erwirbt **Baumaschinen** (BFH IV R 57/83 BFH/NV 87, 708); RA gewährt **Darlehen** (BFH XI B 25/07 BFH/NV 07, 1888). – Zu **Grundstücken** als risikoarmer Vermögensanlage s BFH III B 66/93 BFH/NV 96, 327 mwN; weitere Beispiele s *Schmidt* 37. Aufl § 4 Rz 164.

ee) Risikogeschäfte; betriebsschädliche Wirtschaftsgüter. Bei riskanten **46** Geschäften, die nicht berufs-/branchentypisch (s Rz 40 und 45) sind, ist **besonders sorgfältig zu prüfen,** ob sie nach den im Zeitpunkt des Vertragsschlusses bekannten Umständen obj geeignet und subj dazu bestimmt sind, die betriebl Tätigkeit zu fördern, und ob sie von vorneherein als betriebl Geschäfte behandelt worden sind (BFH IV R 14/07 BStBl II 10, 227 mwN). Dabei gilt auch hier, dass die Anforderungen an die Feststellung der obj Eignung umso mehr steigen, je weiter Art und Inhalt des Geschäfts von der betriebl Haupttätigkeit entfernt sind (s Rz 43) und dann, wenn es sich um Geschäfte handelt, die üblicherweise auch im Privatbereich getätigt werden (BFH IV R 87/05 BFH/NV 09, 1650). Zwar kann ein StPfl Beteiligungen, Grundstücke uÄ auch jenseits seiner gewöhnl betriebl Tätigkeit dem gewillkürten BV widmen; denn solche WG können sich als Anlage für betriebl Mittel eignen oder aber als Kapitalverstärkung, Kreditgrundlage und Liquiditätsreserve dem Betrieb förderl sein (vgl zB BFH IV R 67/95 BFH/NV 97, 114 mwN: Termingeschäften eines Einzelhändlers). Es darf sich jedoch nicht um eine Verlagerung privater Risiken in den betriebl Bereich handeln. Eine Zuordnung von WG zum gewillkürten BV ist jedenfalls ausgeschlossen, wenn bereits im **Zeitpunkt** der Anschaffung oder Einlage erkennbar ist, dass sie dem Betrieb keinen Nutzen, sondern **nur Verluste** bringen werden (BFH XI R 1/96 BStBl II 97, 399 mwN; BFH IV R 51/08 BFH/NV 12, 723).

Beispiele: – *Gewillkürtes BV bejaht:* **Termingeschäfte** eines Tiefbauunternehmens (BFH IV R 87/05 BFH/NV 09, 1650) oder Textilhandels (BFH VIII R 63/96 BStBl II 99, 466). – *Gewillkürtes BV verneint:* **Optionsscheine** einer Partnervermittlung (BFH XI R 1/96 BStBl II 97, 399); **Barrengold** eines Gartenbaubetriebs (BFH XI R 52/95 BStBl II 97, 351); Beteiligung zur **Steuerersparnis** (BFH X R 36/03 BFH/NV 05, 682). Zu **Wertpapiergeschäften** s auch *Ritzrow* StBp 12, 284 und 322 (Rspr-Übersicht); *Weyde/Frey* FR 02, 190; zur Abzugsbeschränkung bei betriebl **Termingeschäften** gem § 15 IV 3 s § 15 Rz 900 ff.

§ 4   47–52   Gewinnbegriff im Allgemeinen

47   **i) Gemischt genutzte Wirtschaftsgüter. – aa) Unbewegliche Wirtschaftsgüter.** Gebäude (Begriff s § 7 Rz 36) und Grundstücke sind bei verschiedenartiger Nutzung einzelner Teile in mehrere WG aufzuteilen; s iEinz Rz 110 ff und 115 ff; EStR 4.2 (4).

48   **bb) Bewegliche Wirtschaftsgüter. – (1) Keine Aufteilung.** Bei bewegl WG lässt die hM eine Aufteilung nicht zu. Das WG ist grds nach dem **Schwerpunkt** seiner Nutzung sachl ungeteilt entweder dem BV oder dem PV zuzuordnen (s zB BFH III B 152/13 BFH/NV 14, 1364: Pkw; *Neufang/Haak* StBp 14, 291). Eine betriebl oder private Nutzung von weniger als 10 % gilt ohnehin als unbeachtl. Wird ein WG **in mehreren Betrieben** genutzt, sollte ebenfalls eine Zuordnung nach dem Schwerpunkt erfolgen.

49   **(2) Zuordnung.** Wird das WG nicht nur vorübergehend zu mehr als 50 % betriebl genutzt oder ist es von besonderer Bedeutung für die Erwerbstätigkeit, liegt **notwendiges BV** vor (vgl auch § 6 I Nr 4 S 2); die Art des WG hat dabei nur indizielle Bedeutung für die betriebl Nutzung (BFH IV B 73/05 BFH/NV 07, 1106: Oldtimer; *Eckert* DStR 12, 1119). Eine geringere betriebl Nutzung begründet, soweit sie nicht von untergeordneter Bedeutung ist (unter 10 %, EStR 4.2 (1)), einen betriebl Förderungszusammenhang, der die Behandlung als **gewillkürtes BV** ermöglicht (vgl BFH IV R 13/03 BStBl II 04, 985, zu § 4 III); zu Nachweis s FG RhPf EFG 11, 1313 (bestätigt durch BFH VIII R 12/11, nv, Beck-RS 2013, 94963; s auch FG Mchn DStRE 10, 394, rkr). Ein Absinken unter die 10 %-Grenze führt nicht zur Entnahme (BFH VIII R 11/11 BStBl II 13, 117). – Gemischt genutzte **GWG** (§ 6 II; Höchstbetrag ab VZ 2018: 800 € netto, s § 6 Rz 663) sind gem EStH 6.13 dem BV zuzurechnen; die AK/HK sind im Jahr der Anschaffung/Herstellung in voller Höhe als BA zu berücksichtigen, allerdings unter jährl Hinzurechnung des privaten Nutzungsanteils. Ob man bei **Sammelposten** iSv § 6 IIa (alle WG bis 1000 €) die Nutzungsentnahme entspr über eine Nebenrechnung jährl berücksichtigen kann, erscheint fragl (so wohl auch *BMF* BStBl I 10, 755 Tz 18; Problematik s § 6 Rz 675).

50   **(3) Auswirkungen. – (a) Betriebseinnahmen/-ausgaben.** Durch Nutzungsüberlassung erzielte **Einnahmen** werden nach der Einordnung des WG besteuert (BE aus Vermietung gemischt genutzter Pkw im BV ohne Privatanteilskürzung). § 12 Nr 1 ist nicht einschlägig (BFH VI R 48/99 BStBl II 03, 724). Die durch Privatnutzung anfallenden lfd **Aufwendungen** sind jedenfalls keine BA (§ 4 IV); sie werden einschließl der fixen Kosten (Versicherung, Steuer etc) und der AfA entweder (anteilig) nicht als BA gebucht oder später als Nutzungsaufwandsentnahmen zugerechnet (BFH X R 1/92 BStBl II 94, 353; § 4 V 1 Nr 6, Rz 580 ff).

51   **(b) Buchgewinne.** Wird der zu 60 % betriebl, zu 40 % privat genutzte Pkw über Buchwert veräußert, entsteht der Veräußerungsgewinn zu 100 % im betriebl Bereich (vgl BFH VIII R 9/18 BStBl II 20, 845: trotz Besteuerung der Nutzungsentnahme, krit *Kanzler* FR 20, 1142, 1145; ebenso zu § 4 V 1 Nr 6b: BFH VIII R 15/17 BStBl II 20, 841, und zu anteiligem AfA-Abzugsverbot nach § 4 V 1 Nr 7: BFH X R 14/12 BFH/NV 15, 973; str, aA *Stadie* FR 16, 289, 295; s auch Rz 32, 564, 603). – Eine fehlerhafte Berechnung und Aufteilung der AfA in Vorjahren, die zur Ansammlung stiller Reserven geführt hat, kann nicht über Aufteilung des Buchgewinns oder Vorwegabzug des Veräußerungsgewinns als BA korrigiert werden (BFH X R 1/92 BStBl II 94, 353; FG Mster EFG 96, 216, rkr).

52   **(c) Buchverluste.** Die Behandlung von Buchverlusten ist nicht abschließend geklärt; die Rspr ist mE nicht konsequent. Bei einem Privatunfall mit dem Betriebs-Pkw wird nicht auf die Veranlassung der Fahrt abgestellt, sondern auf die **Bilanzierung des WG als BV** (BFH I R 213/85 BStBl II 90, 8: betriebl Buchwertminderung ohne Aufdeckung stiller Reserven; Rz 78). Demggü schlägt beim Verlust des Betriebs-Pkw auf einer privat veranlassten Fahrt durch Diebstahl die

Privatfahrt als auslösendes Moment durch (BFH XI R 60/04 BStBl II 07, 762: kein betriebl Buchwertverlust, auch nicht anteilig; fragl, s *Weber-Grellet* NWB F 3, 14869; vgl auch Rz 53 und ausführl Vorlagebeschluss BFH VIII R 48/98 BStBl II 01, 395 an GrS, erledigt).

(d) **Ersatzleistungen.** Die Problematik setzt sich fort bei der Besteuerung von Ersatzleistungen einer Versicherung. Bereits BFH I R 213/85 BStBl II 90, 8 hat Substanzersatzleistungen konsequent **als BE erfasst** („stellvertretendes commodum"). Im Anschluss daran hat BFH X R 2/14 BStBl II 16, 534 auch Entschädigungen für den **Nutzungsausfall** nach Verlust eines zum BV gehörenden Kfz den BE zugerechnet (Einschränkung: uU anteilige Gewinnauswirkung bei Nachweis des privaten Nutzungsanteils durch Fahrtenbuch). Die Ersatzleistung ist also als BE zu erfassen, wenn das ersetzte WG zum BV gehört hat (s BFH X B 159/15 BFH/NV 17, 54). Wie eine Diebstahlsersatzleistung nach Privatfahrt zu behandeln ist, ist ungeklärt; jedenfalls wäre eine Besteuerung als BE ohne Verlustabzug widersprüchl (vgl auch Rz 181 ff). 53

j) Betriebsvermögen bei Personengesellschaften. Zu BV der MUerschaft s § 15 Rz 480 ff und BFH IV R 53/16 BStBl II 20, 534 Rz 34 ff. Zu PersGes, deren Ges'ter/Gemeinschaften einen freien Beruf ausüben (zB zahnärztl Gemeinschaftspraxis), s § 18 Rz 157. Erzielt eine Ges/Gemeinschaft Überschusseinkünfte iSv § 2 II Nr 2, liegt kein BV vor (PV der Ges'ter); es gibt insb auch kein „SBV" (s § 21 Rz 69; s aber zur Modifikation der steuerl Gewinnverteilung durch eine Ergänzungsrechnung BFH IX R 38/17 BStBl II, 202 Rz 32). – Zur Zurechnung von BV bei Ehegatten/Part als MUer s Rz 63. 54

k) Betriebsvermögen bei Kapitalgesellschaften. Eine KapGes erzielt ausnahmslos gewerbl Einkünfte (§ 8 II KStG). Daher gehören die ihr persönl zuzurechnenden WG (s Rz 60 f) zum BV. Privatnutzung durch Ges'ter löst den betriebl Zusammenhang nicht und führt allenfalls zu vGA iHd Nutzungswerts; Ges'tervermögen wird andererseits durch betriebl Nutzung im Dienst der KapGes nicht zu BV (zu Nutzungseinlage/vGA Rz 224). Eine außersteuerl Privatsphäre und PV der KapGes schließt der I. Senat aus (s BFH I R 32/06 BStBl II 07, 961; s auch *BMF* BStBl I 02, 1394 und BStBl I 07, 905; zu vGA bei KapGes mit Überschusseinkünften s *Böhmer* DStR 12, 1995); anders zu Vereinen BFH I R 48/13 BStBl II 15, 713. Zu gewillkürtem BV öffentl Betriebe gewerbl Art s BFH I R 52/06 BStBl II 09, 248 mwN. 55

Der I. Senat des BFH wertet Privatinteressen der Ges'ter nach Liebhabereigrundsätzen und korrigiert das steuerl Ergebnis ggf über vGA („liebhabereigeneigte vGA"; s *Mindermann/Lukas* NWB 14, 2092), wohl vorrangig, über die Abzugsbeschränkungen des § 4 V (BFH I R 27–29/05 DStRE 07, 946, als Folgeurteil zu BFH I R 54/95 DStR 97, 492, Anm *Pezzer* FR 07, 890). Diese Rspr ist str, s *Weber-Grellet* BB 14, 2263; *Briese* FR 14, 1002, DB 14, 2610, BB 14, 1943; *Brenner* DStZ 14, 464, entgegen *Wassermeyer* DB 11, 1828.

5. Persönliche Zurechnung. – a) Betriebsinhaber. Zum BV gehören nur WG, die dem Betriebsinhaber als *eigene* zuzurechnen sind (s Rz 23; zB BFH IV R 33/13 BStBl II 18, 81). Betriebsinhaber ist, wer den Betrieb aus eigenem Willen und auf eigene Rechnung und Gefahr führt und damit den Tatbestand der jeweiligen Gewinneinkunftsart selbst verwirklicht (§ 2 Rz 19). Zu **LuF** s § 13 Rz 111 ff, Rz 161 ff, Rz 166 ff (MUerschaft, Ehegatten); zu **gewerbl Tätigkeit** s § 15 Rz 135 ff; zu **freiberufl Tätigkeit** s § 18 Rz 15. – Inhaber des Betriebes einer **MUerschaft** sind die MUer (s § 15 Rz 257 ff; zu atypisch stiller Ges s § 15 Rz 354 ff); das gilt grds auch bei freiberufl Personenzusammenschlüssen (s § 18 Rz 39 ff). Bei einer **KapGes** ist stets diese Betriebsinhaber. 60

b) Zivilrechtliches und wirtschaftliches Eigentum. WG sind dem Betriebsinhaber grds dann als eigene zuzurechnen, wenn sie in seinem **zivilrechtl Eigentum** stehen (§ 39 I AO; s auch §§ 242 I 1, 246 I 1 HGB). Übt der Betriebsinhaber die tatsächl Herrschaft über ein WG in der Weise aus, dass er den zivilrechtl 61

Eigentümer idR für die gewöhnl Nutzungsdauer von der Einwirkung auf das WG wirtschaftl ausschließen kann, so ist ihm als **wirtschaftl Eigentümer** gem § 39 II Nr 1 S 1 AO auch dieses WG zuzurechnen (stRspr, zB BFH IV R 56/16 BFH/NV 2018, 597; BFH X R 17/05 BStBl II 08, 579). Ein wirtschaftl Ausschluss des zivilrechtl Eigentümers wird ua angenommen, wenn der Herausgabeanspruch des Eigentümers nach dem Gesamtbild der Verhältnisse keine wirtschaftl Bedeutung mehr hat (BFH VI R 67/15 BStBl II 18, 798). Ob das der Fall ist, obliegt der **tatrichterl Würdigung** (BFH I R 34/15 BStBl II 20, 201 Rz 21). Zu den Voraussetzungen des wirtschaftl Eigentums iEinz s § 5 Rz 152 ff. – Im Fall einer **Konkurrenz** geht die steuerrechtl Zurechnung gem § 39 II Nr 1 AO der handelsbilanziellen Zurechnung (§ 246 I 2 HGB) vor (str, s *Wendt* FR 17, 527, 531 mwN; offen gelassen in BFH IV R 56/16 BFH/NV 18, 597 Rz 28).

Beispiele: Bei **Miete und Pacht** ist das vermietete/verpachtete WG weiterhin dem Vermieter/Verpächter zuzurechnen, da schuldrechtl oder dingl Nutzungsrechte idR kein wirtschaftl Eigentum begründen (BFH VI R 67/15 BStBl II 18, 798 Rz 19; Sondernutzungsrecht nach WEG; zur Aktivierung von Nutzungsrechten s aber § 5 Rz 101). – Der **Vorbehaltsnießbraucher** behält idR kein wirtschaftl Eigentum zurück (§ 5 Rz 156 mwN; AfA: § 7 Rz 60). – Errichtet der Betriebsinhaber auf eigene Rechnung ein **Gebäude auf fremden GuB**, werden die Aufwendungen als „Aufwandsverteilungsposten" aktiviert (ausführl BFH X R 46/14 BStBl II 16, 976 Rz 20 ff; zu AfA-Befugnis s § 7 Rz 81 ff; str, s § 5 Rz 114 und Rz 270 „Bauten auf fremdem GuB"); entspr gilt für **Mietereinbauten**, die auf Rechnung des Betriebsinhabers als Mieter eingebaut worden sind (§ 5 Rz 270 „Mietereinbauten"; zu AfA s § 7 Rz 77 ff). – Beim **Leasing** ist das WG idR dem Leasinggeber zuzurechnen (vgl BFH IV R 56/16 DStRE 18, 547; s auch § 5 Rz 725 ff), bei **Treuhand/Sicherungseigentum** dem Sicherungs-/Treugeber (§ 39 II Nr 1 S 2 AO; § 5 Rz 154); bei zur Treuhand, die die Mitgliedschaft in einer PersGes zum Gegenstand hat, s § 15 Rz 300. Sog **Cum-Ex-Geschäfte** als Durchgangserwerb nach Maßgabe eines „modellhaft aufgelegten Gesamtvertragskonzepts" verschaffen kein wirtschaftl Eigentum (BFH I R 2/12 DStR 14, 2012; s § 43 Rz 3 mwN); zu zusätzl Anforderungen an das wirtschaftl Eigentum bei **Cum-Cum-Geschäften** s § 36a Rz 1 f mwN. – Zu den Folgen einer **Verpachtung** s BFH VI R 66/15 DStR 18, 2135 Rz 23, § 5 Rz 701 und § 16 Rz 166 ff. – Weitere Beispiele s § 5 Rz 152 ff, Rz 270 mit „ABC der Aktivierung".

62 **c) Miteigentum.** Steht das WG im Miteigentum eines anderen, der kein (Mit-)Betriebsinhaber ist, wird dem Betriebsinhaber *nur sein eigener* ideeller Anteil als materielles WG zugerechnet; die schlichte Mitnutzung von Miteigentum führt nicht zu BV über den eigenen Anteil hinaus (BFH VIII R 98/04 BStBl II 08, 749, s auch § 5 Rz 157; zu AfA s § 7 Rz 56 und 88). Es kommt hier also zu einer persönl Aufteilung, insoweit auch bei bewegl WG (s aber Rz 48: keine sachl Aufteilung). – Ein Wechsel des Rechtsträgers (zB Übertragung auf Ehepartner) oder eine Änderung der Nutzung (PV statt BV) führt zur Entnahme des Anteils (vgl zu Garage BFH X R 1/16 BStBl II 18, 181). – Speziell zu **Gebäuden** s Rz 115 ff. Zu gemeinsamem Miteigentum von **MUern und Nicht-MUern** s § 15 Rz 532; zu Konkurrenzen bei **Schwester-PersGes** s § 15 Rz 533.

63 **d) Ehegatten; Lebenspartner. – aa) Gemeinsamer Betrieb.** Unterhalten Ehegatten/LPart als MUer gemeinsam einen Betrieb, rechnen zum BV das betriebl genutzten WG des Gesamtguts und ggf im Alleineigentum eines Ehegatten/LPart stehende WG als SBV (vgl BFH IV R 62/94 BStBl II 95, 592; § 15 Rz 377). Zu den Voraussetzungen, unter denen ein Ehegatte/LPart MUer im Betrieb des anderen und damit auch zusammen mit diesem Betriebsinhaber ist, s § 13 Rz 163 ff (LuF) und § 15 Rz 375, 740 ff (GewBetr).

64 **bb) Getrennte Betriebe.** Unterhält jeder Ehegatte/LPart einen eigenen Betrieb, muss für jedes WG nach allg Kriterien festgestellt werden, welchem Betrieb das WG sachl (Rz 30 ff) und persönl (Rz 61) zuzurechnen ist. Nutzt ein Ehegatte/LPart für seinen Betrieb gelegentl ein zum BV des anderen gehörendes WG, ohne hierfür Aufwendungen zu tragen, kann er hierfür einen BA geltend machen (s BFH X R 24/12 BStBl II 15, 132: Pkw, keine zusätzl Nutzungsentnahme bei Anwendung der 1 %-Regelung). Zur sachl Zuordnung einzelner Gebäudeteile s Rz 120 ff.

cc) **Nur** *ein* **Betriebsinhaber. – (1) Wirtschaftliches Eigentum.** Wird der 65
Betrieb nur von einem Ehegatten/LPart geführt, sind ihm WG, die im zivilrechtl
Eigentum oder Miteigentum des anderen Ehegatten/LPart stehen, nur dann als
eigene zuzurechnen, wenn er (der Betriebsinhaber) als wirtschaftl Eigentümer
(Rz 61) die **tatsächl Herrschaftsgewalt** ausübt und den anderen Ehegatten/LPart auf Dauer von der Einwirkung auf das WG ausschließen kann (s BFH
XI R 18/06 BStBl II 09, 957: uneingeschränktes Nutzungs- und Verfügungsrecht;
BFH III R 8/07 BFH/NV 10, 190; zu AfA s § 7 Rz 81). Dies setzt idR eine entspr
vertragl **Nutzungsvereinbarung** voraus, mit der die Nutzungen und Lasten sowie
Chancen und Risiken einschließl der Gefahr des zufälligen Untergangs auf den
Betriebsinhaber verlagert werden (vgl *Levedag* GmbHR 16, 652, 661; *Kleinmanns*,
BB 16, 1330).

(2) Kein wirtschaftliches Eigentum. Errichtet der Betriebsinhaber **ohne** 66
entspr Nutzungsvereinbarung mit eigenen Mitteln ein betriebl genutztes Gebäude auf einem Grundstück, das (ganz oder teilweise) dem anderen Ehegatten/LPart gehört, wird dieser nach der BFH-Rspr zivilrechtl und wirtschaftl Eigentümer des Gebäudes bzw des auf seinen Miteigentumsanteil entfallenden Gebäudeteils. Das Gebäude bzw der Gebäudeteil gehören dann zu seinem **PV** und ist
nicht dem Betriebsinhaber als BV zuzurechnen. Der Betriebsinhaber kann aber
die Baukosten bilanziell in einem sog **Aufwandsverteilungsposten** erfassen (ausführl, auch zur Entwicklung der Rspr: BFH X R 46/14 BStBl II 16, 976 mwN:
kein WG, nur „Aufwandsspeicher" ohne Bildung stiller Reserven – auch zu AfA bei
Übertragung auf Dritte; Anm *Kanzler* FR 16, 907; *BMF* BStBl I 16, 1431, Anm
Levedag GmbHR 17, 107; abl *Weber-Grellet* BB 16, 2220; § 5 Rz 270 „Bauten auf
fremden GuB"). Dieser Aufwandsverteilungsposten ist selbst **kein WG,** kann nicht
Sitz stiller Reserven sein und muss bei Beendigung der unternehmerischen
Nutzung erfolgsneutral ausgebucht werden (s § 7 Rz 96 mwN); die frühere Rspr,
derzufolge stille Reserven gem § 6b auf diese Bilanzposition übertragen werden
können, hat der IV. Senat aufgegeben (BFH IV R 29/09 BStBl II 13, 387 Rz 29). –
Zur **Behandlung der AfA** s § 7 Rz 56 f, 81 ff.

6. Veränderungen im Betriebsvermögen. – a) Begründung von Be- 70
triebsvermögen. Ein WG wird dadurch BV, dass ein sachl Bezug zum Betrieb
(s Rz 30 ff) oder die persönl Rechtszuständigkeit des Betriebsinhabers hergestellt
wird (s Rz 60 ff). Das kann geschehen durch Betriebseröffnung oder Betriebserwerb (Rz 71), durch den entgeltl oder unentgeltl Erwerb einzelner WG aus
betriebl Veranlassung (Rz 72), durch Herstellung im betriebl Bereich (Rz 73) oder
durch Einlage aus dem eigenen PV in den betriebl Bereich (Rz 74).

aa) Betriebseröffnung; Betriebserwerb. Hierin liegt die erste Entscheidung 71
des StPfl, WG seinem BV zuzuführen. Da Einlagen iSv § 4 I 8, § 6 I Nr 5 bzw
Anschaffungen iSv § 6 I Nr 1–3 einen Betrieb voraussetzen, hat der Gesetzgeber
die einlage- und anschaffungsähnl Vorgänge in Anlehnung an diese Bestimmungen
gesondert geregelt (§ 6 I Nr 6 und 7; vgl auch § 6 I EStDV zum Zeitpunkt der EB
und § 6 Rz 633). BV kann bereits vor Betriebseröffnung begründet werden (s
Rz 270 „Vorbereitungshandlung", § 15 Rz 129). Bei **unentgeltl Betriebserwerb**
ohne betriebl Veranlassung (Erbschaft, Schenkung) wird BV grds in der Person des
Erwerbers fortgeführt (vgl Rz 94; zu Besonderheiten bei § 18 s dort Rz 256, § 1
Rz 15). § 6 III betrifft nur die Bewertung und Gewinnrealisierung.

bb) Erwerb. Erwirbt der Unternehmer ein WG, zählt dieses zum BV, wenn der 72
Erwerb betriebl veranlasst war (s Rz 30), sei es wegen betriebl Nutzungsabsicht
oder aus anderen betriebl Gründen (BFH III R 42/13 BStBl II 17, 339; BFH X R
20/86 BStBl II 90, 128). Fehlt diese Veranlassung, handelt es sich um PV. **Doku-**
mentation idR durch Bilanz-/Buchführungsausweis (s auch BFH XI R 5/93
BFH/NV 94, 472; zu Einlage s Rz 74, 233 ff). Auch **unentgeltl Erwerb** schafft bei
betriebl Veranlassung BV (§ 6 IV, Rz 428); private Veranlassung s Rz 74.

73 **cc) Herstellung.** Ein im Betrieb für betriebl Zwecke hergestelltes WG entsteht notwendig als BV. Die Art des WG (AV/UV) kann für die Beurteilung des sachl Zusammenhangs von Bedeutung sein, der bei zur Veräußerung bestimmten WG stets vorliegt. Bei Herstellung branchenübl WG spricht eine Vermutung für betriebl Veranlassung (Rz 40). Außerhalb des Betriebs hergestellte WG können PV sein.

74 **dd) Einlage.** Durch Einlage führt ein StPfl ein WG einem bestehenden Betrieb zu (§ 4 I 8 HS 1, Rz 220 ff). Die persönl Zurechnung ändert sich im Gegensatz zur Anschaffung nicht. Der StPfl muss seine unternehmerische Entscheidung, ein WG *endgültig* dem Betrieb zu widmen, durch sein obj Verhalten für Dritte erkennbar zum Ausdruck bringen (s BFH X R 37/91 BStBl II 94, 172; BFH IV B 22/01 BStBl II 02, 690; Rz 233 ff, 270). Einer so verstandenen **„Widmung"** (Rz 35, 42) bedarf es beim notwendigen BV ebenso wie bei gewillkürtem BV (BFH X R 57/88 BStBl II 91, 829).

75 **b) Ausscheiden aus Betriebsvermögen.** Ist ein WG BV geworden, verliert es diese Eigenschaft bis zur Betriebsbeendigung nur durch **Lösung des persönl oder sachl Betriebszusammenhangs** (BFH VI R 130/82 BStBl II 85, 395; s Rz 76 ff). Insb verliert ein WG des notwendigen BV diese Eigenschaft erst durch Entnahme oder durch den Eintritt tatsächl Umstände, aufgrund derer das WG fortan *zwingend* zum notwendigen PV gehört (BFH X R 38/17 BStBl II 19, 518 Rz 57 mwN; s iÜ Rz 233 ff zur unterschiedl Bindung von notwendigem und gewillkürtem BV). – Im Fall eines Wechsels zur **Liebhaberei** wird das BV lediglich „eingefroren" (s § 2 Rz 23).

76 **aa) Lösung des persönlichen Betriebszusammenhangs.** Sie erfolgt durch Wechsel der Rechtszuständigkeit wie Veräußerung gegen Entgelt oder uU unentgeltl Übertragung (Verlust des zivilrechtl und wirtschaftl Eigentums, BFH IV R 89/90 BStBl II 93, 225; § 6 IV – s aber Ausnahmen § 6 III, V). Tausch und Betriebsveräußerung sind Veräußerungsvorgänge (Rz 88 und 94). Persönl Zurechnung vgl Rz 60 ff; Zeitpunkt s Rz 80. Zu Fällen eines Freiberuflers s BFH IV R 45/87 BStBl II 89, 509, § 1 Rz 15, § 18 Rz 256 (Übergangszeit).

77 **bb) Lösung des sachlichen Betriebszusammenhangs.** Sie erfolgt durch *endgültige* Entnahme des WG (§ 4 I 2, Rz 233 ff, 270) oder Betriebsaufgabe (Rz 90). Dagegen idR **keine Entnahme** des WG durch: Einstellung der betriebl Nutzung, vorübergehende oder anteilige Privatnutzung (Rz 270 „Bebauung", „Nutzung", „LuF", „Nießbrauch", „PersGes", Rz 54), vollständige Absetzung des Buchwertes, Zerstörung (Rz 78), Belastung für private Zwecke (Rz 38), Vermietung (Rz 270), Betriebsverpachtung (§ 16 Rz 166 ff), Umwandlung eines WG (Alt- in Feinsilber s BFH IV R 50/86 BStBl II 86, 907); Absinken der betriebl Kfz-Nutzung unter 10 % (BFH VIII R 11/11 BStBl II 13, 117).

78 **cc) Lösung des tatsächlichen Betriebszusammenhanges.** Verlust, Untergang, Zerstörung, Diebstahl, Unterschlagung oÄ machen das WG für den Betrieb wertlos mit der Folge der gewinnmindernden Ausbuchung des Restwerts (ohne Aufdeckung stiller Reserven). Das wiedergefundene WG ist grds noch BV; Schrotterlös ist BE (EStR 4.7 I). Die BV-Eigenschaft wird durch **Unfall** ebenso wenig beendet wie durch Einstellung der tatsächl Nutzung ohne Veräußerung (keine Sachentnahme mit Aufdeckung stiller Reserven durch Unfall). Das soll nach stRspr seit BFH I R 213/85 BStBl II 90, 8 auch bei Zerstörung durch **Privatunfall** gelten, ist aber str und kaum vereinbar mit der Rspr zu Verlust (s Rz 50 ff, Rz 520 „Verlust") sowie der Rspr zur Besteuerung von Kaskoversicherungsersatzleistungen (s Rz 181 ff).

79 **c) Rechtsfolgen. – aa) Begründung von Betriebsvermögen.** Aufwendungen zum Erwerb und Erhalt eines zum BV gehörenden WG sind betriebl veranlasst und damit BA. Einnahmen, die im Zusammenhang mit dem WG (zB durch Nut-

Betriebsvermögensvergleich (Gewinn)

zung oder Verkauf) entstehen, sind BE. Ab Zuführung des WG zum BV werden stille Reserven im betriebl Bereich angesammelt, bei notwendigem wie bei gewillkürtem BV, auch bei anteiliger Privatnutzung (Rz 48 ff, 87, 89). Der betriebl Zusammenhang kann durch außerbetriebl Umstände unterbrochen sein. – Die Zuführung eines WG zum BV kann erfolgsneutral oder erfolgswirksam sein. Beim bilanzierenden Unternehmer sind Anschaffungen und Einlagen idR erfolgsneutral (Rz 83, 85). Die Einbuchung kann erolgswirksam sein, wenn das KapKto als Erfolgskonto berührt wird (Rz 84).

Beispiele: Einbuchung von Forderungen oder Verbindlichkeiten (soweit Erfolgskonten angesprochen sind), Rückstellungen, Wertberichtigungs- oder Rechnungsabgrenzungsposten. – **Bei § 4 III** kann sich nach Art des WG eine Gewinnminderung ergeben (Beispiele s Rz 382 ff).

bb) Ausscheiden eines Wirtschaftsguts aus Betriebsvermögen. Veräußerung oder Entnahme (nicht Verlust, s Rz 78, str) führt idR im Wj des Ausscheidens zur Aufdeckung und Besteuerung der im (notwendigen und gewillkürten) BV angesammelten stillen Reserven (s Rz 256; Zeitpunkt s Rz 96, 260). Zu § 4 III s Rz 382 ff (Veräußerung) und Rz 386 ff (Entnahme). Spätere Fehlerkorrektur s Rz 315 ff.

cc) Sonstiges. In bestimmten Fällen wird auf die **Gewinnrealisierung** endgültig oder vorübergehend **verzichtet** (Rz 98, 237, 240 ff zu Veräußerungs-, Entnahmevorgängen), auch bei Betriebsgründung und Betriebsbeendigung (s Rz 71, 77, 88 ff). Bei unentgeltl Betriebsübertragung entfällt die Gewinnrealisierung gem § 6 III (Rz 71, 94), bei unentgeltl WG-Übertragung uU nach § 6 V. IÜ wirken sich Einlagen und Entnahmen auf die Höhe der abziehbaren Schuldzinsen (**§ 4 IVa**, s Rz 522 ff) und bei § 4 I/§ 5 auf die StBegünstigung nach **§ 34a** aus.

d) Buchungstechnik und laufende Gewinnauswirkung. Jede Veränderung im BV muss ihren Niederschlag in der Bilanz finden, wobei in der doppelten Buchführung stets zwei Konten angesprochen werden. Das besagt noch nichts über die Gewinnauswirkung. Es gibt Geschäftsvorfälle ohne Gewinnauswirkung (Rz 83), solche mit unmittelbarer Gewinnauswirkung auf Grund der Buchung (Rz 84) und solche mit ungewollter Gewinnauswirkung, die außerhalb der Bilanz korrigiert werden muss (Rz 23 und 85).

aa) Erfolgsneutrale Betriebsvermögensumschichtungen. Sie berühren iRd **Bestandskonten** des Aktivvermögens und des Fremdkapitals nicht das Eigenkapital und damit auch nicht den Gewinn. Die Bestandskonten werden zum Jahresabschluss erfolgsneutral über das Schlussbilanzkonto zusammengeführt.

Beispiele: – *Aktivtausch:* Anschaffung von Ware gegen Barzahlung (Buchung: Ware an Kasse); Veräußerung eines WG zum Buchwert (Buchung: Kasse an WG). – *Passivtausch:* Schuldwechsel an Lieferanten (Buchung: Lieferantenverbindlichkeit an Schuldwechselverbindlichkeit). – *Aktiv-Passivtausch:* Warenkauf auf Kredit (Buchung: Ware an Lieferantenverbindlichkeit).

bb) Erfolgswirksame Geschäftsvorfälle. Sie berühren nicht nur ein Bestandskonto, sondern auch ein **Erfolgskonto** (Ertrags- oder Aufwandskonto) und damit das **Eigenkapital**. Soweit Bestandskonten angesprochen sind, werden sie wie in Rz 83 abgeschlossen. Soweit Erfolgskonten angesprochen sind, werden sie über das Gewinn- und Verlustkonto als Unterkonto des KapKto abgeschlossen. Dessen Saldo, der den Reingewinn oder Reinverlust wiedergibt, wird auf das KapKto übertragen. Aus den Erfolgskonten wird außerdem – mit gleichem Ergebnis – die **Gewinn- und Verlustrechnung** abgeleitet, in der die einzelnen Ertrags- und Aufwandsposten festgehalten werden (vgl § 60 EStDV, § 275 HGB).

Beispiele: Dienstleistung gegen Barzahlung (Buchung: Kasse an Kapital bzw Ertragskonto); Barzahlung der Büromiete (Buchung: Kapital bzw Aufwand an Kasse); Erlass einer Forderung aus betriebl Gründen (Buchung: Kapital bzw Aufwand an Forderung); Verkauf von Ware gegen Barzahlung (Buchung: Kasse an Ware und Kapital bzw Ertrag); Verkauf von Wertpapieren mit Verlust (Buchung: Kasse und Kapital bzw Aufwand an Wertpapiere); s auch Rz 86 ff, § 5 Rz 601 ff.

Loschelder

85 **cc) Nichtbetriebliche Betriebsvermögensveränderungen.** Gem § 4 I 1 dürfen **Einlagen/Entnahmen** den zu versteuernden Gewinn nicht berühren. Sie müssen daher, soweit sie die Höhe des BV bzw der betriebl Erträge beeinflusst haben, in der lfd steuerl Buchführung oder spätestens beim Jahresabschluss mit gegenläufiger Wirkung auf einem Privatkonto verbucht werden, das über das KapKto aufgelöst wird. Sie wirken zwar – für sich betrachtet – gewinnerhöhend (Entnahmen) bzw gewinnmindernd (Einlagen). Soweit sie jedoch nur der Korrektur einer sonst erfolgswirksamen Buchung dienen, sind sie im Gesamtergebnis erfolgsneutral. Für Einlagen gilt das ausnahmslos (Buchwert § 6 I Nr 5), ebenso bei der Betriebseröffnung (§ 6 I Nr 6, § 6 I EStDV) und für Entnahmen, die mit dem Buchwert angesetzt werden können (§ 6 I Nr 4). Zur Folgewirkung der Aufdeckung stiller Reserven durch Entnahmen s Rz 89. – **Sonstige Korrekturen** s § 4 V, Rz 521 ff.

Beispiele: StPfl trinkt privat betriebl eingekauften Wein, zahlt EStSchuld vom Betriebskonto, schenkt Sohn den BetriebsPkw, legt Geld aus privater Erbschaft in den Betrieb ein und zahlt betriebl Miete vom Privatkonto.

86 **e) Gewinnrealisierung; Aufdeckung stiller Reserven.** Stille Reserven sind grds immer dann aufzudecken, wenn ein WG seine betriebl Zugehörigkeit verliert (s BFH X R 38/17 BStBl II 19, 518 Rz 61: allg erstragsteuerl Grundsatz). Der **Zeitpunkt** der Gewinnrealisierung ergibt sich aus den Aktivierungsgrundsätzen des § 5 (§ 5 Rz 607) bzw aus § 4 III ff/§ 11; zum PersGes'ter s Rz 165, § 15 Rz 441, zum abw Wj § 4a II.

Schrifttum: § 5 vor Rz 601. – Gewinnrealisierung und **Erbfall.** S § 16 Rz 50, 590 ff; § 1 Rz 14, § 4 Rz 520 „Erbfall"; *BMF* BStBl I 93, 80; BMF BStBl I 07, 269 und BStBl I 06, 253.

87 **aa) Stille Reserven; Realisationsprinzip.** Durch Ausschluss einer Aktivierungsmöglichkeit (zB § 5 II), überhöhte AfA oder spätere Wertsteigerung bei Fortführung der Buchwerte (§ 6 I Nr 1, 2) können sich stille Reserven als unversteuerte Gewinne bilden. Da ihr Bestand nicht gesichert ist (bei Auflösung im inl BV ergibt sich kein Vermögenszuwachs), werden sie grds nur versteuert, wenn sie durch **Erfüllung eines Besteuerungstatbestands** verwirklicht werden (Realisationsprinzip, s § 5 Rz 78). Das WG muss idR aus dem BV ausscheiden (s Rz 75 ff), sei es durch Übertragung auf andere Rechtsträger (Veräußerung, Betriebsveräußerung, s Rz 88), sei es durch endgültige Lösung des betriebl Zusammenhanges (Entnahme, Betriebsaufgabe, s Rz 89 f, 244). Durch Zuführung eines höheren Wertes bei gleichzeitigem Ausscheiden des Buchwerts wird die Wertsteigerung des BV verwirklicht. **Absicht der Gewinnrealisierung** ist nicht erforderl (vgl zu Entnahme Rz 235). **Wertverluste** können nach dem betriebl Veranlassung den lfd Gewinn mindern (vgl Rz 30 und 520 „Verluste"; zu TW-AfA s § 6 I Nr 1 S 2, Nr 2 S 2). Sie führen jedoch ohne Rücksicht auf die Veranlassung nicht zur Aufdeckung stiller Reserven (str, s Rz 78).

Ausnahmefälle: uU trotz Gewinnrealisierung Aufschiebung der Besteuerung (s Rz 98 ff, 250); gewinnerhöhende **TW-Zuschreibung** ohne Veräußerung bei UV und AV, bei abnutzbarem AV bis zur Höhe der AK/HK abzügl AfA (§ 6 I Nr 1 S 4, Nr 2 S 3, s auch § 7 I 7).

88 **bb) Veräußerung; Betriebsveräußerung.** Wie lfd Gewinne gehen auch verwirklichte Veräußerungsgewinne nach der Ermittlungstechnik des § 4 I im Zeitpunkt der Aktivierung des Anspruchs auf Gegenleistung unmittelbar in das Bilanzergebnis ein. Der Buchwert scheidet aus, der (Anspruch auf den) Veräußerungserlös wird zugeführt. Gewinn aus der Veräußerung von BV ist stets betriebl Gewinn (private Mitbenutzung s Rz 47 ff; zu § 4 III Rz 24, 370). – Eine **Betriebsveräußerung** wird als Veräußerung der Gesamtheit der WG des BV ebenso behandelt (vgl § 16 II), nur mit den Vergünstigungen der §§ 16 IV, 34. Vgl Rz 193 ff (Veräußerungsrenten), Rz 130 (Forderung), Rz 383 (§ 4 III), Rz 446 (nachträgl BE), Rz 486 (nachträgl BA), Rz 668 sowie § 16 Rz 221 ff.

Betriebsvermögensvergleich (Gewinn) 89–98 § 4

cc) Entnahme. § 4 I 1 enthält ausdrückl den **Gewinnrealisierungstatbestand** 89
der Entnahme (zum Begriff s Rz 220). Der Entnahme*bewertung* liegt die Vorstellung
einer Veräußerung in das PV zugrunde (BFH IX B 169/91 BStBl II 92, 909
mwN). Das WG wird mit dem Buchwert ausgebucht; gleichzeitig wird der Gewinn idR außerhalb der Bilanz um den Teilwert erhöht (§ 6 I Nr 4, s aber Rz 98,
242 f). Der Differenzbetrag (dh: die während der betriebl Nutzung angesammelten
stillen Reserven) ist als Entnahmegewinn (Verlust) zu versteuern. Keine Gewinnauswirkung hinsichtl des Buchwertes, s Rz 85, 326. Die Korrekturvorschriften des
§ 4 I haben Vorrang vor den Aktivierungs- und Bewertungsvorschriften (BFH VIII
R 74/77 BStBl II 80, 244, unter 3b/bb). Daher sind die stillen Reserven auch
bei Entnahme nicht aktivierbarer WG aufzudecken (Rz 220 f), auch bei WG, die
vorher privat mitgenutzt wurden, voll (vgl Rz 51).

dd) Betriebsaufgabe. Sie gilt als Veräußerung (§ 16 III), ist ein Entnahme- 90
vorgang eigener Art (BFH VIII R 90/81 BStBl II 84, 474 unter III 3a; **Betriebsverlegung ins Ausland** s § 4 I 3, 4, § 4g, § 16 IIIa, Rz 245 ff). Die stillen
Reserven sind im Jahr der Aufgabe zu versteuern (s § 16 IIIb). Den Buchwerten
werden die gemeinen Werte der einzelnen WG gegenübergestellt. Vgl § 16 Rz 170,
260.

ee) Betriebsverpachtung. Sie ist idR eine Betriebsaufgabe. Vgl Rz 270 „Be- 91
triebsverpachtung", Rz 178 „Geschäftswert"; zum Verpächterwahlrecht s BFH VI
R 66/15 DStR 18, 2135 Rz 23 und § 16 Rz 166 ff.

ff) Steuerentstrickung. Sie führt in bestimmten Fällen zu einer Besteuerung 92
stiller Reserven ohne Gewinnrealisierung (s Rz 240 ff.).

gg) Unentgeltliche Übertragung einzelner Wirtschaftsgüter des Betriebs- 93
vermögens. Bei betriebl **Gründen** führt sie zur gewinnmindernden Ausbuchung des Buchwertes beim Übertragenden (beim Erwerber uU zu BE und
zur Aktivierung gem § 6 IV; zu § 4 III s Rz 382, 408 ff). *Beispiele:* Schmiergelder; Werbegeschenke iRv § 4 V 1 Nr 1, 10; unentgeltl Überlassung eines Vorführwagens an den Händler. Einer Schenkung aus **privater Veranlassung** muss
eine erfolgswirksame Entnahme vorangehen. Schulderlass s Rz 384 (§ 4 III) und
§ 5 Rz 671.

hh) Tausch. Wirtschaftl besteht der Tausch aus einer **Veräußerung** (mit Ge- 94
winnrealisierung iHd der Differenz zw Buchwert und gemeinem Wert des *hingegebenen* WG – vgl aber im PV § 23 Rz 71) und einer **Anschaffung** (mit AK
in Höhe des aufgewandten gemeinen Wertes des *hingegebenen* WG); vgl § 5
Rz 631 f, § 6 Rz 851. Seit 1999 führt Tausch ausnahmslos zu Gewinnrealisierung
(s § 6 VI), wohl auch bei gesetzl Tausch im Umlegungsverfahren, § 6b Rz 73.
Austausch von eigenen Grundstücksteilen s Rz 223; Tausch von MUer-Anteilen
s § 16 Rz 475.

ii) Unentgeltliche Übertragung eines Betriebes. Sie bewirkt keine Auf- 95
deckung stiller Reserven beim Übertragenden (Erbschaft s Rz 97, Schenkung
§ 6 III).

jj) Wechsel der Gewinnermittlung. S § 4 I 6, Rz 651 (keine Entnahme). 96

f) Verzicht auf Besteuerung der Gewinnrealisierung. Grds führt jede Lö- 98
sung aus einem EinzelBV (Übertragung ins PV oder auf andere Rechtsträger) zur
Gewinnrealisierung, selbst wenn die Besteuerung der stillen Reserven gesichert
bleibt (s Rz 86). *Ausnahmen:* Buchwertspende nach § 6 I Nr 4 S 4; unentgeltl
Übertragung nach § 6 III, IV; Überführung/Übertragung von WG nach § 6 V;
Rücklage für Ersatzbeschaffung, EStR 6.6 (s § 5 Rz 501, § 6 Rz 101 ff); Übertragung stiller Reserven nach § 6b/§ 6c; Buchwertfortführung nach UmwStG. – Zu
Entnahmen durch StEntstrickung s § 4 I 3, 4 (Rz 244 ff), § 4g. Die Veräußerung
von **Kapitalbeteiligungen** ist bei KapGes voll (§ 8b KStG), sonst anteilig steuerbefreit (§ 3 Nr 40).

Loschelder

110 **7. Behandlung bestimmter Wirtschaftsgüter. – a) Grund und Boden.** GuB ist (abw von § 94 BGB) gem § 6 I Nr 2 als nicht abnutzbares WG getrennt vom abnutzbaren WG Gebäude zu aktivieren (s § 5 Rz 133). Ein Gesamtkaufpreis ist aufzuteilen (s § 6 Rz 118 ff).

111 **aa) Unbebaute Grundstücke.** Sie sind BV, wenn sie dazu bestimmt sind, dem Betrieb zu dienen oder ihn zu fördern (Rz 35, 42). Der sachl Zusammenhang ergibt sich idR aus der tatsächl oder geplanten betriebl Nutzung (zB als Lagerplatz). Neutrale Grundstücke können als Wertanlage zum BV gezogen werden (s Rz 42 ff). Das ist grds für jedes Grundstück iSv § 3 GBO bzw bei unterschiedl Nutzung für jeden realen Grundstücksteil zu prüfen. Mögl Aufteilung s Rz 113, zur LuF Rz 45, 113, § 13 Rz 217 ff, BFH IV R 12/98 BFH/NV 00, 317. **Anlieger- und Erschließungsbeiträge** iZm der *Erstanlage* von Straßen und Ent- oder Versorgungsanlagen mit Strom, Wasser sind – anders als nachträgl verbessernde Ergänzungsbeiträge (ggf BA/WK) – unselbständiger Teil des GuB (ggf nachträgl AK, BFH I R 36/04 BStBl II 06, 369 mwN). **Grundstücksgleiche Rechte** sind trotz Verbindung mit dem Grundstück selbständige WG (zB Grunddienstbarkeit, Wassernutzungsrecht, Jagdrecht, Auffüllungsrecht – außer bei Übertragung mit dem Grundstück, s BFH IV R 27/01 BStBl II 03, 878). Erbbaurecht s § 5 Rz 270. **Milch-** und **Zuckerrübenlieferungsrecht** als eigenes WG in der LuF s § 13 Rz 252 f.

112 **bb) Bebauter Grund und Boden.** Er teilt das Schicksal des Gebäudes als BV oder PV; ein Privatgrundstück wird durch Bebauung mit einem Betriebsgebäude in das BV eingelegt, ein Betriebsgrundstück durch die Bebauung mit einem Privatgebäude idR daraus entnommen (s Rz 270 „Bebauung"). Das gilt grds auch für PersGes (Rz 54). S auch Rz 270 „LuF", § 13 Rz 217 ff.

113 **cc) Ausnahmen.** Eine vom Gebäude abw Zuordnung bzw eine – vertikale oder horizontale – **Aufteilung** von GuB *eines* StPfl in mehrere WG ist mögl, wenn einzelne Teile verschiedenartig genutzt werden (EStR 4.2 IV). Auch der **unter der Erdoberfläche** liegende Teil kann einer besonderen Nutzung unterliegen und ist dann als eigenes WG zu bewerten (zB nicht erneuerbare Kohle-, Mineral-, Lehm-, Kies-, Erdölvorkommen). Ein solcher **Bodenschatz** ist bis zur Erschließung unselbständiger, bei Kenntnis wertbildender Teil des WG GuB. Er erstarkt zum selbständigen materiellen WG durch Aufschließung (zB durch Antragstellung auf Abbaugenehmigung, bergrechtl Berechtigung oder Aneignungsrecht nach BBergG) oder Verwertung (zB durch Veräußerung; vgl BFH GrS 1/05 BStBl II 07, 508; BFH IV R 45/05 BStBl II 09, 449; einschr trotz vertragl Trennung bei Veräußerung BFH IV R 36/06 BeckRS 2008, 15014903). Gleichwohl auch bei Einlage eines im PV entdeckten Schatzes ins BV mit dem Teilwert keine AfS nach § 7 VI und keine abbaubedingte TW-AfA. Weitere Einzelheiten s § 5 Rz 270, § 7 Rz 222, Schrifttum *Schmidt* 31. Aufl § 4 Rz 189; *Ritzrow* StBp 14, 77, 110, 143 und 175. **Feldinventar** (Pflanzenbestände) und **stehende Ernte** sind bilanzierungsfähig selbständige WG des UV (BFH IV R 23/07 BStBl II 11, 654), anders als die **Grasnarbe** (BFH IV R 229/81 BStBl II 84, 424). **Wald** s § 13 Rz 14 mwN (bei bestimmter Größe selbständiges WG als nicht abnutzbares AV; s auch *BMF* BStBl I 12, 595).

Beispiele für Aufteilung: Wird ein Teil des Grundstücks mit einem privaten Wohngebäude bebaut und ein Teil als betriebl Abstellplatz genutzt, ist **flächenmäßig** aufzuteilen; bei Bebauung mit einem gemischt genutzten Gebäude ist **quotenmäßig** aufzuteilen; zu **Nutzungsverlagerung** auf dem Grundstück s Rz 223; bei Vermietung eines unterirdisch gelegenen Teiles zur Erdöllagerung erfolgt die **wertmäßige Aufteilung** (BFH IV R 19/79 BStBl II 83, 203); Überlassung von U-Bahnbau s BFH VIII R 7/74 BStBl II 77, 796 (Privatgrundstück) und FG Nbg EFG 84, 390, rkr (Betriebsgrundstück – Letzteres mE iErg zweifelhaft).

115 **b) Gebäude; Gebäudeteile. – aa) Grundsatz der Gebäudeeinheit.** Gebäude sind Bauwerke auf eigenem oder fremdem Grund, die Menschen oder Sachen durch räuml Umschließung Schutz gegen Witterungseinflüsse gewähren, den nicht nur vorübergehenden Aufenthalt von Menschen gestatten, fest mit dem Boden

Betriebsvermögensvergleich (Gewinn)

verbunden, von einiger Beständigkeit und ausreichender Standfestigkeit sind (BFH III R 26/99 BStBl II 01, 137 mwN; *GLE* BStBl I 13, 734, Anm *Eisele* NWB 13, 2473). Ein einheitl genutztes Gebäude bildet grds mit allen Bestandteilen ein einheitl WG „Gebäude" und ist, soweit es zum BV gehört (s Rz 36 ff, 42), als solches nach § 6 I Nr 1, 1a mit den gesamten AK/HK zu aktivieren und nach § 7 IV, V, Va auf die Dauer der Gebäudenutzung abzuschreiben (grundlegend **BFH GrS 5/71** BStBl II 74, 132). **Gebäudebestandteile:** Welche Einzelteile zum WG „Gebäude" gehören, entscheidet sich weniger nach der zivilrechtl Zugehörigkeit als nach dem nach der Verkehrsauffassung zu beurteilenden **Nutzungs- und Funktionszusammenhang.** Gebäudeteile sind solche, deren Fehlen dem Gebäude ein negatives Gepräge gäbe, die unabdingbar sind (zB Treppe) oder die zwar nicht allg übl sind, aber die Gebäudenutzung in einer bestimmten Weise festschreiben und dem Gebäude eine besondere Prägung verleihen (s § 7 Rz 36 ff). Rspr-Änderung zu **Einbauküchen (Spüle, Herd)** s BFH IX R 14/15 BStBl II 17, 437 (überholt: BFH IX R 176/84 BStBl II 90, 430).

Altfälle bis 1998. Privat genutzte Grundstücksteile konnten vor 1999 zum BV gezogen werden, wenn das ganze Grundstück mehr als zur Hälfte die BV-Voraussetzungen erfüllte (EStR 13 X bis 1999; s *Schmidt* 23. Aufl § 4 Rz 202). Die Regelung gilt für Altfälle fort (EStR 4.2 X).

bb) Ausnahmen. – (1) Gemischt genutzte Gebäude. Eine reale Aufteilung 116 gemischt genutzter Gebäude in mehrere WG entspricht zum einen dem allg Grundsatz der Gewinnermittlung, den betriebl Bereich vom privaten zu trennen, und vermindert Schwierigkeiten der Aufteilung von Einnahmen und Ausgaben, wie sie sich bei bewegl WG ergeben, deren sachl Aufteilung die Rspr nicht zulässt (Rz 48 f). Voraussetzung für die Aufteilung ist, dass einzelne Gebäudeteile in einem von der sonstigen Nutzung eindeutig und nicht nur vorübergehend **abw Nutzungs- und Funktionszusammenhang** stehen (zB etagenweise teils betriebl Nutzung, teils Vermietung, teils Eigennutzung/Eigentumswohnung, s Rz 119). Die kleinste Einheit, für die eine gesonderte Zuordnung mögl ist, ist ein Raum; dieser muss umschlossen und abgeschlossen sein (BFH X R 1/16 BStBl II 18, 181 Rz 22). Betriebl *Mit*nutzung einzelner Räume s Rz 121.

(2) Wesentliche Gebäudebestandteile iSv §§ 93, 94 II BGB. Sie sind zwar 117 idR Gebäudeteile, können aber bei Sonderfunktion als unbewegl oder bewegl WG oder als anderes Gebäude gesondert zu aktivieren und abzuschreiben sein (EStR 4.2 III–V, 7.1 V, VI). **Selbständige WG** sind insb: **Betriebsvorrichtungen,** die nicht der Funktion Gebäude, sondern der Betriebsführung dienen (s § 7 Rz 34); – **Scheinbestandteile,** die nur zu vorübergehenden Zwecken eingebaut sind (§ 95 BGB, zB entfernbare nichttragende Trennwände, BFH III R 247/94 BFH/NV 98, 215; EStR 7.1 IV, EStH 7.1); – **Mietereinbauten** oä Einbauten in Fremdgebäude (BFH III R 191/85 BStBl II 88, 300, BFH XI R 18/06 BStBl II 09, 957 – Aktivierung *„wie* ein materielle WG" als „Quasi-WG", s EStH 4.2 III, Rz 61, 65 f, § 5 Rz 114, 270); – **Ladeneinbauten,** Schaufensteranlagen, Gaststätteneinrichtungen, Schalterhallen uä einem schnellen Wandel des modischen Geschmacks unterliegende WG (s EStR/H 7.1); – **Garten-** bzw Strandanlagen (BFH IX R 18/91 BStBl II 97, 25), **Schwimmbäder** im Garten (BFH IX B 40/03 BFH/NV 03, 1324, s aber Rz 115), *betriebl* **Zäune,** Einfriedungen, Platzbefestigungen (BFH III R 18/70 BStBl II 71, 673, EStH 7.1), Tennis- oder Reitplätze, Garagen im Außenbereich (s Rz 115), jeweils ohne unmittelbaren Gebäudebezug. Problematisch ist die Einordnung von **Heizanlagen,** die teils den Gebäudebedarf decken, teils Strom ins allg Netz liefern: Ob Gebäudeteil oder eigenes WG des BV, hängt vom Leistungsverhältnis im Einzelfall ab (vgl zu Wärmerückgewinnungsanlage BFH III R 8/99 BStBl II 02, 877). Zu **Photovoltaikanlagen** und **Blockheizkraftwerken** s § 7 Rz 38 mwN.

(3) Sonstiges. Miteinander **verbundene Bauwerke** sind einheitl WG, wenn 118 in der baulichen Verbindung ein einheitl Nutzungs- und Funktionszusammen-

Loschelder

§ 4 119–121 Gewinnbegriff im Allgemeinen

hang zum Ausdruck kommt. Ein grundlegender **Umbau** kann zu einem neuen WG Gebäude führen (vgl BFH VIII R 6/01 BStBl II 04, 783); zu Anbau als neues WG s BFH III R 49/06 BStBl II 07, 586; zu Ausbauten/Erweiterungen s § 7 Rz 132.

119 **cc) Aufteilungsumfang bei unterschiedlicher Gebäudenutzung.** Werden Gebäude teils eigenbetriebl, teils fremdbetriebl, teils zu eigenen und fremden Wohnzwecken genutzt, entstehen mindestens zwei, höchstens vier WG (EStR 4.2 IV; **BFH GrS 5/71** BStBl II 74, 132 und GrS 5/97 BStBl II 99, 774; BFH III R 40/11 BStBl II 13, 340 zu Bauphase). Betriebl genutzte Teile sind grds BV, eigengenutzte Wohnungen grds PV, Vermietung kann betriebl oder privat sein. Nach dem Grundsatz der Gebäudeeinheit (Rz 115) ist eine Aufteilung über zwei WG (BV/PV) hinaus pro Eigentümer (s Rz 62) auf Ausnahmefälle zu begrenzen, in denen sie (zB wegen unterschiedl AfA, s Rz 123) aus steuerrechtl Gründen geboten ist. Eine weitergehende Aufteilung eigenbetriebl genutzter Teile eines Grundstücks in mehrere WG ist, ohne Aufteilung in Teileigentum, grds nicht mögl (BFH X R 1/16 BStBl II 18, 181 Rz 19; BFH III R 80/92 BStBl II 95, 72); ebenso wenig bei Fremdvermietung an verschiedene Personen (EStR 4.2 IV 4). **Ausnahmen:** Keine Zwangsentnahme bzw Zwangseinlage durch *(1)* **Hinzuerwerb** eines weiteren Miteigentumsanteils im PV zu gewillkürtem BV-Anteil (BFH IV R 60/89 BStBl II 94, 559) und *(2)* **Nutzungsänderung** eines Gebäudeteils nach zunächst gemischter Nutzung (im gewillkürten BV keine Zwangseinlage an den anderen Teil, s BFH XI R 31/03 BStBl II 05, 334 – BV neben PV –, BFH III R 4/04 BStBl II 05, 604 – PV neben gewillkürtem BV –; glA EStH 4.2 IV). **Räuml Verlagerungen** auf dem Grundstück haben mE keine bilanz- und gewinnmäßigen Auswirkungen (str, s Rz 223). **Wahlrecht § 8 EStDV** bei „geringfügigen Betriebsanteilen" s Rz 126; zu Altfällen einer untergeordnet betriebl Nutzung Rz 115, EStR 4.2 X – auch zu Baudenkmalen in der LuF § 13 II Nr 2, IV.

120 **dd) Sachliche Zuordnung einzelner Gebäudeteile. – (1) Art der Aufteilung.** Wird ein Gebäude teils betriebl, teils privat genutzt (zwei WG), sind die dem BV oder PV zuzurechnenden Werte idR nach dem Größenverhältnis der für den einen oder anderen Zweck eingesetzten Nutzflächen zu ermitteln (vgl BFH GrS 5/97 BStBl II 99, 774; BFH VIII R 3/12 BStBl II 15, 382; BFH X R 1/16 BStBl II 18, 181 Rz 20; s auch – gegen Verhältnis der Ertragswerte – BFH III R 20/99 BStBl II 03, 635).

121 **(2) Aufteilung, § 12.** Einzelne Räume sind **notwendiges BV**, wenn sie zu mehr als 50% eigenbetriebl genutzt werden; bei einer geringeren betriebl Nutzung kann, soweit sie nicht von untergeordneter Bedeutung ist (unter 10%), **gewillkürtes BV** vorliegen (vgl BFH X R 1/16 BStBl II 18, 181 Rz 28 ff: wie bei abnutzbaren bewegl WG, Anm *Nöcker* HFR 18, 546, 549; s dazu auch Rz 49 und Rz 51 zur vollständigen Erfassung von Buchgewinnen). – Unabhängig davon ist die Frage nach dem BA-Abzug zu beantworten. Dieser setzt eine ganz überwiegende betriebl Nutzung (idR mind 90%) voraus. Bei höherem Privatnutzungsanteil entfällt eine Aufteilung (GrS 1/14 BStBl I 16, 265), und zwar unabhängig von der anteiligen Einrichtung als typisches Arbeitszimmer (BFH VIII R 24/12 BStBl II 16, 884) und unabhängig von einer räuml Abtrennung zB durch einen Raumteiler (BFH X R 18/12 BStBl II 17, 450, VerfBeschw nicht angenommen; BFH VIII R 10/12 BStBl II 16, 881; Nebenräume s Rz 598).

Anders uU bei eindeutiger anteiliger **betriebl Fremdnutzung**; so sollte mE zB bei Nutzung halbtags als betriebl Angestelltenbüro und iÜ als privaten Aufenthaltsraum das Aufteilungsprinzip gelten mit Abzug von 50 % der Aufwendungen als BA, wohl auch nach BFH GrS 1/06 BStBl II 10, 672 und nach der abw Rspr zum Arbeitszimmer (vgl dazu Vorlagebeschluss BFH IX R 23/12 BStBl II 14, 312; anders BFH X R 26/13 BStBl II 16, 611, aber nur für Nebenräume eines *Arbeitszimmers*). Die offene Frage, ob dafür der Raum steuerl in zwei WG aufzuteilen ist, sollte nicht entscheidend sein (vgl Rz 48, 126). Das davon abw **Aufteilungsverbot zum Arbeitszimmer** (BFH GrS 1/14 BStBl II 16, 265, str) beruht auf den

Besonderheiten des § 4 V 1 Nr 6b und steht dem mE nicht entgegen (s Rz 590 ff). S auch zu bewegl WG Rz 48, EStR 4.2 I. *Geringwertige Gebäudeteile* s Rz 126.

(3) Unselbständige Gebäudeteile. Wenn sie *zwangsläufig* mehreren Zwecken **122** dienen (zB Treppenhaus, Fahrstuhl, Heizungsanlage, Hausmeisterwohnung; "Zubehörräume" iSv § 2 III Nr 1 WoFlV), sind sie nicht unmittelbar in diese Rechnung einzubeziehen, sondern nach dem ohne sie ermittelten Verhältnis entspr Rz 120 aufzuteilen (EStR 4.2 VIII 6; abw Wahlrecht zB für Lager/Arbeitszimmer im Keller s EStH 4.7 "Nebenräume", BFH X R 1/05 BStBl II 07, 304). BFH GrS 5/71 BStBl II 74, 132 – unter C II 3d – spricht von Zurechnung "entsprechend ihren Wertverhältnissen".

ee) Rechtsfolgen der Aufteilung. – (1) Grundsatz. Gebäudeteile im Wohn- **123** haus, die selbständige WG des BV darstellen, sind mit allen Konsequenzen in die Gewinnermittlung einzubeziehen: **BE** s Rz 520 "Gebäude"; konkret zuzuordnende **BA** (zB Streichen des Büros; problematisch bei allg und unselbständigen Gebäudeteilen: zB bei Dachreparatur Aufteilung, bei Bürofensterersatz mE voll BA, umgekehrt bei Schlafzimmerfenster keine anteiligen BA, sehr str; wie hier FG Mster EFG 98, 1000, rkr; für Aufteilung als Gebäudekosten FG Saarl EFG 93, 70, rkr; zu Zinsen für Privatanbau BFH VI R 49/95 BStBl II 95, 729; vgl auch FG BaWü EFG 95, 914, rkr, und FG Köln EFG 95, 913, rkr; zu durch Gebäudereparatur entstandenen Gartenschäden BFH VI R 27/01 BStBl II 04, 1071 – anteilig BA des Arbeitszimmers; s aber zu Badezimmererneuerung BFH VIII R 16/15 BStBl II 19, 510; *Hilbertz* NWB 15, 1520; abl zu Dachaufteilung nach Installierung einer gewerbl Fotovoltaikanlage auch BFH X R 32/12 BStBl/NV 15, 324; zu AfA s Rz 124; zu Versicherungen s Rz 179). Anteilige Aufdeckung der **stillen Reserven** bei Entnahme oder Veräußerung, auch im Falle der Zuordnung über EStR 4.2 X bis 1999 (s Rz 115). Nur im Ausnahmefall des § 8 EStDV (s Rz 126) folgt die Zurechnung der lfd Einnahmen und Ausgaben nicht der Zuordnung der Vermögensart; obwohl PV, fallen BE und BA an (EStR 4.7 II 4).

(2) Abschreibung. Bei der AfA können sich besondere Schwierigkeiten erge- **124** ben. IdR ist die AfA für jedes WG gesondert zu berechnen; s iEinz § 7 Rz 36 ff.

(3) Sonstiges. Verlagerung von Betriebsteilen auf dem Grundstück als Ein- **125** lage/Entnahme s Rz 223. AfA nach Einlage/Entnahme s Rz 326, § 7 Rz 117.

ff) Grundstücksteile von untergeordnetem Wert, § 8 EStDV, EStR 4.2 **126** **VIII.** Grundstücksteile im Wert bis zu 20 500 € *und* ¹/₅ des Gesamtwerts sollen trotz eigenbetriebl Nutzung dem PV zugerechnet werden können (**Wahlrecht** – "brauchen nicht"; gleichwohl BA-Abzug, EStR 4.7 II 4). Beide Wertgrenzen müssen eingehalten sein. Dabei ist bei Miteigentümern mE nur auf den Anteil des Betriebsinhabers abzustellen (zB bei Arbeitszimmer im Ehegattengebäude; EStR 4.2 VIII; s auch Rz 65 ff). Die Prüfung erfolgt zu jedem Bilanzstichtag neu (bei endgültiger Wertüberschreitung grds Einlage, s BFH VI 290/65 BStBl III 67, 752; fragl bei geringfügiger und vorübergehender Grenzüberschreitung). Entscheidend ist der gemeine Wert des *ganzen* Grundstücks (GuB *und* Gebäude mit Außenanlagen, BFH IV R 55/74 BStBl II 80, 5; Zurechnung von Nebenräumen s EStR 4.2 VIII 6, Rz 122). Früher wurde in dem Absinken unter die Grenzen eine Entnahme gesehen (zB BFH IV 99/63 S BStBl III 65, 46); seit dem Übergang zum Wahlrecht dürfte ine ausdrückl Entnahmehandlung des StPfl erforderl sein, s Rz 270 "Nutzung". Kritik s *Schmidt* 39. Aufl § 4 Rz 126.

c) Forderungen. – aa) Begründung. Es besteht ein unlösbarer Zusammen- **130** hang zw der Rechtsnatur der Forderung und des sie begründenden Vorganges. Eine Forderung entsteht notwendig als BV oder PV, je nachdem, ob sie betriebl veranlasst ist oder nicht. Das gilt auch bei § 4 III (s Rz 383). *Beispiele:* Die Forderung aus Warenverkauf entsteht notwendig als BV, die Forderung aus der Gewährung privater Darlehen notwendig als PV; die Forderung aus einer **Betriebsveräußerung**

wird der Berechnung des Veräußerungsgewinns zugrunde gelegt. Sie entsteht daher mE zu diesem Zeitpunkt als BV und verliert diesen Charakter allenfalls durch endgültige Betriebsabwicklung (glA BFH II R 45/97 BFH/NV 00, 686; str, s Rz 383, § 16 Rz 337).

131 **bb) Spätere Veränderungen. – (1) Grundsatz.** Eine Forderung behält ihre Rechtsnatur als BV/PV bis sie erlischt, sei es durch Zahlung, sei es durch Aufrechnung, Erlass oder Ausbuchung aus betriebl oder privaten Gründen. Die **Verpfändung** für private oder betriebl Zwecke ändert den Charakter als BV/PV nicht notwendig (s Rz 145).

132 **(2) Entnahme.** Die Abhängigkeit von dem Entstehungsgrund entfällt mE nach der Entstehung. **Werthaltige Forderungen** sind ihrer Natur nach ähnl vermögensneutral wie etwa Bargeld oder Wertpapiere. Es handelt sich um rechtl und wirtschaftl selbständige Vermögenswerte, deren späteres Verhältnis zum Betrieb losgelöst vom Entstehungsgrund zu prüfen ist. Der betriebl Zusammenhang einer solchen Forderung kann jederzeit durch private Verwertung gelöst werden – Entnahme in das PV mit allen Folgen und Risiken (str). *Beispiele:* Erlass aus privaten Gründen, Abtretung an Privatgläubiger. Die Gewinnrealisierung bei Überschussrechnung (Rz 394) zeigt deutl, dass die Forderung selbst entnommen wird und nicht nur der Wert in Geld. Die Verlagerung betriebl Erträge in den Privatbereich durch Entnahme **zweifelhafter Forderungen** scheidet jedoch aus (s zu BE aus bestrittener, nicht aktivierbarer Forderung s BFH IV R 37/92 BStBl II 94, 564).

133 **(3) Einlage.** In diesem Rahmen können privat begründete Forderungen in das BV eingelegt werden (str, s *Schmidt* 16. Aufl § 4 Rz 220). Allerdings sind dabei die **Grenzen der betriebl Veranlassung** zu beachten (s Rz 46 und 134).

134 **cc) Darlehensforderungen.** Sie sind notwendig BV, wenn die Gewährung des Darlehens auf einem Vorgang beruht, der in den betriebl Bereich fällt. Die Herkunft der Mittel ist nicht entscheidend (s Rz 33). Z.B.: Der StPfl gewährt Darlehen, um eine andere betriebl Forderung zu retten (BFH XI B 25/07 BFH/NV 07, 1888), betriebl WG anzuschaffen oder die Anschaffung sicherzustellen (BFH I R 212/73 BStBl II 74, 734), Geschäfte anzubahnen, Kunden zu werben, den guten Ruf des Unternehmens zu bewahren. BV sind auch Darlehen eines Einzelhändlers an seine Wareneinkaufsgenossenschaft (s Rz 45). – Die **Person** des Darlehensnehmers und seine Stellung zum Darlehensgeber lassen keine zwingende Schlussfolgerung auf die Darlehensnatur zu.

Weitere Beispiele: zu Darlehen an Angehörige s § 12 Rz 20 ff. Darlehen an **KapGes** oder Genossenschaft, deren Beteiligung im notwendigen BV gehalten wird, kann PV darstellen; die Rechtsnatur des Darlehens und der Beteiligung sind unabhängig voneinander zu prüfen; zu Darlehen eines Freiberuflers s BFH XI B 25/07 BFH/NV 07, 1888; BFH IV R 185/71 BStBl II 76, 380). Darlehen des Ges'ters an die KapGes sind idR Fremdkapital und nicht **verdeckte Einlage** (s Rz 270) vgl Rz 253; Forderungsverzicht als Einlage s Rz 221.

135 **dd) Forderungen Gesellschafter/Personengesellschaft.** Sie werden grds gem § 15 I Nr 2 steuerl nicht berücksichtigt, vgl § 15 Rz 540 ff; zu Angehörigen s § 15 Rz 427. Anders Forderungen **PersGes/Ges'ter,** s § 15 Rz 629 ff, BFH IV R 64/93 BStBl II 96, 642.

136 **ee) Forderungen aus Bausparverträgen.** Sie sind BV, wenn die Bausparsumme der Errichtung eines Betriebsgebäudes dient. Bei Errichtung eines gemischt genutzten Gebäudes besteht ein betriebl Förderungszusammenhang, sodass eine Einlage in das gewillkürte BV mögl ist. Notwendiges BV liegt selbst dann nicht vor, wenn die Kosten für den betriebl Gebäudeteil überwiegen, soweit die Baukosten für den Privatteil die Bausparsumme erreichen (BFH VIII R 168/83 BStBl II 89, 299). Vgl BFH VIII R 422/83 BStBl II 91, 765.

137 **ff) Verweisungen.** Aktivierung von Forderungen s § 5 Rz 270, Bewertung s § 6 Rz 291, Forderungserlass bei § 4 III s Rz 383 (betriebl) und 394 (privat), zu Darlehensforderungen und Forderungsverlusten bei § 4 III Rz 370, 375, 520 „Verlust",

Betriebsvermögensvergleich (Gewinn) **140–143 § 4**

zu Forderungen aus Bankguthaben Rz 150 ff, zu Forderungsverlust aus Betriebsveräußerung Rz 383.

d) Verbindlichkeiten. – aa) Entstehung. Eine Verbindlichkeit gehört zum BV, 140 wenn ihre Begründung auf einem Vorgang beruht, der in den betriebl Bereich fällt (BFH X R 34/17 BFH/NV 19, 530); der auslösende Vorgang muss einen tatsächl oder wirtschaftl Zusammenhang mit dem Betrieb aufweisen (BFH X R 19/17 BStBl II 19, 795). *Beispiele:* Verwendung der Kreditmittel, um WG des BV anzuschaffen, herzustellen, zu erneuern, zu verbessern, um andere Betriebsschulden abzulösen bzw zu sichern, um dem Betrieb liquide Mittel zuzuführen, auch zur Bilanzverschönerung (sog „window-dressing", BFH I R 237/70 BStBl II 73, 136). Bürgschaftsverbindlichkeiten s Rz 146, Darlehensverbindlichkeiten Rz 147. Dieser Zusammenhang ist nach dem tatsächl Geschehensablauf aus **Sicht des Schuldners** zu beurteilen, der mit dem Einsatz von Eigenmitteln weitgehend den Bedarf an Fremdkapital steuern kann (s Rz 152). Ein **rechtl Zusammenhang** genügt ebenso wenig wie der Ausweis in der HB: Eine Privatschuld wird nicht durch hypothekarische Absicherung auf Betriebsgrundstück zur Betriebsschuld und umgekehrt; das privat belastete Grundstück bleibt BV und umgekehrt (vgl Rz 38, 270 „Belastung"). Bei **gemischt genutzgen WG** folgt die Behandlung der Verbindlichkeit idR der Behandlung des WG (BFH GrS 2–3/88 BStBl II 90, 817; BFH IV R 57/90 BStBl II 92, 141); vgl Rz 110 ff (Grundstück) und Rz 48 f (beweg WG); die Zinsen sind grds anteilig BA. Vgl zu **VuV** Rspr § 9 Rz 143.

Schulden, deren Entstehung nicht betriebl veranlasst ist, gehören notwendig zum **PV:** BFH GrS 2–3/88 BStBl II 90, 817; Rz 152 und 480; auch **Zugewinnausgleichsschulden** (RsprÄnderung in BFH IX R 68/89 BStBl II 93, 434; s *Schmidt* 20. Aufl § 4 Rz 226); **sonstige Privatkredite** s etwa BFH IV R 63/88 BStBl II 91, 238 (Privatschuldablösung für Ehegatten), BFH IV R 46/86 BStBl II 91, 514 (EStZahlung) und BFH VIII R 93/84 BStBl II 91, 516 (sonstige Entnahmefinanzierung).

bb) Zinsen. Sie teilen das Schicksal der Verbindlichkeit (Rz 520 „Schuldzinsen). 141

Abzugsbeschränkungen für Zinsen stellen die Zugehörigkeit betriebl Schulden zum BV grds nicht in Frage: Überentnahmebesteuerung gem § 4 IVa s Rz 522; GewSt-Zinsen s § 4 Vb, Rz 618; Zinsschranke § 4h (auch bei § 4 III), § 8a KStG; eingeschränkte Verlustübertragung §§ 8 IV/8c KStG, §§ 4 II, III, 12 III, 15 III, 20 IX, 24 VI UmwStG; Mindestbesteuerung § 10d II.

cc) Spätere Veränderungen. – (1) Grundsatz. Verbindlichkeiten bleiben so 142 lange BV/PV, bis sie erlöschen (BFH GrS 2–3/88 BStBl II 90, 817 unter C II 3b). Zum Erlass bei § 4 III vgl Rz 384 (betriebl Gründe) und Rz 395 (private Gründe). Eine Verbindlichkeit verliert ihre Abhängigkeit vom Entstehungsgrund nicht durch Willensentscheidung des StPfl, Betriebsaufgabe (vgl BFH I R 205/85 BStBl II 90, 537; s auch Rz 486 und 520 „Schuldzinsen"), Betriebseinbringung in PersGes (BFH IV R 131/91 BStBl II 93, 509) oder durch **Ablösungsdarlehen** (BFH VIII R 42/98 BStBl II 00, 390 mwN). Wie das finanzierte WG bleibt die Verbindlichkeit auch nach Einstellung der betriebl Nutzung (ohne Veräußerung/Entnahme), Verlust oder vollständiger Abschreibung des WG BV (s Rz 78, 533; *BMF* BStBl I 00, 1118 zu Policendarlehen). Nach ganz hM gibt es **keine gewillkürten Betriebsschulden** (BFH GrS 2–3/88 BStBl II 90, 817 unter C. II. 3.a; BFH X R 5/11 BFH/NV 14, 1018; s auch Rz 147). Verbindlichkeiten sind zwar zu bilanzierende WG, im Gegensatz zu Forderungen jedoch keine Vermögenswerte, die einen betriebl Förderungszusammenhang begründen könnten (auch nicht iSv § 240 I HGB). Der Tilgung einer Betriebsschuld mit Privatmitteln geht eine Geldeinlage voraus, der Tilgung einer Privatschuld mit betriebl Mitteln eine Geldentnahme.

(2) Ausnahmen. Das bedeutet nicht, dass die Rechtsnatur einer Schuld nicht 143 wechseln könnte. Die **Umwandlung** einer Betriebsschuld in eine Privatschuld **(Entnahme)** und umgekehrt **(Einlage)** ist mögl, wenn sich die ursprüngl Veranlassung ändert, sei es durch Verwendung betriebl aufgenommener Kreditmittel für

Loschelder

nichtbetriebl Zwecke (oder umgekehrt), sei es iZm der Entnahme/Einlage des mit diesen Mitteln angeschafften WG (s Rz 145). Das gilt mE entgegen EStR 4.2 XV grds für UV wie für AV (*Beispiel:* Grundstückshändler entnimmt Grundstück des UV für Privatzwecke: die Schuld wird PV; der BA-Abzug späterer Zinsen entfällt). **Sonstige Schuldumwandlungen** s Rz 383, 487, § 9 Rz 99.

144 (3) **Höhe einer Entnahme/Einlage.** Diese entscheidet sich bei Änderung des Verwendungszwecks nach dem Umfang der Veränderung. Beim Wechsel zusammen mit einem WG kann die ganze Verbindlichkeit zu überführen sein. Sind jedoch die finanzierten Aufwendungen für die Anschaffung des WG zeitbezogen (abnutzbare WG des AV) dürfte das auch für die wirtschaftl damit zusammenhängende Verbindlichkeit gelten. Während ein Kredit für die Anschaffung von Waren oder nicht abnutzbaren WG des AV bei Überführung des WG in das PV voll PV wird, bleibt zB ein offener PkwKredit mit dem Anteil BV, der auf die Zeit der betriebl Nutzung entfiel. In diesem Umfang wird die ursprüngl Veranlassung durch den Wechsel des Pkw nicht mehr berührt. Rückständige Zinsen bleiben mE insoweit BA (s auch Rz 145). Die Restschuld wird zusammen mit dem Pkw PV.

145 (4) **Sonstiges.** Bei **Veräußerung des auf Kredit erworbenen WG des BV** gelten mE ähnl Grundsätze wie bei der Betriebsveräußerung. Die Schuld ist mit dem Kaufpreis zu verrechnen; eine übersteigende Restschuld bleibt BV, die Zinsen BA. Die Entnahme des Veräußerungserlöses wirkt sich über § 4 IVa aus (s Rz 522 ff). **Rückständige Zinsen,** die im BV angelaufen sind, bleiben BA (s Rz 144, 486, auch zu Betriebsübertragung). **Umschuldungen** s Rz 143.

146 dd) **Bürgschaftsverbindlichkeiten.** Es gelten ähnl Grundsätze. Bei betriebl veranlasster Übernahme handelt es sich um **notwendiges BV.** *Beispiele:* Sicherung einer Geschäftsverbindung, Existenzbedrohung, entgeltl Übernahme mit Gewinnerzielungsabsicht (zB BFH IV R 42/96 BFH/NV 97, 837; s auch zu WK § 19 Rz 110); zu Betriebsaufspaltung BFH VIII R 27/00 BStBl II 02, 733. Ohne betriebl Veranlassung liegt **PV** vor, auch im Verhältnis PersGes-Ges'ter (BFH I R 136/74 BStBl II 76, 668) und Ges'ter-PersGes (BFH IV R 37/89 BStBl II 91, 64; s auch Rz 132). **Einlage** scheidet jedenfalls dann aus, wenn sich bereits Verluste abzeichnen (BFH IV R 2/90 BStBl II 91, 786; Rz 155).

147 ee) **Darlehensverbindlichkeiten.** Sie sind BV, wenn die Kreditmittel für betriebl Zwecke verwendet werden (BFH X R 34/17 BFH/NV 19, 530), insb zum Erwerb von WG; die Person des Gläubigers oder dessen Beweggründe für die Darlehenshingabe sind idR unbeachtl (BFH X R 19/17 BStBl II 19, 795). Daher können auch Darlehensverbindlichkeiten ggü **Familienangehörigen** BV und die Zinsen BA sein (Rz 140; BFH IV R 17/89 BStBl II 91, 18; § 12 Rz 20 ff; § 15 Rz 740 ff). Die **Buchung** ist nicht entscheidend (s Rz 152 und 72).

148 ff) **Verbindlichkeiten nach Betriebsbeendigung.** S Rz 383, 486, § 16 Rz 350 ff sowie *Schmidt* 23. Aufl Rz 234–236.

150 e) **Geldbestände; Bankverbindlichkeiten. – aa) Geldbestände.** Bargeld, Bank- und Postscheckguthaben können BV sein; der betriebl Zusammenhang kann allerdings jederzeit gelöst werden. Das Entgelt aus betriebl Vorgängen fließt als BV zu. Es bleibt bei §§ 4 I/5 BV, solange es nicht für außerbetriebl Zwecke aus der geschlossenen Kassenführung entnommen wird. Bei § 4 III ist die Zurechnung von Geld zum BV zweifelhaft. Geld ist hier nur eine Art Gewinnberechnungseinheit; die betriebl Veranlassung einzelner Vorgänge ist unabhängig davon zu beurteilen (vgl Rz 375 zu Geldverlusten; s aber zu § 4 IVa 6 Rz 534); das Entgelt aus betriebl Vorgängen wird bei Zufluss als BE erfasst und geht dann unmittelbar ins PV über (Rz 388, 393, 374), jedenfalls soweit keine geschlossene Kassenführung besteht. Umgekehrt können Privatgelder in das BV **eingelegt** werden, da sie das Betriebskapital verstärken – Gewinnauswirkung allerdings erst bei betriebl Ausgabe (vgl Rz 393).

Betriebsvermögensvergleich (Gewinn) §4

bb) Bankkonto. Das Bankkonto selbst dient nur als Rechnungsabschlussgrund- 151
lage; unabhängig vom Zivilrecht enthält der Schuldensaldo nur das vom ursprüngl
Rechtsgrund der einzelnen Zahlungen gelöste Saldoanerkenntnis durch gewinnneutrale Buchung (vgl § 355 I HGB, BFH GrS 2–3/88 BStBl II 90, 817 unter
C II 4 und Anm c zu Kontokorrent). – **Forderungen** gegen die Bank können
wie Geldbestände (Rz 150) zum BV gehören. Die Verbuchung von Privatein-
nahmen auf dem Betriebskonto führt zur Einlage der Geldmittel, die Verbuchung
von Privatausgaben zu deren Entnahme (BFH VIII R 61/96 BFH/NV 99, 463). –
Der Entstehungsgrund von **Bankschulden** ist nach allg Grundsätzen zu prüfen
(Rz 140). Bei betriebl Veranlassung ist die Kreditaufnahme idR gewinnneutral
(bei §§ 4 I/5 Passivierung der Verbindlichkeit, Aktivierung der Valuta oder Wegfall einer anderen Verbindlichkeit, zu § 4 III s Rz 375). Gewinnauswirkung nur
hinsichtl Zinsen und Gebühren.

cc) Gemischte Kontokorrentkonten; Mehrkontenmodelle. *BMF* BStBl I 152
93, 930 idF BStBl I 00, 588 Tz 39 (Aufhebung von Tz 8–10 aF). Gesetzesentwicklung zur allg Beschränkung des Schuldzinsenabzuges als BA durch § **4 IVa** s unten
Rz 154 und 522 ff. – **(1) Veranlassungsgrundsatz.** Jedem StPfl steht es grds frei,
seinen Betrieb ganz oder zT fremd zu finanzieren (gesetzl Einschränkungen
s Rz 141). Wie bei anderen Schulden (s Rz 140) ist jedoch nur der betriebl Teil
eines Kredits BV und nur der entspr Zinsanteil BA. Die entscheidende Frage, ob
ein wirtschaftl Zusammenhang zw Zinsen und Betrieb besteht, ist danach zu
beurteilen, inwieweit die Entstehung der Schuld durch den Betrieb veranlasst ist
(BFH GrS 2–3/88 BStBl II 90, 817 unter C II). Maßgebl ist allein der tatsächl
Verwendungszweck der Darlehensmittel als auslösendes Moment *jeder einzelnen*
Darlehensaufnahme bzw Krediterhöhung (BFH GrS 1–2/95 BStBl II 98, 193). –
Ein für betriebl Zahlungsverkehr eingerichtetes Kontokorrentkonto verliert seinen
betriebl Charakter nicht bereits dadurch, dass Privatentnahmen über das Konto
getätigt werden. § 12 ist nicht einschlägig. Das gilt auch bei Darlehensgutschrift
(BFH IV R 80/99 BFH/NV 01, 902). Andererseits schafft die **Buchung** über ein
betriebl Konto noch keine betriebl Veranlassung, auch *keine Vermutung* dafür, wohl
auch keine Indizwirkung. Unbeachtl sind die **Art der Gewinnermittlung** (zu
§§ 4 I/5 und 4 III BFH GrS 2–3/88 BStBl II 90, 817; zu § 13a BFH IV R
103/87 BFH/NV 91, 805), der **handelsrechtl Bilanzausweis** und **wirtschaftl
Alternativlösungen** (wie die Möglichkeit, fremdfinanzierte Aufwendungen durch
eigene private oder betriebl Mittel zu bestreiten). Der StPfl hat grds die **Wahl,**
Privataufwendungen über Darlehensaufnahme zu finanzieren (auch bei Belastung
eines Betriebskontos kein BV, keine BA, vgl BFH IV R 46/86 BStBl II 91, 514;
BFH XI R 74/00 BFH/NV 02, 188; Rz 147) oder aber dafür **im Betrieb vorhandene Mittel** zu entnehmen und gleichzeitig weitere – nicht bereits getätigte,
eigenfinanzierte – betriebl Aufwendungen über Betriebsschulden (und BA) zu
bestreiten.

Ggf entscheidet die richtige **Gestaltung:** Bargeldentnahme oder Zahlung der Privatschuld
über Betriebskontenentnahme mit späterer Finanzierung betriebl Vorgänge führt zu BA, nicht
Finanzierung des Privataufwandes (vgl auch zu § 4 IVa und WK BFH IX R 29/15 BFH/NV
16, 1698, krit Anm *Paus* DStZ 17, 127). Solche Gestaltungsmöglichkeiten werden estl beachtet (BFH GrS 2–3/88 BStBl II 90, 817 unter C II 4b/cc; BFH IV R 25/07 BStBl II 08,
715) und sind unabhängig von der wirtschaftl Veranlassung (auch bei zeitl Nähe und betragsmäßige Übereinstimmung mit Privatschuldtilgung) in den Grenzen von Rz 153 grds nicht
missbräuchlich nach § 42 AO, zB bei Privathausbau mit entnommener 1 Mio € aus der Betriebs-
kasse und gleichzeitiger „Betriebsschuldaufnahme" von 1 Mio €. Entscheidend ist allein der
Nachweis der tatsächl betriebl Darlehenszuordnung, der Finanzierung von Betriebsschulden
und des Vorhandenseins entnahmefähiger betriebl Eigenmittel.

(2) Grenzen; Betriebsausgaben-Rechtsprechung bei Sollsaldo. Der BFH 153
übernahm diese Grundsätze unabhängig vom tatsächl Schuldgrund auch für die
Fälle, in denen durch private Entnahmenfinanzierung über ein Betriebskonto ein

Loschelder

Sollsaldo entstand (GrS 1–2/95 BStBl II 98, 193 im Anschluss an BFH GrS 2–3/88 BStBl II 90, 817). Die Überziehungsmöglichkeit wurde durch Billigung der sog **Mehrkontenmodelle** erleichtert (reines BA-Konto, privat belastbares BE-Konto, dazu uU noch ein reines Privatkonto, s auch Rz 154 f, 522). Die schädl **Grenze zur privaten Entnahmenfinanzierung** zog der GrS erst, wenn dem Betrieb keine entnahmefähigen Finanzmittel mehr zur Verfügung stehen und die Entnahme nur dadurch mögl wird, dass Darlehensmittel in das Unternehmen fließen (BStBl II 98, 193 unter B I 6 mwN), wenn also eine betriebl Fremdfinanzierung ausscheidet und nicht Eigen- durch Fremdkapital ersetzt wird, sondern Entnahmen durch Darlehensmittel finanziert werden.

Die vom I. Senat vertretene *automatische* wirtschaftl **Umschuldung** von privaten in betriebl Kontokorrentschulden hat der GrS zwar nicht gebilligt, wohl aber die *tatsächl* nachträgl Umschuldung, unabhängig von der Aufteilung auf mehrere Konten (GrS BStBl II 98, 193 unter B II; s auch Rz 383 und 487). **Habenbuchungen** sind im Zweifel automatisch mit privaten Schuldenteilen zu verrechnen (GrS BStBl II 98, 193 unter B I 3; ebenso jetzt § 4 IVa: „Unterentnahme" als Gewinn oder Einlage). Diese Grundsätze gelten auch für **PersGes'ter** (vgl Rz 535 und *Schmidt* 27. Aufl § 4 Rz 242).

154 **(3) Fortgeltung dieser Rechtslage trotz Gesetzesänderungen durch § 4 IVa.** Der StPfl kann entspr der GrS-Rspr auch ab 1999 ohne steuerl Nachteile wählen, ob er seinen Betrieb mit Eigen- oder Fremdkapital finanzieren will; er kann auch nachträgl Eigenkapital durch Fremdkapital ersetzen (vgl BFH IV R 25/07 BStBl II 08, 715). BE mindern im Zweifel die Privatschulden. Die Rspr zu Mehrkontenmodellen gilt weiter. Die Problematik der Zuordnung einzelner Zahlungsvorgänge auf gemischten Konten zum betriebl oder nichtbetriebl Bereich besteht unverändert fort (s Rz 155 ff). Die betriebl Veranlassung des Zinsanfalls ist trotz § 4 IVa Primärvoraussetzung für den BA-Abzug, der dann durch § 4 IVa begrenzt ist (s Rz 522).

155 **(4) Aufteilung (Grundsatz; Möglichkeiten; Grenzen).** Bei Kontenüberziehung sind alle betriebl und privaten Belastungen zu trennen, am besten durch Abwicklung über **getrennte Konten** (mindestens ein Betriebskonto für jeden Einzelbetrieb für BE und BA und ein Privatkonto – **„Zweikontenmodell",** s Rz 153, FG Mchn EFG 05, 422, rkr). Dann entfällt jede weitere Aufteilung. Dies ist ratsam, um die sich sonst ergebenden Aufteilungsprobleme/-nachteile zu vermeiden. Eine getrennte Aufzeichnung oder spätere Aufteilung aller Vorgänge in – mindestens – **zwei Unterkonten** in der Buchführung des StPfl genügt, sogar in Form einer – belegbaren – Kennzeichnung der einzelnen Buchungen durch besondere **Symbole** (s *Weber* DStZ 91, 611). *Zwingende* Voraussetzung für die Aufteilung und den BA-Abzug ist dies nicht (s BFH XI R 19/95 BFH/NV 98, 1342). **Andernfalls** ergeben sich aber praktisch kaum lösbare **Aufteilungs- und Zuordnungsprobleme**, die idR den StPfl treffen (Rz 156). Grds ist jeder einzelne Debetzwischensaldo (nicht Tagessaldo, BFH IV R 97/82 BStBl II 91, 226) nach der **Zinszahlenstaffelmethode** entspr den privaten und betriebl Sollbuchungen dem jeweiligen Bereich zuzuordnen. Jedes Mischkonto ist rechnerisch in zwei Unterkonten zu zerlegen, die unter Beachtung der Zeitmoments fortgeführt werden. Habenbuchungen s Rz 153. Berechnungsbeispiele s GrS 2–3/88 BStBl II 90, 817 unter C II 5c, e, BFH IV R 87/88 BFH/NV 92, 12. **§ 12 Nr 1 S 2** steht der Aufteilung dann nicht entgegen, wenn einzelne Buchungen ausschließl einen bestimmten Bereich betreffen (GrS BStBl II 90, 817, Rz 241).

156 **(5) Folgen eines fehlenden Aufteilungsnachweises; Schätzung.** Die betriebl Veranlassung jeder einzelnen Buchung hat der StPfl im Zweifel darzulegen und glaubhaft zu machen, uU nachträgl (BFH IV R 20/89 BFH/NV 91, 731); ihn trifft ggf die **Feststellungslast**. In diesem Rahmen kann ohne Einzelkennzeichnung und Berechnung durch den StPfl eine **schätzungsweise Aufteilung** durch FA/FG mögl und geboten sein, vor allem bei zahlenmäßig oder zeitl geringfügigen privaten Belastungen (vgl BFH XI R 19/01 BFH/NV 04, 1277). Die Aufteilungspflicht von FA/FG im Schätzungswege findet ihre **Grenze** an der bei solchen Zuordnungsfragen **gesteigerten Mitwirkungspflicht** des StPfl. Mit dem Umfang der privaten und betriebl Buchungen wächst die Obliegenheit des StPfl, selbst für die Beschaffung geeigneter Zuordnungsunterlagen Sorge zu tragen. Von einfachen Ausnahmefällen abgesehen wird es dem Betriebsprüfer, der Veranlagungsstelle des FA oder dem FG idR nicht zuzumuten sein, den Aufteilungsmaßstab durch Prüfung der einzelnen Buchungen (deren Art der Veranlassung oft nur der StPfl selbst kennt) selbständig zu ermitteln. Bei gleich bleibenden Verhältnissen und geringen Privatvorgängen kann es genügen, wenn der StPfl eine (nachprüfbare) Berechnung für einen oder einzelne typische **Zeitabschnitte** erstellt (vgl zu allem – auch zu Schätzungsmethoden – GrS BStBl II 90, 817 unter C II 5h, 6, 7; BFH IV R 97/82 BStBl II 91, 226).

f) Virtuelle Währungen (Token; Bitcoin etc). Sog Krypto-Währungen wie **158** Bitcoin (BTC) uÄ werden zwar von der BaFin als Finanzinstrumente (Rechnungseinheiten iSv § 1 XI Nr 7 KWG) eingestuft, sind aber weder gesetzl Zahlungsmittel noch E-Geld, sondern **immaterielle WG** (vgl FG BaWü DStR 22, 143 Rev IX R 27/21; FG BBg DStRE 19, 1329, rkr; *Dürr* FR 19, 656; s auch § 5 Rz 270 und § 6 Rz 22 (4) mwN). Sind BTC-Transaktionen wie Mining oder Handel mit Krypto-Währungen gewerbl (vgl *Reiter/Nolte* BB 18, 1179, 1183 f; *Moritz/Strohm* DB 18, 3012; *Richter/Augel* FR 17, 937), gehören die erwirtschafteten Einheiten zum **notwendigen BV**; ebenso, wenn Krypto-Währungen als Entgelt für eine betriebl Leistung oder für einen sonstigen Wertabgang im BV entgegengenommen werden (Rz 39). Ob Krypto-Währungen den Betrieb als **gewillkürtes BV** fördern, zB durch Verstärkung des Betriebskapitals, wird man ähnl wie bei Wertapieren zu beurteilen haben (Einzelfallwertung, s Rz 170; eindeutige Einlagehandlung erforderl, s Rz 234 f). Ein entspr **BMF-Schreiben** ist in Vorbereitung (s auch BT-Drs 19/32192). Zur Besteuerung im PV s § 23 Rz 27.

g) Beteiligungen. – aa) Begriff. Beteiligungen setzen den Erwerb gesell- **160** schaftsrechtl Befugnisse an PersGes oder KapGes zur Herstellung einer dauernden Unternehmensverbindung voraus (idR ab 20%, § 271 HGB). Anders als bei § 17 handelt es sich bei mehreren *Aktien*beteiligungen grds um ein **einheitl WG** „Beteiligung" (BFH VIII R 126/75 BStBl II 79, 77, mit Abgrenzung BFH VIII R 26/03 BStBl II 06, 22; anders auch § 15 II GmbHG zur Selbständigkeit einzelner GmbH-Anteile). Vgl Beispiele Rz 45 und 162 ff und BFH VIII R 37/92 BStBl II 94, 444, unter 4a.

Schrifttum: *Carlé/Bauschatz* KapKten bei PersGes, FR 02, 1153; *Dietl* Bilanzierung von Anteilen an PersGes, DStR 02, 2140; *Thiel* in FS L. Schmidt S 569; *Wassermeyer* in FS L. Schmidt S 621 – eigene Anteile an KapGes; *Ludwig* DStR 03, 1646 (Eigene Anteile im BV einer KapGes); § 5 Rz 270 „Beteiligung", § 15 Rz 690.

bb) Beteiligung an Personengesellschaft iSv § 15. Sie gehört stets zum **161** *notwendigen BV* iRd PersGes (vgl § 15 I Nr 2, § 16 I Nr 2) und zwar in der Weise, dass der Ges'ter an allen WG beteiligt ist, die sich im BV der Ges befinden. Auch wenn die Beteiligung zum BV eines Einzelunternehmens oder einer KapGes gehört, kommt ihr für die ertragsteuerl Gewinnermittlung keine weitere Bedeutung zu. Sie wird nicht als solche bilanziert (s § 15 Rz 690; BFH X B 208/10 BFH/NV 11, 1868). Dagegen sind Beteiligungen an einer **vermögensverwaltenden Zebragesellschaft** (bzw die Anteile an den einzelnen WG) anteilig im *BV des gewerbl Beteiligten* zu erfassen (ESt und GewSt; vgl BFH IV R 44/09 BStBl II 13, 142; FG Mchn EFG 02, 420, rkr; zu Verfahren s BFH GrS 2/02 BStBl II 05, 679).

cc) Beteiligung an Kapitalgesellschaft. Beim Ges'ter kann die Beteiligung **162** notwendiges oder gewillkürtes BV (in einem anderen Betrieb) oder PV (vgl § 20) sein (s *Prinz* FR 20, 793; *Ritzrow* StBp 13, 349 und 14, 11; zu SBV *Schulze zur Wiesche* DStZ 15, 929). Die Höhe der Beteiligung ist idR nicht ausschlaggebend

(BFH X R 38/17 BStBl II 19, 518 Rz 37 mwN), aber uU Indiz in Zweifelsfällen (s auch Rz 160). Aufteilung in BV und PV kommt idR nicht in Betracht (s Rz 160).

163 (1) **Notwendiges Betriebsvermögen** ist anzunehmen, wenn die Beteiligung dazu bestimmt ist, die **gewerbl (branchengleiche) Betätigung** des StPfl entscheidend zu fördern *oder* wenn sie dazu dient, den **Absatz von Produkten** des StPfl (Waren, Dienstleistungen etc) zu gewährleisten (BFH X R 28/16 BStBl II 19, 474 und BFH X R 38/17 BStBl II 19, 518, beide mwN; krit *Kanzler* FR 19, 910, 918: fließende Übergänge), ferner dann, wenn die Beteiligung als **Honorarersatz** geleistet wird (BFH III R 42/13 BStBl II 17, 339; s Rz 45). Ob diese Voraussetzungen vorliegen, ist Tatfrage (BFH X R 38/17 BStBl II 19, 518 Rz 40). Maßgebl ist die Sichtweise des StPfl; der Umfang des eigenen Geschäftsbetriebs der KapGes ist unerhebl (BFH X R 28/16 BStBl II 19, 474 Rz 39 f; BFH X R 38/17 BStBl II 19, 518, Rz 38 f, mit Abgrenzung zu BFH IV R 13/08 BFH/NV 12, 1112; s auch Anm *Kulosa* HFR 19, 739). Normale Geschäftsbeziehungen als Lieferant, Abnehmer, Kreditgeber, Schuldner, Bürge, Verpächter, Pächter einzelner WG oder die organisatorische oder finanzielle Unterstützung oder Zusammenarbeit (zB gemeinsamer Bürobetrieb) genügen idR nicht, um ohne Buchung notwendiges BV anzunehmen (zB BFH XI R 36/88 BStBl II 92, 721; BFH IV R 2/90 BStBl II 91, 786); auch nicht bei Branchengleichheit der Unternehmen (s FG Bln EFG 85, 385, rkr). – Diese Grundsätze gelten weitgehend übereinstimmend nicht nur für **Gewerbetreibende, sondern** auch für **Freiberufler** und **LuF** (s BFH X R 28/16 BStBl II 19, 474, ausführl mit Rspr-Beispielen zu gewerbl [Rz 33 ff] und freiberufl Tätigkeit [Rz 41 ff] und zu LuF [Rz 48 f]). S iÜ auch § 18 Rz 164 f.

Weitere Beispiele: Wesentl **Absatzförderung** durch KapGes (BFH X R 32/05 BStBl II 09, 634), entscheidend ist der **Anteil am Umsatz**, nicht am Gewinn (BFH X R 28/16 BStBl II 19, 474: auch bei **mittelbarer Beteiligung;** BFH X R 34/17 BFH/NV 19, 530); **intensive und nachhaltige Unterstützung** in der Gründungs- und Aufbauphase des Einzelgewerbes (BFH X R 38/17 BStBl II 19, 518 Rz 42 ff: entscheidende, fremdunübl Förderung); Beteiligung des Besitzunternehmens am Betriebunternehmen iRe **Betriebsaufspaltung** (BFH X R 2/10 BStBl II 13, 907 mit Anm *Teller* HFR 13, 1093; *Prinz* DB 14, 1218; *OFD Ffm* FR 12, 976; § 15 Rz 873 mwN); **Organschaftsanteile** als BV beim Organträger (BFH IV R 12/03 BStBl II 06, 361); – Beteiligung eines gewerbl **Malers an WohnbauGmbH** (BFH X R 46/94 BFH/NV 96, 393) oder eines **Kunsthändlers** an AuktionsGmbH (FG Nds EFG 97, 50, rkr); – Beteiligung des K'tisten einer **typischen GmbH & Co KG** an der GmbH gehört je nach Höhe der Beteiligung und nach den unternehmerischen Beziehungen zu der KapGes häufig zum SBV des G'ters (Einzelheiten s § 15 Rz 714, *OFD Ffm* DStR 16, 676). – Zu **Mehrheitsbeteiligung** zum **beherrschenden geschäftsführenden Ges'ters** s zunächst § 15 Rz 12. Ob eine solche Beteiligung zum notwendigen BV gehört, ist offen (s *Seer* GmbHR 11, 225 und GmbHR 12, 563; *Müller* DB Heft 3/08 S. M 7; **aA** *Schothöfer* GmbHR 12, 559).

164 (2) **Gewillkürtes Betriebsvermögen.** Beteiligungen können bei entspr **Eignung und Bestimmung** (s Rz 42 ff) auch zum gewillkürten BV gehören (vgl BFH VIII R 1/08 BStBl II 11, 862) und dies auch trotz veränderter Verhältnisse ohne ausdrückl Entnahme bleiben (BFH X R 37/13 BFH/NV 16, 536; s auch Rz 270 „geduldetes BV"). Zeitl Grenze: Betriebsaufgabe (s BFH X R 128/94 BFH/NV 96, 877). Verlagerung von (privaten) Beteiligungsverlusten in den betriebl Bereich ist unzulässig (BFH IV R 14/07 BStBl II 10, 227; s auch Rz 46 mit Beispielen).

165 dd) **Rechtsfolgen.** – (1) **Beteiligungen im Betriebsvermögen.** Veräußerungsgewinne und -verluste sind betriebl veranlasst (zB BFH X R 38/17 BStBl II 19, 518 Rz 56 ff: bei Entnahme; zu Beteiligungsverlusten s Rz 520 „Verluste"). Aufwendungen und Vermögensverluste mindern den Gewinn (zu § 4 III s Rz 409; zu TW-AfA § 5 Rz 270 „Beteiligung an PersGes" und § 6 Rz 330). Lfd Erträge sind Gewinn, bei der PersGes über § 15 I 1 Nr 2 iHd anteiligen GesGewinns, bei der KapGes über § 20 VIII iVm § 15 iHd ausgeschütteten Gewinnanteils einschließl KapESt (§ 12 Nr 3). **§ 32d** ist im BV nicht anwendbar. – **Zeitpunkt der**

Betriebsvermögensvergleich (Gewinn) **166–178 § 4**

Gewinnzurechnung: Bei **Beteiligung an PersGes** Ende des Wj der Ges, auch für SonderBE (§ 5, s § 15 Rz 441 und 576, § 4a II Nr 2 – Anteilsveräußerung s § 4a Rz 23 mwN), auch bei verweigerter Auszahlung (BFH VIII R 12/09 BStBl II 12, 207) und bei Betriebsveräußerung (§ 16 II 2, § 16 Rz 220). Bei **Beteiligung an KapGes** grds Zeitpunkt des Gewinnverwendungsbeschlusses (s § 5 Rz 270 „Dividendenanspruch"), bei § 4 III grds Zeitpunkt des Zuflusses (§ 11 I); Ausnahmen bei beherrschenden Ges'tern vgl § 20 Rz 22. KapESt wird auf die ESt angerechnet (§ 36 II Nr 2). Teileinkünftebesteuerung § 3 Nr 40 s bei 3.

(2) **Beteiligungen im Privatvermögen.** Sie führen zu KapEinkünften iSv 166 § 20. Der Veräußerungsgewinn ist ab 2009 statt nach § 23 nach § 20 II zu versteuern. Die Teileinkünftebesteuerung (§ 3 Nr 40, § 3c II; s 3) ist im PV (außer § 17) ersetzt durch das Abgeltungsverfahren (§ 32d).

h) Wertpapiere. Wenn sie keine Beteiligung verkörpern, sind sie idR **kein** 170 **notwendiges BV** (nicht wesentl für die Betriebsführung). Ausnahmen sind denkbar (zB bei Wertpapiergeschäften eines Bankiers, vgl Rz 148). – Wertpapiere können jedoch **gewillkürtes BV** sein, auch beim LuF und beim Freiberufler; sie sind idR geeignet, den Betrieb durch Verstärkung des Betriebskapitals zu fördern (Rz 46; zu eindeutiger Einlagehandlung s Rz 234 f). Dass die Wertpapiere aus betriebl Mitteln erworben worden sind, dass sie in der Gewinnermittlung ausgewiesen sind oder dass sie als Sicherheit für betriebl Schulden dienen, genügt jedoch für sich genommen idR nicht (BFH VIII R 1/08 BStBl II 11, 862). Vor allem aber dürfen keine **absehbaren Verluste** in den betriebl Bereich verlagert werden (Rz 46). Ein vorübergehendes Nachgeben der Kurse muss einer Einlage nicht entgegenstehen. Zu **Beleihung und dingl** Belastung s Rz 37.

i) Immaterielle Wirtschaftsgüter. – aa) Begriff s § 5 Rz 171. Die Probleme 172 liegen weniger im Bereich der Zuordnung zum BV als im Bereich der Aktivierung (vgl § 5 Rz 161 ff) und Bewertung (vgl § 6 Rz 322 ff).

bb) Geschäftswert. Begriff und Abgrenzung zu anderen WG s § 5 Rz 221, 173 BFH I R 49/85 BFH/NV 90, 442, EStR 5.5; Bewertung s § 6 Rz 311 ff. Die Zuordnung zum BV ist unabhängig von der Aktivierung (Rz 31). Der (selbst geschaffene wie der erworbene) Geschäftswert gehört stets zum notwendigen BV. Er bleibt BV, bis er sich verflüchtigt oder bis er (mit dem Unternehmen, BFH I R 123/78 BStBl II 83, 113, mwN) realisiert wird – auch uU durch BetrAufsp, s BFH I R 42/00 BStBl II 01, 771; FG RhPf EFG 03, 240, rkr. Das soll auch bei **Betriebsverpachtung** mit Aufgabeerklärung gelten: Geschäftswert bleibt BV; stille Reserven werden nicht realisiert. S *Schmidt* 23. Aufl § 4 Rz 262 und § 16 Rz 713. Nutzungsüberlassung an (eigene) GmbH s BFH X R 32/05 BStBl II 09, 634 mit Anm *Levedag* HFR 09, 654 und *ders* NWB 10, 106.

cc) Erfindungen; Patente; Lizenzrechte. Diese können – soweit nicht PV 174 iRe Liebhaberei – zum notwendigen oder gewillkürten BV des selbständigen Erfinders oder des Verwertungsbetriebes gehören (s *Schmidt* 23. Aufl § 4 Rz 263 und Abgrenzung – abl zu gelegentl Zufallserfindung – BFH XI R 26/02 BStBl II 04, 218). Verhältnis der ungeschützten Erfindung zu Verwertungsrechten s § 49 Rz 125 (know-how), BFH IV B 33/93 BFH/NV 95, 102 (Einlage) und BFH I R 86/92 BStBl II 94, 168, auch zur getrennten Beurteilung regional begrenzter Patente; zu Lizenzrechten s FG BaWü EFG 94, 606, rkr. Urheberpersönlichkeitsrechte können BV sein (BFH IV B 129/91 BFH/NV 93, 471). Patente gehören zum BV des Verwertungsbetriebes, wenn sie im Betrieb entstanden, in das BV eingelegt oder betriebl angeschafft sind; BetrAufsp s BFH XI R 72/97 BStBl II 99, 281.

j) Versicherungen. – aa) Betriebliche Veranlassung. Eine Versicherung ge- 178 hört zum BV, wenn sie **betriebl Risiken** abdeckt; sie gehört zum PV, wenn sie außerbetriebl Risiken abdeckt (s BFH IV R 45/08 BStBl II 11, 552 mwN). Nicht entscheidend ist, welche Schäden ersetzt werden sollen (s BFH VIII R 4/10

BStBl II 13, 615 mit Anm *Brandt* StBp 13, 296). Versicherungsansprüche werden idR **notwendig zum BV oder PV** gehören (Pkw-Unfallversicherungen s Rz 187). Auf die Person des Unternehmers bezogene Versicherungen werden häufig privat (mit-)veranlasst sein; sie fallen auch nicht deshalb in den betriebl Bereich, weil sie mittelbar von Bedeutung für das Unternehmen sind, etwa weil wegen Krankheit oder Tod des Unternehmers BE entfallen. Die Rspr ist konsequent bei KV und LV, Praxisausfallversicherung (Rz 187, gegen Aufteilung BFH VI B 20/13 BFH/NV 14, 327), wohl auch bei Versicherung gegen Entführungsrisiko (PV; Hinweis in BFH IV R 27/77 BStBl II 81, 303, unter 3b, s auch Rz 184 und 520 „Lösegeld", „Sicherheit"), lässt jedoch bei allg Unfallversicherungen und bei Pkw-Insassenversicherungen gewillkürtes BV zu (Rz 183). Probleme bei Sach- und Schadensversicherungen gemischt genutzter WG s Rz 181 ff. Die betriebl Veranlassung der Prämien (BA) und Versicherungsleistungen (BE, zur Aktivierung s § 5 Rz 93 ff) richtet sich idR nach der Zuordnung des Versicherungsvertrags, soweit der ursprüngl Zusammenhang nicht durch späteres Ereignis unterbrochen wird.

Beispiele für private Sachversicherungen: Private Hausratsversicherung, Brandversicherung für Privatgebäude (vgl zu Entschädigung BFH IX R 1/14 BStBl II 15, 493), Kaskoversicherung für PrivatPkw. – **Beispiele für betriebliche Sach- und Schadensversicherungen:** BV, BA, BE bei betriebl Feuer- (BFH IV R 16/83 BFH/NV 86, 208), Diebstahls-, Rechtsschutz- (BFH VI R 97/94 BFH/NV 97, 346; s aber Rz 189), Hagel-, Kaskoversicherung für betriebl Pkw (Rz 181), Delkredereversicherung gegen Forderungsausfälle, Maschinen-/Betriebsunterbrechungsversicherung (BFH IV R 54/80 BStBl II 83, 371 mwN – s aber Rz 187). Zu konzerneigener **Rückversicherung** s BFH IV R 5/13 BFH/NV 17, 451.

179 **bb) Sachversicherungen gemischt genutzter Wirtschaftsgüter.** – **(1) Teilbare Wirtschaftsgüter.** Beispiel: Feuerversicherung eines zu 40% betriebl, 60% privat genutzten Gebäudes, vgl Rz 110 ff. Die Versicherung ist im gleichen Verhältnis BV/PV; die Prämien sind anteilig BA/WK. Im Versicherungsfall richtet sich die Zurechnung der Einnahmen idR nach dem Verhältnis der zerstörten Teile. Bei Zerstörung des ganzen Gebäudes ist die Versicherungsleistung im Beispielsfall im Verhältnis $^{40}/_{60}$ aufzuteilen. Brennt nur der Betriebsteil im Obergeschoss aus, ist Versicherungsleistung voll BE (der Verlust bzw Reparaturkosten BA; s aber Rz 123).

180 **(2) Unteilbare Wirtschaftsgüter, § 12.** *Beispiel* (s auch Rz 48 f, 620): Diebstahlsversicherung für betriebl und privat getragenes Schmuckstück. Die Versicherung gehört ebenso wenig wie der Schmuck zum BV; die Prämien sind grds keine BA; die Versicherungsleistung ist keine BE. Der Verlust anlässl einer ausschließl betriebl Nutzung kann jedoch zu betriebl Wertverlust führen; dann muss auch die Versicherungsleistung zu den BE gehören, jedenfalls bei Versicherung nur für diese Zwecke (*Beispiel:* Vorübergehende Ausstellung des Schmuckstücks im Schaufenster zu Dekorationszwecken, vgl Rz 520 „Verlust"). Entscheidend ist die **Objektbezogenheit der Sachversicherung.**

181 **(3) Unteilbare Wirtschaftsgüter ohne Anwendung § 12.** – **(a) Problematik.** Es ist str, ob die Zuordnung der Versicherung zum BV stets an die BV-Eigenschaft des Pkw anknüpft (und umgekehrt; Grundsatz der Objektbezogenheit) oder an die Ursache des Schadensfalls sowie ob eine Aufteilung mögl ist wie bei BA in der Gewinnermittlung. Die Prämien sind wie alle anderen Aufwendungen grds nur iHd betriebl Nutzungsanteils betriebl veranlasst (anteilig BA). Bei Entschädigungszahlungen als BE gibt es drei Zuordnungsmöglichkeiten: Aufteilung wie bei den BA, Zuordnung voll nach Objektbezogenheit oder wechselnde Zuordnung nach Veranlassung des Schadensereignisses (zB Unfall auf Betriebs- oder Privatfahrt, vgl *Schmidt* 35. Aufl § 4 Rz 272 f mwN). Die Versicherungsleistung ist jedenfalls nicht Gegenleistung für gezahlte Prämien, sondern wirtschaftl Gegenwert für durch den Versicherungsfall erlittene Einbußen. BFH X R 2/14 BStBl II 16, 534 hat dazu folgende Grundsätze aufgestellt (ohne die Problematik abschließend zu klären):

Betriebsvermögensvergleich (Gewinn)

(b) Objektversicherungen (*Beispiel:* Kaskoversicherung eines zu 75% betriebl **182** und zu 25% privat genutzten Pkw). – *(aa)* Schadensersatz- oder Versicherungsleistungen für **Substanzverlust** eines betriebl und privat genutzten Fahrzeugs sind wie das WG selbst grds nicht aufzuteilen; die Zuordnung folgt der WG-Zurechnung (bei BV handelt es sich voll um BE; sonst auch nicht anteilig). Die tatsächl Nutzung im Zeitpunkt der Schädigung ist dafür unerhebl, damit auch bei Unfall auf Privatfahrt und bei Verlust ohne besondere Veranlassung (zB Diebstahl, Brand in der Privatgarage) voll BE (Anschluss an BFH I R 213/85 BStBl II 90, 8 – „stellvertretendes commodum" für zerstörtes Fahrzeug –; einschr ausführl – erledigter – Vorlagebeschluss an GrS BFH VIII R 48/98 BStBl II 01, 395; **aA** zu Verlustabzug BFH XI R 60/04 BStBl II 07, 762 mit abl Anm *Weber-Grellet* NWB F 3, 14869; *Schmidt* 35. Aufl § 4 Rz 272f mwN), ebenso wie bei Veräußerungsgewinn des Fahrzeugs (vgl Rz 208, auch zu Wertungswiderspruch). – *(bb)* Gleiches soll für **Nutzungsausfallentschädigungen** gelten: Gleichstellung von Gebrauchsverlusten mit Substanzverlusten (auch Privatnutzung unterbricht nicht die BV-Eigenschaft des Fahrzeugs und geht der Nutzungsveranlassung vor); Entschädigung als BE auch iHd Anteils auf Verzicht auf die Anmietung eines Ersatzfahrzeugs. – *(cc)* Bei der **Gewinnermittlung** ist danach zu differenzieren: Wird der Entnahmewert des privaten Nutzungsanteils nach der 1%-Methode ermittelt, kann allenfalls für die Zeit der Nichtnutzung die Entnahmezurechnung entfallen. Dagegen ist bei Nachweis des privaten Nutzungsanteils durch Fahrtenbuch die Entschädigung für die Gewinnermittlung aufzuteilen nach der Nutzungsquote.

(c) Personenversicherungen. Diese Versicherungen haben dagegen keinen **183** ausreichenden Bezug zur Substanz des BV oder dessen Gebrauch; sie betreffen Personenschäden, die nur *gelegentl* der Nutzung eines WG des BV oder PV eintreten und nach bisheriger Rspr unabhängig davon (ohne Aufteilung) nach der tatsächl Nutzungsveranlassung zuzuordnen sind (bei Betriebsfahrt voll BE, sonst auch nicht anteilig). So bereits BFH IV R 78/74 BStBl II 78, 212, allerdings noch unter Hinweis auf erforderl Gleichbehandlung von Insassen- und Kaskoversicherungsentschädigungen (insoweit entgegen Abgrenzung in BFH X R 2/14 BStBl II 16, 534 und wohl überholt).

InsassenunfallVers weist noch dazu die Besonderheit auf, dass nicht eine bestimmte Person versichert ist, sondern der jeweilige Benutzer des Pkw, der erst bei Eintritt des Versicherungsfalls feststeht. Der StPfl kann ebenso begünstigt sein wie ein ArbN, ein Geschäftsfreund oder ein betriebsunabhängiger Dritter. Der Unfall kann sich auf einer Betriebs- oder Privatfahrt ereignen. Eine Abtrennung des auf den StPfl entfallenden privaten Risikoanteils ist idR nicht mögl (§ 12). Die Rspr lässt aus diesen Gründen beim **Betriebs-Pkw** mE zutr die Behandlung des VersAbschlusses als maßgebl Betriebsvorgang zu (BFH IV R 132/66 BStBl II 72, 277). Die Prämien sind BA iHd betriebl Nutzungsanteils des Pkw; die Behandlung der VersLeistung richtet sich nach der Pkw-Nutzung im Zeitpunkt des Unfalls. Das gilt dann umgekehrt für die Insassenversicherung des betriebl mitbenutzten **Privat-Pkw**: Der Versicherungsvertrag ist ein Privatvorgang. Die Prämien können anteilig als BA gebucht werden. Die Versicherungsleistung ist dann bei Betriebsunfall voll BE, bei Privatunfall voll Privateinnahme (alles str; auch hier wäre eine Aufteilung nachvollziehbar).

cc) Private Personenversicherungen des Unternehmers. Private Versiche- **184** rungen wie die eigene allg KV, Invaliditäts-/BerufsunfähigkeitsVers, die allg Rechtsschutz- oder ReisegepäckVers oder eine Versicherung gegen Entführungsrisiko dürfen den Gewinn nicht berühren (SA, § 10 I Nr 3a; Beispiele s *Schmidt* 39. Aufl § 4 Rz 184). – **Ausnahmen:** Das gilt begrenzt für GmbH-Ges'ter (s Rz 187; FG Ddorf EFG 95, 176, rkr), nicht für Versicherung anderer ArbN oder GesFremder (Rz 185). Mögl ist auch, dass durch besondere Gestaltung im Einzelfall die private Absicherung überlagert wird durch den Zweck, Geld für die Tilgung betriebl Kredite anzusparen (s BFH IV R 45/08 BStBl II 11, 552 zu Kreditfinanzierung über eine „Optima-LV"; BFH X B 138/14 BFH/NV 15, 982 zu RV iVm „Provisionskarussell").

Loschelder

185 **dd) Betriebliche Personenversicherungen.** Bei betriebl Versicherungsanspruch führen sie zu BV, BA, BE. – **(1) Versicherungen zugunsten anderer Personen.** Die Versicherung von ArbN, Geschäftsfreunden, Geschäftsführern von KapGes ist betriebl veranlasst, auch wenn sie *deren* Privatbereich berührt. *Beispiele:* Allg Unfall-, Berufsunfähigkeits-, Invaliditäts-, wohl auch Lohnfortzahlungsversicherungen des ArbG; Besucherversicherungen, Versicherungen zum Zweck der Zukunftssicherung von ArbN, auch ArbN-Ehegatten, auch bei eigenem Unternehmerbezugsrecht (BFH IV R 14/95 BStBl II 97, 343, s auch *OFD Mbg* DStR 04, 1607). Der Abzug der Prämien als BA ist unabhängig von der Lohnversteuerung des Privatanteils (s *BMF* BStBl I 97, 278, auch zu Aufteilung, auch bei Pauschalversteuerung nach § 40b). **D&O-Versicherung:** Beiträge zu Directors & Officers-Versicherungen uä Schadensausgleichsversicherungen für leitende ArbN, AG-Vorstände und Aufsichtsratsmitglieder können BA sein *(FM Nds* FR 02, 358; *Weiß* GmbHR 14, 574; *Bosse/Queisser* NWB 16, 2881; *Wax* NWB 13, 368; *Schmidt* 32. Aufl § 4 Rz 276 mwN); bei KapGes ist BA-Kürzung § 10 Nr 4 KStG zu beachten.

186 **(2) Betriebliche Versicherungen zugunsten des Unternehmers.** BA, wenn sie auf den betriebl Bereich beschränkt sind (*Beispiel:* Rein betriebl Unfallversicherung, Berufshaftpflichtversicherung, Managerversicherung). **Mitversicherung des Unternehmers** gegen Betriebsrisiken ist unschädl. *Beispiel:* Gesetzl **Unfallversicherung** (s § 3 Nr 1a; BA auch bei freiwilligem Beitritt und unabhängig von der StFreiheit der Versicherungsleistung, s *OFD Mbg* DStR 04, 1607 – Arbeitsunfälle sind stets betriebl veranlasst). Kfz-Insassenunfallversicherung s Rz 183.

187 **ee) Personenversicherungen und betriebliche Risiken.** – **(1) Allgemeine Unfall- oder Krankenversicherung des Unternehmers.** Ist *nur* die Person des Unternehmers versichert, ist zu differenzieren: – *(a)* **Besonderes Berufsrisiko.** Bei gefahrgeneigter Tätigkeit, Berufsunfall, Berufskrankheit, besonderem Betriebsrisiko; behördl Quarantäneanordnung uÄ kann die Versicherung BV sein; ebenso bei Pflichtversicherung oder freiwilliger Versicherung nach § 6 SGB VII (*OFD Kobl* DStR 05, 968). *Rechtsfolgen:* Die Prämien sind BA (ggf pauschale Aufteilung, vgl *BMF* BStBl I 09, 1275 Tz 1.3 zu WK; BFH VIII R 6/07 BStBl II 10, 168), die Versicherungsleistungen BE, wenn sie auf Grund eines Berufsunfalls gezahlt werden oder BA ersetzen. – *(b)* **Allgemeine Betriebs-/Praxisausfallversicherung.** Eigene Unfall- und Krankenversicherungen sind nicht dem betriebl Bereich zuzurechnen, auch wenn sie den Betriebsausfall absichern sollen (§ 12 Nr 1). So sind nach BFH-Rspr die Prämien für eine *allg* Betriebs-/Praxisausfallversicherung bei Krankheit wie für eine Krankentagegeldversicherung – anders als bei betriebl Ausfallversicherung – keine BA (allenfalls als zusätzl KV-Kosten begrenzt abziehbare SA nach § 10 I Nr 3a, IV 4); Versicherungsleistungen sind keine BE, auch nicht auf Grund eines fehlerhaften BA-Abzugs (der ggf rückwirkend zu ändern ist). Vgl BFH VIII R 6/07 BStBl II 10, 168; BFH VIII R 36/09, BeckRS 2012, 95377 mwN; *Pfirrmann* NWB 09, 1786; *Alvermann/Potsch* FR 08, 119 und 09, 1132 und DStR 10, 91; sehr str, s *Beiser* DB 09, 2237; gegen Aufteilung BFH VI B 20/13 BFH/NV 14, 327 (§ 12 Nr 1); s Rz 178. **Ausnahme:** BA-Abzug bei GmbH-Versicherung gegen Erkrankung der Geschäftsführer, wenn *nur* die GmbH bezugsberechtigt ist (BFH I R 16/13 BFH/NV 15, 1273).

188 **(2) Mitversicherung anderer Personen.** *Beispiel:* Allg Gruppenunfallversicherung zugunsten aller Betriebsangehörigen einschließl des Unternehmers. Kein Fall des § 12, soweit ArbN versichert sind (BV, Prämie BA und ArbLohn, Versicherungsleistung bei Zufluss an den ArbN ohne betriebl Gewinnauswirkung, sonst BE und BA, s zu geschätzter Aufteilung § 19 BFH VI R 9/05 BStBl II 09, 385, *BMF* BStBl I 09, 1275). Der berufl Versicherungsanteil des **Unternehmers** wird ebenso behandelt. ME ist zweifelhaft, ob sich der StPfl durch Buchung der Prämie als BA der Möglichkeit eines „Privatunfalls" begibt und die Versicherungsleistung stets BE darstellt (so FG Nbg EFG 81, 119, rkr, offen BFH IV R 78/74 BStBl II 78, 212; BFH IV R 15/86 BFH/NV 89, 499; vgl auch Rz 78, 183). Fehlerhafter Abzug von BA kann nur durch Berichtigung der fehlerhaften Veranlagungen korrigiert werden.

(3) Private Rechtsschutzversicherung. Die Beiträge sind idR keine BA (§ 12 Nr 1, BVerfG HFR 87, 34, s aber Rz 178, BFH VI R 97/94 BFH/NV 97, 346). **189**

(4) Reisegepäckversicherung des Unternehmers. Grds keine BA (§ 12 Nr 1, s aber zu WK BFH VI R 42/92 BStBl II 93, 519). **190**

k) Betriebliche wiederkehrende Bezüge. – aa) Allgemeines. Das Gesetz regelt nur die Besteuerung und den Abzug *privater* wiederkehrender Bezüge und Leistungen (§ 22 Nr 1, 1a, § 9 I Nr 1, § 10 I Nr 1, 1a, § 12 Nr 2). Im **betriebl Bereich** gelten die allg Gewinnermittlungsvorschriften (zu § 4 III s Rz 400). **192**

bb) Betriebliche Veräußerungsleibrente. – (1) Begriff. Eine lebenslange Rente als Gegenwert für die Übertragung eines Betriebs oder WG des BV, auch unter **Familienangehörigen,** liegt vor, wenn sich Leistung und Gegenleistung entsprechen. Die entgegenstehende **Vermutung** ist widerlegt, wenn der StPfl substantiiert darlegen kann, dass die Vertragspartner subj von der Gleichwertigkeit im Übergabezeitpunkt ausgegangen sind, wobei die Anforderungen mit steigender Bewertungsproblematik sinken (BFH X R 12/01 BStBl II 04, 211; BFH X R 2/06 BStBl II 08, 99; Rz 200, 203). Umgekehrt gilt die gegenläufige Vermutung unter **Fremden** (s BFH IX R 11/94 BStBl II 98, 718; *BMF* BStBl I 10, 227 Tz 5). **193**

(2) Besteuerung beim Erwerber. Dieser aktiviert die einzelnen erworbenen WG mit dem versicherungsmathematischen Rentenbarwert im Zeitpunkt der Anschaffung; s iEinz § 16 Rz 230 ff. – § 4 III s Rz 197. **194**

(3) Besteuerung beim Veräußerer. Er hat bei der Betriebsveräußerung ein **Wahlrecht** zw der Versteuerung eines nach §§ 16, 34 begünstigten Veräußerungsgewinns im Zeitpunkt Veräußerung und einer Versteuerung nichtbegünstigter nachträgl Einkünfte aus GewBetr nach § 24 Nr 2; s iEinz § 16 Rz 221 ff. **195**

(4) Veräußerung einzelner Wirtschaftsgüter. Es besteht kein Wahlrecht (BFH I R 191/79 BStBl II 84, 664; BFH VIII R 64/93 BFH/NV 02, 10). **196**

(5) Überschussrechnung. S Rz 401, EStR 4.5 IV 4 (weitergehendes Wahlrecht beim Zahlenden). Auch hier erfolgt eine Aufteilung von dauernden Lasten/ Leibrenten in AK und Zinsanteil (vgl BFH IV R 48/90 BStBl II 91, 796). **197**

cc) Betriebliche Veräußerungszeitrenten. – (1) Begriff. Veräußerungsrenten, deren Laufzeit genau festgelegt ist oder bei denen auf Lebenszeit, mindestens aber 10 Jahre lang ein bestimmter Betrag zu zahlen ist, werden idR wie Kaufpreisraten behandelt (BFH VIII R 37/90 BFH/NV 93, 87, § 22 Rz 40, 85). **198**

(2) Besteuerung beim Zahlungsverpflichteten. Er passiviert den Barpreis (Rz 201) der Kaufpreisschuld und aktiviert mit diesem Wert die angeschafften WG. Der in jeder Zahlung enthaltene Zinsanteil ist betriebl Aufwand. Der Barwert der Ratenzahlungen wird erfolgsneutral mit dem Schuldposten verrechnet. **199**

(3) Besteuerung beim Zahlungsempfänger. Er hat den abgezinsten Gesamtkaufpreis (Barwert der Rentenzahlungen, Rz 201) im Zeitpunkt der Veräußerung als Veräußerungspreis zu versteuern. Der Zinsanteil der jährl Zahlungen unterliegt der Besteuerung gem § 20 I Nr 7 iVm § 11 I (bei Betriebsveräußerung) bzw über § 20 VIII als lfd Gewinn (bei Veräußerung einzelner WG unter Fortführung des Betriebs). Ein **Wahlrecht** besteht idR nicht. **Ausnahmen** (vgl auch zu § 4 III Rz 401): Steht der **Versorgungscharakter** der Zahlungen im Vordergrund, hat (auch) der Berechtigte ein Wahlrecht (BFH IV B 52/98 BFH/NV 99, 1330 mwN; EStR 4.5 IV, V). Bei Bemessung der Gegenleistung nach gewichtigen **Wagnisgesichtspunkten** erfolgt Besteuerung ohne Wahlrecht wie Rentenzahlungen, Rz 195, etwa bei Ungewissheit wegen gewinn- oder umsatzabhängiger Berechnung (BFH I R 69/75 BStBl II 79, **200**

§ 4   201–220   Gewinnbegriff im Allgemeinen

64, unter 2, mwN), wegen Anknüpfung an künftige Sachwertentwicklung (BFH IV 377/62 U BStBl III 64, 622) oder wegen langer Laufzeit (BFH IV R 137/82 BStBl II 84, 829 weitgehend – 25 Jahre trotz dingl Sicherung).

201 **(4) Zinsanteil.** Ohne abw Vereinbarung wird der kapitalisierte Ratenbetrag mit 5,5 % abgezinst (EStR 16 XI 10, BFH VIII R 64/93 BFH/NV 02, 10).

202 **(5) Ausfall der Betriebsveräußerungsforderung.** Die Besteuerung des Veräußerungsgewinns entfällt rückwirkend (BFH GrS 2/92 und 1/92 BStBl II 93, 897 und 894, § 175 I Nr 2 AO, Rz 400, § 16 Rz 337).

203 dd) **Betriebliche Versorgungsrente.** – **(1) Begriff.** Es handelt sich um eine Rente, die aus betriebl Gründen als Gegenleistung für früher im Betrieb erbrachte Leistungen und nicht aus privaten Gründen oder als Gegenleistung für die Übertragung von WG bezahlt wird (BFH VIII R 11/96 BFH/NV 98, 835). Sie kommt vor allem bei PersGes (s Rz 480), ausnahmsweise bei Einzelunternehmen (BFH IV R 62/77 BStBl II 78, 301) vor. Versorgungsrenten an **Familienangehörige** beruhen im Zweifel auf (widerlegbaren) privaten Gründen (vgl Rz 193, BFH X R 55/99 BStBl II 04, 706).

204 **(2) Besteuerung.** Rspr und wohl hM im Schrifttum behandeln betriebl Versorgungsrenten auch bei gleichzeitiger Betriebsübertragung bisher beidseitig als unentgeltl und nicht zT als Veräußerung, unabhängig vom Wertverhältnis (BFH GrS 4–6/89 BStBl II 90, 847; BFH GrS 1/90 BStBl II 92, 78). S auch § 10 Ia Nr 2 zu privaten Versorgungsrenten (§ 10 Rz 111 ff).

205 **(3) Besteuerung beim Zahlungsverpflichteten.** Die betriebl Rentenzahlungen sind nach hM voll als betriebl Aufwand absetzbar. Eine Passivierung der Schuld entfällt, weil wirtschaftl erst die künftigen Erträge belastet sind (BFH I R 72/76 BStBl II 80, 741 unter 2b mwN; vgl auch § 5 Rz 315 und 550 „Versorgungsrenten"; zu Rückstellungswahlrecht BFH VIII R 36/90 BStBl II 93, 26). Bei gleichzeitiger Betriebsübernahme sind die Buchwerte folgerichtig gem § 6 III fortzuführen, wenn der Vorgang nicht als entgeltl Erwerb behandelt wird.

206 **(4) Besteuerung beim Zahlungsempfänger.** Die Zahlungen sind nachträgl BE (§ 24 Nr 2; s Rz 446), und zwar auch bei gleichzeitiger Übertragung eines Betriebs von Anfang an (fragl, s Rz 204). Ein Wahlrecht wie in Rz 195 besteht bei unentgeltl Betriebsübertragung nicht. Es besteht kein Veräußerungsgewinn.

207 ee) **Abfindung lästiger Gesellschafter.** S § 16 Rz 491 (betriebl Aufwand).

208 ff) **Betriebliche Schadensrenten.** – **(1) Begriff.** Renten für Personenschäden, die betriebl verursacht sind.

209 **(2) Besteuerung beim Zahlungsverpflichteten.** Dieser hat die kapitalisierte Rentenschuld im Jahr der Entstehung gewinnmindernd zu passivieren. *Beispiel:* Unternehmer verletzt auf Betriebsfahrt Radfahrer. Bei § 4 III BA bei Zahlung.

210 **(3) Besteuerung beim Zahlungsempfänger.** Er erzielt Ersatz für den Verlust betriebl Einnahmen, der als Gewinn iSv § 24 Nr 1a (iVm § 15) zu versteuern ist, bei ao Einkünften gem § 34. *Beispiel:* Unternehmer wird auf Betriebsfahrt durch Dritten verletzt. Bilanzierende Unternehmer haben wohl nicht den gesamten Rentenanspruch gewinnerhöhend zu aktivieren, sondern nur den jeweiligen Jahresanspruch (zutr FG BaWü EFG 94, 740, rkr, entgegen BFH IV R 630/55 U BStBl III 57, 164). Rentenzahlungen für **Schmerzensgeld** haben keinen betriebl Zusammenhang und sind nach BFH VIII R 79/91 BStBl II 95, 121 auch nicht nach § 22 Nr 1 stbar (§ 22 Rz 51, 52).

II. Einlagen und Entnahmen, § 4 I 2–8

220 **1. Korrektur des Betriebsvermögensvergleichs.** Das Ergebnis des BV-Vergleichs (Unterschiedsbetrag zw BV am Schluss des aktuellen Wj und BV am Schluss des vorangegangen Wj) muss gem § 4 I 1 korrigiert werden: *privat veranlass-*

te Abgänge aus dem BV (Entnahmen, § 4 I 2) müssen wieder hinzugerechnet und *privat veranlasste Zugänge* zum BV (Einlagen, § 4 I 8 HS 1) müssen wieder herausgerechnet werden (s auch Rz 23 und § 5 VI). Dadurch soll gewährleistet werden, dass der estl Gewinn **nur betriebl Geschäftsvorfälle** ausweist. – **Höhe (Bewertung)** s § 6 Rz 515.

Die Gewinnermittlung nach *tatsächl* BV-Veränderungen berücksichtigt weder die Herkunft des BV noch den Anlass für das Ausscheiden eines WG aus dem BV (ähnl § 4 III, s Rz 386 ff). Ohne Korrektur um **Einlagen** würde der BV-Zuwachs durch betriebl Widmung von stfrei gebildetem oder versteuertem Vermögen unzutr als Gewinn erfasst; umgekehrt würde der Gewinn bei betriebsfremder Verwendung von BV ohne Korrektur um **Entnahmen** um betriebl erwirtschaftete Werte gekürzt (Rz 23, 74, 77, 84, 89: Korrektur durch lfd Buchung auf Privatkonto oder Umbuchung außerhalb der StB, vgl Rz 296 zu vGA). Die Begriffspaare BE/BA als *betriebl veranlasste* Wertzugänge/Wertabgänge und Einlagen/Entnahmen als *nichtbetriebl* Wertzuführungen und Wertabgaben (vgl BFH VIII R 41/79 BStBl II 82, 18) decken den gesamten Bereich der für die Gewinnermittlung maßgebl Vermögenswertänderungen ab. Das ergibt sich nicht deutl aus der gesetzl Regelung, die bei BA auf die Veranlassung (§ 4 IV), bei Entnahmen auf die Zweckbestimmung abzustellen scheint (§ 4 I 2). Die Tendenz geht (ähnl wie bei BA, s Rz 488) hin zu einer einheitl, sowohl kausalen als finalen Betrachtung (s aber Rz 243: finaler Entnahmebegriff; Rz 226: finaler Einlagebegriff). – Inwieweit § 4 I 1 Gewinnkorrekturen nach § 1 **AStG** ausschließt, ist ungeklärt (s Rz 270 „Auslandsverlagerungen"). § 12 kann bei Entnahme-/Einlagevorgängen zu beachten sein. Zu den Begriffen **Überentnahme/Unterentnahme** in § 4 IVa s Rz 522 ff. Ab 2008 sind bei § 4 I/§ 5 Entnahmefolgen nach § 34a zu beachten.

2. Gesetzliche Definition, § 4 I 2, 8. – a) Wirtschaftsgüter. Gegenstand **221** von Entnahmen und Einlagen können **WG aller Art** sein (zum Begriff WG s Rz 25 und § 5 Rz 93 ff; EStR 4.3 IV), zB Geld, Waren, Grundstücke, Wertpapiere, Forderungen, Verbindlichkeiten und Patente. Erfasst wird jedes *einzelne* WG, ohne Saldierung von Einlagen/Entnahmen (§ 4 I 1). Wie BE/BA setzen Entnahmen/Einlagen eine **Minderung/Mehrung des BV** voraus (vgl etwa BFH I R 41/85 BStBl II 89, 612). – Ob das WG **im Einzelfall bilanzierbar** ist und seinen Niederschlag in der Buchführung oder im Gewinn findet, ist unerhebl. *Beispiele:* Entnahme selbst geschaffener Patente bzw Einlage unentgeltl erworbener Nutzungsrechte (s § 5 II, § 5 Rz 164, 176; § 4 Rz 227); Know-how s BFH IV R 94/93 BStBl II 95, 637; Entnahme einer Forderung bei § 4 III (Rz 388, 394); Entnahme eines auf null abgeschriebenen WG.

aa) Klammerzusatz. Die (grundlos unterschiedl) Klammerzusätze in § 4 I 2 **222** und 8 werden von der Rspr nicht als Begriffserläuterung verstanden (BFH GrS 2/86 BStBl II 88, 348, unter C.I.1.a.bb). Richtig ist, dass den ledigl in § 4 I 2 aufgezählten „Nutzungen und Leistungen" häufig nur ein tatsächl Geschehen zugrunde liegt: Wer ein WG nutzt, entnimmt idR nicht das WG und verfügt häufig nicht über ein vermögenswertes Nutzungsrecht; wer eine Leistung entnimmt, entnimmt kein WG (s aber Rz 226 und Rz 270 „Nutzung").

bb) Reale und ideelle Teile eines Wirtschaftsguts. Sie sollten mE jedenfalls **223** bei Wertgleichheit im Betrieb unabhängig von der Teilbarkeit auch bei gesonderter Bilanzierung gewinnneutral **austauschbar** sein (zB **räuml Verlagerung** von Betriebsteilen auf gemischt genutztem Grundstück/Wechsel des Arbeitszimmers im Gebäude, glA FG BaWü EFG 91, 372 und EFG 95, 107, rkr; FG Ddorf EFG 94, 346, rkr; FG Mchn EFG 91, 64, bestätigt mit nicht zwingender Begründung durch BFH XI R 27/90 BStBl II 93, 391: keine Entnahme, da keine Privatnutzung, aber dafür jetzt zwei BV-Teile; s auch Rz 62, 98 ff, 115 – Surrogationsgedanke). Die Frage ist str (**aA** noch BFH IV 134/64 BStBl II 70, 313; ausführl *Wacker* BB Beil 18 zu Heft 47/95, *Ehmcke* DStR 96, 201; vgl auch zu Wohnungstausch und § 52 Abs 21 S 2 aF BFH IX R 65/93 BStBl II 95, 535).

cc) Nutzungen; Nutzungsrechte; Nutzungsaufwand. – (1) Allgemeines. **224** Dem GrS zufolge können Nutzungen und Nutzungsrechte nicht Gegenstand einer verdeckten Einlage sein (BFH GrS 2/86 BStBl II 88, 348). Die Entscheidung enthält zwar wichtige allg Ausführungen über die Problematik von Nutzungseinlagen (Entnahmen/vGA) im Bereich des BV-Vergleichs bei Einzelunternehmen, PersGes und KapGes, stützt sich jedoch letztl auf die Sonderbeurteilung verdeckter Einlagen bei verbundenen KapGes'ten (vgl auch Rz 270 „verdeckte Einlagen" und Rz 392).

Einzelheiten s § 5 Rz 100 und 176 ff; *Beiser* DB 03, 15; *Wassermeyer* DB 03, 2616; zu Auswirkungen des Halb-/Teileinkünfteverfahrens (§ 3 Nr 40) s *Starko* DB 00, 2347; s auch BFH IV R 3/04 BFH/NV 05, 1784. – **Abgrenzung:** BFH X R 20/17 DStR 19, 2240 (kommerzialisierbarer Teil des Namensrechts); Anm *Kanzler* FR 20, 45.

225 **(2) Nutzungsrechte als Wirtschaftsgut einlegbar und entnehmbar.** Der GrS baut auf der Systematik der Gewinnermittlungsvorschriften durch Bestandsvergleich auf, die nach dem Wortlaut des § 4 I Wertveränderungen an WG erfassen. Er spricht dem **Klammerzusatz § 4 I 2** begriffsbestimmende Bedeutung ab und kommt so zum Ergebnis, dass (unabhängig von der Erfassung als Überschusseinnahmen §§ 4 III, 8 I) nicht in WG verkörperte **Nutzungsvorteile** grds nicht Gegenstand einer Entnahme oder Einlage mit Gewinnauswirkung nach § 4 I 1 sein können (BFH GrS 2/86 BStBl II 88, 348 zu C.I.1.a). An der Entnahme/Einlage echter **Nutzungsrechte** hat der GrS im Grundsatz festgehalten (BFH GrS 2/86 BStBl II 88, 348 C.I.1.c, str, s § 5 Rz 176). Dazu gehören dingl und obligatorische Ansprüche auf Nutzungsgewährung auf Grund gesicherter Rechtsposition, nicht die rechtl ungesicherte, entziehbare Überlassung eines WG zur Nutzung. Eine solche, grds formlos gültige, aus Beweisgründen aber besser schriftl festzuhaltende **Rechtsposition** wird idR auf einem Gebrauchsüberlassungsrecht beruhen (zB Nießbrauch, Miete). **Bewertung** mit Selbstkosten s Rz 270 „Nutzung". Nutzung von **Mietereinbauten** s § 5 Rz 114.

226 **(3) Ausnahmen; Kritik (finaler Einlagenbegriff; Nutzungsaufwandseinlagen/-entnahmen).** Diese einschr Auslegung des § 4 I ist, auch im Hinblick auf die zum gleichen Totalgewinn führende Gewinnermittlung nach § 4 III (s Rz 11), ebenso wenig zwingend wie die im Vorlagebeschluss vertretene Gegenmeinung. So zieht sich auch wie ein roter Faden durch die Begründung des GrS-Beschlusses das Bestreben, vorrangig die allg Wertungen des EStRechts zu beachten. Danach muss der Grundsatz Rz 225 (nur WG) im Zweifelsfall zurücktreten hinter **vorrangigen allg Besteuerungsgrundsätzen** (zust *Tipke* LB Rz 9.365): *(a)* Nutzungserträge unterliegen grds der Besteuerung (zur Gefährdung bei Einlegbarkeit lfd Nutzungen BFH GrS 2/86 BStBl II 88, 348, C.I.1.b.aa mit Abgrenzung zu Forderungsverzicht in BFH GrS 1/94 BStBl II 98, 307); – *(b)* Abgrenzung privater/betriebl Bereich kann ein Abweichen von einzelnen Vorschriften der §§ 4 ff gebieten (BFH GrS 2/86 BStBl II 88, 348, unter Hinweis auf BFH VIII R 74/77 BStBl II 80, 244; BFH I R 150/82 BStBl II 87, 455); – *(c)* Rspr zu besonderen Anforderungen an Verträge mit Angehörigen (§ 12 Rz 20 ff) und beherrschenden Ges'tern (§ 20 Rz 45) ist vorrangig zu beachten (BFH GrS 2/86 BStBl II 88, 348, C.I.1.c, 3.c). Daraus ergibt sich, ähnl dem finalen Entnahmebegriff zur Sicherung stiller Reserven (Rz 243), eine Art finaler Einlagenbegriff mit **Ausnahmen** vom Grundsatz (Rz 225) in beide Richtungen:

227 **(aa) Einlage von Nutzungsrechten.** Sie führt nicht immer zur Gewinnauswirkung über § 4 I 1/§ 6 I Nr 5.

Beispiele: Keine künstliche Bildung eines neuen AfA-Aufwandes durch Einlage unentgeltl erworbener oder eigener privater Nutzungsrechte mit dem TW (BFH GrS 2/86 BStBl II 88, 348, C.I.1.c; keine Umgehung durch verdeckte Einlage von Nutzungsrechten in KapGes (BFH GrS 2/86 BStBl II 88, 348, C.I.3.c und e mit Abgrenzung zur entgeltl, beim Ges'ter stbaren Sacheinlage); keine Einlage/Aktivierung/AfA bloßer Nutzungsvorteile (BFH VIII R 65/91 BStBl II 95, 312; *Gschwendtner* DStZ 95, 417, 421 mwN, § 5 Rz 185).

228 **(bb) Sonstiger Nutzungsaufwand.** Umgekehrt beeinflusst ein nicht in WG verkörperter Nutzungsaufwand über seine Einlage/Entnahme nach § 4 I 1 den

Gewinn, wenn diese sachl gebotene Auswirkung sonst nicht erreicht würde (BFH GrS 2/86 BStBl II 88, 348, C.I.1.b.bb).

Beispiele: Privatnutzungsanteil des Betriebs-Pkw (s Rz 270 „Nutzung"); Arbeitszimmer im Privathaus (WG-Einlage); betriebl Nutzung eines Privat-Pkw (Nutzungseinlage einschließl AfA); Wertentnahme betriebl gewonnener Privatreise (BFH III R 175/85 BStBl II 88, 995).

dd) Leistungsentnahmen; Leistungseinlagen. – (1) Eigene Arbeitskraft. Sie kann nicht Gegenstand von Einlagen/Entnahmen sein, soweit sie nicht in den Wert eines WG eingegangen ist (s Rz 229, § 6 Rz 519).

Beispiel: Errichtet ein Bauunternehmer ein Privatgebäude unter Einsatz seiner Arbeitskraft, entnimmt er dafür kein WG (BFH IV R 87/85 BStBl II 88, 342); errichtet er das Gebäude im BV und entnimmt das fertige Gebäude, erfolgt die Entnahme mit dem TW einschließl Arbeitsleistung (§ 6 I Nr 4, BFH I 69/58 U BStBl III 59, 421).

(2) Sonstige Eigenleistungen/Fremdleistungen. Sie sollten in gleichem Umfang einlegbar und entnehmbar sein wie Nutzungen (von denen sie ohnehin schwer abgrenzbar sind), dh wenn sie in einem WG verkörpert sind (zB Entnahme eines von Hilfskräften eines Architekten gefertigten privaten Hausbauplanes) oder wenn Aufwendungen sonst nicht den Wertungen des EStG entspr dem Gewinn zu- oder abgerechnet werden können *(Beispiel:* Einzelunternehmer setzt private ArbN im Betrieb oder betriebl ArbN zur privaten Gartenarbeit ein; der jeweils entstandene Lohnaufwand ist einzulegen oder zu entnehmen). **Unentgeltl private Gefälligkeitsleistungen Dritter** für den Betrieb bewirken grds keine Gewinnminderung (wie Rz 229; wohl auch bei Verpflichtung keine Einlage der eigenen Arbeitskraft des Dritten, der bestimmen kann, unentgeltl für den Betrieb tätig zu werden).

(3) Personengesellschaft. S Rz 270 und § 15 Rz 625 ff. Unentgeltl Leistungen der Ges für Ges'ter: Aufwandsentnahme zu Selbstkosten. Unentgeltl Leistungen der Ges'ter für die Ges sind keine Einlage bei der Ges.

(4) Kapitalgesellschaft. Unentgeltl Leistungen der Ges für Ges'ter führen zur Besteuerung von vGA bei Ges/Ges'tern (voller Fremdleistungswert, § 8 III 2 KStG). Unentgeltl Leistungen der Ges'ter sind nicht in das BV der Ges einlegbar.

b) Betriebliche Veranlassung. Wie BV und PV sind Einlagen und Entnahmen nur in den Grenzen der betriebl und privaten Veranlassung möglich. – **WG des notwendigen BV** (Rz 35) können nur durch endgültige Lösung des betriebl Zusammenhanges oder den persönl Zurechnung entnommen werden (s Rz 75 ff), WG des **notwendigen PV** nur durch Herstellung eines betriebl Zusammenhanges eingelegt werden (s Rz 70 und 74). Abw „Buchungen" und „Erklärungen" sind nicht maßgebend (s Rz 35 und 270 „Buchungen", „Erklärungen"). Wird der Charakter des WG nicht verändert, kann nur Nutzungsaufwand eingelegt oder entnommen werden (s Rz 224, 270 „Nutzung", 500). – Beim **gewillkürten BV** (Rz 42) bestehen über die Grenzen des sachl Zusammenhanges hinaus keine Einschränkungen. Hier kommt der **Buchung** (s Rz 270) als Bestimmung durch den StPfl maßgebl Bedeutung zu. Auch gewillkürtes BV verliert diese Eigenschaft nur durch eindeutige Entnahmehandlung (s Rz 234 f), nicht dadurch, dass sich die rechtl Voraussetzungen oder die tatsächl Beziehung zum Betrieb ohne eine hierauf gerichtete Tätigkeit des StPfl so ändern, dass das WG *nun nicht mehr* BV werden könnte (s Rz 270 „Nutzung"). – **§ 4 III** s Rz 386 ff –; **LuF** s Rz 45.

c) Einlagehandlung; Entnahmehandlung. Der StPfl bestimmt den Umfang seiner betriebl Tätigkeit und damit des BV (Rz 35). Er entscheidet iRd obj mögl betriebl Veranlassung, welches WG dem Betrieb dienen soll (Einlage) sowie ob und wann ein betriebl Zusammenhang gelöst werden soll (Entnahme; s auch Rz 270 „geduldetes BV"). Dieser unternehmerische Handlungswille (s Rz 235) muss idR durch ein tatsächl Geschehen, ein Verhalten des StPfl deutl für Dritte erkennbar **nach außen hin nachprüfbar** dokumentiert werden, damit die richtige Besteuerung gewährleistet ist (s BFH X B 153/11 BFH/NV 12, 1956; zu § 4 III und Beweislast BFH IV R 13/03 BStBl II 04, 985; zu SBV in GesBilanz BFH VIII R 4/94 BStBl II 98, 461). Deshalb verlangt die hM für Einlagen und Entnahmen eindeutige, unbedingte und endgültige Handlungen. Das gilt auch für die Einlage von notwendigem BV (str, s Rz 74). Eine **Form** ist nicht vorgeschrieben (BFH VI R 130/82 BStBl II 85, 395; Rz 270 „schlüssiges Verhalten", „Bebauung", „Buchung", „Erklärung", „Nutzung"). Rechtsfolgen/zeitl Wirkung s Rz 256. – Anders als beim Ausscheiden auf Grund eines Rechtsvorganges (Rz 236) ist nicht erforderl, dass das WG aus dem BV ausscheidet oder dass der Betrieb als wirtschaftl Organismus eingestellt wird. Es genügt häufig, dass die **Erfassung der stillen Reserven** auf Grund einer betriebsbezogenen Handlung des StPfl endgültig nicht mehr gesichert ist (dazu Rz 243).

235   d) **Einlagewille; Entnahmewille.** Voraussetzung einer Entnahmehandlung ist grds ein konkret gefasster Willensentschluss, idR mit endgültiger Entnahmeabsicht (BFH VI R 30/18 DStR 21, 1868 Rz 35; BFH IV R 44/06 BStBl II 09, 811). Bei nachweisl als **Bilanzberichtigung** gedachten Ein- und Ausbuchungen fehlt es wegen der unterschiedl Besteuerung am Einlage- und Entnahmewillen (BFH IV R 36/79 BStBl II 83, 459 unter 5), ebenso bei Erklärung einer „steuerfreien Ausbuchung" (BFH IV R 64/01 BFH/NV 03, 904), bei Erklärung von Einkünften aus VuV statt aus LuF ohne Realisierungsabsicht (s Rz 270 „Erklärung") oder bei Einbuchung von gewillkürtem BV in der irrigen Annahme, es handle sich um notwendiges BV (BFH I R 159/71 BStBl II 73, 628; FG RhPf EFG 84, 445, rkr). Hatte der StPfl dagegen die Einlage oder Entnahme beabsichtigt, kann er sich nachträgl nicht erfolgreich auf spätere **RsprÄnderung** oder **Irrtum** über die tatsächl oder rechtl Auswirkungen, dh vor allem über Bestand, Aufdeckung und Höhe stiller Reserven berufen (vgl BFH III R 9/03 BStBl II 05, 160 = BVerfG 2 BvR 1883/05 StEd 06, 786 und *Schmidt* 19. Aufl § 4 Rz 318). *Beispiel:* Bebauung eines Betriebsgrundstück mit Privathaus in der Meinung, es könne weiter BV bleiben (Entnahme). Die **Motive und Absichten** des StPfl sind ohne Bedeutung (BFH I R 174/66 BStBl II 70, 205), ebenso innere Vorbehalte (BFH IV R 39/78 BStBl II 81, 731). Wille zur Gewinnverwirklichung oder entspr Bewusstsein wird nicht verlangt (BFH VI R 30/18 DStR 21, 1868 Rz 35). **Buchungen eines Angestellten** oder steuerl Vertreters muss sich der StPfl entgegenhalten lassen, wenn sie seinem Willen entsprachen, da sie auf seinen Anweisungen beruhten, er sie widerspruchslos zur Kenntnis genommen hat oder er nach den obj Umständen davon hätte Kenntnis nehmen können und müssen (BFH IV R 39/78 BStBl II 81, 731). *Beispiel:* Unterzeichnung der vom Steuerberater gefertigten StErklärung mit anliegender Bilanz, in die Wertpapiere als BV eingebucht sind (Einlage, vgl BFH VIII R 4/94 BStBl II 98, 461).

BFH I 154/65 BStBl II 68, 522 zur **irrtüml Fernbuchung** des steuerl Vertreters darf nicht verallgemeinert werden (s FG Mster EFG 10, 967, rkr). Auch BFH I R 143/66 BStBl II 69, 617 (irrtüml Buchung auf unrichtige Anweisung des Betriebsprüfers hin) betraf einen Ausnahmefall. Die **Absicht der späteren betriebl Wiederverwendung** steht der Entnahme nicht entgegen, wenn der betriebl Zusammenhang zunächst endgültig gelöst wird (BFH VIII R 13/74 BStBl II 75, 811). **Vorübergehende „Entnahmen"** brauchen nicht immer als solche berücksichtigt zu werden (BFH XI R 48/00 BFH/NV 03, 895 zum Parken von Betriebsgeld auf Privatkonto). Die bewusst unerlaubte Entfernung eines Bilanzpostens, um **Steuern zu hinterziehen,** ist keine Entnahme (zB BGH 5 StR 456/79 HFR 80, 155). Eindeutige **Erklärungen** ggü Behörden/Gerichten können Rückschlüsse auf tatsächl Willen zulassen (s Rz 270 „Erklärung", „Buchung").

236   e) **Ausnahmen; mittelbare Entnahmevorgänge. – aa) Rechtsvorgang.** Der **Große Senat** hat in seinem grundlegenden Beschluss zu **Entnahmen** BFH GrS 1/73 BStBl II 75, 168 betont, dass in besonders gelagerten Fällen auch ein **Rechtsvorgang** (bzw die Rechtsfolge eines mittelbaren tatsächl Geschehens) genügen könnte, ein WG aus dem BV auszuscheiden (str). Der BFH scheint dabei vorrangig darauf abzustellen, dass die stillen Reserven steuerl erfasst werden.

Betriebsvermögensvergleich (Einlagen; Entnahmen) 237–241 § 4

Beispiele: Tod eines PersGes'ters mit der notwendigen Folge der Überführung eines WG des SBV in das PV (BFH IV R 115/73 BStBl II 75, 580; s aber BFH IV R 16/92 BStBl II 93, 716); Enteignung, Erbfall, gesellschaftsrechtl Vorgang, der zum endgültigen **Wegfall der tatsächl BetrAufsp-Voraussetzungen** führt (s § 15 Rz 865 und *OFD Ffm* FR 12, 976 zu Einzelfällen). **Pfändung/Verpfändung** kann bei Verwertung für private Zwecke zu WG-Entnahme führen, s Rz 270. Das gilt entspr für **Einlagen**.

bb) Verzicht auf sofortige Besteuerung. Ein Aufschub ist in Ausnahmefällen 237 mögl, wenn spätere Gewinnrealisierung gewährleistet ist, selbst wenn der Rechtsvorgang die spätere Zuführung zum BV ausschließt (s BFH X R 61/14 BStBl II 16, 939 mwN: die im Erwerbsbetriebs genutzten WG bleiben bei Übergang zur Liebhaberei BV; weitere Beispiele s *Schmidt* 39. Aufl § 4 Rz 238).

cc) Änderung von Gesetz oder Rechtsprechung. Beide bewirken grds 238 keine Einlagen/Entnahmen. Dabei ist zu unterscheiden: – **(1) Änderungen ab einem bestimmten Zeitpunkt.** Ein WG des BV ist nicht schon dadurch entnommen, dass es jetzt nicht mehr BV werden könnte (s § 4 I 6, 7; Rz 270 „Nutzung" zu Nutzungsänderung), soweit es nicht notwendig PV wird. Ein WG des PV wird nicht BV durch Gesetzesänderung, wohl aber durch andauernde betriebl Nutzung. Gesetz oder Verwaltung (§ 163 AO) lassen uU **steuerneutrale Ausbuchung** zu. Vgl Beispiele *Schmidt* 23. Aufl § 4 Rz 323 f. Eine neue gesetzl Abzugsbeschränkung von BA (zB § 4 V 1 Nr 6b ab 1996) stellt eine vorher gegebene BV-Eigenschaft nicht in Frage und führt nicht zur Entnahme des WG (vgl Rz 564, 599 und 603). – **(2) Rückwirkende Klarstellungen.** Dass ein WG *von Anfang an* nicht BV war, führt zur Ausbuchung zum Buchwert (s *Schmidt* 39. Aufl § 4 Rz 326). Beispiele s *Schmidt* 39. Aufl § 4 Rz 240.

3. Steuerentstrickung, § 4 I 3–5.

Neueres Schrifttum: *Ditz/Rupp* ISR 21, 413 (ATADUmsG); *Böhmer ua* FR 21, 765 (ATADUmsG, KöMoG); *Heckeroth/Schulz* ISR 18, 229 (§ 6 AStG und Entstrickung). – **BMF** BStBl I 18, 1104 (passive Entstrickung). – **Weitere Nachweise** s *Schmidt* 40. Aufl § 4 Rz 242.

a) Entstrickung und Realisationsprinzip. – aa) Zugriff auf stille Reser- 240 **ven.** Als Entstrickung bezeichnet man den Verlust oder die Beschränkung des staatl Besteuerungszugriffs auf die in einem WG ruhenden stillen Reserven (Rz 87), zB durch Wegzug des StPfl (subjektbezogene Entstrickung), durch Überführung eines WG in eine ausl Betriebsstätte (objektbezogene Entstrickung) oder durch Abschluss/Änderung eines DBA oder EU-Austritt eines Mitgliedstaates (sog passive Entstrickung, s Rz 246). Eine Entstrickungsbesteuerung („*exit tax*") wirkt dem entgegen, indem sie die Aufdeckung und Versteuerung der stillen Reserven anordnet. Sie bildet damit eine Ausnahme vom Realisationsprinzip (§ 5 Rz 78 und 601); denn sie fingiert über **Ersatzrealisationstatbestände** eine Verwirklichung der stillen Reserven mit der Folge, dass eine Steuer entsteht, ohne dass dem StPfl Geldmittel zufließen (zur Möglichkeit des Steueraufschubs: Rz 242 und § 4g). – S allg auch *Schaumburg* Rz 6.381 ff. Zum Verlust des Besteuerungszugriffs durch Gesetzes-/Rspr-Änderung s Rz 238.

bb) Entstehungsgeschichte. § 4 I 3 HS 1 ist durch das **SEStEG** (BGBl I 06, 241 2782) mit Wirkung für alle nach dem 31.12.05 endenden Wj (§ 52 VIIIb aF) eingeführt worden. Die Regelung geht im Wesentlichen auf die von der Rspr entwickelte **Theorie der finalen Entnahme/Betriebsaufgabe** zurück (vgl BFH I 266/65 BStBl II 70, 175; Betriebsstättenerlass, *BMF* BStBl I 99, 1076, Tz 2.6; s zur Entwicklung auch *Kraft/Ungemach* DStZ 20, 440). Diese Theorie hat der BFH allerdings 2009 für Altfälle aufgegeben mit der Folge, dass jedenfalls vor 2006 keine stillen Reserven aufzudecken waren: nicht bei **Überführung eines WG** in eine ausl Betriebsstätte (BFH I R 77/06 BStBl II 09, 464) und auch nicht bei steuerbefreiender **Wohnsitz-/Betriebsverlagerung** ins Ausl (BFH I R 99/08 BStBl II 11, 1019; BFH I R 28/08 BFH/NV 10, 432).

Loschelder

§ 4   242–244   Gewinnbegriff im Allgemeinen

Ebenso zu **nachträgl Einkünften einer aufgegebenen AuslBetriebsstätte** s BFH I R 75/14 BFH/NV 15, 1687, mit Anm *Dürrschmidt* IStR 15, 883, *Hagemann* IWB 16, 75 sowie DB 16, 1217, *Schäfer* IStR 15, 346; zu **gescheiterten Gründungskosten** einer ausl Betriebstätte s BFH I R 56/12 BStBl II 14, 703. – **Sondervergütungen von PersGes'tern (§ 15 I 1 Nr 2):** BFH I R 74/09 BStBl II 14, 788 (mit Anm *Gosch* BFH/PR 11, 70); Abhilfe durch § 50d X idF AmtshilfeRLUmsG (s dort). – **Gewerbl Prägung von PersGes (§ 15 III):** BFH I R 81/09 BStBl II 14, 754 (Anm. *Gosch* BFH/PR 10, 351); Abhilfe durch § 50i (s dort; *BMF* BStBl I 14, 1258 Rz 2.3; *Jochimsen/Kraft* FR 15, 629).

§ 4 I 3 hat somit im Wesentlichen **konstitutive Bedeutung** (aA: BT-Drs 16/2710, 28: klarstellend; zu den Folgen s auch § 16 Rz 196 f; *Wassermeyer* IStR 15, 37, str). Zu den **Bedenken** gegen die Grundannahme der Regelung (Verlust des Besteuerungsrechts) s *Schmidt* 39. Aufl § 4 Rz 251 und *Schaumburg* Rz 6.382. – Mit dem **JStG 2010** (BGBl I 10, 1768) sind § 4 I 4 (Nichtanwendungsgesetz, s Rz 250) und § 16 IIIa rückwirkend, für nach dem 31.12.05 entnommene Wj eingefügt worden (§ 52 VIIIb aF). – Zu den Änderungen durch das **ATADUmsG** (BGBl I 21, 2035; § 4 I 3 HS 2 und § 4 I 9) s Rz 255.

242   cc) **Systematik.** Es gibt keine allg Grundregel zur Entstrickung im EStG. In § 4 I 3–5 ist die Entstrickung von BV geregelt, bezogen auf natürl Personen und PersGes (für Körperschaften gilt § 12 S 1 KStG). Ergänzt werden diese Regelungen durch **§ 4g nF**, der jetzt einen Aufschub der sofortigen Gewinnrealisierung bei unbeschr *und* beschr StPfl für *alle* WG im EU- *und* EWR-Bereich vorsieht (s § 4g Rz 4, mit Sonderregelung für Brexit in § 4g VI, s § 4g Rz 19), und durch **§ 6 I Nr 4 S 1 HS 2** (Bewertung mit dem gemeinen Wert, s § 6 Rz 515).

Weitere Regelungen: **§ 16 IIIa** (Entstrickung durch Betriebsverlagerung mit Verteilung nach § 36 V; s § 16 Rz 175). – **§ 17 V** (Sondertatbestand für Beteiligungen im PV bei Sitzverlegung; s § 17 Rz 240 f); **§ 6 AStG** (Wegzug natürl Personen; vgl BFH I R 88, 89/07 BStBl II 16, 438); **§ 50i** (Ausnahmeregelung, s dort); **UmwStG** (grenzüberschreitende Umwandlungen).

243   dd) **Europarecht.** Weder ein Umzug des StPfl im Inl noch die Überführung eines WG von der einen in die andere inl Betriebsstätte führen gem § 4 I 3 zu einer Aufdeckung stiller Reserven. Gleichwohl ist die Entstrickungsbesteuerung (nur) für grenzüberschreitende Fälle nach der EuGH-Rspr grds EU-rechtskonform (EuGH C-657/13 DStR 15, 1166 – *Verder Labtec* Rz 36 ff: Aufteilung der Besteuerungsbefugnisse von den Mitgliedstaaten; ebenso zu § 6 AStG: EuGH C-581/17 DStR 19, 425 – *Wächtler*). Dem StPfl muss allerdings die Möglichkeit gegeben werden, zw einer sofortigen Besteuerung der aufgedeckten stillen Reserven und einem Besteuerungsaufschub bei einer zeitl gestreckten Besteuerung (mit Verzinsung) zu wählen (EuGH C-657/13 DStR 15, 1166 Rz 52; s auch Art 5 II RL (EU) 2016/1164 (ATAD); *Schaumburg/Englisch* Rz 17.50, 17.108 ff, 17.229 ff).

244   b) **Entstrickungsbesteuerung, § 4 I 3 HS 1.** – aa) **Entnahmefiktion.** Im Wege einer gesetzl Fiktion wird die (estl) Gefährdung des inl Besteuerungsrechts durch **Ausschluss** (DBA mit Freistellung) oder **Beschränkung** (kein DBA bzw DBA mit Anrechnung) einer Entnahme für betriebsfremde Zwecke gleichgestellt (Gefährdungstatbestand, str; glA *BH/Drüen* § 4 Rz 486c; *HHR/Musil* § 4 Rz 228; aA *Schönfeld* IStR 10, 133, 134; *Oppel* ISR 16, 298, 301); einer Veräußerung oder Entnahmehandlung bedarf es nicht. Das gilt auch iZm § 34a II (s § 34a Rz 33; *BMF* BStBl I 08, 838 Tz 34; bei § 12 KStG mangels Privatsphäre der KapGes Veräußerungsfiktion). Ausschluss und Beschränkung müssen sich auf den Gewinn aus der Veräußerung oder Nutzung des WG beziehen. – Grds führt die gesetzl Entnahmefiktion zur sofortigen **Gewinnbesteuerung** iHd Differenz zw Buchwert und gemeinem Wert (§ 6 I Nr 4 S 1 HS 1; s § 6 Rz 515); dies gilt für alle entnehmbaren WG des BV iSv § 4 I 2, für AV und UV. Die StSchuld wird sofort festgesetzt (anders zB in Österreich: zunächst nur Feststellung des aktuellen Fremdvergleichspreises). Allerdings gilt für EuropaGesAnteile iSv § 4 I 5 (s Rz 250) und im EU-/EWR-Bereich ein **Besteuerungsaufschub** (§ 4g).

bb) Anwendungsfälle. – **(1) Ende der persönlichen Steuerpflicht.** Etwa 245
durch **Wegzug** ins Ausl mit Wegfall des inl Besteuerungsrechts.

Zu Gestaltungsfragen s *Ettinger/Beuchert* IWB 14, 126; *Demuth* KÖSDI 14, 19017; *Schütz*
SteuK 13, 331. S auch § 6 AStG; *Schönfeld/Häck* IStR 12, 582; *Haase/Steierberg* IStR 14, 888;
Bedenken wegen fortbestehender beschr StPfl gem § 49 s BFH I R 99/08 BStBl II 11, 1019;
ab 2013 § 1 AStG, § 50d X, § 50i – *Kudert/Kahlenberg* IStR 15, 918; *Prinz* DB 13, 1378.

(2) Sachliche Veränderungen. WG des BV verlässt die inl betriebl Sphäre 246
oder wird anderweitig dem dt Besteuerungszugriff entzogen. *Beispiele:* **Verlagerung von Betrieben/Betriebsteilen** ins Ausl oder **Überführung von WG** von
inl Stammhaus oder inl Betriebsstätte in ausl Betriebsstätte oder von inl Betriebsstätte in das ausl Stammhaus. Entscheidend ist der Verlust des inl Besteuerungsrechts im DBA, wohl entgegen früherer Rspr (s Rz 244) auch durch **isolierte DBA-Änderung** ohne Entnahmehandlung ("passive Entstrickung"; str, s
auch *BMF* BStBl I 18, 1104; *Herbort/Sendke* IStR 14, 499; *Hosp/Langer* IWB 13, 15;
aA: *Ditz/Rupp* ISR 21, 413, 417 ff mit Beispiel; *Bron* IStR 14, 918; s auch *Wassermeyer* DB 06, 2420, *Lüdicke* FR 11, 1077, *Kässhammer/Schümmer* IStR 12, 362, *Reiter*
IStR 12, 357 – s aber inzwischen auch § 4g VI und § 36 V 4 Nr 3).

(3) Nutzungsüberlassung eines inl WG **an ausl Betriebsstätte** für deren 247
Zwecke soll nach § 4 I 3 (abw von § 4 I 8 HS 2) einer Entnahme für betriebsfremde Zwecke gleichgestellt werden (fragl). § 4 I 3 lässt offen, ob Nutzungsüberlassungen zur Entnahme des überlassenen WG oder eines Nutzungsrechts führen sollen
(s Rz 222, 225 zu Nutzungsentnahmen, Problematik s *Wassermeyer* DB 06, 2420).
EStR 4.3 II 3 geht zutr von Nutzungsentnahme aus. Allerdings geht es dem Gesetzgeber um die Besteuerung stiller Reserven *des WG*. So spricht § 12 I KStG nur
von "Überlassung des WG", § 4g nur von "Wert eines WG", *BMF* BStBl I 99,
1076 und *BMF* BStBl I 09, 888 Tz 2.4 nur von "Zuordnung der WG", die bei der
ausl Betriebsstätte "bei nur vorübergehender, miet- oder pachtähnl Überlassung
wie unter Fremden unterbleiben kann" (ebenso Gesetzesbegründung zu § 4 I 3).
Jedenfalls kurzfristige Überlassungen oder längerfristige Überlassungen gegen Verrechnung von Nutzungsgebühren sollten nicht zur Aufdeckung stiller Reserven
des WG zwingen (glA VWG BsGa *BMF* BStBl I 17, 182 Rz 20, 78 – fiktive Nutzungsüberlassung). Die Überlassung muss tatsächl betriebsfremden Zwecken dienen
(*BMF* BStBl I 17, 182 Rz 399, 441 ff). Vgl auch *Kußmaul/Delarber/Müller* IStR 14,
573/*Neumann-Tomm* IStR 14, 806 zu ausl Montage-/Förderbetriebsstätten.

c) Entnahmefiktion bei Verstrickung, § 4 I 3 HS 2. Die antragsabhängige 248
Fiktion einer Entnahme für den Fall, dass die Beschränkung des dt Besteuerungsrechts entfällt und in einem ausl Staat eine Entstrickungsbesteuerung vorgenommen wird, erschließt sich nur iZm mit der fiktiven Einlage nach § 4 I 9 (s Rz 255).

d) Ausländische Betriebsstätte, § 4 I 4. Den gesetzl Regelfall einer Entstrickung iSv § 4 I 3 ("insbesondere") bildet die Zuordnung eines WG, das bislang 249
einer inl Betriebsstätte des StPfl zuzuordnen war, zu einer ausl Betriebsstätte. Dadurch soll die gesetzgeberische Absicht entgegen BFH I R 77/06 BStBl II 09, 464
rückwirkend (s Rz 241) festgeschrieben und Bedenken der BFH-Rspr und des
Schrifttums rückwirkend für nach 2005 endende Wj beseitigt werden (§ 52 VI S 1,
§ 52 VIIIb aF; s auch FG Köln EFG 16, 793 mit Anm *Neitz-Hackstein,* rkr; FG
Ddorf EFG 16, 209, Rev I R 99/15 [ruht], Anm *Mitschke* IStR 16, 118).

e) Europäische Gesellschaft/Genossenschaft, § 4 I 5. Die **Sitzverlegung** 250
einer Europäischen Ges (SE, s SEEG BGBl I 04, 3675) oder Genossenschaft kann
hinsichtl der Anteile, die einer inl Betriebsstätte zuzurechnen sind, zur Entstrickung
führen, da das inl Besteuerungsrecht an dem Betriebsstättenvermögen beschränkt
wird. Nach Art 10 FusionsRL 2009/133/EG ist jedoch die sofortige Besteuerung
der Ges'ter auf Grund einer solchen Sitzverlegung unzulässig (Verstoß gegen EU-Grundfreiheiten als primäres Europarecht; vgl EuGH Rs C-9/02 DStR 04, 551 –
de Lasteyrie du Saillant; EuGH Rs C-470/04 DStR 06, 1691 – *N/Almelo*; BFH I R

99/08 BStBl II 11, 1019 zu VZ 95). Daher musste der StEntstrickungsgrundsatz des § 4 I 3 für solche Anteile bei Sitzverlegung im EU-Bereich nach den in § 4 I 5 Nr 1 und 2 genannten Verordnungen eingeschränkt werden (**§ 4 I 5, § 12 I KStG**). Die Anteile bleiben aber insoweit der inl Besteuerung verstrickt, als der Gewinn aus einer **späteren Veräußerung** erfasst wird (§ 15 Ia, § 15 Rz 155), und zwar entgegen den DBArechtl Grundsätzen ohne ausdrückl Begrenzung auf das Reservevolumen im Zeitpunkt der Sitzverlegung (mögl Folge: Doppelbesteuerung ausl Wertsteigerungen, fragl). Für Anteile im PV gilt dasselbe (§ 17 V; § 20 IVa). EU-grenzüberschreitende Umstrukturierung von EU/EWR-Ges s Rz 270 „Umwandlung".

252 **4. Gewinnermittlung nach § 13a, § 4 I 6, 7.** Der Übergang zur Gewinnermittlung nach § 13a führt nicht zu einer Entnahme. Dasselbe gilt für Nutzungsänderungen, wenn diese bei Gewinnermittlung nach § 4 I zu keiner Entnahme führen (s Rz 225 ff).

253 **5. Einlage, § 4 I 8 HS 1.** Einlagen setzen eine Einlagehandlung und einen Einlagewillen voraus (s iEinz Rz 234 ff).

254 **6. Verstrickung; Wertverknüpfung. – a) Begründung des Besteuerungsrechts, § 4 I 8 HS 2.** Spiegelbildlich zum Begriff der Entstrickung (Rz 240) bezeichnet „Verstrickung" zunächst einen Vorgang, bei dem ein inl Besteuerungsrecht am Gewinn aus der Veräußerung eines WG des BV erstmalig begründet wird, etwa durch Zuzug oder durch Überführung des WG in eine inl Betriebsstätte (anders als bei § 4 I 3 wird Nutzung nicht erfasst). § 4 I 8 HS 2 normiert für den Zeitpunkt der Verstrickung eine **Einlagefiktion:** Das zugeführte WG wird mit der Begründung des inl Besteuerungsrechts als in das inl BV eingelegt behandelt und ist nach § 6 I Nr 5a HS 1 mit dem gemeinen Wert im Zeitpunkt der Zuführung anzusetzen (s § 6 Rz 631). – **Wertverknüpfung:** Kommt es in dem anderen Staat zu einer Entstrickungsbesteuerung, erfolgt die Einlage gem § 6 I Nr 5a HS 2 jeweils zu dem Wert, den der andere Staat der Besteuerung zugrundelegt, höchstens jedoch mit dem gemeinen Wert (kein Wahlrecht, s § 6 I Nr 5a HS 2: „ist ... anzusetzen").

Beispiele: WG wird aus ausl Freistellungsbetriebsstätte ins inl Stammhaus überführt; beschr StPfl überführt WG aus ausl Stammhaus in eine inl Betriebsstätte – s *Ditz/Rupp* ISR 21, 413, 415 f; *Kudert/Kielawa-Buzała* IStR 21, 605, 606 f.

255 **b) Wegfall der Beschränkung, § 4 I 9 iVm I 3 HS 2.** Für alle nach dem 31.12.19 endenden Wj kann sich diese Rechtsfolge gem § 4 I 9 iVm § 4 I 3 HS 2 (idF des ATADUmsG, s Rz 4) auch dann ergeben, wenn eine Beschränkung des inl Besteuerungsrechts entfällt. Das ist etwa dann der Fall, wenn ein zuvor nach § 4 I 3 HS 1 entstricktes WG aus einer Anrechnungsbetriebsstätte wieder in eine inl Betriebsstätte überführt wird (s auch *Ditz/Rupp* ISR 21, 413, 415 ff, mit Beispiel). Erfolgt aus diesem Grund in einem anderen Staat eine Entstrickungsbesteuerung, wird gem § 4 I 3 HS 2 **auf Antrag** des StPfl (Wahlrecht) eine Entnahme und gem § 4 I 9 unmittelbar danach eine Einlage fingiert. – **Wertverknüpfung:** Die fiktive Entnahme und die sich daran anschließende fiktive Einlage erfolgen gem § 6 I Nr 4 S 1 HS 2 und § 6 I Nr 5b jeweils zu dem Wert, den der andere Staat der Besteuerung zugrunde legt, höchstens mit dem gemeinen Wert (sog *step up*; Folge: neues AfA-Volumen, s auch § 6 Rz 515; *Jacobsen* DStZ 20, 201, 208; *Kahle/Kopp* DStR 21, 1569, 1573). Dadurch soll sichergestellt werden, dass Entstrickung im Ausl und Überführung ins Inl mit demselben Wert erfasst werden (entspr Art 5 V ATAD-RL (EU) 2016/1164). – Zur Vermeidung einer Doppelbesteuerung wird die ausl Steuer unter den Voraussetzungen des **§ 34c** angerechnet oder abgezogen (s BT-Drs 19/28652 S 32; *Kudert/Kielawa-Buzała* IStR 21, 605, 607).

256 **7. Rechtsfolgen von Einlagen/Entnahmen. – a) Grundsatz der Gewinnauswirkung.** Die Buchung von Einlagen und Entnahmen ist zwar *iHd Buchwerte* als Korrekturposten im Gesamtergebnis gewinnneutral (s Rz 85). Darüber hinaus

Betriebsvermögensvergleich (Einlagen; Entnahmen) 257–261 § 4

führen Entnahmen jedoch idR zur gewinnerhöhenden Aufdeckung der stillen Reserven (s Rz 89). **Ausnahmen** s § 6 I Nr 4 (uU Entnahmen zum Buchwert oder gemeinen Wert oder Pauschalierung), § 6 I Nr 5 S 3 für Einlagen, § 6 V (Übertragung von WG, BMF BStBl I 11, 1279), § 13 IV, V, § 15 I 3 (Sonderregelungen zu Grundstücksentnahmen), Rz 326 zur begrenzten Nachholung, Rz 238, 242 f, § 4g zum Aufschub der Gewinnrealisierung; uU Verlustrealisierungsausschluss (zB § 2a I Nr 3, 7). – **Gewinnauswirkung** wie bei Veräußerung, soweit das Gesetz nicht ausdrückl Einschränkungen enthält (s § 4g für § 4 I 3 und § 36 V für § 16 IIIa). Die **private Mitbenutzung** des entnommenen WG des BV ist für die Zurechnung des *vollen* Entnahmegewinns zum Betriebsgewinn unbeachtl (s Rz 50 ff, 75, 89). Voraussetzung einer Gewinnrealisierung durch Entnahme ist, dass das WG bis zu diesem Zeitpunkt dem BV zugerechnet wurde (BFH VIII R 146/74 BStBl II 78, 144, s Rz 326; s aber Rz 238). **Sonstige Rechtsfolgen** s Rz 79 ff, 258.

b) Technische Durchführung. Bei Gewinnermittlung nach §§ 4 I/5 werden in der Handels- und Steuerbilanz *alle* Vermögensveränderungen erfasst. Daher spätere Korrektur um außerbetriebl veranlasste Vorgänge (s Rz 23, 89). Stille Reserven werden dadurch erfasst, dass Entnahmen mit dem **Teilwert** anzusetzen sind (§ 6 I Nr 4 S 1, Ausnahmen s Rz 256). Dem wird der Buchwert ggü gestellt. Bei Gewinnermittlung nach § 4 III kann Korrektur um Einlagen und Entnahmen über den Wortlaut der Gewinndefinition hinaus erforderl sein, wenn sonst das Gesamtergebnis von dem nach BV-Vergleich abweicht (vgl Rz 11, 226 ff, 394 f).

c) Folgewirkungen. – *(1)* Einlagen und Entnahmen können sich auf **andere WG** erstrecken. *Beispiele:* GuB/Gebäude (s Rz 110, 270 „Bebauung"); Verbindlichkeit/angeschafftes WG (s Rz 142 ff, 156); Versicherung/versichertes WG (s Rz 178). – *(2)* Auswirkung auf Schuldzinsenabzug s **§ 4 IVa**, Rz 522 ff. – *(3)* Tarifauswirkungen auf die begünstigte Besteuerung nicht entnommener Gewinne bei § 4 I/§ 5 und ggf Nachversteuerung s **§ 34a.**

d) Höhe späterer Gewinnrealisierung. Wird die Gewinnrealisierung hinausgeschoben (s Rz 238, 244 f), werden stille Reserven idR nicht eingefroren, sondern bis zum Besteuerungszeitpunkt angesammelt und dann voll versteuert (BFH VIII R 109/75 BStBl II 77, 283 zur aufgeschobenen Veräußerungswirkung, BFH GrS 1/63 S BStBl III 64, 124 zur gewerbl Betriebsverpachtung; Rz 253 zu § 4 I 5). Spätere Veränderungen bleiben nur unberücksichtigt, wenn sie die Gewinnermittlung nicht mehr berühren dürfen (zB GuB beim Strukturwandel zur LuF nach früherem Recht, § 4 I 5 EStG 1970, BFH GrS 1/73 BStBl II 75, 168 C II 3; Übergang zu Liebhaberei s Rz 238; Folgen des Übergangs Liebhaberei/GewBetr s BFH IV B 155/11 BFH/NV 12, 950 Rz 670; Betriebsverpachtung mit Aufgabeerklärung unter Zurückbehalt eines Geschäftswertes s Rz 173). Stille Reserven bei StEntstrickung gem § 4 I 3, 4 s Rz 244 f, 4g Rz 1.

e) Zeitliche Wirkung. Die Rechtsfolgen einer Einlage oder Entnahme treten im Zeitpunkt einer eindeutigen und endgültigen Einlage- bzw Entnahmehandlung ein (Rz 75, 234, 244, 270 „Bebauung", „Erklärung", „Schenkung"), spätestens bei erklärter **Betriebsaufgabe** (s § 16 Rz 192, 260; § 16 IIIb – *Wendt* FR 11, 1023). Geheime Pläne oder Entschlüsse reichen nicht, auch nicht die für die Einheitsbewertung uU genügende Wahrscheinlichkeit einer Nutzungsänderung (§ 69 I BewG). Einlagen und Entnahmen sind tatsächl Vorgänge, die nur **in die Zukunft** wirken. Weder der Vorgang selbst noch seine steuerl Folgen können **rückwirkend** nachgeholt oder beseitigt werden (BFH IV R 66/00 BStBl II 02, 815 mwN). Eine Abschlussbuchung im Folgejahr hat keine Wirkung für das Vorjahr (BFH IV R 97/82 BStBl II 91, 226).

f) Grenzen. Ausnahmen sollten auch bei **Irrtum über Rechtsfolgen** nicht gemacht werden (s Rz 235, zu Billigkeitsverfahren § 163 AO BFH IV R 77/84

BFH/NV 87, 768; str). Fragl ist, ob die Erfüllung einer ursprüngl **Rückübertragungsverpflichtung** aus dem BV die Entnahmefolgen beseitigt (so BFH IV R 58/73 BStBl II 77, 823; von der *FinVerw* nicht angewandt und vom Schrifttum zutr abgelehnt, s *Schmidt* 16. Aufl/29. Aufl § 4 Rz 337). BFH IV R 37/92 BStBl II 94, 564 lässt im Anschluss an BFH GrS 2/92 BStBl II 93, 897 uU rückwirkende Entnahme einer bei Betriebsaufgabe noch nicht entnehmbaren strittigen BV-Forderung zu. Eine unterlassene Einlage oder Entnahme muss zum nächstmögl Zeitpunkt im Wege der Bilanzberichtigung nachgebucht werden; eine zwingende Entnahmegewinnrealisierung kann jedoch in späteren Jahren nicht nachgeholt werden (Ausbuchung zum Buchwert, vgl Rz 310, 326). Zum Einlagezeitpunkt bei Beginn eines GewBetr s Rz 270 „Vorbereitungshandlungen". **USt** s Rz 270.

262 **g) Persönliche Zurechnung.** Ebenso wie eine vGA KapGes'tern zugerechnet wird, ist der Entnahmegewinn stets dem entnehmenden (Mit-)**Unternehmer** zuzurechnen (*welchem* PersGes'ter, ist str, vgl § 15 Rz 446). Das gilt auch bei Zuwendungen an Dritte aus nichtbetriebl Gründen (zB Schenkung des BetriebsPkw an Sohn). Der Unternehmer muss das WG vorher entnehmen. Die **unberechtigte Privatnutzung** eines WG des BV durch Dritte ist ein Vorgang, der in den Bereich des Betriebsrisikos fällt. Der Unternehmer muss sich die private Wertabgabe jedoch zurechnen lassen, wenn er sie billigt (zB wenn er einem Freund den BetriebsPkw für Privatfahrten zur Verfügung stellt). Bei Angehörigen wird das häufig auch im Falle der Wertentnahme bzw Nutzungsentnahme ohne Kenntnis des Unternehmers gelten (Ehefrau entnimmt Geld aus Kasse; Sohn benutzt privat den BetriebsPkw – vgl auch BFH X S 12/03 BFH/NV 04, 337).

270 **8. ABC der Einlagen/Entnahmen**

Auslandsverlagerungen. Entnahmen durch Verlagerung von WG, Betrieb oder Wohnsitz ins Ausl haben diverse Rechtsänderungen erfahren. Die frühere BFH-Rspr war durch BFH I R 99/08 BStBl II 11, 1019 und BFH I R 77/06 BStBl II 09, 464 in Frage gestellt (s Rz 242 ff). **Ab 2006** gesetzl Regelung durch **§ 4 I 3** mit rückwirkender „Klarstellung" der Entnahme durch StEntstrickung in **§ 4 I 4, § 16 IIIa und § 52 VI 1** (s Rz 244 f, § 4g). Umgekehrt liegt eine Einlage vor, wenn ein WG durch Überführung aus ausl in eine inl Betriebsstätte der Besteuerung zugeführt wird (s § 4 I 8 HS 2). Das Verhältnis § 4 I EStG zu **§ 1 AStG** ist ungeklärt (s BFH I B 96/97 BStBl II 98, 321; BFH I B 141/00 DStR 01, 1290; BFH X B 138/13 BFH/NV 14, 720 zu **unionsrechtl Bedenken;** auch EuGH Rs C-311/08 IStR 10, 144 – *SGI;* EuGH Rs C-382/16 DStR 18, 1221 – *Hornbach-Baumarkt*. Abzugsbeschränkung von **Entnahmeverlusten** bei Auslandsbeteiligungen s § 2a.

Bagatellgrenze. Eine feste Grenze besteht nicht. Grds sind Einlagen und Entnahmen vollständig zu erfassen. Ohne Sonderregelung (zB § 8 EStDV) bleiben nur Vorgänge von untergeordneter Bedeutung unberücksichtigt. Die Aufteilungsgrundsätze nach § 12 (BFH GrS 1/06 BStBl II 10, 672) sind nicht übertragbar. **Beispiel:** StPfl klebt gelegentl Briefmarken der Geschäftspost in privates Album.

Bebauung. Bei bebauten Grundstücken richtet sich der Charakter des WG GuB nach dem Charakter des Gebäudes (Rz 112, BFH VIII R 4/94 BStBl II 98, 461). Hier ist im Einzelfall sorgfältig zu prüfen, ob und ab welchem **Zeitpunkt** die Bebauung eines Betriebsgrundstücks mit einem später privat genutzten Gebäude zur Entnahme des GuB bzw die Bebauung eines Privatgrundstücks mit einem später betriebl genutzten Gebäude zur Einlage führt (s BFH VIII R 301/83 BStBl II 87, 261; *Schmidt* 31. Aufl § 4 Rz 360 „Bebauung" mwN; s auch „Vorbereitungshandlungen"; zu LuF BFH IV R 44/06 BStBl II 09, 811). Spätester Zeitpunkt ist der Beginn der endgültigen Nutzung (vgl BFH III R 275/83 BStBl II 88, 293; FG Saarl EFG 92, 407, rkr). Die Einlage- oder Entnahmebestimmung kann vor Baubeginn liegen (BFH IV B 211/01 BFH/NV 03, 1407 und BFH I R

111/73 BStBl II 75, 582). **Vorübergehende Nutzung** muss keine Widmung oder Entwidmung darstellen (s „Nutzung"; BFH X R 105–107/88 BStBl II 91, 519; Rz 77). Bebauung eines **fremden Grundstücks** s Rz 61, „Erbbaurecht" „Nutzung", „Nießbrauch", BFH IV R 137/88 BFH/NV 90, 422. **PersGes** s dort und Rz 54. **Neutrale Grundstücksentnahme** s § 6 I Nr 4 S 4, §§ 13 IV, V/15 I 3. **Räuml Verlagerungen** eines BV-Teils bei gemischter Nutzung s Rz 223.

Belastung; Beleihung; Verpfändung. Ein bisher zum PV gehörendes WG wird nicht dadurch in das (notwendige) BV eingelegt, dass es zur Absicherung eines Betriebskredites eingesetzt wird. So können privat oder neutral genutzte WG (Mietshäuser oder Wertpapiere) als PV für betriebl Zwecke belastet werden und umgekehrt (s Rz 38). Soweit es sich nicht um notwendiges PV handelt (§ 12, s Rz 48, zu LV Rz 184), wird dadurch jedoch ein ausreichender betriebl Förderungszusammenhang begründet, der die Einlage als gewillkürtes BV zulässt (BFH I R 159/71 BStBl II 73, 628 zur **Verpfändung** von Forderungen/Wertpapieren, Rz 46; die *Verwertung* für private Zwecke kann zu Entnahme führen, s FG Ddorf EFG 05, 344, rkr). Die abgesicherte **Betriebsschuld** bleibt unabhängig davon BV (Rz 141, Rz 520 „Policendarlehen", Rz 524). Vgl auch „Erbbaurecht" und „Nießbrauch".

Betriebsaufgabe (§ 16 III) ist ein Entnahmevorgang eigener Art mit Aufdeckung der stillen Reserven und Versteuerung des Gewinns gem § 16 IV, § 34 I, II. Zu den Voraussetzungen der Betriebsaufgabe nach Betriebsverpachtung s **§ 16 IIIb/§ 52 Abs 34** aF StVerG 2011; *Wendt* FR 11, 1023, § 16 Rz 175.

Betriebsverlegung s „Ausland", „Steuerentstrickung", § 16 IIIa und Rz 245 ff.

Betriebsverpachtung. Jedenfalls die nicht nur vorübergehende Betriebsverpachtung ist als „Betriebsaufgabe" grds ein **Entnahmevorgang.** Gleichwohl verzichtet die Rspr, soweit nicht besondere Umstände oder eine ausdrückl Aufgabeerklärung hinzutreten, *zunächst* auf die zwingende Besteuerung der stillen Reserven (**Wahlrecht** – wohl auch ab 1999 –, s EStR 16 V, § 16 Rz 166). Damit diese nicht verloren gehen, macht § 16 IIIb die endgültige Betriebsaufgabe von besonderen Voraussetzungen abhängig.

Bewertung von Einlagen/Entnahmen s § 6 Rz 511 ff; unten „Umsatzsteuer".

Bilanzberichtigung s „Buchung", Rz 259, 280 ff.

Buchung. – *(1)* Bei **notwendigem BV oder PV** wird der Charakter eines WG nicht durch die Art der Buchung verändert. Solche WG werden durch Lösung des betriebl Zusammenhanges oder der persönl Zurechnung entnommen und durch Herstellung eines betriebl Zusammenhanges eingelegt. Eine **fehlerhafte Buchung** bewirkt keine Einlage/Entnahme und ist zu korrigieren (s Rz 235, 282, 290, 311, 326). Bei nachträgl auftauchenden Zweifeln am (Fort-)Bestehen einer betriebl Veranlassung und am Zeitpunkt der Beendigung kommt der Buchung auch bei notwendigem BV eine **Indizwirkung** zu (vgl BFH X R 46/94 BFH/NV 96, 393 mwN); das ist eine Folge der Bestimmungsmöglichkeit (Rz 37). – *(2)* Beim **gewillkürten BV** hat der Ausweis in der Buchführung zwar größeres Gewicht, da dies die übl Art und oft die einzige Möglichkeit ist, eine Widmung oder Entwidmung zu dokumentieren (s Rz 235, 41 und BFH VIII R 142/85 BStBl II 91, 401; BFH X R 46/94 BFH/NV 96, 393; zu widersprüchl Buchung FG SchlHol EFG 01, 620, rkr). Letztl wirkt die Buchung jedoch auch hier nur als starkes, aber widerlegbares **Beweisanzeichen** für eine Willensentschließung des StPfl. Ob tatsächl ein Förderungszusammenhang mit dem Betrieb begründet oder gelöst worden ist, muss unabhängig davon geprüft werden. Ohne diesen obj Zusammenhang kann auch gewillkürtes BV nicht durch formalen Buchungsakt begründet werden (s Rz 42 ff; zu den Grenzen der betriebl Veranlassung s Rz 233). Auch ein WG des gewillkürten BV kann ohne Buchung entnommen oder eingelegt werden (BFH VIII R 13/74 BStBl II 75, 811). Ein durch Buchung manifestierter Entnahme- oder Einlagewille kann durch sonstige Umstände in Frage gestellt sein. – **(3) Buchungen durch dritte Personen** und **irrtümliche Buchungen** ohne Entnahmewillen s Rz 235. – **(4) Bei Buchungen, die nicht unmittelbar die Bilanzierung des WG betreffen,** ist besonders sorgfältig zu prüfen, ob sie den eindeutigen und endgültigen Einlage- oder Entnahmewillen des StPfl ausdrücken. *Beispiele:* Buchung von Versicherungsprämien als BA als Einlage der Versicherung in das BV (BFH IV R 132/66 BStBl II 72, 277, vgl Rz 178); „Erklärungen" s unten und Rz 235. – **Beweislast** trifft idR den StPfl (s Rz 234, BFH IV B 31/97 BFH/NV 98, 1345).

Doppelbesteuerungsabkommen (DBA). Der Abschluss eines DBA mit der Folge des Ausscheidens eines WG des BV aus dem Bereich der Inlandsbesteuerung führt **ab 2006** auch ohne aktive Verlagerungshandlung zur StEntstrickung und zur Aufdeckung der stillen Reserven (§ 4 I 3–6, Rz 245 ff; abl *Bron* IStR 14, 918).

Eigenverbrauch. Zu Pauschbeträgen für Sachentnahmen *BMF* BStBl I 18, 1395.

Energieentnahmen. Wärme, die über einen Wärmemengenzähler bestimmungsgemäß geliefert wurde (BFH IV R 9/17 BStBl II 21, 226: Sachentnahme); *Moorkamp* NWB 11, 2947 (Stromentnahmen); s auch Rz 192, zu § 7g *BMF* BStBl I 13, 1493 Rz 41.

Entstrickung s Rz 240.

Erbbaurecht. Die Belastung eines Betriebsgrundstücks mit einem entgeltl Erbbaurecht führt auch im Falle der Privatnutzung unabhängig von der Höhe des Entgelts idR nicht zur Entnahme des Grundstücks (BFH IV R 46/08 BStBl II 11, 692 mwN; s auch „Belastung", „Nießbrauch" und *Schmidt* 20. Aufl § 4 Rz 360 mwN).

Erbfall und Entnahme vgl Rz 97, § 16 Rz 590 ff.

Erklärung. Die eindeutige Erklärung **ggü dem FA** ist eine Einlage- bzw Entnahmehandlung (BFH X R 46/94 BFH/NV 96, 393). Beim notwendigen BV muss eine Änderung des betriebl Zusammenhangs hinzutreten (wie bei der „Buchung"). Die Erklärung von Einkünften aus VuV bei LuF kann jedenfalls ab 2011 gem **§ 16 IIIb** nicht zur Entnahme eines Mietgebäudes oder zur Aufgabe einer LuF führen (vorher s *Schmidt* 33. Aufl § 4 Rz 360). Die Erklärung **ggü Dritten** *kann uU* den eindeutigen Einlage- oder Entnahmewillen verdeutlichen (s Rz 235). Beispiel: Anweisung an Buchhalter, der die Buchung vergisst. Zeitpunkt s auch „Buchung", „Bebauung" und Rz 260.

EU s „Steuerentstrickung", „Umwandlung", Rz 242 f.

Europäische Gesellschaft s Sonderregelungen s § 4 I 5, Rz 253 mwN.

Finaler Entnahmebegriff/Einlagebegriff s Rz 226, 242 f, 242.

Forderungen. Zur Einlage und Entnahme s Rz 130 und Rz 394 mwN.

Form. Für Einlage-/Entnahmehandlungen ist grds keine Form vorgeschrieben (s „schlüssiges Verhalten").

Geduldetes Betriebsvermögen. Rspr, Verwaltung und Schrifttum verwenden diesen Begriff vor allem beim luf BV, um auszudrücken, dass ein WG zwar jetzt nicht mehr (notwendig oder gewillkürt) BV werden könnte, jedoch eine vorher gegebene BV-Eigenschaft nicht durch einen Wechsel äußerer Umstände verliert, soweit es nicht notwendig PV wird (zB § 4 I 6, 7, § 13 Rz 243; BFH IV B 138/98 BFH/NV 00, 713; oben „Erbbaurecht" und *Schmidt* 20. Aufl § 4 Rz 360 mwN). ME ist der Begriff überflüssig und keinesfalls als weitere Unterart von BV zu verstehen.

Zu Absinken der **Nutzung eines Kfz** unter 10% s BFH VIII R 11/11 BStBl II 13, 117; zu **luf Grundstück** s BFH VI R 30/18 DStR 21, 1868 Rz 35; zu Beteiligung BFH X R 37/13 BFH/NV 16, 536; zu **Nutzungsänderung bei Vermietung** BFH XI R 31/03 BStBl II 05,

334, Anm *Wendt* FR 05, 686 – umgekehrt zu fortbestehendem PV bei fremdbetriebl Vermietung BFH III R 4/04 BStBl II 05, 604).

Geld s Rz 150, 388, 393.

Grundstücke s „Bebauung", „LuF", „Nießbrauch", „Nutzung", „Wohnung", Rz 41, 110, 115, 223, zu Einlage bei gewerbl Grundstückshandel s „Vorbereitungshandlungen". Buchwertentnahmen s § 13 IV,V, § 15 I 3.

Kapitalgesellschaften s „Umwandlung", „verdeckte Einlagen", Rz 55, 220 ff.

Land- und Forstwirtschaft. Zu Entnahmen von **GuB** s § 13 Rz 217 ff; Abgrenzung zum gewerbl Grundstückshandel s § 13 Rz 215.

Leistungen s Rz 229; s auch § 6 Rz 519.

Nachversteuerung begünstigter Gewinne bei **Überentnahmen** s § 34a.

Nießbrauch (s auch § 5 Rz 156, 655; § 7 Rz 64). Jede Art von Nießbrauchsrecht ist ein selbständiges immaterielles WG, kein Eigentumsausschnitt, sondern echtes Nutzungsrecht, einlegbar, entnehmbar und abschreibbar (BFH GrS 2/86 BStBl II 88, 348 und *Schmidt* 20. Aufl § 4 Rz 360 „Nießbrauch" mwN). Die BV-Eigenschaft ist idR unabhängig vom Eigentum an dem belasteten WG zu prüfen. Die Bestellung eines Nießbrauchs am WG des BV aus privaten Gründen kann nur dann zur Entnahme dieses WG führen, wenn der Nießbraucher ausnahmsweise wirtschaftl Eigentümer wird (abl zu Vorbehaltsnießbrauch BFH IV R 39/98 BStBl II 99, 263; BFH X B 128/05 BFH/NV 06, 704) oder wenn der betriebl Zusammenhang endgültig unterbrochen wird (vgl auch Rz 233, zum Nießbraucher als Unternehmer § 15 Rz 143, 306). Vor allem beim entgeltl bestellten Nießbrauch wird die BV-Eigenschaft häufig fortbestehen. Dann werden allenfalls lfd Nutzungen entnommen. Keine Entnahme des Nutzungsrechts durch unentgeltl Überlassung des Betriebes zur Nutzung (BFH VIII R 55/77 BStBl II 81, 396, str) oder unentgeltl Betriebsübertragung/Nießbrauchsvorbehalt am Grundstück (*L. Schmidt* FR 88, 133 mwN, s „Erbbaurecht"). Umgekehrt wird das Betriebsfremden gehörende WG durch Bestellung eines Nießbrauchs zugunsten des Betriebsinhabers idR nicht in das BV eingelegt. Wird das Nießbrauchsrecht privat erworben oder entsteht es durch Entnahme des belasteten WG auf Grund dessen unentgeltl privater Übertragung bei Nießbrauchsvorbehalt im PV, kann es in das BV eingelegt und mit dem Wert des § 6 I Nr 5 aktiviert und abgesetzt werden (Beschränkung auf AfA des WG s BFH VIII R 57/80 BStBl II 83, 739 zu Zuwendungsnießbrauch; s aber BFH IV R 20/82 BStBl II 84, 202 zu Vorbehaltsnießbrauch); § 5 II ist auf Einlagen nicht anwendbar (vgl § 5 Rz 164). Vermächtnisnießbrauch s BFH IV R 7/94 BStBl II 96, 440. Nießbrauch an PersGesAnteil s *Wälzholz* DStR 10, 1930; *Küspert* FR 14, 397; *Reich/Stein* DStR 13, 1272; zum Tod des Nießbrauchsunternehmers s *Mielke* DStR 14, 18; zu ErbSt *GLE* BStBl I 12, 1101.

Nutzung (s auch Rz 224 ff und „Nießbrauch"). – *(1)* **Eigene Wirtschaftsgüter.** – *(a)* **Dauernutzung** eines WG spiegelt seinen Einsatz im Betrieb wider und bestimmt dabei als schlüssige Einlage- oder Entnahmehandlung den Charakter des WG als PV oder BV (BFH III B 152/13 BFH/NV 14, 1364 mwN). – *(b)* **Vorübergehende betriebl Nutzung** macht ein WG des PV nicht notwendig zu BV und umgekehrt (s auch unten c). *Beispiele:* Gelegentl Privatnutzung des Betriebs-Kfz (§ 4 V 1 Nr 6, s Rz 78 und Rz 580 ff); vorübergehende Privatnutzung eines Betriebsgebäudes (BFH BFH IV R 10/03 BStBl II 04, 947; *Schmidt* 31. Aufl § 4 Rz 360 mwN); zu Fremdvermietung im BV BFH XI R 31/03 BStBl II 05, 334, im PV BFH III R 4/04 BStBl II 05, 604; zu WG-Überlassung an ausl Betriebsstätte s „Auslandsverlagerungen", § 4 I 3, Rz 242 ff. UU werden nur die Nutzungen entnommen bzw eingelegt (s Rz 224, 246, 262, 506). Darunter fallen als Selbstkosten (§ 6 Rz 519) alle durch die abw Nutzung veranlassten Aufwendungen, lfd und feste Kosten (uU Schätzung, zu Raumkosten s FG Hbg EFG 91, 457, rkr), AfA

(Sonder-AfA s BFH III R 96/85 BStBl II 88, 655), Finanzierungskosten (BFH VIII R 9/87 BFH/NV 92, 590), sonstige durch die Nutzung wirtschaftl verursachte Aufwendungen einschließl vorheriger teilwerterhöhender Erhaltungsaufwendungen, höchstens jedoch iHd Differenz zw Miete und Marktmiete (BFH IV R 46/00 DStRE 03, 773; *Schmidt* 31. Aufl § 4 Rz 360). Unfallaufwendungen s Rz 78, 50 ff. – *(c)* **Gemischte Nutzung.** S Rz 47 ff. – *(d)* **Nutzungsänderungen.** Der betriebl Zusammenhang ist jährl neu zu prüfen. So ist eine Einlage anzunehmen, sobald bei Grundstücken eine der Grenzen des § 8 EStDV überschritten wird (BFH VI 290/65 BStBl III 67, 752) oder ein bewegl WG nicht nur vorübergehend zu mehr als 50 % betriebl genutzt wird (Anm c). Umgekehrt löst eine Nutzungsänderung, die ein Absinken unter diese Grenzen bewirkt, keine Entnahme aus (s „geduldetes BV"). Es ist eine zusätzl Entnahmehandlung erforderl, sofern der betriebl Zusammenhang nicht vollständig verloren geht (zB BFH IV R 33/04 BStBl II 06, 68; zu LuF BFH IV R 44/06 BStBl II 09, 811). Das gilt auch, wenn das WG unter diesen Voraussetzungen nicht mehr BV werden könnte (s Rz 77, 126, 238, BFH VIII R 11/11 BStBl II 13, 117 zu Kfz im gewillkürten BV; vgl auch § 4 I 6, 7 zum Wechsel der Gewinnermittlungsart und zu Nutzungsänderungen bei § 4 III und § 13a). Gebäude s „Bebauung", „Wohnung", Rz 115; s auch „Vermietung" von Betriebsgrundstücken. Zur **räuml Verlagerung** von Betriebsteilen am Grundstück s Rz 223. Ein Tennisplatz oä WG verliert eine bestehende BV-Eigenschaft durch endgültig ausschließl Privatnutzung, nicht aber durch absinkende ArbN-Nutzung. – *(2)* **Fremde Wirtschaftsgüter** sind nicht BV des StPfl (s Rz 60). Gewinnauswirkungen können sich ergeben durch Einlage/Entnahme eines eigenen Nutzungsrechts (s Rz 220 f und „Nießbrauch") bzw – wie bei eigenen betriebsfremden WG s oben (1) (b)) – im Wege der Einlage/Entnahme des Nutzungsaufwands (s Drittaufwand Rz 500 ff). Die **Bebauung** eines fremden Grundstücks auf Grund eines Nutzungsrechts kann zu einem eigenen WG führen (vgl Rz 61, 110, oben „Nießbrauch", BFH IV R 137/88 BFH/NV 90, 422). – *(3)* **Sondernutzungsrechte** s BFH VI R 67/15 BStBl II 18, 798 (kein wirtschaftl Eigentum bei Sondernutzungsrecht nach WEG) und „Nießbrauch".

Personengesellschaft. S § 6 V; § 15 Rz 435 f, Rz 446, Rz 488, Rz 627 und Rz 631. Überentnahmen § 4 IVa s Rz 535.

Pfändung/Verpfändung s „Belastung".

Rechtsvorgang als Entnahme s Rz 236, 242, 259.

Rückgängigmachung von Einlagen und Entnahmen s Rz 260.

Sachentnahmen s „Eigenverbrauch" sowie Rz 85.

Schenkung und Entnahme s Rz 76, 80, 234, 260; *Giloy* FR 87, 25.

Schlüssiges Verhalten kann Einlage- oder Entnahmehandlung darstellen, aber nur, wenn es diese Absicht des StPfl unmissverständl zum Ausdruck bringt (s Rz 234 ff, BFH GrS 1/73 BStBl II 75, 168, „Bebauung", „Erklärung", „Nutzung", „Vorbereitungshandlungen").

Schuldzinsenabzug und Über-/Unterentnahmen s § 4 IVa, Rz 522 ff.

Steuerbegünstigung nicht entnommener Gewinne bei §§ 4 I/5 s **§ 34a**.

Steuerentstrickung s Rz 242 ff.

Steuerverstrickung s Rz 255.

Stromentnahmen von eigenerzeugtem Strom s „Energieentnahmen".

Strukturwandel ohne betriebl Umorganisation führt nicht zur Entnahme der WG (s Rz 238).

Umsatzsteuer. – *(1)* § 15 Ia UStG ersetzt die frühere USt auf Eigenverbrauch durch Vorsteuerausschluss (s auch § 3 Ib und IXa UStG). – *(2)* **Teilwert** als Entnahmewert errechnet sich ohne USt, soweit die VorSt bei Wiederbeschaffung absetzbar wäre (§ 9b Rz 8 ff).

Betriebsvermögensvergleich (Einlagen; Entnahmen) 270 § 4

Umwandlung. Das UmwStG gestattet nahezu sämtl Rechtsträgern (zB Einzelunternehmen, PersGes, KapGes), die Rechtsform ohne Liquidation und ohne Erfordernis der Einzelrechtsnachfolge durch Gesamtrechtsnachfolge, Sonderrechtsnachfolge oder Vollübertragung zu verändern, sich zu verbinden oder zu teilen. In Anlehnung daran erweiterte das UmwStG 95 über die vorher geltenden Vorschriften der „Fusions-RL" (s *Schmidt* 35. Aufl § 4 Rz 360) hinaus die steuerl Möglichkeiten der Umwandlung, Fusion und Spaltung zu Buchwerten mit wahlweiser Aufdeckung (gesicherter) stiller Reserven im Inl. Das **SEStEG** (BGBl I 06, 2782) enthält eine grundlegende Änderung des UmwStG mit StAnpassungen an die Einführung der Europäischen Ges (SE; s SEEG BGBl I 04, 3675; glA vor 2007 EuGH Rs C-285/07 BStBl II 09, 940 – *AT*). S dazu *BMF* BStBl I 11, 1314; *Drüen* DStR-Beih 12, 22; *Schmidt* 35. Aufl § 4 Rz 360 „Umwandlung" mwN. Danach fallen auch vergleichbare *grenzüberschreitende* Umwandlungsvorgänge im *EU-/EWR-Bereich* unter das UmwStG, s Rz 242 ff. S auch EuGH Rs C-164/12 DStR 14, 193, § 4g mwN. Zur Erweiterung auf Drittstaaten-Umwandlungen durch das **KöMoG** (BGBl I 21, 2050) s *Prinz* FR 21, 561, *Jakobsen* DStZ 21, 490.

Verbindlichkeiten. Einlage/Entnahme s Rz 142, 395, EStR 4.2 XV.

Verdeckte Einlagen/Entnahmen und Gewinnausschüttungen. Schrifttum s *Schmidt* 35. Aufl § 4 Rz 360 mwN; Nutzungseinlagen s Rz 224. Zur **verdeckten Einlage in KapGes** s Rz 55, § 5 Rz 203 ff und § 6 Rz 861 ff; zu **vGA** s § 20 Rz 37 ff. – Beim **Einzelunternehmer** besteht keine Notwendigkeit, zw offenen und verdeckten Einlagen/Entnahmen zu unterscheiden. Ebenso können bei „**PersGes**" verdeckte Einlagen/Entnahmen auftauchen, ohne dass sich Unterschiede zu sonstigen Einlagen/Entnahmen ergeben (s BFH IV R 12/08 BFH/NV 11, 768; § 15 Rz 515, 538 und 627).

Verlust. – *(1)* Keine Entnahme des Wirtschaftsguts. Der Verlust eines WG des BV führt auch bei *außerbetriebl* Verursachung nach bisher hM mangels Entnahmehandlung nicht zur Entnahme des WG. *Beispiel:* Zerstörung des Betriebs-Pkw durch Unfall auf Privatfahrt. Der Unternehmer, der seinen Betriebs-Pkw privat nutzt, übernimmt damit zwar das Risiko der Beschädigung und der Zerstörung in den privaten Bereich, mit der Folge, dass Reparaturkosten und der Restbuchwert den betriebl Gewinn nicht mindern dürfen (str, s Rz 78, Rz 520 „Verlust"). Das zerstörte Fahrzeug bleibt jedoch BV, selbst wenn es seinen Wert für den Betrieb verloren hat. Der Schrotterlös bleibt BE. Die Aufdeckung und Versteuerung der stillen Reserven ist daher nach bisheriger Rspr ebenso wenig veranlasst wie im Falle der betriebl Zerstörung oder der normalen betriebl Abnutzung und Absetzung (BFH I R 213/85 BStBl II 90, 8; str, s Rz 78, 50 ff; *Beiser* DB 03, 15 und *Ismer/Beiser* DB 03, 2200). Zur Nutzungsentnahme s „Nutzung", zur Versicherungsentschädigung Rz 181 ff, 460, zu § 4 III s Rz 386, 389, 520 „Verlust". Entnahme bei Versicherungsbetrug s FG Mster EFG 99, 615 rkr, FG Mchn EFG 99, 108, rkr. – **(2) Einlage.** In gleicher Weise führt der betriebl veranlasste Verlust eines WG des PV nicht zur Einlage des WG in das BV (betriebl Aufwand s Rz 520 „Verlust").

Vermietung und Verpachtung eines Betriebsgrundstücks führt grds nicht zur Entnahme (s BFH I R 96/83 BStBl II 87, 113; BFH IV R 49/88 BFH/NV 91, 363). Zum Verpächterwahlrecht s BFH VI R 66/15 DStR 18, 2135; zur Abgrenzung s BFH I R 7/84 BStBl II 88, 424. S auch „Betriebsverpachtung", „Land- und Forstwirtschaft" und „Wohnung".

Verpfändung s „Belastung".

Vorbereitungshandlungen. Eine gewerbl Tätigkeit beginnt idR mit den ersten Vorbereitungshandlungen; dann werden die zum betriebl Einsatz bestimmten WG in das BV eingelegt (BFH X R 60/93 BFH/NV 96, 202 mwN zum Beginn eines gewerbl Grundstückshandels; BFH IV R 110/91 BStBl II 93, 752 zum luf Betriebserwerb; s auch Rz 260, § 15 Rz 129). Die Widmung muss eindeutig und endgültig gewollt sein (s FG Hbg EFG 92, 521, rkr). Das Gleiche gilt für den umgekehrten Fall der Entnahme aus dem BV. *Beispiel:* Bebauung eines Betriebsgrundstücks mit Privatwohnhaus muss noch nicht *im Zeitpunkt des Baubeginns* zur Entnahme des GuB führen (s „Bebauung" und Rz 235); vgl auch zur endgültigen Funktionszuweisung BFH X R 57/88 BStBl II 91, 829.

Wärmeentnahme s „Energieentnahme".

Wechsel der Gewinnermittlungsart. Keine Entnahme, § 4 I 6; Rz 254, 651.

Wechsel der Steuerpflicht s „Wohnsitzverlegung".

Wohnsitzverlegung in das Ausl mit der Folge des Wegfalls der unbeschr StPfl berührt die Besteuerung des *inl* BV meist nicht (§ 49 I Nr 1–3 und die einschlägigen DBA-Regelungen). Das BV einer ausl Betriebsstätte wird dagegen uU der inl Besteuerung entzogen, soweit nicht die Vorschriften des AStG eingreifen. Mögliche Folge: Entstrickung (§ 4 I 3, s Rz 240 ff).

Wohnung. Zur Frage BV/PV s Rz 41, „Bebauung", „Land- und Forstwirtschaft", „Nutzung", „Vermietung und Verpachtung". Steuerneutrale Entnahme in Alt-Ausnahmefällen s *Schmidt* 24./33. Aufl. § 4 Rz 360 Entnahme*verluste* sind grds zu berücksichtigen (*BdF* BStBl I 86, 528). Besteuerung von BE/BA s Rz 520 „Gebäude".

III. Verweisung, § 4 I 10

272   Die Vorschriften über BA (§ 4 IV), Bewertung (§ 6) und AfA (§§ 7 ff) gelten auch für die Gewinnermittlung durch BV-Vergleich (§ 4 I 1). Das ergibt sich bereits aus der gesetzl Systematik bzw aus § 6 I (s § 6 Rz 2) und § 7 I (s § 7 Rz 3). § 4 I 10 hat nur deklaratorische Bedeutung.

C. Bilanzberichtigung; Bilanzänderung, § 4 II

Schrifttum: *Kanzler* NWB 12, 2374 (Bilanzkorrekturen); *Schoor* StBp 16, 221; *Werra/Rieß* DB 07, 2502 (Bindungswirkung von Bilanzen); *Ritzrow* (BFH-Rspr) StBp 11, 199 und 229 (Bilanzänderung) sowie 278 und 312 (BilBerichtigung); *Kobor* FR 01, 281 (Verbindlichkeiten).

I. Bilanzberichtigung, § 4 II 1

280   **1. Bilanzberichtigung; Bilanzierungsfehler, § 4 II 1 HS 1. – a) Begriffe.** Die Ermittlung eines richtigen Periodengewinns setzt voraus, dass die einzelnen Bilanzposten in zutr Höhe angesetzt sind und den GoB entsprechen (dazu *Schulze-Osterloh* FR 16, 712 mwN). **Bilanzierungsfehler** hat der StPfl gem § 4 II 1 zu berichtigen, dh der *falsche* Ansatz wird, soweit mögl (vgl Rz 306), *an der Fehlerquelle* durch den richtigen ersetzt; er wird mit gesetzl Gewinnauswirkung „storniert" (s *Beispiele* Rz 315). **Bilanzänderung** betrifft dagegen den Austausch *richtiger* Bilanzansätze (§ 4 II 2, vgl Rz 350; einzelne Bilanzansätze s Rz 296). **Bilanz** idS ist dabei nicht nur die eigentl StB, sondern ebenso die HB mit Überleitungsrechnung iSv § 60 II 1 EStDV (BFH XI R 12/18 BStBl II 20, 779). – Die Problematik berührt auch die Gewinnermittlung nach **§ 4 III** (vgl Rz 11, 303). Bei **PersGes** ist auf die Ges, nicht die Ges'ter abzustellen, mit Folgeänderung der Sonder- und Ergänzungsbilanzen (BFH I B 179/11 BFH/NV 13, 21; *FM SchlHol* DStR 12, 1660; EStR 4.4 H 4.4); s auch Rz 297).

281   **b) Fehlerhaftigkeit eines Bilanzansatzes. – aa) Objektiver oder subjektiver Fehlerbegriff (Rspr-Änderung).** Ein Ansatz ist unstr fehlerhaft, wenn er *obj* gegen ein handels- oder steuerrechtl Bilanzierungsgebot/-verbot verstößt (es darf also kein strechtl Wahlrecht bestehen). Str ist die Bedeutung der **subj Erkenntnismöglichkeit** des StPfl. Die Rspr hatte zunehmend Bilanzierungsfehler nur noch angenommen, wenn der StPfl die Fehlerhaftigkeit nach den *im Zeitpunkt der Bilanzerstellung* bestehenden subj Erkenntnismöglichkeiten der zum Bilanzstich-

Bilanzberichtigung

tag gegebenen obj Verhältnisse bei pflichtgemäßer und gewissenhafter Prüfung erkennen konnte (s zunächst zur Beurteilung tatsächl Verhältnisse: BFH I 56/60 U BStBl III 61, 3; später zur Beurteilung von Rechtsfragen: BFH IV R 30/71 BStBl II 76, 88; vgl auch BFH I R 47/06 BStBl II 07, 818 zum subj Fehlerbegriff). **BFH GrS 1/10** BStBl II 13, 317 hat diese Rspr eingeschränkt (Folgeurteil BFH I R 77/08 BStBl II 13, 730, Anm *Hoffmann* DStR 13, 1774).

bb) Beurteilung bilanzieller Rechtsfragen. Vgl *OFD Nds* DStR 14, 2294; *Weber-Grellet* DStR 13, 729; *Drüen* GmbHR 13, 505; *Schlotter* FR 13, 835; *Demuth* EStB 13, 350. Nur Rechtsfragen waren Gegenstand der Vorlage. Insoweit stellt der GrS abw vom Handelsrecht (vgl § 252 I Nr 4 HGB) stets auf die **obj richtige Rechtslage** ab, und zwar zu Gunsten wie zu Ungunsten des StPfl. Dieser kann sich nicht darauf berufen, dass der gewählte Bilanzansatz nach den Erkenntnismöglichkeiten eines gewissenhaften und pflichtgemäß handelnden Kfm aufgrund der *zum Zeitpunkt der Bilanzerstellung* geltenden Rechtsauffassung der FinVerw und der Rspr zutr oder zumindest vertretbar gewesen sei. Die Bilanzansätze sind bei der späteren Entscheidung auf ihre obj Richtigkeit nach der **am Bilanzstichtag geltenden Gesetzeslage** zu prüfen (s jetzt auch OLG Ffm WpÜG 3-4/16 AG 19, 687; krit *Ebeling/Häsner* FR 20, 858). Daran haben sich der StPfl, das FA und die Rspr zu halten, ohne Übergangsregelung und selbst dann, wenn der gewählte Ansatz auf einer im Zeitpunkt der Bilanzerstellung geltenden, *später geänderten Rspr* beruht (wohl ohne Rückwirkung späterer Gesetzesänderungen). Das gilt für eine Bilanzberichtigung des StPfl nach § 4 II 1 ebenso wie für die Überprüfung der Gewinnermittlung durch das FA (§§ 85, 88 AO; s *Oser* DB 13, 2466); vgl auch zur Änderung der Gewinnermittlung BFH VIII R 45/12 BStBl II 15, 759. Damit verliert § 4 II an Bedeutung (s Rz 283). Grundlage der *Prüfung der Rechtsfrage* ist der von Amts wegen festzustellende Sachverhalt *am Bilanzstichtag*. Korrekturen erfolgen grds im Bilanzierungsjahr; spätere Folgekorrekturen über den Grundsatz des formellen Bilanzzusammenhangs und die Zweischneidigkeit der Bilanz (Rz 295 ff) im ersten offenen VZ sind auf Fälle zu begrenzen, in denen ein fehlerhafter Bescheid aus verfahrensrechtl Gründen nicht mehr geändert werden kann. Der Entscheidung sind also *nachträgl bekannt werdende* **rechts- und wertaufhellende Tatsachen,** die zum Bilanzstichtag bereits vorlagen, zu Grunde zu legen, auch ohne ursprüngl Kenntnis oder subj Fehlverhalten des StPfl (s § 5 Rz 81 und unten Rz 281). Das galt vor der RsprÄnderung nur bei gesetzl verfahrensrechtl Rückwirkung späterer Ereignisse (zB § 7g IV 2, § 175 II AO, vgl zu Verbleibensvoraussetzung § 7d VI aF BFH XI R 64/04 BStBl II 06, 371). Sonstige nachträgl eintretende **neue tatsächl Umstände,** die nicht wertaufhellend, sondern wertbegründend und rechtsgestaltend wirken, sind wie bisher auch dann nicht rückwirkend zu berücksichtigen, wenn sie steuerl auf Vergangenheit zurückwirken (zB § 175 II AO).

Beispiele (s auch *Kamchen/Kling* NWB 13, 4111): Keine estrechtl **Rückwirkung forderungsbegründender Umstände** im Folgejahr (zu späterer Kaufvertragswandlung s BFH VIII R 77/96 BStBl II 00, 227; zu später aufgedeckten Schadensersatzansprüchen BFH III R 190/85 BFH/NV 90, 358,; zu späterem Vergleichsabschluss BFH VIII R 45/12 BStBl II 15, 759, Anm *Moritz* DB 15, 1803; zu gerichtl Bestätigung einer bisher str Forderung BFH I R 147/84 BStBl II 91, 213, BFH I R 12/14 BFH/NV 14, 1544, BFH X R 19/10 BStBl II 12, 190; *OFD Nds* DB 15, 2974 – s aber zu fehlender BMF-Freigabe eines BFH-/EuGH-Urt wegen weiter bestrittenem VorSt-Erstattungsanspruch FG BaWü EFG 14, 149 und – nach Bescheidänderung – BFH I R 59/13 BFH/NV 14, 1752; *Bolik* NWB 14, 409); – keine Fehlerhaftigkeit einer Bewertung durch **wertbegründende Aktienkursentwicklung** im Folgejahr (BFH I R 89/10 BStBl II 14, 612), einer von künftiger Gewinnermittlung abhängigen **Verbindlichkeitspassivierung** (BFH I R 100/10 BStBl II 12, 332, § 5 II a), einer **USt-Rückstellung** bei späterer Aufhebung eines USt-Bescheids (FG Mchn EFG 87, 58, rkr; zu späterer Verzichtserklärung § 19 II UStG FG Mchn EFG 84, 489, rkr). – Bilanzierungsfehler iZm Gewinnabführung einer **Organschaft** s § 14 I 1 Nr 3 S 4 KStG, *FM SchlHol* DStR 16, 539 und *OFD Ffm* DStR 16, 1375.

283 cc) Beurteilung tatsächlicher Umstände. Eine Entscheidung über die Anwendung des subj Fehlerbegriffs bei der Beurteilung von Tatsachen, Prognosen, Schätzungen oder Abschreibungen hat der GrS ausdrückl ausgeklammert. Die Vorlage BFH I R 77/08 BStBl II 13, 730 hielt eine RsprÄnderung insoweit nicht für erforderl („Befriedungsfunktion"); im Schrifttum wird das in Frage gestellt (zB *Weber-Grellet* DStR 13, 729 und in *KSM* § 4 Rz C 112; *Stapperfend* DStR 10, 2161 und in *HHR* § 4 Anm 410). Alle gehen jedoch zutr davon aus, dass sich **keine wesentl unterschiedl Ergebnisse** ergäben, weil auch die Gegner des subj Fehlerbegriffs die Einräumung großzügiger Beurteilungsspielräume und **Entscheidungsprärogativen** befürworten für tatsächl Ansätze, die nicht obj „richtig oder falsch" sind, sondern in Ausübung kfm Ermessens nur die Wahrscheinlichkeit einer unbekannten zukünftigen tatsächl Entwicklung in einer vertretbaren Bandbreite einschätzen. Hier muss man dem StPfl einen Spielraum auf Grund seiner zum Bilanzstichtag mögl Erkenntnisse zugestehen, von denen oft unternehmerische Entscheidungen abhängen (vgl auch *Hoffmann* DStR 11, 88). Insoweit lebt jedenfalls der **Grundgedanke des subj Fehlerbegriffs** fort. Bedenken zur objektivierten Rspr s auch *Drüen* GmbHR 13, 505; zu Verfahrensfragen/Vertrauensschutz *Dißars* Stbg 15, 22.

284 c) Zeitliche Grenzen. Der StPfl muss „richtige" Bilanzen einreichen (§ 150 II AO; s Rz 281). Bilanzierungsfehler iSv Rz 281, die zu einer StVerkürzung führen können, muss er gem § 153 AO bis zum Ablauf der Festsetzungsfrist richtigstellen. Sonstige Fehler, die zu seinen Lasten gehen oder sich steuerl nicht auswirken, „darf" er gem **§ 4 II 1** dem FA anzeigen. Das FA hat alle bekannten Bilanzierungsfehler bei der Veranlagung (vgl §§ 85, 88 AO) und im außergerichtl Rechtsbehelfsverfahren (vgl § 367 II AO zur Verböserung und Rz 285) ohne Einschränkungen **von Amts wegen** zu korrigieren, ebenso das FG in der Klage iRd Verböserungsverbots, der Beschwer und der Klageanträge (nach BFH VIII R 28/72 BStBl II 75, 206 nur bei Auswirkung auf die Höhe der Steuer, fragl; zur Beschwer durch Bilanzenzusammenhang s BFH VIII R 153/77 BStBl II 80, 181). Dem steht nicht entgegen, dass eine „Bilanzberichtigung" iSv § 4 II 1 grds **nur der StPfl** vornimmt mit der Folge, dass das FA eine fehlerhafte Bilanzkorrektur idS nicht von sich aus im Folgejahr rückgängig machen kann (BFH IV R 70/98 BStBl II 00, 129).

Das schließt nicht aus, dass das **FA eine eigenständige Gewinnermittlung** durchführt und dabei den obj Fehlerbegriff zu Grunde legt (BFH GrS 1/10 BStBl II 13, 317, Rz 280). Die subj Fehlerkenntnis des StPfl ist jedenfalls bei der Beurteilung von Rechtsfragen unbeachtl und wohl auch bei tatsächl Fragen, die keinen Einfluss auf Bilanzierungsentscheidungen des StPfl haben (zB die Erkenntnis im Folgejahr, dass das Unternehmen bereits im Vorjahr insolvent war).

285 2. Sachliche Grenzen, § 4 II 1 HS 2. Der Fehler darf noch keiner anderen, nicht mehr änderbaren StFestsetzung zugrunde liegen. Die Bedeutung dieser Regelung ist unklar. Letztl bestätigt sie den (ursprüngl str) Grundsatz des formellen Bilanzenzusammenhanges (s Rz 289, 301). Aufgrund des systematischen Bezugs zu § 4 II 1 HS 1 und S 2 kann davon ausgegangen werden, dass damit keine weiteren Rechtsfolgen verbunden werden sollten, dass Gewerbetreibende mit und ohne abw Wj darüber hinaus nicht betroffen sind (s auch EStR 4.4 I 10) und dass es bei der BFH-Rspr verbleibt, nach der Buchungsfehler ohne Gewinnauswirkung in der Anfangsbilanz des ersten offenen VZ richtigzustellen sind (Rz 291) und sonstige *Veranlagungsfehler* aus früheren VZ nicht später korrigiert werden können (Rz 310, 326). – **Zeitl Anwendung** ab VZ 2007, also entgegen *OFD Hann* DStR 07, 1208 nicht bereits für luf Wj 2006/2007 (BFH IV R 53/09 BStBl II 11, 1017; s auch EStR 4.4 I 10).

Ursprüngl hatte der **Bundesrat** eine Änderung von § 4a II 1 vorgeschlagen, um sicherzustellen, dass Einkünfte aus LuF, die durch Zusammenrechnung zweier Wj-Hälften für eine Veranlagung ermittelt werden, vollständig festgesetzt werden. Grund war die abw BFH-Rspr, nach welcher der LuF-Gewinn für den 2.VZ (mit der 2.Wj-Hälfte) ohne Bindung an die bestandskräftige Festsetzung für den 1. VZ (mit der 1. Wj-Hälfte) zu ermitteln ist (s § 4a Rz 22). Um darauf zurückzuführende unzutr Besteuerungen zu verhindern, sollten StBescheide für den *unmittelbar vorangegangenen VZ* bei Vornahme einer Bilanzberichtigung folgeberichtigt werden, auch nach Bestandskraft und unabhängig vom Ablauf der Festsetzungsfrist für den VZ, in dem das Wj endet, für das eine Bilanzberichtigung vorzunehmen ist. Diese Einschränkungen haben zwar einen **Niederschlag in der Gesetzesbegründung** BT-Drs 16/368, nicht aber in der dafür gem FinA aufgenommenen Änderung des § 4 II 1 gefunden.

3. Verhältnis zur Veranlagungsberichtigung. Bilanzberichtigung und Veranlagungsberichtigung sind zwar nach Voraussetzungen und Rechtsfolgen zunächst *getrennt* zu beurteilen (vgl §§ 129, 164 f, 172 ff AO). Es bestehen jedoch Zusammenhänge, da die Bilanz eine Grundlage der Gewinnermittlung und damit der Veranlagung bildet. Das hat Auswirkungen in zweifacher Hinsicht:

a) Auswirkungen eines Bilanzfehlers auf die Veranlagungsberichtigung. – aa) Fehlerjahr. Der für die Bilanzberichtigung maßgebl Fehlerbegriff (Rz 281) kann bei der Prüfung einer Veranlagungsberichtigung nicht außer Acht gelassen werden. Ist die Bilanz idS nicht fehlerhaft, kann weder eine später bekannt werdende Tatsache, welche die Fehlerhaftigkeit zum Bilanzstichtag zeigt, nach § 173 AO „zu einer höheren oder niedrigeren Steuer führen", noch kann ein „Rechtsfehler" nach § 177 AO im Wege der Saldierung berichtigt werden. Die Bilanz ist „richtig" (vgl Rz 281).

bb) Folgejahre. Wird ein Bilanzansatz rückwirkend für ein früheres Jahr geändert (vgl Rz 282 f, 290, 306), kann das Auswirkungen auf die Veranlagungen anderer Jahre haben. Der StAnspruch des Jahres 02 entsteht (§ 38 AO, § 36 I EStG) nach Maßgabe des bei der Veranlagung 01 ausgewiesenen Gewinns (BFH IV R 9/73 BStBl II 77, 472, mwN). Das bei der Veranlagung 01 angesetzte BV wird, soweit sich der Bilanzansatz unmittelbar auf die Besteuerung auswirkt, zum materiellrechtl Tatbestandsmerkmal für die Entstehung der StSchuld des Jahres 02 (BFH I 136/60 S BStBl III 62, 273). Die nachträgl Berichtigung eines Ansatzes in der Schlussbilanz 01 führt zur Änderung der Anfangsbilanz 02 und damit auch bei bestandskräftiger Veranlagung des Jahres 02 zu deren Berichtigung gem **§ 175 I 1 Nr 2 AO** (vgl BFH IV B 83/10 BFH/NV 12, 702). Zinsen § 233a AO/§ 10 Nr 2 KStG s BFH I R 54/11 BStBl II 13, 1048. – Str war das Verhältnis Bilanzberichtigung/Bescheidänderung nach **§ 174 IV AO.** Nach BFH GrS 1/96 BStBl II 98, 83 eröffnet diese Vorschrift nicht die Möglichkeit, fehlerhafte Bilanzansätze in der Anfangsbilanz zu berichtigen, wenn die entspr Schlussbilanz einer bestandskräftigen Veranlagung zugrunde liegt (s auch § 4 II 1 HS 2; Folgeurteil s BFH I R 150/94 BStBl II 98, 503).

b) Auswirkungen der Veranlagung auf die Bilanzberichtigung. – aa) Grundsatz. Bilanzierungsfehler können nur so lange rückwirkend berichtigt werden, wie die Berichtigung der fehlerhaften Veranlagung mögl ist, also längstens **bis zum Ablauf der Festsetzungsfrist** (vgl BFH I R 136/85 BStBl II 90, 905; str, *Ausnahmen:* Rz 290 ff; *Stapperfend* FR 08, 937); das gilt auch zugunsten des StPfl (vgl § 169 I AO, BFH III R 190/85 BFH/NV 90, 358). Danach greift jedoch (unabhängig vom Ablauf der Festsetzungsfristen für die Berichtigungsjahre) die spätere **Korrektur über den Grundsatz des Bilanzenzusammenhanges.** Das entspricht der stRspr und ist mE zutr, allerdings str (Rz 301). Der Einwand der Gegenmeinung, es verjähre nicht die Verpflichtung zur Bilanzberichtigung, sondern nur die Festsetzung des Steueranspruchs, dürfte nicht durchschlagen. Der Ablauf der Festsetzungsfrist betrifft zwar in erster Linie das Veranlagungsverfahren (§ 169 I AO), hat jedoch auch materiellrechtl Wirkung (vgl § 47 AO). Die zeitl Begrenzung der Pflicht zur Bilanzberichtigung durch § 153 I 1 AO verdeutlicht das Abhängigkeitsverhältnis vom Veranlagungsverfahren. Sie erscheint nur folgerichtig, wenn dem Gesetzgeber beim Bilanzenzusammenhang eine **Bindung an die Veranlagungsbilanz** und nicht an die materiell richtige Bilanz vorgeschwebt hat (s Rz 302). – Nach Ablauf der Festsetzungsfrist bleibt allenfalls die Bilanzberichtigung in späteren Jahren. Daran sollte sich auch durch die Umstellung auf den objektiven Fehlerbegriff nichts ändern (s Rz 281 ff). **§ 174 IV 3 AO** und **§ 175 I 1 Nr 2 AO** s Rz 288, 306. Keine Bilanzberichtigung bei erhöhter Bestandskraft nach BP (§ 173 II AO, FG Ddorf EFG 94, 867, rkr). Zu **§ 164 AO** als Grundlage für Bilanzberichtigung s BFH I R 107/00 BStBl II 02, 134.

Die Voraussetzungen sind für **ESt** und **GewSt** gesondert zu prüfen; es besteht, auch bei rkr Entscheidung über *eine* Veranlagung, keine Bindung zw den StB-Ansätzen (BFH XI R 83/00 BStBl II 04, 699). Nach BFH XI R 18/00 BStBl II 01, 106 Berichtigung der Bilanz ggf in verschiedenen VZ (GewSt Korrektur VZ 01; bei Bestandskraft ESt 01 Korrektur ESt 02). – Einheitl Ausübung von **Wahlrechten** vgl BFH VIII R 72/87 BStBl II 92, 958 zu Bilanzänderung.

290 **bb) Ausnahmen.** Ein falscher Bilanzansatz kann vor allem in folgenden Fällen unabhängig von der Möglichkeit der Veranlagungsberichtigung *rückwirkend* bzw in der Anfangsbilanz korrigiert werden.

291 **(1) Auswirkungsvorbehalt.** Buchungsfehler ohne Auswirkung auf die Höhe der festgesetzten Steuer sind zu stornieren, zu Unrecht als BV bilanzierte WG des PV in der ersten offenen Anfangsbilanz erfolgsneutral auszubuchen (vgl BFH X R 37/13 BFH/NV 16, 536). Dabei sind nur solche steuerl Auswirkungen schädl, die sich *unmittelbar* aus dem Ansatz eines falschen Buchwertes ergeben, nicht zB die unterlassene Aufdeckung stiller Reserven bei Weiterbilanzierung eines entnommenen WG (vgl Rz 310, 313, 325). Zu Nachholung und Korrektur von AfA s § 7 Rz 8 ff. Bei Fehlern, die aus einer **Eröffnungsbilanz** fortgeführt werden, fehlt es idR an der Zweischneidigkeit eines Bilanzansatzes (Rz 295) und damit an der steuerl Auswirkung (BFH VIII R 21/77 BStBl II 82, 456, unter I 3c), vgl aber BFH I R 204/70 BStBl II 73, 320.

Beispiele: – Gewinnneutrale Bilanzberichtigung (vor allem bei nichtabnutzbaren WG, vgl Beispiele *Schmidt* 40. Aufl § 4 Rz 325 ff; Rz 296 „Schätzung"; BFH VIII R 51/84 BStBl II 92, 512; zur gewinnneutralen Bildung organschaftl aktiver Ausgleichsposten BFH I R 31/08 BFH/NV 09, 790; uU **Saldierung** mehrerer Bilanzposten, s aber Rz 296); – **gleich bleibender Steuerbetrag** (zB Steuer in beiden Fällen 0, s BFH VI R 107/97 BFH/NV 99, 162 mwN); – **Nichtveranlagung** des StPfl (vgl BFH I R 47/67 BStBl II 69, 464); – **Kapitaländerungen** durch Vorjahresentnahmen (§ 4 I 1, BFH VIII R 128/84 BStBl II 93, 594; s aber Rz 296). Insoweit auch keine Bindung durch „Einigung" nach BP (BFH X R 96/96 BStBl II 99, 217 unter V 2).

Ungeklärt ist, ob die Auswirkung über die Höhe eines nach § 10d IV festzustellenden **Verlustabzugs** die fehlende Änderung der Höhe der festgesetzten Steuer ersetzt (vgl FG Nds EFG 12, 1027, rkr, mit abl Anm *Wüllenkemper*).

292 **(2) Treu und Glauben.** Bei bewusster, willkürl Falschbuchung kann trotz steuerl Auswirkung die Berichtigung der Anfangsbilanz unter Durchbrechung des Bilanzenzusammenhanges geboten sein (BFH IV R 33/87 BStBl II 89, 407; Beispiele s Rz 315 f). Zum umgekehrten Fall, dass das FA dem StPfl einen unrichtigen Bilanzansatz „aufgedrängt" hat, s BFH X R 1/16 BStBl II 18, 181 Rz 42 mwN.

293 **(3) Gesetzesvorbehalt.** Umgekehrt können gesetzl Vorschriften den Grundsatz des formellen Bilanzzusammenhanges ausschließen (zB Nachholverbot für Pensionsrückstellungen, § 6a IV 1; BFH I R 44/07 BStBl II 08, 673).

295 **4. Bilanzenzusammenhang.** Fehlerhafte Bilanzansätze (Rz 281), die nicht an der Fehlerquelle richtiggestellt werden können (Rz 282, 290, 306), sind nach dem Prinzip des formellen Bilanzzusammenhangs bis zur Korrekturmöglichkeit lückenlos fortzuführen und erst in der **Schlussbilanz** des ersten Jahres, dessen Veranlagung verfahrensrechtl noch offen ist, richtigzustellen (BFH X R 23/16 BStBl II 19, 483).

296 **a) Gegenstand einer Bilanzberichtigung.** Hierunter fallen die einzelnen **Bilanzposten**, dh die Buchansätze aller einzelnen aktiven und passiven WG einschließl Rückstellungen, RAP, Wertberichtigungen (von der Rspr häufig ohne

Erläuterung als "individuelle Gegenstände" bezeichnet), auch bei Zusammenfassung (s zu Gruppenbewertung BFH IV B 154/02 BFH/NV 04, 1099; bei Sammelposten nach § 6 IIa gilt dies nur für Bildungsfehler, nicht für – steuerl unbeachtl – spätere Änderungen, s § 6 IIa 3, § 6 Rz 675; EStR 6.13 VI), auch aus Einlagen/Entnahmen abgeleitete Ansätze wie Eigenkapital oder Gewinn ohne Änderung solcher Bilanzposten (s BFH I R 29/13 BFH/NV 15, 27; zu Folgebilanzänderung BFH IV R 54/05 BStBl II 08, 665; BMF BStBl I 08, 845). Eine **Saldierung** ist grds *nicht* mögl (§ 246 II, § 252 I 3 HGB; vgl auch BFH XI R 41/95 BStBl II 96, 601). **Ausnahme:** wirtschaftl zusammenhängende gegenläufige Buchungen im selben Jahr (vgl § 252 II HGB; BFH I R 153/86 BStBl II 91, 479 unter II.2.b/cc Rz 291); dann ist nicht auf den einzelnen Bilanzposten, sondern auf den Gesamtvorgang abzustellen (vgl BFH X R 23/16 BStBl II 19, 483 Rz 56 mwN). Die tatsächl Erstellung einer **Schlussbilanz** ist nicht Voraussetzung, sofern nur die einzelnen Posten nach § 4 I/§ 5 ermittelt sind, sei es auch durch **Schätzung**. Nur bei Vollschätzung entfällt eine Anknüpfung an einzelne Posten (vgl BFH VIII R 128/84 BStBl II 93, 594; BFH I B 190/03 BFH/NV 04, 1642; ähnl Rspr zu Korrekturen bei Wechsel der Gewinnermittlungsart, s Rz 254).

Zur **vGA,** die sich nicht in einem Bilanzansatz niedergeschlagen hat, s BFH I R 137/93 BStBl II 02, 366: **keine Berichtigung** (s auch *BMF* BStBl II 02, 603 und *BMF* BStBl I 05, 387; *Wassermeyer* DB 10, 1959 und DB 11, 1830; str, **aA** *Weber-Grellet* BB 14, 2263; ferner FG SchlHol EFG 08, RKr, rkr); keine rückwirkende Korrektur einer vGA durch nachträgl "bilanzberichtigende" Forderungseinbuchung bei der Ges (s § 20 Rz 48 mwN).

b) Rechtsfolgen; Bilanzenidentität; Zweischneidigkeit der Bilanz. Diese Buchansätze sind – zugunsten wie zuungunsten des StPfl – für die Gewinnermittlung nicht nur des lfd, sondern auch des folgenden Wj maßgebl. Die Gewinnermittlung knüpft in § 4 I (und damit § 5 I) an das Schlussvermögen des Vorjahrs = Anfangsvermögen des Folgejahres an (s auch § 252 I Nr 1 HGB). Die Bilanzansätze werden so automatisch – ggf mit gegenläufiger Gewinnauswirkung – in späteren Jahren fortgeführt. *Beispiel:* Die zu niedrige Einbuchung einer Forderung bewirkt zwar über ein niedrigeres Endvermögen eine Gewinnminderung, dafür im Jahr des Forderungseinganges über ein niedrigeres Anfangsvermögen eine Gewinnerhöhung. Eine **zeitl Begrenzung** (vgl Rz 300) besteht ebenso wenig wie eine **persönl Beschränkung** auf bestimmte StPfl, soweit nur die Buchwerte fortgeführt werden. Gebunden ist daher auch, wer unentgeltl einen Betrieb übernimmt (§ 6 III, BFH IV R 201/65 BStBl II 71, 686) oder aus sonstigen Gründen die Buchwerte fortführt (zB nach Umwandlung oder Einbringung in **PersGes**, glA BFH VIII R 296/82 BStBl II 88, 886; s auch Rz 280; zu Realteilung s BFH VIII R 33/13 BStBl II 16, 596, Anm *Wendt* FR 16, 773. Bei **abweichenden Wj (LuF)** bestand nach BFH IV R 129/89 BStBl II 91, 356 vor 2007 keine Bindung an den Gewinn des 1.Teils des Wj – s aber Rz 284 zu Gesetzesänderung **§ 4 II 1 HS 2**

c) Grenzen des Bilanzenzusammenhangs. Sie sind zweifelhaft und umstritten, weil das Verhältnis zur bestandskräftigen Festsetzung der einzelnen Periodengewinne nicht geklärt ist. Die Frage bedürfte dringend einer gesetzl Regelung, da alle theoretischen Lösungsmöglichkeiten mit allg Grundsätzen des Verfahrensrechts in Widerspruch stehen und rechtsdogmatisch angreifbar sind. Unstreitig ist, dass nach § 4 I die Anfangsbilanz mit der Schlussbilanz des Vorjahrs übereinstimmen muss (s Rz 295) und dass vorrangig die Korrekturmöglichkeit für die fehlerhaften Veranlagung zu prüfen ist (s Rz 306).

aa) Meinungsstreit. Er geht um die Frage, ob an die der Vorjahresbesteuerung zugrunde gelegte Veranlagungsbilanz **(formeller Bilanzenzusammenhang) oder** an die **materiellrechtl richtige Bilanz** anzuknüpfen ist. Die erste Lösung widerspricht dem Grundsatz der Abschnittsbesteuerung; die Korrektur eines zunächst nicht mehr zu berichtigenden Fehlers wird in einem späteren Besteuerungsabschnitt nachgeholt. Die zweite Lösung durchbricht den Grundsatz der Bilanzenidentität (s Rz 287, 297).

302 **bb) Rechtsprechung und Praxis.** Sie knüpfen an die Werte der **Veranlagungsbilanz** an (seit BFH **GrS 1/65 S** BStBl III 66, 142 ständige Rspr, s Rz 315 ff, BFH VIII R 46/96 BStBl II 98, 443, BFH I R 29/13 BFH/NV 15, 27, sehr str, s *Schmidt* 23./32. Aufl § 4 Rz 702 mwN). Die Divergenzen tragen keine NZB wegen grds Bedeutung (BFH I B 81/93 BFH/NV 95, 192). Daran hat auch die Vorlage an den GrS BFH I R 150/94 BStBl II 96, 417 festgehalten – BFH GrS 1/96 BStBl II 98, 83 wollte sich zwar nicht festlegen, hat die logisch vorrangige Frage jedoch letztl bestätigt (betr § 174 IV AO, s Rz 288). GlA BFH GrS 1/10 BStBl II 13, 317. Dem hat sich letztl auch der Gesetzgeber in § 4 II 1 HS 2 angeschlossen.

303 **cc) Stellungnahme.** ME ist die hM zutr, *soweit* die Korrektur auf die Stornierung einzelner Bilanzierungsfehler beschränkt bleibt (vgl Rz 308 ff). Das Anknüpfen an die materiell richtigen Bilanzansätze, welche der Veranlagung nicht zugrunde gelegen haben, würde zu einer vermeidbaren Durchbrechung des Bilanzenzusammenhangs führen. Der Fehlerausgleich durch die Zweischneidigkeit der Bilanz (s Rz 295) ginge verloren. Nach Sinn und Zweck des Bilanzenzusammenhangs muss der richtigen Besteuerung jedes einzelnen Geschäftsvorfalls und damit der **Ermittlung des richtigen Totalgewinns** der Vorrang vor der Ermittlung richtiger Periodengewinne eingeräumt werden (s dazu Rz 11). Für den Vorrang des richtigen Totalgewinns spricht, dass die lfd **Buchführung** von Betriebseröffnung bis Betriebsende ein **geschlossenes Ganzes** darstellt. Die Bilanzen sind nichts anderes als Zwischenabschlüsse zu bestimmten Stichtagen (vgl zur Einheit von Buchführung und Bilanzen BFH IV R 89/79 BStBl II 80, 297, mwN). Allein diese Lösung ist auch praktikabel, weil sonst sowohl der StPfl als auch das FA gezwungen wären, jeden einzelnen Bilanzansatz im Jahr der Veranlagung genauestens zu kontrollieren, um – zugunsten wie zuungunsten des StPfl – die steuerl Auswirkungen zu sichern. Nicht zuletzt sollte der **Grundsatz der Rechtssicherheit** angesichts der gefestigten Rspr beachtet werden (vgl BFH I R 94/10 BStBl II 12, 244 Tz 18). Die von der Gegenmeinung befürchteten **Ungleichheiten je nach Gewinnermittlung** gem § 4 I/§ 5 oder **§ 4 III** lassen sich idR vermeiden (vgl Rz 11, zum Übergang bei Betriebsveräußerung § 16 II 2; zur AfA-Nachholung BFH VIII R 3/08 BStBl II 10, 1035) und werden sonst als systembedingt in Kauf genommen (BFH XI R 12/18 DStR 20, 2233: keine verfwidrige Ungleichbehandlung; zu Berichtigungsunterschieden s BFH I R 78/85 BFH/NV 90, 630, Rz 350; zu unterlassener AfA bei § 4 III s BFH XI R 49/05 BStBl II 06, 712; BFH IV R 58/10 BStBl II 14, 966). **Verjährung** s Rz 289 (Ablauf der Festsetzungsfrist für zu korrigierende VZ steht der späteren Korrektur über den Bilanzenzusammenhang nicht entgegen, s BFH VIII R 46/96 BStBl II 98, 443).

304 **dd) Wirtschaftsgutüberführung ins Privatvermögen.** S § 7 Rz 117; Korrekturbeschränkung s Rz 310.

305 **ee) Bilanzberichtigung nach Steueramnestie (StraBEG).** S *Schmidt* 40. Aufl § 4 Rz 305 mwN.

306 **d) Berichtigung und Bilanzenzusammenhang.** Der Grundsatz der periodischen Gewinnermittlung gebietet die **Berichtigung an der Fehlerquelle**, soweit diese noch mögl ist (s Rz 282, 290), ansonsten die Berichtigung der Schlussbilanz des ersten Jahres, dessen Veranlagung (bis zum Ablauf der Festsetzungsverjährung, s Rz 289) verfahrensrechtl noch geändert werden kann (BFH I R 58/05 BStBl II 06, 928; EStR 4.4 I). Hierauf hat der StPfl einen **Rechtsanspruch** (vgl Wortlaut § 173 I 1 AO, § 129 S 2 AO). Die Gerichte haben diese Berichtigungsmöglichkeit im Verfahren gegen späteren Berichtigungsbescheid zu prüfen und diesen ggf aufzuheben, soweit eine Gewinnauswirkung fälschlicherweise über den formellen Bilanzenzusammenhang in spätere Jahre verlagert wurde. Entscheidend ist dabei nach BFH X R 72/87 BStBl II 90, 1044 die Möglichkeit der Rückwärtsberichtigung zum Zeitpunkt der gerichtl Entscheidung über den Änderungsbescheid.

5. Gewinnauswirkung. Das Anknüpfen an die Veranlagungsbilanz (Rz 300) besagt noch nichts über die Gewinnauswirkung einer späteren Bilanzkorrektur. Der Bilanzenzusammenhang gibt nicht etwa eine umfassende Handhabe, jegl Veranlagungsfehler in späteren Jahren durch Nachholung der sachl zutr Gewinnkorrektur richtigzustellen. **308**

a) Korrektur fehlerhafter Bilanzansätze. Es dürfen nur solche Gewinne oder Verluste nachgeholt werden, die unmittelbar auf der fehlerhaften Buchung eines individuellen Bilanzpostens (vgl Rz 291, 310) durch den StPfl (s BFH-Rspr Rz 283) beruhen. In jedem Einzelfall muss daher die Fehlerursache gesucht und sodann geprüft werden, ob und auf welche Weise sich ein fehlerhafter Bilanzansatz als solcher an der Fehlerquelle gewinnmäßig ausgewirkt hat (BFH IV R 222/72 BStBl II 77, 148). Einer gewinnwirksamen Einbuchung folgt idR eine gewinnwirksame Ausbuchung, einer gewinnneutralen Einbuchung eine gewinnneutrale Ausbuchung (vgl Bsp Rz 315 ff). Das muss jedoch nicht immer so sein (zB BFH I R 204/70 BStBl II 73, 320 zur gewinnändernden Ausbuchung eines Eröffnungsbilanzwertes; BFH VIII R 46/96 BStBl II 98, 443 zu Ausschluss nach Treu und Glauben oder bei fehlender Einbuchungsauswirkung). Letztl wird nur die unterbliebene **Stornierung** des fehlerhaften Bilanzansatzes unter Berücksichtigung der Fehlerursache mit gleicher Gewinnauswirkung nachgeholt (vgl BFH I R 54/11 BStBl II 13, 1048; BFH X R 23/05 BStBl II 09, 407 zu Besonderheit bei „nicht erkanntem GewBetr"). Damit können idR Fehlerberichtigung und materiell richtige Besteuerung über den Bilanzenzusammenhang erreicht werden, stimmen Fehlerbildung und Fehlerkorrektur überein (Beispiele Rz 315 f). **309**

b) Sonstige Veranlagungsfehler. Darüber hinaus sind die Grundsätze der Abschnittsbesteuerung und der Bestandskraft nicht eingeschränkt, auch dann nicht, wenn sie mittelbar mit der falschen Bilanzierung zusammenhängen (str, vgl Rz 313). Das ist in zweifacher Hinsicht von Bedeutung: Solche Folgefehler stehen der Rückwärtsberichtigung des fehlerhaften Buchansatzes im vorgenannten Sinne nicht entgegen (keine steuerl Auswirkung iSv Rz 291) und sind selbst nur durch Berichtigung der fehlerhaften Veranlagung auszuräumen (soweit dies mögl ist, vgl BFH IV R 19/16 BStBl II 19, 614, Anm *Weber-Grellet* FR 19, 1047, 1049). **310**

Beispiele: Fehlerhafte **Qualifikation eines WG** als BV/PV, **unterlassene Gewinnrealisierung** stiller Reserven auf Grund tatsächl Vorgänge wie Entnahme, Veräußerung (s aber zur Forderungsbuchung Rz 315); keine **Nachholung einer Einlagenbuchung** (BFH IV R 19/16 BStBl II 19, 614; BFH III R 54/12 BFH/NV 13, 1916, Rz 372, 327, 336); **fehlerhafte Bilanzanbindung** im Vorjahr (BFH X B 40/10 BFH/NV 10, 1632); **fehlerhafter Übergangsgewinn** (Rz 666); Fehler iZm **außerbilanzieller Zurechnung** gem § 4 V (zB BFH III R 43/06 BStBl II 13, 8 mwN); zwischenzeitl **gewinnerhöhende Auflösung einer Verbindlichkeit** oder **gewinnmindernde Übertragung einer § 6b-Rücklage** (s *Schmidt* 39. Aufl § 4 Rz 318); **AfA-Fehler** (Rz 326 mwN); **vGA außerhalb der StBilanz** (s Rz 296); ursprüngl fehlerhafte **gewinnneutrale Einbuchung einer Verbindlichkeit** kann nicht durch spätere gewinnneutrale Ausbuchung korrigiert werden (BFH XI R 41/95 BStBl II 96, 601; s aber *Groh* DB 98, 1931; *Kobor* FR 01, 281). Diese Fehler beruhen nicht auf der Zweischneidigkeit der Bilanzansätze.

6. Technische Durchführung. – a) Berichtigung an der Fehlerquelle. Korrekterweise werden der Ansatz in der ursprüngl fehlerhaften Eröffnungs- oder Schlussbilanz und dann – über den Bilanzenzusammenhang bzw § 175 I Nr 2 AO – alle folgenden Bilanzen/Veranlagungen richtiggestellt. Ohne Gewinnauswirkung (s Rz 291) genügt es jedoch, mit gleichem Ergebnis die Anfangsbilanz des letzten Jahres zu berichtigen (keine Durchbrechung des Bilanzenzusammenhangs, sondern nur technisches Mittel der Fehlerberichtigung an der Quelle; vgl zu Buchung von PV als BV BFH X R 37/13 BFH/NV 16, 536). **311**

§ 4   312–350   Gewinnbegriff im Allgemeinen

312   **b) Nachholung.** Ist die Berichtigung an der Fehlerquelle nicht mögl, scheidet die Berichtigung einer späteren *Anfangsbilanz* aus, soweit dies gegen den Grundsatz des Bilanzenzusammenhangs verstieße (vgl Rz 296 ff). Dann ist der Fehler in der *Schlussbilanz* des ersten Jahres, dessen Veranlagung noch berichtigt werden kann, zu korrigieren (s BFH VIII R 239/82 BStBl II 84, 695 und Beispiele Rz 315 ff).

313   **c) Gewinnneutrale Bilanzansätze.** Zur Korrektur zunächst gewinnneutraler Bilanzansätze, die sich aus anderen Gründen (zB AfA) steuerl ausgewirkt haben, vgl Beispiele Rz 310, 325 f. Jede Minderung des BV durch Ausbuchung in der Schlussbilanz ohne Berichtigung der Anfangsbilanz führt über die gesetzl Systematik des § 4 I zu einer Gewinnminderung. Nach hM ist in solchen Fällen die Ausbuchung *außerhalb* dieser allg Gewinnermittlungsgrundsätze vorzunehmen (so im Anschluss an *Woerner* DStR 76, 623, 626: BFH IV R 67/97 BStBl II 99, 14 für erfolgswirksame StB-Buchung und Neutralisierung nach Einlagegrundsätzen – Ablehnung einer Berichtigung des [Rest]-)Buchwertes in der **Anfangsbilanz,** weil sich an dessen ursprüngl gewinnneutraler Buchung nichts geändert hat). Das ist nicht zwingend (s *Schmidt* 35. Aufl § 4 Rz 713). So sieht auch BFH IV R 222/72 BStBl II 77, 148 (aE) in der gewinnneutralen Ausbuchung eines zu Unrecht nicht als entnommen gebuchten WG keine Durchbrechung, nur eine „Begrenzung" des Bilanzenzusammenhanges, die „im Ergebnis nicht anders als eine Berichtigung der Eröffnungsbilanz des Jahres der Berichtigung" wirke.

315   **7. Übersicht zur Bilanzfehlerkorrektur. – a) Bilanzierungsfehler *mit* Gewinnauswirkung durch Buchungsvorgang.** Sie sind grds in der *Schlussbilanz* des ersten Jahres, dessen Veranlagung noch geändert werden kann, mit Gewinnauswirkung richtigzustellen.

– Typische Fälle solcher Gewinnkorrekturen sind versehentl nicht oder falsch in der Bilanz ausgewiesene **Forderungen** (zB BFH IV R 25/04 BStBl II 08, 171) oder **Schulden** (BFH IV R 38/16 BFH/NV 19, 551; BFH X R 30/12 BFH/NV 16, 203; BFH VIII R 29/82 BStBl II 85, 308).
– **Fehlaktivierungen** sind grds erfolgswirksam nachzuholen (BFH X R 38/10 BStBl II 12, 725, einschr *Prinz* FR 12, 1123); bei **gewinnneutraler Aktivierung** eines WG des PV gewinnneutrale Ausbuchung (BFH X R 37/13 BFH/NV 16, 536). Zum Problem der fehlerhaft nur einmal steuerl erfassten **Doppelbuchung** s BFH I R 54/11 BStBl II 13, 1048 – abl *Bareis* DStR 13, 1397; *Siegel* FR 13, 691. Versehentl **Nichtaktivierung** eines WG des BV führt zur erfolgswirksamen Nachaktivierung im ersten offenen VZ (s BFH IV R 37/10 BFH/NV 13, 910).
– **Rückstellungen,** die zu Unrecht gewinnmindernd gebildet waren, sind – auch bei Duldung durch FA – später gewinnerhöhend aufzulösen (BFH I R 43/08 BStBl II 12, 688, Abgrenzung BFH I R 54/11 BStBl II 13, 1048).

Weitere Beispiele s *Schmidt* 39. Aufl § 4 Rz 316 ff.

325   **b) Sonstige Bilanzierungsfehler.** Fehler *ohne* Gewinnauswirkung durch Buchungsvorgang als solchen können nicht durch Bilanzberichtigung repariert werde, (Rz 308). Sie sind an der Fehlerquelle oder in der Anfangsbilanz eines Folgejahres *gewinnneutral* zu korrigieren (Aus-/Einbuchung zum Restbuchwert, vgl BFH X R 37/13 BFH/NV 16, 536 Rz 40 mwN). Beispiele s *Schmidt* 39. Aufl § 4 Rz 326 ff.

326   **c) Nachholung und Korrektur von AfA.** S § 7 Rz 8 ff, 117 ff, 193 f und § 7a Rz 2 und 16 ff; s iU auch *Schmidt* 39. Aufl § 4 Rz 336 ff.

II. Bilanzänderung, § 4 II 2

350   **1. Begriff.** Bilanzänderung iSv § 4 II 2 ist der Ersatz eines zulässigen (also nicht fehlerhaften) Bilanzansatzes (Rz 296) durch einen anderen, ebenfalls zulässigen Bilanzansatz (BFH I R 34/04 BFH/NV 06, 1099). Eine Bilanzänderung scheidet demnach aus, wenn ein anderer als der gewählte Bilanzansatz fehlerhaft gewesen wäre. Durch die Fehlerobjektivierung (BFH GrS 1/10 BStBl II 13, 317; s Rz 281) hat § 4 II jedenfalls bei Rechtsfehlern an Bedeutung verloren (s Rz 283). – § 4 II 2 gilt auch nach Einreichung einer **Überleitungsrechnung** (§ 60 II 1 EStDV; BFH XI R 12/18 BStBl II 20, 779). Bei **§ 4 III** hingegen ergibt sich keine Einschränkung durch § 4 II; Ansatz- und Bewertungswahlrechte können grds bis zur Bestandskraft bzw bei AO-Änderungsmöglichkeit der Veranlagung bis zum Ablauf der Festsetzungsfrist ausgeübt werden (zu § 6c: BFH IV R 30/99 BStBl II 02, 49, *OFD Mchn* FR 00, 342; zu § 7g: BFH VIII R 48/10 BStBl II 13, 952). – Die Regelung ist **verfgemäß** (BFH XI R 8/18 BStBl II 20, 772, mwN; BFH IV B 103/07 BFH/NV 10, 865; s auch BFH XI R 12/18 DStR 20, 2233: keine verfwidrige Ungleichbehandlung ggü § 4 III; krit *Kanzler* FR 02, 577).

Beispiele: Zulässige Wahl einer anderen AfA-Methode (vgl § 7 III, § 6 II, SonderAfA – s BFH III R 39/04 BStBl II 08, 226, Rz 520 „Steuervergünstigungen" und Rz 351 zu nachträgl WG-Aktivierung); Bilanzierung eines WG mit Teilwert statt AK (s BFH IV R 56/90 BStBl II 93, 272); Wertberichtigung einer Forderung, Bildung einer Rückstellung bei Wahlrecht, einer Rücklage nach 6b (s Rz 351 mit Abgrenzung, BFH VIII R 10/99 BStBl II 01, 282). – **Tatsächl Vorgänge** wie Veräußerung (BFH IV R 30/71 BStBl II 76, 88), Entnahme (BFH I R 57/71 BStBl II 73, 700), Einlage oder vGA (s Rz 296) können nicht über Bilanzänderung rückgängig gemacht werden; nachträgl beachtl eines Einbringungswertes/rückwirkende Sachverhaltsgestaltung s BFH I R 98/06 BStBl II 08, 916 mwN.

2. Grenzen. *Bis* zur Einreichung der Bilanz beim FA kann der StPfl Bilanzansätze beliebig ändern. *Nach* diesem **Zeitpunkt** gelten die Einschränkungen nach § 4 II 2: Bei zeitl und sachl Zusammenhang mit Änderung eines Bilanzpostens iSv Rz 296 mit Gewinnauswirkung nach § 4 II 1 kann ein Bilanzierungswahlrecht ohne Zustimmung des FA neu ausgeübt werden, allerdings **betragsmäßig begrenzt** auf Gewinnänderungen durch Bilanzberichtigung nach S 1 (ähnl § 351 I AO; s auch BFH III R 43/06 BStBl II 13, 8). Dies gilt auch für Gewinnänderungen, die sich bilanziell nur im Kapital eines VZ niederschlagen (so zu fehlerhafter Einlage-/Entnahmebuchung BFH IV R 54/05 BStBl II 08, 665; Abgrenzung BFH IV R 19/16 BStBl II 19, 614: Begrenzung auf das Fehlerjahr) und für **SonderAfA** (Grenze: BFH I B 169/05 BFH/NV 07, 48 – bei nachträgl WG-Aktivierung ist SonderAfA unabhängig von § 4 II mögl; zu § 7g s BFH IV R 9/14 BStBl II 17, 295, Anm *Wendt* FR 16, 1102). **Außerbilanzielle Hinzurechnungen** bleiben bei der Bemessung des Änderungsrahmens unberücksichtigt (BFH XI R 8/18 DStRE 20, 1348: Bilanzgewinn iSv § 4 I 1 maßgebl; krit *Weber-Grellet* FR 20, 1093, 1099). – **Zeitl** verlangt *BMF* BStBl I 00, 587, I 01, 244, EStR 4.4 II 5 einen „unverzügl" Änderungsantrag; weiter – Ablehnung eines subj richtigen Ansatzes auch noch nach Klärung der Änderungsmöglichkeit im Anschluss an eine BilBerichtigung – BFH I R 85/07 BStBl II 08, 924 mit mwN *Schmidt* 30. Aufl § 4 Rz 751. Ein *WG-bezogener sachl* Zusammenhang wird nicht gefordert (str); die Beschränkung auf dieselbe Bilanz ist mE nicht zwingend (**aA** EStR 4.4 II 5).

Beispiele: **6b-Rücklage** nach Veräußerungsgewinnerhöhung oder BP-Änderung (vgl BFH IV R 14/04 BStBl II 06, 418; BFH 7/06 BStBl II 08, 600 zu nachträgl Bildung bei erstmaliger WG-Bilanzierung); BFH I R 85/07 BStBl II 08, 924 zu Rückstellung nach Änderung auf Grund neuer Rspr ist überholt durch BFH GrS 1/10 BStBl II 13, 317 (s Rz 281).

3. Rechtsfolgen. Abgesehen von den lfd Auswirkungen bestimmt der gewählte Bilanzansatz über den Bilanzenzusammenhang die Ansätze der Folgejahre.

D. Gewinnermittlung durch Überschussrechnung, § 4 III

I. Gewinn, § 4 III 1

1. Gewinnbegriff. Gewinn iSv § 4 III ist der Überschuss der BE (Rz 420) über die BA (Rz 470 ff). Im Grundsatz handelt es sich um eine **(Geld-)Zu- und Abflussrechnung iSv § 11,** die jedoch durch viele Ausnahmen durchlöchert und erschwert ist (Rz 406, 410 ff). Die für den Betrieb eingesetzten WG sind BV (s Rz 24), bei einer Nutzung von wenigstens 10% gewillkürtes BV (s BFH IV R 13/03 BStBl II 04, 985; EStR 4.1, 4.2; *Schmidt* 37. Aufl § 4 Rz 166f). Die Besteuerung der **stillen Reserven** richtet sich nach den gleichen Regeln wie beim BV-Vergleich (Rz 86). **Forderungen und Schulden** entstehen auch bei § 4 III als BV, haben nur (zunächst) keinen Einfluss auf den Gewinn (Rz 383ff). Änderungen im Bestand des BV berühren den Gewinn im Grundsatz nicht. Für Rechnungsabgrenzungsposten, Rückstellungen (s BFH XI R 9/19 BStBl II 20, 802 Rz 38), Wertberichtigungen, TW-AfA ist grds kein Raum (str, s Rz 408); ggf Ersatz durch BA-Abzug bzw BE-Ansatz (zB § 6c, § 7g VI aF – dazu BFH IV R 30/04 BStBl II 05, 704, ebenso ab 2008, § 7g –; auch bei §§ 4 I/5 außerbilanzieller Abzug). **Geld** und BV s Rz 374ff. **Systemwidrige Ausnahmen** (§ 4 III 2–5) sind zur Wahrung der Identität des Gesamtgewinns geboten (Rz 11, 383, 406ff, 471), sollten sich aber auf anders nicht lösbare Unterschiedsfälle beschränken (zust *Kahle/Kopp* FR 20, 1117 zweifelnd *Groh* FR 86, 396; s auch *Söhn* StuW 91, 270; *Kanzler* FR 98, 233; *Weber-Grellet* DStR 98, 1343; FG Köln EFG 94, 1083, rkr). **Einlagen und Entnahmen** s Rz 386ff.

Seit VZ 2005/2006 ist grds ein einheitl **Formular EÜR** zu verwenden (s Rz 413). **Schätzung** ggf nach § 4 III (s Rz 654, 655 mwN zu Korrekturen; zu Richtsatzschätzung BFH IV R 68/98 BStBl II 99, 481).

371 2. Anwendungsbereich. Besteht **keine Buchführungspflicht**, *kann* der Gewinn durch Gegenüberstellung der BE und BA nach § 4 III ermittelt werden. Das gilt für *(Klein-)Gewerbetreibende* und *Land- und Forstwirte* (§ 13 Rz 191), die weder gesetzl buchführungspflichtig sind (§§ 238, 241a HGB, § 141 AO) noch freiwillig Bücher führen, sowie für *Selbständige*, die nicht freiwillig Bücher führen; ebenso für PersGes als Gewinnermittlungssubjekt (s BFH IV R 50/14 BStBl II 17, 456 Rz 52, auch zu *ausl* PersGes); Betriebe gewerbl Art von juristischen Personen döR s *BMF* BStBl I 12, 184 BStBl I 13, 59. – Werden **tatsächl Bücher geführt**, schließt das Gewinnermittlung nach § 4 III aus (BFH I R 24/13 BStBl II 15, 141; § 5 Rz 17). Ob die Bücher freiwillig geführt werden oder auch aufgrund einer Rechtspflicht nach ausl Rechts, ist grds unerhebl (BFH IV R 50/14 BStBl II 17, 456). Dass die ausl Rechtsvorschriften einem Bestandsvergleich nach inl Recht gleichkommen, wird nicht vorausgesetzt (BFH IV R 3/20 DStR 21, 1806 Rz 55; **aA** *Drüen* IStR 19, 833 mwN, *Schmidt* 40. Aufl § 4 Rz 371; zum inl Ges'ter einer ausl PersGes s auch Rz 10 aE und FG Hess EFG 20, 1115, Rev I R 48/19).

372 3. Vorteile; Nachteile. Die Gewinnermittlung nach § 4 III ist von der Grundidee her buchungstechnisch einfach, vor allem weil sie grds keine Kassenführung, keine Bestandskonten und keine Inventur voraussetzt (Aufzeichnungspflichten s Rz 412ff). Dieser **Vereinfachungseffekt** kann jedoch in einzelnen VZ zur Besteuerung wirtschaftl nicht erzielter Gewinne/Verluste führen. *Beispiel:* Durch Einkauf und Zahlung von Waren im Jahr 01 im Wert von 10 000 entstehen BA in dieser Höhe, obwohl ein Verlust wirtschaftl nicht eingetreten ist; Einnahmen von 15 000 aus dem Verkauf dieser Waren im Jahr 02 sind voll BE 02 (zu **Steuerstundungseffekt** BFH IV R 10/14 BStBl II 17, 466, Anm *Wendt* BFH/PR 17, 209; s aber § 15b IIIa). Bestandsveränderungen bleiben unberücksichtigt. Ausnahmen s § 4 III 4, Rz 406ff. Die **umwidmende Zweckbestimmung** eines WG (zB UV statt ursprüngl AV oder umgekehrt) kann nicht rückwirkend berücksichtigt werden (vgl BFH IV R 20/04 BStBl II 05, 758). Ebensowenig kann der **fehlerhaft unterlassene Abzug** von BA später nachgeholt werden, selbst wenn diese dadurch verloren gehen (BFH XI R 49/05 BStBl II 06, 712; umgekehrt zu unterlassener Auflösung einer § 7g-Rücklage BFH VIII B 212/07 BFH/NV 08, 1322). **§ 4 II** findet keine Anwendung (BFH XI R 12/18 BStBl II 20, 779: verfgemäß; s Rz 350).

Zu verspäteter BV-Einbuchung s BFH VIII R 3/08 BStBl II 10, 1035; bei zu niedrigen AK ggf Ausgleich durch spätere Gewinnminderung bei Veräußerung (BFH IV R 20/04 BStBl II 05, 758; BFH III R 54/12 BFH/NV 13, 1916).

Gewinnermittlung durch Überschussrechnung 374–380 § 4

4. Bedeutung des Geldes bei § 4 III. – a) Grundsatz. Geld dient zunächst 374 nur als Berechnungsgrundlage für BE und BA (s Rz 150, 388). Maßgebl ist der Zeitpunkt der Zahlung (§ 11). Ausnahmen s Rz 376, 406 ff sowie § 4 IVa 6 mit Rz 534; zur Bedeutung von Forderungen und Schulden s Rz 383 f.

b) Geldverluste. Verluste durch Diebstahl, Unterschlagung, Brand oä Ereig- 375 nisse können **BA** sein, wenn sie betriebl veranlasst sind (s auch Rz 520 „Verlust"). Die Tendenz der Rspr geht dahin, solche vom privaten Bereich trennbaren Verluste unabhängig von der BV-Eigenschaft und dem Vorliegen einer geschlossenen Kassenführung *bei betriebl Anlass* als BA zu berücksichtigen, zB bei **Unterschlagung** durch Angestellte nach Zufluss **im betriebl Bereich** (BFH IV R 79/73 BStBl II 76, 560; BFH X B 296/95 BFH/NV 96, 739 zu § 18). Fragl ist das bei Unterschlagungen **im GesBereich** (s BFH IV R 56/04 BStBl II 06, 828 mwN; s aber BFH VIII S 37/18 BFH/NV 20, 196). Unterschlagung von Einlagebeträgen durch Vermittler führt nicht zum BA-Abzug, wohl aber Haftungszahlung wegen Beihilfe zur StHinterziehung (vgl BFH VI R 35/96 BStBl II 04, 641). Die *Bestimmung* zur betriebl Verwendung oder der **Verlust auf Geschäftsreise** schaffen mE keinen ausreichenden betriebl Zusammenhang (zu § 4 III FG BaWü EFG 98, 721, rkr; aA FG Nds EFG 99, 761 = BFH X R 65/98 NWB 02, 944 wegen Absicht der Einzahlung auf Betriebskonto; zu WK BFH VI R 26/95 BStBl II 95, 744 – Reisegepäckverlust auf Dienstreise, fragl). Die Möglichkeit privater Veranlassung muss ausscheiden (vgl BFH XI R 35/89 BStBl II 92, 343; BFH X R 69/88 BFH/NV 90, 553 zum Sonderfall der **Unterschlagung durch Ehefrau** – dazu Rz 262 und FG Mchn EFG 77, 205, rkr). Zweifel gehen zu Lasten des StPfl. Regressansprüche beeinflussen den Abzug als BA nicht (s Rz 476).

c) Darlehensgeschäfte. – aa) Grundsatz. Die Gewährung bzw Aufnahme 376 eines Darlehens und seine Rückzahlung beruhen auf Geldbewegungen im Vermögensbereich. Sie werden deshalb wie beim BV-Vergleich auch iRv § 4 III trotz betriebl Veranlassung zunächst nicht berücksichtigt. Der BFH begründet dieses Ergebnis zutr damit, dass der StPfl bei Hingabe von Darlehensmitteln AK für das nicht abnutzbare WG des AV „Forderung" aufwende (BFH IV R 4–5/72 BStBl II 73, 293, § 4 III 4, 5, Rz 409). Die Rückzahlung führt zur erfolgsneutralen Verrechnung mit dieser Forderung. Abgrenzung „Zahlungsvorschuss" und „Darlehen" bei § 4 III (GEMA) s FG Ddorf EFG 11, 313, rkr.

bb) Ausnahmen. Wie beim betriebl veranlassten Verlust eines nicht abnutz- 377 baren WG des BV (Rz 409) sind die AK der Forderung in dem Jahr, in dem der endgültige Ausfall feststeht, gewinnmindernd auszubuchen (BFH XI B 184/06 BFH/NV 07, 1880). Umgekehrt führt der endgültige Wegfall einer betriebl Darlehensverbindlichkeit aus betriebl Gründen zur Gewinnerhöhung.

cc) Einlage/Entnahme einer Darlehensforderung/Darlehensverbind- 378 **lichkeit.** Darlehen als **BV** s Rz 134, 136. **Zinsen** einer betriebl Darlehensschuld sind BA ab Einlage bis zur Entnahme (BFH IV R 39/69 BStBl II 70, 518); die erhaltenen Zinsen aus betriebl gewährten Darlehen sind in gleichem Umfang BE. Das **Damnum** (Disagio) ist gem § 11 II 4 idR ohne Verteilung sofort als BA abziehbar, anders als beim BV-Vergleich (s Rz 520).

d) Geldschenkungen an Dritte. Bei betriebl Veranlassung BA, bei privater 379 Veranlassung keine Aufzeichnung (Ausnahme s § 4 IVa 6) – wie bei privater Arbeitsleistung ohne Entgelt (s auch Verzicht auf Einnahmen, Rz 433). Bei Leistung gegen Entgelt und Verzicht auf die Forderung aus betriebl Gründen keine BE (Rz 400), bei privaten Gründen Entnahmegewinn (Rz 394).

e) Geldschenkungen an Steuerpflichtigen. Bei betriebl Veranlassung BE, bei 380 privater Veranlassung keine Aufzeichnung (außer § 4 IVa 6), auch nicht bei unentgeltl Tätigkeit Dritter für den Betrieb, da StPfl sonst BA abgesetzt hätte.

Loschelder

§ 4 382, 383 — Gewinnbegriff im Allgemeinen

382 **5. Umlaufvermögen.** Aufwendungen zum Erwerb von UV mindern grds im Jahr der Verausgabung den Gewinn (§ 11 II, s BFH VIII R 9/14 BStBl II 18, 387 Rz 13 mwN); zu den Ausnahmen für bestimmte WG gem § 4 III 4 s Rz 409). – *(1) Anschaffung.* Kaufpreis ist grds BA bei Zahlung (zu Vorratskäufen s BFH IV R 137–138/89 BStBl II 91, 13). – *(2) Herstellung.* BA bei Zahlung der Material- und Fertigungskosten. – *(3) Veräußerung.* BE bei Zahlungseingang, soweit früher BA abgesetzt waren. – *(4) Tausch.* S Rz 94, 428 (zunächst idR keine Gewinnauswirkung). – *(5) Verlust* (Verderb, Zerstörung). Bei *betriebl* Veranlassung grds keine Auswirkung, soweit bereits BA abgesetzt waren, s § 4 III 4; bei *privater* Veranlassung Gewinnerhöhung (vgl auch Rz 408). – *(6) Einlage.* S Rz 389, 414. – *(7) Entnahme.* S Rz 389, 414. – *(8) Schenkung durch StPfl.* Bei *betriebl* Veranlassung wie *(5),* bei *privater* Veranlassung Entnahme wie *(7).* – *(9) Schenkung an StPfl.* Bei *betriebl* Veranlassung wohl keine Gewinnerhöhung bei Zuwendung (§ 6 IV ist durch entfallenden BA-Abzug Genüge getan, s Rz 427, 454); BE bei Veräußerung/Entnahme. Bei *privater* Veranlassung Einlage (s Rz 389). – *(10) Wechsel der Gewinnermittlungsart.* S Rz 650.

383 **6. Forderungen bei § 4 III und ihr Wegfall.** – *(1) Grundsatz.* Forderungen (Entstehung, Wertberichtigung, Ausfall) beeinflussen den Gewinn nach § 4 III grds nicht (s Rz 370). Es kann sich um WG des UV (s § 6 Rz 349) oder bei langfristiger Ausleihung auch um nicht abnutzbare WG des AV handeln (s Rz 376). Sie entstehen zwar bei *betriebl* Veranlassung als BV (s Rz 130). Ihr **Erlass** aus *privaten* Gründen kann zu Entnahmegewinn führen (Rz 394); ansonsten wird der Gewinn jedoch grds erst durch den Zahlungseingang berührt. **Konfusion** mit Verbindlichkeiten s *Grube* FR 12, 551, Rz 356, 495. **Verrechnung mit Fremdgeld** (§ 4 III 2) führt zu BE (BFH VIII R 14/17 BStBl II 21, 431). Erlässt der StPfl die Forderung vorher aus *betriebl* Gründen, darf der zugrunde liegende Vorgang den Gewinn nicht berühren. Dabei sind die Besonderheiten der Gewinnermittlungstechnik des § 4 III und die bisherige Aufzeichnung des Geschäftsvorfalls zu beachten. IEinz ist zw den Ausfall folgender Forderungen zu unterscheiden: – *(2) Laufender Geschäftsvorfall.* ZB bei Ausfall einer Honorarforderung keine Gewinnauswirkung, wie bei von Anfang an unentgeltl Leistung des StPfl (Verzicht auf BE, vgl Rz 379, 433). – *(3) Darlehen.* BA im Jahr der Ausbuchung (Rz 376). – *(4) Veräußerungsforderungsverluste.* – **UV.** Wie beim Verlust des WG (Rz 382) grds keine Gewinnauswirkung. Ausnahme: UV iSv § 4 III 4. – **Abnutzbare WG des AV.** Je nach Besteuerung der Veräußerung (Rz 408) keine Gewinnauswirkung oder bei Forderungsausfall BA iHd Restbuchwerts. – **GWG.** Je nach Behandlung bei Anschaffung und Veräußerung (Rz 407) keine Gewinnauswirkung oder BA bei Forderungsausfall. – **Nicht abnutzbare WG des AV.** Je nach Behandlung der Anschaffung und Veräußerung (Rz 409) keine Gewinnauswirkung oder BA im Jahr des Forderungsausfalls. – *(5) Betriebsveräußerung* (s Rz 399). Der Wert des BV wird nach den Grundsätzen der §§ 4 I/5 ermittelt (§ 16 II 2). Die Forderung wird der Besteuerung des Veräußerungsgewinns als Veräußerungserlös zugrunde gelegt, was bedeuten müsste, dass sie noch im BV entsteht (s Rz 130). Der **GrS** hat diese Frage offen gelassen (BFH GrS 2/92 BStBl II 93, 897 und GrS 1/92 BStBl II 93, 894), sieht jedoch die Forderungsrealisierung als Tatbestandsmerkmal des § 16 II mit der Folge der rückwirkenden Bescheidkorrektur bei späterem Ausfall, egal aus welchem Grund (**§ 175 I Nr 2 AO**; s § 16 Rz 337ff; BFH VIII R 69/88 BStBl II 94, 648 zu privatem Forderungserlass; glA zu Vertragsaufhebung und Veräußerung an neuen Erwerber BFH VIII R 66/03 BStBl II 06, 307; zu vergleichsweiser Rückzahlung nach vollständiger Kaufpreiszahlung BFH VIII R 67/02 BStBl II 04, 107). Zum Anfall von Schuldzinsen als nachträgl BA s Rz 486. Zur Gewinnermittlung s Rz 446 (§ 4 III), Veräußerung gegen Leibrente und Wahl der Versteuerung nach § 24 Nr 2 s Rz 195, 400. Bei Besteuerung nachträgl Gewinne entspr § 4 III (s Rz 446) müssen Forderungen wohl BV bleiben. Erlass aus betriebl Gründen wirkt sich durch Wegfall der BE aus.

7. Verbindlichkeiten bei § 4 III und ihr Wegfall. – *(1)* **Grundsatz.** Verbindlichkeiten beeinflussen den Gewinn nach § 4 III grds nicht (s Rz 370). Sie entstehen zwar wie Forderungen als BV (Rz 140). Ihr **Erlass** aus *privaten* Gründen kann zur Einlage führen (Rz 394). Ansonsten wird der Gewinn erst durch Tilgung berührt. Wird dem StPfl die Schuld vorher aus *betriebl* Gründen erlassen, darf der zugrunde liegende Vorgang den Gewinn nicht mindern. **Konfusion** mit Forderungen s *Grube* FR 12, 551, Rz 395, 460. Dabei sind die Besonderheiten der Gewinnermittlungstechnik des § 4 III und die Behandlung des Vorgangs, der zur Entstehung der Verbindlichkeit geführt hat, zu beachten. IEinz ist zw Wegfall folgender Verbindlichkeiten zu unterscheiden: – *(2)* **Laufende Verbindlichkeiten.** (*Beispiel:* Lohnverbindlichkeit). Wie bei unentgeltl Tätigkeit des Dritten keine BE (Rz 380, 430) und keine BA (keine Zahlung). – *(3)* **Darlehensverbindlichkeiten.** S Rz 376. – *(4)* **Anschaffungsverbindlichkeiten.** ME ist der Erlass bei § 4 III nicht wie die Schenkung der für die Anschaffung erforderl Mittel, sondern wie die Schenkung des angeschafften WG zu behandeln, dessen Art das steuerl Ergebnis beeinflusst: – **UV:** Nach hM keine Gewinnauswirkung (wie Rz 382). Ausnahme: WG iSv § 4 III 4. – **Abnutzbare WG des AV:** ME im Jahr des Erlasses BE iHd Nennbetrags (§ 6 Rz 441 ff). Dafür weiterhin AfA auf das WG als BA (entspr § 6 IV, VII). – **GWG:** BE in Höhe der AK (Nennbetrag der Verbindlichkeit), vgl auch Rz 407 *(9)*. – **Nicht abnutzbare WG des AV:** Wohl nach Ziel des § 4 III 4 Wegfall der aufgezeichneten AK (mit Folge der Erhöhung des späteren Veräußerungs-Entnahmegewinns). Vgl auch Rz 409. – *(5)* **Verbindlichkeiten aus Betriebserwerb** (Rz 398). Angeschafft werden die einzelnen WG. Für sie sind die Auswirkungen nach den vorgenannten Grundsätzen zu prüfen. – *(6)* **Schuldzinsen nach Betriebsaufgabe.** S Rz 383 (5) und 486.

8. Einlage und Entnahme bei § 4 III. – **a) Grundsatz.** Auch bei § 4 III sind zur richtigen Ermittlung des Gewinns Entnahmen und Einlagen grds in gleicher Weise zu berücksichtigen wie bei § 4 I (vgl BFH IV R 9/17 DStR 20, 1421, Rz 21; BFH X R 20/17 BStBl II 20, 3, Rz 72; zu Geld s Rz 388). Die Gewinndefinition in § 4 III 1 enthält zwar keine Verweisung auf Einlage- oder Entnahmevorschriften; dass die Überschussrechnung nicht ohne diese Begriffe auskommt, ergibt sich aber aus § 4 III 4, dem allg Veranlassungsprinzip (Rz 30, 220) und der Identität der Totalgewinne (Rz 11). Will man die Begriffe BE und BA nicht überdehnen, muss der Differenzbetrag (Gewinn iSv § 4 III 1) um den Wert der Einlagen und Entnahmen korrigiert werden. Bestätigung durch **§ 4 IVa 6**, s Rz 534. **Unterschiede** ergeben sich bei der StBegünstigung nicht entnommener Gewinne (**§ 34a** gilt nur bei § 4 I/§ 5).

b) Rechtsfolgen. Grds wird der Gewinn auch bei § 4 III durch Entnahmen erhöht und durch Einlagen vermindert. Dabei sind jedoch die Besonderheiten der Gewinnermittlungstechnik (wie beim Verlust aus betriebl Gründen, s Rz 520 „Verlust") die bisherige Gewinnauswirkung zu beachten. Da es sich um echte Entnahmen und Einlagen handelt, ist nicht nur die bisherige Gewinnauswirkung rückgängig zu machen. Es sind auch die **Bewertungsvorschriften** des § 6 I Nr 1a und Nr 4-7 anzuwenden (s § 6 VII; BFH IV R 9/17 DStR 20, 1421, Rz 21; auch schon vor VZ 2013: s BFH X R 20/17 BStBl II 20, 3, Rz 72; § 6 Rz 591 mwN), mE einschließl der Ausnahmeregelungen. Nur so ist die Identität der Totalgewinne sichergestellt. Ggf sind fiktive BE/BA anzusetzen (BFH X R 135/87 BStBl II 90, 742). **USt** s Rz 270.

c) Einlagefähigkeit; Entnahmefähigkeit. Auch § 4 III erfasst **alle WG**, selbst solche, die nach der Gewinnermittlungstechnik des § 4 III zunächst keine Berücksichtigung finden (zB Forderungen, s Rz 375, 394; Geld s § 4 IVa 6, Rz 534). Bei **Geld** keine Gewinnauswirkung, weil sein Zufluss bereits als BE erfasst war und

Geld nicht unter Fiktion einer BA in das BV eingelegt wird (vgl Rz 374, BFH IV R 180/71 BStBl II 75, 526, mwN, FG Mchn EFG 83, 341, rkr; – Buchwert = Teilwert). Trotzdem kann Geld Gegenstand einer Einlage/Entnahme iSv § 4 IV sein (s BFH VIII R 32/09 BStBl II 13, 16).

389   **d) Einzelfälle der Einlagen und Entnahmen bei § 4 III. – aa) Umlaufvermögen.** Bei **Einlage** Gewinnminderung ihD TW, § 6 I Nr 5 (zum Ausgleich der bei Veräußerung anfallenden BE), Ausnahmen s § 4 III 4, 5, Rz 410 (für *bestimmte WG ab 6.5.*2006 zunächst erfolgsneutrale Aufnahme in ein UV-Verzeichnis mit Gewinnminderung erst im Zeitpunkt der Veräußerung, Entnahme oder Zerstörung des WG, Rz 374). Bei **Entnahme** Gewinnmehrung ihD TW, § 6 I Nr 4 (Ausgleich abgesetzter BA). Bei Entstrickung gem § 4 I 3 kein Gewinnaufschub nach § 4g.

390   **bb) Abnutzbares Anlagevermögen. Einlage** grds zum TW § 6 I Nr 5 erfolgsneutral (AfA-Bemessungsgrundlage), in Fällen des § 4 I 8 HS 2 zum abgesetzten Wert (§ 6 I Nr 5a). Ab 6.5.06 Aufnahme in ein AV-Verzeichnis zum TW (§ 4 III 5, s Rz 414). Bei **Entnahme** Gewinnauswirkung ihD Differenz zw TW (§ 6 I Nr 4 mit Ausnahmen, auch zu StEntstrickung) und Restbuchwert; zur Nutzungsentnahme s Rz 222, 270. Bei StEntstrickung iSv § 4 I 3 im EU-Bereich uU Gewinnaufschub nach **§ 4g.** Kein Unterschied zu §§ 4 I/5. USt s Rz 270. Auswirkung vorangegangener **AfA** im PV gem § 9 I Nr 7 nach betriebl **Umwidmung** s § 6 I Nr 5 (§ 6 Rz 613), § 7 I 5 (§ 7 Rz 123).

391   **cc) Geringwertige Wirtschaftsgüter. Einlage** gewinnneutral zum TW. Bei **Entnahme** Gewinn ihD TW; ein etwaiger (bei § 6 II fiktiver, vgl auch Rz 407) Restbuchwert ist abzusetzen. Ausnahme: § 6 IIa 3 ab 2008 (keine Auswirkung auf Sammelposten).

392   **dd) Nicht abnutzbares Anlagevermögen.** Bei **Einlage** erfolgsneutrale Aufnahme in das Anlagenverzeichnis zum TW, uU gemeiner Wert (§ 4 III 4, § 6 I Nr 5a). Gewinnminderung erst im Zeitpunkt der Veräußerung (Erlöszufluss), Entnahme oder Zerstörung des WG (s auch Rz 409). **Entnahmegewinn** ihD Differenz zw TW (uU gemeiner Wert, § 6 I Nr 4 S 1 HS 2) und dem aufgezeichneten Wert bzw ihD des TW, wenn bereits BA abgesetzt waren (vgl Rz 409). Im EU-Bereich uU Gewinnaufschub, § 4g.

393   **ee) Geld.** Zur Bedeutung des Geldes bei § 4 III s Rz 150, 374, 388. Einlagen und Entnahmen von Geld wirken sich bei § 4 III nicht gewinnmäßig aus. Nur der betriebl Zu- und Abfluss wird als BE/BA erfasst. Zur Bedeutung für Schuldzinsenabzug s § 4 IVa 6, Rz 534.

394   **ff) Forderungen. – *(1)* Behandlung als Betriebsvermögen/Privatvermögen** s Rz 131, Forderungen bei § 4 III s Rz 383. – *(2)* **Rechtsfolgen.** Die eindeutige, endgültige **Entnahme** einer betriebl Forderung, die sich bei § 4 III noch nicht steuerl ausgewirkt hat, führt zur Gewinnrealisierung, ähnl Betriebsveräußerung oder Wechsel der Gewinnermittlungsart. Sonst würde der betriebl entstandene Gewinn der Besteuerung entzogen (*Beispiele:* Erlass einer Honorarforderung, BFH IV R 180/71 BStBl II 75, 526, oder einer Forderung aus der Veräußerung von AV oder UV aus privaten Gründen). Umgekehrt führt die **Einlage** der privaten Forderung zur Gewinnminderung, soweit bei Zahlung BE anfallen (vgl BFH I R 77/76 BStBl II 79, 481, letzter Abs). – *(3)* **Bewertung.** Gem § 6 I Nr 4, Nr 5 mit TW = Nennbetrag, soweit der Wert zu diesem Zeitpunkt realisierbar ist. – *(4)* **Darlehensforderungen.** Sie können BV darstellen (Rz 134), zu § 4 III s Rz 378. Die Entnahme/Einlage berührt den Gewinn grds nicht (Hingabe und Rückzahlung im Vermögensbereich; s aber Rz 388).

395   **gg) Verbindlichkeiten. – *(1)* Behandlung als Betriebsvermögen/Privatvermögen.** S Rz 140 (begrenzte Entnahme- und Einlagemöglichkeit). – *(2)* **Rechtsfolgen.** Die **Entnahme** einer lfd Verbindlichkeit wirkt wie die Einlage der Mittel, der **Erlass** aus privaten Gründen wie die private Schenkung und Einlage der Mittel; ebenso bei **Konfusion** nach Erbfolge (s Rz 460; dagegen bei § 5 gewinnerhöhende Bilanzberichtigung nach gewinnmindernder Bilanzierung, s § 5 Rz 672). Bei Anschaffungsverbindlichkeiten gleiche Wirkung wie bei privater Schenkung und Einlage des angeschafften WG (dazu Rz 384). Entnahme und Mitteleinlage haben keine unmittelbare Gewinnauswirkung; nur der spätere BA-Abzug entfällt. Zinsen sind BA bis zu diesem Zeitpunkt. Die isolierte **Einlage** einer Verbindlichkeit ist kaum denkbar (vgl Rz 142). Die spätere Zahlung der Verbindlichkeit darf sich nicht als BA auswirken. – *(3)* **Darlehensverbindlichkeiten.** Es gelten die Grundsätze Rz 394. Keine Gewinnerhöhung durch **Verzicht** des Gläubigers aus privaten Gründen (BFH IV R 39/69 BStBl II 70, 518).

9. Betriebsbeginn. – *(1)* **Betriebseröffnung.** Die einzelnen WG sind gem § 6 I Nr 6 iVm § 6 I Nr 5 in das BV einzulegen. Die Gewinnermittlungstechnik des § 4 III (Rz 380) ist zu beachten. – *(2)* **Betriebserwerb.** Die einzelnen WG sind mit dem Wert nach § 6 I Nr 7 anzusetzen und nach den vorgenannten Grundsätzen zu besteuern, s auch Rz 404. – *(3)* **Unentgeltlicher Erwerb.** Die Buchwerte des Rechtsvorgängers sind fortzuführen (§ 1922 BGB bzw § 6 III,VII). **398**

10. Betriebsende. – *(1)* **Betriebsveräußerung.** Der StPfl muss den Wert des BV gem den Grundsätzen § 4 I/§ 5 ermitteln (§ 16 II 2; § 18 III). Er muss ggf einen lfd Übergangsgewinn (Rz 650 ff, 668) und einen Veräußerungsgewinn versteuern (wie Rz 88, vgl auch Rz 193 ff, 400 zu wiederkehrenden Zahlungen). Zum späteren Forderungsausfall s Rz 383, zu nachträgl BA Rz 486, zu nachträgl BE Rz 446. – *(2)* **Betriebsaufgabe.** Es gelten die gleichen Grundsätze (§ 16 III, IIIb; § 18 III; s auch BFH VIII R 15/17 DStR 20, 2413 Rz 13). Betriebsverlegung ins Ausl s BFH I R 99/08 BStBl II 11, 1019, ab 2006 § 4 I 3, 4, § 16 IIIa, Rz 249. – *(3)* **Unentgeltliche Betriebsübertragung.** Kein Entnahmegewinn, da der Erwerber die Buchwerte fortführt (§ 6 III, zum Erbfall s § 16 Rz 590). Kein notwendiger Wechsel der Gewinnermittlungsart (s Rz 669). **399**

11. Wiederkehrende Leistungen bei § 4 III. – **a) Grundsatz.** Die Gewinnermittlung gem § 4 III muss zum selben *Gesamtergebnis* führen wie der BV-Vergleich (vgl Rz 11). Auch hier ist die unterschiedl Behandlung der einzelnen WG bei § 4 III zu beachten. Bei Betriebsveräußerung muss der StPfl den Wert des BV nach § 4 I/§ 5 ermitteln, § 16 II 2; s Rz 88, 203, 383 *(5)*. **400**

b) Besteuerung beim Erwerber (Zahlungsverpflichteten). – *(1)* **Erwerb einzelner Wirtschaftsgüter** (WG des AV oder WG des UV iSv § 4 III 4). Zunächst gelten die Ausführungen zum BV-Vergleich (vgl Rz 193, EStR 4.5 IV). Keine Berechnung nach § 22 (BFH XI R 46/98 BStBl II 00, 120). Die FinVerw gewährt jedoch dem Erwerber(!) zusätzl das **Wahlrecht**, stattdessen die Rentenzahlungen zunächst gewinnneutral mit dem versicherungsmathematischen Wert der ursprüngl Rentenverpflichtung zu verrechnen und die übersteigenden Zahlungen voll als BA abzusetzen (EStR 4.5 IV 4 – nicht für Kaufpreisraten, BFH IX R 110/90 BStBl II 95, 47). Fällt die Rentenverpflichtung vorzeitig fort, muss der Erwerber den nicht verbrauchten Teil des Rentenbarwerts als BE versteuern (s Rz 194, EStR 4.5 IV 5, str). Bei Rentenerhöhung durch **Wertsicherungsklausel** nach BFH IV R 48/90 BStBl II 91, 796 (anders als im PV) sofortiger BA-Abzug (Zins-/Tilgungsanteil des Erhöhungsbetrages abw von § 5 unbel, str). Umgekehrt bei Rentenermäßigung sofortige Besteuerung als BE (s Rz 194 mwN). Keine nachträgl **Korrektur** bei fehlerhafter Barwertfortschreibung (BFH IV R 48/90 BStBl II 91, 796). – *(2)* **Erwerb von nicht in § 4 III 4 aufgeführtem Umlaufvermögen.** Volle Gewinnauswirkung im Zeitpunkt der Verausgabung (EStR 4.5 IV 6, 7). **401**

c) Besteuerung beim Zahlungsempfänger. Dieser setzt bei Veräußerung einzelner *WG des UV iSv § 4 III 4* jährl Teilbeträge der AK/HK von den zufließenden Renten- oder Ratenbeträgen als BA ab (EStR 4.5 V 1 – bei sonstigem UV **402**

voll BE). Das gilt auch bei **Betriebsveräußerung** (EStR 4.5 VI) und wahlweise bei Veräußerung **abnutzbarer WG des AV** (EStR 4.5 V 2). **Forderungsausfall** s Rz 383 *(5)* und EStR 4.5 V 3 (BA bei Ausfall).

II. Durchlaufende Posten, § 4 III 2

404 Im Namen und vor allem **für Rechnung eines anderen** vereinnahmte und verausgabte Gelder werden auch bei § 4 III nicht als BE/BA erfasst, da sie wirtschaftl nicht das *eigene* BV betreffen, auch wenn ihre Zahlung betriebl veranlasst ist (vgl BFH VIII R 19/12 BStBl II 15, 643; Beispiel: RA kassiert von Mandanten im Jahr 01 Gerichtskostenvorschuss und zahlt diesen im Jahr 02 bei Gericht ein oder umgekehrt, s BFH IV B 54/96 BFH/NV 97, 290). Es darf sich nicht um *eigene* Verbindlichkeit handeln, die der StPfl auf Dritte abwälzen kann. − Einnahme und Ausgabe müssen zu einem einheitlichen Vorgang „verklammert" sein; dh, beide Geldbewegungen müssen in fremdem Namen und für fremde Rechnung geschehen (BFH VIII R 14/17 BStBl II 21, 431 Rz 21). Betrag, Verpflichtung und **Wille zur Weiterleitung** müssen bei Zufluss dem Grunde und der Höhe nach zweifelsfrei erkennbar feststehen (BFH IV R 190/71 BStBl II 75, 776). Hat der StPfl die vorweggenommene Zahlung im Jahr 01 entgegen § 4 III 2 als BA gebucht, kann er nicht im Jahr 02 unter Berufung auf § 4 III 2 von der Besteuerung der BE absehen; durchlaufende Posten setzen gewinnneutrale Vereinnahmung und Verausgabung voraus (BFH IV R 25/07 BStBl II 08, 715). Eine **Unterschlagung** von Fremdgeldern führt idR nicht zu BE (BFH VIII R 19/12 BStBl II 15, 643; Anm *Levedag* HFR 15, 722 und *ders* NWB 15, 3323; abl *Kanzler* FR 15, 802; abl zu eigener Zinsanlage FG Köln EFG 14, 1768, rkr), eine **Verrechnung** mit eigenen Forderungen hingegen schon (BFH VIII R 14/17 BStBl II 21, 431). Da durchlaufende Posten keinen Aufwand darstellen, der das BV belastet, findet **§ 160 AO** keine Anwendung (BFH IV R 26/16 BFH/NV 18, 1260, Rz 39). − Für bilanzierenden StPfl gilt § 4 III 2 nicht; eine Gewinnneutralität wird durch Ansatz gleichhoher Wertzu- und -abgänge sichergestellt (BFH XI B 1/20 BFH/NV 20, 1258 Rz 16 mwN).

Weitere Beispiele − keine durchlaufende Posten: Zahlung und Erstattung von **Auslagen des RA** für Porti und Telefon führen zu BA und BE, ebenso Verausgabung und Vereinnahmung von **USt** (BFH VIII B 54/20 BFH/NV 21, 310; zu UStVZ: BFH IV S 6/06 BFH/NV 06, 1827; zu UStVZ als regelmäßig wiederkehrende BA, § 11 II 2: BFH VIII R 34/12 BStBl II 15, 285; *Jochum* DStZ 14, 811; *Peetz* DStZ 15, 347; *Handor/Bergan* DStR 16, 2568; StW § 11 Rz 50); ebenso *BMF* BStBl I 04, 526 zu **Ärzte-Praxisgebühr** (fragl).

III. Abweichungen vom Abflussprinzip, § 4 III 3, 4

406 **1. Bedeutung der Regelungen.** Die wirtschaftl Nachteile der Überschussrechnung durch § 11 werden zB bei lfd Geschäftsvorfällen/Geschäften mit typischem UV, das idR bald umgesetzt wird, grds in Kauf genommen, ohne Nachholung vergessenen Aufwands (s Rz 372). Bei stärkerer Berührung des Vermögensbereichs hielt der Gesetzgeber dieses Ergebnis nicht mehr für vertretbar (s auch BFH VIII R 9/14 BStBl II 18, 387 Rz 23 mwN): − **Gesetzl Durchbrechungen der Istrechnung** (§ 4 III 2−5, vgl auch Rz 11 und § 4 VIII): − *(1)* **Abnutzbare WG des AV/GWG, § 4 III 3:** AK/HK sind wie bei § 4 I nach §§ 6 ff zu bewerten und abzuschreiben (§ 6 VII; Rz 407 f). − *(2)* **Nicht abnutzbare WG des AV, § 4 III 4:** Der StPfl kauft im Jahr 07 ein Grundstück für 1 Mio, das er im Jahr 15 für 2 Mio veräußert (nur Gewinnbesteuerung **bei Zahlung** im VZ 15 und Aufzeichnungspflicht § 4 III 5 ab VZ 07; s Rz 11, 409 und unten). Zusatzregelung in § 52 VI S 4: Der *Zuflusszeitpunkt* (statt vorher Zeitpunkt der Veräußerung) ist auch für vor dem 6.5.06 angeschaffte − und noch nicht veräußerte − WG des nicht abnutzbaren AV maßgebend (vgl BFH IV R 2/09 BFH/NV 12, 1309). − *(3)* **Umlaufvermögen:** § 4 III 4 enthält seit 6.5.2006 (§ 52 VI S 3) eine Ausdehnung der Ausnahmen auf *bestimmte* **WG des UV;** s Rz 400.

Abweichungen vom Abflussprinzip 407, 408 § 4

Rspr und Verwaltung lassen **weitere Ausnahmen** zu, zT um Härten zu beseitigen, zT um die Gesamtgewinngleichheit mit dem BV-Vergleich zu gewährleisten (s Rz 11). Sonstige außergewöhnl Härten können allenfalls ausnahmsweise bei besonderen Umständen über abw Gewinnauswirkung hinaus **im Erlasswege** ausgeräumt werden (§§ 163, 227 AO, vgl BFH X R 9/09 BFH/NV 11, 561; *Schmidt* 35. Aufl § 4 Rz 373 mwN).

2. Geringwertige Wirtschaftsgüter; Sammelposten. § 4 III 3 bestimmt 407 auch den Vorrang des § 6 II, IIa vor § 11; s § 6 VII. – *(1)* **Anschaffung** (s *BMF* BStBl I 10, 755). Grds Abzug der AK/HK bis 450 €, aber nicht im Jahr der *Zahlung*, sondern im Jahr der Anschaffung, bis 2007 und ab 2010 wahlweise statt AfA § 7. Seit 2010 Aufzeichnungen nach § 6 II 4. Ggf AfA auf Sammelposten (§ 6 IIa). – *(2)* **Herstellung.** Wie *(1)* – Jahr der Herstellung. – *(3)* **Veräußerung.** BE iHd Veräußerungserlöses, soweit die AK nach § 6 II abgesetzt waren (wie Rz 408). Bei Fortführung eines Sammelpostens gilt § 6 IIa 3. – *(4)* **Tausch.** S Rz 94, 428. – *(5)* **Verlust** (Zerstörung, Diebstahl). Bei *betriebl* Veranlassung keine Aufzeichnung, soweit die AK schon BA waren. Sonst wie Rz 408 *(5);* ggf § 6 IIa 3. Bei *privater* Veranlassung nach Anwendung § 6 II Gewinnerhöhung um fiktiven Restbuchwert (ähnl Entnahme – s Rz 391 – bzw privater Mitbenutzung – s Rz 49); nach § 6 IIa 3 Fortführung mit Entnahmegewinn. – *(6)* **Einlage.** S Rz 391. – *(7)* **Entnahme.** S *(5)* und Rz 391. – *(8)* **Schenkung durch StPfl.** Bei *betriebl* Veranlassung wie *(5);* bei *privater* Veranlassung Entnahme des WG wie *(7).* – *(9)* **Schenkung an StPfl.** Bei *betriebl* Veranlassung (aus Sicht des StPfl) BE gem § 6 IV. ME ist § 6 II auf die fiktiven AK § 6 IV anwendbar. Bei *privater* Veranlassung Einlage wie *(6).*

3. Abnutzbare Wirtschaftsgüter des Anlagevermögens. Sonderregelung des 408 § 4 III 3 iVm §§ 6 VII, 7 ff mit Gleichstellung zum BV-Vergleich, gültig für materielle und immaterielle, bewegl und unbewegl WG. Die Nutzungsdauer muss ein Jahr übersteigen (§ 7 I; BFH IV R 127/91 BStBl II 94, 232). – *(1)* **Anschaffung.** BA nur iHd auf das einzelne Jahr entfallenden AfA (grds Zwölftelung, § 7 I 4, II 3). Die Zahlung hat keine Gewinnauswirkung, sodass die AfA auch vor Zahlung des Kaufpreises als BA abgesetzt werden kann (Sonderregelung zu § 11, BFH IX R 50/06 BStBl II 08, 480; s auch Rz 460 „Zuschuss"). *Beispiel:* Anschaffung Betriebs-Pkw im Dez 01; Zahlung 30 000 im Jahr 02. Bei Nutzungsdauer von 5 Jahren BA im Jahr 01 von 500 ($1/12$ von 6000). Ab 6.5.06 Aufzeichnungspflicht, s § 4 III 5 (Rz 414). Geschäftswert § 6 Rz 311. UU BA-Abzug statt Ansparrücklage nach § 7g VI aF (s Rz 370 – iErg ebenso bei InvAbzugsbetrag § 7g nF). – *(2)* **Herstellung.** Berechnung der HK wie bei AK und beim BV-Vergleich, soweit die Kosten nicht bereits als BA abgesetzt waren. AfA als BA im Zeitpunkt der Fertigstellung. – *(3)* **Veräußerung.** Der Veräußerungserlös ist BE, nach BFH im Jahr der Zahlung, der Restbuchwert BA, und zwar in Anknüpfung an § 7 grds im Jahr der Veräußerung ohne Rücksicht auf die Zahlung (BFH IV R 29/94 BStBl II 95, 635 – § 52 VI 4 gilt nur für nicht abnutzbare WG des AV). Bei Forderungsausfall BA. Mögl Verlagerung der steuerl Auswirkungen auf spätere Jahre bei Rentenzahlung s EStR 4.5 V 1, 2. Die Besteuerung stiller Reserven kann uU durch Abzug einer Rücklage als BA nach § 6c (Gebäude) oder EStR 6.6 VII hinausgeschoben werden. **Betriebsveräußerung** s Rz 399. – *(4)* **Tausch.** S Rz 94, 428. – *(5)* **Verlust** (Zerstörung, Diebstahl). Bei *betriebl* Veranlassung BA iHd Restbuchwerts. Keine TW-AfA, da § 6 I Nr 2 nicht anwendbar ist (BFH XI R 49/05 BStBl II 06, 712; s auch *Kahle/Kopp* FR 20, 1117, 1120 mwN; § 6 Rz 360), aber ggf außerordentl AfA gem § 7 I 7, IV 3. Bei *privater* Veranlassung keine Entnahme des WG, also keine Aufdeckung etwaiger stiller Reserven (s Rz 78, 270 „Verlust"), aber auch keine BA (weder AfA noch Restbuchwert, BFH XI R 60/04 BStBl II 07, 762; str, s Rz 52, 78). – *(6)* **Einlage.** S Rz 390. – *(7)* **Entnahme.** S Rz 390. – *(8)* **Schenkung durch StPfl.** Bei *betriebl* Veranlassung wie *(5);* bei *privater* Veranlassung Entnahme wie *(7);* – *(9)* **Schenkung an StPfl.** Bei *betriebl* Veranlassung BE. Höhe: gemeiner Wert, zugleich Bemessungsgrundlage für die AfA (§ 6 IV, VII). Bei *privater* Veranlassung Einlage des WG wie *(6).* – *(10)* **Verteilung von Erhaltungsaufwand, § 4**

VIII. Für bestimmte Wohngebäude iSv §§ 11a, b auf 2–5 Jahre. § 82b EStDV ist ab 2004 wieder gültig, aber wie vor 1999 **nicht für BV**.

4. Nicht abnutzbare Wirtschaftsgüter des Anlagevermögens. Es galt stets § 4 III 4 als Sondervorschrift zu § 11. – *(1)* **Anschaffung; Herstellung.** Die AK/HK werden grds im Jahr der Anschaffung/Herstellung **ohne Gewinnauswirkung** in ein Verzeichnis aufgenommen (§ 4 III 5). Die tatsächl Zahlung ist mE – anders als bei Veräußerung – ohne Bedeutung. Spätere Gewinnauswirkung s *(3)*. **Teilwertabschreibung** ist unzulässig (BFH III R 12/13 BStBl II 16, 420. Auch bei § 4 III gilt das Aktivierungsverbot gem **§ 5 II**; Aufwendungen für selbst geschaffene immaterielle WG des AV sind daher abw von § 4 III 4 bei Zahlung als BA absetzbar (BFH III R 6/05 BStBl II 07, 301; zu Rückdeckungsversicherung s BFH VIII R 9/14 BStBl II 18, 387). – *(2)* **Fiktive Anschaffungskosten** für bis 1970 nicht zu aktivierenden luf GuB (§ 55 s Rz 110. S auch § 6 IV, unten (9). – *(3)* **Veräußerung.** Der Veräußerungserlös wird um den aufgezeichneten Buchwert gekürzt, soweit nicht AK von luf GuB vor 1971 als BA abgesetzt waren (dann BE iHd Veräußerungserlöses; § 52 VI 2, oben 2; BFH IV R 85/79 BStBl II 82, 397; EStR 4.5 III 4). Im Normalfall ist der Differenzbetrag abzügl der Veräußerungskosten als Gewinn zu versteuern. **Zeitpunkt:** Nach § 4 III 4 und § 52 VI 4 *Jahr der Zahlung* (bei Veräußerung nach 6.5.2006; vorher Jahr der Veräußerung). Zur Berücksichtigung eines vorangegangenen Tauschs s BFH VI R 68/15 DStR 18, 661; zur Absetzung einer Rücklage als BA s § 6c (GuB) sowie EStR 6.6 VII (für alle WG). – *(4)* **Tausch.** S Rz 94, 428. – *(5)* **Verlust.** (Zerstörung, Branddiebstahl). Bei *betriebl* Veranlassung BA iHd aufgezeichneten Buchwertes (soweit die AK/HK noch nicht als BA abgesetzt waren, – sonst keine Gewinnauswirkung), s auch Rz 377, 520 „Verlust". § 4 III 4 enthält wohl eine Regelungslücke, soweit nur Veräußerung und Entnahme genannt sind (BFH IV R 146/75 BStBl II 79, 109). S auch Rz 392. Bei *privater* Veranlassung gewinnneutrale Ausbuchung des Buchwertes; nur bei vorheriger Absetzung als BA Gewinn in dieser Höhe. – *(6)* **Einlage.** S Rz 92, 414. – *(7)* **Entnahme.** S Rz 92, 414. – *(8)* **Schenkung durch StPfl.** Bei *betriebl* Veranlassung wie *(5)*, bei *privater* Veranlassung Entnahme des WG wie *(7)*. – *(9)* **Schenkung an StPfl.** Bei *betriebl* Veranlassung BE im Zeitpunkt der Zuwendung. Zum Ausgleich Aufnahme der fiktiven AK § 6 IV in das Verzeichnis nach § 4 III 5, um nochmalige Versteuerung bei Veräußerung/Entnahme zu vermeiden. Bei *privater* Veranlassung liegt eine Einlage des WG vor.

5. Bestimmte Wirtschaftsgüter des Umlaufvermögens. Ebenso sind gem § 4 III 4 die AK/HK für **Wertpapiere, KapGesAnteile uä Forderungen und Rechte, GuB und Gebäude** grds im Jahr der Anschaffung/Herstellung ohne Gewinnauswirkung in ein Verzeichnis aufzunehmen (§ 4 III 5; seit 6.5.2006, s § 52 VI 3). Damit sollen Missbräuche verhindert werden; sonstiges „normales" UV ist nicht betroffen (vgl *Stahl/Mann* FR 11, 1139). – Die AK/HK sind erst bei **Zufluss** des Veräußerungserlöses bzw bei Entnahme abziehbar, auch bei Verlust durch Diebstahl, Brand uÄ. – Zu **Wertpapieren und vergleichbaren Rechten** s BFH VIII R 9/14 BStBl II 18, 387 (RückdeckVers wird nicht erfasst). Problematik besteht bei anderen, mit Besitzkonstitut gehandelten WG (zB Edelmetalle, Holz, Kunstgegenstände uÄ): Sie fallen nach zutr hM nicht unter § 4 III 4 (vgl zu **Gold** BFH IV R 10/14 BStBl II 17, 466 mwN: *kein* Missbrauch, Anm *Wendt* BFH/PR 17, 290, auch zu § 15b IIIa; BFH IV R 50/14 BStBl II 17, 456). Ausnutzung iZm Auslandsbeteiligungen und Vorteilen durch negativen Progressionsvorbehalt ("**Goldfälle**", "**double-dip**") s Schrifttum *Schmidt* 34. Aufl § 4 Rz 373; § 32b II 1 Nr 2 S 2c mit Rz 45; zu § 15b s dort. Zu **Wahlrecht** bezügl § 4 III s Rz 10, *Krää* FR 15, 928. – Bei **PersGes** ist nicht auf die GesAnteile, sondern auf die WG der PersGes abzustellen (vgl Rz 251; BFH X B 208/10 BFH/NV 11, 1868).

IV. Aufzeichnungspflichten (allgemein und aus § 4 III 5)

1. Allgemeine Aufzeichnungspflichten. Das EStG enthält für Gewinnermitt- 412
lung nach § 4 III keine Regelung. Eine förml Aufzeichnungspflicht besteht nicht
(BFH VIII R 6/14 BFH/NV 18, 606). §§ 140 ff AO gelten nur eingeschränkt
(keine *obligatorische* Kassenbuchführung, auch nicht aus § 22 UStG/§ 63 UStDV,
s BFH X B 16/17 BFH/NV 17, 1204, auch zu „Schuhkarton-Buchführung").
Gleichwohl ist gem § 146 I und V AO die Höhe der BA durch Belege nachzuweisen (BFH VIII R 6/14 BFH/NV 18, 606: geordnet und vollständig); bei freiwilliger
Kassenbuchführung sind die Datenträger vorzulegen (BFH X R 42/13 BStBl II 15,
519; zu Vorlage digitalisierter Steuerdaten iRe BP s BFH VIII R 52/12 DStR 15,
1920, abl *Ochs/Wargowske* DStR 15, 2689; einschr BFH VIII R 24/18 DStR 21,
2015 für Aufforderung zur Überlassung eines Datenträgers nach „GDPdU" zur
Betriebsprüfung, und BFH X R 8/18 BFH/NV 20, 1045 für § 147 VI AO); **Änderungen zu Kassenaufzeichnung** s §§ 146, 146a, 146b AO nF. – § 4 III 5, § 4 IVa
6, § 4 VII, § 4g IV, 5 I 2 und 3, § 6 II 4, § 6c II, § 7a VIII, § 13a II Nr 2 EStG und
§ 5 LStDV betreffen nur einzelne **Sonderaufzeichnungspflichten**. Zu **Belegsammlung** und **Beweislast** s Rz 415 f.

§ 90 III AO enthält eine Aufzeichnungspflicht ab 30.6.2003 für **Auslandsgeschäfte**
(s *Kußmaul/Müller* StB 13, 432). Einzelheiten zu Art, Inhalt und Umfang der Aufzeichnungen
regelt die **GewinnabgrenzungsaufzeichnungsVO (GAufzV)**, vgl *BMF* BStBl I 10, 774
Rz 150 ff; zu VerfMäßigkeit BFH R 45/11 BStBl II 13, 771. – Bei **Auslandsgeschäften** gilt
seit 2010 die SteuerHBekV BGBl I 09, 3046, auf der Grundlage des SteuerHBekG/§ 51 I
Nr 1f (s Rz 491); s auch § 138 AO, *BMF* BStBl I 10, 346. – **Bilanzielle Wahlrechte** erfordern
nach BilMoG bei Abweichung der StB von der HB die Aufzeichnung der betr WG in einem
besonderen Verzeichnis (§ 5 I 2, 3). – **Elektronische Übermittlung von Bilanz- und GuV**
seit 2012 s § 5b Rz 7.

2. Einnahmeüberschussrechnung, § 60 IV EStDV. Für VZ ab 2005 ist der 413
StErklärung eine Gewinnermittlung nach amtl vorgeschriebenem **Vordruck**
beizufügen, die elektronisch zu übermitteln ist (bis einschließl VZ 16: nur bei BE
ab 17 500 €). Die geänderten **Vordrucke „EÜR"** sind jährl mit Erläuterungen
in BStBl veröffentlicht (zuletzt *BMF* BStBl I 20, 995 und *BMF* BStBl I 20, 1464).
Obwohl der StVereinfachungszweck str war, hat BFH X R 18/09 BStBl II 12, 129
aus Gründen der Gleichmäßigkeit der Besteuerung und der Verfahrensvereinfachung § 60 IV EStDV bestätigt (s auch Anm *Kulosa* HFR 12, 153). Zu Ausnahmen
wirtschaftl Unzumutbarkeit s BFH VIII R 29/19 DStR 20, 2541.

3. Besondere Aufzeichnungspflichten nach § 4 III 5. Seit dem 6.5.06 414
(§ 52 VI 3) sind aufzuzeichnen: – (1) alle WG des *abnutzbaren* **AV** (früher war
nur nicht abnutzbares AV betroffen) und – (2) einzelne in § 4 III 4 genannte WG
des **UV** (wohl für jede Art ein Verzeichnis). Die Anwendung auf **Einlagen/
Einbringungen** ergibt sich nicht ausdrückl aus § 4 III 5 (AK/HK), entspricht
aber dem Willen des Gesetzgebers (vgl § 52 VI 3, § 6 I Nr 5) und der BFH-Rspr
(BFH I R 142/76 BStBl II 79, 729).

4. Fehlende oder unvollständige Aufzeichnungen. – a) Belegsammlung. 415
Der StPfl muss bei § 4 III in seiner StErklärung BE und BA aufführen, ohne
Saldierung, und sie dem FA auf Verlangen erläutern und glaubhaft machen, damit die Behörde die Richtigkeit (BA) und Vollständigkeit (BE) nachprüfen kann
(§ 90 I AO). Dazu gehört auch die Darlegung der betriebl Veranlassung aller
BA. Das FA kann auf Nachweisen bestehen, die Art und Entstehungszeitpunkt
einer Aufwendung und den Bezug zum Betrieb des StPfl erkennen lassen (geordnete Belegablage, § 146 V 1 AO; vgl Rz 440, 480, 488 f). Diese **Belegsammlung** ist bei § 4 III die entscheidende Grundlage für die StErklärung
(s auch BFH IV R 68/98 BStBl II 99, 481, Rz 4 und – Wahlrechtsausübung –
Rz 10, 418).

Beispiele: vgl zu **Taxifahrer**-Schichtzetteln BFH III B 43/14 BFH/NV 15, 978 mwN; *BMF* BStBl I 10, 1342; *Ritzrow* StBp 15, 45; zu **Gaststätte** BFH X B 16/17 DStRE 17, 1316 mwN, auch zur Begründung einer **Hinzuschätzung** (Zeitreihenvergleich, Quantilsschätzung); zu **Eigenprostitution** s FG Hbg EFG 17, 489, rkr (Einzelaufzeichnung).

416 **b) Objektive Beweislast.** Der StPfl trägt die obj **Beweislast (Feststellungslast)** für den BA-Abzug (Rz 31). Ist die betriebl Veranlassung nicht nachgewiesen, wird das FA idR keine BA berücksichtigen; ist dagegen nur die **Höhe** nicht nachgewiesen, muss das FA wahrscheinl angefallene Kosten schätzen (Rz 494). Der StPfl kann sich dabei nicht zu seinen Gunsten auf allg Erfahrungssätze berufen (vgl BFH VI R 113/88 BStBl II 92, 854 und Rz 590 zu ADAC-Tabellensätzen). **Mitwirkungsverstöße gegen § 90 AO** können zur Versagung eines BA-Abzugs und zu Sanktionen führen (s § 162 IV AO, § 4 V 1 Nr 12, Rz 613). **Eigene Nutzungsaufzeichnungen** erkennen Rspr und FinVerw idR an (vor allem für Telefon und Pkw; aber strenge Rspr zu inhaltl Anforderungen). **Fahrtenbücher** müssen formell ordnungsmäßig geführt und wenigstens stichprobenweise sachl nachprüfbar sein anhand sonstiger Belege und Unterlagen wie Benzinquittungen, Terminkalender oÄ (vgl BFH VI R 33/10 BStBl II 12, 505 mwN; § 6 Rz 562, auch zu elektronischer Führung). Sonstige **Eigenbelege** genügen nur in glaubhaften Einzelfällen. Keine Bindung der FG (s Rz 480).

417 **c) Einlagen und Entnahmen.** In **Geld** waren sie ursprüngl nicht aufzuzeichnen, da sie für die Besteuerung nach § 4 III grds keine Bedeutung besitzen (s Rz 374). **Ab 1999** beeinflussen sie den allg Schuldzinsenabzug als BA und sind daher wie andere Einlagen und Entnahmen (ab VZ 00) gesondert aufzuzeichnen (**§ 4 IVa 6,** § 52 VI S 6, s Rz 534). Für **Sacheinlagen/-entnahmen** gelten die vorgenannten Grundsätze (s Rz 386). Sachentnahmen sind ggf nach Erfahrungssätzen zu schätzen (vgl amtl Richtsatzsammlungen, zB für 2019 *BMF* BStBl I 21, 198).

418 **d) Aufzeichnungsgrenzen.** Der StPfl darf für § 4 III keine Aufzeichnungen führen, die als Abschluss iSv § 4 I/§ 5 gelten; zu Wahlrecht der Gewinnermittlungsart s Rz 10, zu Buchführungspflicht und Hinweis des FA nach § 141 II AO s Rz 9.

E. Betriebseinnahmen; Betriebsausgaben, § 4 IV–X

I. Betriebseinnahmen

420 **1. Begriff „Betriebseinnahmen".** Eine Begriffsbestimmung enthält das Gesetz nicht. Die Rspr greift auf die Definitionen der BA in § 4 IV und der Überschusseinnahmen in § 8 zurück. BE sind danach **Zugänge von WG** in Form von **Geld oder Geldeswert,** die **durch den Betrieb veranlasst** sind" (stRspr, zB BFH VIII R 14/17 BStBl II 21, 431; BFH VI R 54/16 BStBl II 19, 311: Entschädigung; BFH VIII R 4/14 BStBl II 17, 310: Vorschusszahlung). Erfasst werden Geld- und Sachleistungen (Rz 427). Im Gegensatz dazu stehen Einlagen als *außerbetriebl* Wertzugänge (Rz 220).

BE bilden eine unmittelbare Besteuerungsgrundlage für die Gewinnermittlung nach **§ 4 III**. Der Begriff hat daneben *als betriebl Ertrag* auch Bedeutung für die Gewinnermittlung durch BV-Vergleich nach **§§ 4 I/5 VI** (auch ohne Verweisung, vgl BFH X R 24/10 BStBl II 12, 498). – SonderBE s § 15 Rz 640 ff und BFH VIII R 47/18 BStBl II 21, 696 Rz 26).

421 **2. Wertzugänge. – a) Zufluss.** Ob der Zufluss ein Begriffsmerkmal der BE darstellt, ist str, dürfte aber keine praktische Auswirkung auf die Gewinnermittlung nach § 4 III haben, da es gem § 11 I auf den Zufluss ankommt (wirtschaftl Verfügungsmacht, s § 11 Rz 15 ff), uU auch im PV oder bei Dritten (Rz 444, 456). Es ist jedoch zweifelhaft, ob man die Überschussrechnung nach § 4 III trotz der vielen Ausnahmen noch als reine Geldrechnung bezeichnen kann. Sie ist es tatsächl nur in den durch § 4 III eng abgesteckten Grenzen (s Rz 406). Es ist im Einzelfall unter Berücksichtigung der Ausnahmetatbestände nach dem Grundsatz der Gesamtge-

Betriebseinnahmen   **422–428** **§ 4**

winngleichheit (Rz 11) zu entscheiden, welche Wertzugänge als BE aufzuzeichnen sind (s auch Rz 443 aE). – Ob der Vermögenszuwachs im Betrieb erwirtschaftet wurde oder ob ein **Rechtsanspruch** auf die Einnahmen besteht, ist unerhebl (BFH VIII R 4/14 BStBl II 17, 310); ebenso ob sich ein **Zugang im BV** ergibt (s Rz 427, 444).

b) Geldzuwendungen. – aa) Allgemeines. Dazu gehören neben lfd Einnah- 422
men **Vorschüsse** (BFH III R 30–31/85 BStBl I 90, 287; s auch BFH VIII R 4/14 BStBl II 17, 310: Vorfinanzierung erwarteter GEMA-Zahlungen) und **BE nach Betriebsbeendigung** (§ 24 Nr 2; Rz 446); ebenso **unentgeltl** Zuwendungen (BFH VIII R 41/14 BFH/NV 17, 1180). Bezeichnung ist ohne Bedeutung (Rz 441). Es kommt darauf an, ob der StPfl **wirtschaftl Verfügungsmacht** über die jeweiligen Geldbeträge endgültig erlangt hat (s BFH VIII S 37/18 BFH/NV 20, 196 mwN).

bb) Betriebsausgabenersatz. Dem StPfl zurückerstattete oder durch Dritte 423
ersetzte Betriebsausgaben können als BE zu versteuern sein (s Rz 460 „Abfindung" und „Zinsen"), nicht jedoch solche Zuwendungen außerhalb des Einkünftebereichs (s auch Rz 426).

cc) Erstattungspflicht. Zugeflossene BE sind auch dann zu versteuern, wenn 424
sie in späteren VZ zurückzuerstatten sind (BFH III R 30–31/85 BStBl II 90, 287; vgl auch Rz 475 mwN zu negativen Einnahmen). **Gespendete** TV-Spielgewinne von Prominenten fließen ihnen idR nicht zu (bei vorheriger Spendenzusage weder BE noch BA oder Spende; *BMF* BStBl I 06, 342 und *BMF* BStBl I 08, 645).

dd) Beim Geber nicht abziehbare Betriebsausgaben können beim Emp- 425
fänger BE sein (BFH VIII R 35/93 BStBl II 96, 273, *BMF* BStBl I 96, 1192); ebenso BE aus der Veräußerung eines WG, dessen AK der StPfl nicht als BA absetzen konnte (§ 4 V; Rz 564); uU doppelte steuerl Auswirkung, s *oV* HFR 96, 244; Rz 477, 490.

ee) Ausnahmen (Geldzufluss ohne Betriebseinnahmen). Durchlaufende Posten 426
(Rz 404); Zahlungen im Vermögensbereich (zB Darlehen, Rz 376, § 8 Rz 8).

c) Sonstige Zuwendungen in Geldeswert. – aa) Sachzuwendungen. Ge- 427
genwert für betriebl Leistungen ist BE, auch ohne Zuwendung eines WG (zB Honorarzahlung in Form einer GmbH-Beteiligung, vgl BFH IV R 57/99 BStBl II 01, 546; BFH XI R 39/01 BFH/NV 04, 622 und *Schmidt* 20. Aufl § 4 Rz 427). Vgl zu **Incentivereise** BFH X R 36/03 BFH/NV 05, 682 mwN. **Höhe** s Rz 452. **Tausch** s Rz 94, 428, § 5 Rz 631, zu § 4 III *Groh* FR 86, 393.

bb) Unentgeltliche betriebliche Sachzuwendungen Dritter. Sie führen zu 428
BV und bei **AV** und **GWG** zu BE iHd Verkehrswertes (§ 6 IV, VII, BFH IV R 86/86 BStBl II 88, 633; vgl auch Rz 407 ff). Bei **UV** muss die – einmalige – steuerl Auswirkung nach Art und Verwendung des WG und Systematik des § 4 III gesichert werden (uU Ansatz von BE mit Ausgleich durch BA in gleicher Höhe; ggf später Entnahme).

Beispiele: Überlassung von **Altgold** an Zahnarzt (BFH IV R 115/84 BStBl II 86, 607); **Silberabfälle** bei Röntgenarzt (BFH IV R 50/86 BStBl II 86, 907); **Erbschaft** bei betriebl Veranlassung (zu Altenheimträger BFH VIII R 60/03 BStBl II 06, 650); **Forderungsverzicht** (s Rz 384, § 11 Rz 50 „Verzicht"); unentgeltl **Informations-/Fortbildungsveranstaltungen** können, soweit BA nicht abziehbar wären (s Rz 520 „Informationsreisen") zu BE führen (vgl BFH III R 175/85 BStBl II 88, 995 unter II 2), zB bei **Ärzteeinladungen durch Arzneimittelhersteller** (s *LS* DStR 90, 561; *HG* DStR 94, 1415; s auch *Balzer* NJW 03, 3325 zu § 95d I 3 SGB V: Standesrechtl Anerkennung von ärztl Fortbildungsveranstaltungen nur, wenn diese „frei von wirtschaftl Interessen" sind); uU PersGes'ter s BFH VIII R 35/93 BStBl II 96, 273). – Vgl auch Rz 444 zu ungewöhnl Preisnachlässen und *BMF* BStBl I 05, 845 und I 06, 307 zu Pauschalierung bei **VIP-Logen-Geschenken** an Geschäftsfreunde und ArbN sowie werbefreien **Hospitality-Leistungen** zur Fußball-WM; *LfSt Bay* DB 06, 1136 zu **FIFA-Eröffnungsfeier**; *BMF* BStBl I 06, 447 zu ähnl Sachverhalten.

Loschelder

§ 4 429–441 Gewinnbegriff im Allgemeinen

429 cc) **Sonstige Sachwertzugänge im Bestandsbereich** (zB Wareneingang) haben als solche bei § 4 III keine Auswirkung.

430 d) **Leistungszuwendungen Dritter.** Bei **entgeltl** Leistungen wird im Betrieb nur die Zahlung als BA aufgezeichnet. **Unentgeltl** Leistungszuwendungen an Betrieb sind keine BE, soweit nur die Leistung, nicht aber ein WG zugewendet wird.

431 e) **Ersparte Aufwendungen.** IdR keine BE – Auswirkung auf die Gewinnermittlung ergibt sich durch Wegfall des BA-Abzugs. *Beispiele:* Einsatz der eigenen Arbeitskraft statt Beschäftigung fremder ArbN (Auswirkung durch höheren Gewinn, s Rz 229); unentgeltl Beratung des StPfl (vgl Rz 379, 430); Gewährung zinsloser Darlehen an den StPfl (ersparte Zinsen sind keine BE), vgl auch Rz 436; zum Verzicht auf eine gegen den StPfl bestehende betriebl Forderung s Rz 384. **Abgrenzung:** Betriebl Zuwendungen sind grds BE, wenn der StPfl dadurch Aufwendungen erspart (s Rz 428, 460 „Zuschüsse", EStR 6.5, § 7 Rz 107). BA-Abzug von Drittaufwendungen bei privater Zuwendung s Rz 500.

432 f) **Fiktive Einnahmen.** Ohne Zufluss grds keine BE (Grundsatz der Tatbestandsmäßigkeit der Besteuerung). Bei § 4 III uU BE aus Rückgängigmachung rücklagenersetzender BA (zB § 6c, § 7g VI aF, § 7g II–IV nF, Rz 370, 408).

433 g) **Verzicht auf Einnahmen. – aa)** Wird der StPfl von vornherein **unentgeltl tätig**, so entstehen keine betriebl Forderung und keine BE. Das Motiv ist unerhebl. *Beispiel:* Arzt behandelt Patienten ohne Honorar.

434 bb) **Nachträglicher Verzicht.** Wird der StPfl gegen Entgelt tätig und **verzichtet er später** ohne Gegenleistung/Zuflussersatz auf die Forderung, entstehen keine BE. Dann ist jedoch das Motiv für den Verzicht zu prüfen. Bei *betriebl* Veranlassung (Zahlungsunfähigkeit des Schuldners, Erwartung neuer Aufträge) keine Gewinnwirkung. Bei *privater* Veranlassung (zB Verwandtschaftsverhältnis) Gewinnerhöhung durch Entnahme (BFH IV R 180/71 BStBl II 75, 526 Rz 355).

435 cc) **Einsatz von Sachwerten.** Stellt der StPfl nicht nur seine Arbeitskraft unentgeltl zur Verfügung, sondern sonstige betriebl Vermögenswerte, Nutzungen oder Leistungen, entsteht bei *privater* Veranlassung auch bei vorherigem Verzicht ein Entnahmegewinn. Bei *betriebl* Veranlassung keine Gewinnerhöhung.

436 dd) **Zinslose Forderung.** Für die Hingabe eines zinslosen Darlehens bzw den späteren Erlass vereinbarter Darlehenszinsen gelten die Grundsätze zu Rz 433, 434. Zur Zerlegung einer Kaufpreisforderung in Kapital- und Zinsanteil auch ohne Vereinbarung vgl § 6 I Nr 3, BFH VIII R 163/71 BStBl II 75, 431, § 20 Rz 119.

440 3. **Betriebliche Veranlassung. – a) Objektiver Zusammenhang.** Zunächst gelten die Grundsätze Rz 30 ff. Betriebl veranlasst sind alle lfd, einmaligen und ao Einnahmen aus betriebl Tätigkeiten und Geschäften einschließl **Hilfsgeschäften** (Veräußerung von WG des AV, vgl Rz 86 f; Gewinnchancen aus Tauschgeschäft, s Rz 39, 428; Grundstücksersteigerung aus betriebl Forderung s Rz 39 aE mwN) und **Nebentätigkeiten** (Rz 445).

Seinen **subj Beurteilungsspielraum** steckt der StPfl weitgehend bereits im Vorfeld ab; denn durch Bestimmung des betriebl Aufgabenbereichs und des Umfanges des dafür eingesetzten BV setzt er die obj Maßstäbe, an denen er sich bei der Beurteilung der betriebl Veranlassung daraus entstehender Einnahmen festhalten lassen muss.

441 b) **Einzelfälle. – aa) Abgrenzung.** Es ist nicht erforderl, dass die Einnahmen *im Betrieb erwirtschaftet* wurden oder Entgelt *für eine betriebl Leistung* sind (BFH VI R 54/16 BStBl II 19, 311: Belastung eines Betriebsgrundstücks). Entgelt für **Nutzungsüberlassung** und **Veräußerung** von WG des BV stellen ohne Rücksicht auf den Willen des StPfl und die Buchung notwendig BE dar (BFH I R 44/73 BStBl II 74, 488), auch bei gewillkürtem BV (Rz 42). Die Besteuerung der Nutzungseinnahmen und stillen Reserven ist nicht davon abhängig, ob bzw in welcher Höhe sich die Anschaffung/Nutzung des WG gewinnmäßig ausgewirkt hat (s auch

Betriebseinnahmen

Rz 51; zur Veräußerung von WG iSv § 4 V s Rz 564). Darlehenszinsen sind auch bei § 4 III BE (s Rz 376, auch zu Kursgewinnen).

Beispiele: keine Berücksichtigung der Besteuerung einer Nutzungsentnahme bei Veräußerung/Inzahlunggabe eines zum BV gehörenden, **teilweise privat genutzten Kfz** (BFH VIII R 9/18 BStBl II 20, 845); Ansatz des vollen Buchwerts eines **häusl Arbeitszimmers** trotz § 4 V 1 Nr 6b (BFH VIII R 15/17 BStBl II 20, 841). – Zu **Veruntreuung** s BFH VIII S 37/18 BFH/NV 20, 196 mwN.

bb) Zuwendungen Dritter. Sie können auch dann betriebl veranlasst sein, wenn sie nicht unmittelbar als Gegenleistung für eine betriebl Leistung gedacht sind (§ 6 IV, BFH IV R 125/89 BStBl II 90, 1028); ebenso sonstige **Zuwendungen ohne Rechtspflicht** (wie § 19 I S 2, zB einem Selbständigen gewährte Trinkgelder, „Sanierungsgewinne" s Rz 460).

cc) Bezeichnung einer Zuwendung. Diese hat allenfalls Indizwirkung für die betriebl Veranlassung (wie § 19 I). Es ist stets unter Abwägung aller Umstände des Einzelfalls zu prüfen, ob der Anlass für die Leistung im betriebl oder im außerbetriebl Bereich liegt. BE ist letztl **jeder wirtschaftl Vorteil**, den der StPfl **aus betriebl Gründen** erlangt, insb für die Hingabe oder den Verlust von etwas, was als Teil des Betriebes oder als Objekt des Gewinnstrebens des Betriebsinhabers zu qualifizieren ist (s BFH X R 2/14 BStBl II 16, 534 mit Abgrenzung von Kasko- und Unfallversicherungsleistungen, Rz 181 ff). S auch BFH IV R 13/89 BStBl II 90, 621 zu Altersversorgungszuschuss der VG Wort bzw aus Härtefonds der GEMA. Die Besteuerung beim Leistenden ist ohne Bedeutung (s Rz 477, 460 „Abfindung", Rz 425).

dd) Verwendung der Betriebseinnahmen. Diese ist unerhebl (BFH XI R 35/96 BStBl II 97, 125). BE können **im PV** des StPfl und **bei Dritten** zufließen (BFH X R 146/94 BFH/NV 98, 961). **Eigene Versicherungsprovisionen** s BFH X R 24/10 BStBl II 12, 498 mwN. Die Versteuerung ist unabhängig vom BA-Abzug (BFH III R 175/85 BStBl II 88, 995 zu Reisepreis; dazu Rz 427), sofern noch betriebl Veranlassung besteht (abl BFH IV R 183/78 BStBl II 82, 587 zu Provisionsvorteilen mit Abgrenzung in BFH X R 24/89 BFH/NV 91, 537 zu unübl Preisnachlässen). Bei **gemischter Veranlassung** ist aufzuteilen; **§ 12 Nr 1** ist auf BE nicht anwendbar.

c) Einnahmen aus Nebentätigkeiten. Fallen die Einnahmen nicht unter die eigentl betriebl Zweckbestimmung, sind sie BE, wenn ein wirtschaftl Zusammenhang mit dem Betrieb besteht (zB berufl Mitwirkung an Prüfungen, berufsbezogene Gutachtenerstellung, Aufwandsentschädigung für berufsbezogenes Ehrenamt, s BFH III R 241/84 BStBl II 88, 615; BFH VIII R 72/03 BFH/NV 05, 29; BVerfG BB 91, 2423; uU StFreiheit nach § 3 Nr 12, 26, 26a, 26b); zu **BA** s Rz 488. **Verwertung berufl Kenntnisse und Fähigkeiten** führt nur bei berufstypischen Geschäften zu BE (s Rz 40 und § 15 Rz 126). Bei **Risikogeschäften** ist betriebl Förderungszusammenhang häufig auszuschließen (s Rz 46).

Beispiele: **Wetteinnahmen** sind auch bei Trabertrainer, Buchmacher oder Jockey idR privat veranlasst (BFH IV R 139/68 BStBl II 70, 665; FG Köln EFG 88, 518, rkr; Abgrenzung zu Rennstall § 15 s BFH IV R 82/89 BStBl II 91, 333). **Werbeeinkünfte** von Fußballspielern als BE s BFH X R 14/10 BStBl II 12, 511.

d) Betriebseinnahmen nach Betriebsbeendigung. BE können nach Betriebsende anfallen (vgl § 24 Nr 2, § 16 Rz 350 ff; zu BE nach **Erbfall** § 1 Rz 14, § 16 Rz 590 ff). Nach welcher Gewinnermittlungstechnik solche Gewinne zu berechnen sind, scheint geklärt. Nach aktueller Rspr sind nicht die Vorschriften des BV-Vergleichs, sondern die der **Überschussrechnung** anzuwenden (s BFH IV R 31/09 BFH/NV 12, 1448 – kein Wahlrecht). *Beispiele:* Forderungseingänge nach dem Tode eines Freiberuflers mit Überschussrechnung (noch weiter zu Erbengeschäften BFH IV R 16/92 BStBl II 93, 716; s § 24 Nr 2); Forderungseingang nach Praxiseinbringung s Rz 668; noch nicht versteuerte Rentenzahlungen aus

Betriebsveräußerung (Rz 195); betriebl Versorgungsleistungen (Rz 205; zu G'ter-Witwenpension BFH VIII B 111/93 BStBl II 94, 455); Wegfall einer in der Schlussbilanz passivierten oder später entstandenen Schuld (BFH I R 205/85 BStBl II 90, 537; FG Mster EFG 94, 824, rkr). Nachträgl BE bei **beschr StPfl** s § 49 Rz 15, 81; nachträgl BE und **DBA** s BFH I R 75/14 BFH/NV 15, 1687, Anm *Schäfer* IStR 15, 346; *Hagemann* IWB 16, 75; *ders* DB 16, 1217.

447 **e) Steuerfreie Betriebseinnahmen.** Sie sind keine „Einlagen" und stehen diesen nicht gleich. Bei § 4 III keine Aufzeichnung; bei § 4 I/§ 5 ggf Korrektur außerhalb der Bilanz. Zur Erstattung solcher BE vgl Rz 460 „Abfindung" *(4)*.

448 **f) Gesetzeswidrigkeit; Sittenwidrigkeit.** Sie stellt die betriebl Veranlassung und die Besteuerung dabei erzielter BE nicht in Frage (§ 40 AO, verfmäßig, BVerfG DStRE 97, 273). *Beispiele:* Gewinn aus verbotenem gewerbl Glücksspiel, aus gewerbsmäßiger Hehlerei oder aus verbotenen Ein- und Ausfuhrgeschäften, empfangene Bestechungsgelder sowie Zinsen aus Wuchergeschäften. Auch die sonstige **Rechtsunwirksamkeit** des zugrunde liegenden Rechtsgeschäfts ist für die Besteuerung nicht entscheidend (§ 41 AO). Vgl auch Rz 492 (BA). Zur **Standeswidrigkeit** s § 18 Rz 163.

450 **4. Verhältnis Betriebseinnahmen/Einlagen/Entnahmen.** Entnahmen werden bei § 4 III *wie* BE besteuert, soweit sonst – entgegen § 4 III 1 – außerbetriebl veranlasste Wertabgänge den Gesamtgewinn durch vorangegangene Aufzeichnung von BA bzw Wegfall der späteren Aufzeichnung von BE beeinflussen würden. *Beispiele:* Privatentnahme eines GWG, eines WG des UV nach BA-Abzug, einer lfd betriebl Forderung (vgl Rz 386 ff, BFH IV R 180/71 BStBl II 75 526). **Steuerfreie BE** s Rz 447. Unentgeltl Sachzuwendungen s Rz 428.

452 **5. Höhe der Betriebseinnahmen; Aufzeichnungen.** BE sind iHd obj Wertzugangs festzuhalten (vgl zu Sacheinnahmen § 8 II, ähnl § 6 IV zur betriebl Schenkung, s auch Rz 427). Aufzeichnungsumfang s Rz 412 ff, auch zu EÜR. Sie sind ggf zu **schätzen** (s Rz 415 f, § 162 AO, BFH III R 175/85 BStBl II 88, 995 mwN), entspr § 8 II mit dem übl Marktpreis (s § 6 Rz 519); die obj Feststellungslast trifft grds das FA; aber uU Minderung des Beweismaßes bei Zweifeln und fehlender Mitwirkung des StPfl (BFH X R 16/86 BStBl II 89, 462); ggf Vornahme eines **Sicherheitszuschlags** (BFH VIII R 49/12 BeckRS 2015, 95104; BFH X B 25/20 BFH/NV 21, 680). Die Höhe der BA beim Geber und dessen BA-Abzug sind nicht verbindl für die BE-Beurteilung (s Rz 425, 477, 490). Die Angemessenheit einer Gegenleistung ist nicht zu prüfen (zB BFH IV R 125/89 BStBl II 90, 1028). Bei der Veräußerung von WG des AV und bestimmten WG des UV sind § 4 III 3–5 zu beachten.

454 **6. Zeitpunkt der Besteuerung.** Der Besteuerungszeitpunkt richtet sich nach Art der Einnahme und Gewinnermittlungsart. Bei § 4 III ist der Zufluss maßgebend (Erlangung der tatsächl Verfügungsmacht, s Rz 421, 456, § 11, zur mögl „Steuerung" BFH IX R 1/09 BStBl II 10, 746). Spätere Rückzahlungspflicht steht der Besteuerung nicht entgegen (Rz 424).

456 **7. Persönliche Zurechnung von Betriebseinnahmen.** Entscheidend ist, wer den Tatbestand der Tätigkeit iSv §§ 13–18 verwirklicht. Zufluss bei dritten Personen s Rz 444, Rechtsnachfolger s § 24 Nr 2, § 15 I 2; Erbschaft s Rz 446, 460.

460 **8. ABC der Betriebseinnahmen**

Abfindungen (Entschädigungen, Schadensersatzleistungen). – *(1)* **Begriffe.** Sie gehen fließend ineinander über und sind für die Besteuerung nicht entscheidend. Zur Bedeutung einer vertragl Vereinbarung s bei § 24, insb Rz 14 und 15. – *(2)* **Besteuerung.** Beim Empfänger liegen BE vor, wenn der Grund für die Entstehung des Anspruchs *bei ihm* im betriebl Bereich liegt, unabhängig von der Behandlung beim Leistenden (vgl dazu Rz 520 „Abfindungen", „Schadensersatz-

Betriebseinnahmen (ABC)   460 § 4

leistungen"). Anders als bei privaten Abfindungen ist unerhebl, ob ein Vorgang i n den Vermögensbereich fällt (Rz 87, s aber Rz 423, 426). Erfasst wird *jedes Entgelt* für die Veräußerung, Nutzungsüberlassung, Belastung, Wertminderung, Aufgabe oder den Verzicht oder Verlust von WG des BV (vgl auch Rz 441). Selbst Entschädigungen für Verlust von PV können im Einzelfall betriebl veranlasst sein (zB Versicherungsentschädigungen, Rz 180 ff, s auch BFH X S 12/03 BFH/NV 04, 337; Rz 520 „Verlust"). Zur Anwendung von § 24 Nr 1/§ 34 I, II s dort. **PersGes** s § 16 Rz 520 ff. – *(3)* **Beispiele für vertragliche Abfindungen:** Verzicht auf betriebl Vorkaufsrecht (BFH IV R 236/71 BStBl II 77, 62); Aufgabe eines betriebl Mietrechts (zu § 24 Nr 1 BFH IV R 43/74 BStBl II 79, 9); Entschädigung an abziehenden Pächter einer LuF für stehende Ernte (BFH IV R 172/72 BStBl II 76, 781). – *(4)* **Entschädigungen für Wegfall von Einnahmen** sind so zu versteuern, wie die Einnahmen zu versteuern gewesen wären: – *(a)* Ersatz stpfl **Betriebseinnahmen** ist stpfl, unabhängig von § 24 Nr 1a (Ausnahme: StFreiheit zB nach § 3). *Beispiele:* Verlust eines Bauauftrages (BFH IV R 153/77 BStBl II 79, 69); Stornierung eines Architektenvertrages (BFH IV R 149/77 BStBl II 79, 66); Aufgabe oder Nichtausübung einer berufl Tätigkeit, Wettbewerbsabrede/Ausgleichszahlung an Handelsvertreter (§ 24 Nr 1b, c); betriebl Schadensrenten (Rz 208); Versicherungsleistungen als betriebl Entschädigung (Rz 178); Pachtaufhebungsentschädigung (BFH VIII R 10/91 BStBl II 96, 281); EG – Entschädigung an LuF (*FM Nds* DStR 94, 541, § 13 Rz 251 ff). – *(b)* **Ersatz stfr Betriebseinnahmen** sollte mE in gleicher Weise stfrei sein. *Beispiele:* Ersatz für Ausfall von Leistungen aus gesetzl UV (§ 3 Nr 1a), des Trinkgelds eines ArbN (§ 3 Nr 51) oder eines Wohngeldanspruchs (§ 3 Nr 58); **aA** BFH unten (5); s auch BFH VI R 33/03 BStBl II 06, 911 zu Rückzahlung einer ermäßigt besteuerten Abfindung – mE anders bei stfreiem Zufluss. Dass die Erstattung von Aufwendungen außerhalb des Betriebes stfrei wäre, berührt die Besteuerung bei Ersatz im betriebl Bereich nicht. *Beispiel:* Ersatz von Krankheitskosten durch Geschäftsherrn eines Handelsvertreters (BFH VI R 63/73 BStBl II 75, 632). – *(c)* **Ersatz nichtbetriebl Einnahmen** führt unto zu BE. *Beispiel:* Ersatz der InvZulage durch StB, § 12/13 InvZulG (BFH I R 73/76 BStBl II 79, 120 – offen BFH I R 26/91 BStBl II 92, 686 unter 1, 3). – *(5)* **Ersatz von Aufwendungen.** – *(a)* **Ersatz abziehbarer BA** als BE. *Beispiele:* Versicherung ersetzt Sachschäden an WG des BV (Rz 178); FA erstattet überzahlte GewSt oder Zinsen § 233a AO (nur nach BA-Abzug, s § 4 Vb, Rz 618, auch bei Erstattung von Rückzahlungszinsen zu – nicht stbarer – InvZul BFH IV B 131/07 BFH/NV 09, 133; ebenso, wenn StB für Ausfall Schadensersatz leistet – EStErsatz s *(b), (c)*); Geldersatz aus betriebl Unterschlagung (BFH IV R 79/73 BStBl II 76, 560, s Rz 375); Schrotterlös aus Zerstörung des BetriebsPkw, auch bei Privatfahrt (s Rz 78, 270 und 520 „Verlust"). – *(b)* **Ersatz nichtabziehbarer BA.** Die Besteuerung ist ungeklärt. Die Rspr verneint allg Grundsatz, wonach BE iZm nichtabziehbaren BA stfrei wären (Umkehrung von § 3c) und tendiert zu stpfl BE. *Beispiele:* § 3c/§ 10 Nr 2 KStG: Erstattung von KSt durch das FA sowie von GewSt durch die Gemeinde soll stfrei sein, Ersatz durch Dritte stpfl (BFH I R 43/08 BStBl II 12, 688 mit Anm *Gosch* BFH/PR 10, 162 und 13, 220; BFH I R 54/11 BStBl II 13, 1048 mwN; s auch *Schmidt* 33. Aufl § 4 Rz 460 „Abfindungen" mwN; **aA** jedoch zu EStHaftungsanspruch gegen StB BFH IV R 61/97 BStBl II 98, 621, mit Abgrenzung zu KSt in BFH I R 54/05 BFH/NV 08, 617; FG Hbg EFG 08, 1268, rkr; zu Schadensersatz des StBer wegen Falschberatung zu nach § 4 Vb nicht als BA abziehbarer GewSt als BE s FG BaWü EFG 14, 1980, rkr, Anm *Merkt* DStRE 15, 1223; BR-Drs 220/07 S 75; zu Erstattung von VorSt für nicht als BA anerkannte Zahlungen als BE s BFH X R 39/13 BFH/NV 15, 486. Vgl zur berechtigten **Kritik** – hM im Schrifttum – Hinweise in BFH I R 26/91 BStBl II 92, 686; BFH VIII R 24/95 DStRE 97, 532. – **Erstattungszinsen** § 233a AO s „Zinsen" (BE wohl auch bei nach § 4 Vb nichtabziehbarer GewSt). § 4 V 1 Nr 8 S 3 enthält eine Sonderregelung zu Geldbußen. – **§ 160 AO** (Rz 630): Die Rückerstattung durch nichtbenannte Empfänger oder Dritte kann als BE zu versteuern sein; – § 4 V (Rz 536 ff, Rückgabe eines Geschenks durch den Empfänger). Die fehlende Abzugsmöglichkeit der BA hat zwar keinen Einfluss auf den Veräußerungsgewinn eines WG des BV (Rz 564); sie sollte jedoch nach Sinn und Zweck des § 4 V bei Erstattung nichtabziehbarer BA berücksichtigt werden (vgl **§ 4 V 1 Nr 8 S 3**, BFH IV 117/60 S BStBl III 64, 181). BFH I R 136/72 BStBl II 74, 210 betraf das Verhältnis zum Abzug von BA bei *anderen* StPfl und lässt keine Rückschlüsse auf diese Fälle zu. – *(c)* **Ersatz nichtbetriebl Aufwendungen:** ME keine BE. *Beispiele:* Verluste von PV (s aber Rz 179), Schmerzensgeld (s auch Rz 208), Erstattung privater ESt (durch FA oder als Schadensersatz durch StB – s aber BFH oben *(b)* und „Zinsen").

Aufrundungsbeträge sind bei Vereinnahmung BE, bei Spendenabführung BA (*BMF* DStR 13, 1288).

Beteiligungen s „Wertpapiere".

Buchgewinne (stille Reserven) s Rz 86, 441, 564, § 5 Rz 601 ff.

Corona-Soforthilfe/-Überbrückungshilfe s „Zulagen/Zuschüsse".

Darlehen. Zinsen aus hingegebenen Darlehen sind BE, wenn die Darlehensforderung zum BV gehört (s dazu Rz 134). Das gilt auch bei § 4 III, obwohl die Darlehensrückzahlung ohne Aufzeichnung von BE im Vermögensbereich stattfindet (Rz 376, auch zum Erlass einer gegen den StPfl bestehenden Darlehensforderung und zu Kursgewinnen).

Durchlaufende Posten s Rz 404.

Erbschaft kann uU zu BE führen (s § 1 Rz 14, § 16 Rz 590 mwN).

Erstattung von BA s R2z 422 und 460 „Abfindungen", „Zinsen".

Forschungszulage s „Zulagen/Zuschüsse".

Geschenke als BE s „Preise", „unentgeltl Zuwendungen".

Hilfsgeschäfte s Rz 441.

Insolvenzerträge können stpfl BE sein (vgl zu StErlass *BMF* BStBl I 10, 18).

Investitionszulagen sind keine stbaren BE, § 13 InvZulG.

Inzahlunggabe eines zum BV gehörenden Pkw ist stbare Veräußerung (BFH VIII R 9/18 BStBl II 20, 845).

Konfusion von Forderungen und Schulden kann zwar zu BE führen (vgl auch Rz 316, 384, 395; § 5 Rz 672), wird sich aber idR gegenseitig neutralisieren (ausführl *Grube* FR 12, 551).

Miete, Mietwert s „Wohnung" und Rz 520 „Gebäudenutzung".

Nebengeschäfte s Rz 445.

Negative Betriebseinnahmen s Rz 475.

Nutzungsaufallentschädigung s „Versicherungsleistungen".

Optionsanleihen. Aufgeldzahlung bei Ausgabe ist Einlage, nicht BE (BFH I R 3/04 BStBl II 08, 809).

Preise als Gegenleistung für eine mit Gewinnstreben betriebene Tätigkeit sind **BE** (vgl *Marx* DStZ 14, 282) und können ansonsten unter § 22 Nr 3 fallen (s § 22 Rz 150 „Preise"). Voraussetzung ist ein **wirtschaftl Bezug** zum Beruf. Wissenschaftspreise s *Grotherr/Hardeck* StuW 14, 3. – **Keine BE** sind Preise, die das Gesamtwerk oder eine Forschungstätigkeit des StPfl würdigen (zB Goethepreis, Nobelpreis etc).

Zu **Forschungspreisgeldern** *Krumm* FR 15, 639; **Meisterbonus** für erfolgreichen Abschluss ist idR nicht stbar (*LfSt Bay* DStR 16, 2404). **Verlosungspreise** können nur bei konkretem Betriebsbezug BE sein (BFH X R 25/07 BStBl II 10, 550 mit Abgrenzung in BFH X R 8/06 BStBl II 10, 548; *Förster* DStR 09, 249). **Fernsehpreisgelder** für öffentl Auftritte

Betriebseinnahmen (ABC)

können uU in den Einkünftebereich fallen (s zu § 22 Nr 3 *Schmidt* 35. Aufl § 4 Rz 460 „Preise" und § 22 Rz 150 „Preise"), ebenso professionelle **Spielgewinne** (BFH X R 43/12 BStBl II 16, 48, VerfBeschw nicht angenommen, Anm *Ebner* NWB 16, 1584; *Meier* FR 16, 359; abgrenzend *Schiefer/Quinten* DStR 13, 686). – Weitere Beispiele s *Schmidt* 39. Aufl Rz 460 „Preise".

Provisionszahlungen s Rz 444.

Rabatte uä Nachlässe, die ein Selbständiger von seinem Unternehmen erhält, sind iRv § 8 I uU zu versteuern (vgl zu Versicherungsvertreter BFH XI R 24/88 BFH/NV 91, 453, X R 43/08 BFH/NV 10, 1436). Vom Unternehmen bei Dritten ausgehandelte Rabatte sind nicht stbar (zB Firmenautorabatte).

Rentenbezüge als BE s § 24 Nr 2; Rz 192 ff; FG BaWü EFG 04, 1827, rkr.

Sachzuwendungen können BE sein (s Rz 427, oben „Erbschaft"; „Preise").

Sanierungsgewinne. Die frühere Behandlung von Sanierungsgewinnen nach dem **Sanierungserlass** *BMF* BStBl I 03, 240 verstieß gegen den Grundsatz der Gesetzmäßigkeit der Verwaltung (BFH GrS 1/15 BStBl II 17, 393). S jetzt **§ 3a.**

Schadensersatz s „Abfindung", „Versicherungsentschädigungen" (BFH IX R 32/04 BStBl II 07, 44 – „Reuegeld nicht stbar" – betrifft nur PV).

Schmiergelder sind beim Empfänger BE, wenn sie iZm einer selbständigen Tätigkeit geleistet werden. § 160 AO ist zu beachten, wenn der Empfänger nicht benannt wird (s dazu Rz 630). S auch „Abfindungen" (Rückzahlung) und Rz 448.

Sonderbetriebseinnahmen s Rz 54, § 15 Rz 640 ff.

Sponsoringzuschüsse an gemeinnützigen Sportverein können uU BE eines wirtschaftl Geschäftsbetriebs sein (BFH I R 42/76 BStBl II 08, 949); s 520.

Steuererstattungen betriebl Steuern sind grds BE. S „Abfindungen", „Zinsen" zu Erstattungszinsen iSv § 233a AO.

Streikunterstützungsleistungen des ArbG-Verbandes sind stpfl Unternehmergewinne (s FG Köln EFG 01, 1230, rkr) – nur bei ArbN stfrei.

Umsatzsteuer nach Vorsteuerberichtigung s § 9b II, § 9b Rz 8.

Unentgeltliche Zuwendungen sind bei betriebl Veranlassung BE (§ 6 IV, Rz 428, 441, unten „Zulagen"). Der BA-Abzug beim Schenker ist nicht maßgebl (Rz 425). Erlass einer Verbindlichkeit s Rz 395, 404.

Veräußerungsvorgänge. Veräußerung von BV ist stets betriebl veranlasst (s auch Rz 51, 441 und „Inzahlunggabe"). Sie führt grds zur Aufdeckung stiller Reserven (s Rz 87, zu § 4 V Rz 564). Ausnahmen s Rz 98. Besonderheiten bei § 4 III s Rz 382, 407 ff. Zum Veräußerungspreis (s § 16 Rz 270) gehört alles, was der Veräußerer in wirtschaftl Zusammenhang mit der Veräußerung erhält (zB auch Schuldbefreiung, Entgelt für die Aufgabe eines Mietrechts anlässl Betriebsveräußerung). **Tausch** s Rz 428.

Versicherungsleistungen, die als Ausgleich für den Substanzverlust eines zum BV gehörenden WG gezahlt werden, sind stets BE, ebenso **Nutzungsausfallentschädigungen;** unerhebl ist, ob der Schaden betriebl oder privaten Nutzung eingetreten ist; eine Aufteilung der Leistungen in einen betriebl und einen privaten Teil nach dem Verhältnis der übl Nutzungsquoten kommt nicht in Betracht (BFH X R 2/14 BStBl II 16, 534 mwN, Einschränkung: uU anteilige Gewinnauswirkung bei Nachweis des privaten Nutzungsanteils durch Fahrtenbuch).

Verzicht auf BE s Rz 433 (grds keine BE).

Vorschüsse sind auch bei § 4 III BE (s Rz 422).

Wertpapiere (Beteiligungen). Die Erträge sind BE, soweit die Wertpapiere oder Beteiligungen zum BV gehören (Rz 160 ff).

Wohnung. Wohnen ist idR privat veranlasst (§ 12 Nr 1). Ausnahmen s § 13 II Nr 2, Rz 35, 520 „Gebäudenutzung", Rz 270 „Land- und Forstwirtschaft".

Loschelder

Zinsen aus betriebl Forderungen (vgl Rz 130) sind BE (§ 20 I Nr 7, VIII). Zur Besteuerung von Erstattungszinsen iSv § 233a AO auf Betriebssteuern trotz des Nichtabzugs von Nachzahlungszinsen nach § 12 Nr 3 (s Rz 520 „Steuern") s § 20 Rz 120. Zur Erstattung von GewSt-Zinsen s „Abfindungen".

Zulagen/Zuschüsse sind BE, wenn ein wirtschaftl Zusammenhang mit dem Betrieb besteht, sofern Einlagen, Aktivierung oder **steuerneutrale Behandlung nach EStR 6.5** oder StFreiheit nach anderen Vorschriften ausscheiden. Das gilt für Aufwands- und Ertragszuschüsse (BE, s § 6 Rz 79), lfd und einmalige Investitionszuschüsse privater und öffentl Art (mit Wahlrecht, EStR 6.5 II; s § 6 Rz 71 ff) mit – rechtsbegründenden – Ausnahmen zu einzelnen stfreien Zulagen in § 13 InvZulG, § 19 IX 1 BerlinFG (zur außerbetriebl Veranlassung s BFH I R 73/76 BStBl II 79, 120). – Auch **Corona-Soforthilfe/-Überbrückungshilfe** (Billigkeitsleistung nach § 53 BHO) sind als stbare BE zu erfassen (glA *Wagner/Weber* DStR 20, 745, 746 f; *Hey* DStR 20, 2041; *Köster* DStZ 20, 925; s auch § 3 Rz 5; aA *Heigl* BB 20, 2011; *Seifert* NWB 20, 1744); sie wirken sich erst bei der Veranlagung für VZ 2020 aus, nicht bereits bei den Vorauszahlungen (s § 37 III 2). Dasselbe muss mE aus systematischen Gründen für die **Forschungszulage** gelten; ist keine StVergütung, sondern wird ledigl gem § 36 II Nr 3 iVm §§ 10, 12 FZulG wie eine solche behandelt (vgl auch *Kessler/Spychalski* DStR 19, 2043, 2046 f; aA *Haase/Boli/ Nonnenmacher* BB 20, 791, 793: außerbilanzielle Korrektur; *Brunckhorst* DStR 20, 2349 diff *Althoff* DB 20, 1256: bei KapGes BE, bei PersGes nicht). Zuschüsse zum **Kurzarbeitergeld** s § 3 Nr. 28a. – Bei **§ 4 III** mindert der Zuschuss die AfA ggf schon im Jahr der Bewilligung, nicht erst im Jahr der Zahlung (BFH IV R 81/05 BStBl II 08, 561; zu nachträgl Bewilligung – Zuschuss statt Darlehen – BFH IX R 46/09 BStBl II 12, 310). – Weitere **Beispiele** s *Schmidt* 35. Aufl § 4 Rz 460 „Zulagen/Zuschüsse" und § 6 Rz 76.

II. Betriebsausgaben, § 4 IV

470 **1. Begriff, § 4 IV.** BA sind Aufwendungen (Rz 471 ff), die durch den Betrieb veranlasst sind (Rz 480 ff). Sie sind unmittelbare Besteuerungsgrundlage bei der Gewinnermittlung nach § 4 III. Die Verweisungen in § 4 I 9 (deklaratorisch, s Rz 272) und § 5 VI zum BV-Vergleich dienen der Abgrenzung von außerbetriebl Aufwendungen bzw Wertabgaben zu außerbetriebl Zwecken (Entnahmen) und der Anwendung des § 4 V–VIII. **SonderBA** s § 15 Rz 640.

471 **2. Aufwendungen, § 4 IV, III. – a) Allgemeines.** Aufwendungen sind alle Wertabflüsse, die nicht Entnahmen sind (BFH X R 33/16 BStBl II 18, 185 Rz 23). Das umfasst insb Ausgaben, die in Geld oder Geldeswert bestehen und aus dem Vermögen des StPfl abfließen (vgl BFH GrS 1/89 BStBl II 90, 830), aber auch TW-AfA, AfA, RAP und Rückstellungen für bereits entstandene Verbindlichkeiten (BFH X R 33/16 BStBl II 18, 185 Rz 23). Allerdings ist eine allg gültige Begriffsbestimmung wegen fehlender Systematik der Gewinnermittlung nach § 4 III (Rz 406) kaum mögl (grundlegend *Söhn* StuW 91, 271 f).

472 **aa) Zahlung; Abfluss von Aufwendungen.** Ausgaben in Geld und Geldeswert werden im Grundsatz bei Zahlung (§ 11 II) als BA erfasst, idR auch **Vorauszahlungen** (BFH III R 30–31/85 BStBl II 90, 287; s auch Rz 382, 422; § 11 Rz 50), soweit die gewinnmäßige Auswirkung nicht durch **Sondervorschriften** bzw § 42 AO eingeschränkt ist. Dann werden die Ausgaben durch sonstige Aufwendungen ersetzt, die an andere Werte oder Zeitpunkte anknüpfen, bzw – im Vermögensbereich – überhaupt nicht berücksichtigt.

Beispiele: Durchlaufende Posten (Rz 404); Zahlungen für die Anschaffung eines abnutzbaren (Rz 408) oder nicht abnutzbaren WG des AV (Rz 409) sowie bestimmter WG des UV (§ 4 III 4, Rz 406); Darlehenshingabe (vgl Rz 376); sonstige regelmäßig wiederkehrende Ausgaben (§ 11 II 2).

Betriebsausgaben **473–480 § 4**

bb) Wertabgänge ohne Zahlung. AfA, Ausfall einer Darlehensforderung, Anrechnung früherer AK nach § 4 III 4, Verlust oder Zerstörung aus betriebl Anlass sind Aufwendungen mit BA-Charakter (s zu AfA BFH I R 29/85 BStBl II 87, 108), jedenfalls wie BA absetzbar (s auch Rz 370, 376, 383). **Ersparte BA** sind nicht abziehbar (s Rz 431); **entgehende BE** sind keine BA (vgl BFH VI R 25/10 BStBl II 13, 699). 473

cc) Praxis. Sie entscheidet im Einzelfall nach dem Grundsatz, dass sich bei § 4 III ebenso wie bei § 4 I/§ 5 alle betriebl veranlassten Geschäftsvorfälle im Gesamtergebnis gewinnmindernd und alle außerbetriebl veranlassten Geschäftsvorfälle gewinnneutral auswirken müssen (vgl Rz 226; zur Gleichheit der Gesamtgewinne s Rz 11, auch zu Einschränkungen). Die Entscheidung hängt damit wesentl von der Art der Aufwendung, bei Anschaffung und Einlage eines WG von Art und Verwendung und steuerl Behandlung nach § 4 III 2–5 ab (Einzelfälle s Rz 406 ff). Bei § 4 III uU BA-Abzug statt Rücklagenbildung (zB § 6c, § 7g, s Rz 370). 474

b) Zurückgezahlte Betriebseinnahmen. Es handelt sich um betriebl Aufwendungen, soweit die BE stpfl waren und eine Bescheidänderung im BE-Jahr ausscheidet. Die Rspr nimmt in diesen Fällen zT statt BA sog **negative Einnahmen** an, wenn von Anfang an eine rechtl oder tatsächl Verpflichtung zur Rückzahlung bestand (s Rz 424). Die Bedeutung liegt mehr im Bereich der Überschusseinkünfte iSv § 2 II 2 (WK-Pauschbetrag). Vgl § 9 Rz 108, § 11 Rz 18. – Rückzahlungen im außersteuer Vermögensbereich sind keine BA. Andererseits steht der **Rückfluss von BA** als Einlage oder Darlehen dem Abzug nicht entgegen (BFH I R 2/85 BStBl II 89, 473 Rz 520 „Angehörige"). 475

c) Ersatzansprüche. Sie stehen dem BA-Abzug bei § 4 III nicht entgegen (BFH IV R 79/73 BStBl II 76, 560, § 11 Rz 38; s aber Rz 472). 476

d) Besteuerung beim Empfänger. Die Besteuerung bei Geber und Empfänger ist gesondert zu prüfen und muss nicht übereinstimmen (s Rz 425; § 8 Rz 7 zum Fehlen eines *allg* Korrespondenzprinzips). So können BA beim Empfänger zu stpfl, pauschalierten, stfreien oder nichtsteuerbaren Zuflüssen führen (s Rz 490, 425, 460 „Abfindung"). Zahlungen an unbekannte Empfänger sind ggf nach **§ 160 AO** oder **§ 90 AO** vom BA-Abzug ausgenommen (s Rz 630). Beim ArbN stfreie Lohnzahlungen sind beim ArbG BA (s Rz 520 „Arbeitslohn"). S auch § 50d. 477

e) Betriebliche Sachaufwendungen. Veräußerung, Tausch, unentgeltl Zuwendung, Verlust sind bei *betriebl* Veranlassung gewinnmindernd zu berücksichtigen. Dabei sind Art der Gewinnermittlung und Art der Aufwendung zu beachten. BE sind unabhängig davon zu beurteilen. 478

3. Betriebliche Veranlassung. – a) Allgemeine Grundsätze; Nachweis. Betriebl veranlasst sind alle Aufwendungen, die obj, dh tatsächl oder wirtschaftl, in einem Zusammenhang mit dem Betrieb stehen und subj dem Betrieb zu dienen bestimmt sind (stRspr, vgl BFH IV R 14/16 DStR 18, 2259). Abzustellen ist auf die Gründe, die den StPfl bewogen haben, die Kosten zu tragen (BFH VIII R 28/17 DStR 20, 2410: „auslösendes Moment"). – Bei BA ist der dem StPfl verbleibende subj Entscheidungsspielraum größer als bei BE. Der StPfl hat es in der Hand, den Betriebsumfang und damit den Umfang der betriebl Veranlassung von Aufwendungen zu bestimmen (vgl auch Rz 477 und BFH GrS 2–3/88 BStBl II 90, 817 unter C II 2). *Dass* er derartige Entscheidungen getroffen hat, muss *er* jedoch im Zweifelsfalle anhand obj Tatsachen darlegen (**Feststellungslast** s Rz 416). Es muss feststehen, dass eine Aufwendung in wirtschaftl Zusammenhang mit konkreter Gewinnerzielungsabsicht angefallen ist (BFH X R 146/94 BFH/NV 98, 961; FG Mchn EFG 14, 445, rkr) und dass eine ggf private Mitveranlassung unbedeutend oder trennbar ist (§ 12; BFH GrS 1/06 BStBl II 10, 672; s auch Rz 520 „Informationsreisen" und Rz 626); zur **Gewichtung der Einzelumstände** s BFH XI R 30–31/89 BStBl II 91, 842. Nur die Höhe kann geschätzt 480 werden (Rz 416, 494). Die **Art der Buchung** ist nur Indiz (BFH VIII R 296/81 BStBl II 85, 325 mwN; zu BV Rz 270 „Buchung").

Der Gesetzeswortlaut scheint in § 4 IV bei den BA im Gegensatz zu den WK in § 9 I 1 zunächst auf einen Zusammenhang abzustellen, der sich weniger subj nach der Zielrichtung („zur") als der obj Veranlassung richtet. Tatsächl hat die Rspr den WK-Begriff an § 4 IV angeglichen; das ist zutr, auch unter verfrechtl Gesichtspunkten (s iEinz § 9 Rz 40 mwN).

481 **b) Einzelfälle.** Betriebl veranlasst sind zunächst die lfd Betriebsaufwendungen, zB gezahlte Arbeitslöhne, Betriebsmiete, Betriebsteuern und betriebl Versicherungen (Rz 178), Werbekosten usw (s auch Stichworte Rz 520 sowie Vordruck EÜR, Rz 413); ebenso Ausgaben für dem Betrieb ggü erbrachte Leistungen und für die Anschaffung von BV. Wie beim BV (s Rz 36 ff) ist auch bei den BA die konkrete **Funktion des WG im Betrieb** von Bedeutung (BFH IV R 107/77 BStBl II 81, 564). S auch Rz 520 „Alltagsgegenstände". – Auch ohne oder **gegen den Willen des StPfl** anfallende Aufwendungen können BA sein, zB bei Zerstörung, Verlust, Unterschlagung (s Rz 375), Diebstahl von BV, Schadensersatz (s Rz 78, 50 ff, 520 „Verlust"). Dasselbe gilt für **vergebl Aufwendungen** (BFH X R 10/16 BStBl II 18, 630 Rz 29 ff: betrogener StPfl, Investition in nicht existierende Blockheizkraftwerke). – Die **Zuordnung des WG zum BV** ist häufig, aber nicht immer maßgebend für BA-Abzug (s Rz 520 „Verlust", „Schuldzinsen"), auch nicht bei lfd Nutzungsaufwendungen (Rz 48 f, 224, 500). Die steuerl Berücksichtigung der Anschaffung muss nicht mit der Besteuerung der lfd Aufwendungen übereinstimmen (zB Darlehenszinsen bei § 4 III, vgl Rz 376). Eine betriebl (Primär-)Kausalität kann durch eine nichtbetriebl **Sekundärkausalität** überholt werden (zB durch vorübergehende nichtbetriebl Nutzung von WG des BV oder Verlust/Beschädigung von aus privaten Gründen auf Geschäftsreise mitgenommenen Sachen oder Personen; s auch BFH IV R 22/15 BFH/NV 18, 335: Belastung eines betrieblichen Grundstücks mit Grundschuld zur Besicherung einer betriebsfremden Verbindlichkeit).

Aufwendungen eines **PersGes'ters,** die beim Einzelunternehmer keine BA wären, weil sie die private Lebensführung betreffen (§ 12 Nr 1), sind nicht dadurch betriebl veranlasst, dass andere Ges'ter beteiligt sind (BFH VIII R 148/85 BStBl II 92, 647), die Leistung verlangen (BFH IV R 32/80 BStBl II 83, 101, § 15 Rz 647) oder übernehmen (s Rz 520 „Lösegeld", zu Versicherungen Rz 184). – Zur betriebl Veranlassung wiederkehrender Zahlungen s Rz 192, 400; zu **Sponsoringzuschüssen** s Rz 520. Zu Veranlassung bei nachträgl BA in **DBA-Fällen** s Rz 486.

482 **c) Rechtspflicht zur Zahlung.** Freiwillige unentgeltl Zuwendungen können beim Geber betriebl veranlasst sein. *Beispiele:* Schmiergelder, Geschenke an ArbN und Geschäftsfreunde – unabhängig von der Abziehbarkeit nach § 4 V 1 Nr 1 und Nr 10, s Rz 536 und 607.

483 **d) Notwendigkeit/Angemessenheit/Üblichkeit/Zweckmäßigkeit von Aufwendungen.** Sie sind ebenso wenig Voraussetzung für den Abzug von BA (vgl BFH IX R 52/14 BFH/NV 17, 1017: Arbeitszimmer) wie der Eintritt des beabsichtigten Erfolges (Rz 494). Insoweit bleibt dem StPfl ein **subj Entscheidungsspielraum** (Rz 480; s aber § 4 V 1 Nr 7, Rz 601). Fehlen diese Merkmale, kann dies inzident Rückschlüsse auf die Beurteilung der betriebl Veranlassung zulassen, vor allem wenn die Möglichkeit einer privaten Mitveranlassung nach Art der Aufwendung nicht auszuschließen ist (zB BFH VIII R 51/10 BStBl II 13, 808: Auslandsreise; s auch Rz 32). Grenze ist stets die **obj Nachvollziehbarkeit** (zutr abl spiritueller „Betriebsförderung" FG Mster EFG 14, 630, NZB BFH 27.1.15 IV B 17/14, nv).

484 **e) Vorweggenommene/vorab entstandene Betriebsausgaben.** Betriebl Aufwendungen können bereits *vor Betriebseröffnung* anfallen. Es muss nur ein ausreichender Zusammenhang mit der Gewinnerzielung bestehen. Ein Unterfall sind **vergebliche BA** (Rz 481); kommt es nicht zur Betriebsgründung, kann der Nachweis der betriebl Veranlassung schwierig sein (s FG Nbg EFG 16, 1008 rkr,

Betriebsausgaben 486, 487 § 4

mit Anm *Hüttner*; FG Mster DStRE 19, 1117, rkr; Rz 483, Rz 520 „Anlaufkosten"). Auch bei § 4 III ist zu prüfen, ob eine Aufwendung zu aktivieren ist (vgl § 4 III 3, Rz 498, § 5 Rz 90 ff). Soweit die Rspr den Bezug zu einem **bestimmten Betrieb einer *feststehenden* Einkunftsart** verlangte (zB BFH IV R 117/94 BFH/NV 96, 461), ist sie überholt, wenn nur überhaupt Ausgaben iZm der Erzielung von Einkünften anfallen.

Beispiele: Zu **Finanzierungskosten** s Rz 520, vgl auch § 15 Rz 522 zur Finanzierung einer KG-Beteiligung, zu Vermittlungsprovisionen einer PersGes ib § 5 Rz 270 „Provisionen"; **Gründungskosten, Anlaufkosten** s unten, Rz 520 (auch zu vergebl Ges-Beitrittskosten); **Reisekosten** für die Besichtigung von zum Verkauf angebotenen Betrieben (BFH III R 96/88 BStBl II 92, 819), bei tatsächl Ankauf uU AK; **Abfindung** an Mieter wegen betriebl Gebäudenutzung (s § 5 Rz 270); **Planungskosten** für Betriebsgebäude (Aktivierung s § 5 Rz 270 „Gebäude"); **Auslandseinkünfte** s Rz 520 „Sprachkurse", § 3c Rz 5 (s auch § 2a); zu **Fortbildungskosten**, auch bei ungewisser/fehlender Berufsausübung, s § 10 Rz 104. – S iÜ auch § 9 Rz 95.

f) Nachträgliche Betriebsausgaben. Aufwendungen nach Betriebsbeendigung sind idR nicht mehr betriebl veranlasst. Die Betriebsbeendigung soll einen Schlussstrich unter betriebl Geschäftsvorfälle setzen, die mit allen erkennbaren Forderungen/Verbindlichkeiten iRd Veräußerungs- oder Aufgabengewinns erfasst werden (s zu nachträgl konkretisierten Schulden BFH I R 205/85 BStBl II 90, 537, zu § 4 III Rz 399, 650 ff und – BE – Rz 446). Aktivvermögen ist grds zur Schuldenbegleichung einzusetzen (BFH XI R 98/96 BStBl II 98, 144 mwN und Abgrenzung; zu BV Rz 148 und 152 ff; zu Schätzung BFH X B 168/95 BFH/NV 97, 348). Damit ist aber der **Abzug verbleibender nachträgl BA** nicht allg ausgeschlossen. *Einzelfälle* s § 16 Rz 349, zu Strukturwandel zur Liebhaberei BFH X R 3/99 BStBl II 02, 809 (s aber *Weber-Grellet* FR 02, 1228), zu PersGes BFH VIII R 18/92 BStBl II 96, 291; zu Rentenzahlungen bei Tilgungshindernis s BFH XI R 46/98 BStBl II 00, 120, auch zu **Verwertungshindernis** des Aktivvermögens; Abgrenzung in BFH X R 15/04 BStBl II 07, 642 mwN (nur betriebl Hindernisse); „Vertragsstrafen" s Rz 520; Schuldzinsen nach Insolvenz s BFH X R 25/12 BStBl II 16, 391; s auch zu nachträgl Kaufpreisänderung Rz 383. Nachträgl BA bei **beschr StPfl/wechselnder StPfl** s § 50 Rz 9; nachträgl BE/BA und **DBA** s BFH I R 75/14 BFH/NV 15, 1687, Anm *Schäfer* IStR 15, 346, *Hagemann* IWB 16, 75 und DB 16, 1217. Gewinnermittlung nach § 4 III, s Rz 446. Das Aktivvermögen übersteigende Schulden bleiben BV, die Zinsen BA. Zum späteren Ausfall der Forderung aus **Betriebsveräußerung** s Rz 383, § 16 Rz 337. Auch die **Rspr zu nachträgl WK im außerbetriebl Bereich** bewegt sich, s § 9 Rz 99; *BMF* BStBl I 15, 581; *Geißler* NWB 15, 332; *Engelberth* NWB 16, 20; *Schmidt* 33. Aufl § 4 Rz 486.

Umschuldungen im Einkünftebereich. Die Rspr erkennt nachträgl BA/WK ohne formale Schuldveränderungen an (s Rz 383; *OFD Ffm* FR 00, 788), nicht jedoch *automatische* Umschuldungen durch bloße Willensentscheidung (s BFH X R 15/04 BStBl II 07, 642).

g) Mittelbare betriebliche Veranlassung. Nach wohl hM soll ein mittelbarer betriebl Zusammenhang für den Abzug von BA ausreichen. Das ist in dieser Allgemeinheit missverständl und bedeutet sicher nicht, dass *jeder* mittelbare betriebl Zusammenhang den Abzug von BA rechtfertigen würde (grundlegend BFH GrS 2–3/77 BStBl II 78, 105 – Unfallkosten). Ein zunächst bestehender betriebl Zusammenhang kann durch außerbetriebl Umstand überlagert werden und umgekehrt. Es ist daher in jedem Einzelfall zu prüfen, welches der **auslösende Moment** für die Aufwendung war und ob es dem betriebl oder dem außerbetriebl Bereich zuzurechnen ist. Dabei ist **§ 12** zu beachten. *Beispiele:* Unfall mit BetriebsPkw auf Privatfahrt (keine BA, s Rz 520 „Verlust"); Verlust eines privaten WG auf Betriebsfahrt (idR § 12); Fund eines WG auf Betriebsfahrt (keine BE); Lohn für Hausgehilfin oder Kindergartenkosten (s Rz 520 „Arbeitslohn"). Ehrenamtl oder verlustbringende **Nebentätigkeit** kann uU durch Haupttätigkeit veranlasst sein (vgl

Loschelder

Rz 445, BFH VI R 122/92 BStBl II 94, 510; FG SchlHol EFG 19, 681 rkr: nebenberufl Professur). S auch Rz 520 „Kleidung", „Schadensersatz", „Verlust", zu Einschränkung der sog Sekundärfolgen-Rspr „Schuldzinsen".

488 **h) Anteilige betriebliche Veranlassung.** Werden Aufwendungen durch verschiedene Einkunftsarten verursacht, sind sie aufzuteilen, notfalls im Schätzungswege. Bei gemischter Tätigkeit § 18/§ 19 keine Kürzung des ArbN-Pauschbetrages und gesondert zuzuordnender BA; Aufwendungen, die beide Einkunftsarten betreffen, sind im Schätzungswege aufzuteilen (BFH VIII R 76/05 BStBl II 08, 937).

489 **i) Gemischte Veranlassung.** Aufwendungen, die nicht unwesentl sowohl betriebl als privat veranlasst sind, müssen **aufgeteilt** werden, soweit dies mögl ist. Das von der Rspr jahrzehntelang aus § 12 Nr 1 hergeleitete umstrittene sog *Aufteilungs- und Abzugsverbot* ist mit BFH GrS 1/06 BStBl II 10, 672 zutr aufgegeben worden. Die steuerl Anerkennung des betriebl veranlassten Teils der Aufwendungen als BA ist ein Erfordernis des **obj Nettoprinzips**. Die Höhe ist ggf zu schätzen. Ein Abzugsverbot besteht nur dann, wenn private und betriebl Gründe so zusammenwirken, dass eine Trennung nicht mögl ist, weil sie willkürl wäre. Geringfügige Veranlassungsbeiträge sind unbeachtl. Die unter § 9 Rz 54 ff dargestellten Grundsätze gelten auch iRd Gewinneinkünfte. – Zu gemischt genutzten WG s Rz 47 ff.

Beispiele: Zu **gemischten Kontokorrentkonten** s Rz 152 ff; zu **Bewirtungskosten** s Rz 546 f; zum privaten Nutzungsanteil eines **betriebl Pkw** s Rz 580 ff; zu **Arbeitszimmer** s Rz 121 und 590; zu **Arbeitsmitteln, Feiern, Reisekosten** und **Sprachkursen** s § 9 Rz 63 ff; zu „**Fachliteratur**", „**Informationsreisen**", „**Kleidung**", „**Lösegeld**", „**Sprachkurse**", „**Telefonkosten**", „**Umzugskosten**" s Rz 520; zu **Brille** und **Hörgerät** s Rz 520 „**Krankheitskosten**"; zu **Versicherungen** s Rz 178 ff. – Teilweise wird wegen der Bedeutung eines WG für den Beruf eine private Mitbenutzung ausgeschlossen, zB Aufwendungen für **Schreibtisch** im Privatraum (BFH VI R 182/75 BStBl II 77, 464 und Rz 591), für **Instrumente von Musikern** (vgl FG Mchn EFG 09, 1447, rkr) oder für **Fernsehgerät** eines Medienpädagogen am Arbeitsplatz (FG Mster FR 87, 458, rkr). – Zur Fortgeltung der **bisherigen Aufteilungs-Rspr** s § 9 Rz 71.

490 **j) Verhältnis Betriebsausgaben/Betriebseinnahmen. – *(1)* Eigene Betriebsausgaben/Betriebseinnahmen.** Im Inl schließt § 3c grds den BA-Abzug iZm nicht zu versteuernden BE aus. – *(2)* **Betriebsausgaben im Verhältnis zur Besteuerung beim Empfänger** s Rz 477. – *(3)* **Hybride Gestaltungen; inkongruente Besteuerung.** Vielfach werden in international verbundenen Unternehmen staatl Unterschiede in der steuerl Behandlung von Rechtsträgern oder Rechtsverhältnissen/Finanzinstrumenten gezielt ausgenutzt, um zB einen BA-Abzug ohne BE-Besteuerung, eine doppelte Nichtbesteuerung („weiße Einkünfte") oder einen doppelten BA-Abzug („double dip") zu erreichen. Dies soll jetzt durch einen neuen § 4k vermieden werden (s § 4k Rz 3 ff).

Die nicht umgesetzte Einfügung eines § 4 Va (vgl BT-Drs 18/2158, 7/13; *Kahlenberg/Vogel* StuW 16, 288; *Kahlenberg* IStR 16, 834; *Bahns/Schatz* FR 16, 1079; *Rautenstrauch/Suttner* BB 16, 2391) ist ab 2017 – zunächst ausschließlich auf den Abzug von SonderBA iRe PersGes – ersetzt durch **§ 4i** (s dort und BR-Drs 406/16); *Schreiber/Greil* DB 17, 10/17; *Benz/Böhmer* DB 17, 206 auch zu weiteren Einschränkungen ab 2018 durch die Lizenzschranke, **§ 4j.**

491 **k) Nicht abziehbare Betriebsausgaben, § 4 IVa–VIII.** Dies sind betriebl veranlasste Aufwendungen iSv § 4 IV (s Rz 521 ff). Sie sind jedoch nicht abziehbar, werden nicht gebucht (§ 4 III) oder außerhalb der Bilanz dem Gewinn hinzugerechnet. Das gilt auch für GewSt (§ 4 Vb, Rz 618). Weitere Abzugsbeschränkungen ergeben sich, wenn Mitwirkungs- und Aufzeichnungspflichten nicht erfüllt werden, zB nach § 90 II, § 160 AO (s Rz 477 und 630).

492 **l) Gesetzeswidrigkeit/Sittenwidrigkeit eines Handelns.** Weder die BE-Besteuerung noch die betriebl Veranlassung und der Abzug dabei aufgewandter BA sind eingeschränkt (§ 40 AO, verfgemäß, s BVerfG HFR 96, 597). *Beispiel:* BE/BA aus verbotenem Bordell. Eine systemwidrige Ausnahme macht § 4 V 1 Nr 10 für

Betriebsausgaben

strafbare Schmier- und Bestechungsgeldzahlungen (s Rz 613). **Standeswidrigkeit** s § 18 Rz 163. Die Wirksamkeit des zugrunde liegenden Rechtsgeschäfts ist ohne Bedeutung (§ 41 AO, Rz 448 – BE – und § 15 Rz 45).

4. Verhältnis zu Einlagen und Entnahmen. Einlagen werden nur *wie* BA be- 493 handelt, soweit sonst – entgegen § 4 III 1 – außerbetriebl veranlasste Wertzugänge den Gesamtgewinn durch die Aufzeichnung eines außerbetriebl veranlassten Vorganges beeinflussen würden. *Beispiele:* Einlage von UV bei § 4 III (vgl Rz 389, 410), Einlage einer Forderung (vgl Rz 394). Die Kürzung um nicht abziehbare BA ist keine Entnahme (s Rz 491).

5. Höhe. BA sind iHd **tatsächl Wertabgabe** absetzbar. Die Höhe der Auf- 494 wendungen hat der StPfl ggf zu belegen (Aufzeichnungspflichten s Rz 412 ff). Soweit ihm das nicht gelingt, obwohl der Anfall und die betriebl Veranlassung feststehen (Rz 480), ist die Höhe zu schätzen (§ 162 II 1 AO). – **Einschränkungen** müssen sich aus dem Gesetz ergeben, als Abzugsverbot oder Begrenzung der Höhe nach gem § 3c, § 4 IVa, V–VIII oder § 12 EStG, § 160 AO oder § 8 StAbwG (s *Haun/Sauter* IStR 21, 917), als gesetzl Pauschalierung (zB § 4 V 1 Nr 5) oder als zeitl Verschiebung (Sondervorschriften bei Anschaffung von WG des AV, s Rz 498, uU des UV, s Rz 410). § 4 VIII s Rz 499. Darüber hinaus brauchen Aufwendungen nicht notwendig, übl, zweckmäßig, angemessen oder erfolgreich zu sein (s Rz 483).

6. Pauschbeträge. Anders als § 9a zu WK sieht das Gesetz **keinen allg** 496 **Pauschbetrag** für BA vor. Immerhin enthält § 51 I Nr 1 Buchst c eine – offene – Ermächtigung zum Erlass einer derartigen **VO-Regelung.** Die Verwaltung lässt jedoch aus Gründen der Vereinfachung bei einzelnen Berufsgruppen oder Aufwendungsarten pauschale Abzüge zu – an die die Rspr (nur) gebunden ist, wenn sie nicht gesetzesauslegenden Charakter haben (BFH VI R 154/00 BStBl II 02, 779). **Einzelfälle** s Rz 520 „Pauschbeträge", auch zu stfreier Abgeordneten-Pauschale. – *Pauschbeträge auf Empfängerseite* wie WK-Pauschbeträge/-Höchstbeträge beim ArbN berühren die Höhe des BA-Abzugs nicht (s Rz 520 „Arbeitslohn").

7. Aktivierung. Bei § 4 I/§ 5 und § 4 III sind, soweit der sofortige Abzug 498 von Aufwendungen gem § 4 I 9, § 5 VI, § 4 III 3–5 ausgeschlossen ist, die Vorschriften über die Aktivierung (s Rz 407 ff) und Aktivierungsverbote zu beachten (zB § 5 II).

8. Zeitpunkt des Betriebsausgabenabzugs. Dieser richtet sich nach Art der 499 Aufwendung und Gewinnermittlung. Grds ist bei § 4 III der Zeitpunkt der Zahlung als Verlust der tatsächl Verfügungsmacht maßgebend (vgl § 11 II). Zu den zahlreichen Ausnahmen s § 4 III 3, 4, Rz 406 ff. – **§ 82b EStDV** gilt nicht für BA/Betriebsgebäude. Beim BV-Vergleich erfolgt Ausgleich durch Bildung von RAP, s § 5 Rz 241, 301. Zu § 4 VIII s Rz 624.

9. Persönliche Zurechnung; Drittaufwand. – a) Allgemeines. Die Frage, 500 ob man Aufwand, der die Erzielung von stpfl Einnahmen ermöglicht, deshalb vom Abzug als BA/WK ausschließen kann, weil ein Dritter den Aufwand für den StPfl trägt, hat der GrS des BFH in vier Beschlüssen grundlegend – wenn auch nicht abschließend – geklärt (BFH GrS 1/97 BStBl II 99, 778; BFH GrS 2/97 BStBl II 99, 782; BFH GrS 3/97 BStBl II 99, 787; BFH GrS 5/97 BStBl II 99, 774). Er macht den BA-Abzug davon abhängig, dass der StPfl selbst Aufwand trägt, verneint grds den Abzug von Drittaufwand unter Verweisung auf das **Leistungsfähigkeitsprinzip/Nettoprinzip**, macht jedoch großzügige Ausnahmen bei der Frage der Zurechnung der Aufwandstragung.

Die Fälle betrafen vorwiegend Aufwendungen an Gebäuden von Ehegatten, insb Fragen des AfA-Abzugs; sie haben jedoch – mit Ausnahme der Mittelzurechnung, s Rz 502 – darüber hinaus **Gültigkeit für alle Einkunftsarten** und **alle Arten der Gewinnermittlung.** – S iÜ auch § 2 Rz 21, § 7 Rz 51 ff, 101, § 9 Rz 21 ff. Zu Drittaufwand bei KapGes *Kestler* DStR 15, 2465.

Loschelder

501 **b) Eigene Aufwendungen.** Aufwendungen, die ein StPfl für seinen Betrieb erbringt, kann er grds als BA absetzen, auch wenn sie an WG im PV, im anderen eigenen Betrieb oder an fremden WG anfallen. *Beispiele:* Pachtzinsen für die Nutzung von Betriebsgebäuden/-flächen (BFH VI R 59/15 BStBl II 18, 461); Dacherneuerung an gepachtetem Betriebsgebäude (BFH IV R 1/02 BStBl II 04, 780, s auch Rz 65 f); lfd eigene Betriebskosten für Pkw der Ehefrau; mE auch AfA auf den Pkw, soweit der StPfl selbst AK getragen hat (BFH GrS s Rz 500 und Rz 506 zu Gebäude-AfA).

502 **c) Geldschenkung; Zuwendungsgedanke.** Die Herkunft der Mittel, die tatsächl finanzielle Belastung und die endgültige Kostentragung sind für den BA-Abzug nach zutr hM ohne Bedeutung. Der StPfl kann BA aus (betriebl und privaten) eigenen oder fremden Mitteln bestreiten, die er sich wiederum entgeltl (Darlehen) oder unentgeltl beschaffen kann (Schenkung, Erbschaft). Für betriebl Zwecke des StPfl bestimmte unentgeltl private Geldzuwendungen Dritter sind grds bei deren ESt nicht abziehbar, bei der ESt des Empfängers nicht zu versteuern. Dieser Zuwendungsgedanke verlagert Aufwendungen des Dritten außerhalb der ESt in den Geschäftsbereich des Bedachten und rechtfertigt so den Abzug von BA bei ihm als dem – ohne eigene finanzielle Belastung – wirtschaftl in seiner Leistungsfähigkeit beeinträchtigten StPfl. Deutl wird dies bei **Zahlung von BA mit geschenktem Geld** (*Beispiel:* Vater gibt Sohn Geld für Kauf eines Betriebs-Pkw; BA des Sohnes – AfA und lfd Kosten) und bei **AfA auf geschenktes WG** (s § 7 Rz 109 ff).

503 **d) Abkürzung des Zahlungswegs.** Wirtschaftl gleichgelagert sind Fälle der unmittelbaren Zahlung von Betriebsschulden durch Dritte (*Beispiel:* Vater zahlt Rechnung über eine vom Sohn als StPfl in Auftrag gegebene Pkw-Reparatur an die Werkstatt). Auch hier ist unstreitig, dass der Dritte mit oder ohne Auftrag BA des StPfl in Zuwendungsabsicht trägt und dass die Zahlung Vermögen und Leistungsfähigkeit des StPfl betrifft. Der Zahlende muss im Einvernehmen mit dem StPfl, also mit „Drittleistungswillen" *dessen* Schuld tilgen (BFH GrS 2/97 BStBl II 99, 782 B. IV.1.c/aa). Damit steht die Zahlung von Schulden des StPfl durch Dritte dem BA-Abzug beim StPfl grds nicht entgegen (wesentl Entschärfung der Drittaufwandsproblematik).

504 **e) Abkürzung des Vertragswegs.** Jemand tätigt Aufwendungen zu Gunsten eines Dritten in Erfüllung einer *eigenen* vertragl oder gesetzl Verpflichtung. *Beispiel:* Vater gibt Pkw-Reparatur für Sohn selbst in Auftrag: Der GrS hatte diesen Fall ausdrückl offen gelassen (Rz 500, BFH GrS 2/97 BStBl II 99, 782 B IV 1.c/bb). Die Tendenz der Begründung schien eher in Richtung Ablehnung der Abzugsfähigkeit zu gehen; beim Sohn mangels Aufwand, beim Vater mangels betriebl Veranlassung. Die **Abgrenzung** zur vorherigen Geldschenkung (Rz 503) ist allerdings kaum noch nachvollziehbar und widerspricht vor allem bei Ehegatten/LPart (s BFH VI R 56/02 BFH/NV 06, 1650) dem vom GrS herausgestellten Netto- und Leistungsfähigkeitsprinzip, dem Zuwendungsgedanken und den allg Veranlassungsgrundsätzen (ohne diese BA keine BE). Das erkennt auch die Rspr in Ausnahmen: **Ausnahmen:** BFH IV R 75/98 BStBl II 00, 314 berücksichtigt die Abkürzung des Vertragswegs bei **Bargeschäften des tägl Lebens,** nicht bei Dauerschuldverhältnissen (Darlehen; zu Rentenversicherung FG Ddorf EFG 01, 428, rkr; Nutzung der vom Vater angemieteten Wohnung durch Sohn, FG Nds EFG 16, 891, rkr, mit – fragl – Abgrenzung zu Maklerkosten; vgl auch *Vorbeck* EFG 16, 893, *Knebusch* NWB 16, 1266; *Schmidt* 34. Aufl § 4 Rz 504 mwN); zur großzügig zu eigener Zahlungsverpflichtung zu Gunsten des Sohnes BFH X R 15/05 BStBl II 07, 390 (Hinterbliebenenrente) und BFH IX R 25/03 BStBl II 06, 623 mit Anm *Schmidt* 31. Aufl § 4 Rz 504; zu ArbG-Übernahme zukünftiger Bewerbungskosten nach Vertragsende FG BaWü EFG 07, 832, rkr; noch weiter zu Vertragsabschluss durch Dritte BFH IX R 45/07 BStBl II 08, 572; zu Angehörigen-Mieteraufwand BFH

IX R 27/08 BFH/NV 09, 901 (Herkunft der Mittel ist unschädl); zu Darlehenszinsen BFH IX R 29/11 BFH/NV 12, 1952; § 9 Rz 18 ff. – **BMF** BStBl I 08, 717 hat sich dieser erweiterten Rspr angeschlossen, jedoch die Ausdehnung auf SA (und agB) ausdrückl verneint (mE fragl). Aufwendungen eines **Vorbehaltsnießbrauchers** können Zuwendungen an den Eigentümer iSv § 12 Nr 2 oder abziehbare BA sein (s BFH IV R 20/07 BFH/NV 10, 20; s aber § 12 Rz 23).

f) Sonstige Drittaufwendungen. Ohne Mittelzuwendung oder Vertrag zu Gunsten Dritter lässt der BFH GrS (Rz 500) auch nach dem Zuwendungsgedanken grds keinen BA-Abzug zu (s auch BFH VI R 41/15 BStBl II 18, 355). – *Beispiele/Ausnahmen:* Ehegatte nimmt eigenes Darlehen zur Finanzierung eines im Alleineigentum des anderen Ehegatten stehenden Grundstücks auf (vgl BFH IX R 22/97 BStBl II 01, 785), nutzt Pkw des Ehegatten auch für eigenen Betrieb (BFH X R 24/12 BStBl II 15, 132), nutzt Dienstwagen mit 1%-Regelung und Kostentragung durch ArbG für selbständige Tätigkeit (BFH III R 33/14 BStBl II 16, 44, Anm *Kanzler* FR 16, 223); zu Leistungen (Zahlungen, Darlehens- oder Bürgschaftsübernahme) auf KapGes-Beteiligung des Ehegatten (**§ 17**) vgl BFH VIII R 22/92 BStBl II 01, 385, auch zu **Ausnahmen** bei gemeinsamer Schuldaufnahme und interner Ausgleichsverpflichtung; zu Ausnahmen auch BFH IX R 29/11 BFH/NV 12, 1952; BFH IX R 78/07 BStBl II 09, 299; BFH X R 36/02 BStBl II 05, 707; FG Ddorf EFG 15, 709, rkr; ausführl *OFD Ffm* StEd 15, 222; *Rennar* NWB 14, 828). BA nach **Insolvenz** eines Ehegatten s BFH X R 25/12 BStBl II 16, 391. Drittaufwand bei Übernahme von **Kinderbetreuungskosten** für LPart abl BFH III R 79/09 BStBl II 11, 450, s § 10 Rz 65; fragl nach § 2 VIII.

505

g) Gebäude-AfA bei Ehegatten (wohl auch LPart, § 2 VIII, FG Ddorf EFG 15, 709, rkr). Hier erweitert die Rspr die Auslegung des Begriffs „Drittaufwand" (vgl § 7 Rz 101; *Neufang/Körner* BB 10, 1503). Die Rspr schließt Aufwand auf ein Grundstück im Miteigentum oder im Alleineigentum des anderen Ehegatten *insoweit* nicht als Drittaufwand vom Abzug aus, als es sich um **eigene Aufwendungen** der StPfl handelt. *Beispiel:* Der StPfl unterhält ein Büro im Gebäude des Ehegatten. Er kann nicht nur alle lfd – nutzungsorientierten – Kosten für seinen Bürobetrieb als BA absetzen, sondern auch anteilige Gebäude-AfA mit den unmittelbar auf die Anschaffung/Herstellung/Erhaltung des Gebäudes entfallenden – grundstücksorientierten – Ausgaben, *soweit er solche selbst getragen hat* (BFH VIII R 10/14 BStBl II 17, 819: nicht bei Zahlung von Oder-Konto).

506

Die Rspr stellt hier also nicht auf die Aufwandleistung an einem fremden WG ab, sondern auf den **eigenen Aufwandsbeitrag** hierzu. Die Bedeutung dieser Rspr liegt darin, dass sie bei gemeinsamer Gebäudeanschaffung/-herstellung ohne Prüfung der Mittelherkunft unterstellt, dass jeder Ehegatte einen Aufwandsbeitrag iHv seinem Miteigentumsanteil leistet und dass dieser Aufwandsbeitrag in erster Linie auf eigengenutzte berufl/betriebl Gebäudeteile entfällt (s iEinz § 7 Rz 56 f, 81 ff). – S aber zu gemeinsamer Nutzung eines **Arbeitszimmers** BFH IV R 21/08 BStBl II 10, 337, Rz 598, zu gemeinsamer **Pkw-Nutzung** BFH X R 24/12 BStBl II 15, 132; zu **Finanzierungskosten** Rz 505, zur begrenzten Zurechnung **stiller Reserven** BFH VIII R 98/04 BStBl II 08, 749, Rz 66.

10. Angehörige; nahestehende Personen. S § 12 Rz 20 ff.

510

11. ABC der Betriebsausgaben

Abfindungen (Abstandszahlungen, Entschädigungen). Begriffe s Rz 460. Entspr Zahlungen sind BA, wenn sie *aus der Sicht des Leistenden* betrieblich veranlasst und nicht zu aktivieren sind. *Beispiele:* Aufwendungen für den Erwerb eines WG, einer Nutzungsmöglichkeit, für die Aufgabe eines Mietrechts, die Nichtübernahme eines Warenlagers (BFH I R 66/72 BStBl II 75, 56), Bindung an Kaufangebot (BFH X R 136/87 BStBl II 92, 70), Kündigungsabfindung (zu Angehörigen BFH I R 89/84 BFH/NV 89, 577). Die Zahlung darf nicht privat mitveranlasst sein (§ 12 Nr 1, zB „Lösegeldzahlung"). Bilanzierungsfragen s Rz 498, § 5 Rz 270.

520

§ 4 520 Gewinnbegriff im Allgemeinen

Abwehrkosten (Rufschädigung). Aufwendungen, die primär bestimmt und geeignet sind, *betriebl* Schäden und Beeinträchtigungen abzuwenden, sind BA (Feststellung durch FG; abl zB BFH IV B 101/03 BFH/NV 05, 2205). *Beispiele:* Wahrung des Rufs als ehrl Kaufmann (nicht der persönl Ehre) durch Bezahlung fremder Geschäftsschulden aus *eigenem* betriebl Interesse, auch uU für Familienangehörige (FG Mster EFG 68, 57, rkr – Kleinstadt, branchengleiche Unternehmen von Vater und Sohn, Konkursabwendung); Abwehr von gegen den Betrieb erhobenen Ansprüchen; Abfindung lästiger Ges'ter (s § 16 Rz 491); Streit über Fortbestand einer PersGes; s auch „Rechtsverfolgung", § 9 Rz 84. Abl zu RA-Kosten iZm K'tisten-Haftung gem § 17 ff HGB FG BaWü EFG 15, 901, rkr (private Vermögenssphäre).

AfA. Länger als ein Jahr abnutzbare WG des AV sind grds nur iRd zeitanteiligen Nutzungsdauer als BA absetzbar (§ 7 iVm §§ 4 III, 5 VI). *BMF* BStBl I 00, 1532 hat dafür **AfA-Tabellen** für einzelne WG aufgestellt, die nicht für die FG, aber für die FÄ bindend sind (vgl FG Nds EFG 14, 1780, rkr). Zu Pkw s „Fahrtkosten".

Alltagsgegenstände. Bei Gegenständen, die auch iRd allg Lebensführung (§ 12 Nr 1 S 2) genutzt werden können, ist der tatsächl Verwendungszweck im Einzelfall entscheidend (s BFH VI R 135/01 BStBl II 04, 958: häusl PC). Insb die berufl Nutzung zB von Fotoapparaten, Beamern, Laptops und Tablets muss der StPfl nachweisen (FG Nbg EFG 19, 95, rkr: iPad eines Architekten, starke Vermutung für private Nutzung). Indizien für ausschließl berufl Nutzung: Aufbewahrung in Geschäftsräumen oder Praxis, Vorhandensein eines gleichwertigen/besseren Geräts für private Zwecke, Dokumentation der berufsbezogenen Nutzung.

Angehörige; Angehörigenverträge s § 12 Rz 20 ff.

Anlaufkosten; Gründungskosten (s *Köhler* StBp 96, 253, *Kudert* DB 92, 437, *Urban* FR 92, 569 – Emissionskosten –, *Schiller* BB 91, 2403; Umwandlungskosten s *Mühle* DStZ 06, 63). – *(1)* **Begriff.** Aufwendungen vor Betriebseröffnung zur „Ingangsetzung und Erweiterung des Geschäftsbetriebs" (vgl § 282 HGB) und bei Betriebsgründung sind stets betriebl veranlasst (vgl auch Rz 484). **Anlaufzeit** für inl TochterGes grds 3 Jahre (BFH I R 3/92 BStBl II 93, 457, str); sonst betriebsspezifische Einzelfallprüfung der Gewinnerzielungsabsicht (Abgrenzung zu Anlaufverlusten iVm Liebhaberei s BFH VIII R 28/94 BStBl II 97, 202). **Beispiele für Anlaufkosten:** Planung, Organisationsaufbau, Werbung, Anschaffung von Vorbereitungsmaterial, Auswahl der Lieferanten und Kunden, Beratung, Besichtigung von Betriebsgebäuden (beides uU AK), Erprobung von Maschinen, Gebühren, Entwicklung. **Beispiele für Gründungskosten:** Gerichts- und Notarkosten, Kosten der Kapitalbeschaffung (s „Finanzierungskosten"), der Börseneinführung, der „Umwandlung" (vgl zu Einbringungskosten *Ott* DStR 16, 777). Das gilt auch für vergebl BA iZm dem geplanten Erwerb eines PersGesAnteils (vgl – abgrenzend – BFH III R 38/03 BFH/NV 05, 202). – *(2)* **Besteuerung.** Die Aufwendungen sind als BA abziehbar (s Rz 484), soweit sie nicht zu aktivieren sind (§ 259 HGB, s § 5 Rz 270; zu Due-Diligence-Kosten – § 8b II KStG – BFH I R 72/11 BStBl II 13, 343; *Kahle/Hiller* DB 14, 500). Ausl Anlaufkosten s § 3c Rz 8.

Anschaffung. Die Anschaffung von WG des BV ist stets betriebl veranlasst. §§ 7, 6 II, IIa, VII sind zu beachten (s „AfA"; vgl §§ 4 I 9, 5 VI, 4 III 3, zu Besonderheiten bei § 4 III s Rz 406 ff). Begriff AK s § 6 Rz 32, zu SonderAfA und Anschaffungsrücklagen s „Steuervergünstigungen"; zu „Zuschüssen" für die Anschaffung eines WG s Rz 460 und EStR 6.5. DrittAfA als BA s Rz 506 mwN.

Arbeitslohn (betriebl Auswirkungen). – *(1)* **Dem Grunde nach.** Alle Aufwendungen des Unternehmers für ArbN sind BA. Auf die Art der Aufwendung und deren Bezeichnung kommt es nicht an (vgl FG BBg EFG 12, 1905, rkr). Voraussetzung ist nur die betriebl Veranlassung *beim ArbG*. BA ist der betriebl Lohnanteil für die im Betrieb mitbeschäftigte **Hausgehilfin/Kinderpflegerin** (vgl FG

Betriebsausgaben (ABC)

Mchn EFG 98, 937, rkr); der Privatanteil fällt seit 2012 unter § 10 I Nr 5, s § 10 Rz 85 ff. – **(2) Höhe der Betriebsausgaben.** Maßgebl ist der tatsächl Aufwand ohne Rücksicht auf die StPfl beim ArbN. Auf die Angemessenheit kommt es nicht an. § 4 V enthält für Zuwendungen an ArbN keine Einschränkungen und nimmt sie zT ausdrückl (§ 4 V 1 Nr 1), zT sinngemäß aus (s Rz 542, 567, 570, 601 sowie BFH I R 20/96 BStBl II 97, 539). **Pauschbeträge** kann der ArbG uU in Anspruch nehmen, wenn er in dieser Höhe Erstattung leistet (zB stfreier Ersatz gem § 3 Nr 13, 16); erstattet er (beim ArbN stpfl) höhere Beträge, so hat er höhere BA. Auch die **Höchstbeträge** nach § 9 IVa/§ 4 V 1 Nr 5 gelten nur für *eigene* Mehraufwendungen für Verpflegung. Bei **Sachzuwendungen** sind nicht die vom ArbN nach der SachbezugsVO zu versteuernden Werte maßgebl, sondern die tatsächl Aufwendungen, soweit nicht bereits vorher als BA abgesetzt. Im Falle der **unentgeltl Wohnungsüberlassung** gleichen sich BE und BA in Höhe des obj Mietwerts aus. Die sonstigen Aufwendungen auf das Gebäude sind BA. **Zukunftssicherungsleistungen** für ArbN s §§ 4b–4e.

Arbeitsmittel. Gegenstände, die der StPfl nach Art, Verwendungszweck und tatsächl Nutzung für seine berufl Tätigkeit benötigt, gehören zum BV. Die Aufwendungen sind nach allg Grundsätzen BA (§ 7, § 6 II, IIa). Die Problematik liegt in der Abgrenzung zu § 12 (s dazu § 4 Rz 480, 626 ff und Erläut zu § 12). Die Angemessenheit kann nach § 4 V 1 Nr 7 zu prüfen sein (s Rz 601).

Arbeitszimmer s Rz 121 und 590 ff.

Aufsichtsratsvergütungen sind nur zur Hälfte als BA abziehbar (§ 10 Nr 4 KStG, str, s *Clemm/Clemm* BB 01, 1873). Vgl zu Haftpflicht-/D&O-Versicherung Rz 185, *Kästner* DStR 01, 195 und *ders* DStR 01, 422; *OFD Mbg* FR 03, 48.

Auto. Keine BA für Überlassung eines Dienstwagens als Lebensgefährtin bei geringfügiger Beschäftigung (BFH III B 27/17 BFH/NV 18, 432: nicht fremdübl). Siehe iU unter „Verlust", „Fahrtkosten", „Geschäftsreisen" – auch zu „AfA" –; zu § 4 V 1 Nr 6 Rz 580 ff; zu Angemessenheit § 4 V 1 Nr 7 Rz 602; zu Versicherungen Rz 178.

Beiträge. Beiträge an **Berufsverbände** sind BA, selbst wenn diese auch allg politische Rahmenziele verfolgen (weit BFH VIII R 76/85 BStBl II 89, 97; enger BFH VI R 51/92 BStBl II 94, 33, § 5 I Nr 5 KStG), allerdings nur bei **betriebl Bezug des Verbandszwecks,** nicht Beiträge und Spenden an **Sportvereine** oÄ, selbst wenn der Sport nicht ausgeübt wird und die Mitgliedschaft dem Beruf förderl ist (§ 12 Nr 1, zB Golfclub, Rotary-Club, vgl FG Hbg EFG 02, 708, rkr; FG Köln EFG 11, 1782, rkr; s auch Rz 567 zu Golfturnierveranstaltung; BFH VI R 31/10 BStBl II 13, 700 zu Golfclubbeitrag als ArbLohn – s aber BFH VI R 69/13 BStBl II 15, 41 –; BFH VI R 106/88 BStBl II 93, 840 zu Abgrenzung berufsbezogene/berufsfremde Verbände; BFH VI R 50/93 BFH/NV 95, 22 zu **„Wirtschaftsjunioren";** str, s *Schmidt* 20. Aufl § 4 Rz 520 mwN). Zur Abgrenzung Mitgliedsbeiträge/Beiträge für Sonderleistungen eines Vereins s BFH I R 86/85 BStBl II 90, 550, § 10b Rz 20; zu Beiträgen an Berufsverbände (Marketing-Club) BFH VI R 35/86 BFH/NV 90, 701. Soweit **Freiberufler-Kammerbeiträge** einem Versorgungszweck dienen, handelt es sich um SA (§ 10 Rz 57 „Versorgungskassen", auch zur Aufteilung). Kein Abzug von Beiträgen an **politische Parteien** (§ 4 VI), **Gewerkschaften** (*OFD Ffm* DStR 96, 1606), **Bund der Steuerzahler,** s „Spenden", „Wahlkampfkosten", Rz 611; BFH X B 263/07 BFH/NV 08, 1329); zu **CDU-Wirtschaftsrat** s *OFD Kiel* DStR 90, 118, BFH IV R 28/89 BFH/NV 90, 360.

Beratungskosten s „Prozesskosten".
Bestechung s „Schmiergelder" und Rz 607.
Bewirtungskosten s Rz 540 ff und Rz 520 „Kundschaftsessen/-trinken"; vgl auch § 19 Rz 110 „Bewirtung".

Loschelder

Bürgschaft s Rz 146 und „Verlust".
Damnum/Disagio ist zinsähnl Aufwand, s „Finanzierungskosten"; § 5 Rz 270 „Disagio"; BFH X R 69/96 BStBl II 00, 259.
Darlehen s Rz 376 ff.
Diebstahl von WG/Geld kann uU zu BA führen (s „Verlust" und Rz 375).
Doppelte Haushaltsführung s Rz 588 und § 9 Rz 220 ff.
Drittaufwendungen als BA s Rz 500.
Einbürgerungskosten sind keine BA/WK (s § 12 Rz 25 mwN).
Entschädigungen s „Abfindungen".
Erbfall; Erbschaftsauseinandersetzungskosten (BFH GrS 2/89 BStBl II 90, 837; *BMF* BStBl I 06, 253 – Erbauseinandersetzung –, BStBl I 93, 80/I 07, 269 – vorweggenommene Erbfolge – und BStBl I 94, 603 – Sekundärfolgen-Rspr). *Schrifttum:* § 16 Rz 45 und 590 ff; *Röhrig/Doege* DStR 06, 969; *Grube* FR 07, 533. Der Erbfall ist nach wie vor grds ein privater Vorgang. **Erbprozesskosten** sollen daher auch bei gewerbl Erbteil grds keine BA sein (§ 12, BFH III R 37/98 BStBl II 99, 600 zu Testamentsanfechtung unter Ausnahme entgeltl Erbauseinandersetzung; BFH X R 16/98 BFH/NV 01, 1262; nicht zwingend, s *Grube* DB 03, 2300 und FR 07, 533; *Kanzler* FR 99, 1119; ausführl *Dusowski* DStZ 00, 584). Das müsste auch für betriebl **Erbfolgeberatungskosten** gelten (str; zu Beurkundungskosten bei vorweggenommener Erbfolge BFH IV R 44/12 BFH/NV 15, 1085, **aA** etwa *Götz* DStR 06, 545). **Testamentskosten** sind auch bei betriebl Nachfolgeregelung keine BA (FG Nds EFG 00, 1372, rkr). Getrennt davon ist nunmehr die **Erbauseinandersetzung** zu beurteilen als im BV privater Vorgang mit allen Folgerungen für BA, AK usw, (nur) soweit Leistungen über den Erbanteil hinaus erbracht werden (s § 16 Rz 601 ff). Übernommene Betriebsschulden bleiben grds BV, übernommene Privatschulden PV der Erben – die Übernahme im Wege vorweggenommener Erbfolge kann jedoch zu AK des Übernehmers führen (mit Zinsen als BA, BFH IV R 73/87 BStBl II 91, 450; *BdF* BStBl I 93, 80 Tz 22 und 40; § 16 Rz 35 ff). **Erbfallschulden** (zB Vermächtnis-, Pflichtteilsschulden, Erbersatzansprüche) sind durch den außerbetriebl Vorgang des Erbfalls veranlasst und begründen keine AK der WG des Nachlasses beim Erben (BFH VIII R 6/87 BStBl II 93, 275 mwN). Es handelt sich um notwendige Privatschulden mit Ausschluss des BA-Abzuges von **Kreditzinsen** für Ablösungsdarlehen, Stundung, Verzug oÄ (BFH IV R 62/93 StBl II 95, 413; ähnl zu Zugewinnausgleich Rspr Rz 141). **Keine BA** waren schon bisher Zinsen zur Zahlung von **ErbSt** (BFH VIII R 35/80 BStBl II 84, 27; aA *Paus* FR 91, 69) oder **ESt** oä Privatzinsen (s Rz 141). Testamentsvollstreckerkosten s „Rechtsverfolgung".

Fachliteratur. BA, wenn die betriebl Veranlassung der Anschaffung und der Ausschluss einer privaten Mitveranlassung nach Art des Werkes und Art der Tätigkeit obj feststehen. Dazu muss der StPfl ggf auf seinen Namen lautende **Belege** mit Titelangabe vorlegen; der Ausweis als „Fachliteratur" ist nicht nachprüfbar und reicht idR nicht (vgl auch Rz 375 – BFH VI R 144/86 BFH/NV 90, 763 darf nicht verallgemeinert werden, s BFH IV B 4/00 BFH/NV 01, 774). In Zweifelsfällen muss ein konkreter berufl Grund für die Anschaffung jedes Einzelwerks (BFH VI R 164/87 BFH/NV 91, 598) glaubhaft gemacht werden. Dazu genügt idR nicht der Nachweis, dass die Literatur *auch* berufl benötigt wird, selbst wenn der StPfl noch ein ähnl Werk für die private Nutzung besitzt. Zu Fachliteratur eines Lehrers hat der BFH die Prüfung der berufl Nutzung in den Vordergrund gerückt (BFH VI R 53/09 BStBl II 11, 723). Vgl zum Funktionsnachweis von Belletristik als Arbeitsmittel BFH IV R 70/91 BStBl II 92, 1015 mit Hinweis auf tatsächl Verständigungsmöglichkeit über Berufsanteil – nicht Schätzung bei Einzelwerk –; zum allg Nachschlagewerk eines Lehrers oder RAs BFH VI R 208/75 BStBl II 77, 716; zur Englischliteratur einer Lehrerin BFH VI R 305/69 BStBl II 72, 723, anders uU bei berufsbezogenen wissenschaftl Werken als „Arbeitsmittel" (Wörterbuch eines Englischlehrers, Grzimeks Tierleben uä Literatur eines Biologielehrers, dazu BFH VI R 112/87 BFH/NV 90, 564 – Einzelprüfung). Völlig fließend wird die Grenze bei der fremdsprachigen Enzyklopädie eines Sprachlehrers (nach BFH VI R 180/79 BStBl II 82, 67 berufl Aufwand). Für Berufsübersetzer dürfte jede Enzyklopädie Arbeitsmittel sein (BA). Die Kosten für im Büro oder im Wartezimmer aufliegende Allgemeinliteratur sind BA. Das Gleiche gilt für **Fachzeitschriften,** nach BFH VI R 64/95 BFH/NV 96, 402 uU auch für das „Handelsblatt" (s aber zutr Abgrenzung FG Hess EFG 02, 1289, rkr). Computerschriften s *Voss* FR 89, 72 (wie Computer). Die Anschaffung von allg informierenden **Tages- oder Wochenzeitschriften** ist idR nicht ausschließl betriebl veranlasst (zB BFH IV R 2/81 BStBl II 83, 715 – FAZ). Weitere Einzelfälle zu Berufsbezogenheit s *Schmidt* 35. Aufl § 4 Rz 520 „Fachliteratur" mwN. Der Sonderfall FG Köln EFG 94, 199 (rkr) darf nicht verallgemeinert werden (rein berufl Bezug). Hält der StPfl mehrere *gleiche* Zeitschriften (zB zwei FAZ), kann Ausnahme gerechtfertigt sein, nicht bei *gleichartigen* Zeitschriften (zB *Zeit* und *Spiegel, SZ* und *FAZ*).

Fahrtkosten. – *(1)* **Betrieblich veranlasste Fahrten.** Aufwendungen für betriebl veranlasste Fahrten (s Rz 520 „Geschäftsreise *(1) (a)*) sind grds in voller Höhe als BA zu berücksichtigen; lediglich für Fahrten zw Wohnung und (erster) Betriebsstätte und für Familienheimfahrten gelten die **Abzugsbeschränkungen** des § 4 V 1 Nr 6 iVm § 9 I 3 Nr 4, 5 und II (s Rz 580 ff). Nicht unter die Beschränkung fallen ua Fahrten zu einer anderen Betriebsstätte, die nicht erste Betriebsstätte ist (s Rz 585), sowie sämtl Fahrten bei Fahrtätigkeit ohne ortsfeste Betriebsstätte (Pkw, Lkw, Schiff, Flugzeug, s *BMF* BStBl I 15, 26 Rz 6). Ein Arbeitszimmer im eigenen Haus ist keine Betriebsstätte (s *BMF* BStBl I 15, 26 Rz 3; BFH X R 13/13 BStBl II 15, 273). Zu Mischfahrten/Dreiecksfahrten s BFH VIII R 12/13, NWB 15, 3522, nv; FG Mchn EFG 14, 2128, rkr, mit Anm *Rosenke*. – *(2)* **Tatsächliche Aufwendungen.** Zu berücksichtigen sind grds die tatsächl Aufwendungen (Pkw, Bahn, Flugzeug, Taxi). Die Wahl des Verkehrsmittels steht dem StPfl frei (Einschränkung: Angemessenheitsprüfung nach § 4 V 1 Nr 7, s Rz 602; vgl auch BFH VI R 37/15 BStBl II 17, 526: Privatflugzeug). Zu den Pkw-Kosten gehören auch Autoclubbeitrag, Kasko- und Unfallversicherung (s Rz 181), Garage (auch am Betriebsort, BFH IV B 13/93 BFH/NV 94, 777) und **„AfA":** Nutzungsdauer bei Fahrtleistung bis 15 000 km für Neuwagen idR 8 Jahre (BFH VIII R 64/06 BFH/NV 08, 1660; § 7 Rz 169 „Pkw"), in Sonderfällen kürzer (zB LStH 9.5, FG Mster EFG 00, 350, rkr), bei Gebrauchtwagen uU insgesamt länger (BFH VI B 306/00 BFH/NV 01, 1255). Nach AfA-Tabellen 2001 auch im BV grds sechs Jahre (s *BMF* BStBl I 00, 1532 unter 4.2.1, für die Rspr nicht bindend, aber grds für die FinVerw – FG Nds EFG 14, 1780, rkr). Leasing-Sonderzahlungen sind neben AfA abziehbar (BFH VI R 100/93 BStBl II 94, 643). – *(3)* **Pauschalierung.** Bei Pkw-Nutzung *kann* der StPfl *stattdessen* **pauschal** 0,30 € pro gefahrenen km absetzen. Bei Fahrtleistungen über 40 000 km jährl oder sonstigen Kostenminderungen (zB Fremd-Kfz ohne AfA) anders als bei Entfernungspauschale uU Kürzung wegen offenbar unzutr Besteuerung (BFH VI R 114/88 BStBl II 92, 105; FG Mster EFG 00, 350, rkr; s aber zu WK § 9 Rz 213). ADAC-Tabellen zugunsten des StPfl sind nicht anzuwenden. Grenzen des Abzugs s § 4 V 1 Nr 7 (Rz 603). Ggf anteiliger Abzug bei privater Mitveranlassung (s „Info-Reisen"). – *(4)* **Außergewöhnliche Fahrtkosten, § 9 II 1.** Die frühere Rspr, nach der Pausch- bzw Höchstbeträge nur übl Fahrtkosten abgelten, nicht aber (nicht pauschalierbare) außergewöhnl Fahrtkosten, ist seit Einführung der **Entfernungspauschale** nicht mehr für diese Fahrten iSv § 9 I Nr 4, 5 anzuwenden. Die – unabhängig vom Transportmittel und vom Aufwand für Fahrten Wohnung/Betrieb stets anzusetzende – Entfernungspauschale gilt nach dem eindeutigen Gesetzeswortlaut *sämtl* Aufwendungen ab (§ 9 II 1, s § 9 Rz 290). Das soll nach **Rspr-Änderung** durch BFH VI R 29/13 BStBl II 14, 849

(Motorschaden nach Falschbetankung) ausnahmslos gelten, auch für **Unfallschäden** (so BFH VI R 8/18 BStBl II 20, 291, Ausnahme: Krankheitskosten); dagegen lässt *BMF* BStBl I 13, 1376 und *BMF* DStR 21, 2793 Rz 30, einen zusätzl Abzug nach § 9 I 1 ausdrückl zu (fahrzeug-/wegstreckenbezogenen Aufwendungen). Vgl auch FG RhPf EFG 16, 819 rkr mit Anm *Kühnen* (wie BFH zu Unfall-Krankheitskosten); **aA** FG BaWü EFG 16, 819, rkr.

Finanzierungskosten (Geldbeschaffungskosten). – *(1)* **Begriff.** Aufwendungen für Beschaffung von Kreditmitteln, zB „Schuldzinsen", Bereitstellungsbzw Vermittlungsprovisionen oder -gebühren, Damnum/Disagio), Notargebühren (s BFH IX R 72/99 BStBl II 03, 399), Gerichtskosten, Abschluss-, Beratungs- oder Verwaltungsgebühren. **Vorfälligkeitsentschädigung** s § 5 Rz 270, BFH VIII R 55/97 BFH/NV 00, 1028 (Betriebsveräußerungskosten); s auch BFH VIII R 34/04 BStBl II 06, 265. – *(2)* **Besteuerung.** Finanzierungskosten sind BA, soweit Geldmittel für betriebl Zwecke aufgenommen werden (vgl Rz 140). Sie gehören grds nicht zu den AK/HK des finanzierten WG (s § 6 Rz 206) oder des Darlehens, das mit dem Nennbetrag bilanziert wird (s § 5 Rz 270). Bei § 4 I/§ 5 werden sie uU auf die Laufzeit des Darlehens abgegrenzt; sonst sind sie Aufwendungen des Entstehungsjahres (s § 6 Rz 448). – **Kontokorrent** s Rz 152 ff. **§ 4 IVa** s Rz 522 ff. **Drittschulden** s Rz 505.

Forderungsausfall s Rz 383 (zu § 4 III).

Fortbildungskosten (s „Fachliteratur", „Informationsreisen", „Sprachkurse" und zu Arbeitszimmer Rz 590 ff). – *(1)* **Begriffe Ausbildung/Fortbildung** s § 19 Rz 110, § 10 Rz 102/115. – *(2)* **Besteuerung.** *Eigene* Fortbildungskosten eines Selbständigen sind BA. Ausbildungskosten – grds auch für erstmalige Berufsausbildung und Erststudium – sind keine BA (s § 4 IX, str, s Rz 625), sondern SA (§ 10 I Nr 7, § 12 Nr 5 aF). Für *ArbN* gezahlte Aus- und Fortbildungskosten sind BA des ArbG (s „Arbeitslohn"). – *(3) Auswärtige Ausbildung.* Nach § 9 IV 8, § 9 I 3 Nr 4a S 3 kann eine vollzeitige auswärtige Bildungseinrichtung erste Tätigkeitsstätte werden (damit beschr Fahrtkostenabzug wie bei Fahrten Wohnung/Arbeit); das gilt aber nicht bei vorübergehenden Fortbildungsveranstaltungen (zB bei StB-Tagung voller Fahrtkostenabzug; Verpflegungsmehraufwand s Rz 570).

Gebäudenutzung. – *(1)* **Eigenes Gebäude.** – *(a)* **Eigennutzung zu Wohnzwecken:** Grds PV; in Ausnahmefällen kann das Wohnen betriebl veranlasst sein, Rz 41, dann BV, BE (§ 21 III) und BA. – *(b)* **Nutzung zu eigenbetriebl Zwecken.** Grds BV (s Rz 115 mit Ausnahme EStR 4.2 VIII); Ausgaben sind BA (vgl EStR 4.7 II). – *(c)* **Vermietung** zu Wohnzwecken oder fremdbetriebl Zwecken: PV oder gewillkürtes BV. Zur Behandlung als *ein* WG s Rz 119. Bei BV fallen BE und BA an (auch bei EStR 4.2 X/13 X aF), bei PV hingegen iSv § 21 I mit WK aus VuV. **§ 21 II** gilt im BV nicht entspr der vollen BA-Abzug bei Mietnachlass (vgl BFH IV R 46/08 BStBl II 11, 692 Rz 31 mwN – Nutzungsentnahme bzw vGA zur Abgrenzung § 4 IV/§ 12. – *(d)* **Gemischte Nutzung.** Zu Aufteilung s Rz 116 ff und 590 (Arbeitszimmer). – *(2)* **Fremdgebäude.** – *(a)* **Betriebl Nutzung.** Miete und sonstige Aufwendungen sind BA, etwaige Mieteinnahmen BE. – *(b)* **Privatnutzung.** Miete und sonstige Aufwendungen sind nicht abziehbar (§ 12 Nr 1). – *(c)* **Mietvertrag unter Ehegatten** s „Angehörige", Rz 63 und 506. – *(d)* **Gemischte Nutzung.** Aufteilung der Einnahmen/Ausgaben erforderl. – *(e)* **Unentgeltlich überlassenes Gebäude** s Rz 66.

Geld. Zu Geldbeständen und Bankverbindlichkeiten als BV sowie Zinsen für ein gemischt genutztes Kontokorrentkonto als BA s Rz 152 ff, zu Geldbeschaffungskosten s „Finanzierungskosten", zu § 4 III s Rz 374.

Geldbußen/Geldstrafen s § 4 V 1 Nr 8 (Rz 604); § 12 Nr 4 (§ 12 Rz 30).

Gerichtskosten s Strafverfahrenskosten.

Betriebsausgaben (ABC) **520 § 4**

Geschäftsreise. – *(1)* **Begriff.** Der StPfl wird außerhalb seiner regelmäßigen Betriebsstätte bzw, ohne eine solche, auch von seiner Wohnung aus betriebl tätig. – *(a)* **Betriebliche Veranlassung.** Dem StPfl obliegt es, die obj Umstände für die betriebl Veranlassung der einzelnen Reise glaubhaft darzulegen (Feststellungslast s Rz 416). *Beispiele:* Verhandlungen mit Geschäftsfreunden, Besuch eines Lieferanten, Abnehmers, Vertreters oder einer Fachmesse, Besichtigung einer Maschine, Abholung oder Lieferung von Waren, betriebl Behördenbesuche, auswärtige Berufsausübung, auch ohne doppelte Haushaltsführung. Ein *allg* betriebl Interesse genügt idR nicht (s „Informationsreisen"; s aber zu Teilnahme an Regierungsdelegation im Ausl BFH VIII R 32/07 DStRE 10, 925). – *(b)* **Entfernung** spielt keine Rolle mehr. – *(c)* **Dauer** wirkt sich nur bei Verpflegungsaufwand auf die Höhe der Pauschbeträge aus. – *(d)* **Regelmäßige/erste Betriebsstätte** (vgl § 4 V 1 Nr 5 S 2, wohl auch iSv § 4 V 1 Nr 6) ist als Pendant zur „ersten Tätigkeitsstätte" iSv § 9 IV der zentrale ortsgebundene Mittelpunkt einer auf Dauer angelegten berufl Tätigkeit. Das gilt auch bei Gewinneinkünften (s Rz 585). Ein StPfl kann nur *eine* solche Mittelpunktsbeschäftigungsstätte haben; nur wenn er keine regelmäßige Betriebsstätte hat, wird er ohne Abzugsbeschränkungen tätig. Abw von § 12 AO ist dafür weder eine abgrenzbare Fläche oder Räumlichkeit noch eine hierauf bezogene eigene Verfügungsmacht des StPfl erforderl (vgl *BMF* BStBl I 15, 26 Rz 1; BFH III R 19/13 BStBl II 15, 323). – *(2)* **Höhe der Betriebsausgaben.** Zu berücksichtigen sind vor allem **Fahrtkosten** (s oben „Fahrtkosten") und **Verpflegungsmehraufwand** (s Rz 570 ff); vgl auch EStR 4.12 II iVm LStR 9.4 ff). – *(a)* **Übernachtungskosten.** Bei **Inlandsreisen** schon vor 2008 kein Pauschbetrag, nur Nachweis der tatsächl Aufwendungen (uU Schätzung der Höhe, s Rz 494). Grenze: § 4 V 1 Nr 7 (Rz 603). In der Übernachtungsrechnung enthaltene **Frühstückskosten** sind im Ausl und ab 2008 auch im Inl mit 20 % des Verpflegungspauschbetrages bzw 4,80 € herauszurechnen (vgl ab 2014 § 4 V 1 Nr 5 iVm § 9 IVa 8). **Ersatz** durch Geschäftsherrn ist stpfl (§ 3 Nr 16 ist auf Selbständige nicht anwendbar, str) und tangiert daher den BA-Abzug nicht. Bei **Auslandsreisen** ab 2008 nur noch Einzelnachweis. **Ab 2014** nach Ablauf von 4 Jahren an derselben inl Betriebsstätte Begrenzung auf 1000 € monatl (§ 4 V 1 Nr 6a iVm § 9 I 3 Nr 5a, Nr 5 S 4). – *(b)* **Nebenkosten.** Sonstige nachgewiesene Nebenkosten (LStR 9.8, EStR 4.12). Das sind zB Taxi am Beschäftigungsort, Parkgebühren, Gepäckbeförderung, Porto, Telefon (s BFH VI R 50/10 BStBl II 13, 282); uU **Verluste** von BV und betriebl genutztem PV, fragl bei sonstigem PV einschließl Geld (s aber BFH VI R 26/95 BStBl II 95, 744 zu praktisch seltenen Ausnahmen, s auch unten „Verlust", „Kleidung", Rz 375, 622).

Geschenke s Rz 536 ff.

Gründungskosten s „Anlaufkosten".

Herstellung. Die Herstellung von WG des BV (Rz 73) ist betriebl veranlasst. §§ 6 II, IIa, 7 sind zu beachten (s „Anschaffung"). Besonderheiten bei § 4 III s Rz 406 ff *(2)*. Begriff HK s § 6 Rz 151. HK auf fremde WG s Rz 66.

Informationsreisen (*OFD Ffm* IStR 12, 729 und *OFD Hann* StEd 09, 232 mit RsprÜbersicht; EStH 12.2). – *(1)* **Grundsatz.** Der Ausgangspunkt ist bei inl und ausl Einzel- und Gruppenreisen derselbe (Abgrenzung s BFH VIII R 43/03 BFH/NV 05, 2174): Eigene Reisekosten sind BA, wenn (uU soweit) die Reise betriebl veranlasst ist (§ 4 IV). Die der Lebenserfahrung entspr Tatsache, dass Reisen häufig eine Bildungs-, Informations- und Erholungszweck erfüllen, bedingt jedoch vor allem bei interessanten Reisezielen uU eine Prüfung nach **§ 12 Nr 1** (s unten). Der **EuGH** Rs C-55/98 (DStRE 00, 114) lehnt im Urt *Vestergaard* „zwar das *alleinige* Abstellen auf einen EU-Auslandsort als schädl ab, stellt aber eine *indizielle* Würdigung durch das FA/FG im Einzelfall nicht in Frage (s unter „Sprachkurse"; BFH VI B 133/12 BFH/NV 13, 552; *BMF* BStBl I 03, 447; *Schmidt* 32. Aufl § 4 Rz 520 mwN). Selbst bei einer ursprüngl aus betriebl Gründen geplanten Reise kommt ein Abzug als BA nur in Betracht, soweit *obj* Umstände/Indizien erkennen lassen, dass die Befriedigung privater Interessen nahezu ausgeschlossen ist. Kann der StPfl nachweisen, dass die Reisetage wie normale Arbeitstage mit betriebl Tätigkeit ausgefüllt sind, ist eine private Mitveranlassung in der *übrigen Zeit* unschädl (Abende, freies Wochenende). Diese Abwägung ist besonders problematisch bei Berufszweigen, bei denen Beruf und private Lebensführung fließend ineinander übergehen (zB Künstler, Reisejournalisten, s *(2) (b))*. Bei **Gruppenreisen** fehlt es häufig bereits am unmittelbaren betriebl Anlass (grundlegend BFH GrS 8/77 BStBl II 79, 213); die *allg* betriebl oder berufl Information reicht nicht aus. Ein betriebl Anlass kann uU in einer rein betriebsbezogenen Organisation zum Ausdruck kommen. Eine Reise war nach früherer Rspr als **Einheit** zu beurteilen; nur einzelne abgrenzbare Kosten für unmittelbar betriebl veranlasste Reiseabschnitte waren als BA zu behandeln (betriebl Reiseabschnitte vor Ort, früher dagegen nicht ein Anteil der **Kosten der Hin- und Rückfahrt** – so noch BFH GrS 8/77 BStBl II 79, 213 C II 2a, III 1, IV). Diese rigide BFH-Rspr ist überholt. **BFH GrS 1/06** BStBl II 10, 672 hat nach langjähriger Überlegung den steigenden Bedenken gegen das *absolute* **Aufteilungsverbot nach § 12 Nr 1** Rechnung getragen. Der Anwendungsbereich des § 12 Nr 1 wird auf *untrennbare* Ausgaben zurückgefahren. Sind sie jedoch obj trennbar betriebl/berufl und privat veranlasst (zB Urlaub *nach* Geschäftsreise), steht § 12 Nr 1 dem anteiligen Abzug nicht nur der rein betriebl Reisekosten, sondern auch der einheitl Anreisekosten nicht entgegen, soweit der StPfl dem FA/FG den Umfang der betriebl Veranlassung nachweist (s *(4)*, auch zu Auslandssprachreisen). Damit ist BFH GrS 8/77 BStBl II 79, 213 insoweit überholt. Allerdings sind bei der Aufteilung alle Umstände des Einzelfalls zu berücksichtigen, nicht nur das zeitl Verhältnis der Reiseabschnitte, sondern auch zB die Gewichtung des betriebl/privaten Anlasses, wobei das Reiseziel oder das Transportmittel Rückschlüsse auf eine stärkere private Veranlassung zulassen kann (s *(3)*, BFH X B 32/09 BFH/NV 10, 1250) und ein konkreter Betriebsbesuch mehr für einen betriebl Anlass sprechen kann als eine allg Informationsreise (s *(2))*. Zweifel bei der – bindenden – Tatsachenfeststellung durch das FG gehen zu Lasten des StPfl (s BFH GrS 8/77 BStBl II 79, 213; BFH VI R 3/11 BStBl II 12, 416). Ohne klare Trennungsmöglichkeit kein anteiliger BA-Abzug (s zu untrennbarer Arbeits-/Urlaubsreise BFH VIII R 51/10 BStBl II 13, 808).

(2) **Für betriebliche Veranlassung sprechende Umstände** (denen von Fall zu Fall unterschiedl Gewicht zukommt, s Anm *4*, BFH X R 17/86 BStBl II 89, 405; zu Einkaufs-Informationsreise BFH X R 78/88 BFH/NV 91, 447). – *(a)* **Unmittelbarer betriebl Anlass.** Besuch von Geschäftsfreunden zu Vertragsverhandlungen (s „Geschäftsreise"); – **Vortragsreise** eines Arztes zu Fachkongress (zB BFH IV R 106/77 BStBl II 79, 513 zu Einzelreise; FG Ddorf, EFG 80, 330, rkr, zu Gruppenreise; s aber FG Saarl EFG 89, 275, rkr); – *aktive* Teilnahme an Berufstagung (BFH VIII R 296/81 BStBl II 85, 325 und BFH IV R 46/95 BFH/NV 97, 18 zur Abgrenzung von allg Informationsreise; fragl bei Berufstreffen an interessanten Orten mit Kurzvorträgen aller Teilnehmer, s Schmidt 16. Aufl § 4 Rz 520 und BFH IV R 39/96 BStBl II 97, 357); – **angeordnete Lehr- und Studienveranstaltungen** s *Schmidt* 25. Aufl § 4 Rz 520 und § 19 Rz 110 „Studienreisen"; – berufl **Reiseleitung** uU (s BFH VI R 42/09 BStBl II 11, 522); – **Fortbildung** des Facharztes an ausl Klinik; – **Berufsreisen** von Journalisten (vgl BFH IV R 88/76 BStBl II 80, 152), Kunstkritikern (FG Mchn EFG 91, 651, rkr) oder **Künstlern** iZm Aufträgen (Italienreise eines Architekten, BFH IV 241/60 U BStBl III 61, 99); berufsmäßige Auswertung von Museumsbesuchen – Nachweis durch Vorlage übl Arbeitsmaterialunterlagen (zu Schriftsteller/Kunsthistoriker BFH IV R 432/60 U BStBl III 63, 36; FG Nds EFG 93, 71), uU durch Tagebuch (FG Brem EFG 94, 650, rkr, zu Forschungsauftrag); fragl bei Sammlung künstlerischer Anregungen (weit FG BaWü EFG 90, 98, rkr, BFH IV R 138/83 BStBl II 87, 208, BFH IV R 39/90 BFH/NV 93, 652 und FG Hbg EFG 94, 1036, rkr, zu Künstler-Auslandsreisen: der BFH betont, dass der Künstler – uU durch Vorlage der gefertigten Produkte – den *ausschließl* berufl Reiseanlass nachweisen muss; vgl auch – abl – BFH VIII R 109/86 BFH/NV 90, 623 zu Afrikareise mit Fotoauswertung, BFH VI R 63/01 BFH/NV 06, 728 zu dienstl Lehrer-Australienreise mit Auswertung). Maßgebl sind der tat-

sächl Reiseablauf, der Anteil der berufl Tätigkeit, die Bedeutung der Reise für die Ausübung der Tätigkeit und wohl auch die spätere Verwertung des Arbeitserfolges (s BFH VI R 51/88 BStBl II 91, 575 mit − nicht entscheidungserhebl − fragl Beispielen am Ende). BA-Abzug, wenn die Reisetage wie **normale Arbeitstage** mit der berufl Tätigkeit ausgefüllt sind und Privataktivitäten *in dieser Zeit* ausgeschlossen werden können (BFH IV R 37/93 BStBl II 94, 350, BFH VIII R 43/03 BFH/NV 05, 2174; Nachweis s *(4)*). RsprÄnderung zu praktischen **Sportärzteausbildung** (zB Skitage in Davos): BFH VI R 66/04 BStBl II 10, 685; zu **Anwälten** BFH IV R 36/96 BFH/NV 97, 219; noch enger als bei **Schulskilehrausbildung** (dazu *Schmidt* 23. Aufl § 4 Rz 520 mwN). − *(b)* **Lehrgangsmäßige Organisation einer Fortbildungsveranstaltung.** Sie kann eine berufl Veranlassung begründen. Nicht jede von einem Fachverband organisierte Reise ist jedoch als betriebl veranlasst anzusehen. Voraussetzungen (vgl BFH X B 210/06 BFH/NV 07, 2106; Kriterien in BFH I R 73/79 BStBl II 83, 409; BFH VI R 3/11 BStBl II 12, 416): Berufsbezogene Fachprogrammgestaltung; gleichartiger, fachbezogener Teilnehmerkreis (Nachweis s *OFD Nds* DB 99, 408, BFH I R 178/78 BStBl II 80, 386); straffe zeitl Programmgestaltung ohne überflüssige Ruhetage (was nicht bedeutet, dass das Programm sich auf Wochenenden erstrecken müsste).

(3) **Gegen berufliche Veranlassung sprechende Indizien.** − *(a)* Wahl eines touristisch interessanten Tagungsortes oder häufiger Ortswechsel, der nicht aus sachl Gründen geboten ist, dessen Informationswert sich ohne besonderen Anlass auf allg Besichtigungen beschränkt (*Beispiele:* Richter-Japanreise BFH VI R 64/91 BStBl II 93, 612, Lehrer Chinareise BFH VI R 3/11 BStBl II 12, 416; Beispiele *Schmidt* 27. Aufl § 4 Rz 520 und § 19 Rz 110 „Studienreisen"). − *(b)* Offene, nicht fachbezogene Veranstaltung durch allg Reiseunternehmen (BFH IV R 88/76 BStBl II 80, 152); − *(c)* Besichtigung beliebter Touristenziele ohne konkretes Betriebsziel (Brasilienreise eines Tabakhändlers BFH IV R 86/86 BStBl II 88, 633; Chinareise auch zur Mandantenwerbung, BFH IV B 57/09 BFH/NV 10, 880; Skisport in Davos oä Orten, s Anm *2/a*); − *(d)* Verlegung des Programms in eine Zeit mit vielen Wochenend- und Feiertagen; − *(e)* Benutzung eines erholsamen und zeitaufwändigen Beförderungsmittels (Schiffsreise − s aber zu Schiffstagung BFH I R 57/87 BStBl II 89, 19; BFH IV R 54/94 BFH/NV 95, 1052); − *(f)* vorangehende oder nachfolgende Urlaubsreise am Tagungsort ist nicht schädl (s *(1)*); − *(g)* Mitnahme des Ehepartners muss nicht schädl sein (Tatfrage; s BFH III B 21/12 BFH/NV 12, 1973). − *(h)* Unangemessenheit der Kosten im Verhältnis zum Betriebsgewinn kann für private Mitveranlassung sprechen. − *(i)* **Auslandssprachreisen** s *(4)*.

(4) **Nachweise; Feststellungslast; Höhe.** Die entscheidenden tatsächl Feststellungen muss das FA bzw das FG treffen; die obj Beweislast trifft den StPfl (Rz 416, s *(2) (b);* BFH VIII R 80/05 BFH/NV 10, 1805). Reisefälle werden daher idR mit tatsächl Bindung des BFH durch das FG entschieden (s aber BFH VI R 61/04 BFH/NV 07, 1132 und unten); ein Unbehagen im Tatsächlichen (Fortbildung ohne Skifahren im Januar in Davos, s *Macher* DStZ 07, 253) kann nicht im rechtl Bereich gelöst werden (s *Heuermann* StBp 07, 122 zu BFH VI R 8/05 BStBl II 07, 457). Der Nachweis eines berufl Anlasses kann, muss aber nicht zum BA-Abzug führen (uU **Aufteilung** oder Überlagerung durch private Mitveranlassung, vgl BFH GrS 1/06 BStBl II 10, 672; *(1);* bei **Sprachlehrgängen** im Ausl ist berufl Grund für die Ortswahl grds zu prüfen, s „Sprachkurse", zu Rspr-Verschärfung BFH VI R 12/10 BStBl II 11, 796 mit Anm *Schmidt* 33. Aufl § 4 Rz 520; BFH VI B 133/12 BFH/NV 13, 552). Die tatsächl **Teilnahme** an den Veranstaltungen muss feststehen (BFH GrS 8/77 BStBl II 79, 213 C II 1g); der Nachweis der Zahlung reicht im Zweifel nicht aus; eigentl müsste Anwesenheitsliste mit Eintragungspflicht und Bestätigung durch Veranstalter gefordert werden; Zeugenbeweis ist mögl. BA-**Höhe** s „Fahrtkosten", „Geschäftsreise", EStH 12.2.

iPad s „Alltagsgegenstände".

Kinder s „Angehörige"; zur Kinderbetreuung s „Arbeitslohn"; § 10 I Nr 5.

Kindertagespflege. Ertragsteuerl Behandlung des Gewinns selbständiger Pflegepersonen (einschließl BA-Pauschalen) s *BMF* BStBl I 16, 1236.

Kleidung. Kasuistische, teils widersprüchl Einzelfall-Rspr. Der tatsächl Nachweis ausschließl berufl Nutzung spätestens beim FG ist wichtig. IdR kann private Mitveranlassung selbst bei berufsbezogener und für die Berufsausübung erforderl, uU vorgeschriebener Kleidung (BFH IV R 91–92/87 BStBl II 90, 49) nicht ausgeschlossen werden (§ 12 Nr 1), sodass der Abzug von BA entfällt (so mE zutr jetzt auch FG BBg EFG 18, 1940, Rev VIII R 33/18, mit Rspr-Übersicht). Die Aufteilungsgrundsätze zu Reisen sind grds nicht auf einzelne berufl und privat nutzbare

§ 4 520 Gewinnbegriff im Allgemeinen

Kleidungsstücke übertragbar (BFH GrS 1/06 BStBl II 10, 672 C III 4a). – **Höhe:** AK (§ 6 II, IIa), AfA (§ 7), Reparatur- und Reinigungskosten (**Akzessorietät der Folgekosten,** nach BFH auch Heimreinigung; enger zutr FG Brem EFG 02, 964, rkr; s auch LStR 3.31 II 4).

(1) Beispiele **gegen Abzug** (s auch § 9 Rz 266): schwarzer Anzug eines Trauerredners (FG BBg EFG 18, 1940, Rev VIII R 33/18); Businesskleidung (BFH VI B 40/13 BFH/NV 14, 335; FG Mchn DStRE 15, 1482, rkr); Trachtenanzug eines Geschäftsführers oder Unternehmers eines bayerischen Lokals (BFH VI R 143/77 BStBl II 80, 73 – fragl bei Kellner); Skikleidung eines nebenberufl Skilehrers (BFH IV R 101/72 BStBl II 75, 407, Rspr *Schmidt* 27. Aufl § 4 Rz 520; **aA** zutr BFH VI B 28/07 BFH/NV 07, 1869 – tatsächl FG-Würdigung); Tropenkleidung (FG BaWü EFG 94, 467, rkr), Briefträger-Schuhe (FG Saarl EFG 94, 237, rkr); weiße Masseurkleidung (BFH I B 5/94 BFH/NV 95, 207, BVerfG 2 BvR 2219/94 StEd 95, 158); Kleider/Hosen einer Musikerin (BFH IV R 13/90 BStBl II 91, 751); ständig überlassene Messeblazer mit Firmenemblem (FG BaWü EFG 00, 1113, rkr); weiße Berufskleidung von Altenpflegerinnen (FG Hbg EFG 02, 963); zu einheitl Verkaufskleidung s FG Ddorf EFG 01, 362, rkr. Das gilt auch dann, wenn diese Kleidung nachweisl nur berufl getragen wird (BFH VI B 80/04 BFH/NV 05, 1792), selbst wenn sie berufl besonders hohem Verschleiß unterliegt (BFH VI R 61/83 BFH/NV 87, 33). Die **Grenze** liegt dort, wo die private Mitbenutzung berufl benötigter Kleidungsstücke nach Menge, Art und Verwendung praktisch ausgeschlossen ist. Dann BA (uU anteilig), ggf bei mehreren Stücken **Schätzung,** s oben Sportkleidung.

(2) Beispiele **für Abzug:** Schwarzer Anzug oder Frack des Musikers (*FM Thüringen* DStR 92, 790), Kellners (fragl zu Hosen BFH VI R 20/85 BFH/NV 88, 703 – laut BFH IV R 65/90 BStBl II 91, 348 Einzelfallurteil), Empfangschefs (**aA** zu Röcken FG Saarl EFG 89, 110, rkr), Leichenbestatters (Abgrenzung BFH III R 5/88 BFH/NV 91, 25), Geistlichen (BFH VI R 159/86 BFH/NV 90, 288), Büromantel des Architekten, Arztkittel, Dienstkleidung des Försters FG Hess EFG 87, 552, bestätigt, – **aA** zu Lodenmantel zutr BFH VI R 73/94 BStBl II 96, 202 –; „Posthornkleidung" s FG Nds EFG 91, 118, rkr; mE zu großzügig zu Sport- und Ausgehkleidung des Offiziers FG Brem EFG 92, 735, rkr; zutr **enger** zu Arztkleidung BFH IV R 65/90 BStBl II 91, 348 (auch zu Bedeutung des Kaufs im Fachhandel/Privatgeschäft). S auch zu Kleidergestellung als ArbLohn BFH VI R 21/05 BStBl II 06, 915. Zu Pilot FG Hess EFG 89, 173, rkr (Schuhe § 12, Hemden mit Schulterklappe WK). **Verlust** von Kleidung ist nur bei ausschließl berufl Anlass BA (zB Berufsunfall, FG Thür EFG 00, 211, rkr; fragl bei Diebstahl/Beschädigung auf Geschäftsreise, s „Verlust" *(1)*).

Kontokorrentzinsen s Rz 152 ff.

Kraftfahrzeug s unter „Fahrtkosten", „Geschäftsreisen", „Verlust"; zu Versicherungen Rz 178 ff, zu Angemessenheit § 4 V 1 Nr 7, Rz 601 ff.

Krankheitskosten sind BA, wenn der StPfl unter einer typischen Berufskrankheit leidet oder der Zusammenhang mit dem Beruf in anderer Weise eindeutig feststeht. *Beispiele:* Strahlenschäden des Röntgenarztes, Tuberkulose des Lungenarztes (BFH IV R 207/75 BStBl II 80, 639); Folgen eines Betriebsunfalls (Fahrt zum Arzt s FG Hess EFG 88, 556, rkr); Berufssportlerkrankheit (FG Hess EFG 01, 683, rkr); uU physische Erkrankung wegen Mobbing (FG RhPf DStRE 14, 1217, rkr); **nicht** Herzinfarkt (zu RA BFH IV R 59/68 BStBl II 69, 179) oder Gelenkarthrose (zu Lehrer FG Bln EFG 92, 322, rkr) oder allg vorbeugende Kur (vgl BFH VI R 96/88 BFH/NV 93, 19); s auch zu Berufsmusikerin BFH VI R 37/12 BStBl II 13, 815. Kein BA-Abzug für **Brille** (§ 12, BFH VI R 50/03 BFH/NV 05, 2185, *Schmidt* 31. Aufl § 4 Rz 520 mwN) oder **Hörgerät** (BFH VI B 275/00 BFH/NV 03, 1052). KV-Beiträge sind auch bei Arzt keine BA.

Kundschaftsessen; Kundschaftstrinken. Sucht der StPfl einen Geschäftsfreund (zB den Inhaber einer Gastwirtschaft) auf, um zur Pflege bestehender oder Anknüpfung neuer Geschäftsbeziehungen für die *eigene* **Verpflegung** eine größere Zeche zu machen, sollte es nach BFH VI 340/62 U BStBl III 64, 98 mögl sein, außergewöhnl Kosten bei Branchenüblichkeit als BA abzusetzen. ME nach Auslegung von § 12 Nr 1 durch BFH GrS 2/70 BStBl II 71, 17 nur noch bei konkreten betriebl Anlässen anzuerkennen (vgl auch BFH IV R 205/85 BStBl II 88, 771; zu übl „Jahresessen" FG Mchn EFG 96, 93, rkr; abl zu „Testessen" eines Kochs BFH

III R 11/94 BFH/NV 96, 539; offen zu Restaurantkritiker BFH IV B 131/99 BFH/NV 01, 162). Anders bei **Kundenbewirtung zu Werbezwecken** (s „Bewirtung", BFH I B 157/02 BFH/NV 03, 1314 und Rz 540).

Laptop s „Alltagsgegenstände".

Lösegeld. – *(1)* **Zahlungen nach Entführung des StPfl** sind keine BA (§ 12, BFH IV R 27/77 BStBl II 81, 303). Ort und Zeit der Entführung sowie die Person des Entführers sind für die Beurteilung des privaten Zusammenhanges nicht entscheidend; das Risiko der Entführung und Erpressung ist grds personenbezogen, anders als das Risiko der Zerstörung eines Pkw oder eines Arbeitsunfalles bei besonders gefahrgeneigter Tätigkeit. Keine BA sind auch Aufwendungen für den persönl Schutz (zB Beschäftigung eines persönl Bewachers, vgl FG Köln EFG 81, 558, rkr) und Prämien einer Versicherung gegen Entführungsrisiko (Rz 178, unten „Sicherheit"). – *(2)* **Entführung eines PersGes'ters:** Zahlungen der Ges aus diesen Gründen sind keine BA (§ 15 I Nr 2, BFH IV R 223/79 BStBl II 81, 307, Rz 480); bei Entführung eines **KapGes'ters** kann vGA vorliegen (BFH I R 132/00 BFH/NV 01, 1048). – *(3)* **Entführung von ArbN oder Kunden:** Zahlungen des Unternehmers sind idR BA.

Nachträgliche Betriebsausgaben s Rz 148, 486, § 16 Rz 350 ff.

Nahestehende Personen s § 12 Rz 20.

Nutzungsaufwendungen s Rz 270 „Nutzung", 500 ff (Drittaufwand).

Pauschbeträge s Rz 496, auch zu Bindung. Bisher existiert **kein allg BA-Pauschbetrag,** auch nicht für Kleinbetriebe. **Pauschbetrags-Einzelfälle** s „Doppelte Haushaltsführung", „Geschäftsreisen", forstwirtschaftl Betriebe s § 51 EStDV (§ 13 Rz 18); hauptberufl schriftstellerische oder journalistische Tätigkeit (30% der BE bis 2455 €) oder nebenberufl schriftstellerische uä Tätigkeit (insgesamt 25% der BE bis 614 €; EStH 18.2); s § 18 Rz 216. ArbG-Ersatz s „Arbeitslohn". BA-Pauschalen für **Pflegepersonen** s *BMF* BStBl I 16, 1236 (bis zu 300 € monatl für 40 Stunden; s *Schmidt* 33. Aufl § 4 Rz 520 mwN). Pauschbeträge für **Eigenverbrauch** s BMF BStBl I 16, 1424. **Abgeordneten** werden hohe Pauschbeträge stfrei gewährt, ohne Auswirkung auf sonstige BA/WK (verfmäßig, s *Schmidt* 32. Aufl § 4 Rz 520). Schätzung bei gemischter Tätigkeit § 18/§ 19 s Rz 489. Pauschalierende Aufteilung von **VIP-Logen-Rechnungen** s unten „Sponsoring" und *Schmidt* 33. Aufl § 4 Rz 520 mwN. Pauschalierung von Sachzuwendungen s §§ 37a, b, Rz 537.

Personalcomputer (PC) s „Alltagsgegenstände".

Policendarlehen auf private LV sind unabhängig von der Behandlung der Versicherung (PV, SA, s Rz 184) bei betriebl Veranlassung der Schuldaufnahme wie bisher grds BV, hierfür (nicht für LV-Beiträge) aufgewandte Zinsen sind BA (s Rz 141, unten „Schuldzinsen") – fragl jedoch, soweit das Policendarlehen das urspr benötigte Bankdarlehen übersteigt. Vgl zu § 4 IVa Rz 524.

Rechtsverfolgungskosten. – *(1)* **Grundsatz.** Beratungs-, Vertretungs- und Prozesskosten für die Verfolgung betriebl Ansprüche und die Abwehr gegen den Betrieb erhobener Ansprüche sind BA (vgl „Abwehrkosten"). Zum Zeitpunkt der Passivierung von Prozesskosten § 5 Rz 550; bei § 4 III gilt § 11 II. *Beispiele:* Anwaltsberatung zu Betriebskosten (iZm Anschaffungen uU AK) oder gesellschaftsrechtl Auseinandersetzungen (BFH IV R 19/16 BStBl II 19, 614 mwN; BFH I R 215/72 BStBl II 73, 493); betriebl Mietprozesskosten (BFH I R 61/93 BStBl II 94, 323); Kosten eines Zivilprozesses wegen Honorarzahlung (BFH VIII R 102/79 BStBl II 84, 314); Passivprozess wegen Schadensersatz nach betriebl Pkw-Unfall (ohne Rücksicht auf Verschulden, s „Verlust" – zu privater Mitveranlassung BFH IV R 26/04 BStBl II 06, 182); VerwG-Kosten wegen betriebl Genehmigung. – *(2)* **Steuerberatungs-/Steuerprozesskosten** sind BA, soweit sie iZm der Ge-

§ 4 520 Gewinnbegriff im Allgemeinen

winnermittlung oder der Buchführung entstehen. Die Rechtslage ist eindeutig bei reinen **Betriebsteuern** einschließl GewSt, s Rz 618 (Abschlusskosten als BA s BFH IV R 22/81 BStBl II 84, 301 und § 5 Rz 550; uU Aktivierung), fragl bei Personensteuern, die auch betriebl veranlasst, aber nicht abziehbar sind (**abl** zu EStErklärung über Gewinnermittlung hinaus BFH III B 22/13 BFH/NV 14, 1200; s § 12 Rz 38 und unten „Steuern"; abl zu Feststellungserklärung BFH VIII B 40/14 BFH/NV 15, 1565; Selbstanzeigekosten/StAmnestieberatungskosten s unter *(3)*). Bisher dehnen Rspr und Verwaltung **§ 12 Nr 3 nicht** auf Kosten der **Rechtsverfolgung** aus (bei ESt-Verfahren unabhängig vom Ausgang BA, soweit sie die Gewinnermittlung oder Fragen der – erfolgreichen – Betätigung mit Gewinnabsicht oder der Gewinnverteilung betreffen, s BFH IV 151/64 U BStBl III 66, 190 zu Steuerberatungskosten, abgrenzend BFH III R 220/83 BStBl II 87, 711 zu Kosten eines FG-Verfahrens bei Verneinung der beantragten Gewerbetätigkeit – anders wohl bei Gewerbe mit 0 € Gewinn –; BFH VIII R 27/08 BFH/NV 10, 2038 zu WK). Das ist – im abgesteckten Rahmen – wohl zutr, da es sich nicht, wie bei der ESt selbst, um Einkommensverwendung, sondern um Kosten der Einkommenserzielung handelt. **Haftungsprozesskosten** des StPfl gegen seinen StB wegen Fehlberatung sind keine BA, Schadensersatzleistungen keine BE (FG Hbg EFG 08, 1268, rkr). Bei ESt-Veranlagungen sind StBKosten aufzuteilen (ggf Herausschätzung der Kosten für Mantelbogen, s *BMF* BStBl I 08, 256). Dagegen sollen **Auskunftskosten** nach § 89 III AO nur zu Betriebsteuern abziehbar sein (§ 3 IV AO, *BMF* BStBl I 07, 227 Tz 4/DStR 08, 1139). – *(3)* **Strafverteidigungskosten** können bei betriebl Veranlassung BA sein (s „Strafverfahren"); ebenso StErmittlungs- und Nacherklärungskosten iRe **Selbstanzeige** (*OFD Mster* DB 06, 2091 und *OFD Ffm* BeckVerw 241539; *Viebrock ua* DStR 15, 391); damit zusammenhängende Strafverteidigungskosten oder StBer-Kosten wegen StAmnestie nach StraBEG sind nicht abziehbar (s *FinVerw* in *Schmidt* 32. Aufl § 4 Rz 520, BFH VIII R 29/10 BStBl II 13, 344). – *(4)* **Testamentsvollstreckungskosten** sind BA, soweit sie die Erzielung von BE (zB Betriebsfortführung) und nicht die Nachlassabwicklung betreffen (BFH VIII R 47/77 BStBl II 80, 351 zu WK, BFH IV R 36/73 BStBl II 78, 499 zu BA; **zu Nachlasspfleger** FG Nbg EFG 87, 20, rkr). **Testamentskosten** sind keine BA (s „Erbfall"). **Nachlasskonkursverwaltergebühren** sind keine BA (FG Mchn EFG 98, 548); fragl nach BFH III R 39/97 BStBl II 00, 69 (BA/WK für Vermögensvorsorgekosten eines **Vormunds/Betreuers**); anders uU Kosten des **Insolvenzverfahrens** iSv §§ 54, 63 InsO. – *(5)* **Vorweggenommene Erbfolge-Beratungskosten** sind wie **Erbprozesskosten** auch bei BV keine BA (str, s „Erbfall"; *Grube* FR 07, 533).

Reisekosten s „Fahrtkosten", „Geschäftsreisen", „Informationsreisen", Rz 484.

Renten s Rz 75, 410, § 16 Rz 221.

Sachaufwendungen können BA sein (s Rz 478 mwN).

Schadensersatzleistungen an Dritte sind BA, wenn ihr Rechtsgrund in der berufl Tätigkeit des StPfl liegt (s BFH IV R 140/84 BFH/NV 87, 577), oder wenn die Entstehung des Schadens selbst betriebl/berufl veranlasst ist (vgl Rz 481 – Sekundärkausalität). Auf das Verschulden und die Behandlung beim Empfänger kommt es nicht an. *Beispiele:* Kunstfehler des Arztes, fehlerhafte Warenlieferung, Fristversäumung durch StB; Haftung wegen Beihilfe zur StHinterziehung (zu WK BFH VI R 35/96 BStBl II 04, 641; s aber auch BFH VI R 27/15 BStBl II 18, 441). Private Mitveranlassung muss ausscheiden (s § 19 Rz 110 „Schadensersatz"; BFH IV R 207/75 BStBl II 80, 639 zu Heilkosten für strahlengeschädigte Kinder eines Röntgenarztes; BFH IV R 26/04 BStBl II 06, 182 zu Schadensersatz an Privatpassagiere wegen Unfalls auf Betriebsfahrt, s auch FG RhPf EFG 09, 31, rkr; zu Untreueschaden BFH X R 163–164/87 BStBl II 91, 802; FG Hbg EFG 01, 559, rkr, und Rz 375).

Betriebsausgaben (ABC)

Schmiergelder (Bestechungsgelder) werden oft aus betriebl Gründen gezahlt (s Rz 482, 492, unten „Spenden"). Sie sind als BA absetzbar, soweit es sich nicht um Geschenke iSv § 4 V 1 Nr 1 handelt (Abgrenzung s Rz 537), keine strafbare Handlung vorliegt (§ 4 V 1 Nr 10, s Rz 607) und der Empfänger benannt wird (§ 160 AO, s Rz 630).

Schuldzinsen (dh alle Aufwendungen für die zeitl Überlassung von Fremdkapital, s Rz 523 und § 9 Rz 132) sind BA, soweit die Zahlung betriebl veranlasst ist, idR weil die Schuld BV darstellt(e), nicht allein durch Buchung bzw bloßen Willensakt, s BFH GrS 2–3/88 BStBl II 90, 817 unter c II 3a und GrS Rz 152, auch zu Ablösung und Umwandlung von Darlehen. Finanzierung gemischt genutzter WG s BFH IV R 57/90 BStBl II 92, 141; s auch Rz 486 zu nachträgl BA, auch nach Strukturwandel; Rz 152 ff zu Kontokorrentzinsen, Rz 376, 441, 481 zu Darlehenszinsen, Rz 383 und 487 zu Umschuldung. Ab 1999 generelle BA-Abzugsbegrenzung bei **„Überentnahmen"** (§ 4 IVa, Rz 522 ff). Sonstige gesetzl Abzugsbeschränkungen s Rz 141. **Zinsen für Privatschulden** sind auch bei Betriebsbelastung und wirtschaftl Zusammenhang mit künftigen BE nur dann BA, wenn die Schuldübernahme zu AK betriebl WG führt (**Aufgabe der sog Sekundärfolgen-Rspr** – zB BFH IX R 111/84 BStBl II 89, 706 – durch BFH GrS 2–3/88 und GrS 2/89 BStBl II 90, 817 und 837, s BFH VIII R 47/90 BStBl II 94, 619 und Rz 141 mwN). Umgekehrt sind **Zinsen für Betriebsschulden** BA auch bei Privatabsicherung (zB über Privathaus oder private Lebensversicherung), s „Policendarlehen", Rz 141, 184, 524; zu Notargebühren iVm Finanzierung BFH IX R 72/99 BStBl II 03, 399.

Sicherheit. Ausgaben für die persönl Sicherheit des StPfl sind idR keine BA (s „Lösegeld", Rz 178, 184, *BMF* BStBl I 10, 614, FG BaWü EFG 93, 72, rkr), für fremde ArbN BA (§ 19 Rz 100, *BMF* BStBl I 97, 696).

Sonderabschreibungen s „Steuervergünstigungen".

Sonderbetriebsausgaben s Rz 54, § 15 Rz 640 ff.

Spenden sind freiwillige, unentgeltl Zuwendungen zur Förderung bestimmter begünstigter Zwecke iSv § 10b I. Dazu gehören grds als Ausgaben zur Förderung staatspolitischer Zwecke auch Spenden und Beiträge an politische Parteien (§ 10b II), die aber nach § 4 VI nicht als BA abziehbar sind. Das Motiv für die Zahlung ist zwar unerhebl (s § 10b Rz 15), jedoch müssen Spenden **ohne Erwartung einer konkreten Gegenleistung** erbracht werden. Solche unentgeltl Zuwendungen können andererseits auch betriebl/berufl veranlasst und damit BA sein, soweit eine private Mitveranlassung ausscheidet (vgl „Schmiergelder", § 4 V, V S 3, § 12 Nr 1 und unten „Sponsoring"). **Humanitäre Katastrophenspenden** aus BV als BA s *BMF* BStBl I 15, 466, *BMF* BStBl I 16, 641; Flüchtlingsspenden s *BMF* BStBl I 15, 745; *BMF* BStBl I 16, 1425.

Sponsoring. Aufwendungen zur Förderung von Personen oder Organisationen in sportl, kulturellen oder ähnl gesellschaftl Bereichen sind BA, wenn der Sponsor **wirtschaftl Vorteile** für sein Unternehmen erstrebt, idR durch Werbung für seine Produkte (zB auf Trikots, Fahrzeugen, Plakaten, Veranstaltungshinweisen, Katalogen etc); Vorteile idS können aber auch die Sicherung/Erhöhung des unternehmerischen Ansehens sein (BFH VIII R 28/17 DStR 20, 2410 mwN: Ärzte-GbR, die bekannte Sportler fördert, kein Fall des § 4 V 1 Nr 1; BFH I R 37/91 BStBl II 93, 441: Unternehmen, das über den eigenen Bedarf hinaus ausbildet; s iÜ auch *BMF* BStBl I 98, 212). Geht es dem StPfl dagegen überwiegend um die Förderung gemeinnütziger Zwecke, liegen ggf Spenden (s oben) vor (BFH IV R 24/13 BStBl II 17, 224: Veranstaltung eines Golfturniers durch OHG, § 4 V 1 Nr 4). Weitere Beispiele und Nachweise s *Schmidt* 39. Aufl § 4 Rz 520 „Sponsoring".

Sprachkurse. Die Kosten können bei konkreter betriebl Veranlassung ohne Privatinteresse BA sein. Der obj Zusammenhang mit der Einnahmenerzielung und die

§ 4 520 Gewinnbegriff im Allgemeinen

subj Förderungsabsicht der Tätigkeit müssen (durch das FA bzw das FG) auf Grund einer tatsächl Gesamtwürdigung von Indizien festgestellt werden (zB Bedeutung für die Tätigkeit, Lernziel, Kostenhöhe, Kursort, Kursprogramm, Freizeit usw; grundlegend BFH IV R 153/79 BStBl II 80, 746; s auch BFH VI R 13/07 BFH/NV 08, 1356). Dies gilt auch nach der EuGH-RsprÄnderung im EG-Bereich. Mit BFH VI R 168/00 BStBl II 03, 765 hat sich die Rspr − im Anschluss an **EuGH** Rs C-55/98 (DStRE 02, 114) - *Vestergaard* − nur insoweit geändert, als Auslandsaufenthalte in EG-Staaten oder außerhalb bei gleichwertigen Inlandsangeboten nicht *per se* eine Ablehnung rechtfertigen (so auch *BMF* BStBl I 03, 447; s *Rößler* StBp 04, 176; *Brähler/Lösel* Stbg 05, 250). Wie bei Inlandsaufenthalten ist die beruf Veranlassung nach den Gesamtumständen zu prüfen; dabei kann *auch* der Kursort eine Rolle spielen (Hamburger mit Sprachkurs in Berchtesgaden, Honolulu oder Sevilla: uU − schwaches − negatives Indiz mit der Folge des § 12; s auch BFH VI R 89/02 BFH/NV 06, 934 mit Folgeurteil FG Hbg EFG 07, 755, rkr; „Informationsreisen"; *Schmidt* 27. Aufl § 4 Rz 520 mwN). Daher uU Ablehnung bei Erwerb von Grundkenntnissen im Ausl trotz beruf (Mit-)Veranlassung wegen § 12 (s aber − Inlandskurs − BFH VI R 46/01 BStBl II 02, 579). Vgl auch zu Deutschkurs eines Ausländers (§ 12) BFH VI R 14/04 BStBl II 07, 814, FG Nbg EFG 15, 2052, rkr − abl *Beiser* DB 07, 1720.

Steuern. − *(1)* **Betriebsteuern** sind als betriebl Aufwendungen BA. *Beispiele:* USt, GewSt bis 2008 (seit 2008 Abzugsverbot nach § 4 Vb und Ausgleich durch § 35, s Rz 618), betriebl Kfz-Steuer (s „Auto"), Grundsteuer für Betriebsgrundstück (GrESt als AK s *Schmidt* 35. Aufl § 4 Rz 520 mwN). **Steueramnestiebetrag** ist trotz des Wortlauts von § 10 I StraBEG keine ESt und daher BA, soweit er auf Betriebsteuern (USt, GewSt, nicht ESt) entfällt; aber auch insoweit kein Abzug der StB-Kosten (BFH VIII R 29/10 BStBl II 13, 344). Die USt ist auch bei § 4 III kein durchlaufender Posten (s Rz 404). − *(2)* **Private Steuern** dürfen den Gewinn nicht mindern, auch nicht, soweit sie auf betriebl Gewinne oder BV entfallen (ESt, KSt, ErbSt, USt auf Entnahmen, KiSt, SolZ − § 12 Nr 3, § 10 I Nr 4, § 10 Nr 2 KStG, BFH I R 7/94 BStBl II 95, 477), auch nicht Kreditkosten hierfür (s Anm 3, Rz 141 und oben „Erbfall"). Das gilt auch für AbzugSt (BFH I R 64/96 BStBl II 97, 548). Vgl § 12 Rz 38. − *(3)* **Steuerliche Nebenleistungen** (§ 3 IV AO, Zinsen, Verspätungs- und Säumniszuschläge, Zwangsgelder, Kosten; ab 2007 auch Auskunftsgebühren nach § 89 III AO − fragl, s „Prozess/Rechtsverfolgung" 2) werden idR wie die Steuer behandelt (bei ESt/KSt Abzugsbeschränkung, § 12 Nr 3, § 10 Nr 2 KStG, s BFH I B 97/11 BStBl II 12, 697, VerfBeschw 2 BvR 1608/12 nicht angenommen; Sanktionszuschläge gem § 162 IV AO sind nicht abziehbar, § 4 V 1 Nr 12, s Rz 614). Die Ungleichbehandlung von Nachforderungszinsen (keine BA, § 12 Nr 3) und Erstattungszinsen (BE gem § 20 I Nr 7, s Rz 460 „Zinsen") wird nur als unbillig angesehen, soweit sie auf demselben Ereignis beruhen (dann uU Erlass gem § 163 AO, s *OFD Nds* DB 14, 571). Zinsen auf BetriebSt sind nach wie vor grds − mit Einschränkung durch § 4 IVa, Vb − gem § 4 IV als BA abziehbar. Hinterziehungszinsen iSv § 235 AO sind nicht abziehbar (§ 4 V 1 Nr 8a, § 9 IV). − *(4)* **Steuerberatungs-, Steuererklärungs- und Prozesskosten** s „Rechtsverfolgung".

Strafen s § 12 Nr 4 (§ 12 Rz 40) und § 4V 1 Nr 8 (Geldbußen etc, Rz 604 ff).

Strafverfahren. Betriebl veranlasste Strafverfahrenskosten sind BA (vgl BFH IX R 5/12 BStBl II 13, 806; BFH VI R 75/10 BFH/NV 11, 2040; FG Mster EFG 13, 425 mit Anm *Hennigfeld*, rkr), einschließl Kosten der VerfBeschwerde und eines Wiederaufnahmeverfahrens (BFH VIII R 34/93 BStBl II 95, 457). Zu StHinterziehung s FG RhPf EFG 89, 562, rkr; zu Verteidigungskosten für Geschäftsführeruntreuung s BFH VI R 42/04 BStBl II 08, 223 mit Abgrenzung; zu Abrechnungsbetrug FG Mster EFG 94, 88, rkr; vgl auch BFH VIII R 43/14 BFH/NV 17, 569 (Würdigung des FG maßgebl); zu § 153a StPO s FG RhPf EFG 21, 92, Rev X R

Betriebsausgaben (ABC) **520 § 4**

34/20; zu Tötungsvorwurf ggü Altenpflegerin abl BFH XI R 35/01 BFH/NV 02, 1441; zu Promotionsbestechungszahlungen abl FG Köln EFG 12, 286, rkr; zur Unterbrechung des betriebl Zusammenhangs s unten „Verlust", FG Hess EFG 94, 1043, rkr; FG BaWü EFG 95, 246, rkr.

Studienreisen s „Informationsreisen" und § 19 Rz 110.

Telefonkosten sind bei betriebl Veranlassung BA. Bei privater Mitbenutzung eines betriebl Anschlusses (und umgekehrt) ist der BA-Anteil ggf im Schätzungswege zu ermitteln (Gesprächs- und Grundgebühr, BFH IX R 83/85 BFH/NV 91, 95 mwN; FG Nds EFG 97, 1300, rkr, Rz 32); uU Abzug auch bei gemischter Veranlassung (BFH VI R 50/10 BStBl II 13, 282 zu Auswärtstätigkeit).

Testamentsvollstreckerkosten s unter „Rechtsverfolgungskosten".

Umsatzsteuer s § 9b Rz 1 ff. – Zu gemischter Verwendung s auch BFH IV R 6/16 BStBl II 19, 160 Rz 54 ff (Aufteilung); zum Verhältnis USt/1%-Regelung bei Kfz-Nutzung s BFH VIII R 54/07 BStBl II 11, 451 (Ansatz nach UStG). Sonstige Auswirkungen der USt auf die ESt (Entnahmen, GWG, BA iSv § 4 V, § 12 Nr 3) s Rz 270, 538.

Umwandlung; Verschmelzung. Unmittelbar hierdurch verursachte Kosten sind unabhängig von der Besteuerung eines Übernahmegewinns BA des jeweils Betroffenen (BFH I R 83/96 BStBl II 98, 698 mwN; *Mühle* DStZ 06, 86).

Umzugskosten. Sie sind BA, wenn der Umzug durch Aufnahme oder Wechsel einer Berufstätigkeit, Betriebsverlegung oder sonstige Veränderungen im berufl/betriebl Bereich veranlasst ist. Die WK-Grundsätze gelten auch hier; s iEinz § 19 Rz 110 „Umzugskosten" *(1).* – **Höhe: BA** wohl alle betriebl veranlassten Aufwendungen; s § 19 Rz 110 „Umzugskosten" *(2),* auch zu Höchst-/Pauschbeträgen. Begrenzung bei Zwischenumzug: BFH IV R 78/99 BStBl II 01, 70 (Möbeleinlagerung).

Unentgeltliche Zuwendungen s „Geschenke", „Spenden".

Unfallaufwendungen s „Verlust" und „Schadensersatz".

Unterschlagung kann zu BA führen (s „Schadensersatz", „Verlust"; Rz 375).

Verlust (Zerstörung; Diebstahl; Unterschlagung; Unfall). – *(1)* **Betriebliche Veranlassung.** Verluste mindern den Gewinn, wenn ihre Entstehung betriebl veranlasst ist. Dafür ist zunächst Voraussetzung, dass die zugrunde liegende Tätigkeit mit Gewinnabsicht betrieben wird (BFH GrS 4/82 BStBl II 84, 751 mwN). Zur Feststellung der Veranlassung durch diese Tätigkeit s Rz 30, 52, 78, 182. Der Verlust *fremder* WG ist idR nur bei „Schadensersatzleistung" (s Stichwort) als eigener Aufwand absetzbar. Die **Art des WG** ist allenfalls ein Indiz für die Art des Verlusts (weit zu Arbeitsmitteln – Violine – BFH VI R 185/97 BStBl II 04, 491). So sind Verluste typischer WG des **BV** idR betriebl veranlasst, zB Beteiligungsverluste (Rz 250), Forderungsverluste (einschließl Darlehensforderungen, s Rz 376), Bürgschaftsverluste (s Rz 146), Wertpapierverluste (Rz 170), Zerstörung einer Maschine, eines BetriebsPkw (unten *(2)).* – Umgekehrt führen Verluste von **WG des PV** nach wohl zutr hM grds nicht zu betriebl Aufwand, selbst wenn die auslösende Verwendung bei fortbestehender privater Mitveranlassung *auch* im betriebl Interesse erfolgte (§ 12 Nr 1). *Beispiele:* Verlust eines privaten Schmuckstücks auf betriebl Veranstaltung oder Geschäftsreise (vgl BFH VI R 131/66 BStBl II 68, 342; zu Kleidung, Koffer, Brille use FG Nbg EFG 89, 226, EFG 90, 19, rkr, und „Kleidung"; ähnl zu Geldverlusten eines ArbN BFH VI R 227/83 BStBl II 86, 771, Rz 375 – weiter uU BFH VI R 26/95 BStBl II 95, 744, mE fragl). **Aufteilung** scheidet aus (BFH VI R 133/76 BStBl II 78, 457 zum Unfall mit gemischt genutztem Privat-Pkw auf der Fahrt zum TÜV oder zum Kundendienst, s Rz 50 ff und *Schmidt* 35. Aufl § 4 Rz 520 mwN; Austauschmotor s „Fahrtkosten"). Entscheidend ist, ob das **verlustauslösende Ereignis** wesentl betriebl veranlasst ist (abl zu privat

Loschelder

mitveranlasstem Schadensersatz wegen Unfalls auf Betriebsflug BFH IV R 26/04 BStBl II 06, 182). **Versicherungsbetrug** führt nicht zu BA (zu Betriebs-Pkw FG Mchn EFG 99, 108, bestätigt; FG Mster EFG 99, 615, rkr). **Ausnahmen: –** *(a)* **Privatverluste von BV.** Die zur Zurechnung des WG zum BV führende – fortbestehende – betriebl Veranlassung kann ohne Entnahme des WG (Rz 270 „Verlust") vorübergehend im Nutzungsbereich durch tatsächl außerbetriebl Verwendung unterbrochen und ersetzt sein. Unter welchen Voraussetzungen dies anzunehmen ist, hat BFH **GrS 2–3/77** BStBl II 78, 105 **(Kfz-Unfallkosten)** grundlegend geklärt. Fragen des Verschuldens oder der Strafbarkeit spielen in diesem Zusammenhang grds keine Rolle. Willensentscheidungen, die der StPfl iRd Zielvorstellung Betriebsfahrt trifft, stellen die ursprüngl betriebl Veranlassung nicht in Frage. *Beispiele:* Zu schnelles Fahren, Übersehen eines Verkehrszeichens, Übermüdung und Einschlafen am Steuer, Auswechseln einer Musikkassette, Herabfallen einer brennenden Zigarette, Überfall durch mitgenommenen Anhalter. Die betriebl Veranlassung wird nur durch eine **außerbetriebl Willensentscheidung oder Handlung des Stpfl** gelöst. *Beispiele:* Unfall mit BetriebsPkw auf einer (auch) **Privatfahrt** bzw auf Umweg aus außerbetriebl Gründen oder unfallauslösender **Alkoholgenuss** (BFH VI R 103/79 BStBl II 84, 434). Auch bei *vorsätzl* Unfallverursachung wird das auslösende Moment idR im privaten Bereich liegen (zB Selbstmordabsicht). Ebenso, wenn der Juwelier Betriebsschmuck aus privatem Anlass trägt und ihn dabei verliert (betriebl Folgen sind str, s *(2)).* Ungeklärt sind Umfang und Dauer der Unterbrechung. Sie sollte mE auf die tatsächl bestimmungsgemäße Verwendung zu privaten Zwecken beschränkt werden (fragl zB bei Diebstahl des BetriebsPkw aus der Garage des Urlaubshotels ohne besondere Diebstahlgefährdung, nach BFH IV R 31/02 BStBl II 06, 7, BFH XI R 60/04 BStBl II 07, 762 kein Betriebsverlust; nicht zwingend, s *Weber-Grellet* NWB F 3, 14869, Rz 50 ff, 182 zu abw BFH-Rspr zu Kaskoversicherungsentschädigung). – *(b)* **Durch Verlust von Privatvermögen** kann umgekehrt betriebl Aufwand entstehen, wenn der private Zusammenhang unterbrochen ist. *Beispiele:* Auslage eines Privatringes im Geschäft zu Dekorationszwecken: Diebstahlverlust dürfte BA darstellen (vgl Rz 179 ff zu Versicherungsentschädigung); fragl bei Privatschmuckdiebstahl auf Dienstreise (zu Schauspielerin abl FG Mchn EFG 99, 1216, rkr – § 12 Nr 1 –, s Rz 375 zu Verlust von Kleidung, Geld; weitere *Beispiele: Schmidt* 35. Aufl § 4 Rz 520 „Verlust" *(1)(b)).* – **(2) Rechtsfolgen. –** *(a)* **Dem Grunde nach** sind betrieb veranlasste Verluste von BV und von PV betriebl Aufwand. Private Verluste dürfen sich nicht betriebl auswirken (s Rz 481 „Sekundärkausalität" zu nichtbetriebl Folgeschäden, Rz 181 ff zu Versicherung). Eine Aufteilung scheidet aus, wenn der Verlust privat mitveranlasst war (Anm *1*). Ein Entnahmegewinn fällt nicht an (s aber Rz 52, 78, 183, 270 „Verlust"). Verluste eines in diesem Moment nicht genutzten WG durch Zerstörung **ohne unmittelbare betriebl oder private Veranlassung** (zB Zerstörung des gemischt genutzten Pkw in der Garage durch höhere Gewalt) rechnet die Rspr bisher je nach Zuordnung des WG voll dem betriebl oder dem privaten Bereich zu, ebenso wie bei Veräußerung (s dazu Rz 52, 183), Entnahme (vgl Rz 89) und Zerstörung aus rein betriebl oder privatem Anlass (BFH I R 213/85 BStBl II 90, 8; BFH VI R 171/88 BStBl II 93, 44 – s aber zu Diebstahl auf Privatfahrt oben *(1) (a),* Rz 52, 78, 183). Das ist komplikationslos und praktikabel. Rechtsdogmatisch erscheint es jedoch nicht unbedenkl, hier sachl Unterschiede zu den lfd Aufwendungen zu machen. Ähnl Zweifel bestehen bei außergewöhnl **Reparaturkosten** (Austauschmotor, s „Fahrtkosten" und Rz 584 zu **Entfernungspauschale** § 9 I Nr 4, 5, II 1, § 4 V 1 Nr 6 S 2). – *(b)* **Höhe der Betriebsausgaben** (s auch § 19 Rz 110 „Unfallkosten"). Im **BV** Ausbuchung des (Rest-)Buchwerts bzw TW-AfA, außerordentl AfA oder Reparaturkosten als betriebl Aufwand (bei privatem Anlass – nicht anlässl Fahrten Wohnung/Betrieb, s § 4 V 1 Nr 6, Rz 585 – str, s Rz 181 ff und *Schmidt* 35. Aufl § 4 Rz 520 mwN). Der betriebl Verlust von **PV** führt zu BA iHd Reparaturkosten bzw ohne Repara-

Betriebsausgaben (ABC)

tur nicht iHd der Differenz zw dem Zeitwert vor und nach dem Unfall, sondern nach dem – fiktiv ermittelten – **Restbuchwertverlust** (s zu § 4 BFH IV R 25/94 BStBl II 95, 318; zu WK BFH VIII R 33/09 BStBl II 13, 171, § 19 Rz 110 „Unfall", auch zu merkantilem Minderwert); fragl, s *Schmidt* 24. Aufl. § 4 Rz 520. Die Verluste können als außerordentl Aufwendungen im Verlustjahr (s *(3)*) neben Pausch- und Höchstbeträgen für die Nutzung geltend gemacht werden (fragl bei Entfernungspauschale, s „Fahrtkosten"; zu 1%-Regelung § 6 I Nr 4 S 2 § 6 Rz 551). Außerdem können betriebl Folgekosten (Taxi, Mietwagen – soweit betriebl genutzt, BFH I R 213/85 BStBl II 90, 8 –, Porti, Telefon oÄ) abgesetzt werden, auch für unbedeutende Unfallschäden (BFH VI R 158/76 BStBl II 78, 595) und „Krankheit".
– *(3)* **Verluste bei § 4 III.** Damit sich Verluste nicht doppelt auswirken, muss jeweils geprüft werden, ob nicht die AK des WG bereits als BA abgesetzt waren (Beispiel: UV) oder ob der Verlust nicht auf andere Weise berücksichtigt wird (Beispiel: Wegfall von BE durch Forderungsverlust). IEinz wird auf Rz 382, 408 ff, sowie Rz 383 zu betriebl Forderungsverlusten, Rz 376 zu Darlehensverlusten, Rz 394 zu privaten Forderungsverlusten verwiesen. Etwaige Regressansprüche berühren den Abzug des Verlustes als BA nicht (BE bei Zufluss, s Rz 476; BA nur im *VZ des Schadenseintritts*, s RsprÄnderung BFH VI R 27/97 BStBl II 98, 443; FG Saarl EFG 00, 1249, rkr). Zu **USt** s oben „Umsatzsteuer" und Rz 270 mwN.

Verpflegungsaufwendungen s Rz 570 ff.

Versicherungen. Die Prämien können BA (WK), SA oder nicht abziehbare Ausgaben sein (vgl Rz 178 ff). Hiervon zu trennen ist der BA-Abzug von Zinsen auf „Policendarlehen" (s dort).

Versorgungszuwendungen betriebl Art s Rz 203, § 5 Rz 550.

Vertragsstrafen sind bei berufl Veranlassung BA (oder bei Nichteinhaltung einer Tätigkeitsverpflichtung nach unentgeltl Ausbildung nachträgl WK, s BFH VI R 5/03 BStBl II 07, 4; zu **Schadensersatz bei Vertragsaufhebung** BFH IX R 45/05 BStBl II 06, 803). § 4 V 1 Nr 8 ist nicht einschlägig (s „Strafen").

Vorweggenommene (vorab entstandene) BA s Rz 484.

Verschmelzung s „Umwandlung" sowie Rz 270.

Wahlkampfkosten für ehrenamtl Stadtratsmandat können nach BFH IV R 15/95 BStBl II 96, 431 BA sein (s auch *FM BaWü* DStR 96, 1732). Vgl auch § 19 Rz 110, § 22 Rz 163, *Stübe* FR 94, 385, *BMF* DStR 92, 358 (hauptamtl kommunale Vertretungsorgane) und *OFD Hann* BeckVerw 460369 (Aufsichtsrat – dazu Rz 484), FG BBg EFG 07, 1323, rkr (Personalratswahl). **Partei-Sonder- und Fraktionspflichtbeiträge** sind keine BA/WK (§ 4 VI; FG Mster EFG 02, 129, rkr). Die Abführung von ArbN-Aufsichtsratsvergütungen an betriebl Sozialeinrichtung kann zu BA führen (BFH IV R 81/76 BStBl II 81, 29), einschr zu gewerkschaftl Einrichtung FG BBg EFG 09, 1286 mit Anm *Rosenke*, rkr.

Wertpapiere (Beteiligungen). Bei BV (Rz 160 ff) sind AK, lfd Aufwendungen und „Verluste" betriebl veranlasst.

Zinsen s „Finanzierung", „Erbschaft", „Schuldzinsen", „Steuern" *3*, Rz 523.

Zwangsarbeiter. Humanitäre Hilfezahlungen sind BA der Beschäftigungsunternehmen (*OFD Mchn* DB 00, 398; s auch oben „Spenden").

Zwangsgelder (zB §§ 328 ff AO) als Beugemaßnahmen zur Erzwingung bestimmter Handlungen können BA sein (EStR 4.13 IV 2). Nicht abziehbar sind mE jedoch nicht zur Erzwingung, sondern als gesetzl Bußgeldfolge für den Fall der Unterlassung festzusetzende „Ordnungsgelder", zB für unterlassene Offenlegung von GmbH-Abschlüssen (§§ 334 I Nr 5 HGB), auch wenn die in § 335 III HGB vorgeschriebene „Androhung eines Ordnungsgeldes" wie eine Zwangsmaßnahme wirkt (vgl dazu FG Nbg 1 K 1017/14, nv).

Loschelder

III. Nicht abziehbare Betriebsausgaben, § 4 IVa–IX

521 **1. Vorbemerkung. – *(1)* Hintergrund und Grenzen der Abzugsbeschränkungen.** Die Einkommensbesteuerung nach der Leistungsfähigkeit beruht auf dem Grundsatz des **obj Nettoprinzips**. Ausgaben zur Erzielung stpfl Einkommens (bei stfreien Einnahmen gilt § 3c) können nur ausnahmsweise vom Abzug ausgeschlossen werden, wenn der Abzug systemwidrige Auswirkungen zur Folge hätte (zB: Gefahr des Ausfalls der Besteuerung bei Dritten, § 160 AO; Berührung der privaten Lebenssphäre des StPfl oder Dritter, § 12; Durchsetzung der Wirkung von Strafen und Geldbußen, § 4 V 1 Nr 8). Nach BVerfG 1 BvL 4-7/87 BVerfGE 81, 228, 238 ist eine Durchbrechung bei **„Vorliegen wichtiger Gründe"** gerechtfertigt (s zu § 4 V 1 Nr 8 BFH I R 100/97 BStBl II 99, 658; zu § 4 V 1 Nr 6b aF BVerfG 2 BvR 301/98 BStBl II 00, 162). Keine ausreichenden Gründe sind der Finanzbedarf der öffentl Hand oder die Gesetzes-/Sittenwidrigkeit von BA (§ 40, § 41 AO). Nach diesen Grundsätzen war der Gesetzgeber früher verfahren. Er hatte zwar den Katalog der Abzugsbeschränkungen in **§ 4 V** lfd erweitert, aber stets begrenzt auf Aufwendungen, die ohne betriebl Veranlassung typische Kosten der **privaten Lebensführung** wären („Spesenunwesen"). So hat BFH I R 111/77 BStBl II 81, 58 die Einschränkung unangemessener Repräsentationsaufwendungen nach **§ 4 V 1 Nr 7** (damals: § 4 V 2) als „Schlüssel zum Verständnis" des § 4 V bezeichnet. Auf dieser Überlegung beruht letztl auch die Abzugsbeschränkung privat veranlasster Schuldzinsen als BA in **§ 4 IVa** (s Rz 522). – Dagegen stehen Ausgaben für notwendige Arbeitsmittel und sonstige Ausgaben, die obj zur Einnahmenerzielung dienen und nicht die private Lebensführung berühren, nicht zur Disposition des Gesetzgebers. Diese Grenze war zB mit der Kürzung bzw Streichung der **Arbeitszimmerkosten** in § 4 V 1 Nr 6b aF 2007 überschritten (s Rz 590). Eine zusätzl Problematik ergibt sich aus dem häufig praktizierten **Gesetzgebungsverfahren**, solche Einschränkungen im Vermittlungsausschuss nachzuschieben (s BVerfG 2 BvL 12/01 DStR 08, 556 nach Vorlage BFH I R 38/99 BStBl II 02, 27 zu § 10d); allerdings ist die VerfWidrigkeit der Ergänzungen im HBeglG 2004 (BGBl I 03, 3076) durch rückwirkende Nachbesserung im Reparaturgesetz 2011 (BGBl I 11, 554) geheilt (BVerfG 2 BvL 4/13 NVwZ 19, 875). Weitere Abzugsbeschränkungen für **Körperschaften** enthält § 10 KStG. – *(2)* **Rechtsfolgen.** Nicht abziehbare BA erhöhen den Gewinn außerhalb der Gewinnermittlung nach §§ 4 I, III, 5, sind aber als BA keine **Entnahmen** (daher keine Zurechnung nach § 4 IVa, s Rz 525; keine Tarifbegünstigung nach § 34a, s *BMF* BStBl I 08, 838; § 34a Rz 25 mwN). Das gilt wohl auch für **GewSt** ab 2008 trotz des Wortlauts § 4 Vb („keine BA"). – Die **Erstattung** nicht abziehbarer BA führt zu BE (BFH XI B 1/20 BFH/NV 20, 1258 Rz 18 mwN; s auch Rz 460 „Abfindungen" *(5)(b)*). – Zur Bedeutung iRd **USt** gem §§ 15 Ia UStG s BFH V R 27/19 (V R 1/17) DStR 19, 2524.

2. Schuldzinsen, § 4 IVa

Schrifttum: *Wendt* FR 00, 417; *Weber-Grellet* DB 12, 1889 (Rspr-Entwicklung); *Möller* NWB 14, 3184 (Praxisleitfaden); *Schmudlach* StBp 15, 103 (Entnahmen/Einlagen iSv § 4 IV a); zuletzt *Schmidt* 34. Aufl § 4 Rz 522 mwN. – **Verwaltung:** *BMF* BStBl I 18, 1207.

522 **a) Allgemeine Vorbemerkung. – *(1)* Grundsatz.** Betriebl veranlasste Schuldzinsen sind BA (s Rz 520 „Schuldzinsen"). Sie sind aber gem § 4 IVa nur beschränkt abziehbar, wenn der StPfl seinem Betrieb mehr entnimmt, als er an Gewinn erwirtschaftet hat und in den Betrieb eingelegt hat. – Die Regelung des Schuldzinsenabzugs im BV gilt losgelöst von der Art der Finanzierung, von gemischten Zahlungskonten, vom Verhältnis von BE und BA im Einzelfall. IdR bleibt es damit bei den Grundsätzen des GrS des BFH zum **freien Finanzierungswahlrecht** (s Rz 152; zum „umgekehrten Zwei-Konten-Modell" s *Graf* DStR 00, 1465; abl BFH IV R 53/07 BStBl II 11, 688). Der Zinsabzug als BA wird aber

Nicht abziehbare Betriebsausgaben

rückwirkend ab VZ 99 (s § 52 VI S 5, Rz 530) beschränkt, soweit der StPfl **„Überentnahmen"** tätigt, soweit also das KapKto durch Entnahmen negativ wird. § 4 IVa 1 fingiert damit, dass die Fremdfinanzierung solcher Überentnahmen (anders als die von Verlusten) grds **nicht betriebl veranlasst** ist. Bei der Berechnung der nicht abziehbaren und dem Gewinn gem § 4 IVa 4 außerhalb der Bilanz hinzuzurechnenden Zinsen werden alle bisherigen Eigenkapitalvorgänge, Gewinne (und Verluste, s Rz 526), Einlagen, Entnahmen einschließl Umschuldungen des StPfl berücksichtigt. – Die Abzugsbeschränkung ist nach zutr hM **verfgemäß** (zB BFH III R 99/07 BFH/NV 12, 729 und Rspr Rz 530), gilt unabhängig vom Entstehungsgrund der Zinsen (s zu AK für UV Rz 533) und wohl auch dann, wenn mit den Entnahmen Schulden anderer Einkunftsarten getilgt werden, wodurch dort WK-Abzüge entfallen (vgl BFH IX R 29/15 BFH/NV 16, 1698, krit Anm *Paus* DStZ 17, 127); sie gilt auch für die **GewSt** (§ 7 GewStG, ohne Zurechnung nach § 8 Nr 1 GewStG). Zur **Höhe** der Zinsen s Rz 528. – *(2) Zweistufige Prüfung.* In einem *ersten Schritt* muss geprüft werden, ob die betr Zinsen **betriebl veranlasst** sind. Denn weder Privatzinsen noch Zinsen für andere Einkunftsarten sind BA; auf § 4 IVa kommt es insoweit nicht an. An der Problematik vor allem bei Zahlung über gemischte Kontokorrentkonten hat sich damit nichts geändert (s Rz 152 ff). Erst wenn und soweit die betriebl Veranlassung feststeht, ist in einem *zweiten Schritt* der **BA-Abzug nach § 4 IVa** zu prüfen (BFH X R 17/16 BStBl II 18, 744 Rz 17; s auch BMF BStBl I 18, 1207, Tz 1–7).

Daher sind Zinsen für über betriebl Konten finanzierte Privatentnahmen vorweg aus der Berechnung nach § 4 IVa auszuklammern, ebenso die Entnahmen selbst (*BMF* BStBl I 18, 1207, Tz 6, sowie „Einlagen" zur Tilgung von Privatschulden; s auch BFH IV R 53/07 BStBl II 11, 688).

b) Begriffsbestimmungen, § 4 IVa 1, 2. – aa) Schuldzinsen. Unter die Regelung fallen begriffl alle lfd und einmaligen Gegenleistungen in Geld oder Geldeswert für die zeitl begrenzte Überlassung von Fremdkapital sowie alle übrigen Aufwendungen, die bei wirtschaftl Betrachtung als Vergütung für die Überlassung von Kapital angesehen werden können (BFH IV R 22/10 BStBl II 14, 621; zur betriebl Veranlassung s Rz 520 „Schuldzinsen"; mE ohne Saldierung mit Zins-BE). – Auch *BMF* BStBl I 18, 1207 Tz 19 geht iZm § 4 IVa (abw von BStBl I 00, 588 Tz 22) von einem **weiten Zinsbegriff** aus (wie beim WK/BA-Abzug entspr BFH IX R 72/99 BStBl II 03, 399) und bezieht zu Lasten der StPfl nicht nur alle Finanzierungs- und Geldbeschaffungskosten, sondern auch Nachzahlungs-, AdV- und Stundungszinsen in die Abzugsbeschränkung ein (nicht zwingend; glA zu Vergütungen an typisch stille Ges'ter FG Köln EFG 14, 173, rkr – offen gelassen in BFH X R 40-41/18, BFH/NV 20, 858).

bb) Überentnahmen; Unterentnahmen. Die Begriffsbestimmungen greifen auf die Tatbestandsmerkmale „Gewinn", „Entnahmen" und „Einlagen" aus § 4 I zurück. § 4 IVa 2 geht dabei aber von einem **engeren Gewinnbegriff** als in § 4 I 1 aus, näml vom Jahresgewinn (= realisierter Gewinn im – uU abw – Wj), zunächst ohne Zurechnung von Entnahmen und Kürzung um Einlagen (nur in der Summe in Satz 2 erhöht um Einlagen). § 4 IVa 1, 2 beschränkt den betriebl Schuldzinsenabzug, soweit die Entnahmen die Summe von Gewinn und Einlagen in diesem Wj in diesem Betrieb übersteigen. § 4 IVa 3 zieht entspr Vorgänge der Vorjahre in die Abzugsbeschränkung ein. Das Gesetz stellt nicht auf einzelne Zahlungsvorgänge ab, sondern, mit gleicher Absicht, auf die **Summe aller Entnahmen** (s Rz 529). Zur zeitl Anwendung s Rz 530. Bei der Prüfung ist auf den **Einzelbetrieb** abzustellen (s Rz 26; s auch FG Köln EFG 19, 520 rkr, zu konzerninternem Cash-Pooling, keine Saldierung; *FinSen Hbg* DStR 19, 2028: Nichtberücksichtigung abgeführter Gewinne; krit *kk* kösdi 19, 21459). Anders als die unentgeltl Betriebsübertragung nach **§ 6 III** (s BFH IV R 17/10 BStBl II 14, 316: unentgeltl Übertragung des Verpachtungsbetriebs auf den bisherigen Pächter; BFH

IV R 15/17 BFH/NV 19, 526) und Einbringung nach **§ 24 UmwStG** (hier Fortführung durch Rechtsnachfolger) führt daher auch die gewinnneutrale Verlagerung im Gewinnbereich eines StPfl gem **§ 6 V** grds zu Entnahmen und Einlagen iSv § 4 IVa, allerdings zu Buchwerten, ohne Aufdeckung stiller Reserven (BFH IV R 33/08 BStBl II 12, 10: Ausnahme einer mitunternehmerischen BetrAufsp; s auch *BMF* BStBl I 18, 1207 Tz 10f). Entnahmen von WG, die bereits vor der Einführung der Vorschrift in den Betrieb eingelegt worden sind, sind zu berücksichtigen (BFH IV R 46/13 BStBl II 17, 268).

525   cc) **Begriffe**. – *(1) Gewinn*. Mangels abw gesetzl Regelung gilt der Gewinnbegriff iSv § 4 I/§ 4 III ohne Entnahmen/Einlagen (BFH X R 6/18 DStR 20, 1300 Rz 14 mwN; Rz 524; zu uU mißbräuchl Geldeinlagen bei § 4 III s BFH VIII R 32/09 BStBl II 13, 16). – **Stfreie Gewinne** sind ebenso in die Berechnung einzubeziehen wie **Übergangsgewinne** nach EStR 4.6 (BFH VIII R 5/08 BeckRS 2012, 95375; *BMF* BStBl I 18, 1207 Tz 8) und **stfreie Rücklagen** (zB nach § 6b, gewinnmindernd und überentnahmeerhöhend wie bei BA-Abzug nach § 4 III/ § 6c/§ 7g I, V; gewinnerhöhend bei Auflösung wie bei BE-Ansatz, § 6b III 4, 5, § 6c I 2, § 7g II–IV, s FG Mster EFG 14, 254, rkr, Rz 370; gewinnerhöhende Auflösung eines Ausgleichspostens nach § 4g IV; zu stillen Reserven im AV BFH III B 4/13 BFH/NV 14, 339). – **BE** erhöhen den Gewinn und ermöglichen so einen höheren Schuldzinsenabzug, soweit sie nicht zur Tilgung eines privaten Sollsaldos verwendet werden (dann Entnahme, BFH X R 46/04 BStBl II 06, 125). – **Verluste** s Rz 526. – **Nicht abziehbare BA** „dürfen den Gewinn nicht mindern" **(§ 4 V)** und sind trotz betriebl Veranlassung dem Gewinn ggf außerhalb der Gewinnermittlung wieder hinzuzurechnen. Da es sich gleichwohl um BA handelt, scheidet trotz des fingierten privaten Hintergrunds eine Zuordnung zu den Entnahmen iSv § 4 IVa aus (so jetzt auch BFH X R 6/18 DStR 20, 1300 Rz 28; zust *BMF* BStBl I 21, 119: gilt auch für §§ 4 Vb, 4d III, 4e III, 4f, 7g und für EStR 4.6 I 2, aber Wahlrecht des StPfl bis VZ 2020 – anders nur bei tatsächl Entnahme zu privaten Zwecken, zB durch private Kfz-Nutzung, § 6 I Nr 4; zu GewSt-Rückstellung s *BMF* DStR 21, 2639). Die Streitfrage, ob gem § 4 IVa nicht abziehbare Zinsen danach nicht auch selbst den Gewinn iSv § 4 IVa 2 erhöhen (vgl *Schmidt* 20. Aufl § 4 Rz 523), ist durch Ergänzung von S 3 HS 2 „klarstellend" verneint. Zu Organschaft s *v. Freeden* FR 20, 615. – *(2) Entnahmen*. Das sind (zunächst unabhängig von der Höhe des im Betrieb vorhandenen Eigenkapitals) alle Geld-, Sach- und sonstigen Entnahmen iSv § 4 I 2 für betriebsfremde Zwecke (s Rz 524; zu Zwangsentnahmen/-einlagen s FG Nds EFG 13, 1825, rkr). Entspr sind alle **Einlagen** entnahmemindernd zu berücksichtigen; zu **Gestaltungsmissbrauch** durch kurzfristiges „windowdressing" s BFH VIII R 32/09 BStBl II 13, 16, Anm *Wendt* FR 13, 29, *Heuermann* StBp 13, 27. – **Stfreie Entnahmen** (zB § 13 IV, V, § 14a IV) sind Entnahmen iSv § 4 IVa, können jedoch statt mit dem Wert nach § 6 I Nr 4 ohne Gewinnbesteuerung mit dem Buchwert angesetzt werden (vgl *BMF* BStBl I 18, 1207 Tz 8; s auch Rz 524). – **Entnahme und Einlage von AV** wirken sich unabhängig von § 4 IVa 5 als solche iSv § 4 IVa 2 aus (s Rz 533, auch zur umgekehrten Wirkung bei Entnahme/Einlage von Verbindlichkeiten). – **Privatentnahmen,** deren Fremdfinanzierung zuvor zur Ausklammerung der Zinsen als BA geführt hat (s oben Rz 522), sind nicht nochmals in die Berechnung der Überentnahmen einzubeziehen (glA *BMF* BStBl I 18, 1207 Tz 6, Rz 522). Sie können aber auch durch Einlage zB von § 7g finanzierten Geldentnahmen von Wertpapieren ins BV ausgeglichen werden (s BFH VIII R 1/08 BStBl II 11, 862). – **Betriebseröffnung/Betriebsaufgabe:** WG des BV sind als eingelegt bzw als entnommen zu behandeln; bei **Betriebsveräußerung** gehen sie in den Veräußerungserlös ein. Für **vor 1999 eröffnete Betriebe** gilt insoweit die Sonderregelung des § 52 VI 7 und bereits vor der Gesetzesänderung *BMF* BStBl I 18, 1207 Tz 8, 9 mit Billigkeitsregelung in Tz 44 (bei Überführung in das PV keine Entnahme zu

Buchwerten; bei Betriebsveräußerung wird nur Veräußerungsgewinn erfasst, auch bei MUeranteilen, s *OFD Mster* DB 07, 197, Rz 530); **Betriebsverpachtung** s BFH IV R 17/10 BStBl II 14, 316.

dd) Verluste. Für die Berücksichtigung von Verlusten hat der X. Senat (BFH X R 17/16 BStBl II 18, 744; ebenso jetzt BFH IV R 15/17 BFH/NV 19, 526) im Wege der richterl Rechtsfortbildung und (teilweise) entgegen *BMF* BStBl I 05, 1019 Tz 11 (s *Schmidt* 37. Aufl § 4 Rz 526) wie folgt entschieden: – *(a)* **Berechnung der Überentnahme.** Ausgangspunkt iSd § 4 IVa 2 ist der estl Gewinn; „Gewinn" idS ist auch ein Verlust (s Rz 23). Das gilt auch iRd § 4 IVa 2; allerdings bewirken Verluste als solche noch keine Überentnahme und dürfen damit auch für sich genommen nicht zu einer Kürzung des Schuldzinsenabzugs führen (BFH X R 17/16 BStBl II 18, 744 Rz 22 f: teleologische Reduktion). Somit kann in einem Verlustjahr bei *isolierter* Betrachtung die Überentnahme nicht höher sein als die Entnahmen dieses Jahres bzw, wenn Einlagen getätigt worden sind, nicht höher als die Differenz zw Entnahmen und Einlagen (s auch BFH IV R 53/07 BStBl II 11, 688). Die Überentnahme des aktuellen Wj ist somit auf den **Entnahmenüberschuss** begrenzt (so auch bereits *BMF* BStBl I 05, 1019 Tz 11). Übersteigen die Einlagen die Entnahmen, wird der **Einlagenüberschuss** mit dem Verlust verrechnet; ggf mindert der Verlust die Unterentnahme dieses Jahres bis auf Null (BFH X R 17/16 BStBl II 18, 744 Rz 24; BFH X R 12/09 BFH/NV 12, 1418). – *(b)* Für die **periodenübergreifende Berechnung der Überentnahme iSd § 4 IVa 3** gilt das entspr: – *(1)* In einem *ersten* Schritt fließen etwaige Verluste (wie eben dargestellt) in die Ermittlung der auf die einzelnen Jahre bezogenen und nach § 4 IVa 3 zu addierenden Über- und Unterentnahmebeträge ein. – *(2)* In einem *zweiten* Schritt wird die Bemessungsgrundlage der nicht abziehbaren Schuldzinsen des *aktuellen* Jahres auf den kumulierten Entnahmenüberschuss der Totalperiode begrenzt (BFH X R 17/16 BStBl II 18, 744 Rz 27: erneute teleologische Reduktion). Das bedeutet: nicht nur die Über- und Unterentnahmebeträge der einzelnen Jahre müssen ermittelt und addiert werden **(kumulierte Überentnahmen)**; sondern in einer weiteren Berechnung müssen die Entnahmen- bzw Einlagenüberschüsse für jedes Jahr ermittelt und ebenfalls addiert werden **(kumulierter Entnahmenüberschuss).** Übersteigen die kumulierten Überentnahmen den kumulierten Entnahmeüberschuss, bildet dieser die Bemessungsgrundlage für die nicht abziehbaren Schuldzinsen nach § 4 IVa 3. – Die *FinVerw* ist inzwischen der Auffassung des BFH gefolgt (s *BMF* BStBl I 18, 1207 Tz 16). – **Berechnung** s Beispiel 5 in *BMF* BStBl I 18, 1207 Tz 15 und BFH X R 17/16 BStBl II 18, 744 Rz 2 und 47; die kumulierten Über-/Unterentnahmen und der kumulierte Entnahmenüberschuss sind formlos festzuhalten (*BMF* BStBl I 18, 1207 Tz 14).

ee) Ausnahmen. Da die Gesamtentwicklung im Wj mehr oder weniger zufällig ist, sehen § 4 IVa 3–5 drei wesentl Ausnahmen von dieser rigiden Einschränkung des freien Finanzierungswahlrechts vor: – *(1)* **§ 4 IVa 5:** Finanzierung von AV (Rz 533). – *(2)* **§ 4 IVa 3 HS 1 Teil 2:** Berücksichtigung von Unterentnahmen aus Vorjahren s Rz 529. – *(3)* **§ 4 IVa 4:** uU Kürzung des Hinzurechnungsbetrages um einen Bagatellbetrag von bis zu 2050 €.

c) Höhe der nicht abziehbaren Schuldzinsen, § 4 IVa 3. – aa) Fester Zinssatz, § 4 IVa 3 HS 1 Teil 1. Die Kürzung beträgt typisierend **6 %** der Bemessungsgrundlage, unabhängig vom tatsächl Zinssatz und vom zeitl Anfall der Einzelkomponenten im VZ (krit *Prinz* FR 17, 632: „möglicherweise realitätsfern"; s allg auch *Hey* FR 16, 485). Jedenfalls **bis VZ 09** wird dies **verfgemäß** sein (vgl BFH X R 7/17 DStR 19, 2400 zu § 6b VII; ebenso für VZ 13–16: FG Ddorf EFG 19, 1752, Rev IV R 19/19, mE zweifelhaft). – Die tatsächl Entnahmeverwendung spielt keine Rolle (FG Köln EFG 08, 1191, rkr). Insoweit entfällt die Anwendung der Zinszahlenstaffelmethode nach einzelnen Zahlungsvorgängen (s aber Rz 155).

Höhere Zinsen sind stets abziehbar; ein niedrigerer Zinssatz bleibt ohne Auswirkung (s FG Mster EFG 05, 179, rkr).

529 bb) Einbeziehung der Eigenkapitalentwicklung, § 4 IVa 3 HS 1 Teil 2. Durch die Erweiterung der Bemessungsgrundlage um die Kapitalentwicklungsvorgänge in den Vorjahren hat der Gesetzgeber das freie Finanzierungswahlrecht des Unternehmers in einem begrenzten Rahmen wiederhergestellt (s Rz 522). Die Ausgangsgröße der Überentnahmen des Wj ist nicht nur um **Überentnahmen in vorangegangenen Wj** zu *erhöhen*, sondern auch um **Unterentnahmen dieser Vorjahre** zu *kürzen*, sodass der StPfl zunächst eingelegte Gelder und im Betrieb erwirtschaftete Gewinne später ohne BA-Kürzung wieder entnehmen und durch Fremdkapital ersetzen kann. Somit entspricht die Bemessungsgrundlage der nicht abziehbaren Schuldzinsen grds (Ausnahme Rz 526) der **Summe der Über- und Unterentnahmen aller Wj**, die in die Berechnung einzubeziehen sind (BFH X R 17/16 BStBl II 18, 744 Rz 19). Damit wird die betriebl Liquidität durch Eigenkapitalbildung mit Fremdfinanzierungswahlrecht ausreichend berücksichtigt. Das bedeutet eine Rückkehr zum Grundsatz der Rspr, dass die schädl Grenze der privaten Entnahmefinanzierung erst dann erreicht wird, wenn kein Eigenkapital mehr vorhanden ist und daher zwingend Fremdkapital zur Finanzierung der Entnahmen eingesetzt wird (s Rz 152 mwN). Liegt im aktuellen Wj keine Über-, sondern eine **Unterentnahme** vor, ist diese in die Berechnung einzubeziehen (s BFH X R 17/16 BStBl II 18, 744: erkennbar lückenhafter Wortlaut). Auch Überentnahmen im Vorjahr können zur Abzugsbeschränkung nach S 1 führen (BFH VIII R 42/07 BStBl II 10, 1041; glA *BMF* BStBl I 18, 1207 Tz 20; **aA** zB *Horlemann* FR 11, 612). – § 4 IVa 3 HS 2 stellt klar, dass es sich bei der pauschalen Kürzung lediglich um einen Berechnungsmodus handelt, bei dem die zwangsläufige Gewinnauswirkung der Rechtsfolge nicht zu berücksichtigen ist (vgl Rz 525).

530 cc) Zeitliche Anwendung. – (1) Gem § 52 VI 5 gilt § 4 IVa rückwirkend für Wj, die nach dem 31.12.98 enden (Rz 535). Für den BA-Abzug in VZ vor 1999 gilt die Rspr des GrS Rz 152 ff ohne Einschränkung fort. Gem § 52 VI 6 bleiben Über- und Unterentnahmen aus der Zeit vor 1999 außer Ansatz, sodass von einem KapKto „0" zum 31.12.98 auszugehen ist; dies ist verfgemäß (BFH X R 40-41/18 BFH/NV 20, 858 mwN). – **(2) Billigkeitsregelung bei Betriebsbeendigung, § 52 VI 7.** Zur Beseitigung einer Benachteiligung von vor 1999 eröffneten Betrieben bei deren Aufgabe oder Veräußerung ab 1999 gehen die eingelegten WG nicht in die Berechnung der Überentnahmen ein (s auch oben *BMF* BStBl I 06, 416 und Rz 525). – **(3) Aufzeichnungen.** Die besondere Eigenkapitalentwicklung ist spätestens ab 1.1.99 gem § 4 IVa festzuhalten und jährl fortzuschreiben, mE in einem Betrag, der nach § 4 IVa 3 zu berücksichtigen ist, nicht notwendig in einzelnen Jahresbeträgen (Einlagen + Gewinne ./. Entnahmen ./. unterentnahmenmindernde Verluste für alle vorangegangenen Jahre zusammen). Auf Dauer wird die gesetzl Regelung einer **gesonderten Feststellung** zum Ende des jeweiligen Wj unentbehrl sein (bisher nicht vorgesehen). Ggf wird das FA die Grundlagen der nichtabziehbaren BA **schätzen** (s Rz 534). S auch Rz 533. Für § 4 III gelten entspr Aufzeichnungspflichten seit 1.1.00 (vgl § 4 IVa 6, § 52 I 4 aF).

532 d) Betragsbegrenzung; Rechtsfolge, § 4 IVa 4. Die nicht abziehbaren Schuldzinsen sind dem Betriebsergebnis – wie die Entnahmen – außerhalb der Gewinnermittlung hinzuzurechnen (auch für GewSt, FG RhPf EFG 07, 706, rkr). Das sind entweder 6 % der Bemessungsgrundlage nach Satz 3 – ohne Berücksichtigung dieser weiteren Gewinnerhöhung, s Rz 525 –, wenn die tatsächl aufgewandten Zinsen mindestens 2050 € höher sind, sonst die um diesen Betrag gekürzten tatsächl Zinsen (Bagatellbetrag, kein allg Frei- oder Pauschbetrag). – Berechnung s *Beispiel 6* in *BMF* BStBl I 18, 1207 Tz 17. Verhältnis zu § 4 IVa 5 s Rz 533. Es handelt sich um einen **Jahresbetrag** ohne zeitl Aufteilung nach dem Zeitpunkt der Entnahmen/Einlagen. Bei **PersGes** ist der betriebsbezogene Kürzungsbetrag nur einmal anzusetzen (s Rz 535). Für **mehrere Einzelbetriebe** muss er ggf mehrfach gewährt werden (s Rz 524; glA *Wendt* FR 00, 417, 428).

e) Investitionskredite (Ausnahme), § 4 IVa 5.

533 Schuldzinsen für Darlehen zur Finanzierung von AK/HK von **WG des AV** sind ohne Einschränkung durch § 4 IVa abziehbar (problematische Abgrenzung AV/UV s § 6 Rz 343 ff) und sollten daher gesondert festgehalten werden. Hier geht die betriebl Veranlassung vor. Das gilt allerdings nur iZm der *Anschaffung/Herstellung* solcher WG (nicht für deren Erhaltung, sodass auch für § 4 IVa AK und Erhaltungsaufwand zu trennen sind) und nur für den BA-Abzug der Zinsen: Die Einlage oder Entnahme solcher WG wird bei der Ermittlung der Über-/Unterentnahmen berücksichtigt (Rz 524), ebenso wie die der zugehörigen Verbindlichkeit (s Rz 143 ff) und sonstige eigenkapitalverändernde Vorgänge (zB die Ablösung eines solchen Darlehens durch Geldeinlage). *Mittelbarer* Finanzierungszusammenhang kann genügen (BFH III R 26/15 BStBl II 16, 837: BA-Abzug für Zinseszinsen von Investitionsdarlehen; zust *Prinz* FG 17, 632). Die **Anschaffung von UV** ist nicht begünstigt (s BFH X R 28/09 BStBl II 11, 753; BFH IV R 48/09 BFH/NV 13, 187; *Weiland* DStR 12, 372). Fragl ist, ob die begünstigten Zinsen iSv Satz 5 in die Höchstbetragsberechnung nach Satz 4 einzubeziehen sind (abl wohl zutr hM; FG Mster EFG 06, 1152, rkr, str, s *Schmidt* 35. Aufl § 4 Rz 533). Nicht geregelt ist die Bedeutung **späterer WG-Veränderungen;** schädl ist der Wegfall der BV-Eigenschaft des WG und der Verbindlichkeit durch **Veräußerung oder Entnahme des WG** (s Rz 142 ff) sowie dessen **Umwidmung,** nicht die Einstellung der betriebl Nutzung, der Verlust oder die völlige AfA des WG (s Rz 78, 372). Die spätere **Umwandlung eines Kontokorrentkredits** für die Anschaffung eines WG des AV in ein Darlehen ist ausnahmsweise ab Umschuldung nach Satz 5 begünstigt, wenn der StPfl nach der tatsächl Verwendung eine eindeutige vorübergehende Vorfinanzierung der Anschaffung eines WG über lfd Konten nachweist (enger zeitl – bis 30 Tage – und betragsmäßiger Zusammenhang zw Kontobelastung und Darlehensaufnahme; außerhalb dieser Frist kann ein Finanzierungszusammenhang im Einzelfall nachgewiesen werden; BFH IV R 19/08 BStBl II 13, 151; ebenso *BMF* BStBl I 18, 1207 Tz 24). Ein **gemischtes betriebl Darlehen** kann geteilt werden (Teilbegünstigung nach Satz 5; *BMF* BStBl I 00, 588 Tz 28; *Kempermann* FR 06, 282); bei Teiltilgung wird automatisch der nicht begünstigte Teil zuerst getilgt (vgl schon BFH-Rspr Rz 153).

f) Überschussrechnung, § 4 III, § 4 IVa 6.

534 Zur richtigen Gewinnermittlung nach § 4 III sind Entnahmen und Einlagen zu berücksichtigen (s Rz 386 ff). Daher gelten auch die Grundsätze § 4 IVa 1–5 entspr (s Rz 535). Das ist nach dem Grundsatz der Identität der Totalgewinne unabhängig von der Gewinnermittlungsart wohl zwingend (s Rz 11), führt aber zu weiteren Problemen (Einlagen und Entnahmen von **Geld** wirken sich grds nicht gewinnmäßig aus, s Rz 388, 393, 417 – idR Saldierung von BE durch gleichzeitige Entnahme). Seit 2000 sind Entnahmen und Einlagen auch von Geld bei § 4 III für § 4 IVa gesondert aufzuzeichnen (S 6, § 52 XI 4 aF; s Rz 417). Die Aufzeichnung sieht *BMF* BStBl I 18, 1207 Tz 41 über § 4 IVa 4, 5 hinaus offenbar als materiellrechtl Abzugsvoraussetzung (str); mE unzutr, da keine Regelung entspr § 4 VII 2; nachträgl Belegableitung sollte idR ausreichen. Für VZ 99 war ggf zu schätzen (*BMF* BStBl I 18, 1207 z 45).

Dem Überschussrechner werden hier (für die Vergangenheit) zusätzl Buchführungspflichten zur Kapitalermittlung auferlegt. Dabei sollten die StPfl versuchen, zumindest Unterentnahmen, Entnahmenüberschüsse (s Rz 526) und nach Satz 5 begünstigte Investitionsdarlehen zu rekonstruieren; für Überentnahmen ist das FA beweispflichtig. Im Zweifel ist jedenfalls der Sockelbetrag von 2050 € nach § 4 IVa 3 als BA abziehbar (s *BMF* BStBl I 18, 1207 Tz 41). Durch die unterschiedl Gewinnermittlung ergeben sich im Jahreswechsel einen unterschiedl Gewinne und damit unterschiedl Kürzungsbeträge nach § 4 IVa. Daher sind auch bei **Wechsel der Gewinnermittlungsart** anfallende Übergangsgewinne zu berücksichtigen (s Rz 650 ff; *BMF* BStBl I 18, 1207 Tz 8). – Zur **periodenübergreifenden Berechnung von Über-/Unterentnahmen** bei Gewinnermittlung nach § 4 III s FG RhPf EFG 19, 25, Rev VIII R 38/18.

g) Anwendungsbereich. – (1) Zeitlich. S Rz 530. – (2) Sachlich. § 4 IVa gilt

535 nur für **Gewinneinkünfte** iSv § 2 II Nr 1, bei diesen unabhängig von der Art der

Gewinnermittlung (s Rz 534 zu § 4 III), allerdings nicht bei § 5a oder § 13a (vgl *BMF* BStBl I 18, 1207 Tz 42, § 13a III 2, fragl Vergünstigung für § 13a, s *Kanzler* Inf 00, 513; *Eggesiecker/Ellerbeck* BB 00, 1763). In eine Schätzung der Besteuerungsgrundlagen ist § 4 IVa einzubeziehen. – **(3) Personengesellschaft.** Persönl ist § 4 IVa nicht nur beim Einzelunternehmer, sondern auch bei MUer-PersGes zu beachten mit entspr gesteigerter Problematik wegen der Doppelstellung von Ges und Ges'ter (grundlegend zur Problematik der Entnahmen bei PersGes § 15 Rz 485 ff). BFH IV R 72/02 BStBl II 08, 420 bestätigt die **gesellschaftsbezogene Gewinnermittlung**, geht dagegen stets von einer **gesellschafterbezogenen Hinzurechnung** des Mehrgewinns unter Einbeziehung der vom einzelnen Ges'ter verwirklichten Merkmale eines überhöhten Kapitalentzugs (Überentnahmen im SBV mit Ergänzungsbilanzen) aus, allerdings **ohne Vervielfältigung des Sockelbetrages** nach § 4 IVa 5 (einmalige Gewährung für die Ges; zu Partnerschafts-Ges BFH VIII R 56/13 BStBl II 16, 936; Aufteilung nach Schuldzinsanteilen der Ges'ter – offen, welche Anteile einzubeziehen sind, s *OFD NRW* DB 16, 2633). Diese Rspr hat *BMF* BStBl I 18, 1207 Tz 27 ff übernommen. Die Grundsätze gelten auch bei Schwester-PersGes/doppelstöckiger PersGes/Konzern (BFH IV R 22/10 BStBl II 14, 621 mit Anm *Bode* NWB 14, 2320, *Wendt* FR 14, 768 – Sonderfall zu SonderBE). – **Entnahmen** iSv § 4 IVa sind nicht nur „Gewinnausschüttungen", sondern schlechthin alle Geld-, Sach- oder Aufwandsentnahmen der Ges'ter aus dem GesVermögen oder SBV (zB ausgezahlte Sondervergütungen, *BMF* BStBl I 18, 1207 Tz 36). Gleiches gilt, wenn WG zu Buchwerten in ein anderes BV eines Ges'ters überführt (BFH IV R 46/13 BStBl II 17, 268; BFH IV R 33/08 BStBl II 12, 10 – Sonderfall mitunternehmerische BetrAufsp, s auch *BMF* BStBl I 13, 197) oder vom SBV des Ges'ters A in dasjenige des Ges'ters B unentgeltl übertragen wird (§ 6 V 3 Nr 3). – **Keine Entnahmen** sind zB Darlehen an Ges'ter oder die Veräußerung von WG des Gesamthandsvermögens an Ges'ter zu fremdübl Konditionen oder Tilgungsleistungen auf steuerl anerkannte Ges'terdarlehen (*BMF* BStBl I 18, 1207 Tz 30 und 34). – **Einlagen** sind umgekehrt alle offenen oder verdeckten Geld- oder Sachzuwendungen aus BV oder PV in ein GesamthandsBV oder SBV einschließl der Übertragung von WG zum Buchwert. Problematik von Darlehensrückzahlungen durch PersGes an Ges'ter s *Pach/Hanssenheimb* DStR 12, 2519. – **Zinsen** für einen Kredit, den ein Ges'ter zB zum Erwerb eines wie **AV** zu wertenden Grundstücks des SBV aufnimmt, sind stets voll abzugsfähig (§ 4 IVa 5; dazu *BMF* BStBl I 18, 1207 Rz 32 f). Gleiches gilt für einen Kredit zum Erwerb eines Anteils an der PersGes, soweit die AK anteilig auf WG des AV der PersGes entfallen (Bruchteilsbetrachtung; *BMF* BStBl I 18, 1207 Rz 34). **Einbringung** von Einzelunternehmen in PersGes s Rz 524 und *Rüping* DStR 10, 1560; zu Formwechsel KapGes/PersGes *Mühlhausen* DStR 13, 2496. **Betriebsveräußerung** s Rz 525. – **(4) Kapitalgesellschaft.** Grds keine Abzugsbeschränkung von Schuldzinsen (s Rz 55); die Ges hat keine Privatsphäre und Entnahmen allenfalls über vGA oder Einlagenrückgewähr mit Sonderregelungen im KStG. KapGes sind nur als Ges'ter von PersGes betroffen (s zB *Ettinger* DStR 19, 1386). Die Ungleichbehandlung ist bedenkl (GmbH-Geschäfte können trotz § 8 I KStG unabhängig von Eigenkapitalminderung durch Ausschüttung für Privatzwecke der Ges'ter über BA fremdfinanziert werden). ME ist eine Gesetzesänderung geboten. Zu **Organschaft** mit PersGes als Organträgerin s *Altrichter-Herzberg* DStR 19, 31. – **(5) Unentgeltl Rechtsnachfolge.** Wegen der Betriebsbezogenheit Bindung an verbleibende Über-/Unterentnahmen (vgl § 6 III, oben Rz 524; glA *BMF* BStBl I 18, 1207 Tz 11; BFH X R 28/09 BStBl II 11, 753). **Umwandlung** s *BMF* BStBl I 18, 1207 Tz 37 f.

536 **3. Geschenke, § 4 V 1 Nr 1. – a) Anwendungsbereich.** § 4 V 1 Nr 1 (§ 8 I KStG) erfasst *betriebl* veranlasste Geschenke; dh, die Voraussetzungen des § 4 IV müssen vorliegen und § 12 Nr 1 darf nicht eingreifen (BFH VI R 78/04 BStBl II

Nicht abziehbare Betriebsausgaben

07, 721). Geschenke an *eigene* ArbN (und deren Hinterbliebene, § 1 I 2 LStDV) sind ausdrückl ausgenommen, ohne Rücksicht auf die Besteuerung bei diesen. Für Geschenke an alle anderen Personen sind BA nur iRv § 4 V 1 Nr 1 S 2 absetzbar; das gilt auch für Geschenke an *fremde* ArbN (BFH IV R 186/82 BStBl II 85, 286) oder an juristische Personen (str; glA FG Köln EFG 83, 60, rkr, EStR 4.10 II).

Berufl veranlasste Geschenke *von* ArbN fallen unter § 4 V 1 Nr 1/§ 9 V. Privatgeschenke aus dem BV müssen vorher entnommen werden (Rz 93). Zum schenkweisen Forderungserlass bei § 4 III s Rz 400 (betriebl Gründe) und Rz 394 (private Gründe); zum Verzicht auf Einnahmen s Rz 433, 500. Zu Bestechungs- und Schmiergeldern s Rz 607 ff.

b) Begriff. Geschenke sind unentgeltl Zuwendungen. **Zuwendung** ist die Verschaffung eines vermögenswerten Vorteils, der auch in der Minderung einer Verbindlichkeit liegen kann. Die Zuwendung ist **unentgeltl,** wenn sie aus Sicht *beider* Beteiligter nicht als konkrete Gegenleistung für eine bestimmte Leistung des Empfängers gedacht ist und nicht in unmittelbarem zeitl oder wirtschaftl Zusammenhang mit einer solchen Leistung steht (vgl BFH IV R 13/14 BStBl II 17, 892 mwN); keine Geschenke sind daher sog **Zugaben** (BFH I R 99/09 BFH/NV 11, 650; zur Abgrenzung s auch FG BaWü EFG 16, 1197, rkr). WG, die beim Empfänger ausschließl berufl/betriebl genutzt werden können, fallen nicht unter § 4 V 1 Nr 1 (zutr FG Ddorf EFG 02, 1227, rkr: Bücher an Bibliothek; s auch EStR 4.10 II 4). – **Parteispenden** sind *keine* BA (§ 4 VI, Rz 611) und damit keine Geschenke iSv § 4 V 1 Nr 1 (s auch Rz 520 „Spenden"). – Übernahme einer **PauschalSt nach § 37b** für geschenkte Sachzuwendungen iSv § 4 V 1 Nr 1 (dazu unter 35 €, s BFH VI R 52/11 BStBl II 15, 455) an Geschäftsfreunde und deren ArbN ist aus Sicht des zuwendenden StPfl ein zusätzl Geschenk iSv § 4 V 1 Nr 1 (BFH IV R 13/14 BStBl II 17, 892; abl *Kohlhaas* FR 14, 545). Die *FinVerw* stellt aber aus Vereinfachungsgründen weiterhin gem *BMF* BStBl I 15, 468 Rz 25, nur auf den Betrag der Zuwendung ab (s Fußnote des *BMF* in BFH IV R 13/14 BStBl II 17, 892). S iEinz § 37b.

Beispiele – Geschenke: Geld- oder Sachzuwendungen an Kunden, Geschäftsfreunde oder selbständige Handelsvertreter (s EStR 4.10 II 2) als lfd Aufmerksamkeiten zB zu Weihnachten oder zum Geburtstag, um sich für etwaige spätere Aufträge in Erinnerung zu halten; Freikarten (vgl BFH IV R 13/14 BStBl II 97, 292); Auslandsreise (BFH I R 14/93 BStBl II 93, 806; vgl zu Incentivereisen *BMF* BStBl I 96, 1192, *OFD Mster* DStR 03, 2225); zu Tombolapreisen für Geschäftsfreunde s FG Köln EFG 14, 296, rkr, mit Anm *Neu*. – **Keine Geschenke:** betriebl Bewirtungen (Sonderregelung in § 4 V 1 Nr 2; EStR 4.10 IV 6; sonstige Bewirtungen s FG Thür EFG 14, 1290, rkr, mit Anm *Wagner*); allg Zweckgeschenke (BFH I B 1/15 BFH/NV 16, 384 mwN); Spargeschenkgutscheine einer Bank für Kontoeröffnung, Abo-Gutscheine einer Zeitung, Sponsoring-Ausgaben zu Werbezwecken (s Rz 520 Sponsoring); Ärztemuster uä betriebl nutzbares Werbematerial (EStR 4.10 II 4); Werbezugaben (BFH III R 76/88 BStBl II 94, 170; s auch *BMF* DStR 95, 884 (bis 2007) und DStR 95, 1150, BGH NJW-RR 94, 942 „Stofftragetasche" und Änderung ZugabeVO BGBl I 94, 1688; **aA** zu größeren „Zugaben" BFH I R 99/09 BFH/NV 11, 650); Preisnachlässe für gute Kunden; Preise eines Preisausschreibens oder einer Auslobung (EStR 4.10 IV); Gewinne aus Losverteilung anlässl Warenkauf (DB 88, 579; uU Loswert, FG Ddorf EFG 88, 11, rkr); Zuwendungen in Erfüllung einer betriebl Obliegenheit ohne geldwerten Empfängervorteil (zB Kränze und Blumen zur Beerdigung eines Geschäftsfreundes).

c) Abzugsvoraussetzungen. – *(1)* Geschenkwert. Die AK/HK der *einem* Empfänger in *einem Wj* zugewendeten Geschenke iSv Rz 537 dürfen zusammengerechnet **35 €** nicht übersteigen. Geschenke an dem Empfänger nahe stehende Personen können einzubeziehen sein (FG Nbg EFG 94, 815, rkr). Es handelt sich um eine **Freigrenze:** 35 € sind voll abziehbar, bei 36 € entfällt *jeder* Abzug. Die Berechnung der AK/HK richtet sich nach allg Vorschriften (s § 6 Rz 31, 151), bei VorStAbzugsberechtigten *ohne* **USt,** sonst einschließl USt (§ 15 Ia UStG; EStR 4.10 III, 9b II). Bei gebrauchten WG sind das wohl aktuelle (fiktive) AK/HK (str). Echte Verpackungs-/Versandkosten werden nicht angesetzt (EStR 4.10 III). Der Wert nach vorangegangener Einlage des WG ist nicht geregelt (TW, § 6 I Nr 5).

KapGes/Verein ist *ein* Empfänger (FG Köln EFG 83, 60, rkr); bei Zuwendungen an einzelne PersGes'ter ist auf den Ges'ter abzustellen. – *(2)* **Werbeträger.** Die frühere Kennzeichnungspflicht als Abzugsvoraussetzung ist entfallen. Damit sind auch **Geld- und Geschenkgutscheine** iRv Rz 536, 537 abziehbar. – *(3)* **Aufzeichnungen,** § 4 VII. S Rz 620 und EStR 4.11 (nach *LfSt Bay* 7.10.11, nv, ist Vereinfachung für Streuwerbeartikel bis 10 € nicht mehr *allg* anzuwenden; Einzelfallprüfung zB bei auch privat nutzbaren WG, wie Golfbällen, Pralinen oä). Aufzeichnung von Werbekalendern s FG BaWü EFG 16, 1197, rkr (mE zweifelhaft).

539 **d) Rechtsfolgen.** Bei Übersteigen der Grenze oder fehlender Aufzeichnung trotz betriebl Veranlassung kein BA-Abzug, ggf Zurechnung im Schenkungsjahr außerhalb der Bilanz, jedoch keine Entnahmen (s Rz 525, EStR 4.10 I 3).

540 **4. Bewirtungskosten, § 4 V 1 Nr 2.** – **a) Allgemeines.** Aufwendungen des StPfl für die Bewirtung von Geschäftsfreunden, Kunden, Lieferanten etc aus betriebl Anlass sind dem Grunde nach BA. Der Höhe nach wird der Abzug durch § 4 V 1 Nr 2 beschränkt auf 70% der *angemessenen* Aufwendungen. Grund: Einschränkung des sog „Spesenunwesens" (s BT-Drs 7/1470, 221, 249; s auch BFH I B 53/12 BFH/NV 13, 1561); zu verfrechtl Bedenken s Rz 521. Zu Aufzeichnung (§ 4 VII) s Rz 554 ff. Bei privater Mitveranlassung erfolgt ggf Aufteilung (Rz 546). – S auch Rz 520 „Kundschaftsessen/-trinken". – Bewirtungen fallen nicht unter die Geschenkregelung nach § 4 V 1 Nr 1. – S iÜ auch *BMF* BStBl I 21, 908 (Nachweise); EStR 4.10 V ff.

541 **b) Bewirtende Person.** § 4 V 1 Nr 2 gilt seit 1992 nicht nur für Selbständige iSv § 2 I Nr 1–3, sondern nach § 9 V auch für ArbN (§ 19 Rz 110 „Bewirtung") ua Überschusserzieler. **Einschränkungen:** – *(1)* Kürzung nur bei **persönl Bewirtung** oder Bewirtung durch Dritte im Namen und für Rechnung des StPfl (vgl BFH VI R 48/07 BStBl II 08, 870; zu Kaffeefahrten BFH X R 37/10 BFH/NV 14, 347); Weiterbelastung der Kosten an Dritte ist unschädl (zutr FG Köln EFG 19, 55, rkr). – *(2)* **Gastwirte uÄ (§ 4 V 2).** *Berufsmäßig* gegen Entgelt bewirtende Unternehmer können grds gem § 4 V 2 betriebl veranlasste Bewirtungsaufwendungen unabhängig von § 4 V 1 Nr 2 voll als BA absetzen. Allerdings ist die Rückausnahme nach Sinn und Zweck eng auszulegen (s BFH I R 12/11 BStBl II 14, 194: Bewirtung von Kunden/Lieferanten eines Hotelbetriebs mit Restaurant). Zum Begriff „Entgelt" s Rz 544 (Leistungsaustausch).

542 **c) Bewirtete Personen; geschäftlicher Anlass.** Während die Bewirtung von ArbN früher stets von der Beschränkung ausgenommen war, erfasst § 4 V 1 Nr 2 ab 1990 nicht nur Kunden, Geschäftsfreunde, mögl Auftraggeber uä Personen, sondern grds alle Personen einschließl **ArbN**, Ges'ter/Genossen (vgl *OFD Kiel* BB 98, 1401). Dadurch wären alle auf ArbN entfallenden Bewirtungskosten grds nicht mehr voll abziehbar. Das entsprach wiederum nicht der Absicht des Gesetzgebers, nur die bisher gebotene Aufteilung der BA für „normale" Fremdbewirtungen unter Teilnahme von ArbN zu beseitigen. Durch die Beschränkung auf Bewirtungen „aus geschäftl Anlass" sollte erklärtermaßen der volle Abzug für **rein betriebsinterne ArbN-Bewirtungen** erhalten werden (ArbN-Bewirtung durch Vorgesetzte: BFH VI R 33/07 BStBl II 09, 11; zu Aufteilungsmöglichkeit von Betriebsveranstaltungskosten s *OFD NRW* DStR 16, 2757). *Beispiele:* Weihnachtsfeier, Betriebsausflug, Betriebsfeste, mE einschließl der Bewirtung des Unternehmers selbst ua mitveranstaltender Dritter, zB der Musiker (glA EStR 4.10 VII 1 und 4). Ist bereits diese sprachl Deutung ohne Rückgriff auf die Gesetzesbegründung kaum nachvollziehbar, bereitet die Ausgrenzung des geschäftl Anlasses aus dem Oberbegriff der betriebl Veranlassung (die stets vorliegen muss) Probleme. Sicher ist, dass der Gesetzgeber einerseits die Bewirtung von **Geschäftsfreunden** ieS treffen wollte, also von Personen, mit denen Geschäfte abgeschlossen oder angebahnt werden sollen, einschließl deren und der eigenen teilnehmenden ArbN; das gilt wohl auch für selbständige Vertreter, die ArbN ihres Versicherungsunternehmens bewirten, und für Schulungsbewirtung von freien Mitarbeitern/Handelsvertretern (BFH I R 75/06 BStBl II 08, 116; zu Bewirtung bei Fremdschulung s FG Ddorf EFG 01, 731, rkr). Andererseits wollte der Gesetzgeber bestimmte, „nichtgeschäftliche" Bewirtungen ausnehmen. Selbst wenn rein innerbetriebl Veranstaltungen nicht betroffen sind, bleibt fragl, ob ein Anlass auch ohne konkrete Geschäftsinteressen schon deshalb „geschäftl" ist, weil betriebsexterne Personen bewirtet werden (zB allg Informationsbesuche einer Schulklasse, Betriebsbesichtigungen zur Öffentlichkeitsdarstellung, BP, Ges'ter-Versammlungen). Für geschäftl Anlass EStR 4.10 VI 3. Die einfachste Lösung wäre sicherl, geschäftl und betriebsintern nur nach den die Bewirtung auslösenden Personen abzugrenzen und nur die primäre Bewirtung Betriebsangehöriger nach § 4 V 1 Nr 2 auszunehmen. Das hätte der Gesetzgeber jedoch eindeutig zum Ausdruck bringen können. Kosten, die anlässl der Bewirtung Dritter auf den **Unternehmer selbst** und seine (aus betriebl Gründen teilnehmende, Rz 546) **Ehefrau** entfallen, sind wie die übrigen Bewirtungskosten beschr abziehbar (vgl auch BFH IV R 150/85 BStBl II 86, 488; EStR 4.10 VI 7). – **Eigenbewirtungskosten** sind grds nicht abziehbar (§ 12 Nr 1; Rz 546) und iÜ nicht nach § 4 V 1 Nr 2, sondern ggf nach § 4 V 1 Nr 5 zu beurteilen (vgl Rz 544, zu **Ges** s FG RhPf EFG 90, 294, rkr). – **Kundschaftsessen/-trinken** (s Rz 520) fallen als reine Werbebewirtungen Dritter nicht unter § 4 V 1 Nr 2 (s FG RhPf EFG 01, 420, rkr; s auch BFH I R 12/11 BStBl II 12, 194 mwN).

d) Begriff „Bewirtung". Bewirtung ist jede Darreichung von Speisen, Getränken oder sonstigen Genussmitteln zum sofortigen Verzehr; Unentgeltlichkeit wird nicht vorausgesetzt (BFH I B 53/12 BFH/NV 13, 1561; Erläuterung zum Begriffsmerkmal „unentgeltl" ua in BFH I R 12/11 BStBl II 12, 194 mwN). Die Bewirtung darf aber **nicht (unmittelbar) im Leistungsaustausch** erfolgen (BFH X R 37/10 BFH/NV 14, 347). Abzustellen ist auf die konkrete einzelne Bewirtung. Die Gegenleistung muss nicht in Geld bestehen, sondern kann auch in Form einer Werk-, Dienst-, oder Vermittlungsleistung erbracht werden (BFH X R 24/17 BStBl II 18, 750: Bewirtung von Busfahrern durch Raststättenbetreiber). – Nachtbar- oder Bordellbesuch fallen nicht unter § 4 V 1 Nr 2 (s Rz 601); ebenfalls nicht Geschenknebenleistungen (BFH I R 79/08 BFH/NV 10, 1307). Str ist, ob für § 4 V 1 Nr 2 die Darreichung von Speisen und Getränken eindeutig *im Vordergrund* stehen muss (so EStR 4.10 V 2; **aA** aber ausdrückl BFH I B 4/99 BFH/NV 00, 698; zu Messebewirtung FG Mster EFG 96, 1203, aus anderen Gründen aufgehoben; zu Verzehrgutscheinen FG Mchn EFG 97, 1099, rkr). – Der **Ort der Bewirtung** spielt nur iZm § 4 V 1 Nr 3 (Gästehaus, s Rz 562), Nr 4 (Jagd oä Veranstaltung, s Rz 567), Nr 7 (unangemessene bewirtungsähnl Einladungen, s Rz 545, 601) und § 12 Nr 1 eine Rolle (s Rz 546 zu Hauseinladungen). Bei Bewirtung im Betrieb gelten die Grundsätze Rz 542. – **Geringfügige Aufmerksamkeiten** bei betriebl Anlässen sind voll abziehbar (zB Kaffee, Wasser, Kekse, s EStR 4.10 V); Grenze (Wein) s FG Mster EFG 15, 453, rkr.

e) Bewirtungskosten. Das sind über die BA für die eigentl Bewirtung hinaus die dabei anfallenden Nebenkosten, wie Garderobegebühren, Trinkgelder, Taxi, Saalmiete, wohl auch Unterhaltungskosten iZm der Bewirtung (zB für Musik; für vollen BA-Abzug EStR 4.10 VI 5 Nr 5; offen: BFH III R 96/85 BStBl II 88, 655; BFH I R 57/92 BFH/NV 93, 530). Übernachtungskosten fallen nicht darunter, wohl auch nicht Fahrtkosten, begleitende Vergnügungskosten (Theaterbesuch, Damenzuführung) oä Begleitkosten. Solche Ausgaben sind grds voll als BA abziehbar, wenn nicht sonstige Beschränkungen entgegenstehen (zB § 4 V 1 Nr 7, s EStR 4.10 VI 5 Nr 1–4, Rz 601, BFH III R 21/86 BStBl II 90, 575).

f) Betrieblicher Anlass und private Lebensführung, § 4 V 3. – aa) Abgrenzung. Betriebl Veranlassung muss stets gegeben sein (vgl BFH XI B 159/02 BFH/NV 03, 754; Rz 520 „Bewirtung", auch zu Aufteilung); es gelten die allg

§ 4 547–554 Gewinnbegriff im Allgemeinen

Grundsätze (s Rz 480). § 4 V 1 Nr 2 schränkt nur den BA-Abzug für betriebl Bewirtungen aus geschäftl Anlass ein (Rz 542). Eine **private Mitveranlassung** über den Verzehr hinaus (30%, s Rz 548) schließt den BA-Abzug ggf anteilig aus (§ 4V 3, § 12 Nr 1; EStR 4.10 VI 5).

547 **bb) Aufteilung.** Auch für Bewirtungsaufwendungen gilt das **Aufteilungsgebot** entspr GrS 1/06 BStBl II 10, 672 (vgl § 9 Rz 54 ff). Bei Feiern bietet sich ggf eine Aufteilung nach Köpfen an (s auch BMF BStBl I 10, 614 Rz 15 mit Beispiel 2; ausführl *Leisner-Egensperger* DStZ 10, 673); zu Indizien (Anlass, konkrete Umstände wie Gastgeber, Gästeliste, Ort, finanzieller Rahmen etc) s § 9 Rz 65 mit Rspr-Nachweisen.

Die **frühere Rspr** ist sehr stark geprägt vom überkommenen Aufteilungs- und Abzugsverbot und kann **keine Geltung** mehr beanspruchen. Zur Anerkennung entspr Aufwendungen als WK s zB BFH VI R 7/16 BStBl II 17, 409 (Geburtstagsfeier zur Pflege des Betriebsklimas); diese Rspr wird auch in Bezug auf BA zu berücksichtigen sein. IdS ist auch die Bewirtung von Geschäftsfreunden **in der Wohnung des StPfl** nur ein Indiz, das in eine Gesamtwürdigung mit einfließt (strenger: EStR 4.10 VI 8). S auch *Wilhelm* NWB 10, 2164/2166; *Niermann* DB 17, 577.

548 **g) Höhe; Angemessenheit. – aa) Grundsatz.** Die tatsächl Aufwendungen sind aufzuteilen. § 4 V 1 Nr 2 begrenzt den BA-Abzug zunächst auf einen angemessenen Betrag und schließt sodann **30%** vom BA-Abzug aus. Diese frei gegriffene Aufteilung soll dem Umstand Rechnung tragen, dass die Bewirtung die Lebensführung der Bewirteten und des Bewirtenden berührt; sie ist unbedenkl (s auch Rz 521). Der Gesetzeswortlaut ist durch die Negation im Einleitungssatz § 4 V 1 („Gewinn nicht mindern"), durch die seit 1990 positiv gefassten Voraussetzungen in Nr 2 S 1 („angemessen", „nachgewiesen") und durch die verschachtelten „soweit"-Verknüpfungen schwer verständl. Die Vorschrift ergibt nur bei **folgendem Berechnungsaufbau** einen Sinn (Rz 549, 550, 551):

549 **bb) Bewirtungskostenermittlung.** § 4 V 1 Nr 2 S 2 letzter HS wiederholt nicht nur den allg Nachweisgrundsatz für BA (dazu Rz 416, 480; s auch Rz 545), sondern bestimmt darüber hinaus die Berechnungsgrundlage für die Aufteilung. Vor Aufteilung sind daher die nach betriebl Anlass und Höhe nicht nachgewiesenen Bewirtungskosten auszuscheiden (Rz 554). Die Berechnung ist einfach bei Fremdbewirtungen. Bei Bewirtung in **werkseigenen Einrichtungen** (Kantine, Casino) werden sich die maßgebl einrichtungsspezifischen (Gesamt-)Aufwendungen häufig nur durch Schätzung ermitteln lassen. Eine Schätzung nach Restaurantpreisen ist unrealistisch. Die *FinVerw* lässt (im Wj einheitl) einen Pauschalansatz von 15 € pro Bewirtung zu (EStR 4.10 VI 9).

550 **cc) Angemessenheitsprüfung, § 4 V 1 Nr 2 S 1.** Sodann ist zu prüfen, ob die tatsächl Kosten – bezogen auf *eine* Bewirtungsveranstaltung, nicht auf einzelne Personen und auch nicht auf den Jahresaufwand – angemessen sind (glA BFH III R 21/86 BStBl II 90, 575). Das richtet sich nach der allg Verkehrsauffassung und damit nach den Umständen des Einzelfalls (s Rz 602: Größe des Unternehmens, Art und Umfang der – ggf beabsichtigten – Geschäftsbeziehungen, Stellung des Geschäftsfreundes oÄ). Feste Grenzen bestehen nicht (s aber FG Hbg EFG 94, 780, rkr). § 4 V 1 Nr 5 ist nicht anwendbar. Ggf sind die Kosten auf das angemessene Maß zu kürzen. Der unangemessene Teil ist – vorweg – dem Gewinn hinzuzurechnen. Vgl *Wilhelm* NWB 10, 2164, 2168.

551 **dd) Aufteilung, § 4 V 1 Nr 2 S 1.** Vom so errechneten Restbetrag sind 70% abziehbar (Nachweis s Rz 554). 30% dürfen den Gewinn nicht mindern.

552 **ee) Beispiel.** Tatsächl Bewirtungskosten 900; angemessen 500, abziehbar 350 (70% von 500). Bei Nachweis von nur 300 sind 210 abziehbar (70% von 300).

554 **h) Aufzeichnungen; Nachweise, § 4 V 1 Nr 2 S 2, 3. – aa) Eigene Aufzeichnungen, § 4 V 1 Nr 2 S 2.** Die Angaben idR im *Vordruck* sind unabdingbare **materielle Voraussetzung** für den BA-Abzug (s Rz 557 und 618); nur die

Angaben zu Tag und Ort der Bewirtung sowie Höhe der Aufwendungen werden ggf durch eine **Gaststättenrechnung** ersetzt (**§ 4 V 1 Nr 2 S 3 HS 1**). Aufzeichnungen in Vordruck und Rechnung können verbunden sein. Nicht nur die Bewirteten, sondern auch der Bewirtende ist anzugeben („Teilnehmer der Bewirtung", s Rz 555). Anschriften der Gäste sind nicht erforderl, können aber nachgefordert werden. Bei Unzumutbarkeit genügt die Angabe der Zahl der Teilnehmer (EStR 4.10 IX, Rz 622). Der **Anlass** der Bewirtung muss konkret angegeben sein (zB Kunde – Kaufverhandlungen Maschine; Handelsvertreter oder Einkäufer Firma X); allg Angaben wie „Geschäftsfreund", „Arbeitsessen", „Informationsgespräch", „Kundenpflege" oÄ sind wenig aussagekräftig und reichen idR als Grundlage für die gebotene Nachprüfung nicht (BFH IV B 76/94 BFH/NV 97, 218; FG BBg EFG 11, 2130, rkr), auch nicht bei Schweigepflicht (vgl zu RA: BFH IV R 50/01 BStBl II 04, 502; zu Journalisten: BFH IV R 81/96 BStBl II 98, 263). Nach dem fortbestehenden **Zweck** der Vorschrift (leichte und sichere Prüfungsmöglichkeit, Manipulationsausschluss) sind die Aufzeichnungen **zeitnah** zu erstellen, auch bei § 4 III (s BFH IV R 47/02 BFH/NV 04, 1402). Die Erstellung ist **nicht nachholbar** (unstr, s Rz 621 mwN). Dazu gehören die wesentl Angaben iSv § 4 V 1 Nr 2 S 2 und die **Unterschrift** des Bewirtenden (wie Rspr vor 1990, s *Schmidt* 32. Aufl § 4 Rz 554). Vordrucke sind als Eigenbuchungsbelege aufzubewahren (wie Rz 555). Vgl auch *BMF* BStBl I 94, 855 und DStR 95, 1151 zu Einzelfragen.

bb) Rechnung, § 4 V 1 Nr 2 S 3 HS 2. Das Gesetz verlangt bei Gaststätten- **555** bewirtung die Beifügung der Rechnung mit Angabe der Gaststätte (ohne Unterschrift deren Inhabers), des Tages und Ortes der Bewirtung sowie der Höhe und Art der Aufwendungen – *insoweit* als Ersatz für eigene Aufzeichnungen (S 3 HS 1). Rspr und Verwaltung verlangen auch im Ausl die Angabe des *Bewirtenden* auf Rechnungen über 150 € (vgl EStR 4.10 VIII 4, glA BFH X R 57/09 BStBl II 12, 770). Nur der Gastwirt kann die Zuordnung zu dem StPfl nachweisen (materiellrechtl BA-Abzugsvoraussetzung ohne sonstige Nachweismöglichkeit, etwa durch Zahlung); nur er kann ggf die Rechnung um die Angabe des Bewirtenden nachträgl ergänzen. Die *FinVerw* verlangt, dass die Rechnung den Anforderungen des § 14 UStG genügt (StNr/USt-IdNr, s *BMF* BStBl I 21, 908 Rz 3) und dass „Speisen und Getränke" nach Art und Zahl erkennbar ausgewiesen werden (EStR 4.10 VIII 8, 9). Erleichterungen für **Kleinbetragsrechnungen bis 250 €** (Gesamtbetrag, s § 33 UStDV) s *BMF* BStBl I 21, 908 Rz 3 ff. Unabhängig davon, ob die Gaststätte über eine Registrierkasse verfügt, genügen nicht (für den Wirt risikolose) handschriftl Rechnungen, sondern nur **nachprüfbare maschinelle Belege**. Diese Belege müssen der Bewirtende (registrierte Rechnung) und der Wirt (nur registrierte Rechnungsendsumme) 10 Jahre **aufheben** (§ 147 I Nr 4, III AO). Zu den Einzelheiten, auch zu digitalen/digitalisierten Belegen s *BMF* BStBl I 21, 908 Rz 10 ff).

cc) Gesonderte Aufzeichnung, § 4 VII. S Rz 620. Rechnung und *Vordruck* **556** müssen leicht zusammenzuführen sein („beizufügen" – idR Vorder- und Rückseite). **Ausnahmen** s Rz 622.

i) Rechtsfolgen. Soweit Bewirtungskosten nicht betriebl und geschäftl veran- **557** lasst, unangemessen oder nicht entspr Rz 554 nachgewiesen sind, können sie nicht als BA abgesetzt werden und sind ggf durch spätere Korrekturbuchungen dem Gewinn außerbilanziell hinzuzurechnen. Verbleibende Bewirtungskosten sind zu 70% abziehbar, einschließl **USt** (s § 9b I; § 15 Ia 2 UStG).

5. Gästehäuser, § 4 V 1 Nr 3. – **a) Anwendungsbereich.** Aufwendungen für **560** *privat* genutzte Gästehäuser (Wohnungen, Zimmer) sind keine BA. Aufwendungen für *betriebl* genutzte Gästehäuser, die *ArbN* zur Verfügung gestellt werden, sind unabhängig von der Lage BA (*Beispiel:* Erholungsheim im Gebirge, auch im Ausl, BFH I R 20/96 BStBl II 97, 539). Aufwendungen für eigene Gästehäuser, die *Geschäftsfreunden* unentgeltl zur Verfügung gestellt werden, sind BA iRd § 4 V 1 Nr 7, wenn sie sich am Ort des Betriebs befinden. Sonst fallen sie unter § 4 V 1 Nr 3. Betreibt der StPfl das Gästehaus **mit Gewinnabsicht** (Pension), ist § 4 V 1 Nr 3 gem § **4 V 2** nicht anwendbar (s aber BFH XI R 49/17 BFH/NV 20, 497: unentgeltl Überlassung, Veräußerungsgewinn). Bei nicht kostendeckendem Entgelt gelten für den Zuschuss die Beschränkungen des § 4 V 1 Nr 3 (EStR 4.10 X). Kosten der Unterbringung in *fremden* Beherbergungsbetrieben fallen nicht unter § 4 V 1 Nr 3 (allenfalls § 4 V 1 Nr 7). Ein gepachtetes, ständig betriebenes Gästehaus gehört jedoch zu „Einrichtungen des StPfl" idS (FG Nds EFG 05, 1261, rkr).

561   b) **Ort des Betriebs.** Der Ort muss nicht mit den politischen Gemeindegrenzen übereinstimmen. Vorortgemeinden fallen darunter, wenn sie räuml und verkehrstechnisch zur Betriebsgemeinde gehören (BFH I 156/65 BStBl II 68, 603; abgrenzend FG Nds EFG 05, 1262, rkr).

562   c) **Aufwendungen.** § 4 V 1 Nr 3 erfasst alle auf die Herstellung oder Anschaffung der Einrichtung und deren Unterhalt entfallenden Kosten einschließl AfA (BFH I R 29/85 BStBl II 87, 108), Personalkosten, Zinsen. USt s § 9b I; § 15 Ia 1 UStG. Kosten der Bewirtung fallen nur unter § 4 V 1 Nr 2.

563   d) **Aufzeichnung, § 4 VII.** S Rz 620, 622.

564   e) **Rechtsfolgen.** – **(1) Betriebsausgaben.** Keine Aufzeichnung bzw Gewinnerhöhung aufgezeichneter BA nach § 4 V 1 Nr 3 außerhalb der Bilanz. – **(2) Betriebseinnahmen.** Problematisch ist die Auswirkung der Abzugsbeschränkung auf BE. Soweit der StPfl (nicht kostendeckendes) Mietentgelt verlangt, besteht ein unmittelbarer Zusammenhang mit nichtabziehbaren BA; der Eigenzuschuss ist nicht abziehbar, EStR 4.10 XI 2. Die Miete dürfte umgekehrt nach Sinn und Zweck des Gesetzes nicht als BE zu versteuern sein (**aA** hM, s Rz 460 „Abfindung" 5). – **(3) Veräußerung.** Dagegen sind Gewinne aus der Veräußerung eines solchen WG nach dem Regelungsinhalt des § 4 V 1 Nr 3 voll zu versteuern. Dem Veräußerungserlös ist ein (auch) um die nicht abziehbare AfA geminderter Bilanzwert gegenüberzustellen (BFH VIII R 40/69 BStBl II 74, 207; BFH X R 14/12 BFH/NV 15, 973; str, vgl *Stadie* FR 16, 289; s auch Rz 32, 51, 599). Nicht der Ansatz der AK als BV ist beschränkt, sondern nur der Aufwandsabzug als BA (s BFH IV R 5/85 BStBl II 87, 853 unter 3a mwN zu 4 I 1 Nr 7). Sonst würde die ausgeschlossene Gewinnminderung auf Umwegen nachgeholt. *Beispiel:* HK eines Gebäudes 200 000. Jährliche AfA 4000 (keine BA). Bei Veräußerung nach 10 Jahren für 250 000 (Bilanzwert 160 000): Veräußerungsgewinn 90 000.

567   **6. Jagd, Fischerei usw, § 4 V 1 Nr 4.** – a) **Anwendungsbereich.** § 4 V 1 Nr 4 bringt eine beispielhafte Aufzählung besonderer Repräsentationsaufwendungen, die häufig auch im Privatbereich anfallen und bei denen die betriebl Veranlassung im Einzelfall kaum nachprüfbar ist.

Beispiele: Tennis- oder Golfplatz bzw Golfturnier (s BFH IV R 24/13 BStBl II 17, 224; anders aber, soweit es sich um reine Werbeveranstaltung handelt, s BFH I R 74/13 BStBl II 17, 222; vgl *OFD Ffm* DStR 16, 1868; *Wendt* FR 16, 627; *Schiffers/Feldgen* DStZ 16, 326); Schwimmbecken; Segeljacht (s unten); Reitpferd (zB FG BaWü EFG 15, 1791 mit Anm *Lemaire*, rkr; zu Rennpferden einer Ges s BFH XI R 66/06 BStBl II 09, 206); Jagdpachtabfindung (BFH I B 29/96 BFH/NV 97, 285); Motorflugzeug, Segelflugzeug, Sportflugzeug (FG Mchn EFG 10, 1345, rkr); Oldtimer (BFH I B 42/11 BFH/NV 11, 2097; s auch *Eckert* DStR 12, 1119, Rz 157), Rennwagen (BFH III B 154/07 BFH/NV 09, 579); häusl Einladung zu „Herrenabend" einer RA-Kanzlei zur geschäftl Kontaktpflege (BFH VIII R 26/14 BStBl II 17, 161); selten bei Event-Marketingveranstaltung (s *Schiffer/Feldgen* DStZ 14, 571).

Nach Wortlaut und Zweck der Vorschrift spielt es keine Rolle, ob es sich um eigene oder gepachtete Einrichtungen handelt. Auch die Kosten für die Benutzung fremder Einrichtungen fallen unter die Beschränkung. Häufig wird die Abziehbarkeit solcher Aufwendungen bereits an § 4 IV/§ 12 Nr 1 EStG scheitern, wenn näml die Einrichtung (auch) durch den StPfl und seine Familienangehörigen genutzt wird (Rz 626). **Unbeschränkt abziehbar** sind Kosten für Anlagen und

Einrichtungen, die *nur ArbN* zur Verfügung stehen (BFH I R 111/77 BStBl II 81, 58) oder *gewerbl* betrieben werden (**§ 4 V 2**).

Beispiele: Vermietung von Segelbooten mit Gewinnabsicht; zu gemietetem Konferenzschiff BFH I R 18/92 BStBl II 93, 367; zu vGA s unten, auch Nebenanlagen eines GewBetr (zum Hotel gehöriger Tennisplatz) und für sonstige berufl Zwecke genutzte WG dieser Art (zu Motorboot für Fahrten Wohnung/Betrieb, vgl BFH IV R 6/00 BStBl II 01, 575 – unter fragl Ausdehnung von § 4 V 1 Nr 6).

Das Abzugsverbot gilt ansonsten uneingeschränkt, auch bei betriebl Nebeneffekten (zB Werbung), wenn die Möglichkeit besteht, dass die aufgeführten WG auch der Unterhaltung von Geschäftsfreunden dienen (BFH I R 27–29/05 DStRE 07, 946; auch zu der Frage, ob § 4 V 1 Nr 4 Vorrang hat vor **vGA**, bej *Pezzer* FR 07, 890; s auch BFH X B 123/08 BFH/NV 09, 752). Charter eines Begleitschiffs der Kieler Regatta s BFH IV R 25/09 BStBl II 12, 824; Charter eigener Flugzeuge s FG Hbg EFG 07, 616, rkr.

b) Gesonderte Aufzeichnungen, § 4 VII. S Rz 620. **568**

c) Rechtsfolgen. Alle BA iZm Anschaffung und Betrieb der Anlage oder Einrichtung einschließl dabei anfallender Bewirtungskosten (Wortlaut § 4 V 1 Nr 4) sind dem Gewinn ggf außerhalb der Bilanz zuzurechnen. USt s § 9b I, § 15 Ia 1 UStG. Ein Veräußerungsgewinn ist wie bei Rz 564 zu versteuern. Entgelt für gelegentl Vermietung ist nach hM unabhängig vom BA-Abzugsverbot als BE zu erfassen (str, vgl Rz 564 und Rz 460 „Abfindung" 5). – Investitionsabzug nach § 7g: Für unangemessene Aufwendungen iSd § 4 V 1 Nr 7 darf **keine Rücklage** gebildet werden (BFH X R 33/16 BStBl II 18, 185: drei Luxus-Pkw); ferner: FG BBg EFG 17, 192, rkr: Segelacht als Seminarraum. **569**

7. Verpflegungsmehraufwand, § 4 V 1 Nr 5. S zu BA *BMF* BStBl I 15, 26; § 9 Rz 310 ff. – **a) Gesetzesentwicklung.** Bis 2013 Gesamtregelung in § 4 V 1 Nr 5 aF. Änderungen **ab 2014:** § 4 V 1 Nr 5 nF beschränkt sich auf die Aussage, dass Verpflegungsmehraufwendungen nicht als BA abziehbar sind, und verweist iÜ auf die Neuregelung zu WK in **§ 9 IVa.** Einzelne sachl Änderungen ergeben sich vor allem in Bezug auf die Höhe (s Rz 574). **570**

b) Grundsatz, § 4 V 1 Nr 5 S 1. Verpflegungsaufwendungen führen auch bei berufl Mitveranlassung als private Lebensführungskosten grds nicht zu BA (§ 4 V 1 Nr 5 S 1, § 12 Nr 1). Abziehbar sind nur Verpflegungsmehraufwendungen, die auf einer rein betriebl/berufl auswärtigen Tätigkeit beruhen, nicht solche bei Fahrten von der Wohnung zur regelmäßigen Betriebsstätte (§ 4 V 1 Nr 5 S 2; s Abgrenzung Rz 520 „Fahrtkosten"). **571**

c) Auswärtige Tätigkeit, § 4 V 1 Nr 5 S 2. Jede längere vom „Mittelpunkt der dauerhaft angelegten betriebl Tätigkeit" entfernte Auswärtstätigkeit ist begünstigt. Der Begriff „Tätigkeitsmittelpunkt" entspricht dem der „Betriebsstätte" in § 4 V 1 Nr 6 (BFH VI R 1/19 BFH/NV 22, 19 Rz 23 mwN). StPfl mit einer **regelmäßigen Betriebsstätte** müssen vorübergehend außerhalb *davon* betriebl tätig sein, ohne Rücksicht auf die Entfernung. Bei StPfl **ohne regelmäßige Betriebsstätte,** die typischerweise auf Grund der individuellen betriebl Tätigkeit nur an ständig wechselnden Tätigkeitsstätten (zu selbständiger Musiklehrerin s BFH III R 19/13 BStBl II 15, 323) oder auf einem Fahrzeug tätig sind (zB Taxi- oder LKW-Fahrer), ist für Verpflegungskosten auf den Ort der Abwesenheit von der Wohnung (Lebensmittelpunkt) abzustellen (**§ 4 V 1 Nr 5 iVm § 9 IVa 4**). **Doppelte Haushaltsführung** s Rz 576. **572**

d) Dreimonatsgrenze, § 4 V 1 Nr 5. Für alle diese längeren Auswärtstätigkeiten an *derselben* auswärtigen Tätigkeitsstätte bzw für jede doppelte Haushaltsführung (Rz 576) werden Pauschbeträge für die ersten drei Monate gewährt (verfgemäß, BFH VI R 10/08 BStBl II 11, 32). Das sind Kalendermonate, unabhängig von Zwischenheimfahrten, Urlaub, Krankheit oä kurzfristigen Unterbrechungen (s **573**

auch BFH VI R 70/98 BStBl II 04, 962). Fristanlauf nur bei „längerfristiger" Berufsausübung an einer (derselben) auswärtigen Tätigkeitsstätte (**§ 9 IVa 6**); fragl ist, ob hier – ohne Verweisung in § 4 V 1 Nr 5 – § 9 IV 4 Nr 2 anwendbar ist (so wohl *BMF* BStBl I 15, 26 Rz 5 Beispiel 4: wöchentl mind 2 volle Arbeitstage oder $1/3$ der Arbeitszeit). Nach mindestens vierwöchiger Unterbrechung oder bei Aufnahme einer anderen Auswärtstätigkeit beginnt eine neue Frist (**§ 9 IVa 7**; BFH III R 94/10 BStBl II 13, 725). Bei sonstigen Geschäftsreisen während der Frist ist für jeden Kalendertag nur einmal der jeweils höhere Betrag zu gewähren (**§ 9 IVa 12**). Die Dreimonatsfrist gilt auch bei längerer Abwesenheit von der Wohnung an einer Tätigkeitsstätte **ohne** *regelmäßige* **auswärtige Tätigkeitsstätte** (**§ 9 IVa 4**).

574   **e) Höhe der Pauschbeträge. – aa) Inlandsreisen, § 4 V 1 Nr 5.** Die Vorschrift setzt die Pauschbeträge gesetzl fest. Die Nachweismöglichkeit höherer Aufwendungen entfällt, auch nach Ablauf der Dreimonatsfrist am selben Tätigkeitsort. Der Abzug richtet sich ausschließl nach der Dauer der Abwesenheit von der Wohnung (bei unmittelbarem Reiseantritt von hier aus) bzw vom Tätigkeitsmittelpunkt (bei Reiseantritt von dort aus). Ohne Nachprüfung der tatsächl Aufwendungen und einer offenbar unzutr Besteuerung gewährte das Gesetz **bis 2013** bei Abwesenheit von 24 Stunden 24 €, von mindestens 14 Stunden 12 €, ab 8 Stunden 6 €; **ab 2014** gem **§ 4 V 1 Nr 5 iVm § 9 IVa 3** Reduzierung der 3-Stufen-Staffelung auf 2 Stufen unter Erhöhung des niedrigeren Pauschbetrages von 6 auf 12 € bei Abwesenheit von mehr als 8 Stunden bzw für An- und Abreisetage mit Übernachtung. Die Begrenzung ist unabhängig vom Anfall tatsächl Aufwendungen, von der Inanspruchnahme einer bezahlten Verpflegung und vom Verpflegungsort (s BFH VIII R 21/08 DStRE 09, 771). Kein Abzug bei Abwesenheit unter 8 Stunden. Keine Unterschiede zw ein- und mehrtägigen Reisen. Die Abwesenheitszeiten sind kalendertagsbezogen. Bei Abwesenheit über Mitternacht mit Übernachtung beträgt die Pauschale ohne Prüfung der Dauer je 12 € für An- und Abreisetag, ohne Übernachtung bei Abwesenheit insgesamt über 8 (und unter 24) Stunden 12 € für den überwiegenden Abwesenheitstag (§ 9 IVa 3).

575   **bb) Auslandsreisen, § 4 V 1 Nr 5 iVm § 9 IVa 5.** Die Regelung stellt nicht auf die Inlandspauschbeträge ab, sondern auf die höchsten Auslandstagegelder nach dem BRKG für den jeweiligen Staat, die das *BMF* im Einvernehmen mit den Länderfinanzministerien lfd festsetzt (vgl LStR 9.6 III; ab 2021: *BMF* BStBl I 20, 1256; 2020: *BMF* BStBl I 19, 1254; 2019: *BMF* BStBl I 18, 1354; 2018: *BMF* BStBl I 17, 1457; s auch § 9 Rz 311). Ein höherer Nachweis ist nicht mehr mögl. Zum Ausgleich werden diese Auslandstagegelder **ab 2014** wie Inlandsabwesenheitsdauer mit 120 bzw 80 % angesetzt (Wegfall der 40 %-Stufe bis 2013). Dauert die Reise insgesamt länger (nicht unbedingt im Ausl), richtet sich der Pauschbetrag nach dem Staat, den der StPfl vor 24 Uhr Ortszeit zuletzt erreicht, bzw nach dem letzten Tätigkeitsort im Ausl am Rückkehrtag.

576   **cc) Doppelte Haushaltsführung, § 4 V 1 Nr 5 iVm § 9 IVa 4, 12, 13.** Diese Grundsätze gelten auch für die doppelte Haushaltsführung. Bei Anmietung einer Zweitwohnung auf Grund einer „Auswärtstätigkeit" sind daher für 3 Monate Reisekostenpauschbeträge für Verpflegung abziehbar (s allg Rz 588; Auslandswohnung s LStR 9.11 VIII). Fristbeginn in Wegverlegungsfällen s BFH VI R 7/13 BStBl II 15, 336.

577   **dd) Aufwandserstattung, § 4 V 1 Nr 5 iVm § 9 IVa 8.** Während ArbG ihren ArbN die nach § 4 V 1 Nr 5 abziehbaren Pauschbeträge stfrei erstatten können (§ 3 Nr 13, 16), entfällt diese Möglichkeit bei Selbständigen (BE und BA). Durch unentgelt Abgabe von Mahlzeiten werden die BA-Abzüge für Auswärtstätigkeit ab 2014 entspr § 9 IVa 8 gekürzt.

578   **f) Aufzeichnungen, § 4 VII.** Sie entfallen für § 4 V 1 Nr 5, s Rz 622.

Nicht abziehbare Betriebsausgaben 580–583 § 4

8. Fahrtkosten Wohnung/Betrieb; Familienheimfahrten, § 4 V 1 Nr 6

FinVerw: *BMF* BStBl I 09, 1326 und *BMF* BStBl I 12, 1099; *BMF* BStBl I 14, 835 (Elektro-/Hybridfahrzeuge); *BMF* BStBl I 15, 26 (Reform des Reisekostenrechts); *BMF* BStBl I 18, 272 (Brennstoffzellenfahrzeuge); *BMF* DStR 21, 2793 (Entfernungspauschale). – **Schrifttum** s zuletzt *Schmidt* 36. Aufl § 4 Rz 580 mwN.

a) Hintergrund der Regelung. – *(1) Abzugsbeschränkung, § 4 V 1 Nr 6* 580
S 1 und 2 iVm § 9 I 3 Nr 4, 5, II. Aufwendungen für Fahrten mit dem **eigenen Kfz** sind bei betriebl Veranlassung grds voll (s Rz 520 „ Fahrtkosten"), bei privater Veranlassung grds nicht und bei Fahrten zw Wohnung und Betriebsstätte sowie bei Familienheimfahrten, obwohl betriebl veranlasst, nur mit den pauschalen Höchstbeträgen des § 9 I 3 Nr 4, 5, II als BA absetzbar. Die (isoliert kaum verständl) Regelung des § 4 V 1 Nr 6 enthält (anders als zB Nr 5) nur diese letzten Beschränkungen mit entspr Gewinnerhöhung. **Ohne Kfz** sind *aufwandsunabhängig* BA iHd Entfernungspauschalen abziehbar (s Rz 584), nur nicht für Flugstrecken (§ 9 I 3 Nr 4 S 3; BFH VI R 42/07 BStBl II 09, 724). Zur Berücksichtigung höherer Kosten für öffentl Verkehrsmittel s § 9 II 2 mit *Jahres*vergleichsrechnung (§ 9 Rz 293). Bei **Nutzung eines Privat-Kfz** (bzw eines Kfz, das nicht notwendiges BV iSv § 6 I Nr 4 S 2 HS 1 ist) sind nur BA iHd Beträge nach § 9 I 3 Nr 4, 5 anzusetzen (§ 4 V 1 Nr 6 S 2). – *(2) Nutzung eines betriebl Kfz, § 4 V 1 Nr 6* **S 3.** Der StPfl hat **zwei Möglichkeiten:** Führt er ein Fahrtenbuch iSv § 6 I Nr 4 S 3, sind wie bei Nutzung eines Privat-Kfz BA iHv § 9 I 3 Nr 4, 5 absetzbar (§ 4 V 1 Nr 6 S 3 **HS 2**), s Rz 582. Sonst wird für reine Privatfahrten ohne Fahrten Wohnung/Betrieb und ggf Familienheimfahrten monatl 1% des inl Kfz-Listenneupreises als gewinnerhöhende Nutzungsentnahme zugerechnet (s § 6 Rz 525 ff). § 4 V 1 Nr 6 S 3 **HS 1** betrifft nur die Zuschätzung dadurch noch nicht erfasster Gewinnerhöhungen für Fahrten Wohnung/Betrieb und für Familienheimfahrten *bei Abzug aller Kfz-Kosten als BA* (vgl BFH III B 108/14 BFH/NV 15, 1575). – *(3)* **Elektrofahrzeuge; Brennstoffzellenfahrzeuge, § 4 V 1 Nr 6 S 3 HS 3** (*BMF* BStBl I 14, 835; *BMF* BStBl I 18, 272). Während die Listenpreisminderung nach § 6 I Nr 4 S 2 bei Anschaffung vor dem 1.1.2023 automatisch auf § 4 V 1 Nr 6 durchschlägt, stellt die Verweisung in § 6 I Nr 4 S 3 HS 2 sicher, dass die Entnahmeminderung um die Batteriesystemkosten nach § 6 I Nr 4 S 2 HS 2, 3 auch bei der Fahrtenbuchmethode greift (Kürzung der tatsächl Aufwendungen). Die Regelung gilt ab 2013, auch für am 30.6.13 bereits vorhandene Fahrzeuge (§ 52 XII S 1) und inzwischen auch für Brennstoffzellenfahrzeuge, s *BMF* BStBl I 18, 272. – *(4)* **Sonstige Zurechnungen.** Zu Nutzung des Betriebs-Kfz für **andere Einkunftsarten** s *BMF* BStBl I 09, 1326 Rz 17 und Vereinfachungsregelungen.

b) Regelungsinhalt, § 4 V 1 Nr 6 S 3 HS 1. Fahrten Wohnung/Tätigkeits- 581
stätte sind mit der 1%-Regelung nach § 6 I Nr 4 noch nicht abgegolten. Der 1%-Wert erhöht sich nach ArbN nach § 8 II 3 monatl um 0,03% des Listenpreises pro Entfernungs-km. Dem entspricht iErg § 4 V 1 Nr 6 S 3 HS 1 für Fahrten Wohnung/Betriebsstätte bei Selbständigen.

c) Fahrtenbuch; „Escape-Klausel", § 4 V 1 Nr 6 S 3 HS 2 iVm § 6 I 582
Nr 4 S 3. Dies gilt nicht, wenn der StPfl *alle* betriebl und privaten Fahrten einschließl der Fahrten iSv § 4 V 1 Nr 6/§ 9 I 3 Nr 4, 5 für den gesamten VZ (BFH VI R 35/12 BStBl II 14, 643) gesondert aufzeichnet, einheitl danach abrechnet und belegmäßig nachweist (Beweislast: StPfl). Dann sind von den belegten Kfz-Kosten für die aufgezeichneten Fahrten iSv § 4 V 1 Nr 6 nur die Beträge iHv § 9 I 3 Nr 4, 5, II zu kürzen. Einzelheiten zum Fahrtenbuch s § 6 Rz 562 ff.

d) Fernpendler, § 4 V 1 Nr 6 S 4 *(neu)*. Die mit dem KlimaSG geschaffene, 583
zeitl befristete (2021 bis 2026) **Anhebung der Entfernungspauschale** ab dem 21. km um 0,05 € in § 9 I 3 Nr 4 S 8 und Nr 5 S 9 (s iEinz § 9 Rz 205) gilt auch bei den Gewinneinkünften für Fahrten Wohnung/Betriebsstätte und für Familien-

heimfahrten, unabhängig vom benutzten Verkehrsmittel (s auch BR-Drs 514/19 S 21 f: wegen zusätzl Kosten durch CO_2-Bepreisung).

584 **e) Gewinnzurechnung für Fahrten bei doppelter Haushaltsführung. – (1) BA-Abzugsbeschränkung der tatsächl Kosten, § 4 V 1 Nr 6 S 1, 2.** Es gelten die allg Abzugsbeschränkungen nach § 9 I 3 Nr 5 (vgl § 9 Rz 220 ff). Die Kosten für die erste Hinfahrt und die letzte Rückfahrt sind nicht begrenzt (keine Hinzurechnung). Für die Dauer der doppelten Haushaltsführung kann der StPfl grds (Ausnahme für Behinderte entspr § 9 II 3; zu Wahlrecht BFH VI R 77/06 BStBl II 09, 729) nur die Kosten für *eine* Heimfahrt wöchentl und diese auch bei Kfz-Benutzung nur betragsmäßig begrenzt als BA absetzen (s § 9 I 3 Nr 5, Nr 4, auch zur Entfernungspauschale mit Klarstellung, dass wie bisher längere verkehrsgünstigere Strecken bei regelmäßiger Benutzung anzusetzen sind). Der Abzug ist grds aufwandsunabhängig, allerdings mit Einschränkungen bei Erstattung (§ 9 I 3 Nr 5 S 7, 8; BFH VI R 29/12 BStBl II 13, 735). – *(2)* **Berechnung ohne Fahrtenbuch, § 4 V 1 Nr 6 S 3 HS 1.** Bei vollem BA-Abzug ist für jeden Entfernungs-km der positive Unterschiedsbetrag zw 0,002 % des Listenneupreises des Kfz iSv § 6 I Nr 4 S 3 (s § 6 Rz 539) und dem nach § 9 I 3 Nr 5, 4 und § 9 II abziehbaren Betrag dem um die tatsächl Kosten gekürzten Gewinn wieder zuzurechnen, sachl iErg wie bei den Überschusseinkünften nach § 9 I 3 Nr 5, § 8 II 5; die abw Zurechnung bei Überlassung eines Kfz mit AK über dem Schwellenpreis von 15 000 € (0,002 × 15 000 = 0,30 € wie in § 9 I 3 Nr 5) ohne Ausnahme entspr § 8 II 5 HS 2 ist verfgemäß (BFH VIII R 24/09 BStBl II 13, 812). Bei der Zurechnung handelt es sich (anders als bei der Rz 584) nicht um einen Monatssatz, sondern um einen *fahrtbezogenen Prozentsatz pro Entfernungs-km.*

585 **f) Gewinnzurechnung für Fahrten Wohnung/Betriebsstätte. – aa) Abzugsbeschränkung, § 4 V 1 Nr 6 S 1, 2 iVm § 9 I 3 Nr 4.** Bei Kfz-Benutzung gelten die Abzugsbeschränkungen nach § 9 I 3 Nr 4 (s § 9 Rz 180 ff). **Betriebsstätte** iSv § 4 V 1 Nr 6 ist abw von § 12 AO jede regelmäßige Tätigkeitsstätte (BFH VI R 1/19 BFH/NV 22, 19, Rz 10: weder abgrenzbare Fläche/Räumlichkeit noch eigene Verfügungsmacht des StPfl erforderl). Jeder beschäftigte StPfl kann **höchstens *eine*** Betriebsstätte iSv § 4 V 1 Nr 6 haben, und zwar dort, wo – außerhalb der Wohnung – der zentrale *ortsgebundene* Mittelpunkt seiner gesamten betriebl/berufl Tätigkeit liegt (zB BFH VI R 55/10 BStBl II 12, 38; BFH VIII R 33/14 BFH/NV 17, 1013: einheitl Betriebsstätte für Ärzte bei Praxisräumen mit angrenzender Klinik). Ohne auswärtige Betriebsstätte greift keine Abzugsbeschränkung (zB Tätigkeit auf Lkw, Schiff oder Flugzeug; s Rz 520 „Fahrtkosten" und *BMF* BStBl I 15, 26 Rz 6). Das gilt auch bei wechselnden Tätigkeitsstätten (BFH III R 19/13 BStBl II 15, 323, auch zum Begriff Betriebsstätte iSv § 4 V 1 Nr 6; BFH VIII R 47/11 HFR 15, 944; FG RhPf EFG 15, 367, rkr; glA *FM SchlHol* DB 15, 2360; ab 2014 *BMF* BStBl I 15, 26 Rz 3, 5). Bei **mehreren Betriebsstätten** gelten auch ohne ausdrückl Verweisung in § 4 die Grundsätze des § 9 IV 4 und 7: die erste Betriebsstätte ist dort, wo der StPfl zwei volle Arbeitstage pro Woche oder mindestens $1/3$ seiner regelmäßigen Arbeitszeit tätig ist, sonst an der nächstgelegenen Betriebsstätte (*BMF* BStBl I 15, 26 Rz 5; s aber FG Ddorf EFG 19, 873, Rev X R 14/19; *Weber* NWB 13, 3049). **Tätigkeit bei Kunden** führt idR nicht zu einer regelmäßigen Arbeitsstätte (BFH VI R 47/11 BStBl II 13, 169), aber uU zu regelmäßige Betriebsstätte (BFH X R 13/13 BStBl II 15, 273: zu Dauerkunden; BFH III R 59/13 BFH/NV 15, 1365 zu Tätigkeit bei *einem* Kunden; FG Hess EFG 17, 120 zu Kunde des Auftraggebers; vgl auch ab 2014 *BMF* BStBl I 15, 26 Rz 1, 5). **Häusl Arbeitszimmer** ist keine Betriebsstätte (*BMF* BStBl I 15, 26 Rn 3, BFH X R 13/13 BStBl II 15, 273; str, s *Schmidt* NWB 15, 1758).

586 **bb) Pauschale Gewinnzurechnung ohne Fahrtenbuch, § 4 V 1 Nr 6 S 3 HS 1.** Die Gewinnerhöhung um den positiven Unterschiedsbetrag zw 0,03 % des Listenpreises und dem nach § 9 I Nr 4 abziehbaren Pauschbetrag entspricht bei

§ 8 II 2 der vollen Zurechnung mit WK-Abzug. Der gegriffene %-Satz von 0,03 des Listenpreises (dazu § 6 Rz 539, § 8 Rz 45) führt, anders als bei Familienheimfahrten, zu einem von der Zahl der tatsächl (tägl) Fahrten pro Monat und den tatsächl Kfz-Kosten (außer über Listenpreis) unabhängigen, jedoch **entfernungsgekoppelten Monatsbetrag.** Ihm liegt offenbar die Benutzung an 180 Arbeitstagen pro Jahr bzw durchschnittl 15 Tagen pro Monat zugrunde. **Negative Unterschiedsbeträge** (Pauschbeträge höher als die tatsächl Aufwendungen bei niedrigen Kfz-AK) sind nach zutr hM seit Einführung der Entfernungspauschale ab VZ 2001 als BA absetzbar (EStR 4.12 I 2; s auch BFH XI B 178/06 BFH/NV 08, 562; nach *Briese* DStR 03, 1336 Einbuchung einer Aufwandseinlage). Der Vorteil der Pauschalregelung sinkt mit steigendem Listenpreis und abnehmender Fahrtenzahl. Unabhängig von der tatsächl Nutzung sind nach § 4 V 1 Nr 6 S 3 für jedes betroffene Fahrzeug als Jahresbetrag grds 12 „Kalendermonate" zugrunde zu legen, auch bei zeitweiliger Reparatur, Urlaub, Krankheit (aber nicht ohne Nutzung in einem Kalendermonat, *BMF* BStBl I 09, 1326 Tz 15). – Der klare Wortlaut der Regelung lässt *ohne* Fahrtenbuch **keine abw taggenaue Berechnung** zu, auch nicht bei Nutzung unter 15 Tagen (BFH VIII R 14/15 BStBl II 18, 755: kein Rückgriff auf Rspr zu § 8 II 3, s § 8 Rz 48; ebenso FG Ddorf EFG 14, 1770). – Zu **Kostendeckelung** s § 6 Rz 546, *BMF* BStBl I 09, 1326 Tz 18 ff; zur anteiligen Berücksichtigung von Leasingsonderzahlungen aus Vorjahren s FG Nds EFG 20, 1597, Rev VIII R 21/20, und FG RhPf EFG 20, 519, Rev VIII R 11/20 (beide bej).

g) Rechtsfolgen. Über die Nutzungsentnahme nach § 6 I Nr 4 für die „normale" Privatnutzung (und ggf zusätzl Nutzung für andere Einkünfte) hinaus ist der positive Differenzbetrag nach § 4 V 1 Nr 6 – als BA-Kürzung – dem Gewinn hinzuzurechnen. Keine Kürzung der stillen Reserven bei Veräußerung (s Rz 603). Abzug von **Unfallkosten** neben der Entfernungspauschale ist str (s Rz 520 „Fahrtkosten" mwN). – Eine bestimmte **Aufzeichnungspflicht** ist für § 4 V 1 Nr 6 nicht vorgeschrieben. § 4 VII ist nicht anwendbar. Zu Belegsammlung für Fahrtenbuch oder Kostendeckelung s iEinz § 6 Rz 562 ff. **587**

9. Doppelte Haushaltsführung, § 4 V 1 Nr 6a. Die Kosten einer betriebl **588** veranlassten doppelten Haushaltsführung sind BA (Grundentscheidung des EStRechts, s § 9 Rz 220 mwN). Die Höhe des Abzugs wird gesetzl beschränkt. Ab 2014 verweist § 4 V 1 Nr 6a hinsichtl der **Abzugsvoraussetzungen** auf § 9 I 3 Nr 5 S 1–4 (wie bisher keine zeitl Beschränkung dem Grunde nach; s iEinz § 9 Rz 221 ff). – **Höhe des BA-Abzugs:** Die unveränderte **Fahrtkostenbeschränkung** ergibt sich aus § 4 V 1 Nr 6 iVm § 9 I 3 Nr 5 (s Rz 583 und § 9 Rz 248 ff, 253), der nur betragsmäßig veränderte 3-monatige Abzug des **Mehraufwands für Verpflegung** durch Verweisung in § 4 V 1 Nr 5 auf § 9 IVa (§ 9 Rz 314), der Abzug von **Übernachtungskosten** (Hotel, Miete, eigene Wohnung) durch Verweisung auf § 9 I 3 Nr 5 S 4 und Nr 5a in § 4 V 1 Nr 6a unter Begrenzung im Inl auf 1000 € monatl (§ 9 Rz 246 f).

10. Häusliches Arbeitszimmer; Home-Office, § 4 V 1 Nr 6b

Schrifttum: *Drenseck* DStR 09, 1877; *Wichert/Koch* NWB 13, 435; *Rolfes/Seifert* StuB 13, 848; *Urban* DStZ 16, 747 (Nachweisillusion der Rspr). – **Verwaltung:** *BMF* BStBl I 17, 1320.

a) Allgemeines. Aufwendungen für ein häusl Arbeitszimmer und seine Ausstat- **590** tung sind gem § 4 V 1 Nr 6b S 1 grds nicht als BA oder WK (§ 9 V) abziehbar. S 2 und 3 enthalten Ausnahmen mit sachl und betragsmäßiger Beschränkung des BA-Abzugs für steuerl anzuerkennende, betriebl genutzte Arbeitszimmer. Hintergrund war wohl die ausufernde Inanspruchnahme vor allem bei ArbN und die begrenzte Nachprüfbarkeit der Voraussetzungen im privaten Wohnbereich (Missbrauchsabwehr). – **Grundvoraussetzung** für die Anerkennung als Arbeitszimmer ist die nach der Einrichtung und sonstigen erkennbaren obj Umständen zu beurteilende *ausschließl* bzw *ganz überwiegende* berufl/betriebl Nutzung (vgl Rz 121); keine **Auf-**

teilungsmöglichkeit (s Rz 591 mwN und Rz 596). Auf **Erforderlichkeit** oder **Notwendigkeit** kommt es nicht an (BFH VI R 46/17 BFH/NV 19, 903; BFH IX R 52/14 BFH/NV 17, 1017; s Rz 483). Zur Berücksichtigung iRe **Ausbildung** als SA: § 10 I Nr 7 S 4; *BMF* BStBl I 17, 1320 Rz 24. – Die aktuelle Regelung gilt seit **VZ 2007**. Die verschärfenden Änderungen durch StÄndG 2007 (BGBl I 06, 1652) hat das BVerfG rückwirkend aufgehoben (s Rz 593). Daraufhin hat der Gesetzgeber im JStG 2010 (BGBl I 10, 1768) die Rechtslage vor 2007 teilweise wiederhergestellt.

Übersicht: Nutzung eines häuslichen Arbeitszimmers

• Regelfall (Grundsatz, S 1):	kein Abzug
• kein anderer Arbeitsplatz (S 2 und S 3 HS 1):	bis 1250 €
• Mittelpunkt der gesamten Tätigkeit (S 3 HS 2):	voller BA-Abzug

591 b) **Regelfall: Abzugsverbot, § 4 V 1 Nr 6b S 1.** Generelles Abzugsverbot von BA für häusl Arbeitszimmer, unabhängig von der betriebl/berufl Veranlassung. – *(1)* **Begriff häusl Arbeitszimmer** (s auch *BMF* BStBl I 17, 1320 Rz 3–5 mit *Beispielen*). – *(aa)* **Arbeitszimmer.** Unter § 4 V 1 Nr 6b fällt jeder (nahezu) ausschließl beruf1 oder betriebl genutzte Arbeitsraum, der nach Lage, Funktion und Ausstattung der häusl büromäßigen Erledigung gedankl, schriftl oder verwaltungstechnischer bzw -organisatorischer Arbeiten vom Schreibtisch aus dient (BFH GrS 1/14 BStBl II 16, 265; BFH VIII R 16/15 BStBl II 19, 510).

Der BFH hat den Begriff zwar nicht als Gegenstück zur häusl Betriebsstätte iSv § 12 AO definiert (vgl BFH VI R 74/98 BStBl II 00, 7), ihn jedoch *abgegrenzt* von **betriebsstättenähnl Räumen** im Wohnungsbereich, die nach Ausstattung und tatsächl Nutzung *kein* „klassisches" Arbeitszimmer darstellen, zB Werkstatt, Lager-, Ausstellungs- oder Archivräumen, Praxisräumen eines Arztes, RA oder StB (s BFH VIII R 11/17 BStBl II 20, 445 Rz 18 mwN: ärztl Notfallpraxis im Keller; BFH IV R 53/01 BStBl II 04, 55: Tonstudio im Keller; BFH IV R 2/06 BFH/NV 07, 677: Anwaltskanzlei im Keller mit separatem Eingang, s auch unten *(bb)*, Rz 595) oder einer Garage (BFH X R 1/16 BStBl II 18, 181 Rz 39).

FA und FG sind gehalten, sich nach den konkreten tatsächl Verhältnissen ein Gesamtbild zu formen und danach zu werten, ob der zu prüfende Raum dem **Typus „häusl Arbeitsbüro"** entspricht oder dem Typus „häusl Betriebsstätte" näher steht (für den § 4 V 1 Nr 6b nicht gilt; s Rspr oben, BFH VI R 15/07 BStBl II 09, 598 mwN; zu Musikzimmer einer Berufsmusikerin abl BFH VI R 44/10 BFH/NV 13, 359, BFH VIII R 8/13 HFR 16, 13; zu Schauspieler BFH VIII R 4/09 BFH/NV 12, 200; zu Künstler-Kreativraum FG Nds EFG 12, 2098, rkr). Dabei kann maschinelle Ausrüstung ebenso eine Rolle spielen wie Beschäftigung von Angestellten oder Publikumsverkehr (BFH X B 23/17 BFH/NV 17, 1170: nach außen erkennbare Widmung maßgebl) sowie Größe, Lage und sonstige Raumausstattung (s auch BFH VIII B 22/10 BFH/NV 11, 1682). Eine feste Grenzlinie gibt es nicht; zu Aufteilung s Rz 590, 596. Bei zutr Vorgehensweise ist der BFH an die Würdigung des FG gebunden (§ 118 II FGO; zB BFH XI B 93/06 BFH/NV 07, 1650). Ein häusl Arbeitszimmer setzt begriffl überwiegende *„Arbeitsnutzung"* durch den StPfl selbst voraus; Warenlager, Warteraum, isoliertes Sekretärinnenbüro oder Besuchertoilette sind grds keine Arbeitszimmer iSv § 4 V 1 Nr 6b. Dagegen fällt ein durch die in Wohngemeinschaft mit dem StPfl lebende angestellte Ehefrau genutzter Raum nach Sinn und Zweck der Regelung unter die Abzugsbeschränkung des § 4 V 1 Nr 6b (BFH VI B 153/09 BFH/NV 10, 1442 mwN). IdR setzt die Abzugsbeschränkung das *Vorliegen einer auswärtigen Schwerpunkt-Beschäftigungsstätte voraus*. Ein Selbständiger, der seinen Beruf *ausschließl* (von) zu Hause ausübt, hat dort idR seine **Betriebsstätte**, auf die § 4 V 1 Nr 6b nicht anwendbar ist (*Beispiele*: Arzt-/Anwaltspraxis, Schriftstellerbüro, Malatelier im Wohnhaus; s aber *(bb)* für private Mitbenutzung); unterhält er dagegen eine Praxis außer Haus, fällt ein häusl Arbeitsraum idR unter § 4 V 1 Nr 6b (vgl BFH VIII B 186/10 BFH/NV

12, 574 mwN). Die Problematik entflammt jedoch bei Auswärtstätigkeiten ohne eine solche Beschäftigungsstätte außer Haus (s Rz 597, zB Vertreter) und vor allem bei mehreren voneinander unabhängigen Tätigkeiten (s Rz 596): Die Verknüpfung von betriebl *und* berufl Tätigkeit in § 4 V 1 Nr 6b S 3 ist zweifelhaft (s Rz 521, 594). Die Vorschrift begrenzt die Höhe des BA-Abzugs nur für häusl Arbeitszimmer und sollte etwa der einzigen häusl Betriebsstätte des selbständigen Schriftstellers diesen Charakter nicht dadurch nehmen, dass er nebenbei außer Haus eine *davon unabhängige* selbständige oder unselbständige Tätigkeit (ohne Arbeitszimmer) beginnt (s auch *BMF* BStBl I 17, 1320 Rz 16). Bei *KapGes/PersGes* ist häusl Arbeitszimmer idS kaum vorstellbar, wohl bei Ges'ter (vgl zu GmbH-Geschäftsführer *OFD Kiel* DStR 00, 1775; zu PersGes'ter FG Bln EFG 06, 1890, rkr). – *(bb) Private Mitbenutzung.* Tatsächl private Mitbenutzung (zB als Schlafzimmer oder Küche) ist auch dann schädl, wenn es sich um den einzigen häusl Arbeitsraum handelt (BFH VI B 35/04 BFH/NV 05, 1549; zu Nebenräumen Rz 598; *Beispiele:* Küchenzeile, BFH III R 62/11 BStBl II 17, 163; Durchgangszimmer, BFH VI B 49/06 BFH/NV 06, 2074; Sideboard, BFH VIII R 10/12 BStBl II 16, 881). Eine **Aufteilung** ist **nicht mögl** (s entgegen Vorlage BFH IX R 23/12 BStBl II 14, 312: BFH GrS 1/14 BStBl II 16, 265; BFH X R 26/13 BStBl II 16, 611 zu Nebenräumen; BFH X R 32/11 BStBl II 16, 708 zu Arbeitsecke). Die Begründung ist str (grds abl *Kempermann* FR 16, 317; *Kanzler* NWB 16, 1071; *Georg* DStR 16, 1353) und kann sicher nicht auf *Betriebsstättenräume* in der Wohnung ausgedehnt werden (vgl Rz 195, 590). Eine *untergeordnete* private Mitbenutzung ist unschädl (BFH VIII R 24/12 BStBl II 16, 884; *BMF* BStBl I 17, 1320 Rz 5); einzelne **Privatgegenstände** können, müssen aber nicht schädl sein, s BFH VI R 70/01 BStBl 03, 139 mwN (Liege, Radio – geringe Privatnutzung; vgl auch BFH VI R 15/07 BStBl II 09, 598). Bei gesonderter berufl Anmietung **außerhalb der Wohnung** (ohne Verlagerung von Privatkosten in BA-Bereich) sind mE private Mitbenutzungsumstände geringer zu gewichten als bei häusl Arbeitszimmer (s auch Rz 591 mwN). **Feststellungslast** trägt der StPfl (FG Brem EFG 91, 336, rkr); Aufklärungspflicht von FA/FG s BFH VI R 198/83 BFH/NV 86, 202 – tatsächl Probleme s *Urban* DStZ 16, 747 („Illusion"); zu schädl Besichtigungsablehnung zutr FG Nds EFG 94, 182, rkr; einschr FG Ddorf EFG 93, 64, rkr. – *(cc)* **Häuslichkeit.** Das Abzugsverbot beschränkt sich auf häusl Arbeitszimmer in eigener oder angemieteter Wohnung im Gegensatz zu dafür angemieteten Räumen außer Haus bzw außerhalb der Wohnsphäre. Vgl *Schmidt* 34. Aufl § 4 Rz 591 mwN. **Mittelbare räuml Verbindung** mit der Wohnung bzw Einbindung in die häusl Sphäre reicht idR, vor allem bei Einfamilienhaus (vgl BFH XI R 47/04 BFH/NV 06, 43; BFH VIII R 8/11 HFR 15, 914); glA zu Zweifamilienhaus BFH VIII R 7/10 BStBl II 13, 374 (s auch FG Nbg EFG 16, 188, rkr; *Schmidt* 35. Aufl § 4 Rz 591 mwN). Bei berufl Nutzung einer weiteren Wohnung in einem Mehrfamilienhaus liegt idR ein **außerhäusl Arbeitszimmer** vor (BFH VIII B 59/20 (AdV) BFH/NV 21, 181 Rz 30 f mwN). – *(dd)* **Vermietung.** Wird das Arbeitszimmer iRe **gewerbl Tätigkeit** an den Auftraggeber vermietet, führt dies zu gewerbl Einkünften, nicht zu VuV, wenn die Vermietung *ohne den Gewerbebetrieb nicht denkbar* wäre (BFH X R 18/12 BStBl II 17, 450 – VerfBeschw nicht angenommen). Dagegen ist die Vermietung eines im Wohnbereich des ArbN gelegenen Zimmers **an den ArbG** mit Rücküberlassung an den ArbN idR anzuerkennen (§ 4 V 1 Nr 6b nicht anwendbar); entscheidend ist die Intensität der betriebl Bedürfnisse für die Anmietung des Raumes durch den ArbG (*Beispiele:* Heimarbeit; Telearbeitsplätze; s BFH VI R 25/02 BStBl II 06, 10; *Schmidt* 32. Aufl § 4 Rz 591 mwN; *BMF* BStBl I 06, 4 und *BMF* BStBl I 17, 1320 Rz 24b; zu Indizien *OFD Mster* DB 08, 729; zu Vertrag zw GbR und Ges'ter-Ehegatten FG Mchn EFG 07, 338, rkr). – **(2) Abziehbare BA/Kosten der Ausstattung.** § 4 V 1 Nr 6b erfasst neben anteiligen Gebäudekosten mit Nebenkosten (Rz 598) die „Kosten der Ausstattung". Darunter fallen zB Tapeten, Teppiche, Vorhänge, Gardinen, Deckenlampen uä raumzugehörige, funktionell dem Gebäude zuzurechnende Gegenstände (*BMF* BStBl I 17, 1320 Rz 6), nicht jedoch arbeitsbedingtes, raumunabhängiges Mobiliar wie Bücherschrank, Schreibtisch, Stuhl, Schreibtischlampe ua Arbeitsmaterial. Rspr und *FinVerw* stellen auf die Funktion der Gegenstände im Einzelfall ab und ordnen solches Arbeitsmaterial den ohne Begrenzung durch § 4 V 1 Nr 6b abziehbaren **Arbeitsmitteln** zu (vgl § 9 I Nr 6), und zwar unabhängig vom Standort im Arbeitszimmer (vgl BFH VI R 4/97 BStBl II 98, 351; BVerfG BStBl II 00, 162; *BMF* BStBl I 17, 1320 Rz 8). Arbeitsmittel sind nicht nur reine Arbeitswerkzeuge, wie Bleistift, Schreibmaschine, Computer oder Klavier des Musiklehrers, sondern darüber hinaus alle zum unmit-telbaren Arbeitseinsatz bestimmten WG (Vorrang § 9 I Nr 6 vor §§ 9 V, 4 V Nr 6b, BFH VI R 91/10 BStBl II 12, 127). Nicht unmittelbar arbeitsfördernde Einrichtungsgegenstände (Teppiche, Bilder ua Kunstgegenstände iwS, soweit nach § 12 Nr 1 abziehbar, s Rz 603; *BMF* BStBl I 17, 1320 Rz 7) sind dagegen als „Ausstattung" nur iRv § 4 V 1 Nr 6b zu berücksichtigen (vgl FG Köln EFG 03, 518, rkr).

592 **c) Ausnahmen vom Abzugsverbot dem Grunde nach, § 4 V 1 Nr 6b S 2.** Der Abzug ist dem Grunde nach nur noch mögl, wenn **kein anderer Arbeitsplatz** zur Verfügung steht (s aber Rz 593); zum Abzug wegen überwiegend berufl Nutzung bis VZ 2007 s *Schmidt* 31. Aufl. § 4 Rz 592 – *(1)* **Einzige Tätigkeit mit *einem* Arbeitsplatz.** Diese Ausnahme ist zwangsläufig, wenn der StPfl nur eine Tätigkeit ausübt und diese ausschließl von zu Hause aus (ohne Arbeitsplatz keine Einnahmen); *Beispiele:* Arztpraxis; Versicherungsvertreter; Heimarbeiter, Telearbeiter; Taxifahrer; Seelotse; Schornsteinfeger. Häufig wird eine häusl Betriebsstätte vorliegen. – *(2)* **Einzige Tätigkeit mit *mehreren* Arbeitsplätzen.** Problematischer ist die Beurteilung, ob *daneben ein außerhäusl Arbeitsplatz* zur Bewältigung *dieser* Tätigkeit „zur Verfügung steht" (BFH III R 9/16 BStBl II 17, 698: Gesamtwürdigung von Beschaffenheit und Rahmenbedingungen durch FG; *BMF* BStBl I 17, 1320 Rz 17: tatsächl Nutzungsmöglichkeit). Bei Betriebsprüfer kein Arbeitsplatz in Prüffirmen, aber idR im FA (s BFH VI B 150/09 BFH/NV 10, 1434 – auch zu Tätigkeitsmittelpunkt, Rz 595), auch Poolarbeitsplatz, soweit vorhanden (BFH VI R 37/13 BStBl II 14, 570). Bei **Selbständigen,** die Einfluss auf die Arbeitsplatzgestaltung haben, muss die Einrichtung eines Büroarbeitsplatzes *zumutbar* sein (BFH III R 9/16 BStBl II 17, 698 mwN). Ein vom ArbG zugewiesenes Amtszimmer muss tatsächl nutzbar sein (BFH VI R 11/12 BStBl II 14, 674: Gesundheitsgefahr, Tatsachenfrage). – Häusl **Heimarbeitsplatz/Telearbeitsplatz** s BFH VI R 40/12 BStBl II 14, 568, und *BMF* BStBl I 17, 1320 Rz 5; s aber BFH VI R 21/03 BStBl II 06, 600; *Geserich* DStR 14, 1316 (fallabhängig; vgl auch FG RhPf DStRE 16, 1027, rkr). **Kein Abzug** (da anderer Arbeitsplatz) auch bei **Schreibtischarbeitsplatz** (FG Köln EFG 09, 2007, rkr) oder **Großraumbüro** (BFH VI R 17/01 BStBl II 04, 78). Bei dienstl Heimarbeit – **Bereitschaft** – ist ArbG-Arbeitsplatz unschädl (BFH VI R 41/98 BStBl II 04, 80; *BMF* BStBl I 17, 1320 Rz 15). Allein Überstundenarbeit nach Feierabend oder an Wochenenden sollen gem BFH VI R 17/01 BStBl II 04, 78 nicht ausreichen; diese Entscheidung dürfte überholt sein (s BFH VI R 46/17 BFH/NV 19, 903). Der andere Arbeitsplatz steht auch dann zur Verfügung, wenn sich der StPfl den Zugang am Wochenende oder nach Feierabend zumutbar verschaffen kann (BFH XI R 13/04 BStBl II 05, 344). Die Nutzungsmöglichkeit von Arbeitsmitteln am Arbeitsplatz ist nicht entscheidend (BFH VI R 91/10 BStBl II 12, 127, fragl). Dass nur **geringfügige Schreibarbeiten** anfallen, steht der Berücksichtigung eines Arbeitszimmers nicht entgegen (BFH VI R 46/17 BFH/NV 2019, 903: Stewardess, keine Erforderlichkeitsprüfung; s auch Rz 483). – *(3)* **Mehrere voneinander unabhängige Tätigkeiten** (zB bei selbständiger Arbeit von zu Hause neben unselbständiger Tätigkeit mit berufl Arbeitsplatz). Für die Abziehbarkeit *dem Grunde nach* (kein anderer Arbeitsplatz nach S 2!) ist jede Tätigkeit für sich zu beurteilen (s BFH VIII R 52/13 BStBl II 17, 949, mwN; so auch *BMF* BStBl I 17, 1320 Rz 16). Das Problem liegt bei S 3 (Höhe, s Rz 596). – **(4) Auswärtstätigkeit mit (nur) häuslichem Arbeitszimmer.** Auch hier ist das Problem nicht S 2 „kein anderer Arbeitsplatz", sondern S 3 „Mittelpunkt" (s Rz 597). – **(5) Mischtätigkeit.** Dagegen greift die Ausnahme S 2 sicher nicht, wenn ein Freiberufler, Richter (s FG Hbg EFG 09, 927, rkr), Vertreter, Abgeordnete, Verlagslektor, Handwerker, Künstler seine eigentl Berufstätigkeit zT an einem Arbeitsplatz außer Haus und zT in einem häusl Arbeitszimmer verrichtet (seit 2007 auch bei überwiegender Nutzung kein Abzug). – **(6) Erwerbslosigkeit.** Bei Arbeitslosigkeit (FG Ddorf EFG 05, 779, rkr), längerer Freistellung (BFH VI R 63/03 BStBl II 06, 329) oder Erziehungsurlaub (BFH VI R 137/99 BStBl II 04, 888) können iRv § 4 V 1 Nr 6b **vorab entstandene BA/WK** anfallen, wenn und soweit dem StPfl der BA-/WK-Abzug auch unter den zu erwartenden Umständen der späteren betriebl oder berufl Tätigkeit zustehen würde (BFH VIII B 39/11 BFH/NV 12, 418); glA zutr zu **Elternzeit** *Schmidt* NWB 13, 1294. S jetzt auch *BMF* BStBl I 17, 1320 Rz 24a.

d) Begrenzung der Abzugshöhe, 4 V 1 Nr 6b S 3. Die Begrenzung auf 1250 € nach S 3 HS 1 greift nur, wenn das Arbeitszimmer nicht den **Mittelpunkt** der gesamten betriebl *und* berufl Tätigkeit bildet (S 3 HS 2). – **aa) Rechtsentwicklung.** Dieses Besteuerungsmerkmal betrifft nur eine Begrenzung *der Höhe nach,* wenn die Voraussetzungen dem Grunde nach gem § 4 V 1 Nr 6b S 2 gegeben sind (weitergehend aber offenbar jetzt *BMF* BStBl I 17, 1320 Rz 1: voller Abzug nach § 4 V 1 Nr 6b S 3 HS 2 auch dann, wenn ein anderer Arbeitsplatz zur Verfügung steht). Die weitergehende Forderung des Mittelpunkts als Abzugsvoraussetzung *dem Grunde nach* im JStG 2007 ist durch **BVerfG** 2 BvL 13/09 BStBl II 11, 318 rückwirkend für verfwidrig erklärt worden. Daraufhin hat der Gesetzgeber im JStG 2010 den Mittelpunkt als Voraussetzung für die Abziehbarkeit *dem Grunde nach* wieder aufgehoben und nur noch auf den fehlenden Arbeitsplatz abgestellt. Rechtsfolgen für Altfälle s *Schmidt* 35. Aufl § 4 Rz 593.

bb) Mittelpunktsbegriff, § 4 V 1 Nr 6b S 3 HS 2. Vgl *BMF* BStBl I 17, 1320 Rz 9 ff; *Bleschick* NWB 12, 16. Voller Abzug, wenn das Arbeitszimmer den Mittelpunkt der *gesamten* betriebl *und* berufl Betätigung bildet. Es scheint sich um einen primär örtl bestimmten Mittelpunkt zu handeln, der nach den tatsächl Umständen des Einzelfalles danach zu lokalisieren ist, wo der StPfl seine Hauptberufstätigkeit regelmäßig ausübt. *Zeitl Momente* treten insoweit in den Hintergrund und haben nur indizielle Bedeutung (glA *BMF* BStBl I 17, 1320 Rz 10). Entscheidend ist auch nicht, wo der StPfl den wesentl Teil seiner BE erzielt. Eine dauerhafte Außendiensttätigkeit muss den Abzug nicht ausschließen; andererseits soll es nicht genügen, dass der StPfl nur sein häusl Arbeitszimmer als festen Arbeitsplatz hat und diesen für seine Außendiensttätigkeit benötigt (zB BFH IV R 34/02 BStBl II 04, 53 – abl zu selbständigem Bildjournalisten – fragl, s Rz 595, 596 und FG Hess EFG 05, 518, rkr). Die Rspr stellt vielmehr für alle Berufsgruppen auf den **qualitativen Schwerpunkt der Gesamttätigkeit** ab, also darauf, wo der StPfl nach den bindenden FG-Feststellungen die für seine Berufsausübung wesentl **Kerntätigkeit** erbringt.

Beispiele: Syndikusanwalt mit Arbeitszimmer für anwaltl Nebentätigkeit (BFH VIII B 166/19 BFH/NV 20, 1255); Ingenieur mit Außendienst (BFH VI R 28/02 BStBl II 04, 59); Verkaufsleiter mit Außendienst (BFH VI R 104/01 BStBl II 04, 65); Ingenieur-Handelsvertreter (BFH VI R 15/07 BStBl II 09, 598); IT-Beraterin (FG Mchn EFG 14, 1659, rkr); s iÜ Rz 597.

Häusl Arbeitszimmer und Außendienst können nicht gleichermaßen Mittelpunkt der Gesamttätigkeit sein (BFH VI R 14/02 BStBl II 04, 68). Nach dem Gesetzeswortlaut ist das häusl Arbeitszimmer nur dann Mittelpunkt der gesamten Betätigung, wenn der StPfl dort seine regelmäßige Stätte der Berufsausübung, seine erste Tätigkeitsstätte iSd Rspr zu Dienst-/Geschäftsreisen bzw den Mittelpunkt seiner dauerhaft angelegten betriebl/berufl Gesamttätigkeit iSv § 4 V 1 Nr 5 S 2 unterhält (fragl, s Rz 597). Das gilt auch bei Nutzung für mehrere Einkunftsquellen (BFH X R 49/11 BFH/NV 15, 177). Einkünfte aus früheren Dienstleistungen, die ohne aktuelle Mitwirkung zufließen, sind in die Beurteilung des Mittelpunkts nicht einzubeziehen (BFH VIII R 3/12 BStBl II 15, 382 zu Renten). *Diese Voraussetzungen* sind bei nicht ganzjähriger Nutzung und bei Nutzung für einzelne aufeinander folgende Tätigkeiten **zeitanteilig** zu prüfen, die BA des Arbeitszimmers ggf zu zwölfteln (s *BMF* BStBl I 17, 1320 Rz 22; s auch Rz 598).

595 **Einzelfälle: –** *(1)* **Ausübung nur** *einer* **Tätigkeit.** **Voller Abzug** nur, wenn das häusl Arbeitszimmer im Wesentlichen der einzige Betätigungsort ist (häufig Betriebsstätte). *Beispiele:* Heimarbeiter, Arztpraxis im Wohnhaus, Volltelearbeitsplatz (s Rz 596). Umgekehrt **kein voller Abzug,** wenn nur ein Teil der gesamten Betätigung zu Hause erfolgt, der qualitative Schwerpunkt dieser Tätigkeit aber außerhalb liegt (ohne anderen Arbeitsplatz fragl, s Rz 597). – *Beispiele* (s auch *BMF* BStBl I 17, 1320 Rz 13): Unternehmer (Mittelpunkt Betrieb, vgl zu Tankstelle BFH XI R 87/03 BStBl II 06, 18 – abl *Bergkemper* FR 06, 228 –; zu Ladengeschäft FG Mchn EFG 07, 1067, rkr); Freiberufler (Praxis); idR Handelsvertreter/EDV-Berater mit Außendienst (s Rz 597); Betriebsprüfer (nicht Prüfbetriebe, aber FA, s Rz 592); Lehrer (Schule); Richter (Gericht: BFH VI R 13/11 BStBl II 12, 236); StB/WP (Kanzlei: BFH VIII B 134/12 BFH/NV 14, 509); Professor (Uni: BFH VI R 71/10 BStBl II 12, 234; s aber FG RhPf DStRE 17, 1489, rkr), auch bei 70% Heimarbeit. Das gilt stets bei **voneinander abhängigen Nebentätigkeiten** (zB RA, der abends zu Hause Rechtsgutachten iRd selbständigen Tätigkeit erstellt; zu Ärztin BFH IV R 71/00 BStBl II 04, 43; zu Ingenieur mit Unterrichtstätigkeit BFH IV B 219/01 BFH/NV 03, 1408). Problematischer sind folgende Fallgruppen:

596 *(2)* **Mehrere voneinander unabhängige Tätigkeiten,** von denen nur eine im Wesentlichen im häusl Bereich ausgeübt wird: Da § 4 V 1 Nr 6b S 3 entgegen dem ursprüngl Entwurf (BT-Drs 13/1686, 16: „oder") ausdrückl auf die gesamte betriebl **und** berufl Betätigung abstellt, würde der Vollabzug idR ausscheiden, selbst wenn die häusl Tätigkeit überwiegt und hierfür kein anderer Arbeitsplatz zur Verfügung steht, und zwar unabhängig von der Höhe der dafür erzielten stpfl Einnahmen. Diese systemfremde Verknüpfung unterschiedl Einkünfte ist mE **verfrechtl bedenkl,** jedenfalls bei wesentl Umfang dieser Tätigkeit, bei verhältnismäßig hohem Zeitaufwand und bei hohem Einkünfteanteil (s Rz 521, *Greite* FR 10, 808; das BVerfG ist auf dieses Problem nicht eingegangen). Geht ein StPfl mehreren steuerl selbständig zu beurteilenden Tätigkeiten nach, genügt es jedenfalls nach dem Gesetzeswortlaut nicht, dass das häusl Arbeitszimmer den Mittelpunkt nur einer dieser Tätigkeiten bildet (so schon BFH VI R 74/98 BStBl II 00, 7). Das bedeutet jedoch nicht, dass das Arbeitszimmer den Mittelpunkt aller Einzeltätigkeiten bilden müsste. Nach BFH VI R 27/02 BStBl II 04, 771 sind aber grds **alle Tätigkeiten in ihrer Gesamtheit** zu erfassen. Bildet das Arbeitszimmer den qualitativen Mittelpunkt einzelner Tätigkeitsbereiche, anderer aber nicht, ist anhand konkreter Umstände des Einzelfalls wertend zu entscheiden, ob die Gesamttätigkeit nach dem Gesamtbild der Verhältnisse und der Verkehrsanschauung ihren qualitativen Schwerpunkt im häusl Arbeitszimmer hat oder nicht (s auch Rz 598 und *BMF* BStBl I 17, 1320 Rz 12, 13). Dabei wird der Schwerpunkt der Gesamttätigkeit durch den Mittelpunkt der Haupttätigkeit indiziert (BFH IV R 19/03 BStBl II 05, 212; BFH VI B 96/06 BFH/NV 07, 1131). Bei Selbständigen uU Problemenschärfung durch häusl Betriebsstätte (kein Arbeitszimmer iSv Rz 591). – *Beispiele für Vollabzug:* Selbständiger Arzt mit Praxis im Hause nimmt halbtags Krankenhaustätigkeit auf; selbständiger StB mit Kanzlei im Hause übernimmt nebenbei Uni-Vorlesungen (eindeutig); häusl Teil-Telearbeitsplatz als Tätigkeitsmittelpunkt (BFH VI R 21/03 BStBl II 06, 600 mit Abgrenzung in BFH VI R 40/12 BStBl II 14, 568; *BMF* BStBl I 17, 1320 Rz 5 und 11 und *OFD Mster* DB 13, 670; nach FG Ddorf EFG

14, 250, rkr, auch bei Verpflichtung durch ArbG kein Vollabzug). Ebenso mE, wenn ArbN (ggf unter Einschränkung seiner unselbständigen Tätigkeit) ein häusl Büro *ausschließl* für eine neue, *unabhängige* selbständige oder sonstige Einkunftserzielungsbetätigung einrichtet (sehr str; s auch BFH VIII B 100/14 BFH/NV 15, 1107 zu Chefarzt/Gutachter). Nach wohl hM ist bei mehreren betriebl Tätigkeiten eine **Aufteilung** mögl, bei Mittelpunkt der Gesamttätigkeit im Arbeitszimmer (ohne anderen Arbeitsplatz) mit Abzug der auf den Nutzungsanteil entfallenden Gesamtkosten (*BMF* BStBl I 17, 1320 Rz 19), sonst mit anteiligem Abzug **bis gesamt 1250 €** (BFH VIII R 52/13 BStBl II 17, 949, s auch Rz 598; *BMF* BStBl I 17, 1320 Rz 20). Zur Aufteilung bei zeitl aufeinander folgenden Tätigkeiten s Rz 594, 598. Grds keine Aufteilung bei anteiliger Privatnutzung (str, s BFH GrS 1/14 BStBl II 16, 265, Rz 520 „Arbeitszimmer").

(3) Berufe, die ihrer Art nach in nicht unwesentlich Umfang außer Haus ausgeübt werden, aber häufig gleichwohl *ein* Arbeitszimmer benötigen, das zu Hause eingerichtet ist (sonst ergäbe sich das Problem nicht), machen die Problematik der Mittelpunktsbestimmung besonders deutl. Auch hier liegt nahe, daran anzuknüpfen, ob der StPfl im (einzigen) häusl Arbeitszimmer den „Mittelpunkt seiner dauerhaft angelegten betriebl Tätigkeit" begründet (mit den weiteren Folgen, dass seine Berufsfahrten von hier aus zu voll abziehbaren BA führen und dass er Verpflegungsmehraufwendungen geltend machen kann, s Rz 570 ff). Jedenfalls in Bezug auf das einzige „Arbeitszimmer" als Mittelpunkt der gesamten Berufstätigkeit ist hier kein sachl Unterschied zu entdecken (str). ME kann in diesen Fällen der volle BA-Abzug nicht versagt werden. – Die BFH-Rspr stellt im Einzelfall darauf ab, ob das FG zutr gewürdigt hat, ob die Tätigkeit mit Schwerpunkt von diesem Raum aus betrieben wird (dann unabhängig von der häusl Nähe voller BA-Abzug, s Rz 594) oder ob es sich um eine typische Auswärtstätigkeit handelt (dann nur beschr Abzug).

Beispiele für Vollabzug (vgl auch Rz 594, *BMF* BStBl I 17, 1320 Rz 13): BFH X R 75/00 BFH/NV 03, 917 (Werbematerialproduzent); BFH X R 52/01 BFH/NV 03, 1172 (Konstrukteur); BFH VI R 84/02 BFH/NV 03, 1042 (KfzSachverständiger) mit Abgrenzung zu BFH IV R 71/00 BStBl II 04, 43 (Ärztin) durch *Loschelder* HFR 03, 858; BFH VIII R 8/10 BFH/NV 13, 1096 (offen zu Arbeitsmediziner); BFH XI R 5/03 BFH/NV 04, 29 (EDV-Organisator/Handelsvertreter – uU); BFH IV R 53/01 BStBl II 04, 55 (Tonstudio eines Berufsmusikers); BFH IV R 33/02 BFH/NV 05, 174 (uU Kirchenmusiker); BFH VI R 21/03 BStBl II 06, 600 (häusl Teil-Telearbeitsplatz – s auch Rz 591); BFH VI R 15/07 BStBl II 09, 598 (Ingenieur-Handelsvertreter; s auch FG Mster EFG 15, 889, rkr); FG Nbg DStRE 07, 595, rkr, entgegen FG BaWü BeckRS 2014, 122485, rkr (Gerichtsvollzieher); FG Nds EFG 10, 711, rkr (Insolvenzprüfer); FG Hbg EFG 00, 357 (TV-Regisseur; **aA** zu Dokumentarfilmerin BFH XI B 84/06 BFH/NV 07, 913 – „Einzelfallentscheidung"; FG BaWü EFG 15, 888, rkr (Dirigent – wohl Sonderfall). – *Beispiele für begrenzten Abzug* s *BMF* BStBl I 17, 1320 Rz 13; BFH IV R 9/03 BStBl II 04, 50 (Architekt); BFH IV R 34/02 BStBl II 04, 53 (selbständiger Bildjournalist); BFH X R 57/09 BStBl II 12, 770 mwN (Handelsvertreter); BFH VIII B 134/12 BFH/NV 14, 509 (StB/WP); FG BBg EFG 12, 500, rkr (Außendienstmitarbeiter); BFH X R 58/09 BFH/NV 12, 1768 (Exportberater); BFH VIII R 5/09 BeckRS 2012, 95132 (Schriftsteller/Dozent); FG Köln EFG 09, 911, rkr (Berufsbetreuer); FG Thür DStRE 16, 517 (Bischof).

cc) Höhe der abziehbaren Betriebsausgaben. Berücksichtigt werden anteilige Gebäudekosten mit AfA ua Nebenkosten (BFH VI R 27/01 BStBl II 04, 1071), auch als *vorab entstandene BA* iRv § 4 V 1 Nr 6b (BFH VI R 21/03 BStBl II 06, 600 mwN; *BMF* BStBl I 17, 1320 Rz 23) sowie Ausstattungskosten, nicht aber sonstige Arbeitsmittelkosten (Rz 591). Die Ermittlung der anteiligen Arbeitszimmeraufwendungen erfolgt nach der WoFIV (s Rz 194 ff, auch zu sachl Zuordnung sonstiger Hausaufwendungen) unter Einbeziehung als Arbeitszimmer benutzter Kellerräume, nicht aber *allg* nutzbarer **Nebenräume** (BFH VIII R 16/15 BStBl II 19, 510: Badezimmer; s auch BFH X R 26/13 BStBl II 16, 611; auch nicht bei Betriebsstätten, BFH X B 14/16 BFH/NV 16, 1552); s auch *BMF*

BStBl I 17, 1320 Rz 6a. – Bei berufl Mittelpunkt außerhalb des häusl Arbeitszimmers (und Vorliegen der sonstigen Voraussetzungen nach S 2) sind die Kosten für Gebäudeanteil und Ausstattung **bis zu 1250 €** **Höchstgrenze** in *nachgewiesener* Höhe abziehbar (laut BT-Drs 17/3549: Mittelkosten 2008 für Anmietung von 12–14 qm; verfgemäß, BFH VI R 58/11 BStBl II 13, 642). Dabei handelt es sich um einen **Jahresbetrag,** der mangels gesetzl Regelung bei zeitanteiliger Jahresnutzung nicht zu kürzen ist (BFH XI R 42/02 BFH/NV 06, 504; glA *BMF* BStBl I 17, 1320 Rz 22; s aber Rz 593, 594; bei Nutzung in nur 20 Tagen im Jahr soll ein WK-Abzug indes ausscheiden, BFH VIII R 24/12 BStBl II 16, 884). Dagegen sind die zu berücksichtigenden **Aufwendungen** ggf zeitanteilig zu kürzen (BFH VI R 86/13 BStBl II 17, 941). – ME ist der **Höchstbetrag personenbezogen.** Das bedeutet: **(1)** Er steht einem StPfl auch bei *mehreren* Arbeitszimmern (die nicht Betriebsstätten sind, s Rz 591) jedenfalls bei Funktionsgleichheit *nur einmal* zu (glA BFH IV R 21/08 BStBl II 10, 337), auch bei mehreren Haushalten (BFH VIII R 15/15 BStBl II 17, 956). Mehrere häusl Arbeitszimmer, die im VZ nacheinander in verschiedenen Wohnungen oder Häusern genutzt werden, gelten als ein Objekt (BFH IV R 21/08 BStBl II 10, 337, Anm *Wit* DStR 10, 97; Abgrenzung zu funktionell unterschiedl genutzten Räumen s BFH VI R 15/07 BStBl II 09, 598).– **(2)** Berufstätigen **Ehegatten/LPart** steht er bei getrennten Arbeitszimmern bis zur Höhe der anteiligen Gesamtkosten *je einmal* zu, wenn beide jeweils die Voraussetzungen des § 4 V 1 Nr 6b erfüllen. **(3)** Dasselbe gilt nach geänderter Rspr, wenn sich **mehrere StPfl** *ein* Arbeitszimmer teilen (BFH VI R 53/12 BStBl II 17, 938, zu hälftigem Miteigentum; BFH VI R 86/13 BStBl II 17, 941, zu gemieteter Wohnung; ebenso *BMF* BStBl I 17, 1320 Rz 21; **aA** noch BFH IV R 21/08 BStBl II 10, 337 mwN). – **(4)** Auch bei Nutzung für **mehrere Einkunftsarten** jeweils Prüfung der Voraussetzungen des § 4 V 1 Nr 6b; aber weder Vervielfältigung des Höchstbetrags noch Aufteilung in „Teilhöchstbeträge", sondern (nur) **Aufteilung der Aufwendungen,** ggf im Schätzungswege (BFH VIII R 52/13 BStBl II 17, 949 mwN; *BMF* BStBl I 17, 1320 Rz 19 f); s auch Rz 596; zu Aufteilung bei Nutzung für mehrere *aufeinander folgende* Tätigkeiten s Rz 594.

599 **e) Rechtsfolgen.** BA, bei denen die Voraussetzungen des § 4 V 1 Nr 6b S 2 oder § 4 VII nicht vorliegen, sind *nicht* abziehbar (s aber Rz 593), die übrigen iRv S 3. Bei Abzug keine Überprüfung der Angemessenheit nach § 4 V 1 Nr 7 (s Wortlaut Nr 7). **Aufteilungsmöglichkeiten** s Rz 594, 596, 598. – Ein betriebl Arbeitszimmer (s Rz 195) wird grds (zu § 8 EStDV s Rz 126) unabhängig vom BA-Abzug notwendiges **BV** (s auch § 23 Rz 18) mit der Folge der Besteuerung des **Aufgabe-/Veräußerungsgewinns** *ohne* Kürzung der Buchwerte um nicht absetzbare AfA (so jetzt BFH VIII R 15/17 DStR 20, 2413; s auch Rz 32, 564; ander noch BFH VIII R 16/15 BStBl II 19, 510: ggf teleologische Reduktion); zur **Verlagerung** in andere Räume s Rz 223. Dagegen ist es nicht aufgrund des Wegfalls *gesetzl* Abzugsvoraussetzungen aus dem BV zu entnehmen (BFH XI B 16/04 BFH/NV 06, 268). – Die (abziehbaren) BA sind nach § 4 VII **gesondert aufzuzeichnen** (s Rz 622 mit Problemen); zu Vereinfachung s *BMF* BStBl I 17, 1320 Rz 25.

600 **f) Home-Office-Pauschale, § 4 V 1 Nr 6b S 4.** StPfl, die über kein häusl Arbeitszimmer iSv § 4 V 1 Nr 6b S 1-3 verfügen oder entspr Aufwendungen nicht geltend machen (Wahlrecht), können für VZ 20 und 2021 (§ 52 VI 13) eine Pauschale von 5 € pro Tag, höchstens 600 € im Kj/Wj, geltend machen. Voraussetzung ist, dass sie an den betreffenden Tagen ihre betriebl/berufl Tätigkeit ausschließlich in der häusl Wohnung (Arbeitsecke, Küchentisch, Esstisch etc) ausüben und keine außerhalb der häusl Wohnung belegene Betätigungsstätte aufsuchen. Betätigungsstätte idS ist jeder außerhalb der häusl Wohnung gelegene Betätigungsort, also nicht nur der eigene Betrieb oder das eigene (außerhäusl) Büro, sondern auch der Betrieb eines Kunden oder Mandanten oder ein weiträumiges Tätigkeitsgebiet; Homeoffice-Pauschale und betriebl/berufl Fahrtkosten schließen sich damit wechselseitig aus (vgl auch BT-Drs 19/25160, 208). Die Begrenzung auf 5 € pro Tag und höchstens 600 € im Kj/Wj gilt auch bei mehreren betriebl/berufl Tätigkeiten. Es handelt sich mE um eine **personenbezogene Pauschale** (vgl zum Arbeitszimmer Rz 598); dh leben mehrere StPfl in einem Haushalt, steht ggf *jedem* von ihnen eine Pauschale von 5 € pro Tag, höchstens 600 € im Kj/Wj zu. Die Pauschale ist auf den **ArbN-Pauschbetrag** anzurechnen; sie wirkt sich also nur aus, wenn ohnehin WK über 1000 € anfallen. – Die Home-Office-Pauschale soll **bis zum 31.12.22** verlängert werden (§ 4 V 1 Nr 6b S 4 iVm § 52 VI 15 idF des Entwurfs zum CoronaStHG IV).

11. Repräsentationsaufwand, § 4 V 1 Nr 7. – a) Anwendungsbereich. 601 Aufwendungen berühren die **Lebensführung** eines StPfl iSd § 4 V 1 Nr 7, wenn er sie zwar aus persönl Motiven tätigt, aber ohne diese deshalb die betriebl Veranlassung zu verneinen wäre (BFH VI R 37/15 BStBl II 17, 526 mwN). Der Grundgedanke dieser Regelung gilt als „Schlüssel zum Verständnis des § 4 V" (BFH I R 111/77 BStBl II 81, 58; Rz 521; *Weiss* NWB 15, 2774). – Grds ist die Angemessenheit von BA nicht zu prüfen (Rz 483, 494). § 4 V 1 Nr 7 schränkt diesen Grundsatz ein, zwar nicht für die Zuordnung angeschaffter WG zum BV (s Rz 564), aber für den Abzug aller BA einschließl **AfA** (BFH I R 29/85 BStBl II 87, 108), die ohne betriebl Veranlassung Kosten der Lebensführung des StPfl oder anderer Personen wären (BFH IV R 5/85 BStBl II 87, 853) und nicht schon durch § 4 V 1 Nr 1–6, 6b, VI, VII, IX oder § 12 Nr 1 vom Abzug ausgeschlossen sind.

Nach ursprüngl hM beschränkte § 4 V 1 Nr 7 **nur die Höhe** des BA-Abzugs auf einen angemessenen Betrag; dafür sprechen Wortlaut und Systematik der Regelung („andere …, *soweit* … unangemessen"). BFH III R 21/86 BStBl II 90, 575 hat über Nr 7 den gesetzl Katalog der Abzugsverbote ausgedehnt auf sonstige BA, die in besonderem Maße die private Lebenssphäre des StPfl oder anderer Personen berühren (Unangemessenheit **dem Grunde nach** ohne jegl BA-Abzug). Der Fall betraf den Besuch von Nachtbars und Bordellen, müsste aber grds auf andere Privatvergnügungen wie Opern- oder Theaterbesuche uä BA übertragbar sein (*Herden* BB 90, 1251). Ein solches generelles Abzugsverbot ist rechtsdogmatisch und von den wirtschaftl Auswirkungen her bedenkl, auch im Hinblick auf die Möglichkeit, Geschäftsfreunden bei Betriebsbesuchen nicht zweckgebundene Barspesen zu zahlen und diese in einem dem Geschäftszweck angemessener Höhe (§ 4 V 1 Nr 7) als BA abzuziehen (abl auch *Steilen* BB 92, 755; abgrenzend BFH I B 157/02 BFH/NV 03, 1314). Mögl ist allerdings der Ausschluss des BA-Abzugs in voller Höhe. Ob auch **ArbN** als „andere Personen" iSv § 4 V 1 Nr 7 in Frage kommen, ist zweifelhaft, jedenfalls wenn die Zuwendungen als ArbLohn erfasst werden (str; **aA** *HHR* § 4 Rz 1615). *Beispiele* s EStR 4.10 XII und Rz 602.

b) Angemessenheitsprüfung. Die Prüfung eines betriebl Einzelaufwands 602 richtet sich als WG-bezogene **Einzelprüfung** nach der allg Verkehrsauffassung (BFH III R 21/86 BStBl II 90, 575, auch zu Bewirtungskosten). Die Verwaltung ist idR großzügig und wendet die Vorschrift nur an, wenn die Grenze des Angemessenen *erhebl* überschritten ist (so ausdrückl A 20 Abs 17 S 2 EStR 1990; s *Beispiele* unten). Grund: Bestimmungsrecht des Unternehmers (vgl Rz 480). Die allg Verkehrsauffassung ist nicht nur aus Sicht der beteiligten Wirtschaftskreise, sondern nach Anschauung breitester Bevölkerungskreise („des Durchschnittsbürgers") zu beurteilen (BFH IV R 5/85 BStBl II 87, 853). Diese Wertgrenzen werden als gerichtsbekannt unterstellt (BFH VIII R 225/72 BStBl II 76, 97; nach FG Bln EFG 90, 295, rkr, richterl Ermessen). Entscheidend sind die Umstände des Einzelfalls. Dabei sind neben der Größe des Unternehmens, der Höhe des – längerfristigen – Umsatzes und Gewinns (nicht allein, BFH I R 149/84 BFH/NV 89, 362) und der Bedeutung des Repräsentationsaufwands für den Geschäftserfolg nach Art der Tätigkeit (dazu BFH XI B 155/94 BFH/NV 96, 308) in erster Linie die Art der Aufwendung, ihre Üblichkeit und Erforderlichkeit im betriebl Bereich und der Grad der Berührung der privaten Lebenssphäre von Bedeutung. Die **absolute Höhe** der Aufwendungen spielt nur in diesem Rahmen eine Rolle (vgl BFH IV R 5/85 BStBl II 87, 853). So werden Preis und Größe eines Pkw oder Möbelstücks erst dann das Interesse der FinVerw wecken, wenn ein obj Grund (stabile Verarbeitung, längere Haltbarkeit oÄ) nicht mehr erkennbar ist und ein Mehraufwand dieser Art üblicherweise in den privaten Bereich fällt. Die Rspr spricht von **Kosten-Nutzen-Analyse** eines ordentl und gewissenhaften Unternehmers (s Rz 33, BFH VIII R 20/12 BStBl II 14, 679; zu Fremdvergleich *Eppler* DStR 87, 607). § 4 V 1 Nr 7 will nicht den Mercedes vom Volkswagen abgrenzen, sondern ein übl Betriebsfahrzeug vom (betriebl) Sportwagen, Rennwagen oder Sportflugzeug (vgl BFH IV B 50/00 BFH/NV 02, 1145: StB mit fünf Luxus-Pkw; FG BaWü EFG 12, 1134, rkr: Vertreter mit 2 Luxus-Pkw). Dabei kann auch eine Rolle spielen, ob der StPfl sich die Nutzung überwiegend selbst vorbehält.

Beispiele – unangemessener Aufwand: AfA für **Perserteppich** für 22 301 DM (BFH I R 29/85 BStBl II 87, 108; zu AfA s auch Rz 603); **Ferrari** eines Tierarztes (BFH VIII R 20/12 BStBl II 14, 679; s aber FG Hbg EFG 19, 135; zu lfd Pkw-Kosten s Rz 603); Geschäftsreise mit **Privatflugzeug** (BFH VI R 37/15 BStBl II 17, 526) oder gemietetem **Hubschrauber** (BFH I R 20/82 BStBl II 85, 458); **Luxushandy** eines Zahnarztes für 5 200 € (FG RhPf DStRE 12, 981, rkr). – *Kein unangemessener Aufwand:* **Motorsport-Sponsoring** einer Ärzte-GbR (BFH VIII R 28/17 DStR 20, 2410). – Weitere Beispiele s *Schmidt* 32. Aufl § 4 Rz 602.

603 **c) Rechtsfolgen.** § 4 V 1 Nr 7 betrifft nur bestimmte BA iSv § 4 V 1 Nr 1–6, 6b (kein umfassendes Abzugsverbot – Ausnahme s Rz 601). Es ist im Einzelfall zu prüfen, in welcher Höhe die Aufwendungen *angemessen* wären. Dieser Betrag ist dem Abzug zu Grunde zu legen. Dabei verfahren FinVerw und Rspr zu Recht nicht kleinl (vgl Rz 602, zu lfd BA für teuren Pkw: BFH IV R 5/85 BStBl II 87, 853 – keine Kürzung). *Beispiele:* StPfl kauft Barockschrank im Werte von 100 000 und nutzt ihn als Büroschrank. Angemessen wäre ein Schrank im Werte bis 10 000. Als BA sind nur die **nach fiktiven AK** von 10 000 und der für einen solchen „normalen" Büroschrank übl Nutzungsdauer zu berechnende AfA abzusetzen. Das ändert allerdings nichts daran, dass der Barockschrank BV wird und etwaige Veräußerungsgewinne/-verluste im Verhältnis zum Buchwert von 100 000 abzügl JahresAfA von 10 000 voll zu versteuern sind (str, aber strRspr: BFH X R 14/12 BFH/NV 15, 973; s auch Rz 51, 564). Auch der für den privaten PkwNutzungsanteil maßgebl Listenpreis iSv §§ 6 I Nr 4, 4 V Nr 6 bleibt trotz BA-Kürzung unverändert. – **Investitionsabzug nach § 7g:** Für unangemessene Aufwendungen darf keine Rücklage gebildet werden (BFH X R 33/16 BStBl II 18, 185: drei Luxus-Pkw). – **Aufzeichnungen** s Rz 619.

604 **12. Geldbußen; Ordnungsgelder; Verwarnungsgelder, § 4 V 1 Nr 8.** – **a) Abzugsverbot (Satz 1).** Unter das Abzugsverbot fallen betriebl veranlasste Geldbußen, Ordnungsgelder und Verwarnungsgeld, die von einem **dt Gericht**, einer **dt Behörde**, einem **EU-Organ** oder **EU-Mitgliedstaat** (letzteres nur bei Festsetzung *nach dem 31.12.18*, § 52 VI 10; s Rz 4) festgesetzt worden sind. § 4 V 1 Nr 8 gilt damit nicht für ausl Sanktionen, die von anderen Staaten und Organen festgesetzt worden sind, und ebenso nicht für Vertragsstrafen. Für privat veranlasste Sanktionen scheidet ein BA-Abzug schon nach § 4 IV (und § 12 Nr 1) aus (vgl BFH VI B 133/14 BFH/NV 15, 1247 mwN). – Wesensmerkmal der genannten Sanktionen ist, dass sie rechtswidrige Handlungen ahnden, die (nur) gegen **Ordnungsrecht** verstoßen, nicht gegen Strafrecht (zur Abgrenzung s BFH IV R 31/99 BStBl II 01, 536). Erfasst werden zB Geldbußen nach OWiG, berufsgerichtl Gesetzen und Disziplinargesetzen sowie Art 101, 102 AEUV. S iEinz EStR 4.13 II–IV. – Betroffen sind nur *gegen den StPfl* gerichtete Sanktionen, nicht solche, die er als ArbG für ArbN übernimmt (BA ArbG, Einnahmen ArbN vom WK-Abzug, vgl BFH VI R 36/12 BStBl II 14, 278; s aber *TK* § 40 Rz 17 mwN). **Rückstellungen** dürfen nicht gebildet werden (vgl BFH X R 33/16 BStBl II 18, 185, Rz 24). – § 4 V 1 Nr 8 ist **verfgemäß** (BFH I R 64/97 BStBl II 99, 656). Die Vorgaben des BVerfG zur Berücksichtigung der ESt-Belastung bei Abschöpfung eines wirtschaftl Vorteils (BVerfG BStBl II 90, 483) hat der Gesetzgeber rückwirkend in § 4 V 1 Nr 8 S 4 zutr berücksichtigt (s Rz 607).

Nicht abziehbare Betriebsausgaben 605–608 § 4

Hintergrund: Entgegen der **jahrzehntelangen Praxis** erkannte BFH GrS 2/82 BStBl II 84, 160 Geldbußen als BA an. Der Gesetzgeber hat daraufhin die bisherige Praxis mit § 4 V 1 Nr 8 S 1 gesetzl festgeschrieben. – Für **Geldstrafen** und Nebenstrafen gilt § 12 Nr 4 (§ 12 Rz 42 f); die beiden Regelungen schließen sich gegenseitig aus (BFH IV R 31/99 BStBl II 01, 536). Zu Sanktionszuschlägen gem **§ 162 IV AO** s § 4 V 1 Nr 12 (Rz 614). **Haftungszahlungen** wegen Beihilfe zur StHinterziehung Dritter können zu Erwerbsaufwendungen führen (Schadensersatz ohne Straffunktion, BFH VI R 35/96 BStBl II 04, 641). Einziehung von Gegenständen nach **§§ 76, 76a StGB** s EStR 12.3; zu Verfallsanordnung gem **§ 73 StGB** s BFH X R 23/12 BStBl II 14, 684 (nicht § 4 V 1 Nr 8, aber Nr 10 bei Zugrundelegung der stl Bruttoerträge; s auch *Schneider/Perrar* DB 14, 2428; *Hermenns/Sendke* FR 14, 550). Gewinnabschöpfung nach **§ 29a OWiG** s *Gehm* NWB 12, 2149. Zu **Verkehrsdelikt** auf Dienstreise s FG RhPf EFG 16, 568, rkr. Zu Kosten des Rechtsstreits vor dem **EuGH,** in dem um die Rechtmäßigkeit einer von der EG-Kommission verhängten betriebl veranlassten Geldbuße gestritten wird s FG Brem EFG 89, 185, rkr.

b) Auflagen; Weisungen (Satz 2). Das Abzugsverbot gilt auch für Auflagen 605 und Weisungen in berufsgerichtl Verfahren, die sich nicht nur auf Ersatz des Schadens richten (zB nach § 153a StPO, § 56b StGB; zu Auflagen s BFH VIII R 21/11 BFH/NV 15, 191, auch zu Zahlung der PersGes für Ges'ter, Anm *G. Wacker* DStR 15, 1591; Abgrenzung zu Nebenstrafzweck nach § 56b II Nr 1 StGB s BFH VI R 37/06 BStBl II 10, 111, Anm *Schmidt* 33. Aufl § 4 Rz 605). Das Abzugsverbot gilt darüber hinaus wohl auch für den **Strafzuschlag nach § 398a Nr 2 AO** nach Selbstanzeige (str, s *Roth* DStR 11, 1410 und Sonderregelung § 4 V Nr 12, s Rz 614).

c) Rückzahlungen (Satz 3). Fließen Zahlungen iSv S 1 und 2 an den StPfl 606 zurück, erhöht dies nicht den Gewinn; s dazu auch § 4 Rz 460 „Abfindungen" *(5.b).* Für Erstattungen durch Dritte gilt dies nicht.

d) Abschöpfung des wirtschaftlichen Vorteils (Satz 4). Soweit mit einer 607 Geldbuße nach Satz 1 (auch) der gesetzwidrig erlangte wirtschaftl Vorteil abgeschöpft werden soll, sollten die zuständigen Behörden, Organe oder Gerichte bei der Verhängung der Sanktion, um eine Doppelbelastung zu vermeiden, die auf dem wirtschaftl Vorteil beruhende **ertragsteuerl Belastung berücksichtigen,** ggf im Schätzungswege; nur der um diese Belastung geminderte wirtschaftl Vorteil sollte abgeschöpft werden (vgl BFH I R 64/97 BStBl II 99, 656; zur unterschiedl Auswirkung s *Zimmerl/Roth* Ubg 19, 446). Bleibt die ertragsteuerl Belastung unberücksichtigt, greift das Abzugsverbot gem § 4 V 1 Nr 8 S 4 nicht ein; die Geldbuße ist *insoweit* als BA zu berücksichtigen. Das gilt für alle Geldbußen, denen nach den zugrundeliegenden Bestimmungen **obj Abschöpfungswirkung** zukommt; dass (wie faktisch immer) die Liquidität des büßenden Unternehmens belastet ist, genügt nicht (ausführl BFH XI R 40/17 BStBl II 19, 663: unerlaubte Kartellabsprache, Bußgeld des Bundeskartellamts; s auch BFH IV R 4/12 BStBl II 14, 306: eigene Wertung des Gerichts, Buße der EU-Kommission). Es kommt nicht darauf an, dass sich der abschöpfende Teil einer einheitl Geldbuße eindeutig abgrenzen lässt; ggf muss geschätzt werden (BFH I R 100/97 BStBl II 99, 658: zB nach Maßgabe der regulären gesetzl Höchstbeträge).

Zu **§ 81 II 1 GWB/§ 17 IV 1 OWiG** s BFH I R 100/97 BStBl II 99, 658; zu **§§ 73 ff StGB** s *Maciejewski/Schumacher* DStR 16, 2553; zu Verfall bei **Schmiergeldzahlungen** *Sedemund* DB 04, 2256. – **EU-Kartellbußen** enthalten hM idR ohne Sanktions- und keinen Abschöpfungsteil (dazu *LfSt Bay* DStR 11, 221; EStR 4.13 II 2, III 4; *Schall* DStR 08, 1517; *Sünner* EuZW 07, 8), daher kein BA-Abzug (BFH IV R 4/12 BStBl II 14, 306; *Schmidt* 33. Aufl § 4 Rz 607 f nwN; *E. Krüger* DStR 16, 895; *ders* DStR 17, 80; str, s *Bronett* EWS 16, 123; *Haase/Geils* BB 15, 2583; *Drüen* DB 13, 1133; *Haus* DB 14, 2066; *Schönfeld/Haus/ Bergmann* DStR 14, 2323; *dies* DStR 17, 73; *dies* FR 17, 19). Zur Möglichkeit einer schriftl Stellungnahme der EU-Kommission in Verfahren nach **Art 101, 102 AEUV** (ex Art 81, 82 EGV) s EuGH Rs C-429/07 BeckRS 2009, 70633; *Bronett* EWS 13, 449 und *ders* EWS 14, 5.

13. Hinterziehungszinsen, § 4 V 1 Nr 8a. Zinsen iSv § 235 AO auf Betrieb- 608 steuern (und Zölle, s FG Hess EFG 14, 1461, rkr) sind vom BA-Abzug ausge-

Loschelder

schlossen (s auch Rz 520 „Steuern"). Da § 235 IV AO eine Anrechnung von Nachzahlungszinsen gem § 233a AO vorsieht, fallen auch diese unter das Abzugsverbot (s BR-Drs 356/19 S 98); das gilt erstmals für nach dem 31.12.2018 festgesetzte Zinsen (§ 52 VI 11).

609 **14. Ausgleichszahlungen bei Organschaft, § 4 V 1 Nr 9.** S §§ 16 KStG und § 304 AktG sowie die Kommentierungen (*BH/Krumm* § 16 KStG Rz 1 ff; *Hüffer/Koch* § 304 AktG Rz 1 ff) dazu.

15. Bestechungsgelder; Schmiergelder, § 4 V 1 Nr 10

Schrifttum: *Passarge* DStR 16, 482 (aktuelle Korruptionsbekämpfung); *Pelz* DStR 14, 449; *Gotzens* DStR 05, 673 (Risiken nützl Aufwendungen); *Preising/Kiesel* DStR 06, 118 (Probleme); *Schmidt/Leyh* NWB F 13, 1199 (Informationsaustausch); *Schmidt* 34. Aufl § 4 Rz 607 mwN; s auch Rz 521. – **Verwaltung:** BMF BStBl I 02, 1031; EStR/EStH 4.14. – **Gesetzesentwicklung.** S *Schmidt* 30. Aufl § 4 Rz 607f (Geltung ab 1996; Verschärfung ab 1999, Rz 611).

610 **a) Abzugsverbot, § 4 V 1 Nr 10 S 1. – aa) Korruptionsbekämpfung.** Seit der Änderung durch das StEntlG 1999 ff (BGBl I 402) setzt das Abzugsverbot keine rechtskräftige Verurteilung des Zuwendenden oder des Empfängers oder die Verhängung einer Geldbuße mehr voraus. Es genügt die **abstrakte Strafbarkeit** nach *deutschem* Recht als solche, unabhängig vom Vorliegen eines Strafantrags, von der Eröffnung eines Strafverfahrens, von einer Verurteilung und unabhängig vom Erfolg der Aufwendung (missglückter Bestechungsversuch, str; s auch BT-Drs 14/23, 169: wirksamere Bekämpfung von Korruption). – Bei den betroffenen Aufwendungen muss es sich um **BA** handeln, also um betriebl veranlasste Wertabflüsse (BFH IV R 25/18 BStBl II 21, 703 Rz 34: Rechtsfrage, keine tatsächl Verständigung). Daran fehlt es zB bei entgangenen Einnahmen (Rz 473) oder bei Rabattgewährung (*BMF* BStBl I 02, 1031 Tz 7). – Gegenstand des Abzugsverbots sind tatsächl zugewendete, nicht vergebl angebotene oder versprochene Geld- und Sachvorteile sowie damit zusammenhängende Aufwendungen. Bewertungsfragen stellen sich nicht, da nur die gebuchten Werte korrigiert werden. – § 4 V 1 Nr 10 beschränkt nur den BA-Abzug und sieht weder eine Einnahmeminderung beim Zuwendenden (anders als § 1 AStG) noch die Besteuerung beim Empfänger vor (§ 40 AO, s Rz 448; ggf § 22 Nr 3). Die **Feststellungslast** trifft das FA (s auch BFH IV R 25/18 BStBl II 21, 703 Rz 29).

Beispiele: AK des zugewandten Teppichs; Handwerkerlohn für die zugewandte Hausreparatur; Reise-, Transport- oder Telefonkosten; Beratungs- und Verteidigungskosten, s *BMF* BStBl I 02, 1031 Tz 8, *FM SchlHol* DStR 10, 1890; *Stapf* DB 00, 1092; zu Verfallsanordnung § 73 StGB BFH X R 23/12 BStBl II 14, 684; *Hermenns/Sendke* FR 14, 550; *Macijewski/Schumacher* DStR 16, 2553.

611 **bb) Rechtswidrige Handlung.** Sowohl der obj als auch der subj Tatbestand des jeweiligen Strafgesetzes muss erfüllt sein (so jetzt BFH IV R 25/18 BStBl II 21, 703 Rz 29, zu Überfakturierung); das FA muss also Feststellungen zum Vorsatz des Zuwendenden treffen. Als **Geber** kommen alle inl, bei Auslandstaten uU nur dt StPfl in Frage (vgl § 9 V zu ArbN; Ges'ten werden die Handlungen ihrer Vorstände, Geschäftsführer, Prokuristen und Handelsbevollmächtigten zugerechnet, s § 30 I Nr 1–4 OWiG; *BMF* BStBl I 02, 1031 Rz 7 und Rz 19, 45, 46 – Auslandstaten), als **Empfänger** ursprüngl nur inl Amtsträger und Richter iSv § 11 I Nr 2, 3 StGB, Soldaten (§ 48 WStG, § 19 SG), Abgeordnete, ab 1.9.14 auch ehrenamtl kommunale Mandatsträger (§ 108e StGB idF BGBl I 14, 410) ua für den öffentl Dienst besonders Verpflichtete (zB öffentl Angestellte), bei Wettbewerbsverstößen auch Privatangestellte (§ 299 StGB), ab 2016 Ärzte (§ 299a, § 299b StGB, BGBl I 16, 1254; *Müller* NWB 16, 2284). – **Ausland** (s *Schrifttum Schmidt* 32. Aufl § 4 Rz 611): Seit 1999 sind auch Bestechungsaufwendungen an **ausl Amtsträger** ua **EU-Empfänger** nicht mehr abziehbar (s Art 2 §§ 1, 2 EUBestG; *BMF* BStBl I 02, 1031 Rz 17 ff, 45, 46). Auslandstaten müssen im Inland verfolgbar sein (§§ 3–9 StGB;

s *BMF* BStBl I 02, 1031 Rz 26, 40). Der Vorteil kann auch **Dritten** zugutekommen (§§ 331 ff StGB; s auch zu verdeckten Zahlungen FG Mster EFG 10, 2053, rkr).

Eine **Bewirtung von Busfahrern** durch Raststättenbetreiber fällt nicht unter § 299 II StGB (BFH X R 24/17 BStBl II 18, 750); Direktzahlungen an **private Geschäftsinhaber** werden ebenfalls grds nicht erfasst (s *Bürger* DStR 03, 1421). Der Abzug rechtswidriger **Betriebsratsbegünstigungen** ist str (s *Rieble* BB 09, 1612).

b) Mitteilungspflichten, § 4 V 1 Nr 10 S 2–4. Gerichte, Staatsanwaltschaft und Verwaltungsbehörden müssen gem **Satz 2** *dienstl* erfahrene Tatsachen, die einen entspr Tatverdacht iSv Satz 1 begründen, dem FA mitteilen, um einen Abzug zu verhindern; *private* Kenntnisse begründen keine Mitteilungspflicht nach § 4 V 1 Nr 10. Ob ein **Anfangsverdacht** (§ 152 StPO, s BFH VII B 92/08 BStBl II 08, 850; *Pelz* DStR 14, 449, 453) vorliegt, prüft gem **Satz 3** das FA, bevor es die Angaben an Staatsanwaltschaft oder Verwaltungsbehörden weiterleitet. Auf die Mitteilungspflichten hat das FA den StPfl hinzuweisen (s *BMF* BStBl I 02, 1031 Rz 30; strafrechtl Verwertungsvoraussetzung, nach *FM Sachsen* DStR 03, 1527; *OFD Nbg* DStR 03, 1927 nicht Mitteilungsvoraussetzung). 612

Die Regelung begründet keinen ungerechtfertigten Eingriff in **Persönlichkeitsrechte** (BFH VII B 92/08 BStBl II 08, 850). Zum Zusammenwirken von FinBeh und Staatsanwaltschaft s BGH 1 StR 90/09 BStBl I 10, 835. Zu Geldwäschemitteilung s § 31b AO/§ 261 StGB *OFD Ffm* DStR 04, 506.

16. Tonnagesteuer, § 4 V 1 Nr 11. Die besondere Form der Gewinnermittlung in der Seeschifffahrt nach **§ 5a** hatte durch Ausnutzung der Rechtsinstitute der kapitalistischen BetrAufsp und der kstl Organschaft sowie der BFH-Rspr zur unentgeltl Nutzungseinlage (s Rz 224) zu einer Aufspaltung der Betriebsergebnisse durch künstl Trennung von BE und BA geführt. Der so erreichte volle BA-Abzug wird durch § 4 V 1 Nr 11 ausgeschlossen. Entscheidend ist der wirtschaftl Zusammenhang mit der Gewinnermittlung nach § 5a. 613

17. Sanktionszuschläge, § 4 V 1 Nr 12. Die Regelung schließt ab 2007 Zuschläge nach § 162 IV AO der *FinVerw* bei Verstoß gegen die Vorlage von Aufzeichnungen bei Auslandsgeschäften nach § 90 III AO wegen des Sanktionscharakters vom BA-Abzug aus. Weder kann dies auf andere Sanktionszuschläge ausgedehnt werden noch sollte daraus der Umkehrschluss gezogen werden, sonstige Sanktionszuschläge iZm Straf-/Ordnungswidrigkeitshandlungen würden nicht unter § 4 V Nr 8 fallen (zu Strafzuschlägen nach § 398a AO s Rz 605). 614

18. Restrukturierungsfondsbeiträge, § 4 V 1 Nr 13. Eine Maßnahme der Finanzmarktstabilisierung ist die Einrichtung eines Restrukturierungsfonds zur Finanzierung künftiger Restrukturierungs- und Abwicklungsmaßnahmen bei systemrelevanten Banken. Der Fonds soll durch Beiträge aller Kreditinstitute entspr ihrem systemischen Risiko in nach dem 30.9.10 beginnenden Wj aufgebaut werden, sog **Bankenabgabe.** Um die Steuerzahler nicht an der Finanzierung von Bankenrettungen zu beteiligen, sind die Jahresbeiträge der Banken iSv § 12 II RStruktFG nicht als BA absetzbar. Das Verbot ist verfgemäß (jedenfalls bis VZ 2014) und auch auf die ab 2015 EU-rechtl determinierte Bankenabgabe anzuwenden (BFH XI R 20/18 DStRE 21, 285 mwN, VerfBeschw BVerfG 2 BvR 926/21; **aA** *Kube* DStR 16, 572; *Drüen* ZgK 21, Beilage zu Heft 23, 1 ff). Der Vorschlag des BR, auch Sonderbeiträge nach § 12 III RStruktFG vom Abzug auszunehmen, wurde nicht übernommen. 615

19. Betätigung mit Gewinnabsicht, § 4 V 2. Für StPfl, die mit Gewinnabsicht (zB als Gastwirt) Personen bewirten, ein Gästehaus oder eine Pension unterhalten oder Jagd und Fischerei betreiben, gelten die Abzugsverbote in § 4 V 1 Nr 2–4 nicht; betriebl veranlasste Aufwendungen können als BA berücksichtigt werden. S *iEinz* Rz 541, 560, 567. 616

20. Privataufwendungen (§ 12 Nr 1), § 4 V 3. Unter § 12 Nr 1 S 1 fallende Aufwendungen für die **private Lebensführung** sind bereits begriffl keine BA iSv 617

§ 4 IV (s § 12 Rz 8). – Während § 4 V 1 Aufwendungen betrifft, die zwar nicht betriebsnotwendig, aber doch betriebl veranlasst sind, erfasst § 12 Nr 1 S 2 Aufwendungen, die als sog **Repräsentationskosten** ganz oder zT durch die private Lebensführung veranlasst sind, gleichzeitig aber der Förderung des Berufs dienen; betriebl und private Veranlassung greifen hier so ineinander, dass eine Trennung unmögl wäre oder nur willkürl erfolgen könnte (s § 12 Rz 9 mit Beispielen). Eine Berücksichtigung als BA (§ 4 IV) ist daher ausgeschlossen. – Zu § 12 Nr 3-4 s § 12 Rz 38 ff.

618 21. **Gewerbesteuer, § 4 Vb.** Entgegen dem Wortlaut und der unsystematischen Stellung handelt es sich um ein **BA-Abzugsverbot** iSv § 4 V; denn die GewSt ist BA (zur Gleichbehandlung iZm § 4 IVa und § 34a s Rz 521). Die Regelung beeinträchtigt das obj Nettoprinzip, ist aber **verfgemäß** (zu KapGes: BFH I R 21/12 BStBl II 14, 531, VerfBeschw nicht angenommen; zu PersGes: BFH IV R 8/13 BStBl II 15, 1046; *Müller-Gatermann* FR 18, 389, 400; zu den Folgen nach Vorläufigkeitsvermerk s FG Ddorf EFG 21, 1073, Rev IV R 13/21). § 4 Vb ist **bei allen Gewinnermittlungsarten** zu berücksichtigen (s § 5 VI; § 16 Rz 302, 311), aber nur beim Schuldner der GewSt (BFH IV R 18/17 DStR 19, 975: nicht bei vertragl Übernahme; Anm *Nöcker* FR 19, 614, 617); erfasst werden auch GewSt-Zinsen und andere Nebenleistungen iSv § 3 IV AO (s *OFD NRW* DStR 15, 2777; vgl auch BFH IX B 21/18 BStBl II 18, 415); daher sind umgekehrt auch FA-Erstattungszinsen nur nach GewSt-Abzug als BE zu erfassen (str, vgl Rz 460 „Abfindung"). Auch GewSt-Rückstellungen entfallen bzw sind außerbilanziell zu neutralisieren (*OFD Mster* DStR 10, 1890, EStR 5.7 I; zu § 4 III DB 10, 24). – **Ausl GewSt** und sonstige lokale UnternehmenSt sind nicht betroffen (glA *Kollruss* BB 08, 1373).

Die **Streichung des GewSt-Abzugs** als BA **ab VZ 2008** beendete die wechselseitige Beeinflussung der Bemessungsgrundlagen der GewSt und der ESt/KSt; er erleichtert die Gewinnermittlung und klärt die (unterschiedl) Ertragshoheiten. Zum **Ausgleich** sind der Anrechnungsfaktor für die ESt-Ermäßigung bei gewerbl Einkünften nach § 35 ab 2008 von 1,8 auf 3,8 erhöht und die GewStMesszahl von 5 % auf 3,5 % gesenkt (§ 11 II GewStG).

619 22. **Förderung staatspolitischer Zwecke, § 4 VI.** S Rz 520 „Spenden".

620 23. **Gesonderte Aufzeichnung, § 4 VII. – a) Anwendungsbereich.** § 4 VII betrifft nur einzelne Aufwendungen iSv § 4 V 1 Nr 1–4, 6b und 7. Nach dem Gesetzeswortlaut ist der Aufwand als materiell-rechtl Voraussetzung *für jede Gruppe* ihrer Art nach gesondert aufzuzeichnen, also für alle Geschenke, Nr 1, für alle Bewirtungen, Nr 2 usw (s auch EStR 4.11 I), auch soweit die betriebl Veranlassung feststeht und kein Abzugsverbot nach § 4 V eingreift (BFH I B 125/06 BFH/NV 07, 1305). Die Einbeziehung *ihrer Art nach nicht unter § 4 V fallender* Aufwendungen ist grds schädl. **Ausnahmen:** Offenbare **Fehlbuchungen** und **versehentl Mitbuchung** wegen rechtl Zweifel, wenn der Nachweiszweck gesichert ist (s BFH IV R 20/99 BStBl II 00, 203). Die Zusammenfassung verschiedener Gruppen iSv § 4 V lässt EStR 4.11 bei sachl Zusammenhang zu (s Rz 622). Die Mitbuchung voll abziehbarer Kosten *innerhalb einer Gruppe* ist nicht Voraussetzung für den Abzug, steht ihm jedoch auch nicht entgegen (zB Geschenke ab und unter 35 € oder an ArbN und Dritte; vgl BFH IV R 20/99 BStBl II 00, 203, EStR 4.11. Ausnahmen s Rz 622. § 4 VII ist unabhängig von der Gewinnermittlungsart und gilt, trotz Wegfalls der Verweisung in § 4 III 1, nach hM auch für **§ 4 III** (s BFH IV R 47/02 BFH/NV 04, 1402, Rz 621). Die Anforderungen sind unterschiedl für die einzelnen BA (s Rz 622).

621 **b) Art der Aufzeichnung** (EStR 4.11). „Einzeln und getrennt von den sonstigen Betriebsausgaben" bedeutet Aufzeichnung auf einem besonderen Konto oder in einer besonderen Spalte der Buchführung. Belegablage allein genügt auch bei **§ 4 III** nicht (BFH IV R 207/85 BStBl II 88, 611; BFH IV R 47/02 BFH/NV 04, 1402). Nach BFH VIII R 208/78 BStBl II 80, 745 schließt die Buchung zusammen mit anderen – nicht unter § 4 V 1 Nr 1–4, 6b, 7 fallenden (sonst uU Rz 622) – BA die Abzugsmöglichkeit aus, auch bei vorübergehender Buchung in der letzten Spalte des Amerikanischen Journals und Aufteilung im Hauptbuch zum Monatsende (s aber Rz 620). Die Aufzeichnung muss **zeitnah** erfolgen, dh grds 10 Tage bis höchstens 1 Monat nach dem Geschäftsvorfall, keinesfalls durch Umbuchung nach Ablauf des Geschäftsjahres (BFH I R 62/88 BStBl II 91, 28 mit Abgrenzung zu nachträgl **Ergänzung**). Zu **Fehlbuchungen** s Rz 620.

c) Ausnahmen. – Zu § 4 V 1 Nr 1–4, 6b, 7: Zusammenfassung aller *dieser* BA (s Rz 621) auf *einem* Konto oder in *einer* Spalte gem EStR 4.11 (zweifelhaft, ob Einzelaufzeichnung); zu Benennung des tatsächl Empfängers s *Starke* FR 06, 501. Aufzeichnung von Werbekalendern s Rz 538. – Zu § 4 V 1 Nr 1: Sammelbuchung bestimmter Geschenke gem EStR 4.11 II. Geringfügige Geschenke s EStR 4.11, Rz 538. – Zu § 4 V 1 Nr 2: Verzicht auf besondere Aufzeichnungen bei Bewirtung im Betrieb und Unzumutbarkeit (EStR 4.10 IX; zu unbekannten Teilnehmern BFH IV R 95/86 BStBl II 88, 581); vgl auch EStR 4.10 V 9 zu geringen Aufmerksamkeiten mit Abgrenzung bei Messeeinladungen durch FG Mster EFG 96, 1203, aus anderen Gründen aufgehoben, und EStR 4.10 VIII 4 zu Rechnungen bis 150 € ohne Namen des StPfl = BFH I R 168/85 BStBl II 90, 903 (aber Angabe der Gaststätte, s *BMF* BStBl I 94, 855); Rz 620 zu irrtüml Fehlbuchung; BFH IV R 50/01 BStBl II 04, 502 zu Bedeutung des Berufsgeheimnisses (hier bei RA; s auch Rz 554 zu Journalisten und Empfängerbenennung). – Zu § 4 V 1 Nr 5 keine gesonderte Reisekostenaufzeichnung (Streichung in § 4 VII). – **§ 4 V 1 Nr 3, Nr 6b.** Bei Aufzeichnung der Kosten für Gästehäuser und Arbeitszimmer waren vor allem Überschussrechner (§ 4 III) zu Recht verunsichert. – Insb bei der lfd Aufzeichnung der fixen Kosten (AfA) und bei – ggf geschätzten – Zinsanteilen aus Annuitätsraten, Mieten und verbrauchsabhängigen Ausgaben genügt Gesamtaufzeichnung auf ein „Konto" zeitnah nach Jahresende (*BMF* BStBl I 17, 1320 Rz 25).

d) Rechtsfolgen. Ausschluss vom Abzug als BA bzw Zurechnung außerhalb der Bilanz (§ 4 VII 2, BFH III R 20/85 BStBl II 88, 613), ohne Ersatznachweismöglichkeit (FG Hbg EFG 94, 780, rkr), auch bei **Belegverlust** (FG Hbg EFG 85, 547, rkr), **wenigen Vorgängen** (BFH IV R 122/88 BFH/NV 90, 495) und **Bagatellfällen** (FG Ddorf EFG 89, 104, rkr; **aA** FG Bln EFG 89, 165, rkr). Versehentl **Fehlbuchung** s Rz 620. – Zur Bedeutung für die **USt** s BFH V R 52/17 BStBl II 19, 345. Zu Mitwirkungs- und Aufzeichnungspflichten bei **Auslandsgeschäften** s § 90 II, III AO; zu SteuerHBekV (BGBl I 09, 3046) s Rz 491.

24. Verteilung von Gebäudeerhaltungsaufwand, § 4 VIII. Die Regelung übernimmt seit 1990 die früher in §§ 11h, 11k EStDV geregelte Verteilungsmöglichkeit von Erhaltungsaufwand bestimmter Wohngebäude auf 2–5 Jahre (Sanierungsgebiet, Baudenkmal iSv §§ 11a, b).

25. Aufwendungen für Erstausbildung, § 4 IX. Aufwendungen für die berufl/betriebl Aus- und Fortbildung sind Erwerbsaufwand und als solcher nach dem obj Nettoprinzip estl grds zu berücksichtigen (vgl BVerfG 2 BvL 1-2/07, 1-2/08 DStR 08, 2460 unter C.II.1; zu WK s auch BFH VI R 137/01 BStBl II 03, 407: berufsbegleitendes Erststudium). Das gilt auch für die Kosten einer erstmaligen Berufsausbildung und eines Studiums als Erstausbildung. Diesen Grundsatz schränkt § 4 IX iVm § 9 VI 2–5 idF des BeitrRLUmsG ein. Die **VerfMäßigkeit** dieser Regelungen hat das BVerfG in Bezug auf § 9 VI bestätigt (BVerfG 2 BvL 22/14 DStR 20, 93; s dazu *Köster* DStZ 20, 152; krit *Hey* FR 20, 578; *Maciejewski* FR 20, 545); für § 4 IX gilt das gleichermaßen und zwar rückwirkend ab VZ 2004 (BFH VIII R 4/20, DStR 20, 2480: Erststudium auch bei bereits ausgeübter künstlerischer Tätigkeit). S iEinz § 9 Rz 340 ff.

26. Übernachtungspauschale für Berufskraftfahrer, § 4 X. Die neu eingeführte Pauschale in § 9 I 3 Nr 5b (s § 9 Rz 263) gilt auch iRd Gewinnermittlung nach § 4 I und III.

630   **27. Benennung des Empfängers, § 160 AO.** Die Benennung des Empfängers von BA kann nicht erzwungen werden. Die Nichtbenennung trotz Aufforderung hat jedoch die (nur) materiell-rechtl Wirkung eines Abzugsverbots und schränkt die Aufklärungspflicht von FA/FG ein (BFH I R 7/81 BStBl II 86, 318). Es handelt sich um eine Art Haftung des Zahlenden und ist verfgemäß (BVerfG StEd 97, 235). – S iEinz Kommentierungen zu § 160 AO; *Bruschke* DStZ 14, 315.

Beispiele: Bei ausl **Domizilgesellschaft/Basisgesellschaft** kommt es auf den wirkl Empfänger an (BFH IV R 25/18 BStBl II 21, 703 Rz 44; s auch BFH IV R 27/09 BStBl II 13, 989; Grenze: FG Nds EFG 15, 2145, rkr; *Gehm* StBp 15, 283); Ausgaben zum **Erwerb aktivierungspflichtiger WG** fallen unter § 160 AO (BFH IV R 27/09 BStBl II 13, 989: TW-Abschreibung; *Jorde/Verfürth* DB 14, 563); für **durchlaufende Posten** gilt § 160 AO nicht (BFH IV R 26/16 BFH/NV 18, 1260, Rz 37 ff); zu nachträgl **Änderung nach Bestandskraft** (§ 173 AO) s BFH X R 9/13 BStBl II 16, 815, und BFH III R 28/14 BStBl II 17, 743.

F. Wechsel der Gewinnermittlungsart

I. Allgemeines

650   **1. Zulässigkeit des Wechsels.** Auch wenn Wahl und Wechsel der Gewinnermittlungsart **prinzipiell unbefristet** mögl sind (dh formal bis zur Bestandskraft der StFestsetzung, s Rz 10), ergeben sich faktische **Schranken** durch die Gewinnermittlungsvorschriften des § 4 I und III: Der Wechsel *von § 4 III zu § 4 I/§ 5* setzt Maßnahmen zum Jahresbeginn voraus und kann ohne zeitnahe Erstellung einer EB und Einrichtung einer kfm Buchführung nicht nachgeholt werden (s BFH IV R 39/13 BStBl II 17, 154 mwN; BFH III R 13/13 BStBl II 16, 468). Umgekehrt kann der Wechsel *von § 4 I/§ 5 nach § 4 III* auch noch nach Ablauf des Wj erklärt werden (RsprErweiterung in BFH IV R 57/07 BStBl II 09, 659; s auch BFH X R 15/11 BFH/NV 13, 1548: bis zum Schluss der mündl Verhandlung). – Hat der StPfl seine **Wahl wirksam ausgeübt**, etwa durch eine entspr Mitteilung an das FA, ist ein Wechsel für das gleiche Wj auch vor Eintritt der Bestandskraft nur bei Vorliegen besonderer Gründe zulässig; ein Irrtum über die steuerl Folgen der Wahl genügt nicht (BFH IV R 39/13 BStBl II 17, 154). – Bei **LuF** ist § 13a II zu beachten. Auch ansonsten ist ein willkürl Hin- und Herschwanken unzulässig (s BFH IV R 84/93 BStBl II 94, 932). – *Schrifttum* s *Schmidt* 29. Aufl § 4 Rz 650; *Otto* NJW 10, 3601 zu Übergangsgewinn bei RA; *Schoor* StBp 15, 45.

Bindung an ausgeübte Wahl mindestens 3 Jahre (BFH IV R 18/00 BStBl II 01, 102), bei Erstwahl nur bei Kenntnis des Wahlrechts (keine „Wahl" durch Erklärung von gewerbl Einkünften als solche von VuV, BFH III R 72/11 BStBl II 13, 684; Abgrenzung zu Fortgeltung des § 4 III-Wahl in BFH X R 58/06 BStBl II 09, 368; zu Unkenntnis über gemischte Tätigkeit BFH X R 28/06 BFH/NV 09, 1979), auch ohne Kenntnis der Folgen (BFH IV R 111/83 BFH/NV 86, 158). – Ohne Wahlrechtsausübung bei Buchführungspflicht **Schätzung** nach § 4 I/§ 5 (BFH VIII R 201/78 BStBl II 81, 301, § 162 II 2 AO, EStR 4.1 II).

651   **2. Auswirkungen auf stille Reserven.** Durch Änderung der Gewinnermittlungsart wird ein WG nicht aus dem BV entnommen, sodass stille Reserven nicht zu versteuern sind (§ 4 I 6), auch wenn die Zuführung des WG nach dem Wechsel nicht mehr mögl wäre. Die Streichung des § 4 III in § 4 I 6 ändert jedoch nichts daran, dass durch den Wechsel zur Sicherstellung eines einheitl Totalgewinns **Zu- und Abrechnungen** zum lfd Gewinn anfallen können. Außerdem können sich Auswirkungen über **§ 34a** ergeben (§ 34a VI 1 Nr 3).

652   **3. Zurechnungen/Abrechnungen beim laufenden Gewinn.** Das Gesetz enthält keine ausdrückl Regelung. EStR 4.6 mit Anlage und 4.5 VI geben die stRspr des BFH wieder und werden zutr allg gebilligt (zB BFH I R 124/93 BStBl II 94, 852). Die Gewinnermittlung nach §§ 4 I/5 und nach § 4 III kann zu unterschiedl Periodengewinnen führen. Trotzdem muss der Gesamtgewinn von Beginn bis Ende des Betriebes gleich hoch sein (s Rz 11). Das lässt sich häufig nur durch Korrekturen im Zeitpunkt des Wechsels erreichen.

4. Sonderfälle. Bei § 13a ist zu unterscheiden: Die Gewinnermittlung beruht zT auf den Grundsätzen von § 4 I (Grundbetrag, s § 13a IV 1), zT auf denen der Überschussrechnung nach § 4 III (Zuschläge, vgl § 13 Rz 21). Korrektur nach allg Grundsätzen (Rz 657, BFH IV R 33/97 BStBl II 98, 145). Zur Erforderlichkeit einer Überleitungsrechnung s FG BaWü EFG 20, 1304, Rev VI R 31/20. – Übergang zu **Tonnagebesteuerung** s § 5a IV, BFH IV R 40/08 BFH/NV 12, 393. 653

5. Korrekturen bei Schätzung. – a) **Schätzung des Vermögenszuwachses.** Bei griffweiser Schätzung der Besteuerungsgrundlagen wird der wahrscheinl Vermögenszuwachs nach den Grundsätzen der §§ 4 I/5 als Gewinn geschätzt (vgl FG Mchn EFG 14, 1949, rkr, mwN). Korrekturen im Jahr der Schätzung sind nur dann vorzunehmen, wenn der Gewinn im Vorjahr, nicht jedoch im Schätzungsjahr nach § 4 III zu ermitteln war (BFH VIII R 225/80 BStBl II 84, 504 unter 1d, EStR 4.1 II/4.6 I); dann entfallen Korrekturen auf Grund späteren Übergangs zum BV-Vergleich. 654

b) **Schätzung bei Ist-Rechnung.** Hat der StPfl den Gewinn *tatsächl* – berechtigt oder unberechtigt, vgl BFH IV R 155/83 BStBl II 85, 255, Rz 4 – durch Gegenüberstellung der Ist-BE/Ist-BA ermittelt und hat das FA unter Beibehaltung dieser Gewinnermittlungsart einzelne Besteuerungsgrundlagen geschätzt, erfolgen wie bei § 13a (s Rz 653) im Zeitpunkt eines späteren Übergangs zu § 4 I/§ 5 Korrekturen (BFH IV B 8/75 BStBl II 75, 732). 655

II. Durchführung

1. Prüfung im Einzelfall. – a) **Prüfungsfragen.** Bei jedem noch nicht endgültig abgeschlossenen Geschäftsvorgang bzw bei jedem im Zeitpunkt des Übergangs bilanzierten oder zu bilanzierenden Aktiv- oder Passivwert (BFH IV 270/65 BStBl II 70, 745) ist zu untersuchen: – *(1)* Welche (Gesamt-)Gewinnauswirkung sieht das Gesetz vor? Das ist idR unmittelbar nach den Grundsätzen des BV-Vergleichs zu beurteilen (s dazu Rz 82 ff und § 5). – *(2)* Welche Gewinnauswirkung ist nach der *bisherigen* Gewinnermittlungsart bereits eingetreten durch Mehrung oder Minderung des BV bzw durch den Ansatz von BE oder BA? – *(3)* Welche Gewinnauswirkung ist nach der *neuen* Gewinnermittlungsart ohne Zu- und Abrechnungen zu erwarten? 656

b) **Ergebnis.** Jeder Vorgang mit gesetzl Gewinnauswirkung muss und darf nur insgesamt einmal erfasst werden. Ein gewinnneutraler Vorgang, der sich bereits ausgewirkt hat und nicht mehr gegenläufig auswirken würde, muss neutralisiert werden (*Beispiel*: Anschaffung von Waren bei § 4 III s Rz 382). Eine zu hohe Gesamtauswirkung ist durch Abschlag, eine zu niedrige Gesamtauswirkung durch Zuschlag zu korrigieren. Beim **Übergang von § 4 III zu § 4 I/§ 5** werden die einzelnen WG – gewinnneutral – in der Eröffnungsbilanz mit demjenigen Wert angesetzt, mit dem sie zu Buche stehen würden, wenn der Gewinn von Anfang an durch Bestandsvergleich ermittelt worden wäre (Korrektur der vergangenen Gewinne, vgl EStR 4.6, BFH I R 255/71 BStBl II 74, 518). Beim **Übergang von § 4 I/§ 5 zu § 4 III** waren die vergangenen Gewinne zutr ermittelt; es ist jedoch den Besonderheiten der Überschussermittlung Rechnung zu tragen (EStR 4.6). **Übergang von § 13a auf § 4 III** s BFH IV R 56/01 BStBl II 03, 801. 657

2. Beispiele. S *Schmidt* 39. Aufl Rz 658 f und Übersicht Anlage zu EStR 4.6. 658

3. Laufender Gewinn. Bei dem Übergangsgewinn handelt es sich – auch im Falle der Betriebsveräußerung – um einen Teil des lfd Gewinns, bei der GewSt um lfd Gewerbeertrag (GewStR 7.1 III, BFH VIII R 32/67 BStBl II 73, 233; zu Ausscheiden aus PersGes BFH IV R 67/98 BStBl II 00, 179 – zweifelnd *Kanzler* FR 00, 100). Es ändert sich ledigl der Zeitpunkt der Versteuerung (Rz 663). Eine Trennung vom sonstigen lfd Gewinn des Übergangsjahres erfolgt nicht, auch nicht für den Zinsabzug nach § 4 IVa (BFH VIII R 5/08 BeckRS 2012, 95375). 661

Die Auflösung eines wegen eines Zinszuschusses gebildeten **passiven RAP** bei Betriebsaufgabe führt zu einem Aufgabegewinn, wenn das dem Zinszuschuss zugrundeliegende Darlehen fortgeführt wird (BFH VI R 51/16 BStBl II 18, 778), die Auflösung eines **Investitionsabzugspostens** zu lfd Gewinn (BFH X R 16/15 BFH/NV 16, 1444).

663   **4. Zeitpunkt der Entscheidung/Versteuerung. – a) Übergang von § 4 III auf §§ 4 I/5.** Über die Höhe des Übergangsgewinns ist im ersten Jahr der geänderten Gewinnermittlung zu entscheiden (Übergangsjahr, BFH IV R 39/89 BStBl II 90, 495; **aA** *HHR* vor §§ 4–7 Rz 70; offen gelassen in BFH IV B 46/17 BFH/NV 18, 728). Der Gewinn/Verlust ist grds auch in diesem Jahr zu versteuern. Die Verwaltung lässt in Härtefällen uU (bei hohen Zuschlägen) aus Billigkeitsgründen eine von der Rspr gebilligte gleichmäßige **Verteilung** auf 2 oder 3 Jahre zu (EStR 4.6 I 4), auch bei Einbringung in GbR zu Buchwerten, s FG Mster EFG 08, 763, rkr. – **Ausnahmen:** Betriebsveräußerung (s Rz 668); Verluste (BFH VIII R 17/10 BStBl II 13, 820, Anm *Kanzler* FR 14, 21). Auch bei Verteilung ist im Übergangsjahr mit Bindungswirkung für die Folgejahre über die Höhe der Korrekturen zu entscheiden (BFH VIII R 20/68 BStBl II 74, 303, Rz 666). Abschlagsverluste können gem § 10d abgezogen werden (mE auch durch Rücktrag nach § 10d I). Beim Zusammenfallen mit Strukturwandel ändert sich nach BFH I R 134/78 BStBl II 81, 780 auch die Art des Übergangsgewinns (str).

664   **b) Übergang von § 4 I/§ 5 auf 4 III.** Es gelten die Grundsätze Rz 663. Außerdem uU Nachversteuerung nach **§ 34a VI 1 Nr 3.** **Ausnahmen:** Grds keine Verteilung; die Korrektur kann in Ausnahmefällen auf Antrag in spätere Jahre der tatsächl Auswirkung verschoben werden (EStR 4.6 II).

Beispiel: Rückstellung in der Bilanz 01, ab 02 Übergang zu § 4 III, Zahlung im Jahre 03. Grds Zuschlag in 02 und BA 03. Ausnahmsweise Zuschlag (und BA) erst 03.

666   **5. Rechtsfolgen fehlerhafter Ermittlung. – a) Fehler bei Festsetzung des Übergangsgewinns.** Sie können nur durch Berichtigung der ESt-Veranlagung des Übergangsjahres (Rz 663) berichtigt und mit Rechtsbehelf gegen diesen Bescheid angefochten werden, auch bei Verteilung des Übergangsgewinns (Rz 663, BFH X R 32/13 BStBl II 16, 139; FG Mchn EFG 10, 1678, rkr – keine spätere Bilanzberichtigung). Kein Ausgleich durch erneuten Wechsel der Gewinnermittlungsart, wenn die betr Bilanzposten dann nicht mehr vorhanden sind (BFH IV 270/65 BStBl II 70, 745).

667   **b) Nachholung unterlassener Korrekturen einzelner Bilanzposten.** Sie ist uU mögl im Jahr der tatsächl Auswirkung (oder eines vorangehenden weiteren Wechsels der Gewinnermittlungsart, s Rz 666), damit der StPfl keinen ungerechtfertigten StVorteil erlangt (allerdings keine Nachholung einer fehlerhaften Gewinnauswirkung zu Unrecht bilanzierter WG in späteren VZ, s Rz 666, 310). – **Beispiele** s *Schmidt* 39. Aufl Rz 667.

668   **6. Veräußerung, Aufgabe und Einbringung von Betrieben.** Zum Zeitpunkt der Veräußerung muss der StPfl den Wert des BV nach §§ 4 I/5 ermitteln (§ 16 II 2). S iEinz § 16 Rz 306 und § 18 Rz 230 ff; *Korn* FR 05, 1236; *Otto* NJW 10, 3601.

669   **7. Unentgeltliche Betriebsübertragung.** Schenkung oder Erbschaft bewirken als solche keinen Wechsel der Gewinnermittlungsart. Der Rechtsnachfolger tritt in die Stellung des Rechtsvorgängers ein (vgl § 1922 BGB, § 6 III) und übernimmt verteilten Übergangsgewinn (BFH VIII R 22/67 BStBl II 72, 338 – s aber BFH IV R 18/97 BStBl II 98, 290: Auflösung 2-PersGes mit Fortsetzungsklausel). Wechselt der Rechtsnachfolger die Gewinnermittlung, so sind die Verhältnisse des Rechtsvorgängers bei den Korrekturen zu beachten (BFH I R 184/69 BStBl II 71, 526). Ebenso bei **Realteilung** und Umwandlung ohne Gewinnrealisierung (§ 16 Rz 541; BFH III R 32/12 BStBl II 14, 242; zu Rückstellungsauflösung BFH VIII R 45/12 BStBl II 15, 759; jetzt auch *OFD NRW* DStR 16, 1031). Vgl auch Rz 668; *Schoor* NWB 13, 3239.

8. Übergang zur Liebhaberei. Der Übergangsgewinn ist erst bei tatsächl Betriebsaufgabe/Betriebsveräußerung zu erfassen (§ 2 Rz 23, § 16 Rz 176); die **Höhe** der zu versteuernden stillen Reserven richtet sich allerdings nach dem Zeitpunkt des Übergangs zur Liebhaberei (vgl BFH X R 15/15 BStBl II 17, 112; BFH X R 61/14 BStBl II 16, 939). – Zu Auswirkungen auf § 7g s BFH X R 2/16 BFH/NV 18, 421.

670

§ 4a Gewinnermittlungszeitraum, Wirtschaftsjahr

(1) ¹Bei Land- und Forstwirten und bei Gewerbetreibenden ist der Gewinn nach dem Wirtschaftsjahr zu ermitteln. ²Wirtschaftsjahr ist

1. bei Land- und Forstwirten der Zeitraum vom 1. Juli bis zum 30. Juni. ²Durch Rechtsverordnung kann für einzelne Gruppen von Land- und Forstwirten ein anderer Zeitraum bestimmt werden, wenn das aus wirtschaftlichen Gründen erforderlich ist;
2. bei Gewerbetreibenden, deren Firma im Handelsregister eingetragen ist, der Zeitraum, für den sie regelmäßig Abschlüsse machen. ²Die Umstellung des Wirtschaftsjahres auf einen vom Kalenderjahr abweichenden Zeitraum ist steuerlich nur wirksam, wenn sie im Einvernehmen mit dem Finanzamt vorgenommen wird;
3. bei anderen Gewerbetreibenden das Kalenderjahr. ²Sind sie gleichzeitig buchführende Land- und Forstwirte, so können sie mit Zustimmung des Finanzamts den nach Nummer 1 maßgebenden Zeitraum als Wirtschaftsjahr für den Gewerbebetrieb bestimmen, wenn sie für den Gewerbebetrieb Bücher führen und für diesen Zeitraum regelmäßig Abschlüsse machen.

(2) Bei Land- und Forstwirten und bei Gewerbetreibenden, deren Wirtschaftsjahr vom Kalenderjahr abweicht, ist der Gewinn aus Land- und Forstwirtschaft oder aus Gewerbebetrieb bei der Ermittlung des Einkommens in folgender Weise zu berücksichtigen:

1. ¹Bei Land- und Forstwirten ist der Gewinn des Wirtschaftsjahres auf das Kalenderjahr, in dem das Wirtschaftsjahr beginnt, und auf das Kalenderjahr, in dem das Wirtschaftsjahr endet, entsprechend dem zeitlichen Anteil aufzuteilen. ²Bei der Aufteilung sind Veräußerungsgewinne im Sinne des § 14 auszuscheiden und dem Gewinn des Kalenderjahres hinzuzurechnen, in dem sie entstanden sind;
2. bei Gewerbetreibenden gilt der Gewinn des Wirtschaftsjahres als in dem Kalenderjahr bezogen, in dem das Wirtschaftsjahr endet.

Einkommensteuer-Durchführungsverordnung:

§ 8b EStDV Wirtschaftsjahr

¹Das Wirtschaftsjahr umfasst einen Zeitraum von zwölf Monaten. ²Es darf einen Zeitraum von weniger als zwölf Monaten umfassen, wenn

1. ein Betrieb eröffnet, erworben, aufgegeben oder veräußert wird oder
2. ein Steuerpflichtiger von regelmäßigen Abschlüssen auf einen bestimmten Tag zu regelmäßigen Abschlüssen auf einen anderen bestimmten Tag übergeht. ²Bei Umstellung eines Wirtschaftsjahrs, das mit dem Kalenderjahr übereinstimmt, auf ein vom Kalenderjahr abweichendes Wirtschaftsjahr und bei Umstellung eines vom Kalenderjahr abweichenden Wirtschaftsjahrs auf ein anderes vom Kalenderjahr abweichendes Wirtschaftsjahr gilt dies nur, wenn die Umstellung im Einvernehmen mit dem Finanzamt vorgenommen wird.

§ 4a 1, 2

§ 8c EStDV Wirtschaftsjahr bei Land- und Forstwirten

(1) ¹Als Wirtschaftsjahr im Sinne des § 4a Abs. 1 Nr. 1 des Gesetzes können Betriebe mit

1. einem Futterbauanteil von 80 Prozent und mehr der Fläche der landwirtschaftlichen Nutzung den Zeitraum vom 1. Mai bis 30. April,
2. reiner Forstwirtschaft den Zeitraum vom 1. Oktober bis 30. September,
3. reinem Weinbau den Zeitraum vom 1. September bis 31. August

bestimmen. ²Ein Betrieb der in Satz 1 bezeichneten Art liegt auch dann vor, wenn daneben in geringem Umfang noch eine andere land- und forstwirtschaftliche Nutzung vorhanden ist. ³Soweit die Oberfinanzdirektionen vor dem 1. Januar 1955 ein anderes als die in § 4a Abs. 1 Nr. 1 des Gesetzes oder in Satz 1 bezeichneten Wirtschaftsjahre festgesetzt haben, kann dieser andere Zeitraum als Wirtschaftsjahr bestimmt werden; dies gilt nicht für den Weinbau.

(2) ¹Land- und forstwirtschaftliche Betriebe können auch das Kalenderjahr als Wirtschaftsjahr bestimmen. ²Stellt ein Land- und Forstwirt von einem vom Kalenderjahr abweichenden Wirtschaftsjahr auf ein mit dem Kalenderjahr übereinstimmendes Wirtschaftsjahr um, verlängert sich das letzte vom Kalenderjahr abweichende Wirtschaftsjahr um den Zeitraum bis zum Beginn des ersten mit dem Kalenderjahr übereinstimmenden Wirtschaftsjahr; ein Rumpfwirtschaftsjahr ist nicht zu bilden. ³Stellt ein Land- und Forstwirt das Wirtschaftsjahr für einen Betrieb mit reinem Weinbau auf ein Wirtschaftsjahr im Sinne des Absatzes 1 Satz 1 Nr. 3 um, gilt Satz 2 entsprechend.

(3) Buchführende Land- und Forstwirte im Sinne des § 4a Absatz 1 Satz 2 Nummer 3 Satz 2 des Gesetzes sind Land- und Forstwirte, die auf Grund einer gesetzlichen Verpflichtung oder ohne eine solche Verpflichtung Bücher führen und regelmäßig Abschlüsse machen.

Einkommensteuer-Richtlinien: EStR 4a/EStH 4a

Übersicht

	Rz
1. Wirtschaftsjahr als Gewinnermittlungszeitraum, § 4a I 1	1
2. Dauer eines Wirtschaftsjahres, § 8b EStDV	2
3. Einzelfälle abweichender Wirtschaftsjahre, § 4a I, § 8c EStDV	3–8
4. Umstellung des Wirtschaftsjahres; Einvernehmen, § 4a I 2 Nr 2 S 2, Nr 3 S 2, § 8b S 2 Nr 2 S 2 EStDV	10–18
5. Einzelfälle der Umstellung, Neubegründung oder Fortführung abweichender Wirtschaftsjahre, § 4a I 2 Nr 2	19
6. Gewinnumrechnung abweichender Wirtschaftsjahre, § 4a II	20–24

1 **1. Wirtschaftsjahr als Gewinnermittlungszeitraum, § 4a I 1.** Die ESt beruht auf dem Prinzip der Abschnittsbesteuerung. VZ ist das Kj (§ 25 I). Die Grundlagen für die Festsetzung der JahresSt werden jeweils für ein Kj ermittelt (§ 2 VII, § 32a I). Das gilt auch für die Gewinnbesteuerung. Die Besonderheit des § 4a liegt darin, dass der Gewinn in bestimmten Fällen vom Kj abw Wirtschaftsjahre zunächst nach den Wj-Verhältnissen ermittelt (§ 4a I; s Rz 3) und erst dann auf einen Jahresgewinn umgerechnet wird (§ 4a II; vgl Rz 20). **Wj** ist also der strechtl Gewinnermittlungszeitraum, der bei Freiberuflern und bei Gewerbetreibenden mit Überschussermittlung § 4 III wie bei Eink iSv § 2 I Nr 4–7 stets dem Kj entspricht, während buchführende Gewerbetreibende ein Wahlrecht haben und das Wj bei LuF idR vom Kj abweicht.

2 **2. Dauer eines Wirtschaftsjahres, § 8b EStDV.** Auch das Wj umfasst idR einen Zeitraum von 12 Monaten, kann nur ausnahmsweise kürzer oder länger sein (§§ 8b, 8c II EStDV für LuF), was nicht ausschließt, dass bei *einer* Veranlagung Gewinne mehrerer Wj angesetzt werden (vgl Rz 23). Ein kürzeres **Rumpf-Wj** ist nur bei Beginn oder Beendigung des Betriebes bzw bei Umstellung des Wj zugelassen. RumpfWj bei unentgeltl Betriebsübertragung s Rz 10. Keine Umrechnung kürzerer Wj auf Kj.

3. Einzelfälle abweichender Wirtschaftsjahre, § 4a I, § 8c EStDV. – 3
a) Land- und Forstwirtschaft, § 4a I 2 Nr 1 EStG, § 8c EStDV. Der Gewinn aus LuF ist grds für genau festgelegte, vom Kj abw Zeitabschnitte zu ermitteln (§ 4a I 2 Nr 1 EStG, § 8c I EStDV), allerdings mit **Wahlmöglichkeit des Kj** ohne FA-Zustimmung rückwirkend für nach 2018 beginnende Wj nicht nur wie vorher für Forst- und Gartenbaubetriebe, sondern für *alle* luf Betriebe (§ 8c II 1 EStDV). Ohne Erklärung gilt § 4a I 2 Nr 1 (1.7.–30.6.). Bei Umstellung abw Wj auf Kj verlängert sich das Wj ohne Rumpf-Wj (§ 8c II 2, 3 EStDV, s Rz 21).

b) Wahlrecht bei Gewerbetreibenden, § 4a I 2 Nr 2, 3. *Vorteil:* Anpassung 4 an besondere wirtschaftl Gegebenheiten. – **aa) Handelsrecht.** Während § 240 HGB keine bestimmten Geschäftsjahre für die Gewinnermittlung festlegt, macht das **StRecht** Unterschiede:

bb) Buchführende Gewerbetreibende, § 4a I 2 Nr 2. Gewerbetreibende, 5 deren Firma – bis zum Ende des gewählten Geschäftsjahres (str, vgl *Schmidt* 39. Aufl § 4a Rz 5) – im HReg eingetragen ist und die regelmäßig Abschlüsse machen (Gewinnermittlung nach § 5), können den Beginn ihres Wj bei Eröffnung oder Betriebserwerb zu einem beliebig gewählten Abschlusszeitpunkt bestimmen (§ 4a I 2 Nr 2, § 7 IV KStG), idR durch Einreichung der ersten Schlussbilanz. *Beispiel:* Betriebseröffnung am 1.1.01; Bilanzstichtag etwa 31.1.01, 31.12.01 (nicht später). **Grenze: Missbrauch** (§ 42 AO) bei Wahl *ausschließl* aus Gründen der StErsparnis (vgl BFH IV R 21/05 BStBl II 10, 230 mwN, Rz 15).

cc) Sonstige Gewerbetreibende, § 4a I 2 Nr 3. Bei ihnen (wie bei **Freibe-** 6 **ruflern** sowie **Überschusseinkünfteerzielern**) ist Wj bzw Einkünfteermittlungszeitraum grds das **Kj** (§ 4a I 2 Nr 3 **S 1**). **Ausnahme:** § 4a I 2 Nr 3 S 2 EStG, § 8c III EStDV und Rz 13 (Wahlrecht für Gewerbetreibende mit LuF). Für **mehrere Gewerbebetriebe eines StPfl** sind unterschiedl Wj mögl (vgl § 4 Rz 27). Für **PersGes'ter** gilt das Wj der Ges (s auch Rz 8, 10, 19); **KapGes** s § 7 III, IV KStG.

dd) Partnerschaftsgesellschaft. S § 18 Rz 41. Die Ges'ter erzielen grds freibe- 7 rufl Einkünfte und haben daher kein Wahlrecht (s *Schmidt* 39. Aufl § 4a Rz 7).

c) Gewinnfeststellung nach § 180 AO. Anders als bei LuF (BFH IV R 87/ 8 82 BStBl II 85, 148) und § 18 wird bei Gewerbetreibenden ggf nicht der im Kj zu versteuernde, sondern der im abw Wj erzielte Gewinn einheitl festgestellt, auch bei Schätzung der Besteuerungsgrundlagen (s *Schmidt* 39. Aufl § 4a Rz 8, *EStR* 4a IV). Bindung bei abw Wj LuF s Rz 22, § 4 II 1 HS 2.

4. Umstellung des Wirtschaftsjahres; Einvernehmen, § 4a I 2 Nr 2 S 2, 10 **Nr 3 S 2 EStG, § 8b S 2 Nr 2 S 2 EStDV.** – **a) Sachlicher Geltungsbereich.** Bei bestehendem Wahlrecht (s Rz 5) kann ein gewähltes Wj auf ein anderes Wj umgestellt werden, bei *Wahl eines abw Wj* allerdings nur mit Zustimmung des FA (§ 4a I 2 Nr 2 S 2, Nr 3 S 2 EStG, § 8b S 2 Nr 2 S 2 EStDV), auch bei Umstellung vom Kj auf *übl* Wj iSv § 4a I 2 Nr 1 EStG oder § 8c I EStDV (BFH IV R 4/98 BStBl II 00, 5). **Umstellung** ist begriffl ein Wechsel innerhalb *fortbestehender* Betriebe. Bei Betriebsbeendigung und Neugründung kann abw Wj ohne FA-Zustimmung gewählt werden (s Rz 19). Der Begriff Wj ist betriebs- und personenbezogen. Daher keine Zustimmungsbedürftigkeit bei Einbringung eines Einzelunternehmens in PersGes (vgl auch BFH IV R 49/02 BFH/NV 04, 1247 – Ende des Einzel-Wj) oder bei Fortführung einer PersGes als Einzelunternehmen mit Verpflichtung, eine Schluss- und eine Eröffnungsbilanz zu erstellen. **Gesellschafterwechsel** und **unentgeltl Übertragung** s Rz 19.

11 **b) Persönlicher Geltungsbereich. – aa) LuF.** Bei LuF scheidet (ohne Strukturwandel) Umstellung grds wegen der vorgegebenen Zeiträume aus. Ausnahmen s Rz 3 (Umstellung bei Wahlrecht, § 8c I EStDV).

12 **bb) Buchführende Gewerbetreibende** können bei Eröffnung abw Wj wählen und dieses jederzeit auf Kj umstellen. Umstellung Kj *auf* abw Wj ist nur im Einvernehmen mit dem FA wirksam (Rz 14).

13 **cc) Sonstige Gewerbetreibende; Freiberufler.** Ohne abw Wj grds keine Umstellung. Bei Richtigstellung eines **unberechtigten abw Wj** auf Kj ist mE § 4a II Nr 2 entspr anzuwenden (str, s *Schmidt* 39. Aufl § 4a Rz 13).

14 **c) Einvernehmen, § 4a I 2 Nr 2, Nr 3 S 2 EStG, § 8b S 2 Nr 2 S 2 EStDV. – aa) Begriff.** Einvernehmen des FA = (vorherige) Zustimmung oder (nachträgl) Genehmigung (BFH I R 167/66 BStBl II 70, 85, str).

15 **bb) Erteilung der Zustimmung; Ermessensfrage.** Die Umstellung muss nicht betriebsnotwendig sein. Es müssen jedoch gewichtige wirtschaftl, die Organisation des Betriebes berührende Gründe für die Umstellung auf abw Wj vorliegen (BFH I R 141/72 BStBl II 74, 238; EStR 4a II). *Beispiele:* Inventurschwierigkeiten zum 31.12., Umstellung des Rechnungswesens, Gründung einer Organschaft. Der Beurteilung durch den StPfl kommt hier besondere Bedeutung zu. Die Umstände werden sich auf mehr als ein Jahr erstrecken müssen. Einem Wechsel aus rein steuerl Gründen braucht das FA nicht zuzustimmen (BFH I R 76/82 BStBl II 83, 672 Rz 5).

16 **cc) Verfahrensfragen.** Der StPfl kann den Antrag iRd Besteuerungsverfahrens und unabhängig davon stellen. In beiden Fällen entscheidet das FA durch **selbständigen Verwaltungsakt** (BFH I R 76/82 BStBl II 83, 672 und unten Rz 18), auch bei Vebindung mit dem StBescheid. **Widerruf** nur gem §§ 130,131 AO. **Anfechtung:** Einspruch (§ 347 I Nr 1 AO).

18 **dd) Berichtigung.** Wird die – erforderl – Zustimmung nachträgl erteilt, muss ein bestandskräftiger StBescheid nach § 175 I 1 Nr 1 iVm § 171 X AO berichtigt werden (BFH IV R 4/98 BStBl II 00, 5). S auch Rz 20.

19 **5. Einzelfälle der Umstellung, Neubegründung oder Fortführung abweichender Wirtschaftsjahre, § 4a I 2 Nr 2 S 2** (mit der Folge der Entstehung eines Rumpf-Wj und der Möglichkeit einer Wj-Umstellung ohne Zustimmung des FA): – *(1)* **Betriebsveräußerung/Betriebsaufgabe** führt stets zur Betriebsbeendigung (s Rz 21, 24). – *(2)* **Ausscheiden von G'tern:** Bei Fortbestehen der Ges kein Betriebsende, kein RumpfWj (BFH VIII R 48/93 BFH/NV 95, 84 mwN; Veräußerungsgewinn s Rz 24). – **Ausnahmen:** *(a)* Wechsel *aller* Ges'ter; – *(b)* bei Ausscheiden aus einer *zweigliedrigen* PersGes wird die Ges voll beendet (BFH VIII B 73/96 BFH/NV 97, 838); – *(c)* Neugründung einer Einzelfirma s Rz 10. – *(3)* **Unentgeltliche Betriebsübertragung.** Die Möglichkeit der Buchwertfortführung steht der Annahme einer Betriebsbeendigung idS nicht entgegen (vgl BFH IV R 95/75 BStBl II 80, 8). Bei **Gesamtrechtsnachfolge** läuft das Wj des Rechtsvorgängers weiter (im **Erbfall** keine Betriebsbeendigung, kein RumpfWj, Zustimmung zur Umstellung erforderl, s EStH 4a, BFH IV 244/63 BStBl II 69, 34, offen zu **unentgeltl Einzelrechtsnachfolge** – dazu aA BFH I 47/64 BStBl III 67, 86, *HHR* § 4a Anm 14). – *(4)* **Betriebsverpachtung.** Gewinne der LuF oder des GewBetr (Wahlrecht s § 16 Rz 166) sind weiterhin nach abw Wj zu ermitteln, wenn die Voraussetzungen Rz 5 vorliegen (vgl BFH IV 60/61 U BStBl III 65, 286, EStR 4a III, EStH 4a, jedenfalls bei Wj-Fortführung auch in der Person des Pächters, str). – *(5)* **Umwandlung/Einbringung** eines Betriebes führt idR zur Neugründung (s EStH 4a). – *(6)* **Liquidation** beendet den Betrieb noch nicht, erst deren Abschluss bzw die tatsächl Betriebsaufgabe. – *(7)* **Insolvenzeröffnung.** Damit beginnt ein neues Geschäftsjahr (§ 155 II 1 InsO).

6. Gewinnumrechnung abweichender Wirtschaftsjahre, § 4a II. Der nach 20
§ 4a I 2 Nr 1, 2 ermittelte Gewinn des abw Wj muss für die Besteuerung auf das
Kj als Bemessungs- und Veranlagungszeitraum umgerechnet werden. Bei Korrektur
eines Jahres uU Änderung des anderen Jahres nach **§ 174 IV AO** (BFH IV
R 25/88 BStBl II 90, 373); s auch Rz 22 zu Bindung § 4 II 1 HS 2. § 4a II gilt
entspr für die ermäßigte Besteuerung nicht entnommener Gewinne nach **§ 34a**
(§ 52 Abs 34). Eine Tarifglättung nach § 32c erfolgt nicht iRd Gewinnermittlung,
sondern iRe StTarifermäßigung.

a) Umrechnung bei Land- und Forstwirtschaft, § 4a II Nr 1. – aa) Auf- 21
teilung. Bei LuF zeitanteilige Aufteilung des Wj-Gesamtgewinns auf die Kj, in
denen das Wj beginnt und endet. Bei Umstellung auf Kj entsteht nach 8c II 2
EStDV kein RumpfWj (Verlängerung des letzten abw Wj). Nur **Betriebsveräußerungsgewinne** sind im Veräußerungsjahr zu erfassen (§ 4a II Nr 1 S 2), nach
hM nicht Veräußerungsverluste (str, vgl *HHR* § 4a Anm 37). **Entnahmegewinne**
sind als lfd Gewinne aufzuteilen (FG RhPf EFG 93, 511, rkr).

bb) Veranlagungsbindung, § 4 II 1 HS 2. Ab 2007 können bestandskräftige 22
StFestsetzungen im VZ mit dem 1. Teil des Wj nach Bilanzberichtigung im VZ
mit dem 2. Teil des Wj noch bis zum Ablauf der Festsetzungsfrist für *diesen* VZ
geändert werden (s § 4 Rz 284).

cc) Beispiele: 23
- Wj 1.7.01 bis 30.6.02 Gewinn 10 000, Wj 1.7.02 bis 30.6.03 Verlust 24 000: Verlust VZ 02: 7000 ($^6/_{12}$ von 10 000 und $^6/_{12}$ von ./. 24 000);
- Wj 1.10.01 bis 30.9.02 Gewinn 10 000; Wj 1.10.02 bis 30.9.03 Gewinn 24 000: Gewinn VZ 02: 13 500 ($^9/_{12}$ von 10 000 und $^3/_{12}$ von 24 000);
- RumpfWj 1.9.01–30.6.02 Gewinn 10 000, RumpfWj 1.7.02–31.3.03 (Betriebsbeendigung) Gewinn 24 000, davon 9000 Veräußerungsgewinn: Gewinn VZ 02: 16 000 (6 Monate = $^6/_{10}$ von 10 000 und 6 Monate = $^6/_9$ von 15 000); Gewinn VZ 03: 14 000 (3 Monate = $^3/_9$ von 15 000 und 9000 Veräußerungsgewinn).

b) Umrechnung bei Gewerbebetrieb, § 4a II Nr 2. Anders als bei LuF 24
gilt der Gewinn als in dem Kj bezogen, in dem das Wj endet. Für die Beispiele
Rz 23 bedeutet das, dass der Gewinn des Kj 02 jeweils 10 000 beträgt. Damit er-
übrigte sich eine Sonderregelung entspr § 4a II Nr 1 S 2 zu Veräußerungsgewinnen. Das soll für die Besteuerung von Gewinnanteilen und Veräußerungsgewinnen
im Vorjahr **ausgeschiedener PersGes'ter** nicht gelten (nach EStR 4a V Besteuerung entgegen § 4a II Nr 2 im Kj des Ausscheidens, bestätigt durch BFH X
R 8/07 BStBl II 10, 1043). Diese Abweichung von der gesetzl Fiktion des § 4a II
Nr 2 (zu Lasten oder zu Gunsten des StPfl) ist fragl (s *Schmidt* 37. Aufl § 4a Rz 24).
Bei Eröffnung und Umstellung auf abw Wj kann in einem VZ eine **Steuerpause**
entstehen; dafür ist später bei Umstellung/Veräußerung der Gewinn für mehrere
Wj in einem VZ zu versteuern (EStH 4a; BFH I R 140/90 BStBl II 92, 750; zu
§ 42 AO s Rz 5, 15). Die Berechnung des alternativen **Spendenhöchstbetrages
gem § 10b I 1** ist von § 4a II nicht betroffen (s § 10b Rz 25).

§ 4b Direktversicherung

¹**Der Versicherungsanspruch aus einer Direktversicherung, die von einem
Steuerpflichtigen aus betrieblichem Anlass abgeschlossen wird, ist dem Betriebsvermögen des Steuerpflichtigen nicht zuzurechnen, soweit am Schluss
des Wirtschaftsjahres hinsichtlich der Leistungen des Versicherers die Person,
auf deren Leben die Lebensversicherung abgeschlossen ist, oder ihre Hinterbliebenen bezugsberechtigt sind.** ²**Das gilt auch, wenn der Steuerpflichtige die
Ansprüche aus dem Versicherungsvertrag abgetreten oder beliehen hat, sofern
er sich der bezugsberechtigten Person gegenüber schriftlich verpflichtet, sie
bei Eintritt des Versicherungsfalls so zu stellen, als ob die Abtretung oder Beleihung nicht erfolgt wäre.**

§ 4b 1 Direktversicherung

Einkommensteuer-Richtlinien: EStR 4b/EStH 4b – *Verwaltungsanweisungen: BMF* BStBl I 21, 1050 (Stl Förderung der betriebl Altersversorgung; Neufassung von *BMF* BStBl I 18, 147).

Übersicht

Rz

I. Betriebliche Altersversorgung; normatives Umfeld
1. Überblick 1
2. Prinzip 2
3. Normatives Umfeld 3

II. Begünstigte Zwecke
1. Lebensversicherung 5
2. Direktversicherungsarten 7
3. Art der Versicherungsleistung 8
4. Arbeitgeberwechsel eines Arbeitnehmers 9

III. Versicherte Personen
1. Allgemeines 10
2. Gesellschafter 11
3. Arbeitnehmerehegatten 12–19

IV. Rechtsfolgen; Verfahren
1. Aktivierungsverbot, § 4b S 1 25
2. Betriebsausgabenabzug 26
3. Rückstellung 27
4. Abtretung; Beleihung; Insolvenzsicherung, § 4b S 2 30
5. Verfahren 33

V. Besteuerung beim Empfänger
1. Allgemeines 35
2. Arbeitslohn 36

Schrifttum (Aufsätze vor 2015 s Vorauflagen): *Blomeyer/Rolfs/Otto,* Betriebsrentengesetz – Gesetz zur Verbesserung der betriebl Altersversorgung (BetrAVG), 7. Aufl 2018 (zit *Blomeyer*); *Höfer/Veit/Verhuven* (zitiert *Höfer*), Betriebsrentenrecht (BetrAVG), Band II, StR (Loseblatt); *Uckermann* ua BetrAV 2014, Kap 11; *Myßen/Fischer/Gragert/Wißborn,* Renten, Raten, Dauernde Lasten, 16. Aufl 2017 (zit *RRdL*); *Stöckler/Karst,* StR der betriebl Altersversorgung, Loseblatt; *Zwanziger,* BAG zur betriebl Altersversorgung, BetrAV 20, 173.

I. Betriebliche Altersversorgung; normatives Umfeld

1 **1. Überblick.** Die betriebl Altersversorgung (zum Inhalt *BMF* BStBl I 21, 1050 Rz 1; zur Förderung durch § 10a und Zulage nach §§ 79ff *BMF* BStBl I 18, 93) bildet (neben der gesetzl RV und der Privatvorsorge, auch Riester- und Rürup-Rente) die **dritte Säule** der Alterssicherung; ihre Verbreitung und Ausstattung sind unbefriedigend (zu aktuellen Entwicklungen *Niermann* DB 2990; zur Reform *Dommermuth* BetrAV 16, 571). Seit 2001 besteht ein Rechtsanspruch auf **Entgeltumwandlung** (§ 1 II Nr 3, § 1a BetrAVG; zur Entwicklung *Karst/Cisch* BetriebsrentenG Einführung); der Versorgungsanspruch ist sofort unverfallbar (§ 1b V 1 BetrAVG). – **Durchführungswege** der betriebl Altersversorgung sind – *(1)* **DirektVers** (§ 4b), *(2)* **Pensionskassen** (§ 4c), *(3)* **Unterstützungskassen** (§ 4d), *(4)* **Pensionsfonds** (§ 4e), *(5)* **Pensionszusage** (Direktzusage, § 6a), daneben auch **Basisrente** (§ 3 Nr 63 idF AltEinkG, BStBl I 04, 554; *BMF* BStBl I 21, 1050 Rz 23ff) und **Riesterförderung.** Die betriebl Altersversorgung wird strechtl und sozialabgabenrechtl in unterschiedl Weise gefördert (zB Stfreiheit und BA-Abzug der Beiträge). Bei einer **reinen Beitragszusage,** die den ArbG von bestimmten Pflichten befreit, können Leistungen an einen Pensionsfonds, an eine Pensionskasse oder in eine Direktversicherung geleistet werden (§§ 1 II Nr 2a, 22 BetrAVG). Auf Empfängerseite werden Leistungen aus Direktzusagen und Unterstützungskassen idR von § 19 I Nr 2 erfasst, aus Pensionskassen und Pensionsfonds von § 22 Nr 5 (*BMF* BStBl I 21, 1050 Rz 146ff); zu Leistungen aus einer Direkt-

Vers s Rz 35 f. Ein **Durchführungswegwechsel** soll einer Neuzusage gleichstehen (BFH I R 33/15 BStBl II 17, 66; krit *Manhart/Mische* BB 16, 2791; *Selig-Kraft* BB 17, 919); keine Anwendung von §§ 4f, 5 VII (*BMF* BStBl I 17, 1619 Rz 4; s auch *Hartmann* BetrAV 17, 392). – Versorgungszusagen gehören auch dann zur betriebl Altersversorgung, wenn Leistungen nicht vom Ausscheiden des Begünstigten aus dem DienstVerh abhängig sind (*BMF* BStBl I 17, 1293; *Weppler* BB 17, 2420).

Ende 2019 betrugen die Deckungsmittel der betriebl Altersversorgung insgesamt ca 653 Mrd € (Pensionsrückstellungen 311 Mrd €, Pensionskassen 183 Mrd €, Unterstützungskassen 37 Mrd €, DirektVers 72 Mrd €, Pensionsfonds 49 Mrd €; es bestehen mehr als 20 Mio Anwartschaften auf betriebl Altersversorgung (iEinz *oV* BetrAV 21, 141, 429). – Durch den Niedrigzins sind die Verpflichtungen (insb der Dax-Unternehmen) deutl gestiegen („bilanzielle Diskriminierung"); der Grad der Ausfinanzierung (Verhältnis der Zusagen z entspr vorgehaltenen Vermögen) ist 2015 auf 65 % gestiegen, zw 4 % (Vonovia) und 101 % (Deutsche Bank). – Das AltEinkG bezweckt – mit langen Übergangsfristen (bis 2040) – den Übergang zur einheitl **nachgelagerten Besteuerung** von Versorgungsbezügen (zur Entwicklung der Rentenbesteuerung s iE *Weber-Grellet* DStR 12, 1253). Der SA-Abzug für KapitalLV ist für ab dem 1.1.2005 abgeschlossene Neuverträge abgeschafft; dbzg weiterhin für kapitalgedeckte private **Leibrentenversicherungen** (§ 10 I Nr 2/2b). Für den – betragsmäßig steigenden – Abzug der Vorsorgeaufwendungen als SA sind lange Übergangsfristen (2025 auf 20 000 € jährl) vorgesehen. Die Besteuerung der Empfänger von **Renten** in der sog Leistungsphase ist in § 22 Nr 1 S 1 und 3 sowie Nr 5 geregelt; Empfänger von Pensionen werden nach § 19 besteuert.

2. Prinzip. Die **fünf Durchführungswege** der betriebl Altersversorgung beruhen grds auf dem *Versicherungsprinzip* (Überblick bei *KSM* § 19 Rz B 718 ff). Dabei folgt die Finanzierung der Pensionskassen (§ 4c) dem Anwartschaftsdeckungsverfahren, die der Unterstützungskassen (§ 4d) dem Pensionsfonds (§ 4e) dem Kapitaldeckungsverfahren (§ 4c Rz 1; § 4d Rz 2; § 4e Rz 5); (teilweise) Kapitaldeckung ergibt sich auch, wenn für die Finanzierung einer Pensionszusage von den Rückstellungsmöglichkeiten des § 6a Gebrauch gemacht wird. Bei Versorgungszusage nach § 6a und der Unterstützungskasse ist der BA-Abzug beschränkt, dafür entfällt aber der Lohnbesteuerung in der Anwartschaftsphase (nachgelagerte Besteuerung). Direktzusage und Unterstützungskasse können zu § 19-Einkünften führen, DirektVers, Pensionskasse und Pensionsfonds (externe Wege) zu solchen aus § 22.

3. Normatives Umfeld. § 4b stellt klar, dass der DirektVersAnspruch nicht dem BV des ArbG (Versicherungsnehmer) zuzurechnen ist (Aktivierungsverbot; Ergänzung zu § 4 I, IV; § 5 I) und ermöglicht den Sofortabzug der Versicherungsprämien (*HHR* § 4b Rz 4f); demggü begrenzen **§§ 4c, 4d, 4e** den Umfang des BA-Abzugs (wegen der Nähe zum Versorgungsträger).

DirektVers beruhen, wie auch die anderen Formen der betriebl Altersvorsorge, auf einem **Vertrag zw ArbG und ArbN** (Zusage und Annahme; vgl § 6a Rz 7, 8). Durch § 1 II BetrAVG ist die **Beitragszusage mit Mindestleistung** auch für die DirektVers als mögl Gestaltung eingeführt worden. Das BetrRentStärkG (BGBl I 17, 3214) hat (ab 1.1.18) die „reine Beitragszusage" eingeführt (§ 1 II Nr 2a BetrAVG; *Friedrich* BetrAV 17, 469). Nach § 1b II BetrAVG darf der ArbG das Bezugsrecht des ArbN ab Lebensalter 21 und dreijähriger Dauer des ArbVerh nicht mehr widerrufen (Rz 25); bei DirektVers durch **Entgeltumwandlung** (*Reinecke* DB 16, 651) ist dem (finanzierenden) ArbN ein unwiderrufl Bezugsrecht einzuräumen (§ 1b V BetrAVG; sofortige Unverfallbarkeit).

II. Begünstigte Zwecke

1. Lebensversicherung. – (1) Direktversicherung. Das ist eine LV zur betriebl Altersversorgung von ArbN oder deren Hinterbliebenen (§ 1b II BetrAVG; *Blomeyer* § 1b BetrAVG Rz 164f; *HHR* § 4b Rz 33). Eine LV sichert das Risiko des Todes (Todesfallversicherung) oder das Erreichen eines bestimmten Lebensalters (Erlebensfallversicherung; iE Rz 7); wesentl ist, dass das Bezugsrecht (im Unterschied zur Rückdeckungsversicherung) dem ArbN oder seinen Hinterbliebenen zusteht. Das Todesfallwagnis und/oder das Rentenwagnis müssen abgedeckt sein (§ 1 II Nr 2; § 1b II BetrAVG). Das gilt auch für § 4b (vgl EStR 4b I 1). Anders als bei der Pensionszusage (§ 6a) steht dem ArbN bei der DirektVers ein Versorgungsanspruch gegen den ArbG nicht zu. Zusage auch anlässl der Beendigung des Arb-Verh mögl (BFH X R 44/18 BFH/NV 21, 1175) – **Zweck** der Versicherung iSd § 4b muss die Alters-, Invaliditäts- oder Hinterbliebenenversorgung sein (§ 1 I 1 BetrAVG; *HHR* § 4b Rz 33; *BMF* BStBl I 09, 1172). Versicherungsnehmer ist der ArbG (= StPfl), versicherte Person der ArbN oder eine andere Person, die aus betriebl Gründen eine Versorgung erhalten soll (vgl § 17 I 2 BetrAVG); bezugsberechtigt sind die versicherte Person oder ihre Hinterbliebenen. – *(2)* **Hinterbliebene.** Das können auch Lebensgefährten einer **eheähnl Lebensgemeinschaft** sein, wenn sie in der Versorgungszusage mit Namen, Anschrift, Geburtsdatum genannt sind und eine zivilrechtl Unterhaltspflicht oder Haushaltsgemeinschaft besteht (s *BMF* BStBl I 02, 706). – *(3)* **Ausbildungs-** und **Aussteuerversicherung.** Diese sind nicht als DirektVers iSd § 4b anzusehen, da sie nicht der Versorgung des ArbN dienen. – *(4)* **Versicherungsübernahme.** Nach EStR 4b I 2 ist als DirektVers auch eine Versicherung zu behandeln, die der ArbN abgeschlossen hat und die **vom ArbG** zu einem späteren Zeitpunkt als Versicherungsnehmer übernommen wird (vgl § 4 II, III BetrAVG).

7 **2. Direktversicherungsarten.** Nach EStR 4b I sind folgende Versicherungen LV iSd § 4b (§ 1b II 1 BetrAVG): *(1) Risiko-LV* (Versicherung auf den Todesfall), *(2) Gemischte LV* (Versicherung auf den Todes- oder Erlebensfall), *(3) RV* (Versicherung auf den Erlebensfall), *(4) Berufsunfähigkeitsversicherung* jeweils iZm einer LV, *(5) Berufsunfähigkeitszusatzversicherung* (iZm einer LV), *(6) Unfallzusatzversicherung* (iZm einer Todesfallversicherung wird bei Tod durch Unfall die Versicherungsleistung erhöht), *(7) Unfallversicherung mit Prämienrückgewähr* bei Ablauf der Versicherungszeit; der LV-Charakter überwiegt (BFH I 191/59 S BStBl III 62, 101). Keine LV sind Unfallversicherungen (EStR 4b I 6).

8 **3. Art der Versicherungsleistung.** DirektVers sind mögl als Kapital- oder RV und fondsgebundene LV (EStR 4b I 5). Voraussetzung für den Abschluss einer DirektVers ist nicht, dass das Versicherungsunternehmen die Voraussetzungen des § 10 II 1 Nr 2 erfüllt.

9 **4. Arbeitgeberwechsel eines Arbeitnehmers.** In diesem Fall kann die DirektVers – ohne Neuabschluss – auf ein anderes VersUnternehmen übertragen werden; Erträge nach § 20 II Nr 6 fallen nicht an (§ 4 II BetrAVG; *BeckOK EStG* § 4b Rz 30).

III. Versicherte Personen

10 **1. Allgemeines.** § 4b begrenzt den Kreis der Personen, auf deren Leben eine DirektVers abgeschlossen werden kann, nicht auf ArbN des Unternehmens (§ 17 I 2 BetrAVG); s Rz 5; *HHR* § 4b Rz 41 f; § 6a Rz 3.

11 **2. Gesellschafter.** Für Ges'ter einer PersGes, die auch ArbN sind, kann eine DirektVers nicht abgeschlossen werden (vgl BFH GrS 1/70 BStBl II 71, 177); s auch § 6a Rz 35. Für den GmbH-Geschäftsführer kommt eine DirektVers auch dann in Betracht, wenn er beherrschender Ges'ter ist, ebenso für den Geschäftsführer einer GmbH & Co KG, sofern er nicht an der KG beteiligt ist.

12 **3. Arbeitnehmerehegatten.** Auch für ArbN, die zugleich Ehegatte eines Einzelunternehmers (BFH I R 135/80 BStBl II 83, 173) oder eines MUers (BFH I R 42/80 BStBl II 83, 405) sind, ist eine DirektVers zulässig, wenn die folgenden durch die Rspr entwickelten und von der *FinVerw* anerkannten Voraussetzungen vorliegen (dazu auch *HHR* § 4b Rz 43):

13 **a) Steuerrechtlich beachtliches Arbeitsverhältnis.** Die vertragl Hauptpflichten müssen klar und eindeutig vereinbart sein sowie entspr durchgeführt werden

(BFH X R 31/12 BStBl II 13, 1015). Eine (teilweise) unentgeltl Mitarbeit eines ArbN-Ehegatten genügt nicht.

b) Versorgungszusage. Die Zusage muss ernstl gewollt und tatsächl vollzogen sein (BFH IV R 198/84 BStBl II 87, 557; BFH X B 147/04, juris). Die Versicherungsleistungen dürfen – außer bei Berufs- und/oder Arbeitsunfähigkeit – grds frühestens bei Erreichen der Altersruhegrenzen der SV fällig werden. Die **Regelaltersgrenze** gilt grds für Männer und Frauen, da eine Differenzierung unzul ist (EuGH C 207/04 HFR 05, 1030); sie wird (frühestens) mit Vollendung des 65. Lebensjahres (§ 235 SGB VI) erreicht (s *BMF* BStBl I 16, 1427), jahresweise monatl Anhebung für ab 1947 Geborene (§ 235 II SGB VI); von vor dem 1.1.52 geborenen Frauen ausnahmsweise mit 60 Lebensjahren (§ 237a SGB VI).

c) Betriebliche Veranlassung der Versicherung. Notwendig ist ein sog **betriebsinterner Fremdvergleich** (BFH VIII R 49/12, BeckRS 2015, 95104; *BMF* BStBl II 84, 495); bei Fehlen (vergleichbarer) fremder ArbN ist ein sog **betriebsexterner Vergleich (Üblichkeitsprüfung)** vorzunehmen (BFH VIII R 106/81 BStBl II 85, 124).

d) Direktversicherung mit Entgeltumwandlung (Rz 3). Auch ArbN-Ehegatten haben wie andere „fremde" ArbN Anspruch auf Entgeltumwandlung (vgl BFH VIII R 68/06 BStBl II 08, 973). Eine DirektVers kann auch anlässl einer betriebl veranlassten Lohnerhöhung abgeschlossen werden oder bei Übernahme weiterer oder höherwertiger Aufgaben durch den ArbN-Ehegatten (vgl BFH IV R 198/84 BStBl II 87, 557 mwN).

e) Verhältnis zu „Aktivbezügen". Der Aufwand für DirektVers darf ggü dem übrigen ArbLohn bzw dem sog Barlohn nicht unangemessen hoch sein (BFH I R 220/82 BStBl II 87, 205 unter II 4c; krit *Seeger* FS Wassermeyer 2004, 81 ff).

f) Barlohnumwandlung. Wird in einem steuerl anzuerkennenden ArbVerh zw Ehegatten ein Teil des bis dahin bestehenden angemessenen Lohnanspruchs ohne Veränderung des ArbVerh iÜ in einen DirektVersSchutz umgewandelt (sog echte Barlohnumwandlung), sind die Versicherungsbeiträge betriebl veranlasst und regelmäßig **ohne Prüfung einer sog Überversorgung** als BA zu berücksichtigen (BFH VIII R 68/06 BStBl II 08, 973; gegen BFH XI R 87/93 BStBl II 95, 873 und in Abgrenzung zu Fällen zusätzl zum bis dahin bestehenden Lohnanspruch geleisteter Versicherungsbeiträge).

IV. Rechtsfolgen; Verfahren

1. Aktivierungsverbot, § 4b S 1. Für den ArbG besteht hinsichtl des Versicherungsanspruchs (zum Schutz des ArbN) ein Aktivierungsverbot, soweit der Versicherte bezugsberechtigt ist. Auch bei Beleihung oder Abtretung der Versicherungsansprüche ergibt sich keine Aktivierungspflicht (§ 4b S 2; *HHR* § 4b Rz 70 f). – Nach § 159 I VVG kann eine LV zu Gunsten eines Dritten abgeschlossen werden. Bezugsberechtigt werden idR der versicherte ArbN bzw seine Hinterbliebenen sein; auch der ArbN-Ehegatte kann bezugsberechtigte Person sein (BFH I R 135/80 BStBl II 83, 173; *HHR* § 4b Rz 48 f). Der ArbG darf nach § 1b II BetrAVG das Bezugsrecht des ArbN ab Lebensalter 21 und nach dreijähriger Dauer des ArbVerh nicht widerrufen. Versicherungsrechtl steht im Falle des widerrufl Bezugsrechts der Versicherungsanspruch bis zum Eintritt des Versicherungsfalles dem Versicherungsnehmer und danach dem Bezugsberechtigten als versicherter Person zu (s § 1 I BetrAVG). Widerruft der ArbG das Bezugsrecht, entsteht ein **Schadensersatzanspruch** des ArbN. Der **Versicherungsanspruch** kann auch **geteilt** werden (gespaltene Bezugsberechtigung). Es ist mögl, dass der ArbN oder seine Hinterbliebenen nur teilweise bezugsberechtigt sind (zB nur hinsichtl der Versicherungssumme, während die Überschussanteile dem ArbG zustehen). Bei gespaltener Bezugsberechtigung ist der Anspruch teilweise zu aktivieren. – Die Bezugsberechtigung kann auch beim **Versorgungsausgleich** anlässl der **Ehe-**

26 **2. Betriebsausgabenabzug.** Beiträge (Versicherungsprämien) zur DirektVers sind, da die Zahlungen betriebl veranlasst sind und eine Aktivierung verboten ist, für den ArbG sofort abziehbare BA (*HHR* § 4b Rz 70); das gilt mE auch für eine reine Beitragszusage (Rz 1, 3). Bei Zahlungen auf Versicherungsverträge für Angehörige ist der Abzug nur zul, wenn die Prämien iRe steuerl anzuerkennenden ArbVerh geleistet werden (s Rz 12–19). Andernfalls gehören die Ansprüche zum PV; die Beiträge sind dann, wenn sie aus dem BV geleistet werden, Entnahmen oder vGA. Dem BA-Abzug einer betriebl veranlassten DirektVers steht nicht entgegen, dass der Versicherungsanspruch gegen **Einmalbetrag** erworben wird (vgl BFH I R 209/81 BStBl II 83, 664); ein aktiver **RAP** ist nicht zu bilden, da eine kalendermäßig bestimmte Frist für die Versicherung nicht gegeben ist.

scheidung des ArbN geteilt werden, mE auch nach neuem Recht bei interner Teilung (*Briel* BetrAV 11, 338; BGH XII ZB 613/12, NJOZ 14, 882).

27 **3. Rückstellung.** Gerät der ArbG ggü dem Versicherungsunternehmen in Rückstand, hat er die Verpflichtung zur Nachentrichtung der Prämien zu passivieren (§ 5 Rz 311, 361). Kürzt das Versicherungsunternehmen die zu erbringenden Versorgungsleistung, entfällt die Verpflichtung und es entsteht ein **Schadenersatzanspruch** des ArbN gegen den ArbG (Rz 25).

30 **4. Abtretung; Beleihung; Insolvenzsicherung, § 4b S 2.** Der ArbG kann den Anspruch aus der Versicherung abtreten oder beleihen (*HHR* § 4b Rz 85f). Als Beleihung ist auch das **Policendarlehen** anzusehen, bei dem der VersicherungsGes dem Versicherungsnehmer bis zur Höhe des Rückkaufwertes eine verzinsl Vorauszahlung auf die Versicherungsleistung gewährt (BFH VI R 339/70 BStBl II 74, 237; EStH 4b). Die Abtretung oder Beleihung durch den ArbG berührt das **Aktivierungsverbot** nicht, sofern sich der ArbG der bezugsberechtigten Person ggü **schriftl verpflichtet,** sie bei Eintritt des Versicherungsfalles so zu stellen, als ob die Abtretung oder Beleihung nicht erfolgt wäre (§ 4b S 2; s auch § 1b II 3 BetrAVG).

Die Verpflichtungserklärung des ArbG nach § 4b S 2 bedarf der Schriftform und muss dem Bezugsberechtigten ausgehändigt werden (s auch *KSM* § 4b Rz C 29; aA *A/F/R* Teil 4 Rz 60). Auf welche Art der ArbG die Verpflichtung verwirklicht, bleibt ihm überlassen. Die Verpflichtung ist nicht zu passivieren. – Zur **Insolvenzsicherung** der DirektVers s §§ 7, 10 BetrAVG.

33 **5. Verfahren.** Der ArbG hat gem § 6 I 1 AltvDV der Versorgungseinrichtung (Pensionsfonds, Pensionskasse, DirektVers), die für ihn die betriebl Altersversorgung durchführt, spätestens zwei Monate nach Ablauf des Kj oder nach Beendigung des Dienstverhältnisses im Laufe des Kj gesondert je Versorgungszusage mitzuteilen, in welcher Höhe die für den einzelnen ArbN geleisteten Beiträge individuell besteuert wurden.

V. Besteuerung beim Empfänger

35 **1. Allgemeines.** Beiträge des ArbG für eine **DirektVers** (§ 4b), an eine **Pensionskasse** (§ 4c) oder einen **Pensionsfonds** (§ 4e) führen (schon in der Ansparphase) zu ArbLohn des ArbN, weil der ArbN ggü dem leistungsverpflichteten Träger der Versorgungslast einen **Rechtsanspruch** erwirbt (§ 19 I Nr 3; *Heger* BetrAV 13, 305); zur Besteuerung von Renten aus DirektVers in der Leistungsphase s Wortlaut des § 22 Nr 5 S 1; BMF BStBl I 21, 1050 Rz 148 f; *RRdL* Rz 2018; § 22 Rz 52, 53, 127). – **Beiträge** des ArbG (Ansparphase) an **Unterstützungskassen** (§ 4d) und **Pensionsrückstellungen** gem § 6a führen nicht zu stpfl ArbLohn des ArbN; auf sie besteht noch kein durchsetzbarer Rechtsanspruch.

36 **2. Arbeitslohn.** Für den ArbN sind die Beiträge ArbLohn (BFH X R 35/12 DStR 14, 2498), der aber grds (bis zu den gesetzl Höchstbeträgen) stfrei ist (§ 3 Nr 63; *RRdL* Rz 2181 f). Weil die Beiträge bereits zum Lohnzufluss geführt haben, entstehen iZm den Versorgungsleistungen keine lohnstl Pflichten; der ArbN erzielt Einkünfte aus § 22 Nr 5 (*RRdL* Rz 2018; *Höfer* BetrAVG Kap 18 Rz 103). Soweit die Erträge auf stfreien Beiträgen beruhen, sind sie gem § 19 I 1 Nr 2, § 19 II 2

Nr 2 als nachträgl ArbLohn stpfl; soweit die Erträge auf Prämienbestandteilen beruhen, die über die Höchstbeträge des § 3 Nr 63 hinausgingen, erfolgt die Besteuerung mit dem Ertragsanteil nach § 22 Nr 1 S 3a/bb (§ 22 Rz 94 ff). – Renten sind von Ruhegeldern (Ruhegehältern) abzugrenzen (*Portner* BB 15, 854). – Zur Übertragung der Versorgungsverpflichtung auf einen Pensionsfonds s § 4e Rz 4 f.

§ 4c Zuwendungen an Pensionskassen

(1) ¹Zuwendungen an eine Pensionskasse dürfen von dem Unternehmen, das die Zuwendungen leistet (Trägerunternehmen), als Betriebsausgaben abgezogen werden, soweit sie auf einer in der Satzung oder im Geschäftsplan der Kasse festgelegten Verpflichtung oder auf einer Anordnung der Versicherungsaufsichtsbehörde beruhen oder der Abdeckung von Fehlbeträgen bei der Kasse dienen. ²Soweit die allgemeinen Versicherungsbedingungen und die fachlichen Geschäftsunterlagen im Sinne des § 219 Absatz 3 Nummer 1 Buchstabe b des Versicherungsaufsichtsgesetzes nicht zum Geschäftsplan gehören, gelten diese als Teil des Geschäftsplans.

(2) Zuwendungen im Sinne des Absatzes 1 dürfen als Betriebsausgaben nicht abgezogen werden, soweit die Leistungen der Kasse, wenn sie vom Trägerunternehmen unmittelbar erbracht würden, bei diesem nicht betrieblich veranlasst wären.

Einkommensteuer-Richtlinien: EStR 4c/EStH 4c

Übersicht

	Rz
1. Regelungsbereich	1
2. Pensionskasse	2–4
3. Trägerunternehmen und versicherte Arbeitnehmer	5
4. Beschränkter Abzug von Zuwendungen an Pensionskasse, § 4c I	6, 7
5. Kein Betriebsausgabenabzug bei Zuwendungen an sich selbst, § 4c II	8
6. Kassenzuweisungen als Arbeitslohn	9–11

Schrifttum: S Schrifttum zu § 4b; *Uckermann ua* BetrAV 2014, Kap 12.

1. Regelungsbereich. Einem ArbN kann eine betriebl Altersversorgung auch 1 über eine Pensionskasse zugesagt werden (§ 1 II Nr 4 BetrAVG). § 4c regelt, unter welchen Voraussetzungen Zuwendungen an Pensionskassen durch das Trägerunternehmen abgezogen **(Abs 1)** bzw nicht abgezogen **(Abs 2)** werden können. § 4c ist eine Sonderregelung zu § 4 IV (*HHR* § 4c Rz 3, 4) und beschränkt den Abzug der an die Pensionskasse gezahlten Zuwendungen.

2. Pensionskasse. – a) Definition. In Deutschland gibt es 135 Pensionskassen 2 mit rund 170 Mrd Euro Kapitalanlagen (Stand Anfang 2020). Eine Pensionskasse ist eine regelmäßig **kapitalgedeckte rechtsfähige Versorgungseinrichtung** zur Durchführung der betriebl Altersversorgung, die dem ArbN oder seinen Hinterbliebenen auf ihre Leistungen einen **Rechtsanspruch** gewährt (§ 232 I VAG; § 1b III BetrAVG; *HHR* § 4c Rz 26); ggf besteht eine Einstandspflicht des ArbG (BAG 3 AZR 157/19 BetrAV 20, 435; *de Groot* BB 21, 1908). Eine Rückdeckungskasse ist daher keine Pensionskasse; wegen des Kreises der Begünstigten s § 4b Rz 5. Nach EStR 4c I ist auch eine rechtl unselbständige **Zusatzversorgungseinrichtung des öffentl Dienstes** iSd § 18 BetrAVG als Pensionskasse anzusehen, wenn sie einen Rechtsanspruch gewährt (zu umlagefinanzierte Versorgungskassen *Abel* DB 06, 961). **Pensionskassen** sind **ihrer Art nach Versicherungsunternehmen.** Ihre Geschäftspläne müssen von den VersAufsichtsbehörden genehmigt werden. Damit soll die jederzeitige Erfüllbarkeit der Verpflichtungen gesichert werden.

§ 4c I 2 (Einbeziehung von deregulierten Pensionskassen) dient ebenfalls diesem Zweck und soll die Gleichbehandlung aller Pensionskassen gewährleisten (*HHR* § 4c Rz 55). Auch Leistungen an **ausl Pensionskassen** können nach § 4c abgezogen werden (*BH/Stöckler* § 4c Rz 24; vgl § 22 Rz 170).

3 **b) Pensionskassen bei wirtschaftlich verbundenen Unternehmen.** Träger einer Pensionskasse können auch wirtschaftl verbundene **(Konzernpensionskassen)** und wirtschaftl nicht verbundene Unternehmen sein, die aber häufig demselben Wirtschaftszweig **(Gruppenpensionskassen)** angehören. Der steuerl Vorteil der Einrichtung einer Pensionskasse kommt nur dann zum Tragen, wenn diese stbefreit ist (vgl § 5 I Nr 3, § 6 KStG, §§ 1, 2 KStDV, § 3 Nr 9 GewStG). Wegen der danach für die Anerkennung als soziale Einrichtung (§ 5 I Nr 3b KStG) vorgeschriebenen Begrenzung der Leistungshöhe s § 2 KStDV.

4 **c) Abgrenzung zur Unterstützungskasse.** Die Pensionskasse **unterscheidet** sich von der **Unterstützungskasse** (§ 4d) vor allem dadurch, dass auf die Leistungen der Pensionskasse ein **Rechtsanspruch** besteht (§ 232 I Nr 4 VAG).

5 **3. Trägerunternehmen und versicherte Arbeitnehmer.** Um Leistungen an die Versicherten erbringen zu können, muss eine Pensionskasse nach den versicherungsrechtl Bestimmungen in der Zeit bis zum Eintritt des Versicherungsfalles **(Anwartschaftszeit)** das Deckungskapital ansammeln. Die Finanzierung erfolgt durch das Trägerunternehmen, also den ArbG (§ 4c I 1; *HHR* § 4c Rz 46), zT auch durch die versicherten ArbN. – Der ArbN ist versicherte Person und kann zugleich Versicherungsnehmer sein; insofern besteht ein Unterschied zur DirektVers (BFH VI R 61/88 BStBl II 91, 647). Der ArbN ist Inhaber des Anspruchs auf Kassenleistung. Begünstigte Personen sind der ArbN und seine Angehörigen; Teilung iRd Versorgungsausgleichs mögl (*Thurnes* BetrAV 10, 230). Auch Personen, die außerhalb eines arbeitsrechtl ArbVerh für den ArbG tätig geworden sind, können Leistungen aus der Pensionskasse empfangen (s § 17 I BetrAVG; § 4b Rz 5).

6 **4. Beschränkter Abzug von Zuwendungen an Pensionskasse, § 4c I. – a) Abzug.** Leistungen des Trägerunternehmens an die Pensionskasse (Zuschüsse, Zuwendungen; *HHR* § 4c Rz 36) sind als BA nur abziehbar, wenn sie für die Erfüllung der Aufgaben der Pensionskasse notwendig sind. Abziehbar sind nach § 4c I Zuwendungen, *(1)* die zur Erfüllung einer in der Satzung oder im Geschäftsgang der Kasse festgelegten Verpflichtung gemacht werden, *(2)* die auf Anordnung der Versicherungsaufsichtsbehörde geleistet werden oder die *(3)* der Abdeckung von Fehlbeträgen bei der Kasse dienen (*HHR* § 4c Rz 47). Die **Höhe** der erforderl Zuwendungen wird nach dem Bedarf der Kasse (Deckungsmittel) anhand versicherungsmathematischer Grundsätze ermittelt. Dabei ist ein *Rechenzinsfuß* von 3,5 % zu Grunde zu legen (*BH/Stöckler* § 4c Rz 36). Liegt eine Beitragszusage vor, kann sich keine Überdotierung ergeben, wenn lediglich die zugesagten Beiträge gezahlt werden.

7 **b) Nichtabzug.** Darüber hinausgehende Zuwendungen sind nicht als BA abziehbar (*HHR* § 4c Rz 62). Die Abzugsbeschränkung soll verhindern, dass einer Pensionskasse mehr Mittel zugeführt werden, als zur Erfüllung ihrer Aufgaben erforderl sind. Abziehbar sind lfd Zuweisungen und auch Einmalzahlungen. Eine Überdotierung der Pensionskasse (wenn das Reinvermögen die Verlustrücklagen übersteigt) führt zur teilweisen KStPflicht der Pensionskasse (§ 6 I KStG). Für die Feststellung der Überdotierung besteht keine Bindung an Entscheidungen der Versicherungsaufsichtsbehörden. Die Stpfl ist auflösend bedingt; sie entfällt nach § 6 II KStG mit Wirkung für die Vergangenheit, soweit das übersteigende Vermögen innerhalb von 18 Monaten nach dem Schluss des Wj, für das es festgestellt worden ist, mit Zustimmung der Versicherungsaufsichtsbehörde etwa durch **Rückzahlung an das Trägerunternehmen** wieder beseitigt wird. – Ggf hat das Trägerunternehmen einen Rückforderungsanspruch zu aktivieren (*HHR* § 4c Rz 62).

**5. Kein Betriebsausgabenabzug bei Zuwendungen an sich selbst, 8
§ 4c II.** Leistungen können auch an den ArbG und seine Angehörigen selbst erbracht werden; die dafür erbrachten Zuwendungen an die Kasse dürfen dann aber (mangels betriebl Veranlassung) nicht als BA abgezogen werden; der „Umweg" über die Kasse führt nicht zu BA (*Frotscher/Geurts* § 4c Rz 28; *HHR* § 4c Rz 70). Das Abzugsverbot greift nicht ein, soweit zw dem ArbG und seinen Angehörigen ein **strechtl anzuerkennendes ArbVerh** besteht (EStR 4c IV 3).

6. Kassenzuweisungen als Arbeitslohn. – a) Art der Besteuerung. Die 9
Zuweisungen des Trägerunternehmens an die Pensionskasse sind für den ArbN und bezugsberechtigte ehemalige ArbN ArbLohn und daher grds bereits bei ihrer Entrichtung vom ArbG für den ArbN zu versteuern, da die Zuwendung einen Zufluss beim ArbN darstellt (§ 11, § 2 II Nr 3 LStDV). Die **Pauschalierung nach § 40b** besteht für umlagefinanzierte Pensionskassen (Rz 2) fort (§ 40b I, II; s auch Rz 10; § 4b Rz 3, 36). Die Beitragsleistungen an Pensionskassen sind gem § 3 Nr 63 begrenzt stfrei (4% der Beitragsbemessungsgrenze 2022/West: 84600 × 4% = 3384 €; s § 3 Rz 209f). Über 4% der Beitragsbemessungsgrenze hinaus gehende Zuwendungen sind stpfl (§ 3 Nr 63); für sie kann Förderung nach § 10a und §§ 79ff beantragt werden (Rz 10). Für die Steuerfreiheit ist es nach § 1 II BetrAVG unerhebl, ob die Beiträge vom ArbG aufgebracht oder durch Entgeltumwandlung vom ArbN finanziert werden.

b) Einzahlungen in kapitalgedeckte Pensionskasse. Diese werden *(a) vor-* 10
gelagert individuell, *(b)* in Altfällen *pauschaliert* gem § 40b (§ 52 Abs 40) besteuert oder es kann *(c)* der SA-Abzug gem §§ 10a, 79ff iVm individueller Besteuerung der Beiträge (Nettoentgeltumwandlung) oder *(d)* Steuerfreiheit der Zuwendungen gem § 3 Nr 63 geltend gemacht werden (Bruttoentgeltumwandlung). **Leistungen** der Pensionskasse werden in den Fällen *(a)* und *(b)* mit dem (neuen) niedrigeren Ertragsanteil nach § 22 Nr 1 S 3a/bb besteuert. In den Fällen *(c)* und *(d)* bleiben die Beiträge unversteuert, sodass die volle nachgelagerte Besteuerung eingreift (§ 22 Nr 5; *RRdL* Rz 2008; *Höfer* BetrAVG Kap 26 Rz 11).

c) Zuwendungen an umlagefinanzierte Pensionskasse (öffentliche 11
Hand). Diese werden *(a)* individuell vorgelagert oder *(b)* pauschal nach § 40b versteuert; Gegenwertzahlungen bei Systemumstellung unterliegen nicht der LSt (BFH VI R 32/04 DB 05, 2445; *Seeger* DB 05, 2771). Für die Besteuerung beim Leistungsempfänger in der Auszahlungsphase greift § 22 Nr 1 S 3a/bb ein. §§ 10a, 79ff sind, weil diese Kassen nicht kapitalgedeckt sind (vgl § 3 Nr 63 S 1), nicht anwendbar.

§ 4d Zuwendungen an Unterstützungskassen

(1) ¹Zuwendungen an eine Unterstützungskasse dürfen von dem Unternehmen, das die Zuwendungen leistet (Trägerunternehmen), als Betriebsausgaben abgezogen werden, soweit die Leistungen der Kasse, wenn sie vom Trägerunternehmen unmittelbar erbracht würden, bei diesem betrieblich veranlasst wären und sie die folgenden Beträge nicht übersteigen:
1. **bei Unterstützungskassen, die lebenslänglich laufende Leistungen gewähren:**
   a) **das Deckungskapital für die laufenden Leistungen nach der dem Gesetz als Anlage 1 beigefügten Tabelle.** ²Leistungsempfänger ist jeder ehemalige Arbeitnehmer des Trägerunternehmens, der von der Unterstützungskasse Leistungen erhält; soweit die Kasse Hinterbliebenenversorgung gewährt, ist Leistungsempfänger der Hinterbliebene eines ehemaligen Arbeitnehmers des Trägerunternehmens, der von der Kasse Leistungen erhält. ³Dem ehemaligen Arbeitnehmer stehen andere Personen gleich, denen Leistungen der Alters-, Invaliditäts- oder Hinterbliebenenversor-

gung aus Anlass ihrer ehemaligen Tätigkeit für das Trägerunternehmen zugesagt worden sind;
b) in jedem Wirtschaftsjahr für jeden Leistungsanwärter,
   aa) wenn die Kasse nur Invaliditätsversorgung oder nur Hinterbliebenenversorgung gewährt, jeweils 6 Prozent,
   bb) wenn die Kasse Altersversorgung mit oder ohne Einschluss von Invaliditätsversorgung oder Hinterbliebenenversorgung gewährt, 25 Prozent
der jährlichen Versorgungsleistungen, die der Leistungsanwärter oder, wenn nur Hinterbliebenenversorgung gewährt wird, dessen Hinterbliebene nach den Verhältnissen am Schluss des Wirtschaftsjahres der Zuwendung im letzten Zeitpunkt der Anwartschaft, spätestens zum Zeitpunkt der Erreichens der Regelaltersgrenze der gesetzlichen Rentenversicherung erhalten können. ²Leistungsanwärter ist jeder Arbeitnehmer oder ehemalige Arbeitnehmer des Trägerunternehmens, der von der Unterstützungskasse schriftlich zugesagte Leistungen erhalten kann und am Schluss des Wirtschaftsjahres, in dem die Zuwendung erfolgt,
   aa) bei erstmals nach dem 31. Dezember 2017 zugesagten Leistungen das 23. Lebensjahr vollendet hat,
   bb) bei erstmals nach dem 31. Dezember 2008 und vor dem 1. Januar 2018 zugesagten Leistungen das 27. Lebensjahr vollendet hat oder
   cc) bei erstmals vor dem 1. Januar 2009 zugesagten Leistungen das 28. Lebensjahr vollendet hat;
soweit die Kasse nur Hinterbliebenenversorgung gewährt, gilt als Leistungsanwärter jeder Arbeitnehmer oder ehemalige Arbeitnehmer des Trägerunternehmens, der am Schluss des Wirtschaftsjahres, in dem die Zuwendung erfolgt, das nach dem ersten Halbsatz maßgebende Lebensjahr vollendet hat und dessen Hinterbliebene die Hinterbliebenenversorgung erhalten können. ³Das Trägerunternehmen kann bei der Berechnung nach Satz 1 statt des dort maßgebenden Betrags den Durchschnittsbetrag der von der Kasse im Wirtschaftsjahr an Leistungsempfänger im Sinne des Buchstabens a Satz 2 gewährten Leistungen zugrunde legen. ⁴In diesem Fall sind Leistungsanwärter im Sinne des Satzes 2 nur die Arbeitnehmer oder ehemaligen Arbeitnehmer des Trägerunternehmens, die am Schluss des Wirtschaftsjahres, in dem die Zuwendung erfolgt, das 50. Lebensjahr vollendet haben. ⁵Dem Arbeitnehmer oder ehemaligen Arbeitnehmer als Leistungsanwärter stehen andere Personen gleich, denen schriftlich Leistungen der Alters-, Invaliditäts- oder Hinterbliebenenversorgung aus Anlass ihrer Tätigkeit für das Trägerunternehmen zugesagt worden sind;
c) den Betrag des Beitrages, den die Kasse an einen Versicherer zahlt, soweit sie sich die Mittel für ihre Versorgungsleistungen, die der Leistungsanwärter oder Leistungsempfänger nach den Verhältnissen am Schluss des Wirtschaftsjahres der Zuwendung erhalten kann, durch Abschluss einer Versicherung verschafft. ²Bei Versicherungen für einen Leistungsanwärter ist der Abzug des Beitrages nur zulässig, wenn der Leistungsanwärter die in Buchstabe b Satz 2 und 5 genannten Voraussetzungen erfüllt, die Versicherung für die Dauer bis zu dem Zeitpunkt abgeschlossen ist, für den erstmals Leistungen der Altersversorgung vorgesehen sind, mindestens jedoch bis zu dem Zeitpunkt, an dem der Leistungsanwärter das 55. Lebensjahr vollendet hat, und während dieser Zeit jährlich Beiträge gezahlt werden, die der Höhe nach gleich bleiben oder steigen. ³Das Gleiche gilt für Leistungsanwärter, die das nach Buchstabe b Satz 2 jeweils maßgebende Lebensjahr noch nicht vollendet haben, für Leistungen der Invaliditäts- oder Hinterbliebenenversorgung, für

Leistungen der Altersversorgung unter der Voraussetzung, dass die Leistungsanwartschaft bereits unverfallbar ist. ⁴Ein Abzug ist ausgeschlossen, wenn die Ansprüche aus der Versicherung der Sicherung eines Darlehens dienen. ⁵Liegen die Voraussetzungen der Sätze 1 bis 4 vor, sind die Zuwendungen nach den Buchstaben a und b in dem Verhältnis zu vermindern, in dem die Leistungen der Kasse durch die Versicherung gedeckt sind;

d) den Betrag, den die Kasse einem Leistungsanwärter im Sinne des Buchstabens b Satz 2 und 5 vor Eintritt des Versorgungsfalls als Abfindung für künftige Versorgungsleistungen gewährt, den Übertragungswert nach § 4 Absatz 5 des Betriebsrentengesetzes oder den Betrag, den sie an einen anderen Versorgungsträger zahlt, der eine ihr obliegende Versorgungsverpflichtung übernommen hat.

²Zuwendungen dürfen nicht als Betriebsausgaben abgezogen werden, wenn das Vermögen der Kasse ohne Berücksichtigung künftiger Versorgungsleistungen am Schluss des Wirtschaftsjahres das zulässige Kassenvermögen übersteigt. ³Bei der Ermittlung des Vermögens der Kasse ist am Schluss des Wirtschaftsjahres vorhandener Grundbesitz mit 200 Prozent der Einheitswerte anzusetzen, die zu dem Feststellungszeitpunkt maßgebend sind, der dem Schluss des Wirtschaftsjahres folgt; Ansprüche aus einer Versicherung sind mit dem Wert des geschäftsplanmäßigen Deckungskapitals zuzüglich der Guthaben aus Beitragsrückerstattung am Schluss des Wirtschaftsjahres anzusetzen, und das übrige Vermögen ist mit dem gemeinen Wert am Schluss des Wirtschaftsjahres zu bewerten. ⁴Zulässiges Kassenvermögen ist die Summe aus dem Deckungskapital für alle am Schluss des Wirtschaftsjahres laufenden Leistungen nach der dem Gesetz als Anlage 1 beigefügten Tabelle für Leistungsempfänger im Sinne des Satzes 1 Buchstabe a und dem Achtfachen der nach Satz 1 Buchstabe b abzugsfähigen Zuwendungen. ⁵Soweit sich die Kasse die Mittel für ihre Leistungen durch Abschluss einer Versicherung verschafft, ist, wenn die Voraussetzungen für den Abzug des Beitrages nach Satz 1 Buchstabe c erfüllt sind, zulässiges Kassenvermögen der Wert des geschäftsplanmäßigen Deckungskapitals aus der Versicherung am Schluss des Wirtschaftsjahres; in diesem Fall ist das zulässige Kassenvermögen nach Satz 4 in dem Verhältnis zu vermindern, in dem die Leistungen der Kasse durch die Versicherung gedeckt sind. ⁶Soweit die Berechnung des Deckungskapitals nicht zum Geschäftsplan gehört, tritt an die Stelle des geschäftsplanmäßigen Deckungskapitals der nach § 169 Absatz 3 und 4 des Versicherungsvertragsgesetzes berechnete Wert, beim zulässigen Kassenvermögen ohne Berücksichtigung des Guthabens aus Beitragsrückerstattung. ⁷Gewährt eine Unterstützungskasse an Stelle von lebenslänglich laufenden Leistungen eine einmalige Kapitalleistung, so gelten 10 Prozent der Kapitalleistung als Jahresbetrag einer lebenslänglich laufenden Leistung;

2. bei Kassen, die keine lebenslänglich laufenden Leistungen gewähren, für jedes Wirtschaftsjahr 0,2 Prozent der Lohn- und Gehaltssumme der Trägerunternehmens, mindestens jedoch den Betrag der von der Kasse in einem Wirtschaftsjahr erbrachten Leistungen, soweit dieser Betrag höher ist als die in den vorangegangenen fünf Wirtschaftsjahren vorgenommenen Zuwendungen abzüglich der in dem gleichen Zeitraum erbrachten Leistungen. ²Diese Zuwendungen dürfen nicht als Betriebsausgaben abgezogen werden, wenn das Vermögen der Kasse am Schluss des Wirtschaftsjahres das zulässige Kassenvermögen übersteigt. ³Als zulässiges Kassenvermögen kann 1 Prozent der durchschnittlichen Lohn- und Gehaltssumme der letzten drei Jahre angesetzt werden. ⁴Hat die Kasse bereits zehn Wirtschaftsjahre bestanden, darf das zulässige Kassenvermögen zusätzlich die Summe der in

§ 4d Zuwendungen an Unterstützungskassen

den letzten zehn Wirtschaftsjahren gewährten Leistungen nicht übersteigen. ⁵Für die Bewertung des Vermögens der Kasse gilt Nummer 1 Satz 3 entsprechend. ⁶Bei der Berechnung der Lohn- und Gehaltssumme des Trägerunternehmens sind Löhne und Gehälter von Personen, die von der Kasse keine nicht lebenslänglich laufenden Leistungen erhalten können, auszuscheiden.

²Gewährt eine Kasse lebenslänglich laufende und nicht lebenslänglich laufende Leistungen, so gilt Satz 1 Nummer 1 und 2 nebeneinander. ³Leistet ein Trägerunternehmen Zuwendungen an mehrere Unterstützungskassen, so sind diese Kassen bei der Anwendung der Nummern 1 und 2 als Einheit zu behandeln.

(2) ¹Zuwendungen im Sinne des Absatzes 1 sind von dem Trägerunternehmen in dem Wirtschaftsjahr als Betriebsausgaben abzuziehen, in dem sie geleistet werden. ²Zuwendungen, die bis zum Ablauf eines Monats nach Aufstellung oder Feststellung der Bilanz des Trägerunternehmens für den Schluss eines Wirtschaftsjahres geleistet werden, können von dem Trägerunternehmen noch für das abgelaufene Wirtschaftsjahr durch eine Rückstellung gewinnmindernd berücksichtigt werden. ³Übersteigen die in einem Wirtschaftsjahr geleisteten Zuwendungen die nach Absatz 1 abzugsfähigen Beträge, so können die übersteigenden Beträge im Wege der Rechnungsabgrenzung auf die folgenden drei Wirtschaftsjahre vorgetragen und im Rahmen der für diese Wirtschaftsjahre abzugsfähigen Beträge als Betriebsausgaben behandelt werden. ⁴§ 5 Absatz 1 Satz 2 ist nicht anzuwenden.

(3) ¹Abweichend von Absatz 1 Nummer 1 Satz 1 Buchstabe d und Absatz 2 können auf Antrag der insgesamt erforderlichen Zuwendungen an die Unterstützungskasse für den Betrag, den die Kasse an einen Pensionsfonds zahlt, der eine ihr obliegende Versorgungsverpflichtung ganz oder teilweise übernommen hat, nicht im Wirtschaftsjahr der Zuwendung, sondern erst in den dem Wirtschaftsjahr der Zuwendung folgenden zehn Wirtschaftsjahren gleichmäßig verteilt als Betriebsausgaben abgezogen werden. ²Der Antrag ist unwiderruflich; der jeweilige Rechtsnachfolger ist an den Antrag gebunden.

Anlage 1 zu § 4d Absatz 1:

Tabelle für die Errechnung des Deckungskapitals für lebenslänglich laufende Leistungen von Unterstützungskassen

Erreichtes Alter des Leistungsempfängers (Jahre)	Die Jahresbeiträge der laufenden Leistungen sind zu vervielfachen bei Leistungen	
	an männliche Leistungsempfänger mit	an weibliche Leistungsempfänger mit
1	2	3
bis 26	11	17
27 bis 29	12	17
30	13	17
31 bis 35	13	16
36 bis 39	14	16
40 bis 46	14	15
47 und 48	14	14
49 bis 52	13	14
53 bis 56	13	13
57 und 58	13	12
59 und 60	12	12

Übersicht § 4d

Erreichtes Alter des Leistungsempfängers (Jahre)	Die Jahresbeiträge der laufenden Leistungen sind zu vervielfachen bei Leistungen	
	an männliche Leistungsempfänger mit	an weibliche Leistungsempfänger mit
1	2	3
61 bis 63	12	11
64	11	11
65 bis 67	11	10
68 bis 71	10	9
72 bis 74	9	8
75 bis 77	8	7
78	8	6
79 bis 81	7	6
82 bis 84	6	5
85 bis 87	5	4
88	4	4
89 und 90	4	3
91 bis 93	3	3
94	3	2
95 und älter	2	2

Einkommensteuer-Richtlinien: EStR 4d/EStH 4d – *Verwaltungsanweisungen:* OFD Nds DB 06, 644 (zur Portabilität); *BMF* BStBl I 10, 1303 (Versorgungsausgleich); *BMF* BStBl I 11, 1084 (Versorgungsausgleich)

Übersicht

Rz

I. Allgemeines
1. Regelungsbereich 1
2. Beschränkter Betriebsausgabenabzug 2

II. Unterstützungskassen
1. Rechtsform und Ausgestaltung 3
2. Begünstigter Personenkreis 4

III. Abziehbare Zuwendungen für lebenslänglich laufende Leistungen, § 4d I 1 Nr 1
1. Abziehbare Zuwendungen 7
2. Zuwendungen zum Deckungskapital für laufende Leistungen, § 4d I 1 Nr 1 S 1 Buchst a 8
3. Zuwendungen zum Reservepolster für Leistungsanwärter, § 4d I 1 Nr 1 S 1 Buchst b 9–12
4. Zulässiges Kassenvermögen 13–15
5. Beiträge zur Rückdeckungsversicherung 16
6. Abfindungen, § 4d I 1 Nr 1 S 1 Buchst d; Übernahme von Versorgungsverpflichtungen 17

IV. Abziehbare Zuwendungen für nicht lebenslänglich laufende Leistungen, § 4d I 1 Nr 2
1. Notstandsleistungen 18
2. Regelzuwendungen 19
3. Ersatz der Leistungen 20
4. Zulässiges Kassenvermögen 21

V. Besonderheiten des Betriebsausgabenabzugs
1. Zuwendungen an mehrere/an gemischte Kassen, § 4d I 2, 3 22
2. Abzug und Nachholung, § 4d II 1, 2 23
3. Aktive Rechnungsabgrenzung, § 4d II 3 24
4. Partielle Steuerpflicht überdotierter Unterstützungskassen 25
5. Änderung des Durchführungswegs, § 4d III 26

VI. Besteuerung beim Arbeitnehmer 27

§ 4d 1 Zuwendungen an Unterstützungskassen

Schrifttum (Aufsätze vor 2017 s Vorauflagen): *Uckermann ua* BetrAV 2014, Kap 10. – *Buttler/Baier* StI Behandlung von Unterstützungskassen, 6. Aufl 2014; s auch Schrifttum zu § 4b. – *Jungblut* ua, Was tun mit historischen Unterstützungskassen? BetrAV 17, 131; *Beckstette/Blome*, Fondsgebundene Rückdeckungsversicherungen in der Unterstützungskasse, BetrAV 20, 186.

I. Allgemeines

1. Regelungsbereich. Die Unterstützungskasse ist der älteste, aber auch der wirtschaftl unbedeutendste Durchführungsweg der betriebl Altersversorgung (s § 4b Rz 1); sie ist eine rechtsfähige Versorgungseinrichtung, die die Durchführung einer Versorgungszusage für einen ArbG organisiert, die aber auf ihre Leistungen keinen Rechtsanspruch gewährt (§ 1b IV BetrAVG; Rz 3). § 4d regelt den Umfang des BA-Abzugs bei einer Unterstützungskasse (Zuwendungen zum Deckungskapital für lfd Leistungen und zum Reservepolster für Anwartschaften). Da kein Rechtsanspruch auf Leistungen besteht, sind die Dotierungsmöglichkeiten der Unterstützungskasse restriktiv (*BH/Stöckler* § 4d Rz 2). Im Unterschied zur pauschaldotierten Unterstützungskasse, bei der sich eine Unterdeckung ergeben kann (*Alt/Stadelbauer* StuB 11, 731), ist bei der **rückgedeckten Unterstützungskasse** („outside funding") eine vollständige und periodengerechte Ausfinanzierung der Versorgungsleistungen mögl (*Höfer* BetrAVG Kap 9 Rz 292; zur Vorteilhaftigkeit *Harte/Kesting/Leser* BB 06, 131). Bei kongruenter Rückdeckung sind Regelzuwendungen nicht zul (*BH/Stöckler* § 4b Rz 121). Die **Beitragszusage mit Mindestleistung** ist für die Unterstützungskasse nicht zugelassen. Unterstützungskassen sind – wegen des Ausschlusses eines Rechtsanspruchs auf ihre Leistungen – in der Anlage ihres Vermögens frei. Sie überlassen es meist kreditweise dem oder den Trägerunternehmen, die dadurch bei unveränderter Liquidität einen erhebl steuerl Vorteil erzielen können. Während sich bei Pensionskassen die Ansammlung des Deckungskapitals nach dem **Anwartschaftsdeckungsverfahren** (Ansammlung des Deckungskapitals für die Leistungen während der Anwartschaftszeit) vollzieht, wird bei den Unterstützungskassen (für Leistungsempfänger) die Finanzierung des Deckungskapitals grds nach dem sog **Kapitaldeckungsverfahren** (Zuwendung des Deckungskapitals für die Leistungen erst im Zeitpunkt des Leistungsfalls) gestattet; daneben darf zusätzl (für Leistungsanwärter) ein **Reservepolster** gebildet werden, das sich nach den voraussichtl Kassenleistungen bemessen muss. Das zul Kassenvermögen darf nicht überschritten werden.

Abzugsbegrenzungen (Übersicht):

	Unterstützungskassen, die lebenslängl lfd Leistungen gewähren				Unterstützungskassen, die keine lebenslängl lfd Leistungen gewähren
	Leistungsanwärter			Leistungsempfänger	
	Unterstützungskassen, die nur Invaliditäts- oder nur Hinterbliebenenversorgung gewähren	Unterstützungskassen, die eine Altersversorgung gewähren			
Jährliche Zuwendungen:					
Bei pauschal dotierter UK	6 % der Jahresrente (Reservepolster)	25 % der Jahresrente (Reservepolster)		das Deckungskapital für lfd Leistungen	0,2 % der Lohn- und Gehaltssumme

	Unterstützungskassen, die lebenslängl lfd Leistungen gewähren		Unterstützungskassen, die keine lebenslängl lfd Leistungen gewähren
	Leistungsanwärter	Leistungsempfänger	
Bei rückgedeckter UK	alternativ: Beitrag für eine entspr Rückdeckungsversicherung		
Insgesamt zulässiges Kassenvermögen:			
Bei pauschal dotierter UK	Deckungskapital der lfd Leistungen + das achtfache der Regelzuwendung		1,0 % der Lohn- und Gehaltssumme
Bei rück- gedeckter UK	alternativ: Deckungskapital der Rückdeckungsversicherung		

2. Beschränkter Betriebsausgabenabzug. Die Beitragsleistungen müssen betrieb iSd § 4 IV veranlasst sein (BFH X R 30/12 BFH/NV 16, 203; § 4b Rz 3); Fremdvergleichsgrundsätze sind zu beachten (BFH X R 32/18 BStBl II 21, 434 *Weber-Grellet* jurisPR-ArbR 34/21 Anm 7), beim beherrschenden Ges'tergeschäftsführer auch die sog Erdienensdauer (idR 10 Jahre; BFH I R 33/15 BStBl II 17, 66; *Prost/Veh* BetrAV 16, 658; krit *Manhart/Mische* BB 16, 2791; § 6a Rz 23). Die Zuwendungen sind nur iRd jeweiligen Höchstbeträge abziehbar (Bedarfsgrenze): – *(1)* Zum **Deckungskapital** für **lfd Leistungen** nach Maßgabe des Vervielfältigers in Anlage 1 zum EStG (§ 4d I 1 Nr 1 S 1 Buchst a; Rz 8). – *(2)* Zum **Reservepolster für Leistungsanwartschaften** jährl für jeden Leistungsanwärter *(a)* bei Leistung von Altersversorgung mit und ohne Einschluss von Invaliditäts- oder Hinterbliebenenversorgung 25% und *(b)* bei Leistung nur von Invaliditäts- oder Hinterbliebenenversorgung 6% des Durchschnittsbetrages der jährl mögl Leistungen (§ 4d I 1 Nr 1 S 1 Buchst b; Rz 9); – *(3)* **Jahresprämie für eine Rückdeckungsversicherung,** soweit solche abgeschlossen worden ist (§ 4d I 1 Nr 1 S 1 Buchst c; Rz 16); – *(4)* **Ablösungs- und Abfindungsbeträge,** die vor Eintritt des Versorgungsfalles an einen anderen Versorgungsträger bei Übernahme der Versorgungsleistung geleistet werden (§ 4d I 1 Nr 1 S 1 Buchst d; Rz 17). Neben diesen Zuwendungen iSd § 4d (Definition s Rz 7) darf das Trägerunternehmen die **Verwaltungskosten der Kasse** übernehmen und als Ersatz dafür an die Kasse geleistete Zahlungen als BA abziehen (Rz 7). § 4d I 1 Nr 2 regelt den Abzug für sog Notstandsleistungen. – Die Abziehbarkeit sämtl Zuwendungen ist weiter durch das zulässige Kassenvermögen begrenzt (Vermögensgrenze; Rz 13, 21). – § 4d II, III bestimmt den BA-Abzug in zeitl Hinsicht, die Behandlung von Zuwendungen nach dem Bilanzstichtag, den Vortrag überhöhter Zuwendungen auf folgende Wj und die Verteilung der Zuwendungen bei Verpflichtungsübernahme. Die sog Überversorgungsgrenze von 75% (§ 6a Rz 57) gilt auch bei § 4d (BFH VIII R 6/15 BStBl II 19, 197; krit *Briese* BetrAV 21, 399); eine jährl Steigerungsrate von mehr als 3% kann schädl sein.

II. Unterstützungskassen

1. Rechtsform und Ausgestaltung. Die Unterstützungskasse ist gesetzl als Versorgungseinrichtung definiert, „die auf ihre Leistungen keinen Rechtsanspruch gewährt" (§ 1b IV BetrAVG; BFH I R 6/12 BFH/NV 13, 1817; *HHR* § 4b Rz 21). Der gesetzl Ausschluss der Rechtsansprüche auf Unterstützungskassenleistungen steht in einem sachl und systematischen Zusammenhang mit der Freistellung der Unterstützungskassen von der **Versicherungsaufsicht,** der Begrenzung der als BA abzugsfähigen **Zuführungen** des Träger-Unternehmens nach Maßgabe des Kapitaldeckungsverfahrens und der Nichterhebung von **LSt auf die Zuführungen** (während die Zuführungen zur Pensionskasse der LSt unterliegen). Eine Unterstützungskasse muss rechtsfähig sein und wird üblicherweise als eingetragener Verein, GmbH oder Stiftung betrieben. Wesentl Merkmal ist im Unterschied zur Pensionskasse, dass ein **Rechtsanspruch auf die Leistungen ausgeschlossen** ist (§ 3 KStDV; *Ulbrich* BetrAV 15, 546). In den Fällen der **Entgeltumwandlung** (s § 4b Rz 3), die bei Unterstützungskassen wegen des fehlenden Rechtsanspruchs kaum vorkommt, behält der ArbN seine Anwartschaft, auch wenn sein ArbVerh vor dem Eintritt des Versorgungsfalles endet (§ 1b V BetrAVG; BFH X R 30/11 BFH/NV 13, 1393). Zuwendungen an die Unterstützungskasse werden ausschließl durch das Trägerunternehmen geleistet, nicht auch durch die ArbN (vgl § 1a BetrAVG; *HHR* § 4b Rz 11). Die Zuwendungen der Trägerunternehmen sind bei der Kasse BE, deren Leistungen BA (BFH I R 110/09 BStBl II 14, 119).

4 **2. Begünstigter Personenkreis.** Dieser deckt sich mit dem bei der DirektVers und bei der Pensionskasse (s § 4b Rz 5), auch ein Ges'tergeschäftsführer (*Intemann* BetrAV 14, 525; *HHR* § 4b Rz 43). Der **Unternehmer** kann nach Wortlaut des § 4d I 1 Nr 1 S 1 Buchst b S 2 nicht Leistungsanwärter (noch Leistungsempfänger) sein.

III. Abziehbare Zuwendungen für lebenslänglich laufende Leistungen, § 4d I 1 Nr 1

7 **1. Abziehbare Zuwendungen.** Zuwendungen sind einseitige Vermögensübertragungen des Trägerunternehmens an die Unterstützungskasse; davon zu unterscheiden sind Leistungen des Trägerunternehmens auf Grund zweiseitiger Verträge (BFH GrS 6/71 BStBl II 73, 79; *Uckermann ua* BetrAV 2014, Kap 10 Rz 11). **Lebenslängl lfd Leistungen**, die von den Unterstützungskassen idR erbracht werden, sind Alters-, Invaliden- und Witwenrenten, die nicht von vornherein auf eine bestimmte Zeit begrenzt sind. Der **Vorbehalt eines Widerrufs,** etwa für den Fall der Wiederverheiratung einer Witwe oder Wiederaufnahme der Arbeit nach Wiedererlangung der Arbeitsfähigkeit, berühren nicht die Eigenschaft der Renten als lebenslängl lfd Leistungen (EStR 4d II 8; BFH I R 6/12 BFH/NV 13, 1817). Die lebenslängl lfd Leistungen dienen dem Zweck, die Altersversorgung der Empfänger zu sichern; davon zu unterscheiden sind sog Notfallleistungen zur Behebung konkreter Notstandslagen (s Rz 17). Auch Kapitalleistungen bzw Kapitalleistungen geringeren Umfangs können dem **Versorgungszweck** dienen und deshalb gem § 4d I 1 Nr 1 S 7 lebenslängl lfd Leistungen sein (BFH II R 77/91 BStBl II 95, 21; iEinz EStR 4d II). Zuwendungen sind beim Trägerunternehmen nur als **BA** abziehbar, wenn die sich aus § 4d I 1 Nr 1 S 1 Buchst a–d ergebenden **Betragsgrenzen** nicht überschritten werden und wenn – soweit sich aus § 4d I 1 Nr 1 S 2 ergibt – das (aE des Wj) insgesamt zul Kassenvermögen der Unterstützungskasse nicht überschritten wird (s Rz 2). Soweit Zuwendungen eine **Überdotierung** bewirken, sind sie nicht abziehbar, können aber unter den Voraussetzungen des § 4d II 3 auf die drei folgenden Wj vorgetragen werden. Tritt eine Überdotierung nicht ein, und sind die Voraussetzungen einer Zuwendung nach § 4d I 1 Nr 1 S 1 Buchst c nicht gegeben, wohl aber die für einen Abzug nach § 4d I 1 Nr 1 S 1 Buchst b, so steht der Abschluss einer **Rückdeckungsversicherung** dem Abzug nicht entgegen. Auch Zahlungen zur Übernahme der **Verwaltungskosten der Kasse** können als BA (§ 4 IV) vom Trägerunternehmen abgezogen werden (*BMF* BStBl I 96, 1435; *Buttler* BB 97, 1661). – Der **Zeitpunkt** auf den die abzuziehenden Zuwendungen zu ermitteln sind, ist grds der **Bilanzstichtag.**

8 **2. Zuwendungen zum Deckungskapital für laufende Leistungen, § 4d I 1 Nr 1 S 1 Buchst a.** Für jeden Leistungsempfänger ist nach der dem EStG als Anlage 1 (abgedruckt nach § 4d) beigefügten Vervielfältigungstabelle ein Deckungskapital zu ermitteln (*HHR* § 4b Rz 54). Nur ehemalige ArbN kommen als

Leistungsempfänger** in Betracht (§ 4d I 1 Nr 1 S 1 Buchst a S 2), nicht aktive ArbN. Sofern ArbN infolge Invalidität oder Erreichen der Altersgrenze Versorgungsleistungen nach § 4d erhalten, aber gleichwohl (in vollem Umfang) im Betrieb weiter arbeiten, sind sie keine ehemaligen ArbN; für sie kommen Zuwendungen zum Reservepolster in Betracht (vgl *Doetsch* BB 95, 2553). Soweit sie teilweise weiter arbeiten, sind sie „teilweise" ehemalige ArbN, sodass Zuwendungen zum Deckungskapital zur Finanzierung der **Teilrente** abziehbar bleiben (s auch *BMF* BStBl I 96, 1435 unter B 2; *KSM* § 4d Rz B 80). Das Deckungskapital richtet sich nach dem Alter des Leistungsempfängers zu Beginn der Leistungen und nach dem Jahresbetrag der Leistungen, die **nach dem Leistungsplan** der Kasse vorgesehen sind. Die Tabelle beruht auf einem **Rechenzinsfuß von 5,5 %**. Für Männer ergeben sich höhere Jahresbeträge, weil die Tabelle zugleich auf der Annahme basiert, dass nach dem Ableben des männl Leistungsempfängers noch iHv 60 % der reinen Mannesrente Witwenrente zu leisten sein wird. Das Alter des Leistungsempfängers ist nach §§ 187, 188 BGB zu bestimmen (EStR 4d III 5). Wird eine Leistung erhöht, erhöht sich das Deckungskapital entspr. Nach § 4d I 1 Nr 1 S 1 Buchst c können Zuwendungen als BA abgezogen werden, die das Deckungskapital für die lebenslängl lfd Leistungen nicht übersteigen. Für die Zuwendung gilt kein Nachholverbot. Die Beträge brauchen nicht im Jahre des Beginns der Leistungen in einem Betrag zugewendet werden, sondern können solange (verteilt) zugewendet werden, wie die Leistungen noch laufen, also bis zum Tod des Leistungsempfängers; hinsichtl der Zuwendungen zum Reservepolster gilt dies nicht.

3. Zuwendungen zum Reservepolster für Leistungsanwärter § 4d I 1 Nr 1 S 1 Buchst b. – a) Allgemeines; Schriftform. Die Unterstützungskasse kann vorab aus Zuweisungen des Trägerunternehmens für Leistungsanwärter ein Reservepolster bilden (§ 4d I 1 Nr 1 S 1 Buchst b; *HHR* § 4b Rz 71). Die Abzugsfähigkeit der Zuwendungen für das Reservepolster ist nicht vom Bestehen eines Leistungsplans abhängig (BFH I R 22–23/87 BStBl II 90, 1088). Für die Bemessung der Zuwendungen zum Reservepolster ist die Verhältnisse am Schluss des Wj maßgebend (*BMF* BStBl I 94, 18).

Die Leistungen, für die das Reservepolster gebildet wird, müssen schriftl zugesagt worden sein (§ 4d I 1 Nr 1 S 1 Buchst b S 2). Die **Schriftform der Zusage** erfordert individuelle schriftl Mitteilung oder eine andere allg Bekanntmachung des Leistungsplans (iEinz BFH I R 6/12 BFH/NV 13, 1817; s auch § 6a Rz 15).

b) Summe der erreichbaren Endrenten als Bemessungsgrundlage. Die Zuwendungen zum Reservepolster (Rz 1) bemessen sich nach den verschiedenen Leistungen der Unterstützungskasse (EStR 4d IV). Nach § 4d I 1 Nr 1 S 1 Buchst b kann nur (noch) der **durchschnittl Betrag der jährl Versorgungsleistungen,** den die Leistungsanwärter bzw deren Hinterbliebene erhalten können, dem **Reservepolster** zugeführt werden. Leistungsanwartschaft setzt **Mindestalter** voraus, bei vor 2009 zugesagten Leistungen 28 Jahre, ab 2009 27 Jahre, ab 2018 23 Jahre (§ 4d I 1 Nr 1 S 1 Buchst b S 2; BT-Drs 18/6283); Entsprechendes gilt, soweit Hinterbliebenenversorgung gewährt wird. § 4d deckt sich insoweit mit § 6a II, III. – Statt der Ermittlung des Zuführungsbetrags zum Reservepolster anhand der jährl mögl Leistungen darf nach § 4d I 1 Nr 1 S 1 Buchst b S 3–5 aus Vereinfachungsgründen der **Durchschnittsbetrag** der nach § 4d I 1 Nr 1 S 1 Buchst a im Wj tatsächl gewährten individuellen Leistungen je Leistungsanwärter zu Grunde gelegt werden (schriftl Zusage auch insoweit erforderl; BFH I R 110/09 BStBl II 14, 119). An die Ausübung der **Wahl der Berechnungsmethode** zur Dotierung des Reservepolsters ist das Trägerunternehmen **fünf Jahre gebunden** (*BMF* DStR 93, 566). Erfolgen Zuwendungen an mehrere Kassen, sind diese für die Ermittlung der Zuwendungsgrenze als Einheit zu betrachten (BFH I R 187/84 BStBl II 90, 210). Um **Missbräuche** der Vereinfachungsregelung zu **vermeiden,** schreibt § 4d

I 1 Nr 1 S 1 Buchst b S 4 vor, dass nur solche Leistungsanwärter bei der Ermittlung des Durchschnittsbetrags zu berücksichtigen sind, die im Jahr der Zuwendung das 50. **Lebensjahr** vollendet haben.

11 **c) Höhe der Zuwendungen.** Diese richtet sich nach der Zahl der Leistungsanwärter und der Art der Versorgungsleistungen. Für jeden Leistungsanwärter kann eine Zuwendung von 25 % des Durchschnittsbetrages der mögl künftigen Leistungen (s Rz 10) gemacht werden, wenn die Kasse Altersversorgung (mit oder ohne Einschluss von Invaliditäts- oder Hinterbliebenenversorgung) gewährt, und iHv 6 % des Durchschnittsbetrags, wenn die Kasse nur eine Invaliditäts- oder nur eine Hinterbliebenenversorgung vorsieht. Wird für bestimmte Personenkreise des Trägerunternehmens teils eine Altersversorgung teils eine Invaliditäts- oder Hinterbliebenenversorgung gewährt, so ist für die verschiedenen Versorgungsbereiche eine besondere Berechnung vorzunehmen (EStR 4d IV 9; *Stuhrmann* BB 87, 2137). Hinzu kommen Abfindungsbeträge und Prämien für Rückdeckungsversicherungen (vgl Rz 16).

12 **d) Leistungsanwärter.** Das sind nach § 4d I 1 Nr 1 S 1 Buchst b alle ArbN, ehemaligen ArbN und ihnen gleichgestellte Personen des Trägerunternehmens, denen eine schriftl Versorgungszusage erteilt worden ist (BFH I R 110/09 BStBl II 14, 119); auch Auszubildende können bereits Leistungsanwärter sein. Leistungsanwärter müssen ein **Mindestalter** erreicht haben (s iEinz Rz 10). Nach § 4d I 1 Nr 1 S 1 Buchst b gilt als Leistungsempfänger für Hinterbliebenenversorgung nicht die Person, die später die Hinterbliebenenbezüge erhalten wird, sondern die Person, deren Hinterbliebene die Hinterbliebenenversorgung erhalten können; ob diese Person überhaupt Angehörige hat, ist nicht zu prüfen. Scheiden ArbN mit unverfallbaren Versorgungsrechten aus dem Trägerunternehmen aus, bleiben sie Leistungsanwärter, bis die Kasse nicht mehr mit der Inanspruchnahme rechnen muss (EStR 4d V). Die Kasse braucht allerdings keine Nachforschungen anzustellen, bevor der Altersgrenze erreicht ist.

13 **4. Zulässiges Kassenvermögen.** Nach § 4d 1 I Nr 1 S 2 dürfen Zuwendungen zum Deckungskapital (Rz 8) und zum Reservepolster (Rz 9–12) nicht als BA abgezogen werden, wenn das Vermögen der Kasse zu hoch wird **(Überdotierung).** § 4d I 1 Nr 1 S 2 verhindert die Privilegierung rückgedeckter Kassen. Eine Überdotierung tritt dann stets ein, wenn das tatsächl das zulässige Kassenvermögen übersteigt (FG RhPf EFG 12, 1436); bei mehreren Trägerunternehmen ist eine kassenbezogene (und keine segmentierende) Betrachtung vorzunehmen (BFH I R 37/13 BStBl II 15, 813; krit *Höfer* BetrAVG Kap 35 Rz 94; zu Lösungen *Hartmann* BetrAV 17, 392/396). Zur Ermittlung des zul Kassenvermögens sind auch bei einer rückgedeckten Kasse Vermögenserträge nicht anzusetzen (BT-Drs 13/901, 131).

14 **a) Berechnung.** Zul Kassenvermögen ist gem § 4d I 1 Nr 1 S 4 die Summe aus dem Deckungskapital für alle am Schluss des Wj lfd Leistungen nach der dem Gesetz als Anl 1 beigefügten Tabelle für Leistungsempfänger iSd S 1 Buchst a (Rz 8) und dem Achtfachen der nach S 1 Buchst b abzugsfähigen Zuwendungen zum Reservepolster (Rz 9). Wenn für Leistungen der Unterstützungskasse eine **Rückdeckungsversicherung** abgeschlossen ist, mindert dies das zul Kassenvermögen dadurch, dass an die Stelle des Reservepolsters der Wert der Rückdeckungsversicherung tritt (iEinz s *Schmidt* 34. Aufl § 4d Rz 14; EStR 4d VI f).

Das zul Kassenvermögen nach den § 4d I 1 Nr 1 und Nr 2 (Rz 17) ist einheitl zu ermitteln und insgesamt mit dem tatsächl Kassenvermögen zu vergleichen (§ 4d I 3; EStR 4d XIII); mehrere Unterstützungskassen eines Unternehmens sind stets als Einheit zu behandeln (BFH I R 187/84 BStBl II 90, 210). Wird die Versicherungsleistung aus der RückdeckungsVers vor Eintritt des Versorgungsfalles fällig, wird der Anspruch aus Billigkeitsgründen bis zum Beginn der Versorgungsleistungen zum zul Kassenvermögen gerechnet (*BMF* BStBl I 96, 1435 unter G).

Str ist, ob bei der Berechnung auf das Wj des Trägerunternehmens oder auf das Wj der Unterstützungskasse abzustellen ist. EStR 4d XIII geht von dem Wj der Kasse aus. Nach *Heubeck ua* BetriebsrentenG, Bd II, § 19 Rz 178 handelt es sich dem Wortlaut nach um das Wj des Trägerunternehmens. ME ist den EStR zu folgen; denn zu vergleichen ist das Vermögen der Kasse, sodass auch vom Wj der Kasse auszugehen ist.

b) Vorhandenes Kassenvermögen. Das ist der Unterschied zw Vermögensgegenständen und Schulden der Kasse. Das Vermögen ist grds mit dem gemeinen Wert, **Grundbesitz** ab 1996 mit 200 % des Einheitswertes anzusetzen (§ 4d I 1 Nr 1 S 3). Die Erhöhung des Wertansatzes für Grundbesitz bezweckt, Bewertungsungleichheiten im Hinblick auf die geringere Werterfassung durch die Einheitswerte des Grundbesitzes zu mildern und darauf beruhende Gestaltungsspielräume einzuengen. Nach § 4d I 1 Nr 1 S 3 werden Versicherungsansprüche unabhängig davon, ob sie fällig sind, mit dem geschäftsplanmäßigen Deckungskapital bzw dem Wert iSd § 169 III, IV VVG bewertet, und zwar zuzügl des Guthabens aus Beitragsrückerstattung (FG RhPf EFG 12, 1436). Die künftig zu erbringenden Leistungen sind nicht als Schuldposten abzuziehen (§ 4d I 1 Nr 1 S 2), da auf diese kein Rechtsanspruch besteht. **15**

5. Beiträge zur Rückdeckungsversicherung. Unterstützungskassen können schon für die späteren Leistungen an ihre Leistungsanwärter Rückdeckungsversicherungen abschließen und die **Jahresprämien** nach **§ 4d I 1 Nr 1 S 1 Buchst c** als BA abziehen *(Beckstette/Blome* BetrAV 20, 186). Wenn der Versorgungsfall eintritt, zahlt die Unterstützungskasse die Versorgungsleistungen aus den Versicherungsleistungen. Durch die Versicherung kann die von der Unterstützungskasse zu erbringende Leistung voll abgedeckt sein (**kongruente Rückdeckung;** dazu *Thierer* BetrAV 09, 115) oder nur teilweise **(partielle Rückdeckung);** allerdings muss die Versicherung grds bis zu dem Zeitpunkt abgeschlossen werden, zu dem erstmals Leistungen vorgesehen sind (BFH VIII R 98/02 BFH/NV 05, 1768). Die Aufbringung der Mittel für die Versorgungsleistungen anhand einer Rückdeckungsversicherung bedeutet, dass die Unterstützungskasse schon in einer Art **Anwartschaftsdeckungsverfahren** (ähnl der Pensionskasse), nicht erst im **Kapitaldeckungsverfahren** (vgl Rz 1) finanziert wird. **16**

Bei kongruenter Deckung sind demgemäß die Regelzuwendungen (sowohl Zuwendungen zum Deckungskapital als auch zum Reservepolster) nicht zul (vgl zur Rechtsentwicklung insoweit *Buttler* BB 97, 1661). Bei partieller Deckung sind die Regelzuuwendungen zu kürzen (s „soweit" in § 4d I 1 Nr 1 S 5); das Verhältnis des rückgedeckten Teils zur gesamten Leistung der Kasse kann durch Vergleich des Barwertes der Versicherungsleistungen mit dem Barwert der Kassenleistungen ermittelt werden, ggf durch Schätzung.

Zuwendungen für Rückdeckungsversicherungen sind an folgende **Voraussetzungen** gebunden worden *(Thierer* BetrAV 09, 115): – *(1)* Versorgungsleistungen an Leistungsempfänger oder **schriftl Zusage** von Versorgungsleistungen an Leistungsanwärter (§ 4d I 1 Nr 1 S 1 Buchst c S 2 iVm Nr 1 S 1 Buchst b S 2). – *(2)* Begrenzung der Zuwendungen auf die Höhe des **Beitrags je Leistungsanwärter** oder **Leistungsempfänger,** wobei Rückdeckungsversicherungen beim tatsächl Kassenvermögen mit dem Deckungskapital zuzügl des Guthabens aus Beitragsrückerstattung und beim zul Kassenvermögen mit dem Deckungskapital ohne Guthaben aus Beitragsrückerstattung anzusetzen sind (vgl Rz 12–14). Bei inkongruenter Rückdeckungsversicherung gilt daneben eine anteilige Abzugsbeschränkung (s oben). – *(3)* Das **tatsächl Kassenvermögen** darf das zulässige Kassenvermögen nicht übersteigen (s Rz 12–14). – *(4)* Die Ansprüche aus der Rückdeckungsversicherung dürfen nicht der **Sicherung eines Darlehens** dienen (§ 4d I 1 Nr 1 S 1 Buchst c S 4; BFH IV R 8/02 BFH/NV 04, 1246; **Beleihungsverbot).** Beleihung ist auch die Inanspruchnahme von Vorauszahlungen des Versicherers durch ein sog Policendarlehen (vgl EStH 4b; FG Köln EFG 00, 415). Verpfändung an die ArbN ist unschädl. – *(5)* Zuwendungen an **Leistungsanwärter** unterliegen folgenden weiteren Voraussetzungen: – *(a)* Erreichen des Mindestalters

(Rz 10, 12) und unverfallbare Anwartschaft (vgl EStR 4d VIII 7) oder lediglich Anwartschaft auf Invaliditäts- oder Hinterbliebenenversorgung; – **(b) steigende oder gleich bleibende** (jährl; s EStR 4d VIII) **Beiträge** (s Rz 13) bis wenigstens zum 55. Lebensjahr des Begünstigten (wegen der Altersgrenze s EStR 4d II 4: Alter 60 erforderl; für Zusagen nach 31.12.11: Alter 62, s EStR 4d II 5; *BMF* BStBl I 12, 238); die Altersgrenze gilt entspr auch für Gruppenunterstützungskassen (BFH XI R 10/02 BStBl II 03, 599). Zeitweilige Unterbrechung ist unschädl (*BMF* BStBl I 96, 1435 unter E). Das Absinken der **Netto-Prämie** kann bei Verrechnung mit Gewinngutschriften (Rz 13), bei Änderung der Versorgungszusage oder wegen Gesetzesänderungen (EStR 4d IX 5f) unschädl sein. Entspr gilt, wenn der Beitrag infolge vorzeitigen Ausscheidens des ArbN oder Reduzierung der Versorgungszusage sinkt (*Doetsch* BB 95, 2553 mwN). – Sofern die Voraussetzungen (1)–(5) nicht erfüllt sind, kann gleichwohl ein BA-Abzug nach § 4d I 1 Nr 1 S 1 Buchst a oder b in Betracht kommen (vgl § 4d I 1 Nr 1 S 1 Buchst c S 5). – Der **Zeitpunkt des Abzugs** der Zuwendungen bestimmt sich grds nach ihrem Abfluss beim Trägerunternehmen (BFH VIII R 98/02 BFH/NV 05, 1768).

17   **6. Abfindungen, § 4d I 1 Nr 1 S 1 Buchst d; Übernahme von Versorgungsverpflichtungen.** Abfindungen sind nur noch zul, wenn der ArbN zustimmt und sie zum Aufbau einer Altersversorgung bei einer DirektVers, einer Pensionskasse oder der gesetzl RV verwendet werden (§ 3 I BetrAVG). Der ArbN hat einen Anspruch auf Übertragung auf den neuen ArbG oder einen anderen Versorgungsträger (§ 4 III, IV BetrAVG). – Eine Pensionsverpflichtung (ggü Ges'tergeschäftsführer) kann mit schuldbefreiender Wirkung auf eine Unterstützungskasse übertragen werden (§ 4d I 1 Nr 1 Buchst d; *Neufang ua* BB 17, 1559; unverständl FG Köln EFG 13, 654). – Zul ist auch die Übernahme von Zusagen durch andere Unterstützungskassen, uU mit erfolgsneutraler Weiterleitung der Beiträge und ohne Verstoß gegen das „Jährlichkeitsgebot" (BFH VIII R 98/02 BFH/NV 05, 1768). – Unter § 4d I 1 Nr 1 S 1 Buchst d fällt (bei externer Teilung) auch die Zuwendung an andere Versorgungsträger iRd **Versorgungsausgleichs;** bei interner Teilung weiterhin Abzug nur nach § 4d I 1 Nr 1 S 1 Buchst a, b, bei rückgedeckten Unterstützungskassen (Rz 16) nach Buchst c (*BMF* BStBl I 10, 1303; *Heger* BB 10, 3081; *Schu* BetrAV 10, 237).

IV. Abziehbare Zuwendungen für nicht lebenslänglich laufende Leistungen, § 4d I 1 Nr 2

18   **1. Notstandsleistungen.** Neben den lebenslängl lfd Leistungen der typischen Altersversorgung leisten Unterstützungskassen sog Notstandsleistungen; das sind wiederholte Leistungen aus besonderem Anlass wie Krankheit, Geburt, Tod oder Arbeitslosigkeit. Obwohl die Notstandsleistungen nicht zur typischen Altersversorgung gehören, fallen sie unter § 4d. Außer den Notstandsleistungen gehören die zeitl befristeten Leistungen zu den nicht lebenslängl lfd Leistungen iSd § 4d I 1 Nr 2. Befristete Leistungen sind alle nur auf eine bestimmte Anzahl von Jahren lfd Leistungen (Überbrückungsrenten, zB Invalidenrente bis zum Einsetzen der Altersversorgung aus der SV – anders bei Altersversorgung aus betriebl Altersversorgung, vgl Rz 6 – und von vornherein zeitl befristete Witwenrente) und alle nur bis zu einem bestimmten Alter des Leistungsempfängers lfd Leistungen (zB Waisenrente). Dazu gehören auch abgekürzte Leibrenten, die bis zum Ableben des Leistungsempfängers, höchstens aber für eine bestimmte Anzahl von Jahren gezahlt werden (Rz 6; krit *Höfer* BetrAVG Kap 9 Rz 458). Das Trägerunternehmen hat bei nicht lebenslängl lfd Leistungen eine gewisse **Wahlmöglichkeit** zw Regelzuwendungen und dem Ersatz der Leistungen, wenn nicht das zul Kassenvermögen überschritten ist.

19   **2. Regelzuwendungen.** Diese sind iHv 0,2% der Lohn- und Gehaltssumme des Trägerunternehmens für jedes Wj als BA abziehbar. Nach EStR § 4d XII gehören zur Lohn- und Gehaltssumme iSd § 4d I 1 Nr 2 alle Arbeitslöhne iSd § 19 I Nr 1, soweit sie nicht von der ESt befreit sind. Bei der Ermittlung der Arbeitslöhne ist § 19 III, IV nicht anzuwenden. Zuschläge für Mehrarbeit und für Sonntags-, Feiertags- und Nachtarbeit gehören zur Lohn- und Gehaltssumme, auch soweit sie stfrei sind.

Nicht in die Lohn- und Gehaltssumme einzubeziehen sind Ruhegelder, Witwen- und Waisenbezüge und Leistungen an eine Unterstützungskasse. Vermögenswirksame Leistungen nach dem 3.VermögensBG gehören dazu, nicht jedoch die ArbN-Sparzulage. Gehören auch NichtArbN zu den Leistungsanwärtern (§ 17 I 2 BetrAVG), so sind Provisionszahlungen und sonstige Entgelte an diese Personen zur Lohn- und Gehaltssumme zu rechnen (EStR § 4d XV). Pauschalzuwendungen sind für den gleichen Personenkreis zugelassen, für den auch Zuwendungen zum Reservepolster zul sind (vgl Rz 11). Diese Zuwendungen sind nur abziehbar, wenn sie das zul Kassenvermögen nicht übersteigen (§ 4d I 1 Nr 2 S 2).

3. Ersatz der Leistungen. Statt Regelzuwendungen kann das Trägerunter- 20 nehmen der Unterstützungskasse die Leistungen ersetzen, die sie in einem Wj für nicht lebenslängl lfd Leistungen aufgewendet hat. Dieser Betrag ist um die Beträge zu kürzen, die das Trägerunternehmen in den fünf vorangegangenen Jahren über die tatsächl Kassenleistungen hinaus der Kasse zugewendet hat (§ 4d I 1 Nr 2 S 1).

4. Zulässiges Kassenvermögen. Das zul Kassenvermögen ist für **Notfall-** 21 **leistungen** in § 4d I 1 Nr 2 S 3–5 gesondert definiert (zu Nr 1 s Rz 13). Die Beschränkung der Zuwendungsmöglichkeit beruht darauf, dass für Unterstützungskassen, die bereits zehn Jahre bestehen, ab 1.1.96 das zul Kassenvermögen – neben der weiterhin geltenden 1 %-Lohndurchschnittsgrenze – auf die Summe der in den letzten zehn Jahren gewährten Leistungen begrenzt ist.

V. Besonderheiten des Betriebsausgabenabzugs

1. Zuwendungen an mehrere/an gemischte Kassen, § 4d I 2, 3. Gewährt 22 eine Kasse Leistungen iSd Nr 1 und Nr 2 nebeneinander, sind die Leistungen entspr aufzuteilen. Bei Zuwendungen an mehrere Kassen sind diese als Einheit zu behandeln.

2. Abzug und Nachholung, § 4d II 1, 2. Grds sind die Zuwendungen im Wj 23 der Leistung abzuziehen (§ 4d II 1; *HHR* § 4b Anm 171). Die Möglichkeit, den Abzug von in den Vorjahren nicht ausgenutzten Zuwendungen nachzuholen, ist bei den verschiedenen Zuwendungsarten unterschiedl. Zuwendungen zum Deckungskapital können nach dem Wortlaut beliebig nachgeholt werden. Zuwendungen zum Reservepolster (§ 4d I 1 Nr 1 S 1 Buchst b) und Pauschalzuwendungen (§ 4d I 1 Nr 2) sind auf einen Jahresbetrag beschr; eine Nachholung kommt nicht in Betracht (*Alt/Stadelbauer* StuB 11, 731). Zuwendungen nach § 4d I 1 Nr 1 S 1 Buchst c und d sind von den tatsächl Zahlungen abhängig und daher nicht nachholbar (**aA** *KSM* § 4d Rz B 227, B 287). Für Zuwendungen, die innerhalb eines Monats nach Aufstellung und Feststellung der Bilanz des Trägerunternehmens für den Schluss eines Wj geleistet (bzw verbindl zugesagt) werden (*Blomeyer* BetrAVG StR A Rz 216), kann noch für das abgelaufene Wj eine **Rückstellung** gebildet werden (§ 4d II 2).

3. Aktive Rechnungsabgrenzung, § 4d II 3. Sind für die Unterstützungskas- 24 se höhere als die zugelassenen Zuwendungen geleistet worden, sind die überhöhten Zuwendungen nicht als BA abziehbar. Der nicht abziehbare Betrag kann durch Einstellung eines entspr RAP in der Bilanz auf drei Jahre vorgetragen werden. IRd für die drei folgenden Wj abzugsfähigen Beträge kann der RAP gewinnmindernd aufgelöst werden; der StPfl hat die Wahl, ob er den steuerl abziehbaren Beitrag erst mit dem RAP oder erst mit den Zuführungen verrechnet (*Kuhfus* EFG 06, 1821). Die Auflösung nach drei Jahren geschieht erfolgsneutral (BFH I R 48/06 BFH/NV 07, 2089). – Bei der § 4 III-Rechnung kann § 4d II 3 sinngemäß im

Wege der Billigkeit angewandt werden (*BMF* BStBl I 96, 1435, unter J 2; FG Ddorf EFG 06, 1818).

25 **4. Partielle Steuerpflicht überdotierter Unterstützungskassen.** Übersteigt das tatsächl Kassenvermögen während oder aE des Wj den Betrag des zul Kassenvermögens um mehr als 25 %, wird die Unterstützungskasse mit dem übersteigenden Teil ihres Vermögens stpfl (§ 5 I Nr 3e, § 6 VI KStG), dh $^5/_4$ des zul Kassenvermögens bleiben steuerbefreit. Auf die Erträge aus dem übersteigenden Vermögen ist KSt und – wenn die Kasse eine KapGes ist (§ 2 GewStG) – auch GewSt zu entrichten. Die stpfl Einkünfte sind nach dem Verhältnis des zul zum tatsächl Kassenvermögen aus der Summe der Einkünfte zu errechnen; nach diesem Verhältnis bestimmt sich auch die Anrechnung von KSt und KapESt. Anders als bei den Pensionskassen (vgl § 4c Rz 7) ist die partielle StPfl nicht auflösend bedingt. Sie kann grds erst für das folgende Wj wieder beseitigt werden.

26 **5. Änderung des Durchführungswegs, § 4d III.** Versorgungsanwartschaften und entspr Verpflichtungen können durch Vertrag vom bisherigen Versorgungsträger auf einen Pensionsfonds übertragen werden (*Selig-Kraft* BB 17, 919; § 4e Rz 8 mwN). Das Trägerunternehmen hat dann alle zur Erfüllung der Zusagen erforderl Mittel an den Pensionsfonds zu zahlen. Da Zuwendungen an Unterstützungskassen nur in den oben dargestellten Grenzen – bei der Vermeidung der KStPflicht – zul sind (Rz 7 ff), ergibt sich für das Trägerunternehmen eine zusätzl Zahlungsverpflichtung. Die Zahlung darf nur nach Maßgabe des § 4d III über 10 Jahre verteilt als BA abgezogen werden; zum Durchführungswegwechsel s § 4b Rz 1). – Zur Auslagerung einer Pensionszusage auf eine Unterstützungskasse s *Uckermann ua* BetrAV 2014, Kap 125. Wird bei einer bestehenden Versorgungszusage lediglich der Durchführungsweg gewechselt (wertgleiche Umstellung einer Direktzusage in eine Unterstützungskassenzusage), löst allein diese Änderung keine erneute Erdienbarkeitsprüfung aus (BFH I R 89/15 BStBl II 19,70; *Weber-Grellet* BB 19, 43).

VI. Besteuerung beim Arbeitnehmer

27 In der Auszahlungsphase fließen dem ArbN Bezüge iSd § 19 zu (*RRdL* Rz 2003; vgl § 4b Rz 35–36 und § 4c Rz 9–11; *Portner* BB 14, 91).

§ 4e Beiträge an Pensionsfonds

(1) Beiträge an einen Pensionsfonds im Sinne des § 236 des Versicherungsaufsichtsgesetzes dürfen von dem Unternehmen, das die Beiträge leistet (Trägerunternehmen), als Betriebsausgaben abgezogen werden, soweit sie auf einer festgelegten Verpflichtung beruhen oder der Abdeckung von Fehlbeträgen bei dem Fonds dienen.

(2) Beiträge im Sinne des Absatzes 1 dürfen als Betriebsausgaben nicht abgezogen werden, soweit die Leistungen des Fonds, wenn sie vom Trägerunternehmen unmittelbar erbracht würden, bei diesem nicht betrieblich veranlasst wären.

(3) [1]**Der Steuerpflichtige kann auf Antrag die insgesamt erforderlichen Leistungen an einen Pensionsfonds zur teilweisen oder vollständigen Übernahme einer bestehenden Versorgungsverpflichtung oder Versorgungsanwartschaft durch den Pensionsfonds erst in den dem Wirtschaftsjahr der Übertragung folgenden zehn Wirtschaftsjahren gleichmäßig verteilt als Betriebsausgaben abziehen.** [2]**Der Antrag ist unwiderruflich; der jeweilige Rechtsnachfolger ist an den Antrag gebunden.** [3]**Ist eine Pensionsrückstellung nach § 6a gewinnerhöhend aufzulösen, ist Satz 1 mit der Maßgabe anzuwenden, dass die Leistungen an den Pensionsfonds im Wirtschaftsjahr der Übertragung in Höhe der aufgelösten Rückstellung als Betriebsausgaben abgezogen werden können;** der die aufgelöste Rückstellung übersteigende Betrag ist in den dem Wirtschaftsjahr der Übertragung folgenden zehn Wirtschaftsjahren gleichmäßig verteilt als Betriebsausgaben abzuziehen. [4]Satz 3 gilt entsprechend, wenn es im Zuge der Leistungen des Arbeitgebers an den Pensionsfonds zu Vermögensübertragungen einer Unterstützungskasse an den Arbeitgeber kommt.

Einkommensteuer-Richtlinien: EStH 4e

Übersicht

	Rz
1. Entstehung und Bedeutung der Vorschrift.	1
2. Regelungsbereich	2
3. Begrenzter Betriebsausgabenabzug, § 4e I, II	4–7
4. Abzug der erforderlichen Leistungen bei Übernahme einer Versorgungsverpflichtung, § 4e III	8–10
5. Besteuerung der Versorgungsleistungen beim Arbeitnehmer	11

Schrifttum (Aufsätze vor 2015 s Vorauflagen): *Blank,* Der Pensionsfonds im StRecht, Diss 2014; *Briese/Horlemann* Staatl Förderung ... Pensionsfonds (Kz 425). – *Uckermann ua* BetrAV 2014, Kap 13. – *Klinger,* Bilanzierung des Future-Services ..., BetrAV 16, 102.

1. Entstehung und Bedeutung der Vorschrift. Der Pensionsfonds (§ 236 VAG) ist iRd sog Riester-Reform als **5. Durchführungsweg** in die gesetzl freiwillige betriebl Altersversorgung eingeführt worden; seine Akzeptanz ist eher gering (*Günter* BetrAV 11, 677). Beiträge des ArbG zu Pensionsfonds sind – ab 1.1.02 (Art 35 AVmG) – stfrei gem § 3 Nr 63. Der Pensionsfonds kann auch zur Durchführung der sog „reinen Beitragszusage" eingesetzt werden (*Herrmann* BetrAV 17, 463; § 4b Rz 3).

2. Regelungsbereich. Pensionsfonds gewähren nach Maßgabe der Zusage (Leistungszusage, Beitragszusage mit Mindestleistung) einen **lebenslangen Versorgungsanspruch;** auch eine einmalige Leistung ist zulässig (§ 236 I Nr 1, 4 VAG). Da Pensionsfonds einen **Rechtsanspruch** auf ihre Leistungen gewähren (§ 236 I Nr 3 VAG), sind die Beiträge grds sofort stpfl Arbeitsentgelt des ArbN. Pauschalierung nach § 40b ist (weiterhin) nicht mögl. IRd Höchstbeträge des § 3 Nr 63 sind Beiträge an den Pensionsfonds aber stfrei. **Entgeltumwandlung** in einen Pensionsfonds findet auf Antrag des ArbN statt, wenn ein Pensionsfonds besteht oder vom ArbG eingerichtet wird (§ 1a I BetrAVG). Der Wechsel aus einem anderen Durchführungsweg zum Pensionsfonds ist stfrei mögl (vgl § 3 Nr 55), ebenso ein Wechsel des Pensionsfonds (*Wellisch* BB 13, 1047). Die Übertragung einer Pensionsverpflichtung auf einen Pensionsfonds führt nicht zu einer vGA (FG Hess DStRE 20, 335).

3. Begrenzter Betriebsausgabenabzug, § 4e I, II. – a) Voraussetzungen. Beiträge an einen Pensionsfonds sind als BA abziehbar, soweit sie auf einer festgelegten Verpflichtung beruhen oder der Abdeckung von Fehlbeträgen bei dem Fonds dienen (Abs 1; *BH/Stöckler* § 4e Rz 20) und auch beim Trägerunternehmen betriebl veranlasst wären (Abs 2; wie § 4c II).

b) Pensionsfonds. Ein Pensionsfonds ist gem § 236 I VAG eine rechtsfähige Versorgungseinrichtung, *(1)* die im Wege des Kapitaldeckungsverfahrens Leistungen der betriebl Altersversorgung für einen oder mehrere Arbeitnehmer gegen Entgelt zugunsten von ArbN erbringt, *(2)* die Höhe der Leistungen oder die Höhe der für diese Leistungen zu entrichtenden künftigen Beiträge nicht für alle vorgesehenen Leistungsfälle durch versicherungsförmige Garantien zusagen darf, *(3)* den ArbN einen eigenen Anspruch auf Leistung gegen den Pensionsfonds einräumt und *(4)* verpflichtet ist, die Altersversorgungsleistung als lebenslange Zahlung oder als Einmalkapitalzahlung zu erbringen. – Das sind durch das AVmG zugelassene Versorgungsträger, die – im

§ 4e 6–10 Beiträge an Pensionsfonds

Unterschied zu Versicherungen und Pensionskassen – mit höherem „Renditeprofil" ein größeres Risiko bei der Vermögensanlage eingehen. Sie können in der Rechtsform der AG oder als Pensionsfondsverein auf Gegenseitigkeit errichtet werden.

6 **c) Körperschaftsteuer.** Pensionsfonds sind subj nicht von der KSt befreit (*Höfer* BetrAVG Kap 34 Rz 1), aber de facto mit ihr nicht belastet; denn für Beitragszusagen ergeben sich keine Erträge, da diese dem Versorgungskapital des ArbN gutgeschrieben werden; soweit für Leistungszusagen Erträge aus den Beiträgen erwirtschaftet werden, sind diese als Dividenden oder Kapitalanlagen in KapGes nach § 8b KStG stfrei; ledigl Zinsen werden als Einkommen erfasst (*Langohr-Plato* INF 01, 518, 522).

7 **d) Versicherungsaufsicht und Leistungsarten.** Pensionsfonds unterliegen wie DirektVers und Pensionskassen der Versicherungsaufsicht. In der Vermögensanlage gelten für sie jedoch weniger strenge Grundsätze als für Versicherungen (vgl § 115 VAG; PFKapAV). Deshalb besteht für Pensionsfonds Beitragspflicht zum **Pensionssicherungsverein.** IZm dieser Inkaufnahme größerer Risiken, sind auch **Beitragszusagen** mit Mindestleistungspflicht (§ 1 II Nr 2 BetrAVG) – statt der bisher allein bekannten **Leistungszusagen** (§ 1 I 1 BetrAVG) – eingeführt worden (*Höfer* DB 01, 1145). Nach § 236 I Nr 4 VAG ist auch eine Einmalkapitalzahlung mögl (iEinz *Höfer/de Groot* DB 14, 540).

8 **4. Abzug der erforderlichen Leistungen bei Übernahme einer Versorgungsverpflichtung , § 4e III. – a) Verteilung der BA-Abzugs.** Bei Übernahme einer bestehenden Verpflichtung ist die Pensionsrückstellung gewinnerhöhend aufzulösen; die Beiträge an den Fonds können (auf unwiderrufl Antrag) auf zehn Jahre verteilt werden (§ 4e III 1, 2; *Briese/Horlemann* Staatl Förderung ... Kz 200 § 6a Rz 458). Der sofortige BA-Abzug nach § 4e III 3 ist nur insoweit mögl, als die Auflösung der Pensionsrückstellung (maßgebl ist die letzte StB) auf der Übertragung des erdienten Teils (Past-Service) auf den Pensionsfonds beruht (BFH XI R 42/18 BStBl II 20, 271; BMF BStBl I 15, 544 Rz 7; *Selig/Kraft* StuB 20, 497; krit *Briese* FR 20, 569; *Weber-Grellet* BB 21, 43); daher genaue StVorteils-Berechnung geboten (*Fassbender* BeSt 20, 32); z sog Kombinationsmodell § 6a Rz 1.

9 **b) Differenz zwischen Auflösung und Zuwendung.** Die Differenz zw dem Auflösungsbetrag der Pensionsrückstellung und der Zuwendung an den Pensionsfonds ergibt sich daraus, dass Pensionsrückstellungen gem § 6a III 3 mit 6% abgezinst werden müssen, während für Unternehmen, die der Versicherungsaufsicht unterliegen, eine niedrigere Abzinsung (*Blomeyer* DB 01, 1413) vorgeschrieben ist (*Langohr-Plato* INF 01, 518). **Unterstützungskassen** können nach § 4d nicht voll finanziert werden (§ 4d Rz 2), da ihnen nur die Mittel für das zul Kassenvermögen – eingeschränkt für das sog Reservepolster sowie für eine Rückdeckungsversicherung und Abfindungen – zugewendet werden dürfen (vgl § 4d Nr 1a–d). Deshalb ergibt sich bei der Übertragung der Versorgungsverpflichtung auf einen Pensionsfonds ein Nachzahlungsbedarf für den ArbG.

10 **c) Auswirkungen beim Arbeitnehmer.** Da Direktzusagen und Unterstützungskassen keinen Rechtsanspruch auf die zugesagten Leistungen begründen, aber bei Übertragung von Versorgungsanwartschaften auf Pensionsfonds ein solcher **Rechtsanspruch** entsteht (Rz 2), ist die mit der Verpflichtungswechsel verbundene Vermögenszuwendung an den Pensionsfonds vom ArbN zu versteuern (dazu BFH VI R 45/18 BStBl II 21, 775, *Weber-Grellt* FR 21, 1080; zur Abmilderung von Härten mE evtl analoge Anwendung des Abs 3 S 3). Bei einer entgeltl Übertragung von Versorgungsanwartschaften aktiver Beschäftigter kommt § 3 Nr 66 nur für bereits erdiente Versorgungsanwartschaften in Betracht; künftige (noch nicht fest zugesagte) Rentenanpassungen sind nicht einzubeziehen. Aus Vereinfachungsgründen kann jedoch für Verpflichtungen nach § 16 I BetrAVG eine jährl pauschale Erhöhung von bis zu 1% berücksichtigt werden (IEinz *BMF* BStBl I 15, 544).

5. Besteuerung der Versorgungsleistungen beim Arbeitnehmer. Beiträge an Pensionsfonds werden *(a)* individuell vorgelagert besteuert. *(b)* Dabei kann gem § 10a, §§ 79 ff SA-Abzug und Zulage gewährt werden (Nettoentgeltumwandlung). *(c)* Beiträge können auch iRd Höchstbeträge nach § 3 Nr 63 stfrei sein (Bruttoentgeltumwandlung; vgl Rz 1). – Soweit die Beiträge der Besteuerung unterlegen haben (Fall *(a)*), werden die Versorgungsleistungen nur mit dem niedrigeren Ertragsanteil des § 22 Nr 1 S 3a/bb besteuert. In den Fällen *(b)* und *(c)* sind die Beiträge aus (quasi) unversteuertem Einkommen geleistet worden; sie werden deshalb nach § 22 Nr 5 besteuert (*RRdL* Rz 2013; *Blank* [vor Rz 1, 67]). – S auch § 4c Rz 9–11. 11

§ 4f Verpflichtungsübernahmen, Schuldbeitritte und Erfüllungsübernahmen

(1) ¹Werden Verpflichtungen übertragen, die beim ursprünglich Verpflichteten Ansatzverboten, -beschränkungen oder Bewertungsvorbehalten unterlegen haben, ist der sich aus diesem Vorgang ergebende Aufwand im Wirtschaftsjahr der Schuldübernahme und den nachfolgenden 14 Jahren gleichmäßig verteilt als Betriebsausgabe abziehbar. ²Ist auf Grund der Übertragung einer Verpflichtung ein Passivposten gewinnerhöhend aufzulösen, ist Satz 1 mit der Maßgabe anzuwenden, dass der sich ergebende Aufwand im Wirtschaftsjahr der Schuldübernahme in Höhe des aufgelösten Passivpostens als Betriebsausgabe abzuziehen ist; der den aufgelösten Passivposten übersteigende Betrag ist in dem Wirtschaftsjahr der Schuldübernahme und den nachfolgenden 14 Wirtschaftsjahren gleichmäßig verteilt als Betriebsausgabe abzuziehen. ³Eine Verteilung des sich ergebenden Aufwands unterbleibt, wenn die Schuldübernahme im Rahmen einer Veräußerung oder Aufgabe des ganzen Betriebes oder des gesamten Mitunternehmeranteils im Sinne der §§ 14, 16 Absatz 1, 3 und 3a sowie des § 18 Absatz 3 erfolgt; dies gilt auch, wenn ein Arbeitnehmer unter Mitnahme seiner erworbenen Pensionsansprüche zu einem neuen Arbeitgeber wechselt oder wenn der Betrieb am Schluss des vorangehenden Wirtschaftsjahres die Gewinngrenze des § 7g Absatz 1 Satz 2 Nummer 1 nicht überschreitet. ⁴Erfolgt die Schuldübernahme in dem Fall einer Teilbetriebsveräußerung oder -aufgabe im Sinne der §§ 14, 16 Absatz 1, 3 und 3a sowie des § 18 Absatz 3, ist ein Veräußerungs- oder Aufgabeverlust um den Aufwand im Sinne des Satzes 1 zu vermindern, soweit dieser den Verlust begründet oder erhöht hat. ⁵Entsprechendes gilt für den einen aufgelösten Passivposten übersteigenden Betrag im Sinne des Satzes 2. ⁶Für die hinzugerechneten Aufwand gelten Satz 2 zweiter Halbsatz und Satz 3 entsprechend. ⁷Der jeweilige Rechtsnachfolger des ursprünglichen Verpflichteten ist an die Aufwandsverteilung nach den Sätzen 1 bis 6 gebunden.

(2) Wurde für Verpflichtungen im Sinne des Absatzes 1 ein Schuldbeitritt oder eine Erfüllungsübernahme mit ganzer oder teilweiser Schuldfreistellung vereinbart, gilt für die vom Freistellungsberechtigten an den Freistellungsverpflichteten erbrachten Leistungen Absatz 1 Satz 1, 2 und 7 entsprechend.

Einkommensteuer-Richtlinien: EStH 4f – Verwaltungsanweisungen: OFD Mbg DStR 14, 1546; *BMF* BStBl I 17, 1619.

Übersicht

	Rz
1. Grundaussage	1
2. Aufwandsverteilung, § 4f I	2–5
3. Erfüllungsübernahme und Schuldbeitritt, § 4f II	8, 9
4. Erstmalige Anwendung	10

Schrifttum (vor 2019 s Vorauflagen): *Mundfortz*, Das Realisationsprinzip und die Aufdeckung stiller Lasten, Diss 2019; *Briese/Horlemann* Staatl Förderung … Kz 200 § 4f). – *Förster/Werthebach*, Immer noch offene Fragen …., BB 19, 299; *Bünning*, Übernahme stiller Lasten beim Unternehmenskauf in der Krise, BB 19, 2667.

1 **1. Grundaussage.** § 4f ist durch das AIFM-StAnpG (BGBl I 13, 4318) eingefügt worden (zur Gesetzesbegründung s BR-Drs 740/13, 114 f; BT-Drs 18/68, 73). Nach der BFH-Rspr konnten **estl Passivierungsbegrenzungen** (zB § nach 5 III, IV, IVa, § 6a) überwunden werden, indem Dritte die Verbindlichkeiten übernahmen (BFH IV R 43/09 BStBl II 17, 1228; BFH I R 72/10 BStBl II 17, 1226; *KS* § 4f Rz 1); insb verbundene Unternehmen konnten Verpflichtungen stgünstig „verschieben". Diese Praxis soll § 4f begrenzen. Hauptanwendungsfall dürften Pensionszusagen sein (dazu *Pradl* GStB 14, 64; *Briese/Horlemann* Staatl Förderung … Kz 200 § 4f Rz 61). – § 4f und § 5 VII sind komplementäre Regelungen, die ihrem Zweck nach nebeneinander anwendbar sind (so auch deutl *BMF* BStBl I 17, 1619 Rz 2, 3; *Weber-Grellet* DB 18, 661; *Schulenburg* FR 18, 1030; *Bünning* BB 19, 2667; *HHR* § 4f Rz 5), § 4f beim Veräußerer (Aufwandsverteilung), § 5 VII beim Übernehmer (Ertragsverteilung; § 5 Rz 503; *Klein* DB 17, 1789); die Begründung in BR-Drs 740/13 (B), 117 („bis zur erstmaligen Anwendung des § 4f") ist irreführend (ähnl *Schultz/Debnar* BB 14, 109; *OFD Mbg* DStR 14, 1546). – Die Regelungen sind mE nicht verfwidrig, da sie lediglich bezwecken, die Passivierungsbeschränkungen (auch) für den Fall der Übertragung beim Veräußerer und beim Erwerber aufrechtzuerhalten (*Weimer* vor Rz 1, 312; *HHR* § 4f Rz 3; *Weber-Grellet* DB 18, 661; **aA** *BH/Krumm* § 4f Rz 11; **aA** auch *Mundfortz*, vor Rz 1, 184, der mE den rechtstatsächl Hintergrund (Konzernfälle) vernachlässigt). – Umwandlungsfälle (Gesamtrechtsnachfolge) sind nach UmwStG zu behandeln (*Huth/Wittenstein* DStR 15, 1153; *Schmitt/Keuthen* DStR 15, 2521; s auch *Horst* FR 15, 824).

2 **2. Aufwandsverteilung, § 4f I. – a) Verpflichtungsübernahme.** In Anlehnung an § 4e ordnen § 4f I, II an, dass die durch die Übertragung der Verpflichtung, die beim Übertragenden Ansatz- und Bewertungsvorbehalten unterlegen ist, entstehenden BA sich nicht sofort, sondern verteilt über einen Zeitraum von 15 Jahren verteilt steuerl auswirken; *HHR* § 4f Rz 1. Eine Verpflichtung kann im Wege einer Schuldübernahme nach § 414 BGB oder durch Schuldbeitritte und Erfüllungsübernahmen übernommen werden (*BMF* BStBl I 17, 1619 Rz 1, 5 f, 22 f). – Durfte die Verpflichtung (zB § 5 IIa–IVb, V 1 Nr 2, § 6 I Nr 3, 3a, § 6a; *BMF* BStBl I 17, 1619 Rz 2; keine Anwendung bei Darlehen mit festem Zinssatz, *Ettinger* DStR 18, 1805) beim Übertragenden bisher nicht passiviert werden, sind die BA im Wj der Übertragung und in den folgenden 14 Wj mit jeweils $1/15$tel zu berücksichtigen (§ 4f I 1; *Benz/Placke* DStR 13, 2653, 2655), mE als aktiver steuerl Ausgleichsposten (RAP-ähnl; so auch *Riedel* FR 14, 6, 10; *HHR* § 4f Rz 12) und nicht außerhalb der Bilanz (so auch *Briese* DStR 16, 2126, 2131; **aA** *BMF* BStBl I 17, 1619 Rz 16). – War dagegen eine Verpflichtung (begrenzt; zB gem § 6a) passiviert und ist diese gewinnerhöhend aufzulösen, dürfen die BA iHd aufgelösten Passivpostens sofort und iÜ mit $1/14$tel des verbleibenden Betrags verteilt in den folgenden 14 Wj berücksichtigt werden (§ 4f I 2; *BMF* BStBl I 17, 1619 Rz 18, 26 f; *KS* § 4f Rz 15; *Höfer* BetrAV 14, 134).

Beispiel: Die A-GmbH hat in ihrer HB für einen Kaufvertrag eine Verlustrückstellung von 500 gebildet. Die A-GmbH zahlt für die Vertragsübernahme an die B-GmbH 500. Buchung bei A-GmbH: per Aufwand an Geld 500; per § 4f-Ausgleichsposten an Aufwand 500. – Buchung bei B-GmbH: per Geld an Ertrag (nicht: an Rückstellung) 500; ggf Ertrag an Rücklage (*OFD Mbg* DStR 14, 1546 mit weiteren Beispielen; § 5 Rz 504).

3 **b) Keine Aufwandsverteilung, § 4f I 3.** Eine Aufwandsverteilung unterbleibt (also Sofortabzug) – **(1)** bei Schuldübernahme iRd Veräußerung oder Aufgabe des ganzen Betriebs oder des gesamten MUeranteils (*Förster/Staaden* BB 16, 1323; *BMF*

BStBl I 17, 1619 Rz 20; zur diff Behandlung von sog Anwachsungen *Nielsen/ Schulenburg* FR 17, 623), zur Anwendung auf SonderBV *Riedel* FR 17, 949; – **(2)** bei ArbG-Wechsel unter Mitnahme der Pensionsansprüche (keine Anwendung bei § 613a BGB: *BMF* BStBl I 17, 1619 Rz 27; *Hartmann* BetrAV 17, 392; krit *Kahle/Braun* FR 18, 197, 204), – **(3)** wenn die Gewinngrenze des § 7g I 2 Nr 1 nicht überschritten wird (*BMF* BStBl I 17, 1619 Rz 21; *Weber-Grellet* DB 18, 661). – Bei Übertragung von Pensionsverpflichtungen steht deren Portabilität im Vordergrund (*Schulenburg* FR 18, 1030).

c) Teilbetriebsveräußerung; Betriebsaufgabe, § 4f I 4–6. Bei Teilbetriebsveräußerung bzw. -aufgabe erfolgt eine Verteilung nur insoweit, als diese den Verlust aus Teilbetriebsaufgabe oder -veräußerung begründet oder erhöht haben. Es kommt nur dann zu einer Verteilung, wenn die durch den Vorgang der Teilbetriebsaufgabe oder -veräußerung realisierten stillen Lasten die stillen Reserven übersteigen (*Benz/Placke* DStR 13, 2653); entspr Anwendung für Funktionsverlagerung (*Reichl/von Bredow* IStR 15, 23). **4**

d) Rechtsnachfolge, § 4f I 7. § 4f I 7 gewährleistet, dass beim Übertragenden noch nicht berücksichtigter Aufwand (zB infolge Todes) nicht untergeht, sondern auch auf die Rechtsnachfolger übergeht; dadurch ist die vollständige steuerl Berücksichtigung des durch die Übertragung realisierten Aufwands gesichert. **5**

3. Erfüllungsübernahme und Schuldbeitritt, § 4f II. – a) Freistellungsverpflichtung. Erfüllungsübernahme und Schuldbeitritt (zur Abgrenzung *Klein* DB 17, 1789) sind gesondert geregelt, da die Schuld abw von den Fällen des § 4f I nicht direkt übernommen wird, sondern sich aus dem Rechtsgeschäft eine neue Verpflichtung ergibt (*Benz/Placke* DStR 13, 2653). **8**

b) Entsprechende Anwendung des § 4f I. Nach § 4f II gilt für die Fälle der Erfüllungsübernahme (§ 329 BGB) und des Schuldbeitritts, bei denen die Verpflichtung des bisherigen Schuldners im Innenverhältnis ganz oder teilweise übernommen wird (*BMF* BStBl I 17, 1619 Rz 22 f) § 4f I entspr. Auch in diesen Fällen wird der durch die genannten Vorgänge entstehende Aufwand gestreckt. Eine Erfüllungsübernahme liegt im Zweifel auch vor, wenn in Fällen der Schuldübernahme nach § 415 I BGB der Gläubiger die Genehmigung noch nicht erteilt oder sie verweigert hat (§§ 415 III 3, 329 BGB). Nach ZK-AnpG-Entwurf soll Abs 1 zwecks Gleichbehandlung in Gänze entspr anzuwenden sein (BR-Drs 432/1/14, 36); mE bleibt bei Erfüllungsübernahme der ‚Veräußerer' Schuldner, sodass eine Betriebsveräußerung (§ 4f I 2) ausscheidet (*HHR* § 4f Rz 31). **9**

4. Erstmalige Anwendung. § 4f idF AIFM-StAnpG (BGBl I 13, 4318) ist gem § 52 VIII erstmals für Wje anzuwenden, die nach dem 28.11.13 enden (*OFD Mbg* DStR 14, 1546; *BMF* BStBl I 17, 1619 Rz 34 f), also bereits auf Übertragungen nach dem 30.11.12 anwendbar (zur Rückwirkungsproblematik § 2 Rz 41). **10**

§ 4g Bildung eines Ausgleichspostens bei Entnahme nach § 4 Absatz 1 Satz 3

(1) ¹**Der Steuerpflichtige kann in Höhe des Unterschiedsbetrags zwischen dem Buchwert und dem nach § 6 Absatz 1 Nummer 4 Satz 1 zweiter Halbsatz anzusetzenden Wert eines Wirtschaftsguts auf Antrag einen Ausgleichsposten bilden, soweit das Besteuerungsrecht der Bundesrepublik Deutschland hinsichtlich des Gewinns aus der Veräußerung des Wirtschaftsguts zugunsten eines Staates im Sinne des § 36 Absatz 5 Satz 1 beschränkt oder ausgeschlossen wird (§ 4 Absatz 1 Satz 3).** ²**Der Ausgleichsposten ist für jedes Wirtschaftsgut getrennt auszuweisen.** ³**Der Antrag ist unwiderruflich.** ⁴**Die Vorschriften des Umwandlungssteuergesetzes bleiben unberührt.**

(2) ¹**Der Ausgleichsposten ist im Wirtschaftsjahr der Bildung und in den vier folgenden Wirtschaftsjahren zu jeweils einem Fünftel gewinnerhöhend aufzu-**

§ 4g Bildung eines Ausgleichspostens bei Entnahme

lösen. ²Er ist in vollem Umfang gewinnerhöhend aufzulösen, wenn ein Ereignis im Sinne des § 36 Absatz 5 Satz 4 eintritt oder wenn ein künftiger Steueranspruch aus der Auflösung des Ausgleichspostens gemäß Satz 1 gefährdet erscheint und der Steuerpflichtige dem Verlangen der zuständigen Finanzbehörde auf Leistung einer Sicherheit nicht nachkommt.

(3) *(aufgehoben)*

(4) ¹Die Absätze 1 und 2 finden entsprechende Anwendung bei der Ermittlung des Überschusses der Betriebseinnahmen über die Betriebsausgaben gemäß § 4 Absatz 3. ²Wirtschaftsgüter, für die ein Ausgleichsposten nach Absatz 1 gebildet worden ist, sind in ein laufend zu führendes Verzeichnis aufzunehmen. ³Der Steuerpflichtige hat darüber hinaus Aufzeichnungen zu führen, aus denen die Bildung und Auflösung der Ausgleichsposten hervorgeht. ⁴Die Aufzeichnungen nach den Sätzen 2 und 3 sind der Steuererklärung beizufügen.

(5) ¹Der Steuerpflichtige ist verpflichtet, der zuständigen Finanzbehörde die Entnahme oder ein Ereignis im Sinne des Absatzes 2 unverzüglich anzuzeigen. ²Kommt der Steuerpflichtige dieser Anzeigepflicht, seinen Aufzeichnungspflichten nach Absatz 4 oder seinen sonstigen Mitwirkungspflichten im Sinne des § 90 der Abgabenordnung nicht nach, ist der Ausgleichsposten dieses Wirtschaftsguts gewinnerhöhend aufzulösen. ³§ 36 Absatz 5 Satz 8 gilt entsprechend.

(6) Absatz 2 Satz 2 ist mit der Maßgabe anzuwenden, dass allein der Austritt des Vereinigten Königreichs Großbritannien und Nordirland aus der Europäischen Union nicht dazu führt, dass ein als entnommen geltendes Wirtschaftsgut als aus der Besteuerungshoheit der Mitgliedstaaten der Europäischen Union ausgeschieden gilt.

Übersicht

	Rz
1. Hintergrund der Regelung/EU-Recht/ATADUmsG	1
2. Anwendungsbereich, § 4g I	2–4
3. Gewinnaufschub; Bildung eines Ausgleichspostens, § 4g I 1, IV ...	6, 7
4. Auflösung des Ausgleichspostens, § 4g II, III aF, V 2, VI	10–13
5. Verfahrensfragen	15–17
6. Sonderregelung Brexit, § 4g VI	19

Schrifttum: S *Schmidt* 39. Aufl zu § 4g Rz 1, *Kahle/Kopp* DStR 21, 1569; Hinweise im Text und § 4 Rz 240. *Verwaltungsanweisungen:* **Betriebsstättenerlass** *BMF* BStBl I 99, 1076 – weitgehend überholt durch § 4g, § 1 V AStG, die BsGaV *(BMF* BStBl I 14, 1378) und die **VWG BsGa** *(BMF* BStBl I 17, 182) sowie das ATADUmsG (BGBl I 21, 2035).

1. Hintergrund der Regelung; EU-Recht/ATADUmsG. – *(1)* **Grundlage.** § 4g beruht auf der gesetzl Festschreibung einer Entnahmefiktion in § 4 I 3 bei Gefährdung des inl Besteuerungsrechts durch Auslandsvorgänge (s § 4 Rz 244). § 4g ermöglicht bei Verbringung einzelner WG in andere EU-Staaten eine 5-jährige Streckung der Versteuerung des Entnahmegewinns, ähnl wie § 36 V für Betriebsverlagerungen nach § 16 IIIa. – *(2)* **EU-Rechtmäßigkeit** war str, da Inlandsverlagerungen nach § 6 V ohne Gewinnrealisierung mögl sind. **EuGH** C-371/10 DStR 11, 2334 – *National Grid Indus B. V.*- billigt jedoch bei **Wegzug** einer Kap-Ges aus den Niederlanden den Entnahmetatbestand und die sofortige StFestsetzung, hält nur die *sofortige Fälligkeit* der Steuer für EU-widrig und weist darauf hin, dass die „Wahl einer Aufschiebung" durch **Stundung** eine weniger beeinträchtigende Maßnahme wäre. Diesen Anforderungen entspricht die Streckung nach § 4g/§ 36 V.

– *(3)* **Änderungen durch ATADUmsG** v 25.6.21 (BGBl I 21, 2035): Die Rechtsgrundlage Art 5 der EU-RL 2016/1164 v. 12.7.16 befasst sich ua mit steuerl Rechtsfolgen der Auslands-

Gewinnaufschub; Bildung eines Ausgleichspostens 2–6 **§ 4g**

übertragung von Vermögenswerten und Wegzugsbesteuerung (vgl allg § 4k Rz 1). Das sollen die Änderungen durch § 4g und § 36 V im ATADUmsG **rückwirkend für alle offenen Fälle** umsetzen (**§ 52 VIIIa**). **Wesentl Änderungen bei § 4g:** – § 4g nF gilt **auch für beschr StPfl, für alle Fälle der Beschränkung des Besteuerungsrechts der BRD** (§ 4 I 3 EStG/§ 12 Ia KStG), unter bestimmten Voraussetzungen auch für Übertragungen im **EWR-Raum** (§ 4g I 1 iVm § 36 V I); – § 4g nF erfasst **alle WG**, nicht nur vorher nur WG des AV; – die komplizierte **Auflösungsregelung in Abs 2 S 2, Abs 3 aF wird aufgehoben** und über § 4g II 2 nF durch eine Fälligkeitsregelung gegen Sicherheitsleistung in § 36 V 4 ersetzt (iEinz s § 36 Rz 4, 28–32).

2. Anwendungsbereich, § 4g I. – a) **Persönliche Anwendung.** Unbeschr 2 und beschränkt StPfl können einen Gewinnaufschub über § 4g erreichen (§ 4g I 1, Rz 1). Unerhebl sind die Art der Gewinneinkünfte (wie § 4 I 3, 4 gilt § 4g für alle Gewinneinkunftsarten iSv § 2 II Nr 1) und die Art der Gewinnermittlung (§ 4g I 1, IV, s Rz 6). Unmittelbar gilt § 4g nur für EStPfl; die Anwendung auf KStPfl ist durch § 12 KStG klargestellt. Ob bei Entnahmen eines WG aus dem Gesamthandsvermögen einer PersG im Anschluss an BFH I R 17/01 BStBl II 03, 631 eine quotale Bildung von Ausgleichsposten bei den Ges'tern mögl ist, ist fragl (s *HHR* § 4g Rz 15, 19 mwN). Begünstigt wird Überführung vom inl Unternehmen (Stammhaus oder Betriebsstätte) in eine ausl **EU/EWR**-Betriebsstätte *desselben* **StPfl.** Keine Anwendung findet die Regelung auf Überführungen in andere, eigene oder fremde Unternehmen, selbständige TochterGes, in ein ausl Stammhaus oder *dessen* ausl Betriebsstätte und auf ausl PersGes. **§ 1 V 6 AStG** soll klarstellen, dass § 4g nicht dadurch entfällt, dass neben den Voraussetzungen des § 4 I 3 EStG auch jene des § 1 AStG gegeben sind.

b) Zeitliche Anwendung. § 4g aF knüpfte an § 4 I 3 an und war daher in 3 gleicher Weise anzuwenden auf alle Entstrickungsvorgänge iSd Vorschrift ab 2006 (bis 2019). Für vorher gebildete Ausgleichsposten galten die Grundsätze *BMF* BStBl I 99, 1076 fort (*BMF* BStBl I 09, 888; VWG BsGa *BMF* BStBl I 17, 182 Rn 450 ff). Die Änderungen durch **ATADUmsG** (s Rz 1) sind **rückwirkend** auf alle offenen Fälle anzuwenden (§ 52 VI,VIIIa).

c) Sachliche Anwendung, § 4g I. § 4g galt vor dem *ATADUmsG* nur für Ver- 4 lagerung von WG **des** *AV* vom inl Stammhaus in eine eigene ausl **EU**-Betriebsstätte iSv § 4 I 3/4. **§ 4g I nF** erfasst dagegen auch WG des UV und grds Verlagerungen in EWR-Betriebsstätten. Der Ausgleichsposten ist für jedes einzelne WG zu bilden (**§ 4g I 2**, § 4g I 3 aF ist durch das ATADUmsG aufgehoben). **Voraussetzungen/Verlagerung:** Das WG muss aus dem Inl ohne ausdrückl Veräußerungs- oder Entnahmehandlung einer eigenen ausl EU/EWR-Betriebsstätte körperl oder – nicht nur vorübergehend – zur Nutzung überlassen werden mit der Folge, dass es nach § 4 I 3, 4 wie nach DBA-Recht (vgl Art 7 IV OECD-MA) für die Gewinnzuordnung nicht mehr dem überlassenden Stammhaus, sondern der Betriebsstätte zuzurechnen ist und hierdurch das inl Besteuerungsrecht der stillen Reserven mit der Folge der grds Gewinnrealisierung nach § 4 I 3 EStG bzw § 12 KStG beschränkt würde oder verloren ginge. Kein Ausgleichsposten bei Sitz- oder Wohnsitzverlegung. Die Vorschriften des UmwStG sind vorrangig (**§ 4g I** 4 - arg: andere Entstrickungsregeln). Nicht geregelt ist, ob der StPfl bei **nachträgl Eintritt der Voraussetzungen** für den Gewinnaufschub einen anteiligen Ausgleichsposten für die verbleibende Fünfjahresfrist ansetzen kann (*Beispiel:* Weiterverlagerung eines WG 2 Jahre nach der Überführung in einen Drittstaat in einen EU-Staat) - die nicht begünstigte Entnahmefiktion kann wohl wie eine tatsächl Entnahme nicht rückgängig gemacht werden. Umgekehrt gilt § 4g I 1 iVm § 36 V S 4 Nr 1. Zum Brexit s Rz 19.

3. Gewinnaufschub; Bildung eines Ausgleichspostens, § 4g I 1, IV. – 6 **a) Unterschiede nach Gewinnermittlungsart.** – *(1)* Für die Durchführung des Gewinnaufschubs können Bilanzierende die sofortige Gewinnerhöhung iHd stillen Reserven durch Ansatz eines passiven Ausgleichspostens in zunächst gleicher Höhe neutralisieren (§ 4g I 1). Es handelt sich um eine **Bilanzierungshilfe** als Merkposten innerhalb oder außerhalb der StB (s *Schmidt* 37. Aufl § 4g Rz 6 mwN). – *(2)* Die Gewinnermittlung nach **§ 4 III** führt zum selben Ergebnis. Auch hier ist ein Ausgleichsposten nach Abs 1 zu bilden und in ein lfd Verzeichnis aufzunehmen, zunächst ohne Gewinnauswirkung **(§ 4g IV)**. Anders als bei § 4 I/§ 5 ist dem Ausgleichsposten keine Gewinnerhöhung iHd stillen Reserven ggü zu stellen. Zwar sind Entnahmen grds auch bei § 4 III gewinnerhöhend zu buchen, aber nur, wenn der Vorgang sonst nicht erfasst würde (s § 4 Rz 386). Die Gewinnerhöhung nach § 4 I 3 erfolgt grds durch sukzessive Auflösung des Ausgleichspostens.

7 **b) Höhe des Ausgleichspostens, § 4g I 1, 2.** Der Ausgleichsposten verkörpert wie eine *Bilanzierungshilfe* die im Zeitpunkt der Überführung im WG enthaltenen stillen Reserven. Entspr den ohne die Sonderregelung aufzudeckenden stillen Reserven (§ 4 Rz 257) ist der Ausgleichsposten iHd Unterschiedsbetrages zw dem Buchwert und dem nach § 6 I Nr 4 S 1 HS 2 als von fremden Dritten unter gleichen Bedingungen zu erwartenden **Fremdvergleichspreis** anzusetzenden gemeinen Wert für jedes einzelne überlassene WG auszuweisen.

10 **4. Auflösung des Ausgleichspostens, § 4g II, III aF, V, VI. – a) Sukzessive Gewinnerhöhung, § 4g II 1.** Im Normalfall der Dauerüberlassung erstreckt sich der Gewinnaufschub auf **fünf Jahre.** Daher ist der Ausgleichsposten im Wj der Verlagerung – ohne Zwölftelung – und in den vier folgenden Wj pauschal zu jeweils einem Fünftel gewinnerhöhend aufzulösen, unabhängig von der Abnutzungsdauer des WG. Damit wird die Gewinnrealisierung der stillen Reserven gleichmäßig auf fünf Jahre verteilt. Auch RumpfWj sind als Wj einzubeziehen. Das Auflösungsergebnis ist lfd Gewinn des übertragenden Stammhauses.

11 **b) Vorzeitige Auflösung, § 4g II 2/§ 36 V 4.** Die sukzessive Auflösung unterstellt zur Verfahrensvereinfachung pauschalierend, dass die Voraussetzungen für die Bildung des Ausgleichspostens nach § 4g I 1 fünf Jahre lang bestehen bleiben. Tritt zwischenzeitl ein sonstiger gewinnrealisierender Umstand ein, ist der (verbleibende) Ausgleichsposten für betroffene WG ohne Änderung der abgelaufenen Veranlagungen *sofort gewinnerhöhend* aufzulösen. Gewinnrealisierungen der Betriebsstätte sind dieser zuzurechnen. Die Sofortbesteuerung kann idR durch fünfjährige Ratenzahlung aufgeschoben werden, idR gegen Sicherheitsleistung (§ 36 V 1), soweit der StAnspruch nicht gefährdet ist und der StPfl sich weigert, Sicherheit zu leisten (§ 4g II 2).

Auflösungstatbestände iSv § 36 V 4:

– **Nr 1:** Ausscheiden **des WG** aus dem BV des StPfl zB durch Veräußerung, Verschenken oder sonstige Verlagerung, nicht durch vorzeitige Abnutzung;
– **Nr 2:** Einstellung, Veräußerung oder Verlagerung **des Betriebes** aus der Besteuerungshoheit der EU/EWG (zB Verlagerung von einer italienischen in eine US-Betriebsstätte). Zum Brexit s § 4g VI und Rz 19;
– **Nr 3:** Entstrickung durch Beendigung der **persönl StPfl**, auch ohne eigenes Zutun (zB Beendigung der unbeschr StPfl, *passive* Entstrickung durch **DBA-Änderungen**, bisher str, s *Kessler/Spychalski* IStR 19, 193; zu § 6 I 2 Nr 4 AStG FG Köln EFG 21, 1161, Rev I R 21/21);
– **Nr 4: Insolvenz** des StPfl;
– **Nr 5:** Verstoß gegen **Sicherheitszahlungen** (s auch § 4g II 2).

12 **c) Auflösung bei Verstoß gegen Mitwirkungspflichten, § 4g V.** § 4g V 1 erlegt dem StPfl eine allg Anzeigepflicht vor Vorgängen iS § 4g II auf (s Rz 16). Ein Verstoß hiergegen oder gegen Aufzeichnungspflichten gem § 4g IV oder sonstige Mitwirkungspflichten nach § 90 AO (Auslandsbezug!) führt ebenfalls – WG-bezogen – zur sofortigen gewinnerhöhenden Auflösung des Ausgleichspostens bzw des verbleibenden Restpostens (§ 4g V 2), idR im VZ des ersten Verstoßes. S auch § 4g V 3, § 36 V 8 idF ATADUmsG (Anzeige in der nächsten StErklärung).

d) Rückführung des Wirtschaftsguts ins inländische Betriebsvermögen, 13
§ 4g III aF. Die Vorschrift betraf die Sonderbehandlung der steuerneutralen Auflösung des Ausgleichspostens im Falle der vorzeitigen Rückführung eines WG. Sie wurde allg als wenig gelungen und zu kompliziert angesehen. Da sie durch die ATAD-RL (EU) 2016/1164 nicht zwingend vorgeschrieben war, ist sie im ATADUmsG (BGBl I 21, 2035) ersatzlos rückwirkend aufgehoben worden. Es gelten die allg Grundsätze (§ 4 I 3, 9, § 4g II 2, § 6 I Nr 4 S 1, Nr 5b). Daher wird zu § 4g III aF auf *Schmidt* EStG 39. Aufl § 4g Rz 13–18 verwiesen.

5. Verfahrensfragen. – a) Antrag, § 4g I. Wie früher hat der StPfl ein **Wahl-** 15
recht. Der Gewinnaufschub erfolgt nur auf unwiderrufl Antrag (§ 4g I 3). Die Regelung der einheitl Ausübung für alle WG in einem Wj **(§ 4g I 3 aF)** ist durch ATADUmsG (BGBl I 21, 2035) aufgehoben worden; der Ausgleichsposten ist also für jedes WG gesondert zu prüfen, getrennt auszuweisen und zu beantragen.

b) Aufzeichnung, § 4g I, IV. Bei Gewinnermittlung nach **§ 4 I/§ 5** ergibt 16
sich die Aufzeichnungspflicht aus dem gesonderten Ausweis des Ausgleichspostens für jedes WG in der Bilanz **(§ 4g I 2)**. Ein Gesamtverzeichnis über die betroffenen WG entspr § 4g IV ist nicht ausdrückl vorgeschrieben, aber sinnvoll. Bei Gewinnermittlung nach **§ 4 III** sind alle WG, für die ein Ausgleichsposten nach Abs 1 gebildet wurde, in ein lfd zu führendes Verzeichnis aufzunehmen (§ 4g IV 2). Außerdem sind – uU damit verbunden – Aufzeichnungen zu führen, aus denen die weitere Entwicklung des Ausgleichspostens (Bildung und Fortgang der Auflösung) hervorgehen (§ 4g IV 3). Diese Aufzeichnungen sind der StErklärung beizufügen (§ 4g IV 4). Folge eines Verstoßes: Gewinnerhöhende Auflösung des Ausgleichspostens für nicht aufgezeichnete WG (**§ 4g V 2**, s Rz 12).

c) Anzeigepflicht, § 4g V. Der StPfl ist verpflichtet, dem FA Entnahme des 17
WG oder andere zur Auflösung führende Ereignisse iSv § 4g II unverzügl anzuzeigen, spätestens in der nächsten StErkl (§ 4g V 3, § 36 V 8). Folge eines Verstoßes: Gewinnerhöhende Auflösung des Ausgleichspostens *dieses* WG (§ 4g V 2, s Rz 12).

6. Sonderregelung Brexit, § 4g VI. Bislang war str, ob eine Entstrickung 19
ohne aktives Handeln des StPfl, etwa durch DBA-Änderungen oder EU-Austritt eines Staates mögl ist. Das ist inzwischen geklärt (s Rz 11). § 4g VI idF Brexit-StBG (BGBl I 19, 357) soll sicherstellen, dass allein der Brexit auch nach Ablauf der Übergangszeit 1.2.20 bis 31.12.20 (s § 1a Rz 4 mwN) die Rechtsfolge des § 4g II 2 nicht auslöst für WG, die die Voraussetzungen vorher erfüllt hatten (so schon *BMF* BStBl I 18, 1104), fragl bei späterer aktiver Verlagerung auf *andere britische* Betriebsstätten (so hM – wie bei steuerneutraler Rückverlagerung auf andere EU-Betriebsstätten; vgl *HHR* § 4g Rz 59). Dagegen keine steuerneutrale Zuführung aus dem Inl nach dem endgültigen Austritt Ende 2020.

§ 4h Betriebsausgabenabzug für Zinsaufwendungen (Zinsschranke)

(1) [1]Zinsaufwendungen eines Betriebs sind abziehbar in Höhe des Zinsertrags, darüber hinaus nur bis zur Höhe des verrechenbaren EBITDA. [2]Das verrechenbare EBITDA ist 30 Prozent des um die Zinsaufwendungen und um die nach § 6 Absatz 2 Satz 1 abzuziehenden, nach § 6 Absatz 2a Satz 2 gewinnmindernd aufzulösenden und nach § 7 abgesetzten Beträge erhöhten und um die Zinserträge verminderten maßgeblichen Gewinns. [3]Soweit das verrechenbare EBITDA die um die Zinserträge geminderten Zinsaufwendungen des Betriebs übersteigt, ist es in die folgenden fünf Wirtschaftsjahre vorzutragen (EBITDA-Vortrag); ein EBITDA-Vortrag entsteht nicht in Wirtschaftsjahren, in denen Absatz 2 die Anwendung von Absatz 1 Satz 1 ausschließt. [4]Zinsaufwendungen, die nach Satz 1 nicht abgezogen werden können, sind bis zur Höhe der EBITDA-Vorträge aus vorangegangenen Wirt-

§ 4h BA-Abzug für Zinsaufwendungen (Zinsschranke)

schaftsjahren abziehbar und mindern die EBITDA-Vorträge in ihrer zeitlichen Reihenfolge. ⁵Danach verbleibende nicht abziehbare Zinsaufwendungen sind in die folgenden Wirtschaftsjahre vorzutragen (Zinsvortrag). ⁶Sie erhöhen die Zinsaufwendungen dieser Wirtschaftsjahre, nicht aber den maßgeblichen Gewinn.

(2) ¹Absatz 1 Satz 1 ist nicht anzuwenden, wenn

a) der Betrag der Zinsaufwendungen, soweit er den Betrag der Zinserträge übersteigt, weniger als drei Millionen Euro beträgt,
b) der Betrieb nicht oder nur anteilmäßig zu einem Konzern gehört oder
c) der Betrieb zu einem Konzern gehört und seine Eigenkapitalquote am Schluss des vorangegangenen Abschlussstichtages gleich hoch oder höher ist als die des Konzerns (Eigenkapitalvergleich). ²Ein Unterschreiten der Eigenkapitalquote des Konzerns um bis zu zwei Prozentpunkte ist unschädlich.
³Eigenkapitalquote ist das Verhältnis des Eigenkapitals zur Bilanzsumme; sie bemisst sich nach dem Konzernabschluss, der den Betrieb umfasst, und ist für den Betrieb auf der Grundlage des Jahresabschlusses oder Einzelabschlusses zu ermitteln. ⁴Wahlrechte sind im Konzernabschluss und im Jahresabschluss oder Einzelabschluss einheitlich auszuüben; bei gesellschaftsrechtlichen Kündigungsrechten ist insoweit mindestens das Eigenkapital anzusetzen, das sich nach den Vorschriften des Handelsgesetzbuchs ergeben würde. ⁵Bei der Ermittlung der Eigenkapitalquote des Betriebs ist das Eigenkapital um einen im Konzernabschluss enthaltenen Firmenwert, soweit er auf den Betrieb entfällt, und um die Hälfte von Sonderposten mit Rücklagenanteil (§ 273 des Handelsgesetzbuchs) zu erhöhen sowie um das Eigenkapital, das keine Stimmrechte vermittelt – mit Ausnahme von Vorzugsaktien –, die Anteile an anderen Konzerngesellschaften und um Einlagen der letzten sechs Monate vor dem maßgeblichen Abschlussstichtag, soweit ihnen Entnahmen oder Ausschüttungen innerhalb der ersten sechs Monate nach dem maßgeblichen Abschlussstichtag gegenüberstehen, zu kürzen. ⁶Die Bilanzsumme ist um Kapitalforderungen zu kürzen, die nicht im Konzernabschluss ausgewiesen sind und denen Verbindlichkeiten im Sinne des Absatzes 3 in mindestens gleicher Höhe gegenüberstehen. ⁷Sonderbetriebsvermögen ist dem Betrieb der Mitunternehmerschaft zuzuordnen, soweit es im Konzernvermögen enthalten ist.
⁸Die für den Eigenkapitalvergleich maßgeblichen Abschlüsse sind einheitlich nach den International Financial Reporting Standards (IFRS) zu erstellen. ⁹Hiervon abweichend können Abschlüsse nach dem Handelsrecht eines Mitgliedstaats der Europäischen Union verwendet werden, wenn kein Konzernabschluss nach den IFRS zu erstellen und offen zu legen ist und für keines der letzten fünf Wirtschaftsjahre ein Konzernabschluss nach den IFRS erstellt wurde; nach den Generally Accepted Accounting Principles der Vereinigten Staaten von Amerika (US-GAAP) aufzustellende und offen zu legende Abschlüsse sind zu verwenden, wenn kein Konzernabschluss nach den IFRS oder dem Handelsrecht eines Mitgliedstaats der Europäischen Union zu erstellen und offen zu legen ist. ¹⁰Der Konzernabschluss muss den Anforderungen an die handelsrechtliche Konzernrechnungslegung genügen oder die Voraussetzungen erfüllen, unter denen ein Abschluss nach den §§ 291 und 292 des Handelsgesetzbuchs befreiende Wirkung hätte. ¹¹Wurde der Jahresabschluss oder Einzelabschluss nicht nach denselben Rechnungslegungsstandards wie der Konzernabschluss aufgestellt, ist die Eigenkapitalquote des Betriebs in einer Überleitungsrechnung nach den für den Konzernabschluss geltenden Rechnungslegungsstandards zu ermitteln. ¹²Die Überleitungsrechnung ist einer prüferischen Durchsicht

zu unterziehen. [13] Auf Verlangen der Finanzbehörde ist der Abschluss oder die Überleitungsrechnung des Betriebs durch einen Abschlussprüfer zu prüfen, der die Voraussetzungen des § 319 des Handelsgesetzbuchs erfüllt. [14] Ist ein dem Eigenkapitalvergleich zugrunde gelegter Abschluss unrichtig und führt der zutreffende Abschluss zu einer Erhöhung der nach Absatz 1 nicht abziehbaren Zinsaufwendungen, ist ein Zuschlag entsprechend § 162 Absatz 4 Satz 1 und 2 der Abgabenordnung festzusetzen. [15] Bemessungsgrundlage für den Zuschlag sind die nach Absatz 1 nicht abziehbaren Zinsaufwendungen. [16] § 162 Absatz 4 Satz 4 bis 6 der Abgabenordnung gilt sinngemäß.

[2] Ist eine Gesellschaft, bei der der Gesellschafter als Mitunternehmer anzusehen ist, unmittelbar oder mittelbar einer Körperschaft nachgeordnet, gilt für die Gesellschaft § 8a Absatz 2 und 3 des Körperschaftsteuergesetzes entsprechend.

(3) [1] Maßgeblicher Gewinn ist der nach den Vorschriften dieses Gesetzes mit Ausnahme des Absatzes 1 ermittelte steuerpflichtige Gewinn. [2] Zinsaufwendungen sind Vergütungen für Fremdkapital, die den maßgeblichen Gewinn gemindert haben. [3] Zinserträge sind Erträge aus Kapitalforderungen jeder Art, die den maßgeblichen Gewinn erhöht haben. [4] Die Auf- und Abzinsung unverzinslicher oder niedrig verzinslicher Verbindlichkeiten oder Kapitalforderungen führen ebenfalls zu Zinserträgen oder Zinsaufwendungen. [5] Ein Betrieb gehört zu einem Konzern, wenn er nach dem für die Anwendung des Absatzes 2 Satz 1 Buchstabe c zugrunde gelegten Rechnungslegungsstandard mit einem oder mehreren anderen Betrieben konsolidiert wird oder werden könnte. [6] Ein Betrieb gehört für Zwecke des Absatzes 2 auch zu einem Konzern, wenn seine Finanz- und Geschäftspolitik mit einem oder mehreren anderen Betrieben einheitlich bestimmt werden kann.

(4) [1] Der EBITDA-Vortrag und der Zinsvortrag sind gesondert festzustellen. [2] Zuständig ist das für die gesonderte Feststellung des Gewinns und Verlusts der Gesellschaft zuständige Finanzamt, im Übrigen das für die Besteuerung zuständige Finanzamt. [3] § 10d Absatz 4 gilt sinngemäß. [4] Feststellungsbescheide sind zu erlassen, aufzuheben oder zu ändern, soweit sich die nach Satz 1 festzustellenden Beträge ändern.

(5) [1] Bei Aufgabe oder Übertragung des Betriebs gehen ein nicht verbrauchter EBITDA-Vortrag und ein nicht verbrauchter Zinsvortrag unter. [2] Scheidet ein Mitunternehmer aus einer Gesellschaft aus, gehen der EBITDA-Vortrag und der Zinsvortrag anteilig mit der Quote unter, mit der der ausgeschiedene Gesellschafter an der Gesellschaft beteiligt war. [3] § 8c des Körperschaftsteuergesetzes ist auf den Zinsvortrag einer Gesellschaft entsprechend anzuwenden, soweit an dieser unmittelbar oder mittelbar eine Körperschaft als Mitunternehmer beteiligt ist.

Einkommensteuer-Richtlinien: EStH 4h

Übersicht

	Rz
I. Allgemeines	
1. Bedeutung; Aufbau	1
2. Persönlicher Anwendungsbereich	2
3. Rechtsentwicklung; zeitlicher Anwendungsbereich	3
4. Verfassungsrecht; Europarecht	4
5. Verhältnis zu anderen Vorschriften	5
II. Abzugsbeschränkung und Ausnahmen	
1. Abzugsbeschränkung, § 4h I	7–13
a) Grundregel, § 4h I 1 und 2	7–11
b) EBITDA-Vortrag, § 4h I 3, 4	12
c) Zinsvortrag, § 4h I 5, 6	13

§ 4h 1, 2 BA-Abzug für Zinsaufwendungen (Zinsschranke)

Rz
2. Ausnahmen, § 4h II 14–21
 a) Freigrenze von 3 Mio €, § 4h II 1 Buchst a 15
 b) Keine Konzernzugehörigkeit, § 4h II 1 Buchst b 16
 c) Eigenkapitalvergleich, § 4h II 1 Buchst c 17
 d) Rückausnahme: Gesellschafterfremdfinanzierung, 4h II 2 18–21
3. Legaldefinitionen, § 4h III 22–30
 a) Maßgeblicher Gewinn, § 4h III 1 22
 b) Zinsaufwendungen; Zinserträge, § 4h III 2–4 23–26
 c) Konzernzugehörigkeit, § 4h III 5, 6 27–30

III. EBITDA-Vortrag; Zinsvortrag
1. Gesonderte Feststellung, § 4h IV 31
2. Untergang, § 4h V 32

Einkommensteuer-Richtlinien: EStH 4h – **Verwaltung:** *BMF* BStBl I 08, 718; *BMF* BStBl I 14, 1516.

I. Allgemeines

1 **1. Bedeutung; Aufbau.** Die sog **Zinsschranke** des § 4h knüpft systematisch an § 4 IV an und beschränkt die steuerl Berücksichtigung betriebl veranlasster Zinsaufwendungen (s allg § 4 Rz 521). Diese sind grds nur noch bis zur Höhe des Zinsertrags und, soweit sie diesen übersteigen, bis zur Höhe von 30% eines modifizierten Betriebsergebnisses, des verrechenbaren EBITDA, abziehbar. Die Regelung ersetzt die Bestimmungen zur Ges'ter-Fremdfinanzierung in § 8a KStG aF. Sie gilt für Gewinneinkünfte aller Unternehmensformen und für jede Art von Fremdfinanzierung (auch Bankdarlehen); doch sollen aufgrund von Ausnahmebestimmungen idR nur Betriebe erfasst werden, die einen negativen Zinssaldo von 3 Mio € oder mehr aufweisen und zu einem Konzern gehören. – **§ 4h I** regelt den Grundsatz der Abzugsbeschränkung sowie den EBITDA-Vortrag und den Zinsvortrag. **§ 4h II** bestimmt drei Ausnahmen zu der Abzugsbeschränkung: Freigrenze, Konzernklausel, Eigenkapitalvergleich. **§ 4h III** enthält Legaldefinitionen zu § 4h I und II. **§ 4h IV und § 4 V** behandeln die gesonderte Feststellung des EBITDA-Vortrags und des Zinsvortrags sowie ihren (vollständigen/partiellen) Untergang bei Betriebsaufgabe/-übertragung und bei Ausscheiden eines MUers.

Die Zinsschranke soll als **Missbrauchsvorschrift** die unerwünschte Verlagerung von Gewinnen ins Ausl bekämpfen (s aber Rz 4); zudem war sie **Gegenfinanzierungsmaßnahme** zur Absenkung des KSt-Tarifs, der GewSt-Messzahl und der Thesaurierungsbegünstigung für Personenunternehmen. Ferner soll sie dem Schutz vor Insolvenz dienen (Förderung höherer Eigenkapitalquoten) und das **inl Steuersubstrat sichern** (BT-Drs 16/4841, 35 und 48, s auch *BH/Loewens* § 4h Rz 12: Lenkungsnorm, mwN). – Zur Bedeutung der Zinsschranke in der **BEPS-Debatte** s *Eilers/Oppel* IStR 16, 312; *Staats* IStR 16, 135; *Dorenkamp* StuW 15, 345; *Roth* Ubg 15, 705; *Schanz/Feller* BB 15, 865; sowie *Mitschke* FR 16, 412 und *ders* FR 16, 834 einerseits und *Glahe* FR 16, 829 andererseits.

2 **2. Persönlicher Anwendungsbereich.** Der Zinsschranke unterliegen Einzelunternehmer und (iErg) die Ges'ter von gewerbl tätigen oder geprägten PersGes (zu Erben- und Gütergemeinschaften sowie luf/freiberufl MUerschaften mit privaten Einkünften s § 15 Rz 187, 190) jeweils mit ihren Gewinneinkünften (Rz 7), ferner über § 8 I KStG Körperschaften (Sonderregelungen in § 8a KStG) einschließl Betriebe gewerbl Art juristischer Personen döR. Auf OrganGes ist § 4h nicht anzuwenden (§ 15 S 1 Nr 3 KStG).

Zu den mögl Auswirkungen von **ATAD I** (Anti Tax Avoidance Directive – RL (EU) 2016/1164) auf **KSt-Subjekte** s *Hey* StuW 17, 248, 255: verdrängende Wirkung ab 1.1.19; ebenso *Prinz* FR 19, 789, 792. – Zur **Holding-PersGes** s *Kessler/Benke* DB 19, 2367. Zur **KGaA:** *Kollruss* BB 07, 1988; *ders* DStR 09, 88; *Rohrer/Orth* BB 07, 2266; *Rödder ua* DB 09, 1561. Zu **Genossenschaften:** *Kollruss ua* DStR 09, 117. Zu **Publikum GmbH & Co KG** s *Dorenkamp* FR 08, 1129. Zu sog **Öffentl Privaten Partnerschaften** (ÖPP/PPP) s *BMF* BStBl I 08, 718 Rz 84 ff.

Allgemeines 3–5 § 4h

3. Rechtsentwicklung; zeitlicher Anwendungsbereich. Die Regelung ist 3 durch UntStRefG 2008 geschaffen worden und erstmals auf Wj anwendbar, die nach dem 25.5.07 beginnen und nicht vor dem 1.1.08 enden (§ 52 XIId 1 aF). – S iÜ *Schmidt* 34. Aufl § 4h Rz 3.

4. Verfassungsrecht; Europarecht. Die Zinsschranke verstößt gegen **Verf-** 4 **Recht** (s Vorlagebeschluss BFH I R 20/15 BStBl II 17, 1240, Rz 21 ff mwN: Verstoß gegen Art 3 I GG), VerfBeschw BVerfG 2 BvL 1/16. § 4h wirkt, soweit ein Zinsvortrag tatsächl nicht genutzt werden kann (Rz 10), wie ein (partielles) definitives Abzugsverbot für betriebl veranlassten Zinsaufwand und ordnet für bestimmte Fälle den Untergang des Zinsvortrags explizit an (Rz 32). Damit **durchbricht** § 4h das **obj Nettoprinzip**, ohne dass sich dies hinreichend rechtfertigen ließe; denn die Regelung ist letztl **keine Missbrauchsvorschrift**, sondern Fiskalzwecknorm. Missbrauchsvorschrift kann sie nicht sein, da sie einerseits regelmäßig (auch) Finanzierungsgestaltungen erfasst, die marktübl, sinnvoll und typischerweise nicht missbräuchl sind, andererseits missbräuchl Gestaltungen unterhalb der Freigrenze von 3 Mio € nicht berücksichtigt. Ungeachtet dessen wird man auch prüfen müssen, ob § 4h nicht aufgrund seiner Komplexität den Grundsatz der **Normenklarheit** verletzt (krit auch *Hick* FR 16, 409; *Prinz* FR 13, 145; **aA** *Heuermann* DStR 13, 1: komplex, nicht verfwidrig). – Die Zinsschranke verstößt gegen **Europarecht**. Sie beschränkt vorsätzl und ohne Rechtfertigung die **Niederlassungs- und Kapitalverkehrsfreiheit** (Art 49, 63 AEUV); denn es ist ihr erklärtes Ziel zu verhindern, „dass Konzerne mittels grenzüberschreitender konzerninterner Fremdkapitalfinanzierung in Deutschland erwirtschaftete Erträge ins Ausl transferieren" (BT-Drs 16/4841, 57). Zur Vereinbarkeit mit der **Zins- und Lizenzrichtlinie** s einerseits *Shou* Die Zinsschranke im UntReformG 2008 (2010), S 140 ff; *Schön* JbFfSt 2010/2011, 59/66 f; andererseits *Frotscher/Geurts* § 4h Rz 7 (der einen Verstoß verneint); ebenso *Rehm/Nagler* GmbHR 11, 937; *Hiller* BB 11, 2715.

Der BFH hat bereits vor seinem Vorlagebeschluss **AdV** gewährt (BFH I B 85/13 BStBl II 14, 947 mwN, Anm *Gosch* BFH/PR 14, 226; ebenso wegen § 8a II KStG BFH I B 111/11 BStBl II 12, 611; zust *Kessler/Benke* DB 19, 2367; *München/Mückl* DB 16, 497; *Weggenmann/ Claß* BB 16, 1175; krit dagegen *Ismer* FR 14, 777: Verbesserung der Eigenkapitalausstattung als Rechtfertigungsgrund; ebenso *Mitschke* FR 16, 412; *BH/Loewens* § 4h Rz 24 ff). **Weitere Revisionsverfahren** sind beim BFH anhängig. Wer überlegt, selbst AdV zu beantragen, muss die Folgen der Verzinsung prüfen (§ 237 AO); allerdings lehnt die FinVerw auch nach Ergehen des BFH-Beschlusses AdV grds ab (*BMF* BStBl I 14, 1516).

5. Verhältnis zu anderen Vorschriften. § 3c, § 4 IVa, § 4 V 1 Nr 8a und 12 5 sowie § 4k (s § 4k Rz 5) gehen als speziellere Abzugsverbote und wegen § 4h III 1 und 3 der Zinsschranke vor (dh für § 4 IVa: Summe der ges'tebezogenen Überentnahmen [§ 15 Rz 430] erhöht den „maßgebl Gewinn" und vermindert zugleich den Zinsaufwand iSv § 4h); § **4i** wird § 4h als speziellere Abzugsbeschränkung vorgehen (str, s *Ettinger* DStR 19, 548 mwN; *Prinz* FR 19, 597; *ders* DB 18, 1615 mwN; § 4i Rz 2). § **2a, § 15a und § 15b** betreffen die Einkünfteermittlung und sind ggü § 4h nachrangig. Da der Verlustabzug an den Gesamtbetrag der Einkünfte anknüpft, geht § 4h dem **§ 10d** vor. Zur Abgeltungsteuer gem **§ 32d** s *Kollruss* GmbHR 07, 1133; zu **§ 50d III** *ders* FR 07, 870; *ders* BB 07, 2274. – Für Körperschaften enthält **§ 8a KStG** eine Sonderregelung, die ggü § 4h II 2 auch für PersGes gelten kann (Rz 18 ff); zu **§ 8c KStG** s Rz 32. Bei Organschaft ist **§ 15 S 1 Nr 3 KStG** zu beachten (Rz 8). – Gem **§ 10 III 4 AStG** bleiben § 4h EStG und § 8a KStG bei der Hinzurechnungsbesteuerung unberücksichtigt (s *Goebel/Haun* IStR 07, 768). Nicht abzugsfähige Zinsaufwendungen dürfen nach **§ 8 Nr 1 Buchst a GewStG** erst dann dem gewstl Gewinn hinzugerechnet werden, wenn sie im Wege des Zinsvortrags in einem späteren Wj tatsächl berücksichtigt worden sind (s *Schaumburg* JbFfSt 2009/2010, 160; *Schuck/Faller* DB 10, 2186). Zu **§ 2 II 2a InvStG** s Rz 25; zu **§ 4 II 2, § 15 III, § 20 IX, § 24 VI UmwStG** s Rz 32.

II. Abzugsbeschränkung und Ausnahmen

7 **1. Abzugsbeschränkung, § 4h I. – a) Grundregel, § 4h I 1, 2.** Zinsaufwendungen eines Betriebs können bis zur Höhe des Zinsertrags desselben Wj als BA abgezogen werden. Übersteigen die Zinsaufwendungen den Zinsertrag (negativer Zinssaldo), sind sie zusätzl nur noch bis zur Höhe von 30% eines modifizierten Betriebsergebnisses (verrechenbares EBITDA, s Rz 10) abziehbar. Nicht abzugsfähige Zinsaufwendungen sind dem Betriebsergebnis (wie Entnahmen) außerhalb der Gewinnermittlung wieder hinzuzurechnen und in die folgenden Wj vorzutragen. Beim Empfänger werden die Zinszahlungen ungekürzt als Einnahmen erfasst (keine Umqualifizierung); dies kann, soweit ein Zinsvortrag unberücksichtigt bleibt (Rz 13) oder untergeht (Rz 32), zu einer (endgültigen) wirtschaftl Doppelbesteuerung führen. – Die Zinsschranke gilt **nur für Gewinneinkünfte** (keine Verweisung in § 9; s aber § 8a I 4 KStG für ausl KapGes mit inl Einkünften, Rz 11). Das schließt § 15 III Nr 1 *und* 2 ein (mE nur missverständl: *BMF* BStBl I 08, 718 Rz 5; wie hier: *van Lishaut ua* DStR 08, 2341; *BH/Loewens* § 4h Rz 28; **aA** *Winkler/Käshammer* Ubg 08, 478/9). Auf eine **vermögensverwaltend tätige**, nicht gewerbl geprägte PersGes ist § 4h nicht anwendbar, bei sog **ZebraGes** 2(§ 15 Rz 201) nur auf der Ges'terebene mit gewerbl Einkünften (Rz 11). – Bilanzierung wird nicht vorausgesetzt; Gewinnermittlung nach § 4 III genügt.

8 **aa) Betrieb.** Gegenstand der Abzugsbeschränkung sind Zinsaufwendungen eines „Betriebs", nicht eines StPfl (objektbezogene Zinsschranke). – **(1) Begriff.** „Betrieb" wird in § 4h nicht definiert, sollte aber wegen der systematischen Stellung der Vorschrift und der Bezugnahme auf die Gewinnermittlungsvorschriften in § 4h III 1 ebenso wie in § 4 verstanden werden (s § 4 Rz 25). – Ein **Einzelunternehmer** kann *mehrere* Betriebe unterhalten; die Zinsschranke ist auf jeden selbständig geführten, abgrenzbaren Betrieb gesondert anzuwenden (keine Zusammenfassung mehrerer Betriebe, auch nicht innerhalb einer Einkunftsart). Zinsaufwendungen und -erträge sind ggf den einzelnen Betrieben nach wirtschaftl Zusammenhang zuzuordnen. **Körperschaften** und **PersGes** unterhalten stets *nur einen* Betrieb; das gilt auch für eine KGaA (*BMF* BStBl I 08, 718 Rz 8). – Inl und ausl **Betriebsstätten** (§ 12, § 13 AO) eines inl Unternehmens sind *keine* Betriebe, sondern Teil des *einen* inl Betriebs (bei Einzelunternehmer ggf Abgrenzung zu eigenständigem Betrieb erforderl). Dagegen wird die inl Betriebsstätte eines ausl Unternehmens wie ein Betrieb zu behandeln sein, der (isoliert) der Zinsschranke unterliegt (str, wie hier: *HHR* § 4h Rz 26 mwN; *Hoffmann* Zinsschranke Rz 155; *Köhler/Hahne* DStR 08, 1505/6; **aA** *Grotherr* IWB 07, 1496; *Bron* IStR 08, 14; *Huken* DB 08, 544; s auch *BMF* BStBl I 11, 530 Rz 9; diff *Kaminski* IStR 11, 783); die *FinVerw* stellt jedenfalls nur auf die **inl Betriebsteile** ab (*OFD NRW* DB 17, 2384). – Bei **Organschaft** gelten Organträger und OrganGes als *ein* Betrieb (Rz 11, 27, 32); die Zinsschranke greift (ggf) nur auf der Ebene des Organträgers ein (§ 15 S 1 Nr 3 KStG; s *Herzig/Liekenbrock* Ubg 09, 750; *Bron* IStR 08, 14; zu PersGes als Organträger s § 15 Rz 175).

Zur Betriebsdefinition s auch *Herzig/Liekenbrock* Ubg 11, 102, 1066 mwN. – **SchwesterPersGes** und **Ober/UnterPersGes** unterhalten *jeweils* eigenständige Betriebe (keine Zusammenfassung, kein Rückgriff auf § 15 S 1 Nr 3 KStG; s aber Rz 11), ebenso eine OrganGes/KapGes, die als MUer an einer PersGes beteiligt ist. – Zu **Vermietungseinkünften beschr stpfl KapGes** s *Günkel* JbFfSt 2010/2011, 826, 830; *Bron* DB 09, 594; *Huschke/Hartwig* IStR 08, 745, 7499. – Zu **Treuhandmodellen** s *Schaumburg/Rödder* UntStRef 2008, 456; *van Lishaut ua* DStR 08, 2341, 2342.

9 **(2) Betrieb einer Personengesellschaft.** Hierzu gehört (ggf neben Ergänzungsbilanzen) auch das **SonderBV** (zB Zinsaufwendungen eines Ges'ters zur Finanzierung seines Anteils; dagegen heben sich Zinsaufwendungen und -erträge aus Ges'terdarlehen gegenseitig auf, s auch Rz 24). Unklar ist, in welcher Weise die Zinsschranke hier zur Anwendung kommen soll. Da PersGes und SonderBV *einen*

Abzugsbeschränkung und Ausnahmen 10–12 § 4h

Betrieb iSd § 4h bilden und die Zinsschranke objektbezogen wirkt, sollten mE die nicht abziehbaren Zinsaufwendungen **in einer Gesamtrechnung** auf der Grundlage des zusammengefassten Gesamthands- und SonderBV ermittelt werden. Bei der sich anschließenden **Verteilung der nicht abziehbaren Zinsaufwendungen** muss allerdings nicht nur berücksichtigt werden, in welcher Höhe der einzelne Ges'ter den negativen Zinssaldo des Betriebs (mit)verursacht hat, sondern auch, wie hoch sein Anteil am verrechenbaren EBITDA ist, mit dem er einen negativen Zinssaldo kompensieren kann (Umsetzung s *Schmidt* 27. Aufl § 4h Rz 10; iErg ebenso: *BH/Loewens* § 4h Rz 41).

Beides vernachlässigt *BMF* BStBl I 08, 718, Rz 51: Zurechnung nach dem **allg Gewinnverteilungsschlüssel**. Auf § 4h V 2 kann in diesem Zusammenhang jedenfalls nicht zurückgegriffen werden; denn dort ist ausdrückl nur der Fall des Ausscheidens eines Ges'ters geregelt (abl auch *Hoffmann* Zinsschranke Rz 851 ff, 883 f; *ders* GmbHR 08, 113, 114 f; *Kußmaul ua* DStR 08, 904 – mit unterschiedl Berechnungen).

bb) Verrechenbares EBITDA. Die Zinsschranke knüpft an den stpfl Gewinn **10** vor Zinsen, Steuern und Abschreibungen auf materielle und immaterielle WG an (*Earnings Before Interest, Tax, Depreciations and Amortization* = EBITDA). – **(1) Maßgebl Gewinn.** Der „maßgebl Gewinn" (§ 4h III 1: Gewinn „vor" Zinsschranke, s Rz 22) eines Betriebs muss um die Zinsaufwendungen sowie um abgesetzte GWG (§ 6 II 1), Sammelposten (§ 6 IIa 2) und reguläre AfA (§ 7) erhöht und um die Zinserträge vermindert werden. Die Beschränkung des § 4h I 1 greift nur ein, *soweit* die Zinsaufwendungen des Betriebs die Zinserträge *zuzügl* 30 % des Ergebnisses dieser Berechnung übersteigen. Nicht hinzugerechnet zum maßgebl Gewinn werden damit TeilwertAfA (§ 6 I Nr 1 S 2 und Nr 2 S 2), erhöhte AfA (§§ 7h, 7i) und SonderAfA (§ 7g; s auch § 7a Rz 1). – Das verrechenbare EBITDA des § 4h deckt sich *nicht* mit dem betriebswirtschaftl EBITDA, da es gem § 4h III 1 auf den *stpfl* Gewinn aufbaut.

(2) Ermittlung. Sie erfolgt grds **betriebsbezogen** (Rz 8). Daraus folgert das **11** *BMF*, dass Beträge, die in das verrechenbare EBITDA einer **MUerschaft** eingeflossen sind, beim MUer nicht erneut berücksichtigt werden dürfen (*BMF* BStBl I 08, 718 Rz 42). Mit der Regelung des § 4h I 1, III 1 lässt sich das allerdings nicht vereinbaren; der „maßgebl Gewinn" des MUers als Ausgangsgröße *seines* verrechenbaren EBITDA ist der stpfl Gewinn *ohne* § 4h I 1, dh: einschließl seines Anteils am Gewinn einer nachgeordneten PersGes (§ 15 Rz 620; so jetzt auch FG Köln EFG 14, 521, Rev IV R 4/14; ebenso *HHR/Hick* § 4h Anm 71; zum Streit s *Liekenbrock* DStR 14, 991 mwN; **aA** wohl *Baschnagel* BB 15, 349). – Bei einer **ZebraGes** (Rz 7 aE) gehen die Berechnungsgrößen des verrechenbaren EBIDTA der Ges anteilig in die Zinsschrankenberechnung des Ges'ters ein, der gewerbl Einkünfte erzielt (*BMF* BStBl I 08, 718 Rz 43, zutr wegen BFH GrS 2/02 BStBl II 05, 679). Zur Beteiligung einer **ausl KapGes** (§ 8a I 4 KStG, § 49 I Nr 2 Buchst f nF) s *Schuck/Faller* DB 12, 1893; *HHR* § 4h Anm 26.

Bei **Organschaft** wird das verrechenbare EBITDA auf der Ebene des Organträgers unter Zusammenrechnung aller Zinsaufwendungen, -erträge und Abschreibungen des Organkreises ermittelt. – Zur **KGaA** s *BMF* BStBl I 08, 718 Rz 44 (Gewinnanteil des persönl haftenden Ges'ters bleibt unberücksichtigt; keine Anwendung von § 9 I KStG; bei Sondervergütungen ist § 8a II, III KStG zu prüfen); s auch *Herzig/Liekenbrock* Ubg 11, 102/6 mwN; *Hoffmann* Zinsschranke Rz 1206; *Kollruss* ua DStR 09, 88/91 f. – Zu **Dividenden und Beteiligungsveräußerungsgewinnen** s *Kraft* FR 19, 1029.

b) EBITDA-Vortrag, § 4h I 3, 4. Ist das verrechenbare EBITDA eines Betriebs in einem Wj größer als der nach § 4h I 1 HS 1 ermittelte negative Zinssaldo **12** (Rz 7), kann der StPfl gem **§ 4h I 3 HS 1** den nicht ausgeschöpften Betrag in spätere Wj vortragen (s auch *Bohn/Loose* DStR 11, 241; *Herzig/Liekenbrock* DB 10, 690; *Littmann/Hoffmann* § 4h Rz 71 ff). Der Vortrag ist auf die folgenden **fünf Wj** beschränkt und gilt erstmals für Wj, die nach dem 31.12.09 enden (s Rz 3); vor

§ 4h 13–15 BA-Abzug für Zinsaufwendungen (Zinsschranke)

diesem Zeitpunkt angefallene (fiktive) EBITDA-Vorträge der Jahre 2007 bis 2009 werden auf Antrag des StPfl berücksichtigt (§ 52 XIId5 aF; s auch BT-Drs 17/15, 18; *Bien/Wagner* BB 09, 2633; *Rödder* JbFfSt 2010/2011, 115, 123: Beginn der Fünf-Jahresfrist Ende 2010). Zu gesonderter Feststellung und Untergang des EBITDA-Vortrags s Rz 31 f. – Gem § **4h I 3 HS 2** kommt die Regelung nur dann zur Anwendung, wenn für das betreffende Wj keine der in § 4h II genannten Ausnahmen gilt (s *Körner* Ubg 11, 610). Zu Zinsertragsüberhang s *Rödder* JbFfSt 2010/2011, 115/8 ff. – § **4h I 4** legt die **Verwendungsreihenfolge** fest: Zunächst wird geprüft, inwieweit Zinsaufwendungen eines Wj durch Zinserträge und das verrechenbare EBITDA *dieses* Wj ausgeglichen werden. Sodann sind die EBITDA-Vorträge aus vorangegangenen Wj zur Verrechnung heranzuziehen, beginnend mit dem jeweils ältesten EBITDA-Vortrag. Ein EBITDA-Vortrag, der in den fünften auf seine Feststellung folgenden Wj nicht bzw nicht vollständig mit Zinsaufwendungen verrechnet worden ist, verfällt. Zum fiktiven EBITDA-Vortrag nach § 52 XIId 5 aF s *Herzig/Liekenbrock* DB 10, 690/1; *Bohn/Loose* DB 11, 1246 (kein negatives EBITDA). – EBITDA-Vorträge werden **von Amts wegen** berücksichtigt. Ausnahme: § 52 Abs 12d Satz 5 aF. – Zu Organschaft s *Bohn/Loose* DStR 11, 1009.

13 c) **Zinsvortrag, § 4h I 5, 6.** Zinsaufwendungen, die der Zinsschranke unterliegen, gehen idR (zumindest rechtl) nicht verloren, sondern können ohne zeitl Begrenzung in spätere Wj vorgetragen werden (§ 4h I 5). Der StPfl kann den Zinsvortrag allerdings (tatsächl) nur dann nutzen, wenn sich die Finanzierungssituation des Betriebs in einem späteren Wj wesentl ändert. Ist dies nicht der Fall, entsteht ein stetig wachsender **"ewiger" Zinsvortrag**, der einem definitiven Abzugsverbot gleichkommt. Einen Zinsrücktrag gibt es nicht. – Vorgetragene Zinsaufwendungen erhöhen in Folgejahren den Zinsaufwand (§ 4h I 6 HS 1); dies kann dazu führen, dass die Freigrenze von 3 Mio € überschritten wird, obwohl die "aktuellen" Zinsaufwendungen des betreffenden Wj unter diesem Betrag liegen (str, glA HHR § 4h Rz 35; aA *KSM* § 4h Rz B83 mwN: teleologische Reduktion; krit auch *Köhler/Hahne* DStR 08, 1505, 1512). – Dem maßgebl Gewinn dürfen vorgetragene Zinsen bei der Ermittlung des verrechenbaren EBITDA nicht hinzugerechnet werden (§ 4h I 6 HS 2), sodass der Zinsvortrag nicht (erneut) das Abzugsvolumen für die Ermittlung der Zinsschranke des lfd Wj erhöhen kann. – Zu gesonderter Feststellung und Untergang des Zinsvortrags s Rz 31 f.; zur Bilanzierung latenter Steueransprüche s *Bolik/Linzbach* DStR 10, 1587; *Kirsch* DStR 07, 1268; *Heintges ua* DB 07, 1261.

14 2. **Ausnahmen, § 4h II.** Drei Ausnahmen zur Zinsschranke gibt es: Freigrenze, keine Konzernzugehörigkeit und Eigenkapitalvergleich. Durch § 8a II und III KStG werden (nur) die beiden letztgenannten Ausnahmen für Körperschaften eingeschränkt (schädl Ges'ter-Fremdfinanzierung); für MUerschaften, die unmittelbar oder mittelbar einer Körperschaft nachgeordnet sind, gelten diese Einschränkungen gem § 4h II 2 entspr (Rz 18 ff). – Es genügt, wenn einer der drei Tatbestände erfüllt ist ("oder"). Die **Beweislast** trägt der StPfl.

15 a) **Freigrenze von 3 Mio €, § 4h II 1 Buchst a.** Die Zinsschranke ist bei einem negativen Zinssaldo (Zinsaufwand ./. Zinsertrag) von weniger als 3 Mio € nicht anzuwenden, sog **Kleinbetriebsklausel**. Es handelt sich um eine Freigrenze für das jeweilige Wj; beträgt der negative Zinssaldo 3 Mio € oder mehr, unterliegen die *gesamten* Zinsen den Beschränkungen des 4h I. Die Freigrenze ist betriebsbezogen zu prüfen (s Rz 9); bei mehreren Betrieben gilt für jeden Betrieb eine eigene Freigrenze von 3 Mio €. Bei Organschaft kommt die Freigrenze nur einmal zur Anwendung (§ 15 S 1 Nr 3 KStG: nur *ein* Betrieb). – **Konzernzugehörigkeit** ist für Betriebe mit negativem Zinssaldo von weniger als 3 Mio € **unschädl**; ebenso eine nach § 4h II 2 iVm § 8a II und III KStG (an sich) schädl Ges'ter-Fremdfinanzierung. Das gilt auch für Körperschaften. Dass § 8a KStG nicht auf § 4h II 1

Abzugsbeschränkung und Ausnahmen 16, 17 § 4h

Buchst a verweist, ist unerhebl; denn die (generelle) Anwendbarkeit der Zinsschranke ergibt sich aus § 8 I 1 KStG (vgl *Rödder/Stangl* DB 07, 478).

Zu **Gestaltungsmöglichkeiten** (Spaltung des Betriebs, Beendigung der Organschaft, Finanzierungssplitting, variable Verzinsung) s *Dörr/Fehling* Ubg 08, 345, 351; *Prinz* FR 08, 441, 446; *Kußmaul ua* GmbHR 08, 505, 512; *Schirmer* StBp 12, 64 (mit Beispielen).

b) Keine Konzernzugehörigkeit, § 4h II 1 Buchst b. Die Zinsschranke ist 16 nur auf Betriebe anzuwenden, die (als Mutterunternehmen oder TochterGes) zu einem Konzern iSd § 4h gehören, sog **Konzernklausel.** Der Begriff Konzernzugehörigkeit wird in § 4h III 5, 6 definiert (s Rz 27 ff).

c) Eigenkapitalvergleich, § 4h II 1 Buchst c. – *(1)* **Eigenkapitalquote,** 17 **S 1–3.** Ein Betrieb, der zu einem Konzern gehört, unterliegt gleichwohl nicht der Zinsschranke, wenn seine Eigenkapitalquote (= Eigenkapital/Bilanzsumme × 100) die des Konzerns (einschließl des betr Betriebs) nicht oder nur um bis zu zwei Prozentpunkte unterschreitet, sog **Escape-Klausel** (ausführl *Hennrichs* DB 07, 2101; *Hoffmann* Zinsschranke Rz 521 ff; *Littmann/Hoffmann* § 4h Rz 208 ff; *Pawelzik* DB 08, 2439; *ders* Ubg 09, 50; *Schulz* DB 08, 2043). Maßgebl sind die Eigenkapitalquoten zum vorangegangenen Abschlussstichtag. Bei Neugründung eines Betriebs wird dessen Quote gem Eröffnungsbilanz mit der Konzernquote zum vorangegangenen Abschlussstichtag verglichen (*ohne* dass der neu gegründete Betrieb in die Konzernquote eingeht, s *BMF* BStBl I 08, 718 Rz 70; krit *Huken* DB 08, 544, 547). Für jeden (inl) Betrieb wird ein eigener Eigenkapitalvergleich durchgeführt (zu ausl Betriebsstättenvermögen s *Prinz* FR 08, 441, 447). – *(2)* **Abschlüsse/Korrekturen, S 4–7.** Wahlrechte sind gem S 4 HS 1 einheitl auszuüben. Das *BMF* fordert über den Gesetzeswortlaut hinaus eine einheitl Ansatz weiterer Bilanzpositionen (*BMF* BStBl I 08, 718 Rz 73: maßgebl bis der Konzernabschluss; mE zweifelhaft, krit auch *BH/Loewens* § 4h Rz 76 mwN; *Köhler/Hahne* DStR 08, 1505, 1515; *Geißelmeier/Bargenda* NWB F 4 5329, 5330; **aA** *Fischer/Wagner* BB 08, 1872, 1877 f). Damit **PersGes** überhaupt die „Escape-Klausel" nutzen können, ist gem S 4 HS 2 unabhängig von IFRS/IAS (32.18b) zumindest das Eigenkapital lt HGB anzusetzen (s BT-Drs 16/5491; *Dörfler ua* BB 07, 1084, 1086; krit *Hennrichs* DB 07, 2101, 2106). Das Eigenkapital des Betriebs ist gem S 5 um Anteile an anderen KonzernGes (auch an PersGes, s *BMF* BStBl I 08, 718 Rz 74) zu kürzen; eine Sonderregelung für **HoldingGes** wie in § 8a IV KStG aF gibt es nicht (s *Geißelmeier/Bargenda* NWB F 4 5329, 5332; krit *Körner* Ubg 11, 610). Der Kürzung unterliegen weder eigene Anteile noch Anteile an konzernfremden Ges oder an einer vermögensverwaltenden PersGes (kein Betrieb, teleologische Reduktion, s *Geißelmeier/Bargenda* NWB F 4 5329, 5331; *van Lishaut ua* DStR 08, 2341, 2345). Soll das Eigenkapital eines Betriebs verstärkt werden, um die Voraussetzungen für die Nutzung eines Zinsvortrags zu schaffen, ist eine **Sperrfrist** von jeweils sechs Monaten vor und nach dem maßgebl Abschlussstichtag zu berücksichtigen (S 5 letzte Alt). Die Kürzung der Bilanzsumme (nicht: Eigenkapital) gem S 6 soll verhindern, dass sich die Weiterreichung von Fremdkapital (Bilanzverlängerung) negativ auf die Eigenkapitalquote des Betriebs auswirkt (BT-Drs 16/4841, 49). Darlehen zw Ges und Ges'ter werden nicht einzeln erfasst (*van Lishaut ua* DStR 08, 2341, 2345). **SonderBV** wird gem S 7 nicht dem (ggf) eigenen Betrieb des MUers zugeordnet (*Köhler* DStR 07, 597, 602; *Korn* KÖSDI 08, 15 866, 15874), sondern dem der MUerschaft (Ausnahme: Ges'terdarlehen, s *van Lishaut ua* DStR 08, 2341, 2345 mwN), soweit es „im Konzernvermögen enthalten ist"; letzteres ist für SonderBV konzernfremder Personen umstr (vgl *Dörfler ua* BB 07, 1084, 1086; *Schaumburg/Rödder* UntStRef 2008, 485; *Kußmaul ua* DStR 08, 904, 909; *van Lishaut ua* DStR 08, 2341, 2345; zum Verhältnis zu § 4h II 1 Buchst c S 6 s *Wagner/Fischer* BB 07, 1811, 1815). – *(3)* **Einheitl Standards, S 8–13.** Die Ermittlung der Eigenkapitalquoten von Konzern und Betrieb setzt grds Abschlüsse nach einheitl Rechnungslegungsstandards, idR nach **IFRS,** voraus (krit *Kahle ua* StuW 08, 266, 269; *Stibi/Thiele* BB 08,

Loschelder

2507, 2509); subsidiär können unter bestimmten Voraussetzungen auch Abschlüsse nach Handelsrecht (HGB, Handelsrecht eines anderen EU-Mitgliedstaats) oder US-GAAP herangezogen werden (S 8–10; ausführl *Littmann* § 4h Rz 208 ff). Fehlt es an einheitl Abschlüssen, muss die Eigenkapitalquote des Betriebs in einer **Überleitungsrechnung** ermittelt werden; diese ist einer prüferischen Durchsicht zu unterziehen (S 11 und 12; s *Hennrichs* DStR 07, 1926) und ggf durch einen Abschlussprüfer zu testieren (S 13). – *(4)* **Sanktion, S 14–16.** Wird die Eigenkapitalquote falsch ausgewiesen, kann dies zu **Strafzuschlägen** (§ 162 IV AO) führen.

Krit zum Eigenkapitalvergleich *Kußmaul ua* BB 08, 135/9; zu Gestaltungen (Änderung der Finanzierungsstruktur) *ders ua* GmbHR 08, 505/9; zu **Organschaft** s *Herzig/Liekenbrock* Ubg 09, 750. – Zu Auswirkungen auf die **Akquisitionsfinanzierung** s *Reiche/Kroschewski* DStR 07, 1330. Zur Anfechtbarkeit der **Anordnung des FA**, Abschluss oder Überleitungsrechnung durch einen Abschlussprüfer prüfen zu lassen, s *Schwedhelm ua* GmbHR 07, 1233, 1240.

18 d) **Rückausnahme bei Gesellschafterfremdfinanzierung, § 4h II 2.** Körperschaften mit einem negativen Zinssaldo von 3 Mio € oder mehr unterliegen bei einer **schädl Ges'ter-Fremdfinanzierung** gem § 8a II und III KStG der Zinsschranke, ohne dass sie sich auf die Ausnahmeregelungen in § 4h II 1 Buchst b und c berufen können. Für **MUerschaften** gilt dies gem § 4h II 2 entspr, wenn sie einer Körperschaft (KapGes = MUer) unmittelbar (als Tochter-PersGes) oder mittelbar (als Enkel-PersGes) nachgeordnet sind. „Nachordnung" setzt, anders als etwa § 8a II 1 KStG, keine (wesentl) Mindestbeteiligung der betr Körperschaft voraus (so auch *Wagner/Fischer* BB 07, 1811, 1812; *van Lishaut ua* DStR 08, 2341, 2346; **aA** *Prinz* FR 08, 441, 445; *Schaden ua* BB 07, 2259, 2262; *Littmann* § 4h Rz 362; *BH/Loewens* § 4h Rz 94). Es kann sich um eine inl oder ausl Körperschaft handeln (*Hoffmann* GmbHR 08, 183, 185). Dagegen unterliegen MUerschaften, an denen unmittelbar/mittelbar ausschließl natürl Personen beteiligt sind, nicht den Regelungen des § 8a II, III KStG. Zu § 8c KStG s Rz 32. Zu Organschaft s *Herzig/Liekenbrock* Ubg 09, 750.

Die **Beweislast** trifft den StPfl (so ausdrückl § 8a II und III 1 KStG, jeweils aE, Rz 19; s auch *BMF* BStBl I 08, 718 Rz 80). Die Möglichkeit, einen entlastenden Fremdvergleich zu führen, ist (anders als in § 8a KStG aF) nicht vorgesehen (krit, auch zu weiteren Verschärfungen ggü der früheren Regelung: *Thiel* FR 07, 729, 731 f; *Köhler/Hahne* DStR 08, 1505, 1516; ferner *Schaden/Käshammer* BB 07, 2259).

19 aa) **Keine Konzernzugehörigkeit.** – (1) **Schädlichkeitsgrenze.** Schädl iSd § 8a II KStG sind bei einer Körperschaft/nachgeordneten PersGes, die zu keinem Konzern gehört, Vergütungen für Fremdkapital iHv mehr als 10% des negativen Zinssaldos, wenn diese an einen **Anteilseigner** (auch MUerschaft) gezahlt werden, der wesentl (mehr als 25%) unmittelbar oder mittelbar an Grund- oder Stammkapital beteiligt ist (Einzelbetrachtung, keine Zusammenrechnung, s BFH I R 57/13 BStBl II 17, 319 mwN; entgegen *BMF* BStBl I 08, 718 Rz 82). Ebenso schädl sind entspr Vergütungen an eine dem wesentl beteiligten Anteilseigner iSd § 1 II AStG **nahe stehende Person** oder einen **Dritten,** der seinerseits auf den Anteilseigner oder die ihm nahe stehende Person zurückgreifen „kann". Eine Rückgriffsmöglichkeit soll schon dann zu bejahen sein, wenn der Anteilseigner oder die ihm nahe stehende Person faktisch für die Erfüllung der Schuld einsteht (BT-Drs 16/4841, 75; *BMF* BStBl I 08, 718 Rz 83). – S aber BFH I B 111/11 BStBl II 12, 611. – Weitere Nachweise s *Schmidt* 39. Aufl § 4h Rz 19.

20 (2) **Entsprechende Anwendung.** Zu berücksichtigen ist, dass § 4h II 2 für KapGes (ledigl) die Umgehung des § 8a KStG durch Verlagerung von Zinsaufwendungen auf eine MUerschaft verhindern soll. Daher sind die personellen Merkmale des § 8a II KStG (wesentl Beteiligung/nahestehende Person/Rückgriff) in Bezug auf die KapGes zu bestimmen. Zinsaufwendungen und -erträge setzen sich aus Gesamthands- *und* SonderBV zusammen. Zinszahlungen an die KapGes fallen unter § 15 I 1 Nr 2 (entgegen BT-Drs 16/4841, 48) und sind keine Vergütungen für Fremdkapital (vgl *Schaumburg/Rödder* UntStRef 2008, 500; *Korn* KÖSDI 08,

Abzugsbeschränkung und Ausnahmen 21–24 § 4h

15866, 15881; *van Lishaut ua* DStR 08, 2341, 2346; *Prinz* FR 08, 441, 445; *KS* § 4h Rz 66; **aA** *Möhlenbrock* Ubg 08, 1, 12; *BH/Loewens* § 4h Rz 95).

bb) Konzernzugehörigkeit. Eine Körperschaft/nachgeordnete PersGes, die 21 zu einem Konzern gehört, unterliegt gem § 8a III 1 KStG ohne Rücksicht auf ihre Eigenkapitalquote der Zinsschranke, wenn entweder sie selbst oder ein anderer zum Konzern gehörender (inl oder ausl) Rechtsträger nach den og Voraussetzungen schädl Vergütungen erhält. Dies gilt allerdings nur, soweit Vergütungen für Fremdkapital **an einen Konzernfremden** gezahlt werden (§ 8a III 2 HS 1 KStG). Des Weiteren muss sich im Falle der Finanzierung durch einen Dritten der Rückgriff gegen einen selbst nicht zum Konzern gehörenden Ges'ter oder eine diesem nahe stehende Person richten. Auch hier wird dem StPfl ein uU (insb bei internationalen Konzernen) sehr umfangreicher Negativbeweis (s Rz 19) abverlangt, da *keine* KonzernGes in schädl Weise fremdfinanziert worden sein darf. **Konzerninterne Finanzierung** (auch Bürgschaften) ist **unschädl**; Finanzierung durch eine Konzernspitze, die selbst nicht zum Konzern gehört, ist keine konzerninterne Finanzierung (*BMF* BStBl I 08, 718 Rz 80; *Hoffmann* GmbHR 08, 183; krit: *Körner* Ubg 11, 610). – Die entspr Anwendung des § 8a III KStG auf eine **MUerschaft** setzt nicht voraus, dass die vorgeordnete Körperschaft selbst dem betr Konzern angehört (str, vgl *van Lishaut ua* DStR 08, 2341, 2347 mwN; *HHR* § 4h Rz 69).

3. Legaldefinitionen, § 4h III. – a) Maßgeblicher Gewinn, § 4h III 1. 22 Ausgangsgröße für die Ermittlung des verrechenbaren EBITDA (Rz 10) ist bei **Einzelunternehmen** und **PersGes** der maßgebl Gewinn. Dabei handelt es sich um den mit Ausnahme des § 4h nach den Vorschriften der §§ 4 ff ermittelten Gewinn (Gewinn *vor* Zinsschranke). Bei **KapGes** wird gem § 8a I 1 KStG auf das in § 8a I 2 KStG definierte maßgebl Einkommen abgestellt (Einkommen nach EStG und KStG *vor* Anwendung der § 4h, § 10d EStG und § 9 I Nr 2 KStG).

b) Zinsaufwendungen; Zinserträge, § 4h III 2–4. In die Berechnung der 23 Zinsschranke gehen nach den Definitionen des § 4h III 2 und 3 nur solche Aufwendungen und Erträge ein, die als BA/BE den maßgebl Gewinn gemindert bzw erhöht haben. Unberücksichtigt bleiben somit stfreie Zinserträge (zB nach DBA), Zinsaufwendungen, die einem Abzugsverbot unterliegen (§ 3c, § 4 IVa, § 4 V 1 Nr 8a), und Zinsen, die als vGA unter § 8 III 2 KStG fallen (s dazu *Schirmer* StBp 12, 64, 71). Zu § 2a, § 15a und § 15b s Rz 5. – **Negative Zinsen** sind weder Zinsaufwand noch -ertrag (zutr *Patzner/Joch* GmbHR 15, 747). Nicht erfasst werden nach *BMF* BStBl I 08, 718 Rz 94 auch Förderdarlehen, Baudarlehen, Wohnungsfürsorgemittel etc.

aa) Zinsaufwendungen, § 4h III 2. Es muss sich um Vergütungen für die 24 Überlassung von Fremdkapital handeln (Einzelfallprüfung; diff zu Gebühren iZm Konsortialkredit: FG Mster EFG 19, 1211, Rev I R 33/19; abl für Zinsswap: FG BBg EFG 19, 642, Rev XI R 44/19 und III R 27/21). Auf die Dauer der Überlassung kommt es, anders als nach § 8a KStG aF, nicht an; auch kurzfristige Kapitalüberlassung unterliegt der Zinsschranke. Ob die Höhe der Vergütung von einem gewissen oder ungewissen Ereignis abhängt, ist ebenfalls unerhebl. Was zum **Fremdkapital** zählt, lässt § 4h offen (vgl die Diskussion zu § 8a KStG aF). Grds fallen darunter alle Kapitalzuführungen in Geld, die als Verbindlichkeiten passivierungsfähig sind und nach steuerrechtl Grundsätzen nicht zum Eigenkapital gehören. Die Überlassung von Sachkapital wird hingegen nicht erfasst (enger Zinsbegriff, s BT-Drs 16/4841, 49; *BMF* BStBl I 08, 718 Rz 11), wodurch sich Gestaltungsspielräume ergeben (Zuführung entsprechender Sachwerte, vgl *Kußmaul* ua GmbHR 08, 505, 206; *Häuselmann* Ubg 09, 225; *ders* FR 09, 401 und *ders* FR 09, 506; s aber § 8b X KStG); entspr sind auch sog **Krypto-Währungen** (Bitcoin etc, s § 4 Rz 158) kein Fremdkapital (vgl Dürr FR 19, 656). – Zu **Auf-/Abzinsungen** s Rz 26. Zu den Folgen einer **Aktivierung als HK** s § 6 Rz 206.

§ 4h 25–27 BA-Abzug für Zinsaufwendungen (Zinsschranke)

Vergütung für Fremdkapital: Zinsen für fest und variabel verzinsl Darlehen, Erträge aus partiarischem Darlehen und typisch stiller Beteiligung, Damnum, Disagio (s auch BFH IX R 38/14 BStBl II 16, 646: Vorauszahlung eines Teils der Zinsen), Diskontgebühren, Vorfälligkeitsentschädigung, Verwaltungskosten für Kapitalüberlassung (soweit sie keine sonstigen Leistungen entgelten, s iEinz *Littmann* § 4h Rz 55 ff; *Schaumburg/Rödder* UntStR ef, 460; *Kreft/Schmitt-Homann* BB 09, 2404, 2408); verdeckte Zinszahlungen. Zu den unterschiedl Formen von Bankentgelten s auch *Haase/Geils* DStR 16, 273: einzelfallbezogene Prüfung. – **Keine Vergütung für (Fremd-/Geld-)Kapital:** Dividenden, Erträge aus atypisch stiller Ges, Miet- und Pachtzinsen, Erbbauzinsen, Leasingraten (ggf aber Berücksichtigung im Billigkeitswege, vgl BMF BStBl I 08, 718 Rz 25 f), Gebühren für Wertpapierleihe, Teilwertabschreibungen, Lizenzgebühren, Zinsen nach §§ 233 ff AO, Skonti, Boni und Rabatte, Bereitstellungszinsen, Mahngebühren, Aval- und Bürgschaftsprovisionen, Vermittlungsprovisionen, auf Deckungsrückstellung und Rückstellungen für Beitragsrückerstattungen beruhende Leistungen an Versicherungsnehmer (BT-Drs 16/4841, 49), nach § 253 III 2 HGB aktivierte Zinsen (BFH I R 19/02 BStBl II 04, 192: Bauzeitzinsen, s auch *Eilers* Ubg 08, 197/8). Zu Währungssicherungsgewinnen/-verlusten s *Eilers/Seibold* FR 21, 241, 244 mwN.) – **Weitere Beispiele und Nachweise** s *Schmidt* 39. Aufl § 4h Rz 24.

25 **bb) Zinserträge, § 4h III 3.** Erfasst werden Erträge aus KapForderungen jeder Art. KapForderung ist grds jede auf eine Geldleistung gerichtete Forderung ohne Rücksicht auf die Dauer der Kapitalüberlassung oder den Rechtsgrund des Anspruchs (so zu § 20 I Nr 7: BFH VIII R 67/95 BFH/NV 97, 175). Bezeichnung und zivilrechtl Gestaltung sind unerhebl; ebenso, ob die Höhe der Vergütung von einem gewissen oder ungewissen Ereignis abhängt (s iEinz § 20 Rz 115 f). Dividendenbezüge sollen nicht darunter fallen (BT-Drs 16/4841, 49; *BMF* BStBl I 08, 718 Rz 16; str, s *BH/Loewens* § 4h Rz 36a). – Gem § 2 II 2a InvStG (ab VZ 18: § 46 InvStG) werden auch Zinsanteile an ausgeschütteten und ausschüttungsgleichen **Investmenterträgen** beim Anleger als Zinserträge iSd § 4h berücksichtigt; sie erhöhen damit das Volumen für den Abzug von Zinsaufwendungen; s iÜ die Aufzählung in Rz 24.

26 **cc) Aufzinsungen; Abzinsungen, § 4h III 4.** Ausdrückl der Zinsschranke unterworfen werden auch Auf- und Abzinsungen unverzinsl oder niedrig verzinsl Verbindlichkeiten oder Kapitalforderungen (zB Zerobonds). *BMF* BStBl I 08, 718 Rz 27 zufolge werden hiervon Erträge aufgrund der erstmaligen Erfassung von Verbindlichkeiten (gem § 6 I Nr 3 S 1) ausgenommen (str, **aA** FG Mster EFG 18, 98 mwN, Rev IV R 6/17, mE zutr). Auf-/Abzinsungen von Rückstellungen für Sachleistungsverpflichtungen gem § 6 I Nr 3a Buchst e fallen ebenfalls nicht unter § 4h III 4 (kein Entgelt für die Überlassung von Geldkapital); s auch *HHR* § 4h Rz 81; *Köhler/Hahne* DStR 08, 1505, 1507.

27 **c) Konzernzugehörigkeit, § 4h III 5, 6. – aa) Weiter Konzernbegriff.** Der Regelung liegt ein weiter Konzernbegriff mit drei Tatbestandsalternativen zugrunde. Ein Betrieb ist einem Konzern zuzurechen, wenn er nach den maßgebl Rechnungslegungsstandards (§ 4h II 1 Buchst c S 8 und 9: vorrangig IFRS, subsidiär Handelsrecht eines EU-Mitgliedstaats oder US-GAAP, s Rz 17) in den handelsrechtl Konzernabschluss eines anderen Betriebs einbezogen wird **(Konsolidierung)**, einbezogen werden könnte **(mögl Konsolidierung)** oder wenn seine Finanz- und Geschäftspolitik zusammen mit anderen Betrieben einheitl bestimmt werden kann **(Beherrschungsverhältnis).** Die gesetzl Regelung setzt **mindestens zwei Betriebe** iSd § 4h voraus (missverständl: *BMF* BStBl I 08, 718 Rz 59; **aA** *Fischer/Wagner* BB 08, 1872, 1876). Bei Anwendung der Zinsschranke sind *alle* Betriebe einzubeziehen, die eine der genannten Voraussetzungen erfüllen. Die Definition des § 4h III 5 und 6 deckt sich nicht notwendig mit dem handelsrechtl Konzernbegriff (zB §§ 18 AktG, 290 ff HGB; s ausführl *Littmann/Hoffmann* § 4h Rz 160 ff; *Kahle ua* StuW 08, 266, 270; *Goebel/Eilinghoff* DStZ 10, 487 und *dies* DStZ 10, 515; *Brunsbach* IStR 10, 745).

Kein Konzern (vgl BT-Drs 16/4841, 49): Einzelunternehmer, der keine weiteren Beteiligungen hält (mehrere Betriebe sind insoweit unschädl); Einzelunternehmen oder Ges mit

Abzugsbeschränkung und Ausnahmen 28–30 § 4h

einer oder mehreren Betriebsstätten im Ausland; KapGes, die sich im Streubesitz befindet und keine weiteren Beteiligungen hält; Beteiligung einer MUerschaft/KapGes an einer nur vermögensverwaltenden PersGes, da letztere keinen Betrieb iSd § 4h unterhält (vgl *Kußmaul ua* BB 08, 135, 137). – Decken sich bei einer **Organschaft** Konzern (iSd § 4h III 5 und 6) und Organkreis, greift die Zinsschranke ebenfalls nicht ein (nur *ein* Betrieb, s § 15 S 1 Nr 3 KStG). Etwas anderes gilt, wenn der Organkreis seinerseits einer nicht zum Organkreis gehörenden MutterGes nachgeordnet ist (s auch *Töben/Fischer* BB 07, 977); zur schädl mehrheitl Beteiligung an einer MUerschaft s *Herzig* DB 07, 2388. – **Zweckgesellschaften** (SIC 12 zu IAS 8) werden nach den allg Regeln (§ 4h III 5, 6) einem Konzern zugerechnet, **Verbriefungsgesellschaften** idR nicht (*BMF* BStBl I 08, 718 Rz 67). **Körperschaften des öffentl Rechts** sollen mit ihren Betrieben gewerbl Art und sonstigen Beteiligungen grds keinen Gleichordnungskonzern bilden (s iEinz *BMF* BStBl I 08, 718 Rz 91 f; *Strunk/Hofacker* Stbg 08, 249). – Zu **Betriebsaufspaltung** und **GmbH & Co KG** s Rz 29.

bb) Vollkonsolidierung. § 4h III 5 erfasst ua PersGes-Unterordnungskonzerne 28 (zu Mutter-PersGes s *Hennrichs* DB 07, 2101, 2102: *potenziell* konsolidierungsfähig; zur Komplementär-GmbH als Mutterunternehmen gem § 290 I HGB s *BeBiKo* § 290 Rz 20 ff). – Eine anteilige Konsolidierung begründet gem § 4h II 1 Buchst b keine Konzernzugehörigkeit. Daher gilt die Zinsschranke grds (soweit § 4h II 2 EStG iVm § 8a KStG nicht greift) nur für Unternehmen, die iRe Vollkonsolidierung erfasst werden. **Gemeinschaftsunternehmen** sind damit idR nicht konzernzugehörig iSd § 4h (Quotenkonsolidierung: IAS 31, § 310 HGB; so ebenso *BMF* BStBl I 08, 718 Rz 61). Für **assoziierte Unternehmen** (IAS 28) muss das erst recht gelten; denn der Grad der Einflussnahme aus der Sicht des Mutterunternehmens ist hier noch geringer als bei einem Gemeinschaftsunternehmen.

Vgl *Senger/Diersch* in Beck'sches IFRS-Handbuch (5. Aufl, 2016), § 35 Rz 9 ff; s hierzu und zu VerbriefungszweckGes/LeasingobjektGes auch *Lüdenbach/Hoffmann* DStR 07, 636; *Heintges ua* DB 07, 1261; *Schaumburg/Rödder* UntStRef 2008, 470; *Hageböke/Stangl* DB 08, 200; zu mittelständisch strukturierten Unternehmen s *Weber-Grellet* DStR 09, 557). – Zur Einordnung von **Private Equity Fonds** s *Töben/Fischer* GmbHR 07, 532; *Eilers* Ubg 08, 197, 200.

cc) Beherrschung. Nach der Definition des § 4h III 6 liegt ein Konzern auch 29 dann vor, wenn eine natürl Person Beteiligungen an zwei KapGes (im BV *oder* PV) hält, die sie alleine oder mehrheitl beherrscht (s aber FG Mchn EFG 12, 453 zu Beherrschung ohne Stimmrechtsmehrheit), oder ein Einzelunternehmen beherrscht und daneben als Allein-Ges'ter eine GmbH beherrscht (jeweils zwei Betriebe, vgl BT-Drs 16/4841, 50; krit *Dörfler/Vogl* BB 07, 1085; *Schaumburg/Rödder* UntStRef 2008, , 477; s auch *Lüdenbach/Hoffmann* DStR 07, 636, 637: IFRS-konformer Konzernabschluss unmögl; *Köhler/Hahne* DStR 08, 1505, 1514: additive Zusammenfassung der Abschlüsse; zur Abgrenzung s auch FG Hess EFG 18, 2047, Rev II R 26/18). Ebenso kann sich die Beherrschung über eine nur vermögensverwaltend tätige PersGes ergeben (*BMF* BStBl I 08, 718 Rz 60). Zur Bedeutung von IAS 27 s *HHR* § 4h Rz 95.

Im Falle einer **Betriebsaufspaltung** soll dagegen kein Konzern vorliegen, wenn die Gewerblichkeit des Besitzunternehmens *nur* auf der personellen und sachl Verflechtung mit der BetriebsKapGes beruht (BT-Drs 16/4841, 50; *BMF* BStBl I 08, 718 Rz 63; krit *Schaumburg/Rödder* UntStRef 2008, 478). – Für eine **GmbH & Co KG** muss das ebenso gelten; s iEinz *HHR* § 4h Rz 89; *Littmann* § 4h Rz 178; und *BMF* BStBl I 08, 718 Rz 66: Konzern nur bei eigener Geschäftstätigkeit der GmbH; **aA** wohl *Neumann* EStB 07, 295; *Schiffers/Köster* DStZ 07, 778; *Wagner/Rischer* BB 07, 1811, 1812 Fn 6; *Dörfler/Vogl* BB 07, 1084, 1085; *Schmitz-Herscheidt* BB 08, 699; s ferner *Schwedhelm* GmbHR 07, 1233, 1240 zur Bildung einer EinheitsGes. Zu konkretem Fall s *Weber-Grellet* DStR 09, 557.

dd) Maßgeblicher Zeitpunkt. Bei der Bestimmung der Konzernzugehörig- 30 keit will das *BMF* auf den vorangegangenen Abschlussstichtag abstellen, auch bei Erwerb/Veräußerung von Ges im Wj-Verlauf; neu gegründete Ges sollen einem bestehenden Konzern ab dem Zeitpunkt der Gründung zugerechnet werden (auch bei Umwandlung); entsteht ein Konzern (iSd § 4h III 5, 6) überhaupt erst im Verlauf eines Wj, werden die einzelnen Betriebe zum folgenden Abschlussstichtag als

Loschelder

§ 4h 31, 32 BA-Abzug für Zinsaufwendungen (Zinsschranke)

konzernangehörig angesehen (*BMF* BStBl I 08, 718 Rz 68; zust: *HHR* § 4h Rz 42 mwN: Vereinfachung). Eine **gesetzl Grundlage** gibt es hierfür nicht. Man wird dem *BMF* daher nur dort folgen können, wo sich diese Regelungen (vereinfachend) zugunsten des StPfl auswirken (so *Köhler/Hahne* DStR 08, 1505, 1514: eine Ges, die zum 2.1. veräußert wird, darf nicht für das gesamte Wj dem Konzern zugerechnet werden; diff *BH/Loewens* § 4h Rz 59).

III. EBITDA-Vortrag; Zinsvortrag

31 **1. Gesonderte Feststellung, § 4h IV.** EBITDA- und Zinsvorträge werden entspr § 10d IV 1 auf den Schluss eines VZ gesondert festgestellt (§§ 179 ff AO). Der Bescheid ist an den Betriebsinhaber zu richten: den Einzelunternehmer (unter Bezeichnung des betr Betriebs), die Körperschaft und im Falle einer PersGes an die MUer (so zutr *BH/Loewens* EStG § 4h Rz 99; **aA** *BMF* BStBl I 08, 718 Rz 49: MUerschaft). Die Feststellungsbescheide sind eigenständige VAe. Sie sind (wegen § 4h I 3 bis 6) **Grundlagenbescheide** iSd § 171 X, § 351 II AO für StBescheide des folgenden VZ sowie hinsichtl des Zinsvortrags für Feststellungsbescheide späterer VZ; gleichzeitig sind sie für den Zinsvortrag **Folgebescheide** zum jeweiligen Feststellungsbescheid des vorangegangenen VZ. Hinsichtl der Feststellungsfrist gilt § 10d IV 6 entspr (s § 10d Rz 41). Handelt es sich um den Betrieb einer PersGes, ist das FeststellungsFA zuständig, ansonsten das für die Besteuerung zuständige FA. – § 4h IV 4 enthält eine eigene, an § 10d IV 4 angelehnte **Korrekturvorschrift** (vgl § 10d Rz 46); zur prozessualen Bedeutung s FG Mster 4 K 3523/14 F, DStRE 19, 199, Rev IV R 16/17 (Aufhebungsinteresse).

32 **2. Untergang, § 4h V.** Bei Betriebsaufgabe/-übertragung geht ein nicht verbrauchter EBITDA-Vortrag/Zinsvortrag vollständig unter, bei Ausscheiden eines MUers anteilig entspr seiner Beteiligung (wie § 10a GewStG, vgl BT-Drs 16/4841, 50); ob der Vortrag das Gesamthands- oder SonderBV betrifft, ist unerhebl. Es kommt auch nicht darauf an, ob der Betrieb oder der Anteil eines MUers entgeltl oder unentgeltl übertragen worden ist (vgl *BH/Loewens* § 4h Rz 103 unter Hinweis auf die Gesetzesgenese; krit *Hoffmann* GmbHR 08, 113/6; *Köhler/Hahne* DStR 08, 1505, 1513). Die Aufgabe/Übertragung eines **Teilbetriebs** oder einzelner WG fällt, entgegen *BMF* BStBl I 08, 718 Rz 47, nicht unter § 4h V (Umkehrschluss, s auch *Hoffmann* Zinsschranke Rz 751 mwN; *Schaumburg/Rödder* UntStRef 2008, 513; *Fischer/Wagner* BB 08, 1872, 1875; *Beußer* FR 09, 49, 52; *Kleinheisterkamp* FR 09, 522, auch zu BFH IV R 86/05 BStBl II 12, 145; *HHR* § 4h Rz 113). Für **Änderungen der Beteiligungsquote** wird dies grds ebenso gelten (vgl *Hoffmann* GmbHR 08, 113, 118; *Köhler/Hahne* DStR 08, 1505, 1512; **aA** *HHR* § 4h Rz 115); allerdings stellt sich die Frage, ob man bei einem späteren Ausscheiden nicht auf die ursprüngl Quoten wird zurückgreifen müssen. – In **Umwandlungsfällen** werden EBITDA- und Zinsvortrag wie ein Verlustvortrag behandelt und gehen ebenfalls, ganz oder anteilig, unter (§ 4 II 2, § 15 III, § 20 IX, § 24 VI UmwStG), wenn die Anmeldung zur Eintragung nach dem 31.12.07 erfolgt ist (§ 27 V UmwStG). Zur Auf-/Abspaltung einer PersGes s *Hoffmann* GmbHR 08, 113, 118; *Hierstetter* DB 09, 79, 82. – Die Beendigung einer **Organschaft** führt nicht zum Untergang des Zinsvortrags, wenn der Organträger den Betrieb fortführt. Das gleiche gilt mangels entspr Regelung in § 4h V für das Ausscheiden einer OrganGes (**aA** *BMF* BStBl I 08, 718 Rz 47; ebenso *Ettinger* Ubg 17, 293). Der vororganschaftl Zinsvortrag einer OrganGes geht durch Begründung der Organschaft nicht verloren, kann aber während der Organschaft nicht genutzt werden (*BMF* BStBl I 08, 718 Rz 48; s auch *Schaden/Käshammer* BB 07, 2317, 2322, mit Gestaltungshinweisen; ausführl *Herzig/Liekenbrock* DB 09, 1949; krit *Kußmaul/Klauck* DB 20, 185; *Köhler/Hahne* DStR 08, 1505, 1515). – **Schädl Beteiligungserwerb.** Der nachträgl eingefügte **§ 4h V 3** ordnet für PersGes, an denen unmittelbar oder mittelbar eine Körperschaft als MUer beteiligt ist, die entspr Anwendung von § 8c KStG an. Allerdings war § 8c I 1 KStG verfwidrig (BVerfG 2 BvL 6/11 BStBl II 17, 1082; zur Reichweite s *Gosch* GmbHR 17, 695), sodass die Verweisung insoweit leerlief. Dem Gesetzgeber wurde idF zugestanden, rückwirkend eine Neuregelung zu schaffen (zu Konsequenzen für § 4h s *Blumenberg/Crezelius* DB 17, 1405, 1409; *Dreßler* DB 17, 2629, 2631). Zur Neufassung von § 8c I KStG durch des JStG 2018 (BGBl I 18, 2338) s *Förster/Hechtner* DB 19, 10, 12 und *FM SchlHol* DStR 21, 2242.

Zu **unterjährigem Ges'ter-Wechsel** s *FM SchlHol* DB 12, 1897: vollständiger Wegfall des jeweiligen Zins-/EBITDA-Vortrags; mE zweifelhaft, so zutr auch *Fischer* DStR 12, 2000 und *Liekenbrock* DB 12, 2488 unter Hinweis auf BFH I R 14/11 BStBl II 12, 360: Verrechnung bis zum Eintritt des schädl Ereignisses. – S iÜ auch *Hierstetter* DB 09, 79/80 f; *Hoffmann* DStR 09, 257; *Dörfler ua* BB 09, 580; zu der vergleichbaren Regelung des § 8a I 3 KStG s *HHR* § 8a KStG Rz 13; *Hoffmann* Zinsschranke Rz 761 ff.

§ 4i Sonderbetriebsausgabenabzug bei Vorgängen mit Auslandsbezug

¹ **Aufwendungen dürfen nicht als Sonderbetriebsausgaben abgezogen werden, soweit sie auch die Steuerbemessungsgrundlage in einem anderen Staat mindern.** ² **Satz 1 gilt nicht, soweit diese Aufwendungen Erträge desselben Steuerpflichtigen mindern, die bei ihm sowohl der inländischen Besteuerung unterliegen als auch nachweislich der tatsächlichen Besteuerung in dem anderen Staat.**

Schrifttum (Auswahl): *Bergmann,* Double dip ade ..., FR 17, 126; *Schnitger,* Weitere Maßnahmen ..., IStR 17, 214; *Käshammer ua,* § 4i EStG ..., ISR 18, 115; *Kahle ua,* Zur Beschränkung des Abzugs ..., DStZ 18, 381; *Nielsen,* SonderBA ..., IStR 18, 377; *Gah ua,* SonderBE ..., IStR 18, 817; *Ettinger,* § 4 und § 4i EStG..., IStR 19, 548; *Kraft ua,* Abzugsverbot ..., Ubg 19, 305: *Marquardsen,* ATADUmsG..., IStR 20, 623; *Rüsch,* Zum korrespondierenden Beteuerungstatbestand ..., FR 18, 299; *ders.,* Die Konkurrenz .., IStR 21, 380.

Übersicht
	Rz
I. Allgemeines	
1. Inhalt und Zweck der Regelung	1
2. Systematischer Zusammenhang	2–4
3. Gesetzeshistorie; zeitlicher Anwendungsbereich	5
4. Verhältnis zu höherrangigem Recht	6, 7
II. Tatbestand	
1. Mitunternehmerschaft; Mitunternehmer; KGaA	10, 11
2. Aufwendungen; Sonderbetriebsausgaben	12
3. Minderung der Steuerbemessungsgrundlage in anderem Staat	13
4. Ausnahme (Satz 2)	14–17
a) Ertragsbesteuerung im Inland und Ausland	15
b) Ertragsmindernde Aufwendungen des Steuerpflichtigen ...	16
c) Nachweis	17
III. Rechtsfolge	20

I. Allgemeines

1. Inhalt und Zweck der Regelung. Die Vorschrift steht iZm Aktionspunkt 2 **1** des OECD/G 20-Projekts „Base Erosion and Profit Shifting (BEPS)", der Vorschläge zur Vermeidung der Nichtbesteuerung sowie des doppelten Aufwandsabzugs bei grenzüberschreitenden Sachverhalten aufgrund von hybrider Gestaltungen enthält. Letztere zeichnen sich dadurch aus, dass zwei oder mehrere Steuersysteme den näml Vorgang oder die näml rechtl Einheit unterschiedl („inkongruent"/ „hybrid") qualifizieren (zB bezügl Aufwandzuordnung; Einordnung als KapGes/ PersGes; vgl zu § 4k idF ATADUmsG BT-Drs 19/28652, 26, 34). Obgleich das „Gesamtpaket" der OECD-Empfehlungen und dessen Rezeption in der ATAD-RL (EU) 2016/1164 zur Bekämpfung von Steuervermeidungspraktiken (ATAD = Anti Tax Avoidance Directive = Anti-SteuervermeidungsRichtlinie = „BEPS"-RL) erst im Dezember *2019* auf der Grundlage entspr Vorarbeiten der FinVerw Eingang in den Entwurf eines ATADUmsG gefunden haben (s § 4k Rz 1, 3), ist § 4i bereits durch das sog BEPS-UmsG (BGBl 16, 3000; zum StUmgBG, BGBl I 17, 1682 s Rz 5) auf Initiative des BR als unaufschiebbare „Sofortmaßnahme" zur Vermeidung eines doppelten BA-Abzugs („Double Dip") „in Milliardenhöhe" (dh als Abwehrmaßnahme zur „Missbrauchsvermeidung") beschlossen worden (zum Verhältnis § 4i zu § 4k s Rz 5). Dem Gesetzgeber stand hierbei vor Augen, dass eine ausl KapGes als MUerin einer inl PersGes ihre Einlage durch ein (Konzern)-Darlehen refinanziert und den Zinsaufwand nicht nur als SonderBA im Inl, sondern auch im (ausl) Ansässigkeitsstaat, der zB kein SonderBV kennt, als BA abzieht (BT-Drs 18/10506, 84; vgl BFH I R 92/12 IStR 17, 278 mit Anm *Wacker*). Der § 4i-Tatbestand greift allerdings weiter. Er erfasst auch unbeschr ESt-/KSt-pflichtige MUer (Rz 11) sowie MUeranteile an ausl PersGes mit inl Betriebstätten (*Beispiele:* inl MUer mit refinanzierten KapGesAnteil im inl SonderBV, deren Dividende abzügl Refinanzierungsaufwand auch im Ausl besteuert wird; inl MUer mit weiteren betriebl Einkunftsquellen im Ausl und doppelter (hybrider) Aufwandszuordnung). Entspr dem Abwehr-/Missbrauchsvermeidungscharakter der Vorschrift greift das Abzugsverbot nach Satz 2 nicht, wenn die SonderBA auch im Ausl besteuerte Erträge mindern, dh ihr zweifacher Abzug die symmetrische Folge der zweifachen Ertragsbesteuerung ist (s Rz 14). Zu etwaigen überschießenden Wirkungen s Rz 15.

2 **2. Systematischer Zusammenhang. – a) Einkommen-/Körperschaftssteuer.** Die Regelung knüpft an die beschr/unbeschr ESt-/KSt-Pflicht für muerschaftl erzielte betriebl Einkünfte (einschließl des KGaA-Komplementärs) an (Rz 10). Die Abzugssperre für SonderBA durch § 4i kann neben Beschränkungen anderer Vorschriften treten (zB § 4 IVa; § 4h, s § 4h Rz 5; iEinz *Ettinger* DStR 19, 548). Maßgebl ist die jeweils *weitestgehende* Vorschrift; **aA** *Bergmann* FR 17, 126, 128: § 50d X (lex specialis) schränkt § 4i ein (unzutr; glA *Kahle ua* DStZ 18, 381, 388: *Gah ua* IStR 18, 817); vgl auch § 8 StAbwG (BGBl I 21, 2056). Gleiches gilt im Verhältnis zu § 4k (*Marquardsen* IStR 20, 623; *Zinowsky* IStR 21, 500; § 4k Rz 5; **aA** *Rüsch* IStR 21, 380). Zur Hinzurechnungsbesteuerung (§ 10 III 4 AStG aF) s *Schnitger* IStR 17, 214, 217; zu § 14 I 1 Nr 5 KStG s *Kahle ua* DStZ 18, 381; *Kraft ua* Ubg 19, 305, 313 f.

3 **b) DBA-Recht.** § 4i ist insofern ggü DBA und etwa abkommensüberschreibenden Vorschriften vorrangig, als sich die Einkünfteermittlung auch in DBA-Fällen nach innerstaatl Recht richtet (zB BFH I R 114/97 BStBl II 00, 399). Unberührt hiervon bleibt die Prüfung, ob das einschlägige DBA das Besteuerungsrecht für die (muerischen) Einkünfte (einschließl SonderBA) beschränkt.

4 **c) Gewerbesteuer.** Da in den Gewinn gem § 7 S 1 GewStG – ungeachtet der gewstl Schuldnerschaft der PersGes – auch SonderBA eingehen (*BH/Drüen* § 7 GewStG Rz 7), gilt § 4i auch für die GewSt (BT-Drs 18/10506, 85; s *Schnitger* IStR 17, 214, 217; s auch BFH I R 93/12 BFH/NV 17, 586; Rz 20).

5 **3. Gesetzeshistorie; zeitlicher Anwendungsbereich.** § 4i ist am 1.1.17 in Kraft getreten (Art. 19 II BEPS-UmsG) und ab VZ 2017 für als SonderBA zu qualifizierende Aufwendungen auch dann anwendbar (§ 52 I), wenn der Rechtgrund hierfür (zB Darlehensgewährung; Beteiligungserwerb) bereits vor 2017 gelegt worden ist (*Kahle ua* DStZ 18, 381). Sollte hiermit eine sog unechte Rückwirkung verbunden sein, wäre sie durch das Ziel der Vorschrift (Einmalabzug entspr reiner Inlandssachverhalte; Rz 6) gerechtfertigt. Durch das StUmgBG (BGBl I 17, 1682) wurden die Worte „Ges einer PersGes" in S 1 gleichfalls mit Wirkung ab VZ 2017 „reaktionell" (BT-Drs 18/12127, 59) gestrichen (s Rz 10 f).

6 **4. Verhältnis zu höherrangigem Recht. – a) Grundgesetz.** § 4i ist verfgemäß (s auch Rz 5) und verstößt insb nicht gegen Art 3 I GG. Die Versagung eines doppelten SonderBA-Abzugs bei grenzüberschreitenden Sachverhalten zielt auf die

Tatbestand 7–12 § 4i

auch wettbewerbsrelevante Gleichbehandlung (BT-Drs 18/10506, 84) mit einem entspr reinen Inlandsfall; *Beispiel:* StPfl ist inl MUer mit weiteren *inl* Einkunftsquellen mit der Folge, dass seine einkunftsbezogenen Aufwendungen (ggf im Wege der Schätzung) unter Beachtung des obj Nettoprinzips (BFH IX R 14/19 BStBl II 20, 545; *Einmalabzug*) und Subjektsteuerprinzips (§ 2 Rz 19; BFH IX R 31/19 BStBl II 21, 474) nur *einmal* als (Sonder-)BA/(Sonder-)WK abgezogen werden können. Auch war es angesichts der international uneinheitl (hybriden) Qualifikation von SonderBA und des hierdurch eröffneten Gestaltungsrahmens nicht zu beanstanden, dass §4i im Vorgriff zu § 4k idF ATADUmsG (Rz 1) die sonstigen BA/WK (einschließl solcher der PersGes selbst) vom Abzugsverbot ausgenommen hatte (krit *Kahle ua* DStZ 18, 381).

b) EU-Konformität. § 4i verletzt bei im EU-Ausl ansässigen MUern nicht die 7 Grundfreiheiten des AEUV, insb nicht die Niederlassungsfreiheit (Art 49 AEUV). Zum einen befindet sich ein solcher MUer ggü einem inl MUer mit inl Einkunftsquellen nicht in einer obj vergleichbaren Situation, da Letzterem ein mehrfacher (Sonder-)BA/(Sonder-)WK desselben Aufwands von vorneherein verschlossen ist (s Rz 6). Zum anderen wäre eine Verletzung von Art 49 AEUV durch das Ziel des § 4i (Vermeidung eines Mehrfachabzugs des näml Aufwands beim näml StPfl iVm der Wahrung der Besteuerungsbefugnisse der Mitgliederstaaten) gerechtfertigt; deshalb sind auch die Grundsätze in EuGH C-18/11, IStR 12, 847 - *Philips Electronics* zur Verlustübertragung im UK-Konzern nicht einschlägig. § 4i ist auch mit Art. 9 I ATAD II-RL (EU) 2017/952 vereinbar (*Kahle ua* DStZ 18, 381, 390; **aA** *Schnitger* IStR 17, 214, 219).

II. Tatbestand

1. Mitunternehmerschaft; Mitunternehmer; KGaA. – a) Mitunterneh- 10
merschaft; KGaA. Die ursprüngl Fassung (BEPS-UmsG) wurde bereits mit dem StUmgBG (BGBl I 17, 1682) durch Streichung der Worte „Ges einer PersGes" in S 1 geändert (Rz 5). Der Gesetzgeber ging hierbei im Grundsatz zR (s *Schmidt* 36. Aufl § 4i Rz 10) davon aus, dass das (unveränderte) Merkmal der SonderBA (Rz 12) die MUerstellung und damit das Vorliegen einer MUerschaft voraussetzt (BT-Drs 18/12127, 59). Demgemäß erfordert auch § 4i grds, dass die MUerschaft (*zB* PersGes) als Subjekt der Einkünftequalifikation ihren MUern (*zB* Ges'tern) betriebl *und* gemeinschaftl (muerschaftl) erzielte Einkünfte nach den §§ 13, 15 oder 18 vermittelt; § 4i gilt demnach nicht für OptGes gem § 1a KStG (s § 15 Rz 160a). Einbezogen sind aber nicht nur die zivilrechtl (Pers-)Ges, sondern – nunmehr zweifelsfrei (ebenso der Ges'ter unmittelbar an der früheren Fassung *Schmidt* 36. Aufl § 4i Rz 10) – im Gleichklang mit § 15 I 1 Nr 2 auch gesähnl Rechtsgemeinschaften (zB Güter-/Erbengemeinschaften; s iEinz § 15 Rz 169f, 171). Ferner ausl Ges, wenn sie nach dem sog Typenvergleich als PersGes einzuordnen sind (dazu § 15 Rz 173) und ihren Ges'tern im Inl estpfl/kstpfl Einkünfte vermitteln (s hierzu auch Rz 1). Darüber hinaus werden nunmehr aber auch die SonderBA des phGes'ters („Komplementär") einer KGaA (§ 15 I 1 Nr 2; § 15 Rz 891) erfasst.

b) Mitunternehmer; KGaA-Komplementär. S zunächst Rz 10. Dazu gehö- 11
ren neben natürl Personen auch KSt-Pflichtige (zB KapGes; s auch Rz 2). Unerhebl ist, ob sie im Inl unbeschr oder nur beschr estpfl/kstpfl sind (Rz 1; **aA** *Kahle ua* DStZ 18, 381, 383); ebenso, ob der Ges'ter unmittelbar oder mittelbar an der (inl/ausl) PersGes beteiligt ist, vorausgesetzt, er erfüllt die Merkmale des § 15 I 1 Nr 2 Satz 2, dh er ist ein „mittelbar über eine oder mehrere PersGes beteiligter *Ges'ter*" (s dazu auch BFH I R 92/12 IStR 17, 278 mit Anm *Wacker*).

2. Aufwendungen; Sonderbetriebsausgaben. Zu den Aufwendungen gehört 12
neben sofort abziehbaren BA auch periodisierter Aufwand (zB AfA; *Rüsch* FR 18, 299). Betroffen sind aber nicht die BA der PersGes (zB im Gesamthandsbereich; BT-Drs 18/10506, 84f), sondern nur die SonderBA des Ges'ters als Teil seiner im

Inl estpfl/kstpfl Einkünfte. Damit werden sämtl Aufwendungen erfasst, die durch die unmittelbare oder mittelbare MUerstellung des (unbeschr oder beschr ESt-/KSt-Pflichtigen; Rz 11) Ges'ters veranlasst sind, unabhängig davon, ob sie iZm SonderBV I oder II oder izm der Mehrung/Erhaltung/Förderung des gemeinschaftl Vermögens (zB Refinanzierung einer Einlage) stehen (s iEinz § 15 Rz 640–647); ebenso können hierzu Aufwendungen einer weiteren MUerschaft (insoweit einschließl Gesamthandsvermögen), eines Einzelunternehmens oder einer originär nicht betriebl PersGes gehören (§ 15 Rz 643, 646 mwN). Nicht jedoch Aufwand aus der Fortschreibung von Ergänzungsbilanzen (§ 15 Rz 642).

13   **3. Minderung der Steuerbemessungsgrundlage in anderem Staat.** Dies setzt keine effektive StMinderung, sondern lediglich die tatsächl Minderung der ertragsteuerrechtl Bemessungsgrundlage (einschließl Verlustvortrag; **aA** *Schnitger* IStR 17, 214) nach dem Recht des anderen Staates voraus. Letzteres ist zwar ungeachtet der (ausl) Einkünftequalifikation sowie auch in Fällen der Konsolidierung iR eines ausl Systems der Gruppenbesteuerung zu bejahen (**aA** *Kahle ua* DStZ 18, 381, 384 mwN; s auch unten Rz 16). Nicht aber, wenn der andere Staat die Aufwendungen dem nicht stbaren Bereich zuordnet; ebenso mE nicht, wenn er sie aufgrund einer sachl/persönl StBefreiung vom Abzug ausschließt oder (ggf teilweise; s Rz 20) einem Abzugsverbot unterwirft oder nur iRd Progressionsvorbehalts berücksichtigt (zust *Rüsch* FR 18, 299). Allerdings greift Satz 1 – im Gegensatz zur Ausnahme (Satz 2; dazu Rz 14) – unabhängig davon, bei welcher Person (zB „hybride" PersGes; *aA Kraft ua* Ubg 19, 305, 313) und in welcher Rechnungsperiode (Kj, Wj, Steuerjahr; BT-Drs 18/10506, 85; *Bergmann* FR 17, 126, 128) die Aufwendungen die StBemessungsgrundlage mindern (ggf nachträgl Korrektur gem § 175 I 1 Nr 2 AO; zweifelnd *Sommer ua* ISR 16, 377; *Rüsch* FR 18, 299). Zum Vorrang-/Nachrang von § 4i ggü einer (etwaigen) entspr Regelung des *anderen* Staates s *Schnitger* IStR 17, 214. Werden die Aufwendungen bei der ausl ESt/KSt-Bemessungsgrundlage abgezogen, greift Satz 1 jedenfalls auch dann für die GewSt, wenn der andere Staat keine vergleichbare Steuer kennt (s auch Rz 4, 14, 16, 20).

14   **4. Ausnahme, § 4i Satz 2.** Das Abzugsverbot (Satz 1) gilt nicht, wenn die Aufwendungen des StPfl (MUers) iZm Erträgen stehen, die sowohl im Inl als auch in dem ausl („anderen") Staat der Besteuerung unterliegt, in dem die SonderBA die StBemessungsgrundlage mindern (zu mehreren ausl Staaten s *Schnitger* IStR 17, 214, 218). Die Aufwandsberücksichtigung beider Jurisdiktionen ist maW die (systemgerechte) Folge des zweifachen Besteuerungsrechts, das ggf durch eine StAnrechnung (§ 34c EStG, § 26 KStG iVm dem jeweiligen DBA) gemindert wird. Die ESt-/KSt-Besteuerung der Erträge im anderen Vertragsstaat schlägt mE ungeachtet der Frage, ob eine Steuerarten übergreifende Anrechnung zu befürworten ist (dazu zB *Vogel/Lehner* Art 23 DBA 138; FG Hess EFG 21, 779 Rev I R 8/21), auch auf die GewSt durch (s auch Rz 4, 14, 16, 20).

15   **a) Ertragsbesteuerung im Inland und Ausland.** Auch dies erfordert nach Gesetzeswortlaut („Erträge, die der inl Besteuerung (und) nachweisl der tatsächl Besteuerung im anderen Staat unterliegen") und Gesetzesbegründung keine effektive StBelastung. Ausreichend ist vielmehr, dass die Erträge in die StBemessungsgrundlage eingehen; dies ist nach dem *jeweiligen* (dt/ausl) StRecht zu beurteilen (zB Welteinkommensprinzip ggf iVm StAnrechnung gem DBA; *Schnitger* IStR 17, 214, 218: einschließl Hinzurechnungsbesteuerung; zutr). Auf eine übereinstimmende Einkünftequalifikation oder die zeitkongruente Erfassung kommt es auch hier nicht an (zu Satz 1 s Rz 13), ebenso nicht, ob die Aufwendungen die Erträge übersteigen (*Jehl-Magnus* NWB 17, 179; **aA** *Sommer ua* ISR 16, 377, 381). Allerdings muss es sich um die näml Erträge handeln (**aA** *Schnitger* IStR 17, 214, 218, wenn ausl Staat die MUerschaft als KapGes behandelt). Nach der Gesetzesbegründung (BT-Drs 18/10506, 85) greift Satz 2 mangels tatsächl ausl Besteuerung nicht, soweit der andere Staat die Erträge entweder aus rechtl Gründen (zB sachl/persönl

StBefreiung; *Wacker* IStR 17, 286; *Schnitger* IStR 17, 214, 217; *Rüsch* FR 18, 229: jeweils auch zu ausl StFreistellung inl Organschafteinkommen) oder aus sonstigen Gründen nicht besteuert (mE einschließl etwaiger Erhebungsdefizite; glA *Käshammer ua* ISR 18, 115, 121; glA zu § 17 II 3 BFH IX R 13/20 DStR 22, 86). Dies zielt erkennbar auf die DBA-rechtl Freistellung (zB für Einkünfte inl Betriebstätten), erfasst aber auch unilaterale (persönl/sachl) StBefreiungen des anderen Staates, sodass das Abzugsverbot (Satz 1) gleich einer Rückfallklausel wirkt. Soweit hiervon auch „nichtsteuerbare" Erträge betroffen sein sollen (BT-Drs 18/10506, 85), dürfte nicht selten der Aufwand im anderen Vertragsstaat nicht abziehbar und damit bereits Satz 1 nicht anwendbar sein.

b) Ertragsmindernde Aufwendungen des Steuerpflichtigen. Die Aufwendungen (dh SonderBA) müssen die ggf unterschiedl qualifizierten Erträge iSv Rz 15, dh deren Bemessungsgrundlage mindern. Dies beurteilt sich nach dem jeweiligen einschlägigen dt und ausl Steuerrecht. Nicht erforderl ist, dass die Aufwendungen mit den Erträgen korrespondieren (BT-Drs 18/10506, 85). Erforderl ist aber im Gegensatz zu S 1 (Rz 13) die Minderung bei *demselben* StPfl. Gemeint ist hiermit der MUer (Ges'ter etc; s Rz 10 f), nicht die MUerschaft (PersGes) selbst (aA *Schnitger* IStR 17, 214; *Nielsen* ISR 18, 377: betr Qualifikationskonflikte und Hinzurechnungsbesteuerung). Diese Grundsätze sind auch bei Einbeziehung der Aufwendungen in eine ausl Gruppenbesteuerung zu beachten (insoweit glA *Kahle ua* DStZ 18, 381, 387; s aber Rz 13). Sie gelten – ungeachtet der StSchuldnerschaft der PersGes gem § 5 I 3 GewStG – auch für die GewSt (BT-Drs 18/10506, 85; s auch Rz 4, 13 f, 16, 20). 16

c) Nachweis. Satz 2 erfordert den Nachweis, dass der näml MUer mit den Erträgen im anderen Staat tatsächl der Besteuerung unterliegt. Daraus folgen – ungeachtet dessen, dass den StPfl die materielle Beweis-/Feststellungslast für Satz 2 trifft – erhöhte Mitwirkungspflichten gem § 90 II AO (ggf Beweismaßreduzierung). 17

III. Rechtsfolge

Das Abzugsverbot für inl SonderBA (Satz 1) greift nur, „soweit" die Aufwendungen die StBemessungsgrundlage im anderen Staat mindern. Werden deshalb zB im Ansässigkeitsstaat des MUers dessen Refinanzierungszinsen für die Einlage bei einer inl PersGes vom (ausl) BA-Abzug *teilweise* ausgeschlossen, bleiben sie in diesem Umfang als SonderBA im Inl abziehbar. Ebenso erfordert Satz 2 eine quantitative Korrelation zw den um die Aufwendungen geminderten Erträgen und deren (ggf nur partieller) inl und ausl Besteuerung. Die sich hieraus ergebenden Rechtsfolgen gelten auch für die GewSt. Zur Konkurrenz zu anderen Abzugsbeschränkungen s Rz 2. 20

§ 4j Aufwendungen für Rechteüberlassungen

(1) ¹**Aufwendungen für die Überlassung der Nutzung oder des Rechts auf Nutzung von Rechten, insbesondere von Urheberrechten und gewerblichen Schutzrechten, von gewerblichen, technischen, wissenschaftlichen und ähnlichen Erfahrungen, Kenntnissen und Fertigkeiten, zum Beispiel Plänen, Mustern und Verfahren, sind ungeachtet eines bestehenden Abkommens zur Vermeidung der Doppelbesteuerung nur nach Maßgabe des Absatzes 3 abziehbar, wenn die Einnahmen des Gläubigers einer von der Regelbesteuerung abweichenden, niedrigen Besteuerung nach Absatz 2 unterliegen (Präferenzregelung) und der Gläubiger eine dem Schuldner nahestehende Person im Sinne des § 1 Absatz 2 des Außensteuergesetzes ist.** ²**Wenn auch der Gläubiger nach Satz 1 oder eine andere dem Schuldner nach Satz 1 nahestehende Person im Sinne des § 1 Absatz 2 des Außensteuergesetzes wiederum Aufwendungen für**

Rechte hat, aus denen sich die Rechte nach Satz 1 unmittelbar oder mittelbar ableiten, sind die Aufwendungen nach Satz 1 ungeachtet eines bestehenden Abkommens zur Vermeidung der Doppelbesteuerung auch dann nur nach Maßgabe des Absatzes 3 abziehbar, wenn die weiteren Einnahmen des Weiteren Gläubigers einer von der Regelbesteuerung abweichenden, niedrigen Besteuerung nach Absatz 2 unterliegen und der weitere Gläubiger eine dem Schuldner nach Satz 1 nahestehende Person im Sinne des § 1 Absatz 2 des Außensteuergesetzes ist; dies gilt nicht, wenn die Abziehbarkeit der Aufwendungen beim Gläubiger oder der anderen dem Schuldner nahestehenden Person bereits nach dieser Vorschrift beschränkt ist. ³Als Schuldner und Gläubiger gelten auch Betriebsstätten, die ertragsteuerlich als Nutzungsberechtigter oder Nutzungsverpflichteter der Rechte für die Überlassung der Nutzung von Rechten auf Nutzung von Rechten behandelt werden. ⁴Die Sätze 1 und 2 sind nicht anzuwenden, soweit sich die niedrige Besteuerung daraus ergibt, dass die Einnahmen des Gläubigers oder des Weiteren Gläubigers einer Präferenzregelung unterliegen, die dem Nexus-Ansatz gemäß Kapitel 4 des Abschlussberichts 2015 zu Aktionspunkt 5, OECD (2016) „Wirksame Bekämpfung schädlicher Steuerpraktiken unter Berücksichtigung von Transparenz und Substanz", OECD/G20 Projekt Gewinnverkürzung und Gewinnverlagerung*, entspricht. ⁵Die Sätze 1 und 2 sind insoweit nicht anzuwenden, als auf Grund der aus den Aufwendungen resultierenden Einnahmen ein Hinzurechnungsbetrag im Sinne des § 10 Absatz 1 Satz 1 des Außensteuergesetzes anzusetzen ist.

(2) ¹Eine niedrige Besteuerung im Sinne des Absatzes 1 liegt vor, wenn die von der Regelbesteuerung abweichende Besteuerung der Einnahmen des Gläubigers oder des weiteren Gläubigers zu einer Belastung durch Ertragsteuern von weniger als 25 Prozent führt; maßgeblich ist bei mehreren Gläubigern die niedrigste Belastung. ²Bei der Ermittlung, ob eine niedrige Besteuerung vorliegt, sind sämtliche Regelungen zu berücksichtigen, die sich auf die Besteuerung der Einnahmen aus der Rechteüberlassung auswirken, insbesondere steuerliche Kürzungen, Befreiungen, Gutschriften oder Ermäßigungen. ³Werden die Einnahmen für die Überlassung der Nutzung oder des Rechts auf Nutzung von Rechten einer anderen Person ganz oder teilweise zugerechnet oder erfolgt die Besteuerung aus anderen Gründen ganz oder teilweise bei einer anderen Person als dem Gläubiger oder dem weiteren Gläubiger, ist auf die Summe der Belastungen abzustellen. ⁴§ 8 Absatz 5 Satz 2 und 3 des Außensteuergesetzes gilt entsprechend.

(3) ¹Aufwendungen nach Absatz 1 sind in den Fällen einer niedrigen Besteuerung nach Absatz 2 nur zum Teil abziehbar. ²Der nicht abziehbare Teil ist dabei wie folgt zu ermitteln:

$$\frac{25\,\% - \text{Belastung durch Ertragsteuern in }\%}{25\,\%}$$

Übersicht

	Rz
1. Allgemeines	
a) Bedeutung; Aufbau	1
b) Persönlicher Anwendungsbereich	2
c) Rechtsentwicklung; zeitlicher Anwendungsbereich	3
d) Verfassungsrecht; Europarecht	4
e) Verhältnis zu anderen Vorschriften	5
2. Abzugsbeschränkung, § 4j I	
a) Grundregel; Reichweite, § 4j I 1	6–11

---

* **Amtl Hinweis:** Zu beziehen unter OECD Publishing, Paris, http://dx.doi.org/10.1787/9789264258037-de.

Allgemeines 1–3 **§ 4j**

	Rz
b) Zwischenschaltung, § 4j I 2	12–15
c) Betriebsstätten, § 4j I 3	16
d) Ausnahme vom Abzugsverbot, § 4j I 4	17–19
e) Hinzurechnungsbesteuerung, § 4j I 5	20
f) Objektive Beweislast	21
3. Niedrige Besteuerung, § 4j II	
a) Ermittlung, § 4j II 1, 2	22
b) Abweichende Zurechnung, § 4j II 3	23
c) Sonderfälle, § 4j II 4	24
4. Nicht abziehbare Aufwendungen, § 4j III	25

Verwaltungsanweisungen: BMF BStBl I 22, 100 (Anwendungsfragen); *BMF* BStBl I 22, 103 (nicht Nexus-konforme Präferenzregelungen).

1. Allgemeines. – a) Bedeutung; Aufbau. § 4j begründet eine **Abzugsbe-** 1
schränkung für betriebl veranlasste Lizenzzahlungen und andere Aufwendungen für die Überlassung von Immaterialgüterrechten (nur) an nahestehende Personen iSd § 1 II AStG. Sie macht den BA-Abzug beim im Inl stpfl Schuldner (Lizenznehmer) von der Höhe der Besteuerung beim (ausl) Lizenzgeber abhängig. Die Abzugsbeschränkung greift ein, wenn die Lizenzeinnahmen im Empfängerland abw von der Regelbesteuerung aufgrund einer besonderen, nach dem **Nexus-Ansatz der OECD** (s Rz 18) als schädl einzustufenden Regelung (Präferenzregime) nicht oder nur niedrig *(unter 25 %)* besteuert werden. In diesem Fall richtet sich die Höhe des BA-Abzugs nach der Ertragsteuerbelastung beim ausl Lizenzgeber. Ziel der Regelung ist es vor allem, die Nutzung sog **Patent-/Lizenzboxen** im Ausl einzuschränken (BT-Drs 18/11233, 9: „faire Besteuerung"). – § 4j I enthält die Grundregel der Abzugsbeschränkung (S 1), eine Erweiterung auf Zwischenschaltungsfälle (S 2) und Betriebsstätten (S 3), eine komplexe Ausnahmeregelung (Escape) unter Verweisung auf den OECD-Bericht (S 4) und eine Abgrenzung zu § 10 AStG (S 5). § 4j II legt fest, wann von einer niedrigen Besteuerung iSd § 4j I auszugehen ist. § 4j III konkretisiert die Rechtsfolge (Abzugsbeschränkung) und enthält eine Formel zur Berechnung des nicht abziehbaren Teils.

§ 4j knüpft (ausdrückl, s § 4j I 4) an Kapitel 4 des **Abschlussberichts 2015 zu Aktionspunkt 5, OECD (2016)** „Wirksame Bekämpfung schädlicher Steuerpraktiken unter Berücksichtigung von Transparenz und Substanz" an. Dieser Bericht ist Teil der OECD-Kampagne gegen künstl Gewinnverkürzung und Gewinnverlagerung (Base Erosion and Profit Shifting – **BEPS**). Nach Kapitel 4 des Berichts sollten spätestens **bis zum 30.6.2021** alle als schädl eingestuften sog einnahmeorientierten („back end") IP-Regelungen abgeschafft oder an den Nexus-Ansatz angepasst worden sein (OECD-BEPS Aktionspunkt 5, Tz 65; vgl auch *Benz/Böhmer* DB 17, 206). Für § 4j will der Gesetzgeber für den Übergangszeitraum „erhebl Gestaltungsmöglichkeiten zur Steuervermeidung" entgegenwirken und Vorsorge für den Fall treffen, dass nicht alle beteiligten Staaten die Vorgaben des Berichts zeitgerecht umsetzen (BT-Drs 18/11233, 1 und 9). – Die Regelung soll bis einschließl 2021 zu steuerl Mehreinnahmen von insges **30 Mio € pro Jahr** führen und geschätzte **650 Fälle** betreffen (BT-Drs 18/11233, 11). – Zur Frage nach der Notwendigkeit einer solchen Regelung s die **Kritik** von *Ditz/Quilitzsch* DStR 17, 1561, 1565 f; krit auch *Jochimsen/Zinowsky/Schraud* IStR 17, 593. Zu § 12 I Nr. 10 öKStG s *Drummer* IStR 17, 602.

b) Persönlicher Anwendungsbereich. Die Abzugsbeschränkung gilt glei- 2
chermaßen für unbeschr und beschr StPfl und ist über § 8 I KStG auch auf Körperschaften anwendbar; zu Betriebsstätten s Rz 16. Der gesetzgeberischen Zielsetzung nach richtet sich § 4j vor allem gegen **multinationale Konzerne** (vgl BT-Drs 18/11233, 1; s Rz 10).

c) Rechtsentwicklung; zeitlicher Anwendungsbereich. Die Regelung ist 3
mit ÄndG v 27.6.17 (BGBl I 17, 2074) geschaffen worden und gilt erstmals für Aufwendungen, die **nach dem 31.12.17** entstehen (§ 52 VIIIa). Durch das ATAD-UmsG (BGBl I 21, 2035) ist § 4j II 4 redaktionell angepasst worden.

4 d) Verfassungsrecht; Europarecht. Die Beschränkung und ggf Versagung des Abzugs von Aufwendungen, die betriebl/berufl veranlasst und der Höhe nach angemessen und fremdübl sind, durchbricht das **obj Nettoprinzip** (Art. 3 I GG). Ob der Zweck der Vorschrift (Bekämpfung von Gewinnverlagerungen) diese Durchbrechung rechtfertigt, erscheint im Hinblick auf den Umstand, dass der inl StPfl als Lizenznehmer keinen Einfluss auf die Besteuerung beim Lizenzgeber hat und sich nicht exkulpieren kann, zweifelhaft (s *Lüdicke* DB 17, 1482, unter Hinweis auf BVerfG 2 BvL 6/11 BStBl II 17, 1082 Rz 105 mwN; *KSM* § 4j Rz A49 f; *Ditz/Quilitzsch* DStR 17, 1561, 1566; *Benz/Böhmer* DB 17, 206, 211; *Heil/Pupeter* BB 17, 1947, 1950; **aA** *Link* DB 17, 2372, 2376). Zur Problematik der **Tatbestandsmäßigkeit der Besteuerung** im Hinblick auf die Verweisung in § 4j I 4 auf den Bericht der OECD s Rz 19. – Da § 4j tatsächl nur grenzüberschreitende Sachverhalte erfasst (s Rz 6), verletzt die Regelung im Anwendungsbereich der EU-Grundfreiheiten die **Niederlassungs- und Dienstleistungsfreiheit.** Sie stellt sich im Ergebnis als eine nach der EuGH-Rspr unzulässige pauschalierende Missbrauchsvermutung ohne Möglichkeit eines entlastenden Gegenbeweises dar (s Nachweise zu § 50d Rz 50; vgl auch EuGH C-504/16, C-613/16 DStR 18, 119 – **Deister Holding,** zu § 50d III aF; ebenso jetzt EuGH C-440/17 DStR 18, 1479 – **GS** zu § 50d III nF; glA *Lüdicke* DB 17, 1482; *Schnitger* IStR 17, 214, 225; *ders* DB 18, 147: Erfordernis eines allg Substanztests wie bei § 8 II AStG; **aA** wohl *Grotherr* Ubg 17, 233, 246; *Link* DB 17, 2372; zurückhaltend auch *Benz/Böhmer* DB 17, 206, 210 mit dem Hinweis, dass noch nicht absehbar sei, wie der EuGH auf einzelne Maßnahmen des BEPS-Projekts reagieren werde). Ein Verstoß gegen die **Zins- und Lizenz-RL** 2003/49/EG liegt nicht vor (vgl *Ditz/Quilitzsch* DStR 17, 1561, 1567; *Frotscher/Geurts* § 4j Rz 110).

5 e) Verhältnis zu anderen Vorschriften. Zu **DBA** (treaty override) s Rz 11; zu **§ 10 AStG** s Rz 20. – Im Fall einer **vGA** ist § 4j nur auf den Teil der Aufwendungen anzuwenden, die keine vGA darstellen (vgl *Benz/Böhmer* DB 17, 206; *Holle/Weiss* FR 17, 217, 223; *BH/Pohl* § 4j Rz 31; str, **aA** *Grotherr* Ubg 17, 233, 245: weitergehende Rechtsfolge setzt sich durch, „Idealkonkurrenz"). – Aufwendungen, die unter die Abzugsbeschränkung fallen, mindern nicht den Gewerbeertrag (§ 7 S 1 GewStG), sodass auch eine Hinzurechnung nach **§ 8 Nr 1 Buchst f GewStG** entfällt.

6 2. Abzugsbeschränkung, § 4j I. – a) Grundregel; Reichweite, § 4j I 1. Die Grundregel in § 4j I 1 unterscheidet zw dem im Inl stpfl Schuldner der Lizenzzahlungen (Lizenznehmer), für den der Ausgabenabzug ggf beschränkt wird, und dem (ausl) Gläubiger (Lizenzgeber). Zwar findet sich in § 4j kein ausdrückl **Auslandsbezug;** da es aber im Inl keine Präferenzregelungen für Lizenzzahlungen gibt, werden tatsächl nur Zahlungen an ausl Lizenzgeber von der Abzugsbeschränkung erfasst. – Die Regelung gilt gleichermaßen für **Gewinn- und Überschusseinkünfte** (§ 9 V 2, zB vermögensverwaltende PersGes mit Lizenzaufwand).

7 aa) Aufwendungen. Dies sind grds alle Ausgaben, die in Geld/Geldeswert bestehen und aus dem Vermögen des StPfl abfließen (vgl BFH GrS 1/89 BStBl II 90, 830; s iEinz § 4 Rz 471 ff). Nach der Art der Aufwendungen wird nicht differenziert. Entscheidend ist, dass sie als **wirtschaftl Gegenleistung** „für" die Rechteüberlassung gezahlt werden. Das schließt umsatz-/gewinnabhängige Vergütungen ebenso ein wie Schadensersatz für unberechtigte Nutzung. – **Fiktive Lizenzzahlungen** gem § 16 I Nr 2 Buchst a, § 16 II BsGaV fallen nicht unter § 4j, da sie tatsächl nicht aus dem Vermögen des StPfl abfließen (so iErg auch *Ditz/Quilitzsch* DStR 17, 1561, 1563; *Benz/Böhmer* DB 17, 206, 207).

8 bb) Rechteüberlassung. Die Regelung übernimmt hinsichtl der betroffenen (geschützten/ungeschützten) **Immaterialgüterrechte** und des Tatbestandsmerkmals der (zeitl begrenzten) **Nutzungsüberlassung** den Wortlaut des § 50a I Nr 3, sodass auch auf § 73a II und III EStDV zurückgegriffen werden kann; s iEinz § 50a Rz 13 unter (1) und (2). Zur Überlassung von **Software** s *BMF* BStBl I 17, 1448.

Abzugsbeschränkung 9–12 § 4j

cc) Abweichende, niedrige Besteuerung. Die Einnahmen müssen gem § 4j I 9
1 beim Gläubiger einer von der Regelbesteuerung abw, niedrigen Besteuerung
nach § 4j II unterliegen, sog *Präferenzregelung*. Gemeint sind die **Einnahmen aus
der Rechteüberlassung** (vgl auch Wortlaut § 4j II 2), also diejenigen Einnahmen,
die den Aufwendungen des StPfl entsprechen. – Es handelt sich um *zwei* tatbestandl
Voraussetzungen, die beide, kumulativ erfüllt sein müssen: Für diese Einnahmen
muss ein **besonderes Steuerregime** gelten, das im Verhältnis zur regulären Besteuerung
zu einer niedrigeren Steuerlast führt; *und* diese niedrige Steuerlast muss
weniger als 25 % betragen. Die Abzugsbeschränkung greift nicht ein, wenn sämtl
Einnahmen des Gläubigers ledigl aufgrund der *regulären* Besteuerung mit weniger
als 25 % besteuert werden. – Maßgebl Bezugsgröße sind die **Bruttoeinnahmen** (s
auch § 4j II 2), nicht die Einkünfte als Nettogröße. Eigene Aufwendungen des
Gläubigers bleiben insoweit unberücksichtigt. – Ermittlung nach **§ 4j II** s Rz 25.

ME lässt sich der gesetzl Formulierung nicht entnehmen, dass die Besteuerung (erst) *durch*
die Abweichung von der Regelbesteuerung auf weniger als 25 % sinken muss. Eine Präferenzregelung
ist auch dann schädl iSd § 4j, wenn die reguläre Steuer bereits weniger als 25 % beträgt
und eine Präferenzregelung zu einer *noch* niedrigeren Besteuerung der Einnahmen aus
der Rechteüberlassung führt. – Die **Grenze von 25 %** ist **sehr hoch** angesetzt, zumal sie sich
auf die Einnahmen bezieht (s Rz 25), nicht zuletzt auch vor dem Hintergrund des dt KSt-
Satzes von 15 % (so zutr die Kritik von *Ditz/Quilitzsch* DStR 17, 1561, 1564; s auch *Schnitger*
IStR 17, 214, 223). – Zu einzelfallbezogenen Absprachen (sog *Tax Rulings*) s *BMF* BStBl I 22,
100, I.1.

dd) Nahestehende Person. Die Abzugsbeschränkung greift nur dann ein, 10
wenn der Gläubiger eine dem Schuldner nahestehende Person iSd **§ 1 II AStG** ist
(Beteiligung von mind 25 %, Einflussmöglichkeit außerhalb der Geschäftsbeziehung
oder Interessenidentität; s iEinz *BH/Pohl* § 1 AStG Rz 57 ff; *FWBS* § 1 Rn 503;
Kraft AStG § 1 Rz 167 ff). Erfasst werden damit vor allem unmittelbare und mittelbare
Mutter- und Tochtergesellschaften sowie **Schwestergesellschaften.**
Lizenzzahlungen an fremde Dritte fallen nicht unter § 4j EStG. – Das Näheverhältnis
muss mE im **Zeitpunkt der Aufwendungen** bestehen; ob es vorher oder
nachher vorliegt, ist unerhebl (s auch *KSM* § 4j Rz B 8.

ee) Treaty override. Die Abzugsbeschränkung soll ungeachtet eines bestehen- 11
den DBA gelten. Mit diesem *treaty override* soll sichergestellt werden, dass § 4j
auch dann anwendbar ist, wenn ein abkommensrechtl Diskriminierungsverbot
entspr Art 24 IV OECD-MA eine den im Inl stpfl Schuldner treffende Abzugsbeschränkung
für Lizenzgebühren eigentl ausschließt (vgl BT-Drs 18/11233, 13;
s auch *Schnitger* IStR 17, 214: steuerpolitisches Novum; einschr *Ditz/Quilitzsch*
DStR 17, 1561, 1567: keine Kollision mit Abkommensrecht). – Regelungen wie
Art 9 oder Art 12 I OECD-MA berühren § 4j als innerstaatl Abzugsbeschränkung
nach der BFH-Rspr ohnehin nicht (vgl BFH I R 23/13 BStBl II 16, 261).

b) Zwischenschaltung, § 4j I 2. – **aa) „Kettenüberlassung".** Hat der Gläu- 12
biger der Zahlungen seinerseits Aufwendungen für die Rechteüberlassung an einen
Dritten („weiteren Gläubiger") geleistet, greift die Abzugsbeschränkung gem § 4j I
2 HS 1 auch dann ein, wenn zwar nicht die Einnahmen des Gläubigers, wohl aber
die Einnahmen des Weiteren Gläubigers einer abw, niedrigen Besteuerung nach
§ 4j II unterliegen. Dadurch sollen **Umgehungsgestaltungen** in Form von Kettenüberlassungen
mit zwischengeschalteten Gesellschaften ausgeschlossen werden.
Erfasst werden auch Strukturen mit *mehreren* weiteren Gläubigern. Alle weiteren
Gläubiger müssen ebenfalls **nahestehende Personen** iSd § 1 II AStG sein. – Auch
dies gilt ungeachtet eines bestehenden DBA (Rz 11).

Beispiel: Die im Inl ansässige S-GmbH (StPfl) erwirbt von der im Staat Q ansässigen A-
GmbH (Gläubiger) eine Lizenz, die ihr wiederum von der im Staat R ansässigen B-GmbH
(weiterer Gläubiger) überlassen worden ist. Im Staat Q gibt es keine schädl Präferenzregelung
(Lizenz-Box), in Staat R hingegen schon. Handelt es sich bei der A-GmbH und der B-GmbH
im Verhältnis zur S-GmbH um jeweils nahestehende Personen iSd § 1 II AStG, fallen die Auf-

Loschelder 349

wendungen der S-GmbH für die (Unter-)Lizenz unter die Abzugsbeschränkung. – S auch Beispiele bei *Grotherr* Ubg 17, 233, 236 f.

13 **bb) Abgeleitete Rechte.** Weitere Voraussetzung ist, dass sich das dem im Inl stpfl Schuldner zur Nutzung überlassene Recht vom dem Recht, das dem zwischengeschalteten Gläubiger von dem weiteren Gläubiger überlassen worden ist, **„unmittelbar oder mittelbar"** ableiten lässt. Ein unmittelbar abgeleitetes Recht liegt jedenfalls vor, wenn *dasselbe* Recht zunächst vom weiteren Gläubiger an den Gläubiger und von diesem an den Schuldner überlassen wird. Ein mittelbar abgeleitetes Recht wird dann vorliegen, wenn mehrere weitere Gläubiger zwischengeschaltet sind. In jedem Fall muss es sich aber um Rechte iSd § 4j I 1 handeln.

14 **cc) Keine Kaskadeneffekte, § 4j I 2 HS 2.** Ist ein Gläubiger in die Kettenüberlassung eingeschaltet, der selbst der Abzugsbeschränkung unterliegt, ist die Wirkung des § 4j auf diesen Gläubiger als Lizenznehmer beschränkt. § 4j greift dann nicht erneut auf der Stufe des Schuldners als Unter-Lizenznehmer.

15 **dd) Andere nahestehende Person.** Welche Bedeutung die in § 4j I 2 neben dem Gläubiger aufgeführte „andere dem Schuldner nach Satz 1 nahestehende Person" haben soll, hat sich dem Kommentator bislang nicht erschlossen. Denn auch für diese Person gilt, dass sich ihre Aufwendungen auf Rechte beziehen müssen, aus denen sich die Rechte nach Satz 1 unmittelbar oder mittelbar ableiten (so zutr *Schnitger* IStR 17, 214, 222). Den Gesetzesmaterialien lässt sich hierzu nichts entnehmen.

16 **c) Betriebsstätten, § 4j I 3.** Betriebsstätte ist jede feste Geschäftseinrichtung oder Anlage, die der Tätigkeit eines Unternehmens dient (s § 49 Rz 22 mwN; keine Beschränkung auf EU-/EWR-Betriebsstätten). Die Tatbestandsmerkmale „Nutzungsberechtigter" und „Nutzungsverpflichteter" verweisen wohl, da es an einer eigenen Definition in § 4j fehlt, auf § 50g III Nr 1 S 2 Buchst b und III Nr 2 bzw auf Art 1 V der Zins- und Lizenz-RL 2003/49/EG.

17 **d) Ausnahme vom Abzugsverbot, § 4j I 4.** Die Abzugsbeschränkung ist *nicht* anzuwenden, *soweit* die Präferenzregelung, aus der sich die niedrige Besteuerung der Einnahmen des (nahestehenden) Gläubigers oder weiteren Gläubigers aus der Rechteüberlassung ergibt, dem Nexus-Ansatz der OECD entspricht. Hierzu verweist die Regelung auf Kapitel 4 des Abschlussberichts zu Aktionspunkt 5 des OECD-Berichts (OECD-BEPS Aktionspunkt 5).

18 **aa) Nexus-Ansatz der OECD.** Der Nexus-Ansatz fordert folgenden Zusammenhang („Nexus") zw einer steuerl Vergünstigung und der Geschäftstätigkeit eines Unternehmens: Einnahmen sollen nur insoweit in den Genuss einer steuerl Bevorzugung kommen, als die **Forschungs- und Entwicklungsausgaben,** die zur Entstehung des geistigen Eigentums beigetragen haben, bei dem betr Unternehmen *selbst* angefallen sind oder aus Auftragsforschung eines fremden Dritten stammen. Einnahmen aus geistigem Eigentum, das der StPfl erworben hat oder das auf Auftragsforschung durch nahestehende Personen beruht, sollen grds nicht mehr begünstigt besteuert werden (OECD-BEPS Aktionspunkt 5 Tz 28 und 55). Dabei dienen die Ausgaben des betr Unternehmens, die *direkt* mit der Entwicklungstätigkeit verknüpft sind, sog **qualifizierte Ausgaben,** als Maßstab (Hilfsvariable) für eine wesentl Geschäftstätigkeit (OECD-BEPS Aktionspunkt 5 Tz 29). Die qualifizierten Ausgaben werden ins Verhältnis gesetzt zu den Gesamtausgaben des Unternehmens für Forschung und Entwicklung; die daraus resultierende Quote bestimmt den Anteil der Einnahmen, der steuerl begünstigt werden darf (s auch BT-Drs 18/11233, 13 ff). – Wegen der Verwendung der **Konjunktion „soweit",** greift die Ausnahme vom Abzugsverbot auch dann ein, wenn die zulässige Quote überschritten wird, aber in diesem Fall beschränkt auf den Anteil der Aufwendungen, der der zulässigen Quote entspricht (so zutr *Ditz/Quilitzsch* DStR 17, 1561, 1565, mit Beispiel; s auch *Grotherr* Ubg 17, 233, 239 f; *Schnitger* IStR 17, 214, 224; *Frotscher/Geurts* § 4j Rz 61 f). Aufwendungen für **Markenrechte** und andere „marketingbezogene geistige Eigentumswerte" erfüllen nach dem Nexus-Ansatz nie die Voraussetzungen für eine vergünstigte Besteuerung (s OECD-BEPS Aktionspunkt 5 Rz 38); soweit es um solche Aufwendungen geht, gibt es im Fall einer abw und niedrigen Besteuerung beim Lizenzgeber für den inl Lizenznehmer keine Ausnahme vom Abzugsverbot (s *Grotherr* Ubg 17, 233, 241; krit *Ditz/Quilitzsch* DStR 17, 1561, 1565).

Die in dem Bericht niedergelegten Grundsätze sind **sehr komplex**. Schwierigkeiten ergeben sich mE (ua) daraus, dass die qualifizierten Ausgaben von den übrigen Ausgaben **abgegrenzt** werden müssen (OECD-BEPS Aktionspunkt 5 Tz 30 ff); hierbei sind den betroffenen Staaten hinsichtl der Zuordnung Beurteilungsspielräume eingeräumt (OECD-BEPS Aktionspunkt 5 Tz 39 mit Anm 10) und es dürfen auch nicht qualifizierte Ausgaben in Form eines 30 %igen Aufschlags („uplift") einbezogen werden (OECD-BEPS Aktionspunkt 5 Tz 40). Die qualifizierten Ausgaben müssen ins Verhältnis zu den **Gesamtausgaben** gesetzt werden, die aber nicht alle Entwicklungsausgaben des Unternehmens erfassen (OECD-BEPS Aktionspunkt 5 Tz 42 ff). Auch deckt sich der im Bericht verwendete **Begriff „geistiges Eigentum"**, der auf „Patente und andere geistige Eigentumswerte, die Patenten funktionell entsprechen", beschränkt ist (OECD-BEPS Aktionspunkt 5 Tz 34 ff), nur teilweise mit dem sachl Anwendungsbereich von § 4j. Unternehmen mit einem konzernweiten **Umsatz von mehr als 50 Mio €** und **Bruttoerlösen von mehr als 7,5 Mio €** aus geistigen Eigentumswerten werden aus dem Kreis der Begünstigten ausgeschlossen (OECD-BEPS Aktionspunkt 5 Tz 37 mit Anm 7), ohne dass dies anhand des Berichts sachl nachvollziehbar wäre.

bb) Regelungstechnik. Verwiesen wird auf die in OECD-BEPS Aktionspunkt 5 niedergelegten Grundsätze zur Bestimmung unschädl Präferenzregelungen, und zwar in der Form, in der diese Grundsätze 2016 veröffentlicht worden sind. Es handelt sich mE um eine **statische konstitutive Rechtsgrundverweisung**. Die in Kap 4 auf knapp 25 Seiten niedergelegten Maßstäbe sind damit Bestandteil der gesetzl Regelung geworden. Die Verweisung lässt jedoch offen, wer festzustellen hat, ob eine Präferenzregelung dem Nexus-Ansatz entspricht. Nach OECD-BEPS Aktionspunkt 5 kommt diese Aufgabe dem FHTP (Forum on Harmful Tax Practices) zu, das eine solche Prüfung Ende 2010 begonnen und inzwischen abgeschlossen hat. Die Ergebnisse der Prüfung sind in Kap 6 des Berichts niedergelegt; danach laufen 16 Präferenzregelungen in 14 Staaten dem Nexus-Ansatz zuwider (s dazu auch BMF BStBl I 22, 100, II. und III.1.: keine abschließende Aufzählung). Allerdings verweist § 4j 4 gerade nicht auf das Ergebnis dieser Prüfung. Weder wird auf Kapitel 6 des Berichts verwiesen noch bezieht sich § 4j I 4 auf eine „Präferenzregelung ..., die *nach den Feststellungen der FHTP* dem Nexus-Ansatz ... entspricht". Damit wird es im Zweifel dem Rechtsanwender und letztl der Finanzgerichtsbarkeit überlassen, die nach OECD-BEPS Aktionspunkt 5 erforderl Feststellungen zu treffen. Dem in Kapitel 6 niedergelegten Ergebnis kommt iRd Prüfung im Zweifel nur Indizwirkung zu. Dasselbe gilt für die vom ***BMF*** für die VZ 2018–2020 als **Arbeitshilfen** veröffentlichten (nicht abschließenden) Listen ausl Präferenzregelungen (*BMF* BStBl I 20, 238 und *BMF* BStBl I 22, 103; s allg auch BFH I R 50/15 BStBl II 17, 230, Rz 22: „bloße Verwaltungsanweisung"); aA wohl *BMF* BStBl I 22, 100, III.4.).

Kritik: Nach der BFH-Rspr sind solche Verweisungen grds zulässig (vgl etwa BFH VII R 23/03 DStRE 04, 1485 mwN). ME bestehen aber erhebl Bedenken, ob die umfassende Darstellung des Nexus-Ansatzes **verwendungstauglich** ist und ob die in § 4j I 4 getroffene Regelung iVm dem OECD-Bericht hinreichend genau festlegt, wann die Abzugsbeschränkung tatsächl eingreift und wann nicht. Der Text selbst „beschreibt" mehr, als dass er definiert, und enthält „Leitlinien" anstatt Tatbestandsmerkmale. Für das StRecht gilt aber der Grundsatz der **Tatbestandsmäßigkeit der Besteuerung:** Steuerbegründende Tatbestände müssen so bestimmt sein, dass der StPfl die auf ihn entfallende Steuerlast vorausberechnen kann (BVerfG 1 BvR 571/60, BVerfGE 19, 253, 267; BVerfG 2 BvL 7, 6/84, BVerfGE 73, 388, 400). Dabei hat der Gesetzgeber einfache, für die Betroffenen **verständl** Regelungen zu wählen, die verlässl und effizient vollzogen werden können (BVerfG 2 BvL 10/95, BVerfGE 99, 280, 290; BVerfG 2 BvL 77/92, BVerfGE 96, 1, 7). Es erscheint mehr als fragl, auch im Hinblick auf die unter Rz 18 angedeuteten Schwierigkeiten, ob § 4j I 4 diesen Anforderungen entspricht (str, iErg glA KSM § 4j Rz A57 f; *Heil/Pupeter* BB 17, 1947, 1949; KKB § 4j Rz 11 f geht von einer dynamischen Verweisung aus, die aber ebenfalls unzul ist; aA *Link* DB 17, 2372, 2376; BH/*Pohl* § 4j Rz 13).

20 **e) Hinzurechnungsbesteuerung, § 4j I 5.** Aufwendungen, die an eine ausl ZwischenGes iSd §§ 7 ff AStG geleistet werden und in den Hinzurechnungsbetrag gem § 10 I 1 AStG eingehen, fallen nicht unter das Abzugsverbot (Vermeidung wirtschaftl Doppelbelastung, s auch BT-Drs 18/11233, 9; zu Defiziten der Regelung s *Schnitger* IStR 17, 214, 221). – Bei der Ermittlung der Einkünfte, die dem Hinzurechnungsbetrag zugrunde zu legen sind, bleibt § 4j gem § 10 III 4 AStG unberücksichtigt.

21 **f) Objektive Beweislast.** Den StPfl trifft die obj Beweislast für Höhe und betriebl/berufl Veranlassung der Lizenzaufwendungen (vgl § 4 Rz 480). Macht das FA geltend, dass die Aufwendungen der Abzugsbeschränkung unterliegen, muss es das Vorliegen einer abw, niedrigen Besteuerung nachweisen (so auch *BMF* BStBl I 22, 100, III.1); bei Auslandssachverhalten trifft den StPfl allerdings eine erhöhte Mitwirkungs- und Beweisvorsorgepflicht, § 90 II AO (einschr *Frotscher/Geurts* § 4j Rz 99 f). Dass die abw, niedrige Besteuerung der Einnahmen beim Lizenzgeber dem Nexus-Ansatz entspricht, muss nach den allg Beweislastregeln wiederum der StPfl nachweisen (s aber *BMF* BStBl I 22, 100, III.4.: bei entspr Feststellung des FHTP [s Rz 19] kein weiterer Nachweis erforderl). Hier werden im Zweifel die eigentl Schwierigkeiten bei der Anwendung des § 4j liegen (Rz 18 f; s auch *Grotherr* Ubg 17, 233, 244). Zu den Unterlagen, die der StPfl insb vorlegen soll, s *BMF* BStBl I 22, 100, III.3.

22 **3. Niedrige Besteuerung, § 4j II. – a) Ermittlung, § 4j II 1, 2.** Eine niedrige Besteuerung liegt vor, wenn aufgrund der abw Besteuerung die Bruttoeinnahmen (s Rz 9) mit **weniger als 25 %** belastet sind. Abgestellt wird ausdrückl auf die *Einnahmen* aus der Rechteüberlassung (§ 4j II 2), nicht auf die Einkünfte (anders: § 8 V nF AStG), und es sind sämtl Regelungen zu berücksichtigen, die sich auf die Belastung mit **Ertragsteuern** auswirken; genannt werden beispielhaft („insbesondere") steuerl Kürzungen, Befreiungen, Gutschriften oder Ermäßigungen (*Grotherr* Ubg 17, 233, 242: auch nicht anrechenbare QuellenSt). Eine Steuerlast von weniger als 25 % kann sich daher auch durch eine präferenzielle Verringerung der Bemessungsgrundlage ergeben (zB durch Ansatz fiktiver BA; *Beispiele*: BT-Drs 18/11233, 15). Eine Besteuerung der Einnahmen von weniger als 25 %, die darauf beruht, dass *tatsächl* angefallene Aufwendungen nach den *regulären* ertragsteuerl Bestimmungen von der Bemessungsgrundlage abgezogen werden, ist dagegen unschädl. – Es gibt **keine Bagatellgrenze;** auch eine nur geringfügige Abweichung von der Regelbesteuerung kann eine präferentielle Besteuerung iSv § 4j I 1 begründen (s zu § 8 AStG: BFH I R 102-104/03 BStBl II 05, 255; glA *KSM* § 4j Rz A 79). – Bei **mehreren Gläubigern** wird gem § 4j II 1 HS 2 auf die niedrigste Belastung abgestellt.

Zur Begünstigung von „foreign-derived intangible income" **(FDII)** nach Sec. 250 IRC s *Richter/John*, ISR 18, 109 (§ 4j ist anwendbar, keine teleologische Reduktion); s auch *Surmann* ISR 19, 190; *Pinkernell* IStR 18, 249; *Kahlenberg* PIStB 20, 126; **aA** *Zinowsky/Ellenrieder* IStR 18, 134, 136; *Jochimsen* ISR 18, 91, 97.

23 **b) Abweichende Zurechnung, § 4j II 3.** Einnahmen für die Rechteüberlassung werden vor allem dann einer anderen Person ganz oder teilweise zugerechnet, wenn Gläubiger eine **steuerl transparente Ges** ist (s BT-Drs 18/11233, 16); zu ausl Gruppenbesteuerung und Hinzurechnungsbesteuerung s *Benz/Böhmer* DB 17, 206, 208; *Grotherr* Ubg 17, 233, 242 f.

24 **c) Sonderfälle, § 4j II 4.** Die Sonderregelungen des § 8 V 2 und 3 AStG zur Hinzurechnungsbesteuerung sind auch iRd Ermittlung der Ertragsteuerbelastung nach § 4j II entspr heranzuziehen. Das gilt sowohl für die Berücksichtigung von **Erstattungs- und Anrechnungsansprüchen** der Ges'ter (sog Malta-Modell) als auch für den Fall, dass Ertragsteuern von mindestens 25 % zwar rechtl geschuldet, aber **tatsächl nicht erhoben** werden (s iEinz *FWBS* § 8 AStG Rz 749 ff, 760 ff).

25 **4. Nicht abziehbare Aufwendungen, § 4j III.** Aufwendungen für Rechteüberlassungen (§ 4j I) sind gem § 4j III 1 im Fall einer abw, niedrigen Besteuerung von weniger als 25% (§ 4j II) nur zum Teil abziehbar. Nach der **Formel** des § 4j III 2 ist der Ausgabenabzug umso höher, je mehr sich die Ertragsteuerbelastung beim Lizenzgeber 25% annähert. Umgekehrt führt die Abzugsbeschränkung bei einer Ertragsteuerbelastung von 0% zu einem vollständigen Abzugsverbot. – Nicht abziehbare Aufwendungen erhöhen den Gewinn **außerhalb der Gewinnermittlung.** Einen Vortrag der nicht abziehbaren Aufwendungen wie bei § 4h gibt es nicht. – Die Formel in § 4j III 2 ist eigentl **unvollständig;** denn sie enthält nur einen von zwei Faktoren der erforderl Berechnung. Das Ergebnis muss noch mit den Aufwendungen des StPfl für die Rechteüberlassung multipliziert werden.

Beispiel: Die Aufwendungen des S als inl Lizenznehmer belaufen sich auf 200. Die Ertragsteuerbelastung der Lizenzzahlungen beim Lizenzgeber A beträgt 15%. Das ergibt nach § 4j III 2 eine Quote von 10%/25% = 40%. Der nichtabziehbare Teil der Aufwendungen des S beträgt somit 40% × 200 = 80. – *Abwandlung:* Die Lizenzzahlungen beim Lizenzgeber A sind steuerbefreit (Belastung: 0%). Das ergibt nach § 4j III 2 eine Quote von 25%/25% = 100%. Der nichtabziehbare Teil der Aufwendungen beträgt somit 100% × 200 = 200.

§ 4k Betriebsausgabenabzug bei Besteuerungsinkongruenzen

(1) [1]Aufwendungen für die Nutzung oder im Zusammenhang mit der Übertragung von Kapitalvermögen sind insoweit nicht als Betriebsausgaben abziehbar, als die den Aufwendungen entsprechenden Erträge auf Grund einer vom deutschen Recht abweichenden steuerlichen Qualifikation oder Zurechnung des Kapitalvermögens nicht oder niedriger als bei dem deutschen Recht entsprechender Qualifikation oder Zurechnung besteuert werden. [2]Satz 1 gilt nicht, soweit die Besteuerungsinkongruenz voraussichtlich in einem künftigen Besteuerungszeitraum beseitigt wird und die Zahlungsbedingungen einem Fremdvergleich standhalten.

(2) [1]Soweit nicht bereits die Voraussetzungen für die Versagung des Betriebsausgabenabzugs nach Absatz 1 vorliegen, sind Aufwendungen auch insoweit nicht als Betriebsausgaben abziehbar, als die den Aufwendungen entsprechenden Erträge auf Grund einer vom deutschen Recht abweichenden steuerlichen Behandlung des Steuerpflichtigen oder auf Grund einer vom deutschen Recht abweichenden steuerlichen Beurteilung von anzunehmenden schuldrechtlichen Beziehungen im Sinne des § 1 Absatz 4 Satz 1 Nummer 2 des Außensteuergesetzes in keinem Staat einer tatsächlichen Besteuerung unterliegen. [2]Handelt es sich bei dem Gläubiger der Erträge im Sinne des Satzes 1 um einen unbeschränkt steuerpflichtigen, unmittelbaren oder mittelbaren Gesellschafter einer ausländischen vermögensverwaltenden Personengesellschaft oder um eine Personengesellschaft, an der ein solcher Gesellschafter unmittelbar oder mittelbar beteiligt ist, gilt § 39 Absatz 2 Nummer 2 der Abgabenordnung nicht, soweit die in Satz 1 genannten Aufwendungen in dem anderen Staat zum Abzug zugelassen sind und die den Aufwendungen entsprechenden Erträge durch die vom deutschen Recht abweichende Zurechnung keiner tatsächlichen Besteuerung unterliegen. [3]Satz 1 gilt nicht, soweit den Aufwendungen Erträge desselben Steuerpflichtigen gegenüberstehen, die sowohl im Inland als auch nachweislich in dem Staat des Gläubigers oder, wenn es sich bei dem Gläubiger um eine Personengesellschaft handelt, im Staat des unmittelbaren oder mittelbaren Gesellschafters beziehungsweise des anderen Unternehmensteils im Rahmen einer anzunehmenden schuldrechtlichen Beziehung einer tatsächlichen Besteuerung unterliegen.

(3) Soweit nicht bereits die Voraussetzungen für die Versagung des Betriebsausgabenabzugs nach den vorstehenden Absätzen vorliegen, sind Aufwendungen auch insoweit nicht als Betriebsausgaben abziehbar, als die den Aufwendungen entsprechenden Erträge auf Grund deren vom deutschen Recht abweichender steuerlicher Zuordnung oder Zurechnung nach den

Rechtsvorschriften anderer Staaten in keinem Staat einer tatsächlichen Besteuerung unterliegen.

(4) ¹Soweit nicht bereits die Voraussetzungen für die Versagung des Betriebsausgabenabzugs nach den vorstehenden Absätzen vorliegen, sind Aufwendungen auch insoweit nicht als Betriebsausgaben abziehbar, als die Aufwendungen auch in einem anderen Staat berücksichtigt werden. ²Eine Berücksichtigung der Aufwendungen im Sinne des Satzes 1 liegt bei unbeschränkt Steuerpflichtigen auch vor, wenn der andere Staat den Abzug der Aufwendungen bereits nach seinen Vorschriften nicht zulässt, die diesem oder den vorstehenden Absätzen entsprechen; dies gilt nicht, wenn der Abzug der Aufwendungen in einem anderen Staat auf Grund einer diesem Absatz entsprechenden Regelung nicht zugelassen wird bei

1. einem mittelbaren oder unmittelbaren Gesellschafter eines unbeschränkt Steuerpflichtigen im Sinne des § 1 des Körperschaftsteuergesetzes oder
2. dem Steuerpflichtigen, sofern sich dessen Wohnsitz, Sitz oder Ort der Geschäftsleitung auch in einem anderen Mitgliedstaat der Europäischen Union befindet und dieser Staat den Steuerpflichtigen für Zwecke der Anwendung eines Abkommens zur Vermeidung der Doppelbesteuerung zwischen der Bundesrepublik Deutschland und diesem Staat als nicht in diesem Staat ansässig behandelt.

³Satz 1 gilt nicht, soweit den Aufwendungen Erträge desselben Steuerpflichtigen gegenüberstehen, die sowohl im Inland als auch nachweislich in dem anderen Staat einer tatsächlichen Besteuerung unterliegen. ⁴Bei unbeschränkt Steuerpflichtigen, bei denen eine Doppelbesteuerung durch Anrechnung oder Abzug der ausländischen Steuer vermieden wird, finden die Sätze 1 bis 3 nur Anwendung, soweit die Aufwendungen auch Erträge in einem anderen Staat mindern, die nicht der inländischen Besteuerung unterliegen.

(5) ¹Soweit nicht bereits die Voraussetzungen für die Versagung des Betriebsausgabenabzugs nach den vorstehenden Absätzen vorliegen, sind Aufwendungen auch insoweit nicht als Betriebsausgaben abziehbar, als den diesen Aufwendungen unmittelbar oder mittelbar resultierenden Erträgen Aufwendungen gegenüberstehen, deren Abzug beim Gläubiger, einem weiteren Gläubiger oder einer anderen Person bei entsprechender Anwendung dieses Absatzes oder der Absätze 1 bis 4 versagt würde. ²Satz 1 findet keine Anwendung, soweit der steuerliche Vorteil infolge einer Besteuerungsinkongruenz im Sinne dieses Absatzes oder der Absätze 1 bis 4 bereits beim Gläubiger, beim weiteren Gläubiger oder bei der anderen Person im Sinne des Satzes 1 beseitigt wird.

(6) ¹Die Absätze 1 bis 5 finden nur Anwendung, wenn der Tatbestand dieser Absätze zwischen nahestehenden Personen im Sinne des § 1 Absatz 2 des Außensteuergesetzes oder zwischen einem Unternehmen und seiner Betriebsstätte verwirklicht wird oder wenn eine strukturierte Gestaltung anzunehmen ist. ²Einer Person, die mit einer anderen Person durch abgestimmtes Verhalten zusammenwirkt, werden für Zwecke dieses Absatzes und der Absätze 1 bis 5 die Beteiligung, die Stimmrechte und die Gewinnbezugsrechte der anderen Person zugerechnet. ³Eine strukturierte Gestaltung im Sinne des Satzes 1 ist anzunehmen, wenn der steuerliche Vorteil, der sich ohne die Anwendung der vorstehenden Absätze ergeben würde, ganz oder zum Teil in die Bedingungen der vertraglichen Vereinbarungen eingerechnet wurde oder die Bedingungen der vertraglichen Vereinbarungen oder die den vertraglichen Vereinbarungen zugrundeliegenden Umstände darauf schließen lassen, dass die an der Gestaltung Beteiligten den steuerlichen Vorteil erwarten konnten. ⁴Ein Steuerpflichtiger wird nicht als Teil einer strukturierten Gestaltung behandelt, wenn nach den äußeren Umständen vernünftigerweise nicht davon auszugehen ist,

Allgemeines 1 § 4k

dass ihm der steuerliche Vorteil bekannt war und er nachweist, dass er nicht an dem steuerlichen Vorteil beteiligt wurde.

(7) Die Absätze 1 bis 6 sind ungeachtet der Vorschriften eines Abkommens zur Vermeidung der Doppelbesteuerung anzuwenden.

Übersicht

Rz
1. **Allgemeines**
   a) Bedeutung; Aufbau 1
   b) Persönlicher Anwendungsbereich 2
   c) Rechtsentwicklung; zeitlicher Anwendungsbereich 3
   d) Verfassungsrecht; Europarecht 4
   e) Systematik; Verhältnis zu anderen Vorschriften 5
   f) Richtlinienkonforme Auslegung 6
   g) Beweislast, Nachweise und ausländisches Recht 7, 8
2. **Nutzung und Übertragung von Kapitalvermögen, § 4k I**
   a) Abzugsverbot, § 4k I 1 10–13
   b) Ausnahme, § 4k I 2 14
3. **Hybride Rechtsträger; Betriebsstätten, § 4k II**
   a) Abzugsverbot, § 4k II 1 18–21
   b) Ausschluss der Bruchteilsbetrachtung, § 4k II 2 22
   c) Ausnahme: doppelt berücksichtigte Erträge, § 4k II 3 23
4. **Weitere Zuordnungs-/Zurechnungskonflikte, § 4k III** 26
5. **Mehrfach berücksichtige Aufwendungen, § 4k IV**
   a) Abzugsverbot, § 4k IV 1 28
   b) Rangfolge, § 4k IV 2 29
   c) Ausnahme: doppelt besteuerte Erträge, § 4k IV 3 30
   d) Steueranrechnung, § 4k IV 4 31
6. **Importierte Inkongruenzen, § 4k V**
   a) Abzugsverbot, § 4k V 1 34
   b) Ausnahme, § 4k V 2 35
7. **Einschränkung des Anwendungsbereichs, § 4k VI** 36
   a) Nahestehende Personen, § 4k VI 1 und 2 37
   b) Strukturierte Gestaltung, § 4k VI 3 und 4 38
8. **Treaty Override, § 4k VII** 39

1. Allgemeines. – a) Bedeutung; Aufbau. Im internationalen Steuerrecht 1 werden sog **hybride Gestaltungen** dazu verwendet, Unterschiede in der steuerl Behandlung von Unternehmen (transparent/intransparent), von Betriebsstätten und von Zahlungsflüssen (Eigen-/Fremdkapital) nach den Rechtsvorschriften der beteiligten Staaten auszunutzen, um an sich nicht vorgesehene steuerl Vorteile zu erzielen, sog **Besteuerungsinkongruenzen**. Dabei kann es sich um eine Berücksichtigung von Aufwand ohne entspr Besteuerung des Ertrags beim Empfänger handeln (sog *Deduction/Non-Inclusion* – **D/NI**), um eine mehrfache Berücksichtigung von Aufwand (sog *Double Deduction* – **DD**) oder um Konstruktionen, mit deren Hilfe die Ergebnisse solcher Gestaltungen durch den Einsatz nicht hybrider Instrumente (zB gewöhnl Darlehen) ins Inland verlagert werden (sog indirekte oder **importierte D/NI-Ergebnisse**). – § 4k begründet eine Reihe von **Abzugsbeschränkungen** für BA/WK (§ 9 V 2 nF), mit denen die steuerl Effekte hybrider Gestaltungen neutralisiert werden sollen. Es handelt sich um Korrespondenzregeln (*linking rules*), die die ertragsteuerl Berücksichtigung des Aufwands von den steuerl Folgen der Gestaltung in einem anderen Staat abhängig machen. – § 4k I–III regeln die Beschränkung des BA-Abzugs für D/NI-Inkongruenzen: **§ 4k I** in Bezug auf hybride Finanzinstrumenten (zB Darlehen) und iZm hybriden Übertragungen von KapVerm (zB Wertpapierleihe); **§ 4k II** in Bezug auf andere hybride Zahlungen (zB Lizenz- oder Mietzahlungen) und fingierte Betriebsstättenzahlungen (§ 1 IV 1 Nr 2 AStG); und **§ 4k III** in Form eines allgemein gehaltenen Abzugsverbots für weitere D/NI-Inkongruenzen. **§ 4k IV** soll generell eine doppelte Berücksichtigung von Aufwand ausschließen (DD-Inkongruenzen). **§ 4k V** behandelt Gestaltungen, die zu indirekten D/NI-Ergebnissen führen (importierte Inkongruenzen). Nach § 4k VI gelten diese Regelungen nur für Gestaltungen zw nahestehende Personen (§ 1 II AStG), zw einem Unternehmen und seiner Betriebsstätte und bei sog strukturierten Gestaltungen. **§ 4k VII** schließl enthält ein *treaty override*.

Mit § 4k kommt der Gesetzgeber seiner Verpflichtung zur Umsetzung von Art 9 und 9b der Steuervermeidungsrichtlinie der EU nach (**A**nti-**T**ax **A**voidance **D**irective - **ATAD**, RL (EU) 2016/1164 und RL (EU) 2017/952), allerdings verspätet, der Bestimmung der ATAD bereits **bis zum 31.12.19** in nationales Recht hätten umgesetzt werden müssen (Art. 2 I RL (EU) 2017/952). Art 9 und 9b ATAD wiederum knüpfen an den **Abschlussbericht 2015 zu Aktionspunkt 2 der OECD**, „Neutralisierung der Effekte hybrider Gestaltungen", an (OECD-BEPS Aktionspunkt 2), der Teil der OECD-Kampagne gegen künstl Gewinnverkürzung und Gewinnverlagerung (**B**ase **E**rosion and **P**rofit **S**hifting – **BEPS**, s auch § 4j Rz 1) ist. Das übergeordnete Ziel dieser Kampagne ist es, eine Besteuerung am Ort der Gewinnwirtschaftung und Wertschöpfung zu gewährleisten und das „Vertrauen in die Fairness der Steuersysteme" wiederherzustellen (s Erwägungsgrund (1) RL (EU) 2017/952). Weitere Änderungen in diesem Kontext: **§ 3 Nr 40** (iZm § 8b KStG), **§ 49 I Nr 11** und **§ 50d IX 1.** – Zur Bedeutung der ATAD für eine **richtlinienkonforme Auslegung** von § 4k s Rz 6. Zur Entstehungsgeschichte s ausführl *Schaumburg/Englisch* Rz 17.1 ff; *Kahlenberg* IStR 19, 636; *Krause* DB 19, 1097; *Musil* FR 18, 933; ferner *Rüsch* ISR 19, 304. Gegen eine Umsetzung in Form von Abzugsverboten *Müller-Gatermann/Strüder/Ludwig* FR 20, 303.

2 **b) Persönlicher Anwendungsbereich.** Die Abzugsbeschränkungen gelten grds gleichermaßen für unbeschr und beschr StPfl, die Gewinneinkünfte erzielen, und gem § 9 V 2 auch für StPfl, die Überschusseinkünfte erzielen. Sie sind gem § 8 I KStG auch auf Körperschaften anwendbar. Allerdings wird der persönl Anwendungsbereich der Vorschrift durch **§ 4k VI** stark eingeschränkt (s Rz 36 f).

Gem Art 1 I ATAD gilt die RL für alle StPfl, die kstpfl sind, und darüber hinaus gem Art 1 II ATAD für alle Unternehmen, die von einem Mitgliedstaat als steuerl transparent behandelt werden. Die Regelungen der ATAD legen gleichwohl nur ein **Mindestschutzniveau** fest; die Mitgliedstaaten dürfen strengere Vorschriften einführen bzw beibehalten (Art 3 ATAD). Es ist ihnen insb nicht verwehrt, entspr Regelungen auch auf **Einzelunternehmen** und **PersGes** anzuwenden (s *Schaumburg/Englisch* Rz 17.30).

3 **c) Rechtsentwicklung; zeitlicher Anwendungsbereich.** Die Regelung ist mit ATAD-UmsG (BGBl I 21, 2035) geschaffen worden und soll erstmals für Aufwendungen gelten, **die nach dem 31.12.19** entstehen (§ 52 VIIIc 1). Für Aufwendungen aus Dauerschuldverhältnissen (Darlehens-, Miet-, Lizenz-, Dienstleistungsvertrag etc), die vor dem 1.1.20 begründet worden sind, gelten die Abzugsbeschränkungen nur dann, wenn die Aufwendungen **ohne wesentl Nachteile** hätten vermieden werden können oder wenn das Dauerschuldverhältnis nach dem 31.12.19 wesentl geändert worden ist (§ 52 VIIIc 2 und 4). Ein Nachteil ist insb dann wesentl, wenn die dadurch entstehenden Kosten höher sind als der durch die Inkongruenz erzielte steuerl Vorteil (§ 52 VIIIc 3).

4 **d) Verfassungsrecht; Europarecht.** Das ATAD-UmsG (BGBl I 21, 2035) ist am 30.6.21 verkündet worden. Soweit Aufwendungen vor diesem Zeitpunkt entstanden sind, kommt dem Gesetz somit **Rückwirkung** zu. Dies ist problematisch, da bis zum 31.12.20 nur ein Referentenentwurf vorlag und kein Kabinettsbeschluss (vgl BVerfG 2 BvL 1/03 NJW 10, 3638 Rz 87 ff). Der **Umsetzungsbefehl der ATAD** (Art 2 I RL (EU) 2017/952, s Rz 1) steht allerdings im sachl und persönl Anwendungsbereich der RL, also insb im Hinblick auf StPfl, die kstpfl sind (s Rz 2), der Entstehung eines verfrechtl geschützten Vertrauens ab diesem Zeitpunkt entgegen (BT-Drs 19/28652, 43; str, glA *Rüsch* DStZ 20, 274, 276; diff *Ehlermann/Link* ISR 21, 319, 329; **aA** *Greinert/Siebing* Ubg 21, 525, 529; *Kahlenberg/Radmanesh* IWB 21, 497, 507; *FWBS* § 4k Rz 12; *KS* § 4k Rz 2).

Zur Rücknahme des Schutzes durch die Grundfreiheiten bei „marktschädl StGestaltungen" s *Schaumburg/Englisch* Rz 17.13 ff; zum Verhältnis von Primärrecht und Sekundärrecht s allg auch *Wacker* FS BFH, S. 781, 784 ff: „praktische Konkordanz"; ferner *Benz/Böhmer* DB 17, 206, 210 (mit dem Hinweis, dass noch nicht absehbar sei, wie der EuGH auf einzelne Maßnahmen des BEPS-Projekts reagieren werde).

Allgemeines   5–8 § 4k

e) Systematik; Verhältnis zu anderen Vorschriften. Die einzelnen Abzugs- 5
verbote sind dem Aufbau der Vorschrift entspr zu prüfen, beginnend mit § 4k I.
Dh, § 4k II kommt nur zur Anwendung, soweit sich nicht bereits aus § 4k I ein
Abzugsverbot ergibt etc. Greift eine der **Ausnahmeregelungen** in § 4k I 2, II 3
und IV 3, schließt das mE die Anwendung eines nachgelagerten Abzugsverbots aus;
zB: ist der Abzug von Aufwendungen, die an sich unter § 4k I 1 fallen, nach § 4k I
2 zugelassen, ist für diese Aufwendungen § 4k II oder III nicht mehr zu prüfen. –
§ 4k verdrängt als speziellere Regelung für hybride Zinsaufwendungen **§ 4h** (s
auch § 4h III 1; § 4h Rz 22; *Grotherr* IStR 20, 773, 783). § 4k und **§ 4i** sind nebeneinander anwendbar (s § 4i Rz 2 mwN; **aA** *(Schnitger/Oskamp* IStR 20, 909, 913:
§ 4i vorrangig). **§ 4j** geht als speziellere Regelung für Lizenzzahlungen § 4k vor.
Ggü **§ 14 I Nr 5 KStG** ist wiederum § 4k vorrangig (s *Grotherr* IStR 20, 773,
783).

f) Richtlinienkonforme Auslegung. Einzelstaatl Steuergesetze, die das Ge- 6
meinschaftsrecht umsetzen, sind so weit wie mögl RL-konform auszulegen (EuGH
C-332/14 DStR 16, 1370 Rz 53 mwN; s auch BFH V R 53/04 BStBl II 07, 16,
II.1.c). Damit werden zwar die allg gültigen nationalen Auslegungsmethoden nicht
außer Kraft gesetzt; doch wird dort die Behörden und Gerichte verpflichtet, dort, wo
Auslegungsspielräume bestehen, die Ziele der RL iSe **Optimierungsgebots**
bestmöglich umzusetzen (BVerfG 2 BvR 2216/06 NJW 12, 669 Rz 43 ff; zu
den Grenzen s *Schaumburg/Englisch* Rz 4.62 f und 13.14 ff; *TK* § 4 AO Rz 240 ff).
Daraus kann sich im Einzelfall auch das Gebot einer RL-konformen Rechtsfortbildung durch **teleologische Reduktion** ergeben *(Schaumburg/Englisch* Rz 4.62
mwN). – Mit § 4k kommt der Gesetzgeber seiner Verpflichtung aus Art 9 und 9b
ATAD (Rz 1 aE) nach, den BA-Abzug für bestimmte Aufwendungen im Zusammenhang mit hybriden Gestaltungen zu versagen (s BT-Drs 19/28652, 1 und 25 f).
Die einzelnen Absätze und Sätze des § 4k sind dabei den Gesetzesmaterialien zufolge ganz konkret einzelnen **Regelungen der ATAD** zugeordnet, die sie umsetzen sollen (s BT-Drs 19/28652, 34 ff). Diese Regelungen sind daher nicht nur für
das Verständnis von § 4k hilfreich, sondern in Zweifelsfällen auch bei der Auslegung
zu berücksichtigen.

In Erwägungsgrund (12) zur RL (EU) 2017/952 heißt es zudem, zur **Wahrung der Verhältnismäßigkeit** sollte nur gegen die Fälle vorgegangen werden, in denen eine erhebl Gefahr bestehe, dass durch Nutzung hybrider Gestaltungen eine Besteuerung vermieden werde.
Auch dies wird man ggf bei der Auslegung des § 4k berücksichtigen müssen (s etwa Rz 21, 23
und 26).

g) Beweislast, Nachweise und ausländisches Recht. – aa) Erhöhte Mit- 7
wirkungspflicht bei Auslandssachverhalten (§ 90 II AO). Die betriebl Veranlassung des geltend gemachten Aufwands (s Rz 11) muss nach allg Grundsätzen
der StPfl nachweisen, der den BA-Abzug begehrt. Die einzelnen Voraussetzungen,
die den BA-Abzug nach Maßgabe des § 4k I-VI ausschließen, muss zwar grds
das FA darlegen; jedoch trifft den StPfl bei Auslandssachverhalten gem § 90 II AO
eine erhöhte Mitwirkungspflicht: Er hat den Sachverhalt aufzuklären, die erforderl Beweismittel zu beschaffen (§ 90 II 2) und ggf eine Beweisvorsorge zu treffen
(§ 90 II 4; s ausführl *Schnitger/Haselmann* ISR 22, 13). Darüber hinaus begründen
§ 4k II 3, IV 3 und VI 4 spezielle Nachweispflichten des StPfl; und der StPfl trägt
schließl auch die obj Beweislast hinsichtl der Ausnahmen von den Abzugsverboten
(§ 4k I 2, IV 2 und 4 und V 2; s auch *Grotherr* IStR 20, 773, 782 f).

bb) Anwendung ausländischen Rechts. Die Ermittlung des einschlägigen 8
ausl Rechts und dessen Auslegung hingegen obliegen **FA und FG von Amts**
wegen (§ 155 Satz 1 FGO iVm § 293 ZPO); denn sie sind verpflichtet, ihren Entscheidungen die obj richtige Rechtslage zugrundezulegen (s BFH IV R 37/16
BFH/NV 18, 440 Rz 59; *Gräber* § 88 AO Rz 32 mwN). Den StPfl trifft insoweit
keine Darlegungs- oder Mitwirkungspflicht (BFH I R 33/16 BFH/NV 20, 201:

Loschelder

auch nicht aus § 90 II AO; wohl **aA** *Schnitger/Haselmann* ISR 22, 13, 15). Wie insb das FG das ausl Recht ermittelt, steht grds in seinem **pflichtgemäßen Ermessen**, doch sind die Anforderungen an die Ermittlungspflicht umso höher, je komplexer und fremder das anzuwendende Recht ist (BFH IV R 50/14 BStBl II 17, 456 Rz 60 f mwN). Ggf muss ein Rechtsgutachten eingeholt werden (BFH IV R 23/14 BStBl II 18, 444 Rz 39). Der StPfl wiederum ist ggf verpflichtet nachzuweisen, dass die tatbestandl Voraussetzungen der ausl Rechtsnormen erfüllt sind (s *Gräber* § 90 AO Rz 22), zB durch Vorlage einer Bescheinigung des ausl FA, dass bestimmte Aufwendungen in einem anderen Staat berücksichtigt worden sind (§ 4k IV 1; s allg auch *Lüdicke* in FS Frotscher, S 403).

10 **2. Nutzung und Übertragung von Kapitalvermögen, § 4k I. – a) Abzugsverbot, § 4k I 1.** Die Regelung soll Art 9 II Buchst a iVm Art 2 IX (1) Buchst a ATAD umsetzen (BT-Drs 19/28652, S 34). Sie richtet sich gegen hybride Gestaltungen bei der **Nutzung und Übertragung von KapVerm**, bei denen der inl StPfl Aufwendungen steuerl geltend macht, die vom ausl Empfänger nicht als Ertrag versteuert werden müssen, also gegen eine **D/NI-Inkongruenz**.

11 **aa) Aufwendungen; Kapitalvermögen.** § 4k I 1 setzt (wie die übrigen Abzugsverbote auch) nach Wortlaut und Systematik betriebl veranlasste Aufwendungen voraus (vgl auch RL (EU) 2017/952, 9. Erwägungsgrund). Es müssen also aus Sicht des inl StPfl (Schuldner) **BA iSv § 4 IV** vorliegen (s § 4 Rz 470 ff), die entweder „für" die Nutzung oder iZm der Übertragung von KapVerm geleistet worden sind. Ein „unmittelbarer wirtschaftl Zusammenhang" wie bei § 3c (§ 3c Rz 6) oder § 50a III 1 (§ 50a Rz 23) wird nicht verlangt. – Der Begriff **KapVerm** muss mE nach Sinn und Zweck der Regelung eher iSv Art 10 und 11 OECD-MA als iSv § 20 EStG; str, **aA** [Anlehnung an § 20]: *Schnitger/Ohskamp* IStR 21, 909, 910). Es muss sich um Zahlungen handeln, die nach dt Verständnis beim Gläubiger an sich als Einkünfte aus KapVerm zu erfassen wären und nur wegen der Besteuerungsinkongruenz (Rz 12) tatsächl nicht erfasst werden. Es kann sich um Eigen- oder Fremdkapital handeln; die Erträge stellen dementspr Zinsen/zinsähnl Erträge oder Gewinnausschüttungen dar.

12 **bb) Qualifikationskonflikt; Zurechnungskonflikt.** Die D/NI-Inkongruenz kann auf einer abweichenden steuerl **Einordnung des KapVerm** beruhen (sog Qualifikationskonflikt); zB: eine beim inl StPfl grds als BA abziehbare Zinszahlung wird vom Staat des Gläubigers nicht als Vergütung für die Überlassung von Fremdkapital, sondern als Gewinnausschüttung behandelt und darum nicht/niedriger besteuert (zB steuerbefreite Dividende), als wenn auch der ausl Staat die Vergütung als Zinszahlung berücksichtigt hätte. – Grund für die D/NI-Inkongruenz kann aber auch eine abweichende steuerl **Zurechnung des KapVerm** infolge einer hybriden Übertragung sein (sog Zurechnungskonflikt); zB: Transaktionen, bei denen das übertragene KapVerm (zB Aktien) wirtschaftl unterschiedl Personen zugerechnet wird (s auch OECD-BEPS Aktionspunkt 2, S 274 – Beispiele 1.31 ff).

In der Gesetzesbegründung werden genannt: Hybridanleihen, Überlassung von Genussrechten, Repo-Geschäfte (Kauf- und Rückkaufsvereinbarung) und Wertpapierleihen (s BT-Drs 19/28652, S 34 f). – S ausführl *Kahlenberg/Radmanesh* NWB 21, 497, 498; *Schnitger/Oskamp* IStR 20, 909, 910 mit Beispielen. – Zur wirtschaftl Zurechnung von **Wertpapiergeschäften** s *BMF* BStBl I 21, 1002. Zu **hybriden Finanzinstrumenten** s iÜ auch *Kofler/Schnitger* BEPS-Handbuch Rz C.20 ff; *Mössner* ua Steuerrecht international tätiger Unternehmen (5. Aufl), Rz 12.10 ff und 12.124; *Jakobs* Internationale Unternehmensbesteuerung (8. Aufl), S 1269 ff; *Häuselmann* Hybride Finanzinstrumente (2019).

13 **cc) Rechtsfolge.** Die Aufwendungen unterliegen nur *„insoweit"* einem Abzugsverbot, als die D/NI-Inkongruenz zu einer Nichtbesteuerung beim Empfänger führt. Es muss also die tatsächl Besteuerung beim Empfänger verglichen werden mit einer (gedachten) Besteuerung, die sich ergäbe, wenn der ausl Staat die

Zahlung so ein- bzw zuordnen würde, wie es dem dt Verständnis entspricht. Findet überhaupt keine Besteuerung beim Empfänger statt, sind die Aufwendungen insges nicht als BA abziehbar (s auch OECD-BEPS Aktionspunkt 2, Rz 43 ff sowie Beispiele 1.2 und 1.3, mit Berechnung Rz 13 f). – **Kausalität:** Abzugsverbot/-beschränkung greifen nur dann und nur insoweit ein, wenn bzw wie die Nichtbesteuerung auf der D/NI-Inkongruenz beruht (s Wortlaut: „... auf Grund ...").

b) Ausnahme, § 4k I 2. Ist zu erwarten, dass die Zahlung beim Empfänger in einem **späteren Besteuerungszeitraum** als steuerl Ertrag ganz oder teilweise erfasst wird, greift die Abzugsbeschränkung insoweit, dh ggf wiederum anteilig, nicht ein. Die künftige Besteuerung muss sich konkret abzeichnen („voraussichtlich"; s auch Art 2 IX (1) a ATAD: „innerhalb eines angemessenen Zeitraums"); die abstrakte Möglichkeit einer späteren Besteuerung genügt mE nicht. Ist im Hinblick auf § 4k I 2 der Abzug von Aufwendungen zugelassen worden und stellt sich im Nachhinein heraus, dass eine Besteuerung beim Gläubiger der Erträge wider Erwarten doch nicht erfolgt ist, handelt es sich mE insoweit um eine **rückwirkendes Ereignis iSv § 175 I 1 Nr 2 AO,** das eine nachträgl Versagung des BA-Abzugs rechtfertigt (vgl BFH I R 8/96 BStBl II 97, 117; BFH II R 54/09 BStBl II 11, 247). – Die zw dem inl Schuldner und dem ausl Gläubiger vereinbarten Zahlungsbedingungen müssen **fremdüblich** sein; nicht jede Abweichung vom Fremdüblichen schließt die Berücksichtigung der BA aus (vgl BFH I R 62/17 DStR 21, 2522 Rz 18 ff).

3. Hybride Rechtsträger; Betriebsstätten, § 4k II. – a) Abzugsverbot, § 4k II 1. Die Regelung soll Art 9 II Buchst a iVm Art 2 IX (1) Buchst e (*disregarded hybrid payments*) und f (*deemed branch payments*) ATAD umsetzen (BT-Drs 19/28652, S 35). Sie knüpft an **Leistungsbeziehungen** zw einem hybriden Rechtsträger und seinem Anteilseigner oder zw der (inl/ausl) Betriebsstätte und dem (inl/ausl) Stammhaus an, bei denen die korrespondierenden Erträge entweder wegen einer abweichenden steuerl Behandlung des Rechtsträgers (transparent/intransparent) oder einer abweichenden Gewinnaufteilung zw Stammhaus und Betriebsstätte keiner tatsächl Besteuerung unterliegen. Es geht also um einen weiteren Fall von **D/NI-Inkongruenz**. Die Regelung ist ggü § 4k I subsidiär (Rz 5).

aa) Aufwendungen; Leistungsbeziehungen. Auch § 4k II 1 setzt zunächst **BA iSv § 4 IV** voraus (s Rz 11). Es kann sich um tatsächl Aufwendungen wie Zinsen, Miet-/Lizenzzahlungen, Dienstleistungsentgelte oder AfA handeln oder um fiktive Aufwendungen iZm § 1 IV 1 Nr 2 AStG (s BT-Drs 19/28652, S 35). – Im Fall der **AfA** ist hinsichtl des Ertrags auf den Veräußerungsgewinn abzustellen, nicht auf den Veräußerungserlös („Erträge", zutr *Schnitger/Oskamp* IStR 20, 909, 915; krit *Greinert/Siebing* Ubg 20, 589, 593). Die Ermittlung des den Aufwendungen entsprechenden Ertrags erfolgt mangels anderweitiger Regelung nach dt Recht (str, glA *KS* § 4k Rz 10; *FWBS* § 4k Rz 53; **aA** *Schnitger/Oskamp* IStR 20, 909, 915). Für AfA, die auf einer Anschaffung vor dem 1.1.20 beruht, gilt § 4k II 1 nicht (§ 52 VIIIc S 2).

bb) Qualifikationskonflikt; Gewinnabgrenzung. Die D/NI-Inkongruenz kann gem § 4k II 1 Alt 1 darauf beruhen, dass der StPfl, der die Aufwendungen geltend macht, im Inl als intransparente Körperschaft und im Staat des Gläubigers als transparenter (uU nicht-existierender) Rechtsträger behandelt wird (zB aufgrund einer sog *check-the-box*-Regel). Eine D/NI-Inkongruenz ergibt sich zudem gem § 4k II 1 Alt 2 auch dann, wenn im Fall einer anzunehmenden schuldrechtl Beziehung zw Stammhaus und Betriebsstätte gem § 1 IV 1 Nr 2 AStG fiktive Aufwendungen (zB nach § 16 II 2 BsGaV) berücksichtigt werden, Staat des (fiktiven) Gläubigers nicht als steuerl Ertrag erfasst werden.

Beispiele s *Schnitger/Oskamp* IStR 20, 909, 914 f. Zu hybriden Gesellschaften s auch *Mössner ua* StRecht international tätiger Unternehmen (5. Aufl), Rz 12.125 f; *Jakobs* Internationale

Unternehmensbesteuerung (8. Aufl), S 1274 ff. Zu hybriden Betriebsstätten s *Kahlenberg* IStR 18, 93; *Köhler* ISR 18, 250, 259.

21 **cc) Rechtsfolge.** Die Aufwendungen unterliegen einem Abzugsverbot, wenn die den Aufwendungen entsprechenden Erträge aufgrund der D/NI-Inkongruenz **in keinem Staat** einer tatsächl Besteuerung unterliegen; dh, eine Besteuerung in *irgendeinem* Staat genügt. Einer **tatsächl Besteuerung** unterliegen die Erträge, wenn sie in dem betreffenden Staat in die Bemessungsgrundlage einfließen. Ein bestimmter Mindeststeuersatz wird in § 4k II 1 nicht verlangt, ebenso wenig, dass es iErg zu einer tatsächl Steuerlast kommt. Der Nachweis obliegt dem StPfl (§ 90 II AO; insb: Vorlage der StErklärung, s Rz 7). – Str ist, ob es genügt, dass die Erträge **in einem späteren VZ** steuerl erfasst werden. Dagegen spricht, dass § 4k II keine § 4k I 2 entspr Regelung enthält (so *KS* § 4k Rz 10). Allerdings wäre ein Abzugsverbot trotz späterer steuerl Erfassung mE unverhältnismäßig (s Rz 6: Erwägungsgrund (12) zur RL (EU) 2017/952), da hier letztl der Zweck des § 4k erreicht wird; somit sind die Aufwendungen auch in diesem Fall zu berücksichtigen (so iErg auch *Schnitger/Oskamp* IStR 20, 909, 915), ggf über **§ 175 I 1 Nr 2 AO** (s Rz 14 aE mwN).

22 **b) Ausschluss der Bruchteilsbetrachtung, § 4k II 2.** Die Regelung soll Art 9 II Buchst b iVm Art 2 IX (1) Buchst e ATAD umsetzen. Sie betrifft den Fall, dass ein im Inl unbeschr stpfl Gläubiger als Ges'ter einer **ausl vermögensverwaltenden PersGes** von dieser Zahlungen erhält, die bei ihm wegen der Bruchteilsbetrachtung gem § 39 II Nr 2 AO im Inl an sich nicht als Ertrag erfasst würden, die aber im Staat der ausl Ges steuerl als Aufwand berücksichtigt werden, weil der ausl Staat die Ges als intransparent behandelt. § 4k II 2 schließt hier die Anwendung von § 39 II Nr 2 AO aus, so dass die Zahlung **beim inl Gläubiger als Ertrag** zu erfassen ist. Dies gilt sowohl bei unmittelbarer wie mittelbarer Beteiligung des unbeschr stpfl Gläubigers; zur 2. Alt, dass der Gläubiger eine PersGes ist, an der ein unbeschr stpfl Ges'ter beteiligt ist, s *Zinowsky* IStR 21, 500, 504.

Haben alle EU-Mitgliedstaaten die Vorgaben der ATAD umgesetzt, kann die Regelung nur noch in **Drittstaatenfälle** zur Anwendung kommen (*Kahlenberg/Rein* SWI 20, 189, 193). Krit zur Stellung der Regelung *Rüsch* DStZ 20, 274, 280 f (keine Abzugsbeschränkung).

23 **c) Ausnahme: doppelt berücksichtigte Erträge, § 4k II 3.** Die Regelung begründet eine Ausnahme ausdrückl nur zu § 4k II 1. Sie schließt dieses Abzugsverbot aus, wenn den Aufwendungen Erträge desselben StPfl gegenüberstehen, die tatsächl doppelt besteuert werden: einmal im Inl und ein weiteres Mal entweder im Staat des Gläubigers oder aber, wenn der Gläubiger eine PersGes ist, im Staat des unmittelbaren/mittelbaren Ges'ters im Fall von Geschäftsbeziehungen iSv § 1 IV 1 Nr 2 AStG im Staat der Betriebsstätte. „Derselbe StPfl" ist der StPfl iSv § 4k II 1, also idR derjenige, dem der BA-Abzug versagt bzw beschränkt wird (s *Schnitger/Oskamp* IStR 20, 909, 918 mit Beispiel). Zum Begriff „tatsächl Besteuerung" s Rz 21. – Auch in diesem Fall ist mE **§ 175 I 1 Nr 2 AO** anzuwenden, wenn sich eine doppelte Erfassung der Erträge erst **in einem späteren VZ** ergibt (s Rz 21 aE).

26 **4. Weitere Zuordnungs- und Zurechnungskonflikte, § 4k III.** Die Regelung soll Art 9 II Buchst a iVm Art 2 IX (1) Buchst b, c und d ATAD umsetzen (BT-Drs 19/28652, S 37). Das betrifft zum einen „umgekehrt hybride Rechtsträger" (*reverse hybrids*), die im Staat ihrer Errichtung als transparent, im Staat des unmittelbar oder mittelbar Beteiligten aber als intransparent behandelt werden; zum anderen geht es um Zuordnungskonflikte bei Zahlungen an Betriebsstätten (*diverted branch payments*) und um sog „unberücksichtigte Betriebsstätten" (*disregarded branch structures* – s *Schnitger/Oskamp* IStR 20, 960 ff mit Beispielen). Allerdings ergibt sich dies nicht aus dem Wortlaut des § 4k III, der ohne Einschränkung **jede Form von D/NI-Inkongruenz** erfasst, die nicht bereits unter § 4k I und II fällt.

Der Betriebsausgabenabzug wird damit generell insoweit versagt, als die den Aufwendungen entspr Erträge in keinem Staat einer tatsächl Besteuerung (s Rz 21) unterliegen und dies auf einer vom dt Recht abweichenden steuerl Zuordnung (zu einer Betriebsstätte) oder Zurechnung (zu einem Rechtsträger) nach den Rechtsvorschriften anderer Staaten beruht (s auch *Schnitger/Oskamp* IStR 20, 960, 961 f; *Rüsch* DStZ 20, 274, 283). Soweit andere Gründe für die Nichtbesteuerung ursächl sind, greift das Abzugsverbot nicht ein. – § 4k III sieht **keine Ausnahmen** vor; auf § 4k II 3 kann nicht zurückgegriffen werden. Allerdings ist mE auch hier im Fall einer späteren tatsächl Besteuerung **§ 175 I 1 Nr 2 AO** anzuwenden (s Rz 21 aE).

5. Mehrfach berücksichtigte Aufwendungen, § 4k IV. – a) Abzugsverbot, § 4k IV 1. Die Regelung setzt Art 9 I Buchst a iVm Art 2 IX (1) Buchst g und IXb ATAD um (BT-Drs 19/28652, S 37 f) und richtet sich gegen Gestaltungen, die zu einer mehrfachen Berücksichtigung von Aufwendungen führen, also gegen **DD-Inkongruenzen**, ohne allerdings die Beschränkung des BA-Abzugs an das Vorliegen weiterer Voraussetzungen zu knüpfen; insb einen Bezug zu hybriden Gestaltungen enthält der Tatbestand nicht. Da dies den Vorgaben in Art 2 IX (1) Buchst g und IXb ATAD entspricht, der eine hybride Gestaltung iSd RL bereits dann annimmt, wenn ein „doppelter Abzug" erfolgt, kann auch in § 4k IV 1 kein hybrides Element als ungeschriebenes Tatbestandsmerkmal „hineingelesen" werden. Allerdings spricht die Formulierung „doppelter Abzug" immerhin dafür, dass Aufwendungen nur dann iSv § 4k IV 1 auch in einem anderen Staat „berücksichtigt" werden, wenn sie dort die steuerl **Bemessungsgrundlage mindern** (so zutr *Schnitger/Oskamp* IStR 20, 960, 963: Berücksichtigung iRe ausl Hinzurechnungsbesteuerung genügt nicht; aA KS § 4k Rz 16; einschr auch *FWBS* § 4k Rz 74). Berücksichtigung iRe Verlustvortrags genügt.

Zu Anwendungsfällen s *FWBS* § 4k Rz 74 f; BT-Drs 19/28652, S 37 f. Zu den von der OECD in Betracht gezogenen Gestaltungen s auch *Schnitger/Oskamp* BEPS-Handbuch Rz C.152 ff.

b) Rangfolge, § 4k IV 2. § 4k IV 1 soll die mehrfache Berücksichtigung von Aufwendungen ausschließen. Soweit in dem betreffenden ausl Staat entspr Abzugsverbote gelten, muss eine Rangfolge festgelegt werden, damit die Einmalberücksichtigung der Aufwendungen gewährleistet bleibt. Zu diesem Zweck bestimmt § 4k IV 2 HS 1 zunächst, dass für unbeschr StPfl von einer mehrfachen Berücksichtigung von Aufwand iSv § 4k IV 1 auch dann auszugehen ist (gesetzl Fiktion), wenn die Aufwendungen in dem ausl Staat aufgrund einer § 4k entspr Regelung nicht zum Abzug zugelassen werden. Das ist zunächst verwirrend und erklärt sich aus Regelungshierarchie der ATAD: Im Fall eines doppelten Abzugs von Aufwendungen soll vorrangig derjenige Staat den BA-Abzug versagen, in dem die Mutter-Ges ansässig ist. Nur für den Fall, dass dieser Staat den BA-Abzug nicht versagt, soll der Staat des Zahlenden den Abzug versagen (s iEinz s *Schnitger/Oskamp* IStR 20, 960, 963 f, „Vorfahrtsregelung"; zu doppelt ansässigen StPfl s auch *Greinert/Siebing* Ubg 21, 525).

c) Ausnahme: doppelt besteuerte Erträge, § 4k IV 3. Das Abzugsverbot gem § 4k IV 1 gilt nicht, wenn der StPfl nachweisen kann (§ 90 II AO; insb: Vorlage der StErklärung), dass den doppelt berücksichtigten Aufwendungen eigene Erträge gegenüberstehen, die sowohl im Inl als auch in dem weiteren Staat, in dem die Aufwendungen berücksichtigt werden, tatsächl besteuert werden. Eigene Erträge des StPfl liegen auch dann vor, wenn ihm als Organträger Erträge der Organ-Ges zugerechnet werden. Es genügt, wenn die Aufwendungen in einen Verlustvortrag eingehen und in einem anderen VZ mit doppelt erfassten Erträgen verrechnet werden können (s zu beidem BT-Drs 19/28652, 39); die Berücksichtigung erfolgt in diesem Fall wiederum nach § 175 I 1 Nr 2 AO. Zu konzerninternen Leistungsbeziehungen s iÜ *Schnitger/Posch* ISR 21, 187.

31 d) Steueranrechnung, § 4k IV 4. § 4k IV 1–3 gelten nicht für unbeschr StPfl, bei denen die Aufwendungen Einkünfte mindern, wenn zur Vermeidung der Doppelbesteuerung eine Anrechnung oder ein Abzug der auf diese Einkünfte erhobenen ausl Steuern vorgesehen sind. Mindern die Aufwendungen in dem anderen Staat allerdings auch Erträge, die nicht der inl Besteuerung unterliegen, greift diese Ausnahme insoweit nicht (s *Schnitger/Oskamp* IStR 20, 960, 964 f mit Beispiel).

34 6. Importierte Inkongruenzen, § 4k V. – a) Abzugsverbot, § 4k V 1. Die Regelung setzt Art 9 III ATAD um. Sie soll ausschließen, dass die Effekte einer Besteuerungsinkongruenz, die durch Gestaltungen in anderen Staaten eingetreten und von diesen Staaten nicht beseitigt worden sind, ganz oder teilweise ins Inl verlagert werden (*imported hybrid mismatches*). Es geht also darum zu verhindern, dass die in § 4k I–IV getroffenen Regelungen durch sog Back-to-back-Gestaltungen (Finanzierung über mehrere Stufen) unterlaufen werden. Zu diesem Zweck werden die ausl Strukturen einer Überprüfung in Form einer **hypothetischen Anwendung von § 4k I–V** unterzogen: Stehen den aus den BA iSv § 4 IV (unmittelbar oder mittelbar – also auch über mehrere zwischengeschaltete Stufen hinweg) resultierenden Erträgen wiederum auf einer weiteren Stufe Aufwendungen ggü, die bei einer entspr Anwendung von § 4k I–V einem Abzugsverbot unterlägen, ist insoweit der BA-Abzug nach § 4k V 1 ausgeschlossen. Die entspr Anwendung von § 4k I–V schließt auch die Ausnahmeregelungen in § 4k I 2, II 3 und IV 3 und 4 mit ein. Die Formulierung „… deren Abzug beim Gläubiger, einem weiteren Gläubiger oder einer anderen Person …" soll sicherstellen, dass auch bei tiefer gestaffelten Strukturen und wohl auch iRe Gruppenbesteuerung jede Stufe einer Überprüfung unterzogen wird (s ausführl *Schnitger/Oskamp/Kockrow* IStR 21, 701; *Greinert/Siebing* Ubg 21, 525, 526 f).

35 b) Ausnahme, § 4k V 2. Das Abzugsverbot in § 4k V 1 gilt nicht, soweit die Inkongruenz bereits auf einer anderen Ebene der Rechtsbeziehungen beseitigt wurden.

36 7. Einschränkung des Anwendungsbereichs, § 4k VI. Die Abzugsbeschränkungen in § 4k I–V greifen nur dann ein, wenn der jeweilige Tatbestand zw nahestehenden Personen iSd § 1 II AStG oder zw einem Unternehmen (also dem Stammhaus) und seiner Betriebsstätte verwirklicht worden ist *oder* wenn eine strukturierte Gestaltung iSv § 4k VI 2 und 3 anzunehmen ist.

37 a) Nahestehende Personen, § 4k VI 1 und 2. Zum Begriff „nahestehende Person" iSd **§ 1 II AStG** s zunächst § 4j Rz 10. Das Näheverhältnis bezieht sich bei § 4k I–III auf das Verhältnis zw Gläubiger und Schuldner der jeweiligen Erträge, bei § 4k IV auf das Verhältnis zw den StPfl, bei denen es zu einem mehrfachen BA-Abzug kommt. Bei § 4k V ist mE auf die jeweilige Leistungsbeziehung der einzelnen Stufen abzustellen (weitergehender: *Schnitger/Oskamp/Kockrow* IStR 21, 701: Näheverhältnis zw allen beteiligten Personen). – Im Fall eines **abgestimmten Verhaltens** sind gem § 4k VI 2 die Beteiligungen, Stimmrechte und Gewinnbezugsrechte weiterer Personen hinzuzurechnen. Das Gesetz lässt offen, wann ein abgestimmtes Verhalten idS vorliegt. Allerdings wird man auf Art 2 Nr 4 Buchst b ATAD zurückgreifen können und müssen (s Rz 6), demzufolge eine Person, die „in Bezug auf **Stimmrechte oder Kapbeteiligung** an einem Unternehmen" gemeinsam mit einer anderen Person handelt, so behandelt wird, „als hielte sie eine Beteiligung an allen Stimmrechten oder dem gesamten Kapital dieses Unternehmens". Ein ledigl koordiniertes und gemeinsames Vorgehen wie bei § 30 II 1 WpÜG oder „gleichgerichtete Interessen" iSv § 8c I KStG ohne entspr vertragl Vereinbarung genügen damit nicht (s aber BT-Drs 19/28652, 54 f zu § 7 IV AStG nF; str, wie hier: *Rüsch* DStZ 274, 275; *Zinowsky* IStR 21, 500, 501; *KS* § 4k Rz 5; **aA** *Grotherr* IStR 20, 773, 779).

b) Strukturierte Gestaltung, § 4k VI 3 und 4. Eine strukturierte Gestaltung 38
liegt gem § 4k VI 3 vor, wenn der aus der Inkongruenz resultierenden steuerl Vorteil bei der vertragl Gestaltung der schuldrechtl Beziehungen berücksichtigt worden ist. Das wird man idR dann annehmen können, wenn sich die vertragl vereinbarte Gegenleistung (zB Zinsen zu einem Darlehen) von entspr Gegenleistungen unterscheidet, bei denen sich keine Inkongruenz ergibt. – Der StPfl kann sich allerdings nach § 4k VI 4 exkulpieren (gegen überzogene Nachweisanforderungen: *Ehlermann/Link* ISR 21, 319, 330).

Der Begriff „strukturierte Gestaltung" wird in Art 2 XI ATAD erläutert; s auch OECD-BEPS Aktionspunkt 2, S 119; *Kofler/Schnitger* BEPS-Handbuch Rz C.17 f; *Rüsch* DStZ 20, 74; *Kahlenberg/Oppel* IStR 17, 205, 207.

8. Treaty Override, § 4k VII. Die Anwendung der genannten Regelungen 39
erfolgt ohne Rücksicht auf ein DBA (*treaty override*), dh insb auch ohne Rücksicht auf DBA-rechtl Diskriminierungsverbote (vgl Art 24 OECD-MA; wohl wegen BFH I R 6/09 BStBl II 13, 186, und BFH I R 30/12 BStBl II 14, 721, obgleich die OECD einen Verstoß verneint, OECD-BEPS Aktionspunkt 2, S 164 f; s auch *Schnitger/Oskamp* BEPS-Handbuch Rz C.278).

§ 5 Gewinn bei Kaufleuten und bei bestimmten anderen Gewerbetreibenden

(1) ¹Bei Gewerbetreibenden, die auf Grund gesetzlicher Vorschriften verpflichtet sind, Bücher zu führen und regelmäßig Abschlüsse zu machen, oder die ohne eine solche Verpflichtung Bücher führen und regelmäßig Abschlüsse machen, ist für den Schluss des Wirtschaftsjahres das Betriebsvermögen anzusetzen (§ 4 Absatz 1 Satz 1), das nach den handelsrechtlichen Grundsätzen ordnungsmäßiger Buchführung auszuweisen ist, es sei denn, im Rahmen der Ausübung eines steuerlichen Wahlrechts wird oder wurde ein anderer Ansatz gewählt. ²Voraussetzung für die Ausübung steuerlicher Wahlrechte ist, dass die Wirtschaftsgüter, die nicht mit dem handelsrechtlich maßgeblichen Wert in der steuerlichen Gewinnermittlung ausgewiesen werden, in besondere, laufend zu führende Verzeichnisse aufgenommen werden. ³In den Verzeichnissen sind der Tag der Anschaffung oder Herstellung, die Anschaffungs- oder Herstellungskosten, die Vorschrift des ausgeübten steuerlichen Wahlrechts und die vorgenommenen Abschreibungen nachzuweisen.

(1a) ¹Posten der Aktivseite dürfen nicht mit Posten der Passivseite verrechnet werden. ²Die Ergebnisse der in der handelsrechtlichen Rechnungslegung zur Absicherung finanzwirtschaftlicher Risiken gebildeten Bewertungseinheiten sind auch für die steuerliche Gewinnermittlung maßgeblich.

(2) Für immaterielle Wirtschaftsgüter des Anlagevermögens ist ein Aktivposten nur anzusetzen, wenn sie entgeltlich erworben wurden.

(2a) Für Verpflichtungen, die nur zu erfüllen sind, soweit künftig Einnahmen oder Gewinne anfallen, sind Verbindlichkeiten oder Rückstellungen erst anzusetzen, wenn die Einnahmen oder Gewinne angefallen sind.

(3) ¹Rückstellungen wegen Verletzung fremder Patent-, Urheber- oder ähnlicher Schutzrechte dürfen erst gebildet werden, wenn
1. der Rechtsinhaber Ansprüche wegen der Rechtsverletzung geltend gemacht hat oder
2. mit einer Inanspruchnahme wegen der Rechtsverletzung ernsthaft zu rechnen ist.

²Eine nach Satz 1 Nummer 2 gebildete Rückstellung ist spätestens in der Bilanz des dritten auf ihre erstmalige Bildung folgenden Wirtschaftsjahres gewinnerhöhend aufzulösen, wenn Ansprüche nicht geltend gemacht worden sind.

§ 5

(4) Rückstellungen für die Verpflichtung zu einer Zuwendung anlässlich eines Dienstjubiläums dürfen nur gebildet werden, wenn das Dienstverhältnis mindestens zehn Jahre bestanden hat, das Dienstjubiläum das Bestehen eines Dienstverhältnisses von mindestens 15 Jahren voraussetzt, die Zusage schriftlich erteilt ist und soweit der Zuwendungsberechtigte seine Anwartschaft nach dem 31. Dezember 1992 erwirbt.

(4a) [1]Rückstellungen für drohende Verluste aus schwebenden Geschäften dürfen nicht gebildet werden. [2]Das gilt nicht für Ergebnisse nach Absatz 1a Satz 2.

(4b) [1]Rückstellungen für Aufwendungen, die in künftigen Wirtschaftsjahren als Anschaffungs- oder Herstellungskosten eines Wirtschaftsguts zu aktivieren sind, dürfen nicht gebildet werden. [2]Rückstellungen für die Verpflichtung zur schadlosen Verwertung radioaktiver Reststoffe sowie ausgebauter oder abgebauter radioaktiver Anlagenteile dürfen nicht gebildet werden, soweit Aufwendungen im Zusammenhang mit der Bearbeitung oder Verarbeitung von Kernbrennstoffen stehen, die aus der Aufarbeitung bestrahlter Kernbrennstoffe gewonnen worden sind und keine radioaktiven Abfälle darstellen.

(5) [1]Als Rechnungsabgrenzungsposten sind nur anzusetzen
1. auf der Aktivseite Ausgaben vor dem Abschlussstichtag, soweit sie Aufwand für eine bestimmte Zeit nach diesem Tag darstellen;
2. auf der Passivseite Einnahmen vor dem Abschlussstichtag, soweit sie Ertrag für eine bestimmte Zeit nach diesem Tag darstellen.

[2]Auf der Aktivseite sind ferner anzusetzen
1. als Aufwand berücksichtigte Zölle und Verbrauchsteuern, soweit sie auf am Abschlussstichtag auszuweisende Wirtschaftsgüter des Vorratsvermögens entfallen,
2. als Aufwand berücksichtigte Umsatzsteuer auf am Abschlussstichtag auszuweisende Anzahlungen.

(6) Die Vorschriften über die Entnahmen und die Einlagen, über die Zulässigkeit der Bilanzänderung, über die Betriebsausgaben, über die Bewertung und über die Absetzung für Abnutzung oder Substanzverringerung sind zu befolgen.

(7) [1]Übernommene Verpflichtungen, die beim ursprünglich Verpflichteten Ansatzverboten, -beschränkungen oder Bewertungsvorbehalten unterlegen haben, sind zu den auf die Übernahme folgenden Abschlussstichtagen bei dem Übernehmer und dessen Rechtsnachfolger so zu bilanzieren, wie sie beim ursprünglich Verpflichteten ohne Übernahme zu bilanzieren wären. [2]Dies gilt in Fällen des Schuldbeitritts oder der Erfüllungsübernahme mit vollständiger oder teilweiser Schuldfreistellung für die sich aus diesem Rechtsgeschäft ergebenden Verpflichtungen sinngemäß. [3]Satz 1 ist für den Erwerb eines Mitunternehmeranteils entsprechend anzuwenden. [4]Wird eine Pensionsverpflichtung unter gleichzeitiger Übernahme von Vermögenswerten gegenüber einem Arbeitnehmer übernommen, der bisher in einem anderen Unternehmen tätig war, ist Satz 1 mit der Maßgabe anzuwenden, dass bei der Ermittlung des Teilwertes der Verpflichtung der Jahresbetrag nach § 6a Absatz 3 Satz 2 Nummer 1 so zu bemessen ist, dass zu Beginn des Wirtschaftsjahres der Übernahme der Barwert der Jahresbeträge zusammen mit den übernommenen Vermögenswerten gleich dem Barwert der künftigen Pensionsleistungen ist; dabei darf sich kein negativer Jahresbetrag ergeben. [5]Für einen Gewinn, der sich aus der Anwendung der Sätze 1 bis 3 ergibt, kann jeweils in Höhe von vierzehn Fünfzehntel eine gewinnmindernde Rücklage gebildet werden, die in den folgenden 14 Wirtschaftsjahren jeweils mit mindestens einem Vierzehntel gewinnerhöhend aufzulösen ist (Auflösungszeitraum). [6]Besteht eine

Übersicht **§ 5**

Verpflichtung, für die eine Rücklage gebildet wurde, bereits vor Ablauf des maßgebenden Auflösungszeitraums nicht mehr, ist die insoweit verbleibende Rücklage erhöhend aufzulösen.

Einkommensteuer-Richtlinien: EStR 5.1–5.7 / EStH 5.1–5.8.

Übersicht

	Rz
I. Allgemeines	
1. Übersicht (§ 5 I–VII); Entwicklungen	1, 2
2. Europäisierung des Bilanzsteuerrechts	3
II. Buchführende Gewerbetreibende (Tatbestand)	
1. Tatbestandsvoraussetzungen	6
2. Persönlicher Anwendungsbereich	7–10
3. Sachlicher Anwendungsbereich	11
4. Gesetzliche Buchführungspflicht; Abschlusspflicht	12–16
5. Freiwillige Buchführung und Bilanzierung	17
6. Ordnungsvorschriften für Buchführung; Schätzung	18, 19
III. Gewinnermittlung nach Maßgabe der handelsrechtlichen GoB (Rechtsfolge)	
1. Normative Aussage des § 5; bilanzsteuerrechtliche Gewinnermittlung	21, 22
2. Maßgeblichkeit handelsrechtlicher GoB; Maßgeblichkeitsgrundsatz, § 5 I	26–34
3. Handelsbilanzrecht	55, 56
4. Grundsätze ordnungsmäßiger Buchführung (GoB)	58, 59
5. Ausübung steuerlicher Wahlrechte nach BilMoG, § 5 I 2	60–65
6. Einzelne materielle GoB, auch § 5 Ia (Bewertungseinheiten)	67–84
IV. Aktivierung	
1. Aktivierung	90–92
2. Wirtschaftsgut / Vermögensgegenstand (Grundsätzliches)	93–103
3. Arten von Wirtschaftsgütern	110–119
4. Selbständige Wirtschaftsgüter (unselbständige Teile eines Wirtschaftsguts; mehrere Wirtschaftsgüter)	131–144
5. Subjektive Zurechnung als Aktivierungsvoraussetzung	150–157
6. Aktivierung immaterieller Wirtschaftsgüter, § 5 II	161–167
7. Immaterielles Wirtschaftsgüter	171–188
8. Aktivierung bei entgeltlichem Erwerb	190–207
9. Geschäftswert	221–233
10. Aktive und passive Rechnungsabgrenzung	241–258
11. Zölle und Verbrauchsteuern, § 5 V 2 Nr 1	259
12. Umsatzsteuer auf erhaltene Anzahlungen, § 5 V 2 Nr 2	261
13. ABC der Aktivierung	270
V. Passivierung	
1. Passivierung	301–306
2. Verbindlichkeiten (einschließlich § 5 IIa)	310–322
3. Geldverbindlichkeiten	326–331
4. Rückstellungen	350–355
5. Rückstellung für ungewisse Verbindlichkeiten	361–370
6. Wahrscheinlichkeit des Entstehens/Bestehens der Verbindlichkeit und der Inanspruchnahme	376–379
7. Wirtschaftliche Belastung (Verursachung) in der Vergangenheit	381–387
8. Rückstellungen wegen Verletzung fremder Schutzrechte, § 5 III	391–400
9. Rückstellung für Dienstjubiläumszuwendungen, § 5 IV	406–415
10. Höhe, Nachholung und Auflösung von Verbindlichkeitsrückstellungen	421–423
11. Rückstellung für drohende Verluste aus schwebenden Geschäften, § 5 IVa	450, 451

		Rz
12.	Aufwandsrückstellungen	461
13.	Passive Rechnungsabgrenzung	481
14.	Rücklagen	496, 497
15.	Rücklage für Ersatzbeschaffung	501
16.	Passivierung bei Verpflichtungsübernahme, § 5 VII	503, 504
17.	ABC der Passivierung	550

VI. Gewinnverwirklichung (Gewinnrealisation)
1. Realisierter Gewinn ... 601
2. Entgeltliche Lieferungen und Leistungen, insbesondere Veräußerung von Wirtschaftsgütern gegen Geld ... 602–618
3. Tausch und tauschähnliche Vorgänge ... 631–641
4. Gewinnrealisierung ohne entgeltliche Lieferung/Leistung ... 651–661
5. Schulderlass; Schuldwegfall ... 671–674
6. Sonstige Gewinnrealisierungen ... 675–677
7. ABC der Gewinnverwirklichung ... 680

VII. Bilanzrechtliche Spezialfragen
1. Mietverhältnisse; Pachtverhältnisse (Lizenzverhältnisse) ... 691–695
2. Betriebsverpachtung ... 701–704
3. Leasing ... 721–743

I. Allgemeines

Schrifttum (allgemeiner Art; Aufsätze vor 2018 s Vorauflagen): *Adler/Düring/Schmaltz,* Rechnungslegung und Prüfung der Unternehmen 6. Aufl, 1995 ff; *Baetge/Kirsch/Thiele,* Bilanzen 16. Aufl, 2021; *Birk/Desens/Tappe,* Steuerrecht 24. Aufl, 2021, § 5 E; *IdW* (Hrsg), WP-Handbuch Band I 17. Aufl, 2021; *Knobbe-Keuk,* Bilanz- und Unternehmenssteuerrecht 9. Aufl 1993; *Moxter,* Bilanzrechtsprechung 6. Aufl, 2007; *Prinz/Kanzler* (Hrsg), Handbuch Bilanzsteuerrecht 4. Aufl, 2021; *Schulze-Osterloh/Hennrichs/Wüstemann* (Hrsg), Handbuch des Jahresabschlusses in Einzeldarstellungen (HdJ); *Thiel/Lüdtke-Handjery,* Bilanzrecht 6. Aufl, 2010; *Weber-Grellet,* Steuerbilanzrecht, 1996; *Weber-Grellet,* Bilanzsteuerrecht (BilStR) 20. Aufl, 2022; *Wilhelm/Hennig,* Kleines Handbuch der Steuerbilanz 2. Aufl, 2022; *Winnefeld,* Bilanz-Handbuch, 5. Aufl, 2015; *v Wolfersdorff,* Stbilanzielle Gewinnermittlung, Diss 2014. – *Weber-Grellet,* BFH-Rspr zum BilanzStRecht, BB 21, 43; *ders* BB 22, 43; *Ballwieser,* Fragwürdige Bilanzen – 1948, heute und in Zukunft? DB 18, 1; *Weber-Grellet,* 100 Jahre BilRspr durch RFH und BFH, BB 18, 2347; *Schanz,* Steuerrecht und betriebswirtschaftl Steuerlehre, FS RFH/BFH 2018, 679; *Weber-Grellet,* Adolf Moxter … und der BFH, BB 19, 2411; *Prinz/Schön,* Reformfragen 2020, 55, 88; *Prinz,* Aktuelles Bilanzsteuerrecht, DStR 20, 842; *Prinz,* Bestandsaufnahme …, DB 21, 9; *Weber-Grellet,* 75 Jahre Bilanzrecht im Betriebs-Berater, BB 21, 1451.

Verwaltung: *BMF* BStBl I 21, 390 (Positivliste der geltenden Anweisungen).

1. Übersicht (§ 5 I–VII); Entwicklungen. – a) Gesetzesinhalt. § 5 I enthält eine Sonderregelung für die Gewinnermittlung der Gewerbetreibenden durch BV-Vergleich nach § 4 I (§ 4 Rz 20 f). Das StBilR ist **dreischichtig** (reines StRecht; GoB; analog angewendetes Handelsrecht). Grundlage der Gewinnermittlung sind die handelsrechtl GoB **(§ 5 I 1)** über den Ansatz (Rz 26 f, 30) und die Bewertung (str, Rz 33). § 5 II *verbietet* die Aktivierung nicht entgeltl erworbener immaterieller WG des AV und *gebietet* die Aktivierung entgeltl erworbener immaterieller WG (Rz 161). § 5 IIa schränkt den Ansatz gewinnabhängiger Verpflichtungen ein. § 5 III–IVb beschränken Rückstellungen wegen Verletzung bestimmter Schutzrechte (III); für Verpflichtungen zu Dienstjubiläumszuwendungen (IV); Verbot der Verlustrückstellung (IVa); Rückstellungsverbot für AK/HK (IVb). **§ 5 V 1** regelt – wie § 250 I HGB – den Ansatz von RAP. § 5 V 2 gebietet die Aktivierung der als Aufwand berücksichtigten Zölle und Verbrauchsteuern sowie der USt auf Anzahlungen. **§ 5 VI** stellt klar, dass estrechtl Normen, insb über Bewertung (§§ 6–7k) und BA (§ 4 IV–X) Vorrang vor HB-Recht haben (Steuer-, insb Bewertungsvorbehalt); damit richtet sich die Beurteilung der betriebl Veranlassung *allein* nach

EStRecht. **5 VII** (idF AIFM-StAnpG) regelt – korrespondierend zu § 4f (s dort) – die Fortgeltung der Passivierungsbeschränkungen beim Übernehmer (Rz 503).

Erhebl verändert wurde das Bilanzsteuerrecht durch das **StEntlG 1999 ff** (BT-Drs 14/23, 170; iEinz 23. Aufl). De lege ferenda ist – im Hinblick auf die Eigenständigkeit des StRechts (BFH GrS 1/10 BStBl II 13, 317; § 2 Rz 38) – ein **eigenständiges Bilanzsteuerrecht** anzustreben (s iEinz *Weber-Grellet* DB 16, 1279). – Die Neuregelungen des **BilMoG** (BGBl I 09, 1102) sind überwiegend ab 1.1.10 anzuwenden; Übersicht über die Änderungen bei *Hennrichs* StbJb 09/10, 261 (278 ff). – Die **IFRS** haben grds keinen Einfluss auf die steuerl Gewinnermittlung (*Glaser/Kahle* Ubg 15, 113).

b) Entwicklungen. Auch das Bilanzsteuerrecht ist obj Lastenverteilungsrecht (§ 2 Rz 1). Maßgebl sind die obj Verhältnisse. Der Fehlerbegriff ist obj zu bestimmen (BFH GrS 1/10 BStBl II 13, 317; *Weber-Grellet* BB 18, 2347); Ähnl gilt für die Wertaufhellung (Rz 81). – Das Bilanzsteuerrecht ist teleologisch auszulegen (Rz 59); Ausprägungen der teleologischen Betrachtungsweise sind das Realisationsprinzip und das Belastungsprinzip (*Weber-Grellet* BB 19, 2411; Rz 382). 2

Grundpfeiler des (heutigen) Bilanzsteuerrechts sind das imparitätische Realisationsprinzip, eine steuerrechtl-teleologische Auslegungsmethode und das Bemühen um Objektivierung. Alle bilanzsteuerrechtl Fragen sind nach Maßgabe dieser Vorgaben, die weitgehend schon in der RFH-Rspr angelegt sind, zu entscheiden (*Weber-Grellet* BB 18, 2347; *ders* BB 21, 1451).

2. Europäisierung des Bilanzsteuerrechts. Die RL 2013/34/EU (ABl EU 2013 Nr L 182, 19; dazu *Velte* GmbHR 13, 1125) ersetzt die 4. RL (78/660/EWG – BiRiLi) und die 7. RL (83/349/EWG – konsolidierter Abschluss); die RL ist durch das **BilRUG** (BGBl I 15, 1245) umgesetzt worden (BReg BR-Drs 23/15). – Die RL 2013/34/EU steht mit ihrem „true and fair view" (Bilanzwahrheit; Art 4 III; EuGH C-444/16 DStR 17, 1669 – *de Bruyne* zur Verbuchung eines Optionspreises) dem Bilanzsteuerrecht näher als dem vom Vorsichtsprinzip bestimmten Handelsrecht und den GoB; die allg Grundsätze (Art 6 I RL 2013/34/EU) ähneln denen des § 252 HGB, gelten aber auch für den Ansatz. Dem **EuGH** sind nur Fragen zur Gültigkeit und Auslegung von Europarecht **vorzulegen** (Art 267 AEUV; BFH I R 6/96 BStBl II 01, 570; zur Vorlagepraxis *Kahle/Kopp* DStR 21, 1569/1573), nicht bei eindeutiger Rechtslage (BFH X R 7/13 DStR 15, 989; konkret verneint der **BFH** die Vorlagepflicht auch bei eigenständigen steuerl Regelungen wie § 6 und soweit nicht KapGes betroffen sind (BFH VIII R 77/96 BStBl II 02, 227). 3

Der **EuGH** selbst hielt sich auch in bilanzstrechtl Fällen zur Auslegung der 4. RL für zuständig (zB C-306/99 BStBl II 04, 144 – BIAO, zur Wertaufhellung; EuGH C-640/18 DStRE 20, 577 - *Wagram*, zur Bilanzwahrheit; krit *Weber-Grellet* FR 20, 834; *Lüdenbach* StuB 20, 613), überlässt der Entscheidung über eine Vorlage den nationalen Gerichten (EuGH C-297/88, 197/89 EuGHE I 90, 3763 – *Dzodzi*; EuGH C-439/07 Rz 59 DStRE 09, 1181 – *KBC Bank*; zur Vorlagepflicht an den EuGH vgl auch BVerfG 1 BvR 1631/08 RIW 10, 792 [Geräteabgabe]). – Dementsprechend haben in den letzten Jahren die FG von **bilanzsteuerrechtl Vorlagen** abgesehen.

II. Buchführende Gewerbetreibende (Tatbestand)

1. Tatbestandsvoraussetzungen. § 5 setzt – im Unterschied zu § 4 I – einen „Gewerbetreibenden" voraus; dieser muss entweder nach inl Recht gesetzl verpflichtet sein (Rz 12) – vertragl Pflicht genügt nicht –, „Bücher" zu führen und „regelmäßige Abschlüsse zu machen", oder dies freiwillig tun. Bücher sind Handelsbücher iSv §§ 238, 239 HGB und § 141 I AO. Regelmäßiger Abschluss sind ieS Eröffnungs- und Jahresschlussbilanz (§ 242 I HGB), iwS der aus Bilanz, GuV-Rechnung und – ggf – Anhang bestehende Jahresabschluss (§§ 242 III, 264 I, 284–286 HGB). IRd doppelten Buchführung wird neben der Bilanz eine GuV-Rechnung erstellt, die – korrespondierend zum BV der Bilanz – alle Erträge (BE) und Aufwendungen (BA) enthält. Unter § 5 fällt aber auch, wer freiwillig eine Jahresbilanz, jedoch keine GuV-Rechnung erstellt. – Auf StPfl, die nicht unter § 5 (son- 6 dern unter § 4 I) fallen (zB bei §§ 13, 18), ist das BV gleichwohl nach den handelsrechtl GoB auszuweisen (BFH IV R 13/17 BStBl II 19, 754).

7   **2. Persönlicher Anwendungsbereich. – a) Gewerbetreibender.** Das ist nur, wer ein gewerbl Unternehmen iSv § 15 I 1 Nr 1 betreibt (*HHR* § 5 Rz 70). Ein Handelsgewerbe iSv §§ 1, 2 HGB ist weder erforderl noch ausreichend. Trotz handelsrechtl Buchführungspflicht muss § 5 nicht unmittelbar anwendbar sein, zB bei einem in das HReg eingetragenen Landwirt oder einer Grundstücksvermietung; umgekehrt kann § 5 ohne handelsrechtl Buchführungspflicht anwendbar sein (etwa über § 141 AO), zB bei gewerbl Grundstückshandel (dazu BFH VIII R 40/94 BFH/NV 97, 403).

8   **b) Natürliche Personen.** Gewerbetreibender kann eine – unbeschr oder beschr estpfl – **natürl Person** (§ 1) sein, aber auch eine **PersGes** iSv § 15 I 1 Nr 2 (s § 15 Rz 407 ff). Zur Anwendung des § 5 auf Sonder-BV und -vergütungen s § 15 Rz 400, 475, 560.

9   **c) Juristische Personen.** Für KapGes gilt § 5 über die §§ 7, 8 KStG. Zum Gewinnanteil des persönl haftenden Ges'ters einer KGaA s § 15 Rz 891.

10   **d) Geltung für inländische/ausländische Gewerbebetriebe.** Bei unbeschr StPfl erfasst § 5 inl und ausl Unternehmensteile, letztere nur, soweit dies für die inl Besteuerung erforderl ist, zB wenn keine DBA-Befreiung oder in den Fällen der §§ 2a, 32, 34c (BFH I R 3/13 DStR 15, 629; aA *HHR* § 5 Rz 81); bei beschr StPfl gilt § 5 nur für inl GewBetr (§ 49 I Nr 2; BFH I R 49/84 BStBl II 89, 140). Die gewerbl Einkünfte einer ausl PersGes ohne inl Betriebsstätte (aber mit unbeschr stpfl Ges'tern) sind nach § 4 I unter Beachtung der materiellen GoB zu ermitteln (BFH I R 32/90 BStBl II 92, 94 mwN). Eine inl Betriebsstätte eines ausl Unternehmens hat ihren Gewinn in Euro zu ermitteln (BFH I B 44/08 BFH/NV 09, 940).

11   **3. Sachlicher Anwendungsbereich.** § 5 gilt nur für den **lfd Gewinn.** Ein Betriebsveräußerungs- oder -aufgabegewinn ist nach § 16 II zu ermitteln; dabei ist aber für den Zeitpunkt der Veräußerung oder Aufgabe der Buchwert des BV nach § 5 fortzuentwickeln (§ 16 II 2; § 16 Rz 305). Gewinne aus der Veräußerung von Anteilen an KapGes bei relevanter Beteiligung (§ 17) oder von im PV gehaltenen einbringungsgeborenen Anteilen (§ 20 UmwStG) sind zwar Einkünfte aus GewBetr, aber nur bedingt nach § 5 zu ermitteln (BFH VIII R 69/93 BStBl II 95, 725; s § 17 Rz 16, 132).

12   **4. Gesetzliche Buchführungspflicht; Abschlusspflicht. – a) Verpflichtung.** Verpflichtet, Bücher zu führen und regelmäßig (Jahres-)Abschlüsse (Rz 6) zu machen, sind: – *(1)* Natürl Personen gem §§ 238, 242 HGB, wenn sie Kfm (§ 1 HGB, FG BBg DStRE 12, 201) oder Kannkaufmann (§§ 2, 3, 105 II HGB; ab Eintragung) sind; zur Befreiung von der Buchführungspflicht: § 241a HGB idF BilMoG; *Künkele/Zwirner* DStR 09, 1277. – *(2)* OHG, KG nach § 6 iVm §§ 238, 242 HGB. Die Buchführungspflicht einer OHG/KG erstreckt sich auf SonderBV (str, s § 15 Rz 508). – *(3)* AG und KGaA; GmbH; Genossenschaften, sonstige juristische Personen des Privatrechts (zB eV, rechtsfähige Stiftung; *Orth* DB 97, 1341) und des öffentl Rechts; auch Betriebe gewerbl Art und andere juristische Personen döR. – Ein Einzelunternehmer kann mehrere Betriebe haben; für jeden ist eine eigene Gewinnermittlung zu erstellen (BFH X B 156/14 BFH/NV 15, 1087). IEinz s *Schmidt* 38. Aufl § 5 Rz 12.

13   **b) Beginn und Ende. – aa) Handelsrechtliche Buchführungs-/Abschlusspflicht.** Sie beginnt für Musskaufleute mit dem „Beginn des (vollkaufmännischen) Handelsgewerbes", dh von der ersten Vorbereitung an (BGH II ZR 205/52 BGHZ 10, 91); auf diesen Zeitpunkt ist eine **Eröffnungsbilanz** aufzustellen (§ 242 I HGB). – Sie endet mit Betriebseinstellung (Betriebsaufgabe oder -veräußerung iSv § 16), vorher zB mit Löschung im HReg bei Kannkaufmann, nicht bei einer Teil-

Buchführende Gewerbetreibende (Tatbestand) **14–18 § 5**

betriebsveräußerung (BFH IV R 4/93 BStBl II 94, 677). Bei Liquidation sind Jahresbilanzen nach hA idR nicht geboten (*Hopt* § 154 HGB Rz 4). – Zur Gründungsbilanzierung bei KapGes nach Handels-/StRecht vgl *Joswig* DStR 96, 1907; zur Buchführungs-/Bilanzierungspflicht während der **Insolvenz** BFH VIII R 128/84 BStBl II 93, 594; §§ 153, 155 InsO; *HdR* B 768 (4/19).

bb) Steuerliche Buchführungspflicht/Bilanzierungspflicht. Nach § 141 I **14** AO beginnt sie im nächsten Wj nach Mitteilung des FA (§ 141 II 1 AO). Sie endet erst mit Ablauf des Wj nach entspr Feststellung des FA (§ 141 II 2 AO).

cc) Besondere Anlässe. Im Fall der Betriebsaufgabe (Betriebsveräußerung) **15** sind eine letzte Schlussbilanz zur Ermittlung des lfd Gewinns und eine Aufgabebilanz zur Ermittlung des Aufgabegewinns bzw -verlusts aufzustellen (BFH X R 48/13 BFH/NV 15, 1358); ebenso ist mE eine Veräußerungsbilanz aufzustellen (*Weber-Grellet* BilStR Rz 112 mit Beispiel).

dd) Ausländische Buchführungspflicht/Bilanzierungspflicht. Auch eine **16** ausl Rechtsnorm kann Buchführungspflicht begründen (BFH I R 81/16 BStBl II 19, 390); Sperrwirkung ggü § 4 III – Gewinnermittlung (BFH IV R 20/17 BFH/NV 21, 1191; FG Hess EFG 20, 1115, Rev I R 48/19); str ist, ob eine ausl Immobilien-KapGes von § 141 AO erfasst wird (BFH I B 93/15 BStBl II 16, 66).

5. Freiwillige Buchführung und Bilanzierung, § 5 I 1 HS 1 Alt 2. Frei- **17** willige Buchführung zwingt zur Gewinnermittlung nach § 5, auch die eines Ausländers (BFH I R 24/13 BStBl II 15, 141; BFH IV R 3/20 BFH/NV 21, 1256 – gegen „Goldfinger-Modell"). Nur Gewerbetreibende, die weder nach Handelsrecht buchführungs- und abschlusspflichtig sind (zB Kleingewerbetreibende [frühere Minderkaufleute]; s § 1 II HGB; § 241a HGB: Erlöse unter 600 T€, Überschuss unter 60 T€) noch § 141 I AO erfüllen und auch tatsächl keine Bücher führen, haben die Wahl zw Überschussrechnung (§ 4 III) und Vermögensvergleich (§ 4 I iVm § 5; mE nicht ausschließl nach § 4 I, **aA** *Förster/Schmidtmann* BB 09, 1342); sie üben die Wahl zB durch entspr Einrichtung aus (BFH III R 30–31/85 BStBl II 90, 287; *Drüen* DStR 99, 1589; s auch § 4 Rz 10). Trifft der StPfl keine Wahl (zB keinerlei Aufzeichnungen), ist nach BV-Vergleichsgrundsätzen zu schätzen (BFH III R 30–31/85 BStBl II 90, 287). Bei nachträgl Einkünften kann (muss?) der Gewinn nach § 4 III ermittelt werden (BFH XI S 14/98 BFH/NV 99, 926; offen in BFH IV R 47/95 BStBl II 97, 509).

6. Ordnungsvorschriften für Buchführung; Schätzung

Schrifttum (Aufsätze vor 2020 s Vorauflagen): *Bieg/Waschbusch,* Buchführungspflichten und -vorschriften, HdR A 100/110 (03/20); *Gehringer,* Buchführungssysteme HdR A 120 (8/10). – *Schütte/Götz,* GoBD 2019, DStR 20, 90; *Hafner,* Neue GoBD, BB 20, 363. – **Verwaltung:** EStR 5.2–5.4.; *BMF* BStBl I 21, 198 (Richtsatzsammlung 2019); *BMF* BStBl I 19, 1269 zu EDV-gestützten Buchführungssystemen – GoBD 2019 (GoBD 2.0).

a) Ordnungsgemäße Buchführung. Die Verweisung in § 5 I auf die handels- **18** rechtl Grundsätze über die formelle Ordnungsmäßigkeit der lfd Buchführung (vgl §§ 238–241, 241 III, 257, 264 I HGB) hat estrechtl kaum noch Bedeutung (s aber Rz 81). Die GoB verpflichten Einzelhändler (zB Apotheker) grds, alle **bar vereinnahmten Umsätze** einzeln aufzuzeichnen (BFH X R 42/13 BStBl II 15, 519 (GoB als – auch von der technischen Entwicklung abhängiges – **dynamisches System**). Zur **bestandsmäßigen Erfassung** des bewegl AV s iEinz EStR 5.4; die Buchführung muss an die Ergebnisse der **Inventur** angepasst werden. Ggf sind Kassendateien vorzulegen; zur Ordnungsmäßigkeit der Kassenbuchführung s *OFD Ka* DStR 20, 2254. – Für **elektronische Bücher** gelten im Prinzip dieselben Anforderungen (*BMF* BStBl I 19, 1269 – GoBD 2019; *Brinkmann* StBp 20, 163); im Vordergrund steht der Grundsatz der Nachvollziehbarkeit. Die vom *BMF* aufgestellten GoBD sind nicht ‚per se' GoB (zutr *Goldshteyn/Thelen* DStR 15, 326).

19 b) Schätzung. Bei Verletzung der Ordnungsvorschriften (formelle Ordnungswidrigkeit) entfällt die widerlegbare Vermutung der sachl Richtigkeit (§ 158 AO; dazu BFH III R 129/85 BStBl II 92, 55 mwN); der Gewinn ist gem § 162 AO ganz oder teilweise zu schätzen (vgl BFH X B 25/20 BFH/NV 21, 680: EStR 4.1 II 3, 4), ggf auch nach Richtsätzen (*BMF* BStBl I 14, 1075). Diese Schätzung ist, sofern der StPfl buchführungs- und abschlusspflichtig ist, nach den Regeln des BV-Vergleichs (§ 4 I) durchzuführen (BFH X R 163–164/87 BStBl II 91, 802); dabei sind beim Ansatz des BV die materiellen GoB (Rz 58 f) zu berücksichtigen (BFH VIII R 28/90 BStBl II 92, 881). Zur Geldverkehrsrechnung BFH VIII B 138/10 BFH/NV 11, 1662; zu Umfang und Methoden der Schätzung s *KSM* § 5 Rz A 245; *T/K* § 162 Rz 8. – Zur Möglichkeit eines Zeitreihenvergleichs s BFH X R 20/13 DStR 15, 1739; zur Ziffernanalyse BFH X B 25/20 BFH/NV 21, 680.

III. Gewinnermittlung nach Maßgabe der handelsrechtlichen GoB (Rechtsfolge)

21 1. Normative Aussage des § 5; bilanzsteuerrechtliche Gewinnermittlung. – a) Allgemeines. Funktion der StB ist die periodengerechte Ermittlung des („vollen") Gewinns als Indikator der wirtschaftl Leistungsfähigkeit mit dem Ziel einer gesetz-, insb gleichmäßigen Besteuerung (BFH GrS 2/68 BStBl II 00, 632; *Weber-Grellet* StBilR § 2). Sind die tatbestandl Voraussetzungen des § 5 I 1 erfüllt, hat das zur Folge: – **(1) BV-Vergleich.** Der Gewinn iSv § 4 I ist auf der Grundlage einer „Vermögensübersicht (Bilanz)" (vgl § 4 II) zu ermitteln, dh durch Vergleich des Endvermögens eines Wj (Schlussbilanz) mit dem Anfangsvermögen (vgl § 242 I HGB: Eröffnungsbilanz; dazu Rz 13) bzw dem Endvermögen des vorhergehenden Wj (vgl § 252 I Nr 1 HGB); der „Gewinn" umfasst positive wie negative Betriebsergebnisse (BFH IV R 156/74 BStBl II 75, 734); eine Überschussrechnung ist unzul (vgl § 4 III „StPfl, die nicht auf Grund gesetzl Vorschriften verpflichtet sind ..."). Die den steuerl Vorschriften entspr Schlussbilanz (**Steuerbilanz**; vgl § 27 I KStG – häufig „Einheitsbilanz") und ggf die Eröffnungsbilanz sind mit der Steuererklärung beim FA einzureichen (vgl § 60 EStDV), nebst GuV-Rechnung (§ 60 I 2 EStDV; FG BBg EFG 09, 714); zur Anpassung der HB vgl *IDW/HFA* WPg 01, 1084. – **(2) GoB-Maßgeblichkeit.** IRd BV-Vergleichs ist jeweils das BV anzusetzen, das nach den handelsrechtlichen GoB (Buchführung und Bilanzierung) auszuweisen ist (§ 5 I 1; *Weber-Grellet* BilStR Rz 58 f). Zu **Durchbrechungen** s Rz 34. – **(3) Bilanzberichtigung.** Zur Fehlerkorrektur (über den Bilanzenzusammenhang) s § 4 Rz 296; *Weber-Grellet* FR 19, 1049).

22 b) Betriebsvermögensvergleich. In den Vergleich sind nur aktive und passive Bilanzposten einzubeziehen, die **BV iSv § 4 I** sind. Dabei bestimmt sich die sachl Zuordnung zum BV ausschließl estrechtl; der Ausweis in der HB genügt nicht. – Umgekehrt kann der Nichtausweis in der HB die Einbeziehung in den BV-Vergleich nicht hindern, sofern notwendiges BV iSv § 4 I vorliegt (BFH VIII R 322/84 BFH/NV 90, 499; § 4 Rz 35 ff). Ebenso bestimmt sich ausschließl nach EStRecht, welchem von mehreren BV ein Aktiv- oder Passivposten bei sog **Bilanzierungskonkurrenz** zuzurechnen ist (vgl BFH VIII B 88/10 BFH/NV 11, 600); für SonderBV bei PersGes s § 15 Rz 533. Im System der doppelten Buchführung sind GuV und Bilanz komplementäre Rechnungen, die zwingend zum identischen Ergebnis führen müssen. Der BV-Vergleich als solcher ist nicht in der Lage, privat veranlasste BV-Veränderungen zu erfassen; daher sind entspr Korrekturen geboten. Im System nicht vorgesehen sind – von Entnahmen und Einlagen abgesehen – „außerbilanzielle Hinzurechnungen" (anders zB BFH I R 54/11 BStBl II 13, 1048; *BH/Krumm* § 5 Rz 97; krit *Weber-Grellet* BB 14, 42; *Briese* DStR 16, 2126; *Niederberger* Die Systeme der ein- und zweistufigen Gewinnermittlung, 2019).

2. Maßgeblichkeit handelsrechtlicher GoB; Maßgeblichkeitsgrundsatz, § 5 I

Schrifttum (Aufsätze vor 2018 s Vorauflagen; s auch vor Rz 60): *Scheffler* HdR B 120 (11/16); *Kahle* HdJ VII/1 (2/19). – *Krumm,* Maßgeblichkeit des HR, FS RFH/BFH, 2018, 1457; *Prinz,* Entwicklungen …, StuB 19, 1; *Gatermann-Müller,* Gedanken zur Maßgeblichkeit, Ubg 19, 19; *Kahle,* Plädoyer für Stärkung …, FR 19, 337; *Kahle,* Zur Zukunft des Maßgeblichkeitsgrundsatzes, FS Böcking 2021, 571.

Verwaltung: EStR 6.11 III (zur Rückstellungsbewertung); *BMF* BStBl I 10, 239 (zu § 5 I idF BilMoG – GoB-Maßgeblichkeit). – **Gesetzesmaterialien zu § 5 I 2:** BT-Drs 11/2157; BT-Drs 11/5970.

a) Überblick. Der Maßgeblichkeitsgrundsatz (Gewinnermittlung nach den handelsrechtl GoB; BFH I R 58/05 BStBl II 06, 928) ist in § 5 I normiert, in 5 I 1 die **materielle** und in 5 Ia 2 die **konkrete** Maßgeblichkeit für Sicherungseinheiten (weiterer Fall in § 6 I Nr 1b 2). Die frühere umgekehrte Maßgeblichkeit (§ 5 I 2 aF; Rz 65) ist durch BilMoG abgeschafft (*Künkele/Zwirner* DStR 09, 1277). Eine weitergehende (konkrete) Maßgeblichkeit (HB-Ansatz = StB-Ansatz oder HB = StB) bestand und besteht nicht (vgl *Weber-Grellet* StBilR § 6 Rz 7; BFH I R 44/07 DStR 08, 1226). – Erst recht nicht maßgebl ist der konkrete Ansatz in der HB, soweit dieser handels- oder estrechtl unzul ist, zB bei GoB-Widrigkeit oder bei Nichtigkeit der HB (vgl § 256 AktG; *NSH* GmbHG § 42a Rz 22); maßgebl ist nach dem (eindeutigen) Gesetzeswortlaut nicht das HGB, sondern sind die GoB (*Weber-Grellet* DB 16, 1279; **aA** zB *Velte* Ubg 15, 1). – Einen (unsystematischen) Fall konkreter (formeller) Maßgeblichkeit enthält allerdings § 5 Ia (HB-Bewertungseinheiten; Rz 70). Sachl nicht gerechtfertigt ist mE daher die Begrenzung von Rückstellungen nach EStR 6.11 III („Deckelung"; so zB *OFD Mster* DB 12, 1779: keine Überschreitung des zul HB-Ansatzes; dazu BR-Drs 681/12; BFH XI R 46/17 BStBl II 20, 195; wie hier *Marx* StuB 17, 449, StuB 19, 885; *Kahle* DStR 18, 976/979; *Oser/Wirtz* StuB 20, 41/43; *Weber-Grellet* FR 20, 313; *Strahl* BeSt 20, 13; *Kahle* FR 20, 599; s auch § 6 Rz 472); „höchstens" in § 6 I Nr 3a bestimmt allein die steuerl Obergrenze (steuerl Bewertungsvorbehalt; *Kahle* Rz 33; offen FG Mster DB 20, 240, Rev IV R 24/19). – Wie bei Verbindlichkeitsrückstellungen besteht mE auch bei der Pensionsrückstellung und der allg TW-AfA prinzipiell nach allg steuerl Grundsätzen ein Ausweiszwang (*Weber-Grellet* DB 09, 2402; *ders* BB 10, 43 (50); *HHR* § 5 Rz 280; *Schulze-Osterloh* DStR 11, 534: Geltung des Niederstwertprinzips; **aA** § 6 Rz 361 mwN; **aA** wohl auch *BMF* BStBl I 16, 995); der Gesetzgeber sollte die Formulierungen in § 6 I Nr 1 S 2 (TW-AfA) und § 6a I (Pensionsrückstellung) korrigieren. Insgesamt besteht nur noch eine Rest- Maßgeblichkeit (*Herzig/Briesemeister* DB 09, 926). – **Kritik:** Der Maßgeblichkeitsgrundsatz als solcher ist wegen der Unbestimmtheit und Unvollständigkeit der GoB nicht leistungsfähig; **notwendig** ist die **Normierung der bilanzstrechtl Grundtatbestände** (iEinz *Weber-Grellet* DB 16, 1279; *ders* BB 21, 1451); der genaue Inhalt der Grundbegriffe (zB WG, Rückstellung, RAP) ist nach wie vor ungeklärt; der Ruf nach Vereinfachung (*Kahle* HdJ VII/1 (2/19) Rz 367) und Stärkung des Maßgeblichkeitsgrundsatzes (*Kahle* FR 19, 337; *ders* FS Böcking 2021, 571) oder die Berufung auf einen (eher diffusen) Balanceeffekt (*Bense* DStR 19, 1831) sind daher nicht besonders hilfreich.

b) Zweck der Steuerbilanz. Das ist (auch nach BilMoG) unverändert (*Hennrichs* StbJb 09/10, 261, 279) die Ermittlung des „wirklichen" Gewinns als Indikator der stl Leistungsfähigkeit auf der Grundlage des obj Nettoprinzips (*Kahle* DB 14, Beil 4, 1). Die Behauptung, dass die StB keinen eigenen Zweck habe, ist unzutr (so aber *HHR* § 5 Rz 172). – Zum Ende der Einheitsbilanz und zu Abweichungen zw HB/StB nach BilMoG und zur Internationalisierung s *Herzig/Briesemeister* DB 09, 1; *Weber-Grellet* DB 10, 2298, 2302; *DWS* Merkblatt 1/17.

Nach **BVerfG 2 BvL 1/00 BStBl II 09, 685** (Jubiläumsrückstellung; krit *ms* KÖSDI 09, 16585; *Hüttemann* FS Spindler 2011, 627) ist eine steuergesetzl Abweichung von der Maßgeblichkeit des handelsrechtl Vorsichtsprinzips (s Rz 409) nur dann verfwidrig, wenn sie als willkürl zu bewerten ist. Dies folge jedenfalls bei Verbindlichkeitsrückstellungen aus der grundsätzl steuergesetzl Disponibilität des einfachgesetzl Maßgeblichkeitsgrundsatzes und insb aus der speziell handelsrechtl Zielsetzung des Vorsichtsprinzips (Vorrang des StRechts).

28 **c) Materielle Maßgeblichkeit.** Die Verweisung in § 5 I 1 auf die handelsrechtl GoB (dazu Rz 58) bezieht sich nur auf die **GoB ieS**, also auf die Grundsätze und nicht auf die unterhalb dieser Grundsätze angesiedelten Normen (str; wie hier BFH I R 58/05 BStBl II 06, 928; *Schulze-Osterloh* DStR 11, 534), auch nicht auf die HB (ungenau zB BFH X R 27/13 BFH/NV 15, 1676; *Meilicke* BB 01, 40). Nicht alle handelsrechtl Normen sind GoB (str; wie hier zB *KSM* § 5 Rz B 38); andere handelsrechtl Normen können nur im Wege der **Analogie** in das StRecht übertragen werden (vgl § 141 I 2 AO), sofern die Voraussetzungen dafür vorliegen (zum bilanzstrechtl Koordinatensystem vgl *Weber-Grellet* StBilR § 2 Rz 12 f; ähnl *Schreiber* FS Beisse, 1997, 491, 508; nicht diff BFH VIII R 1/03 BStBl II 06, 298).

29 **d) Inkorporation in das Steuerrecht.** Durch die Verweisung in § 5 I 1 werden – vorbehaltl vorrangiger abw oder deckungsgleicher estrechtl Normen und teleologischer Grenzen der Verweisung (Steuervorbehalt) – in das EStRecht transformiert: – *(1)* Die normierten und die ungeschriebenen GoB über die formellen Anforderungen an die **lfd Buchführung**, soweit nicht vorrangige (abw oder deckungsgleiche) AO-Normen (§§ 143–147 AO) eingreifen (s Rz 18 f); – *(2)* die für das einzelne Unternehmen nach Rechtsform und Geschäftszweig verbindl GoB über die **äußere Form des Jahresabschlusses** und die Frist, innerhalb der der Jahresabschluss aufzustellen ist (s Rz 18) sowie über den **materiellen Inhalt** des Jahresabschlusses (vgl Rz 58–84), also Ansatz-, Bewertungs- und Gliederungsvorschriften, die mittelbare Ansatzvorschriften sind; – *(3)* die Regeln über den **materiellen Inhalt** des Jahresabschlusses, die als allg GoB (offenes System) nach §§ 238 I, 243 I HGB für alle Kaufleute handelsrechtl verbindl sind (vgl Rz 58–84).

Nicht zu den von § 5 I 1 umfassten GoB gehören einfache handelsrechtl Normen unterhalb der Schwelle der GoB (zB AK-Begriff, handelsrechtl Wahlrechte, §§ 258 ff HGB; vgl *Weber-Grellet* DB 94, 2405; *KSM* § 5 Rz B 119), ebenfalls nicht IAS/IFRS und GAAP (*Moxter* WPg 09, 7); IFRS bestimmen nicht die steuerl Gewinnermittlung (BFH I R 103/09 BStBl II 11, 215); generell skeptisch ggü IFRS *Luttermann* StuW 10, 346; *Weber-Grellet* BB 11, 43; *Küting/Pfitzer/Weber* IFRS oder HGB?, 2011 („volatile Bilanzwelt"). – § 5b normiert die sog E-Bilanz, die zu einer weiteren Ablösung von der HB und dem HB-Recht führen wird (§ 5b Rz 1). Spätestens nach dem BilMoG ist die *Einheitsbilanz* passé (*Herzig* DB 09, 1; *Esterer* FS Herzig 2010, 627, 636; *Weber-Grellet* DB 10, 2298).

30 **e) Ansatzvorschriften.** Für die estrechtl Gewinnermittlung ist zw Ansatz- und Bewertungsnormen und dem konkreten Bilanzansatz (nach Grund und Höhe) zu unterscheiden. – **aa) Maßgeblichkeit.** Sofern keine estrechtl Ansatznorm eingreift (zB § 5 II), sind handelsrechtl Aktivierungs- und Passivierungsge- und -verbote maßgebl; nach dem Wortlaut des § 5 I 1 ist das GoB-BV (Rz 22) anzusetzen (vgl §§ 242–251 HGB, aber auch die materiell aussagefähigen Gliederungsvorschriften des § 266 HGB für KapGes; s Rz 110 ff). Eigene Ansatzvorschriften, die zT mit Handelsrecht deckungsgleich sind, enthält das EStG in § 5 II für immaterielle Anlagegüter, in §§ 5 IIa, III, IVb für Rückstellungen, in § 5 V für RAP, in § 5 VI iVm § 4 IV–X für BA (entspr dem allg Vorbehalt der BV-Eigenschaft iSv § 4 I), in § 5 VI iVm § 4 I 1 HS 2 für Entnahmen und Einlagen sowie zB für Sonderfälle in § 6b III (Rücklage für bestimmte Veräußerungsgewinne). § 6 regelt nur die Bewertung (zB BFH IV R 87/92 BStBl II 94, 176).

31 **bb) Handelsrechtliche Ansatzwahlrechte.** Sie sind grds nicht maßgebl, sofern nicht estrechtl Vorschriften ein gleichartiges Wahlrecht einräumen (zB § 6a für Alt-Pensionszusagen vor 1.1.87; s § 6a Rz 3); einzige Ausnahme: das Wahlrecht bei öffentl Zuschüssen (EStR 6.5 II; BFH X R 23/89 BStBl II 92, 488; *Mathiak* DStR 92, 1605). Demnach muss in der StB aktiviert werden, was handelsrechtl aktiviert werden darf (aber nicht muss), und darf in der StB nicht passiviert werden, was handelsrechtl nicht passiviert werden muss, sondern nur passiviert werden darf (so ständige BFH-Rspr: grundlegend BFH GrS 2/68 BStBl II 69, 291; ferner zB BFH IV R 87/92 BStBl II 94, 176). – Auch nicht maßgebl für die StB sind (handelsrechtl) **Bilanzierungshilfen** (weitere Nachweise *Schmidt* 29. Aufl § 5 Rz 31).

f) Bewertungsvorschriften. Die Bewertung von Aktiv- und Passivposten in der StB bestimmt sich primär nach § 6 (§ 5 VI; **Bewertungsvorbehalt;** BMF BStBl I 10, 239 Rz 8; *Weber-Grellet* BilStR Rz 85, 238 f); subsidiär, dh soweit die estrechtl Bewertungsnormen lückenhaft sind, gelten die als kodifizierte GoB zu beurteilenden „Allg Bewertungsgrundsätze" des § 252 HGB, und ggf – analog – auch die Bewertungsnormen der §§ 253–256a HGB (zB *Weber-Grellet* DB 94, 2405; *KSM* § 5 Rz B 121; BFH VIII R 1/03 BStBl II 06, 298). – § 253 I 2, II HGB enthält mE keine strechl maßgebl Obergrenze (iEinz Rz 26). 33

§§ 6, 7 enthalten das selbständige bilanzsteuerrechtl Bewertungsrecht; ein Rückgriff auf die GoB ist grds obsolet (**aA** – unter Außerachtlassung des „Regelungsgefüges" [vgl nur § 5 I und § 6 I] – BFH I R 66/11 BStBl II 13, 676, betr § 6 I Nr 3a; EStR 6.11 III); der Maßgeblichkeitsgrundsatz hat im Bereich der Bewertung nur untergeordnete Bedeutung (*Weber-Grellet* BilStR Rz 238); der Hinweis auf die Begr zum StEntlG 99 ff (FinA BT-Drs 14/443, 23) ist bedeutungslos, da zwischenzeitl mit dem BilMoG die formelle Maßgeblichkeit abgeschafft worden ist (s aber Rz 55). – § 5 verweist auf die GoB, nach § 6 I 1 gilt für die Bewertung (nur) „das Folgende".

Handelsrechtl Bewertungswahlrechte (und evtl -hilfen) führen ebenso wie Ansatzwahlrechte estrechtl zu „Aktivierungspflichten", soweit sie nicht insgesamt oder zT mit estrechtl Wahlrechten korrespondieren; BFH IV R 87/92 BStBl II 94, 176 bedeutet Fortführung von BFH GrS 2/68 BStBl II 69, 291 für die Bewertung. An dieser Rechtslage hat sich durch das BilMoG prinzipiell nichts geändert *(Förster/Schmidtmann* BB 09, 1342).

g) Durchbrechungen der Maßgeblichkeit. StRecht ist ggü GoB in folgenden Fällen vorrangig: – *(1)* steuerl Ansatzgebote, Ansatzverbote, Ansatzvorbehalte (zB § 5 II–V, VII); – *(2)* steuerl Bewertungsvorbehalt (§ 5 VI iVm §§ 6, 7; Rz 33); – *(3)* Vorrang steuerl Wahlrechte (Wahlrechtsvorbehalt; Rz 60 ff); *(4)* Einschränkung handelsrechtl Wahlrechte durch Zwecke der estrechtl Gewinnermittlung; handelsrechtl Wahlrechte führen zu steuerl Aktivierungsgebot bzw Passivierungsverbot (BFH GrS 2/68 BStBl II 69, 291; BFH GrS 2/99 BStBl II 00, 632). 34

ME ist die Position der FinVerw uneinheitl: auf der einen Seite Freiheit bei der TW-AfA (EStR 6.8 I), auf der anderen Seite Bindung an die HB (nicht GoB!) bei der Rückstellungsbewertung (EStR 6.11 III), partieller steuerl Aktivierungszwang bei HK-Wahlrechten (EStR 6.3 I, V; überholt durch § 6 I Nr 1b) und Passivierungszwang dem Grunde nach bei § 6a (EStR 6a I).

3. Handelsbilanzrecht

Gesetzesmaterialien: BR-Drs 257/83; BT-Drs 10/4268 (BiRiLiG); BR-Drs 616/89 (Bank-BiRiLiG); BR-Drs 11/7818, 65 ff (DMBilG); BT-Drs 12/5587, 7646 (VersRiLiG).

a) HGB. Das HGB enthält im *3. Buch 1. Abschnitt* (§§ 238–263 HGB) Vorschriften über Buchführung, Inventar, Eröffnungsbilanz, Jahresabschluss, Vorlage und Aufbewahrung von Handelsbüchern, die **für alle Kfm** (Einzelkaufmann, OHG, KG, KapGes) gelten (§ 1 HGB), und im *2. und 3. Abschnitt* (§§ 264–339 HGB) ergänzende Vorschriften **für KapGes** und Genossenschaften einschließ Konzerne (zur Entwicklung *Hopt* vor § 238 HGB). – Der für alle Kaufleute verbindl Unterabschnitt über den Jahresabschluss (§§ 242–256 HGB) umfasst formelle Vorschriften (§§ 242–245 HGB) sowie Ansatz- und Bewertungsvorschriften (§§ 246–256a HGB). Zum Teil sind diese Normen **kodifizierte GoB,** die früher ungeschrieben oder nur im AktG ausformuliert waren (s Rz 58–84). Zum Bilanzrecht der GmbH vgl *Hüttche* in MünchHdB GesR Bd 3[4] § 56; *NSH* GmbHG §§ 41, 42. Das HGB lässt dem Bilanzierer immer noch erhebl Freiraum (zB Veräußerung mit Wiedererwerb; Einbringung von immateriellen WG, Sale-and-Lease-back, öffentl Zuschüsse, Wahlrechte; zR krit *Hoffmann* DB 14, Heft 30 M5). 55

Das **BilMoG** hat die formelle Maßgeblichkeit abgeschafft; ein Wahlrecht für IFRS-Einzelabschluss wurde nicht normiert (iEinz *Zülch/Hoffmann* BB 08, 1272; *dies* KÖSDI 08, 16082); IFRS sind für tax-accounting nicht geeignet (*von der Laage/Reusch* NZG 09, 245). – Einen neuen Fall der formellen Maßgeblichkeit enthält § 6 I Nr 1b 2 (idF ModBestVerfG) iZm der HK-Aktivierung (§ 6 Rz 199).

56   **b) Nebengesetze. Bankbilanzrichtlinie-Gesetz** (BGBl I 90, 2570; Ergänzung um die §§ 340 ff HGB) und **VersicherungsBiRiLi-Gesetz** (BGBl I 94, 1377; Ergänzung um die §§ 341–341o HGB, s *Schmidt* 27. Aufl § 5 Rz 56 mwN).

4. Grundsätze ordnungsmäßiger Buchführung (GoB)

Schrifttum (Auswahl; Aufsätze vor 2008 s Vorauflagen): *Weber-Grellet*, Steuerbilanzrecht, 1996, § 5; *Moxter*, Grundsätze ordnungsgemäßer Rechnungslegung, 2003; *Dauber*, Das Realisationsprinzip als Grundprinzip der strechtl Gewinnermittlung, Diss jur 2003; *Baetge/Zülch*, Rechnungslegungsgrundsätze nach HGB und IFRS, HdJ I/2; *Lutz/Schlag*, Der Gegenstand der Aktivierung und der Passivierung, HdJ I/4 (2007). – *Moxter*, Das Wertaufhellungsverständnis in der jüngeren höchstrichterl Rspr, DStR 08, 469; *Weber-Grellet*, Die Unterschiede handels- und strechtl Wertaufhellung – ein Beitrag zur weiteren Objektivierung des StRechts, FS Reiß, 2008, 483; *Herzig*, Zum Prinzip der Wertaufhellung, FS Meilicke, 2010, 179.

58   **a) Normative Begriffe.** Die GoB des § 5 I 1 (ähnl wie zB §§ 243 I, 264 II HGB; Rz 21) haben als **unbestimmte Rechtsbegriffe** (grundlegend *Döllerer* BB 54, 1217; *BMF* BStBl I 14, 1450 Rz 17) normativen Charakter (*ADS* § 263 Tz 6; *Beisse* BB 99, 2180); sie sind nicht einseitig induktiv oder deduktiv, sondern hermeneutisch-teleologisch zu ermitteln (*Baetge/Kirsch/Thiele* Bilanzen, 107 f.; *BeBiKo* § 243 HGB Rz 14; *Drüen/Mundfortz* DB 14, 2245; *HHR* § 5 Rz 314). Bedenkl ist daher die Einsetzung privater Gremien (zB gem §§ 342, 342a HGB); zR krit *Moxter* DB 98, 1425. Mit dem **BiRiLiG** sind die meisten **GoB kodifiziert;** die handelsrechtl Regelungen konkretisieren den Begriff „GoB". Weitere **(ungeschriebene) GoB** sind ggf aus den (heterogenen und zT auch kollidierenden) Zwecken der Rechnungslegung im Wege der Auslegung abzuleiten (*Weber-Grellet* StBilR § 5 Rz 2). Nicht alle Regeln des 3. Buchs des HGB sind GoB (*HdR* B 120 [11/16]; *Weber-Grellet* DB 94, 2405; oben Rz 27, 30). Zur Relativität der GoB im Hinblick auf Rechtsform und Branchenzugehörigkeit vgl *Ballwieser* FS Budde, 1995, 43.

59   **b) Auslegung von Bilanzsteuerrecht.** Der Bilanzansatz wird bestimmt nach dem **Prinzip der wirtschaftl** (besser: *teleologischen*) **Betrachtungsweise** (EuGH C-234/94 DStR 96, 1093; BFH GrS 2/99 BStBl II 00, 632; *Weber-Grellet* StBilR § 5 Rz 6; *Florstedt/Wüstemann* StuW 15, 374, 381; § 2 Rz 33). Die wirtschaftl Betrachtungsweise bezweckt, die einzelnen Tatbestandsmerkmale in ihrem bilanziellen Sinn- und Zweckzusammenhang zu erfassen (BFH I R 17/15 BStBl II 16, 930; *Priester* DB 16, 1025; *Weber-Grellet* BilStR Rz 9; *Weber-Grellet* BB 21, 1451). Bei der Verwerfung des subj Fehlerbegriffs hat der GrS erneut die (eigenständige) Bedeutung der strechtl Systematik hervorgehoben (BFH GrS 1/10 BStBl II 13, 317). Bilanzrechtl Ausprägungen der teleologischen Betrachtungsweise sind das **Realisationsprinzip** und das **Belastungsprinzip** (Rz 382). Zur bilanzstrechtl Betrachtungsweise gehört auch die Anknüpfung an reale Sachverhalte; Umgehungs-, fiktive oder missbräuchl Geschäfte können nicht der Besteuerung zugrunde gelegt werden (§§ 41, 42 AO).

5. Ausübung steuerlicher Wahlrechte nach BilMoG, § 5 I 2

Schrifttum (vor 2013 s Vorauflagen; s auch vor Rz 26): *Drüen/Mundfortz*, Zweck und Zulässigkeit der Lifo-Methode in der StBilanz, DB 14, 2245; *Barke*, Verfrechtl Grundfragen strechtl Bilanzierungswahlrechte, DStZ 15, 302.

Verwaltung: *BMF* BStBl I 10, 239 (zu § 5 I idF BilMoG – GoB-Maßgeblichkeit); *BMF* BStBl I 10, 597 (Beginn der HK-Aktivierungspflicht für Kosten der allg Verwaltung und soziale Einrichtungen; überholt durch § 6 I Nr 1b); *BMF* BStBl I 16, 995 (TW-AfA).

Gewinnermittlung nach Maßgabe der GoB   60–64 **§ 5**

a) Vorrang steuerlicher Wahlrechte. Steuerl Wahlrechte sind (im Hinblick auf **60** die Gleichmäßigkeit der Besteuerung) problematisch, aber nicht verfwidrig (*Barke* DStZ 15, 302 mwN). Das BilMoG (BGBl I 09, 1102) hat die sog formelle („umgekehrte") Maßgeblichkeit (§ 5 I 2 aF) abgeschafft (*Förster/Schmidtmann* BB 09, 1342; Rz 26); steuerl Wahlrechte (Rz 64) können nun grds abw von den handelsrechtl GoB ausgeübt werden **(genereller Vorrang steuerl Wahlrechte)** mit der Möglichkeit einer eigenständigen StB-Politik (*Ernsting* FR 10, 1067; *Korn/Strahl* KÖSDI 12, 18126). Diese klare Aussage, die dem Wortlaut, der Systematik und der Tendenz von BFH GrS 1/10 BStBl II 13, 317 entspricht, sollte nicht für „GoB-konforme" Wahlrechte (zB § 6 I Nr 2a) relativiert werden (so aber *Drüen/Mundfortz* DB 14, 2245); für eine Reduktion des § 5 I 2 besteht keine hinreichende Legitimation (wie hier *BMF* BStBl I 10, 239 Rz 16). Auch eine konkrete Maßgeblichkeit (Bindung an den konkreten HB-Ansatz) besteht nicht. Alleinige Voraussetzung ist insoweit die Erfüllung des § 5 I 2 EStG nF. Nach § 5 I 2 müssen Abweichungen in besondere, lfd zu führende Verzeichnisse aufgenommen werden (*BMF* BStBl I 10, 239 Rz 19 f; RegEntw BT-Drs 16/10067, 99; *Zwirner* DStR 11, 802). Der Bezug der handelsrechtl maßgebl Wert ist terminologisch „unsauber" (richtiger: GoB-Wert). Steuerl Wahlrechte unterliegen nicht dem Stetigkeitsgrundsatz (*Zwirner* DStR 21, 202).

b) Inhalt des Verzeichnisses (§ 5 I 3). Aufzunehmen sind *(1)* der Tag der Anschaffung/Herstellung, *(2)* die AK/HK, *(3)* die Wahlrechtsnorm; *(4)* nachzuweisen **61** sind die vorgenommenen AfA. Buchhaltungsbelege sind kein Verzeichnis (FG Mchn BB 15, 2864). Das Verzeichnis ist der „Einstieg" in eine selbständige StB. Zu erfassen sind mE auch „vor 2010 begonnene Wahlrechte"; § 5 I 2 enthält keine Beschränkung auf erstmals ausgeübte Wahlrechte (**aA** *Ortmann-Babel ua* DStR 09, 934). Das Wort „wurde" (in Abs 1 S 1 letzter Satzteil) will nur sicherstellen, dass „Zeitraum-Wahlrechte" in jedem Wj erfasst werden.

c) Aufnahme bei Abweichung. Die Aufnahme des WG in das Verzeichnis ist **62** nur **geboten,** wenn sein Wert aufgrund der Ausübung eines steuerl Wahlrechts vom handelsrechtl maßgebl Wert abweicht. Erfasst werden (vom Wortlaut) auch rein steuerl Wahlrechte (wie etwa **TW-AfA** nach § 6 I Nr 2, § 6 II oder § 6b).

d) BMF-Position. Nach *BMF* BStBl I 10, 239 (zur Kritik am ursprüngl Entw *Weber-Grellet* DB 09, 2402) gilt: Handelsrechtl Aktivierungsgebote und -wahlrechte führen zu stl **63** Aktivierungszwang, aber Vorrang strechtl Regelungen (*BMF* BStBl I 10, 239 Rz 3); auf der Passivseite Ausweis nur bei handelsrechtl Passivierungsgebot (*BMF* BStBl I 10, 239 Rz 4). HB-Bewertungswahlrechte sollen bei fehlender stl Regelung auch für die StB wirken (*BMF* BStBl I 10, 239 Rz 5 f, zB bei §§ 240, 255 III 2 HGB). – Die Einbeziehungswahlrechte des § 255 II 3 HGB gelten gem § 6 I Nr 2b idF ModBestVerfG auch estrechtl (*Meyering/Gröne* DStR 16, 1696). – Pensionsrückstellungen sind bei Vorliegen der § 6a-Voraussetzungen auszuweisen (*BMF* BStBl I 10, 239 Rz 9; krit *Frank/Wittmann* Stbg 10, 362). – Bei Wahlrechten nach Handels- und StRecht sei unterschiedl Ausübung zul (*BMF* BStBl I 10, 239 Rz 16; wohl auch *BMF* BStBl I 16, 995 zu § 6 – voraussichtl dauernde Wertminderung).

e) Steuerliche Wahlrechte iSv § 5 I. Das sind grds alle Ansatz- und Bewertungswahlrechte für die Aktiv- und Passivseite (str, s *KSM* § 4 Rz C 186; zur Aus- **64** übung und zur verfahrensrechtl Seite s *Weber-Grellet* DStR 92, 1414; *KSM* § 5 Rz B 154). Zu unterscheiden sind: *(1)* fiskalische Wahlrechte (zB TW-AfA); *(2)* subventionelle Wahlrechte (zB § 6b); *(3)* GoB-konforme Wahlrechte (zB Festbewertung).

Steuerl Wahlrechte enthalten zB folgende Regelungen: *(1)* die AfA-Wahl (linear oder degressiv; BFH I R 84/05 BFH/NV 06, 2334), bei bewegl WG des AV (§ 7 I–III) und bei Gebäuden (§ 7 IV–Va); – *(2)* TW-AfA (§ 6 I Nr 1 S 2, Nr 2 S 2; BFH XI R 43/03 BFH/NV 05, 22) und (früher) TW-Aufstockungen (§ 6 I Nr 1 S 3; BFH I R 179/94 BStBl II 96, 402); – *(3)* erhöhte AfA, zB nach §§ 7h, 7i EStG, §§ 82a, 82g, 82i EStDV; – *(4)* SonderAfA/Investitionsabzugsbetrag zB nach § 7g EStG, §§ 81, 82f EStDV, §§ 1, 4 FördG (bis 1998); – *(5)* Bewertungsfreiheit nach § 6 II; – *(6)* Abzug von den AK/HK nach § 6b I, III 2 (*FinMin NRW* StEK EStG § 5 Bil Nr 98; *BMF* BStBl I 08, 495); – *(7)* Lifo-Bewertung (§ 6 I Nr 2a;

BFH VIII R 32/98 BStBl II 01, 636; EStR 6.9; *Herzig* DB 14, 1756); – *(8)* Bildung/Auflösung stfreier Rücklagen nach §§ 6b III, 6d, § 6 UmwStG und EStR 6.5, 6.6 (*HHR* § 5 Rz 262).

65 f) **Frühere Rechtslage.** Zur **umgekehrten und formellen Maßgeblichkeit** vgl *Schmidt* 29. Aufl § 5 Rz 41–49 mwN; *Schmidt* 31. Aufl § 5 Rz 65.

67 6. **Einzelne materielle GoB, auch § 5 Ia (Bewertungseinheiten).** GoB – teils gesetzl formuliert, teils ungeschrieben – sind zB (Übersicht bei *Ballwieser* HdR B 105 – 8/19): – a) **Bilanzwahrheit und Bilanzrichtigkeit; Vollständigkeitsgebot.** Der Grundsatz der Bilanzwahrheit verlangt, dass die Eintragungen und Aufzeichnungen richtig, vollständig, zeitgerecht und geordnet sind (EuGH C-640/18 DStRE 20, 577; *HHR* § 5 Rz 320; Rz 3, 83). – In der HB hat der Kfm grds seine *sämtl* Vermögensgegenstände (und aktiven RAP) zu aktivieren (ggf mit Erinnerungsposten 1 €) und seine *sämtl* Schulden (und passiven RAP) zu passivieren; die GuV-Rechnung muss grds sämtl Aufwendungen und Erträge enthalten. Dies gilt nicht, soweit gesetzl (s Rz 76f) etwas anderes bestimmt ist (§ 246 I HGB), zB bei Bilanzierungswahlrechten (zB bei selbst geschaffenen immateriellen WG nach § 248 II HGB nF) oder bei Bilanzierungsverboten (zB § 248 I HGB nF). Damit in Zusammenhang steht das **„Objektivierungsprinzip"** iS eindeutiger Anwendungsregeln und eine „Verrechtlichung" des Bilanzinhalts. – Zur Bewertungsstetigkeit § 6 Rz 12 ff.

68 b) **Verrechnungsverbot; Saldierungsverbot.** Aktivposten dürfen nicht mit Passivposten, Grundstücksrechte nicht mit Grundstückslasten verrechnet werden (§ 5 Ia 1; § 246 II 1 HGB; **Bruttoprinzip;** BFH I R 54/02 BStBl II 04, 654; *HHR* § 5 Rz 440). Dies ist Ausprägung des Grds der Einzelbewertung, sodass die entspr Regeln und Ausnahmen (zB § 252 II HGB) auch strechtl maßgebl sind (vgl BFH I R 91/98 BStBl II 00, 381). § 246 II 2 HGB ist nicht anwendbar (RegEntw BT-Drs 16/10067, 35, 99; *Künkele/Zwirner* DStR 09, 1277).

69 c) **Einzelbewertung.** Die WG und Schulden sind in HB und StB „einzeln" anzusetzen und zu bewerten (vgl § 240 I, § 252 I Nr 3 HGB; BFH VIII R 62/85 BStBl II 89, 359); zB ist ein Gebäude auch dann auf den TW abzuschreiben, wenn der Buchansatz für den GuB stille Reserven enthält. **Ausnahmen** ergeben sich aus gesetzl Vorschriften (zB §§ 240 III, IV; 256 HGB), in „begründeten Ausnahmefällen" (§ 252 II HGB), aus Sinn und Zweck der Bilanzierung (*Finne* BB 91, 1295) und aus dem Prinzip der Wesentlichkeit (Rz 84). **Pauschalbewertungen** (einheitl Bewertung mehrerer Bewertungsobjekte auf Grund betriebl, branchenmäßiger oder sonstiger Erfahrungen), zB durch Wertberichtigung oder Rückstellung, verstoßen nicht gegen das Einzelbewertungsprinzip (*Berndt* ZfbF 01, 366; Rz 421). – Gleiche Bewertungsobjekte sind unter gleichen Bedingungen einheitl zu bewerten (*Kupsch* FS Börner, 1998, 31); Ansatz- und Bewertungsstetigkeit (§ 246 III HGB; *Bense* DStR 20, 1658). – Bei der Bewertung ist von der **Fortführung** der Unternehmenstätigkeit auszugehen, sofern dem nicht tatsächl oder rechtl Gegebenheiten entgegenstehen (*Hennrichs/Schulze-Osterloh* DStR 18, 1731; *Mader/Seitz* DStR 18, 1933).

d) **Bewertungseinheiten, § 5 Ia 2**

Schrifttum (Aufsätze vor 2016 s Vorauflagen): *Wiechens* ua HdJ I/13 Rz 210 ff (5/2014); *Meinert,* Bildung objektübergreifender Bewertungseinheiten nach Handel- und StRecht, 2010. – *Rau,* Kompensatorische Bewertung von Finanzinstrumenten ..., DStR 17, 737; *Meinert,* Aktuelle Anwendungsfragen ..., DStR 17, 1401 (1447); *Gröne,* Bilanzierung von Bewertungseinheiten, StB 18, 250. – **Verwaltung:** *BMF* DB 10, 2024; *OFD Rhl* DB 11, 737; *OFD Ffm* DStR 12, 1389.

70 aa) **Hedging. – (1) Funktion.** Nach § 5 Ia 2 sind die Ergebnisse der in der handelsrechtl Rechnungslegung (*Meinert* [vor Rz 70] S 197) zur Absicherung finanzwirtschaftl (nicht leistungswirtschaftl) Risiken, etwa Liquiditäts-, Kredit-, Marktrisiko (Währungen, Zinsen, Rohstoffe), gebildeten (objektübergreifenden) Bewertungseinheiten (Verbindung von Grund- und Sicherungsgeschäft; zB bei

Umtauschanleihe, BFH I R 20/17 DStR 19, 1963; *Meinert* DStR 19, 2561) auch für die steuerl Gewinnermittlung maßgebl ("Spezialmaßgeblichkeit"), auch bei **Macro- und Portfolio-Hedging** (wN s *Schmidt* 32. Aufl § 5 Rz 70; *HHR* § 5 Rz 1722). – *(2)* **Voraussetzungen.** (Nach handelsrechtl Regeln gebildete) Bewertungseinheiten sind nach Abs Ia für die steuerl Gewinnermittlung maßgebl, wenn sie *(1)* in der HB ausgewiesen sind (dazu BFH I R 83/13 DStR 16, 1314) und *(2)* der Absicherung finanzwirtschaftl Risiken wie zB steigende Zinsen, Wechselkursschwankungen dienen (*Rau* DStR 17, 737). Im Hinblick auf die Abweichung von strechtl Grundsätzen ist Abs 1a eng auszulegen; Handelsportfolios (Ertragsmehrung) werden mE nicht erfasst. Die Anwendung von Abs 1a in anderen Bereiche (zB InvStG; AStG) bedarf gesonderter Anordnung. – Eine eigenständige Bewertung der zusammengefassten WG scheidet aus (*BMF* DB 10, 2024); zur Beendigung einer Bewertungseinheit s *Weitbrecht/Helios* RdF 12, 141. – *(3)* **Vorrang.** § 5 IVa 2 stellt klar, dass das negative Ergebnis einer Bewertungseinheit nicht vom Verlustrückstellungsverbot (Rz 450) erfasst wird (*Meinert* DStR 17, 1447; krit *Wagner* INF 06, 538). – Eine Rückstellung für die Zusage einer Zinsunterbeteiligung kommt (bei Sicherungszusammenhang) nicht in Betracht (BFH I R 83/13 DStR 16, 1314; *Weber-Grellet* FR 16, 816; krit *Meinert/Helios* DB 14, 1697). § 5 Ia 2 verdrängt nicht die Abzinsungspflicht nach § 6 I Nr 3a (FG Mster EFG 17, 564).

bb) Bewertungseinheiten nach § 254 HGB. Werden Vermögensgegenstände, **71** Schulden, schwebende Geschäfte oder mit hoher Wahrscheinlichkeit erwartete Transaktionen (zum Ausgleich gegenläufiger Wertänderungen oder Zahlungsströme aus dem Eintritt vergleichbarer Risiken) mit Finanzinstrumenten zusammengefasst, sind § 249 I, § 252 I Nr 3, 4, § 253 I 1 und § 256a HGB in dem Umfang und für den Zeitraum nicht anzuwenden, in dem die gegenläufigen Wertänderungen oder Zahlungsströme sich ausgleichen, also kein Ausweis nur "theoretischer" Verluste (*Gröne* StB 18, 250); Vorrang der **Nettoverbuchung** (*OFD Ffm* DStR 12, 1389; *Schmidt/Usinger* BeBiKo § 254 HGB Rz 52). – Als Finanzinstrumente iSd § 254 S 1 HGB gelten auch Termingeschäfte über den Erwerb oder die Veräußerung von Waren (zur Sicherung von Auslandsbeteiligungen *Teiche* DStR 14, 1737). Alle in der Praxis bekannten Formen sind zul, insb **Micro-Hedge und Portfolio-Hedge** (BT-Drs 16/10067, 58; *OFD Rhl* DB 11, 737; *BeBiKo* § 254 Rz 4). **§ 254 HGB** (iEinz *Günkel* RdF 11, 59) enthält einen GoB und ist deshalb für § 5 grds verbindl, soweit nicht das StRecht entgegensteht (ähnl *Rau* DStR 17, 737/743: Geltung auch iZm § 340h HGB und Bankbuch). – Zu früherer Rechtslage und Rspr ausführl *Schmidt* 28. Aufl § 5 Rz 70.

Beispiel für Kreditsicherung: U nimmt für 5 Jahre Kredit iHv 10 Mio Dollar auf zum Kurs von 1 € = 1,25 Dollar. Zur Absicherung des Wechselkursrisikos kauft U 10 Mio Dollar per Termin (Devisentermingeschäft) zum selben Kurs. Zum Stichtag steigt der Kurs auf 1 € = 1,20 Dollar. Der Wert der Verbindlichkeit steigt von 8 Mio auf 8,333 Mio €, dem ein unrealisierter Ertrag aus Termingeschäft von 333 T € gegenübersteht (zu einer CDS/CLN-"Kreditversicherung" s BFH I R 83/13 DStR 16, 1314).

e) Nichtbilanzierung schwebender Geschäfte. *"Schwebende Geschäfte"* sind **76** gegenseitig verpflichtende Verträge (zB Kauf-, Werkvertrag), die auf Leistungsaustausch gerichtet sind und von demjenigen, der zu liefern oder leisten hat, noch nicht erfüllt sind (s *Schmidt* 39. Aufl § 5 Rz 76 mwN). Ansprüche und Verbindlichkeiten aus einem schwebenden Geschäft dürfen grds **nicht** bilanziert werden, weil während des Schwebezustands die (widerlegbare) Vermutung bestehen soll, dass sich die wechselseitigen Rechte und Pflichten aus dem Vertrag wertmäßig ausgleichen (BFH IV R 23/14 DStR 18, 407; BFH XI R 30/16 BB 18, 3058; EStR 5.7. VII). ME ist nichts zu bilanzieren, weil noch nichts realisiert ist; allein der Abschluss eines Vertrags hat (trotz rechtl Entstehung) noch keine bilanziellen Wirkungen. – Bei entgeltl Übernahme des Ausfallrisikos nach Hingabe des Kredits iat der "Schwebezustand" überwunden (also ggf Rückstellung, s FG Mchn EFG 20, 982, rkr). –

Dementsprechend sind **Vorleistungen** („Vor-Realisation"), zB als erhaltene/geleistete Anzahlungen oder unfertige Leistungen (Rz 244) zu neutralisieren (BFH I R 5/04 BStBl II 09, 100; BFH I R 15/12 BFH/NV 14, 907). **Erfüllungsrückstände** („Nach-Realisation"; Rz 317) sind (ungewisse) Verbindlichkeiten des Zahlungsverpflichteten aus einem insoweit bereits abgewickelten – also nicht mehr schwebenden, sondern teilrealisierten – (Dauer-)Schuldverhältnis. – Teilerfüllung ist mögl (BFH VIII R 25/11 BStBl II 14, 968; Rz 608). Das Verbot bezieht sich auch auf Nebenkosten des Vertrags (BFH IV R 16/95 BStBl II 97, 808 – Maklerkosten eines Mietvertrags; FG Mchn EFG 21, 931, rkr). – Aufwendungen und Erträge sind nach den jeweils maßgebl Regeln auszuweisen (Rz 79, 80); es besteht kein Grundsatz der „einheitl Behandlung schwebender Verträge", wonach die mit dem schwebenden Geschäft zusammenhängenden Ausgaben durch Aktivierung in das Jahr zu verlagern sind, in dem die Erträge vereinnahmt werden (BFH VIII R 24/91 BFH/NV 93, 461). – Der entgeltl Eintritt in schwebende Absatzgeschäfte begründet (neben dem schwebenden Geschäft) ein immaterielles EinzelWG, das nach § 7 I über die Laufzeit der Verträge abzuschreiben ist (BFH X R 102/92 BFH/NV 94, 543).

77 **f) Vorsichtsprinzip.** Das allg Vorsichtsprinzip (dazu *KSM* § 5 Rz B 96; *HHR* § 5 Rz 375; *Moxter/Engel-Ciric* BB 14, 489) konkretisiert sich insb im Realisationsprinzip (Rz 78 f) und im Imparitätsprinzip (allg *Tipke LB* § 9 Rz 80): Vermögenszuwächse dürfen erst bei Realisation ausgewiesen werden; demgegenüber sind „Risiken und Verluste, die bis zum Abschlussstichtag entstanden sind", bereits bei Vorhersehbarkeit zu berücksichtigen (§ 252 I Nr 4 HS 1 HGB), und zwar über § 252 I Nr 4 HGB hinaus auch beim Ansatz dem Grunde nach (zB durch Rückstellungen), sofern nicht Bewertungseinheiten bestehen oder eine „zweckadäquate" Kompensation von Aktiv- und Passivposten (Rz 69 f) geboten ist.

Das Vorsichtsprinzip wird zumeist mit dem Gedanken des Gläubigerschutzes begründet (krit *Budde/Steuber* AG 96, 542; *Weber-Grellet* DB 97, 385). Ausprägungen des Imparitätsprinzips sind das strenge Niederstwertprinzip für UV (§ 253 IV HGB nF; BFH IV R 31/90 BStBl II 91, 627) und das gemäßigte Niederstwertprinzip für AV (§ 253 III 4 HGB), bei Finanzanlagen müssen außerplanmäßige AfA bei nicht dauernder Wertminderung nicht vorgenommen werden. – Durch das StEntlG 99 ff wurde die strechtl Geltung des handelsrechtl Imparitätsprinzips (§ 252 I Nr 4 HGB) und des Niederstwertprinzips erhebl eingeschränkt (BT-Drs 14/23, 171; Rz 1). Gesetzl Ausdruck dieser geänderten Betrachtungsweise ist die Abschaffung der Verlustrückstellung (§ 5 IVa), die Beschränkung der Rückstellungsbildung (§ 5 IIa, IVb; § 6 I Nr 3a) und der TW-AfA in § 6 I Nr 1 und 2.

Wahlrechte (Rz 64) sind weder selbst GoB noch durch das Vorsichtsprinzip oder andere GoB legitimiert (*Weber-Grellet* StBilR § 7; *Kropff* FS Baetge, 1997, 65).

78 **g) Realisationsprinzip. – aa) Bedeutung.** Das Realisationsprinzip ist das Grundprinzip der bilanziellen Gewinnermittlung (*Weber-Grellet* FR 17, 1010; 18, 234; *Wüstemann* ua HdJ IV/1 [9/19] Rz 3) und knüpft die Gewinnwirksamkeit von Geschäftsvorfällen an den Tatbestand der wirtschaftl Verursachung (vgl § 252 I Nr 5 HGB: „Aufwendungen und Erträge des Geschäftsjahrs"); Kriterium für die Erfolgszurechnung ist die wirtschaftl Verursachung (*Störk/Büssow* BeBiKo § 252 HGB Rn 52; *Wüstemann* ua HdJ IV/1 [9/19] Rz 46). Das Realisationsprinzip (Rz 601–677; *HHR* § 5 Rz 395) ist Maßstab für den (zeitgerechten) Ausweis von Erträgen und Aufwendungen. Forderungen und (ungewisse) Verbindlichkeiten müssen dem Grund (Sicherheit, Wahrscheinlichkeit) und der Zeit nach verursacht sein. Das Maß dieser Gewissheit ist im Hinblick auf das Imparitätsprinzip unterschiedlich: Forderungen müssen so gut wie sicher sein, Verbindlichkeiten müssen wahrscheinl sein (*Weber-Grellet* NWB 17, 2984). Das Realisationsprinzip ist damit **grundlegendes Aktivierungs-** und (nach zutr, aber str Meinung) **Passivierungsprinzip** (*Herzig* FS Schmidt, 1993, 209 (219); *KSM* § 5 Rz B 84; *Moxter* FS Havermann, 1995, 487/496; **aA** – nur Aktivierungsprinzip – zB *Knobbe-Keuk* § 3 III 4c; *Siegel* BFuP 94, 1). Den Zeitpunkt der Gewinnrealisierung sehen Rspr und hM allgemein als

Gewinnermittlung nach Maßgabe der GoB **79, 80 § 5**

gegeben an, wenn der Leistungsverpflichtete die von ihm geschuldete Erfüllungshandlung erbracht, dh seine Verpflichtung „wirtschaftl erfüllt" hat (BFH X R 15/11 BFH/NV 13, 1548). Damit steht dem Leistenden der Anspruch auf Gegenleistung (Zahlung) so gut wie sicher zu. Sein Risiko reduziert sich darauf, dass der Empfänger im Einzelfall Gewährleistungs- oder Schadensersatzansprüche geltend macht oder sich als zahlungsunfähig erweist. Damit ist der Schwebezustand des zugrunde liegenden Geschäfts beendet (BFH IV R 62/05 BStBl II 08, 557; Rz 76).
– Spiegelbildl hat der Leistungsempfänger eine **Verbindlichkeit** (ggf Erfüllungsrückstand; Rz 317) auszuweisen; der früher mögl Ausweis eines drohenden Verlustes ist nicht mehr zulässig (§ 5 IVa; Rz 450). Ggf kommt eine **TW-AfA** („realisierter Aufwand"; Rz 382) in Betracht (Rz 451).

bb) Realisierter Ertrag (Buchung: per Geld an Ertrag; *Lutz/Schlag* HdJ I/4 **79**
Rz 1). Nur die am Bilanzstichtag realisierten, „durch einen Umsatzakt in Erscheinung getretenen Gewinne (Wertsteigerungen)" sind auszuweisen (vgl § 252 I Nr 4 HS 2 HGB); dies trifft zu, sobald der Leistungsverpflichtete seine Leistung (Veräußerung, Dienstleistung usw) im Wesentl erbracht hat und deshalb sein Anspruch auf die Gegenleistung (Zahlung usw) nicht mehr mit ungewöhnl Risiken belastet erscheint (zB BFH IV R 80/96 BStBl II 99, 21; BFH III B 114/03 BFH/NV 04, 1109: „so gut wie sicher"; zur Aktivierung nach HGB *HdR* B 131 – 8/19). Auf Vertragsabschluss oder Zahlungseingang kommt es nicht an. Auch ein rechtl noch nicht entstandener, aber wirtschaftl in der Vergangenheit verursachter und am Bilanzstichtag hinreichend sicherer künftiger Anspruch muss in der Bilanz des Gläubigers aktiviert werden (BFH I R 11/02 BStBl II 03, 400; BFH IV R 24/15 BFH/NV 19, 516); **rechtl Entstehung** und **Fälligkeit** sind letztl unerhebl; iEinz Rz 601 f. – Gewinne aus anderen Rechtsverhältnissen als gegenseitigen Verträgen sind auszuweisen, sobald sie gesichert erscheinen (s Rz 97 f, 676; zu Dividendenanspruch s Rz 270; BFH I R 91, 92/02 BFH/NV 04, 182; BFH X S 12/03 BFH/NV 04, 337 für Schadensersatzanspruch).

cc) Realisierter Aufwand. Im Unterschied zu BA (§ 4 IV), die iRd Gewinn- **80**
ermittlung nach § 4 III bei Zahlung abzuziehen sind (§ 4 Rz 499), ist betriebl Aufwand (bei Gewinnermittlung nach §§ 4 I, 5) im Zeitpunkt seiner wirtschaftl Belastung (Verursachung) gewinnmindernd zu berücksichtigen (*Buchung:* per Aufwand an Verbindlichkeit/Rückstellung; *Lutz/Schlag* HdJ I/4 Rz 140). Der Ausweis von Aufwand ist rechtl nur „dürftig" geregelt; Anhaltspunkte ergeben sich aus § 252 I Nr 5 HGB, aus § 5 IIa, IV a, IV b (iEinz *Weber-Grellet* DB 02, 2180). Der Sinn und Zweck einer Berücksichtigung wirtschaftl Verbindlichkeitsverursachung besteht in der zeitraumrichtigen Erfassung von aus künftigen Aufwendungen resultierenden Vermögensminderungen, denn diese Vermögensminderungen können vor oder nach der rechtl Verbindlichkeitsentstehung liegen (*Weber-Grellet* BB 19, 2411, 2412; *Wüstemann/Rost* HdJ III/5 Rz 44 f; zu den entspr Rückstellungsvorausssetzungen s Rz 386). Hat sich die Verpflichtung zu einer wirtschaftl Belastung verdichtet, ist der entspr Aufwand nach Maßgabe des **Belastungsprinzips** grds immer abziehbar (zB BFH IV R 5/09 BStBl II 12, 122 – Zulassungskosten für Pflanzenschutzmittel); hingegen ist (künftiger) Aufwand, der noch nicht zu einer wirtschaftl Belastung geführt hat, grds noch nicht absetzbar (so jetzt auch BFH I R 44/14 BStBl II 15, 769). Bestätigt wird der Grundsatz der wirtschaftl Belastung (Verursachung) durch den Gedanken der Nettorealisation, dem das sog Moxter'sche Alimentationsprinzip zugrunde liegt (*MüKo HGB* § 252 Rz 65), passivierungsbegrenzend zB bei der Aktivierung von HK, bei halbfertigen Arbeiten, bei noch schwebenden Geschäften und passivierungserweiternd bei der Zuordnung künftiger Aufwendungen zu realisierten Erträgen, zB bei Garantierückstellungen, bei der Passivierung nachträgl Buchungskosten, bei Jahresabschlusskosten oder als Erfüllungsrückstand (IEinz *Weber-Grellet* DB 02, 2180, *ders* FR 04, 1016). Nach dem Alimentationsprinzip sind Aufwendungen den Erträgen zuzuordnen, die sie ali-

mentieren (*Kahle* HdJ VII/1 Rz 90); Bereits angefallene, aber erst den Umsätzen künftiger Wj zuzuordnende Ausgaben müssen aktiviert (und damit neutralisiert) werden; s auch Rz 311, 317, 381 f.

81 **h) Stichtagsprinzip; (Wert-)Aufhellung.** Maßgebl sind die am Bilanzstichtag vorliegenden Verhältnisse – grds auch Preisverhältnisse (str; s Rz 421) – nach dem **subj Erkenntnisstand des sorgfältigen Kfm** bei (fristgerechter) Bilanzaufstellung (BFH I R 47/06 BStBl II 07, 818; *HHR* § 5 Rz 420; vgl § 252 I Nr 3 bzw 4 HGB „... *zum Abschlussstichtag* ... "). Dies gilt entgegen dem Wortlaut des § 252 I HGB auch für den Ansatz (vgl BFH I R 147/84 BStBl II 91, 213). **(Neue)** Tatsachen, die erst nach dem Bilanzstichtag eintreten, bleiben unberücksichtigt (BFH X R 19/17 BStBl II 19, 795). Berücksichtigt werden hingegen sog **aufhellende** (positive wie negative) Umstände, die zum Bilanzstichtag bereits „obj" vorliegen, aber erst nachträgl (zw Stichtag und Aufstellung bzw späterer Feststellung) bekannt geworden sind (EuGH C-306/99 BStBl II 04, 144 – *BIAO*; BFH IV R 3/15 BFH/NV 17, 1019).

> **Stellungnahme:**
> – Im Hinblick auf unterschiedl Systematik und abw Zwecke ist zw der handels- und der strechtl Wertaufhellungskonzeption zu differenzieren (wie auch in ähnl Weise im StRecht der obj Fehlerbegriff gilt; BFH GrS 1/10 BStBl II 13, 317). Handelsrechtl entspricht eine subj Betrachtungsweise dem Wesen der HB.
> – Strechtl sind die obj Verhältnisse zum Bilanzstichtag maßgebl, wie sie sich zum Zeitpunkt der Veranlagung darstellen (*Hüttemann* FS Priester, 2007, 301/334). Aus strechtl Sicht ist der Tag der Bilanzaufstellung insoweit irrelevant. Bereits nach BFH I 324/62 S BStBl III 65, 409 bezweckt die Berücksichtigung wertaufhellender Umstände, die Verhältnisse am Stichtag so zutr wie mögl zu erfassen.
> – Über die bisherige Rspr hinaus (zB BFH XI R 64/04 BStBl II 06, 371) sind daher nicht nur die bis zur Bilanzaufstellung, sondern die bis zur Veranlagung bekannt gewordenen Tatsachen und Erkenntnisse, soweit sie zur Beurteilung der am Bilanzstichtag gegebenen tatsächl obj Verhältnisse geeignet sind, zu berücksichtigen (*Weber-Grellet* FS Reiß, 2008, 483/92; **aA** FG Köln EFG 11, 1768: spätester Bilanzaufstellungszeitpunkt; **aA** auch BFH I B 27/12 BFH/NV 13, 545: bis zum Ende der gesetzl Aufstellungsfrist; krit auch *Hoffmann* StuB 13, 317).

Die (fristgerechte) Bilanzaufstellung (Ende der Feststellung; bei Einzelkaufleuten längstens 12 Monate) soll den Zeitraum begrenzen, in dem noch nachträgl bekannt gewordene Tatsachen aufhellend wirken können (BFH I R 5/04 DStR 05, 238, BStBl II 09, 100; FG Ddorf DStRE 19, 885, Rev X R 3/19; zR **aA** OLG Ddorf NJW 89, 2143; *KSM* § 4 Rz C 188; *Kropff* WPg 00, 1137). – **Vergleichsabschluss, Vertragsänderung (Wandlung), Urteil (rkr)** oder **Rechtsmittelverzicht** sind keine (nur) aufhellenden, sondern rechtsgestaltende („wertbegründende") Tatsachen; sie bleiben idR unberücksichtigt (zB BFH XI R 30/16 BStBl II 19, 67; *Weber-Grellet* BB 15, 43).

82 **i) Nominalwertprinzip.** Alle Bilanzposten sind in Euro (§ 244 HGB) ohne Berücksichtigung einer etwaigen Geldentwertung anzusetzen (*Hopt* § 244 HGB Rz 2; BFH II R 10/92 DStR 95, 979); die gesetzl Fixierung der AK/HK als Wertobergrenze für die HB in §§ 253, 255 HGB und für die StB in § 6 ist Ausdruck des Prinzips der nominellen Kapitalerhaltung. Zunehmend wird auf der Grundlage des **Barwertprinzips** die Zinsbereinigung des Einkommens verlangt (*Jacobs* Unternehmensbesteuerung, 5. Aufl 2015, 129 f).

83 **j) True and fair view.** Dieses Gebot (§ 264 II 1 HGB: tatsächl Verhältnisse maßgebl; „Generalnorm") ist ein von § 5 I erfasster GoB; nach BFH GrS 2/99 BStBl II 00, 632 ergänzt der true-and-fair-view-Grundsatz das Realisations- und das Vorsichtsprinzip, hat also auch materielle Bedeutung (*Weber-Grellet* StBilR § 5 Rz 4: Erläuterungs-, Interpretations- und Abweichungsfunktion, overriding principle; *Kirsch* DStZ 13, 258; *Wengerofsky* DStZ 17, 317). Ausdruck des „true-and-fair-view" ist der obj Fehlerbegriff (Rz 2).

k) Wesentlichkeit. Dieser Grundsatz („materiality"; BFH VIII R 32/98 **84** BStBl II 01, 636; *HHR* § 5 Rz 460) modifiziert den Grundsatz der Bilanzklarheit und Bilanzwahrheit und erlaubt, unwesentl Elemente bei der Bilanzierung und Bewertung außer Betracht zu lassen. Aus Gründen der Wirtschaftlichkeit der Rechnungslegung dürfen (!) unwesentl Faktoren unberücksichtigt bleiben. Unwesentl sollen nach *BMF*-Auffassung zB die Betreuungskosten für LV sein (*BMF* BStBl I 06, 765; **aA** BFH XI R 63/03 BStBl II 06, 866; *Wendt* FS Herzig 2010, 517). Unwesentl Abweichungen machen den Abschluss nicht unrichtig (*Groh* ZGR 96, 642); vergleichbar kein Zwang zum Ausweis **geringfügiger RAP** (Maßstab § 6 II; BFH X R 20/09 BFH/NV 10, 1796; FG BaWü EFG 19, 415, rkr; **aA** BFH X R 34/19 BStBl II 21, 844; krit *Weber-Grellet* BB 22, 43; *Prinz* FR 21, 961; *Häsner* DStR 21, 2825). BFH X R 34/19 verkennt, dass dem Grundsatz der Wesentlichkeit ein Wahlrecht immanent ist; der Grundsatz erlaubt (!), Unwesentl nicht zu berücksichtigen, verbietet es aber nicht (*Weber-Grellet* BB 22, 43 mwN; *ders* BilStR 20. Aufl 2022 11. Abschnitt). Im Übrigen hätte der X. Senat bei seiner Auffassung einen Zwang zur Nichtberücksichtigung unwesentl Beträge postulieren müssen; da die Anwendung des Grundsatzes der Wesentlichkeit als ein Grundsatz iSd § 5 I 1 durch § 5 V 1 nicht verdrängt wird.

IV. Aktivierung

1. Aktivierung. – a) Voraussetzungen und Wirkung. Die Aktivierung be- **90** wirkt den Ausweis von Ertrag bzw den „Noch-Nicht-Ausweis" von Aufwand. Für den Ansatz eines Postens auf der Aktivseite der Bilanz ist entscheidend, *wer* (Zurechnung), *was* (dem Grunde nach), *wann* (der Zeit nach) und *mit welchem Wert* (der Höhe nach = Bewertung) auszuweisen ist. Die Aktivierung als solche trifft noch keine Aussage über die Erfolgsauswirkung; entscheidend ist die Gegenbuchung (BFH X R 37/13 BFH/NV 16, 536). Erfolgswirksam ist eine Aktivierung nur, wenn die Gegenbuchung als Ertrag (ggf auch ‚Stornierung' von Aufwand) auf einem GuV-Konto vorgenommen werden muss (zB Verkauf von Waren über AK: per Forderung an Ware und Ertrag, oder bei vereinnahmten Zinsen: per Geld an Zinsertrag); (noch) keine Erfolgsauswirkung daher zB bei Anschaffung eines WG (per WG an Geld/Verbindlichkeit), bei Hingabe eines Darlehens (per Darlehensforderung an Bankkonto; Aktivtausch) oder bei Einlage (per WG an Einlage); bei der Aktivierung nicht realisierter Werte (Anlage-, UV, halbfertige Arbeiten) wird Aufwand „abgegrenzt" und bis zur Realisierung „gespeichert" (Aktivseite als ‚Aufwandsspeicher'). – **Aktivierung erfordert positiv** (vgl BFH GrS 2/86 BStBl II 88, 348), dass grds (s Rz 91) am Bilanzstichtag ein aktivierungsfähiges WG vorhanden ist (s Rz 93 f), das dem StPfl subj zuzurechnen ist (s Rz 151 f) und BV ist (s Rz 22) oder dass ein aktiver RAP auszuweisen ist (s Rz 241–252), und **negativ,** dass kein Aktivierungsverbot eingreift, wie zB nach § 5 II (s Rz 161–207), und kein schwebendes Geschäft (s Rz 76) vorliegt. Sind diese Voraussetzungen erfüllt, *muss* in der StB aktiviert werden (s Rz 30 f). Zur Rückgängigmachung und rückbezügl Änderung eines Geschäftsvorfalls s Rz 616.

b) Zeitpunkt. Maßgebl ist insoweit das (imparitätische) Realisationsprinzip **91** (Rz 76 f, 601). Für die Aktivierung von Aufwendungen als AK (HK) eines WG reicht es aus, dass am Bilanzstichtag mit der Anschaffung (Herstellung) begonnen ist; nicht erforderl ist, dass das WG bilanzrechtl bereits dem Erwerber zuzurechnen ist (BFH IV R 160/78 BStBl II 84, 101). Lfd (Erhaltungs-)Aufwand ist nicht zu aktivieren (BFH I R 9/91 BStBl II 93, 41; § 6 Rz 188), da weder AK noch HK (§ 255 HGB) vorliegen. Ein StErstattungsanspruch ist erst mit der Veröffentlichung des diesen bejahenden EuGH-Urt im BStBl zu aktivieren (FG BaWü EFG 14, 149; aus formellen Gründen durch BFH I R 59/13 BFH/NV 14, 1752 aufgehoben); allg BFH X R 19/10 BStBl II 12, 190; *OFD NRW* DStR 14, 1720; *LfSt Bayern* DStR 15, 1752.

92 **c) Gliederung.** Für die Gliederung der Aktivseite sind die handelsrechtl Normen iVm GoB maßgebl; danach sind bei allen Kfm aktiv mindestens das AV und UV und die RAP gesondert und hinreichend aufgegliedert auszuweisen (§ 243 I, II, § 247 I HGB; für KapGes § 266 II HGB).

2. Wirtschaftsgut; Vermögensgegenstand (Grundsätzliches)

Schrifttum (Aufsätze vor 2012 s Vorauflagen): *Weber-Grellet,* Steuerbilanzrecht, § 8; *Wildner,* Nutzungsrechte in HB und StB, 2004; *Ebber,* Die Abbildung von Nutzungsrechten in HB und StB, 2011. – *Strahl* KÖSDI 12, 17946 (s auch Schrifttum bei Rz 150, 161).

93 **a) Begriffe. Handelsrechtl** sind Vermögensgegenstände (vgl §§ 246 I, 252, 253, 266, 240, 241 HGB), **estrechtl** sind WG zu aktivieren (§§ 4, 5, 6). Die Begriffe **Vermögensgegenstand** und **(aktives) WG** werden gleichgesetzt (BFH GrS 2/99 BStBl II 00, 632; *ADS* § 246 Tz 12).

94 **b) Weiter Wirtschaftsgutbegriff. – aa) Vermögenswert.** Der BFH fasst den estrechtl Begriff des WG zR weit; für die Begriffsbestimmung sind weniger zivilrechtl als strechtl (wirtschaftl) Gesichtspunkte maßgebend (zB BFH IV R 41/13 BStBl II 16, 984). WG sind Sachen, Tiere (§§ 90, 90a BGB) und auch unkörperl Gegenstände, sofern sie am Bilanzstichtag bereits „als realisierbarer Vermögenswert" angesehen werden können (BFH I R 218/82 BStBl II 87, 14), also auch bloße vermögenswerte Vorteile (vgl § 266 II HGB „Rechte und Werte") einschließl „tatsächl Zustände" und „konkreter Möglichkeiten", Chancen (zB BFH IV R 47/09 BStBl II 13, 324); Voraussetzung ist aber (sowohl bei „Gegenständen" als auch „tatsächl Zuständen"), dass diese *(1)* sich der Kfm etwas kosten lässt, *(2)* nach der Verkehrsauffassung einer selbständigen Bewertung zugängl sind und *(3)* idR einen Nutzen für mehrere Wj erbringen (zR einschr BFH X R 20/12 BStBl II 15, 325).

95 **bb) Übertragbarkeit.** Nicht erforderl für den Begriff des WG ist die Einzelveräußerbarkeit, wohl aber die Übertragbarkeit zusammen mit dem Betrieb (BFH IV R 51/02 BFH/NV 04, 1393) oder wenigstens eine wirtschaftl Verwertbarkeit zB durch Überlassung zur Ausübung (vgl § 1059 BGB), Übertragung „dem Werte nach" oder Pfändbarkeit. WG sind deshalb zB auch vertragl (§ 399 BGB) oder gesetzl nicht abtretbare Ansprüche oder Rechte (BFH I R 44/83 BStBl II 89, 323), das Recht auf die Firma, der Geschäftswert oder ein Belieferungsrecht (BFH I B 144/01 BFH/NV 03, 154); eine Sendelizenz soll kein WG sein (FG BaWü BB 17, 2416).

96 **cc) Selbständige Bewertbarkeit.** Sie bestimmt sich nach dem (einheitl) Nutzungs- und Funktionszusammenhang, nach dem Grad der Festigkeit einer evtl vorgenommenen Verbindung, nach dem Zeitraum, auf den die Verbindung und gemeinsame Nutzung angelegt sind, sowie nach dem äußeren Erscheinungsbild (BFH IV R 27/01 BStBl II 03, 878; *Weber-Grellet* StBilR § 8 Rz 6). Von Bedeutung ist, ob das Objekt vollständig erscheint und ihm ein „negatives Gepräge" fehlt; ein Drucker oder andere Peripheriegeräte sind selbständige WG (BFH VIII R 42/03 BFH/NV 04, 1527; Rz 131 f). – Den Gegensatz zu selbständigen WG bilden unselbständige Teile (zB Kiesvorkommen als Teil des Grundstücks, FG BBg EFG 08, 1544), wertbildende Faktoren, Rechtsreflexe (zB günstige Verkaufslage, *Schubert/Waubke* BeBiKo § 247 Rz 10) oder Nutzungsvorteile eines WG (s Rz 100); eine Kassenzulassung ist kein selbständiges WG (BFH VIII R 13/08 BStBl II 11, 875).

97 **c) Forderungen. – aa) Zivilrechtliche Entstehung.** Zu den WG gehören Forderungen, insb Geldansprüche, die zivilrechtl im abgelaufenen Wj bereits entstanden sind, auch wenn sie noch nicht fällig oder als Naturalobligation nicht einklagbar sind (BFH IV 73/63 BStBl II 68, 79 zu § 656 BGB; BFH X B 167/94 BFH/NV 96, 34 zu Optionsrechten).

bb) Konkretisierung. Bei bestimmten zB bestrittenen Ansprüchen reicht deren **98** obj Entstehung nicht aus; erforderl ist, dass sich der Anspruch konkretisiert hat (zB durch Anerkenntnis; BFH II R 15/98 BStBl II 00, 588; Rz 270) oder bei einer vGA der Wille zur Geltendmachung kundgetan ist (zB BFH VIII R 7/99 BStBl II 01, 173: *Einlage*forderung). – Zu strittigen Forderungen in der Insolvenz *Höffner* DStR 08, 1787.

cc) Künftige Entstehung. Ansprüche, die zivilrechtl obj noch nicht bestehen **99** (vor rechtl Entstehung; zur Parallelproblematik auf der Passivseite Rz 384), sind WG, sofern die für die künftige Entstehung wesentl wirtschaftl Ursachen im abgelaufenen Wj gesetzt worden sind und der StPfl mit der künftigen Entstehung fest rechnen kann (BFH VIII R 28/95 BStBl II 98, 505 für Pachterneuerungsanspruch nur bei eingetretenem Pachterneuerungsfall).

d) Nutzungsvorteile. Diese sind keine WG, sondern nur wertbestimmende Ei- **100** genschaften der genutzten WG; sie können daher nicht Gegenstand einer Einlage iSv § 4 I 1, 5 sein (str, s Rz 185). Aufwendungen, die bei betriebl Nutzung von *eigenem* PV entstehen, sind aber wie BA abziehbar (BFH GrS 2/86 BStBl II 88, 348). Bei außerbetriebl Verwendung sind betriebl erlangte Nutzungsvorteile bereits beim Zufluss als BE zu erfassen (BFH IV R 106/87 BStBl II 89, 641; ähnl BFH VI R 10/96 BStBl II 96, 545). Veräußerte (bedingte) Nutzungsvorteile sind daher grds Teil des (GuB-) Veräußerungsgeschäfts (BFH IV R 41/13 BStBl II 16, 984; diff *Weber-Grellet* BB 17, 43).

e) Nutzungsrechte. Dingl oder obligatorische Nutzungsrechte (gesicherte **101** Rechtsposition) sind nach hM idR *selbständige* (immaterielle) WG (s iEinz Rz 176 f; **aA** [zumindest iErg] *BMF* BStBl I 13, 1184 [sog Nießbrauchserlass] Rz 26; dem ggü zR krit § 7 Rz 73), die auch selbständig veräußert werden können. Werden außerbetriebl unentgeltl erlangte Nutzungsrechte (WG) in ein BV eingelegt, soll nach dem Zweck der estrechtl Einlageregelung nicht der Nutzungswert (TW) angesetzt und abgeschrieben werden dürfen; der StPfl kann stattdessen seine eigenen Aufwendungen wie bei schlichter Nutzungsüberlassung absetzen (BFH GrS 2/86 BStBl II 88, 348). Ein Mietvertrag ist idR kein WG; das Mietrecht kann aber ggf veräußert werden und wird dann zum WG; das gilt entspr für ein Erbbaurecht (BFH IX R 25/15 DStR 18, 609; *Weber-Grellet* FR 18, 612).

Beispiele *(Grundfall mit Abwandlungen):* A schließt mit B einen Mietvertrag ab; schwebendes Geschäft; Dauerschuldverhältnis; A erzielt Einkünfte aus § 21. – *1. Abwandlung:* Der Fall spielt im gewerbl Bereich: Einkünfte nach § 15; keine Bilanzierung; erfasst werden nur die lfd Leistungen; nur Aufwand (bei B) und Ertrag (bei A). – *2. Abwandlung:* A verkauft ein „Mietrecht" für 10 Jahre; (B erwirbt die Nutzung gegen Einmalzahlung): bei A RAP (per Geld an RAP); bei B: *(1)* per Mietrecht an Geld; *(2)* per Aufwand an Mietrecht; pro rata temporis. – *3. Abwandlung:* A legt privat erworbenes Mietrecht in seinen Betrieb ein: *(1)* bei unentgeltl Erwerb: keine TW-Einlage; kein Aufwand; *(2)* bei entgeltl Erwerb: *(a)* Aktivierung mit Rest-AK; *(b)* AfA pro rata temporis (Übertragung von „Nutzungspotential"; TW-Aspekt [Zuordnung von WG-Wertsteigerungen] passt nicht; str). – *4. Abwandlung:* B nutzt betriebl ein Nutzungsrecht des A: kein Abzug, da Drittaufwand. – *5. Abwandlung* (Leasing-Fall): Strechtl s Rz 731, 741.

Der Nutzende kann Aufwendungen des Eigentümers, insb die AfA grds nicht abziehen (**Drittaufwand;** zB BFH GrS 2/04 DStR 08, 545, unter D III 2 zum nicht übertragbaren Erblasseraufwand); Ausnahme bei Miteigentum und Mitfinanzierung; keine Sonderbehandlung für Eheleute (BFH GrS 1/97 ua BStBl II 99, 774 ff; BFH VI R 41/15 DStR 18, 664). Weitgehend geklärt schien die dogmatische Behandlung der **Fremdbauten als WG** (BFH XI R 18/06 BStBl II 09, 957); s nun aber BFH IV R 29/09 BStBl II 13, 387; BFH X R 46/14 BStBl II 16, 976; so auch *BMF* BStBl I 16, 1431; *Strahl* KÖSDI 17, 20449; krit *Weber-Grellet* BB 16, 2220; *ders* BB 17, 43, 176; s auch Rz 270. Abgekürzter Zahlungsweg und auch abgekürzter Vertragsweg werden anerkannt (BFH IX R 45/07 DStR 08, 495); allerdings nicht bei Kreditverbindlichkeiten und bei Dauerschuldverhältnissen

(*BMF* DStR 08, 1382). – Die Mittelherkunft ist irrelevant (BFH IX R 27/08 BFH/NV 09, 901).

102 **f) Handelsrechtliche Bilanzierungshilfe.** Diese ist kein WG (vgl § 274 II HGB aF; Einzelheiten 29. Aufl).

103 **g) Neues Wirtschaftsgut.** Bei grundlegender Erweiterung oder Umgestaltung kann ein neues WG entstehen; das ist nicht der Fall, wenn wesentl Elemente bestehen bleiben und keine Zweckänderung vorgenommen wird; dann Erhaltungsaufwand oder nachträgl HK (iEinz § 6 Rz 171 f).

110 **3. Arten von Wirtschaftsgütern.** Zu unterscheiden ist zw WG und Schulden (zB §§ 240 I, 252 I, 253 HGB) und innerhalb der WG zw verschiedenen Arten, an die das EStG unterschiedl Rechtsfolgen knüpft (zB § 6, § 7).

111 **a) Unterscheidung nach Substanz.** Zu unterscheiden sind materielle WG, immaterielle WG, Geldforderungen und Anteile an KapGes (Rz 171 f). Zur Einordnung von WG mit materiellen und immateriellen Komponenten (zB Buch, Software, Film) ist auf die Funktion, das wirtschaftl Interesse, die Werterelation, den Marktpreis und die Vervielfältigung abzustellen (BFH III B 7/14 BFH/NV 14, 1590; *KSM* § 5 Rz C 69; Rz 270). Die Unterscheidung ist in verschiedenen Zusammenhängen bedeutsam, zB 5 II, § 7h, § 7i, 7g EStG; § 2 I InvZulG.

112 **aa) Materielle Wirtschaftsgüter.** Das sind körperl (räuml abgrenzbare) Gegenstände, wie zB Sachanlagen, Grundstücke, Gebäude, Kiesvorkommen, Maschinen, maschinelle Anlagen, Kraftfahrzeuge, Betriebsvorrichtungen, Geschäftsausstattungen, Waren, Roh-, Hilfs- und Betriebsstoffe (BFH GrS 1/05 BStBl II 07, 508, C II 1a), auch Gase, Fernwärme (an Trägermedium gebunden), mE auch Strom als verbrauchbare Energie (BFH IV R 9/17 BStBl II 21, 226; *Weber-Grellet* BB 21, 43). Unerhebl ist, ob es sich dabei um Sachen iSd § 90 BGB, Bestandteile von Sachen gem § 93 BGB oder Zubehör nach § 97 BGB handelt. Auch die sog Finanzanlagen (vgl § 266 II A III HGB) werden als WG materieller Art behandelt, weil sich ihr Gegenstand auf konkrete materielle Werte richtet. Materielle WG sind auch *(1)* Sachteile, die selbständige WG sind, wie zB Betriebsvorrichtungen iSv § 68 II Nr 2 BewG und Ladeneinbauten (s Rz 132 f); *(2)* Tiere iSv § 90a BGB.

113 **bb) Immaterielle Wirtschaftsgüter** (Rz 171 f; EStR 5.5 I, EStH 5.5). Diese unterscheiden sich von den materiellen WG durch ihre „Unkörperlichkeit"; es handelt sich zumeist um „geistige Werte" (zB Ideen; „intellectual property"; *Haase/Nürnberg* FR 17, 1) und Rechte; BFH GrS 1/05 BStBl II 07, 508, C II 1a. Immaterielle WG sind zB Forderungen, Konzessionen, gewerbl Schutzrechte (*Donle* DStR 97, 74), Urheberrechte, aber auch ungeschützte Erfindungen (BFH I R 20/74 BStBl II 76, 666), know-how (BFH R 209/82 BStBl II 89, 82), Software (BFH III R 47/92 BStBl II 94, 873; str; s Rz 270), Rechte aus vertragl Wettbewerbsverboten, Belieferungsrechte, Kauf- und Verkaufsoptionen (BFH X R 139/93 BFH/NV 97, 105), Nutzungsrechte (s Rz 176 f) und der Geschäftswert (vgl § 266 II iVm § 246 I 4 HGB nF), nicht die einfache Liefermöglichkeit (FG Nds EFG 04, 1428). – Soweit der kommerzialisierbare Teil eines Namensrechts als übertragbares WG angesehen wird (BFH X R 20/17 BStBl II 20, 3; *Kulosa* HFR 19, 1052), scheint diese Auffassung problematisch; das allg Persönlichkeitsrecht, zu dem auch das Namensrecht gehört, ist grds unübertragbar. In der zivrechtl Literatur wird die Frage der Übertragbarkeit kontrovers behandelt (*Erman* BGB, 16. Aufl 2020, Anh zu § 12, Rn 204); vergleichbar erlaubt auch § 29 UrhG nur die Einräumung von Nutzungsrechten (*Weber-Grellet* BB 20, 43/44; Rz 180).

114 **cc) Mietereinbauten.** Diese (sonstige unbewegl WG, kein Gebäude; Rz 270) und **Gebäude auf (teilweise) fremdem Grund** (§ 266 II A II 1 HGB; § 94 I 2 BewG) können bilanzrechtl materielle WG sein (BFH VIII R 30/98 BStBl II 02, 741), nicht nur „bilanztechnische" Merkposten (IEinz *Weber-Grellet* BB 16, 2220); sie können auf Dritte übereignet werden (durch Einräumung des Besitzes und

Übertragung des Wertersatzanspruchs) und auch in der Hand des zivrechtl Eigentümers bei separatem Nutzungs- und Funktionszusammenhang bestehen bleiben (BFH XI R 18/06 BStBl II 09, 957). Bauten auf fremdem Grund sind wie Gebäude (zB iSv § 6b, § 7 IV, V) zu behandeln (EStR 7.1 V 3–4; BFH GrS 4/92 BStBl II 95, 281). – S iEinz bei Rz 270.

b) Bewegliche/unbewegliche Wirtschaftsgüter (s auch Rz 135). Diese Qua- **115** lifikation ist zB wesentl für § 6 II, § 7 II, für SonderAfA (zB §§ 7g, 7h EStG) und InvZul (§ 2 I InvZulG). Nur materielle (körperl) WG können bewegl oder unbewegl sein, nicht immaterielle WG (BFH III B 7/14 DStRE 14, 1198; EStR 7.1 II; *HHR* § 7 Rz 315), Geldforderungen und Anteile an KapGes. – *(1)* **Bewegl Wirtschaftsgüter.** Dies sind bewegl Sachen, Scheinbestandteile iSv § 95 BGB (Rz 139), Betriebsvorrichtungen iSv § 68 II Nr 2 BewG (vgl BFH III R 60/89 BStBl II 92, 5; Rz 137), mit einem Gebäude verbundene Sachen zB Maschinen, wenn sie nicht wesentl Bestandteile des Gebäudes sind (BFH III R 76/75 BStBl II 77, 590), Schiffe, Feldinventar (Rz 141) und stehende Ernte (BFH IV R 160/74 BStBl II 79, 138), Dauerkulturen (*BMF* BStBl I 90, 420), Zubehör (Datenkabel; FG Bln EFG 05, 1464). – *(2)* **Unbewegl Wirtschaftsgüter.** Dies sind *(1)* der GuB, Gebäude iSv § 7 IV, V, Gebäudeteile (vgl § 7 Va), Eigentumswohnungen und im Teileigentum stehende Räume iSv § 7 Va und *(2)* sonstige unbewegl WG (EStR 7.1 VI; § 89 BewG) wie zB auf festen Fundamenten ruhende Bürocontainer (BFH III R 47/93 BStBl II 96, 613); Tankstellenüberdachung (BFH III R 26/99 BStBl II 01, 137); Videoüberwachungsanlage (FG SachsAnh DStRE 01, 761); Bodenschätze (Rz 140), Ladeneinbauten (EStR 4.2 III Nr 3), Dachausbauten (*BMF* BStBl I 96, 689, Rz 9), Teppichböden, Trennwände (BFH III R 247/94 BFH/NV 98, 215), wenn diese keine Betriebsvorrichtungen oder Scheinbestandteile und damit bewegl WG sind (BFH IV R 170/70 BStBl II 75, 531).

c) Abnutzbare/nichtabnutzbare Wirtschaftsgüter. Die Einteilung betrifft **116** alle WG. Abnutzbare WG (zum Begriff s BFH X R 131–133/87 BStBl II 90, 50) sind Voraussetzung zB des § 6 I Nr 1, 2, § 6 II, § 7, der Vorschriften über erhöhte AfA und SonderAfA und des § 2 I InvZulG. – *(1)* **Abnutzbare Wirtschaftsgüter.** Entscheidend ist, ob sich der Wert in einer bestimmten oder bestimmbaren Zeit erschöpft (BFH VIII R 56/14 BStBl II 17, 694). Dies sind zB Gebäude und Gebäudeteile (auch ein unfertiges, aber in Gebrauch genommenes Gebäude, BFH X R 21/81 BStBl II 87, 463) und andere unbewegl WG außer GuB, idR alle bewegl Sachen, auch tatsächl genutzte antike Möbel (BFH VI R 26/98 BStBl II 01, 194 für alte Meistergeige) und aufliegende antike Orientteppiche. – GAP-Ansprüche (Betriebsprämien-Anwartschaftsrechte) sind abnutzbar (BFH IV R 6/12 BStBl II 17, 45; *BMF* BStBl I 17, 33; *Weber-Grellet* FR 16, 675). – *(2)* **Nicht abnutzbare Wirtschaftsgüter.** Dies sind zB der GuB, Anteile an KapGes, Geldforderungen, Wertpapiere, Bargeld, uU Warenzeichen (BFH II B 135/95 BStBl II 96, 586; s Rz 270), Gemälde alter oder anerkannter Meister (BFH III R 58/75 BStBl II 78, 164) oder berufshistorische Dekorationsobjekte (BFH X R 131–133/87 BStBl II 90, 50), immaterielle WG (BFH VIII R 56/14 BStBl II 17, 694; Rz 188), zB Software (Rz 270); Ausnahme s Rz 233; iEinz s § 7 Rz 43.

d) Wirtschaftsgüter des Anlage-/Umlaufvermögens. Vgl EStR 6.1; *HHR* **117** § 5 Rz 580 f; iEinz § 6 Rz 343 ff). – **Musterhäuser** gehören bis zu ihrer Umwidmung zum Verkauf zum AV (BFH I R 47/07 BStBl II 09, 986).

e) Kurzlebige Wirtschaftsgüter. WG mit einer Nutzungsdauer von weniger **118** als einem Jahr (vgl § 7 I 1; BFH X R 20/12 BStBl II 15, 325) sind auch bei hohem Rohstoffwert weder einzeln noch als Festwert zu aktivieren (BFH X R 19/81 BStBl II 88, 502), auch nicht bei Anschaffung in der zweiten Hälfte eines Wj (BFH IV R 127/91 BStBl II 94, 232) oder in einem RumpfWj. Die Behandlung **geringwertiger WG** ist in § 6 II geregelt (§ 6 Rz 651 f).

119 f) **Wirtschaftsgüter der Spesensphäre.** § 4 V Nrn 3, 4; zB Gästehaus (§ 4 Rz 560).

131 **4. Selbständige Wirtschaftsgüter (unselbständige Teile eines Wirtschaftsguts; mehrere Wirtschaftsgüter).** – a) **Bewertungseinheit.** Das WG bildet bilanzrechtl eine Ansatz- und Bewertungseinheit (dazu *Glanegger* FS Schmidt, 1993, 145); Maßstab ist der einheitl Nutzungs-/Funktionszusammenhang (Rz 96, 135). – Selbständige WG sind grds gesondert zu bilanzieren und zu bewerten (Einzelbewertung; s Rz 69); AfA ist einheitl vorzunehmen (BFH GrS 5/71 BStBl II 74, 132). Betriebl Aufwendungen, die nicht zur Anschaffung (Herstellung) selbständiger WG führen, sind entweder sofort abziehbar oder Teil der AK (HK) bereits vorhandener WG, insb nachträgl AK (HK; vgl BFH III R 178/86 BStBl II 91, 187).

132 b) **BGB-Sache.** Jede Sache iSv § 90 BGB (zB auch *ein* Grundstück iSv § 3 GBO) ist grds ein selbständiges WG (BFH IV R 67/97 BStBl II 99, 14). Unselbständiger Teil des immateriellen WG Software ist der Datenträger (BFH III R 7/86 BStBl II 87, 728); umgekehrt kann Systemsoftware (bewegl Systemplatte) unselbständiger Teil der Hardware sein (BFH III B 90/88 BStBl II 90, 794; s Rz 270). Bei **Bruchteilseigentum** (Miteigentum) sind (mindestens) so viele WG gegeben, wie Eigentümer vorhanden sind (BFH GrS 4/92 BStBl II 95, 281; FG Hbg EFG 12, 1448; *HHR* § 5 Rz 607); bilanziert wird (anteilig) die Sache selbst (BFH IV R 60/89 BStBl II 94, 559). Bei einheitl Nutzung können die Anteile aus praktischen Gründen zusammengefasst werden.

133 c) **Grundstücke und Gebäude.** – aa) **Wirtschaftliche Betrachtung.** Abw vom BGB können auch **wesentl Bestandteile (§§ 93, 94 BGB)** bilanzrechtl *selbständige* WG und – umgekehrt – verschiedene Sachen (zB mehrere Grundstücke) *ein* WG sein, wenn sie eine wirtschaftl Einheit bilden (BFH I R 33/75 BStBl II 79, 468 mwN). Selbständige WG, obwohl zivilrechtl grds nur *eine* Sache, sind der (nackte) GuB (unbewegl nichtabnutzbares WG) und das aufstehende **Gebäude** (unbewegl abnutzbares WG), gleichgültig, ob Grund und Gebäude gleichzeitig oder nur der Grund erworben und darauf ein Gebäude errichtet wurde (BFH I R 58/90 BStBl II 92, 517); Gesamtkaufpreis ggf aufzuteilen (BFH XI R 3/89 BFH/NV 92, 373 mwN). Selbständige WG sind **grundstücksgleiche Rechte** wie zB ein Erbbaurecht (dazu Rz 270) und das auf Grund des Erbbaurechts errichtete Gebäude (BFH VIII R 202/72 BStBl II 77, 384 zu § 23). Betriebsvorrichtungen (wie zB eine Tankstellenbedachung) sind keine Gebäude (Rz 112, 137; BFH I R 109/04 BFH/NV 06, 1812).

134 bb) **Einheitlichkeit.** Grundstück und Gebäude sind zwar selbständige WG, können aber nur einheitlich entweder BV oder PV sein (BFH IV R 130/82 BStBl II 85, 395: Identität der Nutzung); anders ist dies bei realen Teilen des (nackten) Bodens, die selbständige WG und daher teils BV und teils PV sein können (vgl BFH VIII R 7/74 BStBl II 77, 796). Tiefere Bodenschichten sind kein selbständiges WG (BFH VI R 49/18 HFR 21, 1067). Die mit einem Grundstück verbundenen **Rechte** wie zB Grunddienstbarkeit, Wassernutzungsrecht, Jagdrecht, Auffüllrecht sind zivilrechtl Bestandteile des Grundstücks (§ 96 BGB), estrechtl aber bei Abspaltung uU selbständige (immaterielle) WG, nicht zB bei einheitl Übertragung (BFH IV R 27/01 BStBl II 03, 878). – Einschlag kann zu selbständigem WG (UV) führen (mit Buchwertabspaltung; BFH IV R 21/14 BFH/NV 16, 17).

135 cc) **Gebäudeteile. Reale Teile** eines Gebäudes (zB Erdgeschoss) können selbständige WG (teils BV und teils PV) sein, wenn sie in unterschiedl Nutzungs- und Funktionszusammenhang stehen, zB teils eigenbetriebl, teils durch Vermietung genutzt werden (EStR 4.2 III–IV; GrS BFH GrS 5/71 BStBl II 74, 132; BFH IV R 30/05 BFH/NV 08, 1246); bei untergeordnetem Wert (20 500 €) vgl § 8 EStDV/EStR 4.2 VIII (*Schoor* DStZ 03, 227 zu Wahlrechten). Eine eigengenutzte Wohnung ist stets notwendig PV. – Ein eigenbetriebl genutzter Gebäudeteil kann

Aktivierung **136–142 § 5**

nicht nach verschiedenen betriebl Funktionen oder bei Nutzung durch verschiedene Personen weiter aufgeteilt werden (BFH III R 29/88 BStBl II 89, 903, EStR 4.2 IV 4; *Rudloff* FR 92, 565), es sei denn, Aufteilung in Teileigentum (BFH III R 80/92 BStBl II 95, 72). – Keine Zwangsentnahme in den Fällen der Nutzungsänderung (BFH XI R 31/03 BStBl II 05, 334: geduldetes BV; BFH III R 4/04 BStBl II 05, 604) und des Hinzuerwerbs von Miteigtanteilen (BFH IV R 44/06 BB 09, 1970). Reale Gebäudeteile können, auch wenn sie verschiedene WG sind, gleichwohl eine Bewertungs-, insb AfA-Einheit bilden, vgl § 7 Va. Mehrere **miteinander verbundene Bauwerke** sind ein einheitl WG, wenn ein einheitl Nutzungs- und Funktionszusammenhang besteht, der auch in der baul Verbindung zum Ausdruck kommt (BFH IX R 72/00 BStBl II 03, 916). **Freistehende Gebäude** auf demselben zivilrechtl nur *eine* Sache bildenden Grundstück sind idR selbständige WG (BFH VIII R 179/79 BStBl II 84, 196). Zu Anbau s BFH IX R 1/08 BFH/NV 09, 370; zu Ausbauten und Erweiterungen § 4 Rz 115 f). – **Raumtausch** oder **räuml Verlegung** betriebl genutzter Fläche (BFH XI R 27/90 BFH/NV 92, 454) führen nicht zur Entnahme (§ 4 Rz 119).

dd) Maßgeblichkeit des Funktionszusammenhangs. Gebäudebestandteile, die der Nutzung des Gebäudes dienen, sind grds unselbständige Teile des WG Gebäude; sie sind selbständige WG, wenn sie in einem von der Gebäudenutzung verschiedenen Nutzungszusammenhang stehen (§ 4 Rz 115). **136**

ee) Betriebsvorrichtungen. S BFH IV R 3/17 BFH/NV 19, 1076 (s iEinz § 4 Rz 117). **137**

d) Einzelfälle. – aa) Ladeneinbauten; Schaufensteranlagen; Gaststätteneinrichtungen; Schalterhallen uÄ. Diese (idR unbewegl; BFH VI R 209/67 BStBl II 68, 581 und einem schnellen Wandel des modischen Geschmacks unterworfen; § 4 Rz 117) sind selbständige WG. **138**

bb) Scheinbestandteile, § 95 BGB. Auch diese sind trotz ihres vorübergehenden Zwecks selbständige WG (zB Windkraftanlage; BFH IV R 1/14 BStBl II 17, 171; § 4 Rz 117). **139**

cc) Bodenschätze. Sie sind grds unselbstständiger Bestandteil des GuB. Die Eigenschaft eines selbständigen WG erlangt ein Kiesvorkommen, wenn mit seiner Aufschließung (zB durch Stellung eines Antrags auf Genehmigung) oder Verwertung (zB Veräußerung) begonnen wird (vgl BFH GrS 1/05 BStBl II 07, 508; BFH IV R 45/05 BStBl II 09, 449; FG Mchn EFG 19, 1668, Rev IV R 25/19); iEinz s Rz 270, § 4 Rz 113. **140**

dd) Grundstücksteile. Feldinventar (Pflanzenbestände) und **stehende Ernte** sind bilanzrechtl selbständige WG des UV (§ 4 Rz 113; zur Aktivierung BFH VI R 48/16 BFH/NV 19, 908); zum Baumbestand BFH IV R 50/07 BStBl II 08, 968; *BMF* BStBl I 10, 224 (grds stehendes Holz als einheitl, nicht abnutzbares WG). – Selbständige WG können auch unter der Erdoberfläche gelegene, räuml abgegrenzte **Grundstücksteile** (BFH VIII R 7/74 BStBl II 77, 796) sein, zB Verfüllvolumen (*Salch* StBp 00, 231; **aA** im Einzelfall FG Mster EFG 04, 1044), oder Anlagen im Boden zB Drainage, evtl Regenwasser-Hebeleitung (BFH III R 125/84 BStBl II 90, 82). – Das **Leitungsnetz** (einschließl sog Hausanschlüsse) eines Versorgungsunternehmens ist idR ein einheitl WG; Teilnetze mit unterschiedl Funktionen können ein besonderes WG bilden (BFH I R 9/91 BStBl II 93, 41 mwN; *BMF* BStBl I 97, 567), ebenso Netzwerkkabel (FG SachsAnh DStRE 13, 129); zur Aktivierung geographischer Informationssysteme OFD Mster DB 07, 1837. – Ein Windpark umfasst mehrere WG, zB Kraftanlage, Wegebau, Anschlusskosten, Verkabelung (BFH I R 57/10 BStBl II 12, 407), selbständig auch Biogasanlage und Kraftwerk (FG Mster EFG 15, 891). **141**

ee) Beiträge. Unselbständiger Teil des GuB (nachträgl AK) sind die durch **Anlieger-** und **Erschließungsbeiträge** zur *Erstanlage* von Straßen erlangte Vorteil für ein angrenzendes **142**

Grundstück (BFH III R 114/95 BStBl II 97, 811; EStH 21.1), uU auch bei Zweitanlage (BFH IX R 54/94 BStBl II 96, 190). Keine nachträgl AK des GuB, sondern abziehbarer Erhaltungsaufwand sind aber nachträgl Erschließungskosten (**Ergänzungsbeiträge;** vgl *Spindler* DB 96, 444), zB zur Verbesserung einer Ortsstraße (BFH VIII R 198/85 BFH/NV 91, 29), zur Ersetzung eines Wegs (BFH IX R 5/95 BStBl II 96, 134), zur Erweiterung einer Kanalisation oder Stromumstellung; Beiträge zum Ausbau einer Ortsstraße wegen besonderer Beanspruchung (BFH II R 30/89 BStBl II 90, 569).

143 e) **Patente.** Werden für das **immaterielle WG** ‚Erfindung' Patente in mehreren Ländern erteilt, spaltet sich für jedes Land ein immaterielles WG Patent ab (BFH I R 20/74 BStBl II 76, 666; offen für *ungeschützte Erfindung,* BFH I R 86/92 BStBl II 94, 168).

144 f) **Optionsgeschäfte.** Hier ist zu differenzieren zw dem Kauf des Optionsrechts (selbständiges immaterielles WG) einerseits und der Ausübung der Option mit Abschluss des Hauptvertrags andererseits (**Zweivertragstheorie;** BFH XI R 44/17 BStBl II 20, 44; mE kein Widerspruch zu BFH I R 18/12 BStBl II 13, 588); die Prämie ist erfolgsneutral zu erfassen (per Geld an Optionsverpflichtung; so auch *Herzig/Briesemeister* DB 02, 1570; *Günkel* StbJb 02/03, 275; **aA** *Schmid/Renner* DStR 13, 2734). – Ferner Rz 270 „Finanzprodukte".

Vor Ausübung der Option sind – soweit nicht Nichtbilanzierung wegen schwebenden Geschäfts (dazu *Weber-Grellet* FR 03, 514; *Hahne/Sievert* DStR 03, 1992) – das Optionsrecht (immaterielles WG) bzw beim Stillhalter die Optionsverpflichtung mit dem Optionsentgelt (Prämie) – als bedingtes Übertragungsgeschäft – gewinneutral zu erfassen (*Günkel* JbFfSt 98/99, 218; ähnl BFH I R 17/02 BStBl II 04, 126). – Bei **Ausübung** der Option erhöht die Prämie die AK des erworbenen WG (Kauf) oder sie mindert den Erlös (Verkauf). – Beim Stillhalter ist die Auflösung der Verbindlichkeit – neben der Abwicklung des eigentl Geschäfts – gewinnerhöhend zu berücksichtigen (allg *Wiese/Dammer* DStR 99, 867). – Bei **Nichtausübung** sind Optionsrecht/-verpflichtung erfolgswirksam aufzulösen (*Schumacher* DStR 97, 1236; unklar *OFD Köln* DB 97, 753).

150 5. **Subjektive Zurechnung als Aktivierungsvoraussetzung.** – a) **Ausweiszwang.** Ein WG ist in der Bilanz auszuweisen, sofern die sachl, zeitl und **subj Voraussetzungen** gegeben sind. Die sachl Zurechnung verlangt die betriebl Veranlassung (§ 4 Rz 30 ff), die zeitl Zurechnung richtet sich nach GoB, insb nach dem Prinzip der wirtschaftl Belastung/Verursachung (Rz 80, 361, 381) und nach dem Realisationsprinzip (Rz 601 ff) und für die subj Zurechnung ist das wirtschaftl Eigentum maßgebend (vgl *Weber-Grellet* StBilR §§ 13–15; FR 03, 468; *ADS* § 246 Tz 260; *HHR* § 5 Rz 515). Erwirbt ein StPfl ein WG, hat er es in dem Zeitpunkt zu aktivieren, in dem das wirtschaftl Eigentum, dh Nutzen und Lasten und die Gefahr des zufälligen Untergangs auf ihn übergehen (BFH VIII R 26/01 DB 04, 1243; § 17 Rz 76). Auch rechtsunwirksame Geschäfte können wirtschaftl Eigentum begründen und zur Realisation führen; § 41 AO gilt auch im Bilanzsteuerrecht.

151 b) **Handelsbilanzzurechnung.** Handelsrechtl darf und muss der Kfm nur „seine" Vermögensgegenstände aktivieren (vgl §§ 240, 242 I, 246 I HGB). Auch die für die HB maßgebende **Zugehörigkeit zum Vermögen des Kfm** richtet sich vorrangig nach der wirtschaftl Zurechnung (§ 246 I 2 HGB). § 39 AO enthält eine eigenständige strechtl Zurechnungsnorm; interpretiert man § 246 I 2 HGB als Ausdruck eines GoB, ist diese Regelung maßgebl iSd § 5 I 1 (*HHR* § 5 Rz 516). IdR dürften § 39 AO und § 246 I 2 HGB zu identischen Ergebnissen führen (*HHSp* § 39 AO Rz 79).

152 c) **Steuerbilanzzurechnung.** Nach der BFH-Rspr ist insoweit maßgebl, wer **wirtschaftl Eigentümer** ist (BFH VIII R 30/98 BStBl II 02, 741; BFH XI R 18/06 BStBl II 09, 957). Wirtschaftl Eigentum verlangt den „wirtschaftl Ausschluss" des rechtl Eigentümers, idR Eigenbesitz, Gefahr, Nutzen und Lasten der Sache (BFH IV R 41/10 BFH/NV 14, 847), zB Kostentragung, (dauerhafte) Nutzung (BFH X R 54/01 BFH/NV 04, 474), Teilnahme an Wertsteigerungen und (Wert-)Ersatzanspruch (BFH IX R 14/06 BFH/NV 07, 1471; *Strahl* FR 03, 447) oder güterrechtl Ausgleich (BFH X R 72/98 BStBl II 04, 403; dazu *Weber-Grellet* BB 04, 35); entscheidend sind Gesamtbild und „normaler Verlauf der Dinge" (BFH I R 17/09 DStR 10, 2455; BFH II R 44/17 BFH/NV 21, 1115). WEG-Sondernutzungsrecht begründet kein wirtschaftl Eigentum (BFH VI R 67/15 BStBl II 18, 798; wie Vorbehaltsnießbrauch; Rz 156). – Die **Aktivierung** als wirtschaftl Eigentum verlangt *(1)* eigenen betriebl veranlassten Aufwand und *(2)* das Fehlen einer Zuwendung an den rechtl Eigentümer (BFH XI R 43/01 BFH/NV 04, 1397 [Dachausbau]; BFH XI R 18/06 BStBl II 09, 957; BFH IV R 2/07 BStBl II 10, 670 betrifft nur AfA). Eine ausschließl Nutzungsbefugnis ist mE nicht erforderl, die faktische Nutzung reicht aus (*Weber-Grellet* BB 16, 2220; **aA** die zitierte Rspr). – Zu wirtschaftl Eigentum bei Bauten auf fremdem Grund und Mietereinbauten s Rz 270.

d) Zurechnungsrechtsprechung (weitere Fälle s Vorauflage). Einräumung einer Dauernutzungsrechts kann wirtschaftl Eigentum begründen (BFH IX R 33/05 BFH/NV 07, 1097). – Durch Dienstbarkeit (Überspannung; Tankstellenrecht) geht das wirtschaftl Eigentum nicht verloren (BFH IV R 23/03 DB 05, 1362). Zur sog eisernen Verpachtung BFH IV R 31/97 BStBl II 00, 286. – Scheidungsklausel oder einzelne Verfügungsbeschränkungen führen nicht zum Verlust des wirtschaftl Eigentums (BFH XI R 35/97 BStBl II 98, 542). Der nur kurzfristige Erwerb von Aktien soll auch bei zugleich vereinbarter Rückübertragung zunächst zur Übertragung des wirtschaftl Eigentums führen (BFH I R 128, 129/04 BFH/NV 06, 1261; BFH I R 85/05 DStRE 09, 76; mE zu formal, da Koinzidenz von Veräußerung und Rückkauf; vgl *Rau* BB 04, 1600).

e) Einzelfälle. – aa) Sicherungsweise oder treuhänderisch übereignete Wirtschaftsgüter. Diese sind nicht in der Bilanz des zivilrechtl Eigentümers, sondern in der des Sicherungs- bzw Treugebers auszuweisen (§ 39 II Nr 1 S 2 AO; BFH IV R 17/09 BStBl II 11, 419). **Treuhand** verlangt: *(1)* Beherrschung durch Treugeber, *(2)* Weisungsgebundenheit des Treuhänders, *(3)* Verpflichtung zur jederzeitigen Rückgabe des Treuguts (BFH I R 42/12 BStBl II 15, 4). – Die Bestellung von **Pfandrechten** verändert nicht die subj Zurechnung; Sicherungsfunktion macht WG nicht zu notwendigem BV (BFH XI R 32/01 BStBl II 05, 431). **Kommissionsgüter** gehören nicht in die Bilanz des Kommissionärs (*Hottmann* StBp 83, 221). Unter **Eigentumsvorbehalt** veräußerte WG sind bereits dem (anwartschaftsberechtigten) Erwerber zuzurechen (§ 246 I 2 HGB; dazu BR-Drs 616/89, 16), mE auch nach nF (wirtschaftl Zurechnung); Entsprechendes gilt uU für Objekte eines **Mietkaufvertrags** (BFH III R 233/90 BStBl II 92, 182). Die Übertragung „quoad sortem" (dem Wert nach; im Unterschied zu „quoad usum") kann genügen (BFH VIII R 18/92 BStBl II 96, 291).

bb) Grundstücksveräußerungen. Das Grundstück ist dem Erwerber nicht erst mit Grundbucheintragung zuzurechnen, sondern von dem Zeitpunkt an, zu dem – idR nach Auflassung (§ 925 BGB) – Besitz, Gefahr, Nutzen und Lasten übergehen (BFH I R 213/69 BStBl II 73, 209; s auch Rz 602 f); ein Verkaufsangebot oder ein Optionsrecht begründen idR noch kein wirtschaftl Eigentum des späteren Käufers (BFH XI R 6/93 BStBl II 94, 23); ebenso wenig eine Rückfallklausel (BFH IV R 114/91 BStBl II 94, 635). Bei Gebäudeveräußerung mit **Abbruchverpflichtung** bleibt Veräußerer wirtschaftl Eigentümer (BFH XI R 14/87 BStBl II 91, 628).

cc) Nutzungsrechte. Zugewendete *Nutzungsrechte* begründen idR kein wirtschaftl Eigentum (BFH X R 91/94 BStBl II 98, 203; BFH X B 40/99 BFH/NV 00, 563). – Ein **Vorbehaltsnießbraucher** ist nur dann wirtschaftl Eigentümer, wenn sich seine rechtl und tatsächl Stellung gggü dem zivilrechtl Eigentümer des WG von der normalen Position eines Nießbrauchers so deutlich unterscheidet, dass er die tatsächl Herrschaft über das nießbrauchsbelastete WG ausübt (BFH X R 38/98 BStBl II 00, 653); s auch Rz 180, 653; zur AfA § 7 Rz 60.

dd) Miteigentum, §§ 1008, 741 BGB. Es ist nur der ideelle (Gebäude-)Teil als materielles WG zu bilanzieren (Rz 132), nicht etwa ein immaterielles WG „Gemeinschaftsanteil" (vgl BFH IV R 60/89 BStBl II 94, 559), und bei nur teilweise betriebl Nutzung (zB nur Erdgeschoss) nur der entspr ideelle Anteil (BFH IV R 57/90 BStBl II 92, 141). Schlichte Mitnutzung von Miteigentum führt nicht zu BV (BFH VIII R 98/04 BStBl II 08, 749); Trennung von Nutzungs- und Vermögensebene. – Die Änderung der Eigentumsverhältnisse kann zu Entnahme/Einlage führen (*Ehmcke* DStR 96, 201); ggf Bildung von Teileigentum. Entsprechendes gilt gem § 39 II Nr 2 AO idR, wenn das WG **Gesamthandsvermögen** einer nicht gewerbl tätigen PersGes ist (BFH IV R 160/73 BStBl II 78, 299; **aA** evtl BFH X R 148/88 BStBl II 92, 211; s § 15 Rz 200 f). Hinsichtl des fremden (Miteigentums-)Anteils kann ein Mietereinbau/Bau auf fremdem Boden vorliegen (s Rz 270). Ein **Erbbauberechtigter** ist idR nicht wirtschaftl Eigentümer des belasteten Grundstücks (BFH IV R 67/94 BFH/NV 96, 101), wohl aber des Gebäudes (s Rz 270).

6. Aktivierung immaterieller Wirtschaftsgüter, § 5 II

Schrifttum (Auswahl): *Niemann*, Immaterielle WG im Handels- und StRecht, 2. Aufl, 2006; *Haase* (Hrsg), Geistiges Eigentum, 2012. – *Anzinger*, Praxisfragen immaterieller WG, StbJb 17/18, 353; *Briese*, Zur Nutzungseinlage ..., DStR 19, 236 (s auch Schrifttum vor Rz 93). – **Verwaltung:** EStR 5.5.

161 **a) Bedeutung; Funktion.** 5 II gebietet („ist") bei entgeltl Erwerb (Rz 190 ff) die Aktivierung (Rz 90) immaterieller WG (Rz 94–96; 171 ff) des AV **(Aktivierungsgebot).** Daraus folgt im Umkehrschluss: – *(1)* Unentgeltl erworbene oder selbsthergestellte WG des AV sind nicht zu aktivieren **(Aktivierungsverbot).** – *(2)* Immaterielle WG des **Umlaufvermögens** (Rz 117, 171; zB EDV-Programme) sind stets zu aktivieren. – *(3)* Das Gleiche gilt für **materielle WG** (Rz 111). Hintergrund sind das Vorsichtsprinzip, der Vereinfachungsgedanke, die Möglichkeit der Sofortabschreibung (*Anzinger* StbJb 17/18, 353). – *(4)* Handelsrechtl bisher Aktivierungsverbot; nunmehr grds Wahlrecht; Aktivierungsverbot für Marken- und Verlagsrechte, Kundenliste und vergleichbare Rechte (§ 248 II HGB; RegEntw BT-Drs 16/10067, 50).

Die unterschiedl Behandlung von AV und UV lässt sich im Hinblick auf die Dauer der Zugehörigkeit zum BV, die von materiellen und immateriellen WG in Bezug auf ihre Greifbarkeit rechtfertigen. § 5 II verhindert periodengerechte Gewinnermittlung und führt zum sofortigen Abzug entspr Aufwands (zB sofort abziehbare Aufwendungen auf den originären Geschäftswert). Immaterielle WG des AV dürfen nur bei Marktbestätigung aktiviert werden (BFH I R 24/91 BStBl II 92, 977 mwN). In der Praxis kann § 5 II durch Gründung einer Tochter-GmbH und Veräußerung der immateriellen WG an diese zum „Marktpreis" (= mindestens HK) unterlaufen werden (*Küting/Kaiser* BB 94 Beil 2, 11; Rz 199, 675).

164 **b) Sphärenvorrang. – aa) Einlage; Entnahme.** Die estrechtl Normen über **Einlagen** (§§ 4 I 5, 6 I Nr 5; zum Begriff Rz 636) sind (wegen der strechtl Notwendigkeit der strikten Trennung von PV und BV) ggü § 5 II vorrangig (BFH IV B 33/93 BFH/NV 95, 102; stRspr).

Selbstgeschaffene oder unentgeltl erworbene immaterielle WG, die aus dem PV in ein BV überführt werden, sind danach im BV grds mit dem TW anzusetzen (BFH GrS 2/86 BStBl II 88, 348/353; BFH GrS 1/94 BStBl II 98, 307; EStR 5.5 III 3). Das gilt nicht für Nutzungsrechte (nach der Rspr zwar WG, aber Vereitelung der Nutzungsbesteuerung; BFH IV R 117/92 BStBl II 94, 454; s Rz 176). – Ebenso steht bei **Entnahmen** das Aktivierungsverbot des § 5 II der Bewertung eines entnommenen immateriellen WG mit dem TW nicht entgegen (BFH X R 20/12 BStBl II 15, 325).

165 **bb) Übertragungen im Gesellschaftsbereich.** Auch die Trennung des gesellschaftl vom betriebl Bereich bei KapGes geht dem Aktivierungsverbot des § 5 II vor; deshalb ist § 5 II nicht anzuwenden auf Wertbewegungen zw einer KapGes und ihren Ges'tern, die – wie zB vGA oder verdeckte Einlagen – ihre Ursache im GesVerhältnis haben (BFH GrS 2/86 BStBl II 88, 348; BFH GrS 1/94 BStBl II 98, 307; BFH I R 6/01 BFH/NV 03, 88; s Rz 202–207). Entspr gilt für Übertragungen zw PersGes und ihren Ges'tern und beim Formwechsel von KapGes zu PersGes (BFH IV R 49/14 BStBl II 16, 722).

Aktivierung **166–180 § 5**

cc) Vorrang vor § 5 V 1 Nr 1. Bei Vorliegen eines WG hat § 5 II zwingend 166
Vorrang vor § 5 V 1 Nr 1 (aktiver RAP; s Rz 244). § 6 III hat als speziellere Norm
Vorrang ggü § 5 II; bei unentgeltl Übertragung eines Betriebs usw sind deshalb
die Buchwerte aktivierter immaterieller WG fortzuführen (EStR 5.5 III).

c) Geltung außerhalb von § 5 I. § 5 II gilt analog für die Gewinnermittlung 167
nach § 4 I und § 4 III und damit auch für Einkünfte aus selbständiger Arbeit (BFH
VIII R 74/77 BStBl II 80, 244) oder aus LuF (s auch § 141 S 2 AO).

7. Immaterielle Wirtschaftsgüter. – a) Begriff. Immaterielle WG iSv § 5 II 171
sind alle unkörperl WG, insb Rechte und tatsächl Positionen von wirtschaftl Wert
(*Weber-Grellet* StBilR § 8 Rz 23; *HHR* § 5 Rz 586 f; Rz 113); das Interesse an
der unkörperl Substanz muss im Vordergrund stehen. Ausgenommen sind Anteile
an KapGes (einschließl Bezugsrechte) und an PersGes (zu diesen s Rz 270) sowie
Geldforderungen (vgl auch § 266 II HGB; Rz 111; EStR 5.5 I, EStH 5.5). –
Körperl WG können ausnahmsweise unselbständiger Teil eines immateriellen WG
sein, zB Datenträger für EDV-Programme, Negative und Kopien für Filmwerke.
Ein immaterielles WG ist auch der (umfassende) Geschäftswert (Rz 221, 223). –
Zur Abnutzbarkeit Rz 188.

Beispiele (weitere Beispiele s *Schmidt* 34. Aufl § 5 Rz 171): Ungeschützte Erfindungen,
Rezepte, Know-how, ArbN-Erfindung (*Geier* DStR 17, 1192; Rz 270); EDV-Programme
(BFH III R 49/83 BStBl II 88, 737; s Rz 270 ,Software'), Marken-, Urheber-, Verlagsrechte
(BFH I R 37/75 BStBl II 79, 470), Emissionsberechtigungen (Rz 270), Geopunkte (BFH III
B 7/14 BFH/NV 14, 1590).

b) Nutzungsrechte

Schrifttum: (Auswahl) *Ebber*, Die Abbildung von Nutzungsrechten in HB und StB, 2011. -
Daragan, Der MUerAnteil des Nießbrauchers, DStR 11, 1347; *Kußmaul/Ollnger*, Zur Aktivierungsfähigkeit von Nutzungsrechten in HB und StB, StuW 11, 282; *Kraft/Hohage*, Nutzungsrechte als … WG, DStR 17, 62 (s auch Schrifttum bei Rz 93, 150, 161).

aa) Begriff. Nach der BFH-Rspr sind Nutzungsrechte dingl (zB Nießbrauch) 176
oder schuldrechtl Art (zB Rechte aus Miet-, Pacht- oder Leihvertrag) immaterielle
WG (BFH I R 109/04 BFH/NV 06, 1812; *Ebber* vor Rz 176, 193 f), sofern sie auf
bestimmbare Zeit (*Groh* DB 88, 514) oder gar immerwährend (vgl BFH X R 20/
86 BStBl II 90, 128) eine „gesicherte Rechtsposition" gewähren; sie sind nicht
zu aktivieren, wenn ihnen ein schwebendes Geschäft zu Grunde liegt (BFH IV
379/60 U BStBl III 63, 400; BFH IV R 16/95 BStBl II 97, 808; diff *HHR* § 5
Rz 1787). – Zum Vorbehaltsnießbrauch § 7 Rz 60.

Stellungnahme: ME können Nutzungsrechte im Einzelfall immaterielle WG sein, zB im
Fall des entgeltl Erwerbs eines Mietrechts (Rz 101). Damit entfällt die Notwendigkeit, einmalige
oder voraus gezahlte Nutzungsentgelte ggf als RAP zu aktivieren. Bei der Aktivierung
oder Einlage von Nutzungsrechten muss den estrechtl Wertungen Rechnung getragen werden:
So darf (nach bisheriger Rspr) zur Vermeidung von Besteuerungslücken als Einlagewert
unentgeltl erworbener (schenkweise oder von Todes wegen zugewendeter) Nutzungsrechte
weder der TW (Nutzungswert) angesetzt werden (BFH GrS 2/86 BStBl II 88, 348; BFH
GrS 1/05 BStBl II 07, 508; zur Problematik *Weber-Grellet* DB 95, 2550) noch ist ein Ansatz
des Nutzungsrechts mit einem auf die Summe der Aufwendungen des Eigentümers des genutzten
WG „reduzierten TW" zul (BFH IV R 300/84 BStBl II 91, 82; *Schubert* DStR 95,
362; überholt BFH VIII R 57/80 BStBl II 83, 739). – ME ist die bisherige Rspr durch BFH
GrS 1/05 BStBl II 07, 508 überholt; die dort entwickelten Grundsätze (Einlage zum TW,
keine AfA) sind auf Nutzungsrechte zu übertragen (so auch *Ebber* [vor Rz 176] S 245). Zur
Kommerzialisierung eines Namensrechts s Rz 113.

bb) Vorbehalt von Nutzungsrechten. – (1) Bei entgeltlicher Veräußerung. 180
Nutzungsrechte, die sich der Veräußerer bei entgeltl Veräußerung eines WG
vorbehält, sind nach hM nicht Teil der Gegenleistung und damit bereits mangels
AK nicht aktivierbar (zB BFH IX B 187/12 BFH/NV 13, 1405; *KSM* § 5 Rz E
92); beim Erwerber nicht passivierbar (s Rz 321). Andererseits entstehen aber, wenn
ein StPfl als Entgelt für die Einräumung einer Dienstbarkeit ein Nutzungsrecht an

anderen WG erlangt, für dieses AK iHd Wertminderung des belasteten WG (BFH X R 20/86 BStBl II 90, 128). – Folgt man der hM, muss auch (zumindest) ein Teil des Buchwerts des veräußerten WG beim Veräußerer bleiben (*L Schmidt* DStR 90, 611); spätere Ablösezahlungen sind dann zusätzl Veräußerungspreis des Veräußerers und nachträgl AK des Erwerber-Eigentümers (BFH IX R 72/90 BStBl II 93, 486).

181 **(2) Bei unentgeltlicher Übertragung.** Behält sich der Eigentümer eines Betriebsgrundstücks anläßl der Schenkung ein schuldrechtl Nutzungsrecht vor und nutzt er das Grundstück wie bisher betriebl, kann er das Nutzungsrecht einlegen und seine Aufwendungen – einschließl der eigenen AK/HK – abziehen; die AfA soll nicht nach den ursprüngl AK/HK (so aber zR *HHR* § 7 Rz 119; § 7 Rz 65), sondern nach dem höheren Gebäude-Entnahmewert (sog großer Entnahmegewinn; s Rz 653) zu bemessen sein (BFH X R 140/87 BStBl II 90, 368). – Soweit sich das vorbehaltene Nutzungsrecht auf den GuB bezieht, ist AfA nicht zul. – Erlischt das Vorbehalts-Nutzungsrecht zB durch Tod des Berechtigten, ist ein etwaiger „Restbuchwert" im Hinblick auf die bereits erfolgte Übertragung erfolgsneutral auszubuchen (BFH III R 113/85 BStBl II 89, 763; § 7 Rz 66).

183 **cc) Rechte auf Dienstleistung.** Auch diese (Rz 187) können – unabhängig davon, dass sie gesrechtl keine Sacheinlage sein können (§ 27 II AktG) – immaterielle WG sein (BFH I R 8/85 BStBl II 89, 633; *Groh* StbJb 88/89, 187).

185 **c) Nutzungen. – aa) Drittnutzung eines fremden Wirtschaftsguts.** Bloße Nutzungen eines fremden WG sind auch nach der Rspr keine (immateriellen) WG, sondern nur wertbestimmende Eigenschaften der genutzten WG. Sie können daher nicht Gegenstand einer Einlage iSv § 4 I 1, § 5 (Nutzungseinlage) sein, insb auch nicht einer verdeckten Einlage bei einer KapGes (BFH GrS 2/86 BStBl II 88, 348; BFH I B 2/95 BFH/NV 96, 215; *Beinert* StbJb 03/04, 345), wohl aber vGA (BFH GrS 2/86 BStBl II 88, 348/356) oder estpfl BE (s Rz 100); kein Abzug von Drittaufwand; Aufteilung bei Miteigentum und Mitfinanzierung (iEinz s Rz 101).

186 **bb) Nutzung eigenen Privatvermögens.** Nutzt ein StPfl *eigene* WG des PV vorübergehend für betriebl Zwecke, sind seine Aufwendungen anteilig BA (BFH X R 1/92 BStBl II 94, 353); iErg entspricht dies der Anerkennung einer Nutzungseinlage mit den anteiligen Selbstkosten (Aufwandseinlage; zB *J. Thiel* DStJG 14, 161 (186); *Weber-Grellet* DB 95, 2550). – Dachnutzung für Photovoltaikanlage soll keine Aufwandseinlage sein (BFH III R 27/12 BStBl II 14, 372; BFH X R 32/12 BFH/NV 15, 324); mE müssten zumindest Mehrkosten absetzbar sein.

187 **d) Dienstleistungen.** Diese (des StPfl oder Dritter) sind keine (immateriellen) WG; ihr Wert und der Aufwand des Ditten können nicht als Einlage abgezogen werden (BFH III R 67/87 BFH/NV 91, 442 mwN; BGH II ZR 120/07 DStR 09, 809; § 27 II AktG); ggf Vergütungsansprüche.

188 **e) Verzehr.** Immaterielle WG können **abnutzbar** (mit entspr Wertverzehr; „Werterschöpfung") oder **nicht abnutzbar** sein (BFH VIII R 56/14 BStBl II 17, 694; s Rz 116, 233). Zeitl befristete, auch lebenslängl Rechte sind abnutzbare WG (zB BFH IV R 30/88 BStBl II 90, 623 für Nutzungsrecht; BFH X R 5/05 BStBl II 07, 959 für Vertreterrecht); „ewige" Rechte sind nicht abnutzbare WG (Pflanzungsrechte; BFH VI R 65/15 BStBl II 18, 353; krit *Abele* BB 18, 881); weitere Einzelheiten § 7 Rz 40 f.

190 **8. Aktivierung bei entgeltlichem Erwerb. – a) Voraussetzungen.** Das in § 5 II enthaltene Aktivierungsgebot verlangt den Erwerb gegen Entgelt, also *(1)* den abgeleiteten Erwerb von einem Dritten und *(2)* die Erbringung einer Gegenleistung (BFH VIII R 37/92 BStBl II 94, 444; EStR 5.5 II; *HHR* § 5 Rz 1830 f).

191 **aa) Erwerb.** Grundlage eines Erwerbsaktes ist ein Rechtsgeschäft (zB Kauf, Tausch), ein Hoheitsakt oder ein gesellschaftl Vorgang. Erwerb ist immer der abgeleitete Erwerb von einem Dritten; unechte Auftragsproduktion (Werbefilm,

Imagefilm) ist kein Erwerb (FG RhPf EFG 13, 15). Umwandlung genügt nicht (BFH III R 45/98 BStBl II 03, 10: keine Marktbestätigung; **aA** für übertragende Umwandlung *HHR* § 5 Rz 1851). Anschaffung ist im Regelfall Erwerb (im Unterschied zur eigenen Herstellung; BFH I R 109/04 BFH/NV 06, 1812) mit Übergabe/-nahme (BFH III R 92/08 BStBl II 14, 190). Eine Entschädigung für die vorzeitige Auflösung eines unbefristeten Vertriebsvertrags ist mangels Erwerbs eines immateriellen WG nicht zu aktivieren (BFH IV R 26/16 BFH/NV 18, 1260; *Weber-Grellet* BB 19, 43).

bb) Entgelt. Für den Erwerb muss eine Gegenleistung aufgewendet werden; die **192** Art des Entgelts ist grds ohne Bedeutung (*KSM* § 5 Rz C 105); unerhebl ist, ob eine einmalige oder wiederkehrende Gegenleistung gewährt wird, soweit nicht das Verbot der Bilanzierung eines schwebenden Geschäfts entgegensteht (BFH I R 24/91 BStBl II 92, 977). – Besteht die Gegenleistung in wiederkehrenden Bezügen mit schwankender Bezugsgröße (zB Umsatz, Gewinn), soll die Aktivierung auch nach BFH unterbleiben können (BFH X R 10/86 BStBl II 89, 549 mwN; „praktische Unmöglichkeit"). – Entgeltl Erwerb liegt vor, wenn der Nutzungsberechtigte sein Recht zB als stpfl Einnahme aus nichtselbständiger Arbeit (Sachbezug; vgl BFH VI R 135/84 BStBl II 88, 525) oder als Entgelt für die Einräumung einer Dienstbarkeit erlangt hat (vgl BFH X R 20/86 BStBl II 90, 128), mE auch bei gleichzeitiger Gewähr eines zinsl Darlehens (BFH X R 2/04 BStBl II 08, 109). Zuschuss ist Entgelt, wenn er als unmittelbare Gegenleistung für den Erwerb gezahlt wird, zB bei Bierlieferungsrecht (*Niemann* [vor Rz 161] S 68). – Kein Entgelt und noch keine AK-Aktivierung bei variablem gewinnabhängigen Kaufpreis (BFH IV B 132/09 nv; Rz 314; § 6 Rz 82).

cc) Synallagmatische Verknüpfung. Der Erwerb des WG muss Gegenstand **193** eines gegenseitigen Vertrags sein, bei dem Leistung und Gegenleistung kfm gegeneinander abgewogen sind und die Leistung des anderen Vertragspartners in der Übertragung oder Begründung eines Rechts besteht (zB BFH VIII R 37/92 BStBl II 94, 444); Aufwendungen gelegentl des Erwerbs (zB Provision an Handelsvertreter) genügen nicht (BFH I R 108/10 BStBl II 12, 238); das Entgelt muss sich direkt auf das WG beziehen.

dd) Tausch. Ein entgeltl Erwerb liegt auch vor, wenn ein immaterielles WG **194** gegen ein anderes getauscht wird (§ 6 VI 1; BFH I R 6/01 BFH/NV 03, 88; *HHR* § 5 Rz 1832).

ee) Nutzungsrechtserwerb. Die entgeltl Begründung eines Nutzungsrechts (zB Lizenz- **195** vertrag) ist entgeltl Erwerb und kann Anschaffung sein (BFH X R 136/87 BStBl II 92, 70); vorausgezahlte oder einmalige Nutzungsentgelte sind ggf zu aktivieren (BFH VIII R 65/91 BStBl II 95, 312; *Weber-Grellet* DB 95, 2550). Bei entgeltl Übertragung eines Nutzungsrechts können ein „Aufpreis" (*FM SachsAnh* DStR 92, 1652) als auch die Erstattung vorausgezahlten Nutzungsentgelts zu den AK gehören (*J. Thiel* DStJG 14, 161, 178).

b) Nicht entgeltlicher Erwerb. Den Gegensatz zum entgeltl bilden der ab- **196** geleitete unentgeltl Erwerb und die Herstellung eines immateriellen WG; der **teilentgeltl** Erwerb ist teils entgeltl teils unentgeltl (§ 6 Rz 131 f; § 16 Rz 35). – **aa) Unentgeltlicher Erwerb.** Wird ein betriebl genutztes immaterielles WG von einem anderen unentgeltl aus privaten Gründen erworben (zB Schenkung Vater an Sohn), liegt ein abgeleiteter, aber unentgeltl Erwerb vor; gleichwohl greift das Aktivierungsverbot nicht ein, weil dem entgeltl Erwerb keine Einlage folgt und für diese § 5 II nicht gilt (s Rz 164; Ansatz mit dem TW). Geht unentgeltl ein entgeltl Erwerb voraus, greift § 5 II nicht ein (*KSM* § 5 Rz C 108). – Die unentgeltl Übertragung nach § 6 III (Buchwertfortführung) ist bezügl der Rechtsfolgen ebenso wenig eine Einlage wie die Einbringung nach § 20 UmwStG (Rz 166).

bb) Unentgeltlicher Erwerb aus betrieblichen Gründen, § 6 IV. Wird ein **197** immaterielles WG unentgeltl aus betriebl Gründen erworben, zB Schenkung eines

Lieferanten, und ausschließl betriebl genutzt (private Nutzung s BFH III R 175/85 BStBl II 88, 995), greift mE das Aktivierungsverbot nicht ein, weil einlageähnl.

198 **cc) Herstellung.** Kein Erwerb; für die Unterscheidung zw (Fremd-)Herstellung und entgeltl Anschaffung (vgl zB BFH III R 53/84 BStBl II 88, 1009) sind die allg Rechtsgrundsätze anzuwenden (§ 6 Rz 34, 151). – Die Beteiligung von Dienstverpflichteten steht der Herstellung nicht entgegen; str bei Werk(lieferungs)vertrag (*KSM* § 5 Rz C 104).

199 **dd) Konzerntransaktionen.** Streitig ist, ob bei entgeltl Transaktionen zw Mutter-/TochterGes ein entgeltl Erwerb vorliegt und damit Gewinnausweis und Aktivierung zul sind (diff *HHR* § 5 Rz 1851; vern *Löcke* BB 98, 415; unten Rz 675).

200 **ee) Einzelfälle.** Die **Rspr** hat den entgeltl Erwerb eines immateriellen WG zB **verneint** für Zuschuss zu Fußgängerzone (BFH IV R 137/80 BStBl II 84, 489), für Kanalbaubeitrag (BFH I R 130/78 BStBl II 83, 38), für Beitrag an E-Werk zu Stromumstellung oder Bau einer Trafostation (BFH IV R 4/85 BFH/NV 88, 229), für Zusage künftiger Jubiläumszuwendungen (BFH IV R 81/84 BStBl II 87, 845), **bejaht** bei Abfindung (auch) für Geschäftswert an einen ausscheidenden Ges'ter (BFH III R 45/98 BStBl II 03, 10).

201 **c) Verdeckte Gewinnausschüttung.** Kein entgeltl Erwerb ist der Erwerb durch vGA (BFH IV R 90/72 BStBl II 77, 467) oder Liquidation einer KapGes (BFH VIII R 23/75 BStBl II 77, 712; *Groh* StbJb 88/89, 187; *HHR* § 5 Rz 1850). Gleichwohl ist das WG zu aktivieren (soweit BV), weil die „Trennung des gesellschaftl vom betriebl Bereich" dem Aktivierungsverbot des § 5 II vorgeht (BFH I R 150/82 BStBl II 87, 455; Rz 165).

202 **d) Offene Sacheinlage in Kapitalgesellschaft.** Entgeltl Erwerb der KapGes (tauschähnl Anschaffung) liegt vor, wenn ein (immaterielles) WG gegen Gewährung von GesRechten in KapGes eingebracht wird (offene Sacheinlage; BFH I R 6/01 BFH/NV 03, 88; *HHR* § 5 Rz 1846; aA *Schmidt/Hageböke* DStR 03, 1813: Einlage; sa Rz 270 ,Beteiligungen an KapGes'; zur Sacheinlage in PersGes s Rz 637). – Entgeltl ist ein Geschäft nach hL auch, wenn ein (dingl oder schuldrechtl) Nutzungsrecht an einem WG des BV des Ges'ters Gegenstand der Sacheinlage ist (*K. Schmidt* GesRecht, 4. Aufl, 2002, § 20 II 3; BGH II ZR 121/02 BB 04, 1925). Die KapGes aktiviert das Nutzungsrecht (wie einen RAP); der Ges'ter hat die (als vorausgezahltes Nutzungsentgelt) erlangten Anteile zu aktivieren, in gleicher Höhe einen passiven RAP zu bilden und diesen über die Nutzungsdauer gewinnerhöhend aufzulösen (*Beinert* StbJb 03/04, 345); die Aufwendungen des Ges'ters für die Nutzungsüberlassung sind keine nachträgl AK, sondern sofort abziehbar (*Groh* DB 88, 514).

e) Verdeckte Einlage

Schrifttum: (Auswahl): *Gassner* Die verdeckte Einlage in KapGes, 2004; *Marschner* Einlagen in KapGes 2015. - *Briese* Die verdeckte Einlage …, GmbHR 06, 1136; *Hirschler,* Einlagen im Handels- und Steuerrecht, FS Pircher, 2007, 43; *Pohl/Raupach,* Verdeckte Gewinnausschüttungen und verdeckte Einlagen nach dem JStG 07, FR 07, 210; *Fuhrmann/Demuth,* Verdeckte Sacheinlagen, KÖSDI 09, 16562.

203 **aa) Begriff.** Eine verdeckte Einlage ist die Zuwendung eines bilanzierbaren Vermögensvorteils (durch den Ges'ter an die Ges) aus gesellschaftl Gründen ohne Entgelt in Gestalt von GesRechten (BFH I R 67/15 DStR 17, 1650, zB Verzicht auf Pensionsanspruch (BFH VI R 4/16 BStBl II 18, 208). Als verdeckte Einlagen sind nur WG geeignet, die das KapGes-Vermögen vermehrt haben, sei es durch den Ansatz oder die Erhöhung eines Aktivpostens, sei es durch den Wegfall oder die Verminderung eines Passivpostens (vgl. BFH X R 19/11 BFH/NV 14, 1736), zB auch eine Zinsforderung (FG BaWü DStRE 21, 406, Rev I R 24/20).

204 **bb) Wirkungen.** Die (im Unterschied zur offenen) mit einem Subjektwechsel (zumeist von Ges'ter auf Ges) verbundene verdeckte Einlage (§ 6 VI 2; zB bei un- oder teilentgeltl Übertragung von WG auf die BetriebsGes, BFH X R 17/05

Aktivierung

BStBl II 08, 579; „Ertragszuschuss") führt beim Ges'ter zur (gewinnrealisierenden) „Entnahme" und zu (nachträgl) AK auf die Beteiligung und bei der Ges zur Einlage (mit dem TW); sie sind aus Empfängersicht wegen ihrer unternehmerischen/gesellschaftl Veranlassung **keine BE** (BFH I R 44/04 BStBl II 05, 522 – Fremdvergleich; BFH I R 67/15, DStR 17, 1650; *Weber-Grellet* FR 18, 182). Das Einkommen erhöht sich, soweit das Einkommen des Ges'ters gemindert wurde (materielles [§ 8 III 4 KStG] und formelles [§ 32a II KStG] Korrespondenzprinzip; BT-Drs 16/2712, 70; *Dötsch/Pung* DB 07, 11). Nach § 32a II KStG kann der KSt-Bescheid entspr geändert werden. – § 6 VI 2 stellt die verdeckte Einlage (in Bezug auf die Realisation, nicht auf die Entgeltlichkeit) einem Veräußerungsvorgang gleich. Veräußerungspreis/Entnahmewert und Einlagewert bemessen sich grds nach dem TW (BFH I R 30/01 BFH/NV 02, 627; FG Hbg DStRE 02, 193); nur in den Fällen des § 6 I Nr 5 S 1 Buchst a gilt (zur Vermeidung einer Übermaßbesteuerung) der Einlagewert als Veräußerungspreis (§ 6 VI 3). Die verdeckte Einlage („zusätzl Beitrag eines Ges'ters"; § 272 II Nr 4 HGB) stellt einen **unentgeltl** – besser: entgeltlosen – Erwerb dar (BFH X R 22/02 BStBl II 06, 457; *Weber-Grellet* DB 98, 1532; *Beinert* StbJb 03/04, 345, 360; *HHR* § 5 Rz 1848). Die KapGes hat ein entgeltlos erworbenes immaterielles (materielles) WG mit dem TW zu aktivieren (Geltung der estrechtl Normen über Einlagen auch für KapGes und Vorrang ggü § 5 II; Rz 165) und ggf auch abzuschreiben. Ein überhöhtes Aufgeld ist keine verdeckte Einlage (BFH I R 53/08 BB 10, 304). – Zur **Bewertung** § 6 Rz 605, 861 f.

cc) Verknüpfung. § 6 VI 2, 3 verknüpft den Wertansatz zw Ges und Ges'ter. War das WG BV und wird die Anteile PV, wird Gewinn durch Entnahme oder Betriebsaufgabe realisiert (BFH I R 104/94 BB 96, 842; *Weber-Grellet* DB 98, 1532). War das WG BV und sind die Anteile ebenfalls BV, wird Gewinn realisiert durch Entnahme iVm dem Ansatz **zusätzl AK** für die GesAnteile iHd TW des WG (§ 6 VI 2; BFH X R 36/02 DStR 05, 1389; § 6 Rz 861). S ferner auch zur disquotalen/inkongruenten Einlage) Rz 270 ‚Beteiligungen an KapGes' und Rz 639. Eine verdeckte Einlage kann auch durch einen Ges'terVerzicht bewirkt werden, der bei diesem zu Gewinnrealisation bzw Zufluss (‚Fiktion') führt (BFH GrS 1/94 BStBl II 98, 307); s Rz 550 ‚Ges'terfinanzierung'; Rz 671.

dd) Nutzungen. Diese können nicht Gegenstand einer verdeckten Einlage bei einer KapGes sein (Rz 185), Dienstleistungen ebenfalls nicht. Wenn kein Drittaufwand eingelegt werden kann, kann auch kein „Drittertrag" in Gestalt eines zinslosen Darlehens eingelegt werden (**aA** BFH I R 97/00 DStR 02, 78). – **(1) Gesellschafter.** Er hat keine Einnahmen aus der Nutzungsüberlassung; seine eigenen Aufwendungen hierfür sind keine nachträgl AK auf die GesAnteile, sondern als BA (Anteile im BV) oder WK bei Einkünften aus KapVerm (Anteile im PV) sofort abziehbar (BFH GrS 2/86 BStBl II 88, 348/354; BFH I R 8/85 BStBl II 89, 633; krit *Beiser* DStR 95, 635).

(2) Nutzungsrechte. Ob die für die verdeckte Einlage von Nutzungen maßgebl Grundsätze auch auf die verdeckte Einlage von Nutzungsrechten (Rz 176 f) Anwendung finden, ist str (abl *Groh* StbJb 88/89, 187; *Beiser* StuW 91, 136; *Weber-Grellet* DB 98, 1532; **aA** *Beinert* StbJb 03/04, 345, 369: Einlage zur Verhinderung des § 3c II; iEinz s *Schmidt* 29. Aufl § 5 Rz 207). – Zur Problematik „kapitalersetzender Nutzungsüberlassung" und ihrer Bilanzierung s Rz 550; § 15 Rz 805. – Bei teilentgeltl Nutzungsüberlassung (zB Überlassung eines Grundstücks durch A an die A-GmbH zu 100 bei angemessenen 200) sollen die unentgeltl überlassenen Teile entfallenden Aufwendungen gem § 3c II nur zu 60 % abziehbar sein (FG Brem EFG 06, 1234; **aA** *Schwedhelm ua* GmbHR 06, 1225). – **(3)** Zu Einlage in bzw Entnahme aus **MUerschaft** s *Schmidt* 29. Aufl § 5 Rz 207 und § 6 Rz 597 ff.

9. Geschäftswert

Schrifttum (Auswahl; vor 2010 s Vorauflagen): *Fasselt/Radde,* Geschäfts- oder Firmenwert, HdR B 211a (12/14). – *Velte,* HB- und StB-Qualifikation des derivativen Geschäfts-/Firmenwerts, StuW 10, 93; *Mujkanovic*, Die Bilanzierung des derivaten Geschäfts- oder Firmenwerts, StuB 10, 167; *Velte*, Negative Geschäftswerte im Handels- und StRecht, StB 11, 396. – **Verwaltung:** EStH 5.5.

221 **a) Geschäftswert (Firmenwert; Goodwill).** Das ist der Mehrwert, der einem gewerbl Unternehmen über den Substanzwert der einzelnen materiellen und immateriellen WG abzügl Schulden hinaus innewohnt (BFH I R 42/00 BStBl II 01, 771; BFH III R 40/07 BStBl II 10, 609; vgl § 246 I 4 HGB, der sich in der „Mehrzahlung" des Käufers ausdrückt (ein „Sammelbecken aller nicht bilanzierbaren immateriellen Werte"; *Küting* DStR 08, 1795). Er wird durch die Gewinnaussichten bestimmt, die, losgelöst von der Person des Unternehmers, auf Grund besonderer dem Unternehmen eigener Vorteile (zB Ruf, Goodwill, Kundenkreis, Organisation usw) gegeben sind (BFH II R 102/90 BStBl II 94, 9). Einen Geschäftswert kann auch ein **Teilbetrieb** haben (BFH I R 60/95 BStBl II 96, 576), nicht ein Unternehmen im Aufbau (BFH IV R 40/92 BStBl II 94, 224; krit *Moxter* StuW 95, 378). – Er ist an den (Teil-)Betrieb gebunden und kann nicht ohne diesen veräußert oder „entnommen" werden (BFH X R 57/93 DStR 98, 887: grds keine Entnahme bei BetrAufsp). Entgeltl Erwerb eines Geschäftswerts auch bei Integration des erworbenen Unternehmens in ein vorhandenes mögl (BFH IV R 61/77 BStBl II 80, 690); bei Aufteilung eines Unternehmens geht der Geschäftswert nicht zwangsläufig unter (BFH I R 60/95 BStBl II 96, 576), ggf sogar Spaltung des Geschäftswerts in einzelne geschäftswertbildende Faktoren (BFH I R 42/00 BStBl II 01, 771). – Auch bei **„personenbezogenen GewBetr"** bejaht die Rspr einen Geschäftswert (zB BFH I R 60/95 BStBl II 96, 576 Apotheke); Ausnahme: Handelsvertreter (BFH IV R 50/72 BStBl II 77, 201). – Zur **Unterscheidung** zw **Geschäfts-** und **Praxiswert** s BFH I R 83/89 BStBl II 91, 595; zu den Rechtsfolgen dieser Unterscheidung s Rz 227 f.

222 **aa) Wirtschaftsgut.** Der Geschäftswert ist handelsrechtl ein (abnutzbarer) Vermögensgegenstand (§§ 266 II, 246 I 4 HGB idF BilMoG) und estrechtl ein **immaterielles WG**, keine Bilanzierungshilfe (BFH X R 5/05 BStBl II 07, 959; *BeBiKo* § 247 HGB Rz 400); § 253 V 2 HGB idF BilMoG bedeutet eine Absage an die Einheitstheorie (*Hennrichs* StbJb 09/10, 261).

ME ist zu erwägen, ob de lege ferenda die (strechtl) Einordnung des Geschäftswerts als WG nicht aufgegeben werden sollte. Die bilanziellen Probleme (Einheitstheorie; TW-AfA; negativer Geschäftswert) beruhen größtenteils auf dieser Einordnung; ein (positiver oder negativer) Ausgleichsposten wäre leichter zu handhaben (ähnl *Hügel* ÖStZ-Sonderheft 97, 9/32; *Bruckner* in: Steuern in Österreich, 1998, 109).

Der Geschäftswert *gilt* als **abnutzbares WG** mit einer gesetzl festgelegten Nutzungsdauer von 15 Jahren (§ 7 I 3; s Rz 227), der aber verdeckt eingelegt werden kann (BFH I R 104/94 BB 96, 842). – Handelsrechtl darf ein selbst geschaffener (originärer) Geschäftswerts aktiviert werden (§ 248 II HGB); bei entgeltl Erwerb besteht Ansatzpflicht (Schluss aus § 248 II HGB). **Estrechtl** darf ein **selbst geschaffener** Geschäftswert **nicht** aktiviert werden, ein **entgeltl** erworbener (derivativer) Geschäftswert **muss** aktiviert werden (§ 5 II; *Velte* StuW 10, 93). Aufwendungen für den **Erwerb zum Zwecke der Stilllegung** (Ausschaltung eines Konkurrenten) sind sofort abziehbare Aufwendungen zur Verbesserung des eigenen Geschäftswerts, sofern sie nicht AK für EinzelWG (zB Kundenstamm) sind (BFH I R 49/85 BFH/NV 90, 442). Wird nur eine Summe einzelner WG erworben, ist kein Geschäftswert zu aktivieren (BFH IV R 218/72 BStBl II 77, 595).

223 **bb) Abgrenzung.** Eigenständige WG sind anzunehmen, wenn es sich um **Gegenstände** handelt, die auch als solche **am Markt greifbar** sind und gesondert übertragen werden (Rz 171 ff mwN für Rechte, Patente, EDV-Programme, EStR 5.5 I), Nicht zum Geschäftswert gehören insb kurzfristig **abnutzbare immaterielle EinzelWG** (BFH III R 40/07 BStBl II 10, 609), zB Konzessionen

(BFH X R 176–177/87 BStBl II 90, 15), kassenärztl Zulassung (*OFD Koblenz* DB 06, 127), Wettbewerbsverbot (bei wirtschaftl Eigengewicht und besonderem Entgelt; BFH IX R 86/95 BStBl II 99, 590). I nsoweit kann indiziell bedeutsam sein, ob die Vertragsparteien bei der Preisfindung erkennbar bestimmte Verhältnisse des Unternehmers einzeln bewertet haben (BFH IV R 7/83 BStBl II 86, 176). – **Unselbständige geschäftswertbildende Faktoren** sind zB das Recht zur Fortführung des Firmennamens, ein bei Geschäftsübernahme vereinbartes Wettbewerbsverbot (BFH I R 130/85 BFH/NV 89, 780), der Kundenstamm – aber nicht bei Unternehmenserwerb zur Stilllegung (BFH I R 49/85 BFH/NV 90, 442) –, die Kundenkartei und günstige Einkaufsmöglichkeiten, schwebende Arbeitsverträge (BFH IV R 7/83 BStBl II 86, 176), die (innere und äußere) Organisation des Unternehmens, eingearbeitetes Personal, wohl auch sog Zertifizierungsaufwendungen (*Streck/Alvermann* BB 97, 1184).

b) Negativer Geschäftswert. Dieser („Geschäftsmangel"; wegen geringen Ertragswerts Kaufpreis niedriger als Substanzwert; „Mehrzahlung" des Verkäufers = „Anschaffungsertrag" des Erwerbers) soll nach wohl noch hM weder in der HB noch in der StB passivierbar sein (BFH IV R 77/93 BStBl II 98, 180; *Groh* FS Klein, 1994, 815; **aA** zB *Clemm* FS Claussen, 1997, 605). Er kann aber *(1)* eine TW-AfA bzw eine Abstockung (nicht Bar- und Buchgeld) rechtfertigen (BFH VIII R 160/79 BStBl II 84, 56 mwN; *Strahl* DStR 98, 515) oder *(2)* als **„passiver Ausgleichsposten"** in Erscheinung treten (BFH I R 49, 50/04 BStBl II 06, 656; dazu *ADS* § 255 Tz 294; *Velte* StB 11, 396), der gewinnerhöhend aufzulösen ist (evtl entspr § 7 I 3); nach **aA** ist der negative Geschäftswert erst bei Verkauf, bei Liquidation oder bei Wegfall der Ursachen des negativen Geschäftswerts gewinnerhöhend aufzulösen (*Preißer* DStR 11, 133; *Meier/Geberth* DStR 11, 733). Nach *Pickhardt* DStR 97, 1095 führt Zuzahlung des Verkäufers zu sofortigem Gewinnausweis; mE AK-korrespondierende Betrachtung vorzuziehen (ähnl BFH I R 49, 50/04 BStBl II 06, 656; *Heger* jurisPR-StR 34/06 Anm 2). **226**

c) Absetzung. Der Geschäftswert (GewBetr; LuF) kann mit einer für die StB (zur HB s § 246 I 4 HGB) gesetzl festgelegten fiktiven Nutzungsdauer von 15 Jahren (§ 7 I 3) abgesetzt werden, die weder über- noch unterschritten werden darf (IEinz § 7 I Rz 171). **227**

d) Praxiswert. Anders als ein Geschäftswert ist ein **freiberufl** Praxiswert ein abnutzbares WG (zB BFH VIII B 42/10 BFH/NV 11, 1345; zur Ermittlung des Werts einer Praxis s *George* DB 95, 896 mwN). Ein Praxiswert kann nur in der Person des Praxisinhabers entstehen; zur Abgrenzung von Praxiswert und Mandantenstamm BFH I R 52/93 BStBl II 94, 903. Eine Kassenzulassung ist idR kein selbständiges WG (BFH VIII R 7/14 BStBl II 17, 689). – Seit Inkrafttreten des BiRiLiG ist auch der bei der Sozietätsgründung oder -erweiterung (in vollem Umfang) aufgedeckte Praxiswert ein abnutzbares WG, dessen Nutzungsdauer bei weiterer Mitarbeit des Praxisinhabers doppelt so lang ist wie die des Wertes einer Einzelpraxis, idR 3–5 Jahre (BFH IV R 38/94 BFH/NV 95, 385; *BMF* BStBl I 95, 14); bei Übertragung auf KapGes ist der Stellung des übertragenden Ges'ters von Bedeutung (BFH I R 52/93 BStBl II 94, 903). Bei Fortführung einer Praxis mit Betriebsfremden soll der Praxiswert zu einem Geschäftswert werden (BFH VIII R 13/93 BStBl II 94, 922); zur AfA bei Aufnahme eines Sozius in eine Einzelpraxis BFH VIII R 13/07 BStBl II 09, 993. **228**

e) Teilwertabschreibung. Dazu s § 6 Rz 313 f; zur TW-AfA bei BetrAufsp BFH X R 45/06 BStBl II 10, 274. **230**

f) Geschäftswertähnliche Wirtschaftsgüter. Das sind vom Geschäftswert abgrenzbare immaterielle EinzelWG, die ähnl wie der Geschäftswert mit dem Unternehmen als solchem und seinen Gewinnchancen unmittelbar verknüpft sind, zB Arzneimittelzulassung, Belieferungsmöglichkeiten, Brennrechte, die Firma und Marken des Unternehmens, Gewinnchancen aus schwebenden Geschäften, Güterfernverkehrsgenehmigungen (*HHR* § 5 Rz 1800). Diese sind uU als abnutzbar und analog § 7 I 3 zu behandeln (BFH IV R 48/97 BStBl II 98, 775; *BMF* BStBl I 86, 532 für Verlagswert; BFH IV B 24/97 BFH/NV 98, 1467 für Kundenstamm). **233**

10. Aktive und passive Rechnungsabgrenzung

Schrifttum (Aufsätze vor 2001 s Vorauflagen): *Weber-Grellet*, StBilRecht, 1996, § 9; *Bertl ua* (Hrsg), Erfolgsabgrenzungen in Handels- und Steuerbilanz, 2001; *Tiedchen*, Aktive RAP, HdJ II/9 (2021), *Tiedchen*, Passive RAP, HdJ III/8 (2021); HdR B 218; *KSM* § 5 Rz F 1–386; *Weber-Grellet*, RAP insb iZm Finanzierungsaufwendungen, RdF 14, 56; *Priester*, Passive RAP, DB 16, 1025; *Weber-Grellet*, RAP als Anwendungsfall des Realisationsprinzips, NWB 17, 2984; *Lüdenbach/Freiberg*, RAP bei der Erstkonsolidierung, DB 21, 2573. – **Verwaltung:** EStR 5.6; BMF BStBl I 95, 183; OFD Ffm BeckVerw 272353 (Milchaufgabevergütung).

241 **a) Grundsätzliches.** Nach § 5 V 1 EStG (§ 250 I, II HGB) besteht ein Ansatzgebot für „vorverausgabten Aufwand" (noch kein Aufwand; per RAP an Geld) und für „vorvereinnahmten Ertrag" (noch kein Ertrag; per Geld an RAP) – sog **transitorische RAP** (zu antizipativer RAP s Rz 244). RAP sind mE nicht aus dem Vorsichtsprinzip des § 252 I Nr 4 HGB abzuleiten, sondern sind **Stornoposten zur perioden- und realisationsgerechten Gewinnermittlung** (§ 252 I Nr 5 HGB; BFH I R 18/06 BStBl II 07, 697; *Tiedchen* HdJ III/8 Rz 9; Rz 78); sie sind weder WG (*Lüdenbach/Freiberg* DB 21, 2573) noch (ungewisse) Verbindlichkeit (so aber wohl *Hommel ua* BB 19, 1259). Zahlungen mit Zukunftsbezug sind (nach Maßgabe des imparitätischen Realisationsprinzips; s Rz 381, 601) aufwands- und ertragsmäßig den zukünftigen Zeiträumen zuzuordnen (**Zahlungszuordnungsposten;** *Weber-Grellet* RdF 14, 56, 61). RAP entstehen nur iZm Einnahmen und Ausgaben (baren und unbaren Zahlungen, *KSM* § 5 Rz F 47), denn allen anderen Bilanzposten (Forderungen, Verbindlichkeiten) ist der zeitgerechte Ausweis wesensimmanent, eine Forderung kann nicht Gegenstand eines RAP sein (*Weber-Grellet* NWB 17, 2984; *ders* FR 17, 1010; **aA** BFH VI R 96/13 BStBl II 17, 884). – Zur bilanziellen Abwicklung eines subventionierten Handyverkaufs (nach BFH I R 77/08 BStBl II 13, 730) mit Hilfe eines verdeckten Zuschusses s *Schmidt* 34. Aufl. § 5 Rz 241.

Unterbliebene RAP sind in späteren Wj nachzuholen (BFH IV R 33/87 BStBl II 89, 407). Die Vorschrift gilt sinngemäß für § 4 I (BFH VI R 96/13 BStBl II 17, 884 zu LuF; EStH 5.6).

242 **b) Aktive Rechnungsabgrenzungsposten. – aa) Funktion.** § 5 V 1 Nr 1 (abschließende Sondernorm, BFH I R 92/94 BStBl II 95, 594) statuiert mit der Definition aktiver RAP für die StB ein **Aktivierungsgebot** für Ausgaben, die der Definition entsprechen (BFH IV R 153/72 BStBl II 78, 262; HHR § 5 Rz 570, 2185 f), und ein Aktivierungsverbot für Ausgaben, die der Definition nicht genügen und auch aus anderen Gründen zB als AK/HK für WG nicht aktivierungspflichtig sind. Aktive RAP treten häufig iZm Leistungen aus Dauerschuldverhältnissen in Erscheinung. **Geringfügige RAP** sind nicht auszuweisen (Wahlrecht; Maßstab § 6 II; BFH X R 20/09 BFH/NV 10, 1796; FG BaWü BB 19, 1138, rkr; **aA** BFH X R 34/19 BStBl II 21, 844; s oben Rz 84; zu Rückstellungen unten Rz 370).

243 **bb) Voraussetzungen.** Ein aktiver RAP erfordert, *(1)* Ausgaben vor dem Abschlussstichtag, *(2)* die Aufwand für eine **bestimmte Zeit** nach dem Abschlussstichtag sind. Aktiviert werden Aufwendungen, die als **laufende BA** abziehbar sind (zB vor dem Bilanzstichtag vorausgezahlte Mietzinsen, Versicherungsprämien und ähnl wiederkehrende Leistungen (BFH I 93/64 BStBl II 70, 178), auch Kfz-Steuer (BFH I R 65/09 BStBl II 10, 967; so auch *Tiedchen* FR 10, 160); dienen die Aufwendungen dem Erwerb eines WG, das erst in späterer Zeit genutzt werden soll, sind die Aufwendungen als WG zu aktivieren und die Absetzungen erst mit der späteren Nutzung zu beginnen.

244 **c) Verhältnis zu anderen Aktivposten. – *(1)* Antizipative RAP.** Im Unterschied zu den transitorischen sind antizipative RAP bei nachfolgenden Zahlungsvorgängen (also „Ertrag/Aufwand jetzt, Zahlung später") nicht zu bilden; diese Tatbestände sind ggf als Forderung oder Schuld zu erfassen (vgl EStR 5.6 III; BFH X R 49/89 BStBl II 92, 904). – *(2)* **Geleistete/erhaltene Anzahlungen** (Rz 270, 550). Diese sind in HB und Steuerbilanz gesondert zu aktivieren (vgl für KapGes § 266 II HGB). Anzahlungen (nach Bestellungen) werden zumeist iZm der Anschaffung von WG geleistet; ihre Aktivierung dient dazu, das schwebende Geschäft erfolgsneutral zu lassen (*Tiedchen* HdJ II/9 Rz 49 f; *KSM* § 5 Rz F 21). – *(3)* **Vor-**

Aktivierung

rang des § 5 II. Das Aktivierungsgebot für **entgeltl erworbene immaterielle WG** (Rz 161) hat Vorrang (ähnl *BH/Krumm* § 5 Rz 694; offen in BFH IV R 184/79 BStBl II 82, 696); jedenfalls ist Aktivierung geboten, wenn die Voraussetzungen des § 5 V 1 nicht, die des § 5 II aber erfüllt sind (ähnl *KSM* § 5 Rz F 30).

d) Passive Rechnungsabgrenzungsposten. – aa) Funktion. § 5 V 1 Nr 2 245 enthält – deckungsgleich mit § 250 II HGB – eine Definition des passiven RAP, ein **Passivierungsgebot** für die der Definition entspr „Einnahmen" (BFH IV R 33/87 BStBl II 89, 407; *HHR* § 5 Rz 2210f) und ein **Passivierungsverbot** für andere „Einnahmen", soweit nicht eine Passivierung aus anderen Gründen geboten ist (BFH IV R 96/82 BStBl II 84, 552). Zur Abgrenzung von noch nicht verbrauchten Aufwandsbeträgen (Franchise-Werbung) s BFH X R 59/04 BStBl II 08, 284. Vorab vereinnahmte Entgelte werden erst erfolgswirksam, wenn die ausstehende Gegenleistung erbracht wird; ähnl einer Anzahlung nach § 266 III C Nr 3 HGB (BFH I R 18/06 BStBl II 07, 697). Der Begriff des passiven RAP erfordert Einnahmen vor und Ertrag für eine bestimmte Zeit nach dem Abschlussstichtag.

bb) Anwendungsbereich. Gegenstand der passiven RAP sind vor allem ge- 246 genseitige Verträge, idR Dauerschuldverhältnisse, bei denen Leistung und Gegenleistung zeitl auseinander fallen, also einer erhaltenen Einnahme eine Verpflichtung zu einer noch nicht erbrachten zeitbezogenen Leistung gegenübersteht (BFH I B 12/94 BFH/NV 95, 786; *Tiedchen* HdJ III/8 Rz 31 f), zB vor dem Bilanzstichtag empfangene Miet-, Pacht-, Erbbau-, Darlehenszinsen, Versicherungsprämien und ähnl wiederkehrende Leistungen, die Entgelt für erst nach dem Bilanzstichtag zu erbringende Leistungen sind. Ein passiver RAP kann aber auch bei einer Forfaitierung (BFH I R 94/95 BStBl II 97, 122; Rz 270, 732) oder bei einer Leistung auf öffentl-rechtl Grundlage (zB öffentl Subventionen) veranlasst sein, sofern das vom Empfänger erwartete Verhalten (zB ein Unterlassen) zeitraumbezogen und wirtschaftl Gegenleistung für die Subvention ist (BFH I R 56/94 BStBl II 96, 28), *nicht* hingegen bei einem einmaligen Verzicht/Schadensausgleich (BFH I R 18/06 BStBl II 07, 697) oder bei einer Abfindung für eine vorzeitige Vertragsauflösung (BFH I R 9/04 BStBl II 05, 481; vollständige Gewinnrealisierung). – Im Verhältnis zu anderen Passivposten ist § 5 V 1 subsidiär (*KSM* § 5 Rz F 30 mwN).

e) Vorzahlungen. – aa) Zahlungen. Vorgezahlte Ausgaben/Einnahmen iSd 247 § 5 V EStG liegen nur vor, wenn Bar- oder Buchgeldzahlungen (zB Darlehen) geleistet bzw empfangen worden sind (vgl BFH IV R 10/76 BStBl II 81, 669).

Beispiel: Ausgabe einer Schuldverschreibung mit Emissionsdisagio (nach BFH I R 46/05 BStBl II 09, 955): per Geld 900 und RAP 100 an Verpflichtung 1000.

Nur den Ausgaben und Einnahmen fehlt eine zeitl Dimension. Andere Bilanzposten (zB als Ertrag gebuchte Forderungen und als Aufwand gebuchte Verbindlichkeiten) gehören – logisch zwingend – nicht dazu (*Klein* BB 69, 908; *Weber-Grellet* NWB 17, 2984; **aA** BFH VI R 96/13 BStBl II 17, 884; *KSM* § 5 Rz F 49; einschr *Tiedchen* HdJ II/8 Rz 70), so dass insoweit eine Stornierung der Realisation mittels RAP obsolet ist; die entspr Forderungen hätten (mangels Realisation) im BFH-Fall noch gar nicht ausgewiesen werden dürfen; die Buchung „per Forderung an RAP" ist in sich widersprüchl.

bb) Aufwand nach Bilanzstichtag. Ob Ausgaben Aufwand für das abgelaufe- 248 ne Wj oder für eine (bestimmte) Zeit nach dem Bilanzstichtag sind, ist allg danach zu entscheiden, ob der wirtschaftl Grund der Ausgaben in der Vergangenheit oder Zukunft liegt, insb ob die Ausgaben durch im abgelaufenen Wj empfangene oder durch künftig zu erwartende Gegenleistungen (nach Maßgabe des Realisationsprinzips) wirtschaftl verursacht sind (BFH IV R 184/79 BStBl II 82, 696; Abgrenzung wie bei Rückstellung [mit umgekehrten Vorzeichen], Rz 381); ggf Aufteilung (BFH VIII R 87/91 BStBl II 94, 109). Erforderl ist grds, dass einer Vorleistung eine noch nicht erbrachte zeitbezogene Gegenleistung des Vertragspartners gegenübersteht (BFH VIII R 86/91 BStBl II 93, 709 mwN; *KSM* § 5 Rz F 56f; *Hartung* FS Moxter, 1994, 213: bilanzrechtl Synallagma). Abzustellen ist auf das einzelne Rechtsverhältnis (BFH I R 48/69 BStBl II 73, 565); keine Beschränkung auf gegenseitige Verträge (BFH VIII R 145/78 BStBl II 79, 625; EStH 5.6). Leistungen an einen Dritten (zB Vermittlungsprovision) rechtfertigen keinen aktiven RAP (BFH IV R 16/95 BStBl II 97, 808; krit *Stobbe* FR 97, 812).

249 **cc) Ertrag nach Bilanzstichtag.** Ertrag für eine (bestimmte) Zeit nach dem Abschlussstichtag ist eine Einnahme, soweit sie Entgelt für noch nicht erbrachte, nach dem Bilanzstichtag zu erbringende zeitraumbezogene Leistungen (Tun, Dulden, Unterlassen) ist (BFH I R 18/06 BStBl II 07, 697). Bei einmaligen Leistungen (zB Lieferung) ist die Einnahme als erhaltene Anzahlung zu passivieren (Rz 244).

250 **f) Bestimmte Zeit. – aa) Funktion.** Das gesetzl Bestimmtheitsgebot („für eine bestimmte Zeit") setzt nach hM einen Zeitraum voraus, der sich rechnerisch ermitteln lässt; die bestimmte Zeit muss **kalendermäßig** festgelegt oder berechenbar oder aus anderen Rechengrößen mathematisch ableitbar sein; eine nur mehr oder minder vage Schätzung genügt nicht (BFH I B 107/13 BFH/NV 15, 352; *Tiedchen* HdJ II/9, Rz 95; *Weber-Grellet* RdF 14, 56). Das Merkmal ist Ausdruck des **Objektivierungsprinzips** (*Moxter* BilRspr § 7 I 3); Beginn und Ende des Zeitraums müssen bestimmt werden können. Eine enge Auslegung des Merkmals „bestimmte Zeit" entspricht bei aktiven RAP dem Vorsichtsprinzip; bei passiven RAP kann sie zu einer zu frühen Gewinnrealisierung führen. Das Merkmal der bestimmten Zeit ist daher **„imparitätisch"** auszulegen (FG Köln EFG 12, 105; so auch *Weber-Grellet* RdF 14, 56; *Bertl* [vor Rz 241] S 139; **aA** (mE unter Vernachlässigung bilanzsteuerrechtl Grundprinzipien) *Marx/Löffler* DB 15, 2765; *KSM* § 5 Rz F 99); die Voraussetzungen für den Ausweis von Aufwand und Ertrag sind (rechtl) unterschiedl. Der BFH vertritt dementsprechend bei der Bildung passiver RAP eine relativ weite Auslegung (BFH I R 77/08 BStBl II 13, 730 – Zuschuss für Handy, *Weber-Grellet* BB 14, 42; weitere Beispiele s *Schmidt* 36. Aufl § 5 Rz 250).

251 **bb) Einzelfälle. – (1) Zeitfaktor.** Eine bestimmte Zeit kann zB auch ein **langjähriger Zeitraum** sein (zB BFH IV R 111/79 BStBl II 82, 655: 30 Jahre; **aA** *Mathiak* StuW 86, 173) und auch eine **immerwährende Zeit** (Rz 252). Relevant wird dies zB, wenn die noch zu erbringende Leistung in einem Dulden besteht und man mit der hL Duldungsleistungen (-pflichten) zwar als zeitraumbezogene Leistung iSd RAP-Begriffs, nicht aber als passivierbare Verbindlichkeit (s Rz 319) wertet. – **(2) Keine bestimmte Zeit.** Dies ist nach noch hM ein Zeitraum, der nur im Schätzungswege bestimmbar ist, wie zB Nutzungsdauer eines (materiellen) WG (BFH I R 56/94 BStBl II 96, 28; EStR 5.6 II, EStH 5.6) oder die Dauer der zu erbringenden Gegenleistung (FG Ddorf EFG 20, 1395, Rev IV R 22/20). Dies ist mE zu eng (s auch in Rz 252 aufgeführte Tendenzen; *Meyer-Scharenberg* DStR 91, 754).

252 **cc) Rechtsprechungstendenzen.** Die Rspr tendiert im Hinblick auf eine zutr Periodenabgrenzung zR zu einer **extensiveren Auslegung.** Für einen **aktiven RAP** kann nach BFH VIII R 65/91 BStBl II 95, 312 (krit *Stobbe* FR 95, 399) der „bestimmte Zeitraum" nicht nur durch ein Zeitmaß, sondern zB durch die jeweilige **Abbaumenge** bestimmt werden. Für einen **passiven RAP** verzichtet der BFH auf einen kalendermäßig festgelegten Zeitraum und lässt – unter Hinweis auf die Funktion der passiven RAP, nämliche willkürl Beeinflussung des Gewinns zu verhindern, einen **Mindestzeitraum** genügen (BFH IV R 130/91 BStBl II 95, 202; *Beisse* FS Budde, 1995, 67; *BMF* BStBl I 95, 183). Eine **immerwährende** Verpflichtung soll ebenfalls RAP-geeignet sein (Auflösung über einen Zeitraum von 25 Jahren; BFH VI R 96/13 BStBl II 17, 884).

253 **g) Abwicklung. – aa) Höhe und Auflösung.** Sie bestimmen sich nach hM (zB BFH IV R 76/82 BStBl II 84, 713 für Disagio) ausschließl nach dem Umfang der Vorauszahlung (BFH I 208/63 BStBl III 67, 607) und nach dem Wertverhältnis der noch ausstehenden (Gegen-)Leistung zur gesamten (Gegen-)Leistung (*Tiedchen* HdJ II/9 Rz 139), zB nach dem Verhältnis der Höhe und Zeitdauer der

Aktivierung 254–258 § 5

gesamten Kapitalüberlassung bei Darlehensgewährung (BFH IV R 66/94 BStBl II 95, 772) oder nach dem Ausmaß der Erfüllung bei Pauschalvergütung (FG Bln EFG 03, 980). Beträgt der RAP-Zeitraum **mehr als ein Jahr,** ist der RAP um den jeweiligen Betrag, der dem abgelaufenen Jahr erfolgsmäßig zuzurechnen ist, zu vermindern (*KSM* § 5 Rz F 126f); eine **Abzinsung** (zukünftiger Aufwendungen oder Erträge) scheidet aus (*Tiedchen* HdJ II/9 Rz 134; *Achatz/Kofler* [vor Rz 241] S 185, 216). § 6 ist, da der RAP ledigl lfd Zahlungen abgrenzt, weder unmittelbar noch sinngemäß anzuwenden (*Tiedchen* HdJ II/9 Rz 133; *KSM* § 5 Rz F 116; **aA** *Bertl/Gassner* [vor Rz 203] S 104). Dementspr kann ein aktiver RAP nicht auf einen niedrigeren TW abgeschrieben werden. Bei Betriebsaufgabe ist ein passiver RAP zugunsten des Aufgabegewinns aufzulösen (BFH VI R 51/16 BStBl II 18, 778).

bb) Erfolgsauswirkung. Diese hängt von den individuellen Verhältnissen ab (BFH VIII R 87/91 BStBl II 94, 109: **lineare Auflösung** bei vorausbezahltem Erbbauzins, so auch FG Bln EFG 01, 38; BFH VIII R 65/91 BStBl II 95, 312: Auflösung nach Maßgabe der **jährl Fördermenge**) und kann auf Grund allgemeingültiger Maßstäbe geschätzt werden. – Zur **degressiven** Auflösung eines Disagios s BFH VIII B 132/90 BFH/NV 91, 736; FG BaWü EFG 03, 379; *Meyer-Scharenberg* DStR 91, 754.   254

h) Rechtsprechungsbeispiele. – aa) Aktive Rechnungsabgrenzungsposten (noch kein Aufwand). Diese sind erforderl für einmalige Bearbeitungsgebühr und vorausgezahlte Avalprovision für Bürgschaft (BFH IV R 28/91 BStBl II 92, 600), für Zahlung eines Kaufinteressenten für mehrjährig bindendes Verkaufsangebot (vgl BFH X R 136/87 BStBl II 92, 70); für Vorauszahlungen auf Ausbeuteverträge (BFH VIII R 65/91 BStBl II 95, 312). Bei Stufenzinsprodukten kommt RAP in Betracht (BFH I R 77/10 BStBl II 12, 284: wie Damnum). – Der Aufwand für Zinsbegrenzung ist aktiv abzugrenzen (*Lüdenbach* StuB 11, 26). – Zu Darlehensgebühren s Rz 270.   255

bb) Ausschluss. Kein aktiver RAP ist erlaubt für vor Verkauf von Schallplatten entstandene Lizenzgebührenschuld (BFH I R 22/66 BStBl II 70, 104), für degressive Raten beim Mobilienleasing (BFH I R 51/00 BStBl II 01, 645; krit Rz 735); kein RAP bei Vermarktungskostenzuschuss eines Filmfonds, sondern Darlehen (BFH IV R 25/12 BStBl II 15, 772), auch kein aktiver RAP für Zahlung wegen vorzeitiger Vertragsauflösung (BFH IV R 26/16 BFH/NV 18, 1260).   256

cc) Passive Rechnungsabgrenzungsposten (noch kein Ertrag). Diese sind zu bilden: bei einem Elektrizitätsversorgungsunternehmen für von den Abnehmern erhaltene Baukostenzuschüsse (BFH I R 104/75 BStBl II 77, 392; *BMF* BStBl I 03, 361: weder sofortige Vereinnahmung oder AK/HK-Verrechnung; Rz 550); für Erlös aus Forderungsverkauf (Forfaitierung) einer LeasingGes (s Rz 732); bei Gebühren für die Übernahme einer Ausbietungsgarantie (BFH IV R 66/94 BStBl II 95, 772); für Zuschuss bei Bierlieferungsvertrag; für vorab gezahlte Provisionen (BFH IV R 12/99 BStBl II 00, 25); für Vertragsfortführungsentgelt (*Weber-Grellet* DB 11, 2875), für Zinszuschuss bei Autokauf (*Balmes/Graessner* FR 11, 885), für Entschädigung wegen Verzicht auf baul Veränderungen (BFH VI R 96/13 BStBl II 17, 884), bzgl öffentl Zuschuss für geleastes Fahrzeug (FG Mster EFG 16, 462); iRe (Dauer-) Grabpflegevertrags (FG Brem EFG 21, 443, rkr; BFH X B 53/20 BFH/NV 21, 1062; *Weber-Grellet* BB 22, 43); weitere Beispiele s *Schmidt* 34. Aufl § 5 Rz 257.   257

dd) Ausschluss. Unzul ist die Bildung eines passiven RAP für ratenweisen Schadensersatz (BFH I R 78/10 BFH/NV 12, 44), für Entgelt für Gesamtwerk-Verwertungsrechte (BFH X B 72/14 BFH/NV 15, 1252), für Werkzeugkostenbeitrag (BFH I R 87/99 BStBl II 02, 655; Rz 550); für Milchreferenzmenge (FG SchlHol EFG 02, 1431); für Provisionszahlungen auf Teilbetreibungen (BFH IV R 62/05 BStBl II 08, 557); für eine erhaltene Vorfälligkeits-Entschädigung für Zinsherabsetzung (BFH I R 18/06 BStBl II 07, 697: Aufgabe einer Rechtsposition, keine künftige Leistung; *Weber-Grellet* RdF 14, 56); für eine Entschädigung bei durch Straßenbau bedingte künftige Erwerbsverluste (FG Köln EFG 09, 1369); für close-out-Zah-   258 lungen iRe Zinsswaps (*Weber-Grellet* RdF 14, 56, 60; **aA** *Helios* DB 12, 2890); für InvZul (BFH XI R 8/18 BStBl II 20, 772); für Nachbetreuungskosten (so aber *HHR* § 5 Rz 2175; als Rückstellung zu erfassen, da neuer Vorgang; Rz 550 ‚Nachbetreuung'); weitere Beispiele s *Schmidt* 36. Aufl § 5 Rz 258.

259 11. Zölle und Verbrauchsteuern, § 5 V 2 Nr 1. Die entspr HGB-Regelung (§ 250 I HGB aF) wurde durch das BilMoG aufgehoben; die steuerl Legitimation ist nunmehr fragl (*Marx* Steuerl Gewinnermittlung nach BilMoG 2008, S 201). – Zölle/Verbrauchsteuern (zB Bier-/MineralölSt) wirken erst in dem Wj als Aufwand, in dem der Hersteller das belastete Produkt veräußert und die im Preis einkalkulierte Abgabe vom Abnehmer vergütet erhält (Aktivierungsgebot); das gilt (natürl) nicht, soweit sie bereits – wie zB idR die BranntweinSt (BFH IV R 18/80 BStBl II 83, 559) – als Teil der AK/HK der Vorräte aktiviert sind (BFH I R 32/00 BStBl II 02, 349); iEinz *KSM* § 5 Rz F 135–165.

261 12. Umsatzsteuer auf erhaltene Anzahlungen, § 5 V 2 Nr 2. In der StBil ist gem § 5 V 2 Nr 2 die als Aufwand berücksichtigte USt auf am Abschlussstichtag auszuweisende Anzahlungen zu aktivieren; also Bruttoausweis der Anzahlungen und noch kein UStAbzug (iEinz *KSM* § 5 Rz F 166–188). – Zur Bilanzierung der USt (Vorsteuer) bei *geleisteten* Anzahlungen s § 9b.

270 13. ABC der Aktivierung

Abbauberechtigung s „Bodenschätze".

Abbruchkosten eines Gebäudes s EStH 6.4; s auch „Gebäude".

Abfindungen s Abstandszahlungen, Ablösebeträge. Zur Abfindung eines ausscheidenden Mitunternehmers s § 16 Rz 395 f.

Ablösebeträge im Sport sind idR zu aktivieren (BFH I R 108/10 BStBl II 12, 238; *OFD Ffm* BeckVerw 152097; *Teschke* ua FR 12, 1137; *Weber-Grellet* BB 13, 43), ebenso die Beteiligung an Spielertransferrechten (*Kütting ua* DStR 10, 2646); s auch Spielerlaubnis.

Abraumvorrat ist als Teil der HK der herzustellenden Mineralien zu aktivieren (BFH IV R 20/75 BStBl II 79, 143). S aber § 81 V EStDV.

Abschlussprovision s Provisionen.

Abstandszahlungen zB des Erwerbers eines Grundstücks an den Mieter (Pächter) für Räumung vor Ablauf der Mietzeit sind als AK eines selbständigen immateriellen WG zu aktivieren (BFH GrS 1/69 BStBl II 70, 382; BFH IV R 26/6.4); demggü ging es in BFH IV R 26/16 BFH/NV 18, 1260 nicht um den Erwerb der vollen Nutzung, sondern um die Beseitigung eines Vertriebsrechts. Nicht zu aktivieren sind Zahlungen des Neumieters für die Nichtübernahme bestimmter WG (BFH I R 66/72 BStBl II 75, 56); weitere Fälle s *Schmidt* 36. Aufl § 5 Rz 270.

Abspaltung von AK/HK bei Entstehung neuer WG (*Weber-Grellet* FR 07, 515 (518); BFH IV R 2/10 BStBl II 11, 171; BFH IV R 30/08 BStBl II 11, 210; FG Köln EFG 17, 648).

Abwasserbeseitigung (Kläranlage, Kanalisation). EigentümerBeiträge für den **erstmaligen Anschluss** eines Grundstücks an eine öffentl Abwasserbeseitigungsanlage sind als nachträgl AK des Bodens zu aktivieren (BFH I R 129/82 BFH/NV 86, 205); Hausanschlusskosten (vom Haus zum öffentl Kanal; „Kanalanstich") sind HK des Gebäudes (EStH 6.4). – **Sofort abziehbar** sind *(1)* Beiträge zur Ersetzung oder Verbesserung einer alten Anlage (sog Ergänzungsbeiträge; BFH VIII R 198/85 BFH/NV 91, 29); *(2)* Erstanschlussbeiträge, wenn der Grundstückseigentümer eine eigene Anlage hatte; *(3)* Beiträge wegen gewerbl Sondernutzung (gewerbebezogene Aufwendungen); s BFH VIII R 322/83 BStBl II 87, 333 mwN).

Abzinsung s § 6 Rz 454 ff.

Ackerprämienberechtigung und Ackerquote. Zur Entstehung als immaterielles WG BFH IV R 28/08 BStBl II 11, 406; FG SchlHol EFG 15, 245.

Aktivierung (ABC) **270 § 5**

Agentur. Arbeitsagentur-Vermittlungshonorar nach Maßgabe der sozrechtl Vorschriften zu aktivieren (FG BBg EFG 18, 1696, rkr).
Aktienoptionsprogramme s Rz 550.
Aktivierung s „Forderungen".
Ankaufsrecht s „Bezugsrecht".
Anleihen. Zur steuerbilanziellen Erfassung aktienbezogener Anleihen (Options-, Wandel-, Umtausch- und Aktienanleihen) s *Häuselmann/Wagner* BB 03, 1531; *Rau* DStR 06, 627; ferner ‚Finanzprodukte'. **Optionsanleihen** sind Schuldverschreibungen mit dem Recht des Gläubigers, zusätzl Aktien zu einem bestimmten Preis zu beziehen (§ 221 I 1 AktG). Das Optionsrecht ist immaterielles WG und als solches neben der Forderung mit den AK zu aktivieren (*OFD Mchn* BeckVerw 150295; *Holle/Tschatsch* FR 18, 884). – **Wandelanleihen** gewähren dem Gläubiger das Recht, den Rückzahlungsanspruch in GesAnteile umzutauschen (§ 221 I 1 AktG), bei **Aktienanleihen** hat der Emittent ein Andienungsrecht (*Kowanda* DStR 17, 2403), keine Gewinnrealisierung (*BMF* FR 18, 907; trotz BFH IX R 55/13 BStBl II 15, 265, eher wie BFH IX R 33/17 BStBl II 18, 525). – Das bei Ausgabe erhobene **Aufgeld** ist in eine stfreie Rücklage einzustellen und bei Nichtausübung des Umtauschrechts erfolgswirksam aufzulösen (BFH I R 3/04 BStBl II 08, 809; BFH I R 26/04 BFH/NV 06, 616: Einlage; *Niedling* RdF 16, 49); die leistenden Optionsinhaber sind nicht Ges'ter geworden; damit ist mE eine Kapitaleinlage zwingend ausgeschlossen (Vorrang des § 4 IV).
Anliegerbeiträge s Rz 142 und „Erschließungsbeiträge".
Anschluss s „Stromanschluss".
Anteile s „Beteiligungen".
Anzahlungen (Vorleistungen auf eine vom anderen Vertragsteil zu erbringende Lieferung oder Leistung; s auch Rz 244) sind als „geleistete Anzahlungen" (BFH IV R 300/84 BStBl II 89, 411) grds (gewinnneutral) zum Nennwert zu aktivieren (vgl § 266 II HGB; *Köhler* StBp 16, 14), auch wenn der Gegenstand des Gegenanspruchs kein aktivierungsfähiges WG ist (BFH VIII R 65/91 BStBl II 95, 312); AK (HK) erst bei erbrachter Gegenleistung (BFH GrS 1/89 BStBl II 90, 830).
Arbeitnehmererfindung. Diensterfindungen fallen unter § 5 II (*OFD Ffm* DStR 18, 2639); AK für freie Erfindungen sind zu aktivieren (*LfSt Bayern* DStR 17, 2055; *Geier* DStR 17, 1192); Zufallserfindungen s § 22 Rz 150.
Arzneimittelzulassungen können bei entgeltl Erwerb als immaterielle (Einzel-)WG zu aktivieren sein; nach *BMF* BStBl I 99, 686 wie Warenzeichen (s dort) abzuschreiben; *Boorberg ua* DStR 98, 113: circa acht Jahre.
Ärztemuster. Beim Hersteller als körperl WG zu aktivieren (BFH I R 89/79 BStBl II 80, 327).
Auftragsbestand s Rz 171, 188, 223.
Ausgleichsanspruch des Handelsvertreters (§ 89b HGB) bzw Kommissionsagenten oder Eigenhändlers entsteht (erst und schon) mit der Beendigung des Vertragsverhältnisses, zB zum 31.12.; er ist grds zu diesem Zeitpunkt zu aktivieren (BFH XI R 72/94 BFH/NV 96, 312 bei Tod; zur Betriebsaufgabe s § 16 Rz 310); die Neutralisierung durch passiven RAP ist unzul (*KSM* § 5 Rz F 277). – Auch kein Aktivposten für künftige „Vorteile" (kein RAP; kein immaterielles WG; vgl BFH X R 111/88 BStBl II 91, 218); bei Ausgleichszahlungen an Eigenhändler ist dies evtl anders (entgeltl Erwerb eines Kundenstamms).
Aussetzungszinsen s „Steuerschulden".
Baggersee (Ansatz und Bewertung) s *Burger* StBp 10, 148.
Bauaufträge s „Unfertige Erzeugnisse".
Bauplanungskosten s „Gebäude".

Bauspardarlehen. Zuteilungs- und Abschlussgebühren sind wie Disagio zu aktivieren und auf Darlehenslaufzeit abzuschreiben (BFH IV 131/63 BStBl III 67, 670; *Herzig/Joisten* DB 11, 1014: bei Laufzeitabhängigkeit).

Bauten auf fremdem Grund und Boden (§ 266 II A II 1 HGB, § 5 I EStG; § 94 I BewG), die der Hersteller auf eigene Rechnung baut, die aber zivilrechtl voll oder anteilig im (Mit-)Eigentum des Grundstückseigentümers stehen, sind nach BFH GrS 1/97 BStBl II 99, 778 (EStR 7.1 V 3–4) wie Gebäude zu behandeln (AfA idR gem § 7 IV; auch erhöhte Absetzungen; so wohl auch BFH VIII R 10/14 BStBl II 17, 819; dazu *Weber-Grellet* BB 18, 43, 48); Rz 152. Fremdbauten sind **materielle WG** (vgl Rz 114, 176; BFH XI R 18/06 BStBl II 09, 957). Auf der Grundlage des ausdifferenzierten bilanzsteuerrechtl Normengefüges muss der Fremdbau als ganz gewöhnl WG des Fremdbauers behandelt werden (zB kein „Aufwandsverteilungsposten", kein „Quasi-WG"; dazu *Horst* DB 17, 1349); alle anderen Lösungsansätze sind ohne Rechtsgrundlage und führen zu bilanzsteuerrechtl Friktionen (*Weber-Grellet* BB 16, 2220; *ders* BB 17, 43 und *ders* BB 17, 176; *Hoffmann* StuB 17, 209; krit auch *Kowanda* DStR 17, 961).

Stellungnahme: Der IV. (BFH IV R 29/09 BStBl II 13, 387) und der X. Senat (BFH X R 46/14 BStBl II 16, 976; so auch BMF BStBl I 16, 1431; *Kulosa* jM 17, 167; krit *Weber-Grellet* BB 17, 176) argumentieren allein mit der „typisierten Aufwandsverteilung", ohne die einschlägigen bilanzrechtl und bilanzsteuerrechtl Normen zu berücksichtigen. Sofern keine besonderen Abreden getroffen werden, wird der Fremdbauer wirtschaftl Eigentümer – und zwar mit allen Konsequenzen. Der Fremdbau ist ein materielles WG, das den allg bilanzsteuerrechtl Regeln unterliegt. Der Fremdbau ist ein WG, das an Wert verlieren, aber auch gewinnen kann. Es kann Gegenstand einer TW-AfA sein, in ihm können sich stille Reserven bilden; es kann in einen anderen Betrieb „eingelegt", es kann auch veräußert werden. BFH X R 46/14 BStBl II 16, 976, kann weder im Ergebnis noch in der Begründung gefolgt werden (zur alten Rspr s *Schmidt* 35. Aufl § 5 Rz 270).

Bauzeitzinsen sind strechtl im Hinblick auf das Wahlrecht nach § 255 III 2 HGB (dazu Rz 31) nicht zu aktivieren (iEinz *Haupt* DStR 08, 1814).

Bearbeitungsgebühren für Darlehen (auch für öffentl geförderte) sollen nur bei Laufzeitabhängigkeit aktiv abzugrenzen sein (BFH I R 7/10 BStBl II 11, 870; Rz 243).

Beiträge (Zuschüsse) zu kommunalen Investitionen; s „Abwasserbeseitigung"; „Fußgängerzone"; „Straßenbeiträge"; „Strom-, Wasserversorgung".

Belieferungsrechte zB Bier-, Strom-, Gas- oder Zeitschriftenlieferungsrechte, die auf einer rechtl begründeten Absatzmöglichkeit beruhen, sind, soweit entgeltl erworben und nicht Teil eines Geschäftswerts, als immaterielle WG zu aktivieren (BFH I B 144/01 BFH/NV 03, 154; Rz 233). Sog Listungs-/Positionierungsgebühren sind Aufwendungen auf den eigenen Geschäftswert (*FM NRW* BB 97, 519; s Rz 96; s Rz 270 „Zuschüsse"). Milchlieferrechte sind abnutzbare (immaterielle) WG (BFH IX R 34/08 BFH/NV 10, 17; sa BFH VI R 52/16 BStBl II 19, 472).

Besserungsschein. Sollte entgegen der hL eine mit Besserungsschein bedingt erlassene Schuld weiterhin zu passivieren sein (s Rz 550 ‚Gesellschafterfinanzierung'), ist gleichwohl fragl, ob der Gläubiger den Besserungsanspruch zu aktivieren hat. Zur Erfassung entspr Zahlungen s *Korn* GmbHR 07, 624.

Beteiligungen (allg) sind dauernd dienende Anteile (§ 271 HGB) und strechtl ein einheitl WG (BFH IV R 19/14 BStBl II 18, 575); iEinz *Hopt* § 271 HGB Rz 1 f.

Beteiligungen an Kapitalgesellschaft im BV sind – **(1) Wirtschaftsgüter,** die mit den AK zu aktivieren und auf die keine AfA zul sind (BFH I R 73/15 BStBl II 17, 1065, zu Investmentfonds); bei neuen Anteilen sind AK der Ausgabebetrag, auch bei erst teilweiser Einzahlung (Bruttoausweis; *FM Nds* FR 89, 215). Das Teileinkünfteverfahren nach § 3 Nr 40 erfordert Zu- und Abrechnungen „außerhalb der Bilanz", zB bei TW-Ab- oder -zuschreibungen und bei Veräußerungsgewinnen (vgl *Hoffmann* DB 00, 1931), innerhalb eines kstl BV völlig (§ 8b III KStG), innerhalb eines estl BV anteilig (§ 3c II). – Für Anteile an einem „herrschenden oder mehrheitl beteiligten Unternehmen" ist eine (Gewinn-) Rücklage zu bilden (§§ 272 IV, § 266 III A III Nr 3 HGB; RegEntw BT-Drs 16/10067, 66). – *(2)* **Sacheinlagen** (gegen Gewährung von GesRechten) führen nach Tauschregeln (§ 6 VI 1; Rz 634) zu AK (BFH I R 36/15 DStR 17, 2658); dies gilt auch bei der Sacheinlage eines (dingl oder schuldrechtl) Nutzungsrechts (s Rz 202). – *(3)* Ebenso führen **verdeckte Einlagen** (zusätzl Beiträge; Zuzahlungen iSv § 272 II Nr 4 HGB) durch Zuschüsse, Verlustübernahme, Verzicht (auf Forderungen, Gehalt, Pensionszusage) oder Übertragung materieller oder immaterieller WG auf die KapGes grds zu aktivierungspflichtigen nachträgl AK (§ 6 VI 2; BFH I R 58/99 BStBl II 01, 168; *Weber-Grellet* DB 98, 1532; *Strahl* KÖSDI 99, 11862); zu Nutzungsrechten Rz 206 f. – *(4)* Noch nicht abschließend geklärt ist die Behandlung der **disquotalen Einlage** (zur disquotalen/inkongruenten Gewinnverteilung s BFH VIII B 174/11 BFH/NV 12, 1330; FG Mster EFG 21, 1615, rkr; *BMF* BStBl I 14, 63 [zul wirksamer Bestimmung]; *Fuhrmann* KÖSDI 17, 20563). Ist der Ges'ter nicht AlleinGes'ter, soll seine (disquotale) verdeckte Sacheinlage bei ihm nur nach dem Maß seines Anteils zu aktivieren sein, sofern nicht die anderen Ges'ter entspr Leistungen erbringen (so *Schulze-Osterloh* FS Kropff, 1997, 605, 612 f; **aA** BFH IV R 135/82 BStBl II 85, 635; Sonderfall BFH X R 34/03 DB 04, 2505: teilentgeltl Veräußerung), iÜ uU bei den anderen Ges'tern. ME ist darauf abzustellen, ob der Ges'ter vorrangig im eigenen Interesse handelt oder ob er auch seinen MitGes'tern einen Vorteil zuwenden will (*Weber-Grellet* StB 00, 122; ähnl BFH VIII R 68/96 DStR 00, 1426; zu § 7 VIII ErbStG *van Lishaut/ Ebber/Schmitz* Ubg 12, 1). – Zur **„disquotalen Entnahme"** (ua des Geschäftswerts) bei Begründung einer BetrAufsp mit Verwandten BFH X R 17/05 BStBl II 08, 579.

(5) Zu Verzicht auf Ges'terForderung s Rz 550 ‚Gesellschafterfinanzierung (5)'. – *(6)* Soweit bei **Forderungsverzicht** mit Besserungsklausel die Forderung wieder auflebt (BFH I R 41/87 BStBl II 91, 588; krit *Eppler* DB 91, 195), mindern sich auch die AK um die evtl frühere Erhöhung.– Zu Verlusten von **Ges'terdarlehen** (und Regressforderungen aus Bürgschaft) und ihre Behandlung als AK vgl § 17 Rz 189 ff; s auch Rz 270 ‚Kapitalersetzende Darlehen'.

Beteiligungen an Personengesellschaft. – *(1)* Bei **betriebl** Beteiligung an einer gewerbl tätigen (oder geprägten) PersGes hat der Posten Beteiligung (und Beteiligungserträge) in der StB des Ges'ters grds keine Bedeutung (BFH IV R 1/11 DStR 15, 283; FG Mster DStRE 11, 473), da Gewinne und Verluste aus der Beteiligung einschließl ihrer Veräußerung estrechtl dem Ges'ter unmittelbar (verfahrensrechtl nach § 180 AO) zugerechnet werden (S piegelbildmethode; *Atilgan* StuB 19, 137); umstr (iEinz i§ 15 Rz 690; FG Köln EFG 08, 1230). – *(2)* **Gewinnmindernde TW-AfA** auf die Beteiligung sind in der StB nicht mögl (BFH IV R 36/83 BStBl II 85, 654); umgekehrt werden durch eine „Entnahme" der in der HB als BV ausgewiesenen Beteiligung keine stillen Reserven realisiert. Ist der Ges'ter aber eine KapGes, ist eine unentgeltl Übertragung auf deren Ges'ter vGA. – *(3)* **ZebraGes.** Werden Anteile an einer vermögensverwaltenden, nicht gewerbl geprägten PersGes von einem oder mehreren Ges'tern im BV gehalten, sind die nicht gewerbl Einkünfte der PersGes beim betriebl beteiligten Ges'ter anteilig gewerbl Einkünfte; die WG der ZebraGes sind anteilig im BV auszuweisen (iEinz s § 15 Rz 200 f).

Beteiligungsentwertungskonto (§ 24 V DMBilG) s Rz 102 (29. Aufl).

Betriebsteuern. Ein Anspruch auf Erstattung überzahlter Betriebsteuern zB GewSt (ab VZ 08 keine BA; § 4 Vb idF UntStRefG; BFH I R 21/12 BStBl II 14, 531: verfgemäß) ist mE erst zu aktivieren, wenn er vom FA anerkannt ist (s ‚Steuererstattungsansprüche'; Rz 676).

Betriebsstoffe. Vorräte an Öl, Kohle usw müssen aktiviert werden (BFH I 56/57 U BStBl III 57, 237).

Betriebsvorrichtungen s Rz 137.

Bezugsrecht auf Anteile an KapGes kann als selbständiges WG mit entspr Minderung des Buchwerts der alten Anteile (Abspaltung) zu aktivieren sein (vgl BFH IV R 27/97 BStBl II 99, 638; § 6 Rz 140 ‚Optionen'; § 17 Rz 32).

Bierlieferungsrecht s „Belieferungsrechte".

Bilanzierungshilfen s Rz 31, 101, 222.

Bitcoins (virtuelle Währung) sind immaterielle WG (*Richter/Augel* FR 17, 937; *Kirsch/von Wieding* BB 17, 2731; *Ummenhofer/Zeitler* HdR B 731 Rz 36; **aA** *Schroen* DStR 19, 1369); zum steuerl Geldbegriff *Hötzel*, Virtuelle Währungen ..., 2018; s auch Kryptowährungen.

Blockheizkraftwerk kann Gebäudebestandteil sein, nicht mehr Betriebsvorrichtung (*Schustek* DStR 15, 678; *OFD Nds* DB 15, 2360); Auswirkung auf InvZul.

Bodenschätze. – *(1)* Selbständige, vom GuB zu unterscheidende materielle abnutzbare WG (BFH GrS 1/05 BStBl II 07, 508; BFH I R 101/10 BStBl II 13, 165; *Wolf*, Besteuerung der Bodenschatzverwertung, 2011). – *(2)* Der Bodenschatz (Rz 140) **entsteht** (zB durch Abschluss eines Kaufvertrags; FG Mster EFG 15, 1265) im Regelfall im PV (BFH X R 10/07 BFH/NV 10, 184); bei einem gewerbl Abbauunternehmer kann er im BV entstehen (BFH X B 70/99 BFH/NV 00, 713), ebenso bei unmittelbarer Verwendung für LuF-Zwecke (*BMF* BStBl I 98, 1221; zum Verkauf an Ehegatten s BFH IV R 50/88 BFH/NV 90, 693, an eigene GmbH s *Pflug* INF 89, 4. – *(3)* Bei **Einlage** eines Kiesvorkommens in GewBetr ist der TW anzusetzen; gleichwohl sind AfS nicht zul, natürl auch keine TW-AfA (Bruttobesteuerung der Abbauerträge; BFH III R 8/98 DStR 07, 2311 – Endentscheidung nach GrS 1/05; BFH IV R 46/12 BStBl II 16, 607; BFH IV R 15/14 BStBl II 16, 593 betr Veräußerung an bzw Einlage/Einbringung in PersGes/Einmann-GmbH&Co-KG; dazu *Weber-Grellet* BB 17, 43). Bei Veräußerung ist der noch nicht verbrauchte Buchwert gegenzurechnen (BFH GrS 1/05 BStBl II 07, 508; *Weber-Grellet* FR 07, 515, DStR 07, 1788; krit *Hoffmann* DStR 07, 1783 und auch *Wendt* FR 20, 593, in dem mE vergebl Versuch, ‚aus Kies Kohle zu machen'). – *(4)* Ein **Substanzausbeutevertrag** (Abbauvertrag) ist bürgerl-rechtl idR Pachtvertrag nach § 581 BGB und berechtigt den Pächter zum Genuss der Ausbeute, § 99 BGB (BFH GrS 1/05 BStBl II 07, 508; BFH IX R 6/12 BFH/NV 13, 907). Allg zu Substanzausbeuteverträgen (VuV) s § 21 Rz 18.

Bonusansprüche aus Lieferungen im abgelaufenen Wj sind auch (abgezinst) zu aktivieren, wenn sie erst mehrere Jahre später fällig werden und nicht abgetreten werden dürfen (BFH I R 93/79 BeckRS 1983, 5178) oder wenn sie erst mit Rechnungsregulierung entstehen (BFH I B 182/00 BFH/NV 01, 1399; s Rz 608).

Bürgschaft s Rz 550.

CD-ROM s „Software".

Cloud-Computing. Bilanzierung hängt von der Art der Software-Lösung ab (*Deubert/Lewe* BB 19, 811; *Roos* StuB 20, 101).

Darlehen. Zinsansprüche sind (unabhängig von ihrer Fälligkeit und ggf zeitanteilig) zu aktivieren, soweit sie auf die Zeit vor dem Bilanzstichtag entfallen (BFH I R 11/02 BStBl II 03, 400), nicht aber als Gegenleistung für die künftige Kapitalüberlassung für die Zeit danach (schwebender Vertrag). Unverzinsl oder niederverzinsl Darlehen an ArbN sind mit dem Nennwert zu aktivieren (BFH VIII R 7/86 BFH/NV 91, 451). Gleiches gilt idR für entspr Darlehen an Kunden (BFH IV R 35/78 BStBl II 81, 734) und unterverzinsl, aber kongruent refinanzierte Ausleihungen (BFH I R 145/86 BStBl II 90, 639). S auch Abzinsung und Rz 550 ‚Gesellschafterfinanzierung'.

Darlehensgebühren (gezahlte) sind nicht aktiv abzugrenzen, wenn der Empfänger sie bei vorzeitiger Kündigung behalten dürfte, es sei denn, dass die Kündigungsmöglichkeit nicht real ist (BFH I R 19/12 BFH/NV 13, 1389).

Disagio (ausführl *Tiedchen* HdJ II/9 Rz 151 f). Den Unterschiedsbetrag zw Erfüllungs- und Ausgabebetrag bei Aufnahme eines Kredits, für den in der HB ein Aktivierungswahlrecht besteht (§ 250 III HGB), *muss* der Darlehensnehmer in der StB als RAP aktivieren (BFH IV R 47/85 BStBl II 89, 722; EStH 6.10) und auf den **Zinsfestschreibungszeitraum** abschreiben (BFH IV R 47/85 BStBl II 89, 722); wird das Darlehen vorzeitig zurückgezahlt, ist das Disagio außerplanmäßig abzuschreiben (BFH IV R 76/82 BStBl II 84, 713 zur Rückzahlung bei Betriebsaufgabe) bzw mit Anspruch auf anteilige Erstattung (BGH XI ZR 231/89 NJW 90, 2250) zu verrechnen. – Für ein einbehaltenes Disagio ist ein **passiver RAP** zu bilden (EStH 6.10), der nach der Zinsstaffelmethode im vertragl Zinsfestschreibungszeitraum aufzulösen ist (BFH II R 29/86 BStBl II 90, 207; § 340e II HGB).

Diskontgeschäfte s „Wechselforderungen".

Dividendenanspruch aus Anteilen an KapGes ist idR in der Bilanz des Jahres zu aktivieren, in dem ein entspr Ausschüttungsbeschluss gefasst worden ist (BFH IV R 28/11 BFH/NV 15, 495). – *(1)* Bei **(betriebl) Mehrheitsbeteiligung** ist nach **GrS** (BFH GrS 2/99 BStBl II 00, 632) eine phasengleiche Dividenden-Aktivierung strechtl nicht mehr zul, es sei denn, es ist obj belegt, dass die ausschüttende Ges am maßgebl Bilanzstichtag unwiderrufl zur Ausschüttung entschlossen war (BFH I R 15/06 BStBl II 08, 340), oder auch bei vergleichbaren Konstellationen (BFH I R 24/15 BFH/NV 19, 516). Vorabausschüttung indiziert nicht weitere Ausschüttung (BFH I R 48/94 BStBl II 01, 401). – Eine Mindestbesitzzeit ist obsolet (BFH I R 50/95 BStBl II 01, 409).

Kritik: Die Entscheidung GrS 2/99 basiert auf einer formalen Betrachtung (kein WG zum Bilanzstichtag); die wirtschaftl Verhältnisse (Beherrschung) werden nicht berücksichtigt; auch in anderen Fällen (zB bei Wahlrechtsausübung) findet eine Rückbeziehung statt (krit ua *Moxter* DStZ 02, 243; *Groh* DB 00, 2444). Besondere Bedeutung hat die Entscheidung indes (eher ungewollt) unter dem Aspekt der Eigenständigkeit des Bilanzsteuerrechts (Gleichheit der Besteuerung vor Gläubigerschutz; Anerkennung einer funktionalen Differenz).

(2) Auch im Fall einer **BetrAufsp** sind die Grundsätze des GrS (BFH GrS 2/99 BStBl II 00, 632) für den Einzel- und MUer anwendbar (BFH VIII R 85/94 BStBl II 01, 185); es gelten die allg Regeln der Gewinnrealisierung (so bereits BFH IV R 52/96 BStBl II 99, 547; krit auch § 15 Rz 870.

(3) Die **PersGes** aktiviert die (Netto-)Dividende einschließl KapESt; die (nach KStG aF) anrechenbare KSt steht nur den MUern zu (SonderBV); BFH I R 114/94 BStBl II 96, 531 **(eingeschränkte Nettomethode).**

(4) Die vorstehenden Grundsätze gelten nicht bei ergebnisunabhängiger Entnahme; maßgebl ist der Ausschüttungsbeschluss (BFH VIII R 60/96 BFH/NV 99, 1200).

Domain/Internetadresse kann ein nicht abnutzbares immaterielles WG sein (BFH III R 6/05 BStBl II 07, 301; krit *Mank* DStR 05, 1294). Die mit einem Domain-Namen verbundene IP-Adresse ist von der homepage zu unterscheiden (ausführl und diff *Wübbelsmann* DStR 05, 1659; § 7 Rz 43).

Drittaufwand s Rz 101.

Durchlaufende Posten sind nur bei der Überschussrechnung anzusetzen (§ 4 III 2; BFH I R 85/96 BStBl II 98, 161); bei Bilanzierung wird die Gewinnneutralität durch Verbuchung gleich hoher Wertzu- und -abgänge erreicht (BFH III R 5/03 BStBl II 05, 277 für Tankstellenpächter). – Veruntreuung soll nicht zu BE führen (BFH VIII R 19/12 DStR 15, 1367); mE schon – wegen „Unterbrechung des Durchlaufs" (*KSM* § 4 Rz D 145).

EDV-Programm s „Software".

Ehevermittler. Honorarforderung zu aktivieren, obwohl nicht einklagbar (BFH IV 73/63 BStBl II 68, 79).

Eigene Anteile einer KapGes waren bisher nach hM WG (wN 36. Aufl). Nach § 272 Ia HGB ist stets eine passivische Absetzung (vom Posten „Gezeichnetes Kapital") vorzunehmen („Kapitaltransaktion"); **aA** FG Mster DStRE 18, 385, rkr: weiterhin WG (sofern nicht zur Einziehung bestimmt) – iZm § 8b KStG (zust *Drüen* DB 20, 1864/1869).

Beispiel: Buchung bei Erwerb eigener Anteile: per Kapital an Geld (= Kapitalherabsetzung); Buchung bei Wiederveräußerung (§ 272 Ib HGB): per Geld an Kapital/Rücklage (= Kapitalerhöhung). Bei Veräußerung über „AK" entsteht gleichwohl Gewinn (*Herzig* FS Haarmann 2015, 641; **aA** *Müller/Reinke* DStR 14, 711). – Vgl auch § 17 Rz 57.

Eigenkapitalvermittlungsprovisionen bei gewerbl Immobilienfonds sollen als AK/HK zu aktivieren sein (BFH IV R 40/97 BStBl II 01, 717; krit Anm FR 01, 888/1006. Zur Anwendung s *BMF* BStBl I 01, 780.

Einbuchung (spätere) von WG (BFH X R 37/13 BFH/NV 16, 536).

Emballagen (Verpackungsmittel). Verbuchung *Köhler/Wiemers* StBp 05, 351.

Emissionsdisagio bei Ausgabe von Inhaberschuldverschreibungen ist mE wie ein Disagio zu aktivieren (Zins-Feineinstellung; BFH I R 46/05 BStBl II 09, 955); zur Aufstockung *BMF* DStR 00, 687.

Emissionsberechtigungen (§ 7 TEHG; BGBl I 11, 1475). Zur Ausgabe, Bilanzierung als immaterielles WG des UV, zur Rückstellungsbildung bei fehlenden Berechtigungen iEinz *BMF* BStBl I 05, 1047, *BMF* BStBl I 13, 275; *Abts* StuB 17, 171; zu Emissions- und Grünstromzertifikaten *Brüggemann/Polster* DB 21, 1077. Hintergrund ist die Verringerung von Treibhausgasemissionen (Einzelheiten unter ‚www.umweltbundesamt.de').

Die Emissionsberechtigungen werden **(kontingentiert)** für jede Zuteilungsperiode durch das Umweltbundesamt unentgelt zugeteilt (§ 9 TEHG) und sind mit 0 € zu bewerten (*BMF* BStBl I 05, 1047, Rz 9); sie sind dann handel- und übertragbar (§ 7 III 1 TEHG; *BMF* BStBl I 05, 1047, Rz 3, 5). Nach jeder Periode besteht die Verpflichtung, dem tatsächl Ausstoß entspr bei der Emissionshandelsstelle eine entspr Zahl von Berechtigungen einzureichen (§ 7 TEHG); bei fehlenden Berechtigungen sind Rückstellungen zu bilden (*BMF* BStBl I 05, 1047, Rz 17, 22). Zu Gewinnauswirkungen kommt es nur dann, wenn Berechtigungen zugekauft werden müssen oder abgegeben werden können.

Entwicklungskosten s „Forschungskosten".

Erbbaurecht (§§ 1, 12 ErbbauRG: das Recht, auf dem Grundstück ein Bauwerk zu haben) und Gebäude sind getrennt zu erfassen. Das Erbbaurecht ist grds ein (schwebendes) **Nutzungsverhältnis** (Erbpacht), kann aber bei Veräußerung zum WG werden (vgl *Kanzler* NWB 14, 1070). – *(1)* Die Rspr ist (dementsprechend) **uneinheitl**, teils eher WG (BFH I R 126/83 BStBl II 88, 70: dingl Recht), teils eher mietähnl Nutzungsverhältnis (BFH IV R 40/96 BFH/NV 98, 569), teils gemischt (BFH X R 97/92 BStBl II 94, 934: Aktivierung (nur) der einmaligen Erwerbskosten wie Notar- und Gerichtskosten, GrESt, Maklerprovision als AK). – *(2)* Einigkeit besteht darin, dass der Kapitalwert der Erbbauzinsverpflichtung nicht als Teil der AK aktiviert werden darf, weil das Erbbaurechtsverhältnis im Regelfall auch noch nach Entstehung des Erbbaurechts ein schwebendes Geschäft ist (BFH IV R 11/92 BStBl II 94, 796). Im Voraus gezahlter Erbbauzins ist als RAP zu aktivieren (BFH IV B 132/90 BFH/NV 91, 736). – *(3)* Die Übernahme von **Erschließungskosten** (auch Ergänzungsbeiträgen) durch den Erbbauberechtigten ist zusätzl Nutzungsentgelt, und ggf aktiv (BFH VIII R 87/91 BStBl II 94, 109) bzw passiv abzugrenzen und linear aufzulösen (BFH IV R 40/96 BFH/NV 98, 569); im Einzelfall können auch AK gegeben sein (BFH IX R 31/96 BFH/NV 00, 558). – *(4)* Ist das Erbbaurechts-Grundstück bebaut, geht das **(wirtschaftl) Eigentum am Gebäude** auf den Erbbauberechtigten über (insoweit AK; einheitl Entgelt ggf aufzuteilen). – *(5)* Ausnahmsweise kann der Erbbauberechtigte **wirtschaftl Eigentümer des Grundstücks** sein (BFH IV R 11/92 BStBl II 94, 796); er muss dieses aktivieren und die Erbbauzinsverpflichtung mit ihrem Barwert passivieren (BFH VI 288/63 U BStBl III 65, 613). – Zum späteren entgeltl Erwerb des belasteten Grundstücks s BFH I R 132/81 BStBl II 85, 617. – *(6)* Die entgeltl **Begründung** eines Erbbaurechts auf einem BV-Grundstück führt idR nicht zur Entnahme des Grundstücks (BFH XI R 28/97 BStBl II 98, 665); anders ist dies uU bei privater unentgeltl Belastung (*Kanzler* NWB 14, 1070; s Rz 655). – *(7)* Zahlungen für **Ablösung** können ggf zu HK des neuen Gebäudes führen (BFH IX R 24/03 BStBl II 06, 461). – *(8)* Der Anspruch auf **entschädigungslose Rückübertragung** bei Heimfall bewirkt zusätzl Nutzungsentschädigung, die auf die Dauer des Erbbaurechts zu verteilen ist (BFH IV R 42/02 BStBl II 04, 353). – *(9)* Wird ein **unentgeltl** erworbenes Erbbaurecht in ein BV eingelegt, ist mE – ebenso wie bei anderen Nutzungsrechten – ein Ansatz mit dem Nutzungswert unzul (Rz 101); Gleiches gilt für die verdeckte Einlage bei KapGes oder PersGes (s Rz 165, 204 ff). – Zum Erbbaurecht als **Sacheinlage** bei KapGes s *Groh* StbJb 88/89, 187; *Geissen ua* JbFfSt 90/91, 409; Rz 202. – *(10)* Zur teilweise abw Beurteilung bei VuV (kein RAP mögl) BFH IX R 101/92 BStBl II 94, 348; *BMF* BStBl I 96, 1440; § 6 Rz 89 ff.

Erfindungen, geschützte und ungeschützte, sind bei entgeltl Erwerb als immaterielle WG zu aktivieren (BFH IV R 145/77 BStBl II 80, 146); s auch ArbN-Erfindungen.

Erhaltungsaufwand s Rz 91.

Erschließungsbeiträge (vgl § 127 BauGB) sind nach hM zusätzl AK des GuB (EStH 6.4; zB BFH III R 114/95 BStBl II 97, 811); das gilt auch für Zweit- und Zusatzerschließung, sofern die Nutzbarkeit erhöht wird (BFH IX R 54/94 BStBl II 96, 190; EStH 6.4). Zur Übernahme durch Pächter s BFH IV 403/62 U BStBl III 65, 414, durch Erbbauberechtigten s BFH VIII R 87/91 BStBl II 94, 109; *OFD Ddorf* BB 92, 2391: RAP. Zu nachträgl Erschließungskosten s Rz 142.

Erweiterungskosten s „Ingangsetzungskosten".

Explorationsaufwendungen zum Suchen von Erdöl usw sind HK immaterieller WG und als solche nicht zu aktivieren. Beiträge an den Erdölbevorratungsverband sind nicht bei den Vorräten zu aktivieren (FG Hbg DStRE 00, 802).

Factoring. Beim Factoring-Geschäft lässt sich der Factor (regelmäßig noch nicht fällige) Forderungen des sog Anschlusskunden gegen sofortige Zahlung abtreten; echtes Factoring liegt vor, wenn der Factor auch das Risiko des Forderungsausfalls übernimmt (BFH V R 34/99 BStBl II 04, 667 zur USt). – Factoring (Finanzierungs-, Dienstleistungs-, Delkredere-Funktion) kann Forderungsverkauf (echtes Factoring; bei Übergang des Ausfallwagnisses; Bilanzierung beim Factor) oder Kredit mit Sicherungsabtretung (unechtes Factoring) sein; in diesem Fall ist die Forderung weiterhin beim Zedenten zu aktivieren, der Kredit zu passivieren; ähnl bei Securisations- und ABS (Asset-Backed Securities) - Finanzierung; s BFH I R 17/09 DStR 10, 2455 (keine Übertragung wegen verbliebenem Bonitätsrisikos; „Aus" für das ABS-Modell, krit *Mihm* BB 11, 112); s auch Forfaitierung.

Fernwärmeversorgung. S „Stromversorgung"; „Gasversorgung".

Fertige Erzeugnisse sind (funktionell) in gewisser Weise RAP-ähnl (wie unfertige Erzeugnisse; s dort); sie sind mit den bis zum Bilanzstichtag angefallenen HK beim Vorratsvermögen zu aktivieren. Erst mit Abnahme/Übergabe ist der Schwebezustand beendet; Ausbuchung bei Ablieferung: „per Forderung an Ertrag und Fertige Erzeugnisse". TW-AfA ist schon vorher mögl (Rz 76, 79; EStH 6.7). Die Abrechnung ist nicht entscheidend.

Filme (Filmrechte; Filmverwertungsrechte; Ausstrahlungsrechte) sind – soweit umfassend – immaterielle WG iSv § 5 II (*OFD Ffm* DStR 10, 1338); der Filmstreifen erhält rechtl und wirtschaftl Wert erst durch das Schutzrecht. HK des Produzenten sind (wegen § 5 II) nicht zu aktivieren (vgl BFH V R 11/78 BFH/NV 85, 58), ausgenommen Auftragsproduktion (UV; BFH X R 225/93 BStBl II 97, 320; Abgrenzung zu Werbespots *Söffing/Schaz* DB 16, 1838: unechte Auftragsproduktion). Zum Übergang des wirtschaftl Eigentums FG Köln EFG 20, 1205, Rev IV R 32/19. – Einzelheiten zur Bilanzierung von Filmen und erworbener Film-(Lizenz-)rechte s *Petersen/Zwirner* PiR 08, 162; zu Film- und Fernsehfonds BFH IV B 126/07 DStRE 09, 268; *BMF* BStBl I 01, 175; *Rüber/Angloher* FR 08, 498. – Die Lizenzüberlassung ist ggf zeitanteilig zu aktivieren (BFH IV R 37/16 BFH/NV 18, 440).

Finanzprodukte (zB von Kursen, Indizes, Basispapieren abhängige **Derivate**; häufig zur Absicherung von Risiken eingesetzt; Rz 70) sind im Regelfall schwebende Geschäfte (Rz 76) mit wettähnl Charakter (allg *Zerey* Finanzderivate 4. Aufl 2016 §§ 39, 41; *Assmann/Schütze* Kapitalanlagerecht 5. Aufl 2020).

(1) Nach **GoB** zu bilanzieren sind allg nur Prämien- und Marginzahlungen (zu Verluststückstellungen s Rz 450); Erträge sind nach dem Realisationsprinzip abzurechnen. – *(2)* (Bedingte) **Termingeschäfte** (Auseinanderfallen von Vertragsabschluss und -erfüllung) in Gestalt von Optionen und Zinsbegrenzungsvereinbarungen (Caps, Floors, Collars; vgl auch §§ 20 I Nr 11, 20 II Nr 3) beinhalten den Kauf (Verkauf) bestimmter WG (Waren, Devisen, Wertpapiere, Zinsen) zu einem künftigen Stichtag zu festem Preis (vgl §§ 50 ff BörsG; § 340b VI HGB). Sie können als Sicherungsgeschäfte mit anderen WG eine Bewertungseinheit bilden (s Rz 70, 270 ,Fremdwährung'). – *(a)* **Optionsgeschäfte** begründen ein Recht (keine Pflicht), WG (zB Devisen, Aktien) vom „Stillhalter" während einer bestimmten Frist oder zu einem bestimmten Datum zu festem Preis zu kaufen (Kaufoption = **Call**) oder an diesen zu verkaufen (Verkaufsoption/Andienungsrecht = **Put**); sie können mit anderen WG (zB Aktien, Devisen) eine ,Bewertungseinheit' (Rz 70) bilden, iEinz Rz 144. – Der Aufwand für Zinsbegrenzung ist aktiv abzugrenzen (*Lüdenbach* StuB 11, 26). – *(b)* **Futures** (standardisierte Termingeschäfte) sind an den Terminbörsen gehandelte unbedingte (beide Vertragspartner bindende) Kontrakte. Financial Futures (an Terminbörsen mit Clearing-System gehandelte Finanzterminkontrakte) und Forward Rate Agreements (individuell vereinbarte Zinstermingeschäfte) sind (bilanzunwirksame) schwebende Geschäfte. – *(c)* **Swaps** (im Prinzip: Austausch von Zahlungsforderungen und -verpflichtungen, zB zur Reduzierung von Zinskosten) beruhen auf der Ausnutzung der Zinsdifferenzen auf den Finanzmärkten (Zinsswaps, Währungsswaps). Zur Bilanzierung s *Helios* DB 12, 2890. – *(3)* **Zero-Bonds** (Null-Koupon-Anleihen; festverzinsliches Wertpapier, bei dem die Gegenleistung ausschließl in der Differenz zw niedrigerem Ausgabebetrag (Ausgabekurs) und höherem Rückzahlungskurs liegt) sind beim Gläubiger, soweit BV, mit dem Ausgabebetrag (zzgl Nebenkosten) als RAP zu aktivieren; während der Laufzeit ist jährl der anteilige Zinsbetrag der AK gewinnerhöhend zuzuschreiben (Nettomethode). – Der Emittent hat zunächst nur den Ausgabebetrag zu passivieren (netto: die Zinsverpflichtung ist mit Ablauf der jeweiligen Nutzungsperiode (Wj) zusätzl gewinnmindernd zu passivieren (hM; *BMF* BStBl I 87, 394; nach **aA** auch Bruttoausweis mit aktivem RAP zul). – *(4)* **Zu Finanzprodukten im PV** (zB Zinsanleihen, Optionsscheine, Garantie-Scheine) *OFD Kiel* BeckVerw 151952. – *(5)* Zur (einheitl) Bilanzierung **strukturierter Finanzprodukte** (zusammengesetzt aus einfachen Bausteinen, zB Anleihen, Aktien und Derivaten) *Haisch* RdF 18, 159.

Firmenwert s Rz 221.

Forderungen (§ 266 II B. II HGB), insb Geldforderungen aus Lieferungen und Leistungen, sind – *(1)* **zu aktivieren,** sobald sie (unabhängig von der rechtl Entstehung) wirtschaftl in der Vergangenheit verursacht und am Bilanzstichtag hinreichend sicher sind (BFH X R 19/10 BStBl II 12, 190; BFH I B 119/13 BFH/NV 15, 53), sobald also zB im wesentl geliefert bzw geleistet ist, ,,wirtschaftl erfüllt" ist (BFH XI R 1/93 BStBl II 93, 786); **Teilerfüllung** bei insoweit gesichertem Anspruch (BFH VIII R 25/11 BStBl II 14, 968). Das gilt ähnl auch für Corona-Hilfen und andere Beihilfeansprüche (*Lüdenbach* StuB 21, 137; *IDW* 6.4.21, Frage 2.2.4); mE Bewilligung nicht zwingend erforderl. Zur Erfüllung gehört beim Werkvertrag idR auch die Abnahme (§§ 640, 644 BGB; BFH IV R 40/04 BStBl II

06, 26); nicht maßgebl ist der Zeitpunkt der Rechnungserteilung und der Fälligkeit (zB BFH I R 121/74 BStBl II 76, 541; Rz 79, 608). Eine Provisionsforderung, die nach einem mehrjährigen Zeitraum berechnet wird, kann nicht zeitanteilig aktiviert werden (FG Mster EFG 02, 1582). – *(2)* **Bestrittene Forderungen** können weder aktiviert noch entnommen werden (BFH X R 10/12 BStBl II 14, 668); Aktivierung erst, wenn Streit beseitigt ist, zB nach rkr Entscheidung oder Anerkennung (BFH I R 12 14 BFH/NV 14, 1544; BFH XI R 8/18, BStBl II 20, 772); auch abgeschriebene Forderungen bleiben BV. – *(3)* **Aufschiebend bedingte** Forderungen sind bis zum Eintritt der Bedingung noch nicht realisiert und daher nicht zu aktivieren (BFH X R 42/08 BStBl II 12, 188 mit Anm *Kulosa* HFR 11, 1092; *ADS* § 246 Tz 33); ähnl für aufschiebend bedingte Anteilsveräußerung BFH IV R 3/07 BStBl II 10, 182, mit Anm *Hoffmann* GmbHR 09, 1282; so auch für BewG BFH II R 92/93 BStBl II 96, 348); ausnahmsweise Realisierung, wenn der Bedingungseintritt so gut wie sicher ist (BFH X B 27/12 BFH/NV 13, 1566; *Weber-Grellet* BB 14, 42). Davon zu unterscheiden ist eine aufschiebend bedingte „Entfallens-Klausel" (BFH I R 11/02 BStBl II 03, 400; *Weber-Grellet* BB 04, 35). – *(4)* **Auflösend bedingte** Forderungen sind zu aktivieren, sofern die Bedingung (zB Rückzahlungsverpflichtung) erst in späteren Wj wirtschaftl verursacht wird (BFH IV R 37/16 BFH/NV 18, 440); ebenso führen auflösend bedingte Veräußerungen zu Gewinn/Verlust; der (künftige) **Rückforderungsanspruch** ist idR erst mit Eintritt der Bedingung realisiert (aA BFH VIII R 29/93 BStBl II 95, 693); ähnl ist ein Vertreterrecht zu aktivieren, obwohl die vereinbarte Einstandszahlung gestundet und aufschiebend bedingt erlassen ist (BFH X R 2/04 BStBl II 08, 109); s auch ‚Kauf mit Rücktrittsrecht' – *(5)* Bei **zeitraumbezogenen** Leistungen (zB Nutzungsüberlassung) ist auch die Forderung zeitraumbezogen zu aktivieren (Rz 618). Maßgebl ist der Nennwert (ggf TW; BFH VIII R 64/86 BFH/NV 92, 449), nicht etwa die AK (HK) der veräußerten WG (Gewinnrealisierung!). – *(6)* Ein **Schadenersatzanspruch** ist zu aktivieren, sobald er konkretisiert ist, grds mit Entstehung (BFH IV R 37/92 BStBl II 94, 564), bei Bestreiten später, zB wenn anerkannt oder rkr zuerkannt (BFH II R 15/98 BStBl II 00, 588), bei deklaratorischem Schuldanerkenntnis (FG Mchn DStRE 09, 520); bei Ersatz entgehender künftiger Gewinne aber nur periodengerecht (Rz 676). – *(7)* (In unmittelbarem Zusammenhang stehende und zwangsläufig nachfolgende) **Rückgriffsansprüche** sind bei Vollwertigkeit gegenzurechnen (BFH VIII R 58/98 BStBl II 02, 420; Rz 70), bei Wertlosigkeit nicht zu aktivieren (BFH XI R 52/01 BStBl II 03, 658). Zum Rückgewähranspruch nach vGA BFH VIII R 7/99 BStBl II 01, 173. – S auch ‚Langfristige Fertigung und Wechselforderungen'.

Forfaitierung (uneinheitl Sprachgebrauch; an sich regressloser Verkauf von Exportforderungen; nach BFH I R 94/95 BStBl II 97, 122 Forderungsverkauf unter Haftung des Veräußerers für den rechtl Bestand, nicht für die Bonität) ist wie Factoring (s dort) zu bilanzieren (*Hinz* DStR 94, 1749). Bei Kauf muss auch das Bonitätsrisiko (Werthaltigkeit) vollständig übergehen (BFH I R 44/09 BFH/NV 10, 1622; BFH I R 17/09 DStR 10, 2455), nicht zB bei Sicherungsrechten gegen den Leasinggeber; ansonsten Darlehen (sog unechte Forfaitierung); s auch Rz 732.

Formen, zB Gussformen, die Eigentum des Bestellers werden, hat dieser als materielle WG zu aktivieren; bleiben sie Eigentum des Lieferers, aber kundengebunden, hat der Besteller die Vergütung als AK eines abnutzbaren immateriellen WG zu aktivieren (BFH IV R 64/88 BStBl II 89, 830).

Forschungskosten. Als HK eigener Kenntnisse, Erfindungen usw nicht aktivierbar; sie gehören, soweit Grundlagenforschung und Neuentwicklung, auch nicht zu den HK der Erzeugnisse (BFH III R 141/74 BStBl II 77, 234; *ADS* § 255 Tz 151); zur Abbildung pharmazeutischer Forschung in der StBil *Schmidt* DStR 14, 544, zu Entwicklungskosten in der Autoindustrie *Jochimsen/Zinowsky* Ubg 16, 520. S auch „Innovation".

Forschungszulage s Rz 680 „Öffentlich-rechtliche Ansprüche".
Franchising s Rz 550; ferner *KSM* § 5 Rz F 323.
Freianteile. Nicht zu aktivieren (BFH VI 140/64 BStBl III 66, 220; anders ausl Anteile BFH I R 164/75 BStBl II 78, 414).
Fremdbauten s „Bauten auf fremdem GuB".
Fremdwährung. Nach § 256a S 1 HGB idF BilMoG sind **auf fremde Währung lautende** Forderungen und Verbindlichkeiten mit dem **Devisenkassamittelkurs am Abschlussstichtag** umzurechnen (*Gelhausen* ua HdJ V/8 Rz 5 f; *Grottei/Koeplin* § 256a Rz 2; *Deubert/Meyer* HdJ 1/17 (2019), Rz 42). § 256a S 2 HGB (höherer Ansatz bei Restlaufzeit von weniger als einem Jahr) gilt nicht für StB (*Hiller* StuB 16, 487). Nicht (mehr) maßgebl dürfte für WG der (niedrigere) Geldkurs, für Verbindlichkeiten der Briefkurs sein. Auf jeden Fall nicht maßgebl ist der Kurs im Zeitpunkt der Anschaffung/Herstellung (bisheriges Zeitbezugsverfahren). Steuerl gilt § 6 I (FG Nds DStRE 17, 711, zu Darlehen). – AK/HK der **gegen Fremdwährung erworbenen WG** (und die entspr Verbindlichkeiten) sind hingegen nach den Kursen des Liefertags zu bestimmen (BFH III R 190/94 BStBl II 98, 123; § 6 Rz 22).
Fußgängerzone. Beiträge zur Schaffung einer Fußgängerzone sind nachträgl AK des GuB, wenn ein gesetzl Beitragspflicht der Grundeigentümer besteht (BFH IV R 30/80 BStBl II 84, 480). Zuschüsse, die Grundstückseigentümer *und* Mieter freiwillig leisten, sind sofort abziehbar (BFH IV R 137/80 BStBl II 84, 489; allg zu grundstücksbezogenen Beiträgen EStH 6.4).
Futures s ‚Finanzprodukte'.
Gasversorgung. Kosten des erstmaligen Anschlusses an das Erdgasnetz, die bei Umstellung einer Heizungsanlage entstehen, sind sofort abziehbar (*OFD Ddorf* DStR 88, 622; s auch EStH 6.4).
Gebäude. S iEinz § 6 Rz 211 f; s auch „Bauten auf fremdem Grund"; Rz 132 f.
Geldbeschaffungskosten sind idR Kreditaufwand (BFH I R 218/82 BStBl II 87, 14); weitere Nachweise s *Schmidt* 36. Aufl § 5 Rz 270, s auch ‚Disagio', ‚Eigenkapitalvermittlungsprovisionen'.
Genussscheine. Der Anspruch auf Genussrechtsvergütung ist **phasengleich** zu aktivieren, wenn der Anspruch so gut wie sicher ist (BFH I R 11/02 BStBl II 03, 400); vgl auch ‚Dividendenanspruch' und Rz 550 ‚Genussrechte'.
Geschäftswert s Rz 221.
Gewinnabhängige Vergütungen für erbrachte Dienstleistungen sind als Forderungen mit Ablauf des Wj, auf dessen Gewinn abzustellen ist, zu aktivieren. – Wird ein WG gegen gewinn- oder umsatzabhängige (oder ähnl ungewisse) wiederkehrende Bezüge entgeltl erworben, ist dieses mit dem gemeinen Wert als AK zu aktivieren und in gleicher Höhe die Schuld zu passivieren, sofern der Wert des WG obj bestimmbar ist (BFH VIII R 16/68 BStBl II 72, 884); mE Anpassung über § 175 I Nr 2 AO (ähnl BFH I R 107/00 BStBl II 02, 134 zu AfA). Andernfalls ist (ohne Passivierung der Schuld) allmähl nach Maßgabe der tatsächl Zahlungen (per WG an Geld) zu aktivieren; ist auch die WG-Nutzungsdauer unbestimmt, unterbleibt jede Aktivierung (und Passivierung), die tatsächl Zahlungen sind BA (BFH X R 10/86 BStBl II 89, 549; s Rz 192, 550); s auch Rz 335 zu § 5 IIa.
Gewinnanspruch s ‚Dividendenanspruch' und ‚Stille Beteiligung'.
Gewinnbezugsrecht. Bei unterjähriger Anteilsveräußerung ist eine gesonderte Aktivierung eines Teils des Kaufpreises als AK für ein WG „Gewinnbezugsrecht" selbst bei gegenteiliger Vereinbarung nicht mögl (BFH I R 190/81 BStBl II 86, 815). Bei späterer Ausschüttung der „gekauften" Gewinnanteile kommt – ebenso wie bei Ausschüttung „gekaufter" Rücklagen – evtl eine (ausschüttungsbedingte)

Aktivierung (ABC) **270** **§ 5**

TW-AfA in Betracht (BFH I R 199/84 BStBl II 86, 794; *Gail ua* GmbHR 93, 685). Gesondert zu aktivieren ist aber ein evtl miterworbener, durch Gewinnverwendungsbeschluss für frühere Wj bereits entstandener Gewinnanspruch. – S ferner ‚Dividendenanspruch'; ‚KSt-Anrechnungsanspruch'; ‚stille Beteiligung'.

Grund und Boden. Aufwendungen, die ein Grundstückseigentümer leistet, sind, wenn sie Nutzbarkeit und Wert des Grundstücks erhöhen (zB Beiträge zur erstmaligen Errichtung von Ent- und Versorgungs- sowie Erschließungsanlagen), nach hM (vgl EStH 6.4) als zusätzl AK des GuB zu aktivieren; sog Ergänzungsbeiträge sind sofort abziehbar (BFH VIII R 322/83 BStBl II 87, 333 mwN) ebenso wie Aufwendungen wegen besonderer Nutzung des Grundstücks (zB ein betriebsbedingter Wegebeitrag; BFH I R 130/78 BStBl II 83, 38 mwN). – Zu Schadstoffbelastung s „Sanierungsaufwendungen" sowie Rz 550 "Umweltschutz und -schäden".

Halbfertige Bauten s „unfertige Erzeugnisse".

Handelsvertreter. Bei Entgeltverpflichtung, die aufschiebend bedingt ist, ist das Handelsvertreterrecht zu aktivieren (BFH X R 2/04 BStBl II 08, 109; Rz 192). Zu entgeltl Übernahme eines Bezirks s BFH X R 111/88 BStBl II 91, 218; s auch ‚Ausgleichsanspruch', ‚Provisionen', ‚Pensionsanwartschaften'.

Ingangsetzungskosten. Aufwendungen für Ingangsetzung des Geschäftsbetriebs und dessen Erweiterung (zB Aufbau der Innen- und Außenorganisation, Werbekampagne) – zu unterscheiden von nicht aktivierbaren Gründungs- und Kapitalbeschaffungskosten (vgl § 248 I HGB aF) – dürfen in der StB nicht aktiviert werden (weder WG noch RAP; BFH I 154/54 U BStBl III 55, 221).

Innovation. Aufwand ist aktivierungspflichtig, soweit auftrags- oder objektgebunden (vgl *W. Müller* DStZ 91, 385).

Instandhaltungsanspruch des Verpächters ist nicht zu aktivieren, nach BFH IV R 29/12 DStR 15, 811 (und BFH IV R 63/11 BFH/NV 15, 832) wegen fehlender AK, mE wegen fehlender Realisierung (*Weber-Grellet* FR 15, 557; *Tiedchen* StuW 15, 281); s auch Rz 692.

Instandhaltungsrücklage. Bei Zahlendem noch kein Aufwand, daher Aktivierung mit dem Nennwert (BFH I R 94/10 BStBl II 12, 244); ‚Instandhaltungsanspruch'. – Bei Empfänger: „per Geld an Instandhaltungsverpflichtung". § 21 V Nr 4 WEG spricht fälschlicherweise von „Rückstellung".

Internet. Webseiten sind zumeist immaterielle (abnutzbare) WG des AV (*Eberlein* DStZ 03, 677) mit Nähe zur Software (s dort); Wartung und Aktualisierung sind nach allg Regeln zu beurteilen (*Petereit* StB 05, 288).

Investmentanteile. Zur Bilanzierung s *Wagner* StuB 07, 801; *Köhler* DStR 20, 1697; zur Bilanzierung der Erträge (mit aktivem Ausgleichsposten) *Rockel/Patzner* DStR 07, 1546; ferner *BMF* BStBl I 05, 728, Tz 29 (alt); BStBl I 19, 527, Tz 18.5 (neu).

Joint-Ventures. Zur Bilanzierung s *HFA* WPg 93, 441; *Hebestreit* DStR 94, 834, 1707; ferner *Ropohl/Schulz* GmbHR 08, 561.

Kapitalersetzende Darlehen sind beim Darlehensgeber als Forderung (nicht als Beteiligung) zu aktivieren (BFH X R 2/03 BStBl II 05, 694); anders bei § 17 I (dort Rz 181ff); zur Behandlung bei Ausfall BFH VIII R 27/00 BStBl II 02, 733.

Kassenarztzulassung s ‚Vertragsarztzulassung'.

Kataloge sind grds nicht aktivierungspflichtig (BFH IV 433/62 S BStBl III 64, 138; krit *Kupsch* DB 83, 509).

Kauf auf Probe (§ 454 BGB) bzw mit „Rückgaberecht": Aktivierung der Kaufpreisforderung (Gewinnrealisierung) erst mit Billigung durch Käufer (*OFD Mster* DStR 89, 402); mE Gefahrübergang maßgebl.

Kauf mit Rücktrittsrecht. Kaufpreisforderung mit Lieferung zum Nennwert zu aktivieren; für Rücknahmepflicht ist Rückstellung zu bilden, soweit Rückgabe wirtschaftl verursacht und wahrscheinl (s auch Rz 616).

KfW-Darlehen. Gebühren sind sofort abziehbare BA, wenn keine Erstattung vorgesehen; Gebühren bei stiller Beteiligung mit Rangrücktritt ggf zu aktivieren (BFH I R 19/12 BFH/NV 13, 1389).

Klischeekosten. HK eines Buchs (BFH IV R 51/69 BStBl II 71, 304).

Konzeptionskosten können im Einzelfall zu aktivieren sein (BFH XI R 45/88 BStBl II 93, 538), bei einer Grundstücks-KG aber evtl Teil der AK des von der KG erworbenen Grundstücks (BFH IX S 5/83 BStBl II 87, 212); ferner *Niemann* vor Rz 161, 225.

Körperschaftsteuer-Guthaben s *Schmidt* 39. Aufl § 5 Rz 270.

Körperschaftsteuer-Anrechnungsanspruch s *Schmidt* 39. Aufl § 5 Rz 270.

Kryptokunst (digitale Datei) ist als immaterielles WG zu aktivieren (*Rapp/ Bongers* DStR 21, 2178; FG BaWü BB 21, 2977, Rev IX R 27/21).

Kryptowährungen (Token, „geforkte coins") zumeist als (immaterielle) WG des UV zu erfa ssen (iEinz *Hakert/Kirschbaum* DStR 18, 881; *Prinz/Ludwig* StuB 19, 257; § 23 Rz 27); abhängig von den verschiedenen Token-Formen (zB currency, security, utility); iEinz *Albrecht/John* FR 19, 393; *Richter/Schlücke* FR 19, 407; *Sixt* DStR 19, 1766, 20, 1871; *Skauradszun* DStR 21, 1063; s auch *BMF* Entwurf v. 17.6.21 zu Behandlung virtueller Währungen – Zu sog Airdrops s *Carlé/Winkler* DStZ 21, 570.

Kundenstamm s Rz 171, 223.

Kunstgegenstände. Zur Aktivierung als WG des AV s *Roos* DStR 20, 1753.

Ladeneinbauten s Rz 112, 138.

Langfristige Fertigung. Gewinn wird idR erst mit Fertigstellung realisiert; Teilrealisierungen nur bei abgrenzbaren Teilleistungen (BFH VIII R 1/03 BStBl II 06, 298 aE; BFH IV R 87/06 BStBl II 08, 665; *Marx/Löffler* HdR B 700 (11/16), Rz 35, 85: „completed-contract-Methode" für StRecht; *HHR* § 5 Rz 399. – Zur ‚percentage-of-completion-Methode' *Baetge/Kirsch/Thiele* Bilanzen, 383 f. S auch ‚Nichtabgerechnete Leistungen', ‚Unfertige Erzeugnisse'; Rz 618.

Latente Steuern (nur HB-Ausweis) erfassen bilanzierte zeitl Differenzen zw strechtl und handelsrechtl ermitteltem (fiktivem) Steueraufwand (wN 36. Aufl).

Leasing s Rz 721.

Lebensversicherungen. Der Erwerb „gebrauchter LV" ist ein aufschiebend bedingtes (schwebendes) Geschäft; Gewinnrealisierung erst bei Tod des ursprüngl Versicherten; dazu *Kemsat/Wichmann* BB 04, 2287; § 15 Rz 92.

Leergut. Entscheidend für die bilanzsteuerrechtl Behandlung von Leergut und **Pfandgeldern** (beim Abfüller) ist die Ausgestaltung des jeweiligen Pfandsystems (Zugehörigkeit zu einem Mehrweg-Pool-System mit Kennzeichnung; Individualleergut; Einheitsleergut ohne Kennzeichnung): Die Flaschen können *(1)* Gegenstand eines Veräußerungsgeschäfts sein (Anschaffung und Veräußerung). – *(2)* Sie können aber auch „pfandweise" nur zur Nutzung überlassen sein (Individualleergut); das Pfandgeld ist dann nur eine (erfolgsneutrale) Sicherheitsleistung (Kaution), die bei Rückgabe des Leerguts zur Rückzahlung fällig wird. So ist der Pfandgelderstattungsanspruch des Händlers gegen den Lieferanten idR gewinnneutral (wie eine Kaution) zu aktivieren (BFH I R 36/07 BStBl II 10, 232). – *(3)* Bei Mehrrücknahmen von „Brunneneinheitsleergut" sollen Nutzungsrechte entstehen (BFH I R 33/11 BStBl II 19, 150; *Oellerich* HFR 13, 582; krit ua *Köhler* FR 15, 318; *ders* StBp 20, 359; *Prinz/Ludwig* FR 20, 153: immer erfolgsneutral). Das BMF hat sich dem BFH angeschlossen (*BMF* BStBl I 19, 210); zur früheren Betrachtung s *Schmidt* 32. Aufl § 5 Rz 270. – *(4)* Aus Vereinfachungsgründen kann der Abfüller

Einheitsleergut weiterhin wie Individualleergut (und damit die Pfandgelder gewinn- und steuerneutral) bilanzieren (*BMF* BStBl I 20, 1367; *Zwirner* DB 20, 2646; *Oser/Wirtz* StuB 21, 1, 8; *dies* StuB 21, 49). Für die Verpflichtung, bei Rückgabe des Individualleerguts und der Brunneneinheitsflaschen/-kästen die erhaltenen Pfandgelder an die Kunden zurückzuzahlen, ist eine Verbindlichkeit zu passivieren; die Verbindlichkeit kann (zB wegen Bruchs oder Schwundes des Leerguts) der Höhe nach zu mindern sein (BFH I R 33/11 BStBl II 19, 150). – *(5)* **Einwegpfand** (zB Dosenpfand) ist als durchlaufender Posten zu erfassen (*Köhler* DStR 15, 489).

Leibrentenrecht ist als Entgelt für die Veräußerung *einzelner* WG des BV mit dem Barwert zu aktivieren (BFH I R 44/83 BStBl II 89, 323). S auch ‚Pensionsanwartschaften'.

Leitungsnetz (Rz 141) idR einheitl WG; Netzpläne sind unselbständige Teile (*LfSt Bayern* DB 07, 1110).

Lieferrecht s ‚Belieferungsrechte'.

Lizenzen sind nach hM immaterielle WG (*Götting* AG 99, 1; *Hommel/Berndt* K&R 00, 581, auch zu UMTS-Lizenzen). Bei *Begründung* gegen wiederkehrende Bezüge sind nur die Erwerbskosten als AK zu aktivieren, nicht auch der Kapitalwert der Bezüge; dies gilt auch bei ausschließl Lizenzen, die *dingl* Nutzungsrechte sind, weil das Lizenzverhältnis (Grundgeschäft und dingl Rechtsverhältnis) ein schwebendes Rechtsverhältnis ist (vgl BFH III R 64/74 BStBl II 76, 529), das – wie ein Erbbaurecht (s dort) – grds nicht zu bilanzieren ist (**aA** wohl BFH XI R 12/87 BStBl II 92, 415: WG). Einmalige Nutzungsentgelte sind zu aktivieren (Rz 195). Bei entgeltl *Übertragung* sollen einmalige Entgelte Teil der AK sein (*Döllerer* BB 84, 2034). Zu Lizenzen als Sacheinlage bei KapGes BGH II ZR 359/98 GmbHR 00, 870; *Boehme* GmbHR 00, 841 (krit); Rz 202. S auch ‚Filme'.

Makleranspruch. Zu aktivieren, sobald zivilrechtl entstanden (vgl § 652 BGB; BFH I 104/65 BStBl II 69, 296).

Maklergebühren sind grds als AK (Nebenkosten) zu aktivieren (vgl BFH X R 136/87 BStBl II 92, 70); nicht bei Anmietung von Geschäftsräumen, weder als Nutzungsrecht noch als RAP (BFH IV R 16/95 BStBl II 97, 808; *Meyer-Scharenberg* DStR 91, 754; Rz 76).

Mandantenstamm ist ein immaterielles WG, das isoliert übertragen werden kann (BFH I R 128–129/95 BStBl II 97, 546; BFH III R 40/70 BStBl II 10, 609; *Schulze zur Wiesche* DB 10, 1261; zur Abgrenzung vom Praxiswert BFH I R 52/93 BStBl II 94, 903; Rz 223, 228). – Die (entgeltl und vorübergehende) Überlassung zur Nutzung bewirkt noch keine verdeckte Einlage (FG Mster BB 21, 2543, rkr).

Marke (§§ 1, 3 MarkenG) s „Warenzeichen".

Mietereinbauten und Mieterumbauten, die ein Mieter/Pächter in gemieteten Räumen auf eigene Rechnung vornimmt, sind als materielle, dem Mieter zuzurechnende WG zu aktivieren (BFH XI R 18/06 BStBl II 09, 957; EStR 7.1 VI; *Nürnberg* DStR 17, 1719). Mietereinbauten sind – *(1)* als **Scheinbestandteile** nach § 95 BGB (Verbindung zu einem vorübergehenden Zweck) oder als **Betriebsvorrichtung** nach § 68 II Nr 2 BewG (s Rz 137) *bewegl WG* und – *(2)* unter dem Gesichtspunkt des **wirtschaftl Eigentums** oder **des einheitl Nutzungs- und Funktionszusammenhangs** (zB Ladeneinbau, Schaufensteranlage) *unbewegl WG* (BFH III R 191/85 BStBl II 88, 300).

Der Mieter ist **wirtschaftl Eigentümer** (Rz 152) der Einbauten, zB *(a)* wenn ihre Nutzungsdauer kürzer als die Mietzeit ist oder *(b)* wenn der Mieter die Sachen nach Ablauf der Mietzeit entfernen muss oder darf (vgl BFH VIII R 63/95 BFH/NV 98, 1202) oder *(c)* wenn er bei Beendigung des Nutzungsverhältnisses einen Anspruch auf eine Entschädigung iHd Restwerts der Einbauten besitzt (BFH I R 88/92 BStBl II 94, 164; BFH XI R 35/97 BStBl II 98, 542;).

(3) Mietereinbauten können durch Einräumung des Besitzes und des Wertersatzanspruchs, der ggü dem zivilrechtl Eigentümer bei Beendigung des Nutzungs-

verhältnisses besteht, auf Dritte übertragen werden (BFH XI R 18/06 BStBl II 09, 957). – *(4)* Aufwendungen, die nicht zu materiellen WG führen, sind weder als immaterielle WG noch als RAP zu aktivieren, sondern uU als „uneigentl" Drittaufwand (Rz 101) sofort abziehbar (BFH IV R 1/02 BFH/NV 04, 1335). Durch Aufwendungen, die beim Gebäudeeigentümer Erhaltungsaufwand wären, können keine aktivierungspflichtigen WG des Mieters entstehen (BFH VIII R 148/73 BStBl II 78, 345). – *(5)* Einzelheiten *Weber-Grellet* DB 95, 2550; *Gschwendtner* FS Beisse, 1997, 215; *OFD Ddorf* BeckVerw 151193 (Geltung der für Gebäude maßgebl Grundsätze). S auch ‚Bauten auf fremdem Grund'.

Milchreferenzmengen sind immaterielle WG (BFH IV R 64/98 BStBl II 03, 61 zu § 55 VI); zur Bilanzierung *BMF* BStBl I 95, 148, zur Bewertung *BMF* BStBl I 03, 78.

Miteigentum s ‚Bauten auf fremdem Grund'; Rz 132, 157.

Mobilfunkdienstleistungsvertrag s Rz 241.

Musterbücher aktivierungspflichtig (BFH IV 299/63 U BStBl III 66, 86).

Nachbezugsrecht. Keine Aktivierungspflicht (BFH I R 35/78 BStBl II 79, 262).

Nichtabgerechnete Lieferungen und Leistungen. Bei vollständig bewirkter Lieferung und Leistung (zB ein abgenommenes Bauvorhaben) steht die fehlende Abrechnung der Aktivierung nicht entgegen (BFH VIII R 134/80 BStBl II 86, 788). Zu Dauerschuldverhältnissen s Rz 618.

Nichteisen (NE)-Metallvorräte. Bilanzierung s *BMF* BStBl I 89, 179.

Nießbrauch an einem Unternehmen ist (bei unentgeltl Erwerb) nicht zu aktivieren (BFH VI R 26/17 BStBl II 19, 660). Zum Nießbrauch an einzelnen WG s Rz 101, 176 f, 202 f, 653. Bei entgeltl Erwerb sind die für Erbbaurechte maßgebl Grundsätze (s dort) sinngemäß anzuwenden.

Nutzungsdauer. WG mit unterjähriger Nutzungsdauer sind nicht zu aktivieren (BFH IV R 127/91 BStBl II 94, 232).

Nutzungsrechte s Rz 101, 176 ff, 202 f, 655; 750; ‚Bauten auf fremdem Grund', ‚Erbbaurecht', ‚Lizenz', ‚Mietereinbauten'.

Öffentliche Private Partnerschaften werden als Dauerschuldverhältnisse mit unterschiedl zeitraumbezogenen Leistungen und entspr Abgrenzungen erfasst (*BMF* BStBl I 05, 916; *Fabian/Farle* DStR 06, 169; zu Instandhaltungspflichten *BMF* BStBl I 13, 722). – Die Behandlung der sog A-Modelle kann auf andere Modelle übertragen werden (*BMF* BStBl I 13, 722).

Optionen als selbständige WG Rz 144; iÜ s ‚Finanzprodukte'.

Optionsanleihen s ‚Anleihen'.

Organisationsaufwendungen s ‚Ingangsetzungskosten'.

Pachterneuerungsanspruch s Rz 99 und ‚Substanzwerterhaltungsanspruch'.

Patent ist immat WG (*Grünewald ua*, Bilanzierung von Patenten, 2010, 25 ff).

Pensionsanwartschaften, die ein von § 17 I 2 BetrAVG erfasster (ArbN-ähnl) Unternehmer aus betriebl Anlass (Entgelt) erlangt, sind nicht zu aktivieren, auch wenn sie unverfallbar sind (BFH I R 44/83 BStBl II 89, 323; s auch BFH X R 42/08 BStBl II 12, 188). S ‚Leibrentenrecht'.

Pensionsgeschäfte. Die frühere Beurteilung der echten Pensionsgeschäfte (s noch 36. Aufl) ist durch § 340b HGB (allg GoB) überholt, also Zurechnung beim Pensionsgeber (FG BaWü DStRE 21, 406, Rev I R 24/20; *Heilmeier* StuW 14, 344/361; str).

Nach § 340b IV HGB hat bei echten Pensionsgeschäften – anders als bei unechten (§ 340b V HGB) – der Pensionsgeber die übertragenen WG weiterhin zu aktivieren und iHd erlangten Betrags eine Verbindlichkeit zu passivieren; die Erträge der WG sind – wie bei Treuhand – dem Pensionsgeber zuzurechnen (HdR B 900 (4/18) Rz 39; *Hopt* HGB 2. Teil V. (7) Bankgeschäfte Rn J/5), der sie aber (da Zufluss beim Pensionsnehmer) als BA abziehen kann. Für den Pensionsnehmer gilt Entsprechendes. – Ein Unterschied zw Kauf- und Rücknahmepreis ist als RAP auf die Laufzeit des Pensionsgeschäfts zu verteilen (§ 340b IV 3, 6 HGB). – S auch ‚Wertpapierleihe'.

Pensionszusage. Überhöhte Pensionszusage (vGA bei BetriebsGes) ist bei BesitzGes noch nicht zu aktivieren, da nur aufschiebend bedingte Anwartschaft (BFH X R 42/08 BStBl II 12, 188).

Personenbeförderungsgenehmigung (§ 2 II Nr 2 PBefG) ist selbständiges immaterielles abnutzbares WG, auf das § 7 I anzuwenden ist (*OFD NRW* DStR 14, 268); anders früher die Güterfernverkehrsgenehmigung (BFH I R 43/91 BStBl II 92, 529).

Personenhandelsgesellschaft. Zur Bilanzierung s ‚Beteiligung an PersGes'; *HFA* WPg 94, 22; § 15 Rz 400 ff.

Pfandgelder s ‚Leergut'.

Positionierungsrecht s ‚Zuschüsse'.

Prämienanspruch ist bei Erfüllung der Voraussetzungen zu aktivieren (*FSen Bln* FR 95, 482 zu Vielfliegerprämien).

Praxiswert s Rz 228. Eine Kassenzulassung ist kein selbständiges WG; Kassenzulassung und Patientenstamm bilden untrennbar das WG Praxiswert (BFH VIII R 13/08 BStBl II 11, 875).

Prepaidvertrag s ‚Mobilfunkdienstleistungsvertrag'.

Provisionen. – *(1) Aktivierung.* Der Zeitpunkt, zu dem ein Anspruch auf eine Vermittlungsprovision im LV-Geschäft realisiert ist, hängt von den Vertragsgestaltungen im konkreten Einzelfall ab (Rz 608); *Provisionsvorschüsse* sind als „erhaltene Anzahlungen" zu passivieren (BFH X R 28/08 BFH/NV 10, 2033; BFH III R 5/16 BStBl II 18, 536). – Ein **Handelsvertreter** hat seinen Provisionsanspruch idR zu aktivieren, sobald das vermittelte Geschäft ausgeführt ist (vgl § 87a HGB; Rz 79); anders bei abw Vereinbarung (BFH I 111/64 BStBl III 67, 464), bei aufschiebender Bedingung (vgl BFH I R 15/12 BFH/NV 14, 907) und bei Stornobehaftung (BFH XI R 32/16 BFH/NV 19, 259). – Beim **Versicherungsvertreter** ist idR für die Realisierung der Abschlussprovision der Zeitpunkt der Zahlung der Prämie (des Einlösungsbetrags; materieller Versicherungsbeginn) maßgebl, aus der sich die Provision nach dem Vertreteretrag berechnet (§ 92 IV HGB; BFH X R 28/08 BFH/NV 10, 2033).

In Betracht kommen also die Aktivierung (per Forderung an Ertrag), die Behandlung als Anzahlung (per Geld an Anzahlung; Rz 256), die Einstellung in eine Stornoreserve (per Kaution an Geld; aktiver RAP); eine Rückstellung scheidet aus (vgl FG Nds EFG 13, 595).

(2) Passivierung. Provisionsverpflichtungen ggü Handelsvertretern sind grds (erst) nach Ausführung des Geschäfts zu passivieren (vgl § 87a HGB; BFH IV R 168/71 BStBl II 73, 481; BFH I R 145/74 BStBl II 76, 675); s ‚Handelsvertreter' und Rz 387.

(3) Vermittlungsprovisionen, die eine KG für die Vermittlung des Eintritts von K'tisten schuldet (Eigenkapitalbeschaffung!), sind nicht zu aktivieren; anders bei geschlossenem Immobilienfonds (BFH IV R 40/97 BStBl II 01, 717). – Die (Fremd- und auch Eigen-)Provisionen, die der Vermittler von Beteiligungen bezieht, sind BE (BFH X R 24/10 BStBl II 12, 498). Zur Provisionszuordnung bei komplexen Leistungen BFH X R 19/03 DStR 04, 2183.

Rangrücktritt. Der Gläubiger hat die Forderung ungeachtet des Rangrücktritts weiter auszuweisen (*Wacker* DB 17, 26; *Ott* DStZ 18, 179; zur Passivseite s Rz 550 ‚Gesellschafterfinanzierung').

Recycling (Schaffung selbständiger WG durch Elektrolyse) s BFH XI R 34/88 BStBl II 92, 893.

Redaktionskosten sind nach BFH III R 8/75 BStBl II 79, 235 weder als halbfertige Zeitschrift noch als immaterielles WG zu aktivieren; mE vom Einzelfall abhängig (s ‚unfertige Erzeugnisse').

Reklamekosten s ‚Werbung'.

Rübenquoten s ‚Zuckerrübenlieferrechte'.

Rückdeckungsversicherung. Ansprüche zur Rückdeckung von Versorgungszusagen (Versicherung auf das Leben eines ArbN mit Berechtigung des ArbG) sind iHd Deckungskapitals zu aktivieren (§ 6a Rz 12).

Rückforderungsansprüche/Übertragungsansprüche führen nicht zum Verlust des wirtschaftl Eigentums, wenn der Anspruch von künftigen Ereignissen abhängt (BFH XI R 55/97 BFH/NV 99, 9; Rz 153); allg zur Auswirkung vertragl Rückforderungsrechte *Jülicher* DStR 98, 1977; s auch ‚Forderungen'.

Sachhaftungs(-duldungs)anspruch s Rz 550 ‚Gesellschafterfinanzierung'.

Sanierungsaufwendungen für die Beseitigung von Altlasten im Boden können beim GuB und/oder beim Gebäude zu aktivieren oder auch sofort als Erhaltungsaufwand abzuziehen sein (iEinz str, vgl zB *Siegel* DB 95, 537); zur Rückstellungsbildung s Rz 550 ‚Umweltschutz und -schäden'.

Satzungsklauseln/Steuerklauseln. Ein Anspruch auf „Rückgewähr" einer vGA nach Gesetz (§§ 30, 31 GmbHG) oder auf Grund Satzungsklausel (Einlageforderung; BFH VIII R 7/99 BStBl II 01, 173) ist idR erst zu aktivieren, wenn die KapGes den Anspruch tatsächl geltend macht (BFH I R 110/88 BStBl II 90, 24: erst wenn Streit über vGA entschieden); daher erhöht sich auch das verdeckte Eigenkapital der KapGes erst zu diesem Zeitpunkt (BFH I R 110/88 BStBl II 90, 24). Selbst bei früherer Aktivierung tritt keine Gewinnerhöhung (zum Ausgleich der vGA) ein, weil der Anspruch Einlage ist (BFH VIII R 7/99 BStBl II 01, 173). Zur Aktivierung eines Rückgewähranspruchs einer Einmann-GmbH BFH I B 47/93 BFH/NV 94, 126. Die Rückzahlung führt beim Ges'ter zu nachträgl AK (BFH VIII R 7/99 BStBl II 01, 173).

Schadensersatzanspruch s ‚Forderungen'.

Schallplattenherstellung. Keine Aktivierung der HK für Tonträger (§ 5 II; BFH I R 1/76 BStBl II 79, 734).

Schaufensteranlagen s Rz 138.

Schwebende Geschäfte s Rz 76, 242, 451 f, 609; ‚Forderungen', ‚nichtabgerechnete Leistungen', ‚unfertige Erzeugnisse bzw Leistungen'.

Schwimmende Ware darf der Käufer erst nach Erlangung der Verfügungsmacht aktivieren (BFH I R 157/84 BStBl II 89, 21); der Verkäufer realisiert Gewinn mit Übergang der Preisgefahr (Rz 609).

Signing Fee (Handgeld) s ‚Spielerlaubnis' und Rz 550.

Software (vgl EStR 5.5 I, EStH 5.5; *OFD Mchn* BB 98, 1401; *KSM* § 5 Rz C 174; *Pfitzer/Schwenzer* HdR B 765-6/03; Rz 111). – *(1)* Software ist (sofern nicht bloße Nutzungsüberlassung nach § 31 UrhG) idR ein **immaterielles (unkörperl) und abnutzbares WG** (BFH X R 26/09 BStBl II 11, 865; LFD Thür DB 11, 2812), und zwar nicht nur System- und Anwender-Individualsoftware, sondern auch Anwender-Standardsoftware (BFH X R 26/09 BStBl II 11, 865). Datenträger, die nur reine Datenbestände enthalten, Trivialprogramme und Programme, deren AK nicht mehr als 800 € betragen, sind stets materielle bewegl WG (EStR 5.5 I 2–3). Auch Cloud-Computing-Pakete (Verlagerung von Software, Nutzerdaten, IT-Infrastruktur, Rechenleistung, Speicherplatz auf den Server eines Dienstleisters) können ein WG sein.

Aktivierung (ABC)

(2) Software bildet bilanzrechtl idR keine Einnheit mit der EDV-Anlage (Hardware), sondern ist **selbständiges WG,** die das Programm, dessen Beschreibung und den maschinenlesbaren Programmträger (Diskette, CD-ROM) umfasst (BFH III R 147/86 BStBl II 87, 787; Rz 96). – **Technische Geräte,** in deren Gehäuse ein EDV-Programm zur Steuerung fest eingebaut ist (zB Produktionsroboter), sind insgesamt (einschließl verdrahteter Software) ein einheitl materielles (körperl) WG (BFH III R 7/86 BStBl II 87, 728).

(3) **Erhaltungs- und Herstellungsaufwand** sind nach allg Kriterien abzugrenzen (*Färber* BuW 96, 533); „update" ist Erhaltungsaufwand (*Rätke* StuB 03, 842). Zu **Softwareumstellungen** s *Färber* BuW 96, 533; zu Softwareserviceverträgen s *Delcker* BB 90, 1097; zur steuerl Behandlung von Software-Leasing s *Engel* DStZ 92, 721. – *(4)* Ein neues **Softwaresystem** kann ein einheitl immaterielles WG sein (*FB Brem* DB 04, 2782). – *(5)* Zur Nutzungsdauer *Eisenbach* StuB 05, 293. – *(6)* Bei Nicht-Aktivierung von Nutzungsrechten (Rz 101) wegen schwebenden Vertrags (Rz 76) sind Vorleistungen ggfs zu neutralisieren (vgl FG Mchn DStRK 21, 170, rkr; *Cloer* DStRE 21, 170 zu Implementierungskosten). – *(7)* Zum Urheberrechtsschutz s § 2 I Nr 1, II UrhG; BFH V R 13/96 BStBl II 97, 372. – Zur zivilrechtl Einordnung von Softwareverträgen *Grüneberg* § 90 Rz 2, § 433 BGB Rz 9. – Zu Webseiten s ‚Internet'.

Spielerlaubnis/Spielerwert im Lizenzfußball ist selbständiges WG (BFH I R 108/10 BStBl II 12, 238; *Teschke* ua FR 12, 1137; zur Bundesliga-Bilanzierung *Littkemann* ua StuB 05, 660. – Zur Aktivierung von Fußballnachwuchsspielern s *Busch* DStR 22, 112. Handgeld und Vermittlungsprovisionen können zu den AK gehören (*Kirsch/Weber* DStR 18, 584). – S ‚Ablösezählungen'.

Sport(übertragungs)rechte sind keine (aktivierbaren) WG, sondern Gegenstand schwebender Verträge (*Rodewald* BB 95, 2103); zur Aktivierung von Vermarktungsrechten im Profifußball *Kirsch* ua DStR 13, 541; s auch ‚Ablösebeträge', ‚Filme'.

Steuerabgrenzung s ‚Latente Steuern'.

Steuererstattungsansprüche sind zu erfassen, wenn sie in der Vergangenheit wirtschaftl verursacht und hinreichend sicher sind (BFH X R 19/10 BStBl II 12, 190; BFH I R 96/10 BFH/NV 12, 991; *OFD Nds* DB 15, 2975); s auch „Betriebssteuern", Rz 550 ‚StSchulden'. – StErstattungszinsen (§ 233a AO) sind entspr zu aktivieren (*OFD Ffm* DB 13, 1084; *OFD Nds* DB 15, 2974; FG Hess EFG 21, 1041, rkr).

Stille Beteiligung im BV ist eine sonstige Ausleihung. Die typische stille Beteiligung ist in der StB zu aktivieren (BFH IV R 54/16 DStRE 20, 453); zum Zeitpunkt der Aktivierung des Gewinnanspruchs eines stillen Ges'ters, der zugleich MehrheitsGes'ter der KapGes ist, an der er still beteiligt ist, s BFH VIII R 106/87 BStBl II 91, 569; *BeBiKo* § 271 Rz 15. – Ist der stille Ges'ter am Verlust beteiligt, sind Verlustanteile phasengleich zu berücksichtigen (BFH I R 62/08 BStBl II 12, 745).

Straßen(anlieger)beiträge s Rz 142 und ‚Erschließungsbeiträge'.

Stromanschluss: HK des Gebäudes; iÜ abhängig von der Art des Anschlusses (AK des GuB/HK des Gebäudes; EStH 6.4). Abnehmerbeiträge zur Umstellung der Stromversorgung oder zum Bau einer Trafostation sind idR keine AK eines WG ‚Strombezugsrecht', sondern sofort abziehbar (BFH IV R 4/85 BFH/NV 88, 229; *OFD Bln* FR 94, 101). Beiträge (Zuschüsse) des Grundstückseigentümers an ein Energieversorgungsunternehmen zur Finanzierung der örtl Verteilungsanlagen sind (analog BFH-Rspr zu Wasserversorgungsanlagen, s dort) nachträgl AK des GuB (BFH IX R 138/88 BFH/NV 89, 633; **aA** zR *Glanegger* DB 87, 2115: Gebäude-HK). – Diese Grundsätze gelten sinngemäß für Beiträge zwecks Gas-/Fernwärmeversorgung.

Substanzausbeutevertrag s ‚Bodenschätze'.

Substanzwerterhaltungsanspruch (des Verpächters) ist entspr der Pachterneuerungsrückstellung lfd mit dem TW (BFH IV 228/64 S BStBl III 1966, 147) zu

Weber-Grellet

aktivieren (BFH VIII R 28/95 BStBl II 98, 505); Rz 702. Beim Verpächter ist das Ersatzgut mit den AK/HK des Pächters zu aktivieren unter gleichzeitiger Auflösung des Pachterneuerungsanspruchs.

Swapgeschäfte s ‚Finanzprodukte'.

Tabakquote ist ein immaterielles WG (FG RhPf EFG 07, 21); s ‚Zuckerrübenlieferrechte'.

Teilhaberversicherungsanspruch ist notwendiges PV (BFH IV R 30/91 BStBl II 92, 653 mwN).

Teilleistungen s ‚langfristige Fertigung', ‚unfertige Leistungen', ‚Nichtabgerechnete Lieferungen und Leistungen'.

Termingeschäfte s ‚Finanzprodukte'.

Tilgungsstreckung. Zur Aktivierung eines Anspruchs des Darlehensgebers aus einer Tilgungsstreckung s BFH I 52/64 BStBl II 69, 18.

Transferentschädigungen s ‚Ablösebeträge'.

Transferpaket (Bewertungseinheit) bei Funktionsverlagerung (iZm § 1 III AStG); zR krit *Blumers* BB 07, 1757 (Abkehr von Einzelbewertung).

Treuhandgeschäfte s Rz 154.

Umsatzprämie. Ein rechtl noch nicht entstandener Anspruch auf Umsatzprämie ist zu aktivieren, wenn der Kfm am Bilanzstichtag mit einer Gewährung fest rechnen kann (BFH IV R 201/74 BStBl II 78, 370; aA *Lüders*, Der Zeitpunkt der Gewinnrealisierung, 1987, S 96).

Umsatzsteuer. Aktivierung des USt-Erstattungsanspruchs wegen stfreier Geldspielautomatenumsätze erst in Wj, die nach dem 17.2.05 enden (*BMF* BStBl I 06, 418; BFH X R 19/10 BStBl II 12, 190; BFH I R 96/10 BFH/NV 12, 991).

Umtauschanleihe. Aktivierung der vereinnahmten Beträge, Passivierung der Umtauschverpflichtung (*Neitz-Hackstein* EFG 17, 1019; krit *Prinz* FR 17, 735); ggf Rückstellung, wenn Referenzaktien noch anzuschaffen sind (ao auch BFH I R 20/17 DStR 19, 1963).

Umwandlungskosten als sofort abziehbare BA oder aktivierungspflichtige AK (*Orth* GmbHR 98, 511).

Umweltschützende Einrichtungen, die in betriebl Anlagen eingebaut werden (zB Filter), sind idR als nachträgl AK (HK) zu aktivieren (*Gail* StbJb 90/91, 67; *Korn* KÖSDI 91, 8495).

Unentgeltlich erworbene WG. Zu aktivieren (sofern BV), auch immaterielle WG (§ 6 IV, § 7 II EStDV aF; s Rz 196 f); bei privatem Anlass Einlage.

Unfertige Erzeugnisse, zB teilfertige Bauten, ggf auch Pflanzen im Wuchs (*Kirsch* ua DB 21, 629; oben Rz 141). Nach hM mit bis zum Bilanzstichtag angefallenen Aufwendungen als HK materieller WG zu aktivieren; mE **Stornierung von Aufwand** iRe schwebenden Geschäfts (Rz 76; *Weber-Grellet* BB 03, 37; vgl BFH I R 15/12 BFH/NV 14, 907 iZm Aufwand für noch nicht realisierte Provisionen); nach **aA** (im Baugewerbe) als Forderung oder als Vorratsvermögen (ua *Hoffmann* DStR 00, 1338; offen gelassen in BFH VIII R 1/03 BStBl II 06, 298 unter B 2b bb) ccc). Trotz noch schwebenden Geschäfts ist eine **TW-AfA** mögl (BFH VIII R 1/03 BStBl II 06, 298; BFH X R 27/05 BFH/NV 10, 1090; Rz 76); der Umfang ist **retrograd** zu ermitteln (voraussichtl Erlöse ./. durchschnittl Gewinn ./. Selbstkosten); dabei ist nicht nur auf das bis zum Bilanzstichtag abgewickelte Geschäft („Teilrealisierung"), sondern (so BFH unter Berufung auf den „gedachten Erwerber") auf das gesamte Geschäft abzustellen (keine Begrenzung auf bereits geleistete Arbeiten; EStH 6.7; zust *Hoffmann* DStR 05, 1981; *BeBiKo* § 253 HGB Rz 524; *HHR* § 5 Rz 965).

Aktivierung (ABC)   270   § 5

Stellungnahme: ME übersieht BFH VIII R 1/03, dass der Grundsatz der verlustfreien Bewertung durch § 5 IVa strechtl beseitigt ist (den Widerspruch sieht auch *Hoffmann* StuB 11, 437) und beruft sich zu Unrecht auf die handelsrechtl Praxis; zudem führt der „gedachte Erwerber" zu einer fiktiven Realisation (krit *Weber-Grellet* BB 06, 35; krit auch *Siegel* StuB 06, 61 zum Abzug des durchschnittl Gewinns und der späteren Fixkosten); HB und StB liegen unterschiedl Konzeptionen zugrunde (*BeBiKo* § 253 HGB Rz 523). S ‚fertige Erzeugnisse'; Rz 317.

Unfertige Leistungen werden (wegen fehlender Realisation) wie unfertige Erzeugnisse behandelt, auch wenn die Aufwendungen nicht zu materiellen WG geführt haben (vgl *BMF* BStBl I 79, 197; *BeBiKo* § 247 HGB Rz 64; Rz 382; mE zu Unrecht aA BFH III R 5/16 BStBl II 18, 536; BFH XI R 32/16 BFH/NV 19, 259; dagegen *Weber-Grellet* BilStR Rz 187; *ders* FR 19, 276: keine WG-Aktivierung, sondern Aufwandsstornierung). Bei Teilerfüllung ist gesicherter Anspruch auf Teil des Entgelts (als WG) zu aktivieren (BFH VIII R 25/11 BStBl II 14, 968; FG Thür EFG 20, 701, NZB VIII B 50/20; unten Rz 608).

Ungewisse Anschaffungskosten sind ggf zu aktivieren; ggf ist eine entspr Rückstellung zu bilden (*Lüdenbach* StuB 20, 434).

Urlaub. Kein Ansatz eines Aktivpostens bei vor dem Bilanzstichtag für die Zeit nach dem Bilanzstichtag gewährten Urlaub (*OFD Köln* StEK EStG § 6 I Ziff 3 Nr 5). Für aktive Abgrenzung von Urlaubsgeld bei abw Wj Parteivereinbarung maßgebl (BFH VIII R 86/91 BStBl II 93, 709). S auch Rz 550.

Verlagsrecht (Vervielfältigungs- und Verbreitungsrecht) ist ein selbständiges immaterielles WG; abzugrenzen vom Verlagswert (BFH II R 8/92 BStBl II 95, 505; *Niemann* [vor Rz 161] Rz 233).

Vermittlungsprovisionen s ‚Provisionen'.

Versendungskauf s ‚Schwimmende Ware'.

Versicherungsvertreter s ‚Provisionen'.

Versorgungsanlagen, die von einem privaten Erschließungsträger erstellt und unentgeltl auf gemeindl Versorgungsbetriebe übertragen werden, sind dort ertragswirksam zu aktivieren (*OFD Bln* StEK EStG § 5 Bil Nr 94); s auch Wasserversorgung.

Vertragsarztzulassung ist (selbständiges, nicht abnutzbares) immaterielles WG (BFH VIII R 56/14 BStBl II 17, 694); zur Abgrenzung von einem (abnutzbaren) Praxiswert s BFH VIII R 24/16 BFH/NV 17, 899; *Durst* BeSt 17, 30.

Vetorechte, die einem Ges'ter zusätzl zustehen, können neben der Beteiligung als solcher zu aktivieren sein.

Vorbehalte als Aktivierungshindernis (Rz 151 zur WG-Zurechnung; allg zur Schenkung unter Vorbehalt *Escher* FR 08, 985). Zu vorbehaltenen Nutzungsrechten/-lasten s Rz 180, 653.

Vorbelastungshaftung. Anspruch der GmbH gegen Ges'ter (BGH II ZR 176/88 BB 89, 169) führt in der StB nicht zu einer Gewinnerhöhung, weil der Anspruch auf Einlageleistung gerichtet ist (vgl BFH I R 176/83 BStBl II 87, 733).

Vorfälligkeitsentschädigung (Entgelt für Kreditrückzahlung vor Fälligkeit) ist mE sofort abziehbar, iZm Betriebsveräußerung Veräußerungskosten (BFH X R 70/97 BFH/NV 01, 440); Rz 258.

Vorkaufsrecht, das einem Ges'ter im Hinblick auf weitere Anteile zusteht, ist als selbständiges WG auszuweisen.

Vorräte sind mit den AK/HK zu aktivieren; allein die lange Lagerdauer rechtfertigt keine TW-AfA (BFH IV R 18/92 BStBl II 94, 514).

Vorsteueranspruch (§ 15 UStG) ist bei Lieferungen vor und Eingang der (berichtigten) Rechnung nach dem Bilanzstichtag bereits zu aktivieren (BFH XI

R 1/93 BStBl II 93, 786), es sei denn, der Anspruch ist nicht sicher; bei „Begründung" durch den EuGH erst mit Veröffentlichung im BStBl (s Rz 91).

Währungsumrechnung s ‚Fremdwährung'.

Wärmeenergie wird zum WG, wenn sie über Zähler zum Abnehmer geliefert wird (BFH IV R 9/17 BStBl II 21, 226); zur Gewinnrealisation bei Wärmelieferungsvertrag s *Mellwig/Hastedt* DB 92, 1589.

Warenrückvergütungen sind in der StB des Wj, für das die Vergütung gewährt wird, zu aktivieren, wenn sie schon in der Satzung der Genossenschaft begründet sind (BFH IV R 112/81 BStBl II 84, 554).

Warenzeichen (jetzt: Marke; MarkenG, BGBl I, 94, 3082) kann im Einzelfall ein abnutzbares immaterielles WG sein (FG Ddorf EFG 00, 1177; *BMF* BStBl I 99, 687; *Schubert* FR 98, 92; **aA** (für EW des BV) BFH II B 135/95 BStBl II 96, 586); Nutzungsdauer entspr § 7 I 3 oder nachgewiesene kürzere Nutzungsdauer (**aA** *Gold* DB 98, 956: 5 Jahre; *Schubert* FR 98, 541: Einzelfall).

Wassernutzungsrecht s Rz 134, 171; *Niemann* vor Rz 161, 265 f.

Wasserversorgung (Wasserleitung). Beiträge für den erstmaligen Anschluss eines Grundstücks an eine öffentl Wasserversorgungsanlage sind (sofern nicht gewerbe-, sondern grundstücksbezogen) als nachträgl AK des GuB zu aktivieren; Beiträge zur Ersetzung oder Verbesserung einer alten Anlage (sog Ergänzungsbeiträge) sind als Erhaltungsaufwand sofort abziehbar (BFH X R 6/86 BFH/NV 89, 494). Auch Erstanschlussbeiträge sollen sofort abziehbar sein, wenn der Grundstückseigentümer eine eigene Anlage hatte. S Rz 142, ‚Abwasserbeseitigung', ‚Erschließungsbeiträge'.

Website (Internet-Auftritt) s ‚Internet'.

Wechselforderungen sind mit den AK zu aktivieren; der zw Erwerb und Stichtag angefallene Diskont soll noch nicht realisiert sein (BFH I R 92/94 BStBl II 95, 594; zR **aA** *Groh* FR 95, 581; *Moxter* BB 95, 1997; s auch Rz 618).

Werbespots als immaterielle WG s ‚Filme'.

Werbung. Aufwendungen sind sofort abziehbar (BFH IV 433/62 S BStBl III 64, 138), auch bei einmaligem Werbefeldzug (*Döllerer* BB 69, 501: kein entgeltl Erwerb eines immateriellen WG; **aA** (noch ‚dynamisch inspiriert') BFH I 198/61 U BStBl III 63, 7). Für Werbezwecke hergestellte **materielle WG** (Werbemittel) sind aktivierungspflichtig (BFH I R 112/75 BStBl II 77, 278; *Boorberg* DB 01, 497). S auch ‚Filme'.

Werkzeuge als WG oder Teil der HK vgl *Gläßner/Leineweber* StBP 85, 97.

Wertguthaben dienen dazu, eine Freistellung zu finanzieren (§ 7b SGB IV). Ausgelagerte Vermögenswerte sind beim ArbG zu aktivieren; entspr Verpflichtungen führen zu (abzuzinsenden) Rückstellungen (*OFD Ffm* DStR 16, 1869; *Hartmann* BetrAV 14, 444).

Wertpapiere verbriefen ein unkörperliches (immaterielles) Recht (BFH IV R 10/14 BStBl II 17, 466; Rz 113); physisches Gold gehört nicht dazu.

Wertpapierfonds. Der Anspruch auf Ausschüttungen ist zu aktivieren, wenn er nach den Vertragsbedingungen entstanden ist (BFH I R 59/93 BStBl II 95, 54); s auch *Becker* StBp 96, 127; ‚Dividendenanspruch'.

Wertpapierleihe (Wertpapierdarlehen; keine „Zahlung eines Betrags" iSd § 340b HGB) sind wie Sachdarlehen (dh nach hL ohne Gewinnrealisierung, s Rz 602, 703; so auch *Schmitt-Homann* BB 10, 351; *BMF* BStBl I 21, 1002) zu bilanzieren (*HHR* § 5 Rz 1554). Im Unterschied zum Pensionsnehmer (s ‚Pensionsgeschäfte') ist der Entleiher idR wirtschaftl Eigentümer (BFH I R 2/12 DStR 14, 2012; FG Mchn EFG 21, 723, Rev I R 3/21; *LfSt Bay* DB 10, 1672); ausnahms-

Passivierung 301 § 5

weise weiterhin der Verleiher (BFH I R 88/13 BStBl II 16, 961; dazu *BMF* 9.7.21 BStBl I 21, 1002; *Weber-Grellet* BB 17, 43; *Haarmann* BB 18, 1623), zB auch bei Gestaltungsmissbrauch. Letztl ist auf die konkreten Umstände (Chancen, Risiken, Insolvenzrisiko; Gesamtwürdigung!) abzustellen. Die *BMF*-Grundsätze gelten auch für andere Wertpapiergeschäfte.

Wettbewerbsverbot (zB zu Lasten der TochterGes) kann ein selbständiges WG sein, wenn dem Verbot eine eigene wirtschaftl Bedeutung zukommt und für seine Übernahme ein besonderes Entgelt vereinbart wurde; Aufwendungen hierfür sind als AK eines entgeltl erworbenen (idR abnutzbaren) immateriellen EinzelWG zu aktivieren (BFH I R 130/85 BFH/NV 89, 780; *HHR* § 5 Rz 1570 f; *Eder* DStR 95, 1937), es sei denn, es ist unselbständiger Teil eines entgeltl erworbenen Kundenstamms (BFH I R 49/85 BFH/NV 90, 442) oder Geschäftswerts (BFH IV R 138/80 BStBl II 84, 233). Keine Aktivierung bei Zahlung eines umsatzabhängigen lfd Entgelts (BFH I 224/64 BStBl II 68, 520); zum Wegfall s *HHR* § 5 Rz 1594.

Windpark besteht aus mehreren WG, zB Kraftanlage, Wegebau, Anschlusskosten, Verkabelung (BFH IV R 46/09 BStBl II 11, 696; oben Rz 131).

Wirtschaftliches Eigentum s Rz 152 f.

Wirtschaftsgut s Rz 93 ff; „verlustträchtige" WG können nicht eingelegt werden (BFH X B 11/89 BFH/NV 90, 769).

World Wide Web (www) s ‚Internet'.

Zeitarbeit. Minderstunden sind nach FG BBg EFG 12, 600 nicht zu aktivieren (mE falscher Ansatz; es geht um Stornierung von Aufwand); s auch Rz 550 ‚Überstunden'.

Zero-Bonds s ‚Finanzprodukte'.

Zinsen auf Steuererstattungen s *OFD Ffm* BB 95, 561; zu Zinsbegrenzungsverträgen s Darlehen und Finanzprodukte.

Zuckerrübenlieferrechte sind abnutzbare immaterielle WG (BFH IV R 3/08 BStBl II 14, 512; st Rspr); bei Veräußerung ist kein Grundstücks-Buchwert gegenüberzustellen (FG Nds EFG 01, 1431; *Valentin* EFG 02, 1609); Nutzungsdauer von 15 Jahren ist nicht zu beanstanden (BFH IV R 1/06 BStBl II 10, 28).

Zurechnung von WG s Rz 151 f.

Zuschüsse, die der Zuschussgeber aus *betriebl Anlass* auf privatrechtl oder öffentlrechtl Grundlage zahlt (zum Erhalt s Rz 550), sind nach der jeweiligen Funktion des Zuschusses entweder *(1)* sofort abziehbar (Aufwendungen auf den eigenen Firmenwert) oder *(2)* zusätzl AK vorhandener WG (zB Erschließungsbeiträge) oder *(3)* als AK eines entgeltl erworbenen (immateriellen) WG (so BFH VI 239/65 BStBl II 70, 35 – GrS-Vorlagefall) oder *(4)* als aktiver RAP zu aktivieren. IEinz s § 6 Rz 71; *Schmidt* 28. Aufl § 5 Rz 270).

Barzuschüsse, die ein Ges'ter seiner KapGes aus *gesellschaftl Anlass* gewährt, sind **verdeckte Einlagen** (Rz 204; zusätzl Beiträge; Zuzahlungen iSv § 272 II Nr 4 HGB) und als nachträgl AK zu aktivieren (§ 6 VI 2; BFH VI R 3/92 BStBl 94, 242); zur disquotalen Einlage vgl ‚Beteiligungen an KapGes'.

V. Passivierung

1. Passivierung. – a) Gegenstand. Auf der Passivseite der HB und StB hat der 301 StPfl die **Schulden** (Verbindlichkeiten und Rückstellungen), die (passiven) **RAP** (Rz 245) sowie das **Eigenkapital** (Rz 550; einschließl Rücklagen, ggf auch Bilanzgewinn) gesondert auszuweisen und hinreichend aufzugliedern (§ 247 I HGB; *HHR* § 5 Rz 650). – Die GuV-Rechnung weist (realisierten) Ertrag und Aufwand aus, die Bilanz Vermögen (Aktivseite) und dessen Finanzierung (Passivseite); zur spiegelbildl Aktivierung s Rz 90.

302 b) Unterscheidungen. Bei der Passivierung von **Schulden** (ggf auch von stfreien Rücklagen) ist zu unterscheiden zw der Passivierung dem **Grunde** nach (was und wann) und der Passivierung der **Höhe** nach (Bewertung). Die Passivierung ist **erfolgswirksam,** wen n die Gegenbuchung als lfd Aufwand anzusetzen ist (zB bei Rückstellung für drohende Schadenersatzverpflichtung: „per Aufwand an Rückstellung"); sie ist **erfolgsneutral** bei Gegenbuchung auf einem Bestandskonto (zB „per Geld an Darlehensverbindlichkeit" bei Aufnahme eines Kredits); sie ist **zunächst erfolgsneutral,** wenn die Gegenleistung zu den AK eines abnutzbaren WG zählt (zB – ungewisse – Prozesskosten bei Anschaffung eines abnutzbaren WG „per WG an Rückstellung").

304 c) Wertberichtigung. Keine echte Passivierung ist die Bildung passiver Wertberichtigungen zur Korrektur der Wertansätze von Aktivposten des AV (sog indirekte Abschreibung) oder des UV (zB Einzel- oder Pauschalwertberichtigungen auf Forderungen); diese sind in der HB als Passivposten – zumindest für KapGes – grds unzul und stattdessen aktivisch abzusetzen (*BeBiKo* § 253 HGB Rz 567).

305 d) Maßgeblichkeitsgrundsatz (s Rz 26). Auch die Passivierung ist nach Maßhabe der handelsrechtl GoB (Rz 58 ff) vorzunehmen. Passivposten dürfen in der StB nur angesetzt werden, wenn sie in der HB nicht nur passivierungsfähig, sondern -pflichtig sind (s § 31), sofern nicht estrechtl Sondervorschriften greifen (s iEinz Rz 30, 34, 60, 352, 353).

306 e) Gliederung. Für die Gliederung der Passivseite sind GoB iVm den handelsrechtl Normen maßgebl; danach sind bei allen Kfm – neben dem Eigenkapital (auch Rücklagen) – mindestens Verbindlichkeiten, Rückstellungen und RAP gesondert, klar und übersichtl auszuweisen (§§ 243 I, II, 247 I HGB; für KapGes § 266 III HGB). Andere Posten (zB negative Vermögensposten) kommen nicht in Betracht; evtl Ausnahme beim Geschäftswert (Rz 226).

2. Verbindlichkeiten (einschließlich § 5 IIa)

Schrifttum (vor 2017 s Vorauflagen): *Drüen* Verbindlichkeiten in der HB und StB HdJ III/4 (9/19). – *Hennrichs,* Neuere Entwicklungen im Bilanzrecht, NZG 17, 618 (s auch Schrifttum bei Rz 351, 550). – **Verwaltung:** EStR 4.2 XV, EStH 4.2 XV, EStH 6.10.

310 a) Verbindlichkeiten. Diese verpflichten als betriebl Schuldposten (vgl § 253 I 2, § 266 III HGB) zu bestimmten Leistungen; Art und Rechtsgrund sind grds irrelevant; sie müssen (wie auch Rückstellungen, Rz 351 f) grds ausgewiesen werden (**Passivierungsgebot;** BFH I R 153/86 BStBl II 91, 479; *HHR* § 5 Rz 670).

311 b) Voraussetzungen. – *(1)* Die Verbindlichkeit muss **betriebl veranlasst** sein (§ 4 IV) und darf nicht unter § 4 V fallen (BFH XI R 40/17 DStR 19, 2015 für Kartellgeldbuße); Veranlassung durch GesVerhältnis genügt nicht (BFH XI R 52/01 BStBl II 03, 658); betriebl und gesellschaftl Veranlassung schließen sich gegenseitig aus (*Weber-Grellet* BB 20, 43/47; aA BFH I R 78/16 BStBl II 19, 570 zu vGA). Auf der Passivseite wird nicht zw notwendigem und gewillkürtem BV unterschieden; entscheidend ist allein, inwieweit die Entstehung der Schuld durch den Betrieb veranlasst ist (BFH IV R 57/90 BStBl II 92, 141); – *(2)* sie muss am Bilanzstichtag dem Grund und der Höhe nach **gewiss** und quantifizierbar sein (die Feststellungslast trifft den StPfl; BFH III R 40/95 BFH/NV 98, 1217) und – *(3)* das abgelaufene Wj **wirtschaftl belastet** haben („wirtschaftl Verursachung"; BFH IV R 62/05 BStBl II 08, 557; Rz 361, 381 f; § 268 V 3 HGB; *Hageböke* RdF 13, 304/9; *Weber-Grellet* FR 15, 234); Verbindlichkeiten müssen mit Erträgen oder dem betriebl Geschehen des abgelaufenen Wj in Zusammenhang stehen (realisierter Aufwand; ‚per Aufwand an Verbindlichkeit'; iEinz *Weber-Grellet* DB 02, 2180; s auch Rz 80, 381 f); – *(4)* das Bestehen der Verbindlichkeit muss dem Kfm bis zur Bilanzaufstellung **bekannt** geworden sein. – Der Passivierung der Verbindlichkeit steht nicht entgegen, dass sie noch nicht fällig ist (vgl BFH I R 166/78 BStBl II 84, 747) oder dass der Schuldner zahlungsunfähig oder vermögenslos ist (BFH I R 25/15 BStBl II 17, 670; *OFD Ffm* DStR 21, 2973). – Die **Bewertung** von Verbindlichkeiten ist in § 6 I Nr 3 geregelt.

c) Passivierungsverbot. Hingegen besteht ein Passivierungsverbot bei: – *(1)* Verbindlichkeiten aus schwebenden Geschäften (Rz 76), es sei denn, dass Vorleistungen erbracht sind (erhaltene Anzahlungen) oder Erfüllungsrückstände bestehen (vgl zB BFH VIII R 28/95 BStBl II 98, 505; EStR 5.7 VIII); – *(2)* Schulden, die obschon noch nicht verjährt, mit an Sicherheit grenzender Wahrscheinlichkeit nicht erfüllt werden müssen (keine wirtschaftl Belastung; BFH I R 44/14 BStBl II 15, 769; weniger strenge Grundsätze bei einer **ungewissen** Verbindlichkeit, s Rz 376); – *(3)* Schadensersatzpflichten aus strafbarer Tat vor Entdeckung (BFH X R 163–164/87 BStBl II 91, 802).

d) Ausbuchung. (Gewinnerhöhende) Ausbuchung, wenn Inanspruchnahme nicht mehr zu erwarten ist oder rechtsvernichtende Einwendungen oder (dauerhaft wirkende) Einreden (zB Verjährung) geltend gemacht werden (BFH X B 121/99 BFH/NV 00, 1450; *Weber-Grellet* BB 15, 43; Rz 376). Die nicht mehr werthaltigen Verpflichtungen sind ggf zu schätzen (auch bei Sammelverbindlichkeiten; BFH I R 3/95 BStBl II 96, 470). – Bei Insolvenz wird erst das tatsächliche Erlöschen der Schuld gewinnwirksam (FG BBg DStRE 16, 1167; *OFD NRW* StuB 17, 831; unten Rz 672). – ME sind auch in der Liquidationsschlussbilanz Verbindlichkeiten nach allg Regeln auszuweisen; allein die (bevorstehende) Liquidation oder ein Rangrücktritt sind (noch) kein Anlass zur Ausbuchung (*OFD Ffm* DStR 18, 79, *OFD Ffm* DStR 19, 560; *OFD Ffm* DB 21, 1914; *Dietrich/Weber* DStR 19, 966; FG Mster BB 20, 2480); Verbindlichkeiten sind in der Liquidation „bis zuletzt" zu passivieren (*Mayer/Betzinger* DStR 14, 1573). Bei Liquidation kann Nichtbefriedigung zu ‚Aufwandsstornierung' führen (*Kahlert* DStR 16, 2262 mwN). Die fehlerhafte Ausbuchung (einer Verbindlichkeit) ist ggf durch eine erfolgswirksame Einbuchung zu korrigieren (BFH IV R 38/16 BFH/NV 19, 551).

e) Bedingte Verbindlichkeiten. Es ist zw bedingter **Entstehung** und bedingtem **Erlass** zu unterscheiden (s auch Rz 270 ‚Forderungen'). **Aufschiebend** bedingt entstehende **(= künftige)** Verbindlichkeiten zB aus Bürgschaften, öffentl Zuschüssen oder Besserungsscheinen sind als Verbindlichkeiten erst mit Eintritt der Bedingung auszuweisen (BFH X R 42/08 BStBl II 12, 188; *HHR* § 5 Rz 675; *ADS* § 246 Tz 1121); als Rückstellungen dürfen sie vorher nur passiviert werden, sofern am Bilanzstichtag der Eintritt der Bedingung wahrscheinl ist (vgl BFH X R 23/89 BStBl II 92, 488) und die künftigen Ausgaben in der Vergangenheit wirtschaftl verursacht sind (Rz 383, 386 f). **Auflösend bedingt entstandene** Verbindlichkeiten (= späterer Wegfall) sind zu passivieren und erst bei Bedingungseintritt wieder auszubuchen (*HHR* § 5 Rz 675). Wegen zivilrechtl und wirtschaftl Parallelwertung sind **auflösend bedingt erlassene** Verbindlichkeiten – im Unterschied zu aufschiebend bedingt erlassenen oder zu erlassenden (also erst später wegfallenden) – nicht mehr zu passivieren (vgl BFH I R 11/03 BStBl II 05, 581; *BeBiKo* § 247 HGB Rz 225 mwN); zu passivieren sind sie aber bei Entfallen des Erlasses.

f) Passivierungsverbot für abhängige Verbindlichkeiten, § 5 IIa.

Schrifttum (Auswahl; vor 2017 s Vorauflagen): *Wacker*, Zu den … Folgen eines Rangrücktritts …, DB 17, 26; *Briese*, Forderungsverzicht gegen Besserungsschein sowie qualifizierter Rangrücktritt …, DStR 17, 799.

Verbindlichkeiten, die nur **aus künftigen Einnahmen/Gewinnen** (je nach Vereinbarung „brutto/netto") zu tilgen (ggf zurückzuzahlen) sind (Sonderfall ‚bedingter Verbindlichkeiten'; Rz 314), dürfen, bevor solche Einnahmen/Gewinne entstanden sind, (mangels wirtschaftl Verursachung) weder als Verbindlichkeit noch als Rückstellung aufwandswirksam passiviert werden (**„Passivierungsaufschub";** Begründung BT-Drs 14/2070, 17; *KSM* § 5 Rz Ca 1 ff); s auch Rz 383. § 5 IIa ist

Ansatz- und Bewertungsnorm; bedingt (aus künftigen Gewinnen) rückzahlbare Darlehen (zB Filmdarlehen) sind daher zunächst als Ertrag zu erfassen; entstehen entspr Gewinne, ist der Ertrag (nur) im entspr Umfang zu stornieren (per Aufwand an Darlehensverbindlichkeit; BFH XI R 53/17 BStBl II 19, 803; *Prinz* StuB 19, 881; *Dötsch* jurisPR-StR 47/19 Anm 2; *Weber-Grellet* BB 20, 43/46). – § 5 IIa ist (ebenso wie § 5 IVb; Rz 369) Ausdruck des Prinzips der wirtschaftl. Verursachung; die rechtl Entstehung ist unmaßgebl. Die frühere abw Rspr (BFH IV R 21/97 BStBl II 00, 116; BFH X R 225/93 BStBl II 97, 320 – Filmkredit) ist überholt (stets **aA** *BMF* BStBl I 00, 375; wNachw *Schmidt* 34. Aufl § 5 Rz 315).

Ein Fall des § 5 IIa ist die sog **Besserungsabrede,** nicht hingegen der (einfache) **Rangrücktritt** (Irrelevanz künftiger Einnahmen; BFH I R 11/03 BStBl II 05, 581); hybride Gestaltungen sind mögl (zB BFH I R 25/15 BStBl II 17, 670; *Weber-Grellet* BB 15, 2667). Bei einer Besserungsabrede ist die Verbindlichkeit trotz § 5 IIa auszuweisen, wenn eine Tilgung aus sonstigem freien Vermögen vereinbart ist (BFH II R 64/14 BStBl II 17, 104; *BMF* BStBl I 06, 497; BFH XI R 32/18 BStBl II 21, 279; krit *Weber-Grellet* BB 21, 43). S iEinz Rz 550 ‚Gesellschafterfinanzierung'.

Nach BFH I R 100/10 BStBl II 12, 332 darf eine Verbindlichkeit, die nur aus künftigen Gewinnen oder einem etwaigen Liquidationsüberschuss erfüllt zu werden braucht, mangels gegenwärtiger wirtschaftl Belastung nicht ausgewiesen werden. Nach BFH I R 44/14 DStR 15, 1551 unterliegt eine Verbindlichkeit, die nach einer im Zeitpunkt der Überschuldung getroffenen Rangrücktrittsvereinbarung nur aus einem zukünftigen Bilanzgewinn und aus einem etwaigen Liquidationsüberschuss zu tilgen ist, dem Passivierungsverbot des § 5 IIa.

Die Vereinbarung, für eine Verpflichtung vorhandene oder künftige Rücklagen erst künftig zu verwenden, steht einer aktuellen wirtschaftl Belastung entgegen und führt zur Ausbuchung (krit *Oser* BB 15, 1906; DStR 17, 1889; dagegen *Briese* DStR 17, 2832). Dasselbe gilt mE für den Fall, dass die Forderung erst nach Befriedigung sämtl anderer Gläubiger der Ges und nur zugleich mit den Einlagenrückgewähransprüchen der Ges'ter berücksichtigt werden soll. Die Einlagenrückgewähr liegt ebenfalls „hinter" allen künftigen Gewinnen.

Der Erwerb eines abnutzbaren WG gegen eine abhängige Verbindlichkeit ist wie folgt zu buchen: per WG an Kapital; AfA (Aufwand) frühestens ab Entstehen der Rückzahlungsverpflichtung; per AfA-Aufwand an WG und per Kapital an Geld. S auch Rz 369; Rz 550 ‚Gewinnabhängige Verbindlichkeiten'; Rz 616; § 16 Rz 235.

316 **g) Erhaltene Anzahlungen** (vgl § 266 III HGB) sind als Vorleistungen auf eine von dem anderen Vertragsteil zu erbringende Lieferung oder Leistung (vgl BFH III R 179/82 BStBl II 86, 669) beim Empfänger mit dem Nennwert (erfolgsneutral) zu passivieren (BFH IV R 138/76 BStBl II 80, 648 mwN), und bei späterer Aktivierung der Forderung zu verrechnen: (1) per Forderung an Ertrag, (2) per Anzahlung und Geld an Forderung (vgl BFH X R 49/89 BStBl II 92, 904). – Auflösung als lfd Gewinn (FG Mchn EFG 09, 337).

317 **h) Erfüllungsrückstand.** Dieser ist keine eigenständige bilanzstrechtl Kategorie (iEinz *Weber-Grellet* FS Doralt 2007, 501; BFH XI R 63/03 BStBl II 06, 866; zutr EStR 5.7 VII, VIII: Rückstellung für Erfüllungsrückstand); er ist der bilanzielle Ausdruck einer in der Vergangenheit (im abgelaufenen VZ) realisierten, aber (teilweise) noch nicht erfüllten Leistungspflicht (ähnl *Tiedchen* NZG 17, 1007); der Rückstand ist bereits in der Vergangenheit wirtschaftl verursacht. Jede Verbindlichkeit und jede Rückstellung sind Ausdruck eines „Erfüllungsrückstandes". Der Erfüllungsrückstand kann daher – logisch und rechtl – keine weiteren Voraussetzungen verlangen, die über die zum Ansatz einer (ungewissen) Verbindlichkeit hinausgehen (*Weber-Grellet* BB 07, 35). Fälligkeit (BFH I R 17/15 BStBl II 16, 930; dazu *Weber-Grellet* FR 16, 1109; *Kolbe* StuB 17, 12) und die Unterscheidung nach **Haupt- oder Nebenpflicht** und nach selbständig/unselbständig sind ohne Bedeutung (FG SchlHol EFG 00, 1057; offen in BFH VIII R 98/73 BStBl II 83, 89); entscheidend ist der Rückstand nach Beendigung des „Schwebezustands". Ein Erfüllungsrückstand entsteht zB iZm der Verpflichtung zu „kostenloser" Nachbetreuung (zB Hörgeräteakustiker, Versicherungsbetreuung (BFH X R 41/07 BFH/NV 10, 860). Auch eine progressive Miete kann zu einem Erfüllungsrückstand führen (*Schönborn* BB 98, 1099; Rz 693), ebenso ein Darlehen mit progressivem Zins (BFH I R 17/15 BStBl II 16, 930). Der vom I. Senat (BFH I R 43/05 DStR 06, 1123) entschiedene Fall betraf keinen Erfüllungsrückstand (Rz 550 ‚Mietfreistellung'); die damals entwickelten zusätzl Voraussetzungen waren (und sind) obsolet.

i) Dingliche Lasten. Soweit sie nur auf Dulden oder Unterlassen gerichtet sind (zB Grunddienstbarkeit, Nießbrauch, Erbbaurecht; ggf wohl auch schuldrechtl Last), sind sie keine Verbindlichkeiten, sondern nur Wertminderungen des belasteten WG (BFH I R 96/02 BB 05, 770; *HHR* § 5 Rz 1040; § 6 Rz 330). – Bei dingl Belastungen mit **Sicherungscharakter** (zB Grundschuld, Hypothek, Reallast) ist die gesicherte Geldschuld oder Sachleistungsschuld (zB Darlehen) zu passivieren (s *Schmidt* 37. Aufl § 5 Rz 319 mwN). 319

j) Nutzungsverpflichtungen. Diese sind nicht als Verbindlichkeiten auszuweisen (*Weber-Grellet* DB 95, 2550; StbJb 95/96, 105, 157; FR 05, 322; ähnl BFH I R 96/02 DB 05, 422), weder als selbständig bewertbare (Nießbrauchs-)Last noch als negatives WG (so aber *Ramcke* Dingl Lasten im ESt-Recht, 1991, S 123); beide Kategorien sind dem Bilanzsteuerrecht fremd; ggf ist ein (passiver) RAP zu bilden. 321

k) Übernahme von Verbindlichkeiten. Die entgeltl Übernahme einer Verpflichtung ist ein „Anschaffungsvorgang" und führt grds nicht zu Ertrag (*Weber-Grellet* DB 11, 2875 mwN; Rz 451, 674); nach § 5 VII (Rz 503) sind übernommene Verpflichtungen wie beim ursprüngl Verpflichteten zu bilanzieren (s auch § 4f). 322

3. Geldverbindlichkeiten. – a) Nennwert. Sie sind grds einzeln mit dem Nennwert auszuweisen (Erfüllungsbetrag; vgl § 253 I 2 HGB; EStH 6.10); der Nennwert gilt als AK iSv § 6 I Nr 3, da es bei Geldschulden ebenso wie bei Geldforderungen keine echten AK gibt (BFH VIII R 62/85 BStBl II 89, 359). 326

b) Unverzinsliche Geldschulden. Diese sind mit dem mit 5,5 % abgezinsten Erfüllungsbetrag anzusetzen (§ 6 I Nr 3; dazu *BMF* BStBl I 99, 818; § 6 Rz 454). S zur Abzinsung und zu Fremdwährungsverbindlichkeiten Rz 270. 327

c) Rentenverbindlichkeiten. Sie haben keinen Nennwert und sind daher mit dem Kapitalwert (Barwert; § 253 I 2 HGB aF) auszuweisen (BFH IV R 126/76 BStBl II 80, 491 mwN, auch zum Zinsfuß); zur Berechnung des betriebl veranlassten Zinsanteils BFH X R 32, 33/01 DStR 10, 2073. 329

d) Wertsicherung. Bei wertgesicherten Verbindlichkeiten dürfen künftige Leistungserhöhungen vor Eintritt der Wertsicherung, zB Erhöhung von Beamtengehältern, nicht berücksichtigt werden (BFH IV R 170/73 BStBl II 76, 142); nach Eintritt des Wertsicherungsfalles erhöhen sich der zu passivierende Barwert der Schuld, nicht jedoch die AK des erworbenen WG (BFH IV R 48/90 BStBl II 91, 796). 330

e) Sachleistungen; Dienstleistungen. Verbindlichkeiten, die auf Sach- oder Dienstleistungen (im Unterschied zu Geld) gerichtet sind (zB auf Entfernung, Reparatur, Urlaub, Rückgabe oder iRe Tausches), müssen mit dem Betrag passiviert werden, der den zur Leistung erforderl Aufwendungen (idR Vollkosten) entspricht (BFH IV R 191/85 BStBl II 88, 661; s auch Rz 421). 331

4. Rückstellungen

Schrifttum (Auswahl; Aufsätze vor 2018 s Vorauflagen): *Mayr*, Rückstellungen, 2004 (grundlegend); *Wüstemann/Rost*, Rückstellungen, HdJ III/5 (7/20). – *Kahle*, Aktuelle Entwicklungen ..., DStR 18, 976; *Prinz*, Steuerbilanzielle Rückstellungen, DB 20, 10 (s auch Schrifttum bei Rz 311, 450).

Verwaltung: EStR 5.7, EStR 6.11

a) Voraussetzungen. Rückstellungen sind dem Grund und/oder der Höhe nach ungewisse Verbindlichkeiten. Verbindlichkeitsrückstellungen verlangen *(1)* eine ungewisse betriebl veranlasste Dritt-Verpflichtung, *(2)* die in der Vergangenheit verursacht ist und *(3)* aus der eine Inanspruchnahme wahrscheinl ist (iEinz Rz 361 f). Der **Ansatz** von Rückstellungen richtet sich gem § 5 I nach den handelsrechtl GoB. Danach wird eine Rückstellung grds aufwandswirksam verbucht (per Aufwand an Rückstellung). Tritt der „Rückstellungsfall nicht ein, ist die Rückstellung – als „actus contrarius" – wieder auszubuchen (per Rückstellung an 350

Aufwand; BFH X R 51/08 BFH/NV 09, 1789). Tritt der „Rückstellungsfall" ein, ist idR eine schlichte Umbuchung – ohne Gewinnauswirkung – vorzunehmen (per Rückstellung an Verbindlichkeit). – Die **Bewertung** von Rückstellungen ist in § 6 I Nr 3a geregelt.

351 **b) Arten.** Zu unterscheiden ist zw **Verbindlichkeitsrückstellungen,** denen eine ungewisse (Außen-)Verpflichtung ggü einem anderen zu Grunde liegt (realisierter Aufwand; Rz 361 ff), **Verlustrückstellungen** für drohende Verluste aus (noch) schwebenden Geschäften (künftiger Mehraufwand; s Rz 450 f) und (echten) **Aufwandsrückstellungen,** durch die ledigl künftige Ausgaben in gegenwärtigen Aufwand (Aufwandsantizipation) transformiert werden (Rz 461 f). – Nach § 5 IVa dürfen Verlustrückstellungen in der StB nicht mehr gebildet werden (Rz 450); § 5 IVb verbietet Rückstellungen für AK/HK (Rz 369). – Strechtl führen Rückstellungen zu Aufwand, betriebswirtschaftl ist die Rückstellungsbildung eine vorteilhafte Finanzierungsform (*Schwetzler* ZfB 98, 678).

352 **c) Ausweispflicht.** In der **HB** müssen Rückstellungen gebildet werden **(HB-Passivierungsgebot)** *(1)* für ungewisse Verbindlichkeiten, drohende Verluste aus schwebenden Geschäften und Gewährleistungen ohne Rechtspflicht; vgl § 249 I 1, 2 Nr 2 HGB; *(2)* für im Wj unterlassene Aufwendungen für Instandhaltung, soweit diese im folgenden Wj innerhalb von drei Monaten, und für Abraumbeseitigung, die im folgenden Wj nachgeholt werden („Aufwandsrückstellungen"; vgl § 249 I 2 Nr 1 HGB; EStR 5.7 XI) und *(3)* bei KapGes für latente Steuern, wenn der StB-Gewinn niedriger ist als der HB-Gewinn (§ 274 I HGB; s Rz 270 ‚Latente Steuern'). – Nach dem **Maßgeblichkeitsgrundsatz** und im Hinblick auf die Gleichmäßigkeit und Gesetzmäßigkeit der Besteuerung müssen diese Rückstellungen grds auch in der **StB** gebildet werden **(StB-Passivierungsgebot;** *HHR* § 5 Rz 680; *Wehrheim/Rupp* DStR 10, 821). Für andere Zwecke dürfen in der HB und damit auch in der StB keine Rückstellungen gebildet werden **(Passivierungsverbot;** § 249 II 1 HGB nF; BFH I R 68/87 BStBl II 88, 338).

353 **d) Abweichungen von der Handelsbilanz.** Dazu kommt es – *(1)* bei speziellen **steuerl Passivierungsbegrenzungen,** zB § 5 III; IV–IVb (Rz 369, 406, 450); § 4 V Nr 8. Der HB-Passivposten soll in der StB durch eine außerbilanzielle Hinzurechnung neutralisiert werden (BFH IV R 4/12 BStBl II 14, 306; BFH XI R 40/17 DStR 19, 2015 für Kartellgeldbuße); mE ist der Posten in der StB mit seinem steuerl Wert auszuweisen (HB: per Aufwand an Rückstellung; stl Korrektur in StB: per Rückstellung an Aufwand); – *(2)* bei einem **HB-Passivierungswahlrecht,** das zu einem **StB-Passivierungsverbot** führt (BFH I R 102/88 BStBl II 92, 336), zB für mittelbare Pensionsverpflichtungen und unmittelbare oder mittelbare „ähnl Verpflichtungen" (Art 28 I 2 EGHGB; § 6a Rz 5); § 249 I 3, II aF HGB ist durch die BilMoG (BGBl I 09, 1102) aufgehoben worden (lEinz *Schmidt* 36. Aufl § 5 Rz 353).

355 **e) Betriebsveräußerung.** Nach Veräußerung oder Aufgabe eines GewBetr kann eine Rückstellung für künftige nachträgl BA nicht mehr gebildet werden (BFH I R 137/74 BStBl II 78, 430); eine bestehende muss nicht notwendig aufgelöst werden; ihr späterer Wegfall führt zur Änderung des Veräußerungs-/Aufgabegewinns oder zu nachträgl gewerbl Einkünften (§ 16 Rz 350 ff).

361 **5. Rückstellungen für ungewisse Verbindlichkeiten (auch 5 IV b).** Diese setzen *(1)* dem Grunde, *(2)* der Höhe und *(3)* der Zeit nach voraus (*Weber-Grellet* DB 02, 2180): – *(1)* eine betriebl veranlasste (s Rz 311 f), aber dem Grunde nach ungewisse Verbindlichkeit ggü einem anderen, sofern wahrscheinl ist, dass die (ggf konkretisierte; Rz 364 f) Verbindlichkeit besteht oder entstehen wird und der StPfl in Anspruch genommen wird (s Rz 376); eine Passivierung darf nicht nach estrechtl Normen (zB § 4 V, § 5 III–IVb) verboten sein. – *(2)* Die (dem Grunde nach gewisse oder ungewisse) Verbindlichkeit kann auch der Höhe nach ungewiss sein; auszuweisen ist die Rückstellung in der voraussichtl Höhe. – *(3)* In zeitl Hinsicht muss die Verbindlichkeit in der Vergangenheit wirtschaftl verursacht und die Inanspruchnahme muss wahrscheinl sein; bereits bis zum Bilanzstichtag muss eine

Passivierung **§ 5**

wirtschaftl Belastung vorliegen (BFH XI R 64/04 BStBl II 06, 371; BFH IV R 62/05 BStBl II 08, 557; BFH I R 44/14 BStBl II 15, 769; s iEinz *Weber-Grellet* DB 02, 2180; *Osterloh-Konrad* DStR 03, 1631). Die künftigen Ausgaben müssen sofort abziehbar sein, dürfen also ihrer Art nach nicht als AK (HK) zu aktivieren sein (BFH XI R 52/01 BStBl II 03, 658; BFH I R 36/04 BStBl II 06, 369; s Rz 369); die Verbindlichkeit muss außerhalb eines schwebenden Geschäfts stehen (Rz 76). Entgegen einer verbreiteten Meinung kann das **Vollständigkeitsprinzip** die Frage der wirtschaftl Belastung nicht lösen (vgl *Weber-Grellet* DB 02, 2180; *Moxter* DStR 03, 1586).

Die **Konkurrenzproblematik zw TW-AfA** (Wertminderung) **und Rückstellung** (ggf Wertminderung mit Beseitigungspflicht), die sich insb bei der Altlastenbeseitigung stellt, ist dogmatisch noch nicht geklärt (für einen – mE zutr – Vorrang der Rückstellung wohl BFH VIII R 14/92 BStBl II 93, 891; *Weindel* DB 21, 1689 [Rückstellungsaufwand führt zur Werterholung]; hingegen für getrennte Beurteilung von TW-AfA und Rückstellung BFH I R 77/01 BStBl II 10, 482; *Schmidt/Roth* DB 04, 553; *BMF* BStBl I 10, 495); vgl weitere Nachweise bei Rz 550 ‚Umweltschutz und -schäden', unter h); ein Doppelabzug desselben Aufwandes ist in jedem Fall nicht zul.

a) Drittverpflichtung. Eine (ungewisse) Verbindlichkeit setzt eine Verpflich- **362** tung ggü einem anderen voraus (zB BFH I R 153/86 BStBl II 91, 479; EStR 5.7 III), der aber nicht persönl bekannt sein muss; auch eine Nebenverpflichtung kann genügen (BFH VIII R 134/80 BStBl II 86, 788; Rz 370), zB eine Verpflichtung zur Nachbetreuung ggü Kunden. Eine nur interne betriebswirtschaftl „Obliegenheit" zur Substanz- und Betriebsbereitschaftserhaltung rechtfertigt keine Schuldrückstellung (BFH I R 77/01 BStBl II 10, 482); diese „interne Verpflichtung" ist mE von (zB) zu erwartenden BP-Kosten oder Nachbetreuungskosten zu unterscheiden (**aA** *Strahl* KÖSDI 13, 18 444). Ein **eigenbetriebl Interesse** (zB an einer Entsorgung) steht einer Drittverpflichtung nicht entgegen (**aA** BFH I R 6/96 BStBl II 01, 570; BFH XI R 2/19 BStBl II 20, 493; wie hier *Moxter* BB 01, 569; *Mayr* DB 03, 740; *Tiedchen* NZG 20, 1121; *Weber-Grellet* FR 20, 781f; *Oser/Wirtz* StuB 21, 1, 3; *Prinz* FR 21, 189). Der Verpflichtung muss mE nicht zwingend ein Anspruch iSd § 194 BGB entsprechen (so aber wohl BFH I R 6/96 BStBl II 01, 570). Die Verpflichtung muss nicht einklagbar sein (BFH IV 285/65 BStBl II 68, 80). Eine tatsächl Verpflichtung, der sich der Kfm nicht entziehen kann und will („faktischer Leistungszwang", zB Gewährleistung ohne Rechtspflicht (§ 249 I 2 Nr 2 HGB), steht einer rechtl grds gleich (EStR 5.7 XII); bei Abwendungsmöglichkeit keine Rückstellung (BFH XI R 42/17 DStR 19, 1679). Vertragl Verpflichtungen bedürfen keiner weiteren zeitl Konkretisierung (BFH VIII R 13/99 BStBl II 00, 612).

b) Öffentlich-rechtliche Verpflichtungen. Rückstellbar sind auch (unter **363** weiteren Voraussetzungen; Rz 364) öffentl-rechtl Verpflichtungen (zB BFH I R 77/01 BStBl II 10, 482; BFH IV R 35/02 BStBl II 06, 644; *HHR* § 5 Rz 695), ungeachtet dessen, ob sie auf Geld oder eine andere Leistung gerichtet sind (BFH IV R 28/91 BStBl II 92, 600). Pflichten zu solch anderen „Leistungen" sind zB Erklärungs-, Prüfungs-, Instandhaltungs-, Entfernungs-, Aufbewahrungspflichten, aber auch (ernsthaft drohende) Rückzahlungspflichten, zB an die Kassenärztl Vereinigung (BFH XI R 64/04 BStBl II 06, 371; BFH VIII R 13/12 BStBl II 15, 523).

aa) Voraussetzungen. Nach **Rspr** (zB BFH VIII R 30/01 BStBl II 03, 131; **364** BFH I R 70/15 BStBl II 17, 780) und **FinVerw** (EStR 5.7 IV 1; *Meurer* BetrAV 10, 431) ist eine „hinreichende Konkretisierung" der öffentl-rechtl Pflicht notwendig (zust *KSM* § 5 Rz D 55; mE verschiedene Formen der Konkretisierung mögl; so auch *Köster* FS Herzig 2010, 695). Dazu ist erforderl, dass eine behördl Verfügung ergangen ist oder, sofern diese nicht vorliegt, eine gesetzl Regelung besteht, die *(1)* ein inhaltl bestimmtes Handeln, *(2)* innerhalb eines bestimmten (vorsehbaren) Zeitraums vorschreibt, der in der Nähe des betr Wj liegt (BFH III R 95/87

BStBl II 89, 893) und die *(3)* zwecks Vermeidung unzul Aufwandsrückstellungen die Verletzung der Pflicht **sanktioniert** (zB BFH VIII R 30/01 BStBl II 03, 131; BFH I R 8/12 DB 13, 1087). Die allg gesetzl Entsorgungspflicht, die nur internen künftigen Aufwand bewirke, genügt nicht (BFH I R 6/96 BStBl II 01, 570; **aA** *Frenz* DStZ 97, 37); ebenso wenig allein die Regelungen des BImSchG (FG Mster EFG 07, 504).

365   **bb) Einwendungen.** Gegen die Rspr zur „Konkretisierung" wird – speziell im Hinblick auf Rückstellungen für **Umweltschutzpflichten** (s Rz 550 mwN) – eingewandt, diese Anforderungen seien ein „im Gesetz nicht vorgesehenes Sonderrecht für öffentl-rechtl Verpflichtungen" (*Schön* BB 94, Beil 9, 8); die allg Voraussetzungen (s Rz 361) müssten ausreichen (*Köster* FS Herzig 2010, 695). BFH VIII R 14/92 BStBl II 93, 891 lässt die Frage einer notwendigen Rechtsfortbildung offen (dazu HFR 94, 132; ferner Rz 378). Systematisch betrachtet gehört die Frage der Konkretisierung mE zum Merkmal 'Wahrscheinlichkeit des Ent-/ Bestehens und der Inanspruchnahme' (Rz 376); von einem Sonderrecht kann daher keine Rede sein (so auch *Rätke* StuB 02, 135; *Heger* StbJb 05/06, 233).

366   **c) Gegenstand.** Die Verpflichtung wird idR auf eine Geld-, Sach-, Dienst-, Werkleistung gerichtet sein (BFH VIII R 134/80 BStBl II 86, 788). S auch Rz 311 f.

367   **d) Ungewissheit.** Die Verbindlichkeit muss dem Grunde und/oder der Höhe nach ungewiss sein (dazu zB BFH I R 78/89 BStBl II 92, 177), dh es muss offen sein, ob und/oder in welcher Höhe sie am Bilanzstichtag besteht – andernfalls ist eine Verbindlichkeit auszuweisen (s Rz 311). Ungewiss ist eine Verbindlichkeit auch, wenn sie **aufschiebend** oder **auflösend bedingt** und ungewiss ist, ob die Bedingung eintritt (BFH I R 63/86 BB 90, 1524; **aA** für auflösend bedingte Verbindlichkeiten BFH IV B 100/89 BStBl II 90, 980; iEinz Rz 314) oder dem Gläubiger ein Wahlrecht zw zwei Ansprüchen zusteht (BFH I R 153/86 BStBl II 91, 479) – immer vorausgesetzt, dass die Entstehung der Schuld wahrscheinl (Rz 376) und diese im abgelaufenen Wj wirtschaftl verursacht ist (Rz 381).

368   **e) Betriebliche Veranlassung.** Die Verbindlichkeit muss, wenn sie be- oder entstehen sollte, **Betriebsschuld** sein (s Rz 311; § 4 Rz 140) und die Aufwendungen zu ihrer Erfüllung **abziehbare BA** (BFH VIII R 34/96 BFH/NV 01, 297; *KSM* § 5 Rz D 52). Auch Schadenersatzpflichten aus strafbaren Handlungen können Betriebsschulden sein (BFH III R 54/91 BStBl II 93, 153); ebenso eine drohende Verfallsanordnung (BFH IV R 31/99 BStBl II 01, 536). – Die vom StPfl nachzuweisende betriebl Veranlassung der Schuld muss feststehen; Ungewissheit reicht nicht aus (BFH III R 220/83 BStBl II 87, 711).

369   **f) Keine Rückstellung von Anschaffungskosten/Herstellungskosten, § 5 IVb.** Die Verpflichtung muss – wegen des Erfordernisses der wirtschaftl Verursachung (Rz 381) – Ausgaben zum Inhalt haben, die das abgelaufene Wj betreffen. **(Künftige)** Aufwendungen, die als **(nachträgl) HK (AK)** zu aktivieren sind, sind daher nicht rückstellbar (§ 5 IV b; BT-Drs 14/23,170; 14/443, 49; BFH XI R 8/96 BStBl II 99, 18; BFH VIII R 27/00 BStBl II 02, 733), also keine Buchung „per (Herstellungs-) *Aufwand* an Rückstellung/Verbindlichkeit". – Hingegen ist für aktivierte und damit neutralisierte (ungewisse) HK der Ansatz eines entspr Passivpostens bei Ungewissheit der Kosten (HK an Rückstellung) nach wie vor zul (*OFD Mchn* WPg 00, 1132; Klarstellung durch StÄndG 2001: „in künftigen Wj als AK oder HK zu aktivieren"; vgl BT-Drs 14/7340, 10). – ME ist (im Hinblick auf die Systematik der HK-Aktivierung) eine **teleologische Reduktion** vorzunehmen, wenn die künftigen HK ausnahmsweise nicht künftige Erträge alimentieren (aA BFH I R 35/15 BStBl II 17, 768, mit mE unzureichender Begründung; EStH 5.7 (1); *HHR* § 5 Rz 2107; *KSM* § 5 Rz Eb 20; krit *Weber-Grellet* FR 17, 880; krit auch *Strahl* KÖSDI 17, 20449; *Fanvick* StuB 17, 495), sondern iZm realisierten Erträgen stehen, zB bei Nachsorgeverpflichtungen (*Hick* FR 20, 604). Erhaltungsaufwand ist ebenfalls nicht rückstellbar (BFH I R 8/12 DB 13, 1087; dazu Rz 383 f).

Nach § 5 IVb 2 dürfen keine Rückstellungen für Aufwendungen gebildet werden, die (auch) zur Gewinnung (werthaltiger) wieder verwendbarer Brennelemente (zB sog MOX-Brennelemente) führen (krit *Günkel/Fenzl* DStR 99, 649); mE enthält S 2 ein Aufteilungsverbot. Zum Übergang s § 52 XIV aF: Auflösungsgebot in voller Höhe. Das Rückstellungsverbot bezieht sich nicht auf die Verwertung radioaktiver Abfälle.

g) Nebenpflichten. Auch Rückstellungen, die Nebenpflichten betreffen (zB Nachbetreuung, Instandhaltung), sind auszuweisen; ebenso (bereits wirtschaftl verursachte) Entfernungspflichten (**aA** BFH XI R 2/19 BStBl II 20, 493 mit mE falschem Begründungsansatz; iEinz *Weber-Grellet* FR 20, 781; krit auch *Kolbe* StuB 20, 582). Es besteht kein Rückstellungsausschluss unter dem Gesichtspunkt der Wesentlichkeit (BFH X R 26/10 BStBl II 12, 856; BFH I R 99/10 BStBl II 13, 196; *Weber-Grellet* BB 13, 43), aber wohl Wahlrecht bei Geringfügigkeit (zweifelhaft nach BFH X R 34/19 BStBl II, 21, 844; s oben Rz 84).

6. Wahrscheinlichkeit des Entstehens/Bestehens der Verbindlichkeit und der Inanspruchnahme. – a) Existenz. Handelsrechtl und estrechtl geboten sind Rückstellungen nur (auch solche wegen Erfüllungsrückstands; BFH VIII R 88/87 BStBl II 93, 89; oben Rz 317), wenn und soweit der ordentl Kfm nach den am Bilanzstichtag obj gegebenen und bis zur Aufstellung der Bilanz subj erkennbaren Verhältnissen (s auch Rz 81 zur Wertaufhellung) ernsthaft damit rechnen muss, dass eine Verbindlichkeit besteht oder entstehen wird. Das Bestehen der Verbindlichkeit muss wahrscheinl sein (zB B BFH VIII R 45/12 BStBl II 15, 759; *Mayr*, Rückstellungen, S 165 ff). Allein die erstinstanzl Verurteilung eines Dritten (in vergleichbarer Lage) genügt nicht (BFH XI R 64/04 BStBl II 06, 371). Keine Rückstellung nach wirksamem Vergleich (FG Köln EFG 11, 1768).

b) Überwiegende Gründe. Für das Bestehen müssen nach hM überwiegende Gründe sprechen („51 %"; vgl BFH I R 88/80 BStBl II 85, 44; BFH VIII R 45/12 BStBl II 15, 759; EStR 5.7 VI; *HHR* § 5 Rz 694); mE reicht im Hinblick auf das Vorsichtsprinzip (Rz 77) bereits eine gewisse Wahrscheinlichkeit (*Weber-Grellet* FR 15, 758; krit auch *KSM* § 5 Rz D 70: Scheinobjektivierung; Gesamtabwägung erforderl). Die bloße Möglichkeit einer Verbindlichkeit genügt hingegen nicht zur Bildung einer Rückstellung (BFH I R 35/03 DStR 05, 1485).

c) Wahrscheinliche Inanspruchnahme. Auch die Inanspruchnahme aus der Verbindlichkeit muss nach den am Bilanzstichtag gegebenen Verhältnissen wahrscheinl sein (BFH IV R 43/09 BStBl II 17, 1228; BFH X B 48/18 BFH/NV 19, 113; *BeBiKo* § 249 HGB Rz 42); entgegen BFH VIII R 45/12 BStBl II 15, 759 keine „Prognose" (Vorhersage), sondern Rechtsanwendung (*Weber-Grellet* FR 15, 758). Bei fehlender Wahrscheinlichkeit besteht ein Passivierungsverbot. Der StPfl darf nicht die pessimistischste Alternative wählen; auch für die Inanspruchnahme müssen mehr Gründe dafür als dagegen sprechen; der genaue Zeitpunkt der Inanspruchnahme kann noch ungewiss sein (FG Ddorf DStRE 06, 449). Wird gegen den StPfl ein Anspruch im Klagewege geltend gemacht, ist idR – zumindest – eine Rückstellung zu bilden (so auch die Wertung des § 5 III; *Weber-Grellet* FR 15, 758; **aA** BFH VIII R 45/12 BStBl II 15, 759; diff *Prinz* FR 15, 750).

d) Kenntnis. Der Gläubiger muss seinen Anspruch kennen (BFH VIII R 34/99 BFH/NV 02, 486; FG Mster EFG 15, 1749); unproblematisch bei vertragl Verbindlichkeiten (unklar BFH VIII R 40/04 BStBl II 06, 749). Bei einer Verbindlichkeit, die dem Grunde nach gewiss ist, soll davon auszugehen sein, dass der Gläubiger den Anspruch auch geltend machen wird (BFH VIII R 348/82 BStBl II 88, 430 mwN; zust *Herzig* DStJG 14, 215; *Fatouros* DB 05, 117), es sei denn, aus konkreten Umständen ergibt sich das Gegenteil (BFH VIII R 62/85 BStBl II 89, 359); eine Schadenersatzpflicht aus strafbarer Handlung ist erst nach Aufdeckung der Tat passivierbar (BFH X R 163–164/87 BStBl II 91, 802: vorher wirtschaftl nicht belastend). Die Kenntnis kann sich auch durch behördl Kontrolle ergeben (*Zühlsdorff/Geißler* BB 05, 1099). Die unmittelbar bevorstehende Kenntniserlangung soll ausreichen (BFH VIII R 40/04 BStBl II 06, 749; FG Mster EFG 21, 1744, Rev XI R 19/21).

Stellungnahme: ME ist die Kenntnis des Gläubigers nur *ein* Aspekt bei der Beurteilung der Wahrscheinlichkeit der Inanspruchnahme (so auch BFH X B 48/18 BFH/NV 19, 113; ähnl BFH I R 77/01 BStBl II 10, 482 für öffentl-rechtl Verpflichtung). Dieser Aspekt ist ohne Bedeutung bei Sachverhalten, die offen zutage liegen (vertragl Verbindlichkeiten, Garantierückstellungen, Bergschadenrückstellungen; Rückstellungen für Produzentenhaftung); der Aspekt ist dagegen relevant bei Sachverhalten, die (bewusst) verborgen gehalten werden (wie zB Verpflichtungen aus Straftaten; BFH IV R 56/04 BStBl II 06, 838).

381 **7. Wirtschaftliche Belastung (Verursachung) in der Vergangenheit. – a) Systematik.** EStrechtl zul (und geboten) sind Rückstellungen erst, wenn und soweit die ungewisse Verbindlichkeit dem abgelaufenen Wj (oder den Vorjahren, BFH I R 31/00 BStBl II 04, 41; *Mayr* Rückstellungen 39 ff) zuzuordnen ist. Dass die „wirtschaftl Verursachung in der Vergangenheit" Tatbestandsmerkmal ist, entspricht der ständigen RFH- und BFH-Rspr, der BGH-Rspr (BGH II ZR 20/90 NJW 91, 1890), der hL (zB *ADS* § 249 Tz 63 ff; *Hopt* § 249 HGB Rz 2) und der *FinVerw* (EStR 5.7 V). Die Rspr orientiert sich seit alters her in erster Linie am (imparitätischen) **Realisationsprinzip**, am **Vorsichtsprinzip** und am Prinzip der **wirtschaftl Betrachtungsweise;** sie ist weder statisch noch dynamisch. Der I. Senat, der zwischenzeitl eine frühere rechtl Entstehung genügen ließ (BFH I R 23/01 DStRE 02, 1180; dagegen *BMF* BStBl I 05, 953), verlangt in neueren Entscheidungen ebenfalls eine wirtschaftl Belastung (BFH I R 44/14 BStBl II 15, 769; s aber Rz 384). Zu unterscheiden sind realisierte Aufwendungen und künftige Aufwendungen und ihr Bezug zu realisierten Erträgen und künftigen Erträgen (ähnl BFH I R 22/66 BStBl II 70, 104; *Moxter* ZfbF 95, 311, 319 f; *Euler/Hommel* BB 14, 2475). Realisierte Aufwendungen sind – von Sonderfällen abgesehen – stets wirtschaftl verursacht, künftige Aufwendungen hingegen nur, sofern sie mit realisierten Erträgen in Zusammenhang stehen (iEinz *Weber-Grellet* DB 02, 2180; *Hruby* DStR 10, 1257; *Baetge/Kirsch/Thiele* Bilanzen, 430; *Kahle* DStR 18, 976; ausdrückl FG Mster EFG 19, 1682, bestätigt durch BFH XI R 21/19, BeckRS 2021, 44199).

382 **b) Realisierter Aufwand.** Gegenwärtig (fort-)bestehender (bereits „realisierter") Aufwand ist gegeben, wenn sich die rechtl Verpflichtung zu einer konkreten Leistungspflicht verdichtet hat, also der Aufwand, der bereits im abgelaufenen Jahr zu einer **Belastung** des Betriebs geführt hat (*Belastungsprinzip;* FG Brem DStRE 18, 129, rkr; *Wüstemann/Rost* HdJ III/5 Rz 44; Rz 80); zB Kaufpreisverpflichtung nach Erhalt der Sache; Schadensersatzverpflichtung, Zulassungskosten (BFH IV R 5/09 BStBl II 12, 122). Realisierter Aufwand ist *grds* im abgelaufenen Geschäftsjahr absetzbar; das gilt auch, wenn der realisierte Aufwand (erst) künftige Erträge alimentiert (zB Forschungskosten). Realisierter Aufwand ist abzusetzen, ohne dass es eines Rückgriffs auf dessen rechtl Entstehung bedarf und ohne dass es darauf ankommt, ob er realisierten oder künftigen Ertrag alimentiert (*Weber-Grellet* DB 02, 2180; allg *HHR* § 5 Rz 220 f). Dementsprechend besteht kein Grundsatz der „einheitl Behandlung schwebender Verträge (Rz 76). Nur ausnahmsweise ist realisierter Aufwand zu **stornieren** (neutralisieren), soweit das gesetzl vorgeschrieben ist, zB bei der Aktivierung von WG (§ 7), in Gestalt der Aktivierung von HK (§ 266 HGB) und bei unfertigen Arbeiten (*Weber-Grellet* DB 02, 2180); nicht „realisierter Aufwand" (zB nicht verbrauchte Werbebeiträge) ist ebenfalls zu stornieren (BFH X R 59/04 BStBl II 08, 284; *Giesler/Dornbusch* DStR 08, 1574 zu den unterschiedl Marketing-Konstruktionen). – Fehlende Mittel (BFH VIII R 29/91 BStBl II 93, 747) und Insolvenz führen nicht zum Fortfall der Belastung (*OFD Mster* DB 05, 2382), anders bei Forderungsverzicht oder Restschuldbefreiung (dazu *Thouet/ Baluch* DB 08, 1595).

383 **c) Künftiger Aufwand.** Hinsichtl künftigen Aufwands („Zukunftsbezug"; so *Euler/Hommel* BB 14, 2475) ist zu differenzieren: Künftiger Aufwand ist nicht zu erfassen, soweit er künftigen Erträgen zuzuordnen ist (*Herzig* FS Schmidt, 1993,

Passivierung **384–387 § 5**

209; *Weber-Grellet* DB 02, 2180; Rz 79); mit dieser Begründung hätten BFH I R 45/97 BStBl II 03, 121 (Anpassungsverpflichtung für künftige Wj) und auch BFH I R 35/03 DStR 05, 1485, unter II 3d (künftiger Kavernenspeicherbetrieb) gelöst werden müssen (so der Sache nach auch § 5 IVb; Rz 369; *Weber-Grellet* BB 06, 35; ähnl jetzt BFH I R 8/12 DB 13, 1087). Künftiger Aufwand ist hingegen zu erfassen, sofern er bereits mit realisierten Erträgen (oder dem betriebl Geschehen der Vergangenheit) in Verbindung steht (Gedanke der **Nettorealisation** – Ausweiseinheit in zeitl Hinsicht; *Weber-Grellet* DB 02, 2180; *Fatouros* DB 05, 117; zB Garantierückstellung); Gewinne, die mit künftigen Aufwendungen belastet sind, sollen nicht brutto ausgewiesen werden (BFH IV R 35/02 BStBl II 06, 644).

d) Rechtliche Entstehung. – **(1)** Die Frage der Relevanz der rechtl Entste- **384** hung ist umstr; mE ist sie für die Frage des Ausweiszeitpunktes prinzipiell unerhebl (so auch *Tipke LB* § 17 Rz 109; *HHR* § 5 Rz 673; *Mayr* BB 02, 2323; *Wüstemann/ Rost* HdJ III/5 Rz 55; *Meyering/Gröne* FR 20, 158; **aA** zB *Schulze-Osterloh* DStJG 23 (2000), 67/83; *Christiansen* DStR 11, 2483; *BH/Krumm* § 5 Rz 799b; zur ausführl Begründung s 39. Aufl). – Der I. Senat interpretiert das Merkmal der rechtl Entstehung nunmehr als „rechtl Wirksamkeit" (BFH I R 8/12 DB 13, 1087) und hat seine frühere Rspr (BFH I R 45/97 BStBl II 03, 121) ausdrückl aufgegeben. – Rechtl entstandene Verbindlichkeiten sind nicht auszuweisen, sofern sie iRe noch nicht erfüllten, also schwebenden Geschäfts entstanden sind (*Tipke LB* § 17 Rz 109). – **(2)** Die frühere Rspr des I. Senats (zB BFH I R 45/97 BStBl II 03, 121 widersprach der Nichtbilanzierung schwebender Verträge (trotz rechtl Entstehung), der Aktivierung von AK (trotz rechtl Entstehung) und den Regelungen des § 5 IIa, IVa und IVb (iEinz *Schmidt* 32. Aufl § 5 Rz 384). – **(3)** Der Entscheidung BFH IV R 7/11 BStBl II 14, 302 ist (nur) im Ergebnis zu folgen; entgegen der Auffassung von *Prinz* DB 14, 80 und *Strahl* KÖSDI 14, 18961 ist die wirtschaftl Verursachung weiterhin **„Alleinmerkmal"** der steuerbilanzrechtl Rückstellungsbildung, was sich deutl daran zeigt, dass bei nicht abgelaufener Frist – trotz rechtl Entstehung – (auch nach Auffassung des IV. Senats) noch keine Rückstellung gebildet werden darf (so auch *Schulze* StuB 14, 92).

e) Unentziehbarkeit. Kein selbständiges Merkmal ist die Unentziehbarkeit **385** (*Wüstemann/Rost* HdJ III/5 Rz 51). Eine tatsächl Verpflichtung, der sich der Kfm nicht entziehen kann und will („faktischer Leistungszwang"), zB Gewährleistung ohne Rechtspflicht (§ 249 I 2 Nr 2 HGB), steht einer rechtl grds gleich (Rz 362); auf eine rein rechtl Entziehbarkeit kann es nicht ankommen (*Osterloh-Konrad* DStR 03, 1631; wN s *Schmidt* 37. Aufl § 5 Rz 385).

f) Kriterien wirtschaftlicher Belastung; Verursachung im abgelaufenen **386** **Veranlagungszeitraum.** Die verschiedenen von der Rspr entwickelten Kriterien haben alle dieselbe Funktion; sie sollen die Zuordnung von künftigen Aufwendungen zu realisierten Erträgen (oder – hilfsweise – zum vergangenen betriebl Geschehen) bestimmen. Diese Kriterien sind (iEinz *Weber-Grellet* DStR 96, 896, 900): – **(1)** Verwirklichung des wesentl Tatbestandes der Verbindlichkeit (BFH I R 44/94 BStBl II 95, 742); – **(2)** Verknüpfung mit dem betriebl Geschehen des abgelaufenen Geschäftsjahrs (BFH XI R 34/91 BStBl II 94, 158); – **(3)** Zusammenhang von Verbindlichkeit und Anspruch, Aufwand und Ertrag (BFH I R 44/94 BStBl II 95, 742); – **(4)** Bezugspunkt der Verbindlichkeit in der Vergangenheit, Abgeltung von Vergangenem (BFH I B 112/88 BFH/NV 91, 434); – **(5)** zukunftsorientierte Verpflichtungen; Verbindung mit künftigen Gewinnchancen (BFH IV R 28/91 BStBl II 92, 600) oder künftigen Tätigkeiten (BFH VIII R 58/96 BFH/NV 99, 27); – **(6)** öffentl-rechtl Verpflichtungen (BFH VIII R 30/01 BStBl II 03, 131); – **(7)** Beurteilung der Verbindlichkeit im Falle der Veräußerung (BFH I 149/54 S BStBl III 55, 266).

g) Fallgruppen. (IEinz *Weber-Grellet* DStR 96, 896, 901; weitere Fälle 36., 37. Aufl): – **387** **(1) Wiederherstellung** (zB nach Kohleausbeute RStBl 40, 537; Rekultivierung BFH IV

R 205/79 BStBl II 83, 670; Abbruchverpflichtung BFH VIII R 13/99 BStBl II 00, 612; Pachterneuerung BFH VIII R 28/95 BStBl II 98, 505). – *(2)* **Rückzahlung/Rückgabe/Rücknahme;** zB bei der Verpflichtung zur Rücknahme von verkauften Batterien (BFH I B 95/98 BFH/NV 99, 1205, *WG* FR 99, 806), auch ggü Nichtkunden wegen faktischen Rücknahmezwangs (BFH I R 53/05 BFH/NV 07, 1102); bei Mietrückzahlungsverpflichtung (BFH I R 50/10 BStBl II 12, 197). Beruht die Rückzahlungsverpflichtung hingegen auf einem **neuen Ereignis** (zB Austritt; Verzicht; Erreichen bestimmter Absatzzahlen), so ist daran anzuknüpfen (§ 5 IIa, s Rz 315); zur **Rückgängigmachung** s Rz 616. Bei rückzahlbarer Vorauszahlung ist keine Rückstellung (so aber BFH IV R 54/97 BStBl II 00, 139), sondern RAP zu bilden. – *(3)* **Abrechnung,** Jahresabschluss (zB Abrechnungsverpflichtung, BFH VIII R 134/80 BStBl II 86, 788; Jahresabrechnung, BFH I R 44/94 BStBl II 95, 742). – *(4)* **Zusammenhang mit erbrachten Leistungen** (zusätzl Entgelt, BFH I R 39/00 BStBl II 05, 465; konkrete Nachbetreuung, BFH X R 26/10 BStBl II 12, 856 mwN; Aufbewahrungspflichten, BFH VIII R 30/01 BStBl II 03, 131). – *(5)* **Provisionsverpflichtungen** (Provisionsverpflichtung nach § 87 HGB, BFH I R 179/82 BStBl II 86, 669; Ausgleichsverpflichtung nach § 89b HGB BFH I R 39/00 BStBl II 05, 465; einschr *BMF* BStBl I 05, 802; Rz 270). – *(6)* **Steuerschulden** (auf das Jahr, auf das die Steuerschuld entfällt, BFH IV R 112/81 BStBl II 84, 554; hinterzogene LSt, wenn mit der Inanspruchnahme zu rechnen ist, BFH I R 73/95 BStBl II 96, 592). – *(7)* **Zukunftspflichten/Nachrüstung** (zB Hubschrauberinspektion, BFH VIII R 327/83 BStBl II 87, 848; Uferschlamm, BFH IV R 28/91 BStBl II 92, 600; allg Nachbetreuung, BFH XI R 34/91 BStBl II 94, 158; Fettabscheider, BFH XI R 8/96 BStBl II 99, 18; Gaspendelung, BFH IV R 85/05 BStBl II 08, 516). – Weitere (positive und negative) Einzelfälle s *Schmidt* 40. Aufl § 5 Rz 388, 389.

8. Rückstellungen wegen Verletzung fremder Schutzrechte, § 5 III

Schrifttum (Aufsätze vor 2006 s Vorauflagen): *Engels*, Patent-, Marken- und Urheberrecht, 11. Aufl, 2020; *Götting*, Gewerbl Rechtsschutz, 11. Aufl, 2020. – *Offerhaus,* Die besondere Interessenlage bei der Bildung von Rückstellungen für Patentverletzungen, FS Wacker, 2006, 333. – **Verwaltung:** EStR 5.7 X.

391 **a) Funktion.** § 5 III regelt (vorrangig vor GoB; § 5 I), unter welchen tatbestandl Voraussetzungen Schuldrückstellungen wegen Verletzung fremder Schutzrechte in der StB gebildet und beibehalten werden dürfen. Auf der Grundlage der vorausgegangenen BFH-Rspr (BFH I R 157/79 BStBl II 82, 748) statuiert § 5 III ein **estrechtl Passivierungsverbot,** und zwar primär in der Form eines **Auflösungsgebots** (§ 5 III 2). § 5 III enthält eine Konkretisierung des Merkmals „Wahrscheinlichkeit der Inanspruchnahme" (*Offerhaus* FS Wacker, 2006, 333) und ist nicht verfwidrig (*HHR* § 5 Rz 1952). – § 5 III erfasst tatbestandl nur – *(1)* **Rückstellungen,** also Passivposten für ungewisse Schulden (Gegensatz: Verbindlichkeiten), – *(2)* wegen **Verletzung** (also rechtswidriger Eingriffe in fremde Rechte; keine vertragl Ansprüche), – *(3)* der in § 5 III abschließend aufgeführten Schutzrechte.

392 **b) Voraussetzungen.** § 5 III 1 knüpft die estrechtl Rückstellungsbildung und -beibehaltung **alternativ** an zwei (Mindest-)Voraussetzungen: – *(1)* Der Rechtsinhaber hat gegen den StPfl **Ansprüche** wegen der Rechtsverletzung **geltend gemacht** (Nr 1; s Rz 395 f). – *(2)* Der StPfl muss mit einer **Inanspruchnahme ernsthaft rechnen,** obwohl der Rechtsinhaber (noch) keine Ansprüche geltend gemacht hat, nicht einmal Kenntnis von der Rechtsverletzung hat (Nr 2; BFH IV R 33/05 BStBl II 06, 517); nur für diese Alternative gebietet § 5 III 2 die gewinnerhöhende Auflösung einer Rückstellung „spätestens" in der Bilanz des dritten auf die erstmalige Bildung folgenden Wj, sofern Ansprüche bis zur fristgerechten Aufstellung der Bilanz nicht geltend gemacht wurden.

Beispiel: Erstmalige Patentverletzung in 01. Rückstellungsbildung zum 31.12.01. Auflösung zum 31.12.04, wenn bis zur Aufstellung dieser Bilanz zB am 30.4.05 keine Ansprüche geltend gemacht sind.

393 **aa) Fortgesetzte Verletzung.** Auch wenn **dasselbe Patent über Jahre hinweg fortgesetzt verletzt** wird, läuft die Frist von dem Wj an, in dem das Schutzrecht erstmals verletzt *und* eine Rückstellung gebildet worden ist (BFH IV

R 33/05 BStBl II 06, 517; **aA** *Offerhaus* FS Wacker, 2006, 333); Erhöhungen wegen weiterer Verletzungen *desselben* Schutzrechts in den Folgejahren sind ebenfalls spätestens in der Bilanz des dritten auf die erstmalige Bildung folgenden Wj aufzulösen, nicht erst in der Bilanz des dritten auf die Erhöhung folgenden Wj, sofern keine Ansprüche geltend gemacht worden sind (BFH IV R 33/05 BStBl II 06, 517; EStR 5.7 X). Wird das Schutzrecht auch noch im dritten Wj nach der erstmaligen Bildung der Rückstellung und in den folgenden Wj verletzt, darf mE keine Rückstellung mehr gebildet werden („Rückstellungsverbrauch"), solange keine Ansprüche erhoben worden sind (EStR 5.7 X 4).

bb) Geltendmachung. Mit der (fristgerechten) Geltendmachung von Ansprüchen entfällt das Auflösungsgebot; die Rückstellung ist estrechtl beizubehalten. Werden erst nach Auflösung Ansprüche geltend gemacht, ist estrechtl eine Neubildung nach S 1 Nr 1 zul, soweit diese nach GoB geboten ist. Ansprüche wegen der Rechtsverletzung sind geltend gemacht (§ 5 III 1 Nr 1; § 5 III 2), sobald der Rechtsinhaber mündl oder schriftl mindestens Unterlassung verlangt (§ 139 I PatG, § 97 I UrhG, § 1004 BGB; str, s *Christiansen ua* JbFfSt 88/89, 123); Klageerhebung ist nicht erforderl (BT-Drs 9/1956, 40; *HHR* § 5 Rz 1975). Gegenstand der Rückstellung sind die auf Geld gerichteten Schadenersatzverpflichtungen, zB nach § 139 II PatG, § 97 II UrhG oder § 823 BGB (*van Venrooy* StuW 91, 28) oder die Verbindlichkeit aus ungerechtfertigter Bereicherung nach §§ 812 ff BGB (vgl *HHR* § 5 Rz 1969). **394**

cc) Weitere Voraussetzungen. – *(1)* Werden gegen den StPfl **Ansprüche geltend gemacht** (S 1 Nr 1), folgt daraus noch nicht, dass eine Rückstellung zu bilden ist; es müssen auch die allg Voraussetzungen erfüllt (Rz 361 f), insb muss wahrscheinl sein, dass eine Verbindlichkeit besteht und der StPfl leisten muss (Rz 376); nicht erforderl ist, dass eine Schutzrechtsverletzung feststeht (*Christiansen* StBP 89, 12). – *(2)* Sind **Ansprüche nicht geltend gemacht**, muss (während des Laufs der in S 2 genannten Fristen) mit einer Inanspruchnahme ernsthaft zu rechnen ist (S 1 Nr 2), dh es muss wahrscheinl sein, dass eine Verbindlichkeit besteht und der StPfl leisten muss (ähnl *HHR* § 5 Rz 1976). Hat der Inhaber des angebl verletzten Rechts Kenntnis von der Verletzung, macht er aber keine Ansprüche geltend, kann dies einen konkludenten Verzicht (zB wegen lfd Geschäftsbeziehungen) beinhalten. **395**

c) Schutzrechte. – **aa) Patentrecht.** Das (iSd § 5 III) ist das „Recht aus dem Patent" (§ 9 PatG); gleichgestellt sind europäische Patente (*HHR* § 5 Rz 1965). Kein Patentrecht sind die Rechte auf das Patent nach §§ 6, 7 PatG und das mit der Erfindung entstehende grds ungeschützte Erfinderrecht, wohl aber die durch Patentanmeldung offen gelegte Erfindung (EStR 5.7 X 1). **398**

Ähnl Schutzrechte iSv § 5 III sind zB: das **Gebrauchsmusterrecht** (§§ 1, 5 GebrauchsMG); das **Designschutzrecht** (§§ 1, 2 DesignG); das **Halbleiterschutzrecht** (§§ 5, 6 Halbleiterschutzgesetz; Schutz der Topographie eines Chips); das **Markenrecht** (§§ 1, 3 MarkenG); das **Sortenschutzrecht**; **ausl Schutzrechte**, insb Patentrechte; **Nutzungsrechte (Lizenzen)** ausschließl (dingl) Art an den genannten Schutzrechten.

bb) Urheberrecht. Das ist das subj absolute Recht des Urhebers eines Werks der Literatur, Wissenschaft oder Kunst (zB Sprach-, Musik-, Filmwerk, Werk der bildenden Kunst oder Baukunst) nach Maßgabe des UrhG (vgl insb §§ 1, 11, 15, 120–123 UrhG), seine materiellen Verwertungsinteressen (vgl §§ 15–24 UrhG) ggü anderen durchzusetzen. **399**

Ähnl Schutzrechte iSv § 5 III sind zB: **Leistungsschutzrechte** iSd §§ 70–87 UrhG; **Nutzungsrechte** ausschließl (dingl) Art an urheberrechtl geschützten Werken (§ 31 III UrhG), zB Verlags-, Verfilmungsrecht, ausl Rechte.

d) Bewertung. Diese richtet sich nach dem mögl Anspruch des Rechtsinhabers (iEinz *KSM* § 5 Rz D 253; *HHR* § 5 Rz 1969). **400**

9. Rückstellung für Dienstjubiläumszuwendungen, § 5 IV

Gesetzesmaterialien: BT-Drs 11/2157; BT-Drs 11/2226; BT-Drs 11/2529; BT-Drs 11/2536; BR-Drs 300/88.

Schrifttum (Aufsätze vor 2008 s Vorauflagen): *Dunker*, ArbN-Jubiläumsrückstellungen als Sozialaufwand in HB und StB, 1991. – *Veit*, Rückstellungen für Dienstjubiläumszuwendungen, StuB 09, 102. – **Verwaltung:** *BMF* BStBl I 08, 1013; *OFD Nds* v 6.2.17 ESt-Kartei ND § 5 EStG Nr 5.3.

406 **a) Gegenstand.** § 5 IV begrenzt Rückstellungen für die (ungewisse) Verpflichtung aus einer Zusage, einem ArbN bei einem **Dienstjubiläum** (zum Begriff *BMF* BStBl I 08, 1013) Geld- oder Sachzuwendungen zu gewähren (vgl GrS BAG DB 87, 265). Die Änderung der Rspr durch BFH IV R 81/84 BStBl II 87, 845 war Anlass zu der Regelung in § 5 IV (BGBl I 88, 1093; dazu BT-Drs 11/2536, 86). Zur Anwendung s *Schmidt* 29. Aufl § 5 Rz 407.

409 **b) Verfassungsmäßigkeit.** Die Neuregelung wurde zT für verfwidrig gehalten (*Schulze-Osterloh* FS Friauf, 1996, 833 mwN); mE war und ist die Regelung im Hinblick auf die Entwicklung der Rspr und die nur vorläufige Natur des Rückstellungspostens nicht „willkürlich"; *Weber-Grellet* BB 00, 1024; ähnl *Loose* FR 00, 553; diff *HHR* § 5 Rz 2004 (krit ggü ‚Dienstjubiläen ab 15 Jahre'); BVerfG 2 BvL 1/00 BStBl II 09, 685 (Vorrang des Steuerrechts), gg BFH X R 60/95 BStBl II 00, 131.

415 **c) Voraussetzungen.** (Zusätzl) Voraussetzungen der (zwingenden) Passivierung für nach dem 31.12.92 erworbene Anwartschaften sind: – *(1)* Dienstverhältnis (jegl Art), das mindestens 10 Jahre bestanden hat, – *(2)* Dienstjubiläum, das das Bestehen eines Dienstverhältnisses von mindestens 15 Jahren voraussetzt; die Jubiläumsdienstzeit muss nicht durch fünf ohne Rest teilbar sein, sonst kein (rundes) Jubiläum (*BMF* BStBl I 08, 1013 Rz 1; *HHR* § 5 Rz 2011), – *(3)* Schriftform der Zusage (iEinz zB *Gail* GmbHR 93, 685; *HHR* § 5 Rz 2021). – Die Verpflichtung muss nicht rechtsverbindl, unwiderrufl und vorbehaltlos sein, aber Prüfung der Wahrscheinlichkeit (*BMF* BStBl I 08, 1013 Rz 4; *OFD Nds* v 6.2.17 ESt-Kartei ND § 5 EStG Nr 5.3).

Zur **Bewertung** (TW- oder Pauschalwertverfahren; kein Fluktuationsabschlag; Altersbegrenzung; Kürzung bei Beginn des Dienstverhältnisses vor dem 1.1.93; ArbG-Anteile zur Sozialversicherung) vgl iEinz BFH I R 53/15 BStBl II 18, 702; *BMF* BStBl I 08, 1013; 20, 254; *HHR* § 5 Rz 2031; str ist die Begrenzung auf den HB-Wert (*Haack/Stöckler* BetrAV 19, 329; Rz 26).

421 **10. Höhe, Nachholung und Auflösung von Verbindlichkeitsrückstellungen. – a) Höhe.** Grds sind Rückstellungen mit dem Betrag auszuweisen, der bei vernünftiger kfm Beurteilung nach den Verhältnissen am Bilanzstichtag (Rz 81) wahrscheinl zur Erfüllung notwendig ist (notwendiger Erfüllungsbetrag; § 253 I 2 HGB; EStH 6.11). Ist die ungewisse Verbindlichkeit auf eine **Geldleistung** gerichtet, ist der **(abgezinste) Betrag** anzusetzen, der nach den **Preisverhältnissen am Bilanzstichtag** wahrscheinl zu leisten ist (s iEinz § 6 Rz 471 ff). – § 6 I Nr 3a enthält (beispielhaft) objektivierungsbedingte Konkretisierungen (§ 6 Rz 478 ff). – Der (niedrigere) HB-Wert ist mE nicht maßgebl (s Rz 26 mwN; aA § 6 Rz 472).

422 **b) Nachholung.** Waren die Voraussetzungen für eine Rückstellung bereits in früheren Wj erfüllt, ohne dass diese passiviert wurde, und sind die Bilanzen dieser Wj nicht mehr zu berichtigen, muss sie in einem späteren Wj (aber mE nach Maßgabe der Verhältnisse zu diesem Bilanzstichtag) gewinnmindernd nachgeholt werden (Bilanzberichtigung; § 4 Rz 280 f; *Prinz/Schulz* FR 07, 749); der Grund für die Fehlerhaftigkeit ist irrelevant (BFH GrS 1/10 BStBl II 13, 317; *Weber-Grellet* DStR 13, 729; *ders* BB 14, 42, es sei denn, diese Nachholung widerspricht Treu und Glauben, zB weil die Bildung aus Gründen steuerl Manipulation unterblieben ist (vgl BFH IV R 81/84 BStBl II 87, 845; *KSM* § 4 Rz C 303). Das gilt auch (rückwir-

Passivierung

kend) in den Fällen geänderter Rspr (**aA** früher *OFD Ddorf* DB 05, 1083). – Entsprechendes gilt für die Erhöhung einer Rückstellung.

c) Auflösung. Rückstellungen sind idR gewinnerhöhend aufzulösen, sobald **423** nach den Verhältnissen am Bilanzstichtag (Rz 81) ihr Zweck, zB drohende Inanspruchnahme, weggefallen ist (vgl § 249 II 2 HGB; BFH IV R 95/96 BStBl II 98, 375; EStR 5.7 XIII), bei Zivilklage erst nach rkr Klageabweisung (BFH I R 68/00 BStBl II 02, 688). Entsprechendes gilt nach dem Grundsatz des Bilanzenzusammenhangs, wenn eine Rückstellung von Anfang an zu Unrecht gebildet wurde (BFH I R 78/85 BFH/NV 90, 630) oder ihre Voraussetzungen bereits in früheren Wj entfallen sind, soweit die entspr Veranlagungen, zB wegen Verjährung, nicht mehr berichtigt werden können (BFH V III R 33/98 BFH/NV 01, 414; s auch *KSM* § 4 Rz C 303). Bei „Realisierung" erfolgsneutrale Umbuchung (per Rückstellung an Verbindlichkeit); erfolgsneutrale Auflösung auch bei privatem Schulderlass (BFH I R 41/85 BStBl II 89, 612: Einlage). Zur Auflösung von Rückstellungen wegen Patentverletzung uÄ s Rz 391, wegen Dienstjubiläumszuwendungen s Rz 406; die Auflösung einer unberechtigten Rückstellung berührt nicht den Betriebsveräußerungs-/Aufgabegewinn (BFH XI R 8/96 BStBl II 99, 18); zu Insolvenzverfahren Rz 672. – De lege ferenda ist zu fragen, ob im Fall unberechtigter Rückstellungsbildung (über § 6 I Nr 3a Buchst e hinaus) „Zinsgewinn" abzuschöpfen ist (so *Doralt* FR 17, 377); ähnl wie § 6bVII, § 7g III.

11. Rückstellungen für drohende Verluste aus schwebenden Geschäften, § 5 IVa

Schrifttum (Aufsätze vor 2008 s Vorauflagen): *Heddäus*, Handelsrechtl GoB für Drohverlustrückstellungen, 1997; *Bertl/Egger/Gassner/Lang* (Hrsg), Verlustvorsorgen im Bilanz- und StR, 2000. – *Krüger*, Zur Verfassungsmäßigkeit des Verbots der Verlustrückstellung, FR 08, 625 (s auch Schrifttum bei Rz 351). – **Verwaltung:** EStR 5.7VII 7.

a) Verlustrückstellung. – aa) Entwicklung. Nach § 5 IVa dürfen Rück- **450** stellungen für drohende Verluste aus schwebenden Geschäften (in Abweichung vom Maßgeblichkeitsgrundsatz; § 5 I, § 249 I 1 HGB) nicht gebildet werden (BT-Drs 13/8325); die Regelung (eine Reaktion auf die von der Rspr mitgetragene Ausweitung; vgl BFH VIII R 160/79 BStBl II 84, 56; BFH GrS 2/93 BStBl II 97, 735) bezieht sich auf Einzelrückstellungen und Rückstellungen aus Dauerschuldverhältnissen; sie ist mE auch bei § 4 I anwendbar. Erfüllungsrückstände (Rz 317; *HHR* § 5 Rz 675) werden ebenso wenig erfasst wie eingegangene Garantie- oder Bürgschaftsverpflichtungen (BFH IV B 176/02 BFH/NV 03, 919; Rz 550). § 5 IVa erfasst nicht das negative Ergebnis von Bewertungseinheiten (§ 5 IVa 2; *Meinert* DStR 17, 1447; *HHR* § 5 Rz 2065; Rz 70). Zur erstmaligen Anwendung, zur VerfMäßigkeit und zur Kritik s *Schmidt* 33. Aufl § 5 Rz 450 und *Schmidt* 38. Aufl § 5 Rz 450.

bb) Funktion. Mit einer Rückstellung für drohende Verluste aus schwebenden **451** Geschäften („Verlustrückstellung"), die abw vom Realisationsprinzip aus Gründen der Vorsicht künftige Verluste antizipiert (künftiger Mehraufwand), wird als Ausnahme vom Grundsatz der Nichtbilanzierung schwebender Verträge (s Rz 76) **vor Lieferung oder Leistung** der (negative) Saldo zw dem Wert des eigenen Anspruchs und dem Wert der eigenen Verpflichtung (den eigenen Kosten) passiviert (**Verpflichtungsüberschuss**; BFH I R 37/91 BStBl II 93, 441). Die Verlustrückstellung erfasst künftige Verluste; Verbindlichkeitsrückstellungen (wie auch Absetzungen auf WG) haben ‚realisierte' Aufwendungen zum Gegenstand (Rz 381f; FG Mchn EFG 03, 31). Eine **TW-AfA** kommt daher ggf auch **vor Lieferung oder Leistung** in Betracht (s Rz 270 ‚Unfertige Erzeugnisse'; Rz 382). – Neben den (mindestens) drohenden werden auch „sichere Verluste" vom Verbot des § 5 IVa erfasst (**aA** *Piltz* StbJb 99/00, 221). – Bei Berechnung des Veräußerungsgewinns sind drohenden Verluste nicht zu berücksichtigen (BFH I R 61/06 DStR 08, 963; *Ley* DStR 07,

589); Veräußerungsgewinn ist (verkürzt) nur die Differenz zw Erlös und Aktivvermögen.

Bei „Übernahme" eines (Verlust-)Mietvertrags **(angeschaffte Verlustrückstellung)** ist nach BFH I R 102/08 BStBl II 11, 566, eine Rückstellung zu bilanzieren (krit *Bareis* FR 12, 385; *Siegel* FR 12, 388); kein Fall des § 5 IVa (*Weber-Grellet* DB 11, 2875; BFH I R 72/10 BStBl II 17, 1226); iEinz § 4f, § 5 VII (Rz 503); Rz 674.

461 **12. Aufwandsrückstellungen.** Ihnen liegt keine (ungewisse) Verpflichtung ggü einem anderen (Außenverpflichtung) zugrunde; sie haben den Zweck, künftige Ausgaben als Aufwand des abgelaufenen Wj zu berücksichtigen. – *(1)* In der **Handelsbilanz** sind sie **grds unzul** (§ 249 II 1 HGB nF), ausgenommen die in § 249 I 2 HGB abschließend aufgezählten Sonderfälle. – *(2)* In der **Steuerbilanz** sind sie nach hM (nur) zul, soweit handelsrechtl gem § 249 I 2 Nr 1 HGB (unterlassene Instandhaltung mit dreimonatiger und Abraumbeseitigung mit einjähriger Nachholfrist) Passivierungs*pflicht* besteht.

481 **13. Passive Rechnungsabgrenzung.** Der Begriff des passiven RAP erfordert Einnahmen vor und Ertrag für eine bestimmte Zeit nach dem Bilanzstichtag; er dient der periodengerechten Gewinnermittlung (*KSM* § 5 Rz F 2; Buchung: per Geld an RAP). § 5 V 1 Nr 2 enthält – deckungsgleich mit § 250 II HGB – eine Definition des passiven RAP; wegen der Einzelheiten s Rz 241–258.

496 **14. Rücklagen. – a) Begriff.** Rücklagen sind idR Passivposten mit Eigenkapitalcharakter (Kapital- oder Gewinnrücklagen, vgl § 272 II–IV HGB für KapGes; BFH VIII R 46/06 DB 07, 2403; *Heymann* HdR B 231 Rz 81f; zur Neuregelung nach BilMoG *Briese/Suhrmann* DB 10, 121); sie bewirken eine Ausschüttungssperre (zB § 272 V 1 HGB für Rücklage bei Mehrheitsbeteiligung); einzubuchen sind sie „per Kapital an Rücklage". Die „Beteiligung an der Rücklage" ist kein selbständiges WG (BFH I R 58/99 BStBl II 01, 168). **Kapitalrücklagen** entstehen aus offenen oder verdeckten Einlagen, die den Gewinn nicht erhöhen (§ 4 I 1; BFH VIII R 52/04 BStBl II 06, 847; als Gestaltungsinstrument *Heidemann* INF 00, 44). Die Bildung von Rücklagen aus dem Gewinn sind Maßnahme der Gewinnverwendung, nicht der Gewinnermittlung (BFH IV R 156/77 BStBl II 80, 434; vgl auch § 58 AktG). Zu Rücklagen in der **DM-EB** zum 1.7.90 s *Schmidt* 29. Aufl. § 5 Rz 496.

497 **b) Steuerfreie Rücklage.** Sie storniert (bis zu ihrer Auflösung) den StB-Gewinn (Buchung: per Ertrag an stfreie Rücklage), wenn dies estrechtl durch besondere Normen zugelassen ist, zB Rücklage nach § 6b; Rücklage nach § 52 XVI aF (BFH X R 33/13 BFH/NV 16, 1002); R*fE* (Rz 501); Zuschussrücklage nach EStR 6.5 IV. Nach Abschaffung der umgekehrten Maßgeblichkeit (Rz 60, 65) entfallen die Sonderposten mit Rücklagenanteil (§§ 247 III, 273 HGB aF; zur übergangsweisen Fortführung bestehender Posten Art 67 III, IV EGHGB).

501 **15. Rücklage für Ersatzbeschaffung.** Die R*fE* (bzw Übertragung des Buchgewinns auf ein Ersatz*Wg* = Minderung der AK/HK) verhindert die Aufdeckung der stillen Reserven (Rz 602, 631; krit wegen fehlender Grundlage *Marchal* Die strechtl Grundlagen der R*fE*, 2006); die durch das Ausscheiden des WG erlangte Gegenleistung soll ungeschmälert zur Ersatzbeschaffung verwendet werden können (BFH IV R 46/97 BStBl II 99, 561), auch soweit sie über den TW des WG hinausgeht (BFH IV R 54/80 BStBl II 83, 371); Auflösung bei nicht zeitnaher Ersatzbeschaffung (BFH IV R 4/09 BStBl II 14, 443). lEinz § 6 Rz 101ff; *Schmidt* 28. Aufl § 5 Rz 501–511.

503 **16. Passivierung bei Verpflichtungsübernahme, § 5 VII. – a) Funktion und Systematik. – *(1)* Ergänzung des § 4f.** § 5 VII (idF AIFM-StAnpG, BGBl I 13, 4318) „perpetuiert" – korrespondierend zu § 4f (s dort) – die Passivierungsbeschränkungen beim Übernehmer, erlaubt aber eine Streckung des durch die Übernahme entstehenden Ertrags durch Bildung einer stfreien Rücklage (*Lü-*

denbach/Hoffmann GmbHR 14, 13; *Weber-Grellet* DB 18, 661 [zu *BMF* BStBl I 17, 1619]; *Bünning* BB 19, 2667). – **(2) Fortgeltung der Passivierungsbegrenzungen bei Übernehmer.** § 5 VII 1 ordnet per Fiktion an, dass der Übernehmer einer Verpflichtung (und dessen Rechtsnachfolger) in der ersten nach der Übernahme aufzustellenden StB die Ansatzverbote, Ansatzbeschränkungen und Bewertungsvorbehalte zu beachten hat, die auch für den ursprüngl Verpflichteten gegolten haben (*BMF* BStBl I 17, 1619 Rz 2 f); die Verpflichtung unterliegt weiterhin den entspr Vorschriften (zB §§ 6a, 5 IVa). Die Regelung behindert die Portabilität betriebl Versorgungszusagen (§ 4 BetrAVG; *Pagels* BetrAV 15, 409; *Briese* DStR 19, 943; zu vertragl Regelungsbedarf bei Umwandlung *Horst* FR 15, 824). – **(3) Erstreckung auf Erfüllungsübernahme und Schuldbeitritt.** § 5 VII 2 ist 4f II vergleichbar (s § 4f Rz 8; *OFD Mbg* DStR 14, 1546). – **(4) Beispiel** s § 4f Rz 2.

b) Einzelheiten. – **(1) Mitunternehmeranteil.** § 5 VII 3 regelt den Sonderfall der entgeltl Übertragung eines MUeranteils (*Förster/Staaden* BB 16, 1323; *Weber-Grellet* DB 18, 661; *BMF* BStBl I 17, 1619 Rz 20). Zwar ist Verpflichtete die MUerschaft; wirtschaftl ist aber eine Gleichstellung mit den Fällen von Satz 1 geboten. – **(2) Übernahme einer Pensionsverpflichtung einschließlich Vermögenswerte (§ 5 VII 4).** § 6a III 2 Nr 1 (EStR 6a XIII; betr einzelne Pensionsverpflichtung) ist klarstellend in VII 4 übernommen worden (*BMF* BStBl I 17, 1619 Rz 27; *Kahle/Braun* FR 19, 197, 204; § 6a Rz 55): Anrechnung der vom VorArbG übernommenen Vermögenswerte auf die Pensionsrückstellung; keine Anwendung in § 613a BGB-Fällen (*Hartmann* BetrAV 17, 392, *Schulenburg* FR 18, 1030; *Briese* DStR 19, 943); zur Bedeutung bei Spaltung *Schulenburg* FR 19, 996. – **(3) Steuerfreie Rücklage iHv** $^{14}/_{15}$. Sofern sich aus der Anwendung der Sätze 1 bis 3 ein Gewinn ergibt, kann der Übernehmer nach § 5 VII 5 jeweils iHv $^{14}/_{15}$ dieses Gewinns eine gewinnmindernde Rücklage bilden, die in den folgenden 14 Wj mit mindestens $^{1}/_{14}$ gewinnerhöhend aufzulösen ist (*BMF* BStBl I 17, 1619 Rz 11 f). – **(4) Auflösung der Rücklage.** § 5 VII 6 ordnet an, dass die verbleibende Rücklage aufzulösen ist, wenn die zugrunde liegende Verpflichtung vor Ablauf des Auflösungszeitraums nicht mehr besteht (*Zwirner ua* DStR 21, 2186). – **(5) Erstmalige Anwendung.** § 5 VII ist gem § 52 IX anwendbar für Wj, die nach dem 28.11.2013 enden (*Benz/Placke* DStR 13, 2653; *OFD Mbg* DStR 14, 1546; *BMF* BStBl I 17, 1619 Rz 6 f). Auf Antrag kann § 5 VII auch für frühere Wje angewendet werden (§ 52 IX S 2; *BMF* BStBl I 17, 1619 Rz 7).

17. ABC der Passivierung

Abbruch. Abbruchverpflichtung kann als Rückstellung zu passivieren sein (BFH I R 28/73 BStBl II 75, 480), auch wenn Abbruchzeitpunkt ungewiss ist (BFH VIII R 13/99 BStBl II 00, 612); bei öffentl-rechtl Verpflichtung ist Konkretisierung geboten (BFH IV R 28/91 BStBl II 92, 600; Rz 387). Eine vor Abbruch erhaltene Entschädigung als Anzahlung zu passivieren (BFH I R 198/80 BStBl II 85, 126). – Kosten für einen in die Zukunft wirkenden Abriss (zB zur Herstellung eines neuen Gebäudes) sind nicht rückstellbar (FG Brem EFG 07, 665; Rz 270 ‚Gebäude'; Rz 550 ‚Umweltschutz und -schäden').

Abfall s „Umwelt"; Rz 270 ‚Recycling'.

Abfindung. Keine Rückstellung für zukünftige Abfindungen an langjährige Mitarbeiter (BFH IV B 97/94 BFH/NV 95, 970; FG Hess EFG 05, 938), da idR kein Erfüllungsrückstand (Rz 317). – S auch ‚Arbeitszeit' wegen Nachteilsausgleich.

Abraum. Für unterlassenen Aufwand für Abraumbeseitigung müssen in der HB und daher auch in der StB Rückstellungen gebildet werden, aber nur insoweit, als die Aufwendungen im folgenden Wj nachgeholt werden (§ 249 I 2 Nr 1 HGB; EStR 5.7 XI 2); weitergehende Aufwandsrückstellungen sind in der StB und auch in der HB unzul; das bisherige Wahlrecht des § 249 I 3 HGB aF ist durch das BilMoG (BGBl I 09, 1102) gestrichen (s Rz 461).

Abrechnungsverpflichtung (Nebenpflicht aus Werkvertrag) ist als mit den Vollkosten zu bewertende Rückstellung zu passivieren (BFH VIII R 134/80 BStBl II 86, 788; EStH 5.7 III); ähnl BFH I R 44/94 BStBl II 95, 742: iHd erwarteten Kosten der Jahresabrechnungen.

Abschlussgebühren s ‚Bausparkassen'.

Abzinsung s Rz 270.

Aktienoptionsprogramme (als Teil der Entlohnung; „per Aufwand an eigene Aktien") können zu (ungewissen) Verbindlichkeiten führen, sofern Verpflichtung bereits wirtschaftl verursacht ist (Rz 314; *Walter* DStR 06, 1101); Bewertung von Kursentwicklung abhängig. Bei einem Aktienoptionsplan, der mit einer bedingten Kapitalerhöhung verbunden ist, entsteht im Zeitpunkt der Einräumung der Bezugsrechte noch kein (Personal-)Aufwand (BFH I R 103/09 BStBl II 11, 215; BFH I R 11/15 BStBl II 17, 1043; *Weber-Grellet* BB 18, 43; *ders* FR 18, 234). – Zu SAR (Stock Appreciation Rights) *Fischer/Schmid* DStR 18, 1629: zukunftsbezogen.

Altauto; Altgeräte. Für Verpflichtung zur Altautorücknahme und -entsorgung kann eine Verbindlichkeitsrückstellung zu bilden sein (*Hug/Roß/Seidler* DB 02, 1013), ähnl wie für die Verpflichtung zur Batterierücknahme (BFH I B 95/98 BFH/NV 99, 1205; ‚Umwelt'; Rz 376 zum AltFahrzeugG; § 6 Rz 487). Zur Rückstellung bei Elektroaltgeräten nach ElektroG v 16.3.05 *Stegemann* Inf 06, 136 (ab Inverkehrbringen); Konkretisierung durch Abholanordnung erforderl (BFH I R 70/15 BStBl II 17, 780 zur Entsorgung von Energiesparlampen; EStH 5.7 (4); *Fink* NWB 17, 2989; *Weber/Grellet* BB 18, 43).

Altersteilzeitarbeit s ‚Arbeitszeit'.

Altlasten s ‚Umwelt'.

Altreifen. Keine Rückstellung für Vernichtung, solange StPfl nicht durch Verwaltungsakt zur Entsorgung verpflichtet ist.

Altschulden: Ausweis einer Rückstellung zul (FG Nds EFG 13, 1777); zur Höhe gem § 9 III LwAltschG s *OFD Mbg* StEK EStG § 5 Rückst Nr 204.

Anfechtbare Rechtshandlungen (§ 135 InsO) können (beim Geschäftspartner) ggf Rückstellungen erfordern (*Klusmeier* DStR 14, 2056 mwN).

Anpassungsverpflichtung s Rz 550 ‚Umweltschutz und -schäden', BFH I R 45/97 BStBl II 03, 121 [Nichtanwendung *BMF* BStBl I 03, 125]; Rz 384.

Ansammlungsrückstellung s § 6 Rz 486.

Anschaffungskosten. Bei ungewissen AK (zB Prozesskosten) ist „per AK an Rückstellung" zu buchen; Auflösung: ‚per Rückstellung an Bank oder an AK'.

Anzahlungen. Erhaltene Anzahlungen (auf noch zu erbringende Lieferungen und Leistungen, vgl BFH I R 153/86 BStBl II 91, 479) sind als solche (RAP-ähnl; Rz 244) unter den Verbindlichkeiten (vgl § 266 III HGB) grds zum Nennwert ohne Abzinsung (§ 6 I Nr 3 S 2) und ohne Abzug der USt (per Geld an Anzahlung) zu passivieren (BFH IV R 138/76 BStBl II 80, 648; FG Mchn EFG 03, 148, für Vorauszahlung auf Wartungsaufwand iRe Leasingvertrags) und nach erbrachter Lieferung/Leistung grds mit der zu aktivierenden Forderung zu verrechnen (vgl BFH X R 49/89 BStBl II 92, 904). Zu aktiven RAP für die USt s Rz 261.

Arbeitnehmer. Risiken aus ArbVerh sind ggf rückstellbar; die Rspr ist tendenziell restriktiv (*Kessler* WPg 96, 2/10); vgl auch ‚Abfindung', ‚Ausbildungskosten', ‚Beihilfeverpflichtungen', ‚Gratifikation', Jubiläumszuwendungen ‚Lohnfortzahlung', ‚Soziallasten', ‚Verdienstsicherung'; Rz 450.

Arbeitszeit. Bei Arbeitsfreistellung nach Vorleistungen (sog **Blockmodell**; Beschäftigungs- und Freistellungsphase) ist bis zum Beginn der Freistellungsphase eine **Ansammlungsrückstellung** mit dem Erfüllungsbetrag (Vollkosten; Aufstockungsbeträge; Nebenleistungen; Fluktuationsabschlag) nach den Wertverhältnissen des jeweiligen Bilanzstichtags zu bilden (BFH I R 110/04 BStBl II 07, 251; jetzt auch *BMF* BStBl I 07, 297; Anwendung ab 1.12.06 *BMF* BStBl I 08, 496; *Weber-Grellet* BB 07, 35; *Herzig/Heimig* Ubg 10, 330); Erstattungsansprüche gem § 4 AltTZG sind gegenzurechnen (*BMF* BStBl I 07, 297, Rz 4 f); zur Bewertung iEinz *BMF* BStBl I 07, 297, Rz 3 ff (zust *Lieb/Rhiel* StuB 07, 505); *Andresen* BBK 13, 5221. – Für **Altersteilzeitvereinbarungen** gelten diese Grundsätze entspr (vgl *BMF* BStBl I 99, 959, Rz 15–21; *HHR* § 5 Rz 925); Rz 317, 450. – Zu Wertkonten nach BilMoG *Wellisch/Machill* BB 09, 1351; zur Umwandlung von Zeitwertkonten in betriebl Altersversorgung *Wellisch ua* BB 06, 1100. – Für **Nachteilsausgleich** soll keine Rückstellung zu bilden sein; der Abfindungsanspruch entstehe erst, wenn es beim Eintritt in den Ruhestand zu einer Rentenkürzung komme (BFH I R 53/15 BStBl II 18, 702; krit *Weber-Grellet* FR 18, 521; krit auch *Bolik/Kummer* BB 18, 624; *Oser/Wirtz* StuB 20, 41/47); das BMF hat sich dem BFH angeschlossen (*BMF* BStBl I 18, 1112).

Stellungnahme: Der hier vertretenen Auffassung, dass in der Beschäftigungsphase eine umfassende Ansammlungsrückstellung zu bilden ist, sind BFH I R 110/04 BStBl II 07, 251 und *BMF* BStBl I 07, 297 gefolgt. – Das einheitl Teilzeitbeschäftigungsverhältnis (zB Arbeitsleistung 50%; Entlohnung 70%) bedeutet eine Verminderung der Arbeitsleistung zu besseren Konditionen; insoweit entsteht ausschließl lfd Aufwand; keine Rückstellung.

Arzneimittelhersteller. Keinen Schuldposten für in Werbeprospekten zugesagte unentgeltl Abgabe von Ärztemustern (BFH I R 112/75 BStBl II 77, 278). Keine Rückstellung für Kosten der Analyse und Registrierung bisher zulassungsfreier Arzneimittel (BFH VIII R 59/95 BFH/NV 98, 22).

Atomare Entsorgung. Zur Rückstellungsproblematik *Meyering/Gröne* DB 14, 1385; *Volk* DStR 15, 2193; zur Höhe BFH I R 23/15 BStBl II 17, 472; krit *Weber-Grellet* FR 17, 247; zur mögl Einordnung als unzul Beihilfe nach Art 107 I AEUV *Reich/Helios* IStR 05, 44; mE ist das bei ratierl Aufbau nicht der Fall (kein strechtl Systembruch).

Aufbewahrungspflichten (zB von eigenen Geschäftsunterlagen; auch in digitaler Form) können Rückstellungen auslösen (BFH VIII B 88/10 BFH/NV 11, 600; OFD *Nds* DB 15, 2726; zum Umfang BFH I R 66/11 BStBl II 13, 676); voraussichtl Aussonderungsmöglichkeiten sind zu berücksichtigen (BFH X R 14/09 BStBl II 11, 496). Nicht rückzustellen sind Aufbewahrungskosten von Mandantendaten (BFH XI R 42/17 DStR 19, 1679, *Weber-Grellet* FR 19, 919).

Auffüllverpflichtung s Rekultivierung.

Ausbildungskosten. Wegen künftiger Kosten eines Berufsausbildungsverhältnisses kann grds keine Verlustrückstellung (s Rz 450) gebildet werden (BFH I R 7/80 BStBl II 84, 344). Dies gilt idR auch bei „Überbestand" an Ausbildungsverträgen (BFH I R 37/91 BStBl II 93, 441; *Groh* StuW 94, 90; **aA** *Kessler* DStR 94, 1289).

Ausgleichsposten. Zuzahlungen für den Erwerb von KapGesAnteilen sind erfolgsneutral durch Bildung eines passiven Ausgleichsposten zu berücksichtigen, wenn diese die negativen Ertragsaussichten abgelten sollen (BFH I R 49, 50/04 BStBl II 06, 656; *Hoffmann* DStR 06, 1315); Realisation erst bei Realisation der Beteiligung (*Schulze-Osterloh* BB 06, 1955). Sofortige Realisierung (ggf sukzessiv) bei Entgelt für die Gestellung von Sicherheiten (vgl *Heger* jurisPR-StR 34/06 Anm 2). – Zu passiven Ausgleichsposten bei Organschaft BFH I R 5/05 DB 07, 1119; krit *Weber-Grellet* BB 08, 38, *Thiel* FS Lang 2010, 755; Änderung des § 14 IV KStG durch JStG 2008 (BGBl I 08, 3150).

Ausgleichsverpflichtung. Ein Unternehmen kann für künftige Ausgleichsansprüche seiner Handelsvertreter nach § 89b HGB vor Beendigung des Vertretervertrags keine Rückstellung bilden, weil diese erhebl Vorteile nach Vertragsbeendigung voraussetzen und daher nicht im abgelaufenen Wj wirtschaftl verursacht sind (BFH I R 39/00 BStBl II 05, 465; Rz 387 f; *BMF* BStBl I 05, 802). Die Verpflichtung ist erst im Jahr der Vertragsbeendigung zu passivieren. – Entsprechendes muss für den Anspruch eines Eigenhändlers (Vertragshändler) gelten. – Zur Ersetzung eines Ausgleichsanspruchs durch (nach § 6a passivierbare) Pensionszusage s *Lutz* DB 89, 2345; s auch Rz 270.

Außenprüfung s „Betriebsprüfung".

Avalhaftung (Globalgarantie) für Dritten kann (als einseitig verpflichtender Vertrag) zur Rückstellung führen (FG Mchn BB 09, 1011).

Avalprovisionen. Für Verpflichtung zur Zahlung von Avalprovisionen, die auf künftige Zeiträume des Avalkredits entfallen, darf ein Bauunternehmer eine Rückstellung auch dann nicht bilden, wenn der Avalkredit der Ablösung eines Gewährleistungseinbehalts des Kunden dient (BFH IV R 28/91 BStBl II 92, 600).

Batterierücknahmeverpflichtung s ‚Altauto'.

Baukostenzuschüsse, die ein Energieversorgungsunternehmen von Abnehmern erhält, sind als RAP zu passivieren, der nach der geschätzten (bestimmte Zeit!; s Rz 250) Dauer der Lieferverträge aufzulösen ist (BFH I R 104/75 BStBl II 77, 392; *FM NRW* BB 89, 1380); *BMF* BStBl I 03, 361 lässt nur noch die sofortige Vereinnahmung oder die AK/HK-Verrechnung zu (*Eisolt* BB 04, 1079; krit *Meißner* DB 03, 2080); Alt-Zuschüsse sind ggf auf 20 Jahre zu verteilen (*OFD Mchn* DB 03, 2027); s Zuschüsse.

Baumängel. Zu Rückstellungen im Umfeld von Bauträgern s FG BBg 6 K 6121/17 BB 19, 944.

Bauschuttaufbereitung kann zur Rückstellung führen („Nettorealisation"; BFH IV R 35/02 BStBl II 06, 644; s ‚Umwelt'.

Bausparkassen. Zur sog bauspartechnischen Abgrenzung BFH I R 48/69 BStBl II 73, 565; zu Rückstellungen bei „Abschlussgebühren" und rückzahlbaren „Einlagen" BFH I R 153/86 BStBl II 91, 479; *Groh* StuW 92, 178; kein passiver RAP für vereinnahmte Abschlussgebühren (BFH I R 23/96 BStBl II 98, 381; FG BaWü EFG 00, 728). – Rückstellung für Kosten von Jahreskontoauszügen (FG BaWü EFG 00, 543; so auch *OFD Ffm* DB 02, 1133).

Bedingte Verbindlichkeiten s Rz 314.

Beihilfeverpflichtungen (als Teil von Pensionsverpflichtungen) sind als wirtschaftl in der Vergangenheit verursachte Verbindlichkeiten rückstellbar (BFH I R 71/00 BStBl II 03, 279; zur Berechnung *Höfer/Pisters* DB 02, 2288; Rz 381 f).

Bergbauwagnisse. Für Bergschäden, Gruben- und Schachtversatz sind Rückstellungen zu bilden (BFH I 51/65 BStBl II 69, 266; *Schellhorn* BuW 95, 553).

Berufsgenossenschaft. Keine Rückstellung der Mitglieder für *künftige* Beiträge (BFH I R 50/67 BStBl II 68, 544).

Beseitigung: Aufwendungen zur Beseitigung von Anlagen sind idR in der Vergangenheit verursacht und rückstellbar; das gilt mE ggf auch, wenn Beseitigung zu HK/AK führt (*Weber-Grellet* BB 18, 43; **aA** wohl BFH I R 35/15 BStBl II 17, 768).

Besserungsscheine s ‚Gesellschafterfinanzierung'.

Bestandspflege s ‚Nachbetreuung'.

Betreiberpflichten nach §§ 11 ff., 49 EnWG können ggf zu Rückstellungen führen (*Hageböcke* FR 17, 357, 412).

Betriebsprüfung. Grds keine Rückstellung bei allg Erwartung, dass bei BP mit Nachzahlungen zu rechnen ist (BFH IV 51/62 BStBl III 66, 189); anders, wenn mit einer BP begonnen ist und der Prüfer eine bestimmte Sachbehandlung be-

Passivierung **550 § 5**

anstandet hat (BFH VIII R 36/00 BStBl II 02, 731; FG Mster EFG 21, 1744, Rev XI R 19/21); s auch „Steuerschulden und Steuernachforderungen". – (Bereits wirtschaftl verursachte) Verwaltungskosten künftiger (Groß-)BP („BP-Durchführungskosten") sind grds rückstellbar (BFH I R 99/10 BStBl II 13, 196), nach *BMF* BStBl I 13, 274 nur bei Anschlussprüfung gem § 4 II BPO; bei Mittel- und Kleinbetrieben daher nur, wenn eine Prüfung angesetzt ist (FG Mster EFG 21, 1744, Rev XI R 19/21; *Korn* BeSt 12, 34); keine Rückstellung für noch nicht konkretisierte zusätzl Buchführungsarbeiten (BFH VIII R 21/69 BStBl II 73, 55).

Betriebsunterbrechungsversicherungs-Leistungen sind keine die AK eines ErsatzWG mindernde Zuschüsse (BFH IV R 177/78 BStBl II 82, 591), aber Teil einer RfE (BFH IV R 54/80 BStBl II 83, 371).

Bonusschuld ist ggf zurückzustellen (*Küting/Pilhofer* BB 02, 2059; s auch Sparprämienverpflichtungen), nicht bei Kundengutscheinen, da erst durch späteren Einkauf verursacht (FG Nds 3.6.13 6 K 357/12 juris).

Buchführung s ‚Jahresabschluss', ‚Betriebsprüfung'.

Bürgschaft. Verpflichtungen sind als (Verbindlichkeits-)Rückstellungen (erst) zu passivieren, wenn die Verpflichtung wirtschaftl in der Vergangenheit verursacht ist (unklar FG Mchn EFG 20, 982, Rev XI R 41/19) und eine Inanspruchnahme droht (BFH X R 48/13 BFH/NV 15, 1358), § 5 IVa, IVb stehen nicht entgegen (*OFD Mchn* DStR 02, 1303); gleichzeitig ist die Rückgriffsforderung gegen den Hauptschuldner (vgl BFH I R 222/83 BFH/NV 89, 103) zu aktivieren und ggf wertzuberichtigen (BFH X B 191/12 BFH/NV 13, 1622; *Hahne* BB 05, 819). Gleiches gilt für (andere) Sicherheitsleistung für fremde Schuld (BFH VIII R 226/84 BFH/NV 91, 588). Zum Vorrang der §§ 4, 5 vor § 17 s § 17 Rz 10 (BFH VIII R 27/00 BStBl II 02, 733). – Zur Bearbeitungsgebühr für Bürgschaftsübernahme s BFH IV R 153/72 BStBl II 88, 262: aktiver RAP.

Credit Link Notes sind eine Kombination aus Anleihe und Kreditsicherung und getrennt zu bilanzieren; einer Abwertung der Kreditforderungen steht der Credit Default Swap entgegen, auch keine Rückstellung (BFH I R 83/13 DStR 16, 1314).

Damnum s Rz 270 ‚Disagio'.

Darlehen sind grds mit dem Nennwert (Erfüllungsbetrag) zu passivieren (vgl § 253 I 1 HGB); unverzinsl Darlehen sind abzuzinsen (§ 6 I Nr 3 S 2; *BMF* BStBl I 99, 818); zum Disagio und zur Abzinsung s Rz 270. Zinsen sind unabhängig von ihrer Fälligkeit zu passivieren, soweit sie für die Zeit vor dem Bilanzstichtag geschuldet werden (BFH I R 166/78 BStBl II 84, 747). Überverzinslichkeit infolge Senkung des Marktzinses rechtfertigt weder Verlustrückstellung (s Rz 450) noch „TW-AfA" (*Kessler* WPg 96, 2; aA *Bachem* DStR 99, 773: Aufstockung). Bei Darlehen mit steigendem Zinssatz (zB Zuwachssparen) kann für künftige (höhere) Zinsen idR keine Rückstellung gebildet werden (BFH I R 115/91 BStBl II 93, 373); eine Bonusverpflichtung ist ratierl zurückzustellen. Zur Umwidmung BFH VIII R 9/94 BStBl II 95, 697; s auch ‚Ges'terfinanzierung'. – Hybriddarlehensverpflichtungen (Schuldtitel ohne Laufzeitbegrenzung) sind ebenfalls zu passivieren (kein Ertrag; iEinz *Bünning* BB 14, 2667). – Liquidation einer TochterKapGes bedeutet keine konkludenten Forderungsverzicht (*OFD Ffm* DB 21, 1914).

Datenzugriff. Rückstellung für Anpassung der EDV-Systeme nach GDPdU zul (*OFD Mster* DStR 10, 1785: in nach 24.12.08 endenden Wj).

Dauerschuldverhältnisse s Rz 450.

Dauerwartungsvertrag. Keine Rückstellung für künftige erhöhte Inanspruchnahme (BFH IV R 138/76 BStBl II 80, 648).

Deponien. Aufwendungen in der Errichtungs- und Ablagerungsphase sind ggf als HK/AK zu aktivieren, Aufwendungen in der Stilllegungs-, Rekultivierungs-

und Nachsorgephase sind sofort abziehbar, ggf auch zurückzustellen (*BMF* BStBl I 05, 826; s auch BFH I R 35/15 BStBl II 17, 768, im 2. Rechtsgang FG Mster EFG 19, 1002, rkr (zust *Bolik* StuB 19, 557); *Weber-Grellet* FR 17, 880; ‚Rekultivierung').

Dienstjubiläum s Rz 406 ff.

Dienstleistungsgutscheine (zB bei Friseur; Rabattzusagen, Bonuspunkte; *Koss* DB 19, 2593) berechtigen (mangels wirtschaftl Belastung; s Rz 381) nicht zur Rückstellungsbildung (BFH IV R 45/09 BStBl II 13, 123; EStH 5.7 (5); *Weber-Grellet* BB 13, 43; allg *Schwemmer* DStR 20, 1585). Die Ausgabe eines Gutscheines bedeutet das Versprechen zu einer künftigen un- bzw teilentgeltl Leistung (= späterer Minderertrag; s auch Rz 241 zu späterem „Mehrertrag"); **aA** FG Nbg EFG 19, 1527, Rev IV R 20/19: Rabattierung vergangenheitsbezogener Umsätze.

Dingl Lasten s Rz 319.

Disagio s Rz 270.

Drohende Verluste aus schwebenden Geschäften s Rz 450 f.

Druckbeihilfen sind als Betriebseinnahmen zu erfassen; wegen einer mögl Rückzahlungspflicht soll eine Rückstellung zu bilden sein (BFH IV R 49/96 BStBl II 98, 244; anders § 5 IIa, dazu Rz 315; *BMF* BStBl I 98, 368, soweit Rückzahlung aus künftigen Erlösen).

Eichkosten auf Grund gesetzl Pflicht (Eichgesetz), Messgeräte in bestimmten Zeitabständen eichen zu lassen, sind mE nicht rückstellbar (analog BFH VIII R 327/83 BStBl II 87, 848).

Eigenkapital. Nach hL ist zw Eigenkapital (Nachrangigkeit, Nachhaltigkeit, Verlustteilnahme, Gewinnabhängigkeit der Vergütung, Vermögensbindung) einerseits und „haftendem" und „normalen" Fremdkapital andererseits zu unterscheiden (*K. Schmidt* GesRecht, 4. Aufl, 2002, § 18 II 2, § 37 IV; *Baetge/Kirsch/Thiele* Bilanzen, 477 ff; *HdR* B 231 Rz 1 ff). Haftendes Fremdkapital (zB kapitalersetzende Darlehen) ist „echtes" Fremdkapital (zB BFH I R 127/90 BStBl II 92, 532; *Priester* DB 91, 1917).

Eigenkapitalersatz s ‚Gesellschafterfinanzierung'.

Einbuchung (gewinnneutral) von Verbindlichkeiten in Anfangsbilanz (BFH X R 23/05 BFH/NV 09, 814).

Einlagensicherungsfonds. Für künftige Beiträge keine Rückstellung (BFH I R 78/89 BStBl II 92, 177; *Mathiak* DStR 92, 456).

Einlösungsverpflichtung (zB für Eintrittskarten) entweder durch passiven RAP (besser) oder durch Rückstellung und aktiven RAP (so FG Ddorf DStRE 00, 1087) zu neutralisieren; s ‚Rabattmarken'.

Einkommensteuer-Schulden sind, wie auch Zinsen für Darlehen, die zur Begleichung einer solchen Schuld aufgenommen werden, privat veranlasst (BFH III R 66/87 BFH/NV 92, 17).

Einziehung. Für Abfindung wegen Zwangseinziehung von Geschäftsanteilen keine Rückstellung, da entweder vGA oder kein Aufwand (FG Hess EFG 04, 1005).

Emissionsberechtigungen s Rz 270.

Entfernung. Sind bei Ablauf eines Konzessionsvertrags Anlagen zu entfernen, ist hierfür eine Rückstellung zu bilden (BFH I 162/64 BStBl II 69, 247; Rz 386 f); fragl, wenn offen ist, ob eine Entfernung verlangt werden wird (BFH IV R 28/91 BStBl II 92, 600); der Zeitpunkt der Inanspruchnahme kann noch ungewiss sein, für **Rückbau** von Wasserleitungen (FG Ddorf DStRE 06, 449) oder Fernwärmeleitungen (FG Sachs BB 14, 2352; keine Rückstellung vor Abnahme (FG Mster BB 22, 113, rkr)); keine Rückstellung für Kosten zur Baustellenräumung bei eigenbetriebl Interesse (BFH XI R 2/19 BStBl II 20, 493; krit *Weber-Grellet* FR 20, 781; *Oser/Wirtz* StuB 20, 41; Rz 362). Zur Gebäudeentfernungspflicht des Erbbauberechtigten *HHR* § 5 Rz 1052. Allg Erwägungen des Umweltschutzes (keine konkrete Verpflichtung) rechtfertigen noch keine Rückstellung für die künftige Entfernung von Versorgungsanlagen, wie zB Öltank.

Entgeltrahmenabkommen – Anpassungsfonds (zur Gleichstellung von Arbeitern und Angestellten): Wirtschaftl verursachte Verpflichtungen sind aufwandswirksam, nicht aber die künftigen Verpflichtungen (*BMF* BStBl I 07, 301; *Frey* BB 05, 1044; aA *Herzig* BB 06, 1551: Rückstellung).

Entschädigung (als Ersatz für Tantiemevereinbarung) kann Verbindlichkeit sein (FG Mchn EFG 09, 1000).

Entsorgung (auch nach ElektroG) s ‚Umwelt', ‚Altauto'; ‚Altreifen'.

Erbbaurecht. Für im Voraus erhaltenen Erbbauzins hat der Grundeigentümer einen passiven RAP zu bilden (BFH IV R 126/78 BStBl II 81, 398), auch für vom Erbbauberechtigten übernommene Erschließungskosten (BFH IV R 40/96 BFH/NV 98, 569); die dingl Duldungspflicht des Eigentümers ist nicht passivierbar (Rz 319; BFH I R 96/02 BStBl II 08, 296; *Mathiak* FS Döllerer, 1988, 397); der Erwerb eines belasteten Grundstücks ist netto auszuweisen (BFH I R 96/02 BStBl II 08, 296; *ego* FR 05, 322; *Gosch* StBp 05, 149). S auch Rz 270, 655.

Erfolgsabhängige Verpflichtungen s ‚Gewinnabhängige, haftungslose, bedingt erlassene Verbindlichkeiten', ‚Zuschüsse', ‚Gratifikation'.

Erfüllungsrückstand (= Verbindlichkeit/Rückstellung iRe insoweit realisierten Dauerschuldverhältnisses, zB Pachterneuerungsrückstellung) s Rz 76, 317.

Erneuerungsverpflichtung s ‚Pachterneuerung' und Rz 702.

Erstinnovationszuschüsse. Für die Verpflichtung, solche Zuschüsse zurückzuzahlen, wenn aus dem geförderten Vorhaben Gewinne erzielt werden, kann vor Entstehung von Gewinnen keine Rückstellung gebildet werden (Rz 315).

Eventualverbindlichkeiten (wie zB eine Bürgschaftsverpflichtung, eine Patronatserklärung oder eine „Wartungsrücklage") sind erst dann zu passivieren, wenn eine (endgültige) Inanspruchnahme droht (BFH VIII R 226/84 BFH/NV 91, 588; *Knobbe-Keuk* § 4 V 4 (S 113); *Weber-Grellet* FR 17, 434 – in Abgrenzung zu BFH I R 43/15 BStBl II 17, 379).

Factoring s Rz 270, 732.

Filmförderdarlehen s Rz 315.

Finanzverbindlichkeiten und Restrukturierung s *Häuselmann* BB 10, 944.

Forfaitierung s Rz 270, 732.

Franchising. Zivilrechtl ein gemischter Vertrag, durch den das Recht des Franchise-Nehmers begründet wird, Waren und/oder Dienstleistungen unter Verwendung bestimmter Namen, Marken usw und des Know-how des Franchise-Gebers im eigenen Namen und auf eigene Rechnung zu vertreiben (zB *Skaupy* NJW 92, 1785 mwN). Der Vertrag ist lizenzvertragähnl und estrechtl schwebendes Geschäft (*KSM* § 5 Rz F 323); er kann mit einer Raum- bzw Unternehmenspacht verbunden sein (BFH VIII R 88/87 BStBl II 93, 89); zu Bilanzierungsfragen (ua Konzeptionskosten, Gebühren) *Marx/Löffler* HdR B 732 (3/17). Nicht verbrauchte Zahlungen auf ein Werbekonto des Franchise-Gebers sind erfolgsneutral zu behandeln (BFH X R 59/04 BStBl II 08, 284; *Marx/Löffler* DB 12, 1337 zu besonderen Entgelten).

Fremdwährungsverbindlichkeiten s Rz 270 ‚Fremdwährung'.

Futures s Rz 270 ‚Finanzprodukte'.

Garantiegebühren sind mittels passiver RAP (Rz 245) auf die Garantiedauer zu verteilen (BFH IV R 66/94 BStBl II 95, 772; einschr *IDW* WPg 95, 777; **aA** *Hahne* BB 05, 819).

Garantieverpflichtungen (s auch *Bürgschaft* und *Gewährleistung*) werden von § 5 IVa nicht erfasst (BFH IV B 176/02 BFH/NV 03, 919; FG Mchn EFG 09, 917; Rz 450); Rückstellung auch für (einseitige) Mietgarantie iZm Veräußerung von Wohnungen (FG BBg EFG 11, 695).

Geldbuße. Für drohende Geldbuße der EU ist bei Vorteilsabschöpfung (§ 4 V Nr 8 S 4) Rückstellung mögl (BFH I B 203/03 DStRE 04, 1449).

Genussrechte enthalten (eigenkapitalähnl) Gläubigerrechte schuldrechtl Art, die mitgliedschaftsrechtl ausgestaltet sein können (BFH VIII R 73/03 BStBl II 05, 861). Genussrechtskapital ist gem § 5 I 1 als Verbindlichkeit anzusetzen, Vergütungen sind grds als BA abziehbar; sie mindern, vorbehaltl § 8 III 2 Alt 2 KStG, grds das Einkommen (*FSen Hbg* 25.1.19 DStR 19, 1093; s auch § 17 Rz 103).

Geschäftsrisiko. Keine Rückstellung für das allg Geschäftsrisiko (BFH III R 95/87 BStBl II 89, 893 für künftige Ertragseinbußen durch verschärfte öffentlrechtl Vorschriften); keine Einzelbewertung; Ab- oder Zuschlag zum Geschäftswert. Zu diesem gehören mE auch arbeits-/sozialrechtl Folgelasten, die mit Arbeitsverhältnissen verbunden sind, wie zB Lohnfortzahlung bei Krankheit, Mutterschutz, altersbedingte Leistungsminderung.

Geschäftsverlegung. Keine Rückstellung für Aufwand und Risiken (BFH VIII R 31/70 BStBl II 72, 943).

Gesellschafterfinanzierung; Eigenkapitalersatz; Restrukturierung (insb in Krisen- und Insolvenzsituationen).

Schrifttum (Auswahl: Aufsätze vor 2017 s Vorauflagen): *Goette/Kleindiek*, Ges'terfinanzierung nach MoMiG, 6. Aufl 2010; *Clemens*, Das neue Recht der Ge'terfremdfinanzierung nach dem MoMiG, 2012; *Schmidt/Uhlenbruck*, Die GmbH in Krise ..., 5. Aufl 2016, 340ff – *Briese*, Forderungsverzicht gegen Besserungsschein sowie qualifizierter Rangrücktritt ..., DStR 17, 799. – Zur handelsrechtl Behandlung und zum System des Eigenkapitalersatzrechts (Gläubigerschutz) vgl *Raiser/Veil*, Recht der KapGes, 6. Aufl, 2015, § 38.

Durch das MoMiG (BGBl I 08, 2026) wurde das tradierte Eigenkapitalersatzrecht (Behandlung von „Eigenkapitalersatz" wie Eigenkapital) durch den insolvenzrechtl Nachrang ersetzt (für Insolvenzeröffnung ab 1.11.08; *Goette/Kleindiek* s Schrifttum, Rz 1f, 52f; *Gehrlein* BB 11, 3; § 17 Rz 182). – Rechtstatsächl ist in der Krise häufig eine Ausweitung des Eigenkapitalverlustrisikos unumgängl, steuerl begünstigt wird aber nur das Fremdkapital. **Sanierungs-/Stützungsmaßnahmen** (Forderungsverzicht, Besserungsschein, Rangrücktritt, Barzuschüsse, kapitalersetzende Darlehen, Nutzungsüberlassungen, Bürgschaft, Patronatserklärung, stille Beteiligung, Umwandlung; *Hoffmann* FS W. Müller, 2001, 631; *Horst* DB 13, 656) sind entspr ihrer Art differenziert zu behandeln, zB weitere Passivierung, ao Ertrag.

(1) **Kapitalersetzende Darlehen** des Ges'ters an seine Ges (allg *Krink/Maertins* DB 98, 833; *Dörner* INF 01, 494) sind nach BFH (BFH VIII R 28/98 BStBl II 00, 347 – zu § 15a), nach BGH (II ZR 88/99, DStR 01, 175: nur Durchsetzungssperre) und nach hL (zB *Schulze-Osterloh* WPg 96, 97/105; *Buciek* Stbg 00, 109; diff *Carl* INF 93, 14; krit *L. Schmidt* DStZ 92, 702) in der HB und damit (§ 5 I) auch in der StB der KapGes (GmbH & Co KG) auf der Passivseite als **echtes Fremdkapital** auszuweisen (formalrechtl Betrachtung); auch weiterhin Passivierung im Überschuldungsstatus (*Altmeppen* ZHR 164 [2000], 349; *Clemens* [s Schrifttum] 354). Die FinVerw hat sich dem BFH angeschlossen (*BMF* BStBl I 92, 653). Beteiligung und Darlehen sind **getrennt** auszuweisen (*Schmidt/Hageböcke* DStR 02, 1202). Die frühere Rspr hat durch das **MoMiG** an Bedeutung verloren, da das Institut der eigenkapitalsetzenden Darlehen entfallen ist; nach § 39 I Nr 5 InsO sind Ges'terdarlehen ggü den restl Insolvenzforderungen nachrangig (*Weber-Grellet* RdF 11, 74; zu früheren Einzelfragen s *Schmidt* 37. Aufl § 5 Rz 550).

(2) **Kapitalersetzende Nutzungsüberlassung** (zB in Form der BetrAufsp) ist im Prinzip wie kapitalersetzendes Darlehen zu behandeln (also Fremdgeschäft; ggf

Wertberichtigung; ggf gesellschaftl veranlasste Rückzahlungsansprüche (BFH I R 19/07 BFH/NV 08, 1963 zur Rückabwicklung). Zur zivrechtl Problematik s BGH XII ZR 183/05 DB 08, 347 und Nachweise bei § 15 Rz 805; zur str Bilanzierung des überlassenen WG und des Entgelts s *Oppenländer* DStR 93, 1523; *Real GmbHR* 94, 777. Zur kapitalersetzenden **Dienstleistung** vgl *Haas/Dittrich* DStR 01, 623.

(3) **Rangrücktritt.** Unterschieden wird zw verschiedenen Erscheinungsformen (BFH X R 33/13 BFH/NV 16, 1002; *BMF* BStBl I 06, 497; BGH IX ZR 133/14 BB 15, 973; *BAFin,* Merkblatt z Einlagengeschäft v 11.3.14 – Internet; iEinz *Weber-Grellet* BB 15, 2667; zu § 5 IIa s Rz 315). Die strechtl Betrachung ist von der insolvenzrechtl zu unterscheiden (*Michalsky* jM 17, 320); der Rangrücktritt ist mE strechtl in all seinen Formen nach Maßgabe des Belastungsprinzips zu beurteilen (*Weber-Grellet* FR 17, 1088; Rz 382). – Der „wirklich" **einfache** Rangrücktritt, bei dem einem oder mehreren Gläubigern ledigl ein Anspruch auf Vorwegbefriedigung eingeräumt wird, ändert nicht den Inhalt der Verpflichtung; bilanzsteuerrechtl bleibt es beim Ausweis der Verbindlichkeit (*Wacker* HFR 16, 108). Beim **qualifizierten Rangrücktritt** wird die (Darlehens-)Forderung wie ein Einlagerückgewähranspruch behandelt; der qualifizierte Rangrücktritt kann das Wesen der Verbindlichkeit mit steuerbilanzrechtl Wirksamkeit verändern (BGH IX ZR 133/14 DStR 15, 767; *Kahlert* DStR 15, 734). – Beim **spezifizierten Rangrücktritt** (nach BFH I R 44/14 DStR 15, 1551 Rz 10) soll die Forderung nur aus künftigen Jahresüberschüssen und/oder Liquidationsüberschüssen erfüllt werden (*Gosch* BFH/PR 15, 287). (Allein) Entscheidend ist, ob die Verbindlichkeit aus gegenwärtig vorhandenem Vermögen zu bedienen ist (*Schulze-Osterloh* BB 17, 427); soll die Erfüllung (nur oder auch) aus dem (künftigen) **freien Vermögen** erfolgen, soll die wirtschaftl Belastung weiterhin gegeben sein (BFH XI R 32/18 BStBl II 21, 279; *OFD Ffm* DB 17, 1937; *OFD Ffm* DB 21, 1914; krit *Weber-Grellet* BB 21, 43, FR 21, 172; *Schmidt* 39. Aufl § 5 Rz 550 mwN). Der spezifizierte und qualifizierte Rangrücktritt führt idR zur Ausbuchung der Verbindlichkeit (BFH II R 64/14 BStBl II 17, 104; **aA** *Briese* DStR 17, 799). Die Gewinnwirksamkeit hängt von der Art der vorangegangenen Einbuchung ab (**aA** *Müller* BB 16, 491: stets neutral); ein Darlehen wird also erfolgsneutral ausgebucht (BFH I R 44/14 DStR 15, 1551 in Abkehr von BFH I R 100/10 BStBl II 12, 332); allerdings irritiert, dass BFH I R 25/15 BStBl II 17, 670 im Hinblick auf die Ausbuchung bei der GmbH von einem „Wegfallgewinn" spricht (BFH GrS 1/94 BStBl II 98, 307 ist mE nicht 1:1 übertragbar; *Weber-Grellet* FR 17, 1088; BB 18, 43; so auch *Altrichter-Herzberg* GmbHR 17, 185). – Um einerseits die insolvenzrechtl Überschuldung zu vermeiden, andererseits aber auch weiterhin die Verbindlichkeit ausweisen zu können, könnte ein aufschiebend bedingter Rangrücktritt angezeigt sein (*Weber-Grellet* BB 15, 2667); auch der BGH hat einen Rangrücktritt anerkannt, der nur für den Fall einer drohenden Überschuldung gelten sollte (BGH IX ZR 133/14 DStR 15, 767; *Kahlert* DStR 16, 209). Noch einfacher wäre es, den Rangrücktritt idR als einfachen (unspezifizierten) und damit steuerunschädl Rangrücktritt auszulegen (so *K. Schmidt* BB 16, 2); erst die Qualifizierung verursacht ggf die Schädlichkeit.

(4) **(Forderungs-)Verzicht** (Rz 671) eines Ges'ters auf eine wertgeminderte Schuld führt bei der **KapGes** nur iHd (aktuellen) TW der Forderung zu einer Einlage, iÜ grds zu stpfl Ertrag (BFH GrS 1/94 BStBl II 98, 307; BFH I R 103/93 BFH/NV 98, 572; *Weber-Grellet* BB 95, 243; *Ott* DStZ 18, 179; *BMF* BStBl I 03, 648; § 6a Rz 71; s auch Rz 204 und 671). Verzicht auch durch Umbuchung von Fremd- in Eigenkapital (FG BaWü BB 11, 1263). – Forderungsverzicht gegen Besserungsschein und Mantelkauf kein Missbrauch und keine vGA (BFH I R 23/11 DStR 12, 2058). – Beim **Ges'ter** ist die Forderung (korrespondierend) auszubuchen (TW-AfA; Aufwand; Vollabzug; so BFH X R 7/10 BFH/NV 12, 1363; *Korn/Strahl* KÖSDI 06, 15328; **aA** [nur Abzug nach § 3c II] *BMF* BStBl I 10, 1292) und

(ggf) in Höhe ihres (Noch-)Werts der Beteiligung zuzuschreiben (*Weber-Grellet* BB 02, 35). Die Rspr zu § 17 ist nicht einschlägig (BFH X R 7/10 BFH/NV 12, 1363 mwN). – Bei **Wertminderung** (zB TW-Minderung von Darlehen) gilt grds Entsprechendes; aber „Störung" durch § 8b III KStG (*Hoffmann* DStR 08, 857) – Zum Verzicht auf eine Pensionszusage § 6a Rz 70.

Beispiel: Verzicht auf Darlehensforderung (Fdg) von 100 mit Wert von 30. Bei Ges'ter: per Fdg an Geld 100 (Hingabe); per AK-Beteiligung 30 und per Aufwand 70 an Forderung 100 (Verzicht). Bei Ges: per Geld an Verbindlichkeit 100; per Verbindlichkeit an Einlage 30 und an Ertrag 70.

(5) **Erlass unter Vorbehalt. Verbindlichkeiten aus Besserungsscheinen** sind nach hL als **bedingte** und wirtschaftl erst im Wj der Gewinne verursachte Schulden nicht passivierbar (Rz 315; gewisse Ähnlichkeit mit qualifiziertem Rangrücktritt, s oben (3); *Lohse/Zanzinger* DStR 16, 1241). Sie sind bei Verzicht zunächst auszubuchen (s auch Rz 671) und (erst) im Wj, in dem Gewinne entstehen (Eintritt des Besserungsfalls), als Schuld (ergebniswirksam) wieder einzubuchen, soweit nicht Einlagenrückgewähr vorliegt (dazu BFH I R 50/02 BStBl II 03, 768; *BMF* BStBl I 03, 648: auch bei Ges'terwechsel; ausgenommen Fälle des § 8 IV KStG). Auch für Zinsen (einschließl der für den Verzichtszeitraum) gilt wieder der ursprüngl Veranlassungszusammenhang (*BMF* BStBl I 03, 648).

(6) Gesellschaftl veranlasste **Schuldübernahme** ist iHd Werthaltigkeit des Freistellungsanspruchs eine verdeckte Einlage (BFH X R 36/02 BStBl II 05, 707); beim Ges'ter nachträgl AK, bei der Ges erfolgsneutrale Ausbuchung (FG Köln DStRE 01, 1193; BFH I B 74/01 DStRE 02, 257 [nur GesSeite]; krit *Hoffmann* GmbHR 02, 222); Rz 674. – Bei Freistellung der Ges nur für die Dauer der Überschuldung soll die Schuld weiterhin zu passivieren sein (*Wälzholz* DB 07, 671); mE aber auflösend bedingter Erlass (Rz 314). – Entgegen *Düll ua* DStR 02, 1030 besteht mE kein faktisches Wahlrecht zw Verzicht und Dritt-Schuldübernahme; zur Kombination von Schuldübernahme und Verzicht s *Schmidt/Hageböck* DStR 02, 2150.

Gewährleistung. Rückstellungen müssen gebildet werden für ungewisse vertragl oder gesetzl Gewährleistungsansprüche des Vertragspartners auf Minderung, Nachbesserung usw gem §§ 434, 437, 633 ff BGB (BFH VIII R 77/96 BStBl II 02, 227). Zul sind Einzelrückstellungen, soweit bis zur Aufstellung der Bilanz Ansprüche bekannt geworden sind und eine Inanspruchnahme wahrscheinl ist, und Pauschalrückstellungen, soweit nach den Erfahrungen der Vergangenheit Ansprüche wahrscheinl sind (BFH VIII B 163/02 BFH/NV 03, 1313); keine Branchenpauschale. S auch ‚Kfz-Händler', ‚Kundendienst'.

Gewährträgerhaftung. Zum Rückstellungszeitpunkt der Verpflichtung ggü dem Reservefonds (BFH I R 83/10 juris).

Gewerbesteuer. In der HB (vgl § 249 I 1 HGB) und in der StB musste für die GewStSchuld, sofern diese höher war als die geleistete VZ, eine Rückstellung in der Bilanz des Wj gebildet werden, auf das die GewSt entfiel (BFH I R 21/06 BFH/NV 10, 1184); ab VZ 08 strechtl kein Abzug (§ 4 Vb; BFH I R 21/12 BStBl II 14, 531: verfgemäß). Zur exakten Berechnung der GewStRückstellung s 27. Aufl. – EStR 5.7 I 2 verlangt Ansatz einer Rückstellung und außerbilanzielle Hinzurechnung (ähnl *OFD Hann* DB 10, 24); mE ohne Rechtsgrundlage.

Gewinnabhängige Verbindlichkeiten, die nur aus künftigen Gewinnen zu tilgen sind, dürfen estrechtl nicht passiviert werden (nunmehr § 5 IIa; dazu Rz 314, 315; 32. Aufl). Zum entgeltl Erwerb von WG gegen gewinnabhängige Bezüge s Rz 270 ‚Gewinnabhängige Vergütungen'. – S auch ‚Gesellschafterfinanzierung', ‚Kaufpreisrente', ‚Verbindlichkeiten', ‚Zuschüsse'.

Gleitzeit. Nach hL Rückstellung, soweit Gleitzeitüberhang besteht (*Esser* DB 85, 1305; *HHR* § 5 Rz 925), aber ggf auch Aktivierung des Gleitzeitrückstands; s „Arbeitszeit".

Gratifikation. Zu Rückstellungen für erst künftig fällige – evtl vom (vergangenen) Erfolg abhängige – Gratifikationen ggü ArbN s BFH IV R 47/80 BStBl II 83, 753; EStH 6.11;. S auch ‚Leistungsprämien'; Rz 406 (Jubiläumszuwendungen).

Passivierung **550 § 5**

Großreparaturen. Aufwandsrückstellung in HB und StB unzul (Rz 461 f).

Grundpfandrechte sind in der Bilanz grds nicht auszuweisen; zu passivieren ist idR nur die durch das Grundpfandrecht gesicherte Darlehensverbindlichkeit. Anders ist es, wenn eine schuldrechtl Verpflichtung fehlt, weil durch die Grundschuld der Anspruch des Gläubigers gegen einen Dritten gesichert werden soll (BFH X R 48/13 BFH/NV 15, 1358).

Gutscheine sind grds zu passivieren, wenn dem Inhaber ein entsprechender Anspruch zusteht (*Diffrng/Saft* Ubg 20, 146); s auch ‚Bonusschuld' und ‚Dienstleistungsgutscheine'.

Haftpflichtverbindlichkeiten können bestehen ggü Vertragspartnern, zB auf Grund positiver Vertragsverletzung, oder ggü Dritten nach §§ 823 ff BGB oder gesetzl Vorschriften über eine vom Verschulden unabhängige Haftung (zB StVG, ProdHaftG, UmweltHG, GenTG, BImSchG, AtomG, WHG). Für Schadenersatzansprüche Dritter können grds keine Pauschal-, nur Einzelrückstellungen gebildet werden (BFH IV R 41/81 BStBl II 84, 263). Ansprüche gegen Versicherer oÄ mindern die Höhe der Rückstellung, ausgenommen der Versicherer bestreitet seine Ersatzpflicht; dieser Nettoausweis verstößt nicht gegen die Einzelbewertung (vgl § 6 I Nr 3a Buchst c; Rz 69). S auch ‚Produkthaftung', ‚Umweltschäden', ‚Versicherungsvertrag'.

Haftungslose Verbindlichkeiten, insb Darlehen, die (rechtl oder tatsächl) nur aus künftigen Einnahmen zu tilgen sind, dürfen in Wj, in denen noch keine Einnahmen anfallen, insb im Jahr der Kreditaufnahme nicht passiviert werden (BFH I R 11/03 BStBl II 05, 581; *BMF* BStBl I 78, 203; *OFD Ffm* BB 95, 1403). S auch Bedingt erlassene Verbindlichkeiten, Zuschüsse; Rz 314, 315 zu § 5 IIa.

Haftungsverhältnisse sind bedingte Verbindlichkeiten ggü Dritten (Eventualverbindlichkeiten), die zu einer Belastung führen können, ohne dass ihnen eine konkrete Gegenleistung gegenübersteht. Erst bei Bedingungseintritt oder wenn mit dem Bedingungseintritt zu rechnen ist, ist zu passivieren (§ 251 HGB; *Wiehn* HdR B 250); s iEinz ‚Verbindlichkeiten'; Rz 314.

Handelsvertreter. Keine Rückstellungen für künftigen Aufwand bei Kundenbetreuung (BFH I R 150/77 BStBl II 84, 299; *KSM* § 5 Rz D 293; Abgrenzung zu BFH XI R 63/03 BStBl II 06, 866: vergütete Nachbetreuung). S ferner ‚Ausgleichsverpflichtung', ‚Provisionen' und ‚Wettbewerbsverbot'.

Heimfallverpflichtung. Für die Verpflichtung, ein Erbbaurecht nebst Gebäude entschädigungslos auf den Grundstückseigentümer zu übertragen (vgl § 2 Nr 4 ErbbauRG), kann keine Rückstellung gebildet werden; der Heimfall ist aber bei der AfA-Bemessung für das Gebäude zu berücksichtigen (offen in BFH I R 77/86 BStBl II 91, 471).

Hörgeräteakustiker s ‚Optiker'.

Insolvenzversicherungsbeiträge s ‚Pensionssicherungsverein'.

Instandhaltung. Für im abgelaufenen Wj (nicht auch für in früheren Wj) unterlassene Instandhaltung (Erhaltungsaufwand ohne Fremdverpflichtung; anders zB Pachterneuerungsverpflichtung, BFH VIII R 28/95 BStBl II 98, 505) sind in der HB (Aufwands-)Rückstellungen zu bilden (Passivierungsgebot), aber nur insoweit, als dieser Aufwand im folgenden Wj innerhalb von 3 Monaten nachgeholt wird (§ 249 I 2 Nr 1 HGB); damit sind diese Rückstellungen auch in der StB zul (EStR 5.7 XI). Weitergehende Rückstellungen sind in HB und StB unzul (Rz 461, Rz 550 ‚Abraum'). Keine Rückstellung darf für unterlassenen Herstellungsaufwand gebildet werden (BFH I R 27/79 BStBl II 81, 660; vgl Rz 369); ebenso wenig für künftigen Aufwand zur Überholung von Flugzeugen (BFH I R 43/15 BStBl II 17, 379); zur Konkurrenz von öffentl-rechtl Inspektionsverpflichtung und Zahlungen in eine Wartungsrücklage s ‚Wartungsaufwand'). Generell auch keine Rückstellung für die Modernisierung von Wohnungsbeständen; zur Konkurrenz mit TW-AfA s Rz 361.

Jahresabschluss. Aufwand für die gesetzl Verpflichtung (§ 141 AO iVm § 242 HGB), den Jahresabschluss aufzustellen (BFH I R 44/94 BStBl II 95, 742; EStR 5.7 IV 1; *KSM* § 5 Rz D 295), ist zurückzustellen. Gleiches gilt für die gesetzl Verpflichtung zur Prüfung und Veröffentlichung, zur Erstellung eines Geschäftsberichts und von Betriebsteuererklärungen für das abgelaufene Jahr (BFH I R 28/77 BStBl II 81, 62), nicht jedoch für eine freiwillige (evtl im GesVertrag vorgesehene) Prüfung. Zur Höhe der Rückstellung (bei externer Erstellung das anfallende Honorar; bei interner Erstellung nur interne Einzelkosten, höchstens fiktives Beraterhonorar) s BFH IV R 22/81 BStBl II 84, 301; überholt durch § 6 I Nr 3a Buchst b (auch Gemeinkosten); **aA** auch bereits BFH VIII R 134/80 BStBl II 86, 788: Vollkosten. – Daneben ist eine gesonderte Rückstellung für die Pflicht zu bilden, nach dem Bilanzstichtag noch Geschäftsvorfälle des Vorjahres zu buchen (BFH I R 69/91 BStBl II 92, 1010). – Keine Rückstellung für gesellschaftsvertragl Prüfungspflicht einer PersGes (BFH IV R 26/11 BStBl II 14, 886: keine Außenverpflichtung, sondern ges'l veranlasste Selbstverpflichtung; *Weber-Grellet* FR 14, 1033; krit ua *Althoff* DB 16, 1893; IDW-FN 15, 553); im Konzern muss ggf dasselbe gelten (**aA** *Sick/Lukaschek* DStR 15, 712).

Jubiläumszuwendungen. Zu Rückstellungen für künftige *Dienst*jubiläumszuwendungen s Rz 406ff. – Künftige (zeitpunktbezogene) *Firmen*jubiläumszuwendungen fallen nicht unter §§ 5 IV; sie sind nach Maßgabe der vergangenen Betriebszugehörigkeit allg rückstellbar (BFH I R 31/00 BStBl II 04, 41).

Kammerbeiträge. Für Zusatzbeiträge (für künftige Jahre) ist keine Rückstellung zu bilden (BFH X R 30/15 BStBl II 17, 900; krit zur Begründung *Weber-Grellet* FR 17, 968; so auch *Vossel* FR 16, 777; Rz 383).

Kapitalersetzende Darlehen s ‚Gesellschafterfinanzierung'.

Kapitalrücklage s Rz 496f.

Kartellrechtsverstoß kann zu Rückstellung führen (BFH I R 99/10 BStBl II 13, 196; *OFD NRW* DB 15, 524); im Konzern uU § 3c II.

Kaufpreisrenten. Erwirbt ein StPfl WG des BV gegen Leib- oder Zeitrente, muss er den Barwert der Rentenverpflichtung passivieren (BFH VIII R 286/81 BStBl II 86, 55; *ADS* § 255 Tz 65); die Barwertminderung und der Wegfall der Schuld sind Ertrag (BFH X R 64/89 BStBl II 91, 358). Zur Höhe des Barwerts vgl BFH IV R 126/76 BStBl II 80, 491 mwN; bei wertgesicherten Rentenverpflichtungen Rz 330, BFH IV R 170/73 BStBl II 76, 142. Zur Problematik der Passivierung gewinn- oder umsatzabhängiger Kaufpreisrenten s Rz 270 ‚Gewinnabhängige Vergütungen'; s auch § 16 Rz 259.

Kfz-Händler. Zu Garantierückstellung auf Grund des Händlervertrags s BFH I R 93/85 BFH/NV 90, 691; zur Geldleistungsrückstellung eines Kfz-Importeurs s FG Hess EFG 13, 194.

Kontokorrentverhältnis. Keine Rückstellung für einen zwar bereitgestellten, aber noch nicht in Anspruch genommenen Kontokorrentkredit (BFH I R 62/97 BStBl II 98, 658).

Konzernhaftung. Zur Frage, ob auf Grund der BGH-Rspr (vgl BGH II ZR 178/99 BGHZ 149, 10) zum qualifizierten faktischen GmbH-Konzern (*Hüffer* AktG § 302 Rz 6) das herrschende Unternehmen für eine evtl Verlustausgleichspflicht analog § 302 AktG in der StB eine Rückstellung zu bilden hat, bej zB *Oser* WPg 94, 312; *Pfitzer/Schaum/Oser* BB 96, 1373; vern *Kraft* BB 92, 2465: verdeckte Einlage; nachträgl AK. – Zu Rückstellung wegen Freihaltungs- und Verlustausgleichsansprüchen in der Insolvenz der Organgesellschaft FG Köln EFG 06, 648, wegen drohender Haftungsinanspruchnahme für KSt-Schulden BFH I R 78/16 BStBl II 19, 570.

Körperschaftsteuer. Berechnung der (nichtabziehbaren; § 10 Nr 2 KStG) KSt-Rückstellung § 278 HGB; *Orth* FSW. Müller, 2001, 663.

Kostenüberdeckung. Ein Zweckverband muss auszugleichende Kostenüberdeckungen zurückstellen; § 5 IIa ist nicht einschlägig (BFH I R 62/11 BStBl II 13, 954; BMF BStBl I 13, 1502; *Janssen* NWB 12, 287; *oVerf* VersorgW 13, 193; *Welter/Ballwieser* DStR 13, 1492; *Weber-Grellet* BB 14, 42); bilanzsteuerrechtl einfacher, wäre es, die Überzahlungen als (ertragsneutrale) Vorauszahlungen zu erfassen; s auch ‚Mehrerlösabschöpfung'.

Krankenhausträger. Öffentl Investitionszuschüsse können die AK oder HK mindern (auch durch passive Wertberichtigung; BFH VIII R 58/93 BStBl II 97, 390); passive RAP sind unzul (BFH I R 56/94 BStBl II 96, 28). S auch ‚Zuschüsse'.

Kulanz. Rückstellungen für Gewährleistung ohne rechtl Verpflichtung sind geboten, wenn sich ihr der StPfl aus tatsächl Gründen nicht entziehen kann (§ 249 I 2 Nr 2 HGB; BFH I 23/63 U BStBl III 65, 383; EStR 5.7 XII); s ‚Optiker'.

Kundendienst. Für die vom Großhändler im Vertrag mit dem Hersteller übernommene Verpflichtung, Kundendienst zu leisten, kann keine Rückstellung gebildet werden (BFH I R 93/85 BFH/NV 90, 691). S auch ‚Optiker'.

Ladungsträger. Zur Bilanzierung bei Tausch und Vermietung s FG Mster DStR 20, 30 *Scheller* DStR 20, 63.

Langfristige Auftragsfertigung s Rz 270.

Latente Steuern s Rz 270.

Leasing s Rz 721 ff.

Lebensversicherung. Die Verpflichtung zu weiterer Vertragsbetreuung kann ggf als Erfüllungsrückstand zurückgestellt werden (BFH XI R 63/03 BStBl II 06, 866; *BMF* BStBl I 06, 765: Nichtanwendung wegen „Unwesentlichkeit"; mE Einzelfallbeurteilung); zur (str) Höhe BFH X R 26/10 BStBl II 12, 856). – S auch ‚Nachbetreuung', ‚Optiker'.

Leergut s Rz 270.

Leibrente s ‚Kaufpreisrente'.

Leistungsprämien an ArbN s BFH I R 46/91 BStBl II 93, 109.

Lizenz. Befristete Lizenzverhältnisse, auch ausschließl (dingl), sind schwebende Rechtsverhältnisse und als solche (s Rz 76) nicht zu bilanzieren (vgl BFH III R 64/74 BStBl II 76, 529). In Höhe erhaltener Vorauszahlungen oder Einmalentgelte hat der Lizenzgeber einen Passivposten zu bilden und zeitanteilig aufzulösen, entweder als Schuld oder als RAP. Zu Rückstellungen für Lizenzgebühren BFH I R 22/66 BStBl II 70, 104.

Lohnfortzahlung. Keine Rückstellung für künftige Leistungen (BFH I R 11/00 BStBl II 01, 758; mE auch nicht, wenn ArbN bereits erkrankt. S ‚Soziallasten' und Rz 450.

Lotteriegewinnauszahlungsverpflichtung ist bei Entstehung als Verbindlichkeit zu passivieren, sofern keine Anhaltspunkte für Betrug vorliegen (BFH IV R 17/09 BStBl II 11, 419).

Mehrerlösabschöpfung. Nach BGH KVR 27/07 BeckRS 2008, 20432 (ferner OLG Bbg BeckRS 2014, 22698) dürfen die Netzbetreiber Mehrerlöse (Nutzungsentgelt über den später genehmigten Höchstpreis) nicht behalten; die entspr Rückstellungsbildung ist umstr (*Haseböke* DB 11, 1480, 1543; abl *LfSt Bayern* BB 10, 2754; diff *OFD NRW* DStR 16, 1812); s auch ‚Kostenüberdeckung'.

Mehrkomponentengeschäft s ‚Rücknahmeverpflichtung'; s auch Rz 241 (Handy und Mobilfunkvertrag).

Mietfreistellung in den ersten Monaten führt nach BFH I R 43/05 BStBl II 06, 593 nicht zu Erfüllungsrückstand; mE möglicherweise gleichwohl Aufwand iRe entgeltl Nutzungsverhältnisses (ähnl *Siegel* ZSteu 07, 300); iEinz Rz 317.

Mietkaufvertrag s Rz 154, 691 ff, 721 ff. – Zum Immobilien-Mietkauf-Modell s BFH IX R 92/89 BFH/NV 1991, 390; *Schmidt* 30. Aufl § 21 Rz 108.

Mietpreiszusicherung des Veräußerers verlangt ggf eine Verbindlichkeitsrückstellung; kein Fall des § 5 IVa (Rz 450), da kein schwebendes Geschäft (*Hofer* DB 03, 1069).

Miet- und Pachtverhältnisse s Rz 691 ff; für leer stehende Mieträume ist keine Rückstellung auszuweisen (vgl Rz 451; unzutr *Niehues* DB 07, 1107).

Millennium Bug. Keine Rückstellung für Anpassung der EDV (*Singer* IStR 98, 562).

Mobilfunkdienstleistungsvertrag s Rz 241.

Modernisierung s ‚Instandhaltung'.

Mutterschutz s ‚Soziallasten'.

Nachbetreuung. Künftiger Aufwand für „kostenlose" Bestandspflege/Nachbetreuung kann (bei entspr rechtl Verpflichtung) als Erfüllungsrückstand (Rz 317, 383) rückstellbar sein (zuletzt BFH X R 27/13 BFH/NV 15, 1676; BFH IV R 49/16 BFH/NV 20, 15; zur früheren Rspr s 30. und 33. Aufl; iEinz *Weber-Grellet* FR 14, 606 [zu X R 25/11; krit wegen Berechnung der Abzinsung]; *Schustek* DB 15, 882); Keine Verpflichtung trifft den Handelsvertreter (BFH X R 38/13 BFH/NV 15, 195; ähnl BFH III R 14/11 BStBl II 14, 675). – Das BMF hat sich der Auffassung des BFH angeschlossen (*BMF* BStBl I 12, 1100; EStH 5.7 VIII). – Zur Verpflichtung einer OHG s BFH IV R 34/14 BFH/NV 17, 1426 (insb zur Höhe; Anschluss an X. Senat).– Auch Wartungsaufwand (Instandhaltung von Werkzeugen) kann Gegenstand der Nachbetreuung sein (BFH XI R 21/19 BB 22, 176). – S auch ‚Lebensversicherung' und ‚Optiker'.

Nachrangdarlehen („Mezzanine"-Kapital) s *Bösl/Sommer* Mezzanine Finanzierung, 2006; *Kiethe* DStR 06, 1763; *Carlé/Rosner* KÖSDI 06, 15365.

Naturalobligation. Passivierungsfähig und -pflichtig (vgl BFH IV 285/65 BStBl II 68, 80).

Netzbetreiber können ggf – unter den allg Voraussetzungen (Rz 363, 381) – Rückstellungen bilden (iEinz *Hageböke* FR 17, 357).

Nießbrauch s ‚Dingl Lasten'; Rz 180, 319, 245, 653.

Nonrecourse-Finanzierung s ‚haftungslose Darlehen'.

Null-Koupon-Anleihen s Rz 270 ‚Finanzprodukte'.

Nutzungsüberlassung s ‚Gesellschafterfinanzierung'.

Offenlegungspflichten nach EHUG (*Althoff/Hoffmann* GmbHR 10, 518).

Öffentl-rechtl Verpflichtungen (zB durch Verwaltungsakt) s Rz 363.

Optiker. Rückstellungen für Nachbetreuung iZm dem Veräußerungsgeschäft sind mögl (BFH I R 23/01 DStRE 02, 1180; Rz 387; iEinz *BMF* BStBl I 05, 953), auch für Garantie und Gewährleistung, nicht für künftigen Reparaturaufwand.

Optionsanleihen s Rz 270 ‚Anleihen'.

Optionsgeschäfte s Rz 270 ‚Finanzprodukte'.

Organgesellschaft s ‚Konzernhaftung'.

Pachtaufhebungsentschädigung (iZm Autobahn A 20): kein RAP, keine RfE (FG MeVo EFG 09, 914).

Pachterneuerung. Auch für die noch nicht fällige Verpflichtung zur Erneuerung unbrauchbar gewordener Pachtgegenstände (Gebäudebestandteile und

Passivierung

Betriebsvorrichtungen) hat der Pächter eine Rückstellung (Erfüllungsrückstand; Rz 317) zu bilden (BFH VIII R 28/95 BStBl II 98, 505); Abzinsung nach § 6 I Nr 3a Buchst e. S auch Rz 702.

Palettentausch s „Ladungsträger".

Patentverletzung s Rz 391 ff.

Patronatserklärung. Verpflichtungen hieraus sind wie Bürgschaften erst zu passivieren, wenn Inanspruchnahme ernstl droht (BFH I R 6/05 BStBl II 07, 384; *Weber-Grellet* BB 08, 38), auch bei kapitalersetzender Finanzierungshilfe.

Pensionsrückstellung allg s § 6a; für Ges'ter (und Angehörige) s § 15 Rz 585 f; s auch ‚Beihilfeverpflichtungen'. Pflicht (zB einer Stadtwerke-AG) zur Erstattung von künftigen Pensionszahlungen ist rückstellbar (FG RhPf EFG 05, 1674).

Pensionssicherungsverein. Nur Rückstellung für Beitragsschuld des abgelaufenen Wj, nicht – mangels wirtschaftl Verursachung in der Vergangenheit – für künftige Beiträge aus bereits eingetretenen oder künftigen Insolvenzfällen (BFH I R 14/95 BStBl II 96, 406; *BMF* BStBl I 87, 365; *Groh* StuW 92, 178). Zur Nachfinanzierung *Höfer* DStR 06, 2227.

Pfandgelder s Rz 270 ‚Leergut'.

Prämien- bzw Bonusschuld s ‚Sparprämienverpflichtungen'.

Preisnachlass. Bei Veräußerung kundengebundener Formen mit der Verpflichtung, bei künftigen Lieferungen einen Preisnachlass zu gewähren, keine Rückstellung für künftigen Preisnachlass (BFH I R 205/69 BStBl II 73, 305).

Private-Equity-Finanzierung s § 17 Rz 41, § 18 Rz 287.

Produkthaftung nach Maßgabe des ProdHaftG, des ProduktsicherheitsG oder § 823 BGB. – Die FinVerw lässt nur Einzelrückstellungen zu (*OFD Mster* DStR 86, 756); offen in BFH IV R 41/81 BStBl II 84, 263. Zu Deckungsansprüchen gegen Versicherer s ‚Haftpflichtverbindlichkeiten'.

Produktionsabgabe. Für die Verpflichtung zur Zahlung der Produktionsabgabe bei Zuckerherstellung ist eine Rückstellung zu bilden (*BMF* DStR 99, 1113).

Prospekthaftung. Keine Rückstellung bei ‚Haftungsausschluss' im Prospekt; iÜ Regressanspruch gegen Geschäftsführer.

Provisionen s Rz 270.

Prozesskosten. Rückstellung für zu erwartende Kosten eines Zivilprozesses kann idR erst gebildet werden, wenn der Prozess am Bilanzstichtag schwebt (*Osterloh-Konrad* DStR 03, 1631/1675), und nur für die Kosten dieser Instanz (für Passivprozesse: BFH I R 6/68 BStBl II 70, 802; für Aktivprozesse: BFH I R 14/95 BStBl II 96, 406; *Stengel* BB 93, 1403). – Prozesszinsen dürfen nur für die zurückliegende Zeit rückgestellt werden (BFH I R 14/95 BStBl II 96, 406). – Zu Strafverteidigungskosten BFH XI R 35/01 BFH/NV 02, 1441.

Rabattmarken. Rückstellung für Verpflichtung zur Einlösung BFH I 267/64 BStBl II 68, 445; s aber BFH VIII R 62/85 BStBl II 89, 359.

Rangrücktritt s ‚Gesellschafterfinanzierung'.

Rechnungsabgrenzungsposten s Rz 241–258.

Recycling-Unternehmen. Für die Bauschuttaufbereitung von aufgekauften Bauabfällen ist mE keine (Verlust-)Rückstellung zu bilden (so aber BFH X R 29/03 BStBl II 06, 647 iZm öffentl-rechtl Entsorgungsverpflichtung; Rz 363), auch nicht für die Entsorgungskosten, für die kein Umsatzerlös erzielbar ist (so *Hoffmann* DB 06, 1522).

Rekultivierung. Für die auf Vertrag oder Gesetz beruhende Verpflichtung, nach Abbau von Kies usw die Grube wieder aufzufüllen und das Grundstück zu rekultivieren, muss eine Rückstellung gebildet werden (BFH I R 35/15 BStBl II 17, 768;

Rz 387; *BMF* BStBl I 05, 826; § 6 I Nr 3a Buchst d); für Erdgasspeicher (*OFD Hann* StuB 10, 198). Die mit der Erfüllung eintretende Wertsteigerung ist idR nicht zu berücksichtigen (BFH II R 76/00 BFH/NV 04, 1072 – EWBV). Zur Höhe s Rz 421; s auch ‚Deponien', ‚Umweltschutz'.

Restrukturierung. In Betracht kommen Rückstellungen (zB wegen Abfindungszahlungen); keine Anrechnung von ersparten Aufwendungen gem § 6 I Nr 3a Buchst c (FG BaWü EFG 18, 1343, rkr; *König* DStR 20, 1292; *Bonnecke* StuB 21, 185; str); s auch ‚Sozialplan'.

Rückgriffsmöglichkeiten können bei der Bemessung von Rückstellungen betragsmindernd zu berücksichtigen sein (BFH I R 72/94 BStBl II 95, 412; FG BBg BB 19, 944, rkr) s auch Rz 70, 421.

Rücklage für Ersatzbeschaffung s Rz 501; § 6 Rz 101 f.

Rückkaufverpflichtung (von Rücknahmeverpflichtung zu unterscheiden) kann nur zu steuerl unzul Verlustrückstellung führen (*Kolb* StuB 02, 1049; Rz 734). – Ist eine Rückkaufoption ohne jede Bedeutung, scheidet eine Aktivierung beim Käufer und eine Passivierung beim Händler aus (*OFD NRW* DB 14, 1770; *LfSt Bayern* DStR 14, 2077).

Rücknahmeverpflichtung für Altgeräte kann allenfalls als Erfüllungsrückstand (Rz 317) rückstellbar sein (zB Batterierücknahmeverpflichtung, BFH I R 53/05 BFH/NV 07, 1102), sofern keine (bedingte) Zukunftspflicht (Rz 314, 387; s ‚Altauto'. – Bei Verpflichtung zur Rücknahme der veräußerten Neuwagen iRv **„Auto-Leasing"** soll eine Verbindlichkeit zu bilden sein (BFH IV R 52/04 BStBl II 09, 705; BFH I R 83/09 BStBl II 11, 812; *BMF* BStBl I 11, 967; krit *Hoffmann* DStR 11, 35 und *Schmidt* 30. Aufl 5 Rz 550; unten Rz 734; zur Verbuchung *Weber-Grellet* BB 12, 43: eine Restwertvereinbarung berührt nur die AK (*OFD NRW* StuB 18, 557; *Rätke* StuB 18, 725). – Rückstellung ggf auch bei Verpflichtung zur Rücknahme von Mehrwegpaletten (FG RhPf EFG 11, 149).

Rückstellungen s Rz 351 ff.

Rückzahlungsverpflichtung (zB bei Zahlungserhalt trotz Corona-bedingter Nichterfüllung der Leistungspflicht) ist als Verbindlichkeit auszuweisen (*Freichel/ Wasmuth* DStR 20, 1141; oben Rz 76). Die Verpflichtung zur Mietrückzahlung bei Vermietung von Kraftfahrzeugen ist durch Rückstellung zu berücksichtigen (BFH I R 50/10 BStBl II 12, 197; EStH 2012 5.7 VIII).

Saldierung s ‚Rückgriffsmöglichkeiten'.

Sanierungsgelder (künftig zu zahlende) für eine Umlage-Versorgungseinrichtung: keine Rückstellung (BFH I R 103/08 BStBl II 10, 614; *Buciek* FR 10, 610), da weder rechtl noch wirtschaftl verursacht.

Sanierungsmaßnahmen s ‚Gesellschafterfinanzierung'.

Schadenersatz. Rückstellungen für dem Grunde und/oder der Höhe nach ungewisse Schadenersatzverpflichtungen auf Grund Gesetzes oder Vertrags sind zu bilden, wenn nach den bis zur Aufstellung der Bilanz bekanntgewordenen Verhältnissen am Bilanzstichtag wahrscheinl ist, dass der StPfl in Anspruch genommen wird (BFH I R 81/66 BStBl II 70, 15; oben Rz 376), auch bei Zahlungsunfähigkeit des stpfl Schuldners (BFH VIII R 29/91 BStBl II 93, 747; Rz 311). Bei strafbarer Handlung ist erforderl, dass die Tat aufgedeckt ist (BFH III R 54/91 BStBl II 93, 153, *Gail ua* GmbHR 93, 685). Zur Netto-Berücksichtigung von Deckungsansprüchen zB gegen Versicherer s ‚Haftpflichtverbindlichkeit'.

Schadenrückstellungen. Ein Versicherer hat für am Bilanzstichtag noch nicht abgewickelte Versicherungsfälle Rückstellungen zu bilden (§ 20 II KStG; BFH I 114/65 BStBl II 72, 392 mwN; *BMF* BStBl I 00, 487; *OFD Ffm* StEK § 6 I Nr 3a Nr 19 (4/17) einschließl Aufwendungen für die Schadenermittlung, nicht für die Schadenbearbeitung (BFH I 114/65 BStBl II 72, 392; krit *Moxter* StuW 83, 300);

Passivierung 550 § 5

anders für Versicherungsvertreter, der dem Versicherer zur Schadenbearbeitung verpflichtet ist. Zur Bewertung vgl Rz 421. Zur Schadenrückstellung in der Transportversicherung *Uhrmann* StBp 96, 62.

Schadstoffbelastung s ‚Umweltschutz'.
Schuldbeitritt s Rz 503, 674; § 4f.
Schwankungsrückstellung s BFH I 278/63 BStBl II 68, 715.
Schwebende Geschäfte. Zur Nichtbilanzierung s Rz 76 mwN; zur Verlustrückstellung s Rz 450f.
Schwerbehinderte s ‚Soziallasten'.
Sicherheitsleistung s ‚Bürgschaft', ‚Patronatserklärung'.

Signing Fee (Handgeld; etwa in der Bundesliga) verlangt den Ausweis eines RAP (*OFD NRW* DB 15, 1013); wN s Rz 270.

Sonderbeiträge nach dem EAEG (nach dem Bilanzstichtag festgesetzt) sind nicht rückstellbar (FG Mchn EFG 18, 1437, rkr); s ‚Kammerbeiträge'.

Soziallasten. Keine Rückstellung wegen drohenden Verlusts aus schwebenden Verträgen für allg Soziallasten wie zB Lohnfortzahlung bei Krankheit, Mutterschutz, Kündigungsschutz, Beschäftigung Schwerbehinderter, bezahlte Altersfreizeit usw (BFH IV R 82/96 BStBl II 98, 205; *KSM* § 5 Rz D 270ff; aA *Hartung* BB 95, 2573; Rz 450). Hinterzogene Sozialversicherungsabgaben sind als Verbindlichkeit auszuweisen (BFH I R 73/95 BStBl II 96, 592). S auch ‚Arbeitnehmer'.

Sozialplan. Für künftige Leistungen auf Grund eines Sozialplans (§§ 111, 112 BetrVerfG) müssen Rückstellungen gebildet werden, wenn der ArbG den Betriebsrat vor dem Bilanzstichtag von der geplanten Betriebsänderung unterrichtet hat oder diese wenigstens schon beschlossen oder wirtschaftl notwendig ist (*Bolik/Schuhmann* StuB 16, 679). Die Wahrscheinlichkeit künftiger Betriebsänderungen reicht mE nicht aus (*KSM* § 5 Rz D 351; s auch EStR 5.7 IX).

Sparprämienverpflichtungen sind nach Maßgabe der Zinsstaffelmethode und abgezinst ratierl zurückzustellen (BFH I R 24/96 BStBl II 98, 728; § 6 I Nr 3), nicht wenn die Sparprämie von der Nichtkündigung des Sparvertrags abhängt (*FM SchHol* DStR 20, 1378).

Sponsoring-Verträge (entgeltl Vermittlung von Kommunikationsleistungen) sind nach den allg Regeln zu behandeln (vgl *Kessler* WPg 96, 2 mwN, auch zum sog Sozio-Sponsoring); generell *BMF* BStBl I 98, 212.

Steuererklärung. Kosten sind rückstellbar, soweit Betriebssteuern (BFH IV R 22/81 BStBl II 84, 301: nicht für Gewinnfeststellungserklärung; *KSM* § 5 Rz D 300; zur USt BFH XI R 55/93 BStBl II 94, 907). S ‚Jahresabschluss'.

Steuerschulden; Steuernachforderungen sind grds im Jahr der wirtschaftl Verursachung zu berücksichtigen; bei späterer Aufdeckung und späterer Wahrscheinlichkeit der Inanspruchnahme erst zu diesem Zeitpunkt (Rz 378 f). Das gilt auch für Mehrsteuern nach BP (FG Mster EFG 19, 1820, rkr, FG Mster EFG 21, 1744, Rev XI R 19/21) und für hinterzogene Mehrsteuern (BFH X R 23/10 BStBl II 13, 76; BFH XI B 59/19 BFH/NV 20, 909; FG Mster BB 21, 2607, rkr; *OFD Nds* DB 13, 2534; *Kulosa* HFR 12, 1234; *Geurts* BB 21, 2610). Die Rückstellung ist an die Mehrsteuern anzupassen (FG Mchn EFG 16, 1984). Geltend gemachte InvAbzugsbeträge sind mindernd zu berücksichtigen (*BMF* BStBl I 17, 423 Rz 57). Hinterzogene Lohnsteuer ist vom ArbG zurückzustellen, sobald er mit seiner Haftungsinanspruchnahme ernsthaft rechnen muss (BFH I R 73/95 BStBl II 96, 592); Entsprechendes gilt mE bei unzul stl Beihilfen nach Art 107 AEUV (*Cloer/Vogel* IStR 16, 531). Bei AdV sind die (abziehbaren) Aussetzungszinsen zurückzustellen (BFH I R 10/98 BStBl II 01, 349). Zu Steuerrückstellungen bei Verrechnungspreisrisiken s *Andersen* WPg 03, 593. Steuerverbindlichkeit wegen doppelt ausgewiesenen UStAnspruchs ist sofort zu passivieren, Steuervergütung nach Rechnungsberichtigung erst im Jahr der Rechnungskorrektur (BFH III R 96/07 BStBl II 12, 719). – Abziehbare Steuern (zB KfzSteuer für Betriebsfahrzeuge), die für einen Zeitraum erhoben werden, der vom Wj abweicht, dürfen nur soweit den Gewinn des Wj mindern, wie der Erhebungszeitraum in das Wj fällt.

Stille Beteiligung. Bilanzierung beim Geschäftsinhaber als Fremdkapital (BFH XI R 24/02 BStBl II 03, 656; *Groh* BB 93, 1882); s auch ‚Genussrechte'.

Stock Options. Keine Rückstellungen (§ 5 IVa) in der StB (*Lange* StuW 01, 137; zu sog Weiterbelastungsverträgen *Bauer/Strnad* BB 03, 895).

Stornorückstellung. Das Wagnis eines Provisionsausfalls kann bilanziell zu erfassen sein (*OFD Nds* StEK § 5 Bil Nr 129).

Substanzerhaltungsrücklage mindert nicht den Gewinn (BFH IV R 156/77 BStBl II 80, 434).

Subventionen s ‚Zuschüsse'.

Swap s Rz 270 ‚Finanzprodukte'.

Teilleistungen s Rz 270.

Teilzahlungsbank. Passiver RAP für vereinnahmte Kreditgebühren, keine Rückstellung für zu erwartende Verwaltungskosten (BFH I R 195/72 BStBl II 74, 684); zur Rückstellung für Teilzahlungsobligo BFH II R 213/82 BStBl II 87, 48 zum BewG.

Termingeschäfte (Futures) s Rz 270 ‚Finanzprodukte'.

Übergangsgelder sind als Rückstellungen zu passivieren (*Loritz* DStZ 95, 577; **aA** *FM NRW* BB 97, 781); die künftige Auszahlungsverpflichtung ist im Unterschied zu anderen Soziallasten ähnl wie eine Pensionsverpflichtung (zT) wirtschaftl bereits in der Vergangenheit verursacht (Rz 381 f).

Überstunden. Für Überstunden sind Rückstellungen zu bilden (geleistete, noch nicht bezahlte Arbeit; per Aufwand an Rückstellungen); mE muss für Minusstunden (noch nicht geleistete, aber entlohnte Arbeit) ein RAP gebildet werden (per aktiver RAP an Geld; **aA** FG BBg EFG 12, 600).

Umsatzabhängige Verbindlichkeiten s ‚Gewinnabhängige Verbindlichkeiten'.

Umsatzsteuer. Für die USt, die bei nachträgl Eingang wertberichtigter Forderungen gem § 17 II Nr 1 S 2 UStG zu entrichten ist, darf keine Rückstellung gebildet werden (wirtschaftl Verursachung erst im VZ des Forderungseingangs).

Umtauschanleihe s Rz 270.

Umweltschutz und Umweltschäden

Schrifttum (Auswahl; Aufsätze vor 2010 s Vorauflagen): *Bach,* Umweltrisiken im handelsrechtl Jahresabschluß und in der Steuerbilanz, 1996; *Friedemann,* Umweltschutzrückstellungen im Bilanzrecht, 1996; *Klein,* Umweltschutzverpflichtungen im Jahresabschluß, 1998; *Heisterkamp,* Umweltschutz und Gewinnermittlung, Diss jur 1998. – Objektivierung von Rückstellungen ..., FS Herzig 2010, 695; *v Wolfersdorff,* Rückstellungen für Umweltschutzmaßnahmen ..., FR 20, 610. – **Verwaltung:** EStR 5.7 IV; BMF BStBl I 10, 495.

(1) Umweltschutzmaßnahmen. Diese können bilanzstrechtl als Sofortaufwand, HK, TW-AfA, Verbindlichkeiten oder Rückstellungen erfasst werden (*Stuhr/Bock* DStR 95, 1134; *ADS* § 249 Tz 118). Für die nach allg Kriterien zu beurteilende Relevanz öffentl-rechtl und zivilrechtl Umweltpflichten (Rz 363; **kein Sonderrecht;** so auch *Köster* FS Herzig 2010, 695) sind nach wohl hL in etwa zu unterscheiden: – *(a) Anpassungspflichten,* dh Pflichten, betriebl Anlagen durch Vorsorgemaßnahmen gegen schädl Umwelteinwirkungen dem Stand der Technik anzupassen (vgl § 5 I Nr 2 BImSchG), – *(b) Inspektionspflichten,* – *(c) Pflichten zur Beseitigung einer Schadstoffbelastung* von WG, insb GuB (sog **Altlasten;** s un-

Passivierung

ten), und zur Abwehr hieraus drohender Gefahren, – *(d) Pflichten zur Rekultivierung* (s dort; „Deponien"), Rücknahmepflicht und Entsorgung (Abfallbeseitigung) nach dem AbfG oder entspr Spezialgesetzen wie zB AtomG, und – *(e) Schadenersatzpflichten.* – *(2)* Für **Anpassungspflichten** ist – ebenso wie für Inspektions-(Sicherheits-)pflichten – idR keine Rückstellung zu bilden; in die Zukunft wirkende Aufwendungen sind ggf als (nachträgl) AK/HK zu aktivieren (Rz 369); Vorsorgemaßnahmen sind wirtschaftl nicht in der Vergangenheit verursacht (iErg auch BFH I R 8/12 BStBl II 13, 686; *Prinz* DB 13, 1815; Rz 383; die Anpassung führt grds zu sofort abziehbarem Erhaltungsaufwand (*Grube* DB 99, 1723). Hingegen sind **Rücknahme- und Beseitigungspflichten** grds rückstellbar („Altauto'; Rz 376). – *(3)* Nach *BMF* BStBl I 10, 495 gilt: – *(a)* keine hinreichende Konkretisierung allein durch BBodSchG; – *(b)* behördl Anordnung notwendig; – *(c)* keine TW-AfA bei Rückstellung und voraussichtl Wertaufholung.. – *(4)* **Rechtsprechung.** Nach der Rspr muss *(a)* durch Gesetz oder VA ein inhaltl genau bestimmtes Verhalten innerhalb eines bestimmten Zeitraums verlangt sein, das auch mittels Sanktionen durchgesetzt werden kann (**konkretisierte Sanierungspflicht**) und *(b)* müssen die **verpflichtungsbegründenden Tatsachen** der Fachbehörde **bekannt** geworden sein (zB Anzeige) oder dies muss unmittelbar bevorstehen; ansonsten ist eine Inanspruchnahme nicht wahrscheinl (BFH VIII R 14/92 BStBl II 93, 891; BFH VIII R 34/99 BFH/NV 02, 486; oben Rz 365, 378; krit zB *Herzig/Köster* WiB 95, 361). – *(5)* Dagegen soll nach **hM im Schrifttum,** sofern die Schadstoffbelastung nachgewiesen ist, eine Rückstellung selbst dann zu bilden sein, wenn die zuständige Behörde hiervon noch keine Kenntnis hat und auch in vergleichbaren Fällen nicht eingeschritten ist (statt vieler *Frenz* DStZ 97, 37; *Söffing* FS Ritter 1997, 257; Rz 378). – *(6)* **Hinreichende Konkretisierung.** Unzul ist eine Rückstellung, wenn eine Schadstoffbelastung nur vermutet wird. Unabhängig von der Kenntnis der Behörde muss sich die Sanierungspflicht auch auf der Sachverhaltsebene hinreichend **konkretisiert** haben (BFH I R 77/01 BStBl II 10, 482; *Groh* StbJb 94/95, 23); die allg gesetzl Entsorgungspflicht genügt nicht (BFH I R 6/96 BStBl II 01, 570; oben Rz 364), nicht die Ankündigung eines Gefahrerforschungseingriffs (BFH IV R 177/04 BFH/NV 06, 1286); wohl aber die Ankündigung der Ersatzvornahme. – *(7)* **Bewertung.** Die Rückstellung ist mit dem **Erfüllungsbetrag** zu bewerten (BFH I R 77/01 BStBl II 10, 482; oben Rz 421); grds keine Ansammlungsrückstellung; anders bei kontinuierl Anwachsen der Verpflichtung (s Rz 421). Bei immerwährenden Pflichten evtl Mindestzeitraum entspr passiver RAP (offen; vgl *Groh* StbJb 94/95, 23). Zur Bilanzierung von Zuwendungen für Umweltschutzmaßnahmen s *Bardy* DB 94, 1989. – *(8)* **Auflösung.** Die Rückstellung ist nach allg Kriterien aufzulösen (Rz 423). – *(9)* **Konkurrenzen:** mE Vorrang der Rückstellung (s Rz 361 mwN). – *(10)* **Abfallbeseitigung.** Die Pflicht zur Abfallbeseitigung (Entsorgung) auf Grund des KrWG (KreislaufwirtschaftsG, BGBl I 12, 212; *Beckmann* AbfallR 12, 142) kann bei hinreichender Konkretisierung Rückstellung erfordern (BFH IV R 35/02 BStBl II 06, 644; *Weber-Grellet* FR 04, 1016; anders noch BFH I R 6/96 BStBl II 01, 570: nur interne Verpflichtung). – *(11)* **Umwelthaftung.** Ab 1.1.91 besteht nach Maßgabe des UmweltHG (BGBl I 90, 2634) eine verschuldensunabhängige Haftung für Schäden auf Grund Umwelteinwirkung (Wasser, Boden, Luft) aus dem Betrieb bestimmter Anlagen (zur Rückstellungsrelevanz zB *Leuschner* Umweltrückstellungen, 1994, 192). Zum **Bundes-BodenschutzG** (BBodSchG, BGBl I 98, 502; in Kraft ab 1.3.99) vgl *Kügel* NJW 04, 1570; *BMF* BStBl I 10, 495; zum **UmweltschadensG** (BGBl I 07, 666; in Kraft ab 14.11.07; Umsetzung der UmwelthaftungsRL) *Schubert* WPg 08, 505. – *(12)* **Vertragl Verpflichtungen.** Zu Rückstellungen auf Grund vertragl Sanierungsverpflichtungen s BFH VIII R 13/99 BStBl II 00, 612; *Rödl ua* DStR 95, 428.

Unterlassene Instandhaltungen s ‚Instandhaltung'.

Unverzinsliche Verbindlichkeiten s Rz 327; s auch ‚Darlehen'.

Urheberrechtsverletzung s Rz 391 ff.

Urlaub. Für am Bilanzstichtag (Wj = Kj) noch nicht genommenen Urlaub der ArbN (Geld-, nicht Sachschuld des ArbG) ist eine Schuldrückstellung zu bilden (BFH I B 100/07 BFH/NV 08, 943; EStH 6.11). Ein Erstattungsanspruch gegen eine Urlaubskasse ist zu saldieren (BFH I R 72/94 BStBl II 95, 412). Bei **abw Wj** ist die Urlaubsverpflichtung nur insoweit zu passivieren, als sie zeitanteilig den auf die Zeit vor dem Bilanzstichtag entfallenden Urlaubsteil erfasst (BFH IV R 35/74 BStBl II 80, 506). Sog **Bildungsurlaub** ist eine nicht rückstellbare soziale Folgelast.

Veräußerungsrente für Betriebserwerb ist mit dem kapitalisierten Barwert auszuweisen (BFH X R 12/01 BStBl II 04, 211; unten Rz 673).

Verbindlichkeiten s Rz 311 f; bedingte Verbindlichkeiten Rz 314; s auch ‚haftungslose Verbindlichkeiten'.

Verdeckte Gewinnausschüttung (§ 8 III 2 KStG) bewirkt keine Umqualifizierung von Verbindlichkeiten (Fremdkapital) in Eigenkapital; die Gewinnerhöhung ist außerhalb der Bilanz durch eine Hinzurechnung zum StB-Gewinn durchzuführen (BFH I R 123/97 DStR 98, 1749; krit *Bareis* BB 05, 354); Ersatzansprüche, die lediglich der Rückgängigmachung von vGA dienen, sind Einlageforderungen (BFH I R 6/94 BStBl II 97, 89); ferner Rz 270 ‚Satzungs- und Steuerklauseln'.

Verdecktes Eigenkapital/Stammkapital s ‚Gesellschafterfinanzierung'.

Verdienstsicherung. Eine tarif-(oder einzel-)vertragl Pflicht des ArbG, einem ArbN nach dessen Umsetzung auf einen niedriger bewerteten und bezahlten Arbeitsplatz aus altersbedingten oder sonstigen betriebl Gründen den bisherigen höheren Lohn fortzuzahlen (Verdienstsicherung), rechtfertigt idR weder vor noch nach der Umsetzung eine Verlustrückstellung (BFH I R 68/87 BStBl II 88, 338; *FM NW* BB 97, 1411; aA *Lauth* StKongRep 93, 379).

Verlustrückstellungen s Rz 450 ff.

Verlustübernahme. Organträger (§§ 14 ff KStG) dürfen keine Rückstellung für drohende Verluste aus Verlustübernahme bilden (BFH I R 101/75 BStBl II 77, 441); Einzelheiten s *Schmidt* 19. Aufl § 5 Rz 550; s auch Rz 450 f.

Verpackungs-VO (v 30.12.05 BGBl I 06, 2; *Berrizi/Guldan* DB 07, 645). Für Verpflichtungen nach der VerpackVO sind Rückstellungen zu bilden (FG Köln EFG 15, 1114).

Verpflichtungsübernahme. Nach BFH I R 102/08 BStBl II 11, 566 ist bei „Anschaffung von Verlustverträgen" eine Rückstellung zu bilden, mE ggf ein passiver RAP (iEinz Rz 674; *Weber-Grellet* DB 11, 2875; *Hoffmann/Lüdenbach* StuB 12, 3). Nunmehr geregelt durch § 4f und § 5 VII (Rz 503; *Beckert/Hagen* NWB 13, 1468; *Strahl* KÖSDI 13, 18444).

Verrechnungspreisdokumentation. Kosten, die die lfd Dokumentation betreffen (zB Übersetzungskosten), sind rückstellbar (*Dziadkowski* FR 13, 777).

Verrechnungsverpflichtung für zu viel vereinnahmte Entgelte, die in der folgenden Periode auszugleichen sind, ist zurückzustellen (BMF BStBl I 13, 1502); s auch ‚Kostenüberdeckung'.

Versicherungstechnische Rückstellungen s BFH I 114/65 BStBl II 72, 392; *Buck* Die versicherungstechnischen Rückstellungen …, 1995; *Felgenbüscher* WPg 95, 582; zum Abzugsverbot bei Rückstellungen für Beitragsrückerstattung s BFH I R 36/95 BStBl II 00, 238.

Versicherungsvertreter. Nachbetreuungspflichten können eine Rückstellung rechtfertigen (BFH X R 26/10 BStBl II 12, 856; s ‚Nachbetreuung'); zu geringeren Anforderungen bei **Versicherungsmakler** *Wardemann/Pott* DStR 13, 1874).

Versorgungsrente. Betriebl Versorgungsrenten (zu *privaten* s zB § 16 Rz 69f) sind bei Abhängigkeit von künftigen Erträgen nicht zu passivieren (BFH I R 72/76 BStBl II 80, 741); ansonsten § 6a (BFH VIII R 64/97 BFH/NV 98, 825).

Vertragsbetreuung s ‚Lebensversicherung'.

Verwaltungsakt-Verpflichtungen s Rz 363.

Verwaltungskosten. Keine Rückstellung für künftige allg Verwaltungskosten (BFH I R 48/69 BStBl II 73, 565), wohl aber für Versandkosten von Kontoauszügen des abgelaufenen Jahrs (s ‚Bausparkassen'); s auch ‚Betriebsprüfung'.

Verzicht s ‚Gesellschafterfinanzierung' und Rz 671.

Vorauszahlungen s ‚Anzahlungen'.

Vorruhestandsgeld. Verpflichtungen zu Vorruhestandsleistungen sind zu passivieren (OFD *Köln* DStR 89, 81); die Rückstellung ist um die voraussichtl Zuschüsse zu kürzen (*Herzig* StbJb 85/86, 61/103; **aA** *BMF* BStBl I 84, 518). Zu Besonderheiten im Baugewerbe s *Hartmann* BB 94, 1319; s ‚Altersteilzeit'.

Vorschüsse s ‚Anzahlungen'.

Wandelschuldverschreibungen s Rz 270 ‚Anleihen'.

Wandlung s Rz 616.

Warenproben. Keine Rückstellung für Zusage unentgeltl Zusendung (BFH I R 112/75 BStBl II 77, 278).

Wartungsaufwand. Nach FG BBg (EFG 09, 316; ähnl FG Ddorf EFG 15, 1247) darf der Verpächter für vom Pächter erhaltene Wartungsentgelte (für Flugzeuge) weder einen passiven RAP noch eine Rückstellung (dazu Rz 383, 387) bilden; mE im Hinblick auf den RAP (dazu Rz 246, 250) fragl. – BFH I R 43/15 BStBl II 17, 379 differenziert zw der öffentl-rechtl Inspektionsverpflichtung (keine Rückstellung) und den Zahlungen in die Wartungsrücklage des Leasingsgebers (dazu krit *Weber-Grellet* FR 17, 434; s oben ‚Eventualverbindlichkeiten'). Zu Wartung als Nachbetreuung s dort.

Wechseldiskont s Rz 270 ‚Wechselforderungen' sowie Rz 618.

Wechselobligo. Erhält der Gläubiger zahlungshalber einen Wechsel, ist nach GoB die Forderung wirtschaftl getilgt und statt dieser der Besitzwechsel zu aktivieren; das Risiko der Nichteinlösung ist durch Wertberichtigung zu berücksichtigen. Veräußert der StPfl den Wechsel zB durch Diskontierung, tritt anstelle des Wechsels der Veräußerungserlös. Für das Risiko der fortbestehenden wechselrechtl Haftung ist eine Rückstellung für Wechselobligo, bei mehreren Wechseln ggf eine Pauschalrückstellung zu bilden (BFH IV R 24/97 BFH/NV 98, 1471). Eine Rückstellung ist unzul, soweit der Wechsel bei Bilanzaufstellung eingelöst ist (BFH VIII R 18/70 BStBl II 73, 218).

Weihnachtsgratifikation. Verpflichtung zur Zahlung bei abw Wj nur insoweit passivierbar, als sie zeitproportional auf die Zeit vor dem Bilanzstichtag entfällt (BFH IV R 35/74 BStBl II 80, 506).

Werkzeugkostenbeiträge, die vom Kfz-Hersteller an den Zulieferer gezahlt werden, sind nach BFH I R 87/99 BStBl II 02, 655 als BE zu erfassen, als Rückstellung zu passivieren und über die Dauer der Lieferverpflichtung gewinnerhöhend aufzulösen; mE eher Minderung der AK/HK oder RAP (FR 01, 537; krit auch *Welter* DB 17, 2118); **aA** BFH IV R 3/13 BFH/NV 15, 1577 (sofortige Realisation); s auch ‚Zuschüsse'.

Wertguthabenvereinbarungen s Rz 270 ‚Wertguthaben'.

Wertsicherungsklausel s Rz 330.

Wettbewerbsverbot. Einmalentgelt für Verpflichtung, Wettbewerb zu unterlassen, ist passiv abzugrenzen (str; *Eder* DStR 95, 1937). – Für entspr Zahlungsverpflichtung ist mangels wirtschaftl Verursachung keine Rückstellung zu bilden (BFH I R 39/00 BStBl II 05, 465); s auch Rz 113, 270.

Wiederaufforstungspflicht rückstellbar (*Schindler* StBP 88, 205).

Windkraft-Energieübernahmeverpflichtungen sind nicht rückstellbar (*Kleine* JbFfSt 97/98, 196).

Zero-Bonds s Rz 270 ‚Finanzprodukte'.

Zinsen auf StNachforderungen (§ 233a AO), nicht aber Hinterziehungszinsen (BFH I R 73/95 BStBl II 96, 592), können zurückzustellen sein (*OFD Ffm* DB 13, 1084). S ferner ‚Darlehen', ‚Disagio'.

Zulassungskosten für Pflanzenschutzmittel rückstellbar, da der Zulassungsantrag Vergangenheitsbezug haben soll (BFH IV R 5/09 BStBl II 12, 122; krit zur Begründung *Weber-Grellet* BB 12, 43; *Hoffmann* StuB 12, 49).

Zusatzversorgungskasse. Rückstellungen nur bei Erfüllungsrückständen (*Uttenreuther/von Puskás* DB 96, 741; *Pfitzer ua* BB 96, 1373).

Zuschüsse. Subventionen, Beihilfen, Prämien usw (vgl *Küting* DStR 96, 276, 313), deren Erhalt betriebl veranlasst ist (zur Zahlung Rz 270) und die nicht oder nur bedingt rückzahlbar sind (verlorene Zuschüsse in Form von Aufwands-, Ertrags- oder Investitionszuschüssen; vgl BFH X R 23/89 BStBl II 92, 488; *Köhler* StBp 17, 359), sind grds **estpfl BE** (zu stpfl Corona-Zuschüssen KÖSDI 20, 21816; Rz 270 ‚Forderungen'; Rz 676); zu Einzelheiten, insb auch zur bilanziellen Behandlung § 6 Rz 71 ff; *Schmidt* 28. Aufl § 5 Rz 550.

Zuzahlungen s ‚Ausgleichsposten'.

VI. Gewinnverwirklichung (Gewinnrealisation)

Schrifttum (Aufsätze vor 2009 s Vorauflagen; s auch Schrifttum vor Rz 58): *Mayr, Gunter,* Gewinnrealisierung (Wien), 2001; *Sessar,* Grundsätze ordnungsmäßiger Gewinnrealisierung im deutschen Bilanzrecht, 2007; *Baldauf,* Das innere System der estl Gewinnrealisierung, 2009; *Meyer,* Ersatzrealisation HdJ IV/2 (11/18); *Wüstemann* ua Gewinnrealisierung HdJ IV/1 (9/19). – *Hommel/Berndt,* Das Realisationsprinzip – 1884 und heute, BB 09, 2190; *Prinz,* Realisation bei Abschlagzahlungen, DB 16, 371; *Weber-Grellet,* RAP als Anwendungsfall des Realisationsprinzips, NWB 17, 2984; *Korn,* Gewinnrealisatiom, KÖSDI 20, 21685. – **Verwaltung:** *BMF* BStBl I 90, 72; 354 (Überführung von WG in ausl Betriebsstätte).

601 **1. Realisierter Gewinn.** Ausgewiesen (und besteuert) wird nur der realisierte Gewinn (vgl Rz 78, 79; BFH VIII R 25/11 BStBl II 14, 968; *ADS* § 246 Tz 168 ff; *Weber-Grellet* FR 18, 234), zB auf Grund von **Lieferungen** oder **Leistungen** gegen Bar- oder Buchgeld (Rz 602–618), **Tausch** oder tauschähnl Vorgänge (Rz 631–641) oder betriebl **Schulderlass** (Rz 671–674), oder außerhalb gegenseitiger Verträge auf andere Weise, zB durch Ausschüttungen (Rz 676 f). Der Realisierung gleichgestellt sind die **Entnahme** (Rz 651–661), die **Betriebsaufgabe** (§ 16 III) und Fälle der **Entstrickung** (Ersatzrealisation; *Meyer* HdJ IV 2); zur Gewinnrealisierung bei Begründung einer **BetrAufSp** s § 6 Rz 865; § 15 Rz 877. Bei der **Umwandlung** von Unternehmen steht die Frage der Realisation ganz im Vordergrund (*Strahl* KÖSDI 11, 17 507). Nach dem **(imparitätischen) Realisationsprinzip** (GoB iSv § 5 I; BFH X R 42/08 BStBl II 12, 188; BFH X R 19/10 BStBl II 12, 190) darf ein Gewinn grds erst ausgewiesen werden, wenn er durch Umsatz (Veräußerung oder sonstiger Leistungsaustausch) verwirklicht ist (BFH VIII R 77/96 BStBl II 2002, 227; § 252 I Nr 4 HGB; Rz 78); Vermögensmehrungen dürfen nur erfasst werden, wenn sie disponibel sind (BFH XI R 8/18 BStBl II 20, 772; *Weber-Grellet* DStR 96, 896, mwN; zur Realisation von Provisionszahlungen BFH X R 28/08 BFH/NV 10, 2033). Gewinnrealisierung tritt dann ein, wenn der Leistungsverpflichtete die von ihm geschuldeten Erfüllungshandlungen in der Weise erbracht hat, dass ihm die Forderung auf die Gegenleistung (zB die Zahlung) – von den mit jeder Forderung verbundenen Risiken abgesehen – so gut wie sicher ist (BFH I R 11/06 BStBl II 06, 762; BFH IV R 23/14 BStBl II 18, 444;

Wüstemann ua HdJ IV/1 [9/19] Rz 7); spätere Abrechnung ist irrelevant (BFH X B 104/10 BFH/NV 11, 1343). – Zur Aufdeckung stiller Reserven in der Insolvenz s *Janssen* DStR 21, 2105.

2. Entgeltliche Lieferungen und Leistungen, insbesondere Veräußerung von Wirtschaftsgütern gegen Geld. – a) Gewinnrealisierung. Gewinn wird realisiert, wenn ein WG aus dem BV durch Veräußerung (s § 6b Rz 26) ausscheidet und der StPfl stattdessen Geld oder eine auf Geld gerichtete Forderung erlangt, deren zu bilanzierender Nennwert (§ 6 I Nr 2; *Mayr* Gewinnrealisierung, 31 ff) höher ist als der Buchwert des ausgeschiedenen WG (zB BFH IV R 1/75 BStBl II 79, 412; vgl auch § 6b II). Entsprechendes gilt, wenn ein WG ohne Zutun des StPfl zB durch Enteignung aus dem BV gegen Entschädigung ausscheidet (BFH I R 9/91 BStBl II 93, 41; s aber Rz 501). Einer Geldleistung steht die Befreiung von einer Geldschuld (vgl § 414 BGB) gleich (vgl BFH IV R 180/80 BStBl II 83, 595; Rz 674). Grds keine Gewinnrealisierung bei (Sach-)Darlehensgeschäften; s Rz 270 ‚Wertpapierleihe'. – Zur Gewinnrealisierung bei Schwester-Ges § 6 Rz 805; mE fortwährendes Problem der (immer noch zweifelhaften) Rechtsnatur der PersGes (*Weber-Grellet* DStR 83, 16); das (zu einer Positionsbestimmung geeignete) Verfahren BFH GrS 1/16 ist eingestellt worden (DB 18, 2907). 602

b) Zeitpunkt der Gewinnrealisierung. – aa) Wirtschaftliche Erfüllung. Zur Frage, wann der Anspruch auf das Entgelt an Stelle des veräußerten WG oder der HK der versprochenen Leistung zu aktivieren ist (vgl allg zum Realisationsprinzip Rz 78) stellt die **BFH-Rspr** darauf ab, wann der Vertrag „wirtschaftl erfüllt" ist (zB BFH IV R 62/05 BStBl II 08, 557), insb „die vereinbarte Lieferung oder Leistung erbracht" ist (BFH X R 48/03 BFH/NV 06, 534; *Wüstemann ua* HdJ IV/1 [9/19] Rz 50); **Forderungen** sind realisiert, wenn sie (unabhängig von der rechtl Entstehung) wirtschaftl in der Vergangenheit verursacht und am Bilanzstichtag hinreichend sicher sind, grds mit der Ausführung des Geschäfts (s iEinz Rz 270 ‚Forderungen'). 607

bb) Einzelne Schuldverhältnisse. Bei **Verkauf (Veräußerung)** beweglicher WG wird Gewinn idR realisiert mit der Übergabe der Sache unter Übergang des wirtschaftl Eigentums (BFH I R 192/82 BStBl II 87, 797; *Wüstemann ua* HdJ IV/1 [9/19] Rz 16), bei Grundstücksveräußerung mit dem Übergang von Besitz, Gefahr, Nutzen und Lasten (BFH X R 49/01 BStBl II 03, 751; FG Nds EFG 15, 1728; *Wüstemann ua* HdJ IV/1 [9/19] Rz 64); Auflassung nicht erforderl (BFH I B 93/05 BFH/NV 06, 706); frühere Realisierung mögl (zB bei Kaufpreiszahlung nach Vertragsabschluss; BFH III R 25/05 DStR 06, 1359 mit anfechtbarer Begründung); keine Realisierung vor Vertragsabschluss (BFH IV R 35/08 BFH/NV 12, 377). Zur Veräußerung von Eigentumswohnungen s BFH IV R 40/04 BStBl II 06, 26. Bei einem **Werkvertrag** wird Gewinn realisiert mit der Abnahme (BFH IV R 62/05 BStBl II 08, 557; mE grds Erfüllung; Abnahme nur Indiz), bei (mangelfreier) **Werklieferung** (§ 651 BGB) mit Auslieferung und Eigentumsübertragung (*HHR* § 5 Rz 399). – Bei geistigen Werken wird die Abnahme durch die Billigung ersetzt; Sonderregelungen (etwa Anspruch nach Gebührenordnung – HOAI) gehen vor (BFH VIII R 25/11 BStBl II 14, 968; str, s etwa *Velte/Stawinoga* StuW 16, 118; nach *BMF* BStBl I 16, 279 Geltung nur für § 8 II HOAI aF (bei mögl Verteilung auf 3 Wj). IÜ führen Abschlagzahlungen nicht zur Realisation (*Prinz* DB 16, 684; *Ramme* DB 17, 2958); mE ggf anders, wenn es sich um selbst Teilleistungen handelt (Rz 270 ‚Langfristige Fertigung', Rz 611, 618). – Entspr ist ein **Gerüstbauvertrag** einheitl zu erfassen (FG BaWü EFG 16, 1071; *Prinz* DB 16, 1897; *Hoffmann* StuB 16, 717). – **Provisionsforderungen** sind nicht vor Ausführung des vermittelten Geschäfts auszuweisen (BFH X R 28/08 BFH/NV 10, 2033; Rz 270); die spätere Rechnungsregulierung ist unerhebl); zu **Dienstverträgen** s Rz 618; vgl ferner Rz 676. – Zur Gewinnrealisierung bei vGA s § 20 Rz 60). 608

609 **cc) Einzelheiten.** Die hL (*Woerner* BB 88, 769; *Sessar* vor Rz 601, 336; zR krit *Hoffmann/Lüdenbach* DStR 04, 1758; *Wüstemann ua* HdJ IV/1 [9/19] Rz 11) nimmt an, dass der Gewinn idR mit dem **Übergang der Preisgefahr** (§§ 446; 644 BGB) realisiert ist (Einbuchung der Forderung; Ausbuchung der Ware), und zwar grds auch beim Versendungskauf (§ 447 BGB; *Knobloch/Baumeister* DStR 15, 2403) – obwohl das wirtschaftl Eigentum erst später übergeht und somit das veräußerte WG zwar nicht mehr beim Veräußerer, aber auch noch nicht beim Erwerber anzusetzen ist (vgl BFH I R 157/84 BStBl II 89, 21) – und bei (unstreitigem) Annahmeverzug, obwohl hier der Veräußerer noch wirtschaftl Eigentümer der Ware ist; der Geldeingang ist unmaßgebl (*Siegel* FS Forster, 1992, 585/592 mwN). Bei Veräußerung durch Zwangsversteigerung ist der Zuschlag maßgebl (BFH I R 7/84 BStBl II 88, 424). Weder die Abtretung einer Forderung noch § 740 BGB führen zur Realisierung (BFH IV R 75/94 BStBl II 96, 194). – Der Realisierung können forderungsausschließende oder -hemmende Umstände entgegenstehen, es sei denn, es besteht ein zwangsläufig nachfolgender und vollwertiger **Regressanspruch** (BFH I R 10/98 BStBl II 01, 349; Rz 70).

611 **dd) Teilgewinnrealisierung.** Diese kommt in Betracht bei langfristiger Fertigung (Rz 270); bei (abgrenzbaren) Teilleistungen (*Wüstemann ua* HdJ IV/1 [9/19] Rz 23), zB bei lfd Provisionseinnahmen (FG Hbg EFG 04, 1508); bei Sukzessivlieferung oder -werkleistung (BFH X R 49/89 BStBl II 92, 904), bei Provision für Teil-Inkasso (BFH IV R 62/05 BStBl II 08, 557), bei Überlassung von Filmrechten (BFH IV R 37/16 BFH/NV 18, 440); keine Realisierung bei 3-Jahres-Superprovision.

616 **c) Rückabwicklung.** Die Rückgängigmachung oder Rückbeziehung einer Veräußerung, zB durch Anfechtung (§§ 119, 123 BGB), Wandlung (§§ 437 ff BGB), Bedingungseintritt (§ 159 BGB), Rücktritt oder Vereinbarung, ist nach GoB grds ein neuer Vorgang (BFH I R 43, 44/98 BStBl II 00, 424; BFH I B 151/13 BFH/NV 14, 1544; FG BaWü EFG 03, 430: kein Fall des § 175 I Nr 2 AO; **aA** *Fischer* FR 00, 393; *Stoschek/Peter* DB 03, 954); anders ggf bei schlichter Rückabwicklung (ohne Zahlungen und sonstige Rechtswirkungen). Die Rückbuchung kann eine eingetretene Gewinnrealisierung nicht beseitigen (BFH IV B 55/04 BFH/NV 06, 699). – Abzugrenzen ist die Rückgängigmachung von der Kaufpreisanpassung (BFH GrS 2/92 BStBl II 93, 897); mE ungenau BFH VIII R 66/03 BStBl II 06, 307. – Nach BFH VIII R 77/96 BStBl II 02, 227 ist ggf (nach allg Kriterien) eine Rückstellung zu bilden (nach *BMF* BStBl I 02, 335 sofern am Bilanzstichtag eine Vertragsauflösung wahrscheinl ist); keine Verlustrückstellung (so aber *Kessler/Strnad* FR 00, 829), sondern „Rückabwicklungs-Rückstand" (vgl Rz 76, 315, 387); allg z Rückwirkungsproblematik s § 2 Rz 43).

618 **d) Dauerschuldverhältnisse.** Bei Dauerschuldverhältnissen (Nutzungsüberlassung/Dienstleistung; im Unterschied zu einem zeitpunktbezogenen Erfolg, dazu BFH IV R 226/58 S BStBl III 60, 291) ist auch der Anspruch auf das Entgelt fortlfd zeitraumbezogen verwirklicht, dh unabhängig von Fälligkeit und Abrechnungsperiode zu aktivieren, soweit das Entgelt auf die in der Vergangenheit erbrachte Leistung entfällt (BFH IV R 23/14 BStBl II 18, 444; *Wüstemann ua* HdJ IV/1 [9/19] Rz 33; **aA** für Wechseldiskont BFH I R 92/94 BStBl II 95, 594; zR krit *Groh* FR 95, 581; *Moxter* BB 95, 1997: RAP); vgl auch Rz 270 ‚Langfristige Fertigung', ‚Wechselforderungen'; Rz 611.

631 **3. Tausch und tauschähnliche Vorgänge. – a) Grundtatbestand.** Gewinn wird auch realisiert, wenn ein WG veräußert wird und die Gegenleistung nicht in Geld, sondern in anderen WG besteht (Tausch iSv § 480 BGB oder tauschähnl Geschäft), gleichgültig, ob diese WG BV oder PV werden. Die Gewinnrealisierung tritt im Zeitpunkt der Übertragung des wirtschaftl Eigentums des hingegebenen WG ein (Rz 607), auch wenn das eingetauschte WG erst in einem späteren Wj

Gewinnverwirklichung

erlangt wird (*Woerner* FR 84, 489); zum Tausch mit Baraufgabe *Lüdenbach/Freiberg* DB 12, 2701.

aa) Gewinnrealisation. Der Tausch ist (freiwilliger) Umsatzakt und damit Realisationstatbestand (§ 6 VI 1; § 6 Rz 851). Dies gilt auch beim Tausch von immateriellen WG (BFH X R 20/86 BStBl II 90, 128). Auch der Erwerb eines Nutzungsrechts an einem anderen als dem veräußerten WG ist Tausch (zum Vorbehalt eines Nutzungsrechts am veräußerten WG s Rz 180).

bb) Berechnung. Gewinn wird iHd Differenz zw **Buchwert** des hingegebenen und **gemeinem Wert** des erlangten WG realisiert (arg § 6 VI 1). Das erlangte WG seinerseits (oder der Anspruch hierauf) ist, soweit BV, mit dem gemeinen Wert des weggegebenen WG als AK zu aktivieren (§ 6 VI 1; BFH I R 183/81 BStBl II 84, 422; Maßgeblichkeit der jeweiligen Gegenleistung). Wird ein WG des BV aus privatem Anlass gegen ein WG getauscht, das notwendiges PV wird, wird bereits das hingegebene WG zum **TW** entnommen; Gewinn wird durch Entnahme realisiert (BFH VIII R 41/79 BStBl II 82, 18).

cc) Tausch von Kapitalgesellschaftsanteilen. Nach § 6 VI 1 wird auch in diesen Fällen Gewinn realisiert, selbst wenn die hingegebenen und die erlangten Anteile wert-, art- und funktionsgleich sind (BT-Drs 14/23, 173); die entgegenstehende Rspr, die auf dem sog **Tauschgutachten** beruhte (BFH I D 1/57 S BStBl III 59, 30), ist überholt (*Hörger/Mentel/Schulz* DStR 99, 565/573; offen gelassen in BFH VIII R 11/02 DStRE 06, 247). Bereits nach bisherigen Grundsätzen wurde Gewinn realisiert beim Tausch von MU-Anteilen (BFH IV R 103/94 BStBl II 97, 39) oder bei Übertragung von Wertpapieren auf einen Investmentfonds gegen Gewährung von Investmentzertifikaten (*OFD Ffm* DB 96, 1649). – Tausch ist auch die „Umwandlung" von nicht werthaltigen Ges'terdarlehen in Genussrechte (*OFD Rheinland* DStR 12, 189).

dd) Umlegung. Bei („identitätswahrendem") Umlegungs-(Flurbereinigungs-)verfahren sind die eingebrachten und die zugeteilten Grundstücke, soweit wertgleich (keine Ausgleichszahlung), wirtschaftl identisch, sodass keine Gewinnrealisierung eintritt (BFH IV R 1/84 BStBl II 86, 711; zust *Jäschke* DStR 06, 1349; EStH 6.6 II), ggf RfE (Rz 501); die Rspr im Hinblick auf den Zwangscharakter der Umlegung mE nicht überholt (teleologische Reduktion des § 6 VI 1). Freiwilliger Landtausch nach dem FlurBG führt nicht zur Realisation (BFH VI R 25/17 BFH/NV 20, 276).

b) Tauschähnlicher Vorgang. – aa) Einbringung in Kapitalgesellschaft. Gewinn wird auch realisiert bei Einbringung einzelner **WG** aus einem BV in eine KapGes gegen Gewährung von GesRechten (**offene Sacheinlage;** Rz 164); der einbringende Ges'ter hat die erlangten GesAnteile, soweit diese BV werden, mit dem gemeinen Wert der hingegebenen WG als AK zu aktivieren (vgl BFH I R 6/01 BFH/NV 03, 88; *Groh* FR 90, 528; *Wassermeyer* BB 94, 1; aA *Hoffmann* BB Beil 16/96: kein Zwang zur Gewinnrealisierung; zum handelsrechtl Ansatz *ADS* § 255 HGB Tz 96f: Wahlrecht). Werden die Anteile PV, wird Gewinn durch Entnahme realisiert (s Rz 633). Die KapGes hat das eingelegte WG auch entgeltl angeschafft; § 6 I Nr 5a ist nicht anwendbar (*Groh* FR 90, 528).

bb) Einbringung in Personengesellschaft. Auch die Einbringung einzelner WG aus einem PV in das GesVermögen einer PersGes gegen Gewährung von GesRechten (Gutschrift auf KapKto) ist tauschähnl Vorgang (BFH VIII R 69/95 BStBl II 00, 230; *BMF* BStBl I 00, 462; zur Einbringung/Veräußerung gegen Mischentgelt BFH VIII R 58/98 BStBl II 02, 240), str bei SchwesterGes (BFH IV B 105/09 DStR 10, 1070; § 6 Rz 805 f); aA *Niehus* StuW 17, 27: Übertragung aus dem BV zum Buchwert. – Zur **Einbringung** (Sacheinlage) eines Betriebs usw in eine KapGes vgl §§ 20 ff UmwStG, in eine PersGes § 24 UmwStG (iEinz *Weber-Grellet* DB 19, 2201); zu Nutzungsrechten s Rz 207.

cc) Verdeckte Einlage. Kein tauschähnl Vorgang, sondern **unentgeltl** (besser: entgeltlos) ist die Übertragung materieller oder immaterieller WG und Gewährung sonstiger Vorteile durch verdeckte Einlage (§ 6 VI 2; also ohne Einräumung neuer GesRechte; BFH I R 68/89 BStBl II 92, 744) auf eine KapGes (Umbuchung auf das Beteiligungskonto; BFH IV B 33/93 BFH/NV 95, 102), auch bei Übertragung einer 100%-Beteiligung auf 100%-Beteiligung (BFH X R 22/02 BStBl II 06, 457); die durch die Einlage bewirkte Wertsteigerung der (alten) GesAnteile ist keine Gegenleistung (BFH GrS 2/86 BStBl II 88, 348 (354); BFH I R 147/83 BStBl II 89, 271 zu § 17). Gehaltsverzicht kann verdeckte Einlage bewirken (BFH VI R 6/13 BStBl II 16, 903). Gleichwohl tritt **Gewinnrealisierung** ein, weil das WG „anderen betriebsfremden Zwecken" zugeführt und damit eine Entnahme vorausgeht (BFH X R 22/02 BStBl II 06, 457; *Weber-Grellet* DB 98, 1532; vgl auch § 17 I 2). Dies gilt jedenfalls, soweit die Anteile an der KapGes PV sind (BFH VIII R 17/85 BStBl II 91, 512) oder einem Dritten gehören (verdeckte disquotale Einlage zu Gunsten Dritter; BFH X R 34/03 BStBl II 05, 378; *Weber-Grellet* FR 05, 94), aber auch, soweit die Anteile BV des Ges'ters sind (vgl *Wassermeyer* 90, 855). Sofern der Veräußerer den Anteil an eine KapGes veräußert, an der er beteiligt ist, und er keine dem Wert der übertragenen Anteile bemessene Vergütung erhält, ist dies – nach stRspr – eine **gemischte verdeckte Einlage** (BFH IX R 7/16 BFH/NV 17, 724; § 17 Rz 96). Die **verdeckte Sacheinlage** eines Betriebs, auf die die §§ 20 ff UmwStG nicht anwendbar sind, ist Betriebsaufgabe („Totalentnahme"; BFH VIII R 17/85 BStBl II 91, 512). S auch Rz 204, 270 ‚Beteiligung an KapGes'; § 17 Rz 96.

640 dd) **Weitere Strukturveränderungen.** Zur Sachwertabfindung eines Ges'ter einer PersGes s § 16 Rz 498 ff. Zur Realteilung einer PersGes s § 16 Rz 520 ff. – **Umwandlungen** sind weitgehend ohne Gewinnrealisierung mögl (§§ 3, 20 II, 24 II UmwStG; *Weber-Grellet* BB 97, 653). – Durch Kapitalrückzahlung bei **Kapitalherabsetzung** (oder Liquidation) wird Gewinn realisiert, soweit der Buchwert der Anteile (im BV) niedriger ist als die Rückzahlung (BFH I R 1/91 BStBl II 93, 189).

641 c) **Leistungs an Erfüllungs Statt, § 364 BGB.** In diesem Fall liegt entgeltl Veräußerung vor mit Gewinnrealisierung iHd Differenz zw Buchwert der Schuld und des WG. Die Tilgung einer Schuld des PV durch Hingabe eines WG des BV führt zur Entnahme (BFH I R 43/77 BStBl II 81, 19).

651 4. **Gewinnrealisierung ohne entgeltliche Lieferung/Leistung.** – a) **Entnahme.** Gewinn wird realisiert, wenn ein WG aus dem BV in das PV überführt wird (Entnahme; § 4 Rz 220 ff) und der TW (§ 6 I Nr 4 S 1) höher ist als der Buchwert (zum Unterschied zu erfolgsneutraler Bilanzberichtigung zB BFH IV R 36/79 BStBl II 83, 459 mwN; zur Buchwertentnahme für gemeinnützige Zwecke s § 6 I Nr 4 S 2).

652 aa) **Einzelne Tatbestände.** Eine Entnahme liegt zB vor bei **(vollständiger) Nutzungsänderung** (private statt betriebl Nutzung; BFH IV R 39/93 BFH/NV 95, 873; anders bei bloßem Gebäudeabbruch oder nur räuml Verlagerung der betriebl Nutzung innerhalb eines Gebäudes, BFH XI R 27/90 BStBl II 93, 391; § 4 Rz 223) oder wenn ein WG aus privaten Gründen zB in vorweggenommener Erbfolge unentgeltl oder nur teilentgeltl übertragen wird (BFH IV R 171/85 BStBl II 88, 490; *BMF* BStBl I 93, 80 Rz 33–34; zur Übertragung des ganzen Betriebs s § 16 Rz 50 ff), nicht aber bei Nutzungsänderung zu gewillkürtem BV (BFH IV R 69/95 BStBl II 97, 245). Durch **Entnahme eines Bezugsrechts** wird Gewinn realisiert, wenn stille Reserven von GmbH-Anteilen im BV durch Kapitalerhöhung auf junge Anteile im PV zB von Familienangehörigen übergehen (BFH VIII R 63/87 BStBl II 91, 832; anders bei Übergang von Anteilen iSv § 21 UmwStG im PV BFH I R 128/88 BStBl II 92, 761) oder durch **Entnahme stiller Reserven** bei Ausgabe neuer Anteile zum Nominalwert (BFH III R 8/03 DStRE 06, 312). Entnommen werden kann auch eine iRe Leasingvertrags eingeräumte Kaufoption (BFH X R 20/12 BStBl II 15, 325).

Gewinnverwirklichung 653–671 § 5

bb) Vorbehalt von Nutzungsrechten. Entnahme liegt nach der Rspr auch vor bei **653** Übertragung unter **Vor-/Rückbehalt eines Nutzungsrechts** (BFH IV R 60/69 BStBl II 74, 481: Entnahme des unbelasteten WG = großer Entnahmegewinn; BFH VI R 67/15 DStR 18, 2325; *KSM* § 5 Rz E 91; *Weber-Grellet* BB 19, 43), *sofern* der Beschenkte auch wirtschaftl Eigentümer des WG wird (BFH IV R 43/80 BStBl II 83, 631; ferner *Weber-Grellet* DB 95, 2550; Rz 156, 176 f) und das WG aus dem BV ausscheidet; zum (str) Einlagewert des vorbehaltenen Rechts s Rz 181. Grds keine Entnahme bei **Zuwendung eines Nießbrauchs** (BFH VIII R 35/92 BStBl II 95, 241). – Bei teilentgeltl Veräußerung aus *privaten* Gründen wird teils durch Veräußerung, teils durch Entnahme Gewinn realisiert (BFH X R 17/05 BStBl II 08, 579); ein vorbehaltenes Nutzungsrecht ist nach hL kein (Teil-)Entgelt (s Rz 180; BFH GrS 4–6/89 BStBl II 90, 847; BFH XI R 5/83 BStBl II 91, 793).

cc) Belastung mit Nutzungsrechten. Die Belastung eines Betriebsgrund- **655** stücks mit einem *entgeltl* Nutzungsrecht beinhaltet idR keine Entnahme des Grundstücks (BFH VIII R 133/86 BStBl II 90, 961 zu Erbbaurecht; BFH X R 20/86 BStBl II 90, 128 zu Dienstbarkeit: TW-AfA, evtl aktiver RAP; ähnl BFH XI R 28/97 BStBl II 98, 665 zur Betriebsaufgabe). Bei *betriebl unentgeltl* Belastung (zB Sachbezug eines ArbN, BFH VI R 135/84 BStBl II 88, 525) ist, sofern man mit der hL die Nutzungslast für nicht passivierbar hält (s Rz 319), eine evtl TW-AfA (dazu *Thiel* DStJG 14, 161/188 ff) durch aktiven RAP auszugleichen. Die *private unentgeltl* Belastung eines Betriebsgrundstücks mit einem Nießbrauch führt mE idR weder zu einer Entnahme des Grundstücks noch eines Nutzungsrechts, sondern nur zur Entnahme lfd Nutzungen (BFH VIII R 35/92 BStBl II 95, 241). Anders (Grundstücksentnahme) ist dies evtl bei besonders langer Laufzeit des Nutzungsrechts (zB Erbbaurecht auf 99 Jahre).

dd) Rückabwicklung. Eine Entnahme kann nicht rückgängig gemacht wer- **656** den, weil der StPfl die steuerl Folgen nicht überblicken konnte (BFH IV R 77/84 BFH/NV 87, 768); mE bei Anfechtung einer Schenkung wegen Irrtums mögl (ähnl *Barth* BB 89, 746; **aA** BFH X R 140/87 BStBl II 90, 368; offen in BFH IV R 43/80 BStBl II 83, 631); keine Rückgängigmachung durch Bilanzänderung (BFH IV R 84/96 BStBl II 98, 104).

ee) Keine Entnahme. Keine Entnahmen sind – *(1)* die **Überführung eines WG** in ei- **657** nen anderen inl GewBetr (BFH I S 13/85 BFH/NV 87, 294) oder ein gewerbl SonderBV (§ 15 Rz 507) des StPfl (BFH VIII R 65/89 BStBl II 91, 789 mwN: notwendig Buchwertfortführung) oder ein nichtgewerbl BV (SonderBV) des StPfl und umgekehrt (BFH VIII R 387/83 BStBl II 89, 187); hei zumindest zT überholt durch § 6 VI (§ 6 Rz 851 f); – *(2)* die **unentgeltl Übertragung eines (Teil-)Betriebs** (§ 6 III), wohl aber als „Totalentnahme" eine Betriebsaufgabe (s § 16 Rz 3); – *(3)* die Zurückbehaltung von (wesentl) WG (auch des SonderBV) bei Begründung einer BetrAufsp (BFH X R 57/93 DStR 98, 887), auch iZm einer Einbringung (BFH I R 183/94 BStBl II 96, 342; krit *Wacker* BB 96, 2224). – *(4)* Weder Entnahme noch Betriebsaufgabe ist der Strukturwandel eines luf oder freiberufl Betriebs zu einem GewBetr und umgekehrt (BFH IV R 41/91 BStBl II 93, 430) oder eines luf Betriebs zu einem Liebhabereibetrieb (BFH IV R 138/78 BStBl II 82, 381: eingefrorenes BV; krit *Knobbe-Keuk* DStR 85, 494: fortbestehendes BV ohne Betrieb mit nachträgl gewerbl Einkünften; s § 16 Rz 156).

b) Entstrickung. Gewinn wird auch in Fällen der sog Entstrickung realisiert **661** (nach Aufgabe der Theorie der finalen Betriebsaufgabe durch BFH I R 99/08 BStBl II 11, 1019) neu geregelt durch § 4 I 3, 4 idF JStG 2010 (s § 4 Rz 246; *Kahle* StuB 11, 903; *BMF* BStBl I 11, 1278).

5. Schulderlass; Schuldwegfall. – a) Verzicht. Der Verzicht ist ein Rea- **671** lisationstatbestand (*Weber-Grellet* BB 95, 243); er muss ausreichend eindeutig sein (BFH IV R 59/96 BStBl II 99, 266); zum Verzicht auf eine Pensionszusage § s 6a Rz 70. – Der **privat veranlasste** Erlass/Verzicht führt zu Entnahme und Einlage. Beim Ges'terverzicht ist zu unterscheiden: – *(1)* **Auswirkungen bei Gesellschaft.** Der **betriebl** veranlasste Ges'terverzicht führt aufseiten der Ges zur ergebniswirksamen Ausbuchung der Verpflichtung (auch bei Verzicht mit Besserungsschein; dazu *Becker ua* DStR 10, 506), der **gesellschaftl** veranlasste Verzicht führt zu einer Einlage iHd TW (= tatsächl Wert; vgl BFH GrS 1/94 BStBl II 98, 307; BFH I R 103/93

BFH/NV 98, 572; *BMF* BStBl I 03, 648; § 6a Rz 71; krit *Hoffmann* DStR 04, 293 für Fälle des Ges'ter-Wechsels); bei der TW höher als der Buchwert, fällt zusätzl Aufwand an; keine Änderung durch § 6 VI 2 (*Gebhardt/Hoffmann* GmbHR 99, 1280). Bei einer wertgeminderten Verbindlichkeit ist zu differenzieren zw betriebl veranlasster Wertminderung, die zu Ertrag führt (Stornierung von Aufwand), und Verzicht (BFH GrS 1/94 BStBl II 98, 307 zu C. I.). – **(2) Auswirkungen auf Gesellschafterseite.** In gleicher Weise ist (als Folge des sog **Korrespondenzprinzips**) der (Forderungs-)Verzicht (unabhängig vom Zufluss) auf Seiten des Ges'ters ein Realisations- bzw Zuflussersatztatbestand (vgl BFH GrS 1/94 BStBl II 98, 307; *Weber-Grellet* BB 95, 243; gegen BFH I R 34/92 BStBl II 93, 804; *Hoffmann* DStR 02, 1233). Der (gesellschaftl veranlasste) Forderungsverzicht eines Ges'ters (per Einlage an Forderung) kann den Beteiligungsansatz erhöhen (BFH I R 41/93 BStBl II 96, 614; zur Bewertung FG Mster EFG 11, 2194; § 6a Rz 71); der betriebl veranlasste Verzicht (per Aufwand an Forderung) führt zu Aufwand (= Stornierung von Ertrag). Zum Verzicht eines PersGes'ters s FG RhPf DStRE 21, Rev IV R 28/20; *Lauer* DStR 21, 2333; mE Geltung der allg Grundsätze; so auch § 15 Rz 550). S auch Rz 550 ‚Gesellschafterfinanzierung'.

672 **b) Einzelne Formen des Schuldwegfalls.** Das Unterlassen von Vollstreckungsmaßnahmen steht einem Erlass nicht gleich, evtl aber die Verjährung (Rz 313) und stets der Untergang einer Schuld durch **Konfusion** (BFH I R 41/85 BStBl II 89, 612). Auch der Erlass einer für den Gläubiger wertlosen Forderung ist für den Schuldner Gewinn (BFH IV 232/64 BStBl III 67, 309; Aufwandskorrektur), so wie umgekehrt zivilrechtl zB die Belastung einer vermögenslosen KapGes mit einer Schadensersatzpflicht für diese Schaden ist (BGHZ 59, 148). Zur Passivierung bedingt erlassener Schulden s Rz 314. – Allein die Eröffnung eines Insolvenzverfahrens verlangt noch nicht die Ausbuchung (*OFD Ffm* 30.6.17 DB 17, 1937, *Kahlert* DStR 14, 1906; *Mayer/Wagner* DStR 17, 2025); bei Herabsetzung entsteht ein Gewinn wohl erst mit der Bestätigung des Insolvenzplans (§ 248 InsO). – Bei **Liquidation** ist der Liquidationsgewinn zu ermitteln (Versilberung der WG, Begleichung der Verbindlichkeiten); Nichtbefriedigung kann zu ‚Aufwandstornierung' führen (*Kahlert* DStR 16, 2262 mwN).

673 **aa) Rentenschuld.** Gewinnerhöhend wirkt auch die lfd Barwertminderung einer passivierten betriebl **Rentenschuld** und ihr Wegfall zB durch den Tod des Berechtigten (BFH XI R 41/95 BStBl II 96, 601 mit Anm *WG* DStR 96, 1803; BFH X R 12/01 DB 04, 163).

674 **bb) Schuldübernahme.** Durch befreiende Schuldübernahme (§§ 414, 415 BGB) zB bei Veräußerungen (s Rz 602) wird bei betriebl Veranlassung Gewinn erzeugt, insbes wenn der Buchwert der Schuld höher ist als der TW (vgl *IdW* WPg 89, 626; s auch BFH I R 61/06 DStR 08, 963; *OFD Ffm* DB 21, 1914; Rz 550 ‚Gesellschafterfinanzierung'). – Die Verpflichtungsübernahme ist nunmehr in § 4f und § 5 VII (Rz 503) geregelt; zur früheren Rechtslage s 32. Aufl.

675 **6. Sonstige Gewinnrealisierungen. – a) Gewinnrealisierung bei entgeltlichen Veräußerungen zw verbundenen Unternehmen.** Sie werden als Instrument der Bilanzpolitik eingesetzt: erstrebter Gewinnausweis als Ersatz der nach den GoB unzul Wertaufstockung. IZm Rspr zu Sacheinlagen (Rz 636 f) wohl grds zul (**aA** *Löcke* BB 98, 415 für immaterielle WG; krit auch *Kropff* ZGR 93, 41).

676 **b) Gewinnverwirklichung aus anderem Rechtsgrund.** Gewinne aus Ansprüchen sind auszuweisen, sobald sie gesichert sind (s Rz 97; 270 ‚Forderungen'; BFH X S 12/03 BFH/NV 04, 337 für bestr Schadenersatzanspruch: erst mit Anerkennung; BFH IV R 49/86 BStBl II 88, 327 für Anspruch auf öffentl Subvention (Rz 680]; BFH XI R 1/93 BStBl II 93, 786 für VorStAnspruch); BFH VIII R 29/93 BStBl II 95, 693 zu bedingtem Rückübertragungsanspruch; BFH I R 92/94 BStBl II 95, 594 zu Wechseldiskont; zu Investitionszuschüssen BFH I R 56/94 BStBl II 96, 28; dazu (teilweise krit) *Weber-Grellet* DStR 96, 896; zu Anspruch auf Magermilchbeihilfe BFH I R 10/98 BStBl II 01, 349; zu Steuererstattungsanspruch BFH II R 15/98 BStBl II 00, 588; ferner Rz 270 ‚Steuererstattungsansprüche'.

677 **c) Dividendenanspruch.** Dieser (aus Anteilen an KapGes) ist idR erst (zeitversetzt) zu aktivieren, wenn er durch Gewinnverwendungsbeschluss der KapGes entstanden ist (BFH GrS 2/99 BStBl II 00, 632; Rz 270). BFH VIII R 106/87 BStBl II 91, 569 zu Gewinnanspruch von stiller Beteiligung an GmbH; BFH I R 59/93 BStBl II 95, 54 zu Ausschüttungen eines Wertpapierfonds.

Gewinnverwirklichung § 5

7. ABC der Gewinnverwirklichung

Barter-Geschäfte (*HdR* B 731, 7/00) sind tauschähnl; Rz 636.

Bauarbeitsgemeinschaften. Die Leistungen der einzelnen Partner an „kleine" Arbeitsgemeinschaften sind steuerl Fremdleistungen und führen zur sofortigen Realisation (*BMF* BStBl I 98, 251).

Betriebsaufspaltung. Zu Begründung s Rz 601.

Betriebsveräußerung. Übergang des Betriebs (§ 16 Rz 428).

Dauerschuldverhältnisse s Rz 618.

Drittbezug. Entsteht der Anspruch auf den Veräußerungserlös in der Person eines Dritten zB eines Angehörigen (Vertrag zu Gunsten Dritter, § 328 BGB), geht der Veräußerung mE (ganz oder teilweise) eine Entnahme des veräußerten WG voraus; Gewinn wird durch Entnahme, evtl teils durch Veräußerung und teils durch Entnahme (wie bei teilentgeltl Veräußerung, Rz 652 f) realisiert.

Eigentumswohnungen mit (ggf konkludenter) Abnahme von mehr als der Hälfte der Erwerber (BFH IV R 40/04 BStBl II 06, 26).

Entnahme/Entstrickung s Rz 651; Entnahme einer Kaufoption s Rz 652; Entnahme einer Wohnung s Rz 652.

Erbbaurecht. Der Vorteil, bei Beendigung des Rechts ein Gebäude entschädigungslos zu übernehmen, ist zusätzl Entgelt (BFH IV R 42/02 BStBl II 04, 353).

Flurbereinigung s Rz 635.

Forderungen s Rz 608.

Geschäftswert s Rz 221.

Kauf auf Probe, mit Rückgabe- oder Rücktrittsrecht (Versandhandel) s Rz 270; *OFD Mster* DStR 89, 402.

Leasing s Rz 721 ff.

Leibrente. Zur Veräußerung eines einzelnen WG gegen Leibrente s BFH I R 147/69 BStBl II 71, 302 (ähnl BFH I R 44/83 BStBl II 89, 323).

Lieferungen; sonstige Leistungen s Rz 602 ff.

Liquidationsgewinn aus der Auflösung einer GmbH kann vor Ablauf der Sperrfrist des § 73 GmbHG realisiert sein (BFH VIII R 7/03 BStBl II 09, 772).

Magermilchbeihilfe s Rz 676.

Mietverhältnisse s Rz 691 ff.

Nutzungsrecht. Die vorzeitige Beendigung eines beim Ehemann aktivierten Nutzungsrechts am Gebäudeteil der Ehefrau soll zur Gewinnrealisierung iHd Differenz zw dem Restbuchwert Ausgleichsanspruch führen (BFH XI R 22/98 BStBl II 99, 523); mE eher wirtschaftl Eigentum am Gebäude (Rz 270 ‚Bauten auf fremden GuB'; s auch § 7 Rz 81).

Öffentlich-rechtliche Ansprüche. Aktivierung mit Bewilligung (BFH IV R 49/86 BStBl II 88, 327 für Anspruch auf öffentl Subvention), ggf früher, wenn Voraussetzungen vorliegen und Antragstellung ernstl beabsichtigt ist (BFH XI R 8/18 BStBl II 20, 772); zu Corona-Hilfen Rz 270 ‚Forderungen', zu Forschungszulage *Althoff* DB 20, 1256; *Lüdenbach* StuB 21, 823)

Pachtverhältnisse s Rz 691 ff.

Pensionsgeschäfte. Ob durch echte Pensionsgeschäfte Gewinn realisiert wird, war str, ist aber mE nun wegen § 340b HGB zu verneinen (Rz 270).

Provisionen eines Assekuradeurs s BFH IV R 12/99 BStBl II 00, 25; Rz 608.

Provisionsanspruch für das Inkasso von Teilleistungen (BFH IV R 62/05 BStBl II 08, 557), für einen Arbeitsvermittler bei aufschiebend bedingtem Entgelt erst mit Bedingungseintritt (FG BBg EFG 18, 1696, rkr; Rz 608).

Rückgängigmachung; Rückbeziehung s Rz 616.

Rücklagen. Kein Gewinn wird realisiert, soweit ein StPfl § 6b anwendet oder zu Recht eine RfE bildet bzw den Buchgewinn auf ein ErsatzWG überträgt (Rz 501; EStR 6.6).

Sachdarlehen realisieren keinen Gewinn (s Rz 703).

Schulderlass s Rz 671.

Tausch s Rz 631; bei § 4 III-Rechnung BFH IV R 115/84 BStBl II 86, 607.

Teilentgeltliche Veräußerung. IEinz *Weber-Grelllet* DB 19, 2201, auch zur neuen Rspr (für generellen Vorrang der (strengen) Trennungstheorie).

Teilgewinnrealisierung s Rz 611.

Umlegung s Rz 635.

Unfertige Erzeugnisse s Rz 270.

Unternehmensverpachtung s Rz 701 ff.

Verdeckte (disquotale) Einlage s Rz 639.

Vergütungsvorschuss nach § 9 InsVV (mit Zustimmung des Gerichts) führt nicht zur (realisierenden) Vorwegbefriedigung (BFH IV R 20/16 BStBl II 19, 224; krit *Kolbe* StuB 19, 263; s Rz 608).

Verzicht s Rz 671.

Vorbehalt eines Nutzungsrechts s Rz 180.

Vorsteueranspruch s BFH XI R 1/93 BStBl II 93, 786; Rz 676; zur späteren Aktivierung eines USt-Vergütungsanspruchs BFH III R 96/07 BStBl II 12, 719.

Wiederkehrende gewinn- oder umsatzabhängige Bezüge. Die Veräußerung gegen wiederkehrende gewinn- oder umsatzabhängige Bezüge führt nicht zur sofortigen Gewinnrealisierung (BFH VIII R 8/01 DStR 02, 1212; BFH XI B 56/06 BFH/NV 07, 1306; *HHR* § 5 Rz 1300 ff; vgl § 16 Rz 250; zur korrespondierenden Frage der AK des Erwerbers s Rz 270 ,Gewinnabhängige Vergütungen'; Rz 315; BFH X R 10/86 BStBl II 89, 549); ggf auch Wahl der Sofortversteuerung (*HHR* § 5 Rz 1316 f).

VII. Bilanzrechtliche Spezialfragen

1. Mietverhältnisse; Pachtverhältnisse (Lizenzverhältnisse). – a) Inhalt. Das sind als Dauerschuldverhältnisse typische schwebende Verträge (s Rz 76 f); nur **Vorleistungen** und **Erfüllungsrückstände** sind zu aktivieren und zu passivieren (zB BFH IV R 35/74 BStBl II 80, 506; Rz 76 mwN); zu **Verlustrückstellungen** s Rz 450.

b) Einzelheiten. Der Vermieter hat noch nicht erfüllte **Mietzinsforderungen** zu aktivieren, und zwar unabhängig von Fälligkeit und Abrechnungsperiode, soweit der Mietzins auf die in der Vergangenheit erbrachte Nutzungsüberlassung entfällt (BFH X R 49/89 BStBl II 92, 904; *Mathiak* DStR 92, 1607); empfangene **Mietzinsvorauszahlungen** hat er zu passivieren; der Mieter hat Mietzinsschulden für das abgelaufene Wj zu passivieren und Vorauszahlungen für kommende Wj zu aktivieren (BFH VIII R 61/81 BStBl II 84, 267: nur als RAP, nicht als AK eines Nutzungsrechts; ähnl BFH I R 132/81 BStBl II 85, 617; *KSM* § 5 Rz F 282f; s auch Rz 243), und zwar mit dem Nennbetrag (BFH I 215/58 U BStBl III 59, 268). Der Vermieter kann für künftig notwendig werdende **Instandhaltung** weder *Rückstellungen* bilden (zB BFH I R 80/74 BStBl II 76, 622; s Rz 550 ,Instandhaltung') noch passive RAP (*KSM* § 5 Rz F 291), aber auch keinen Instandhaltungsanspruch (s Rz 270). Gleiches gilt idR für in der Vergangenheit unterlassene Instandhaltung (s Rz 550 ,Unterlassene Instandhaltung'); zum Erfüllungsrückstand s Rz 317.

c) **Sonderfälle.** Ob bei einer unkündbaren mehrjährigen Mietzeit mit **ansteigenden** 693 **(progressiven) Mietzinsen** der Vermieter den Anspruch auf die künftigen Mietzinsen zu aktivieren hat, weil sie später fälliger Teil der Gegenleistung für die bisherige Gebrauchsüberlassung sind, und ob der Mieter die korrespondierende Schuld zu passivieren hat, richtet sich mE danach, ob die Leistungspflicht des Vermieters gleichbleibt oder ebenfalls ansteigt (Rz 317). Keine Aktivierung und Passivierung ist erforderl, soweit Mietzinsen nur wegen einer Wertsicherungsklausel ansteigen. Jährl **fallende (degressive) Mietzinsen** (bei mehrjährig unkündbaren Mietverträgen) sind abzugrenzen (BFH IV R 184/79 BStBl II 82, 696; str, s Rz 735). – Zu Mietereinbauten, Bauten auf fremdem Gu߬ und Abstandszahlungen s Rz 270. Bei entgeltl Eintritt in bestehende Miet- oder Pachtverhältnisse ist das Entgelt als AK (mE RAP; *Weber-Grellet* DB 95, 2550) zu aktivieren (s Rz 195).

d) **Kaufverträge.** Anders als Miet- und Pachtverträge sind Kaufverträge, auch 694 wenn die Gegenleistung wiederkehrend ist (zB Leibrente), auf eine einmalige Leistung (Eigentumsübertragung) gerichtet und nur solange schwebende Geschäfte, als sie von keiner Seite ganz oder teilweise erfüllt sind (s Rz 602 f). Zur Abgrenzung von Miet- und Kaufverträgen BFH IV R 144/66 BStBl II 70, 264 (sog Leasing-Urteil); BFH I 133/64 BStBl II 71, 133; BFH III R 233/90 BStBl II 92, 182; BGH VIII ZR 95/84 BGHZ 94, 195; Rz 602, 721, 550 ‚Mietkauf'.

e) **Rechteverkauf.** Bei Rechtsverkauf tritt eine sofortige Gewinnrealisierung 695 ein, bei Lizenzüberlassung nur pro rata temporis; entscheidend ist, ob bei wirtschaftl Betrachtung das lizensierte Recht unbeschr übertragen worden ist (vgl FG Mster DStRE 11, 1309).

2. Betriebsverpachtung

Schrifttum (Aufsätze vor 2010 s Vorauflagen): *Bruns,* Verpachtung eines Gewerbebetriebes, 10. Aufl, 2013; *Geissler,* Gewinnrealisierung am Ende eines Unternehmens, 1999, § 16. – *Cornelius,* Das Rechtsinstitut der Betriebsunterbrechung ..., DStZ 10, 915; *Kuhr,* Vermeidung ertragsteuerl Gewinnrealisation bei Unternehmenspachtverträgen, Ubg 14, 776. – **Verwaltung:** GewStR 2009 2.2; *FSen Bremen* DStR 00, 1308.

a) **Vermeidung der Realisation.** Die Verpachtung eines GewBetr im Ganzen 701 ist grds nicht gewerbl (GewStR 2.2). Durch Betriebsverpachtung (BFH X R 39/04 DB 08, 270; *HHR* § 5 Rz 1400 ff) (oder Betriebsunterbrechung) kann aber eine (gewinnrealisierende) Betriebsaufgabe vermieden werden (*Kuhr* Ubg 14, 777); der Verpächter kann die Fortführung wählen (sog **Verpächterwahlrecht;** BFH VIII R 80/03 DStR 06, 1170). Eine gewerbl Betriebsverpachtung setzt voraus, dass die wesentl, dem Betrieb das Gepräge gebenden WG verpachtet werden (BFH X R 20/06 BStBl II 10, 222). – Verpachtet ein Gewerbetreibender sein Unternehmen im Ganzen (BFH XI R 2/96 BStBl II 97, 460; iEinz § 16 Rz 166 ff), ohne eine Betriebsaufgabe zu erklären (BFH III R 9/03 BB 05, 84; BFH IV R 52/02 BFH/NV 05, 674), bezieht der Verpächter weiterhin Ein-künfte aus GewBetr, die idR nach § 5 zu ermitteln sind; das BV bleibt bestehen (BFH X R 46/94 BFH/NV 96, 393). Von einer Betriebsunterbrechung (mit Wiederaufnahmeabsicht) ist auszugehen, solange die Fortsetzung obj mögl und eine eindeutige Aufgabeerklärung nicht abgegeben ist (BFH X R 36/17 BFH/NV 19, 195). Das gilt auch bei unentgeltl Nutzungsüberlassung iR vorweggenommener Erbfolge (BFH X R 176/96 BFH/NV 99, 454) und bei branchenfremder Verpachtung (BFH IV R 20/02 DStR 03, 1785; krit *Paus* FR 04, 198). – Zu einer **Zwangsbetriebsaufgabe** kann es kommen, wenn bei der Betriebsverpachtung (§ 16 Rz 166 ff) auch nur eine wesentl Betriebsgrundlage veräußert wird. – Wie beim Wirtschaftsüberlassungsvertrag oder bei der Bestellung eines Unternehmensnießbrauchs (§ 15 Rz 143) oder bei der BetrAufsp führt auch die Betriebsverpachtung zur Entstehung zweier Betriebe, eines ruhenden Eigentümerbetriebs (keine GewSt; *Glanegger/Güroff* § 2 GewStG Rz 217) und eines wirtschaftenden Betriebs in der Hand des Pächters (BFH IV R 7/94 BStBl II 96, 440). Verpächter/Pächter bilanzieren grds unabhängig voneinander (BFH IV R 59/73 BStBl II 75, 700; *OFD Kiel* DStR 89, 470). Im Unterschied zur Betriebsverpachtung muss bei der **BetrAufsp**

(§ 15 Rz 802) mindestens eine der (bisherigen) wesentl Betriebsgrundlagen beim (nunmehrigen) Besitzunternehmen verbleiben. BetrAufsp kann durch BetrVerpachtung abgelöst werden (BFH III R 13/15 BFH/NV19, 1069; BFH IV R 12/16 DStRE 19, 1131).

702 **b) Besonderheiten. – aa) Verpachtung von abnutzbarem Anlagevermögen mit Substanzerhaltungspflicht des Pächters. – (1) Bilanzierung beim Pächter.** Der Pächter hat weder die übernommenen noch die ersatzbeschafften WG zu aktivieren; er ist nicht AfA-befugt, weil der Verpächter rechtl und wirtschaftl Eigentümer der verpachteten WG bleibt und der ersatzbeschafften WG wird (zB BFH IV R 160/74 BStBl II 79, 138 mwN; *BMF* BStBl I 02, 262). – Der Pächter muss für seine **Pflicht zur Erneuerung** eine Rückstellung bilden, soweit mit einer Ersatzbeschaffung während der Pachtvertragslaufzeit zu rechnen ist; ihre Höhe bestimmt sich nach der Nutzungsdauer der WG und der Wiederbeschaffungskosten am Bilanzstichtag (BFH VIII R 88/87 BStBl II 93, 89 mwN). – **(2) Bilanzierung beim Verpächter.** Der Verpächter hat vor Ersatzbeschaffung seinen Anspruch auf Substanzerhaltung (BFH VIII R 28/95 BStBl II 98, 505; **aA** *Westerfelhaus* DB 92, 2365) und nach Ersatzbeschaffung das WG mit den AK/HK des Pächters unter Verrechnung mit dem Anspruch zu aktivieren (BFH VIII R 88/87 BStBl I 93, 89 *BMF* BStBl I 02, 262); die Höhe des zu aktivierenden Anspruchs bestimmt sich nach den gestiegenen Wiederbeschaffungskosten am Bilanzstichtag (BFH IV R 73/97 BStBl II 00, 309 zur sog eisernen Verpachtung; *BMF* BStBl I 02, 262).

703 **bb) Umlaufvermögen.** Überlassung des UV mit der Verpflichtung, bei Pachtende WG gleicher Art, Menge und Güte zurückzuerstatten **(Sachwertdarlehen).** – **(1) Bilanzierung beim Pächter.** Er wird idR wirtschaftl Eigentümer der WG; er hat diese mit den TW zu aktivieren und in gleicher Höhe eine Rückgabe- oder Wertersatzverpflichtung zu passivieren (BFH IV R 212/82 BStBl II 85, 391; *BMF* BStBl I 02, 262). In der Folgezeit hat er diese Verpflichtung jeweils mit den AK der vorhandenen neu angeschafften oder übernommenen WG – nicht mit etwaigen höheren Wiederbeschaffungskosten – zu passivieren (BFH I R 166/74 BStBl II 76, 717 mwN). – **(2) Bilanzierung beim Verpächter.** Beim Verpächter tritt an die Stelle der übergebenen WG eine wertgleiche Sachwertforderung (BFH IV R 212/82 BStBl II 85, 391). Zu LuF-Besonderheiten s BFH IV R 130/84 BStBl II 86, 399 mwN; *BMF* BStBl I 02, 262).

704 **c) Nießbrauch.** Diese Grundsätze gelten sinngemäß für einen Unternehmensnießbrauch (arg § 22 II HGB; s § 15 Rz 143; § 16 Rz 175), im Einzelfall auch nach Wegfall einer BetrAufsp (BFH X R 8/00 BStBl II 02, 527).

3. Leasing

Schrifttum (Auswahl; Aufsätze vor 2017 s Vorauflagen): *Tonner,* Leasing im Steuerrecht, 6. Aufl, 2014, 73 ff; *Dutzi/Dücker* Leasing HdR B 710 (9/17); *Henneberger/Flick,* Leasingverträge, HdJ I/8 (2/20). – *Wüstemann* ua, Grundsätze wirtschaftl Vermögenszurechnung …, BB 17, 1963. – **Verwaltung** (Anweisungen vor 2012 s Vorauflagen): LFD Thür DStR 12, 970 (Container-Leasing).

721 **a) Begriff.** Unter Leasingverträgen versteht die Praxis – ohne feste Begriffsbestimmung – verschiedenartige Rechtsverhältnisse, die sich dem äußeren Erscheinungsbild nach als Mietverträge über bewegl oder unbewegl Investitions- oder Konsumgüter darstellen (*HHR* § 5 Rz 1100 ff; *Weber-Grellet* BilStR Rz 164), sich aber je nach Art weniger oder mehr von herkömml, idR kurzfristig kündbaren Mietverträgen unterscheiden und uU Ratenkaufverträgen angenähert sind („Rechtsgeschäfte zw Miete und Kauf" mit leasingtypischer Amortisationsfunktion; zur Abgrenzung *Veigel/Lentschig* StBp 94, 106) und die vielfach, aber nicht immer, herkömml Formen der Investierung und Finanzierung, zB Kauf unter Kreditaufnahme, substituieren (zu Leasing nach IFRS 16 *HdR* B 710 Rz 133 f).

Bilanzrechtliche Spezialfragen

aa) Arten. Zu unterscheiden sind zB (s BStBl I 90, 333; *Tonner* Leasing im StR vor Rz 721, 14 f) *Spezial-, Finanzierungs-, Herstellerleasing* (zB BFH IV R 105/84 BStBl II 87, 448), **sale-and-lease-back** (Rz 724). Zu (Mobilien)-Leasingfonds s *Tonner* [vor Rz 721] S 185 f; zu Kommunal-Leasing *Elser* DB 96, 2572; *OFD Mchn* DStZ 05, 317; kein Leasing bei sog Contracting-Anlagen (*FM SchlHol* BB 05, 2632). Im Vordergrund des bilanzrechtl Interesses stehen **Finanzierungs-Leasingverträge** (s § 1 Ia 2 Nr 10; § 19 I Nr 7 KWG), bei denen ein Finanzierungsunternehmen Leasinggeber ist und die von einem Hersteller erworbenen WG einem Leasingnehmer langfristig unkündbar (sog Grundmietzeit) zur Nutzung überlässt, und zwar in der Form entweder sog Vollamortisationsverträge (full-pay-out), bei denen der Leasinggeber seine Investitions- einschließl Finanzierungskosten aus den während der Grundmietzeit gezahlten Mietzinsen voll amortisieren kann (zB BFH I R 146/81 BStBl II 84, 825) oder sog Teilamortisationsverträgen (non-full-pay-out), bei denen dies nicht der Fall ist (*Henneberger/Flick* HdJ I/8 Rz 12 f). **Unterarten** sind Verträge mit und ohne Andienungsrecht des Leasinggebers und mit und ohne Kaufoption des Leasingnehmers (dazu *Tonner* FR 07, 946). Typisch für diese Verträge ist die Vereinbarung einer festen Grundmietzeit, die Verlagerung der Gefahr des zufälligen Untergangs und der zufälligen Verschlechterung des geleasten WG auf den Leasingnehmer und der Ausschluss eigener Gewährleistung des Leasinggebers sowie nach ihrer Funktion das primäre Finanzierungsinteresse der Beteiligten.

bb) Zivilrechtliche Einordnung. Die Einordnung, insb des Finanzierungs-Leasingvertrags ist str; die Rspr tendiert zu einem atypischen Mietvertrag (iEinz s *Grüneberg* Einf vor § 535 BGB Rz 37 ff; *HdR* B 710 Rz 10 f).

b) Bilanzstrechtliche Einordnung. Hier ist im Einzelfall zu entscheiden, ob Leasingverträge wie **Mietverträge** (schwebendes Dauerschuldverhältnis) oder wie **(Raten-)Kaufverträge** (Veräußerung mit Gewinnrealisierung) zu behandeln sind, ob der Leasingnehmer nach den Vertragsbedingungen (zB Höhe der Zahlungen, Verlängerungs-, Kaufoption) noch Mieter oder schon (wirtschaftl) Eigentümer ist (BFH IV R 144/66 BStBl II 70, 264; BFH III R 130/95 BFH/NV 01, 1041; BFH IV R 23/13 BFH/NV 16, 1433; *Tonner* Leasing im StR vor Rz 721, 27 f; *Fischer* jurisPR-StR 51/16 Anm 1). – Ein **Sale-and-lease-back-Geschäft** kann als bloße Darlehensgewährung (Kreditgewährung mit Sicherungsübereignung) zu beurteilen sein (BFH IV R 56/16 BFH/NV 18, 597; iEinz *Henneberger/Flick* HdJ I/8 Rz 250 f; *Pöschke* DB 17, 625; *Hoffmann ua* BB 17, 874). – Zur Frage des wirtschaftl Eigentums beim Container-Leasing-Modell s FG BaWü EFG 10, 486; *LFD Thür* DStR 12, 970.

c) Zurechnung. Maßgebl ist der normale Verlauf der Vertragsabwicklung (Erfüllung), nicht außergewöhnl Ereignisse wie zB Insolvenz des Leasingnehmers (BFH IV R 144/66 BStBl II 70, 264).

aa) Zurechnung beim Leasinggeber. Der Leasinggegenstand ist dem Leasinggeber zuzurechnen, wenn die betriebsgewöhnl Nutzungsdauer länger als die Grundmietzeit ist und nur der Leasinggeber ein Andienungsrecht hat (BFH IV R 56/16 BFH/NV 18, 597; *Weber-Grellet* BB 19, 43). Danach ist der Leasinggegenstand jedenfalls bei kurzfristig kündbaren, typischen Mietverhältnissen nahezu gleichartigen Verträgen (operating-Leasing) dem **Leasinggeber** zuzurechnen (BFH IV R 144/66 BStBl II 70, 264; *HHR* § 5 Rz 1165 f) sowie dann, wenn die Verlängerungsmiete bzw der Anschlusskaufpreis (zumindest) dem Marktpreis zum Ende der Grundmietzeit entspricht (BFH III R 74/97 BStBl II 01, 311). Bei Kaufoption muss der Optionspreis mindestens dem Buchwert entsprechen; Investitionszuschüsse sind nicht abzuziehen (*LfSt Nds* DStR 20, 1739: ungeminderte AK/HK).

bb) Zurechnung beim Leasingnehmer. Hingegen ist der Leasinggegenstand jedenfalls dann dem Leasingnehmer zuzurechnen, wenn der Herausgabeanspruch des Leasinggebers keine wirtschaftl Bedeutung mehr hat (vgl BFH IV R 56/16 BFH/NV 18, 597; *HHR* § 5 Rz 1190f), iEinz wenn *(1)* der Leasinggegenstand speziell auf die Verhältnisse des LeasingN zugeschnitten ist und nach Ablauf der Grundmietzeit nur noch bei diesem sinnvolle Verwendung finden kann (**Spezialleasing**; vgl BFH III R 130/95 BFH/NV 01, 1041) oder – *(2)* betriebsgewöhnl Nutzungsdauer des Leasinggegenstands (dazu BFH III R 74/97 BFH/NV 00, 658) und Grundmietzeit sich annähernd decken oder – *(3)* die betriebsgewöhnl Nutzungsdauer zwar erhebl länger ist als die Grundmietzeit, dem Leasingnehmer aber ein Recht auf Mietverlängerung oder Kauf (Option) zusteht, bei dessen Ausübung er nur einen geringen Mietzins oder Kaufpreis zu bezahlen hat (BFH I R 146/81 BStBl II 84, 825 zu Immobilien-Leasing mit Vollamortisation in der Grundmietzeit). – *(4)* Zurechnung auch bei Abschlusszahlung iHd Restamortisation mit Ankaufsrecht (*OFD Ffm* BB 06, 2017) oder – wenn der Leasinggeber ein **Andienungsrecht** hat und die Ausübung der Option sicher ist (FG Mster EFG 15, 694; BFH IV R 55/16 BFH/NV 18, 593); daher keine Zurechnung beim Leasingnehmer, wenn die Nutzungsdauer länger als die Grundmietzeit ist (BFH IV R 33/13 BStBl II 18, 81; *Weber-Grellet* BB 18, 43). – *(5)* Zu **Teilamortisationsverträgen** über Immobilien s FG Nds BeckRS 2013, 96146).

728   **d) Behandlung durch Verwaltung.** Bei einem Vollamortisationsvertrag ohne Kauf- oder Verlängerungsoption (Grundfall) ist der Leasinggegenstand regelmäßig dem Leasinggeber zuzurechnen, wenn die Grundmietzeit **mindestens 40%** und **höchstens 90%** der betriebsgewöhnl Nutzungsdauer des Leasinggegenstandes beträgt, dem Leasingnehmer, wenn die Grundmietzeit weniger als 40% oder mehr als 90% der betriebsgewöhnl Nutzungsdauer beträgt (*BMF* BStBl I 71, 264, unter III.); im zweiten Fall wird das WG während der Grundmietzeit praktisch verbraucht, im ersten Fall wird eine Grundmietzeit von weniger als 40% bei voller Bezahlung aller Kosten des Leasinggebers nur der vereinbaren, der in dieser Zeit das WG verschleißt (*Wilhelm/Hennig* [vor Rz 1] S 149f). **Einzelheiten** zur Zurechnung von Leasinggegenständen nach der Praxis der **FinVerw** s Anhang 21 zu EStH 18: Ertragsteuerl Behandlung von Leasing-Verträgen über bewegl WG (*BMF* BStBl I 71, 264); von Finanzierungs-Leasing-Verträgen über unbewegl WG (*BMWF* BStBl I 72, 188); strechtl Zurechnung des Leasing-Gegenstandes beim Leasing-Geber (*BMF* 22.12.75 EStH 18 Anhang 21 III.); ertragsteuerl Behandlung von Teilamortisations-Leasingverträgen über unbewegl WG (*BMF* BStBl I 92, 13) und weitere ältere Anweisungen in *Schmidt* 38. Aufl § 5 Rz 728.

731   **e) Rechtsfolgen bei Leasinggeberzurechnung. – aa) Aktivierung.** Dieser hat das WG mit seinen AK (HK) zu aktivieren und AfA nach der betriebsgewöhnl Nutzungsdauer des WG (*Henneberger/Flick* HdJ I/8 Rz 84ff; *Tonner* [vor Rz 721] S 73; **aA** *Scheiterle* DB 90, 2182: Laufzeit des Mietvertrags) vorzunehmen; die Leasingraten sind BE des jeweiligen Wj der Nutzungsüberlassung (vgl *Henneberger/Flick* HdJ I/8 Rz 122). Der LeasingN hat die Verpflichtung zur Zahlung künftiger Leasingraten nicht zu passivieren; diese sind grds BA des Wj der Nutzungsüberlassung, für das sie geschuldet werden (*BMF* BStBl I 71, 264; I 72, 188; *HdR* B 710 Rz 110f).

732   **bb) Refinanzierung. – (1) Forfaitierung.** Beim Verkauf der Forderung auf die künftigen Leasingraten mit Übergang des Bonitätsrisikos auf den Käufer (vgl BGH VIII ZR 17/89 BB 90, 1017; anderenfalls Darlehensgewährung, *BMF* BStBl I 96, 9) hat der LeasingG für den Verkaufserlös einen passiven RAP zu bilden (BFH I R 94/95 BStBl II 97, 122; *BMF* BStBl I 96, 9; *Wilhelm/Hennig* [vor Rz 1] S 162); der RAP ist grds linear und nicht nach dem Kostenverlauf aufzulösen (BFH I R 94/95 BStBl II 97, 122 mwN; *BMF* BStBl I 96, 9; s auch Rz 317; krit *Moxter* DStR 96, 433: progressiv).

733   **(2) Restwertforfaitierung.** Entspr Zahlungen (zB der Bank an den Leasinggeber) sind nach BFH I R 37/99 BStBl II 01, 722 als Darlehen zu passivieren, da das Andienungsrecht noch nicht ausgeübt sei, und sollen bis zum Ablauf der Grundmietzeit (wohl nach vorheriger [ertragswirksamer] Abzinsung) ratierl aufzuzinsen sein; *BMF* BStBl I 96, 9: Anzahlung; vgl auch Rz 244, 270, 550.

Bilanzrechtliche Spezialfragen 734–743 § 5

(3) Buy-back-Verpflichtung. Nach BFH IV R 52/04 BStBl II 09, 705 ist für eine solche **734** Verpflichtung iRe Auto-Leasing (zum Zwecke der „Ertragsstornierung") eine Verbindlichkeit auszuweisen (so auch FG Mchn EFG 15, 1561). – Für die vertragl Verpflichtung, den Leasingnehmer bei Beendigung des Leasingvertrags am Erlös aus einer Veräußerung des Leasinggegenstands zu beteiligen oder ihm das Leasing-Objekt zu einem Vorzugspreis zu überlassen, hatte der Leasinggeber eine **Rückstellung** zu bilden (BFH IV R 75/91 BB 93, 1912 gegen BFH IV R 18/86 BStBl II 88, 57; *Groh* StuW 94, 90; s aber Rz 450). Zur Rückstellung im Kfz-Handel bei Neuwagenverkauf an LeasingGes mit **Rückkauf-/Rücknahmepflicht** s Rz 550. Saldierung der einzelnen Kaufverträge unzul (BFH VIII R 35/97 BStBl II 01, 566; *Rätke* StuB 01, 339; s auch Rz 70).

cc) Degressive Raten. Sind in einem Leasingvertrag mit fester mehrjähriger **735** Laufzeit jährl fallende (degressive) Leasingraten (eine Form degressiver AfA) vereinbart, ist idR die Summe der während der vertragl Laufzeit geschuldeten Raten in jährl gleich bleibenden Beträgen auf die Laufzeit zu verteilen (nicht bei Mietverträgen mit Mietänderungsklauseln; *BMF* DB 02, 1530); die in den ersten Jahren über diesen rechnerischen Jahresaufwand hinausgehenden Beträge sind als RAP zu aktivieren und in den Jahren, in denen die Leasingraten niedriger als der rechnerische Jahresaufwand sind, gewinnmindernd linear aufzulösen (BFH IV R 184/79 BStBl II 82, 696; *BMF* BStBl I 83, 431; auch bei zul Zinsanpassung, *OFD Ffm* BB 08, 2232); allg **aA** zB *KSM* § 5 Rz F 303; *Haarmann* JbFfSt 90/91, 481; **aA** zum Mobilien-Leasing mit Blick auf Kosten-/Nutzenverlauf und freier Preisgestaltung BFH I R 51/00 BStBl II 01, 645; krit *WG* FR 01, 794; *Gosch* StBp 01, 275; umgekehrt können **progressive Leasingraten** nicht mit RAP egalisiert werden (vgl BFH IV R 158/80 BStBl II 83, 413 für progressiven Erbbauzins; *Henneberger/Flick* HdJ I/8 Rz 127). **Leasingsonderzahlungen** sind ggf als aktive RAP auszuweisen (BFH I R 38/81 juris).

dd) Vormieten. Leasingraten, die für die Zeit vor Bezugsfertigkeit eines Ge- **736** bäudes zu zahlen sind und betriebswirtschaftl die Finanzierungskosten des Leasinggebers während der Bauzeit abgelten sollen, sowie andere Sonderzahlungen sind idR Teile des Nutzungsentgelts und deshalb nach Art eines Disagios (s Rz 270) als aktiver RAP beim Leasingnehmer zu aktivieren; sofort abziehbar sind sie nur, wenn sie Entgelt für eine während der Bauzeit erbrachte Sonderleistung des Leasinggebers sind, die rechtl selbständig neben der Verpflichtung zur Nutzungsüberlassung steht (BFH IV R 184/79 BStBl II, 82, 696; *BMF* BStBl I 83, 431).

f) Rechtsfolgen bei Leasingnehmer-Zurechnung. – aa) Leasingnehmer. 741 Dieser hat das WG zu aktivieren mit den der Berechnung der Leasingraten zu Grunde gelegten AK (HK) des LeasingG und in gleicher Höhe die Verbindlichkeit ggü dem Leasinggeber als Kaufpreisschuld zu passivieren (*HdR* B 710 Rz 125 f; *Tonner* [vor Rz 721] S 97; *Henneberger/Flick* HdJ I/8 Rz 244 f); als zusätzl AK (HK) hat der Leasingnehmer weitere nicht in die Leasingraten einbezogenen Aufwendungen für das WG zu aktivieren (BFH I R 146/81 BStBl II 84, 825). Die Leasingraten sind in einen erfolgsneutral zu behandelnden Tilgungsanteil und einen sofort abziehbaren Zins-/Kostenanteil aufzuteilen (*Veigel/Lentschig* StBp 94, 106; *BMF* BStBl I 71, 264; *BMF* BStBl I 72, 188). Der Leasingnehmer ist AfA-berechtigt.

bb) Leasinggeber. Er hat eine (abgezinste) Kaufpreisforderung zu aktivieren **742** und zwar grds iHd vom Leasingnehmer passivierten Schuld. Die Leasingraten sind in einen erfolgsneutralen Tilgungs- und in einen als Ertrag zu vereinnahmenden Zins-/Kostenanteil aufzuteilen; iEinz *HdR* B 710 Rz 118 f.

cc) Herstellerleasing. Hier sind als HK, die beim Leasingnehmer zu aktivieren **743** sind und die die Höhe der Kaufpreisschuld und der Kaufpreisforderung bestimmen, nicht die tatsächl HK iSv § 6, sondern der bei einer Barveräußerung an einen Dritten zu erzielende Preis anzusetzen (str).

§ 5a Gewinnermittlung bei Handelsschiffen im internationalen Verkehr

(1) [1] Anstelle der Ermittlung des Gewinns nach § 4 Absatz 1 oder § 5 ist bei einem Gewerbebetrieb mit Geschäftsleitung im Inland der Gewinn, soweit er auf den Betrieb von Handelsschiffen im internationalen Verkehr entfällt, auf unwiderruflichen Antrag des Steuerpflichtigen nach der in seinem Betrieb geführten Tonnage zu ermitteln, wenn die Bereederung dieser Handelsschiffe im Inland durchgeführt wird. [2] Der im Wirtschaftsjahr erzielte Gewinn beträgt pro Tag des Betriebs für jedes im internationalen Verkehr betriebene Handelsschiff für jeweils volle 100 Nettotonnen (Nettoraumzahl)

0,92 Euro bei einer Tonnage bis zu 1000 Nettotonnen,
0,69 Euro für die 1000 Nettotonnen übersteigende Tonnage bis zu 10 000 Nettotonnen,
0,46 Euro für die 10 000 Nettotonnen übersteigende Tonnage bis zu 25 000 Nettotonnen,
0,23 Euro für die 25 000 Nettotonnen übersteigende Tonnage.

(2) [1] Handelsschiffe werden im internationalen Verkehr betrieben, wenn eigene oder gecharterte Seeschiffe, die im Wirtschaftsjahr überwiegend in einem inländischen Seeschiffsregister eingetragen sind, in diesem Wirtschaftsjahr überwiegend zur Beförderung von Personen oder Gütern im Verkehr mit oder zwischen ausländischen Häfen, innerhalb eines ausländischen Hafens oder zwischen einem ausländischen Hafen und der Hohen See eingesetzt werden. [2] Zum Betrieb von Handelsschiffen im internationalen Verkehr gehören auch ihre Vercharterung, wenn sie vom Vercharterer ausgerüstet worden sind, und die unmittelbar mit ihrem Einsatz oder ihrer Vercharterung zusammenhängenden Neben- und Hilfsgeschäfte einschließlich der Veräußerung der Handelsschiffe und der unmittelbar ihrem Betrieb dienenden Wirtschaftsgüter. [3] Der Einsatz und die Vercharterung von gecharterten Handelsschiffen gilt nur dann als Betrieb von Handelsschiffen im internationalen Verkehr, wenn gleichzeitig eigene oder ausgerüstete Handelsschiffe im internationalen Verkehr betrieben werden. [4] Sind gecharterte Handelsschiffe nicht in einem inländischen Seeschiffsregister eingetragen, gilt Satz 3 unter der weiteren Voraussetzung, dass im Wirtschaftsjahr die Nettotonnage der gecharterten Handelsschiffe das Dreifache der nach den Sätzen 1 und 2 im internationalen Verkehr betriebenen Handelsschiffe nicht übersteigt; für die Berechnung der Nettotonnage sind jeweils die Nettotonnen pro Schiff mit der Anzahl der Betriebstage nach Absatz 1 zu vervielfältigen. [5] Dem Betrieb von Handelsschiffen im internationalen Verkehr ist gleichgestellt, wenn Seeschiffe, die im Wirtschaftsjahr überwiegend in einem inländischen Seeschiffsregister eingetragen sind, in diesem Wirtschaftsjahr überwiegend außerhalb der deutschen Hoheitsgewässer zum Schleppen, Bergen oder zur Aufsuchung von Bodenschätzen eingesetzt werden; die Sätze 2 bis 4 sind sinngemäß anzuwenden.

(3) [1] Der Antrag auf Anwendung der Gewinnermittlung nach Absatz 1 ist im Wirtschaftsjahr der Anschaffung oder Herstellung des Handelsschiffs (Indienststellung) mit Wirkung ab Beginn dieses Wirtschaftsjahres zu stellen. [2] Vor Indienststellung des Handelsschiffs durch den Betrieb von Handelsschiffen im internationalen Verkehr erwirtschaftete Gewinne sind in diesem Fall nicht zu besteuern; Verluste sind weder ausgleichsfähig noch verrechenbar. [3] Bereits erlassene Steuerbescheide sind insoweit zu ändern. [4] Das gilt auch dann, wenn der Steuerbescheid unanfechtbar geworden ist; die Festsetzungsfrist endet insoweit nicht, bevor die Festsetzungsfrist für den Veranlagungszeitraum abgelaufen ist, in dem der Gewinn erstmals nach Absatz 1 ermittelt wird. [5] Wird der Antrag auf Anwendung der Gewinnermittlung nach Absatz 1 nicht nach Satz 1 im Wirtschaftsjahr der Anschaffung oder Herstellung des

Handelsschiffs (Indienststellung) gestellt, kann er erstmals in dem Wirtschaftsjahr gestellt werden, das jeweils nach Ablauf eines Zeitraumes von zehn Jahren, vom Beginn des Jahres der Indienststellung gerechnet, endet. ⁶ Die Sätze 2 bis 4 sind insoweit nicht anwendbar. ⁷ Der Steuerpflichtige ist an die Gewinnermittlung nach Absatz 1 vom Beginn des Wirtschaftsjahres an, in dem er den Antrag stellt, zehn Jahre gebunden. ⁸ Nach Ablauf dieses Zeitraumes kann er den Antrag mit Wirkung für den Beginn jedes folgenden Wirtschaftsjahres bis zum Ende des Jahres unwiderruflich zurücknehmen. ⁹ An die Gewinnermittlung nach allgemeinen Vorschriften ist der Steuerpflichtige ab dem Beginn des Wirtschaftsjahres, in dem er den Antrag zurücknimmt, zehn Jahre gebunden.

(4) ¹ Zum Schluss des Wirtschaftsjahres, das der erstmaligen Anwendung des Absatzes 1 vorangeht (Übergangsjahr), ist für jedes Wirtschaftsgut, das unmittelbar dem Betrieb von Handelsschiffen im internationalen Verkehr dient, der Unterschiedsbetrag zwischen Buchwert und Teilwert in ein besonderes Verzeichnis aufzunehmen. ² Der Unterschiedsbetrag ist gesondert und bei Gesellschaften im Sinne des § 15 Absatz 1 Satz 1 Nummer 2 einheitlich festzustellen. ³ Der Unterschiedsbetrag nach Satz 1 ist dem Gewinn hinzuzurechnen:
1. in den dem letzten Jahr der Anwendung des Absatzes 1 folgenden fünf Wirtschaftsjahren jeweils in Höhe von mindestens einem Fünftel,
2. in dem Jahr, in dem das Wirtschaftsgut aus dem Betriebsvermögen ausscheidet oder in dem es nicht mehr unmittelbar dem Betrieb von Handelsschiffen im internationalen Verkehr dient,
3. in dem Jahr des Ausscheidens eines Mitunternehmers hinsichtlich des auf ihn entfallenden Unterschiedsbetrags; mindert sich die Beteiligung des Mitunternehmers, ohne dass er aus der Mitunternehmerschaft ausscheidet, erfolgt eine Hinzurechnung entsprechend der Minderung der Beteiligung.

⁴ Satz 3 Nummer 3 gilt auch in den Fällen der §§ 20 und 24 des Umwandlungssteuergesetzes. ⁵ Wird ein Betrieb, Teilbetrieb oder Anteil eines Mitunternehmers an einem Betrieb auf einen Rechtsnachfolger zum Buchwert nach § 6 Absatz 3 übertragen, geht der Unterschiedsbetrag insoweit auf den Rechtsnachfolger über. ⁶ § 182 Absatz 2 der Abgabenordnung gilt sinngemäß. ⁷ Sätze 1 bis 6 sind entsprechend anzuwenden, wenn der Steuerpflichtige Wirtschaftsgüter des Betriebsvermögens dem Betrieb von Handelsschiffen im internationalen Verkehr zuführt.

(4a) ¹ Bei Gesellschaften im Sinne des § 15 Absatz 1 Satz 1 Nummer 2 tritt für die Zwecke dieser Vorschrift an die Stelle des Steuerpflichtigen die Gesellschaft. ² Der nach Absatz 1 ermittelte Gewinn ist den Gesellschaftern entsprechend ihrem Anteil am Gesellschaftsvermögen zuzurechnen. ³ Vergütungen im Sinne des § 15 Absatz 1 Satz 1 Nummer 2 und Satz 2 sind hinzuzurechnen.

(5) ¹ Gewinne nach Absatz 1 umfassen auch Einkünfte nach § 16. ² §§ 34, 34c Absatz 1 bis 3 und § 35 sind nicht anzuwenden. ³ Rücklagen nach den §§ 6b und 6d sind beim Übergang zur Gewinnermittlung nach Absatz 1 dem Gewinn im Erstjahr hinzuzurechnen; bis zum Übergang in Anspruch genommene Investitionsabzugsbeträge nach § 7g Absatz 1 sind nach Maßgabe des § 7g Absatz 3 rückgängig zu machen. ⁴ Für die Anwendung des § 15a ist der nach § 4 Absatz 1 oder § 5 ermittelte Gewinn zugrunde zu legen.

(6) ¹ In der Bilanz zum Schluss des Wirtschaftsjahres, in dem Absatz 1 letztmalig angewendet wird, ist für jedes Wirtschaftsgut, das unmittelbar dem Betrieb von Handelsschiffen im internationalen Verkehr dient, der Teilwert anzusetzen. ² Für Wirtschaftsgüter des abnutzbaren Anlagevermögens sind den weiteren Absetzungen für Abnutzung unverändert die ursprünglichen Anschaffungs- oder Herstellungskosten zugrunde zu legen.

§ 5a 1, 2 Gewinnermittlung bei internationalen Handelsschiffen

Einkommensteuer-Richtlinien: EStH 5a – *Verwaltungsanweisungen:* BMF BStBl I 99, 669 (überholt); *BMF* BStBl I 00, 453 (zur KSt); *BMF* BStBl I 00, 809 (Erstjahr); *BMF* BStBl I 02, 614 (sog § 5a-Erlass); Änderung durch *BMF* BStBl I 08, 956; *OFD Münster* DB 09, 256; weitere Änderung des § 5a-Erlasses durch *BMF* BStBl I 13, 1152; Anwendung des § 35 *OFD NRW* BeckVerw 294284; GewSt bei Insolvenz: *FM SchlHol* DStR 15, 2552.

Schrifttum (bis 2012 s *Schmidt* 34. Aufl § 5a vor Rz 1); *Dißars/Kahl-Hinsch* Steuerliche Folgen einer Aufgabe der Tonnagebesteuerung nach § 5a EStG, DStR 13, 2092; *Jacobs* Raus aus der Tonnagesteuer, DB 14, 863; *Ebbinghaus/d'Avoine/Hinz* Insolvenz einer Schiffsgesellschaft und steuerliche Aufgaben des Insolvenzverwalters, BB 14, 1436; *Dißars* Die Gewinnermittlung nach § 5a EStG in der neueren Rechtsprechung des BFH, NWB 14, 1793; *Dißars* Beginn und Ende eines Gewerbebetriebs bei Gewinnermittlung nach § 5a EStG, NWB 14, 3614; *Giese* Kapitalerträge unter Tonnagebesteuerung, DStR 15, 107; *Dißars/Kahl-Hinsch* Aktuelles rund um die Tonnagesteuer, DStR 20,2519; *Wichmann,* Der Wechsel der Gewinnermittlungsart nach § 5a EStG Stbg 21, 69.

Gesetze: SeeschiffsregisterG BGBl I 94, 3140; FlaggenrechtsG BGBl I 94, 3141; **Gesetzesmaterialien:** BT-Drs 13/9722; BT-Drs 13/10271; BT-Drs 13/10710; BT-Drs 13/10875; BR-Drs 334/97, BR-Drs 844/97; BR-Drs 342/98; BR-Drs 518/98; zu StBereinG 99 BT-Drs 14/2035 u BR-Drs 475/99; zu HBeglG 04 BR-Drs 560/1/03, 3; § 5a VI 2 angefügt durch JStG 2019, BGBl I 19, 2451, anwendbar für Wj, die nach 31.12.18 beginnen (§ 52 X idF JStG 2019).

Übersicht

Rz

I. Allgemeines
1. Zweck; Entstehung 1
2. Regelungsgehalt 2
3. Verfassungsmäßigkeit 3
4. Gewinnerzielungsabsicht 5
5. Steuerbilanzen 6
6. Gesonderte Gewinnfeststellung 7

II. Besteuerung nach Tonnage
1. Voraussetzungen der Tonnagebesteuerung, § 5a I,V 10
2. Langfristiger Betrieb von Handelsschiffen im internationalen Verkehr, § 5a II 11–15
3. Geschäftsleitung; Bereederung, § 5a I 1 16
4. Tonnagegewinn, § 5a I,V, IVa 17–21

III. Anwendungsbeginn; Beendigung der Tonnagebesteuerung
1. Antrag auf Anwendung, § 5a I, III 22, 23
2. Ausscheiden aus der Tonnagebesteuerung; Antrag auf Beendigung, § 5a III 8, 9 24
3. Unterschiedsbetrag, § 5a IV; Verluste 25–29
4. Beendigung der Tonnagebesteuerung, § 5a V; Schlussbilanz für Wirtschaftsjahre ab 2019 30
5. Verluste iSd § 15a und § 15b 31
6. Anwendungsregelung (§ 52 Abs 15) 32

I. Allgemeines

1 **1. Zweck; Entstehung.** Die EU hat die Besteuerung nach Tonnage zugelassen (ABl EU 1997 C 205, 5; BT-Drs 13/8298). Weltweit ist sie die durchgängige Form der Besteuerung des Seetransports. Niederländischem Vorbild folgend (*Stevens* IStR 96, 323) wurde ab 1999 die sog **Tonnagebesteuerung** eingeführt (SeeschiffahrtsAnpG, BStBl I 98, 1158; vgl *Schmidt* 21. Aufl § 5a Rz 1; *Lademann* § 5a Rz 3–9); zu Rückflaggung, Umfang der dt Handelsflotte und Subventionsumfang s FG Hbg EFG 10, 404. Art 17 Nr 6 JStG 2019 hat § 5a VI 2 eingefügt, anwendbar für Wj, die nach 31.12.18 beginnen (§ 52 X 5) angefügt (Rz 2 und 30). Ferner ist für **Unterschiedsbeträge** die Kürzungsmöglichkeit gem § 9 S 3 GewStG durch **rückwirkende Änderung** des § 7 S 3 GewStG beseitigt worden (Rz 29, 30).

2 **2. Regelungsgehalt.** Für Handelsschiffe im internationalen Verkehr (§ 5a II) kommt ab dem Jahr der Anschaffung/Herstellung (Indienststellung) für (zunächst)

zehn Jahre auf Antrag (§ 5a III) die Ertragsbesteuerung nach Tonnage (§ 5a I) zur Anwendung; die Tonnagesteuer umfasst auch etwaige Veräußerungsgewinne/-verluste (§ 5a V), aber nicht sog Unterschiedsbeträge (§ 5a IV). Diese betreffen vor der Antragstellung entstandene stille Reserven (s Rz 20, 22), da nach der bis 2005 geltenden Fassung des § 5a III der Antrag später als im Jahr der Anschaffung/ Indienststellung gestellt werden konnte. Bei Beendigung der Tonnagebesteuerung ist für jedes bilanzierungsfähige, zum Betrieb gehörende WG für Wj bis 2018 (Rz 30) der Teilwert festzustellen (§ 5a VI; Rz 27). Ab Wj 2019 (Rz 1) ist *für Zwecke der AfA* für die abnutzbaren WG (statt des Teilwertes) der (Rest)Buchwert der zum BV gehörenden WG anzusetzen (Rz 30).

3. Verfassungsmäßigkeit. Die EU hat zugestimmt (BGBl I 98, 4023) und strebt eine Vereinheitlichung an. § 5a ist verfgemäß (FG Mster EFG 10, 199, rkr; FG Hbg EFG 10, 404, bestätigt durch BFH IV R 47/09 BStBl II 13, 324, vgl auch BFH IV R 46/10 BStBl II 14, 253 Rz 19), mE weil § 5a dem Gemeinwohl durch die Erhaltung einer hinreichenden dt Handelsflotte dient. Bei einem Vergleich mit anderen Arten des Handelstransports (zB Binnenschifffahrt, Bahn- oder LKW-Transport) sind die spezifischen Risiken des Seetransports (Stürme, Piraterie, kriegerische Konflikte) zu berücksichtigen (*Lademann* § 5a Rz 19); zweifelnd *Littmann* § 5a Rz 5, 6; *HHR* § 5a Rz 5). 3

4. Gewinnerzielungsabsicht. Der Unternehmensträger muss Kaufmann (§ 1 ff HGB) sein (Rz 6, 10). Der Betrieb eines Seeschiffes ist (regelmäßig) ein GewBetr (§ 15; § 2 GewStG), sodass Bilanzierungspflicht besteht (§ 4 I, § 5 I EStG, §§ 238 ff HGB). Damit ist zugleich vorausgesetzt, dass der Betriebsinhaber mit Gewinnabsicht handelt (§ 15 II). Die Geltung dieser Tatbestandsvoraussetzung während der Tonnagebesteuerung ergibt sich auch aus § 5a I 1 („Anstelle …") und aus § 5a III 5. 5

5. Steuerbilanzen. Sie sind während der § 5a-Besteuerung nach den allg Vorschriften fortzuführen und einzureichen (*BMF* BStBl I 02, 614, Tz 36, ab 2013 durch Datenfernübertragung gem § 5b (*BMF* BStBl I 11, 855), aber für die Gewinnermittlung nicht verbindl (§ 60 I 1 EStDV; BR-Drs 342/1/98, 7); zur verbindl E-Bilanz (auch) bei § 5a ab 2014/2015 s *Zwirner* BB 14, 1906 zu *BMF* BStBl I 14, 886. Die Steuerbilanzen dienen der Anwendung des § 15a (s Rz 31) und der Rückkehr zur allg Besteuerung sowie – bis 2008 – der Ermittlung der erbschaftsteuerl Werte. Da bei Besteuerung nach § 5a kein **Verlust** entstehen kann (§ 5a I), haben Kosten, Abschreibungen, Veräußerungen auf das Ergebnis keinen Einfluss; zum Unterschiedsbetrag s Rz 20. 6

6. Gesonderte Gewinnfeststellung. Zu den gesondert (§ 179 I AO) und ggf einheitl (§ 179 II 2, § 180 I 1 Nr 2 AO) festzustellenden Besteuerungsgrundlagen gehört bei gemeinschaftl Bereederung auch der Gewinn iSd § 5a (BFH IV R 14/14 DStRE 17, 1091); vgl Rz 10. Die Feststellung ist verbindl hinsichtl Gewinnerzielung, Gewinnermittlung und Einkünftequalifikation für die vom Inhaber des Handelsgeschäfts und den atypisch stillen Ges'tern gemeinschaftl erzielten Einkünfte (BFH IV R 20/14 BeckRS 2017, 94221, Rz 31 mwN). 7

II. Besteuerung nach Tonnage

1. Voraussetzungen der Tonnagebesteuerung, § 5a I, V. Übersicht: *(1)* Betrieb von Handelsschiffen im internationalen Verkehr mit der Absicht langfristiger Ausübung der Tätigkeit (§ 5a I 1, II; Rz 10–12), *– (2)* Bereederung der Handelsschiffe im Inl (Rz 16), *– (3)* GewBetr mit Geschäftsleitung im Inl (Rz 13; BFH IV R 58/95 BStBl II 98, 86), *– (4)* bisher Gewinnermittlung nach §§ 4 I, 5 („Anstelle …"; bei § 4 III fehlt die notwendige Dokumentation), *– (5)* (unwiderrufl) **Antrag** (Rz 22); *– (6)* Keine EStErmäßigung für gewerbl Einkünfte nach § 35 auf Tonnagesteuer (§ 5a V S 2), aber auf Gewinnanteile, die den **Unterschiedsbetrag** 10 oder **Sondervergütungen** iSd § 15 I 1 Nr 2 und S 2 erfassen (Rz 13; *BMF* BStBl II 08, 956 Rz 35; *OFD Münster* DB 09, 256); Überblick bei *Dißars* NWB 14, 1793.

11 **2. Langfristiger Betrieb von Handelsschiffen im internationalen Verkehr, § 5a II. – a) Betrieblicher Einsatz.** Der BFH hat das Erfordernis langfristigen Schiffseinsatzes aus dem Gesetzeszeck, namentl der langen zehnjährigen Bindungsfrist hergeleitet; er grenzt diesen vom sog **Schiffshandel** ab (BFH IV R 46/10 BStBl II 14, 253 Rz 18 ff; BFH IV R 45/11 BStBl II 15, 296; vgl *Dißars* NWB 14, 3614/16). – *(1)* **Schiffseinsatz; Merkmale.** – *(a)* **Einsatz eines eigenen oder gecharterten Seeschiffs** (Rz 7; BFH I R 31/02 BStBl II 03, 875). Dafür kommt es rechnerisch auf das Verhältnis der **Reisetage** im internationalen Verkehr (einschließl vorangegangener **Liegezeiten** in Fahrbereitschaft, vgl *BMF* BStBl I 02, 614 Rz 5 S 2) zu den Reisetagen insgesamt an; eine Mindestzahl von Reisetagen ist nicht erforderl (vgl *BMF* BStBl I 02, 614 Rz 5). Der Betrieb iSv § 5a II muss mit der **Absicht langfristiger Tätigkeit** verbunden sein (BFH IV R 46/10 BStBl II 14, 253 Rz 18). Wird das (bestellte) Schiff *vor* Ablieferung verkauft, zeigt dies an, dass die erforderl Absicht fehlt (BFH IV R 46/10 BStBl II 14, 253 Rz 26; BFH IV R 15/13 BStBl II 14, 774, Rz 33; BFH IV B 16/20 BFH/NV 21, 1060 der Gegenbeweis ist ausgeschlossen; krit *Dißars* NWB 14, 1793, 1796; *ders* NWB 14, 3614, 3617; aber §§ 16, 34 können anwendbar sein (BFH IV R 12/10 BStBl II 14, 1000 Rz 51 ff); s zur GewSt in Verkaufsfällen Rz 26). – *(b)* **Beweisregel** bei Schiffshandel: Vor dem Hintergrund einer auf lange Frist gerichteten Einsatztätigkeit hat der BFH für alsbald nach der Indienststellung stattfindende Schiffsverkäufe (Zeitpunkt des schuldrechtl Vertrages), durch die die Besteuerung nach § 5a beendet wird, folgende Beweisregeln entwickelt: – *(aa)* Bei Veräußerung innerhalb eines Jahres nach Beginn der § 5a-Besteuerung **(Jahresfrist)** spricht eine Vermutung dafür, dass die Absicht zu langfristigem Betrieb als Handelsschiffen im internationalen Verkehr nicht bestand. – *(bb)* Wird das Schiff erst nach Ablauf eines Jahres seit Indienststellung veräußert, wird vermutet, dass die Absicht zu langfristigem Einsatz bestand. – *(cc)* Die **Beweislast** für die Entkräftung der jeweiligen Vermutung trifft den Beteiligten, der die (jeweilige) Vermutung zu entkräften sucht (BFH IV R 15/13 BStBl II 14, 774). § 5a findet folgl keine Anwendung, wenn vor oder bei Indienststellung des Schiffes die **Absicht der alsbaldigen Veräußerung** bestand (BFH IV R 45/II BStBl II 15, 296 Rz 30); anderes gilt, wenn die Veräußerung ledigl eine Handlungsalternative war (vgl BFH IV R 10/12 BFH/NV 2015, 678). Danach ist eine **Überführungsfahrt** zwecks Ablieferung des Schiffes in Erfüllung eines *vor* Indienststellung geschlossenen Kaufvertrages kein Einsatz im internationalen Verkehr iSd § 5a (BFH IV R 46/10 BStBl II 14, 253 Rz 23). An der erforderl Absicht fehlt es zB auch, wenn von Anfang an die Veräußerung des Schiffes in kurzer Zeit geplant war, sodass das Schiff nicht AV, sondern UV ist (BFH IV R 45/11 BStBl II 15, 296 Rz 27–30); zu Hilfsgeschäften s unten Rz 12. – *(2)* **Register.** Eintragung in einem inl **Seeschiffsregister** für die überwiegende Zeit des Wj erforderl (BFH I R 163/87 BStBl II 90, 783); die (zusätzl) Eintragung im Zweitregister ist unschädl. Die Führung der dt Flagge ist nur Voraussetzung für die Anwendung des § 41a IV. Dabei ist zu berücksichtigen, dass bei Ausflaggung gem § 7 FlagG die Eintragung im dt Schiffsregister bestehen bleibt, sodass sich kein Widerspruch zum Zweck des § 5a ergibt. – *(3)* **Beförderung.** Im Wj überwiegender Einsatz zur *Beförderung* **von Personen und Gütern** unter Berührung eines ausl Hafens (*BMF* BStBl I 02, 614, Tz 5; *Frotscher/Geurts* § 5a Rz 29).

12 **b) Vercharterung; Hilfsgeschäfte, § 5a II 2.** Zum Betrieb gehören auch die **Vercharterung** (bei Ausrüstung durch den Vercharterer) und die **Neben- und Hilfsgeschäfte** (§ 5a II 2; *BMF* BStBl I 02, 614, Tz 6 f; *Bartholl* Hansa 98, 14, 15), nicht die **Bareboat-Vercharterung** (Rz 11). Grds ist die **Veräußerung eines Handelsschiffes,** für welches die Voraussetzungen des § 5a vorliegen, ein Hilfsgeschäft (BFH IV R 46/10 BStBl II 14, 253 Rz 21, 31; BFH IV R 45/11 BStBl II 15, 296 Rz 27 ff) ebenso Liquiditätsmaßnahmen (BFH IV R 3/18 BFH/NV 21, 89), sodass ein etwaiger Veräußerungsgewinn/-verlust nicht gesondert erfasst wird (§ 5a II 2, V 1; s aber Rz 11). Das gilt auch, wenn die Beteiligung an einem Handelsschiff unter den Voraussetzungen des § 39 II Nr 1 AO nur wenige Tage zuvor erworben worden war (BFH IV R 42/13 BFH/NV 18, 265; Anm *Wendt* FR 18, 951); § 42 AO soll nicht entgegenstehen, obwohl zweifelhaft ist, ob der veräußernde Erwerber das Schiff allein zwecks (stfreier) Veräußerung angeschafft hat; vgl. dazu Rz 11 mwN. **Zinsen** gehören nicht zu den Erträgen aus einem **Hilfsgeschäft** (§ 5a II 2), wenn sie vor dem Einsatz im internationalen Verkehr erzielt werden (vgl. BFH IV R 14/14 BFH/NV 17, 1109) Bei Verwendung gecharterter Schiffe (zB durch Nicht-Eigner) müssen gleichzeitig **mindestens ein eigenes oder ein selbst ausgerüstetes Schiff** betrieben werden (§ 5a II 3). Sind gecharterte Schiffe nicht in einem inl Register eingetragen, darf deren Nettotonnage nicht mehr als das dreifache der nach § 5a II 1, 2 betriebenen Schiffe betragen (§ 5a II 4).

c) Sonstige Betriebsformen, § 5a II 5. Als Betrieb iSv § 5a II 1 gilt auch der (überwiegend außerhalb der dt Hoheitsgewässer erfolgende) Einsatz zum **Schleppen, Bergen,** zur Aufsuchung von **Bodenschätzen** (§ 5a II 5), **Kreuzschifffahrt,** wenn ausl Häfen angelaufen werden, nicht für Vergnügungsfahrten, Baggersektor, Seefischerei, Lotsenwesen, (*Stevens* IStR 96, 322, 333), seit 2008 nicht mehr für Vermessungstätigkeit. 13

e) Kein gesonderter Abzug von BA, § 4 V Nr 11. Die Verhinderung der Trennung von BE und BA durch Aufspaltung des Betriebsergebnisses auf verschiedene Betriebe bzw. Gesellschaften bezweckt bei § 5a-Besteuerung § 4 V 1 Nr 11 idF HBeglG 2004; BR-Drs 560/03, 13; *Strahl* KÖSDI 04, 14110. Gegen den Einsatz des § 5a iRe BetrAufsp *Fick* StBp 02, 113. 15

3. Geschäftsleitung; Bereederung, § 5a I 1. Nicht nur die operative Geschäftstätigkeit, sondern auch die Bereederung, näml die lang- und kurzfristige Verwaltung und der Einsatz des Schiffes müssen vom Inl aus geplant und organisiert werden. Die Bereederung vom Inl aus umfasst die Geschäftsbesorgung (Verwaltung) des Betriebs in kommerzieller, technischer und personeller Hinsicht (vgl §§ 484 ff HGB; BMF BStBl I 02, 614, Tz 1; *Schultze* FR 99, 977). Zur technischen Schiffsführung gehört auch die Beachtung der Sicherheitsstandards (ab 16.7.02 **ISM:** International Saftey Management, ab 1.7.04 **ISPS:** International Ship and Port Security Code) einschließl der Kontrolle ihrer Durchführung. Bei **Kreuzfahrtschiffen** (Rz 13) muss der gesamte Hotelbetrieb und die Verkaufsleistungen an Bord vom Inland aus organisiert werden. Problematisch ist die **Aufspaltung der Bereederung** (zB Crewing, Befrachtung); mE mehr als 10% im Ausl schädl; ähnl BMF BStBl I 02, 614, Tz 2: *fast ausschließl;* Gesamtbild der Verhältnisse ist entscheidend: so iErg auch FG SchlHol EFG 10, 1482; großzügiger für den EU-Wirtschaftsraum FG Nds BeckRS 2020, 50252 Rz 90 ff, Rev IV R 25/21; **aA** – 50% – *Bartholl* Hansa 98, 14 und *Lademann* § 5a Rz 39. Kapitän und Schiffsoffiziere müssen im Inland eingestellt werden (BMF BStBl I 02, 614 Rz 1). Im Ausl bereederte Schiffe nehmen nicht an der dTonnagebesteuerung teil. 16

4. Tonnagegewinn, § 5a I, V, IVa. – a) Gewinnermittlung, § 5a I 2, V. Der Gewinn, soweit er auf den Betrieb von Handelsschiffen im internationalen Verkehr entfällt (zum „soweit" BR-Drs 13/10710, 4), kann nach der im Betrieb geführten (vorhandenen, nicht tatsächl genutzten) **Tonnage** ermittelt werden. Bei Beginn der Tonnagebesteuerung vorhandene **Rücklagen nach § 6b, § 6d** sind aufzulösen, ein Abzugsbetrag nach § 7g ist rückgängig zu machen; die Beträge sind im Jahr erstmaliger § 5a-Gewinnermittlung dem Gewinn hinzuzurechnen. Der Gewinn ist für **jedes einzelne Handelsschiff** pro Betriebstag gesondert zu ermitteln. Betriebstage sind auch die Tage, an denen das Schiff warm (= mit Mindestbesatzung) 17 aufliegt, also kurzfristig wieder in Fahrt gesetzt werden kann (arg § 5a II 2), idR also 365 Tage (*BMF* BStBl I 02, 614, Tz 4; *BH/Hofmeister* § 5a Rz 23), ebenso bei Ballastfahrten und kurzen Werftaufenthalten (BFH I R 163/87 BStBl II 90, 783 zu § 34c aF); anders bei **kaltem Aufliegen**, Tagen des Umbaus oder Großreparaturen. Berechnungsmaßstab sind jeweils volle 100 Nettotonnen (Nettoraumzahl). Die Nettoraumzahl ist im Schiffsmessbrief ausgewiesen (BT-Drs 13/10271, 8). Wird der Gewinn nicht nur nach der Tonnage ermittelt **(Mischbetrieb)**, sind die Einnahmen/Ausgaben ggf aufzuteilen (*BMF* BStBl I 02, 614, Tz 3). Der wirtschaftl Zusammenhang mit dem Betrieb des jeweiligen Schiffes ist maßgebend; dafür trägt der StPfl die obj Beweislast. § 4 IVa ist bei Mischbetrieben nicht anwendbar; § 5a lässt keinen Raum für BA-Abzug.

18 **b) Gewinnbestandteile; Abgeltungsumfang.** Der Gewinn aus der Veräußerung von **Aktien, die anstelle des Charterentgeltes** erlangt werden, ist unmittelbar mit dem Betrieb des Schiffes verbunden und deshalb durch § 5a abgegolten (so FG Hbg BeckRS 2014, 95683, rkr; Ausnahme von *BMF* BStBl I 02, 614 Rz 9); mE gilt dies nicht für einen während der Besitzdauer eingetretenen Wertzuwachs oder Wertverlust der Aktien. **Zinsen** aus Zwischenanlagen sind durch den Tonnagegewinn abgegolten (vgl *Littmann* § 5a Rz 79; vgl auch *Voß* Hansa 10, 111). Das gilt mE auch bei **Festgeldanlage** größerer Beträge, wenn diese für absehbare Reparaturkosten angespart werden (*Lademann* § 5a Rz 76, 77; **aA** FG Nds BeckRS 2011, 95285, rkr; *BMF* BStBl I 02, 614, Rz 9: gesonderte Erfassung/Mischbetrieb). Keine Abgeltung bei Umgehungsmaßnahmen, zB Einlage von Geld oder Forderungen. Zweifelhaft ist, ob Gewinne aus Beteiligungen im Ausl, wenn sie dem Betrieb dienen, durch § 5a abgegolten sind (bej *Giese* DStR 15, 107; *HHR* § 5a Rz 45; **aA** *BMF* BStBl I 02, 614 Rz 9); übt die ausl Ges sog Agenturtätigkeit für das Schiff aus, fällt der Beteiligungsgewinn mE nur anteilig unter § 5a. Zum Gewinn iSd § 5a I gehören auch Gewinne bzw Verluste aus **Währungsausgleichsgeschäften,** wenn die Geschäfte der Sicherung der Ausschüttungen oder der Deckung inl Kosten dienen (vgl § 15 IV 4). Abgegolten sind auch sog **nachlaufende Kosten** und Gewinne aus Auflösung von Rückstellungen bei nicht erfolgter Inanspruchnahme, ferner Zinsen, die während der Liquidation nach Veräußerung des Schiffes, aber vor der Schlussverteilung erzielt werden, wenn mit der Liquidation in der Zeit der § 5a-Besteuerung begonnen wurde (*Beispiel*: Verkauf des Schiffes auf Veranlassung der Bank, die die restl Darlehensschuld nach Auskehrung des Veräußerungserlöses erlässt; Haben-Zinsen, die bis zur Zahlung an die Bank entstehen, sind mE abgegolten). Zum Veräußerungsgewinn s Rz 20).

19 **c) Staffeltarif.** Der Gewinn beträgt bei einer Tonnage bis zu 1000 Nettotonnen 0,92 €, zw 1000 und 10 000 Nettotonnen 0,69 €, zw 10 000 und 25 000 Nettotonnen 0,46 € und über 25 000 0,23 € je 100 Nettotonnen(-Nettoraumzahl).

Beispiel: Bei Tonnage von 50 000 Nettotonnen beträgt der Gewinn je Betriebstag 197,8 € (0,92 € × 1000 : 100; 0,69 € × 9000 : 100; 0,46 € × 15 000 : 100; 0,23 € × 25 000 : 100).

20 **d) Veräußerungsgewinn; Steuerermäßigungen, § 5a V, § 16, § 34.** Der Tonnagegewinn umfasst (§ 5a V 1) auch den **Veräußerungs-/Aufgabegewinn.** Es gilt der allg Veräußerungs- bzw. Betriebsaufgabebegriff des § 16, sodass Veräußerungs- bzw Aufgabekosten (§ 16 Rz 300, 301 mwN) in den Tonnagegewinn eingehen; zum Ausfall eines Ges'ter-Darlehens FG Nds BeckRS 2018, 28716, rkr; Anm *Oellerich* EFG 19, 87; krit *Dißars/Kahl-Hinsch* DStR 20, 2519, 2525). Eine durch den TW-Ansatz gem § 5a VI sich ergebende Höherbewertung gehört zum Tonnagegewinn (Rz 25-27, 30). Für den nach § 5a I ermittelten Gewinn (einschließl der Gewinne iSd § 16) werden die Vergünstigungen gem §§ 34, 34c I–III, 35 nicht gewährt (§ 5a V 1 und 2). Der **Unterschiedsbetrag** (§ 5a IV; Rz 22 ff) ist nach hM nicht Teil des **Veräußerungsgewinns** und auch in den Fällen von § 20, § 24 UmwStG aufzulösen (Rz 27).

e) Gewinn: Personengesellschaft, § 5a IVa. Unabhängig von der Rechts- 21
form des Eigentümers (natürl Person, Ges) kann für jedes Schiff die Besteuerung nach § 5a gesondert gewählt werden (BFH IV B 16/20 BFH/NV 21, 1060 Rz 10, 12). § 5a IVa stellt die PersGes der MUerschaft gleich. Der Tonnagegewinn ist einheitl zu ermitteln (BT-Drs 13/10710, 4) und entspricht dem GesGewinn. Er ist anteilig auf die Ges'ter – entspr ihrem Anteil am GesVermögen – zu verteilen; zur Zurechnung des Unterschiedsbetrages s Rz 27. Der Ges'ter muss MUer, nicht ledigl Treuhänder sein (BFH IV R 35/10 BeckRS 2013, 96001). Die Ergebnisse aus SonderBV II (insb Anteilsfinanzierung s FG Hbg EFG 16, 360; BFH IV R 3/16 BeckRS 2018, 25888) sowie Ergänzungsbilanzen sind mit dem Tonnagegewinn abgegolten. Die Ergebnisse aus **Sonder BV I** und **Sondervergütungen** (§ 15 Rz 440, 560 ff) sind dagegen grds (zur Verhinderung von Missbräuchen) hinzuzurechnen. Keine Sondervergütung idS ist der (gesellschaftsvertragl) **Vorabgewinn,** sofern es sich dabei handelsrechtl – und damit nach dem wirtschaftl Gehalt – für die anderen Ges'ter nicht um Kosten handelt (so auch FG Brem EFG 08, 1609, rkr, und *BMF* BStBl I 08, 956 Tz 34; *Glasenapp* DStR 09, 1462, 1464). Teil des Tonnagegewinns ist auch das **Bereederungsentgelt** eines am Schiff beteiligten Vertragsreeders, sofern dieses insgesamt 4% der Bruttofrachtraten nicht übersteigt (*BMF* BStBl I, 956 Tz 28–34; anders noch *BMF* BStBl I 02, 614, Tz 34; *Kranz* DStR 00, 1215, 1217; zur Ermittlung s § 15 Rz 475); ist das Bereederungsentgelt höher, ist es nach Auffassung der *FinVerw* Sondervergütung iSd § 5a IVa 3. Dies gilt auch, wenn die Bereederungsleistung auf Reeder und Befrachter aufgeteilt wird, für das Entgelt des (am Schiff beteiligten) Befrachters. **Sondervergütungen** sind also nicht Teil des Tonnagegewinns; insoweit sind Vergünstigungen (zB § 35, früher § 32c) anwendbar (BFH VIII R 74/02 BStBl II 08, 180), sodass der auf Unterschiedsbeträge und Sondervergütungen entfallende, sich nach § 35 ergebende Betrag (verteilt nach dem allg Gewinnverteilungsschlüssel) abzugsfähig ist (BFH IV R 14/16 DStR 18, 2259 Rz 33 ff; Abgrenzung: BFH IV R 3/16 BeckRS 2018, 25888). Die durch Vergütungen iSv § 15 I 1 Nr 2 und Satz 2 veranlassten Aufwendungen können als SonderBA abgezogen werden; das gilt nicht, wenn sie auf gesellschaftsrechtl Vereinbarung (= Gewinnverteilungsabrede) beruhen (BFH IV R 14/16 DStR 18, 2259 Rz 33, 38, 41). Der *zusätzl* Abzug von SonderBA bei der Ermittlung der Sondervergütungen ist grds unzulässig (FG *Hbg* EFG 16, 360; bestätigt durch BFH IV R 3/16 BFH/NV 18, 1259; *BMF* BStBl I 02, 614, Tz 29). Soweit aber SonderBE erzielt werden, sind SonderBA abzugsfähig, die im Zusammenhang mit den SonderBE stehen (vgl *BMF* BStBl I 02, 614 Tz 29, 34; *Kranz* DStR 00, 1215; *Beispiele:* **(1)** Abschreibung einer (zunächst) gestundeten Forderung auf Sondervergütung; **(2)** Vertragsreeder mit Buchführungsabteilung: Vom Honorar für die Buchführung dürfen die Kosten für die mit der Buchführung befassten Mitarbeiter abgezogen werden. Sinkt das SonderBE-Honorar, weil es von der Höhe der (sinkenden) Frachtraten abhängig ist, ist der SonderBA-Abzug mE auch zul, wenn die BA die BE übersteigen; denn es handelt sich nicht um eine manipulative Gestaltung, sondern um die Folgen einer wirtschaftl Entwicklung. – Zur Gewinnerzielungsabsicht s Rz 5.

III. Anwendungsbeginn; Beendigung der Tonnagebesteuerung

1. Antrag auf Anwendung, § 5a I, III. – a) Geänderte Antragsfristen. Bei 22
der **Altfassung** des § 5a III ist insb umstr, welches der Erstjahr iSd § 5a III 1 **aF** ist. *BMF* BStBl I 02, 614, Tz 12 f, sah als Erstjahr bereits das Jahr an, in dem das Schiff bestellt wurde, da die Bestellung ein Hilfsgeschäft (§ 5a II 2) ist und dessen Ergebnis zu Einkünften iSd § 5a II 1 gehörte. Anders BFH IV R 15/13 BStBl II 14, 774: Erstjahr ist dasjenige, in dem das Schiff im internationalen Verkehr (unter den Voraussetzungen des § 5a I und II) eingesetzt worden ist; dafür reichen Hilfsgeschäfte nicht aus (s auch *Kemsat/Hackert* NWB 11, 1967). Wegen missbräuchl Gestaltungen

ist die frühere Antragsfrist zur Ausübung der Option mit Ablauf des Jahres 2005 abgeschafft worden (BR-Drs 560/1/03, 3); Übergangsregelung s § 52 XV 3 und 4. – **Neuregelung:** Für **ab 1.1.06** angeschaffte/hergestellte Schiffe ist der Antrag für und im Jahr der Anschaffung/Herstellung **(Indienststellung)** zu stellen (§ 5a III 1, § 52 XV 2). Der Antrag wird mit dem Zugang beim FA **wirksam;** er ist **unwiderrufl** (§ 5a I 1). Wirksamkeitsvoraussetzung ist ferner, dass sämtl Voraussetzungen für die Tonnagebesteuerung erfüllt sind (Rz 20). Alle vor Indienststellung erwirtschafteten Gewinne/Verluste werden (ggf rückwirkend; *Littmann* § 5a Rz 136) steuerl nicht erfasst (§ 5a III 2; BFH IV R 19/10 BStBl II 14, 522). Dies gilt nicht, wenn Gewinne zur Kurssicherung bestimmter Devisentermingeschäfte anderweitig verwendet werden (BFH IV R 49/15 BFH/NV 17, 1129 *mit Anm*; FG Hbg EFG 17, 1503). Dies gilt entgegen FG Hbg EFG 10, 1485 ferner nicht für **Vergütungen** iSd § 15, da diese dem Gewinn nach § 5a IVa S 3 (ledigl) hinzugerechnet werden (BFH IV R 19/10 BStBl II 14, 522); dementsprechend sind mE SonderBA abziehbar. Die Regelung ist durch die **Neufassung** des § 5a III unklar geworden: Nach § 5a I bezieht sich das Optionsrecht auf den GewBetr, also ggf mehrere Schiffe. Nach § 5a III wird auf das jeweilige Schiff abgestellt. Lösung mE: § 5a III nF als lex posterior geht vor. Bei **Einbringung** eines Schiffes in einen Tonnagebetrieb zu Buchwerten entsteht mE ein **Mischbetrieb,** was durch Antragstellung im Jahr der Anschaffung vermieden werden kann (Rz 15). **PersGes** (§ 5a IVa) können den Antrag nur einheitl stellen (mE Grundlagengeschäft; BGH II ZR 263/94 BGHZ 132, 263). Zum Wechsel der Gewinnermittlungsart s auch *Wichmann* Stbg 21, 69.

23 b) **Einkünfte vor Indienststellung; Weiterveräußerung.** Sämtl Voraussetzungen für die Tonnagebesteuerung müssen bei Antragstellung erfüllt sein; idR wird sich kein **Unterschiedsbetrag** nach § 5a IV ergeben, weil der Antrag seit 2006 (s Rz 22) nur im Jahr der Anschaffung/Herstellung gestellt werden kann. Wird der Antrag wirksam gestellt, sind die Einkünfte vor Indienststellung abgegolten (§ 5a III 2). Die wirksame Antragstellung ist hinsichtl der Verluste, die in der Bauzeit entstanden sind, ein rückwirkendes Ereignis, denn nach § 5a III 3 sind die Bescheide, die für die Bauzeit-Jahre ergangen sind, insoweit zu ändern (= Wegfall der Verluste); Rechtsgrundlage dafür ist § 5a III 3 nF (BFH IV R 16/16 DStR 18, 1812 Rz 12 ff). Ebenso bleiben Verluste, die nicht in einem unmittelbaren wirtschaftl Zusammenhang mit dem Schiffsbauvertrag stehen, unberücksichtigt, zB Gründungs- und Verwaltungskosten einer VorratsGes (BFH IV R 16/16 DStR 18, 1812 Rz 20 ff). – Sind die Voraussetzungen nicht erfüllt, kann ein Antrag erst nach Ablauf von **zehn Jahren** nach Indienststellung gestellt werden.

24 **2. Ausscheiden aus der Tonnagebesteuerung; Antrag auf Beendigung, § 5a III 8, 9.** Die Bindung an die die Tonnagebesteuerung (§ 5a III 7) entfällt, wenn deren sachl Voraussetzungen nicht mehr vorliegen (vgl Rz 7). Werden Schiffe defizitär, sind wirtschaftl angemessene Maßnahmen, auch wenn sie mit der Beendigung der § 5a-Besteuerung verbunden sind, nicht missbräuchl (*BH/Hofmeister* § 5a Rz 67; *Lademann* § 5a Rz 96). Ein neuerl Antrag nach § 5a kann dann (frühestens) nach zehn Jahren gestellt werden; das ergibt der Regelungszusammenhang des § 5a III.

25 **3. Unterschiedsbetrag, § 5a IV; Verluste. – a) Bildung des Unterschiedsbetrags, § 5a IV 1, 2.** Auf das Ende des Wj, das der erstmaligen Anwendung des § 5a vorausgeht (Rz 22; *Schultze* FR 99, 977, 981), ist für jedes WG des Schiffsbetriebs die Differenz zw Buchwert und **Teilwert** als sog Unterschiedsbetrag festzustellen, und zwar nur für WG, für die ein **Buchwert** anzusetzen ist (BFH IV R 47/09 BStBl II 13, 324). Infolge der Änderung der Antragsfrist des § 5a III ab 2006 (§ 52 XV 2–4) ergibt sich regelmäßig kein Unterschiedsbetrag mehr (s aber Rz 22); anders, wenn der Antrag erst zehn Jahre nach Indienststellung gestellt wird. Der Unterschiedsbetrag dient der Erfassung der **stillen Reserven,** die

vor der Option zur Tonnagesteuer entstanden sind, sofern der Antrag nach dem Erstjahr gem § 5a III 1 **aF** (Rz 22) gestellt war. In Betracht kommt jedes (bilanzierungspflichtige; s oben) WG, das stille Reserven enthalten kann und dem Schiffsbetrieb iSv § 5a II unmittelbar dient. Dazu gehören auch **Fremdwährungsverbindlichkeiten,** die negative (passive) WG sind (BFH IV R 60/10 BStBl II 14, 1007; BFH IV B 57/11 BeckRS 2012, 95143; FG Nds BeckRS 2011, 94973); nicht (im Wege der Saldierung) einzubeziehen sind mangels Rechtsgrundlage die **Wertaufholungsrücklage** und andere Gewinnrücklagen (BFH IV R 60/10 BStBl II 14, 1007). Für **Schiffbauverträge,** weil diese nicht bilanziert werden dürfen, ist kein Unterschiedsbetrag festzustellen (BFH IV R 47/09 BStBl II 13, 324).

b) Wertermittlung. Der **Unterschiedsbetrag** ist gesondert und ggf einheitl 26 außerhalb der Bilanz in einem besonderen Verzeichnis festzuhalten. Die AK/HK bilden die **Wertobergrenze;** § 6 I Nr 5 ist anwendbar. Die **Teilwertermittlung** hat sich grds am steuerrechtl AK/HK-Begriff zu orientieren (BFH IV R 3/14 DStR 17, 2264). Zur Ermittlung *Bartholl* Hansa 98, 14; *Kranz* DStR 00, 1215/6; *BMF* BStBl I 02, 614, Tz 21 f; *BMF* BStBl I, 956, Tz 21: Ursprüngl AK/HK abzügl AfA, Nutzungsdauer 25 Jahre; abzügl **Schrottwert** im Zeitpunkt des Rückwechsels (FG Hbg EFG 16, 1410, rkr). Ähnl BFH IV R 8/10 BStBl II 11, 709: betriebsgewöhnl Nutzungsdauer betriebsspezifisch zu ermitteln; für **Doppelhüllentanker** liegt die maßgebl Nutzungsdauer über dem AfA-Tabellenwert. Das Verzeichnis ist vorzulegen (§ 60 III 2 EStDV). Werden Kosten für **Kapitalbeschaffung** (Platzierungskosten, Prospektkosten, Finanzierungsvermittlungsgebühren, Gebühren der Mittelverwendungskontrolle) kraft vertragl Gestaltung mit dem Eigentumserwerb verknüpft, werden sie als für den Eigentumserwerb aufgewendet angesehen und gehören zu den AK (BFH IV R 36/08 BFH/NV 11, 1361; BFH IV R 8/10 BStBl II 11, 709). Bei Zuführung von WG des BV zum Schiffsbetrieb sind § 5a IV 1–3 entspr anzuwenden (§ 5a IV 4).

c) Auflösung, § 5a IV 3. Der Betrag aus der Auflösung des **Unterschiedsbetrags** wird bei Rückkehr zur Gewinnermittlung nach § 4 I/§ 5 dem Gewinn hinzugerechnet (§ 5a IV 3, BFH IV R 23/08 DStRE 11, 469). Er ist den MUern (Ges'tern) grds nach ihrer Kapitalbeteiligung (§ 155 HGB), ggf gem dem Ges-Vertrag zuzurechnen; § 5a IVa Satz 3 greift nicht entgegen, da er lediglich die Gewinnverteilung betrifft (FG Hbg EFG 10, 134, rkr). Der Unterschiedsbetrag ist (erfolgswirksam) aufzulösen: – *(1)* mindestens zu ¹/₅ in jedem der Anwendung des Abs 1 folgenden 5 Wj – also bei Fortführung des Betriebs – (Buchst a), – *(2)* in dem Jahr, in dem das WG aus dem BV ausscheidet (zB Begleichung einer **Fremdwährungsverbindlichkeit** FG Nds EFG 11, 1599; BFH IV B 57/11 BeckRS 2012, 95143; *Voß/Unbescheid* DB 99, 1777; bei lfd Betrieb s BFH IV R 62/06 BStBl II 09, 778) oder in dem es nicht mehr dem Schiffsbetrieb iSv § 5a II dient (*BMF* BStBl I 02, 614, Tz 25 f). Bei **Insolvenz** ist die aus der Auflösung des Unterschiedsbetrag sich ergebende Steuer Masseforderung gem § 55 I Nr 1 InsO (vgl *FM SchlHol* DStR 15, 2552; FG Hbg DStR 17, 6; zur GewSt FG Brem NZI 17, 497; zur Haftungsbeschränkung bei einer KG s OLG Karlsruhe NZI 20, 641) oder – *(3)* im Jahr des Ausscheidens eines Ges'ters (MUers) infolge entgeltl Übertragung. Soweit der Übergang (des MU-Anteils) sich nach § 6 III vollzieht (Tod, Schenkung) geht der Unterschiedsbetrag auf den Rechtsnachfolger über (§ 5a IV 5, 6). Das gilt nicht für Fälle des § 20, § 24 UmwStG. Die abweichende Rspr des BFH (zB BFH IV R 4/18, BFH/NV 20, 412 Rz 3) ist überholt, da § 5a IV durch das AbzStEntModG (BGBl I 21, 1259) rückwirkend geändert wurde (§ 52 X 4).

d) Gewerbesteuer und Steuerermäßigung nach § 35. Der „nach § 5a er- 29 mittelte" Gewinn – einschließl Veräußerungsgewinn und Unterschiedsbetrag (BFH IV R 92/05 BStBl II 08, 583; vgl *Bartsch* BB 09, 1049) – gilt als **Gewerbeertrag**

(§ 7 S 3 GewStG). – **(1) Gewerbeertragskürzung.** Kürzungen und Hinzurechnungen des pauschal ermittelten Gewinnsbetrages – (= Gewerbeertrags) sind grds ausgeschlossen (BFH IV R 92/05, BStBl II 08, 583). Da der BFH diese Auffassung aufgab (BFH IV R 35/16 BFH/NV 19, 334, Anm *Nöcker* FR 19, 382 und BFH IV R 40/16 BFH/NV 19, 291), wurde § 7 Satz 3 GewStG ab 2008 (§ 36 III GewStG) geändert. BFH IV B 9/20 BFH/NV 20, 919 verneint verfrechtl Bedenken; dagegen zutr *Dißars/Kahl-Hinsch* DStR 20, 2519, 2523. Bei vorzeitigem Verkauf (s Rz 11 mwN), also wenn sich erweist, dass die Absicht zu langfristigem Einsatz des Schiffes im internationalen Verkehr nicht bestand, sind für die Zeit, in der das Schiff im internationalen Verkehr (nicht langfristig, also Gewinnermittlung nach § 4, § 5) eingesetzt war, die Kürzungsvorschriften, insb des § 9 Nr 3 S 2 GewStG anwendbar (BFH IV R 15/13 BStBl II 14, 774, Rz 30 ff; BFH IV R 45/11 BStBl II 15, 296; *Wendt* BFH/PR 14, 90; *Dißars* NWB 14, 1793, 1796; *ders* NWB 14, 3614, 3618). Nach Rückoption zur Gewinnermittlung nach § 4, § 5 ist § 9 Nr 3 GewStG auf einen Unterschiedsbetrag nicht anwendbar (BFH IV R 10/11, BStBl II 15, 300); mE überholt durch BFH IV R 35/16 BeckRS 2018, 37835; s aber zur Rechtsänderung Rz 30. – **(2) Gewerbesteueranrechnung.** Der Anwendungsausschluss der §§ 34, 34c I–III und des **§ 35** gilt nach **Wortlaut** und Sinnzusammenhang der Sätze 1 und 2 von § 5a V **nur** für nach § 5a I ermittelte Gewinne bzw Gewinnanteile von Ges'tern (BFH VIII R 74/02 BStBl II 08, 180 III 2a; vgl auch BFH IV R 14/09 BStBl II 13, 673 unter II 2a). Bei **Beteiligungserträgen**, die nicht § 5a unterfallen, bei Auflösung von **Unterschiedsbeträgen** (§ 5a IV) und hinzuzurechnenden **Vergütungen** (§ 5a IVa) ist § 35 daher anzuwenden (vgl BFH VIII R 74/02 BStBl II 08, 180); zur **Berechnung** vgl BFH IV R 27/11 BStBl II 15, 278; mit Beispielen *OFD NRW* BeckVerw 294284.

30 **4. Beendigung der Tonnagebesteuerung; § 5a V, VI; Schlussbilanz für Wirtschaftsjahre ab 2019.** Zufolge § 5a VI 2 **nF** (s Rz 1, zur Rückwirkungsproblematik s Rz 29; *Dißars/Kahl-Hinsch* DStR 2020, 2519, 2523 ff) sind in der Folgebilanz im Jahr nach der letzmaligen Anwendung des § 5a für **abnutzbare WG** „unverändert" die ursprüngl **AK/HK** (§ 5a VI 1) für die weitere AfA zugrunde zu legen. Die Schattenbilanzen (Rz 6) sind deshalb ausgehend von den **ursprüngl AK/HK** weiter fortzuführen (BT-Drs 19/13436 zu Art. 1 Nr 4a neu). Das bedeutet, dass zwar der Teilwert in der Schlussbilanz (iSv § 5a VI 1) anzusetzen ist, die AfA aber auf der Basis der ursprüngl AK/HK – wie sie sich aus den bisherigen Schattenbilanzen ergeben- zu bemessen sind; der verbleibende Rest des Teilwerts wirkt sich erst bei der Aufgabe oder Veräußerung des Schiffes gewinnwirksam aus; eine ähnl Regelungstechnik enthielt das EStG ab 1.1.99 für Einlagen von VuV-Vermögen in BV (s *Schmidt* 24. Aufl. § 7 Rz 68). Für **Wj bis 2018** s *Schmidt* 38. Aufl § 5a Rz 30 und BFH IV R 14/20 BFH/NV 21,753.

31 **5. Verluste iSd § 15a und § 15b.** – Nach § 5a V 3 ist **§ 15a** anwendbar (BR-Drs 475/99, 58; *BMF* BStBl I 02, 614, Tz 31 f; krit *Schultze* FR 99, 977/83). Maßgebl ist der nach §§ 4 I, 5 ermittelte Gewinn (Rz 6). § 15a-Verluste, die vor Anwendung des § 5a entstanden sind, werden – entgegen *BMF* BStBl I 02, 614 Tz 32 – nur durch die in der Schattenrechnung (Rz 6) gem § 5 ausgewiesenen Gewinne gemindert (BFH VIII R 33/05 BStBl II 07, 261; BFH IV R 14/09 BStBl II 13, 673); das gilt auch für Gewinne iSd § 16 (*Littmann* § 5a Rz 208). Sofern solche Verluste bei Beendigung der Tonnagebesteuerung noch vorhanden sind, mindern sie weder den Unterschiedsbetrag noch den Tonnagegewinn (BFH IV R 14/09 BStBl II 13, 673); zur Entstehung von Unterschiedsbeträgen s Rz 22. – **§ 15b** wird in § 5a nicht für anwendbar erklärt; eine dem § 5a V 4 entspr Vorschrift für § 15b fehlt.

32 **6. Anwendungsregelung.** Die Regelung ist grds ab 1.1.99 anzuwenden (s § 52 XV; *BMF* BStBl I 02, 614, Tz 15 f); die Genehmigung der EU-Kommission ist erteilt (BGBl I 98, 4023; *BMF* BStBl I 99, 828).

§ 5b Elektronische Übermittlung von Bilanzen sowie Gewinn- und Verlustrechnungen

(1) ¹Wird der Gewinn nach § 4 Absatz 1, § 5 oder § 5a ermittelt, so ist der Inhalt der Bilanz sowie der Gewinn- und Verlustrechnung nach amtlich vorgeschriebenem Datensatz durch Datenfernübertragung zu übermitteln. ²Enthält die Bilanz Ansätze oder Beträge, die den steuerlichen Vorschriften nicht entsprechen, so sind diese Ansätze oder Beträge durch Zusätze oder Anmerkungen den steuerlichen Vorschriften anzupassen und nach amtlich vorgeschriebenem Datensatz durch Datenfernübertragung zu übermitteln. ³Der Steuerpflichtige kann auch eine den steuerlichen Vorschriften entsprechende Bilanz nach amtlich vorgeschriebenem Datensatz durch Datenfernübertragung übermitteln. ⁴Im Fall der Eröffnung des Betriebs sind die Sätze 1 bis 4 *[richtig: 3]* für den Inhalt der Eröffnungsbilanz entsprechend anzuwenden.

(2) ¹Auf Antrag kann die Finanzbehörde zur Vermeidung unbilliger Härten auf eine elektronische Übermittlung verzichten. ² § 150 Absatz 8 der Abgabenordnung gilt entsprechend.

Einkommensteuer-Richtlinien/Verwaltungsanweisungen (vor 2015 s Vorauflagen): EStH 5b – *BMF* BStBl I 18, 714 (Taxonomien 6.2); *BMF*-Monatsbericht 8/18, 35 (zur Entwicklung); *BMF* BStBl I 19, 887 (Taxonomien 6.3), *BMF* DStR 20, 1681; *BMF* BStBl I 20, 639 (Taxonomien 6.4).

Schrifttum (Aufsätze vor 2019 s Vorauflagen): *Ebner/Stolz/Mönning/Bachem,* E-Bilanz, 2013; *Ley,* E-Bilanz, HdR B 771 (7/14). – *Riepolt,* Änderungen der Taxonomie 6.3, StuB 19, 627; *Ley,* Eine Zwischenbilanz ..., KÖSDI 19, 21228.

1. Grundaussage. § 5b idF StBürokratieabbauG (BStBl I 09, 124) etabliert die 1
sog E-Bilanz, die den Schritt zur selbständigen StB weiter beschleunigen wird (*Weber-Grellet* BB 11, 43 (50); *Herzig* DB 11, 1; *KSM* § 5b Rz A 64). Die E-Bilanz ersetzt papierbasierte Arbeitsabläufe durch EDV-Abläufe – auf der Basis von XBRL (dazu http://www.xbrl.de; www.esteuer.de; *BMF* BStBl I 11, 855 Rz 9f; *KSM* § 5b Rz B 24, B 32). Der Mindestumfang der Taxonomien (Klassifikationsschema) geht weit über die Gliederungen der §§ 266, 275 HGB hinaus (*Beste/Herrmann* NWB 13, 1836). Die E-Bilanz dient sicher dem **steuerl Risikomanagement der FinVerw** (*KSM* § 5b Rz A5), ein „Baustein des modernen Besteuerungsverfahrens" *(BMF)*. § 5b ist eine die Steuererklärungspflicht ergänzende (reine) Verfahrensvorschrift und verlangt bei Gewinnermittlung nach § 4 I, § 5 und § 5a, den Inhalt der Bilanz (auch Eröffnungsbilanz, auch Anpassungen) sowie die GuV nach amtl vorgeschriebenem Datensatz durch Datenfernübertragung zu übermitteln; für § 4 III folgt eine entspr Verpflichtung aus § 60 IV EStDV (BFH X R 18/09 DStR 11, 2447). Nicht erfasst werden Bilanzen, die steuerl bedeutungslos sind (etwa Quartalsbilanzen, Überschuldungsbilanzen; *KSM* § 5b Rz B 1). – Die bisher nach § 60 I EStDV vorgeschriebene Übermittlung in Papierform entfällt. – Durch einen umfassenden Bezug steuerl Daten kann die FinVerw Auswirkungen von Gesetzen, Gesetzesänderungen und Rspr sowie die Evaluation steuerl Lenkungsnormen präzise beurteilen (*KSM* § 5b Rz A 4). – Die **Rechtsgrundlage** für die Pflicht zur Erstellung und Übermittlung der E-Bilanz folgt unmittelbar aus § 5b I (krit *Rätke* BBK Beil 1/11, 4). § 51 IV Nr 1b ermächtigt das *BMF* im Wege einfacher Verwaltungsvorschrift, den **Mindestumfang** zu bestimmten. Da sich der Umfang der StB aus §§ 4, 5 f iVm den GoB ergibt und jede Bilanzposition grds nach Maßgabe des Einzelbewertungsgrundsatzes zu deklarieren ist, enthält diese Ermächtigung keine Pflichtausdehnung. Die Pflicht zur E-Bilanz ist mE ebenso unbedenkl wie die zur Abgabe der Anlage EÜR (dazu BFH X R 18/09 DStR 11, 2447; *BH/Hofmeister* § 5b Rz 15). – Zur Anwendung bei PersGes *Ley* KÖSDI 20, 21729, zur Umset-

zung im Konzern *Endert* Der Konzern 12, 389. – Im Jahr 2017 wurden bundesweit rund 2,5 Mio Datensätze übermittelt.

2 **2. Einzelheiten.** – **a) Handelsbilanz, § 5b I 1.** Der Inhalt der Bilanz sowie der GuV ist in Form eines XBRL-Datensatzes auf elektronischem Weg nach Maßgabe der Steuerdaten-ÜbermittlungsVO (BGBl I 03, 139), idF VO v 8.1.09 (BGBl I 09, 31), in der jeweils geltenden Fassung zu übermitteln. XBRL (eXtensible Business Reporting Language) ist ein international verbreiteter Standard (*BMF* BStBl I 10, 47 Rz 2; *HHR* § 5b Rz 24). – § 88 AO sowie die Mitwirkungspflichten des StPfl, insb nach §§ 90, 97, 146, 147 und 200 I 2 AO bleiben unberührt. Der StPfl kann zB iRd Mitwirkungspflicht die Summen- und Saldenliste sowie das Anlageverzeichnis elektronisch übermitteln. Die Grundsätze der Bilanzklarheit, Übersichtlichkeit (§ 243 II HGB) sowie Ansatz- und Bewertungsstetigkeit (§ 246 III, § 252 I Nr 6 HGB) sind zu beachten (*BMF* BStBl I 10, 47, Rz 1). Die sog Mussfelder bestimmen den Mindestumfang der amtl vorgeschriebenen Datensatzes; die fett gedruckten Bestandteile des Jahresabschluss-Moduls („GAAP-Modul") sind zwingend zu übermitteln.

3 **b) Steuerbilanz, § 5b I 2.** Enthält die Bilanz Ansätze oder Beträge, die den steuerl Vorschriften nicht entsprechen, so ist gem § 5b I 2 die Anpassung ebenfalls durch Datenfernübertragung zu übermitteln (sog „Überleitungsrechnung"; Rechtsgrundlage str; s *Ley* KÖSDI 19, 21231). Der StPfl kann stattdessen auch eine StB durch Datenfernübertragung übermitteln (§ 5b I 3; iEinz *Heinsen/Adrian* DStR 10, 2591). – Sonstige Unterlagen (zB Anlagenspiegel, Lagebericht) sind ebenfalls zu übermitteln, allerdings besteht keine Verpflichtung zur elektronischen Übermittlung (*KSM* § 5b Rz B 10; zur Anforderung s *OFD Mster* DB 15, 2359). – Ggf sind auch Sonder- und Ergänzungsbilanzen zu übermitteln (*Schäperclaus/ Hülshoff* DB 14, 2601). § 5b gilt auch für die steuerl Schlussbilanz nach § 3 UmwStG (UmwStRErl *BMF* BStBl I 11, 1314 Tz 03.04).

4 **c) Eröffnungsbilanz, § 5b I 4.** Für die Eröffnungsbilanz gilt § 5b I 1–3 entspr. Anzuwenden ist auch § 150 VII AO (Datensicherheit; *KSM* § 5b Rz B 19).

5 **d) Härtefallregelung, § 5b II.** Eine unbillige Härte kann vorliegen, wenn dem StPfl nicht zuzumuten ist, die technischen Voraussetzungen für eine elektronische Übermittlung zu schaffen (BReg BT-Drs 16/10188, 24; *BMF* BStBl I 10, 47, Rz 3; *KSM* § 5b Rz C 4). Abzustellen ist auf das Verhältnis des finanziellen Aufwandes zum Umsatz/Gewinn (FG Mster EFG 21, 705, rkr); keine unbillige Härte bei einem behaupteten Ausspähungsrisiko (BFH VII R 14/17 BFH/NV 18, 1137) oder bei niedrigem Gewinn (BFH XI R 29/20 DStR 21, 1876); zu § 25 IV vgl BFH VIII R 29/19 BStBl II 21, 290.

6 **e) Rechtsfolgen bei Verstoß.** Bei (teilweiser) Nichtbefolgung der Übermittlungspflicht kann ggf ein Zwangsgeld festgesetzt werden, kein Verspätungszuschlag (*BH/Hofmeister* § 5b Rz 40); auch eine Schätzung ist mögl (*KSM* § 5b Rz B 83).

7 **3. Anwendung.** Gem § 1 AnwZpV (*BMF* BStBl I 11, 855 Rz 26) war § 5b erstmals für Wj anzuwenden, die nach dem 31.12.11 begannen. – Nach *BMF* BStBl I 11, 855 konnte eine E-Bilanz erstmalig für das Wj aufgestellt werden, das nach dem 31.12.2012 begann, also ab VZ 2013; Übermittlung erstmalig zum 31.5.14; bei abw Wj verschob sich die Erstanwendung. – Die Taxonomien 6.3 sind grds für die Bilanzen der Wj zu verwenden, die nach dem 31.12.19 beginnen (*BMF* BStBl I 19, 887; zu den Änderungen *Riepolt* StuB 19, 627), die Taxonomien 6.4 für Wj, die nach dem 31.12.20 beginnen (*BMF* BStBl I 20, 639), die Taxonomien 6.5. für Wj, die nach dem 31.12.21 beginnen (*BMF* BStBl I 21, 911; *Zwirner* BB 21, 1906). Die aktualisierten Taxonomien (bis 6.5) sind unter www.esteuer.de abrufbar.

§ 6 Bewertung

(1) Für die Bewertung der einzelnen Wirtschaftsgüter, die nach § 4 Absatz 1 oder nach § 5 als Betriebsvermögen anzusetzen sind, gilt das Folgende:

1. [1]Wirtschaftsgüter des Anlagevermögens, die der Abnutzung unterliegen, sind mit den Anschaffungs- oder Herstellungskosten oder dem an deren Stelle tretenden Wert, vermindert um die Absetzungen für Abnutzung, erhöhte Absetzungen, Sonderabschreibungen, Abzüge nach § 6b und ähnliche Abzüge, anzusetzen. [2]Ist der Teilwert auf Grund einer voraussichtlich dauernden Wertminderung niedriger, so kann dieser angesetzt werden. [3]Teilwert ist der Betrag, den ein Erwerber des ganzen Betriebs im Rahmen des Gesamtkaufpreises für das einzelne Wirtschaftsgut ansetzen würde; dabei ist davon auszugehen, dass der Erwerber den Betrieb fortführt. [4]Wirtschaftsgüter, die bereits am Schluss des vorangegangenen Wirtschaftsjahres zum Anlagevermögen des Steuerpflichtigen gehört haben, sind in den folgenden Wirtschaftsjahren gemäß Satz 1 anzusetzen, es sei denn, der Steuerpflichtige weist nach, dass ein niedrigerer Teilwert nach Satz 2 angesetzt werden kann.

1a. [1]Zu den Herstellungskosten eines Gebäudes gehören auch Aufwendungen für Instandsetzungs- und Modernisierungsmaßnahmen, die innerhalb von drei Jahren nach der Anschaffung des Gebäudes durchgeführt werden, wenn die Aufwendungen ohne die Umsatzsteuer 15 Prozent der Anschaffungskosten des Gebäudes übersteigen (anschaffungsnahe Herstellungskosten). [2]Zu diesen Aufwendungen gehören nicht die Aufwendungen für Erweiterungen im Sinne des § 255 Absatz 2 Satz 1 des Handelsgesetzbuchs sowie Aufwendungen für Erhaltungsarbeiten, die jährlich üblicherweise anfallen.

1b. [1]Bei der Berechnung der Herstellungskosten brauchen angemessene Teile der Kosten der allgemeinen Verwaltung sowie angemessene Aufwendungen für soziale Einrichtungen des Betriebs, für freiwillige soziale Leistungen und für die betriebliche Altersversorgung im Sinne des § 255 Absatz 2 Satz 3 des Handelsgesetzbuchs nicht einbezogen zu werden, soweit diese auf den Zeitraum der Herstellung entfallen. [2]Das Wahlrecht ist bei Gewinnermittlung nach § 5 in Übereinstimmung mit der Handelsbilanz auszuüben.

2. [1]Andere als die in Nummer 1 bezeichneten Wirtschaftsgüter des Betriebs (Grund und Boden, Beteiligungen, Umlaufvermögen) sind mit den Anschaffungs- oder Herstellungskosten oder dem an deren Stelle tretenden Wert, vermindert um Abzüge nach § 6b und ähnliche Abzüge, anzusetzen. [2]Ist der Teilwert (Nummer 1 Satz 3) auf Grund einer voraussichtlich dauernden Wertminderung niedriger, so kann dieser angesetzt werden. [3]Nummer 1 Satz 4 gilt entsprechend.

2a. [1]Steuerpflichtige, die den Gewinn nach § 5 ermitteln, können für den Wertansatz gleichartiger Wirtschaftsgüter des Vorratsvermögens unterstellen, dass die zuletzt angeschafften oder hergestellten Wirtschaftsgüter zuerst verbraucht oder veräußert worden sind, soweit dies den handelsrechtlichen Grundsätzen ordnungsmäßiger Buchführung entspricht. [2]Der Vorratsbestand am Schluss des Wirtschaftsjahres, das der erstmaligen Anwendung der Bewertung nach Satz 1 vorangeht, gilt mit seinem Bilanzansatz als erster Zugang des neuen Wirtschaftsjahres. [3]Von der Verbrauchs- oder Veräußerungsfolge nach Satz 1 kann in den folgenden Wirtschaftsjahren nur mit Zustimmung des Finanzamts abgewichen werden.

2b. [1]Steuerpflichtige, die in den Anwendungsbereich des § 340 des Handelsgesetzbuchs fallen, haben die zu Handelszwecken erworbenen Finanzinstrumente, die nicht in einer Bewertungseinheit im Sinne des § 5 Absatz 1a

§ 6

Satz 2 abgebildet werden, mit dem beizulegenden Zeitwert abzüglich eines Risikoabschlages (§ 340e Absatz 3 des Handelsgesetzbuchs) zu bewerten. ²Nummer 2 Satz 2 ist nicht anzuwenden.

3. ¹Verbindlichkeiten sind unter sinngemäßer Anwendung der Vorschriften der Nummer 2 anzusetzen und mit einem Zinssatz von 5,5 Prozent abzuzinsen. ²Ausgenommen von der Abzinsung sind Verbindlichkeiten, deren Laufzeit am Bilanzstichtag weniger als zwölf Monate beträgt, und Verbindlichkeiten, die verzinslich sind oder auf einer Anzahlung oder Vorausleistung beruhen.

3a. Rückstellungen sind höchstens insbesondere unter Berücksichtigung folgender Grundsätze anzusetzen:
   a) bei Rückstellungen für gleichartige Verpflichtungen ist auf der Grundlage der Erfahrungen in der Vergangenheit aus der Abwicklung solcher Verpflichtungen die Wahrscheinlichkeit zu berücksichtigen, dass der Steuerpflichtige nur zu einem Teil der Summe dieser Verpflichtungen in Anspruch genommen wird;
   b) Rückstellungen für Sachleistungsverpflichtungen sind mit den Einzelkosten und den angemessenen Teilen der notwendigen Gemeinkosten zu bewerten;
   c) künftige Vorteile, die mit der Erfüllung der Verpflichtung voraussichtlich verbunden sein werden, sind, soweit sie nicht als Forderung zu aktivieren sind, bei ihrer Bewertung wertmindernd zu berücksichtigen;
   d) Rückstellungen für Verpflichtungen, für deren Entstehen im wirtschaftlichen Sinne der laufende Betrieb ursächlich ist, sind zeitanteilig in gleichen Raten anzusammeln. ²Rückstellungen für gesetzliche Verpflichtungen zur Rücknahme und Verwertung von Erzeugnissen, die vor Inkrafttreten entsprechender gesetzlicher Verpflichtungen in Verkehr gebracht worden sind, sind zeitanteilig in gleichen Raten bis zum Beginn der jeweiligen Erfüllung anzusammeln; Buchstabe e ist insoweit nicht anzuwenden. ³Rückstellungen für die Verpflichtung, ein Kernkraftwerk stillzulegen, sind ab dem Zeitpunkt der erstmaligen Nutzung bis zum Zeitpunkt, in dem mit der Stilllegung begonnen werden muss, zeitanteilig in gleichen Raten anzusammeln; steht der Zeitpunkt der Stilllegung nicht fest, beträgt der Zeitraum für die Ansammlung 25 Jahre;
   e) Rückstellungen für Verpflichtungen sind mit einem Zinssatz von 5,5 Prozent abzuzinsen; Nummer 3 Satz 2 ist entsprechend anzuwenden. ²Für die Abzinsung von Rückstellungen für Sachleistungsverpflichtungen ist der Zeitraum bis zum Beginn der Erfüllung maßgebend. ³Für die Abzinsung von Rückstellungen für die Verpflichtung, ein Kernkraftwerk stillzulegen, ist der sich aus Buchstabe d Satz 3 ergebende Zeitraum maßgebend; und
   f) bei der Bewertung sind die Wertverhältnisse am Bilanzstichtag maßgebend; künftige Preis- und Kostensteigerungen dürfen nicht berücksichtigt werden.

4. ¹Entnahmen des Steuerpflichtigen für sich, für seinen Haushalt oder für andere betriebsfremde Zwecke sind mit dem Teilwert anzusetzen; die Entnahme ist in den Fällen des § 4 Absatz 1 Satz 3 erster Halbsatz mit dem gemeinen Wert und in den Fällen des § 4 Absatz 1 Satz 3 zweiter Halbsatz mit dem Wert anzusetzen, den der andere Staat der Besteuerung zugrunde legt, höchstens jedoch mit dem gemeinen Wert. ²Die private Nutzung eines Kraftfahrzeugs, das zu mehr als 50 Prozent betrieblich genutzt wird, ist für jeden Kalendermonat mit 1 Prozent des inländischen Listenpreises im Zeitpunkt der Erstzulassung zuzüglich der Kosten für Sonderausstattung einschließlich Umsatzsteuer anzusetzen; bei der privaten Nutzung von Fahrzeugen mit Antrieb ausschließlich durch Elektromotoren, die ganz

Bewertung § 6

oder überwiegend aus mechanischen oder elektrochemischen Energiespeichern oder aus emissionsfrei betriebenen Energiewandlern gespeist werden (Elektrofahrzeuge), oder von extern aufladbaren Hybridelektrofahrzeugen, ist der Listenpreis dieser Kraftfahrzeuge
1. soweit die Nummern 2, 3 oder 4 nicht anzuwenden sind und bei Anschaffung vor dem 1. Januar 2023 um die darin enthaltenen Kosten des Batteriesystems im Zeitpunkt der Erstzulassung des Kraftfahrzeugs wie folgt zu mindern: für bis zum 31. Dezember 2013 angeschaffte Kraftfahrzeuge um 500 Euro pro Kilowattstunde der Batteriekapazität, dieser Betrag mindert sich für in den Folgejahren angeschaffte Kraftfahrzeuge um jährlich 50 Euro pro Kilowattstunde der Batteriekapazität; die Minderung pro Kraftfahrzeug beträgt höchstens 10 000 Euro; dieser Höchstbetrag mindert sich für in den Folgejahren angeschaffte Kraftfahrzeuge um jährlich 500 Euro, oder
2. soweit Nummer 3 nicht anzuwenden ist und bei Anschaffung nach dem 31. Dezember 2018 und vor dem 1. Januar 2022 nur zur Hälfte anzusetzen; bei extern aufladbaren Hybridelektrofahrzeugen muss das Fahrzeug die Voraussetzungen des § 3 Absatz 2 Nummer 1 oder 2 der Elektromobilitätsgesetzes erfüllen, oder
3. bei Anschaffung nach dem 31. Dezember 2018 und vor dem 1. Januar 2031 nur zu einem Viertel anzusetzen, wenn das Kraftfahrzeug keine Kohlendioxidemission je gefahrenen Kilometer hat und der Bruttolistenpreis des Kraftfahrzeugs nicht mehr als 60 000 Euro beträgt, oder
4. soweit Nummer 3 nicht anzuwenden ist und bei Anschaffung nach dem 31. Dezember 2021 und vor dem 1. Januar 2025 nur zur Hälfte anzusetzen, wenn das Kraftfahrzeug
   a) eine Kohlendioxidemission von höchstens 50 Gramm je gefahrenen Kilometer hat oder
   b) die Reichweite des Fahrzeugs unter ausschließlicher Nutzung der elektrischen Antriebsmaschine mindestens 60 Kilometer beträgt, oder
5. soweit Nummer 3 nicht anzuwenden ist und bei Anschaffung nach dem 31. Dezember 2024 und vor dem 1. Januar 2031 nur zur Hälfte anzusetzen, wenn das Kraftfahrzeug
   a) eine Kohlendioxidemission von höchstens 50 Gramm je gefahrenen Kilometer hat oder
   b) die Reichweite des Fahrzeugs unter ausschließlicher Nutzung der elektrischen Antriebsmaschine mindestens 80 Kilometer beträgt,

die maßgebliche Kohlendioxidemission sowie die Reichweite des Kraftfahrzeugs unter ausschließlicher Nutzung der elektrischen Antriebsmaschine ist der Übereinstimmungsbescheinigung nach Anhang IX der Richtlinie 2007/46/EG oder aus der Übereinstimmungsbescheinigung nach Artikel 38 der Verordnung (EU) Nr. 168/2013 zu entnehmen. ³Die private Nutzung kann abweichend von Satz 2 mit den auf die Privatfahrten entfallenden Aufwendungen angesetzt werden, wenn die für das Kraftfahrzeug insgesamt entstehenden Aufwendungen durch Belege und das Verhältnis der privaten zu den übrigen Fahrten durch ein ordnungsgemäßes Fahrtenbuch nachgewiesen werden; bei der privaten Nutzung von Fahrzeugen mit Antrieb ausschließlich durch Elektromotoren, die ganz oder überwiegend aus mechanischen oder elektrochemischen Energiespeichern oder aus emissionsfrei betriebenen Energiewandlern gespeist werden (Elektrofahrzeuge), oder von extern aufladbaren Hybridelektrofahrzeugen, sind
1. soweit die Nummern 2, 3 oder 4 nicht anzuwenden sind und bei Anschaffung vor dem 1. Januar 2023 die der Berechnung der Entnahme zugrunde zu legenden insgesamt entstandenen Aufwendungen um Aufwendungen für das Batteriesystem zu mindern; dabei ist bei zum Be-

§ 6

triebsvermögens des Steuerpflichtigen gehörenden Elektro- und Hybridelektrofahrzeugen die der Berechnung der Absetzungen für Abnutzung zugrunde zu legende Bemessungsgrundlage um die nach Satz 2 in pauschaler Höhe festgelegten Aufwendungen zu mindern, wenn darin Kosten für ein Batteriesystem enthalten sind, oder

2. soweit Nummer 3 nicht anzuwenden ist und bei Anschaffung nach dem 31. Dezember 2018 und vor dem 1. Januar 2022 bei der Ermittlung der insgesamt entstandenen Aufwendungen die Anschaffungskosten für das Kraftfahrzeug oder vergleichbare Aufwendungen nur zur Hälfte zu berücksichtigen; bei extern aufladbaren Hybridelektrofahrzeugen muss das Fahrzeug die Voraussetzungen des § 3 Absatz 2 Nummer 1 oder 2 des Elektromobilitätsgesetzes erfüllen, oder
3. bei Anschaffung nach dem 31. Dezember 2018 und vor dem 1. Januar 2031 bei der Ermittlung der insgesamt entstandenen Aufwendungen die Anschaffungskosten für das Kraftfahrzeug oder vergleichbare Aufwendungen nur zu einem Viertel zu berücksichtigen, wenn das Kraftfahrzeug keine Kohlendioxidemission je gefahrenen Kilometer hat, und der Bruttolistenpreis des Kraftfahrzeugs nicht mehr als 60 000 Euro beträgt, oder
4. soweit Nummer 3 nicht anzuwenden ist und bei Anschaffung nach dem 31. Dezember 2021 und vor dem 1. Januar 2025 bei der Ermittlung der insgesamt entstandenen Aufwendungen die Anschaffungskosten für das Kraftfahrzeug oder vergleichbare Aufwendungen nur zur Hälfte zu berücksichtigen, wenn das Kraftfahrzeug
   a) eine Kohlendioxidemission von höchstens 50 Gramm je gefahrenen Kilometer hat oder
   b) die Reichweite des Kraftfahrzeugs unter ausschließlicher Nutzung der elektrischen Antriebsmaschine mindestens 60 Kilometer beträgt, oder
5. soweit Nummer 3 nicht anzuwenden ist und bei Anschaffung nach dem 31. Dezember 2024 und vor dem 1. Januar 2031 bei der Ermittlung der insgesamt entstandenen Aufwendungen die Anschaffungskosten für das Kraftfahrzeug oder vergleichbare Aufwendungen nur zur Hälfte zu berücksichtigen, wenn das Kraftfahrzeug
   a) eine Kohlendioxidemission von höchstens 50 Gramm je gefahrenen Kilometer hat oder
   b) die Reichweite des Kraftfahrzeugs unter ausschließlicher Nutzung der elektrischen Antriebsmaschine mindestens 80 Kilometer beträgt,

die maßgebliche Kohlendioxidemission sowie die Reichweite des Kraftfahrzeugs unter ausschließlicher Nutzung der elektrischen Antriebsmaschine ist der Übereinstimmungsbescheinigung nach Anhang IX der Richtlinie 2007/46/EG oder aus der Übereinstimmungsbescheinigung nach Artikel 38 der Verordnung (EU) Nr. 168/2013 zu entnehmen. [4]Wird ein Wirtschaftsgut unmittelbar nach seiner Entnahme einer nach § 5 Absatz 1 Nummer 9 des Körperschaftsteuergesetzes von der Körperschaftsteuer befreiten Körperschaft, Personenvereinigung oder Vermögensmasse oder einer juristischen Person des öffentlichen Rechts zur Verwendung für steuerbegünstigte Zwecke im Sinne des § 10b Absatz 1 Satz 1 unentgeltlich überlassen, so kann die Entnahme mit dem Buchwert angesetzt werden. [5]Satz 4 gilt nicht für die Entnahme von Nutzungen und Leistungen. [6]Die private Nutzung eines betrieblichen Fahrrads, das kein Kraftfahrzeug im Sinne des Satzes 2 ist, bleibt außer Ansatz.

5. [1]Einlagen sind mit dem Teilwert für den Zeitpunkt der Zuführung anzusetzen; sie sind jedoch höchstens mit den Anschaffungs- oder Herstellungskosten anzusetzen, wenn das zugeführte Wirtschaftsgut

Bewertung § 6

    a) innerhalb der letzten drei Jahre vor dem Zeitpunkt der Zuführung angeschafft oder hergestellt worden ist,
    b) ein Anteil an einer Kapitalgesellschaft ist und der Steuerpflichtige an der Gesellschaft im Sinne des § 17 Absatz 1 oder Absatz 6 beteiligt ist; § 17 Absatz 2 Satz 5 gilt entsprechend, oder
    c) ein Wirtschaftsgut im Sinne des § 20 Absatz 2 oder im Sinne des § 2 Absatz 4 des Investmentsteuergesetzes ist.
²Ist die Einlage ein abnutzbares Wirtschaftsgut, so sind die Anschaffungs- oder Herstellungskosten um Absetzungen für Abnutzung zu kürzen, die auf den Zeitraum zwischen der Anschaffung oder Herstellung des Wirtschaftsguts und der Einlage entfallen. ³Ist die Einlage ein Wirtschaftsgut, das vor der Zuführung aus einem Betriebsvermögen des Steuerpflichtigen entnommen worden ist, so tritt an die Stelle der Anschaffungs- oder Herstellungskosten der Wert, mit dem die Entnahme angesetzt worden ist, und an die Stelle des Zeitpunkts der Anschaffung oder Herstellung der Zeitpunkt der Entnahme.
5a. In den Fällen des § 4 Absatz 1 Satz 8 zweiter Halbsatz ist das Wirtschaftsgut mit dem gemeinen Wert anzusetzen; unterliegt der Steuerpflichtige in einem anderen Staat der Besteuerung auf Grund des Ausschlusses oder der Beschränkung des Besteuerungsrechts dieses Staates, ist das Wirtschaftsgut mit dem Wert anzusetzen, den der andere Staat der Besteuerung zugrunde legt, höchstens jedoch mit dem gemeinen Wert.
5b. Im Fall des § 4 Absatz 1 Satz 9 ist das Wirtschaftsgut jeweils mit dem Wert anzusetzen, den der andere Staat der Besteuerung zugrunde legt, höchstens jedoch mit dem gemeinen Wert.
6. Bei Eröffnung eines Betriebs ist Nummer 5 entsprechend anzuwenden.
7. Bei entgeltlichem Erwerb eines Betriebs sind die Wirtschaftsgüter mit dem Teilwert, höchstens jedoch mit den Anschaffungs- oder Herstellungskosten anzusetzen.

(2) ¹Die Anschaffungs- oder Herstellungskosten oder der nach Absatz 1 Nummer 5 bis 6 an deren Stelle tretende Wert von abnutzbaren beweglichen Wirtschaftsgütern des Anlagevermögens, die einer selbständigen Nutzung fähig sind, können im Wirtschaftsjahr der Anschaffung, Herstellung oder Einlage des Wirtschaftsguts oder der Eröffnung des Betriebs in voller Höhe als Betriebsausgaben abgezogen werden, wenn die Anschaffungs- oder Herstellungskosten, vermindert um einen darin enthaltenen Vorsteuerbetrag (§ 9b Absatz 1), oder der nach Absatz 1 Nummer 5 bis 6 an deren Stelle tretende Wert für das einzelne Wirtschaftsgut 800 Euro nicht übersteigen. ²Ein Wirtschaftsgut ist einer selbständigen Nutzung nicht fähig, wenn es nach seiner betrieblichen Zweckbestimmung nur zusammen mit anderen Wirtschaftsgütern des Anlagevermögens genutzt werden kann und die in den Nutzungszusammenhang eingefügten Wirtschaftsgüter technisch aufeinander abgestimmt sind. ³Das gilt auch, wenn das Wirtschaftsgut aus dem betrieblichen Nutzungszusammenhang gelöst und in einen anderen betrieblichen Nutzungszusammenhang eingefügt werden kann. ⁴Wirtschaftsgüter im Sinne des Satzes 1, deren Wert 250 Euro übersteigt, sind unter Angabe des Tages der Anschaffung, Herstellung oder Einlage des Wirtschaftsguts oder der Eröffnung des Betriebs und der Anschaffungs- oder Herstellungskosten oder des nach Absatz 1 Nummer 5 bis 6 an deren Stelle tretenden Werts in ein besonderes, laufend zu führendes Verzeichnis aufzunehmen. ⁵Das Verzeichnis braucht nicht geführt zu werden, wenn diese Angaben aus der Buchführung ersichtlich sind.

(2a) ¹Abweichend von Absatz 2 Satz 1 kann für die abnutzbaren beweglichen Wirtschaftsgüter des Anlagevermögens, die einer selbständigen Nutzung fähig sind, im Wirtschaftsjahr der Anschaffung, Herstellung oder Einlage des Wirtschaftsguts oder der Eröffnung des Betriebs ein Sammelposten gebildet werden, wenn die Anschaffungs- oder Herstellungskosten, vermindert um einen darin enthaltenen Vorsteuerbetrag (§ 9b Absatz 1), oder der nach Absatz 1 Nummer 5 bis 6 an deren Stelle tretende Wert für das einzelne Wirtschaftsgut 250 Euro, aber nicht 1000 Euro übersteigen. ²Der Sammelposten ist im Wirtschaftsjahr der Bildung und den folgenden vier Wirtschaftsjahren mit jeweils einem Fünftel gewinnmindernd aufzulösen. ³Scheidet ein Wirtschaftsgut im Sinne des Satzes 1 aus dem Betriebsvermögen aus, wird der Sammelposten nicht vermindert. ⁴Die Anschaffungs- oder Herstellungskosten oder der nach Absatz 1 Nummer 5 bis 6 an deren Stelle tretende Wert von abnutzbaren beweglichen Wirtschaftsgütern des Anlagevermögens, die einer selbständigen Nutzung fähig sind, können im Wirtschaftsjahr der Anschaffung, Herstellung oder Einlage des Wirtschaftsguts oder der Eröffnung des Betriebs in voller Höhe als Betriebsausgaben abgezogen werden, wenn die Anschaffungs- oder Herstellungskosten, vermindert um einen darin enthaltenen Vorsteuerbetrag (§ 9b Absatz 1), oder der nach Absatz 1 Nummer 5 bis 6 an deren Stelle tretende Wert für das einzelne Wirtschaftsgut 250 Euro nicht übersteigen. ⁵Die Sätze 1 bis 3 sind für alle in einem Wirtschaftsjahr angeschafften, hergestellten oder eingelegten Wirtschaftsgüter einheitlich anzuwenden.

(3) ¹Wird ein Betrieb, ein Teilbetrieb oder der Anteil eines Mitunternehmers an einem Betrieb unentgeltlich übertragen, so sind bei der Ermittlung des Gewinns des bisherigen Betriebsinhabers (Mitunternehmers) die Wirtschaftsgüter mit den Werten anzusetzen, die sich nach den Vorschriften über die Gewinnermittlung ergeben, sofern die Besteuerung der stillen Reserven sichergestellt ist; dies gilt auch bei der unentgeltlichen Aufnahme einer natürlichen Person in ein bestehendes Einzelunternehmen sowie bei der unentgeltlichen Übertragung eines Teils eines Mitunternehmeranteils auf eine natürliche Person. ²Satz 1 ist auch anzuwenden, wenn der bisherige Betriebsinhaber (Mitunternehmer) Wirtschaftsgüter, die weiterhin zum Betriebsvermögen derselben Mitunternehmerschaft gehören, nicht überträgt, sofern der Rechtsnachfolger den übernommenen Mitunternehmeranteil über einen Zeitraum von mindestens fünf Jahren nicht veräußert oder aufgibt. ³Der Rechtsnachfolger ist an die in Satz 1 genannten Werte gebunden.

(4) Wird ein einzelnes Wirtschaftsgut außer in den Fällen der Einlage (§ 4 Absatz 1 Satz 8) unentgeltlich in das Betriebsvermögen eines anderen Steuerpflichtigen übertragen, gilt sein gemeiner Wert für das aufnehmende Betriebsvermögen als Anschaffungskosten.

(5) ¹Wird ein einzelnes Wirtschaftsgut von einem Betriebsvermögen in ein anderes Betriebsvermögen desselben Steuerpflichtigen überführt, ist bei der Überführung der Wert anzusetzen, der sich nach den Vorschriften über die Gewinnermittlung ergibt, sofern die Besteuerung der stillen Reserven sichergestellt ist; § 4 Absatz 1 Satz 4 ist entsprechend anzuwenden. ²Satz 1 gilt auch für die Überführung aus einem eigenen Betriebsvermögen des Steuerpflichtigen in dessen Sonderbetriebsvermögen bei einer Mitunternehmerschaft und umgekehrt sowie für die Überführung zwischen verschiedenen Sonderbetriebsvermögen desselben Steuerpflichtigen bei verschiedenen Mitunternehmerschaften. ³Satz 1 gilt entsprechend, soweit ein Wirtschaftsgut

1. unentgeltlich oder gegen Gewährung oder Minderung von Gesellschaftsrechten aus einem Betriebsvermögen des Mitunternehmers in das Gesamthandsvermögen einer Mitunternehmerschaft und umgekehrt,
2. unentgeltlich oder gegen Gewährung oder Minderung von Gesellschaftsrechten aus dem Sonderbetriebsvermögen eines Mitunternehmers in das

Gesamthandsvermögen derselben Mitunternehmerschaft oder einer anderen Mitunternehmerschaft, an der er beteiligt ist, und umgekehrt oder
3. unentgeltlich zwischen den jeweiligen Sonderbetriebsvermögen verschiedener Mitunternehmer derselben Mitunternehmerschaft
übertragen wird. ⁴Wird das nach Satz 3 übertragene Wirtschaftsgut innerhalb einer Sperrfrist veräußert oder entnommen, ist rückwirkend auf den Zeitpunkt der Übertragung der Teilwert anzusetzen, es sei denn, die bis zur Übertragung entstandenen stillen Reserven sind durch Erstellung einer Ergänzungsbilanz dem übertragenden Gesellschafter zugeordnet worden; diese Sperrfrist endet drei Jahre nach Abgabe der Steuererklärung des Übertragenden für den Veranlagungszeitraum, in dem die in Satz 3 bezeichnete Übertragung erfolgt ist. ⁵Der Teilwert ist auch anzusetzen, soweit in den Fällen des Satzes 3 der Anteil einer Körperschaft, Personenvereinigung oder Vermögensmasse an dem Wirtschaftsgut unmittelbar oder mittelbar begründet wird oder dieser sich erhöht. ⁶Soweit innerhalb von sieben Jahren nach der Übertragung des Wirtschaftsguts nach Satz 3 der Anteil einer Körperschaft, Personenvereinigung oder Vermögensmasse an dem übertragenen Wirtschaftsgut aus einem anderen Grund unmittelbar oder mittelbar begründet wird oder dieser sich erhöht, ist rückwirkend auf den Zeitpunkt der Übertragung ebenfalls der Teilwert anzusetzen.

(6) ¹Wird ein einzelnes Wirtschaftsgut im Wege des Tausches übertragen, bemessen sich die Anschaffungskosten nach dem gemeinen Wert des hingegebenen Wirtschaftsguts. ²Erfolgt die Übertragung im Wege der verdeckten Einlage, erhöhen sich die Anschaffungskosten der Beteiligung an der Kapitalgesellschaft um den Teilwert des eingelegten Wirtschaftsguts. ³In den Fällen des Absatzes 1 Nummer 5 Satz 1 Buchstabe a erhöhen sich die Anschaffungskosten im Sinne des Satzes 2 um den Einlagewert des Wirtschaftsguts. ⁴Absatz 5 bleibt unberührt.

(7) Im Fall des § 4 Absatz 3 sind
1. bei der Bemessung der Absetzungen für Abnutzung oder Substanzverringerung die sich bei der Anwendung der Absätze 3 bis 6 ergebenden Werte als Anschaffungskosten zugrunde zu legen und
2. die Bewertungsvorschriften des Absatzes 1 Nummer 1a und der Nummern 4 bis 7 entsprechend anzuwenden.

Einkommensteuer-Richtlinien: EStR 6.1–6.15/EStH 6.1–6.15. – *Verwaltungsanweisungen:* BMF BStBl I 03, 386 *(Abgrenzung AK/HK/Erhaltungsaufwand);* BMF BStBl I 05, 699 *(Abzinsung);* BMF BStBl I 09, 1326 *(Pkw-Privatnutzung)* mit Änderung durch BMF BStBl I 12, 1099; BMF BStBl I 10, 755 *(GWG und SammelpostenWG);* BMF BStBl I 11, 713 *(Einbringung von PV in PersGes);* BMF BStBl I 11, 1279 *(Zweifelsfragen zu Abs 5);* BMF BStBl I 15, 462 *(LiFo);* BMF BStBl I 16, 995 *(voraussichtl dauernde Wertminderung);* BMF BStBl I 19, 1291 *(Zweifelsfragen zu Abs 3)* mit Änderung durch BMF BStBl I 21, 696; BMF BStBl I 21, 2205 *(ElektroKfz).*

Übersicht

	Rz
I. Allgemeines	
1. Überblick	1–3
2. Verhältnis zu handelsrechtlichen Bewertungsvorschriften	5–22
II. Anschaffungskosten	
1. Begriff der Anschaffungskosten	31–37
2. Umfang der Anschaffungskosten	41–67
3. Zuschüsse	71–79
4. Anschaffungskosten bei Übernahme oder Eingehung von Verbindlichkeiten oder dinglichen Lasten	81–94

	Rz
5. Anschaffungskosten und Rücklage bei Übertragung stiller Reserven nach Ersatzbeschaffung	101–115
6. Aufteilung von Anschaffungskosten bei Gesamtkaufpreis	118–126
7. Anschaffungskosten bei unentgeltlichem und teilentgeltlichem Erwerb	130–137
8. ABC der Anschaffungskosten	140

III. Herstellungskosten

1. Begriff der Herstellungskosten	151–156
2. Zu Herstellungskosten führende Vorgänge	161–189
a) Herstellung eines Wirtschaftsguts	162–167
b) Erweiterung eines Wirtschaftsguts	171–175
c) Wesentliche Verbesserung	181–189
3. Umfang der Herstellungskosten, § 255 II, III HGB	191–210
4. Gebäudeherstellungskosten	211–217
5. ABC der Herstellungskosten	220

IV. Teilwert, § 6 I Nr 1 S 3

1. Begriff und Bedeutung	231–237
2. Teilwertvermutungen	241–248
3. Maßstäbe für Schätzung des Teilwerts	250–263
4. Besonderheiten der Teilwertschätzung bei einzelnen Wirtschaftsgütern	271–322
a) Grundstücke; Gebäude	271–276
b) Anteile an Kapitalgesellschaften	278–288
c) Forderungen	291–310
d) Geschäftswert	311–320
e) Immaterielle Einzelwirtschaftsgüter	322
5. ABC des Teilwerts	330

V. Abnutzbares Anlagevermögen, § 6 I Nr 1–1b

1. Bewertungsgrundsätze	341
2. Begriffe Anlagevermögen/Umlaufvermögen	343–349
3. Von § 6 I Nr 1 erfasste Wirtschaftsgüter	351–354
4. Teilwertabschreibung, § 6 I Nr 1 S 2, 3, Nr 2 S 2	359–375
a) Persönlicher Anwendungsbereich	360
b) Verhältnis zur Handelsbilanz	361–363
c) Voraussichtlich dauernde Wertminderung	364–375
5. Wertaufholungsgebot, § 6 I Nr 1 S 4, Nr 2 S 3	376–379
6. Anschaffungsnahe Herstellungskosten bei Gebäuden, § 6 I Nr 1a	381–390
7. Wahlrechte bei Herstellungskosten, § 6 I Nr 1b	393

VI. Nicht abnutzbares Anlagevermögen und Umlaufvermögen, § 6 I Nr 2–2b

1. Bewertungsgrundsätze, § 6 I Nr 2	401
2. Von § 6 I Nr 2 zu bewertende Wirtschaftsgüter	403–407
3. LiFo-Verfahren, § 6 I Nr 2a	411–423
4. Finanzinstrumente des Handelsbestands bei Kreditinstituten, § 6 I Nr 2b	427, 428

VII. Verbindlichkeiten und Rückstellungen, § 6 I Nr 3, 3a

1. Ansatz von Verbindlichkeiten mit dem Nennwert	441–448
2. Ansatz von Verbindlichkeiten mit höherem Teilwert	451
3. Abzinsung von Verbindlichkeiten, § 6 I Nr 3 S 1 HS 2	453–463
4. Bewertung von Rückstellungen, § 6 I Nr 3a	471–501

VIII. Entnahmen und Einlagen, § 6 I Nr 4–7

1. Bewertung von Entnahmen, § 6 I Nr 4 S 1	511–522
2. Bewertung der privaten Nutzung betrieblicher Kraftfahrzeuge, § 6 I Nr 4 S 2, 3	525–574
a) 1 %-Regelung, § 6 I Nr 4 S 2	526–554
b) Fahrtenbuchmethode, § 6 I Nr 4 S 3	558–570

Übersicht

	Rz
c) Gestaltungsmöglichkeiten	572
d) Anwendung in Gesellschaftsverhältnissen	573, 574
3. Buchwertentnahmen bei Sachspende, § 6 I Nr 4 S 4, 5	581
4. Privatnutzung betrieblicher Fahrräder, § 6 I Nr 4 S 6	583
5. ABC der Bewertung von Entnahmen	585
6. Bewertung von Einlagen, § 6 I Nr 5	591–607
7. Begrenzung des Einlagewerts	611–622
8. ABC der Bewertung von Einlagen	625
9. Wertansatz bei Begründung des deutschen Besteuerungsrechts, § 6 I Nr 5a, 5b	631
10. Wertansatz bei Betriebseröffnung, § 6 I Nr 6	633–635
11. Wertansatz bei entgeltlichem Erwerb eines Betriebs, § 6 I Nr 7	638–644

IX. Bewertungsvereinfachung, § 6 II, IIa

1. Überblick	651
2. Sofortabschreibung geringwertiger Wirtschaftsgüter, § 6 II	652–665
3. Sammelposten/Poolabschreibung, § 6 IIa	671–679

X. Wertansatz bei unentgeltlicher Übertragung, § 6 III, IV

1. Überblick zu § 6 III–VI	691, 692
2. Unentgeltliche Übertragung betrieblicher Einheiten, § 6 III	694–727
3. Aufnahme in ein Einzelunternehmen; Übertragung von Teilanteilen	731–748
4. Unentgeltliche Übertragung einzelner Wirtschaftsgüter aus betrieblichen Gründen, § 6 IV	751–756

XI. Überführungen bei mehreren Betrieben; Übertragungen bei Mitunternehmerschaften, § 6 V

1. Buchwertüberführung einzelner Wirtschaftsgüter zwischen verschiedenen Betriebsvermögen desselben Steuerpflichtigen, § 6 V 1	761–766
2. Buchwertüberführung bei Mitunternehmerschaft *ohne* Rechtsträgerwechsel, § 6 V 2	769–771
3. Buchwertübertragung bei Mitunternehmerschaften *mit* Rechtsträgerwechsel, § 6 V 3	775–818
a) Überblick	775
b) Persönlicher Anwendungsbereich	777
c) Übertragung zwischen eigenem Betriebsvermögen und Gesamthandsbetriebsvermögen einer Mitunternehmerschaft, § 6 V 3 Nr 1	778–797
d) Übertragung zwischen Sonderbetriebsvermögen und Gesamthandsbetriebsvermögen, § 6 V 3 Nr 2	799–801
e) Übertragung zwischen Sonderbetriebsvermögen verschiedener Mitunternehmer derselben Mitunternehmerschaft, § 6 V 3 Nr 3	803
f) Übertragung zwischen Schwesterpersonengesellschaften	805–809
g) Rechtsfolgen des S 3	813–816
h) Verhältnis von S 3 zu anderen Vorschriften	818
4. Teilwertansatz bei Veräußerung oder Entnahme des Wirtschaftsguts innerhalb einer dreijährigen Sperrfrist, § 6 V 4	825–832
5. Teilwertansatz bei Übertragung des Wirtschaftsguts auf Körperschaften, § 6 V 5, 6	835–841

XII. Bewertung bei Tausch und verdeckter Einlage, § 6 VI

1. Tausch, § 6 VI 1	851–855
2. Verdeckte Einlage in Kapitalgesellschaft, § 6 VI 2	861–884

XIII. Anwendung des § 6 bei Einnahmen-Überschuss-Rechnung, § 6 VII | 890 |

I. Allgemeines

1. Überblick. Allg Schrifttum s § 5 vor Rz 1. – **a) Norminhalt.** § 6 I regelt die Bewertung der WG, die bei Gewinnermittlung nach § 4 I oder § 5 als BV anzusetzen sind. **Zentraler Bewertungsmaßstab** für die aktiven WG sind die **AK/HK** (§ 6 I Nr 1–2a), ggf gemindert um AfA; nachrangiger Bewertungsmaßstab ist der (niedrigere) TW. Die Begriffe der AK/HK sind durch § 255 HGB geprägt; diese Begriffsbestimmungen gelten für alle Gewinnermittlungsarten und auch für die Überschusseinkünfte (s Rz 32, 151). Spiegelbildl gelten diese Maßstäbe auch für WG der Passivseite (§ 6 I Nr 3, 3a). Regelbewertungsmaßstab für **Entnahme- und Einlagevorgänge** ist hingegen der TW; die (fortgeführten) AK/HK gelten hier nur nachrangig (§ 6 I Nr 4–7). – § 6 II, IIa enthalten Spezialregelungen über den Ansatz von GWG. § 6 III–V regeln **unentgeltl Übertragungs- und Überführungsvorgänge**, § 6 VI behandelt den **Tausch** und die verdeckte Einlage, § 6 VII betrifft die Anwendung des § 6 in den Fällen des § 4 III. – **Steuerrechtl Spezialvorschriften** sind ggü § 6 vorrangig. Dies gilt insb für stfreie Rücklagen (zB § 6b, RfE nach EStR 6.6), die Wertansätze bei Betriebsaufgabe (§ 16 III), für Anteile an KapGes im PV (§ 17 II) und die Bewertungsvorschriften des UmwStG.

b) Anwendungsbereich. Unmittelbar gilt § 6 nur bei Gewinnermittlung nach § 4 I oder § 5 (Wortlaut des Einleitungssatzes des § 6 I), und zwar auch für KSt und GewSt (§ 8 I KStG, § 7 S 1 GewStG). In den Fällen des § 4 III gelten Abs 1 Nr 1a, 4–7 sowie Abs 2–6 (s § 6 VII und Rz 890). Für die **Überschusseinkünfte** gilt § 6 grds nicht. Ausnahmen sind Abs 1 Nr 1a und Abs 2, die durch § 9 V 2 bzw § 9 I 3 Nr 7 S 2 für anwendbar erklärt werden.

c) Rechtsentwicklung. Zu den zahlreichen Änderungen des § 6 s *HHR* § 6 Rz 2. – **Jüngste Änderungen ab VZ 20:** Durch das **JStG 2019** (BGBl I 19, 2451) und das **CoronaStHG II** (BGBl I 20, 1512) wurde die Subventionierung der privaten Nutzung von betriebl ElektroKfz (Abs 1 Nr 4 S 2, 3; s Rz 547 ff) und Fahrrädern (Abs 1 Nr 4 S 6; s Rz 583) erhebl ausgeweitet. Das **ATADUmsG** (BGBl I 21, 2035) hat neue Bewertungsmaßstäbe für Ent- und Verstrickungsfälle mit sich gebracht (§ 6 I Nr 4, 5a, 5b, s Rz 515, 631). – Zu den Änderungen von VZ 2010–2019 s *Schmidt* 35. Aufl § 6 Rz 3 bzw *Schmidt* 39. Aufl § 6 Rz 3.

2. Verhältnis zu den handelsrechtlichen Bewertungsvorschriften. – a) Maßgeblichkeit. Die GoB (im Bereich der Bewertung stark geprägt durch die Vorschriften der §§ 252–256a HGB) gelten infolge der in § 5 I 1 angeordneten **materiellen Maßgeblichkeit** (ausführl § 5 Rz 26 ff) auch für die StB. Die materiellen GoB sind aber nicht nur von den durch § 5 I erfassten Kaufleuten zu beachten, sondern auch bei jeder Gewinnermittlung durch Betriebsvermögensvergleich nach § 4 I (zB bilanzierende Landwirte und Kleingewerbetreibende. Soweit § 6 allerdings Abweichungen ggü der HB enthält, sind die Vorschriften des § 6 für die StB vorrangig (§ 5 VI). § 6 soll gerade verhindern, dass die (bis 2009 in größerem Umfang als heute mögl) handelsrechtl Unterbewertung auf die StB durchschlägt (BFH GrS 2/68 BStBl II 69, 291 unter II.3.a; *Weber-Grellet* BB 18, 2347). – Zur **Europäisierung des Bilanzsteuerrechts** und zur **Vorlagepflicht an den EuGH** bei Auslegungsfragen s § 5 Rz 3 mwN.

b) Bewertungsgegenstand; Einzelbewertung. Zu bewerten sind grds die *einzelnen* WG, die als BV anzusetzen sind (§ 252 I Nr 3 HGB; § 6 I Einleitungssatz; s ausführl § 5 Rz 69); die auf Aktiv- und Passivseite gilt im Saldierungsverbot des § 246 II HGB; § 5 Ia 1). Zum Begriff des WG s § 5 Rz 93 ff (Abgrenzung zu RAP s § 5 Rz 241, zu Rücklagen s § 5 Rz 496). Für die Bewertung wird unterschieden zw **Anlage- und Umlaufvermögen** (zu den Begriffen Rz 343), **abnutzbaren und nichtabnutzbaren WG** (Begriff: § 5 Rz 116) sowie **unbewegl, bewegl und immateriellen WG** (hierzu § 5 Rz 110 ff, § 7 Rz 33 ff). – Als Ausnahme vom Grundsatz der Einzelbewertung sind unter bestimmten Voraussetzungen **Bewer-

Allgemeines 9–14 § 6

tungseinheiten zulässig (kompensatorische Bewertung gegenläufiger Erfolgsbeiträge; ausführl § 5 Rz 70 f; für Teilbereiche in § 5 Ia 2 geregelt). Weitere Ausnahmen werden aus Gründen der **Bewertungsvereinfachung** zugelassen, zB Verbrauchsfolgebewertung (LiFo, § 6 I Nr 2a, s Rz 411 ff), Bildung von Festwerten (§ 240 III HGB), Durchschnittsbewertung (§ 240 IV HGB).

c) Bewertungsstichtag. Handelsrechtl sind die Vermögensgegenstände zum Zeitpunkt des Beginns des Handelsgewerbes und auf den Schluss jedes Wj anzusetzen und zu bewerten (§ 242 I HGB). Dies gilt auch strechtl (§ 6 I Nr 6, 7: Beginn des Betriebs; § 6 I Nr 1–3a iVm § 5 I: Schluss des Wj). Im Verlauf eines Wj erworbene WG sind zum Erwerbszeitpunkt zu bewerten (**Zugangsbewertung;** bei entgeltl Erwerb § 6 I Nr 1–3, bei unentgeltl Erwerb § 6 III, IV, bei Übertragungen und Überführungen § 6 V, bei Tausch und verdeckter Einlage § 6 VI); maßgebl ist der Zeitpunkt, an dem das wirtschaftl Eigentum übergeht. In der folgenden Schlussbilanz sind die WG dann gem § 6 I Nr 1–3 auszuweisen (**Folgebewertung**). Ferner findet eine Bewertung einzelner WG zu dem Zeitpunkt statt, zu dem sie entnommen oder eingelegt werden (§ 6 I Nr 4–5b). – **Nachträgl Wertänderungen.** Ergeben sich nach dem Jahr der Anschaffung oder Herstellung Änderungen der AK oder HK, ist der Wertansatz des WG (erst) auf den folgenden Bilanzstichtag anzupassen (BFH IV R 216/67 BStBl II 71, 323: keine Minderung der AK um einen Skontoabzug, wenn die Ware erst nach dem Bilanzstichtag bezahlt wird). Zu nachträgl AK s Rz 57. Ist das WG nicht mehr im BV vorhanden, ist der Betrag, um den sich die AK/HK nachträgl ändern, sofort abzugsfähige BA bzw sofort wirksame BE. Zu **wertaufhellenden Umständen** ausführl § 5 Rz 81 mwN.

d) Bewertungsstetigkeit. Nach § 252 I Nr 6 HGB müssen die auf den vorhergehenden Jahresabschluss angewandten Bewertungsmethoden beibehalten werden (ausführ! *Küting/Tesche* DStR 09, 1491; *Bense* DStR 20, 1658).

aa) Persönlicher Anwendungsbereich. Handelsrechtl gilt § 252 I Nr 6 HGB nur für Kaufleute. Der materielle GoB der Bewertungsstetigkeit ist aber von allen bilanzierenden StPfl zu beachten (Rz 5) und gilt auch bei LuF (s § 13 Rz 49, 240).

bb) Sachlicher Anwendungsbereich. Vom Stetigkeitsgrundsatz erfasst werden vor allem (wobei pflichtgemäße Methodenänderungen, insb solche aufgrund besserer Erkenntnisse, außer Betracht bleiben): – **(1) Methodenwahl für die HK des § 255 HGB.** – **(2) Inanspruchnahme von Bewertungsvereinfachungsvorschriften.** Dies betrifft insb LiFo (Rz 411), Ansatz von Festwerten (§ 240 III HGB) oder Durchschnittswerten (§ 240 IV HGB). Eine Neuschätzung des Durchschnittswerts bei Zweifeln an der Richtigkeit der bisherigen Ansätze ist zulässig (BFH IV R 67/97 BStBl II 99, 14 unter 2.e). Für die Neuzugänge des lfd Wj ist auch ein Übergang von der Durchschnittsbewertung zur SofortAfA von GWG nach § 6 II zulässig (BFH IV R 19/99 BStBl II 01, 549 unter 1.); dann darf allerdings nicht auf einen *Teil* der Neuzugänge weiterhin die Durchschnittsbewertung angewendet werden (BFH IV R 5/99 BStBl II 01, 548; *BMF* BStBl I 01, 864 Rz 19). – **(3) Abschreibungen.** Nur die planmäßige Abschreibung (AfA) unterliegt dem Stetigkeitsgebot, nicht aber die Vornahme von Sonder- oder sonstiger AfA, die Bildung stfreier Rücklagen, der Übergang von der degressiven zur linearen AfA nach § 7 III und die handelsrechtl außerplanmäßige AfA (steuerl AfaA oder TW-AfA). – **(4) Ansatzwahlrechte.** S ab 2010 § 246 III HGB; für die Zeit davor zB BFH IV R 96/86 BStBl II 88, 672 unter 2. Das Stetigkeitsgebot gilt jedoch nicht für den Übergang von einer Nichtbilanzierung, die auf einer Billigkeitsregelung der *FinVerw* beruht, zur gesetzl vorgeschriebenen Bilanzierung (BFH IV R 38/99 BStBl II 00, 422: Feldinventar bei LuF; s hierzu auch § 13 Rz 240). – **(5) Anwendung auf rein steuerliche Wahlrechte.** Das Stetigkeitsgebot gilt hier ebenfalls (zB TW-AfA, s Rz 361; *aA Zwirner/Künkele* DStR 13, 2077 und *dies* Ubg 13, 305; *Zwirner* DStR 21, 202). Denn es wurde schon vor Schaffung des

§ 252 HGB für die StB nicht nur aus den GoB, sondern auch aus dem Verbot eines willkürl Methodenwechsels abgeleitet (Rspr-Nachweise s *Schmidt* 30. Aufl § 6 Rz 12).

17 **cc) Abweichungen.** In „begründeten Ausnahmefällen" lässt § 252 II HGB ausdrückl Ausnahmen vom Grundsatz der Bewertungsstetigkeit zu.

Beispiele (s auch *Küting/Tesche* DStR 09, 1491, 1496): Einschneidende Produktionsumstellungen, geänderte Kostenrechnungskriterien, Änderung des Gesetzes, der Rspr oder der tatsächl Umstände, Sanierungsmaßnahmen, Anpassung an Außenprüfung, Übergang von gröberen zu feineren Bewertungsmethoden. Für sich genommen noch **nicht ausreichend** sind hingegen eine Unternehmenskrise (*Küting/Kaiser* BB 94, Beilage 2, 9) oder eine vorsichtsbedingte Änderung der HK-Ermittlung.

21 **e) Währungsfragen. – aa) Nominalwertprinzip.** Hieran hält die Rspr wegen der Schwierigkeiten der Abgrenzung inflationsbedingter Scheingewinne sowie aus volkswirtschaftl Erwägungen (Vermeidung von Inflationsanreizen) fest (BFH IV R 156/77 BStBl II 80, 434 mwN; s auch § 5 Rz 82). Für das Vorratsvermögen mildert das LiFo-Verfahren die Folgen von Preissteigerungen (Rz 411 ff).

22 **bb) Bewertung bei Fremdwährungen.** S § 5 Rz 270 „Fremdwährung"; ausführl s *Schmidt* 39. Aufl § 6 Rz 22. – **Kryptowährungen.** S *Bünning/Park* BB 18, 1835; *Gerlach/Oser* DB 18, 1541; *Sixt* DStR 19, 1766; *Marx/Dallmann* StuB 19, 217; *Prinz/Ludwig* StuB 19, 257 (dort insb zu **Bitcoins** und anderen blockchainbasierten Währungen); s auch § 4 Rz 158 (Zugehörigkeit zum BV), § 5 Rz 270 „Kryptowährung", § 23 Rz 27 (Behandlung bei privaten Veräußerungen).

II. Anschaffungskosten

31 **1. Begriff der Anschaffungskosten.** Literatur s vor Rz 151. – Die AK stellen (neben der HK) den Hauptbewertungsmaßstab des § 6 dar (vgl § 6 I Nr 1, 2, 3). Ihr Ansatz soll die mit der Bezahlung des WG einher gehende BV-Minderung neutralisieren und (bei abnutzbaren WG) den Aufwand periodengerecht verteilen. – **Definition in § 255 I HGB.** Danach sind AK die Aufwendungen, die geleistet werden, um einen Vermögensgegenstand zu erwerben (s Rz 41) und ihn in einen betriebsbereiten Zustand zu versetzen (Rz 44), soweit sie dem Vermögensgegenstand einzeln zugeordnet werden können (Rz 48). Zu den AK gehören auch die Nebenkosten (Rz 52) und nachträgl AK (Rz 57). Anschaffungspreisminderungen sind abzusetzen (Rz 65).

32 **a) Anwendungsbereich.** Die mit Wirkung ab 1987 in § 255 I HGB aufgenommene Definition geht auf die schon zuvor bestehende BFH-Rspr zurück (zB BFH IV R 160/78 BStBl II 84, 101 unter A. 1.; BFH I R 32/00 BStBl II 02, 349 unter II.3.a). Sie gilt daher nicht nur bei Gewinnermittlung nach § 5 I, sondern **für alle Einkunftsarten,** insb für **§ 19** (BFH VI R 89/10 BStBl II 12, 835), **§ 20** (BFH VIII R 62/05 BStBl II 10, 159 unter II.b), **§ 21** (BFH IX R 15/03 BStBl II 05, 477 unter II.1.b), **§ 23** (BFH IX R 25/15 BStBl II 18, 518 Rz 16) und auch für **StSubventionen,** insb **§ 10e, EigZul, InvZul, FördG** (Nachweise hierzu s *Schmidt* 33. Aufl § 6 Rz 32). Der Begriff der AK ist daher für alle Einkunftsarten gleich auszulegen (BFH IV R 8/10 BStBl II 11, 709 Rz 28). – Bei **§ 17** gelten allerdings gewisse Modifikationen (seit 1.8.19 § 17 IIa; s § 17 Rz 156 ff); zuvor wurde seit 1.11.08 (Inkrafttreten MoMiG) auch hier der AK-Begriff des § 255 I HGB uneingeschränkt angewendet (BFH IX R 36/15 BStBl II 19, 208 Rz 36).

33 **b) Finales Begriffsverständnis.** Maßgebend für die Zuordnung zu den AK ist der **Zweck der Aufwendungen;** ein ledigl kausaler und zeitl Zusammenhang reicht allein noch nicht aus (BFH I R 32/00 BStBl II 02, 349 unter II.3.a mwN: Zwangsbeiträge an Erdölbevorratungsverband keine AK des importierten Rohöls; BFH I R 36/04 BStBl II 06, 369 unter II.4.c: nachträgl Abwasserbeitrag für bereits

Anschaffungskosten 34, 35 § 6

erschlossenen GuB keine AK; BFH I R 2/10 BStBl II 11, 761 Rz 12 ff: GrESt bei Anteilsvereinigung keine AK der Beteiligung; s auch Rz 50 zur Finalität bei Anschaffungsnebenkosten). Dies folgt bereits aus dem Wortlaut des § 255 I 1 HGB („um ... zu erwerben") und wurde schon vor dessen Kodifizierung von der Rspr zugrunde gelegt (BFH IV R 160/78 BStBl II 84, 101 unter A. 1). – **Vorlaufkosten.** AK sind alle Kosten, die aufgewendet werden, um ein WG von der fremden in die eigene Verfügungsmacht zu überführen (BFH GrS 2/66 BStBl III 66, 672; BFH IV R 52/03 BStBl II 06, 128 unter 2.b). Deshalb zählen Aufwendungen, die auf die Anschaffung eines WG *gerichtet* sind, auch dann zu den AK, wenn der StPfl das Eigentum bisher weder erlangt noch überhaupt sicher in Aussicht hat (näher s Rz 51, 54). Die finale Sicht der AK gründet in der bei Anschaffungen regelmäßig vorhandenen wirtschaftl Disposition, die auch der innere Grund für die TW-Vermutungen (Rz 241) ist. Daher sind AK nicht zivilrechtl, sondern wirtschaftl aufzufassen. – **Ausnahmen.** Bei nachträgl AK und AK-Minderungen (nach früherer Rspr auch bei Anschaffungsnebenkosten) kann statt der Finalität die bloße *Veranlassung* durch den Erwerbsvorgang **(Kausalität)** genügen (BFH III R 203/83 BStBl II 87, 423 unter II.3.: nachträgl AK durch Änderung des Entgelts; sehr str, s Rz 50, 65).

c) Abgrenzung zu Herstellungskosten. Hersteller ist der Bauherr, für den 34 das Handeln auf eigene Rechnung und Gefahr prägend ist (§ 15 I EStDV). Der Herstellerbegriff ist wirtschaftl aufzufassen. Er erfordert wesentl **Einwirkungsmöglichkeiten** auf den Herstellungsprozess und die Tragung von dessen **Kostenrisiko** (BFH IX R 197/84 BStBl II 90, 299 unter II.1.b: fehlt beim Erwerb im Bauherrenmodell). Neben diesen Kriterien treten andere zurück. So ist ein Anschaffungsvorgang zwar grds durch den Erwerb eines *bestehenden* WG gekennzeichnet, während „Herstellen" das Schaffen eines noch nicht existenten WG bedeutet. Zwingend ist dies aber nicht, wie Verträge über die Anschaffung noch in Bau befindl Gebäude zeigen (BFH IX R 197/84 BStBl II 90, 299 unter II.1.c; zur Anschaffung teilfertiger Gebäude und ihrer anschließenden Fertigstellung s *BH/Ehmcke* § 6 Rz 383 mwN). Zu AK/HK bei **FondsGes** s § 6e Rz 2. – **Bedeutung der Abgrenzung:** Hinsichtl ihres **Umfangs** unterscheiden sich AK und HK vor allem dadurch, dass betriebl Gemeinkosten nur in HK, nicht aber in AK eingehen (s iEinz Rz 48), umgekehrt die HK aber Nebenkosten und nachträgl Aufwendungen nicht stets einzubeziehen sind (BFH I R 32/00 BStBl II 02, 349 unter II.2.a; s Rz 192). Viele frühere Vorschriften über SonderAfA/erhöhte AfA waren nur bei Herstellung, nicht aber bei Anschaffung anwendbar.

d) Zeitpunkt der Anschaffung. § 9a EStDV setzt die Anschaffung mit der 35 „Lieferung" gleich. Dies ist der Zeitpunkt, in dem der Erwerber die **wirtschaftl Verfügungsmacht** erlangt, ihm das WG also zuzurechnen ist (hierzu ausführl § 5 Rz 150 ff, zum Leasing § 5 Rz 725 ff). Bei der Lfg von Sachen (Grundstücke und bewegl WG) ist der **Übergang von Besitz, Gefahr, Nutzungen und Lasten** (§ 446 BGB) maßgebl (BFH III R 92/08 BStBl II 14, 190: bei Auseinanderfallen von vertragl und tatsächl Übergabezeitpunkt kommt es auf die tatsächl Übergabe an; zu Besonderheiten bei Windkraftanlagen s § 7 Rz 169). – Der Anschaffungsvorgang (und damit die Pflicht zur Aktivierung entspr Aufwendungen) **beginnt** aber bereits, wenn Handlungen vorgenommen werden, die darauf gerichtet sind, das (wirtschaftl) Eigentum an einem WG zu erwerben (BFH IV R 160/78 BStBl II 84, 101 unter A. 1.). – **Nach dem Abschluss** des Anschaffungsvorgangs kommen AK nur noch unter dem Gesichtspunkt der nachträgl AK in Betracht (s Rz 57). – **Sollprinzip.** AK/HK sind bereits im Zeitpunkt der Erlangung der wirtschaftl Verfügungsmacht über das WG anzusetzen, nicht erst bei Zahlung (BFH III R 92/75 BStBl II 78, 233 unter 1.; BFH X R 2/04 BStBl II 08, 109 unter II.3.a), weil das Entgelt auch in der Übernahme einer Verbindlichkeit liegen kann (s Rz 81). Dies gilt auch bei den Überschusseinkünften (BFH IX R 60/94 BFH/NV 96, 600).

37 **e) Abspaltung von Anschaffungskosten.** Wird ein WG durch ein anderes oder mehrere andere ersetzt (Surrogation, Auf- oder Abspaltung), setzen sich die ursprüngl AK in dem/den neuen WG fort (BFH IV R 27/97 BStBl II 99, 638 unter B. II.1. mwN: Grundstückstausch bei Flurbereinigung, Grundstücksteilung, Formwechsel, Auf- oder Abspaltung bei Ges; BFH IX R 26/08 BStBl II 09, 658: Ausgabe neuer Anteile iRe KapErhöhung). Maßgebend für die Verteilung der AK auf die neuen WG ist das Verhältnis der TW (BFH IV R 27/97 BStBl II 99, 638 unter B. II.2: Ausgabe neuer Anteile an KapGes zu einem Vorzugspreis; BFH IX R 36/01 BStBl II 06, 12: auch im PV bei § 23; s auch Rz 140 „Optionen" (4)).

Einzelfälle. Zur Abspaltung des Werts bodengebundener Milch- und Zuckerrübenlieferrechte vom GuB s *Schmidt* 39. Aufl § 13 Rz 252; zur Abspaltung vom Buchwert eines Muttertiers bei der Geburt eines Jungtiers s § 13 Rz 46. Wird eine luf Fläche zu Bauland, muss dafür aber im Umlegungsverfahren eine Teilfläche unentgeltl an die Gemeinde abgetreten werden, erhöhen sich die AK der verbleibenden Fläche um die AK der abgetretenen Fläche (BFH IV R 27/87 BStBl II 90, 126 unter 2.c). Umgekehrt führt die unentgeltl quotengleiche Einziehung von Anteilen an KapGes zum Übergang des anteiligen Buchwerts der eingezogenen Anteile auf die verbleibenden Anteile (s Rz 404 mwN). Scheidet ein Filmentwickler Silber aus von ihm bearbeitendem Filmmaterial ab, sind als AK des Silbers nur die hierbei entstehenden Kosten anzusehen; zu einer Abspaltung von AK kommt es nicht (BFH XI R 34/88 BStBl II 92, 893).

41 **2. Umfang der Anschaffungskosten, § 255 I HGB. – a) Aufwendungen zum Erwerb des Wirtschaftsguts. – aa) Entgelte.** Sie sind der Hauptbestandteil der AK (zB Kaufpreis). Zu den AK gehören aber auch **übernommene Verbindlichkeiten** (ausführl Rz 81 ff) sowie weitere Leistungen, die neben dem Kaufpreis an den Lieferer oder für ihn an Dritte vertragsmäßig erbracht werden (zum Verzicht auf Rechte s BFH IV R 45/99 BStBl II 01, 190 unter 1.d). Bei einem Rückerwerb nach dem VermG zählen dazu auch Ausgleichsleistungen an den bisherigen Nutzer (BFH IX R 15/03 BStBl II 05, 477). Zum Erwerb durch **Zwangsversteigerung** s Rz 140. Auch **Überpreise**, die tatsächl gezahlt werden, gehören zu den AK (zur TW-AfA bei Fehlmaßnahmen s Rz 246). – **Waren.** Die AK dürfen auch **retrograd** (dh durch Abzug des Rohgewinns vom voraussichtl Verkaufspreis) ermittelt werden (BFH I R 65/82 BFH/NV 86, 204 unter 1. mwN; s auch *Köhler* StBP 08, 220, 224); zur Ableitung des TW vom Verkaufspreis s Rz 257ff. – **Unangemessene Aufwendungen.** Das Abzugsverbot des § 4 V 1 Nr 7 gilt nur für den BA-Abzug (zB AfA; Hinzurechnung außerhalb der Bilanz). Die AK als solche werden nicht vermindert (BFH IV R 5/85 BStBl II 87, 853 unter I.3.a). – **Anzahlungen.** Sie sind zunächst als solche, nicht aber als AK zu aktivieren (s § 5 Rz 270 „Anzahlungen"; zu verlorenen Vorauszahlungen s Rz 207). – Zu AK beim **Tausch** (auch soweit es um PV geht) und bei verdeckter Einlage s § 6 VI (Rz 851 ff). – **Rückfluss von Aufwendungen.** AK setzen Aufwendungen voraus, die tatsächl eine Veränderung der Rechtslage bewirken. Daran fehlt es, wenn der Veräußerer aus privaten Gründen auf die Entrichtung des Entgelts verzichtet, eine vom Erwerber entrichtete Zahlung wieder an diesen zurückfließt oder die Rückschenkung des Kaufpreises vorher vereinbart ist (BFH X R 14/11 BStBl II 14, 158 Rz 51). Zu AK-Minderungen s auch Rz 65.

42 **bb) Anschaffungskosten nur bei entgeltlichem Erwerb.** Unentgeltl Vorgänge (BFH X R 51/91 BStBl II 94, 779 unter II.3.a) und insb die Gesamtrechtsnachfolge (BFH IX R 47/98 BStBl II 02, 756 unter II.2.b mwN) stellen keine Anschaffung dar. Daher enthalten § 6 III EStG (für BV) und § 11d EStDV (für PV) Regelungen über die Zurechnung der AK/HK des Rechtsvorgängers (zur Abgrenzung zw entgeltl und unentgeltl Erwerb s Rz 718; zur Behandlung von Nebenkosten des unentgeltl Erwerbs s Rz 53).

43 **cc) Vermögensverwaltende Gesellschaften. – (1) Erfassung von Anschaffungskosten bei Anteilserwerb.** Tritt ein Ges'ter neu in eine vermögensverwaltende GbR ein, hat er seine (gesamten) AK in einer **Ergänzungsrechnung** (entspr einer Ergänzungsbilanz bei MUerschaft) zur Überschussrechnung der GbR zu erfassen (BFH IX R 38/17 BStBl II 21, 202 Rz 28 ff). – **(2) Übertragung ohne Rechtsträgerwechsel.** Übertragen die Mitglieder einer Bruchteilsgemeinschaft ihre im PV befindl Anteile an dem WG auf eine vermögensverwaltende GesamthandsPersGes, an der dieselben Beteiligungsverhältnisse bestehen, entstehen mangels Rechtsträgerwechsel (anteilige Zurechnung nach § 39 II Nr 2 AO) selbst dann keine AK, wenn hierfür ein „Entgelt" vereinbart wird (BFH IX R 18/06 BStBl II 08, 679). Gleiches gilt beim Verkauf eines WG aus dem BV an eine „ZebraGes" (BFH IV R 44/09 BStBl II 13, 142). Soweit sich die Beteiligung eines Ges'ters an dem WG erhöht, liegen hingegen AK vor. Haben Bruchteilseigentümer das Objekt so aufgeteilt, dass jeder Miteigentümer eine Wohnung allein nutzen darf und erwirbt später ein Miteigentümer die Anteile der anderen Miteigentümer hinzu, entfallen die AK ausschließl auf die hinzu erworbenen Wohnungen (BFH IX R 36/16 BFH/NV 18, 215). – Zu einer in diesem Zusammenhang bestehenden **Gestaltungsmöglichkeit zur Umwidmung privater Schuldzinsen** s § 9 Rz 147 aE und *Schmidt* 38. Aufl § 6 Rz 43 aE.

b) Betriebsbereitschaftskosten. – aa) Einbeziehung in die Anschaffungskosten. Aufwendungen, um das WG in einen betriebsbereiten Zustand zu versetzen, gehören gem § 255 I 1 HGB ebenfalls zu den AK. Diese Aufwendungen fallen idR erst nach Erlangung der wirtschaftl Verfügungsmacht an. Was als „betriebsbereiter Zustand" anzusehen ist, bestimmt sich nach dem Zweck, den der Erwerber mit der Anschaffung des WG verfolgt (BFH IX R 39/97 BStBl II 03, 569 unter II.2.b; BFH IX R 52/00 BStBl II 03, 574 unter II.2.b aa).

Einzelfälle. Bei angelieferten Rohstoffen auch Kosten für den betriebsinternen **Transport** zum Lagerplatz und die Einlagerung, sofern es sich um Einzelkosten handelt (BFH I 219/63 BStBl II 68, 22 unter 1.); Kosten für die technische **Umrüstung** (BFH I R 27/79 BStBl II 81, 660: Umrüstung erworbener Güterwaggons, damit sie im Inl zugelassen werden können; BFH IV R 170/83 BStBl II 86, 60: Umrüstung eines erworbenen Arbeitsschiffs zum Transportschiff sowie Kosten der Überführung vom Erwerbsort zum Einsatzort); mE auch Kosten für die einheitl Lackierung und Beschriftung neu angeschaffter Firmenfahrzeuge (**aA** FG Mchn EFG 06, 1238, rkr: sofort BA); zu **Software** s Rz 140.

bb) Gebäude. Hier gilt zunächst die gesetzl 15 %-Grenze des § 6 I Nr 1a (**anschaffungsnahe HK**, s Rz 381). Da Nr 1a nur HK betrifft, gelten für AK die Rspr-Grundsätze zu Betriebsbereitschaftskosten, und zwar auch dann, wenn die Aufwendungen 15 % der AK *nicht* übersteigen (glA *Spindler* DB 04, 507, 509); die *FinVerw* sieht dies allerdings für Fälle der Standarderhöhung als Nichtaufgriffsgrenze (*BMF* BStBl I 03, 386 Rz 38). Danach sind Gebäude(teile), die im Erwerbszeitpunkt bereits vermietet sind, stets betriebsbereit; AK können hier nicht mehr entstehen (BFH IX R 98/00 BStBl II 03, 604 unter II.1.a: allenfalls HK oder Erhaltungsaufwand; ausführl auch *BMF* BStBl I 03, 386 Rz 2 ff). Dies gilt jedoch nicht, wenn das Mietverhältnis kurz nach dem Erwerb endet (BFH IX R 98/00 BStBl II 03, 604 unter II.1.a), insb das Gebäude anschließend selbstgenutzt wird (BFH X R 9/99 BStBl II 03, 596 unter II.2.g; BFH X R 20/01 BFH/NV 03, 763). Werden Wohnräume nach dem Erwerb in Büroräume umgestaltet, sind die hierfür entstehenden Aufwendungen AK (BFH IX R 68/00 BFH/NV 03, 595 unter II.1.a cc). Bei Wohnungen, die beim Erwerb zunächst leer stehen, sind Modernisierungsaufwendungen (insb Schönheitsreparaturen und Instandsetzungsarbeiten an vorhandenen und im wesentl funktionierenden Installationen) nur dann unter dem Gesichtspunkt der Betriebsbereitschaftskosten als AK zu behandeln, wenn sie den **Ausstattungsstandard** in mindestens drei der vier funktionswesentl Bereiche (Heizung, Sanitär, Elektro, Fenster) anheben (BFH IX R 52/00 BStBl II 03, 574 unter II.2.b aa; BFH IX R 98/00 BStBl II 03, 604 unter II.1.a). Diese Beurteilung ist für jeden Gebäudeteil, der in einem eigenständigen Nutzungs- und Funktionszusammenhang steht, getrennt vorzunehmen (BFH X R 30/07 BFH/NV 11, 215 Rz 48), darüber hinaus ggf sogar für jede Wohnung gesondert (BFH IX R 70/00 BStBl II 03, 585 unter

II.2.a bb). Wegen der Einzelheiten der hier sehr stark typisierenden Rspr s Rz 183 (zu HK). – Betriebsbereitschaftskosten entstehen ferner bei der **Wiederherstellung funktionsuntüchtiger Gebäudeteile,** die für die geplante Nutzung unerlässl sind (zB Reparatur einer defekten Heizung oder eines schweren Wasser- oder Brandschadens; BFH IX R 52/00 BStBl II 03, 574 unter II.2.b bb). Maßgebend ist, ob der Schaden bis zum Beginn der beabsichtigten erstmaligen Nutzung eintritt; er muss nicht notwendig bereits im Erwerbszeitpunkt vorhanden gewesen sein (BFH IX R 70/00 BStBl II 03, 585 unter II.2.b aa). Daher können auch Aufwendungen zur Beseitigung versteckter Mängel zu AK führen (BFH X R 9/99 BStBl II 03, 596 unter II.2.d). Treten derartige Schäden hingegen erst nach dem Beginn der Nutzung ein, liegen (vorbehaltl Nr 1a) nicht AK, sondern idR Erhaltungsaufwendungen und nur ausnahmsweise nachträgl HK vor (s Rz 188). – Auch im **„Modernisierungsmodell"** (Kaufvertrag und Renovierungsverträge bilden eine wirtschaftl Einheit) entstehen AK (BFH IX R 52/00 BStBl II 03, 574 unter II.2.b bb mwN auf die fortgeltende ältere Rspr). Zu *Abfindungen/Räumungskosten* s Rz 140.

48   **c) Beschränkung auf Einzelkosten.** AK müssen dem WG einzeln zugerechnet werden können. Gemeinkosten bleiben (anders als bei den HK) außer Betracht (BT-Drs 10/317, 88; FG Nds EFG 03, 835, rkr). Einzelkosten sind nur solche, deren Maßeinheiten (zB Zeit, Menge) für das einzelne WG direkt bewertet werden können (s Rz 195 zu HK). Eine Aufteilungsmöglichkeit nach Zeitabschnitten (Verbrauchskosten von Maschinen, Lohnkosten) genügt (BFH I 219/63 BStBl II 68, 22 unter 2.). **Gemeinkosten** sind solche, deren Maßeinheiten nur indirekt, aufgrund einer Annahme bewertet werden können (BFH I 219/63 BStBl II 68, 22 unter 2.; BFH IV R 191/85 BStBl II 88, 661 unter 2.). Für die Ermittlung der AK bleiben jedenfalls außer Betracht allg Betriebskosten, Vertriebskosten sowie Kosten für Orientierungs- und Einkaufsreisen betr Anschaffungsvorgänge, wenn der Erwerb konkreter WG noch nicht feststeht (BFH IV R 4/68 BStBl II 72, 422). Zu den AK eines Gasvorrats gehört jedoch nicht nur der pro kWh zu zahlende Arbeitspreis, sondern auch der **anteilige Grundpreis** (Leistungspreis; BFH I R 104/86 BStBl II 88, 892).

50   **d) Anschaffungsnebenkosten, § 255 I 2 HGB. – aa) Begriff.** Die Definition der Nebenkosten ist auch in der neueren Rspr weiterhin unscharf. In derselben BFH-Entscheidung findet sich sowohl der Satz, es solle eine Zuordnung nach wirtschaftl Gesichtspunkten vorzunehmen sein (was für eine kausale Begriffskomponente spräche), als auch die ausdrückl Einschränkung, ein kausaler oder zeitl Zusammenhang genüge gerade nicht; vielmehr komme es auf die Zweckbestimmung **(Finalität)** der Aufwendungen an (zB BFH I R 2/10 BStBl II 11, 761 Rz 14f; BFH IX R 50/13 BStBl II 15, 260 Rz 14). Nach der älteren (niemals ausdrückl aufgegebenen und mE zutr) Rspr genügt hingegen im unmittelbarer wirtschaftl Zusammenhang, insb bei „Folgekosten des Erwerbs" (BFH IV R 18/80 BStBl II 83, 559). Auf den **Zeitpunkt** des Anfallens der Nebenkosten (vor, während oder nach der Anschaffung) kommt es jedenfalls nicht an (BFH IX R 50/13 BStBl II 15, 260 Rz 13); ebenso wenig darauf, ob die Nebenkosten den **Wert** des WG erhöhen (BFH X R 136/87 BStBl II 92, 70 unter 1.b). Auch der Ansatz von Nebenkosten ist auf **Einzelkosten** beschränkt (*BeBiKo* § 255 Rz 73).

51   **bb) Aufwendungen zeitlich vor der Anschaffung.** Sie zählen ebenfalls zu den Nebenkosten (zB Besichtigungs-, Reise- und Begutachtungskosten; s Rz 54). Diese Aufwendungen sind – obwohl das zu erwerbende WG dem StPfl noch nicht zugerechnet wird – als AK zu aktivieren und nicht zunächst aufwandsmindernd zu buchen (BFH IV R 160/78 BStBl II 84, 101 unter A.1). Voraussetzung ist, dass die Aufwendungen zeitl nach einer grds gefassten Erwerbsentscheidung entstehen und nicht ledigl der Vorbereitung einer noch unbestimmten, erst später zu treffenden Erwerbsentscheidung dienen (BFH VIII R 62/05 BStBl II 10, 159; BFH VIII R 22/07 BStBl II 10, 469 unter II.1.b aa).

Anschaffungskosten 52–54 § 6

cc) Nebenkosten zur Begründung von Dauerschuldverhältnissen. Eine 52
Aktivierung unterbleibt, weil es an einem aktivierungsfähigen HauptWG fehlt
(BFH IV R 16/95 BStBl II 97, 808 unter II.3.: Maklerprovision für Mietvertrag).
Anderes gilt nur bei Begründung grundstücksgleicher Rechte (BFH X R 136/87
BStBl II 92, 70: Nebenkosten zur Bestellung eines Erbbaurechts; s auch Rz 89).

dd) Nebenkosten bei unentgeltlichem Erwerb. Begriffl ist der unentgeltl 53
Erwerb zwar keine „Anschaffung" (s Rz 42); gleichwohl entstehende Anschaffungsnebenkosten (zB Notar- oder Eintragungskosten; nicht jedoch SchenkungSt, s § 12 Rz 39) sind aber nicht sofort BA/WK, sondern zu aktivieren (**aA** *BeckOK EStG* § 6 Rz 267). Die Aktivierungspflicht gilt sowohl bei **Gesamtrechtsnachfolge** durch Erbfall (BFH IX R 43/11 BStBl II 14, 878) oder nach dem UmwStG (BFH I R 22/96 BStBl II 98, 168; BFH I R 97/02 BStBl II 04, 686: GrESt bei Verschmelzung) als auch bei **Schenkung** (zutr *Grube* FR 07, 533, 537; hierfür spricht auch die Begründung in BFH IX R 43/11 BStBl II 14, 878). Ausgenommen ist nur der unentgeltl Erwerb immaterieller WG iSd § 5 II (BFH I R 108/10 BStBl II 12, 238 Rz 34). Die für Schenkungen gegenteilige Auffassung der *FinVerw* (*BMF* BStBl I 93, 80 Tz 13: weder AK noch BA/WK; zur unentgeltl Übertragung von SonderBV nochmals *BMF* DB 93, 1492) verstößt mE gegen das Nettoprinzip. Sie kann auch nicht auf BFH X R 51/91 BStBl II 94, 779 gestützt werden, da diese Entscheidung zur Subventionsnorm des § 10e ergangen ist und ihre Begründung nicht auf den Bereich der Einkunftserzielung übertragen werden kann. Außerdem würden ansonsten minimale AK dazu führen, dass sich die steuerl Behandlung der Nebenkosten grundlegend ändern würde. – Bei **Teilentgeltlichkeit** sind Nebenkosten in voller Höhe dem entgeltl Teil zuzuordnen (BFH XI R 2/85 BFH/NV 91, 383).

ee) Einzelfälle Nebenkosten. S auch ABC in Rz 140. – (1) **Grundstücke.** Aufwendun- 54
gen für GrESt (BFH IX R 226/87 BStBl II 92, 464: auch Säumniszuschläge zur GrESt; AdV-Zinsen zur GrESt sind hingegen sofort abziehbar; s BFH IX R 38/93 BStBl II 95, 835), Makler (BFH IV R 27/94 BStBl II 95, 895 unter 2.a), Beurkundung, Grundbucheintragung und Notaranderkonto (BFH IX R 45/93 BFH/NV 94, 236). Sofort BA/WK sind Zahlungen an den Verkäufer für dessen einseitige Bindung an ein Verkaufsangebot, die unabhängig vom Zustandekommen des Kaufs geleistet und auf einen etwaigen Kaufpreis angerechnet werden (BFH X R 136/87 BStBl II 92, 70 unter 2.a). – (2) **Beteiligung an KapGes.** Die Abgrenzung ist insb dann, wenn die Beteiligung im BV eines KStPfl gehalten wird, wegen der KStFreiheit von Veräußerungsgewinnen/-verlusten nach § 8b II, III KStG (dh Nichtauswirkung von AK) bei gleichzeitiger Abziehbarkeit lfd BA von größter steuerl Bedeutung. AK bei *Gründung* einer KapGes sind Notar- und Beratungskosten, sofern diese nicht kraft Satzungsregelung von der KapGes selbst zu tragen sind (BFH I R 12/87 BStBl II 90, 89 unter II.4.a); beim *Erwerb* von Anteilen (ab dem Zeitpunkt einer grds gefassten Erwerbsentscheidung, die sich zB im Letter of Intent dokumentiert, s *Trossen* EFG 11, 268) Kosten für betriebswirtschaftl Beratungen (BFH VIII R 4/02 BStBl II 04, 221), Prüfungen (due diligence) und Unternehmenswertgutachten (mE zutr BFH VIII R 62/05 BStBl II 10, 159; ausführl FG Köln EFG 11, 264, rkr; glA *BH/Ehmcke* § 6 Rz 807; **aA** *Engler* BB 06, 747; *Peter/Graser* DStR 09, 2032; *Siebmann* StB 11, 163; ausführl *Kahle/Hiller* DB 14, 500; eher krit auch BFH I R 72/11 BStBl II 13, 343 Rz 7, zu § 8b II KStG); nicht jedoch Kosten im Vorfeld einer Investitionsscheidung (BFH IV R 33/15 BStBl II 20, 645 Rz 36). Soweit dazu geraten wird, diese Kosten von der KonzernmutterGes tragen zu lassen (so *Pyszka* DStR 10, 1468), würde dies mE zu einer verdeckten Einlage und damit ebenfalls nicht zur erstrebten Gewinnminderung führen. Die nach § 1 III GrEStG wegen der Vereinigung von mindestens 90% der Anteile in der Hand des Anteilserwerbers entstehende GrESt gehört hingegen nicht zu den AK (BFH I R 2/10 BStBl II 11, 761, Anm *Märtens* HFR 11, 1096; BFH IV R 40/10 BStBl II 12, 281 Rz 19; krit *Weber-Grellet* BB 12, 43, 45; zur GrESt bei Verschmelzung s aber Rz 53; zur VerwAuffassung ausführl *Schmitz* NWB 14, 2466); Gleiches gilt für die GrESt bei Ges'terwechsel in Pers-Ges nach § 1 IIa GrEStG (BFH IV R 50/13 BStBl II 15, 260). – (3) **Geschlossene Fonds.** S § 6e und die dortigen Erläut. – (4) **Sonstige Kapitalanlagen.** Aufgeld für den Erwerb von typisch stillen Beteiligungen (BFH VIII R 40/98 BStBl II 01, 24); „Strategieentgelt" für die Auswahl unter mehreren Anlagen (BFH VIII R 22/07 BStBl II 10, 469). Hingegen stellt die Abschlussgebühr zu einem Bausparvertrag sofort BA/WK dar (Finanzierungskosten; BFH

Kulosa 503

§ 6 57–60 Bewertung

VIII R 45/85 BStBl II 90, 975; s auch § 21 Rz 148); anders jedoch, wenn der Bausparvertrag zu Handelszwecken abgeschlossen wird (BFH I R 218/82 BStBl II 87, 14: AK). – **(5) Reisekosten** sind AK, wenn sie mit dem später konkret erworbenen Objekt in Zusammenhang stehen (BFH VIII R 195/77 BStBl II 81, 470 unter 3.; BFH VIII R 62/05 BStBl II 10, 159), Kosten in Zusammenhang mit nicht erworbenen Objekten sind hingegen sofort BA/WK. – **(6) Sonstige Nebenkosten.** Zu Logistikkosten ausführl *Saure* StBP 13, 255, 287 und *ders* StBP 21, 155. – **(7) Keine Nebenkosten** (sondern sofort BA/WK) sind Kosten der Rechtsverteidigung *nach* Erlangung der Verfügungsmacht.

57   **e) Nachträgliche Anschaffungskosten, § 255 I 2 HGB. – aa) Allgemeines.** Teile der Rspr fordern für eine Aktivierung hier (anders als bei den Nebenkosten, s Rz 50) eine Erhöhung des Werts des WG (BFH IV R 27/87 BStBl II 90, 126 unter 2.a; BFH I R 36/04 BStBl II 06, 369 unter II.4.c; mE unzutr). – **Keine Rückwirkung.** Eine spätere Änderung des Entgelts wirkt grds nicht auf den Zeitpunkt der Anschaffung zurück; vielmehr ändern sich die AK (und damit die AfA, s § 7 Rz 133 f) erst mit Wirkung vom Entstehen der nachträgl AK (BFH IV R 10/83 BStBl II 84, 786 unter 2.). Etwas anderes gilt nur bei den „Einmaltatbeständen" der §§ 16, 17 (ausführl § 16 Rz 335 ff; § 17 Rz 163). Wertänderungen der Kaufpreisverbindlichkeit (zB Änderung des Barwerts einer Rentenverbindlichkeit) oder von Verbindlichkeiten, die als Teil des Entgelts übernommen wurden, berühren die AK von vornherein nicht (Rz 81).

Einzelfälle: Der Begriff der nachträgl AK erfasst insb **Beitragslasten** (s Rz 59 ff), **verdeckte Einlagen in KapGes** (§ 6 VI 2, s Rz 861), Zahlungen in die **Kapitalrücklage** von KapGes (BFH I R 58/99 BStBl II 01, 168 unter III.5.b) sowie **Abfindungen** bei dingl Lasten, anderen Nutzungsrechten/Übertragungsansprüchen Dritter (s Rz 86, 140 „Abfindung").

59   **bb) Anliegerbeiträge; Erschließungsbeiträge.** Es kann sich um nachträgl AK des GuB (Rz 60), HK des Gebäudes (Rz 61), Erhaltungsaufwand (Rz 62) oder besonderen betriebl Aufwand (Rz 63) handeln.

60   **(1) Nachträgliche Anschaffungskosten des Grund und Bodens.** Sie sind estl wegen der fehlenden AfA-Möglichkeit ungünstig und entstehen bei Beiträgen für **bisher nicht vorhandene Erschließungsanlage**. Voraussetzung ist, dass die Beiträge (zumindest auch) der Benutzbarkeit des Grundstücks zugutekommen, unabhängig von dessen konkreter Nutzung sind und zu dessen Wertsteigerung führen, wobei die Werterhöhung typisierend bejaht wird, wenn die Erweiterung der Nutzbarkeit dem Grundstück ein über den bisherigen Zustand hinaus gehendes Gepräge gibt (BFH IV R 3/93 BStBl II 95, 632 unter 1.a; BFH I R 36/04 BStBl II 06, 369 unter II.4.c). Allein der Umstand, dass eine außerhalb des Grundstücks gelegene Erschließungsanlage für eine Bebauung erforderl ist, reicht nicht aus, um typische Erschließungsbeiträge nicht dem GuB, sondern dem Gebäude zuzuordnen (BFH VI 100/63 S BStBl III 65, 85).

Einzelfälle: Beiträge/Baukostenzuschüsse für **erstmalige Versorgungsanschlüsse** (Wasser, Strom, Gas, Fernwärme), soweit sie auf Anlagen *außerhalb* des eigenen Grundstücks entfallen (BFH X R 6/86 BFH/NV 89, 494; BFH IX R 138/88 BFH/NV 89, 633; zu Ausnahmen bei besonderen betriebl Bedürfnissen s Rz 63; zur Behandlung der Zuschüsse beim Empfänger s Rz 78; auch bei erstmaliger *eigenständiger* Erschließung des Grundstücks, selbst wenn es bisher mittelbar über ein anderes Grundstück versorgt wurde (BFH VIII R 322/83 BStBl II 87, 333 unter 2.a); **Zusatzbeitrag** für eine bereits weit in der Vergangenheit errichtete (damals erstmalige) Erschließungsanlage, der infolge einer umfassenderen Bebauung des GuB nachgehoben wird (BFH III R 114/95 BStBl II 97, 811); Flächenbeitrag im **Umlegungsverfahren** nach § 58 BauGB (BFH IV R 27/87 BStBl II 90, 126: zwar kein Erschließungsbeitrag, gilt aber ebenfalls Vorteile für den GuB ab); Zahlungen für **Ausgleichsmaßnahmen nach dem BNatSchG** (zutr FG Mster EFG 03, 983, rkr: stellt die Bebaubarkeit des GuB her); Zahlungen für die **Verbesserung der Verkehrsanbindung** des Grundstücks, die erst die Bebauung mit einem Einkaufszentrum ermöglicht (zutr FG Nds EFG 14, 1282, rkr, ausführl Anm *Wüllenkemper* EFG 14, 1284).

Keine AK des GuB sind der Ausgleichsbeitrag für **städtebaul Sanierung** nach § 154 BauGB (BFH I R 65/92 BFH/NV 94, 471: zwar Werterhöhung, Ursache ist aber ledigl eine Umfeldverbesserung; diff BMF BStBl I 03, 489; EStH 6.4 „Ausgleichsbeiträge"). Durch erstmaligen Bau einer **Privatstraße** wird ein eigenes abnutzbares WG geschaffen (BFH IX R 34/96 BStBl II 00, 257). Da der spätere Ersatz der Privatstraße durch eine öffentl Straße zu Erhaltungsaufwand führt (s Rz 62), ergeben sich hieraus im Vergleich zur sofortigen Herstellung einer öffentl Straße erhebl StVorteile. Legen Gemeinden die HK ihrer Einrichtungen nicht über Einmalbeiträge, sondern über **lfd Gebühren** um, können diese steuerl in vollem Umfang abgezogen werden (BFH VIII R 322/83 BStBl II 87, 333 unter 2.a: keine Verletzung des Gleichheitssatzes).

(2) Herstellungskosten des Gebäudes. Hierzu gehören Kosten eines *erst-* 61 *maligen* Strom-/Gas-/Wasser-/Fernwärme-Hausanschlusses, soweit die Anlagen auf dem *eigenen* Grundstück liegen (BFH VI R 302/66 BStBl II 68, 178; BFH IX R 34/96 BStBl II 00, 257 unter II.2.), und Stellplatzablösezahlungen, soweit die Baumaßnahme ihrerseits zu HK führt (s Rz 212 „Stellplätze"). Ein *nachträgl* Hausanschluss an ein bereits vorhandenes Gebäude führt hingegen nicht zwingend zu HK (BFH IX R 64/99 BStBl II 03, 590 unter II.2.: sofort BA/WK bei Ersatz für vorhandene Ofenheizungen bzw Brunnen; anders nur bei wesentl Verbesserung iSd Rz 181).

(3) Erhaltungsaufwand. Er fällt an, wenn eine **bereits vorhandene Er-** 62 **schließungseinrichtung** ersetzt oder modernisiert wird und ist sofort BA/WK. **Einzelfälle:** Rückbau einer Straße zu einer verkehrsberuhigten Zone (BFH IX R 52/90 BStBl II 94, 842); Ergänzungsbeitrag für die umfassende Modernisierung der bereits vorhandenen Wasserver- und -entsorgung (BFH IV R 101/82 BStBl II 85, 49), und zwar auch dann, wenn für die bisher vorhandene Erschließungseinrichtung nach DDR-Recht zuvor kein Beitrag erhoben worden war (BFH I R 36/04 BStBl II 06, 369); Ersatz einer provisorischen Privatstraße durch eine ordnungsgemäße öffentl Straße (BFH VIII R 198/85 BStBl II 91, 448; BFH IX B 22/08 BFH/NV 08, 1524: die Erreichbarkeit des Grundstücks ändert sich dadurch nicht; auf eine mögl Werterhöhung kommt es nicht an); Ersatz einer privaten Kläranlage/Sickergrube durch Anschluss an das öffentl Kanalnetz (BFH VIII R 322/83 BStBl II 87, 333 unter 2.b; BFH IX R 61/96 BFH/NV 99, 1079); Reparatur eines defekten Abwasserkanals, auch wenn dies anlässl der Neuerrichtung eines größeren nach Abriss eines kleineren Gebäudes geschieht (BFH IX R 2/19 BStBl II 20, 191). – Bei einer einheitl Erschließungsmaßnahme, die *mehrere* Grundstücke betrifft, ist danach zu differenzieren, ob das *jeweilige* Grundstück bereits erschlossen war (BFH IV B 19/01 BFH/NV 03, 1159 unter 2.).

Der Ersatz einer bereits vorhandenen Einrichtung führt nur dann **ausnahmsweise zu nachträgl AK des GuB**, wenn dieser sich durch die Maßnahme in seiner Substanz oder in seinem Wesen verändert. Die bloße Wertänderung reicht hierfür nicht aus (BFH IX R 52/90 BStBl II 94, 842 unter 3.). Auch die Schaffung einer **Zweiterschließung** (neben eine vorhandene Erschließungseinrichtung tritt eine weitere gleichartige) bewirkt nur dann AK, wenn die Nutzbarkeit des GuB erhöht oder die Lage verbessert wird (BFH IV R 3/93 BStBl II 95, 632 unter 2.b: zweite Straßenanbindung für ein Geschäftsgrundstück mit Laufkundschaft; BFH IX R 54/94 BStBl II 96, 190: zweite Straßenanbindung, durch die nunmehr weitere Teile des einheitl Grundstücks bebaubar werden; BFH IX R 4/10 BStBl II 11, 35: ein in einer Fußgängerzone gelegenes Grundstück kann durch eine zweite Straßenanbindung besser vom Lieferverkehr erreicht werden; BFH IV R 40/02 BStBl II 04, 282: Ersatz einer Sickergrube durch einen Kanalanschluss führt zur Bebaubarkeit einer großen zusätzl Grundstücksteilfläche).

(4) Sofortiger betrieblicher Aufwand. Er ist gegeben, wenn der Beitrag 63 **nicht grundstücks-, sondern betriebsbezogen** ist, zB bei besonderen betriebl Bedürfnissen, die zu einem höheren Anforderungen an die Strom-/Gas-/Wasserversorgung (BFH IV R 4/85 BFH/NV 88, 229; BFH X R 6/86 BFH/NV 89, 494 mwN) oder den Straßenausbau (BFH VIII R 80/77 BStBl II 80, 687) führen.

f) Anschaffungspreisminderungen, § 255 I 3 HGB. Mit dem Anschaffungs- 65 geschäft in Zusammenhang stehende Ermäßigungen der Aufwendungen für die Anschaffung (einschließl Nebenkosten) führen zu einer Minderung der AK (kein Ertrag; s auch Rz 41 aE). Dies gilt nicht nur für Kaufpreisnachlässe, sondern für sämtl Ermäßigungen der AK (BFH IX R 46/03 BStBl II 04, 1046). Es genügt, wenn der maßgebende Anlass für die Preisminderung in der Anschaffung liegt (wirtschaftl Zusammenhang); eine rechtl oder gar synallagmatische Verknüpfung ist nicht erforderl (BFH VI R 89/10 BStBl II 12, 835 Rz 14 mwN). Auch AK-Minderungen müssen (ebenso wie die AK selbst) dem Vermögensgegenstand einzeln zuzuordnen sein (§ 255 I 3 HGB). – **Negative AK** sind in der StB nicht darstellbar. AK-Minderungen können daher im BV maximal zu einer Herabsetzung des Buchwerts auf 0 € führen. Ein übersteigender Rückzahlungsbetrag stellt einen sofort stpfl Ertrag dar (BFH VIII R 38/96 BStBl II 99, 647). Handelt es sich um eine Einlagenrückgewähr und ist der Empfänger eine Körperschaft, gilt die StBefreiung des § 8b II KStG (*BMF* BStBl I 03, 292 Rz 6). Zur Behandlung bei § 17 s § 17 Rz 234.

66 **aa) Maßgebender Zeitpunkt.** Die AK sind erst bei Eintritt des maßgebl Ereignisses zu mindern; dies hat keine Rückwirkung (s Rz 9; ebenso zu nachträgl AK Rz 57). Insb bleibt es für die Vergangenheit beim Ansatz der AfA aus der zunächst noch höheren Bemessungsgrundlage (§ 7 Rz 137 mwN), und zwar selbst dann, wenn die AK-Minderung größer ist als das verbleibende AfA-Volumen (s Rz 75). Entsteht mit dem Weiterverkauf von Waren ein Bonusanspruch für die Anschaffung, sind die AK erst im Zeitpunkt des Weiterverkaufs zu mindern (BFH I 69/62 U BStBl III 63, 503 unter II.).

67 **bb) Einzelfälle Anschaffungskostenminderungen. Preisnachlässe** (BFH R 54/83 BStBl II 88, 901: auch bei Gewährung durch den Vermittler; *FM SachsAnh* DB 18, 1243: „Umtauschprämie" der Kfz-Hersteller bei Rückgabe schmutziger DieselKfz und Neukauf); **Skonti**, allerdings nur dann, wenn die Ware am Bilanzstichtag bereits bezahlt ist (BFH IV R 216/67 BStBl II 71, 323; BFH I R 176/84 BStBl II 91, 456); es handelt sich nicht etwa um eine für die AK unbeachtl Wertänderung der Kaufpreisverbindlichkeit (BFH III R 92/75 BStBl II 78, 233 unter 2.); **Boni** (zu Rückvergütungen auch BFH I R 33/56 U BStBl III 58, 65; ausführl *Saure* DStR 18, 1193; aA *Meyering* StuW 09, 42, 47); mE auch die genossenschaftl Rückvergütung (unklar hierzu BFH IV R 112/81 BStBl II 84, 554); nicht aber die Zuteilung von Bonusaktien für das Halten einer Beteiligung über einen bestimmten Mindestzeitraum (BFH VIII R 70/02 BStBl II 05, 468: Einnahme); **mängelbedingte Minderungen des Kaufpreises**/Werklohns nach §§ 441, 638 BGB (BFH VI 185/65 U BStBl III 66, 16), auch wenn der Minderungsanspruch in Form einer Vertragsstrafe abgegolten wird (FG Nds EFG 94, 871, rkr); Zahlungen einer Baumehrpreisversicherung (FG Hbg EFG 08, 107, rkr), nicht jedoch bei **Schadensersatzzahlungen** *Dritter* (BFH IV R 74/90 BStBl II 93, 96: Schadensersatz für schlechte steuerl GrESt-Beratung als sofort stpfl Einnahme; BFH IX R 8/15 BStBl II 17, 316: Schadensersatz eines WP für fehlerhafte Testate, die zur Vereinbarung eines zu hohen Kaufpreises für erworbene Anteile geführt haben); auch nicht, wenn der Verkäufer schadensbedingten Aufwand unmittelbar erstattet (BFH IX R 5/13 BFH/NV 14, 312: Saldierung der Schadensersatzzahlung mit dem Aufwand); **Verzicht** auf einen Teilbetrag des Kaufpreises (BFH XI R 6/84 BFH/NV 91, 453); **Ermäßigung einer Vermittlungsprovision** (BFH IX R 20/98 BStBl II 02, 796; ebenso bei Provisionszahlung des Vermittlers an den Käufer, s BFH IX R 46/03 BStBl II 04, 1046); **Beteiligung an Kap-Ges** (ausführl *OFD Ffm* FR 00, 683): Rückzahlung von Nennkapital (BFH VIII R 69/93 BStBl II 95, 725); Zahlungen aus dem steuerl Einlagekonto iSd § 27 KStG bzw Auskehrung des früheren EK 04 (BFH VIII R 38/96 BStBl II 99, 647; BFH I R 51/09 BStBl II 14, 937 Rz 19); Umwandlung einer Kapitalrücklage in ein Darlehen (BFH I R 58/99 BStBl II 01, 168 unter III.6.); zu **Zuschüssen** s ausführl Rz 71 ff.

71 **3. Zuschüsse. – a) Überblick.** Zuschüsse können sofort erfolgswirksam sein, die AK/HK mindern oder durch Bildung von RAP oder Rückstellungen zu passivieren sein. Für diese Rechtsfolgen ist zw Investitions- und Ertragszuschüssen zu unterscheiden. Ertragszuschüsse erhöhen grds den Gewinn (Rz 79). Für Investitionszuschüsse gewährt die *FinVerw* hingegen das Wahlrecht, den Zuschuss erfolgsneutral von den AK/HK abzuziehen (Rz 72). Zur Beeinflussung des TW durch öffentl Zuschüsse s Rz 241. – Sondervorschriften für **stfreie Zuschüsse** (für Inv-Zul § 13 S 1 InvZulG 2010) können nicht auf andere Zuschüsse übertragen werden (BFH III R 225/83 BStBl II 88, 324 unter 4.a). Aufwendungen, für die ein stfreier Zuschuss gewährt wird, sind grds nach § 3c I nicht abziehbar (BFH IX

Anschaffungskosten 72–75 § 6

R 26/92 BStBl II 93, 784). Für bestimmte stfreie Zuschüsse ist aber gesetzl ausdrückl angeordnet, dass die steuerl AK/HK sich nicht mindern (§ 13 S 2 InvZulG 2010). Zuschüsse, die in Form einer StRückzahlung gewährt werden, sind nicht stbar (BFH I R 74/94 BStBl II 96, 441). – **Privat veranlasste Zuschüsse** (zB Schenkung von Verwandten) erhöhen den Gewinn nicht; idR wird es sich um Einlagen handeln.

b) Investitionszuschüsse. – aa) Wahlrecht. – (1) Verwaltungsauffassung 72
für Betriebsvermögen. Nach EStR 6.5 II kann der StPfl Investitionszuschüsse im BV entweder als BE ansetzen und die vollen AfA von den AK/HK vornehmen oder aber den Zuschuss erfolgsneutral von den AK/HK abziehen und die AfA nur noch von den geminderten AK/HK vornehmen. Dies gilt unabhängig davon, ob es sich um öffentl oder private Investitionszuschüsse handelt. Die einmal ausgeübte Wahl kann grds nicht mehr rückgängig gemacht werden (BFH IV S 1/10 BFH/NV 10, 1851 Rz 19). Das Wahlrecht kann in HB und StB unterschiedl ausgeübt werden (§ 5 I 1). – **Rücklage.** Wird der Zuschuss gewährt, bevor die AK/HK entstehen, kann insoweit eine stfreie Rücklage (Passivposten) gebildet werden, die im Wj der Anschaffung/Herstellung auf das WG zu übertragen ist (EStR 6.5 IV). Ein Erwerber des Betriebs kann die Rücklage fortführen (*BMF* BB 90, 1239). – **Gewinnermittlungsart.** Auch bei § 4 III ist der Zuschuss bereits im VZ seiner Bewilligung von den AK/HK abzuziehen; auf den Zeitpunkt des Zuflusses kommt es für die Ermittlung der AK/HK und die AfA nicht an (BFH IV R 81/05 BStBl II 08, 561 unter II.2.c). Bei **§ 13a** ist grds von einer Minderung der AK/HK auszugehen (BFH IV R 56/01 BStBl II 03, 801; s § 13 Rz 202).

(2) Privatvermögen (insb VuV). Hier gilt das Wahlrecht nicht; Investitions- 73
zuschüsse mindern zwingend die AK/HK (BFH IX R 104/86 BStBl II 92, 999; näher EStR 21.5 I; ebenso BFH VI R 89/10 BStBl II 12, 835: Zuschuss für den behindertengerechten Umbau eines Pkw, mit dem Einkünfte aus § 19 erzielt werden). Diese einkunftsartabhängige Ungleichbehandlung soll dadurch gerechtfertigt sein, dass bei VuV Einnahmen nur dann erfasst werden, wenn sie Gegenleistung für eine Nutzungsüberlassung sind (*OFD Ddorf* DB 93, 303; mE vertretbar).

(3) Rechtsprechung. Die Behandlung von Investitionszuschüssen ist innerhalb 74
des BFH str, wobei dieser Streit für die Praxis wegen der nahezu gewohnheitsrechtl Gewährung des Wahlrechts durch die *FinVerw* kaum von Bedeutung ist: Der **III., IV. und IX. Senat** vertreten die Auffassung, die AK seien gem § 255 I 3 HGB *zwingend* zu mindern (BFH IV R 58/94 BStBl II 95, 702; BFH IV R 81/05 BStBl II 08, 561 unter II.2.b mwN; *BH/Ehmcke* § 6 Rz 331; IX. BFH-Senat für PV s Rz 73). Dagegen sehen der **I. und X. Senat** auch Investitionszuschüsse grds als BE an (BFH X R 23/89 BStBl II 92, 488 unter 3.; BFH I R 56/94 BStBl II 96, 28 unter II.5.c), verweisen zugleich aber auf verschiedene Möglichkeiten, die Gewinnrealisierung aufzuschieben (EStR 6.5 als zulässige Billigkeitsmaßnahme, in Ausnahmefällen TW-AfA).

bb) Öffentliche Investitionszuschüsse. Sie stellen den Regelfall für die Er- 75
öffnung des Wahlrechts dar. Ein RAP kann hierfür mangels Entgeltcharakter nicht gebildet werden (BFH X R 23/89 BStBl II 92, 488 unter 2.c), weil allein das bestimmte Investitionsverhalten, an das die Zuschussgewährung geknüpft ist, noch keine Gegenleistung darstellt. IÜ werden diese Zuschüsse auch nicht für „bestimmte Zeit" gewährt; der Umstand, dass sich die betriebsgewöhnl Nutzungsdauer des bezuschussten WG schätzen lässt, reicht hierfür noch nicht aus. – Soll erst nach Ablauf einer bestimmten Frist entschieden werden, ob öffentl Mittel als **Zuschuss oder Darlehen** gelten sollen, sind diese zunächst zu passivieren; es kommt weder zum Ansatz von BE noch zur Kürzung der AK/HK (BFH IX R 5/92 BStBl II 95, 380; BFH IV R 54/97 BStBl II 00, 139 unter II.2.; s zur Abgrenzung aber BFH IX R 56/13 BStBl II 17, 253: sofort stpfl Einnahme, wenn Rückzahlungen nur insoweit zu leisten sind, als die künftigen Erträge die Prognose

§ 6 76–79 Bewertung

eines Fondsprospekts übersteigen). Wird später auf die Rückforderung verzichtet, sind die AK/HK in diesem Zeitpunkt zu kürzen. Ist das WG dann bereits abgeschrieben, kann ein verbleibender Zuschussbetrag im PV nicht als Einnahme behandelt werden; die überhöhten AfA bleiben dem StPfl also erhalten (BFH IX R 46/09 BStBl II 12, 310; mE wäre die Annahme eines rückwirkenden Ereignisses zutr gewesen).

76 **Einzelfälle:** Investitionszuschüsse nach dem **KrankenhausfinanzierungsG** (BFH IV R 78/85 BStBl II 89, 189: kein RAP mangels Gegenleistung; BFH VIII R 58/93 BStBl II 97, 390: dort auch ausführl zur KHBV und den dort vorgesehenen Passivposten); Zuschüsse zur Errichtung von **Pflegeheimen,** soweit damit keine konkreten Belegungsrechte verbunden sind (BFH IX R 7/08 BStBl II 10, 34 unter II.1., Anm *Heuermann* HFR 10, 26); **Städtebaufördermittel** für denkmalgerechte Restaurierung (BFH IX R 104/86 BStBl II 92, 999); Investitionszuschüsse zur **Schaffung von Arbeitsplätzen** (BFH IV R 81/05 BStBl II 08, 561); Zuschuss für Investitionen in einen **Behindertenarbeitsplatz** (BFH X R 23/89 BStBl II 92, 488); **Teilschulderlass bei KfW-Förderdarlehen** (zur CO_2-Gebäudesanierung *OFD Kobl* DB 05, 698); **"Abwrackprämie"** für Erwerb neuer Pkw während der Finanzkrise 2009 (die allerdings nur für PV gewährt wurde; s ausführl *Martini/Roth* FR 09, 846).

Bei **Verknüpfung mit einer Gebrauchsüberlassung** ist der Zuschuss hingegen zwingend als Entgelt (Einnahme) anzusehen. Dies betrifft vor allem die Einräumung von **Belegungsrechten** (anders jedoch BFH IX R 7/08 BStBl II 10, 34 unter II.1., soweit das Belegungsrecht hinter der vorrangigen Zweck der Neubauförderung zurücktritt) und **Mietpreisbindungen,** insb bei Zuschüssen nach dem Dritten Förderweg im Sozialen Wohnungsbau (BFH IX R 60/02 BStBl II 04, 14; BFH IX R 22/11 BStBl II 16, 432 Rz 14; zu Übergangsfragen s *Schmidt* 32. Aufl § 6 Rz 76) und Studentenwohnraumförderung (FG BaWü EFG 91, 600, rkr). Bei § 4 I ist dann ein passiver RAP über die Laufzeit zu bilden, § § 4 III und Überschusseinkünften ist gem § 11 I 3 eine Verteilung auf den Bindungszeitraum zulässig. Städtische Mittel aus Stellplatzablösegeldern für die **Errichtung einer Tiefgarage,** die ein Teil der Stellplätze der Allgemeinheit (nicht bestimmten Personen) zur Verfügung stehen soll, sind hingegen noch als Investitionszuschüsse anzusehen (BFH IV R 58/94 BStBl II 95, 702).

78 **cc) Private Investitionszuschüsse.** Sie sind nur unter der engen Voraussetzung anzunehmen, dass eine bindende, im Interesse des Zuwendenden liegende Investitionszweckbestimmung vereinbart wird. Daran fehlt es, wenn der Leistende ledigl eine rechtl Verpflichtung erfüllt (BFH IX R 333/87 BStBl II 94, 12 unter 3.b: Versicherungszahlung für Teilzerstörung eines Gebäudes des PV weder Zuschuss noch sonstige stbare Einnahme; anders indem der Umfang, in dem der StPfl zuvor eine AfaA als WK abgezogen hatte, s BFH IX R 1/14 BStBl II 15, 493). Baukostenzuschüsse, die **Versorgungsunternehmen** von ihren Kunden verlangen, stellen Investitionszuschüsse dar, sodass das Wahlrecht eröffnet ist (*BMF* BStBl I 03, 361; *OFD Rhld* DB 06, 586; zur HB *BMF* DStR 04, 2054; ausführl *Meißner* DB 03, 2080; *Eisolt* BB 04, 1079). Gleiches gilt für Zuschüsse einer **privaten Denkmalstiftung** (BFH X R 13/06 BStBl II 07, 879). Zu AK und AfA bei **mittelbarer Grundstücksschenkung** s Rz 134.

79 **c) Ertragszuschüsse.** Sie weisen keinen Zusammenhang mit AK/HK auf und sind grds **sofort als Einnahme zu versteuern** (BFH III R 225/83 BStBl II 88, 324: öffentl Zuschuss zur allg Liquiditätsstärkung nach einer Betriebsverlagerung; BFH I R 262/83 BStBl II 88, 592: Beihilfe für die Stilllegung von Agrarbetrieben, auch wenn sich diese pauschal nach dem Wertverlust des AV bemisst; *Wagner/Weber* DStR 20, 745 und *Zwirner/Vodermeier/Krauß* DStR 21, 933: staatl Zuschüsse in der Covid-19-Pandemie/**Corona-Hilfen;** zu Ertragszuschüssen durch andere KonzernGes s *Bünning* BB 20, 2155: idR verdeckte Einlage). Auch hier kann die Gewinnrealisierung aber durch RAP, gesetzl Verteilungsregelungen oder Rückstellungen gestreckt sein: – **(1) Rechnungsabgrenzungsposten.** Der Empfänger muss zeitraumbezogen zu einer Leistung verpflichtet sein (BFH IV R 96/82 BStBl II 84, 552: Zuschuss für die Bereitstellung eines Ausbildungsplatzes für eine bestimmte Zeit; BFH IV R 26/06 BStBl II 09, 781 unter II.2.: Zinsverbilligungszuschuss für LuF, der mE allerdings in der dortigen Ausgestaltung entgegen dem BFH als Investitionszuschuss anzusehen war; BFH IV R 49/86 BStBl II 88, 327: Prämie für fünfjährigen Verzicht auf Vermarktung von Agrarprodukten; *BMF* DStR 95, 1351: Zuschuss des Bierlieferanten für ein Bierlieferungsrecht); nicht hingegen bei allg Eingliederungshilfe für die Beschäftigung Behinderter (BFH I R 45/91 BFH/NV 93, 170). – **(2) Einnahmen für Nutzungsüberlassungen.** Die AK/HK werden nicht berührt (BFH VIII R 34/76 BStBl II 81, 161); die Einnahmen können aber gem § 11 I 3 über die Vertragslaufzeit verteilt werden. *Beispiele:* öffentl Prämie zugunsten von Vermietern, die Wohnungen familiengerecht vermieten (BFH IX R 121/90 BFH/NV 94, 845); Baukostenzuschüsse von Gebäudemietern. – **(3) Rückstellungen.** Sie sind zum Ausgleich etwaiger Rückzahlungsverpflichtungen zu bilden. Dies gilt zB für erhaltene Zuschüsse von Kunden zu den HK spezieller Werkzeuge (BFH I R 87/99 BStBl II 02, 655: Auflösung über die Nutzungsdauer der Werkzeuge; ausführl *Welter* DB 17, 2118). Ist die Rückzahlung allerdings nur von künftigen Einnahmen oder Gewinnen abhängig, scheidet eine Rückstellung gem § 5 IIa aus.

4. Anschaffungskosten bei Übernahme oder Eingehung von Verbindlichkeiten oder dinglichen Lasten. – a) Schuldrechtliche Verbindlichkeiten. – aa) Grundsatz. Sie gehören sowohl im BV als auch im PV zu den AK eines WG, wenn der Erwerber sie iRd Anschaffung neu eingeht oder vom Veräußerer übernimmt (zur Bewertung der Verbindlichkeit s ausführl Rz 441 ff). – **Spätere Wertänderungen der Verbindlichkeit** haben keinen Einfluss mehr auf die Höhe der AK des erworbenen WG, weil die Verbindlichkeit ein eigenes WG darstellt (BFH III R 92/75 BStBl II 78, 233 unter 2.: Währungsschwankungen bei Fremdwährungsverbindlichkeit, s Rz 22). Dies gilt bei Rentenverbindlichkeiten auch für Änderungen einer Wertsicherungsklausel oder beim Tod des Berechtigten (§ 16 Rz 257 mwN).

bb) Sonderfälle. – (1) Rentenverpflichtungen sind mit dem Barwert anzusetzen (zu dessen Ermittlung s ausführl Rz 443 mwN). Der Barwert stellt dann zugleich die AK des erworbenen WG dar. Zur Abgrenzung zw betriebl Erwerbsrenten und privaten Versorgungsrenten s BFH VIII R 64/93 BFH/NV 02, 10 unter 1.; BFH X R 12/01 BStBl II 04, 211 unter II.2.c. – **(2) Dauernde Lasten,** die als Gegenleistung für den entgeltl Erwerb eines WG erbracht werden, sind ebenfalls mit ihrem Barwert zu passivieren, der wegen der Ungleichmäßigkeit der Zahlungen nur geschätzt werden kann (BFH IX R 46/88 BStBl II 95, 169: § 15 III BewG). – **(3) Unverzinsliche Verbindlichkeiten** mit einer Laufzeit von mehr als 12 Monaten (Raten- oder Einmalzahlung) sind abzuzinsen (§ 6 I Nr 3; s Rz 453). In diesen Fällen sind auch die AK des WG nur mit dem abgezinsten Betrag anzusetzen (BFH VIII R 32/96 BFH/NV 99, 922 zu § 17; ausführl *S. Viskorf* DB 06, 1231); hier darf nur der gesetzl vorgegebene Zinssatz von 5,5% angewendet werden (zutr EStR 6.2 S 2). – **(4) Aufschiebend bedingte Verbindlichkeiten** sind zunächst nicht zu passivieren (s § 5 Rz 314). Sie führen daher erst bei Eintritt der Bedingung zu AK (BFH XI R 7, 8/84 BStBl II 91, 791; BFH X R 2/04 BStBl II 08, 109 unter II.3.b aa; s auch § 7 Rz 106). Dies gilt auch für Bedingungen, die in Unternehmenskaufverträgen enthalten sind (zB Abhängigkeit eines Teils des Kaufpreises vom künftigen Erreichen bestimmter Ziele; **aA** *Fey/Deubert* BB 12, 1461). Gleiches gilt für Verbindlichkeiten, die nur aus künftigen Einnahmen/Gewinnen zu tilgen sind (§ 5 IIa, s § 5 Rz 315), zB beim Erwerb eines WG gegen ein **umsatz- oder gewinnabhängiges Entgelt** (BFH IV B 132/09 BFH/NV 11, 27). Wird ein Rangrücktritt bzgl der Anschaffungsverbindlichkeit aber erst *nach* dem Erwerb des WG vereinbart, bleiben die AK unverändert und die AfA abziehbar. – **(5) Nicht ernsthaft vereinbarte Verbindlichkeiten** begründen keine AK (BFH XI R 1/83 BFH/NV 91, 309). – **(6) Verbindlichkeiten, die beim Veräußerer Passivierungsbeschränkungen unterlagen.** Die übernommene Verpflichtung erhöht gleichwohl die AK des erworbenen WG. Die Verpflichtung ist zum folgenden Bilanzstichtag allerdings nach Maßgabe der gesetzl Passivierungsbeschränkungen zu bewerten (§ 5 VII). Die AK bleiben hiervon unberührt (*BeckOK EStG* § 6 Rz 329).

84 **b) Dingliche Lasten.** Zum Einfluss auf den TW s Rz 330 „Dingl Lasten". – **aa) Dingliche Sicherungsrechte.** Allein die Eintragung eines solchen Sicherungsrechts (§§ 1105–1203 BGB: Reallast, Hypothek, Grundschuld, Rentenschuld) führt nicht zu AK. Nur iHd beim Erwerb übernommenen oder begründeten *schuldrechtl* Ansprüche (ggf Barwert) liegen AK und zugleich zu passivierende Verbindlichkeiten vor (s Rz 81). Auf die Höhe einer rein dingl Belastung kommt es daher grds nicht an, wenn sie entweder nicht mehr valutiert oder eine Inanspruchnahme aus anderen Gründen nicht zu erwarten ist (BFH IV R 42/08 BStBl II 10, 820 unter II.2.b). Eine dingl Last, die mit keiner persönl Schuld des Eigentümers korrespondiert, tritt bilanziell nur dann (als AK des ggf wertgeminderten Rückgriffsanspruchs und spiegelbildl Verpflichtung) in Erscheinung, wenn sie den Anspruch des Gläubigers gegen einen *Dritten* sichert und zu erwarten ist, dass der Dritte seine Schuld nicht begleichen kann (BFH VIII R 226/84 BFH/NV 91, 588 unter 2.a; BFH IV B 107/97 BFH/NV 99, 162 unter 1.a).

85 **bb) Dingliche Nutzungsrechte.** Hierunter fallen die in §§ 1018–1093 BGB geregelten Rechte (Grunddienstbarkeit, Nießbrauch, persönl Dienstbarkeit, insb als Wohnungsrecht), ferner das Dauerwohnrecht iSd §§ 31 ff WEG; zum Erbbaurecht s Rz 89. Sie führen weder im Fall ihrer erstmaligen Begründung anlässl des Erwerbs des WG noch bei Übernahme bestehender Rechte zu AK, weil von vornherein ein um das Nutzungsrecht gemindertes Eigentum erworben wird (BFH IX R 33, 34/92 BStBl II 94, 927 unter 2.a; BFH IX R 50, 51/97 BStBl II 01, 594 unter II.1.a; BFH I R 96/02 BStBl II 08, 296; **aA** für kurzfristiges schuldrechtl Nutzungsrecht zugunsten des Veräußerers FG Nbg EFG 00, 316, rkr: einerseits Erhöhung der AK, andererseits stpfl Nutzungsentgelt). Hingegen sind AK des GuB gegeben, wenn der StPfl dem Veräußerer eines unbebauten Grundstücks als Gegenleistung ein lebenslanges Nutzungsrecht an einer Wohnung des noch zu errichtenden Gebäudes bestellt (BFH IX R 265/87 BStBl II 92, 718; *BMF* BStBl I 06, 392). Zu AK führt auch die Verpflichtung, den Veräußerer von einer Verbindlichkeit (dingl oder schuldrechtl) ggü einem *Dritten* freizustellen (BFH IV R 180/80 BStBl II 83, 595 unter 1.b).

86 **cc) Ablösung eines dinglichen Nutzungsrechts.** Entspr Zahlungen führen zu **nachträgl AK** des GuB bzw Gesamtgrundstücks (BFH VIII R 215/78 BStBl II 83, 410: Erbbaurecht; BFH IX R 56/06 BStBl II 07, 956: Zahlung zur Befreiung von einer Gläubigeranfechtung des Anschaffungsgeschäfts nach dem AnfG; BFH IX R 49/13 BStBl II 15, 224: Vorbehaltsnießbrauch; BFH IV R 37/15 BFH/NV 18, 1082: beschränkt persönl Dienstbarkeit mit Nutzungseinschränkungen; s auch Rz 140 „Abfindung"). Dies gilt auch bei unentgeltl erworbenen Grundstücken (BFH IX R 44/89 BFH/NV 94, 460 unter 1.a mwN); jedoch nicht, wenn es sich um die Ablösung wiederkehrender Versorgungsleistungen aus einer Vermögensübergabe handelt (BFH X R 66/98 BStBl II 04, 830; korrespondierend hierzu fällt beim Veräußerer dann kein Veräußerungsgewinn an, s BFH VIII R 14/04 BStBl II 06, 15). – **Ablösung eines unentgeltl Zuwendungsnießbrauchs.** Solche Zahlungen erkennt die *FinVerw* unter Berufung auf § 12 Nr 2 bzw § 42 AO nicht an (*BMF* BStBl I 13, 1184 Rz 61). Die Rspr ist großzügiger und wendet § 42 AO nur einzelfallabhängig an (BFH IX R 112/88 BStBl II 98, 429; ebenso für einen nicht durchgeführten Nießbrauch unter Angehörigen BFH IV B 58/97 BFH/NV 99, 1208).

89 **c) Erbbaurecht.** S auch § 5 Rz 270 „Erbbaurecht"; *Kanzler* NWB 14, 1070. – **aa) Anschaffungskosten bei Erbbaurechtsbegründung.** Dem Erbbauberechtigten entstehen AK nur iHd Nebenkosten (zB Notar, GrESt; BFH X R 136/87 BStBl II 92, 70; BFH IX R 25/15 BStBl II 18, 518 Rz 20). Die Erbbauzinsverpflichtung betrifft hingegen ein schwebendes Geschäft; sie führt nicht etwa mit ihrem kapitalisierten Betrag zu AK, sondern bei Zahlung zu lfd BA/WK (BFH IX R 65/02 BStBl II 05, 159). Von den AK des Erbbaurechts sind die AK/HK eines in Ausübung des Erbbaurechts errichteten Gebäudes zu unterscheiden.

bb) Vorauszahlungen des Erbbauzinses. – (1) Behandlung beim Erbbauberechtigten. Es handelt sich nicht um AK (BFH IX R 25/15 BStBl II 18, 518 Rz 18). Bilanzierende StPfl haben einen aktiven RAP zu bilden (BFH VIII R 87/91 BStBl II 94, 109 unter 5.). Bei § 4 III und im PV handelt es sich grds um sofort abziehbare BA/WK (BFH IX R 65/02 BStBl II 05, 159); Vorauszahlungen für mehr als 5 Jahre sind aber gleichmäßig zu verteilen (§ 11 II 3). – **Übernahme von Erschließungskosten durch den Erbbauberechtigten.** Dies wird grds als Vorauszahlung von Nutzungsentgelt behandelt (für BV ausführl BFH VIII R 87/91 BStBl II 94, 109 mwN). Die Rspr zu PV sieht aber jedenfalls bei einer Übernahme iZm der *Bestellung* des Erbbaurechts AK vor (BFH IX R 31/96 BFH/NV 00, 558; *BMF* BStBl I 91, 1011 Tz 2.1). – **(2) Behandlung beim Eigentümer des belasteten Grundstücks.** Ein bilanzierender Eigentümer verteilt erhaltene Vorauszahlungen (einschließl Übernahme von Erschließungskosten durch den Erbbauberechtigten) durch Bildung eines passiven RAP über die Laufzeit (BFH IV R 40/96 BFH/NV 98, 569). Bei § 4 III handelt es sich um grds sofort zu versteuernde Einnahmen, die aber gem § 11 I 3 auf die Nutzungsdauer verteilt werden können. Davon abw sieht die Rspr zu VuV die Übernahme von Erschließungskosten erst im Zeitpunkt der Beendigung des Erbbaurechts als Einnahme des Eigentümers an (BFH IX R 170/85 BStBl II 90, 310; glA *BMF* BStBl I 91, 1011 Tz 1.1).

cc) Erwerb eines bereits bestehenden Erbbaurechts. AK entstehen in Höhe des Kaufpreises; dazu gehören hier jedenfalls im PV auch im Kaufpreis enthaltene Erschließungskosten (BFH IX R 84/92 BStBl II 94, 292; BFH X R 34/00 BFH/NV 02, 914 mwN). Zur **Kaufpreisaufteilung** auf Erbbaurecht und Gebäude s BFH VIII R 102/78 BStBl II 82, 533 unter I.2, sowie Rz 118 f; im Einzelfall können die AK allein auf das mit erworbene Gebäude entfallen (BFH IX R 190/87 BFH/NV 93, 92; BFH IX R 73/92 BStBl II 95, 374 unter 2.).

dd) AfA. Der Erbbauberechtigte kann AfA zum einen auf das von ihm errichtete oder erworbene Gebäude vornehmen (RegelAfA nach § 7 IV; bei entschädigungslosem Heimfall aber ggf verkürzte Nutzungsdauer), zum anderen auf die AK des (zeitl begrenzten) Erbbaurechts (s § 7 Rz 40 f).

ee) Ablösung des Erbbaurechts durch den Eigentümer des Grund und Bodens. Die Zahlung führt beim Eigentümer grds zu nachträgl AK auf den GuB (s Rz 86). Soweit der Ablösungsbetrag auf ein mit erworbenes Gebäude entfällt, handelt es sich um AK des Gebäudes (für Gutachterkosten s BFH IX R 46/05 BFH/NV 07, 1490). Beim Zusammenhang mit der Errichtung eines *neuen* Gebäudes sind HK des Neubaus gegeben (s Rz 140 „Abfindungen"); beim Zusammenhang mit dem Abschluss eines neuen Erbbauvertrags mit höherem Erbbauzins handelt es sich um BA/WK (BFH IX R 24/10 BFH/NV 11, 1480).

ff) Erwerb des Grund und Bodens. – (1) Erwerb durch den Erbbauberechtigten. Der Restwert der aktivierten AK des Erbbaurechts (nicht eines errichteten Gebäudes) erhöht die AK des GuB. Hinzu kommt der noch nicht „verbrauchte" Restbetrag eines vorausgezahlten Nutzungsentgelts (Erbbauzins oder übernommene Erschließungskosten), wenn der frühere Eigentümer dies nicht zurückgewähren muss (für BV BFH I R 132/81 BStBl II 85, 617 unter 3.c: Umbuchung des aktiven RAP auf die AK des GuB; für PV BFH IX R 90/92 BFH/NV 94, 633 unter II.1.b). – **(2) Erwerb durch einen Dritten.** Zwar kann ein Teilbetrag der Zahlung als AK des (zivilrechtl dem Erbbauberechtigten gehörenden) Gebäudes anzusehen sein, wenn dieses beim Ablauf des Erbbaurechts entschädigungslos dem Eigentümer des GuB heimfällt. Auch in einem solchen Fall ist aber mangels Nutzungsüberlassung des Gebäudes während der Laufzeit des Erbbauvertrags keine AfA auf die Gebäude-AK zulässig (BFH IX R 41/98 BFH/NV 02, 18).

101 **5. Anschaffungskosten bei Übertragung stiller Reserven nach Ersatzbeschaffung (Rücklage für Ersatzbeschaffung).** Ausführl *Schoor* StBP 14, 6, 49. – **Überblick.** Werden stille Reserven dadurch aufgedeckt, dass der StPfl eine Entschädigung (Rz 109) für ein durch höhere Gewalt (Rz 104) oder behördl Eingriff (Rz 105) aus dem BV ausgeschiedenes WG erhält, kann er die Gewinnrealisierung vermeiden (Wahlrecht), wenn er innerhalb einer bestimmten Frist (Rz 113) ein ErsatzWG (Rz 111) anschafft/herstellt und dessen AK/HK buchmäßig um die aufgedeckten stillen Reserven mindert, dh die stillen Reserven auf das ErsatzWG überträgt. Diese Grundsätze gelten bei Gewinnermittlung nach § 4 III oder § 13a entspr (Rz 115). – **Weitere Rechtsfolgen.** Die geminderten AK/HK sind auch für § 6 II, IIa maßgebend (s Rz 663). Zugleich mindert sich die Grundlage für AfA bzw TW-AfA für das ErsatzWG (BFH IV R 87/77 BStBl II 81, 432: erst Übertragung der RfE, danach TW-AfA; BFH VIII R 302/84 BStBl II 89, 697 unter 4.: erst Übertragung der RfE, danach Vornahme erhöhter AfA).

102 **a) Grundlage für das Wahlrecht.** Es handelt sich um eine einschr Auslegung des Realisationsgrundsatzes, die inzwischen **Gewohnheitsrecht** geworden ist (EStR 6.6; BFH IV R 4/09 BStBl II 14, 443 Rz 13). Zunehmend sieht die Rspr die Grundlage indes eher in **Billigkeitserwägungen** (BFH I R 79/09 BStBl II 14, 943 Rz 16): Danach soll die Rücklage gewährleisten, dass die Entschädigung ohne Schmälerung durch StZahlungen für die Ersatzbeschaffung verwendet werden kann (BFH IV R 54/80 BStBl II 83, 371; BFH IV R 46/97 BStBl II 99, 561 unter II.2.b). Der Gesetzgeber hat dieses Institut seit 2015 durch ausdrückl Erwähnung in § 13a VI 1 Nr 4 anerkannt. Das Wahlrecht kann in HB und StB unterschiedl ausgeübt werden (§ 5 I 1 HS 2). – **Verhältnis zu § 6b.** Bei der Auslegung der RfE-Grundsätze ist zu beachten, dass die gesetzl Voraussetzungen des § 6b nicht unterlaufen werden (BFH X R 85/87 BStBl II 91, 222 unter II.2.e; BFH VIII R 48/90 BStBl II 93, 93 unter 1.; BFH IV R 7/98 BStBl II 99, 488 unter 2.d: keine Erweiterung der RfE auf Strukturanpassungen). **Unterschiede zu § 6b:** Bei RfE ist auch UV begünstigt, es gilt keine Mindest-Vorbesitzzeit, die Investitionsfrist ist ggf verlängerbar, keine Verzinsung bei Auflösung nicht übertragener Rücklagen.

103 **b) Ausscheiden eines Wirtschaftsguts durch höhere Gewalt oder behördlichen Eingriff.** Ledigl in diesen Sonderfällen ist die Übertragung stiller Reserven zulässig. Hingegen gibt es keinen allg Grundsatz, wonach bei unbeabsichtigtem Ausscheiden aus dem BV die Gewinnrealisierung stets vermieden werden kann (BFH I R 9/91 BStBl II 93, 41 unter II.4.b: Ausscheiden als Folge eines privatrechtl Vertrags; BFH I B 39/09 BFH/NV 10, 248: Beschädigung eines WG durch den Vertragspartner; BFH I R 79/09 BStBl II 14, 943: Verlust von Aktien durch „squeeze out" nach § 327a AktG).

104 **aa) Höhere Gewalt.** Es handelt sich um ein betriebsfremdes, von außen durch elementare Naturkräfte oder Handlungen Dritter einwirkendes Ereignis, das unvorhersehbar ist, selbst durch die äußerste vernünftigerweise zu erwartende Sorgfalt nicht verhütet werden kann und auch nicht wegen seiner Häufigkeit in Kauf zu nehmen ist (BFH IV R 15/99 BStBl II 01, 130 unter 1.c mwN; s auch § 34b Rz 6). – **(1) Elementarschäden.** ZB Zerstörung eines WG durch Brand (BFH IV R 46/97 BStBl II 99, 561), Sturm, Überschwemmung, Erdbeben. – **(2) Unbeeinflussbare menschliche Einwirkungen.** ZB Straftaten (Raub, Diebstahl, Unterschlagung; EStR 6.6 II 1), unverschuldete Verkehrsunfälle (BFH IV R 15/99 BStBl II 01, 130 unter 1.b: bereits geringstes Mitverschulden schließt die Annahme höherer Gewalt aus; EStR 6.6 II 1: Haftung aus Betriebsgefahr schließt RfE nicht aus), Bergschäden (FG Köln EFG 02, 1288, rkr) oder der wegen schwerster Baumängel erforderl Abriss eines Neubaus (BFH III R 254/84 BStBl II 88, 330); nicht hingegen der gewöhnl Maschinenbruch (BFH IV R 138/70 BStBl II 75, 692 unter 2.; großzügiger BFH IV R 15/99 BStBl II 01, 130 unter 2.).

bb) Behördlicher Eingriff. Ein solcher ist gegeben, wenn der StPfl kraft **105** öffentl Zwangs seine Entschließungsfreiheit aufgeben muss (BFH X R 85/87 BStBl II 91, 222 unter II.2.d); zB **Enteignung** (EStR 6.6 II), Tötung von Viehbeständen aufgrund von Seuchen (*BMF* BStBl I 01, 254), Anordnung von Betriebsunterbrechungen (BFH I R 134/73 BStBl II 76, 186 unter 2.) oder Bauverboten. Nicht erfasst ist jedoch die Aufstellung eines Bebauungsplans, wenn dieser zwar keine Betriebserweiterungen mehr zulässt, der Betrieb in seiner bestehenden Form aber aufgrund des Bestandsschutzes fortgeführt werden darf (BFH X R 85/87 BStBl II 91, 222 unter II.2.). Im Umlegungs-/Flurbereinigungsverfahren bedarf es keiner RfE, weil es wegen Identitätswahrung der WG schon nicht zu einer Gewinnrealisierung kommt (Rz 854 mwN). – Erfasst sind auch „freiwillige" Veräußerungen, deren Hauptmotiv (BFH I R 134/73 BStBl II 76, 186 unter 4.) die **Vermeidung eines bevorstehenden behördl Eingriffs** ist, mit dem ernstl zu rechnen ist (BFH I 97/65 BStBl II 69, 381 unter 2.; BFH IV R 1/75 BStBl II 79, 412 unter 2.).

cc) Beschädigung eines Wirtschaftsguts. Nach der **FinVerw** soll eine Beschädigung durch höhere Gewalt oder behördl Eingriff das Wahlrecht ebenfalls eröffnen, wenn der StPfl eine Entschädigung erhält, die er bis zum Ende des übernächsten Wj zur Reparatur des WG verwendet (EStR 6.6 VII). – Die **Rspr** ist hier enger, weil bei bloßer Beschädigung (im Gegensatz zur Neubeschaffung/-herstellung) keine AK/HK entstehen, sondern lfd BA, sodass es der Begünstigung durch die RfE nicht bedarf (BFH I B 39/09 BFH/NV 10, 248; *BH/Ehmcke* § 6 Rz 980). **107**

c) Entschädigungen. In den Fällen der RfE kommen vor allem Versicherungszahlungen oder behördl Enteignungsentschädigungen in Betracht. Zahlungen von Betriebsunterbrechungsversicherungen sind allerdings nur insoweit begünstigt, als sie Mehrkosten für eine *beschleunigte* Wiederbeschaffung abdecken (BFH IV R 54/80 BStBl II 83, 371). Bei Veräußerungen zur Vermeidung eines behördl Eingriffs tritt an die Stelle der Entschädigung der Veräußerungserlös (BFH XI R 5/00 BStBl II 01, 830 unter II.1.). Die Entschädigung kann auch in einem Sachwert bestehen; handelt es sich hierbei um ein WG des PV, schließt dies die Übertragung der aufgedeckten stillen Reserven auf ein anderweitiges ErsatzWG des BV nicht aus (BFH VIII R 29/70 BStBl II 73, 297). Die Gewinnrealisierung durch **Entnahme** eines WG ist (mangels Erhalt einer Entschädigung) nicht begünstigt (BFH IV R 23–24/68 BStBl II 73, 582 unter 3.). – **Begünstigter (übertragungsfähiger) Teil der Entschädigung** ist im Hinblick auf den Zweck der RfE (Vermeidung einer Schmälerung durch StZahlung) alles, was über den Buchwert des ausgeschiedenen WG hinaus geht (zur Ermittlung des Buchwerts s § 6b Rz 51); auf den TW dieses WG kommt es nicht an (BFH IV R 54/80 BStBl II 83, 371; BFH IV R 46/97 BStBl II 99, 561 unter II.2.b). – **Zinsen** auf eine verspätet ausgezahlte Entschädigung sind nicht begünstigt (BFH X R 96/96 BStBl II 99, 217: ggf sogar Abspaltung eines Zinsanteils aus einem einheitl Entschädigungsbetrag; näher s *Schmidt* 38. Aufl § 6 Rz 109). – Soweit die Entschädigung für den Erwerb eines Grundstücks zum Autobahnbau nicht für den Wert des GuB gezahlt wird, sondern für **Erschwernisse der künftigen Betriebsführung**, ist sie nicht begünstigt (FG MeVo EFG 09, 914, rkr; FG SachsAnh EFG 15, 193, rkr; FG SachsAnh EFG 15, 197, rkr: „Erwerbsverlust- und Anschneideentschädigung"); ggf anders, wenn eindeutig nachweisbar ist, dass dieser Teilbetrag unter Umgehung von Kaufpreishöchstgrenzen ebenfalls auf den Erwerb des GuB entfallen sollte. – Sind die **AK/HK des ErsatzWG geringer als die erhaltene Entschädigung,** dürfen die stillen Reserven nur *anteilig* übertragen werden (BFH I 18/65 BStBl II 69, 310; Rechenbeispiel in EStH 6.6 III „Mehrentschädigung"). **109**

111 **d) Ersatzwirtschaftsgut.** Die stillen Reserven können nur auf ein WG übertragen werden, das im Betrieb **die gleiche Funktion** hat wie das ausgeschiedene WG (BFH IV R 7/98 BStBl II 99, 488 unter 2.c: nicht, wenn ein selbstgenutztes luf Stall- und Lagergebäude durch eine an einen GewBetr fremdvermietete Maschinenhalle ersetzt wird). In Sondersituationen lässt die *FinVerw* aus Billigkeitsgründen die Übertragung auf nicht funktionsgleiche WG zu (*BMF* BStBl I 01, 254: BSE-Rindfleischkrise). Die Übertragung auf WG in anderen Betrieben desselben StPfl ist grds nicht mögl (BFH IV R 65/02 BStBl II 04, 421 unter 2.c: ggf anders, wenn die Zwangslage zugleich den Fortbestand des ersten Betriebs gefährdet); zur Übertragung bei PersGes s *Strahl* KÖSDI 99, 12165, 12173 f). Ist ein bebautes Grundstück ausgeschieden, kommt es für die Übertragung auf ein anderes bebautes Grundstück nicht darauf an, wie sich die stillen Reserven auf GuB und Gebäude verteilen (EStR 6.6 III; BFH I R 34/69 BStBl II 71, 90 unter 2.). ErsatzWG für ein ausgeschiedenes Grundstück kann auch ein Miteigentumsanteil an einem anderen Grundstück sein, wenn dieser demselben Zweck wie das ausgeschiedene Grundstück dient (glA *BH/Ehmcke* § 6 Rz 994). Die Einlage eines bereits im PV des StPfl vorhandenen WG in das BV ist keine Ersatzbeschaffung (BFH IX R 27/82 BStBl II 85, 250).

113 **e) Investitionsfrist.** Die **neuere Rspr** wendet die in § 6b genannten Fristen entspr an (grds 4 Jahre, bei neu hergestellten Gebäuden 6 Jahre) und schließt weitere Fristverlängerungen aus (BFH IV R 4/09 BStBl II 14, 443 Rz 16 ff; zR krit *BH/Ehmcke* § 6 Rz 997b). – Die **FinVerw** (EStR 6.6 IV 3–6) hat sich nicht zu Gebäuden der Vier- bzw Sechs-Jahres-Frist des BFH angeschlossen. Bei bewegl WG (zu denen noch keine BFH-Rspr vorliegt) hält sie aber an ihrer bisherigen Auffassung fest, wonach das ErsatzWG zwar grds bis zum Ende des ersten Wj nach dem Ausscheiden des AltWG angeschafft, hergestellt oder bestellt sein muss, diese Frist im Einzelfall aber auf bis zu vier Jahre verlängert werden kann. – Das ErsatzWG kann bereits vor dem Ausscheiden des AltWG anschafft werden, zB wenn der StPfl erkennt, dass demnächst ein behördl Eingriff droht. In diesem Fall darf der zeitl Zwischenraum zur Wahrung des erforderl ursächl Zusammenhangs aber nicht mehr als 2–3 Jahre betragen (BFH XI R 5/00 BStBl II 01, 830). Alle diese Fristen verlängern sich um zwei Jahre, wenn sie in einem Wj ablaufen würden, das zw dem 1.3. und 31.12.20 endet; sie verlängern sich um ein Jahr, wenn sie in einem Wj ablaufen würde, das im Kj 21 endet (*BMF* BStBl I 21, 2475). – Die **vorzeitige Auflösung der RfE** ist geboten, wenn die Absicht der Ersatzbeschaffung endgültig aufgegeben wird (BFH IV R 97/89 BStBl II 92, 392 unter II.4.: Betriebsveräußerung; BFH IV R 7/98 BStBl II 99, 488 unter 2.c: Anschaffung nicht funktionsgleichen ErsatzWG); diesen Umstand hat das FA nachzuweisen (BFH IV R 4/09 BStBl II 14, 443 Rz 22). Die Auflösung infolge einer Betriebsveräußerung/-aufgabe gehört zum begünstigten Veräußerungsgewinn (BFH IV R 97/89 BStBl II 92, 392 unter II.4.). Anders als bei § 6b bewirkt die Auflösung einer RfE ohne Investition **keinen Gewinnzuschlag.** – Umgekehrt darf der StPfl eine noch nicht vollständig verbrauchte RfE trotz Anschaffung eines ErsatzWG fortführen, wenn er glaubhaft macht, dass er innerhalb der noch lfd Frist weitere ErsatzWG erwerben will.

115 **f) Anwendung bei anderen Gewinnermittlungsarten.** Bei **§ 4 III** wendet die *FinVerw* die vorstehenden Grundsätze aus Billigkeitsgründen entspr an (Einzelheiten in EStR 6.6 V). Die Rspr hat dies bestätigt (BFH IV R 7/98 BStBl II 99, 488 unter 2.b: jedenfalls bei zwischenzeitl Wechsel von § 4 I zu § 4 III). – **Bei § 13a** bleiben das Ausscheiden des WG und die Entschädigung auf Antrag außer Betracht, wenn innerhalb der Fristen eine Ersatzbeschaffung vorgenommen wird (EStR 6.6 VI; zur Erfassung der Entschädigung s § 13a Rz 40). – Bei **Gewinnschätzung** ist eine Rücklagenbildung unzulässig (BFH IV R 57/97 BStBl II 99, 602 unter 2.b). – **Im PV** gelten diese Grundsätze schon deshalb nicht, weil dort keine stillen Reserven zu versteuern sind (iErg auch BFH IX R 333/87 BStBl II 94, 12).

Anschaffungskosten **118–120 § 6**

6. Aufteilung von Anschaffungskosten bei Gesamtkaufpreis. Erwirbt ein **118** StPfl durch einen einheitl Vertrag mehrere WG (insb GuB/Gebäude; Betriebe), ist der Gesamtkaufpreis auf die einzelnen WG zu verteilen (ausführl *Wüllenkemper* EFG 13, 1905). Diese Grundsätze gelten entspr, wenn nur ein einziges WG angeschafft worden ist, die AK aber später (zB bei Verkauf von Teilflächen) auf Teile des WG aufgeteilt werden sollen (BFH I R 37/81 BStBl II 83, 130 unter II.; BFH VIII R 161/82 BStBl II 84, 26).

a) Grundsatz: Berücksichtigung einer vertraglichen Einigung. Eine solche Einigung über die Aufteilung ist auch steuerl maßgebl, solange dagegen keine nennenswerten Bedenken bestehen und sie von den wechselseitigen Interessen der Vertragsparteien getragen ist (BFH IX B 84/06 BFH/NV 07, 1104; BFH IX R 12/14 BStBl II 16, 397 Rz 19). **119**

Einzelfälle: Erwerb einer Eigentumswohnung. Hier sollte *im notariellen Kaufvertrag* eine Aufteilung auf GuB (Bodenrichtwert) und Gebäude vorgenommen werden (*Wichmann* Stbg 17, 405). Allein der übl Interessengleichlauf zw Bauträger und Erwerber, einen möglichst hohen Anteil des Gesamtkaufpreises dem Gebäude zuzuordnen, rechtfertigt keine abw Verteilung durch das FA, wenn keine *konkreten* Anhaltspunkte für eine unzutr Aufteilung gegeben sind (BFH IX B 149/08 BFH/NV 09, 365; BFH IX R 26/19 BFHE 270, 133 Rz 23). Die neuere Rspr fordert zwar grds einen Abgleich mit den Verkehrswerten, verwirft die vertragl Aufteilung aber nur bei grundlegenden Abweichungen (BFH IX R 12/14 BStBl II 16, 397). – **Verbilligter Verkauf mehrerer steuerl unterschiedl WG.** Beim teilentgeltl Verkauf eines Zweifamilienhauses zw Angehörigen ist es zulässig, den größten Teil des Kaufpreises vertragl der fremdvermieteten Wohnung (bis zur Höhe ihres Verkehrswerts) zuzuordnen und für die selbstgenutzte Wohnung nur einen geringen Kaufpreis festzuschreiben (BFH IX R 54/02 BStBl II 06, 9; *BMF* BStBl I 07, 269). Dies gilt auch für den gleichzeitigen Verkauf mehrerer teils selbstgenutzter, teils fremdvermieteter Eigentumswohnungen (BFH IX R 35/08 BStBl II 09, 663 unter II.2.c) und für die vorrangige Zuordnung eines Kaufpreises zur Wohnung beim teilentgeltl gemeinsamen Verkauf von Wohnung und Betrieb (BFH IX R 34/05 BFH/NV 06, 1634). – **Verkauf mehrerer WG in teils stpfl und teils stfreier Weise.** Auch hier ist grds eine vertragl Einigung zu beachten (für die Aufteilung eines Gesamtkaufpreises auf mehrere Beteiligungen BFH I B 26/07 BFH/NV 07, 2354; die konkrete Einzelfallentscheidung dürfte allerdings eher als großzügig anzusehen sein). Dies gilt mE auch für die Zuordnung bei gleichzeitiger Veräußerung von Anteilen an KapGes (teilweise stfrei) und anderen WG, deren Veräußerung voll stpfl ist (aA FG RhPf EFG 12, 63, rkr). – Zur Bedeutung dieser Grundsätze für den **steueroptimierten Abzug von Schuldzinsen** s § 9 Rz 140 ff.; *Schallmoser* DStR 09, 1685. Zur Aufteilung auf GuB und stehendes Holz beim Verkauf eines **Waldgrundstücks** s § 13 Rz 16.

b) Ausnahme: Fehlen einer bindenden vertraglichen Aufteilung. – 120 aa) Notwendigkeit einer Aufteilung durch das Finanzamt. Eine nachträgl Bescheinigung des Veräußerers über die Kaufpreiszuordnung ist keine „vertragl Einigung" und bindet daher nicht (BFH IX R 86/97 BStBl II 01, 183 unter II.1.). Steuerl nicht maßgebl ist auch eine **Einigung, die nicht von gegensätzl Interessen getragen wird,** sondern von dem Bestreben, einem Vertragspartner einen möglichst großen StVorteil zukommen zu lassen (BFH X R 96/96 BStBl II 99, 217 unter B.IV.2.c: Aufteilung einer langfristig gestundeten Forderung in Zins- und Kapitalanteil entgegen der Vereinbarung; ausführl BFH X R 19/03 BStBl II 06, 238 unter II.2.a mwN: Zuordnung von Aufwendungen bei „Kombi-Rente"; BFH X B 159/13 BFH/NV 14, 1743; ähnl („nicht bindende vertragl Aufteilung") BFH IX R 31/12 BStBl II 13, 1011 Rz 22). – Nach neuerer Rspr sind vertragl Einigungen über die Aufteilung in den folgenden Fallgruppen steuerl nicht bindend (ausführl BFH IX R 12/14 BStBl II 16, 397 Rz 20 ff; BFH IX R 26/19 BFHE 270, 133 Rz 24 ff Rz 24, 27; *Graw* HFR 20, 442): – *(1)* Es bestehen **Anhaltspunkte für einen Gestaltungsmissbrauch** oder eine Scheinbestimmung (diese Fallgruppe hat in der BFH-Rspr bisher allerdings keine praktische Bedeutung erlangt). – *(2)* Bei einer Verifikation der vertragl Aufteilung anhand der obj Verkehrswerte stellt sich heraus, dass die vertragl Aufteilung die **realen Wertverhältnisse in grds Weise verfehlt** und wirtschaftl nicht haltbar erscheint. Dies kann insb bei einer erhebl Abweichung zw Bodenrichtwert und vertragl GuB-Anteil der Fall sein (BFH IX R 26/19 BFHE 270, 133 Rz 34: widerlegbares Indiz, das aber zur Prüfung der Kaufpreisaufteilung berechtigt).

122 **bb) Vornahme der Aufteilung.** Fehlt es in den Fällen der Rz 120 an einer Einigung der Parteien oder kann sie steuerl nicht zugrunde gelegt werden, sind zunächst für alle erworbenen WG die jeweiligen Einzelwerte zu ermitteln; sodann ist der tatsächl Gesamtkaufpreis im Verhältnis der Einzelwerte auf die WG aufzuteilen (BFH IX R 86/97 BStBl II 01, 183 unter II.2.; BFH IX B 98/16 BFH/NV 17, 292 Rz 4).

123 **(1) Aufteilungsmaßstäbe. Im BV** ist grds nach dem **Verhältnis der Teilwerte** aufzuteilen (BFH GrS 1/77 BStBl II 78, 620 unter D. II.3.a; BFH III R 272/83 BStBl II 88, 441), **im PV** nach dem **Verhältnis der Verkehrswerte** (BFH X R 97/87 BStBl II 89, 604 unter 1.; BFH IX R 130/90 BStBl II 96, 215 unter 1.a). Gehören die erworbenen WG teils zum BV, teils zum PV, dürfte sowohl die Aufteilung nach TW als auch die nach Verkehrswerten zum selben Ergebnis führen (BFH I R 131/78 BStBl II 82, 320 unter 2.; BFH IV R 204/85 BFH/NV 90, 34).

124 **(2) Erwerb eines bebauten Grundstücks. – (a) Bewertungsmethode.** Für die Aufteilung auf GuB und Gebäude ist grds das Verhältnis der nach der **ImmoWertV** (s Rz 275) zu ermittelnden Verkehrswerte dieser beiden EinzelWG maßgebl (BFH IX R 26/19 BFHE 270, 133 Rz 30). Bisher hat der BFH hier grds das **Sachwertverfahren** herangezogen (BFH IX R 86/97 BStBl II 01, 183; BFH IX R 13/00 BStBl II 03, 769; BFH IX B 117/04 BFH/NV 05, 1813; BFH IX B 98/16 BFH/NV 17, 292 Rz 5; krit *Wichmann* Stbg 17, 405). Das **Ertragswertverfahren** wurde idR abgelehnt, weil neben Ertragsgesichtspunkten auch die Aussicht auf eine sichere Kapitalanlage und langfristige stfreie Wertzuwächse maßgebl ist (uE zutr BFH IX R 38/17 BStBl II 21, 202 Rz 43). Die neuere Rspr lässt hingegen vordergründig freie Hand bei der Wahl der Bewertungsmethode (BFH IX R 12/14 BStBl II 16, 397 Rz 25; BFH IX R 26/19 BFHE 270, 133 Rz 31; unzutr daher FG Hbg EFG 21, 1981, Rev IX R 12/21, wo das FG der widersprechenden Sachverständigen angewiesen hatte, sein Gutachten nach dem Sachwertverfahren zu erstellen; die Wahl des Ertragswertverfahrens ist aber mE begründungsbedürftig (glA *Ratschow* BFH/PR 21, 100). Für Renditeobjekte kann es jedoch herangezogen werden (BFH IX B 144/16 BFH/NV 18, 218 Rz 6: gemischt genutztes Grundstück). Der Wert des GuB ist nicht deshalb mit 0 € anzusetzen, weil das Gebäude unter Denkmalschutz steht und daher nicht abgerissen werden darf (zutr FG Köln EFG 18, 456, Rev IX R 43/17 unzul). Zu AK für den Gebäudeanteil des Erbbaurechts s Rz 91; zur Kaufpreiszuordnung bei Abbruch eines Gebäudes kurz nach Erwerb s Rz 214 ff; zu Modernisierungsmodellen s *OFD Ffm* DStR 99, 762. – **(b) „Arbeitshilfe" des BMF.** Zur Kaufpreisaufteilung nach dem Sachwertverfahren hat das BMF seit 2014 auf seinen Internetseiten eine Arbeitshilfe veröffentlicht (Excel-Tabelle). Der BFH hält diese Arbeitshilfe allerdings zR für ungeeignet (BFH IX R 26/19 BFHE 270, 133 Rz 36 ff; glA *Graf/Nacke* NWB 20, 2383), da sie ausschließl auf den Bodenrichtwerten beruht, keinerlei weitere Umstände (Orts- und Regionalisierungsfaktoren) berücksichtigt und tendenziell zu überhöhten Werten für den GuB führt. Im Streitfall bleibt daher nur ein (teures) Sachverständigengutachten oder eine tatsächl Verständigung mit dem FA (*Ratschow* BFH/PR 21, 100; zu weiteren Wertermittlungsverfahren s *Jacoby/Geiling* DStR 20, 481). – 2021 hat das BMF eine **überarbeitete Arbeitshilfe** veröffentlicht, die auch das Ertrags- und Vergleichswertverfahren berücksichtigt und idR zu deutlich höheren Gebäudeanteilen führt als die vom BFH verworfene Version (dazu *Ronig* NWB 21, 2059; krit *Geiling/Jacoby* DStR 21, 1855).

126 **(3) Aufteilung eines Gebäudes in verschiedene Wirtschaftsgüter.** Bei unterschiedl Nutzungs-/Funktionszusammenhang ist nach dem Verhältnis der Wohn-/Nutzflächen aufzuteilen (*BMF* BStBl I 04, 464). Zu AK bei Vorbehalt eines Nutzungsrechts an einer von mehreren verkauften Wohnungen BFH IX R 33, 34/92 BStBl II 94, 927, teilweise modifiziert durch BFH IX R 50, 51/97 BStBl II 01, 594. – **(4) Kaufpreisaufteilung beim Unternehmenskauf.** S *Bauer/Baumgartner* FR 15, 838; § 16 Rz 461 ff.

130 **7. Anschaffungskosten bei unentgeltlichem und teilentgeltlichem Erwerb (Überblick).** Zu Einzelheiten und Nachweisen auf Rspr und Literatur s die

Verweise in Rz 131 ff. Zur AfA in diesen Fällen s § 7 Rz 109 ff; zu **Nebenkosten** beim unentgeltl Erwerb s Rz 53.

a) Erbfall. Ausführl zu Erbfall und Vermächtnis bei BV s § 16 Rz 590 ff. – Es **131** handelt sich um einen unentgeltl Vorgang, der keine neuen AK entstehen lässt. Für die AfA ist (ggf durch die Erbengemeinschaft) die Bemessungsgrundlage des Rechtsvorgängers fortzuführen (für BV § 6 III, für PV § 11d EStDV). Der Übergang von *Erblasser*schulden auf den Erben führt hier nicht zu AK; Gleiches gilt für die Erfüllung von *Erbfall*schulden (Vermächtnis-, Pflichtteils-, Erbersatz- und Abfindungsschulden).

b) Erbauseinandersetzung mehrerer Miterben. Dieser Vorgang bildet mit **132** dem Erbfall *keine* Einheit; hier können daher AK anfallen (grundlegend BFH GrS 2/89 BStBl II 90, 837; ausführl *BMF* BStBl I 06, 253). Grds erwirbt der Miterbe, der bei der Auseinandersetzung Teile des Nachlasses erlangt, aber unentgeltl. AK entstehen nur, soweit der Wert des Erlangten den Wert des Erbanteils des Miterben übersteigt und dafür ein Ausgleich zu leisten ist. Zur Erbauseinandersetzung über **BV** (grds Gleichstellung mit dem Ausscheiden aus einer MUerschaft) s § 16 Rz 610–623; zur Erbauseinandersetzung über **PV** § 16 Rz 625–634 (mit Beispielen zur Berechnung der AfA-Bemessungsgrundlage bei Leistung von Ausgleichszahlungen); zur Erbauseinandersetzung über **Mischnachlass** s § 16 Rz 636–643 (es gelten die für den jeweiligen Nachlassbestandteil maßgebenden Grundsätze). Soweit die Erbauseinandersetzung danach als **teilentgeltl Vorgang** anzusehen ist, gelten die in Rz 137 dargestellten Grundsätze. Die *Teil*erbauseinandersetzung ist wie die vollständige Auseinandersetzung zu behandeln. Der Verkauf eines Erbteils oder die entgeltl Ausschlagung führen ebenfalls zu AK.

c) Reine Schenkung. Sie stellt ebenfalls einen unentgeltl Vorgang dar. Im **134** PV führt der Erwerber die AfA-Bemessungsgrundlage des Rechtsvorgängers fort (§ 11d EStDV). Im BV gilt dies nur beim Übergang betriebl Einheiten iSd § 6 III; die unentgeltl Übertragung *einzelner* betriebl WG aus privaten Gründen ist hingegen eine gewinnrealisierende Entnahme, sofern das WG nicht (als SonderBV) im Betrieb verbleibt (§ 6 V 3; s Rz 799 f). – Die **Übernahme von Verbindlichkeiten** stellt in den Fällen des § 6 III kein Entgelt dar und führt nicht zu AK (s Rz 719); beim Übergang von PV entstehen hingegen AK. Zur Behandlung **teilentgeltl Übertragungen** s Rz 137.

Anschaffungskosten bei mittelbarer Grundstücksschenkung. In diesen Fällen erhält der StPfl zwar nicht das Grundstück, wohl aber einen zweckgebundenen Geldbetrag geschenkt, den er zur Begleichung der AK/HK verwendet.– **(1) BV.** Es handelt es sich um eine Einlage, die mit dem TW anzusetzen ist, sodass AfA vorgenommen werden können. Weil es sich allerdings um einen unentgeltl Erwerb handelt, ist eine Übertragung stiller Reserven nach § 6b auf dieses WG nicht mögl (BFH IV R 9/06 BStBl II 10, 664 unter II.1.b). – **(2) PV.** Der Vorgang ist so zu behandeln, als habe zuerst der Schenker das Grundstück angeschafft und anschließend dem StPfl geschenkt, sodass § 11d EStDV anwendbar ist und der StPfl AfA vornehmen kann (BFH IX R 26/15 BStBl II 17, 343 Rz 15; ebenso für den Fall der Zuwendung lediglich eines *Teils* der Baukosten bereits FG Ddorf EFG 03, 603, rkr). Bei Subventionsnormen, die *eigene* AK/HK voraussetzen (nicht nur § 11d EStDV nicht gilt), ist eine Begünstigung entsprechend nicht mögl (zum EigZulG BFH IX R 59/04 BFH/NV 06, 2040; BFH IX R 4/06 BStBl II 07, 372).

d) Vorweggenommene Erbfolge. Zivilrechtl handelt es sich um einen Spezi- **135** alfall der Schenkung (gemischte oder Auflagenschenkung). Estrechtl ist zu differenzieren (grundlegend BFH GrS 4–6/89 BStBl II 90, 847; *BMF* BStBl I 93, 80; zu BV ausführl § 16 Rz 50–62): Sind die Voraussetzungen des Rechtsinstituts der „Vermögensübergabe gegen Versorgungsleistungen" erfüllt (dazu § 10 Rz 111 ff), handelt es sich steuerl um einen voll unentgeltl Vorgang; die wiederkehrenden Versorgungsleistungen stellen kein Entgelt dar. Zu AK führen hingegen Abstandszahlungen an den Übergeber, Gleichstellungsgelder an Dritte (zB an weichende potentielle Miterben) und die Übernahme *privater* Schulden des Übergebers (nicht aber die Übernahme vorhandener Betriebsschulden mit dem Betrieb).

137 **e) Anschaffungskosten bei teilentgeltlichem Erwerb.** Erfasst sind zB Fälle der Erbauseinandersetzung (Rz 132) oder vorweggenommenen Erbfolge (Rz 135). – **(1) Teilentgeltlicher Erwerb von Privatvermögen.** Bzgl des unentgeltl Teils tritt der Rechtsnachfolger in die Rechtsstellung des Vorgängers ein; bzgl des entgeltl Teils hat er eigene AK. Zur komplizierten AfA-Berechnung in diesen Fällen s § 7 Rz 111. Zur **Gestaltung der Kaufpreiszuordnung** bei teilentgeltl Übertragung eines Gebäudes mit unterschiedl Nutzungen s Rz 119. – **(2) Teilentgeltlicher Erwerb betrieblicher Einheiten iSd § 6 III** (Betrieb, Teilbetrieb, MUeranteil). Hier gilt die Einheitsbetrachtung (ausführl § 16 Rz 65–71): Der Vorgang ist (anders als im PV) nicht in einen voll unentgeltl und einen voll entgeltl Teil aufzuspalten. Vielmehr entstehen AK des Erwerbers nur, soweit das tatsächl gezahlte Entgelt die Buchwerte (KapKto) übersteigt (Entsprechendes gilt für den Veräußerungsgewinn des Veräußerers). – **(3) Teilentgeltliche Übertragung einzelner Wirtschaftsgüter des Betriebsvermögens.** Beim **Veräußerer** kommt es iHd Differenz zw Veräußerungspreis und Buchwert zu einem Veräußerungsgewinn, iHd Differenz zw Veräußerungspreis und TW zu einem Entnahmegewinn (BFH VIII R 51/84 BStBl II 92, 512 unter III.; BFH III R 8/03 BStBl II 06, 287 unter II.2.a; für Aufteilung wie bei PV hingegen BFH X R 34/03 BStBl II 05, 378 unter II.7.). Der **Erwerber** kann mE nach § 6 I Nr 5 EStG zum TW in ein BV einlegen (ebenso *BMF* BStBl I 93, 80 Tz 34, allerdings im Wege der Aufspaltung in entgeltl und unentgeltl Übertragung).

140 **8. ABC der Anschaffungskosten** (s auch ABC der Aktivierung, § 5 Rz 270).

Abbruchkosten s Rz 214 ff.

Abfindungen. – *(1) Empfänger sind Mieter oder dingl Nutzungsberechtigte.* Beim Zahlenden kommen in Betracht (s auch Rz 86): – *(a)* **Aufzuteilende AK des Gesamtgrundstücks** (unter dem Gesichtspunkt der Betriebsbereitschaftskosten), wenn erst der Auszug der Mieter aus dem Gebäude die mit dem Erwerb bezweckte Nutzung ermöglicht. In der Praxis wird diese Zuordnung aber selten sein, da der BFH eine Abfindung, deren Grundlage erst *nach* Abschluss des Anschaffungsvorgangs gelegt wird, als BA/WK ansieht (BFH GrS 1/69 BStBl II 70, 382: im BV allerdings Aktivierung der Abfindung und Verteilung über die Restlaufzeit des Mietvertrags; BFH VIII R 92/77 BStBl II 80, 187: erst nach dem Erwerb wird an die Baubehörde eine Abfindung wegen Zweckentfremdung von Wohnraum gezahlt, um das Gebäude höherpreisig als Büro vermieten zu können). – *(b)* **AK des GuB.** Ein unbebautes Grundstück soll nach der Räumung erstmals vermietet werden (BFH IX R 57/01 BStBl II 04, 872 unter II.3.: Zwangsräumung von Besetzern). – *(c)* **GebäudeHK.** Die Abfindung soll der Räumung eines unbebauten Grundstücks zum Zwecke der Bebauung (BFH IX R 57/01 BStBl II 04, 872 unter II.2.) oder der Räumung eines Gebäudes zum Zwecke des Abrisses und der Neubebauung dienen (BFH I R 243/73 BStBl II 76, 184: Abfindung für dingl Wohnrecht; BFH I R 29/79 BStBl II 83, 451 unter 3.: Mieterabfindung; BFH IX R 24/03 BStBl II 06, 461: Abfindung für Erbbaurecht). – *(d)* **Sofortige BA/WK.** Die Abfindung an den bisherigen Nutzer dient der Erzielung höherer lfd Einnahmen durch sofortigen Abschluss eines neuen Nutzungsvertrags (BFH VIII R 115/70 BStBl II 75, 730, dort auch zur Behandlung von Abfindungen, die in Form einer Leibrente gezahlt werden; BFH IX R 24/10 BFH/NV 11, 1480: Ablösung eines Erbbaurechts zur Begründung eines neuen Erbbaurechts mit höherem Erbbauzins; BFH IX R 28/12 BFH/NV 13, 914: der StPfl bewegt den Inhaber eines Wohnungsrechts zum Auszug, übernimmt im Gegenzug die Miete für dessen neue Wohnung und kann die frei gewordene Wohnung zu einem wesentl höheren Betrag vermieten; dies gilt auch zw nahen Angehörigen, sofern die Vereinbarungen einem Fremdvergleich genügen); wohl auch die Abfindung an die Inhaberin eines Wohnungsrechts, um die Wohnung erstmals vermieten zu können (aA FG Nds EFG 21, 1543, Rev IX R 9/21). – *(e)* **EStl unbeachtl** ist die Abfindung, wenn der

Eigentümer die Wohnung selbst nutzen will (BFH IX R 38/03 BStBl II 05, 760) oder kein Zusammenhang zu einer Einkunftsart besteht (BFH VIII R 110/70 BStBl II 75, 663). – *(f)* **Behandlung beim Empfänger.** Will dieser die Wohnung zu eigenen Wohnzwecken nutzen, ist die erhaltene Zahlung nicht stbar (BFH IX R 89/95 BFH/NV 00, 423). – *(2)* **Abfindungen an Nachbarn** sind HK eines Gebäudes, wenn sie nur der konkreten Bebauung dienen (FG Bln EFG 97, 655, rkr), hingegen AK des GuB, wenn die Bebaubarkeit *allgemein* (unabhängig von dem konkreten Bauvorhaben) erhöht wird (FG Köln EFG 87, 166, rkr) und nachträgl AK des Gebäudes, wenn eine am Gebäude bestehende Nutzungsmöglichkeit des Nachbarn abgefunden wird (FG Hess EFG 88, 68, bestätigt). – *(3)* **Abfindungen zur Vermeidung von (Rück-)Übertragungsansprüchen** sind nachträgl AK, zB bei Anfechtung nach § 3 II AnfG (BFH IX R 56/06 BStBl II 07, 956), Rückforderungsanspruch des verarmten Schenkers gem § 528 BGB (zutr FG Ddorf EFG 97, 1225; die nachgehend von BFH IX R 66/97 BFH/NV 01, 769 unter II.4. geäußerten Zweifel sind durch BFH IX R 56/06 BStBl II 07, 956 überholt); Abfindung, die der bisherige Ges'ter für den Verzicht eines Dritten auf dessen Recht zum Erwerb des Anteils zahlt (FG BaWü EFG 03, 378, rkr). Dies gilt jedoch nicht, wenn nach einer Vermögensübergabe gegen Versorgungsleistungen ein vorbehaltener Rückübertragungsanspruch des Voreigentümers abgelöst wird (BFH VI R 43/16 BFH/NV 19, 1335: privater Vorgang, der estl unbeachtl ist).

Anzahlungen. Zur bilanziellen Behandlung s Rz 41 sowie § 5 Rz 270 „Anzahlungen"; zu verlorenen Vorauszahlungen s Rz 207; zum Unterbleiben einer Abzinsung s Rz 463.

Aufzinsungspapiere s „Zerobonds".

Beteiligung an Kapitalgesellschaft (ausführl § 5 Rz 270 „Beteiligungen", „eigene Anteile"; § 17 Rz 156 ff; zum TW s Rz 278 ff). – *(1)* **Offene Einlagen** (anlässl der Gründung oder einer späteren Kapitalerhöhung) stellen AK dar; dies gilt auch für Zahlungen in die Kapitalrücklage (s Rz 57). Bareinlagen von Beziehern junger Aktien für die Substanzabspaltung der Altaktien sind AK (BFH VIII R 68/05 BStBl II 07, 937 unter II.4.a bb). Bei Erhöhung des Kapitals durch Umwandlung von Rücklagen in Nennkapital entstehen keine neuen AK. Vielmehr sind die AK der Altanteile nach dem Verhältnis der Nennbeträge aufzuteilen und teilweise den neuen Anteilen zuzuordnen (§ 3 KapErhStG). Zahlt der StPfl für den Erwerb eines neuen Anteils iRe Kapitalerhöhung ein Aufgeld, ist dieses ausschließl den AK des neuen Anteils, nicht aber anteilig den AK der Altanteile zuzuordnen, und zwar auch dann, wenn die AK den Verkehrswert des neuen Anteils übersteigen (BFH I R 53/08 BFHE 226, 500). – *(2)* **Verdeckte Einlagen** führen zu nachträgl AK (s ausführl Rz 861 ff, insb zu Forderungsverzichten s Rz 879 ff). Dies gilt sowohl für die in § 6 VI 2 erfassten verdeckten Einlagen aus einem BV als auch für verdeckte Einlagen aus dem PV. Zu verdeckten Einlagen in den Fällen des § 17 s § 17 Rz 165. Auch wenn der Ges'ter zugleich als Geschäftsführer ArbLohn bezieht, werden verdeckte Einlagen idR nicht mit dem ArbVerh in Zusammenhang stehen, sondern die AK erhöhen (BFH VI R 3/92 BStBl II 94, 242). – *(3)* **Erwerb einer bestehenden Beteiligung.** Auch Entgelte für die Mitübertragung bereits entstandener, aber noch nicht von einem Verwendungsbeschluss erfassten Gewinne gehören zu den AK (BFH I R 190/81 BStBl II 86, 815); zu Anschaffungsnebenkosten s Rz 54. Gewährt der Veräußerer eine Zuzahlung, sind weder „negative AK" zu aktivieren noch Erwerbsgewinne zu realisieren; vielmehr ist im BV ein passiver Ausgleichsposten zu bilden (BFH I R 49, 50/04 BStBl II 06, 656; näher § 5 Rz 550 „Ausgleichsposten"; zur Behandlung negativer Kaufpreise, die aus der Übernahme estl nicht passivierungsfähiger Verpflichtungen resultieren, s §§ 4f, 5 VII). Soweit der endgültige Anteilskaufpreis vom Eintritt bestimmter Bedingungen abhängig ist (zB Erreichen von Unternehmenszielen), sind die Kaufpreisänderungen aufschiebend bedingt und beeinflussen die AK daher erst mit

Bedingungseintritt (s Rz 82 (4)). – **(4) Rückzahlung von Nennkapital** bewirkt AK-Minderung (näher s Rz 65 ff).

Beteiligung an Personengesellschaft. Steuerl werden nicht GesAnteile, sondern die Anteile an den einzelnen WG der PersGes angeschafft (BFH IV R 52/03 BStBl II 06, 128 unter 2.c; ausführl § 5 Rz 270 „Beteiligungen an PersGes"). Zu AK des Erwerbers ausführl § 16 Rz 460 ff; zu Ergänzungsbilanzen s § 15 Rz 462.

Bitcoins s Rz 22.

Bodenschatz. Einem selbst entdeckten Bodenschatz sind keine AK zuzurechnen (ausführl § 7 Rz 227 mwN; § 5 Rz 270 „Bodenschätze"). Zur Abgrenzung zw Kauf- und Pachtverträgen bei der Ausbeute s § 21 Rz 18.

Disagio. Zum Einfluss auf die AK von Forderungen s „Forderungen" (2).

Emissionsberechtigungen („CO_2-Zertifikate") nach dem TreibhausemissionshandelsG (BGBl I 04, 1578) und dem BrennstoffemissionshandelsG (BGBl I 19, 2728) werden dem StPfl von der zuständigen Behörde zunächst unentgeltl zugeteilt. Die AK betragen daher 0 €; Anschaffungsnebenkosten sind BA. Die Berechtigungen sind handelbare immaterielle WG des UV. Bei höherem Emissionsbedarf können sie entgeltl (AK) von Dritten erworben werden. Das LiFo-Verfahren ist nicht anwendbar (s Rz 412). Ausführl zur steuerl Behandlung *BMF* BStBl I 05, 1047; *Herzig/Jensen-Nissen/Koch* FR 06, 109; *Klein/Völker-Lehmkuhl* DB 04, 332; *Hoffmann/Lüdenbach* DB 06, 57; *Brüggemann/Polster* DB 21, 1077.

Erbbaurecht s Rz 89 ff.

Finanzierungskosten gehören grds nicht zu den AK/HK eines WG, sondern zu den sofort abziehbaren Geldbeschaffungskosten (§ 9 I 3 Nr 1; ausführl § 9 Rz 131 ff; zu HK Rz 206). Hingegen sind Schuldzinsen des Veräußerers für die Zeit vor der Übergabe des WG, die dieser dem Erwerber weiterberechnet (Bauzeitzinsen), beim Erwerber AK (ausführl BFH IX R 32/01 BStBl II 04, 1002). Wegen Säumniszuschlägen zur GrESt s Rz 54.

Forderungen. – **(1) Begründung der Forderung durch Vertrag oder Gesetz.** Die AK entsprechen dem **Nennwert** (BFH IV 123/63 BStBl II 68, 176), dh bei Geldforderungen dem Betrag, auf dessen Zahlung der StPfl Anspruch hat. Dies gilt auch bei fehlender oder niedriger Verzinsung (BFH I R 114/84 BStBl II 90, 117 unter II.1.; BFH I R 2/06 BStBl II 07, 469 unter II.2.a); die Zinsdifferenz beeinflusst allein den TW (s Rz 296). **Ansprüche auf Leibrenten** sind mit dem **Barwert** anzusetzen (BFH I R 147/69 BStBl II 71, 302; ebenso zu Rentenverpflichtungen Rz 443). Soll eine Schadensersatzrente hingegen lediglich entgangenen Gewinn ausgleichen, unterbleibt eine Aktivierung; vielmehr sind nur die lfd Zahlungen als Ertrag zu erfassen (FG BaWü EFG 94, 740, rkr). Zum Zeitpunkt der Aktivierung von Forderungen s § 5 Rz 270 „Forderungen" (dort auch zur fehlenden Entnahmefähigkeit bestrittener Forderungen); zu gewinn- oder umsatzabhängigen Forderungen s § 5 Rz 270 „Gewinnabhängige Vergütungen"; zu Forderungen in ausl Währung s Rz 22; zu den AK von Ansprüchen aus Rückdeckungsversicherungen s „Rückdeckungsversicherung" mwN. – **(2) Anschaffungskosten bei Disagio.** Wird bei Gewährung eines Darlehens nicht der volle Nennbetrag ausgezahlt, sondern ein Disagio einbehalten, stellt der Unterschiedsbetrag vorausgezahlten Zins dar. Gleiches kann für einbehaltene Bearbeitungsgebühren gelten (nicht jedoch für Bausparabschlussgebühr, s BFH I R 23/96 BStBl II 98, 381). Der Darlehensgeber hat den Nennbetrag der Darlehensforderung (Rückzahlungsbetrag) als deren AK zu aktivieren (Bruttomethode), den Unterschiedsbetrag als RAP zu passivieren und über die Laufzeit der Kreditgewährung bzw Zinsfestschreibung in jährl Teilbeträgen gewinnerhöhend aufzulösen (s ausführl § 5 Rz 270 „Disagio"). – **(3) Anschaffungskosten bei Aufgeld (Agio).** Ist beim Erwerb eines Wertpapiers ein Aufgeld über den Nennwert hinaus zu zahlen, gehört dies nicht zu den AK. Im BV ist ein RAP zu bilden (zutr *OFD Ffm* DStR 19, 929).

– **(4) Entgeltlicher Erwerb bereits bestehender Forderung.** Bei Abtretung (Zession) bestehen die AK aus der zu erbringenden Gegenleistung einschließl etwaiger Nebenleistungen. Handelt es sich bei der Gegenleistung um eine Sachleistung, bestimmen sich die AK nach deren gemeinem Wert (§ 6 VI 1).

Fremdwährung s Rz 22.

Geschlossene Fonds s § 6e Rz 6 (insb Vertragsbündel, Abgrenzung AK/HK, Provisionen, sofort abziehbare WK).

Grunderwerbsteuer s Rz 54.

Investmentfondsanteile (zur Bilanzierung im BV ausführl *Rockel/Patzner* DStR 08, 2122). Zu bilanzieren sind die Anteile, nicht die vom Fonds gehaltenen WG (BFH I R 73/15 BStBl II 17, 1065 Rz 9). Zu den AK der Anteile zählt der Ausgabepreis, der Ausgabeaufschlag und die Vergütung für aufgelaufene Zwischengewinne (dazu *Häuselmann/Ludemann* FR 05, 415). – **Ausschüttungsgleiche Erträge** des Fonds gelten gem § 36 InvStG 2018 (zuvor § 2 I InvStG 2004) als lfd Einnahmen, auch wenn sie tatsächl noch nicht zugeflossen sind. Zur Vermeidung einer nochmaligen Besteuerung bei Veräußerung des Fondsanteils (Differenz zw Veräußerungserlös und Buchwert) ist hierfür ein Merkposten (aktiver Ausgleichsposten) in der StB zu bilden. Dieser Merkposten ist weder Teil der AK noch einer TW-AfA fähig (BFH I R 73/15 BStBl II 17, 1065 Rz 18; BMF BStBl I 19, 527 Rz 18.5). Wird ein bloßer Liquiditätsüberhang ausgeschüttet (**negativ thesaurierte Erträge**/Absetzungsbeträge iSd § 35 IV InvStG 2018), ist dies zwar nicht unmittelbar stpfl. Allerdings ist ein passiver Ausgleichsposten zu bilden, der bei Rückgabe/Veräußerung der Anteile gewinnerhöhend aufzulösen ist; die AK bleiben unverändert (BFH XI R 10/18 BStBl II 21, 292). Daher ist in diesen Fällen eine TW-AfA auf der AK unabhängig von der Existenz eines Ausgleichspostens vorzunehmen (BFH XI R 42/20 DStR 21, 1921). – Zum **TW** s Rz 370 (a).

Kapitalanlagen. Zu Nebenkosten s Rz 54.

Kapitalgesellschaft s Beteiligung an KapGes.

Kundengebundene Werkzeuge/Formen, die ein Hersteller nach den Wünschen seines Abnehmers für die Produktion von Spezialteilen anfertigt, begründen ein Verwendungsrecht; das hierfür geleistete Entgelt hat der Abnehmer als AK des abnutzbaren immateriellen WG zu aktivieren (BFH IV R 64/88 BStBl II 89, 830 unter 4.; ausführl *Welter* DB 17, 2118).

Kryptowährungen s Rz 22.

Lebensversicherung. Beim Erwerb „gebrauchter" LV gehören zu den AK auch bereits aufgelaufene Zinsen, die mit dem Kaufpreis vergütet werden (BFH VIII R 46/09 BStBl II 11, 920). S auch „Rückdeckungsversicherung".

Optionen (s auch § 5 Rz 144; zur Behandlung im PV s § 20 Rz 169). – *(1) Steuerl Einordnung.* Das Optionsrecht ist ein **nicht abnutzbares immaterielles WG des UV** (auch bei Zeitraumbezogenheit einer Zinsbegrenzungsprämie kein RAP, s zutr FG Mchn EFG 03, 1072, rkr). – *(2) AK des Optionsberechtigten.* Zu aktivieren sind dessen für den Erwerb der Option entstandenen Aufwendungen, sofern bei Sicherungsgeschäften nicht eine Bewertungseinheit (s § 5 Rz 70) zu bilden ist. – *(3) TW-AfA.* Dies kommt in Betracht, wenn der Börsenwert der Option (bei nicht börsengehandelten Optionen der innere Wert) gesunken ist oder mit der Ausübung des Optionsrechts nicht mehr zu rechnen ist, sodass es ersatzlos verfallen wird (FG Mchn EFG 03, 1072, rkr: Zinsbegrenzungsprämien bei gesunkenem Marktzinsniveau; hierzu ausführl *Rau* DStR 03, 1769). – *(4) Ausübung der Option durch Erwerb des WG.* In die AK des erworbenen WG sollen die historischen AK des Optionsrechts eingehen, nicht etwa der aktuelle Buchwert (BFH XI R 44/17 BStBl II 20, 44, Anm *Rauch* HFR 20, 115). Dies hat zur Folge, dass bei vorangegangener TW-AfA auf das Optionsrecht mit der Ausübung der Option ein entspr Gewinn entsteht (zR krit *Weber-Grellet* FR 19, 964 und BB 20, 43, 48); auf die Anwendung der Regelungen über die Wertaufholung kommt es danach nicht mehr an. Wird die Option in Gestalt eines **Bezugsrechts auf junge Anteile** gewährt, geht im BV ein Teil der AK der Altanteile auf das Bezugsrecht und bei dessen Ausübung auf die jungen Anteile über (BFH IX R 36/01 BStBl II 06, 12; zur Wertermittlung *Kraft* BB 04, 595); die AK der Altanteile sind entspr zu kürzen (BFH IX R 100/97 BStBl II 01, 345). Im PV schließt § 20 IVa 4 diese Buchwertabspaltung ab 2009 aus. – *(5)* **Behandlung beim Stillhalter.** Er hat in Höhe der vereinnahmten Prämie eine Verbindlichkeit auszuweisen, die erst bei Ausübung oder Verfall der Option erfolgswirksam auszubuchen ist (BFH I R 17/02 BStBl II 04, 126). Ob ein gestiegenes Risiko aus der Ausübung der Option zu einem (in der StB zu berücksichtigenden) höheren TW der Verbindlichkeit führt (so *Hahne/Liepolt* DB 06, 1329; mE zutr) oder aber zu einer steuerl nicht passivierbaren Drohverlustrückstellung (so *BMF* BStBl I 04, 192; *Paus* FR 03, 1015), hat der BFH offen gelassen (BFH I R 17/02 BStBl II 04, 126 unter II.8.). Zur Bilanzierung des ArbG bei **Aktienoptionsplänen** zugunsten seiner Manager s *Rode* DStZ 04, 404, 408. – *(6)* **Optionsanleihen.** Sie kombinieren einen niedrigen Zins mit der Einräumung einer Option auf verbilligten Erwerb eines anderen WG (idR Aktien des ausgebenden Unternehmens). Der **Erwerber** der Anleihe hat die gesamten AK auf die beiden WG Anleihe und Optionsrecht aufzuteilen (Doppelerwerb; s BFH VIII R 9/02 BStBl II 03, 883; *BMF* BStBl I 04, 1034 Rz 8). Die **ausgebende KapGes** hat den auf das Optionsrecht entfallenden Betrag in die Kapitalrücklage einzustellen (§ 272 II Nr 2 HGB); die daraus folgende Gewinnneutralität gilt auch steuerl (BFH I R 3/04 BStBl II 08, 809; BFH I R 26/04 BFH/NV 06, 616). Zur Bilanzierung von (hochverzinsl) **Aktienanleihen** mit Optionsrecht des Emittenten s FG Hess EFG 19, 599, rkr; *Rau* DStR 06, 627.

Pfandgeld, das bei Mehrrücknahmen von Leergut ausgezahlt wird, stellt AK für Leergut dar, sofern ein Eigentumsübergang stattfindet (*BMF* BStBl I 05, 715; BFH I R 36/07 BStBl II 10, 232 unter II.2.a; zur Aktivierung von Pfandgeldforderungen *OFD Ffm* DStR 07, 806).

Prozesskosten sind AK, wenn der Rechtsstreit AK betrifft, da Prozesskosten stets so zu beurteilen sind wie die Aufwendungen, um die es in dem Prozess geht (s Rz 210 mwN).

Räumungskosten sind wie Mieterabfindungen zu behandeln (s Abfindung).

Realteilung s § 16 Rz 520 ff.

Reisekosten s Rz 54.

Rente. Zum Erwerb eines WG gegen Rentenleistungen s Rz 82 (1); zur Ermittlung des Rentenbarwerts s Rz 443.

Rückdeckungsversicherungen sind mit dem vom Versicherer ausgewiesenen Deckungskapital (Sparanteil der Beiträge zzgl rechnungsmäßige Zinsen) anzusetzen (§ 5 Rz 270 „Rückdeckungsversicherung" mwN). Dies bewirkt angesichts der durch § 6a hervorgerufenen Unterbewertung der korrespondierenden Pensionsrückstellung ggf einen Gewinnausweis (*Neu* EFG 08, 1443). Eine TW-AfA kommt gleichwohl nicht in Betracht; Gleiches gilt (solange kein Rückkauf beabsichtigt ist) für den Umstand, dass der Rückkaufwert idR geringer als das Deckungskapital ist (s Rz 263 mwN).

Skonto s Rz 67.

Software. Rechtslage ab VZ 21 (Wj 20/21). Aufwendungen für den Erwerb von Betriebs- und Anwendersoftware (einschließl ERP) sind sofort abziehbar, weil die *FinVerw* eine Nutzungsdauer von nur einem Jahr annimmt (*BMF* BStBl I 21, 298 Rz 5; zum Sofortabzug trotz Nutzungsdauer von einem Jahr s § 7 Rz 28; zur Kritik an dieser unzutr Nutzungsdauer-Fiktion s § 7 Rz 169). – **Rechtslage bis VZ 20.** Bei Anschaffung betriebswirtschaftl **ERP-Software** gehörte auch der (häufig sehr hohe) weitere Aufwand für deren Anpassung an die betriebl Besonderheiten (nur Einzelkosten) als Betriebsbereitschaftskosten zu den aktivierungspflichtigen AK (nicht etwa HK eines immateriellen WG), nicht jedoch der Aufwand für Datenmigration und ArbN-Schulung. Funktionserweiterungen (Installation neuer Module) führen zu nachträgl AK; bloße Updates sind aber Erhaltungsaufwand. Die Nutzungsdauer betrug 5 Jahre (ausführl zu ERP-Software *BMF* BStBl I 05, 1025; krit *Suchanek/Heyes* FR 05, 184; *Groß/Georgius/Matheis* DStR 06, 339; *Dobner/Hagl* NWB 17, 1651). Die Nutzungsdauer hardwaregebundener Software beläuft sich hingegen auf 3 Jahre (s § 7 Rz 169 „Software"). – Wurde für die Software hingegen ein lfd Entgelt gezahlt, waren die Implementierungskosten auch vor VZ 21 nicht aktivierungsfähig, weil sie ein schwebendes Geschäft betreffen (mE zutr FG Mchn EFG 21, 931, rkr, Anm *Carlé* BeSt 21, 41). – Zur Bilanzierung von Internetauftritten s *Schick/Nolte* DB 02, 541. – Zu cloudbasierter Software s *Deubert/Lewe* BB 19, 811.

TSE-System. Kosten für die Nachrüstung elektronischer Kassen mit einer zertifizierten technischen Sicherheitseinrichtung (TSE) sind aus Vereinfachungsgründen sofortige BA (*BMF* BStBl I 20, 1047).

Verbrauchsteuern s Rz 54, zu RAP s § 5 Rz 259.

Vermittlungsprovisionen bei Bauherren- und Modernisierungsmodellen sowie Immobilienfonds s Erläut zu § 6e.

Versorgungsleistungen sind keine AK (s § 22 Rz 77).

Vorsteuer gehört nicht zu den AK, soweit sie bei der USt abziehbar ist (§ 9b I; Erläut s dort).

Wechselforderungen. Anders als bei Zerobonds soll hier keine Aufzinsung um den vereinbarten Diskont vorzunehmen sein, soweit er auf die bereits abgelaufene Haltedauer entfällt (zur Rechtslage bis 1992 s BFH I R 92/94 BStBl II 95, 594). ME ist dies unzutr (ebenso § 5 Rz 270 „Wechselforderungen" mwN), da der Wechsel einem Inhaberpapier gleichkommt und die Ungleichbehandlung zu aufgezinsten Wertpapieren daher nicht überzeugen kann.

Wertpapiere s Forderungen.

Zerobonds sind mit den jeweiligen AK zu aktivieren. Dies gilt sowohl für den Ersterwerber als auch für einen weiteren Erwerber während der Laufzeit. Im BV ist der Bilanzansatz jährl um die anteiligen rechnerischen Zinsen zu erhöhen (*BMF* BStBl I 87, 394; *BeBiKo* § 255 Anm 176; ausführl und mit Berechnungsbeispielen *Beckmann* BB 91, 938; zur Bilanzierung der Verbindlichkeit beim Schuldner s Rz 448). Da dem Inhaber ständig Zinsansprüche zuwachsen, die sich weiter verzinsen, entspricht dies dem Realisationsprinzip und bedeutet nicht etwa eine Überschreitung der AK durch unzulässige TW-Zuschreibung. Diese Bewertungsgrundsätze gelten auch für andere **ab- oder aufgezinste Papiere,** sofern im Rückzahlungsbetrag ein Zinsanteil enthalten ist, zB unverzinsl Schatzanweisungen, Sparbriefe, die bis 2012 ausgegebenen Bundesschatzbriefe Typ B (*BMF* DB 91, 878) sowie beim Bondstripping.

Zölle s § 5 Rz 259.

Zugewinnausgleichszahlung (§§ 1363, 1378 BGB) ist Teil eines entgeltl Geschäfts (BFH IX R 34/04 BFH/NV 06, 1280). Die Übertragung eines Betriebs (BFH X R 48/99 BStBl II 03, 282 unter II.1.a cc) oder MUeranteils (BFH IV R 1/01 BStBl II 02, 519) zur Erfüllung der Ausgleichsforderung ist daher gewinnrealisierend und führt zu AK. Ob eine „vorherige unentgeltl Übertragung nach § 6 III" steuerl mögl ist (so *Herrmann/Grobshäuser* FPR 05, 146, 147), ist zweifelhaft, da ein Zusammenhang zw Betriebsübertragung und Vermögensauseinandersetzung Entgeltlichkeit auch dann begründet, wenn die Parteien den Vorgang als unentgeltl bezeichnen.

Zwangsversteigerung. Beim ersteigerten Grundstück gehören zu den AK (zusammenfassend BFH X R 4/10 BStBl II 11, 887 Rz 60) – **(1)** das **Meistgebot** (BFH IV R 43/93 BFH/NV 96, 26: auch dann, wenn ein Gläubiger das Grundstück ersteigert und im Meistgebot Zinsen auf sein eigenes Grundpfandrecht enthalten sind, die ihm sogleich als Einnahme zuzurechnen sind) einschließl der bestehen bleibenden Rechte (FG RhPf EFG 92, 252, rkr) – **(2)** die nicht ausgebotenen nachrangigen **eigenen Grundpfandrechte des Ersteigerers,** allerdings nur, soweit ihr Wert durch den tatsächl Verkehrswert des ersteigerten Grundstücks gedeckt ist (tauschähnl Vorgang; s BFH IV R 199/74 BStBl II 79, 667 unter 3.; BFH I R 7/84 BStBl II 88, 424 unter II.4.b; EStH 6.2 „Zwangsversteigerung") – **(3) Verpflichtungen,** die der Ersteigerer ggü dem Schuldner oder Dritten außerhalb des Zuschlagsbeschlusses, aber iZm der Zwangsversteigerung übernimmt (BFH IV R 226/65 BStBl II 71, 325: Verpflichtungen aus Mietvorauszahlungen, die Mieter an den Voreigentümer geleistet haben) – **(4)** die **Nebenkosten,** dh die vom Erwerber zu entrichtende GrESt und die von ihm zu tragenden Versteigerungskosten (BFH VIII R 196/74 BStBl II 77, 714). Hingegen gehören die Bargebotszinsen (§ 49 II ZVG) nicht zu den AK, sondern stellen Schuldzinsen dar (BFH XI R 3/85 BStBl II 92, 727 unter 2.; BFH IX B 101/15 BFH/NV 16, 400 Rz 4). – Bei Hinzuerwerb eines Miteigentumsanteils in einer **Teilungsversteigerung** liegt nur insoweit ein Anschaffungsvorgang vor, als der StPfl nicht bereits zuvor Miteigentümer war (BFH XI R 47/03 BStBl II 05, 41: gilt auch bei Zwangsversteigerung). Die AK ergeben sich als Differenz aus dem Bargebot für das gesamte Grundstück und dem an den Erwerber zurückfließenden Anteil aus dem Erlösüberschuss (BFH VIII R 196/74 BStBl II 77, 714). Die Auseinandersetzung von Miterben durch Teilungsversteigerung und der Zuschlag an Miterben werden nach den Regeln der Erbauseinandersetzung (Rz 132 mwN) behandelt (BFH XI R 3/85 BStBl II 92, 727).

III. Herstellungskosten

Schrifttum s *Schmidt* 32. Aufl § 6 Rz 151 und *Schmidt* 39. Aufl § 6 Rz 151.

151 **1. Begriff der Herstellungskosten. – a) Überblick.** Ebenso wie bei den AK (s Rz 31 f) hat die seit 1987 in § 255 II HGB aufgenommene gesetzl Definition der HK die Grundsätze der zuvor entwickelten Rspr und Verwaltungsauffassung weitestgehend übernommen (BFH GrS 1/89 BStBl II 90, 830 unter C.III.1.b; BFH I R 32/00 BStBl II 02, 349 unter II.2.a). Die Definition des § 255 II HGB gilt (wie bei den AK, s Rz 31) **für alle Gewinnermittlungs- und Einkunftsarten** (BFH GrS 1/89 BStBl II 90, 830 unter C.III.1.c cd; zum FördG BFH IX R 35/10 BFH/NV 11, 1860). – Auch der Begriff der HK (zu AK s Rz 33) ist **final** zu verstehen („Aufwendungen ... *für* die Herstellung"; BFH IV R 160/78 BStBl II 84, 101 unter A. 1.; BFH IX R 134/83 BStBl II 88, 431 unter 2.a). Zur **Abgrenzung zw AK und HK** sowie zum **Begriff des Herstellers** (Bauherrn) s Rz 34; zur **Abspaltung von HK** s Rz 37, zur Behandlung von **Zuschüssen** s Rz 71 ff, zur **RfE** s Rz 101 ff. Zur **Zuordnung von HK** und Schuldzinsen bei teils selbstgenutzten, teils vermieteten Gebäuden s § 9 Rz 143.

155 **b) Beginn der Herstellung.** S auch Rz 35 zu AK. Dieser Zeitpunkt ist für die Aktivierungspflicht von Bedeutung, insb bei Herstellungsarbeiten, die sich über das Ende eines Wj hinaus erstrecken. Die Herstellung beginnt, wenn Handlungen vorgenommen werden, die darauf gerichtet sind, ein WG zu schaffen, zu erweitern oder wesentl zu verbessern. Dies ist zB mit der Erteilung des Auftrags für die Fertigung und Lieferung wesentl Teile des herzustellenden WG der Fall (BFH III R 54/86 BStBl II 90, 923 unter II.1., betr InvZul). Bereits der Abbruch eines Gebäudes kann als Beginn der Herstellung eines neuen Gebäudes anzusehen sein (BFH GrS 1/77 BStBl II 78, 620 unter D.II.2.a; s Rz 215). Zwar setzt die Aktivierung von Aufwendungen als HK voraus, dass **am Bilanzstichtag bereits ein**

aktivierungsfähiges WG existiert, mit der Herstellung also schon begonnen wurde. Dies ist bei einem Gebäude aber bereits vor Beginn der eigentl Bauarbeiten der Fall (zum Ganzen BFH IV R 160/78 BStBl II 84, 101 unter A. 1.). Daher sind auch Aufwendungen, die der körperl Herstellung eines WG vorausgehen und diese ermöglichen oder erleichtern sollen, selbst dann HK und als solche (nicht etwa als selbständiges oder immaterielles WG) zu aktivieren, wenn sie sich noch nicht in körperl Gegenständen niederschlagen (BFH IV R 20/75 BStBl II 79, 143: Aufwendungen eines Abbaubetriebs für die Beseitigung des Deckgebirges als HK der erst im Folgejahr zu gewinnenden Ausbeute; BFH I R 29/79 BStBl II 83, 451 unter 4.: Planungskosten).

c) Ende der Herstellung. Maßgebl ist der Zeitpunkt der **Fertigstellung** des WG (§ 9a EStDV); zugleich beginnt die AfA. Ein WG ist fertig gestellt, wenn es einen Zustand erreicht hat, der seine bestimmungsgemäße Nutzung ermöglicht (BFH IV R 5/09 BStBl II 12, 122 Rz 18: Zulassungskosten sind noch Teil der HK eines Pflanzenschutz- oder Arzneimittels). Bei UV ist dies der Zeitpunkt, in dem das WG auslieferungs- und verkaufsfähig ist (BFH III R 24/18 BFHE 269, 342 Rz 36). – **Gebäude.** Maßgebl ist der Zeitpunkt, in dem das Gebäude nach Abschluss der wesentl Bauarbeiten bewohnbar ist (BFH IX R 130/90 BStBl II 96, 215 unter 3.b mwN). Gebäudeteile, die in unterschiedl Nutzungs- und Funktionszusammenhängen stehen, können zu verschiedenen Zeitpunkten fertiggestellt sein (BFH X R 77/87 BStBl II 91, 132 unter 1.a). – **Nach dem Zeitpunkt der Fertigstellung.** HK können hier grds nicht mehr anfallen (BFH I R 32/00 BStBl II 02, 349 unter II.2.b: Beiträge zum Erdölbevorratungsverband keine HK bereits fertiggestellter Erdölerzeugnisse; BFH I R 35/15 BStBl II 17, 768 Rz 26). Etwas anderes gilt nur, wenn die Voraussetzungen der in § 255 II HGB genannten Tatbestände der Erweiterung, wesentl Verbesserung oder wirtschaftl Neuherstellung gegeben sind (s dazu Rz 164 ff). Solche nachträgl HK-Maßnahmen sind beendet, wenn die damit sachl zusammenhängenden Arbeiten abgeschlossen sind. 156

2. Zu Herstellungskosten führende Vorgänge. In § 255 II 1 HGB sind die Herstellung eines WG (Fallgruppe 1, Rz 162 ff), seine Erweiterung (Fallgruppe 2, Rz 171 ff) oder seine über den ursprüngl Zustand hinausgehende wesentl Verbesserung (Fallgruppe 3, Rz 181 ff) genannt. Aufwendungen für Instandsetzungen und Modernisierungen, die innerhalb von drei Jahren nach Anschaffung eines Gebäudes durchgeführt werden und 15 % der AK übersteigen, werden durch § 6 I Nr 1a in HK umqualifiziert (Rz 381; gilt nur für die StB). Abgesehen von der Herstellung eines bisher nicht vorhandenen WG (Teil der Fallgruppe 1) geht es hier vor allem um die Abgrenzung der aktivierungspflichtigen **nachträgl HK** zum **sofort abziehbaren Erhaltungsaufwand** (s IDW-Immobilienfachausschuss *IDW* RS IFA 1, IDW-FN 14, 246; *Wichmann* DB 16, 1145; *v Sanden* DStR 20, 958). 161

a) Herstellung eines Wirtschaftsguts. Kennzeichnend ist die Schaffung von etwas Neuem, bisher nicht Vorhandenem **(Erstherstellung)**. Besondere Abgrenzungsprobleme stellen sich hier nicht. Ein **Anbau** ist ein selbständiges WG (dh Neubau iSd § 7 V, § 7b), wenn er mit dem Altbau nicht verschachtelt ist, insb eigene Fundamente und tragende Wände hat (BFH IX R 1/08 BFH/NV 09, 370 unter II.1.); zum Anbau als Erweiterung eines bestehenden WG s Rz 171. – Darüber hinaus liegen HK bei der Wiedererstellung eines bereits vorhandenen, aber zerstörten/unbrauchbar gewordenen WG vor **(Zweitherstellung;** BFH IX R 39/05 BStBl II 07, 922 unter II.1.a). Hierunter fällt vor allem die **Neuherstellung durch Instandsetzung nach Vollverschleiß** (Rz 164). – Schließl entsteht ein im steuerl Sinne neues WG, wenn ein vorhandenes WG durch Baumaßnahmen **in seiner Funktion oder seinem Wesen verändert** wird (BFH IX R 59/03 BFH/NV 05, 543 unter II.1.a). Dies ist der Fall, wenn Maßnahmen, die an sich „nur" zu nachträgl HK führen würden, einen neuen Nutzungs- und Funktionszusammenhang ermöglichen (Rz 166) oder eine Flächenerweiterung so umfassend 162 ist, dass sie das gesamte erweiterte WG prägt (Rz 167). Zu **Auswirkungen dieser Differenzierungen auf die AfA** s § 7 Rz 132.

164 **aa) Vollverschleiß.** Ist ein Gebäude so sehr abgenutzt, dass es unbrauchbar geworden ist, wird durch die Instandsetzungsarbeiten unter Verwendung der übrigen noch nutzbaren Teile ein neues WG hergestellt. Daran fehlt es, wenn das WG trotz erhebl Schäden noch nutzbar war (BFH V R 140/74 BStBl II 77, 577: Lokomotive; BFH VI R 141/82 BFH/NV 86, 529: Pkw; BFH IX R 62/94 BStBl II 96, 639 unter II.2.: Gebäude). Auch genügt es nicht, wenn ein Gebäude faktisch wegen Nichterfüllung zeitgemäßer Wohnvorstellungen nicht mehr vermietbar ist; es müssen vielmehr schwere Substanzschäden an den für Nutzbarkeit und Nutzungsdauer bestimmenden Gebäudeteilen vorliegen (BFH IX R 61/95 BStBl II 99, 282 unter 1.a; *BMF* BStBl I 03, 386 Rz 18; weitere Nachweise s *Schmidt* 39. Aufl § 6 Rz 164). **Abriss und Neuerrichtung** eines unbrauchbar gewordenen Gebäude(teil)s führen stets zu HK (BFH X R 36/01 BFH/NV 03, 765 unter II.2.b: Anbau; BFH IX R 14/10 BFH/NV 11, 1302: Obergeschoss; FG Mchn EFG 10, 1778, rkr: Garage), mE auch die Entkernung (glA *Wolff-Diepenbrock* DB 02, 1286, 1289). – Wird das WG nach einer **Substanzzerstörung, die zu einer AfaA führt** (§ 7 I 7), wieder aufgebaut, ist bei Gewinnermittlung nach § 4 I, § 5 eine Zuschreibung vorzunehmen (§ 7 Rz 194); iÜ sind die Reparaturkosten als HK zu aktivieren. Dabei ist das Gebäude im teilzerstörten Zustand mit dem wiederhergestellten Gebäude zu vergleichen (BFH IX R 333/87 BStBl II 94, 12 unter 2.; krit *Grube* DStZ 00, 469, 474). Bei der **Wiederherstellung nach Katastrophenschäden** gewährt die *FinVerw* gem § 163 AO Erleichterungen (zB *FM NRW* DStR 21, 1762 unter 4.: nach den Hochwasserschäden 2021 bis 70 000 € grds Erhaltungsaufwand; bei a ktivierungspflichtigen HK sofortige SonderAfA von 30% bei Gebäuden und 50% bei bewegl WG). Zur **Vereinfachungsregelung für die Feststellung von Vollverschleiß** (der Wert der Baumaßnahmen übersteigt den Wert der Altsubstanz) s Rz 167 aE; zur **RfE** bei Erhalt von Entschädigungen s Rz 101.

166 **bb) Neuer Nutzungs- und Funktionszusammenhang.** Steht ein neu errichteter Gebäudeteil (zB Anbau, Ausbau, Aufstockung) nicht in einem einheitl Nutzungs- und Funktionszusammenhang mit dem bereits vorhandenen Gebäude (dazu § 4 Rz 115 ff), entsteht steuerl ein neues WG. Dies gilt zB, wenn ein bisher selbstgenutztes Gebäude um einen fremdvermieteten oder eigenbetriebl genutzten Anbau erweitert wird (BFH XI R 43/01 BFH/NV 04, 1397: häusl Arbeitszimmer; *BMF* BStBl I 96, 689: Dachgeschossausbau). Umgekehrt fehlt es an einem neuen Nutzungs- und Funktionszusammenhang (dh keine Neuherstellung eines WG, sondern „nur" Erweiterung eines vorhandenen WG), wenn ein schon bisher (zumindest teilweise) zu fremden Wohnzwecken vermietetes Gebäude durch eine neue vermietete Wohnung erweitert wird, unabhängig davon, welche sonstigen Nutzungen in diesem Gebäude noch stattfinden (BFH IX R 16/96 BStBl II 98, 625).

Auch ein **Umbau**, der zu einer neuen Nutzung führt, dient der Herstellung eines neuen WG (BFH IX R 48/95 BStBl II 96, 514: Umbau eines Getreidespeichers in eine Wohnung; BFH X R 151/94 BFH/NV 98, 1086 unter II.1.: Umbau von Wohnungen in Büros; umfassend BFH IX R 59/03 BFH/NV 05, 543 mwN: Umbau von Wohnungen in Arztpraxen; BFH IX R 65/07 BFH/NV 09, 552: Umbau einer Scheune in ein Mehrfamilienhaus; BFH IX R 35/10 BFH/NV 11, 1860: Umbau von Gewerberäumen in Wohnungen gilt nicht als Modernisierung iSd FördG, sondern als HK). Anders zu beurteilen ist hingegen die nur *rechtl* Aufteilung eines bestehenden Gebäudes in **Eigentumswohnungen** ohne gleichzeitige Umbaumaßnahmen (BFH IX R 62/88 BStBl II 93, 188) sowie der Umbau von Großraum- in Einzelbüros unter Fortführung der Büronutzung (BFH IX R 39/05 BStBl II 07, 922).

167 **cc) Besonders umfassende Erweiterungen.** Sie führen ebenfalls zur Herstellung eines neuen WG, in dessen HK dann der Restwert der Altsubstanz einbezogen wird (s EStH 7.3 „Nachträgl AK/HK"; allg zu Erweiterungen s Rz 171). Zur Entstehung eines neuen WG aus gebrauchten Teilen im Anwendungsbereich solcher Subventionsvorschriften, die nur für *neue* WG gelten (§ 7g bis 2007, InvZulG), s *Schmidt* 29. Aufl § 7g Rz 51 mwN (10%-Grenze). – **Beispiele.** Aufstockung eines schon bisher teilweise fremdvermieteten Gebäudes und dadurch Verdreifachung der Fläche des vermieteten Teils (FG BaWü EFG 05, 856 unter 2.c, rkr); ebenso bei Flächenvergrößerung um 150% (BFH III R 49/06 BStBl II 07, 586 unter II.2.b); nicht hingegen bei Verdoppelung der Fläche (FG BaWü EFG 95, 1008, rkr); s auch *Paus* DStR 94, 1633. – **Vereinfachungsregelung.** Von der Entstehung eines neuen WG kann in dieser Fallgruppe ausgegangen werden, wenn der Wert der Baumaßnahmen einschließl Eigenleistung bei überschlägiger Berechnung den Verkehrswert der Altsubstanz übersteigt (EStR 7.3 V 2; ebenso zur InvZul BFH III R 49/06 BStBl II 07, 586 unter II.2.b). Diese Vereinfachungsregelung gilt auch für *Erwerber* sanierter Gebäude (*SenVerw Bln* DStR 98, 1555). Auf die Feststellung von *Vollverschleiß* (s Rz 164) ist sie hingegen nur mit Einschränkungen übertragbar (BFH X R 54/96 BFH/NV 98, 841; BFH X B 171/06 BFH/NV 07, 1127: nur Einbeziehung von Aufwendungen, die die verwendete Bausubstanz tiefgreifend umgestalten, nicht aber typischer Erhaltungsaufwendungen; beide zu § 10e).

b) Erweiterung eines Wirtschaftsguts, § 255 II 1 Fall 2 HGB. – **aa) Vergrößerung der Nutzfläche eines Gebäudes.** Dies ist die Hauptfallgruppe der „Erweiterung". Die Vergrößerung von nicht zur Wohnfläche zählenden Zubehörräumen reicht aus (BFH IX R 36/12 BStBl II 13, 732 unter II.1.a). – **(1) Beispiele.** Ersatz eines Flachdachs durch ein Satteldach, sodass Raum für einen späteren **Dachausbau** entsteht (BFH IX R 1/87 BStBl II 92, 73; BFH IX R 36/12 BStBl II 13, 732); **Aufstockung, Anbau** (BFH IX R 116/92 BStBl II 96, 632 unter I.2.b); Umgestaltung einer Terrasse zu einem **Wintergarten** (BFH IX R 80/95 BFH/NV 99, 605; dort auch zahlreiche weitere Beispiele); Einbau von **Dachgauben** (BFH IX R 88/90 BStBl II 96, 628 unter 2.c; BFH IX R 64/99 BStBl II 03, 590 unter II.4.); Umbau eines offenen Carport zur geschlossenen **Garage** (FG Ddorf EFG 96, 309, rkr); Einbeziehung eines **Balkons** in die Wohnfläche durch Verschiebung der Fensterfront und Überdachung (FG BaWü EFG 05, 1752, rkr). Bei der Aufstockung um ein weiteres Vollgeschoss unter Neuerrichtung des Daches liegen auch insoweit HK vor, als das zuvor schadhafte Dach ohnehin hätte saniert werden müssen (BFH IX R 30/95 BStBl II 97, 802 unter 3.c: Dachausbau; FG BaWü EFG 05, 856, rkr: Aufstockung). – **(2) Nur geringfügige Flächenerweiterung.** Dies stellt ebenfalls HK dar (BFH IX R 36/12 BStBl II 13, 732 Rz 12). Der *Wert* der eingebauten Anlage ist nicht von Bedeutung (BFH X R 1/91 BFH/NV 94, 158). – **(3) Vergrößerung des *Raum*inhalts ohne gleichzeitige *Flächen*vermehrung.** Dies bedeutet hingegen noch nicht zwingend HK (BFH VIII R 273/81 BStBl II 85, 394: Erhöhung des Dachs einer Fabrikhalle, um den Betrieb während der Bauzeit nicht schließen zu müssen; BFH III R 170/80 BFH/NV 86, 24: Einbau einer Dachgaube ohne Nutzflächenvermehrung). – **(4) Zusammentreffen einer Erweiterung mit Erhaltungsaufwendungen.** Sämtl Aufwendungen sind HK, wenn die Einzelmaßnahmen bautechnisch ineinander greifen (BFH IX R 69/92 BStBl II 96, 630 unter 2.: bei Erweiterung des Dachgeschosses ist auch die Dacherneuerung HK; BFH IX R 2/94 BStBl II 96, 637 unter 2.b: eine Flächenvergrößerung durch Versetzen von Wänden [HK] ist mit der Erneuerung von Decken, Böden und Installationen [an sich Erhaltungsaufwand] verbunden). Hierfür trägt das FA die Feststellungslast (BFH X R 9/99 BStBl II 03, 596 unter II.2.f.gg). Zur Parallelproblematik bei der „wesentl Verbesserung" s Rz 189. – **(5) Entfernen von Zwischenwänden und Verbreitern von Durchgängen.** S *Schmidt* 39. Aufl § 6 Rz 171. – **(6) Leitungsnetze von Versorgungsunternehmen.** Eine Kapazitätserweiterung stellt nachträgl HK dar; der bloße Umbau wegen geänderter Straßenführung ist Erhaltungsaufwand (BFH I R 9/91 BStBl II 93, 41). Kosten für den Abbruch vorhandener Leitungen können HK des neuen Netzes sein (*Witteler/Lewe* DB 09, 2445).

173 **bb) Einbau bisher nicht vorhandener Bestandteile. – (1) Herstellungskosten.** Maßgebl ist hier der Gesichtspunkt der Erweiterung (zu Einschränkungen für bestimmte Fallgruppen s Rz 174 f). Die Rspr, die dies bejaht hat, wurde bisher nicht ausdrückl aufgegeben (zB BFH IX R 176/84 BStBl II 90, 430 unter I.2.: **Markise**; BFH IX R 85/88 BStBl II 93, 544: **Alarmanlage**; BFH X R 1/91 BFH/NV 94, 158: **Rollläden**; BFH IX R 116/92 BStBl II 96, 632 unter II.: **Leerrohre**; BFH IX R 37/93 BStBl II 96, 131 unter 3.b: **Aufzug**). Hingegen ist BFH IX R 62/94 BStBl II 96, 639 unter II.2. (HK auch bei nachträgl Aufmauerung einer **Vorsatzschale** im Keller, die der Feuchtigkeitsisolierung dient) zu weitgehend (glA *BH/Ehmcke* § 6 Rz 393) und wird auch von der *FinVerw* nicht angewendet (*BMF* BStBl I 03, 386 Rz 24). – Wird in ein vorhandenes Gebäude eine **Betriebsvorrichtung** eingebaut, handelt es sich nicht um eine Erweiterung des Gebäudes, sondern um HK unter dem Gesichtspunkt der erstmaligen Herstellung eines vom Gebäude verschiedenen WG (BFH XI R 8/96 BStBl II 99, 18 unter II.2.: Fettabscheider in Gaststätte); die nachfolgenden Differenzierungen gelten hierfür nicht.

174 **(2) Erweiterung der Nutzungsmöglichkeit.** Dies wird in der Rspr (zust *BMF* BStBl I 03, 386 Rz 23) zur Erfüllung des HK-Begriffs bei Erweiterungsmaßnahmen zusätzl vorausgesetzt (BFH IX R 30/95 BStBl II 97, 802 unter 3.b: fehlt beim bloßen Zumauern von Türen und Fenstern; BFH IX R 52/02 BStBl II 04, 949 unter II.1.b; BFH X R 26/97 BFH/NV 01, 306: bejaht bei Einbau eines **Kachelofens** anstelle eines offenen Kamins; FG BaWü EFG 00, 926, rkr: bejaht bei Einbau von Fenstergittern zusätzl zu vorhandenen Rollläden, mE unzutr). Für eine **Klimaanlage** ist dies zu bejahen (FG Nbg EFG 06, 1573, rkr; *Beck* DStR 02, 1559, 1561), bei einem nachträgl verlegten **Kabelanschluss** hingegen nicht (EStR 21.1 I). Das **Einziehen neuer Zwischenwände** (zum Streit über die *Entfernung* von Wänden s Rz 171 (5)) wird vom X. Senat als HK angesehen (BFH X R 55/98 BFH/NV 02, 627 unter II.2.b; BFH X R 20/01 BFH/NV 03, 763 unter II.3.), vom IX. Senat hingegen nicht (BFH IX R 61/95 BStBl II 99, 282 unter 1.b). Das bloße *Versetzen* von Wänden reicht nicht aus (*BMF* BStBl I 03, 386 Rz 23).

175 **(3) Einbau neuer Gegenstände in bereits vorhandene Installationen.** Hier soll nach der Rspr des IX. Senats das Merkmal der „Erweiterung" hinter dem der „wesentl Verbesserung" zurücktreten, um zu vermeiden, dass das letztgenannte Merkmal in diesen Fällen leer läuft. HK liegen dann nur vor, wenn der Einbau zugleich eine wesentl Verbesserung mit sich bringt (BFH IX R 98/00 BStBl II 03, 604 unter II.2.b: nicht beim Einbau einer Türsprechanlage; BFH IX R 52/02 BStBl II 04, 949: nicht bei Ergänzung einer vorhandenen Warmwasserversorgung durch eine solarthermische Anlage). Zur **Kritik** s *Schmidt* 39. Aufl § 6 Rz 175.

181 **c) Wesentliche Verbesserung, § 255 II 1 Fall 3 HGB.** Dies setzt einen Vergleich zw dem ursprüngl und dem neuen Zustand des WG voraus (umfassend *Mirbach* DStR 19, 2341). – **aa) Vergleichsobjekte.** Für den „**ursprüngl Zustand**" ist grds der Zeitpunkt der Anschaffung/Herstellung des WG durch den jeweiligen StPfl maßgebend (BFH IX R 116/92 BStBl II 96, 632 unter 2.c; zur Begründung s zutr *Mayr* DStZ 02, 790). Wer ein Gebäude bereits lange hält, bleibt daher eher im Bereich des Erhaltungsaufwands als derjenige, der ein überaltertes Gebäude erst kurz vor der Modernisierung erworben hat. Zu Besonderheiten (unentgeltl Erwerb, nachträgl AK/HK, AfaA, TW-AfA) s *Schmidt* 39. Aufl § 6 Rz 181 mwN. – Zu betrachten ist grds **das jeweilige WG**. Dies gilt insb für Gebäudeteile, die in unterschiedl Nutzungs- und Funktionszusammenhängen (s § 4 Rz 115 ff) stehen (BFH IX R 28/07 BStBl II 08, 218 unter II.1.). Hingegen reicht eine Verbesserung allein von *Teilen* eines WG nicht aus, sodass der Ersatz einer vorhandenen Gebäudeanlage durch eine modernere, die dieselbe Funktion erfüllt, Erhaltungsaufwand ist (BFH VIII R 83/77 BStBl II 79, 435: Heizungserneuerung, Außenverkleidung mit besserem Schall- und Wärmeschutz). Bei **Eigentumswoh-**

nungen ist in zwei Schritten zu prüfen, ob HK vorliegen: Zunächst im Bereich des gemeinschaftl Eigentums bezogen auf das gesamte Gebäude, sodann bezogen auf das *einzelne* Sondereigentum (BFH IX R 37/93 BStBl II 96, 131 unter 1.b: auch bei einheitl Eigentümer).

bb) Wesentliche Erhöhung des Gebrauchswerts. Entscheidend für das Vorliegen einer wesentl Verbesserung ist, ob der Gebrauchswert des Gebäudes ggü dem ursprüngl Zustand wesentl erhöht wird. Dabei ist hinsichtl der Kriterien zw Wohngebäuden (Rz 183 ff) und Betriebsgebäuden (Rz 187) zu differenzieren.

(1) Standardanhebung bei Wohngebäuden. Dies ist zum prägenden Merkmal der stark typisierenden Rspr des IX. Senats geworden. – **(a) Allgemeine Kriterien.** Maßgebend ist, ob der Gebrauchswert (das Nutzungspotenzial) von einem sehr einfachen Standard (Installationen nur im nötigen Umfang oder in technisch überholtem Zustand) auf einen mittleren (Installationen genügen mittleren und selbst höheren Ansprüchen) oder von einem mittleren auf einen sehr anspruchsvollen Standard (vorhanden ist nicht nur das Zweckmäßige, sondern das Mögliche, Verwendung außergewöhnl hochwertiger Materialien) angehoben wird. Dies ist der Fall, wenn in **mindestens drei** der vier standardprägenden Ausstattungsbereiche (**Heizungs-, Sanitär- und Elektroinstallation** sowie **Fenster**) nicht allein eine zeitgemäße Modernisierung, sondern eine deutl Funktionserweiterung vorgenommen wird, durch die der Wohnkomfort des Gebäudes insgesamt deutl gesteigert wird (grundlegend zum Ganzen BFH IX R 39/97 BStBl II 03, 569 unter II.3.a cc; BFH IX R 64/99 BStBl II 03, 590 unter II.5.b; *BMF* BStBl I 03, 386 Rz 9–14, 28; *Spindler* BB 02, 2041; *Beck* DStR 02, 1559 mit Beispielen). Der mittlere Standard deckt dabei die ganz überwiegende Mehrzahl der bestehenden Gebäude ab (*L. Fischer* DStZ 02, 860, 862 mwN; *Beck* DStR 02, 1559, 1562). Eine Standardanhebung in nur zwei Bereichen genügt hingegen grds nicht (BFH IX R 21/00 BFH/NV 03, 33; BFH IX R 61/99 BFH/NV 03, 148 unter II.3.b; zu Ausnahmen s unten). Reine Reparaturarbeiten genügen auch dann nicht, wenn sie alle vier Bereiche betreffen (BFH IX R 10/02 BFH/NV 03, 35). Verbesserungen in anderen als den genannten vier Ausstattungsbereichen sollen vollständig außer Betracht bleiben (BFH X R 95/00 BFH/NV 03, 301 unter II.2.b: Bodenbeläge, Türen). – Ob der ursprüngl Zustand als einfach, mittel oder sehr anspruchsvoll anzusehen war, ist nach den Maßstäben zu entscheiden, die im Zeitpunkt der damaligen Anschaffung/Herstellung (Rz 181) galten (BFH IX R 64/99 BStBl II 03, 590 unter II.5.b bb). – Bei der Betrachtung sind alle Einzelmaßnahmen, die Teil einer planmäßigen Gesamtmaßnahme sind, **über mehrere VZ zusammengefasst** zu würdigen (BFH IX R 39/97 BStBl II 03, 569 unter II.3.a dd; BFH IX R 73/99 BFH/NV 03, 299 unter II.3.). Die *FinVerw* zieht die Grenze bei 5 Jahren (*BMF* BStBl I 03, 386 Rz 31; einen so langen Betrachtungszeitraum hält auch BFH IX R 39/97 BStBl II 03, 569 unter II.3.a dd erkennbar noch für mögl). – Wesentl Verbesserung liegt zudem vor, wenn Baumaßnahmen, die ihrer Art nach stets zu HK führen und einen der den Nutzungswert bestimmenden Bereiche betreffen (zB Erweiterung um ein zusätzl Badezimmer), mit einer **Verbesserung in zwei weiteren Bereichen** zusammentreffen (BFH X R 9/99 BStBl II 03, 596 unter II.2.e; *BMF* BStBl I 03, 386 Rz 14). – Zur Aktivierung unter dem Gesichtspunkt der AK (**Betriebsbereitschaftskosten**) in derartigen Fällen s Rz 45.

(b) Beispiele für Standardanhebung sowie **Feststellungslast** s *Schmidt* 39. Aufl § 6 Rz 185 f.

(2) Betrieblich genutzte Gebäude(teile). Hier kommt es darauf an, ob baul Veränderungen vor dem Hintergrund der betriebl Zielsetzung zu einer höherwertigen Nutzbarkeit des WG führen (BFH IX R 28/07 BStBl II 08, 218 unter II.3.a bb; FG Mster EFG 95, 796, rkr: äußerl Umgestaltung eines Bürogebäudes von einem unscheinbaren Altbau in ein Repräsentativobjekt mit futuristischem Erscheinungsbild) oder eine andere Gebrauchs-/Verwendungsmöglichkeit eröffnen

(BFH I R 58/04 BStBl II 06, 707 unter II.2.c: Umbau eines Heizkraftwerks zu einer Müllbehandlungsanlage).

188 **cc) Erhaltungsaufwand.** Es handelt sich um die Instandhaltung oder -setzung von etwas Bestehendem (BFH X R 26/97 BFH/NV 01, 306 unter II.2.a). Der Begriff wird heute aber durch Negativabgrenzung aus dem der HK abgeleitet (*Beck* DStR 02, 1559, 1560): Sind die Voraussetzungen für HK nicht erfüllt, handelt es sich um Erhaltungsaufwand. – **Ersatz von bereits vorhandenen unselbständigen Teilen des WG.** Dies führt auch dann zu Erhaltungsaufwand, wenn eine Werterhöhung stattfindet (BFH IV R 56/72 BStBl II 74, 520: Kfz-Austauschmotor; BFH VIII R 42/75 BStBl II 77, 281: Umstellung von Koks- auf Ölheizung; BFH III R 17/84 BStBl II 90, 79 unter II.2.c: Heizkessel; BFH XI R 11/89 BFH/NV 91, 812: Erneuerung der Fassade; BFH VIII R 85/79 BStBl II 82, 64 und BFH IX R 43/06 BFH/NV 08, 208 unter II.3.b: Fassadenverkleidung zur besseren Schall- und Wärmedämmung; zur Standarderhöhung s Rz 183). Erworbene **Reparaturmaterialien** sind im BV zunächst zu aktivieren; erst ihre tatsächl Verwendung ist gewinnmindernd. – **Werterhöhende Modernisierung.** Erhaltungsaufwand ist gegeben, wenn das Gebäude lediglich den zeitgemäßen Wohnkomfort zurückerhält, den es ursprüngl besessen, aber durch technischen Fortschritt und Änderung der Lebensgewohnheiten verloren hatte (BFH IX R 116/92 BStBl II 96, 632 unter I.3.b aa; BFH IX R 39/97 BStBl II 03, 569 unter II.3.a bb). Dies gilt auch dann, wenn die Maßnahmen das Gebäude als Ganzes betreffen (BFH IX R 116/92 BStBl II 96, 632 unter I.3.b bb). – **Betriebsvorrichtungen** sind eigenständige WG, die getrennt vom Gebäude zu beurteilen sind. HK können daher anfallen, wenn die vorhandene (Gebäude-)Heizung durch ein Blockheizkraftwerk ersetzt und der zusätzl zur Wärme erzeugte Strom gewerbl verkauft wird (**aA FG RhPf** EFG 15, 19, rkr). – Die **Höhe der Aufwendungen** sowie ihr Verhältnis zu den ursprüngl AK/HK ist kein Indiz für eine wesentl Verbesserung, weil auch das Wiederherstellen des ursprüngl Zustands hohe Aufwendungen erfordern kann (BFH V R 140/74 BStBl II 77, 577: Lokomotive; BFH IX R 116/92 BStBl II 96, 632 unter I.3.b; BFH IX R 61/95 BStBl II 99, 282 unter 1.b: jeweils Gebäude); s auch *Schmidt* 39. Aufl § 6 Rz 186. Gleiches gilt für die Zusammenballung von Aufwendungen in einem einzigen VZ (BFH IX R 116/92 BStBl II 96, 632 unter I.4.b). – **Vereinfachungsregelung:** Die *FinVerw* lässt auf Antrag bei Aufwendungen bis zu 4000 € (ohne USt) für die einzelne Baumaßnahme an einem Gebäude stets den Abzug als Erhaltungsaufwand zu (EStR 21.1 II 2).

189 **dd) Zusammentreffen mehrerer Maßnahmen.** Grds sind zeitgemäße Modernisierungsmaßnahmen einerseits (Erhaltungsaufwand) und gebrauchswerterhöhende Aufwendungen andererseits (HK) **getrennt zu beurteilen** (BFH IX R 61/95 BStBl II 99, 282 unter 1.b), und zwar auch dann, wenn nur eine einheitl Rechnung vorliegt (ggf Schätzung). Dies gilt insb, wenn die Arbeiten ohne bautechnische Notwendigkeit lediglich deshalb gleichzeitig vorgenommen worden sind, um die damit verbundenen Unannehmlichkeiten abzukürzen. – **Insgesamt HK** liegen nur dann vor, wenn die Arbeiten **bautechnisch ineinandergreifen,** dh in engem räuml, sachl und zeitl Zusammenhang stehen und in ihrer Gesamtheit eine einheitl Maßnahme bilden (zum Ganzen BFH IX R 116/92 BStBl II 96, 632 unter I.3b cc; BFH IX R 34/94 BStBl II 96, 649: HK an einer Stelle des Daches schließen Erhaltungsaufwand an anderer Stelle des Daches nicht aus; BFH IV R 1/02 BStBl II 04, 780: Dachneueindeckung, um weitere Unterkünfte zu schaffen; BFH III R 37/09 BStBl II 13, 182 Rz 33). Typischerweise sind davon solche (Erhaltungs-)Aufwendungen erfasst, die entweder Vorbedingung für die Herstellungsarbeiten oder aber durch diese verursacht sind (*BMF* BStBl I 03, 386 Rz 35; dort auch Beispiele, in denen sich die *FinVerw* tendenziell großzügiger als die Rspr zeigt). – Zur Parallelproblematik des bautechnischen Zusammenhangs bei Erweiterungsmaßnahmen s Rz 171 aE.

3. Umfang der Herstellungskosten, § 255 II, III HGB. Ausführl *Köhler* **191**
StBP 18, 165. Nach § 255 II HGB gehören **zwingend** zu den HK die Material-
und Fertigungs(einzel)kosten, die Sonderkosten der Fertigung (Rz 192) sowie
angemessene Teile der Material- und Fertigungsgemeinkosten und des durch
die Fertigung veranlassten Wertverzehrs des AV (Rz 194 ff). Ein **handelsrechtl
und estl Aktivierungswahlrecht** besteht hinsichtl der allg Verwaltungskosten
(Rz 199), der Aufwendungen für soziale Einrichtungen, freiwillige soziale Leistungen, betriebl Altersvorsorgung (Rz 201), Bauzeitzinsen (Rz 206). **Nicht zu den
HK gehören** sonstige Zinsen sowie Forschungs- und Vertriebskosten (Rz 202 f).

a) Einzelkosten für Material und Fertigung, § 255 II 2 HGB. Einzel- **192**
kosten sind solche, die *unmittelbar* der Herstellung eines WG zuzurechnen sind.
Hierzu gehören Aufwendungen für Vorprodukte, Roh-, Hilfs- und Betriebsstoffe
sowie Fertigungslöhne (sowohl Akkord- als auch Zeitlöhne). Im Betrieb selbst
erzeugtes Material geht mit seinem Buchwert in die HK weiterer Produkte ein
(BFH I 175/60 U BStBl III 60, 492 unter b); Gleiches gilt für wiederverwen-
dete Teile aus alten WG (BFH IV 103/61 U BStBl III 64, 299). Einzubeziehen
sind auch überhöhte Preise, Schwarzmarktpreise und Schnellbauzuschläge (BFH
GrS 1/89 BStBl II 90, 830 unter C. III.1.c aa: nicht etwa sofort BA). **Sonderkosten der Fertigung** können zB für Planungen, Entwürfe und Lizenzen anfallen;
Nebenkosten sind allerdings (anders als bei AK, s Rz 50) nicht in jedem Fall
einbezogen (BFH I R 32/00 BStBl II 02, 349 unter II.2.a). Kosten für ein auf Verlangen der finanzierenden Bank durchgeführtes Baucontrolling können ausnahmsweise nicht als Sonderkosten der Fertigung, sondern als sofort abziehbare Finanzierungskosten anzusehen sein, wenn ohnehin schon eine externe Bauüberwachung
und -betreuung stattfindet (FG BBg EFG 21, 1817, Rev IX R 8/21). – HK setzen
stets den **Verbrauch von Gütern oder die Inanspruchnahme von Diensten**
voraus (§ 255 II 1 HGB). Danach werden die aus den Aufwendungen für die
Produktionsfaktoren abgeleitet. Für den Güterverbrauch sind die Buchwerte
(fortgeführte AK oder HK) maßgebend. Die Aktivierung eines **kalkulatorischen
Unternehmerlohns** ist ausgeschlossen (BFH III R 35/93 BStBl II 96, 427 unter
II.1.b). – **Tätigkeitsvergütungen an MUer** sollen allerdings ungeachtet ihres
fehlenden steuerl Aufwandcharakters (§ 15 I 1 Nr 2) in die HK einzubeziehen sein
(EStH 6.4 „Tätigkeitsvergütung"; für InvZul auch BFH III R 35/93 BStBl II 96,
427 unter II.1.b; für AK BFH IV R 50/08 BFH/NV 11, 1334 Rz 23). ME ist dies
unzutr, weil es damit zu einer doppelten Hinzurechnung der Tätigkeitsvergütung
käme, die systemfremd ist (vgl zu Bauzeitzinsen Rz 206 aE). – **Vergebl Aufwendungen.** S Rz 207; zu den Kosten der Betriebsbereitschaft eines angeschafften WG
s Rz 44.

b) Materialkosten; Fertigungsgemeinkosten. Sie sind in Höhe angemesse- **194**
ner Teile zu aktivieren (§ 255 II 2 HGB). Zur Ableitung aus dem Betriebsabrech-
nungsbogen s *Köhler* StBP 18, 165.

aa) Begriff der Gemeinkosten. Sie können einem WG im Gegensatz zu **195**
Einzelkosten nicht direkt, sondern nur über eine Schlüsselung oder Umlage zugerechnet werden (BFH IV R 87/92 BStBl II 94, 176 unter I.2.; Literatur s *Schmidt*
39. Aufl § 6 Rz 195). Sie können sowohl fix als auch variabel sein.

Beispiele (s auch EStR 6.3 II): Aufwendungen für Lagerung, Transport und Prüfung des
Fertigungsmaterials, Vorbereitung und Kontrolle der Fertigung, Werkzeuglager, Betriebsleitung,
Raumkosten, Sachversicherungen, Unfallstationen und Unfallverhütungseinrichtungen der
Fertigungsstätten; Kosten für die vorgenannten Zwecke einschließl zwingender Sozialleistungen (zB Lohnfortzahlung im Krankheitsfall); Lohnbüro, soweit in ihm die Löhne und Gehälter
der in der Fertigung tätigen ArbN abgerechnet werden. – Die **GewSt** darf nicht als HK aktiviert werden, weil sie steuerl keinen Aufwand darstellt (EStR 6.3 VI 2).

bb) Angemessene Teile der Gemeinkosten. Wegen der Begrenzung auf „an- **196**
gemessene Teile" kann die Einbeziehung der Gemeinkosten in die HK nicht zu

Überbewertungen führen (BFH IV R 87/92 BStBl II 94, 176 unter I.2.; ausführl zur Angemessenheit *Rade* DStR 11, 1334). Außergewöhnl Gemeinkosten sind daher nicht einzubeziehen. Zu erhöhten Gemeinkosten aufgrund **verringerter Kapazitätsauslastung** s *Schmidt* 39. Aufl § 6 Rz 196.

198 c) **Wertverzehr des für die Fertigung eingesetzten Anlagevermögens.** Dieser zählt ebenfalls zu den zwingend zu aktivierenden HK (RFH RStBl 40, 683); das gilt auch im PV (FG BaWü EFG 87, 295: zB Baumaschinen und Werkzeuge eines privaten Bauherrn). Es handelt sich um einen Teil der Gemeinkosten. Zur Ermittlung des Wertverzehrs gewährt die *FinVerw* ein Wahlrecht: Der StPfl kann entweder die tatsächl **AfA** oder aber die lineare AfA (dann aber für die gesamte Nutzungsdauer) ansetzen (EStR 6.3 IV 1–4; dazu *Köhler* StBP 08, 260, 263). Den Wertverzehr nach § 6 II, IIa lässt die *FinVerw* unberücksichtigt (EStR 6.3 IV 5; mE zweifelhaft).

199 d) **Allgemeine Verwaltungskosten.** Sie sind Teil der Gemeinkosten, zB Aufwendungen für die Hauptverwaltung (Geschäftsleitung), die kfm Verwaltung, das Ausbildungs-, Personal- und Rechnungswesen und den Werkschutz (Beispiele in EStR 6.3 III 1; vgl auch BFH I D 1/58 S BStBl III 60, 191 unter 3.a). – **Wahlrecht.** Sowohl handelsrechtl (§ 255 II 3 HGB) als auch estl (**§ 6 I Nr 1b**) besteht ein Wahlrecht, diese Aufwendungen entweder in die HK einzubeziehen oder sofort als BA abzuziehen. Diese Regelung gilt ungeachtet ihrer gesetzl Stellung für die HK sowohl von AV als auch von UV, unabhängig davon, ob die WG abnutzbar sind oder nicht (zutr *Schumann* DStZ 16, 660, 662). Das estl Wahlrecht ist zwar erst 2016 ins Gesetz aufgenommen worden, gilt aber ausdrückl auch für zurückliegende Wj (§ 52 XII S 1). Es muss in Übereinstimmung mit der HB ausgeübt werden (§ 6 I Nr 1b S 2); insoweit Abweichung von § 5 I 1 Hs 2). Dieser Gleichklang zw HB und StB dient der Vereinfachung (BT-Drs 18/8434, 116; zu Unrecht krit *Meyering/Gröne* DStR 16, 1696). – **Produktionsbedingte Verwaltungskosten** sind (im Gegensatz zu allg Verwaltungskosten) *zwingend* als HK zu aktivieren (Fertigungsgemeinkosten, s Rz 194).

201 e) **Soziale Aufwendungen.** Auch die weiteren **handelsrechtl Aktivierungswahlrechte** werden durch § 6 I Nr 1b auch für die StB übernommen. Dies betrifft angemessene Aufwendungen für **soziale Einrichtungen des Betriebs** (EStR 6.3 III 2: zB Kantine, Freizeitgestaltung), **freiwillige soziale Leistungen** (dh nur solche, die nicht tarif- oder arbeitsvertragl vereinbart sind, EStR 6.3 III 3) und die **betriebl Altersversorgung,** soweit die Aufwendungen auf den Herstellungszeitraum entfallen.

202 f) **Forschungskosten.** Sie sind nicht aktivierungsfähig (§ 255 II 4 HGB; s § 5 Rz 270 „Forschungskosten"). HK können sich aber bei auftragsgebundener Forschung ergeben (*Nonnenmacher* DStR 93, 1231). – **Entwicklungskosten.** Sie dürfen ab 2010 in der **HB** aktiviert werden (Wahlrecht nach § 248 II, § 255 IIa HGB; zur Abgrenzung zur Forschung und Entwicklung s dort und *Schmalenbach-Ges* DB 08, 1813; *Küting/Ellmann* DStR 10, 1300). In der **StB** dürfen Entwicklungskosten für *immaterielle* WG wegen § 5 II weiterhin nicht aktiviert werden (glA *Strahl* KÖSDI 08, 16290, 16293). Entwicklungskosten für *materielle* WG sind hingegen aktivierungspflichtig (zB Aufwendungen für die Herstellung von Spezialwerkzeugen im Betrieb selbst).

203 g) **Vertriebskosten.** Sie gehören nicht zu den HK (§ 255 II 4 HGB) und sind daher sofort abziehbar. Beispiele: **Verpackungskosten** (BFH III R 31/84 BStBl II 88, 961: Verkaufsverpackung um das bereits verpackte Produkt; BFH III R 126/85 BStBl II 90, 593: Kartonverpackung von bereits eingeschweißten Produkten, selbst wenn erst nach dem Verpackungsvorgang eine Sterilisierung erfolgt). HK sind nur dann gegeben, wenn das Produkt ohne die jeweilige Verpackung nicht in Verkehr gebracht werden kann („Innenverpackung"). Dies ist zB bei Milch in Tüten, Zahnpasta in Tuben oder Bier in Flaschen, Fässern oder Dosen (BFH I R 72/73 BStBl II 76, 13) der Fall; Gleiches soll für Schutzumschläge von Büchern gelten (BFH IV R 51/69 BStBl II 71, 304 unter a; mE unzutr). – Vertriebskosten sind auch **Lagerkosten** (anders jedoch, wenn die Lagerung, wie zB bei der Wein- und Sektherstellung, Teil des Herstellungsvorgangs ist); **Provisionen** für die Einwerbung von Aufträgen; Prämien für eine **Ausfuhrversicherung**.

h) Fremdkapitalzinsen. Sie gehören grds nicht zu den HK (§ 255 III 1 HGB). **206** Dies gilt auch für Teilzahlungsaufschläge (BFH VI R 6/67 BStBl II 68, 574) und zinsähnl Aufwendungen. Hintergrund ist, dass der Umfang der anzusetzenden HK nicht davon abhängig sein soll, ob der Betrieb mit Fremd- oder Eigenkapital wirtschaftet.

Wahlrecht für Bauzeitzinsen. Fremdkapitalzinsen dürfen nur dann in die HK einbezogen werden, wenn das Darlehen zur Finanzierung der Herstellung verwendet wird und soweit die Zinsen auf den Zeitraum der Herstellung entfallen (§ 255 III 2 HGB; BFH III R 73/05 BStBl II 07, 331; Literatur s *Schmidt* 39. Aufl § 6 Rz 206). Dieses Wahlrecht soll (abw von den allg Grundsätzen, wonach ein Aktivierungswahlrecht in der HB zur Aktivierungspflicht in der StB führt, s BFH GrS 2/68 BStBl II 69, 291 unter II.3.b) auch für die StB gelten (EStR 6.3 V; *BMF* BStBl I 10, 239 Rz 6; Kritik s *Schmidt* 39. Aufl § 6 Rz 206). Bei den **Überschusseinkünften** neigt die neuere Rspr dazu, das (mE rein handelsrechtl) Wahlrecht ebenfalls zu gewähren (BFH IX R 2/12 BStBl II 12, 674, allerdings in einem Fall, in dem während der Herstellungsphase wegen bestehender Veräußerungsabsicht kein WK-Abzug mögl war; **aA** noch BFH IX R 190/85 BStBl II 90, 460; ausführl *Wüllenkemper* EFG 12, 610; offen gelassen von BFH III R 73/05 BStBl II 07, 331 unter II.1.b). – **Gestaltungsmöglichkeiten.** Die Aktivierung der Zinsen als HK schließt ihre Hinzurechnung nach § 4 IVa, § 4h EStG/§ 8a KStG/§ 8 Nr 1 GewStG aus, und zwar auch dann, wenn sie sich später im Wege der AfA gewinnmindernd auswirken (BFH I R 19/02 BStBl II 04, 192; *GLE* BStBl I 12, 654 Rz 13, beide zu § 8 Nr 1 GewStG; *Engers* BB 04, 1595; *Haupt* DStR 08, 1814). Auch die Aktivierung von Miet- und Pachtzinsen als HK schließt eine Hinzurechnung nach § 8 Nr 1 GewStG aus, und zwar selbst dann, wenn die hergestellten WG am Bilanzstichtag bereits verkauft wurden, weil die Einbeziehung in die HK den Rechtscharakter der Miet- und Pachtzinsen endgültig geändert hat (BFH III R 24/18 BFHE 269, 342; BFH IV R 31/18 BFH/NV 21, 1367; wird von die *FinVerw* noch nicht angewendet). Die Aktivierung kann zudem zur Erlangung einer höheren InvZul vorteilhaft sein (BFH III R 73/05 BStBl II 07, 331; *Pyszka* DStR 96, 809, 810).

i) Vergebliche Aufwendungen. Es handelt sich nicht um HK, sondern um so- **207** fort abziehbare BA/WK (ausführl *Günther* EStB 09, 318). – **aa) Verlorene Vorauszahlungen.** Sie sind sofort BA/WK (grundlegend BFH GrS 1/89 BStBl II 90, 830; BFH IX R 164/87 BStBl II 92, 805 unter 1.), weil nicht die Anzahlung selbst (zu deren Bilanzierung s § 5 Rz 270 „Anzahlungen"), sondern erst der tatsächl Verbrauch von Gütern bzw die Inanspruchnahme von Diensten zu HK führt (BFH III R 110/80 BStBl II 86, 367 unter 3.b). Gleiches gilt für Zahlungen des Bauherrn aufgrund der Kündigung eines Werkvertrags, wenn die andere Vertragspartei tatsächl keine Leistung erbringt (BFH IX R 75/95 BStBl II 99, 20: Kündigung; BFH IX R 3/04 BStBl II 06, 258: Rücktritt; BFH IX R 45/05 BStBl II 06, 803: Schadensersatzzahlung an den Verkäufer, weil der Käufer keine Finanzierung erlangen kann) sowie für Zahlungen aufgrund eines **Betrugs** (BFH IX R 24/16 BStBl II 18, 168: Abzug in dem Zeitpunkt, zu dem feststand, dass das Geld verloren ist). Vergebl Aufwendungen auf den **GuB** sind im PV allerdings nicht abziehbar (BFH IX R 37/09 BFH/NV 11, 36; BFH IX R 24/16 BStBl II 18, 168 Rz 21).

bb) Objektiv unnötige Aufwendungen. Sofern ihnen tatsächl Leistungen **208** zugrunde liegen, die wertbestimmend in das WG eingegangen sind, stellen sie HK dar (zutr BFH III R 110/80 BStBl II 86, 367 unter 4.; BFH IX R 23/92 BStBl II 95, 306 unter III.2.a; BFH IX B 35/06 BFH/NV 06, 2072 für **mangelhafte Leistungen,** selbst wenn Schadensersatzansprüche letztl wegen Insolvenz des Bauunternehmers nicht realisierbar sind; zweifelhaft hingegen BFH IX R 23/95 BFH/NV 99, 785: selbst dann HK, wenn die Baumängel zum sofortigen und vollständigen Abriss des mangelhaften Gebäudeteils geführt haben und anschließend ein neues Gebäude errichtet wird). Zur **TW-AfA** in diesen Fällen s Rz 276; zur AfaA s § 7 Rz 189 mwN.

209 cc) **Kosten für eine später geänderte Planung.** Für die Zuordnung zu den HK genügt es bereits, wenn durch die ursprüngl Planung Erfahrungen für die Errichtung des anderen WG gewonnen worden sind (BFH VIII R 96/81 BStBl II 84, 303 unter 5.; BFH VIII R 173/81 BStBl II 84, 306: Planungskosten für ein letztl nicht genehmigungsfähiges Einfamilienhaus sind HK, wenn später durch einen anderen Bauunternehmer ein genehmigungsfähiges Einfamilienhaus errichtet wird; FG Mchn EFG 06, 564, rkr: Planungskosten für ein EFH mit Einliegerwohnung, tatsächl gebaut wird ein Doppelhaus). – Es handelt sich nur dann nicht um HK, wenn das später tatsächl hergestellte WG hinsichtl seiner Bau- und Nutzungsart derart von dem ursprüngl geplanten WG abweicht, dass die Planungskosten in keiner Weise seiner Herstellung gedient haben (BFH IV R 176/72 BStBl II 76, 614 unter 2.a; BFH IX B 95/00 BFH/NV 01, 592).

210 dd) **Prozesskosten.** Sie teilen das Schicksal der Aufwendungen, um die gestritten wird. Zu HK führen daher Kosten für einen Prozess wegen Baumängeln (BFH IX R 134/83 BStBl II 88, 431) oder Rücktritts vom Bauvertrag (BFH IX R 2/90 BFH/NV 95, 381; BFH IX R 3/04 BStBl II 06, 258 unter II.3.), nicht hingegen für einen Prozess wegen verlorener Vorauszahlungen, die ohne Gegenleistung geblieben sind (BFH IX R 164/87 BStBl II 92, 805 unter 2.: sofort BA/WK). Zu sofort als WK abziehbaren Prozesskosten s § 21 Rz 148 „Prozesskosten".

211 **4. Gebäudeherstellungskosten. – a) Einbau unselbständiger Gebäudeteile.** Sie sind in die HK der Bewertungseinheit „Gebäude" einzubeziehen, selbst wenn sie eine wesentl kürzere Lebensdauer als das Gesamtgebäude haben. Im Gegenzug führt die Erneuerung solcher unselbständiger Gebäudeteile nicht zu nachträgl HK, sondern zu Erhaltungsaufwand (BFH GrS 5/71 BStBl II 74, 132). Zur weiteren Abgrenzung zw nachträgl HK und Erhaltungsaufwand s ausführl Rz 161 ff; zu Erschließungsbeiträgen s Rz 59 ff. Soweit es sich allerdings um **Betriebsvorrichtungen** handelt, sind steuerl selbständige WG gegeben.

212 aa) **Einzelfälle Gebäudeherstellungskosten.** S auch EStH 6.4; § 4 Rz 115 ff. **Außenjalousien** (BFH III R 152/85 BFH/NV 89, 456); Kosten für die Eintragung einer **Baulast** auf dem Nachbargrundstück, die für die Genehmigungsfähigkeit des Gebäudes erforderl ist (BFH I R 18/88 BFH/NV 91, 34); **Erdarbeiten** einschließl der Kosten einer Hangabtragung (BFH IV R 104/92 BStBl II 94, 512) sowie des Freimachens des Baugrundstücks von Bewuchs (BFH III R 76/92 BStBl II 95, 71); es handelt sich nicht etwa um nachträgl AK des GuB (werden Hafen-Kaianlagen aber durch Aufschüttung und Verfüllung bisheriger Wasserflächen erweitert, führt dies zu AK des GuB; **aA** FG RhPf EFG 19, 29, Rev IV R 33/18: HK der Betriebsvorrichtung); **Fahrtkosten** zur Baustelle (BFH IX R 73/91 BStBl II 95, 713: kein Ansatz der Pauschale des § 9 I 3 Nr 4, sondern der tatsächl Aufwendungen; s auch Rz 54 (5)); **Planungskosten** (s auch Rz 209 zu vergebl Aufwendungen); **Richtfest** sowie Feier zur Grundsteinlegung (FG BBg EFG 11, 1143, rkr: auch dann keine Vertriebskosten, wenn Mietinteressenten teilnehmen); **Stellplätze für PKW** (nicht etwa AK des GuB) sowie **Stellplatz-Ablösezahlungen** (BFH IX R 45/80 BStBl II 84, 702; BFH VIII R 183/85 BFH/NV 90, 504 unter 3.b). Sofern die Baumaßnahme, die die Ablöseverpflichtung auslöst, steuerl jedoch Erhaltungsaufwand darstellt, sind auch die Ablösezahlungen sofort BA/WK (BFH IX R 51/00 BStBl II 03, 710). Auch **Garagen** sind grds keine selbständigen WG, sondern steuerl Teil des Gebäudes (s § 7 Rz 38 mwN).

213 bb) **Selbständige Wirtschaftsgüter.** Diese erhalten eine eigene AfA-Reihe mit kürzerer Nutzungsdauer. – **(1) Außenanlagen** wie Hofbefestigung (BFH V R 48/71 BStBl II 72, 76; FG Mster EFG 20, 515, rkr: HK auch bei Ersatz der vorhandenen schadhaften Befestigung durch eine vollständig neue; krit *Steck* DStR 20, 2766), Straßenzufahrt (BFH III R 161/81 BStBl II 83, 686) und Gleisanlagen (BFH IV R 30–31/89 BFH/NV 91, 361); **Grün- und Gartenanlagen** (BFH VI 181/65 U BStBl III 66, 12; BFH IX R 18/91 BStBl II 97, 25 unter 2.; EStR 21.1 III) und **Kinderspielplätze** (EStR 6.4 II). Eine **Umzäunung** ist im betriebl Bereich ein selbständiges WG (BFH III R 161/81 BStBl II 83, 686), bei Wohnhäusern hingegen GebäudeHK (BFH VIII R 121/73 BStBl II 78, 210). – **(2) Einbauküche.** Sie ist grds kein Gebäudebestandteil, sondern ein (einheitl) selbständiges WG, und zwar einschließl Spüle

Herstellungskosten 214–217 § 6

und Herd (BFH IX R 14/15 BStBl II 17, 437; dazu *Kanzler* NWB 17, 1870). Folge: Eigene kürzere AfA getrennt vom Gebäude; die Erneuerung der *gesamten* Einbauküche ist nicht Erhaltungsaufwand, sondern HK der neuen Einbauküche; § 6 II ist auf die Erneuerung einzelner Teile nicht anwendbar (s Rz 661). Eine Einbauküche ist nur dann Gebäudebestandteil, wenn sie durch Einpassen mit den sie umschließenden Gebäudeteilen vereinigt wird, sie insb keine eigenen Rück- und Seitenwände hat (BFH IX R 14/15 BStBl II 17, 437 Rz 33 mwN). – Zur Abgrenzung weiterer WG vom GuB (insb bei LuF) s auch Rz 403.

b) Abbruchkosten. S auch EStH 6.4 „Abbruchkosten". – **aa) Erwerb ohne** 214 **Abbruchabsicht.** Hier sind im Jahr des Abbruchs der Restbuchwert des zuvor zur Einkunftserzielung genutzten abgebrochenen Gebäudes (AfaA) und die Abbruchkosten BA (BFH GrS 1/77 BStBl II 78, 620 unter D. II.1.). Dies gilt unabhängig davon, ob auf dem GuB ein Neubau errichtet wird (BFH IX R 333/87 BStBl II 94, 12 unter 2.; BFH IX R 79/89 BFH/NV 94, 232 unter 2.a; BFH IX R 26/96 BFH/NV 98, 1212: letzter Akt der vorangegangenen Einkunftserzielung; FG Mster EFG 20, 1507, rkr, auch zur Aufteilung bei zuvor unterschiedl Nutzungen). Zur **AfaA** in diesen Fällen s ausführl § 7 Rz 184 mwN.

bb) Erwerb in Abbruchabsicht. In diesem Fall ist ein sofortiger BA/WK- 215 Abzug nicht mögl. – **(1) Objektiv noch nicht verbrauchtes Gebäude.** Wird dies abgerissen und durch ein neues ersetzt, gehören Restwert, Abbruchkosten und Räumungsabfindungen an Mieter (s Rz 140 „Abfindungen"; dort auch zur Ablösung eines Erbbaurechts) zu den HK des neuen Gebäudes (BFH GrS 1/77 BStBl II 78, 620 unter D.II.2.a; BFH I R 58/04 BStBl II 06, 707 unter II.2.f: auch soweit die Abrisskosten den Abbruch von *Betriebsvorrichtungen* des Altgebäudes betreffen; mit beachtl Gründen krit zur Rspr *Wüllenkemper* EFG 14, 530). Gleiches gilt, wenn statt eines neuen Gebäudes ein anderes WG (zB Außenanlage, Straße) errichtet wird. Wenn der Neubau *selbst genutzt* werden soll, sind Restwert und Abrisskosten steuerl daher nicht abziehbar (zutr BFH IX B 120/08 BFH/NV 09, 964 unter 2.a: der Zusammenhang mit der früheren Einkunftserzielung wird überlagert). Der Abriss eines Gebäudes *ohne* Errichtung eines neuen WG (zB Erwerb eines „Sperrgrundstücks") führt zu AK des GuB (BFH GrS 1/77 BStBl II 78, 620 unter D.II.2.b); ebenso bei späterem Scheitern der Neubauplanung (FG Köln EFG 14, 527, rkr: nicht etwa sofort abziehbare WK) oder wenn das neue Gebäude später auf einem *Nachbar*grundstück errichtet wird (BFH IX R 1/03 HFR 05, 743). – **(2) Objektiv wertloses Gebäude.** Die vollen AK entfallen auf den GuB (BFH I 64/65 BStBl II 69, 35; BFH IX R 93/82 BStBl II 87, 330; BFH X R 97/87 BStBl II 89, 604 unter 1.).

(3) Indizien für Abbruchabsicht (BFH GrS 1/77 BStBl II 78, 620 unter 216 D. III.) sind entspr Kaufvertragsklauseln, das Unterlassen einer Gebäudenutzung bis zum Abbruch oder (vor allem) der **Abbruch innerhalb von drei Jahren nach dem Erwerb** (BFH HR 105/75 BStBl II 79, 509: maßgebend ist das obligatorische Geschäft; BFH IX R 16/09 BFH/NV 10, 1799), wobei die Indizwirkung nach beiden Seiten hin widerlegt werden kann. Die **Widerlegung der Vermutung** kommt insb bei einer Fehlmaßnahme in Betracht (BFH IX R 2/93 BStBl II 97, 325 unter 2.a: der Erwerber plante ledigl einen Teilabbruch, rechnete aber nicht damit, dass ein Vollabbruch erforderl würde; BFH IX R 58/95 BFH/NV 98, 1080 unter 3.: der Mieter großer Büroflächen in dem erworbenen Gebäude löst das Mietverhältnis unerwartet auf; BFH X R 36/01 BFH/NV 03, 765 unter II.3.b: verdeckte Mängel). Für eine solche Fehlmaßnahme genügt es indes nicht, wenn der Erwerber zwar in erster Linie einen Umbau des Vorhandenen plant, aber wegen des schlechten baul Zustands auch einen Abbruch in Kauf nimmt (BFH IX R 5/79 BStBl II 85, 208; BFH IX R 16/09 BFH/NV 10, 1799). Der Wille des StPfl muss beim Erwerb auf einen *kurzfristigen* Abbruch gerichtet sein (BFH VIII R 93/73 BStBl II 80, 69: die Planung, das Gebäude in 10 Jahren abzubrechen, genügt nicht).

cc) Anwendungsbereich dieser Grundsätze. Sie sind auch bei einer **Einlage** 217 **in das BV** anzuwenden (BFH I R 142/76 BStBl II 79, 729 unter II.1.; BFH I R

29/79 BStBl II 83, 451 unter 2.: bei Einlage in Abbruchabsicht geht der Einlagewert, der sich nicht etwa wegen des beabsichtigten Abbruchs mindert, in die HK ein; FG BaWü DStRE 12, 1173, rkr), ebenso bei **Einbringung** in eine PersGes (zutr FG Ddorf EFG 16, 713, rkr). Ist das abgerissene Gebäude zuvor jedoch **nicht zur Erzielung von Einkünften genutzt** worden, gehören Restwert und Abbruchkosten (unabhängig vom Bestehen einer Abbruchabsicht) stets zu den HK eines neuen Gebäudes (BFH IX R 50/00 BStBl II 02, 805 unter II.2.). Auch beim **unentgeltl Erwerb** kommt es darauf an, ob der Erwerber das Gebäude im Erwerbszeitpunkt zur Einkunftserzielung nutzen (dann sind spätere Abrisskosten BA/WK) oder aber abreißen will (dann entstehen HK; zu Schenkung BFH IX R 93/82 BStBl II 87, 330; zu Erbauseinandersetzung BFH IX R 100/83 BFH/NV 88, 26; zu Gesamtrechtsnachfolge BFH X R 116/91 BStBl II 96, 358; zur unentgeltl Übertragung eines MUeranteils samt SonderBV BFH III R 17/19 BStBl II 21, 748; trotz Anwendung des § 6 III keine Zurechnung der Besitzzeit des Übergebers; krit *Carlé* BeSt 21, 3). Diese Grundsätze gelten auch für den **Teilabbruch** (BFH IX R 58/95 BFH/NV 98, 1080 unter 1.).

220 **5. ABC der Herstellungskosten**

Abstandszahlungen s Rz 140 „Abfindungen".

Außenanlagen s Rz 213.

Bauherrenmodell s § 6e Rz 6.

Bauwesenversicherung. Beiträge sind sofort BA/WK (BFH VIII B 81/74 BStBl II 80, 294; ebenso für Bauherren-Haftpflichtversicherung BFH VIII R 96/81 BStBl II 84, 303 unter 7.).

Dacherneuerung. Zur Flächenvergrößerung s Rz 171; zum bautechnischen Ineinandergreifen mit anderen Maßnahmen s Rz 189.

Deponien. Zur Aktivierung ausführl *BMF* BStBl I 05, 826.

Eigene Arbeitsleistung führt weder zu HK noch zu BA/WK (BFH IX R 58/81 BStBl II 86, 142).

Erschließungskosten s Rz 59 ff.

Film s Rz 34 mwN.

Fremdwährung s *Schmidt* 39. Aufl § 6 Rz 22.

Gebäude s Rz 161–189, 211–217.

Grund und Boden s Rz 213 „Außenanlagen", „Erdarbeiten", zu Altlastensanierung s Rz 273; zu Kosten der Bodenverbesserung in der LuF s § 13 Rz 234.

Leitungsnetz s Rz 171 (6).

Prozesskosten s Rz 210.

Software s Rz 140 „Software".

Tierbestände s ausführl § 13 Rz 45 ff.

Verbrauchsteuern s § 5 Rz 259.

Vergebl Aufwendungen s Rz 207 ff.

Vorsteuer. Keine HK, soweit sie bei der USt abziehbar ist (§ 9b I; Erläut s dort).

Zölle s § 5 Rz 259.

IV. Teilwert, § 6 I Nr 1 S 3

231 **1. Begriff und Bedeutung.** Benutzerhinweis: In Rz 231 ff ist die *Ermittlung* des TW erläutert. Erläuterungen zu den gesetzl Voraussetzungen, unter denen eine *TW-AfA* vorgenommen werden kann, insb zur voraussichtl dauernden Wertminderung, finden sich in Rz 359 ff.

Teilwert 232–234 **§ 6**

a) Begriff. TW ist nach der (seit 1934 unveränderten und auf den RFH zurück 232 gehenden) **gesetzl Definition** des § 6 I Nr 1 S 3 (gleichlautend § 10 BewG) der Betrag, den ein Erwerber des ganzen Betriebs iRd Gesamtkaufpreises für das einzelne WG ansetzen würde; dabei ist davon auszugehen, dass der Erwerber den Betrieb fortführt (Going-concern-Prinzip des § 252 I Nr 2 HGB). Maßgebl ist danach der Wert, den das einzelne WG als „Teil" (daher der Begriff „Teilwert") der wirtschaftl Einheit hat; Spezifikum des TW ist daher seine Betriebsbezogenheit. Bereits aus dem Wortlaut der gesetzl TW-Definition folgt, dass hierbei mehrere **Fiktionen** verwendet werden (Erwerb des ganzen Betriebs, Betriebsfortführung, Aufteilung des Gesamtkaufpreises). Der Wert kann daher nur durch **Schätzung** ermittelt werden (BFH IV R 18/12 BStBl II 16, 346 Rz 30). Die vom I. Senat des BFH zur vGA entwickelte BandbreitenRspr ist auf die Schätzung des TW nicht übertragbar, weil es hier nicht um einen Fremdvergleich geht (zutr BFH III R 79/07 BFH/NV 10, 610 Rz 18; BFH IV R 18/12 BStBl II 16, 346 Rz 29). – **Literatur:** S *Schmidt* 39. Aufl § 6 Rz 232. – **Nur WG** können mit dem TW bewertet werden und sind einer TW-AfA zugängl. Daran fehlt es bei Beteiligungen an PersGes (BFH I R 171/75 BStBl II 77, 259 unter 2.; BFH X R 34/17 BFH/NV 19, 530 Rz 89 mwN; s auch Rz 140 „Beteiligung an PersGes"; zu Forderungen an die PersGes s Rz 310), bei RAP (BFH IV R 3/69 BStBl II 70, 209) und dem Korrekturbetrag nach § 1 AStG (BFH I R 97/88 BStBl II 90, 875 unter II.4.e). – **Bewertungseinheit.** Ist ein WG mit einem anderen vereinigt worden, kommt es nur noch auf den Gesamtwert des WG an. *Beispiele:* Vereinigung zweier Grundstücksteilflächen (BFH I R 33/75 BStBl II 79, 259), Hinzuerwerb von Anteilen an einer KapGes zu einer bereits bestehenden Beteiligung (s Rz 404).

b) Bedeutung des „gedachten Erwerbers". Die hypothetischen Voraussetzungen 233 (Veräußerung des Betriebes im Ganzen, Bewertung des einzelnen WG durch den gedachten Erwerber, Korrelation zw Einzel- und Gesamtkaufpreis, Betriebsfortführung) ändern nichts daran, dass die tatsächl **obj betriebl Umstände** – unter Außerachtlassung persönl Umstände und subj Vorstellungen des Betriebsinhabers – für die Schätzung maßgebend sind (BFH I R 116/86 BStBl II 91, 342 unter II.4.; BFH IV R 18/12 BStBl II 16, 346 Rz 29). Letztl soll das Abstellen auf einen „gedachten Erwerber" nur verdeutlichen, dass eine *obj* Bewertung vorzunehmen ist (BFH I R 51/95 BStBl II 98, 781 unter II.2.a). Insb kommt es nicht darauf an, ob ein gedachter Erwerber wegen fehlender Spezialkenntnisse aus einem vorhandenen WG keinen Nutzen ziehen könnte (BFH IV R 31/90 BStBl II 91, 627 unter 2.). Zu den obj Umständen kann aber auch die konkrete betriebl Funktion des WG gehören (BFH X R 58/14 BFH/NV 17, 275 Rz 27). Die maßgebl Sicht des Erwerbers führt bei der Ermittlung des TW aber idR zu einer Unterscheidung zw AV (Orientierung an Wiederbeschaffungswerten) und UV (Orientierung an aktuellen Veräußerungspreisen).

c) Substanzwert. Grds ist der Substanzwert des *einzelnen* WG maßgebend 234 (BFH I R 56/94 BStBl II 96, 28 unter II.5.c bb; *BeckOK EStG* § 6 Rz 835). Zur grds Ablehnung des Ertragswertverfahrens zur TW-Ermittlung durch die Rspr s *Schmidt* 39. Aufl § 6 Rz 234 mwN. Nur ausnahmsweise können die **Ertragsaussichten eines EinzelWG** für seinen TW berücksichtigt werden, sofern sie nicht dem Geschäftswert zuzuordnen sind (BFH I R 68/92 BStBl II 95, 336 unter II.2.). Dies kann bei einer sich nachträgl herausstellenden Überdimensionierung einer Maschine/Anlage der Fall sein (s zu Fehlmaßnahme Rz 246). Von besonderer Bedeutung sind die Ertragsaussichten bei Anteilen an KapGes (s Rz 278 ff), Wertpapieren, Vermietungsobjekten (ausführl *FM NRW* DB 94, 555) und immateriellen EinzelWG (s Rz 322), vor allem aber bei zum Verkauf bestimmten WG (zur Verlustantizipation s Rz 258). – **VorSt** ist in den TW einzubeziehen, wenn sie nicht abziehbar ist (§ 9b Rz 11 aE), sonst nicht.

235 **d) Unterschied zum gemeinen Wert.** Der gemeine Wert (§ 9 BewG: im gewöhnl Geschäftsverkehr erzielbarer Veräußerungspreis) berücksichtigt im Gegensatz zum TW nicht den wertbestimmenden Einfluss der Betriebszugehörigkeit eines WG. Zudem wird die Betrachtung nicht allein aus der Sicht eines Erwerbers vorgenommen; auch ergeben sich Unterschiede zw den Handelsstufen. Der TW von Waren liegt daher um die Gewinnspanne unterhalb des gemeinen Werts, weil der Erwerber die Gewinnspanne für sich selbst einkalkulieren würde (BFH I 175/60 U BStBl III 60, 492 unter a). Umgekehrt können bei der TW-Findung in gewissen Grenzen auch ungewöhnl Verhältnisse berücksichtigt werden, beim gemeinen Wert hingegen nicht (BFH IV R 103/79 BStBl II 82, 258). – **Anwendungsbereich.** Der gemeine Wert wird im Ertragsteuerrecht bei Ausschluss (§ 6 I Nr 4 S 1 HS 2) und Begründung (§ 6 I Nr 5a) des dt Besteuerungsrechts, unentgeltl Übertragung einzelner betriebl WG (§ 6 IV), beim Tausch (§ 6 VI 1), bei der Betriebsaufgabe (§ 16 III 3, 4, 7), der verdeckten Einlage von Anteilen an einer KapGes in eine KapGes (§ 17 II 2), dem Verlust des dt Besteuerungsrechts für Körperschaften (§ 12 KStG) und Anteile an KapGes (§ 17 V 1) sowie bei Umwandlungs- und Einbringungsvorgängen (§§ 3 I, 11 I, 20 II, 21 I, 24 II UmwStG) verwendet.

237 **e) Steuerliche Bedeutung des Teilwerts; normspezifische Besonderheiten.** Der TW verdrängt die als Regelbewertungsmaßstab dienenden (fortgeführten) AK/HK bei einem **Absinken des Wertniveaus** (TW-AfA; für abnutzbare WG § 6 I Nr 1 S 2, für nicht abnutzbare WG § 6 I Nr 2 S 2). Er dient hier der Vorwegnahme (Antizipation) von Verlusten. – Bei **Entnahmen und Einlagen** soll der Ansatz des TW (der hier den Regelbewertungsmaßstab darstellt) eine zutr Zuordnung von Wertänderungen zw betriebl und privater Sphäre gewährleisten (für Entnahmen § 6 I Nr 4 S 1, für Einlagen § 6 I Nr 5 S 1, Nr 6, 7; für Eintritt oder Beendigung einer StBefreiung bei Körperschaften § 13 KStG). Der dort verwendete TW-Begriff ist mit dem des § 6 I Nr 1 S 3 identisch (BFH IV R 63/97 BStBl II 04, 639 unter 2.a); insb gilt die gesetzl Betriebsfortführungsfiktion grds auch für Entnahmen. Zu Besonderheiten der TW-Ermittlung bei Entnahmen s Rz 251; zur Modifizierung des TW-Begriffs bei Betriebseröffnungen iSd § 6 I Nr 6 s Rz 633. – Für bestimmte **Übertragungsvorgänge bei MUerschaften** dient der TW-Ansatz der zutr Zuordnung von Wertänderungen zw einzelnen StPfl (§ 6 V 4–6); Gleiches gilt für verdeckte Einlage in KapGes (§ 6 VI 2).

241 **2. Teilwertvermutungen. – a) Zeitpunkt des Erwerbs/der Fertigstellung eines Wirtschaftsguts.** Hier wird sowohl bei AV als auch bei UV vermutet, dass der TW den AK/HK entspricht (BFH I R 79/74 BStBl II 77, 540 unter I.1.a; BFH I R 114/84 BStBl II 90, 117 unter II.4.: Darlehensforderung), sofern nicht eine Fehlmaßnahme vorliegt (dazu Rz 246). Dies dient der Vermeidung sofortiger TW-AfA (BFH IV R 8/10 BStBl II 11, 709 Rz 32: Anschaffungsnebenkosten bei geschlossenen Fonds). – **Zuschüsse** (ausführl Rz 71 ff) oder stfreie InvZul mindern den TW nur dann, wenn sie den Marktpreis bestimmter WG *generell* beeinflussen oder der Zuschussempfänger starken Beschränkungen unterliegt (zB BFH III R 109/76 BStBl II 81, 700: Schiffbau; BFH III R 26/79 BStBl II 81, 702: Heizwerk), was der BFH aber weitestgehend verneint (BFH II R 27/87 BStBl II 90, 566: Schlachthof und Molkerei in marktfernen Regionen; BFH I R 56/94 BStBl II 96, 28 unter II.5.c bb: Krankenhauswäscherei).

242 **b) Spätere Bewertungsstichtage.** Wirkl hilfreich sind die von der älteren Rspr aufgestellten TW-Vermutungen (ausführl *Schmidt* 39. Aufl § 6 Rz 242 mwN) hier nicht mehr. Die Feststellungslast für einen gesunkenen TW liegt bei der Folgebewertung nach § 6 I Nr 1, 2 ohnehin beim StPfl; hier benötigt man die TW-Vermutungen also nicht. Für die Bewertung von Entnahmen und Einlagen ist immer eine Einzelfeststellung des TW erforderl; die Vermutungen würden hier zu unzutr Ergebnissen führen.

c) **Widerlegung der Teilwertvermutungen.** Alle TW-Vermutungen sind widerlegbar. Ein Wert von 0 € kann aber nicht unterschritten werden. Eine TW-AfA setzt nach Rspr und *FinVerw* voraus (BFH I R 54/97 BStBl II 99, 277 unter II. B. 3.; EStR 6.7), dass entweder bereits der *Erwerb* des WG eine Fehlmaßnahme darstellte (s Rz 246) oder aber die Wiederbeschaffungs-/-herstellungskosten oder erzielbaren Verkaufspreise *später* gesunken sind (s Rz 254 ff). Zusätzl muss die **Wertminderung voraussichtl dauernd** sein (s Rz 364 ff).

aa) Feststellungslast; Nachweisfragen. Der StPfl, der eine TW-AfA entgegen Beweislastregelung des § 6 I Nr 1, 2 (bzw entgegen der früheren TW-Vermutungen) begehrt, muss die Voraussetzungen (konkrete Tatsachen und Umstände) dafür darlegen (BFH I R 116/86 BStBl II 91, 342 unter II.3.; BFH X R 58/14 BFH/NV 17, 275 Rz 36). Bei Modewaren können zB Aufzeichnungen über die tatsächl Preisreduzierungen vergleichbarer Waren in Vorjahren herangezogen werden (BFH IV R 143/80 BStBl II 84, 35). Die späteren Erlöse aus einer Liquidation des Warenlagers iRe Betriebsaufgabe lassen hingegen keinen Rückschluss auf den TW der Vorjahre zu (BFH IV R 329/84 BFH/NV 86, 470). Je kürzer der Zeitraum zw Anschaffung und Bewertungsstichtag, desto strenger sind die Anforderungen (BFH I R 104/86 BStBl II 88, 892 unter II.3.; BFH X R 151/94 BFH/NV 98, 1086 unter II.2.b).

bb) Nachweis einer Fehlmaßnahme. Fehlmaßnahme ist die Anschaffung oder Herstellung eines WG, dessen wirtschaftl Nutzen *von Anfang an* dauerhaft deutl hinter den AK/HK zurück bleibt, sodass ein gedachter Erwerber den Aufwand nicht im Kaufpreis honorieren würde (BFH III R 151/86 BStBl II 89, 269 unter 1.a; BFH X R 151/94 BFH/NV 98, 1086 unter II.2.a). Darauf, ob der Betrieb *insgesamt* rentabel arbeitet, kommt es nicht an (BFH III R 201–202/84 BStBl II 88, 488). Grds rechtfertigen nur **irrtüml** (unbewusste) Fehleinschätzungen die Annahme einer Fehlmaßnahme (BFH GrS 6/71 BStBl II 73, 79 unter IV. 2.); bei bewusst in Kauf genommenem (Mehr-)Aufwand (insb erzwungene oder erkennbar überhöhte Preise, s BFH X R 151/94 BFH/NV 98, 1086 unter II.2.a; BFH VI R 9/17 BFH/NV 20, 191 Rz 28) ist davon auszugehen, dass auch ein Erwerber diesen für sinnvoll erachtet und getragen hätte (zB Verlustprodukte, s Rz 262). Von besonderer Bedeutung ist die *zeitnahe* eigene Einschätzung durch den StPfl. Daher sind, wenn eine Fehlmaßnahme erst bei einem Antrag auf Berichtigung einer zuvor ohne Berücksichtigung der TW-AfA eingereichten Bilanz behauptet wird, höhere Hürden zu überwinden. – Mehrpreise, die aus **betriebsfremden** (persönl) Gründen gezahlt werden, sind schon keine BA (iErg ähnl BFH IV B 4/98 BFH/NV 99, 305: keine TW-AfA); bei KapGes ist hingegen TW-AfA zu gewähren, aber ggf eine vGA anzusetzen.

Beispiele Fehlmaßnahmen: Erwerb von WG, die nur eingeschränkt funktionsfähig sind; neue gesetzl Regelungen, die das WG nutzlos machen (BFH III R 201–202/84 BStBl II 88, 488 unter 1.a); Erwerb von Maschinen, die sich kurz danach beginnenden Rezession als überdimensioniert erweisen (BFH III R 201–202/84 BStBl II 88, 488 unter 1.b; bei Gebäuden wegen der sehr langen Nutzungsdauer jedoch idR keine Berücksichtigung einer Überdimensionierung, s BFH VIII R 31/75 BStBl II 78, 335).

Die Rspr stellt hohe Anforderungen und hat in den folgenden Fällen **Fehlmaßnahmen verneint:** Zahlung eines Mehrpreises für den Erwerb eines unmittelbar neben dem bisherigen Betriebsgrundstück gelegenen Grundstücks (BFH I 22/61 U BStBl II 62, 186: auch ein Betriebserwerber hätte den Mehrpreis in Kauf genommen); der StPfl hätte somit unerwartete Mehrkosten für die Sicherung des schlechten Baugrunds hin, weil die Lage des Grundstücks besonders gut ist (BFH I 99/63 BStBl II 66, 310); Erwerb von Anteilen an einer Unterstützungskasse für ArbN (BFH GrS 6/71 BStBl II 73, 79); Zahlung eines Mehrpreises an Angehörige zur Vermeidung einer Teilungsversteigerung des Grundstücks, auf dem das Betriebsgebäude errichtet ist (BFH III R 151/86 BStBl II 89, 269 unter 1.a); Inkaufnahme hoher Kosten für den Umbau eines an den Betrieb angrenzenden Wohngebäudes in zusätzl Büros, wenn in der Umgebung keine anderen geeigneten Objekte verfügbar sind (BFH X R 151/94 BFH/NV 98, 1086 unter II.2.b). Zum Sinken der Wiederbeschaffungskosten nach Anschaffung unter Zahlung eines Überpreises, der keine Fehlmaßnahme war, s Rz 254.

248 **cc) Unrentabilität des Gesamtbetriebs.** Auch in einem solchen Fall ist der TW von EinzelWG nur dann geringer als deren Wiederbeschaffungskosten, wenn die Unrentabilität nachhaltig und erhebl ist. Dies setzt nach der Rspr voraus, dass das Unternehmen nachhaltig mit Verlusten arbeitet und deswegen obj nachprüfbare Maßnahmen getroffen hat, den Betrieb so bald wie mögl zu liquidieren oder **stillzulegen** (BFH IV B 6/93 BStBl II 94, 569 unter 2.b; BFH I R 56/94 BStBl II 96, 28 unter II.5.c bb; Einzelheiten und weitere Nachweise s *Schmidt* 39. Aufl § 6 Rz 248).

250 **3. Maßstäbe für Schätzung des Teilwerts. – a) Maßgebender Zeitpunkt.** Die Schätzung für den TW ist aus Sicht des Bewertungsstichtags vorzunehmen (BFH IV R 218/80 BStBl II 84, 33), dh es kommt auf den Bilanzstichtag oder den Zeitpunkt einer Entnahme, Einlage (§ 6 I Nr 4, 5) oder Übertragung (§ 6 V) an. Wertaufhellende Umstände sind zu berücksichtigen (s § 5 Rz 81).

251 **b) Schätzungsrahmen.** Geht es bei der **Regelbewertung zum Bilanzstichtag** um eine TW-AfA, sind obere Grenze die Wiederbeschaffungskosten, untere Grenze ist der Einzelveräußerungspreis (gemeiner Wert), der etwaige Vorteile aus der Betriebszugehörigkeit des WG nicht berücksichtigt (BFH IV R 218/80 BStBl II 84, 33; BFH I R 54/97 BStBl II 99, 277 unter II.B.2.). – Bei der **Bewertung von Entnahmen und Einlagen** (wenn es also nicht um wertgeminderte WG geht) kann der Einzelveräußerungspreis die Wiederbeschaffungskosten hingegen übersteigen. Die Rspr setzt hier den „Marktpreis" an, der wohl dem Einzelveräußerungspreis entsprechen soll (BFH VIII R 280/81 BStBl II 86, 17 unter I.3.b). Ganz konsequent ist dies mE nicht, weil der TW nicht durch den Gewinnaufschlag beeinflusst werden darf (s Rz 235), der aber bei einem Ansatz des Marktpreises (insb bei selbst hergestellten WG wie zB Gebäude eines Bauunternehmers) einbezogen würde (für Wiederbeschaffungskosten daher FG RhPf EFG 00, 57, rkr; zur Ermittlung der Selbstkosten bei Entnahmen s auch Rz 519).

252 **c) Methodenwahl.** Für die Ermittlung eines geminderten TW kann der StPfl sich je nach Eigenart des zu bewertenden WG am **Beschaffungsmarkt** (Wiederbeschaffungs- oder Reproduktionskosten, Rz 254 f) oder **Absatzmarkt** (Verkaufspreise, Rz 257) orientieren. Eine TW-AfA ist schon dann gerechtfertigt, wenn in *einem* dieser Marktsegmente die Preise gesunken sind (BFH IV 236/63 S BStBl III 64, 426 unter 1.). Der TW von zum Verkauf bestimmten Waren, Eigenerzeugnissen und Zwischenprodukten kann grds sowohl anhand der bei der Anschaffung/ Herstellung angefallenen Kosten **(progressive Methode)** als auch durch Rückrechnung vom voraussichtl Verkaufspreis **(retrograde Methode)** ermittelt werden (BFH III R 100–101/72 BStBl II 73, 794; zur HB s *Beine* BB 95, 2415). – Für Erzeugnisse der gewerbl Urproduktion ist allein die progressive Methode anzuwenden (BFH III 217/63 BStBl II 70, 614: Rohölförderung). Sind die Verkaufspreise gesunken, ist der TW hieraus ausschließl abzuleiten; die AK/HK sind nicht mehr von Bedeutung (BFH IV R 143/80 BStBl II 84, 35). Umgekehrt ist der TW bei Vorräten, die *nicht* zum Verkauf bestimmt sind (Roh-, Hilfs- und Betriebsstoffe), ausschließl nach den Verhältnissen auf der Beschaffungs-/Herstellungsseite zu ermitteln (BFH I R 89/79 BStBl II 80, 327: **unverkäufl Ärztemuster** eines Pharmaherstellers, die zu Werbezwecken unentgeltl ausgegeben werden). – Der **Einzelveräußerungspreis** (Rz 263), der idR zugleich die TW-Untergrenze darstellt, ist bei WG maßgebl, die **für den konkreten Betrieb entbehrl** sind, sodass ein gedachter Erwerber nicht seine Wiederbeschaffungskosten ansetzen würde (BFH XI R 41/17 BStBl II 21, 717 Rz 22; s auch Rz 370 (a) zu Investmentfonds). Diese Voraussetzung ist aber nicht stets schon dann erfüllt, wenn ein im Betrieb genutztes WG jederzeit durch ein gleichartiges ersetzbar ist (mE zutr BFH IV R 118/70 BStBl II 73, 207; **aA** BFH IV R 218/80 BStBl II 84, 33; dort wurde zudem unzutr die Übereinstimmung von Einzelveräußerungspreis und Wiederbeschaffungskosten angenommen, obwohl diese sich iHd Nebenkosten unterscheiden).

d) Wiederbeschaffungskosten. Dieser Maßstab kommt für WG in Betracht, 254 die der StPfl **erworben** hat (insb Handelsware, Roh-, Hilfs- und Betriebsstoffe). Maßgebend ist der Beschaffungsmarkt des jeweiligen Unternehmens (insb Börsenpreise; EStR 6.8 II 10; zu stark schwankenden Börsenkursen s BFH I 292/55 U BStBl III 56, 379). Zur Bewertung von **Vorratsvermögen** s ausführl *Zimmermann/ Wrede* NWB 20, 3895. – **Anschaffungsnebenkosten** (Rz 50) sind einzubeziehen (BFH IV R 63/97 BStBl II 04, 639 unter 2.b: Grundstück; BFH VI 226/64 BStBl III 66, 643: Wertpapiere; krit *Gabert* FR 09, 812, 814). Dies unterscheidet die Wiederbeschaffungskosten vom Einzelveräußerungspreis (s Rz 263) und vermeidet eine sofort nach dem Erwerb erforderl TW-AfA. Die Möglichkeit zum Abzug von Skonto mindert den TW nur, wenn das WG bis zum Stichtag tatsächl bezahlt ist (BFH I R 176/84 BStBl II 91, 456 unter II.2.4). – Bei **Zahlung eines Überpreises** iRd Anschaffung, die trotz Übersteigen des Marktpreises keine Fehlmaßnahme war, führt ein späteres Sinken der Wiederbeschaffungskosten nur in dem prozentualen Verhältnis zur TW-AfA, das der Differenz zw aktuellen Wiederbeschaffungskosten und früherem Marktpreis entspricht (BFH IV R 87/99 BStBl II 02, 294; BFH IV R 12/09 BFH/NV 10, 2063).

e) Reproduktionskosten. Bei **selbst erzeugten (hergestellten) WG**, deren 255 Bewertung von der Beschaffungsseite ausgehen soll (progressive Methode), sind die Reproduktionskosten maßgebend. Sie umfassen über die aktivierbaren steuerl HK (s Rz 191 ff) hinaus die **Vollkosten,** insb auch die bis zum Bewertungsstichtag entstandenen Verwaltungsgemein- und Vertriebskosten (BFH III R 100–101/72 BStBl II 73, 794 unter 2.), nicht aber die wahlweise aktivierbaren Bauzeitzinsen (BFH II R 72/86 BStBl II 89, 962 unter II.2.); s zu diesen Begriffen Rz 194 ff. Kalkulatorische Ansätze (insb Unternehmerlohn und -gewinn) sind nicht zu berücksichtigen. Zur TW-AfA auf Gebäude wegen Sinkens der Baukosten bzw des maßgebl Index s Rz 276.

f) Ableitung vom voraussichtlichen Verkaufspreis. Hier ist der **voraus-** 257 **sichtl Verkaufspreis** um den kalkulatorischen Gewinnaufschlag und die noch anfallenden Vertriebskosten zu mindern. Die Feststellungslast für ein Sinken des TW und für die Höhe eines gesunkenen TW liegt beim StPfl (Einzelheiten zu den Nachweiserfordernissen s Rz 245). Gesetzl Absatzbeschränkungen werden den TW idR mindern (*BMF* DStR 01, 1116, zu Brillenfassungen).

aa) Verlustantizipation (verlustfreie Bewertung). Auch von einem (voraus- 258 sichtl dauerhaft, s Rz 364) gesunkenen Verkaufspreis ist der Gewinnaufschlag abzuziehen, da dem gedachten Erwerber die übl Gewinnspanne verbleiben soll (BFH IV R 143/80 BStBl II 84, 35: eine TW-AfA ist selbst dann vorzunehmen, wenn die Verkaufspreise von Modewaren erst *nach* dem Bilanzstichtag herabgesetzt werden, mit dieser Entwicklung aufgrund kfm Erfahrung aber schon am Stichtag zu rechnen war). StB und HB (niedrigerer beizulegender Wert) unterscheiden sich insoweit. Diese Verlustantizipation folgt unmittelbar aus der gesetzl TW-Definition; sie wird daher durch das Ansatzverbot für Drohverlustrückstellungen (§ 5 IVa) nicht berührt. Sie ist bei *jedem* Sinken der Verkaufspreise anzuwenden, und zwar auch dann, wenn die AK leicht zu ermitteln sind und noch unterhalb der Verkaufspreise liegen (BFH VIII R 35/97 BStBl II 01, 566 unter II.2.c bb). Allein eine **lange Lagerdauer** rechtfertigt eine TW-AfA ohne weitere Darlegungen jedoch nicht, sofern die ursprüngl Verkaufspreise noch tatsächl erzielt werden (ausführl BFH IV R 18/92 BStBl II 94, 514 unter 3.: Kfz-Ersatzteile; *OFD* Ffm DB 97, 1795; zu Werken zeitgenössischer Künstler s BFH II R 218/82 BFH/NV 87, 290; ausführl zur TW-AfA wegen langer Lagerdauer/Gängigkeitsabschlag *Görgen* DStR 15, 2250; *Schmudlach* NWB 18, 1843).

bb) Höhe der Teilwertabschreibung. – (1) Handelswaren. Decken die vo- 260 raussichtl Veräußerungserlöse die Selbstkosten zuzügl eines durchschnittl Unternehmergewinns nicht mehr, ist eine TW-AfA iHd Differenzbetrags vorzunehmen

(BFH IV R 18/92 BStBl II 94, 514 unter 2.; BFH X R 36/12 BFH/NV 15, 821 Rz 22; ausführl zur TW-AfA bei Handelsunternehmen *Saure* DStR 17, 408). Dabei beinhalten die **Selbstkosten** neben den (ggf ebenfalls retrograd ermittelten, s Rz 41) AK den bis zur Veräußerung anfallenden betriebl Aufwand (zum Abzug des erst nach dem Bewertungsstichtag anfallenden Aufwands s BFH VIII R 35/97 BStBl II 01, 566 unter II.2.e) abzügl der bereits als BA steuerwirksam gewordenen Kosten. Aus Vereinfachungsgründen kann der **Unternehmerlohn** und der über die AK hinaus gehende betriebl Aufwand iHd Rohgewinnaufschlagsatzes angesetzt werden, der sich aus der Gewinnermittlung ergibt (BFH IV R 143/80 BStBl II 84, 35 unter 1.), ggf mit dem Aufschlagsatz für die einschlägige Warengruppe (BFH IV 236/63 S BStBl III 64, 426 unter 2.). Der gesunkene TW einzelner WG kann ggf Rückschlüsse auf einen auch bei gleichartigen WG gesunkenen TW zulassen (BFH X R 36/12 BFH/NV 15, 821 Rz 24 f: Orientteppiche). – Die **FinVerw** sieht entweder die Kürzung des erzielbaren Verkaufspreises um den nach dem Bewertungsstichtag noch anfallenden Teil des durchschnittl Rohgewinnaufschlags vor (Subtraktionsmethode nach EStR 6.8 II 4) oder aber eine formelmäßige Ermittlung in Abhängigkeit von Unternehmergewinn und dem durchschnittl nach dem Stichtag anfallenden Aufwand (Formelmethode nach EStR 6.8 II 5; s auch EStH 6.8 „Beispiele"; krit *Kudert/Schuh* StuW 21, 162).

261 **(2) Teilwertabschreibung auf halbfertige Erzeugnisse/Bauten.** Es gelten dieselben Grundsätze. Der TW umfasst die bislang aufgewendeten Selbstkosten (dh Reproduktionskosten zu Vollkosten), nicht aber die noch nicht zu realisierenden anteiligen Gewinne (BFH I R 79/01 BStBl II 02, 784 unter II.1.b mwN). Eine TW-AfA wird nicht durch das Verbot der Bildung von Drohverlustrückstellungen (§ 5 IVa) ausgeschlossen (BFH X R 27/05 BFH/NV 10, 1090 unter III.2.c). Maßgebend für die Höhe der TW-AfA ist der *gesamte* aus dem Auftrag (kalkulatorisch) drohende Verlust (dh nicht nur der Verlust aus den bis zum Bilanzstichtag ausgeführten Arbeiten), begrenzt auf die bisher aktivierten HK (ausführl BFH VIII R 1/03 BStBl II 06, 298; BFH X R 27/05 BFH/NV 10, 1090 unter III.3.; EStH 6.7 „Halbfertige Bauten"; krit § 5 Rz 270 „unfertige Erzeugnisse").

Beispiel: Ein Bauunternehmer hat bei geplanten GebäudeHK von 200 000 € bis zum Bilanzstichtag 100 000 € verbaut; zugleich stellt sich heraus, dass für das fertige Gebäude nicht die geplanten 300 000 € (Selbstkosten + kalkulierter Unternehmergewinn), sondern nur 250 000 € Verkaufserlös erzielbar sein werden. Der Wertansatz ist hier auf 50 000 € zu mindern (erzielbarer Erlös 250 000 € ./. nach Bilanzstichtag anfallende HK 100 000 € ./. kalkulierter Gewinn 100 000 €); die TW-AfA beträgt 50 000 € und nimmt bereits den (kalkulatorischen) *Gesamtverlust* aus dem erst teilweise erfüllten Auftrag vorweg.

262 **cc) Ausnahmen von der Verlustantizipation. – (1) Seltene Hilfs- und Nebengeschäfte.** Hierauf können diese Grundsätze nicht übertragen werden (BFH I R 68/92 BStBl II 95, 336: bei Grundstücken, die eine Bank zur Vermeidung höherer Forderungsausfälle ersteigert, sind die erzielbaren Verkaufspreise weder um eine Gewinnspanne zu mindern noch abzuzinsen; BFH VIII R 35/97 BStBl II 01, 566 unter II.2.d: Rückankauf von Gebrauchtwagen zu garantierten Preisen als Hilfsgeschäft zum vorangegangenen Neuwagenverkauf). – **(2) Verlustprodukte.** Werden einzelne Produkte iRd Gesamtsortiments eines rentabel arbeitenden Betriebs bewusst so kalkuliert, dass sie nicht den durchschnittl Gewinnaufschlag erbringen, gilt die Verlustantizipation ebenfalls nicht (BFH IV R 14/98 BStBl II 99, 681 unter II.3: weder Verstoß gegen den Grundsatz der Einzelbewertung noch gegen das Imparitätsprinzip; *BMF* BStBl I 16, 995 Rz 3; **aA** *Breidert* BB 01, 979; ausführl *Weindel* DB 13, 353). Letztl geht es hier um die Kompensation eines bewusst in Kauf genommenen Verlusts mit dadurch hervorgerufenen anderweitigen Vorteilen (s hierzu auch BFH GrS 2/93 BStBl II 97, 735: verlustbringende Vermietung an einen Arzt durch benachbarten Apotheker). Zu Leerkosten s *Schmidt* 39. Aufl § 6 Rz 196, zu Ärztemustern s Rz 252.

g) Einzelveräußerungspreis. Es handelt sich um den **Verkehrswert** (BFH IV R 171/85 BStBl II 88, 490 unter 3.; BFH X R 58/14 BFH/NV 17, 275 Rz 28). Auch in Fällen nachhaltiger Unrentabilität des Betriebs (s Rz 248) gilt als TW der Einzelveräußerungspreis der EinzelWG, mindestens aber der Material- oder Schrottwert. Diese Werte dürfen nur bei hohen Abbruchkosten unterschritten werden (BFH III R 88/69 BStBl II 73, 475 unter 7.). Eine Abzinsung wegen voraussichtl längerer Liquidationsdauer scheidet mE aus. Zu **Anteilen an Investmentfonds** s Rz 370 (a). – **Ansprüche aus Rückdeckungsversicherungen** (zu deren AK s Rz 140 „Rückdeckungsversicherung"). Der Umstand, dass der Rückkaufwert erhebl geringer ist als das aktivierte Deckungskapital, rechtfertigt keine TW-AfA, sofern der StPfl keinen Rückkauf beabsichtigt (BFH I R 54/02 BStBl II 04, 654 unter II.3; BFH IV R 45/08 BStBl II 11, 552 Rz 31). Dies ist zutr, da der gedachte Erwerber ebenfalls an der Deckung des versicherten Risikos, nicht aber am Rückkauf interessiert wäre.

4. Besonderheiten der Teilwertschätzung bei einzelnen Wirtschaftsgütern. – a) Grundstücke; Gebäude. Für TW-Schätzung und TW-AfA ist jeweils zw den EinzelWG (GuB, Gebäude, ggf Außenanlagen) zu trennen (BFH GrS 1/77 BStBl II 78, 620 unter D.I.1.c; BFH I R 22/05 BStBl II 06, 680 unter II.1.a, 3.: Einzelbewertung). Hier unterscheiden sich TW und gemeiner Wert idR kaum, sodass auch auf die Rspr zum gemeinen Wert zurückgegriffen werden kann.

aa) Grund und Boden. – (1) Vergleichspreise. Vorrangig ist die TW-Ableitung aus tatsächl Verkaufspreisen für benachbarte und vergleichbare Grundstücke. Bleiben die Verhältnisse am örtl Grundstücksmarkt längere Zeit unverändert, können auch einige Jahre zurückliegende Verkäufe einbezogen werden; auch können tatsächl Unterschiede zwischen den Grundstücken durch einen Zu-/Abschlag berücksichtigt werden, wenn dessen Höhe feststeht (BFH X R 27/19 BFH/NV 21, 15 Rz 41 ff). Da gleichwohl häufig keine geeigneten Vergleichspreise zur Verfügung stehen werden, haben in der Praxis die **Bodenrichtwerte** (§ 196 BauGB) große Bedeutung (BFH X R 58/14 BFH/NV 17, 275 Rz 28 ff; BFH VI R 68/15 BStBl II 19, 128 Rz 18). Diese gelten auch für die Ermittlung des TW des GuB bei Eigentumswohnungen (BFH IX R 81/83 BStBl II 85, 252 unter 1.d). Bei erhebl Abweichungen von der gebietstypischen Lage können aber Zu-/Abschläge erforderl sein (BFH IV R 16/94 BStBl II 95, 309 unter 3.).

(2) Abweichungen von den Richtwerten. Der TW kann auch durch behördl Maßnahmen sowie Substanz- oder Marktveränderungen beeinflusst werden. – **(a) Behördl Maßnahmen.** Bei luf Flächen kommt es für die Preisvorstellungen des Marktes entscheidend darauf an, ob es sich um Bauland oder **Bauerwartungsland** handelt oder ob eine solche Entwicklung zumindest absehbar ist (BFH IV R 218/80 BStBl II 84, 33; FG BaWü EFG 98, 1048, rkr; ebenso für Umwandlung von Gewerbeflächen in Wohnbauland BFH X R 150/95 BStBl II 98, 569 unter 2.). Ansiedlungspolitische **Vorzugspreise** (zB für Betriebe, kinderreiche Familien oder Einheimische) beeinflussen den TW benachbarter Grundstücke hingegen nur dann, wenn auch andere Eigentümer ihre Grundstücke nicht mehr zum früheren Marktwert verkaufen können (BFH IV R 16/94 BStBl II 95, 309 unter 2.; zu einem Grenzfall FG Mchn EFG 12, 501, bestätigt durch BFH V B 111/11 BFH/NV 12, 1482; ebenso zu öffentl **Zuschüssen** Rz 241). Dies ist insb der Fall, wenn es in der Gemeinde kaum noch zu unsubventionierten Grundstücksverkäufen kommt (BFH X R 58/14 BFH/NV 17, 275 Rz 38 ff). In **Sanierungsgebieten** sind idR die (ohne niedrigen) Eingangswerte anzusetzen (ausführl BFH VIII R 15/93 BStBl II 97, 317). Zur TW-Ermittlung bei der Entnahme von **luf GuB** s § 13 Rz 235. – **(b) Substanzveränderungen. Altlasten** rechtfertigen bei voraussichtl dauernder Wertminderung eine TW-AfA (BFH VIII R 14/92 BStBl II 93, 891 unter 2.). Für eine TW-Minderung kann bereits ein *Verdacht* auf Altlasten genügen; der Abschlag kann die Höhe der voraussichtl Sanierungskosten übersteigen (zutr FG Mchn EFG 02, 6, rkr). War ein später aufgetretener Altlastenverdacht am Stichtag allerdings noch nicht bekannt, kann er den damaligen TW nicht mindern (BFH X R 150/95 BStBl II 98, 569 unter 3.). Soweit eine TW-AfA vorgenommen wurde, können spätere Maßnahmen zur Beseitigung der Altlasten als HK (wesentl Verbesserung) zu aktivieren sein (FG Nds EFG 07, 1756, rkr; glA zu umweltschutzbedingter Nachrüstung einer emittierenden Anlage BFH I R 45/97 BStBl II 03, 121 unter II.4.);

anders jedoch, wenn die Altlasten nicht beseitigt, sondern lediglich gesichert und kontrolliert werden (BFH I R 77/01 BStBl II 10, 482 unter II.9.b; so auch *BMF* BStBl I 10, 495 Rz 9). Eine TW-AfA schließt die Bildung einer zusätzl Rückstellung nicht aus (BFH I R 77/01 BStBl II 10, 482 unter II.8.; zu Sanierungsrückstellungen s ausführl § 5 Rz 550 „Umweltschutz"). Jedoch fehlt es an der für die TW-AfA erforderl Dauerhaftigkeit der Wertminderung, wenn eine erfolgreiche Sanierung zu erwarten ist (*BMF* BStBl I 10, 495 Rz 9; *Strahl* BeSt 04, 15; wohl auch BFH I R 77/01 BStBl II 10, 482 unter II.8.a; s Rz 368). Eine Doppelberücksichtigung wird jedenfalls durch die zwingende Wertaufholung nach erfolgter Sanierung vermieden (*Schmidt/Roth* DB 04, 553, 556). Zur Frage, ob auf GuB eine AfaA in Betracht kommt, s § 7 Rz 181. Wird ein **Deponiegrundstück** im Wege der Verfüllung genutzt, sind auf den GuB weder AfA nach § 7 I noch AfS nach § 7 VI zulässig, wohl aber TW-AfA nach dem Grad der Verfüllung (*OFD Ffm* DB 07, 2441). – **(c) Marktveränderungen.** Die örtl Verknappung von GuB durch umfangreiche Aufkäufe eines Großinvestors beeinflusst den TW (BFH IV R 103/79 BStBl II 82, 258), nicht hingegen die Verpachtung einer luf Fläche zu einem markt übl Preis (BFH IV R 53/90 BStBl II 92, 462) oder die Bestellung eines Erbbaurechts zu einem marktübl Erbbauzins (FG Ddorf EFG 98, 1050 unter 2., rkr; FG Bln EFG 98, 1186, rkr).

275 **bb) Gebäude. – (1) Bewertungsmethoden.** Sind keine Vergleichspreise vorhanden, kann zur Ermittlung des TW (Verkehrswert) die aufgrund von §§ 194, 199 BauGB erlassene **ImmoWertV** (sehr detaillierte Neufassung v 14.7.21, BGBl I 21, 2805; dazu *Nagel* NWB 21, 2464) herangezogen werden. Je nach den Umständen des Einzelfalls ist sowohl das Sach- als auch das Ertragswertverfahren geeignet (BFH III R 173/86 BStBl II 90, 497 unter I.2.c: bei vermieteten Gebäuden idR Ertragswertverfahren; BFH III R 20/99 BStBl II 03, 635 unter 1.).

276 **(2) Einzelfälle Teilwertabschreibung** (wobei zusätzl die Dauerhaftigkeit der Wertminderung erforderl ist, s Rz 364). Änderung des Bebauungsplans, die betriebl notwendige Erweiterungen des Gebäudes nicht mehr zulässt (BFH VIII R 274/81 BFH/NV 86, 22 unter 5.); ein Bauunternehmen mit Gebäuden im Bestand errichtet vergleichbare Objekte aufgrund des Konkurrenzdrucks zu niedrigeren Preisen (BFH VIII R 20/85 BFH/NV 87, 442 unter 1.). Aufwendungen für mangelhafte Bauleistungen gehen zwar zunächst in die HK ein (Rz 208), können aber anschließend ggf eine TW-AfA rechtfertigen, wobei jedoch zu berücksichtigen ist, dass nahezu jedes Bauvorhaben Mängel aufweist. Bei Gebäuden auf fremdem GuB, die nach Ablauf der Vertragsdauer entschädigungslos zu entfernen sind, kann der TW gemindert sein (BFH III R 8/07 BFH/NV 10, 190 unter II.3.). Zu Grundstücken, die eine Bank als Sicherungsgut erworben hat und kurzfristig veräußern will, s Rz 262. – **Keine TW-AfA.** Absinken des Baukostenindex (BFH I 239/54 U BStBl III 56, 102: ggf anders bei erhebl und nachhaltigem Absinken); eine übergroße und aufwändige Bauweise ist bei Gebäuden wegen der langen Nutzungsdauer idR nicht zu berücksichtigen (BFH VIII R 31/75 BStBl II 78, 335). Beabsichtigt der StPfl den Verkauf eines obj noch nicht verbrauchten Gebäudes, ist eine TW-AfA nicht schon deshalb vorzunehmen, weil ein Kaufinteressent den Abriss plant (BFH VIII R 274/81 BFH/NV 86, 22 unter 2.); Gleiches gilt für den Einlagewert, der sich nicht deshalb unter den Verkehrswert mindert, weil der StPfl den Abbruch plant (s Rz 217).

278 **b) Anteile an Kapitalgesellschaften.** Zu AK s Rz 140 „Beteiligung an Kap-Ges"; zur Minderung der AK durch Kapitalrückzahlungen s Rz 67. – **aa) Bewertung börsennotierter Anteile.** Hier entspricht der TW grds dem Börsenkurs zum Bewertungsstichtag (ggf zzgl Nebenkosten, s Rz 254). – **Paketzuschlag.** Er ist vorzunehmen, wenn mit einer besonderen Höhe der Beteiligung geldwerte Vorteile verbunden sind (BFH IV R 18/12 BStBl II 16, 346 Rz 41). Dies kommt insb in Betracht, wenn der StPfl (oder ein MitGes'ter mit gleich hohem Anteil) beim Erwerb seiner Beteiligung einen Zuschlag zum Börsenkurs gezahlt hat (BFH I R 116/86 BStBl II 91, 342 unter II.5.). In solchen Fällen kann eine TW-AfA nicht allein mit einem Absinken des Börsenkurses begründet werden; es ist auch eine Betrachtung des Ertrags- und Substanzwertes der Beteiligungs Ges vorzunehmen (BFH I R 116/86 BStBl II 91, 342 unter II.6.c). – Umgekehrt kann eine *gesetzl* **Veräußerungsbeschränkung** (anders als eine vertragl Veräußerungsbeschränkung, die zu den unbeachtl „persönl Verhältnissen" iSd § 9 III BewG gehört) trotz Börsennotierung von iÜ vergleichbaren Aktien einen Abschlag auf den Börsenkurs rechtfertigen (BFH IX R 96/07 BStBl II 09, 45).

bb) Bewertung nicht börsennotierter Anteile. – (1) Vergleichswert. Die 279 Orientierung an **zeitnahen Verkäufen,** die nicht durch persönl Beziehungen beeinflusst sind, ist die sicherste Bewertungsmethode. Auch ernsthafte Kauf*angebote* können einen Anhalt bieten, nicht jedoch Angebote, die wegen eines kartellrechtl Veräußerungszwangs besonders niedrig ausfallen (FG Hbg EFG 08, 466 unter II.3.b, rkr).

(2) Unternehmensbewertungsverfahren. Hierauf muss in allen anderen Fäl- 280 len zur TW-Schätzung zurückgegriffen werden. Soweit die Verfahren den **Ertragswert** in den Vordergrund stellen, basieren sie (bei Unterschieden im Detail) jeweils auf der Multiplikation des nachhaltig erzielbaren Jahresertrags mit einem Kapitalisierungszinssatz (zu Einzelheiten sowie Methoden, die auch den Substanzwert einbeziehen, s Rz 316 ff). Jedenfalls bei einem Unternehmen, bei dem neben den Fähigkeiten des Ges'ter-Geschäftsführers auch das Betriebskapital von Bedeutung ist, darf der Substanzwert berücksichtigt werden (BFH X B 100/09 BFH/NV 10, 205 unter 2.a). – Gebräuchl ist der **IDW-Standard S 1** (für Stichtage seit Einführung des Halbeinkünfteverfahrens s *oV* WPg 05, 1303; Änderungen durch UntStRefG 2008 s WPg-Supplement 3/08; hierzu ausführl *Dörschell/Franken/Schulte* WPg 08, 444; Auswirkungen der Corona-Pandemie s *Müller/Reinke* DB 20, 961; weitere Literatur s *Schmidt* 39. Aufl § 6 Rz 280), der auch estl anerkannt wird (BFH X R 38/17 BStBl II 19, 518 Rz 66). – Eine grobe Orientierung kann auch das **vereinfachte Ertragswertverfahren** nach § 199 BewG nF (dazu *GLE* BStBl I 11, 606) bieten, da es nach seiner Zielsetzung den Verkehrswert abbilden soll (für Anwendung im EStRecht auch *BMF* BStBl I 11, 859). Für die Bewertung kleiner und mittlerer Unternehmen **(KMU)** haben die Bundessteuerberaterkammer und das IDW gemeinsame Hinweise veröffentlicht (IDW-FN 14, 282; s dazu *Stein/Fischer* DStR 14, 1018; *Thees/Sulek* BB 18, 1963). Zur fehlenden Eignung des **Stuttgarter Verfahrens** s *Schmidt* 32. Aufl § 6 Rz 280.

cc) Teilwertabschreibung auf Anteile an Kapitalgesellschaften. – (1) All- 281 **gemeine Grundsätze.** Grds setzt eine TW-AfA voraus, dass der innere Wert der Beteiligung gesunken ist (BFH I R 116/86 BStBl II 91, 342 unter II.2.). – **TW-Vermutung** (Rz 241 ff). Sie gilt auch für Anteile an KapGes, und zwar auch für die zusätzl AK aus einer **Kapitalerhöhung** (BFH I R 104/84 BStBl II 89, 274 unter II.5.: selbst dann, wenn die Kapitalerhöhung dem Ausgleich von Verlusten diente; FG Nds DStRE 08, 796 unter I.3.b, rkr). Für nachträgl AK, die durch **verdeckte Einlagen** in KapGes entstanden sind, gilt die TW-Vermutung hingegen nicht ohne Weiteres, sodass dann eine sofortige TW-AfA nicht ausgeschlossen ist (BFH I R 203/74 BStBl II 77, 515; BFH I R 96/88 BStBl II 90, 797 unter II.2.). Diente die verdeckte Einlage (in Form eines verlustdeckenden Zuschusses) der Vermeidung einer Insolvenz, wird idR eine TW-AfA vorzunehmen sein; diente der Zuschuss hingegen in erster Linie der Sanierung mit dem Ziel der Betriebsfortführung (Wiederherstellung der Ertragsfähigkeit), gilt die TW-Vermutung (BFH VIII R 57/94 BStBl II 98, 652 unter B.II.2.; BFH I R 20/03 BFH/NV 05, 19 unter B.I.3.c; BFH X R 19/11 BFH/NV 14, 1736 Rz 26; krit *Kessler/Kahl* DB 02, 2236). Die Vermutung beschränkt sich jedoch auf das Jahr der Zuschussgewährung; in den Folgejahren gelten für die TW-Schätzung die allg Grundsätze (BFH X R 19/11 BFH/NV 14, 1736 Rz 34). – **Teileinkünfteverfahren.** TW-AfA auf Anteile an KapGes wirken sich bei Einzelunternehmen und PersGes (zur Behandlung bei Körperschaften s Rz 288) steuerl nur zu 60 % aus (§ 3c II). Gleiches gilt für spätere Wertaufholungen (s Rz 378).

(2) Verluste der Kapitalgesellschaft. Sie können den Beteiligungswert min- 282 dern. – **(a) Anlaufverluste** rechtfertigen eine TW-AfA allerdings nur dann, wenn bereits am Bewertungsstichtag (nicht erst rückblickend) erkennbar ist, dass die Investition eine Fehlmaßnahme war (BFH I R 104/84 BStBl II 89, 274: Anlaufphase bei Inlandsbeteiligungen idR 3 Jahre, im Ausland 5 Jahre; FG Nds DStRE 08, 796 unter I.3.b, rkr). Denn in der Anlaufphase zählen weniger die gegenwärtigen Verluste, als vielmehr die künftigen Ertrags*aussichten* (BFH IV 49/65 U BStBl III 65, 503; FG Saarl EFG 11, 866, NZB IV B 13/11 erfolglos). Eine Anlaufphase ist auch bei der (Betriebs)Aufspaltung eines bereits bestehenden Unternehmens anzunehmen (FG Mster EFG 94, 89, rkr; FG Mchn EFG 98, 1188, rkr).

283 **(b) Substanzwert.** Der TW wird nicht nur durch die Ergebnisse, sondern auch durch den Substanzwert und die **funktionale Bedeutung** der Beteiligung beeinflusst (BFH I R 104/84 BStBl II 89, 274 unter II.2.; BFH I R 20/03 BFH/NV 05, 19 unter B. I.3.b). Daher erhöht die Möglichkeit, über die Beteiligung auf günstige Geschäftsbeziehungen hinzuwirken, den TW über den sich bei bloßer Betrachtung der Verluste ergebenden Betrag hinaus (BFH VIII R 124/74 BStBl II 79, 108; FG Köln DStRE 03, 4, rkr). – **Betriebsaufspaltung.** Eine TW-AfA auf Anteile an der BetriebsKapGes setzt wegen deren funktionaler Bedeutung eine Gesamtbetrachtung der Ertragsaussichten von Betriebs- und Besitzunternehmen voraus (BFH IV R 10/01 BStBl II 04, 416 unter 2.b; hierzu *Paus* FR 04, 943; s auch FG Köln EFG 04, 880 unter III.2.c, rkr). Dies bedeutet nicht, dass eine TW-AfA in diesen Fällen stets ausgeschlossen wäre; allerdings gelten erhöhte Nachweisanforderungen (BFH X R 19/11 BFH/NV 14, 1736 Rz 33). – Diese Grundsätze werden auch auf die Bewertung von **Darlehensforderungen** des Ges'ters an die KapGes übertragen (s ausführl Rz 305 ff).

285 **(c) Organschaft.** Hier ist ebenfalls die funktionale Bedeutung der Beteiligung zu beachten (BFH IV R 6/11 BFH/NV 15, 1381 Rz 33; Einzelheiten s Rz 283). Ein Verlust der OrganGes, der dem Organträger zugerechnet worden ist, darf sich nicht nochmals im Wege einer TW-AfA steuerrechtlich auswirken, weil der Substanzwert der OrganGes sich infolge des vom Organträger zu leistenden Verlustausgleichs nicht gemindert hat (BFH IV R 37/68 BStBl II 73, 76; ebenso zur GewSt BFH I R 56/82 BStBl II 86, 73). Gleiches gilt für eine TW-AfA auf *Forderungen* gegen die OrganGes (zur GewSt BFH IV R 57/06 BStBl II 10, 646). Ob bzw wie diese Korrektur in späteren VZ dann wieder zu neutralisieren ist, ist noch ungeklärt (s hierzu BFH IV R 57/06 BStBl II 10, 646 unter II.4.; *Wendt* FR 10, 280; *Oelmeier* HFR 10, 273).

286 **(3) Ausschüttungsbedingte Teilwertabschreibung.** Sie sind zulässig, wenn der innere Wert der Beteiligung durch den mit der Ausschüttung verbundenen Vermögensabfluss unter den Buchwert gesunken ist. Allein die Vornahme einer (hohen) Ausschüttung genügt noch nicht, da die TW-Vermutung auch in diesen Fällen gilt (BFH I B 158/98 BFH/NV 00, 710 mwN; BFH X B 106/99 BFH/NV 00, 1184). Zur **GewSt** s § 8 Nr 10 GewStG und *Schmidt* 39. Aufl § 6 Rz 286.

287 **(4) Sonstiges.** Bei **Auslandsbeteiligungen** kann eine TW-AfA ggf auf besondere Auslandsrisiken gestützt werden, nicht jedoch *allein* auf einen gesunkenen Kurs der ausl Währung ohne Berücksichtigung des Werts der Beteiligung. Zur TW-AfA bei **Einlage wertgeminderter Beteiligungen iSd § 17** s Rz 618. – Zu Besonderheiten bei der Bewertung von **Familienunternehmen** s *Schmidt* 39. Aufl § 6 Rz 287.

288 **(5) Körperschaft als Anteilseigner.** In diesen Fällen wirken sich TW-AfA auf Anteile an KapGes körperschaftsteuerl nicht aus (§ 8b III 3 KStG). Zur Anwendung dieses Abzugsverbots auf **Darlehensforderungen** wesentl beteiligter Anteilseigner (§ 8 III 4–8 KStG) s Rz 307. – **TW-AfA auf eigene Anteile:** Eigene Anteile sind nicht aktivierungsfähig (§ 272 Ia HGB; iErg erfolgsneutrale Behandlung wie eine KapHerabsetzung), sodass TW-AfA schon deshalb ausscheiden. Auch estl ist der Vorgang grds erfolgsneutral (Minderung des kstl Einlagekontos). Ein überhöhter Kaufpreis kann aber (ebenso wie ein späterer Verkauf an einen Ges'ter zu einem zu geringen Preis) eine vGA darstellen (zum Ganzen zutr *BMF* BStBl I 13, 1615; Literatur s *Schmidt* 39. Aufl § 6 Rz 288).

c) Forderungen. Zu AK s Rz 140 „Forderungen". – Auch hier gilt die TW-Vermutung, die sich auf den Nennbetrag der Forderung bezieht (BFH IV R 35/78 BStBl II 81, 734 unter d). Häufige Fallgruppen für TW-AfA sind Forderungen, die unverzinsl oder niedrig verzinsl sind (s Rz 296) oder bei denen die Zahlungsfähigkeit oder -willigkeit des Schuldners zweifelhaft ist (zu Einzelwertberichtigungen in diesen Fällen s Rz 301; zu Pauschalwertberichtigungen s Rz 304). Auch bei Forderungen setzt die TW-AfA eine voraussichtl dauernde Wertminderung voraus (s Rz 364); zur Wertaufholung s Rz 376. Zu Buchwertminderungen bei **stillen Beteiligungen,** die als Forderungen anzusehen sind, s Rz 330 „Stille Beteiligung".

aa) Unverzinsliche oder niedrig verzinsliche Forderungen. – **Minderung des Teilwerts.** Ein gedachter Erwerber würde für solche Forderungen nicht den Nennbetrag bezahlen (BFH I R 157/85, 145/86 BStBl II 90, 639 unter B.II.1.a). Der TW entspricht dem **Barwert,** zu dessen Ermittlung grds vom Marktzins auszugehen ist (BFH VIII R 190/78 BStBl II 81, 160 zu PV). – Nach der Rspr des I. Senats kann allerdings gleichwohl **keine TW-AfA** vorgenommen werden, da die Unverzinslichkeit **keine voraussichtl dauernde Wertminderung** bewirkt (BFH I R 43/11 BStBl II 13, 162 Rz 14 ff; auch nicht bei einer Laufzeit von neun Jahren; zust *BMF* BStBl I 16, 995 Rz 15; *Löbe* NWB 13, 1802; krit *Bareis* FR 13, 170). ME ist dies bei langfristigen Verbindlichkeiten zu streng (zu Einzelheiten und Kritik s Rz 364 ff). Im Hinblick auf diese Rspr haben aber die früher diskutierten Streitfragen zur TW-AfA auf unverzinsl Forderungen sowie zu späteren Wertzuschreibungen (s dazu *Schmidt* 31. Aufl § 6 Rz 296) sowie zu den zahlreichen Ausnahmen (s *Schmidt* 39. Aufl § 6 Rz 298) keine praktische Bedeutung mehr.

bb) Einzelwertberichtigung. Der TW einer Forderung wird beeinflusst durch die Zahlungsfähigkeit und Zahlungswilligkeit des Schuldners. Ist das Ausfallrisiko einer Einzelforderung über das allg Kreditrisiko hinaus (hierfür wird eine Pauschalwertberichtigung gebildet, s Rz 304) erhöht, ist eine Einzelwertberichtigung vorzunehmen.

(1) Zulässigkeit der Einzelwertberichtigung. – **(a) Dafür sprechende Umstände.** ZB schleppende Zahlungsweise des Schuldners, dessen fehlende flüssige Mittel, negative Auskünfte der Hausbank, nicht eingehaltene Zahlungsankündigungen (BFH I R 49/02 BStBl II 03, 941 unter II.3.a; ausführl zur Bewertung von Kundenforderungen bei Kreditinstituten *Holle* DB 18, 2261). Allein die weitere Fortsetzung der Geschäftsbeziehung zum säumigen Schuldner steht einer TW-AfA auf Altforderungen nicht entgegen (BFH I R 49/02 BStBl II 03, 941 unter II.3.b). – **(b) Auslandsforderungen.** Ein erhöhtes **Länderrisiko** kann durch TW-AfA oder pauschal als Rückstellung zu berücksichtigen sein (zur EG-RL EuGH C-306/99 BStBl II 04, 144 Rz 101 ff; einschr zum HGB/EStG jedoch BFH I R 5/04 BStBl II 09, 100 unter II.6.). Erhöhte Risiken können bei Auslandsforderungen aber aus dort ggf gegebenen besonderen rechtl oder tatsächl Schwierigkeiten bei deren Durchsetzung resultieren (BFH I R 49/02 BStBl II 03, 941 unter II.2.). – **(c) Wertaufhellung.** Soweit eine Forderung, die (zT) abgeschrieben worden ist, *vor* Bilanzaufstellung tatsächl erfüllt wird, ist eine TW-AfA ausgeschlossen (BFH I R 49/02 BStBl II 03, 941 unter II.3.a; allg s § 5 Rz 81). Tilgungen *nach* Bilanzaufstellung sind mit dem (Rest-)Buchwert der Forderung zu verrechnen; eine Teil-Tilgung kann zudem Anlass für eine **Wertaufholung** zum nächsten Bilanzstichtag sein (vgl zur Rechtslage vor 1999 BFH I R 179/94 BStBl II 96, 402).

(2) Höhe der Einzelwertberichtigung. – **Grundsatz.** Endgültig uneinbringl Forderungen sind vollständig abzuschreiben; zweifelhafte Forderungen sind mit ihrem wahrscheinl Wert anzusetzen (BFH I R 49/02 BStBl II 03, 941 unter II.1.). – **Wertschätzung.** Das Ausmaß des Wertverlusts kann idR nur geschätzt werden. Dabei kommt dem **Ermessen des Kaufmanns** besondere Bedeutung zu; allerdings muss sich die Schätzung obj auf die am Bilanzstichtag gegebenen und bis zur Bilanzerstellung bekannt gewordenen Umstände stützen lassen, die vollständig und nachvollziehbar ausgewertet werden müssen (BFH I R 49/02 BStBl II 03, 941 unter II.2.; BFH IV R 21/07 BStBl II 14, 481 Rz 44; BFH X R 34/17 BFH/NV 19, 530 Rz 80; BFH IV R 54/16 BFHE 266, 250 Rz 49; ausführl FG Nds EFG 05, 1102 mwN, rkr). – **Einzelfragen.** Maßgebl sind die **Nettobeträge** (ohne USt; s Rz 304 (3) zur Pauschalwertberichtigung). Zur Forderungsbewertung bei **Insolvenz** des Schuldners s *Heese* DStR 08, 150. Für eine **bestrittene Forderung** soll gar kein Wert anzusetzen sein (BFH I R 67/06 BStBl II 11, 55 unter B. III.2.a mwN). Der TW einer ungesicherten Forderung gegen eine KapGes, die auch unter Einbeziehung ihrer stillen Reserven **überschuldet** ist, beträgt idR 0 € (BFH X R 34/17 BFH/NV 19, 530 Rz 81).

303 **(3) Sicherungs- oder Rückgriffsrechte des Gläubigers.** Die TW-AfA ist grds auf den Wert der Sicherheit begrenzt, sofern diese nicht ihrerseits zweifelhaft ist (BFH I R 83/13 BStBl II 16, 831 Rz 16). Häufige Sicherheiten sind Versicherungen gegen Forderungsausfälle, Grundpfandrechte, Sicherungseigentum oder -abtretungen, Bürgschaften oder andere Garantien Dritter. Den Sicherheiten steht eine **Aufrechnungsmöglichkeit** gleich (BFH IV 215/65 U BStBl III 65, 686; FG Mster EFG 14, 1863 unter III.2.a cc, rkr). Ist hingegen auch die Werthaltigkeit der Sicherungs- oder Rückgriffsrechte zweifelhaft, kommt eine weitergehende TW-Minderung in Betracht (BFH I R 10/98 BStBl II 01, 349 unter II.1.b aa). Gibt eine Bank zur Finanzierung ausfallgefährdeter Kredite sog Credit Linked Notes aus, die sie bei Kreditausfällen nur eingeschränkt zurückzahlen muss, soll dieser Vorteil einer TW-AfA auf die Darlehensforderung nicht entgegenstehen (BFH I R 83/13 BStBl II 16, 831: Einzelbewertung; mE nur zutr, wenn es sich nicht um eine Bewertungseinheit handelt). – Notleidende Darlehensforderungen, die vom Schuldner **gar nicht mehr bedient** werden, sind auf den Betrag abzuschreiben, der sich bei der Verwertung der Sicherheiten voraussichtl ergeben wird (BFH I R 2/06 BStBl II 07, 469 unter II.2.b aa). Dieser Betrag darf nicht bis zum Zeitpunkt der Verwertung abgezinst werden, weil es insoweit an einer voraussichtl dauernden Wertminderung fehlt (s Rz 296; anders zur Rechtslage bis VZ 98 noch BFH I R 2/06 BStBl II 07, 469 unter II.2.). Bei notleidenden Darlehen, die noch **mit Teilbeträgen bedient** werden, ist danach zu differenzieren, ob die Teilbeträge auf die Zinsen oder auf das Kapital geleistet werden (näher BFH I R 2/06 BStBl II 07, 469 unter II.3.).

304 **cc) Pauschalwertberichtigungen.** – **(1) Anwendung.** Ihre Vornahme auf einen größeren Forderungsbestand (Delcredere) stellt eine den GoB entspr Ausnahme vom Grundsatz der Einzelbewertung dar (BFH IV R 89/80 BStBl II 81, 766). Das pauschale Bewertungsverfahren ist geboten, wenn die individuelle Wertermittlung unmögl, schwierig oder unzumutbar erscheint (BFH VIII R 62/85 BStBl II 89, 359 unter II.2.d). Bei einer größeren Anzahl gleichartiger Forderungen besteht in aller Regel eine gewisse Ausfallwahrscheinlichkeit (BFH I 128/60 S BStBl III 61, 336; BFH IV R 24/97 BFH/NV 98, 1471 unter 2.a: ein Ausfall ist selbst bei gesicherten Forderungen nicht stets vollständig ausgeschlossen). – **(2) Höhe.** Es ist ein angemessener Durchschnittssatz zu schätzen; der Unternehmer darf nicht vom ungünstigsten Fall ausgehen. Die betrieb Erfahrungen der Vergangenheit geben hierfür einen wesentl Anhalt (BFH I 60/57 U BStBl III 58, 291). Die Höhe des Erfahrungssatzes wird nicht durch das reine Ausfallrisiko begrenzt; vielmehr sind auch die eigenen und fremden **Kosten für die Bearbeitung und Beitreibung** (Mahnungen, Prozesskosten, Zwangsvollstreckung; allerdings nur, soweit ein Erstattungsanspruch gegen den Schuldner voraussichtl nicht besteht, nicht geltend gemacht wird oder nicht durchsetzbar ist, s *OFD Rhld* DB 08, 2623) und zu erwartende Skontoabzüge einzubeziehen (BFH IV 117/65 BStBl III 67, 336 unter 2.; BFH IV R 24/97 BFH/NV 98, 1471 unter 4.; zur Einbeziehung entgehender Zinsen s unten (4)). Das Risiko, durch verzögerten Eingang der Forderungen selbst einen Kredit aufnehmen zu müssen, beeinflusst die Höhe der Pauschalwertberichtigung hingegen nicht (BFH IV 117/65 BStBl III 67, 336 unter 2.). Gleiches gilt für das Gewährleistungsrisiko, für das allerdings eine besondere Rückstellung zu bilden ist (BFH I 60/57 U BStBl III 58, 291). Zur Pauschalwertberichtigung bei Kreditinstituten s *BMF* BStBl I 94, 98; *Gaber* DB 19, 1457 (zu IDW ERS BFA 7). Atypische Ausfallrisiken können nicht verallgemeinert werden (FG Hbg DStRE 06, 65, rkr). – **(3) Bemessungsgrundlage.** Maßgebl ist der Gesamtbestand der Forderungen abzügl derjenigen, für die bereits eine Einzelwertberichtigung vorgenommen wurde. Auszuscheiden ist zudem die **USt,** weil diese bei tatsächl Uneinbringlichkeit der Forderung nach § 17 UStG berichtigt werden kann (BFH IV R 89/80 BStBl II 81, 766). – **(4) Voraussichtlich dauernde Wertminderung.** Dieses Erfordernis steht einer Pauschalwertberichtigung nicht entgegen, da ihre Grundlage eine wahrscheinl, aber im Einzelfall noch nicht bekannte Wertminderung *einzelner* Forderungen ist und bei *diesen* Forderungen die Wertminderung dauerhaft ist. Nur soweit die frühere Rspr (BFH IV 117/65 BStBl III 67, 336 unter 2.; BFH IV R 24/97 BFH/NV 98, 1471 unter 4.) auch Abzüge für die dem StPfl bis zum Forderungseingang kalkulatorisch entgehenden Zinsen zugelassen hat, ist dies durch das Erfordernis der voraussichtl dauernden Wertminderung überholt (glA *OFD Rhld* DB 08, 2623; s auch Rz 296).

dd) Darlehensforderungen in Gesellschaftsverhältnissen. – **(1) Darlehen Gesellschafter an Kapitalgesellschaft.** S auch *Baumgartner/Geiling* DB 15, 2476 – **(a) Bewertungsmaßstab.** Hier stellt sich ein Sonderproblem, weil einerseits TW-AfA auf Forderungen relativ leicht zu begründen sind (jede Bonitätsminderung reicht), während andererseits bei Beteiligungen gewisse Wertschwankungen übl sind und häufig die Chance auf Werterholungen besteht, was einer TW-AfA entgegen steht. Entscheidend ist also, ob eine Ges'terforderung nach den für Forderungen oder aber den für Beteiligungen geltenden Grundsätzen zu bewerten ist. ME gilt hier ein **einzelfallabhängiger, gleitender Bewertungsmaßstab,** der vom Grad der unternehmerischen Verbindung zw StPfl und KapGes abhängig ist.

(b) Fallgruppen. – **BetrAufsp.** Hier besteht eine starke Verbindung zw StPfl und KapGes. Nachrangige Darlehen iSd § 39 I Nr 5 InsO (Ges'ter, die mit mehr als 10% beteiligt *oder* geschäftsführend tätig sind) sind daher nach den für Beteiligungen geltenden, strengen Kriterien (s Rz 283) zu bewerten, dh einzubeziehen sind auch der Substanzwert und die funktionale Bedeutung der Beteiligung (BFH IV R 10/01 BStBl II 04, 416 unter 2.c; BFH IV R 13/04 BStBl II 06, 618 unter II.2.: auch keine TW-AfA wegen der Unverzinslichkeit eines kapitalersetzenden Darlehens; BFH X R 45/06 BStBl II 10, 274 Rz 74 ff). – **Darlehen im Konzern.** Hier gelten mE ebenfalls die zur BetrAufsp entwickelten Grundsätze (FG Hbg EFG 13, 1071 unter I.1.b bb, rkr; *Zimmermann* EFG 13, 1074 mwN; in der Tendenz ebenso BFH IV B 120/06 BFH/NV 08, 204 unter II.2.b; von BFH I R 43/11 BStBl II 13, 162 Rz 13 f jedoch offengelassen für ein kapitalersetzendes Darlehen an eine 100%-Tochter-KapGes). Der sog „Rückhalt im Konzern" steht einer TW-AfA allerdings nicht entgegen, weil er in erster Linie die Forderungen *Dritter,* nicht aber von *Ges'tern* absichert (BFH I R 29/14 BStBl II 16, 258 Rz 13; BFH I R 36/15 BFH/NV 18, 58 Rz 20 ff). Im Anwendungsbereich des § 1 AStG kann eine TW-AfA allerdings außerbilanziell hinzuzurechnen sein (s Rz 308). – Auch wenn in den vorstehend genannten Fallgruppen **strenge Anforderungen** gelten, bedeutet dies nicht, dass eine TW-AfA generell ausgeschlossen wäre. Nur muss der StPfl hierfür nun Umstände darlegen als *allein* die Verluste (= die gesunkene Bonität) der KapGes. – Auf Darlehen von Ges'tern, die zwar unter § 39 I Nr 5 InsO fallen, aber **keinen unternehmerischen Einfluss auf die KapGes** haben, sind diese Grundsätze mE nur in abgeschwächter Form anzuwenden. Die (großzügigeren) Grundsätze zur Forderungsbewertung setzen sich umso stärker durch, je näher die Beteiligung an einem bloßen **Streubesitz** liegt.

307 **(c) Körperschaftsteuer und Teileinkünfteverfahren.** Ist der Ges'ter seinerseits ein **KStSubjekt** und übersteigt die Beteiligung 25%, fallen auch TW-AfA auf Forderungen unter das **Abzugsverbot nach § 8 III 4–8 KStG**. Bei Nachweis der Fremdüblichkeit der Darlehensbedingungen bleibt ein Abzug jedoch mögl (s *Rolf/Pankoke* BB 09, 1844, 1845; *Kleinert/Podewils* GmbHR 09, 849). Zur Rechtslage bis 2007 s *Schmidt* 39. Aufl § 6 Rz 307. – In Bezug auf **natürl Personen** oder PersGes als Ges'ter ist erst ab 2015 eine entspr Regelung in § 3c II 2–6 aufgenommen worden (40% Abzugsverbot, s § 3c Rz 14). Zur Rechtslage bis 2014 s *Schmidt* 39. Aufl § 6 Rz 307.

308 **(d) Ausland.** Wird einer ausl TochterKapGes in nicht fremdübl Weise ein ungesichertes Darlehen gegeben, kann der Betrag einer erforderl werdenden TW-AfA nach § 1 AStG wieder dem Gewinn hinzugerechnet werden (zutr BFH I R 32/17 DStR 21, 2624, allerdings vorbehaltlich der noch ausstehenden Klärung durch den EuGH; BMF BStBl I 16, 455; anders noch BFH I R 23/13 BStBl II 16, 261 Rz 16 ff; s auch *Ungemach* DStZ 19, 581).

309 **(2) Darlehen Kapitalgesellschaft an Gesellschafter.** – Nimmt die KapGes **wegen uneinbringl Forderung** eine TW-AfA vor, liegt darin zugleich eine vGA, wenn die KapGes im Zeitpunkt der Darlehensgewährung aufgrund des Ges-Verhältnisses auf eine hinreichende Besicherung verzichtet hatte (BFH I R 6/89 BStBl II 90, 795 unter II.3.a; BFH I B 112/93 BFH/NV 94, 415; BFH I R 16/03 BStBl II 04, 1010 unter II.2.a; BFH I R 45/06 BFH/NV 07, 1710 unter III.1.b). – Bei **unverzinsl oder niedrig verzinsl Forderungen** an Ges'ter soll eine TW-AfA wegen fehlender Dauerhaftigkeit der Wertminderung ausgeschlossen sein (s Rz 296). Die jährl entgehenden Zinseinnahmen sind vGA (*Bohne* DStR 08, 2444).

310 **(3) Forderungen Gesellschafter an Personengesellschaft.** Sie gehören zum SonderBV. Eine TW-AfA ist gleichwohl ausgeschlossen, weil sich die Verlustsituation der PersGes beim MUer bereits durch Zurechnung der Verlustanteile bzw bei Beendigung der Ges'terstellung auswirkt (BFH IV R 13/04 BStBl II 06, 618 unter II.1.a; BFH I R B 129/08 BFH/NV 10, 640). Dies gilt auch für Verluste durch Wechselkursänderungen (BFH I R 60/92 BStBl II 93, 714 unter II.A.1.b).

311 **d) Geschäftswert.** Allg dazu s § 5 Rz 221 ff; *Kirsch* DStZ 20, 74. – **aa) Begriff.** Geschäftswert ist der Ausdruck derjenigen Gewinnchancen eines Unternehmens, die nicht in einzelnen WG verkörpert sind (BFH IV R 2–3/79 BStBl II 82, 620 unter 2.a; BFH III R 40/07 BStBl II 10, 609 Rz 18 ff: Kundenstamm kann ein EinzelWG sein) und die losgelöst von der Person des Unternehmers aufgrund besonderer, dem Unternehmen eigener Vorteile (zB guter Ruf, günstige Lage, wertvoller Kundenkreis, eingespielte Organisation) besser oder gesicherter erscheinen als bei anderen Unternehmen mit vergleichbaren WG (BFH IV R 40/92 BStBl II 94, 224 unter 4.a; BFH IV R 5/12 BStBl II 15, 935 Rz 44). – **Personenbezogenheit.** Soweit die Gewinne von der Person des Unternehmers abhängig sind, besteht kein Geschäftswert, weil ein gedachter Erwerber des Betriebs hierfür kein Entgelt zahlen würde. Der Betrieb eines Handelsvertreters hat wegen der Personenbezogenheit idR keinen Geschäftswert (BFH IV R 50/72 BStBl II 77, 201 unter 3.; BFH X R 5/05 BStBl II 07, 959); es kann aber ein immaterielles WG „Vertreterrecht" mit kürzerer Nutzungsdauer erworben werden (§ 7 Rz 41). – **Teilbetrieb.** Dessen Geschäftswert ist der diesem Teilorganismus eigene, den Wert der EinzelWG übersteigende Mehrwert (BFH I R 150/82 BStBl II 87, 455 unter B.I.2.: nicht etwa Bruchteil des Geschäftswerts des Gesamtbetriebs). Für Zwecke der TW-AfA kann der Geschäftswert jedes Teilbetriebs gesondert zu betrachten sein (BFH IV R 61/77 BStBl II 80, 690 unter 1.). Liegen hingegen keine Teilbetriebe vor, ist auch dann auf den einheitl Geschäftswert des Gesamtbetriebs abzustellen, wenn dieser durch den Erwerb mehrerer zuvor getrennter Betriebe entstanden ist (BFH IV R 61/77 BStBl II 80, 690 unter 3.; ebenso für die Rechtslage ab 1987 FG BaWü EFG 96, 1205, rkr).

Teilwert 312–316 § 6

bb) Steuerliche Behandlung. Bilanzierungsfähig ist nur der entgeltl erwor- 312
bene (nicht der selbst geschaffene) Geschäftswert (§ 5 II; zum entgeltl Erwerb s § 5
Rz 190 ff). Es handelt sich um ein abnutzbares WG (nicht nur Bilanzierungshilfe),
dessen Nutzungsdauer bei GewBetr gesetzl auf 15 Jahre festgelegt ist (§ 7 I 3; s § 7
Rz 171; zum freiberufl Praxiswert s § 18 Rz 200 ff). Eine TW-AfA ist bei einer
Wertminderung des Geschäftswerts aber unabhängig von der festgelegten Nutzungsdauer zulässig. Zum Übergang des Geschäftswerts auf einen Dritten s § 15
Rz 878 mwN. – Zur abw **Behandlung in der HB** s *Schmidt* 39. Aufl § 6 Rz 312.

cc) Teilwert bei Verflüchtigung des Geschäftswerts. Der entgeltl erworbene 313
Geschäftswert verflüchtigt sich im Laufe der Zeit und wird durch einen selbst geschaffenen Geschäftswert ersetzt. Für die Schätzung des TW eines aktivierten Geschäftswerts ist aber der gesamte Geschäftswert als (Bewertungs-)Einheit anzusehen.
Der TW darf daher nicht nur auf der Grundlage des vorhandenen „Rests" des
entgeltl erworbenen Geschäftswerts unter Außerachtlassung des selbst geschaffenen
Teils ermittelt werden (ausführl *Schmidt* 39. Aufl § 6 Rz 313 mwN).

dd) Anlässe für eine Teilwertabschreibung auf Geschäftswert. Aus be- 315
stimmten Umständen muss auf ein Absinken der Ertragskraft des Betriebs (und
damit des Geschäftswerts) geschlossen werden können (BFH I R 130/74 BStBl II
77, 412 unter 3.: eindeutige Anhaltspunkte). Von entscheidender Bedeutung ist die
nachhaltige wirtschaftl Entwicklung des Betriebs (BFH IV R 76/72 BStBl II
77, 73 unter 3.), insb die Stagnation oder der **Rückgang der Umsätze und Gewinne** während eines längeren Zeitraums (BFH IV R 49/78 BStBl II 82, 650
unter 3.a; BFH I R 63/79 BStBl II 83, 667 unter II.1.: 5 Jahre; BFH III R 229/84
BFH/NV 88, 432: 4 Jahre; BFH VIII R 170/85 BFH/NV 91, 226 unter 3.: 3 Jahre).
Hingegen genügt weder ein nur kurzzeitiger Gewinnrückgang, insb anlässl der
Umstellung des Betriebs nach dem Erwerb (BFH I R 83/89 BStBl II 91, 595 unter
II.2.b cc: 2 Jahre; BFH VIII R 170/85 BFH/NV 91, 226 unter 2.; FG Nds BB 21,
688, NZB I B 2/21) noch der Umstand, dass sich nach bestimmten betriebswirtschaftl Methoden rein rechnerisch ein niedrigerer als der bisher angesetzte Wert
ergibt (BFH IV R 76/72 BStBl II 77, 73 unter 3.; BFH IV R 218/72 BStBl II 77,
595 unter II.). Diese Methoden kommen aber erst dann zur Anwendung, wenn
sich aus *anderen* Umständen Anhaltspunkte für ein Absinken des Geschäftswerts
ergeben.

Einzelfälle TW-AfA. Überangebot an zum Verkauf stehenden Handwerksbetrieben, das
zum deutl Sinken der vergüteten Geschäftswerte führt (BFH I R 234/75 BStBl II 77, 607
unter 3.); Lieferrechte iRe Marktordnung, die nach einer Marktliberalisierung auch tatsächl
keine Bedeutung mehr haben (BFH IV R 30/77 BStBl II 80, 346 unter 3.).
Einzelfälle keine TW-AfA. Verlegung der Geschäftsräume eines Einzelhandels um 150 m
(BFH I R 154/78 unter II.1.); Verlust einiger Aufstellplätze für Zigarettenautomaten (BFH IV
R 218/72 BStBl II 77, 595 unter II.). Die **Betriebsaufgabe** bewirkt jedenfalls dann keine
TW-AfA auf einen aktivierten Geschäftswert, wenn der aufgegebene Betrieb anschließend im
PV verpachtet wird. Der Geschäftswert besteht im RestBW fort; seine spätere Veräußerung
führt zu nachträgl gewerbl Einkünften (BFH X R 49/87 BStBl II 89, 606; BFH X R 56/99
BStBl II 02, 387; s auch § 16 Rz 192 mwN).

ee) Teilwertschätzung beim Geschäftswert. – (1) Schätzungsmethoden. 316
Bei der **direkten Methode** (Übergewinnmethode) werden vom nachhaltig erzielbaren Gewinn Beträge für Kapitalverzinsung (nach Maßgabe der TW der EinzelWG) und Unternehmerlohn abgezogen; der verbleibende Betrag wird kapitalisiert (BFH IV R 61/77 BStBl II 80, 690 unter 3.a mwN). – Bei der **indirekten
Methode** wird zunächst der Ertragswert des Gesamtbetriebs ermittelt (kapitalisierter erwartbarer Ertrag); hiervon wird der Substanzwert der EinzelWG nach Maßgabe von deren TW abgezogen (BFH I R 215/73 BStBl II 77, 409 unter II. A. 2.).
– Die **Mittelwertmethode** setzt als Geschäftswert die Hälfte des Unterschiedsbetrags zw Ertrags- und Substanzwert an (BFH I R 215/73 BStBl II 77, 409 unter
II. A. 4.c; ähnl BFH I R 7/02 BStBl II 05, 867 unter III.2.f ee; BFH III R 79/07

Kulosa 551

BFH/NV 10, 610 unter II.2.d bb: Wert des Gesamtunternehmens als arithmetisches Mittel zw Ertrags- und Substanzwert). – **Sonstige Schätzungsmöglichkeiten.** Wird ein Betrieb kurz nach dem Bewertungsstichtag veräußert, kann der Geschäftswert aus dem tatsächl Veräußerungspreis abgeleitet werden (BFH IV R 138/80 BStBl II 84, 233 unter 3.). Ein noch im Aufbau befindl Unternehmen soll idR noch keinen Geschäftswert haben (BFH IV R 40/92 BStBl II 94, 224 unter 4.a; zR krit *Moxter* StuW 95, 378).

317 **(2) Komponenten der Schätzung.** Wesentl sind der erzielbare Jahresgewinn (Rz 318) und der Kapitalisierungszinssatz (Rz 319). Die mathematische Anmutung dieser Komponenten täuscht eine in der Praxis nicht zu erreichende Scheingenauigkeit vor (zutr *Barthel* DB 10, 2236).

318 **(a) Künftig nachhaltig erzielbarer Jahresgewinn.** Dieser wird, weil auch die besten M&A-Experten nicht in die Zukunft blicken können, mangels besserer Erkenntnisse idR aus den **Daten der Vergangenheit** abgeleitet, sofern keine Anhaltspunkte für konkret bevorstehende Veränderungen gegeben sind (BFH IV R 61/77 BStBl II 80, 690 unter 3.b; BFH I R 7/02 BStBl II 05, 867 unter III.2.f aa). Sieht die angewendete Schätzungsmethode die Heranziehung der Ergebnisse der letzten drei Jahre vor, ist die Betrachtung eines längeren Vergangenheitszeitraums besonders zu begründen (BFH III R 79/07 BFH/NV 10, 610 unter II.2.a). Der Gewinn ist bei Einzelunternehmen und PersGes um einen angemessenen **Unternehmerlohn** (Maßstab: leitender Angestellter) zu kürzen (für die indirekte Methode BFH I R 215/73 BStBl II 77, 409 unter II. A. 4.; für die direkte Methode BFH IV R 61/77 BStBl II 80, 690 unter 3.c; BFH I R 7/02 BStBl II 05, 867 unter III.2.fbb aaa; BFH X R 19/11 BFH/NV 14, 1736 Rz 41). Bei Betrieben, die Teil einer Firmengruppe sind, ist der Gewinn um **gruppeninterne Verlagerungen** zu bereinigen (BFH IV R 61/77 BStBl II 80, 690 unter 3.b); Gleiches gilt für vGA (BFH I R 7/02 BStBl II 05, 867 unter III.2.f bb).

319 **(b) Kapitalisierungszinssatz.** Er setzt sich aus einem **Basiszins** (idR aktuelle Rendite langfristiger festverzinsl Wertpapiere) und einem **Zuschlag** zusammen (ausführl *Zwirner/Zimny* BB 19, 171). Je höher der angesetzte Kapitalisierungszinssatz, desto niedriger fällt der Geschäftswert rechnerisch aus. Der Zuschlag berücksichtigt, dass unternehmerische Investitionen im Vergleich zu anderen Geldanlagen durch geringere Sicherheit und größere Ertragsschwankungen geprägt sind (BFH IV R 61/77 BStBl II 80, 690 unter 3.c). Die Höhe des Zuschlags hängt im Einzelfall von dem Maß ab, in dem die genannten Kriterien (Unsicherheit, Ertragsschwankungen) auf den konkreten Betrieb zutreffen, ferner vom allg Zinsniveau (BFH I R 63/79 BStBl II 83, 667 unter II.2.b: 60% Zuschlag bei 6,7% Umlaufrendite; FG Köln EFG 04, 880 unter IV.2.b, rkr: in einer Hochzinsphase 50% Zuschlag auf die Umlaufrendite von 9%). § 203 BewG setzt pauschal einen Zuschlag von 4,5% an.

320 **ff) Negativer Geschäftswert.** Er ist nicht bilanzierungsfähig. Ergäbe sich beim Erwerb eines MUeranteils aufgrund von AK, die unter dem Buchwert liegen, rechnerisch ein negativer Geschäftswert, sind vielmehr die Buchwerte nach Maßgabe der tatsächl AK abzustocken. Reicht dies nicht aus, ist ein negativer Ausgleichsposten zu bilden (ausführl § 16 Rz 471; § 15 Rz 463; § 5 Rz 226). Ggf können die negativen Ertragserwartungen, die sich in einem rechnerisch negativen Geschäftswert dokumentieren, Anlass für eine TW-AfA auf materielle WG sein (s Rz 248).

322 **e) Immaterielle Einzelwirtschaftsgüter.** Begriff und Beispiele s § 5 Rz 113, 171 ff; zur Abnutzbarkeit s § 7 Rz 40 ff. – Bei der **Einzelbewertung** dieser WG bleiben die im Geschäftswert verkörperten Ertragsaussichten außer Betracht. So entspricht der TW von Rechten grds ihrem **Marktwert** (dh den Vergleichspreisen, nicht dem Einzelertragswert; BFH III R 40/79 BStBl II 84, 193: Brennrechte; *Ditz*

Teilwert 330 § 6

DStR 06, 1625: Übertragung von Geschäftschancen bei Funktionsverlagerung ins Ausland). Zur Milchreferenzmenge als eigenständiges immaterielles WG s ausführl *Schmidt* 39. Aufl § 13 Rz 252. – Ausnahmsweise kann aber auch der TW eines immateriellen EinzelWG nach Maßgabe seiner **Ertragserwartung** zu ermitteln sein. Dies gilt zB für *konkrete* Kunden- und Lieferbeziehungen sowie Auftragsbestände (BFH VIII R 361/83 BFH/NV 89, 778; für die Rechtslage ab VZ 1987 wurde in dieser Entscheidung allerdings die Frage einer Einbeziehung in den Geschäftswert offen gelassen; hingegen für Behandlung als selbständiges WG auch für die Rechtslage ab 1987 FG Mster EFG 97, 1381, rkr), für Verlagswerte (BFH I R 123/78 BStBl II 83, 113 unter 3.; BFH III R 25/77 BStBl II 84, 187: Gruppenbewertung zulässig) oder Warenzeichen (FG Ddorf EFG 00, 1177, rkr: Ansatz mit den ersparten Lizenzentgelten; ausführl *Stein/Ortmann* BB 96, 787). Der TW einer ungeschützten Erfindung (know-how), die auch Wettbewerbern bekannt ist, beträgt 0 €; im Rahmen einer Einlage ist daher keine Aktivierung mögl (BFH I R 116/91 BFH/NV 93, 595).

5. ABC des Teilwerts 330
Altlasten s Rz 273.

Dingliche Lasten. Ihre spätere Begründung kann eine TW-AfA rechtfertigen (zB TW-AfA auf GuB bei Bestellung eines Erbbaurechts zu sehr niedrigem Erbbauzins). Ist die Belastung allerdings privat veranlasst, handelt es sich um eine Entnahme (*Mathiak* FS Döllerer S 406). Hingegen ist die Bestellung eines Grundpfandrechts für fremde Schulden nicht durch eine TW-AfA, sondern durch eine Rückstellung bilanziell abzubilden (ebenso die Tendenz in BFH IV B 107/97 BFH/NV 99, 162 unter 1.; BFH IV R 42/08 BStBl II 10, 820 unter II.2.c).

Ergänzungsbilanz. Zu TW-AfA s § 15 Rz 467.
Fehlmaßnahmen s Rz 246.
Forderungen s Rz 291 ff.
Fremdwährung s *Schmidt* 39. Aufl § 6 Rz 22.
Geschäftswert s Rz 311.
Grundstücke s Rz 271.
Halbfertige Erzeugnisse s Rz 261.
Handelswaren s Rz 260.
Investmentanteile s Rz 370 (a).
KapGes s Rz 278.
Kfz-Handel s *Behrens* NWB 14, 2575.
Kunstgegenstände s Rz 258 und *Müller-Katzenburg/Hofmann* BB 00, 2563, 2566.
Länderrisiko s Rz 301.
Mietereinbauten s § 7 Rz 77 ff.
Optionen s Rz 140 „Optionen" mwN.
PersGes. TW-AfA ist mangels WG-Eigenschaft der Beteiligung nicht mögl (s Rz 232; § 5 Rz 270 „Beteiligungen an PersGes" mwN).
Roh-, Hilfs- und Betriebsstoffe s Rz 252 ff.
Rückdeckungsversicherung s Rz 140 „Rückdeckungsversicherung", 263.
Sonderbilanz. Eine TW-AfA auf dort aktivierte WG ist mögl; nicht jedoch bei Forderungen des MUers gegen die PersGes (Rz 310).
Stille Beteiligung. Hält der stille Ges'ter seine Beteiligung im BV, führt die Zuweisung eines Verlustanteils bei einer typisch stillen Beteiligung stets zur Minderung des Buchwerts (phasengleich, dh bereits zum Bilanzstichtag, nicht erst bei

einer späteren Verrechnung). Dabei handelt es sich aber nicht um eine TW-AfA (so dass das Erfordernis einer voraussichtl dauernden Wertminderung nicht gilt), sondern schlicht um die Abbildung des geminderten gesellschaftsrechtl Rückzahlungsanspruchs (zum Ganzen BFH I R 62/08 BStBl II 12, 745 Rz 12 ff). Eine TW-AfA kann nur durch *zusätzl* Gesichtspunkte (zB drohende Insolvenz des Inhabers des Handelsgeschäfts) begründet werden.

Überdimensionierung s Rz 246.

Überpreise. Zu Fehlmaßnahmen s Rz 246; zum späteren Sinken der Wiederbeschaffungskosten s Rz 254.

Verdeckte Gewinnausschüttung bei TW-AfA auf Darlehen einer KapGes an ihre Ges'ter s Rz 309.

Verlustprodukte s Rz 262.

Werbemittel (zB Werbegeschenke, Muster, Präsentations-/Verkaufshilfen, Kataloge) zählen zu den mit den AK/HK anzusetzenden Roh-/Hilfs-/Betriebsstoffen (*ADS* § 266 Rz 105; *Boorberg* DB 01, 497). Sie gehen in den Werbeaufwand erst ein, wenn sie dafür eingesetzt werden. Zu unverkäufl Ärztemustern s Rz 252.

Wertpapiere s Rz 405.

Wiederbeschaffungskosten s Rz 254.

Zuschüsse und TW-AfA s Rz 241.

V. Abnutzbares Anlagevermögen, § 6 I Nr 1–1b

341 **1. Bewertungsgrundsätze.** WG des AV (zum Begriff des AV s Rz 344), die der Abnutzung unterliegen (zur Abnutzbarkeit s allg § 5 Rz 116, zur Abnutzbarkeit immaterieller WG s § 7 Rz 40 ff), sind mit den AK (s Rz 31 ff) oder HK (s Rz 151 ff), vermindert um AfA, SonderAfA, erhöhte AfA, Abzüge nach § 6b usw anzusetzen (§ 6 I Nr 1 S 1). – **Andere Werte** können in bestimmten Fällen an die Stelle der AK/HK treten, zB der TW nach Einlagen (§ 6 I Nr 5) oder bestimmten Übertragungen (§ 6 V 4–6) oder der gemeine Wert bei unentgeltl Übertragung einzelner WG (§ 6 IV) sowie nach Vorgängen iSd UmwStG. Zur Schätzung der Buchwerte (fortgeführte AK/HK) nach dem Übergang eines LuF von der Gewinnermittlung nach § 13a oder der Richtsatzschätzung zur Bilanzierung s ausführl § 13 Rz 202. Bei GWG (§ 6 II) und SammelpostenWG (§ 6 IIa) gelten Modifikationen (Einzelheiten s Rz 652 ff). – Zum **Ansatz eines niedrigeren TW** s Rz 359 ff, zur Wertaufholung s Rz 376.

343 **2. Begriffe Anlagevermögen/Umlaufvermögen.** – **a) Bedeutung der Abgrenzung.** Nur für AV gilt das Aktivierungsverbot für immaterielle WG (§ 5 II), die Sonderbewertung von GWG und SammelpostenWG (§ 6 II, IIa), die Möglichkeit zur Übertragung stiller Reserven (§§ 6b, 6c), die Vornahme von AfA und SonderAfA (§§ 7–7i), die Gewährung von InvZul (§ 2 I InvZulG 2010) und die Hinzurechnung von Miet- und Pachtzinsen (§ 8 Nr 1 Buchst d, e GewStG). – **Nur für UV** besteht die Möglichkeit der LiFo-Bewertung (§ 6 I Nr 2a, Vorratsvermögen); bei zum Verkauf bestimmtem UV ist der TW erlösorientiert zu bestimmen (Rz 257).

344 **b) Anlagevermögen. – aa) Begriff.** AV sind WG, die bestimmt sind, dauernd dem Geschäftsbetrieb zu dienen (§ 247 II HGB, s auch die Aufzählung in § 266 IIA. HGB; EStR 6.1; Einzelheiten s *ADS* § 247 Rz 105 ff). Diese Begriffsbestimmung ist auch für die StB zu übernehmen (BFH VIII R 51/04 BStBl II 08, 137 unter II.2.b.2). Dabei bedeutet „dauernd" nicht etwa „für alle Zeiten" (BFH IV R 105/84 BStBl II 87, 448 unter II.3.b), sodass die Absicht, das WG nach seinem betriebl Gebrauch zu veräußern, der Zuordnung zum AV nicht entgegen steht (BFH IV R 15/04 BFH/NV 06, 1267 unter II.3.a: Flugzeug, das bereits nach dreijähriger Nutzung verkauft werden soll; BFH VIII R 51/04 BStBl II 08, 137 unter II.2.b aa; BFH IV R 49/04 BStBl II 09, 289 unter II.2.c bb: vermietete WG, bei denen von Anfang an beabsichtigt ist, sie vor

Ablauf ihrer betriebsgewöhnl Nutzungsdauer zu verkaufen). Maßgebend ist die **Zweckbestimmung,** die der StPfl dem WG gegeben hat; diese muss jedoch anhand obj Merkmale (Art des WG, Art und Dauer der Verwendung, Art des Betriebs) nachvollziehbar sein (BFH IV R 105/84 BStBl II 87, 448 unter II.3.b; BFH IV R 47, 48/00 BStBl II 02, 289 unter 2.b aa).

bb) Umwidmung. Eine Umwidmung **vom AV ins UV** findet zB statt, wenn 345 ein WG des AV zum Verkauf bestimmt wird. Der bloße (innere) Veräußerungsentschluss reicht hierfür noch nicht aus, wohl aber das aktive (obj nach außen hervor tretende) Schaffen von Veräußerungsmöglichkeiten (BFH IV R 47, 48/00 BStBl II 02, 289 unter 2.b cc: Aufbereitung von GuB zu Bauland). Es bleibt allerdings auch dann bei der Zuordnung zum AV, wenn *der gesamte Betrieb* kurz nach Erwerb des typischerweise zum AV gehörenden WG verkauft werden soll (BFH VIII R 78/02 BStBl II 06, 58: die Vornahme von AfA zu Lasten des lfd Gewinns unter Erhöhung des begünstigten Veräußerungsgewinns fällt auch nicht unter § 42 AO). – Umgekehrt findet eine **Umwidmung vom UV ins AV** statt bei Produkten, die der Hersteller nicht verkauft, sondern langfristig verleast (BFH IV R 105/84 BStBl II 87, 448 unter II.3.). – **Zeitpunkt.** Die Umwidmung ist vorzunehmen, sobald sich die geänderte Zweckbestimmung konkretisiert (BFH IV R 105/84 BStBl II 87, 448 unter II.3.b).

cc) Einzelfälle Anlagevermögen. Die Darstellung orientiert sich an der Rei- 346 henfolge des § 266 II A. HGB. – **(1) Immaterielle WG.** ZB Schutzrechte (zur Auftragsproduktion s aber Rz 348), Lizenzen, Geschäftswert, Spezialsoftware und Internetauftritte. – **(2) Sachanlagen.** ZB **Grundstücke** (GuB, Gebäude und Außenanlagen; anders jedoch bei gewerbl Grundstückshandel, s § 15 Rz 47 ff, 77, zur Abgrenzung bei LuF s § 13 Rz 215); Musterhäuser vor ihrer Umwidmung zum Verkauf (BFH I R 47/07 BStBl II 09, 986 unter II.1.); Bodenschätze (auch in Ausbeutung befindl, weil der Verbrauch nicht "sofort" stattfindet, s BFH IV R 17/73 BStBl II 77, 825). **Technische Anlagen und Maschinen. Werkzeuge** sind idR AV, wenn sie der Durchführung *mehrerer* Aufträge dienen sollen; bei Verwendung nur für einen einzigen Auftrag handelt es sich idR um UV (*Köhler* StBP 09, 232, 234; s auch Rz 140 „Kundengebundene Werkzeuge", ausführl zur Abgrenzung *ADS* § 266 Rz 51; zu digitalen Druckvorlagen s *BMF* BStBl I 07, 458); **langfristig vermietete oder verleaste WG** (BFH IV R 105/84 BStBl II 87, 448 unter II.3.b; zur Einordnung der Forderungen aus dem Leasingvertrag, wenn das WG dem Leasingnehmer zuzurechnen ist, s BFH VIII R 51/04 BStBl II 08, 137 unter II.2.b); **Betriebs- und Geschäftsausstattung,** zB Leergut des Abfüllers (s *BMF* BStBl I 05, 715); WG, die Ausstellungszwecken dienen (BFH V R 44/73 BStBl II 77, 684; BFH I R 47/07 BStBl II 09, 986 unter II.1.: Musterhäuser; BFH VIII R 86/78 BStBl II 82, 344; BFH III R 198/90 BFH/NV 97, 148: Vorführwagen; *Westerfelhaus* DStR 97, 1220: Musterküchen; anders jedoch BFH III R 165/85 BStBl II 90, 706: Geräte, die zu Testzwecken bis 6 Monate an Kunden vermietet und dann von diesen erworben werden können, sind UV); bei LuF auch stehendes Holz (s § 13 Rz 14 mwN), Dauerkulturen (§ 13 Rz 29 mwN) und Zuchtvieh (§ 13 Rz 45). – **(3) Finanzanlagen.** Insb Beteiligungen (s Rz 404) sowie Wertpapiere des AV.

c) Umlaufvermögen. – aa) Begriff. Zum UV gehören diejenigen WG, die 348 zum Verbrauch oder zur sofortigen Veräußerung bestimmt sind (BFH VIII R 51/04 BStBl II 08, 137 unter II.2.b aa; enger BFH X R 225/93 BStBl II 97, 320 unter 1.c: Veräußerung oder Verbrauch „in einem einmaligen Akt"), und zwar auch dann, wenn sie wegen zeitweilig fehlender Verkaufsmöglichkeit übergangsweise vermietet werden (BFH IV R 49/07 BFH/NV 10, 945 unter II.2.a).

bb) Einzelfälle Umlaufvermögen (in der Reihenfolge des § 266 II B. HGB). – **(1) Vor-** 349 **räte.** Insb **Roh-, Hilfs- und Betriebsstoffe** (BFH I D 1/59 U BStBl III 61, 31 unter B. II.3.a: Umlaufmetallstock einer Gießerei; zu CO_2-Emissionsrechten s Rz 140 „Emissionsberechtigungen"); dies gilt auch für Standardmaterial, das zum Einbau in WG des AV bestimmt ist (BFH VI R 232/67 BStBl II 68, 568; BFH X R 19/81 BStBl II 88, 502); Chemikalienbäder, die sich allmähl verbrauchen (BFH IV R 31/90 BStBl II 91, 627 unter II.1.; anders BFH III R 128/80 BStBl II 86, 551 für Chemikalien, die zwar im Produktionsprozess eingesetzt werden, sich aber praktisch nicht verbrauchen); **unfertige Erzeugnisse und Leistungen,** bei LuF auch Feldinventar und stehende Ernte (s § 13 Rz 238 ff); Auftragsproduktionen von urheberrechtsfähigen immateriellen WG (BFH X R 225/93 BStBl II 97, 320; *BMF* BStBl I 01, 175 Rz 20: Filme); **Waren und fertige Erzeugnisse,** zB Ärztemuster (BFH I R 112/75 BStBl II 77, 278); Objekte eines gewerbl Grundstückshändlers (BFH IV R 48/07 BStBl II 10, 799 unter II.3.a aa; s auch § 7 Rz 29); zur Abgrenzung zw AV und UV bei Viehbeständen s § 13 Rz 45. – **(2) Forderungen.** ZB solche aus Lieferungen und Leistungen; Darlehensforderungen einer Bank gehören grds zum UV (§ 340e I 2 HGB; BFH I R 2/06 BStBl II 07, 469 unter II.2.a); sonstige Vermögensgegenstände (zB Bausparvorratsverträge eines Kreditinstituts, s BFH I R 218/82 BStBl II 87, 14). – **(3) Wertpapiere des UV.** – **(4) Kassenbestand, Bankguthaben und Schecks** (flüssige Mittel).

351 **3. Von § 6 I Nr 1 erfasste Wirtschaftsgüter. – a) Gebäude.** Zur Aufteilung in verschiedene WG bei unterschiedl Nutzungs- und Funktionszusammenhang, zur Abgrenzung von Betriebsvorrichtungen und zur Einbeziehung unselbständiger Gebäudeteile in den Gebäudebegriff s ausführl § 4 Rz 115 ff. Zu den AK von Gebäuden s ausführl Rz 31 ff, zur Aufteilung von AK auf GuB und Gebäude s Rz 118. Zu den HK von Gebäuden s Rz 151 ff, insb Rz 211 ff; zu anschaffungsnahen HK s Rz 381. Zum TW von Gebäuden s Rz 275.

352 **b) Bewegliche Sachanlagen.** *Beispiele:* Maschinen, Betriebs- und Geschäftsausstattung. Zu AK/HK s Rz 31 ff, zu GWG/Sammelposten WG s Rz 652 ff.

353 **c) Geschäftswert.** S ausführl Rz 311 (Begriff, steuerl Behandlung, Ermittlung des TW, TW-AfA); zum freiberufl Praxiswert s § 18 Rz 200 ff.

354 **d) Immaterielle Einzelwirtschaftsgüter.** Zur Abgrenzung zum Geschäftswert s § 5 Rz 223, zur Ermittlung des TW s Rz 322, zur Frage der Abnutzbarkeit und Nutzungsdauer s § 7 Rz 40. Anzusetzen sind diese WG nur beim entgeltl Erwerb (AK) oder nach Einlagen (TW). Selbst hergestellte immaterielle WG sind hingegen nicht aktivierungsfähig (§ 5 II).

359 **4. Teilwertabschreibung, § 6 I Nr 1 S 2, 3, Nr 2 S 2.** Die TW-AfA erfasst vor allem Wertminderungen, bei denen die AfaA nicht anwendbar ist (s zur Abgrenzung § 7 Rz 182), insb solche, die nicht auf Substanzbeeinträchtigungen, sondern auf bloßen Markteinflüssen beruhen. Zur **Ermittlung des TW** s umfassend Rz 231 ff; die **Feststellungslast** liegt beim StPfl (s Rz 245 mwN). Zur weiteren **NormalAfA** nach TW-AfA s § 11c II EStDV, § 7 Rz 131; nach Wertaufholung erhöht sich die Bemessungsgrundlage entspr. Ausführl zur TW-AfA *Korn* KÖSDI 16, 19759; *Hiller/Biebinger* DStZ 16, 612; *Hiller* DStR 16, 813.

360 **a) Persönlicher Anwendungsbereich.** Eine TW-AfA ist nur bei Gewinnermittlung nach § 4 I, § 5 zulässig (Eingangssatz des § 6 I), **nicht bei § 4 III** (BFH IV 231/53 U BStBl III 56, 38; BFH III R 12/13 BStBl II 16, 420 Rz 28 mwN; zutr, da hier Zahlungsvorgänge, nicht aber Wertveränderungen im Vordergrund stehen). Das endgültige und vollständige Wertloswerden eines WG ist wegen der Totalgewinngleichheit auch bei § 4 III zu berücksichtigen (FG Saarl EFG 00, 920 unter 2.1, rkr). – Auch bei **Überschusseinkünften** ist keine TW-AfA mögl, weil Wertänderungen nur im betriebl Bereich uneingeschränkt erfasst werden (BFH GrS 1/77 BStBl II 78, 620 unter D. I.1.b). Diese StPfl sind auf die AfaA (§ 7 I 7; s § 7 Rz 181 ff) verwiesen, die aber engere Voraussetzungen hat.

361 **b) Verhältnis zur Handelsbilanz. – aa) Steuerliches Wahlrecht.** § 6 I Nr 1 S 2 (ebenso Nr 2 S 2) enthält ein eigenständiges steuerl Wahlrecht für die Vornahme der TW-AfA (Ausnahme: Pflicht bei Inanspruchnahme der StFreiheit für Sanierungsgewinne, s § 3a I 2, 3). Auch der Ansatz von Zwischenwerten ist zulässig. Demggü ist die TW-AfA für AV (abnutzbar oder nicht abnutzbar) bei voraussichtl dauernder Wertminderung **handelsrechtl zwingend** (§ 253 III 5 HGB). Das steuerl Wahlrecht wird jedoch auch für Kaufleute nicht mehr durch die HB überlagert (*BMF* BStBl I 10, 239 Rz 15; FG BBg EFG 18, 1936, rkr; zur gegenteiligen Rechtslage bis 2008 s *Schmidt* 34. Aufl § 6 Rz 361). Eine Abweichung von der HB ist allerdings in einem Verzeichnis nachzuweisen (§ 5 I 2; s § 5 Rz 60 ff). – **Stetigkeitsgrundsatz** (s Rz 12). Die Entkoppelung von der HB darf nicht zu einem willkürl „Hin und Her" genutzt werden (*BMF* BStBl I 10, 239 Rz 15). Die Gegenauffassung, wonach das Stetigkeitsgebot nur für die HB, nicht aber für eigenständige estl Wahlrechte gilt, die daher jedes Jahr neu ausgeübt werden könnten, ist mE abzulehnen (s Rz 14 (5) mwN). Die „Nachholung" einer im Erstjahr nicht vorgenommenen TW-AfA in einem Folgejahr ist aber zulässig, wenn die Voraussetzungen vorliegen (zutr *Dietel* DB 12, 483).

bb) Gestaltungsmöglichkeiten. Gelegentl kann es günstig sein, **keinen Gebrauch vom Wahlrecht** zur TW-AfA zu machen. Dies gilt etwa beim Ausweis von **Verlusten**, die ansonsten vom Untergang bedroht wären (zB aufgrund von § 8c KStG, § 4h). Auch vermeidet bei KapGes der Verzicht auf eine (wegen § 8b III 3 KStG ohnehin nicht steuerwirksame) TW-AfA auf **Anteile an anderen KapGes** die bei einer späteren Wertaufholung eintretende Besteuerung von 5 % des Aufholungsbetrags nach § 8b III 1, II 3 KStG (s Rz 378). Einen steuerl Grund für die Vornahme von TW-AfA auf Anteile an KapGes durch KapGes gibt es daher nicht mehr. 362

cc) Vorrang des § 6. Soweit § 253 III 6 HGB bei Finanzanlagen eine TW-AfA auch bei voraussichtl *nicht* dauernder Wertminderung zulässt (Wahlrecht), gilt dies wegen des Bewertungsvorbehalts des § 5 VI nicht für die StB. § 253 IV HGB zwingt bei wertgemindertem UV stets zu einer TW-AfA (unabhängig von der Dauer der Wertminderung); auch dies wird in der StB durch das Erfordernis voraussichtl dauernder Wertminderung überlagert. Ein Vorrang des § 6 besteht auch dann, wenn der steuerl TW sich von der handelsrechtl Wertfindung unterscheiden sollte (BFH I R 157/85, 145/86 BStBl II 90, 639 unter B. I.2.b; BFH I R 54/97 BStBl II 99, 277 unter II. B.1.). 363

c) Voraussichtliche dauernde Wertminderung. Dies ist seit VZ 1999 für die Vornahme einer TW-AfA erforderl (umfassend hierzu *BMF* BStBl I 16, 995 mit zahlreichen Beispielen; Literatur s *Schmidt* 38. Aufl § 6 Rz 364). Eine Wertminderung ist (in Abgrenzung zu bloßen Wertschwankungen) „dauernd", wenn der aktuelle TW den planmäßigen Restbuchwert (Bewertungsobergrenze) während eines erhebl Teils der Nutzungsdauer im Unternehmen nicht erreichen wird (BFH I R 22/05 BStBl II 06, 680 unter II.1.b) bzw aus der Sicht des Bilanzstichtags aufgrund obj Anzeichen ernstl mit einem langfristigen Anhalten der Wertminderung gerechnet werden muss (BFH IV R 62/06 BStBl II 09, 778 unter II.1.d; BFH I R 53/12 BFH/NV 14, 1016). Während diese allg Definitionen zutr sind, erscheinen die Grundsätze, die der BFH für die bisher entschiedenen Fallgruppen entwickelt hat, als widersprüchl, ohne dass ein inneres System der Rspr erkennbar wird. So ist die Rspr bei Gebäuden extrem streng (Rz 366), bei Kursschwankungen von Aktien hingegen sehr großzügig (Rz 369) und bei Währungsschwankungen wiederum sehr streng (Rz 375). Der BFH begründet dies damit, dass es auf die „Eigenart des betreffenden WG" ankomme. 364

aa) Nachweisfragen. Den StPfl trifft nicht nur die Feststellungslast für die *Dauerhaftigkeit* der Wertminderung (*BMF* BStBl I 16, 995 Rz 4); er muss wegen § 6 I Nr 1 S 4 HS 2 darüber hinaus auch das *Fortbestehen* der Wertminderung jährl nachweisen, sodass sich entspr Beweisvorsorge empfiehlt (s Rz 376). Bei einem Preiseinbruch, der nicht aufgrund konkreter Anhaltspunkte als vorübergehend erscheint, wird man aber von einer voraussichtl dauerhaften Wertminderung ausgehen können (BFH VIII R 20/85 BFH/NV 87, 442 unter 1.). Ein eher großzügiger Maßstab bei der Prognose der Dauerhaftigkeit ist mE schon deshalb geboten, weil Fehlprognosen später über das Wertaufholungsgebot korrigiert werden (so auch BFH I R 58/06 BStBl II 09, 294 unter II.1.e; BFH X R 58/14 BFH/NV 17, 275 Rz 62; BFH XI R 29/18 DStR 21, 2513 Rz 23). – **Indizien für die Dauerhaf-** 365 tigkeit ergeben sich vor allem aus den Gründen der Wertminderung (bei Katastrophen oder technischem Fortschritt grds dauerhaft), ggf auch aus ihrem Umfang (je größer die Wertminderung, desto dauerhafter) und der Eigenart des WG (BFH I R 123/73 BStBl II 75, 294 unter 2.: je langlebiger das WG, desto größer die Möglichkeit einer Wertaufholung). Maßgebend ist die Sicht des Bilanzstichtags; die Grundsätze über die Wertaufhellung (s § 5 Rz 81) sind anzuwenden (*BMF* BStBl I 16, 995 Rz 6, 14; BFH I R 123/73 BStBl II 75, 294 unter 2.). Jedenfalls bei langlebigen WG sind die Auswirkungen der **Corona-Pandemie** voraussichtlich nicht dauernd (*Schütte/Götz* DStR 21, 366, 368; **aA** *Strahl* KÖSDI 21, 22192).

366 **bb) Abnutzbares Anlagevermögen.** Hier soll eine dauernde Wertminderung anzunehmen sein, wenn der aktuelle TW **mindestens für die Hälfte der Restnutzungsdauer** den Restbuchwert zum jeweiligen künftigen Bilanzstichtag unterschreitet; für die Restnutzungsdauer sollen die gesetzl AfA-Sätze oder amtl AfA-Tabellen maßgebend sein (*BMF* BStBl I 16, 995 Rz 8). Rspr und FinVerw typisieren sehr stark und wenden diese Regel **auch bei langlebigen WG** an (BFH I R 22/05 BStBl II 06, 680 unter II.2.: **Gebäude**). Dies soll selbst dann gelten, wenn der StPfl beabsichtigt, das WG vorzeitig zu veräußern (BFH I R 74/08 BStBl II 09, 899; krit *Paus* FR 09, 945; *Weber-Grellet* BB 10, 43, 45) und sogar dann, wenn das WG bis zur Bilanzaufstellung tatsächl verkauft wird (BFH IV R 38/08 BFH/NV 11, 423 unter II.2.c; *Buciek* DB 10, 1029). Zur (fortgeltenden) **Kritik** s *Schmidt* 39. Aufl § 6 Rz 366 mwN.

367 **cc) Nichtabnutzbares Anlagevermögen.** Hier kommt es darauf an, ob die Gründe für die Wertminderung voraussichtl anhalten werden (*BMF* BStBl I 16, 995 Rz 11). Es müssen mehr Gründe für als gegen ein Anhalten der Wertminderung sprechen (BFH IV R 38/08 BFH/NV 11, 423 unter II.2.b). Allein die (stets gegebene) Möglichkeit einer künftigen Wertsteigerung steht der TW-AfA aber noch nicht entgegen (BFH I R 58/06 BStBl II 09, 294 unter II.1.b).

368 **(1) Grund und Boden.** Bei Übertragung der zu Gebäuden ergangenen Rspr dürfte ein strenger Maßstab gelten (s Rz 366; dort auch zur Kritik). Allgemeingültige Fristen für die erforderl Dauer der Wertminderung gibt es allerdings nicht; vielmehr ist auf den Einzelfall abzustellen (BFH I B 188/13 BFH/NV 14, 1742; ausführl BFH X R 58/14 BFH/NV 17, 275 Rz 60 ff). Zu bejahen ist dies jedenfalls dann, wenn der Bodenrichtwert seit 30 Jahren unter den AK liegt (zur FG RhPf EFG 16, 1600, rkr); zu verneinen, wenn die Bodenpreise in der maßgebl Region aufgrund noch nicht abgeschlossener öffentl Planungen stark schwanken (zutr FG Nbg EFG 17, 1333 Rz 56, iErg best durch BFH VI R 9/17 BFH/NV 20, 191). Bei Altlasten fehlt es an der Dauerhaftigkeit, wenn und soweit eine Sanierung zu erwarten ist, insb eine Rückstellung für Sanierungskosten zulässig ist (s Rz 273).

369 **(2) Börsennotierte Aktien.** Von einer voraussichtl dauernden Wertminderung ist auszugehen, wenn der Börsenwert zum Bilanzstichtag unter die AK gesunken ist und zum Zeitpunkt der Bilanzerstellung keine konkreten Anhaltspunkte für eine baldige Wertaufholung vorliegen (BFH I R 58/06 BStBl II 09, 294 unter II.1.d; ausführl hierzu *Patek* FR 08, 689; krit zur Thesen von den informationseffizienten Märkten jedoch *Fey/Mujkanovic* WPg 03, 212, 213; *Scholze/Wielenberg* StuW 09, 372); eine besondere Analyse der Gründe für den Kursverfall ist also nicht erforderl. Eine TW-AfA ist bereits dann zulässig, wenn der Kursverlust eine **Bagatellgrenze von 5 %** des Erwerbskurses überschreitet (für Aktien BFH I R 89/10 BStBl II 14, 612; für Aktienfonds BFH I R 7/11 BStBl II 14, 616; *BMF* BStBl I 16, 995 Rz 17; zR abl für strategische börsennotierte Beteiligungen *Starke/Günther* Ubg 13, 93; zu Aktienanleihen *Kowanda* DStR 17, 2303). – **Kurserholungen nach dem Bilanzstichtag** haben auf die TW-AfA keinen Einfluss (BFH I R 89/10 BStBl II 14, 612 Rz 19; *BMF* BStBl I 16, 995 Rz 20a; *Knobbe* BB 12, 2169; ebenso zu UV FG Hess EFG 14, 982, rkr; krit *Marx* StuB 14, 591, 594). Bei „Informationsineffizienzen" im Prozess der Bildung des Börsenpreises (zB äußerst geringe Umsätze des jeweiligen

Wertpapiers und starker Kursanstieg nach dem Stichtag) will der BFH jedoch eine Einzelfallbetrachtung der Gründe für die Kursschwankungen vornehmen (BFH I R 89/10 BStBl II 14, 612 Rz 25). – **Nicht börsennotierte Beteiligungen.** S *Küting* DB 05, 1121. Die Rspr zu börsennotierten Papieren ist hier jedenfalls nicht anwendbar (BFH IV B 13/11 BFH/NV 12, 963 Rz 4).

(3) Anteile an Investmentfonds. – **(a) Rücknahmepreis oder Ausgabepreis.** Die Rspr differenziert zw AV und UV und hält im AV grds den (höheren) Ausgabepreis einschließl Nebenkosten (Wiederbeschaffungskosten) als TW für maßgebl, weil ein gedachter Erwerber ebenfalls diesen Betrag aufwenden würde und dies eine sofort nach dem Erwerb erforderl TW-AfA iHd Ausgabeaufschlags vermeidet (BFH IV R 118/70 BStBl II 73, 207; BFH I R 7/11 BStBl II 14, 616 Rz 14). Für entbehrl Anteile (UV) soll hingegen der Einzelveräußerungspreis und damit der (niedrigere) Rücknahmepreis maßgebl sein (umfassend BFH XI R 41/17 BStBl II 21, 717 Rz 21 f mwN). Die *FinVerw* hat sich in Bezug auf Investmentanteile nur zu AV geäußert und setzt hier ebenfalls die Wiederbeschaffungskosten an (*BMF* BStBl I 16, 995 Rz 25). In Bezug auf Wertpapiere differenziert sie allerdings nicht zw AV und UV und bezieht die beim Erwerb anfallenden Nebenkosten stets in den TW mit ein (*BMF* BStBl I 16, 995 Rz 18), was in Bezug auf UV wohl der Rspr widersprechen dürfte. – **(b) Aktienfonds.** Die Grundsätze der Rz 369 (5%-Grenze) gelten auch für Anteile an solchen Investmentfonds, die überwiegend Aktien halten (zutr *BMF* BStBl I 16, 995 Rz 24). Angesichts der gebotenen Typisierung ist zu vernachlässigen, dass der Fonds ggf auch festverzinsl Wertpapiere hält, bei denen ein Kursverlust grds nicht als voraussichtl dauerhaft anzusehen ist (BFH I R 7/11 BStBl II 14, 616 Rz 13). Zu TW-AfA bei **ausschüttungsgleichen Erträgen** und negativ thesaurierten Erträgen s Rz 140 „Investmentanteile". – **(c) Rentenfonds.** Hält der Fonds überwiegend festverzinsl Wertpapiere, gelten die Grundsätze der Rz 371. War ein solcher Fonds jedoch früher ein Aktienfonds und beruht die Wertminderung darauf, dass die Aktien unter Realisierung von Verlusten für das Fondsvermögen verkauft und anschließend festverzinsl Wertpapiere erworben wurden, ist die Wertminderung dauernd (zutr FG Nds EFG 16, 708, rkr).– **(d) Offene Immobilienfonds.** Auch hier gilt die 5%-Bagatellgrenze. Wenn die FondsGes die Rücknahme der Anteile an einem notleidenden Fonds *endgültig* ausgesetzt hat, ist der Wert der Anteile an einem Zweitmarkt (Freiverkehr) maßgebl (BFH XI R 41/17 BStBl II 21, 717 Rz 24 ff; mE nicht zwingend, weil der Zweitmarkt sehr eng ist und durch Notverkäufe beeinflusst sein kann; wegen des Wertaufholungsgebots aber vertretbar; abw FG Köln EFG 21, 370, Rev XI R 21/20: Ansatz eines von des FondsGes ermittelten „indikativen Anteilswerts"). Bei einer ledigl vorübergehenden Aussetzung bleibt mE hingegen der Rücknahmepreis maßgebl.

(4) Festverzinsl Wertpapiere des Anlagevermögens. – **(a) Änderung des Marktzinsniveaus.** Eine allein hierauf gestützte TW-AfA kommt nur bis auf 100% in Betracht, wenn das Wertpapier „über pari" (zu einem Kurs von mehr als 100%) erworben wurde und zu 100% zurückgezahlt wird (zutr *BMF* BStBl I 16, 995 Rz 21; FG Hess EFG 20, 1160 Rz 258 ff, rkr; s auch Rz 373 zu UV). Dies gilt mE auch bei Tier-1-Hybridanleihen mit unendl Laufzeit, die allein vom Emittenten gekündigt werden können (aA FG BBg EFG 21, 189, Rev XI R 36/20). Bei **Zerobonds** (zur Bewertung s Rz 140 „Zerobonds") wirkt ein verändertes Marktzinsniveau nur teilwertmindernd, wenn sie zum Verkauf bestimmt sind (*Beckmann* BB 91, 938, 941). Zur voraussichtl dauernden Wertminderung bei langfristigen unverzinsl oder niedrig verzinsl Forderungen s Rz 296. – **(b) Verschlechterung der Bonität.** Hier wird man von einer voraussichtl dauernden Wertminderung auszugehen haben, wenn bis zur Bilanzerstellung keine konkreten Anhaltspunkte für eine baldige Kurserholung vorliegen (glA *Schmid* BB 11, 2475, 2477; dort sowie *OFD Rhld* DB 12, 1652 auch zu „Griechenland-Anleihen"). Die für

Aktien entwickelte Bagatellgrenze von 5 % gilt hier nicht (*OFD NRW* DB 15, 217).

373 **dd) Umlaufvermögen.** Insoweit genügt es, wenn die Wertminderung zum Zeitpunkt der Aufstellung der HB oder der vorangegangenen Verwertung des WG noch anhält (*BMF* BStBl I 16, 995 Rz 16). – **(1) Festverzinsliche Wertpapiere.** Hier wird eine TW-AfA aber auch im UV versagt, wenn der Kurs nur wegen **Marktzinsschwankungen** unter den Nennwert abgesunken ist, indes keine Anhaltspunkte für eine Gefährdung der Rückzahlung bestehen (BFH I R 98/10 BStBl II 12, 716 Rz 12 ff; BFH I R 37/16 BStBl II 19, 73 Rz 12 ff; *BMF* BStBl I 16, 995 Rz 21; krit *Schmid* BB 11, 2475, 2477 für den Fall, dass die Papiere nicht bis zur Endfälligkeit gehalten werden sollen). Ist der Kurs hingegen wegen **Bonitätsrisiken** abgesunken, soll eine TW-AfA auf den tatsächl Kurswert auch dann vorgenommen werden können, wenn dieser Wert zusätzl noch durch einen gestiegenen Marktzins gemindert worden ist (*Birker* FR 12, 975; mE aus Vereinfachungsgründen grds vertretbar, kann im Einzelfall aber anders zu beurteilen sein). Bei Aktienanleihen ist eine TW-AfA, die auf Wertänderungen der zugrunde liegenden Aktie gestützt wird, zulässig (zutr FG Hess EFG 19, 599, rkr). – **(2) Börsennotierte Aktien.** Hier gilt ebenfalls die 5 %-Grenze nach Rz 369 (*BMF* BStBl I 16, 995 Rz 17). – **(3) Finanzinstrumente des Handelsbestands von Kreditinstituten.** In der StB ist abw von der HB stets der aktuelle Zeitwert am Bilanzstichtag maßgebend (§ 6 I Nr 2b); die Wertminderung braucht nicht voraussichtl dauerhaft sein (s Rz 428). – **(4) Handelswaren.** Bei der Ableitung des TW von der Beschaffungsseite (Rz 252 f) erfordert eine voraussichtl dauernde Wertminderung, dass die Einkaufspreise nachhaltig gesunken sind, dh das allg Preisniveau für Waren dieser Art oder zumindest die Preise für einzelne wichtige Bestandteile der Waren (zB Löhne, Rohstoffe) gefallen sind (BFH IV 236/63 S BStBl III 64, 426 unter 1.).

374 **ee) Verbindlichkeiten.** – **(1) Kurzfristige Verbindlichkeiten.** Hier genügt es (wie beim UV, s Rz 373), wenn die Wertminderung bis zur Bilanzaufstellung oder der vorangegangenen Tilgung anhält (*BMF* BStBl I 16, 995 Rz 36).

375 **(2) Langfristige Verbindlichkeiten.** – **(a) Grundsatz.** Der IV. Senat des BFH lehnt die Übertragbarkeit der zum nicht abnutzbaren AV entwickelten Grundsätze ab und verweist statt dessen auf die Rspr zum *abnutzbaren* AV (BFH IV R 62/06 BStBl II 09, 778 unter II.1.d cc), sodass die Wertminderung voraussichtl für die Hälfte der Restlaufzeit andauern muss. Zur Begründung führt er an, Verbindlichkeiten hätten idR eine begrenzte Laufzeit. ME kann dies bereits systematisch nicht überzeugen, da die gesetzl Vorschrift des § 6 I Nr 3 auf Nr 2 (nicht abnutzbares AV) verweist, nicht aber auf Nr 1. Außerdem sind bei Verbindlichkeiten keine AfA vorzunehmen. – **(b) Fremdwährungsverbindlichkeiten.** Eine TW-Zuschreibung ist zulässig, wenn die Fremdwährung aufgrund einer **fundamentalen Änderung der wirtschaftl oder währungspolitischen Daten** außerordentl und nachhaltig aufgewertet hat; dies gilt auch bei längerer Laufzeit, ist bei kurzer Restlaufzeit aber einfacher zu begründen (BFH IV R 18/18 DStR 21, 2518 Rz 30). Im Verhältnis zum **Schweizer Franken** war dies zum 31.12.10 der Fall, wenn man auf die damalige Krise des Euro-Systems abstellt (BFH IV R 18/18 DStR 21, 2518 Rz 38; Anm *Stutzmann* HFR 21, 1146), jedenfalls aber seit der Festlegung eines Mindestkurses durch die Schweizer Nationalbank am 6.9.11 (BFH XI R 29/18 DStR 21, 2513 Rz 31 ff; krit zu dieser – durch unterschiedl vorinstanzl Feststellungen bedingten – Uneinheitlichkeit beider Entscheidungen *Mihm* BB 21, 2738; *Weber-Grellet* FR 22, 90). Spätere Entwicklungen, insb die tatsächl Kursverläufe nach dem Stichtag, sind nicht wertaufhellend (BFH IV R 2/19 BFH/NV 21, 1483 Rz 32). – **Ohne eine solche fundamentale Änderung** sollen sich bei langer Laufzeit (jedenfalls ab 10 Jahren) nach Auffassung der Rspr Währungsschwankungen grds ausgleichen (BFH IV R 62/06 BStBl II 09, 778 unter II.1.d cc: 10 Jahre; BFH I R 53/12 BFH/NV 14, 1016: 20 Jahre Laufzeit; BFH XI R 29/18 DStR 21, 2513

Rz 24 ff: 12 Jahre Restlaufzeit; ebenso *BMF* BStBl I 16, 995 Rz 32; glA für ein unbefristetes Darlehen des Auslandsges'ters mit jährl Kündigungsmöglichkeit FG Hess EFG 12, 706 unter 1.b, rkr). ME ist dies unzutr. Wo der entscheidungserhebl Unterschied zu Kursschwankungen bei Aktien liegen soll, die der I. Senat des BFH grds für dauerhaft hält (s Rz 369), bleibt unklar (Nachweise der krit Literatur s *Schmidt* 39. Aufl § 6 Rz 375). In beiden Fällen kann niemand prognostizieren, welche Entwicklung der künftige Kurs nehmen wird. Sinnvoller als die vom I. bzw IV. Senat jeweils eingenommenen Extrempositionen wäre für beide Fallgruppen die Heranziehung typisierender Schwankungsgrenzen von zB 10% bzw 20% gewesen (hiergegen ausdrückl BFH IV R 18/18 DStR 21, 2518 Rz 29, wobei die dortigen Argumente ebenso gegen die Rspr des I. Senats sprechen). – **(c) Überverzinslichkeit einer langfristigen Verbindlichkeit.** Bei ist mE mit dem Kursverlust festverzinsl Wertpapiere bei Absinken des Marktzinses vergleichbar, der wegen der sicheren Rückzahlung zum Nennwert grds nicht als dauerhaft anzusehen ist (s Rz 371).

5. Wertaufholungsgebot, § 6 I Nr 1 S 4, Nr 2 S 3. – a) Anwendungsbereich. Sowohl nach TW-AfA als auch nach AfaA (§ 7 I 7 Hs 2) ist eine Wertaufholung bis zur Bewertungsobergrenze (Rz 377) zwingend. Dies betrifft zum einen Fälle, in denen der Grund für eine TW-AfA (ganz oder teilweise) weggefallen ist, oder wenn sich nachträgl herausstellt, dass die Wertminderung nicht dauerhaft war. Aus anderen Gründen eintretende Wertsteigerungen sind aber ebenfalls erfasst. Auch nach fehlerhaft vorgenommener TW-AfA besteht eine Pflicht zur Zuschreibung, die dann im ersten verfahrensrechtl offenen Jahr vorzunehmen ist (zutr FG Mchn BB 09, 602, rkr). Ist der Kurswert nach vorheriger TW-AfA wieder angestiegen, ist eine Wertaufholung auch dann vorzunehmen, wenn für die Zukunft ein erneutes Absinken mögl erscheint (FG Hbg EFG 20, 1654: Goldvorrat). – Das Wertaufholungsgebot erstreckt sich auch auf TW-AfA, die bereits **vor 1999** vorgenommen wurden (BFH I R 16/06 BStBl II 07, 707 unter II.3.; BFH I R 19/14 BStBl II 18, 575 Rz 29; zu Nachweisfragen s *BMF* BStBl I 16, 995 Rz 28). Zur **AfA nach Wertaufholung** s § 11c II EStDV und § 7 Rz 131. – **Feststellungslast.** Der StPfl hat eine jährl Nachweispflicht für die Beibehaltung des niedrigeren TW (S 4 HS 2; ebenso BFH I R 1/09 BStBl II 10, 225; BFH I R 49/15 BStBl II 17, 1002 Rz 16: auch nach früherer TW-AfA bleibt Regelbewertungsmaßstab stets derjenige nach Satz 1, dh die fortgeführten AK/HK). Demggü liegt die Feststellungslast für eine Zuschreibung nach vorangegangener *AfaA* beim FA, weil der Wortlaut des § 7 I 7 abw ist (s § 7 Rz 194). – **HB.** Das Wertaufholungsgebot gilt auch hier (§ 253 V HGB; Ausnahme: Geschäftswert; zu Unterschieden zw HB und StB *Zwirner/Künkele/Mugler* DStR 12, 532).

b) Bewertungsobergrenze für Zuschreibung. Obergrenze ist der Wert, der sich bei Anwendung des Regelbewertungsmaßstabs ergeben hätte (Rz 341: idR fortgeführte AK/HK). – **(1) Einfluss der AfA.** Maßgebend ist der Wert, der sich beim Ansatz der (fiktiven) NormalAfA ergibt, die ohne die TW-AfA (AfaA) vorzunehmen gewesen wäre. Dies berücksichtigt, dass die frühere TW-AfA (AfaA) seither zu einer Minderung der NormalAfA geführt hat (s § 7 Rz 131). – **(2) SonderAfA.** Ihre Inanspruchnahme mindert die steuerl Bewertungsobergrenze auch für die Folgezeit (Wortlaut des § 6 I Nr 1 S 4). Im Umfang der SonderAfA wäre eine Wertzuschreibung in der StB wegen § 5 VI auch dann nicht zulässig, wenn in der HB ein solches Zuschreibungswahlrecht bestehen sollte (zutr BFH I R 84/07 BStBl II 09, 187). – Die *FinVerw* wendet diese Grundsätze auch auf die Minderung der AK/HK durch **Zuschüsse** oder **Übertragung stiller Reserven** nach § 6b oder EStR 6.6 ungeachtet späterer Zuschreibungen in der HB an, nicht aber auf die Beibehaltung von Rücklagen, die auf der *Passivseite* gebildet worden und in der HB wieder aufgelöst worden sind (*BMF* BStBl I 09, 397). Letzteres war bis VZ 2009 zutr, ist ab VZ 2010 allerdings durch § 5 I 1 HS 2 überholt (**aA** OFD Ffm BB

12, 2492). – **(3) Kapitalherabsetzung.** Dies führt nach TW-AfA nur dann zu einer neuen (geringeren) Bewertungsobergrenze, wenn der Herabsetzungsbetrag tatsächl an den Anteilseigner ausgekehrt wurde, sonst aber nicht, weil sich das maßgebende WG nicht verändert (zutr BFH IV R 19/14 BStBl II 18, 575 Rz 28 ff). – **(4) Wechsel des Rechtsträgers.** Ist das zuvor einer TW-AfA unterzogene WG iRd Übergangs mit dem (aktuellen) TW oder gemeinen Wert bewertet worden, gilt dieser als neue Bewertungsobergrenze; die TW-AfA des Rechtsvorgängers ist für die weitere Bewertung dann unbeachtl. Führt der Rechtsnachfolger hingegen die **Buchwerte** fort (zB nach § 6 III, V oder dem UmwStG), besteht ein Wertaufholungspotenzial. Dies gilt auch in den Fällen des § 13 II UmwStG (Buchwertansatz bei Verschmelzung auf eine andere Körperschaft; glA *BMF* BStBl I 11, 1314 Tz 13.11). Ebenso kommt es zu einer Wertaufholung, wenn zunächst auf Anteile an einer KapGes eine TW-AfA vorgenommen worden war und später in diese KapGes ein Betrieb nach § 20 UmwStG zum Buchwert (mit stillen Reserven) eingebracht wird (BFH I R 49/15 BStBl II 17, 1002); eine solche Einbringung ist daher iErg nicht steuerneutral. – **(5) Surrogation.** Hier sind für die Wertaufholung die AK/HK das hingegebenen WG maßgebend. Dies gilt zB nach Flurbereinigung (für freiwilligen Landtausch nach dem FlurbG FG Mster EFG 18, 95, rkr) sowie bei der Surrogation von Anteilen an KapGes nach den Grundsätzen des früheren Tauschgutachtens (BFH I R 16/06 BStBl II 07, 707 unter II.2.b). – **(6) LiFo.** Zur Bewertungsobergrenze s *Loitz/Winnacker* DB 00, 2229, 2233.

378   c) **Anteile an Kapitalgesellschaften. – Natürliche Person; Personengesellschaft.** Hier ist die Wertaufholung nur zu 60% stpfl; dies gilt jedoch nicht, soweit die vorangegangene TW-AfA sich in *vollem* Umfang steuermindernd ausgewirkt hatte (§ 3 Nr 40 S 1 Buchst a S 1, 2; vgl BFH IV R 19/14 BStBl II 18, 575 Rz 53). – **KSt.** Ist der StPfl selbst ein KStSubjekt, ist die Wertaufholung auf Anteile an KapGes stfrei (§ 8b II 3 KStG). Allerdings gelten 5% des Aufholungsbetrags als nicht abziehbare BA (§ 8b III 1 KStG), was nicht gerechtfertigt erscheint (zu Gestaltungsmöglichkeiten s Rz 362). – **Sowohl steuerwirksame als auch nicht steuerwirksame TW-AfA.** Sind sowohl bis 2001 (steuerwirksam) als auch ab 2002 (nicht steuermindernd) TW-AfA vorgenommen worden, ist eine spätere Zuschreibung zunächst auf die spätere, nicht steuermindernde TW-AfA zu beziehen und damit stfrei (zutr BFH I R 2/09 BStBl II 10, 760; zu Besonderheiten s *Schmidt* 39. Aufl § 6 Rz 378). – **GewSt.** S *Schmidt* 39. Aufl § 6 Rz 378.

379   d) **Fälle *teilweiser* Wertaufholung bei AV.** *Beispiel:* Aktien des AV (AK 100) haben zum Stichtag 01 die Schwankungs-Bandbreite von unten verlassen und notieren mit 90, was eine TW-AfA rechtfertigt; zum Stichtag 02 hat sich der Kurs bis auf 96 erholt. Der Gesetzeswortlaut legt eine Wertaufholung auf 100 nahe, da die Schwankungsbandbreite von 5% nicht mehr verlassen wird und daher keine voraussichtl dauernde Wertminderung vorliegt (so dürfte auch BFH I R 49/15 BStBl II 17, 1002 Rz 16 zu verstehen sein; glA wohl *Strahl* KÖSDI 09, 16 642, 16 655). Die FinVerw lässt zur Vermeidung von Überbewertungen aber den Ansatz des tatsächl Werts von 96 zu (*BMF* BStBl I 16, 995 Rz 17 S 3).

381   **6. Anschaffungsnahe Herstellungskosten bei Gebäuden, § 6 I Nr 1a.** Literatur *Günther* EStB 19, 189; *Bruschke* DStZ 19, 475; *Denker/Gummels* NWB 20, 3839; zur Rechtsentwicklung s *Schmidt* 38. Aufl § 6 Rz 380. – **a) Anwendungsbereich.** Nr 1a gilt unmittelbar für **bilanzierende StPfl** (Einleitungssatz des § 6 I), daneben aber aufgrund von Verweisen auch für **§ 4 III** (§ 6 VII Nr 2) sowie die **Überschusseinkünfte** (§ 9 V 2). Die Regelung gilt auch im Bereich der **Subventionsvorschriften** für Denkmalschutz und Städtebau; die nach den entspr Sondervorschriften (§§ 7i, 7h, 11a, 11b) begünstigten Aufwendungen sind daher in die 15%-Grenze einzubeziehen (zutr *OFD Ffm* DStR 12, 1864; ausführl *Marx/Noack* DStR 13, 173; aA *Götz* DStR 11, 1016). – Weil Nr 1a von § 255 II HGB abweicht, kommt es zu einem **Auseinanderfallen von HB und StB** (s *Kahle/Heinstein* DStZ 07, 93, 99; *Schiffers/Köster* DStR 16, 862, 872; für Anwendung von Nr 1a auch auf die HB aber *Hoffmann* DStR 16, 2273). Wegen der fehlenden Geltung für die HB ist der Anwendungsbereich der **EG-Richtl**, auf der § 255 II HGB beruht, nicht berührt (BFH IX R 20/08 BStBl II 10, 125 unter II.2.b bb (2) (d)).

b) Instandsetzungs- und Modernisierungsaufwendungen über 15 % der Anschaffungskosten. – aa) Begriff. Erfasst sind baul Maßnahmen, durch die Mängel an vorhandenen Einrichtungen eines bestehenden Gebäudes oder am Gebäude selbst beseitigt werden oder das Gebäude durch Erneuerung in einen zeitgemäßen Zustand versetzt wird (BFH IX R 25/14 BStBl II 16, 992 Rz 15). Hierunter fallen auch die klassischen **Schönheitsreparaturen** iSd Mietrechts (BFH IX R 25/14 BStBl II 16, 992 Rz 16; BFH IX B 49/19 BFH/NV 20, 94; die *FinVerw* wendet die frühere großzügigere Rspr bis VZ 2016 weiter an, s *BMF* BStBl I 17, 1447) sowie durch den langjährigen vertragsmäßigen Gebrauch (BFH IX R 41/17 BStBl II 18, 533: Aufwendungen anlässl eines Mieterwechsels; dazu *Dorn* NWB 18, 2608; *Schießl* StuB 18, 609) oder durch das Alter des Gebäudes bedingte Schäden (FG Düsdorf EFG 16, 1774, rkr). Allein der Umstand, dass die Baumaßnahme gesetzl zwingend ist, schließt die Anwendung der Nr 1a nicht aus (zutr FG Mster EFG 15, 1177, rkr: energetische Sanierung). Letztl sind alle Maßnahmen einbezogen, die nicht durch S 2 ausdrückl ausgenommen werden (BFH IX R 25/14 BStBl II 16, 992 Rz 22). Dies gilt (entgegen der früheren Rspr zum anschaffungsnahen Aufwand) auch für die **Beseitigung versteckter Mängel** (BFH IX R 6/16 BStBl II 18, 9; BFH IX R 41/17 BStBl II 18, 533 Rz 16; EStR 6.4 I 1). Aufwendungen zur Beseitigung von **Schäden, die eindeutig erst nach dem Erwerb** *entstanden* **sind** (und auch nicht schon vor dem Erwerb angelegt waren), sind im Hinblick auf Zweck und Entstehungsgeschichte aber nicht erfasst (zutr BFH IX R 6/16 BStBl II 18, 9 Rz 17: nachträgl durch Mieter verursachte Schäden); Gleiches muss mE für Schäden aufgrund späterer Naturereignisse gelten (zutr *Korn* KÖSDI 19, 21210).

bb) Ermittlung der Anschaffungskosten gemischt genutzter Gebäude. Bei unterschiedl Nutzungs- und Funktionszusammenhängen kommt es für die 15%-Grenze nach den allg Regeln auf das jeweilige WG an, dh Aufteilung (BFH IX R 25/14 BStBl II 16, 992 Rz 24; Übergangsregelung der *FinVerw* bis VZ 2016 s *BMF* BStBl I 17, 1447). Bei einheitl Nutzung mehrerer Wohnungen im selben Gebäude ist hingegen keine Aufteilung vorzunehmen (BFH IX R 22/15 BStBl II 16, 999 Rz 25).

cc) Unentgeltlicher Erwerb. Mangels „Anschaffung" (Rz 42) ist Nr 1a nicht anwendbar. Allerdings tritt der Rechtsnachfolger in eine für den Rechtsvorgänger noch lfd Drei-Jahres-Frist ein (*Röhrig/Doege* DStR 06, 161, 165; *Günther* EStB 16, 424). Bei **teilentgeltl Erwerb** (insb durch vorweggenommene Erbfolge oder Erbauseinandersetzung) können anschaffungsnahe HK nur bezogen auf den entgeltl Teil des Erwerbs gegeben sein. Aufwendungen iHd Unentgeltlichkeitsquote sind hingegen sofort abziehbar (EStR 6.4 I 2; *Deutschländer* NWB 14, 1523, 1528; *Dorn* NWB 18, 18, 23). – **Entnahme.** Da es sich nicht um eine Anschaffung (Übertragung des wirtschaftl Eigentums von einem Dritten auf den StPfl) handelt, ist Nr 1a hier mE nicht anwendbar (**aA** FG Köln EFG 21, 1902, Rev IX R 7/21; zust Anm *Wackerbeck* EFG 21, 1905; krit Anm *Kleinmanns* BB 21, 1714).

dd) 15 %-Grenze. Liegen die anschaffungsnahen HK über 15 % der Gebäude-AK (ohne AK für GuB, aber einschließl Anschaffungsnebenkosten), wirken sie sich nur im Wege der AfA aus. Dabei sind alle Aufwendungen (mit Ausnahme der in Rz 389 f genannten) zu addieren (BFH IX R 20/08 BStBl II 10, 125; BFH IX B 3/13 BFH/NV 13, 1408; krit *Fahlenbach* DStR 10, 2066). Aufwendungen zur Beseitigung von Schäden, für die der Verkäufer des Gebäudes ersatzpfl ist, mindern sich um dessen Ersatzzahlungen (BFH IX R 5/13 BFH/NV 14, 312); nur ein eventueller Restbetrag zählt für die 15 %-Grenze. Da Nr 1a sich auf Gebäude beschränkt, sind anschaffungsnahe Aufwendungen für bewegl WG (zB Betriebsvorrichtungen) und selbständige unbewegl WG (zB Außenanlagen) nicht einzubeziehen (zutr *Dorn* NWB 18, 18, 25). – **Bedeutung der USt.** Bei den nachträgl Aufwendungen ist nach dem klaren Gesetzeswortlaut unabhängig von der Abziehbarkeit der VorSt stets der Nettobetrag (ohne USt) maßgebl. Der Vergleichswert („AK des Gebäudes") ist hingegen nach Maßgabe des § 9b zu ermitteln (dh nichtabziehbare VorSt erhöht die AK). Dies ist günstig für den StPfl.

386 **ee) Rechtsfolge bei Aufwendungen bis 15 % der Anschaffungskosten.** Hier bleiben die allg Regeln für die Abgrenzung zw AK/HK einerseits und Erhaltungsaufwendungen andererseits anwendbar (zutr *Spindler* DB 04, 507, 510; *Pezzer* DStR 04, 525, 527; zu AK unter dem Gesichtspunkt der Betriebsbereitschaftskosten Rz 45, zu HK durch wesentl Verbesserung Rz 181 ff). Die *FinVerw* sieht die 15 %-Grenze allerdings für Fälle der wesentl Verbesserung idR als Nichtaufgriffsgrenze an (*BMF* BStBl I 03, 386 Rz 38).

387 **c) Drei-Jahres-Frist.** Nur Maßnahmen, die innerhalb von drei Jahren nach der Anschaffung (Erwerb des wirtschaftl Eigentums; näher zum Zeitpunkt der Anschaffung s Rz 35) durchgeführt werden, fallen unter Nr 1a; auf den Zeitpunkt der Zahlung kommt es nicht an. – **Aufwendungen vor Anschaffung.** Sie sind von Nr 1a nicht erfasst (BFH IX B 121/19 BFH/NV 20, 870; *Tiedchen* EFG 20, 1502; *Günther* EStB 21, 123). Dies eröffnet die Möglichkeit, mit dem Voreigentümer zu vereinbaren, dass der Erwerber Reparaturarbeiten bereits vor Übergabe vornehmen darf. Der BRat wollte diese Gesetzeslücke im JStG 20 schließen (BT-Drs 19/23551, 2); dies ist aber nicht ins Gesetz übernommen worden, so dass der Gesetzgeber die Rspr gebilligt hat. – **Unfertige Leistungen.** Die *FinVerw* will auch solche Maßnahmen, die bis zum Fristablauf nicht abgeschlossen werden, insoweit berücksichtigen, als Leistungen bereits innerhalb der Frist erbracht worden sind (*LfSt Bayern* DStR 10, 1941; *OFD Nds* DB 10, 1910 Rz 6; *OFD NRW* DB 17, 817; glA *Rukaber* NWB 16, 3476, 3483; *Schießl* StuB 18, 609, 614; *Denker/Gummels* NWB 20, 3839, 3845). ME ist dies unzutr. Der Gesetzeswortlaut „durchgeführt" spricht eher dafür, dass eine Maßnahme „abgeschlossen" sein muss. Ob dies der Fall ist, richtet sich nach den bautechnischen Zusammenhängen; mE gelten dieselben Kriterien wie für die Gewinnrealisierung beim Werkunternehmer (s § 5 Rz 608; glA *Frantzmann* FR 18, 784, 789). – **Taggenaue Fristberechnung.** Weil die Vorschrift typisiert, gilt die Drei-Jahres-Frist strikt (taggenau, nicht etwa drei Kj). Die daraus resultierenden Gestaltungsmöglichkeiten hat der Gesetzgeber in Kauf genommen (glA *Pezzer* DStR 04, 525, 527 Fn 21; *Schiffers/Köster* DStZ 16, 862, 872). Zu beachten ist allerdings, dass der Zeitraum für die Umqualifizierung in HK nach den (neben Nr 1a anwendbaren) Rspr-Grundsätzen zur wesentl Verbesserung länger als drei Jahre sein kann (Sanierung in Raten; s Rz 183). – **Rückwirkende Änderung.** Wird die 15 %-Grenze erst im zweiten oder dritten Jahr überschritten, können die Bescheide der vorangehenden Jahre nach § 175 I 1 Nr 2 AO korrigiert werden (Ereignis mit steuerl Rückwirkung; zutr AEAO § 175 Nr 2.4).

389 **d) Nicht in die 15 %-Grenze einzubeziehende Aufwendungen, § 6 I Nr 1a S 2. – aa) Erweiterungen.** Außer Betracht bleiben zum einen die Aufwendungen für (echte) Erweiterungen (hierzu ausführl Rz 171 ff). Diese sind unabhängig von ihrer Höhe stets HK. Zu beachten ist allerdings, dass die Rspr den Begriff „Erweiterung" in bestimmten Fällen hinter den der „wesentl Verbesserung" zurücktreten lässt und Erhaltungsaufwand annimmt (s Rz 175); dann bleibt Nr 1a anwendbar. – Instandsetzungsaufwendungen, die bereits nach der typisierenden Rspr unter dem Gesichtspunkt einer **wesentl Verbesserung** zu HK führen (s Rz 181 ff), sind in die 15 %-Grenze einzubeziehen, wenn sie iRe Renovierung oder Modernisierung iZm dem Erwerb des Gebäudes anfallen (BFH IX R 25/14 BStBl II 16, 992 Rz 20: Vereinfachung und Typisierung; Nr 1a als Spezialregelung zu § 255 HGB). Dadurch können zusätzl auch „echte" Erhaltungsaufwendungen in HK umqualifiziert werden:

Nicht abnutzbares Anlage- und Umlaufvermögen

Beispiel: AK des Gebäudes 200 000 €, Aufwand für wesentl Verbesserung 100 000 €, sonstiger Instandsetzungsaufwand 20 000 €. Da die bereits durch die Rspr in HK umqualifizierten Aufwendungen für wesentl Verbesserung in die 15 %-Grenze der Nr 1a einzubeziehen sind, werden auch die 20 000 € (die bei isolierter Betrachtung unter der 15 %-Grenze bleiben) zu HK. – Dasselbe gilt für Aufwendungen, die nach der Rspr auch ohne Nr 1a schon unter dem Gesichtspunkt der **Betriebsbereitschaftskosten** in die AK einzubeziehen wären (BFH IX R 15/15 BStBl II 16, 996 Rz 12).

bb) Erhaltungsarbeiten, die jährlich üblicherweise anfallen. Diese sind ebenfalls auszuscheiden. Der enge Gesetzeswortlaut betrifft vor allem die lfd Wartung von Heizungs- und Aufzugsanlagen sowie die Beseitigung von Rohrverschlüssen (BFH IX R 22/15 BStBl II 16, 999 Rz 24). Die klassischen Schönheitsreparaturen sind hier jedoch nicht erfasst, da sie nicht jährl vorgenommen zu werden pflegen (s Rz 382). Alle anderen Aufwendungen sind schon aufgrund des typisierenden Charakters der Regelung einzubeziehen, auch wenn es sich nach den allg Regeln eindeutig um Erhaltungsaufwand handeln würde (BFH IX R 20/08 BStBl II 10, 125 unter II.2.b).

7. Wahlrechte bei Herstellungskosten, § 6 I Nr 1b. Zu dieser (seit 2016 mit Rückwirkung für die Vergangenheit geltenden) Regelung s Rz 199.

VI. Nicht abnutzbares Anlagevermögen und Umlaufvermögen, § 6 I Nr 2–2b

1. Bewertungsgrundsätze. Die nicht abnutzbaren WG des AV und die WG des UV sind mit den AK/HK anzusetzen (§ 6 I Nr 2 S 1). Ggf treten andere Werte (TW, gemeiner Wert, Buchwert) an die Stelle der AK/HK (s Rz 341). Diese Bewertungsobergrenze ist um Abzüge nach § 6b zu mindern. AfA nach § 7 dürfen hingegen nicht vorgenommen werden. Zur TW-AfA bei voraussichtl dauernder Wertminderung (§ 6 I Nr 2 S 2) s Rz 359 ff, zur Wertaufholung (§ 6 I Nr 2 S 3) s Rz 376 ff. Soweit § 256a S 2 HGB bei Fremdwährungsforderungen mit einer Restlaufzeit von höchstens einem Jahr die **Realisierung aufgelaufener Währungsgewinne** anordnet, gilt dies wegen des Vorrangs von § 6 I Nr 2 (Begrenzung auf die AK) nicht für die StB (s *Schmidt* 39. Aufl § 6 Rz 22).

2. Nach § 6 I Nr 2 zu bewertende Wirtschaftsgüter. – a) Grund und Boden. Dieser ist getrennt vom WG Gebäude zu bewerten. Zum Umfang der Bewertungseinheit GuB und zu selbständigen WG s Rz 213 (Abgrenzung zu Außenanlagen), § 13 Rz 233 (Besonderheiten der LuF). Selbständige WG sind insb stehendes Holz (s § 13 Rz 14), Pflanzenanlagen bei Dauerkulturen (§ 13 Rz 25, 29 mwN), Feldinventar und stehende Ernte (s § 13 Rz 238), genutzte bzw konkretisierte Bodenschätze (s § 7 Rz 227) und mit dem Grundstück verbundene Rechte (s § 5 Rz 134; zum Jagdrecht s § 13 Rz 55; zum Erbbaurecht s Rz 89). Zu AK durch Erschließungskosten s Rz 59, zur TW-Ermittlung s Rz 272.

b) Beteiligungen. Zur Ermittlung des TW s Rz 278 ff. – **Abgrenzung zu Wertpapieren.** Nach § 271 I HGB handelt es sich bei Beteiligungen um solche Anteile an anderen Unternehmen, die bestimmt sind, dem eigenen Geschäftsbetrieb durch Herstellung einer dauernden Verbindung zu dienen; dies ist bei Anteilen von mehr als 20 % des Nennkapitals zu vermuten (§ 271 I 3 HGB). Der BFH vertritt eine eher weite Auslegung (BFH I R 293/82 BStBl II 87, 446; BFH IV R 133/86 BStBl II 89, 737). – **Bewertungseinheit.** Handelt es sich bei den Anteilen um eine Beteiligung, dürfen sie nicht mehr mit einem Durchschnittswert bewertet werden, da sie nunmehr zusammen mit den AK (ggf mit dem niedrigeren TW) anzusetzen ist (BFH I R 76/71 BStBl II 73, 397 unter 3.; BFH I R 199/84 BStBl II 86, 794 unter 1.2). Soweit Anteile veräußert oder eingezogen werden sollen, ist die Bewertungseinheit wieder zugunsten einer Einzelbewertung aufzugeben. Die quotengleiche unentgeltl Einziehung führt zum Übergang der anteiligen Buchwerte der eingezogenen Anteile auf die verbleibenden Anteile, der disquotale Einzug zugunsten anderer Ges'ter bewirkt Aufwand (BFH VIII R 26/03 BStBl II 06, 22; s auch Rz 37). – **Beteiligungen an PersGes** sind von Nr 2 nicht erfasst; insoweit sind in der StB die Anteile an den einzelnen WG der PersGes zu aktivieren (s Rz 140 „Beteiligung an PersGes").

405 **c) Wertpapiere und Forderungen.** Wegen der Abgrenzung zw **Wertpapieren** und Beteiligungen s Rz 404; zur Bewertung von Zerobonds, Wechselforderungen und anderen Aufzinsungspapieren s Rz 140 „Zerobonds"; zu Optionen und Optionsanleihen s Rz 140 „Optionen"; zum Ansatz der Anschaffungsnebenkosten s Rz 254; zur Wertpapierleihe s § 5 Rz 270 „Wertpapierleihe"; zu Wertpapier-Pensionsgeschäften s § 5 Rz 270 „Pensionsgeschäfte". – **Forderungen** können auf Geld- oder Sachleistungen gerichtet sein. Sie sind mit den AK (s Rz 140 „Forderungen"), ggf mit dem niedrigeren TW (s Rz 291 ff), anzusetzen.

407 **d) Umlaufvermögen.** Zum Begriff und zu Einzelfällen s Rz 348. – Auch **Vorratsvermögen** ist grds einzeln zu bewerten; Vereinfachungen sind aber ggf zulässig (zu LiFo s Rz 411 ff). Die AK von Waren dürfen auch retrograd durch Abschläge auf die Verkaufspreise ermittelt werden (s Rz 41). Für Zölle und Verbrauchsteuern, die auf das Vorratsvermögen entfallen, ist ein besonderer Aktivposten zu bilden (§ 5 V 2 Nr 1, s § 5 Rz 259). Zum TW bei Ableitung vom Verkaufspreis s Rz 257 ff; zur Bewertung von Vorräten nach **IFRS** (IAS 2) s *Quick* DB 08, 2206. – Zur Bilanzierung von **Optionen** s Rz 140 „Optionen", zu **Finanzinstrumenten** s Nr 2b (Rz 427).

411 **3. LiFo-Verfahren, § 6 I Nr 2a.** Ausführl *BMF* BStBl I 15, 462; *Hüttemann / Meinert* DB 13, 1865; *Herzig* DB 14, 1756; *Drüen/Mundfortz* DB 14, 2245; *Prinz* DB 15, 1196; *Schumann* EStB 15, 247; *Bolik/Burek* NWB 15, 2214; *Köhler* StBP 16, 249. – In persönl Hinsicht setzt die Anwendung **Gewinnermittlung nach § 5** voraus (dh nur bei Gewerbetreibenden, die aufgrund gesetzl Vorschrift oder freiwillig Bücher führen; s § 5 Rz 6 ff). StPfl, die unter § 4 I fallen (zB buchführende LuF), sind damit ausgeschlossen. In sachl Hinsicht ist das Verfahren auf gleichartige (s Rz 414) WG des Vorratsvermögens (s Rz 412) beschränkt; ferner muss es im jeweiligen Einzelfall den handelsrechtl GoB entsprechen (s Rz 416). Zu den Rechtsfolgen s Rz 418.

412 **a) Wirtschaftsgüter des Vorratsvermögens.** Hierzu gehören vor allem Roh-, Hilfs- und Betriebsstoffe, unfertige Erzeugnisse sowie fertige Erzeugnisse und Waren (s § 266 II B. I. HGB). Auf sonstiges UV sowie auf AV ist LiFo grds nicht anwendbar. – **Materialbestandteile von fertigen und unfertigen Erzeugnissen.** Die Anwendung des LiFo-Verfahrens ist hier zulässig, sofern diese Kosten gesondert erfasst werden (EStR 6.9 II 4; *BMF* BStBl I 15, 462 Rz 4). Auf weitere Kostenbestandteile der Erzeugnisse (zB Fertigungslöhne) ist dies mE nicht übertragbar (zurückhaltend auch *ADS* § 256 Rz 27; **aA** wohl *Schüttler/Hunecke* DStR 15, 2300). – **Erweiterungen auf WG des UV, die nicht zum Vorratsvermögen gehören.** S *Schmidt* 39. Aufl § 6 Rz 412.

414 **b) Gleichartigkeit.** Dieses Merkmal bezieht sich auf die **Warengattung oder Funktion** (zB ähnl Markt-, Umschlags- und Preisentwicklung; vergleichbare Qualität; markt- und verkehrsübl Produktklassen; s EStR 6.9 III). Auf engere gesetzl Handelsvorschriften kommt es nicht immer an (für Weinhandel BT-Drs 11/2536, 47). Sind die WG zu unterschiedl, können sie in mehrere Gruppen eingeteilt werden; auf jede dieser Gruppen kann dann LiFo angewendet werden (ausführl zur Gruppenbildung in der Weinwirtschaft *BMF* BStBl I 90, 148; zu Gruppen in der Sekundärrohstoff- und Entsorgungswirtschaft *OFD Mchn* DB 92, 1602 zu Gruppen für Tabak- und Zigarettenvorräte in der Tabakindustrie *BMF* DB 92, 1103 und *LfSt Bayern* DStR 09, 2318; zu Gruppen in der Textilindustrie *Jungkunz / Köbrich* DB 89, 2285, 2290; zur Fortschreibung einer einmal gebildeten Gruppenstruktur s *Hörtig/Uhlich* DB 94, 1045). Je größer die Gruppe gewählt wird, desto größer ist der Vereinfachungs- und Unterbewertungseffekt der LiFo-Methode. – **Annähernde Preisgleichheit** ist nicht erforderl; erhebl unterschiedl Preise können jedoch Anzeichen für Gattungsunterschiede (fehlende Gleichartigkeit) sein. – Bei der Prüfung der Gleichartigkeit ist nach dem ausdrückl Willen des Gesetzgebers ein **großzügiger Maßstab** anzulegen (BT-Drs 11/2536, 47; krit allerdings BFH VIII R 32/98 BStBl II 01, 636 unter II.2.d cc). Ein zu enger Maßstab ist schon deshalb nicht gerechtfertigt, weil anstelle von LiFo auch Durchschnittswerte gebildet werden könnten (hierzu ausführl *Schmidt* 37. Aufl § 6 Rz 624 ff), dies aber keine Preisgleichheit voraussetzen würde (EStR 6.8 IV). – Zu **Index-Verfahren,** die mE nicht unter Nr 2a fallen, s *Schmidt* 30. Aufl § 6 Rz 414 mwN.

c) Handelsrechtliche GoB. Das LiFo-Verfahren muss im jeweiligen Einzelfall **416** den handelsrechtl GoB entsprechen. Allerdings ist nicht erforderl, dass in der konkreten HB entspr verfahren wird (EStR 6.9 I 2; eigenständiges steuerl Wahlrecht, zur Parallelproblematik bei Nr 1, 2 s auch Rz 361 mwN). – Die *FinVerw* bejaht die GoB-Entsprechung schon dann, wenn die WG mengenmäßig vollständig erfasst werden und die LiFo-Methode nach den betriebsindividuellen Verhältnissen zu einer **Bewertungsvereinfachung** führt (*BMF* BStBl I 15, 462 Rz 2), zB bei Massenartikeln oder vermengbaren Vorräten. Dass die Einzelbewertung darüber hinaus „typischerweise einen unvertretbaren Aufwand" verursacht (so evtl BFH VIII R 32/98 BStBl II 01, 636 unter II.2.b), ist mE nicht zu fordern. Allein die Nutzung einer **EDV-Lagerhaltung** steht dem LiFo-Verfahren daher grds nicht entgegen (*Hildebrandt* DB 11, 1999; *Hennrichs* Ubg 11, 705, 710; *Hüttemann/Meinert* DB 13, 1865), weil die Abschaffung dieses Verfahrens dem Gesetzgeber, nicht aber der elektronischen Entwicklung vorbehalten ist (glA *Meurer* BB 15, 1394). Die *FinVerw* sieht dies nur für den (seltenen) Sonderfall anders, dass bei Handelswaren die Ermittlung der individuellen AK ohne *jegl* weiteren Aufwand mögl ist (*BMF* BStBl I 15, 462 Rz 6); diese Einschränkung dürfte aber kaum praktische Bedeutung erlangen. Allerdings scheidet LiFo bei WG aus, deren AK/HK hoch und dem einzelnen WG leicht zuzuordnen sind (BFH VIII R 32/98 BStBl II 01, 636 unter II.2.c: Pkw). – Auch die **Bewertungsstetigkeit** (§ 252 I Nr 6 HGB; s Rz 12) ist zu beachten (EStR 6.9 V 3). Ein willkürl Übergang zu Durchschnittswerten ist daher nicht mögl. Selbst bei sinkenden Preisen soll eine Abkehr vom LiFo-Verfahren nur bei stichhaltigen Gründen zulässig sein; eine TW-AfA bleibt aber zu prüfen. Steuerl hängt die Beendigung der LiFo-Bewertung ohnehin von der Zustimmung des FA ab (s Rz 423).

d) Rechtsfolge des LiFo-Verfahrens. – aa) Last in – First out. Es wird un- **418** terstellt, dass die zuletzt angeschafften oder hergestellten WG zuerst verbraucht oder veräußert werden; dh nur die ältesten WG (die idR die geringeren AK/HK haben werden) verbleiben in der Bilanz. Damit wird der Einzelbewertungsgrundsatz insoweit durchbrochen, als bestimmte WG mit den AK/HK *anderer* (früher angeschaffter) WG bewertet werden (BFH VIII R 32/98 BStBl II 01, 636 unter II.2.a). – **Zweck.** Die Regelung dient in erster Linie der Vereinfachung (Überschrift des § 256 HGB), daneben auch der Vermeidung der Besteuerung von Scheingewinnen (BT-Drs 11/2157, 140; *BMF* BStBl I 15, 462; unzutr **aA** BFH VIII R 32/98 BStBl II 01, 636 unter II.2.d). – **Ermittlung der für LiFo maßgebl AK/HK.** Es gelten grds keine Besonderheiten. Inventurpflicht besteht auch bei LiFo; eine zeitverschobene Inventur ist nicht zulässig (EStR 5.3 II 10; krit *Brezing* StbJb 90/91, 51, 58). – Zu den **Unterarten des LiFo-Verfahrens** s *Schmidt* 38. Aufl § 6 Rz 419.

bb) Wahlrecht. Der StPfl kann sein Wahlrecht zur Anwendung des LiFo- **419** Verfahrens für jede Gruppe gesondert ausüben (EStR 6.9 II 3). Das jeweils gewählte Verfahren muss nicht zwingend mit der tatsächl Verbrauchsfolge übereinstimmen, weil sonst keinerlei Notwendigkeit für die gesetzl Vereinfachungsregelung bestanden hätte (*BMF* BStBl I 15, 462 Rz 5; offen gelassen in BFH VIII R 32/98 BStBl II 01, 636 unter II.2.c). Allerdings darf die bei LiFo unterstellte Verbrauchsfolge nicht dem genauen Gegenteil der tatsächl entsprechen (EStR 6.9 II 2; zust *Hennrichs* Ubg 11, 705, 709). Beispiele sind etwa leicht verderbl Lebensmittel, bei denen idR ältere Ware vor jüngerer verkauft wird (*BMF* DB 97, 1251: Fleisch), wobei die *FinVerw* die Grenze bei einer **Haltbarkeit von einem Jahr** zieht (*BMF* BStBl I 15, 462 Rz 9). Es darf auch nicht (wie zB bei Saisonbetrieben) zu einem zwischenzeitl restlosen Verbrauch der Vorräte kommen (*Brezing* StbJb 90/91, 51, 56; aA *Herzig/Gasper* DB 92, 1301, 1302).

420   cc) **Andere Verbrauchsfolgen.** Denkbar wäre zB HiFo (highest in first out) oder FiFo (first in first out). Sie werden in Nr 2a nicht zugelassen (glA EStR 6.9 I; Einzelheiten s *Schmidt* 39. Aufl § 6 Rz 420).

422   e) **Übergang zum LiFo-Verfahren.** Hier gilt als erster Zugang der Bilanzansatz des Vorratsbestands am Schluss des vorangegangenen Wj (§ 6 I Nr 2a S 2). Dabei kann es sich auch um einen Durchschnittswert handeln. Aufgrund der Maßgeblichkeit des letzten Bilanzansatzes werden steuerl Abschläge auf die tatsächl früheren AK/HK (zB TW-AfA; RfE, die auch bei UV zulässig ist) fortgeführt. Da der Übergang auf LiFo aber keine Anschaffung darstellt, ist bei vorangegangener TW-AfA die (bei Erfüllung der Voraussetzungen zwingende) Wertaufholung zu prüfen.

423   f) **Übergang vom LiFo-Verfahren zur Regelbewertung.** Dieses Wahlrecht kann nur mit Zustimmung des FA ausgeübt werden (§ 6 I Nr 2a S 3). Das FA wird hierbei vor allem prüfen, ob der Grundsatz der Bewertungsstetigkeit beachtet ist (s Rz 416), dh der Übergang nicht willkürl erfolgt (BT-Drs 11/2157, 140). Es handelt sich um eine **Ermessensentscheidung** des FA. Die hierfür geltenden Kriterien sind mit denjenigen für die Zustimmung zu einer Umstellung des Wj (§ 4a I Nr 2 s, § 4a Rz 15) vergleichbar.

427   4. **Finanzinstrumente des Handelsbestands bei Kreditinstituten, § 6 I Nr 2b.** S ausführl *Helios/Schlotter* DStR 09, 547; *Ochs/Behnes* Ubg 13, 681; *Hiller* DStZ 16, 199; zum Hintergrund der Regelung s *Schmidt* 33. Aufl § 6 Rz 429. – a) **Anwendungsbereich.** – (1) **Persönl Anwendungsbereich.** Die Regelung beschränkt sich auf **StPfl iSd § 340 HGB,** dh im Wesentl auf Kreditinstitute. Alle anderen StPfl haben Finanzinstrumente mit den AK bzw dem niedrigeren TW zu bewerten (Nr 2). – (2) **Sachl Anwendungsbereich.** Nr 2b erfasst **Finanzinstrumente,** die zu **Handelszwecken** erworben wurden und *nicht* in eine Bewertungseinheit iSd § 5 Ia fallen. Damit sind solche Finanzinstrumente ausgeschlossen, die Sicherungszwecken dienen. Unter den Begriff der „Finanzinstrumente" (Legaldefinition in § 1 XI KWG) fallen neben Aktien und Schuldtiteln ua auch Derivate, zB Optionen, Futures, Swaps, Forwards und Warenkontrakte (*Scharpf/Schaber* DB 08, 2552, 2553). Nach Umgliederung des WG in den Anlagenbestand ist Nr 2b nicht mehr anwendbar (*BMF* DStR 15, 1756).

428   b) **Rechtsfolge.** Finanzinstrumente sind mit dem beizulegenden (dh aktuellen) **Zeitwert** abzügl eines Risikoabschlags nach § 340e III HGB anzusetzen **(„Fair-Value-Prinzip").** – Dies bedeutet im Fall von **Wertsteigerungen,** dass der Bilanzansatz (abw von der Regelbewertung nach Nr 2) nicht durch die AK begrenzt ist (zur Verfassungsmäßigkeit s *Schmidt* 39. Aufl § 6 Rz 428). – Umgekehrt setzt der **Ansatz eines gesunkenen Wertes** nicht voraus, dass die Wertminderung voraussichtl von Dauer sein wird (allg hierzu s Rz 364 ff). Insoweit schließt § 6 I Nr 2b S 2 die Anwendung des § 6 I Nr 2 S 2 ausdrückl aus. Auch § 5 IVa (Verbot von Drohverlustrückstellungen) wird verdrängt (zutr *Helios/Schlotter* FR 10, 874).

VII. Verbindlichkeiten und Rückstellungen, § 6 I Nr 3, 3a

441   1. **Ansatz von Verbindlichkeiten mit dem Nennwert. – a) Grundsatz.** Gem § 6 I Nr 3 sind Verbindlichkeiten unter sinngemäßer Anwendung der Nr 2 anzusetzen. Sie sind daher grds mit dem Nennwert auszuweisen, ggf mit dem *höheren* TW (BFH VIII R 62/85 BStBl II 89, 359 unter II.2.a). Die „AK" einer Ver-

bindlichkeit liegen in ihrem Erfüllungsbetrag iSd § 253 I 2 HGB; dies ist idR der **Nennwert** (BFH I R 24/96 BStBl II 98, 728 unter II.3.a). Einzelfragen zum TW von Verbindlichkeiten s Rz 451; zur Abzinsung s Rz 453 ff. Für einen Bestand aus zahlreichen gleichartigen Verbindlichkeiten können **Durchschnittswerte** angesetzt werden (§ 240 IV HGB). – **Fremdwährungsverbindlichkeiten.** Soweit § 256a S 2 HGB bei einer Restlaufzeit von höchstens einem Jahr die Realisierung aufgelaufener Währungsgewinne anordnet, gilt dies wegen des Vorrangs von § 6 I Nr 3 (Mindestansatz iHd Nennwerts, hier verstanden iSd *ursprüngl* Erfüllungsbetrags) nicht für die StB (s ausführl *Schmidt* 39. Aufl § 6 Rz 22).

b) Ansatz von Verbindlichkeiten dem Grunde nach. S ausführl § 5 Rz 310 ff, insb zu Verbindlichkeiten aus **schwebenden Geschäften** (§ 5 Rz 76, 312; zur Passivierung von Erfüllungsrückständen und Drohverlustrückstellungen s § 5 Rz 450 ff), bei **fehlender wirtschaftl Belastung** (§ 5 Rz 312), **aufschiebender Bedingung** (§ 5 Rz 314: noch keine Verbindlichkeit, für das Risiko der Inanspruchnahme kann ggf eine Rückstellung gebildet werden; s aber zu aufschiebend bedingten Hinterbliebenenrenten Rz 443), **Tilgung nur aus künftigen Einnahmen/Gewinnen** (§ 5 IIa; s § 5 Rz 315), **Verbindlichkeiten ggü Ges'tern** (§ 5 550 „Gesellschafterfinanzierung"; dort insb zu Rangrücktritt und Erlass gegen **Besserungsschein**). 442

c) Rentenverbindlichkeiten. – aa) Rentenbarwert. Weil eine Rentenverbindlichkeit keinen Nennwert hat, ist für ihre Bewertung der Betrag maßgebl, der am Bilanzstichtag für die Befreiung von dieser Verbindlichkeit aufzuwenden wäre. Dies ist der Barwert (BFH IV R 126/76 BStBl II 80, 491 unter 2.a; BFH X R 12/01 BStBl II 04, 211 unter II.1.). Seine Höhe ist einerseits von der Laufzeit der Rente, andererseits vom gewählten Zinsfuß abhängig. – **(1) Methodik der Barwertermittlung.** Vorrangig sind die **versicherungsmathematischen Grundsätze;** daher sind (abw von den Vorschriften des BewG) auch aufschiebend bedingte **Hinterbliebenenrenten** wegen der mit ihnen verbundenen wirtschaftl Belastung einzubeziehen (zutr BFH VIII R 64/93 BFH/NV 02, 10 unter 3.b). Hinsichtl des anzuwendenden *Zinsfußes* orientiert sich die Rspr jedoch idR nicht an versicherungsmathematischen Grundsätzen, sondern an dem in **§§ 13 ff BewG** zugrunde gelegten (dort gem § 13 III 2 BewG sogar zwingenden) Wert von 5,5 % (BFH IV R 22/68 BStBl II 70, 309; BFH VIII R 64/93 BFH/NV 02, 10 unter 3.c: ein höherer Zinsfuß komme insb bei vorhandener Wertsicherungsklausel grds nicht in Betracht). In der HB wird hingegen der durchschnittl Marktzins der letzten 7 Jahre angesetzt (§ 253 II 1, 3 HGB). – Für die **Berücksichtigung individueller Besonderheiten** (Lebenserwartung und Gesundheitszustand des Veräußerers) ist grds kein Raum (BFH I R 21/66 BStBl II 69, 334 unter II.1.). Bei nahen Angehörigen wird es aber an der Ausgewogenheit von Leistung/Gegenleistung fehlen, wenn eindeutige Anhaltspunkte für eine kürzere Lebenserwartung vorliegen und die Parteien die Rente gleichwohl nach der allg Sterbetafel bemessen (BFH X R 12/01 BStBl II 04, 211 unter II.2.c dd). – **(2) Höhe des jährlichen Aufwands.** Zunächst wirken sich sämtl lfd Rentenzahlungen gewinnmindernd aus. Gegenzurechnen ist jedoch die Differenz zw den Rentenbarwerten zum Ende des lfd Wj und dem Ende des letzten Wj (idR Ertrag durch Verringerung des Barwerts). Bei Wegfall der Rentenverpflichtung (idR durch Tod des Berechtigten) führt dies zu einem Ertrag iHd noch passivierten Barwerts (zum Ganzen BFH X R 12/01 BStBl II 04, 211 unter II.1.). – **(3) AK eines gegen Rentenzahlungen erworbenen WG.** S Rz 82 (1) mwN. 443

bb) Sonderfälle der Barwertermittlung. – (1) Rente gegen Einmalzahlung. Ist die Begründung der Rentenverpflichtung Gegenleistung dafür, dass der StPfl einen bestimmten Geldbetrag erhält, und wird dieses Geschäft unter fremden Dritten abgewickelt, ist als Barwert und TW der Rentenverpflichtung zwingend dieser Geldbetrag anzusetzen, sofern keine Fehlmaßnahme (Fehlkalkulation) vor- 444 liegt (BFH IV R 126/76 BStBl II 80, 491 unter 2.d, betr Hochzinsphase mit Zinsfuß 10%). Gleiches gilt, wenn ein bestimmter Kapitalbetrag für die Ablösung der Rentenverpflichtung vereinbart ist (BFH IV R 126/76 BStBl II 80, 491 unter 2.c mwN). Die Systematik ist hier also im Vergleich zur Anschaffung eines WG gegen Leibrente, wo der Rentenbarwert die AK des WG bestimmt (s Rz 82), genau umgekehrt. – **(2) Wertsicherungsklauseln.** Sie haben keinen Einfluss auf den anfängl einzubuchenden Rentenbarwert. Kommt es aufgrund einer solchen Klausel zu einer Erhöhung des lfd Rentenbetrags (und damit des Barwerts), stellt dies vielmehr Aufwand desjenigen Jahres dar, in dem die Erhöhung eintritt (BFH IV R 126/76 BStBl II 80, 491 unter 2.e).

447 **d) Sachleistungs- oder Dienstleistungsverpflichtungen.** Diese Verbindlichkeiten sind nicht auf Geld gerichtet. Sie sind mit dem Betrag anzusetzen, der den zur Erfüllung erforderl Aufwendungen entspricht. Dies sind idR die **Vollkosten** (s aber zu Rückstellungen § 6 I Nr 3a Buchst b, Rz 481). – *Beispiele:* Verbindlichkeiten, die auf Entfernung, Rückgabe, Übergabe von WG (zB Tausch) oder Reparatur gerichtet sind. Zu rückständigem Urlaub s § 5 Rz 550 „Urlaub"; zur korrespondierenden Bilanzierung der Warenrückgabe- und Erneuerungsverpflichtung iRe BetrAufsp s BFH IV R 59/73 BStBl II 75, 700; zu Sachwertdarlehen iRe Verpachtung s § 5 Rz 702 ff, § 13 Rz 116. – Vertragl **Rückkaufverpflichtungen** (zB wenn sich der Kfz-Händler beim Verkauf von Kfz an Mietwagen- oder Leasingunternehmen zur Rücknahme der Fahrzeuge zu einem bereits festgelegten Preis verpflichtet) sind mit dem Teil des Entgelts zu bewerten, der iRd Ankaufsgeschäfts auf die Rückkaufverpflichtung entfällt (zutr BFH IV R 52/04 BStBl II 09, 705 unter II.D.3.; BFH I R 83/09 BStBl II 11, 812; *BMF* BStBl I 11, 967).

448 **e) Verbindlichkeiten, deren Rückzahlungsbetrag höher als der Auszahlungsbetrag ist.** Bei **Einbehaltung eines Disagio** ist die Verbindlichkeit gleichwohl mit ihrem vollen Rückzahlungsbetrag zu passivieren. Auf der Aktivseite ist iHd Differenz ein ARAP zu bilden und über den Zeitraum der Zinsfestschreibung aufzulösen (s ausführl § 5 Rz 270 „Disagio"; zur Behandlung des Disagio beim Darlehensgeber s Rz 140 „Forderungen" (2); allg zu RAP s § 5 Rz 241 ff).

Bei Verbindlichkeiten aus **Zerobonds** ist zunächst nur der zugeflossene Betrag zu passivieren; die Verbindlichkeit ist zu den folgenden Bilanzstichtagen um den rechnerischen Zinsanteil zu erhöhen (s ausführl Rz 140 „Zerobonds"). – Zur Bilanzierung von Verbindlichkeiten aus **Optionen** und **Optionsanleihen** s Rz 140 „Optionen" (5), (6). – Beim **Bonussparen** erhält der Gläubiger einen zusätzl Zins, wenn er innerhalb der vereinbarten Laufzeit von vorzeitigen Verfügungen absieht. Die Verpflichtung der Bank zur Leistung dieses Zusatzzinses ist nicht in Form eines erhöhten Rückzahlungsbetrags der Verbindlichkeit, sondern als eigenständige Rückstellung zu passivieren und bewerten (s näher BFH I R 24/96 BStBl II 98, 728). Dies gilt auch bei **Vereinbarung steigender Zinsen** im Zuge der Laufzeit eines nicht ordentl kündbaren Darlehens (BFH I R 17/15 BStBl II 16, 930); anders jedoch, wenn das Darlehen jederzeit gekündigt werden kann (BFH I R 115/91 BStBl II 93, 373).

451 **2. Ansatz von Verbindlichkeiten mit dem höheren Teilwert.** Da für Verbindlichkeiten die Vorschriften des § 6 I Nr 2 *sinngemäß* gelten, ist dem Vorsichtsprinzip hier dadurch Rechnung zu tragen, dass Belastungen aus einem *höheren* TW vorweggenommen werden (§ 6 I Nr 2 S 3; s Rz 359 ff; auch hier gilt steuerl seit 2009 ein Wahlrecht). Erforderl ist eine voraussichtl dauernde Erhöhung des TW (ausführl zu Verbindlichkeiten s Rz 374); daran wird es bei Verbindlichkeiten, die den Betrieb wegen besonders hoher Zinssätze wirtschaftl stark belasten, idR fehlen, da der Rückzahlungsbetrag unverändert bleibt (**aA** wohl *BH/Ehmcke* § 6 Rz 959). Bei späterem Sinken des TW einer höher bewerteten Verbindlichkeit ist (entspr der Wertaufholung auf der Aktivseite) eine gewinnerhöhende Minderung des Passivpostens bis maximal zur Höhe des Nennwerts vorzunehmen (§ 6 I Nr 2 S 3 iVm Nr 1 S 4; s Rz 376). – Der Ansatz eines **niedrigeren TW** kommt bei Verbindlichkeiten hingegen nicht in Betracht, weil dies die Ausweisung nicht realisierter Gewinne bedeuten würde.

3. Abzinsung von Verbindlichkeiten, § 6 I Nr 3 S 1 HS 2. – a) Grundsatz. Verbindlichkeiten sind grds mit einem fest vorgegebenen Zinssatz von 5,5 % abzuzinsen. Wegen der in S 2 enthaltenen Ausnahmen sind letztl aber nur unverzinsl Verbindlichkeiten mit einer Restlaufzeit von mindestens 12 Monaten, die nicht auf einer Anzahlung oder Vorausleistung beruhen, abzuzinsen. In der Praxis ist daher die Abzinsung nicht die Regel, sondern die Ausnahme. Das Abzinsungsgebot gilt sowohl für Geld- als **auch für Sachleistungsverbindlichkeiten** (glA *BH/Ehmcke* § 6 Rz 956). Die Regelung bewirkt die Vorwegnahme des eingesparten Zinsaufwands für die gesamte Laufzeit (*Groh* DB 07, 2275, 2276). Zur Abzinsung unverzinsl Forderungen (TW-AfA) s Rz 296 f. – **Verhältnis zur HB.** Dort sind nur Rückstellungen und Rentenverbindlichkeiten abzuzinsen (§ 253 II HGB), nicht aber andere Verbindlichkeiten. Es kommt also zu Unterschieden zw HB und StB. – Bei **unverzinsl Anschaffungsverbindlichkeiten** (zB langfristigen Kaufpreisraten) sind auch die AK des erworbenen WG nur mit dem abgezinsten Wert anzusetzen (s Rz 82 (3)), sodass im Anschaffungsjahr nicht zu einer Gewinnauswirkung kommt (**aA** wohl *Stockum/Sälzer* GmbHR 11, 20). Wirtschaftl wird eine solche Verbindlichkeit ohnehin in einen Kapital- und einen (verdeckten) Zinsanteil aufzuteilen sein (*Groh* DB 07, 2275, 2277).

aa) Verfassungsmäßigkeit des Zinssatzes. Die gesetzl Typisierung mit 5,5 % ist mE seit der Verfestigung der Niedrigzinspolitik der EZB und dem Ablauf einer gewissen Überlegungsfrist für den Gesetzgeber nicht mehr sachgerecht und daher verfrechtl höchst bedenkl. Das BVerfG (1 BvR 2422/17 DStR 21, 1934) hat zum Zinssatz des § 238 I AO (6 %) entschieden, dass dieser ab VZ 14 mit Art 3 I GG unvereinbar, bis VZ 18 aber weiter anzuwenden ist, und den Gesetzgeber zu einer bis 31.7.22 zu beschließenden, ggf rückwirkenden Neuregelung verpflichtet. Dies ist mE auf Nr 3 übertragbar, auch wenn diese Regelung (anders als § 238 AO) grds nicht zu endgültigen Belastungen, sondern nur zu Gewinnvorverlagerungen führt, da auch solche Typisierungen auf einer verfrechtl tragfähigen Grundlage beruhen müssen (für 2015 Vorlage FG Köln EFG 18, 287 an das BVerfG zum Parallelproblem des 6 %-Rechnungszinsfußes bei Pensionsrückstellungen, dortiges Az 2 BvL 22/17). Jedenfalls im Jahr 2010 war der Zinssatz in Nr 3 aber noch unproblematisch (zutr BFH X R 19/17 BStBl II 19, 795 Rz 66 ff), ebenso im VZ 13 (FG Mster EFG 21, 1205, Beschw BFH XI B 44/21; **aA** FG Hbg EFG 19, 525, rkr [AdV]), 2015 (zur Parallelvorschrift des § 12 III BewG FG Ddorf EFG 21, 1735, rkr) und 2016 (FG Mster EFG 21, 1810). Für eine Auslegung bereits des einfachen Rechts, die eine Abzinsung von EZB-Krediten zum Zinssatz von 0 % vermeidet, *Cloer/Holle/Niemeyer* DStR 19, 347; *Melan* DStR 19, 1319.

bb) Abzinsungstechnik. Die Abzinsung ist **taggenau** vorzunehmen (*BMF* BStBl I 05, 699 Rz 3; Abzinsungsfaktoren für Fälligkeitsdarlehen dort in Anlage 2, für Tilgungsdarlehen in Anlage 3). – Die während der weiteren Laufzeit vorzunehmenden **jährl Zuschreibungen bewirken Aufwand.** Wirtschaftl handelt es sich zwar um zinsähnl Aufwand; die speziellen **Hinzurechnungsregelungen** nach § 8 Nr 1 Buchst a GewStG (*BMF* BStBl I 05, 699 Rz 39; GLE BStBl I 12, 654 Rz 12; anders aber wohl BFH VIII R 19/70 BStBl II 75, 647), § 8a KStG in der bis 2007 geltenden Fassung (*BMF* BStBl I 05, 699 Rz 22) und § 4 IVa EStG (*Groh* DB 07, 2275, 2278) sind auf diesen Aufwand aber nicht anwendbar. Anders verhält es sich kraft ausdrückl gesetzl Regelung (§ 4h III 4) bei der **Zinsschranke:** Hier stellen die jährl Aufzinsungsbeträge Zinsaufwand dar; der einmalige Abzinsungsertrag bei Einbuchung der Verbindlichkeit soll sich hingegen nicht zugunsten des StPfl auswirken (*BMF* BStBl I 08, 718 Rz 27; mE inkonsequent; s auch § 4h Rz 26 mwN).

cc) Abzinsung unverzinslicher Darlehen in Gesellschaftsverhältnissen. – (1) Personengesellschaft. Darlehen des Ges'ters an die PersGes werden durch den korrespondierenden Ansatz einer Forderung im SonderBV iErg wie EK behandelt und sind daher auch bei Unverzinslichkeit nicht abzuzinsen (BFH IV R 66/05 BFH/NV 08, 1301 unter II.3.). Unverzinsl Darlehen der PersGes an den Ges'ter können hingeg steuerl zum notwendigen PV der PersGes gehören und unterliegen dann einem Bilanzierungsverbot (s BFH IV R 64/93 BStBl II 96, 642).

457 **(2) Kapitalgesellschaft.** – **(a) Unverzinsliche Darlehen des Gesellschafters** sind grds abzuzinsen. Dies gilt auch zw verbundenen Unternehmen (*BMF* BStBl I 05, 699 Rz 21). Insb kann ein höheres Ausschüttungspotenzial die fehlende Verzinsung nicht ausgleichen (BFH I R 35/09 BStBl II 10, 478 Rz 15). Eine Neutralisation des aus der Abzinsung resultierenden Gewinns durch Abzug einer verdeckten Einlage scheidet ebenfalls aus, da der Nutzungsvorteil nicht einlagefähig ist. – **(b) Unverzinsliche kapitalersetzende Darlehen.** Auch hier nimmt die einhellige Rspr entspr dem Gesetzeswortlaut eine Abzinsung vor (BFH I R 4/08 BStBl II 10, 177 unter II.4.; BFH I R 35/09 BStBl II 10, 478 Rz 11 ff, VerfBeschw 2 BvR 786/10 nicht zur Entscheidung angenommen; BFH I R 102/09 BStBl II 11, 169 Rz 9; BFH I B 122/14 BFH/NV 16, 405). Dies ist zutr, da Ges'terdarlehen handels- und steuerrechtl Fremdkapital darstellen und unter die hierfür geltenden Bilanzregelungen fallen, nimmt aber iErg den gesamten während der Laufzeit anfallenden wirtschaftl Ertrag aus der Unverzinslichkeit vorweg (krit daher *Hauber/Kiesel* BB 00, 1511; *Stümper/Entenmann* GmbHR 08, 312). – **(c) Gestaltungsmöglichkeiten.** Ist der **Abzinsungsgewinn unerwünscht**, kann er durch die Vereinbarung kurzfristiger, aber mehrfach verlängerter Darlehen (s Rz 460) oder (was sicherer ist) sehr niedriger Zinssätze (s Rz 461) vermieden werden. Eine solche Zinsvereinbarung wirkt allerdings nicht wertaufhellend auf den letzten Bilanzstichtag zurück (FG BBg EFG 15, 1820, rkr). Ist der durch die Abzinsung entstehende Gewinn hingegen **erwünscht** (zB bei drohendem Wegfall eines Verlustvortrags wegen § 8c KStG), kann er (zB innerhalb von Konzernen) gezielt herbeigeführt werden (*Stadler/Bindl* DB 10, 862, 864). – **(d) Bewertung der Forderung beim Gesellschafter.** Es gelten die allg Grundsätze: Einer auf die Unverzinslichkeit gestützten TW-AfA wird häufig die erhebl funktionale Bedeutung der Forderung für einen gedachten Erwerber (s Rz 305 f) oder die fehlende Dauerhaftigkeit der Wertminderung (s Rz 296) entgegenstehen.

458 **dd) Unverzinsliche Angehörigendarlehen.** Zunächst ist zu prüfen, ob das Darlehen nach dem **Fremdvergleich** überhaupt anzuerkennen ist. Wenn nicht, scheidet eine Passivierung in der StB von vornherein aus (BFH X R 19/17 BStBl II 19, 795 Rz 25). Bei einem anzuerkennenden Angehörigendarlehen ist die **Abzinsung vorzunehmen** (zutr BFH VI R 62/15 BStBl II 18, 15 Rz 19: Darlehen zw Ehegatten; dort auch zur VerfMäßigkeit; zu Gestaltungsmöglichkeiten s Rz 457 (c); s auch *Ahrensfeld/Hilbert* NWB 18, 731). Wird für ein anzuerkennendes zinsloses Angehörigendarlehen nach Hinweis des FA auf die Abzinsungspflicht rückwirkend eine Verzinsung vereinbart, ist die Rückwirkung estl nicht anzuerkennen (zutr BFH X R 19/17 BStBl II 19, 795 Rz 54 ff).

459 **b) Ausnahmen vom Abzinsungsgebot, § 6 I Nr 3 S 2.** Aufgrund der gesetzl Formulierung (Abzinsung als Regel, Nichtabzinsung als Ausnahme) liegt die **Feststellungslast** für ein Absehen von der Abzinsung beim StPfl (glA *BMF* BStBl I 05, 699 Rz 11; *Buciek* FR 10, 523).

460 **aa) Restlaufzeit der Verbindlichkeit am Stichtag weniger als 12 Monate.** In diesen Fällen ist eine Abzinsung (wegen Geringfügigkeit) entbehrl. Auf die ursprüngl Laufzeit kommt es nicht an. – **(1) Kündigungsfrist weniger als 12 Monate.** Ist ein Darlehen zwar rechtl kurzfristig kündbar, wurde es aber ohne genauen Endtermin gewährt und ist es tatsächl auf eine langfristige Laufzeit angelegt, ist es abzuzinsen (zutr BFH I R 4/08 BStBl II 10, 177 unter II.3.; BFH I R 35/09 BStBl II 10, 478 unter II.2.c bb; BFH I B 118/10 BFH/NV 11, 986 unter 1.a). – **(2) Kettendarlehen.** Umgekehrt ist ein Darlehen, das vertragl nur für weniger als 12 Monate gewährt wird, auch dann nicht abzuzinsen, wenn die Laufzeit später um einen weiteren Zeitraum von weniger als 12 Monaten verlängert wird (FG Köln EFG 09, 969 unter 1., rkr; FG Köln EFG 09, 973, rkr; offen gelassen von *Buciek* FR 10, 341 unter 4. und DB 10, 1029, 1032). – **(3) Darlehen mit unbestimmter Laufzeit** (zB bei Abhängigkeit vom Leben einer Person) sind grds ebenfalls abzuzinsen. Die Länge der voraussichtl Laufzeit (die den Abzinsungsfaktor bestimmt) ist zu schätzen (*BMF* BStBl I 05, 699 Rz 6 f; BFH I B 118/10 BFH/NV 11, 986 unter 1.b). Ergibt die Schätzung eine voraussichtl Laufzeit von mindestens 12 Monaten, ist abzuzinsen. Beim völligen **Fehlen von Anhaltspunkten für die Laufzeit** ist § 13 II BewG analog anzuwenden, was zu einem Abzinsungsfaktor von 0,502 führt (BFH I B 183/12 BFH/NV 13, 1779 Rz 9; mit ausführl Begründung FG Mster EFG 10, 2007 unter 5.a, rkr; FG BBg DStRE 12, 268, rkr). Dieser Faktor ist auch am nächsten Bilanzstichtag beizubehalten, wenn es weiterhin keine Anhaltspunkte für die Laufzeit gibt (zutr FG Köln EFG 15, 668, Rev I R 7/15: nicht etwa jährl anteilige Aufzinsung). – **(4) Tilgungsdarlehen.** Darlehen, die in Raten getilgt werden, sind einheitl zu beurteilen. Eine Abzinsung des *Gesamtbetrags* ist daher schon dann vorzunehmen, wenn allein die *letzte* Rate erst in mindestens 12 Monaten fällig wird (*BMF* BStBl I 05, 699 Rz 9, 12).

bb) Verzinsliche Verbindlichkeiten. Eine Abzinsung unterbleibt, weil solche Verbindlichkeiten (jedenfalls bei angemessenen Zinsen) von vornherein in Höhe ihres Nennbetrags eine wirtschaftl Belastung darstellen. – **(1) Sehr niedrige Verzinsung.** Schon eine Verzinsung nahe 0 % genügt nach dem Gesetzeswortlaut, um der Abzinsungspflicht zu entgehen (*BMF* BStBl I 05, 699 Rz 13; BFH I B 57/09 BFH/NV 09, 1804 unter II.4.; obiter dictum in BFH VI R 62/15 BStBl II 18, 15 Rz 21; offen gelassen allerdings von BFH I R 4/08 BStBl II 10, 177 unter II.5.). Auch steht der Annahme einer Verzinslichkeit nicht entgegen, wenn die Zinsen tatsächl nicht ausgezahlt, sondern ihrerseits als Darlehen stehen gelassen werden (BFH I B 57/09 BFH/NV 09, 1804 unter II.3.b aa). – **(2) Nur kurzzeitige Verzinsung.** Eine Abzinsung soll auch dann entfallen, wenn eine **Verzinsung nur für einen kurzen Teil der Gesamtlaufzeit** vorgesehen ist (*BMF* BStBl I 05, 699 Rz 17; mE zweifelhaft; ausdrückl offen gelassen von BFH I B 183/12 BFH/NV 13, 1779 Rz 7). Ist das Darlehen hingegen zunächst als unverzinsl vereinbart und werden erst aufgrund einer *späteren* Vertragsänderung für die Zukunft Zinsen vereinbart, ist die Abzinsung für Bilanzstichtage vor der Vertragsänderung vorzunehmen (BFH X R 19/17 BStBl II 19, 795 Rz 53). Für Bilanzstichtage nach der Vertragsänderung ist hingegen der Darlehensnennwert anzusetzen, auch wenn die Zinspflicht erst nach dem Bilanzstichtag beginnt (zutr BFH XI R 30/16 BStBl II 19, 67 Rz 27; vorsichtiger *Kanzler* FR 19, 190: in Extremfällen § 42 AO). Die nachteilige Vertragsänderung kann für die KapGes allerdings zu einer vGA führen (*kk* KÖSDI 10, 16 790, 16 792). Ist umgekehrt das Darlehen zunächst verzinsl und wird es aufgrund nachträgl Vertragsänderung unverzinsl gestellt, ist es ab diesem Zeitpunkt abzuzinsen (BFH I B 183/12 BFH/NV 13, 1779). Sollen Zinsen nur dann gezahlt werden, wenn die BeteiligungsGes Dividenden ausschüttet, ist das Darlehen mE verzinsl (offengelassen von BFH XI R 30/16 BStBl II 19, 67 Rz 27). Die gesetzl Regelung eröffnet daher leicht zu realisierende **Gestaltungsmöglichkeiten**, erscheint aber gerade deshalb als ungeeignet (ähnl *Paus* FR 05, 1195). – **(3) Andere die Unverzinslichkeit kompensierende Leistungen.** Solche verdeckten Zinsleistungen stehen der Abzinsung ebenfalls entgegen (BFH X R 19/17 BStBl II 19, 795 Rz 45). *Beispiele:* Der StPfl ist verpflichtet, dem Darlehensgeber ein *anderes* WG seines BV unentgeltl zu überlassen (*BMF* BStBl I 05, 699 Rz 14). Gleiches gilt, wenn das Darlehen unter der Auflage gewährt wurde, die Vorteile aus der Unverzinslichkeit an Dritte weiterzugeben (zu Wohnungsbauförderdarlehen und zinslosen Förderdarlehen an Betriebe mit der Auflage zur Schaffung von Arbeitsplätzen s *BMF* BStBl I 05, 699 Rz 15; *BMF* FR 19, 489, Anm *Holle*). Zu anderen Fällen verdeckter Verzinslichkeit s *Schmidt* 39. Aufl § 6 Rz 298.

463 **cc) Verbindlichkeiten, die auf Anzahlung oder Vorausleistung beruhen.** Das Abzinsungsgebot gilt nicht (§ 6 I Nr 3 S 2 Alt 3). Gemeint sind erhaltene Anzahlungen für eigene Leistungen, die noch zu erbringen sind. Diese Ausnahmeregelung soll verhindern, dass aufgrund der bloßen Entgegennahme einer Anzahlung ein Gewinn aus einem schwebenden Geschäft ausgewiesen wird (BFH IV R 32/07 BStBl II 12, 98 Rz 39; BFH I R 50/10 BStBl II 12, 197 Rz 24).

471 **4. Bewertung von Rückstellungen, § 6 I Nr 3a. – a) Verhältnis von Nr 3a zu anderen Vorschriften.** Die Einzelregelungen in § 6 I Nr 3a Buchst a–f (s Rz 479–501) sind **nicht abschließend** („insbesondere" im Einleitungssatz der Nr 3a). Vielmehr gelten im Übrigen die Grundsätze für die Bewertung von Verbindlichkeiten (vgl zur Rechtslage vor 1999 BFH I R 28/73 BStBl II 75, 480; BFH I R 24/96 BStBl II 98, 728 unter II.3.a) sowie die allg Grundsätze zur Bewertung von Rückstellungen (s Rz 474). Zum **Ansatz von Rückstellungen dem Grunde nach** s § 5 Rz 350 ff.

472 **b) Verhältnis von Nr 3a zur Handelsbilanz.** In der HB sind Rückstellungen in Höhe des nach vernünftiger kfm Beurteilung notwendigen Erfüllungsbetrags anzusetzen (§ 253 I 2 HGB; s *Weigl/Weber/Costa* BB 09, 1062). – Aus dem Gesetzeswortlaut der Nr 3a („höchstens") und dem ausdrückl Willen des Gesetzgebers (BT-Drs 14/443, 23) folgt, dass **der niedrigere Wert anzusetzen** ist, wenn es in der Rückstellungsbewertung zu **Abweichungen zw HB und StB** kommt (BFH XI R 46/17 BStBl II 20, 195: verfgem; EStR 6.11 III mit Übergangsregelung für Rückstellungen, die bereits vor dem 1.1.10 vorhanden waren; ebenso zur Rechtslage vor BilMoG BFH I R 66/11 BStBl II 13, 676 Rz 14; BFH IV R 34/14 BFH/NV 17, 1426 Rz 29; weitere Nachweise, auch zur Gegenauffassung, s *Schmidt* 39. Aufl § 6 Rz 472). – **Praktische Bedeutung** hat dies dann, wenn das HGB einen geringeren Wert vorsieht als die StB-Regelungen der Nr 3a (zB längerer Abzinsungszeitraum bei Sachleistungsrückstellungen, mit deren Erfüllung noch nicht begonnen wurde, s Rz 496). Demggü ist die HB-Rückstellung höher (und der Zusatz „höchstens" daher nicht von Bedeutung), wenn die Unterschiede zw HB und StB im konkreten Fall auf der Berücksichtigung künftiger Preissteigerungen (nur in der HB, nicht in der StB, s Rz 501) oder den geringeren handelsrechtl Abzinsungssätzen in der gegenwärtigen Niedrigzinsphase (Rz 492) beruhen.

Gestaltungsmöglichkeit. Es bietet sich dann an, die betroffenen Rückstellungen bereits in der HB höher zu bewerten, was in Teilbereichen mögl ist (s *Heinz/Kemper* NWB 12, 3543, 3546).

474 **c) Allgemeine Grundsätze für die Rückstellungsbewertung. – (1) Schätzung des Risikos.** Der Auffassung des Kfm kommt besondere Bedeutung zu. Seine Schätzung darf allerdings nicht offensichtl unrichtig oder willkürl sein; sie muss obj in den Verhältnissen des Betriebs eine Stütze finden. Die betriebl Erfahrungen der Vergangenheit sind dabei zu berücksichtigen (BFH IV 117/65 BStBl III 67, 336 unter 1.). – **(2) Rückgriffsansprüche gegen Dritte.** Sie sind rückstellungsmindernd zu berücksichtigen, wenn sie mit der drohenden Inanspruchnahme in unmittelbarem Zusammenhang stehen und werthaltig sind, weil dies der „vernünftigen kfm Beurteilung" (§ 253 I 2 HGB) entspricht und auch ein gedachter Betriebserwerber eine solche Kompensation vornehmen würde (BFH IV 117/65 BStBl III 67, 336 unter 1.; BFH X R 60/89 BStBl II 93, 437 unter 3.; zB Regressmöglichkeiten bei Gewährleistungsinanspruchnahme und Wechselobligo).

475 **d) Einzelfälle Rückstellungsbewertung.** Zur Bewertung von **Urlaubsrückstellungen** s BFH XI R 50/89 BStBl II 92, 910, zu Rückstellungen für die **Aufbewahrung von Geschäftsunterlagen** s BFH X R 14/09 BStBl II 11, 496 (Multiplikator 5,5 bei 10-jähriger Aufbewahrungsfrist; zur Abzinsung s Rz 499); BFH I R 66/11 BStBl II 13, 676 (Einbeziehung auch allg Finanzierungskosten); ausführl OFD Nds DB 15, 2726; *Endert/Sepetauz* DStR 11, 2060; zur **Nachbetreuung von Versicherungsverträgen** s BFH X R 26/10 BStBl II 12,

856 Rz 42 ff; BFH X R 25/11 BStBl II 14, 517 Rz 32 ff; *Schustek* DB 15, 882 (zur Abzinsung s Rz 499); zu **Arbeitszeitkonten/Wertkonten** s *Wellisch/Machill* BB 09, 1351; *Höfer/Greiwe/ Hagemann* DB 07, 65 (insb zur Abzinsung bei langfristigen wertpapiergebundenen Konten); zu **Krankheitsbeihilfen** für frühere ArbN *Höfer/Pisters* DB 02, 2288.

e) Sonderregeln für die Rückstellungsbewertung nach § 6 I Nr 3a Buchst a–f. Rückstellungen sind höchstens unter Berücksichtigung der Grundsätze nach Buchst a–f anzusetzen (s Rz 479 ff). Auf Rückstellungen für erfolgsabhängige **Beitragsrückerstattungen** ist Nr 3a nicht anzuwenden (§ 21 II KStG; s *Schmidt* 39. Aufl § 6 Rz 478). **478**

aa) Erfahrungswerte bei gleichartigen Verpflichtungen, § 6 I Nr 3a Buchst a. Gleichartige Verpflichtungen sind typischerweise bei einer Vielzahl jeweils kleinerer Einzelrisiken gegeben. – **(1) Bewertung.** Vor allem sind die **Erfahrungen der Vergangenheit** zu berücksichtigen; auf die *tatsächl* spätere Entwicklung kommt es nicht an (BFH X R 60/89 BStBl II 93, 437 unter 5.: ggf anders, wenn der StPfl die Verhältnisse der Vergangenheit nicht offen legt). – Die gleichartigen Risiken können einzeln, pauschal oder gemischt bewertet werden (BFH X R 60/89 BStBl II 93, 437 unter 2.a); der Ansatz von Durchschnittswerten iSd § 240 IV HGB ist zulässig (zur Pauschalbewertung von Altersteilzeitrückstellungen s *BMF* BStBl I 07, 297 Rz 12; zur Nichtabzinsung von Pauschalrückstellungen s Rz 494). – **(2) Gewährleistungsrückstellungen; Garantierückstellungen.** Einzubeziehen sind zum einen die am Bilanzstichtag bereits erhobenen Mängelrügen, darüber hinaus (pauschal, zB bestimmter Prozentsatz des Umsatzes) aber auch noch nicht gerügte Mängel, wenn nach den Erfahrungen der Vergangenheit mit einer Inanspruchnahme zu rechnen ist (BFH IV R 39/80 BStBl II 83, 104 unter I.2.; BFH X R 60/89 BStBl II 93, 437 unter 2.a; BFH VIII B 163/02 BFH/NV 03, 1313 unter 2.a mwN; Einzelheiten s *Seidel* StBP 09, 281; FG Hess EFG 13, 194, rkr). Branchenübl Werte können einen Anhalt bieten; dies gilt jedoch nicht, wenn die Verhältnisse der Einzelbetriebe und die zivilrechtl Haftungsvereinbarungen zu unterschiedl sind (*BMF* DB 03, 2188). Will der StPfl betriebsindividuelle Werte durchsetzen, die über den branchenübl Werten liegen, sind entspr Aufzeichnungen anzuraten (s FG BaWü EFG 02, 1431, rkr; FG Hbg BB 08, 2680, rkr). – **(3) Versicherungsunternehmen.** § 341g II HGB enthält eine mit Nr 3a Buchst a vergleichbare Regelung. Für Schadenrückstellungen enthält § 20 II KStG eine Spezialregelung, die aber an Nr 3a Buchst a anknüpft (Einzelheiten s *BMF* BStBl I 00, 487). **479**

bb) Sachleistungsrückstellungen, § 6 I Nr 3a Buchst b. – **(1) Begriff.** Erfasst sind solche Rückstellungen, die **keine Geldleistungsverpflichtungen** betreffen (zB Durchführung von Instandhaltungs-, Rückbau-, Rekultivierungs-, Gewährleistungs-, Abrechnungs- oder Jahresabschlussarbeiten durch eigene Kräfte). Zur Rückstellung für die Verpflichtung zur Erneuerung oder Substanzerhaltung bei Verpachtung mit Substanzerhaltungspflicht bzw eisernem Inventar s ausführl § 5 Rz 702, § 13 Rz 116. – **(2) Bewertung.** Sachleistungsrückstellungen sind nach dem Gesetzeswortlaut nur mit den Einzelkosten und den angemessenen Teilen der notwendigen Gemeinkosten (zum Begriff s Rz 195) zu bewerten. Der BFH legt die Vorschrift jedoch dahingehend aus, dass die **Vollkosten** anzusetzen sind (BFH I R 66/11 BStBl II 13, 676; zur Kritik s *Schmidt* 38. Aufl § 6 Rz 475). Maßgebend sind die voraussichtl tatsächl (buchmäßigen) Aufwendungen, nicht hingegen kalkulatorische Kostenbestandteile (BFH I R 5/04 BStBl II 09, 100 unter II.5.b). Finanzierungskosten sollen jedoch auch dann in die Rückstellungshöhe einzubeziehen sein, wenn sie den künftigen Aufwendungen nicht direkt, sondern nur im Wege einer Schlüsselung zugeordnet werden können (BFH I R 66/11 BStBl II 13, 676: Poolfinanzierung; mE zweifelhaft, weil es bei Schuldzinsen steuerl stets auf die tatsächl Verwendung der Darlehensvaluta ankommt; von *LfSt Bayern* DB 14, 270 aber akzeptiert). Zur Bewertung der Rückstellung für den Erwerb von **481**

CO_2-Berechtigungen s *BMF* BStBl I 05, 1047 Rz 16 ff und die Nachweise in Rz 140 „Emissionsberechtigungen".

483 **cc) Kompensation mit künftigen Vorteilen, § 6 I Nr 3a Buchst c.** Künftige Vorteile, die mit der Erfüllung der Verpflichtung voraussichtl verbunden sein werden, sind bei der Bewertung der Rückstellung belastungsmindernd zu berücksichtigen (ausführl *Pfeifer/Heggemann* DStR 14, 1070). Die Vorschrift weitet die Bewertungseinheit für die Rückstellung aus. – **(1) Hinreichende Wahrscheinlichkeit des Vorteils.** Es müssen mehr Gründe für als gegen den Eintritt des künftigen Vorteils sprechen (BFH IV R 60/12 BFH/NV 14, 28 Rz 11). Daher genügt nicht bereits die bloße *Möglichkeit* eines Vorteils (glA EStR 6.11 I 2). Erforderl ist vielmehr die *begründete Aussicht* auf den Vorteil. Ist der Vorteil allerdings weitergehend zu einer konkreten aktivierungspflichtigen Forderung erstarkt, ist deren Aktivierung vorrangig; zu einer Berücksichtigung des Vorteils bei der Rückstellungsbewertung kommt es dann nicht mehr (*OFD Kobl* DB 12, 2841). – **(2) Sachl Zusammenhang.** Die Rspr verlangt ferner, dass ein „sachl Zusammenhang" zw der Verpflichtung und dem Vorteil besteht (BFH IV R 7/11 BStBl II 14, 302 Rz 30 ff: kein sachl Zusammenhang zw Rückstellung für die technische Nachrüstung von Flugzeugen und künftigen Einnahmen aus diesen Flugzeugen). Dabei soll ein „loser Zusammenhang" nicht genügen, ein „unmittelbarer Zusammenhang" (wie in der HB) aber nicht erforderl sein. Diese Formel ist mE jedoch zu unpräzise, um daraus vorhersehbare Folgerungen zu ziehen.

484 **(3) Einzelfälle Kompensation.** Hat ein Abbaubetrieb für die Pflicht zur späteren **Auffüllung/Rekultivierung** eine Rückstellung zu bilden, sind Entgelte für die iRd Auffüllung zu erwartende Ablagerung von Abfällen gegenläufig zu berücksichtigen (BFH I B 60/12 BFH/NV 14, 28 Rz 11; BT-Drs 14/23, 172; hierzu *Brank/Hasenclever* DStR 11, 637). Gleiches gilt für die Verwertung von Deponiegas (*BMF* BStBl I 05, 826 Rz 20). Ein Apotheker, der eine Rückstellung für die **verbilligte Vermietung von Praxisräumen** an einen Arzt bilden will, hat bei deren Bewertung die Vorteile einzubeziehen, die die Apotheke aus der räuml Nähe der Arztpraxis erlangt (BFH GrS 2/93 BStBl II 97, 735). Ein **Zwischenmieter,** der eine Rückstellung für zu erwartende Betriebskosten-Nachforderungen des Hauptvermieters bilden will, muss die Möglichkeit der Weiterbelastung an seine Untermieter berücksichtigen (BFH X R 29/15 BFH/NV 17, 1597 Rz 26 ff). – **Einzelfälle keine Kompensation.** Bei **Windkraftanlagen** ist ein künftiger Erlös aus der Verwertung des Altmaterials zu unsicher, um die Rückstellung für die Entfernung der Anlagen zu mindern (zutr *Wischott/Krohn/Nogens* DStR 09, 1737, 1741). Bei **Altersteilzeitrückstellungen** ist die bloße Möglichkeit, durch Wiederbesetzung der Stelle einen Zuschuss zu erhalten, nicht zu berücksichtigen, solange die Wiederbesetzung noch ungewiss ist (BFH I R 110/04 BStBl II 07, 251 unter II.4.c; *BMF* BStBl I 07, 297 Rz 4 ff). Der Ansatz von **Restrukturierungsrückstellungen** (für künftige Abfindungszahlungen an ArbN) wird nicht durch die erwarteten künftigen Vorteile der Restrukturierung (geringere Personalkosten) gemindert (zutr FG BaWü EFG 18, 1343, rkr; *Prinz/Keller* DB 15, 2224; *König* DStR 20, 1292; aA *Ziegler/Renner* DStR 15, 1264).

486 **dd) Ansammlungsrückstellungen. – (1) Grundsatz, § 6 I Nr 3a Buchst d S 1.** Danach sind Rückstellungen für Verpflichtungen, für deren Entstehen wirtschaftl der lfd Betrieb ursächl ist, **zeitanteilig in gleichen Raten** anzusammeln (ebenso für die Rechtslage vor Schaffung der ausdrückl gesetzl Regelung BFH I R 28/73 BStBl II 75, 480 unter 1.b). Zugleich sind die Raten früherer Jahre an das aktuelle Preisniveau am Stichtag anzupassen (zur Behandlung nach EStG, HGB und IFRS *Marx* BB 12, 563); allerdings ist eine Abzinsung vorzunehmen. Buchst d erfasst solche Verpflichtungen, die erst nach einer gewissen Zeit zu erfüllen sind. Die stl Spezialregelung schließt einen für die HB vertretenen sofortigen Ausweis der Verpflichtung in voller Höhe aus (*Wacker* HFR 15, 114). – **Beispiele:** Vertragl Rückbau-, Abbruch-, Erneuerungspflichten (EStR 6.11 II 2); Verpflichtung, bei Altersteilzeit nach dem Blockmodell die Vergütung in der späteren Freistellungsphase weiter zu bezahlen (BFH I R 110/04 BStBl II 07, 251 unter II.4.a; ausführl § 5 Rz 550 „Arbeitszeit"; *Geilenkothen/Krönung/Lucius* BB 12, 2103). – Wird die **Vertragslaufzeit verlängert,** ist dies nicht nur für den Abzinsungszeitraum von

Bedeutung, sondern führt zu einer Neuberechnung der Rückstellung, die nun über einen längeren Zeitraum anzusammeln ist (zutr BFH I R 46/12 BStBl II 14, 979; FG Hess DStRE 13, 193, rkr; dazu *Oser* DB 14, 2487; krit *Paus* DStR 15, 94). Umgekehrt ist bei einer *Verkürzung* der Vertragslaufzeit ebenfalls eine Neuberechnung (einmalige Erhöhung des Rückstellungsbetrags) erforderl.

(2) Ungleichmäßige Ansammlung. Ist die wirtschaftl Verursachung nicht gleichmäßig über die Zeit verteilt und steht insb der Gesamtumfang der Verpflichtung noch nicht fest (**„unechte Ansammlungsrückstellung"**), ist Buchst. d nicht anzuwenden. Vielmehr richtet sich die Rückstellungsbildung dann nach dem am Bilanzstichtag tatsächl entstandenen Verpflichtungsumfang (EStR 6.11 II 3). So ist für die Ansammlung der **Rekultivierungsverpflichtung** für Deponien der Grad der Verfüllung maßgebl (*BMF* BStBl I 05, 826 Rz 21; BFH IV R 32/07 BStBl II 12, 98 unter II.1.b; zur Vorteilskompensation s Rz 484); Entsprechendes gilt für Abbaubetriebe. – Rückstellungen für die **Rücknahme in Verkehr gebrachter Elektrogeräte** (§ 10 ElektroG, BGBl I 05, 762; s näher BFH I R 70/15 BStBl II 17, 780; *Krink* DB 05, 1893) und **Altfahrzeuge** (§ 3 AltautoV, BGBl I 02, 2199) sind nach Maßgabe der in den Verkehr gebrachten Mengen zu bilden. Es handelt sich nicht um Ansammlungsrückstellungen ieS, sondern um (echte) Verbindlichkeitsrückstellungen (zutr BT-Drs 14/8343, 21; zu Ausnahmen für die Übergangszeit s Rz 488). Rücknahmepflichten sind auch dann rückstellungsfähig, wenn sie auf einer freiwilligen Selbstverpflichtung beruhen, sofern diese tatsächl beachtet wird (BFH I R 53/05 BFH/NV 07, 1102: Altbatterien; heute allerdings gesetzl Verpflichtung).

(3) Übergangsregelung für neu eingeführte Rücknahmepflichten, § 6 I Nr 3a Buchst d S 2. Wird eine neue gesetzl Verpflichtung zur Rücknahme auch solcher Erzeugnisse eingeführt, die bereits *vor* Inkrafttreten der Rücknahmeverpflichtung in Verkehr gebracht worden waren, ist die Rückstellung ebenfalls zeitanteilig bis zum Beginn der *jeweiligen* Erfüllung anzusammeln (Einzelheiten s *Schmidt* 35. Aufl § 6 Rz 478).

(4) Ansammlung bei Kernkraftwerken, § 6 I Nr 3a Buchst d S 3. Die (idR erhebl) Rückstellungen für die Erfüllung der Stilllegungspflichten sind in gleichen Raten ab der erstmaligen Nutzung bis zum Beginn der Stilllegung anzusammeln. Ist der Stilllegungszeitpunkt nicht bekannt, gilt ein Ansammlungszeitraum von 25 Jahren (läuft leer, da für sämtl dt Kernkraftwerke ein Stilllegungszeitpunkt gesetzl festgelegt ist).

ee) Abzinsung, § 6 I Nr 3a Buchst e. Rückstellungen für Verpflichtungen sind mit 5,5% abzuzinsen (zur mE ab VZ 19 nicht mehr gegebenen Verfmäßigkeit dieses Zinssatzes s Rz 454). Dem liegt die Vorstellung zugrunde, dass eine erst in der Zukunft zu erfüllende Verpflichtung den Schuldner weniger belastet als eine sofortige Leistungspflicht (BFH I R 35/15 BStBl II 17, 768 Rz 28). Das Gesetz fingiert damit ein schwebendes Austauschgeschäft; es kommt nicht mehr darauf an, ob die ungewisse Verbindlichkeit tatsächl einen verdeckten Zinsanteil enthält (BFH I R 35/09 BStBl II 10, 478 unter II.3.b).

(1) Abzinsungstechnik. Zur Berechnung, den maßgebenden Vervielfältigern und den Folgen für Zinshinzurechnungsvorschriften (Zinsschranke usw) s Rz 455. Bei **unbekannter Laufzeit** ist diese zu schätzen (s Rz 460 (3); dies ist von Bedeutung sowohl für die Frage, ob überhaupt eine Abzinsung vorzunehmen ist, als auch für den Abzinsungsfaktor).

(2) Ausnahmen von der Abzinsungspflicht. Die Rechtslage entspricht der bei Verbindlichkeiten (Nr 3 S 2). Nicht abzuzinsen sind insb verzinsl Verpflichtungen und solche mit einer Laufzeit von weniger als 12 Monaten (s näher Rz 459 ff). Eine verdeckte Verzinslichkeit, die die Abzinsung ausschließt, kann sich auch hinter der Bemessung des Erfüllungsbetrags verbergen (zutr *Groh* DB 07, 2275, 2277); sie ist ferner bei Risiken gegeben, über die ein Rechtsstreit schwebt (Prozesszinsen). Die *FinVerw* nimmt aus Vereinfachungsgründen auch **Pauschalrückstellungen** von der Abzinsung aus (*BMF* BStBl I 05, 699 Rz 27; FG Mchn EFG 04, 641, rkr);

zwingend ist dies mE nicht, sofern die Laufzeit auf mindestens 12 Monate geschätzt werden kann (ausdrückl offen gelassen auch von BFH I R 35/09 BStBl II 10, 478 unter II.3.b).

496 **(3) Sachleistungspflichten.** Abzuzinsen sind nicht nur für Geldschulden, sondern auch für Sachleistungspflichten gebildete Rückstellungen (so ausdrückl Buchst e S 2; BFH IV R 32/07 BStBl II 12, 98 unter II.1.c, 2.a: verfgem; zust *Bode* FR 12, 476; krit *Prinz* FR 11, 1015). Der Abzinsungszeitraum läuft hier bis zum *Beginn* der Erfüllung. Bei einer Erfüllung in Teilleistungen ist die Vornahme der ersten, nicht völlig unbedeutenden Erfüllungshandlung maßgebl (BFH I R 35/15 BStBl II 17, 768 Rz 29). Daher unterbleibt eine Abzinsung, wenn die Erfüllung einer Sachleistungspflicht sofort beginnt, selbst wenn der Erfüllungszeitraum sich noch weit in die Zukunft erstreckt (zB Aufbewahrungs-/Nachbetreuungspflichten; s Rz 499). Zum Abzinsungszeitraum bei Stilllegung von Kernkraftwerken s Buchst e S 3 iVm Buchst d S 3 (Rz 489). Auch bei Sachleistungspflichten bleiben die Preisverhältnisse am Bilanzstichtag maßgebend (Buchst f; s Rz 501).

497 **(4) Handelsbilanz.** Rückstellungen sind ab 2010 mit dem ihrer Restlaufzeit entspr Marktzinssatz der vergangenen 7 Jahre abzuzinsen, den die Bundesbank monatl bekanntgibt (§ 253 II HGB; s *Stapf/Elgg* BB 09, 2134; *Zwirner ua* BB 11, 2155; *Kropp/Wirtz* DB 11, 541). Für die StB hat dies wegen des Vorrangs des § 6 I Nr 3a Buchst e keine Auswirkung; die Ansätze in HB und StB unterscheiden sich nunmehr.

499 **(5) Einzelfälle Abzinsung.** Schadenrückstellungen der Versicherungsunternehmen, wobei ein Pauschalverfahren zulässig ist (näher *BMF* BStBl I 16, 1145; großzügiger bis 31.12.16 noch *BMF* BStBl I 00, 1218 iVm *BMF* BStBl I 15, 1027); Rückstellung für **Erfüllungsrückstand** (BFH I R 50/10 BStBl II 12, 197 Rz 23: weder Verbindlichkeitscharakter noch Vorausleistung); **Altersteilzeitrückstellungen** (*BMF* BStBl I 07, 297 Rz 10; mE zutr trotz BFH I R 110/04 BStBl II 07, 251 unter II.4.b, das die überholte Rechtslage bis 1998 betrifft); unverzinsl **Zeitwertkonten von ArbN** (zutr FG Mster EFG 17, 565, rkr; anders bei Vereinbarung einer Mindestverzinsung, s *May/Bechtoldt* BB 16, 235); Rekultivierung von **Deponien** (*BMF* BStBl I 05, 826 Rz 22; dort auch näher zum Zeitpunkt der Erfüllung der Verpflichtung; zur Nachsorge bei Deponien ausführl BFH I R 35/15 BStBl II 17, 768; 2. Rechtsgang FG Mster EFG 19, 1002, NZB XI B 31/19 unbegr; *Behrens/Renner* BB 15, 2411); diff zu Bergbau-/Abbaubetrieben hingegen *BMF* BStBl I 99, 1127 (ua keine Abzinsung für Rekultivierung bei Tagebau und Dauerbergschäden).

Nicht abzuzinsen sind hingegen Rückstellungen für die Erfüllung neu eingeführter gesetzl Rücknahmepflichten (§ 6 I Nr 3a Buchst d S 2 Hs 2); mE auch die Rückstellung für die **Aufbewahrung von Geschäftsunterlagen,** weil es sich um eine Sachleistungsverpflichtung handelt und der Erfüllungszeitraum bereits beginnen hat (iErg glA FG Nds EFG 09, 1004, allerdings unter Berufung auf BFH-Rspr, die zur Rechtslage vor Einführung des Abzinsungsgebots ergangen ist und daher nicht auf die heutige Rechtslage übertragbar ist; die nachgehende Entscheidung BFH X R 14/09 BStBl II 11, 496 hat sich hierzu nicht geäußert). Aus denselben Gründen ist auch die Rückstellung für **Nachbetreuungsleistungen** nur bis zu dem Zeitpunkt abzuzinsen, an dem für die *einzelne* Verpflichtung die lfd Nachbetreuungstätigkeit beginnt (BFH X R 25/11 BStBl II 14, 517 Rz 43; BFH IV R 34/14 BFH/NV 17, 1426 Rz 25; *BMF* BStBl I 12, 1100; **aA** *Weber-Grellet* FR 14, 606: Abzinsung bis zur Hälfte des Zeitraums zw Beginn und Ende der Erfüllung).

501 **ff) Wertverhältnisse am Bilanzstichtag, § 6 I Nr 3a Buchst f.** Allein die aktuellen Verhältnisse sind maßgebend; künftige Preis- und Kostensteigerungen sind nicht zu berücksichtigen (Nominalwertprinzip; s BFH IV R 39/80 BStBl II 83, 104 unter I.3.; BFH XI R 50/89 BStBl II 92, 910 unter II.2.). Diese Regelung beruht darauf, dass künftige Kostensteigerungen am Bilanzstichtag noch nicht verursacht sind (BFH IV R 32/07 BStBl II 12, 98 unter II.1.a). – **Verhältnis zur HB.** Dort ist der Ansatz ab 2010 unter Berücksichtigung künftiger Preis- und Kostensteigerungen zu ermitteln (BR-Drs 344/08, 112). Buchst f schließt dies für die StB aus, sodass sich seither unterschiedl Wertansätze in HB und StB ergeben. – **Kritik.** Die Kombination aus einerseits Abzinsung und andererseits der Nichtberücksichtigung künftiger Kostensteigerungen ist mE in sich widersprüchl (glA *Scheffler* BB 14, 299) und wirkt doppelt zu Lasten des StPfl.

VIII. Entnahmen und Einlagen, § 6 I Nr 4–7

1. Bewertung von Entnahmen, § 6 I Nr 4 S 1. – a) Entnahmetatbestand. 511
Nach § 4 I 2–7 sind Entnahmen alle Wertabgaben (WG, Nutzungen und Leistungen) für betriebsfremde Zwecke (s ausführl § 4 Rz 220 ff). Sie dürfen den Gewinn nicht mindern. Entnahme ist auch die Überführung in ein anderes BV desselben StPfl (BFH I R 72/08 BStBl II 10, 471 unter II.4.b; BFH IV R 33/08 BStBl II 12, 10 Rz 16); allerdings ist hier grds der Buchwert anzusetzen (§ 6 V 1; s Rz 761). In bestimmten Fällen wird der Entnahmetatbestand eingeschränkt, sofern die weitere Erfassung der stillen Reserven iRd inl Besteuerung gesichert erscheint (s § 4 Rz 237 f). Allein der Umstand, dass eine entnommene Beteiligung nach § 17 stverstrickt bleibt, hindert den Ansatz des TW bei der Entnahme jedoch nicht (BFH X R 38/17 BStBl II 19, 518 Rz 59 ff; **aA** für die Entnahme einbringungsgeborener Anteile BFH I R 33/10 BStBl II 12, 445). – **Selbst geschaffene immaterielle WG** sind trotz ihrer fehlenden Aktivierbarkeit (§ 5 II) ebenso entnahmefähig wie andere nicht aktivierte WG; ihre Entnahme ist ebenfalls mit dem TW zu bewerten (s § 5 Rz 164). Zur fehlenden Entnahmefähigkeit des **Geschäftswerts** s § 16 Rz 294 (5) (Betriebsaufgabe), § 16 Rz 191 (Betriebsverpachtung im Ganzen).

b) Anwendungsbereich der Nr. 4. – Gewinnermittlung nach § 4 III. An- 512
zuwenden sind sowohl der Entnahmetatbestand des § 4 I 2 (s § 4 Rz 386 ff mwN) als auch die Bewertungsregelungen nach § 6 I Nr 4 (s § 6 VII). – **KapGes.** An die Stelle der Entnahme tritt idR die vGA (BFH GrS 2/86 BStBl II 88, 348 unter C.I.3.a).

c) Bewertungsgrundsatz. Entnahmen sind grds mit dem **TW** zu bewerten (zu 514
dessen Ermittlung s ausführl Rz 231 ff; speziell zu Entnahmen s Rz 237, 251). Dies gilt vor allem bei der Entnahme von WG. Dem liegt die Vorstellung einer Veräußerung des WG aus der betriebl in die private Sphäre zugrunde (BFH IX B 169/91 BStBl II 92, 909 unter 1.b: anschaffungsähnl Vorgang). **Bewertungszeitpunkt** ist stets der Zeitpunkt der Entnahme.

d) Beschränkung des deutschen Besteuerungsrechts, § 6 I Nr 4 S 1 515
HS 2. Wird eine solche Beschränkung gem § 4 I 3 HS 1 als Entnahme fingiert (s § 4 Rz 244), ist der **gemeine Wert** anzusetzen. Der Entnahmegewinn kann auf fünf Jahre verteilt werden (§ 4g). Diese Regelung ist mit Europarecht vereinbar (EuGH C-657/13 DStR 15, 1166 – *Verder LabTec*). – Anders als der TW umfasst der gemeine Wert grds auch einen Gewinnaufschlag (näher zum Begriff des gemeinen Werts s Rz 235). Diese spezielle Bewertungsregelung geht § 6 V 1 (Buchwertansatz bei Überführung in einen anderen Betrieb) vor (*Strahl* FR 07, 665, 668; *BH/Ehmcke* § 6 Rz 1016). Sie gilt auch für die Bewertung von Nutzungen und geht dann den in Rz 517 dargestellten Grundsätzen vor (zB BT-Drs 16/2710, 28: ein WG, das einer inl Betriebsstätte zugeordnet ist, wird vorübergehend in einer ausl Betriebsstätte genutzt). – Bezieht sich der Ausschluss oder die Beschränkung des inl Besteuerungsrechts auf eine strukturierte Einheit **(Betrieb, Teilbetrieb, MUeranteil)**, gilt § 16 IIIa. – **Verstärkung des dt Besteuerungsrechts.** Entfällt eine vormalige Beschränkung des dt Besteuerungsrechts hinsichtlich des Gewinns aus der Veräußerung des WG und wird zugleich in einem ausl Staat eine Entstrickungsbesteuerung vorgenommen (zB bei Rücküberführung des WG aus einer Betriebsstätte in einem ausl Staat mit Anrechnungsmethode in eine dt Betriebsstätte), wird (nur auf Antrag des StPfl) gem § 4 I 3 HS 2 ebenfalls eine Entnahme, gem § 4 I 9 aber eine sofortige Einlage fingiert (s § 4 Rz 255). Die Entnahme ist mit dem Wert anzusetzen, den der andere Staat der Besteuerung zugrunde legt,

höchstens mit dem gemeinen Wert (§ 6 I Nr 4 S 1 HS 2 aE). Mit demselben Wert ist auch die anschließende Einlage zu bewerten (§ 6 I Nr 5b), so dass neues AfA-Volumen entsteht. Diese Regelungen sind erstmals für nach dem 31.12.19 endende Wj anwendbar (§ 52 XII 9). Sie sollen entspr Art 5 V der **ATAD-RL** (EU) 2016/1164 sicherstellen, dass der Überführungsvorgang im In- und Ausland mit demselben Wert erfasst wird.

517 e) **Bewertung der Entnahme von Nutzungen und Leistungen.** – aa) **Bewertungsmaßstab.** – **(1) Selbstkosten.** Ein TW kann hier in Ermangelung eines WG nicht angesetzt werden. Zur Ausfüllung dieser Gesetzeslücke ist daher auf die anteilige Wertabgabe des Betriebs (Selbstkosten) zurückzugreifen (BFH GrS 2/86 BStBl II 88, 348 unter C. I. 1.b bb; BFH III R 20/16 BStBl II 18, 278 Rz 13). Dies gilt auch bei PersGes (BFH IV R 123/80 BStBl II 83, 598). – **(2) Betrieblich und privat genutzte Wirtschaftsgüter.** Die gesamten Selbstkosten für das WG sind nach dem Verhältnis der Nutzungsanteile aufzuteilen (BFH IV R 170/74 BStBl II 80, 176 unter III.2.: Flugzeug). Für die Entnahme des von einer **Photovoltaikanlage** erzeugten elektrischen Stroms sind grds die anteiligen Selbstkosten anzusetzen; die *FinVerw* lässt aus Vereinfachungsgründen auch den Ansatz des Preises eines regionalen Stromversorgers unter netto 0,20 €/kWh zu (*FM SchlHol* DB 18, 2020). Bei Entnahme von **Wärme aus einem BHKW** ist der regional übl Abwärmepreis auch dann anzusetzen, wenn er erhebl unter den Selbstkosten liegt (BFH IV R 9/17 BStBl II 21, 226 Rz 41; im dortigen Fall allerdings wohl Angehörigenvertrag, daher zweifelhaft). Zur Bewertung der Privatnutzung betriebl Pkw s Rz 525 ff. – **(3) Aus privaten Gründen verbilligt zur Nutzung überlassene Wirtschaftsgüter.** Anzusetzen ist der Teil der Selbstkosten, der der Unentgeltlichkeitsquote im Verhältnis zur Marktmiete entspricht (BFH IV R 46/00 BFHE 201, 454 unter 2.). Die Grenze des § 21 II (50%; bis VZ 20 66%) ist auf Gewinneinkünfte nicht anzuwenden (BFH IV R 49/97 BStBl II 99, 652 unter 3.b). Bei einer privat veranlassten und auf Dauer angelegten *voll unentgeltl* Überlassung wird allerdings das WG als solches entnommen (BFH IV R 46/08 BStBl II 11, 692 Rz 29). – **(4) Selbstkosten höher als Marktmiete für gleichartige Wirtschaftsgüter.** S ausführl *Schmidt* 39. Aufl § 6 Rz 517.

519 bb) **Höhe der Selbstkosten.** – **(1) Buchmäßige Gesamtaufwendungen des Wirtschaftsjahres.** Einzubeziehen sind insb AfA, Finanzierungskosten, Material-, Lohn-, Gemeinkosten (BFH IV R 46/00 BFHE 201, 454 unter 2.a). TW-AfA bleibt außer Ansatz. – **(2) Wert der eigenen Arbeitsleistung des Steuerpflichtigen.** Sie ist nicht anzusetzen (BFH IV R 87/85 BStBl II 88, 342 unter 2.a). Hat sie jedoch zur Schaffung eines WG geführt, das später entnommen wird, ist dieses WG mit dem TW zu bewerten (BFH I 69/58 U BStBl III 59, 421; BFH VIII R 20/85 BFH/NV 87, 442 unter 2.). In diesen Fällen soll der TW nach der Rspr dem Marktpreis entsprechen, was zweifelhaft ist, weil der Gewinnaufschlag außer Ansatz bleiben muss (mE nur Ansatz der Wiederbeschaffungskosten; zur Kritik s auch Rz 251). Zur Entnahme von selbst hergestellten Gebäuden durch einen Bauunternehmer s *Korn* KÖSDI 21, 22126. – **(3) Zerstörung eines zum Betriebsvermögen gehörenden Pkw auf Privatfahrt.** Auch hier bleibt es beim Ansatz der buchmäßigen Aufwendungen (Nutzungsentnahme nur iHd Restbuchwerts); die „zerstörten stillen Reserven" gehen nicht in die Bewertung der Nutzungsentnahme ein; Ersatzleistungen und Resterlöse sind BE (BFH I R 213/85 BStBl II 90, 8 unter II. A. 4.; EStR 4.7 I 3; ausführl *Wassermeyer* DB 03, 2616; zur Gegenauffassung s *Schmidt* 38. Aufl § 6 Rz 507). Von Bedeutung ist dies auch für die Ermittlung der Gesamtkosten iRd Fahrtenbuchmethode (Rz 568); zur Abgeltung von Unfallkosten bei der 1%-Regelung s Rz 553. – **(4) Behandlung werterhöhender Erhaltungsaufwendungen.** S BFH IV R 46/00 BFHE 201, 454 unter 3.c; zur fortgeltenden Kritik s *Schmidt* 39. Aufl § 6 Rz 519. – **(5) Spätere Veräußerung/Entnahme des Wirtschaftsguts.** Der hierdurch entstehende Buchgewinn darf nicht etwa wegen der vorangegangenen teilweisen Privatnutzung niedriger angesetzt werden (BFH IV 38/58 U BStBl III 59, 466). Er mindert auch nicht die im Veräußerungsjahr anzusetzenden Selbstkosten (BFH X R 1/92 BStBl II 94, 353 unter 3.). – **(6) Geldwerte Vorteile.** Wendet ein Dritter solche Vorteile aus betriebl Gründen zu und werden sie privat genutzt (dh sogleich entnommen), sind sie mit dem übl Marktpreis anzusetzen (§ 8 II analog). Dies gilt zB für zugewendete **Reisen** (BFH VIII R 35/93 BStBl II 96, 273 unter II.4.; *BMF* DStR 96, 1690 unter 2.c).

e) Steuerfreie Entnahmen. Sie kommen bei Zuwendung des WG an gemein- 522
nützige Körperschaften in Betracht (§ 6 I Nr 4 S 4; s Rz 581); ferner bei bestimmten luf Entnahmevorgängen (§ 13 IV,V; s § 13 Rz 102 ff).

2. Bewertung der privaten Nutzung betrieblicher Kraftfahrzeuge, § 6 I 525
Nr 4 S 2, 3. S grundlegend *BMF* BStBl I 09, 1326; dazu ausführl *Nolte* NWB 10, 655; krit *Urban* FR 10, 510; *Urban* Besteuerung von Firmen- und Dienstwagen, 2009. Der StPfl kann wählen zw der pauschalierenden 1%-Regelung (s Rz 526 ff) und der exakten Fahrtenbuchmethode (Rz 558 ff).

a) 1%-Regelung. Nach § 6 I Nr 4 S 2 ist die private Nutzung (s Rz 535) eines 526
Kfz (zum Begriff s Rz 528), das zu mehr als 50% betriebl genutzt wird (s Rz 532), für jeden Kalendermonat mit 1% des inl Listenpreises im Zeitpunkt der Erstzulassung (Rz 539) zzgl der Kosten für Sonderausstattung (Rz 541) einschließl der USt (Rz 544) anzusetzen. ElektroKfz sind begünstigt (Rz 547). Zum Umfang der Abgeltungswirkung s Rz 552; zur Verfassungsmäßigkeit s Rz 554. Die Regelung ist grds **zwingend;** wird bei einem zu mehr als 50% betriebl genutzten Kfz kein Fahrtenbuch geführt, ist eine von S 2 abw Schätzung unzulässig (BFH XI B 128/06 BFH/NV 07, 706).

aa) Begriff des Kraftfahrzeugs. Hierzu zählen nicht nur **Pkw** (auch zum 528
Rennwagen umgebaute, s FG Ddorf EFG 09, 168, rkr), sondern auch **Krafträder.** Die Regelung gilt gleichermaßen für **neue wie für gebraucht erworbene Kfz** (BFH VIII R 67/06 BFH/NV 08, 1662 unter II.1.a mwN).

(1) Leasing-Kraftfahrzeuge. Sie fallen wegen des Vereinfachungszwecks eben- 529
falls unter die 1%-Regelung, ohne dass es darauf ankommt, ob der StPfl wirtschaftl Eigentümer ist und das Kfz zu aktivieren hat (BFH X R 23/01 BStBl II 03, 472 unter II.1.c; BFH VIII R 67/06 BFH/NV 08, 1662 unter II.1.a; *BMF* BStBl I 09, 1326 Rz 1; **aA** *BH/Ehmcke* § 6 Rz 1013b sowie zur Rechtslage bis VZ 2005 für Leasingvertrag ohne wirtschaftl Eigentum und betriebl Nutzung unter 50% BFH VIII R 31/09 BFH/NV 13, 527, Anm *Nothnagel* HFR 13, 295; wohl auch FG SchlHol EFG 21, 740, Rev VIII R 1/21 unter 1.c).

(2) Lkw und Zugmaschinen. Obwohl es sich um Kfz iSd Gesetzeswortlauts 530
handelt, ist die 1%-Regelung nicht anzuwenden, weil hier kein Erfahrungssatz für eine nicht nur gelegentl Privatnutzung spricht (BFH X R 23/01 BStBl II 03, 472 unter II.1.d). Wird ein Lkw im Einzelfall gleichwohl privat genutzt, ist die darin liegende Nutzungsentnahme nach S 1 einzeln (mit den Selbstkosten) zu bewerten (s Rz 517). – **Abgrenzung Pkw/Lkw.** Maßgebl ist nicht die kfz-steuerl Behandlung (zB Gewicht, Anteil der Ladefläche), sondern die typischerweise bestehende Eignung für Privatfahrten (BFH X R 23/01 BStBl II 03, 472 unter II.2.b). Diese ist trotz kfz-steuerl Einstufung als Lkw gegeben zB bei einem schweren Geländewagen (BFH X R 23/01 BStBl II 03, 472), einem viersitzigen geschlossenen Kastenwagen (FG Nds EFG 08, 198, rkr), einem zweisitzigen, von einem RA genutzten PickUp mit offener Ladefläche (FG Mchn EFG 08, 1448, rkr), einem Wohnmobil (BFH VI R 62/96 BStBl II 02, 370 unter II.2.c) und einem Kleinbus (FG BBg EFG 08, 681, rkr); nicht aber bei einem zweisitzigen als Lkw zugelassenen reinen Werkstattwagen eines Handwerkers (BFH VI R 34/07 BStBl II 09, 381; FG Mchn DStRE 11, 1439, rkr: Ford Transit mit nur einer Sitzreihe; BFH X R 32/11

BStBl II 16, 708: VW T4 mit Ladefläche), wobei im Einzelfall auch die gegenteilige Beurteilung mögl ist (BFH X B 29/15 BFH/NV 16, 395: Kleinbus VW T5, bei dem die hinteren Sitze zwar entfernt wurden, aber jederzeit wieder montiert werden können).

532 **bb) Betriebliche Nutzung von mehr als 50 %.** Ausführl *Urban* DB 06, 408. Die Überlassung von Kfz an ArbN ist für den ArbG stets betriebl Nutzung. Kap-Ges, die ihrem Ges'ter-Geschäftsführer einen Pkw überlassen, sind daher von der 50 %-Grenze nicht betroffen. Auch Fahrten zw Wohnung und Betriebsstätte sowie Familienheimfahrten zählen *hier* (anders bei § 4 V 1 Nr 6) zu den betriebl Fahrten. – **(1) Darlegung eines betrieblichen Nutzungsanteils von mehr als 50 %.** Dies erfordert (anders als die Ersetzung der 1 %-Regelung durch die Fahrtenbuchmethode nach S 3) nicht zwingend die Führung eines Fahrtenbuchs (*BMF* BStBl I 09, 1326 Rz 4). Vielmehr gelten die allg Regeln der Beweiswürdigung (zB können auch zeitl beschr Aufzeichnungen ausreichen). Auch aus der Art der Tätigkeit kann auf eine betriebl Nutzung von mehr als 50 % geschlossen werden (zB Taxifahrer, Handelsvertreter; zu Beweiserleichterungen s *BMF* BStBl I 09, 1326 Rz 5). – **(2) Privatnutzungsanteil bei Kfz des Betriebsvermögens mit maximal 50 % betrieblicher Nutzung.** Hier (gewillkürtes BV) ist die Privatnutzung nicht nach S 2, sondern gem S 1 mit den tatsächl Selbstkosten zu bewerten (s Rz 517); ggf sind diese zu schätzen. Dieser Wert ist auch ustl zu übernehmen (*BMF* BStBl I 09, 1326 Tz 35). – **(3) Kfz des PV.** Die Anwendung der Nr 4 ist ausgeschlossen. Die in einer betriebl Nutzung liegende Aufwandseinlage kann aber nach den steuerl Pauschbeträgen bemessen werden.

535 **cc) Privatnutzung des Kraftfahrzeugs.** Dies ist stets Voraussetzung für die Anwendung der 1 %-Regelung. – **(1) Beweisfragen.** Zwar muss das FA (ggf das FG) sich die volle Überzeugung über das Stattfinden einer Privatnutzung bilden (BFH VIII R 60/06 BFH/NV 09, 1974 unter II.3.a). Hierfür spricht allerdings ein **Erfahrungssatz**, der von der Rspr (mE unzutr) als **„Anscheinsbeweis"** bezeichnet wird (vgl BFH VIII B 82/11 BFH/NV 12, 573; BFH VIII R 42/09 BStBl II 13, 365 Rz 15). Dies gilt auch für ein Taxi-Kfz (BFH X B 18/12 BFH/NV 13, 1401; BFH III R 13/16 BStBl II 19, 229 Rz 14). – Die Wirkung des Erfahrungssatzes wird **erschüttert,** wenn der StPfl einen Sachverhalt darlegt und nachweist, der die ernsthafte Möglichkeit eines anderen Geschehens ergibt (zum Ganzen BFH VI R 19/05 BFH/NV 07, 116 unter II.2.b; BFH VI B 20/06 BFH/NV 07, 716 unter 1.a; BFH V B 131/08 BFH/NV 09, 1678 unter II.1.a). Dabei ist allerdings zu berücksichtigen, dass es sich um Tatsachen aus der Sphäre des StPfl handelt, sodass strenge Anforderungen zu stellen sind, um den Erfahrungssatz nicht funktionslos werden zu lassen (BFH III R 59/98 BStBl II 00, 273 unter II.2.; BFH VI B 59/04 BFH/NV 05, 1300). Die Tatsachen, die den „Anscheinsbeweis" *erschüttern* sollen, bedürfen des vollen Beweises (BFH VI B 74/08 BFH/NV 09, 197); ein Beweis des *Gegenteils* ist allerdings nicht erforderl (BFH VI B 79/09 BFH/NV 10, 867 Rz 10; BFH VIII R 42/09 BStBl II 13, 365 Rz 16). Die Rspr des VI. Senats des BFH (zuständig für LSt und damit für die Parallelvorschrift des § 8 II) tendiert zur Großzügigkeit; die Rspr der für betriebl Einkünfte zuständigen Senate ist zurückhaltender.

536 **(2) Widerlegung des Erfahrungssatzes.** Hierfür reicht die **bloße Behauptung** des StPfl, der Pkw werde nicht für Privatfahrten genutzt, nicht aus (BFH X R 23/01 BStBl II 03, 472 unter II.1.a mwN; ebenso zu § 8 II BFH VI B 123/08 BFH/NV 09, 1434 unter II.2.; BFH VI R 46/08 BStBl II 10, 848 unter II.2.b). – Gleiches gilt, wenn zwar im GesVertrag einer PersGes ein **Nutzungsverbot** enthalten ist, aber ein Interessengegensatz fehlt (BFH VIII R 60/06 BFH/NV 09, 1974 unter II.4.; anders aber trotz fehlenden Interessengegensatzes für Kfz-Überlassung an den ArbN der PersGes beschäftigten *Ehegatten* des beherrschenden Ges'ters BFH VI R 23/12 BStBl II 13, 920 Rz 24); zum Ausspruch eines Nutzungsverbots bei *Arbeitnehmern* (einschließl beherrschenden GmbH-Ges'ter-Geschäftsführer) in den Fällen des § 8 II s § 19 Rz 100 „KfzGestellung". Zu § 8 II hat der BFH entschieden, der Anscheinsbeweis erstrecke sich nicht auf die Frage, *ob* eine Privatnutzungsbefugnis besteht (BFH VI R

46/08 BStBl II 10, 848 unter II.2.c; BFH VI R 23/12 BStBl II 13, 920 Rz 20). Dies ist wegen der unbeschr Verfügungsbefugnis des Betriebsinhabers (im Gegensatz zum bloßen ArbN) auf § 6 I Nr 4 nicht übertragbar (glA *Schneider* NWB 10, 3105, 3111), zumal bei § 8 II bereits die bloße Nutzungs*möglichkeit* für die Besteuerung genügt (BFH VI R 31/10 BStBl II 13, 700), während bei § 6 I Nr 4 das Kfz *tatsächl* privat genutzt werden muss. IÜ sollte in Fällen, die mangels externer Beweismittel nicht aufklärbar sind (zB Privatnutzung durch GmbH-Ges'ter-Geschäftsführer) die Beweislastverteilung nach Sphären angewendet werden (zutr *Wagner* EFG 13, 346; *Siegers* EFG 13, 924). – Auch das **Vorhandensein eines weiteren Kfz im PV** reicht für sich genommen nicht aus, um den Erfahrungssatz zu widerlegen (BFH VI R 46/08 BStBl II 10, 848 unter II.3.b). Ist das private Kfz aber in Status und Gebrauchswert mit dem betriebl Kfz vergleichbar, ist die Wirkung des Erfahrungssatzes leichter zu erschüttern (BFH VIII R 60/06 BFH/NV 09, 1974 unter II.3.b; BFH VIII R 42/09 BStBl II 13, 365 Rz 20 f; FG Mster EFG 18, 968, rkr; FG Nds EFG 20, 930, rkr). – Für die Darlegung fehlender Privatnutzung ist die **Führung eines Fahrtenbuchs nicht zwingend** (BFH VI R 38/06 BStBl II 08, 768 unter II. vor 1.; *Bergkemper* HFR 08, 917); umgekehrt sind bloße Eintragungen in einer Excel-Tabelle aber auch kein zwingender Beweis fehlender Privatnutzung (FG Hess DStRE 09, 1170, rkr).

dd) Pauschalierte Höhe der Nutzungsentnahme. Monatl sind 1 % des inl Listenpreises im Zeitpunkt der Erstzulassung zzgl Kosten für Sonderausstattungen und einschließl der USt („Bruttolistenpreis") anzusetzen. Die Pauschale entfällt für solche *vollen* Monate, in denen das **Kfz nicht verfügbar war** (zB Reparatur) oder eine private Nutzung aus anderen einfach nachprüfbaren Gründen ausgeschlossen ist (*BMF* BStBl I 09, 1326 Rz 15; ähnl BFH X R 2/14 BStBl II 16, 534 Rz 23; FG Ddorf EFG 17, 458, rkr: ärztl Fahrverbot); dies ist vom StPfl nachzuweisen.

(1) Inländischer Listenpreis für ein Neufahrzeug. – (a) Gebrauchtwagen. Auch wenn die tatsächl AK hier nur gering sind, bleibt der Listenpreis für einen Neuwagen maßgebl, da individuelle Umstände bei der Pauschalbewertung unberücksichtigt bleiben (BFH VI R 51/11 BStBl II 13, 385). Gleiches gilt für Oldtimer (sofern sie im Einzelfall zu mehr als 50 % betriebl genutzt werden sollten). Umgekehrt bleibt bei Gebrauchtwagen aber der im **Zeitpunkt der Erstzulassung** des Fahrzeugs (nicht des Fahrzeug*typs*) geltende Listenpreis maßgebend; es ist nicht etwa der im Zeitpunkt der Anschaffung aktuelle Listenpreis anzusetzen (BFH III R 59/98 BStBl II 00, 273 unter II.4.b cc). – **(b) Rabatte.** Sie sind bei Neuwagenkäufen zwar übl, mindern den Bruttolistenpreis (anders als den übl Endpreis iSd § 8 III) aber nicht (zutr BFH VI R 51/11 BStBl II 13, 385 Rz 16). Zum einen handelt es sich um eine typisierende Regelung; zum anderen werden die gesamten Kfz-Aufwendungen maßgebl auch durch andere Kostenarten bestimmt (zB Kraftstoff), deren Preissteigerungen durch den Listenpreis gar nicht erfasst werden. Auch Rabatte aufgrund betriebl Besonderheiten bleiben unberücksichtigt (BFH III R 13/16 BStBl II 19, 229 Rz 16 f: keine Berücksichtigung eines zweiten, niedrigeren Listenpreises, der nur für Kfz-Käufe durch Taxenbetriebe gilt). – Wird die AfA wegen unangemessen hoher AK nach § 4 V 1 Nr 7 gekürzt, ist für die 1 %-Regelung gleichwohl der volle Listenpreis maßgebend (FG Saarl EFG 09, 307 unter I.4., NZB durch BFH VIII B 28/09 BFH/NV 09, 1967 zurückgewiesen). Dieses Ergebnis stimmt zwar mit dem Gesetzeswortlaut überein, ist mE aber wegen der eintretenden Doppelbelastungen problematisch. – **(c) Ausland.** Der **inl Listenpreis** gilt auch für Reimporte. Mehr- und Minderausstattungen der Reimport-Kfz sind aber zu berücksichtigen (*BMF* BStBl I 09, 1326 Rz 10). Existiert für ein nur im Ausl vertriebenes Kfz kein inl Listenpreis, ist nicht etwa der ausl Listenpreis anzusetzen, sondern der inl Listenpreis (mindestens nach Maßgabe des Angebotspreises des Importeurs) zu schätzen (BFH III R 20/16 BStBl II 18, 278; strenger *Wendl* HFR 18, 295: höchster Angebotspreis aller Importhändler). – **(d) Abrundung.** Der Listenpreis ist **auf volle 100 €** abzurunden (BMF BStBl I 09, 1326 Rz 10).

(2) Sonderausstattungen. Sie sind grds in die Bemessungsgrundlage der 1 %-Regelung einzubeziehen. Dies gilt zB für Diebstahlsicherungen; für Navigationsgeräte dann, wenn sie schon werkseitig eingebaut sind und daher kein selbständiges WG darstellen (BFH VI R 37/04 BStBl II 05, 563). Vom Kfz trennbare Geräte sind hingegen selbständige WG und daher nicht einzubeziehen. Der VI. Senat stellt allein darauf ab, ob Sonderausstattungen **im Zeitpunkt der Erstzulassung bereits vorhanden** waren (dann Einbeziehung in die Bemessungsgrundlage der 1%-Regelung) oder nicht (BFH VI R 12/09 BStBl II 11, 361, Anm *Schwenke* HFR 11, 276: keine Einbeziehung nachträgl Einbauten; zur Kritik s *Schmidt* 38. Aufl § 6 Rz 519). – **Nicht einzubeziehen** sind hingegen Autotelefone, ein zusätzl Reifensatz und der Mehrpreis für besondere Leistungsstärke des Kfz, die *nur* wegen einer Sicherheitspanzerung erforderl ist (LStR 8.1 IX Nr 1 S 6, 7).

544 **(3) Verhältnis zur Umsatzsteuer.** Der BFH sieht die 1%-Regelung nicht als geeigneten Schätzungsmaßstab für die USt-Bemessungsgrundlage an (BFH V R 78/93 BFHE 188, 160; BFH XI R 32/08 BStBl II 10, 1079 unter II.2.a). Gleichwohl gewährt die *FinVerw* das **Wahlrecht**, das Ergebnis der 1%-Regelung (nach Abzug von pauschal 20% für nicht mit VorSt belastete Aufwendungen) auch für die USt zu übernehmen, und zwar als *Netto*betrag, obwohl in dessen Bemessung auch die im Listenpreis enthaltene USt eingegangen ist (*BMF* BStBl I 14, 896 Tz I.5.a aa). Macht der StPfl von dieser Vereinfachungsregelung Gebrauch, kann er die USt nicht einerseits die 1%-Regelung, andererseits aber einen höheren nicht vorsteuerbelasteten Anteil als 20% ansetzen (BFH XI R 32/08 BStBl II 10, 1079). – Umgekehrt darf der StPfl aus der estl Bemessungsgrundlage der 1%-Regelung nicht etwa die USt herausrechnen, da der klare Wortlaut des S 2 den Ansatz *einschließl* der USt verlangt (BFH XI R 12/02 BStBl II 03, 704; BFH X R 70/01 BFH/NV 03, 1580; BFH X R 43/02 BFH/NV 04, 639; VerfBeschw 2 BvR 1931/03, 2 BvR 524/04 nicht zur Entscheidung angenommen). Dieser eindeutige Wortlaut steht auch der mitunter geforderten Differenzierung zw regelversteuernden Unternehmern und solchen mit ustfreien Umsätzen entgegen. Verfrechtl Bedenken bestehen nicht, weil es jederzeit möglich ist, auf das Fahrtenbuch auszuweichen. – Die USt auf die Nutzungsentnahme ist gem **§ 12 Nr 3** ihrerseits nicht als BA abziehbar. Schätzt der StPfl für Zwecke der USt die Nutzungsentnahme abw von der 1%-Regelung (was zulässig ist), darf nur die tatsächl entstandene USt nach § 12 Nr 3 hinzugerechnet werden, nicht aber die fiktive, sich nach der 1%-Regelung ergebende USt (zutr BFH VIII R 54/07 BStBl II 11, 451). Gleiches gilt, wenn der StPfl (zB wegen Anwendung der Durchschnittssätze nach § 24 UStG) faktisch keine USt auf die Nutzungsentnahme zahlt (zutr BFH IV R 45/07 BStBl II 10, 689).

545 **(4) Mehrere Kraftfahrzeuge oder Nutzer.** Wird *ein* Kfz durch *mehrere* Personen genutzt, bleibt es beim Ansatz der 1% pro Monat, da dieser Betrag fahrzeugbezogen ist (BFH VI R 132/00 BStBl II 03, 311). – Nutzt hingegen *eine* Person (abwechselnd) *mehrere* Kfz des BV auch privat, ist grds für *jedes* dieser Kfz die Pauschalentnahme ansetzen (*BMF* BStBl I 09, 1326 Rz 12, 36; *OFD Ffm* DStR 17, 1764: auch bei Einsatz eines Wechselkennzeichens; BFH VIII R 24/08 BStBl II 10, 903; BFH VIII B 258/09 BFH/NV 10, 1440; BFH XI R 32/08 BStBl II 10, 1079 unter II.3.a; glA zu § 8 II BFH VI R 17/12 BStBl II 14, 340 Rz 9; BFH VI B 101/18 BFH/NV 19, 1072). Wegen des Wortlauts und der fahrzeugbezogenen Konzeption der Regelung ist dies zutr (glA *Urban* FR 10, 510, 516 und *ders* FR 10, 585; **aA** *Korn/Strahl* KÖSDI 10, 16801, 16803; *Peetz* DStZ 13, 317: kann zu offensichtl unzutr Besteuerung führen). – Die Problematik ist von der *FinVerw* durch eine **Vereinfachungsregelung** entschärft worden (*BMF* BStBl I 12, 1099): Wenn der StPfl für die private Nutzung eine Nutzungsentnahme für das Kfz mit dem höchsten Listenpreis ansetzt, sieht die *FinVerw* darin die Erklärung, dass die weiteren Kfz des BV nicht privat genutzt werden, und folgt grds dieser Angabe. Nutzen auch andere Personen, die zur Privatsphäre des StPfl gehören, ein betriebl Kfz, gilt diese Vereinfachungsregelung, wenn der StPfl die Nutzungsentnahme je Person für das Kfz mit dem nächsthöheren Listenpreis ansetzt. ME ist die Regelungstechnik dieser Verwaltungsanweisung zweifelhaft, da sie den StPfl zu bewussten Falschangaben verleitet und so einer weiteren Erosion der Besteuerungsmoral Vorschub leistet.– Ebenso ist, wenn **mehrere Kfz durch mehrere Personen** privat genutzt werden, für *jedes* auch privat genutzte Kfz die Pauschalentnahme anzusetzen. – Bei einem **Fahrzeugwechsel** ist der Listenpreis des in dem Monat *überwiegend* genutzten Kfz maßgebend (*BMF* BStBl I 09, 1326 Rz 9).

(5) Kostendeckelung. Da eine Entnahme eine Wertabgabe des Betriebes darstellt, kann sie nicht höher sein als die für das jeweilige Kfz entstandenen Aufwendungen. Die Summe der Pauschalwerte nach § 6 I Nr 4 S 2 sowie § 4 V 1 Nr 6 ist daher auf die tatsächl Aufwendungen zu begrenzen; die Entfernungspauschale ist erst von diesem „gedeckelten" Betrag abzuziehen (*BMF* BStBl I 09, 1326 Rz 18 ff mit Beispiel). Zur zutr Ermittlung der jährl Aufwendungen ist allerdings auch bei § 4 III eine **Leasingsonderzahlung** auf die Vertragslaufzeit zu verteilen (*OFD NRW* DB 18, 2467; *FG RhPf* EFG 20, 519, Rev VIII R 11/20; *FG Nds* EFG 20, 1597, Rev VIII R 21/20; *FG SchlHol* EFG 21, 10, Rev VIII R 26/20); andere Teile der *FinVerw* wollen in diesen Fällen die Kostendeckelung gar nicht anwenden (*FinBeh Hbg* DStR 19, 1407). – **(a) Rechtscharakter.** Es handelt sich ledigl um eine **Billigkeitsregelung** (BFH XI R 59/04 BFH/NV 07, 1838 unter II.3.; BFH VIII R 28/10 BStBl II 13, 120 Rz 22), die aber zulässig ist (zutr *Nöcker* HFR 19, 109). IErg werden damit 100 % der Kfz-Kosten entnommen; dies ist verfgem, obwohl die 1 %-Regelung tatbestandl einen betriebl Nutzungsanteil von über 50 % voraussetzt (BFH X R 28/15 BStBl II 18, 712 Rz 25 ff: Verweis auf die Option der Fahrtenbuchmethode; VerfBeschw 2 BvR 2129/18 noch anhängig). – **(b) Behandlung von Erstattungen.** Vermietet ein Ges'ter das Kfz an die PersGes und überlässt diese es ihm zur Privatnutzung, ist für die Kostendeckelung auf die (Miet-)Aufwendungen der PersGes abzustellen, nicht auf die (geringfügigen) eigenen Aufwendungen des Ges'ters (BFH VIII R 28/10 BStBl II 13, 120). Die Kostenobergrenze wird auch nicht dadurch gemindert, dass Teile der Kfz-Kosten einem Auftraggeber offen weiterberechnet werden (FG Nbg DStRE 07, 137, rkr; *OFD Mchn/Nbg* DB 05, 1305). Dies ist zutr, weil auch verdeckt (kalkulatorisch) überwälzte Kosten die Obergrenze naturgemäß nicht mindern. Besteht jedoch ein unmittelbarer wirtschaftl Zusammenhang zw *bestimmten* Kosten und einer Erstattung, sind die Gesamtkosten um die Erstattung zu mindern (zB Reparaturkosten und Versicherungserstattung; s *Urban* DStZ 04, 741, 752). – **(c) Gestaltungsmöglichkeit.** Falls sich nach der 1 %-Regelung ergebende Pauschalansatz die Gesamtkosten überschreitet, sollte der StPfl prüfen, ob die Privatnutzung evtl über 50 % beträgt. Dann ist die 1 %-Regelung von vornherein nicht anwendbar (s Rz 532), sodass als Privatanteil ledigl die (zu schätzenden) *anteiligen* Gesamtkosten, nicht aber die *vollen* Gesamtkosten (so die Kostendeckelungsregelung der *FinVerw*) anzusetzen sind, was günstiger ist (zutr *Urban* FR 13, 232).

ee) Begünstigung von Elektrofahrzeugen, § 6 I Nr 4 S 2 HS 2. S *BMF* BStBl I 21, 2205; *Eismann* DStR 19, 903; *Reiling/Brucher/Looser* DB 19, 2822; Vorteilsrechnungen s *Nürnberg* NWB 20, 2495. – HS 2 enthält (sehr nachlässig formuliert und in einer Regelungstechnik, die nur schwer nachvollziehbar ist) in fünf Nummern insgesamt drei abgestufte Begünstigungen mit jeweils unterschiedl technischen Anforderungen an das Elektro-Kfz, unterschiedl zeitl Anwendungsbereichen und unterschiedl Rechtsfolgen. Die Begünstigungen schlagen auch auf den Zuschlag für **Fahrten zw Wohnung und Betrieb** (bzw erster Tätigkeitsstätte bei ArbN) sowie für Familienheimfahrten durch (§ 4 V 1 Nr 6 S 3). Für die **USt** gelten die Begünstigungen mangels entspr Rechtsgrundlage nicht hin (A 15.23 XI 1 Nr 1 S 1 UStAE).

(1) Technische Anforderungen. Die Begünstigung gilt zunächst für Kfz, die *ausschließl* durch **Elektromotoren** angetrieben werden. Die Energieversorgung des Motors muss entweder durch Energiespeicher (idR Batterien) oder emissionsfrei betriebene Energiewandler (Brennstoffzellen, zB Wasserstoff, s *BMF* BStBl I 21, 2205 Rz 1) bewirkt werden. Zusätzl sind (mit Ausnahme der Nr 3) auch extern aufladbare **Hybrid**-Elektro-Kfz („Plug-In Hybrid") erfasst, nicht aber solche Hybrid-Kfz, die elektrische Energie ledigl beim Bremsen zurückgewinnen. Sowohl **neu** als auch **gebraucht** erworbene Elektro-Kfz sind begünstigt (*BMF* BStBl I 21, 2205 Rz 10).

549 **(2) Ansatz von 25 % des Listenpreises (S 2 Nr 3).** In der höchsten Begünstigungsstufe wird die Bemessungsgrundlage für die 1 %-Regelung auf $^1/_4$ des Listenpreises ermäßigt, was einen erhebl StVorteil bedeutet. Voraussetzung ist das **Fehlen jegl CO_2-Emission,** was nur reine Elektro-Kfz erreichen können (Hybrid-Kfz, die neben dem Elektromotor auch einen Verbrennungsmotor haben, sind hier also nicht erfasst). Ferner darf der **Bruttolistenpreis nicht mehr als 60 000 €** betragen, was überschwere Kfz in sinnvoller Weise von der höchsten Begünstigungsstufe ausschließt. Nr 3 begünstigt Kfz, die **in den VZ 19–30 angeschafft** werden, gilt aber (auch für im VZ 19 erworbene Kfz) erst ab dem VZ 20 (Art 39 II „JStG 2019"; § 52 XII 2).

550 **(3) Ansatz von 50 % des Listenpreises (S 2 Nr 2, 4, 5).** Bei Elektro-Kfz, die nicht unter Nr 3 (Rz 549) fallen (vor allem Hybrid-Kfz sowie Kfz mit einem Listenpreis über 60 000 €), ist der Listenpreis zur Hälfte anzusetzen, wenn die folgenden (zeitl und technischen) Voraussetzungen erfüllt sind: – **(a) Anschaffung in den VZ 19–21 (Nr 2).** Reine Elektro-Kfz sind stets begünstigt (im VZ 19 fielen auch solche Elektro-Kfz unter Nr 2, die die Voraussetzungen der günstigeren, aber erst ab VZ 20 anwendbaren Nr 3 erfüllen). Extern aufladbare Hybridelektro-Kfz müssen zusätzl die Voraussetzungen des § 3 II Nr 1 oder 2 ElektromobilitätsG erfüllen (CO_2-Emission höchstens 50g/km *oder* rein elektrische Reichweite mindestens **40 km**). Ist dies nicht der Fall, gilt Nr 1 (s Rz 551). Fällt die Anschaffung eines solchen Kfz in die VZ 19–21, gilt die Begünstigung auch in späteren VZ (zeitl unbefristet) fort. – **(b) Anschaffung in den VZ 22–24 (Nr 4).** Hybrid-Kfz dürfen höchstens 50 g CO_2/km emittieren *oder* müssen eine rein elektrische Reichweite von mindestens **60 km** haben. – **(c) Anschaffung in den VZ 25–30 (Nr 5).** Hybrid-Kfz dürfen höchstens 50 g CO_2/km emittieren *oder* müssen eine rein elektrische Reichweite von mindestens **80 km** haben. – **(d) Technisches Regelwerk.** Für die Ermittlung der CO_2-Emission und der technischen Reichweite ist die Übereinstimmungsbescheinigung nach den einschlägigen EU-Vorschriften maßgebl (S 2 letzter Satzteil); die *FinVerw* erkennt auch das E-Kennzeichen als Nachweis an (*BMF* BStBl I 21, 2205 Rz 4). In diesen Bescheinigungen sind idR wesentl günstigere Werte ausgewiesen als in der Praxis erreichbar sind. – **Kritik.** Im Hinblick auf den Normzweck (Förderung umweltverträgl Mobilität) ist es nicht sinnvoll, das der (erhebl) StVorteil hier mit dem Preis des Kfz (und damit typischerweise auch mit seinen negativen Auswirkungen auf die Umwelt) steigt. Begünstigt sind nach Nr 2, 4, 5 zudem vorwiegend Fahrzeuge mit Verbrennungsmotor und bloßem Elektro-Zusatzantrieb, der nur eine geringe Reichweite hat. Ob der Elektroantrieb überhaupt genutzt wird, ist für die Begünstigung unerhebl, was gerade angesichts des erhebl Umfangs der Subventionswirkung bei hochpreisigen Hybrid-Kfz) umweltpolitisch unsinnig erscheint. – **Änderungsvorhaben.** Nach Bl. 162 des **Koalitionsvertrags** der seit Dezember 2021 amtierenden BReg (s hierzu *Kaeser/Wünnemann* DStR 22, 1) soll dieser Kritik dadurch Rechnung getragen werden, dass ab 2023 ein tatsächl elektrischer Betrieb von 50 % erforderl ist; außerdem soll das Erfordernis einer elektrischen Mindestreichweite von 80 km auf den 1.8.23 vorgezogen werden (bisher 1.1.25).

551 **(4) Herausnahme der Kosten des Batteriesystems (S 2 Nr 1).** Bei Elektro-Kfz, die nicht unter Nr 2–5 fallen (entweder weil sie bereits in den VZ 2013–2018 erworben wurden oder zwar in den VZ 2019–2022 erworben werden, aber als Hybrid-Kfz nicht die besonderen Anforderungen der Rz 550 erfüllen), werden die pauschalierten Kosten des Batteriesystems aus dem Listenpreis herausgenommen (ausführl BMF BStBl I 21, 2205 Rz 7 f; *Becker* NWB 14, 2870). Der Abzug beträgt für im VZ 2013 erworbene Kfz 500 €/kWh, höchstens jedoch 10 000 €/Kfz. Für Kfz, die ab VZ 2014 angeschafft werden, mindern sich diese Beträge jährl um 50 € bzw 500 € (bei einem im VZ 2020 angeschafften Kfz wird die Bemessungsgrundlage für die 1 %-Regelung also pauschal um 150 €/kWh, höchstens aber um insgesamt 6500 € gemindert). Wird die Batterie getrennt vom Kfz geleast, lässt die *FinVerw* den vollen BA-Abzug dieser Leasingraten (ohne Privatanteil) zu (*BMF* BStBl I 21, 2205 Rz 9).

552 **ff) Abgeltungswirkung. – (1) Wirkung dem Grunde nach.** Die Abgeltungswirkung beschränkt sich auf **Privatfahrten.** Für Fahrten zw Wohnung und Betrieb sowie Familienheimfahrten sind gem § 4 V 1 Nr 6 zusätzl nichtabziehbare BA anzusetzen. – Wird das betriebl Kfz auch zur Erzielung von **Überschusseinkünften** (BFH X R 35/05 BStBl II 07, 445) oder **in weiteren Betrieben/** MUerschaften *des StPfl* (BFH IV R 59/06 BFH/NV 09, 1617) eingesetzt, ist für diese außerbetriebl Nutzung eine zusätzl Entnahme anzusetzen, die gem S 1 mit den Selbstkosten zu bewerten ist. IRd dortigen Einkünfteermittlung können diese

Kosten dann wiederum als BA/WK abgezogen werden (anders allerdings für 1%-Regelung bei ArbN iSd § 8 BFH III R 33/14 BStBl II 16, 44 Rz 20; mE unzutr). Die *FinVerw* lässt eine Pauschalierung der Entnahme mit 0,001% des Listenpreises je km zu; eine Entnahme braucht nicht angesetzt werden, wenn bei der anderen Einkunftsart kein BA/WK-Abzug erfolgt, obwohl dieser unbeschränkt mögl wäre (*BMF* BStBl I 09, 1326 Rz 17). Die unentgeltl Überlassung des Kfz an einen Betrieb des *anderen* Ehegatten aus privaten Gründen stellt aus Sicht des Überlassenden jedoch eine private Nutzung dar, die mit der 1%-Regelung abgegolten ist und nicht zum Ansatz einer zusätzl Entnahme führt; korrespondierend kann der andere Ehegatte mangels eigener Aufwendungen keine Aufwandseinlage absetzen (zutr BFH X R 24/12 BStBl II 15, 132 Rz 26).

(2) Abgeltungswirkung der Höhe nach. Es sind diejenigen Aufwendungen abgegolten, die mit Nutzung und Betrieb des Kfz verbunden sind (BFH VI R 37/03 BStBl II 06, 72). Allerdings differenziert die Rspr zunehmend und sieht zB Kosten bestimmter **Unfälle auf Privatfahrten** nicht als abgegolten an (BFH VI R 73/05 BStBl II 07, 766: Verzicht des ArbG auf Ersatz bei alkoholbedingtem Unfall des ArbN; s auch § 8 Rz 36; **aA** *Urban* DStZ 04, 741, 744 und FR 07, 873). Auch sind **Maut-, Park- und Schutzbriefkosten für Privatfahrten** nicht abgegolten (BFH VI R 37/03 BStBl II 06, 72; **aA** *Urban* FR 05, 1134; NJW 11, 2465, 2467 mit Hinweis darauf, dass ein Einzelnachweis der tatsächl Veranlassung jedes einzelnen Parkentgelts unpraktikabel sei). ME ist die Rspr zutr, weil es sich hier um abgrenzbare, ausschließl privat veranlasste Einzelkosten handelt, deren gesonderte Behandlung zumutbar ist und bei solchen BA, die nicht Kfz-Kosten betreffen, von allen StPfl selbstverständl erwartet wird; dann kann nicht deshalb etwas anders gelten, weil es sich um Kfz-Kosten handelt. Zwar ist diese Rspr zu § 8 II ergangen; ihre Begründung ist aber zugleich auf § 6 I Nr 4 übertragbar. – Die **Fahrergestellung** ist zusätzl anzusetzen; ihr Wert ist ggf anhand der für den LStAbzug geltenden Regeln (LStR 8.1 X) zu schätzen.

gg) Verfassungsmäßigkeit. Die Regelung enthält zwar eine sehr grobe Typisierung, ist aber verfgemäß (BFH VI R 51/11 BStBl II 13, 385 Rz 14ff; BFH X R 28/15 BStBl II 18, 712 Rz 17ff; ebenso zur Rechtslage bis 2005 ausführl BFH III R 59/98 BStBl II 00, 273; BFH IV R 27/00 BStBl II 01, 403). Denn Einzelermittlungen sind in diesem Grenzbereich zw betriebl und privater Sphäre kaum mögl; außerdem steht dem StPfl jederzeit die Wahl der Fahrtenbuchmethode frei. Verfrechtl unbedenkl ist auch der Umstand, dass der Listenpreis idR höher ist als die tatsächl AK (Rz 539). Denn dies betrifft alle Kfz gleichermaßen und ist daher nur eine Frage der Bemessung des pauschalen Prozentsatzes. Verfgem ist auch die Kumulation mit der für Fahrten zw Wohnung und Betriebsstätte sowie Familienheimfahrten geltenden Regelung des § 4 V 1 Nr 6 EStG (FG Mster EFG 02, 312, rkr). – Im **internationalen Vergleich** ist die Pauschalierung ohnehin eher großzügig; im Ausland wird vor allem bei Pkw mit hohem Schadstoffausstoß der BA-Abzug stärker eingeschränkt als in Deutschland (s die Zusammenstellung in BT-Drs 16/10478).

b) Fahrtenbuchmethode, § 6 I Nr 4 S 3. Ausführl *Bilsdorfer* DStR 12, 1477; *Urban* FR 20, 61. Der StPfl kann die Nutzungsentnahme abw von der 1%-Regelung mit den tatsächl auf die Privatfahrten entfallenden Aufwendungen ansetzen, wenn er die Gesamtaufwendungen für das Kfz durch Belege nachweist (Rz 568) und ein ordnungsmäßiges Fahrtenbuch (Rz 559ff) führt, das das Verhältnis der privaten zu den übrigen Fahrten (Fahrtstrecken in km) wiedergibt. Die Aufteilung ist auch dann vorzunehmen, wenn der Privatanteil unter 10% liegt (FG BaWü EFG 16, 1076, rkr).

aa) Ordnungsmäßigkeit des Fahrtenbuchs. Das Fahrtenbuch ist ein Eigenbeleg (BFH VI B 128/15 BFH/NV 16, 1752 Rz 14), bei dem eine formelle (Rz 560–565) und eine inhaltl Komponente (s Rz 566) zu unterscheiden ist.

560 **(1) Formelle Ordnungsmäßigkeit** (ausführl *Kiermaier* NWB 13, 2406). Die Anforderungen sind hoch; ihre exakte Erfüllung kostet daher Zeit. Ungeachtet der in Teilen der Literatur geübten Kritik (zB *Bingel/Göttsching* DStR 13, 690; *Schneider* HFR 13, 302) ist jedoch an diesen Anforderungen festzuhalten, da eine (Nicht-) Besteuerung, die allein auf ungenauen und daher nicht überprüfbaren Angaben des StPfl beruhen würde, verfrechtl unzulässig wäre. Der Zweck dieser Aufzeichnungserfordernisse, nachträgl Manipulationen möglichst zu verhindern, wird auch in der neueren Rspr des – ansonsten eher großzügigen – VI. Senats betont (BFH VI R 31/10 BStBl II 13, 700 Rz 25 f). Die Führung eines Fahrtenbuchs ist daher zumutbar (BFH X R 28/15 BStBl II 18, 712 Rz 24).

562 **(a) Pflichtangaben.** Das Fahrtenbuch muss hinsichtl der **betriebl Fahrten** Angaben über Datum, km-Stand zu Beginn und Ende der betriebl/berufl veranlassten Fahrt (es genügt die Angabe voller km; eine Rundung auf volle 10 km ist allerdings nicht zul, s BFH VI B 65/04 BFH/NV 05, 1554), Zielorte, Reisezweck und aufgesuchte Geschäftspartner enthalten (*BMF* BStBl I 09, 1326 Rz 24; BFH VI R 87/04 BStBl II 06, 625; BFH VI R 33/10 BStBl II 12, 505 Rz 14: Name und Anschrift des Geschäftspartners; dazu *Schneider* NWB 12, 1892; BFH VI R 3/12 BFH/NV 13, 526: Vermerk „Außendienst" ohne Angabe der Zielorte und Geschäftspartner genügt nicht). Die verwendete Handschrift muss lesbar sein (BFH VIII B 120/11 BFH/NV 12, 949). Die formale Vollständigkeit der Angaben ist erforderl, um ihre inhaltl Richtigkeit anhand der Tank- und Werkstattbelege, Aufzeichnungen zu Kundenkontakten und anderer Unterlagen überprüfen zu können (Rz 566).

563 **(b) Erleichterungen.** Bei Handelsvertretern reichen grds **Orts- und Kundenbezeichnungen** ohne Angabe von Zwischenentfernungen aus. Taxifahrer und Fahrlehrer können ihre Tagesfahrten, Lieferanten ihre tägl Lieferfahrten zusammenfassen (*BMF* BStBl I 09, 1326 Rz 25–28); Erleichterungen gelten auch für Kundendienstmonteure und Beschäftigte von Pflegediensten (*BMF* BStBl I 18, 592 Rz 27). Die Ausdehnung dieser Erleichterungen auf andere Berufsgruppen wird von der *FinVerw* abgelehnt. Bei Freiberuflern, die der Schweigepflicht unterliegen, genügt es nicht, ledigl den Vermerk „Patientenbesuch" anstelle des Namens anzugeben (FG Hbg EFG 07, 669, rkr; *Bilsdorfer* DStR 12, 1477, 1479; ähnl für RA BFH XI B 128/06 BFH/NV 07, 706; ebenso zum Nachweis von Bewirtungsaufwendungen BFH IV R 50/01 BStBl II 04, 502; diff BFH IX R 31/00 BStBl II 02, 712 unter II.1.e: das FG muss abwägen, ob es die Angaben benötigt). Zulässig ist aber die Verschlüsselung der Patienten-/Mandantennamen über Nummern, wenn eine Zusammenführung mit der Patienten-/Mandantenliste leicht mögl ist (ähnl BFH VI R 87/04 BStBl II 06, 625 unter II.1.b; *BMF* BStBl I 09, 1326 Rz 28); unverständl **Abkürzungen** genügen jedoch nicht (FG Köln EFG 16, 1332, rkr; wohl auch BFH VI R 50/15 BFH/NV 17, 1155 Rz 16). Auch eine dienstl Erklärung von Beamten ersetzt fehlende Eintragungen nicht (BFH VI B 112/06 BFH/NV 07, 1654). – Bei **Privatfahrten** genügt die km-Angabe, für Fahrten zw Wohnung und Betrieb ein kurzer Hinweis (*BMF* BStBl I 09, 1326 Rz 29; LStR 8.1 IX Nr 2 S 4).

565 **(c) Weitere formelle Anforderungen.** Das Fahrtenbuch muss **zeitnah** und **in einer geschlossenen äußeren Form** („Buch") lfd geführt werden (BFH VI R 27/05 BStBl II 06, 408; BFH VI B 12/11 BFH/NV 11, 1863; BFH III B 78/12 BFH/NV 13, 39: keine „Lose-Blatt-Sammlung"; BFH X B 258/12 BFH/NV 13, 1412: auch monatsweise geführte Blätter genügen nicht). Eine **Excel-Tabelle** erfüllt diese Anforderungen wegen der Möglichkeit nachträgl undokumentierter Änderungen nicht (BFH VI R 64/04 BStBl II 06, 410). – **Elektronisches Fahrtenbuch.** Die Ordnungsmäßigkeit setzt voraus, dass die verwendete Software nachträgl Änderungen der Eintragungen entweder von vornherein nicht zulässt oder zumindest als solche kenntl macht (*BMF* BStBl I 09, 1326 Rz 23; ausführl *OFD*

Entnahmen und Einlagen **566, 568 § 6**

Rhld/Mster DB 13, 489; FG BBg EFG 12, 402, bestätigt durch BFH VI R 49/11 BFH/NV 13, 1399 Rz 18; ausführl *Weigel* EStB 17, 75). Dies gilt auch bei kommerzieller Software (FG Mster EFG 09, 1001, NZB VIII B 26/09 unbegründet; hier stimmten allerdings weder die Anfangs- mit den Endbeständen noch die Belege mit den Fahrtbucheintragungen überein; FG Mster EFG 10, 947, rkr; zu zahlreichen Einzelfragen FG BaWü EFG 15, 458, rkr; FG Nds EFG 19, 875, rkr). An die Stelle des Fahrtbuchs kann ein entspr aussagekräftiger **Fahrtenschreiber** treten (LStR 8.1 IX Nr 2 S 6). – **Zeitnahe Führung.** Die Eintragungen müssen *sofort* in der geschlossenen „Buch"-Form vorgenommen werden; es genügt nicht, wenn der StPfl behauptet, er habe zunächst lose Aufzeichnungen geführt und auf deren Grundlage später ein Fahrtenbuch angefertigt (BFH IV R 62/04 BFH/NV 07, 691; BFH VIII R 66/06 BFH/NV 09, 1422; BFH VIII R 33/11 BFH/NV 14, 151 Rz 37). Auch das Nacherstellen anhand der Eintragungen in einem Terminelender genügt nicht (BFH VI R 27/05 BStBl II 06, 408; BFH VI R 33/10 BStBl II 12, 505 Rz 15). Eine Ergänzung im Einspruchsverfahren scheidet ebenso aus (FG SchlHol EFG 07, 20, rkr) wie Aufzeichnungen, die sich auf einen (wenn auch ggf repräsentativen) Teilzeitraum beschränken (LStR 8.1 IX Nr 2 S 5).

(2) Inhaltliche Mängel. Sie können die Ordnungsmäßigkeit ebenfalls ausschließen. In der Praxis greift das FA zumeist Widersprüche zw den angegebenen Fahrtzielen/-routen und den sich aus den vorgelegten Tankbelegen ergebenden Orten auf; ebenso das Fehlen von Eintragungen zu nachweisl durchgeführten Fahrten (zB Werkstatt- und Tankfahrten, Kundenbesuche; vgl BFH VI R 94/04 BFH/NV 07, 1302 unter II.2.b). Derartige Widersprüche sind grds gewichtig, sie dann die Richtigkeit der entspr Fahrtbucheintragung (oder aber die betriebl Veranlassung des vorgelegten Belegs) denklogisch ausgeschlossen ist (FG Mchn EFG 09, 1449, NZB VIII B 109/09 unzul: 15 Fehler in 3 Jahren; FG Mster EFG 06, 652, rkr: zahlreiche Widersprüche, zusätzl Chi^2-Test [hierzu zust *Zimmermann* EFG 06, 653; mE zutr *Gebbers* StBP 08, 290, 292; *Huber/Huber* StBP 09, 121]; BFH VIII R 33/11 BFH/NV 14, 151 Rz 38 f: zahlreiche Unstimmigkeiten). – **Kleinere Mängel** zwingen (ähnl wie bei der Buchführung) aber nicht zur Verwerfung des *gesamten* Fahrtenbuchs, wenn die Angaben insgesamt plausibel sind und trotz der Mängel noch eine hinreichende Gewähr für die Vollständigkeit und Richtigkeit der Angaben besteht (zutr BFH VI R 38/06 BStBl II 08, 768: drei kleinere Mängel innerhalb von vier Jahren; ähnl FG Ddorf EFG 09, 324, rkr). Bei der vorzunehmenden Wertung des Gewichts der Mängel ist allerdings zu beachten, dass dem FA eine vollständige Überprüfung der aus der Sphäre des StPfl stammenden Angaben nicht mögl ist und daher bereits eine Stichprobe, die mit einer gewissen Zahl an nachweisl inhaltl Mängeln belastet ist, einen Rückschluss auf die *insgesamt* fehlende Ordnungsmäßigkeit zulassen kann (glA *Reuß* EFG 09, 1003 unter 6.). Umwegfahrten müssen jedenfalls dann dokumentiert werden, wenn der Umweg erhebl ist (BFH VIII B 120/11 BFH/NV 12, 949: 24 %; BFH VIII B 130/19 BFH/NV 21, 33 Rz 8). – Durchgreifende inhaltl Mängel können nicht durch **Schätzung eines Privatanteils** überwunden werden (FG Mster EFG 05, 854, rkr); vielmehr ist dann zwingend die 1 %-Regelung anzuwenden (s Rz 526).

bb) Belegnachweis der Aufwendungen für Kfz-Nutzung. – (1) **Selbstkosten.** Anzusetzen sind sämtl mit dem Betrieb des Kfz zusammenhängenden (fixen und variablen) Selbstkosten (s dazu § 4 Rz 520 „Fahrtkosten"). Eine Teilschätzung derjenigen Kosten, die nicht belegt werden können, ist nach dem klaren Gesetzeswortlaut nicht zulässig (zutr FG Mchn DStRE 19, 539, rkr; anders für einen speziell gelagerten Ausnahmefall FG Mchn EFG 21, 541, Rev VI R 44/20: Betankung an einer betriebl Tankstelle ohne Mengen- und Preisanzeige). Zur AfA-Dauer s § 7 Rz 169 „Pkw". Anstelle von **SonderAfA** kann der StPfl die fiktive lineare AfA ansetzen (BFH III R 96/85 BStBl II 88, 655); dies muss dann aber auch gelten, wenn die fiktive lineare AfA nach Ablauf des Begünstigungszeitraums höher ist als die tatsächl AfA. Eine **Leasingsonderzahlung** ist auch bei Nichtbilanzierern auf die Laufzeit des Leasingvertrags zu verteilen (zutr BFH VI R 27/14 BStBl II 16, 174). – **(2) Unfallkosten.** Sie sind je nach dem Anlass der Fahrt direkt dem betriebl oder privaten Bereich zuzuordnen (LStR 8.1 IX Nr 2 S 11 ff; s auch § 8 Rz 36; zur Ermittlung s Rz 519 (3)). Eine Nutzungsausfallentschädigung ist zwar in voller Höhe BE, mindert aber die Gesamtkosten des Pkw und damit auch die Bemessungsgrundlage für die Nutzungsentnahme (BFH X R 2/14 BStBl II 16, 534 Rz 22).

570   cc) **Elektro-Kraftfahrzeuge.** Allgemeines und technische Anforderungen s Rz 547 ff. – **(1) Ansatz von nur 25 % der AK (S 3 Nr 3).** Die höchste Begünstigung von Elektro-Kfz bei Anwendung der Fahrtenbuchmethode liegt darin, dass die AK (und vergleichbare Anfwendungen, zB Leasingraten) in die Gesamtkosten nur zu $1/4$ eingehen. Voraussetzung ist das Fehlen jegl CO_2-Emissionen, ein Bruttolistenpreis von höchstens 60 000 € und die Anschaffung in den VZ 2019–2030 (Inkrafttreten allerdings erst zum VZ 20). Näher s Rz 549; *BMF* BStBl I 21, 2205 Rz 15 ff. – **(2) Ansatz von 50 % der AK (S 3 Nr 2, 4, 5).** Bei Elektro-Kfz, die nicht unter Nr 3 fallen (insb Hybrid-Kfz sowie Kfz mit einem Listenpreis über 60 000 €), sind die AK zur Hälfte anzusetzen, wenn die in Nr 2, 4, 5 enthaltenen (und in Rz 550 näher erläuterten) technischen und zeitl Voraussetzungen erfüllt sind. – **(3) Herausnahme der Kosten des Batteriesystems (S 3 Nr 1).** Bei Elektro-Kfz, die nicht unter Nr 2–5 fallen (entweder weil sie bereits in den VZ 13–18 erworben wurden oder zwar in den VZ 19–22 erworben werden, aber als Hybrid-Kfz nicht die besonderen Anforderungen der Rz 550 erfüllen), werden die Gesamtaufwendungen um die Aufwendungen für das Batteriesystem gemindert (zB sind Leasingkosten für Batterien nicht in die Gesamtkosten einzubeziehen). Werden die Batterien beim Kauf des Elektro-Kfz mit erworben, mindert sich die AfA-Bemessungsgrundlage um die in S 2 HS 2 Nr 1 ausgewiesenen Pauschalbeträge (bei Anschaffung im VZ 20 also um 150 €/kWh, höchstens 6500 €/Kfz; Einzelheiten s Rz 551; Berechnungsbeispiel bei *Hörster* NWB 15, 1052).

572   **c) Gestaltungsmöglichkeiten.** Die 1 %-Regelung stellt Kfz-Nutzer mit relativ hohem Privatanteil besser (zu Formeln s *Hundsdoerfer/Normann* BB 03, 281; *Rüsch/Hoffmann* DStR 06, 399; *Wagenknecht* FR 13, 754; *Eichfelder/Kluska/Neugebauer* DStR 17, 695). Bei hohem betriebl Anteil (zB Handelsvertreter) empfiehlt sich dagegen das Fahrtenbuch. Auch wenn der StPfl tatsächl ein Fahrtenbuch führt, kann er sich auf die 1 %-Regelung berufen, wenn diese günstiger ist (BFH VI R 132/00 BStBl II 03, 311 unter II.3.a). Er kann seine Wahl in jedem Wj erneut treffen, allerdings nicht *innerhalb* eines Wj zw beiden Methoden wechseln (BFH VIII B 190/09 BStBl II 13, 946 Rz 22; für ArbN BFH VI R 35/12 BStBl II 14, 643); eine Ausnahme gilt beim Fahrzeugwechsel (*BMF* BStBl I 09, 1326 Rz 8). Nutzt der StPfl mehrere Kfz privat, kann er unterschiedl Methoden wählen (BFH III R 2/00 BStBl II 01, 332; BFH VIII B 190/09 BStBl II 13, 946 Rz 24). Das Wahlrecht wird durch Einreichen der StErklärung beim FA ausgeübt; die Entscheidung kann aber bis zur materiellen Bestandskraft des Bescheids (dh solange hierfür eine Korrekturvorschrift oder Einspruchsmöglichkeit vorhanden ist) noch geändert werden (*BMF* BStBl I 09, 1326 Rz 8; FG RhPf EFG 09, 457, rkr).

573   **d) Anwendung in Gesellschaftsverhältnissen. – aa) Personengesellschaften.** Auch hier ist für die 1 %-Regelung eine betriebl Nutzung von mehr als 50 % erforderl (Rz 532; *BH/Ehmcke* § 6 Rz 1013c; zu Unrecht **aA** *Urban* DB 06, 408, 414). Gehört das Kfz zum GesamthandsBV einer PersGes, ist die Nutzungsentnahme demjenigen Ges'ter zuzurechnen, der das Kfz nutzt (*BMF* BStBl I 09, 1326 Rz 13). Gleiches gilt, wenn ein Kfz aus dem SonderBV eines *anderen* Ges'ters genutzt wird. – Bei einer **Vermietung** des Kfz an einen Ges'ter kommt es nur dann zu einer Nutzungsentnahme (mit der Folge der Anwendung von Nr 4 S 2 oder 3), wenn das Entgelt zu gering ist (s Rz 517 (3)). Werden die tatsächl Kosten sogar um mehr als 50 % unterschritten, kann das Kfz PV der PersGes sein. Nutzt der Ges'ter das angemietete Kfz für betriebl Zwecke, führt dies wiederum zu einer Nutzungseinlage. – Vermietet umgekehrt der Ges'ter sein Kfz an die PersGes und überlässt diese es ihm zu privaten Zwecken, sind die Mietaufwendungen bei der PersGes

BA; die Nutzungsentnahme ist nach der 1%-Regelung zu erfassen (BFH VIII R 28/10 BStBl II 13, 120).

bb) Kapitalgesellschaften. Zur Frage, ob es sich bei einer vertragswidrigen Pkw-Privatnutzung durch GmbH-Ges'ter-Geschäftsführer um vGA oder ArbLohn handelt, s § 19 Rz 100 „KfzGestellung" (5). – Bei der Bewertung von Kfz-Nutzungen, die als **vGA** anzusehen sind, geht die Rspr vom **Fremdvergleichspreis** aus; die 1%-Regelung gilt insoweit nicht (BFH I R 70/04 BStBl II 05, 882 unter II.3.b). Anzusetzen sind die tatsächl auf die Privatfahrten entfallenden anteiligen Kosten (die idR nur grob geschätzt werden können) zzgl eines Gewinnaufschlags (zB 10%; BFH I B 70/09 BFH/NV 10, 247). Die *FinVerw* lässt aus Vereinfachungsgründen auch eine Bewertung nach der 1%-Regelung zu (*BMF* BStBl I 12, 478). **574**

3. Buchwertentnahmen bei Sachspenden, § 6 I Nr 4 S 4, 5. Umfassend *Hüttemann* DB 08, 1590; zum (teilw überholten) Normzweck s *Schmidt* 39. Aufl § 6 Rz 581. – WG (auch Anteile an KapGes; gem S 5 nicht jedoch Nutzungen und Leistungen) können wahlweise **zum Buchwert entnommen** werden, wenn sie unmittelbar im Anschluss an die Entnahme einer nach § 5 I Nr 9 KStG von der KSt befreiten Körperschaft, Personenvereinigung oder Vermögensmasse oder einer juristischen Person dör zur Verwendung iSd § 10b I 1 unentgeltl überlassen werden. Eine solche „Verwendung" ist auch dann gegeben, wenn die steuerbegünstigte Körperschaft das WG unmittelbar nach der Übertragung veräußert, um sich flüssige Mittel zu verschaffen (zutr EStR 6.12 III; *Hüttemann* DB 08, 1590; *Seer* GmbHR 08, 785). Das Buchwertprivileg kann auch iRe **Betriebsaufgabe** beansprucht werden (EStR 16 II 8; BFH VIII R 53/99 BStBl II 03, 237 unter II.1.b: Vererbung von SonderBV an eine gemeinnützige Stiftung). – Macht der StPfl hiervon Gebrauch, ist auch für Zwecke des Spendenabzugs nur der Buchwert anzusetzen (§ 10b III 2); die *FinVerw* (EStR 10b.1 I 4) behandelt zR zusätzl auch die anfallende USt als steuerbegünstigte Spende. – Der Anwendungsbereich ist bei einer **Entnahme aus einem wirtschaftl Geschäftsbetrieb** der nach § 5 I Nr 9 KStG befreiten Körperschaften nicht eröffnet. Denn beim Übergang in einen anderen Bereich desselben Subjekts fehlt es an der gesetzl vorausgesetzten Entreicherung. **581**

4. Privatnutzung betrieblicher Fahrräder, § 6 I Nr 4 S 6. In den VZ 19–30 (§ 52 XII 2 idF „JStG 2019") bleibt die private Nutzung eines betriebl Fahrrads, das kein Kfz iSd Satz 2 ist, außer Ansatz, da hierfür ist keine Entnahme mehr anzusetzen. Dies soll der Förderung umweltschonender Verkehrsmittel dienen. Für ArbN soll die parallel eingeführte StBefreiung des § 3 Nr 37 einen Anreiz bieten, die Überlassung von Fahrrädern als Lohnbestandteil zu vereinbaren. – **Fahrräder**, die **zugleich Kfz sind**, fallen nicht unter Satz 6 (Elektro-Fahrräder, deren Antrieb bis 45 km/h unterstützt und die zulassungsrechtl als Kfz eingestuft sind, sog „S-Pedelecs"). Insoweit gilt die 1%-Regelung nach Satz 2 bzw die Fahrtenbuchmethode nach Satz 3, jeweils unter Inanspruchnahme der Begünstigungen für Elektro-Kfz. **583**

5. ABC der Bewertung von Entnahmen. Ein ABC zum *Tatbestand* der Entnahme ist in § 4 Rz 270 enthalten; zur Ermittlung des TW s Rz 251 ff. **585**

Arbeitsleistung. Beim Einsatz von ArbN für außerbetriebl Zwecke sind die Selbstkosten anzusetzen (Rz 519); für die Arbeitsleistung des Betriebsinhabers ist mangels Selbstkosten nichts anzusetzen.

Grundstück. Werden einzelne Gebäudeteile zu privaten Zwecken verwendet und damit entnommen, erstreckt sich die Entnahme auch auf einen entspr Teil des GuB (BFH I R 51/82 BStBl II 83, 365). Der Entnahmegewinn ist nach dem Verhältnis der Nutzflächen und nicht nach den Ertragswerten auf die einzelnen WG aufzuteilen (BFH III R 20/99 BStBl II 03, 635).

Nießbrauchsvorbehalt bei Schenkung eines betriebl WG steht der Bewertung der Entnahme mit dem vollen TW des WG nicht entgegen (s § 7 Rz 64 mwN).

Nutzungsentnahmen s Rz 517.

Pauschbeträge für unentgeltl Wertabgaben bestimmter Gewerbezweige s *BMF* BStBl I 18, 1395 (Kj 2019); *BMF* BStBl I 21, 198 (Kj 2020); *BMF* BStBl I 21, 811 und *BMF* BStBl I 22, 4 (Kj 2021); Fundstellen für VZ vor 2014 s *Schmidt* 33. Aufl § 6 Rz 545; 2014–2018 s *Schmidt* 39. Aufl § 6 Rz 585. Die für Schank- und Speisewirtschaften geltenden Pauschalen sollen nicht auf Imbissbetriebe anzuwenden sein (FG Ddorf EFG 11, 1177, rkr: AdV-Gewährung; mE zweifelhaft).

Personengesellschaft. Zur Zurechnung des Entnahmegewinns an einen oder alle Ges'ter s BFH IV R 39/94 BStBl II 96, 276 unter 2.

Reise. Bewertung der Zuwendung einer privat genutzten Reise s Rz 519 (6).

Teilentgeltlichkeit. Zur teilentgeltl Übertragung von WG s Rz 137; zur teilentgeltl Nutzungsüberlassung s Rz 517 (3).

Umsatzsteuer. Die Entnahme ist einer ustbaren Lfg/sonstigen Leistung gleichgestellt (§ 3 Ib, IXa UStG). Bemessungsgrundlage sind der Einkaufspreis bzw die Selbstkosten (§ 10 IV UStG). Die danach entstehende USt ist eine nach § 12 Nr 3 nichtabzugsfähige BA. Zur USt bei Anwendung der 1%-Regelung s Rz 544.

591 **6. Bewertung von Einlagen, § 6 I Nr 5. – a) Begriff.** Einlagen sind alle WG, die der StPfl dem Betrieb zuführt (§ 4 I 8; s ausführl § 4 Rz 220 ff). Häufigster Fall ist die **Zuführung aus dem PV.** Wird ein Grundstück in das BV eingelegt und dann innerhalb von 10 Jahren nach seiner Anschaffung aus dem BV heraus veräußert, stellt die Einlage ein stpfl privates Veräußerungsgeschäft dar (§ 23 I 5 Nr 1); der nach § 6 I Nr 5 angesetzte Einlagewert gilt als Veräußerungspreis (§ 23 III 2). Zur **Einlage weiterer steuerverstrickter WG des PV** s Rz 615 (Beteiligungen iSd § 17), Rz 621 (WG iSd § 20 II). Bei **immaterieller WG** geht Nr 5 dem Aktivierungsverbot des § 5 II vor (BFH GrS 2/86 BStBl II 88, 348 unter C.I.1.b aa; BFH X R 20/17 BStBl II 20, 3 Rz 74). – Nr 5 S 3 zeigt, dass auch eine **Zuführung aus einem anderen BV** als Entnahme und Einlage zu behandeln ist; gem Abs 5 S 1 ist hier aber der Buchwert fortzuführen, sofern die Besteuerung der stillen Reserven gesichert ist (s Rz 761). Ein bisher fehlerhaft nicht bilanziertes WG des notwendigen BV wird nicht eingelegt, sondern mit dem fiktiven Buchwert eingebucht (BFH X R 153/97 BStBl II 02, 75). – **Gegenstand von Einlagen** (s ausführl § 4 Rz 220 ff) können sowohl WG (zu denen auch rechtl gesicherte Nutzungsrechte mit Ausnahme der unentgeltl eingeräumten gehören, s § 4 Rz 225) als auch der betriebl veranlasste Aufwand aus der Nutzung eines WG des PV sein (zur Bewertung solcher Aufwandseinlagen s Rz 595). Die eigene Arbeitskraft ist hingegen nicht einlagefähig (BFH IV R 26/98 BStBl II 99, 604).

592 **b) Anwendungsbereich. – Gewinnermittlung nach § 4 III.** Auch hier ist sowohl der Einlagetatbestand des § 4 I 8 (s § 4 Rz 386) als auch die Bewertungsvorschrift des § 6 I Nr 5 anzuwenden (§ 6 VII). – **Ausland:** Nach § 4 I 8 HS 2 gilt als Einlage auch die Begründung des dt Besteuerungsrechts hinsichtl des WG. Derartige Einlagen sind nicht gem § 6 I Nr 5 mit dem TW, sondern nach Nr 5a mit dem gemeinen Wert zu bewerten (s Rz 631).

594 **c) Grundsatz.** Die **Bewertung mit dem TW** ist deshalb geboten, weil vom StPfl stfrei im PV erzielte oder bei ihm bereits nach einem anderen Tatbestand besteuerte Wertzuwächse nicht durch eine StVerstrickung eingelegter stiller Reserven der Besteuerung iRd Gewinneinkünfte unterworfen werden sollen (BFH GrS 2/86 BStBl II 88, 348 unter C.I.1.b aa). Zur Ermittlung des TW s ausführl Rz 231 ff. Die Einlage wird damit als anschaffungsähnl Vorgang behandelt. **Bewertungszeitpunkt** ist stets der Zeitpunkt der Einlage (s Rz 251).

595 **d) Aufwandseinlagen.** Ausführl hierzu s § 4 Rz 224 ff. Voraussetzung ist die Nutzung eines *eigenen* WG (ansonsten handelt es sich um Drittaufwand, der steuerl grds unbeachtl ist; s dazu und zu den Ausnahmen § 4 Rz 500 ff mwN, § 7 Rz 101). Sie sind nicht mit dem TW, sondern **mit den tatsächl Aufwendungen zu bewerten** (BFH GrS 2/86 BStBl II 88, 348 unter C.I.1.b bb; ebenso zum Parallelproblem der Nutzungs*entnahmen* Rz 517 mwN). Typischer Fall ist der zum PV gehörende **Pkw,** der gelegentl betriebl genutzt wird. Erleidet ein solcher Pkw auf

Entnahmen und Einlagen 597–601 § 6

einer betriebl Fahrt einen Unfallschaden, ist die AfaA Aufwandseinlage und damit BA (BFH IV R 25/94 BStBl II 95, 318). – Zu Aufwandseinlagen bei MUerschaften s Rz 603; zu KapGes s Rz 605; zur Beschränkung von Aufwandseinlagen bei Tonnagebesteuerung (§ 5a) s § 4 V 1 Nr 11 (§ 4 Rz 613).

e) Besonderheiten bei Mitunternehmerschaften. Ausführl *Weidmann* FR 597 12, 205, 344; *Kraft* FR 13, 825 (auch zu Auslandssachverhalten); *Schmudlach* NWB 16, 3305. – **aa) Vorrang des § 6 V 3.** Nach dieser Norm ist bei **Übertragungen von WG aus einem EinzelBV in das BV einer MUerschaft** grds der Buchwert fortzuführen, sofern keine Gegenleistungen oder ausschließl GesRechte gewährt werden (s Rz 775 ff). Ebenfalls vorrangig ist § 24 UmwStG, sofern ein Betrieb, Teilbetrieb oder MUeranteil eingebracht wird.

bb) Einlagen gegen Gewährung von Gesellschaftsrechten außerhalb des 598 **§ 6 V. – (1) Entgeltlicher Vorgang.** Die Einbringung eines WG des PV (dh keine Anwendbarkeit des § 6 V) gegen Gewährung von GesRechten (dh Gutschrift auf dem KapKto I) ist keine Einlage, sondern ein tauschähnl, entgeltl Rechtsgeschäft (BFH IV R 37/06 BStBl II 11, 617 unter II.2.b, Anm *Wacker* HFR 08, 692; krit *Reiß* DB 05, 359; *Ekkenga* Ubg 09, 761, 769; *Niehus* StuW 17, 27). Nr 5 ist daher nicht anwendbar. Vielmehr entstehen bei der MUerschaft **AK**. Anzusetzen ist der **gemeine Wert**. Dabei handelt es sich um einen obj Wert, der von einem im Einbringungsvertrag genannten Betrag abweichen kann (BFH IV R 7/12 BFH/NV 15, 1091). Mangels Anwendbarkeit der Nr 5 kommt es auch nicht zu der in Nr 5 S 1 HS 2 (s Rz 611 ff) vorgesehenen Begrenzung des Einlagewerts auf die AK. Auf diese Weise kann daher **neues AfA-Volumen** geschaffen werden (s *Paus* EStB 12, 70). Der Einbringende erfüllt ggf die Veräußerungstatbestände der §§ 17, 20 II, 23 (BFH VIII R 69/95 BStBl II 00, 230 unter II.1.d; *BMF* BStBl I 00, 462; krit *Daragan* DStR 00, 573).

(2) Nur teilweise Buchung auf dem Kapitalkonto I. Jedenfalls eine Ein- 599 bringung anlässl der *erstmaligen* Gewährung von GesRechten ist auch dann entgeltl (keine Einlage), wenn der Gegenwert nur *teilweise* in dem KapKto I und iÜ einem anderen KapUnterKto, zB KapKto II oder gesamthänderisch gebundenes Rücklagenkonto (BFH IV R 37/06 BStBl II 11, 617 unter II.2.b bb bbb), oder einem Darlehenskonto des Ges'ters (BFH IV R 66/05 BFH/NV 08, 1301 unter II.2.) gutgeschrieben wird; ebenso für Einbringungen aus dem BV nach der Rechtslage vor 1999 BFH I R 77/06 BStBl II 09, 464 unter B.I.3. (hierzu *Mutscher* DStR 09, 1625; *Siegmund/Ungemach* NWB 11, 2859). Die FinVerw hat diese Grundsätze übernommen (ausführl *BMF* BStBl I 11, 713); sie werden jetzt aber vom IV. Senat wieder in Frage gestellt (angedeutet in BFH IV R 15/14 BStBl II 16, 593 Rz 26; mE schafft dies unnötige Rechtsunsicherheit). Jedenfalls handelt es sich um eine Einlage (und nicht um eine entgeltl Einbringung gegen Gewährung von GesRechten), wenn ein MUer ein WG seines PV auf die MUerschaft überträgt und der Gegenwert *ausschließl* einem KapKto II gutgeschrieben wird, das für den Anteil an den GesRechten nicht maßgebl ist, auch wenn dort Verluste gebucht werden (zutr BFH IV R 15/14 BStBl II 16, 593 Rz 26; glA FG Nds EFG 20, 1600, Rev IV R 2/20; weiterführend *Strahl* BeSt 16, 13; Übergangsregelung wegen der bisher gegenteiligen VerwAuffassung in *BMF* BStBl I 16, 684).

(3) Teilentgeltliche Übertragung. Ist die Summe der auf der Passivseite der 600 Bilanz der MUerschaft vorgenommenen Buchungen (Kapital- und Darlehenskonten) geringer als der TW des WG, ist das WG auf der Aktivseite mit dem vollen TW anzusetzen und iHd Unterschiedsbetrags ein Ertrag auszuweisen, der außerbilanziell nach Einlagegrundsätzen neutralisiert wird (zutr *BMF* BStBl I 11, 713 unter II.2.d).

(4) Einbringung quoad sortem. Sofern das wirtschaftl Eigentum übergeht, 601 gelten als tauschähnl Geschäfte auch solche Einlagen, die nicht dingl (durch Eigentumsübertragung), sondern nur dem Werte nach (quoad sortem) erfolgen (zu PersGes BFH VIII R 5/92 BStBl II 94, 856 unter II.2.b; zu KapGes BFH V R 69/05 BFH/NV 07, 1205 unter II.B.2.a aa).

603 **cc) Verbleibender Anwendungsbereich der Nr 5 bei Personengesellschaft.** Nur **voll unentgeltl Einlagen** (ohne jede Gewährung von GesRechten) **außerhalb des Anwendungsbereichs des § 6 V 3** (dh vor allem aus dem PV) fallen noch unter Nr 5. Beispiele: Buchmäßige Gutschrift des gesamten „Gegenwerts" auf einem *gesamthänderisch* gebundenen Rücklagenkonto (*BMF* BStBl I 11, 713 unter II.2.b; ausführl *Siegmund/Ungemach* DStZ 08, 762; zur Abgrenzung zw gebundenem und Darlehenskonto s ausführl § 15a Rz 41 ff) oder einem KapKto II (BFH IV R 15/14 BStBl II 16, 593 Rz 26); ein Vertrag über den „Verkauf" des WG vom Ges'ter an die PersGes kann steuerl nicht anerkannt werden (BFH IV R 46/12 BStBl II 16, 607 Rz 39 ff). – **Bürgschaftszahlungen** eines MUers auf Verbindlichkeiten seiner PersGes sind Einlagen, die nicht seinen lfd Gewinn, sondern erst einen späteren Veräußerungs- oder Aufgabegewinn mindern (BFH IV R 37/89 BStBl II 91, 64 unter 2.). Verbürgt sich der MUer einer BesitzPersGes hingegen für Verbindlichkeiten der BetriebsKapGes, entsteht ggf rückstellungsfähiger Aufwand (BFH VIII R 27/00 BStBl II 02, 733). – Für **Aufwandseinlagen** gilt dasselbe wie bei Einzelunternehmen (s Rz 595; BFH GrS 2/86 BStBl II 88, 348 unter C.I.2.); die *dauerhafte* Nutzung eines WG des PV des MUers durch die PersGes führt allerdings zur Einlage in das SonderBV.

605 **f) Besonderheiten bei Kapitalgesellschaften. – aa) Verdeckte Einlagen in KapGes.** Im Gegensatz zu offenen Einlagen (s Rz 606) fehlt es bei verdeckten Einlagen an einer unmittelbaren Gegenleistung. Allein die reflexartig eintretende Erhöhung des Beteiligungswerts führt (anders als bei offener Gewährung von GesRechten) nicht zur Entgeltlichkeit des Vorgangs. Zwar ist als Einlage grds nur die Überführung vom PV ins BV *desselben* StPfl anzusehen; über § 8 I KStG ist § 6 I Nr 5 EStG aber auch auf KapGes anwendbar (BFH GrS 2/68 BStBl II 68, 348 unter C.I.3.a; BFH GrS 1/94 BStBl II 98, 307 unter C.I.1.; BFH I R 40/10 BStBl II 12, 281 Rz 9). Damit ist das WG bei der KapGes mit dem TW anzusetzen; der Ges'ter hat nachträgl AK auf seine Beteiligung (s Rz 57; im abgebenden BV ist dies gewinnrealisierend (§ 6 VI 2). – Auch die **Erbschaft** einer KapGes von ihrem Ges'ter führt zu einer Einlage der Aktiva zum TW (BFH I R 131/90 BStBl II 93, 799 unter II.B.4.: Passivierung der Verbindlichkeiten zum Nennwert, bei Nachlassüberschuldung vGA). Auch die Rückabwicklung von vGA ist verdeckte Einlage (BFH VIII R 7/99 BStBl II 01, 173). Ausführl zur verdeckten Einlage s Rz 861 ff (zu § 6 VI 2). Zur TW-AfA nach verdeckter Einlage s Rz 281. – **Aufwandseinlagen** sind (anders als bei Einzelunternehmern und PersGes) bei KapGes nicht denkbar. Vielmehr führt die Nutzung von WG des Ges'ters bei diesem zu BA/WK (BFH GrS 2/86 BStBl II 88, 348 unter C.I.3.d).

606 **bb) Offene Einlagen.** Sie sind dadurch gekennzeichnet, dass im Gegenzug neue Anteile gewährt werden, und bei KapGes (ebenso wie bei MUerschaften; s Rz 598) *insgesamt* als entgeltl anzusehen, sodass es sich um einen Tauschvorgang handelt und der KapGes AK entstehen. Nr 5 gilt insoweit nicht (BFH I R 2/10 BStBl II 11, 761 unter II.1.a). Ist Gegenstand der Einlage seinerseits ein Anteil an einer KapGes (Anteilstausch), gilt die Spezialvorschrift des § 21 UmwStG. Ausführl zur offenen Einlage in KapGes s Rz 855 (zu § 6 VI 1).

607 **cc) Betriebe gewerblicher Art.** Die dargestellten Grundsätze gelten hier auch für Übertragungen aus dem Hoheitsbereich (*Bauschatz/Strahl* DStR 04, 489).

611 **7. Begrenzung des Einlagewerts.** In den Fällen des § 6 I Nr 5 S 1 HS 2 ist der Einlagewert auf die AK/HK (ggf abzügl AfA; s Rz 613) begrenzt (zahlreiche Beispiele hierzu bei *Grobshäuser* NWB 11, 4168).

Entnahmen und Einlagen 612–616 § 6

a) Anschaffung/Herstellung innerhalb der letzten drei Jahre, § 6 I Nr 5 612
S 1 Buchst a. – aa) Grundsatz. Eingelegte WG dürfen höchstens mit den AK/ HK bewertet werden, wenn sie innerhalb der letzten drei Jahre vor der Zuführung angeschafft oder hergestellt worden sind (zum Zeitpunkt der Anschaffung oder Herstellung s Rz 35). Ist der TW *niedriger* als die AK/HK, bleibt es beim Ansatz des TW (BFH I R 142/76 BStBl II 79, 729 unter II. vor 1.); anders jedoch bei KapGesAnteilen iSd Buchst b (s Rz 616). – Ein **unentgeltl Erwerb** ist keine Anschaffung und lässt die Drei-Jahres-Frist nicht neu beginnen. Auch kann dem Einlegenden (Beschenkten) eine Anschaffung durch seinen *Einzel*rechtsvorgänger nicht zugerechnet werden (ausführl BFH X R 74–75/90 BStBl II 94, 15; BFH IV R 83/95 BStBl II 97, 287 unter 2.b; offen gelassen von BFH X R 46/14 BStBl II 16, 976 Rz 56); anders jedoch, wenn der Schenker ein anderer Ges'ter derselben PersGes ist und die Schenkung mit der Einlage zusammenfällt (BFH IV R 58/73 BStBl II 77, 823 unter 4.a). Bei Schaffung eines neuen Besteuerungstatbestands für beschr StPfl ist die Regelung ebenfalls nicht anwendbar (BFH I R 6/06 BStBl II 07, 163). – **Zweck:** Dem StPfl soll es erschwert werden, Gewinne aus Wertsteigerungen von WG dadurch ins PV zu verlagern, dass er den Einlagezeitpunkt hinausschiebt oder das WG zeitweilig entnimmt (§ 6 I Nr 5 S 3; s BT-Drs II/481, 77; 8/3688, 17; BFH X R 74–75/90 BStBl II 94, 15 unter I.1).

bb) Minderung der Anschaffungs-/Herstellungskosten um AfA, § 6 I 613
Nr 5 S 2. Bei der Einlage abnutzbarer WG innerhalb von drei Jahren seit der Anschaffung/Herstellung sind nicht die historischen AK/HK mit dem TW zu vergleichen, sondern die um zwischenzeitl vorgenommene AfA geminderten AK/HK. Dies gilt auch für erhöhte und SonderAfA sowie für GWG iSd § 6 II (BFH IV R 101/92 BStBl II 94, 638). Ist das WG vor der Einlage nicht zur Einkunftserzielung genutzt worden, sind fiktive AfA abzuziehen (EStR 6.12 I 2). – **Verbrauch der AfA-Bemessungsgrundlage nach § 7 I 5:** Unabhängig davon, ob die Einlage innerhalb oder außerhalb der Drei-Jahres-Frist erfolgt, begrenzt § 7 I 5 bei Einlagen von WG, die zuvor zur Erzielung von Überschusseinkünften verwendet worden sind, die AfA-Bemessungsgrundlage auf den TW abzügl der bisher vorgenommenen AfA (Einzelheiten s § 7 Rz 123 ff).

b) Einlage von Beteiligungen iSd § 17 (§ 6 I Nr 5 S 1 Buchst b). Auch 615
hier ist der Einlagewert auf die AK begrenzt. – **aa) Zweck.** Die Regelung soll die Besteuerung sämtl Wertsteigerungen zw Anschaffung und späterer Veräußerung sicherstellen, auch soweit diese im PV eingetreten sind, sofern die Voraussetzungen des § 17 erfüllt sind (BFH IV R 73/05 BStBl II 08, 965 unter II.1.b cc). Alternativ hätte der Gesetzgeber in § 17 die Einlage als Veräußerungstatbestand fingieren können; dies ist aber (anders als in § 23 I 5 Nr 1) nicht geschehen. – Zur Anwendung auf **WG, die dem StPfl bereits am 31.3.99 gehörten,** s *BMF* BStBl I 12, 42, *BMF* BStBl I 16, 11 und *Schmidt* 35. Aufl § 6 Rz 561 aE.

bb) Anwendungsbereich. Es genügt, wenn die in § 17 I genannte Beteili- 616
gungsgrenze (mindestens 1 %) erstmals im Zeitpunkt der Einlage erreicht wird (BFH IV R 73/05 BStBl II 08, 965 unter II.1.b bb: ein Anteil, der bisher die Grenze des § 17 nicht erreichte, überschreitet durch Hinzuerwerb infolge Erbfalls diese Grenze; ebenfalls durch diesen Erbfall wird der Anteil in das SonderBV einer BesitzGes eingelegt). Erfasst sind auch Anteile, die zwar die Beteiligungsgrenze nicht erreichen, aber durch bestimmte Einbringungsvorgänge entstanden sind (§ 17 VI; s § 17 Rz 245 f). Für Anteile an KapGes, die unter § 17 fallen, gilt iErg gem Buchst c dieselbe Rechtsfolge (s Rz 621). – **Nicht anzuwenden** ist Buchst b hingegen auf **(offene) Einlagen in KapGes** oder das GesamthandsBV einer PersGes gegen Gewährung von GesRechten, weil es sich dabei nicht um Einlagen iSd Nr 5, sondern um tauschähnl Vorgänge handelt (BFH IV R 73/05 BStBl II 08, 965 unter II.1.a; zur Abgrenzung s *BMF* BStBl I 11, 713; **aA** *Reiß* DB 05, 358; s auch Rz 598, 606). Auch **verdeckte Einlagen in KapGes,** die unter § 17 I 2

oder § 23 I 5 Nr 2 fallen und daher auf der Ebene des Anteilseigners zur Besteuerung führen, sind von der Anwendung des Buchst b auszunehmen (BFH I R 89/97 BStBl II 98, 691 unter II.2.b; BFH I R 32/08 BStBl II 12, 341 unter II.2.c); sie sind stets mit dem TW anzusetzen. Gleiches gilt für verdeckte Einlagen aus einem nicht stpfl Bereich (BFH I R 40/10 BStBl II 12, 281 Rz 12: Einlage einer Beteiligung aus dem Hoheitsbereich einer juristischen Person döR in eine von ihr beherrschte KapGes). Verdeckte Einlagen *aus* einem BV fallen nicht unter § 17, sondern unter § 6 VI 2, sodass § 6 I Nr 5 S 1 Buchst b nicht anwendbar ist.

618   **cc) Rechtsfolgen. – (1) Teilwert übersteigt Anschaffungskosten.** Hier begrenzt Buchst b den Einlagewert auf die AK. Nach HS 2 iVm § 17 II 5 sind bei unentgeltl Erwerb des Anteils die AK des Rechtsvorgängers maßgebend. – **(2) Teilwert unterschreitet Anschaffungskosten.** Die Rspr setzt die Einlage abw vom Gesetzeswortlaut mit den höheren AK an, um auch in diesem Fall (nur) die tatsächl Wertsteigerung zw Anschaffung und Veräußerung zu erfassen (BFH VIII R 25/94 BStBl II 96, 684 unter II.2.; BFH IV R 73/05 BStBl II 08, 965 unter II.1.b cc; BFH X R 48/02 BStBl II 10, 162 unter II.1.; BFH X R 8/16 BStBl II 18, 426 Rz 60 ff; mE überzeugend; s auch § 17 Rz 38). Dies gilt allerdings nicht, wenn die Einlage erst *nach* einer Verlustrealisation iSd § 17 IV erfolgt (BFH XI R 39/99 BFH/NV 01, 302) sowie in Fällen, in denen gem § 17 II 6 ein Veräußerungsverlust nicht zu berücksichtigen ist (BFH X R 8/16 BStBl II 18, 426 Rz 65). Eine TW-AfA (iHd Differenz zw Einlagewert/AK und niedrigerem TW) ist aber nicht zulässig; die Verlustrealisation ist bis zum Ausscheiden aus dem BV aufgeschoben (ausführl BFH X R 48/02 BStBl II 10, 162 unter II.2.: alternativ auch Ansatz eines Korrekturpostens mögl). Um den § 17-Verlust zu realisieren, kann die Beteiligung entweder *veräußert* (zB an eine nahestehende Person) oder gegen Gewährung von GesRechten (dh *entgeltl*) eingebracht werden (s *Hoffmann* DStR 08, 2214). Bei der **GewSt** ist der außerbetriebl eingetretene Verlust mE im Zeitpunkt der späteren Veräußerung zu neutralisieren (offengelassen in BFH X R 48/02 BStBl II 10, 162 unter II.1.e). – **(3) Einlage wertgeminderter Forderungen aus Gesellschafterdarlehen.** Hätte sich der Darlehensverlust bei § 17 als nachträgl AK ausgewirkt, dann ist auch eine solche Forderung (ebenso wie die Beteiligung) bei ihrer Einlage mit dem TW und den (höheren) AK anzusetzen (zutr BFH X R 8/16 BStBl II 18, 426 Rz 68 ff; diese Grundsätze gelten allerdings nach der von BFH IX R 36/15 BStBl II 19, 208 getroffenen Übergangsregelung nur noch für Finanzierungshilfen, die bis zum 27.9.17 geleistet wurden). – **(4) Ergebnis.** Als Einlagewert sind daher stets die AK anzusetzen; der TW ist in den Fällen des Buchst b ohne Bedeutung. Bei der **Verschmelzung** einer KapGes auf eine natürl Person oder PersGes gelten Anteile iSd § 17 schon nach der gesetzl Regelung stets als mit den AK eingelegt (§ 5 II UmwStG).

621   **c) Einlage von Wirtschaftsgütern iSd § 20 II und § 2 IV InvStG (§ 6 I Nr 5 S 1 Buchst c).** Auch bei WG iSd § 20 II ist der Einlagewert auf die AK begrenzt. Zu diesen WG gehören zB Anteile an KapGes (soweit sie nicht unter § 17 fallen; s Rz 616), sonstige Wertpapiere und Kapitalforderungen (Einzelheiten s § 20 Rz 145 ff). Durch den Verweis auf § 2 IV InvStG sind auch Investmentanteile und Spezialinvestmentanteile erfasst. – **Zweck** ist die Schließung einer Besteuerungslücke, die ohne diese Regelung dadurch einträte, dass die Einlage keine Veräußerung iSd § 20 II ist und die im PV eingetretenen Wertsteigerungen durch den Ansatz zum TW steuerl nicht erfasst würden. Zwar bleibt es dabei, dass die Einlage noch keinen Veräußerungstatbestand darstellt; die Regelung bewirkt aber, dass die im PV eingetretenen Wertsteigerungen im BV steuerverstrickt bleiben. Ist der TW des eingelegten WG geringer als die AK, sind mE aus den in Rz 618 genannten Gründen auch hier die höheren AK anzusetzen. – Buchst c ist auf *verdeckte* Einlagen in KapGes nicht anzuwenden; hier ist in § 20 II 2 ausdrückl ein Ver-

Entnahmen und Einlagen **622, 625** § 6

äußerungstatbestand fingiert worden. Für Einlagen aus anderen BV gilt nicht Buchst c, sondern § 6 V, VI.

d) Ansatz eines früheren Entnahmewerts anstelle der Anschaffungs-/ Herstellungskosten, § 6 I Nr 5 S 3. Ist der Einlage eine Entnahme (auch in Form einer Betriebsaufgabe) beim anderen StPfl vorausgegangen, sind für Zwecke der Begrenzung des Einlagewerts in den Fällen des § 6 I Nr 5 S 1 Buchst a–c nicht die historischen AK/HK maßgebend; vielmehr ist der Entnahmewert (ggf abzügl AfA) anzusetzen. Dies galt auch schon vor der ausdrückl gesetzl Regelung (BFH I R 142/76 BStBl II 79, 729 unter II.2.a). Fallen Entnahme und Einlage jedoch zeitl zusammen, wird für Überführungen zw zwei BV desselben StPfl durch § 6 V 1 grds Buchwertfortführung angeordnet (s Rz 761). – Die Begrenzung ist auch dann anzuwenden, wenn der **Entnahmewert steuerl tatsächl nicht erfasst** wurde; in diesem Fall ist der fiktive Entnahmewert anzusetzen (BFH IV R 83/95 BStBl II 97, 287 unter 2.b). Wird die Entnahme steuerl erfasst, ist der vom FA tatsächl angesetzte Entnahmewert auch dann maßgebl, wenn er fehlerhaft war (zur parallelen Problematik der AfA nach fehlerhaft ermitteltem Entnahmewert s ausführl § 7 Rz 119 mwN). „Erfasst" ist ein Entnahmewert auch dann, wenn er wegen StFreiheit oder eines Freibetrags nicht steuerwirksam wird (BFH X R 53/04 BStBl II 05, 698 unter II.3.: ist eine selbstgenutzte Wohnung nach der Übergangsregelung des § 52 XV aF steuerfrei ins PV entnommen worden, ist auch bei kurzfristiger Wiedereinlage in ein BV als Einlage- und Entnahmewert der TW anzusetzen, sodass neues AfA-Volumen geschaffen wird). – Bei **teilentgeltl Vorgängen** (zB Verkauf eines WG des BV an eine nahestehende Person zu einem unübl niedrigen Preis), die teils als Veräußerung und teils als Entnahme zu beurteilen sind (s Rz 137 mwN), käme zwar im Prinzip eine Aufteilung in Betracht. Eine Begrenzung des Einlagewerts ist aber schon deshalb nicht durchzuführen, weil Entnehmender und Einlegender hier nicht identisch sind.

8. ABC der Bewertung von Einlagen. Ein ABC zum *Tatbestand* der Einlage **625** ist in § 4 Rz 270 enthalten; zur Ermittlung des TW s ausführl Rz 251 ff.

Aufwandseinlage s Rz 595.

Ausland s Rz 592.

Bausparvertrag s *Schmidt* 39. Aufl § 6 Rz 625.

Betriebseröffnung s Rz 633.

Bodenschatz. Zwar wird ein Bodenschatz, der bei seiner Entdeckung üblicherweise zum PV gehört, zum TW ins BV eingelegt. Die Rspr versagt aber die Vornahme von AfS vom TW (s § 7 Rz 233 mwN).

Drittaufwand s Rz 595.

Forderungsverzicht s Rz 879 ff (verdeckte Einlage in KapGes); § 15 Rz 550 (MUerschaft).

Gebäude auf fremdem Grund und Boden s ausführl § 7 Rz 81 ff mwN; dort auch zu den Gewinnauswirkungen bei Beendigung der Nutzung.

Kapitalgesellschaft s Rz 605 ff; zu offenen Einlagen s Rz 855; zu verdeckten Einlagen s Rz 861 ff.

Mitunternehmerschaft s Rz 597 ff.

Know-how s Rz 322.

Lizenz s *Schmidt-Troschke* BB 96, 1530.

Nutzungsrecht s Rz 595; zur Behandlung unverzinsl Ges'terdarlehen s Rz 457.

Teilentgelt s Rz 137.

Vorbehaltsnießbrauch. Zur Aufwandseinlage nach Entnahme des unter Nießbrauchsvorbehalt übertragenen WG s § 7 Rz 65 mwN.

631 **9. Wertansatz bei Begründung des deutschen Besteuerungsrechts, § 6 I Nr 5a, 5b.** Im Fall des § 4 I 8 HS 2 (s Rz 592; § 4 Rz 254) ist das WG mit dem gemeinen Wert anzusetzen. Dies gilt mE auch für selbstgeschaffene immaterielle WG. Die Regelung soll einen Anreiz zur Überführung produktiv genutzter WG nach Deutschland bieten. Galt das WG zuvor wegen Ausschlusses des dt Besteuerungsrechts als entnommen und wurde ein Ausgleichsposten nach § 4g gebildet, ist dieser nunmehr gewinnneutral aufzulösen (§ 4g III). – **Verknüpfung mit Wertansätzen im Ausland.** Bisher war in den Fällen der Nr 5a der Wertansatz in Deutschland unabhängig von der Höhe des im Rahmen einer etwaigen Entstrickungsbesteuerung im Ausland angesetzten Wertes (*Förster* DB 07, 72, 76). Durch Nr 5a HS 2 ist ab 2020 in Fällen, in denen es im Ausland zu einer Entstrickungsbesteuerung kommt, der dort angesetzte Wert (höchstens aber der gemeine Wert des WG) auch für den Wertansatz in Deutschland maßgebl. Dasselbe Korrespondenzprinzip gilt auch für Fälle einer Verstärkung des dt Besteuerungsrechts nach § 4 I 3 HS 2, S 9 (Nr 5b; dazu näher Rz 515 aE). Beide Regelungen sind erstmals für nach dem 31.12.19 endende Wj anwendbar sein (§ 52 XII 9).

633 **10. Wertansatz bei Betriebseröffnung, § 6 I Nr 6.** – a) **Allgemeines.** Die für die Bewertung von Einlagen in bereits bestehende Betriebe geltenden Grundsätze (§ 6 I Nr 5) sind bei der Zuführung von WG anlässl der Eröffnung eines Betriebes entspr anzuwenden (dh grds Ansatz des TW, ggf aber begrenzt auf die AK/HK). Nr 6 gilt daher für die Bewertung in der EB iSd § 6 I EStDV. – Der einen lfd Betrieb voraussetzende **TW-Begriff** muss hier **modifiziert** werden: TW eines WG ist – bezogen auf den Betriebseröffnungszeitpunkt – derjenige Preis, den ein fremder Dritter für die Beschaffung des WG aufgewandt hätte, wenn er an Stelle des StPfl den Betrieb eröffnet und fortgeführt haben würde. Dies ist bei WG des AV und UV der **gemeine Wert** (BFH VIII R 126/86 BStBl II 91, 840 unter 1.c mwN). IÜ gelten die von der Rspr entwickelten TW-Vermutungen (s Rz 241), jedoch mit der Maßgabe, dass an Stelle der Wiederbeschaffungskosten die Beschaffungskosten treten. Anschaffungsnebenkosten sind auch hier einzubeziehen (BFH IV R 63/97 BStBl II 04, 639; s Rz 254). Für ESt und GewSt können sich unterschiedl Betriebseröffnungszeitpunkte ergeben (s § 15 Rz 130).

634 b) **Einzelfälle Betriebseröffnung.** Grundfall ist die erstmalige Verwirklichung der Tatbestände der §§ 13, 15, 18 EStG durch **natürl Personen** (s § 15 Rz 129) oder **PersGes** (s § 15 Rz 195; zur Bedeutung der Nr 6 in diesen Fällen s *Rogall* DStR 04, 1243). Bei **KSt-Subjekten**, die unter § 8 II KStG fallen (KapGes, Genossenschaft, VVaG), genügt die Begründung der persönl KSt-Pflicht. Bei allen anderen KSt-Subjekten ist (wie bei natürl Personen) die Verwirklichung der Tatbestände der §§ 13, 15, 18 EStG erforderl. Beim Eintritt einer bisher steuerbefreiten Körperschaft in die KStPflicht ist ebenfalls eine Anfangsbilanz mit Ansatz der TW aufzustellen; § 13 III KStG enthält insoweit aber Spezialregelungen, die § 6 I Nr 6 vorgehen (s dazu BFH I R 69/98 BStBl II 01, 71). Für Fälle der inl StVerstrickung gelten Nr 5a, 5b (s Rz 631).

635 c) **Keine Betriebseröffnung.** Nr 6 ist nicht anwendbar bei betriebl Veränderungen, die die wirtschaftl Identität des Betriebs unberührt lassen und allenfalls als Betriebsunterbrechung zu sehen sind (zur Betriebsverlegung und Verpachtung ohne Aufgabeerklärung s § 16 Rz 160). Gleiches gilt für den bloßen Eintritt in die Buchführungspflicht bei LuF (s § 13 Rz 202), für die unentgeltl Übertragung betriebl Einheiten iSd § 6 III und andere Fälle der Buchwertfortführung (zB Realteilung durch Übertragung von Teilbetrieben nach § 16 III 2, Einbringungsvorgänge nach §§ 20, 24 UmwStG). Wird für einen **bisher nicht erkannten GewBetr** nunmehr für das erste noch offene Jahr erstmals eine Bilanz aufgestellt, handelt es sich weder um eine Betriebseröffnung noch um eine Einlage. Vielmehr sind die WG mit den Werten anzusetzen, mit denen sie bei von Anfang an richtiger Bilanzierung zu Buche stehen würden (BFH X R 23/05 BStBl II 09, 407 unter II.2.b bb).

Bewertungsvereinfachung   638–652 § 6

11. Wertansatz bei entgeltlichem Erwerb eines Betriebs, § 6 I Nr 7. Hier 638
müssen die einzelnen WG mit ihrem TW, höchstens jedoch mit den AK/HK angesetzt werden. Entscheidend ist daher die Verteilung des Gesamtkaufpreises auf die einzelnen WG (hierzu ausführl *Meyering* DStR 08, 1008). Entfällt ein hoher Betrag auf kurzlebige WG, ist die AfA in der näheren Zukunft entspr hoch.

a) Erwerb eines profitablen Betriebs. Hier werden die Gesamt-AK idR 639 über der Summe der TW der Einzel-WG liegen. In diesem Fall begrenzt Nr 7 den Wertansatz auf den jeweiligen TW. Der übersteigende Teil des Gesamtkaufpreises ist als **Geschäftswert** zu aktivieren (zu TW-AfA auf den Geschäftswert s Rz 315). Ausnahmsweise kann der Mehrbetrag jedoch aus anderen Rechtsgründen erbracht und dann sofort als BA abziehbar sein (s BFH IV R 129/71 BStBl II 75, 807).

b) Erwerb eines Betriebs mit schlechten Ertragsaussichten. Ist der Ge- 640 samtkaufpreis gering, führt Nr 7 zu einer Begrenzung der Wertansätze der EinzelWG auf die tatsächl anteiligen AK. Das Entgelt kann auch ledigl in der Übernahme von Verbindlichkeiten bestehen (BFH I R 49/69 BStBl II 72, 696). Verbindlichkeiten, für die ein teilweiser Verzicht des Gläubigers absehbar ist, sind allerdings mit dem voraussichtl geminderten Rückzahlungsbetrag anzusetzen (zutr *Paus* FR 06, 170; wohl auch *Groh* DB 07, 2275, 2276).

c) Zuzahlungen des Verkäufers. Ergeben sich wegen solcher Zuzahlungen 641 rechnerisch „negative AK" des Erwerbers, sind diese mit 0 € anzusetzen; auf der Passivseite ist ein Ausgleichsposten zu bilden (zum Erwerb einzelner WG BFH I R 49, 50/04 BStBl II 06, 656 unter II.7.; mE auch auf den Erwerb von Betrieben gegen Zuzahlung des Veräußerers übertragbar; zum Ausgleichsposten s auch die Nachweise in Rz 320).

d) Verpflichtungen, die beim Betriebsveräußerer einem Passivierungs- 643 **verbot unterlagen.** Seit 2014 sind die Rechtsfolgen für den bisherigen Betriebsinhaber in § 4f geregelt, die Rechtsfolgen für den Übernehmer in § 5 VII. Wegen der Einzelheiten s § 5 Rz 503 f.

e) Buchwerte des Veräußerers. Sie sind bei entgeltl Erwerb eines Betriebs in 644 keinem Fall maßgebend, weil der Erwerber eine Neubewertung vorzunehmen hat (BFH I R 49/69 BStBl II 72, 696). Liegen hingegen beim **Erwerb eines MUer-** **anteils** die AK unter dem Buchwert, sind diese nach Maßgabe der tatsächl AK abzustocken (näher § 16 Rz 471 mwN).

IX. Bewertungsvereinfachung, § 6 II, IIa

1. Überblick. Bereits in der HB werden verschiedene Bewertungsvereinfachun- 651 gen zugelassen. Dies gilt für **Festwerte** (§ 240 III iVm § 256 S 2 HGB; s *Schmidt* 36. Aufl § 6 Rz 611 ff), **gewogene Durchschnittswerte** (§ 240 IV iVm § 256 S 2 HGB; s *Schmidt* 37. Aufl § 6 Rz 624 ff) und bestimmte **Verbrauchsfolgeverfahren** (§ 256 S 1 HGB; zu LiFo in der StB s § 6 I Nr 2a und Rz 411 ff). Soweit diese Verfahren zugleich den GoB entsprechen, sind sie auch für die StB maßgebl (§ 5 I). – In der StB sind zusätzl die **Sofort-AfA für GWG** (§ 6 II; s Rz 652 ff) und die Bildung von **Sammelposten** (§ 6 IIa; s Rz 671 ff) zu beachten. Diese Regelungen beeinflussen durch ihren Eingang in die Bewertungspraxis zugleich die handelsrechtl GoB.

2. Sofortabschreibung geringwertiger Wirtschaftsgüter, § 6 II. – a) Über- 652 **blick.** Abs 2 berechtigt den StPfl dazu (zum persönl Anwendungsbereich s Rz 654), die AK/HK von abnutzbaren bewegl WG des AV (s Rz 657), die einer selbständigen Nutzung fähig sind (s Rz 658 f), im Wj der Zuführung des WG zum BV (s Rz 655: Anschaffung, Herstellung, Einlage oder Betriebseröffnung) in voller Höhe als BA abzuziehen, sofern die Netto-AK/HK einen Höchstbetrag von 800 € (bis VZ 17: 410 €) nicht übersteigen (s Rz 663) und die WG in ein besonderes Verzeichnis aufgenommen werden (s Rz 665). Es handelt sich um ein **Wahlrecht (aA**

Kanzler NWB 10, 746 für WG mit AK/HK bis 150 €). Macht der StPfl allerdings von der Möglichkeit der Sammelpostenbildung Gebrauch, gilt für sämtl GWG nicht Abs 2, sondern einheitl Abs 2a S 4, 5 (Betragsgrenze 250 €; s Rz 671). – **Zweck** ist zum einen die Vereinfachung (Verzicht auf die Aufstellung von AfA-Reihen, wenn die finanzielle Auswirkung nur gering wäre), zum anderen die Verbesserung der Selbstfinanzierung der Unternehmen durch die sofortige Absetzung (vgl Begründung zum EStG 1934, RStBl 35, 33, 38; *Wagner/Staats* DB 07, 2395, 2396). Systematisch gehört die Regelung zu § 7. Weil § 2 I 2 InvZulG 2007/10 GWG von der Förderfähigkeit ausschließt (ebenso zahlreiche andere Subventionsnormen), sind viele Entscheidungen zur Auslegung des § 6 II in Streitigkeiten über die InvZul ergangen.

654 **b) Persönlicher Anwendungsbereich.** § 6 II gilt zunächst für die **Gewinneinkünfte** (§§ 13, 15, 18), und zwar auch bei Einnahme-Überschuss-Rechnung (§ 4 III 3). Bei § 13a ist Abs 2 nicht anwendbar; dies gilt auch für Sondergewinne (§ 13a III 2). Zur Auswirkung des Abs 2 auf den Übergang von Durchschnittssätzen zum Bestandsvergleich s § 13 Rz 202 mwN. – Für die **Überschusseinkünfte** gilt Abs 2 ebenfalls (§ 9 I 3 Nr 7 S 2; s § 9 Rz 276).

655 **c) Zuführung zum Betriebsvermögen.** – *(1)* **Anschaffung/Herstellung eines Wirtschaftsguts.** Zum Zeitpunkt der Anschaffung/Herstellung s Rz 35. Anschaffungsvorgänge sind auch die gewinnrealisierende Übertragung einzelner WG nach § 6 IV sowie Tauschvorgänge nach § 6 VI 1, ebenso **Einbringungen** in KapGes oder PersGes zu Werten oberhalb des Buchwerts. Auch **Einlagen** und einlageähnl Vorgänge (Begründung des Besteuerungsrechts nach § 4 I 8 iVm § 6 I Nr 5a, Betriebseröffnung nach § 6 I Nr 6) führen zur Anwendung des Abs 2, sofern das WG dabei neu bewertet wird (dh Ansatz mit dem TW bzw gemeinen Wert; zu Sacheinlagen in KapGes s Rz 861ff). **Überführungen und Übertragungen zu Buchwerten** (§ 6 III, V) fallen nicht in den Anwendungsbereich des Abs 2; der Bilanzansatz ist vielmehr fortzuführen. Gleiches gilt für die Umgliederung eines WG vom UV ins AV (**aA** *BH/Ehmcke* § 6 Rz 1113: Behandlung wie eine Einlage). – *(2)* **Korrekturposten für vergütete Mehrbeträge in einer positiven Ergänzungsbilanz.** S § 15 Rz 468. – *(3)* **Anwendung nur im Wirtschaftsjahr der Zuführung zum BV.** WG, die zunächst nach § 7 abgeschrieben wurden oder für die ein Festwert gebildet wurde, sind bei Unterschreiten der 800/250 €-Grenze nicht etwa sofort abzuschreiben.

657 **d) Abnutzbare bewegliche Wirtschaftgüter des Anlagevermögens.** Zur Abnutzbarkeit s § 5 Rz 116, § 7 Rz 27; zum Begriff des AV s Rz 344; zur Abgrenzung der bewegl WG s § 5 Rz 115, 131ff, § 7 Rz 34ff (insb sind Betriebsvorrichtungen steuerl bewegl WG). Es kommt nicht darauf an, ob das WG bei der Anschaffung **neu oder gebraucht** ist. – **Ausgeschlossen von der Anwendung des Abs 2** sind daher UV, nicht abnutzbare, unbewegl sowie immaterielle WG (zur Abgrenzung der immateriellen von den körperl bewegl WG s § 5 Rz 113, 171ff, 270 „Software").

658 **e) Selbständige Nutzbarkeit des Wirtschaftsguts.** Daran fehlt es nach der gesetzl Negativabgrenzung des § 6 II 2, wenn das WG nach seiner **betriebl Zweckbestimmung** nur zusammen mit anderen WG des AV genutzt werden kann und die in den Nutzungszusammenhang eingefügten WG **technisch aufeinander abgestimmt** sind. An der selbständigen Nutzbarkeit fehlt es auch dann, wenn das WG aus dem betriebl Nutzungszusammenhang gelöst und in einen anderen betriebl Nutzungszusammenhang (sowohl im Betrieb des StPfl als auch bei einem Dritten, s *BH/Ehmcke* § 6 Rz 1134) eingefügt werden kann (§ 6 II 3). – Die **technische Abgestimmtheit** mehrerer WG erfordert nicht zwingend eine dauerhafte, körperl oder mit einer gewissen Festigkeit ausgestattete **Verbindung**, auch wenn eine solche Verbindung bzw ihr Fehlen indizielle Bedeutung hat (BFH III R 57/86 BStBl II 91, 682 unter 1.b; EStR 6.13 I). Umgekehrt genügen allein einheitl Designmerkmale sowie Typenbildung und Normung nicht für die Bejahung des Merkmals der Abgestimmtheit (BFH III R 110/95 BStBl II 98, 789: einheitl Büromöbelprogramm). Die Rspr stellt darauf ab, ob das WG zusammen mit anderen WG als **„einheitl Ganzes"** erscheint (BFH I 286/56 S BStBl III 59, 77; BFH I R 144/82 BStBl II 88, 126; BFH III R 57/86 BStBl II 91, 682 unter 1.b). Von einer Abstimmung ist stets auszugehen, wenn das eine WG ohne die Verbindung mit anderen seine Nutzbarkeit im Betrieb verliert (BFH III R 110/95 BStBl II 98, 789 unter 2.), insb nicht mehr standfest ist (BFH III R 43/98 BStBl II 02, 100 unter II.2.b). Ist ein WG **noch nicht einmal selbständig bewertbar,** sondern unselbständiger Teil eines anderen (größeren) WG, ist es erst recht nicht selbständig nutzbar (BFH III R 43/98 BStBl II 02, 100 unter II.2.a). – Maßgebl ist der **konkrete betriebl Nutzungszusammenhang,** auch wenn dieser von der allg verbreiteten Nutzung des WG abweichen mag.

aa) Einzelfälle selbständige Nutzbarkeit. In diesen Fällen ist § 6 II zulässig; es kann aber keine InvZul gewährt werden. Weitere Beispiele s EStH 6.13 „ABC"; *BH/Ehmcke* § 6 Rz 1170; *HHR* § 6 Rz 1040: **Ausstellungsstücke,** auch wenn sie zu einem „Ensemble" zusammengefasst sind (BFH III R 30/00 BStBl II 01, 842); **Autotelefon** (BFH III B 98/96 BStBl II 97, 360); **Bestecke** (EStR 6.13 I 5); die einzelnen **Bücher** (BFH IV 80/63 BStBl II 68, 149) oder Zeitschriftenbände (FG Ddorf EFG 01, 281, rkr) einer Bibliothek oder die Videokassetten einer Videothek; **Euro-Flachpaletten** (BFH III R 125/84 BStBl II 90, 82; BFH III B 198/11 BFH/NV 12, 1433: Gitterboxpaletten); **Fernsehgeräte,** die in größerer Zahl an Hotelbetriebe zur Zimmerausstattung vermietet sind (FG Mchn BB 86, 435, rkr); **Frisierstuhl** (FG Bln EFG 90, 285, rkr); **Möbel,** zB Schreibtisch im Verhältnis zu Rollcontainer/Beistelltisch, selbst wenn die Elemente miteinander verschraubt sind (BFH III R 110/95 BStBl II 98, 789; BFH III R 43/98 BStBl II 02, 100 unter II.2.; anders jedoch, wenn ein Teil alleine nicht standfest wäre); selbständig nutzbar sind auch einzeln standfeste Elemente von Regalen oder Einbauschränken (BFH III B 70/06 BFH/NV 07, 2353), anders jedoch genormte Einzelteile, die erst zusammengesetzt ein Regal ergeben (BFH IV R 170/74 BStBl II 80, 176; BFH IV R 183/82 BFH/NV 86, 592); die diversen Inhalte des **Arztnotfallkoffers** (BFH III R 71/97 BStBl II 01, 41); **Straßenleuchten.**

bb) Einzelfälle keine selbständige Nutzbarkeit. Hier ist § 6 II nicht anwendbar, wohl aber kann InvZul gewährt werden: Teile einer **Computeranlage** wie Rechner, Monitor, Scanner, Drucker und Maus (BFH VI R 135/01 BStBl II 04, 958 unter II.3.; BFH III R 70/08 BFH/NV 10, 2253 unter II.6.) sowie Netzwerk-Kabel (BFH III R 77/97 BStBl II 02, 233 unter II.2.d; bei fester Verbindung mit dem Gebäude aber Gebäudebestandteil); anders jedoch mobile Datenspeicher, einheitliche PC nutzbare Kombinationsgeräte (Drucker, Fax, Kopierer in einem Gerät; s BFH VI R 135/01 BStBl II 04, 958 unter II.3.d) sowie Computertische (FG RhPf EFG 04, 718 unter 3.b, rkr); dies bedeutet allerdings nicht, dass der Austausch einzelner nicht selbständig nutzbarer Peripheriegeräte stets zu Erhaltungsaufwand auf die Gesamtanlage führen muss, weil es sich weiterhin um einzeln *bewertungsfähige* WG handelt (BFH III R 70/08 BFH/NV 10, 2253 unter II.5.); **digitale Druckvorlagen** (BFH III R 14/07 BStBl II 10, 361 unter II.2.c; *BMF* BStBl I 07, 458 Rz 27); die einzelnen Teile einer **Einbauküche** (BFH IX R 14/15 BStBl II 17, 437 Rz 26 ff); **Gerüst- und Schalungsteile** (BFH I 286/56 S BStBl III 59, 77; BFH VI 302/65 BStBl III 67, 151); **Kühlkanäle,** die nur gemeinsam mit einem Kühlgerät verwendet werden können (BFH I R 144/82 BStBl II 88, 126); **Lithographien,** die nur gemeinsam mit entspr Kopiergeräten nutzbar sind (BFH III R 57/86 BStBl II 91, 682); bei Teilen von **Pflanzenanlagen** fehlt es idR bereits an der selbständigen *Bewertungs*fähigkeit, sodass von vornherein nur ein einheitl WG gegeben ist (s § 13 Rz 26, 29); mobile **Stellwände** (FG Thür EFG 98, 1280, rkr); maschinengebundene **Werkzeuge** (BFH I 195/60 U BStBl III 61, 384; BFH III R 101/93 BStBl II 96, 166).

f) Höchstbetrag. Dieser beläuft sich für Anschaffungs-/Herstellungs- und Einlagevorgänge ab dem 1.1.2018 (§ 52 XII S 4) auf 800 €. In der VZ 2010–2017 galt ein Höchstbetrag von 410 €. Der BRat hat jüngst mehrfach vergebl eine weitere Anhebung auf 1000 € gefordert (BT-Drs 19/13436, 223; BT-Drs 19/23551, 3); hiermit ist aber in Zukunft zu rechnen. – **Keine Einbeziehung der USt.** Maßgebl sind stets die Netto-AK/HK, und zwar unabhängig davon, ob der StPfl die VorSt abziehen kann oder nicht (BFH VIII R 66/71 BStBl II 75, 365; EStR 9b II). Zur Ermittlung der AK s Rz 31 ff, zu HK s Rz 151 ff, zum Einlagewert s Rz 591 ff, zum Wertansatz bei Betriebseröffnung s Rz 633. – **Kürzung der AK/HK des WG**. Für die Anwendung des § 6 II ist der gekürzte Betrag maßgebend (EStR 6.13 II). Dies gilt für die Übertragung stiller Reserven nach §§ 6b, 6c (§ 6b VI), bei Ersatzbeschaffung (RfE; BFH IV R 87/77 BStBl II 81, 432), für den Abzug von Zuschüssen (BFH III R 4/87 BStBl II 89, 618; allg zu Zuschüssen s Rz 71 ff) und Investitionsabzugsbeträgen (§ 7g II 2; hier kann iErg noch ein WG mit Netto-AK von 1600 € unter Abs 2 fallen, wenn die AK zunächst um 50% nach § 7g gekürzt werden und auf den verbleibenden Betrag § 6 II angewendet wird). – **Zusammensetzung eines WG aus mehreren Teilen** iRd Anschaffung/Herstellung. Für die Anwendung des Abs 2 kommt es hier darauf an, ob die Summe der AK/HK der Einzelteile zuzügl der Montagekosten die Wertgrenze von 800 € nicht übersteigt (BFH IV R 170/74 BStBl II 80, 176). Werden Mobilfunkgeräte bei gleichzeitigem Abschluss eines langfristigen Vertrags vergünstigt erworben, kommt es auf die Summe aus Barpreis und Preisvorteil an (*BMF* BStBl I 05, 801 Rz 11). – **Nachträgl AK/HK.** Führen sie in späteren Wj dazu, dass die 800 €-Grenze überstiegen wird, bleibt es beim Sofortabzug; die nachträgl AK/HK stellen idR lfd BA dar (EStR 6.13 IV). – **Schrott-/Schlachtwert.** Dieser ist bei GWG nicht zu berücksichtigen, weil er bei AK/HK in dieser geringen Höhe nicht wesentl sein kann (BFH IV R 1/10 BStBl II 14, 246 Rz 22; noch zur damaligen Grenze von 410 €).

665 **g) Besonderes Verzeichnis, § 6 I 4, 5.** Übersteigt der Wert eines dem BV zugeführten GWG 250 € (2010–2017: 150 €), sind der Tag der Zuführung zum BV und der Zuführungswert (idR AK/HK) in ein besonderes, lfd zu führendes Verzeichnis aufzunehmen. Alternativ können diese Angaben in die Buchführung aufgenommen werden. Wegen der Einzelheiten zu diesem Verzeichnis s § 7a Rz 15. Ob die unterbliebene Aufnahme in das Verzeichnis zur Versagung des § 6 II führt (so *BH/Ehmcke* § 6 Rz 1150), ist mE zweifelhaft, da der Wortlaut des S 4 ggü der bis 2007 geltenden Vorgängerfassung abgeschwächt worden ist. Allerdings hat sich der Gesetzgeber die Fortführung der früheren (strengeren) Rechtslage vorgestellt (BT-Drs 17/15, 17). – WG mit einem **Wert bis zu 250 €** brauchen in das Verzeichnis nicht aufgenommen werden. Auch aus § 5 I 2 folgt für diese WG keine Verzeichnispflicht, da die Sofort-AfA dieser WG den GoB entspricht und insoweit ein Gleichklang mit der HB besteht.

671 **3. Sammelposten, § 6 IIa. – a) Voraussetzungen.** Ebenso wie bei § 6 II sind **abnutzbare bewegl WG des AV** (Rz 657) erfasst, die einer **selbständigen Nutzung** fähig sind (hierzu Rz 658 f) und dem Betrieb zugeführt werden (Rz 655). Die in § 6 II 2, 3 enthaltene Definition der fehlenden selbständigen Nutzbarkeit gilt auch iRd § 6 IIa (allg Meinung; vgl *BH/Ehmcke* § 6 Rz 1138). Zum persönl Anwendungsbereich s Rz 654 (hier allerdings keine Anwendung bei den Überschusseinkunftsarten). Auch die Ermittlung des maßgebenden Betrages (stets Abzug der USt; Minderung der AK/HK um übertragene Rücklagen und Investitionsabzugsbeträge) entspricht der für § 6 II geltenden Rechtslage (s Rz 663). – Erfasst sind WG mit Netto-AK/HK (bzw Einlagewert) von **mehr als 250 €, aber höchstens 1000 €** (bis VZ 2017 lag die Untergrenze bei 150 €). Wird die Wertgrenze in *späteren* Wj durch **nachträgl AK/HK** überschritten, bleibt es gleichwohl bei der Einbeziehung des WG in den Sammelposten; die nachträgl AK/HK sind dann in den Sammelposten des Wj ihrer Entstehung einzubeziehen (EStR 6.13 V 2, 3; *BMF* BStBl I 10, 755 Rz 10; mE aufgrund des Vereinfachungszwecks der Regelung zutr; teilw ähnl *HHR* § 6 Rz 1102: der frühere Sammelposten bleibt unberührt, nachträgl AK/HK sind allerdings lfd BA; aA *Ortmann-Babel/Bolik* BB 08, 1217, 1219). – **Für jedes Wj** ist **ein gesonderter Sammelposten** zu bilden (EStR 6.13 V 1). RumpfWj zählen für Zwecke des Abs 2a aus Vereinfachungsgründen als volles Wj (keine ledigl zeitanteilige Auflösung des Sammelpostens). – **Aufzeichnungen** in der Buchführung sind nur noch hinsichtl der Zugänge erforderl; besondere Dokumentationspflichten bestehen nicht. – **Zeitl Anwendungsbereich** s *Schmidt* 33. Aufl § 6 Rz 604.

b) Wahlrecht. Der StPfl kann dies nur für alle im Wj dem BV zugeführten WG **672 einheitl ausüben** (§ 6 IIa 5). Bildet er den Sammelposten, gilt für GWG nicht die 800 €-Grenze des § 6 II, sondern die 250 €-Grenze des § 6 IIa 4. In diesem zusätzl Wahlrecht liegt mE eine unnötige Komplizierung; Abs 2a sollte nunmehr ersatzlos gestrichen werden, wie vom Bundesrat schon mehrfach gefordert wurde (BT-Drs 19/4455, 90 f; BT-Drs 19/13436, 223; BT-Drs 19/23551, 3; glA *Wengerofsky* DStR 15, 2744), zumal er nach der Anhebung der GWG-Grenze auf 800 € nur noch geringe Bedeutung hat. Zur ökonomischen Vorteilhaftigkeit s *Schätzlein* DB 19, 2585.

c) Auflösung des Sammelpostens. Im Wj der Bildung (unabhängig davon, in **673** welchem Monat das WG angeschafft/hergestellt wurde; § 7 I 4 ist nicht anwendbar) und in den folgenden 4 Wj (§ 6 IIa 2) sind **je 20 % des Sammelpostens aufzulösen**. Auf die tatsächl Nutzungsdauer der WG kommt es nicht an. Bei langlebigen WG führt die Einbeziehung in den Sammelposten daher zu einer früheren „Vollabschreibung" als die reguläre AfA. Bei WG mit kurzer Nutzungsdauer (zB Computer) ist die auf 5 Jahre gestreckte Auflösung ebenfalls zwingend. Hier bietet es sich an, Gestaltungsmöglichkeiten so auszuüben, dass die AK/HK außerhalb der Wertgrenzen des Abs 2a bleiben (zB Abzug nach § 6b oder § 7g II, sodass die GWG-Grenze unterschritten wird; in geeigneten Fällen umgekehrt Absehen von einem solchen Abzug, sodass die AK/HK oberhalb von 1000 € bleiben; s auch *Pohl* DStR 08, 2302, 2303). – § 6 IIa verdrängt nicht nur die NormalAfA, sondern auch die SonderAfA nach § 7g V (zutr FG Mchn EFG 14, 522, rkr; **aA** *Pohl* DStR 08, 2302, 2304 mwN). Zwar ist der *Investitionsabzug* (§ 7g II) auch bei Sammelposten-WG ausdrückl zugelassen; der Abzug von SonderAfA scheitert aber jedenfalls an der fünfjährigen Dauer des Begünstigungszeitraums für die Sonder-AfA. Denn nach der Einstellung des Wertes des WG in den Sammelposten fehlt es an einer individualisierbaren Größe, auf die die SonderAfA anwendbar wäre.

d) Fortführung des Sammelpostens. Dieser ist **unabhängig vom weiteren 675 Schicksal der darin eingestellten WG.** Insb wird er bei einem Ausscheiden von WG aus dem BV (zB Veräußerung, Entnahme, Zerstörung, Überführung einzelner WG nach § 6 V) nicht vermindert (§ 6 IIa 3). Dies gilt ungeachtet dessen, dass der Erwerber ggf für dasselbe WG seinerseits einen Sammelposten zu bilden hat und das WG somit bei zwei StPfl bilanziell erfasst wird. Der Veräußerungserlös bzw Entnahmewert wirkt sich daher mangels Gegenrechnung eines Buchwerts in voller Höhe gewinnerhöhend aus. Auch eine **TW-AfA** ist nicht zulässig, da der Sammelposten als solcher kein WG darstellt (EStR 6.13 VI 1); Gleiches gilt für AfaA. Scheidet das WG allerdings bereits im Jahr seiner Zuführung wieder aus dem BV aus, ist es von vornherein nicht in den zum Ende des Wj zu bildenden Sammelposten einzubeziehen (*BMF* BStBl I 10, 755 Rz 10 S 4; *Ortmann-Babel/Bolik* BB 08, 1217, 1218). – Unklar ist die buchtechnische **Behandlung von WG, die auch privat genutzt** werden. Denkbar wäre eine Kürzung der AK um den Privatanteil, sodass nur der Differenzbetrag in den Sammelposten eingestellt wird (Problem: es gibt keine Möglichkeit, auf Veränderungen des privaten Nutzungsanteils in den Folgejahren zu reagieren). Alternativ könnten die vollen AK in den Sammelposten eingestellt und jährl ein Teilbetrag des gewinnmindernden Auflösung des Sammelpostens durch Hinzurechnung eines geschätzten Privatanteils neutralisiert werden (so *BMF* BStBl I 10, 755 Rz 18; dies entspricht der übl Systematik, erfordert aber die aufwändige Führung von Nebenrechnungen, die Abs 2a eigentl vermeiden will).

e) Sammelposten und Betriebsübertragung. – (1) Betriebsveräußerung. 676 Der Sammelposten ist in den „Wert des BV" (§ 16 II 1) einzubeziehen, dem Veräußerungserlös gegenzurechnen und dadurch iErg sofort als Aufwand zu berücksichtigen. Der Erwerber kann unter den Voraussetzungen des S 1 seinerseits einen Sammelposten bilden. Bei der unentgeltl Betriebsübertragung (§ 6 III) führt der Erwerber statt des Übertragenden den Sammelposten fort. – **(2) Übertragungsvorgänge bei Teilbetrieben.** Die *FinVerw* will die zu (1) dargestellten Grundsätze hier nicht anwenden (EStR 6.13 VI 3; *BMF* BStBl I 10, 755 Rz 22 f: entgeltl oder unentgeltl Teilbetriebsübertragung, Einbringung von Teilbetrieben nach §§ 20, 24 UmwStG); vielmehr soll der Sammelposten im HerkunftsBV unverändert fortgeführt werden müssen. ME ist dies zweifelhaft, weil die Übertragung von Teilbetrieben grds ebenso zu behandeln ist wie die Übertragung des gesamten Betriebs. Vorzugswürdig erscheint die Auflösung des Sammelpostens in dem Umfang, wie er auf den übertragenen Teilbetrieb entfällt (ggf Schätzung; glA *BH/Ehmcke* § 6 Rz 1168d). – **(3) Übertragung von Anteilen an Personengesellschaft.** Es gelten die in Rz 655 dargestellten Grundsätze: Hat die PersGes in ihrer StB einen Sammelposten gebildet, ist auch für die Mehrbeträge in der Ergänzungsbilanz ein Sammelposten zu bilden. – **(4) Vorgänge nach dem UmwStG.** Bei Buchwertfortführung (§ 4 II, § 12 III UmwStG) ist auch ein Sammelposten fortzuführen. Bei einer Einbringung in KapGes/PersGes zu Zwischenwerten ist die AfA-Bemessungsgrundlage aufzustocken (§ 23 III, § 24 IV UmwStG); dies gilt dann auch für einen Sammelposten. Gleiches gilt für die Einbringung zum gemeinen Wert, wenn diese sich als Gesamtrechtsnachfolge darstellt (§ 23 IV HS 2 UmwStG). Die Einbringung zum gemeinen Wert durch Einzelrechtsnachfolge gilt hingegen als Anschaffungsvorgang (§ 23 IV HS 1 UmwStG), sodass ein neuer Sammelposten zu bilden ist. Zur Konkurrenz dieser Vorschriften mit dem Anschaffungsbegriff s BFH I R 97/02 BStBl II 04, 686. Bei Übertragung oder Verschmelzung (Abspaltung) nur eines **Teilbetriebs** ist der bisherige Sammelposten ebenfalls aufzuspalten (*Ehret/Kraft* in *Blumenberg/Benz,* UntStRef 2008, 98 f; ähnl *Schlotter* in *Schaumburg/Rödder,* UntStRef 2008, 593). EStR 6.13 VI 3 schließt dies nicht aus, da dort nur die *Einbringung* von Teilbetrieben nach §§ 20, 24 UmwStG (und die unentgeltl Übertragung nach § 6 III) erfasst ist.

679 f) **Verhältnis zur Handelsbilanz.** Der Sammelposten soll auch in der HB gebildet werden können (BT-Drs 16/5491, 12, 14; BR-Drs 344/08, 80); zur Kritik s *Schmidt* 38. Aufl § 6 Rz 608. Zu Abweichungen von den Sammelposten nach IAS s *Kirsch* DStR 07, 1268, 1270.

X. Wertansatz bei unentgeltlicher Übertragung, § 6 III, IV

Schrifttum (s auch vor Rz 761 zu Abs 5; ältere Literatur s *Schmidt* 38. Aufl § 6 vor Rz 641). *Herlinghaus* Betriebsbegriff und „Gesamtplan" bei Unternehmensveräußerungen und -umstrukturierungen, FR 14, 441; *Graw* Möglichkeiten stneutraler Übertragungen bei PersGes, NWB 17, 1498; *Werthebach* Zweifelsfragen zu § 6 III EStG, DStR 20, 6; *Kotzenberg/Riedel* Gestaltungswege und offene Fragen nach dem BMF-Schreiben zu § 6 III EStG, DStR 20, 13; *Lorenz* Unternehmensnachfolgeplanung nach dem BMF-Schrb v 20.11.19 zu § 6 III EStG, FR 20, 237; *Strahl* Neues zur Buchwertübertragung bei Umstrukturierungen und vorweggenommener Erbfolge, KÖSDI 20, 21857; *Schulze zur Wiesche* Keine Buchwertfortführung bei gleichzeitiger Veräußerung von SonderBV, DStZ 21, 318. – **Verwaltungsanweisung:** *BMF* BStBl I 19, 1291 mit Änderung durch *BMF* BStBl I 21, 696.

691 1. **Überblick zu § 6 III–VI. – a) Regelungszweck.** Abs 3–6 regeln sowohl die **Bewertung** als auch die **Gewinnrealisierung.** Denn bei den hier erfassten Übertragungstatbeständen ist der Wertansatz im ZielBV zugleich mit dem letzten Ansatz im HerkunftsBV (und daher mit der Auflösung stiller Reserven) verknüpft. § 6 III,V sollen **Umstrukturierungen** erleichtern; sie sind neben § 24 UmwStG anwendbar, der demselben Zweck dient.

692 b) **Persönlicher Anwendungsbereich.** Die Vorschriften gelten sowohl für **Gewinnermittlung** nach § 4 I/§ 5 als auch nach § 4 III (s § 6 VII), nicht jedoch für stbare Vorgänge des PV. Sie sind grds auch auf **KapGes** anwendbar; Ausnahmen sind in § 6 III 1 HS 2 (Rz 733) und § 6 V 5, 6 (Rz 835) enthalten.

2. Unentgeltliche Übertragung betrieblicher Einheiten, § 6 III. – § 6 III **694** erfasst die unentgeltl Übertragung (zum Begriff s Rz 713 ff) von Betrieben, Teilbetrieben und MUeranteilen (s Rz 697 ff) und ordnet zwingend die Buchwertfortführung an (Rz 723). Zusätzl sind auch unentgeltl Aufnahmen von natürl Personen in Einzelunternehmen sowie unentgeltl Übertragungen von *Teilen* eines MUeranteils erfasst (Rz 731 ff). In den Fällen des Abs 3 wird idR auch ein Tatbestand des **ErbStG** verwirklicht sein, wobei die Übertragung von BV zumeist erbstfrei gestaltet werden kann.

a) Zweck. Die Regelung will den unentgeltl Betriebsübergang (insb in der Ge- **695** nerationennachfolge, was aber nicht Voraussetzung ist) von steuerl Belastungen verschonen (s auch Rz 691). Insoweit dient sie zugleich der Verwirklichung des durch Art 14 GG geschützten Erbrechts (*Wendt* FR 05, 468, 472). Sie lässt abw vom Grundsatz der Individualbesteuerung im Interesse der Erhaltung der wirtschaftl Einheit eine **Übertragung stiller Reserven auf andere StPfl** zu (BFH X R 22/02 BStBl II 06, 457 unter II.3.e bb; BFH GrS 2/04 BStBl II 08, 608 unter D. III.6.a bb). Der unentgeltl Übergang des BV soll (im Gegensatz zur Überführung von WG zw verschiedenen BV desselben StPfl) keine Entnahme bzw Einlage darstellen (so BFH IV R 33/08 BStBl II 12, 10 Rz 17; BFH IV R 17/10 BStBl II 14, 316 Rz 19, allerdings beide bezogen auf den in § 4 IVa verwendeten Entnahmebegriff).

b) Von § 6 III erfasste Wirtschaftseinheiten. – aa) Betrieb. – (1) Voraus- 697 setzungen. Zwar müssen nicht zwingend *sämtl* betriebl WG auf den Erwerber übergehen, wohl aber **alle wesentl Betriebsgrundlagen** (s § 16 Rz 85 ff). Die Wesentlichkeit bestimmt sich hier allein nach funktionalen Kriterien (*Beispiele* s § 16 Rz 86 ff); auf die Höhe der stillen Reserven kommt es nicht an (*BMF* BStBl I 19, 1291 Rz 6). WG, die nicht zu den wesentl Betriebsgrundlagen gehören, können (unter Aufdeckung der stillen Reserven) veräußert oder entnommen werden, ohne dass dies der Buchwertfortführung für die übrigen WG entgegen steht. Auch ein ruhender (zB verpachteter) Betrieb kann Gegenstand einer Übertragung iSd Abs 3 sein (BFH X R 59/14 BStBl II 19, 730 Rz 39). – Die Übertragung muss sich in einem **einheitl Vorgang** abspielen (s näher § 16 Rz 100 f). – Ferner muss der Übergeber seine bisher in diesem Betrieb entfaltete **Tätigkeit im Wesentl beenden** (s § 16 Rz 80; ausführl BFH X R 59/14 BStBl II 19, 730 Rz 42). – Fehlt es an einer dieser Voraussetzungen, kommt es nicht zu einer Buchwertübertragung, sondern zu einer gewinnrealisierenden Betriebsaufgabe (s Rz 706).

(2) Erweiterungen. Begünstigt ist auch die unentgeltl Aufnahme einer natürl **698** Person in einen bestehenden Betrieb (§ 6 III 1 HS 2 Alt 1; s Rz 731). § 6 III ist ferner anwendbar, wenn ein **Betrieb auf mehrere Personen übergeht** (zB mehrere Miterben oder Beschenkte), die dann eine MUerschaft bilden (BFH VIII B 54/01 BFH/NV 02, 24 unter II.2.a mwN; BFH IV R 52/08 BStBl II 11, 261 Rz 18; BFH X R 42/10 BStBl II 16, 639 Rz 26). ME genügt es auch, wenn die WG des Betriebs teils in GesamthandsBV und teils ins SonderBV der neuen MUerschaft übergehen, weil das SonderBV mit zum MUeranteil gehört (glA nunmehr *LfSt Bayern* DStR 21, 480). Werden allerdings bei einem einheitl Betrieb, der nicht aus Teilbetrieben besteht, die einzelnen WG auf verschiedene Übernehmer unentgeltl übertragen, ist § 6 III grds nicht anwendbar; es kommt dann zur Betriebsaufgabe (BFH VI R 63/15 BFHE 260, 138; für LuF enthält § 14 II, III aber Sonderregelungen).

(3) Nießbrauchsvorbehalt am übergebenen Betriebsvermögen. – (a) Ge- 700 werbebetrieb. Rspr und *FinVerw* wenden § 6 III nicht an, wenn der Übergeber sich den Nießbrauch am *gesamten* BV vorbehält (zum Nießbrauch an einzelnen WG s unten „Ausweichgestaltungen") und seine gewerbl Tätigkeit nicht beendet, sondern fortführt (Anwendung des auch tätigkeitsbezogenen Betriebsbegriffs). Sie behandeln die Betriebsübergabe unter Nießbrauchsvorbehalt daher als **gewinnrealisierend**. Der XI. BFH-Senat hat eine **Betriebsaufgabe** angenommen (zu § 7 I EStDV aF BFH XI R 26/91 BFH/NV 93, 161 unter Abgrenzung zur bereits zuvor existenten Rspr des IV. Senats zur Behandlung vergleichbarer Fälle in der LuF; zR krit zur Differenzierung zw GewBetr und LuF *Wendt* FR 17, 1061). ME scheidet die Begünstigung nach §§ 16, 34 aber aus, weil dies ebenfalls eine Beendigung der Tätigkeit voraussetzen würde. Der X. Senat geht daher von einer nicht tarifbegünstigten **Entnahme** aus (BFH X R 59/14 BStBl II 19, 730 Rz 44 ff: selbst bei einem verpachteten Betrieb, bei dem der Übergeber kaum eine Tätigkeit ausübt; glA, allerdings nur für verpachtete GewBetr, nicht für GewBetr allg, *BMF* BStBl I 19, 1291 Rz 7 S 3; FG Mster EFG 20, 255, Rev X R 35/19 mit *BMF*-Beitritt; *Schießl* DStZ 07, 113; krit *Hübner/Friz* DStR 17, 2353; *Dräger* DB 17, 2768; *Weber-Grellet* BB 18, 43, 50; *Korn* KÖSDI 18, 20597; *Viskorf/Wegener* ZEV 20, 85, 89; zu den verschiedenen Nießbrauchskonstellationen *Lederle/Wanner* DStR 15, 2270; zu den Folgen beim Übernehmer *Böttcher/Ferstl* NWB 20, 717). Entspr Gestaltungen sollten daher unbedingt vermieden werden.

Ausweichgestaltungen. Eine Vermögensübergabe gegen Versorgungsleistungen sichert die Anwendung des § 6 III und ermöglicht gleichwohl regelmäßige Zahlungen an den Übergeber, erfordert aber grds, dass die Tätigkeit (anders als beim Nießbrauch) auf den Übernehmer übergeht (vgl *Korn* KÖSDI 18, 20597 Tz 9). Unschädl ist es auch, wenn der Vorbehaltsnießbrauch noch vor seinem Wirksamwerden durch Versorgungsleistungen ersetzt wird (dies hat FG Brem EFG 20, 1126, Rev IV R 1/20 mE übersehen). – Auch ein Vorbehaltsnießbrauch an *einzelnen* betriebl WG (zB Betriebsgrundstück) iRd unentgeltl Übertragung des Gesamtbetriebs schließt die Anwendung des § 6 III nicht aus, da die gewerbl Tätigkeit als solche und deren wirtschaftl Risiko hier auf den Übernehmer übergeht (BFH I R 105/85 BStBl II 89, 653 unter II.5.); allerdings kann es zur gewinnrealisierenden Entnahme in Bezug auf dieses WG kommen (s ausführl § 7 Rz 64; dort auch zur künftigen AfA). Ob ein reiner Ertragsnießbrauch § 6 III ermöglicht (so *El Mourabit* ZEV 16, 14), ist mE von der konkreten Ausgestaltung abhängig.

701 **(b) Land- und Forstwirtschaft.** Hier wendet die Rspr § 6 III auch bei Nießbrauchsvorbehalt am gesamten BV an, weil bei LuF die Bedeutung des Eigentums an den betriebl WG erhebl höher ist als die der ausgeübten Tätigkeit (BFH IV R 325/84 BStBl II 87, 772; BFH IV R 38/13 BStBl II 16, 765 Rz 28; BFH VI R 5/17 BStBl II 19, 601 Rz 30 ff; BFH VI R 26/17 BStBl II 19, 660 Rz 16 ff).

702 **(c) Übertragung eines Mitunternehmeranteils unter Nießbrauchsvorbehalt.** Dies steht der Anwendung des § 6 III nicht entgegen, da es bei MUerschaften nicht auf die Beendigung der Tätigkeit ankommen kann (glA *BMF* BStBl I 19, 1291 Rz 7 [gesamter Anteil]; Rz 18 [Teilanteil]; FG Mster EFG 14, 1951, rkr; *Götz* DStZ 18, 540; *Korn* KÖSDI 18, 20597 Tz 14). Die Problematik liegt hier vielmehr in der Frage, ob sowohl Nießbraucher als auch Ges'ter MUer sind (s § 15 Rz 305 ff).

703 **bb) Teilbetrieb.** Einzelheiten zum Begriff s § 16 Rz 115 ff. Auch hier ist die Übertragung aller funktional wesentl Betriebsgrundlagen des Teilbetriebs erforderl. Eine **100%-Beteiligung an einer KapGes** gilt zwar im Falle ihrer *Veräußerung* als Teilbetrieb (§ 16 I Nr 1 S 2); diese Fiktion ist jedoch nicht auf § 6 III übertragbar (BFH X R 22/02 BStBl II 06, 457 unter II.3.e cc).

704 **cc) Mitunternehmeranteil.** – **(1) Einheit aus dem Anteil am Gesamthandsvermögen und dem Sonderbetriebsvermögen.** Daher müssen grds die (funktional) wesentl Betriebsgrundlagen *beider* Vermögensgruppen übertragen werden (ausführl § 16 Rz 390; zur Trennung von GesAnteil und SonderBV s Rz 710; zu Ausnahmen für die Übertragung von *Teilen* eines MUeranteils s Rz 735). Insb ist die unentgeltl Übertragung des PersGesAnteils unter *zeitgleicher* Veräußerung oder Entnahme wesentl Betriebsgrundlagen des SonderBV eine gewinnrealisierende Aufgabe des MUerAnteils (BFH IV R 14/18 BFHE 270, 363 Rz 26, 33; *BMF* BStBl I 219, 696 Rz 9, 13; zu den Kriterien für die Gleichzeitigkeit s Rz 708). –

Für die Anwendung des § 6 III genügt aber bereits ein zeitl und wirtschaftl Zusammenhang zw den Übertragungsakten. Dies gilt insb, wenn bei einer als Einheit gewollten Übertragung das Eigentum am SonderBV aus Gründen der technischen Vertragsabwicklung früher übergeht als der PersGesAnteil (zutr *Müller/Dorn* NWB 18, 2031; **aA** zur SchenkungSt BFH II R 38/17 BStBl II 21, 98; dazu *Götz* DStR 21, 460) und hat nichts mit den in Rz 707 f dargestellten Fällen (Ausgliederung/Veräußerung/Entnahme) zu tun, da das BV dort nicht als Einheit übertragen, sondern aufgeteilt werden soll. Maßgebend für die Beurteilung, ob es sich um wesentl Betriebsgrundlagen handelt, sind die Verhältnisse des Übergebers. Zu der Frage, ob Anteile an der Komplementär-GmbH eine wesentl Betriebsgrundlage darstellen, s § 15 Rz 714. – **WG, die nicht zu den wesentl Betriebsgrundlagen gehören,** können (gewinnrealisierend) veräußert oder entnommen (*BMF* BStBl I 19, 1291 Rz 17) oder nach § 6 V zu Buchwerten übertragen werden (im letztgenannten Fall insoweit Auslösung der Sperrfrist). – **Unentgeltl Übertragung eines Teils eines MUeranteils.** Dies ist ebenfalls begünstigt (§ 6 III 1 HS 2 Alt 2; s Rz 735). Nur in diesem Fall ist die gleichzeitige Mitübertragung der wesentl Betriebsgrundlagen des SonderBV entbehrl; jedoch gilt für den übertragenen MUeranteil eine Sperrfrist (§ 6 III 2; s Rz 742). – **(2) Doppelstöckige MUerschaften.** § 6 III ist getrennt auf den Anteil an der OberGes und deren Anteil an der UnterGes (unter Einschluss des jeweiligen SonderBV) anzuwenden. Hinzu kommt ggf der durch § 15 I 1 Nr 2 S 2 hervorgerufene Sonder-MUeranteil des OberGes'ters wegen Überlassung von WG an die UnterGes (§ 16 Rz 384; *Behrens/Quatmann* DStR 02, 481). – **(3) ZebraGes.** Der im BV gehaltene Anteil an einer vermögensverwaltenden PersGes ist kein MUeranteil (s auch Rz 763; § 16 Rz 387).

c) Betriebsaufgabe bei Zerschlagung der betrieblichen Einheit. – aa) Übertragung nicht aller wesentlichen Betriebsgrundlagen. Dies bewirkt grds eine Zerschlagung des Betriebs/MUeranteils. § 6 III ist dann nicht anwendbar; es findet eine **gewinnrealisierende Betriebsaufgabe** statt (zu Ausnahmen s Rz 707f). Dies gilt zB, wenn ein Einzelunternehmen übertragen, das betriebswesentl Grundstück aber zurückbehalten (also entnommen) wird (glA für § 20 UmwStG BFH I R 7/16 BStBl II 19, 738, Anm *Wacker* DStR 18, 1019).

bb) Zulässige Ausgliederung von Wirtschaftsgütern. – (1) Kombination der Buchwertprivilegien der § 6 III und § 6 V 3. Dies lässt die neuere Rspr zu (BFH IV R 41/11 BStBl II 19, 715; Literatur s *Schmidt* 39. Aufl § 6 Rz 707). Die FinVerw folgt dem nunmehr uneingeschränkt (*BMF* BStBl I 21, 696 Rz 10). Danach steht es der Anwendung des § 6 III auf die unentgeltl Übertragung eines MUeranteils nicht entgegen, wenn der Übertragende zeitgleich eine wesentl Betriebsgrundlage des SonderBV gem § 6 V 3 Nr 2 zum Buchwert in das Gesamthands BV einer anderen PersGes überträgt, deren wirtschaftl Alleinges'ter er ist. Dies soll selbst dann gelten, wenn das überführte WG anschließend ins PV entnommen wird (BFH IV B 2/16 BFH/NV 16, 1452). Zur Begründung verweist der IV. Senat auf den Gleichrang beider Privilegierungsvorschriften, die fortbestehende StVerhaftung der stillen Reserven und die der Missbrauchsvermeidung dienenden gesetzl Sperrfristen.

(2) Anwendungsbereich. Die neue Rspr ist zunächst zur „Umgestaltung" von **MUeranteilen** ergangen, zwischenzeitl aber auch auf die Ausgliederung einer wesentl Betriebsgrundlage im Vorfeld der unentgeltl Übertragung eines ganzen **Betriebs** übertragen worden (BFH IV R 19/13 BFH/NV 16, 1702 Rz 21: Übertragung von luf GuB zur Abfindung weichender Erben ist Entnahme; die anschließende unentgeltl Übergabe des Rest-BV fällt unter § 6 III; ebenso FG Nds EFG 13, 1825, rkr; *Wendt* FR 15, 459). – Auch die **Veräußerung oder Entnahme einer wesentl Betriebsgrundlage**, die kurz vor der unentgeltl Übertragung des verbleibenden BV erfolgt, steht der Anwendung des § 6 III nicht entgegen (obiter dictum in BFH IV R 41/11 BStBl II 19, 715 Rz 18; tragend dann in BFH IV R 29/14 BStBl II 19, 723; so jetzt auch *BMF* BStBl I 21, 696 Rz 13 S 1; *Bode* DB 12, 2375; *Keller*/Sundheimer DB 15, 708). Rspr und *FinVerw* nehmen hier keine Gesamtplanbetrachtung mehr vor, sondern stellen auf den Umfang der betriebl WG im Zeitpunkt des unter § 6 III fallenden Übertragungsvorgangs ab (BFH IV R 41/11 BStBl II 19, 715 Rz 18; BFH IV R 29/14 BStBl II 19, 723; ebenso für einen Einbringungsfall BFH I R 72/08 BStBl II 10, 471 unter II.3.d: entscheidendes Kriterium sei, ob die Auslagerung auf Dauer angelegt sei; *Wacker* Ubg 16, 245). Wenn die wesentl Betriebsgrundlage im Zeitpunkt der unentgeltl Übertragung des PersGesAnteils nicht mehr vorhanden ist (auch wenn die Trennung nur eine „juristische Sekunde" zuvor erfolgte), bleibt § 6 III anwendbar; **nur bei exakter Gleichzeitigkeit beider Vorgänge** (oder wenn die Veräußerung/Entnahme des SonderBV der Übertragung des PersGesAnteils nachfolgt) wird die Begünstigung versagt (BFH IV R 14/18 BFHE 270, 363 Rz 28 ff; Anm *Bodden* BeSt 21, 13; *BMF* BStBl I 21, 696 Rz 9a). Maßgebend ist jeweils der **Übergang des wirtschaftl Eigentums** (BFH IV R 14/18 BFHE 270, 363 Rz 34 ff: zB Kaufpreiszahlung als vereinbarte Wirksamkeitsbedingung für Anteilsübertragungen). Die unentgeltl Übertragung darf also erst dann vorgenommen werden, wenn der Betrieb oder MUeranteil in die Form gebracht wurde, in der er letztl beim Übernehmer ankommen soll (*Hoffmann* BB 21, 178). – Damit werden die Ausgliederung nach § 6 V und die Veräußerung/Entnahme in Fällen zeitgleicher Übertragungen unterschiedlich behandelt (krit hierzu *Kotzenberg/Riedel* DStR 21, 505, 509; *Kraft* NWB 21, 2262, 2269).

709 **(3) Grenzen.** § 6 III ist in diesen Fällen nur dann nicht anwendbar, wenn es zu einer wirtschaftl Zerschlagung iSe Berührung der Lebensfähigkeit des Betriebs kommt (BFH IV R 41/11 BStBl II 19, 715 Rz 39; *BMF* BStBl I 19, 1291 Rz 11, 12), zB bei tagggleicher Übertragung wesentl Betriebsgrundlagen auf verschiedene Übernehmer (BFH VI S 9/19 BFH/NV 20, 1051 Rz 25). Wenn zunächst ein Teil-MUeranteil unentgeltl nach § 6 III übertragen wird, ist die kurzfristig folgende Veräußerung des restl MUeranteils nicht nach § 16 tarifbegünstigt (BFH IV R 36/13 BStBl II 15, 529). – **(4) Kritik.** S *Schmidt* 38. Aufl § 6 Rz 650 (3). Die gegenteilige Rspr zu der vor 2001 geltenden Rechtslage (zur unentgeltl Betriebsübertragung s BFH IV R 52/08 BStBl II 11, 261 Rz 17 f; zur Betriebs-/Anteilsveräußerung s BFH VIII R 21/00 BStBl II 03, 194 unter II.1.b) ist damit nicht fortgeführt worden.

710 **cc) Weitere zulässige Trennungen von Gesellschaftsanteil und Sonderbetriebsvermögen.** Nachstehend sind Gestaltungen benannt, die bereits vor der neuen Rspr des IV. Senats zur Kombinierbarkeit von § 6 III und § 6 V sowie zur Unschädlichkeit vorheriger Veräußerungen anerkannt waren (s auch *Korn/Strahl* KÖSDI 15, 19555, 19571). Durch die neue Rspr ist die praktische Bedeutung dieser Gestaltungen zurückgegangen. – **(1) WG keine wesentl Betriebsgrundlage mehr.** Eine getrennte Übertragung des SonderBV ist unschädl, sofern Grund für den Verlust der Eigenschaft als wesentl Betriebsgrundlage nicht die Übertragung als solche ist (glA *Wacker* HFR 10, 939). – **(2) Qualifizierte Nachfolgeklausel.** Übernimmt einer von mehreren Miterben den zivilrechl GesAnteil in *vollem* Umfang, das SonderBV aber nur in Höhe seines Erbanteils (dh bezogen auf den GesAnteil unterquotal), wendet die FinVerw aus Billigkeitsgründen § 6 III in Bezug auf den MUeranteil an, während hinsichtl des auf Dritte übergehenden Anteils am SonderBV ein Entnahmegewinn realisiert wird (*BMF* BStBl I 06, 253 Tz 72–74; zu Gestaltungsmöglichkeiten s *Nickel/Klein* FR 03, 954). Zwar ist der in *BMF* BStBl I 06, 766 enthaltene Verweis auf diese Billigkeitsregelung im Nachfolgeschreiben *BMF* BStBl I 19, 1291 nicht mehr enthalten; gleichwohl gilt *BMF* BStBl I 06, 253 Tz 73 mE auch insoweit unverändert fort. – **(3) Übertragung des MUeranteils unter Nießbrauchsvorbehalt am SonderBV.** In der Literatur wird zutr vertreten, dies ermögliche ebenfalls eine Trennung (so *Strahl* FR 04, 929, 937). Die Übertragung des MUeranteils einschließl des SonderBV fällt unter § 6 III (s Rz 702 zur Übertragung unter Nießbrauchsvorbehalt am gesamten MUeranteil); der Nießbrauch gehört zum PV (zur AfA s § 7 Rz 64 ff). – **(4) Rückbehalt eines Zwerganteils.** Dies ist stets mögl; dem Zwerganteil wird dann das *gesamte* SonderBV zugeordnet (§ 6 III 2; s *Kotzenberg/Riedel* DStR 21, 505, 511).

d) Übertragungsvorgänge, die unter § 6 III fallen. In erster Linie sollen Vermögensübergänge durch **Erbfall** (ausführl § 16 Rz 40 ff, 590 ff), **Erbauseinandersetzung** (s § 16 Rz 608 ff), **vorweggenommene Erbfolge** (s § 16 Rz 50 ff) oder andere **Schenkungen** (s § 16 Rz 37 ff) erfasst sein. 713

aa) Besonderheiten bei juristischen Personen. Auch diese können grds Empfänger einer unentgeltl Übertragung sein, sodass Abs 3 anwendbar ist, wenn es an einem Beteiligungsverhältnis fehlt (BFH X R 22/02 BStBl II 06, 457 unter II.3.e aa; *BMF* BStBl I 19, 1291 Rz 1). – **(1) Übertragung auf eine gemeinnützige Körperschaft.** Abs 3 ist grds anwendbar (von BFH I R 76/99 BStBl II 03, 487 für Erbeinsetzung einer Stiftung vorausgesetzt), und zwar auch bei Vereinbarung gegenläufiger Versorgungsleistungen (*Kahsnitz* DStR 16, 2137 unter 3.). Voraussetzung ist allerdings, dass das übergegangene BV bei der Empfängerkörperschaft einen wirtschaftl Geschäftsbetrieb oder Betrieb gewerbl Art bildet, uzw stverhaftet bleibt (BFH IV R 38/97 BStBl II 98, 509 unter 1.b mwN; *BMF* BStBl I 19, 1291 Rz 4; ausführl *Kraft/Ungemach* NWB 19, 1730; *Alber* WPg 18, 668). Daran fehlt es bei Übertragung eines MUeranteils an einer gewerbl geprägten PersGes (*BMF* BStBl I 19, 1291 Rz 5: gewinnrealisierende Betriebsaufgabe; krit *Kahsnitz* DStR 16, 2137 unter 7.); beim Fehlen von Verbindlichkeiten aber ggf Anwendung des Buchwertprivilegs nach § 6 I Nr 4 S 4 (*FM SchlHol* DStR 16, 1474; *Werthebach* DStR 20, 6). – **(2) Übertragung auf eine KapGes, an der der Übertragende beteiligt ist.** Dies fällt nicht unter Abs 3, sondern stellt eine verdeckte Einlage iSd § 6 VI 2 dar, die zur Betriebsaufgabe führt (*BMF* BStBl I 19, 1291 Rz 2; s ausführl Rz 865). Ist hier statt der Gewinnrealisierung eine Buchwertfortführung gewünscht, bietet sich eine Einlage gegen Gewährung neuer Anteile an (§ 20 UmwStG); dabei genügt die Gewährung eines Zwerganteils (s *Korn* KÖSDI 05, 14633, 14635). Zur Übertragung auf **stpfl Familienstiftungen** s *Grosse* FR 21, 105. – **(3) Übertragung von KapGes auf Ges'ter.** Überträgt umgekehrt die KapGes einen (werthaltigen) Betrieb, Teilbetrieb oder MUeranteil unentgeltl auf ihren Ges'ter, handelt es sich idR um eine **vGA** (BFH VIII R 2/86 BStBl II 92, 832 unter 3.c; BFH I R 7/02 BStBl II 05, 867 unter III.2.c). § 6 III wird dann verdrängt. 714

bb) Besonderheiten bei Mitunternehmerschaft. Auch eine unentgeltl **Anwachsung** des Vermögens der MUerschaft auf deren letzten Ges'ter fällt unter § 6 III (BFH VIII R 76/96 BStBl II 99, 269 unter II.2.b aa; einschr *OFD Bln* DB 02, 1966 und *Brandenberg* DStZ 02, 511, 514: nur bei kapitalmäßiger Beteiligung). Wächst das Vermögen allerdings einer KapGes an, an der die ausscheidenden MUer beteiligt sind, gilt mE der Vorrang der verdeckten Einlage (glA *FinSen Brem* FR 03, 48; aA *Rödder/Schumacher* DStR 01, 1634, 1636). Gleiches gilt für die unentgeltl Begründung einer **Vereinbarungstreuhand** (*Carlé/Fuhrmann* FR 06, 749, 752). – Hingegen sind die Regelungen über die **Realteilung** (§ 16 III 2) ggü § 6 III vorrangig, weil sie einen Spezialfall der Betriebsaufgabe betreffen (*BMF* BStBl I 06, 228 unter I.; BFH VIII R 21/77 BStBl II 82, 456 unter I.1.d; ebenso betr § 6 V *Sauter/Heurung/Oblau* FR 02, 1101, 1103; zum Vorrang der Betriebsaufgabe s auch BFH VIII R 17/85 BStBl II 91, 512 unter 3.) und die in diesen Fällen bestehenden Umstrukturierungsbedürfnisse abdecken. Dies gilt auch beim **Ausscheiden von Ges'tern gegen Sachwertabfindung in Form einer betriebl Einheit** (Teilbetrieb, MUeranteil; s BFH III R 49/13 BStBl II 17, 37). – Zur zeitl gestaffelten Unternehmensnachfolge in MUeranteile s ausführl *Neugebauer* DB 19, 1525. 716

718 **e) Unentgeltlichkeit. – aa) Begriff.** Ausführl s § 16 Rz 40 ff (zur vorweggenommenen Erbfolge), § 16 Rz 590 ff (zum Erbfall). Unentgeltlichkeit iSd § 6 III ist nicht stets schon dann gegeben, wenn keine Gegenleistung feststellbar ist. Hinzu kommen muss vielmehr, dass der Übertragende beabsichtigt, den **Empfänger iSd § 516 BGB unentgeltl zu bereichern.** Daran wird es zw fremden Dritten idR fehlen, zB wenn nur deshalb keine Gegenleistung vereinbart wird, um den Betrieb oder Anteil „loszuwerden" (zum Ganzen BFH IV R 3/01 BStBl II 03, 112 unter 4.a). Auch ein „symbolischer Kaufpreis" von zB 1 € kann Entgelt sein (zu § 17 BFH IX R 61/10 BStBl II 12, 8; zu § 20 BFH VIII R 32/16 BStBl II 19, 221 Rz 13).

719 **bb) Übernahme von Verbindlichkeiten.** Dies ist hier nicht als Entgelt anzusehen (anders aber bei der Übertragung einzelner WG, s Rz 786). Hintergrund ist, dass zu den betriebl Einheiten iSd Abs 3 in aller Regel auch Schulden gehören, was bei Zugrundelegung der Trennungstheorie die Anwendbarkeit des Abs 3 ausschlösse (BFH VIII R 58/98 BStBl II 02, 420 unter B.I.3.b bb aaa: „eng begrenzter Ausnahmefall" von der Trennungstheorie). Aufgrund dieser **Einheitsbetrachtung** berühren auch **Teilentgelte,** die den Buchwert der betriebl Einheit nicht erreichen, die Buchwertfortführung nicht (§ 16 Rz 58, 66 mwN). Übersteigt das Teilentgelt hingegen den Buchwert, handelt es sich um eine Veräußerung iSd § 16, beim Erwerber um einen Anschaffungsvorgang. Wird bei einem (an sich unschädl) Teilentgelt unterhalb des Buchwerts in den Fällen des § 6 III 2 die Behaltefrist nicht eingehalten und entfällt daher die Buchwertfortführung rückwirkend, ist die „Trennungstheorie" anzuwenden (*Förster/Brinkmann* BB 03, 657, 664; str, s auch Rz 789).

720 **cc) Versorgungsleistungen.** Deren Vereinbarung iRe **Vermögensübergabe** fällt unter das Sonderrecht des § 10 Ia Nr 2, stellt aber kein Entgelt dar (BFH IV R 22/07 BFH/NV 11, 31 Rz 14; BFH IV R 29/14 BStBl II 19, 723 Rz 28). Auch die Zahlung einer **betriebl Versorgungsrente** steht der Unentgeltlichkeit des Vorgangs nicht entgegen, setzt aber eine Versorgungsbedürftigkeit des Übergebers und einen Versorgungswillen des Übernehmers voraus (BFH III R 49/13 BStBl II 17, 37 Rz 50 mwN).

721 **dd) Weitere Einzelfragen zur Unentgeltlichkeit.** Bewirkt ein Vertragsbündel (insb zw Angehörigen) die **Rückschenkung** des formal vereinbarten Kaufpreises, ist der Vorgang ebenfalls unentgeltl (BFH X R 14/11 BStBl II 14, 158 Rz 51). – Auch der **Eintritt in ein negatives KapKto ohne Ausgleichszahlung** kann unentgeltl sein (BFH IV R 44/93 BFHE 177, 466 unter 5.); dies gilt insb zw Angehörigen auch dann, wenn dem negativen KapKto keine stillen Reserven ggü stehen (BFH VIII R 36/66 BStBl II 73, 111; s auch § 16 Rz 423).

723 **f) Rechtsfolgen. – aa) Buchwertfortführung.** Beim bisherigen Betriebsinhaber sind die **Buchwerte** anzusetzen (§ 6 III 1 HS 1), sodass es trotz des Ausscheidens der WG aus „seinem" BV nicht zu einer Gewinnrealisierung kommt. Der Rechtsnachfolger ist an diese Werte gebunden (§ 6 III 3), darf also nicht etwa die höheren TW ansetzen und von diesen AfA vornehmen. Es besteht **kein Wahlrecht** zur Aufdeckung der stillen Reserven (zutr *Wendt* FR 05, 468, 469). Sollte die Gewinnrealisierung im Einzelfall erwünscht sein, kann sie aber durch Vereinbarung eines Kaufpreises ohne Weiteres erreicht werden.

724 **bb) Besteuerung der stillen Reserven nicht sichergestellt.** In diesen Fall ist die Buchwertfortführung ausgeschlossen (Ergänzung des Gesetzeswortlauts mit Wirkung ab 2017; ebenso für die Zeit davor BFH IV R 38/97 BStBl II 98, 509: Betriebsaufgabe; ausführl zum Ganzen *Hänsch* NWB 17, 935). Für die Buchwertfortführung genügt es aber, wenn die Besteuerung mit dem geringeren KSt-Satz sichergestellt ist. Bei der Übergabe von Betrieben, Teilbetrieben oder MUanteilen wird die Besteuerung der stillen Reserven beim Übergeber idR sichergestellt sein, weil selbst ein StAusländer mit diesen Einheiten im Inl beschr stpfl wird bzw eine

stbefreite Körperschaft einen wirtschaftl Geschäftsbetrieb begründet. Anders ist dies jedoch beim Übergang eines Anteils an einer **vermögensverwaltend tätigen, aber gewerbl geprägten PersGes** auf einen StAusländer (keine in Betriebsstätte) zu beurteilen, weil das Besteuerungsrecht für derartige Einkünfte nach den übl DBA-Regelungen idR beim ausl Staat liegt (dazu *Liekenbrock* DStR 17, 177). Eine Regelung wie § 50i könnte diese Problematik entschärfen. Auch bei Übertragung auf eine gemeinnützige Körperschaft (kein wirtschaftl Geschäftsbetrieb) ist die Besteuerung der stillen Reserven nicht sichergestellt; hier wäre aber die Übertragung einzelner WG nach § 6 I Nr 4 S 4 zum Buchwert mögl (s Rz 581). Zum Ansatz des gemeinen Werts in den Fällen des **§ 50i** s die dortigen Erläut.

cc) Auswirkungen auf Vorträge, Rücklagen und Fristen. Trotz der Buchwertfortführung geht ein nicht verbrauchter **Zinsvortrag** unter (§ 4h V 1; s § 4h Rz 32). Ein **Investitionsabzugsbetrag** kann hingegen fortgeführt werden (s § 7g Rz 29); ebenso eine **Rücklage** nach § 6b (BFH IV R 9/06 BStBl II 10, 664 unter II.1.a) und ein **nachversteuerungspflichtiger Betrag** (§ 34a VII 1; s § 34a Rz 85); dies gilt allerdings nicht bei einer Übertragung auf Körperschaften (§ 34a VI 1 Nr 3 ab 6.7.2017). Bei der typisierenden Abgrenzung, ob Abbruchkosten BA oder HK sind (Dreijahresfrist der Rspr, s Rz 216 f), soll dem Übernehmer die Vorbesitzzeit des Übergebers nicht zuzurechnen sein (BFH III R 17/19 BStBl II 21, 748; mE nicht zwingend). 725

g) Verhältnis zu § 24 UmwStG. Diese Vorschrift setzt eine **Einlage** des eintretenden Ges'ters voraus, und zwar nach dem Gesetzeswortlaut nur in Form von (Teil-)Betrieben oder MUeranteilen, während Rspr und *FinVerw* iErg auch Geldeinlagen in den Anwendungsbereich des § 24 UmwStG fallen lassen (BFH VIII R 52/04 BStBl II 06, 847 unter II.B.2.a; *BMF* BStBl I 11, 1314 Rn 01.47). Ist ein solcher Sachverhalt gegeben, wird § 6 III verdrängt (einschließl der Sonderregelung des § 6 III 2 für zurückbehaltenes SonderBV). – **Ohne eine derartige Einlage** des Eintretenden ist die Erlangung der MUerstellung als unentgeltl Übertragung von Teilanteilen iSd § 6 III anzusehen; § 24 UmwStG ist dann nicht anwendbar. Die Voraussetzungen des § 24 UmwStG sind zudem nicht erfüllt, wenn der Einbringende keine neuen GesRechte erhält, zB bei unentgeltl Überführung eines Betriebs in das eigene SonderBV (FG Ddorf EFG 03, 1180, rkr). – **Kombination von § 24 UmwStG und § 6 III.** Dies ist mögl, zB wenn ein Betrieb in eine MUerschaft eingebracht wird (insoweit Anwendung von § 24 UmwStG) und zugleich Angehörige unentgeltl in die MUerschaft aufgenommen werden (§ 6 III). Es handelt sich um zwei Vorgänge, die rechtl getrennt zu würdigen sind (BFH X R 42/10 BStBl II 16, 639 Rz 27). Die aufnehmende MUerschaft kann dann auch einen Ansatz oberhalb des Buchwerts wählen (*Korn/Strahl* KÖSDI 15, 19555, 19570: zB bei Verlustvorträgen sinnvoll). 727

3. Aufnahme in ein Einzelunternehmen, Übertragung von Teilanteilen. – **a) Unentgeltliche Aufnahme einer natürlichen Person in ein Einzelunternehmen, § 6 III 1 HS 2 Alt 1.** S *Groh* DB 01, 2162; *Geissler* FR 01, 1029. Dieser Vorgang, durch den eine zweigliedrige MUerschaft entsteht, ist mit der Übertragung eines *Teils* eines MUeranteils (s Rz 735) vergleichbar. Beide Gestaltungen werden daher gleich behandelt. Es genügt, wenn der Aufgenommene zwar MUer wird, aber nicht am Vermögen beteiligt ist. – Der Übertragende kann **SonderBV** bilden und auf diese Weise Teile seiner betriebl WG zurückbehalten (zu den Folgen s Rz 736). Auch über- und unterquotale Übertragungen solcher WG des (künftigen) SonderBV sind denkbar (Rz 738 f). 731

aa) Unentgeltlichkeit. Zum Begriff s Rz 718. Muss der Aufgenommene eine Einlage leisten, ist der Vorgang nicht unentgeltl, allerdings gilt § 24 UmwStG (Rz 727). Ohne eine solche Einlage ist die Buchwertfortführung nach § 6 III *zwingend* (kein Wahlrecht wie in § 24 UmwStG). Bei einer Einlage, die den Buchwert nicht erreicht, handelt es sich wegen der Gleichstellung mit der Übertragung *ganzer* 732

Betriebe mE um einen unentgeltl Vorgang, der zwingend unter § 6 III fällt (**aA** *Neumann* EStB 05, 140, 144).

733 **bb) Beschränkung auf die Aufnahme natürlicher Personen.** Dies dient vor allem der Vermeidung einer unentgeltl Aufnahme von **KSt-Subjekten** (insb KapGes), weil der Gesetzgeber das Übergehen stiller Reserven auf diese Gebilde vermeiden will (s auch § 6 V 5, 6). Der dem Gesetzgeber vor Augen stehende Fall der Aufnahme einer KapGes wäre allerdings schon nach den Grundsätzen der verdeckten Einlage gewinnrealisierend; umgekehrt besteht bei der Aufnahme stbefreiter Körperschaften gar kein Bedürfnis für eine Einschränkung (s auch Rz 714; *Wendt* FR 05, 468, 478). Die **Aufnahme einer MUerschaft** ist nach dem Gesetzeswortlaut ebenfalls nicht begünstigt (*BMF* BStBl I 19, 1291 Rz 1 S 2; **aA** *Korn* KÖSDI 05, 14633, 14634). Denkbar ist aber die Übertragung *mehrerer* Teilanteile an **mehrere natürl Personen** (zB die beiden Kinder des bisherigen Betriebsinhabers), die dann eine MUerschaft bilden (*Wacker* ZSteu 05, 358, 364). Auch die Übertragung eines *gesamten* Betriebs auf mehrere natürl Personen als MUer fällt unter § 6 III (Rz 698).

735 **b) Unentgeltliche Übertragung von *Teilen* eines Mitunternehmeranteils auf natürliche Personen, § 6 III 1 HS 2 Alt 2.** Eine Teilanteilsübertragung setzt den Übergang wesentl (nicht unbedingt aller) Vermögens- und Verwaltungsrechte hinsichtl eines Teils des MUanteils voraus; *allein* die Übertragung von SonderBV genügt nicht (BFH IV R 14/18 BFHE 270, 363 Rz 26). Zur **Unentgeltlichkeit** s Rz 718, 732; zur Beschränkung auf **natürl Personen** s Rz 733. – Die Übertragung des *gesamten* MUanteils ist bereits nach § 6 III 1 HS 1 begünstigt (Rz 704); eine Behaltefrist gilt hier nicht. Auch im Fall der *Teil*anteilsübertragung wird die Behaltefrist nicht ausgelöst, wenn SonderBV **quotal,** also mit demselben Bruchteil wie der Anteil am Gesamthandsvermögen, übertragen wird.

736 **c) Erweiterung auf die Zurückbehaltung von Sonderbetriebsvermögen, § 6 III 2. – aa) Anwendungsbereich.** In Fällen der Übertragung eines *Teils* eines MUanteiles sowie der Aufnahme in ein Einzelunternehmen (§ 6 III 1 HS 2) ermöglicht S 2 die Zurückbehaltung von SonderBV, und zwar gerade dann, wenn es sich um **wesentl Betriebsgrundlagen** handelt (die Zurückbehaltung unwesentl WG hindert die Begünstigung nach S 1 ohnehin nicht, s Rz 697, 704). Auf die Übertragung von Betrieben, Teilbetrieben und *ganzen* MUanteilen ist S 2 nach seinem Wortlaut aber nicht anwendbar, weil das zurückbehaltene WG dann nicht mehr „zum BV derselben MUerschaft" gehören kann (zutr *BMF* BStBl I 21, 696 Rz 9).

737 **(1) Quotale Übertragung von Sonderbetriebsvermögen.** Entspricht der anteilige Wert der übertragenen WG des SonderBV am Gesamtwert des SonderBV dem Verhältnis zw dem übertragenen Teilanteil und dem gesamten Anteil, ist nicht S 2 anzuwenden, sondern S 1 (Folge: *keine* Sperrfrist). Die Betrachtung ist nicht gegenständl, sondern wertmäßig vorzunehmen (BFH IV R 41/11 BStBl II 19, 715 Rz 29; *BMF* BStBl I 19, 1291 Rz 21, 23; *Schulze zur Wiesche* DStR 12, 2414; *Förster* DB 13, 2047; *Bohn/Pelters* DStR 13, 281). Von Bedeutung ist dies, wenn das SonderBV *mehrere* WG umfasst, von denen einzelne übertragen werden, andere aber nicht.

738 **(2) Unterquotale Übertragung von Sonderbetriebsvermögen.** Neben der *vollständigen* Zurückbehaltung des SonderBV ist (erst recht) dessen Übertragung mit einer Quote, die hinter der Beteiligungsquote des Übertragungsempfängers an der MUerschaft zurück bleibt, von S 2 erfasst. Auch in einem solchen Fall gilt die Behaltefrist aber für das *gesamte* SonderBV (*BMF* BStBl I 19, 1291 Rz 25; *Wendt* FR 05, 468, 474). Die Gegenauffassung will unterquotal übertragenes SonderBV hingegen zT unter S 1 (ohne Behaltefrist) und nur mit dem restl Teil unter S 2 fallen lassen (*Rogall/Stangl* DStR 05, 1073, 1078 mwN; *BH/Ehmcke* § 6 Rz 1245).

(3) Überquotale Übertragung von Sonderbetriebsvermögen. Dies fällt 739
nicht unter S 2, sondern einheitl unter S 1; auch § 6 V 3 Nr 3 ist nicht anwendbar
(Folge: keine Sperrfrist; vgl BFH IV R 41/11 BStBl II 19, 715 Rz 29; *BMF* BStBl I
19, 1291 Rz 32).

(4) Mitunternehmerische Betriebsaufspaltung. Hierzu kommt es, wenn der 741
Ges'ter ein WG zur Nutzung an die PersGes überlässt und sowohl einen Teil seines
MUeranteils als auch einen *Teil* dieses WG auf einen Dritten überträgt. Der Übertragende und der Dritte bilden mit diesem WG eine BesitzGes, die das WG fortan
der BetriebsPersGes zur Nutzung überlässt. Die Übertragung des WG auf den
Empfänger (erste Stufe) fällt unter § 6 III 1 (bei unterquotaler Übertragung § 6
III 2). Die anschließende Überführung in das Gesamthandsvermögen der BesitzGes (zweite Stufe) erfolgt nach § 6 V 3 Nr 2; ist die BesitzGes hingegen eine
Bruchteilsgemeinschaft, zu deren SonderBV das WG nun gehört, richtet sich die
Überführung zweiter Stufe nach § 6V 2 (zum Ganzen s *BMF* BStBl I 19, 1291
Rz 37 ff). Für die erste Stufe gilt (nur im Fall unterquotaler Übertragung) die fünfjährige Behaltefrist nach § 6 III 2, für die zweite Stufe (nur bei Überführung ins
Gesamthandsvermögen) die dreijährige Sperrfrist des § 6 V 4.

bb) Fünfjährige Behaltefrist für den Rechtsnachfolger, § 6 III 2 HS 2. 742
Die Buchwertfortführung bei einer unentgeltl Übertragung von Teilanteilen (bzw
Aufnahme in ein Einzelunternehmen) unter Zurückbehaltung von SonderBV setzt
voraus, dass der Übernehmer den MUeranteil fünf Jahre lang weder veräußert
noch aufgibt. Die Frist beginnt mit dem Übergang des wirtschaftl Eigentums
(Nutzen und Lasten; *BMF* BStBl I 19, 1291 Rz 26). Sie bezweckt die typisierende
Abgrenzung zw einer echten Unternehmensnachfolge und solchen Fällen, in den
die Buchwertfortführung vorrangig dazu genutzt werden soll, die stillen Reserven
durch ein anderes StSubjekt realisieren zu lassen (ähnl die Überlegung von *Wendt*
FR 05, 468, 476). Ferner soll vermieden werden, dass die Haltefrist des § 6 V 4
durch entspr Gestaltungen unterlaufen wird.

(1) Weder Veräußerung noch Aufgabe des Mitunternehmeranteils. Als 743
Veräußerung gelten auch offene und verdeckte Einlagen in KapGes sowie Einbringungen und Formwechsel gem §§ 20, 24, 25 UmwStG zum gemeinen Wert,
TW oder Zwischenwerten (zutr *BMF* BStBl I 19, 1291 Rz 29 S 1, 2), auch die als
Formwechsel fingierte Option nach § 1a KStG (*BMF* BStBl I 21, 2212 Rz 45;
dazu § 15 Rz 160a ff). Bereits die Veräußerung eines *Teils* des erhaltenen MUeranteils ist schädl (*BMF* BStBl I 19, 1291 Rz 26 S 2; *BH/Ehmcke* § 6 Rz 1247; mE
zutr und vom Wortlaut noch umfasst). War der Übernehmer aber schon zuvor an
der MUerschaft beteiligt, gilt dieser Alt-Anteil als zuerst veräußert (*BMF* BStBl I
19, 1291 Rz 27). Hingegen löst die Aufgabe der *gesamten* MUerschaft mE keine
Nachversteuerung aus. Erwirbt der Übernehmer des Teilanteils in einem zweiten
Akt auch den Rest des ursprüngl MUeranteils, soll damit die Behaltefrist enden
(BFH IV R 41/11 BStBl II 19, 715 Rz 26, obiter dictum).

(2) Veräußerung/unentgeltliche Übertragung wesentlicher Betriebs- 744
grundlagen des übernommenen SonderBV. Dies ist als Aufgabe des MUeranteils anzusehen und löst daher die Nachversteuerung aus (zutr *BMF* BStBl I 19,
1291 Rz 26 S 2; **aA** *Kempermann* FR 03, 321, 327; *Wendt* FR 05, 468, 477). Gleiches gilt für die Einbringung eines solchen WG nach § 6 V 3 gegen Gewährung
von GesRechten (*BMF* BStBl I 19, 1291 Rz 29 S 3). Der Übernehmer kann sich
von einem solchen WG nur dann nicht steuerl unschädl Weise trennen, wenn es
bei ihm nicht mehr als wesentl Betriebsgrundlage anzusehen ist (s Rz 710). Dies kann
auch bei seiner Ersetzung durch eine neue wesentl Betriebsgrundlage der Fall
sein (zutr *Rogall/Stangl* DStR 05, 1073, 1078: zB Erwerb eines neuen und Verkauf
des bisherigen Betriebsgrundstücks zur Anpassung an Marktverhältnisse).

(3) Unentgeltliche Weiterübertragung des *gesamten* übernommenen Teil- 745
anteils. Die Behaltefrist geht auf den neuen Anteilsinhaber über; es beginnt aber

(im Gegensatz zur nochmaligen Abspaltung eines Teilanteils) keine neue Fünfjahresfrist (*BMF* BStBl I 19, 1291 Rz 30). Eine solche unschädl unentgeltl Weiterübertragung ist aus Billigkeitsgründen (*OFD Rhld* DStR 08, 775; *Wendt* FR 05, 468, 476) auch in einer **Buchwerteinbringung nach §§ 20, 24 UmwStG** zu sehen; die Fünfjahresfrist läuft nunmehr für den neu gewährten Anteil weiter (*BMF* BStBl I 19, 1291 Rz 29 S 4; ausführl *Crezelius* FR 11, 401).

746 (4) **Folgen der Nichteinhaltung der Behaltefrist.** Der Übertragende erzielt einen lfd Gewinn (wegen § 16 I 2 kein begünstigter Veräußerungsgewinn bei Teilanteilsveräußerung) aus den (gesamten!) stillen Reserven des übertragenen BV im Übertragungszeitpunkt, der auch der GewSt unterliegt (BFH IV R 3/05 BStBl II 07, 777 unter II.3.c; *BMF* BStBl I 19, 1291 Rz 28). Der Bescheid des Übertragungsjahres ist nach § 175 I 1 Nr 2 AO zu ändern (krit wegen der Anknüpfung an das Verhalten eines Dritten *Crezelius* FR 02, 805; *Kanzler* FS Korn [2005] S 287, 302). Dem Empfänger entstehen AK mit der Folge neuen AfA-Volumens. Es ist dringend zu raten, dass der Übertragende sich gegen diese unerwünschten Folgen eines Verhaltens des Empfängers durch entspr **Regelungen im Übertragungsvertrag** absichert (zB Zustimmungsvorbehalt, Ausgleichszahlung). Werden mehrere Teilanteile an verschiedene Empfänger übertragen, ist das Schicksal jedes Teilanteils individuell zu betrachten.

748 cc) **Keine Geltung einer auf das zurückbehaltene Sonderbetriebsvermögen bezogenen Behaltefrist für den übertragenden Mitunternehmer.** Der Anwendungsbereich der Behaltefrist beschränkt sich auf den übernehmenden MUer. Dem Übertragenden bleibt die Rechtsfolge des § 6 III hingegen auch dann erhalten, wenn er zurückbehaltenes SonderBV *nach* der Übertragung des MUeranteils veräußert oder entnimmt (BFH IV R 41/11 BStBl II 19, 715 Rz 25; *BMF* BStBl I 21, 696 Rz 31). Auch die Überführung des SonderBV in ein anderes BV nach § 6 V 3 (zB Einmann-GmbH & Co KG) ist unschädl (BFH IV R 12/15 BStBl II 19, 726). – Die Veräußerung des *gesamten* Restanteils des Übertragenden (GesAnteil einschließl SonderBV) ist ebenfalls unschädl, weil das SonderBV dann weiterhin zum BV derselben MUerschaft gehört.

751 4. **Unentgeltliche Übertragung einzelner Wirtschaftsgüter aus betrieblichen Gründen, § 6 IV. – a) Voraussetzungen. – aa) Übertragung *einzelner* Wirtschaftsgüter.** Die Übertragung von Betrieben, Teilbetrieben und MUeranteilen fällt demggü unter § 6 III. Das WG muss **in das BV eines *anderen* StPfl** (Einzelunternehmen, MUerschaft, Körperschaft) übertragen werden. Auf Übertragungen zw einem MUer und seiner MUerschaft sowie zw verschiedenen MUern derselben MUerschaft ist allerdings nicht Abs 4, sondern der vorrangige Abs 5 auch dann anzuwenden, wenn die unentgeltl Übertragung ausnahmsweise betriebl veranlasst ist (s ausführl Rz 818 mwN). – Auf die **Herkunft des WG beim Übertragenden** kommt es mE nicht an, weil nicht ersichtl ist, weshalb die (den alleinigen Regelungsgegenstand des Abs 4 bildende) Bewertung beim *Empfänger* hiervon abhängig sein soll und zudem der Wortlaut des § 6 IV insoweit von dem der Vorläufervorschrift des § 7 II EStDV abweicht (glA *HHR* § 6 Rz 1415; *BH/Ehmcke* § 6 Rz 1264). Es ist für die Anwendung des § 6 IV beim *Empfänger* also unerhebl, ob das WG beim Übertragenden zum PV oder zum BV gehörte, und ob der Übertragung aus Sicht des *Übertragenden* ein betriebl oder privater Anlass zugrunde lag. Bei Altmaterialsammlungen von steuerbegünstigten Körperschaften (wirtschaftl Geschäftsbetrieb) wird der Gewinn daher bereits mit der Zuwendung des Materials realisiert (zutr *Kümpel* FR 99, 888).

753 bb) **Unentgeltlichkeit.** Die Übertragung ist unentgeltl, wenn der Empfänger für das WG keine konkrete Gegenleistung gewährt. Die mit der Hingabe von „Geschenken" im geschäftl Verkehr verbundene Erwartung positiver Folgen für die weitere Geschäftsbeziehung genügt für die Annahme einer konkreten Gegenleistung nicht; **Werbegeschenke** sind daher der typische Anwendungsfall des Abs 4. – Bei **teilentgeltl Übertragungen** (sofern sie nicht als Einlagen anzusehen sind, s Rz 754) ist die Trennungstheorie anzuwenden (glA *BH/Ehmcke* § 6 Rz 1265; s aber Rz 789 ff): Für den entgeltl Teil bemessen sich die AK des Erwerbers nach Abs 1 Nr 1, 2; für den unentgeltl Teil gilt Abs 4.

cc) Einlagen. Sie sind von der Anwendung des Abs 4 ausdrückl ausgenommen, gem § 6 I Nr 5 grds mit dem TW anzusetzen, bewirken gem § 4 I aber keine Gewinnrealisierung. Maßgebend ist, ob die Übertragung aus Sicht des *Empfängers* auf einem privaten (Einlage) oder einem **betriebl Anlass** (Abs 4) beruhte. 754

b) Rechtsfolgen. – aa) Empfänger. Das WG ist mit dem **gemeinen Wert** anzusetzen (zum Begriff des gemeinen Werts s Rz 235 und § 9 BewG). Es kommt durch die Aufnahme des WG in das BV also zu einer **Gewinnrealisierung** (BFH I R 248/74 BStBl II 78, 191 unter 2.b aa). Dies ist systematisch zutr, da der Empfänger den unentgeltl Wertzugang aus betriebl Gründen erhält (bei Einlagen, dh Wertzugängen aus privaten Gründen, wird die Gewinnrealisierung dadurch vermieden, dass iRd BV-Vergleichs die § 4 I der Wert der Einlagen von dem erhöhten BV abgezogen wird). Der gemeine Wert stellt zugleich die AfA-Bemessungsgrundlage und Bewertungsobergrenze für evtl Zuschreibungen dar; § 6 II, IIa sind anwendbar. Aus Billigkeitsgründen wendet die *FinVerw* Abs 4 nicht an, wenn ein StPfl, der von einer Naturkatastrophe betroffen ist, gespendete WG betriebl verwendet (zB *OFD Mchn* DStR 02, 2171). Bei unter § 6 IV fallendem Erwerb von UV durch einen StPfl mit Gewinnermittlung nach § 4 III ist zudem im Jahr des Erwerbs gegenläufig eine BA anzusetzen, weil der Erwerb von UV zu BA führt (zutr BFH III R 54/12 BFH/NV 13, 1916 Rz 18). – Wird dem Empfänger kein WG, sondern ein nicht aktivierungsfähiger Vorteil zugewendet (zB Reise), sind gleichwohl BE gegeben. Dies beruht oder nicht auf Abs 4, sondern auf sachgerechter Auslegung des Begriffs der BE (BFH VIII R 35/93 BStBl II 96, 273). 755

bb) Übertragender. – (1) WG stammt aus Betriebsvermögen. Es handelt sich je nach Anlass um eine gewinnrealisierende Entnahme oder eine BA (zu beiden Fallgruppen BFH I R 248/74 BStBl II 78, 191 unter 2.b aa). Wird bei § 4 III ein WG des UV aus betriebl Gründen übertragen, war der BA-Abzug schon beim Erwerb des WG gegeben; die Übertragung hat hier keine weitere Gewinnauswirkung. Trotz betriebl Anlass gilt in den Fällen des § 4 V 1 Nr 1 (Geschenke) ein Abzugsverbot (s § 4 Rz 536). – **(2) WG stammt aus Privatvermögen.** Beim Übertragenden kommt es nicht zu steuerl Folgen (auch nicht bei §§ 17, 20, 23). Dies ist konsequent, weil der *Empfänger* einen Erwerbsgewinn verwirklicht. 756

XI. Überführungen bei mehreren Betrieben; Übertragungen bei Mitunternehmerschaften, § 6 V

Schrifttum: Bis 2009 s *Schmidt* 33. Aufl § 6 Rz 681; bis 2018 s *Schmidt* 39. Aufl § 6 Rz 761; *Micker* Die Umstrukturierung von PersGes durch Überführung und Übertragung von EinzelWG, Ubg 19, 504. – **Verwaltungsanweisung:** BMF BStBl I 11, 1279.

1. Buchwertüberführung einzelner Wirtschaftsgüter zwischen verschiedenen Betriebsvermögen desselben Steuerpflichtigen, § 6 V 1. – a) Überführung einzelner Wirtschaftsgüter. Hierauf beschränkt sich der Wortlaut des S 1. Für die Überführung von Teilbetrieben oder MUanteilen zw verschiedenen BV desselben StPfl ergeben sich mE aber dieselben Rechtsfolgen, weil nicht ersichtl ist, weshalb es hier zu einer Gewinnrealisierung kommen sollte (glA *BMF* BStBl I 11, 1279 Tz 6; **aA** *BH/Ehmcke* § 6 Rz 1287; zur Rechtslage bis S 3 s Rz 775). – Die ledigl **vorübergehende Nutzung** eines WG des einen Betriebs in einem anderen Betrieb desselben StPfl fällt (mangels dauerhafter Überführung des WG) nicht unter S 1. Es handelt sich vielmehr um eine Nutzungsentnahme beim abgebenden und eine Aufwandseinlage beim aufnehmenden BV (zur Bewertung s Rz 517; zu Pkw s Rz 552; zu PersGes s Rz 603). 761

b) Derselbe Steuerpflichtige. – aa) Natürliche Personen. Unter § 6 V 1 fällt idR eine natürl Person, die **mehrere Betriebe** unterhält. Die Betriebe kön- 762 nen **unterschiedl Einkunftsarten** angehören. Eine Buchwertübertragung ist daher auch aus einem GewBetr in LuF mögl; die Verhaftung der stillen Reserven auch für die *GewSt* wird von S 1 nicht verlangt (*BMF* BStBl I 11, 1279 Tz 5). Die umgekehrte Überführung (von § 13 oder § 18 in GewBetr) bewirkt allerdings die erstmalige gewstl Verhaftung schon zuvor gebildeter stiller Reserven (s auch § 13 Rz 40 zum Strukturwandel von LuF zum GewBetr). Ein Wahlrecht zur Aufdeckung der stillen Reserven besteht hier wegen der zwingenden Regelung des S 1 gleichwohl nicht (ähnl BFH VIII R 46/99 BFHE 192, 516 unter II.2.a, Anm *HG* DStR 00, 1907). Der Vorgang kann allerdings ggf so gestaltet werden, dass der luf Betrieb *beendet* wird. Dann findet dort eine begünstigte Betriebsaufgabe und anschließend die Eröffnung eines GewBetr statt; § 6 V 1 gilt nicht (glA für die Rechtslage vor 1999 BFH IV R 31/03 BStBl II 06, 652).

763 **bb) Gesellschaften. MUerschaften** haben idR nur einen einzigen Betrieb, so dass sich die Problematik interner Überführungen nicht stellt. Ist *ein* StPfl an *mehreren* MUerschaften beteiligt und will er WG zw deren BV überführen, gilt nicht S 1, sondern S 2 (Übertragung zw SonderBV) bzw S 3 (Übertragung zw GesamthandsBV von SchwesterPersGes, s Rz 805). – **ZebraGes.** S 1 ist auf Überführungen von WG zw diesen (an sich vermögensverwaltenden) **Ges** und deren betriebl Ges'ter anwendbar; § 6 V 3 ist hier mangels MUerschaft nicht einschlägig. Solche Überführungen erfolgen daher auch dann, wenn ein „Entgelt" vereinbart wird, im Umfang der Beteiligungsquote zwingend zum Buchwert (BFH IV R 44/09 BStBl II 13, 142, betr Rechtslage vor 1999; hierzu *Bode* NWB 12, 3076; *Sanna* NWB 12, 3156; s auch § 16 Rz 387; **aA** *Niehus* DStZ 04, 143, 148). – **KapGes.** Sie haben wegen § 8 II KStG nur einen einzigen Betrieb. Ist der StPfl an mehreren KapGes beteiligt, sind Übertragungen von WG zw diesen KapGes gewinnrealisierend (vGA bzw verdeckte Einlage). Gleiches gilt bei Überführungen zw verschiedenen Betrieben gewerbl Art einer Trägerkörperschaft (*Heger* FR 09, 301, 302).

765 **c) Rechtsfolge. – aa) Buchwertfortführung.** Diese Rechtsfolge ist **zwingend,** wenn die Voraussetzungen des S 1 erfüllt sind. Auch AfA und die Vorbesitzzeiten nach § 6b (s § 6b Rz 73) sind fortzuführen. Zwar stellt die Überführung in einen anderen Betrieb tatbestandl eine Entnahme dar (s Rz 511 mwN; **aA** *Scharfenberg* DB 12, 193); eine Gewinnrealisierung ist in Anwendung des **finalen Entnahmebegriffs** (s § 4 Rz 240) aber nicht geboten. Bei vorheriger Inanspruchnahme der Thesaurierungsbegünstigung des § 34a kann die Buchwertüberführung zur Nachversteuerung führen (§ 34a V; s § 34a Rz 66). Ob mit dem WG auch Verbindlichkeiten überführt werden, ist hier ohne Bedeutung (zutr *BMF* BStBl I 11, 1279 Tz 3); anders jedoch in den Fällen des S 3 (s Rz 786). Auch die Überführung von WG mit stillen Lasten (TW kleiner als Buchwert) ist erfasst (ausführl *Pitzal* DStR 16, 2831). Handelt es sich nicht um eine „nahtlose" Überführung in das andere BV, sondern gehört das WG zwischenzeitl zum PV, findet eine gewinnrealisierende Entnahme statt; der Wertansatz bei der späteren Einlage ist dann auf den Entnahmewert begrenzt (§ 6 I Nr 5 S 3; Rz 622). – S 1 gilt auch, wenn iRe **Betriebsaufgabe** einzelne WG nicht ins PV, sondern in ein anderes BV überführt werden. Der ermäßigte StSatz für den mit den restl WG erzielten Aufgabegewinn kann in diesen Fällen nicht beansprucht werden, wenn die überführten WG wesentl Betriebsgrundlagen darstellen (s § 16 Rz 205). – Zu **USt** in den Fällen der Buchwertüberführung s *Förster* DStR 12, 381; *Micker* UBg 19, 504, 505, 510.

766 **bb) Besteuerung der stillen Reserven nicht sichergestellt.** In diesen Fällen gilt S 1 nicht (zu den in Betracht kommenden Fallgruppen s § 4 Rz 244 ff). Es bleibt dann bei dem allg Grundsatz, wonach der Abgang aus dem UrsprungsBV als Entnahme anzusehen ist (s Rz 511; zur Bewertung der Entnahme s Rz 515). Der Ausschluss des dt Besteuerungsrechts ohne gleichzeitige Überführung in einen anderen Betrieb ist zwar nicht von S 1 erfasst, aber durch § 4 I 3, 4 einer Entnahme gleichgestellt. Zum Ansatz des gemeinen Werts in den Fällen des § 50i s die dortigen Erläut.

2. Buchwertüberführung bei Mitunternehmerschaft *ohne* **Rechtsträgerwechsel, § 6 V 2.** Die Rechtsfolgen des S 1 (Buchwertfortführung, sofern die Besteuerung der stillen Reserven gesichert ist; s Rz 765 f) gelten auch für solche Überführungen bei MUerschaften, bei denen es nicht zu einem Rechtsträgerwechsel kommt. Es besteht **kein Wahlrecht zur Gewinnrealisierung.** 769

a) Überführungen zwischen einem eigenen Betriebsvermögen des Steuerpflichtigen und seinem Sonderbetriebsvermögen bei einer Mitunternehmerschaft. Hierunter fällt zB die Nutzungsüberlassung eines bisher eigenbetriebl genutzten WG an eine PersGes, an der der StPfl beteiligt ist, einschließl der Nutzungsüberlassung eines WG der OberGes an die UnterGes, auch die Überlassung aus dem Gesamtgut einer Gütergemeinschaft an eine personenidentische Ehegatten-MUerschaft (*OFD Mchn* DB 01, 564). 770

b) Überführungen zw den Sonderbetriebsvermögen desselben Steuerpflichtigen bei verschiedenen Mitunternehmerschaften. Dies ist zB der Fall, wenn der StPfl ein WG nicht mehr an die MUerschaft A, sondern an die MUerschaft B vermietet. Auch vor der ausdrückl gesetzl Regelung war hier zwingend der Buchwert anzusetzen (BFH VIII R 7/02 BStBl II 04, 914 unter II.3.b). 771

3. Buchwertübertragungen bei Mitunternehmerschaften *mit* **Rechtsträgerwechsel, § 6 V 3. – a) Überblick.** Die Regelung enthält eine **abschließende Aufzählung** (zum Streit betr Übertragungen zw SchwesterPersGes s Rz 405 ff). – **Nur Übertragung einzelner WG.** Anders als S 1 (s Rz 761) beschränkt sich S 3 auf einzelne WG (so auch *BMF* BStBl I 11, 1279 Tz 12, wo auf Tz 6 Satz 2 ausdrückl *nicht* verwiesen wird). Hierzu gehört auch der Mandantenstamm einer Sozietät (*Wollweber* NJW 16, 1549). Die Einbringung von Betrieben, Teilbetrieben und MUeranteilen fällt unter § 24 UmwStG (s auch Rz 818). Die „Ausbringung" dieser strukturierten Einheiten ist Realteilung (dazu § 16 Rz 520 ff); die entspr Regelungen in § 16 III 2 sollen § 6 V 3 vorgehen (BFH III R 49/13 BStBl II 17, 37 Rz 42; BFH IV R 11/15 BStBl II 19, 29 Rz 35; s § 16 Rz 530, dort auch zur mE zutr Kritik). – **Übergang stiller Reserven auf einen anderen StPfl.** Diese wirtschaftl Folge der in S 3 angeordneten Buchwertfortführung (Einzelfragen zu den Rechtsfolgen des S 3 s Rz 813) eröffnet Möglichkeiten steuerneutraler Einbringungen und Ausgliederungen, die weit über diejenigen des (parallel anwendbaren) § 24 UmwStG hinaus gehen (zur Rechtfertigung durch das Bedürfnis nach Umstrukturierung teilw zR krit *v Lishaut* DB 01, 1519, 1525 f). – **Grundgedanke der Regelung.** Umstrukturierungen sollen keine steuerwürdigen Tatbestände darstellen, weil hierdurch kein Markteinkommen geschaffen wird und das mitunternehmerische Engagement mit demselben WG in anderer Form fortgesetzt wird (s *Brandenberg* FR 00, 1182, 1188). Dem widerstreitet allerdings das Subjektsteuerprinzip, wonach stille Reserven grds von demjenigen versteuert werden müssen, der sie geschaffen hat. Die Regelung der S 3–6 gleicht diese widerstreitenden Grundgedanken dadurch aus, dass die in S 3 genannten Umstrukturierungen zwar grds steuerneutral erfolgen können, es jedoch zur Gewinnrealisierung kommt, wenn WG innerhalb bestimmter Fristen an Dritte veräußert werden oder stille Reserven auf KSt-Subjekte übergehen (grundlegend auch *Danz* FR 18, 160). – **Ausnahmen von der Buchwertfortführung.** Fehlende Sicherung der Besteuerung der stillen Reserven (S 1; s Rz 766); spätere Veräußerung oder Entnahme des WG innerhalb einer Sperrfrist (S 4; s Rz 825); Begründung oder Erhöhung des Anteils einer Körperschaft am WG entweder sofort (S 5; s Rz 835) oder innerhalb von 7 Jahren seit der Übertragung (S 6; s Rz 840). – **Andere Steuerarten.** Zur **USt** in den Fällen des § 6 V 3 s *Förster* DStR 12, 381; zur **ErbSt** *Müller/Dorn* DStR 16, 1063. 775

777 **b) Persönlicher Anwendungsbereich.** Grds fallen **sämtl MUerschaften** unter S 3. Zwar wird im Wortlaut des S 3 noch der Begriff „**Gesamthand**" verwendet, obwohl GbR, oHG und KG ab 2024 kein Gesamthandsvermögen, sondern eigenes Vermögen haben. Da das **MoPeG** (BGBl I 21, 3436) aber die tragenden Strukturprinzipien dieser PersGes nicht verändert, kann S 3 auch **ab 2024** weiter angewendet werden (s auch § 15 Rz 166). – **Doppel- und mehrstöckige PersGes.** S 3 gilt sowohl für die OberGes (MUer der UnterGes) als auch für die Ges'ter der OberGes (MUer der OberGes und SonderMUer der UnterGes; s § 15 Rz 612, 618). – **Ausl MUerschaften.** Sie sind ebenfalls erfasst. Werden WG allerdings in ausl Betriebsstätten überführt, ist die Buchwertfortführung idR durch § 4 I 3 ausgeschlossen (s Rz 766). – **MUerschaften ohne eigenes oder Gesamthandsvermögen.** Hier wird S 3 über seinen Wortlaut hinaus angewendet. Bruchteilsvermögen wird dann wie Gesamthandsvermögen behandelt. Dasselbe gilt, wenn es (zB bei **atypisch stillen Ges** und anderen InnenGes) vollends an gemeinsamem Vermögen fehlt (*BMF* BStBl I 11, 1279 Tz 9). Gerade hier ist aber darauf hinzuweisen, dass die gleichzeitige Übernahme von Verbindlichkeiten ein Teilentgelt darstellt, das nach der Verwaltungsauffassung insoweit zur Gewinnrealisierung führt (s Rz 786). Bei der GmbH & atypisch Still ist zudem die Körperschaftsklausel des S 5 zu beachten (*Lipp* NWB 14, 1725; aA *Lieber/Stifter* FR 03, 831, 833). – **Empfänger des WG.** Hier kann jeder Inhaber eines BV beteiligt sein, dh natürl Personen, andere MUerschaften sowie KapGes (zu KapGes BFH I R 44/12 BStBl II 15, 450 Rz 8); allerdings gelten für KapGes die Sonderregelungen der S 5, 6.

778 **c) Übertragung zwischen eigenem Betriebsvermögen und Gesamthandsvermögen einer Mitunternehmerschaft, § 6 V 3 Nr 1.** In den Fällen der Nr 1 kommt es durch die Übertragung (zumindest teilweise) zu einer **Änderung der dingl Mitberechtigung** an dem WG. Bei wirtschaftl Betrachtung werden also Anteile an dem WG von einem MUer auf die MUerschaft (s Rz 779) oder von der MUerschaft auf einen oder mehrere MUer übertragen (Rz 780). – Nr 1 ist nur bei Berührung des **BV des StPfl** anwendbar; für WG, die aus dem PV in die MUerschaft eingebracht oder aus dem GesamthandsBV eines Ges'ters übertragen werden, gilt Nr 1 auch dann nicht, wenn der Vorgang unentgeltl oder gegen Gewährung/Minderung von GesRechten erfolgt. Statt dessen handelt es sich bei unentgeltl Übertragung um Entnahmen/Einlagen, bei Änderung der GesRechte um Tauschvorgänge (ausführl hierzu s Rz 598).

779 **aa) Übertragung vom Mitunternehmer auf die Mitunternehmerschaft.** Dies betrifft insb die Einbringung einzelner WG anlässl von **Neugründungen** (*Winkeljohann/Stegemann* DB 03, 203), ebenso aber jederzeit während des Bestehens der MUerschaft. Die Regelung ermöglicht es zB, dass ein Einzelunternehmer WG, die er veräußern will, zum Buchwert in eine PersGes einbringt und dann (ggf nach Ablauf der Sperrfrist) die Anteile an der PersGes tarifbegünstigt und ohne GewStbelastung veräußert. – Die Buchwertübertragung bei einer nach Gründung einer **mitunternehmerischen BetrAufsp** (hierzu *Kröller/Fischer/Dürr* BB 01, 1707, 1711; *Hörger/Pauli* GmbHR 01, 1139, 1140) ist hingegen als Übertragung zw SchwesterPersGes anzusehen, bei der die Anwendbarkeit des S 3 sehr str ist (näher s Rz 805 ff).

780 **bb) Übertragung von der Mitunternehmerschaft auf einen Mitunternehmer.** Hier sind spiegelbildl Fälle der „Ausbringung" von WG erfasst. Sind im Buchansatz eines solchen WG **stille Reserven** enthalten, regelt Nr 1 lediglich, dass der MUer den Buchwert fortzuführen hat und die Summe der KapKonten in der Gesamthandsbilanz um diesen Buchwert zu mindern ist. – **(1) Verteilung dieser Minderung der KapKonten auf die einzelnen Ges'ter.** S ausführl *Schmidt* 39. Aufl § 6 Rz 780. – **(2) Ausscheiden gegen Sachwertabfindung.** Werden auf den ausscheidenden Ges'ter einer (fortbestehenden) PersGes einzelne WG des BV übertragen, die bei diesem wiederum BV/SonderBV werden, soll sich dies nach der neueren Rspr des IV. Senats ausschließlich nach den Regelungen über die **Realteilung** beurteilen, nicht aber nach § 6 V 3 Nr 1/2 (BFH IV R 11/15 BStBl II 19, 29 Rz 35: die Realteilung betreffe ausschließl das Ausscheiden von Ges'tern und sei daher spezieller als § 6 V 3; so jetzt auch *BMF* BStBl I 19, 6 Rz 2, 8; ausführl § 16 Rz 530; zu den Gestaltungsmöglichkeiten, die eine Aufgabe der Trennungstheorie in diesen Fällen bei der Übernahme von Verbindlichkeiten eröffnen würde, s *Strahl* KÖSDI 13, 18528, 18534).

cc) Unentgeltliche Übertragungen. Entscheidend ist, dass demjenigen, der das WG überträgt, hierfür **keine Gegenleistung** (auch nicht in Form von Ges-Rechten; s Rz 797) gewährt wird. Es kommt für die Anwendung des S 3 nicht darauf an, ob es sich um eine (echte) Schenkung handelt oder aber um einen WG-Transfer, der über ein gesamthänderisch gebundenes Rücklagenkonto abgewickelt wird (zur Abgrenzung zum KapKto s Rz 797). Die Anwendungsfälle dürften sich weitgehend auf FamilienPersGes, konzerninterne Übertragungen und EinpersonenGes beschränken. Ohne die Regelung des S 3 wären unentgeltl Übertragungen zw EinzelBV und GesamthandsBV als Entnahmen bzw Einlagen zu würdigen (BFH IV R 42/08 BStBl II 10, 820 unter II.2.b; *BMF* BStBl I 11, 1279 Tz 8).

dd) Behandlung entgeltlicher Geschäfte. − (1) Rechtsfolgen. S 3 ist nicht anwendbar (Ausnahme: das Entgelt besteht in der Gewährung/Minderung von GesRechten; s Rz 797). Vielmehr erzielt der Veräußerer nach den allg Regeln einen Veräußerungserlös; der Erwerber hat das WG mit der AK (§ 6 I Nr 1, 2) anzusetzen (BFH VIII R 46/99 BFHE 192, 516 unter II.2.a; *BMF* BStBl I 01, 367 unter 3.). Dies gilt auch insoweit, als der Veräußerer bei wirtschaftl Betrachtung über seine MUerstellung an dem WG beteiligt bleibt (BFH VIII R 58/98 BStBl II 02, 420 unter B.I.1.). § 6b ist anwendbar (BFH IV R 19/14 BStBl II 18, 575 Rz 27; EStR 6b.2 VI, VII; *Strahl* FR 05, 797 [mit Zahlenbeispiel für Teilentgeltlichkeit]; s zu SchwesterPersGes auch Rz 809). ZB kann eine **wertgeminderte Ges'terdarlehensforderung** des SonderBV (zum Verkehrswert, dh vollentgeltl) an einen MitGes'ter verkauft werden; dies führt zur Realisation des eingetretenen Verlusts, da der Erwerber nur die AK aktiviert (keine korrespondierende Bilanzierung zw GesamthandsBV und SonderBV mehr; s *Riedel* FR 17, 949, 954). Wird das WG jedoch aus dem BV des Veräußerers an eine vermögensverwaltende PersGes verkauft und gehört die Beteiligung ebenfalls zum BV des Veräußerers **(Zebra-Ges)**, ist eine Gewinnrealisierung insoweit ausgeschlossen, als der Veräußerer an der ZebraGes beteiligt ist (s Rz 763 mwN). − **Entgelt übersteigt den fremdübl Betrag.** Der Mehrbetrag stellt eine Entnahme/Einlage dar, die nicht zur Gewinnrealisierung führt (BFH VIII R 58/98 BStBl II 02, 420 unter B.I.1.).

(2) Begriff des Entgelts. Erfasst ist sowohl die Begründung von Zahlungsansprüchen als auch die **Einräumung einer Darlehensforderung** durch die MUerschaft (BFH IV R 37/06 BStBl II 11, 617 unter II.2.a; zur Abgrenzung zw Darlehen und KapKto s Rz 797 (2) mwN).

(3) Übernahme von Verbindlichkeiten. Dies stellt ebenfalls Entgelt dar (*BMF* BStBl I 11, 1279 Tz 15 mit Beispiel; EStH 6.15 „Übertragung von EinzelWG"; BFH IV R 11/12 BFHE 239, 76 Rz 9), und zwar selbst dann, wenn die Verbindlichkeit in wirtschaftl Zusammenhang mit dem eingebrachten WG steht (BFH IV R 28/97 BFH/NV 98, 836 unter II.2.a; BFH VIII R 58/98 BStBl II 02, 420 unter B.I.3.b bb aaa, zust Anm *Kempermann* FR 02, 521; *Brandenberg* DStZ 02, 551, 557; ausführl *Niehus/Wilke* FR 05, 1012; krit *Groh* DB 02, 1904, 1906; *Böhme/Forster* BB 03, 1979; *Schulze zur Wiesche* DStZ 02, 740, 745 und DB 04, 1388: S 3 erfasse ebenso die Buchwerteinbringung passiver WG; *Scharfenberg* DB 12, 193; zweifelnd auch *Wendt* FR 02, 53, 63). Zu einer **teilweisen Gewinnrealisierung** führt dies aber nur dann, wenn man für die Ermittlung der Höhe des Gewinns entweder der strengen Trennungstheorie folgt (sehr str, s Rz 789) oder die Verbindlichkeit höher als der Buchwert des WG ist.

787 **(4) Gestaltungsmöglichkeiten.** Die Zurückbehaltung der Verbindlichkeit sichert die volle Unentgeltlichkeit der Übertragung des WG. Sie führt bei einer Übertragung des WG vom SonderBV in das GesamthandsBV einer anderen PersGes nach der Rspr des IV. Senats dazu, dass die Verbindlichkeit in das SonderBV der EmpfängerPersGes übergeht und die Schuldzinsen dort voll abziehbar sind (BFH IV B 53/16 BFH/NV 17, 1032 Rz 22 ff; so bereits *Strahl* BeSt 16, 1; ausführl *Steger/Raible* NWB 18, 426; **aA** *Brandenberg/Wacker* JbFfSt 06/07, 330 ff; *Jäschke* GmbHR 12, 601, 602). Andere schlagen eine kreditfinanzierte Entnahme bei der PersGes vor, mit der der Einbringende seine Verbindlichkeit tilgt (*Bünning* BB 10, 2357, 2359).

789 **ee) Höhe der Gewinnrealisierung bei Teilentgelten.** S auch die ausführl Darstellung des Streitstands in BFH X R 28/12 BStBl II 14, 629 Rz 33 ff und BFH X R 28/12 BStBl II 16, 81.

790 **(1) Verwaltung.** Sie vertritt seit jeher die **Trennungstheorie mit Aufteilung des Buchwerts** (auch als „reine" oder „strenge" Trennungstheorie bezeichnet). Danach führen Teilentgelte im Umfang der Entgeltlichkeitsquote (Verhältnis zw Teilentgelt und Verkehrswert des WG) zur Realisierung vorhandener stiller Reserven (*BMF* BStBl I 78, 8 Tz 23, 28, 66; *BMF* BStBl I 01, 367 Tz 4; *BMF* BStBl I 11, 1279 Rz 15; *BMF* BStBl I 13, 1164; zust Literatur s *Schmidt* 39. Aufl § 6 Rz 790). Die damit teilweise eintretende Gewinnrealisierung kann nicht durch eine Ergänzungsbilanz neutralisiert werden.

Beispiel: A bringt ein Grundstück seines EinzelBV (Buchwert 500 000 €, TW 1 Mio €) gegen Übernahme von Verbindlichkeiten (400 000 €) in die A-KG ein, an der er beteiligt ist; ein Differenzbetrag soll der allg Rücklage gutgeschrieben werden. – Der Vorgang ist wegen der Übernahme der Verbindlichkeiten als teilentgeltl zu beurteilen (s Rz 786); die Entgeltlichkeitsquote beträgt 40 % (400 000 € Teilentgelt : 1 000 000 € TW). Der Veräußerungsgewinn des A beträgt 200 000 € (400 000 € Teilentgelt ./. 40 % des Buchwerts von 500 000 €). Zu den AK der A-KG (neuer Buchansatz des WG) gehört zum einen das Teilentgelt von 400 000 €, zum anderen der gem § 6 V 3 fortgeführte Teil des Buchwerts (60 % von 500 000 €), insgesamt 700 000 €. Auf der Passivseite ist die Verbindlichkeit mit 400 000 € einzubuchen; der restl 300 000 € erhöhen die allg Rücklage.

791 **(2) Rechtsprechung.** BFH-Entscheidungen, die diese Berechnungsweise der *FinVerw* stützen, existieren bisher nur für die Ermittlung der AK des *Übernehmers* des WG (so im Ergebnis, aber ohne besondere Problematisierung BFH IV R 96/87 BStBl II 89, 504 unter 4.; ebenso in einem obiter dictum zuvor BFH VIII R 148/78 BStBl II 81, 794), zur Ermittlung des Veräußerungsgewinns des *Übertragenden* hingegen nur bei vollentgeltl Geschäften in der Spezialform des Mischentgelts (BFH VIII R 58/98 BStBl II 02, 420; s unten (4)) sowie beim Buchwertverkauf von WG eines EinzelBV an eine BetriebsKapGes (BFH X R 34/03 BStBl II 05, 378 unter II.7.a). – Der IV. Senat des BFH vertritt demggü für die Ermittlung des Veräußerungsgewinns des Übertragenden verstärkt eine **Trennungstheorie mit vorrangiger Zuordnung des Buchwerts zum entgeltl Teil** (auch „modifizierte Trennungstheorie" genannt). Danach wird kein Gewinn realisiert, wenn das Teilentgelt (wie im obigen Beispiel) den *gesamten* Buchwert nicht übersteigt. Die bisherigen Entscheidungen des IV. Senats betreffen allerdings ausschließl **Sonderkonstellationen**: Zum einen eine Übertragung zw SchwesterPersGes nach der *vor* Schaffung des § 6 V 3 geltenden Rechtslage (mit tragende Ausführungen in BFH IV R 18/99 BStBl II 01, 229 unter 3.b); zum anderen einen Übertragungsvorgang, der nach der in den VZ 1999/2000 geltenden Rechtslage zu beurteilen war (BFH IV R 1/08 BFHE 237, 503). Seinerzeit waren Buchwertübertragungen ohnehin nicht zugelassen, sondern sämtl stille Reserven aufzudecken, sodass es auf die Berechnungsweise des IV. Senats für das Ergebnis der Entscheidung ebenfalls nicht ankam (glA *Kempermann* FR 12, 1082; *Vees* DStR 13, 681, 683). Zuletzt hat der IV. Senat seine Rspr für einen Fall der Übertragung vom SonderBV ins GesamthandsBV derselben MUerschaft nach der ab 2001 geltenden Rechtslage fortgeführt, dabei aber auf die Besonderheit abgestellt, dass nach seiner Auffassung hier bereits eine Entnahme zu verneinen sei (BFH IV R 11/12 BFHE 239, 76; für Bejahung des Entnahmetatbestands dem Grunde nach auch in diesen Fällen hingegen *Levedag* GmbHR 13, 673, 676 Fn 34; *Vees* DStR 13, 681, 684; *Mitschke* FR 12, 1155; **BeckOK** *EStG* § 6 Rz 2920). Die *FinVerw* wendet diese Rspr bisher nicht an (**Nichtanwendungserlass** *BMF* BStBl I 13, 1164). – Noch nicht entschieden sind Fälle, in denen das WG den betriebl Zusammenhang verlässt und daher eine Entnahme unstreitig zu bejahen ist (zB Übertragung zw EinzelBV und MUerschaft oder zw den BV/SonderBV zweier verschiedener MUerschaften). Zu den Folgen dieser Auffassung für den Erwerber des WG s *Gossert/Liepert/Sahm* DStZ 13, 242, 245; *Stahl* BeSt 13, 3, 4; *Levedag* GmbHR 13, 673, 680. Der X. Senat des BFH hat in einem solchen Fall zunächst das *BMF* zum Beitritt aufgefordert (mit ausführl Begründung BFH X R 28/12 BStBl II 14, 629) und die Rechtsfrage anschließend dem **Großen Senat des BFH** vorgelegt (BFH X R 28/12 BStBl II 16, 81; Literatur s *Schmidt* 39. Aufl § 6 Rz 791). In diesem Verfahren hat die *FinVerw* überraschend der Klage abgeholfen, bevor die GrS eine Entscheidung treffen konnte; die entspr Verfahren sind daher bendet (Einstellungsbeschlüsse BFH GrS 1/16 BStBl II 19, 70; BFH X R 28/12 BFH/NV 19, 39). Die Verwaltungsanweisungen, in denen die Anwendung der strengen Trennungstheorie angeordnet wird, gelten aber vorerst unverändert fort, was in Widerspruch zum prozessualen Verhalten der *FinVerw* vor dem GrS steht. Die Klärung der Rechtsfrage steht daher unverändert aus; die fortdauernde Rechtsunsicherheit ist für die Praxis sehr ungünstig. Mittlerweile liegt allerdings dem IV. Senat ein entspr Verfahren vor, in dem die Vorinstanz sich für die strenge Trennungstheorie ausgesprochen hatte (FG BBg EFG 19, 1753, Rev IV R 16/19).

(3) Stellungnahme. Der Streit betrifft nicht etwa die Frage, ob in derartigen Fällen die Einheits- oder Trennungstheorie anzuwenden sei, da auch der IV. Senat das Rechtsgeschäft in einen entgeltl und einen unentgeltl Teil aufteilt (so auch *Wendt* DB 13, 834, 838; *Heuermann* DB 13, 1328). Vielmehr ist allein die **Berechnungsweise** des evtl entstehenden Gewinns str. Für die Auffassung der *FinVerw* spricht der Wortlaut des § 6 V 3 („soweit") sowie der Umstand, dass der Buchwert nur insoweit gegengerechnet werden kann, als er durch einen bestimmten Erwerbsvorgang „veranlasst" (§ 4 IV) ist (*Heuermann* DB 13, 1328). Dem IV. Senat ist allerdings zuzugeben, dass seine Berechnungsweise auch steuerl Laien leichter zu vermitteln ist als die komplexe Formel der *FinVerw*. Auch wird man das *Ergebnis* des Rechenvorgangs (insb bei Übernahme von Verbindlichkeiten oder geringfügigen Teilentgelten Vermeidung jegl Gewinnrealisierung) häufig als sachgerecht empfinden, zumal die damit eröffneten Gestaltungsmöglichkeiten nicht über dasjenige hinausgehen, was § 6 V 3 (allerdings für Fälle echter Unentgeltlichkeit) ohnehin vorsieht (zutr *Wendt* DB 13, 834, 839). Jedoch ist es mE nicht folgerichtig, zwar einerseits eine Aufteilung des Rechtsgeschäfts in einen entgeltl und unentgeltl Teil zu bejahen, andererseits aber den Buchwert ausschließl dem entgeltl Teil zuzuordnen. Ein tragfähiges Argument hierfür (mit Ausnahme des hierdurch erreichbaren Ergebnisses, das man als schonend und daher wünschenswert ansehen mag) ist nicht ersichtl (glA *Niehus/Wilke* FR 05, 1012, 1015; *Dornheim* Ubg 12, 618, 622). Zudem ist nicht erkennbar, mit welcher Begründung zw teilentgeltl Veräußerungen im PV (dazu unten (4)) und im BV differenziert werden könnte (so auch *Dötsch* jurisPR SteuerR 49/2012 Anm 2), zumal die Grundsätze zur Beurteilung teilentgeltl Geschäfte auch für die Ermittlung der AK des Erwerbers gelten müssen, der AK-Begriff aber im BV und PV derselbe ist (s Rz 35 mwN). Daher ist mE weiterhin die Berechnungsweise der *FinVerw* vorzuziehen (glA die vorläufige Würdigung in BFH X R 28/12 BStBl II 14, 629 Rz 104 ff und in BFH X R 28/12 BStBl II 16, 81; *BH/Ehmcke* § 6 Rz 1320a; *BeckOK EStG* § 6 Rz 2898).

(4) Rechtsprechung zu teilentgeltlichen Veräußerungen im Privatvermögen. Hier ist die unter (1) dargestellte Trennungstheorie mit Aufteilung des Buchwerts unbestritten (zum Veräußerungsgewinn nach § 17 mit ausführl Begründung BFH IV R 15/76 BStBl II 81, 11; zur AfA-Bemessungsgrundlage des teilentgeltl Erwerbers BFH IX R 50, 51/97 BStBl II 01, 594 unter II.1.a; zur Bemessungsgrundlage nach dem EigZulG BFH X R 95/97 HFR 01, 677 unter II.1.a; zum Veräußerungsgewinn nach § 23 BFH IX R 63/10 BStBl II 11, 873). Die neueren Entscheidungen des IV. Senats haben daran nichts geändert (glA *Stahl* BeSt 13, 3; **aA** *Demuth* EStB 12, 457, 459; BeSt 12, 33; *Strahl* FR 13, 322, 326), da sie allein Sonderkonstellationen im BV betreffen und die für das PV zuständigen Senate ihre Rspr nicht aufgegeben haben.

794   **(5) Mischentgelt.** Es handelt sich um die Sonderform eines vollentgeltl Vorgangs. Dabei besteht ein Teil des Entgelts in der Gewährung von GesRechten und ist daher ebenso wie eine unentgeltl Übertragung durch § 6 V privilegiert. Hier hat der BFH die von der *FinVerw* vertretene Berechnungsweise auch für das BV bestätigt (zur Rechtslage vor 1999 BFH VIII R 58/98 BStBl II 02, 420 unter B. I.3.b cc; ähnl zuvor bereits BFH IV R 28/97 BFH/NV 98, 836 unter II.2.b; zur Rechtslage ab 1999 obiter dictum in BFH X R 18, 19/18 BStBl II 20, 538 Rz 50; *Jäschke* GmbHR 12, 601, 603; **aA** evtl *Wendt* DB 13, 834, 839). Zur Abgrenzung Misch-/Teilentgelt in diesen Fällen s BFH X R 28/12 BStBl II 14, 629 Rz 83 ff.

797   **ff) Übertragungen gegen Gewährung oder Minderung von Gesellschaftsrechten. – (1) Buchwertfortführung.** Solche Übertragungen werden im Anwendungsbereich des S 3 den unentgeltl Übertragungen gleichgestellt, obwohl es sich dabei um entgeltl (tauschähnl) Vorgänge handelt (mE ist auch eine Übertragung gegen *Minderung* von GesRechten als entgeltl anzusehen; **aA** *Brandenberg* FR 00, 1182, 1186). Die darin liegende Einschränkung des Realisationsprinzips ist durch den Gedanken der Fortsetzung des unternehmerischen Engagements in anderer Form gerechtfertigt (BFH VIII R 58/98 BStBl II 02, 420 unter B. I.3.b aa). § 6 VI 4 ordnet ausdrückl den Vorrang des Abs 5 ggü den für Tauschvorgänge geltenden Regeln (Abs 6 S 1) an. Zur Abgrenzung zur Realteilung s § 16 Rz 520 ff. – **(2) Berührung des für die Beteiligung maßgebenden Kapitalkontos.** Dies ist Voraussetzung für die Buchwertfortführung (*Wendt* FR 02, 53, 59; weitergehend *Schulze zur Wiesche* DStZ 02, 740, 742: auch bei Erhöhung der Gewinnbeteiligungsquote ohne Berührung des KapKto). Zur Abgrenzung des KapKtos zu Darlehenskonten einerseits und gesamthänderisch gebundenen Rücklagenkonten andererseits s ausführl § 15a Rz 41 ff; *Literatur* s *Schmidt* 39. Aufl § 6 Rz 797; zur (nicht unter § 6 V fallenden) Einbringung von WG des PV s ausführl Rz 598 mwN. – **(3) Zahlung eines Barentgelts zusätzlich zur Gewährung/Minderung der Gesellschafterrechte (Mischentgelt).** Der Vorgang ist aufzuspalten in eine unter S 3 fallende Ein-/Ausbringung gegen Gewährung/Minderung von GesRechten einerseits und eine entgeltl Veräußerung andererseits (Trennungstheorie; str, s Rz 794, dort auch Zahlenbeispiel): Bei Übertragung des WG *in* die MUerschaft (Einbringung) tritt neben die anteilige Buchwertfortführung ein Gewinn iHd Differenz zw Barentgelt und dem *anteilig* auf den entgeltl Teil des Geschäfts entfallenden Buchwert (ausführl BFH VIII R 58/98 BStBl II 02, 420; *BMF* BStBl I 98, 583 unter 5.a; krit *Ley* KÖSDI 09, 16678, 16686 ff). Dies gilt spiegelbildl bei Übertragung des WG *an* den MUer (Ausbringung).

799   **d) Übertragungen zwischen Sonderbetriebsvermögen und Gesamthandsvermögen, § 6 V 3 Nr 2.** Auch hierfür gilt die Buchwertfortführung. Nr 2 erfasst (wie Nr 1) sowohl unentgeltl Übertragungen als auch solche gegen Gewährung oder Minderung von GesRechten (zu diesen Begriffen s Rz 782 ff). Verzichtet der Ges'ter auf eine zu seinem SonderBV gehörende **Forderung gegen die PersGes**, fällt dies ebenfalls unter Nr 2 (ausführl *Erhardt/Zeller* DStR 12, 1636; FG RhPf EFG 21, 87, Rev IV R 28/20 unter I.2.a; s auch § 15 Rz 550); unabhängig von der Werthaltigkeit der Forderung ist dieser Vorgang erfolgsneutral.

800   **aa) Übertragungen innerhalb derselben Mitunternehmerschaft (Nr 2 Alt 1).** Diese Vorgänge würden, obwohl sie mit einem Rechtsträgerwechsel verbunden sind, auch ohne die gesetzl Regelung keine Entnahmen/Einlagen darstellen, da das WG das steuerl BV der MUerschaft nicht verlässt (BFH IV R 11/12

Überführungen; Übertragungen 801–806 § 6

BFHE 239, 76 Rz 14; BFH IV R 18/12 BStBl II 16, 346 Rz 23; BFH IV R 11/15 BStBl II 19, 29 Rz 28; zu den Auswirkungen bei sonstigen Steuerarten s *Neumayer/Obser* EStB 10, 34). Der BFH hat eine Buchwertfortführung für die Übertragung von WG aus dem SonderBV ins GesamthandsBV auch dann zugelassen, wenn dies der Vermeidung der Zahlung eines Ausgleichsbetrags für das am Folgetag stattfindende Ausscheiden des übertragenden MUers aus der PersGes unter Mitnahme von EinzelWG dient, iErg also ein **Tauschvorgang** gegeben ist (BFH IV R 11/15 BStBl II 19, 29 Rz 39 ff). Dies entspricht zwar dem Wortlaut der hier miteinander kombinierten Buchwert-Privilegien; das Hinwegsehen über den der Kombination zugrundeliegenden „Gesamtplan" ist aber mE nicht zwingend.

bb) Übertragungen zwischen dem Sonderbetriebsvermögen bei der 801 **einen Mitunternehmerschaft und dem Gesamthandsvermögen bei einer anderen Mitunternehmerschaft (Nr 2 Alt 2).** Diese Variante kann zB dazu dienen, SonderBV, das bei einer geplanten Veräußerung oder unentgeltl Übertragung des MUanteils zurückbehalten werden soll und daher einer Begünstigung dieses Vorgangs nach § 6 III bzw §§ 16, 34 entgegen stehen würde, rechtzeitig vor der geplanten Übertragung aus dem MUanteil „herauszunehmen" (s ausführl Rz 707).

e) Übertragungen zwischen Sonderbetriebsvermögen verschiedener 803 **Mitunternehmer derselben Mitunternehmerschaft, § 6 V 3 Nr 3.** Sie bewirken ebenfalls einen Rechtsträgerwechsel und damit das Überspringen der stillen Reserven, während die Nutzung des WG (zB Überlassung an die PersGes) idR unverändert bleibt. Nach der vom IV. Senat zugrunde gelegten Systematik handelt es sich nicht um eine Entnahme (s Rz 800). Der BFH hatte Buchwertübertragungen in diesen Fällen schon vor 1999 damit gerechtfertigt, dass das WG den betriebl Funktionszusammenhang nicht verlässt und die stillen Reserven im steuerl Gesamtvermögen der MUerschaft verhaftet bleiben (BFH VIII R 21/00 BStBl II 03, 194 unter II.1.e aa). Es genügt, wenn der Empfänger des WG erstmals zeitgleich mit der Übertragung MUer wird, weil auch dann die stillen Reserven im BV verhaftet bleiben (BFH VIII R 21/00 BStBl II 03, 194 unter II.1.e aa; BFH IV R 47/06 BFH/NV 10, 181 unter II.1.a). – **Unentgeltl Übertragungen.** Hierauf beschränkt sich der Tatbestand der Nr 3 (zum Begriff s Rz 782 ff). Zu einer Gewährung/Minderung von GesRechten kann es hier nicht kommen, weil das Gesamthandsvermögen nicht berührt wird. – **KapGes.** Ist der übertragende MUer eine KapGes und der empfangende MUer deren Ges'ter oder nahestehende Person, ist die Übertragung idR eine vGA. § 8 III 2 KStG hat insoweit Vorrang ggü § 6 V 3 Nr 3 (BFH I R 7/02 BStBl II 05, 867 unter III.2.c; *Briese* GmbHR 05, 207; *Mayer* GmbHR 05, 1033). Ist der *erwerbende* MUer eine KapGes, kommt es gem § 6 V 5 zum Ansatz des TW (s Rz 835).

f) Übertragungen zwischen Schwesterpersonengesellschaften. Ob S 3 805 auch hierauf anwendbar ist, ist sehr str.

Beispiel: Ein bestimmtes WG des GesamthandsBV soll von dem beabsichtigten Verkauf der MUanteile an dritte Erwerber ausgenommen werden. Zu diesem Zweck wird es zuvor auf eine personenidentische MUerschaft übertragen, sodass es nicht mehr zum BV der MUerschaft gehört, deren Anteile veräußert werden sollen.

aa) Buchwertfortführung. Der **IV. Senat** des BFH, dessen Auslegung idR 806 den Normzweck in den Vordergrund stellt, bejaht die Buchwertfortführung im Wege verfkonformer Auslegung (BFH IV B 105/09 BStBl II 10, 971: AdV-Gewährung in einem Fall der Personen- und Beteiligungsidentität; allerdings nicht etwa Anwendung von S 3, sondern analoge Anwendung von S 1; glA FG Nds EFG 12, 2106, Rev IV R 28/12; *Wendt* FR 10, 386, 387; *Wacker* NWB 10, 2382, 2388; *Kanzler* FR 10, 761, 762; *Altendorf* GmbH-StB 10, 233, 236; *Leisner-Egensperger* DStZ 10, 900; *Siegel* FR 11, 45; *Bareis* FR 11, 153; *Bernütz/Loll* DB 13, 665; *Weber-Grellet* BB 15, 43, 49; *Kamps/Stenert* FR 15, 1058; *Danz* Das Subjektsteuerprinzip in der ESt, 2017, 189 ff). In solchen Fällen soll noch nicht einmal die Sperrfrist des S 4 anwendbar sein (*Wendt* FR 15, 231 unter 3.: teleologische Reduktion mangels Überspringen stiller Reserven). Vereinzelt wird sogar die Buchwert-Übertragung auf eine nur teilweise personenidentische PersGes zugelassen (FG Ddorf EFG 15, 551, aus anderen Gründen bestätigt durch BFH IV R 11/15 BStBl II 19, 29). Allerdings hat der IV. Senat zwischenzeitl klargestellt, dass die Buchwertübertragung wesentl Betriebsgrundlagen auf eine SchwesterGes nicht dazu genutzt werden kann, anschließend die Anteile an der SchwesterGes tarifbegünstigt zu veräußern (BFH IV R 57/11 BStBl II 15, 536, Anm *Wendt* FR 15, 525: lfd Gewinn).

807 **bb) Keine Buchwertfortführung.** Der **I. Senat** des BFH, dessen Rspr generell stark am Gesetzeswortlaut orientiert ist, **verneint** die Anwendbarkeit des S 3 (BFH I R 72/08 BStBl II 10, 471 unter II.4.c: ebenfalls personen- und beteiligungsidentische SchwesterGes; ebenso FG BaWü EFG 14, 332, aus verfahrensrechtl Gründen aufgehoben durch BFH IV R 44/13 BFH/NV 15, 209; FG BBg EFG 12, 1235, rkr; *Gosch* DStR 10, 1173, 1175; *Brandenberg* FR 10, 731 und NWB 10, 2699, 2708; *Wißborn* NWB 10, 4275; *BH/Ehmcke* § 6 Rz 1347). Gleiches gilt für die **FinVerw** (*BMF* BStBl I 11, 1279 Tz 18), die allerdings **AdV** gewährt (*BMF* BStBl I 10, 1206). – **VerfMäßigkeit dieser Rspr.** Mittlerweile hält der I. Senat dieses Ergebnis selbst für verfwidrig und hat die Rechtsfrage daher dem BVerfG vorgelegt (BFH I R 80/12 BStBl II 13, 1004, Az BVerfG 2 BvL 8/13; dazu *Oellerich* NWB 13, 3444; krit *Mitschke* FR 13, 1077). ME bestehen wegen der eher pauschalen Auseinandersetzung mit der verfrechtl Lage und der nur sehr knappen (iErg verneinenden) Ausführungen zur Möglichkeit einer verfassungskonformen Auslegung allerdings Zweifel an der Zulässigkeit dieser Vorlage (glA *Cropp* DStR 14, 1855 und NWB 14, 1656). Der BFH setzt entspr Verfahren bis zur Entscheidung des BVerfG gem § 74 FGO von der Bearbeitung aus (BFH IV R 28/12 BFH/NV 14, 535).

808 **cc) Stellungnahme.** Die einfachgesetzl Argumente des I. Senats (Gesetzeswortlaut, Gesetzgebungsverfahren) sind kaum zu widerlegen und sprechen daher gegen die Anwendung des S 3. In dem Spezialfall der Personen- *und* Beteiligungsidentität ist allerdings kein Besteuerungszweck ersichtl; hier ist daher der verfrechtl Argumentation des IV. Senats zu folgen. ME ist dies aber im Wege verfassungskonformer Auslegung mögl; der Vorlage des I. Senats an das BVerfG hätte es daher nicht bedurft.

809 **dd) Alternativgestaltungen.** S insb *Fischer/Petersen* DStR 19, 2169. – **(1) § 6b-Rücklage.** Bei § 6b-fähigen WG, die zudem die Vorbesitzzeit erfüllen, kann das WG von der abgebenden an die aufnehmende MUerschaft veräußert und für den entstehenden Buchgewinn eine § 6b-Rücklage gebildet werden. Diese kann auf die aufnehmende MUerschaft übertragen und von den dortigen AK abgezogen werden, was zur gewünschten Neutralisierung des Veräußerungsgewinns führt (BFH IV R 19/14 BStBl II 18, 575 Rz 27; *OFD Kobl* DStR 04, 314; *OFD Mster* DStR 04, 1041; *OFD Ffm* DStZ 19, 407 Rz 20; ausführl *Strahl* NWB 18, 1290). Die Veräußerung muss allerdings vollentgeltl sein, was eine sorgfältige Ermittlung des Werts des WG voraussetzt (*Fischer/Petersen* DStR 19, 2169, 2171). Nach Auffassung der *OFD Ffm* (DStR 13, 2570) und *OFD Ffm* (DStR 19, 1357) soll § 6b allerdings nicht anwendbar sein, wenn das Entgelt für die Veräußerung in der Gewährung von GesRechten liegt, weil es sich nicht um Gewährung neuer, sondern nur um eine Verschiebung bestehender GesRechte handle. ME ist dies unzutr, weil die einzelne PersGes Subjekt der Gewinnermittlung ist und aus Sicht der aufnehmenden PersGes neue GesRechte (Entgelt) gewährt werden (ähnl *Dräger/Dorn* DB 19, 2423, 2425). – **(2) Zweistufige Abwicklung.** Das WG wird zunächst gem § 6 V 3 Nr 2 Alt 1 vom GesamthandsBV der MUerschaft I in das SonderBV eines der dortigen MUer übertragen, im zweiten Schritt dann gem § 6 V 3 Nr 2 Alt 2 vom SonderBV bei der MUerschaft I in das GesamthandsBV bei der MUerschaft II (*Rödder/Schumacher* DStR 01, 1634, 1636; *Schulze zur Wiesche* DStZ 02, 740, 744; *Siegmund/Ungemach* NWB 10, 2206, 2209). Zur Vermeidung der Annahme eines Gesamtplans sollte jedoch ein hinreichender zeitl Abstand eingehalten werden (*Bogenschütz/Hierl* DStR 03, 1097, 1101; *Strahl* KÖSDI 03, 13 918, 13 927 und FR 05, 797; *Korn* KÖSDI 07, 15711, 15716). Eine Gestaltung als Realteilung (so *Ostermayer/Riedel* BB 03, 1305) scheidet hingegen mE aus, da das WG nicht „in das jeweilige BV der einzelnen MUer" übertragen wird. Auch entgeltl Übertragungen zw beteiligungsidentischen SchwesterPersGes sind nicht zum Buchwert mögl (aA *Kamps/Stenert* FR 15, 1058). –

(3) Nutzung der neuen Realteilungs-Grundsätze. S *Demuth* KÖSDI 19, 21402, 21406; *Fischer/Petersen* DStR 19, 2169. – **(4) TochterPersGes** (s *Strahl* KÖSDI 20, 21857, 21858). In einem ersten Schritt wird das WG nach § 6 V 3 Nr 1 zu Buchwerten in eine gewerbl geprägte TochterPersGes übertragen, in einem zweiten Schritt wird der Anteil an dieser TochterPersGes dann auf die MUerschaft II übertragen (nach § 24 UmwStG zu Buchwerten). Wenn es sich bei dieser MUerschaft II um eine Einmann-GmbH & Co KG handelt, löst dies keine Sperrfristverletzung nach S 4 aus (s Rz 831). – **(5) Übertragungen zw *nicht* beteiligungsidentischen Personengesellschaften.** Zu einem Lösungsvorschlag s *Cropp* DStR 14, 1855. Ein wichtiger Anwendungsfall für eine Übertragung auf eine nicht personenidentische Schwester-PersGes ist der Wechsel eines MUers von der einen FreiberuflerPersGes in eine andere unter Mitnahme eines Teils des Mandantenstamms (s dazu *HHR* § 16 Rz 542; *Wollweber* NJW 2016, 1549).

g) Rechtsfolgen von Satz 3. – **aa) Grundsätzliche Buchwertfortführung.** 813
Dies folgt aus dem Verweis des S 3 auf S 1, setzt aber voraus, dass die Besteuerung der stillen Reserven gesichert ist (zu Einzelheiten s Rz 765 f). Die AfA des Rechtsvorgängers wird ebenfalls fortgeführt; dies entspricht auch dem Gedanken der Fortsetzung des unternehmerischen Engagements. Ebenso wird die Besitzzeit iSd § 6b nicht unterbrochen (*OFD Kiel* DStR 01, 2025; *Hoffmann* GmbHR 02, 125, 130). Handelt es sich bei dem übertragenen WG um einen Anteil an einer KapGes, der unter § 20 UmwStG fällt, stellt die Buchwertübertragung mE keine Veräußerung iSd § 22 UmwStG dar, die zum rückwirkenden Ansatz eines Einbringungsgewinns führen würde. – Die Rechtsfolge des S 1 ist auch in den Fällen des S 3 **grds zwingend**; ein Wahlrecht zur Gewinnrealisierung besteht nicht (*OFD Kobl* DB 01, 839). Durch Gestaltung des Vorgangs als Veräußerung kann aber stets eine Aufdeckung der stillen Reserven erreicht werden, falls dies erwünscht ist (s *Groh* DB 03, 1403).

bb) Technische Umsetzung der Buchwertfortführung. – **(1) Bilanzansatz des übertragenen Wirtschaftsguts.** Es ist schlicht zum Buchwert ein- und 814
auszubuchen. – **(2) Passivseite.** Bei Vorgängen in einem EinzelBV oder SonderBV ist das KapKto entspr zu erhöhen bzw zu mindern. – **(3) Gesamthandsbilanz.** Die KapKten sind anzupassen, weil diese auch nach der Buchwertübertragung die zutr Beteiligungsquoten widerspiegeln sollen (s auch *Schmidt* 39. Aufl § 6 Rz 780; dazu sehr ausführl und mit Zahlenbeispielen *Ley* DStR 01, 1997, 2006 ff und [etwas modifiziert] *Ley* StbJb 03/04, 135, 157 ff; *Neu/Stamm* DStR 05, 141; für KapKtoAnpassung auch *BMF* BStBl I 06, 228 unter VII., betr Realteilung).

(4) Ergänzungsbilanzen. – **(a) Teilwertansatz.** In der Gesamthandsbilanz 815
kann wahlweise auch der TW des WG ausgewiesen werden. Die steuerl zwingende Buchwertfortführung ist dann durch negative Ergänzungsbilanzen sicherzustellen (ausführl dazu § 15 Rz 460 ff; *Groh* DB 03, 1403). Dies vermeidet zugleich die in S 4 vorgesehene rückwirkende Nachversteuerung im Falle einer späteren Veräußerung/Entnahme (s Rz 830); allerdings ist im Zeitpunkt des Ausscheidens des WG der zugeordnete Passivposten in der negativen Ergänzungsbilanz auszubuchen, was zu einem entspr Gewinn des MUers führt. Die Ergänzungsbilanzen enthalten Wertkorrekturen zu den Ansätzen der einzelnen WG der Gesamthandsbilanz und sind deshalb korrespondierend zu diesen fortzuentwickeln (zu § 24 UmwStG BFH VIII R 17/95 BFH/NV 00, 34; BFH VIII R 52/04 BStBl II 06, 847 unter II. B.3.b).

**(b) Zulassung von Ergänzungsbilanzen auch bei Übertragungen *vom* Gesamt- 816
handsvermögen in Einzel- oder Sonderbetriebsvermögen.** Dies wird teilweise vertreten (*Hoffmann* GmbHR 02, 125, 132; *Paus* FR 03, 59, 61), wäre mit dem bisherigen Verständnis dieser Hilfsbilanz (Korrekturen zur *Gesamthandsbilanz*) aber nicht vereinbar (für Bildung von Ausgleichsposten daher *HHR* § 6 Rz 1681; ähnl *Rödder/Schumacher* DStR 01, 1634, 1637; *Ley* StbJb 03/04, 135, 155). Auch dem Wortlaut des S 4 kann nicht entnommen werden, dass Ergänzungsbilanzen bei *sämtl* in S 3 genannten Übertragungsvorgängen zulässig sein sollen („die stillen Reserven sind durch Erstellung einer Ergänzungsbilanz *dem übertragenden Ges'ter* zugeordnet worden"); bei einer Übertragung aus dem Gesamthands-BV ist Übertragender aber

nicht „der Ges'ter"). ME ist eine gezielte Zuordnung der stillen Reserven hier daher nicht mögl (glA *BH/Ehmcke* § 6 Rz 1356). Gleiches gilt für unentgeltl Übertragungen zw den SonderBV verschiedener MUer nach § 6 V 3 Nr 3 (für Zulässigkeit von Ergänzungsbilanzen, sofern ein Bruchteil des WG beim Übertragenden bleibt, allerdings *Wendt* FR 02, 53, 63). – **(c) Gewinnermittlung nach § 4 III.** Eine Ergänzungsbilanz kommt hier nicht in Betracht. Die Rspr hat allerdings für die AfA der Mehrwerte beim Erwerb eines MUeranteils eine „Ergänzungsrechnung" zugelassen (BFH VIII R 13/07 BStBl II 09, 993). Auf § 6 V ist dies mE nicht übertragbar (**aA** *Wendt* FR 02, 53, 61; *Ley* StbJb 03/04, 135, 156), weil dafür hier (anders als beim Erwerb eines MUeranteils) kein zwingendes rechentechnisches Bedürfnis besteht. Bei Überschussrechnern kommt es daher in den Fällen des S 4 stets zum TW-Ansatz (Alternative: rechtzeitiger Wechsel zur Bilanzierung).

818   **h) Verhältnis von S 3 zu anderen Vorschriften. – (1) Unentgeltliche Betriebsübertragung, § 6 III.** Diese Vorschrift ist in ihrem Anwendungsbereich (Übertragung von Betrieben, Teilbetrieben oder MUeranteilen, nicht hingegen Übertragung einzelner WG wie bei S 3) vorrangig (glA *BMF* BStBl I 11, 1279 Tz 12). Werden einzelne WG des SonderBV iRe MUeranteils übertragen, gilt ebenfalls Abs 3, nicht Abs 5 (zum Vorrang des § 6 III bei überquotaler Übertragung von SonderBV s Rz 739; zur Anwendung des Abs 3 bei vorheriger/gleichzeitiger auf Abs 5 gestützter Buchwertüberführung von wesentl Betriebsgrundlagen des SonderBV s Rz 707). Die Buchwertüberführung wesentl Betriebsgrundlagen kann mit der unentgeltl Übertragung des Restbetriebs kombiniert werden (Rz 707), schließt aber die Begünstigung einer iRe Gesamtplans anschließenden Anteilsveräußerung (**§§ 16, 34**) aus (s § 16 Rz 410). – **(2) Unentgeltliche betriebsbedingte Übertragung einzelner WG, § 6 IV.** Hier hat Abs 5 Vorrang. Bei unentgeltl Übertragung zw einem MUer und seiner MUerschaft sowie zw verschiedenen MUern derselben MUerschaft ist daher nicht zw privaten und betriebl Motiven zu unterscheiden, denn Abs 5 ist nicht auf außerbetriebl veranlasste Vorgänge beschränkt (glA *Brandenberg* FR 00, 1182, 1187; *Wendt* FR 02, 53, 63 f; **aA** *van Lishaut* DB 00, 1784, 1785; *BH/Ehmcke* § 6 Rz 1261). – **(3) Überführung ohne Rechtsträgerwechsel, § 6 V 2.** S 3 kann neben § 6 V 2 anwendbar sein, wenn WG sowohl zw EinzelBV und GesamthandsBV als auch zw EinzelBV und SonderBV übertragen werden. – **(4) Tausch und verdeckte Einlage, § 6 VI.** Diese Vorschriften sind ggü S 3 ausdrückl nachrangig (§ 6 VI 4; s Rz 838). – **(5) Anteilsübertragung bei Körperschaften.** § 8b KStG tritt mE hinter S 3 zurück. Daher ist ausschließl S 3 anzuwenden, wenn eine KapGes Anteile an einer anderen KapGes in eine MUerschaft einbringt. Soweit sich allerdings wirtschaftl die Beteiligung einer anderen Körperschaft an dem eingebrachten WG erhöht und daher gem § 6 V 5 grds der TW anzusetzen wäre, kann der entstehende Gewinn nach § 8b II 1, 6 KStG unter dem Gesichtspunkt einer verdeckten Einlage stfrei sein. – **(6) Einbringung strukturierter Einheiten in Personengesellschaft, § 24 UmwStG.** Diese Norm ist ggü S 3 vorrangig (*BMF* BStBl I 11, 1279 Tz 12; s § 16 Rz 413; *Ley* KÖSDI 10, 16814). Sie betrifft allerdings nur die Einbringung von Betrieben, Teilbetrieben und MUeranteilen (dh nicht einzelner WG) und setzt voraus, dass der Einbringende MUer wird. Die hM wendet sie aber auch auf Fälle an, in denen ein Dritter der MUerschaft gegen Leistung einer Einlage (bei der es sich auch um ein WG iSd S 3 handeln kann) beitritt, und die AltGes'ter dann ihre MUeranteile in die „neue" MUerschaft gem § 24 UmwStG einbringen (näher § 16 Rz 511). In diesen Fällen kommen dann sowohl beim NeuGes'ter als auch bei den AltGes'tern Ergänzungsbilanzen in Betracht. § 24 UmwStG kennt im Gegensatz zu § 6 V 4–6 weder eine Haltefrist noch eine KöKlausel. Stellt sich nachträgl heraus, dass die Voraussetzungen des § 24 UmwStG nicht erfüllt waren (zB weil kein Teilbetrieb vorlag), kann der Vorgang ggf nach § 6 V 3 zum Buchwert abgewickelt werden (*Graf Kerssenbrock/Rundshagen* BB 04, 2490, 2496). Zur Konkurrenz zw § 24 UmwStG und § 6 V bei Einbringung einer 100 %-Beteiligung an einer KapGes s *Reiser/Schierle* DStR 13, 113. Insgesamt bilden § 6 V 3, § 16 III 2 (Realteilung) und § 24 UmwStG ein Potpourri von Individualprivilegierungen, die nicht aufeinander abgestimmt sind (zutr *Jacobsen/Thörmer* DStR 17, 632; *Riedel* Ubg 18, 148).

4. Teilwertansatz bei Veräußerung oder Entnahme des Wirtschaftsguts innerhalb einer dreijährigen Sperrfrist, § 6 V 4. Ausführl *Schmudlach* NWB 15, 3382. – **a) Überblick.** Wird ein zuvor nach § 6 V 3 zum Buchwert übertragenes WG innerhalb einer Sperrfrist (drei Jahre nach Abgabe der StErklärung; s Rz 826) durch den neuen Rechtsträger veräußert oder entnommen, wird die Buchwertübertragung rückgängig gemacht. Statt dessen ist für die Übertragung rückwirkend der TW anzusetzen (s Rz 827). – **Unschädl Vorgänge.** Fällt die Weiterübertragung des WG erneut unter S 3, stellt dies keine schädl Veräußerung dar. Vielmehr beginnt für diese Übertragung eine neue Sperrfrist zu laufen; nach Auffassung der *FinVerw* wird die alte Sperrfrist hierdurch abgelöst (*BMF* BStBl I 11, 1279 Tz 23; mE nicht zwingend). Wird nicht das WG veräußert, sondern **veräußert ein Ges'ter seine Beteiligung an der MUerschaft**, ist S 4 nicht anwendbar (BFH IV R 36/18 DStR 21, 2575 Rz 50; *Wendt* FR 15, 231; allerdings ggf Übergang von Anteilen auf KStSubjekte nach S 6). Die *FinVerw* will S 4 auch auf Einbringungen und Formwechsel nach §§ 20, 24, 25 UmwStG anwenden, unabhängig davon, ob der Buchwert oder ein höherer Wert angesetzt wird (*BMF* BStBl I 11, 1279 Tz 33; ebenso für **Option nach § 1a KStG** *BMF* BStBl I 21, 2212 Rz 45). Systematisch ist zutr, da Einbringungen entgeltl Vorgänge sind. Bei Buchwertfortführung nach § 24 UmwStG (und in den entspr Fällen des § 1a KStG) sollte die *FinVerw* angesichts des Zwecks dieser Norm jedoch eine Billigkeitsregelung erwägen (glA *Goebel/Ungemach/Reifarth* DStZ 11, 561; *Schmudlach* NWB 15, 3382, 3386; für teleologische Reduktion *Crezelius* FR 11, 401, 408). – **Zweck der Regelung** ist der Ausschluss der Begünstigung in solchen Fällen, in denen die frühere Übertragung nicht der Umstrukturierung unter Erhaltung der Betriebsstruktur, sondern der Vorbereitung und steuerl günstigen Gestaltung einer Veräußerung oder Entnahme diente (*Brandenberg* DStZ 02, 551, 555). S 4 wirkt insoweit wie eine unwiderlegl Vermutung.

b) Beginn und Dauer der Sperrfrist. Die Sperrfrist beträgt drei Jahre. Sie beginnt allerdings erst zu laufen, wenn der Übertragende seine **StErklärung für den VZ der Übertragung** abgibt (bei LuF genügt die StErklärung für den *ersten* VZ, in den das Wj der Übertragung fällt; s zutr *Wendt* FR 02, 53, 60). § 16 III 3 enthält für die Realteilung eine vergleichbare Sperrfrist. Gibt der Übertragende keine StErklärung ab, läuft die Sperrfrist nach dem Gesetzeswortlaut niemals ab. Die *FinVerw* begrenzt die Sperrfrist in diesen Fällen jedoch auf sechs Jahre (*BMF* BStBl I 11, 1279 Tz 22; mE nicht zwingend).

c) Rechtsfolge. – aa) Herkunftsbetriebsvermögen. Es kommt zum **rückwirkenden Ansatz des TW** (nicht etwa Gewinnerhöhung erst im VZ der Sperrfristverletzung, s BFH IV R 11/15 BStBl II 19, 29 Rz 40). Die frühere (Buchwert-)Übertragung ist dann als Veräußerung anzusehen, sofern GesRechte gewährt wurden. War die frühere Übertragung hingegen unentgeltl, wird sie als Entnahme behandelt. § 6b ist bei Übertragungen gegen Gewährung von GesRechten rückwirkend anwendbar, nicht aber bei unentgeltl Übertragungen (s § 6b Rz 32 mwN; *OFD Ffm* BB 08, 1784). – Teilweise wird vertreten, der TW-Ansatz beschränke sich auf denjenigen Anteil des WG, der bei der früheren Übertragung nach S 3 wirtschaftl auf einen anderen Rechtsträger übergegangen ist (so *Rödder/Schumacher* DStR 01, 1634, 1637; *Wehrheim/Nickel* BB 06, 1361, 1365). ME wäre dies eine Nachwirkung der früheren Bilanzbündeltheorie, die sich weder aus dem Wortlaut noch dem Zweck des S 4 ableiten lässt (so iErg auch *BMF* BStBl I 11, 1279 Tz 25).

bb) Empfänger. Hier führt der TW-Ansatz (zur Wertidentität beim Übertragenden und Empfänger *Freikamp* BB 01, 2618, 2620) rückwirkend zu höherer AfA für seine Besitzdauer und zugleich zu einem geringeren Buchgewinn aus der schädl Veräußerung/Entnahme. Weil eine spätere Veräußerung/Entnahme des WG damit für den Empfänger der zuvor beim Übertragenden begünstigten Übertragung steuerl vorteilhaft, für den Übertragenden aber nachteilig ist, sind vertragl Regelungen zu empfehlen, die bei Vornahme derartiger Verfügungen Ausgleichszahlungen vorsehen (ebenso *Wendt* FR 02, 53, 65).

829 **cc) Verfahrensrecht.** Die Bescheide für den VZ der Übertragung und die Folgejahre sind nach § 175 I 1 Nr 2 AO zu ändern (sowohl beim Übertragenden als auch beim Empfänger).

830 **dd) Ausnahmen vom Teilwertansatz. – (1) Zuordnung der stillen Reserven durch Ergänzungsbilanz.** Sind dem übertragenden MUer im Zeitpunkt der ersten Übertragung die bis dahin entstandenen stillen Reserven durch eine Ergänzungsbilanz zugeordnet worden (s Rz 815) und wird das übertragene WG später durch den Übernehmer veräußert oder entnommen, richten sich die **Rechtsfolgen** nicht nach S 4, sondern nach den allg Regelungen: Im VZ der früheren Übertragung bleibt es daher beim Buchwertansatz; es kommt nicht zu dem in S 4 vorgesehenen rückwirkenden Ansatz des TW. Stattdessen ist die negative Ergänzungsbilanz im VZ der späteren Veräußerung/Entnahme des WG aufzulösen, was in diesem Zeitpunkt zu einem entspr Gewinn beim einbringenden Ges'ter führt. – Ob diese Regelung zugleich bedeutet, dass eine solche Zuordnung stiller Reserven in allen Fällen des S 3 mögl ist, ist str (s Rz 816). Die Ergänzungsbilanz kann mE auch nachträgl erstellt werden (zB im Laufe einer Bp), weil § 4 II hier nicht einschlägig ist (so *Karrenbrock/Laschewski* DStR 19, 1391).

831 **(2) Einmann-GmbH & Co KG.** Nach mittlerweile gefestigter Rspr führt bei einer Einmann-KG die Weiterübertragung des zum Buchwert ein- oder ausgebrachten WG innerhalb der Sperrfrist auch dann nicht zur Anwendung des S 4 (dh kein TW-Ansatz), wenn keine Ergänzungsbilanz aufgestellt wurde, sofern die 100%-Beteiligung an der KG seit der unter § 6 V 3 fallenden Buchwert-Übertragung bis zur Weiterübertragung des WG durchgängig bestanden hat (für Einbringung aus EinzelBV in GesamthandsBV BFH I R 44/12 BStBl II 15, 450; für Übertragung aus SonderBV ins GesamthandsBV BFH IV R 31/12 BStBl II 15, 463; für Übertragung von der PersGes auf den Ges'ter *Wendt* FR 15, 231 unter 3.). Die Rspr nimmt eine teleologische Reduktion des S 4 vor, weil stille Reserven nicht auf eine andere Person übergehen (zur Kritik s *Schmidt* 34. Aufl § 6 Rz 720).

832 **(3) Anwendung auch bei Übertragungen innerhalb einer Mitunternehmerschaft.** Zwar hält der IV. Senat § 6 V 3 EStG in seiner neueren Rspr insoweit für deklaratorisch, als das WG trotz der Übertragung das BV der MUerschaft nicht verlässt (zB Übertragung vom SonderBV ins GesamthandsBV oder umgekehrt), weil es dann an einer Entnahme fehle (BFH IV R 11/12 BFHE 239, 76 Rz 14; krit *Wacker* HFR 14, 120). Gleichwohl ist S 4 wegen des vollzogenen Rechtsträgerwechsels auch in diesen Fällen anzuwenden (BFH IV R 31/12 BStBl II 15, 463 Rz 31).

835 **5. Teilwertansatz bei Übertragung des Wirtschaftsguts auf Körperschaften, § 6 V 5, 6.** Ausführl *Schulze* StStud 16, 278. – **a) Überblick.** Bewirkt der unter S 3 fallende Übertragungsvorgang, dass an dem WG ein Anteil einer Körperschaft, Personenvereinigung oder Vermögensmasse (KSt-Subjekt iSd § 1 KStG) begründet wird oder sich ein bereits vorhandener Anteil erhöht (s Rz 836), ist *insoweit* ebenfalls der TW anzusetzen (§ 6 V 5; zu den Rechtsfolgen s Rz 838). Dies gilt auch, wenn der Anteil einer Körperschaft innerhalb von sieben Jahren nach der Übertragung begründet wird oder sich erhöht (§ 6 V 6; s Rz 840). – **Zweck dieser Regelungen.** Es soll verhindert werden, dass stille Reserven unversteuert vom EStRegime in das KStRegime wechseln (BFH IV R 36/18 DStR 21, 2575 Rz 21). Denn sonst könnten die stneutral auf Körperschaften (insb KapGes) übertragenen stillen Reserven, anschließend von diesen nach § 8b KStG stfrei realisiert und dann nach § 3 Nr 40 teilweise stfrei an die Ges'ter ausgeschüttet werden.

Überführungen; Übertragungen 836, 838 § 6

b) Begründung oder Erhöhung des Anteils einer Körperschaft. „Anteil" 836 bedeutet hier die unmittelbare oder mittelbare vermögensmäßige Beteiligung eines KStSubjekts an dem nach S 3 übertragenen WG und damit an den darin gespeicherten stillen Reserven (BFH IV R 36/18 DStR 21, 2575 Rz 20). Erfasst sind sowohl unmittelbare Beteiligungen der Körperschaft an der vom Übertragungsvorgang betroffenen MUerschaft (die Körperschaft ist selbst MUerin) als auch **mittelbare Beteiligungen** (die Körperschaft ist über eine weitere MUerschaft an derjenigen MUerschaft beteiligt, die vom Übertragungsvorgang betroffen ist; *v Lishaut* DB 00, 1784, 1787). Eine mittelbare Beteiligung über eine andere *Körperschaft* reicht hingegen nicht aus (zutr *OFD Ffm* DStR 04, 1086 unter 2.2; *OFD Ddorf* DStR 05, 153 unter I.3.). S 5 erfasst auch eine Übertragung vom GesamthandsBV in das Einzel- oder SonderBV einer als MUer beteiligten Körperschaft (*OFD Ddorf* DStR 05, 153 unter II.). – Es kommt nicht darauf an, ob der Einbringende zugleich an der Körperschaft beteiligt ist, die durch das Übergehen stiller Reserven begünstigt wird. Daher ist S 5 nicht wegen der Existenz der Regelungen über die **verdeckte Einlage** entbehrl (so aber *Reiß* BB 00, 1965, 1970 und *ders* BB 01, 1225, 1229), da diese nur bei einer Beteiligung derselben Person sowohl an dem WG als auch an der begünstigten Körperschaft anwendbar wären. – **Ausnahmen.** S 5 ist nicht anwendbar, soweit das WG dem KStSubjekt vor und nach der Übertragung vermögensmäßig unverändert zusteht (BFH IV R 36/18 DStR 21, 2575 Rz 22). Dies betrifft zB die Übertragung eines WG durch eine KapGes auf eine MUerschaft, an deren Vermögen die KapGes bereits **zu 100 %** beteiligt ist (*BMF* BStBl I 11, 1279 Tz 29; Umwandlung von Allein- in Gesamthandseigentum). Gleiches gilt auch in anderen Fällen, soweit die Beteiligungsquoten der Körperschaft am übertragenden und übernehmenden Rechtsträger sich decken (*FM Saarl* DStR 03, 1120; *OFD Ffm* DStR 04, 1086; *OFD Ddorf* DStR 05, 153; bloße Änderung der Beteiligungskette ohne Änderung des vermögensmäßigen Anteils am WG). Ist umgekehrt eine (Komplementär-)GmbH **nicht am Vermögen der aufnehmenden KG beteiligt,** ist S 5 ebenfalls nicht anwendbar (BFH IV R 36/18 DStR 21, 2575 Rz 23; *BMF* BStBl I 11, 1279 Tz 29). Die Regelung ist ihrem Wortlaut nach („Anteil *einer* Körperschaft") aber auch dann anwendbar, wenn **an der aufnehmenden MUerschaft ausschließl Körperschaften beteiligt** sind oder wenn der Anteil am WG bei wirtschaftl Betrachtung von der einen auf eine andere Körperschaft übergeht, auch wenn es hier nur zu einer Verschiebung von stillen Reserven *zw* Körperschaften, nicht aber *auf* Körperschaften kommen kann (zutr *BMF* BStBl I 11, 1279 Tz 31; aA *Rödder/Schumacher* DStR 01, 1634, 1637, die insoweit die Rechtfertigung der Regelung verneinen; gegen eine Anwendung von S 5 spricht aber wohl die zu S 6 ergangene Entscheidung BFH IV R 36/18 DStR 21, 2575 Rz 51).

c) Rechtsfolgen. Sowohl im HerkunftsBV als auch bei der Körperschaft ist der 838 TW des WG anzusetzen, sodass es zur Gewinnrealisierung und zum Entstehen von AK kommt (näher s Rz 827). Im Gegensatz zu S 4 ordnet S 5 aber den **TW-Ansatz nur anteilig** an, soweit der Anteil der Körperschaft begründet wird oder sich erhöht (*Brandenberg* FR 00, 1182, 1187 und *ders* DStR 02, 551, 559; *Hoffmann* GmbHR 02, 125, 133). Soweit also natürl Personen an dem WG beteiligt sind oder schon zuvor eine Beteiligung der Körperschaft bestand, bleibt es daher gem S 3 bei der Buchwertübertragung. – S 5 hat **Vorrang ggü den Regelungen über die verdeckte Einlage** (so ausdrückl § 6 VI 4). Um einen zutr Beteiligungsansatz zu gewährleisten, erhöhen sich in Fällen, in denen der einbringende MUer zugleich an der KapGes beteiligt ist, die durch das Übergehen stiller Reserven begünstigt wird, mE aber gleichwohl die AK der KapGesBeteiligung (dh Rechtsfolge des § 6 VI 2). – Die Zuordnung stiller Reserven durch **Ergänzungsbilanzen** schließt die Rechtsfolge des S 5 nicht aus, da S 5 diese Möglichkeit im Gegensatz zu S 4 nicht erwähnt (zutr *BMF* BStBl I 11, 1279 Tz 28; *Wendt* FR 02, 53, 565;

Kulosa 629

aA *Kloster/Kloser* GmbHR 02, 717, 730; *Groh* DB 03, 1403, 1407; zweifelnd auch *v Lishaut* DB 00, 1784, 1787).

840 **d) Nachträgliche Begründung oder Erhöhung des Anteils einer Körperschaft, § 6 V 6.** Ausführl *Cordes/Löckener* FR 21, 621.– **aa) Norminhalt.** In den Fällen des S 3 ist der TW rückwirkend auf den Zeitpunkt der Übertragung des WG anzusetzen, *soweit* der Anteil einer Körperschaft an dem WG innerhalb von sieben Jahren nach der Übertragung „aus einem anderen Grund" (erfasst sind alle Gründe, die nicht bereits unter § 5 fallen, also erst nach der von S 3 erfassten Übertragung des WG eintreten, s BFH IV R 36/18 DStR 21, 2575 Rz 27) begründet wird oder sich erhöht. – **Missbrauchsabsicht** ist nach dem gesetzl Tatbestand nicht erforderl (BFH IV R 36/18 DStR 21, 2575 Rz 32, 41), was bei tatsächl vorliegender Missbrauchsabsicht im Einzelfall evtl die Anwendung des § 42 II AO über die gesetzl geregelten Sperrfristverletzungen hinaus eröffnen könnte (*Strahl* NWB 21, 3234). – Die Regelung des S 6 zwingt StPfl und *FinVerw* zur langfristigen Überwachung aller Fälle, in denen in der Vergangenheit S 3 angewendet wurde, und trägt damit erhebl zur **Verkomplizierung** des EStRechts bei.

841 **bb) Typische Anwendungsfälle des S 6.** Erfasst sind zB der spätere Beitritt einer Körperschaft zu der übertragenden oder aufnehmenden MUerschaft oder die spätere Erhöhung der Beteiligungsquote einer Körperschaft daran. Gleiches gilt für **Einbringungen oder Formwechsel in Kapitalgesellschaften** (§§ 20, 25 UmwStG, ebenso Option nach § 1a KStG, s *BMF* BStBl I 21, 2212 Rz 45) auf allen Ebenen (zutr *BMF* BStBl I 11, 1279 Rz 34). Der BFH hat dies bereits entschieden für den Formwechsel der das WG übertragenden MUerschaft (BFH IV R 36/18 DStR 21, 2575 Rz 55) und den Formwechsel eines MUers der einbringenden MUerSchaft (OberPersGes) in eine Körperschaft (zutr BFH IV R 36/18 DStR 21, 2575 Rz 26 ff: jedenfalls dann kein Vorrang des § 22 UmwStG, wenn an der OberPersGes auch natürl Personen beteiligt sind). – **Nicht anzuwenden** ist S 6 im Wege **teleologischer Reduktion** allerdings, wenn stille Reserven lediglich von der einen auf eine andere Körperschaft übergehen (BFH IV R 36/18 DStR 21, 2575 Rz 51: Verkauf eines Anteils an der zuvor nach S 3 übertragenden MUerschaft von einer GmbH an eine andere GmbH; BFH IV R 36/18 DStR 21, 2575 Rz 56, 65: Formwechsel einer OberPersGes in eine KapGes, *soweit* an der OberPersGes bereits im Zeitpunkt der unter S 3 fallenden Übertragung eine KapGes beteiligt war). – **Vollentgeltl Übertragung auf Körperschaft.** Legt man die Ausführungen in BFH IV R 36/18 DStR 21, 2575 zugrunde (in BFH IV R 36/18 Rz 52 wurde diese Frage zwar ausdrückl offengelassen, aber ansonsten im Bereich des S 6 eine teleologische Reduktion vorgenommen), dürfte S 6 auch nicht anzuwenden sein, wenn ein MUeranteil vollentgeltl auf eine Körperschaft übertragen wird, weil es dann nicht zum Übergang stiller Reserven in das KStRegime kommt (glA FG Mchn EFG 20, 522 Rz 40 ff, Rev XI R 20/19; FG Mster EFG 20, 1503, Rev XI R 43/20; *Weiss* NWB 20, 2942; *Weiss/Brühl* DB 20, 914; *Leidel/Rosenfelder* BB 20, 1517; *Broemel* DStR 20, 1407; *Berger/Tetzlaff* NWB 20, 2315; *Hoheisel* StuB 20, 657; **aA** *Cloer/Weidenfeller* DStRK 20, 143).

XII. Bewertung bei Tausch und verdeckter Einlage, § 6 VI

851 **1. Tausch, § 6 VI 1. – a) Überblick.** Die AK eines WG, das im Tausch gegen die Hingabe eines anderen WG erworben wird, bemessen sich gem § 6 VI 1 nach dem gemeinen Wert des hingegebenen WG. Dies galt auch schon vor der ausdrückl gesetzl Regelung (BFH IV R 54/16 BFHE 266, 250 Rz 47). Der Tausch ist daher **estl gewinnrealisierend** (zu Ausnahmen s Rz 854); maßgebender Zeitpunkt ist die Lieferung des bisher eigenen WG (BFH VIII R 53/81 BStBl II 83, 303 unter 1.a aa). **Handelsrechtl** besteht hingegen ein Wahlrecht, das eingetauschte WG mit dem Buchwert des hingegebenen anzusetzen (*BeBiKo* § 255 Rz 40; teilweise krit und diff *Lüdenbach/Freiberg* DB 12, 2701). Zum Begriff des **gemeinen Werts**

s Rz 235 (Einzelveräußerungspreis). – Erhält der StPfl neben dem erworbenen WG noch eine **Zuzahlung,** sind als AK des erworbenen WG der gemeine Wert des hingegebenen WG abzügl der erhaltenen Zuzahlung anzusetzen (BFH VIII R 28/04 BStBl II 07, 699 unter II.2.d). Leistet umgekehrt der StPfl eine Zuzahlung, sind AK des erworbenen WG die Summe aus dem gemeinen Wert des hingegebenen WG und der Zuzahlung (zu den Problemen, die sich bei Wertungleichheit von Leistung und Gegenleistung stellen, s *Lüdenbach/Freiberg* DB 12, 2701, 2704).

b) Anwendungsbereich. § 6 VI 1 ist auf **Vorgänge des BV** beschränkt. Wird eine wesentl Beteiligung des *PV* (§ 17) im Tausch gegen ein anderes WG hingegeben, kommt es allerdings ebenfalls zur Gewinnrealisierung. Maßgebend ist jedoch nicht (wie in § 6 VI 1) der gemeine Wert des hingegebenen WG, sondern der des erhaltenen WG (s § 17 Rz 142 mwN; BFH IX B 204/08 BFH/NV 09, 1262 unter II.2.b aa, wo dieses Ergebnis allerdings – insoweit mE unzutr – aus § 6 VI „als Gewinnermittlungsvorschrift eigener Art" abgeleitet wird; zutr abw Begründung bei *Heuermann* HFR 09, 125: keine Regelungslücke bei § 17, da § 9 BewG zum selben Ergebnis führt). Gleiches gilt für WG iSd § 23 (BFH IX R 36/09 BStBl II 10, 792 unter II.1.b) und § 20 (zu bestimmten Kapitalmaßnahmen s § 20 IVa). – **Ggü Abs 6 spezielleren Regelungen** sind zum einen in Abs 5 enthalten (Übertragungen bei MUerschaften; ausdrückl Vorrang gem § 6 VI 4; s Rz 838). Vorrangig sind auch die Vorschriften des **UmwStG.** Diese erfassen tatbestandl ebenfalls zahlreiche Tauschvorgänge, ermöglichen aber idR eine Buchwertfortführung (insb § 21 UmwStG für den Tauschvorgang der Einbringung von Anteilen an einer KapGes in eine andere KapGes gegen Gewährung neuer Anteile).

c) Ausnahmen von der Gewinnrealisierung. Bei den in **§ 6b** genannten WG (hauptsächl GuB, Gebäude, Anteile an KapGes) können die stillen Reserven auf das eingetauschte WG übertragen werden. Der Gewinn aus der Hingabe eines **Anteils an einer KapGes** im Wege des Tausches durch eine Körperschaft ist gem § 8b II KStG stfrei gestellt. – Im **Umlegungsverfahren** nach §§ 45 ff BauGB oder dem FlurbereinigungsG unterbleibt eine Gewinnrealisierung, soweit das hingegebene Grundstück mit dem erhaltenen wertgleich und wirtschaftl identisch ist (so zur Rechtslage vor Anfügung des § 6 VI BFH IV R 1/84 BStBl II 86, 711: Flurbereinigung; BFH IV R 19/13 BFH/NV 16, 1702 Rz 26: Umlegung). Dies gilt auch für den freiwilligen Landtausch nach § 103a ff FlurbG im zeitl Anwendungsbereich des § 6 VI (zutr BFH VI R 25/17 BStBl II 21, 425; BFH VI R 9/17 BFH/NV 20, 191; s auch § 5 Rz 635 mwN). – Zu **Sachwertdarlehen** (insb **Wertpapierleihe**) s § 5 Rz 270 „Wertpapierleihe", 703. – Wird der Gewinn aus einem Grundstückstausch erklärt und das eingetauschte Grundstück später entnommen, ist bei Gewinnermittlung nach § 4 III der Entnahmegewinn gleichwohl in der Weise zu ermitteln, dass dem Entnahmewert die Anschaffungskosten des entnommenen Grundstücks (dh der gemeine Wert des hingegebenen Grundstücks im Zeitpunkt des Tausches) gegenübergestellt werden (BFH VI R 68/15 BStBl II 19, 128 Rz 19 ff).

d) Offene Sacheinlage in Kapitalgesellschaft als Spezialfall des Tausches. Eine Sacheinlage anlässl der Gründung oder formellen Kapitalerhöhung einer KapGes, deren Anteile sich im BV befinden, fällt als Tauschvorgang unter S 1; § 6 I Nr 5 ist nicht anwendbar (BFH I R 6/01 BFH/NV 03, 88; **aA** *Schmidt/Hageböke* DStR 03, 1813; *Boorberg/Boorberg* DB 07, 1777, 1783). Dies gilt auch insoweit, als derjenige Teil des Wertes der Sacheinlage, der den Nennwert der neuen Anteile übersteigt, bilanziell der Kapitalrücklage zugeführt wird (BFH I R 35/05 BStBl II 08, 253). Stammt das Einlagegut aus dem PV und gehört die Beteiligung zum BV, kann das Einlagegut als kurzfristig in das BV eingelegt gelten (s auch Rz 864); gleichwohl sind die Begrenzungen des Einlagewerts nach § 6 I Nr 5 S 1 HS 2 (s Rz 611 ff) nicht zu beachten (zutr *Groh* FR 90, 528, 529). – **Gegenstand**

einer offenen Einlage können materielle und immaterielle WG sein, nicht aber Nutzungen. Für Nutzungsrechte mit fester Mindestlaufzeit wird zivilrechtl die Einlagefähigkeit bejaht (BGH II ZR 121/02 DStR 04, 1662; *Thiel* DStJG 14, 161, 179). Wird eine nicht voll werthaltige Forderung gegen die KapGes in EK umgewandelt, sind die neuen Anteile gem § 6 VI 1 nur iHd gemeinen Werts der Forderung einzubuchen; soweit der Buchwert der Forderung höher war, ist er (vorbehaltl § 8b III 4 KStG) gewinnmindernd auszubuchen (BFH I R 36/15 BFH/NV 18, 58; s auch *Stalbold* EFG 16, 298). – *Verdeckte* Einlagen fallen hingegen unter S 2, aber ebenfalls die Gewinnrealisierung anordnet (s Rz 861 ff). – Die **Einlage in eine MUerschaft** gegen Gewährung von GesRechten stellt ebenfalls einen Tauschvorgang dar und fällt nicht unter § 6 I Nr 5 (s Rz 598).

861 **2. Verdeckte Einlage in Kapitalgesellschaft, § 6 VI 2.** Auch die verdeckte Einlage eines einzelnen WG des BV in eine KapGes ist gewinnrealisierend. – **a) Voraussetzungen. – aa) Begriff der verdeckten Einlage.** Es handelt sich um die Zuwendung eines einlagefähigen Vermögensvorteils an eine KapGes durch deren Ges'ter (oder eine dem Ges'ter nahestehende Person), für die der Ges'ter keine neuen Anteile erhält und die ihre Ursache im GesVerhältnis hat, dh die ein NichtGes'ter nicht vorgenommen hätte (BFH X R 22/02 BStBl II 06, 457 unter II.2.a). Die Voraussetzungen entsprechen weitgehend spiegelbildl denen der vGA. Es genügt, wenn der Zuwendende erst kurzfristig nach der Vorteilszuwendung aufgrund einer bereits eingeleiteten Planung Ges'ter wird (FG BBg DStRE 09, 1380, rkr). – **Unentgeltl Vorgang.** Die Nähe der gesetzl Regelung zu derjenigen des Tausches (offene Einlage) ist nur vordergründig (glA *Tiedtke/Wälzholz* DStR 01, 1501, 1505). Denn während der Tausch ein betriebl veranlasster und nach den allg Grundsätzen gewinnrealisierender Geschäftsvorfall ist, ist die verdeckte Einlage ihrem Wesen nach **außerbetriebl veranlasst** (durch die Ges'terstellung in der KapGes) und als unentgeltl Vorgang anzusehen. Die mit der verdeckten Einlage verbundene Wertsteigerung der Anteile des Einlegenden ist nur Reflexwirkung, nicht aber Gegenleistung (BFH X R 22/02 BStBl II 06, 457 unter II.2.b; BFH I R 32/08 BStBl II 12, 341 unter II.2.a). – **Abgrenzung zur verdeckten *Sach*einlage.** Dieser gesellschaftsrechtl Begriff bezieht sich auf die Gewährung neuer Anteile gegen verschleierte Sacheinlage, dh auf einen *entgeltl* Vorgang (s ausführl *Fuhrmann/Demuth* KÖSDI 09, 16562).

862 **bb) Gegenstand der verdeckten Einlage. – (1) Wirtschaftsgut. – (a) Grundsatz.** Einlagefähig sind nur WG, die geeignet sind, das Vermögen der aufnehmenden KapGes zu mehren. Allerdings ist unerhebl, ob *tatsächl* eine Wertsteigerung eintritt (BFH I R 20/03 BFH/NV 05, 19 unter B.I.2. mwN: Zuschuss zur Verlustdeckung). Das WG braucht im abgebenden BV zuvor nicht aktiviert gewesen zu sein (BFH I R 150/82 BStBl II 87, 455 unter B.I.3.: Geschäftswert). Auch ein Mandantenstamm ist einlagefähig; die bloße zeitl befristete Verpachtung an die KapGes ohne Übergang des wirtschaftl Eigentums stellt aber keine verdeckte Einlage dar (FG Mster BB 21, 2543, rkr). – **(b) Eigene Anteile.** Gegenstand der verdeckten Einlage können mE auch Anteile an der aufnehmenden KapGes selbst sein, die zu eigenen Anteilen werden. Für die **bis 2009** geltende Rechtslage hat der BFH für Anteile iSd § 17 in solchen Fällen mehrfach eine verdeckte Einlage bejaht (BFH II R 40/14 BStBl II 18, 284 Rz 17 f; BFH IX R 7/16 BFH/NV 17, 724 Rz 16). Für die **ab 2010** geltende Rechtslage (wegen § 272 Ia HGB keine Aktivierungsfähigkeit eigener Anteile bei der aufnehmenden KapGes mehr) gibt es noch keine BFH-Entscheidung; allerdings hat der BFH jedenfalls für den Fall der (vollentgeltl) Veräußerung von Anteilen des PV an die nämliche KapGes die Anwendbarkeit des § 17 bejaht (BFH IX R 7/17 BStBl II 19, 213 Rz 19 f: maßgebl sei die Sichtweise des Ges'ters; auf die Beurteilung bei der KapGes komme es nicht an). Diese Begründung ließe sich auch auf den Fall der verdeckten Einlage übertragen und gilt mE auch für § 6 VI 2. Beim einlegenden Ges'ter entsteht also ein Gewinn; zugleich erhöhen sich die AK seiner Beteiligung, sofern ihm ein Teil der Beteiligung verbleibt. Legt er hingegen seine *gesamte* Beteiligung ein, sind die nachträgl AK sogleich bei ihm selbst veräußerungsgewinnmindernd zu berücksichtigen (so auch *Schmid* DStR 17, 1306; gegen BFH IX R 7/16 BFH/NV 17, 724, wo diese Problematik nicht angesprochen wird und der volle Veräußerungsgewinn ohne Abzug nachträgl AK als stpfl angesehen wurde). – **(c) Nutzungen und Nutzungsrechte.** Sie sind nicht einlagefähig (BFH GrS 2/86 BStBl II 88, 348 unter C.I.3.b; BFH X R 32/05 BStBl II 09, 634 unter II.4.d: unentgeltl Nutzungsüberlassung des Geschäftswerts; s ausführl § 5 Rz 206 f). Gleiches gilt für die Übernahme einer Bürgschaft (BFH IX R 78/06 BStBl II 08, 575 unter II.2.c). Ein Forderungsverzicht (auch in Form des Verzichts auf Ansprüche aus einer Pensionszusage) ist aber einlagefähig (s ausführl Rz 879).

(2) Beschränkung auf Wirtschaftgüter des Betriebsvermögens. § 6 VI 2 erfasst aufgrund seiner systematischen Stellung nur die verdeckte Einlage von WG des BV, wobei es sich um das BV von natürl Personen, PersGes oder KapGes handeln kann. – **Behandlung der verdeckten Einlage von WG des PV.** Gehören die Anteile an der aufnehmenden KapGes zum BV des Einlegenden, erhöht sich der Buchwert der Anteile (wie in den Fällen des § 6 VI 2) ebenfalls um den TW des WG (dazu auch *HHR* § 6 Rz 1725). Der entstehende Buchgewinn wird aber durch eine (unmittelbar vorangehende) Einlage des WG ins BV zum TW (§ 6 I Nr 5) neutralisiert. Gleiches gilt für WG, die eine dem Ges'ter **nahestehende Person verdeckt in die KapGes einlegt** (mittelbare verdeckte Einlage). Gehören die Anteile an der aufnehmenden KapGes hingegen zum PV, wird die verdeckte Einlage eines WG des PV vom Gesetz idR einem Veräußerungsvorgang gleichgestellt (§ 17 I 2, § 20 II 2, § 23 I 5 Nr 2), sodass iErg ebenfalls die in § 6 VI 2 genannten Rechtsfolgen eintreten.

(3) Beschränkung auf die Einlage einzelner Wirtschaftsgüter. Seinem Wortlaut nach erfasst § 6 VI 2 iVm S 1 nur die verdeckte Einlage einzelner WG. Darunter fallen hier auch **100 %-Beteiligungen an KapGes**, obwohl diese in § 16 I 1 Nr 1 S 2 einem Teilbetrieb gleichgestellt werden. – **Keine Anwendung auf die verdeckte Einlage von (Teil)Betrieben und MUeranteilen.** Dies ist nach der überwiegenden Rspr-Auffassung eine gewinnrealisierende (wenn auch begünstigte) Betriebsaufgabe bzw Anteilsaufgabe (BFH VIII R 17/85 BStBl II 91, 512; BFH X R 56/06 BFH/NV 09, 1411 unter II.2.b bb ccc; hingegen offen gelassen von BFH IV R 51/98 BStBl II 05, 173 unter 2.b aa; BFH X R 22/02 BStBl II 06, 457 unter II.3.d). Obwohl die verdeckte Einlage einen unentgeltl Vorgang darstellt (s Rz 861), ist § 6 III hier nicht anwendbar (s Rz 714). Hierfür spricht neben dem Wortlaut des § 6 VI 1 (Beschränkung auf *einzelne* WG) vor allem, dass bei Zulassung einer unentgeltl Übertragung auf KapGes, an denen der Einlegende beteiligt ist, das System der §§ 20 ff UmwStG, § 8b KStG durchbrochen würde. – Für die Gestaltungspraxis ist der Streit nicht allzu bedeutsam, da eine *offene* Einlage (KapErhöhung gegen Sacheinlage durch Einbringung des Teilbetriebs oder MUeranteils) nach § 20 UmwStG idR zum Buchwert mögl ist und so die bei verdeckter Einlage eintretende Gewinnrealisierung vermieden werden kann. Auf die *verdeckte* Einlage sind die §§ 20, 21 UmwStG hingegen weder unmittelbar noch analog anwendbar, weil Voraussetzung dafür die Gewährung *neuer* Anteile wäre, an der es hier gerade fehlt (BFH X R 22/02 BStBl II 06, 457 unter II.3.f). – **BetrAufsp.** Werden WG, die nicht zumindest einen Teilbetrieb bilden, auf die BetriebsKapGes übertragen, stellt dies eine verdeckte Einlage dar, die zur Gewinnrealisierung zwingt (BT-Drs 14/23, 173; BFH X R 34/03 BStBl II 05, 378 unter II.2.d; ausführl § 15 Rz 877; dort auch zu den Möglichkeiten zur Vermeidung dieses Ergebnisses).

cc) Anforderungen an das Ziel-Betriebsvermögen. – (1) Kapitalgesellschaft. Die verdeckte Einlage gelangt stets in das BV einer **KapGes.** Einlagen in das BV von Einzelunternehmern fallen hingegen unter § 6 I Nr 5; für Einlagen in PersGes enthält § 6 V 3 speziellere Regelungen. – **(2) Beteiligung an der aufnehmenden KapGes gehört zum Betriebsvermögen.** Hierfür genügt es, wenn die Beteiligung (erst) durch die verdeckte Einlage des WG die Eigenschaft als BV erwirbt (BFH X R 22/02 BStBl II 06, 457 unter II.3.d). Es ist zudem nicht erforderl, dass sie zum *selben* BV gehört wie das eingelegte WG, weil die Überführung von WG zw mehreren Betrieben desselben StPfl zum Buchwert erfolgt (§ 6 V 1). Gehört die Beteiligung hingegen zum PV, wird das verdeckt eingelegte WG zuvor dem BV entnommen und ist schon deshalb mit dem Teilwert zu bewerten (§ 6 I Nr 4; s auch BFH X R 22/02 BStBl II 06, 457 unter II.3.e).

871 **b) Rechtsfolgen. – aa) Beim Einlegenden. – (1) Nachträgliche Anschaffungskosten.** Gem § 6 VI 2 erhöhen sich die AK der Beteiligung an der aufnehmenden KapGes um den TW des eingelegten WG (BFH X R 37/13 BFH/NV 16, 536 Rz 46; zur Ermittlung des TW s Rz 231 ff; zu Einzelfragen hinsichtl der AK von KapGesAnteilen s Rz 140 „Beteiligung an KapGes"). Diese Aufstockung des Wertansatzes führt zugleich zur **Gewinnrealisierung** iHd Differenz zw dem Buchwert des eingelegten WG und dessen TW. Bei einer späteren Veräußerung der Beteiligung mindern die nachträgl AK den entstehenden Veräußerungsgewinn (BFH I R 96/88 BStBl II 90, 797 unter II.2.). Eine aufgrund der verdeckten Einlage eintretende Erhöhung des Buchansatzes der Beteiligung über deren TW hinaus kann Anlass für eine **TW-AfA** geben (ausführl s Rz 281 mwN).

872 **(2) Verdeckte Einlage von Anteilen an Kapitalgesellschaft.** Der entstehende Buchgewinn ist stfrei, wenn Einlegender eine **Körperschaft** ist (§ 8b II 6 KStG). Dies gilt auch, wenn eine PersGes zwischengeschaltet ist (§ 8b VI KStG). – Stammen die eingelegten Anteile aus dem **BV eines Einzelunternehmers oder einer PersGes,** sind 40 % des Gewinns stfrei (Teileinkünfteverfahren, § 3 Nr 40 S 1 Buchst a). – Legt eine natürl Person **Anteile iSd § 17 (PV)** verdeckt in eine andere KapGes ein, wird der Ersatz-Realisationstatbestand des § 17 I 2 ausgelöst. Gehört in einem solchen Fall die Beteiligung an der aufnehmenden KapGes zum BV des Einlegenden, erhöht sich der Buchwert dieser Beteiligung um den TW der eingelegten Anteile; zugleich ist im BV eine Einlage zum TW vorzunehmen. Auf diese Einlage ist § 6 I Nr 5 S 1 Buchst b (Begrenzung des Einlagewerts auf die AK) wegen der durch § 17 I 2 bereits eingetretenen Gewinnrealisierung ebenso wenig anwendbar wie auf den TW-Ansatz der aufnehmenden KapGes (BFH I R 32/08 BStBl II 12, 341 unter II.2.c; *BMF* BStBl I 98, 1227). Zur **Einlage von WG iSd § 20 II** (Verhältnis zw § 6 VI 2 und § 6 I Nr 5 S 1 Buchst c) s Rz 621.

873 **(3) Teilentgelt.** Leistet die aufnehmende KapGes ein Entgelt, das hinter dem TW des WG zurückbleibt (ansonsten handelt es sich nicht um eine verdeckte Einlage, sondern um einen voll entgeltl Vorgang), sind die AK der Beteiligung nur um die Differenz zw dem TW des WG und dem Teilentgelt aufzustocken. Die Gewinnrealisierung ergibt sich in Anwendung der „Trennungstheorie" (zu deren umstrittener Anwendung bei teilentgeltl Übertragungsvorgängen iSd Abs 5 s Rz 789) wie folgt (näher BFH X R 34/03 BStBl II 05, 378 unter II.7.; BFH X R 17/05 BStBl II 08, 579 unter II.4.): Zunächst ist die Entgeltlichkeitsquote zu bestimmen (Verhältnis zw tatsächl Entgelt und TW). Der entgeltl Teil des Geschäfts führt zu einem „normalen" Veräußerungsgewinn (gesamtes tatsächl Entgelt ./. Entgeltlichkeitsquote × Buchwert). Hinzu kommt der Gewinn aus dem unentgeltl Teil (TW × Unentgeltlichkeitsquote ./. Buchwert × Unentgeltlichkeitsquote). IErg entspricht die Gewinnrealisierung der Differenz zw TW und Buchwert des eingelegten WG (Faustformel; ebenso *Groh* DB 03, 1403, 1404).

Beispiel: Ein WG (Buchwert 80, TW 100) wird gegen Zahlung von 80 an eine KapGes (Beteiligungsbuchwert 100) verkauft (Entgeltlichkeitsquote 80 %). Der Beteiligungsansatz ist im Umfang des verdeckt eingelegten Betrages (20) aufzustocken. Der Gewinn aus dem entgeltl Teil beläuft sich auf 80 (Entgelt) . /. 80 % von 80 (Buchwert) = 16; nur dieser ist § 6b-fähig. Der Gewinn aus der verdeckten Einlage beläuft sich auf 20 % × 100 . /. 20 % × 80 = 4; der Gesamtgewinn beträgt 20 (wie nach der obigen Faustformel).

(4) Dreijahresfrist, § 6 VI 3. Nach dieser Regelung ist in den Fällen des § 6 I Nr 5 S 1 Buchst a (Einlage eines WG innerhalb von drei Jahren nach seiner Anschaffung/Herstellung) für die Bewertung der verdeckten Einlage nicht der aktuelle TW, sondern der „Einlagewert" maßgebend. Dieser Verweis ist gesetzestechnisch misslungen, da § 6 VI verdeckte Einlagen *aus dem BV in eine KapGes* betrifft, während § 6 I Nr 5 grds Einlagen *aus dem PV in ein BV* erfasst. Der eigentl Anwendungsbereich des § 6 VI 3 ist daher unklar. – **(a)** Vorzugswürdig ist mE die Auslegung, wonach § 6 VI 3 Fälle erfassen will, in denen das **WG innerhalb der letzten drei Jahre vor der verdeckten Einlage angeschafft oder hergestellt** worden ist (sei es im BV oder im PV des Einlegenden; glA *HHR* § 6 Rz 1735; *BH/Ehmcke* § 6 Rz 1423). Denn nur in diesem Fall ist der Wertansatz bei der aufnehmenden KapGes auf die fortgeführten AK begrenzt. Auch der Gesetzgeber hatte diesen Anwendungsfall im Blick (s BT-Drs 14/23, 173). Diese Auslegung steht zudem nicht in Widerspruch zur Systematik des § 6 I Nr 5, da diese Norm über § 8 I KStG auch auf verdeckte Einlagen anwendbar ist. **Rechtsfolge** ist dann die Begrenzung des Wertansatzes bei der aufnehmenden KapGes auf die (ggf fortgeführten) AK/HK des WG (s Rz 612 f). Wegen § 6 VI 3 ist für die Gewinnrealisierung beim Einlegenden nicht der TW, sondern der bei der KapGes anzusetzende Einlagewert des WG maßgebl. Die stillen Reserven gehen dadurch ohne Realisierung auf die KapGes über (für Anwendung dieser Variante jedenfalls auf verdeckte Einlagen in EU-KapGes BFH I R 32/17 DStR 21, 2624 Rz 50). – **(b)** Mit guten Gründen wird aber auch vertreten, dass § 6 VI 3 wegen des Verweises auf § 6 I Nr 5 nur Fälle erfasst, in denen das WG zunächst im PV angeschafft oder hergestellt worden ist und dann innerhalb von drei Jahren ins BV eingelegt wurde, von dem aus später (ohne Fristbindung) die verdeckte Einlage in die KapGes erfolgt (so *Füger/Rieger* DStR 03, 628 mwN). Eine Abwandlung dieser Auffassung will § 6 VI 3 nur auf Fälle anwenden, in denen die Einlage aus dem PV mit der verdeckten Einlage in die KapGes zusammenfällt.

bb) Rechtsfolgen bei der aufnehmenden Kapitalgesellschaft. Hier ist das WG **mit dem TW anzusetzen** (§ 6 I Nr 5). In den Fällen des § 6 I Nr 5 S 1 Buchst a (Anschaffung/Herstellung des WG innerhalb von drei Jahren vor der Einlage) ist der Einlagewert allerdings auf die fortgeführten AK/HK begrenzt (s Rz 874). – Auf der Passivseite ist jedenfalls dann (gewinnneutral) die **Kapitalrücklage** zu erhöhen, wenn der Wille zur Leistung in das Eigenkapital erkennbar wird; andernfalls ist **handelsrechtl** ein ao oder sonstiger betriebl Ertrag auszuweisen (s *Kußmaul/Klein* DStR 01, 189, 191 mwN). Hingegen bleibt der Vorgang unabhängig von der handelsrechtl Beurteilung **steuerl gewinnneutral** (§ 8 III 3 KStG). Beim Einlagekonto (§ 27 KStG) ist ein Zugang vorzunehmen. Ist allerdings die verdeckte Einlage beim einlegenden Ges'ter nicht als solche erkannt worden und daher die Gewinnrealisierung unterblieben, ist das Einkommen der KapGes zu erhöhen (§ 8 III 4 KStG). Diese Regelung sichert die **korrespondierende Besteuerung** zw Einlegendem und KapGes.

c) Besonderheiten des Forderungsverzichts. Ausführl *Ott* DStZ 10, 623, 627 ff; *Braun/Geist* BB 13, 351; *Altrichter-Herzberg* GmbHR 15, 1121; *Ott* DStZ 18, 179. – **aa) Werthaltige Forderung.** Verzichtet der Ges'ter auf eine Forderung gegen die KapGes, stellt dies, soweit die Forderung werthaltig ist, eine verdeckte Einlage dar, die zu nachträgl AK auf die Beteiligung führt (BFH X R 2/03 BStBl II 05, 694 unter II.2.a). Zu der Frage, ob hierauf anschließend eine TW-AfA vorgenommen werden kann, s Rz 281. Ermittelt der Ges'ter seinen Gewinn nach § 4 III oder liegt der Forderung eine Leistungsbeziehung iRd Überschusseinkünfte zu Grunde (zB Pensionszusage), kommt es im Zeitpunkt der Einlage (wie bei einer

Novation) zum **Zufluss** (§ 11) iHd werthaltigen Teils der Forderung (BFH GrS 1/94 BStBl II 98, 307 unter C. II.), der sich bei Pensionsanwartschaften aber nicht auf den sog „future service" erstreckt (zutr *BMF* BStBl I 12, 874). Bei der **KapGes** wird der aus dem Wegfall der Verbindlichkeit entstehende Buchgewinn steuerl durch Abzug einer verdeckten Einlage neutralisiert (§ 8 III 3 KStG), soweit die korrespondierende Forderung noch werthaltig war (BFH GrS 1/94 BStBl II 98, 307 unter C. I.3.; BFH VIII R 57/94 BStBl II 98, 652 unter B. I.1.a). Die bloße *Gewährung* eines (wenn auch unsicheren) Darlehens oder die Erklärung eines Rangrücktritts bewirken demggü weder nachträgl AK noch eine verdeckte Einlage, sondern lassen den Charakter des Darlehens als Fremdkapital unberührt (BFH IV R 10/01 BStBl II 04, 416 unter 1.a).

Beispiel (zu Rz 879 und 880): G ist zu 100 % an einer GmbH beteiligt und hält die Beteiligung in seinem BV. Aus Warenlieferungen an die GmbH hat er gegen diese eine Forderung iHv 500 000 €. Da die GmbH überschuldet ist, ist nicht damit zu rechnen, dass er mehr als 40 % des Nennbetrags der Forderung wird realisieren können (TW der Forderung 200 000 €). G hat die Forderung bisher nicht wertberichtigt. Nun verzichtet er auf die gesamte Forderung. – **Lösung:** Bei G führt nur der Verzicht auf den nicht mehr werthaltigen Teil der Forderung (300 000 €) sofort zu BA. Der übersteigende Betrag ist als nachträgl AK auf die Beteiligung zu aktivieren (zur evtl TW-AfA hierauf s Rz 281). Bei der GmbH entsteht durch den Verbindlichkeitswegfall ein Buchgewinn von 500 000 €, der nur iHd werthaltigen Teils unter dem Gesichtspunkt der verdeckten Einlage (§ 8 III 3 KStG) neutralisiert wird (200 000 €). Ob auch der verbleibende Buchgewinn von 300 000 € als Sanierungsgewinn stfrei ist, richtet sich nach § 3a.

880 **bb) Verzicht auf den nicht mehr werthaltigen Teil einer Forderung.** Dies kann mangels Wertetransfer keine verdeckte Einlage darstellen. Dem Ges'ter entstehen keine nachträgl AK auf die Beteiligung, sondern (sofern die Forderung nicht bereits abgeschrieben war) lfd BA (BFH VIII R 57/94 BStBl II 98, 652 unter B. II.1.b; BFH X R 36/02 BStBl II 05, 707 unter II.4.b). Diese sind bei KapGes als Ges'ter allerdings unter den Voraussetzungen des § 8b III 4 KStG ggf nicht abziehbar (s Rz 307) und bei anderen Ges'tern unter den Voraussetzungen des § 3c II 2 nur zu 60 %. Der zu § 17 entwickelte normspezifische AK-Begriff kann auf das BV nicht übertragen werden, sodass es nicht darauf ankommt, ob die Forderung kapitalersetzenden Charakter hatte (ab 1.11.08) insolvenzrechtl nachrangig war (zutr BFH I B 143/00 BStBl II 02, 436 unter II.3.b; BFH VIII R 27/00 BStBl II 02, 733 unter II.3.). – Bei der **KapGes** wird durch die Ausbuchung der Verbindlichkeit Gewinn realisiert, der bei fehlender Werthaltigkeit der korrespondierenden Forderung nicht durch Abzug einer Einlage neutralisiert werden kann (BFH I R 58/93 BStBl II 98, 305 unter II.3.; BFH I B 143/00 BStBl II 02, 436 unter II.2.; BFH I R 35/04 BStBl II 06, 132 unter II.1.). Ggf kann aber unter dem Gesichtspunkt des Sanierungsgewinns (s Erläut zu § 3a) oder einer aus der früheren Passivierung der Verbindlichkeit verwirklichten vGA (s *BMF* BStBl I 02, 603 Rz 23) auf die Besteuerung verzichtet werden. Liegt bei der KapGes der Buchwert der Verbindlichkeit ausnahmsweise *unter* dem TW der Verpflichtung, ist eine verdeckte Einlage iHd (höheren) TW vom Einkommen abzuziehen (zutr FG Mster EFG 11, 2194, rkr). – Diese Grundsätze gelten auch, wenn der Ges'ter eine **Verbindlichkeit der KapGes ggü einem Dritten** mit befreiender Wirkung übernimmt (BFH X R 36/02 BStBl II 05, 707 unter II.4.b; anders – mE unzutr – BFH I B 74/01 BFH/NV 02, 678; zu Gestaltungsmöglichkeiten, die sich aus dieser Entscheidung ergeben würden, s *Schmidt/Hageböke* DStR 02, 2150).

881 **cc) Ermittlung des Teilwerts der Forderung.** Maßgebend ist der Betrag, den der Betriebsinhaber für den Erwerb der Forderung hätte aufwenden müssen (BFH GrS 1/94 BStBl II 98, 307 unter C. I.3.). Die Forderung eines Ges'ters gegen eine überschuldete KapGes ist idR wertlos (TW 0 €; BFH I R 35/04 BStBl II 06, 132 unter II.2.b bb, dort auch zu den Ausnahmen; *Helm/Krinninger* DB 05, 1989, 1993). Im Konzern muss auch die funktionale Bedeutung des Darlehens berücksichtigt werden (*Urbahns* DStZ 05, 148; allg zur funktionalen Bedeutung s Rz 283). Zum **Forderungsverzicht gegen Besserungsschein** s *BMF* BStBl I 03, 648 und § 5 Rz 550 „Ges'terfinanzierung" (5).

dd) Abgrenzung zu betrieblich veranlassten Forderungsverzichten. Dies 882 ist insb erforderl, wenn Inhaber der Forderung nicht der Ges'ter, sondern eine diesem nahe stehende Person ist (s näher BFH GrS 1/94 BStBl II 98, 307 unter C. III.). Will dieser Gläubiger durch den Verzicht zur Sanierung der KapGes beitragen, um die Geschäftsbeziehung fortzuführen, ist der Vorgang betriebl veranlasst (Aufwand beim Gläubiger, Ertrag bei der KapGes). Will der Gläubiger hingegen dem nahestehenden Ges'ter zuwenden, handelt es sich um eine verdeckte Einlage (s zum nicht abziehbaren Drittaufwand allerdings BFH X R 36/02 BStBl II 05, 707 unter II.4.c). Maßgebend ist, ob der Gläubiger auch ohne Gesellschafts- bzw Näheverhältnis auf die Forderung verzichtet hätte (BFH VIII R 57/94 BStBl 98, 652 unter B. I.1.b bb); Indiz hierfür ist die Beteiligung auch mehrerer Fremdgläubiger am Verzicht (*Helm/Krinninger* DB 05, 1989, 1991).

d) Weitere Einzelfälle verdeckter Einlagen. S auch § 17 Rz 198. **Verlust-** 884 **übernahmen** außerhalb einer Organschaft (BFH I R 96/88 BStBl II 90, 797 unter II.2.: verunglückte Organschaft); **Sanierungszuschüsse** (BFH I R 20/03 BFH/NV 05, 19 unter B. I.1.). Zur verdeckten Einlage durch Ausscheiden aller K'tisten aus einer GmbH & Co KG mit Anwachsung der MUeranteile bei der Komplementär-GmbH s § 16 Rz 503 **(Anwachsungsmodell). – Zuwendungen zw SchwesterKapGes** bewirken zum einen eine vGA an den gemeinsamen Ges'ter, zum anderen aber auch eine **mittelbare verdeckte Einlage** des Ges'ters in die begünstigte KapGes (BFH I R 150/82 BStBl II 87, 455 unter B. I.2.; BFH GrS 2/86 BStBl II 88, 348 unter C. II.2.). Dies ist auch mögl, wenn die Anteile an beiden KapGes nicht von einer einzigen Person, sondern jeweils getrennt von den Eheleuten gehalten werden (BFH VIII R 62/93 BStBl II 01, 234; zu § 17).

XIII. Anwendung des § 6 bei Einnahmen-Überschuss-Rechnung, § 6 VII

Bei **Gewinnermittlung nach § 4 III** gelten gem § 6 VII ab VZ 2013 (zur 890 früheren Rechtslage s *Schmidt* 31. Aufl § 6 Rz 2) die Vorschriften über anschaffungsnahe HK (Abs 1 Nr 1a, s näher Rz 381), Entnahmen und Einlagen (Abs 1 Nr 4–7, s Rz 511, 592; vgl auch BFH X R 20/17 BStBl II 20, 3 Rz 72) sowie Übertragungen und Überführungen (Abs 3–6) entspr. Außerdem sind gem § 4 III 3 die Regelungen über GWG und Sammelposten (§ 6 II, IIa) anwendbar. Hingegen sind TW-AfA bei § 4 III ausgeschlossen (s Rz 360).

§ 6a Pensionsrückstellung

(1) **Für eine Pensionsverpflichtung darf eine Rückstellung (Pensionsrückstellung) nur gebildet werden, wenn und soweit**
1. **der Pensionsberechtigte einen Rechtsanspruch auf einmalige oder laufende Pensionsleistungen hat,**
2. **die Pensionszusage keine Pensionsleistungen in Abhängigkeit von künftigen gewinnabhängigen Bezügen vorsieht und keinen Vorbehalt enthält, dass die Pensionsanwartschaft oder die Pensionsleistung gemindert oder entzogen werden kann, oder ein solcher Vorbehalt sich nur auf Tatbestände erstreckt, bei deren Vorliegen nach allgemeinen Rechtsgrundsätzen unter Beachtung billigen Ermessens eine Minderung oder ein Entzug der Pensionsanwartschaft oder der Pensionsleistung zulässig ist, und**
3. **die Pensionszusage schriftlich erteilt ist; die Pensionszusage muss eindeutige Angaben zu Art, Form, Voraussetzungen und Höhe der in Aussicht gestellten künftigen Leistungen enthalten.**

§ 6a Pensionsrückstellung

(2) Eine Pensionsrückstellung darf erstmals gebildet werden
1. vor Eintritt des Versorgungsfalls für das Wirtschaftsjahr, in dem die Pensionszusage erteilt wird, frühestens jedoch für das Wirtschaftsjahr, bis zu dessen Mitte der Pensionsberechtigte bei
   a) erstmals nach dem 31. Dezember 2017 zugesagten Pensionsleistungen das 23. Lebensjahr vollendet,
   b) erstmals nach dem 31. Dezember 2008 und vor dem 1. Januar 2018 zugesagten Pensionsleistungen das 27. Lebensjahr vollendet,
   c) erstmals nach dem 31. Dezember 2000 und vor dem 1. Januar 2009 zugesagten Pensionsleistungen das 28. Lebensjahr vollendet,
   d) erstmals vor dem 1. Januar 2001 zugesagten Pensionsleistungen das 30. Lebensjahr vollendet

   oder bei nach dem 31. Dezember 2000 vereinbarten Entgeltumwandlungen im Sinne von § 1 Absatz 2 des Betriebsrentengesetzes für das Wirtschaftsjahr, in dessen Verlauf die Pensionsanwartschaft gemäß den Vorschriften des Betriebsrentengesetzes unverfallbar wird,
2. nach Eintritt des Versorgungsfalls für das Wirtschaftsjahr, in dem der Versorgungsfall eintritt.

(3) ¹Eine Pensionsrückstellung darf höchstens mit dem Teilwert der Pensionsverpflichtung angesetzt werden. ²Als Teilwert einer Pensionsverpflichtung gilt
1. vor Beendigung des Dienstverhältnisses des Pensionsberechtigten der Barwert der künftigen Pensionsleistungen am Schluss des Wirtschaftsjahres abzüglich des sich auf denselben Zeitpunkt ergebenden Barwerts betragsmäßig gleich bleibender Jahresbeträge, bei einer Entgeltumwandlung im Sinne von § 1 Absatz 2 des Betriebsrentengesetzes mindestens jedoch der Barwert der gemäß den Vorschriften des Betriebsrentengesetzes unverfallbaren künftigen Pensionsleistungen am Schluss des Wirtschaftsjahres. ²Die Jahresbeträge sind so zu bemessen, dass am Beginn des Wirtschaftsjahres, in dem das Dienstverhältnis begonnen hat, ihr Barwert gleich dem Barwert der künftigen Pensionsleistungen ist; die künftigen Pensionsleistungen sind dabei mit dem Betrag anzusetzen, der sich nach den Verhältnissen am Bilanzstichtag ergibt. ³Es sind die Jahresbeträge zugrunde zu legen, die vom Beginn des Wirtschaftsjahres, in dem das Dienstverhältnis begonnen hat, bis zu dem in der Pensionszusage vorgesehenen Zeitpunkt des Eintritts des Versorgungsfalls rechnungsmäßig aufzubringen sind. ⁴Erhöhungen oder Verminderungen der Pensionsleistungen nach dem Schluss des Wirtschaftsjahres, die hinsichtlich des Zeitpunktes ihres Wirksamwerdens oder ihres Umfangs ungewiss sind, sind bei der Berechnung des Barwerts der künftigen Pensionsleistungen und der Jahresbeträge erst zu berücksichtigen, wenn sie eingetreten sind. ⁵Wird die Pensionszusage erst nach dem Beginn des Dienstverhältnisses erteilt, so ist die Zwischenzeit für die Berechnung der Jahresbeträge nur insoweit als Wartezeit zu behandeln, als sie in der Pensionszusage als solche bestimmt ist. ⁶Hat das Dienstverhältnis schon vor der Vollendung des nach Absatz 2 Nummer 1 maßgebenden Lebensjahres des Pensionsberechtigten bestanden, gilt es als zu Beginn des Wirtschaftsjahres begonnen, bis zu dessen Mitte der Pensionsberechtigte das nach Absatz 2 Nummer 1 maßgebende Lebensjahr vollendet; bei nach dem 31. Dezember 2000 vereinbarten Entgeltumwandlungen im Sinne von § 1 Absatz 2 des Betriebsrentengesetzes gilt für davor liegende Wirtschaftsjahre als Teilwert der Barwert der gemäß den Vorschriften des Betriebsrentengesetzes unverfallbaren künftigen Pensionsleistungen am Schluss des Wirtschaftsjahres;

Pensionsrückstellung § 6a

2. nach Beendigung des Dienstverhältnisses des Pensionsberechtigten unter Aufrechterhaltung seiner Pensionsanwartschaft oder nach Eintritt des Versorgungsfalls der Barwert der künftigen Pensionsleistungen am Schluss des Wirtschaftsjahres; Nummer 1 Satz 4 gilt sinngemäß.

³Bei der Berechnung des Teilwerts der Pensionsverpflichtung sind ein Rechnungszinsfuß von 6 Prozent und die anerkannten Regeln der Versicherungsmathematik anzuwenden.

(4) ¹Eine Pensionsrückstellung darf in einem Wirtschaftsjahr höchstens um den Unterschied zwischen dem Teilwert der Pensionsverpflichtung am Schluss des Wirtschaftsjahres und am Schluss des vorangegangenen Wirtschaftsjahres erhöht werden. ²Soweit der Unterschiedsbetrag auf der erstmaligen Anwendung neuer oder geänderter biometrischer Rechnungsgrundlagen beruht, kann er nur auf mindestens drei Wirtschaftsjahre gleichmäßig verteilt der Pensionsrückstellung zugeführt werden; Entsprechendes gilt beim Wechsel auf andere biometrische Rechnungsgrundlagen. ³In dem Wirtschaftsjahr, in dem mit der Bildung einer Pensionsrückstellung frühestens begonnen werden darf (Erstjahr), darf die Rückstellung bis zur Höhe des Teilwerts der Pensionsverpflichtung am Schluss des Wirtschaftsjahres gebildet werden; diese Rückstellung kann auf das Erstjahr und die beiden folgenden Wirtschaftsjahre gleichmäßig verteilt werden. ⁴Erhöht sich in einem Wirtschaftsjahr gegenüber dem vorangegangenen Wirtschaftsjahr der Barwert der künftigen Pensionsleistungen um mehr als 25 Prozent, so kann die für dieses Wirtschaftsjahr zulässige Erhöhung der Pensionsrückstellung auf dieses Wirtschaftsjahr und die beiden folgenden Wirtschaftsjahre gleichmäßig verteilt werden. ⁵Am Schluss des Wirtschaftsjahres, in dem das Dienstverhältnis des Pensionsberechtigten unter Aufrechterhaltung seiner Pensionsanwartschaft endet oder der Versorgungsfall eintritt, darf die Pensionsrückstellung stets bis zur Höhe des Teilwerts der Pensionsverpflichtung gebildet werden; die für dieses Wirtschaftsjahr zulässige Erhöhung der Pensionsrückstellung kann auf dieses Wirtschaftsjahr und die beiden folgenden Wirtschaftsjahre gleichmäßig verteilt werden. ⁶Satz 2 gilt in den Fällen der Sätze 3 bis 5 entsprechend.

(5) Die Absätze 3 und 4 gelten entsprechend, wenn der Pensionsberechtigte zu dem Pensionsverpflichteten in einem anderen Rechtsverhältnis als einem Dienstverhältnis steht.

Einkommensteuer-Richtlinien: EStR 6a/EStH 6a − *Verwaltungsanweisungen: BMF* BStBl I 12, 874 (Verzicht); *BMF* BStBl I 13, 35 (Nur-Pensionszusage); *BMF* BStBl I 13, 58 (Probezeit); *BMF* BStBl I 16, 1427 (Maßgebendes Pensionsalter); *BMF* BStBl I 17, 1293 (Versorgungsleistungen ohne Ausscheiden).

Übersicht

	Rz
I. Grundaussage	
1. Allgemeines; Rechtsentwicklung	1
2. Passivierungspflicht	2–6
a) Grundsatz	2
b) Altzusagen; Neuzusagen	3
c) Verteilungswahlrechte, § 6a IV 2–4	4
d) Mittelbare Verpflichtungen	5
e) Ähnliche Verpflichtungen	6
II. Rückstellungsvoraussetzungen, § 6a I	
1. Pensionsanspruch; Pensionsverpflichtung, § 6a I Nr 1	7–9
2. Keine Abhängigkeit von künftigen Bezügen, § 6a I Nr 2	10
3. Keine Widerrufsvorbehalte, § 6a I Nr 2	11, 12
a) Mögliche Inhalte	11
b) Rückdeckungsversicherung	12

§ 6a — Pensionsrückstellung

	Rz
4. Schriftform, Eindeutigkeit, § 6a I Nr 3	15
5. Pensionsberechtigter; betriebliche Veranlassung; Versorgungsausgleich	16
6. Gesellschaftergeschäftsführer einer Kapitalgesellschaft als Pensionsberechtigter	
a) Fremdvergleich; verdeckte Gewinnausschüttung; Beweislast	17
b) Pensionsalter	18
c) Beherrschender Gesellschafter	19
d) Weitere Voraussetzungen betrieblicher Veranlassung	20–28
e) GmbH & Co KG; KGaA	29
7. Umwandlung	30–33
a) Umwandlung einer Kapitalgesellschaft in eine Personengesellschaft	30
b) Umwandlung einer Personengesellschaft in eine Kapitalgesellschaft	31
c) Unternehmensverkauf	32
d) Übertragung der Verpflichtung auf einen anderen Versorgungsträger	33
8. Arbeitnehmerehegatte; andere Angehörige als Pensionsberechtigte; Mitunternehmer	34–41
a) Einzelunternehmen	34
b) Mitunternehmerschaft	35
c) Kapitalgesellschaft	36
d) Nachweis; Fremdvergleich	37–40
e) Nachzahlungsverbot	41
III. Erstmalige Bildung, § 6a II	
1. Zeitpunkt der Rückstellungsbildung	42–46
a) Altersgrenze, § 6a II Nr 1	42
b) Mindestalter	43
c) Unverfallbarkeit, § 6a II Nr 1	44
d) Beherrschender Gesellschaftergeschäftsführer	45
e) Eintritt des Versorgungsfalls, § 6a II Nr 2	46
IV. Bewertung, § 6a III	
1. Höchstgrenze, § 6a III 1–3	51
2. Teilwertermittlung	53
3. Anrechnung von Vordienstzeiten	54
4. Übernahme von Pensionsverpflichtungen; Schuldbeitritt	55
5. Überversorgung; Berücksichtigung von Sozialversicherungsrenten	56
6. Anpassungsverpflichtung, § 6a III 2 Nr 2 S 4	57
7. Zeitdauer der Rückstellung, § 6a III 2 Nr 1 S 3	58
8. Stichtagsprinzip; Nachweis des Pensionsanspruchs	60
V. Erhöhungen, § 6a IV	
1. Begrenzung auf Teilwertdifferenz; Nachholverbot	61–64
a) Erhöhung der Pensionsrückstellung	61
b) Ausnahmen vom Nachholverbot	62
c) Anpassung der Zusage an Kaufkraftentwicklung	63
d) Keine Anpassung	64
2. Verteilung von Einmalbeträgen	65
VI. Auflösung; Abfindung; Verzicht	
1. Auflösung	66–68
2. Abfindung (Ablösung), Auslagerung	69
3. Verzicht	70–74
VII. Pensionsrückstellung bei anderem Rechtsverhältnis, § 6a V	75

Schrifttum (Aufsätze vor 2016 s Vorauflagen): *Blomeyer/Rolfs/Otto,* BetriebsrentenG – Gesetz zur Verbesserung der betriebl Altersversorgung, 7. Aufl 2018 (zit *Blomeyer*); *Höfer/Veit/Verhuven* (zit *Höfer*), Gesetz zur Verbesserung der betriebl Altersversorgung, 22. Aufl 2021,

Grundaussage   **1–3 § 6a**

Band II, Steuerrecht (Loseblatt). – *Prinz/Keller,* Pensionsrückstellungen in der Niedrigzinsphase, DB 16, 1033; *Geberth/Sedemund,* Steuergerechtigkeit und Reformstau ..., DStR 18, 217; *Stöckler,* zu BMF 9.12.16 und 18.9.17, DStR 18, 223; *Veit,* Rspr – und VerwReport zur Bilanzierung betriebl Altersversorgung, BB 18, 683. – **Materialien:** BT-Drs 7/1281, 37 f.

I. Grundaussage

1. Allgemeines; Rechtsentwicklung. § 6a regelt den Ausweis von Pensions- **1** rückstellungen und normiert (neben den allg Voraussetzungen; § 5 Rz 351 ff) *zusätzl* Voraussetzungen (dem Grunde und der Höhe nach), um den Ausweis nicht ernst gemeinter und überhöhter Rückstellungen zu verhindern. § 6a geht §§ 5 und 6 vor. – **Abs 1** regelt allg Voraussetzungen, **Abs 2** bestimmt den Zeitpunkt der erstmaligen Bildung (unterschiedl für Fälle vor und nach Eintritt des Versorgungsfalls), **Abs 3** beschränkt die Höhe auf den Barwert der künftigen Pensionsleistungen abzügl des Barwerts der noch zu erbringenden Jahresbeiträge (§ 6a III 2 Nr 1, Nr 2); **Abs 4** beschränkt die jährl Zuführungen. – Der Ansatz einer Pensionsrückstellung nach § 6a ist nicht davon abhängig, ob auf die Versorgungszusage bzw die daraus folgende Pensionsverpflichtung das BetrAVG anwendbar ist oder nicht (FG Mster EFG 21, 1460, Rev XI R 25/21). – **Kritisiert** wird vor allem der Diskontierungsfaktor von 6 %, die fehlende Berücksichtigung von Rentenanpassungen, das sog TW-Verfahren, das Nachholverbot und das vGA-Sonderrecht *(Prinz/Keller* DB 16, 1033); § 6a enthalte überholte Bewertungsregeln und könnte ganz gestrichen werden *(Anzinger* DStR 16, 1829).

Betriebl Altersversorgung wird nach wie vor insb über Rückstellungen finanziert (§ 4b Rz 1). Der Trend geht aber zu einer planmäßigen **Ausfinanzierung** (durch vollständige Rückdeckung) bzw **Auslagerung** der Altersversorgung, zB Past Service – LSt-frei – auf Fonds (Einmalzahlung betr erdiente Ansprüche) und Future Service auf Unterstützungskasse (lfd Zahlungen betr erdienende Anwartschaften); § 4e Rz 8. – Kombiniert wird die Versorgungszusage durch das sog CTA-Modell (zumeist doppelseitige Treuhandkonstruktion; über die Hälfte der DAX 30-Unternehmen), das dem Pensionsfonds ähnelt (BAG 6 AZR 47/12 BetrAV 14, 77; *Lutz/Lutz* StB 16, 213).

Zum Einfluss von **EU-Recht** auf die Altersversorgung (zB bei Betriebsübergang oder bei Wohnsitzverlegung; Gleichbehandlung) vgl *Scholz* Betriebl Altersversorgung in Europa, 2006; EuGH C-262/88 DB 90, 1824 – *Barber;* EuGH C-110/91 DB 94, 228 – *Moroni;* zur Riesterrente EuGH C-269/07 DStR 09, 1954: Anknüpfung an unbeschr StPfl unzul).

2. Passivierungspflicht. – a) Grundsatz. Unter den Voraussetzungen des **2** § 6a I Nr 1–3, muss (für jede einzelne Pensionszusage; BFH I B 50/92 BFH/ NV 93, 541) eine Rückstellung gebildet werden. ME besteht auch nach BilMoG Passivierungspflicht (s auch Rz 3); § 6a I konstituiert kein Wahlrecht, sondern macht die Bildung der Rückstellung von einschränkenden Voraussetzungen abhängig (darf ... nur; *BH/Stöckler* § 6a Rz 238; *HHR* § 6a Rz 16; so auch *BMF* BStBl I 10, 239 Rz 9, 10: ohne Deckelung durch HB; dazu *Höfer* DB 11, 140). Für Verbindlichkeitsrückstellungen besteht generell ein Ausweiszwang (§ 5 Rz 351 ff). Nach EStR 6a I 2 soll die HB (die handelsrechtl Passivierungspflicht) für die StBil dem Grunde, nicht aber der Höhe nach maßgebl sein.

Eine Verpflichtung besteht ggf auch ggü Beamten *(IDW* DStZ 08, 194), auch bei Einschaltung einer Unterstützungskasse; zu Rückstellungen bei BGA für Beamte BFH I R 46/04 BStBl II 06, 688. Keine Rückstellung (sondern ggf Sofortabzug), wenn ArbG Mitglied einer (externen) (Zusatz-)Versorgungskasse (Umlageverfahren) ist (BFH I R 3/06 BStBl II 10, 186; *BMF* BStBl I 10, 138; *LfSt Bayern* DStR 10, 872; *Dreier* DStR 15, 1881).

b) Altzusagen; Neuzusagen. Handelsrechtl bestand bis Ende 1986 begrün- **3** dete Pensionsverpflichtungen und ihre danach (ab 1987) eintretenden Erhöhungen **(Altzusagen)** ein **Passivierungswahlrecht** (Art 28 I 1 EGHGB; BFH VIII R 14/01 BStBl II 03, 347; *Höfer/Rhiel/Veit* DB 09, 1605; *HHR* § 6a Rz 16); Wahlrecht auch nach **Übergangsregelung** des Art 28 I 1 EGHGB (so auch BFH IV R 56/92 BStBl II 94, 740). Für ab 1987 begründete Pensionsverpflichtungen **(Neuzusagen)** besteht (handels- und strechtl) **Passivierungspflicht** (§ 249 I 1 HGB, Art 23 I 1 EGHGB; e contrario Art 28 I 1 EGHGB; BFH I R 44/07 BStBl II 08, 673; *Heger/Weppler* HdJ III/7 Rz 31, 139).

4   c) **Verteilungswahlrechte, § 6a IV 2–4.** Diese waren früher in gleicher Weise in StB und HB auszuüben; nach Streichung des § 5 I 2 sind sie **autonom**.

5   d) **Mittelbare Verpflichtungen.** Für mittelbare Verpflichtungen aus Zusagen auf lfd oder künftige Pensionen (insb bei Zwischenschaltung einer Unterstützungskasse) und für ähnl unmittelbare oder mittelbare Verpflichtungen braucht nach Art 28 I 2 EGHGB (mE wegen fehlender Belastung) keine Rückstellung gebildet zu werden, sodass steuerl ein **Passivierungsverbot** gilt (BFH I R 46/04 BStBl II 06, 688; mE fragl; krit auch *Siebenlist* FR 19, 1123). „**Mittelbare Verpflichtungen aus einer Zusage**" sind solche, die sich für den ArbG bei Einschaltung eines sog externen Trägers der Altersversorgung (§§ 4b–4e) ggü dem Versorgungsträger oder dem zusagebegünstigten ArbN (Einstandspflicht, Durchgriffshaftung) ergeben können (*Heger/Weppler* HdJ III/7 Rz 54 f; *Briese/Horlemann* Staatl Förderung ... § 6a Rz 113).

6   e) **Ähnliche Verpflichtungen.** (Auch) Für „ähnl unmittelbare oder mittelbare Verpflichtungen" besteht mE – entgegen Art 28 I 2 Alt 2 EGHGB – Passivierungspflicht. – Erfasst werden zB *(1)* einmalige Verpflichtungen, *(2)* die Verpflichtung zur Anpassung (§ 16 BetrAVG); *(3)* Verpflichtungen aus Versorgungszusagen im Falle schwerer Erkrankung, *(4)* Verpflichtung zur Zahlung von **Vorruhestandsleistungen** und Übergangs- bzw Überbrückungsgeldern (ähnl *BH/Stöckler* § 6a Rz 55); *(5)* wertpapiergebundene Pensionszusage (FG Mster EFG 21, 1460, Rev XI R 25/21; *Lieb* BB 21, 1842). – **Keine** ähnl Verpflichtungen sind (also ggf erst recht Passivierung): *(1)* **Jubiläumszuwendungen** und **Treueprämien** (kein Pensionscharakter; BFH IV R 81/84 BStBl II 87, 845), *(2)* Verpflichtungen für Jahreszusatzleistungen im Jahr des Eintritts des Versorgungsfalls (EStH 6a I); *(3)* Verpflichtungen ggü Trägerunternehmen (BFH I R 65/15 BFH/NV 18, 437).

II. Rückstellungsvoraussetzungen, § 6a I

7   1. **Pensionsanspruch; Pensionsverpflichtung, § 6a I Nr 1.** – a) **Pensionsverpflichtung.** Diese liegt vor, wenn der Pensionsberechtigte einen **Rechtsanspruch** auf (einmalige oder laufende) Pensionsleistungen hat, insb die iRe ArbVerh oder anderen Rechtsverhältnisses (vgl § 6a V) begründete ungewisse oder **aufschiebend bedingte Verbindlichkeit** des StPfl, einem ArbN bzw anderweitig für das Unternehmen Tätigen oder deren Hinterbliebenen (Rz 16) einmalige oder lfd Versorgungsleistungen (Rente oder Kapital) zu gewähren (*Schwinger/Stöckler* DStR 13, 2306). Ggf können Versorgungsleistungen auch ohne Ausscheiden aus dem DienstVerh gewährt werden (*BMF* BStBl I 17, 1293 Rz 2 f). Der Zeitpunkt der Entstehung und die Bemessungsgrundlage des künftigen Anspruchs müssen festgelegt sein (BFH I R 75/04 BStBl II 05, 702); bei einer wertpapiergebundenen Rente ist deren Höhe vom Wert der Wertpapiere bei Eintritt des Versorgungsfalls abhängig (FG Mster EFG 21, 1460, Rev XI R 25/21). Die Pensionszusage entsteht durch Vertrag (ggf Ergänzung); sie begründet eine passivierungspflichtige ungewisse Verbindlichkeit. – Eine Versorgungszusage kann Altersruhegeld, Invalidenrente und Hinterbliebenenversorgung (Witwen- und Waisenrente) umfassen (zur „Teilfinanzierung" s Rz 26), Waisenrente aber nur zeitl begrenzt. Der Begriff der Pensionsverpflichtung ist weit auszulegen; dazu gehören zB auch Tantieme- und sonstige Gewinnbeteiligungszusagen, wenn die (Fälligkeits-)Bedingungen denen von Pensionszusagen entsprechen (*BH/Stöckler* § 6a Rz 38); auch Umwandlung von Tantiemeansprüchen mögl (BFH I R 78/08 BStBl II 13, 41).

Rückstellungsvoraussetzungen 8, 9 § 6a

Der Berechtigte muss im Versorgungsfall einen (durchsetzbaren) **Anspruch auf die Leistung** haben (§ 194 BGB). Die Pensionsverpflichtung setzt ein ArbVerh oder ein sonstiges Rechtsverhältnis voraus, das den Pensionsempfänger zur Tätigkeit zugunsten des Unternehmens verpflichtet (hat); s Rz 16. Eine zur Rückstellungsbildung berechtigende Pensionsverpflichtung ist nach BFH I R 92/95 BStBl II 99, 387 auch gegeben, wenn der ArbG berechtigt ist, diese bei Eintritt des Versorgungsfalls auf eine **Unterstützungskasse** zu übertragen (aA BMF BStBl I 99, 594). Die Einstandspflicht des ArbG für Versorgungsleistungen seitens einer anderen Versorgungseinrichtung (§ 1 I 3 BetrAVG) begründet keine Pensionsverpflichtung (BFH VIII R 14/01 BStBl II 03, 347).

b) Entstehungsgrund. Die **Pensionszusage** entsteht als Einzel- oder Gesamt- 8 zusage (Einzelvertrag; Pensionsordnung), in Form einer Betriebsvereinbarung, eines Tarifvertrags oder einer Besoldungsordnung (*BH/Stöckler* § 6a Rz 66; EStR 6a II), idR durch den ArbG (BFH I R 24/07 BFH/NV 07, 2278). Zuständig für die Erteilung der Zusage sind die nach Gesellschaftsrecht zuständigen Organe; bei der GmbH ist dies die **Ges'terversammlung** (BGH DB 91, 1065); bei sog **Ein-Mann-GmbH** ist Dokumentation und Befreiung vom Verbot des Selbstkontrahierens erforderl (*Otto* DStR 96, 770 mwN). Das die Leistungspflicht auslösende Ereignis ist der Eintritt des in der Pensionszusage genannten Versorgungsfalles, zB Erreichen eines bestimmten Lebensalters (vgl Rz 18; § 4b Rz 14), Eintritt der Berufsunfähigkeit oder Arbeitsunfähigkeit. Pensionsverpflichtungen sind im Hinblick auf ihre (dauerhafte) Ungewissheit immer „nur" Rückstellung, keine Verbindlichkeit. Die Ungewissheit kann sich darauf beziehen, ob der Versorgungsfall eintritt oder darauf, in welcher Höhe Leistungen zu erbringen sein werden, oder auf beides. Fest vereinbarte Erhöhungen lfd Renten **(Rentendynamik)** und/oder Rentenanwartschaften **(Anwartschaftsdynamik)** nach Maßgabe prozentualer Erhöhungen (zu Grenzen s Rz 57) sind keine ungewissen Erhöhungen iSd § 6a III 2 Nr 1 S 4 (BFH III B 55/12 BFH/NV 14, 575; *HHR* § 6a Rz 114). Die Bildung der Rückstellung (dem Grunde und der Höhe nach) ist – insb im Hinblick auf die betriebl Veranlassung – auch abhängig von der begünstigten Person; zu unterscheiden sind daher:

	Fremde ArbN	Angehörige	Geschäftsführer	Beherrschende Geschäftsführer
Voraussetzungen	Rz 7 f		Rz 17	Rz 19
Fremdvergleich		Rz 37 f	Rz 20 f	
Pensionsalter			Rz 18	Rz 19
Altersgrenzen	Rz 42 f			
Überversorgung (75 %-Grenze)	Rz 57			
Erdienenszeitraum, Erdienbarkeit			Rz 22	Rz 22
Zeitgrenzen			Rz 23	Rz 23
Finanzierbarkeit			Rz 26	
Nachzahlungsverbot			Rz 27	
Erstmalige Bildung	Rz 42			Rz 45
Verzicht			Rz 71	

c) Teilrente. Der Anspruch auf Teilrente (§ 42 SGB VI), der iÜ unter den allg 9 Voraussetzungen zur Rückstellungsbildung berechtigt, setzt **(1)** eine ausdrückl darauf gerichtete Zusage und **(2)** Zusage eines Teilzeitarbeitsplatzes seitens des ArbG voraus (*BMF* BStBl I 95, 250 – außer Kraft).

10 **2. Keine Abhängigkeit von künftigen gewinnabhängigen Bezügen, § 6a I Nr 2 Fall 1.** Die Rückstellung darf nicht von gewinnabhängigen Tantiemen abhängig sein (§ 6a I Nr 2 seit JStG 1997: Verhinderung jährl schwankender Zuführungen; BFH I R 31/09 BStBl II 13, 781; vgl Rz 57); der Wortlaut deckt diese Auslegung, der Zweck nicht unbedingt. Der BFH stellt auf den Zeitpunkt der Zusage ab, das BMF bezieht hingegen am Bilanzstichtag bereits feststehende gewinnabhängige Pensionsleistungen ein, sofern § 6a I Nr 3 (Schriftform) beachtet ist (*BMF* BStBl I 13, 1268; *Lieb* BB 13, 2930).

11 **3. Keine Widerrufsvorbehalte, § 6a I Nr 2 Fall 2. – a) Mögliche Inhalte.** Die Pensionsanwartschaft darf nicht (trotz bestehenden Anspruchs des Berechtigten) auf Grund eines in der Zusage enthaltenen Vorbehalts nach dem freien Belieben des Verpflichteten gemindert oder entzogen werden (*Blomeyer* § 6a BetrAVG Anh Rz 486 ff mwN; *Schwinger/Stöckler* DStR 13, 2306; *BH/Stöckler* § 6a Rz 124), auch bei arbeitsrechtl Unzulässigkeit (FG Ddorf EFG 19, 1745, Rev IV R 21/19). Ein **schädl Vorbehalt** liegt auch vor, wenn die Zusage durch Auszahlung des TW gem § 6a III vom ArbG abgefunden werden darf (**Abfindungsklausel;** BFH I R 78/08 BStBl II 13, 41); anders bei Abfindung zum Barwert (BFH XI R 47/17 BStBl II 19, 760; BFH XI R 48/17 BStBl II 19, 763). Schädl ist der Vorbehalt der Änderung des Zinssatzes und der Transformationstabelle bei einer (beitragsorientierten) Entgeltumwandlungszusage (FG Ddorf BB 19, 1840, Rev IV R 22/19). **Unschädl** dagegen sind zB *(1)* die Möglichkeit der Übertragung auf eine Unterstützungskasse nach Eintritt des Versorgungsfalls (BFH I R 92/95 BStBl II 99, 387), *(2)* der Vorbehalt, die Erbringung der Pensionsleistungen nach §§ 315, 242 BGB vom Ausbleiben sich verschlechternder Umstände und von gleichbleibenden Verhältnissen abhängig zu machen, *(3)* die Ungewissheit, die ausschließl im Hinblick auf die in den Versorgungszusagen in Bezug genommene Bemessungsgröße in Form des künftigen Werts der Fondsanteile bzw der RückdeckungsLV besteht (FG Mster EFG 21, 1460, Rev XI R 25/21).

Vorbehalte: EStR 6a III–VI enthalten eine Aufstellung schädl und unschädl Vorbehalte. Die in EStR 6a IV enthaltenen **unschädl Mustervorbehalte** gestatten den Widerruf nur nach billigem Ermessen und schließen die Bildung von Pensionsrückstellungen nicht aus. Die **schädl Vorbehalte** in EStR 6a III, die den Widerruf nach freiem Belieben des Verpflichteten erlauben, stehen der Bildung einer Pensionsrückstellung dann nicht mehr entgegen, wenn der Versorgungsfall eingetreten und der Anspruch nunmehr unwiderrufl entstanden ist. Enthält die Pensionszusage andere als die in EStR 6a III, IV genannten Vorbehalte, kommt es für die Rückstellungsbildung darauf an, ob der Leistungs- oder Widerrufsvorbehalt vom Verpflichteten nach freiem Belieben oder in den engeren Grenzen des billigen Ermessens ausgeübt werden kann (vgl BFH VI 61/64 BStBl II 68, 90). Die Rückstellungsbildung wird ausgeschlossen durch sog **Inhaberklauseln** (EStR 6a VI), die ein Erlöschen des Pensionsanspruchs bei Betriebsveräußerung oder anderweitigem Unternehmerwechsel vorsehen.

12 **b) Rückdeckungsversicherung.** Sie schließt die Bildung der Pensionsrückstellung nicht aus (BFH I R 54/02 BStBl II 04, 654; OFD Rhl DB 11, 737; *Höfer* BetrAVG Kap 48 Rz 128). Den (anfangs niedrigen) Anspruch aus der Rückdeckungsversicherung hat der ArbG in voller Höhe zu aktivieren (BFH I R 67/08 BStBl II 10, 32). Die **Prämien** für die Rückdeckungsversicherung sind BA (*BMF* BStBl I 84, 495; *Thierer* BetrAV 09, 115); zu § 4 III BFH VIII R 9/14 BStBl II 18, 387 (vollständige Ausfinanzierung). Es kommt nicht darauf an, ob der Versicherungsanspruch dem ArbG zusteht und ob die Pensionszusage an die Versicherung gebunden ist.

15 **4. Schriftform; Eindeutigkeit, § 6a I Nr 3.** Abw vom Zivilrecht setzt § 6a I Nr 3 für die Rückstellungsbildung voraus, dass die Pensionszusage schriftl erteilt wird (EStR 6a VII; *Veit* BB 18, 683; krit *Heger* DStR 08, 585); die Annahme kann mündl erfolgen (BFH I R 75/04 BStBl II 05, 702; EStH 6a VII). Die Zusage muss Angaben über **Art, Form, Voraussetzungen und Höhe** der in Aussicht gestellten Leistungen enthalten und am Bilanzstichtag vorliegen (BFH I R 91/15

BFH/NV 18, 16); ausreichende Klarheit kann ggf durch Auslegung ermittelt werden (BFH I B 125/04 BFH/NV 05, 1036).. Eine Pensionszusage für einer Ges'ter-Geschäftsführer auf das 65. Lebensjahr, die bereits zu einem früheren Zeitpunkt beansprucht werden kann, ist nicht eindeutig und führt zu vGA; der Zeitpunkt, ab wann ein Anspruch auf Altersversorgung besteht, muss eindeutig feststehen (FG Ddorf EFG 21, 1576, Rev I R 29/21). – Sieht die Versorgungszusage eine einschränkungslose Koppelung der Versorgungshöhe an die Vergütungshöhe vor, ist dies auch bei einer bloß vorübergehenden Gehaltsabsenkung zu berücksichtigen (BFH I R 17, 18/10 BFH/NV 11, 452). Pensionszusagen (ebenso Abfindungsklauseln) sind auch nach Einfügung des Eindeutigkeitsgebots anhand der allg geltenden Auslegungsregeln auszulegen, soweit ihr Inhalt nicht klar und eindeutig ist (BFH XI R 47/17 BStBl II 19, 760). – Nennung des Versicherungstarifs reicht nicht (*Haack/Stöckler* BetrAV 19, 329).

Inhaltl Unklarheiten gehen zu Lasten des StPfl (BFH I R 37/02 BStBl II 04, 121). Ist die Änderung einer schriftl Abrede nicht formwirksam, ist sie steuerl gleichwohl beachtl, wenn sie tatsächl ihrem Inhalt gemäß vollzogen worden ist (BFH VIII R 81/94 BFH/NV 99, 1457); wohl auch bei Nichtbeachtung einer gesetzl vorgeschriebene Form (§ 41 AO). Für **Abfindung** reicht Bezugnahme auf anerkannte Regeln der Versicherungsmathematik aus (BFH XI R 47/17 BStBl II 19, 760), nicht aber „auf die im Zeitpunkt der Abfindung gültigen Rechnungsgrundlagen" (BFH XI R 48/17 BStBl II 19, 763; *Weber-Grellet* FR 19, 1106).

Dem Erfordernis der Schriftform genügen schriftl Einzelverträge, Pensions- und Besoldungsordnungen, Betriebsvereinbarungen und Tarifverträge, Urteile sowie schriftl Bestätigungen nach § 2 VI BetrAVG über das Vorliegen eines unverfallbaren Anspruchs auf betriebl Altersversorgung, Beschlüsse der Ges'terversammlung, wenn sie dem Begünstigten bekannt sind (BFH I R 37/02 BStBl II 04, 121); ggf ein Online-Portal (*BMF* BetrAV 18, 465). – Auch der Austausch des Pensionsverpflichteten muss schriftl vereinbart sein (FG Nds EFG 07, 1424; offen gelassen in nachfolgendem BFH I R 24/07 BFH/NV 07, 2278). Bei Ausgeschiedenen genügt die betriebsöffentl Erklärung (*BMF* BStBl I 05, 860).

Pensionsverpflichtungen, die lediglich auf **betriebl Übung unter Berücksichtigung des Gleichbehandlungsgrundsatzes** beruhen, berechtigen nicht zur Bildung einer Rückstellung, jedenfalls solange nicht, bis eine schriftl Bestätigung vorliegt. Nicht ausreichend ist ein protokollierter Ges'terbeschluss, wenn die Niederschrift dem Begünstigten nicht (schriftl) mitgeteilt wird (BFH I R 129/84 BFH/NV 88, 807 unter B 1b). Wird das Schriftformerfordernis nachträgl erfüllt, kann die Rückstellung in vollem Umfang zum folgenden Bilanzstichtag gebildet werden, als wäre die Pensionszusage im Zeitpunkt der schriftl Fixierung erteilt worden (so auch *Höfer* BetrAVG Kap 2 Rz 181).

5. Pensionsberechtigter; betriebliche Veranlassung; Versorgungsausgleich. Die Pensionsverpflichtung muss iRe ArbVerh oder anderen Rechtsverhältnisses (s Rz 75) begründet sein; der Kreis ist nicht auf ArbN beschränkt (BFH I R 78/08 BStBl II 13, 41; *BH/Stöckler* § 6a Rz 201). Wird die Pensionszusage durch Minderung künftiger Bezüge des ArbN finanziert **(Entgeltumwandlung)**, liegt keine Lohnverwendungsabrede, sondern eine Änderung der Vergütungsabrede vor, sodass die Rückstellung auch in diesen Fällen gebildet werden kann; dies ergibt sich auch aus §§ 1a, 1b BetrAVG (vgl § 4b Rz 1). – Die Pensionsrückstellung muss durch den Betrieb veranlasst sein (§ 4 IV; § 5 Rz 311, 361). Die betriebl Veranlassung fehlt, wenn das Unternehmen erkennbar nicht in der Lage sein wird, die zugesagte Pension zu zahlen; sog Finanzierbarkeit (s Rz 26). Zur Feststellung der betriebl Veranlassung bei Zusagen an Angehörige bzw dem Ges'ter einer PersGes oder KapGes nahe stehenden Person s § 4b Rz 11 f, § 6a Rz 34 ff. – Bei **Doppelfinanzierung** ist die Bildung einer Rückstellung unzul (EStR 6a XV; *BH/Stöckler* § 6a Rz 495); der **Handelsvertreter** muss sich die Rückstellung auf seinen Ausgleichsanspruch anrechnen lassen (EStR 6a XVI). – Beim **Versorgungsausgleich** erhält nach *BMF* BStBl I 10, 1303 die ausgleichsberechtigte Per-

§ 6a 17, 18   Pensionsrückstellung

son eine unmittelbare Pensionszusage (interne Teilung) oder deren Versorgungsträger einen Kapitalbeitrag (externe Teilung); iEinz s *Budinger/Krazeisen* BetrAV 10, 612. – Hinterbliebene können ebenfalls iSd § 6a begünstigt sein; im Vererbungsfall (an Nicht-Hinterbliebene) ist ggf § 6 maßgebend (*BMF* BStBl I 17, 1293).

6. Gesellschaftergeschäftsführer einer Kapitalgesellschaft als Pensionsberechtigter

    Schrifttum (vor 2017 s Vorauflagen): *Briese,* Altersgrenze ..., StuB 17, 271; *Selig-Kraft* ua, Steuerl Fallstricke ..., BB 17, 1885; *Langohr-Plato/Bamberg,* Die Erdienbarkeit ... in der aktuellen BFH-Rspr, BetrAV 18, 617. – **Verwaltung:** EStR 6a VIII; *BMF* BStBl I 02, 1393; OFD Nds DStR 14, 2078; *BMF* BStBl I 16, 1427.

17   **a) Fremdvergleich; verdeckte Gewinnausschüttung; Beweislast.** Für Versorgungszusagen an Ges'tergeschäftsführer von KapGes können Rückstellungen nach § 6a gebildet werden, auch bei beherrschender Stellung (zur Neueinrichtung einer Ges'tergeschäftsführer-Versorgung *Selig-Kraft* BB 17, 1885). Allerdings hat sich insoweit ein „Sonderrecht" herausgebildet; wegen der Rspr- und Verw-Vorgaben handelt es sich um ein strechtl „Minenfeld" (Überversorgung, Gehaltssprünge, Weiterarbeit; *Korn/Strahl* KÖSDI 17, 20526 mwN). Nach dem sog **Trennungsprinzip** (*Tipke* LB § 11 Rz 1) sind Anteilseigner und Körperschaft (KapGes) selbstständige Rechtssubjekte; eine Altersversorgungszusage wird deshalb unter den Voraussetzungen des § 6a grds auch strechtl als **betriebl veranlasst** angesehen, sofern für Gewährung und Höhe der Versorgungszusage keine gesellschaftl (Mit-)Veranlassung besteht (BFH I R 70/03 BStBl II 04, 937); zweistufige Prüfung (*Ott* Stbg 15, 395; *Wellisch/Kutzner* BB 15, 2731; *BMF* BStBl I 16, 1427 Rz 7). Den rechtl Maßstab dafür gewinnt die Rspr aus einem (normativen) **Fremdvergleich** (Rz 21, 37 f; BFH I R 43/01 BStBl II 03, 416). Verstöße gegen § 6a sind zu korrigieren, fehlende betriebl Veranlassung führt zu vGA (BFH I R 39/12 BStBl II 14, 174; *Weber-Grellet* FR 14, 119). Bei Zweifeln am Vorliegen der Rückstellungsaussetzungen trifft die **Beweislast** den StPfl (KapGes), sofern nicht im Einzelfall zugunsten des StPfl Erfahrungssätze oder andere Beweiserleichterungen eingreifen. Hat die KapGes, ohne dass die Voraussetzungen des § 6a erfüllt sind, eine Pensionsrückstellung gebildet, liegt insoweit eine **vGA** iSd § 8 III 2 KStG vor; die Rückstellung ist gewinnerhöhend aufzulösen. Ist die Rückstellungsbildung dem Grunde nach gerechtfertigt, aber überhöht, dh höher mit dem TW angesetzt (§ 6a III 1), ist sie auf den zulässigen Betrag zu reduzieren; der **Kürzungsbetrag** ist vGA (BFH I R 21/03 BStBl II 05, 841). Fehlerhafte Buchungen bewirken keine Vermögensminderung und sind daher keine vGA (BFH III R 43/00 BStBl II 03, 149). – Zur Anrechnung von **Vordienstzeiten** s Rz 54, zum **Verzicht** s Rz 69.

    Zur Zusage einer sofort unverfallbaren Altersrente und zum Recht auf Kapitalabfindung vgl BFH I R 12/07 BStBl II 15, 409; Weiterbeschäftigung kann vGA auslösen (krit *Schothöfer/Killat* DB 11, 896).

Nach der (mE korrekturbedürftigen) Rspr des I. Senats des BFH führt eine vGA (§ 8 III 2 KStG) zu einer Einkommenserhöhung (Gewinnerhöhung) außerhalb der Bilanz; Folge: Keine Anwendung der Regeln zum Bilanzzusammenhang (BFH I R 21/03 BStBl II 05, 841; BFH I R 78/08 BStBl II 13, 41). Deshalb ergeben sich Änderungsmöglichkeiten für bestandskräftig veranlagte Jahre grds allein aus §§ 172 ff AO. Das soll aber nicht für Bilanzierungsfehler gelten, die zB auf einer unrichtigen Anwendung des § 6a beruhen (BFH I R 70/03 BStBl II 04, 937; BFH I R 21/03 BStBl II 05, 841; krit *Pradl* GStB 14, 156; *Weber-Grellet* FR 04, 216; BB 14, 2263; Rz 67).

18   **b) Pensionsalter** (frühester und spätester Pensionsbeginn). Das Pensionsalter ist das Alter des Pensionsbeginns. Bei Neuzusagen nach dem 9.12.16 ist eine vGA gegeben, wenn die vertragl Altersgrenze weniger als 62 Jahre beträgt bzw bei beherrschenden Ges'tergeschäftsführern weniger als 67 Jahre; bei Altzusagen betragen die entspr Altersgrenzen 60 und 65 Jahre, bei Behinderung niedriger (*BMF* BStBl I 16,

1427; *OFD Nds* DStR 17, 2282; *Stöckler* DStR 18, 223). – Die Anpassung ist innerhalb eines Wj zulässig (*BMF* BStBl I 16, 1427). Ein Statuswechsel (vom nicht beherrschenden zum beherrschenden Ges'ter verlangt grds keine Prüfung der gesellschaftl Veranlassung (*BMF* BStBl I 16, 1427); iEinz Rz 22 f.

c) Beherrschender Gesellschafter. Vgl § 20 Rz 45. Wegen der Gefahr von Scheingestaltungen sind **erhöhte Anforderungen** hinsichtl Ernsthaftigkeit, Erdienbarkeit, Angemessenheit und Finanzierbarkeit geboten (s Rz 20–26). Eine beherrschende Stellung liegt vor bei einer Mehrheitsbeteiligung; auch bei geringerer Beteiligung des einzelnen Geschäftsführers, wenn er zusammen mit anderen Ges'tern über eine Stimmenmehrheit verfügt und zw ihnen – für die Beschlussfassung – **gleichgerichtete Interessen** bestehen (vgl BFH I R 113/88 BStBl II 91, 379; BFH I B 48/98 BFH/NV 99, 671; *Otto* DStR 96, 770 mwN). Allein wegen **Ehe** bzw Verwandtschaft kann dies jedoch nicht angenommen werden (vgl BVerfG, BStBl II 85, 475; *BMF* BStBl I 86, 537), steht aber der Annahme gleichgerichteter Interessen auch nicht entgegen (BFH I R 103/86 BStBl II 88, 786); zum Pensionsalter s Rz 18. Das (ArbN schützende) BetrAVG gilt nicht für beherrschende Ges'ter (BFH I R 78/08 BStBl II 13, 41). – Zur Umstrukturierung von Leistungszusagen s *Schulenberg ua* BetrAV 16, 208.

Die Pension muss bei beherrschenden Ges'ter-Geschäftsführern spätestens im Alter von **70 Jahren** beginnen (BFH I R 98/93 BStBl II 95, 419; vgl *Mahlow* DB 99, 2590); im Hinblick auf die zunehmende Verlängerung der Lebensarbeitszeit könnte diese Grenze überholt sein. Zu dieser Frage gibt es keine (neuen) Streitfälle; die FinVerw ist möglicherweise großzügig, da ein höheres Eintrittsalter mit einer geringeren Rückstellung verbunden ist. - Wird dem 60 Jahre alten beherrschenden Ges'ter-Geschäftsführer von der GmbH eine Pensionszusage erteilt, ist die entsprechende Pensionsrückstellung als vGA zu beurteilen (BFH I R 2/91 BFH/NV 93, 52).

d) Weitere Voraussetzungen betrieblicher Veranlassung. – aa) Ernsthaftigkeit. Eine Pensionsverpflichtung ist betriebl veranlasst, wenn zusätzl zu einem wirksamen Anstellungsvertrag die Zusage schriftl erteilt und *ernsthaft* gemeint ist (kein Scheingeschäft) und die versprochene Pension *angemessen, erdienbar* und *finanzierbar* ist (KStR 8.7; *BMF* BStBl I 04, 1045). Indiz hierfür ist neben der tatsächl Durchführung des ArbVerh etwa auch der Abschluss einer **Rückdeckungsversicherung.** Zu den Rechtsfolgen s Rz 17.

bb) Angemessenheit (dem Grunde wie der Höhe nach). Die Angemessenheit kann durch **betriebsexternen Fremdvergleich** (Üblichkeit bei anderen Betrieben; BFH I B 91/98 BFH/NV 99, 1645 mwN) oder **betriebsinternen Fremdvergleich** (mit anderen nicht am Unternehmen beteiligten Geschäftsführern) ermittelt werden (s § 4b Rz 15 f; *Bilsdorfer* BB 96, 2381 mwN). Maßstab der Angemessenheit ist auch die vom BFH aus dem Zweck der betriebl Altersversorgung abgeleitete **Überversorgungsgrenze** (75%; § 20 Rz 58; krit *Selig-Kraft* StuB 19, 386), die bezweckt, Umgehungen des § 6a III 2 Nr 1 S 4 zu verhindern (BFH I R 70/03 BStBl II 04, 937; BFH I R 79/03 BStBl II 04, 940; iEinz Rz 57).

Nach Fremdvergleichsgrundsätzen ist auch zu beurteilen, ob Versorgungsversprechen durch Abfindungsvereinbarung oder Zuschreibungen auf dem **Arbeitszeitkonto** „repariert" werden können (*Wellisch/Quast* DB 06, 2139).

cc) Erdienbarkeit. – *(1)* Mindestdauer. Erdienbarkeit setzt vom Zeitpunkt der Zusage an eine gewisse (weitere) Mindestdauer des ArbVerh voraus (BFH I R 89/15 BStBl II 19,70; Rz 23); sie muss grds nur im Zeitpunkt der Zusageerteilung gegeben sein (BFH I R 76/13 BStBl II 15, 665). Erdienbarkeit liegt vor, wenn bei Anwendung der Sorgfalt eines ordentl und gewissenhaften Geschäftsleiters dieser auch einem Nicht-Ges'ter in vergleichbarer Stellung die Zusage gewährt hätte (vgl BFH I R 43/01 BStBl II 03, 416; s Rz 21, 39). Die Erdienbarkeit kann durch nachträgl Hinausschieben der vertragl Pensionsalters herbeigeführt werden (BFH I R 36/97 BStBl II 98, 689). Wird das Festgehalt wegen vermindertem Tätigkeitsumfang abgesenkt, ist die **Herabsetzung der Versorgungszusage** nur geboten, wenn sich andernfalls eine Überversorgung oder eine zu hohe Gesamtausstattung ergäbe (BFH I R 14/04 BFH/NV 05, 245). Umgekehrt kann eine Gehaltserhöhung (auch bei einem endgehaltabhängigen Pensionsversprechen) mittelbar zu einer Pensionserhöhung führen und eine vGA auslösen (BFH I R 17/14 BStBl II 15, 1022). – *(2)* **Höchstalter.** Nach stRspr kann ein Pensionsanspruch nicht mehr erdient werden, wenn der (beherrschende und auch nicht beherrschende) Ges'tergeschäftsführer im Zeitpunkt der Pensionszusage das 60. Lebensjahr überschritten hat (BFH I R 26/12 BFH/NV 14, 728; *Wellisch/Kutzner* BB 16, 2135); das Erdienbarkeitserfordernis gilt auch für Erhöhungen (*Ott* StuB 16, 214). – *(3)* **Weitere Einzelheiten.** Problematisch ist die Erdienbarkeit insb bei vorzeitigem Dienstende (BFH I R 76/13 BStBl II 15, 665) und bei Erhöhung der Pensionszusage (BFH I R 62/07 BStBl II 13, 39; *Pfirrmann* DB 19, 984). IdR keine Prüfung der Erdienbarkeit bei **Entgeltumwandlung** und bei **Änderung des Durchführungsweges** (BFH I R 89/15 BStBl II 19,70: „Problemlöser"), wohl nicht auf das Erfordernis einer ausreichenden Probezeit übertragbar (*Schiller/Veh* BetrAV 20, 474).

23 *(4)* **Konkrete Zeitvorgaben.** – *(a)* **Zusagen an nichtbeherrschende Gesellschaftergeschäftsführer.** Erforderl ist, dass diese mindestens 12 Jahre vor dem vorgesehenen Zeitpunkt der Pensionierung im Betrieb tätig gewesen sind und die Pensionszusage mindestens 3 Jahre vor diesem Zeitpunkt erteilt worden ist (BFH I R 40/99 BStBl II 00, 504; BFH I R 14/04 BFH/NV 05, 245; OFD Nds DStR 14, 2078). ME müssten auch hier die allg Fremdvergleichsvoraussetzungen gelten (Rz 37 f). – *(b)* **Zusagen an beherrschende Gesellschaftergeschäftsführer.** Hier stellt die Rspr strengere (kumulative und geradezu „normähnl" gehandhabte) Anforderungen (*BH/Stöckler* § 6a Rz 526; § 20 Rz 45 f), deren (gesetzl) Legitimation mE durchaus fragl ist. Nach der BFH-Rspr (BFH I R 80/02 BFH/NV 03, 1670; BFH I R 14/04 BFH/NV 05, 245) sind **vier Zeitgrenzen** zu beachten: – *(aa)* **Probezeit.** Vor Erteilung der Zusage muss das ArbVerh grds 2–3 Jahre bestanden haben. Die Länge der sog (personenbezogenen) Probezeit (Erprobung) hängt vom Einzelfall ab (BFH I R 70/04 BStBl II 05, 882); hat der Geschäftsführer sich bereits in vergleichbarer Stellung im Unternehmen bewährt, kann sie kurz bemessen werden (BFH I R 18/01 BStBl II 02, 670: 1 Jahr) oder wegfallen (zB nach Umwandlung oder AbrAufsp: BFH I R 99/02 BFH/NV 04, 373; FG BBg EFG 14, 482 [zust *Heger* BB 14, 1393]; FG BBg EFG 14, 1713; BMF BStBl I 13, 58: 2–3 Jahre; OFD *Ffm* GmbHR 05, 1641; *Killat* DB 13, 195; krit *Dommersmuth/Veh* DStR 17, 2249). – Zur Heilung zu kurzer Probezeiten *Otto* DStR 11, 106. – *(bb)* **Wartezeit.** Daneben besteht eine (unternehmensbezogene) Wartezeit, nach der eine Pensionszusage idR erst 5 Jahre nach Gründung der KapGes erteilt werden kann; kein „Hineinwachsen" (BFH I R 78/08 BStBl II 13, 41; BFH I R 39/12 BStBl II 14, 174; krit *Janssen* NWB 10, 3455). – *(cc)* **Erdienenszeitraum/Erdienbarkeit.** Für beherrschende Ges'tergeschäftsführer muss die Pensionszusage (auch bei mittelbarer Versorgungszusage; § 4d Rz 2) grds mindestens 10 Jahre vor dem (vertragl vorgesehenen) Pensionsalter (und spätestens mit dem 60. Lebensjahr) erteilt worden sein (BFH I R 138/93 BStBl II 95, 478; BFH I R 89/15 BStBl II 19,70; *Pfirrmann* DB 19, 984); Ausnahme mögl, wenn sichergestellt ist, dass die Zusage durch die künftige Arbeitsleistung abgedeckt wird (BFH I R 33/15 BB 16, 2788). Nach BMF BStBl II 09, 712: **10 Jahre** erstmals für Wj, die nach dem 30.12.09 enden. – Vorzeitiges Ausscheiden führt zur vGA (BFH I R 76/13 BStBl II 17, 66). – Der Erdienenszeitraum gilt auch bei Entgeltumwandlungen (OFD Nds DStR 14, 2078; krit *Bergt-Weis/Rutzmoser* DB 16, 2806). – *(dd)* **Altersgrenze.** Die vierte Zeitgrenze verlangt, dass die Jahresbeiträge vom Alter 27 (ab 1.1.18: 23; Rz 43) bis (mindestens) zum Alter 65 aufzubringen sind (EStR 6a VIII; Rz 58; zum Übergang BMF BStBl I 09, 712) und dass die **Pension** spätestens mit **70 Jahren beginnen muss** (BFH I R 98/93 BStBl II 95, 419; s aber Rz 18). –

Auch für beherrschende Ges'tergeschäftsführer ist grds das vertragl vereinbarte Pensionsalter zugrunde zu legen; EStR 6a VIII 1, 5 sind nicht weiter anzuwenden (*BMF* BStBl I 16, 1427; vorgehend BFH I R 72/12 BStBl II 16, 1008; BFH I R 2/14 BFH/NV 15, 500). Bei Schwerbehinderten verringert sich das Pensionsalter um jeweils 5 Jahre (BFH I R 25/04 BFH/NV 05, 2252); entscheidend sind die Umstände des Einzelfalls (vgl BFH I R 43/01 BStBl II 03, 416).

Grundsätze (nach *BMF* BStBl I 16, 1427; *Briese* StuB 17, 271):
– Maßgeblichkeit des vertragl vereinbarten Pensionsalters (abw von EStR 6a VIII)
– Zusagen für nicht **beherrschende Ges'tergeschäftsführer:** Pensionsbeginn **frühestens** im Alter von 60 bei Alt- bzw 62 bei Neuzusagen (ab 9.12.16)
– Zusagen für **beherrschende Ges'tergeschäftsführer:** kein Mindestpensionsalter (kein frühester Beginn; *BMF* BStBl I 16, 1427 Rz 3)
– Pensionsbeginn: **spätestens** im Alter von 70 Jahren (fragl)

dd) Versorgungslücke. Offen gelassen hat BFH I R 98/93 BStBl II 95, 419, ob auf die Angemessenheit der Gesamtausstattung abzustellen ist, wenn die Pensionszusage lediglich dazu dient, eine Versorgungslücke im Hinblick auf einen während früherer nichtselbstständiger Tätigkeit erworbenen Pensionsanspruch zu schließen. In dem Sonderfall, dass der Ges'ter eines Betriebs in den neuen Bundesländern dessen Geschäftsführung übernimmt, ist nach BFH I R 80/02 BStBl II 03, 926 die Altersgrenze einzuhalten.

ee) Sonstige Versorgung. Neben einer der Altersversorgung dienenden Pensionszusage kann „zugleich" angemessene **Invaliditäts-** und/oder **Hinterbliebenenversorgung** (an Ehegatten und Kinder iSd § 32 III, IV, auch an Lebensgefährten, *BMF* BStBl I 02, 706; *BH/Stöckler* § 6a Rz 207), zugesagt werden. Eine solche Zusage unterliegt nach BFH I R 98/93 BStBl II 95, 419 (421) nicht auch der 10-Jahres-Frist (Rz 23). Nach BFH I R 23/03 BFH/NV 04, 667 ist die dienstzeitunabhängige Zusage von Invaliditätsversorgung iHv 75% des Bruttogehalts unübl; anzuerkennen sei lediglich eine Zusage, die – bei dienstzeitunabhängiger Zusage – den „ersparten" gesetzl ArbG-Beiträgen entspricht; krit *Schimmle/Wardemann* FR 04, 707.

Der Maßstab der ersparten ArbG-Beiträge ist problematisch, weil Geschäftsführer wegen ihrer arbeitgeberähnl Stellung nicht der gesetzl Versicherungspflicht unterliegen, also auch von der gesetzl RV nicht vergleichbar behandelt werden. Geeigneter Fremdvergleichsmaßstab ist mE allein ein anhand tatsächl Erhebungen gewonnener Durchschnittswert der Versorgungszusagen für Fremdgeschäftsführer (s dazu *Seeger* FS *Wassermeyer*, 2005, 81; ähnl *Briese* GmbHR 04, 1132).

ff) Finanzierbarkeit. Betriebl Veranlassung (Rz 20) einer Pensionszusage verlangt weiterhin, dass die zugesagten Leistungen nach der Ertragslage des Unternehmens bei **Zusageerteilung** voraussichtl erfüllt werden können (BFH I R 7/01 BStBl II 05, 662; *BH/Stöckler* § 6a Rz 543; *BMF* BStBl I 05, 875: Übernahme der BFH-Rspr; *OFD Ffm* GmbHR 05, 1641). Entscheidend ist dabei, ob der StPfl (die KapGes) – von der Situation der Zusageerteilung aus gesehen – im Falle der Inanspruchnahme aus einem der von der Zusage umfassten Risiken überschuldet wäre (iEinz *BMF* BStBl I 99, 512; zT überholt); ergeben die HB-Werte eine Überschuldung, wird eine (prognostische) Überschuldungsprüfung im insolvenzrechtl Sinne erforderl (BFH I R 65/03 BStBl II 05, 664; § 19 II InsO), bei der auf der Aktivseite auch alle WG mit ihren Zeitwerten und auch selbstgeschaffene immaterielle WG mit ihren (kapitalisierten) Ertragswerten (*Greinert* DB 04, 2113) zu berücksichtigen sind.– Eine Pensionszusage ist auch durch das GesVerhältnis veranlasst, wenn im Zeitpunkt der Zusageerteilung die Ertragsaussichten der GmbH noch nicht abgeschätzt werden können (BFH I R 75/04 BStBl II 05, 702).

Wird auch **Invalidität** von der Zusage umfasst, liegt insoweit nach Auffassung des BFH eine rechtl gesonderte Zusage vor, für die grds derselbe Prüfungsmaßstab gilt (BFH I R 65/03

BStBl II 05, 664). Abzustellen ist auf den auf das Invaliditätsrisiko entfallenden **Anwartschaftsbarwert** (zusammenfassend: BFH I R 7/01 BStBl II 05, 662 mwN); nach BFH I R 7/01 BStBl II 05, 662 kann auch der niedrigere handelsrechtl TW angesetzt werden. Der Rückgriff auf die gedachte Insolvenzsituation ist lediglHilfserwägung iRd indiziellen Fremdvergleichsprüfung (BFH I R 14/04 BFH/NV 05, 245).

27 **gg) Nachzahlung und Weiterbeschäftigung nach Pensionierung ("Anschlusstätigkeit").** Steuerl nicht anerkannt wird eine Pensionszusage für einen beherrschenden Ges'tergeschäftsführer, wenn und soweit sie als nachträgl Vergütung bereits erbrachter Arbeitsleistungen gewährt wird (**Nachzahlungsverbot**; BFH I R 98/93 BStBl II 95, 419; *Briese* DB 15, 2408). – Die (schlichte) partielle Fortführung des ArbVerh nach Erreichen der Altersgrenze darf nicht zu einer Gehaltserhöhung führen (BFH I R 60/12 BStBl II 15, 413; *BMF* BStBl I 17, 1293 Rz 10; *OFD Ffm* DStR 18, 354; zR krit *Otto* DStR 18, 55; *Kohlhepp* DB 21, 636); wohl unschädl, wenn Fortsetzung in anderer Funktion (*Demuth/Fuhrmann* kösdi 15, 19213). Auch kann der Abschluss eines (neuen) Arbeitsvertrags eine eigenständige (getrennt zu beurteilende) Neuregelung enthalten (BFH I R 56/17 BFH/NV 21, 547); ggf rechtzeitige Neuvereinbarung/Beratervertrag (so FG Mster EFG 19, 1620, Rev I R 41/19).

28 **hh) Neuere Rechtsprechung** (s *Briese* DB 14, 801; *Pradl* GStB 14, 156): – **(1)** BFH I R 72/12 BStBl II 16, 1008: Ein **Mindestpensionsalter** wird für die Zusage ggü dem beherrschenden Ges'tergeschäftsführer nicht vorausgesetzt (*BMF* BStBl I 16, 1427 Rz 3, 4). – **(2)** BFH I R 28/13 BStBl II 15, 413: **Doppelzahlung** von Gehalt und Pension führt zur vGA; Anrechnung notwendig (FG BBg EFG 16, 1916, aufgehoben durch BFH 22.8.17 I B 104/16, juris). – **(3)** BFH I R 89/12 BStBl II 14, 729; BFH I R 28/13 BStBl II 14, 726: Vorzeitige **Kapitalabfindung** einer Pensionszusage führt zur vGA (Rz 69). – **(4)** BFH I R 26/12 BFH/NV 14, 728: Ein Pensionsanspruch kann nicht mehr **erdient** werden, wenn der Ges'tergeschäftsführer im Zeitpunkt der Pensionszusage das 60. Lebensjahr überschritten hat. – **(5)** BFH I R 17/13 BFH/NV 14, 731: Hinterbliebenenversorgung für den neuen Lebenspartner als **nicht erdienbare Neuzusage** (bei weniger als 10 verbleibenden Dienstjahren). – **(6)** BFH I R 89/15 BStBl II 19, 70: Keine Prüfung der Erdienbarkeit bei **Entgeltumwandlung** und bei **Änderung des Durchführungsweges**.

29 **e) GmbH & Co KG; KGaA.** Ist die KapGes Komplementärin einer KG hat sie die Verpflichtung aus einer Pensionszusage zu passivieren und den evtl Aufwendungsersatzanspruch gegen die KG zu aktivieren. Entsprechendes gilt für den persönl haftenden Ges'ter einer KGaA. Die KG hat analog die Verpflichtung zum Aufwendungsersatz zu passivieren (BFH IV R 62/00 BFH/NV 02, 976); für die Rückstellungsbildung der KG gelten die Beschränkungen des § 6a entspr.

30 **7. Umwandlung** (*Fuhrmann* DStZ 15, 425; *Feldgen* StuB 15, 864; *Schulenberg* DStR 16, 2917). – **a) Umwandlung einer Kapitalgesellschaft in eine Personengesellschaft.** Wird eine KapGes in eine PersGes umgewandelt, ist eine für den Ges'ter-Geschäftsführer zulässigerweise gebildete Pensionsrückstellung fortzuführen (BFH I R 8/75 BStBl II 77, 798; FG BaWü EFG 20, 1140, Rev VIII R 17/20); nach *LfSt Bayern* (DB 09, 2404) soll unter Hinweis auf BFH VIII R 15/96 BStBl II 08, 174, in der Sonderbilanz eine Korrektur vorzunehmen sein. Zur Fortentwicklung der Pensionsrückstellung bei der PersGes s *Schulenberg* DStR 16, 2917. Im Umwandlungszeitpunkt ergibt sich, wenn der Versorgungsanspruch noch nicht voll erdient ist, ein **Übernahmefolgegewinn** aus der Differenz des bei der PersGes gem § 4 I UmwStG anzusetzenden Wertes für die Pensionsverpflichtung und des nach § 6a III 2 Nr 2 höchstens zulässigen – erdienten – Anwartschaftsbarwertes (ausführl *Neumann* GmbHR 02, 996; *Fuhrmann/Demuth* kösdi 06, 15082, auch zur Fortentwicklung der Rückstellung; § 15 Rz 586 f). Zu Verzicht und Abfindung

Rückstellungsvoraussetzungen 31–35 § 6a

des Pensionsanspruchs s Rz 69 f. – Kein Abzug der RückdeckungsVers nach Umwandlung (*Fuhrmann/Demuth* kösdi 06, 15082).

b) Umwandlung einer Personengesellschaft in eine Kapitalgesellschaft. 31
In diesem Fall oder bei Begründung einer **BetrAufsp** muss die nach der Rspr vorgenommene Gewinnverteilung (§ 15 Rz 586 f) rückgängig gemacht und der Pensionsaufwand nach den Regeln des § 6a gewinnmindernd eingebucht werden (*Schulenberg* DStR 16, 2917). – Es muss grds keine (erneute) **Probezeit** (vgl Rz 23) eingehalten werden. Es bestehen grds keine Bedenken, dem Ges'tergeschäftsführer sofort eine Pensionszusage zu erteilen – weder unter dem Gesichtspunkt des „Rechtsformwechsels", weil die Ertragslage idR bekannt ist, noch im Hinblick auf die Eignung und Befähigung des Geschäftsführers, weil aus der früheren Tätigkeit idR hinreichend Erkenntnisse vorliegen (BFH I R 99/02 BFH/NV 04, 373); s Rz 54.

c) Unternehmensverkauf. In Betracht kommen bei einem share deal die 32 Fortführung der Verpflichtung, deren Übertragung auf Dritte, eine Abfindung des Pensionsanspruchs oder ein Verzicht (*Fuhrmann/Demuth* kösdi 06, 15082; *Förster* DStR 06, 2149); z betriebl Altersversorgung bei Unternehmenskauf *Kleffmann/Reich* BB 09, 214.

d) Übertragung der Verpflichtung auf einen anderen Versorgungsträger 33
(*Fuhrmann* StbJb 09/10, 291/323 f). Wird die Verpflichtung aus einer Direktzusage auf eine LV oder eine Pensionskasse übertragen, fällt keine LSt an (§ 4c Rz 9); das gilt gem § 3 Nr 66 auch für die Übertragung auf einen Pensionsfonds, die grds zulässig ist (§ 4d III, § 4e III; § 4e Rz 10); auch keine vGA (FG Hess EFG 19, 1926, rkr). Diese Möglichkeit besteht auch für (beherrschende) **Ges'tergeschäftsführer** von KapGes (*BMF* BStBl I 02, 767 Rz 157), so dass bei Veräußerung der GmbH-Anteile die Entlastung der GmbH von der Versorgungsverpflichtung bzw erhöhte Sicherung der Altersversorgung des Begünstigten mögl ist (*Höfer* DStR 03, 274; *Friedrich/Weigel* DB 03, 2564). – Str ist, ob bei permanenter Übertragung der Zusage auf einen Pensionsfonds eine Rückstellung zul ist (*Haack/Stöckler* BetrAV 19, 329).

8. Arbeitnehmerehegatte; andere Angehörige als Pensionsberechtigte; Mitunternehmer

Schrifttum (vor 2010 s Vorauflagen): *Benzel,* Pensionszusage an ArbN-Ehegatten, NWB 10, 2147. – **Verwaltung:** EStH 6a IX; *BMF* BStBl I 84, 495 (Pensionszusagen an ArbN-Ehegatten); *BMF* BStBl I 04, 1045 (überdurchschnittl hohe Versorgungszusagen), *BMF* BStBl I 08, 317 (Pensionszusagen an PersGes'ter).

a) Einzelunternehmen. Eine Pensionszusage setzt voraus, dass sie **betriebl** 34 **veranlasst** ist (s Rz 16). Ebenso wie zw Angehörigen steuerl anzuerkennende ArbVerh begründet werden können (§ 12 Rz 20 ff), können zugunsten des ArbN-Ehegatten (auch des **Lebenspartners**; BFH I R 90/99 BStBl II 01, 204), iRe ArbVerh mit steuerl Wirkung **Pensionszusagen** erteilt werden (BVerfG 1 BvR 285/66 ua BStBl II 70, 652; BFH X B 147/04, BeckRS 2005, 25007669; *HHR* § 6a Rz 25), allerdings nur **für Alters-, Invaliden- und Waisenversorgung,** nicht aber für die Versorgung des ArbG-Witwers, da hier bei Eintritt des Versorgungsfalls Anspruch und Verpflichtung in einer Person zusammenfallen (EStH 6a IX; vgl BFH XI R 32/93 BFHE 174, 146); der ArbN-Ehegatte muss eine Bewährungszeit (idR 2–3 Jahre) und eine Wartezeit zur Unverfallbarkeit (§ 1b BetrAVG; 5 Jahre) erfüllen; auch muss die Erdienbarkeit gewährleistet sein (*Benzel* NWB 10, 2147; Rz 23).

b) Mitunternehmerschaft. Für MUer einer PersGes als Pensionsberechtigte 35 werden satt Aufgabe der Bilanzbündeltheorie Pensionsrückstellungen gebildet (BFH IV R 25/04 BStBl II 08, 171; *Korn* BeSt 3/06, 18; krit Anm *ego* StuB 06, 670; auch *Groh* DB 08, 2391). „Zuführungen" aus der Pensionszusage sollen bei der MUerschaft als Aufwand und bei dem begünstigten MUer korrespondierend als Ertrag erfasst werden (BFH VIII R 40/03 BStBl II 08, 182; *BMF* BStBl I 08, 317; § 15 Rz 586; mE zR **aA** *Flume* FS Döllerer 1988, 133: Keine Aktivierung beim begünstigten MUer); abw Zuordnung mögl (BFH IV R 82/06 BFH/NV 09, 581). Diese Grundsätze gelten auch für ausgeschiedene Ges'ter (BFH IV R 14/11 BStBl II 14, 624), aber nicht bei Altzusagen (FG Mster EFG 14, 1074) und Formwechsel (FG Mster EFG 15, 471). – Rückstellbar sind Versorgungszusagen an ArbN, die Ehegatten oder (sonstige) Angehörige von MUern sind; anerkannt wird auch Witwen-/Witwerversorgung ggü einem ArbN, dessen Ehegatte der Ges'ter einer sog **Ein-Mann-GmbH & Co KG** ist (BFH IV R 80/86 BStBl II 88, 883; *OFD Mster* DStR 86, 757). Zur Rückdeckungsversicherung s Rz 12.

36   **c) Kapitalgesellschaft.** Wurde einem beherrschenden Ges'tergeschäftsführer **Witwenrente** zugesagt, ist eine dafür gebildete Pensionsrückstellung strechtl anzuerkennen (BFH I R 80/81 BStBl II 85, 420). Ob die Witwenrente der Ehefrau nur bei Fortbestand der Ehe oder auch nach Scheidung zustehen soll und ob die Rente neben der Ehefrau auch an eine frühere Ehefrau zu zahlen ist, hängt vom durch Auslegung zu ermittelnden Inhalt der Versorgungszusage ab (BFH I R 80/81 BStBl II 85, 420). Der Rückstellungsbildung ist das für den Ges'tergeschäftsführer maßgebende Pensionsalter zugrundezulegen (*Stuhrmann* BB 83, 48).

37   **d) Nachweis; Fremdvergleich.** Im Hinblick auf das Nahestehen von ArbG und ArbN-Ehegatte werden an Ernsthaftigkeit, Angemessenheit und Durchführung besondere Anforderungen gestellt (BFH VIII R 50/80 BStBl II 83, 209; *BMF* BStBl I 84, 495, BStBl I 86, 7; *Benzel* NWB 10, 2147; HHR § 6a Rz 25; § 2 Rz 23). Zu prüfen ist insb, ob die Pensionszusage nach den Umständen des Einzelfalls dem Grunde und der Höhe nach angemessen ist. Für Pensionszusagen, die iRe steuerl anzuerkennenden ArbVerh dem ArbN-Ehegatten gegeben werden, sind Pensionsrückstellungen zu bilden, wenn – *(1)* eine ernstl gewollte, klar und eindeutig vereinbarte Verpflichtung vorliegt, – *(2)* die Zusage dem Grunde nach angemessen ist und – *(3)* der ArbG-Ehegatte auch tatsächl mit der Inanspruchnahme aus der gegebenen Pensionszusage rechnen muss (EStH 6a IX). Bei der Beurteilung der gesellschaftl Veranlassung ist der sog **doppelte Fremdvergleich** heranzuziehen (BFH I R 28/13 BStBl II 14, 726).

38   **aa) Schriftform; Eindeutigkeit.** Die allg geltenden Voraussetzungen (s Rz 15) müssen auch bei Zusagen an nahe Angehörige beachtet werden.

39   **bb) Angemessenheit** (Rz 17, 21). Die Zusage ist dem Grunde und der Höhe nach angemessen, wenn familienfremde ArbN im selben Betrieb bei gleichwertiger oder geringerwertiger Tätigkeit ebenfalls Pensionszusagen in demselben Umfange wie der ArbN-Ehegatte erhalten oder ihnen ernsthaft angeboten worden sind (BFH IV R 118/90 BStBl II 94, 381; BFH VIII R 49/12 NWB 15, 2194 – zu Ehegatten-Pensionszusage) oder – wenn der ArbN-Ehegatte allein beschäftigt wird – bei betriebsinterner Betrachtung eine hohe Wahrscheinlichkeit dafür spricht, dass der ArbG auch fremden ArbN eine solche Versorgung eingeräumt haben würde (BFH VIII R 69/98 BStBl II 02, 353); Entsprechendes gilt für Zusagen an ArbN, die Partner einer **nichtehel Lebensgemeinschaft** sind (s *BMF* BStBl I 02, 706). An der betriebl Veranlassung fehlt es, wenn einem fremden ArbN wegen hohen Alters (68 Jahre) im Zeitpunkt der Zusage eine Pension nicht versprochen wäre (BFH I R 2/91 BFH/NV 93, 52: **Altersgrenze 59** für Erteilung der Zusage auf Pensionsalter 70; ab 60 nicht mehr). Verzichtet ein ArbN-Ehegatte, dessen Ehefrau und dessen Sohn Ges'ter einer (GmbH & Co) KG sind, auf sein Gehalt zugunsten einer Pensionszusage, hält die Beschränkung auf die **Nur-Pension** dem Fremdvergleich nicht stand (BFH I R 89/04 BStBl II 08, 523; vgl Rz 19, 21, 22 mwN). Bei Zuschlägen für **Sonn- und Feiertagsarbeit** kommt es auf den Einzelfall abzustellen (BFH I R 7/05 BFH/NV 06, 131). – Der Fremdvergleich ist **verfrechtl** zul (BFH III R 60/87 BFH/NV 90, 418; Rz 21). Die Pensionsaltersgrenze (s Rz 18 zu Ges'ter-Geschäftsführer) darf nicht niedriger als 63 Jahre für Männer/60 Jahre

Erstmalige Bildung **40–46 § 6a**

für Frauen vereinbart sein (*BMF* BStBl I 86, 7); für Schwerbehinderte gilt *BMF* BStBl I 82, 667 entspr. Ferner darf sich – zusammen mit einer zu erwartenden SV-Rente – keine **Überversorgung** ergeben (Rz 20, 21, 56). Zum Erfordernis der Üblichkeit s Rz 21; BFH VIII R 38/93 BStBl II 96, 153; § 4b Rz 19; zum **Gleichbehandlungsgebot** s BFH I R 162/80 BStBl II 83, 500; *BMF* BStBl I 84, 495.

cc) Sicherstellung. Die späteren Pensionszahlungen müssen für den Fall der **40** Einstellung oder Veräußerung des Unternehmens sichergestellt sein (zB durch eine Rückdeckungsversicherung). Zur Anerkenung bei erhebl Alterunsunterschieden s BFH XI R 2/93 BStBl II 94, 111.

e) Nachzahlungsverbot. Eine Pensionszusage an ArbN-Ehegatten wird steuerl **41** nicht anerkannt, wenn sie als Ausgleich für frühere unentgeltl Mitarbeit oder einen in der Vergangenheit unangemessen niedrigen ArbLohn vereinbart ist (BFH I R 39/12 BStBl II 14, 174) oder von der Pension abgesehen kein ArbLohn zu zahlen ist (s Rz 21, 22, 39).

III. Erstmalige Bildung, § 6a II

1. Zeitpunkt der Rückstellungsbildung. – a) Altersgrenze, § 6a II Nr 1. 42 Die Regelung bestimmt, **ab welchem Wj** die Pensionsrückstellung erstmals (frühestens) gebildet werden darf. Das ist das Wj, in dem die Pensionszusage wirksam erteilt worden ist; entscheidend ist nicht, ob die Zusage schon für dieses Jahr einen Versorgungsanspruch gewährt. Unterlässt der Verpflichtete die Rückstellungsbildung (ganz oder teilweise), kann er dies in späteren Jahren, solange der Versorgungsfall noch nicht eingetreten ist, grds nicht nachholen (sog **Nachholverbot;** Rz 61, 62).

b) Mindestalter. Die Bildung der Rückstellung ist von einem Mindestalter des **43** Berechtigten abhängig (zu den Gründen *Höfer* BetrAVG Kap 2 Rz 202 f); das Mindestalter ist mehrfach gesenkt worden (§ 6a II HS 1 Nr 1 Buchst a–d), für vor 2001 zugesagte Pensionsleistungen: 30 Jahre, ab 2001: 28 Jahre, ab 2009: 27 Jahre, ab 2018: 23 Jahre (vgl BReg BT-Drs 18/6283, 15). – Für **Altzusagen** (Erteilung bis Ende 2000) s *Schmidt* 29. Aufl § 6a Rz 43. – Das jeweilige Lebensjahr wird an dem Tag vollendet, der dem entspr Geburtstag vorangeht (§ 187 II 2, § 188 II BGB), sodass zB alle bis zum 1.7.50 Geborenen bis zum 30.6.80 (wenigstens) ihr 30. Lebensjahr vollendet haben. Diese Regelung dient der Erleichterung der TW-Ermittlung bezogen auf die gesetzl Altersgrenze (BT-Drs 7/1281, 40).

c) Unverfallbarkeit (§ 6a II Nr 1 HS 2). Die Rückstellung darf nach § 6a II Nr 1 nF – **44** unabhängig vom Mindestalter – auch gebildet werden, wenn die Pensionsanwartschaft unverfallbar wird (*Höfer* BetrAVG Kap 2 Rz 190: Begünstigung der Entgeltumwandlung: Verzicht auf Lohnteile gegen wertgleiche Altersversorgung). Unverfallbarkeit tritt ein, wenn nach wenigstens dreijähriger Dauer der Versorgungszusage das ArbVerh nach Vollendung des 21. Lebensjahres endet, ohne dass der Versorgungsfall eingetreten ist (§ 1b I 1 BetrAVG); bei **Entgeltumwandlung** tritt die Unverfallbarkeit sofort ein (§ 1b V 1 BetrAVG; EStR 6a XII).

d) Beherrschende Gesellschaftergeschäftsführer. Diese können nach der **45** Probezeit (Rz 23) eine Zusage mit sofortiger ratierl Unverfallbarkeit erhalten. Die Ratierlichkeit bemisst sich anders als nach § 2 I BetrAVG (Quotierung der bis zur Altersgrenze erreichbaren Versorgungsleistung mit der gesamten tatsächl Dienstzeit) statt nach der tatsächl Dienstzeit nach der Zeit ab Erteilung der Zusage, also (wenigstens) vermindert um die Probezeit (*BMF* BStBl I 02, 1393; BFH I R 99/02 BFH/NV 04, 373); zur Darstellung des betragsmäßigen Unterschieds s *Höfer* DStR 03, 274.

e) Eintritt des Versorgungsfalls, § 6a II Nr 2. In diesem Fall (zB bei Invali- **46** dität oder Tod) kann die Rückstellung sofort gebildet werden. Dasselbe ergibt sich auch aus § 6a IV 4; § 6a II Nr 2 ist daher entbehrl. Bei vorzeitigem Eintritt des Versorgungsfalles kommt es auf das Mindestalter nicht an. Bei Unterlassung greift für spätere Wj das Nachholverbot (Rz 61).

IV. Bewertung, § 6a III

Schrifttum (vor 2014 s Vorauflagen): *Pradl,* Übertragung von Pensionszusagen ..., GStB 14, 64. – **Verwaltung:** *BMF* BStBl I 05, 1054 zu Richttafeln 2005 G; *BMF* BStBl I 10, 1303 (Bewertung von verbleibenden Versorgungsanrechten); *BMF* BStBl I 11, 1247 (Berücksichtigung unternehmensspezifischer und biometrischer Grundlagen). – **Materialien:** BT-Drs 7/1281, 39.

51 **1. Höchstgrenze, § 6a III 1–3.** Abs 3 beruht auf dem **Teilwertprinzip** (BT-Drs 7/1281, 39) und begrenzt die Rückstellungshöhe auf den in § 6a III 2 fiktiv definierten **TW.** Der maximale Rückstellungswert bemisst sich bei einer ArbG-finanzierten Pensionsverpflichtung **vor Beendigung** des DienstVerh nach dem Barwert künftiger Pensionsleistungen abzügl des Barwerts der noch zu erdienenden TW-Prämien (§ 6a III 2 Nr 1 S 1 HS 1), **nach Beendigung** (nur noch) nach dem Barwert künftiger Pensionsleistungen (§ 6a III 2 Nr 2; *Höfer* BetrAVG Kap 2 Rz 474ff; *Heger/Weppler* HdJ III/7 Rz 146), ggf Barwertauffüllung (*Höfer* BetrAVG Kap 2 Rz 229); künftige Pensionssteigerungen dürfen nicht berücksichtigt werden (BFH I R 78/08 BStBl II 13, 41). Nach Versorgungsausgleich ist das verbleibende Versorgungsanrecht zum TW zu passivieren (*BMF* BStBl I 10, 1303). – Bei einer ArbN-finanzierten Pensionsverpflichtung (bei Entgeltumwandlung) ist mindestens der Barwert der unverfallbaren künftigen Pensionsleistungen (nach Maßgabe der Bilanzstichtags-Werte; FG Mster EFG 21, 1460, Rev XI R 25/21) anzusetzen (§ 6a III 2 Nr 1 1 Hs 2; kein Prämienabzug; die Unverfallbarkeit aufgrund vertragl Vereinbarung (etwa bei beherrschendem Ges'tergeschäftsführer) reicht nicht aus (BFH XI R 9/19 BStBl 20 II, 802; *Weber-Grellet* BB 21, 43; EStR 6a XII 4). – Im Fall einer beitragsorientierten Leistungszusage bleibt es bei den Bewertungsregeln des § 6a III (FG Mster EFG 21, 1460, Rev XI R 25/21; *Lieb* BB 21, 1842). – Bei der Ermittlung des TW (Abzinsung) sind ein **Rechenzinsfuß** von 6% und die (gesetzl nicht festgelegten) anerkannten Regeln der Versicherungsmathematik anzuwenden (§ 6a III 3; Heubeck-Richttafeln 2018 G; zur Umstellung s *BMF* BStBl I 18, 1107; *Schulenburg/Hillebrandt* DB 19, 617). Nach FG Mster EFG 21, 1460, Rev XI R 25/21 ist der Zinssatz für 2010 – 2012 ok; nach BVerfG 1 BvR 2237/14 DStR 21, 1934 ist ab 1.1.19 eine Neuregelung notwendig.

53 **2. Teilwertermittlung.** Bei der Berechnung des TW ist auf den **Beginn des Wj** (bei RumpfWj auf Beginn des Kj; BFH I R 22/07 BStBl II 08, 513) abzustellen, **in dem das DienstVerh begonnen** hat, jedoch nicht auf den Beginn eines früheren Wj als desjenigen, in dem der Berechtigte das Mindestalter erreicht hat (s Rz 43). Der Zeitraum zw dem Beginn des Dienstverhältnisses und dem Zeitpunkt der Erteilung der späteren Pensionszusage wird nicht als sog **Wartezeit** behandelt, sofern dies in der Zusage nicht ausdrückl bestimmt ist (§ 6a III 2 Nr 1 S 5; s dazu BT-Drs 7/1281, 39; *BH/Stöckler* § 6a Rz 373). Dadurch wird erreicht, dass sich für Zusageempfänger mit gleichem Alter und gleichem Versorgungsumfang unabhängig vom Zeitpunkt der Zusage gleich hohe TW für die Pensionsrückstellungen ergeben (*Höfer* BetrAVG Kap 2 Rz 214). Durch die Rückbeziehung der Berechnung auf den Beginn des DienstVerh ergibt sich wegen des kürzeren Abzinsungszeitraumes bei der Errechnung des Anwartschaftsbarwertes ein höherer Betrag und für den Barwert der künftigen Jahresbeiträge wegen ihrer Verminderung um die Zahl der seit dem Dienstbeginn verstrichenen Jahre ein geringerer Betrag, sodass ein positiver Betrag entsteht, der zurückgestellt werden kann (TW-Sprung). Dieser sog **Einmalbetrag** bei Bildung der Pensionsrückstellung ist eine Besonderheit des TW-Verfahrens (BFH I R 39/12 BStBl II 14, 174; vgl *Höfer* BetrAVG Kap 2 Rz 215, 223). Wegen der Verteilung des Einmalbetrages auf mehrere Jahre s Rz 65. – Dienstjahre eines Pensionsberechtigten, die vor dem Erreichen der Altersgrenze iSd § 6a II abgeleistet wurden, dürfen nach § 6a III 2 Nr 1 S 6 nicht in die Berechnung des Barwerts der künftigen Pensionsleistungen einbezogen werden.

Bewertung

3. Anrechnung von Vordienstzeiten. Beginn des DienstVerh (s Rz 53) ist der 54 Zeitpunkt der tatsächl Aufnahme der Tätigkeit; ein früheres ArbVerh bei demselben ArbG wird grds nicht berücksichtigt (BFH I R 25/98 BFH/NV 01, 154), wohl aber ein zunächst unentgeltl ArbVerh (BFH I R 39/12 BStBl II 14, 174). Bei anderen ArbG abgeleistete Dienstzeiten werden nur hinzugerechnet, wenn dies gesetzl vorgeschrieben ist (vgl § 613a BGB; BFH I R 9/84 BFH/NV 89, 216: keine Anrechnung von Konzernvordienstzeiten). Wird eine gewerbl tätige **PersGes in eine KapGes umgewandelt,** darf die KapGes Vordienstzeiten eines ArbN bei der Bildung einer Pensionsrückstellung für eine von ihr gegebene Pensionszusage anrechnen (BFH I R 47/93 BStBl II 95, 250). War der ArbN auch MUer der umgewandelten PersGes, bestimmen sich die Voraussetzungen der Rückstellungsbildung grds nach dem Zeitpunkt der Aufnahme der Tätigkeit bei der KapGes (BFH III R 43/00 BStBl II 03, 149); mE steht BFH I R 124/95 BStBl II 97, 799 in Widerspruch zur Anrechenbarkeit von sog **Probezeit** in Umwandlungsfällen (vgl Rz 31). Eine Anrechnung ist allerdings mögl, wenn bei ArbG-Wechsel die der Rückstellung entspr Vermögenswerte übertragen werden; zahlt das alte Unternehmen die Deckungsmittel, ist die Pensionsverpflichtung beim neuen Unternehmen rechnerisch aufzuspalten: Die übernommene (gedeckte) Pensionsverpflichtung ist mit dem Barwert (Anwartschaftsbarwert; past service; § 6a III 2 Nr 2) anzusetzen, für den restl Teil der Verpflichtung (future service; § 6a III 2 Nr 1) ist die Rückstellung regulär mit Beginn des neuen DienstVerh zu bilden (Teilwertsplittingverfahren; § 5 VII 4; zuvor EStR 6a XIII; *BeBiKo* § 249 HGB Rz 218; zR krit *Kraft/Engelstädter* BetrAV 18, 461). Die übernommene Pensionsrückstellung ergibt sich dann als Summe beider Teile (*Pradl* GStB 14, 64).

4. Übernahme von Pensionsverpflichtungen; Schuldbeitritt. Der Gesetzgeber hat 55 durch § 4f und § 5 VII (idF AIFM-StAnpG, BGBl I 13, 4318) die Möglichkeit einer erfolgsneutralen Behandlung der AK für übernommene Passivposten beseitigt. § 4f I 1, 2 sieht vor, dass (etwa im Zuge von Ausgliederungen) Entgelte für Verpflichtungen, die beim ursprüngl Verpflichteten (also dem Übertragenden) Ansatzverboten/-beschränkungen oder Bewertungsvorbehalten unterlegen haben, im Jahr der Übertragung und in den 14 Folgejahren nur insoweit zu je 1/15 als BA geltend gemacht werden können, als das Entgelt den für die Verpflichtung bislang (eingeschränkt) passivierten Betrag übersteigt (§ 4f Rz 2). – Beim Erwerber ist die übernommene Verpflichtung gem § 5 VII so zu bilanzieren, wie sie beim ursprüngl Verpflichteten ohne Übernahme zu bilanzieren gewesen wäre (§ 5 Rz 503; *Ott* DStZ 17, 435 (441); *ders* StuB 17, 795; iEinz *BMF* BStBl I 17, 1619; *Weber-Grellet* DB 18, 661). – Ein Übernahmegewinn kann im Jahr der Übernahme voll versteuert oder auch auf 15 Jahre verteilt werden (§ 5 VII 5). – Übersteigt das Entgelt den Barwert iSd § 6a, so entsteht beim Übernehmer des Arbeitsverhältnisses iHd überschießenden Betrags ein Übernahmegewinn, der sofort voll zu versteuern ist, da § 5 VII nicht auf S 4 verweist (*Höfer* BetrAV 14, 134; *Hartmann* BetrAV 14, 444). – Für den Schuldbeitritt gelten die Regelungen entspr (§ 4f II, § 5 VII 2; *BMF* BStBl I 17, 1619 Rz 22 f).

5. Überversorgung; Berücksichtigung von Sozialversicherungsrenten. 56 Eine Pensionsrückstellung darf nicht gebildet werden, soweit sie zu einer Überversorgung führen würde. Eine Überversorgung ist regelmäßig anzunehmen, wenn die Versorgungsanwartschaft zusammen mit der Rentenanwartschaft aus der gesetzl RV 75 v.H. der am Bilanzstichtag bezogenen Aktivbezüge übersteigt (BFH I R 56/11 BStBl II 12, 665). Die Höhe der künftigen SV-Renten lässt sich praktisch nur in einem **Näherungsverfahren** schätzen.

Die Höhe anzurechnender Renten ist durch ein Näherungsverfahren ("Korrekturfaktoren") zu errechnen (*BMF* BStBl I 07, 290; *BMF* BStBl I 08, 570; *Schmidt/Carolin* BB 06, 296). **Nach Eintritt des Versorgungsfalles** ist die Anrechnung iHd dem Berechtigten tatsächl gewährten SV-Rente vorzunehmen; ein im Näherungsverfahren ermittelter Abzugsbetrag wird von der FinVerw nicht anerkannt (*BMF* BStBl I 07, 290 Rz 26).

6. Anpassungsverpflichtung, § 6a III 2 Nr 1 S 4. Künftige Ermäßigungen 57 und Erhöhungen des Pensionsanspruches dürfen erst berücksichtigt werden, sobald sie wirksam geworden, also bis zum jeweiligen Stichtag entstanden sind (BFH I R 105/91 BStBl II 93, 792; *Haack/Stöckler* BetrAV 19, 329). Bei dauerhaft abgesenkten Aktivbezügen kann die Beibehaltung der Versorgungszusage zur **Überversorgung** führen (BFH I R 56/11 BStBl II 12, 665); die Rückstellung ist daher anzupassen (BFH I R 4/15 BStBl II 17, 678; *Otto* GmbHR 18, 549; Rz 21; grds gg die „Überversorgungskorrektur" *Briese* GmbHR 15, 635, FR 17, 741). Der Grenzbetrag von 75% der aktuellen Aktivbezüge (einschließl variabler Gehaltsbestandteile) ist um alle weiteren Altersversorgungsansprüche (einschließl gesetzl Rentenversicherung) zu verringern (BFH I R 4/15 BStBl II 17, 678). Bei einem Wechsel in ein Teilzeitbeschäftigungsverhältnis ist die 75% – Grenze entspr zu mindern (BFH I R 4/15 BStBl II 17, 678; *BMF* BStBl I 04, 1045 Rz 8ff., 19). Die Herabsetzung führt (zunächst nur) zu einer BA-Kürzung (keine vGA; Geltung des formellen Bilanzzusammenhangs; *Weber-Grellet* BB 14, 2263). Der BFH begründet die Überversorgungsgrenze mit der Funktion der Alterszusage, nämlich des Schließens einer Versorgungslücke. ME ist die Höhe der Rückstellung allein nach § 6a EStG zu berechnen (*Weber-Grellet* BB 18, 43); eine weitere Begrenzung ist nicht vorgesehen (so auch FG RhPf EFG 17, 1819, rkr). – Sind Versorgungsbezüge iHe überhöhten festen Betrags zugesagt, so ist die Rückstellung so zu ermitteln, wie wenn Versorgungsbezüge in Höhe eines angemessenen Prozentsatzes der jeweiligen letzten Aktivbezüge zugesagt worden wären (BFH I R 91/15 BFH/NV 18, 16). – Eine Überversorgung ist auch mögl, wenn Kürzung nach arbeitsrechtl Maßstäben ausgeschlossen ist; StRecht geht vor (BFH III B 55/12 BFH/NV 14, 575); zur Korrektur *Briese* GmbHR 15, 463, 635. – Die Überversorgungsgrundsätze sind nach Eintritt der Versorgungsfalls unerhebl (*Otto* GmbHR 18, 549).

Die sog **Nur-Pension** führt regelmäßig zur Überversorgung (BFH I R 78/08 BStBl II 13, 41; *BMF* BStBl I 13, 35; EStH 6a I; *Killat* DB 13, 195; *HHR* § 4b Rz 116). – Bei BetrAufsp ist eine getrennte Betrachtung vorzunehmen (BFH I R 78/08 BStBl II 13, 41). – Ein Einfrieren auf den Past-Service ist unzul (*OFD Han* DB 09, 2461; krit *Uckermann* BB 10, 405).

In angemessenem Rahmen **fest vereinbarte prozentuale Erhöhungen** führen nicht zur Überversorgung (BFH I R 79/03 BStBl II 04, 940: 3%). Grenzen fester Erhöhungssätze ergeben sich aus der langfristigen Einkommensentwicklung (vgl *Höfer* BB 96, 41; *Cramer* DStR 97, 190). **Mehrfacherhöhungen**, auch wenn sie fest vereinbart sind, dürften nicht anzuerkennen sein (vgl BFH I R 16/94 BStBl II 96, 420). **Pensionserhöhungen**, die eine KapGes mit ihrem beherrschenden Ges'ter **nach Eintritt in den Ruhestand** vereinbart, sind keine vGA, soweit sie eine Anpassung an erhebl Steigerungen der Lebenshaltungskosten darstellen (BFH I R 39/76 BStBl II 79, 687) und auf die Erhöhung ein zivilrechtl (durchsetzbarer) Anspruch besteht (BFH I R 68/84 BStBl II 89, 57).

58 **7. Zeitdauer der Rückstellung, § 6a III 2 Nr 1 S 3.** Bei der Bemessung der Rückstellungen (für ArbN) ist grds von dem vertragl festgelegten Zeitpunkt für den Eintritt des Versorgungsfalles auszugehen (*BMF* BStBl I 16, 1427 Rz 5; zu Besonderheiten bei Weiterarbeit *BMF* BStBl I 17, 1293; *OFD Ffm* DStR 18, 354; *Otto* DStR 18, 55). Wegen des Grundsatzes der Einzelbewertung ist das Endalter des TW-Prämienzeitraums für jede Pensionszusage gesondert festzulegen. (BFH XI R 42/18 BStBl II 20, 271; *HHR* § 4b Rz 111)

EStR 6a XI konkretisiert die allg Regelung (Satz 1 Grundsatz; Sätze 2, 3 Wahlrechte; *Hagemann/Hartmann* BetrAV 21, 390). EStR 6a VIII enthält Sonderregelung für beherrschende Ges'tergeschäftsführer (Rz 19).

(1) Erstes Wahlrecht. Ist bei einem ArbN damit zu rechnen, dass er über das vertragl vereinbarte Pensionsalter hinaus tätig sein wird, kann der ArbG die Rückstellungen auf den längeren Zeitraum verteilen. Dieses erste Wahlrecht (EStR 6a XI 2; *Höfer* BetrAVG Kap 2 Rz 309) ist in der Bilanz des Wj auszuüben, in dem mit der Rückstellungsbildung begonnen wird. Hat ein ArbN das Pensionsalter erreicht, arbeitet er aber weiter, ohne dass ihm Pension gezahlt wird, muss mit der Auflösung der Pensionsrückstellung begonnen werden, wenn die Pensionsrückstellung bis zum vorgesehenen Pensionsalter in vollem Umfang gebildet worden ist und nicht von der vorgenannten Möglichkeit der Streckung des Rückstellungszeitraumes Ge-

brauch gemacht worden ist (**technischer Rentner**); das beruht darauf, dass der Umfang der Pensionsverpflichtung durch den Zeitablauf (Absinken der Lebenserwartung der Berechtigten) sinkt (s Rz 66). ArbN, die von der Möglichkeit Gebrauch machen, **vor Vollendung des 65. Lebensjahres** Altersruhegeld aus der gesetzl RV zu beziehen, können nach § 6 BetrAVG auf Verlangen auch Leistungen der betriebl Altersversorgung erhalten, wenn die Höhe der vorgezogenen Versorgungsleistungen in der Zusage festgelegt ist (s dazu *BMF* DStR 92, 1019). – *(2)* **Zweites Wahlrecht.** An Stelle des vertragl Pensionsalters kann die Rückstellung auf den frühestmögl Zeitpunkt für eine vorzeitige Altersrente gebildet werden (EStR 6a XI 3; *Höfer* BetrAVG Kap 2 Rz 313; *HRR* § 4b Rz 113; *Haack/ Stöckler* BetrAV 19, 329). – *(3)* **Weitere Auszahlungsvarianten.** UU kann ArbN – mit Auswirkungen auf die Bewertung – zw Einmalkapital, Raten und Rente wählen (dazu *Haack/Stöckler* BetrAV 19, 329). Sind in der Leistungsphase verzinsl Raten vereinbart, ist die Verpflichtung (Versorgungskapital) gleichwohl nach § 6a (und nicht nach § 6 I Nr 3 S 2) zu bewerten (*Haack* BetrAV 19, 332; aA *Stöckler* BetrAV 19, 332, *Höfer* DB 20, 861).

8. Stichtagsprinzip; Nachweis des Pensionsanspruchs. Die Bildung der Pensionsrückstellung und ihre Bewertung orientieren sich strikt am Stichtagsprinzip (*KS* § 6a Rz 18). Die Voraussetzungen für die Bildung von Pensionsrückstellungen sind auf Grund „körperl Bestandsaufnahme" nach Maßgabe der Verhältnisse am Bilanzstichtag nachzuverfolgen (§ 6a III 2 Nr 1 S 2 HS 2; *Höfer* BetrAVG Kap 2 Rz 363). Dazu sind Feststellungen über die pensionsberechtigte Person und die Höhe und den Beginn ihres Anspruchs erforderl (zur zugelassenen Vereinfachung EStR 6a XVIII 3). Soweit ArbN, denen unverfallbare Versorgungsansprüche gegen das Unternehmen zustanden, ausgeschieden sind, genügt für den Nachweis eine dem ausgeschiedenen ArbN nach § 2 VI BetrAVG erteilte Bescheinigung bzw deren Abschrift.

V. Erhöhungen, § 6a IV

1. Begrenzung auf Teilwertdifferenz; Nachholverbot. – a) Erhöhung der Pensionsrückstellung. Nach § 6a IV 1 darf eine Pensionsrückstellung in einem Wj höchstens um den Unterschied zw dem TW der Pensionsverpflichtung am Schluss des Wj und am Schluss des vorangegangenen Wj erhöht werden; Begrenzung auf TW-Differenz; Ausschluss der Einmalprämie (BT-Drs 2/481, 79; *KS* § 6a Rz 21; *HRR* § 4b Rz 151); krit *Heger* DStR 08, 585: fossiles Relikt; Missbrauchsvermeidung wegen Passivierungspflicht obsolet; krit auch *Schwinger/Stöckler* DStR 13, 2306; Verstoß gegen obj Fehlerbegriff (*Lieb* BB 15, 2866). – *(1)* **Begrenzung des Erhöhungsbetrags.** Aus der Begrenzung des Zuführungsbetrages auf die TW-Differenz folgt das sog **Nachholverbot** (*Höfer* BetrAVG Kap 2 Rz 584f). – *(2)* **Änderung der Zusage.** Das Nachholverbot, das dem formellen Bilanzzusammenhang vorgeht (BFH I R 44/07 BStBl II 08, 673), greift nur bei einer inhaltl unverändert gebliebenen Versorgungsverpflichtung, nicht bei deren Erhöhung (BFH I R 58/05 DStR 06, 1406; *Demuth/Fuhrmann* kösdi 11, 17618); die Erhöhung (zB wegen Gehaltssteigerung, Dynamisierung) ist mögl (unter Beachtung der allg Voraussetzungen). – *(3)* **Spätere Erfassung.** Aufgrund des Nachholverbots dürfen nicht passivierte Beträge erst im Wj der Beendigung des DienstVerh, wenn die Pensionsanwartschaft aufrechterhalten wird, oder des Eintritts des Versorgungsfalls passiviert werden (EStR 6a XX). Bei einem späteren Übergang zu einem niedrigeren Zinsfuß können in Vorjahren in zu geringem Umfang gebildete Rückstellungen nicht nachgeholt werden (vgl BFH I R 88/01 BStBl II 03, 936). – *(4)* **Berechnungs- und Buchungsfehler; Rechtsirrtum.** Das Nachholverbot kommt auch zum Zuge, wenn die Rückstellung aufgrund falscher Berechnung zu niedrig gebildet worden ist (BFH I R 5/08 BStBl II 09, 457) und auch bei **Rechtsirrtum** (BFH I R 44/07 BStBl II 08, 673; krit *Höfer* DB 11, 140). Kann der Fehler im Jahr der Rückstellungsbildung bzw Zuführung korrigiert werden, gelten die allg bilanzrechtl Grundsätze (BFH III R 43/00 BStBl II 03, 149). – *(5)* **Neuzusage.** Wird eine Pensionsverpflichtung in einem Wj neu begründet, gibt es für sie am Ende des vorangegangenen Wj keinen TW. Daher schreibt § **6a IV 3** vor, dass bei Begründung einer Pensionsverpflichtung am Ende des ersten Wj die Rückstellung bis zur Höhe des TW auf den Bilanzstichtag angesetzt werden darf. – *(6)* **Rumpf-Wj.** Es gelten die allg Grundsätze (vgl dazu *Höfer* BetrAVG Kap 2 Rz 571).

62 b) **Ausnahmen vom Nachholverbot.** Die Nachholung ist zul (s dazu BT-Drs 7/1281, 40), wenn die zu geringe Rückstellung durch staatl Stellen veranlasst ist (*Buciek* FR 09, 907); iEinz kein Nachholverbot: – *(1)* wenn ein pensionsberechtigter ArbN aus dem Unternehmen ausscheidet und er ein nach dem Arbeitsrecht unverfallbares Pensionsanwartschaftsrecht besitzt oder wenn der Fortbestand der Anwartschaft mit dem ArbG beim Ausscheiden vereinbart wird; – *(2)* wenn der Versorgungsfall eintritt (s Rz 51). In diesen Fällen darf aE des Wj die Pensionsrückstellung mit dem Barwert der Pensionsverpflichtung angesetzt werden (§ 6a IV 5; § 6a II Nr 2). – *(3)* § 6a IV 2 gebietet bei Einführung neuer biometrischer Rechnungsgrundlagen die Verteilung der sich aus der verlängerten Lebenserwartung ergebende Erhöhung der Rückstellungen auf wenigstens drei Jahre; keine Verteilung des Mehrbetrags im Jahr der Erteilung der Zusage (BFH XI R 34/16 BStBl II 20, 2; *BMF* BStBl I 20, 82); s auch Rz 65; – *(4)* wenn die Rückstellungsbildung infolge einer entgegenstehenden Rspr nicht zugelassen wurde, diese Rspr aber inzwischen geändert ist (BFH IV R 56/92 BStBl II 94, 740); – *(5)* bei formwandelnder **Umwandlung** einer Anstalt des öffentl Rechts in GmbH (BFH I R 3/06 BStBl II 10, 186).

63 c) **Anpassung der Zusage an Kaufkraftentwicklung.** Wird in der HB eine entspr Erhöhung der Rückstellung vorgenommen (vgl § 16 BetrAVG – Anpassungsprüfungspflicht), ist diese auch in der StB zul, wenn es sich um eine **Altzusage** (Rz 2) und eine **sog nachholende Anpassung** handelt. Betrifft die Anpassung eine **Neuzusage** (Rz 3), ist eine Erhöhung der Rückstellung handelswie strechtl zwingend.

64 d) **Keine Anpassung.** Wird von der Möglichkeit, die Pensionsrückstellung auf den Barwert der Pensionsverpflichtung aufzufüllen, im Jahr des Ausscheidens des ArbN bzw des Eintritts des Versorgungsfalles kein Gebrauch gemacht (auch nicht in Gestalt der Verteilung auf drei Wj; s Rz 65), greift für die folgenden Wj das Nachholverbot wieder ein. Ist eine Zusage an die Höhe des Gehalts gekoppelt, können Tariferhöhungen, die in einem Tarifvertrag für mehrere Jahre vereinbart werden, dazu führen, dass wegen des **Stichtagsprinzips** (§ 6a III 2 Nr 2 S 3; EStR 6a XVII) sehr hohe Zuführungen vorgenommen werden müssten, um dem Nachholverbot auszuweichen. Diese können aber zu einer Überschuldung führen, sodass der ArbG gehindert sein kann, die Rückstellung in der gebotenen Höhe zu bilden (zur Verteilung auf mehrere Jahre s Rz 65).

65 **2. Verteilung von Einmalbeträgen.** Rückstellbare Einmalbeträge ergeben sich – *(1)* bei der Erteilung von Pensionszusagen nach Beginn des DienstVerh und nach Erreichen des Mindestalters oder – *(2)* bei späteren Erhöhungen der Pensionszusage und – *(3)* bei Auffüllung von Pensionsrückstellungen auf den Barwert der Pensionsverpflichtung bei Eintritt des Versorgungsfalles oder – *(4)* bei der Auffüllung der Pensionsrückstellung anlässl des Ausscheidens des ArbN unter Aufrechterhaltung des Pensionsanspruchs (s Rz 51, 62) und – *(5)* Erhöhungen auf Grund erstmaliger oder geänderter biometrischer Berechnungsgrundlagen (§ 6a IV 2; s auch Rz 62).

Die Einmalbeträge können in den Fällen zu (1) und (2) nach § 6a IV 3, HS 2, S 4 und in den Fällen zu (3) und (4) nach § 6a IV 5 HS 2 auf drei Jahre ab dem Jahr der Entstehung des Einmalbetrages gleichmäßig verteilt werden, sodass die Pensionsrückstellung in diesen drei

Jahren um je $^1/_3$ des Einmalbetrages erhöht wird. Im Fall (2) – also bei Erhöhung des Pensionsanspruchs – besteht die Verteilungsmöglichkeit nur, wenn die Erhöhung des Barwertes der Pensionsleistungen mehr als 25 % beträgt (§ 6a IV 4); diese Einschränkung dient der Vereinfachung. Zu (5): Die Erhöhungsbeträge sind in den Fällen des § 6a IV auf drei Jahre gleichmäßig zu verteilen (*Prinz* FR 99, 420), nicht bei erstmaliger Bildung (FG Bbg EFG 06, 1746); bei Unterlassung greift wieder das **Nachholverbot** (s Rz 61).

VI. Auflösung; Abfindung; Verzicht

1. Auflösung. – **a) Regelfall.** Rückstellungen sind prinzipiell erfolgsneutral **66** (per Rückstellung an Geld) auszubuchen. Bei der Pensionsrückstellung ist (wegen der nach § 6a III begrenzten Höhe) der Unterschiedsbetrag zw den versicherungsmathematischen Barwerten gewinnerhöhend (= Minderung der Verbindlichkeit) zu erfassen; zugleich sind die lfd Pensionsleistungen (voll) als BA abzusetzen (EStR 6a XXII; *BH/Stöckler* § 6a Rz 465 f). Da die Auflösungsbeträge der Pensionsrückstellung idR niedriger als die Summe der geleisteten Pensionszahlungen sind, ergibt sich per Saldo eine lfd Gewinnminderung. Zu einer (ggf anteilig) gewinnerhöhenden Auflösung kann es auch kommen, wenn *(a)* die Pensionsverpflichtung (zB infolge Verzichts oder Abfindung; dazu *Fuhrmann* StbJb 09/10, 291, 304 (314); *Perwein* GmbHR 10, 523) wegfällt, *(b)* sie herabgesetzt wird oder *(c)* sie sich aus einem sonstigen Grund mindert. Zur Unterscheidung nach der Art des Fehlers vgl BFH I R 74/06 BStBl II 08, 277, mit krit Anm *Weber-Grellet* StuB 08, 105; *Briese* StuB 08, 857. – Bei der bei fehlender Erdienbarkeit (zB wegen vorzeitigen Ausscheidens) ist die Rückstellung nicht aufzulösen, aber vGA (BFH I R 76/13 BStBl II 15, 665). – Bei **sog technischen Rentnern** (Weiterarbeit, ohne Pension zu beziehen; EStR 6a XXII 2; Rz 58) ist die Pensionsrückstellung wiederum iHd Unterschiedsbetrags aufzulösen; erst wenn mit den Pensionszahlungen begonnen wird, sind diese als BA abziehbar.

b) Weitere Fälle. Die Pensionsrückstellung ist auch aufzulösen, wenn der **67** StPfl eine **DirektVers** zugunsten des ArbN abschließt und durch diese der Anspruch aus der Pensionszusage abgedeckt wird. Dasselbe gilt, wenn der StPfl zunächst eine **Rückdeckungsversicherung** abschließt und dem ArbN nach Abschluss der Versicherung den Anspruch auf die Versicherungsleistung abtritt (vgl EStR 6a XXIII). Eine Verpflichtung zur Auflösung ergibt sich ferner, wenn die gesetzl Voraussetzung der Rückstellungsbildung zunächst zu Unrecht bejaht wurden (vgl BFH I R 37/02 BStBl II 04, 121: Auflösung wegen mangelnder Einhaltung der Schriftform).

c) Veräußerung eines Einzelunternehmens; Personengesellschaft. Die **68** Rückstellung geht auf den Erwerber über (Rz 55); bei Veräußerung von GmbH-Anteilen ändert sich prinzipiell nichts. Bei Betriebsaufgabe mindert die Rückstellung den Aufgabegewinn, die Verpflichtung bleibt. Dies gilt entspr bei Liquidation einer GmbH (*Ott* StuB 16, 214; s auch § 4 IV BetrAVG). Bei Insolvenz tritt der PSV ein (§ 7 I BetrAVG). Zur Umwandlung s Rz 30 f. – Übertragung (Ausgliederung; Auslagerung; Ausfinanzierung; Outsourcing) der Verpflichtung auf **RentnerGes** ist mögl (BAG 3 AZR 298/13 BetrAV 14, 667; Rz 69); zur Ausgliederung BFH I R 28/11 BStBl II 17, 1265; s auch Rz 33.

2. Abfindung (Ablösung), Auslagerung

Schrifttum: *Huth,* Arbeits-/strechtl Aspekte zur Abfindung von Pensionszusagen, Betr-AV 14, 110, *Ott,* Verzicht und Abfindung von Pensionsanwartschaften ..., DStR 15, 2262; *Neufang ua,* Pensionszusagen – Maßnahmen zur Entsorgung, BB 17, 1559.

Um sich von den (ggf negativen) Auswirkungen einer gewährten Pensionszu- **69** sage zu befreien, besteht die Möglichkeit, die Pensionszusage abzufinden. Damit verliert der ArbN zwar seinen Anspruch auf die betriebl Altersversorgung; im Gegenzug wird er jedoch iHd Rechtsverlustes wertgleich entschädigt und bezieht ggf § 19-Einkünfte (BFH VI R 46/13 BFH/NV 17, 16; *BMF* BStBl I 17, 883; *Huth* BetrAV 14, 110, auch zu Besonderheiten beim Ges'ter-Geschäftsführer; *Ott* StuB 17, 795; *Lutz/Lutz* StB 16, 213). Auf Verlangen des ArbN veranlasste Schuldübernahme durch Dritten **(Auslagerung)** führt nicht zum Zufluss, wenn ArbN keinen Auszahlungsanspruch an sich selbst hat (BFH VI R 18/13 BStBl II 17, 730; *BMF* BStBl I 17, 883; *Fuhrmann* BeSt 17, 1; *Selig-Kraft* BB 17, 919; *Ott* DStZ 17, 435); auf Seiten der Ges sind Rz 55 und 66 zu beachten (*Ott* StuB 17, 795). – Eine Kapitalabfindung der Pensionszusage an den beherrschenden Ges'tergeschäftsführer einer GmbH kann zu einer vGA führen (BFH I R 28/13 BStBl II 14, 726; zR krit *Janssen* GStB 14, 402; Rz 28); entscheidend ist mE, ob die Rückstellung als solche betriebl veranlasst war; die Auszahlung (Rente oder Abfindung) ist vGA-rechtl irrelevant; die betriebl Veranlassung einer Pension wird nicht durch die vorzeitige Abfindung beseitigt. – Die Übertragung einer Pensionsverpflichtung auf einen Pensionsfonds führt nicht zu einer vGA (FG Hess DStRE 20, 335).

3. Verzicht

Schrifttum (vor 2015 s Vorauflagen): *Ott*, Verzicht/Abfindung von Pensionsanwartschaften ..., DStR 15, 2262; *Lutz/Lutz*, Exit-Strategien ..., StB 16, 213; *Selig-Kraft*, Steuerl Fallstricke ..., BB 17, 159, 919; *Neufang ua*, Pensionszusagen – Maßnahmen zur Entsorgung, BB 17, 1559.
Verwaltung: *BMF* BStBl I 12, 874; OFD *Ffm* DB 11, 501; OFD *Nds* DB 11, 1778.

70 **a) Veranlassung.** Der Verzicht soll betriebl veranlasst sein, wenn die Zusage im Zeitpunkt des Verzichts nicht finanzierbar war und wenn auch ein Fremdgeschäftsführer verzichtet hätte (*OFD Ffm* DB 10, 2584, DB 11, 501); zur betriebl oder gesellschaftl Veranlassung des Verzichts s *Heeg* DStR 09, 567, *Fuhrmann* StbJb 09/10, 291/304; *Demuth/Fuhrmann* KÖSDI 11, 17 618.

71 **b) Wirkungen.** Der **Verzicht des Ges'tergeschäftsführers** verlangt eine Korrektur des bisherigen Ausweises und bewirkt (*FM NRW* DB 10, 587; *OFD Ffm* DB 11, 501; *Harle* BB 10, 1963; krit *Risthaus* DStZ 10, 212): – **(1) Gesellschaftl veranlasster Verzicht.** Beim schlichten Ges'ter-Pensionsverzicht verfügt der Ges'ter aus gesellschaftl Veranlassung über seinen Pensionsanspruch: *(a)* Bei der Ges: per Verbindlichkeit an Einlage (= neutrale Auflösung der Verbindlichkeit; *Huth* BetrAV 14, 110); – *(b)* Beim Ges'ter: verdeckte Einlage und (§ 19-) Einnahme (Verfügung über den Pensionsanspruch; Zufluss; BFH VI R 4/16 BStBl II 18, 208; *Selig-Kraft* BB 17, 159; krit *Briese* BB 14, 1567; *ders* DStR 17, 2135; *Otto* GmbHR 18, 549). – **(2) Betriebl veranlasster Verzicht.** – *(a)* Bei der Ges: per Verbindlichkeit an Ertrag (Aufwandsstornierung); – *(b)* Beim Ges'ter: kein Lohnzufluss, keine AK (*Selig-Kraft* BB 17, 159). – Die Einlage bei der Ges und der Zufluss beim Ges'ter können unterschiedl hoch sein (*Schothöfer* DStR 12, 548).

72 **c) Verzicht auf „Future Service".** Der (bloße) Verzicht auf den „Future Service" (Rz 1) verbietet weitere Zuführungen zur Rückstellung bei der GmbH; für den Ges'tergeschäftsführer ist der Verzicht iR steuerl folgenlos, sofern der Verzicht nicht bereits erdiente Anteile erfasst (*BMF* BStBl I 12, 874 mit Beispiel; *OFD Nds* DB 11, 1778; *Schulenburg ua* BetrAV 16, 208; *Selig/Kraft* BB 17, 159; *Neufang* ua BB 17, 1559; **aA** – wohl überholt – *OFD Ka* DB 10, 2251; *OFD Ffm* DB 10, 2584; **aA** auch *Märtens* jurisPR-StR 20/14 Anm 5).

73 **d) Verzicht mit Gegenleistung.** Dieser Fall (zB gegen Abtretung des Rückkaufwertes einer bestehenden Rückdeckungsversicherung) führt bei der Ges zur Gewinnerhöhung wegen Rückstellungswegfalls und zur Gewinnminderung durch Wegfall des Versicherungsanspruchs. Zu Gestaltungsmöglichkeiten aus Sicht des Verzichtenden durch Vereinbarung eines Renten- oder Kapitalwahlrechts s *Daragan* DStR 03, 1870 oder durch Übertragung auf einen Pensionsfonds s *Neufang ua* BB 17, 1559. – Zum Verzicht (und Alternativen) wegen Vermeidung einer Überschuldung (infolge Höherbewertung nach BilMoG) *Harle* NWB 10, 1675.

e) Verzicht auf verfallbare Anwartschaft. Das ist keine Einlage; die entspr 74
Rückstellung ist gewinnerhöhend aufzulösen (BFH I R 62/10 BB 11, 2673).

VII. Pensionsrückstellung bei anderem Rechtsverhältnis, § 6a V

Die Pensionsverpflichtung muss iRe ArbVerh oder eines anderen Rechtsver- 75
hältnisses (§ 6a V), vermöge dessen der Zusageempfänger für das Unternehmen
tätig wird oder geworden ist (zB Dienst-/Werk-/Geschäftsbesorgungsvertrag, Geschäftsführung ohne Auftrag), begründet worden sein (so auch *Höfer* BetrAVG
Kap 2 Rz 693, 41 f; *BH/Stöckler* § 6a Rz 449). § 6a V gilt für alle Pensionsleistungen, auch für eine nicht dem BetrAVG unterliegende Entgeltumwandlungszusage
(BFH XI R 9/19 BStBl II 20, 802).

§ 6b Übertragung stiller Reserven bei der Veräußerung bestimmter Anlagegüter

(1) ¹**Steuerpflichtige, die
Grund und Boden,
Aufwuchs auf Grund und Boden mit dem dazugehörigen Grund und Boden, wenn der Aufwuchs zu einem land- und forstwirtschaftlichen Betriebsvermögen gehört,
Gebäude oder Binnenschiffe
veräußern, können im Wirtschaftsjahr der Veräußerung von den Anschaffungs- oder Herstellungskosten der in Satz 2 bezeichneten Wirtschaftsgüter, die im Wirtschaftsjahr der Veräußerung oder im vorangegangenen Wirtschaftsjahr angeschafft oder hergestellt worden sind, einen Betrag bis zur Höhe des bei der Veräußerung entstandenen Gewinns abziehen.** ²**Der Abzug ist zulässig bei den Anschaffungs- oder Herstellungskosten von**
1. **Grund und Boden,
soweit der Gewinn bei der Veräußerung von Grund und Boden entstanden ist,**
2. **Aufwuchs auf Grund und Boden mit dem dazugehörigen Grund und Boden, wenn der Aufwuchs zu einem land- und forstwirtschaftlichen Betriebsvermögen gehört,
soweit der Gewinn bei der Veräußerung von Grund und Boden oder der Veräußerung von Aufwuchs auf Grund und Boden mit dem dazugehörigen Grund und Boden entstanden ist,**
3. **Gebäuden,
soweit der Gewinn bei der Veräußerung von Grund und Boden, von Aufwuchs auf Grund und Boden mit dem dazugehörigen Grund und Boden oder Gebäuden entstanden ist, oder**
4. **Binnenschiffen,
soweit der Gewinn bei der Veräußerung von Binnenschiffen entstanden ist.**
³**Der Anschaffung oder Herstellung von Gebäuden steht ihre Erweiterung, ihr Ausbau oder ihr Umbau gleich.** ⁴**Der Abzug ist in diesem Fall nur von dem Aufwand für die Erweiterung, den Ausbau oder den Umbau der Gebäude zulässig.**

(2) ¹**Gewinn im Sinne des Absatzes 1 Satz 1 ist der Betrag, um den der Veräußerungspreis nach Abzug der Veräußerungskosten den Buchwert übersteigt, mit dem das veräußerte Wirtschaftsgut im Zeitpunkt der Veräußerung anzusetzen gewesen wäre.** ²**Buchwert ist der Wert, mit dem ein Wirtschaftsgut nach § 6 anzusetzen ist.**

(2a) ¹**Werden im Wirtschaftsjahr der Veräußerung der in Absatz 1 Satz 1 bezeichneten Wirtschaftsgüter oder in den folgenden vier Wirtschaftsjahren in**

§ 6b Übertragung stiller Reserven bei Veräußerungen

Absatz 1 Satz 2 bezeichnete Wirtschaftsgüter angeschafft oder hergestellt oder sind sie in dem der Veräußerung vorangegangenen Wirtschaftsjahr angeschafft oder hergestellt worden, die einem Betriebsvermögen des Steuerpflichtigen in einem anderen Mitgliedstaat der Europäischen Union oder des Europäischen Wirtschaftsraums zuzuordnen sind, kann auf Antrag des Steuerpflichtigen die festgesetzte Steuer, die auf den Gewinn im Sinne des Absatzes 2 entfällt, in fünf gleichen Jahresraten entrichtet werden; die Frist von vier Jahren verlängert sich bei neu hergestellten Gebäuden auf sechs Jahre, wenn mit ihrer Herstellung vor dem Schluss des vierten auf die Veräußerung folgenden Wirtschaftsjahres begonnen worden ist. ²Der Antrag kann nur im Wirtschaftsjahr der Veräußerung der in Absatz 1 Satz 1 bezeichneten Wirtschaftsgüter gestellt werden. ³§ 36 Absatz 5 Satz 2 bis 5 ist sinngemäß anzuwenden. ⁴Unterbleibt der Nachweis einer in Satz 1 genannten Anschaffung oder Herstellung durch den Steuerpflichtigen, sind für die Dauer des durch die Ratenzahlung gewährten Zahlungsaufschubs Zinsen in entsprechender Anwendung des § 234 der Abgabenordnung zu erheben. ⁵Unterschreiten die Anschaffungs- oder Herstellungskosten der angeschafften oder hergestellten Wirtschaftsgüter den Gewinn im Sinne des Absatzes 2, gilt Satz 4 mit der Maßgabe, dass die Zinsen nur auf den Unterschiedsbetrag erhoben werden. ⁶Bei der Zinsberechnung ist davon auszugehen, dass der Unterschiedsbetrag anteilig auf alle Jahresraten entfällt. ⁷Zu den nach Satz 1 angeschafften oder hergestellten Wirtschaftsgütern gehören auch die einem Betriebsvermögen des Steuerpflichtigen im Vereinigten Königreich Großbritannien und Nordirland zuzuordnenden Wirtschaftsgüter, soweit der Antrag nach Satz 1 vor dem Zeitpunkt gestellt worden ist, ab dem das Vereinigte Königreich Großbritannien und Nordirland nicht mehr Mitgliedstaat der Europäischen Union ist und auch nicht wie ein solcher zu behandeln ist.

(3) ¹Soweit Steuerpflichtige den Abzug nach Absatz 1 nicht vorgenommen haben, können sie im Wirtschaftsjahr der Veräußerung eine den steuerlichen Gewinn mindernde Rücklage bilden. ²Bis zur Höhe dieser Rücklage können sie von den Anschaffungs- oder Herstellungskosten der in Absatz 1 Satz 2 bezeichneten Wirtschaftsgüter, die in den folgenden vier Wirtschaftsjahren angeschafft oder hergestellt worden sind, im Wirtschaftsjahr ihrer Anschaffung oder Herstellung einen Betrag unter Berücksichtigung der Einschränkungen des Absatzes 1 Satz 2 bis 4 abziehen. ³Die Frist von vier Jahren verlängert sich bei neu hergestellten Gebäuden auf sechs Jahre, wenn mit ihrer Herstellung vor dem Schluss des vierten auf die Bildung der Rücklage folgenden Wirtschaftsjahres begonnen worden ist. ⁴Die Rücklage ist in Höhe des abgezogenen Betrags gewinnerhöhend aufzulösen. ⁵Ist eine Rücklage am Schluss des vierten auf ihre Bildung folgenden Wirtschaftsjahres noch vorhanden, so ist sie in diesem Zeitpunkt gewinnerhöhend aufzulösen, soweit nicht ein Abzug von den Herstellungskosten von Gebäuden in Betracht kommt, mit deren Herstellung bis zu diesem Zeitpunkt begonnen worden ist; ist die Rücklage am Schluss des sechsten auf ihre Bildung folgenden Wirtschaftsjahres noch vorhanden, so ist sie in diesem Zeitpunkt gewinnerhöhend aufzulösen.

(4) ¹Voraussetzung für die Anwendung der Absätze 1 und 3 ist, dass
1. der Steuerpflichtige den Gewinn nach § 4 Absatz 1 oder § 5 ermittelt,
2. die veräußerten Wirtschaftsgüter im Zeitpunkt der Veräußerung mindestens sechs Jahre ununterbrochen zum Anlagevermögen einer inländischen Betriebsstätte gehört haben,
3. die angeschafften oder hergestellten Wirtschaftsgüter zum Anlagevermögen einer inländischen Betriebsstätte gehören,
4. der bei der Veräußerung entstandene Gewinn bei der Ermittlung des im Inland steuerpflichtigen Gewinns nicht außer Ansatz bleibt und

Übertragung stiller Reserven bei Veräußerungen § 6b

5. der Abzug nach Absatz 1 und die Bildung und Auflösung der Rücklage nach Absatz 3 in der Buchführung verfolgt werden können.

²Der Abzug nach den Absätzen 1 und 3 ist bei Wirtschaftsgütern, die zu einem land- und forstwirtschaftlichen Betrieb gehören oder der selbständigen Arbeit dienen, nicht zulässig, wenn der Gewinn bei der Veräußerung von Wirtschaftsgütern eines Gewerbebetriebs entstanden ist.

(5) An die Stelle der Anschaffungs- oder Herstellungskosten im Sinne des Absatzes 1 tritt in den Fällen, in denen das Wirtschaftsgut im Wirtschaftsjahr vor der Veräußerung angeschafft oder hergestellt worden ist, der Buchwert am Schluss des Wirtschaftsjahres der Anschaffung oder Herstellung.

(6) ¹Ist ein Betrag nach Absatz 1 oder 3 abgezogen worden, so tritt für die Absetzungen für Abnutzung oder Substanzverringerung oder in den Fällen des § 6 Absatz 2 und Absatz 2a im Wirtschaftsjahr des Abzugs der verbleibende Betrag an die Stelle der Anschaffungs- oder Herstellungskosten. ²In den Fällen des § 7 Absatz 4 Satz 1 und Absatz 5 sind die um den Abzugsbetrag nach Absatz 1 oder 3 geminderten Anschaffungs- oder Herstellungskosten maßgebend.

(7) Soweit eine nach Absatz 3 Satz 1 gebildete Rücklage gewinnerhöhend aufgelöst wird, ohne dass ein entsprechender Betrag nach Absatz 3 abgezogen wird, ist der Gewinn des Wirtschaftsjahres, in dem die Rücklage aufgelöst wird, für jedes volle Wirtschaftsjahr, in dem die Rücklage bestanden hat, um 6 Prozent des aufgelösten Rücklagenbetrags zu erhöhen.

(8) ¹Werden Wirtschaftsgüter im Sinne des Absatzes 1 zum Zweck der Vorbereitung oder Durchführung von städtebaulichen Sanierungs- oder Entwicklungsmaßnahmen an einen der in Satz 2 bezeichneten Erwerber übertragen, sind die Absätze 1 bis 7 mit der Maßgabe anzuwenden, dass
1. die Fristen des Absatzes 3 Satz 2, 3 und 5 sich jeweils um drei Jahre verlängern und
2. an die Stelle der in Absatz 4 Nummer 2 bezeichneten Frist von sechs Jahren eine Frist von zwei Jahren tritt.

²Erwerber im Sinne des Satzes 1 sind Gebietskörperschaften, Gemeindeverbände, Verbände im Sinne des § 166 Absatz 4 des Baugesetzbuchs, Planungsverbände nach § 205 des Baugesetzbuchs, Sanierungsträger nach § 157 des Baugesetzbuchs, Entwicklungsträger nach § 167 des Baugesetzbuchs sowie Erwerber, die städtebauliche Sanierungsmaßnahmen als Eigentümer selbst durchführen (§ 147 Absatz 2 und § 148 Absatz 1 Baugesetzbuch).

(9) Absatz 8 ist nur anzuwenden, wenn die nach Landesrecht zuständige Behörde bescheinigt, dass die Übertragung der Wirtschaftsgüter zum Zweck der Vorbereitung oder Durchführung von städtebaulichen Sanierungs- oder Entwicklungsmaßnahmen an einen der in Absatz 8 Satz 2 bezeichneten Erwerber erfolgt ist.

(10) ¹Steuerpflichtige, die keine Körperschaften, Personenvereinigungen oder Vermögensmassen sind, können Gewinne aus der Veräußerung von Anteilen an Kapitalgesellschaften bis zu einem Betrag von 500 000 Euro auf die im Wirtschaftsjahr der Veräußerung oder in den folgenden zwei Wirtschaftsjahren angeschafften Anteile an Kapitalgesellschaften oder angeschafften oder hergestellten abnutzbaren beweglichen Wirtschaftsgüter oder auf die im Wirtschaftsjahr der Veräußerung oder in den folgenden vier Wirtschaftsjahren angeschafften oder hergestellten Gebäude nach Maßgabe der Sätze 2 bis 10 übertragen. ²Wird der Gewinn im Jahr der Veräußerung auf Gebäude oder abnutzbare bewegliche Wirtschaftsgüter übertragen, so kann ein Betrag bis zur Höhe des bei der Veräußerung entstandenen und nicht nach § 3 Num-

Loschelder

mer 40 Satz 1 Buchstabe a und b in Verbindung mit § 3c Absatz 2 steuerbefreiten Betrags von den Anschaffungs- oder Herstellungskosten für Gebäude oder abnutzbare bewegliche Wirtschaftsgüter abgezogen werden. ³Wird der Gewinn im Jahr der Veräußerung auf Anteile an Kapitalgesellschaften übertragen, mindern sich die Anschaffungskosten der Anteile an Kapitalgesellschaften in Höhe des Veräußerungsgewinns einschließlich des nach § 3 Nummer 40 Satz 1 Buchstabe a und b in Verbindung mit § 3c Absatz 2 steuerbefreiten Betrags. ⁴Absatz 2, Absatz 4 Satz 1 Nummer 1, 2, 3, 5 und Satz 2 sowie Absatz 5 sind sinngemäß anzuwenden. ⁵Soweit Steuerpflichtige den Abzug nach den Sätzen 1 bis 4 nicht vorgenommen haben, können sie eine Rücklage nach Maßgabe des Satzes 1 einschließlich des nach § 3 Nummer 40 Satz 1 Buchstabe a und b in Verbindung mit § 3c Absatz 2 steuerbefreiten Betrags bilden. ⁶Bei der Auflösung der Rücklage gelten die Sätze 2 und 3 sinngemäß. ⁷Im Fall des Satzes 2 ist die Rücklage in gleicher Höhe um den nach § 3 Nummer 40 Satz 1 Buchstabe a und b in Verbindung mit § 3c Absatz 2 steuerbefreiten Betrag aufzulösen. ⁸Ist eine Rücklage am Schluss des vierten auf ihre Bildung folgenden Wirtschaftsjahres noch vorhanden, so ist sie in diesem Zeitpunkt gewinnerhöhend aufzulösen. ⁹Soweit der Abzug nach Satz 6 nicht vorgenommen wurde, ist der Gewinn des Wirtschaftsjahres, in dem die Rücklage aufgelöst wird, für jedes volle Wirtschaftsjahr, in dem die Rücklage bestanden hat, um 6 Prozent des nicht nach § 3 Nummer 40 Satz 1 Buchstabe a und b in Verbindung mit § 3c Absatz 2 steuerbefreiten aufgelösten Rücklagenbetrags zu erhöhen. ¹⁰Für die zum Gesamthandsvermögen von Personengesellschaften oder Gemeinschaften gehörenden Anteile an Kapitalgesellschaften gelten die Sätze 1 bis 9 nur, soweit an den Personengesellschaften und Gemeinschaften keine Körperschaften, Personenvereinigungen oder Vermögensmassen beteiligt sind.

Einkommensteuer-Richtlinien: EStR 6b.1–6b.3/EStH 6b.1–6b.3 – *Verwaltungsanweisungen:* BMF BStBl I 08, 495 (bis VZ 08); BMF BStBl I 94, 854 (bis VZ 12); BMF BStBl I 79, 223.

Übersicht

	Rz
I. Allgemeines	
1. Bedeutung; Aufbau	1
2. Persönlicher Anwendungsbereich	2–4
3. Neuere Rechtsentwicklung	5
4. Verfassungsrecht; Europarecht	6
5. Verhältnis zu anderen Vorschriften	7–10
II. Steuerfreie Übertragung, § 6b I–IX	
1. Abzug im Wirtschaftsjahr der Veräußerung, § 6b I	14–47
a) Überblick	14
b) Begünstigte Wirtschaftsgüter	15–23
c) Veräußerung, § 6b I 1 HS 1	26–33
d) Reinvestition, § 6b I 1 HS 2, I 2	35–38
e) Rechtsfolge	39, 40
f) Erweiterung; Ausbau oder Umbau, § 6b I 3, 4	42
g) Mitunternehmerschaft	43–47
2. Ermittlung des entstandenen Gewinns, § 6b II	48–51
a) Veräußerungsgewinn, § 6b II 1	48–50
b) Buchwert, § 6b II 2	51
3. EU/EWR-Reinvestition, § 6b IIa	52–54
a) Hintergrund	52
b) Stundung, § 6b IIa 1–3	53
c) Zinsen; Brexit, § 6b IIa 4–7	54
4. Gewinnmindernde Rücklage, § 6b III	55–62
a) Rücklagenbildung, § 6b III 1	56–58
b) Übertragung und Frist, § 6b III 2, 3	59, 60

Allgemeines   **1 § 6b**

	Rz
c) Auflösung, § 6b III 4, 5	61–64
5. Weitere Voraussetzungen; Übertragungsverbot, § 6b IV	65–81
a) Gewinnermittlung nach § 4 I/§ 5, § 6b IV 1 Nr 1 …	66
b) Veräußertes Wirtschaftsgut, § 6b IV 1 Nr 2	67–77
c) Reinvestitionswirtschaftsgut, § 6b IV 1 Nr 3	78
d) Steuerpflichtiger Veräußerungsgewinn, § 6b IV 1 Nr 4	79
e) Buchnachweis, § 6b IV 1 Nr 5	80
f) Übertragungsverbot; gewerbliche Betriebe, § 6b IV 2	81
6. Vorgezogene (Re-)Investition, § 6b V	83
7. Korrektur der Anschaffungskosten/Herstellungskosten, § 6b VI	84, 85
8. Gewinnzuschlag, § 6b VII	87, 88
9. Städtebauliche Sanierung; Entwicklung, § 6b VIII, IX	90, 91
III. Veräußerung von Anteilen an Kapitalgesellschaft, § 6b X	
1. Überblick; zeitlicher Anwendungsbereich	93
2. Persönlicher Anwendungsbereich	94
3. Abzug von Anschaffungs-/Herstellungskosten im Wirtschaftsjahr der Veräußerung, § 6b X 1	95–98
4. Übertragung auf Gebäude und bewegliche Wirtschaftsgüter, § 6b X 2	99
5. Übertragung auf Anteile an Kapitalgesellschaft, § 6b X 3	100
6. Gewinnermittlung, Beschränkungen, § 6b X 4	101–104
7. Bildung einer Rücklage, § 6b X 5	106
8. Übertragung und Auflösung, § 6b X 6, 7	107
9. Zwangsauflösung, § 6b X 8	108
10. Gewinnzuschlag, § 6b X 9	109
11. Anwendungsausschluss, § 6b X 10	110

I. Allgemeines

1. Bedeutung; Aufbau. Gem § 6b (und § 6c) darf der StPfl **stille Reserven,** 1
die bei der (entgeltl) Veräußerung *bestimmter* Anlagegüter aufgedeckt worden sind,
bei der Anschaffung oder Herstellung anderer *bestimmter* Anlagegüter **stfrei übertragen** (Beschränkung des Realisationsprinzips, s § 5 Rz 78). Die Übertragung
kann *auf zweierlei Art* erfolgen: Zum einen kann der StPfl den Veräußerungsgewinn
bei Anschaffung/Herstellung anderer WG im Wj der Veräußerung **von den AK/
HK abziehen (§ 6b I);** die Ermittlung des Veräußerungsgewinns regelt § 6b II.
Zum andern kann der StPfl eine gewinnmindernde **Rücklage** bilden und auf WG
übertragen, die er in den folgenden vier bzw sechs Wj anschafft **(§ 6b III).** Beide
Möglichkeiten sind an weitere Voraussetzungen geknüpft, ua Gewinnermittlung
nach § 4 I/§ 5 **(§ 6b IV).** Sollen stille Reserven auf WG übertragen werden, die in
dem der Veräußerung *vorangegangenen* Wj angeschafft worden sind, müssen die AK/
HK angepasst werden **(§ 6b V).** Die Übertragung stiller Reserven auf die AK/HK
eines neu angeschafften WG mindert die Bemessungsgrundlage für AfA und SonderAfA **(§ 6b VI).** Werden in die Rücklage eingestellte stille Reserven letztl nicht
für Reinvestitionen verwendet, fällt mit der Auflösung ein Gewinnzuschlag an
(§ 6b VII). Für Investitionen iZm städtebaul Sanierungs-/Entwicklungsmaßnahmen gelten verlängerte Fristen **(§ 6b VIII, IX).** Natürl Personen können Gewinne aus der Veräußerung von KapGes-Anteilen iHv 500 000 € auf bestimmte
andere WG übertragen, ohne die Gewinne nach dem Teileinkünfteverfahren
versteuern zu müssen **(§ 6b X).** – Für Reinvestitionen im EU/EWR-Raum sieht
zudem seit 2015 **§ 6b IIa** ein Wahlrecht zur Verteilung der anfallenden Steuer auf
fünf Jahre vor.

Zweck der Regelung ist es, einem Unternehmen *ökonomisch sinnvolle Anpassungen* von
Produktion, Vertrieb und Standort (zB durch Verlagerung) etc an strukturelle Veränderungen
zu erleichtern und eine Substanzbesteuerung von AV zu vermeiden (BT-Drs IV/2400, 62;

§ 6b 2–5 Übertragung stiller Reserven bei Veräußerungen

BFH IV R 4/09 BStBl II 14, 443 Rz 18). Die Begünstigung der Veräußerung von Binnenschiffen gem § 6b I 2 Nr 4 soll die Konkurrenzfähigkeit der dt Binnenschifffahrt fördern (BT-Drs 16/643, 9). Zu § 6b X s Rz 93. – **Stundungseffekt:** Die Versteuerung der aufgedeckten stillen Reserven wird nur hinausgeschoben, nicht beseitigt. Sie wird bei Übertragung auf *nicht abnutzbare* WG des AV im Zeitpunkt einer späteren Veräußerung oder Entnahme nachgeholt; bei Übertragung auf *abnutzbare* WG des AV erfolgt sie über die nach § 6b VI geminderte AfA-Bemessungsgrundlage. Werden die aufgedeckten stillen Reserven nicht auf ein anderes WG übertragen, kommt es zur Versteuerung (mit *Gewinnzuschlag*), wenn der StPfl die nach § 6b III gebildete Rücklage auflöst. – Zur mögl **Haftung des StBer** s BGH IX ZR 6/06 NJW 09, 1591; OLG Köln DStR 15, 1991, krit Anm *Bolk* DStR 16, 458; krit zu verbindl Auskunft *Rösel* FR 17, 186.

2   **2. Persönlicher Anwendungsbereich.** § 6b gilt für alle **natürl Personen,** die im InI unbeschr oder beschr stpfl sind und ihren Gewinn nach § 4 I oder § 5 ermitteln (s Rz 66; für Gewinnermittlung nach § 4 III s § 6c). Die Regelung gilt ferner, mit Ausnahme von § 6b X (s Rz 94), auch für **juristische Personen** (§ 8 I KStG). Zu **PersGes** s Rz 4.

3   **a) Personenbezogene Steuervergünstigung.** Veräußernder und reinvestierender StPfl müssen **identisch** sein. Die Überführung des WG zw verschiedenen BV desselben StPfl ist grds zulässig (Rz 78; s aber Rz 81), eine Übertragung zw Ehegatten hingegen nicht. Geht ein (Teil-)Betrieb unentgeltl zB durch **Schenkung** oder **Erbgang** auf einen anderen StPfl über, tritt der Rechtsnachfolger auch in die Rechte und Pflichten nach § 6b ein (§ 6 III). Die nach § 6b gebildete Rücklage ist ausschließl beim Rechtsnachfolger zu erfassen (BFH VI R 50/16 BStBl II 19, 313 Rz 30 mwN; BFH IV R 9/06 BStBl II 10, 664). Die Besitzzeiten des Rechtsvorgängers werden angerechnet (BFH IV R 61/93 BStBl II 95, 367; s Rz 74). Dagegen schließen **entgeltl Veräußerungsgeschäfte** den Übergang der Rechte nach § 6b, insb auch die Besitzzeitanrechnung, aus (BFH IV R 136/77 BStBl II 81, 84).

Bei **Verpachtung** eines Betriebs kann der Verpächter, der keine Betriebsaufgabe erklärt hat, nach Veräußerung von (mitverpachteten) WG § 6b in Anspruch nehmen (Konsequenz aus BFH GrS 1/63 S BStBl III 64, 124; s auch § 16 Rz 2 und § 16 Rz 186); zur Reinvestition durch den Verpächter s BFH IV R 10/09 BStBl II 12, 93 (beabsichtigte Eigenbewirtschaftung und Entfernung zur Hofstelle). Bei **BetrAufsp** (Rz 75) und **Organschaft** sind die verbundenen Unternehmen je für sich § 6b-berechtigt. Zu **Einbringung** und **Umwandlung** s Rz 28 und 77. Die **Realgemeinde** wird wie eine PersGes angesehen (BFH IV R 331/84 BStBl II 87, 169); zu Reinvestitionen in Mitgliedsbetrieb s BFH IV R 298/83 BStBl II 88, 885.

4   **b) Personengesellschaft; Gemeinschaft.** Für Veräußerungen nach dem 31.12. 01 gilt wieder die sog **gesellschafterbezogene Betrachtungsweise:** Nicht die Ges/Gemeinschaft, sondern die daran beteiligten Personen (die auch den Veräußerungsgewinn zu versteuern hätten) können die Vergünstigung des § 6b in Anspruch nehmen (vgl BFH IV R 19/14 BStBl II 18, 575 Rz 27; BFH VI R 50/16 BStBl II 19, 313 Rz 22). – **Folgen:** Die einzelnen Voraussetzungen des § 6b sind für jeden Ges'ter gesondert zu prüfen. Veräußerungsgeschäfte zw Ges und Ges'ter können zu begünstigten Gewinnen iSd § 6b führen (s Rz 32). Die aufgedeckten stillen Reserven können zw den verschiedenen BV von Ges und Ges'tern übertragen werden (Rz 43 ff).

Zu der vom 1.1.99 bis 31.12.01 geltenden „rechtsträger-" bzw **„gesellschaftsbezogenen" Betrachtungsweise** s *Schmidt* 28. Aufl § 15 Rz 417 f und BFH IV R 23/04 BStBl II 06, 538. Zu den mögl Folgen des Systemwechsels s BFH IV R 22/07 BStBl/NV 11, 31. – Zur **Klagebefugnis** von PersGes und Ges'tern s BFH IV R 41/09 BStBl II 13, 313; zur **verfahrensrechtl Umsetzung** s BFH IV R 7/19 DStR 21, 277: Beitrittsaufforderung an BMF.

5   **3. Neuere Rechtsentwicklung.** Mit dem **KöMoG** (BGBl I 21, 2050) sind nach § 52 XIV 4 die in § 6b III 2, 3 und 5, VIII 1 Nr 1 und X 1 und 8 genannten Fristen für alle Rücklagen, die am Schluss eines nach dem 29.2.20 und vor dem 1.1.21 endenden Wj aufzulösen gewesen wären, um jeweils zwei Jahre verlängert worden (das CoronaStHG II, BGBl I 20, 1512 sah zunächst eine Verlängerung um

Allgemeines 6–9 § 6b

jeweils ein Jahr vor). Gem § 52 XIV 5 verlängern sich diese Fristen um ein weiteres Jahr, wenn die Rücklagen am Schluss eines nach dem 31.12.20 und vor dem 1.1.22 endenden Wj aufzulösen gewesen wären. IÜ ist geplant, diese Fristen mit einem CoronaStHG IV erneut **um ein weiteres Jahr** zu verlängern. S iÜ zur Rechtsentwicklung *Schmidt* 34. Aufl § 6b Rz 5 und ausführl *BH/Schießl* § 6b Rz 21 ff.

4. Verfassungsrecht; Europarecht. Der Umstand, dass § 6b nur für bestimmte **6** WG gilt, begründet keinen Verstoß gegen **Art 3 I GG** (BVerfG 1 BvR 74/75 HFR 75, 462). Unbedenkl ist auch die (nur) dreijährige Geltung der gesellschaftsbezogenen Betrachtungsweise von 1999–2001 (BFH IV R 23/04 BStBl II 06, 538; FG Köln EFG 12, 790, rkr; s Rz 4). Der **Gewinnzuschlag** gem § 6b VII ist *jedenfalls bis 2009* verfgemäß (BFH XI R 39/18 BStBl II 20, 635; BFH X R 7/17 BStBl II 20, 635). In seinem Beschluss zur **Vollverzinsung** (§ 233a AO) hat das BVerfG seine Unvereinbarkeitserklärung (ab VZ 19) ausdrückl nicht auf andere Verzinsungsregelungen der AO erstreckt (BVerfG 1 BvR 2237/14, 1 BvR 2422/17, DStR 21, 1934); insoweit ergeben sich auch keine Konsequenzen für § 6b (für eine gesetzl Anpassung: *Kanzler* NWB 21, 2500; s iÜ auch *Prinz/Ludwig* FR 19, 493). – § 6b entspricht **EU-Recht**, soweit unterschiedslos, dh ohne Rücksicht auf Ansässigkeit, allen Wirtschaftsteilnehmern die Übertragung stiller Reserven gestattet wird (EuGH C-156/98 BStBl II 02, 47 Tz 22: keine Beihilfe). Dagegen war die Beschränkung auf Inlandsfälle in **§ 6b IV 1 Nr 3 EU/EWR-rechtswidrig** (s auch EuGH C-591/13 DStR 15, 870; Anm *Kanzler* FR 15, 465, und *Hruschka* IStR 15, 368; für gemeinschaftsrechtskonforme Auslegung: FG Nds EFG 12, 1031, rkr; einschr BFH VI R 84/14 BStBl II 18, 171: Korrektur nur bei Erhebung, nicht bei Festsetzung); der Gesetzgeber hat reagiert und zur Abhilfe ein Wahlrecht in **§ 6b II a** geschaffen (Rz 52). Im Hinblick auf **§ 6b IV 1 Nr 2** besteht die rechtswidrige Ungleichbehandlung allerdings fort; die EU-Kommission hat folgerichtig ein **weiteres Vertragsverletzungsverfahren** eingeleitet und Deutschland am 15.2.17 zur ergänzenden Stellungnahme (Art 258 AEUV) aufgefordert (Az 2012/4037; s auch *Kahle/Kopp* DStR 21, 1569, 1576 f; *Kanzler* FR 17, 336: offenkundiger Verstoß gegen Niederlassungsfreiheit; **aA** FG Mchn EFG 19, 1315 rkr, mE nicht überzeugend).

Gegen eine Beschränkung auf Inlandsfälle in § 6b IV 1 Nr 2 und 3 s bereits *Knobbe-Keuk*, S 266 (weitere Nachweise: *Schmidt* 34. Aufl § 6b Rz 6). Dem Einwand, die Beschränkung sei nur die Kehrseite des Verzichts auf die (reguläre) Besteuerung des Veräußerungsgewinns (Kohärenzgedanke; so *Mitschke* DStR 10, 2110; vgl auch *BMF* BStBl I 11, 530 Tz 11), ist der EuGH nicht gefolgt (s EuGH C-591/13 DStR 15, 870 Rz 74 f).

5. Verhältnis zu anderen Vorschriften. – a) Rücklage für Ersatzbeschaf- 7 fung (RfE). § 6b EStG und **EStR 6.6** stehen selbstständig nebeneinander. Die RfE ist nicht auf bestimmte WG beschränkt und erfasst auch UV, setzt aber eine (Zwangs-)Realisierung der stillen Reserven infolge höherer Gewalt oder behördl Eingriffs voraus (s § 6 Rz 101 ff). Für Strukturanpassungen und dadurch bedingte Verkäufe gilt ausschließl § 6b (Abgrenzung: BFH VIII R 24/91 BFH/NV 93, 461; BFH X R 85/87 BStBl II 91, 222). Sind die Voraussetzungen für beide Rechtsinstitute erfüllt, kann der StPfl wählen, von welcher Möglichkeit er Gebrauch machen will. Zur ergänzenden Inanspruchnahme s *Hoffmann* GmbH-StB 09, 87 (mE zutr).

b) Tarifermäßigung, § 34. Zu **Veräußerungsgewinnen** (§§ 14, 16, 18 III) **8** s § 16 Rz 91 und § 34 Rz 27; zur Auswirkung von § 6b auf § 16 IV (ggf iVm § 14 S 2 und § 18 III 2) s § 16 Rz 577. – Wird eine in einem früheren Wj gebildete Rücklage iRe **Betriebsaufgabe/-veräußerung** aufgelöst, erhöht dies den ermäßigt zu versteuernden Gewinn (§ 16 Rz 309; EStR 6b.2 X 5). Zur Fortführung der Rücklage nach Betriebsveräußerung/-aufgabe s Rz 63 und § 16 Rz 91 und 351 sowie EStR 6b.2 X 3.

c) Billigkeitsmaßnahmen. Da § 6b, § 6c selbst Billigkeitscharakter haben, **9** kommen bei deren Anwendung Billigkeitsmaßnahmen (zB § 163 AO) grds nicht in Betracht. Daher kann die Reinvestitionsfrist nicht aus Billigkeitsgründen verlängert werden, wenn der StPfl aus betriebl/persönl Gründen keine rechtzeitige Reinvestition vornehmen konnte (zB Liquiditätsschwierigkeiten bei langfristiger Stundung der Kaufpreisforderung).

Billigkeitsmaßnahmen kommen dagegen in Betracht, wenn der StPfl zB auf Grund eines **rechtswidrigen behördl Eingriffs** gehindert ist, ein neues WG rechtzeitig anzuschaffen oder herzustellen (Folgenbeseitigung) oder wenn es darum geht, die nachteiligen Folgen einer **mittelbaren Grundstücksschenkung** zu beseitigen (BFH IV R 9/06 BStBl II 10, 664; s aber auch FG Nds EFG 16, 3, rkr: keine Ermessensreduzierung auf null).

10   **d) Sonstige Vorschriften.** Verhältnis zu § **3a** s *Kahlert/Schmidt* DStR 17, 1897 und § 3a Rz 35; zu § **4 IVa** s FG Mchn EFG 21, 1361, Rev IV R 8/21; zu § **6c** s Rz 66. Abzug und Rücklagenbildung nach § 6b schließen Tarifermäßigung nach § **34b** für verbleibenden Gewinn nicht aus. – Ist ein Gewinn aus der Veräußerung eines (Teil-)Betriebs (teilweise) Veräußerungsgewinn iSd § 6b, kann diese Begünstigung nur für den Teil in Anspruch genommen werden, der über die **Freibeträge** der **§§ 13 III, 14 S 2, 16 IV, 18 III** (früher auch § 14a) hinausgeht (s Rz 79); umgekehrt schließt die Rücklagenbildung die Inanspruchnahme eines Freibetrags aus (BFH IV R 6/07 BFH/NV 09, 1989). Zu § 14a V s BFH IV R 48/05 BFH/NV 07, 1864; zu § **15a** s BFH IV R 36/14 BStBl II 17, 905 (kein doppelter StVorteil).

Zur Bedeutung einer **verbindl Auskunft** s FG Mster EFG 19, 1343 Rev IV R 23/19. Zur Kürzung des Veräußerungsgewinns nach § **9 Nr 1 S 2** GewStG bei Auflösung einer § 6b-Rücklage s BFH I R 17/99 BStBl II 01, 251. Zur Auswirkung auf den **Streitwert** gem § 52 III 2 GKG s BFH VI S 12/17 BFH/NV 18, 1090.

II. Steuerfreie Übertragung, § 6b I–IX

14   **1. Abzug im Wirtschaftsjahr der Veräußerung, § 6b I. – a) Überblick.** § 6b I setzt voraus, dass der StPfl ein begünstigtes WG mit Gewinn veräußert und ein anderes begünstigtes WG (Reinvestitions-WG) anschafft oder herstellt. Anschaffung oder Herstellung müssen im Wj der Veräußerung oder im vorangegangenen Wj erfolgen bzw erfolgt sein (ansonsten: § 6b III; s auch *Paus* EStB 12, 227). – Die in § 6b I 1 und 2 enthaltenen **Aufzählungen** der begünstigten WG sind **abschließend** (BFH IV R 38/88 BStBl II 89, 1016 mwN: keine analoge Anwendung auf andere WG). Ebenso ist die Übertragung des Veräußerungsgewinns auf die in § 6b I 2 (und § 6b X) genannten WG nicht beliebig, sondern nur iRd dort vorgegebenen Möglichkeiten freigestellt. Weitere **Einschränkungen** ergeben sich aus § 6b IV (Gewinnermittlung nach § 4 I/§ 5, AV eines inl Betriebs etc, s Rz 65 ff). § 6b I 1 begründet ein **Wahlrecht** des StPfl („können"; BFH VI R 68/15 BStBl II 19, 128 Rz 24; s auch Rz 56). FA und FG müssen den StPfl *nicht* auf § 6b hinweisen (BFH IV B 113/06 BFH/NV 07, 2257 aE).

15   **b) Begünstigte Wirtschaftsgüter.** Begünstigt ist die Übertragung stiller Reserven auf:
– **Grund und Boden,** soweit der Gewinn aus der Veräußerung von GuB stammt,
– **Aufwuchs** auf GuB (*mit dem zugehörigen GuB*), wenn der Aufwuchs zu einem luf BV gehört und soweit der Gewinn aus der Veräußerung von GuB *oder* von Aufwuchs auf GuB (mit dem zugehörigen GuB) stammt,
– **Gebäude,** soweit der Gewinn aus der Veräußerung von GuB, Aufwuchs im vorgenannten Sinne *oder* Gebäuden stammt,
– **Binnenschiffe,** *nur* soweit der Gewinn aus der Veräußerung von Binnenschiffen stammt.

16   **aa) Grund und Boden.** GuB iSd § 6b ist nur der „nackte" GuB (BFH IV R 27/01 BStBl II 03, 878). Der Begriff ist enger als der des Grundstücks nach § 94 BGB; er schließt insb Gebäude nicht mit ein, ebenso wenig (dingl *oder* schuldrechtl) Rechte zur Nutzung von GuB (BFH IV R 38/88 BStBl II 89, 1016), allerdings nur, soweit es sich um selbständige WG handelt (zur Abgrenzung s BFH IV

Steuerfreie Übertragung 17–21 § 6b

R 41/13 BStBl II 16, 984: Betreiben eines Windparks). Wird ein Grundstück veräußert, das estl aus mehreren WG besteht, muss der Veräußerungsgewinn aufgeteilt werden (BFH IV R 41/13 BStBl II 16, 984; s auch Rz 20). Grasnarbe, Ackerkrume, Bodenschichten, Luftraum gehören dagegen zum GuB (einheitl WG, vgl § 13 Rz 233), ebenso nicht in den Verkehr gebrachte Bodenschätze (BFH IV R 19/79 BStBl II 83, 203) und Auffüllrechte (BFH IV R 27/01 BStBl II 03, 878). **Miteigentum** an GuB genügt (BFH VIII R 61–62/73 BStBl II 75, 352).

Kein **GuB:** Gebäude; in den Verkehr gebrachter Bodenschatz (BFH IV R 17/73 BStBl 77, 825; vgl auch BFH IV R 27/01 BStBl II 03, 878); Windkraftanlage (BFH IV R 41/10 BFH/NV 14, 847); Milchreferenzmenge (BFH IV B 20/93 BFH/NV 94, 172); Wasserbezugsrecht bei Thermalwasser (BFH IV R 38/88 BStBl II 89, 1016); Eigenjagdrecht (vgl *BMF* BStBl I 99, 592); grundstücksgleiche Rechte (zB Erbbaurecht) und Grundstücksnutzungsrechte (zB Pachtrechte und Nießbrauch); Mineralgewinnungsrechte; Be-/Entwässerungsanlagen, stehendes Holz, Obst-/Baumschulanlagen, Korbweidenkulturen, Rebanlagen, Spargelanlagen sowie Feldinventar. – Zur Umwandlung luf Flächen in **Bauland** durch einen Landwirt s Rz 68.

bb) Aufwuchs eines land- und forstwirtschaftlichen Betriebs. – **(1) Begriff.** Aufwuchs bedeutet „lebende", dh auf dem GuB gewachsene und darin verwurzelte Pflanzen, insb Bäume (Wälder), Obst-, Reb-, Hopfenanlagen und die stehende Ernte, soweit es sich um **Dauerkulturen** handelt (§ 13 Rz 29); denn die Pflanzen müssen die notwendige sechsjährige Zugehörigkeit zum AV aufweisen (§ 6b IV 1 Nr 2, s Rz 68). Sie dürfen nicht von vornherein (wie zB bei Baumschulen) zum UV gehören. – Der Aufwuchs muss *mit* **dem GuB** veräußert werden, aber nicht notwendig an ein und denselben Erwerber. Es genügt, dass beide Veräußerungen auf einen einheitl Veräußerungsentschluss zurückgehen und in engem zeitl und sachl Zusammenhang stehen (BFH IV R 150/84 BStBl II 87, 670). Wald darf ggf nur zur Fällung vom Stamm veräußert werden; holzt der StPfl vor der Veräußerung selbst ab, wird das Holz zu UV (BFH IV R 150/84 BStBl II 87, 670). – Anlagen im GuB sind seit VZ 99 nicht mehr begünstigt. 17

(2) Land- und Forstwirtschaft. Der Aufwuchs muss zu einem luf Betrieb gehören (zum Begriff s § 13). Die Vergünstigung kann auch von Körperschaften, Personenvereinigungen und Vermögensmassen in Anspruch genommen werden, wenn diese ausschließl LuF betreiben (vgl BFH VI R 183/77 BStBl II 81, 76), nicht dagegen von einem luf Betrieben, die zB wegen steuerschädl Zukaufs oder Überschreiten der Tierbestandsgrenzen gewerbl Einkünfte beziehen. 18

cc) Gebäude. Ein Gebäude ist ein Bauwerk, das Menschen oder Sachen durch räuml Umschließung Schutz gegen Witterungseinflüsse gewährt, den Aufenthalt von Menschen gestattet, fest mit dem GuB verbunden, von einiger Beständigkeit und ausreichend standfest ist (s BFH I R 109/04 BFH/NV 06, 1812 mwN; EStR 7.1 V 2). Auf die Nutzungsart kommt es nicht an (s BFH IV R 85/81 BStBl II 82, 63: Tiefgarage). Zu Anteilen an geschlossenen Immobilienfonds s Rz 47. 19

(1) Abgrenzung. Abzugrenzen sind Gebäude **von GuB** (BFH GrS 7/67 BStBl II 69, 108). Zwar ist es für die Anwendung des § 6b unerhebl, ob ein Gebäude mit oder ohne den zugehörigen GuB veräußert wird. Werden aber Gebäude und GuB gegen ein **einheitl Entgelt** veräußert, muss dieses bei der Ermittlung des (jeweils) übertragbaren Veräußerungsgewinns aufgeteilt werden (s Rz 49; § 6 Rz 119). – Zu Gebäuden auf **fremdem GuB** s BFH IV R 29/09 BStBl II 13, 387 (vgl auch BFH X R 46/14 BStBl II 16, 976; anders noch BFH IV R 12/96 BStBl II 97, 718) und *BMF* BStBl I 16, 1431 mit Anm *Levedag* GmbHR 17, 107 (s auch § 5 Rz 270 „Bauten ..."). 20

(2) Andere unbewegliche Wirtschaftsgüter. Unbewegl WG *ohne* einheitl Nutzungs- und Funktionszusammenhang mit dem Gebäude (zB Ladeneinbauten, Schaufensteranlagen) sind eigenständige WG (vgl § 4 Rz 192) und können iRd § 6b als Gebäude berücksichtigt werden (glA *HHR* § 6b Rz 40). Dagegen sind 21

§ 6b 22–28 Übertragung stiller Reserven bei Veräußerungen

Betriebsvorrichtungen *bewegl* WG (§ 4 Rz 117; EStR 7.1 III, vgl auch BFH IV R 41/10 BFH/NV 14, 847 zu § 6b I aF), die nicht unter § 6b fallen. – Zu **Mieter-/Pächtereinbauten** s § 5 Rz 270 „Mieter...". Die dort aufgezeigten Grundsätze gelten auch für § 6b (ähnl BFH GrS 4/92 BStBl II 95, 281 zu § 7). Handelt es sich um ein unbewegl WG, das im wirtschaftl Eigentum des Mieters steht, ist § 6b grds anwendbar. – **Außenanlagen** sind keine Gebäude (§ 7 Rz 39; s FG Mchn EFG 21, 931, rkr: Parkplatzanlage).

22   **(3) Wohnungseigentum; Teileigentum (§ 1 WEG).** Beides fällt unter den Gebäudebegriff des § 6b (Sondereigentum und Miteigentumsanteil); das damit verbundene gemeinschaftl Eigentum am Grundstück ist GuB iSd § 6b (vgl BFH VIII R 61–62/73 BStBl II 75, 352).

23   **dd) Binnenschiffe.** Nach der Legaldefinition in § 3 III SchiffRegO sind Binnenschiffe zur Schifffahrt auf Flüssen und sonstigen Binnengewässern bestimmte Schiffe. Das umfasst neben Schiffen, die zur Beförderung von Gütern und Personen bestimmt sind, auch Schlepper, Tankschiffe und Schubboote, Eisbrecher, Hebeschiffe, Kabelschiffe, Bagger-/Schwimmkräne, schwimmende Getreideheber uÄ. Dass das Schiff in das Binnenschifffahrtsregister eingetragen ist, ist mE nicht erforderl (ähnl R 41a V EStR 1990 betr Ausflaggen von Seeschiffen). – Zum Schiff rechnet auch das typische, insb technische **Zubehör**, nicht dagegen andere Ausrüstungsgegenstände wie zB bei einem Passagierschiff das Geschirr (str, **aA** *BH/Schießl* § 6b Rz 98). Wird ein Schiff abgewrackt, gehört es nicht mehr zum AV (BFH VIII R 187/75 BStBl II 79, 409).

26   **c) Veräußerung, § 6b I 1 HS 1. – aa) Begriff.** Veräußerung ist die entgeltl Übertragung eines begünstigten WG auf einen Dritten (wirtschaftl Leistungsaustausch, vgl BFH IV R 61/05 BFH/NV 08, 1460). Das setzt zweierlei voraus: einen **Rechtsträgerwechsel** und eine **Gegenleistung.** Ersteres liegt vor, wenn das zivilrechtl oder zumindest das wirtschaftl Eigentum (§ 39 AO) auf einen anderen übergeht (Besitzübergang, Gefahr, Nutzung und Lasten, vgl § 6 Rz 35). Danach bestimmt sich auch (ohne Rücksicht auf das zugrundeliegende Verpflichtungsgeschäft) der maßgebl **Zeitpunkt** der Veräußerung (BFH VIII R 24/91 BFH/NV 93, 461).

Ob der StPfl eine **Gegenleistung** erhält, richtet sich nach dem wirtschaftl Gehalt sämtl vertragl Absprachen (BFH IV R 61/05 BFH/NV 08, 1460: Gesamtbetrachtung). Auch die Gewährung von GesRechten (Rz 32) oder die Übernahme von Verbindlichkeiten kann Gegenleistung idS sein (Rz 31). Geht man vom Sinn und Zweck der Regelung (Rz 1) aus, so ist letztl entscheidend, ob durch die Veräußerung ein **Gewinn realisiert** wird.

27   **bb) Betrieblicher Geschäftsvorfall.** Die Veräußerung muss ein betriebl Geschäftsvorfall sein. Ob der StPfl freiwillig oder unter Zwang handelt, ist dagegen unerhebl (vgl BFH VIII R 2/94 BStBl II 96, 60: Abwehr einer Enteignung; EStR 6b.1 I 1). Dass der StPfl die **Entnahme der Gegenleistung** beabsichtigt, schließt die Anwendung des § 6b nicht zwingend aus (BFH VIII R 2/94 BStBl II 96, 60). Zwar kann eine Veräußerung zur Erlangung privater Vorteile (zB: Gegenleistung wird ins PV erworben, Erfüllung familienrechtl Ansprüche) zur Entnahme des veräußerten WG führen (so BFH VIII R 41/79 BStBl II 82, 18: § 6b unanwendbar). Häufig wird man jedoch den Vorgang auch so deuten können, dass erst die Gegenleistung bzw der Anspruch auf sie entnommen wird (vgl BFH VIII R 53/81 BStBl II 83, 303), sofern das erworbene WG nicht notwendiges PV ist (BFH IV B 196/04 BFH/NV 06, 977). – Dass ein Veräußerungsvorgang (erst) im Wege der **Bilanzberichtigung** ausgewiesen wird, ist grds unschädl (BFH VIII R 53/81 BStBl II 83, 303).

28   **cc) Abgrenzung. – (1) Veräußerung.** Unter § 6b fallen: Übereignung aufgrund Kaufvertrag und Tausch (§ 6 VI 1; s iEinz § 6 Rz 851 ff und EStR 6b.1 I 3); Zwangsversteigerung; unfreiwilliger Entzug durch unerlaubte Handlung und Enteignung, wenn der StPfl eine Entschädigung als Gegenwert enthält (BFH I R

140/71 BStBl II 73, 840); Übertragung einzelner WG bei BetrAufsp (s § 15 Rz 877; bzgl Fristberechnung s Rz 75); Veräußerung eines (Teil-)Betriebs oder MUeranteils, soweit begünstigte WG mitveräußert werden; Einbringung eines (Teil-)Betriebs etc in eine KapGes gem §§ 20 ff UmwStG oder in eine PersGes gem § 24 UmwStG (*Orth* DStR 11, 1541; UmwSt-Erlass Rz 20.26; abl allerdings für Einbringungsgewinn I und II UmwSt-Erlass Rz 22.07 und 22.13; dagegen: *Benz/Rosenberg* DB 12, Beil Nr 1, S 38, unter II.5 und IV.2; zu Besitzzeitanrechnung s Rz 77). – Eine Veräußerung in Form wirtschaftl übertragenen Eigentums an einem Gebäude kann in einem entgeltl eingeräumten **Abbruchrecht** gesehen werden (BFH VIII R 24/91 BFH/NV 93, 461). Wird hingegen das Gebäude auf eigene Rechnung und eigenes Risiko noch vom bisherigen Eigentümer abgebrochen, liegen mE nachträgl AK auf das zur Veräußerung vorgesehene unbebaute Grundstück vor (s iEinz § 6 Rz 213 ff).

(2) Keine Veräußerung. Nicht erfasst werden: (voll unentgeltl) Schenkung; Erbfall; Zerstörung oder Verlust eines WG; Entnahme (weder Rechtsträgerwechsel noch Leistungsaustausch; vgl BFH I R 182/70 BStBl II 73, 291; BFH IV R 61/05 BFH/NV 08, 1460: „Veräußerung" an Ehefrau ohne wirtschaftl Belastung); Überführung ins PV bei Betriebsaufgabe; Übertragung von WG zw verschiedenen (Sonder-)BV desselben StPfl zu Buchwerten (§ 6 V 1 und 2, s § 6 Rz 770; anders bei Verletzung der Sperrfrist, s EStR 6b.1 I 5). – Kein Tausch und damit keine Veräußerung liegt idR auch bei **Umlegungs- und Flurbereinigungsverfahren** vor, wenn eingebrachter und zugeteilter Grundbesitz als wertgleich und wirtschaftl identisch zu betrachten sind (Surrogationsprinzip, s BFH IV R 7/08 BFH/NV 10, 2250, mit Ausnahmen, zB Geldabfindung; BFH IV R 1/84 BStBl II 86, 711; s auch § 5 Rz 635 und § 6 Rz 854; zu Besitzzeit s Rz 73). 29

(3) Teilentgeltliche Übertragung von Einzelwirtschaftsgut. Zwar handelt es sich grds um eine Veräußerung iSd § 6b. Sie wird aber bei privater/gesellschaftsrechtl Veranlassung aufgespalten in eine entgeltl Veräußerung und in eine (unentgeltl) Entnahme/Einlage (str, s *BMF* BStBl I 11, 1279 Rz 15; glA *KS* § 6b Rz 9; aA BFH IV R 1/08 DStR 12, 1500, mit Anm *Kempermann* FR 12, 1082; s ausführl § 6 Rz 789 ff); (nur) für den entgeltl Teil gilt § 6b, für den unentgeltl hingegen § 6 V 3 (vgl *Bordewin* in FS L. Schmidt S 421/7; *Strahl* FR 05, 797 mwN zu § 15a). Bei betriebl Veranlassung liegt ein (einheitl) Veräußerungsgeschäft vor; § 6b ist anwendbar, wenn iErg ein Gewinn realisiert wird. S auch *BH/Schießl* § 6b Rz 48. 30

(4) Übertragung eines (Teil-)Betriebs oder Mitunternehmeranteils. Die Übertragung im Wege der **vorweggenommenen Erbfolge** ist grds ein unentgeltl Geschäft (keine Veräußerung); insb sind wiederkehrende Versorgungsleistungen idR kein Entgelt (s § 16 Rz 51 f). Erfolgt die Übertragung **teilentgeltl** (Abstandszahlung, Übernahme priv Schulden des Veräußerers, Gleichstellungsgelder an Dritte), gilt die **Einheitstheorie:** Übersteigt der Veräußerungspreis den gesamten (Netto-)Buchwert (Kapitalkonto) des übertragenen BV, liegt ein (einheitl) Veräußerungsgeschäft vor, sodass § 6b anwendbar ist (vgl BFH VIII R 27/98 BFH/NV 01, 262 mwN; § 16 Rz 65 f). 31

Die Übertragung eines einzelnen WG auf einen künftigen Erben, der nicht MUer des Betriebs ist, fällt als Entnahme nicht unter § 6b (BFH IV R 89/90 BStBl II 93, 225). Ebenfalls Entnahmen sind Sachwertabfindungen an andere Erben, Vermächtnisnehmer und Pflichtteilsberechtigte (BFH IV R 89/90 BStBl II 93, 225 beer HöfeO). Zur Bestellung eines Nießbrauchs oder dingl Wohnrechts s § 6 Rz 135 aE (keine Gegenleistung).

(5) Drittüblicher Leistungsaustausch zwischen Mitunternehmerschaft und Mitunternehmer. Der Austausch ist Veräußerung iSd § 6b (BFH IV R 136/77 BStBl II 81, 84; s auch § 6 Rz 646). – **Überführung einzelner WG** aus einem BV (oder Sonder-BV) **in eine PersGes** gegen Gewährung von GesRechten (ohne Ausgleichszahlung/Schuldübernahme) ist zwar ein tauschähnl Geschäft und damit 32

Veräußerung iSd § 6b (vgl § 5 Rz 637); aber es werden gem § 6 V 3 grds keine stillen Reserven aufgedeckt (keine Gewinnrealisierung, also kein § 6b; anders uU, wenn zusätzl ein Barentgelt gezahlt wird, s § 6 Rz 784 ff; zu Überpari-Emission vgl BFH I R 35/05 BStBl II 08, 253). Nur in den Ausnahmefällen des § 6 V 4 ff (Sperrfrist, Körperschaftsbeteiligung) kommt es zu einer Gewinnrealisierung, sodass § 6b anwendbar ist (s auch § 6 Rz 826; EStR 6b.1 I 5; *HHR* § 6b Anm 32; **aA** *Freikamp* BB 01, 2618). Demgegenüber ist die Einbringung ohne Gewährung von GesRechten schon keine Veräußerung (verdeckte Einlage, keine Gegenleistung, vgl BFH X R 22/02 BStBl II 06, 457), auch wenn sie teilweise als Veräußerung behandelt wird (§ 17 I 2 EStG; § 8b II 6 KStG). Die Einbringung aus dem PV fällt ohnehin nicht unter § 6b (s Rz 67 ff). – Die **Sachwertabfindung in das PV** gegen Aufgabe von GesRechten ist als Tausch und damit als Veräußerung zu beurteilen (s § 16 Rz 498). Für Sachwertabfindungen **in das BV** ist nach § 6 V 3 Buchwertfortführung und Besitzzeitanrechnung anzunehmen (keine Gewinnrealisierung; s § 16 Rz 500 f).

Zur entgeltl Veräußerung in Fällen, in denen eine **Übertragung mit Buchwertfortführung nach § 6 V 3** nicht zulässig oder str ist (zB Übernahme von Verbindlichkeiten) s *OFD Kobl* DStR 04, 314 (§ 6b anwendbar; so auch *Plewka* NJW 11, 579); *Strunk/Kamphaus* BB 02, 2153, 2156; krit *Brandenberg* DStZ 02, 551, 555. Zu SchwesterPersGes, vgl § 6 Rz 806; *Dräger/Dorn* DB 19, 2423 (*FinVerw* abl) und *Weiss* BB 21, 747, 750; zu **Teilentgeltlichkeit** s *Strahl* FR 05, 797.

33 **(6) Vermögensauseinandersetzungen über Betriebsvermögen. Realteilung** (§ 16 Rz 530) von MUerschaften und **Erbauseinandersetzung** (§ 16 Rz 610 ff) *ohne* Wertausgleich sind keine Veräußerung (§ 16 III 2: Buchwertfortführung, keine Gewinnrealisierung). Auseinandersetzungen *mit* Wertausgleich führen dagegen zu einem gewinnrealisierende Rechtsträgerwechsel und sind somit Veräußerungen iSd § 6b. S auch *BMF* BStBl I 19, 6 (Rz 22 ff).

35 **d) Reinvestition, § 6b I 1 HS 2, I 2.** Der StPfl muss iRd vorgegebenen Wahlmöglichkeiten (Rz 14) ein begünstigtes **Reinvestitions-WG** (Rz 15 ff) (oder mehrere) anschaffen oder herstellen. Das Reinvestitions-WG muss nicht die gleiche Funktion haben wie das veräußerte WG oder in einem bestimmten Zusammenhang mit diesem stehen. Es muss auch nicht notwendig demselben Betrieb des StPfl dienen (EStR 6b.2 VI Nr 1). Zu den zusätzl Voraussetzungen des § 6b IV 1 Nr 3 s Rz 78.

36 **aa) Zeitpunkt.** Die Reinvestition kann im **Wj der Veräußerung** erfolgen (vor oder nach der Veräußerung) oder bereits im **vorangegangenen Wj** erfolgt sein (frühester Reinvestitionszeitpunkt). Letzteres erleichtert die technische Abwicklung und sichert ein Jahr länger die ungekürzte AfA (*Neufang* DB 89, 453; Rz 83). Soll die Reinvestition in einem späteren Wj erfolgen, muss der StPfl im Wj der Veräußerung eine Rücklage bilden (Rz 55 ff).

37 **bb) Anschaffen.** Das Tatbestandsmerkmal „anschaffen" setzt den entgeltl Erwerb von (zumindest wirtschaftl) Eigentum an einem bestehenden WG voraus (BFH IV R 9/06 BStBl II 10, 664: Erfordernis der Entgeltlichkeit folgt aus dem Begriff der AK; s auch § 6 Rz 31). Begriffl handelt es sich um die **Kehrseite der Veräußerung**, sodass auf Rz 28 ff verwiesen wird. – Angeschafft ist ein WG, wenn der Erwerber der wirtschaftl Verfügungsmacht erlangt (§ 9a EStDV; s auch § 6 Rz 35; FG Mster EFG 19, 1532, rkr: „Besitzabsprache" zw Brüdern nicht anerkannt). Wirtschaftl Erwerb auf den 1. Tag des neuen Wj ist Erwerb im neuen Wj (BFH IV R 43/90 BStBl II 92, 398). Es kann sich um ein neues oder gebrauchtes WG handeln (BFH I R 164/74 BStBl II 77, 60).

Die **Einlage** eines im selben Wj privat angeschafften WG kann mE ausnahmsweise als Anschaffung gelten (zurückbezogene Umwidmung innerhalb eines VZ; wie hier: *HHR* § 6b Anm 54; *KS* § 6b Rz 12; **aA** *BH/Schießl* § 6b Rz 187). Ansonsten ist die Einlage aus dem PV *keine* Anschaffung (BFH IX R 27/82 BStBl II 85, 250). – Ebenfalls **keine Anschaffung:** unentgeltl Erwerb, zB **bei mittelbarer Grundstücksschenkung** (BFH IV R 9/06 BStBl II

Steuerfreie Übertragung **38–44 § 6b**

10, 664, Anm *Wendt* BFH/PR 10, 364); verdeckte Einlage in eine KapGes; Überführung von WG des UV in das AV; An-/Vorauszahlung (BFH IV R 43/90 BStBl II 92, 398).

cc) Herstellen. Herstellen ist das Schaffen eines noch nicht vorhandenen WG. **38** Hergestellt (fertiggestellt) ist ein WG, wenn es einen Zustand erreicht hat, der seine bestimmungsgemäße Nutzung ermöglicht (BFH X R 85/87 BStBl II 91, 222); eine Teil-Herstellung genügt nicht (§ 9a EStDV). S iEinz § 6 Rz 34 und 151 ff.

e) Rechtsfolge. – aa) Bilanzielle Behandlung. Der **Abzug** des übertra- **39** gungsfähigen Veräußerungsgewinns **von den AK/HK** kann nur für das Wj der Veräußerung vorgenommen werden (bei § 6b III: Wj der Anschaffung/Herstellung, Rz 59). Der Abzug erfolgt in der Weise, dass der StPfl das Reinvestitions-WG **in der StB** zunächst mit den tatsächl AK/HK ansetzt. Von diesen wird sodann wie bei einer Abschreibung der Betrag des übertragungsfähigen Gewinns (oder nur ein Teil davon, s Rz 56) gewinnmindernd abgezogen (s auch BFH VI R 68/15 BStBl II 19, 128). Für im vorangegangenen Wj angeschaffte oder hergestellte WG s Rz 83. Zur **Verfolgbarkeit** des Abzugs in der Buchführung s Rz 80; zur Auswirkung auf die AfA und § 6 II, IIa s Rz 84.

In der HB war ursprüngl entspr zu verfahren (formelle Maßgeblichkeit, § 5 I 2 aF). Nach Streichung der §§ 247 III, 273 HGB und Aufgabe der formellen Maßgeblichkeit in § 5 I nF (BilMoG) ist ein Abzug dort nicht mehr zulässig. Das Wahlrecht des StPfl (Rz 56) wird **ab VZ 2009** *nur noch in der StB* ausgeübt (s § 5 Rz 26) und zwar in der StB desjenigen Betriebs, in dem der Veräußerungsgewinn angefallen ist (BFH XI R 39/18 DStR 20, 1833 Rz 18).

bb) Anschaffungs-/Herstellungskosten. Zum Begriff s § 6 Rz 31 ff und **40** 151 ff. Die VorSt gehört nicht zu den AK (s BFH IV R 47/08 DStRE 11, 272: auch bei Versteuerung nach Durchschnittssätzen). Nur im Wj der Veräußerung noch angefallene **nachträgl AK/HK** erhöhen den Buchwert des in vorangegangenen Wj angeschafften oder hergestellten WG, von dem der Abzug nach § 6b I vorgenommen werden kann. Ist das WG im Jahr der Veräußerung (vor oder nach dieser) angeschafft oder hergestellt worden, sind die gesamten AK/HK dieses Jahres anzusetzen.

f) Erweiterung, Ausbau oder Umbau, § 6b I 3, 4. Aufwendungen hierfür **42** sind **eigenständige Reinvestitionen.** Der Abzug eines übertragungsfähigen Veräußerungsgewinns erfolgt nach den vorgenannten Regeln. Die jeweilige Maßnahme muss im Wj der Veräußerung oder im vorangegangen Wj durchgeführt worden sein. Begünstigt sind nur Gebäude (Begriff s Rz 19); auf andere WG ist die Regelung nicht übertragbar. – Zum Begriff „Erweiterung" s § 6 Rz 171; zu „Ausbau" und „Umbau" s § 6 Rz 166.

g) Mitunternehmerschaft. Zur Wiedereinführung der ges'terbezogenen Be- **43** trachtungsweise s Rz 4. Aufgedeckte stille Reserven können zw den BV von MUern und MUerschaft übertragen werden. Über den Umfang der Übertragungsmöglichkeit wird im Gewinnfeststellungsverfahren entschieden (vgl BFH IV R 44/89 BFH/NV 91, 599; BFH I R 175/76 BStBl II 80, 43). – Zu Veräußerungsgeschäften zw MUer und MUerschaft s Rz 32.

aa) Mitunternehmer als Veräußerer. Veräußert der MUer einer PersGes **44** (Einzelunternehmer, KapGes) ein begünstigtes WG des eigenen BV, kann er den Veräußerungsgewinn auch auf Reinvestitionen sowohl in seinem **SonderBV** als auch im **Gesamthandsvermögen** der PersGes übertragen, letzteres allerdings (nur) entspr seinem Anteil (vgl BFH IV R 83/83 BStBl II 86, 350: Ergänzungsbilanz; s auch *Schoor* StBp 06, 255/7; EStR 6b.2 VI 1 Nr 2). Gleiches gilt für den Gewinn aus der Veräußerung von SonderBV (s BFH IV R 14/04 BStBl II 06, 418; *Ley* Wpg 06, 904; § 15 Rz 475). Eine Übertragung auf Reinvestitionen im SonderBV *anderer* Ges'ter ist unzulässig.

Zum Verhältnis **StB/HB** bis zur Aufhebung des § 5 I 2 aF (umgekehrte Maßgeblichkeit) durch das **BilMoG** (vgl Rz 39) s 28. Aufl Rz 8; weitere Nachweise 36. Aufl Rz 44.

Loschelder

45 **bb) Personengesellschaft als Veräußerer.** Veräußert die PersGes ein begünstigtes WG des Gesamthandsvermögens, kann der Veräußerungsgewinn wie folgt übertragen werden: *(1)* Auf **Reinvestitionen der Ges**, ggf auch in einer anderen Ges, an der eine Beteiligung besteht (mehrstöckige Ges). Nach hM war dazu bislang die *einheitl* Wahlrechtsausübung aller berechtigten Ges'ter erforderl (s *Schmidt* 28. Aufl § 6b Rz 4; offengelassen in BFH IV R 81/87 BStBl II 89, 558; s allg § 15 Rz 410). Mit Aufhebung des § 5 I 2 aF durch das **BilMoG** (s Rz 39) besteht hierfür mE wegen der ges'terbezogenen Betrachtungsweise (Rz 4) kein Anlass mehr, sodass die Ges'ter (mittels Ergänzungsbilanzen) § 6b auch uneinheitl/individuell in Anspruch nehmen können (str, s § 16 Rz 98; vgl auch BFH IV R 1/11 BStBl II 17, 34 Rz 18 ff; aA *HHR* § 6b Anm 50). − *(2)* Anteilig entspr der Beteiligungsquote auf **Reinvestitionen im SonderBV** oder einem **anderen BV der Ges'ter**, und zwar einschließl Gesamthandsvermögen oder eigenem Sonder-BV bei einer anderen PersGes (s auch BFH IV R 19/14 BStBl II 18, 575 Rz 27; zur dann neutralen Auflösung der Rücklage bei der PersGes s BFH IV R 298/83 BStBl II 88, 885; zur anteiligen Rücklage der PersGes neben Reinvestition eines Teils der Ges'ter s BFH IV R 81/87 BStBl II 89, 558). **Negative Ergänzungsbilanzen** sind hier ebenso zulässig wie in anderen Fällen, in denen nicht alle Ges'ter die § 6b-Voraussetzungen erfüllen (vgl BFH IV R 36/14 BStBl II 17, 905, auch zu den Folgen eines negativen KapKtos; § 15 Rz 474; *Strahl* FR 01, 1154/6). Das Wahlrecht (Rz 56) *muss* in der **Bilanz des veräußernden Betriebs** ausgeübt werden (BFH IV R 41/09 BStBl II 13, 313 Rz 34 f: auch bei unterschiedl Bilanzstichtagen; Anm *Kanzler* FR 13, 513; *Schulze-Osterloh* BB 13, 498; *Rätke* StuB 13, 287; zu Betriebsveräußerung etc s EStR 6b.2 X; vgl auch § 16 Rz 91). − *(3)* Übertragung auf eine (teil-)identische **Schwester-PersGes** ist ebenfalls zulässig (s iEinz BFH IV R 19/14 BStBl II 18, 575 Rz 27; *Prinz/Ludwig* FR 19, 493; *BMF* BStBl I 11, 1279 Rz 20; § 6 Rz 806; s aber *OFD Ffm* DStR 19, 1357).

46 **cc) Veräußerung eines Mitunternehmeranteils.** Ebenso kann der StPfl bei der Veräußerung eines MUeranteils oder eines Teils hiervon für die (anteilig) aufgedeckten stillen Reserven aus begünstigten WG § 6b in Anspruch nehmen (BFH IV R 83/83 BStBl II 86, 350; s auch *FM SchlHol* DStR 14, 2180), ferner für den auf ihn entfallenden Anteil am Gewinn aus der **Veräußerung des ganzen GewBetr** oder eines Teilbetriebs der PersGes (BFH IV R 81/87 BStBl II 89, 558 zu 1). Zur Bildung einer Rücklage bei **Aufgabe des Betriebs** einer PersGes s BFH VIII R 10/99 BStBl II 01, 282 (zur Reinvestitionsabsicht: Rz 56), s EStR 6b.2 X 6 und § 16 Rz 91, 351 und 443.

47 **dd) Sonderfälle.** Bei **ZebraGes** gilt für den betriebl beteiligten StPfl in Bezug auf sein (anteiliges) BV § 6b (vgl § 15 Rz 201, 206). Bei der **atypisch stillen Ges** umfasst das BV das dem Gesamthandsvermögen gleichgestellte BV des tätigen Teilhabers (an dem der Stille beteiligt ist) und das SonderBV des atypisch stillen Ges'ters (vgl § 15 Rz 348); beide können daher § 6b als personenbezogene StVergünstigung nach den dargelegten Grundsätzen in Anspruch nehmen (vgl BFH VIII R 85/91 BStBl II 94, 243 zu § 7d).

Der Anteilserwerb an einem **geschlossenen Immobilienfonds** mit Einkünften nach § 21 fällt unter § 6b, wenn der Anteil im BV gehalten wird. Fehlt es an einer betriebl Beteiligung, scheidet eine Reinvestition wegen PV aus. Ist der Immobilienfonds eine MUerschaft, zB in Form einer gewerbl geprägten PersGes, gelten für die Reinvestition des MUers ebenfalls die dargelegten allg Grundsätze.

48 **2. Ermittlung des entstandenen Gewinns, § 6b II. − a) Veräußerungsgewinn, § 6b II 1.** Ausgangsgröße für die Ermittlung des Veräußerungsgewinns ist der Veräußerungspreis. Von diesem werden der Buchwert des veräußerten WG im Zeitpunkt der Veräußerung und die Veräußerungskosten abgezogen.

Auch wenn § 6b II eine eigenständige Definition des Begriffs „Gewinn" enthält, muss sich die Auslegung am **Sinn und Zweck** der Regelung (Rz 1) orientieren. Gewinn ist daher im

Steuerfreie Übertragung 49–52 § 6b

Zweifel immer das, was der StPfl ohne § 6b versteuern müsste. So gelten im Anwendungsbereich des § 5 I die GoB; werden diese jedoch bei der steuerl Gewinnermittlung durch § 6 überlagert (vgl etwa § 13 Rz 201), muss das mE auch für § 6b gelten.

aa) Veräußerungspreis. Er wird durch den **Wert der Gegenleistung** bestimmt, also *alles,* was der StPfl (Veräußerer) in Geld oder Geldeswert für das WG erhält. Das umfasst neben dem vertragl Entgelt auch sonstige Leistungen, die der Erwerber an den StPfl oder an einen Dritten für Rechnung des StPfl zu erbringen hat (BFH IV R 32/03 BFH/NV 04, 1092). Beim Tausch bemisst sich der Veräußerungspreis nach dem gemeinen Wert der empfangenen Gegenleistung, im Fall der Sacheinlage nach dem Wert der übertragenen GesAnteile (§ 6 VI 1, s iEinz § 17 Rz 135 ff). Zur **Aufteilung** eines Gesamtpreises s § 6 Rz 118 (vgl auch FG BaWü EFG 96, 533, rkr). – Die **nachträgl Erhöhung** der Gegenleistung ist ein rückwirkendes Ereignis iSd § 175 I 1 Nr 2 AO (BFH X R 148/97 BStBl II 01, 641); sie wird also grds ebenso behandelt wie iZm §§ 16, 17 (s § 16 Rz 335 ff), obwohl dies nicht den GoB entspricht (§ 6 Rz 57, 65). Für die **nachträgl Minderung** der Gegenleistung muss dies mE auch gelten (vgl § 17 Rz 137); eine (nur) drohende Minderung ist hingegen unerhebl (vgl *Strahl* FR 00, 803). 49

Kein Teil der Gegenleistung ist eine **Entschädigung**, die der StPfl nicht für das hingegebene WG, sondern als Ausgleich für anderweitige Nachteile, zB eine Ertragsminderung, erhält (BFH IV R 32/03 BFH/NV 04, 1092 mwN). Eine **Rückstellung** zB wegen Altlasten ist nicht gegenzurechnen (FG Nbg EFG 00, 209, rkr). Zur Auflösung eines **RAP** s FG Hbg EFG 11, 2052, rkr. – Eine **vGA** soll gem *Freikamp* DB 07, 2220, zur Gegenleistung gehören; mE unzutr (vgl § 17 Rz 141 mwN).

bb) Veräußerungskosten. Hierzu gehören alle Aufwendungen, die durch die Veräußerung veranlasst sind. Ein *unmittelbarer* sachl Zusammenhang (vgl etwa BFH XI R 14/87 BStBl II 91, 628) ist mE nicht (mehr) zwingend erforderl; die Ausführungen des BFH in VIII R 55/97 BStBl II 00, 458 zu § 16 II 1 lassen sich auch auf § 6b übertragen (str, s § 16 Rz 300 ff; ferner BFH IV R 22/08 BStBl II 10, 736; **aA** *HHR* § 6b Anm 82; *BH/Schießl* § 6b Rz 168). 50

Beispiele: Notar-, Beratungs-, Gutachter-, Inserats- und Reisekosten sowie Maklerprovision, Grundbuchgebühren und Verkehrsteuern (unmittelbarer sachl Zusammenhang). Darüber hinaus können mE aber auch Abfindungen zur Beendigung von Schuldverhältnissen und Aufwendungen für den Abbruch eines Gebäudes Veräußerungskosten iSd § 6b II 1 sein (**aA**, aber mE überholt: BFH XI R 14/87 BStBl II 91, 628 – vgl auch § 16 Rz 303 aE).

b) Buchwert, § 6b II 2. Buchwert ist der Wert, der sich für das WG im **Zeitpunkt seiner Veräußerung** (s Rz 26) nach § 6 ergeben würde, wenn auf diesen Zeitpunkt eine Bilanz aufzustellen wäre (ähnl: § 1 V Nr 4 UmwStG). Bei abnutzbaren Anlagegütern können für den Zeitraum vom letzten Bilanzstichtag bis zum Veräußerungszeitpunkt auch noch AfA nach § 7 sowie etwaige SonderAfA und TW-Berichtigungen vorgenommen werden; **Wertaufholungen** nach § 6 I Nr 1 S 4 oder § 7 I 6 sind zu berücksichtigen (so auch BFH IV R 19/14 BStBl II 18, 575 Rz 28; *Prinz/Ludwig* FR 19, 493, 495: Kappung durch frühzeitige Verlustrealisation; EStR 6b.1 II; s § 6 Rz 377). 51

3. EU/EWR-Reinvestition, § 6b IIa. – a) Hintergrund. Reinvestiert der StPfl in ein WG, das nicht zu einer inl Betriebsstätte gehört, sind gem § 6b IV 1 Nr 3 weder ein Abzug nach § 6b I noch eine Rücklagenbildung nach § 6b III zulässig (s Rz 78). Dies verstieß gegen EU/EWR-Recht (s Rz 6). Darum hat der Gesetzgeber mit § 6b IIa ein **Wahlrecht** zur Verteilung der anfallenden Steuer auf *fünf* Jahre geschaffen (BFH VI R 84/14 BStBl II 18, 171: nicht zu beanstanden; krit *Prinz* GmbHR 15, R257: mind 10 Jahre; s auch *Kanzler* FR 17, 336; *Watrin/Riegler* FR 16, 345), **rückwirkend** für alle noch offenen Fällen (§ 52 XIV 1; s auch *BMF* BStBl I 18, 309 Rz 2 u. 8 zur Behandlung von „Altfällen"). 52

Gewinne aus der **Veräußerung von KapGes-Anteilen** gem **§ 6b X** EStG müssen mE wegen des Anwendungsvorrangs des EU-Rechts auch einbezogen werden (*Loschelder* DStR 16, 9; *KSM* § 6b Rz Ca6; str **aA** *Kahle/Kopp* DStR 21, 1569, 1577; *Kanzler* FR 19, 741 mwN:

§ 6b 53–55 Übertragung stiller Reserven bei Veräußerungen

Nichtberücksichtigung verletzt Niederlassungs- und Kapitalverkehrsfreiheit; *HHR* § 6b Rz 3; offen gelassen in BFH VI R 84/14 BStBl II 18, 171 Rz 29; für eine Einbeziehung von Auflösungsgewinnen gem § 6b III *Buchholz/Gebhardt* IStR 17, 832, mE problematisch).

53 **b) Stundung, § 6b IIa 1–3.** Die Regelung knüpft wie § 6b III an die tatbestandl Voraussetzungen des § 6b I an (Rz 14 ff) mit der Maßgabe, dass das angeschaffte/hergestellte WG dem **BV** des StPfl in einem anderen **EU-/EWR-Mitgliedstaat** zuzuordnen ist. Alle unter § 6b I und III EStG fallenden zeitl Varianten werden erfasst, also Anschaffung oder Herstellung des Reinvestitions-WG im Wj der Veräußerung, im vorangegangenen Wj oder in einem der folgenden vier bzw sechs Wj. Der Begriff „zuzuordnen" ist wie im Abkommensrecht iSe tatsächlfunktionalen Zuordnung zu verstehen (s *Loschelder* DStR 16, 9, 10 f). Die Beschränkung des § 6b IV 2 gilt hier nicht (so zutr *KKB* § 6b Rz 140). Zur Anwendung bei Betriebsveräußerungen und zur Inanspruchnahme von **§ 16 IV** und **§ 34** s *BMF* BStBl I 18, 309 Rz 4 f (EStR 6b.2 (10) entspr) und *Kanzler* NWB 18, 1668, 1671. – Der **Antrag** auf Steuerstundung kann gem § 6b IIa 2 **nur im Wj der Veräußerung** gestellt werden (eindeutiger Wortlaut, **aA** wohl BT-Drs 18/6094, 82; ebenso jetzt *BMF* BStBl I 18, 309 Rz 2; *Adrian/Tigges* StuB 15, 858: nicht praktikabel); Ausnahme: bei rückwirkender Anwendung iRd § 52 XIV 1 (die Regelung liefe sonst leer; so jetzt auch BFH VI R 84/14 BStBl II 18, 171). Auf eine **Reinvestitionsabsicht** des StPfl stellt § 6b IIa nicht ab (vgl auch Rz 56); es genügt, wenn eine spätere Reinvestition in das BV einer EU/EWR-Betriebsstätte zum Zeitpunkt der Antragstellung obj mögl ist (zust *Adrian* StuB 17, 739; wohl auch *Schiefer/Scheuch* FR 16, 11, 16 f; ebenso jetzt *BMF* BStBl I 18, 309 Rz 10). Der Antrag kann daher grds auch von StPfl gestellt werden, die tatsächl über (noch) kein BV in einem EU/EWR-Mitgliedstaat verfügen (s iEinz *Loschelder* DStR 16, 9, 12; **aA** *Kanzler* FR 17, 1052; *ders* NWB 15, 3815/22; zu Gestaltungsmöglichkeiten s aber wiederum *Kanzler* NWB 18, 1668, 1674). – Zu weiterem Korrekturbedarf in Bezug auf die **GewSt** s *Marcziniak ua* Ubg 15, 685, 689; *Prinz* GmbHR 15, R 257; s aber auch BFH VI R 84/14 BStBl II 18, 171. – **Rechtsfolge:** Die StStundung tritt **kraft Gesetzes** ein (kein Ermessen des FA). Die Berücksichtigung erfolgt iRd Leistungsgebots (§ 254 I 1 AO). Zur Fälligkeit der Raten s § 6b IIa 3 iVm § 36 V 2. Kommt es innerhalb der vorgesehen Frist *nicht* zu einer Reinvestition, fällt **kein Gewinnzuschlag** an, da § 6b VII nicht auf § 6b IIa verweist (so iErg auch *Marcziniak ua* Ubg 15, 685, 687; *Adrian/Tigges* StuB 15, 858; *Watrin/Riegler* FR 16, 345, 349 ff). Es mussten ursprüngl auch *keine Zinsen* gezahlt werden (§ 6b IIa 3 iVm § 36 V 3); s aber jetzt Rz 54.

Rechtsschutz: Das Leistungsgebot ist VA und kann mit **Einspruch und Anfechtungsklage** angegriffen werden. Die Beschwer (§ 350 AO/§ 40 II FGO) ergibt sich aus dem Vorbringen, dass § 6b IIa EStG nicht bzw. nicht zutr berücksichtigt worden ist. AdV des Leistungsgebots ist nach § 361 AO und § 69 FGO mögl.

54 **c) Zinsen; Brexit, § 6b IIa 4–7.** Für *nach dem 31.12.17* entstandene Gewinne (s Rz 5) gilt § 234 AO entsprechend, falls es **nicht oder nur partiell** zu einer **Reinvestition** des Veräußerungsgewinns kommt. Für diesen Fall haben § 6b IIa 4–6 als speziellere Bestimmungen Vorrang vor § 6b IIa 3 iVm § 36 V 3. Es fallen somit **Zinsen** iHv 0,5% für jeden vollen Monat an (§ 238 I AO; bis 2009 verfgemäß, s Rz 6). Ziel der Regelung ist es, Gestaltungsmöglichkeiten aufgrund der bislang zinslosen Stundungsregelung entgegenzuwirken (s BR-Drs 372/18, S 2; s aber *Kanzler* NWB 19, 546: verfrechtl bedenkl Übermaßbesteuerung mögl). – Für den Fall des **Brexits** ist mit § 6b IIa 7 die Stundungsregelungen (samt Zinspflicht) auch auf (angeschaffte/hergestellte) WG erstreckt worden, die einem BV im Austrittsgebiet zuzuordnen sind (s BR-Drs 4/19 S 16). Voraussetzung ist, dass der Antrag (s Rz 53) *vor dem Brexit-Austrittsdatum* gestellt worden ist.

55 **4. Gewinnmindernde Rücklage, § 6b III.** Die gewinnmindernde Rücklage neutralisiert als Passivposten den durch die Aufdeckung stiller Reserven entstande-

Steuerfreie Übertragung 56–58 § 6b

nen Veräußerungsgewinn (vgl § 5 Rz 496 f). Die Regelung knüpft dem Grunde nach an die tatbestandl Voraussetzungen des § 6b I 1 an (Veräußerung eines begünstigten WG, Entstehung eines Gewinns); sie beschränkt die Rücklage der Höhe nach auf den nicht bereits nach § 6b I abgezogenen Betrag.

a) Rücklagenbildung, § 6b III 1. – aa) Wahlrecht. Hat der StPfl keinen Abzug nach § 6b I vorgenommen, kann er eine Rücklage iHd vollen entstandenen Gewinns bilden oder diesen sofort versteuern. Er kann die Rücklage auch auf einen Teilbetrag beschränken und den Restbetrag sofort versteuern. Schließl kann er einen Teilbetrag im Wj der Veräußerung auf Reinvestitions-WG übertragen und den Restbetrag einer Rücklage zuführen oder (ganz oder teilweise) sofort versteuern. Die **Ausübung** des Wahlrechts setzt voraus, dass der StPfl zunächst einen Gewinn erklärt, der sodann über die Rücklagenbildung (oder den Abzug von den AK/HK, s Rz 39) neutralisiert wird; denn es handelt sich um ein Bilanzierungswahlrecht, das auch tatsächl ausgeübt worden sein muss (BFH VI R 68/15 BStBl II 19, 128 Rz 24). – **Reinvestitionsabsicht** wird nicht verlangt; es genügt, dass die spätere Übertragung der Rücklage auf ein begünstigtes Reinvestitions-WG am Bilanzstichtag obj mögl ist (BFH VIII R 10/99 BStBl II 01, 282 mwN). Das gilt auch für die Rücklagenbildung bei Betriebsaufgabe/-veräußerung (BFH VIII R 10/99 BStBl II 01, 282, mwN; glA EStR 6b. 2 X). Eine Rücklage ohne (konkrete) Reinvestitionsabsicht kann aber nur für die Dauer der in § 6b III 2 bezeichneten Frist, die nach § 6b III 3 gebildet werden kann (s BFH IV R 83/88 BStBl II 90, 290). – Zum Vorwurf des **Gestaltungsmissbrauchs (§ 42 AO)** s BFH X R 21–22/17, BFH/NV 20, 107 Rz 46 (Veräußerung an Ehefrau zur Ermöglichung einer Rücklagenbildung unschädl). 56

bb) Form. Die Rücklage wird ab VZ 2009 durch Ausweis eines entspr Postens **in der StB** gebildet (ohne Bindung an die GoB; vgl *BMF* BStBl I 10, 239 Tz 13 f), ggf in einer steuerl Ergänzungs- oder Sonderbilanz (vgl BFH IV R 83/83 BStBl II 86, 350; BFH IV R 41/09 BStBl II 13, 313 mwN). Zur Übertragung in einen anderen Betrieb s Rz 45. **Buchung:** *Aufwand an Rücklage* (s auch *Theile/Hartmann* DStR 08, 2031, 2032). Zum Buchnachweis s Rz 80. – Fehlt es in **Schätzungsfällen** an einer Bilanz, kann das Wahlrecht nicht wirksam ausgeübt werden (BFH I R 152–153/85 BStBl II 90, 426; BFH X B 42/08 BFH/NV 08, 2055). Ein Ausweis (nur) in den Buchführungskonten oder sonstigen Unterlagen genügt nicht (BFH I R 152–153/85 BStBl II 90, 426). 57

Ein **Ansatz in der HB** (als Sonderposten mit Rücklageanteil) ist nach Streichung der §§ 247 III, 273 HGB und Aufgabe der formellen Maßgeblichkeit mit § 5 I nicht mehr zulässig (vgl Rz 39; zur früheren Rechtslage s *Schmidt* 28. Aufl § 6b Rz 85). Nach altem Recht gebildete Sonderposten können beibehalten oder aufgelöst werden (s *Hennrichs* Ubg 09, 533; *Dettmeier* DB 09, 2124; *Briese/Suermann* BB 10, 121).

cc) Zeitpunkt; Bindung. Die Rücklagenbildung erfolgt für das Wj der Veräußerung. Bis zur Einreichung der Bilanz beim FA kann der StPfl den Ansatz beliebig ändern, danach nur noch iRd **§ 4 II 2** (s § 4 Rz 351; BFH IV R 41/09 BStBl II 13, 313 Rz 38; BFH XI R 16/05 BFH/NV 07, 1293, auch zum Übergangsrecht). Zur Abgrenzung zw Berichtigung und Änderung s BFH IV R 68/04 BFH/NV 06, 732 (Irrtum) und BFH IV R 37/04 BStBl II 06, 165 (erstmalige Aufstellung einer MUer-Bilanz). Eine Bilanzänderung iSd § 4 II 2 liegt grds nicht vor, wenn die Wahlrechtsausübung erst *nach* Einreichung der Bilanz, etwa **aufgrund einer BP,** mögl wird (BFH IV R 7/06 BStBl II 08, 600). Wird erst im Klageverfahren entschieden, dass ein WG zum BV gehört, kann das Wahlrecht in Form eines Hilfsantrags oder nach Ergehen des Urteils bis zum **Ablauf der Rechtsmittelfrist** ausgeübt werden (BFH VIII B 32/03 BFH/NV 05, 1261). Hinsichtl Vorbesitzzeit und Reinvestitionszeitraum ist auf das Jahr der Entstehung des Veräußerungsgewinns abzustellen (BFH VIII R 53/81 BStBl II 83, 303). Zur nachträgl Änderung des Veräußerungspreises s Rz 49; zu den Grenzen einer nachträgl Korrektur durch das FA s BFH X B 138/16 BFH/NV 17, 579. 58

Loschelder

§ 6b 59, 60   Übertragung stiller Reserven bei Veräußerungen

Die estl Wahlrechtsausübung bindet auch für die **GewSt** (BFH VIII R 72/87 BStBl II 92, 958; zum Zeitpunkt s *Weber-Grellet* DStR 92, 1417; *Glanegger* FR 90, 469). Bei einer **Betriebsüberlassung** iSd § 6 III ist noch der Rechtsvorgänger, nicht der Übernehmer für die Wahlrechtsausübung zuständig (BFH IV R 34/95 BStBl II 96, 568). In der **Sonderbilanz** ist das Wahlrecht vom MUer persönl auszuüben, auch bei Ausscheiden bis zum Bilanzstichtag (BFH IV R 14/04 BStBl II 06, 418). Zur **Veräußerung eines MUeranteils** s *Neu/Hamacher* GmbHR 16, 1: Rücklagenbildung bei der Ges, Fortführung und Auflösung beim Ges'ter (mE zutr, ggf nach § 6c). Zur **Rückwärtsberichtigung** nach § 174 AO s BFH IV R 65/91 BStBl II 94, 76.

59   **b) Übertragung und Frist, § 6b III 2, 3. – aa) Abzug von den Anschaffungs-/Herstellungskosten.** Schafft der StPfl begünstigte WG in einem der folgenden vier Wj an (s Rz 37) oder stellt er solche her (s Rz 38), kann er im Wj der Anschaffung/Herstellung die gesamten AK/HK **bis zur Höhe des Rücklagenbetrags** kürzen (EStR 6b. 2 I). Dazu wird wie bei § 6b I (s Rz 39) das WG zunächst mit seinen tatsächl AK/HK angesetzt; von diesen wird sodann wie bei einer Abschreibung der jeweilige Betrag (gewinnmindernd) abgezogen. Die Rücklage ist entspr aufzulösen (s Rz 61). Zu Sammelpositionen s FG Nds EFG 02, 186 (bestätigt durch BFH IV R 45/01 BFH/NV 02, 1021). Zu den Auswirkungen auf AfA und § 6 II, IIa s Rz 84. – Die **4-Jahresfrist** gilt grds für alle nach § 6b begünstigten WG (Ausnahmen: s Rz 60 und 90). Sie bestimmt sich nach Wj (§ 8b S 1 EStDV), nicht nach Kj, und beginnt *mit Ablauf* des Wj, für das die Rücklage gebildet wurde. **RumpfWj** (§ 8b S 2 EStDV) verkürzen den Übertragungszeitraum, verlängerte Wj (§ 8c II 2 EStDV) erweitern ihn (BFH IV R 9/06 BStBl II 10, 664). Bei *unentgeltl* Betriebsübernahme sind die beiden existierenden RumpfWj als *ein* Wj zu werten (BFH VI R 50/16 BStBl II 19, 313 Rz 33). Zur **Verlängerung** der Frist durch das CoronaStHG II (BGBl I 20, 1512) s Rz 5.

60   **bb) Neu hergestellte Gebäude.** Die Frist beträgt gem § 6b III 3 **sechs Jahre,** wenn mit der Herstellung vor Schluss des vierten auf die Rücklagenbildung folgenden Wj begonnen worden ist (Berücksichtigung längerer Planungszeiten, vgl BT-Drs IV/2617). Die Investitionsentscheidung des StPfl muss durch den **Beginn der Herstellung** (s Wortlaut) nach außen hin sichtbar geworden sein (BFH X R 7/17 BStBl II 20, 635 Rz 24: konkret und objektiv nachvollziehbar „ins Werk gesetzt"). Es genügt nicht, dass der StPfl behauptet, er beabsichtige, die Rücklage auf ein noch zu errichtendes Gebäude zu übertragen (BFH IV R 6/09 BFH/NV 12, 1122). – Zur **Verlängerung** auch dieser Frist durch das CoronaStHG II (BGBl I 20, 1512) s Rz 5.

Beispiele: reine **Vorbereitungsarbeiten** in der Entwurfsphase oder Aktivierung (erster) **Herstellungskosten** genügen nicht (BFH X R 7/17 BStBl II 20, 635); **Bauantragstellung** genügt nur, wenn sich der Antrag auf das später errichtete Gebäude bezieht und dieses tatsächl innerhalb der 6-Jahresfrist hergestellt wird (BFH I B 154/05 BFH/NV 06, 1277 mwN: Lagerhalle geplant, Lkw-Halle gebaut; krit *Herrler* StuB 17, 501: konkrete Planungen ausreichend); Errichtung eines **anderen Gebäudes** oder Realisierung an **anderen Standort** genügen nicht (vgl BFH IV R 6/09 BFH/NV 12, 1122: **Bauvoranfrage** für anderes Grundstück; ob iÜ eine Bauvoranfrage genügt, hat der BFH offengelassen). Zu **Abbruch** eines Gebäudes s *BMF* BStBl I 79, 223 (mE immer noch zutr).

Die verlängerte Frist gilt nur für **vom StPfl selbst** (neu) hergestellte Gebäude (BFH IV B 103/14 BFH/NV 16, 198: keine Verlängerung bei Anschaffungsvorgängen, VerfBeschw 2 BvR 98/16 nicht angenommen); das schließt Herstellung durch **Schwester-PersGes** ein (s FG BBg EFG 19, 739, mE zutr wegen der ges'terbezogenen Betrachtungsweise, s Rz 4 und BFH IV R 19/14 BStBl II 18, 575; die Rechtssache hat sich allerdings erledigt). Die Verlängerung gilt nicht für *Erweiterung, Ausbau oder Umbau* von Gebäuden. – Der **Höhe** nach darf die Rücklage bei rechtzeitig begonnener Gebäudeherstellung während der verlängerten Reinvestitionsfrist nur insoweit fortgeführt werden, als nach den Verhältnissen des Bilanzstichtags und unter Berücksichtigung der dazu bis zum ordnungsmäßigen Bilanzaufstellungstag gewonnenen Erkenntnisse tatsächl noch mit weiteren HK zu rechnen ist (BFH IV R 83/88 BStBl II 90, 290).

Steuerfreie Übertragung **61–66 § 6b**

c) Auflösung, § 6b III 4, 5. – aa) Rücklagenübertragung. In der Höhe, in **61** der der StPfl die **AK/HK gekürzt** hat, *muss* er die Rücklage gem **§ 6b III 4** auflösen (s BFH IV R 41/09 BStBl II 13, 313: im veräußernden Betrieb; anders bei Betriebsveräußerung etc, s EStR 6b.2 X). Die Kürzung der AK/HK wirkt gewinnmindernd (Rz 39 und 59), die gleichzeitige Auflösung der Rücklage gewinnerhöhend. Folgl ergibt sich im Jahr der Übertragung der Rücklage auf das Reinvestitions-WG keine Gewinnauswirkung. – **Buchung:** Bevorzugt wurde die vereinfachende Buchung *Rücklage an WG* (Nettomethode; *Bolk* DStR 17, 976: unzulässig). Näher am Gesetzestext sind die Buchungen *(1) Abschreibung an WG* und *(2) Rücklage an Ertrag* (Bruttomethode).

Eine **Rücklagenübertragung** *vor* **Anschaffung/Herstellung** eines WG (s Rz 38) schließt die Systematik von § 6b III 2 und 4 aus (s *Schmidt* 38. Aufl § 6b Rz 61; BFH VI R 50/16 BStBl II 19, 313: kein WG, keine Übertragung nach § 6 V 1, mit Anm *Kanzler* FR 19, 270, 274 zu alternativen Gestaltungen; EStR 6b.2 VIII 3). Die Rücklage kann daher nicht in einem anderen Betrieb „geparkt" werden (s auch *Bolk* DStR 17, 976). Zur Wirkung einer anderslautenden **verbindl Auskunft** s FG Mster EFG 19, 1343 Rev IV R 23/19. – Zur Auflösung nach **Veräußerung eines MUeranteils** s Rz 58 aE.

bb) Freiwillige Auflösung. Auch *ohne Abzug von den AK/HK* eines neu an- **62** geschafften oder hergestellten WG nach § 6b III 2 kann der StPfl die Rücklage jederzeit ganz oder teilweise auflösen (BFH XI R 39/18 DStR 20, 1833 Rz 18 mwN). Das setzt eine entspr **Erklärung** voraus (steuerl Wahlrecht, s BFH X B 38/17 BFH/NV 17, 1607).

cc) Fristablauf. Spätestens mit Ablauf der Reinvestitionsfrist (Rz 59 f) *muss* der **63** StPfl die Rücklage vollständig auflösen **(§ 6b III 5).** Die Frist läuft mit Ende des vierten bzw sechsten Wj ab (zu **Verschmelzung** mit Fristablauf s BFH XI R 39/18 DStR 20, 1833 Rz 25 ff mwN: Auflösung der Rücklage in der Schlussbilanz der übertragenden Ges, str; s auch Anm *Kanzler* FR 20, 1053; *Weiss* BB 21, 747, 749). – Ist im Fall des § 6b III 3 (Rz 60) eine Rücklage am Schluss des sechsten auf ihre Bildung folgenden Wj nicht vorhanden, weil es nicht zur Fertigstellung (Herstellung) des Gebäudes innerhalb der 6-Jahresfrist gekommen ist, muss ebenfalls die gesamte Rücklage in diesem Zeitpunkt aufgelöst werden (vgl etwa BFH IV R 6/09 BFH/NV 12, 1122 Rz 23); TeilHK sind nicht begünstigt (vgl Rz 38). In allen Fällen wirkt sich die Auflösung auf den Gewinn aus und es fällt ein Gewinnzuschlag an (§ 6b VII, Rz 87 f). – Zur **Verlängerung** der Frist durch das CoronaStHG II s Rz 5.

Im Jahr der Auflösung kann der StPfl einwenden, dass das FA eine Reinvestition nicht gesehen und die Rücklage überhöht angesetzt hat (BFH IV R 298/83 BStBl II 88, 885). – Kommt es nach **Betriebsveräußerung** und Rücklagenbildung nicht zur Reinvestition, ist die Rücklagenauflösung iRd § 24 Nr 2 zu erfassen (BFH IV R 150/78 BStBl II 82, 348; zu § 34 s Rz 5). Dies gilt mE auch für die nachträgl eintretende StBefreiung einer reinvestierenden Körperschaft (überholt: BFH I R 253/78 BStBl II 80, 577; evtl **aA** *Bernhard* DB 95, 1681).

dd) Schätzung. Gem EStR 6b.2 IV soll eine nach § 6b III 1 im Wj der Ver- **64** äußerung gebildete Rücklage auch dann (zwangsweise) aufgelöst werden, wenn der Gewinn eines Folgejahres mangels Bilanz geschätzt werden muss. Dies ist mE unzutr; denn die bestehende Rücklage ist nach den Grundsätzen des Bilanzzusammenhangs (vgl BFH I R 152–153/85 BStBl II 90, 426, unter II.1.a) auch im Schätzungsjahr zu berücksichtigen. Demgemäß bezieht sich § 6b IV 1 Nr 5 nur auf Bildung und Auflösung der Rücklage, nicht auf die Fortführung (Umkehrschluss; glA *HHR* § 6b Rz 106; **aA** *BH/Schießl* § 6b Rz 290).

5. Weitere Voraussetzungen; Übertragungsverbot, § 6b IV. Die Anforde- **65** rungen des § 6b IV gelten sowohl für die Übertragung stiller Reserven im Wj der Veräußerung gem § 6b I als auch für die Rücklagenbildung und die Übertragung der Rücklage in einem der folgenden Wj gem § 6b III.

a) Gewinnermittlung nach § 4 I/§ 5, 6b IV 1 Nr 1. Der StPfl muss den **66** Gewinn nach § 4 I oder § 5 ermitteln, um § 6b in Anspruch nehmen zu können;

Loschelder

bei Gewinnermittlung nach § 4 III/§ 13a: § 6c. Für Überschusseinkünfte gelten §§ 6b/6c nicht (vgl BFH X B 38/17 BFH/NV 17, 1607: VuV); zu irrtüml gebildeter Rücklage s BFH VI R 82/14 BFH/NV 17, 1313. – Da sich § 6c in Bezug auf die begünstigten WG nicht mehr von § 6b unterscheidet (seit dem StEntlG 1999 ff), führt ein **Wechsel der Gewinnermittlungsart** von § 4 I/§ 5 zu § 4 III/§ 13a weder zur Einschränkung der Übertragungsmöglichkeit noch dazu, dass bereits gebildete Rücklagen gewinnerhöhend aufzulösen sind. Im umgekehrten Fall (von § 4 III/§ 13a zu § 4 I/§ 5) sind Rücklagen in der Übergangsbilanz auszuweisen (s § 6c Rz 10; EStR 6b.2 XI). Für den **MUer** genügt, dass die PersGes den Gewinn nach § 4 I oder § 5 ermittelt. Ordnungsgemäße Buchführung wird seit 1975 nicht mehr verlangt. – Bei einem Wechsel zur **Tonnagebesteuerung** sind Rücklagen aufzulösen (§ 5a V 3); eine Übertragung der Rücklage auf einen Betrieb, der den Gewinn nach § 5a ermittelt, ist unzulässig (FG Hbg EFG 07, 1754, rkr). – Auch bei **Schätzung** erfolgt die Gewinnermittlung ggf nach § 4 I/§ 5 (vgl § 4 Rz 650), sodass § 6b IV 1 Nr 1 der Übertragung stiller Reserven nicht entgegensteht; s aber Rz 57 und 62.

67 b) **Veräußertes Wirtschaftsgut, § 6b IV 1 Nr 2.** Bei dem veräußerten WG muss es sich *(aa)* um **AV** handeln, das *(bb)* zu einer **inl Betriebsstätte** des StPfl gehört, wobei die Zugehörigkeit *(cc)* im Zeitpunkt der Veräußerung ununterbrochen für einen Zeitraum von **wenigstens 6 Jahren** bestanden haben muss. Zur **EU-rechtl Problematik** s Rz 6.

68 aa) **Anlagevermögen.** Zum **AV** gehören WG, die bestimmt sind, dem Betrieb dauernd zu dienen (§ 247 II HGB; s § 6 Rz 344). Die Veräußerung von **UV** ist nicht begünstigt. Bei WG, die sechs Jahre zum BV gehört haben, wird idR AV vorliegen (EStR 6b.3 I). Teilweise **private Nutzung** des WG ist unschädl, solange es dadurch nicht zu PV wird. – **Grundstücke,** die in Veräußerungsabsicht parzelliert, und **Gebäude,** die in Eigentumswohnungen aufgeteilt werden, werden allein dadurch nicht zu UV, sondern erst durch Maßnahmen, die auf die Erschließung als Bauland abzielen oder den Beginn eines gewerbl Grundstückshandels markieren (BFH IV R 22/07 BFH/NV 11, 31; BFH IV R 47, 48/00 BStBl II 02, 289; s auch *Kirschbaum* FS Walter Maier [2012], S 140).

Zur Abgrenzung **gewerbl Grundstückshandel** s BFH X B 138/16 BFH/NV 17, 579, bei **luf Hilfsgeschäften** s BFH IV R 35/06 BStBl II 08, 359 einerseits und BFH IV R 34/05 BStBl II 08, 231 andererseits (Anm *Kanzler* FR 08, 472 und *ders* FR 08, 633; vgl auch § 15 Rz 59). Zur **Einbringung** eines luf Betriebes in eine gewerbl geprägte PersGes s BFH IV R 22/07 BFH/NV 11, 31. – Mit **Beendigung der gewerbl Tätigkeit** verlieren die vormals zum AV gehörenden WG die Eigenschaft als BV; daher kann bei (privater) Veräußerung § 6b nicht in Anspruch genommen werden, auch wenn der Veräußerungsgewinn nach § 22 Nr 2 iVm § 23 stpfl ist (BFH IV R 167/80 BStBl II 81, 549). Zur **Zerstörung** oder Zerlegung eines WG in unbrauchbare Teile s BFH VIII R 187/75 BStBl II 79, 409.

69 bb) **Zugehörigkeit zu einer inländischen Betriebsstätte des Steuerpflichtigen.** Eine inl Betriebsstätte ist eine im Inl *belegene* Betriebsstätte („Inland" s § 1 Rz 30; „Betriebsstätte" s § 12 AO und § 49 Rz 21 ff). Zugehörigkeit bedeutet nicht körperl Anwesenheit, sondern **wirtschaftl Zuordnung.** Die Regelung verlangt Zugehörigkeit zu *einer* inl Betriebsstätte des StPfl; das muss nicht notwendig während der gesamten sechs Jahre dieselbe Betriebsstätte gewesen sein (s Rz 3). Bei **Betriebsverpachtung** wird das WG der Betriebsstätte des Verpächters zugerechnet. Zugehörigkeit zu einer **im Ausl belegenen** Betriebsstätte soll auch dann nicht genügen, wenn der Gewinn aus dieser der dt Besteuerung unterliegt. Im Falle einer EU/EWR-Betriebsstätte ist diese Beschränkung im Zweifel rechtswidrig (s Rz 6). Für den Fall, dass trotz Zugehörigkeit zu einer inl Betriebsstätte der Veräußerungsgewinn auf Grund eines DBA einem ausl Staat zugewiesen ist, s Rz 79. – Die **Fiktion einer gewerbl Tätigkeit** gem **§ 49 I Nr 2 Buchst f S 2** führt nicht zur Fiktion einer inl Bestriebsstätte (FG Mchn EFG 19, 1315 rkr, unter Berufung auf BFH I R 76/14 BStBl II 17, 704 Rz 27 – s aber Rz 6).

Steuerfreie Übertragung 70–76 § 6b

cc) Dauer. Das Gesetz verlangt eine **ununterbrochene 6-jährige Zugehö‑** 70
rigkeit, um Spekulationen zu erschweren (BT-Drs 4/2400, 64). Ausnahmen sind
auch im Billigkeitsweg nicht mögl, auch nicht bei nur geringfügiger Unterschrei‑
tung der Frist (s aber Rz 9 aE); zu LPG der ehem DDR s *BMF* BStBl I 94, 854
(bis VZ 2012). Zur Verkürzung bei städtebaul Sanierung/Entwicklung s Rz 90.

(1) Fristbeginn. Die Frist beginnt mit Anschaffung (Erlangung wirtschaftl Ver‑ 71
fügungsmacht) oder Herstellung des WG (Möglichkeit bestimmungsgemäßer Nut‑
zung, s § 6 Rz 35). Die **Fristberechnung** erfolgt *taggenau* nach § 108 AO iVm
§§ 187 I, 188 II BGB. Frist **endet** mit der WG-Veräußerung (s Rz 26).

(2) Unentgeltlicher Erwerb. Auch bei unentgeltl Erwerb eines WG beginnt 72
eine neue Frist zu laufen; der Erwerber kann sich die Vorbesitzzeit des Über‑
tragenden nicht anrechnen lassen (keine Buchwertfortführung). Bei wirtschaftl
Neuherstellung von WG wie zB Gebäuden oder selbstständigen Gebäudeteilen
beginnt der Fristlauf mit der Fertigstellung (s EStR 6b.3 II). **Nachträgl HK** eines
zum BV gehörenden WG berühren den Fristlauf nicht, sofern nicht wirtschaftl
gesehen ein neues WG geschaffen wird (vgl § 6 Rz 166 ff; s auch EStR 6b.3 III).
Wird ein WG in das BV eingelegt, kommt es darauf an, wann die **Einlage** wirksam
geworden ist (vgl § 4 Rz 260; zu Betriebseröffnung s § 6 Rz 633).

(3) Veräußerung; Ersetzung etc. Wird ein WG veräußert und durch ein an‑ 73
deres WG ersetzt, das die Funktion der ausgeschiedenen WG übernimmt, beginnt
die Frist neu zu laufen; ebenso bei einem **Tausch** (Gewinnrealisierung, § 6 VI 1).
Im Falle einer Ersatzbeschaffung nach **EStR 6.6** genügt es hingegen, wenn das
ausgeschiedene und das Ersatz-WG *zusammen* sechs Jahre zum AV gehört haben
(EStR 6b.3 IV); Zeiten zw Ausscheiden und Ersatzbeschaffung werden nicht mit‑
gerechnet. Werden durch **betriebl Abspaltung** gewonnene WG (§ 6 Rz 37)
veräußert, ist mE die Besitzzeit des alten WG mitzurechnen (personenbezogene
Betrachtung, Rz 3). Bei **Buchwerteinbringung** von EinzelWG nach § 6 V
(§ 6 Rz 765) werden (Vor-)Besitzzeiten ebenfalls angerechnet. **Enteignung** und
Rückübertragung unterbrechen den Fristlauf nicht. Das Gleiche muss ggf für
Umlegungsverfahren nach §§ 45 ff BauGB oder nach FlurbereinigungsG gelten
(Zwangsverfahren, vgl § 6 Rz 854; zur Veräußerung des Surrogats s BFH XI R
31/91 BStBl II 93, 151). Zu Vorbesitzzeiten bei Wohnungsbauunternehmen s *BMF*
BStBl I 94, 917 (bis VZ 2009).

(4) (Teil-)Betrieb. Bei der **entgeltl Übertragung** eines (Teil-)Betriebs be‑ 74
ginnt die Sechsjahresfrist neu zu laufen (BFH IV R 136/77 BStBl II 81, 84 und IV
R 12/80 BStBl II 81, 90). Bei der **unentgeltl Übertragung** werden dem Er‑
werber die Vorbesitzzeiten des Rechtsvorgängers angerechnet (BFH IV R 61/93
BStBl II 95, 367 und BFH VIII R 48/90 BStBl II 93, 93; EStR 6b.3 V). Als un‑
entgeltl ist auch die **Übertragung zu Buchwerten** anzusehen (BFH IV R 77/92
BFH/NV 95, 214). Erbauseinandersetzung und vorweggenommene **Erbfolge**
können bei bestimmten Ausgleichszahlungen als entgeltl Erwerbe anzusehen sein
und die Besitzzeit des Rechtsvorgängers unterbrechen (Rz 31, 33). Die Über‑
tragung gegen **Versorgungsleistungen** steht einer unentgeltl Übertragung gleich
(BFH IV R 22/07 BFH/NV 11, 31: keine Fristunterbrechung).

(5) Betriebsaufspaltung. Bei der BetrAufsp beginnt die Sechs-Jahresfrist für 75
WG, die auf das **Betriebsunternehmen** übertragen werden, mit der Übertragung
neu zu laufen (aA *BH/Schießl* § 6b Rz 146, mwN: Einheitsbetrachtung). Buch‑
wertübertragung ist grds nicht mehr mögl (§ 15 Rz 877; Ausnahme: mitunter‑
nehmerische BetrAufsp, s § 6 Rz 736). Dagegen ist beim **Besitzunternehmen** die
Besitzzeit des vorher einheitl Unternehmens anzurechnen.

(6) Mitunternehmerschaft. Nach der ges'terbezogenen Betrachtungsweise (s 76
Rz 4) kommt es für die Besitzzeit nicht mehr auf die PersGes an; es muss vielmehr
geprüft werden, ob der einzelne Ges'ter die Voraussetzung des § 6b IV 1 Nr 2 er‑

füllt. Wird ein WG des Gesamthandsvermögens veräußert, ist demgemäß die 6-Jahresfrist anteilig insoweit nicht gewahrt, als innerhalb der Frist eine **(voll)entgeltl Änderung** der Beteiligungsverhältnisse stattgefunden hat. Ebenso ist dies bei **teil-entgeltl Änderung**, sofern das Entgelt den Buchwert des veräußerten MUeranteils übersteigt (BFH VIII R 27/98 DStRE 01, 230: Einheitstheorie; str, für Trennungstheorie zB *Röhner* StB 03, 202; *Böhme/Forster* BB 03, 1079; krit *Hartmann/Meyer* INF 03, 870; s ausführl § 6 Rz 789 ff, auch zur Vorlage an den GrS). Hingegen ist bei **voll unentgeltl Übertragung** (oder gegen ein Teilentgelt bis zur Höhe des Buchwerts) dem Erwerber des MUeranteils die Besitzzeit des Übertragenden (Zugehörigkeit zur PersGes) anzurechnen (BFH VIII R 27/98 DStRE 01, 230 mwN). Begünstigt ist deshalb bei Veräußerung eines WG des Gesamthandsvermögens letztl nur der Teil des Veräußerungsgewinns, der auf Ges'ter entfällt, die der Ges unverändert mindestens seit 6 Jahren angehören oder denen eine entspr Besitzzeit angerechnet wird. – Weitere Beispiele s *Schmidt* 39. Aufl § 6b Rz 76.

77 **(7) Umwandlung; Verschmelzung.** Besitzzeitanrechnungen und Rücklagenfortführung für § 6b EStG sind vorgesehen in: § 4 II UmwStG; § 9 UmwStG; § 12 III UmwStG; §§ 15, 16 UmwStG (vgl BFH I R 77/09 BFH/NV 11, 10); § 23 I, III und IV UmwStG (Einbringende sind bei PersGes deren Ges'ter, s BFH I R 183/94 BStBl II 96, 342); § 24 IV, § 22 I UmwStG (vgl BFH IV R 22/07 BFH/NV 11, 31); § 25 UmwStG; ferner bei Formwechsel von BGB-Ges in Personenhandels- bzw PartnerschaftsGes und zwar diesen.

Keine Besitzzeitanrechnung: bei Einbringungen mit dem gemeinen Wert (§ 23 IV, § 24 IV UmwStG); beim Anteilstausch gem § 21 UmwStG (§ 21 II 3 UmwStG spricht selbst bei Buchwertansatz von Anschaffung). S auch *Pitzal* DStR 11, 2373; ferner *BMF* BStBl I 11, 1314 Tz 22.07/Tz 22.13 und *Benz/Rosenberg* DB 12 Beil 1 zu Heft 2 S 38, 48. Zur **Realteilung** und Sachwertabfindung s Rz 33. Zu **Verschmelzung mit Fristablauf** s Rz 63 mwN.

78 **c) Reinvestitionswirtschaftsgut, § 6b IV 1 Nr 3.** Das angeschaffte oder hergestellte WG muss ebenfalls zum AV einer **inl Betriebsstätte** des StPfl gehören, wobei „**gehören**" auch hier im Sinne wirtschaftl Zuordnung zu verstehen ist (s Rz 69). Es muss sich nicht notwendig um das BV handeln, dem das veräußerte WG entstammt; dh, veräußertes WG und Reinvestitions-WG können **verschiedenen BV** des StPfl angehören (EStR 6b.2 VI und VII, buchmäßige Behandlung: EStR 6b.2 VIII; s aber Rz 61 aE: keine Rücklagenübertragung *vor* Anschaffung/Herstellung). Eine Mindest-Besitzzeit ist hier anders als nach § 6b IV 1 Nr 2 nicht vorgesehen. Der StPfl darf das Reinvestitions-WG alsbald nach Anschaffung/Herstellung wieder veräußern, auch schon vor dem ersten Bilanzstichtag nach der Reinvestition (vgl auch FG Köln EFG 11, 1492, rkr). Bei Erwerb nach **Betriebsaufgabe** fehlt es an einem BV (BFH III B 54/07 BFH/NV 09, 1620: Abgrenzung zur Betriebsunterbrechung). Zum Erwerb nach **Verpachtung** des Betriebs s BFH IV R 10/09 BStBl II 12, 93 (zeitl und örtl Begrenzung; Anm *Kanzler* FR 12, 130). – **Reinvestitions-WG im Ausland.** Die zumindest zeitweise von der *FinVerw* vertretene Auffassung, das Reinvestitions-WG (zB Grundstück) müsse im Inl belegen sein, ist schon vom Wortlaut des § 6b IV 1 Nr 3 nicht gedeckt und daher abzulehnen (*Knobbe-Keuk* S 266; *Thiel* BB 90, 1235; s auch FG Nds DStRE 12, 395; s auch *Schmidt* 39. Aufl § 6b Rz 78).

79 **d) Steuerpflichtiger Veräußerungsgewinn, § 6b IV 1 Nr 4.** Da es Sinn und Zweck des § 6b ist, eine Substanzbesteuerung von AV zu vermeiden, setzt die Regelung voraus, dass überhaupt ein **im Inl stpfl Gewinn** vorliegt. Demgemäß sind Veräußerungsgewinne, die nach § 13 III, § 14 S 2, § 16 IV oder § 18 III 2 stfrei bleiben, nicht übertragungs- oder rücklagefähig. Dasselbe gilt für Veräußerungsgewinne, die zwar in einer inl Betriebsstätte erzielt worden sind, für die aber das Besteuerungsrecht auf Grund eines **DBA** einem ausl Staat zugewiesen ist. Würde sich hingegen bei Nichtanwendung des § 6b eine steuerl Auswirkung im Inl ergeben, zB durch Verlustausgleich oder -abzug, so ist der Gewinn insoweit auch nach § 6b I und III übertragungs- und rücklagefähig.

Steuerfreie Übertragung **80–85 § 6b**

e) Buchnachweis, § 6b IV 1 Nr 5. Abzug und Rücklagenbildung nach § 6b 80
sind nur dann zul, wenn folgende Angaben aus der Buchführung ersichtl sind:
(1) Buchwert des veräußerten WG, *(2)* Veräußerungskosten, *(3)* Wert der Gegenleistung und *(4)* AK/HK des Reinvestitions-WG; im Falle der Rücklagenbildung nach § 6b III: die Werte *(1)* bis *(3)*. Ordnungsmäßigkeit der Buchführung wird nicht (mehr) verlangt. Eine zeitnahe Bilanzerstellung ist ebenfalls nicht erforderl (FG Nds EFG 95, 797, rkr; ähnl BFH IV R 151/81 BStBl II 85, 47). Zur Schätzung s Rz 57. – Weitere Voraussetzung für die Übertragung stiller Reserven nach § 6b ist gem § 5 I 2 idF des BilMoG (BGBl I 09, 1102) seit VZ 2009, dass der StPfl **lfd Verzeichnisse** führt (s iEinz § 5 Rz 60 f; EStR 6b.2; zur Behandlung von Rücklagen s *Schmidt* 39. Aufl § 6b Rz 80).

f) Übertragungsverbot; gewerbliche Betriebe, § 6b IV 2. Veräußerungs- 81
gewinne aus GewBetr dürfen grds nicht auf Reinvestitionen eines freiberufl oder luf Betriebs übertragen werden (BT-Drs 4/2400, 64: Sicherung des GewStAufkommens). Die Regelung ist im Hinblick auf den Regelungszweck einschränkend auszulegen: Veräußerungsgewinne, die nicht der GewSt unterliegen, werden von dem Übertragungsverbot nicht erfasst (**teleologische Reduktion;** s *Kanzler* FS Beisse S 57). Das gilt zB für Gewinne aus der Veräußerung eines (Teil-)Betriebs oder eines MUer-Anteils (s auch BFH IV R 28/09 BStBl II 12, 877; Anm *Wendt* u. *Kanzler* FR 13, 229). – Entwickelt sich ein GewBetr infolge eines **Strukturwandels** zu einem LuF-Betrieb (zB Gärtnerei, vgl BFH GrS 1/73 BStBl II 75, 168), kann eine § 6b-Rücklage fortgeführt werden; der Vorgang fällt tatbestandl nicht unter § 6b IV 2.

6. Vorgezogene (Re-)Investition, § 6b V. Will der StPfl die durch Veräuße- 83
rung aufgedeckten stillen Reserven auf ein WG übertragen, das er bereits im vorangegangenen Wj angeschafft oder hergestellt hat, ist bei Vornahme des Abzugs nach § 6b I 1 (Rz 39) von den Buchwerten am Schluss des vorangegangenen Wj auszugehen. Der StPfl kann für das Wj der Anschaffung/Herstellung noch die reguläre AfA abziehen und sonstige Abschreibungen vornehmen. Die Korrekturen des § 6b VI wirken sich erst im Folgejahr aus, also im Wj der Veräußerung (s Rz 84; vgl auch *Neufang* DB 89, 453: größtmögl Vorteil).

7. Korrektur der Anschaffungskosten/Herstellungskosten, § 6b VI. – 84
a) Geminderte Beträge. Hat der StPfl von den AK/HK des Reinvestitions-WG einen Abzug nach § 6b I oder III vorgenommen, verringern sich dadurch im Wj des Abzugs gem **§ 6b VI 1** auch die AfA/AfS-Bemessungsgrundlage und die Wertgrenzen des § 6 II, IIa. An die Stelle der historischen AK/HK treten jeweils die nach § 6b I (Rz 39) bzw § 6b III (Rz 59) geminderten Beträge. Dies wirkt sich in Form eines geringeren Abschreibungsvolumens auch auf die Folge-Wj aus (s auch Rz 1 aE: Steueraufschub). Gleichermaßen werden die Bewertungsobergrenzen der betr WG für die Folgezeit zwingend gemindert (zutr BFH I R 84/07 BStBl II 09, 187, Anm *Hoffmann* DStR 08, 1872; § 6 Rz 377). – Ist das Reinvestitions-WG bereits im Wj vor der Veräußerung angeschafft oder hergestellt worden, gelten für dieses Wj noch die regulären (historischen) AK/HK (s Rz 83).

WG, die im Wj der Veräußerung angeschafft/hergestellt worden sind, können durch die nach § 6b VI vorzunehmende Korrektur zu **GWG iSd § 6 II, IIa** werden. Für WG, die bereits im vorangegangen Wj angeschafft/hergestellt worden sind, gilt dies mE nicht; denn die Korrektur des § 6b VI ist im Wj des Abzugs vorzunehmen, während § 6 II, IIa auf das Wj der Anschaffung/Herstellung abstellt (vgl auch BT-Drs 11/5970, 37 aE).

b) Gebäude. Ist das Reinvestitions-WG ein Gebäude, sind bei der Ermittlung 85
der (neuen) AfA-Bemessungsgrundlage nach § 7 IV 1, V gem **§ 6b VI 2** die tatsächl AK/HK (nur) um den Abzugsbetrag nach § 6b I, III zu kürzen. Das bedeutet, dass im Falle einer vorgezogenen (Re-)Investition (Rz 83) die AfA des vorangegangenen Wj zwar das AfA-Volumen mindert, nicht aber die AfA-Bemessungsgrundlage (Beispiel bei *Schoor* FR 97, 251, 255). Begründet wird dies damit,

87 **8. Gewinnzuschlag, § 6b VII. – a) Keine Reinvestition.** Der Gewinnzuschlag fällt an, wenn der StPfl eine gem § 6b III 1 gebildete Rücklage in einem späteren Wj ganz oder teilweise ohne Reinvestition auflöst. Ob die Auflösung freiwillig/vorzeitig erfolgt oder zwangsweise nach Fristablauf gem § 6b III 5 ist unerhebl. In beiden Fällen wird der Gewinn für das Wj der Auflösung erhöht: für jedes volle Wj, in dem die Rücklage bestanden hat, um **6 % des aufgelösten Rücklagebetrags** (s Rz 6: jedenfalls *bis 2009 verfgemäß*). Erfolgt die Auflösung der Rücklage dagegen nach § 6b III 4 (nach Reinvestition und Abzug gem § 6b III 2), fällt *kein* Gewinnzuschlag an. Zur nachträgl Korrektur einer Rücklagenbildung s BFH X B 138/16 BFH/NV 17, 579. – Der Gewinnzuschlag wird nicht von § 9 Nr 1 S 2 GewStG erfasst (BFH I R 17/99 BStBl II 01, 251).

88 **b) Berechnung.** Die vollen Wj des § 6b VII rechnen **von Schlussbilanz zu Schlussbilanz.** Daher kann der Zuschlag durch eine unterjährige (buchhalterische) Auflösung der Rücklage nicht vermieden werden; auch in diesem Fall hat die Rücklage während des gesamten Wj bestanden (BFH IV R 83/88 BStBl II 90, 290; vgl auch BFH VIII R 82/05 BStBl II 08, 481). Das Wj der Veräußerung und Rücklagenbildung kann hingegen niemals ein volles Wj iSd § 6b VII sein, auch dann nicht, wenn die Rücklage zu Beginn dieses Wj gebildet wurde (FG BaWü EFG 92, 178, rkr). – **RumpfWj** sind grds volle Wj (vgl § 8b S 2 EStDV); sie sind ausgehend vom Sinn und Zweck des Zuschlags (s unten) gleichwohl nur mit 0,5 % je Monat zu berücksichtigen (zutr *Siegel* DB 83, 53; str, **aA** FG Mster EFG 01, 350, rkr: voller Zuschlag iHv 6 %; ebenso *HHR* § 6b Anm 151).

Der Gewinnzuschlag soll einer missbräuchl Inanspruchnahme entgegenwirken und den Zinsvorteil einer Rücklagenbildung ohne Reinvestition abschöpfen (Abgeltung der Steuerstundung, vgl BFH I R 17/99 BStBl II 01, 251). Die Regelung greift mE auch dann ein, wenn der StPfl die Rücklage nach Fristablauf (vorschriftswidrig) bestehen lässt.

90 **9. Städtebauliche Sanierung; Entwicklung, § 6b VIII, IX. – a) Fristverlängerung, § 6b VIII.** Für Veräußerungsgewinne, die anlässl der Durchführung oder Vorbereitung städtebaul Sanierungs- und Entwicklungsmaßnahmen entstehen, werden die Fristen des **§ 6b III um drei Jahre verlängert:** die reguläre 4-Jahresfrist des § 6b III 2 auf sieben, die 6-Jahresfrist des § 6b III 3 auf neun und die Frist des § 6b III 5 für die Rücklagenauflösung auf sieben bzw neun Jahre (zur zusätzl Verlängerung der Frist durch das CoronaStHG II, BGBl I 20, 1512; s Rz 5). Dagegen wird die Frist des **§ 6b IV 1 Nr 2** (erforderl Vorbesitzzeit) **auf zwei Jahre verkürzt.** Voraussetzung ist in allen Fällen, dass die Veräußerung an einen der in § 6b VIII 2 genannten Erwerber erfolgt. Die Fristverlängerung trägt den Besonderheiten von Maßnahmen Rechnung, deren Durchführung der StPfl nicht beeinflussen kann.

91 **b) Bescheinigung, § 6b IX.** Der StPfl muss sich den Zweck der Veräußerung und den Erwerber von der nach Landesrecht zuständigen Behörde bescheinigen lassen; idR ist dies die Gemeinde (*OFD Kiel* DStR 00, 777). Die Bescheinigung bindet das FA als **Grundlagenbescheid** (nur) bezügl der Anwendung der Fristen des § 6b VIII (FG SachsAnh EFG 01, 1358, rkr). Da die Bescheinigung unter § 175 I Nr 1 AO fällt, hindert § 175 II 2 AO nF eine Rückwirkung nicht.

Streitigkeiten zw StPfl und FA über die Anwendung der Fristen des § 6b VIII sind **abgabenrechtl Streitigkeiten,** die ggf im Finanzrechtsweg zu klären sind. Entsteht jedoch ein Streit zw dem StPfl und der nach § 6b IX zuständigen Behörde darüber, ob bzw mit welchem Inhalt eine Bescheinigung zu erteilen ist, handelt es sich um **keine Abgabenangelegenheit,** der StPfl muss ggf den Verwaltungsrechtsweg beschreiten.

III. Veräußerung von Anteilen an Kapitalgesellschaft, § 6b X

93 **1. Überblick; zeitlicher Anwendungsbereich.** Die Regelung setzt voraus, dass der StPfl KapGes-Anteile mit Gewinn veräußert. Die dadurch aufgedeckten stillen Reserven können innerhalb bestimmter Fristen bis zu einem Höchstbetrag von **500 000 €** auf andere WG übertragen werden: innerhalb von zwei Wj auf *KapGes-Anteile* und *abnutzbare bewegl WG*, innerhalb von vier Wj auf *Gebäude*. Die Aufzählung der begünstigten WG ist (wie in § 6b I) abschließend. Gleichermaßen ist die Übertragung der stillen Reserven auf die in § 6b X 1 genannten WG nicht beliebig, sondern nur im Rahmen der dort vorgegebenen Möglichkeiten freigestellt. Die Regelung soll einen Ausgleich für Einzelunternehmer und PersGes im Hinblick auf die für KapGes geltende StBefreiung des § 8b II KStG schaffen (vgl BT-Drs 14/6882, 33; *Kanzler* FR 02, 117, 121). – § 6b X gilt für Veräußerungen, die **nach dem 31.12.01** vorgenommen worden sind. Zur Übertragbarkeit eines Gewinns aus einer Veräußerung nach dem 31.12.01 auf ein vor diesem Zeitpunkt angeschafftes WG s (zutr) *Kanzler* FR 02, 117, 126.

2. Persönlicher Anwendungsbereich. Die Regelung gilt nur für (unbeschr/ beschr stpfl) **natürl Personen.** Gem § 6b X 1 sind Körperschaften, Personenvereinigungen und Vermögensmassen ausdrückl ausgeschlossen; der Ausschluss entspricht dem persönl Anwendungsbereich des § 1 I HS 1 KStG (Abstimmung mit dem Teileinkünfteverfahren und § 8b II KStG; *Paus* EStB 12, 266). Für StPfl, die ihren Gewinn nach § 4 III oder § 13a ermitteln, gilt § 6b X über § 6c (s § 6c Rz 1). – Für **PersGes** gilt auch hier die gesellschafterbezogene Betrachtungsweise (vgl Rz 4), wie § 6b X 10 deutl macht. Zur Vervielfachung des Höchstbetrags s Rz 98; zum Ausschluss bestimmter PersGes bei KapGes-Beteiligung s Rz 110 f. – S iÜ *Strahl* KÖSDI 02, 13148; *Cordes* StBp 03, 113. 94

3. Abzug von den Anschaffungs-/Herstellungskosten im Wirtschaftsjahr der Veräußerung, § 6b X 1. – a) Veräußertes Wirtschaftsgut. Begünstigt ist die Veräußerung von KapGes-Anteilen, soweit diese zum betriebl **AV** (Rz 68) des StPfl gehören (auch SonderBV). Zum Begriff der **Veräußerung** s Rz 26–33. Die Liquidation einer KapGes ist keine Veräußerung (BFH I R 182/70 BStBl II 73, 291). – Der Begriff des **KapGes-Anteils** entspricht dem des § 17 I 3 (vgl BFH IV R 209/74 BStBl II 76, 288; s iEinz § 17 Rz 101 ff und zum „Typenvergleich" bei **ausl KapGes** § 17 Rz 24). 95

Nicht erfasst werden festverzinsl Wertpapiere, Anteile an Erwerbs- und Wirtschaftsgenossenschaften, Versicherungsvereinen auf Gegenseitigkeit, Stiftungen und sonstigen juristischen Personen des Privatrechts (§ 1 I Nr 2–6 KStG) sowie typische/atypische stille Beteiligungen. Zu einbringungsgeborenen Anteilen iSd **§ 21 UmwStG** s § 52 XIV 2.

b) Reinvestitionswirtschaftsgüter. Der StPfl muss in KapGes-Anteile (Rz 95), Gebäude (Rz 19 ff) oder abnutzbare bewegl WG reinvestieren. KapGes-Anteile muss der StPfl angeschafft, Gebäude und bewegl WG angeschafft oder hergestellt haben. Erweiterungen, Ausbauten und Umbauten sind nicht begünstigt, da § 6b X 4 nicht auf § 6b I 3 verweist. Ebenfalls nicht begünstigt sind Reinvestitionen in GuB und Binnenschiffe. **Abnutzbare bewegl WG** sind alle bewegl Sachen (§ 90 BGB; § 7 Rz 27) und Betriebsvorrichtungen (Rz 21), nicht jedoch immaterielle WG (BFH III R 129/74 BStBl II 79, 634). – Zu den Begriffen „anschaffen/herstellen" s Rz 37 f. An einer Anschaffung fehlt es, wenn wegen des Surrogationsprinzips Besitzzeiten angerechnet werden (vgl Rz 103). 96

c) Zeitpunkt. Begünstigt sind Reinvestitionen im **Wj der Veräußerung** oder im **vorangegangenen Wj** als vorgezogene (Re-)Investitionen. Letzteres ergibt sich aus § 6b X 4, obwohl auch auf § 6b V verweist (glA FG Mchn EFG 11, 426, rkr, mit Anm *Kühnen; Förster* DStR 01, 1913/5; *Korn/Strahl* Stbg 02, 300/8; **aA** EStR 6b.2 XIII; die nach dem RefEntw zum ATADUmsG vorgesehene Ersetzung durch eine Verweisung auf § 6b VI ist nicht umgesetzt worden). Darüber hinaus kann der StPfl auch hier eine **Rücklage** bilden; in diesem Fall muss eine Reinvestition in KapGes-Anteile oder abnutzbare bewegl WG in den folgenden zwei Wj oder eine Reinvestition in Gebäude in den folgenden vier Wj erfolgen. Zur **Verlängerung** dieser Fristen durch das CoronaStHG II (BGBl I 20, 1512) s Rz 5. 97

98 **d) Rechtsfolge.** Der Veräußerungsgewinn kann bis zu einem **Höchstbetrag von 500 000 €** von den AK/HK (Rz 40) des begünstigten WG abgezogen werden (vgl Rz 39). Auch § 6b X 1 ist als **Wahlrecht** des StPfl ausgestaltet, sodass der StPfl zw sofortiger Versteuerung, Gewinnübertragung und Rücklagenbildung frei wählen kann (vgl Rz 56). Die Ermittlung des Veräußerungsgewinns richtet sich gem § 6b X 4 nach § 6b II (vgl Rz 48 ff). Es handelt sich um einen **Jahreshöchstbetrag**, der *ohne USt* ermittelt wird und für den im Wj aus der Veräußerung von KapGes-Anteilen erzielten Gesamtgewinn *vor* Anwendung des **Teileinkünfteverfahrens** gilt (s aber Rz 99 f). Über den Höchstbetrag hinausgehende Gewinne werden normal versteuert. Bei abw Wj sind Gewinn und Höchstbetrag dem jeweiligen VZ nach den Regeln des § 4a zuzuordnen (vgl EStH 6b.2 „zeitl Zuordnung"; zu den Folgen eines bestandskräftigen Bescheids s FG Mchn EFG 02, 1510, rkr). – Aus der **ges'terbezogenen Betrachtungsweise** (Rz 3) folgt, dass bei Veräußerungen aus dem Gesamthandsvermögen der Höchstbetrag nach der Anzahl der Ges'ter **vervielfacht** wird (EStR 6b.2 XII; *Brandenberg* DStZ 02, 594; krit *Strunk/Kamphaus* BB 02, 2153).

99 **4. Übertragung auf Gebäude und bewegliche Wirtschaftsgüter, § 6b X 2.** Reinvestiert der StPfl in angeschaffte/hergestellte Gebäude oder abnutzbare bewegl WG, kann er nur den stpfl Veräußerungsgewinn übertragen. Der (ohnehin) gem § 3 Nr 40 S 1 Buchst a und b iVm § 3c II steuerbefreite Teil des Gewinns bleibt unberücksichtigt. Von den AK/HK des Reinvestitions-WG können also **maximal 300 000 €** abgezogen werden (60% von 500 000 €; bis VZ 2008: 250 000 €). – Die Beschränkung gilt nur für den Fall der Reinvestition, nicht für die Rücklagenbildung (s Rz 106).

100 **5. Übertragung auf Anteile an Kapitalgesellschaft, § 6b X 3.** Reinvestiert der StPfl dagegen in KapGes-Anteile, gehört auch der gem § 3 Nr 40 S 1 Buchst a und b iVm § 3c II stfreie Betrag zu dem von den AK abziehbaren Veräußerungsgewinn. Die stillen Reserven werden also in voller Höhe, einschließl des nach dem Teileinkünfteverfahren stfreien Teils, auf die angeschafften Anteile übertragen. Die neuen Anteile sind das **Surrogat** der alten. Das Teileinkünfteverfahren greift erst im Falle einer späteren Veräußerung der neuen Anteile.

101 **6. Gewinnermittlung, Beschränkungen, § 6b X 4.** Die Regeln zur Ermittlung des Veräußerungsgewinns in § 6b II (s Rz 98), die Beschränkungen des § 6b IV 1 Nr 1, 2, 3, 5 und des § 6b IV 2 sowie des § 6b V (s Rz 97) sind **sinngemäß anwendbar**. Auf die inl StPfl des Veräußerungsgewinns (§ 6b IV 1 Nr 4) verweist § 6b X 4 nicht.

102 **a) Gewinnermittlung nach § 4 I/§ 5.** Veräußernder StPfl bzw MUerschaft müssen den Gewinn nach § 4 I oder § 5 ermitteln (§ 6b IV 1 Nr 1, s Rz 66).

103 **b) Eigenschaften des veräußerten Wirtschaftsguts.** Die veräußerten KapGes-Anteile müssen im Zeitpunkt der Veräußerung für einen Zeitraum von **wenigstens 6 Jahren** ununterbrochen zum AV einer inl Betriebstätte des StPfl bzw der MUerschaft gehört haben (§ 6b IV 1 Nr 2; s Rz 67 ff). Bei 6-jähriger Zugehörigkeit ist idR AV anzunehmen. Eigene Anteile über KapGes zählten bis zum Inkrafttreten des BilMoG zum UV (§ 266 II B III Nr 2 HGB aF). Zur **EU-rechtl Problematik** s Rz 6; Zu Abspaltung und Wertpapierleihe s *Schmidt* 39. Aufl § 6b Rz 103 mwN.

104 **c) Eigenschaften des Reinvestitionswirtschaftsguts.** Die **angeschafften WG** müssen ebenfalls zum AV einer inl Betriebstätte gehören (§ 6b IV 1 Nr 3; s Rz 78). Zur Reinvestition in eine EU/EWR-Betriebstätte s Rz 52 ff. Zum Buchnachweis (§ 6b IV 1 Nr 5) s Rz 80. Zum Übertragungsverbot (§ 6b IV 2) s Rz 81.

7. Bildung einer Rücklage, § 6b X 5. Der StPfl kann im Wj der Veräußerung eine gewinnmindernde Rücklage iHd Veräußerungsgewinns einschließl des gem § 3 Nr 40 S 1 Buchst a und b iVm § 3c II steuerbefreiten Betrags bilden (s Rz 56 f). Eine Reinvestition in KapGesAnteile oder bewegl WG muss innerhalb von zwei Wj erfolgen, eine Reinvestition in Gebäude innerhalb von vier Wj; zur Fristberechnung s Rz 59. – Rücklagefähig ist der **volle Veräußerungsgewinn** (soweit kein Abzug nach § 6b X 1 vorgenommen worden ist), weil die Rücklage auch für Reinvestitionen in KapGesAnteile zur Verfügung steht und dann der volle Betrag übertragen werden kann (Rz 107).

8. Übertragung und Auflösung, § 6b X 6, 7. Für Übertragungen der Rücklage gelten gem **§ 6b X 6** die Grundsätze des § 6b X 2 und 3 sinngemäß (Rz 99 f): Bei Reinvestition in Gebäude und/oder abnutzbaren bewegl WG kann nur der nicht bereits nach § 3 Nr 40 S 1 Buchst a und b steuerbefreite Teil des Veräußerungsgewinns gewinnmindernd auf das Reinvestions-WG übertragen werden. Gem **§ 6b X 7** ist in diesem Fall die Rücklage auch hinsichtl des zugehörigen nach § 3 Nr 40 S 1 Buchst a und b steuerbefreiten Betrags (und damit insoweit ebenfalls stfrei) aufzulösen, aber ohne Zinszuschlag (s Rz 109).

9. Zwangsauflösung, § 6b X 8. Ist die Rücklage am Schluss des vierten auf ihre Bildung folgenden Wj noch vorhanden, muss sie gewinnwirksam aufgelöst werden (zB: Wj der Rücklagenbildung endet am 30.6.20, Auflösung am 30.6.24). Die 4-Jahresfrist gilt (anders als § 6b III 5) einheitl für alle Fälle einer nach § 6b X 5 gebildeten Rücklage; zur Verlängerung durch das CoronaStHG II (BGBl I 20, 1512) s Rz 5. – **Rechtsfolge** der Auflösung ist die Versteuerung des Auflösungsgewinns samt Gewinnzuschlag (s Rz 109) nach Maßgabe des Teileinkünfteverfahrens (§ 3 Nr 40 S 1 Buchst a und b iVm § 3c II). Dies sieht § 6b X 8 zwar nicht ausdrückl vor; die Versteuerung der nicht übertragenen Rücklage kann aber nicht anders ausfallen als die des Veräußerungsgewinns. Zur Auflösung der Rücklage iZm einer Betriebsaufgabe/-veräußerung s § 34 Rz 27.

10. Gewinnzuschlag, § 6b X 9. Soweit die Rücklage nicht nach § 6b X 6 übertragen (und nach § 6b X 7 aufgelöst) worden ist, fällt am Schluss des Wj der Zwangsauflösung ein Gewinnzuschlag an. Dieser beträgt für jedes volle Wj, in dem die Rücklage bestanden hat, 6 % des nicht gem § 3 Nr 40 S 1 Buchst a und b iVm § 3c II steuerbefreiten (aufgelösten) Rücklagenbetrags. Es wird also nicht wie bei § 6b VII der Rücklagebetrag als solcher dem Gewinnzuschlag unterworfen, sondern nur der stpfl Anteil. S iÜ Rz 87 f.

11. Anwendungsausschluss, § 6b X 10. Vom Anwendungsbereich des § 6b X ausgeschlossen sind **Körperschaften, Personenvereinigungen** und **Vermögensmassen** (s Rz 94; insoweit gilt § 8b VI KStG). Die Möglichkeit der Gewinnübertragung besteht daher im Falle von **PersGes oder Gemeinschaften** nur insoweit, als *keine* Körperschaft, Personenvereinigung oder Vermögensmasse an den sachl begünstigten KapGesAnteilen des Gesamthandsvermögens beteiligt ist. Die übrigen Ges'ter oder Gemeinschafter werden hiervon nicht berührt (Wortlaut: „soweit", nicht „wenn"); die zur Verfügung stehenden Höchstbeträge werden dadurch nicht gemindert (s Rz 98 aE). – Betroffen sind hiervon GmbH & Co. KG, Stiftung & Co sowie andere PersGes und mitunternehmerische Erbengemeinschaften. Für die GmbH & atypisch Still ist die Vorschrift einschlägig, weil das Vermögen der GmbH einem Gesamthandsvermögen gleichgesetzt wird (s § 15 Rz 348); dabei fällt der atypische Stille als natürl Person nicht unter die Beschränkung des § 6b X 10. Ähnl verhält es sich mit dem SonderBV des persönl haftenden Ges'ters einer KGaA (§ 15 I Nr 3). Keine Einschränkungen nach § 6b X 10 ergeben sich mE auch für den betriebl Beteiligten einer ZebraGes (vgl Rz 47). – Bei Einbringung einer PersGes durch KapGes ggf Zwangsauflösung mit Gewinnzuschlag (s *Kanzler* FR 02, 117, 124).

§ 6c Übertragung stiller Reserven bei der Veräußerung bestimmter Anlagegüter bei der Ermittlung des Gewinns nach § 4 Absatz 3 oder nach Durchschnittssätzen

(1) ¹§ 6b mit Ausnahme des § 6b Absatz 4 Nummer 1 ist entsprechend anzuwenden, wenn der Gewinn nach § 4 Absatz 3 oder die Einkünfte aus Land- und Forstwirtschaft nach Durchschnittssätzen ermittelt werden. ²Soweit nach § 6b Absatz 3 eine Rücklage gebildet werden kann, ist ihre Bildung als Betriebsausgabe (Abzug) und ihre Auflösung als Betriebseinnahme (Zuschlag) zu behandeln; der Zeitraum zwischen Abzug und Zuschlag gilt als Zeitraum, in dem die Rücklage bestanden hat.

(2) ¹Voraussetzung für die Anwendung des Absatzes 1 ist, dass die Wirtschaftsgüter, bei denen ein Abzug von den Anschaffungs- oder Herstellungskosten oder von dem Wert nach § 6b Absatz 5 vorgenommen worden ist, in besondere, laufend zu führende Verzeichnisse aufgenommen werden. ²In den Verzeichnissen sind der Tag der Anschaffung oder Herstellung, die Anschaffungs- oder Herstellungskosten, der Abzug nach § 6b Absatz 1 und 3 in Verbindung mit Absatz 1, die Absetzungen für Abnutzung, die Abschreibungen sowie die Beträge nachzuweisen, die nach § 6b Absatz 3 in Verbindung mit Absatz 1 als Betriebsausgaben (Abzug) oder Betriebseinnahmen (Zuschlag) behandelt worden sind.

Einkommensteuer-Richtlinien: EStR 6c/EStH 6c

1 1. Bedeutung und Aufbau. Gem § 6c können StPfl, die ihren Gewinn nach § 4 III oder § 13a ermitteln, in **entspr Anwendung von § 6b** stille Reserven aus der Veräußerung bestimmter WG auf neu angeschaffte oder hergestellte WG übertragen (zur Bedeutung s § 6b Rz 1). Nur der persönl Anwendungsbereich des § 6b wird durch § 6c erweitert, nicht der sachl; auch § 6c gilt nur für die in § 6b I *und* X genannten WG und hat iRd dort vorgegebenen Möglichkeiten (s Rz 4). Zur Anwendbarkeit von § 6b X iVm § 6c s auch *Kanzler* FR 02, 117, 123; EStR 6c III. – **§ 6c I 1** enthält eine beschr Rechtsgrundverweisung auf § 6b: StPfl, die dem persönl Anwendungsbereich des § 6c unterfallen und stille Reserven übertragen wollen, müssen grds auch die tatbestandl Voraussetzungen des § 6b erfüllen, mit Ausnahme von § 6b IV 1 Nr 1. **§ 6c I 2** modifiziert die Bestimmungen über die Bildung und Auflösung einer Rücklage in § 6b III, sodass stille Reserven über die gesetzl Fiktion von BA und BE auch ohne Bilanz in spätere Wj übertragen werden können. **§ 6c II** legt dem nicht bilanzierenden StPfl besondere Dokumentationspflichten auf. – Zur neueren Rechtsentwicklung sowie zu verfassungs- und europarechtl Bezügen des § 6b s § 6b Rz 5 f.

2 2. Persönlicher Anwendungsbereich. § 6c gilt für alle **natürl Personen**, die im Inl unbeschr oder beschr stpfl sind und ihren Gewinn entweder als nichtbuchführende Land- und Forstwirte, Gewerbetreibende oder Selbständige nach **§ 4 III** oder aber als Land- und Forstwirte gem **§ 13a** nach Durchschnittssätzen ermitteln. § 6c knüpft an die tatsächl Gewinnermittlung an und ist daher auch anwendbar, wenn ein an sich buchführungspflichtiger StPfl den Gewinn nach § 4 III ermittelt hat und das FA diese Gewinnermittlung übernimmt (BFH IV R 92/91 BStBl II 93, 366). Zu **Schätzungsfällen** s § 6b Rz 57.

Der **Verpächter** eines Betriebs kann § 6c in Anspruch zu nehmen (vgl BFH IV R 1/98 BStBl II 99, 55 mwN; s auch § 6b Rz 3). Zur Reinvestition in einen mehr als 200 km entfernt liegenden Standort s BFH IV R 23/00 BStBl II 03, 124. – Ein nach **(Teil-)Betriebsveräußerung** entstandener Gewinn ist ggf nach § 6b begünstigt, da der Veräußerungsgewinn stets nach § 4 I zu ermitteln ist. – Für **Überschusseinkünfte** gelten §§ 6b/6c nicht (vgl BFH X B 38/17 BFH/NV 17, 1607: VuV); zu **irrtüml gebildeter Rücklage** s BFH VI R 82/14 BFH/NV 17, 1313.

Abzug von den Anschaffungskosten/Herstellungskosten 3–7 **§ 6c**

3. Verhältnis zu anderen Vorschriften. Bei Gewinnermittlung nach § 13a 3 gilt § 6c nur für Veräußerungsgewinne, die dem Durchschnittssatzgewinn als **Sondergewinn** gem § 13a VII 1 Nr 1 Buchst a hinzugerechnet werden (bis Wj 2014/2015: § 13a VI 1 Nr 2 aF; s *Kanzler* DStZ 15, 375, 385 f; § 13a Rz 38). Die bei Rücklagenauflösung angenommene fiktive BE zählt zu den Gewinnen nach § 13a VII 1 Nr 1 Buchst d (§ 13a VI Nr 4 aF, s § 13a Rz 42); der Freibetrag ist auch für die Auflösung der Rücklage anzusetzen. – S iÜ § 6b Rz 7 ff.

4. Abzug von den Anschaffungskosten/Herstellungskosten, § 6c I. – 4 **a) Überblick.** § 6c I setzt wie § 6b I voraus, dass der StPfl ein begünstigtes WG mit Gewinn veräußert und ein anderes begünstigtes WG (Reinvestitions-WG) anschafft/herstellt. Ist das Reinvestitions-WG im Wj der Veräußerung oder im vorangegangenen Wj angeschafft/hergestellt worden, richtet sich die Übertragung der stillen Reserven nach § 6c I 1 iVm § 6b I und II. Sollen Anschaffung/Herstellung in einem der folgenden Wj erfolgen, wird gem § 6c I 2 die Wirkung einer Rücklage nach § 6b III (zeitweilige Gewinnminderung) durch die **Fiktion von BA und BE** erreicht (s Rz 8 f). – Reinvestitionsabsicht wird wie bei § 6b nicht verlangt. Der StPfl kann § 6c auch nur für einen Teil der aufgedeckten stillen Reserven in Anspruch nehmen (**Wahlrecht**). Er muss aber jedenfalls zunächst einmal einen Gewinn erklären, den er sodann durch Abzug einer BA wieder neutralisiert (BFH VI R 68/15 BStBl II 19, 128; s auch § 6b Rz 56). – Zu Gestaltungsmöglichkeiten bei LuF s *Kanzler* FS Beisse S 58.

Der StPfl kann sein **Wahlrecht** entspr § 171 I 1 Nr 2 AO auch noch **nachträgl** ausüben (positiv wie negativ), solange die StFestsetzung nicht formell bestandskräftig ist (BFH IV R 30/99 BStBl II 02, 49: auch nach Ergehen eines Urteils der FG bis zum Ablauf der Rechtsmittelfrist; BFH III R 72/11 BStBl II 13, 1321: auch noch im 2. Rechtsgang; s auch BFH X R 56/13 BStBl II 16, 967). Er muss hierzu eine geänderte EÜR vorlegen (BFH IV R 46/13 BFH/NV 14, 1369). Das Bilanzänderungsverbot des § 4 II 2 gilt nicht für § 6c (BFH IV R 30/99 BStBl II 02, 49). Bei einer nachträgl **Erhöhung des Kaufpreises** ist der Veräußerungsgewinn gem § 175 I 1 Nr 2 AO rückwirkend auf den Zeitpunkt der Veräußerung zu korrigieren (s BFH IV R 41/13 BStBl II 16, 984: Eintritt einer aufschiebenden Bedingung, wie bei § 6b; s auch § 6b Rz 49). Zu erhöhten **Mitwirkungspflichten** des StPfl und zur **Amtsermittlungspflicht** des FA s BFH IV R 47/96 BFH/NV 97, 757. Zur Korrektur eines zu Unrecht vorgenommenen Abzugs nach **§ 174 III AO** s BFH IV R 65/91 BStBl II 94, 76.

b) Entsprechende Anwendung von § 6b, § 6c I 1. Welche WG begünstigt 5 sind und in welcher Kombination, ergibt sich aus § 6b I 1 und 2 (s § 6b Rz 15 ff: **GuB, Aufwuchs, Gebäude** und **Binnenschiffe**) sowie aus § 6b X 1 (s § 6b Rz 95 f: **KapGes-Anteile, Gebäude** und abnutzbare bewegl **WG**). Zum Begriff Veräußerung s § 6b Rz 26 ff. Die Voraussetzungen des § 6b IV 1 Nr 2 bis 4 müssen ebenfalls erfüllt sein (insb 6-jährige Zugehörigkeit zum AV einer inl Betriebsstätte, s § 6b Rz 67 ff; zur Veräußerung von GuB eines luf Betriebs s § 6b Rz 68 aE). Auch iRd § 6c kann ggf ein Antrag auf Steuerstundung nach § 6b IIa (§ 6b Rz 53) gestellt werden.

aa) Ermittlung des Veräußerungsgewinns. Diese richtet sich nach § 6b II: 6 Von dem Veräußerungspreis des begünstigten WG werden der „Buchwert" und die Veräußerungskosten abgezogen (s § 6b Rz 48 ff). Maßgebl ist der **Zeitpunkt der Veräußerung** (s § 6b Rz 26). Auf den Zeitpunkt des Zuflusses des Veräußerungserlöses kommt es nicht an. Die Anwendung des § 6b II führt damit zu einer Abweichung vom Zuflussprinzip des § 11; ein früher oder später zufließender Veräußerungserlös ist dementspr *keine* BE (s EStR 6c I 2–4). Für die Veräußerungskosten muss das ebenso gelten. – Als **„Buchwert"** iSd § 6b II 1 sind die noch nicht als BA abgesetzten AK/HK des veräußerten WG anzusetzen bzw (soweit vorhanden) die Werte, die sich aus dem nach § 4 III 5 (bzw § 13a VI 2) zu führenden Anlageverzeichnis ergeben.

bb) Übertragung der aufgedeckten stillen Reserven. Die Übertragung er- 7 folgt in der Weise, dass die AK/HK des Reinvestitions-WG in dem Anlagenverzeichnis (§ 6c II 1) um den Veräußerungsgewinn gekürzt werden (Minderung der AfA-Bemessungsgrundlage). Der Kürzungsbetrag ist im Wj der Veräußerung **wie eine BA** zu behandeln. Ist das Reinvestitions-WG bereits in dem Wj angeschafft/hergestellt worden, das der Veräußerung vorangeht, ist der am Schluss des vorangehenden Wj maßgebl „Buchwert" (s Rz 6) zu kürzen; dies geschieht ebenfalls im Wj der Veräußerung. – Zur Behandlung der VorSt s § 6b Rz 40.

8 **c) Reinvestition in einem späteren Wirtschaftsjahr, § 6c I 2 HS 1. – aa) Abzug als Betriebsausgabe („Rücklagenbildung").** Wenn bzw soweit die aufgedeckten stillen Reserven nicht bereits im Wj der Veräußerung auf ein anderes WG übertragen worden sind (Rz 7), kann der StPfl in diesem Wj einen Betrag bis zur Höhe des noch nicht abgezogenen begünstigten Veräußerungsgewinns als **fiktive BA** abziehen. Das Wahlrecht wird mit der Abgabe der Gewinnermittlungsunterlagen für das Wj der Veräußerung beim FA ausgeübt (*Glanegger* FR 90, 469). Zur nachträgl Ausübung s Rz 4 (aE); Beispiel s EStH 6c.

9 **bb) Zuschlag als Betriebseinnahme („Rücklagenauflösung").** Wird innerhalb der Fristen des § 6b III 2 und 3 ein Reinvestitions-WG angeschafft/hergestellt, kann der StPfl die AK/HK im Anlagenverzeichnis (§ 6c II 1) bis zur Höhe des im Wj der Veräußerung abgezogenen Betrags kürzen. Der Kürzungsbetrag ist im Wj der Anschaffung/Herstellung wie eine BA zu behandeln. Zugleich ist gem § 6c I 2 HS 1 in gleicher Höhe ein Zuschlag als **fiktive BE** anzusetzen (gewinnneutrale Übertragung, s BFH IV R 298/83 BStBl II 88, 885; EStR 6c. I). Der Zeitraum zw Abzug und Zuschlag gilt als Zeitraum, in dem die Rücklage bestanden hat (§ 6c I 2 HS 2). – Ist bei Ablauf der Reinvestitionsfrist der Gewinn nicht/nicht in vollem Umfange von den AK/HK eines Reinvestitions-WG abgezogen worden, muss der verbleibende Betrag dem Gewinn als Zuschlag hinzugerechnet werden. Auch vor Ablauf der Übertragungsfrist kann der neutralisierte Gewinn jederzeit ganz oder teilweise durch Ansatz einer fiktiven BE gem § 6c I 2 versteuert werden (BFH IV R 8/86 BStBl II 88, 55). Zum „Verzicht auf Reinvestition" als neue Tatsache iSd § 173 AO s BFH IV R 47/96 BFH/NV 97, 757. – Zwar steht eine **Schätzung** der Inanspruchnahme des § 6c entgegen (EStR 6c. II 1). Ist jedoch während der Reinvestitionsfrist zu schätzen, löst dies mE entgegen EStR 6c. II 2 keinen zwangsweisen Zuschlag iHd ursprüngl Abzugsbetrags aus (§ 6b Rz 64).

10 **cc) Wechsel der Gewinnermittlungsart nach § 4 I oder § 5.** In diesem Fall sind die WG in der EB mit den AK/HK abzügl des § 6c abgezogenen Betrags anzusetzen (ggf weiter vermindert um AfA und SonderAfA). Hat der StPfl Beträge als fiktive BA abgezogen, aber noch nicht als fiktive BE wieder hinzugerechnet, ist in der jeweiligen Höhe eine Rücklage zu bilden, die für die verbleibende Übertragungszeit fortgeführt werden darf, sofern die Fristen des § 6b III noch nicht abgelaufen sind. Vgl iEinz EStR 6b.2 XI.

11 **d) Gewinnzuschlag, § 6c I 2 HS 2.** Auch iRd § 6c fällt gem § 6b VII ein Gewinnzuschlag an, wenn der StPfl **ohne Reinvestition** in einem späteren Wj den Zuschlag als fiktive BE ansetzt (vgl § 6b Rz 87 f). Unerhebl ist, ob die fiktive BE zwangsweise nach Ablauf der Reinvestitionsfrist oder freiwillig zu einem früheren Zeitpunkt angesetzt wird (BFH VIII R 82/05 BStBl II 08, 481, zu § 7g III). – Der Gewinnzuschlag beträgt für jedes volle Wj 6 % der (ohne Reinvestition) angesetzten fiktiven BE (s § 6b Rz 87: jedenfalls bis 2009 verfgemäß). Maßgebl ist der Zeitraum zw dem Abzug als fiktive BA und dem Zuschlag als fiktive BE; gerechnet wird jeweils vom Ende eines Wj bis zum Ende des nächsten, auch im Falle eines unterjährigen Zuschlags (vgl *OFD Kobl* DStR 03, 880). Der Gewinnzuschlag fällt auch dann an, wenn der StPfl kein Verzeichnis iSd § 6c II geführt hat (BFH IV R 90/88 BStBl II 90, 689).

12 **5. Dokumentation, § 6c II. – a) Besondere Verzeichnisse, § 6c II 1.** Der StPfl muss jedes einzelne WG, bei dem ein Abzug von den AK/HK vorgenommen

Fondsetablierungskosten als Anschaffungskosten 1 § 6e

worden ist, in besondere, lfd zu führende Verzeichnisse aufnehmen (s auch FG Mster EFG 1992, 119). Die Regelung ersetzt § 6b IV 1 Nr 5. – **"Laufend"** bedeutet der Rspr zufolge nicht "zeitnah", sondern verlangt nur Aufzeichnungen in entspr zeitl Reihenfolge; es genügt, wenn das Verzeichnis im Zeitpunkt der Wahlrechtsausübung angelegt wird (so BFH IV R 151/81 BStBl II 85, 47 zu § 7a; vgl auch FG BaWü EFG 98, 544, rkr).

b) Notwendige Angaben, § 6c II 2. Die Verzeichnisse müssen enthalten: 13 (1) Tag der Anschaffung/Herstellung des jeweiligen Reinvestitions-WG, von dem ein Abzug von den AK/HK vorgenommen wird, (2) AK/HK des Reinvestitions-WG, (3) Abzug nach § 6b I, III oder X iVm § 6c I, (4) die fiktiven BA und BE (Abzüge/Zuschläge) gem § 6b III iVm § 6c I 2 und (5) AfA und SonderAfA (einschr FG RhPf EFG 21, 935, wenn AfA ohnehin nicht in Betracht kommt).

§ 6d *Euroumrechnungsrücklage*

Anmerkung: § 6d hat sich durch Zeitablauf erledigt (vgl § 6d I 4). Hinsichtl der Kommentierung wird auf *Schmidt* 23. Aufl § 6d Rz 1 ff verwiesen. Die Erläuterungen wurden dort letztmals abgedruckt. 1

§ 6e Fondsetablierungskosten als Anschaffungskosten

(1) ¹ **Zu den Anschaffungskosten von Wirtschaftsgütern, die ein Steuerpflichtiger gemeinschaftlich mit weiteren Anlegern gemäß einem von einem Projektanbieter vorformulierten Vertragswerk anschafft, gehören auch die Fondsetablierungskosten im Sinne der Absätze 2 und 3.** ² **Haben die Anleger in ihrer gesellschaftsrechtlichen Verbundenheit keine wesentlichen Möglichkeiten zur Einflussnahme auf das Vertragswerk, gelten die Wirtschaftsgüter im Sinne von Satz 1 als angeschafft.**

(2) ¹ **Fondsetablierungskosten sind alle auf Grund des vorformulierten Vertragswerks neben den Anschaffungskosten im Sinne von § 255 des Handelsgesetzbuchs vom Anleger an den Projektanbieter oder an Dritte zu zahlenden Aufwendungen, die auf den Erwerb der Wirtschaftsgüter im Sinne des Absatzes 1 Satz 1 gerichtet sind.** ² **Zu den Anschaffungskosten der Anleger im Sinne des Absatzes 1 Satz 2 gehören darüber hinaus alle an den Projektanbieter oder an Dritte geleisteten Aufwendungen in wirtschaftlichem Zusammenhang mit der Abwicklung des Projekts in der Investitionsphase.** ³ **Zu den Anschaffungskosten zählen auch die Haftungs- und Geschäftsführungsvergütungen für Komplementäre, Geschäftsführungsvergütungen bei schuldrechtlichem Leistungsaustausch und Vergütungen für Treuhandkommanditisten, soweit sie auf die Investitionsphase entfallen.**

(3) **Absatz 1 Satz 1 und Absatz 2 sind sinngemäß in den Fällen anzuwenden, in denen Fondsetablierungskosten vergleichbare Kosten außerhalb einer gemeinschaftlichen Anschaffung zu zahlen sind.**

(4) **Im Fall des § 4 Absatz 3 sind die Absätze 1 bis 3 entsprechend anzuwenden.**

(5) **§ 15b bleibt unberührt.**

1. Überblick. § 6e ordnet (mit Rückwirkung für alle offenen Fälle, s Rz 2 aE) 1 sog „Fondsetablierungskosten" (Begriff s Abs 2 und Rz 7 ff; insb die „weichen Kosten" bei der Gründung geschlossener Fonds) den AK zu und verhindert so deren sofortigen Abzug als BA. – **Anwendungsbereich.** § 6e gilt unmittelbar nur für die betriebl Einkunftsarten, auch bei Gewinnermittlung nach § 4 III (§ 6e IV). § 9 V 2 ordnet aber die entspr Anwendung bei den Überschusseinkünften an (zB

§ 6e 2–6 Fondsetablierungskosten als Anschaffungskosten

VuV-Fonds). – **Literatur.** *Zapf* FR 19, 804; *Hörster* NWB 19, 2484, 2486 ff; *Rüsch* DStR 20, 1172.

2 **2. Rechtsentwicklung.** – *(1) Frühere Rspr.* Aufwendungen sowohl gewerbl FondsGes (idR GmbH & Co KG) als auch VuV-Ges für die typischen „weichen Kosten" der Fondsgründung haben BFH und *FinVerw* bei vorformulierten Beitrittsverträgen zunächst unter Berufung auf § 42 AO in voller Höhe als **AK der von der FondsGes erworbenen WG** behandelt, und zwar unabhängig davon, ob diese Beträge an die Fondsinitiatoren oder an Dritte fließen (BFH IV R 15/09 BStBl II 11, 706 – Windkraftfonds; BFH IV R 8/10 BStBl II 11, 709 – Schiffsfonds); ausführl *BeckOK EStG* § 6e Rz 2a, 6. – *(2)* **Änderung der Rspr.** Ab dem **Inkrafttreten des § 15b** (§ 52 Abs 25: Beitritt oder Beginn des Außenvertriebs nach dem 10.11.05) sah der IV. Senat § 42 AO hingegen als verdrängt an und ließ den **sofortigen BA-Abzug** zu (BFH IV R 33/15 BStBl II 20, 645). ME war dies zweifelhaft, da die Zusammenfassung der „weichen Kosten" zu AK nicht erst aus § 42 AO, sondern bereits aus einer sachgerechten Vertragsauslegung folgt und diese durch § 15b nicht verdrängt wird. Die *FinVerw* hat diese Entscheidung des IV. Senats zu keinem Zeitpunkt angewendet. – *(3)* **Rückwirkende Anwendung des § 6e auf alle offenen Fälle.** Aufgrund der in § 52 Abs 14a enthaltenen Rückwirkungsanordnung ist die zwischenzeitl Rspr des IV. Senats nun auch für die Vergangenheit überholt. Weil hier nach einer Änderung der Rspr lediglich die frühere Rechtslage wiederhergestellt wird, ist eine solche Rückwirkung nach stRspr des BVerfG und BFH verfgem (zB BVerfG 2 BvL 1/00 BVerfGE 123, 111 unter B. II.; aA *Zapf* FR 19, 804, 806; HHR § 6e Rz 4: die frühere Rspr sei schon seit Schaffung des § 15b im Jahr 2005 – und nicht erst seit Veröffentlichung der Entscheidung des IV. Senats im Jahr 2018 – nicht mehr anwendbar gewesen; *Haselmann/Cropp/Hundrieser* DStR 20, 2580 und *Prinz* DB 20, 2720: keine Rspr-Änderung, sondern erstmalige Rspr zu einer geänderten Gesetzeslage; diff *Rüsch* DStR 20, 1172, 1174; *BH/Rüsch* § 6e Rz 17 ff; *BeckOK EStG* § 6e Rz 6: Rückwirkung bis zur Veröffentlichung der RsprÄnderung am 11.7.18 gerechtfertigt, danach bis zum Gesetzesbeschluss des BT am 7.11.19 nicht mehr).

3 **3. Voraussetzungen.** Grds ist § 6e anwendbar, wenn der StPfl WG gemeinschaftl mit weiteren Anlegern gem einem von einem Projektanbieter vorformulierten Vertragswerk anschafft. Im Wesentl geht es daher um **FondsPersGes.** Abs 3 bezieht aber auch bestimmte Fälle außerhalb einer gemeinschaftl Anschaffung mit ein (s Rz 10). Für die Auslegung des Merkmals „vorformuliertes Vertragswerk" kann neben der bisherigen Rspr (s Rz 7) mE auch auf die Grundsätze zurückgegriffen werden, die zu dem in § 15b II verwendeten Merkmal „vorgefertigtes Konzept" entwickelt worden sind (s § 15b Rz 8 ff), da beide Normen ähnl Zweckrichtungen verfolgen. Der ähnl Begriff der „vorformulierten Vertragsbedingungen" findet sich zudem in § 305 I BGB.

4 **4. Rechtsfolge.** Sind die Voraussetzungen des Abs 1 S 1 erfüllt, stellen die Fondsetablierungskosten (Definition in Abs 2; s Rz 7 ff) AK der WG des Fonds dar. Daneben kann § 15b angewendet werden, sofern auch nach der durch § 6e angeordneten Versagung des sofortigen BA-/WK-Abzugs noch die Voraussetzungen eines Steuerstundungsmodells erfüllt sind (§ 6e V).

5 **5. Abgrenzung zwischen Anschaffung und Herstellung, § 6e I 2.** – **a) Einfluss der Anleger.** Haben die Anleger keine wesentl Einflussnahmemöglichkeiten auf das Vertragswerk, gelten die WG als angeschafft. In den Gesetzesmaterialien wird eine wesentl Einflussnahmemöglichkeit (mE zutr) dann bejaht, wenn die Anleger in ihrer gesellschaftsrechtl Verbundenheit rechtl und tatsächl in der Lage sind, wesentl Teile des Konzepts zu verändern (BT-Drs 19/13436, 92). Dann sind die Anleger als Hersteller anzusehen, sodass der Umfang der sofort abziehbaren BA/WK höher ist als bei Erwerbern. In der Praxis werden den Anlegern bei derartigen Modellen aber idR keine wesentl Einflussnahmemöglichkeiten eingeräumt. – Allg zur Abgrenzung zw AK und HK s § 6 Rz 34; Nachweise zur Herstellereigenschaft bei Filmproduktionen s *Schmidt* 34. Aufl § 6 Rz 34.

6 **b) Kriterien vor Inkrafttreten des § 6e.** Rspr und *FinVerw* sahen Anleger, die ihre Beteiligung aufgrund eines vorformulierten Vertragswerks eingehen und sich bei den damit zusammenhängenden Rechtsgeschäften durch die Initiatoren vertreten lassen, nicht als Hersteller, sondern als *Erwerber* der WG der FondsGes an, sofern sie iRd Beitritts kein Preisrisiko tragen. Diese Rspr ist zu **Bauherrenmodellen** entwickelt (BFH IX R 197/84 BStBl II 90, 299; BFH IX R 70/86 BStBl II 90, 1024; BFH IX B 39/91 BStBl II 92, 883; *BMF* BStBl I 03, 546 Rz 1–4) und dann auf **geschlossene Immobilienfonds** übertragen worden (BFH IX R 82/91 BStBl II 95, 166: KG; BFH IX R 10/96 BStBl II 01, 720: GbR). Nach dem für die Gestaltungspraxis maßgebl sog „**5. Bauherrenerlass**" (*BMF* BStBl I 03, 546 Rz 33 ff) stellte die *FinVerw* hohe Anforderungen an die Ausgestaltung von FondsGes, deren K'tisten im Einzelfall als Hersteller/Bauherren anzusehen sein sollen. In der Praxis sind Fondskonzepte, in denen Anleger ein derart hohes Preisrisiko tragen, nur schwer vermarktbar und werden daher kaum angeboten. Vom BFH anerkannt wurden aber Modelle, in denen die Ges'ter zw verschiedenen Modernisierungsvarianten wählen können, selbst wenn sich auf der entscheidenden Ges'terversammlung sämtl Anleger vertreten lassen, sofern diese Vertreter nicht eindeutig im Lager der Initiatoren stehen (zur Rechtslage vor § 6e BFH IX R 13/11 BFH/NV 12, 1422: uneingeschränkte Gestaltungsfreiheit der Anleger sei – wie ein Vergleich mit § 164 HGB zeige – nicht erforderl). An diesen Kriterien ist mE auch unter der Geltung des § 6e festzuhalten, da § 6e auf der bisherigen Rspr und VerwAuffassung beruht.

6. Begriff der Fondsetablierungskosten, § 6e II. – a) Allgemeine Definition, § 6e II 1. Neben den AK iSd § 255 HGB sind alle Aufwendungen in die AK einzubeziehen, die auf Grund des vorformulierten Vertragswerks vom Anleger an den Projektanbieter oder an Dritte zu zahlen und auf den Erwerb der WG iSd Abs 1 S 1 gerichtet sind. Entscheidend ist nach dem Gesetzeswortlaut der **finale Zusammenhang mit dem Erwerb** der WG, auch wenn die zivilrechtl Leistungsbeschreibung eine andere ist. Hierunter fallen zB gesondert ausgewiesene oder vereinbarte Kosten für die Erstellung und Prüfung der Konzeption und des Prospekts, die Geschäftsbesorgung in der Investitionsphase und die Mittelverwendungskontrolle. – Die gesetzl Formulierung nimmt die Begrifflichkeit der bisherigen Rspr zu Bauherrenmodellen (BFH IX R 197/84 BStBl II 90, 299), Immobilienfonds (BFH IX R 10/96 BStBl II 01, 720) und gewerbl FondsGes (BFH IV R 40/97 BStBl II 01, 717) sowie des 5. Bauherrenerlasses (*BMF* BStBl I 03, 546 mit zahlreichen Detailregelungen) wörtl auf, was die in den Gesetzesmaterialien zudem jeweils ausdrückl verwiesen wird (BT-Drs 19/13436, 92). Damit sind diese Rechtsquellen auch für die Auslegung der Neuregelung maßgebl.

b) Projektabwicklung in der Investitionsphase, § 6e II 2. Wenn die Anleger nicht Hersteller sind (Abs 1 S 2; s Rz 5), gehören zu den AK auch alle Aufwendungen in wirtschaftl Zusammenhang mit der Abwicklung des Projekts in der Investitionsphase. Dies gilt (im Gegensatz zu Fondsetablierungskosten iSd § 6e II 1) auch dann, wenn sie nicht unmittelbar auf den Erwerb der WG „gerichtet sind". – Schon die **Rspr vor Schaffung des § 6e** ordnete grds sämtl modellbedingten Aufwendungen unabhängig von ihrer Bezeichnung den AK zu, wenn der Anleger als Erwerber anzusehen war (BFH IX R 10/96 BStBl II 01, 720: selbst bei Mietgarantien sowie Notar- und Gerichtskosten für die Eintragung von Grundpfandrechten; für einen geschlossenen Immobilienfonds in Form einer gewerbl geprägten GmbH & Co KG auch BFH IV R 40/97 BStBl II 01, 717: Eigenkapitalvermittlungsprovision; BFH IX B 148/10 BFH/NV 11, 1516); hieran ist auch unter Geltung des § 6e festzuhalten. – Die **FinVerw** war hier etwas großzügiger und ließ sich klarer vor der Trennung der verschiedenen Aufwandspositionen Gebühren für eine Mietgarantie sowie **Geldbeschaffungskosten** für Fremdkapital zum sofortigen WK-Abzug zu (*BMF* BStBl I 03, 546 Rz 11–20). Alle anderen Positionen ordnete auch die *FinVerw* den AK zu. Bei strenger Auslegung wird man aber selbst Geldbeschaffungskosten (zB Provisionen für die Vermittlung von Fremdkapital) noch als vom Wortlaut des S 2 umfasst ansehen können („Aufwendungen in wirtschaftl Zusammenhang mit der Abwicklung des Projekts in der Investitionsphase"); dies geht über die reinen Investitionskosten deutl hinaus).

c) Beispiele, § 6e II 3. Im Gesetz sind als AK beispielhaft genannt Vergütungen für Komplementäre, Geschäftsführer und Treuhandkommanditisten, soweit diese auf die Investitionsphase entfallen. S 3 gilt mE nicht nur (wie S 2) in den Fällen des Abs 1 S 2 (die Anleger sind nicht Hersteller), sondern in allen Fällen des § 6e (glA BT-Drs 19/13436, 92). Dies betrifft zB die in S 3 genannten Treuhandvergütungen, die bei Hersteller-Anlegern ohne die ausdrückl Erwähnung mE sofort abziehbar wären, weil sie nur auf die Projektabwicklung, nicht aber auf den Erwerb des WG gerichtet sind.

10 **7. Vergleichbare Kosten außerhalb einer gemeinschaftlichen Anschaffung, § 6e III.** Ebenso wie § 15b (s § 15b Rz 5) erstreckt sich auch der Anwendungsbereich des § 6e auf bestimmte Einzelinvestitionen. Da § 6e III die „Vergleichbarkeit" fordert, ist aber stets ein von einem Projektanbieter vorformuliertes Vertragswerk erforderl, also ein Konzept, das nicht der StPfl, sondern ein Dritter entwickelt hat, der hierfür indirekt vergütet wird. Die Materialien nennen als Beispiel den Erwerb einer sanierten Altbau-Eigentumswohnung vom Bauträger, der auch die Finanzierung und Vermietung übernimmt (BT-Drs 19/13436, 93).

§ 7 Absetzung für Abnutzung oder Substanzverringerung

(1) ¹Bei Wirtschaftsgütern, deren Verwendung oder Nutzung durch den Steuerpflichtigen zur Erzielung von Einkünften sich erfahrungsgemäß auf einen Zeitraum von mehr als einem Jahr erstreckt, ist jeweils für ein Jahr der Teil der Anschaffungs- oder Herstellungskosten abzusetzen, der bei gleichmäßiger Verteilung dieser Kosten auf die Gesamtdauer der Verwendung oder Nutzung auf ein Jahr entfällt (Absetzung für Abnutzung in gleichen Jahresbeträgen). ²Die Absetzung bemisst sich hierbei nach der betriebsgewöhnlichen Nutzungsdauer des Wirtschaftsguts. ³Als betriebsgewöhnliche Nutzungsdauer des Geschäfts- oder Firmenwerts eines Gewerbebetriebs oder eines Betriebs der Land- und Forstwirtschaft gilt ein Zeitraum von 15 Jahren. ⁴Im Jahr der Anschaffung oder Herstellung des Wirtschaftsguts vermindert sich für dieses Jahr der Absetzungsbetrag nach Satz 1 um jeweils ein Zwölftel für jeden vollen Monat, der dem Monat der Anschaffung oder Herstellung vorangeht. ⁵Bei Wirtschaftsgütern, die nach einer Verwendung zur Erzielung von Einkünften im Sinne des § 2 Absatz 1 Satz 1 Nummer 4 bis 7 in ein Betriebsvermögen eingelegt worden sind, mindert sich der Einlagewert um die Absetzungen für Abnutzung oder Substanzverringerung, Sonderabschreibungen oder erhöhte Absetzungen, die bis zum Zeitpunkt der Einlage vorgenommen worden sind, höchstens jedoch bis zu den fortgeführten Anschaffungs- oder Herstellungskosten; ist der Einlagewert niedriger als dieser Wert, bemisst sich die weitere Absetzung für Abnutzung vom Einlagewert. ⁶Bei beweglichen Wirtschaftsgütern des Anlagevermögens, bei denen es wirtschaftlich begründet ist, die Absetzung für Abnutzung nach Maßgabe der Leistung des Wirtschaftsguts vorzunehmen, kann der Steuerpflichtige dieses Verfahren statt der Absetzung für Abnutzung in gleichen Jahresbeträgen anwenden, wenn er den auf das einzelne Jahr entfallenden Umfang der Leistung nachweist. ⁷Absetzungen für außergewöhnliche technische oder wirtschaftliche Abnutzung sind zulässig; soweit der Grund hierfür in späteren Wirtschaftsjahren entfällt, ist in den Fällen der Gewinnermittlung nach § 4 Absatz 1 oder nach § 5 eine entsprechende Zuschreibung vorzunehmen.

(2) ¹Bei beweglichen Wirtschaftsgütern des Anlagevermögens, die nach dem 31. Dezember 2019 und vor dem 1. Januar 2022 angeschafft oder hergestellt worden sind, kann der Steuerpflichtige statt der Absetzung für Abnutzung in gleichen Jahresbeträgen die Absetzung für Abnutzung in fallenden Jahresbeträgen bemessen. ²Die Absetzung für Abnutzung in fallenden Jahresbeträgen kann nach einem unveränderlichen Prozentsatz vom jeweiligen Buchwert (Restwert) vorgenommen werden; der dabei anzuwendende Prozentsatz darf höchstens das Zweieinhalbfache des bei der Absetzung für Abnutzung in gleichen Jahresbeträgen in Betracht kommenden Prozentsatzes betragen und 25 Prozent nicht übersteigen. ³Absatz 1 Satz 4 und § 7a Absatz 8 gelten ent-

sprechend. ⁴Bei Wirtschaftsgütern, bei denen die Absetzung für Abnutzung in fallenden Jahresbeträgen bemessen wird, sind Absetzungen für außergewöhnliche technische oder wirtschaftliche Abnutzung nicht zulässig.

(3) ¹Der Übergang von der Absetzung für Abnutzung in fallenden Jahresbeträgen zur Absetzung für Abnutzung in gleichen Jahresbeträgen ist zulässig. ²In diesem Fall bemisst sich die Absetzung für Abnutzung vom Zeitpunkt des Übergangs an nach dem dann noch vorhandenen Restwert und der Restnutzungsdauer des einzelnen Wirtschaftsguts. ³Der Übergang von der Absetzung für Abnutzung in gleichen Jahresbeträgen zur Absetzung für Abnutzung in fallenden Jahresbeträgen ist nicht zulässig.

(4) ¹Bei Gebäuden sind abweichend von Absatz 1 als Absetzung für Abnutzung die folgenden Beträge bis zur vollen Absetzung abzuziehen:
1. bei Gebäuden, soweit sie zu einem Betriebsvermögen gehören und nicht Wohnzwecken dienen und für die der Bauantrag nach dem 31. März 1985 gestellt worden ist, jährlich 3 Prozent,
2. bei Gebäuden, soweit sie die Voraussetzungen der Nummer 1 nicht erfüllen und die
    a) nach dem 31. Dezember 1924 fertiggestellt worden sind, jährlich 2 Prozent,
    b) vor dem 1. Januar 1925 fertiggestellt worden sind, jährlich 2,5 Prozent
der Anschaffungs- oder Herstellungskosten; Absatz 1 Satz 5 gilt entsprechend. ²Beträgt die tatsächliche Nutzungsdauer eines Gebäudes in den Fällen des Satzes 1 Nummer 1 weniger als 33 Jahre, in den Fällen des Satzes 1 Nummer 2 Buchstabe a weniger als 50 Jahre, in den Fällen des Satzes 1 Nummer 2 Buchstabe b weniger als 40 Jahre, so können anstelle der Absetzungen nach Satz 1 die der tatsächlichen Nutzungsdauer entsprechenden Absetzungen für Abnutzung vorgenommen werden. ³Absatz 1 letzter Satz bleibt unberührt. ⁴Bei Gebäuden im Sinne der Nummer 2 rechtfertigt die für Gebäude im Sinne der Nummer 1 geltende Regelung weder die Anwendung des Absatzes 1 letzter Satz noch den Ansatz des niedrigeren Teilwerts (§ 6 Absatz 1 Nummer 1 Satz 2).

(5) ¹Bei Gebäuden, die in einem Mitgliedstaat der Europäischen Union oder einem anderen Staat belegen sind, auf den das Abkommen über den Europäischen Wirtschaftsraum (EWR-Abkommen) angewendet wird, und die vom Steuerpflichtigen hergestellt oder bis zum Ende des Jahres der Fertigstellung angeschafft worden sind, können abweichend von Absatz 4 als Absetzung für Abnutzung die folgenden Beträge abgezogen werden:
1. bei Gebäuden im Sinne des Absatzes 4 Satz 1 Nummer 1, die vom Steuerpflichtigen auf Grund eines vor dem 1. Januar 1994 gestellten Bauantrags hergestellt oder auf Grund eines vor diesem Zeitpunkt rechtswirksam abgeschlossenen obligatorischen Vertrags angeschafft worden sind,
    – im Jahr der Fertigstellung und
      in den folgenden 3 Jahren   jeweils 10 Prozent,
    – in den darauf folgenden 3 Jahren   jeweils 5 Prozent,
    – in den darauf folgenden 18 Jahren   jeweils 2,5 Prozent,
2. bei Gebäuden im Sinne des Absatzes 4 Satz 1 Nummer 2, die vom Steuerpflichtigen auf Grund eines vor dem 1. Januar 1995 gestellten Bauantrags hergestellt oder auf Grund eines vor diesem Zeitpunkt rechtswirksam abgeschlossenen obligatorischen Vertrags angeschafft worden sind,
    – im Jahr der Fertigstellung und
      in den folgenden 7 Jahren   jeweils 5 Prozent,
    – in den darauf folgenden 6 Jahren   jeweils 2,5 Prozent,
    – in den darauf folgenden 36 Jahren   jeweils 1,25 Prozent,

§ 7 Absetzung für Abnutzung oder Substanzverringerung

3. bei Gebäuden im Sinne des Absatzes 4 Satz 1 Nummer 2, soweit sie Wohnzwecken dienen, die vom Steuerpflichtigen
   a) auf Grund eines nach dem 28. Februar 1989 und vor dem 1. Januar 1996 gestellten Bauantrags hergestellt oder nach dem 28. Februar 1989 auf Grund eines nach dem 28. Februar 1989 und vor dem 1. Januar 1996 rechtswirksam abgeschlossenen obligatorischen Vertrags angeschafft worden sind,
      – im Jahr der Fertigstellung und
         in den folgenden 3 Jahren   jeweils 7 Prozent,
      – in den darauf folgenden 6 Jahren   jeweils 5 Prozent,
      – in den darauf folgenden 6 Jahren   jeweils 2 Prozent,
      – in den darauf folgenden 24 Jahren   jeweils 1,25 Prozent,
   b) auf Grund eines nach dem 31. Dezember 1995 und vor dem 1. Januar 2004 gestellten Bauantrags hergestellt oder auf Grund eines nach dem 31. Dezember 1995 und vor dem 1. Januar 2004 rechtswirksam abgeschlossenen obligatorischen Vertrags angeschafft worden sind,
      – im Jahr der Fertigstellung und
         in den folgenden 7 Jahren   jeweils 5 Prozent,
      – in den darauf folgenden 6 Jahren   jeweils 2,5 Prozent,
      – in den darauf folgenden 36 Jahren   jeweils 1,25 Prozent,
   c) auf Grund eines nach dem 31. Dezember 2003 und vor dem 1. Januar 2006 gestellten Bauantrags hergestellt oder auf Grund eines nach dem 31. Dezember 2003 und vor dem 1. Januar 2006 rechtswirksam abgeschlossenen obligatorischen Vertrags angeschafft worden sind,
      – im Jahr der Fertigstellung und
         in den folgenden 9 Jahren   jeweils 4 Prozent,
      – in den darauf folgenden 8 Jahren   jeweils 2,5 Prozent,
      – in den darauf folgenden 32 Jahren   jeweils 1,25 Prozent,

der Anschaffungs- oder Herstellungskosten. [2] Im Fall der Anschaffung kann Satz 1 nur angewendet werden, wenn der Hersteller für das veräußerte Gebäude weder Absetzungen für Abnutzung nach Satz 1 vorgenommen noch erhöhte Absetzungen oder Sonderabschreibungen in Anspruch genommen hat. [3] Absatz 1 Satz 4 gilt nicht.

(5a) Die Absätze 4 und 5 sind auf Gebäudeteile, die selbständige unbewegliche Wirtschaftsgüter sind, sowie auf Eigentumswohnungen und auf im Teileigentum stehende Räume entsprechend anzuwenden.

(6) Bei Bergbauunternehmen, Steinbrüchen und anderen Betrieben, die einen Verbrauch der Substanz mit sich bringen, ist Absatz 1 entsprechend anzuwenden; dabei sind Absetzungen nach Maßgabe des Substanzverzehrs zulässig (Absetzung für Substanzverringerung).

Einkommensteuer-Durchführungsverordnung:

§ 9a *EStDV Anschaffung, Herstellung*

Jahr der Anschaffung ist das Jahr der Lieferung, Jahr der Herstellung ist das Jahr der Fertigstellung.

§ 10 *EStDV Absetzung für Abnutzung im Fall des § 4 Abs. 3 des Gesetzes*

(1) [1] Bei nicht in dem in Artikel 3 des Einigungsvertrages genannten Gebiet belegenen Gebäuden, die bereits am 21. Juni 1948 zum Betriebsvermögen gehört haben, sind im Fall des § 4 Abs. 3 des Gesetzes für die Bemessung der Absetzung für Abnutzung als Anschaffungs- oder Herstellungskosten höchstens die Werte zugrunde zu legen, die sich bei sinngemäßer Anwendung des

§ 16 Abs. 1 des D-Markbilanzgesetzes in der im Bundesgesetzblatt Teil III, Gliederungsnummer 4140-1, veröffentlichten bereinigten Fassung ergeben würden. ²In dem Teil des Landes Berlin, in dem das Grundgesetz bereits vor dem 3. Oktober 1990 galt, tritt an die Stelle des 21. Juni 1948 der 1. April 1949.

(2) Für Gebäude, die zum Betriebsvermögen eines Betriebs oder einer Betriebsstätte im Saarland gehören, gilt Absatz 1 mit der Maßgabe, dass an die Stelle des 21. Juni 1948 der 6. Juli 1959 sowie an die Stelle des § 16 Abs. 1 des D-Markbilanzgesetzes der § 8 Abs. 1 und der § 11 des D-Markbilanzgesetzes für das Saarland in der im Bundesgesetzblatt Teil III, Gliederungsnummer 4140-2, veröffentlichten bereinigten Fassung treten.

§ 10a EStDV (aufgehoben); §§ 11–11b EStDV (weggefallen)

§ 11c EStDV Absetzung für Abnutzung bei Gebäuden

(1) ¹Nutzungsdauer eines Gebäudes im Sinne des § 7 Abs. 4 Satz 2 des Gesetzes ist der Zeitraum, in dem ein Gebäude voraussichtlich seiner Zweckbestimmung entsprechend genutzt werden kann. ²Der Zeitraum der Nutzungsdauer beginnt
1. bei Gebäuden, die der Steuerpflichtige vor dem 21. Juni 1948 angeschafft oder hergestellt hat, mit dem 21. Juni 1948;
2. bei Gebäuden, die der Steuerpflichtige nach dem 20. Juni 1948 hergestellt hat, mit dem Zeitpunkt der Fertigstellung;
3. bei Gebäuden, die der Steuerpflichtige nach dem 20. Juni 1948 angeschafft hat, mit dem Zeitpunkt der Anschaffung.
³Für im Land Berlin belegene Gebäude treten an die Stelle des 20. Juni 1948 jeweils der 31. März 1949 und an die Stelle des 21. Juni 1948 jeweils der 1. April 1949. ⁴Für im Saarland belegene Gebäude treten an die Stelle des 20. Juni 1948 jeweils der 19. November 1947 und an die Stelle des 21. Juni 1948 jeweils der 20. November 1947; soweit im Saarland belegene Gebäude zu einem Betriebsvermögen gehören, treten an die Stelle des 20. Juni 1948 jeweils der 5. Juli 1959 und an die Stelle des 21. Juni 1948 jeweils der 6. Juli 1959.

(2) ¹Hat der Steuerpflichtige nach § 7 Abs. 4 Satz 3 des Gesetzes bei einem Gebäude eine Absetzung für außergewöhnliche technische oder wirtschaftliche Abnutzung vorgenommen, so bemessen sich die Absetzungen für Abnutzung von dem folgenden Wirtschaftsjahr oder Kalenderjahr an nach den Anschaffungs- oder Herstellungskosten des Gebäudes abzüglich des Betrags der Absetzung für außergewöhnliche technische oder wirtschaftliche Abnutzung. ²Entsprechendes gilt, wenn der Steuerpflichtige ein zu einem Betriebsvermögen gehörendes Gebäude nach § 6 Abs. 1 Nr. 1 Satz 2 des Gesetzes mit dem niedrigeren Teilwert angesetzt hat. ³Im Fall der Zuschreibung nach § 7 Abs. 4 Satz 3 des Gesetzes oder der Wertaufholung nach § 6 Abs. 1 Nr. 1 Satz 4 des Gesetzes erhöht sich die Bemessungsgrundlage für die Absetzungen für Abnutzung von dem folgenden Wirtschaftsjahr oder Kalenderjahr an um den Betrag der Zuschreibung oder Wertaufholung.

§ 11d EStDV Absetzung für Abnutzung oder Substanzverringerung bei nicht zu einem Betriebsvermögen gehörenden Wirtschaftsgütern, die der Steuerpflichtige unentgeltlich erworben hat

(1) ¹Bei den nicht zu einem Betriebsvermögen gehörenden Wirtschaftsgütern, die der Steuerpflichtige unentgeltlich erworben hat, bemessen sich die Absetzungen für Abnutzung nach den Anschaffungs- oder Herstellungskosten des Rechtsvorgängers oder dem Wert, der beim Rechtsvorgänger an deren

§ 7 Absetzung für Abnutzung oder Substanzverringerung

Stelle getreten ist oder treten würde, wenn dieser noch Eigentümer wäre, zuzüglich der vom Rechtsnachfolger aufgewendeten Herstellungskosten und nach dem Prozentsatz, der für den Rechtsvorgänger maßgebend sein würde, wenn er noch Eigentümer des Wirtschaftsguts wäre. [2] **Absetzungen für Abnutzung durch den Rechtsnachfolger sind nur zulässig, soweit die vom Rechtsvorgänger und vom Rechtsnachfolger zusammen vorgenommenen Absetzungen für Abnutzung, erhöhten Absetzungen und Abschreibungen bei dem Wirtschaftsgut noch nicht zur vollen Absetzung geführt haben.** [3] **Die Sätze 1 und 2 gelten für die Absetzung für Substanzverringerung und für erhöhte Absetzungen entsprechend.**

(2) **Bei Bodenschätzen, die der Steuerpflichtige auf einem ihm gehörenden Grundstück entdeckt hat, sind Absetzungen für Substanzverringerung nicht zulässig.**

Einkommensteuer-Richtlinien: EStR 7.1–7.5/EStH 7.1–7.5

Übersicht

	Rz
I. Gemeinsame Erläuterungen für alle AfA-Arten	
1. Allgemeine Grundsätze	1–23
a) Zweck der AfA	1
b) Geltungsbereich; Konkurrenz zu anderen Vorschriften	3–6
c) Nachholung unterlassener AfA	8–11
d) Korrektur überhöhter AfA	14–18
e) AfA und Handelsrecht	21–23
2. Abschreibungsfähige Wirtschaftsgüter	25–29
3. Zuordnung der Wirtschaftsgüter zu den einzelnen Absätzen des § 7	33
a) Bewegliche Wirtschaftsgüter	34
b) Gebäude und selbständige Gebäudeteile	36–38
c) Andere unbewegliche Wirtschaftsgüter	39
d) Immaterielle Wirtschaftsgüter	40–44
4. Persönliche AfA-Berechtigung	
a) Allgemeine Grundsätze	51–54
b) Besonderheiten bei Miteigentum	56, 57
c) AfA bei Vorbehaltsnießbrauch	60–66
d) AfA bei Bestellung eines Nießbrauchs gegen Entgelt	69–74
e) Miete; Pacht	77
f) Leasing	78
g) AfA-Befugnis bei eigenen Aufwendungen auf ein fremdes Wirtschaftsgut	81–96
h) AfA-Befugnis bei Nutzung eines fremden Wirtschaftsguts ohne eigene Aufwendungen (Drittaufwand)	101, 102
5. Bemessungsgrundlage	
a) Anschaffungskosten oder Herstellungskosten	105–107
b) Anschaffungskosten und AfA bei Erbfall, Erbauseinandersetzung, Schenkung, vorweggenommener Erbfolge und teilentgeltlichem Erwerb	109–112
c) Begrenzung des AfA-Volumens	114–116
d) AfA nach Entnahmen, Einlagen und anderen Nutzungsänderungen	117–127
e) AfA nach Änderung der Bemessungsgrundlage	131–138
6. Beginn der AfA; Ende der AfA	141–146
II. AfA bei anderen Wirtschaftsgütern als Gebäuden, § 7 I–III	
1. Lineare AfA, § 7 I 1–3	151–172
2. AfA nach Maßgabe der Leistung, § 7 I 6	175
3. AfA für außergewöhnliche technische oder wirtschaftliche Abnutzung (AfaA), § 7 I 7	181–194
4. Degressive AfA bei beweglichen Wirtschaftsgütern, § 7 II	195–199

	Rz
III. Gebäudeabschreibung, § 7 IV–Va	
1. Lineare AfA bei Gebäuden, § 7 IV	201–208
2. Degressive AfA bei Gebäuden, § 7 V	211
3. AfA auf selbständige Gebäudeteile/Eigentumswohnungen/Teileigentum, § 7 Va	215
IV. Absetzung für Substanzverringerung, § 7 VI	221–233

I. Gemeinsame Erläuterungen für alle AfA-Arten

1. Allgemeine Grundsätze. – a) Zweck der AfA. Nach der **Aufwandsver-** 1
teilungsthese bezwecken die AfA-Vorschriften, die Aufwendungen des StPfl für die Anschaffung oder Herstellung eines WG über einen bestimmten Zeitraum zu verteilen (BFH IV R 112/85 BFH/NV 86, 402 unter 2.a; Nachweise zu AfS s Rz 221). Verausgabte AK/HK sind begriffl bereits BA/WK, sie können ledigl noch nicht sofort in voller Höhe abgezogen werden (*Söhn* StuW 91, 270, 277). – Ausführl zum Zweck der AfA s *Schmidt* 32. Aufl § 7 Rz 1 und *KSM* § 7 Rz A 18 ff.

b) Geltungsbereich; Konkurrenz zu anderen Vorschriften. – aa) Anwen- 3
dung bei den einzelnen Einkunftsarten. § 7 I, IV–VI gelten bei allen Einkunftsarten (§ 4 I 9, III 3, § 9 I 3 Nr 7), ferner auch bei § 10 I Nr 7 (BFH VI R 113/92 BStBl II 93, 676), nicht aber bei § 33, falls dort ausnahmsweise die AK eines WG mit mehrjähriger Nutzungsdauer begünstigt sein sollten (BFH VI R 7/09 BStBl II 10, 280). Hingegen sind LeistungsAfA und degressive AfA auf bewegl WG (§ 7 I 6, II) bei den Überschusseinkünften nicht zulässig, da es dort kein AV gibt (s Rz 175). – § 7 ist grds **für alle Einkunftsarten einheitl anzu-** **wenden** (BFH GrS 5/71 BStBl II 74, 132; BFH GrS 1/97 BStBl II 99, 778 unter C. I.1.). Eine unterschiedl Auslegung für die Bereiche des BV einerseits und des PV andererseits bedürfte der Rechtfertigung durch unabweisbare Gründe, die sich aus der besonderen Systematik und dem Zweck des Gesetzes ergeben müssten (BFH GrS 1/89 BStBl II 90, 830 unter C. III.1. c dd); solche sind aber in aller Regel nicht gegeben (BFH IX R 2/12 BStBl II 12, 674 Rz 13: Bauzeitzinsen können auch im PV als AK behandelt werden).

bb) Verhältnis zur Teilwertabschreibung. AfA und TW-AfA haben eine un- 5
terschiedl Zielrichtung: Die AfA nach § 7 soll ledigl der Verteilung des aktivierten Aufwandes dienen, TW-AfA bezweckt hingegen die zutr *Bewertung* des WG. Zur Bemessungsgrundlage und weiteren Abschreibung nach einer TW-AfA s Rz 131. Zum Verhältnis des § 7 zu Sonder- und erhöhten AfA s § 7a Rz 1 ff.

cc) Nutzung des Wirtschaftsguts „zur Erzielung von Einkünften". So- 6
weit das WG nicht zur Einkunftserzielung genutzt wird, scheidet die anteilig auf eine private Nutzung entfallende AfA vom WK-/BA-Abzug aus. Wird *ein* Gebäude – das aus mehreren selbständigen WG bestehen kann (s Rz 36 ff) – für *verschiedene* Einkunftsarten genutzt, sind AfA und sonstige Kosten den jeweiligen Einkunftsarten (ggf durch Schätzung) zuzuordnen (§ 9 I 2).

c) Nachholung unterlassener AfA. S *Ritzrow* EStB 11, 331; EStB 12, 294. – 8
aa) Pflicht zur Absetzung. Gem § 7 I 1 und IV „ist" (bzw „sind") die AfA vorzunehmen. Daher besteht eine *Pflicht* zur Vornahme der NormalAfA (BFH VIII R 64/06 BFH/NV 08, 1660 unter II.1.; BFH VIII R 3/08 BStBl II 10, 1035 unter II.1.a; allg Meinung), nicht jedoch zur AfaA nach Abs 1 S 7 (str, s Rz 192). – Mit dieser AfA-Pflicht hängt die Problematik der Nachholung unterlassener AfA zusammen. Die Frage der Zulässigkeit der Nachholung unterlassener AfA in späteren Jahren stellt sich dann, wenn der StPfl versehentl oder bewusst die AfA nicht vorgenommen hat, die sich nach der *von ihm selbst angenommenen Nutzungsdauer* des WG ergibt, und die StBescheide der vergangenen Jahre nicht mehr geändert werden können. – Hiervon abzugrenzen ist der Fall, in dem eine *fehlerhafte Ein-*

schätzung der Nutzungsdauer zu einer zu niedrigen AfA führt. Hier ist die unterbliebene AfA (sofern eine TW-AfA ausscheidet und sich aus dem Grundsatz von Treu und Glauben nichts Gegenteiliges ergibt) in den Folgejahren durch Verteilung des überhöhten Restbuchwertes auf die Restnutzungsdauer des WG auszugleichen (ausführl Rz 163).

9 **bb) Nachholung grundsätzlich zulässig.** Unterlassene AfA kann grds nachgeholt werden (BFH VI R 145/66 BStBl III 67, 460 betr AfS). Dies gilt auch dann, wenn in früheren Jahren *bewusst* eine zu niedrige AfA abgezogen und damit der Restbuchwert zu hoch ausgewiesen worden ist (BFH IV R 31/77 BStBl II 81, 255 unter 2.). Die Nachholung der AfA beruht zwar auf dem Grundsatz des Bilanzenzusammenhangs, ist aber auch bei Gewinnermittlung nach § 4 III (BFH IV R 181/66 BStBl II 72, 271; BFH VIII R 3/08 BStBl II 10, 1035 unter II.1.a) und den Überschusseinkünften zulässig (Gleichbehandlungsgrundsatz, s Rz 3; Nachweise zur Gegenauffassung s *Schmidt* 37. Aufl § 7 Rz 9). – **Technik der Nachholung.** Die Summe der unterlassenen Absetzungen ist nicht etwa *sofort* als BA oder WK abzusetzen. Vielmehr ist in den Fällen der § 7 I, II, IV 2 der Restbuchwert auf die Restnutzungsdauer, die neu zu schätzen ist, nach der bisherigen Absetzungsmethode (also degressiv oder linear) zu verteilen (BFH IV R 31/77 BStBl II 81, 255 unter 2.; BFH IV R 1/06 BStBl II 10, 28 unter II.5.a). In den gesetzl typisierten Fällen der § 7 IV 1 und V sind hingegen weiterhin die dort vorgeschriebenen AfA-Sätze anzusetzen, sodass sich die AfA-Dauer verlängert (zu § 7 IV 1 BFH IX R 45/84 BStBl II 84, 709 unter 1.; zu nachträgl HK bei § 7 V BFH IX R 103/83 BStBl II 87, 491 unter 2.).

11 **cc) Ausnahmsweise keine Nachholung:** Eine Nachholung ist ausgeschlossen (Treu und Glauben), wenn der StPfl durch das Unterlassen der AfA willkürl versucht hat, steuerl Vorteile zu erlangen (BFH IV R 31/77 BStBl II 81, 255 unter 3.; BFH VIII R 64/06 BFH/NV 08, 1660 unter II.3: durch eine unterlassene AfA ergab sich eine geringere Bemessungsgrundlage für die private Pkw-Nutzung). Gleiches gilt, wenn ein WG des notwendigen BV bisher *gar nicht* bilanziert wurde und nun mit den fortgeführten AK eingebucht wird (BFH X R 153/97 BStBl II 02, 75; BFH X B 100/09 BFH/NV 10, 205 unter 2.b: weil es hier keinen Bilanzansatz gab, gebietet der Grundsatz des Bilanzenzusammenhangs keine Nachholung; zust mit weiterführender Begründung *Weber-Grellet* FR 02, 210; *Gosch* StBp 02, 87: Abschnittsbesteuerung). Dies gilt auch bei § 4 III (BFH VIII R 3/08 BStBl II 10, 1035 Rz 24). – **Rechtsfolge.** In diesen Fällen ist die unterlassene AfA steuerl endgültig verloren. Sie ist unter Durchbrechung des Bilanzenzusammenhangs erfolgsneutral vom Buchwert abzusetzen; vom niedrigen Buchwert ist in der Folgezeit abzuschreiben. Auch eine TW-AfA kann erst von diesem niedrigen Buchwert vorgenommen werden, sodass das Nachholungsverbot nicht durch eine TW-AfA umgangen werden kann (*HHR* § 7 Rz 69; *KSM* § 7 Rz A 103; in diese Richtung geht auch BFH IV R 31/77 BStBl II 81, 255 unter 2.).

14 **d) Korrektur überhöhter AfA.** Die Beurteilung ist spiegelbildl zur Nachholung unterlassener AfA (BFH VIII R 14/90 BStBl II 93, 661).

15 **aa) Neuverteilung der Rest-AfA.** Sofern die früheren fehlerhaften StBescheide nicht mehr korrigiert werden können, ist nicht etwa eine gewinnerhöhende Rückgängigmachung im ersten offenen Jahr zulässig. Vielmehr ist in den Fällen der § 7 I, II, IV 2 der Restbuchwert auf die Restnutzungsdauer zu verteilen. In den Fällen der § 7 IV 1, V sind die dortigen festen AfA-Sätze auf die bisherige Bemessungsgrundlage bis zur vollen Absetzung des Restbuchwerts anzuwenden, so dass es iErg zu einer Verkürzung der AfA-Dauer kommt (BFH VIII R 14/90 BStBl II 93, 661; BFH X R 40/06 BStBl II 10, 961 unter II.4.; BFH IX R 12/13 BStBl II 14, 563 Rz 24; ausführl *Trossen* NWB 14, 1786; teilweise abw noch BFH III R 266/83 BStBl II 88, 335). Dies gilt allerdings nicht für die RestwertAfA nach § 4 III FördG (FG Mster EFG 06, 903, rkr). Hat die überhöhte AfA dazu geführt, dass das AfA-Volumen bereits vor Ablauf des AfA-Zeitraums vollständig aufgezehrt worden ist, ist eine weitere AfA in keinem Fall mehr mögl (zutr FG Mster EFG 08, 1949, rkr).

bb) Zu hohe AfA-Bemessungsgrundlage. Wird nachträgl erkannt, dass die ursprüngl AfA-Bemessungsgrundlage zu hoch war, weil darin sofort abziehbare BA/WK (zB Erhaltungsaufwand, abziehbare VorSt) einbezogen worden waren, soll bei Bilanzierenden eine gewinnmindernde Sofort-AfA auf die zutr Bemessungsgrundlage vorgenommen werden können (BFH IV R 59/91 BStBl II 93, 392). Bei § 4 III soll zwar ab dem Jahr der Fehleraufdeckung ebenfalls die zutr (niedrigere) AfA-Bemessungsgrundlage maßgebend sein; die im Erstjahr angefallenen BA/WK sollen aber steuerl verloren sein (BFH XI R 49/05 BStBl II 06, 712; mE zweifelhaft). Wird nachträgl erkannt, dass die ursprüngl Bemessungsgrundlage **wegen eines überhöhten Einlagewerts zu hoch** war (Rz 117 ff), und will das FA anlässl einer späteren Entnahme den „richtigen" Entnahmegewinn ermitteln, indem es in die Anfangsbilanz des ersten offenen Jahres den zutr Buchwert einstellt, sind bei dessen Ermittlung die tatsächl abgezogenen (höheren) AfA, nicht aber fiktive (niedrigere) AfA vom nachträgl geänderten Einlagewert anzusetzen (BFH XI R 37/06 BFH/NV 08, 365: hier hat der Grundsatz des richtigen Totalgewinns Vorrang vor dem der Abschnittsbesteuerung). **16**

cc) Zu geringe AfA-Bemessungsgrundlage. Sind umgekehrt Teile der AK/HK irrtüml zum Sofortabzug als BA/WK zugelassen worden, soll bei **BV** im ersten offenen VZ eine erfolgswirksame Nachaktivierung zur Erreichung der zutr AfA-Bemessungsgrundlage vorzunehmen sein (BFH X R 38/10 BStBl II 12, 725 Rz 21 ff; mE unzutr). Im **PV** ist hingegen das weitere AfA-Volumen um die fehlerhaft abgezogenen WK zu mindern (zutr BFH IX R 14/19 BStBl II 20, 545; *Haberland* FR 19, 1036) **17**

dd) Stellungnahme. ME ist die in Rz 16, 17 angeführte Rspr insgesamt unzutr, soweit sie das BV betrifft. Richtigerweise würden es die Grundsätze des formellen Bilanzenzusammenhangs (ebenso wie bei der überhöhten oder zu niedrigen AfA) ermöglichen und gebieten, von einer gewinnwirksamen Nachaktivierung oder Einmal-AfA abzusehen. Es handelt sich um Fehler, die dem StPfl in einem bestandskräftigen VZ unterlaufen sind und die daher grds nicht korrigiert werden können. **18**

e) AfA und Handelsrecht. – aa) Maßgeblichkeitsgrundsatz. Auch für die AfA sind die GoB maßgebl (§ 5 I 1; eingeschränkt durch § 5 VI). Alle in § 7 genannten Formen der linearen, degressiven und LeistungsAfA fallen unter den Begriff der „planmäßigen Abschreibung" iSd § 253 III 1 HGB und sind handelsrechtl daher zulässig. Enthält die StRecht eigene AfA-Regelungen, sind diese für die StB vorrangig (zB § 7 I 3 für den Firmenwert). – **Steuerl AfA-Wahlrechte** dürfen auch **unabhängig von der HB** ausgeübt werden (§ 5 I 1 HS 2); allerdings müssen diese WG in besondere Verzeichnisse aufgenommen werden (§ 5 I 2, 3). Einige Autoren halten es darüber hinaus für zulässig, in HB und StB von unterschiedl Nutzungsdauern auszugehen (*Meinel* DStR 11, 1724; *Hennrichs* Ubg 11, 788; *Zwirner* DStR 13, 322; mE unzutr, da die Grundsätze zur Bestimmung der Nutzungsdauer in HB und StB dieselben sind). **21**

bb) Grundsatz der Einzelbewertung. Aus § 252 I Nr 3 HGB (s § 5 Rz 69) folgt, dass die AfA für jedes einzelne WG des AV gesondert zu ermitteln ist (Grundsatz der Einzelabschreibung). Ob es (außerhalb des Anwendungsbereichs des § 6 IIa) zulässig ist, gleichartige WG mit annähernd gleicher Nutzungsdauer für die Bewertung zusammenzufassen und die AfA im Wege der **Poolabschreibung** in einem Gesamtbetrag vorzunehmen, erscheint zweifelhaft. Dies dürfte allenfalls dann in Betracht kommen, wenn die gleichartigen WG mit gleicher Nutzungsdauer zur gleichen Zeit angeschafft oder hergestellt worden sind (s auch EStR 5.4 II 3). Hiervon zu unterscheiden ist die steuerl Behandlung von **Festwerten** (§ 240 III HGB). – Umgekehrt folgt aus dem Grundsatz der Einzel- **22**

bewertung, dass ein einheitl WG für Zwecke der AfA nicht in mehrere unselbständige Teile zerlegt werden darf (Rz 25).

23 **cc) Grundsatz der Bewertungsstetigkeit.** § 252 I Nr 6 HGB (s § 6 Rz 12 ff) gilt auch für die Wahl der AfA-Methode, die bei gleich bleibendem Sachverhalt beizubehalten ist. Ein Wechsel der AfA-Methode ist aber nicht willkürl und daher zulässig, wenn er der Ausnutzung einer zum Zwecke der steuerl Subvention vorgesehenen StVergünstigung dient. Der Übergang von der AfA nach § 7 II zu § 7 I ist kraft ausdrückl gesetzl Anordnung zulässig (§ 7 III). Zum Wechsel der AfA-Methode bei *Gebäuden* s *Schmidt* 27. Aufl § 7 Rz 176.

25 **2. Abschreibungsfähige Wirtschaftsgüter.** Der AfA unterliegen nur WG (Rz 25), die abnutzbar sind (Rz 27), vom StPfl aber mehr als ein Jahr lang verwendet werden (Rz 28) und nicht zum UV gehören (Rz 29). – **a) Das einzelne Wirtschaftsgut als einheitl Gegenstand der AfA.** Zum Begriff des WG s § 5 Rz 93 ff; zur Zuordnung der jeweiligen Arten von WG zu den einzelnen Abs des § 7 s Rz 33 ff. – Ebenso wie aus dem Grundsatz der Einzelbewertung folgt, dass die AfA für jedes einzelne WG gesondert zu ermitteln ist (s Rz 22), dürfen umgekehrt **Teile eines WG** nicht getrennt voneinander abgeschrieben werden (BFH GrS 5/71 BStBl II 74, 132). Daher kommt der Frage, ob Gegenstände (insb Gebäudeteile) lediglich unselbstständige Teile eines WG oder eigene selbständige WG sind, erhebl Bedeutung zu (s auch Rz 36 ff; ausführl § 5 Rz 131 ff sowie BFH IV R 46/09 BStBl II 11, 696 Rz 17 ff). Maßgebend ist der Zeitpunkt der bestimmungsgemäßen Verwendung (Verbindung, Vermischung, Einbau); es kommt aber nicht darauf an, ob der Gegenstand bei seiner *Anschaffung* noch als selbständig zu beurteilen war (BFH III R 48/79 BStBl II 82, 176, zur InvZul). – Der **Komponentenansatz** nach IRFS/IDW (s *Hommel/Rößler* BB 09, 2526; *Husemann* WPg 10, 507; *Herzig/Briesemeister/Joisten/Vossel* WPg 10, 561) ist estl nicht von Bedeutung (zutr BFH IV R 46/09 BStBl II 11, 696 Rz 24).

27 **b) Abnutzbare Wirtschaftsgüter.** § 7 erfasst solche WG, deren Nutzbarkeit durch den StPfl *zeitl begrenzt* ist (BFH I R 43/91 BStBl II 92, 529 unter II.1.a; vgl § 7 I 2). Für nicht abnutzbare WG (Beispiele s § 5 Rz 116) kommt AfA nicht in Betracht; Wertminderungen können dort aber im BV (ohne § 4 III) durch TW-AfA berücksichtigt werden. Zur **AfaA** auf nicht abnutzbare WG s Rz 181.

28 **c) Verwendung/Nutzung durch Steuerpflichtigen über mehr als ein Jahr, § 7 I 2.** Beträgt die betriebsgewöhnl Nutzungsdauer des WG nicht mehr als 12 Monate (kurzlebige WG), sind die AK/HK auch dann sofort als BA/WK abzusetzen, wenn die Nutzungsdauer des WG von einem Wj/Kj in das folgende hinein reicht (BFH IV R 127/91 BStBl II 94, 232). Zur Ermittlung der betriebsgewöhnl Nutzungsdauer s Rz 152 ff. – Hingegen ist nicht erforderl, dass das WG *ununterbrochen* genutzt wird. Daher steht eine vorübergehende Stilllegung (zB wegen Instandsetzungsarbeiten oder für Zeiten der Nichtvermietung) der Vornahme der AfA nicht entgegen.

29 **d) Keine AfA auf Umlaufvermögen.** § 253 III HGB lässt planmäßige AfA nur für AV (Begriff s § 6 Rz 344 ff) zu; wegen des Maßgeblichkeitsgrundsatzes gilt der Ausschluss des UV von der Vornahme von AfA auch für das StRecht. Wertminderungen des UV können aber durch TW-AfA erfasst werden. Auch bei *Vermietung* von WG kommt eine AfA idR nicht in Betracht (BFH IV R 34/67 BStBl II 69, 375; BFH III R 27/98 BStBl II 02, 537 unter II.A.2.d, 4.c; alle zum gewerbl Grundstückshandel); ausnahmsweise kann aber auch beim **gewerbl Grundstückshandel** AV und damit AfA mögl sein (BFH IV R 2/92 BStBl II 96, 369 unter I.4.; FG Nds EFG 00, 615, rkr). § 4 FördG gewährte allerdings AfA auch auf UV (BFH IV R 48/07 BStBl II 10, 799 unter II.4.b). – Im Rahmen der **Überschusseinkunftsarten** eingesetzte WG müssen der einkunftserzielenden Betätigung hingegen nicht auf Dauer dienen, sodass AfA mögl sind (BFH VIII R 116/79 BStBl II 82, 385: Zwischennutzung eines auf Abbruch angeschafften Gebäudes, ebenso eines zu Spekulationszwecken angeschafften WG; BFH VI R 44/86 BStBl II 90, 692: kurzfristige berufl Verwertung des Meisterstücks eines Goldschmieds; krit *Paus* DStZ 91, 149). Zur Nutzungsdauer in diesen Fällen s Rz 152 ff.

3. Zuordnung der Wirtschaftsgüter zu den einzelnen Absätzen des § 7. Bedeutsam für die Vornahme der AfA ist die Unterscheidung zw abnutzbaren *bewegl* und *unbewegl* WG. Nur bewegl WG (Rz 34) können nach § 7 I 6 (Leistungs-AfA) oder nach § 7 II (degressive AfA; nur bei Anschaffung/Herstellung in den Kj 2020 und 2021) abgeschrieben werden. Die unbewegl WG sind für die Anwendung des § 7 aufzuteilen in unbewegl WG, die *Gebäude oder selbständige Gebäudeteile* sind (Rz 36 ff; AfA nach § 7 IV, V, Va), und *unbewegl WG, die keine Gebäude sind* (Rz 39; lineare AfA nach § 7 I 1). Neben die bewegl/unbewegl WG treten noch die *abnutzbaren immateriellen WG* (Rz 40 ff und § 5 Rz 188, 233), die nur nach § 7 I 1 abgeschrieben werden können.

a) Bewegliche Wirtschaftsgüter. S auch § 5 Rz 115, 131 ff. Erfasst sind Sachen iSd § 90 BGB, Tiere (§ 90a BGB), Betriebsvorrichtungen und Scheinbestandteile iSd § 95 II BGB, nicht hingegen immaterielle WG iSd Rz 40. Sind transportable Sachen nicht fest mit einem unbewegl WG verbunden, wirft die rechtl Qualifikation als bewegl WG idR keine Probleme auf (zB Büroeinrichtung, Werkzeug, Maschinen, Kfz). – **Abgrenzung zum Gebäude.** Sind Sachen hingegen mit unbewegl WG *körperl verbunden,* ist die Abgrenzung zw unbewegl und bewegl WG im EStRecht nach den gleichen Grundsätzen wie im Bewertungsrecht vorzunehmen (ohne dass allerdings eine zum Bewertungsrecht ergangene Entscheidung eine Bindung für das EStRecht erzeugt): Entscheidend ist der Nutzungs- und Funktionszusammenhang (BFH GrS 5/71 BStBl II 74, 132 unter C. II.2.b) und der Gebäudebegriff des BGB (§ 94 II BGB). – **Scheinbestandteile.** Sie gehören schon bürgerl-rechtl (§ 95 BGB) und auch estl zu den bewegl Sachen (s EStR 7.1 IV/EStH 7.1 „Scheinbestandteile" mwN). – **Betriebsvorrichtungen.** Aus dem Gebäudebegriff sondert die Rspr für estl Zwecke diejenigen Gebäudebestandteile aus, die nicht in einem einheitl Nutzungs- und Funktionszusammenhang mit dem Gebäude selbst stehen, sondern einem davon getrennten anderen Zweck dienen. Dies gilt insb für Betriebsvorrichtungen (§ 68 II 1 Nr 2 BewG; ausführl *GLE* BStBl I 13, 734; BFH II R 67/04 BStBl II 05, 688; dazu *Eisele* INF 05, 944). Für die Abgrenzung zu Gebäudebestandteilen ist entscheidend, ob die Vorrichtung im Rahmen der allg Nutzung des Gebäudes erforderl ist oder ob sie unmittelbar der Ausübung des Gewerbes dient (BFH III R 36/15 BStBl II 19, 705 Rz 17). – Ob Betriebsvorrichtungen nur bei Nutzung des WG in einem *Gewerbebetrieb* des StPfl mögl sind (also nicht zB bei VuV), hat BFH III R 179/81 BStBl II 86, 493 unter 2. (in Abgrenzung zur Vorinstanz FG Bln EFG 82, 396) ausdrückl offen gelassen. Erstreckt man die Differenzierung zw Gebäude und Betriebsvorrichtungen auch auf VuV (zB privater Vermieter, der ein Gebäude mit einem Lastenaufzug vermietet), könnten dessen zwei AfA-Reihen bilden und den Lastenaufzug (was auch den wirtschaftl Realitäten entspricht) schneller als das Gebäude abschreiben. ME ist diese Behandlung zutr, weil eine Differenzierung nach Einkunftsarten stets einer besonderen Rechtfertigung bedarf (s auch Rz 3), die Abgrenzung des Gebäudebegriffs aber nicht von der Einkunftsart abhängig ist. Der Wortlaut des § 68 II 1 Nr 2 BewG ist in dieser Frage nicht eindeutig. – **Zubehör.** Es ist zivilrechtl eine bewegl Sache (§§ 97, 98 BGB), gehört bewertungsrechtl aber zum Grundvermögen (§ 68 I Nr 1 BewG), es sei denn, das Zubehör ist eine Betriebsvorrichtung. Estrechtl handelt es sich mE um eine bewegl Sache, wenn es an der körperl Verbindung zum Gebäude fehlt. – **Mietereinbauten/-umbauten.** Zur Qualifizierung als materielle WG s Rz 77, 81 ff, § 5 Rz 114, 270 „Mietereinbauten/-umbauten".

§ 7 36–38 Absetzung für Abnutzung oder Substanzverringerung

Beispiele für bewegl WG (insb Betriebsvorrichtungen) s § 5 Rz 115; Verwaltungsanweisungen: EStR 7.1 II–VI/EStH 7.1; *GLE* BStBl I 13, 734; **Windkraftanlagen** (Scheinbestandteil, s BGH V ZR 52/16 NJW 17, 2099 Rz 10 ff; BFH IV R 1/14 BStBl II 17, 171 Rz 16; *FM SchlHol* DB 04, 1585). **Schiffe** und **Flugzeuge** sollen nach EStR 7.1 II 2 stets bewegl WG sein (dh degressive AfA ist mögl; s *Schulz* DB 06, 526; *Lüdicke* DB 06, 808); dies steht zum Wortlaut des § 21 I 1 Nr 1 und zu BFH IX R 71/96 BStBl II 00, 467 in klarem Widerspruch.

36 **b) Gebäude und selbständige Gebäudeteile.** S auch § 4 Rz 115 ff. – **aa) Begriff des Gebäudes.** Erforderl ist ein Bauwerk auf eigenem oder fremdem GuB, das Menschen oder Sachen durch räuml Umschließung Schutz gegen Witterungseinflüsse gewährt, den nicht nur vorübergehenden Aufenthalt von Menschen gestattet, fest mit dem Boden verbunden, von einiger Beständigkeit und ausreichender Standfestigkeit ist (BFH III R 26/99 BStBl II 01, 137 mwN: Tankstellenüberdachung als Gebäude; ausführl *GLE* BStBl I 13, 734). Bei **Doppelfunktion** (eine Betriebsvorrichtung dient auch der Verstärkung der baul Umschließung) gebührt der Gebäudefunktion der Vorrang, weil ein Bauwerk, das die Voraussetzungen des Gebäudebegriffs erfüllt, nicht Betriebsvorrichtung sein kann (BFH II R 41/01 BStBl II 03, 693: Hochregallager). Bestehen Zweifel, ob ein bestimmtes Merkmal des Gebäudebegriffs erfüllt ist, ist nach der Verkehrsauffassung zu entscheiden (BFH III R 26/99 BStBl II 01, 137). – Wird ein Gebäude teils eigenbetriebl, teils fremdbetriebl, teils zu eigenen und teils zu fremden Wohnzwecken genutzt, stellt jeder der vier **unterschiedl genutzten Gebäudeteile** ein besonderes WG dar (s § 4 Rz 119). Gebäudeteile, die für mehrere selbständige eigene Betriebe genutzt werden, bilden allerdings eine Einheit (BFH III R 80/92 BStBl II 95, 72). Zur Behandlung nachträgl HK s Rz 132 ff, zur Errichtung in **Bauabschnitten** s Rz 143. Eine **Eigentumswohnung** ist stets ein selbständiges WG „Gebäude" (§ 7 Va). – Aufwendungen für **Baumaßnahmen des Nutzungsberechtigten auf fremdem Grund und Boden** werden zwar „bilanztechnisch wie ein materielles WG" mit den HK aktiviert; es handelt sich aber nicht um ein echtes WG (s Rz 81 ff).

37 **bb) Unselbständige Gebäudeteile.** Sie bilden für Zwecke der AfA mit dem Gebäude eine Einheit (zB FG BaWü EFG 00, 991, rkr: Panoramaaufzug in einer Verkaufshalle). Derartige Teile unterliegen daher auch dann keiner eigenen AfA, wenn ihre individuelle Nutzungsdauer kürzer ist als die des Gesamtgebäudes (BFH GrS 5/71 BStBl II 74, 132; BFH VIII R 71/96 BFH/NV 98, 575: Gips- und Röntgenraum eines Krankenhauses).

38 **cc) Selbständige Gebäudeteile.** Sie stehen nicht in einheitl Nutzungs- und Funktionszusammenhang mit dem Gebäude und sind entweder als bewegl WG (s Rz 34), sonstige unbewegl WG (s Rz 39) oder selbst als eigenes Gebäude zu qualifizieren (s auch Rz 215; ausführl § 5 Rz 131 ff; EStR 4.2 III–VI, 7.1 V,VI).

Photovoltaikanlagen sind als Betriebsvorrichtungen selbständige bewegl WG (*OFD Rhld* FR 11, 491; s auch § 7g Rz 7), auch wenn ein Teil des erzeugten Stroms privat verbraucht wird. Das Dach eines Gebäudes, auf dem eine Photovoltaikanlage errichtet wird, ist allerdings vollständig der Gebäudenutzung zuzuordnen, nicht auch anteilig dieser Anlage (BFH III R 27/12 BStBl II 14, 372 Rz 16; mE zweifelhaft). – **Blockheizkraftwerke**, die sowohl zur Versorgung des Gebäudes mit Wärme als auch zum Verkauf des erzeugten Stroms (§ 15) verwendet werden, sind Betriebsvorrichtungen, wenn der Stromverkauf im Vordergrund steht (*OFD Rhld* FR 11, 491 unter 2.c); ansonsten jedoch Gebäudebestandteil (FG Nds DStRE 08, 1437, rkr; *FM SchlHol* EStB 15, 363; ausführl *Baltromejus* NWB 16, 172). – **Garagen** sind bei Ein- und Zweifamilienhäusern Teil des WG Gebäude (BFH VIII R 179/79 BStBl II 84, 196; BFH X R 16/01 BFH/NV 04, 485 unter II.3.); ebenso eine „Mehrfachparkanlage" in einem gemischt genutzten Gebäude, die nach Wohn- und Teileigentumseinheiten aufgeteilt ist (FG Hess EFG 06, 1656, rkr). Gleiches gilt für baul mit dem Gebäude verschachtelte Tiefgaragen (BFH IX R 72/00 BStBl II 03, 916 unter II.2.). **Freistehende** zu einem Mehrfamilienhaus gehörende Garagen sind aber eigenständige unbewegl WG und unterliegen damit einer eigenen AfA (BFH IX R 26/04 BStBl II 06, 169).

c) **Andere unbewegliche Wirtschaftsgüter.** Beispiele s § 5 Rz 115. – **Au-** 39 **ßenanlagen.** Im Bewertungsrecht versteht man darunter die mit dem Grundstück körperl verbundenen Sachen, die bürgerl-rechtl wesentl Bestandteile des Grundstücks sind (§ 94 BGB) und auch bewertungsrechtl zum Grundstück gehören *(GLE* BStBl I 13, 734 Tz 4), aber weder als Gebäude noch als Gebäudeteile qualifiziert werden (s § 89 BewG: Umzäunung, Wege- und Platzbefestigungen). Im EStRecht werden Außenanlagen als *unselbständige Gebäudeteile* (Rz 37) behandelt, wenn sie mit dem Gebäude in einem einheitl Nutzungs- und Funktionszusammenhang stehen (Beispiele s § 6 Rz 213). Fehlt ein solcher Zusammenhang, sind die Außenanlagen als *selbständige unbewegl WG* einzustufen (AfA nach § 7 I; zB BFH III R 9/76 BStBl II 78, 163: Regenwasser-Auffanganlage; weitere Beispiele s EStH 7.1 „Unbewegl WG"), es sei denn, es handelt sich um Betriebsvorrichtungen (bewegl WG, zB Bodenbefestigung bei Tankstelle; weitere Beispiele s *GLE* BStBl I 13, 734 Nr 4.2–4.5) oder (bewegl) Scheinbestandteile. – **Mietereinbauten oder sonstige Gebäude auf fremdem GuB.** Es handelt sich ebenfalls um sonstige unbewegl WG (wegen § 7 Va Gebäude-AfA, s EStR 7.1 VI), selbst wenn der Einbauende weder zivilrechtl noch wirtschaftl Eigentümer geworden ist (§ 5 Rz 114, 270 „Mietereinbauten").

d) **Immaterielle Wirtschaftsgüter.** Zum Begriff und zur rechtl Qualifikation 40 der immateriellen WG sowie zu Beispielen s § 5 Rz 113, 171 ff. Auch immaterielle WG des BV und des sonstigen Einkunftserzielungsvermögens können (unabhängig davon, ob es sich um dingl oder obligatorische Rechte handelt) der Abnutzung infolge wirtschaftl Wertverzehrs unterliegen, insb wenn sie für ihren Inhaber unter rechtl oder wirtschaftl Gesichtspunkten **nur zeitl begrenzt verwertbar** sind. Hingegen ist ein immaterielles WG nicht abnutzbar, wenn seine Nutzung weder unter wirtschaftl noch unter rechtl Gesichtspunkten zeitl begrenzt ist. Ist ein Recht zeitl begrenzt, kann es gleichwohl als nicht abnutzbar zu werten sein, wenn unter normalen Umständen mit einer **fortwährenden Verlängerung** zu rechnen ist; nach dem Vorsichtsprinzip ist im Zweifel aber eine Abnutzbarkeit anzunehmen (grundlegend zum Ganzen BFH IV R 1/06 BStBl II 10, 28 unter II.3.a; BFH IX R 33/08 BStBl II 10, 958 unter II.1.a). – Erworbene immaterielle WG können tatsächl aus mehreren EinzelWG (zB Geschäftswert, Kundenstamm, Wettbewerbsverbot) bestehen; jedes dieser WG ist gesondert auf seine Abschreibungsfähigkeit hin zu untersuchen (BFH IV R 48/97 BStBl II 98, 775).

aa) **Einzelfälle abnutzbare immaterielle Wirtschaftsgüter.** – **Geschäfts- oder Fir-** 41 **menwert** wegen § 7 I 3 (allg s § 5 Rz 221 ff, zum TW s § 6 Rz 311, zur AfA s § 7 Rz 171); kommerzialisierbarer Teil des **Namensrechts** (BFH X R 20/17 BStBl II 20, 3 Rz 78 ff). – Entgeltl erworbene **Marken** und **Arzneimittelzulassungen** (zutr *BMF* BStBl I 99, 686; **aA** zum EWBV BFH II B 135/95 BStBl II 96, 586); die betriebsgewöhnl Nutzungsdauer beträgt idR 15 Jahre *(BMF* BStBl I 99, 686), bei Marken in schnelllebigen Marktsegmenten 3–5 Jahre (FG Ddorf EFG 00, 1177, rkr). – **Verlagswert** (BFH IV R 48/97 BStBl II 98, 775 unter 1.b). – Rechte aus **Gebietsschutzvereinbarungen** sind abnutzbar, wenn sie durch Vertrag mit einem einzelnen Konkurrenten begründet wurden; nicht hingegen, wenn die *Lieferanten* den Gebietsschutz faktisch auf Dauer garantieren (BFH IV R 48/97 BStBl II 98, 775 unter 2.). Auch die Ablösezahlung eines Handelsvertreters an seinen Vorgänger im selben Bezirk begründet ein abnutzbares immaterielles WG **„Vertreterrecht"** (BFH X R 5/05 BStBl II 07, 959; BFH X R 2/04 BStBl II 08, 109 unter II.4.a); zur Schätzung der Nutzungsdauer eines solchen Rechts s BFH X R 10/86 BStBl II 89, 549 (5 Jahre nicht beanstandet; keine Anwendung von § 7 I 3). Gleiches gilt für den entgeltl Eintritt in bestehende **Beförderungsverträge** mit Schulverbänden (BFH X R 102/92 BFH/NV 94, 543). Entgeltl übertragene **Kunden- und Lieferantenbeziehungen** sind ebenfalls abnutzbar (BFH I R 196/67 BStBl II 71, 175 unter 3.); beim Erwerb eines Betriebs sind sie aber ggf im Geschäftswert enthalten und treten nicht als selbständiges WG in Erscheinung (BFH I R 54/77 BStBl II 82, 189 unter I.2.; ausführl *Bauer* DB 89, 1051 mwN). Ein übernommener fester **Auftragsbestand** (Rechte aus schwebenden Geschäften) ist auch bei gleichzeitigem Betriebserwerb nicht Teil des Geschäftswerts (BFH I 207/57 U BStBl III 58, 416; BFH VIII R 361/83 BFH/NV 89, 778); hingegen gehen unverbindl Lieferaussichten im Geschäftswert auf (FG Mster EFG 08, 1449 unter II.2.b, rkr). – Dingl oder schuldrechtl **Nutzungsrechte (Nießbrauchsrecht,** dingl Wohnrecht, befristetes Dauerwohnrecht gem §§ 31 ff WEG, Erbbaurecht, obligatorisches Nutzungsrecht) sind abnutzbar und damit abschreibungsfähig (s Rz 73). Beim Eintritt in einen bestehenden Mietvertrag durch den Erwerb eines Grundstücks wird allerdings nicht etwa ein neben dem GuB bestehendes, abnutzbares WG „Vermietungsrecht" erworben (BFH IX R 29/98 BFH/NV 03, 21). – Zahlungen des StPfl dafür, dass ein Lieferant speziell für ihn Werkzeuge vorhält (**kundengebundene Formen/Werkzeuge;** BFH IV R 64/88 BStBl II 89, 830). Zu **Software** s § 5 Rz 270 „Software". – Zahlreiche **Konzessionen und Lieferrechte,** die früher wegen ihrer übl Verlängerung als nicht abnutzbar angesehen wurden, sind mittlerweile wegen der Änderungen im (EU-)Wettbewerbsrecht als abnutzbar zu werten (es handelt sich nicht etwa um unselbständige Teile des Geschäftswerts). Dies gilt für **Personenbeförderungskonzessionen** (*OFD NRW* DStR 14, 268; anders zur früheren Rechtslage noch BFH X R 102/92 BFH/NV 94, 543), **Güterfernverkehrskonzessionen** (*BMF* BStBl I 96, 372), **Milchquoten** (s *Schmidt* 39. Aufl § 13 Rz 252 mwN), **Zuckerrübenlieferrechte** (s *Schmidt* 39. Aufl § 13 Rz 259 mwN) und **Tabaklieferrechte** (FG RhPf EFG 07, 21, rkr). Zu den flächenabhängigen **Betriebsprämien** nach der Gemeinsamen Agrarpolitik s § 13 Rz 263. Hingegen sind zeitl unbegrenzt geltende **Brennrechte** auch weiterhin als nicht abnutzbar anzusehen (*BMF* DB 89, 702; zu TW-AfA aufgrund gesetzl Änderungen vgl aber FG Nds EFG 10, 699, rkr), ebenso **Wiederbepflanzungsrechte** im Weinbau (BFH VI R 65/15 BStBl II 18, 353 Rz 15 ff).

43 bb) Einzelfälle nicht abnutzbare immaterielle Wirtschaftsgüter. – **(1) Internet-Domain-Adressen.** Sie sind jedenfalls dann nicht abnutzbar, wenn der Name einen allg bekannten Begriff (zB Fluss, Region) bezeichnet, der unabhängig von dem Namen des Unternehmens ist, das die Rechte an den Domain-Namen hält (generische Domain; BFH III R 6/05 BStBl II 07, 301 unter II.2.e). Ist der Domain-Name hingegen mit dem Unternehmens- oder Markennamen identisch (qualifizierte Domain), ist er mE wie der Markenname oder Geschäftswert selbst abnutzbar (glA *KSM* § 7 Rz B 162; *Wübbelsmann* DStR 05, 1659; vom BFH offen gelassen).

44 **(2) (Kassen-)Vertragsarztzulassungen.** Sie sind auch unter heutigen Wettbewerbsbedingungen weiterhin als nicht abnutzbare immaterielle WG anzusehen, weil sie faktisch weiterübertragen werden können (BFH VIII R 56/14 BStBl II 17, 694 Rz 40). – **(a) Erwerb einer ganzen Praxis.** Hier geht die miterworbene Zulassung im Praxiswert auf, wenn das Entgelt sich nach der Gesamtertragskraft der Praxis bemisst (BFH VIII R 13/08 BStBl II 11, 875; BFH VIII R 7/14 BStBl II 17, 689 Rz 32; s auch FG Köln EFG 12, 1128, rkr; krit *Staschewski* FR 11, 1097). Für den Erwerber ist dies steuerl erich günstiger, weil der Praxiswert abschreibbar ist (hierzu auch *Hoffmann* EFG 08, 1109). – **(b) Isolierter Erwerb der Zulassung.** Dies nimmt der BFH nur noch in „Sonderfällen" an; dann ist jedenfalls ein selbständiges WG gegeben (BFH VIII R 13/08 BStBl II 11, 875 Rz 25; BFH VIII R 56/14 BStBl II 17, 694 Rz 17; ausführl *Levedag* NWB 17, 2584). AfA sind nicht mögl (BFH VIII R 56/14 BStBl II 17, 694 Rz 32 ff; BFH VIII R 24/16 BFH/NV 17, 899 Rz 42). TW-AfA können im Einzelfall mögl sein, insb bei Zahnärzten wegen des Wegfalls der Zulassungsbeschränkungen zum 1.4.07 (*OFD Rhld* DB 12, 20; *OFD NRW* DB 15, 2603), setzen aber Gewinnermittlung nach § 4 I voraus. – **(c) Abgrenzung zw Praxiserwerb und isoliertem Erwerb der Zulassung.** Wenn der Erwerber den Verkehrswert der Praxis (ggf zuzügl eines Zuschlags) bezahlt, spricht dies für die Übertragung der gesamten Praxis (BFH VIII R 7/14 BStBl II 17, 689 Rz 36 f). Für den isolierten Erwerb der Zulassung spricht hingegen, wenn weder weitere WG noch bestehende Verträge der Praxis übernommen werden (BFH VIII R 56/14 BStBl II 17, 694 Rz 22). Zur Abgrenzung zw Praxiserwerb und Zulassungskauf in Fällen der Verlegung eines Praxissitzes s FG Ddorf EFG 15, 1428, rkr. Die Feststellungslast für die Annahme eines Erwerbs nur der Zulassung liegt beim FA (BFH VIII R 7/14 BStBl II 17, 689 Rz 33).

51 **4. Persönliche AfA-Berechtigung. – a) Allgemeine Grundsätze.** Die AfA-Befugnis ist von zwei Grundvoraussetzungen abhängig: Der StPfl muss den Tatbestand der Einkunftserzielung erfüllen („zur Erzielung von Einkünften", s Rz 52) und die AK/HK müssen von ihm getragen worden oder ihm zumindest steuerl zuzurechnen sein (Rz 54).

52 **aa) Erfüllung des Tatbestands der Einkunftserzielung.** Gem § 2 I unterliegen der ESt die Einkünfte, „die der StPfl ... erzielt". § 7 I führt diesen Gedanken fort, indem angeordnet wird, dass bei WG, die „durch den StPfl zur Erzielung von Einkünften" genutzt werden, AfA auf die AK oder HK des WG vorzunehmen sind. AfA-befugt ist also derjenige, der mit Hilfe des WG den Tatbestand der Einkunftserzielung erfüllt. Das wird idR der rechtl oder wirtschaftl Eigentümer (s dazu Rz 81, § 5 Rz 150 ff) sein. Obwohl § 7 I die AfA mit dem Begriff des WG verknüpft, lässt es die Rspr für die AfA-Befugnis bereits genügen, wenn dem StPfl *Aufwand* entstanden ist, ohne dass dieser Aufwand zu einer Eigentumsposition geführt hat (ausführl Rz 82 ff, dort auch zu Ehegatten-Fällen; zB BFH IX R 59/94 BStBl II 98, 431: Vorbehaltsnießbrauch). Die AfA-Befugnis des Einkunftserzielers schließt die AfA-Befugnis anderer Personen bezügl der AK/HK dieses WG aus.

Keine AfA bei unentgeltl Nutzungsüberlassung. Erfüllt der Eigentümer des WG nicht 53 den Tatbestand der Einkunftserzielung, insb weil er das WG einem Dritten unentgeltl zur Nutzung überlässt, stehen ihm keine AfA zu (zur AfA-Befugnis des das WG unentgeltl Nutzenden/Drittaufwand s Rz 101 f). Der Eigentümer kann die AfA auch nicht als vorab entstandene WK – im Hinblick darauf, dass er nach dem Ende der unentgeltl Überlassung Einkünfte aus dem WG erzielen will – geltend machen (BFH VIII R 166/80 BStBl II 83, 660; BFH VIII R 71/81 BStBl II 86, 327 unter 4.: auch dann nicht, wenn der Nutzungsberechtigte sich bereits in fortgeschrittenem Alter befindet). – Erfüllt der Eigentümer mit einem **Teil des WG** nicht den Tatbestand der Einkunftserzielung (zB unentgeltl Überlassung *einer* Wohnung in einem Mehrfamilienhaus), steht ihm die AfA bezügl dieses *Teils* nicht zu (BFH VIII R 71/81 BStBl II 86, 327 unter 4.b; ebenso zum Bruchteils- und Quotennießbrauch *BMF* BStBl I 13, 1184 Rz 25). Bei **teilentgeltl Überlassung** kann der Eigentümer hingegen in den Grenzen des § 21 II grds die *gesamten* Aufwendungen abziehen, soweit es sich um eine Wohnung handelt (s § 21 Rz 158). Ansonsten wird nur ein *anteiliger* Abzug gewährt (zB *BMF* BStBl I 13, 1184 Rz 31 für den Fall des teilweise entgeltl bestellten Nießbrauchs).

bb) Tragung der Anschaffungskosten/Herstellungskosten. Zur Einkunfts- 54 erzielung hinzukommen muss, dass der Einkunftserzieler die AK/HK getragen hat oder sie ihm zumindest steuerl zuzurechnen sind (BFH IX R 59/94 BStBl II 98, 431; BFH IX R 26/15 BStBl II 17, 343 Rz 10). Eine Regelung über die steuerl Zurechnung von AK/HK im Fall der unentgeltl Rechtsnachfolge enthält § 11d EStDV (s Rz 111). Werden dem Ges'ter einer KapGes die von der KapGes getragenen AK/HK für ein Gebäude als **vGA** zugerechnet, kann er AfA abziehen (FG Köln EFG 98, 546, rkr; Fiktionstheorie).

b) Besonderheiten bei Miteigentum. – aa) Grundsätzlich anteilige AfA. 56 Setzen Miteigentümer das WG zur **gemeinsamen Einkunftserzielung** ein (zB Vermietung), kann jeder von ihnen die seinem Anteil entspr AfA geltend machen. Das Gebäude ist zunächst in seine in verschiedenen Nutzungs- und Funktionszusammenhängen stehenden Teile (s Rz 36) und darüber hinaus in so viele WG aufzuteilen, wie Miteigentümer vorhanden sind (BFH GrS 5/97 BStBl II 99, 774 C.1.). Zu den Wahlmöglichkeiten für die Verteilung der JahresAfA bei Neueintritt eines Ges'ters in eine PersGes während des lfd Wj s *OFD Hann* DStR 00, 730; AfA nach § 7 II kann aber nur entspr der allg Gewinnverteilung ausgesetzt werden (*OFD Mster* DStR 08, 98). – Nutzen Miteigentümer das WG innerhalb ihres jeweiligen Miteigentumsanteils zur **getrennten Einkunftserzielung** (zB A vermietet „seine" Gebäudehälfte, B nutzt die andere Hälfte in seinem Betrieb, oder beide Miteigentümer-Ehegatten nutzen je ein häusl Arbeitszimmer, s BFH GrS 5/97 BStBl II 99, 774), bedarf es zur Vermeidung estl Nachteile nicht eines gegenseitigen Mietvertrages. Vielmehr steht auch hier jedem Miteigentümer die seinem Anteil entspr AfA zu: Zwar gewährt das Miteigentumsrecht nur *anteiliges* Eigentum an allen Teilen des WG; gleichwohl nutzt der Miteigentümer den ihm überlassenen Gebäudeteil *insgesamt* in Ausübung seines eigenen Rechts als Miteigentümer, sofern der Nutzungsanteil nicht größer als sein Miteigentumsanteil ist (BFH GrS 5/97 BStBl II 99, 774 unter C.2.). – Zu Vermutungen für die Kostentragung bei Miteigentümer-Ehegatten sowie zur Nutzung über den eigenen Miteigentumsanteil hinaus s Rz 88 ff.

bb) AfA-Wahlrechte. Miteigentümer brauchen AfA-Wahlrechte grds nicht 57 einheitl ausüben. Jedem Miteigentümer steht auch bei einheitl und gesonderte Feststellung der Einkünfte ein eigenes Wahlrecht zu, ob er die AfA bezügl seines

Anteils linear (§ 7 I/IV) oder degressiv (§ 7 II/V) vornehmen will (BFH VIII R 114/69 BStBl II 74, 704; FG SchlHol EFG 05, 1026, rkr). – **Ausnahmen.** AfA nach der Leistung (§ 7 I 6), AfaA (§ 7 I 7, IV 3) oder Gebäude-AfA nach einer kürzeren Nutzugsdauer (§ 7 IV 2) können nur einheitl vorgenommen werden (glA *KSM* § 7 Rz A 135 ff; *Frotscher/Geurts* § 7 Rz 80). Gleiches gilt wegen § 7a VII 2 für erhöhte und SonderAfA (s § 7a Rz 14).

60 **c) AfA bei Vorbehaltsnießbrauch. – aa) Überschusseinkünfte. – (1) AfA-Befugnis des Nießbrauchers.** Hat sich der frühere Eigentümer bei der unentgeltl Übertragung des Eigentums auf einen Dritten den Nießbrauch am WG vorbehalten, steht ihm der AfA weiterhin zu. Denn er hat die AK/HK für das WG getragen; bei wirtschaftl Betrachtungsweise ist der Zusammenhang zw diesen auf die Nutzungsdauer des WG zu verteilenden Kosten einerseits und der Nutzung des WG zur Erzielung stpfl Einnahmen andererseits durch die Übertragung des Eigentums an dem WG nicht unterbrochen (BFH IX R 59/94 BStBl II 98, 431). Es kommt nicht darauf an, ob der Nießbraucher – was idR zu verneinen sein wird – noch wirtschaftl Eigentümer des WG ist (BFH VIII R 35/79 BStBl II 82, 380). – **Bemessungsgrundlage** für die AfA sind die AK/HK, die der Nießbrauchsberechtigte als früherer Eigentümer hatte (*BMF* BStBl I 13, 1184 Rz 42) oder die ihm nach § 11d EStDV von seinem Rechtsvorgänger zuzurechnen waren (BFH VIII R 53/82 BStBl II 83, 710 unter 3.). Die Bemessungsgrundlage erhöht sich um nachträgl HK, die der Nießbraucher während der Zeit des Nießbrauchs aufwendet. – Dem **Vorbehaltsnießbrauch stehen gleich** die Erbausschlagung gegen Einräumung eines Nießbrauchs (BFH IX R 59/94 BStBl II 98, 431: AfA analog § 11d EStDV) und alle vorbehaltenen *obligatorischen* Nutzungsrechte (BFH IX R 126/89 BStBl II 97, 121; *BMF* BStBl I 13, 1184 Rz 51–54).

61 **(2) Nießbrauch auch zugunsten des Ehegatten.** Behält sich der Übergeber den Nießbrauch für sich und seinen Ehegatten (entweder als Gesamtberechtigte oder aufschiebend bedingt) vor, kann der überlebende Ehegatte mE auch nach dem Tod des Übergebers die AfA in der bisherigen Höhe in Anspruch nehmen (s ausführl *Schmidt* 39. Aufl § 7 Rz 61).

62 **(3) Rechtsfolgen beim neuen Eigentümer.** Dieser ist zunächst mangels Einkunftserzielung nicht AfA-befugt, wächst aber nach Erlöschen des Vorbehaltsnießbrauchs in die AfA-Befugnis hinein (näher *BMF* BStBl I 13, 1184 Rz 45–48; *Neufang/Merz* DStR 12, 939; zur AfA-Bemessungsgrundlage nach entgeltl Ablösung des Nießbrauchs s *LfSt Bayern* BB 11, 1010; krit *Meyer/Ball* DStR 11, 1211).

64 **bb) Vorbehaltsnießbrauch im Betriebsvermögen. – (1) AfA-Befugnis des Nießbrauchers.** Auch wenn WG des BV aus privaten Gründen auf einen anderen übertragen werden, der Schenker sich aber einen dingl oder obligatorischen Nießbrauch vorbehält, kann er iErg weiterhin AfA vornehmen: Bei Übertragung *einzelner* WG (zur Übertragung eines ganzen Betriebs unter Nießbrauchsvorbehalt s § 6 Rz 700) kommt es zu einer gewinnrealisierenden **Entnahme des WG als Ganzes** (BFH III R 113/85 BStBl II 89, 763 unter II.1.; BFH X R 140/87 BStBl II 90, 368 unter 2.a; BFH X R 59/14 BStBl II 19, 730 Rz 68); ein Abzug der Nießbrauchsbelastung bei der Ermittlung des TW ist nicht zulässig (zumal diese Belastung künftig zu BA in Gestalt der AfA führt). Eine Einlage des im PV entstandenen Nutzungsrechts zum TW ist wegen BFH GrS 2/86 BStBl II 88, 348 (teleologische Reduktion des Einlagetatbestands bei Nutzungen) nicht mögl. Gleichwohl kann der Nießbraucher weiterhin AfA auf das Gebäude (nicht hingegen auf den GuB, s BFH IV R 76/88 BFH/NV 91, 457 unter I.) vornehmen, die als jährl Einlage gewinnmindernd zu berücksichtigen ist (BFH III R 113/85 BStBl II 89, 763 unter II.2.b bb).

Beispiel (zu Rz 64 und 65): A überträgt ein Grundstück seines BV unentgeltl auf seinen Sohn, behält sich aber den Nießbrauch vor und führt den Betrieb fort. Die Buchwerte betragen 100 000 € für den GuB und 50 000 € für das Gebäude; die TW jeweils 150 000 €. Die AfA-Bemessungsgrundlage des A für das Gebäude betrug 100 000 € (jährl AfA 3 000 €). –

Lösung. Aus der Entnahme des Grundstücks realisiert A lfd Gewinn (für den GuB 50 000 €, für das Gebäude 100 000 €). A kann für das Gebäude weiterhin die AfA nach Maßgabe seiner eigenen AK/HK abziehen, dh 3 000 € jährl (aA: AfA nach Maßgabe des Entnahmewerts von 150 000 €, dh 4 500 € jährl; s Rz 65).

(2) Höhe der Bemessungsgrundlage für die AfA-Einlage. Diese Frage ist 65 noch nicht geklärt; die Rspr hat sich mit ihr bisher nur in obiter dicta befasst. Dabei werden teilweise die eigenen AK/HK des Nießbrauchers für maßgebl gehalten (BFH IV R 57/82 BStBl II 86, 322 unter 3.; BFH GrS 4/92 BStBl II 95, 281 unter C.III.2.; *Korn* § 7 Rz 32; *Littmann* § 7 Rz 157; *Frotscher/Geurts* § 7 Rz 120; *HHR* § 7 Rz 119); teilweise wird eine AfA vom Entnahmewert befürwortet (BFH X R 140/87 BStBl II 90, 368 unter 3.c [krit Anm *Schmidt* FR 90, 15]; *Lademann* § 7 Rz 71; *Leingärtner* Kap 41 Rz 41; unklar BFH III R 113/85 BStBl II 89, 763, wo unter II.2.b bb auf die selbst getragenen AK/HK des Nießbrauchers, unter II.3. hingegen auf den Entnahmewert abgestellt wird).

Stellungnahme. ME bleiben die ursprüngl AK/HK des Schenkers maßgebl, weil die weitere Verteilung seines eigenen Aufwands im Vordergrund steht. Der Gedanke, dass nach einer Entnahme zum TW vom Entnahmewert abgeschrieben werden muss, ist nur auf den ersten Blick bestechend, beruht aber auf einer unzulässigen Gleichsetzung des WG selbst (das zum TW entnommen wurde) mit dem Recht zur *Nutzung* dieses WG (das niemals entnommen wurde, sondern unverändert beim Betriebsinhaber geblieben ist, sodass sich dessen AK/HK fortsetzen). Die Gegenauffassung müsste konsequenterweise auch eine AfA vom Entnahmewert des *GuB* bejahen; dies wird von der oben zitierten Rspr aber einhellig abgelehnt.

(3) Tod des Vorbehaltsnießbrauchers. Abgesehen vom Ende der lfd AfA- 66 Einlage kommt es nicht zu steuerl Folgen, weil in der Bilanz ohnehin kein Nutzungsrecht aktiviert werden durfte, das mit dem Tod wegfallen könnte (inkonsequent BFH III R 113/85 BStBl II 89, 763, wo unter II.2.b aa zutr die Einlage des Nutzungsrechts abgelehnt wird, unter II.4. aber von der erfolgsneutralen Ausbuchung des Restbuchwerts des Nutzungsrechts die Rede ist).

d) AfA bei Bestellung eines Nießbrauchs gegen Entgelt. Zur Abgrenzung 69 zw entgeltl und unentgeltl eingeräumten Nutzungsrechten s *BMF* BStBl I 13, 1184 Rz 10–13. Beim Vorbehaltsnießbrauch ist der Wert des Nießbrauchsrechts kein Entgelt für die Eigentumsübertragung (s § 6 Rz 135 mwN). Zum **Zuwendungsnießbrauch** s Rz 102.

aa) AfA-Befugnis des Eigentümers. Der Eigentümer eines WG erfüllt 70 durch die entgeltl Bestellung eines zeitl begrenzten dingl oder obligatorischen Rechts (nachstehend ist aus Vereinfachungsgründen nur noch von „Nießbrauch" die Rede) an diesem WG den Tatbestand der Einkunftserzielung (BFH VIII R 54/74 BStBl II 79, 332 unter 1.c). Das Entgelt für die Nießbrauchsbestellung ist im Jahr des Zuflusses Einnahme bei den VuV-Einkünften (bei Vorauszahlung für mehr als 5 Jahre Verteilung auf den Vorauszahlungszeitraum mögl, § 11 I 3), sofern es nicht einer anderen Einkunftsart zuzurechnen ist. Aufgrund der Einnahmeerzielung ist der Eigentümer bezügl des WG AfA-berechtigt (*BMF* BStBl I 13, 1184 Rz 30).

bb) AfA-Befugnis des Nießbrauchers. – (1) Keine AfA-Befugnis auf das 71 **genutzte Wirtschaftsgut.** Der Nießbraucher ist idR nicht wirtschaftl Eigentümer, auch nicht bei einem auf Lebenszeit bestellten Nießbrauchsrecht (BFH III R 50/01 BStBl II 05, 80 unter II.2.a mwN). Abweichendes kann nur gelten, wenn sich die „Nießbrauchsbestellung" wirtschaftl als *Verkauf* des WG darstellt (zB das WG wird spätestens bei Beendigung des Nießbrauchs verbraucht sein, sodass der Rückgabeanspruch des Eigentümers keine wirtschaftl Bedeutung mehr hat, s *KSM* § 7 Rz B 36). Ein dafür geleistetes Entgelt wäre bei den Überschusseinkünften ohnehin keine Einnahme aus VuV, sondern ein nicht steuerbarer Veräußerungspreis (Ausnahme: § 23). Die AfA-Berechtigung des Eigentümers schließt eine AfA-Berechtigung des Nießbrauchers aus (s Rz 52).

73 **(2) AfA auf das Nießbrauchsrecht oder Abzug laufender Zahlungen. – (a) Rechtsprechung.** Das für die Bestellung des Nießbrauchs gezahlte Entgelt stellt beim Nießbraucher AK eines immateriellen WG dar (für Nießbrauch BFH IX R 33/94 BFH/NV 97, 643 unter 3.a; für Baukostenzuschuss BFH I R 109/04 BFH/NV 06, 1812). Erfüllt der Nießbraucher seinerseits mit dem immateriellen WG (dem Nießbrauchsrecht) den Tatbestand der Einkunftserzielung, steht ihm bei sämtl Einkunftsarten die AfA auf die AK des immateriellen WG zu (BFH IX R 33/94 BFH/NV 97, 643 unter 3.a; BFH IX B 34/20 BFH/NV 21, 632 Rz 6). Die AfA bemisst sich auch bei Nießbrauchsrechten an Gebäuden nach § 7 I (maßgebl ist die Laufzeit des erworbenen Nießbrauchsrechts); die in Rz 82 dargestellte Rspr ist hier nicht anwendbar, weil es sich dort dem Wesen nach um Gebäude-HK handelt, während hier ein Recht angeschafft wird. Aus diesem Grund kann hier (anders als beim GuB) auch das an einem *unbebauten* Grundstück entgeltl erworbene Nießbrauchsrecht abgeschrieben werden (nicht aber das beim Eigentümer verbleibende Grundstück selbst): Der Nießbraucher hat entgeltl ein immaterielles WG erworben, das sich bei ihm durch Zeitablauf abnutzt (glA *BH/Brandis* § 7 Rz 180; *HHR* § 7 Rz 113; *KSM* § 7 Rz B 45). – **(b) Verwaltung.** Sie ist zunächst der Rspr gefolgt (so noch *BMF* BStBl I 98, 914 Rz 26), will seit Inkrafttreten des § 11 II 3 aber einen sofortigen WK-Abzug im Zeitpunkt des Abflusses des Entgelts für das Nießbrauchsrecht zulassen. Sofern eine Vorauszahlung für mehr als 5 Jahre geleistet wird, soll die Zahlung gem § 11 II 3 auf die Laufzeit zu verteilen sein (*BMF* BStBl I 13, 1184 Rz 26; zust *Günther* EStB 13, 427). – **(c) Stellungnahme.** § 11 II 3 gilt nur für *Nutzungsüberlassungen*. Nach der (mE zutr) Auffassung der Rspr wird aber ein *Wirtschaftsgut* erworben, sodass § 11 II 3 von vornherein nicht anwendbar ist. Sofern der Nießbraucher ein Einmalentgelt für mehr als 5 Jahre im Voraus leistet, führen aber beide Auffassungen (mit unterschiedl Begründung) zum selben steuerl Ergebnis.

74 **(3) AfA auf Wirtschaftsgüter, die der Nießbraucher in Ausübung des Nießbrauchsrechts angeschafft/hergestellt hat.** Diese stehen dem Nießbraucher zu. Entweder ist er bereits zivilrechtl oder wirtschaftl Eigentümer oder es gelten die zur steuerl Behandlung von Mietereinbauten/-umbauten entwickelten Grundsätze (s Rz 77; § 5 Rz 270 „Mietereinbauten …"; *HHR* § 7 Rz 113).

77 **e) Miete; Pacht.** An dem vermieteten/verpachteten WG hat der Mieter/Pächter **keine AfA-Befugnis.** Diese steht dem Eigentümer des WG zu, dessen Befugnis die AfA-Befugnis anderer Personen an demselben WG ausschließt (Rz 52). – Zahlt ein Mieter/Pächter ein *Einstandsgeld*, um einen Miet-/Pachtvertrag abschließen oder in einen lfd Miet-/Pachtvertrag eintreten zu können, handelt es sich um AK eines immateriellen WG, die nach § 7 I auf die Laufzeit des Vertrages abzuschreiben sind (*BH/Brandis* § 7 Rz 151). Hingegen sind *Pachtvorauszahlungen* außerhalb des Betriebsvermögensvergleichs sofort BA/WK (zur Abgrenzung BFH VIII R 61/81 BStBl II 84, 267 unter 3.; bei Vorauszahlungen für mehr als 5 Jahre aber nach § 11 II 3 Verteilung über den Vorauszahlungszeitraum). Der *Vermieter* hat Vorteile aus einem ihm günstigen Mietvertrag grds nicht als Nutzungsrecht zu aktivieren. – Aufwendungen für **Mietereinbauten/-umbauten** sind zu aktivieren, ohne dass es darauf ankommt, ob der Mieter wirtschaftl Eigentümer geworden ist (s auch Rz 81 ff; ausführl *Engelberth* NWB 11, 3220; *Köhler/Pönicke* StBP 15, 39; *Nürnberg* DStR 17, 1719; *Schwarz/John* StBP 17, 296). Sofern es sich nicht um Scheinbestandteile oder Betriebsvorrichtungen handelt (dann bewegl WG iSd § 7 I, II), ist die AfA nach § 7 IV, V vorzunehmen (BFH VIII R 44/94 BStBl II 97, 533, Anm HFR 97, 660; BFH IX R 65/96 BStBl II 98, 402 unter II.3.c; BFH XI R 43/01 BFH/NV 04, 1397 unter II.2.). Eine kürzere Dauer des Mietvertrags kann aber über § 7 IV 2 berücksichtigt werden (zutr *Niehues* DB 06, 1234); allerdings ist dabei nicht ausschließl auf die feste Grundmietzeit, sondern auch auf mögl Verlängerungsoptionen abzustellen. Auch eine kürzere technische

Nutzungsdauer kann berücksichtigt werden (FG Sachs DStRE 12, 529, rkr: 20 Jahre für Elektro- und Heizungsinstallationen sowie Fenster). – Zur **„eisernen Verpachtung"** s § 13 Rz 114 ff.

f) Leasing. Die AfA-Befugnis am Leasinggegenstand richtet sich danach, wem dieser Gegenstand zuzurechnen ist (s § 5 Rz 725 ff). Ist er weiterhin dem Leasinggeber zuzurechnen, erzielt dieser mit dem Leasinggegenstand stpfl Einnahmen, sodass seine AfA-Befugnis an den AK oder HK eine AfA-Befugnis des Leasingnehmers ausschließt (s Rz 52). **78**

g) AfA-Befugnis bei eigenen Aufwendungen auf ein fremdes Wirtschaftsgut. – aa) Aktivierung eines Wirtschaftsguts beim Nutzenden. Hat der Aufwand des Nutzenden die Qualität eines WG, ist die AfA-Befugnis unproblematisch, zB bei der Herstellung von **Betriebsvorrichtungen** oder **Scheinbestandteilen** (Verbindung zu einem vorübergehenden Zweck; zu beiden Fallgruppen näher Rz 34: AfA nach den Vorschriften für bewegl WG), bei echten **Bauten auf fremdem Grund und Boden** (s § 5 Rz 270 „Bauten ...") und bei **wirtschaftl Eigentum** des Nutzenden (näher § 5 Rz 270 „Mieteinbauten"). Letzteres ist insb dann gegeben, wenn die Nutzungsdauer der Bauten kürzer ist als die Laufzeit des Nutzungsrechts, wenn der Nutzende am Ende der Laufzeit das Recht oder die Pflicht zur Entfernung der Bauten hat, wenn ihm bei Beendigung der Nutzung ein Entschädigungsanspruch iHd vollen Verkehrswerts zu jenem Zeitpunkt zusteht (BFH XI R 43/01 BFH/NV 04, 1397 mwN), oder wenn ein WG in Erwartung des zivilrechtl Eigentumserwerbs im Eigenbesitz gehalten wird (BFH VIII R 157/72 BStBl II 73, 595: Kaufanwärtervertrag). In diesen Fällen sind die nachfolgenden Ausführungen nicht von Bedeutung, weil dem Nutzenden steuerl ein echtes materielles WG zuzurechnen ist, das nach allg Regeln zu behandeln ist. **81**

bb) Behandlung sonstiger Aufwendungen auf fremde Wirtschaftsgüter. Die nachstehenden Ausführungen sind auf Gebäude zugeschnitten, gelten aber entspr für andere WG (glA *BH/Brandis* § 7 Rz 123). – **(1) Aktivierung.** Das *obj Nettoprinzip* gebietet den Abzug *eigener* Aufwendungen für die Einkunftserzielung auch insoweit, als sie auf ein *fremdes* WG getätigt werden (BFH GrS 4/92 BStBl II 95, 281 unter C. III.). Im Vordergrund steht in diesen Fällen nicht die Nutzung fremden Vermögens (dh keine Drittaufwandsproblematik; dazu Rz 101), sondern die estl Beurteilung *eigenen* Aufwands. Grds machen solche Aufwendungen den Nutzer nicht zum wirtschaftl Eigentümer des WG (BFH GrS 4/92 BStBl II 95, 281 unter C. III.1.). Daher müssten sie eigentl *sofort* abgezogen werden können. Um aber keinen Anreiz zu entspr steuersparenden Gestaltungen zu bieten, geht der GrS von einer Pflicht zur *Aktivierung* der HK aus. Daraus folgt die AfA-Befugnis desjenigen, der die Aufwendungen getätigt hat (ausführl Darstellung der Rechtsentwicklung in BFH X R 46/14 BStBl II 16, 976 Rz 20 ff). **82**

(2) Gebäude-AfA. Die AfA ist nicht etwa nach Maßgabe der Dauer des Nutzungsrechts gem § 7 I vorzunehmen, sondern nach den grds typisierten Sätzen für die GebäudeAfA (§ 7 IV/V; BFH GrS 4/92 BStBl II 95, 281 unter C. V.; ausführl nochmals BFH IV R 2/07 BStBl II 10, 670). Eine kürzere Nutzungsdauer ist nicht etwa deshalb anzusetzen, weil der StPfl beim Betrieb bei Erreichen einer bestimmten Altersgrenze einzustellen (BFH X R 82/90 BFH/NV 94, 169) oder das Nutzungsrecht nur eine kurze Laufzeit hat, sofern an deren Ende der Zeitwert erstattet wird (BFH III B 2/14 BFH/NV 15, 1385). **83**

(3) Anwendbarkeit von Subventionsvorschriften. Subventionen, die **nur für BV vorgesehen** sind (zB SonderAfA), sind nicht anwendbar, weil der Aufwandverteilungsposten nicht Sitz stiller Reserven sein kann (s Rz 96) und die vom Gesetzgeber vorgesehene Steuerverhaftung hier daher nicht mögl wäre (BFH X R 46/14 BStBl II 16, 976 Rz 42). Dies betrifft im geltenden Recht zB die erhöhten **84**

Sätze der linearen AfA für Gebäude des BV (§ 7 IV 1 Nr 1). Auch eine Übertragung stiller Reserven auf den Aufwandverteilungsposten ist nicht mögl (BFH IV R 29/09 BStBl II 13, 387 Rz 29; anders noch BFH IV R 12/96 BStBl II 97, 718). – Demggü können Subventionsvorschriften, die der Gesetzgeber **unterschiedslos sowohl für Gebäude des BV als auch des PV gewährt**, auch für den Aufwandverteilungsposten in Anspruch genommen werden (BFH X R 46/14 BStBl II 16, 976 Rz 43), derzeit zB §§ 7b, 7h, 7i (zur Zulässigkeit erhöhter Absetzungen ausdrückl BFH GrS 4/92 BStBl II 95, 281). Ob noch an der Gewährung von **InvZul** festgehalten werden kann (so bisher BFH III R 19/05 BStBl II 07, 131), ist mE zweifelhaft.

87   cc) **Rechtscharakter des aktivierten Aufwands.** Der Aufwand wird „bilanztechnisch wie ein materielles WG" behandelt (BFH GrS 4/92 BStBl II 95, 281 unter C. III.1., 2. d), ist aber selbst kein WG (BFH GrS 1/97 BStBl II 99, 778 unter C. I.2.b). Die neue Rspr bezeichnet ihn daher als „Aufwandverteilungsposten" (BFH X R 46/14 BStBl II 16, 976 Rz 40). Auf die genaue Bezeichnung sowie die Frage, ob der Posten auch in die HB einzustellen ist (abl wohl BGH II ZR 164/94 NJW 96, 458; *Wassermeyer* DB 99, 2486 unter V.4.), kommt es letztl nicht an, solange die estl *Rechtsfolgen* (dazu Rz 82, 96) möglichst widerspruchsfrei aufeinander abgestimmt sind.

88   dd) **Typische Fallgruppen.** – **(1) Miteigentümer.** Nutzt dieser das *gesamte* Gebäude (dh über seinen Anteil hinaus) auf eigene Rechnung und Gefahr und hat er auch die gesamten AK/HK getragen, stehen ihm die AfA zu (BFH GrS 4/92 BStBl II 95, 281). Vereinzelt hat die Rspr inwieweit wirtschaftl Eigentum infolge eines unterstellten Aufwendungsersatzanspruchs nach §§ 951, 812 BGB angenommen (BFH VIII R 30/98 BStBl II 02, 741, Anm *Kanzler* FR 02, 1124; krit *Dötsch* INF 02, 634). ME liegt darin zwar nicht im Ergebnis, wohl aber in der Begründung eine Abweichung vom GrS (zutr hingegen BFH X R 72/98 BStBl II 04, 403, Anm *Kulosa* HFR 03, 1040). – Nutzen Miteigentümer eines Gebäudes, die die AK/HK *gemeinsam* getragen haben, getrennt voneinander jeweils einen Gebäudeteil (zB Arbeitszimmer) für ihre *eigenen* betriebl/berufl Zwecke (dh nicht etwa gemeinsame Einkünfteerzielung als GbR usw), kann der einzelne Miteigentümer die *gesamten* auf diesen Gebäudeteil entfallenden AK/HK im Wege der AfA als BA/WK geltend machen (BFH GrS 5/97 BStBl II 99, 774: iHd eigenen Miteigentumsanteils materielles WG, iÜ „wie ein materielles WG"). – **(2) Nichteigentümer.** Nutzt er einen *Teil* des im Eigentum eines anderen stehenden Gebäudes zur Einkunftserzielung, stehen ihm die AfA zu, soweit seine Beteiligung an den Gesamtkosten des Gebäudes mindestens dem Anteil der von ihm genutzten Räume an der Gesamtfläche entspricht (BFH GrS 1/97 BStBl II 99, 778). – **(3) Mieter.** Dessen Aufwendungen für Ein- und Umbauten sind ebenso zu behandeln (s Rz 77). Wird der Mieter (oder ein anderer Nutzungsberechtigter) vom Eigentümer beerbt, soll es nicht stets zur „Verschmelzung" des aktivierten Aufwands mit dem WG „Gebäude" kommen. Vielmehr soll der Erbe über den aktivierten Aufwand durch Übertragung auf einen Dritten (zB Betriebsnachfolger) auch mit estl Wirkung verfügen können (BFH XI R 18/06 BStBl II 09, 957; mE nicht zwingend).

91   ee) **Ermittlung der Kostenbeteiligung des Nutzenden bei Aufnahme und Tilgung von Darlehen.** Beteiligung an den AK/HK eines *fremden* WG (und damit AfA-Befugnis) erfordert im Fall der Darlehensfinanzierung die Erfüllung *beider* nachfolgend genannter Voraussetzungen: – **(1) Steuerpflichtiger als Darlehensschuldner.** Der das WG nutzende Nichteigentümer muss zivilrechtl selbst Darlehensschuldner sein. Die Eigenschaft als Mitschuldner genügt (BFH GrS 1/97 BStBl II 99, 778 unter C. II.2.a). Nach der (hier sehr strengen) Rspr kann auf diese Voraussetzung auch dann nicht verzichtet werden, wenn der StPfl Zins und Tilgung tatsächl trägt und für das Darlehen eigene Sicherheiten bestellt hat (BFH VIII

R 10/14 BStBl II 17, 819 Rz 21; mE im Hinblick auf das obj Nettoprinzip unzutr; krit auch *Wassermeyer* DB 99, 2486 unter V.3.). – **(2) Tragung der laufenden Verpflichtungen aus dem Darlehen.** Bleiben die Tilgungsbeiträge hinter den anteiligen AK/HK des genutzten WG zurück, kann die AfA nur auf der Grundlage des geringeren Tilgungsanteils berechnet werden (BFH GrS 1/97 BStBl II 99, 778 unter C. I.3.).

ff) Besonderheiten bei Eheleuten. – **(1) Eheleute als Miteigentümer** – **(a) Grundsatz.** Hier vermutet die Rspr, dass jeder Ehegatte AK/HK entspr seinem Miteigentumsanteil getragen hat; jedem steht also nur die anteilige AfA zu. Dies gilt grds auch dann, wenn die tatsächl Finanzierungsanteile davon abweichen; ist die höhere Beteiligung eines Ehegatten an den AK/HK gilt als dem anderen Ehegatten zugewendet, berührt aber die Verteilung der AfA nicht (BFH GrS 2/97 BStBl II 99, 782 unter C.I.1.). – **(b) Alleinnutzung durch einen der Miteigentümer-Ehegatten.** Für denjenigen Ehegatten, der eine *ganze Wohnung* zu beruf Zwecken allein nutzt, ist diese Rspr ungünstig, weil er nur 50% der AfA abziehen kann (vgl BFH VI R 41/15 BStBl II 18, 355 Rz 16 ff). Nutzt einer der Miteigentümer-Ehegatten hingegen nur einen *Raum* allein zur Einkunftserzielung (zB Arbeitszimmer), ist ihm die hierauf entfallende AfA in *voller* Höhe zuzurechnen, soweit dies durch seine tatsächl Beteiligung an den AK/HK gedeckt wird (BFH GrS 5/97 BStBl II 99, 774 unter C.2.; s auch nachfolgend (2) (b)). – **(2) Alleineigentum eines Ehegatten** – **(a) Grundsatz.** Die gesamten AK/HK sind auch dann dem Eigentümer-Ehegatten zuzurechnen, wenn der andere Ehegatte sich tatsächl an den Kosten beteiligt (BFH GrS 1/97 BStBl II 99, 778 unter C.I.4.a). – **(b) Nutzung durch den Nichteigentümer-Ehegatten.** Nutzt der Nichteigentümer-Ehegatte einen Teil des ihm nicht gehörenden Gebäudes für seine Einkunftserzielung (zB Arbeitszimmer) und hat er insoweit tatsächl AK/HK getragen (zB als (Mit-)Schuldner und Tilger eines Darlehens), sind seine Aufwendungen vorrangig dem von ihm genutzten Gebäudeteil zuzuordnen, sodass er hierfür AfA abziehen kann (BFH GrS 1/97 BStBl II 99, 778 unter C.I.4.b, C.II.2.). Beendet der Nichteigentümer-Ehegatte die Nutzung des WG, soll der noch nicht verbrauchte Teil seines Aufwands wieder dem Eigentümer-Ehegatten zuzurechnen sein (so ein auf Überschusseinkünfte zugeschnittenes obiter dictum in BFH GrS 1/97 BStBl II 99, 778 unter C. II.2.c; ob dies auf BV übertragen werden kann, ist mE sehr zweifelhaft).

(3) Keine generelle Vermutung der steuerl günstigsten Kostentragung unter Eheleuten. Abgelehnt hat die Rspr hingegen eine weitergehende Vermutung des Inhalts, dass der nutzende Nichteigentümer-Ehegatte *immer* (dh unabhängig von einer tatsächl Kostentragung) als Träger der AK/HK gilt (BFH GrS 1/97 BStBl II 99, 778 unter C.II.1.; BFH GrS 3/97 BStBl II 99, 787 unter C.I.1.; BFH VI R 41/15 BStBl II 18, 355 Rz 16 ff; zur Kritik s Rz 101). Auch die Stellung als zivilrechtl (Mit-)Schuldner des Darlehens soll für die Zurechnung von AK/HK stets erforderl sein (s Rz 91 mwN). Setzt die betriebl/berufl Nutzung durch den Nichteigentümer-Ehegatten erst später ein, kann der Nachweis seiner Kostentragung schwierig sein. Die Rspr bleibt hier eher strikt (BFH X R 24/12 BStBl II 15, 132 Rz 16); die *FinVerw* sollte im Interesse des Nettoprinzips zumindest Beweiserleichterungen gewähren (*Wassermeyer* DB 99, 2486 unter V.3., zu Nachweisfragen auch *Hamacher/Balmes* FR 00, 600, 604; *Gosch* StBP 99, 302, 304; *Gröpl* DStZ 01, 65, 71).

(4) Sonderfälle zur Arbeitszimmernutzung bei Ehegatten. S *Schmidt* 39. Aufl § 7 Rz 93.

(5) Erweiterung dieser Vereinfachungen auf Miteigentümer, die nicht Eheleute sind? Dies ist mE zweifelhaft (aA *Söffing* BB 00, 381, 392), weil die BGH-Rspr, auf die BFH GrS 1/97 BStBl II 99, 778 unter C.I.4.b verweist, die Zuwendungskonstruktion mit der ehel Lebensgemeinschaft begründet hat. In der Praxis stehen die Ehegattenfälle zahlenmäßig aber weit im Vordergrund. – Die Rspr ist erkennbar von dem (begrüßenswerten) Bemühen getragen, den **Pro-forma-Abschluss von Mietverträgen entbehrl** zu machen. Der Mietvertragsabschluss mit steuerl Wirkung bleibt aber mögl (*Paus* INF 99, 705, 707).

96 **gg) Rechtsfolgen bei Beendigung der Nutzungsbefugnis.** – **(1) Rechtsprechung.** Der Aufwandverteilungsposten kann nicht Sitz stiller Reserven sein. Dies bedeutet, dass mit einer Beendigung der Nutzung **keine Gewinnrealisierung** verbunden ist (BFH X R 46/14 BStBl II 16, 976 Rz 32 ff mwN; ausführl, auch zu anderen StArten, *Horst* DB 17, 1349; *Kowanda* DStR 17, 961; ferner *Kraft/Kraft* NWB 16, 2031; krit *Weber-Grellet* BB 16, 2220; zum Vergleich der Rechtsfolgen mit denen der Vermietung s *Paus* NWB 17, 1532). – **(2) Verwaltung.** Sie wendet die neuere Rspr an, will aber in Fällen, in denen auf den Aufwandverteilungsposten früher zu Unrecht StVergünstigungen für BV in Anspruch genommen worden waren (s Rz 84), die hierdurch gebildeten **stillen Reserven nachversteuern** (*BMF* BStBl I 16, 1431 Rz 4). ME fehlt hierfür die Rechtsgrundlage (glA *Horst* DB 17, 1349, 1354; *Paus* NWB 17, 1348). – **(3) Gestaltungsmöglichkeiten.** S *Paus* NWB 17, 1532; *Neufang* StB 18, 369. Es kann sich empfehlen, nach vollständiger Vornahme der AfA auf den Aufwandverteilungsposten eine Eigentumsübertragung vorzunehmen, damit erneut vom TW abgeschrieben werden kann (*Kleinmanns* DB 16, 1330; *Korn* BeSt 16, 29).

101 **h) AfA-Befugnis bei Nutzung eines fremden Wirtschaftsgut ohne eigene Aufwendungen (Drittaufwand).** – **aa) Grundsätzlich keine AfA-Befugnis.** Wer ein fremdes WG zur Einkunftserzielung nutzt, ohne dass ihm eigene Aufwendungen entstehen, kann keine AfA abziehen (BFH GrS 2/97 BStBl II 99, 782 unter C.IV.; ausführl *Schnorr* StuW 03, 222). AfA-befugt ist nur, wer die AK/HK eines WG im eigenen berufl/betriebl Interesse selbst getragen hat (s auch Rz 54). Zur Begründung beruft sich der GrS auf die Subjektbezogenheit der Einkünfteermittlung und den Grundsatz der persönl Leistungsfähigkeit; er hat sowohl den von den Befürwortern des Abzugs von Drittaufwand angeführten sog Zuwendungsgedanken als auch die analoge Anwendung des § 11d EStDV abgelehnt. Hintergrund dieser Rspr ist die (in bestimmten Konstellationen durchaus berechtigte) Sorge vor praktischen Schwierigkeiten sowie doppelter Geltendmachung desselben Aufwands. – Soweit der GrS hingegen auch bei **Ehegatten** sowohl den Abzug von Drittaufwand als auch eine Vermutung des Inhalts, dass der nutzende Nichteigentümer-Ehegatte immer tatsächl die Kosten getragen habe, ablehnt (BFH GrS 1/97 BStBl II 99, 778 unter C.II.1.; s Rz 91), lässt sich dies zwar formal durch § 26b rechtfertigen. Die erwähnten praktischen Schwierigkeiten können hier aber nicht eintreten, sodass die Rspr insoweit den (hier mE berechtigten) Bedürfnissen der Praxis nach Steuervereinfachung nicht entspricht. Eheleute werden dadurch gezwungen, formal Mietverträge abzuschließen, was der GrS an sich vermeiden wollte. Der BFH sieht dieses Problem durchaus, lehnt eine Änderung seiner Rspr aber ab (BFH X R 24/12 BStBl II 15, 132 Rz 16). – **Allg zum Drittaufwand** (insb zum Abzug *lfd* Aufwendungen) § 4 Rz 500 ff, § 9 Rz 21 ff; zur mittelbaren Grundstücksschenkung s § 6 Rz 134.

102 **bb) Typische Drittaufwandskonstellationen.** Eigene AK/HK fehlen zB beim **Zuwendungsnießbrauch** (BFH VIII R 176/80 BStBl II 83, 6 unter 2.b; BFH IX B 95/03 BFH/NV 04, 44; BFH IX B 34/20 BFH/NV 21, 632 Rz 7), **Vermächtnisnießbrauch** (zum PV s BFH IX R 156/88 BStBl II 94, 319; zum BV BFH IV R 7/94 BStBl II 96, 440) und allen anderen zugewendeten dingl oder schuldrechtl Nutzungsrechten. Hier hat der Eigentümer die AK/HK des WG getragen; mit der Zuwendung des Nießbrauchs und der weiteren steuerrelevanten Nutzung des WG allein durch den Zuwendungsnießbraucher geht das noch nicht verbrauchte AfA-Volumen verloren. Drittaufwand ist auch bei einer **kurzfristigen Überlassung von WG** (zB PKW) des Eigentümer-Ehegatten an den Unternehmer-Ehegatten gegeben. Gleiches gilt, soweit ein **Miteigentümer** das gemeinsame WG unentgeltl über den eigenen Miteigentumsanteil hinaus nutzen darf. – In all diesen Fällen empfiehlt sich der **Abschluss von Mietverträgen:** Dann bleibt der Eigentümer AfA-befugt; der Mieter kann zwar keine AfA, wohl aber die Miete als BA/WK absetzen. Statt des Zuwendungsnießbrauchs sollte die Vollrechtsübertragung gewählt werden; dem Sicherheitsbedürfnis des Zuwendenden kann durch entspr Rückübertragungspflichten Rechnung getragen werden.

5. Bemessungsgrundlage. – a) Anschaffungskosten oder Herstellungs- 105
kosten. Bemessungsgrundlage für die AfA sind kraft ausdrückl Regelung in § 7 I 1, IV, V die AK/HK des WG (nicht etwa ein Zeitwert, BFH VI R 165/98 BFH/NV 01, 897); sie kann insgesamt nur einmal steuerl berücksichtigt werden. Zum **Begriff AK** ausführl § 6 Rz 31 ff (mit ABC in § 6 Rz 140), zu HK § 6 Rz 151 ff (mit ABC in § 6 Rz 220), zur Abgrenzung zw HK und **Erhaltungsaufwand** § 6 Rz 161–189. Zur **Aufteilung der AK auf Gebäude sowie Grund und Boden** ausführl § 6 Rz 118 f. Zur Behandlung nachträgl HK s Rz 132 ff, zur späteren Ermäßigung der AK/HK s Rz 137, zur Behandlung **unangemessen hoher AK/HK** iSd § 4 V 1 Nr 7 s § 4 Rz 601 ff. Zur Korrektur von AfA, wenn im Erstjahr eine unzutr Zuordnung zw AK/HK einerseits und sofort abziehbaren BA/WK andererseits vorgenommen wurde, s Rz 14 ff.

aa) Bedingter, befristeter oder gestundeter Kaufpreis. – (1) Aufschie- 106
bende Bedingung. Ist die Leistungsverpflichtung des Übernehmers eines WG vom Eintritt eines ungewissen Ereignisses abhängig, führt erst dies zu AK (§ 4 BewG; BFH XI R 7, 8/84 BStBl II 91, 791; BFH XI R 2/90 BFH/NV 92, 297; § 6 Rz 82 (4); s aber zur Abgrenzung der aufschiebenden Bedingung von Gestaltungen BFH X R 2/04 BStBl II 08, 109 unter II.3.b). Da bis zum Eintritt des Ereignisses noch keine AK vorliegen, handelt es sich *bis dahin* um ein in vollem Umfang unentgeltl Geschäft; der Rechtsnachfolger setzt damit zunächst die AfA des Rechtsvorgängers fort (dazu Rz 111). Erst mit dem Eintritt des Ereignisses liegt ein entgeltl Geschäft vor; die AfA richtet sich dann nach den entspr Grundsätzen (Beispiel für teilentgeltl Geschäft mit verschiedenen AfA-Reihen s *BMF* BStBl I 93, 80 Tz 19–21). – **(2) Aufschiebende Befristung.** Ist der Eintritt der Kaufpreiszahlungspflicht sicher, der Zeitpunkt aber ungewiss (zB Tod), gilt dasselbe (§ 8 BewG; *BMF* BStBl I 93, 80 Tz 21; **aA** *OFD Mchn* FR 96, 258: sofort AK und AfA, aber Abzinsung; offen gelassen von BFH X R 165/90 BStBl II 92, 1020 unter 3.a). – **(3) Zinslose langfristige Stundung.** Bei zinsloser Stundung über mehr als ein Jahr ist die Kaufpreisverbindlichkeit abzuzinsen (für bilanzierende StPfl § 6 I Nr 3; ansonsten § 12 III BewG). AK sind dann nicht das vereinbarte Entgelt, sondern der auf den Zeitpunkt des Erwerbs abgezinste Barwert (BFH XI R 5/83 BStBl II 91, 793; BFH X R 4/00 BFH/NV 02, 1140 unter II.2.b aa; § 6 Rz 82 (2)); der Zinsanteil stellt zusätzl BA/WK dar (*BMF* BStBl I 93, 80 Tz 11).

bb) Zuschüsse. Zur Auswirkung von Zuschüssen aus öffentl oder privaten 107
Mitteln auf die AK/HK s ausführl § 6 Rz 71–79. Ersatzleistungen von Versicherungen oder Schädigern sind hingegen keine Zuschüsse und mindern nicht die HK des neuen WG (zur AfaA bei Entschädigungen s Rz 193). – Im Fall der **Übertragung von Rücklagen** tritt der verbleibende Buchwert an Stelle der AK/HK (§ 6b VI mit Sonderregelung für Gebäude-AfA, s § 6b Rz 84; ebenso zur RfE § 6 Rz 101 ff; s auch § 7a I 3; für den Investitionsabzugsbetrag § 7g II 2).

b) Anschaffungskosten und AfA bei Erbfall, Erbauseinandersetzung, 109
Schenkung, vorweggenommene Erbfolge und teilentgeltlicher Erwerb.
Zum Umfang der AK wird verwiesen auf den systematischen Überblick bei § 6 Rz 131–137 und die umfassende Darstellung (mit zahlreichen Nachweisen auf Rspr und Literatur) bei § 16 Rz 35 ff, 590 ff. Zu Nebenkosten des unentgeltl Erwerbs s § 6 Rz 53.

aa) Unentgeltlicher Erwerb von Betriebsvermögen. Bei unentgeltl Erwerb 110
eines **Betriebs, Teilbetriebs oder MUeranteils** sind die Buchwerte und damit die AfA des Rechtsvorgängers fortzuführen (§ 6 III; s § 6 Rz 691 ff). Bei unentgeltl Erwerb **einzelner WG** im BV gilt der gemeine Wert als AK und AfA-Bemes-

sungsgrundlage, sofern ein betriebl Anlass besteht (§ 6 IV). Bei privatem Anlass handelt es sich hingegen um eine Einlage (Ansatz grds mit dem Teilwert, § 6 I Nr 5). Bei den Buchwert-Übertragungen und -Überführungen nach § 6 V wird auch die AfA fortgeführt (s § 6 Rz 813).

111 **bb) Unentgeltlicher Erwerb in das Privatvermögen.** Die AfA des Rechtsvorgängers ist fortzuführen (§ 11d I EStDV; die Rechtsgültigkeit bej BFH VIII R 118/70 BStBl II 73, 702). Dies gilt sowohl für Einzel- als auch für Gesamtrechtsnachfolge. Grundgedanke ist, dass der im PV unentgeltl erwerbende StPfl für die AfA dieselben Rechte haben soll wie der Rechtsvorgänger, wenn dieser das WG weiterhin selbst zur Einkunftserzielung nutzen würde. Die Vorschrift ist daher auch anwendbar, wenn der Rechtsvorgänger das WG zuvor aus einem BV entnommen hatte; AfA-Bemessungsgrundlage beim Übernehmer ist dann der Entnahmewert (*BMF* BStBl I 93, 80 Rz 33). **Nebenkosten** des unentgeltl Erwerbs erhöhen die AfA-Bemessungsgrundlage (s ausführl § 6 Rz 53). Hingegen ist § 11d EStDV nicht anwendbar, wenn die unentgeltl Zuwendung aus Sicht des Rechtsvorgängers aus betriebl Anlass erfolgte, für ihn eine BA darstellte und das WG als steuerl bereits voll abgeschrieben zum Rechtsnachfolger gelangt (BFH IX R 24/04 BStBl II 06, 754: keine AfA auf bei Verlosung gewonnenes und danach zur Einkunftserzielung eingesetztes WG); sonst würde gegen den Grundsatz verstoßen, dass die Bemessungsgrundlage nur einmal abgeschrieben werden kann (Rz 105).

112 **cc) Teilentgeltlicher Erwerb von Privatvermögen.** Hier tritt der Rechtsnachfolger bezügl des unentgeltl Teils in die Rechtsstellung des Vorgängers ein; bezügl des entgeltl Teils hat er eigene AK. Der Übernehmer hat für den unentgeltl erworbenen Teil des WG die vom Rechtsvorgänger begonnene AfA *anteilig* fortzuführen (§ 11d EStDV). Für den entgeltl erworbenen Teil bemessen sich die AfA bei Gebäuden nach § 7 IV und bei anderen WG nach der voraussichtl Restnutzungsdauer im Zeitpunkt des Übergangs (Rechenbeispiele s *BMF* BStBl I 93, 80 Rz 16–18; § 16 Rz 626). Diese **Restnutzungsdauer** soll idR mit der verbleibenden Nutzungsdauer des unentgeltl erworbenen Teils nach Maßgabe der vom Rechtsvorgänger begonnenen AfA-Reihe übereinstimmen. Bei *Gebäuden* hat diese Methodik indes zur Folge, dass für den unentgeltl und den entgeltl erworbenen Teil des WG *unterschiedl Abschreibungszeiträume* laufen. Dies kollidiert mit dem Grundsatz, dass es für dasselbe WG nur eine einheitl Nutzungsdauer gibt (s Rz 161). ME wäre es auch vertretbar, das Teilentgelt wie nachträgl AK (zur AfA in diesen Fällen Rz 132 ff) zu behandeln, was iErg zu einer höheren AfA-Bemessungsgrundlage führen würde.

114 **c) Begrenzung des AfA-Volumens. – aa) Erinnerungswert.** Die Bemessungsgrundlage kann bis auf 0 € abgeschrieben werden. Es entspricht jedoch der kfm Übung, einen Erinnerungswert von 1 € beizubehalten; dies kann auch auf einem Sammelkonto geschehen.

115 **bb) Schrottwert.** Er soll zu berücksichtigen sein, wenn der Gegenstand schwer oder aus wertvollem Material ist (BFH GrS 1/67 BStBl II 68, 268: Schiff; abschwächend BFH IV R 74/66 BStBl II 71, 800: nicht bei einem Schrottwert von ledigl 3600 DM). Ggü einer schematischen Erheblichkeitsgrenze des Schrottwerts von 10% der AK/HK (so FG BaWü EFG 18, 723) hat sich nachgehend BFH X B 45/18 BFH/NV 19, 545 eher zurückhaltend gezeigt. Die AfA sind dann nur auf eine Bemessungsgrundlage iHd AK/HK abzügl des geschätzten Schrottwerts vorzunehmen. In der Praxis wird ein Schrottwert bei Schiffen, va bei Küsten- und Seeschiffen angesetzt (s *OFD Hbg* DStR 02, 1220: ab 40 000 €), nicht aber bei Pkw (BFH VIII R 64/06 BFH/NV 08, 1660 unter II.1.) und Gebäuden. – Bei Tieren soll ein **Schlachtwert** zu berücksichtigen sein, wenn dieser im Verhältnis zu den AK/HK erhebl ist (ausführl § 13 Rz 46 mwN). – **Kritik.** ME steht dies mit dem Wortlaut des § 7 I 1 (Verteilung „der AK/HK" auf die Nutzungsdauer) nicht in Einklang (gegen eine Berücksichtigung des Schrottwertes auch *Littmann* § 7 Rz 144;

Scharfenberg/Müller DB 14, 921; diff *HHR* § 7 Rz 141, 143: keine Berücksichtigung eines Schrottwerts, wohl aber eines Schlachtwerts). Die neuere Rspr ist ebenfalls zurückhaltender (BFH IV R 26/05 BStBl II 06, 910 unter II.2.b: kein Schlachtwert bei § 7g; BFH IV R 1/10 BStBl II 14, 246 Rz 22: kein Schlachtwert bei GWG).

cc) Voraussichtlicher Verkaufserlös. Verbleibt ein WG erfahrungsgemäß nicht **116** für die gesamte betriebsgewöhnl Nutzungsdauer im Betrieb des StPfl, sondern soll es schon vorher veräußert werden, ist die Bemessungsgrundlage nicht etwa um den zu erwartenden Veräußerungserlös zu kürzen. Vielmehr ist die ungekürzte Bemessungsgrundlage auf die Zeit zu verteilen, die das WG ohne die voraussichtl Veräußerung bis zum Ablauf der normalen betriebsgewöhnl Nutzungsdauer vom StPfl genutzt werden könnte (*Littmann* § 7 Rz 146; *HHR* § 7 Rz 142 mwN; iErg auch BFH IV R 15/04 BFH/NV 06, 1267 unter II.3.c; s auch Rz 153).

d) AfA nach Entnahmen, Einlagen und anderen Nutzungsänderungen. 117 – aa) Entnahme. Die Überführung des WG vom BV ins PV wird für Zwecke der AfA als anschaffungsähnl Vorgang angesehen. Die künftigen AfA bemessen sich nach dem Entnahmewert, dh dem TW iSd § 6 I Nr 4 (BFH VIII R 177/80 BStBl II 83, 759; BFH IX R 169/91 BStBl II 92, 909 unter 1.b). Nach einer **Betriebsaufgabe** („Totalentnahme" (§ 16 III 7) maßgebend (BFH XI R 5/90 BStBl II 92, 969 unter 2.a). Dies gilt auch dann, wenn eine ursprüngl vermögensverwaltende PersGes gewerbl geprägt wird und daher die TW ihrer WG als Einlagewert ansetzt (hier gilt § 7 I 5), nach kurzer Zeit aber wieder entprägt wird (Betriebsaufgabe); sofern kein Gestaltungsmissbrauch vorliegt, kann sie AfA von den gemeinen Werten vornehmen (BFH IX R 13/19 BFH/NV 21, 1169) und gewinnt dadurch neues AfA-Potenzial, obwohl in der kurzen Zeit zw Einlage und Betriebsaufgabe keine stillen Reserven im BV angefallen sind. Die Fortführung einer AfA nach § 7 V ist nicht mögl (EStR 7.4 X 1 Nr 1; s auch *Schmidt* 27. Aufl § 7 Rz 176 f). Zur Ermittlung des Entnahmewerts s § 6 Rz 511 ff.

(1) AfA nach steuerfreiem Entnahmegewinn/Aufgabegewinn. Ist der **118** Entnahmegewinn aufgrund einer Sondervorschrift stfrei, sind die künftigen AfA nicht vom TW, sondern von den ursprüngl AK/HK vorzunehmen (BFH IX R 59/92 BStBl II 94, 749; BFH IX B 233/07 BFH/NV 08, 952: stfreie Entnahme der selbstgenutzten Wohnung nach § 52 XV aF). Hingegen hindert der *allg Freibetrag* für den Aufgabegewinn (§ 16 IV) die Vornahme der AfA vom gemeinen Wert nicht (BFH IX R 62/96 BStBl II 00, 656 unter 3.).

(2) AfA nach steuerl nicht erfasstem Entnahmegewinn/Aufgabegewinn. **119** Für den Fall, dass eine Betriebsaufgabe als solche zwar erfasst worden ist, der dabei angesetzte gemeine Wert sich später jedoch (ohne Korrekturmöglichkeit) als zu gering herausstellt, hat es der XI. Senat zugelassen, dass die spätere AfA vom tatsächl (höheren) gemeinen Wert bemessen wird (BFH XI R 5/90 BStBl II 92, 969 unter 2.; *Thiel* FR 93, 321). Nach der zutr Gegenauffassung ist der *steuerl erfasste* Wert maßgebl (Nichtanwendungserlass *BMF* BStBl I 92, 651; EStR 7.3 VI 1; FG Hbg EFG 94, 1038, ohne Begründung bestätigt durch BFH IX R 53/94 nv; in einem obiter dictum auch BFH IX R 1/08 BFH/NV 09, 370 unter II.2.b aa; *Schmidt-Liebig* DStR 92, 1745). – Ist eine Betriebsaufgabe hingegen steuerl *gar nicht* erfasst worden, kommen AfA vom fiktiven Aufgabegewinn nicht in Betracht (BFH X R 158/90 BFH/NV 94, 476; BFH IX R 54/91 BFH/NV 95, 1055; BFH IX R 68/93 BFH/NV 95, 1056; BFH VI R 68/15 BStBl II 19, 128; BFH IX R 13/19 BFH/NV 21, 1169 Rz 17; ebenso zu § 17 BFH IX R 22/09 BStBl II 10, 790 unter II.2.b bb). – **Kritik.** Diese Differenzierung ist mE nicht überzeugend und nur mit dem Interesse der verschiedenen BFH-Senate an der Vermeidung einer formellen Divergenz zu erklären; die Rspr des XI. Senats sollte aufgegeben werden (zur parallelen Problematik der Ermittlung eines Einlagewerts nach vorangegangener nicht erfasster Entnahme s § 6 Rz 622). – Die gleichen Fragen stellen sich, wenn ein ArbN ein WG von seinem ArbG verbilligt erhält, ohne dass der geldwerte Vorteil versteuert wird, und der ArbN das WG anschließend zur Einkunftserzielung nutzt (vgl BFH IV R 45/99 BStBl II 01, 190). – Nach Beendigung der Gewinnermittlung durch **Tonnagebesteuerung** ist der TW (§ 5a VI) für die weitere AfA maßgebl (BFH IV R 35/16 BFHE 263, 22 Rz 35 ff; § 5a Rz 30).

121 bb) **AfA nach einer Einlage in das Betriebsvermögen.** Einlagewert und damit AfA-Bemessungsgrundlage für die künftige betriebl Nutzung ist grds der TW im Zeitpunkt der Einlage. Wurde das WG jedoch innerhalb der letzten drei Jahre vor der Einlage angeschafft oder hergestellt, ist der Einlagewert auf die fortgeführten AK/HK begrenzt (§ 6 I Nr 5). Wurde das WG innerhalb der letzten drei Jahre aus einem BV des StPfl entnommen, ist der Einlagewert auf den Wert (abzügl zwischenzeitl AfA) begrenzt, mit dem die Entnahme angesetzt worden ist (§ 6 I Nr 5 S 3). Der Entnahmewert ist in diesem Fall aber auch dann maßgebend, wenn der Entnahmegewinn stfrei geblieben ist (BFH X R 53/04 BStBl II 05, 698; Anm *Kanzler* FR 05, 1179; die Beurteilung ist hier anders als in den in Rz 118 erläuterten Fällen). Zur AfA-Korrektur, wenn nachträgl erkannt wird, dass der Einlagewert fehlerhaft war, s Rz 16. Nach der Einlage ist die betriebsgewöhnl Nutzungsdauer neu zu ermitteln (BFH I B 194/09 BFH/NV 10, 1823). – Bei der **(verdeckten) Einlage** eines WG in eine KapGes ist der TW (§ 6 VI 2) auch dann die AfA-Bemessungsgrundlage, wenn beim Einlegenden eine Besteuerung der stillen Reserven unterblieben ist (BFH I R 104/94 BFHE 179, 265); eine „Besteuerungsverknüpfung" zw Einlegendem und Übernehmendem ist zR verneint worden. Diese Beurteilung gilt nach Anfügung des § 8 III 4 KStG fort; § 32a II KStG regelt nur den umgekehrten Fall.

123 cc) **Einlage nach Verwendung bei den Überschusseinkünften, § 7 I 5. – (1) Regelungsinhalt.** Ausführl *BMF* BStBl I 10, 1204; *Apitz* StBP 11, 332. Werden WG, die zuvor der Erzielung von Überschusseinkünften gedient haben, in ein BV eingelegt, mindert sich der „Einlagewert" um die bisher vorgenommenen AfA, SonderAfA und erhöhten AfA (bei GWG mE auch um Beträge nach § 6 II). Tatsächl meint die Vorschrift aber nicht den Einlagewert iSd § 6 I Nr 5, sondern nur die AfA-Bemessungsgrundlage. Der Einlagewert als solcher (nach § 6 I Nr 5 grds der TW) bleibt unberührt, sodass die im PV gebildeten stillen Reserven auch weiterhin nicht besteuert werden (BFH IV R 37/06 BStBl II 11, 617 unter II.1.b; BFH IV R 66/05 BFH/NV 08, 1301 unter II.1.b mwN). Allerdings verbleibt nach vollständiger Abschreibung im BV ein Restwert iHd zuvor im PV in Anspruch genommenen AfA. Die Vorschrift soll eine doppelte AfA verhindern, wenn für das WG nur ein Mal AK/HK angefallen sind. Sie gilt auch für Gebäude (§ 7 IV 1 HS 2). – **Sonderfälle bei niedrigem Einlagewert.** Die Minderung der AfA-Bemessungsgrundlage kann grds nicht zu einem geringeren Betrag als den fortgeführten AK/HK führen (zB AK 1000, im PV verbrauchte AfA 200, TW 900: *Einlagewert* ist der TW = 900; *AfA-Bemessungsgrundlage* wäre hier grds 700 [TW ./. AfA], jedoch angehoben auf die fortgeführten AK = 800; nach voller Absetzung bleibt ein Restwert von 100). Ist der Einlagewert allerdings niedriger (dh der TW liegt unter den fortgeführten AK/HK), ist AfA-Bemessungsgrundlage dieser Einlagewert. – Zur Behandlung von Einlagen **bis VZ 10** s *Schmidt* 33. Aufl § 7 Rz 80.

125 (2) **Anwendungsbereich.** Die Regelung gilt auch für WG, die der Einlegende zuvor im Wege der **unentgeltl Einzel- oder Gesamtrechtsnachfolge** (AfA nach § 11d EStDV) erworben hat (BFH X R 34/09 BFH/NV 10, 1625 unter II.3.). Sie gilt nicht bei **Übertragung auf PersGes gegen Gewährung neuer Anteile,** selbst wenn der Nominalwert des Anteils im Verhältnis zum Wert des übertragenen WG sehr gering ist (BFH IV R 37/06 BStBl II 11, 617 unter II.2.; BFH IV R 66/05 BFH/NV 08, 1301 unter II.2.; keine Einlage, sondern tauschähnl Vorgang; aA FG Nds EFG 20, 1600, Rev IV R 2/20, s § 6 Rz 599); dadurch kann die Anwendung des § 7 I 5 bei „Einlagen" ins GesamthandsBV idR vermieden werden (zB Einbringung geerbter Grundstücke mit nur noch geringem restl AfA-Volumen in eine gewerbl geprägte PersGes, um die volle AfA vom TW geltend machen zu können). Soweit innerhalb der Drei-Jahres-Frist des § 6 I Nr 5 S 1 Buchst a als Einlagewert ohnehin die fortgeführten AK/HK gelten, hat § 7 I 5 nicht zu einer Rechtsänderung geführt (s *Stuhrmann* FR 00, 511). Zu weiteren Gestaltungen zur Vermeidung des § 7 I 5 s *Tiedtke/Wälzholz* DStR 01, 1501; *Korn* § 7 Rz 100.2.

dd) Wechsel zwischen Nutzung außerhalb der Einkunftserzielung und Nutzung bei Überschusseinkünften. Zur Umwidmung von WG, die zuvor außerhalb der Einkunftserzielung genutzt worden sind, für die Erzielung von Überschusseinkünften und zur „Entwidmung" solcher WG s § 9 Rz 278. Die AK/HK sind auf die Gesamtnutzungsdauer einschließl der Zeit vor der Umwidmung zu verteilen; als WK (AfA) ist iErg nur der Teil der AK/HK abziehbar, der auf die Zeit nach der Umwidmung entfällt (BFH VI R 44/86 BStBl II 90, 692 unter 2.b aa). Zur Nutzungsdauer von Einrichtungsgegenständen in einer Ferienwohnung, die zunächst selbstgenutzt und dann vermietet wurde, s FG BaWü EFG 97, 1430, rkr. Allein die Überführung eines vermieteten Grundstücks, das bisher zwei *Bruchteileigentümern* zuzurechnen war, in eine *GbR,* deren Gesellschafter die vormaligen Bruchteileigentümer sind, führt nicht zur Schaffung neuen AfA-Volumens (BFH IX R 68/01 BStBl II 05, 324).

127

e) AfA nach Änderung der Bemessungsgrundlage. – aa) Teilwert-AfA und AfaA. – (1) Gebäude. § 11c II EStDV ordnet an, dass nach AfaA oder TW-AfA als neue Bemessungsgrundlage die AK/HK abzügl des Betrags der AfaA oder TW-AfA gelten. Der AfA-Satz bleibt unverändert (auch in den Fällen des § 7 V; zur Zulässigkeit der AfaA bei § 7 V s Rz 181). – **(2) Andere WG.** Die AfA sind nach einer TW-AfA oder AfaA vom verbleibenden Buchwert (Restwert) nach Maßgabe der (ggf neu zu schätzenden) Restnutzungsdauer vorzunehmen. Bei degressiver AfA (§ 7 II) sind AfaA unzulässig (§ 7 II 4); TW-AfA ist hingegen mögl.

131

bb) Umbaumaßnahmen/Erweiterungsmaßnahmen an bestehenden Wirtschaftsgütern. Hier gilt die folgende vierfache Abstufung:
- Zunächst ist zu prüfen, ob es sich (ganz oder teilweise) um **Erhaltungsaufwand** handelt (zur Abgrenzung ausführl § 6 Rz 164 ff). Dieser ist sofort als BA/WK abziehbar.
- Andernfalls kommen **nachträgl HK** in Betracht. In diesem Fall ist die *ursprüngl* Bemessungsgrundlage (dh nicht der Restwert) um die nachträgl HK zu erhöhen; der bisherige AfA-Satz ist weiterhin anzuwenden. Damit tritt eine Verlängerung der Abschreibungsdauer über die typisierten Zeiträume des § 7 IV 1,V hinaus ein (näher Rz 133 f).
- Ist durch die HK **ein neues WG entstanden,** beginnt eine neue AfA-Reihe (bei Gebäuden grds nach § 7 IV). Als neue AfA-Bemessungsgrundlage dient hier (anders als bei nachträgl HK) die Summe aus dem *Restwert* der verwendeten Altsubstanz und den neu angefallenen HK. Zu den Fallgruppen, in denen HK zur Entstehung eines neuen WG führen, s § 6 Rz 166 f.
- Ist ein solches (zunächst nur im strechtl Sinne „neues") WG **auch bautechnisch als Neubau anzusehen** (zu den Kriterien ausführl *Schmidt* 27. Aufl § 7 Rz 162 ff; *Paus* DStR 94, 1633), konnte im zeitl Anwendungsbereich des § 7 V die neue AfA nach § 7 V bemessen werden. Umgekehrt sind die erhöhten AfA nach § 7h, § 7i ausgeschlossen (s § 7h Rz 4, § 7i Rz 6).

132

(1) Nachträgliche Anschaffungs-/Herstellungskosten bei Gebäude-AfA mit typisierten Sätzen (dh § 7 IV 1,V). Bei **AfA nach § 7 IV 1** ist die ursprüngl *Bemessungsgrundlage* (dh nicht der Restwert) um die nachträgl AK/HK zu erhöhen; der bisherige AfA-Satz ist weiterhin anzuwenden (BFH IV R 241/69 BStBl II 75, 412 unter 2.b; BFH IX R 103/83 BStBl II 87, 491 unter 1.; BFH IV

133

R 73/02 BStBl II 08, 407 unter II.2.c aa (1); EStH 7.4 „AfA nach nachträgl AK/HK" Beispiel 2). Hierdurch tritt allerdings eine Verlängerung der gesamten Abschreibungsdauer über die typisierten Zeiträume des § 7 IV 1 hinaus ein; ist die tatsächl Nutzungsdauer kürzer, kann der StPfl zur AfA nach § 7 IV 2 übergehen (Verteilung des um die nachträgl HK erhöhten Restwerts auf die tatsächl Restnutzungsdauer; BFH VIII R 105/73 BStBl II 77, 606). – Nichts anderes gilt, wenn nachträgl AK/HK erst anfallen, nachdem das **ursprüngl AfA-Volumen schon vollständig abgeschrieben** worden ist. Dann stehen zwar als neues *AfA-Volumen* nur noch die nachträgl AK/HK zur Verfügung; die *Bemessungsgrundlage* ergibt sich aber als Summe aus der früheren AfA-Bemessungsgrundlage und den nachträgl AK/HK. Dies führt zu dem wirtschaftl sinnvollen Ergebnis, dass in solchen Fällen nachträgl AK/HK über einen kürzeren Zeitraum als die typisierten 50 (40/33) Jahre abgeschrieben werden. – Bei **AfA nach § 7 V** gilt dasselbe (Erhöhung der ursprüngl Bemessungsgrundlage um die nachträgl AK/HK, Beibehaltung des AfA-Satzes). Hierdurch verbleibt nach Ablauf der in § 7 V genannten Zeit ein Restwert, auf den dann § 7 IV 1 (2% der ursprüngl Bemessungsgrundlage; BFH IX R 103/83 BStBl II 87, 491 unter 2.) oder § 7 IV 2 (Schätzung der Restnutzungsdauer) anzuwenden ist (EStH 7.4 „AfA nach nachträgl AK/HK" Beispiel 3).

135 **(2) Nachträgliche Anschaffungskosten/Herstellungskosten bei nicht nach typisierten Sätzen bemessener AfA** (dh § 7 I, II, IV 2). Die nachträgl AK/HK sind dem letzten *Buchwert* (nicht der ursprüngl Bemessungsgrundlage) hinzuzurechnen. Dieser sich ergebende Restwert wird auf die Restnutzungsdauer, die neu zu schätzen ist, verteilt (EStR 7.4 IX; BFH I R 165/67 BStBl II 71, 142; BFH IV R 73/02 BStBl II 08, 407 unter II.2.c aa (1)). In den Fällen des § 7 IV 2 kann der StPfl aber von einer neuen Schätzung der Restnutzungsdauer absehen und weiter den bisherigen AfA-Satz anwenden (EStR 7.4 IX 2). Dies ist für den StPfl günstig, wenn die tatsächl Nutzungsdauer sich durch die nachträgl HK deutl erhöht hat. – Diese Grundsätze (insb Neuschätzung der Restnutzungsdauer) gelten ungeachtet der Gesamtrechtsnachfolge auch dann, wenn nach einer **Umwandlung** die Wertansätze aufgestockt werden (§ 4 III UmwStG; für Aufstockungen aufgrund eines Übernahmeverlusts BFH IV R 73/02 BStBl II 08, 407; für Aufstockungen auch in allen anderen Fällen des § 4 III UmwStG zR *Kempermann* FR 08, 774).

137 **cc) Spätere Ermäßigung der Anschaffungskosten/Herstellungskosten.** Zu den hiervon erfassten Fallgruppen s ausführl § 6 Rz 65 f (in Abgrenzung zu Wertänderungen der Kaufpreisverbindlichkeit, s § 6 Rz 81). Bei der Gebäude-AfA mit typisierten AfA-Sätzen ist die Bemessungsgrundlage um den Ermäßigungsbetrag zu mindern; der typisierte AfA-Satz ist weiter anzuwenden. Bei allen anderen AfA-Methoden ist der Ermäßigungsbetrag vom letzten Buchwert abzusetzen und der Restwert auf die Restnutzungsdauer zu verteilen (*HHR* § 7 Rz 136 mwN). Ermäßigungen der AK/HK sind damit spiegelbildl zu nachträgl AK/HK (dazu Rz 133 f) zu behandeln. – Die AK/HK sind bei Minderung oder Schadensersatz wegen Schlechterfüllung **grds nicht rückwirkend**, sondern nur ab dem VZ, in dem dieses Ereignis eintritt, zu mindern (ebenso *Söffing* BB 95, 2558; *HHR* § 7 Rz 136). Dies gilt auch dann, wenn die Übertragung des WG beim *Veräußerer* in den Rahmen einer Betriebsveräußerung/-aufgabe fiel und sich *bei ihm* der Veräußerungsgewinn nach den zu § 16 Rz 338 dargestellten Grundsätzen mit steuerl Rückwirkung auf den Veräußerungs-/Aufgabezeitpunkt mindert (zutr FG Ddorf EFG 03, 1296, rkr). Denn die Sonderregelungen der §§ 16, 34 betreffen allein den Veräußerer, nicht aber den Erwerber (BFH VIII R 66/03 BStBl II 06, 307 unter II.2.c cc bbb). Die **Rückgängigmachung der Anschaffung** führt zu einem Wegfall der AfA-Befugnis ab dem Jahr des Ereigniseintritts (BFH IX R 50/06 BStBl II 08, 480; BFH IX R 34/13 BFH/NV 14, 1732).

dd) Restwert-AfA. Zum Übergang von der degressiven zur linearen AfA s **138** Rz 199, zur Restwert-AfA nach SonderAfA s § 7a IX und § 7a Rz 16.

6. Beginn und Ende der AfA. – a) Beginn der AfA. – aa) Anschaffung **141** **oder Fertigstellung des Wirtschaftsguts.** Nach § 9a EStDV ist die Anschaffung mit der Lieferung, die Herstellung mit der Fertigstellung bewirkt. **Lieferung** ist die Verschaffung der Verfügungsmacht (s näher § 6 Rz 35; zur Betriebsbereitschaft von Softwaresystemen s *BMF* BStBl I 05, 1025). Die **Fertigstellung** ist mit der Einsatzbereitschaft für Zwecke der Einnahmeerzielung gegeben. Auf den Zeitpunkt der Inbetriebnahme kommt es nicht an (BFH I R 57/10 BStBl II 12, 407 Rz 18), ebenso wenig auf den der Zahlung (BFH IX R 50/06 BStBl II 08, 480: auch nicht bei den Überschusseinkünften).

bb) Fertigstellung eines Gebäudes. Das Gebäude muss nach Abschluss der **142** wesentl Bauarbeiten für den vorgesehenen Zweck nutzbar sein (BFH I B 48/99 BFH/NV 00, 947 mwN). Entscheidend ist die Bezugsfertigkeit (zu den Kriterien BFH X B 213/96 BFH/NV 98, 698 mwN). Dies gilt auch bei Eigentumswohnungen; die noch fehlende Teilungserklärung hindert die Annahme der Fertigstellung nicht (BFH IX R 53/96 BStBl II 99, 589; zu Unrecht krit *Fischer* FR 99, 764). Nicht erforderl sind Bezahlung des WG (BFH IX R 53/98 BFH/NV 02, 1152 unter II.4.: selbst bei Unfähigkeit zur Kaufpreiszahlung), zivilrechtl Wirksamkeit des Anschaffungsgeschäfts (§ 41 I AO, BFH IX R 60/94 BFH/NV 96, 600) oder tatsächl Inbetriebnahme des WG (BFH IX R 15/03 BStBl II 05, 477: Vermietung des Gebäudes erst ab dem Folgejahr; auch bei auf Vorrat angeschafften oder hergestellten WG, s *BH/Brandis* § 7 Rz 303). Kommt es nicht zur Anschaffung/ Herstellung (zB Rücktritt vom Vertrag), kann auch keine AfA vorgenommen werden. Dann stellt sich allerdings die Frage des *sofortigen* Abzugs der vergebl aufgewendeten Kosten (ausführl § 6 Rz 207 ff, § 9 Rz 102). Wird ein noch nicht fertiggestelltes Gebäude bereits vermietet, kann der Vermieter AfA vornehmen, weil seine Einkunftserzielung begonnen hat (zutr FG Saarl EFG 12, 1630, rkr: Vermietung eines gewerbl Gebäudes an einen Mieter, der es ausbauen will).

cc) Errichtung in Bauabschnitten. – (1) Einheitliche Nutzung aller Bauabschnit- **143** **te.** Die AfA beginnt mit Fertigstellung des *ersten* Bauabschnitts (BFH IV R 241/69 BStBl II 75, 412 unter 1.a) nach Maßgabe der bis dahin angefallenen HK. Die Aufwendungen für spätere Bauabschnitte stellen nachträgl HK des bereits vorhandenen WG dar, wenn diese Abschnitte mit dem bereits fertig gestellten Gebäudeteil in einem *einheitl* Nutzungs- und Funktionszusammenhang stehen (dazu Rz 36; zur AfA nach § 7 V in diesen Fällen s *Schmidt* 27. Aufl § 7 Rz 163 f). – **(2) Unterschiedliche Nutzung der Bauabschnitte** (zB erster Bauabschnitt eigengewerbl, zweiter Bauabschnitt fremdvermietete Wohnungen). Hier sollen die bereits angefallenen HK für die noch nicht fertig gestellten Gebäudeteile zunächst dem bereits fertig gestellten Gebäudeteil zuzurechnen und erst in diesem abzuschreiben sein (BFH X R 77/87 BStBl II 91, 132). Damit verkennt der BFH mE die Selbständigkeit der einzelnen WG (krit auch *Schellenberger* DStZ 90, 101; *Paus* BB 94, 1122; zutr FG Köln EFG 94, 974, rkr). Die *FinVerw* gewährt dem StPfl ein Wahlrecht (EStR 7.3 II; ausführl *OFD Ffm* FR 00, 528).

b) AfA im Jahr der Anschaffung oder Herstellung, § 7 I 4. Die AfA ist **145** zeitanteilig nach angefangenen Monaten (pro rata temporis) vorzunehmen (§ 7 I 4). Dies gilt auch für die degressive AfA bei bewegl WG (§ 7 II 3), jedoch nicht für die degressive Gebäude-AfA (so ausdrückl § 7 V 3). Für Sammelposten-WG iSd § 6 IIa gilt S 4 nicht.

c) Ende der AfA. Die AfA endet spätestens mit dem Verbrauch der Bemes- **146** sungsgrundlage (AfA-Volumen). Sie kann schon vorher enden, wenn das WG auf Dauer nicht mehr zur Erzielung von stpfl Einnahmen eingesetzt wird (zB Veräußerung, Entnahme, Nutzungsänderung; s auch *BH/Brandis* § 7 Rz 306). Dann ist die AfA im letzten Jahr der Nutzung nur noch zeitanteilig nach angefangenen Monaten zu ermitteln (EStR 7.4 VIII). Dies gilt auch in den Fällen des § 7 V (s *Schmidt* 27. Aufl § 7 Rz 175).

II. AfA bei anderen Wirtschaftsgütern als Gebäuden, § 7 I–III

151 **1. Lineare AfA, § 7 I 1–3. – a) Anwendungsbereich; Rechtsfolge.** Die lineare AfA ist anzuwenden bei bewegl, immateriellen und solchen unbewegl WG, die keine Gebäude sind (s Rz 33 ff), nicht hingegen bei Gebäuden (für diese gelten Abs 4–5a, s Rz 201 ff). Die Bemessungsgrundlage wird in gleich hohen Beträgen zeitanteilig auf die Wj oder Kj des Abschreibungszeitraums verteilt.

152 **b) Betriebsgewöhnliche Nutzungsdauer, § 7 I 2.** Der Abschreibungszeitraum (Zeitraum, auf den die Bemessungsgrundlage zu verteilen ist) bemisst sich bei WG des **BV** nach der betriebsgewöhnl Nutzungsdauer (§ 7 I 2; s auch Rz 28). Für die typisierte AfA bei **Sammelposten-WG** nach § 6 IIa kommt es auf die betriebsgewöhnl Nutzungsdauer allerdings nicht an.

153 **aa) Begriff.** Die betriebsgewöhnl oder voraussichtl Nutzungsdauer ist der Zeitraum, in dem das WG unter Berücksichtigung der Verhältnisse seines konkreten Einsatzes seiner Zweckbestimmung entspr genutzt werden kann (zu Gebäuden § 11c I EStDV). Maßgebend ist daher nicht die tatsächl Dauer der betriebl Nutzung durch den einzelnen StPfl, sondern die obj Nutzbarkeit des WG unter Berücksichtigung der besonderen betriebstypischen Beanspruchung (BFH III R 74/97 BStBl II 01, 311 unter II.1.c; BFH IV R 8/10 BStBl II 11, 709 unter II.2.b). Die betriebsgewöhnl Nutzungsdauer wird nicht dadurch beeinflusst, dass das WG voraussichtl vor seiner technischen oder wirtschaftl Abnutzung veräußert oder beseitigt wird (BFH X R 78/94 BStBl II 98, 59: Mietwagen, die typischerweise nach nur kurzer Nutzungsdauer weiterveräußert werden; ebenso zu Flugzeugen BFH IV R 15/04 BFH/NV 06, 1267 unter II.3.c; FG BaWü EFG 94, 1040, rkr: drohende Enteignung; zu abrissreifen Gebäuden s Rz 158; zum Veräußerungserlös/Schrottwert s Rz 115 f). – **Gebraucht angeschaffte WG.** Hier ist die **Restnutzungsdauer** maßgebend, während der das WG vom StPfl noch verwendet werden kann. Sie ist unter Berücksichtigung des Alters und des Einsatzes des WG zu schätzen (BFH I R 164/74 BStBl II 77, 60 unter 2.a; BFH VI B 306/00 BFH/NV 01, 1255). – **Positive Ergänzungsbilanz.** Beim Erwerb eines PersGes-Anteils gegen Aufgeld ist für die AfA auf den Mehrbetrag in der Ergänzungsbilanz die Restnutzungsdauer eigenständig und ohne Bindung an die Gesamthandsbilanz zu schätzen (BFH IV R 1/11 BStBl II 17, 34). – **Überschusseinkünfte.** Maßgebl ist die Nutzungsdauer, für die das WG nach seiner voraussichtl technischl und wirtschaftl Lebensdauer von dem StPfl zur Erzielung der Überschusseinkünfte eingesetzt werden könnte, wobei auch die Zeit mitzählt, in der das WG nicht zum Zwecke der Einkunftserzielung verwendet wird (BFH VI R 82/89 BStBl II 92, 1000 unter 1. mwN).

155 **bb) Technische, wirtschaftliche, rechtliche Nutzungsdauer.** Hierfür können sich unterschiedl Zeiträume ergeben. Die StPfl können sich auf die für sie günstigere Alternative berufen (BFH IV R 8/10 BStBl II 11, 709 unter II.2.c mwN; BFH IV R 15/04 BFH/NV 06, 1267 unter II.3.c aa: AfA auch dann mögl, wenn der StPfl trotz technischer Abnutzung keine Wertminderung erwartet; BFH IX R 16/07 BFH/NV 08, 1310: wirtschaftl Nutzungsdauer kürzer als technische). Sie müssen die kürzere wirtschaftl Nutzungsdauer aber anhand konkreter Umstände glaubhaft machen (*BMF* BStBl I 01, 860 unter 2.; BFH VIII R 73/68 BStBl II 72, 176).

156 **(1) Technische Nutzungsdauer.** Sie umfasst den Zeitraum bis zum körperl Verschleiß des WG.

157 **(2) Wirtschaftliche Nutzungsdauer.** Sie ist auf den Zeitraum begrenzt, in dem das WG rentabel genutzt werden kann (s auch Rz 186 ff zu AfaA). Die Verkürzung ggü der technischen Nutzungsdauer kann zB beruhen auf einem Wandel im modischen Geschmack (BFH VI R 44/86 BStBl II 90, 692 unter 2. b cc: auch bei einem aus Gold bestehenden Meisterstück, das keiner technischen Abnutzung unterliegt), der Erfindung modernerer Maschinen oder der bevorstehenden Einstellung des Betriebs oder einer bestimmten Produktion, sofern das WG nicht verkauft oder an anderer Stelle im Betrieb eingesetzt werden kann. – **Wertminderung des WG.** Dies allein berührt die wirtschaftl Nutzungsdauer nicht; hier kann die Korrektur nur über eine TW-AfA erfolgen. Bei Gebäuden rechtfertigt ein nicht mehr zeitgemäßer Wohnungsstandard oder die drohende Unwirtschaftlichkeit für sich allein die Annahme einer kürzeren wirtschaftl Nutzungsdauer noch nicht (FG Hess EFG 92, 438, rkr; FG BaWü EFG 00, 732, rkr); ebenso nicht die geplante Aufgabe einer bestimmten Nutzung des Gebäudes (FG BaWü EFG 94, 95, rkr: „Ärzteschwemme"). – **Verkaufserlös höher als Buchwert.** Trotz vorhandener wirtschaftl Abnutzung wird eine Verkürzung der AfA-Dauer versagt, wenn der StPfl beim vorzeitigen Verkauf regelmäßig einen Erlös erzielen kann, der selbst den bei Zugrundelegung der längeren technischen Nutzungsdauer verbleibenden Buchwert noch übersteigt (BFH X R 78/94 BStBl II 98, 59, betr Mietwagen; ausführl dazu *Hahn* DStZ 99, 845; ebenso BFH I R 47/07 BStBl II 09, 986 unter II.3: bei Musterhäusern der Fertighaushersteller idR kein verkürzter AfA-Zeitraum).

(3) Gebäude, die abgerissen werden sollen. Hier ist zu unterscheiden (s auch Rz 184; § 6 Rz 214 ff): Wird das Gebäude in Abbruchabsicht erworben, ist es wirtschaftl verbraucht (dh keine AfA mehr), wenn die Möglichkeit einer wirtschaftl sinnvollen Verwendung sowohl für den Veräußerer als auch für den Erwerber endgültig entfallen ist (BFH X R 97/87 BStBl II 89, 604 unter 2.a). Wird ein zwar in Abbruchabsicht erworbenes, aber noch nutzbares Gebäude durch Zwischenvermietung genutzt, gelten die typisierten AfA-Sätze. Welcher Teil der Gesamt-AK in derartigen Fällen auf die abzureißenden Gebäude bzw den GuB entfällt, ist eine Frage des Einzelfalls (BFH VIII R 116/79 BStBl II 82, 385). Soll ein bereits langjährig vom StPfl genutztes Gebäude abgerissen werden, rechtfertigt dies keine Verkürzung der Nutzungsdauer; erst der tatsächl Abbruch führt zur AfaA (glA *HHR* § 7 Rz 174). **158**

(4) Kürzere rechtliche Nutzungsdauer. Auch der Zeitraum, in dem das WG genutzt werden *darf* (zB bei zeitl begrenzten Nutzungsrechten), kann den AfA-Zeitraum begrenzen (BFH X R 78/94 BStBl II 98, 59 unter 3.). Allerdings ist ein Nutzungsrecht an einem *Gebäude* „wie ein materielles WG" zu behandeln und nach den typisierten AfA-Sätzen der § 7 IV, V abzuschreiben (ausführl Rz 82 mwN). Bei einer kürzeren Vertragslaufzeit gilt dies jedenfalls dann, wenn dem Nutzer am Ende der Laufzeit der volle Zeitwert erstattet wird (BFH III B 2/14 BFH/NV 15, 1385). **159**

cc) Nutzungsdauer und Einheitlichkeit des Wirtschaftsguts. Für dasselbe WG gibt es nur eine einheitl Nutzungsdauer (BFH III R 96/85 BStBl II 88, 655 unter 1.c; s auch Rz 25). Etwas anderes (parallele AfA-Reihen) gilt aber im Fall des *teilentgeltl Erwerbs* (s Rz 112). – **Unselbständige Teile eines WG.** Auch wenn diese eine unterschiedl Nutzungsdauer haben, ist die Nutzungsdauer desjenigen Teils maßgebend, der dem WG das Gepräge gibt (BFH IV R 46/09 BStBl II 11, 696 unter II.2.a); es ist also nicht eine durchschnittl Nutzungsdauer der Einzelteile zugrunde zu legen. Wohl aber kann die stärkere Beanspruchung eines *Teils* des WG die Nutzungsdauer des *gesamten* WG beeinflussen (offengelassen in BFH GrS 5/71 BStBl II 74, 132 unter C.II.2.c mwN). – Die **selbständigen Gebäudeteile** bei gemischt genutzten Gebäuden iSd EStR 4.2 IV müssen hingegen *keine* einheitl Nutzungsdauer haben (§ 4 Rz 124). Ein Gebäudekomplex, der ursprüngl in einem einheitl Nutzungs- und Funktionszusammenhang gestanden hat, können im Laufe der Zeit einzelne Gebäude, die sich besonders stark abgenutzt haben, aus dem Zusammenhang ausscheiden und erstl selbständig werden. Dann ist die verkürzte AfA nach § 7 IV 2 nur auf diese Gebäude anzuwenden, sodass sich zwei unterschiedl AfA-Reihen ergeben (BFH IX R 16/07 BFH/NV **161**

08, 1310). Bei Gebäuden, die mit einer Betriebsvorrichtung (= selbständiges bewegl WG) *untrennbar* verbunden sind, ist die Nutzungsdauer der Betriebsvorrichtung auch für die des Gebäudes bestimmen, wenn die Beseitigung der Betriebsvorrichtung zugleich zur Zerstörung des Gebäudes führt (*OFD Ffm* FR 95, 287).

163 **dd) Schätzung der Nutzungsdauer.** Die Nutzungsdauer ist unter Berücksichtigung der besonderen betriebl Verhältnisse zu schätzen (BFH VI R 82/89 BStBl II 92, 1000 unter 3.). Gewisse schätzungsimmanente Ungenauigkeiten müssen in Kauf genommen werden. Da der StPfl die betriebl Verhältnisse am besten kennt, kommt seiner Auffassung besondere Bedeutung zu, es sei denn, seine Schätzung liegt eindeutig außerhalb des angemessenen Rahmens (FG Köln EFG 01, 675, rkr). Ausgangspunkt für die Schätzung ist die *technische* Nutzungsdauer; zur Berücksichtigung einer kürzeren *wirtschaftl* Nutzungsdauer s Rz 157.

Berichtigung von Schätzungsfehlern (s auch *HHR* § 7 Rz 180; *KSM* § 7 Rz B 277 ff): Da jede Schätzung mit Fehlern behaftet ist, rechtfertigt eine zwar obj unrichtige, aber subj richtige Schätzung der Nutzungsdauer keine rückwirkende Änderung der AfA. Eine Änderung der AfA für die *Zukunft* ist nur vorzunehmen, wenn die Schätzung erheb lich von der zutr Nutzungsdauer abweicht; dann ist der Restbuchwert auf die Restnutzungsdauer zu verteilen (BFH IV R 31/77 BStBl II 81, 255 unter 2.). Eine Bindung an die Behandlung in der Vergangenheit besteht grds nicht (BFH VIII R 193/71 BStBl II 75, 858). Zur Korrektur überhöhter AfA s auch Rz 14 ff. Einigen sich FA und StPfl über eine von den AfA-Tabellen abw Nutzungsdauer, sind sie daran für die Zukunft nicht mehr gebunden, wenn sich herausstellt, dass die damalige Schätzung zu den tatsächl Gegebenheiten in krassem Widerspruch stand (BFH VI R 133/72 BStBl II 75, 478 unter III.3., 4.; s aber zur tatsächl Verständigung FG BaWü EFG 92, 706, rkr). – **Änderung der Nutzungsdauer** (durch Änderung der Verhältnisse): Die Nutzungsdauer kann sich zB durch nachträgl HK verlängern; umgekehrt kann sie sich durch mangelhafte Pflege, Wartungsfehler oder sonstige Beschädigungen des WG verkürzen. Vorübergehende Konjunkturschwankungen haben keinen Einfluss auf die Nutzungsdauer; *dauerhafte* Strukturveränderungen können in einem Wirtschaftszweig können aber zu einer beschleunigten *wirtschaftl* Abnutzung führen. Zur AfaA s Rz 181 ff.

164 **ee) AfA-Tabellen als Hilfsmittel der Schätzung.** Sie werden vom *BMF* unter Beteiligung der Fachverbände der Wirtschaft herausgegeben. Es gibt AfA-Tabellen für **allg verwendbare Anlagegüter** (für nach dem 31.12.00 angeschaffte/hergestellte WG zuletzt *BMF* BStBl I 00, 1532; Beispiele s Rz 167; deutl entschärfte Neufassung der „Vorbemerkungen" in *BMF* BStBl I 01, 860) und für **besondere Wirtschaftszweige** (zB *BMF* BStBl I 01, 837: Zahntechniker, Baugewerbe, Maschinenbau, Hafenbetriebe). Der lineare AfA-Satz kann bei WG, die in Doppel- oder Dreifachschichten genutzt werden, um 25% bzw 50% erhöht werden (*BMF* BStBl I 01, 860 unter 4.).

165 **(1) Anwendungsbereich.** Die AfA-Tabellen sind trotz der Verwendung des Begriffs „Anlagegüter" grds auch bei den **Überschusseinkünften** anwendbar (BFH VI R 133/72 BStBl II 75, 478 unter III.3.; BFH IX R 16/08 BFH/NV 09, 899 unter II.1.d; FG Saarl EFG 07, 1000, rkr). Auf **gebraucht erworbene WG** können sie hingegen nicht uneingeschränkt übertragen werden (so auch LStH 38 „Einzelnachweis", betr Pkw; hier ist die individuelle Restnutzungsdauer maßgebl (s Rz 153 mwN).

166 **(2) Bedeutung.** Die AfA-Tabellen haben zunächst die **Vermutung der Richtigkeit** für sich, sind aber für die Gerichte nicht bindend (BFH III R 74/97 BStBl II 01, 311 unter II.1.c). Gleichwohl muss das FG eine *generelle* (dh nicht nur auf Besonderheiten des Einzelfalls gestützte) Abweichung in Auseinandersetzung mit den Erkenntnissen der *FinVerw* besonders begründen (BFH VI R 29/96 BFH/NV 97, 288). Die Tabellen sind unbeachtl, sofern sie erkennbar nicht auf Erfahrungswissen beruhen, also bereits für den *Regelfall* zu einer **offensichtl unzutreffenden Besteuerung** führen (BFH VI R 82/89 BStBl II 92, 1000 unter 8.: 4 Jahre bei Pkw; BFH IV R 8/10 BStBl II 11, 709 unter II.2.f: Tankschiff, wobei bereits das tatsächl *Durchschnittsalter* der Welt-Tankschiffflotte 50% über der *Gesamt*nutzungsdauer lt AfA-Tabelle lag). In allen anderen Fällen muss das FA eine

AfA bei anderen WG als Gebäuden 167, 169 § 7

zu Lasten des StPfl vorgenommene Abweichung von der AfA-Tabelle substantiiert begründen (zutr FG Nds EFG 14, 1780, rkr). Der StPfl kann sich ggü dem FA auf eine ihm günstige AfA-Tabelle berufen; eine ihm ungünstige Nutzungsdauer aus einer AfA-Tabelle kann er hingegen gerichtl prüfen lassen (zutr *Brill* BeSt 15, 1).

(3) Nutzungsdauer wichtiger Wirtschaftsgüter nach den ab 2001 geltenden AfA- **167** **Tabellen.** – **Unbewegl Anlagevermögen.** Tennishallen uä 20; Traglufthallen 10; Baubuden 8. – **Grundstückseinrichtungen:** Fahrbahnen, Parkplätze, Hofbefestigungen mit Packlage 19, in Kies uä 9; Umzäunungen aus Holz 5, sonstige 17; Grünanlagen 15; Golfplätze 20. – **Betriebsanlagen:** Windkraftanlagen (s auch Rz 169) 16; Photovoltaikanlagen (s auch *OFD Bln* DB 04, 1290; *OFD Rhld* FR 11, 491) 20; Solarwärmeanlagen 10; Transport-/Baucontainer 10; Laden- und Gaststätteneinbauten, Schaufensteranlagen 8; Lichtreklame 9; Schaukästen/Vitrinen 9; Alarmanlagen 11. – **Fahrzeuge:** Pkw (s auch Rz 169) 6; Motorräder/Roller 7; Lkw 9; Wohnwagen 8; Bauwagen 12. – **Betriebs-/Geschäftsausstattung:** Fernsprechnebenstellen 10; Mobilfunkgeräte 5; Faxgeräte 6; Adressiermaschinen uä 8; Großrechner 7; Foto-/Filmgeräte uä 7; Kopiergeräte 7; Büromöbel 13; Verkaufstheken 10; normale Teppiche 8; hochwertige Teppiche 15; Kunstwerke (ohne anerkannte Künstler) 15.

ff) Weitere Beispiele zur betriebsgewöhnlichen Nutzungsdauer 169

Ablösesummen für Fußballspieler sind AK für ein immaterielles abnutzbares WG und damit auf die Laufzeit des Vertrages unter Beachtung von Optionsmöglichkeiten zu verteilen (BFH I R 24/91 BStBl II 92, 977 unter II.B.9.; dazu *Hüttemann* DStR 94, 490; krit *Jansen* DStR 92, 1785 und 94, 1217).

Biogasanlage 10 Jahre (FG Mster EFG 18, 1887, rkr); die *FinVerw* will hingegen 16 Jahre ansetzen (*BMF* BStBl I 96, 1416 Nr 2.6.1).

Blockheizkraftwerk 10 Jahre (*OFD Rhld* FR 11, 491).

Computerhardware. Die *FinVerw* lässt für Wj, die ab dem 31.12.20 enden, im BV und PV eine Nutzungsdauer von **einem Jahr** zu. Dies bewirkt den sofortigen Abzug der AK als BA/WK (s Rz 28; *Diffring/Saft* DB 21, 3058, 3061). Erfasst sind ua PC, Notebooks, Tablets, Workstations (diese WG bedürfen einer Kennzeichnung nach der EU-ÖkodesignVO) und Peripheriegeräte (zB Drucker, Scanner, Tastatur, Monitor, externe Speicher, Beamer). Sind derartige WG bereits in früheren VZ angeschafft worden und noch nicht voll abgeschrieben, kann nun der **gesamte Restwert** abgesetzt werden (zum Ganzen *BMF* BStBl I 21, 298; ausführl dazu *Bolik/Reifarth-Belli/Mayer* StuB 21, 266). Zuvor wurde eine Nutzungsdauer von drei Jahren angenommen (*BMF* BStBl I 00, 1532; BFH VI R 99/10 BStBl II 14, 393 Rz 18). – **Kritik.** Da Computerhardware in der Realität wesentl länger als ein Jahr genutzt wird und die stl Nutzungsdauer auch nicht von der EU-ÖkodesignVO abhängig ist, bildet die VerwAuffassung hier nicht die Realität ab und wird wegen offensichtl unzutreffender Besteuerung von den Gerichten nicht angewendet werden (s Rz 166; glA *Althoff* BB 21, 1066; *Endert* DStR 21, 591, 594; *Schiffers* DStZ 21, 979, 985; *Schumann* EStB 21, 530). Dies bewirkt unnötige Rechtsunsicherheit. Wenn man die Digitalisierung fördern will, ist ein gesetzl Regelung vorzugswürdig. Eine entspr Neuregelung ist auf S 164 des Koalitionsvertrags der seit Dezember 2021 amtierenden BReg (s hierzu *Kaeser/Wünnemann* DStR 22, 1) allerdings bereits angekündigt worden.

Deponien. Bei WG, die in Deponien eingesetzt werden, kommt ggf ein verkürzter AfA-Zeitraum in Betracht (*BMF* BStBl I 05, 826 Rz 16).

Einbauküche 10 Jahre (BFH IX R 14/15 BStBl II 17, 437 Rz 31).

Einzelhandelsgebäude 33 Jahre, sofern Bauantrag bzw Anschaffung vor dem 1.9.07 (*OFD Hann* DStR 08, 2318).

Filmrechte. Der Medienerlass (*BMF* BStBl I 01, 175 Tz 17) knüpft an die gesetzl Schutzfrist von 50 Jahren an; bei Zugrundelegung der Rspr zu Patenten (s unten) kommt es mE eher nicht auf die Dauer der *rechtl*, sondern der *tatsächl* Vermarktbarkeit des Films an. Krit auch *Radau* DStR 03, 1278, der die LeistungsAfA nach S 6 anwenden will (Abschreibung nach einem der Vereinnahmung der Erlöse entspr Verbrauch), die aber auf *bewegl* WG beschränkt und hier nicht anwendbar ist. Zu weiteren immateriellen WG s Rz 40.

Geschlossene Fonds s Windkraftanlagen.

Hausboot 30 Jahre, sofern fest verankert (FG Ddorf EFG 21, 1188, rkr).

Internetauftritt. IdR 3 Jahre (*Eberlein* DStZ 03, 677, 681: Anknüpfung an die als übl anerkannte Nutzungsdauer von Software).

Kunstgegenstände, historische Musikinstrumente (s auch *Müller-Katzenburg/Hofmann* BB 00, 2563). – *(1)* **Abzugsverbote.** Zunächst ist zu prüfen, ob dem Abzug § 12 Nr 1 entgegensteht (zur Ausschmückung des Arbeits- oder Dienstzimmers s § 9 Rz 270 „Bilder" mwN) oder ob die Aufwendungen unangemessen iSv § 4 V 1 Nr 7 sind (s § 4 Rz 601). – **(2) Abnutzbarkeit.** Weiter ist zu prüfen, ob es sich um abnutzbare WG handelt. Dies wird verneint bei Kunstwerken anerkannter Meister (BFH III R 58/75 BStBl II 78, 164; FG BBg EFG 08, 530, rkr; krit *Ebling* DStR 08, 1522; TW-AfA bleibt allerdings mögl) oder bei WG, die als Sammlungs- oder Ausstellungsstücke gehalten werden (BFH X R 131–133/87 BStBl II 90, 50), hingegen bejaht bei WG, die in ihrer *Gebrauchsfunktion* verwendet werden. Diese unterliegen zwar keiner wirtschaftl, wohl aber einer technischen Abnutzung (BFH VI R 78/82 BStBl II 86, 355: antiker Schreibtisch im Arbeitszimmer; BFH VI R 26/98 BStBl II 01, 194 unter 1., Anm *Hollatz* HFR 01, 435: Meistergeige). – **(3) Nutzungsdauer.** Sie ist bei einer mehrere Jahrhunderte alten Meistergeige typisierend auf 100 Jahre, bei einer neueren Meistergeige auf 50 Jahre zu schätzen (BFH VI R 26/98 BStBl II 01, 194 unter 2.). **Patente; Erfindungen.** Die betriebsgewöhnl Nutzungsdauer ist hier häufig kürzer als die *rechtl* Schutzfrist. BFH III R 82/67 BStBl II 70, 594 unter 2.b hat 8 Jahre angenommen; wegen des seither beschleunigten technischen Fortschritts kann auch ein viel kürzerer Zeitraum in Betracht kommen; dies ist aber sehr von der im Einzelfall gegebenen Marktsituation abhängig (*HHR* § 7 Rz 192 „Patente": 3 bis 5 Jahre). Wird ein Überlassungsvertrag über einen längeren Zeitraum geschlossen, ist dieser maßgebl (BFH II R 5/09 BFH/NV 11, 1147 unter III.2.c cc).

Ladestation. Wandladestationen und Ladeinfrastruktur für ElektroKfz 6–10 Jahre (*FM Thür* DStR 21, 1308).

PKW (s auch § 4 Rz 520 „Fahrtkosten"). Die *FinVerw* nimmt 6 Jahre an (BMF BStBl I 01, 1532), die mE zutr Rspr hingegen für den Regelfall 8 Jahre (BFH VI R 82/89 BStBl II 92, 1000 unter 9.; BFH III R 74/97 BStBl II 01, 311 unter II.1.c; BFH IX B 174/03 BFH/NV 08, 368; BFH VIII R 64/06 BFH/NV 08, 1660 unter II.2.; BFH X B 93/15 BFH/NV 16, 776 Rz 43). Dies ist verfassungsrechtl nicht zu beanstanden (BVerfG 2 BvR 2172/01 DStZ 02, 686). Macht der StPfl eine kürzere Nutzungsdauer geltend, hat er dies in Abhängigkeit vom Kfz-Typ und der jährl Fahrleistung glaubhaft zu machen.

Software. Ab VZ 21 (Wj 20/21) nimmt die *FinVerw* für Betriebs- und Anwendersoftware (einschließl ERP) nur noch eine Nutzungsdauer von **einem Jahr** an, so dass ein Sofortabzug mögl ist (*BMF* BStBl I 21, 298 Rz 5; Einzelheiten und Kritik s oben „Computerhardware"). – Bis VZ 20 galt: Die Nutzungsdauer von Standard-Software, die an das jeweilige IT-Gerät gebunden ist, entspricht idR der Nutzungsdauer der entspr Hardware (zutr FG Nds EFG 03, 601 unter 3.c); sie beträgt also 3 Jahre (*OFD Bln* 31.3.02 ESt-Kartei Bln § 9 Fach 9 Nr 1002 unter IV.). Bei betriebswirtschaftl ERP-Software 5 Jahre (*BMF* BStBl I 05, 1025 Rz 22).

Tierbestände s *BMF* BStBl I 01, 864 Rz 26.

Windkraftanlagen. – **(1) Nutzungsdauer.** Die AfA-Tabelle (16 Jahre) ist auch dann maßgebl, wenn ein geschlossener Fonds eine längere Laufzeit (zB 20 Jahre) prognostiziert (ausführl *Schmidt* 32. Aufl § 7 Rz 107 mwN). – **(2) Aufteilung der Gesamtkosten eines Windparks.** Sie sind nicht allein den Windkraftanlagen zuzuordnen, sondern auf die WG Übergabestation und Zuwegung zu verteilen (Einzelheiten s BFH IV R 46/09 BStBl II 11, 696; BFH IV R 3/17 BFH/NV 19, 1076). – **(3) Beginn der AfA.** Die Rspr stellt auch hier formal auf den zivilrechtl Gefahrübergang bzgl der Substanz der Windkraftanlagen **(Abnahme)** ab, selbst wenn dem ein längerer Probebetrieb vorausgeht, dessen Erlöse bereits dem Betreiber zustehen (BFH I R 57/10 BStBl II 12, 407 Rz 21; BFH IV R 41/10 BFH/NV 14, 847 Rz 38; BFH IV R 1/14 BStBl II 17, 171; zur Kritik s *Schmidt* 39. Aufl § 7 Rz 169).

c) Betriebsgewöhnliche Nutzungsdauer des Geschäfts- oder Firmenwerts, § 7 I 3. – aa) Gewerbebetrieb; Land- und Forstwirtschaft. Die Nutzungsdauer des Geschäftswerts (allg dazu s § 5 Rz 221 ff) ist in der StB stets mit 15 Jahren anzusetzen (§ 7 I 3; ausführl *Schoor* DStZ 00, 667). Dies gilt auch für Alt-Firmenwerte, die bereits vor Einfügung des S 3 (1987) aktiviert waren, und für verdeckt eingelegte Firmenwerte (BFH I R 104/94 BFHE 179, 265). Eine kürzere Frist kommt auch bei einem personenbezogenen GewBetr grds nicht in Betracht (BFH IV B 24/97 BFH/NV 98, 1467); nur bei offensicht unzutr Besteuerung hält der BFH Ausnahmen für denkbar (BFH VIII R 67/92 BStBl II 94, 449). Eine TW-AfA bleibt aber mögl (ausführl § 6 Rz 311 ff). IÜ kann man beim Betriebserwerb ggf darauf achten, unfertige/fertige Leistungen und Erzeugnisse einschließl ihrer stillen Reserven zutr zu bewerten, sodass der auf den Geschäftswert entfallende Teil des Gesamtkaufpreises entspr geringer ausfällt (*Kleinmanns* BB 14, 2293).

bb) Freiberuflicher Praxiswert. Hier ist § 7 I 3 kraft seines Wortlauts nicht 172 anwendbar. Dies gilt auch, wenn der Praxiswert auf eine Gesellschaft übertragen wird, die kraft Rechtsform oder wegen § 15 III *gewerbl* Einkünfte erzielt (BFH IV R 33/95 BFH/NV 97, 751 unter 2.). Für den erworbenen Wert einer Einzelpraxis sind idR 3–5 Jahre anzusetzen, für den Sozietätspraxiswert 6–10 Jahre (ausführl § 18 Rz 200 ff). Ist ein von Ärzten betriebenes Labor aber als GewBetr anzusehen, gilt die gesetzl AfA-Dauer von 15 Jahren (FG Mster EFG 15, 15).

2. AfA nach Maßgabe der Leistung, § 7 I 6. – Voraussetzungen. Die (in der Praxis 175 seltene) LeistungsAfA findet nur bei den **Gewinneinkunftsarten** Anwendung, nicht hingegen bei den Überschusseinkunftsarten, weil diese kein „Anlagevermögen" kennen (ebenso *BH/Brandis* § 7 Rz 372; *HHR* § 7 Rz 218; *Frotscher/Geurts* § 7 Rz 320; **aA** *Lademann/Claßen* § 7 Rz 172). Ferner ist der Anwendungsbereich auf **bewegl** WG beschränkt (dh nicht bei Gebäuden oder immateriellen WG). „Wirtschaftl begründet" ist die LeistungsAfA vor allem bei WG, deren Nutzung in den einzelnen Jahren der Nutzungsdauer erhebl schwankt (EStR 7.4 V). – **Bemessung.** Die AfA bemisst sich nach im Voraus zu schätzenden *Leistungseinheiten* (zB km-Leistung eines Lkw in den einzelnen Jahren der Nutzungsdauer) oder *Zeiteinheiten* (zB voraussichtl Arbeitsstunden einer Maschine in den einzelnen Jahren der Nutzungsdauer; zu Gestaltungsmöglichkeiten bei Anschaffung eines nur saisonweise eingesetzten WG zum Jahresende s FG Mchn EFG 85, 67, rkr). Der Nachweis ist durch Zählwerke oä zu erbringen (EStR 7.4 V). – **Beibehaltung und Wechsel.** War die Wahl der LeistungsAfA wirtschaftl begründet, kann sie auch nach Wegfall der wirtschaftl Gründe beibehalten werden. Ein Wechsel zw LeistungsAfA und linearer AfA ist (sofern nicht willkürl) zulässig (Umkehrschluss aus § 7 III; *HHR* § 7 Rz 221), zumal die LeistungsAfA nur eine Unterform der linearen AfA ist (BFH IV 102/53 U BStBl III 55, 165 unter 8.).

3. AfA für außergewöhnliche technische oder wirtschaftliche Abnutzung (AfaA), § 7 I 7. Ausführl *Schumann* EStB 18, 351. – **a) Anwendungsbereich.** Abs 1 S 7 gilt für sämtl Einkunftsarten (Einkunftserzielungsabsicht erforderl; BFH IX R 132/88 BFH/NV 93, 646) und für **sämtl WG** (für Gebäude ausdrückl § 7 IV 3; nach EStR 7.4 XI 2 auch bei degressiver Gebäude-AfA). Nur bei degressiver AfA für *bewegl* WG ist eine AfaA ausgeschlossen (§ 7 II 4); man kann aber zur linearen AfA übergehen und danach die AfaA abziehen. Auch der unentgeltl Rechtsnachfolger kann AfaA vornehmen. 181

AfaA auf nicht abnutzbare WG? Dies ist mE zulässig, weil der Wortlaut des S 7 nicht voraussetzt, dass das WG auch *gewöhnl* der Abnutzung unterliegt und das obj Nettoprinzip die Berücksichtigung derartiger durch die Einkunftserzielung bedingter Substanzverluste gebietet (str; ebenso *Grube* DB 06, 63; *Grube* FR 11, 633, 637; *Mirbach/Mirbach* DStZ 21, 838, 841; **aA** *KSM* § 7 Rz B 364; *Frotscher/Geurts* § 7 Rz 325; *Schumann* EStB 18, 351, 352). **AfaA auf den GuB** sind daher mE mögl bei irreparablen Umweltschäden (*Grube* DB 06, 63; zu AfaA auf den GuB beim bodenzerstörenden Abbau eines Bodenschatzes s Rz 225; offen gelassen von BFH IX R 33/14 BFH/NV 16, 1446 Rz 23) sowie nach zwischenzeitl Verwendung eines an Landwirte verpachteten Grundstücks für Deponiezwecke, was zu einer dauerhaften Minderung der Bodenqualität geführt hat (FG Köln EFG 14, 1868, rkr, zust Anm *Wüllenkemper* EFG 14, 1871 mwN; der WK-Abzug wurde hier allerdings nicht auf S 7, sondern auf die allg Norm des § 9 I 1 gestützt). Hierfür spricht auch, dass der BFH die Möglichkeit von *SonderAfA* auf UV bejaht, das ebenfalls nicht abnutzbar ist (s BFH IV R 48/07 BStBl II 10, 799 Rz 42 ff; zu AfaA auf **UV** s auch *Glade* DB 00, 844). Eine AfaA auf GuB wegen schlechter wirtschaftl Vermarktbarkeit kommt allerdings nicht in Betracht (zutr BFH IX R 33/14 BFH/NV 16, 1446 Rz 22). Ebenso hat der BFH AfaA für vergebl Aufwendungen iZm der geplanten Anschaffung von GuB (BFH IX R 37/09 BFH/NV 11, 36) oder einer Beteiligung iSd § 17 (BFH VIII R 4/02 BStBl II 04, 597) nicht zugelassen.

b) Voraussetzungen. – aa) Außergewöhnliche Abnutzung. Auch die AfaA 182 dient der Verteilung der AK/HK und soll berücksichtigen, dass die bisherige Verteilung als nicht mehr vertretbar erscheint, weil sich ein Teil der ursprüngl AK/HK als verbraucht oder fehlgeschlagen erweist. Die Abnutzung muss „außergewöhnl" sein, dh aufgrund besonderer Umstände über den gewöhnl Wertverzehr hinausgehen (BFH VI R 185/97 BStBl II 04, 491 unter II.1.2.). Wer sich auf eine AfaA beruft, muss die Umstände glaubhaft machen. – **Abgrenzung AfaA/TW-AfA** (s auch *Glade* DB 00, 844; *Grube* DB 06, 63): Für die TW-AfA genügt eine bloße *Wertände-*

rung; die AfaA setzt hingegen eine Beeinträchtigung der *Substanz* oder zumindest der *Nutzungsmöglichkeiten* des WG voraus. Ein von außen kommendes Ereignis muss unmittelbar *körperl* auf das WG einwirken (BFH IV R 45/05 BStBl II 09, 449 unter II.3.). Im Gegenzug kann die AfaA aber zu einem unter dem TW liegenden Buchansatz führen.

183 bb) **Außergewöhnliche technische Abnutzung.** – (1) **Substanzbeeinträchtigung.** Dies ist Voraussetzung für eine AfaA in dieser Fallgruppe. Typischerweise handelt es sich um Fälle der **Zerstörung** (BFH IX R 189/85 BStBl II 94, 11: Brand; zu Katastrophenschäden an Gebäuden umfassend *Grube* DStZ 00, 469; zu Naturkatastrophen *Mirbach/Mirbach* DStZ 21, 838, 840), **Beschädigung** (zu Kfz-Unfällen s § 19 Rz 110 „Unfallkosten"; zu Schäden infolge mangelhafter Unterhaltung des WG *HHR* § 7 Rz 233 mwN) oder des **Verlusts** des WG (BFH VI R 185/97 BStBl II 04, 491: Unterschlagung eines Arbeitsmittels durch den Ehegatten). Erwirbt ein Erbbauberechtigter auch das belastete Grundstück, rechtfertigt dies keine AfaA auf die AK des Erbbaurechts (FG Köln EFG 92, 659, rkr; s auch § 6 Rz 94); Gleiches gilt für den umgekehrten Fall (BFH IX R 24/03 BStBl II 06, 461: Eigentümer des belasteten Grundstücks erwirbt das Erbbaurecht und bricht das Gebäude ab).

184 (2) **Abbruch von Gebäuden.** Wird ein bebautes Grundstück in der Absicht erworben, das Gebäude abzureißen (wichtiges Beweisanzeichen: Abriss innerhalb von drei Jahren nach dem Erwerb), gehört der Restbuchwert des Altgebäudes zu den HK eines Neubaus (wenn das Grundstück wieder bebaut wird) bzw den AK des GuB (wenn das Grundstück nicht wieder bebaut wird). Fehlte hingegen beim Erwerb noch die Abbruchabsicht, ist iHd Restbuchwerts eine AfaA vorzunehmen (Nachweise und weitere Einzelheiten s § 6 Rz 214 ff). Unter den genannten Voraussetzungen sind AfaA auch dann zulässig, wenn ein Neubau, der an die Stelle des zuvor vermieteten, abgerissenen Gebäudes getreten ist, zu eigenen Wohnzwecken genutzt wird, sofern die Abnutzung durch die vorangegangene Vermietung veranlasst ist (BFH IX R 26/96 BFH/NV 98, 1212; BFH IX R 51/05 BFH/NV 08, 933: neben der AfaA auch WK-Abzug der Abrisskosten; FG Nbg DStRE 18, 1287, rkr), und selbst dann, wenn das abgerissene Gebäude zuvor bis zu drei Jahren leer gestanden hatte (FG RhPf EFG 99, 1275, rkr). Gleiches gilt, wenn das bisher vermietete Gebäude aufgrund wirtschaftl Umstände nicht mehr vermietbar ist und zum Ende des letzten Mietverhältnisses an einen Dritten veräußert wird, der es dann abbricht (zutr BFH IX R 64/07 BStBl II 09, 301). – Diese Grundsätze gelten auch für **Teilabrisse/Rückbau** (Umbau unter Entfernung von Teilen der Substanz; zu den Kriterien für einen Abzug von AfaA s BFH IX R 26/89 BStBl II 94, 902). Wird statt eines geplanten Teilabrisses ein Totalabriss erforderl, kann nur iHd Differenzbetrags eine AfaA vorgenommen werden (BFH IX R 2/93 BStBl II 97, 325).

186 cc) **Außergewöhnliche wirtschaftliche Abnutzung.** Darunter ist die Beeinträchtigung der wirtschaftl *Nutzungsfähigkeit* zu verstehen. – (1) **Einzelfälle wirtschaftliche Abnutzung.** S auch Rz 157 f. Das WG oder die mit ihm hergestellten Produkte sind durch neue Erfindungen oder einen Modewechsel überholt (FG Ddorf EFG 92, 660, rkr: Computer; jedoch anders zum Erscheinen aktueller Software-Versionen FG Mster EFG 05, 854, Rev XI R 13/05 unbegr: nur TW-AfA; ebenso *Eberlein* DStZ 03, 677, 682, hierbei nicht unrentable Internetauftritte); ein Mietvertrag endet vorzeitig, wodurch sämtliche Mietereinbauten verloren sind.

187 (2) **Einzelfälle keine wirtschaftliche Abnutzung.** Die bloße Minderung der *Rentabilität* des WG aufgrund eines Rückgangs der erzielbaren Mieten (BFH IX R 7/13 BFH/NV 14, 1202: das Gebäude erfüllt die aktuellen Branchenanforderungen nicht), eines Überangebots (FG SchlHol EFG 09, 1453, rkr; für ledigl vorübergehende Rentabilitätsminderung auch FG Mchn EFG 98, 178, rkr; hingegen offen gelassen von BFH IX R 146/90 BStBl II 93, 702 unter 2.b cc; großzügiger *Grube*

FR 11, 987) oder zu optimistischer Markteinschätzung (zutr FG BaWü EFG 20, 32, rkr), weil es hier an der Voraussetzung eines von außen kommenden, körperl auf das WG einwirkenden Ereignisses (s Rz 182) fehlt. Wegen behördl Auflagen kann ein Gebäude nur in einer wirtschaftl nicht optimalen Weise errichtet werden, sodass weniger Mieteinnahmen erzielt werden (BFH VIII R 176/78 BStBl II 80, 743); Geldspielautomaten können vom Automatenaufsteller zwar nicht mehr an den Hersteller zurückgegeben, wohl aber zu ihrem eigentl Zweck genutzt werden (FG Ddorf EFG 82, 406, rkr); Wertminderung nach einem Wasserrohrbruch, wenn das Gebäude durchgängig bewohnbar bleibt (FG Brem EFG 88, 466, rkr). Einer Verkürzung der Restnutzungsdauer, die nicht auf äußeren Einflüssen, sondern ledigl auf einer neuen Schätzung beruht, ist durch Anwendung eines erhöhten Satzes für die Normal-AfA nach § 7 IV 2 (s Rz 208), nicht aber durch eine AfaA Rechnung zu tragen.

(3) Beendigung der Erzielung von Überschusseinkünften. Dies allein führt nicht zu einer AfaA (BFH VIII R 27/91 BFH/NV 93, 599 unter 3.c; FG Mchn DStRE 17, 715, rkr: keine AfaA auf Einrichtungsgegenstände eines häusl Arbeitszimmers bei Beendigung der Arbeitszimmernutzung). Etwas anderes gilt jedoch, wenn sich bei Beendigung eines Mietverhältnisses herausstellt, dass ein speziell auf die Wünsche des bisherigen Mieters zugeschnittenes (Gewerbe-)Gebäude nur noch eingeschränkt vermietbar ist (BFH VIII R 34/76 BStBl II 81, 161 unter I.2.b; BFH IX R 64/07 BStBl II 09, 301: hier war das Gebäude völlig unvermietbar). In den letztgenannten Fällen setzt eine AfaA jedoch voraus, dass der obj Zusammenhang der Wertminderung mit der früheren Vermietungstätigkeit nicht durch eine Verknüpfung mit einer Grundstücksveräußerung überlagert wird. An einer solchen sachl Verknüpfung fehlt es trotz zeitl Nähe zur Grundstücksveräußerung jedenfalls dann, wenn der Verkaufserlös allein auf den GuB entfällt und der Verkaufsentschluss erst aus der Erkenntnis der Unvermietbarkeit gefasst wird (BFH IX R 64/07 BStBl II 09, 301, Anm *Heuermann* HFR 09, 233).

(4) Baumängel. Sie rechtfertigen keine AfaA, weil sie ledigl das wertmäßige Gleichgewicht der beiderseitigen Leistungen berühren, nicht aber zu einem Verlust an Substanz oder Nutzungsfähigkeit führen (BFH IX R 164/87 BStBl II 92, 805; ebenso zu einem mit Mängeln behafteten *Kauf*objekt BFH IX R 30/02 BStBl II 04, 592; Anm *Heuermann* HFR 04, 612). Selbst wenn wegen der Mängel einzelne unselbständige Teile des Gebäudes wieder entfernt werden müssen und daher ein Substanzverlust vorliegt, verneint die Rspr AfaA mit der Begründung, vor der Fertigstellung des Gebäudes fehle es noch an einem abnutzbaren WG (BFH IX R 23/92 BStBl II 95, 306 unter III.2.c aa; ebenso BFH IX R 39/86 BFH/NV 87, 763: Subunternehmer entfernt unter seinem Eigentumsvorbehalt stehende Baumaterialien nach Insolvenz des Generalunternehmers; ähnl zur TW-AfA § 6 Rz 276 mwN); etwas anderes kann aber im Fall der Beseitigung von Gebäudeteilen gelten, die *selbständige* WG sind. AfaA kommen auch dann nicht in Betracht, wenn die Mängel erst nach der Fertigstellung des Gebäudes entdeckt werden (BFH IX R 146/90 BStBl II 93, 702: Erstellung einer zu kleinen Wohnfläche). Aufwendungen zur Mängelbeseitigung sind nicht sofort abziehbar, sondern führen zu HK, wenn sie in engem Zusammenhang mit der Fertigstellung vorgenommen werden (BFH IX R 17/84 BStBl II 87, 694; BFH IX R 23/95 BFH/NV 99, 785). Bei Zerstörung eines Rohbaus durch *äußere* Einflüsse muss eine AfaA aber mögl sein (*Grube* DStZ 00, 469, 472). Zur Problematik vergebl/erfolgloser Aufwendungen s auch § 6 Rz 207 ff. und § 9 Rz 102.

c) Höhe der AfaA. Bei außergewöhnl *technischer* Abnutzung ist der Teil des Buchwerts abzusetzen, der den Substanzverlust repräsentiert, bei außergewöhnl *wirtschaftl* Abnutzung ist das Verhältnis der Verminderung der Nutzbarkeit des WG zur normalen Nutzbarkeit maßgebend. – **AfaA neben Reparaturkosten.** Sie kann nur dann geltend gemacht werden, wenn nach der Reparatur eine *auf techni-*

schen Mängeln beruhende erhebl Wertminderung verbleibt; ein bloßer *merkantiler Minderwert* reicht nicht aus, weil dieser die Nutzbarkeit nicht einschränkt (BFH VI R 7/92 BStBl II 94, 235; **aA** *Krämer* FR 94, 485). Schadensbeseitigungskosten, die nicht zu HK führen (zB Kosten für Abbruch- und Aufräumarbeiten), sind neben den AfaA als BA/WK abziehbar (BFH IX R 333/87 BStBl II 94, 12 unter 2.).
– **Totalschaden eines privaten Kfz während berufl Nutzung.** Die AfaA bemisst sich nach der Differenz zw dem „fiktiven Buchwert" des WG (= AK ./. fiktive AfA, die bei durchgängiger Nutzung zur Einkunftserzielung abgezogen worden wäre) und dem tatsächl Wert des WG nach dem Schadensereignis (Zeitwert). Nicht maßgebl ist hingegen die Differenz zw den Zeitwerten vor und nach dem Schadensereignis (BFH IV R 25/94 BStBl II 95, 318; BFH VIII R 33/09 BStBl II 13, 171). Nach Ablauf der gewöhnl Nutzungsdauer (Vollabschreibung) ist eine AfaA daher nicht mehr mögl (BFH VIII R 33/09 BStBl II 13, 171). – Die AfaA ergänzt die normale AfA, sodass in dem betr Jahr zunächst die normale AfA, sodann die AfaA vorzunehmen ist (anschaul FG Hess EFG 00, 1377, rkr). Zur Bemessung der Regel-AfA nach Vornahme einer AfaA s Rz 131.

192   **d) Wahlrecht.** Nach dem Wortlaut des § 7 I 7 besteht ein Wahlrecht, ob AfaA vorgenommen werden (ebenso *BH/Brandis* § 7 Rz 395; *Littmann* § 7 Rz 273; *Weiss* BB 17, 2027, jeweils mwN; **aA** *HHR* § 7 Rz 239). Bei *vollständiger* Nutzlosigkeit des WG zur Einkunftserzielung sind AfaA aber zwingend (allg Meinung).

193   **e) Zeitpunkt für AfaA.** Maßgebl ist der Eintritt des beeinträchtigenden Umstands (BFH VI R 27/97 BStBl II 98, 443: PKW-Unfall). War dieser zunächst verborgen, ist der Zeitpunkt der Entdeckung maßgebend (BFH IX R 17/84 BStBl II 87, 694 unter 3.; hier kein Wahlrecht). Wird dieser Zeitpunkt „verpasst", ist eine **Nachholung** mE aber mögl, sofern die Gründe für die AfaA fortbestehen. – **Erstattungen.** Wenn ein Versicherer oder Schädiger den Schaden später erstattet, bleibt die AfaA unberührt (BFH IX R 189/85 BStBl II 94, 11; BFH IX R 333/87 BStBl II 94, 12); ein Wahlrecht zur Verrechnung mit der späteren Ersatzleistung besteht nicht. Im PV ist eine Versicherungsleistung nur insoweit stpfl Einnahme, als die den Betrag der AfaA ausgleicht; darüber hinaus nicht (BFH IX R 1/14 BStBl II 15, 493; FG Hess EFG 20, 107, rkr; s auch *Mirbach/Mirbach* DStZ 21, 838, 843).

194   **f) Zuschreibung; Wertaufholung.** Bei Gewinnermittlung nach § 4 I oder § 5 (dh nicht bei Überschusseinkünften oder Gewinnermittlung nach § 4 III, wo eine TW-AfA ausgeschlossen ist, s dazu § 6 Rz 360) ist eine gewinnerhöhende Zuschreibung (und damit eine Erhöhung der weiteren AfA-Bemessungsgrundlage) vorzunehmen, wenn der Grund für die AfaA entfallen ist (§ 7 I 7 HS 2). Dabei genügt nicht eine bloße *Werterhöhung;* vielmehr muss die technische oder wirtschaftl *Abnutzung* beseitigt sein. Das FA trägt die Feststellungslast (anders bei der TW-Zuschreibung nach § 6 I Nr 1 S 4 wegen des abw Wortlauts). Diese Regelung soll das Wertaufholungsgebot des § 6 I Nr 1 S 4 und Nr 2 S 3 ergänzen.

Beispiel: Kommt es im Jahr 01 durch einen Verkehrsunfall zu einer AfaA am betriebl Kfz (dh Gewinnminderung) und wird der Schaden im Jahr 02 durch eine Reparatur beseitigt, ist eine Zuschreibung vorzunehmen (Gewinnerhöhung); die Reparaturkosten bleiben aber als BA abziehbar (iErg ist der Vorgang für das Jahr 02 also weitgehend gewinnneutral). Für die Folgejahre bewirkt die Zuschreibung eine höhere Bemessungsgrundlage für die NormalAfA. Letztl gilt nichts anderes, wenn alle Vorgänge in *einem* Wj liegen (iErg Gewinnminderung iHd Reparaturkosten).

195   **4. Degressive AfA bei beweglichen Wirtschaftsgütern, § 7 II.** Für bewegl WG, die in den Kj 2020 und 2021 (nach dem RefEntw des CoronaStHG IV auch Kj 2022) angeschafft oder hergestellt werden, kann (Wahlrecht) wieder eine degressive AfA beansprucht werden. – **a) Bedeutung.** Die degressive AfA erleichtert die Finanzierung der Investition: Durch die hohen Minderungen des Gewinns in zeitl Nähe zur Investition erlangt der Betrieb einen Liquiditätsvorteil (zu dessen Umfang s *Jacob/Pasedag* DB 09, 1829). Zugleich bildet die degressive AfA ab, dass viele

WG in den ersten Jahren ihrer Nutzung einer besonders hohen Wertminderung unterliegen. Der *tatsächl* Eintritt einer überproportionalen Wertminderung ist aber nicht Voraussetzung für die Inanspruchnahme von Abs 2.

b) Voraussetzungen. Abs 2 gilt nur für **bewegl WG** (Rz 34) des **Anlagevermögens** (Begriff s § 6 Rz 344 ff; dh nur für die Gewinneinkunftsarten). Immaterielle WG sind daher nicht erfasst (krit *Althoff* BB 20, 2352), wohl aber Nutzungsrechte an bewegl Sachen (zutr *Littmann* § 7 Rz 287). – **Buchmäßige Voraussetzungen** s Abs 2 S 3 iVm § 7a VIII (besonderes Verzeichnis). Eine parallele Wahlrechtsausübung in der HB ist nicht erforderl (§ 5 I 1 HS 2; *BMF* BStBl I 10, 239 Rz 18). Die Inanspruchnahme von **Sonderabschreibungen** schließt die degressive AfA aus (§ 7a IV; Ausnahme: § 7g V). – Anders als die degressive *Gebäude*-AfA setzt Abs 2 nicht voraus, dass es sich um ein *neues* WG handelt; die Inanspruchnahme ist daher auch beim Erwerb **gebrauchter WG** zulässig. **196**

c) Höhe der degressiven AfA (§ 7 II 2). Anders als bei der linearen AfA wird der AfA-Satz hier nicht auf die (unverändert bleibende) Bemessungsgrundlage angewendet, sondern auf den jeweiligen Restbuchwert. Dadurch sinkt der AfA-*Betrag* von anfängl hohen Werten jährl ab. – Ausgangspunkt der Ermittlung ist der AfA-Satz, der sich bei linearer AfA nach Maßgabe der betriebsgewöhnl Nutzungsdauer ergeben würde. Für WG, die **in den Kj 2020 und 2021** angeschafft/hergestellt werden (auch bei abw Wj), gilt das Zweieinhalbfache des linearen AfA-Satzes, maximal 25 %. Dies soll nach dem RefEntw des CoronaStHG IV auch für das **Kj 2022** gelten. Danach wird die Wahl der degressiven AfA dann nicht mehr mögl sein, sodass die TW-AfA wieder größere Bedeutung erlangen wird (*Korn* KÖSDI 07, 15 758, 15 761). – Wegen der Begrenzung des Höchstsatzes auf 25 % lohnt sich die degressive AfA nur für WG mit relativ langer Nutzungsdauer. – Bei Anschaffung/Herstellung im Jahresverlauf ist der AfA-Betrag für das Erstjahr monatsweise zu zwölfteln (Abs 2 S 3 iVm Abs 1 S 4; s Rz 145). Zur Behandlung nachträgl AK/HK s Rz 132. Verkürzt sich die Nutzungsdauer, ist der AfA-Satz nach Maßgabe der (verkürzten) Gesamtnutzungsdauer, nicht aber der AfA-Satz, der der Restnutzungsdauer entsprechen würde, anzusetzen. Die degressive AfA ist auch in die **Berechnung eines privaten Nutzungsanteils** einzubeziehen (zutr *BH/Brandis* § 7 Rz 419); etwas anderes gilt nur für erhöhte und SonderAfA (s § 6 Rz 568). **197**

d) Ausschluss der AfaA. Abs 2 S 4 schließt bei degressiv abgeschriebenen WG eine AfaA nach Abs 1 S 7 aus (krit *HHR* § 7 Rz 276 mwN). Der StPfl hat aber die Möglichkeit, nach § 7 III 1 zur linearen AfA überzugehen, um sodann die AfaA geltend machen zu können. Für WG des BV bleibt zudem eine TW-AfA mögl. **198**

e) Wechsel zwischen degressiver und linearer AfA (§ 7 III). Nur der Wechsel von der degressiven zur linearen AfA ist zulässig (Abs 3 S 1), nicht dagegen ein umgekehrter Wechsel (Abs 3 S 3). Ein Wechsel zur LeistungsAfA ist vom Wortlaut nicht umfasst; wenn man aber einen Wechsel zw linearer und LeistungsAfA zulässt (s Rz 175), wird man iErg auch einen Wechsel von der degressiven zur LeistungsAfA erreichen können (glA *HHR* § 7 Rz 279; offen *KSM* § 7 Rz B 352; aA *BH/Brandis* § 7 Rz 446; *KSM* § 7 Rz D 20). – Der Wechsel zur linearen AfA ist sinnvoll, weil diese zum Ende der Nutzungsdauer hin höher ist als die degressive AfA (Tabelle bei *HHR* § 7 Rz 279). Der Übergang ist auch im Jahr der Veräußerung oder Aufgabe des Betriebes zulässig, was sich in Jahren, in denen die lineare AfA höher ist als die degressive, günstig auswirkt, weil der lfd Gewinn gemindert und der begünstigte Aufgabegewinn erhöht wird. Nach dem Übergang bemisst sich die AfA nach dem Restbuchwert und der Restnutzungsdauer (Abs 3 S 2; Einzelheiten *HHR* § 7 Rz 282). **199**

III. Gebäudeabschreibung, § 7 IV–Va

1. Lineare AfA bei Gebäuden, § 7 IV. – a) Gemeinsame Voraussetzungen. Zum **Gebäudebegriff** s Rz 36; als Gebäude gelten auch selbständige Gebäudeteile iSd § 7 Va (s Rz 215). Unbewegl WG, die keine Gebäude sind, fallen nicht unter Abs 4, sondern unter Abs 1 (s Rz 39). – Alle übrigen Voraussetzungen des Abs 1 müssen erfüllt sein, sodass insoweit auf die entspr Erläuterungen verwiesen **201**

§ 7 203–208 Absetzung für Abnutzung oder Substanzverringerung

wird (zur persönl AfA-Berechtigung s Rz 51 ff; zur Bemessungsgrundlage, auch zur Behandlung nachträgl HK, s Rz 105 ff). Die Regelung über die AfA bei **Einlage nach Verwendung bei den Überschusseinkünften** (Abs 1 S 5; s Rz 123) ist anwendbar (Abs 4 S 1 letzter Satzteil). Abs 4 S 3 verweist zudem auf die Regelungen über die **AfaA** (Abs 1 S 7; Einzelheiten s Rz 181 ff; zu den weiteren Absetzungen nach einer AfaA s Rz 131). Zur linearen Gebäude-AfA nach SonderAfA s § 7a IX und § 7a Rz 16.

203   **b) Lineare Gebäude-AfA nach typisierten Sätzen, § 7 IV 1.** Die typisierten AfA-Sätze von 3 bzw 2/2,5% entsprechen einer unterstellten Nutzungsdauer von 33 bzw 50/40 Jahren. Auch wenn die tatsächl Nutzungsdauer in der Praxis idR länger sein wird (so zutr BFH IX R 51/07 BFH/NV 09, 157 unter II.2.b aa), dürfen die AfA-Sätze nicht *unterschritten* werden (BFH XI B 2/19 BFH/NV 20, 561; BFH XI B 117/19 BFH/NV 20, 609; zur Nachholung unterlassener AfA s Rz 8 ff; zum Begriff und Beginn der Nutzungsdauer s § 11c I EStDV). Eine *Überschreitung* der AfA-Sätze ist zulässig, wenn die tatsächl Nutzungsdauer kürzer als die typisierte Nutzungsdauer ist (Abs 4 S 2; s Rz 208); dies gilt auch, wenn die Nutzungsdauer erst nachträgl neu geschätzt wird (s Rz 163). Im **Jahr der Anschaffung/Herstellung** bzw Veräußerung ist die AfA nur zeitanteilig vorzunehmen (s Rz 145 f). – Bei jedem **Eigentumswechsel** (Erwerb gebrauchter Gebäude) ist auf die neuen AK wiederum der AfA-Satz von 3 bzw 2/2,5% anzuwenden (BFH VIII R 73/68 BStBl II 72, 176; FG Hess EFG 92, 438, rkr), sofern nicht eine kürzere Nutzungsdauer glaubhaft gemacht wird (dann Anwendung von Abs 4 S 2). Dadurch ergibt sich bei dem einzelnen Gebäude ein über der typisierten Nutzungsdauer liegender Gesamtabsetzungszeitraum.

204   **aa) Wirtschaftsgebäude, § 7 IV 1 Nr 1.** Hier gilt ein erhöhter AfA-Satz von 3%. Voraussetzung ist, dass das Gebäude (bzw der selbständige Gebäudeteil) zu einem **BV** gehört (notwendiges oder gewillkürtes BV). Ferner darf es **nicht Wohnzwecken dienen** (weder fremden noch eigenen; näher *Schmidt* 27. Aufl § 7 Rz 171 und EStR 7.2 I–III). Werkswohnungen, die zum BV gehören, sind daher nicht begünstigt; umgekehrt gilt ab dem Zeitpunkt einer Umwandlung von Wohn- in Gewerbeflächen der erhöhte AfA-Satz (zur Behandlung von Nutzungsänderungen s auch *HHR* § 7 Rz 296). Wenn eine Aufteilung erforderl ist, sind die Gesamtbaukosten den einzelnen WG nach dem Verhältnis der Nutzflächen zuzuordnen. Zum **zeitl Anwendungsbereich** (Bauantrag nach dem 31.3.1985, auch wenn der konkrete StPfl das Gebäude erst später erwirbt) s *Schmidt* 33. Aufl § 7 Rz 153.

205   **bb) Andere Gebäude als Wirtschaftsgebäude, § 7 IV 1 Nr 2.** Sie sind idR mit 2% abzuschreiben (Nr 2 Buchst a). Sofern das Gebäude vor dem 1.1.1925 fertig gestellt worden ist, beträgt der AfA-Satz 2,5% (Nr 2 Buchst b). IErg gilt Nr 2 damit für **sämtl Gebäude des PV** (unabhängig von der Nutzung; auch zB bei Vermietung an einen fremden *Betrieb*) und für **solche Gebäude des BV, die nicht unter Nr 1 fallen** (zB zu Wohnzwecken genutzte Betriebsgebäude oder solche, für die der Bauantrag vor dem 1.4.1985 gestellt worden ist). Ein Wahlrecht besteht nicht. Wenn *ein* Gebäude Teile (= Nutzflächen) enthält, die in unterschiedl Nutzungs- und Funktionszusammenhängen stehen, sind unterschiedl AfA-Sätze anzuwenden (s Rz 36 mwN). – **Abs 4 Satz 4** ordnet an, dass eine TW-AfA oder AfaA nicht allein deshalb vorgenommen werden kann, weil ein Gebäude nur die Voraussetzungen der Nr 2, nicht aber die der Nr 1 erfüllt. Auch eine höhere AfA auf der Grundlage einer kürzeren Nutzungsdauer (Abs 4 S 2) kann nicht schon deshalb gewährt werden, weil das unter Nr 2 fallende Gebäude wie ein Gebäude iSd Nr 1 betriebl genutzt wird; vielmehr sind stets Feststellungen zum konkreten Einzelfall erforderl (BFH IX R 16/08 BFH/NV 09, 899).

208   **c) Gebäude-AfA nach tatsächlicher Nutzungsdauer, § 7 IV 2.** Ist die tatsächl Nutzungsdauer kürzer als in den typisierten Fällen des § 7 IV 1, kann (Wahlrecht) die AfA nach der kürzeren Nutzungsdauer vorgenommen werden. Mit der

Verlängerung der AfA-Dauer für Wirtschaftsgebäude (§ 7 IV 1 Nr 1), dem Auslaufen der degressiven GebäudeAfA und dem immer schnelleren Wandel der Bedürfnisse und technischen Anforderungen ist die Bedeutung des S 2 gestiegen. – **Begriff und Beginn der Nutzungsdauer.** S § 11c I EStDV; ausführl zur Ermittlung der Nutzungsdauer mit Einzelfällen s Rz 152 ff; umfassend zur Schätzung der Nutzungsdauer für außersteuerl Zwecke *Blum/Weiss* BB 07, 2093. – **Nachweisfragen.** Der StPfl trägt die Feststellungslast für eine kürzere Nutzungsdauer (BFH IX B 181/12 BFH/NV 13, 1267). Zum Nachweis geeignet sind nicht nur Bausubstanzgutachten, sondern im Einzelfall auch Sachwertgutachten nach der ImmoWert (BFH IX R 25/19 BFH/NV 22, 108). Zu den Anforderungen an die Geltendmachung einer verkürzten Nutzungsdauer bei Anschaffung eines nicht mehr heutigen Standards entsprechenden Gebäudes s FG Nds EFG 07, 1756 unter 2., rkr. – **Einzelfälle.** Nach grundlegender Sanierung und Modernisierung eines Altbaus kommt die erstmalige Geltendmachung einer verkürzten Nutzungsdauer grds nicht mehr in Betracht (mE zutr FG BBg EFG 14, 746, best durch BFH IX B 27/14 BFH/NV 14, 1772). Bei einem in gehobener Qualität errichteten Massivbau ist Satz 2 nicht allein deshalb anzuwenden, weil das Gebäude als Lebensmittelmarkt vermietet wird, auch wenn für bewertungsrechtl Zwecke (Anlage 22 zum BewG) eine Nutzungsdauer von 30 Jahren angenommen wird (zutr FG BaWü EFG 18, 1790, rkr). Zur Abgrenzung zw Leichtbauweise (idR verkürzte Nutzungsdauer) und Massivbauweise s *Urban* NWB 21, 3256. – **Spätere Verlängerung der Nutzungsdauer.** In derartigen Fällen (zB bei wesentl Herstellungsaufwand, ist derjenige AfA-Satz anzuwenden, der sich bei Verteilung des Restbuchwertes auf die neue Restnutzungsdauer ergibt. Die AfA-Sätze des Abs 4 S 1 (3 bzw 2/2,5 %) dürfen aber nicht unterschritten werden (s auch *HHR* § 7 Rz 307). Ein Wechsel zur AfA nach § 7 IV 1 ist zulässig, sofern dies nicht willkürl geschieht.

2. Degressive AfA bei Gebäuden, § 7 V. Die degressive AfA ist **auslaufendes Recht;** **211** für Neubauten (Bauantrag/obligatorischer Vertrag ab 1.1.06) wird sie nicht mehr gewährt. Letzte ausführl Kommentierung s *Schmidt* 27. Aufl § 7 Rz 160 ff; letzte Nachträge s *Schmidt* 33. Aufl § 7 Rz 160. – Ein Wechsel von § 7 V zur AfA nach § 7 IV 2 (verkürzte Nutzungsdauer) ist aufgrund des von § 7 V verfolgten Typisierungs- und Vereinfachungsgedankens nicht zulässig (BFH IX R 33/16 BStBl II 18, 646; mE nicht zwingend); die *FinVerw* lässt aber AfaA zu (EStR 7.4 XI 2).

3. AfA auf selbständige Gebäudeteile/Eigentumswohnungen/Teileigentum, § 7 Va. **215** Die Regelung ordnet an, dass Gebäudeteile, die in einem **unterschiedl Nutzungs- und Funktionszusammenhang stehen** (s Rz 36), für die Anwendung der Gebäude-AfA als jeweils selbständige Gebäude gelten; die soll der Klarstellung dienen (*Söffing* FR 77, 533, 536). Zur Abgrenzung der Gebäudeteile, die selbständige unbewegl WG sind, von den *bewegl* WG s Rz 34 ff mwN. Zur Stufenfolge bei der estrechtl Beurteilung von Umbau- und Erweiterungsmaßnahmen an bestehenden Gebäuden (Erhaltungsaufwand – nachträgl HK – Entstehung eines neuen WG – Neubau iSd § 7 V aF) ausführl Rz 132: zur Anwendbarkeit von § 7 V auf *nachträgl* errichtete selbständige Gebäudeteile s *Schmidt* 27. Aufl § 7 Rz 162 ff (nur bei Neubau). – **Eigentumswohnungen** und im **Teileigentum** stehende Räume sind hingegen stets selbständige WG mir eigener AfA. Nutzungs- und Funktionszusammenhänge haben hier keine Auswirkung.

IV. Absetzung für Substanzverringerung, AfS, § 7 VI

1. Allgemeines. Ein Bodenschatz ist ein abnutzbares unbewegl WG (BFH I R **221** 101/10 BStBl II 13, 165 Rz 21). Durch die AfS soll nicht ein beim Abbau entstehender Wertverlust ausgeglichen, sondern der Aufwand für den Erwerb eines WG auf den Zeitraum der Nutzung verteilt werden (BFH VIII R 236/81 BStBl II 89, 37 unter 1.; krit *Littmann* § 7 Rz 31; s auch Rz 1). Zum **Absetzungsberechtigten,** insb auch bei unentgeltl erworbenen Nutzungsrechten, s Rz 51 ff. Die Absetzung **beginnt** mit den Beginn des Bodenschatzabbaus. Zur **Nachholung** unterlassener AfS s Rz 8 ff. Zur **Einkunftsart** bei Ausbeutung/Verpachtung/Verkauf eines Bodenschatzes und zur Behandlung von Entschädigungen s § 21 Rz 18 ff.

222 **2. Methoden der Absetzung bei Bodenschätzen. – (1) Wahlrecht.** Die Absetzungen können entweder nach Abs 1 (Abs 6 HS 1: lineare AfA) oder nach dem Grad des Substanzverzehrs (Abs 6 HS 2: AfS ieS) vorgenommen werden. Die letztere Form ähnelt der LeistungsAfA des Abs 1 S 6. Abs 6 gilt bei allen Einkunftsarten. Die Rspr lässt bei Bodenschätzen im PV aber keine lineare AfA nach Abs 1 zu, weil sonst die Möglichkeit bestünde, eine geringere Menge als die sich bei linearer AfA ergebende abzubauen und den verbleibenden Bestand stfrei zu verkaufen (dh nur AfS nach § 7 VI HS 2 zulässig; BFH VI R 145/66 BStBl III 67, 460; BFH VIII R 12/72 BStBl II 79, 38 unter 2.c; krit *HHR* § 7 Rz 383). – **(2) Höhe der AfS.** Sie ermittelt sich nach dem Verhältnis der im Wj geförderten Menge zur gesamten geschätzten Abbaumenge (EStR 7.5 S 3) bzw (bei erforderl Neuschätzung) zur neu ermittelten Restmenge (*BH/Brandis* § 7 Rz 609).

224 **3. Absetzbares Wirtschaftsgut. – a) Bodenschätze.** Hierzu gehören zB Kohle-, Mineral-, Lehm-, Sand-, Kies-, Stein-, Erdöl-, Erdgasvorkommen, nicht hingegen Wasserquellen, die sich lfd ergänzen (BFH VI 331/64 BStBl II 68, 30). Zur bergrechtl Einteilung der Bodenschätze s *BMF* BStBl I 98, 1221. Die Möglichkeit, ein Grundstück als Deponie nutzen zu können, ist kein der AfS unterliegendes WG, sondern lediglich ein wertbildender Faktor des Grundstücks (FG Mster EFG 04, 1044, rkr). – Auch ein **Nutzungsrecht zum Abbau** von Bodenschätzen ohne Eigentum am GuB fällt unter Abs 6 (BFH VIII R 12/72 BStBl II 79, 38). Ist ein Ausbeuteunternehmen nicht zivilrechtl Eigentümer des GuB, sondern nur Inhaber des Bergwerkseigentums als Gewinnungsrecht (immaterielles WG), steht ihm gleichwohl das wirtschaftl Eigentum an dem *materiellen* WG „Bodenschatz" zu (BFH I R 101/10 BStBl II 13, 165). – **Die zum Abbau der Bodenschätze eingesetzten WG** unterliegen der AfA nach Abs 1–5a, nicht nach Abs 6.

225 **b) Grund und Boden.** Es handelt sich um ein vom Bodenschatz zu trennendes WG. Er kann durch den Abbau auch in seinem Wert und in Teilen seiner Substanz beeinträchtigt werden (zB Abtragung der Erdschicht und des Deckgebirges; bei Erdölförderung Verseuchung durch auslaufendes Öl). Zur **Absetzung auf den GuB** (nach hM wohl nur TW-AfA; mE hingegen auch AfaA) s Rz 181 und ausführl *Schmidt* 39. Aufl § 7 Rz 225 mwN.

227 **4. Entstehung des Bodenschatzes als Wirtschaftsgut. – a) Entstehungszeitpunkt.** Ein Bodenschatz ist grds ein unselbständiger Bestandteil des GuB. Als eigenes WG entsteht er nicht bereits mit seiner Entdeckung, sondern erst, wenn er zur nachhaltigen Nutzung in den Verkehr gebracht wird, dh mit **Beginn der Aufschließung,** sofern die dafür erforderl behördl Genehmigungen vorliegen, oder bei **Veräußerung** an einen Abbauunternehmer, der für den Bodenschatz einen Mehrpreis bezahlt, sofern mit der Erteilung der Genehmigungen zu rechnen ist (BFH IV R 88/96 BStBl II 98, 657; BFH X R 38/06 BStBl II 11, 622 unter II.2.b; *BMF* BStBl I 98, 1221; ausführl *Sydow* DB 98, 2237); weitere Nachweise s § 5 Rz 140, 270 „Bodenschätze". Dies gilt auch dann, wenn sich später zeigt, dass der Bodenschatz nicht für einen Abbau geeignet ist (BFH IV R 45/05 BStBl II 09, 449: keine Vornahme von AfaA!). Ist der StPfl Abbauunternehmer, besteht die Vermutung, dass der Bodenschatz sich zum WG verselbständigt hat (BFH IV R 17/73 BStBl II 77, 825 unter 1.b). – **Kaufpreisaufteilung.** Ist der Bodenschatz nach den vorstehenden Grundsätzen als selbständiges WG entstanden, ist der Verkaufserlös aufzuteilen. Ist in einem solchen Fall der Verkäufer ein LuF, gehört nur der auf den GuB entfallende Teil zu den BE; der auf den Bodenschatz entfallende Teil ist hingegen nicht stbar, da dieses WG im PV entsteht (BFH IV R 88/96 BStBl II 98, 657). Wenn jedoch der Bodenschatz nicht als selbständiges WG anzusehen ist, entfällt der gesamte Kaufpreis auf den GuB und ist stpfl.

228 **b) Bodenschatz noch kein selbständiges Wirtschaftsgut.** Der bloße Erwerb eines bodenschatzführenden Grundstücks durch einen StPfl, der nicht Abbauunternehmer ist, genügt nicht, wenn der Bodenschatz weder im Kaufvertrag erwähnt wird noch ein Mehrpreis gezahlt wird (BFH I R 66/76 BStBl II 79, 624; FG BBg EFG 08, 1544, rkr). Selbst wenn der Kaufpreis auch unter Einbeziehung des Bodenschatzes ermittelt wird, stellt dieser kein selbständiges WG dar, wenn feststeht, dass der Bodenschatz nicht abgebaut werden wird und das gesamte Grundstück weiterhin als solches genutzt wird; das Entgelt ist dann für eine **entgehende Nutzungsmöglichkeit** gezahlt worden (BFH IV R 1/88 BStBl II 90, 317 unter 2.: Verkauf des bodenschatzführenden Grundstücks für einen Kraftwerksbau; BFH III R 36/93 BFH/NV 94, 473: Verkauf des Grundstücks zur Nutzung als Friedhof unter Vergütung des Bodenschatzes; BFH IV B 53/00 BFH/NV 01, 1256: Verkauf des Grundstücks zur Errichtung eines Umspannwerks; BFH IV B 139/03 BFH/NV 05, 1991: Verkauf zur Errichtung einer Bahnstrecke; BFH IV R 51/05 BFH/NV 06, 2064: Erwerb zum Zwecke der Renaturierung eines Flusses).

5. Bemessungsgrundlage für die AfS. Maßgebl sind die AK von Bodenschatz oder Nutzungsrecht. – **a) Entgeltlicher Erwerb eines Grundstücks mit einem Bodenschatz.** Hat die Existenz des Bodenschatzes die Gesamt-AK beeinflusst, ist der Kaufpreis auf den GuB und den Bodenschatz aufzuteilen, sofern dieser nach den in Rz 227 dargestellten Grundsätzen als selbständiges WG entstanden ist.   231

b) Keine Beeinflussung des Kaufpreises durch den Bodenschatz. War die Existenz des Bodenschatzes zunächst nicht bekannt (oder wurde er für wertlos gehalten), gilt Folgendes (hier nur Überblick; Einzelheiten und zahlreiche Nachweise s § 5 Rz 140, 270 „Bodenschätze"): Da der Bodenschatz als steuerrechtl WG erst mit seiner Aufschließung entsteht (Rz 227), sind für ihn zuvor keine AK aufgewandt worden. Auch eine nachträgl Aufteilung der (ggf von einem Rechtsvorgänger) für das Grundstück gezahlten AK kommt nicht in Betracht. Grds entstehen neu entdeckte Bodenschätze als WG im PV (selbst dann, wenn das Grundstück als solches zu einem luf BV gehört). In einem solchen Fall sind gemäß § 11d II EStDV im PV keine AfS zulässig.   232

c) Einlage in ein gewerbliches Betriebsvermögen. Wird der StPfl zum Abbauunternehmer iSd § 15 I 1 Nr 1 S 2, ist der Bodenschatz zwar mit dem Teilwert anzusetzen; AfS sind aber gleichwohl nicht zulässig (BFH GrS 1/05 BStBl II 07, 508; BFH IV R 15/14 BStBl II 16, 593 Rz 20; Literatur s *Schmidt* 39. Aufl § 7 Rz 233). Das Absetzungsverbot hat erhebl Bedeutung, weil bei Zulassung der AfS vom TW der gesamte Gewinn aus dem Abbau neutralisiert würde. Die Rspr argumentiert, der Abzug von AfS sei nicht durch das obj Nettoprinzip geboten, wenn niemand AK für das WG getragen habe. Auch eine TW-AfA ist nicht zulässig, weil ansonsten die vom Gesetzgeber gewollte Besteuerung der Erträge vereitelt würde (BFH IV R 46/12 BStBl II 16, 607 Rz 34 ff). Auf andere WG ist diese einschränkende Rspr nicht übertragbar (BFH X R 20/17 BStBl II 20, 3 Rz 81: Einlage des Rechts am eigenen Namen zur kommerziellen Verwertung; zust *Wendt* FR 20, 593).   233

Gestaltungsmöglichkeiten. Die Besteuerung des Wertes des Bodenschatzes kann durch den (nicht stbaren) **Verkauf des Grundstücks samt Bodenschatz** an einen (ggf nahestehenden) Dritten, der mit dem Kaufpreis den vollen Wert des Bodenschatzes abgilt, iErg gleichwohl vermieden werden. ME gilt Gleiches für den Verkauf an eine gewerbl PersGes, auch wenn der Verkäufer deren MUer ist (FG Mchn EFG 19, 1668, Rev IV R 25/19; **aA** *LfSt Bayern* DStR 09, 324, das sich darin aber letztl auf die insgesamt überholte Bilanzbündeltheorie stützt). Konsequenterweise muss dies auch für die Einbringung des Bodenschatzes gegen Gewährung von GesRechten gelten, weil es sich dabei um einen entgeltl Vorgang handelt (s § 6 Rz 598 mwN).

§ 7a Gemeinsame Vorschriften für erhöhte Absetzungen und Sonderabschreibungen

(1) ¹**Werden in dem Zeitraum, in dem bei einem Wirtschaftsgut erhöhte Absetzungen oder Sonderabschreibungen in Anspruch genommen werden**

können (Begünstigungszeitraum), nachträgliche Herstellungskosten aufgewendet, so bemessen sich vom Jahr der Entstehung der nachträglichen Herstellungskosten an bis zum Ende des Begünstigungszeitraums die Absetzungen für Abnutzung, erhöhten Absetzungen und Sonderabschreibungen nach den um die nachträglichen Herstellungskosten erhöhten Anschaffungs- oder Herstellungskosten. ²Entsprechendes gilt für nachträgliche Anschaffungskosten. ³Werden im Begünstigungszeitraum die Anschaffungs- oder Herstellungskosten eines Wirtschaftsguts nachträglich gemindert, so bemessen sich vom Jahr der Minderung an bis zum Ende des Begünstigungszeitraums die Absetzungen für Abnutzung, erhöhten Absetzungen und Sonderabschreibungen nach den geminderten Anschaffungs- oder Herstellungskosten.

(2) ¹Können bei einem Wirtschaftsgut erhöhte Absetzungen oder Sonderabschreibungen bereits für Anzahlungen auf Anschaffungskosten oder für Teilherstellungskosten in Anspruch genommen werden, so sind die Vorschriften über erhöhte Absetzungen und Sonderabschreibungen mit der Maßgabe anzuwenden, dass an die Stelle der Anschaffungs- oder Herstellungskosten die Anzahlungen auf Anschaffungskosten oder die Teilherstellungskosten und an die Stelle des Jahres der Anschaffung oder Herstellung das Jahr der Anzahlung oder Teilherstellung treten. ²Nach Anschaffung oder Herstellung des Wirtschaftsguts sind erhöhte Absetzungen oder Sonderabschreibungen nur zulässig, soweit sie nicht bereits für Anzahlungen auf Anschaffungskosten oder für Teilherstellungskosten in Anspruch genommen worden sind. ³Anzahlungen auf Anschaffungskosten sind im Zeitpunkt der tatsächlichen Zahlung aufgewendet. ⁴Werden Anzahlungen auf Anschaffungskosten durch Hingabe eines Wechsels geleistet, so sind sie in dem Zeitpunkt aufgewendet, in dem dem Lieferanten durch Diskontierung oder Einlösung des Wechsels das Geld tatsächlich zufließt. ⁵Entsprechendes gilt, wenn anstelle von Geld ein Scheck hingegeben wird.

(3) Bei Wirtschaftsgütern, bei denen erhöhte Absetzungen in Anspruch genommen werden, müssen in jedem Jahr des Begünstigungszeitraums mindestens Absetzungen in Höhe der Absetzungen für Abnutzung nach § 7 Absatz 1 oder 4 berücksichtigt werden.

(4) Bei Wirtschaftsgütern, bei denen Sonderabschreibungen in Anspruch genommen werden, sind die Absetzungen für Abnutzung nach § 7 Absatz 1 oder 4 vorzunehmen.

(5) Liegen bei einem Wirtschaftsgut die Voraussetzungen für die Inanspruchnahme von erhöhten Absetzungen oder Sonderabschreibungen auf Grund mehrerer Vorschriften vor, so dürfen erhöhte Absetzungen oder Sonderabschreibungen nur auf Grund einer dieser Vorschriften in Anspruch genommen werden.

(6) Erhöhte Absetzungen oder Sonderabschreibungen sind bei der Prüfung, ob die in § 141 Absatz 1 Nummer 4 und 5 der Abgabenordnung bezeichneten Buchführungsgrenzen überschritten sind, nicht zu berücksichtigen.

(7) ¹Ist ein Wirtschaftsgut mehreren Beteiligten zuzurechnen und sind die Voraussetzungen für erhöhte Absetzungen oder Sonderabschreibungen nur bei einzelnen Beteiligten erfüllt, so dürfen die erhöhten Absetzungen und Sonderabschreibungen nur anteilig für diese Beteiligten vorgenommen werden. ²Die erhöhten Absetzungen oder Sonderabschreibungen dürfen von den Beteiligten, bei denen die Voraussetzungen dafür erfüllt sind, nur einheitlich vorgenommen werden.

(8) ¹Erhöhte Absetzungen oder Sonderabschreibungen sind bei Wirtschaftsgütern, die zu einem Betriebsvermögen gehören, nur zulässig, wenn sie in ein besonderes, laufend zu führendes Verzeichnis aufgenommen werden, das den

Tag der Anschaffung oder Herstellung, die Anschaffungs- oder Herstellungskosten, die betriebsgewöhnliche Nutzungsdauer und die Höhe der jährlichen Absetzungen für Abnutzung, erhöhten Absetzungen und Sonderabschreibungen enthält. ²Das Verzeichnis braucht nicht geführt zu werden, wenn diese Angaben aus der Buchführung ersichtlich sind.

(9) Sind für ein Wirtschaftsgut Sonderabschreibungen vorgenommen worden, so bemessen sich nach Ablauf des maßgebenden Begünstigungszeitraums die Absetzungen für Abnutzung bei Gebäuden und bei Wirtschaftsgütern im Sinne des § 7 Absatz 5a nach dem Restwert und dem nach § 7 Absatz 4 unter Berücksichtigung der Restnutzungsdauer maßgebenden Prozentsatz, bei anderen Wirtschaftsgütern nach dem Restwert und der Restnutzungsdauer.

Einkommensteuer-Richtlinien: EStR 7a/EStH 7a

1. Anwendungsbereich. § 7a gewährt selbst keine erhöhten oder SonderAfA 1 (BFH VIII R 71/96 BFH/NV 98, 575 unter 2.), sondern setzt entspr gesetzl Regelungen voraus (innerhalb oder außerhalb des EStG, zB EStDV; früher auch FördG, BerlinFG, ZRFG, SchutzbauG). Sachl gilt die Vorschrift für die ertragsteuerl Behandlung aller **erhöhten Absetzungen** (= Absetzungen, die *an die Stelle* der normalen AfA treten, Abs 3; im heute geltenden EStG §§ 7h, 7i) und **Sonderabschreibungen** (= Abschreibungen, die *neben* der normalen AfA vorgenommen werden können, Abs 4; derzeit §§ 7b, 7c, 7g V). Einige dieser Sondervorschriften schließen jedoch die Anwendung von Teilen des § 7a ausdrückl oder stillschweigend aus. Die degressive AfA nach § 7 V ist keine erhöhte Absetzung, sodass § 7a nicht anzuwenden ist. Gleiches gilt für Bewertungsfreiheiten (§ 6 II), Bewertungsabschläge (zB § 80 EStDV aF), stfreie Rücklagen und Gewinnabzüge (§§ 77, 78 EStDV aF), es sei denn, die Anwendung ist ausdrückl angeordnet. § 7a gilt bei **sämtl Einkunftsarten,** also auch bei den Überschusseinkünften (§ 9 I 3 Nr 7). – Die nachträgl Geltendmachung von SonderAfA bei Betriebsprüfungen ist (in den Grenzen des § 4 II 2) mögl.

2. Nachträgliche Anschaffungskosten/Herstellungskosten, § 7a I. Die Vor- 2 schrift ist nur anwendbar auf nachträgl AK/HK, die **innerhalb des Begünstigungszeitraums** anfallen (= der Zeitraum, in dem bei einem WG erhöhte Absetzungen oder SonderAfA in Anspruch genommen werden *können*), auch wenn die SonderAfA bereits vor Anfall der nachträgl AK/HK vollständig ausgeschöpft worden ist (Ausnahme § 4 III FördG) oder letztl gar keine SonderAfA in Anspruch genommen wird (*BH/Brandis* § 7a Rz 32). Es handelt sich um Kosten, die im Hinblick auf ein bestimmtes bereits fertig gestelltes oder geliefertes WG neu getätigt werden oder die Folge einer Änderung der ursprüngl AK/HK (zB durch Nachkalkulation) sind. *Außerhalb* des Begünstigungszeitraums entstandene nachträgl AK/HK sind nach den allg Grundsätzen zu behandeln (s § 7 Rz 132). § 7a I findet keine Anwendung, wenn durch nachträgl Arbeiten ein neues WG entsteht (dazu § 7 Rz 132). Hier richtet sich die AfA nach den Vorschriften, von denen dieses neue WG erfasst wird; das Gleiche gilt, wenn nachträgl HK *selbständig* begünstigt sind (zB durch §§ 7h, 7i). – **Nachträgl AK entstehen** im Zeitpunkt der Entstehung der Zahlungsverpflichtung; *nachträgl HK* entstehen, soweit die Aufwendungen in das hergestellte WG eingegangen sind (dies ist von Bedeutung, wenn die Arbeiten sich über mehrere Jahre erstrecken; vgl *HHR* § 7a Rz 14). Die nachträgl AK/HK sind so zu behandeln, als seien sie zu Beginn des Entstehungsjahres angefallen (EStR 7a III 1). Dies folgt bereits aus dem Wortlaut des § 7a I 1; ein Wahlrecht zum ledigl zeitanteiligen Ansatz besteht nicht. Neue Bemessungsgrundlage für die NormalAfA, die erhöhten und SonderAfA sind die um die nachträgl AK/HK erhöhten ursprüngl AK/HK des WG. – Für die **nachträgl Minderung der AK/HK** innerhalb des Begünstigungszeitraums enthält Abs 1 S 3 eine spiegelbildl Regelung (vgl EStH 7a „Anzahlungen auf AK" Beispiel). Die Minderung kann

§ 7a 3–14 Gemeinsame Vorschriften für erhöhte AfA und Sonder-AfA

zB durch Gewährleistungsansprüche (s auch § 6 Rz 67), Zuschüsse oder Abzüge nach § 6b eintreten.

3 **3. Begünstigung von Teil-Herstellungskosten oder Anzahlungen auf Anschaffungskosten, § 7a II.** Eine solche Begünstigung muss in *anderen* Vorschriften ausdrückl vorgesehen sein. Dies ist im geltenden Recht nicht mehr der Fall (zuletzt § 4 II FördG; außerdem § 5 S 2 InvZulG 2010, auf den § 7a aber nicht anwendbar ist). Wegen der Einzelheiten s daher *Schmidt* 30. Aufl § 7a Rz 3 ff.

8 **4. Mindest-AfA bei erhöhten Absetzungen, § 7a III.** In jedem Jahr des Begünstigungszeitraums ist zwingend mindestens die AfA anzusetzen, die sich nach § 7 I oder IV ergeben würde (im Jahr der Herstellung oder Anschaffung ggf zeitanteilig). Für *SonderAfA* gilt Abs 4.

9 **5. Neben Sonder-AfA keine degressive AfA, § 7a IV.** Dies betrifft im geltenden Recht nur die SonderAfA des § 7c (Elektro-Lkw) und schließt dessen Kumulation mit § 7 II aus. Hingegen ermöglicht § 7g V ausdrückl eine Kumulation der dortigen SonderAfA mit § 7 II. Zu Einzelheiten s *Schmidt* 31. Aufl § 7a Rz 9.

10 **6. Kumulationsverbot, § 7a V. – Anwendungsbereich.** Abs 5 schließt nur eine Kumulation mehrerer erhöhter AfA bzw SonderAfA aus, nicht dagegen andere Vergünstigungen (zB nach dem InvZulG oder EigZulG, s FG MeVo EFG 02, 419, rkr; zum Verhältnis zw InvZul und §§ 7h, 7i *Kaligin* DStR 07, 1112) in Kombination mit *einer* erhöhten AfA oder SonderAfA. **Praktische Bedeutung** hat dies derzeit für die (durch § 7a V untersagte) Kumulation von § 7c und § 7g V bei Elektro-Lkw; eine Kumulation von § 7b und § 7h/7i (s *BMF* BStBl I 20, 623 Rz 72) dürfte hingegen wegen der unterschiedl Tatbestandsvoraussetzungen praktisch ausgeschlossen sein. – Wegen der Einzelheiten s *Schmidt* 39. Aufl § 7a Rz 10.

11 **7. Überschreiten der Buchführungsgrenzen (§ 141 I Nr 4, 5 AO), § 7a VI.** Bei Prüfung der Buchführungsgrenzen sind erhöhte und SonderAfA nicht zu berücksichtigen. Damit soll verhindert werden, dass Betriebe allein wegen der Inanspruchnahme von erhöhter AfA oder SonderAfA die Grenzen unterschreiten. Ist der Gewinn unter Berücksichtigung von erhöhter AfA oder SonderAfA ermittelt worden, sind diese für die Ermittlung der Buchführungsgrenzen dem Gewinn wieder hinzuzurechnen; die NormalAfA nach § 7 I oder IV ist allerdings gegenzurechnen. – Eine Erweiterung des Abs 6 über seinen Wortlaut hinaus ist nicht vorzunehmen. Rücklagen nach § 6b sowie Investitionsabzugsbeträge nach § 7g (zu AnsparAfA nach § 7g aF s FG BBg EFG 08, 514, rkr) sind daher bei der Prüfung der Buchführungsgrenzen zu berücksichtigen.

14 **8. Anwendung bei mehreren Beteiligten, § 7a VII.** Nach § 7a VII 1 dürfen Beteiligte, die **personenbezogene Voraussetzungen** einer AfA-Vergünstigung *nicht* erfüllen, die Abschreibungen auf das allen Beteiligten zuzurechnende WG nur nach § 7 vornehmen (BFH IX R 102/85 BStBl II 90, 953: bei einzelnen Beteiligten Objektverbrauch nach § 7b aF). Besonders problematisch ist dies nach dem Ausscheiden eines Ges'ters aus einer PersGes, wenn die AfA-Vorschrift nur HK begünstigt (s BFH VIII R 85/91 BStBl II 94, 243: § 7d aF; BFH IX R 50/98 BStBl II 01, 760: § 7h; BFH VIII R 13/04 BStBl II 08, 545: § 82f EStDV) und nicht (wie zB in § 7g oder nach § 1 FördG; dazu BFH IX R 5/07 BFH/NV 07, 2097) ausdrückl auch die PersGes als solche begünstigt ist. Maßgebend für die „anteilige" Vornahme ist grds die vermögensrechtl Beteiligung; sind die AK/HK aber tatsächl in einem abw Verhältnis getragen worden, ist dieses maßgebend (*BH/Brandis* § 7a Rz 59; *HHR* § 7a Rz 63). – Die Pflicht zur **einheitl Vornahme der erhöhten AfA/SonderAfA (Abs 7 S 2)** gilt nicht nur in den Fällen des Abs 7 S 1, sondern auch dann, wenn *alle* Beteiligten die Begünstigungsvoraussetzungen erfüllen (*HHR* § 7a Rz 64). Die in dieser Vorschrift angeordnete Rechtsfolge war vor ihrem Inkrafttreten aus allg Bilanzierungsgrundsätzen abzuleiten (BFH IV R 137/83 BStBl II 86, 910 unter 3.). Zur fehlenden Antragstellung durch einen Teil der Beteiligten s *Schmidt* 39. Aufl § 7a Rz 14. – Die Regelung gilt auch

738 Kulosa

bei **Bruchteilsgemeinschaften** (zutr *BH/Brandis* § 7a Rz 56; *HHR* § 7a Rz 61; aA *Kronthaler* DB 88, 676).

9. Aufzeichnungspflichten, § 7a VIII. Abs 8 ordnet bei Inanspruchnahme 15 von erhöhter AfA oder SonderAfA im *BV* Aufzeichnungspflichten an (gilt gem § 7 II 3 auch für degressive AfA). Die gesetzl geforderten Angaben können entweder in einem besonderen Verzeichnis oder in der Buchführung gemacht werden. Die „laufende" Führung des Verzeichnisses bedeutet nicht unbedingt „zeitnah"; vielmehr ist nur die Aufzeichnung entspr der zeitl Reihenfolge zwingend. Daher genügt es, wenn das Verzeichnis erst im Zeitpunkt der Ausübung des Wahlrechts zur Inanspruchnahme der SonderAfA (dh ggf lange nach Ablauf des maßgebenden Wj) angelegt wird (BFH IV R 151/81 BStBl II 85, 47; EStH 7a „Verzeichnis"). Sind die Aufzeichnungspflichten zwar im Jahr der erstmaligen Inanspruchnahme der AfA-Vergünstigungen erfüllt, nicht aber in einem späteren Jahr, führt dies nicht zu einer rückwirkenden Versagung der damals ordnungsgemäß in Anspruch genommenen Vergünstigungen.

10. Restwert-AfA, § 7a IX. – a) Anwendungsbereich. Die Vorschrift gilt 16 nur nach Inanspruchnahme von **SonderAfA** (dh nicht bei erhöhter AfA; hier finden sich zur RestwertAfA Regelungen in den jeweiligen Einzelvorschriften). Sie kommt **erst nach Ablauf des Begünstigungszeitraums** zum Tragen (dh nicht unbedingt schon im Jahr der Vornahme der SonderAfA; in den Fällen des § 7g also erst nach 5 Jahren; bei § 7b nach 4 Jahren). Zu **SonderAfA auf Anzahlungen** s *Schmidt* 39. Aufl § 7a Rz 16.

b) Gebäude. Hier (und bei den in § 7 Va genannten WG) ist nach Ablauf des 17 Begünstigungszeitraums der *Restwert* (dh nicht die ursprüngl Bemessungsgrundlage) maßgebend. Nach der (kaum verständl) Regelung ergibt sich der weitere *AfA-Satz*, wenn die typisierte Nutzungsdauer des § 7 IV (§ 7 V ist ausgeschlossen; s BFH IX R 12/13 BStBl II 14, 563 Rz 18) um den Begünstigungszeitraum vermindert wird (BFH I R 155/87 BStBl II 92, 622; BFH IX R 12/13 BStBl II 14, 563 Rz 18). *Beispiel:* Bei einer Nutzungsdauer nach § 7 IV von 50 Jahren und dem Begünstigungszeitraum des § 7b von 4 Jahren verbleibt eine Restnutzungsdauer von 46 Jahren und ein AfA-Satz von (100 : 46 =) 2,17 %.

c) Andere Wirtschaftsgüter. Bei WG, die unter § 7 I fallen, ist der Restwert 18 auf die nach Ablauf des Begünstigungszeitraums verbleibende voraussichtl Restnutzungsdauer zu verteilen; dabei kann aus Vereinfachungsgründen auch die um die Dauer des Begünstigungszeitraums geminderte ursprüngl Nutzungsdauer zugrunde gelegt werden (EStR 7a X). Ist (entgegen § 7a IV) neben einer SonderAfA ausnahmsweise **degressive AfA** zulässig (zB bei § 7g V), enthält § 7a IX für bewegl WG (anders als bei Gebäuden) keine Rechtsgrundlage dafür, den StPfl mit Ablauf des Begünstigungszeitraums zum Übergang zur linearen AfA zu zwingen (so auch EStR 7a X 3). Da die degressive AfA bei bewegl WG gem § 7 II aber bereits eine Restwert-AfA ist, bewirkt § 7a IX hier keine Änderung der AfA-Reihe; zudem bleibt es beim bisherigen AfA-Satz, weil dieser nach § 7 II „unveränderlich" ist. Erst beim Übergang zur linearen AfA nach § 7 III kommt es zur Verteilung des Restwerts auf die Restnutzungsdauer.

§ 7b Sonderabschreibung für Mietwohnungsneubau

(1) ¹**Für die Anschaffung oder Herstellung neuer Wohnungen, die in einem Mitgliedstaat der Europäischen Union belegen sind, können nach Maßgabe der nachfolgenden Absätze im Jahr der Anschaffung oder Herstellung und in den folgenden drei Jahren Sonderabschreibungen bis zu jährlich 5 Prozent der Bemessungsgrundlage neben der Absetzung für Abnutzung nach § 7 Absatz 4 in Anspruch genommen werden.** ²**Im Fall der Anschaffung ist eine Wohnung neu, wenn sie bis zum Ende des Jahres der Fertigstellung angeschafft wird.** ³**In**

§ 7b Sonderabschreibung für Mietwohnungsneubau

diesem Fall können die Sonderabschreibungen nach Satz 1 nur vom Anschaffenden in Anspruch genommen werden. ⁴Bei der Anwendung des Satzes 1 sind den Mitgliedstaaten der Europäischen Union Staaten gleichgestellt, die auf Grund vertraglicher Verpflichtung Amtshilfe entsprechend dem EU-Amtshilfegesetz in einem Umfang leisten, der für die Überprüfung der Voraussetzungen dieser Vorschrift erforderlich ist.

(2) Die Sonderabschreibungen können nur in Anspruch genommen werden, wenn
1. durch Baumaßnahmen auf Grund eines nach dem 31. August 2018 und vor dem 1. Januar 2022 gestellten Bauantrags oder einer in diesem Zeitraum getätigten Bauanzeige neue, bisher nicht vorhandene, Wohnungen geschaffen werden, die die Voraussetzungen des § 181 Absatz 9 des Bewertungsgesetzes erfüllen; hierzu gehören auch die zu einer Wohnung gehörenden Nebenräume,
2. die Anschaffungs- oder Herstellungskosten 3000 Euro je Quadratmeter Wohnfläche nicht übersteigen und
3. die Wohnung im Jahr der Anschaffung oder Herstellung und in den folgenden neun Jahren der entgeltlichen Überlassung zu Wohnzwecken dient; Wohnungen dienen nicht Wohnzwecken, soweit sie zur vorübergehenden Beherbergung von Personen genutzt werden.

(3) Bemessungsgrundlage für die Sonderabschreibungen nach Absatz 1 sind die Anschaffungs- oder Herstellungskosten der nach Absatz 2 begünstigten Wohnung, jedoch maximal 2000 Euro je Quadratmeter Wohnfläche.

(4) ¹Die nach Absatz 1 in Anspruch genommenen Sonderabschreibungen sind rückgängig zu machen, wenn
1. die begünstigte Wohnung im Jahr der Anschaffung oder Herstellung und in den folgenden neun Jahren nicht der entgeltlichen Überlassung zu Wohnzwecken dient,
2. die begünstigte Wohnung oder ein Gebäude mit begünstigten Wohnungen im Jahr der Anschaffung oder der Herstellung oder in den folgenden neun Jahren veräußert wird und der Veräußerungsgewinn nicht der Einkommen- oder Körperschaftsteuer unterliegt oder
3. die Baukostenobergrenze nach Absatz 2 Nummer 2 innerhalb der ersten drei Jahre nach Ablauf des Jahres der Anschaffung oder Herstellung der begünstigten Wohnung durch nachträgliche Anschaffungs- oder Herstellungskosten überschritten wird.

²Steuer- oder Feststellungsbescheide, in denen Sonderabschreibungen nach Absatz 1 berücksichtigt wurden, sind insoweit aufzuheben oder zu ändern. ³Das gilt auch dann, wenn die Steuer- oder Feststellungsbescheide bestandskräftig geworden sind; die Festsetzungsfristen für das Jahr der Anschaffung oder Herstellung und für die folgenden drei Kalenderjahre beginnen insoweit mit Ablauf des Kalenderjahres, in dem das Ereignis im Sinne des Satzes 1 eingetreten ist. ⁴§ 233a Absatz 2a der Abgabenordnung ist insoweit nicht anzuwenden.

(5) ¹Die Sonderabschreibungen nach Absatz 1 werden nur gewährt, soweit die Voraussetzungen der Verordnung (EU) Nr. 1407/2013 der Kommission vom 18. Dezember 2013 über die Anwendung der Artikel 107 und 108 des Vertrags über die Arbeitsweise der Europäischen Union auf De-minimis-Beihilfen (ABl. L 352 vom 24.12.2013, S. 1) (De-minimis-Verordnung) in der jeweils geltenden Fassung eingehalten sind. ²Unter anderem darf hiernach der Gesamtbetrag der einem einzigen Unternehmen gewährten De-minimis-Beihilfe in einem Zeitraum von drei Veranlagungszeiträumen 200 000 Euro nicht übersteigen. ³Bei dieser Höchstgrenze sind auch andere in diesem Zeit-

raum an das Unternehmen gewährte De-minimis-Beihilfen gleich welcher Art und Zielsetzung zu berücksichtigen. [4] Die Sonderabschreibungen werden erst gewährt, wenn der Anspruchsberechtigte in geeigneter Weise den Nachweis erbracht hat, in welcher Höhe ihm in den beiden vorangegangenen sowie im laufenden Veranlagungszeitraum De-miminis-Beihilfen gewährt worden sind, für die die vorliegende oder andere De-minimis-Verordnungen gelten, und nur soweit, wie die Voraussetzungen der De-minimis-Verordnung bei dem Unternehmen im Sinne der De-minimis-Verordnung eingehalten werden.

Verwaltungsanweisung: BMF BStBl I 20, 623, geändert durch BMF BStBl I 21, 1805.

Übersicht

	Rz
1. Überblick	1
2. Höhe der Sonder-AfA	2
3. Anschaffung oder Herstellung einer neuen Wohnung, § 7b I	4–7
4. Weitere Voraussetzungen, § 7b II	10–15
5. Rückwirkende Rückgängigmachung, § 7b IV	17–20
6. Einhaltung der 200 000 €-Grenze für De-minimis-Beihilfen, § 7b V	22–24

1. Überblick. § 7b gewährt für die Anschaffung/Herstellung neuer vermieteter 1 Wohnungen eine SonderAfA von 4 × 5 % der (auf 2000 € je qm Wohnfläche gedeckelten) AK/HK (zu den Rechtsfolgen s Rz 2). – **Persönl Anwendungsbereich.** § 7b gilt sowohl für EStPfl als auch für KStPfl (zB WohnungsKapGes). Die vermietete Wohnung kann zum BV oder PV gehören, da § 7b insoweit keine Einschränkung enthält (auch wenn der Begriff „SonderAfA" im EStG bisher nur für BV verwendet wurde). – **Einzelvoraussetzungen.** Grundvoraussetzung ist nach § 7b I die Anschaffung oder Herstellung (s Rz 5 f) einer neuen Wohnung (zum Wohnungsbegriff s Rz 4), die in einem EU-Staat belegen sein muss (Rz 7). Abs 2 enthält weitere Voraussetzungen: So muss der Bauantrag bzw die Bauanzeige zw dem 1.9.18 und dem 31.12.21 eingereicht werden (Rz 10); die AK/HK dürfen 3000 € je qm Wohnfläche nicht übersteigen (Rz 11) und die Wohnung muss zehn Jahre lang entgeltl zu Wohnzwecken überlassen werden (Rz 12). Die SonderAfA kann nur gewährt werden, wenn sie gemeinsam mit anderen sog De-minimis-Beihilfen für das jeweilige Unternehmen eine Gesamt-Subventionswirkung von 200 000 € in drei Jahren nicht übersteigt (Abs 5; s Rz 22 ff). Wird die Wohnung nicht zehn Jahre lang vermietet oder innerhalb des Zehn-Jahres-Zeitraums stfrei veräußert oder wird die Kostenobergrenze von 3000 € innerhalb von drei Jahren durch nachträgl AK/HK überschritten, wird die SonderAfA rückwirkend rückgängig gemacht (Abs 4; s Rz 17 ff). – **Literatur.** *Herold* GStB 19, 280; *Steck* StB 20, 89; *Dornheim* StWa 20, 83.

2. Höhe der Sonder-AfA, § 7b I 1, III. Zusätzl zur linearen Gebäude-AfA 2 nach § 7 IV wird im Jahr der Anschaffung und den drei Folgejahren eine Sonder-AfA von jeweils bis zu 5 % gewährt (in den ersten vier Jahren also insgesamt bis zu 20 % zzgl der linearen AfA von 8 %). Die SonderAfA gilt nur für das Gebäude, nicht für andere WG (zB Außenanlagen, soweit es sich um selbständige WG handelt, s § 6 Rz 213, § 7 Rz 39). Der StPfl kann geringere Beträge geltend machen („bis zu"); eine Nachholungsmöglichkeit in späteren Jahren besteht jedoch nicht. – **Bemessungsgrundlage** der SonderAfA sind grds die AK/HK der Wohnung, jedoch begrenzt auf 2000 € je qm Wohnfläche (§ 7b III). Übersteigt der qm-Preis 3000 €, ist die Anwendung des § 7b sogar *insgesamt* ausgeschlossen (§ 7b II Nr 2; s Rz 11). Auch diese Höchstbeträge beziehen sich nur auf die AK/HK des eigenständigen steuerl WG „Wohnung"; die AK des GuB und anderer WG (Außenanlagen, Mobiliar) sind nicht einzubeziehen (BT-Drs 19/4949, 13; *BMF* BStBl I 20, 623 Rz 46 f). Zur Aufteilung von AK auf GuB und Gebäude s § 6 Rz 118 ff. – Es handelt sich um eine **GanzjahresAfA,** die auch im Erstjahr (oder in einem RumpfWj) in voller Höhe gewährt wird (s *Schmidt* 27. Aufl § 7 Rz 175, zu § 7 V aF). Im Jahr der Veräußerung oder unentgeltl Übertragung ist aber eine monatsweise Berechnung vorzunehmen (so zum insoweit gleichlautenden § 7 V aF BFH VIII R 93/74 BStBl II 77, 835; BFH IX R 107/91 BFH/NV 94, 780). – Die **RestwertAfA** nach Ablauf des vierjährigen Begünstigungszeitraums richtet sich nach § 7a IX. Danach ist der verbleibende Restwert auf eine Restnutzungsdauer von 46 Jahren zu verteilen (s § 7a Rz 17). Es ergibt sich ein linearer AfA-Satz von 2,17 % vom Restwert; dies entspricht bei 28 % bereits in Anspruch genommenen AfA/SonderAfA 1,565 % der ursprüngl AK/HK (zu weiteren Berechnungen *Scheffler* DStR 18, 2229).

4   **3. Anschaffung oder Herstellung einer neuen Wohnung, § 7b I.** – a) **Begriff der Wohnung, § 7b II Nr 1.** Hierfür verweist § 7b II Nr 1 auf § 181 IX BewG. Eine Wohnung ist danach eine Mehrheit von Räumen, die die Führung eines selbständigen Haushalts ermöglichen, von anderen Wohnungen baul getrennt und in sich abgeschlossen sind sowie über einen selbständigen Zugang und die notwendigen Nebenräume (Küche, Bad/Dusche, Toilette) verfügen. Die Wohnfläche muss mindestens 23 qm betragen. – Unter § 7b fallen damit sowohl Wohnungen in Miethäusern als auch Eigentumswohnungen, Doppelhaushälften und Reihenhäuser. – Die in Großstädten zunehmend errichteten **Ein-Zimmer-Apartments** (Zimmer mit Kochnische und separater Nasszelle) erfüllen den Wortlaut dieses Wohnungsbegriffs zwar nicht, da es sich nicht um eine „Mehrheit von Räumen" handelt (die Nasszelle zählt als bloßer „Nebenraum" nicht zu den „Räumen"). Nach der (uE zutr) Rspr handelt es sich bewertungsrechtl gleichwohl um eine Wohnung (BFH II R 20/14 BStBl II 15, 610; so auch *BMF* BStBl I 20, 623 Rz 21). – **Nebenräume** gehören zur begünstigten Wohnung; zur Zuordnung von **Garagen** s § 7 Rz 38.

5   b) **Herstellung einer neuen Wohnung.** Da Lenkungszweck des § 7b die Schaffung neuer Wohnungen ist, gehört die „Neuheit" der Wohnung zu den wesentl Tatbestandsmerkmalen der Norm. Eine Wohnung ist nach der Legaldefinition des § 7b II Nr 1 neu, wenn sie bisher nicht vorhanden war und durch Baumaßnahmen geschaffen wird. Die bloß rechtl Umwandlung eines vorhandenen Gebäudes in Eigentumswohnungen genügt daher nicht (BFH IX R 62/88 BStBl II 93, 188). Es reicht aber aus, wenn bisherige Büroräume in Wohnungen umgebaut werden (*BMF* BStBl I 20, 623 Rz 27). – Im Gegensatz zu § 7 V aF ist nicht erforderl, dass ein neues WG geschaffen wird. Daher ist auch ein **Anbau** an ein bestehendes Wohngebäude begünstigt, sofern dadurch eine neue abgeschlossene Wohnung geschaffen wird. Gleiches gilt für die **Aufstockung** eines bestehenden Gebäudes oder den **Dachgeschossausbau** (so auch BT-Drs 19/4949, 13; *Mohaupt* NWB 19, 2153, 2155).

6   c) **Anschaffung einer neuen Wohnung, § 7b I 2.** Dies ist nur begünstigt, wenn die Anschaffung bis zum Ende des Jahres der Fertigstellung erfolgt (Abs 1 S 2). Die SonderAfA können dann nur vom Anschaffenden in Anspruch genommen werden (Abs 1 S 3), nicht aber vom Hersteller (zB Bauträger). Einzelfragen s *Schmidt* 27. Aufl § 7 Rz 165 (zu § 7 V aF).

7   d) **Belegenheit in einem EU-Staat.** Die Wohnung muss in einem EU-Staat belegen sein (Abs 1 S 1). Wohnungen in EWR-Staaten oder der Schweiz sind damit nicht unmittelbar begünstigt. Abs 1 S 4 erweitert die Begüstigung aber auf Wohnungen in solchen Nicht-EU-Staaten, die in § 7b erforderl Umfang Amtshilfe entspr dem EU-AmtshilfeG leisten. Einkünfte aus der Vermietung von Wohnungen, die in anderen Staaten liegen, sind aber idR aufgrund des jeweiligen DBA in Deutschland stfrei, sodass die Ausdehnung der Begünstigung auf ausl Objekte kaum praktische Bedeutung hat (ggf aber für den Progressionsvorbehalt).

10   **4. Weitere Voraussetzungen, § 7b II.** – a) **Zeitlicher Anwendungsbereich, § 7b II Nr 1.** Die SonderAfA wird nur gewährt, wenn der Bauantrag (ersatzweise

Weitere Voraussetzungen 11 **§ 7b**

die Bauanzeige) zw dem 1.9.18 und dem 31.12.21 eingereicht wird (zu diesen baurechtl Begriffen s *BMF* BStBl I 20, 623 Rz 9 ff; *Schmidt* 27. Aufl § 7 Rz 172). Auf den Zeitpunkt des Baubeginns, der Fertigstellung oder der Anschaffung kommt es hingegen grds nicht an. Nur wenn für das konkrete Bauvorhaben weder Bauantrag noch Bauanzeige erforderl sind (was in der Praxis kaum vorkommen dürfte), ist der Beginn der Bauausführung maßgebl (*BMF* BStBl I 21, 1805). Die Geltendmachung ist **erstmals für VZ 2018** mögl (§ 52 Abs 15a S 1). – Ein **Wohnungserwerber** wird idR wissen, wann der Hersteller (zB ein Bauträger) den Bauantrag gestellt hat; will der Erwerber die SonderAfA fest einplanen, muss er sich diesen Zeitpunkt daher vom Hersteller verbindl bestätigen lassen. Für viele Objekte, die bei Inkrafttreten des § 7b bereits im Vertrieb waren, ist der Bauantrag lange vor dem 1.9.18 gestellt worden, sodass sie nicht begünstigt sind. Andererseits sind auch Wohnungen begünstigt, für die die Investitionsentscheidung lange vor Verabschiedung des § 7b gefallen ist; in diesen Fällen konnte die Subvention aber noch keine Lenkungswirkung entfalten. – **Letztmalige Anwendung.** Die SonderAfA kann (einen Bauantrag bis zum 31.12.21 vorausgesetzt) **letztmals für den VZ 2026** geltend gemacht werden (§ 52 Abs 15a S 1). Diese Regelung ermöglicht am Ende der Laufzeit in gewissem Umfang „Vorrats-Bauanträge". Die SonderAfA kann zB bei Fertigstellung im VZ 2023 noch in vollem Umfang ausgenutzt werden. Ab VZ 2027 wird hingegen auch dann keine SonderAfA mehr gewährt, wenn der vierjährige AfA-Zeitraum noch nicht abgelaufen sein sollte (§ 52 Abs 15a S 2).

b) Kostenobergrenze, § 7b II Nr 2. Die Begünstigung setzt voraus, dass die 11 AK/HK 3000 € je qm Wohnfläche nicht übersteigen. Dies soll die Förderung auf das untere und mittlere Marktsegment konzentrieren. – Maßgebl sind allein die AK/HK des *Gebäudes;* die **AK des GuB bleiben außer Betracht.** – Es handelt sich um einen Höchstbetrag, bei dessen Überschreitung *gar keine* SonderAfA gewährt wird, nicht hingegen um eine „Kappungsgrenze" (so aber *KKB* § 7b Rz 45). – Unabhängig von dieser 3000 €-Grenze ist die Bemessungsgrundlage für die SonderAfA aber auf maximal 2000 €/qm begrenzt (§ 7b III; s Rz 2; nur dabei handelt es sich um eine echte „Kappungsgrenze"). – **Begriff der Wohnfläche.** § 7b enthält keine Definition. Die *FinVerw* wendet die Regelungen der WohnflächenVO (BGBl I 03, 2346) an (*BMF* BStBl I 20, 623 Rz 51). Diese gilt zwar unmittelbar nur für geförderten Wohnraum; sie hat sich aber durch zahlreiche Bezugnahmen zum Standard in der gesamten Wohnungswirtschaft entwickelt. Abw von der WohnflächenVO bezieht die *FinVerw* auch **Nebenräume und Garagen** in die Ermittlung der Wohnfläche ein (*BMF* BStBl I 20, 623 Rz 51 S 2), bei gemeinschaftl genutzten Nebenräumen anteilig. Für die StPfl ist dies günstig, da die Baukosten dann auf eine größere Fläche verteilt werden und die Überschreitung der Kostenobergrenze so idR vermieden wird. – **Gestaltungsmöglichkeit.** Bei größeren Wohnungsunternehmen kann in Grenzfällen ggf die Ausübung der HK-Wahlrechte des § 6 I Nr 1b dazu beitragen, noch unter der Kostenobergrenze zu bleiben (*KKB* § 7b Rz 48).

Kritik: Die Eignung dieser Kostenobergrenze zur Erreichung des verfolgten Ziels (Schaffung neuen Wohnraums in angespannten Wohnungsmärkten) ist mE zwiespältig zu beurteilen. Einerseits kann eine solche Höchstgrenze die (vom Gesetzgeber nicht gewollte) Förderung von Luxuswohnungen sowie die Abschöpfung der Subvention durch ihre Einbeziehung in die Preiskalkulation der Bauträger (wie es zB bei § 7i geschieht) wirksam vermeiden. Andererseits werden in einigen überhitzten Wohnungsmärkten heute bereits im mittleren Marktsegment mehr als 3000 €/qm gezahlt, sodass § 7b ausgerechnet in den Regionen, die dieser Subvention am dringendsten bedürften, nur sehr eingeschränkt anwendbar sein wird. Umgekehrt enthält die Regelung keine Vorkehrungen gegen Mitnahmeeffekte bei Neubauten in solchen Regionen, in denen der Wohnungsmarkt nicht angespannt ist, die Subvention also gar nicht erforderl wäre. Hier war § 7b idF des Entwurfs aus dem Jahr 2016 (BT-Drs 18/7736), der die Förderung auf Gebiete mit besonders hohem Mietpreisniveau begrenzte, deutl zielgenauer ausgestaltet.

12 **c) Zehn Jahre entgeltliche Überlassung zu Wohnzwecken, § 7b II Nr 3.** Die Wohnung muss im Jahr ihrer Anschaffung/Herstellung und in den 9 Folgejahren der entgeltl Überlassung (s Rz 14) zu Wohnzwecken (Rz 13) dienen.

13 **aa) Wohnzwecke.** Die Wohnung muss dazu bestimmt und geeignet sein, Menschen auf Dauer Aufenthalt und Unterkunft zu ermöglichen (BFH IX R 9/03 BStBl II 04, 225 unter II.1.a). Dies ist auch bei Garagen zu Ein- und Zweifamilienhäusern (nicht aber bei freistehenden Garagen zu Mehrfamilienhäusern, s § 7 Rz 38 mwN), Nebenräumen, dem häusl Arbeitszimmer eines Mieters und beim betreuten Wohnen der Fall (Einzelheiten und Nachweise s *Schmidt* 27. Aufl § 7 Rz 171; vgl auch die Beispiele in BT-Drs 19/4949, 14).

14 **bb) Entgeltliche Überlassung.** IdR wird es sich um eine Vermietung nach § 535 BGB handeln. Die Selbstnutzung der Wohnung ist nicht begünstigt. – **Teilentgeltl Überlassung** (das Entgelt liegt unter der Marktmiete). Auch dies ist noch als entgeltl anzusehen. Bei Wohnungen des PV sind die WK (und damit auch die SonderAfA nach § 7b) bei Unterschreiten der 50%-Grenze des § 21 II allerdings nur anteilig abziehbar (s § 21 Rz 158; **aA** BT-Drs 19/4949, 14; *Mohaupt* NWB 19, 2153, 2162: es soll sich dann um eine unentgeltl Überlassung handeln; für diese Abweichung von § 21 II enthält der Gesetzeswortlaut aber keinen Anhaltspunkt). Im BV kommt es bei teilentgeltl Überlassung aus *privaten* Gründen zu einer teilweisen Nutzungsentnahme (BFH IV R 49/97 BStBl II 99, 652); die 50%-Grenze gilt im BV nicht. – **Unentgeltl Überlassung.** Sie ist von der Begünstigung ausgeschlossen (hier fehlt es ohnehin an der erforderl Einkunftserzielungsabsicht). Eine Überlassung an Angehörige, die einem Fremdvergleich nicht standhält (zu den hierfür geltenden Kriterien s § 21 Rz 81 ff), ist nicht als entgeltl anzusehen.

15 **cc) Vorübergehende Beherbergung von Personen.** Dies ist nach dem ausdrückl Gesetzeswortlaut nicht begünstigt (zB Ferienwohnungen, Vermietung über AirBnB und ähnl Portale). Ggf ist zw verschiedenen Teilen der Wohnung zu differenzieren („soweit").

17 **5. Rückwirkende Rückgängigmachung, § 7b IV. – a) Keine entgeltliche Überlassung zu Wohnzwecken innerhalb der Zehn-Jahres-Frist, § 7b IV 1 Nr 1.** Wenn die Wohnung im Jahr der Anschaffung/Herstellung „und" (sprachl richtig wäre „oder" wie in Nr 2) in den folgenden neun Jahren nicht der entgeltl Überlassung zu Wohnzwecken dient, ist die SonderAfA rückwirkend zu versagen. Der StPfl hat dies gem § 153 II AO beim FA anzuzeigen (*BMF* BStBl I 20, 623 Rz 75; entgegen *Feldgen* DStZ 20, 706 liegt damit eine Rechtsgrundlage für die Anzeigepflicht vor). Ein wohnungsmarktbedingter evtl vorübergehender übl Leerstand schadet aber nicht (glA BT-Drs 19/4949, 14); die Kriterien sind hier mE allerdings strenger als diejenigen, die für das Fortbestehen der Einkunftserzielungsabsicht gelten (s § 21 Rz 128 ff; großzügiger *Mohaupt* NWB 19, 2153, 2162: auf die Dauer des Leerstands komme es nicht an).

18 **b) Steuerfreie Veräußerung innerhalb der Zehn-Jahres-Frist, § 7b IV 1 Nr 2.** Die SonderAfA wird auch dann rückgängig gemacht, wenn die Wohnung innerhalb des Zehn-Jahres-Zeitraums veräußert wird und der Veräußerungsgewinn nicht der ESt/KSt unterliegt. – **Unentgeltliche Übertragungen.** Erbfall und Schenkung lassen die SonderAfA unberührt, da Veräußerungen nur entgeltl Übertragungen sind (BFH IX R 69/10 BFH/NV 12, 1099 Rz 26; *BMF* BStBl I 20, 623 Rz 82). Allerdings geht die Pflicht zur Einhaltung der in Abs 4 genannten Voraussetzungen dann mE auf den Erwerber über, da § 7b objektbezogen ist („die Wohnung"), wobei die SonderAfA auch dann, wenn erst der *Erwerber* die Voraussetzungen des Abs 4 nicht erfüllt, gleichwohl beim Übergeber rückwirkend zu versagen wäre (so wohl auch BT-Drs 19/4949, 14). Bei unentgeltl Übertragung empfiehlt sich daher die Aufnahme einer vertragl Schadensersatzregelung für schädl Verfügungen des Übernehmers (*Becker/Müller/Rieß* DStR 20, 1097, 1099). – **Gewinn**

unterliegt nicht der ESt/KSt. Dies dürfte nur selten vorkommen, sodass der Regelfall der Veräußerung nicht zur Rückgängigmachung der SonderAfA führt: Wohnungen im BV werden stets stpfl veräußert; vermietete Wohnungen im PV innerhalb der ersten zehn Jahre nach Erwerb (§ 23 I 1 Nr 1), was weitestgehend (nicht aber vollständig) mit der Bindungsfrist des § 7b deckungsgleich ist. Wenn der StPfl allerdings auf einem ihm schon längere Zeit gehörenden Grundstück ein neues Gebäude errichtet und innerhalb von zehn Jahren nach der Herstellung veräußert, ist § 23 nicht erfüllt; hier würde daher die SonderAfA rückgängig gemacht. Die Freistellung des Veräußerungsgewinns nach einem DBA lässt die *FinVerw* nicht unter Nr 2 fallen (*BMF* BStBl I 20, 623 Rz 81; mE recht großzügig). – **Steuerpflichtige Veräußerung.** Sie löst keine rückwirkende Nachversteuerung aus, führt aber durch die Ermittlung des Veräußerungsgewinns letztl zu einer Rückgängigmachung der SonderAfA. Gleichwohl sieht die *FinVerw* vor, dass der Veräußerer bis zum Ablauf der Zehn-Jahres-Frist weiterhin die Nutzung zu Wohnzwecken nachweisen muss (*BMF* BStBl I 20, 623 Rz 76; ebenso BT-Drs 19/4949, 14; *KKB* § 7b Rz 78). ME ist dies nicht erforderl, da die Subvention des § 7b bereits zurückgezahlt ist. – **Veräußerung nach Ablauf der Zehn-Jahres-Frist.** Diese ist im PV stfrei; zugleich ist die Bindungsfrist des § 7b abgelaufen. Der StPfl behält daher den (erhebl) Vorteil der SonderAfA in diesen Fällen endgültig (ggf Veräußerung an Angehörige zur Schaffung neuen AfA-Potenzials).

c) Überschreitung der Kostenobergrenze durch nachträgl Anschaffungskosten oder Herstellungskosten, § 7b IV 1 Nr 3. Wenn die für die AK/HK der Wohnung geltende Grenze von 3000 €/qm durch nachträgl AK/HK innerhalb der ersten drei Jahre nach Ablauf des Jahres der Anschaffung/Herstellung überschritten wird, wird die SonderAfA ebenfalls rückgängig gemacht. Wird die Kostenobergrenze durch die reinen AK/HK nur knapp unterschritten, kommt es daher in besonderer Weise auf die Abgrenzung zw Erhaltungsaufwand und HK an (s § 6 Rz 188). Die Frist ist nicht abgestimmt mit derjenigen des § 6 I Nr 1a (anschaffungsnahe HK), weil dort eine taggenau zu berechnende Drei-Jahres-Frist gilt, während hier volle Kj maßgebl sind.

d) Verfahren der Rückgängigmachung, § 7b IV 2–4. Abs 4 S 2 enthält eine spezielle Korrekturvorschrift für bestandskräftige Bescheide, Abs. 4 S 3 eine Anlaufhemmung für die Festsetzungsfrist. Der Zinslauf für die Nachzahlungszinsen (§ 233a AO) beginnt 15 Monate nach Ablauf des VZ, für den die SonderAfA rückgängig gemacht wird; die in § 233a IIa AO enthaltene (mildere) Sonderregelung für rückwirkende Ereignisse ist wegen § 7b IV 4 nicht anzuwenden.

6. Einhaltung der 200 000 €-Grenze für De-minimis-Beihilfen, § 7b V. Ausführl *BMF* BStBl I 20, 623 Rz 89 ff. – **a) EU-Beihilferecht.** Die Regelung unterwirft die in der SonderAfA liegende Beihilfe der De-minimis-VO der EU. Diese VO nimmt Beihilfen, die aufgrund ihrer geringen Höhe den Binnenmarkt nicht beeinträchtigen können, vom Anwendungsbereich der EU-Beihilfekontrolle aus. Daher ist für § 7b keine besondere beihilferechtl Genehmigung der EU-Kommission erforderl. ME wäre die komplexe Regelung des Abs 5 aber nicht nötig gewesen, da § 7b nicht das Merkmal der „Selektivität" erfüllt, das für die Annahme einer Beihilfe erforderl wäre (glA BRat, BT-Drs 19/5417, 2). Das nun gewählte Verfahren ermögliche allerdings ein schnelleres Inkrafttreten ohne Notifizierung (zutr *Mohaupt* NWB 19, 2153, 2164).

b) Anforderungen der De-minimis-VO. – *(1)* Unternehmen. Nach Art 3 II De-minimis-VO sind Beihilfen bis zu einer Höchstgrenze von 200 000 € in drei Jahren je Unternehmen zulässig; die *FinVerw* weist darauf hin, dass in Ausnahme VO der EU in bestimmten Fällen bis 500 000 € zu (*BMF* BStBl I 20, 623 Rz 90 f). Konzerne gelten dabei als ein einziges Unternehmen (Art 2 II De-minimis-VO). Auch private Vermieter sind als „Unternehmen" iSd De-minimis-VO anzusehen, weil es (ebenso wie im UStG) allein auf die wirtschaftl Tätigkeit ankommt (Erwägungsgrund 4 zur De-minimis-VO). – *(2)* **Höhe des Steuervorteils.** Maßgebend für die 200 000 €-Grenze ist der StVorteil aus der SonderAfA (incl GewSt und SolZ; zutr *BMF* BStBl I 20, 623 Rz 103). Dabei sind die erst in künftigen VZ zu beanspruchenden StVorteile abzuzinsen (Art 3 IV De-minimis-VO). Zur Höhe des Diskontierungssatzes vgl die in *BMF* BStBl I 20, 623 Rz 104 angebene Internetseite der EU. Der Diskontierungssatz ändert sich monatl, er lag im bisherigen Geltungszeitraum des § 7b aber stets zw 0 und 1 % (nach den Vorbemerkungen des EU-Dokuments sind die dort angegebenen Basissätze für Diskontierungszwecke um 100 Basispunkte zu erhöhen). Der StVorteil liegt allerdings nur in dem *Saldo* aus dem Vorteil der SonderAfA und dem abgezinsten Nachteil aus der späteren Reduzierung der linearen AfA (*BMF* BStBl I 20, 623 Rz 102; BT-Drs 19/6140, 12). Diese Berechnungsweise soll auf einer Abstimmung mit der EU-Kommission beruhen (*Mohaupt* NWB 19, 2153, 2165). Sie führt (gerade beim derzeit niedrigen Zinsniveau) zu vergleichsweise geringen rechnerischen Subventionsbeträgen (*Scheffler* DStR 18, 2229, 2231) und damit zu einem größeren Anwendungsbereich des § 7b. – **(3) Förmliche Erklärungen.** Das FA muss dem Unternehmen schriftl die voraussichtl Höhe des aus der SonderAfA resultierenden Gesamtsteuervorteils mitteilen (Art 6 I 4 De-miminis-VO); das Unternehmen muss dem FA vor der Entscheidung über die Gewährung der SonderAfA alle weiteren im Drei-Jahres-Zeitraum erhaltenen De-minimis-Beihilfen angeben (§ 7b V 4; Art 6 I 4 De-miminis-VO).

24   **c) Rechtsfolge, § 7b V.** Die SonderAfA kann nicht in Anspruch genommen werden, wenn der daraus resultierende StVorteil zusammen mit anderen De-minimis-Beihilfen den Höchstbetrag von 200 000 € überschreitet. Größere Wohnungsunternehmen sind damit von der Förderung ausgeschlossen (glA BT-Drs 19/5417, 2). Gleiches gilt für größere Mietwohnanlagen, obwohl gerade dort besonders viel (und idR aufgrund rationeller Bauweise und besserer Ausnutzung des GuB auch eher preisgünstiger) neuer Wohnraum geschaffen werden kann. Eigentumswohnanlagen sind hingegen unabhängig von ihrer Größe nicht von Abs 5 betroffen, weil „Unternehmer" dort der einzelne Wohnungsvermieter ist.

§ 7c Sonderabschreibung für Elektronutzfahrzeuge und elektrisch betriebene Lastenfahrräder

(1) Bei neuen Elektronutzfahrzeugen im Sinne des Absatzes 2 sowie elektrisch betriebenen Lastenfahrrädern im Sinne des Absatzes 3, die zum Anlagevermögen gehören, kann im Jahr der Anschaffung neben der Absetzung für Abnutzung nach § 7 Absatz 1 eine Sonderabschreibung in Höhe von 50 Prozent der Anschaffungskosten in Anspruch genommen werden.

(2) Elektronutzfahrzeuge sind Fahrzeuge der EG-Fahrzeugklassen N1, N2 und N3, die ausschließlich durch Elektromotoren angetrieben werden, die ganz oder überwiegend aus mechanischen oder elektrochemischen Energiespeichern oder aus emissionsfrei betriebenen Energiewandlern gespeist werden.

(3) Elektrisch betriebene Lastenfahrräder sind Schwerlastfahrräder mit einem Mindest-Transportvolumen von einem Kubikmeter und einer Nutzlast von mindestens 150 Kilogramm, die mit einem elektromotorischen Hilfsantrieb angetrieben werden.

(4) [1]**Die Sonderabschreibung kann nur in Anspruch genommen werden, wenn der Steuerpflichtige die der Sonderabschreibung zugrundeliegenden Anschaffungskosten sowie Angaben zu den in den Absätzen 1 bis 3 enthaltenen Voraussetzungen nach amtlich vorgeschriebenen Datensätzen durch Datenfernübertragung übermittelt.** [2]**Auf Antrag kann die Finanzbehörde zur Vermeidung unbilliger Härten auf eine elektronische Übermittlung verzichten; § 150 Absatz 8 der Abgabenordnung gilt entsprechend.** [3]**In den Fällen des Satzes 2 müssen sich die entsprechenden Angaben aus den beim Finanzamt einzureichenden Unterlagen ergeben.**

1   **1. Voraussetzungen für die Sonderabschreibung, § 7c I.** § 7c begünstigt Elektronutzfahrzeuge (s näher Rz 3) sowie elektrisch betriebene Lastenfahrräder (s Rz 4). Das Fahrzeug muss neu sein; der Erwerb eines Gebraucht-Kfz ist also nicht begünstigt. Nach den Gesetzesmaterialien ist auch ein Vorführwagen nicht mehr „neu" (BT-Drs 19/13436, 106). Zudem müssen die WG zum AV gehören (zum Begriff s § 6 Rz 344 ff). Eine Verbleibensfrist ist gesetzl nicht vorgesehen. – **(1) Zeitlicher Anwendungsbereich.** Die Regelung gilt für WG, die in den VZ

20–30 angeschafft werden (§ 52 XVb). Sie kann allerdings erst nach Abschluss des von der EU-Kommission durchgeführten Beihilfeverfahrens in Kraft treten (Art 39 VII „JStG 2019"; Veröffentlichung im BGBl I erforderl), das bei Redaktionsschluss dieser Aufl noch andauerte. – **(2) Zweck.** Die umweltverträglichere Elektromobilität soll auch im Nutzfahrzeugbereich gefördert werden. Zur Erreichung dieses sinnvollen Ziels ist § 7c grds geeignet.

2. Rechtsfolge. Die Regelung gewährt neben der linearen AfA (bei Lkw grds Verteilung über 9 Jahre, s § 7 Rz 167) eine **Sonder-AfA** iHv 50% der AK, die allerdings nur im Jahr der Anschaffung in Anspruch genommen werden kann (anders als bei anderen SonderAfA besteht also kein Verteilungswahlrecht). Der Ganzjahresbetrag gilt auch dann, wenn das Kfz erst zum Jahresende angeschafft wird oder es sich um ein RumpfWj handelt. – **Kumulationsverbote.** Gem § 7a V ist eine gleichzeitige Inanspruchnahme der beiden SonderAfA nach § 7c und § 7gV nicht zulässig; der Investitionsabzugsbetrag nach § 7g I darf aber neben § 7c in Anspruch genommen werden. Wegen § 7a IV ist neben § 7c nur lineare AfA zulässig. Zur **Restwert-AfA** ab dem 2. Jahr s § 7a Rz 16, 18 (Verteilung des Restwerts auf die Restnutzungsdauer).

2. Elektronutzfahrzeuge, § 7c II. – **(1) Erfasste Nutzfahrzeuge.** Abs 2 verweist auf die EG-Fahrzeugklassen N1, N2 und N3. Damit fallen sämtl „vorwiegend für die Beförderung von Gütern ausgelegte und gebaute Kfz" unabhängig von ihrer zulässigen Gesamtmasse unter § 7c (N1: bis 3,5t; N2: 3,5–12t; N3: über 12t). Die Regelung gilt daher nicht nur für (eher leichte) Lieferwagen (hier sind Elektro-Lkw bereits heute marktreif), sondern auch für schwere Nutzfahrzeuge (hier gibt es gegenwärtig noch keine Angebote für den Massenmarkt). – **(2) Anforderungen an den Antrieb.** Es sind nur solche Kfz begünstigt, die *ausschließl* durch Elektromotoren angetrieben werden (Hybrid-Kfz sind hier also im Gegensatz zu § 6 I Nr 4 nicht erfasst), sofern diese Motoren ganz oder überwiegend (dh nicht notwendig ausschließl) aus mechanischen (zB Schwungrad) oder elektrochemischen Energiespeichern (zB Batterien) oder aus emissionsfrei betriebenen Energiewandlern (zB Wasserstoff-Brennstoffzelle) gespeist werden.

3. Elektrisch betriebene Lastenfahrräder, § 7c III. Auch elektrisch betriebene Lastenfahrräder sind begünstigt, sofern sie ein Transportvolumen von mindestens 1 m³ und eine Nutzlast (inkl Fahrer) von mindestens 150 kg aufweisen. Hier genügt ein elektromotorischer *Hilfsantrieb;* die darüber hinaus bestehende Antriebsmöglichkeit durch Muskelkraft ist also unschädl. ME fallen sowohl Elektroantriebe, die nur bis 25 km/h unterstützen, als auch solche, die bis 45 km/h unterstützen, unter den Begriff „Hilfsantrieb" (**aA** BT-Drs 19/14909, 43 unter Verweis auf § 1 III StVG).

4. Elektronische Übermittlung, § 7c IV. Die Inanspruchnahme der Sonder-AfA setzt die elektronische Übermittlung der erforderl Angaben an das FA voraus; hierauf kann das FA bei Härten aber verzichten (§ 150 VIII AO). Einzelheiten s § 25 Rz 6.

§ 7d–§ 7f *(aufgehoben)*

§ 7g Investitionsabzugsbeträge und Sonderabschreibungen zur Förderung kleiner und mittlerer Betriebe

(1) ¹**Steuerpflichtige können für die künftige Anschaffung oder Herstellung von abnutzbaren beweglichen Wirtschaftsgütern des Anlagevermögens, die mindestens bis zum Ende des dem Wirtschaftsjahr der Anschaffung oder Herstellung folgenden Wirtschaftsjahres vermietet oder in einer inländischen Betriebsstätte des Betriebes ausschließlich oder fast ausschließlich betrieblich**

genutzt werden, bis zu 50 Prozent der voraussichtlichen Anschaffungs- oder Herstellungskosten gewinnmindernd abziehen (Investitionsabzugsbeträge). ²Investitionsabzugsbeträge können nur in Anspruch genommen werden, wenn
1. der Gewinn
   a) nach § 4 oder § 5 ermittelt wird;
   b) im Wirtschaftsjahr, in dem die Abzüge vorgenommen werden sollen, ohne Berücksichtigung der Investitionsabzugsbeträge nach Satz 1 und der Hinzurechnungen nach Absatz 2 200 000 Euro nicht überschreitet und
2. der Steuerpflichtige die Summen der Abzugsbeträge und der nach den Absätzen 2 bis 4 hinzuzurechnenden oder rückgängig zu machenden Beträge nach amtlich vorgeschriebenen Datensätzen durch Datenfernübertragung übermittelt. ²Auf Antrag kann die Finanzbehörde zur Vermeidung unbilliger Härten auf eine elektronische Übermittlung verzichten; § 150 Absatz 8 der Abgabenordnung gilt entsprechend. ³In den Fällen des Satzes 2 müssen sich die Summen der Abzugsbeträge und der nach den Absätzen 2 bis 4 hinzuzurechnenden oder rückgängig zu machenden Beträge aus den beim Finanzamt einzureichenden Unterlagen ergeben.

³Abzugsbeträge können auch dann in Anspruch genommen werden, wenn dadurch ein Verlust entsteht oder sich erhöht. ⁴Die Summe der Beträge, die im Wirtschaftsjahr des Abzugs und in den drei vorangegangenen Wirtschaftsjahren nach Satz 1 insgesamt abgezogen und nicht nach Absatz 2 hinzugerechnet oder nach den Absätzen 3 oder 4 rückgängig gemacht wurden, darf je Betrieb 200 000 Euro nicht übersteigen.

(2) ¹Im Wirtschaftsjahr der Anschaffung oder Herstellung eines begünstigten Wirtschaftsguts im Sinne von Absatz 1 Satz 1 können bis zu 50 Prozent der Anschaffungs- oder Herstellungskosten gewinnerhöhend hinzugerechnet werden; die Hinzurechnung darf die Summe der nach Absatz 1 abgezogenen und noch nicht nach den Absätzen 2 bis 4 hinzugerechneten oder rückgängig gemachten Abzugsbeträge nicht übersteigen. ²Bei nach Eintritt der Unanfechtbarkeit der erstmaligen Steuerfestsetzung oder der erstmaligen gesonderten Feststellung nach Absatz 1 in Anspruch genommenen Investitionsabzugsbeträgen setzt die Hinzurechnung nach Satz 1 voraus, dass das begünstigte Wirtschaftsgut zum Zeitpunkt der Inanspruchnahme der Investitionsabzugsbeträge noch nicht angeschafft oder hergestellt worden ist. ³Die Anschaffungs- oder Herstellungskosten des Wirtschaftsguts können in dem in Satz 1 genannten Wirtschaftsjahr um bis zu 50 Prozent, höchstens jedoch um die Hinzurechnung nach Satz 1, gewinnmindernd herabgesetzt werden; die Bemessungsgrundlage für die Absetzungen für Abnutzung, erhöhten Absetzungen und Sonderabschreibungen sowie die Anschaffungs- oder Herstellungskosten im Sinne von § 6 Absatz 2 und 2a verringern sich entsprechend.

(3) ¹Soweit in Anspruch genommene Investitionsabzugsbeträge nicht bis zum Ende des dritten auf das Wirtschaftsjahr des jeweiligen Abzugs folgenden Wirtschaftsjahres nach Absatz 2 Satz 1 hinzugerechnet wurden, sind die Abzüge nach Absatz 1 rückgängig zu machen; die vorzeitige Rückgängigmachung von Investitionsabzugsbeträgen vor Ablauf der Investitionsfrist ist zulässig. ²Wurde der Gewinn des maßgebenden Wirtschaftsjahres bereits einer Steuerfestsetzung oder einer gesonderten Feststellung zugrunde gelegt, ist der entsprechende Steuer- oder Feststellungsbescheid zu ändern. ³Das gilt auch dann, wenn der Steuer- oder Feststellungsbescheid bestandskräftig geworden ist; die Festsetzungsfrist endet insoweit nicht, bevor die Festsetzungsfrist für den Veranlagungszeitraum abgelaufen ist, in dem das dritte auf das Wirtschaftsjahr des Abzugs folgende Wirtschaftsjahr endet. ⁴§ 233a Absatz 2a der Abgabenordnung ist nicht anzuwenden.

(4) ¹Wird in den Fällen des Absatzes 2 ein begünstigtes Wirtschaftsgut nicht bis zum Ende des dem Wirtschaftsjahr der Anschaffung oder Herstellung folgenden Wirtschaftsjahres vermietet oder in einer inländischen Betriebsstätte des Betriebes ausschließlich oder fast ausschließlich betrieblich genutzt, sind die Herabsetzung der Anschaffungs- oder Herstellungskosten, die Verringerung der Bemessungsgrundlage und die Hinzurechnung nach Absatz 2 rückgängig zu machen. ²Wurden die Gewinne der maßgebenden Wirtschaftsjahre bereits Steuerfestsetzungen oder gesonderten Feststellungen zugrunde gelegt, sind die entsprechenden Steuer- oder Feststellungsbescheide insoweit zu ändern. ³Das gilt auch dann, wenn die Steuer- oder Feststellungsbescheide bestandskräftig geworden sind; die Festsetzungsfristen enden insoweit nicht, bevor die Festsetzungsfrist für den Veranlagungszeitraum abgelaufen ist, in dem die Voraussetzungen des Absatzes 1 Satz 1 erstmals nicht mehr vorliegen. ⁴§ 233a Absatz 2a der Abgabenordnung ist nicht anzuwenden.

(5) Bei abnutzbaren beweglichen Wirtschaftsgütern des Anlagevermögens können unter den Voraussetzungen des Absatzes 6 im Jahr der Anschaffung oder Herstellung und in den vier folgenden Jahren neben den Absetzungen für Abnutzung nach § 7 Absatz 1 oder Absatz 2 Sonderabschreibungen bis zu insgesamt 20 Prozent der Anschaffungs- oder Herstellungskosten in Anspruch genommen werden.

(6) Die Sonderabschreibungen nach Absatz 5 können nur in Anspruch genommen werden, wenn

1. der Betrieb im Wirtschaftsjahr, das der Anschaffung oder Herstellung vorangeht, die Gewinngrenze des Absatzes 1 Satz 2 Nummer 1 nicht überschreitet, und

2. das Wirtschaftsgut im Jahr der Anschaffung oder Herstellung und im darauf folgenden Wirtschaftsjahr vermietet oder in einer inländischen Betriebsstätte des Betriebs des Steuerpflichtigen ausschließlich oder fast ausschließlich betrieblich genutzt wird; Absatz 4 gilt entsprechend.

(7) ¹Bei Personengesellschaften und Gemeinschaften sind die Absätze 1 bis 6 mit der Maßgabe anzuwenden, dass an die Stelle des Steuerpflichtigen die Gesellschaft oder die Gemeinschaft tritt. ²Vom Gewinn der Gesamthand oder Gemeinschaft abgezogene Investitionsabzugsbeträge können ausschließlich bei Investitionen der Personengesellschaft oder Gemeinschaft nach Absatz 2 Satz 1 gewinnerhöhend hinzugerechnet werden. ³Entsprechendes gilt für vom Sonderbetriebsgewinn eines Mitunternehmers abgezogene Investitionsabzugsbeträge bei Investitionen dieses Mitunternehmers oder seines Rechtsnachfolgers in seinem Sonderbetriebsvermögen.

Einkommensteuer-Richtlinien: EStH 7g − *Verwaltungsanweisungen:* BMF BStBl I 13, 1493 (Anwendungsschreiben zu § 7g in der bis VZ 15 geltenden Fassung); *BMF* BStBl I 17, 423 (Anwendungsschreiben zu § 7g in der ab VZ 16 geltenden Fassung) mit Änderung *BMF* BStBl I 19, 870.

Übersicht

	Rz
I. Investitionsabzugsbetrag, § 7g I–IV	
1. Überblick	1–4
2. Begünstigte Wirtschaftsgüter, § 7g I 1	6–24
3. Betriebsbezogene Voraussetzungen, § 7g I 2 Nr 1	25–40
4. Geltendmachung durch Datenfernübertragung, § 7g I 2 Nr 2	45
5. Höhe des Abzugsbetrags, § 7g I 1, 3, 4	47–50
6. Auflösung des Abzugsbetrags im Jahr der begünstigten Investition, § 7g II	53–55
7. Rückgängigmachung des Abzugs bei unterbliebener Hinzurechnung innerhalb der Investitionsfrist, § 7g III	57–66

	Rz
8. Rückgängigmachung des Abzugs bei Nichterfüllung der Nutzungsvoraussetzungen, § 7g IV	67, 68
II. Sonderabschreibung, § 7g V, VI	
1. Voraussetzungen der Sonder-AfA	71–73
2. Vornahme der Sonder-AfA, § 7g V	75
III. Anwendung auf Personengesellschaften und Gemeinschaften, § 7g VII	81–86

I. Investitionsabzugsbetrag, § 7g I–IV

1 **1. Überblick. – a) Voraussetzungen und Rechtsfolgen.** § 7g I gewährt Betrieben (s Rz 25 ff) bis zu einer bestimmten Gewinnhöhe (s Rz 32) einen außerbilanziellen Investitionsabzugsbetrag von bis zu 50 % des geplanten Investitionsvolumens (s Rz 47 ff). Der Abzug kann für die künftige Anschaffung oder Herstellung von abnutzbaren bewegl WG des AV geltend gemacht werden (Rz 6 ff), die fast ausschließl betriebl genutzt werden (Rz 10 ff). – Eine tatsächl Investition bzw Investitionsabsicht ist nicht erforderl; allerdings sind Investitionsabzugsbeträge rückwirkend rückgängig zu machen, wenn die Investition auch nach drei Wj unterblieben ist (Abs 3; s Rz 57 ff). Zwar kann die StStundung seit VZ 16 nahezu voraussetzungslos in Anspruch genommen werden; wegen der hohen Verzinsung dürfte dies aber in aller Regel unattraktiv sein. – Unter denselben Voraussetzungen gewährt § 7g V eine **SonderAfA** von 20 % der AK/HK (s Rz 71 ff). – **Anwendungsbereich.** § 7g gilt bei allen Gewinneinkunftsarten unabhängig von der Gewinnermittlungsart; allerdings nicht bei § 13a (s Rz 27). Für die SonderAfA gelten ergänzend die allg Vorschriften des § 7a. – **Zweck.** § 7g dient der Verbesserung der Liquidität, Eigenkapitalausstattung, Investitions- und Innovationskraft kleinerer und mittlerer Betriebe (BT-Drs 11/257, 8; BT-Drs 12/4487, 33; BT-Drs 16/4841, 51; BT-Drs 18/4902, 42). Die Wirkung liegt im zeitl Vorziehen eines großen Teils der späteren AfA (Erhöhung der Liquidität durch StStundung). Demselben Zweck dient auch die SonderAfA (§ 7g V).

2 **b) Rechtsentwicklung und zeitliche Anwendung.** Mit dem JStG 2020 (BGBl I 20, 3096) wurden auch vermietete WG in den Anwendungsbereich einbezogen (s Rz 24); der Höchstsatz wurde von 40 % auf 50 % angehoben. Die bisher nach Einkunfts- und Gewinnermittlungsart differenzierenden Größenmerkmale wurde zugunsten einer Gewinngrenze vereinheitlicht (Rz 31). Diese Regelungen gelten erstmals für **nach dem 31.12.19 endende Wj**, also grds ab dem VZ 20 bzw für das Wj 19/20 (§ 52 XVI 1 HS 1). Die neue Gewinngrenze (sowohl für den Investitionsabzugsbetrag als auch für die SonderAfA) gilt auch bei abw Wj aber in jedem Fall für nach dem 17.7.20 endende Wj (§ 52 XVI 1 HS 2). – Die **belastenden** Änderungen durch das JStG 2020 gelten erstmals für nach dem 31.12.20 endende Wj (§ 52 XVI 2), also ab dem VZ 21 bzw. für das Wj 20/21. Dies betrifft die Einschränkungen für nachträgl geltend gemachte Investitionsabzugsbeträge (§ 7g II 2; unten Rz 54) sowie bei PersGes (§ 7g VII 2, 3; unten Rz 83).– **Einzelfragen zu früheren Fassungen des § 7g** s *Schmidt* 37. Aufl § 7g Rz 51 ff.

3 **c) Europarecht.** Mit dem Beihilfeverbot des Art 107 AEUV ist § 7g noch vereinbar (zur früheren Ansparabschreibung BFH I R 57/98 BStBl II 01, 127 unter B. I. 3. c; *Pinkos* DB 93, 1688, 1693; zur Genehmigung durch die EU-Kommission s *BMF* DStR 98, 976). Zur fehlenden Vereinbarkeit der Beschränkung auf inl Betriebe (§ 7g I 1) mit Europarecht s Rz 18.

4 **d) Gestaltungsmöglichkeiten.** Sie bestehen nur noch, wenn tatsächl eine Investition vorgenommen wird. Hier kann der StPfl wählen, ob er lieber das Einkommen eines früheren Jahres (dann Vornahme des Investitionsabzugs) oder das Einkommen des Investitionsjahres und der Folgejahre (dann keine Vornahme eines Investitionsabzugs, sondern Erlangung höherer AfA) in höchstmögl Maße mindern will. Hingegen ist es zwecklos, einen Investitionsabzug vorzunehmen, wenn tatsächl keine Investition erfolgen soll und wird, denn der Abzug würde nach Ablauf der Drei-Jahres-Frist rückwirkend (unter Anfall von hohen 6 % Zinsen) versagt werden.

Die nachträgl Geltendmachung eines Abzugsbetrags ist seit VZ 21 (Wj 20/21) erhebl eingeschränkt worden (§ 7g II 2; unten Rz 54).

2. Begünstigte Wirtschaftsgüter, § 7g I 1. – a) Abnutzbare bewegliche Wirtschaftsgüter des Anlagevermögens. Zum Begriff des bewegl WG s § 5 Rz 115, 131 ff, § 7 Rz 34; zum Begriff des AV s § 6 Rz 344 ff, zur Abnutzbarkeit s § 7 Rz 27. Erfasst sind auch GWG iSd § 6 II und SammelpostenWG iSd § 6 IIa (*BMF* BStBl I 17, 423 Rz 7). – **Gebraucht erworbene WG** sind ebenfalls begünstigt. 6

b) Nicht begünstigte Wirtschaftsgüter. – (1) Immaterielle Wirtschaftsgüter. ZB Datensammlungen auf CD (BFH III B 7/14 BFH/NV 14, 1590). „Trivialsoftware" soll aber als bewegl WG anzusehen und daher begünstigt sein (*BMF* BStBl I 17, 423 Rz 6, krit BFH X R 26/09 BStBl II 11, 865 Rz 21). – **(2) Unbewegliche Wirtschaftsgüter.** ZB mobile Leichtbauhalle, die mit 1,20 m tiefen Erdankern verankert wird (FG BBg EFG 08, 204, rkr); Mietereinbauten (FG BBg EFG 10, 36, rkr). Die Abgrenzung kann bei **Photovoltaikanlagen** von Bedeutung sein: Eine auf dem geschlossenen Dach angebrachte Anlage ist bewegl und daher begünstigt (*OFD Rhld* FR 11, 491: Betriebsvorrichtung; s auch § 7 Rz 38; mE zutr; evtl zweifelnd aber BFH X R 13/17 BFH/NV 19, 1224 Rz 13). Die FinVerw begünstigt auch dachintegrierte Photovoltaikanlagen „wie eine Betriebsvorrichtung" (EStR 4.2 III 4; mE eher großzügig; **aA** auch FG RhPf EFG 07, 1068, rkr). – **(3) Vorgänge bei den Überschusseinkünften.** Die fehlende Begünstigung folgt aus § 7g I 2 Nr 1, wo ein „Betrieb vorausgesetzt wird. – **(4) Anschaffung oder Herstellung von Umlaufvermögen.** Es genügt aber, wenn das WG noch im Wj der Anschaffung/Herstellung vom UV ins AV überführt wird (so zum BerlinhilfeG BFH VI R 262/68 BStBl II 71, 198; mE zweifelhaft). 7

c) Fast ausschließlich betriebliche Nutzung in einer inländischen Betriebsstätte. – aa) Grundsatz. Das „Behaltendürfen" der Begünstigung setzt voraus, dass das WG mind bis zum Ende des dem Wj der Anschaffung/Herstellung folgenden Wj (s Rz 11) vermietet (s Rz 24) oder in einer inl Betriebsstätte (s Rz 18) des Betriebs ausschließl oder fast ausschließlich betriebl genutzt wird (s Rz 19). Fehlt es hieran, wird die Begünstigung nach Abs 4 rückgängig gemacht, soweit sie auf dieses WG bezogen war. Investitionsabzugsbeträge, die ab 2016 neu gebildet wurden, können in einem solchen Fall aber nachträgl auf ein anderes WG bezogen werden (s Rz 67). – **RumpfWj** zählen auch hier als volle Wj (zutr BFH X R 30/19 DStR 21, 2571; ebenso Rz 60 zur Investitionsfrist von drei Wj). 10

bb) Dauerhafte räumliche Beziehung zum Betrieb während der Verbleibensfrist. Dies ist die von der Rspr verwendete Formel für den erforderl Zusammenhang zw WG und Betrieb (BFH IV R 16/18 BStBl II 21, 382 Rz 21). Daran fehlt es bei WG, die weniger als ein Wj im Betrieb verbleiben sollen (FG Nds EFG 12, 2191, rkr: Leasegeber "rechnen" Die Rspr zur InvZul kann übertragen werden (so zu § 7g aF BFH X R 4/99 BStBl II 02, 136 unter II.3.). Eine solche räuml Beziehung setzt über eine ledigl funktionelle Bindung an den Betrieb hinaus die *tatsächl Einflussmöglichkeit* des Betriebsinhabers auf das WG voraus. 11

(1) Außerhalb des Betriebsgeländes eingesetzte Wirtschaftsgüter. Sie sind unter den in Rz 11 genannten Voraussetzungen (tatsächl Einflussmöglichkeit) ebenfalls begünstigt (zB Baugeräte, Fahrzeuge für Personen- oder Güterbeförderung, an ArbN überlassene Fahrzeuge. Nur eine Vermietung/Verpachtung/Verleihung zur *eigenverantwortl* Nutzung durch einen Dritten ist hier ausgeschlossen (BFH IV R 16/18 BStBl II 21, 382 Rz 22; zur – ab VZ 20 ebenfalls begünstigten – Vermietung s Rz 24). Zur Behandlung bei Schiffen/Luftfahrzeugen s *OFD Mbg* BB 97, 625. Die Automaten eines Automatenaufstellers verbleiben in dessen Betrieb, wenn der Aufsteller trotz des Verbringens in eine Gaststätte die tatsächl Gewalt über die 12

Automaten behält. Gleiches gilt, wenn der StPfl den Investitionsabzug für Werkzeuge (zB Spritzgussformen) in Anspruch nimmt, die sich im Betrieb eines Subunternehmers befinden, der StPfl aber jederzeitigen Zugriff darauf hat (zutr BFH IV R 16/18 BStBl II 21, 382: auch wenn sich der Subunternehmer-Betrieb im Ausl befindet). Wird der Mandantenstamm eines Freiberuflers veräußert und werden die (zuvor nach § 7g begünstigten) bewegl WG unentgeltl an den Erwerber überlassen, ist die Nutzungsvoraussetzung weiterhin erfüllt, wenn der Veräußerer diese WG iRd Resttätigkeit ebenfalls noch nutzt (BFH XI S 32/06 BFH/NV 07, 2101 unter II.3.a, zum FördG).

14 (2) **Betriebsveräußerung; Betriebsübertragung.** Wegen der Betriebsbezogenheit der Vergünstigung bleibt die räuml Zuordnung zur ursprüngl Betriebsstätte bestehen, sofern der Erwerber die Betriebsstätte fortführt (EStR [2005] 7g VII 4). Etwas anderes gilt, wenn wesentl Betriebsgrundlagen zurückbehalten werden (FG Mster EFG 93, 372, rkr). – (3) **Mehrere Betriebsstätten oder Betriebe.** Hat der Betrieb mehrere Betriebsstätten, ist ein Wechsel von der einen zur anderen unschädl. Eine Überführung in einen anderen *Betrieb* des StPfl ist wegen der Betriebsbezogenheit schädl (zutr BFH VIII R 28/08 BStBl II 14, 299 unter II.1.d).

16 cc) **Ausscheiden des Wirtschaftsguts vor Ablauf der Mindestnutzungsdauer.** – (1) **Rückgängigmachung des Investitionsabzugsbetrags.** Ein vorzeitiges Ausscheiden des WG innerhalb der in Rz 10 genannten Frist ist schädl (§ 7g IV) insb bei Veräußerung des WG (BFH III R 111/75 BStBl II 78, 204: auch für Veräußerung bei Insolvenz, zur InvZul; BFH III R 12/79 BStBl II 80, 758: auch bei Veräußerung infolge einer brandschadensbedingten Betriebsumstellung, zur InvZul), Überführung in eine *ausl* Betriebsstätte (s Rz 18, ggf europarechtl bedenkl) oder in das PV (BFH IV R 37/67 BStBl III 67, 750, zum BerlinFG), ferner bei Stilllegung der Betriebsstätte (BFH III R 32/98 BStBl II 99, 615; BFH III R 44/96 BStBl II 01, 37, beide zur InvZul); auch bei Veräußerung/Aufgabe des gesamten Betriebs (*BMF* BStBl I 17, 423 Rz 40). – (2) **Unschädliches vorzeitiges Ausscheiden.** Der Investitionsabzug bleibt hingegen bestehen, wenn ein vorzeitiges Ausscheiden auf Umständen beruht, die in dem WG *selbst,* nicht aber im Betrieb als solchem liegen (*BMF* BStBl I 17, 423 Rz 41; BFH III R 32/98 BStBl II 99, 615, zur InvZul). Dies wurde bejaht bei Ausscheiden infolge Totalschadens (BFH III R 74/76 BStBl II 77, 793, zum BerlinFG: Verkehrsunfall; ebenso bei Brand oder Diebstahl) oder eines Umtausches wegen Mängeln (BFH VI R 29/67 BStBl II 68, 430). Auch das vorzeitige Ausscheiden wegen wirtschaftl Verbrauchs des WG ist unschädl (BFH III R 139/74 BStBl II 77, 59, zum BerlinFG), sofern der erzielte Erlös 10 % der AK/HK nicht übersteigt (BFH III R 49/97 BStBl II 00, 434, zur InvZul). Auch die Überführung ins UV ist unschädl, weil Abs 4 nur die betriebl Nutzung, nicht aber die Nutzung im AV voraussetzt.

18 dd) **Beschränkung auf inländische Betriebsstätten.** Dies wirft **europarechtl Bedenken** auf, da StPfl im Bereich der Einkunftserzielung in Abhängigkeit vom Ort der Investition ungleich behandelt werden (ebenso *Gosch* DStR 07, 1895, 1896 und BFH/PR 12, 39; *BH/Brandis* § 7g Rz 24; *Littmann* § 7g Rz 108; *Weßling/Romswinkel* Stbg 07, 177, 181; *Broemel/Endert* Ubg 11, 720; unklar *Frotscher/Geurts* § 7g Rz 6a, 53; **aA** FG Mster EFG 06, 255 [nachgehend offen gelassen von BFH I R 104/05 BStBl II 07, 957, allerdings betr Nicht-EU-Staat]; FG SchlHol EFG 09, 98, rkr). Zu vergleichbaren Fördernormen des österr bzw luxemburgischen Rechts hat der EuGH mittlerweile entschieden, dass eine Regelung, die die Gewährung einer Investitionsprämie davon abhängig macht, dass die WG in einer inl Betriebsstätte eingesetzt werden, jedenfalls dann gegen die Dienstleistungsfreiheit verstößt, wenn die Einkünfte, die aus einem Einsatz der WG im Ausl erzielt werden, im Inl besteuert werden können (EuGH C-330/07 Slg 08, I-9099 – *Jobra*; EuGH C-287/10 HFR 11, 359 – *Tankreederei I*). Umgekehrt hat der EuGH zu § 6b entschieden, dass Deutschland es nicht hinnehmen muss, wenn stille Reserven sich durch Übertragung ins Ausl stfrei verflüchtigen (EuGH C-591/13 DStR 15, 870). Im Ergebnis ist die Einschränkung auf inl Betriebsstätten also in den Fällen europarechtswidrig, in denen Deutschland das Besteuerungsrecht für eine ausl Betriebsstätte hat. Dieses Besteuerungsrecht ist zwar in der Praxis durch die DBA dem Betriebsstättenstaat zugewiesen; iRd **Progressionsvorbehalts** wird § 7g aber zur Vermeidung eines Europarechtsverstoßes zu gewähren sein. Hinzu kommen Fälle, in denen das WG von einer inl in eine ausl Betriebsstätte übergeht. Bei Anwendung der zu § 6b ergangenen EuGH-Rspr wird hier zumindest eine StStundung zu gewähren sein (hierzu ausführl auch *Vogel/Cortez* FR 15, 437, 443 ff).

ee) Fast ausschließlich betriebliche Nutzung. Erforderl ist eine betriebl 19 Nutzung von **mind 90 %**; schädl ist daher eine außerbetriebl Nutzung von mehr als 10 % (*BMF* BStBl I 17, 423 Rz 37; BT-Drs 16/4841, 52; BFH X R 46/11 BStBl II 17, 291 Rz 16; BFH X R 28/14 BStBl II 17, 302 Rz 29; BFH III R 62/19 BFHE 271, 71 Rz 16).

(1) Außerbetriebliche Nutzung. Dies ist zum einen die Privatnutzung des 20 WG durch den Unternehmer (insb bei Pkw). Daran kann es im Einzelfall selbst bei einer Segelyacht fehlen (FG BBg EFG 17, 192, rkr).

(2) Einsatz des Wirtschaftsguts in einem anderen Betrieb des Steuer- 21 **pflichtigen.** Dies ist ebenfalls außerbetriebl Nutzung, wobei man wegen der Zulassung der Vermietung ab VZ 20 großzügiger sein könnte (vom Wortlaut aber weiterhin nicht umfasst). Ausnahmen werden bei der Aufteilung eines Betriebs über mehrere Einkunftsarten zugelassen (BFH X R 46/11 BStBl II 17, 291, Anm *Abele* BB 14, 1714: Maschine, die sowohl im selbstbewirtschafteten luf Betrieb als auch im gewerbl Lohnunternehmen des StPfl genutzt wird; hier allerdings Addition der Betriebsgrößen zur Prüfung des bis 2019 geltenden Größenmerkmals; ebenso für Augen- und Zahnärzte *BMF* BStBl I 17, 423 Rz 47; teilweise krit *Rätke* StuB 14, 511). Der „sichere Weg" liegt in diesen Fällen aber in der Überführung des investierenden Betriebs in eine KG und der Vermietung des WG an den anderen Betrieb.

(3) Kraftfahrzeug. Die *FinVerw* verlangt für den Nachweis der fast ausschließl 22 betriebl Nutzung grds ein Fahrtenbuch; bei Anwendung der 1 %-Regelung wird hingegen eine mehr als nur geringfügige Privatnutzung unterstellt (*BMF* BStBl I 17, 423 Rz 44; zust BFH XI B 106/05 BFH/NV 06, 1264; FG Mster EFG 19, 1535, Rev VIII R 24/19; FG Mster EFG 20, 919, rkr; *Ulbrich* EStB 20, 306). In seiner neueren Rspr lässt der BFH hingegen auch andere Beweismittel zu (BFH III R 62/19 BFHE 271, 71: allerdings erhöhte Mitwirkungspflicht des StPfl wegen der Berührung seiner privaten Sphäre), was zwar systematisch zutr ist, in der Praxis aber kaum Erfolg haben dürfte. – IRd *Prognose* der künftigen Nutzung eines erst noch zu erwerbenden Kfz steht der Anwendung der 1 %-Regelung auf das *gegenwärtig* genutzte Kfz der Annahme, das künftige Kfz werde fast ausschließl betriebl genutzt, was durch ein Fahrtenbuch nachgewiesen werde, aber nach übereinstimmender Auffassung von Rspr und *FinVerw* nicht entgegen (zutr BFH VIII B 190/09 BStBl II 13, 946; *BMF* BStBl I 13, 1493 Rz 42). – **Privatnutzung betriebl Pkw durch *ArbN* des StPfl.** Dies gehört als Lohnbestandteil aus Sicht des Betriebs zur betriebl Nutzung (auch bei Ges'tergeschäftsführer einer KapGes), sodass für entspr Investitionen ein Abzug vorgenommen werden kann (*Bruschke* DStZ 08, 204, 207; *Happe* BBK 08, 621; *Hottmann* DStR 09, 1236, 1237). Auch das Merkmal der „Nutzung in einer inl Betriebsstätte" soll in diesen Fällen jedenfalls dann erfüllt sein, wenn der ArbN den Pkw „in aller Regel" für die Fahrten zw Wohnung und Arbeitsstätte einsetzt (so zu einer vergleichbaren Regelung des InvZulG BFH III R 144/85 BStBl II 86, 919; daran anknüpfend *BMF* BStBl I 08, 590 Rz 66, 78; jedoch einschr für Ges'tergeschäftsführer ohne klare Vereinbarung über den Umfang der Privatnutzung BFH III R 2/87 BStBl II 90, 752).

23 **(4) Photovoltaikanlagen.** Die *FinVerw* sieht es als unschädl an, wenn der StPfl mehr als 10% des erzeugten Stroms selbst verbraucht (EStR 4.3 IV 2: es handle sich nicht um eine private Verwendung der Anlage, sondern um eine Sachentnahme des erzeugten Stroms; mE eher großzügig; **aA** *Moorkamp* StuB 12, 396). Diese Handhabung legt die *FinVerw* auch in Bezug auf den teilweise privaten Verbrauch der durch ein **Blockheizkraftwerk** erzeugten Wärme zugrunde (*BMF* BStBl I 17, 423 Rz 45).

24 **ff) Vermietung von Wirtschaftsgütern. – (1) Rechtslage ab Wirtschaftsjahr 2019/2020.** Dies ist nun ebenfalls begünstigt (zur zeitl Anwendung s Rz 2); für die Verpachtung muss dasselbe gelten. Nach dem Gesetzeswortlaut ist es nicht erforderl, dass der *Mieter* das WG fast ausschließl betriebl nutzt; dies eröffnet Gestaltungsmöglichkeiten. Die unentgeltl Überlassung ist begriffl keine Vermietung und dann auch weiterhin nicht begünstigt (so auch BT-Drs 19/22850, 79).

(2) Rechtslage bis Wj 2018/19. Die längerfristige Vermietung war schädl (BFH III R 6/12 BFH/NV 13, 1268, zur InvZul), ebenso der Einsatz eines WG in einer verpachteten Betriebsstätte (BFH I R 84/05 BStBl II 07, 94, zum FördG). Der Gesetzgeber wollte Vermietungsbetriebe von der Begünstigung ausschließen (BT-Drs 10/336, 26). – **Ausnahmen.** – **(a) Kurzfristige Vermietung von bis zu drei Monaten.** Die Verbleibensvoraussetzung war noch erfüllt (*BMF* BStBl I 17, 423 Rz 38; BFH III R 66/85 BStBl II 86, 916: Autovermietung, zur InvZul; BFH III R 38/91 BFH/NV 98, 744: Computeranlage, zum BerlinFG; FG Mster EFG 91, 183: nicht bei mehrfacher Vermietung von Gerüsten an einen einzigen Auftraggeber). – **(b) Betriebsverpachtung im Ganzen.** Dies stand der Erfüllung der qualifizierten Nutzungsvoraussetzung nicht entgegen, sofern das WG schon vor Beginn der Betriebsverpachtung zum BV gehörte (EStR [2005] 7g VII 4); anders jedoch, wenn es erst nach Verpachtungsbeginn angeschafft wurde, weil es dann an einem **werbenden Betrieb** fehlt (BFH X R 4/99 BStBl II 02, 136). – **(c) Betriebsaufspaltung.** Die Überlassung an die BetriebsGes war unschädl, sofern Besitz- und BetriebsGes BV-mäßig verflochten waren (BFH IV R 82/05 BStBl II 08, 471 unter II.2.; s auch BFH X R 46/11 BStBl II 17, 291 Rz 20 ff; zum ZRFG auch BFH IV R 27/06 BStBl II 09, 881). – **(d) SonderBV.** An die PersGes vermietete WG werden im Betrieb der PersGes genutzt, sodass die Nutzungsvoraussetzung erfüllt war.

25 **3. Betriebsbezogene Voraussetzungen, § 7g I 2 Nr 1.** Der Investitionsabzug kann von unbeschr und beschr StPfl bei ihren Gewinneinkünften geltend gemacht werden, sofern der Betrieb (Rz 26) eine bestimmte Gewinngrenze nicht überschreitet (s dazu Rz 32). Zu Besonderheiten bei **PersGes** s § 7g VII (Rz 81 ff).

26 **a) Mindestanforderungen an den Betrieb. – Werbende Tätigkeit.** Sie ist ungeschriebene Voraussetzung. In einem unterbrochenen Betrieb kann kein Investitionsabzug vorgenommen werden (für Betriebsverpachtung im Ganzen *BMF* BStBl I 17, 423 Rz 1; BFH X R 4/99 BStBl II 02, 136; BFH X S 10/11 (PKH) BFH/NV 12, 50 Rz 13; ausführl FG Köln EFG 09, 102, rkr; für Betriebsunterbrechung ieS BFH VIII B 70/07 BFH/NV 08, 380 unter 2.b). Gleiches gilt für einen Liebhabereibetrieb (BFH X R 2/16 BFH/NV 18, 421). – **Inanspruchnahme vor Betriebseröffnung.** Obwohl § 7g den Begriff „Betrieb" verwendet und grds eine werbende Tätigkeit voraussetzt, kann die Förderung nach einhelliger Auffassung grds bereits in VZ vor der Betriebseröffnung in Anspruch genommen werden (BFH IV R 30/00 BStBl II 04, 182 unter 1.; BFH X R 42/11 BStBl II 13, 719 Rz 19 ff; so ausdrückl auch BT-Drs 18/4902, 42).

27 **b) Gewinnermittlungsart.** Der Gewinn muss nach § 4 (Abs 1 oder 3) oder nach § 5 ermittelt werden (§ 7g I 2 Nr 1 Buchst a). Damit ist neben § 5a auch die Gewinnermittlung nach § 13a ausgeschlossen (so auch § 13a III 2).

28 **c) Betriebsbezogenheit des Abzugsbetrags.** Der Investitionsabzug ist betriebs-, nicht personenbezogen (BFH X R 46/11 BStBl II 17, 291 Rz 19; BFH VIII R 56/13 BStBl II 16, 936 Rz 21). Daher kann ein **StPfl mit mehreren Betrieben** den Abzug in jedem Betrieb geltend machen, der die betriebsbezogenen Voraussetzungen erfüllt, selbst wenn das addierte BV aller Betriebe die Grenzen überschreitet (*BMF* BStBl I 17, 423 Rz 19). Ein StBerater mit Praxen in mehreren

Investitionsabzugsbetrag

Orten unterhält allerdings nur einen Betrieb (zutr FG Hess EFG 13, 672, aus verfahrensrechtl Gründen aufgehoben durch BFH VIII R 16/13, nv); Gleiches gilt für eine PartG, die an mehreren Orten RA-Kanzleien unterhält (BFH VIII R 56/13 BStBl II 16, 936). – **BetrAufsp.** Sowohl Besitz- als auch Betriebsunternehmen können Investitionsabzüge vornehmen; es kommt auf die Größe des *jeweiligen* Betriebs an (*BMF* BStBl I 17, 423 Rz 1, 19; BFH I R 98/88 BStBl II 92, 246); Gleiches gilt bei **Organschaft.**

d) Unentgeltliche Betriebsübergabe. Der Erwerber tritt in die Rechtsposition des Rechtsvorgängers ein (§ 6 III) und führt daher auch die Pflichten aus dem gebildeten Investitionsabzug fort (**aA** *Meyer/Ball* FR 09, 641, 644 mit dem bedenkenswerten Argument, dass § 6 III nur für innerbilanzielle Buchwerte gilt). Gleiches gilt für *Buchwert*einbringungen nach dem UmwStG (zur Ansparabschreibung BFH I R 70/09 BFH/NV 10, 2072). Wächst der Betrieb einer PersGes dem letzten Ges'ter beim Ausscheiden aller übrigen Ges'ter an, tritt dieser wegen des Gesamtrechtsnachfolgecharakters der Anwachsung selbst dann in die Pflichten nach § 7g ein, wenn es sich um einen entgeltl Anteilsverkauf handelt (BFH VIII R 23/14 BFH/NV 16, 1684). 29

e) Gewinngrenze ab Wirtschaftsjahr 2019/20. Der Abzug setzt voraus, dass der Gewinn des Betriebs im Wj, in dem der Abzug vorgenommen werden soll, 200 000 € nicht überschreitet (§ 7g I 2 Nr 1 Buchst b; Einzelfragen zum zeitl Anwendungsbereich der Neuregelung s Rz 2). Für die SonderAfA nach Abs 5 sind hingegen die Verhältnisse des *Vorjahrs* maßgebl; daher ist das dortige Größenmerkmal bei neugegründeten Betrieben immer erfüllt (s Rz 72). Die Gewinngrenze ist auch für die Anwendung des § 4f von Bedeutung (s § 4f I 3). – **Begriff des Gewinns.** Anzusetzen ist mE der steuerl Gewinn iSd § 2 II 1 Nr 1, der bereits um außerbilanzielle Effekte wie nichtabziehbare BA sowie estfreie Einnahmen korrigiert worden ist (bei einem Abstellen auf den StB-Gewinn wäre die ausdrückl gesetzl Anordnung, dass Investitionsabzugsbeträge bei der Gewinngrenze unberücksichtigt bleiben, überflüssig; **aA** *Reddig* DStR 21, 2621). Anders als bei § 4 IVa ist also nicht der (unkorrigierte) Gewinn nach § 4 III maßgebl. Der Investitionsabzugsbetrag selbst sowie etwaige Hinzurechnungen nach Abs 2 sind allerdings kraft ausdrückl gesetzl Anordnung nicht zu berücksichtigen; der Investitionsabzug kann also nicht dazu genutzt werden, die gewinnabhängige Voraussetzung für seine Vornahme überhaupt erst zu erfüllen. – **Spätere Gewinnänderungen.** Wird (zB durch eine Bp) der Gewinn für das Abzugsjahr später über den Grenzbetrag hinaus erhöht, entfällt nachträgl auch der Investitionsabzug, was die Auswirkungen der Bp erhebl verstärken kann (zB FG Nds DStRE 21, 262, rkr). – Besonders bei PersGes wird der Höchstbetrag (maßgebend ist der Gesamtgewinn der MUerschaft, nicht der Gewinnanteil des einzelnen StPfl) häufig überschritten sein, sodass sie aus dem Anwendungsbereich des § 7g herausfallen. Die frühere 100 000 €-Gewinngrenze für § 4 III-Betriebe wurde als **verfgem** angesehen (zutr FG SchlHol StuB 17, 399, rkr); dies gilt mE auch für die nun allg geltende Grenze von 200 000 €. 31

Großunternehmen. Sie sind zwar selbst nicht begünstigt, können die Größenbeschränkung aber durch Gründung von Investitions-GmbH & Co KG umgehen, die jeweils für sich genommen die Gewinngrenze nicht überschreiten. Seit VZ 19/20 ist auch die Vermietung an andere KonzernGes begünstigt. Ein Gestaltungsmissbrauch kann darin nicht gesehen werden; anders jedoch, wenn die Investitions-KG (entspr der Empfehlung von *Weßling* BB 94, 1823) unmittelbar nach der Investition aufgelöst wird und ihr Vermögen der MutterGes anwächst (für § 42 AO auch *BH/Brandis* § 7g Rz 58).

f) Größenmerkmale bis Wj 18/19. – aa) Maßgeblicher Zeitpunkt für die Anwendung. Es kam auf den Schluss des Wj an, in dem der Abzug vorgenommen wurde. 32

bb) Gewerbliche oder der selbständigen Arbeit dienende Betriebe mit Betriebsvermögensvergleich, § 7g I 2 Nr 1 Buchst a aF. Maßgebl war die Höhe des BV. Es durfte zum Schluss des Abzugsjahres nicht mehr als 235 000 € betragen haben. – **(1) Begriff des Betriebsvermögens.** Gemeint ist nicht das (Brutto-)Aktivvermögen, sondern der Saldo aus 33

Aktiva und Passiva, dh das in der StB ausgewiesene KapKto (BFH IV R 12/14 BStBl II 18, 20 Rz 13). Die Auffassung, dass es nicht auf das in der konkreten StB ausgewiesene BV, sondern auf das wahre (ggf außerbilanziell zu korrigierende) BV ankomme (so FG Nbg EFG 15, 1204, rkr), ist mE abzulehnen. Durch **rechtzeitige Entnahmen/Ausschüttungen** kann die Höhe des BV in gewissen Grenzen gemindert werden, nicht jedoch durch einen erst nach Ablauf des Wj gefassten Ausschüttungsbeschluss (BFH I B 133/13 BFH/NV 14, 860). Auch wenn die GewSt seit 2008 nicht mehr als BA abziehbar ist, mindert die GewSt-Rückstellung weiterhin das maßgebl BV (EStR 5.7 I 2). Spiegelbildl erhöht der Anspruch auf InvZul, auch wenn diese estfrei ist, das bilanzielle BV (BFH IV R 12/14 BStBl II 18, 20). Die *FinVerw* lässt zu, dass StRückstellungen (KSt, GewSt) iRd Prüfung der BV-Grenze mit den (fiktiven höheren) Werten angesetzt werden, die sich *ohne* Berücksichtigung des Investitionsabzugsbeträge ergeben würden (*BMF* BStBl I 17, 423 Rz 13; mE unnötige Komplizierung ohne erkennbare Rechtsgrundlage). – **(2) Ausländische Betriebe mit inländischer Betriebsstätte.** Hier kommt es auf das BV des Gesamtbetriebs an, nicht allein auf das BV der inl Betriebsstätte (BFH I B 124/11 BFH/NV 12, 986: Wettbewerbsgleichheit).

34 cc) **Betriebe der Land- und Forstwirtschaft, § 7g I 2 Nr 1 Buchst b aF.** Maßgebl war grds der Wirtschaftswert; dieser durfte zum Schluss des Abzugsjahres nicht mehr als 125 000 € betragen. Für LuF-Betriebe mit § 4-III-Rechnung galt allerdings die 100 000 €-Gewinngrenze nach Rz 35 (Buchst c geht nach seinem Wortlaut der Regelung des Buchst b vor; *BMF* BStBl I 17, 423 Rz 16 gewährt aber ein Wahlrecht zw beiden Grenzen). War der luf Betrieb steuerl als Gewerbe zu beurteilen, galten die Größenmerkmale des Buchst a (*OFD Ffm* FR 01, 50). – **Wirtschaftswert** ist der EW abzügl des Wohnungswerts (§§ 46–48 BewG). Geldschulden mindern nach § 33 III Nr 2 BewG den EW nicht; die darin liegende Ungleichbehandlung zu GewBetr hat FG Ddorf EFG 05, 28 gebilligt (Rev IV R 27/04 vom BFH zugelassen, aber unzul). Da der Wirtschaftswert (anders als der EW) nicht gesondert festgestellt wird, stellt er **keinen Grundlagenbescheid** für den ESt-Bescheid dar. – **Neugegründete luf Betriebe.** Ein EW (und damit die Grundlage für den Wirtschaftswert) wird erst auf den nächsten 1.1. festgestellt. Diese Betriebe waren daher stets begünstigt (BFH I R 57/98 BStBl II 01, 127 unter B.I.). – **Betriebe im Beitrittsgebiet.** Hier galt statt des Wirtschaftswerts der Ersatzwirtschaftswert nach § 125 BewG (§ 57 III). Da dieser (anders als der in den alten Bundesländern geltende Wirtschaftswert) auch die zugepachteten Flächen enthält, ist zur Herstellung einer möglichst vergleichbaren Bemessungsgrundlage anteilig zu ermäßigen. Hierfür kommt es allein auf das Verhältnis der zugepachteten zu den Gesamtflächen an; hingegen sind Wohn- und Wirtschaftsgebäude sowie Betriebsmittel bei der Findung des Aufteilungsmaßstabs nicht einzubeziehen (so zur bis 2007 geltenden Rechtslage BFH IV R 11/11 BStBl II 17, 1177; BFH VI R 97/13 BStBl II 17, 1181; für die ab 2008 geltende Rechtslage kann mE nichts anderes gelten).

35 dd) **Gewinnermittlung nach § 4 III.** Hier galt eine Gewinngrenze von 100 000 € (Abs 1 S 2 Nr 1 Buchst c aF). Dies betrifft Kleingewerbetreibende, Selbständige und LuF. **(1) Einfluss des Investitionsabzugsbetrags auf den maßgebl Gewinn.** Beim Vergleich mit der Gewinngrenze wird im Investitionsabzugsbetrag nicht berücksichtigt. Korrespondierend muss mE im Wj der Investition auch der **Hinzurechnungsbetrag** nach Abs 2 S 1 unberücksichtigt bleiben, wenn in diesem Wj erneut ein Investitionsabzug in Anspruch genommen werden soll; der Wortlaut lässt dies zu (glA *Wendt* FR 15, 1031). Demggü ging die gewinnerhöhende Auflösung einer Ansparabschreibung in die Gewinngrenze ein (BFH VIII R 29/13 BStBl II 15, 832; BFH X R 2/14 BStBl II 16, 534 Rz 24). – **(2) Unentgeltl Betriebsübertragung während des lfd Wj.** Hier sollen die Gewinne des Übertragenden und des Übernehmers zu addieren sein (*BMF* BStBl I 17, 423 Rz 18; mE zweifelhaft). Diese Addition soll auch bei Buchwerteinbringung von MUeranteilen in eine neue PersGes vorzunehmen sein (FG Nds EFG 15, 1793, rkr). Jedenfalls dies ist mE unzutr, weil es hierfür an einer Rechtsgrundlage fehlt und BFH GrS 2/12 BStBl II 15, 1007 betont hat, dass auch die Buchwerteinbringung eine Veräußerung darstellt, also (gerade im Hinblick auf § 7g) einen „Schnitt" bewirkt. Demggü kann bei entgeltl Betriebserwerb kuRz vor dem Jahresende ggf auch ein Erwerber, dessen Gewinn in einem vollen Wj die Grenze übersteigen würde, die Begünstigung in An-spruch nehmen, weil die Gewinngrenze durch auf ein volles Wj hochgerechnet wird (*Paus* EStB 12, 339, 342; zB Jahresgewinn 600 000 €; beim Betriebserwerb zum 1.12. beträgt der anteilige Gewinn des Erwerbers für den gesamten VZ aber nur 50 000 €).

40 g) **Keine Investitionsabsicht erforderlich** Das in den VZ 2007 bis 2015 zu erfüllende Merkmal der Investitionsabsicht ist ab 2016 entfallen (Einzelfragen zu diesem Merkmal nach der Rechtslage bis 2015 s *Schmidt* 37. Aufl § 7g Rz 55 ff; zum Wegfall dieses Merkmals ab VZ 2016 s *Schmidt* 39. Aufl § 7g Rz 40 ff).

4. Geltendmachung durch Datenfernübertragung, § 7g I 2 Nr 2. Ab VZ 45 2016 muss der StPfl sowohl die Summen der Abzugsbeträge als auch die hinzuzurechnenden oder rückgängig zu machenden Beträge nach amtl vorgeschriebenem Datensatz durch Datenfernübertragung übermitteln. Dieses elektronische Verfahren soll Fehler vermeiden, die der *FinVerw* bisher bei der Überwachung der (außerbilanziellen und daher „flüchtigen") Investitionsabzugsbeträge in nennenswerter Zahl unterlaufen sind (BT-Drs 18/4902, 42). Im Hinblick auf diesen Zweck ist das neue Formerfordernis daher gerechtfertigt. – **Befreiungsmöglichkeit.** Zur Vermeidung unbilliger Härten kann das FA auf die elektronische Übermittlung verzichten (§ 7g I 2 Nr 2 S 2 EStG iVm § 150 VIII AO). In diesem Fall müssen sich die Summen der Abzugsbeträge sowie der Beträge nach Abs 2–4 aus den beim FA einzureichenden (Papier-)Unterlagen ergeben (§ 7g I 2 Nr 2 S 3). – **Einzelheiten** zur elektronischen Übermittlung und den Befreiungsmöglichkeiten s § 25 Rz 6.

5. Höhe des Abzugsbetrags, § 7g I 1, 3, 4. – a) **Außerbilanzielle Wir-** 47 **kung.** Der Investitionsabzug wird außerbilanziell vorgenommen (BFH IV R 9/14 BStBl II 17, 295 Rz 14; *BMF* BStBl I 17, 423 Rz 54; BT-Drs 16/4841, 51). Die Neutralisierung von Gewinnen nach BP-Mehrergebnissen wird dadurch erleichtert, weil die für Bilanzänderungen geltenden Einschränkungen (§ 4 II 2) mangels Bilanzwirksamkeit des Abzugs nicht anwendbar sind (BFH IV R 9/14 BStBl II 17, 295 Rz 14). – **Handelsbilanz.** Das bilanzielle Eigenkapital wird bis zur tatsächl Vornahme der Investition nicht gemindert, sodass handelsrechtl keine Ausschüttungssperre besteht. Der Bilanzierungsaufwand steigt, weil für die HB die tatsächl AK maßgebl bleiben, daher eine eigene HB aufzustellen und ggf ein Posten für passive latente Steuern zu bilden ist (*Hirschberger* DStR 07, 2272). – **KapKto nach § 15a.** S Rz 84. – **Besteuerung offener Rücklagen nach § 7 UmwStG.** Auch wenn für diesen Betrag allein das bilanzielle Eigenkapital maßgebl ist, soll er aus teleologischen Gründen durch den Investitionsabzugsbetrag beeinflusst werden (BFH IV R 1/17 BStBl II 19, 501 Rz 25 ff; mE zweifelhaft).

b) **Relativer Höchstbetrag.** Der Abzug darf bis zu 50 % (bis Wj 18/19: 40 %) 48 der voraussichtl AK/HK der WG betragen, die angeschafft/hergestellt werden sollen. – **Aufstockung.** Der StPfl kann einen geringeren Betrag wählen und diesen ggf in einem Folgejahr des Drei-Jahres-Zeitraums aufstocken. – Der allein an die AK/HK anknüpfende Höchstsatz kann auch dann in Anspruch genommen werden, wenn die künftigen *AfA* wegen der Berücksichtigung eines **Schrott-/ Schlachtwerts** (s § 7 Rz 115) nicht von den vollen AK/HK vorgenommen werden dürfen (BFH IV R 26/05 BStBl II 06, 910; für VZ bis 2015 auch *BMF* BStBl I 13, 1493 Rz 5). Dies ist zutr, da § 7g in erster Linie die Finanzierung erleichtern, nicht aber eine bestimmte AfA vorwegnehmen soll. – Hingegen kann ein Investitionsabzug, der im Vorgriff auf **unangemessen hohe AK/HK iSd § 4 V 1 Nr 7** vorgenommen wird, gekürzt werden, weil es keiner Erleichterungen für die Finanzierung unangemessener AK/HK bedarf (BFH X R 33/16 BStBl II 18, 185).

c) **Absoluter Höchstbetrag.** Nach § 7g I 4 darf die Summe aller nach § 7g I 49 im lfd und den drei vorangegangenen Wj vorgenommenen Abzugsbeträge je Betrieb des StPfl 200 000 € nicht übersteigen. Hat ein StPfl mehrere Betriebe, steht ihm der Höchstbetrag für jeden Betrieb gesondert zu (BFH I R 45/10 BStBl II 12, 118 Rz 27). Bei **PersGes** darf die Summe aller Abzugsbeträge aus dem Gesamthands- und SonderBV den Höchstbetrag nicht übersteigen (§ 7g VII). Das höchstmögl begünstigte Investitionsvolumen beträgt damit 400 000 €, was zeigt, dass § 7g I auf Klein- und Mittelbetriebe zugeschnitten ist. – Wenn ein früherer Abzugsbetrag zwischenzeitl wieder hinzugerechnet (§ 7g II) oder rückgängig gemacht wurde (§ 7g III/IV), steht dessen Volumen für neue Abzüge zur Verfügung. – Demggü ist bei der **SonderAfA nach § 7g V** kein absoluter Höchstbetrag vorgesehen (s Rz 75). Sind die Voraussetzungen für die Inanspruchnahme der SonderAfA erfüllt, kann diese daher bis zur Höhe von 20% der AK/HK vorgenommen werden, unabhängig davon, wie hoch die AK/HK sind.

50 **d) Verlust.** Das Gesetz lässt ausdrückl zu, dass durch den Abzug ein Verlust entsteht oder sich erhöht (§ 7g I 3). Dies würde seit der Aufhebung der Verlustklausel des § 7a VI aF (s § 52 Abs 22 iVm Abs 33 EStG 2013) auch ohne die (nunmehr entbehrl) Regelung in § 7g I 3 gelten. Der Abzug erhöht in diesen Fällen das Verlustausgleichs- oder -rücktragspotenzial.

53 **6. Auflösung des Abzugsbetrags im Jahr der begünstigten Investition, § 7g II. – a) Hinzurechnung des früheren Abzugs, § 7g II 1.** Im Wj der Vornahme einer begünstigten Investition (Beginn der AfA-Befugnis, dh Anschaffung/Herstellung, s § 7 Rz 141) *kann* der StPfl **(Wahlrecht)** einen Betrag iHv 50% der tatsächl AK/HK (höchstens jedoch die Summe der noch vorhandenen Investitionsabzugsbeträge) dem Gewinn hinzuzurechnen (§ 7g II 1). Da der Investitionsabzugsbetrag seit VZ 16 nicht mehr auf ein konkretes WG bezogen ist, kann er aber auch fortgeführt und für eine spätere Investition verwendet werden. – Ebenso wie der vorangegangene Investitionsabzug ist auch die **Hinzurechnung außerhalb der Bilanz** vorzunehmen. Zur Hinzurechnung bei **PersGes** s Rz 83. – War der Abzug noch vor Betriebseröffnung vorgenommen worden und hat er daher den **Gewerbeertrag** (der grds einen werbenden Betrieb voraussetzt) nicht gemindert, verzichtet die *FinVerw* aus Billigkeitsgründen auf eine Erfassung des Gewinns aus der Hinzurechnung bei der GewSt (*GLE* BStBl I 11, 152). – Zur **Rechtslage für bis VZ 15 gebildete Investitionsabzugsbeträge** s *Schmidt* 39. Aufl Rz 54.

54 **b) Nachträgliche Geltendmachung, § 7g II 2.** Seit VZ 21 (Wj 20/21; s Rz 2) gelten Einschränkungen für Investitionsabzugsbeträge, die erst nach Eintritt der Unanfechtbarkeit (Ablauf der Einspruchsfrist bzw Beendigung eines Einspruchs-/Klageverfahrens) der erstmaligen StFestsetzung/Feststellung in Anspruch genommen (dh beim FA geltend gemacht) werden (gilt mE sowohl für die erstmalige Geltendmachung als auch für die Erhöhung eines Investitionsabzugsbetrags). Zwar bleibt ihre Geltendmachung weiterhin unbeschr mögl. Die Hinzurechnung nach § 7g II 1 (und damit der Abzug von den AK/HK gem § 7g II 3) ist aber nur zulässig, wenn das WG zum Zeitpunkt der Inanspruchnahme des Investitionsabzugsbetrags noch nicht angeschafft oder hergestellt worden ist. Der zwangsweise „stehengebliebene" Investitionsabzugsbetrag ist dann nach Ablauf der Investitionsfrist zwingend und verzinsl aufzulösen (§ 7g III). – Damit will der Gesetzgeber die *nachträgl* Geltendmachung für bereits getätigte Investitionen verhindern, weil der Zweck der Regelung (Investitionsförderung) dann nicht mehr gegeben ist (BT-Drs 19/22850, 80). Eine nachträgl Geltendmachung bleibt hingegen zulässig, wenn das WG in diesem Zeitpunkt noch nicht angeschafft/hergestellt worden ist; in der typischen Bp-Situation dürfte die dreijährige Investitionsfrist dann aber bereits abgelaufen sein. Wenn der Investitionsabzug hingegen bis zur Unanfechtbarkeit der erstmaligen Festsetzung geltend gemacht wird, steht der Umstand, dass die Investition in diesem Zeitpunkt bereits getätigt worden ist, dem Abzug nicht entgegen. – Zur **Rechtslage bis Wj 19/20** s *Schmidt* 39. Aufl § 7g Rz 43.

55 **b) 50%-Abzug von den Anschaffungs-/Herstellungskosten, § 7g II 3.** Im Wj der begünstigten Investition *kann* der StPfl (Wahlrecht) die AK/HK des WG um bis zu 50% (bis Wj 18/19: 40%) mindern, höchstens jedoch um den Hinzurechnungsbetrag nach § 7g II 1 (die Vornahme eines Mini-Investitionsabzugs von 1 € ermöglicht später also keinen 50%-Abzug von den tatsächl AK/HK). Weil hier die AK/HK berührt werden, ist die **Minderung innerhalb der Bilanz** vorzunehmen. Daher gelten auch die Einschränkungen des § 4 II 2 für Bilanzänderungen (BFH XI R 12/18 BStBl II 2020, 779; zust *Reddig* FR 18, 925, 930; *Rauch* HFR 21, 446). – **Wirtschaftl Bedeutung.** IErg wird damit eine zusätzl SonderAfA gewährt, die jedoch zur Voraussetzung hat, dass zuvor ein Investitionsabzug vorgenommen wurde. Die Möglichkeit des 50%-Abzugs entfällt daher bei Investitionen, die „spontan"

Investitionsabzugsbetrag

oder im Jahr der Betriebseröffnung vorgenommen werden (BFH X R 19/13 BFH/NV 15, 328). Mit den Zielen des § 7g (Investitionsförderung) steht dies nicht in Einklang. – Per Saldo ermöglicht die Kombination aus Abs 2 und der SonderAfA nach Abs 5 auch bei langlebigen WG mit zB 10-jähriger Nutzungsdauer **Gesamt-AfA-Beträge im Investitionsjahr von bis zu 65%** (50% nach Abs 2, auf die verbleibenden 50% noch 20% SonderAfA nach Abs 5 sowie 10% lineare AfA pro rata temporis), bei Nutzung der degressiven AfA (Kj 2020, 2021) sogar bis zu 72,5%. – **Auswirkungen auf die AfA-Bemessungsgrundlage.** Diese wird durch den Abzug vermindert. Dies gilt auch für die Bemessungsgrundlage für die SonderAfA nach Abs 5 sowie die AK/HK bei GWG und Sammelposten-WG iSd § 6 II, IIa. Bei WG mit einer kürzeren Nutzungsdauer als 5 Jahren kann es sich empfehlen, die Abzugsmöglichkeit nach S 2 nur insoweit in Anspruch zu nehmen, dass die Bemessungsgrundlage oberhalb der Sammelposten-Grenze des § 6 IIa bleibt, weil dann eine geringere Gesamt-AfA-Dauer erreicht wird (s auch § 6 Rz 673).

7. Rückgängigmachung des Abzugs bei unterbliebener Hinzurechnung innerhalb der Investitionsfrist, § 7g III. – a) Anwendungsbereich. Soweit der frühere Abzugsbetrag nicht innerhalb der dreijährigen Investitionsfrist nach Abs 2 hinzugerechnet wird, ist der ursprüngl Abzug rückgängig zu machen. Diese Regelung macht die Bildung von Abzugsbeträgen bei fehlender Investitionsabsicht uninteressant. Zugleich steht damit fest, dass auch eine Auflösung im Rahmen einer Betriebsveräußerung/-aufgabe stets rückwirkend zu lfd Gewinn führt (BFH X R 16/15 BFH/NV 16, 1444).

b) Anzeige durch den Steuerpflichtigen. Der StPfl muss das zur Rückgängigmachung führende Ereignis (idR den Ablauf des Drei-Jahres-Zeitraums) spätestens mit Abgabe der StErklärung für das Wj, in dem das Ereignis eingetreten ist, anzeigen (*BMF* BStBl I 17, 423 Rz 56). Dies folgt aus § 153 II AO.

c) Gründe für die Rückgängigmachung. – aa) Unterbliebene Investition innerhalb der Dreijahresfrist. Ist es bis zum Ende des dritten auf das Wj des Abzugs folgenden Wj nicht zur Investition gekommen, ist der Abzug zwingend in vollem Umfang gewinnerhöhend rückgängig zu machen. – **Coronabedingte Fristverlängerungen.** Investitionsabzugsbeträge sollen nicht in den Krisenjahren 2020/21 zwangsweise rückgängig gemacht werden. Daher gilt für Abzugsbeträge, die in Wj geltend gemacht wurden, die im Kj 2017 endeten, eine **Fünfjahresfrist.** Diese müssen nicht im Krisenjahr 2020, sondern erst 2022 rückgängig gemacht werden (§ 52 XVI 3). Für Abzugsbeträge, die in Wj geltend gemacht wurden, die im Kj 2018 endeten, gilt eine Vierjahresfrist (§ 52 XVI 4); auch diese sind also erst 2022 rückgängig zu machen. Im VZ 22 kann es daher zu einer Kumulation von Zwangsauflösungen kommen, sofern nicht tatsächlich investiert wird. Nach dem Ref-Entw des **CoronaStHG IV** sollen diese Fristen um ein weiteres Jahr verlängert werden, so dass die Investitionen/Rückgängigmachungen erst im VZ 23 vorzunehmen wären (§ 52 XVI 3–5). – **Erweiterungen.** Die unterbliebene Investition führt auch dann zur Rückgängigmachung, wenn schon die Voraussetzungen für die frühere Vornahme des Investitionsabzugsbetrags nicht vorgelegen hatten (BFH X B 161/17 BFH/NV 18, 527; BFH X R 11/19 BStBl II 20, 276 Rz 16). Hat das FA den ursprüngl begehrten Abzug nicht gewährt und der StPfl hiergegen Klage erhoben, steht nach Ablauf der Investitionsfrist fest, dass die Klage unbegründet ist (BFH X R 13/17 BFH/NV 19, 1224 Rz 17); die Umstellung in eine Fortsetzungsfeststellungsklage ist nicht zulässig (FG Mster EFG 14, 1129, rkr). – **RumpfWj** zählen dabei grds wie volle Wj (BFH X R 30/19 DStR 21, 2571). Dies gilt jedoch nicht, wenn anlässl einer unentgeltl Betriebsübertragung sowohl der Übergeber als auch der Erwerber RumpfWj einlegen müssen, deren Summe 12 Monate nicht übersteigt (BFH IV R 9/06 BStBl II 10, 664 unter II.2.; *OFD Mster* DStR 11, 2001).

bb) Überhöhter Abzug. Sind die tatsächl AK/HK niedriger als diejenigen, die dem Abzugsbetrag zugrunde gelegt worden waren, verbleibt nach der auf Abs 2 S 1 gestützten Hinzurechnung (begrenzt auf 50 bzw 40 % der *tatsächl* AK/HK) ein Restbetrag. Dieser kann zwar bei Investitionsabzugsbeträgen, die ab VZ 16 gebildet worden sind, für andere Investitionen genutzt werden. Ist dies aber nicht mögl, ist der frühere Investitionsabzug mit Ablauf der Drei-Jahres-Frist rückgängig zu machen.

62 **cc) Vorzeitige freiwillige Rückgängigmachung des Abzugs.** Dies wird durch § 7g III 1 HS 2 ausdrückl zugelassen. Ein solcher Antrag kann im Interesse der Vermeidung unnötig hoher Nachzahlungszinsen liegen (ähnl *Korn* KÖSDI 07, 15758, 15765; *Schoor* StuB 07, 453, 457). Die Rückgängigmachung kann entweder iRd lfd StErklärung für ein Folgejahr oder durch einen Änderungsantrag für einen früheren VZ vorgenommen werden. ME ermöglicht § 7g III 2 auch in diesen Fällen eine Durchbrechung der Bestandskraft (so wohl auch, allerdings nicht ganz eindeutig, *BMF* BStBl I 17, 423 Rz 56).

64 **dd) Anwendung des § 7g III zur Korrektur von Fehlern.** Wortlaut und Normzweck des § 7g III 1 lassen es zu, dass der Investitionsabzugsbetrag auch dann rückwirkend rückgängig gemacht wird, wenn der StPfl zwar tatsächl investiert hat, die zwingende Hinzurechnung des Investitionsabzugsbetrags nach Abs 2 aber unterblieben ist und die Veranlagung für das Jahr der Investition nicht mehr geändert werden kann (BFH X R 11/19 BStBl II 20, 276; zust *Kulosa* HFR 20, 511; *Wendt* FR 20, 573). Aufgrund der Pflicht zur elektronischen Übermittlung dürften derartige Fehler ab 2016 aber nur noch selten vorkommen (zutr *Dürr* DStRK 19, 210). – Wenn die FA die in § 7g III 1 vorgesehene Korrektur des Abzugsjahres in einem ersten Änderungsbescheid noch nicht in voller Höhe umsetzt, kann die Korrektur mit einem weiteren Änderungsbescheid umgesetzt werden (FG Köln EFG 21, 1120, rkr); allerdings dürfen dabei eigenständige Fehler des ersten Änderungsbescheids nicht berichtigt werden (BFH VIII R 45/18 BStBl II 21, 530).

65 **d) Verfahren der Rückabwicklung. – aa) Spezielle Korrekturvorschrift.** § 7g III 2 enthält für die Fälle der Rückgängigmachung des Abzugs eine Korrekturvorschrift für die Veranlagung des Abzugsjahres. Eines Rückgriffs auf § 173 AO (s *Schmidt* 37. Aufl § 7g Rz 51 zur Rechtslage bis VZ 2006) bedarf es daher nicht mehr (*Graw* EFG 15, 1453). Abs 3 S 3 ergänzt dies noch um eine **Ablaufhemmung für die Festsetzungsfrist** des Abzugsjahres, die an die Festsetzungsfrist für das dritte auf das Abzugsjahr folgende Jahr anknüpft.

66 **bb) Verzinsung.** Die sich durch die Rückgängigmachung des Abzugs ergebende StNachzahlung ist nach § 233a AO mit 6 % jährl zu verzinsen. – **Beginn des Zinslaufs.** In § 7g III 4 ist ausdrückl bestimmt, dass § 233a IIa AO *nicht* anzuwenden ist. Der Zinslauf beginnt daher 15 Monate nach Ablauf des Kj, dessen StFestsetzung geändert wurde (unzutr aA *Lühn* NWB 13, 2608: nur für den Fall der Nichtinvestition, nicht aber für die anderen von Abs 3 erfassten Fallgruppen).

67 **8. Rückgängigmachung des Abzugs bei Nichterfüllung der Nutzungsvoraussetzungen, § 7g IV. – a) Materiell-rechtliche Rechtsfolgen.** Das „Behaltendürfen" der Vergünstigungen setzt voraus, dass das WG bis zum Ende des der Anschaffung/Herstellung folgenden Wj vermietet oder in einer inl Betriebsstätte des Betriebs ausschließl oder fast ausschließl betriebl genutzt wird (zu diesen Merkmalen s Rz 10 ff). Fehlt es an dieser qualifizierten Nutzungsvoraussetzung, sind für **Investitionsabzugsbeträge**, die **ab VZ 16** gebildet werden, die in § 7g II angeordneten Rechtsfolgen (Hinzurechnung des Abzugsbetrags im Investitionsjahr, Wahlrecht für den 50/40 %-Abzug im Investitionsjahr) rückwirkend rückgängig zu machen. Der Investitionsabzugsbetrag als solcher ist nicht zwingend rückgängig zu machen, sondern kann von den AK/HK anderer geeigneter WG abgezogen werden, sofern solche vorhanden sind und dies verfahrensrechtl noch mögl ist (zutr *Hörster* NWB 15, 1052, 1055). – Für Investitionsabzugsbeträge, die **bis VZ 15 gebildet** worden sind, ist bei Nichterfüllung der Verbleibensvoraussetzungen sogleich zwingend auch der Investitionsabzugsbetrag rückgängig zu machen. – Die *FinVerw* sieht bei WG iSd § 6 II, IIa, für die keine Aufzeichnungspflichten bestehen, aus Vereinfachungsgründen von der Prüfung der Verbleibens- und Nutzungsvoraussetzungen ab (*BMF* BStBl I 17, 423 Rz 36). Bei allen anderen WG legt sie dem StPfl eine entspr Anzeigepflicht auf (*BMF* BStBl I 17, 423 Rz 56; zur Kritik wegen der unklaren Rechtsgrundlage s Rz 58).

b) Verfahren der Rückabwicklung. – (1) Korrekturvorschrift. § 7g IV 2 enthält seit VZ 2016 nur noch eine Korrekturvorschrift für das Jahr, in dem die Rechtsfolgen des Abs 2 eingetreten sind. Der Investitionsabzugsbetrag selbst ist nicht zwingend rückgängig zu machen, da er noch für andere WG verwendet werden kann (s Rz 67). Erst wenn feststeht, dass er bis zum Ablauf der Investitionsfrist nicht verwendet wird, ist er (nach Abs 3) rückgängig zu machen. – Die **Feststellungsfrist** für die VZ der Rückabwicklung ist an die Feststellungsfrist für den VZ, in dem die qualifizierte Nutzungsvoraussetzung erstmals nicht mehr vorlag, gekoppelt (§ 7g IV 3). – **(2) Verzinsung.** Die sich durch die Rückgängigmachung des Abzugs ergebende StNachzahlung ist nach § 233a AO mit 6% jährl zu verzinsen. Gegen die Höhe dieses Zinssatzes bestehen hier keine verfrechtl Bedenken, weil die Verzinsung bei § 7g (anders als in den Fällen der §§ 233a, 238 AO) auf Entscheidungen des StPfl beruht. In Abs 4 S 4 ist ausdrückl geregelt, dass nicht der hinausgeschobene Zinslauf für rückwirkende Ereignisse (§ 233a IIa AO) anzuwenden ist, sondern der allg Zinslauf (Beginn 15 Monate nach Ablauf des jeweiligen VZ).

II. Sonderabschreibung, § 7g V, VI

1. Voraussetzungen der Sonder-AfA. – a) Begünstigte Wirtschaftsgüter. Erfasst sind abnutzbare bewegl WG des AV (§ 7g V); Einzelheiten hierzu s Rz 6. Ebenso wie beim Investitionsabzug sind auch gebrauchte WG begünstigt. SammelpostenWG iSd § 6 IIa sind hingegen nicht begünstigt (s § 6 Rz 673). – Die vorherige Inanspruchnahme eines Investitionsabzugsbetrags ist *nicht* Voraussetzung für die SonderAfA; umgekehrt kann auf ein WG, für das ein Investitionsabzug in Anspruch genommen wurde, bei tatsächl Investition aber eine SonderAfA vorgenommen werden.

b) Gewinnabhängige Voraussetzungen. Nach § 7g VI Nr 1 kann die SonderAfA nur in Anspruch genommen werden, wenn der Betrieb im Wj, das der Anschaffung/Herstellung *vorangeht*, die Gewinngrenze des § 7g I 2 Nr 1 (Einzelheiten s Rz 31) nicht überschreitet. Anders als beim Investitionsabzugsbetrag (s Rz 31) kommt es also nicht auf den Gewinn im *lfd* Wj an. Bei **Neugründung** eines Betriebes fehlt es an einem Gewinn der vorangehenden Wj; daher ist die Gewinngrenze nie überschritten. Ein neugegründeter Betrieb ist also *immer* begünstigt (BFH I R 57/98 BStBl II 01, 127 unter B. I.).

c) Nutzungsvoraussetzungen. Das WG muss im Jahr der Anschaffung/Herstellung *und* im darauf folgenden Wj vermietet oder in einer inl Betriebsstätte des Betriebs des StPfl (fast) ausschließl betriebl genutzt werden (Abs 6 Nr 2; näher zu diesen Voraussetzungen s Rz 10 ff). Daher kann die SonderAfA ggf auch dann vorgenommen werden, wenn das WG im Jahr der *Inanspruchnahme* der SonderAfA nicht mehr fast ausschließl betriebl genutzt wird (zB der Pkw wird die erforderl zwei Wj lang fast ausschließl betriebl genutzt; im dritten Jahr gehört er zwar noch zum BV, wird aber größtenteils privat genutzt). Denn § 7g VI Nr 2 knüpft nicht an das Wj der Inanspruchnahme der SonderAfA, sondern an das Jahr der Anschaffung/ Herstellung und das folgende Wj an. – Bei **Nichterfüllung der Nutzungsvoraussetzungen** ist die SonderAfA rückwirkend zu versagen; hierfür gilt Abs 4 sinngemäß (Korrekturvorschrift, Ablaufhemmung, Verzinsung; s Rz 67).

2. Vornahme der Sonder-AfA, § 7g V. Der **Begünstigungszeitraum** beträgt fünf Jahre. Das Erstjahr ist das Jahr der Anschaffung/Herstellung (zum Begriff der Anschaffung/Herstellung s § 9a EStDV, § 7 Rz 141 und die dortigen Verweise). – Die **Höhe der SonderAfA** beläuft sich in den fünf Jahren des Begünstigungszeitraums auf *insgesamt* 20% der AK/HK (die zuvor um den Abzugsbetrag nach

§ 7g II 2 zu mindern sind; s Rz 55). Die Verteilung dieses Höchstbetrags über die fünf Jahre steht dem StPfl frei; er kann ihn bereits im Anschaffungs-/Herstellungsjahr in voller Höhe in Anspruch nehmen, und zwar unabhängig von der Lage des Anschaffungs-/Herstellungszeitpunkts in diesem Jahr. Eine *absolute* Beschränkung der Höhe des SonderAfA existiert (anders als für den Investitionsabzugsbetrag, s § 7g I 4) nicht. Neben der SonderAfA ist die NormalAfA nach § 7 I oder – insoweit abw von § 7a IV – nach § 7 II abzusetzen. – Die **RestwertAfA** richtet sich nach § 7a IX (s § 7a Rz 16, 18). Maßgebend ist der Buchwert am Ende des fünfjährigen Begünstigungszeitraums, auch wenn die SonderAfA bereits in einem früheren Jahr vollständig in Anspruch genommen wurde.

III. Anwendung auf Personengesellschaften und Gemeinschaften, § 7g VII

81 **1. Grundsatz.** Für PersGes/Gemeinschaften sind die Regelungen über den Investitionsabzugsbetrag und die SonderAfA mit der Maßgabe anzuwenden, dass an die Stelle des StPfl die PersGes/Gemeinschaft tritt (§ 7g VII).

82 **2. Einzelfragen zur Anwendung des Investitionsabzugsbetrags auf Personengesellschaften.** Ausführl s *Meyer/Ball* FR 09, 641, 642; *Grützner* StuB 08, 332 – **a) Gewinngrenze.** Hier kommt es gem § 7g VII auf den steuerl Gesamtgewinn der MUerschaft (einschließl des Gewinns aus dem SonderBV, s BFH IV R 41/11 BStBl II 19, 715 Rz 49) an; dies gilt auch dann, wenn der Investitionsabzug im SonderBV vorgenommen werden soll (*BMF* BStBl I 17, 423 Rz 19).

83 **b) Betriebsbezogenheit.** Eine PersGes kann nur einen einzigen Betrieb unterhalten (BFH VIII R 56/13 BStBl II 16, 936 Rz 22 ff). Der Abzug wird von der PersGes geltend gemacht. Bei einer im Gesamthandsvermögen geplanten Investition erfolgt der Abzug beim Gesamthandsgewinn, bei Investitionen im SonderBV ist das Ergebnis aus der Sonderbilanz des Ges'ters zu mindern. – **Bindung an die Vermögenssphären, § 7g VII 2, 3.** Ab VZ 21 (Wj 20/21, s Rz 2) darf ein zu Lasten des Gesamthandsgewinns vorgenommener Investitionsabzug nur für dortige Investitionen verwendet werden; ebenso darf ein im SonderBV vorgenommener Investitionsabzug nur für Investitionen dieses MUers (oder seines Rechtsnachfolgers im SonderBV) verwendet werden. Dies schließt Gewinnverlagerungen mittels Bildung und Auflösung von Investitionsabzugsbeträgen nunmehr aus. – Auch wenn der StPfl den Abzug in einem EinzelBV vornimmt, er später aber kein WG für das EinzelBV, sondern einen Anteil an einer PersGes erwirbt, die ihrerseits die Investition vornimmt, ist der Abzug rückwirkend zu versagen (zutr *Hottmann* DStR 09, 1236, 1237; **aA** *Weßling* DStR 12, 687). Dies folgt zwar nicht aus § 7g VII 2, 3, wohl aber daraus, dass die PersGes ein anderer „Betrieb" als das EinzelBV des StPfl ist. – **MoPeG.** Ab 2024 werden GbR, oHG und KG kein Gesamthandsvermögen mehr haben. Da die tragenden Strukturprinzipien dieser PersGes aber nicht verändert werden, kann § 7g VII trotz Verwendung des Begriffs „Gesamthandsvermögen" auch ab 2024 weiter angewendet werden (s auch § 15 Rz 166).

Rechtslage bis Wj 19/20. Seinerzeit durfte ein Investitionsabzugsbetrag, der für eine Investition im GesamthandsBV gebildet worden war, auch für eine Investition im SonderBV verwendet werden (BFH VI R 44/16 BStBl II 19, 466 Rz 19 ff; *BMF* BStBl I 19, 870 Rz 5) und umgekehrt (FG Mster EFG 17, 1594 unter D.I.2, rkr). Die Hinzurechnung gem § 7g II war dann in dem Vermögensbereich vorzunehmen, in dem tatsächl investiert wurde (BFH VI R 44/16 BStBl II 19, 466 Rz 27). *Verkäufe* von WG zw GesamthandsBV und SonderBV derselben PersGes waren allerdings schon damals keine begünstigten Investitionen (zutr *BMF* BStBl I 19, 870 Rz 5).

84 **c) Auswirkungen des außerbilanziellen Abzugs auf das Kapitalkonto iSd § 15a.** Auch wenn der Abzug im Gesamthandsbereich erfolgt, ist ein dadurch entstehender Verlust nach § 15a in jedem Fall ausgleichsfähig, da der außerbilanzielle Abzug das KapKto nicht berührt (zutr *BMF* BStBl I 17, 423 Rz 58; FG BaWü EFG 15, 636, rkr; s auch *Schmelter/Suck* DStR 11, 1637; *Rund* EStB 18, 150). Umgekehrt erhöht aber die spätere außerbilanzielle Hinzurechnung bei tatsächl Investition nicht das Verlustausgleichsvolumen (FG Mster EFG 15, 899, rkr; FG Mster EFG 17, 1594 unter D. II., rkr; FG Mster EFG 19, 1676, Rev IV R 26/19; glA § 15a Rz 42).

d) Anteilserwerb und -veräußerung. Für diejenigen WG, die bereits zum BV 85 einer PersGes gehören, kann ein StPfl im Hinblick auf den beabsichtigten Erwerb eines Anteils an dieser PersGes keinen Investitionsabzugsbetrag geltend machen (zutr FG Mster EFG 21, 1191, Rev IV R 11/21: der PersGesAnteil ist kein WG; die WG der PersGes werden nicht in einem Betrieb des Ges'ters genutzt). – Bei **Anteilsveräußerung** bleibt dem Ausscheidenden der Vorteil aus einem im Gesamthandsbereich vorgenommenen Investitionsabzug endgültig erhalten, sofern die PersGes die Investition später tatsächl vornimmt; der Erwerber hat die Mehrsteuer aus dem Hinzurechnungsbetrag nach § 7g II 1 zu tragen. Der Veräußerungsgewinn des Ausscheidenden (Anteilskaufpreis ./. steuerl KapKto) erhöht sich wegen der außerbilanziellen Vornahme des Abzugs nicht. Daher sollten die Auswirkungen des § 7g bei der Bemessung des Anteilskaufpreises bedacht werden. Wurde der Investitionsabzug im SonderBV des Ausscheidenden vorgenommen, ist er rückwirkend aufzulösen. – Wenn die Investition hingegen *nicht* vorgenommen wird, hat auch ein zwischenzeitl ausgeschiedener Ges'ter den steuerl Nachteil aus der rückwirkenden Rückgängigmachung des Abzugs nach Maßgabe der seinerzeit geltenden Gewinnverteilungeregelungen mitzutragen (FG Ddorf EFG 19, 968, Rev IV R 18/19; mE zutr).

3. Einzelfragen zur Anwendung der Sonder-AfA auf Personengesell- 86 **schaften.** Zur Verteilung der SonderAfA zw den MUern einer PersGes bei Ges'ter-Wechsel s *Lechner/Bührer* NWB 16, 1712.

§ 7h Erhöhte Absetzungen bei Gebäuden in Sanierungsgebieten und städtebaulichen Entwicklungsbereichen

(1) ¹**Bei einem im Inland belegenen Gebäude in einem förmlich festgelegten Sanierungsgebiet oder städtebaulichen Entwicklungsbereich kann der Steuerpflichtige abweichend von § 7 Absatz 4 und 5 im Jahr der Herstellung und in den folgenden sieben Jahren jeweils bis zu 9 Prozent und in den folgenden vier Jahren jeweils bis zu 7 Prozent der Herstellungskosten für Modernisierungs- und Instandsetzungsmaßnahmen im Sinne des § 177 des Baugesetzbuchs absetzen.** ²Satz 1 ist entsprechend anzuwenden auf Herstellungskosten für Maßnahmen, die der Erhaltung, Erneuerung und funktionsgerechten Verwendung eines Gebäudes im Sinne des Satzes 1 dienen, das wegen seiner geschichtlichen, künstlerischen oder städtebaulichen Bedeutung erhalten bleiben soll, und zu deren Durchführung sich der Eigentümer neben bestimmten Modernisierungsmaßnahmen gegenüber der Gemeinde verpflichtet hat. ³Der Steuerpflichtige kann die erhöhten Absetzungen im Jahr des Abschlusses der Maßnahme und in den folgenden elf Jahren auch für Anschaffungskosten in Anspruch nehmen, die auf Maßnahmen im Sinne der Sätze 1 und 2 entfallen, soweit diese nach dem rechtswirksamen Abschluss eines obligatorischen Erwerbsvertrags oder eines gleichstehenden Rechtsakts durchgeführt worden sind. ⁴Die erhöhten Absetzungen können nur in Anspruch genommen werden, soweit die Herstellungs- oder Anschaffungskosten durch Zuschüsse aus Sanierungs- oder Entwicklungsförderungsmitteln nicht gedeckt sind. ⁵Nach Ablauf des Begünstigungszeitraums ist ein Restwert den Herstellungs- oder Anschaffungskosten des Gebäudes oder dem an deren Stelle tretenden Wert hinzuzurechnen; die weiteren Absetzungen für Abnutzung sind einheitlich für das gesamte Gebäude nach dem sich hiernach ergebenden Betrag und dem für das Gebäude maßgebenden Prozentsatz zu bemessen.

§ 7h 1–4 Erhöhte Absetzungen bei Gebäuden in Sanierungsgebieten

(1a) ¹Absatz 1 ist nicht anzuwenden, sofern Maßnahmen zur Herstellung eines neuen Gebäudes führen. ²Die Prüfung, ob Maßnahmen zur Herstellung eines neuen Gebäudes führen, obliegt der Finanzbehörde.

(2) ¹Der Steuerpflichtige kann die erhöhten Absetzungen nur in Anspruch nehmen, wenn er durch eine nicht offensichtlich rechtswidrige Bescheinigung der zuständigen Gemeindebehörde die Voraussetzungen des Absatzes 1 für das Gebäude und die Maßnahmen nachweist; die Bescheinigung hat die Höhe der Aufwendungen für die Maßnahmen nach Absatz 1 Satz 1 und 2 zu enthalten. ²Sind ihm Zuschüsse aus Sanierungs- oder Entwicklungsförderungsmitteln gewährt worden, so hat die Bescheinigung auch deren Höhe zu enthalten; werden ihm solche Zuschüsse nach Ausstellung der Bescheinigung gewährt, so ist diese entsprechend zu ändern.

(3) Die Absätze 1 bis 2 sind auf Gebäudeteile, die selbständige unbewegliche Wirtschaftsgüter sind, sowie auf Eigentumswohnungen und auf im Teileigentum stehende Räume entsprechend anzuwenden.

Einkommensteuer-Richtlinien: EStR 7h/EStH 7h.

1 **1. Anwendungsbereich.** Als AfA-Vorschrift setzt § 7h den Einsatz des Gebäudes zur **Einkunftserzielung** voraus; für selbst bewohnte oder unentgeltl überlassene Gebäude gilt § 10f (mit ansonsten identischen Voraussetzungen). Die für sämtl erhöhten AfA geltenden allg Vorschriften des § 7a sind zu beachten; insb gilt **bei mehreren Beteiligten** (zB PersGes) § 7a VII (s § 7a Rz 14; zu Fonds- und Erwerbermodellen s Rz 10).

2 **2. Begünstigte Wirtschaftsgüter.** § 7h erfasst im **Inland** (zur Vereinbarkeit mit Europarecht s *Cloer/Vogel* DB 10, 1901) belegene **Gebäude** (des BV oder PV). Selbständige Gebäudeteile, Eigentumswohnungen usw sind den Gebäuden gleichgestellt (Abs 3; dazu § 7 Rz 215). Begünstigtes Objekt ist in einem solchen Fall der einzelne **Eigentumswohnung**; eine Bescheinigung, die lediglich für das Gesamtgebäude ausgestellt ist, ist als Nachweis ungeeignet (BFH IX R 15/13 BStBl II 15, 581). In diesen Fällen sollte bei der Sanierungsbehörde rechtzeitig eine präzisere Bescheinigung beantragt werden; nur ein solcher Antrag hemmt nach § 171 X 2 AO die Festsetzungsfrist für die ESt (*Nöcker* HFR 15, 218). – Die begünstigten Objekte müssen in einem förml festgelegten **Sanierungsgebiet** (dazu §§ 136–164b BauGB; förml Festlegung durch Satzung nach § 142 BauGB) oder städtebaul **Entwicklungsbereich** (§§ 165–171 BauGB; förml Festlegung durch Satzung nach § 165 VI BauGB) liegen. Eine Anpassung des § 7h an später eingeführte vergleichbare städtebaul Maßnahmen (zB Stadtumbau nach § 171a–171d BauGB, Maßnahmen der sozialen Stadt nach § 171e BauGB) ist unterblieben (s *LfSt Bayern* DB 06, 128). Die Sanierungs- und Entwicklungssatzung muss während der Durchführung der Baumaßnahmen noch in Kraft sein (BFH X R 4/12 BFH/NV 14, 1512: keine Begünstigung von Maßnahmen, die erst nach Aufhebung der Sanierungssatzung durchgeführt werden).

4 **3. Begünstigte Bemessungsgrundlage.** – a) **Herstellungskosten für Modernisierungs- und Instandsetzungsmaßnahmen.** § 7h I 1 nimmt insoweit Bezug auf § 177 BauGB. Dabei handelt es sich ausschließl um Maßnahmen zur Beseitigung von Missständen und Mängeln, zu deren Durchführung die Gemeinde den Eigentümer *zwingen* kann. Die Vereinbarung durch öffentl-rechtl Vertrag ist zulässig (EStR 7h VI), wobei die Einhaltung der Formvorschriften erforderl ist (BFH IX B 109/02 BFH/NV 03, 469). Maßnahmen, die weder durch VA angeordnet noch durch förml Vertrag vereinbart werden, sind nicht begünstigt (*FM Bay* FR 94, 206: auch dann nicht, wenn das Modernisierungsgebot nachträgl angeordnet wird). Begünstigt sind ferner HK für Maßnahmen, die der **Erhaltung, Erneuerung und funktionsgerechten Verwendung** eines Gebäudes dienen sollen

Begünstigte Bemessungsgrundlage **6–10 § 7h**

(§ 7h I 2), sofern sich der Eigentümer zur Durchführung dieser Maßnahmen gegenüber der Gemeinde verpflichtet hat (ein Gebot nach § 177 BauGB kann hier nicht ergehen). **TeilHK** (s *Schmidt* 30. Aufl § 7a Rz 4) berechtigen noch nicht zur Inspruchnahme der erhöhten AfA (s § 7i Rz 4). – **Erhaltungsaufwand** kann unter den Voraussetzungen des § 7h auf bis zu 5 Jahre verteilt werden (§ 11a), wenn dies für den StPfl günstiger als der sofortige Abzug ist.

b) Herstellungskosten eines Neubaus. – aa) Keine Begünstigung. Abs 1a, 6 der dies nunmehr ausdrückl regelt, gilt zwar erstmals für Baumaßnahmen, mit denen nach dem 31.12.18 begonnen wurde (§ 52 XVIa 1–3; zur Auslegung der in dieser Übergangsregelung verwendeten Begriffe „Bauantrag" und „Bauunterlagen" s ausführl *Schmidt* 27. Aufl § 7 Rz 172). Materiell-rechtl hat die Rspr Neubauten aber auch schon zuvor als nicht begünstigt angesehen (BFH X R 183/96 BStBl II 03, 238 unter II.2.a; BFH X R 7/07 BStBl II 09, 596 unter II.2.). Maßgebend für das Verständnis der Begriffe „Modernisierung" und „Instandsetzung" ist hier allerdings das Baurecht, das in Teilbereichen vom strechtl Verständnis abweichen kann (BFH IX R 13/04 BStBl II 07, 373; *FM Nds* DB 99, 308; s hierzu ausführl § 7i Rz 6). Dabei bleibt es mE auch nach Inkrafttreten des Abs 1a, da der Gesetzgeber zwar angeordnet hat, dass die Finanzbehörde die Neubaueigenschaft *prüfen* darf, aber nicht erkennen lässt, dass hierbei die Wertungen des Baurechts nicht mehr gelten sollen.

bb) Schaffung einer neuen Eigentumswohnung. Besonders problematisch 7 sind Fälle, in denen das Gebäude als solches zwar schon vorhanden war, aber an der Stelle eines bisher ungenutzten Dachbodens (unter Schaffung zusätzl umbauten Raums) eine neue hochwertige Eigentumswohnung entsteht. Die Rspr begünstigt in diesen Fällen die anteiligen Aufwendungen auf das Gemeinschaftseigentum, dh letztl auf die Altbausubstanz (BFH X R 6/16 BStBl II 18, 272 Rz 34 ff). Dies gilt mE auch nach Inkrafttreten des Abs 1a, da dort nur neue „Gebäude" von der Begünstigung ausgeschlossen werden, die neue Eigentumswohnung in einem bestehenden Gebäude aber kein neues Gebäude ist.

cc) Unzutreffende Bescheinigung in Neubaufällen. Für Baumaßnahmen, 8 mit denen nach dem 31.12.18 begonnen wurde, prüft das FA selbst, ob sie zur Herstellung eines neuen Gebäudes führen (§ 7h Ia 2). Eine unzutr Bescheinigung der Gemeinde hat in diesem Punkt also keine Bindungswirkung mehr.

Rechtslage bis VZ 18. Damals war das FA auch dann an eine Bescheinigung der Gemeinde, in der die Voraussetzungen des § 7h I 1, 2 bejaht wurden, gebunden, wenn die Maßnahme im steuerrechtl Sinne als „Neubau" zu beurteilen wäre (BFH IX B 81/16 BStBl II 17, 196 Rz 16; BFH XI R 38/01 BStBl II 05, 171 unter II.1.b). Dies galt auch dann, wenn die Bescheinigung den Vorbehalt enthielt, dass „weitere stl Voraussetzungen" vom FA geprüft werden (BFH IX R 17/15 BStBl II 17, 523 Rz 21). Dem hat sich zwischenzeitl auch der X. Senat angeschlossen (BFH X R 15/13 BStBl II 15, 367 Rz 18; BFH X R 6/16 BStBl II 18, 272 Rz 46; dazu *Beck* NWB 15, 1318). Ebenso erkannte der BGH die Bindungswirkung selbst dann an, wenn derartige Bescheinigungen den Rahmen des Vertretbaren verließen (BGH 2 StR 24/16 BGHSt 62, 288 Rz 66 ff).

c) Begünstigung von Anschaffungskosten. AK werden **grds nicht von** 10 **§ 7h erfasst.** Sie sind nur insoweit begünstigt, als sie auf HK iSd § 7h I 1, 2 entfallen *und* die Maßnahmen *nach* Abschluss des obligatorischen Erwerbsvertrags (s dazu *Schmidt* 27. Aufl § 7 Rz 173) oder gleichstehenden Rechtsakts durchgeführt worden sind (§ 7h I 3: „erst kaufen, dann sanieren"; zu Gestaltungen, in denen sich die finanzierenden Banken zunächst Prüfungsrechte vorbehalten und das Vertragsangebot des Anlegers erst nach Abschluss der Prüfung annehmen, *Kaligin* DStR 08, 1763, 1766 f). Der **„gleichstehende Rechtsakt"** muss in seiner Bindung und Eindeutigkeit einem obligatorischen Erwerbsvertrag (zB notariell beurkundeter Kaufvertrag) vergleichbar sein, was zB bei Erbfall, Vermächtnis, Zwangsversteigerung der Fall ist, nicht aber bei einem bloßen Kauf*angebot* (BFH IX R 32/12 BStBl II 13, 482). – Dem Wesen nach handelt es sich um anschaffungsnahen Aufwand; der Kaufpreis, der auf das im Zeitpunkt der Anschaffung bereits vorhandene Gebäude entfällt, ist nicht begünstigt (zum Zusammenwirken der Regelungen über erhöhte AfA einerseits und anschaffungsnahe Aufwendungen andererseits s *Götz* DStR 12, 1217 mit zahlreichen Beispielen). Erfasst sind damit Sanierungen im Rahmen von **Erwerbermodellen** (dazu *Fleischmann/Meyer-Scharenberg* DStR 99, 748); hier ist eine gesonderte und einheitl Feststellung nach der VO zu § 180 II AO durchzuführen (FG Mchn EFG 06, 1748 unter II.2.a, rkr; *OFD Kiel* DB 03, 2147). Weil „StPfl" iSd § 7h nicht die PersGes ist, sondern der Ges'ter (BFH IX R 50/98 BStBl II 01, 760), erhalten die einzelnen Anleger bei Fondsmodellen die erhöhten AfA nur auf solche Kostenpositionen, die zeitl nach ihrem Beitritt anfallen (*BMF* BStBl I 03, 546 Rz 10; FG BaWü EFG 15, 267, rkr). Die Sanierung darf erst nach dem Beitritt des letzten Anlegers beginnen. Der Erwerb eines bereits sanierten Gebäudes ist nicht begünstigt (zutr FG BaWü EFG 10, 1409, rkr). – Umgekehrt steht es mE der weiteren Begünstigung nicht entgegen, wenn eine **vermögensverwaltende GbR** sich nach der Sanierung in der Weise **auseinandersetzt,** dass jeder Ges'ter ohne Ausgleichszahlung eine der sanierten Wohnungen erhält (Personenbezogenheit des § 7h). Soweit ein entgeltl Erwerb vorliegt, ist ein weiterer Abzug der erhöhten AfA hingegen ausgeschlossen.

12   **d) Zuschüsse.** Die begünstigten HK/AK mindern sich um Zuschüsse aus Sanierungs- oder Entwicklungsförderungsmitteln (§ 7h I 4). Bei nachträgl Gewährung gilt § 7a I 3. *Andere* Zuschüsse sind (anders bei § 7i I 7) zwar nicht erwähnt, aber nach allg Grundsätzen ebenfalls abzuziehen (s § 7 Rz 107 mwN).

13   **4. Bescheinigung der Gemeinde, § 7h II. – a) Grundlagenbescheid.** Die Bescheinigung ist zugleich materielle Voraussetzung für die erhöhten AfA und Grundlagenbescheid für das FA (BFH IX R 91/94 BStBl II 97, 398; BFH IX R 17/15 BStBl II 17, 523 Rz 18). Übersicht über die länderspezifischen Bescheinigungsrichtlinien s *BMF* BStBl I 20, 169; für Vorjahre *BMF* BStBl I 00, 1513; *BMF* BStBl I 04, 1049. Wegen des Bescheinigungsverfahrens sind die in Rz 2, 4 erläuterten Voraussetzungen im Besteuerungsverfahren nur von geringem Interesse.

14   **b) Reichweite der Bindungswirkung.** Sie erstreckt sich auf die Frage, ob sich das Gebäude in einem Sanierungsgebiet befindet, auf die Merkmale „Gebäude" und „Maßnahmen", daher auch auf die baurechtl Verhältnisse („Modernisierung" oder „Instandsetzung", BFH IX R 20/99 BStBl II 03, 910 unter 1.a) und die Gewährung sowie die Höhe von Zuschüssen (§ 7h II 2). – Für Bescheinigungen, die nach dem 31.12.18 erteilt werden (§ 52 XVIa 4), erstreckt sich die Bindungswirkung auch auf die **Höhe der Aufwendungen** (§ 7h II 1 HS 2); damit ist insoweit der Gleichklang zu § 7i hergestellt. Zuvor ausgestellte Bescheinigungen hatten hinsichtlich der Höhe der Aufwendungen hingegen keine Bindungswirkung für das FA (BFH X R 15/13 BStBl II 15, 367 Rz 21); umgekehrt ließ das Fehlen solcher Angaben die Bindungswirkung des übrigen Inhalts der Bescheinigung nicht entfallen (BFH XI R 38/01 BStBl II 05, 171 unter II.1.c). – Zur Prüfungskompetenz von Gemeinde einerseits und FA andererseits s ausführl EStR 7h IV, V; *Krauß* DStR 19, 1185; § 7i Rz 14ff (dort auch zur Kritik).

15   **c) Fehlende Bindungswirkung.** Ob ein (nicht begünstigter) **Neubau** vorliegt, prüft ab VZ 19 allein das FA (§ 7h Ia 2; s Rz 8). Ab VZ 21 (§ 52 XVIa S 4) entfällt die Bindungswirkung bei **offensichtl rechtswidrige Bescheinigungen.** Hinsichtl der „Offensichtlichkeit" nehmen die Gesetzesmaterialien auf BVerwG 6 C 32/06 NVwZ 07, 709 Bezug, wonach an dem Verstoß gegen formelles oder materielles Recht vernünftigerweise kein Zweifel bestehen darf und sich deshalb die Rechtswidrigkeit aufdrängt, ohne dass aber die Voraussetzungen der Nichtigkeit („besonders schwerwiegender Fehler") gegeben sein müssen (*Beispiele* s BT-Drs 19/22850, 81f). Bis VZ 20 war das FA nach der Rspr hingegen auch an rechtswidrige (aber nicht nichtige) Bescheinigungen gebunden (BFH IX R 27/17 BStBl II 18, 597; auch kein Rechtsmissbrauch). – Bescheinigungen, die **keine ein-**

deutige Aussage zu den Voraussetzungen des § 7h I enthalten, haben keine Bindungswirkung (BFH X R 183/96 BStBl II 03, 238 unter II.2.b). Dies gilt insb, wenn der Bescheinigung nicht zu entnehmen ist, ob der StPfl zur Durchführung der Maßnahmen *verpflichtet* war (zutr FG Köln EFG 16, 803, rkr). In solchen Fällen darf das FA aber nicht etwa selbst prüfen; vielmehr fehlt es an der nach Abs 2 erforderl Bescheinigung (BFH X R 6/16 BStBl II 18, 272 Rz 29). Die Bindungswirkung erstreckt sich zudem nicht auf die Frage, ob die bescheinigten Aufwendungen steuerl HK oder (idR nicht begünstigte) AK darstellen (BFH IX R 20/99 BStBl II 03, 910 unter 2.). – Eine **nach Ablauf der regulären Festsetzungsfrist ausgestellte Bescheinigung** löst als „ressortfremder Grundlagenbescheid" die Ablaufhemmung des § 171 X AO nicht aus (so ab 2015 ausdrückl § 171 X 2 AO; ebenso für die Zeit davor BFH V R 27/11 BStBl II 13, 529, VerfBeschw BVerfG 1 BvR 1787/13 nicht zur Entscheidung angenommen).

d) Objektbezogenheit. Die Bescheinigung ist im Fall der Begünstigung einer Eigentumswohnung konkret auf diese Wohnung (und nicht nur auf das Gesamtgebäude) auszustellen (s Rz 2). Dies gilt aufgrund des klaren Wortlauts des Abs 3 auch dann, wenn ein Gebäude stl in mehrere WG aufzuteilen ist (zB teils selbstgenutztes, teils vermietetes Gebäude); eine ledigl für das Gesamtgebäude ausgestellte Bescheinigung reicht hier nicht aus (BFH IX R 17/15 BStBl II 17, 523 Rz 25; zu Unrecht **aA** *Beck* DStR 17, 1469). 16

5. Rechtsfolgen. – **a) Höhe der Absetzung.** Die AfA beträgt 8 × 9 % und 4 × 7 %. – Die Inanspruchnahme geringerer Beträge ist mögl; es besteht aber **keine Nachholungsmöglichkeit** während des Begünstigungszeitraums. Die nicht geltend gemachten Beträge erhöhen dann den Restwert (s Rz 19). Es handelt sich grds um eine **GanzjahresAfA;** auch im Jahr der Veräußerung soll die volle Jahres-AfA geltend gemacht werden können (so zu § 7i BFH IX R 40/95 BStBl II 96, 645), mE unzutr; die ausdrückl Abweichung von der anderslautenden Rspr zur insoweit wortgleichen Regelung des § 7 V (BFH VIII R 93/74 BStBl II 77, 835; BFH IX R 107/91 BFH/NV 94, 780) ist vom BFH nicht begründet worden. – Nach vollständiger Inanspruchnahme der AfA (außerhalb der Zehn-Jahres-Frist) kann sich ein Verkauf des Objekts an Angehörige empfehlen, die dann erneut AfA vornehmen können (s *Neufang* StB 18, 218, 222). 18

b) Restwertabsetzung, § 7h I 5. Da die AfA-Sätze des § 7h grds zur vollständigen Absetzung während des Begünstigungszeitraums führen, verbleibt nur dann ein Restwert, wenn der Höchstsatz in einem Jahr nicht ausgeschöpft wurde oder nachträgl HK angefallen sind. In diesen Fällen erhöht der Restwert die Bemessungsgrundlage für die normale GebäudeAfA und ist iErg wie nachträgl HK zu behandeln (s § 7 Rz 133). Nachträgl AK/HK, die erst nach Ablauf des Begünstigungszeitraums anfallen, sind diesem Restwert zuzuschlagen (mE zutr FG Nds EFG 21, 622, Rev IX R 14/20; zu § 7i). Besteht das Gebäude aus mehreren WG, ist der Restwert anteilig den einzelnen WG zuzuordnen. § 7a IX ist nicht anwendbar, weil § 7h keine SonderAfA, sondern erhöhte AfA gewährt. 19

§ 7i Erhöhte Absetzungen bei Baudenkmalen

(1) ¹**Bei einem im Inland belegenen Gebäude, das nach den jeweiligen landesrechtlichen Vorschriften ein Baudenkmal ist, kann der Steuerpflichtige abweichend von § 7 Absatz 4 und 5 im Jahr der Herstellung und in den folgenden sieben Jahren jeweils bis zu 9 Prozent und in den folgenden vier Jahren jeweils bis zu 7 Prozent der Herstellungskosten für Baumaßnahmen, die nach Art und Umfang zur Erhaltung des Gebäudes als Baudenkmal oder zu seiner sinnvollen Nutzung erforderlich sind, absetzen.** ²**Eine sinnvolle Nutzung ist nur anzunehmen, wenn das Gebäude in der Weise genutzt wird, dass die Erhaltung der schützenswerten Substanz des Gebäudes auf die Dauer gewähr-**

§ 7i 1, 2 Erhöhte Absetzungen bei Baudenkmalen

leistet ist. ³Bei einem im Inland belegenen Gebäudeteil, das nach den jeweiligen landesrechtlichen Vorschriften ein Baudenkmal ist, sind die Sätze 1 und 2 entsprechend anzuwenden. ⁴Bei einem im Inland belegenen Gebäude oder Gebäudeteil, das für sich allein nicht die Voraussetzungen für ein Baudenkmal erfüllt, aber Teil einer Gebäudegruppe oder Gesamtanlage ist, die nach den jeweiligen landesrechtlichen Vorschriften als Einheit geschützt ist, kann der Steuerpflichtige die erhöhten Absetzungen von den Herstellungskosten für Baumaßnahmen vornehmen, die nach Art und Umfang zur Erhaltung des schützenswerten äußeren Erscheinungsbildes der Gebäudegruppe oder Gesamtanlage erforderlich sind. ⁵Der Steuerpflichtige kann die erhöhten Absetzungen im Jahr des Abschlusses der Baumaßnahme und in den folgenden elf Jahren auch für Anschaffungskosten in Anspruch nehmen, die auf Baumaßnahmen im Sinne der Sätze 1 bis 4 entfallen, soweit diese nach dem rechtswirksamen Abschluss eines obligatorischen Erwerbsvertrags oder eines gleichstehenden Rechtsakts durchgeführt worden sind. ⁶Die Baumaßnahmen müssen in Abstimmung mit der in Absatz 2 bezeichneten Stelle durchgeführt worden sein. ⁷Die erhöhten Absetzungen können nur in Anspruch genommen werden, soweit die Herstellungs- oder Anschaffungskosten nicht durch Zuschüsse aus öffentlichen Kassen gedeckt sind. ⁸§ 7h Absatz 1 Satz 5 ist entsprechend anzuwenden.

(2) ¹Der Steuerpflichtige kann die erhöhten Absetzungen nur in Anspruch nehmen, wenn er durch eine nicht offensichtlich rechtswidrige Bescheinigung der nach Landesrecht zuständigen oder von der Landesregierung bestimmten Stelle die Voraussetzungen des Absatzes 1 für das Gebäude oder Gebäudeteil und für die Erforderlichkeit der Aufwendungen nachweist. ²Hat eine der für Denkmalschutz oder Denkmalpflege zuständigen Behörden ihm Zuschüsse gewährt, so hat die Bescheinigung auch deren Höhe zu enthalten; werden ihm solche Zuschüsse nach Ausstellung der Bescheinigung gewährt, so ist diese entsprechend zu ändern.

(3) § 7h Absatz 3 ist entsprechend anzuwenden.

Einkommensteuer-Richtlinien: EStR 7i/EStH 7i

1 **1. Anwendungsbereich.** Als AfA-Vorschrift setzt § 7i den Einsatz des Gebäudes zur **Einkunftserzielung** voraus. Für selbst bewohnte oder unentgeltl überlassene Gebäude gilt § 10f (mit ansonsten identischen Voraussetzungen), für weder zur Einkunftserzielung (zB bei Liebhaberei) noch zu eigenen Wohnzwecken genutzte Gebäude gilt § 10g. Die für sämtl erhöhten AfA geltenden allg Vorschriften des § 7a sind zu beachten; insb gilt **bei mehreren Beteiligten** (zB PersGes) § 7a VII (s § 7a Rz 14). Zu Fonds- und Erwerbermodellen s § 7h Rz 10. – **Literatur** s *Schmidt* 38. Aufl § 7i Rz 1.

2 **2. Begünstigte Wirtschaftsgüter.** § 7i erfasst im **Inland** (Vereinbarkeit mit Europarecht zu einer Parallelvorschrift des niederländischen Rechts bejaht durch EuGH C-87/13 HFR 15, 205; glA FG Ddorf EFG 19, 771, nachgehend offen gelassen von BFH X R 17/19 BFH/NV 21, 1494 Rz 33) belegene **Gebäude** (des BV oder PV). Selbständige Gebäudeteile, Eigentumswohnungen usw sind den Gebäuden gleichgestellt (§ 7i III iVm § 7h III; dazu § 7 Rz 215). In diesen Fällen muss sich die Bescheinigung aber (ebenso wie bei § 7h, s dazu § 7h Rz 2) auf die einzelne **Eigentumswohnung** beziehen; eine für das Gesamtgebäude ausgestellte Bescheinigung genügt nicht (BFH X R 29/12 BFH/NV 15, 194). – Das begünstigte Objekt muss nach den jeweiligen landesrechtl Vorschriften ein **Baudenkmal** sein (§ 7i I 1); es genügt, wenn die Denkmaleigenschaft auf einen (unselbständigen) Gebäude*teil* beschränkt ist (§ 7i I 3; zB BFH IV R 30/02 BStBl II 04, 945 unter 4.: Wandmalerei) oder ledigl ein **Ensembleschutz** besteht (Abs 1 S 4; ausführl BFH VIII R 6/01 BStBl II 04, 783 unter II.2.a).

Bemessungsgrundlage 4, 6 § 7i

3. Bemessungsgrundlage. – a) Bestimmte Herstellungskosten. Begünstigt 4
sind die HK, die **zur Erhaltung des Gebäudes als Baudenkmal** *oder* **zu seiner
sinnvollen Nutzung erforderl sind** (§ 7i I 1, 2). Entscheidend ist, ob durch
die Maßnahmen der unter denkmalpflegerischen Gesichtspunkten erstrebenswerte Zustand des Objekts herbeigeführt wird; hierfür gelten strenge Maßstäbe; allein der Wunsch nach einer besseren wirtschaftl Nutzung des Gebäudes
rechtfertigt die Förderung nach § 7i hingegen nicht (zutr BVerwG 4 B 22/17
HFR 17, 975: grds keine Begünstigung des Einbaus eines Aufzugs; BVerwG 4 B
26/20 HFR 21, 217: Modernisierung der Heizung und Warmwasserversorgung genügt nicht). Die Begünstigung erstreckt sich nicht auf baul selbständige Anlagen, die nicht Teil des Denkmals sind (BVerwG 4 B 45.01 HFR 02, 342).
Die Umgestaltung des Innenhofs oder einer Außenanlage sowie die Neuerrichtung einer vom Denkmal getrennten (Tief-)Garage ist daher grds nicht begünstigt
(BFH IX R 47/92 BStBl II 97, 176; BVerwG 4 B 45.01 HFR 02, 342). Etwas
anderes gilt aber, wenn zw solchen Baulichkeiten und dem Denkmal ein einheitl Nutzungs- und Funktionszusammenhang besteht (BFH IX R 72/00 BStBl II
03, 916, Anm *Fischer* FR 03, 557: mit dem Denkmal baul verbundene Tiefgarage).
Ob ein derartiger Zusammenhang besteht, entscheidet das FA nach steuerl
Grundsätzen; die Bescheinigung der Denkmalbehörde hat insoweit keine Bindungswirkung (BFH IX R 47/92 BStBl II 97, 176; BFH IX R 72/00 BStBl II 03,
916 unter II.1.d). – Stehen nur **Teile eines Gebäudes unter Denkmalschutz**
(zB Decken, Fenster), sind nur die auf diese Teile entfallenden HK begünstigt
(Einzelheiten s *Heinen* INF 93, 149, 150). Bei **Ensembleschutz** beschränkt sich
die Begünstigung auf Maßnahmen zur Erhaltung des *äußeren Erscheinungsbildes*
(Abs 1 S 4); Baumaßnahmen im *Innern* des Gebäudes sind daher hier nicht erfasst (BVerwG 4 B 45.01 HFR 02, 342). – Für **Teil-HK** können die erhöhten AfA
noch nicht in Anspruch genommen werden (BFH IX R 130/90 BStBl II 96,
215 unter 3.a). Abgrenzbare Einzelbaumaßnahmen sind aber bereits mit ihrem
Abschluss (nicht erst ab Beendigung der Gesamtsanierung) begünstigt (BFH IX
R 40/97 BStBl II 03, 582 unter II.1.b; insoweit anders bei § 10f, s § 10f Rz 7). –
AK sind nur unter denselben engen Voraussetzungen wie bei § 7h erfasst (§ 7i I 5,
s § 7h Rz 10).

b) Neubaumaßnahmen. – aa) Keine Begünstigung. Neubauten sind eben- 6
so wie bei § 7h (s § 7h Rz 6) nicht begünstigt, weil die Subvention gerade die
Erhaltung des bestehenden Denkmals fördern soll (BFH IX R 72/00 BStBl II 03, 916
unter II.1.a; BFH X R 8/08 BStBl II 09, 960 unter II.4.b). Auch der Wiederaufbau
oder die völlige Neuerrichtung eines (zuvor bereits vorhanden gewesenen) Gebäudes ist als Neubau anzusehen. Gleiches gilt für die Schaffung neuen Wohnraums
durch Aufstockung eines denkmalgeschützten Gebäudes (*Beck* DStR 09, 1412,
1413). Im Gegensatz zu § 7h Ia enthält § 7i jedoch keine ausdrückl Regelung zu
Neubauten. – Anders als bei der Frage, ob zw mehreren Bauteilen ein Nutzungs-
und Funktionszusammenhang besteht (s oben), setzt sich hier aber die Sichtweise
des Denkmalschutzes ggü der steuerrechtl Sicht durch. „HK, die zur Erhaltung des
Gebäudes als Baudenkmal erforderl sind" können daher auch dann noch vorliegen,
wenn nach allg steuerrechtl Grundsätzen (s *Schmidt* 27. Aufl § 7 Rz 162ff, zB
bei Erneuerung tragender Teile) von einem Neubau auszugehen wäre. Gleiches gilt,
wenn eine bloße Nutzungsänderung (zB Fabrik zu Wohnhaus) steuerl als Neubau
gewertet wird (*OFD NRW* DStR 15, 2850). Denn die weite Ausdehnung des
allg steuerrechtl Begriffs des „Neubaus" hat den Zweck, den StPfl durch Eröffnung
des Anwendungsbereichs des § 7 V zu *begünstigen*; iRd § 7i hätte eine solche Ausdehnung aber gerade den gegenteiligen Effekt (Versagung der Begünstigung, obwohl die gewünschte Erhaltung eines Denkmals eintritt), sodass der Begriff des
„Neubaus" hier tatbestandsspezifisch einschränkend auszulegen ist (BFH X R 8/08
BStBl II 09, 960 unter II.4.b).

7 bb) **Schaffung einer Eigentumswohnung in einem bisher ungenutzten Dachboden.** Für diese (in der Praxis sehr wichtige) Fallgruppe ist die Förderung eigentl ausgeschlossen, weil wegen § 7i III die einzelne Eigentumswohnung maßgebl ist (s ausführl § 7h Rz 2). Davon abw stellt die *FinVerw* aber auf das Gebäude als Ganzes ab und gewährt die Begünstigung (*OFD NRW* DStR 15, 2850; *OFD Ffm* DStR 16, 2652). **Funktionsträgergebühren** bei Eigentumswohnungen sind idR durch einen Vorbehalt in der Bescheinigung von deren Bindungswirkung ausgenommen und durch das FA zu prüfen. Sie sind auf GuB, die Altbausubstanz, die begünstigten Aufwendungen und sonstige Maßnahmen aufzuteilen (BFH IX R 8/19 BFH/NV 22, 116).

8 cc) **Unzutreffende Bescheinigung.** Bescheinigt die Denkmalbehörde (obj unzutr) die Voraussetzungen des § 7i für einen Neubau, ist dies für das FA gleichwohl bindend (BFH IX R 13/99 BFH/NV 03, 744; ausführl BFH VIII R 6/01 BStBl II 04, 783 unter II.2.a; *Beck* DStR 04, 1951; zu § 7h nunmehr auch BFH X R 15/13 BStBl II 15, 367; die früher gegenteilige Rspr des X. Senats ist aufgegeben). Auch wenn in den Bescheinigungen (entspr den überarbeiteten Bescheinigungsrichtlinien) auf die Prüfungskompetenz des FA hingewiesen wird, ändert dies an der gesetzl Bindungswirkung auch einer falschen Bescheinigung nichts (BFH IX R 17/15 BStBl II 17, 523 Rz 21). Dabei bleibt es auch nach der (mit Wirkung für ab 2019 begonnene Baumaßnahmen vorgenommenen) Einfügung des § 7h Ia, da der Gesetzgeber eine entspr Ergänzung des § 7i unterlassen hat (mE unverständl, zumal der Bundesrechnungshof gleichlautende Änderungen bei § 7h *und* § 7i empfohlen hat, s BT-Drs 18/10200, 91).

10 c) **Abstimmung mit der Denkmalbehörde, § 7i I 6.** Die Begünstigung setzt die Abstimmung aller Baumaßnahmen mit der Denkmalbehörde voraus (BFH X B 51/04 BFH/NV 05, 53; BayVGH I B 12/78 NVwZ-RR 12, 981). Dies bedeutet eine einverständl, bei Bedarf ins Detail gehende Festlegung der durchzuführenden Baumaßnahmen (BVerwG 4 B 40/17 HFR 18, 664 Rz 10), die vor Beginn der Baumaßnahmen durchgeführt werden muss (zutr FG BaWü EFG 21, 1292, Rev X R 4/21); dies kann erhebl Verzögerungen bei der Bauausführung bedeuten (*Heinen* INF 93, 149, 150; *Kaligin* DStR 08, 1763, 1766). Diese Voraussetzung wird der StPfl im Regelfall dadurch nachweisen können, dass die Denkmalbehörde einen entspr Vermerk in die Bescheinigung aufnimmt. Fehlt ein solcher Vermerk, lässt der BFH auch einen anderweitigen Nachweis zu (BFH X R 8/08 BStBl II 09, 960 unter II.5.). Eine (in der Praxis offenbar vorkommende) *generelle* Erklärung der Denkmalbehörde, sämtl *künftige* Maßnahmen erfüllten die Voraussetzungen des Abs 1, genügt den Anforderungen nicht (zutr VGH Mchn NVwZ 09, 1053, rkr). Bei Wiederaufbaumaßnahmen nach der Flutkatastrophe im Juli 2021 verzichtet die *FinVerw* bis 31.12.22 auf die vorherige Abstimmung mit der Denkmalbehörde (*BMF* BStBl I 21, 1806).

11 d) **Zuschüsse, § 7i I 7.** Die begünstigten HK/AK mindern sich um alle Zuschüsse aus öffentl Kassen (§ 7i I 7); darüber hinaus sind nach allg Grundsätzen (fehlende wirtschaftl Belastung) auch Zuschüsse aus *privaten* Mitteln gegenzurechnen (BFH X R 13/06 BStBl II 07, 879: private Denkmalstiftung).

13 **4. Bescheinigung der Denkmalbehörde. – a) Grundlagenbescheid.** Die Bescheinigung ist bindend für das FA (BFH X R 8/08 BStBl II 09, 960 unter II.3.a; BFH X R 17/18 BFH/NV 19, 801 Rz 17; s auch § 7h Rz 13). Wird die Bescheinigung erst nach Bestandskraft des ESt-Bescheids erteilt, ist dieser auch dann gem § 175 I 1 Nr 1 AO zu ändern, wenn das FA weitere Voraussetzungen der StVergünstigung noch eigenständig prüfen muss (zutr BFH X R 17/18 BFH/NV 19, 801 Rz 15 ff).

Ansatz im ESt-Bescheid vor Erteilung der Bescheinigung. Bei langer Bearbeitungsdauer kann die Denkmalschutzbehörde eine **vorläufige Bescheinigung** erteilen, die das FA einer vorläufigen Veranlagung zugrunde legen wird (*OFD Ffm* EStB 09, 63). Liegt eine sog

„qualifizierte Eingangsbestätigung" der Denkmalbehörde vor, muss das FA eine erkennbare und überprüfbare Ermessensentscheidung treffen, ob bzw in welcher Höhe es im ESt-Bescheid einen Abzugsbetrag durch Schätzung (§ 155 II, § 162 V AO) noch zur Ergehen des Grundlagenbescheids ansetzt. Das FA kann eine Schätzung des Abzugsbetrags aber in ermessensgerechter Weise ablehnen, wenn die Aufstellung der angefallenen Kosten nicht erkennen lässt, auf welche Baumaßnahmen sie sich beziehen, sodass unklar bleibt, ob es sich um begünstigte Aufwendungen handelt (ausführl hierzu BFH X R 7/12 BStBl II 15, 12; *OFD NRW* DB 15, 463).

b) Umfang der Bindungswirkung. Erfasst sind die Voraussetzungen des Abs 1 **14** für das begünstigte Objekt, dh die Eigenschaft als Baudenkmal, aber auch die vorherige Abstimmung mit der Denkmalbehörde iSd § 7i I 6 (ausführl zum Umfang der Bindungswirkung mit Beispielen *Beck* DStR 09, 1412). Die Bescheinigung der Erforderlichkeit der Aufwendungen muss auch die *Höhe* der Aufwendungen beinhalten (BFH IX R 23/97 BFH/NV 01, 1397; BFH IX R 79/97 BStBl II 03, 578 unter II.1.c; zu Fällen, in denen der Leistungsempfänger die USt schuldet, s *Beck* DStR 11, 1702). Übersicht über die länderspezifischen Bescheinigungsrichtlinien s *BMF* BStBl I 20, 169; für Vorjahre *BMF* BStBl I 00, 1513; *BMF* BStBl I 04, 1049; zuständige Denkmalbehörden s *BMF* BStBl I 15, 506. Die denkmalschutzrechtl Beurteilung ist auch dann bindend, soweit sich die Bescheinigung auf Tatbestandsmerkmale erstreckt, die zugleich denkmalschutzrechtl *und* steuerrechtl Bedeutung haben (BFH IX R 62/98 BStBl II 03, 912; BFH IX R 13/99 BFH/NV 03, 744). Die Rspr, wonach bei der Auslegung einer unklaren Bescheinigung im Zweifel das den StPfl weniger belastende Auslegungsergebnis vorzuziehen sei (BFH IX R 62/98 BStBl II 03, 912 unter II.1.b bb), ist mE so nicht zutr; vielmehr kommt es auch hier auf den obj Empfängerhorizont an (ähnl BFH X R 19/02 BStBl II 04, 711 unter II.3.c). Hat der StPfl (als Empfänger der Bescheinigung) die fehlerhaften Angaben selbst ins Bescheinigungsverfahren eingebracht, bedarf er keines Schutzes durch großzügige Auslegung. – Hält das FA Angaben im bindenden Teil der Bescheinigung für fehlerhaft (aber noch nicht für offensichtl rechtswidrig, s Rz 15), verweist die Rspr auf den (in der Praxis schon wegen der Jahresfrist des § 48 IV VwVfG aussichtslosen, s VGH BaWü DStRE 07, 1430, rkr) Weg der **Remonstration** und der unverbindl Anregung, ein Rücknahmeverfahren einzuleiten (BFH IX R 62/98 BStBl II 03, 912 unter II.1.b cc), ersatzweise auf ein **verwaltungsgerichtl Klageverfahren gegen die Bescheinigungsbehörde** (BFH IX R 20/99 BStBl II 03, 910 unter 1.a). Eine noch lfd Remonstration soll aber keinen Grund für eine Aussetzung eines Klageverfahrens gegen die StFestsetzung sein (BFH IX B 81/16 BStBl II 17, 196 Rz 14; mE zweifelhaft). Führt der *StPfl* ein Klageverfahren gegen die Bescheinigungsbehörde, ist das FA nicht notwendig beizuladen (BVerwG 10 B 31.05 HFR 06, 404).

c) Keine Bindungswirkung. Offensichtl rechtswidrige Bescheinigungen bin- **15** den das FA ab VZ 2021 (s § 52 XVIa 7) nicht mehr (näher § 7h Rz 15). Zudem entscheidet das FA in eigener Kompetenz, ob es sich um HK handelt (BFH IX R 23/97 BFH/NV 01, 1397 unter II.2.a), wer die Aufwendungen getragen hat, wem sie als Berechtigtem zuzurechnen sind (BFH IX R 64/97 BStBl II 01, 796 unter II.2.) und ob Baumaßnahmen nach rechtswirksamem Abschluss des Erwerbsvertrags durchgeführt worden sind (§ 7i I 5, s FG Mchn EFG 06, 1748, rkr); mE auch über die Aufteilung der Gesamtaufwendungen auf GuB und Gebäude (**aA** FG Hbg EFG 08, 1800, rkr); zur Prüfungskompetenz der beteiligten Behörden ausführl auch EStR 7i II, III. Da für Denkmalbehörden auch der Wert der eigenen Arbeitsleistung des StPfl zu den „Aufwendungen" gehört (s *Kaligin* DStR 08, 1763, 1765), kann dies steuerl ebenfalls nicht binden. Hat das FA die erhöhte AfA ohne bindende Bescheinigung gewährt, ist es für *künftige* Veranlagungen nicht hieran gebunden (BFH IX R 79/97 BStBl II 03, 578 unter II.2.). Lehnt die Denkmalbehörde die Erteilung der bisher fehlenden Bescheinigung auf einen nachträgl Antrag hin förml ab, handelt es sich um einen negativen Grundlagenbescheid, der zur Änderung bestandskräftiger EStBescheide berechtigt und verpflichtet (aA FG RhPf EFG 06, 675, rkr; zutr hingegen *Pfützenreuter* EFG 06, 676).

16 **d) Kritik am Bescheinigungsverfahren.** Der Grundgedanke, die Kompetenz von Fachbehörden für die Beurteilung steuerrechtl Vorfragen zu nutzen, mag zutr sein. Abzulehnen ist aber die Trennung zw bescheinigender und finanzierender Behörde: Die Denkmalbehörden und deren allein auf den Denkmalschutz ausgerichteten Fachkräfte haben großes Interesse an der Sanierung der Gebäude, verfügen aber idR nicht über finanzielle Mittel zur Gewährung von Zuschüssen. Hier lockt die Möglichkeit, durch Erteilung großzügiger Bescheinigungen das gemeinsame Ziel von Denkmalbehörde und StPfl zu erreichen, die Finanzierung aber zu Lasten der (für die kommunale Denkmalbehörde fremden) Haushalte des Bundes und der Länder zu organisieren (vgl den Sachverhalt zu FG BaWü EFG 11, 457, rkr, wo ein Bürgermeister nahezu vorsätzl eine grob fehlerhafte Bescheinigung ausgestellt hatte; jeder, der mit §§ 7h, 7i zu tun hat, kennt derartige Fälle; vgl auch *Hübner* HFR 18, 535). ME gehören daher die Verantwortlichkeiten für die *Prüfung* der Maßnahmen einerseits und deren *Finanzierung* andererseits in *eine* Hand. Zumindest eine Haftungsregelung für die grob fahrlässige Ausstellung falscher Bescheinigungen (wie im Entwurf des § 7e I 3 vorgesehen, s BT-Drs 17/6358) wäre dringend erforderl.

17 **5. Höhe der Absetzungen.** Die AfA-Sätze belaufen sich auf $8 \times 9\%$ und $4 \times 7\%$. Für die **RestwertAfA** verweist § 7i I 8 auf § 7h I 5 (s § 7h Rz 19).

§ 7k *(aufgehoben)*

4. Überschuss der Einnahmen über die Werbungskosten

§ 8 Einnahmen

(1) ¹**Einnahmen sind alle Güter, die in Geld oder Geldeswert bestehen und dem Steuerpflichtigen im Rahmen einer der Einkunftsarten des § 2 Absatz 1 Satz 1 Nummer 4 bis 7 zufließen.** ²**Zu den Einnahmen in Geld gehören auch zweckgebundene Geldleistungen, nachträgliche Kostenerstattungen, Geldsurrogate und andere Vorteile, die auf einen Geldbetrag lauten.** ³**Satz 2 gilt nicht bei Gutscheinen und Geldkarten, die ausschließlich zum Bezug von Waren oder Dienstleistungen berechtigen und die Kriterien des § 2 Absatz 1 Nummer 10 des Zahlungsdiensteaufsichtsgesetzes erfüllen.**

(2) ¹**Einnahmen, die nicht in Geld bestehen (Wohnung, Kost, Waren, Dienstleistungen und sonstige Sachbezüge), sind mit den um übliche Preisnachlässe geminderten üblichen Endpreisen am Abgabeort anzusetzen.** ²**Für die private Nutzung eines betrieblichen Kraftfahrzeugs zu privaten Fahrten gilt § 6 Absatz 1 Nummer 4 Satz 2 entsprechend.** ³**Kann das Kraftfahrzeug auch für Fahrten zwischen Wohnung und erster Tätigkeitsstätte sowie Fahrten nach § 9 Absatz 1 Satz 3 Nummer 4a Satz 3 genutzt werden, erhöht sich der Wert in Satz 2 für jeden Kalendermonat um 0,03 Prozent des Listenpreises im Sinne des § 6 Absatz 1 Nummer 4 Satz 2 für jeden Kilometer der Entfernung zwischen Wohnung und erster Tätigkeitsstätte sowie der Fahrten nach § 9 Absatz 1 Satz 3 Nummer 4a Satz 3.** ⁴**Der Wert nach den Sätzen 2 und 3 kann mit dem auf die private Nutzung und die Nutzung zu Fahrten zwischen Wohnung und erster Tätigkeitsstätte sowie Fahrten nach § 9 Absatz 1 Satz 3 Nummer 4a Satz 3 entfallenden Teil der gesamten Kraftfahrzeugaufwendungen angesetzt werden, wenn die durch das Kraftfahrzeug insgesamt entstehenden Aufwendungen durch Belege und das Verhältnis der privaten Fahrten und der Fahrten zwischen Wohnung und erster Tätigkeitsstätte sowie Fahrten nach § 9 Absatz 1 Satz 3 Nummer 4a Satz 3 zu den übrigen Fahrten durch ein ordnungsgemäßes Fahrtenbuch nachgewiesen werden; § 6 Absatz 1 Nummer 4 Satz 3 zweiter Halbsatz gilt entsprechend.** ⁵**Die Nutzung des Kraftfahr-**

zeugs zu einer Familienheimfahrt im Rahmen einer doppelten Haushaltsführung ist mit 0,002 Prozent des Listenpreises im Sinne des § 6 Absatz 1 Nummer 4 Satz 2 für jeden Kilometer der Entfernung zwischen dem Ort des eigenen Hausstands und dem Beschäftigungsort anzusetzen; dies gilt nicht, wenn für diese Fahrt ein Abzug von Werbungskosten nach § 9 Absatz 1 Satz 3 Nummer 5 Satz 5 und 6 in Betracht käme; Satz 4 ist sinngemäß anzuwenden. [6] Bei Arbeitnehmern, für deren Sachbezüge durch Rechtsverordnung nach § 17 Absatz 1 Satz 1 Nummer 4 des Vierten Buches Sozialgesetzbuch Werte bestimmt worden sind, sind diese Werte maßgebend. [7] Die Werte nach Satz 6 sind auch bei Steuerpflichtigen anzusetzen, die nicht der gesetzlichen Rentenversicherungspflicht unterliegen. [8] Wird dem Arbeitnehmer während einer beruflichen Tätigkeit außerhalb seiner Wohnung und ersten Tätigkeitsstätte oder im Rahmen einer beruflich veranlassten doppelten Haushaltsführung vom Arbeitgeber oder auf dessen Veranlassung von einem Dritten eine Mahlzeit zur Verfügung gestellt, ist diese Mahlzeit mit dem Wert nach Satz 6 (maßgebender amtlicher Sachbezugswert nach der Sozialversicherungsentgeltverordnung) anzusetzen, wenn der Preis für die Mahlzeit 60 Euro nicht übersteigt. [9] Der Ansatz einer nach Satz 8 bewerteten Mahlzeit unterbleibt, wenn beim Arbeitnehmer für ihm entstehende Mehraufwendungen für Verpflegung ein Werbungskostenabzug nach § 9 Absatz 4a Satz 1 bis 7 in Betracht käme. [10] Die oberste Finanzbehörde eines Landes kann mit Zustimmung des Bundesministeriums der Finanzen für weitere Sachbezüge der Arbeitnehmer Durchschnittswerte festsetzen. [11] Sachbezüge, die nach Satz 1 zu bewerten sind, bleiben außer Ansatz, wenn die sich nach Anrechnung der vom Steuerpflichtigen gezahlten Entgelte ergebenden Vorteile insgesamt 50 Euro im Kalendermonat nicht übersteigen; die nach Absatz 1 Satz 3 nicht zu den Einnahmen in Geld gehörenden Gutscheine und Geldkarten bleiben nur dann außer Ansatz, wenn sie zusätzlich zum ohnehin geschuldeten Arbeitslohn gewährt werden. [12] Der Ansatz eines Sachbezugs für eine dem Arbeitnehmer vom Arbeitgeber, auf dessen Veranlassung von einem verbundenen Unternehmen (§ 15 des Aktiengesetzes) oder bei einer juristischen Person des öffentlichen Rechts als Arbeitgeber auf dessen Veranlassung von einem entsprechend verbundenen Unternehmen zu eigenen Wohnzwecken überlassene Wohnung unterbleibt, soweit das vom Arbeitnehmer gezahlte Entgelt mindestens zwei Drittel des ortsüblichen Mietwerts und dieser nicht mehr als 25 Euro je Quadratmeter ohne umlagefähige Kosten im Sinne der Verordnung über die Aufstellung von Betriebskosten beträgt.

(3) [1] Erhält ein Arbeitnehmer auf Grund seines Dienstverhältnisses Waren oder Dienstleistungen, die vom Arbeitgeber nicht überwiegend für den Bedarf seiner Arbeitnehmer hergestellt, vertrieben oder erbracht werden und deren Bezug nach § 40 pauschal versteuert wird, so gelten als deren Werte abweichend von Absatz 2 die um 4 Prozent geminderten Endpreise, zu denen der Arbeitgeber oder der dem Abgabeort nächstansässige Abnehmer die Waren oder Dienstleistungen fremden Letztverbrauchern im allgemeinen Geschäftsverkehr anbietet. [2] Die sich nach Abzug der vom Arbeitnehmer gezahlten Entgelte ergebenden Vorteile sind steuerfrei, soweit sie aus dem Dienstverhältnis insgesamt 1080 Euro im Kalenderjahr nicht übersteigen.

(4) [1] Im Sinne dieses Gesetzes werden Leistungen des Arbeitgebers oder auf seine Veranlassung eines Dritten (Sachbezüge oder Zuschüsse) für eine Beschäftigung nur dann zusätzlich zum ohnehin geschuldeten Arbeitslohn erbracht, wenn
1. die Leistung nicht auf den Anspruch auf Arbeitslohn angerechnet,
2. der Anspruch auf Arbeitslohn nicht zugunsten der Leistung herabgesetzt,

§ 8 1, 2

3. die verwendungs- oder zweckgebundene Leistung nicht anstelle einer bereits vereinbarten künftigen Erhöhung des Arbeitslohns gewährt und
4. bei Wegfall der Leistung der Arbeitslohn nicht erhöht

wird. [2] Unter den Voraussetzungen des Satzes 1 ist von einer zusätzlich zum ohnehin geschuldeten Arbeitslohn erbrachten Leistung auch dann auszugehen, wenn der Arbeitnehmer arbeitsvertraglich oder auf Grund einer anderen arbeits- oder dienstrechtlichen Rechtsgrundlage (wie Einzelvertrag, Betriebsvereinbarung, Tarifvertrag, Gesetz) einen Anspruch auf diese hat.

Lohnsteuer-Richtlinien: LStR 8.1, 8.2 / LStH 8.1, 8.2

Übersicht

	Rz
I. Regelungsinhalt und Bedeutung	1
II. Einnahmebegriff, § 8 I	
1. Güter in Geld oder Geldeswert	2–5
2. Sachliche Einnahmenzurechnung	6–9
3. Persönliche Zurechnung	10–12
4. Zufluss von außen	13
III. Bewertung von Sachzuwendungen, § 8 II	
1. Regelungsinhalt; Anwendungsbereich	15
2. Allgemeine Bewertungsregelung, § 8 II 1	16–27
3. Einnahmen aus Kraftfahrzeuggestellung, § 8 II 2–5	30–55
4. Amtliche Sachbezugswerte; Bewertung nach festgesetzten Durchschnittwerten, § 8 II 6–10	60–65
5. Freigrenze für Sachbezüge, § 8 II 11	68
6. Verbilligte Wohnungsüberlassung, § 8 II 12	69
IV. Personalrabatte, § 8 III	
1. Anwendungsbereich	70
2. Waren und Dienstleistungen des Arbeitgebers	71–75
3. Wertermittlung	76–78
V. Zusätzlichkeitserfordernis, § 8 IV	
1. Anwendungsbereich	80
2. Begünstigte Sachbezüge; Zuschüsse	81, 82

I. Regelungsinhalt und Bedeutung

1 § 8 I definiert den Einnahmebegriff für den Bereich der **Überschusseinkünfte** iSv § 2 I Nr 4–7, II Nr 2. Zum Begriff der BE iSv § **4 III** s § 4 Rz 420; BFH VIII R 4/14 BStBl II 17, 310. § 8 I bestimmt, was Gegenstand einer Einnahme sein kann (s Rz 2 ff). Außerdem wird die sach-, personen- und zeitbezogene Zurechnung von Einnahmen angesprochen, ohne dass § 8 I diesbezügl nähere Regelungen trifft. Die *sachl Zurechnung* von Einnahmen zu einer der Überschusseinkunftsarten bestimmt sich vielmehr nach §§ 19–23 (s Rz 6 ff), die *persönl Zurechnung* nach §§ 1, 2 I 1, 19 ff (s Rz 10 ff) und die *zeitl Zurechnung* nach § 11 I (s Rz 13). Die **eigentl Bedeutung von § 8** liegt in der **Bewertung von Sachzuwendungen** in § 8 II (s Rz 15 ff) und bestimmten **Sachbezügen von ArbN** in § 8 III (s Rz 70 ff). § 8 II 11 enthält darüber hinaus eine **Steuerbefreiung** (s Rz 68).

II. Einnahmebegriff, § 8 I

2 **1. Güter in Geld oder Geldeswert. – a) Geld, § 8 I 1.** Dies sind die im Inl gültigen Zahlungsmittel (Bargeld, Buchgeld) sowie Zahlungsmittel in einer gängigen, frei konvertiblen und im Inl handelbaren ausl Währung (BFH VI R 21/09 BStBl II 11, 383). Geld ist mit dem Nennwert anzusetzen (BFH VI R 6/05 BStBl II 08, 530). Geldforderungen sind mit dem gemeinen Wert im Zuflusszeitpunkt zu bewerten; dies gilt auch für Schecks (BFH IX R 97/97 BStBl II 01, 482).

Umrechnungsmaßstab bei ausl Währung ist der auf den Umrechnungszeitpunkt bezogene Euro-Referenzkurs der EZB, wobei die Umrechnung anhand der monatl Durchschnittsreferenzkurse erfolgt, es sei denn, es wird erhebl Abweichung zum Tagesreferenzkurs geltend gemacht (BFH VI R 4/08 BStBl II 10, 698). Einnahmen in Geld liegen auch vor, wenn der Zuwendende zur **Abkürzung des Zahlungswegs** an einen Gläubiger des Zuwendungsempfängers leistet (BFH VI R 161/01 BStBl II 03, 331; BFH VI R 26/04 BStBl II 08, 204; *Bergkemper* FR 08, 282; BFH VI R 51/03 BStBl II 05, 137, Zuschüsse zu Sportaktivitäten der ArbN).

b) Güter in Geldeswert, § 8 I 1. Dies sind alle nicht in Geld bestehenden wirtschaftl Vorteile (BFH VI R 27/09 BStBl II 11, 386; BFH X R 43/08 BFH/NV 10, 1436, s auch Rz 17). Hierzu gehören auch sog Krypto-Währungen (zB Bitcoins, *Dürr* NWB 19, 2556, str) sowie **geringwertige Vorteile** (BFH VI R 26/74 BStBl II 77, 99; BFH VI R 161/01 BStBl II 03, 331). Geldwerte Güter sind auch Dienstleistungen, Nutzungsvorteile und sonstige Vorteile aller Art (zB Preisnachlässe, s BFH VI R 124/99 BStBl II 05, 766), denen ein wirtschaftl Wert zukommt (Beispiele bei *Littmann* § 8 Rz 34). Auch **Forderungen und Ansprüche** können geldwerte Güter sein (zB Rechtsanspruch des ArbN gegen einen Dritten, s BFH VI R 9/05 BStBl II 09, 385; § 19 Rz 60). Daran hat sich durch § 8 I 2 ab VZ 20 nichts geändert. Ideelle Vorteile sind jedoch keine geldwerten Güter iSv § 8 I (BFH X R 36/03 BFH/NV 05, 682). Gleiches gilt für durch eigene Leistungen ersparte Aufwendungen (zB eigenhändige Reparatur, Selbstbehandlung durch Arzt, *KS* § 8 Rz 7) und bloße Wertsteigerungen im bereits vorhandenen Vermögen des StPfl. Auch die Möglichkeit zur Erlangung eines geldwerten Vorteils ist selbst noch kein geldwerter Vorteil (*Littmann* § 8 Rz 123). Ebenso ist der Verzicht auf eine Einnahme kein Gut in Geldeswert, sofern er nicht selbst Gegenstand eines wirtschaftl Leistungsaustausches ist (BFH VI R 115/92 BStBl II 94, 424, Lohnverwendungsabrede; BFH VI R 6/13 BFH/NV 16, 1509, verdeckte Einlage).

c) Sonstige Geldleistungen, § 8 I 2. Ab VZ 20 hat der Gesetzgeber zT deklaratorisch bestimmte Einnahmen als Geldleistungen bestimmt (iEinz s auch *BMF* BStBl I 21, 624 Rz 5 ff, 18 ff). Die Neuregelung beruht teilweise auf einem Missverständnis der BFH-Rspr, wie man der Gesetzesbegründung entnehmen kann (s BT-Drs 19/14909, 44). Daher sind auch Bedeutung und Reichweite der Neuregelung unklar. An der grds Abgrenzung von Bar- und Sachlohn (s Rz 17) hat sich durch § 8 I 2 nichts geändert (**aA** bei zweckgebundenen Geldleistungen und Kostenerstattungen *BMF* BStBl I 21, 624 Rz 20, 22). Sagt der ArbG eine zweckgebundene Geldleistung zu, die nicht auf die Gewährung von Sachlohn gerichtet ist, liegt schon nach § 8 I 1 eine Einnahme in Geld vor (BFH VI R 16/17 BStBl II 19, 373). Was „nachträgliche Kostenerstattungen" sein sollen, ist gesetzl nicht näher bestimmt. Soweit eine Kostenerstattung selbst überhaupt zu stbaren Einkünften führt (zum Auslagen- und WK-Ersatz s § 19 Rz 65 ff), handelt es sich ebenfalls bereits nach § 8 I 1 idR um eine Geldleistung. Kann der ArbN eine Sache oder Dienstleistung als ArbLohn beanspruchen, ist der zu bewertende Vorteil die (Verbilligung der) Sache bzw Dienstleistung, nicht aber die (zweckgebundene) Geldleistung, die Kostenerstattung, der Gutschein oder die (Geld-)Karte, die der ArbN zur Erfüllung des ArbLohnanspruchs erhält. Ein solcher Fall wird von § 8 I 2 also von vornherein nicht erfasst (**aA** bei zweckgebundenen Geldleistungen und Kostenerstattungen *BMF* BStBl I 21, 624 Rz 20, 22). Klassische Sachbezüge, die ledigl nach einem Geldbetrag bemessen sind (zB Benzin für 30 €), fallen mE ebenfalls nicht unter § 8 I 2. Die in § 8 I 2 angesprochenen Geldsurrogate und anderen Vorteile, die auf einen Geldbetrag lauten, sollen – wie man einem Umkehrschluss aus § 8 I 3 entnehmen kann – insb Gutscheine und Geldkarten sein. Erfüllen diese die Voraussetzungen des § 8 I 3, gilt § 8 I 2 aber ebenfalls nicht. Unter § 8 I 2 fallen insb bestimmte „Open-Loop-Karten", die als Geldsurrogate iR unabhängiger Systeme des unbaren Zahlungsverkehrs eingesetzt werden können. Es handelt sich um Geldkarten, die über eine Barzahlungsfunktion oder über eine eigene IBAN verfügen, die für Überweisungen oder den Erwerb von Devisen verwendet oder als Zahlungsinstrument hinterlegt werden können.

5 **d) Gutscheine und Geldkarten, § 8 I 3.** Sagt der ArbG einen (kostenlosen oder verbilligten) Gutschein oder eine solche Geldkarte als ArbLohn zu, liegt ein Sachbezug vor, wenn der Gutschein/die Geldkarte ausschließlich zum Bezug von Waren und Dienstleistungen berechtigen und sie die Kriterien des § 2 I Nr 10 ZAG erfüllen (*BMF* BStBl I 21, 624 Rz 9 ff; s auch *Buse* DB 19, 2839). Dies gilt für Zahlungsinstrumente, die für den Erwerb von Waren oder Dienstleistungen in den Geschäftsräumen des Emittenten oder innerhalb eines begrenzten Netzes von Dienstleistern iRe Geschäftsvereinbarung mit einem professionellen Emittenten eingesetzt werden können (§ 2 I Nr. 10 Buchst a ZAG), für den Erwerb eines sehr begrenzten Waren- oder Dienstleistungsspektrums eingesetzt werden können (§ 2 I Nr. 10 Buchst b ZAG), oder beschränkt sind auf den Einsatz im Inl und auf Ersuchen eines Unternehmens oder einer öffentl Stelle für bestimmte soziale oder steuerl Zwecke nach Maßgabe öffentl-rechtl Bestimmungen für den Erwerb der darin bestimmten Waren oder Dienstleistungen von Anbietern, die eine gewerbl Vereinbarung mit dem Emittenten geschlossen haben, bereitgestellt werden (§ 2 I Nr. 10 Buchst c ZAG). Hierzu gehören insb sog „Closed-Loop-Karten" (zB aufladbare Geschenkkarten im Einzelhandel, die zum Warenbezug vom Aussteller berechtigen, Tankgutscheine einer bestimmten Tankstellenkette) und „Controlled-Loop-Karten" (zB Centercards, City-Cards, die zum Warenbezug bei einem begrenzten Kreis von Akzeptanzstellen berechtigen). Zu weiteren Beispielen s *BMF* BStBl I 21, 624 Rz 11 ff) Zur Anwendung der 50 €-Freigrenze (bis VZ 21: 44 €) auf Sachbezüge nach § 8 I 3 s Rz 68. Die *FinVerw* beanstandet es nicht, wenn Gutscheine und Geldkarten, die ausschl zum Bezug von Waren und Dienstleistungen berechtigen, die Kriterien des § 2 I Nr 10 ZAG aber nicht erfüllen, noch bis 31.12.21 als Sachbezug anerkannt werden (*BMF* BStBl I 21, 624 Rz 31).

6 **2. Sachliche Einnahmenzurechnung. – a) Steuerbarer Einkünftebereich.** Einnahmen iSv § 8 I sind nur solche iRe Einkunftsart des § 2 I 1 Nr 4–7. Maßgebl ist, ob die Einnahme unter §§ 19–23 subsumiert werden kann. Das ist idR der Fall, wenn sie durch eine unter die Vorschriften der §§ 2 I, 19 ff einzuordnende Leistung des StPfl veranlasst ist (s § 19 Rz 45 ff zu ArbLohn; § 20 Rz 3 ff, § 21 Rz 2, Rz 31 zu Kapital- und Mieterträgen).

7 **b) Keine Korrespondenz von Einnahmen oder Aufwendungen.** Es gibt keinen allg Grundsatz, wonach die Besteuerung beim Empfänger nach Art, Höhe oder Zeitpunkt mit der Abzugsmöglichkeit beim Zahlenden übereinstimmen müsste (s auch § 11 Rz 9). Die (unvollständige) Korrespondenzregelung zu den **wiederkehrenden Bezügen** in § 22 Nr 1 S 2/§ 12 Nr 2 lässt keine allg Rückschlüsse zu.

8 **c) Abgrenzungen. – (1) Vorteile aus der Veräußerung von Privatvermögen.** Diese und sonstige im privaten Vermögensbereich erzielten Vorteile werden nur in den gesetzl besonders bestimmten Fällen von der ESt erfasst (§§ 17, 20–23). Die Abgrenzung vom grds stbaren Nutzungsentgelt ist indes nicht eindeutig. – **(2) Schadensersatzleistungen.** Sie können im privaten Vermögensbereich liegen und damit bei den Überschusseinkünften nicht stbar sein. *Beispiele:* Ersatz eines Vermögensschadens am Gebäude (kein Nutzungsentgelt, s § 21 Rz 65 „Schadensersatz"); Schmerzensgeldzahlungen sind auch bei Zahlung durch den ArbG kein ArbLohn (s § 19 Rz 100 „Schmerzensgeld"). Sie können aber auch in den Einkünftebereich fallen. *Beispiel:* Schadensersatzleistungen des ArbG an ArbN, wenn sie ihre Grundlage im ArbVerh haben (§ 19 Rz 100 „Schadensersatz"). – **(3) Echte durchlaufende Posten; Auslagenersatz.** Sie gehören nicht zu den Einnahmen (s § 4 III 2 und § 19 Rz 65; *HHR* § 8 Rz 35). – **(4) Darlehenszu-**

flüsse/-abflüsse; Kapital(rück)zahlungen. Sie liegen grds auf der nicht stbaren Vermögensebene (wie bei § 4 III, s § 4 Rz 384), s auch § 11 Rz 50 „Darlehen" (b), § 11 Rz 50 „Verzicht" (b) sowie § 22 Rz 14 zu Ratenzahlungen im Vermögensbereich.

d) Rückzahlung von Einnahmen und Werbungskosten. Die Rückzahlung von Einnahmen kann zu negativen Einnahmen oder zu WK führen. Der BFH hat die Streitfrage in der neueren Rspr offen gelassen (zB BFH VI R 33/03 BStBl II 06, 911; BFH VI R 17/08 BStBl II 10, 299). Zurückgezahlte Einnahmen sind mE als negative Einnahmen zu behandeln (ebenso BFH VIII R 36/98 BStBl II 99, 769; FG Nbg BeckRS 2007, 26024105, rkr; FG Mchn EFG 97, 59, rkr; **aA** *HHR* § 8 Rz 33; *BH/Ettlich* § 8 Rz 53). Angesichts der immer zahlreichen WK-Abzugsverbote gewährleistet nur der Ansatz als negative Einnahmen eine der wirtschaftl Leistungsfähigkeit gerecht werdende Besteuerung. Eine Rückzahlung von Einnahmen idS liegt aber nur vor, wenn der StPfl Leistungen zurückzahlt, die bei ihm vorher als Einkünfte zu qualifizieren waren (actus contrarius, zur Rückzahlung von ArbLohn s BFH VI R 1/08 BStBl II 10, 1074). Ist dies nicht der Fall, kann es sich bei den Zahlungen um WK oder nicht stbare Leistungen handeln. Zurückgeflossene WK sind keine negativen WK, sondern Einnahmen iSv § 8 (§ 9 Rz 112).

3. Persönliche Zurechnung. – a) Allgemeines. Einnahmen sind demjenigen zuzurechnen, der den Tatbestand verwirklicht, an den das Gesetz die Entstehung der Steuer knüpft (§ 2 Rz 19). Die persönl Zurechnung richtet sich mithin wie die sachl Zurechnung nach den einzelnen Einkunftsarten (s § 19 Rz 20 ff zur ArbN-Eigenschaft; § 20 Rz 165 ff zu Einkünften aus KapVerm; § 21 Rz 31 ff zu VuV).

b) Drittzuwendungen zu Lebzeiten. – *(1)* **Grundsatz der Tatbestandsverwirklichung.** Der StPfl, der den Tatbestand einer Einkunftsart persönl erfüllt, kann sich der Besteuerung durch Übertragung des Einkünfteanspruchs nicht entziehen (s § 12 Rz 27). Die Einnahmen sind dem *StPfl* bei Zufluss an den Dritten zuzurechnen (§ 11 Rz 50 „Abtretung", „Rechtsnachfolger"). *Beispiel:* Lohnzahlung an Angehörige des ArbN. – *(2)* **Übertragung der Einkunftsquelle.** Diese setzt den Übergang der auf Einkünfteerzielung gerichteten Tätigkeit voraus. *Beispiele:* Einkünfte aus VuV erzielt, wer im Außenverhältnis Träger der Rechte und Pflichten eines Vermieters ist (§ 21 Rz 31); der Eigentümerwechsel hinsichtl des Mietobjekts ist für die Einkünftezurechnung folgl ohne Bedeutung, sofern nicht auch das Mietverhältnis auf den neuen Eigentümer als Vermieter übergeht (zB gem § 566 I BGB). Die Arbeit des ArbN kann nicht in der Weise als für einen Dritten geleistet angesehen werden, dass diesem das Ergebnis strechtl zugerechnet wird (§ 19 Rz 7). Zur Rechtsnachfolge iSv § 24 Nr 2, s § 24 Rz 66. – *(3)* **Kein allgemeines Surrogationsprinzip.** Aus den Regelungen in §§ 20 II, 21 I Nr 4 lässt sich ein solches Prinzip nicht ableiten (str, s auch BFH VI R 10/03 BStBl II 05, 770, zur Übertragung eines Wandeldarlehens; BFH VI R 4/11 BStBl II 12, 596, zur Vorfinanzierung von Insolvenzgeld). – *(4)* **Gesetzliche Forderungsübergang auf Dritte.** Er stellt die Zurechnung an den StPfl nicht in Frage. *Beispiel:* Lohnnachzahlung an Arbeitsamt, § 115 I SGB X (BFH XI R 52/88 BStBl II 93, 507; BFH VI R 66/03 BStBl II 08, 375; vgl auch § 11 Rz 50 „Forderungen").

c) Drittzuwendungen im Todesfall (*BMF* BStBl I 93, 80 und *BMF* BStBl I 07, 269 zur vorweggenommenen Erbfolge; *BMF* BStBl I 06, 253 zur Erbengemeinschaft; zur Rechtsnachfolge nach § 24 Nr 2 s § 24 Rz 66 ff). – *(1)* **Gesamtrechtsnachfolge.** Ist die Einnahme dem Erblasser vor dessen Tod zugeflossen, ist sie diesem zuzurechnen (*Littmann* § 8 Rz 180). Demggü hat der Erbe als StPfl noch nicht bezogene Einkünfte des Erblassers zu versteuern (s § 1 Rz 15). Die vom Erblasser verwirklichte Einkunftsart ändert sich hierdurch nicht. *Beispiel:* Fließt der Witwe eines ArbN ArbLohn nach dem Tod des ArbN zu, bezieht sie Einkünfte aus § 19, auch wenn sie selbst nie ArbN war. – *(2)* **Einzelrechts-**

nachfolge. Der StPfl kann für den Fall seines Todes nicht nur einzelne Miterben (§ 19 I Nr 2 EStG, §§ 1 I 2, 2 II Nr 2 S 1 LStDV), sondern jede andere Person an Stelle des Erben zum Rechtsnachfolger iSv § 24 Nr 2 bestimmen (BFH VIII R 160/81 BStBl II 82, 540; ausführl *Heinicke* DStJG 10, 113). Diesem sind die vom Erblasser erwirtschafteten, aber noch nicht bezogenen Einnahmen bei Zufluss zuzurechnen (str).

13   **4. Zufluss von außen.** Einnahmen setzen voraus, dass Güter in Geld oder Geldeswert dem StPfl von dritter Seite „zufließen". Einnahmen erfordern mithin eine Zunahme der wirtschaftl Leistungsfähigkeit des StPfl (*KS* § 8 Rz 5). Die Person des Zuwendenden muss dabei nicht der unmittelbare Vertragspartner des Empfängers sein. So können zB auch **Vorteilszuwendungen durch Dritte**, die durch das DienstVerh veranlasst sind, ArbLohn darstellen (§ 19 Rz 70). Das in § 8 I enthaltene Tatbestandsmerkmal des Zufließens betrifft den Erfolgstatbestand der Einnahme, nicht die zeitl Zurechnung von Einnahmen. Diese bestimmt sich nach § 11 1 (s § 11 Rz 15 ff).

III. Bewertung von Sachzuwendungen, § 8 II

15   **1. Regelungsinhalt; Anwendungsbereich.** § 8 II regelt die Bewertung von Sachzuwendungen. Die Vorschrift setzt das Vorliegen einer Einnahme dem Grunde nach voraus. Sie gilt unmittelbar nur für die Überschusseinkünfte. IRd Gewinneinkünfte sind die Bewertungsmaßstäbe des § 8 II bei Sachzuwendungen indes entspr anzuwenden (BFH VIII R 35/93 BStBl II 96, 273; FG Hess DStRE 12, 1369; *BH/Ettlich* § 8 Rz 74). § 8 II 1 enthält den allg Bewertungsmaßstab. Die speziellen Regelungen in § 8 II 2–11 gehen in ihrem Anwendungsbereich der allg Regelung in § 8 II 1 vor. Bei nach § 8 III zu bewertenden Sachbezügen von ArbN besteht allerdings ein Wahlrecht des StPfl, die Bewertung auch nach § 8 II 1 vorzunehmen, sofern dies für ihn günstiger ist (s Rz 70). Bei Vorliegen der jeweiligen Voraussetzungen kann bei jedem Sachbezug zw der Pauschalversteuerung nach § 40, der Bewertung nach § 8 II und der Anwendung der Rabattregelung in § 8 III gewählt werden (s LStR 8.2 (1) Nr 4).

16   **2. Allgemeine Bewertungsregelung, § 8 II 1.** Sachbezüge sind mit den um übl Preisnachlässe geminderten übl Endpreisen am Abgabeort zu bewerten. Es gilt der **Einzelbewertungsgrundsatz** (*Littmann* § 8 Rz 323). Jeder Sachbezug ist einzeln zu bewerten, die Gegenleistung des StPfl bleibt außer Betracht.

17   **a) Abgrenzung Barzuwendungen/Sachzuwendungen.** § 8 II 1 gilt nicht nur für die dort beispielhaft aufgezählten Sachzuwendungen, sondern für *alle Einnahmen, die nicht in Geld bestehen*. Ob ein Bar- oder ein Sachbezug gegeben ist, bestimmt sich danach, was der StPfl beanspruchen kann (BFH VI R 27/09 BStBl II 11, 386; BFH VI R 41/10 BStBl II 11, 389; LStH 8.1 (1–4) „Geldleistung oder Sachbezug"; *BMF* BStBl I 21, 624 Rz 5). Unerheblich ist, auf welche Art und Weise der Anspruch erfüllt und der zugesagte Vorteil verschafft wird (**aA** bei zweckgebundenen Geldleistungen und Kostenerstattungen *BMF* BStBl I 21, 624 Rz 20, 22). Kann der StPfl Geld (Buch-, Bargeld oder eine nach § 8 I 2 gleichgestellte Leistung) verlangen, liegt ein Barbezug vor, auf den § 8 II nicht anwendbar ist (zur Bewertung von Barbezügen s Rz 2). Kann der StPfl **eine Sache beanspruchen,** liegt ein **Sachbezug** vor. Dies gilt auch dann, wenn dem StPfl ein Geldbetrag mit der Maßgabe überlassen wird, diesen in bestimmter Weise **zum Kauf einer Sache** zu verwenden oder wenn dem StPfl nachträgl der Betrag erstattet wird, den er vorher zum Erwerb des zugesagten Sachbezugs aufgewendet hat (BFH VI R 40/10 BFH/NV 11, 590, s auch Rz 4). Unerhebl ist, ob der StPfl die Sache unmittelbar von seinem Vertragspartner bezieht oder ob er sie zB mittels Warengutschein von einem Dritten auf Kosten seines Vertragspartners erhält (Abkürzung des Überlassungsweges).

Bewertung von Sachzuwendungen 18–20 § 8

18 **Beispiele zum Sachbezug: Gutscheine** (zB Tankgutschein, BFH VI R 26/08 BFH/NV 11, 589; Buchgutschein BFH VI R 21/09 BStBl II 11, 383, Restaurantscheck, FG SachsAnh DStRE 20, 1226, Rev VI R 28/20, mE zutr; s auch BFH IX R 55/10 BFH/NV 13, 354, zu Hotelgutschein; *Schneider* NWB 11, 508; *Koller/ Renn* DStR 11, 555; *Campen* BB 11, 806; *Albert* FR 11, 388, s auch Rz 4, 5 und *Koss* DB 19, 2593 zur bilanziellen und ustrechtl Behandlung von Gutscheinen). – **Versicherungsübernahme** (BFH VI R 24/10 BStBl II 11, 767; BFH VI R 13/16 BStBl II 19, 371; nicht aber ein Zuschuss zu einer Versicherung des ArbN, BFH VI R 16/17 BStBl II 19, 373); Versicherungsschutz bei Zusatzversorgungskasse (FG Bbg EFG 00, 855, rkr); vergünstigter Versicherungstarif (BFH VI R 123/00 BStBl II 02, 230). – **Nutzungsüberlassungsvorteile; Mietnachlässe** (s auch Rz 69 zu Mietnachlässen; LStR 8.1 (3) 5 zu Monatskarte und *LfSt Bayern* DStR 15, 2287 „Job-Ticket"; BFH VI R 81/93 BStBl II 95, 338). – **Geschenklose** (*FM Saarl* DStR 04, 865); **Mitarbeitergenussrechte** (BFH VI R 36/08 BFH/NV 10, 1432). – **Vermögensbeteiligungen** iSv § 19a (BFH VI R 35/10 BFH/NV 11, 1683); – **Zinsermäßigungen;** provisionsfreie **Wertpapiergeschäfte** (FG Mchn EFG 02, 406, rkr); **Verzicht auf Bauspar-Abschlussgebühr** (*BMF* BStBl I 94, 233); **verbilligten Fondsanteile** im Bankkonzern (s *FM Hess* DStR 08, 2367 und *Passow-Utech* DStR 08, 2353).

19 **b) Barlohnumwandlung.** Die Umwandlung von Bar- in Sachlohn ist zulässig, um zB die Vorteile aus § 8 II 11, III in Anspruch zu nehmen. Der BFH erkennt sie aber nur an, wenn *vor Entstehen* (nicht etwa vor Fälligkeit) des Barlohnanspruchs im Wege der Vertragsänderung der neue Sachlohnanspruch begründet wird. Ein Wahlrecht, anstelle des Barlohns Sachlohn zu wählen, soll nicht ausreichen (BFH VI R 6/05 BStBl II 08, 530; BFH VI B 113/07 BFH/NV 08, 1482; Wahlrechte zw Urlaubs-/Weihnachtsgeld und Warengutscheinen oder Deputaten; FG Nds EFG 15, 1257, rkr). Diese Rspr überzeugt nicht: Wird vor Fälligkeit des Barlohnanspruchs auch die Wahl zum Sachlohn eingeräumt, handelt es sich mangels Zufluss *nicht um eine Lohnverwendung*. In der Vereinbarung über die Lohnumwandlung selbst liegt keine zum Zufluss führende Verfügung über den Anspruch. Denn durch diese Vereinbarung wird lediglich die geschuldete Leistung konkretisiert, ohne dass der Leistungserfolg hierdurch bereits herbeigeführt wird. Die Vereinbarung ist nicht mit einer Abkürzung des Zahlungswegs vergleichbar (s auch § 19 Rz 73; BFH IX R 55/10 BFH/NV 13, 354). Es kann ArbG und ArbN vor Fälligkeit des Lohnanspruchs nicht verwehrt sein, sich einvernehml für die Zuwendung von Sachlohn zu entscheiden (vgl auch BFH IX R 1/09 BStBl II 10, 746). Bietet der ArbG dem ArbN alternativ Geld oder eine Sachzuwendung an, handelt es sich bei der Wahl des ArbN für die Sachleistung um Sachlohn (**aA** BFH VI R 27/09 BStBl II 11, 386).

20 **c) Üblicher Endpreis.** Endpreis ist der Preis, der im allg Geschäftsverkehr von Letztverbrauchern für identische bzw gleichartige Dienstleistungen oder Waren tatsächlich gezahlt wird (BFH VI R 84/04 BStBl II 05, 795; *Littmann* § 8 Rz 329). Dies schließt USt und sonstige Preisbestandteile ein. Der Versand der Ware ist eine zusätzl Leistung; dieser Vorteil ist aber in die Berechnung der 50 €-Grenze (bis VZ 21: 44 €) des § 8 II 11 einzubeziehen (BFH VI R 32/16 DStR 18, 1752; *Seifert* StuB 18, 739). Abzustellen ist auf die konkreten Dienstleistungen oder Waren des Dienstleisters oder Herstellers, die Gegenstand der fragl Sachzuwendung sind (BFH VI R 123/00 BStBl II 02, 230; BFH X R 43/08 BFH/NV 10, 1436; FG Brem DStRE 12, 144, rkr; abl *Meyer-Scharenberg* DStR 05, 1211). Ein geldwerter Vorteil kann mithin auch vorliegen, wenn der Endpreis für funktionsgleiche und qualitativ gleichwertige Waren oder Dienstleistungen anderer Hersteller oder Dienstleister geringer ist als der der konkreten Ware oder Dienstleistung, die verbilligt überlassen wird (BFH VI R 45/02 BFH/NV 07, 1871). Denn zu bewerten ist die vom StPfl tatsächl bezogene Sachzuwendung; dies ist kein Verstoß gegen das

Bewertungskonzept des § 8 II 1. Erst wenn sich für die tatsächl zugewandte Ware oder Dienstleistung kein Marktpreis feststellen lässt, sind für die Bewertung gleichartige Waren bzw Dienstleistungen heranzuziehen. LStR 8.1 II 2 sieht bei erschwerter Wertermittlung durch ein umfangreiches Warenangebot, dass fremden Letztverbrauchern nicht angeboten wird, eine Bewertung aufgrund repräsentativer Erhebungen über die relative Preisdifferenz für die gängigsten Einzelstücke jeder Warengruppe vor.

21 **Marktpreis.** Der Markt bestimmt die *Üblichkeit* des Endpreises (s dazu Rz 22). Der Marktpreis ist nach *obj Gesichtspunkten* zu ermitteln (vgl BFH VI R 132/78 BStBl II 81, 577; BFH III R 175/85 BStBl II 88, 995 unter II 3b; *HHR* § 8 Rz 60). Lässt sich der übl Preis nicht feststellen, ist er zu schätzen (§ 162 AO). Eine solche Schätzung wird in Ermangelung zeitnaher Sachverständigengutachten und aussagekräftiger Preiserhebungen idR erforderl sein (s BFH VI R 84/04 BStBl II 05, 795). Als Schätzungsgrundlagen können insb Preislisten (zB Schwacke-Liste), Mietspiegel (*OFD Ffm* DStR 17, 2282), Börsenkurse, Bundesbank/EZB-Statistik und Preisbindungen dienen. Fehlen entspr Schätzungsgrundlagen, insb weil die zu bewertenden Leistungen am Markt nicht angeboten werden, können ausnahmsweise auch die **eigenen Kosten** (einschließl Fremdkosten) zur Bewertung des Sachbezugs herangezogen werden (zB bei Betriebsveranstaltungen, s BFH VI R 79/10 BFH/NV 13, 637; bei Reisen, die nur für ArbN veranstaltet werden, s BFH VI R 32/03 BStBl II 06, 30).

22 **Maßgebliche Handelsstufe** ist idR der Einzelhandel (BFH VI R 84/04 BStBl II 05, 795; *BH/Ettlich* § 8 Rz 84), einschließl *Internethandel* (BFH VI R 32/16 DStR 18, 1752; *Seifert* DStZ 15, 246). Erfolgt ein Verkauf an Letztverbraucher auch im Großhandel oder Fabrikverkauf, ist diese Handelsstufe ebenfalls zu berücksichtigen. Bei gebrauchten Gegenständen, insb Kfz, besteht ferner ein Markt unter Privatleuten. Nach BFH-Auffassung soll sich der Endpreis danach bestimmen, ob die zu bewertende Ware in der Mehrzahl der Fälle von gewerbl oder privaten Anbietern angekauft wird (BFH VI R 84/04 BStBl II 05, 795). Diese Rspr überzeugt nicht. Der StPfl wird idR gar nicht wissen, auf welcher Handelsstufe bzw welchem Markt eine Ware oder Dienstleistung am häufigsten gehandelt wird; Marktforschung ist vom StPfl nicht zu verlangen. Übl ist daher jeder Markt, auf dem die Ware oder Dienstleistung Letztverbrauchern gewöhnl und nicht nur ausnahmsweise angeboten wird (s auch FG Hbg V 273/01 BeckRS 2004, 26017307, rkr).

23 **d) Minderung um übliche Preisnachlässe.** Der Marktpreis ist um übl Preisnachlässe zu mindern. Der so geminderte Markpreis ist der **niedrigste Preis,** den der StPfl und fremde Letztverbraucher im allg Geschäftsverkehr hätten aufwenden müssen (BFH VI R 32/16 DStR 18, 1752; BFH VI R 28/05 BStBl II 06, 781; BFH IX R 10/05 BStBl II 06, 71; *BMF* BStBl 13, 729; *KS* § 8 Rz 34; aA *Littmann* § 8 Rz 333). Denn üblicherweise wird das günstigste Angebot angenommen. Dies entspricht auch Sinn und Zweck des § 8 II 1. Die Vorschrift wäre nicht handhabbar, wenn vom StPfl verlangt würde, zur Bewertung einer Sachzuwendung zur ermitteln, zu welchem Preis die größte Anzahl der Umsätze am Markt getätigt wird oder welcher Preis für die zu bewertende Ware oder Dienstleistung am häufigsten verlangt wird. **Wertmindernde Umstände** sind grds zu berücksichtigen (zB Abschläge bei Frei- und Standby-Flügen, bei betriebl Verköstigung oder bei der Dienstwohnungen, dazu *OFD Ffm* DStR 17, 2282).

25 **e) Abgabeort.** Dies ist der Ort, an dem dem StPfl der zu bewertende Sachbezug verschafft wird (BT-Drs 11/2157, 141). Nach dem Gesetzeszweck, der darin besteht, eine einheitl Bewertung der Sachbezüge sicherzustellen, ist auf den Ort abzustellen, an dem der Sachbezug dem StPfl angeboten wird (ebenso früher LStH 14 R 8.1 II 6; FG Köln EFG 07, 249, rkr; **aA** *BH/Ettlich* § 8 Rz 87; *HHR* § 8 Rz 65, Übergang der Verfügungsmacht). Dies kann zB der Sitz des ArbG sein, an dem der ArbG über die Vorteilsgewährung entscheidet. Dadurch ist gewährleistet,

Bewertung von Sachzuwendungen 26–32 § 8

dass der ArbG die Sachzuwendungen an seine ArbN nach dem gleichen Maßstab bewerten kann, unabhängig davon, an welchem Ort die ArbN die Sachbezüge tatsächl erhalten. **Ort** iSv § 8 II 1 ist wie in § 4 V Nr 3 (s § 4 Rz 561) idR die politische Gemeinde mit den räuml und verkehrstechnisch dazugehörigen Vorortgemeinden (s FG Nds EFG 05, 1261 Rz 65 „Mietwert").

f) Bewertungszeitpunkt. Maßgebend für die Bewertung nach § 8 II 1 ist der **26** Endpreis im Zuflusszeitpunkt der Einnahme (BFH VI R 67/14 BStBl II 17, 69; BFH VI R 124/99 BStBl II 05, 766; BFH VI R 25/05 BStBl II 09, 382; *Wendt* EFG 14, 1889; *BMF* BStBl I 18, 643 Rz 239; **aA** BFH VI R 73/12 BFH/NV 14, 1291; *Gesserich* DStR 18, 2304 Tag der schuldrechtl Veräußerung; s auch *Portner* BB 14, 2523). Der Zeitpunkt bestimmt sich nach § 11.

g) Einzelfälle zur Bewertung nach § 8 II 1. Gemischt veranlasste **Incen- 27 tive-Reise** (BFH VI R 32/03 BStBl II 06, 30); – **Betriebsveranstaltung** (BFH VI R 79/10 BFH/NV 13, 637); – **Verbilligter Versicherungsschutz** (BFH VI R 45/02 BFH/NV 07, 1871); – **Verbilligte Leasingkonditionen** (FG Köln EFG 07, 249, rkr); – **Arbeitgeberdarlehen** (*BMF* BStBl I 15, 484; *LfSt Bay* DStR 15, 2020); – **Gebrauchtwagen** (BFH VI R 84/04 BStBl II 05, 795, Schätzung unter Beachtung der sog *Schwacke-Liste;* FG Hbg BeckRS 2004, 26017307, rkr); – **Jahreswagen** (BFH VI R 27/11 BStBl II 13, 402); – **Gemälde** (FG Köln EFG 00, 1247, rkr); – **Jobticket** (BFH VI R 56/11 BStBl II 13, 382); – **Optionsrecht** (BFH VI R 25/05 BStBl II 09, 382, Börsenkurs); – **Wohnung** (BFH IX R 10/05 BStBl II 06, 71, Mietspiegel); – **Fitnessstudiomitgliedschaft** (FG Brem DStRE 12, 144, rkr; BFH VI R 14/18 BStBl II 21, 232); – **Freiflüge** (BFH VI 54/64 U BStBl III 66, 101; *GLE* BStBl I 18, 1088 und *GLE* BStBl I 21, 774) – **Kreuzfahrt** (FG SchlHol DStRE 14, 262, rkr).

3. Einnahmen aus Kraftfahrzeuggestellung, § 8 II 2–5. Die Vorschriften **30** regeln die Bewertung der Einnahmen aus der (teil)unentgeltl Überlassung betriebl Kfz iRd Überschusseinkünfte. Die (teil)unentgeltl Kfz-Gestellung stellt dem Grunde nach ArbLohn dar (BFH VI R 56/10 BStBl II 12, 362; umfassend *Urban* Besteuerung von Firmen- und Dienstwagen, Köln 2009; LStR 8.1 IX, LStH 8.1 IX, X), der nach § 8 II 2 (1 %-Regelung) oder § 8 II 4 (Fahrtenbuchmethode) zu bewerten ist. Eine andere Möglichkeit der Vorteilsberechnung besteht nicht. § 8 II 3 soll einen Ausgleich für den WK-Abzug bei Fahrten zw Wohnung und Arbeitsstätte/erster Tätigkeitsstätte schaffen. § 8 II 5 enthält eine Spezialregelung für Familienheimfahrten bei doppelter Haushaltsführung.

a) Bewertung der Privatfahrten, § 8 II 2. Das Gesetz verweist zur Bewer- **31** tung des Vorteils aus der privaten Nutzung eines betriebl Kfz bei den Überschusseinkünften auf § 6 I Nr 4 S 2. § 8 II 2 ist eine reine Bewertungsvorschrift, deren Regelungsgehalt sich in der Anordnung der entspr Anwendung von § 6 I Nr 4 S 2 auf die Überschusseinkünfte erschöpft (BFH VI R 31/10 BStBl II 13, 700, mit Anm *ge* DStR 13, 1424). Die hiernach anzuwendenden, fahrzeugabhängigen Prozentsätze sind pauschale Monatswerte, die auch anzusetzen ist, wenn das Kfz nicht den ganzen Kalendermonat zur Privatnutzung überlassen wird (FG BaWü EFG 15, 896, rkr). Die Vorschrift ist **verfgemäß** (BFH III R 59/98 BStBl II 00, 273; BFH IV R 59/06 BFH/NV 09, 1617; BFH VI R 51/11 BStBl II 13, 385). Die Bewertung nach § 8 II 2 ist **zwingend,** sofern der StPfl für das betroffene Fahrzeug kein Fahrtenbuch mit Belegen iSv § 8 II 4 (BFH VI R 95/04 BStBl II 07, 269) führt.

aa) Betriebliches Kraftfahrzeug. Kfz ist jedes Fahrzeug, das nach der Lebens- **32** erfahrung auch für Privatfahrten eingesetzt wird (s § 6 Rz 528). Für Lkw, Zugmaschinen und reine Werkstattwagen, bei denen eine Privatnutzung ausgeschlossen werden kann, gilt § 8 II 2 nicht (BFH X R 32/11 BFH/NV 16, 1203; s aber BFH X B 119/12 BFH/NV 13, 923). Der Vorteil aus der vom ArbG erlaubten

Privatnutzung solcher Fahrzeuge ist nach § 8 II 1 zu bewerten (BFH VI R 34/07 BStBl II 09, 381). Es muss sich bei wirtschaftl Betrachtung um ein *betriebl* Kfz handeln (zivilrechtl/wirtschaftl Eigentum des ArbG; vom ArbG geleastes Kfz). Auch Behördenfahrzeuge öffentl-rechtl Körperschaften sind betriebl Kfz iSv § 8 II 2 (FG BaWü DStRE 12, 1501, rkr). Selbst wenn der ArbN zivilrechtl Eigentümer oder Leasingnehmer des Kfz ist, kann es sich wirtschaftl um ein betriebl Kfz handeln (BFH VI R 122/98 BStBl II 01, 844, Kfz-Überlassung nach den Grundsätzen „beamteneigener" Kfz; *Pust* HFR 02, 10; BFH VI R 62/96 BStBl II 02, 370, ArbG als wirtschaftl Leasingnehmer; *Pust* HFR 02, 510). Kein betriebl Kfz liegt hingegen vor, wenn das Kfz wirtschaftl dem ArbN zuzurechnen ist, wenn er also wirtschaftl Eigentümer oder wirtschaftl Leasingnehmer ist (BFH VI R 75/13 BStBl II 15, 670; s auch *Wünnemann* NWB 16, 548). Die Vollkostenerstattung durch den ArbG für ein Kfz des ArbN macht dieses Kfz noch nicht zu einem betriebl (BFH VI R 54/00 BStBl II 02, 164). Die Einräumung verbilligter Leasingkonditionen auf Veranlassung des ArbG reicht dazu ebenfalls nicht aus; die Bewertung des Vorteils erfolgt dann nach § 8 II 1 (FG Köln EFG 07, 249, rkr). Barlohnminderung gegen Kfz-Gestellung führt nicht iHd Minderung zum WK-Abzug (*OFD Mster* DB 10, 2025, zutr).

33 **bb) Private Nutzungsmöglichkeit.** § 8 II 2 setzt eine Kfz-Überlassung zur Privatnutzung voraus. Ob die Privatnutzung tatsächl erfolgt, ist nach der BFH-Rspr iRd Einkünfte aus § 19 ohne Bedeutung (BFH VI R 31/10 BStBl II 13, 700, mit Anm *ge* DStR 13, 1424; BFH VI R 42/12 BStBl II 13, 918; *Eismann* DStR 13, 2740). Zur Kritik an dieser Rspr s *Schmidt* 38. Aufl. Rz 33. Bei den Gewinneinkünften ist die private Nutzung demggü Voraussetzung für die Anwendung der 1%-Regelung (BFH VIII R 42/09 BStBl II 13, 365; *Moritz* NWB 13, 918; § 6 Rz 535). Hierfür spricht aber ein Anscheinsbeweis. – Privatnutzung ist jede Nutzung außer der betriebl Nutzung für den ArbG (weitergehend FG Nds EFG 12, 1919, mE unzutr, aber bestätigt durch BFH VI R 23/12 BStBl II 13, 920). *Betriebsfunktionale Einsätze* sind keine Privatnutzung, zB wenn ein Werksdienstwagen zur Heimfahrt als notwendige Nebenfolge sofortiger Einsatzbereitschaft überlassen wird (BFH VI R 195/98 BStBl II 00, 690, vorübergehende Rufbereitschaft; *Pust* HFR 00, 880; FG Nds EFG 07, 1938, rkr, Rettungsdienst; BFH VI R 43/18 DStR 21, 1591, Feuerwehreinsatzfahrzeug) oder bei Außendienstmonteuren zur Erhöhung der Nettoarbeitszeit (FG BBg DStRE 08, 346, rkr). Keine Privatnutzung ist auch die Nutzung für Fahrten zw Wohnung und erster Tätigkeitsstätte, da diese Fahrten der Erwerbssphäre zuzuordnen sind, wie der WK-Abzug für solche Fahrten zeigt (BFH VI R 56/10 BStBl II 12, 362; aA *Bilsdorfer* DStR 12, 1477). Eine Privatnutzung liegt aber vor bei (mittägl) Zwischenheimfahrten zw Wohnung und erster Tätigkeitsstätte (FG BaWü EFG 12, 604, rkr). Wird das Kfz auch iRe anderen Einkunftsart des ArbN (zB VuV oder weiteres ArbVerh) eingesetzt, führt dies nicht neben dem nach § 8 II 2 anzusetzenden Wert zu zusätzl Lohn (LStR 8.1 IX Nr 1 S 8). Die zu Gewinneinkünften ergangene anders lautende Rspr (BFH X R 35/05 BStBl II 07, 445; BFH IV R 59/06 BFH/NV 09, 1617, Entnahmetatbestand) findet zutr keine Anwendung.

34 **cc) Privatnutzungsverbot.** Bereits die Überlassung eines Kfz zur Privatnutzung führt nach der Rspr des BFH zu einem grds nach § 8 II 2 zu bewertenden geldwerten Vorteil, ohne dass es auf die tatsächl Privatnutzung ankommt (s Rz 33). Es ist nur zu prüfen, ob der ArbG dem ArbN die private Nutzung eines betriebl Kfz **ausdrückl** (zB im Arbeitsvertrag) **oder konkludent** (zB stete Duldung einer vertragswidrigen Privatnutzung) **gestattet** hat. Dafür gibt es keine Vermutung und keinen Anscheinsbeweis (BFH VI R 46/08 BStBl II 10, 848; BFH VI R 46/11 DStR 13, 1425; **aA** FG BBg EFG 14, 525, rkr). Allein aus der fehlenden Überwachung eines Nutzungsverbots kann noch nicht auf dessen Steuerunerheblichkeit geschlossen werden (BFH VI R 56/10 BStBl II 12, 362); dies gilt auch für einen angestellten Geschäftsführer und andere familienangehörige ArbN eines Familienunternehmens (BFH VI R 23/12 BStBl II 13, 920; BFH VI R 25/13 BFH/NV 14, 678). FA und FG haben die Frage, ob eine private Nutzungsüberlassung vorliegt, unter Berücksichtigung aller Umstände des Einzelfalls zu prüfen (BFH VI R 46/11 BStBl II 13, 1044; BFH VI R 39/13 BFH/NV 14, 778; *Strohner* DB 13, 1986; *Geserich* HFR 14, 409). Kann eine Nutzungserlaubnis nicht festgestellt werden, kommt eine Besteuerung nach § 8 II 2 nicht in Betracht. Die Nutzungserlaubnis kann auch für einzelne Monate fehlen oder entfallen, zB wenn der ArbG dem ArbN die Kfz-Nutzung infolge krankheitsbedingter Fahruntüchtigkeit (zeitweise) untersagt (FG Ddorf EFG 17, 458, rkr).

dd) Listenpreis. Inl Listenpreis im Zeitpunkt der Erstzulassung ist die an diesem Stichtag maßgebl Preisempfehlung des Herstellers, die für den Endverkauf des tatsächl genutzten Fahrzeugs auf dem inländ Neuwagenmarkt für Privatkunden gilt (BFH III R 13/16 BStBl II 19, 229). S iEinz § 6 Rz 539. Überführungs- und Zulassungskosten bleiben außer Betracht (*Habert/Neyer* DStR 95, 795). Die Aufpreise für werkseitig eingebaute Sonderausstattung sind ebenfalls mit den Werten anzusetzen, die sich aus der Preisliste des Herstellers ergeben (BFH VI R 37/04 BStBl II 2005, 563). Zu Sonderausstattungen s § 6 Rz 541. Zu den steuerl Begünstigungen für **Elektro-Kfz** s § 6 Rz 547 ff; *BMF* BStBl I 21, 2205).

ee) Abgeltungswirkung. Durch § 8 II 2 sind die durch die Kfz-Nutzung anfallenden Kosten abgegolten (dazu *Urban* FR 05, 1134), die unmittelbar dem Halten und dem Betrieb des Kfz zu dienen bestimmt sind und zwangsläufig/gewöhnl bei der Nutzung anfallen (BFH VI R 37/03 BStBl II 06, 72, Treib-/Schmierstoffe, Haftpflichtversicherung, Kfz-Steuern, AfA, Parkgebühren dazu *Spaniol/Becker* INF 06, 424). – **Mautgebühren** oder **Schutzbriefkosten**, die der ArbG zahlt, stellen demggü einen zusätzl geldwerten Vorteil dar (s auch *Thomas* INF 05, 887; a**A** *Urban* FR 05, 1140, 1141 f). – **Unfallkosten** werden bei Verzicht des ArbG auf einen ihm zustehenden Ersatzanspruch durch § 8 II 2 ebenfalls nicht abgegolten (BFH VI R 73/05 BStBl II 07, 766; LStR 8.1 (9) Nr 2 S 11; *Bergkemper* FR 07, 892; dagegen *Urban* FR 07, 873). Nach LStR 8.1 (9) Nr 2 S 12 ff müssen Unfallkosten bei Erstattung durch Dritte (Kaskoversicherung) bis zu 1000 € (zuzügl USt) nicht neben dem Nutzungswert angesetzt werden, sondern können als Reparaturkosten in die Gesamtkosten einbezogen werden (zum Hintergrund dieser Regelung mit Beispielen *Niermann/Plenker* DB 10, 2128; *Hartmann* DStR 10, 2550, 7.1). Besteht kein Ersatzanspruch des ArbG gegen den ArbN oder ereignet sich der Unfall auf einer berufl veranlassten Fahrt, liegt von vornherein kein geldwerter Vorteil vor (LStR 8.1 IX Nr 2 S 16), sodass auch Beträge bis zu 1000 € dann nicht als Reparaturkosten anzusetzen sind. – Wird das Kfz in einer vom ArbN angemieteten **Garage** untergestellt, ist die vom ArbG erstattete Garagenmiete kein ArbLohn, sondern stfreier Auslagenersatz (BFH VI R 145/99 BStBl II 02, 829; *Pust* HFR 02, 983; zweifelnd *MIT* DStR 02, 1944) und zwar auch dann, wenn der ArbG nur eine Zuzahlung leistet (BFH VI R 1/00 BFH/NV 03, 16; *OFD Ffm* DStR 03, 1207). Kein ArbLohn, sondern Einnahme aus VuV ist auch ein vom ArbG an den ArbN gezahltes Nutzungsentgelt für die Anmietung einer ArbN-eigenen Garage zur Unterstellung des betriebl Kfz (BFH VI R 145/99 BStBl II 02, 829).

ff) Arbeitnehmerzuschüsse. Die Bewertung nach § 8 II 2 und die Fahrtenbuchmethode sind ledigl unterschiedl Wege zur Bewertung des Nutzungsvorteils (BFH VI R 49/14 BStBl II 17, 1011; BFH VI R 37/03 BStBl II 06, 72). Daher sind vom ArbN an den ArbG oder im abgekürzten Zahlungsweg an Dritte gezahlte **Nutzungsvergütungen** abzusetzen (LStR 8.1 (9) Nr 4;). Sie mindern die Lohnzuwendung des ArbG, weil es insoweit an einer Bereicherung des ArbN fehlt (BFH VI R 95/04 BStBl II 07, 269; *BMF* BStBl I 18, 592 Rz 49 ff; *Thomas* DB 06 Beil 6 zu Heft 39 S 58, 63). Das Nutzungsentgelt ist bereits beim LSt-Abzug von dem nach § 8 II 2 ermittelten Betrag abzuziehen (*BMF* BStBl I 18, 592 Rz 58 ff).

Ist dies unterblieben, kann das Nutzungsentgelt bei der Veranlagung abgezogen werden. Dies gilt auch, wenn sich Zuzahlungen beim LSt-Abzug wegen eines Zuzahlungsüberhangs in einzelnen Monaten nicht auswirken können (FG Nds EFG 20, 1416, Rev VI R 35/20, mE zutr). Ebenso sind **Zuzahlungen des ArbN zu den AK** des Kfz bei der Berechnung des Nutzungsvorteils nach § 8 II 2 vorteilsmindernd zu berücksichtigen (BFH VI R 59/06 BStBl II 09, 200); bei Zahlung in einer Summe ist eine gleichmäßige Verteilung auf die Nutzungsdauer vorzunehmen (BFH VI R 19/18 DStR 21, 1470; *Kreft* DB 18, 2019). Eine Zuzahlung des ArbN liegt aber nicht vor, wenn der ArbN iRe Barlohnumwandlung auf einen Teil seines Barlohns verzichtet und ihm der ArbG stattdessen ein Kfz auch zur Privatnutzung (als Sachlohn) zur Verfügung stellt (FG Nds DStRE 17, 205, rkr; *BMF* BStBl I 18, 592 Rz 52). Eine individuelle Zurechnung zu den einzelnen Nutzungsarten (Betriebsfahrten, Fahrten Wohnung-Arbeitsstätte/erste Tätigkeitsstätte, Privatfahrten) ist wegen der vorteilsmindernden Berücksichtigung idR nicht erforderl. Ein geldwerter „Nachteil" oder ein WK-Überschuss kann auch bei Nutzungsentgelten und Zuzahlungen des ArbN aus der Kfz-Überlassung indes nicht entstehen; der Vorteil ist maximal auf 0 € zu mindern (BFH VI R 49/14 BStBl II 17, 1011). Übersteigen die Zuzahlungen den Vorteil, liegen insoweit auch keine WK vor. Denn der ArbN wendet die Zuzahlungen idR nicht für die berufl, sondern für die private Kfz-Nutzung auf (BFH VI R 49/14 BStBl II 17, 1011; *Geserich* NWB 17, 706). LStR 8.1 IX Nr 4 S 3, 4 bietet eine ggü der Rspr (AfA auf das Nutzungsrecht) günstigere Berechnung: Nutzungswert ./. Zuzahlung (auch auf 0 €; Rest als höherer Zuzahlung wird im Folgejahr vom Nutzungswert abgezogen (vertretbare vereinfachende Handhabung; Beispiele bei *Niermann/Plenker* DB 10, 2130; *Becker* NWB 13, 62; *BMF* BStBl I 18, 592 Rz 61). – **Einzelne vom ArbN selbst getragene Kfz-Kosten** (Tanken, Wagenwäsche) sind nach neuer BFH-Rspr ebenfalls vorteilsmindernd abzusetzen (BFH VI R 2/15 BStBl II 17, 1014; BFH VI B 77/17 BFH/NV 18, 521; *BMF* BStBl I 18, 592 Rz 50; s auch *Geserich* NWB 17, 706; *Niermann* DB 17, 510; zu Gestaltungsmöglichkeiten: *Hilbert* NWB 13, 1457). Eine Lohnzuwendung an den ArbN kann nur vorliegen, soweit der ArbN *aus dem Vermögensbereich des ArbG bereichert ist*. IHd Eigenleistung des ArbN fehlt es an dieser Bereicherung. Dem ArbN wird iHd von ihm selbst getragenen Kosten kein Vorteil zugewandt. Dies gilt nicht nur für Zuzahlungen zu den AK oder Leasingraten, sondern für sämtl vom ArbN getragene Kfz-Kosten, die unmittelbar mit der Kfz-Nutzung zusammenhängen (also zB nicht anteilige Grundstückskosten einer Garage, FG Mster DStRE 19, 1051, rkr, zutr). Für eine Differenzierung zw verschiedenen Kfz-Kosten gibt es insoweit keine Rechtfertigung. Dies gilt auch für die **Fahrtenbuchmethode**. Bei dieser sind die *„gesamten Kfz-Aufwendungen"* anzusetzen (§ 8 II 4). Ausgangspunkt der Fahrtenbuchmethode ist die Annahme, dass der Vorteil des ArbN aus der Privatnutzung des Fahrzeugs mit den darauf entfallenden anteiligen Kosten des ArbG übereinstimmt (BFH VI R 37/03 BStBl II 06, 72; BFH VI R 49/14 BStBl II 17, 1011). Obwohl eigene Aufwendungen des ArbN eigentl nicht zu ArbLohn führen können, da es insoweit an einer Bereicherung des ArbN fehlt (zutr *BMF* BStBl I 18, 592 Rz 54), ordnet § 8 II 4 zur *Bewertung* des geldwerten Vorteils aus der Kfz-Überlassung ausdrückl den Ansatz sämtl Kfz-Aufwendungen an, ohne danach zu fragen, wer diese getragen hat. Ein vom ArbN an den ArbG gezahltes Nutzungsentgelt (Eigenanteil) mindert folgl nicht die *„gesamten Kfz-Aufwendungen"* (BFH VI R 24/14 BFH/NV 17, 448; **aA** *Niermann* DB 17, 510). Das Nutzungsentgelt mindert aber den geldwerten Vorteil aus der Kfz-Überlassung (maximal auf 0 €), da es der ArbN aufwendet, um das Kfz privat nutzen zu können (BFH VI R 49/14 BStBl II 17, 1011). Die FinVerw lässt diese Berechnungsmethode zutr nunmehr ebenfalls zu (*BMF* BStBl I 18, 592 Rz 55). Damit ist auch dem Umstand Rechnung getragen, dass eigene Aufwendungen des ArbN keinen ArbLohn darstellen, was ein offensichtl gegen den Lohnbegriff des § 19 verstoßendes Ergebnis wäre.

gg) Kostendeckelung. Sie ist mögl bei Nachweis, dass die tatsächl Kfz- **38**
Gesamtkosten die Gesamtwerte nach § 8 II 2, 3, 5 unterschreiten (LStH 8.1 (9–10) „Begrenzung des pauschalen Nutzungswerts"; *BMF* BStBl I 18, 592 Rz 4; *FB Hbg* DStR 19, 1407 und FG Nds EFG 20, 1597, Rev VIII R 21/20 zur Behandlung von Leasingsonderzahlungen: Verteilung auf die Leasingdauer; zur Berechnung s auch FG BBg DStRE 11, 926, BFH VIII R 28/10 BStBl II 13, 120). Ob die von der *FinVerw* ohne gesetzl Grundlage gewährte Kostendeckelung im Hinblick auf BFH GrS 1/15 BStBl II 17, 393 aufrecht erhalten werden kann, ist fragl (vern FG RhPf EFG 20, 519, Rev VIII R 11/20).

hh) Pool-Kraftfahrzeuge; Überlassung mehrerer Kraftfahrzeuge. Steht **39**
ein betriebl Kfz **mehreren ArbN** zur privaten Nutzung zur Verfügung, ist der sich nach § 8 II 2 ergebende Monatsbetrag unabhängig vom Umfang der tatsächl Nutzung durch die einzelnen ArbN nach Kopfteilen auf die ArbN zu verteilen (Kfz-bezogene Berechnung: BFH VI R 132/00 BStBl II 03, 311; *Romani/Bechtold* BB 12, 543, 548). Dies gilt auch, wenn die ArbN das Kfz im Laufe des Monats *nacheinander* nutzen (*Pust* HFR 02, 787). Wird ein betriebl Kfz vom Betriebsinhaber *und* von dem als ArbN bei ihm tätigen Ehegatten auch für Privatfahrten/Fahrten zw Wohnung und Arbeitsstätte/erster Tätigkeitsstätte genutzt, ist ebenfalls eine Aufteilung nach Kopfteilen entspr BFH VI R 132/00 BStBl II 03, 311 vorzunehmen (ebenso *BMF* BStBl I 12, 1099; **aA** *Seifert* INF 03, 655, Nr 6). Befinden sich in einem **Kfz-Pool** unterschiedl Kfz, sind der sich für jedes Kfz nach § 8 II 2 ergebende Monatsbetrag zu berechnen, die Monatsbeträge sämtl Kfz zu addieren und sodann den „Gesamtvorteil" durch die Anzahl der zugriffsberechtigten ArbN zu dividieren (BFH VI R 132/00 BStBl II 03, 311; *Balmes* BB 11, 2263). Stehen **dem ArbN** auf Grund des DienstVerh im Laufe eines Monats nebeneinander (nicht nacheinander) **mehrere Kfz** privat zur Verfügung, ist wegen der Kfz-bezogenen Berechnung für jedes Kfz der nach § 8 II 2 ergebende Monatsbetrag anzusetzen und zu addieren (BFH VI R 17/12 BFH/NV 13, 1965; BFH VI R B 101/18 BFH/NV 19, 1072; BFH VIII R 24/08 BStBl II 10, 903, zu Gewinneinkünften; s auch § 6 Rz 544 zur USt). Die *FinVerw* lässt es demggü zu, den Listenpreis des überwiegend genutzten Kfz zugrunde zu legen (LStH 8.1 (IX-X) „Überlassung mehrerer Kfz").

b) Zuschlag für Fahrten Wohnung/erste Tätigkeitsstätte, § 8 II 3. Die **45**
Vorschrift ist verfgemäß (BFH VI R 55/09 BStBl II 11, 358). Nach § 8 II 3 erhöht sich der Betrag nach § 8 II 2 bei unentgeltl Kfz-Gestellung für Fahrten zw Wohnung und erster Tätigkeitsstätte für jeden Kalendermonat um einen weiteren Pauschbetrag iHv **0,03 % des Listenpreises** iSv § 6 I Nr 4 pro Entfernungs-km, wenn das Kfz auch für diese Fahrten genutzt werden kann. Die Minderung des Listenpreises zur Förderung der Elektromobilität (§ 6 Rz 547 ff) gilt hier ebenfalls (*BMF* BStBl I 21, 2205). § 8 II 3 dient nicht der Erfassung eines zusätzl Nutzungsvorteils; die Vorschrift soll lediglich einen **Ausgleich für abziehbare, tatsächl aber nicht entstandene WK** schaffen (BFH VI R 57/09 BStBl II 11, 359; **aA** FG Ddorf DStRE 14, 1286, rkr). Der Zuschlag ist aber nicht durch die Höhe der WK für die Fahrten zw Wohnung und erster Tätigkeitsstätte begrenzt (FG Köln EFG 15, 1532, rkr). § 8 II 3 kommt auch zur Anwendung, wenn das Kfz nur für Fahrten nach § 8 II 3, nicht aber für sonstige Privatfahrten genutzt werden kann (BFH VI R 54/09 BStBl II 11, 354). Der Pauschalierung liegt eine geschätzte Nutzung des Kfz an 180 Arbeitstagen jährl oder (durchschnittl) 15 Tagen monatl zugrunde (*Niermann* DB 18, 914). Zur Fahrergestellung s § 19 Rz 100 „Kfz-gestellung".

aa) Fahrten zur ersten Tätigkeitsstätte. Zum Begriff der ersten Tätigkeits- **46**
stätte s § 9 Rz 302. § 8 II 3 erfasst auch Fahrten gem § 9 I 3 Nr 4a S 3. Hierbei handelt es sich um Fahrten zu einem Ort (zB Sammelpunkt) oder weiträumigen Tätigkeitsgebiet, das ein ArbN ohne erste Tätigkeitsstätte typischerweise arbeitstägl aufzusuchen hat. § 8 II 3 greift auch ein, wenn dem ArbN das Kfz mit der Auflage

überlassen wird, andere ArbN mit zur ersten Tätigkeitsstätte zu transportieren (BFH VI R 56/07 BStBl II 10, 1067). Fahrten von der Wohnung zum Kunden und danach vom Kunden zur ersten Tätigkeitsstätte sowie dienstl Fahrten von der Wohnung zur ersten Tätigkeitsstätte und zurück sind indes keine Fahrten iSv § 8 II 3 (*BMF* BStBl I 18, 592 R. 5). Mittagsheimfahrten sind stets mit dem Pauschbetrag nach § 8 II 2 abgegolten. Steht ein Kfz mehreren ArbN zur Verfügung, gilt BFH VI R 132/00 BStBl II 03, 311 (s Rz 39) entspr (LStH 8.1 (IX-X) „Nutzung durch mehrere ArbN"; Rechenbeispiel bei *Hartmann* INF 03, 16, 19). Zur Nutzung mehrerer Kfz s *BMF* BStBl I 18, 592 Rz 11.

47 **bb) Listenpreis und maßgebliche Entfernung.** Zum Listenpreis s Rz 35. Der Zuschlag bemisst sich grds nach der kürzesten Straßenverbindung zw Wohnung und erster Tätigkeitsstätte (FG Köln EFG 03, 1229, rkr; s auch § 9 Rz 182); dies gilt selbst dann, wenn diese mautpflichtig ist (BFH VI R 20/13 BFH/NV 14, 395). Benutzt der StPfl eine andere, offensichtl verkehrsgünstigere Verbindung (s dazu BFH VI R 19/11 BStBl II 12, 520; BFH VI R 46/10 BStBl II 12, 470; FG RhPf EFG 13, 1100, rkr), ist diese anzusetzen. Die für den WK-Abzug für Fahrten zw Wohnung und erster Tätigkeitsstätte maßgebl Grundsätze gelten insoweit entspr (BFH VI R 15/08 BFH/NV 08, 1674).

48 **cc) Tatsächliche Kraftfahrzeugnutzung.** Anders als bei § 8 II 2 reicht für den Zuschlag nach § 8 II 3 die bloße Nutzungsmöglichkeit nicht aus. § 8 II 3 kommt nur insoweit zur Anwendung, als der ArbN den Dienstwagen tatsächlich für Fahrten zw Wohnung und erster Tätigkeitsstätte nutzt. Hierfür spricht ein **Anscheinsbeweis**, wenn dem Kfz tatsächl für solche Fahrten überlassen worden ist (BFH VI R 85/04 BStBl II 08, 887). Der Anscheinsbeweis kann ohne Beschränkung auf bestimmte Argumente entkräftet werden (BFH VI R 52/07 BStBl II 09, 280; *Paetsch* HFR 08, 924). Pauschale Behauptungen reichen hierzu indes nicht aus (FG Mster DStRE 21, 1355, rkr). Ist der Anscheinsbeweis erschüttert, hat das FA die tatsächl Nutzung des Kfz umfassend aufzuklären (BFH VI R 52/07 BStBl II 09, 280). Der Zuschlag gem § 8 II 3 rechtfertigt sich allein daraus, dass für Fahrten zw Wohnung und erster Tätigkeitsstätte ein WK-Abzug nach § 9 I 3 Nr 4/§ 9 II erfolgt, ohne dass dem ArbN eigene Aufwendungen dafür entstanden sind. Diesen Abzug ohne eigene Aufwendungen soll § 8 II 3 durch den Ansatz eines Nutzungswertes korrigieren (BFH VI R 57/09 BStBl II 11, 359; *BMF* BStBl I 18, 592 Rz 10 ff, mit Beispielen; *Schneider* NWB 11, 112; **aA** *Thomas* DStR 11, 1341; *Paus* FR 11, 655; *HHR* § 8 Rz 92). Wird das Kfz für Fahrten zw Wohnung und erster Tätigkeitsstätte nur an **weniger als an 15 Tagen je Monat** (BFH VI R 85/04 BStBl II 08, 887) oder nur auf **Teilstrecken** (BFH VI R 68/05 BStBl II 08, 890, park and ride) eingesetzt, ist für den Zuschlag auf die tatsächl Nutzung abzustellen (**aA** FG Ddorf DStRE 14, 1286, rkr; *FM SchlHol* DStR 21, 2241). Die Angabe der genauen Tage (Datumsangabe) ist insoweit nicht erforderl (FG Nbg DStRE 20, 905, rkr). Der Nutzungswert ist mit dem %-Satz des § 8 II 5 (0,002 % des Listenpreises × Wegstrecke × Anzahl der Fahrten) zu bewerten (**aA** für Gewinneinkünfte BFH VIII R 14/15 BStBl II 18, 755). Dies gilt auch im LStAbzugsverfahren (*Ehehalt* BFH/PR 08, 376; s iEinz *BMF* BStBl I 18, 592 Rz 10 ff). Bei Fahrten auf Teilstrecken (zB park and ride) ergibt sich der Nutzungswert aus 0,002 % des Listenpreises × tatsächl gefahrener Teilstrecke × Anzahl der Fahrten.

50 **c) Fahrtenbuchmethode („Escape-Klausel"), § 8 II 4.** Der StPfl kann die pauschalierte Bewertung nach § 8 II 2, 3 vermeiden, wenn er für die gesamte Nutzungsdauer des Kfz im jeweiligen VZ ein ordnungsgemäßes Fahrtenbuch führt und die gesamten Kfz-Aufwendungen belegmäßig nachweist. Ein unterjähriger Wechsel zur Fahrtenbuchmethode ist unzulässig (BFH VI R 35/12 BStBl II 14, 643; *Schneider* NWB 14, 2078). Die Fahrtenbuchmethode ist idR günstig bei hohen Listenpreisen, geringer Privatnutzung des Kfz oder wenigen Fahrten zur Arbeitsstätte/ersten Tätigkeitsstätte (s *Urban* FR 96, 741; *Wolf/Lahme* DB 03, 578; *Bilsdorfer*

Bewertung von Sachzuwendungen **51–55 § 8**

DStR 12, 1477). Aus dem beim LStAbzug gewählten Verfahren ergibt sich **keine Bindung** für die EStVeranlagung (s LStR 8.1 IX Nr 3 S 4). Hat der ArbN von der Möglichkeit, ein Fahrtenbuch zu führen, keinen Gebrauch gemacht, kommt die 1%-Regelung nur dann nicht zur Anwendung, wenn das Kfz nicht zur Privatnutzung überlassen wurde (BFH VI R 31/10 BStBl II 13, 700, mit Anm *ge* DStR 13, 1424).

aa) Ordnungsmäßiges Fahrtenbuch. Die Anforderungen an die Ordnungsmäßigkeit des Fahrtenbuchs sind dieselben wie bei § 6 I Nr 4 S 3 (s dazu § 6 Rz 559 ff, und BFH VI R 50/15 BFH/NV 17, 1155). Der ArbN hat selbst für die Führung eines ordnungsgemäßen Fahrtenbuchs zu sorgen; den ArbG treffen insoweit grds keine Hinweispflichten (BAG 5 AZR 538/17 DStR 19, 700). 51

bb) Kraftfahrzeugaufwendungen. Die Gesamtkosten sind die Summe der Nettoaufwendungen zuzügl Sonderausstattung, nicht als VorSt abziehbare (dazu *Littmann* § 8 Rz 435) USt und AfA, die unmittelbar dem Halten und Betrieb des Kfz zu dienen bestimmt sind und die typischerweise bei der Kfz-Nutzung anfallen (s Rz 36, 37 und § 6 Rz 568; *BMF* BStBl I 18, 592 Rz 29). Bei der AfA legt die *FinVerw* eine ggü der Rspr günstigere Nutzungsdauer von höchstens sechs Jahren zugrunde; nach der Rspr sind idR acht Jahre anzusetzen (BFH IX B 174/03 BStBl II 06, 368; s auch *Plenker* DB 06, 1915, IV. 2.). Eine Leasingsonderzahlung ist auf die Laufzeit des Leasingvertrags zu verteilen, wenn der ArbG dies in seiner Gewinnermittlung dementsprechend erfassen muss (BFH VI R 27/14 BFH/NV 16, 111; s auch § 19 Rz 110 „Kraftfahrzeugkosten" unter (4)). Bei **Elektro-Kfz** gelten zur steuerl Förderung der Elekrtomobilität verschiedene Abschläge von den AK (s iEinz § 6 Rz 570; *BMF* BStBl I 21, 2205 Rz 15 ff). Die Gesamtaufwendungen geteilt durch die Gesamt-Km ergeben die Kosten pro gefahrenen Km (**aA** *Wöltge* DStR 13, 1318, der nur die variablen Kosten nach dem Verhältnis der Fahrtstrecken aufteilen will, die Fixkosten aber nach Zeitanteilen). 52

cc) Belegnachweis. Die Aufwendungen muss der StPfl durch Belege nachweisen. Ist er hierzu, aus welchen Gründen auch immer nicht in der Lage, sind die 1%- und die 0,03%-Regelung anzuwenden (FG Mchen DStRE 19, 539, rkr; *BH/Ettlich* § 8 Rz 120; **aA** FG Mchen EFG 21, 541, Rev VI R 44/20: Teilschätzung der Kfz-Aufwendungen bei geringfügigen Mängeln). Der stpfl ArbN wird für den Belegnachweis idR auf Auskünfte des ArbG angewiesen sein. Der ArbG ist arbeitsrechtl zur Auskunftserteilung verpflichtet (BAG 9 AZR 188/04 HFR 06, 87). § 8 II 4 verlangt keine getrennte Aufzeichnung der Kfz-Kosten (BFH VI R 38/06 BStBl II 08, 768). 53

dd) Ausübung des Wahlrechts. Da § 8 II 4 ein ordnungsmäßiges Fahrtenbuch voraussetzt, das nur vorliegt, wenn es während der gesamten Nutzungsdauer des Kfz im VZ geführt wird, kann der StPfl nicht monatl zw der 1%-Regelung und der Fahrtenbuchmethode wechseln (BFH VI R 35/12 BStBl II 14, 643). Er muss sich für ein Kj oder bis zu einem Wechsel des Kfz festlegen (*HHR* § 8 Rz 107; *Schneider* NWB 14, 2078; LStR 8.1 IX Nr 3). Bei Nutzung mehrerer Kfz muss der geldwerte Vorteil nicht für sämtl Kfz nach gleichen Regeln ermittelt werden (freie Methodenwahl bei fahrzeugbezogener Betrachtung, BFH III R 2/00 BStBl II 01, 332; Anm *Kanzler* FR 00, 1348). 54

d) Familienheimfahrten, § 8 II 5. Für jede Fahrt, für die der WK-Abzug nach § 9 I Nr 5 S 3 und 4 ausgeschlossen ist (zB mehr als eine Familienheimfahrt je Woche), muss ein Pauschbetrag von 0,002% des Listenpreises pro Entfernungs-Km zugerechnet werden (sonst stfreier WK-Ersatz, s § 3 Nr 13, 16), sofern nicht die Fahrtenbuchmethode gewählt wird (§ 8 II 5 Hs 3). Für Familienheimfahrten, für die ein WK-Abzug in Betracht kommt, gilt § 8 II 5 demggü nicht (BFH VI R 33/11 BStBl II 13, 629). Das bedeutet, dass bei Fahrzeugüberlassung an ArbN für wöchentl Familienheimfahrten zwar der WK-Abzug ausgeschlossen ist (§ 9 I Nr 5 55

S 8), aber auch kein geldwerter für diese Fahrten anzusetzen ist. Dies ist verfgemäß (BFH VIII R 24/09 BFH/NV 13, 1703).

60 **4. Amtliche Sachbezugswerte; Bewertung nach festgesetzten Durchschnittwerten, § 8 II 6–10.** Abw von § 8 II 1 sind bestimmte, häufig anzutreffende Sachbezüge (s Rz 17) aus Vereinfachungsgründen mit festgesetzten pauschalen Beträgen zu bewerten.

61 **a) SozialversicherungsentgeltVO, § 8 II 6.** Die auf § 17 III SGB IV beruhende **SvEV** enthält Sonderregelungen zur Bewertung von Verpflegung (§ 2 I, II SvEV), Unterkunft (§ 2 III SvEV) und Wohnung (§ 2 IV SvEV). Zur Aufteilung der Monatswerte auf kürzere Zeiträume s § 2 VI SvEV. Die SvEV gilt für rentenversicherungspflichtige ArbN (andere StPfl s Rz 62). Bei anderen Einkunftsarten gibt sie Anhaltspunkte für eine Schätzung. Die in der SvEV festgesetzten Sachbezugswerte sind für alle Fälle, für die sie bestimmt sind, zwingend, sofern nicht zulässigerweise § 8 III angewandt wird (LStR 8.1 IV 2, 3; BFH VI B 108/02 BFH/NV 04, 1087; BFH VI R 74/04 BStBl II 07, 948). Die amtl Werte für Verpflegung werden **jährl angepasst und veröffentlicht** (für 2019 s *BMF* BStBl I 18, 1231; für 2020 s *BMF* BStBl I 20, 89; für 2021 s *BMF* BStBl I 21, 59; für 2022 *BMF* DStR 21, 2973; für Vorjahre s *Schmidt* 38. Aufl § 8 Rz 61). **Verpflegung** ist nur dann nach § 8 II 6 zu bewerten, wenn sie auf *gewisse Dauer* gewährt wird (BFH VI R 11/10 BStBl II 11, 829; zu arbeitstägl Kantinenmahlzeiten und Essensmarken s LStR/LStH 8.1 VII; *LfSt Bay* DB 19, 516; *Liess* NWB 13, 543, mit zahlreichen Beispielen, zu Restaurantschecks FG SachsAnh DStRE 20, 1226, Rev VI R 28/20, zu Zuschüssen s *BMF* BStBl I 16, 238; *OFD Ffm* DStR 16, 1870). Außerdem müssen die Voraussetzungen einer Mahlzeit § 2 I SvEV erfüllt sein, so zB bei Dareichung unbelegter Brötchen nicht der Fall (BFH VI R 36/17 DStR 19, 1961). Einmalige Bewirtungen (zB bei Betriebsveranstaltungen, BFH VI R 24/84 BStBl II 87, 355, oder Auswärtstätigkeit, zB Fortbildungsveranstaltung, s BFH VI R 80/06 BStBl II 09, 547) sind nach § 8 II 1 zu bewerten (FG Mchn EFG 13, 1407 zur Verpflegung von Profisportlern). Ab VZ 14 ist für die Bewirtung bei Auswärtstätigkeit § 8 II 8, 9 zu beachten (s Rz 63). Durch den herabgesetzten USt-Satz für Hotelübernachtungen ergeben sich auch bei Auswärtstätigkeit zahlreiche Abgrenzungsprobleme (Frühstück, Sonderleistungen, Minibar). Diese hat die *FinVerw* für die ArbG-Bewirtung durch vereinfachte Anforderungen beseitigt (*BMF* BStBl I 10, 259 unter II.; *Niermann/Plenker* DB 10, 2132; *Hartmann* DStR 10, 2551). Zur Bewertung der freien Beköstigung in der Seeschifffahrt ab VZ 14 s *GLE* BStBl I 15, 512; ab VZ 13 s *GLE* BStBl I 13, 298; Vorjahre s *Schmidt* 32. Aufl § 8 Rz 58. **Unterkünfte**, die keine Wohnungen darstellen, sind abw vom pauschalen Sachbezugswert mit dem ortsübl Mietpreis zu bewerten, wenn der Ansatz des amtl Sachbezugswerts unbillig wäre (§ 2 III 3 SvEV). Dies gilt ab 2004 (*Bode* HFR 07, 1191). In der Zeit vorher sind die amtl Sachbezugswerte anzusetzen (BFH VI R 74/04 BStBl II 07, 948). **Wohnungen** (zum Wohnungsbegriff s LStR 8.1 (6)) sind mit dem ortsübl Mietpreis unter Berücksichtigung der sich aus der Lage der Wohnung ergebenden Beeinträchtigungen anzusetzen. Ist diese Bewertung außergewöhnl schwierig, kommen Pauschbeträge zur Anwendung (§ 2 IV 2 SvEV). Mietpreisbeschränkungen sind zu beachten.

62 **b) Nicht rentenversicherungspflichtige Arbeitnehmer, § 8 II 7.** Für sie (zB Beamte, Richter, Soldaten, Geschäftsführer und Vorstände) übernimmt § 8 II 7 die Werte aus § 8 II 6 in das EStG. Zur Bewertung der Unterkunft bei Bundeswehr und Polizei s *FM NRW* BeckVerw 509403).

63 **c) Bewertung der Mahlzeitengestellung, § 8 II 8, 9.** Mahlzeiten (Frühstück, Mittag- und Abendessen, s Rz 61 und *Hermes* NWB 19, 3132) bis zu einem Preis von 60 €, die der ArbG oder ein Dritter auf Kosten des ArbG den ArbN anlässl einer Auswärtstätigkeit zur Verfügung stellt, sind nach § 8 II 8 mit dem Sachbezugswert anzusetzen (*BMF* BStBl I 20, 1228 Rz 61; *Seifert* NWB 16, 128 mit zahlreichen Beispielen; Sachbezugswerte s Rz 61). Dies gilt auch für an diese ArbN ausgegebene Essensmarken (*BMF* BStBl I 15, 119; zur elektronischen Berechtigung ohne Ausgabe von Papier-Essensmarken *OFD Ffm* DStR 16, 1870) und unter bestimmten Voraussetzungen auch für arbeitstägl Zuschüsse zu Mahlzeiten (*BMF* BStBl I 19, 66). Beim LStAbzug ist § 41b I 2 Nr 8 zu beachten (zur Übergangsregelung bis VZ 2017 s *BMF* BStBl I 15, 614). Bis VZ 2013 ist die Bewertung nach § 8 II 1 vorzunehmen (BFH VI R 80/06 BStBl II 09, 547). Die Besteuerung kann gem § 8 II 9 ganz unterbleiben, wenn der ArbN für die Auswärtstätigkeit die Verpflegungspauschale in Anspruch nehmen könnte. Hierdurch soll bei gleichzeitigem Wegfall des WK-Abzugs (s § 9 IVa) die Besteuerung vereinfacht werden. Ob dies erreicht wurde, darf indes bezweifelt werden (s *Hermes* NWB 15, 1532 zur Kürzung der Verpflegungspauschalen bei Geschäftsessen). Bei Mahlzeiten, deren Preis die Grenze von 60 € übersteigt, ist weiterhin eine Bewertung nach § 8 II 1 vorzunehmen; die Besteuerung erfolgt nach den allg Regeln (*BMF* BStBl I 20, 1228 Rz 62).

d) Sonstige Durchschnittswerte, § 8 II 10. Die Oberste Finanzbehörde eines Landes kann mit Zustimmung des *BMF* für Sachbezüge Durchschnittswerte als Verwaltungsanweisung festsetzen. Diese Erfahrungswerte binden die Gerichte nicht unmittelbar, werden jedoch – soweit nicht offensichtl unzutr – iRd Schätzung aus Gründen gleichmäßiger Besteuerung idR zu beachten sein (s auch *Bergkemper* FR 06, 1040; FG Hbg EFG 95, 155, rkr). Die LStR sind keine Regelungen iSv § 8 II 10 (BFH VI R 28/05 BStBl II 06, 781).

e) Einzelfälle. – (1) Mietwert. Aufwendungen, die ein ArbG (oder mit diesem verbundene Unternehmen, BFH VI R 178/82 BFH/NV 86, 494) für das dem ArbN gehörende Wohnhaus (Eigentumswohnung) tätigt, und die unentgeltl oder verbilligte Überlassung eines Wohnhauses sind mit dem Wert anzusetzen, den der ArbN bei Erwerb oder Anmietung von Dritten hätte aufwenden müssen (BFH VI R 135/84 BStBl II 88, 525, ortsübl Miete; s § 2 IV 1 SvEV). Die ortsübl Miete ist vom FG als Tatsacheninstanz im Schätzungswege nach obj Gesichtspunkten zu ermitteln (BFH VI B 7/08 BFH/NV 08, 1838). Eine Bindung an die von öffentl Stellen für Besoldungszwecke ermittelten örtl Mietwerte (BFH VI R 36/77 BStBl II 79, 629) besteht nicht. Mietpreisbindungen sind zu beachten (s § 2 IV 3 SvEV; s auch LStR 8.1 VI 8). Wertmindernde Merkmale sind durch Abschlag von der ortsübl Miete zu berücksichtigen (BFH VI R 79/72 BStBl II 75, 81; BFH VI R 46/03 BStBl II 05, 529). Entspricht die dem örtl Mietspiegel, hat der ArbN keinen geldwerten Vorteil (BFH IX R 10/05 BStBl II 06, 71). Überlässt ein ArbG seinem ArbN eine Wohnung und werden Nebenkosten (zT) nicht erhoben, liegt ein Sachbezug nur vor, soweit die tatsächl erhobene Miete zusammen mit den tatsächl abgerechneten Nebenkosten die ortsübl Miete (Kaltmiete plus umlagefähige Nebenkosten) unterschreitet (BFH VI R 65/09 BFH/NV 11, 1938). Bei einer vom ArbG angemieteten und dem ArbN verbilligt überlassenen Wohnung ist der Differenzbetrag idR stpfl ArbLohn, denn die vom ArbG gezahlte Miete entspricht idR (widerlegbare Vermutung) der ortsübl Miete (BFH VI R 188/79 BFH/NV 85, 54 – großzügiger LStR 8.1 VI 7, Ansatz der ortsübl Vergleichsmiete). Kann eine ortsübl Miete nicht ermittelt werden, weil eine realistische Marktmiete für teure Objekte nicht erzielbar ist, tendiert die Rspr zum Ansatz einer höheren Kostenmiete (zB bei aufwändigen Einfamilienhäusern für leitende Angestellte). Der Kostenaufwand kann ein Anhaltspunkt dafür sein, dass der aus der Marktmiete abgeleitete Nutzungswert nicht übl ist und dass ein besonderer Markt bereit wäre, für ein solches Objekt eine so hohe Miete zu zahlen (str). **Stfreie Mietvorteile** s § 3 Nr 59, § 3 „Wohnung". – **(2) Zinsvorteile bei Arbeitgeberdarlehen.** S *BMF* BStBl I 15, 484. – **(3) Sonstige.** Überlassung von **Radio-/Fernsehgeräten** s *FM SchlHol* DStR 01, 2116. – **Flugverbilligung** s GLE BStBl I 12, 940 für 2013–2015; GLE BStBl I 15, 735 für 2016–2018; GLE BStBl I 18, 1088 für 2019–2021;

GLE BStBl I 21, 774 für 2022–2024; vorher s *Schmidt* 37. Aufl § 8 Rz 65 – **Fahrvergünstigungen** an ArbN der Bahn s *FM Hess* DStR 02, 454. – **Überlassung von (Elektro-)Fahrrädern** s *LfSt Bay* DStR 22, 95; *GLE* DStR 20, 121; *BMF* BStBl I 17, 1546; *Wehl* NWB 16, 2811; *Seifert* NWB 17, 2500. Gem § 3 Nr 37 sind zusätzl zum ohnehin geschuldeten ArbLohn vom ArbG gewährte Vorteile für die Überlassung eines betriebl Fahrrads, das kein Kfz ist, stfrei. Dies gilt bis einschließl VZ 21 (§ 52 IV 7 idF „JStG 2018").

68 **5. Freigrenze für Sachbezüge, § 8 II 11.** Sachbezüge iSv § 8 II 1 (s Rz 3, 17) sind bis insgesamt 50 € (bis VZ 21: 44 €) monatl stfrei. Geldzuwendungen, Sachbezüge nach § 8 II 2–10, III und Zukunftssicherungsleistungen des ArbG iSv § 40b (BFH VI R 68/01 BStBl II 03, 492) fallen nicht unter die Freigrenze. § 8 II 11 gilt aber für sonstige Zukunftssicherungsleistungen, wenn diese nach allg Grundsätzen gem § 8 II 1 zu bewertenden Sachlohn darstellen, der ArbN von seinem ArbG also (nur) Versicherungsschutz verlangen kann (BFH VI R 13/16 BStBl II 19, 371, **aA** *BMF* BStBl I 13, 1301; *OFD Ffm* DB 14, 272; krit auch *Briese* BB 18, 1307). Zahlt der ArbG an seinen ArbN hingegen nur einen Zuschuss zu dessen (Zusatz-)Krankenversicherung, liegt Barlohn vor, der nicht nach § 8 II 11 begünstigt ist (BFH VI R 16/17 BStBl II 19, 373). Die Freigrenze greift auch bei Zukunftssicherungsleistungen nicht, die nach § 19 I 1 Nr 3 anhand der Beiträge des ArbG und damit nicht nach § 8 II 1 zu bewerten sind (*BMF* BStBl I 21, 624 Rz 30). Bei Gutscheinen und Geldkarten iSv § 8 I 3 gilt die Freigrenze ab VZ 20 nur, wenn sie zusätzl zum ohnehin geschuldeten ArbLohn (s Rz 80 ff, § 40 Rz 17) gewährt werden. Bei § 8 II 11 handelt es sich um eine Freigrenze. Wird diese auch nur um einen Euro überschritten, entfällt die StFreiheit insgesamt. Durch Zuzahlung des ArbN kann die Einhaltung der Freigrenze gesteuert werden. Entgeltumwandlung von Bar- in Sachlohn ist mit Wirkung für die Zukunft zulässig (*Niermann* DB 03, 2244, 2246; *OFD NRW* DB 15, 2179; s oben Rz 19). Übertragung der Freigrenze in den Folgemonat ist nicht mögl; ebenso nicht Hochrechnung auf einen Jahresbetrag (LStR 8.1 (3) 2). Für die Berechnung, ob die monatl Freigrenze eingehalten ist, ist der Zuflusszeitpunkt des Sachbezugs maßgebl (s auch BFH VI R 56/11 BStBl II 13, 382, Jahresnetzkarte; FG Sachs EFG 18, 1259, rkr, Tankgutscheine; BFH VI R 14/18 BStBl II 21, 232, Fitnessstudio; *Hilbert/Paul* NWB 13, 1739). § 19a II schränkt den Anwendungsbereich von § 8 II 11 nicht ein (BFH VI R 35/10 BFH/NV 11, 1683; BFH VI R 16/12 BFH/NV 15, 672). – Stfrei bleibende Bezüge sind nicht in die Freigrenze einzubeziehen (BFH VI R 80/06 BStBl II 09, 547). – Die nach § 8 II 11 stfreien Zuwendungen scheiden bei der Pauschalierung nach §§ 37b, 40 aus, wie umgekehrt die nach §§ 37b, 40 pauschalierten Zuwendungen bei der 50 €-Freigrenze (bis VZ 22: 44 €) nicht angesetzt werden (LStR 8.1 III 1; *Seifert* DStZ 08, 186).

69 **6. Verbilligte Wohnungsüberlassung, § 8 II 12.** Vermietet der ArbG oder ein verbundenes Unternehmen Wohnungen nicht überwiegend an fremde Dritte (andernfalls Bewertung auch als Personalrabatt nach § 8 III, s Rz 70: Wahlrecht), sind die Mietvorteile nach § 8 II 1 mit den um übl Preisnachlässe geminderten übl Endpreisen am Abgabeort (ortsübl Miete) zu bewerten (s Rz 65). § 8 II 12 begünstigt ab VZ 20 die Überlassung einer Wohnung zu eigenen Wohnzwecken des ArbN. Wohnung ist die geschlossene Einheit von Räumen, in denen ein Haushalt geführt werden kann. Die Wohnung muss nicht im Eigentum des ArbG oder des verbundenen Unternehmens stehen; sie kann auch nur angemietet sein. Für die Bewertung einer Unterkunft, die keine Wohnung ist, ist wie bisher der amtl Sachbezugswert nach SvEV maßgebl. Der Bewertungsabschlag beträgt ein Drittel vom ortsübl Mietwert. Er wirkt wie ein Freibetrag. Die nach Anwendung des Bewertungsabschlags ermittelte Vergleichsmiete ist Bemessungsgrundlage für die Bewertung der Mietvorteile. Das vom ArbN tatsächl gezahlte Entgelt für die Wohnung ist auf die Vergleichsmiete anzurechnen (BFH VI R 65/09 BStBl II 11, 946). Die

Mietobergrenze von 25 €/qm bezieht sich auf den ortsübl Mietwert ohne umlagefähige Kosten. Durch sie soll die steuerbegünstigte Vermietung von Luxuswohnungen vermieden werden. Beträgt die ortsübl Kaltmiete mehr als 25 €/qm, ist der Bewertungsabschlag nicht anzuwenden.

IV. Personalrabatte, § 8 III

1. Anwendungsbereich. Er ist auf ArbN beschränkt (zum ArbN-Begriff s § 19 Rz 20 ff). Dies ist **verfgemäß** (BFH X R 43/08 BFH/NV 10, 1436; *HHR* § 8 Rz 5). Auch der Umstand, dass nur bestimmte ArbN, deren ArbG die in § 8 III genannten Sachbezüge anbieten, von der Vorschrift profitieren können, begründet keine Verfassungswidrigkeit, da es an der Vergleichbarkeit der Sachverhalte fehlt und die Bewertung nach § 8 III auch unter dem Gesichtspunkt der Verwaltungsvereinfachung gerechtfertigt ist (BFH VI R 164/01 BStBl II 03, 373; *Littmann* § 8 Rz 561; *KS* § 8 Rz 50). – § 8 III begründet als bloße **Bewertungsvorschrift** keine StPfl (BFH VI R 27/11 BStBl II 13, 402; BFH VI R 126/87 BStBl II 91, 720; *Birk* FR 90, 237). § 8 III setzt voraus, dass es sich bei der Zuwendung des ArbG um **stpfl ArbLohn** handelt. Dies entscheidet sich nach § 19 (s § 19 Rz 40 ff) und § 3. Auch ein Sachbezug aus einem früheren ArbVerh kann nach § 8 III begünstigt sein, wenn das frühere ArbVerh eine ausreichende Bedingung für die Vorteilsgewährung darstellt (BFH VI R 100/95 BStBl II 97, 330). – **Verhältnis zu § 8 II.** § 8 II ist Grundnorm, § 8 III Spezialnorm mit tendenziell begünstigendem Charakter (BFH VI R 27/11 BStBl II 13, 402). Ist die Bewertung eines Sachbezugs nach § 8 III für den ArbN ungünstiger als die Bewertung nach § 8 II, hat der ArbN ein **Wahlrecht**, die Bewertung nach § 8 II vorzunehmen (BFH VI R 41/02 BStBl II 07, 309; BFH VI R 27/11 BStBl II 13, 402; *BMF* BStBl I 13, 729), dann indes ohne Bewertungsabschlag und Rabattfreibetrag. Die Bewertung nach § 8 II kann günstiger sein, wenn hohe Rabatte zwar nicht beim ArbG, wohl aber am allg Markt ausgehandelt werden können. Der ArbG ist beim LStAbzug indes nicht zur Bewertung nach § 8 II verpflichtet. Nimmt der ArbG die Bewertung des Sachbezugs beim LStAbzug nach § 8 III vor, muss der ArbN den niedrigeren Endpreis iSv § 8 II im Veranlagungsverfahren nachweisen (*BMF* BStBl I 13, 729).

2. Waren und Dienstleistungen des Arbeitgebers. § 8 III regelt die Bewertung von Sachlohn (s Rz 17 ff), nicht von Barlohn (BFH VI R 44/05 BStBl II 08, 52). Die in § 8 III verwendete Begriffe der Waren und Dienstleistungen sind deshalb wirtschaftl zu verstehen und mit dem allg Sachlohnbegriff gleich zu setzen (BFH VI R 81/93 BStBl II 95, 338; *BH/Ettlich* § 8 Rz 188). Waren sind insb bewegl und unbewegl (wohl auch immaterielle) WG. Hierzu gehören auch Rohstoffe, Zutaten und Halbfertigprodukte (LStR 8.2 (1) 1 Nr 3; zu Energielieferungen s BFH VI R 32/92 BStBl II 93, 356; *OFD Ffm* DStR 02, 1302 und *OFD Ffm* DB 03, 2625). Dienstleistungen sind alle anderen Leistungen, die Sachlohn darstellen (Beispiele s Rz 18).

a) Lieferpalette/Leistungspalette des Arbeitgebers. Die Waren und Dienstleistungen müssen zur Liefer- und Leistungspalette des ArbG gehören (BFH VI R 81/93 BStBl II 95, 338; BFH VI R 46/03 BStBl II 05, 529). Der ArbG muss mit den Waren und Dienstleistungen **im eigenen Namen** selbst **Marktteilnehmer** sein (BFH VI R 39/16 DStR 18, 1853; BFH VI R 63/97 BStBl II 02, 881; *OFD Ffm* DB 03, 18; BFH VI R 51/08 BStBl II 10, 700, kostenlose Verpflegung aus Bordküche auch für Besatzungsmitglieder; BFH VI R 164/01 BStBl II 03, 373, Darlehensgewährung durch LZB; s auch *BMF* BStBl I 15, 484 und *LfSt Bay* DStR 15, 2020 zur steuerl Behandlung von ArbG-Darlehen). Nicht erforderl ist, dass die Waren und Dienstleistungen zum übl Geschäftsgegenstand des ArbG gehören (BFH VI R 65/09 BStBl II 11, 946; BFH VI R 46/03 BStBl II 05, 529, jeweils Wohnungsüberlassung) und ggü Letztverbrauchern angeboten werden (BFH VI R

39/16 DStR 18, 1853). Daher kann auch der verbilligte Verkauf von nicht mehr benötigten Altwagen an ArbN durch einen nicht zur Kfz-Branche gehörenden ArbG begünstigt sein (*Thomas* INF 05, 448; *Fissenewert* HFR 05, 981). **Hersteller** einer Ware ist der ArbG, wenn er sie selbst produziert, sie auf eigene Kosten nach seinen Vorgaben und Plänen von einem Dritten produzieren lässt oder vergleichbar gewichtige Beiträge zur Herstellung erbringt (BFH VI R 22/07 BStBl II 10, 204; FG Mchn EFG 16, 1405, rkr, zum Strombezug des ArbN eines Netzbetreibers). Der Herstellungsprozess muss dem ArbG so zugerechnet werden können, dass er bei wertender Betrachtung als Hersteller erscheint (BFH VI R 88/99 BStBl II 03, 154). Der ArbG **vertreibt** eine Ware oder Dienstleistung, wenn er sie als eigene am Markt anbietet. Dies umfasst insb den Verkauf und die Verteilung der Waren und Dienstleistungen, die Kundenpflege und die Gewinnung von Neukunden (BFH VI R 39/16 DStR 18, 1853). Es genügt, wenn der Vertrieb nach den Vorgaben eines Auftraggebers entgeltlich auf dessen Rechnung erfolgt, sofern er eine eigene Leistung des ArbG darstellt. Die bloße Vermittlung einer fremden Ware oder Dienstleistung reicht demggü nicht aus (BFH VI R 17/94 BStBl II 97, 363). Das **Erbringen** der Dienstleistung erfordert, dass der ArbG mit der fragl Leistung selbst am Markt teilnimmt (BFH VI R 164/01 BStBl II 03, 373). Das Unterhalten eines Festgeldkontos führt folgl noch nicht dazu, dass der ArbG mit Darlehensgewährungen am Markt auftritt (BFH VI R 54/01 BFH/NV 03, 305). Es ist stets sorgfältig zu prüfen, welche eigene Leistung der ArbG ggü dem ArbN erbringt (zB BFH VI R 17/94 BStBl II 97, 363, Gestellung einer Reise oder nur Reisevermittlung; dazu auch FG Mchn DStRE 03, 80, rkr; BFH VI R 123/00 BStBl II 02, 230, Versicherungsschutz oder dessen Vermittlung).

73 **b) Konzernleistungen.** § 8 III betrifft nur Leistungen, die zur Produktpalette des ArbG gehören (zum ArbG-Begriff s § 19 Rz 32). Der ArbG selbst muss die Waren/Dienstleistungen herstellen, vertreiben oder erbringen. Dabei kann er sich aber autorisierter Personen bedienen, wenn diese für seine Rechnung tätig sind ((BFH VI R 39/16 DStR 18, 1853; BFH VI R 95/92 BStBl II 93, 687). ArbN von Konzerngesellschaften sollen durch § 8 III demggü ebenso wenig wie der außerbetriebl Belegschaftshandel begünstigt sein (BT-Drs 11/2157, 142; BFH VI R 134/99 BStBl II 03, 371). Dies gilt auch im Fall der Unternehmensspaltung (BFH VI R 100/95 BStBl II 97, 330; BFH VI R 101/95 BFH/NV 97, 471, Anm *MIT* DStR 97, 574, abl *Gast-de Haan* DStR 97, 1114; zweifelnd *Birk* FR 90, 239). Für Vorteile von Dritten greift die StBegünstigung nur dann nicht, wenn die Dritten wie konzernzugehörige Unternehmen dem ArbG nahe stehen (BFH VI R 22/07 BStBl II 10, 204; BFH VI R 100/95 BStBl II 97, 330; FG Nds EFG 17, 1751, rkr). Dies entspricht auch dem historischen Willen des Gesetzgebers, der die bereits im Gesetzgebungsverfahren geforderte Konzernklausel (s BT-Drs 11/2536, 16) nicht verwirklicht hat. Der BFH hat seine stRspr erneut bestätigt (BFH VI R 39/16 DStR 18, 1853, s auch *Krüger* DB 18, 2333). Zumindest bei verbundenen Unternehmen kann die Gewährung des Freibetrags innerhalb des Konzerns jedoch erwogen werden (s auch *Schneider* HFR 10, 117; *Haase/Geils* DB 17, 1289). Da Preisnachlässe von Konzernen ebenso zum ArbLohn sind wie Preisnachlässe des ArbG selbst, spricht viel dafür, sie bei der Bewertung nach § 8 III gleich zu behandeln. Dadurch könnte zudem verhindert werden, dass ArbN eine Vergünstigung infolge Umstrukturierung innerhalb eines Konzerns verlieren (*Lucas/Janssen-Heid/Hilbert* NWB 14, 3108; weitergehend zu arbeitsrechtl Gemeinschaftsbetrieben *Birk/Specher* DB 09, 2742; *Birk* FS Raupach S 423, 429ff; dagegen *Schneider* HFR 10, 117). Es ist allerdings nicht damit zu rechnen, dass der BFH seine ablehnende Rspr in absehbarer Zeit ändern könnte. Für der DB AG zugewiesene (Ruhestands-)Beamte gilt § 8 III nach § 12 VIII DBGrG auch für nicht vom ArbG gewährte Fahrvergünstigungen (BFH VI R 41/13 BStBl II 15, 39; BFH VI R 23/17 BStBl II 20, 162).

c) **Vertrieb nicht überwiegend für den Arbeitnehmerbedarf.** Die Waren 74 und Dienstleistungen müssen *mindestens* in gleichem Umfang an den Markt wie an die ArbN abgegeben werden (BFH VI R 158/98 BStBl II 03, 95, Bezug aus einer Krankenhausapotheke mit Bestellrecht der ArbN; BFH VI R 46/03 BStBl II 05, 529, verbilligte Überlassung einer Hausmeisterwohnung). Für den ArbN-Bedarf hergestellte Waren/Dienstleistungen außerhalb der übl Liefer- und Leistungspalette des ArbG sind folgl nicht nach § 8 III zu bewerten. *Beispiele: Stand-by-Flüge,* die nur Mitarbeiter der Fluggesellschaft erhalten (FG Hess EFG 97, 229, rkr; FG Ddorf DStRE 00, 897, rkr; *Metzner/Schönfeld* DStR 06, 2012, mE zweifelhaft; **aA** *Weber* DStR 06, 1024; Bahntickets, die nur für Ruhestandsbeamte der Bahn erhältl sind, sind hingegen nach § 8 III begünstigt. Insoweit ist auf die Beförderungsleistung und nicht auf das Ticket abzustellen (BFH VI R 23/17 BStBl II 20, 162).

d) **Keine Pauschalierung nach § 40.** Bei Pauschalversteuerung nach § 40 ist 75 § 8 III nicht anwendbar.

3. Wertermittlung. – a) Angebotener Endpreis, § 8 III. Nach der zutr neu- 76 eren BFH-Rspr, der sich die *FinVerw* angeschlossen hat, ist dies der am Ende von Verkaufsverhandlungen als letztes Angebot stehende Preis (BFH VI R 30/09 BStBl II 13, 400; *BMF* BStBl I 13, 729). Der angebotene Endpreis umfasst daher auch Rabatte. Entscheidend ist der Preis, den der ArbG nach Abzug von Rabatten und sonstigen Vergünstigungen von Fremden im allg Geschäftsverkehr verlangt (BFH VI R 27/11 BStBl II 13, 402; *Schneider* HFR 09, 1069; *ders* FR 11, 1060, 1065; *Breinersdorfer* DStR 09, 2289). Sonderrabatte, die der ArbG nur bestimmten Gruppen von Abnehmern einräumt (zB Behörden, gewerbl Vermietern, Taxiunternehmern), sind nicht anzusetzen, wenn die besonderen Voraussetzungen dieser Rabatte beim ArbN nicht vorliegen (BFH VI R 27/11 BStBl II 13, 402). Der von der *FinVerw* bisher ab 1.1.09 gewährte Bewertungsabschlag von 80 % des Preisnachlasses (*BMF* BStBl I 10, 20) ist nicht mehr anzuwenden (*BMF* BStBl I 13, 729). Üblicherweise berechnete *Überführungskosten* gehören nicht zum Endpreis; die Überführung stellt vielmehr eine zusätzl Leistung dar, die gesondert zu bewerten ist (s BFH VI R 32/16 BStBl II 18, 764; BFH VI R 31/17 BStBl II 20, 591). Bietet der ArbG nicht an fremde Letztverbraucher an, ist der im allg Geschäftsverkehr übl Endpreis des räuml „nächstansässigen" Abnehmers dieser Waren/Dienstleistungen maßgebl, der die Waren/Dienstleistungen fremden Letztverbrauchern im allg Geschäftsverkehr anbietet. Abgabeort idS ist grds der Sitz des ArbG, an dem zentral über die Rabattgewährung entschieden wird (BFH VI R 41/02 BStBl II 07, 309; *BH/Ettlich* § 8 Rz 206; s auch Rz 25). – Vom Endpreis ist ein **Preisabschlag von 4 %** vorzunehmen. Hierdurch sollen nach der Gesetzesbegründung (BT-Drs 11/2157 S 142) Bewertungsungenauigkeiten ausgeglichen werden.

b) **Rabattfreibetrag, § 8 III 2.** Pro Kj ist *für jedes einzelne* DienstVerh jedes 77 ArbN (LStR 8.2 (1) Nr 1) ein Betrag bis 1080 € stfrei. Nur der *übersteigende* geldwerte Vorteil ist zu versteuern.

c) **Aufzeichnungen.** Der ArbG hat auf dem Lohnkonto jeden Sachbezug lfd 78 einzeln zu erfassen und nach § 8 III gesondert kenntl zu machen (§ 4 II Nr 3 LStDV, s bei § 41). Vereinfachungen und Ausnahmen s § 4 III LStDV.

V. Zusätzlichkeitserfordernis, § 8 IV

1. Anwendungsbereich. Verschiedene Begünstigungen in Form von StBefrei- 80 ungen (zB § 3 Nr 15, 33, 34, 37, 46), bei der Bewertung (§ 8 II 11 2. HS), bei der Pauschalbesteuerung (zB § 37b II, § 40 II 1 Nr 5, 6, 7, § 40 II 2 Nr 1b) und der Förderung der betriebl Altersversorgung (§ 100 III Nr 2) setzen ua voraus, dass die Leistung zusätzl zum ohnehin geschuldeten ArbLohn erfolgt. Mit § 8 IV, der ab VZ 20 gilt, wird für das gesamte EStG geregelt, wann diese Voraussetzung vorliegt. Die Vorschrift ist eine Reaktion des Gesetzgebers auf BFH VI R 32/18 BStBl II 20,

106 (s § 40 Rz 17), nachdem die *FinVerw* dieses Urteil mit einem Nichtanwendungserlass belegt hatte (*BMF* BStBl I 20, 222, der allerdings wieder aufgehoben wurde, so dass das BFH VI R 32/18 für VZ bis 2019 nunmehr auch von der *FinVerw* allgemein angewendet wird, *BMF* DStR 22, 51).

81 **2. Begünstigte Sachbezüge; Zuschüsse.** Die Voraussetzungen in § 8 IV 1 Nr 1–4 müssen kumulativ vorliegen. – **a) Allgemeine Begünstigungsvoraussetzungen, § 8 IV 1.** Nach **Nr 1** darf die Leistung nicht auf den ArbLohnanspruch angerechnet werden. Dies entspricht der BFH-Rspr und galt damit schon vor dem VZ 20. – **Nr 2** untersagt die Herabsetzung des ArbLohnanspruchs zugunsten der zusätzl Leistung. Der BFH hat für die Frage der Zusätzlichkeit demggü zutr auf den Zuflusszeitpunkt abgestellt (s § 40 Rz 17). Die gesetzl Regelung ist verfehlt (s auch *Thomas* DStR 21, 1974). Sie zwingt einerseits zu einer Lohnerhöhung, um die Begünstigung zu erhalten und konterkariert damit in vielen Fällen den Förderzweck der StBefreiungs- und Pauschalierungsvorschriften (*Vogelpoth* BB 21, 727). Sie ist andererseits streitanfällig und schwer handhabbar. In Zukunft wird der Streit um die Frage gehen, ob der ArbLohnanspruch zugunsten der Leistung oder aus anderen Gründen herabgesetzt wurde. Dies kann insb bei schon länger zurückliegenden ArbLohnkürzungen problematisch sein. Ein nicht mehr bestehender ArbLohnanspruch kann iÜ schon rein denklogisch nicht (angebl steuerschädl) in begünstigten Lohn umgewandelt werden. – Die Bedeutung der **Nr 3** erschließt sich nicht. Sie wird in der RegBegr zum JStG 2020 (BT-Drs 19/22850, S 82) auch nicht erläutert. Arbeitsrechtl kann der ArbG anstelle einer vereinbarten Barlohnerhöhung ohnehin keinen Sachlohn oder einen verwendungsgebundenen Zuschuss leisten. Die bloße Anrechnung der Leistung auf eine vereinbarte Barlohnerhöhung erfüllt schon nach Nr 1 und nach der BFH-Rspr nicht das Zusätzlichkeitserfordernis. Möglicherweise soll Nr 3 verhindern, dass nach einer Lohnerhöhung unter Barlohnverzicht der Wegfall der Begünstigungsvoraussetzungen der Barlohn verlangt werden kann. – **Nr 4** betrifft (ebenfalls) die Beendigung der begünstigten Lohnform. Der betreffende Lohn soll hiernach nachträgl die Begünstigung verlieren, wenn es nach Wegfall der Begünstigungsvoraussetzungen zu einer Lohnerhöhung kommt (krit auch *Briese* DStR 21, 83; *Vogelpoth* BB 21, 727; *Thomas* DStR 21, 1974). Bis zur Verjährungsgrenze müsste dann eine Nachversteuerung erfolgen. Die Regelung ist daher, soll sie überhaupt praktikabel sein, eng auszulegen. Entfallender und erhöhter Lohn müssen der Höhe nach übereinstimmen. Außerdem muss die Lohnerhöhung in engem zeitl und sachl Zusammenhang mit dem Wegfall der begünstigten Leistung erfolgen. Die Anknüpfung an der LSt-Anmeldungszeitraum (§ 41a II 1) kann sich insoweit anbieten. Der Austausch begünstigter Lohnformen ist ebenfalls unschädlich (*Thomas* DStR 21, 1974).

82 **b) Vertragliche Leistungspflicht, § 8 IV 2.** Die Vorschrift stellt klar, dass eine Leistung des ArbG auch dann zusätzl zum ohnehin geschuldeten ArbLohn erbracht werden kann, wenn sie auf einer arbeitsvertragl oder einer anderen arbeits- oder dienstrechtl Regelung beruht. Damit können nicht nur einzelvertragl, sondern auch durch Betriebsvereinbarung, Tarifvertrag oder BesoldungsG zusätzl Leistungen festgelegt werden. Diese Regelung entspricht der BFH-Rspr (s BFH VI R 32/18 BStBl II 20, 106, § 40 Rz 17).

§ 9 Werbungskosten

(1) ¹**Werbungskosten sind Aufwendungen zur Erwerbung, Sicherung und Erhaltung der Einnahmen.** ²**Sie sind bei der Einkunftsart abzuziehen, bei der sie erwachsen sind.** ³**Werbungskosten sind auch**

1. Schuldzinsen und auf besonderen Verpflichtungsgründen beruhende Renten und dauernde Lasten, soweit sie mit einer Einkunftsart in wirtschaftlichem Zusammenhang stehen. ²**Bei Leibrenten kann nur der Anteil abgezogen**

werden, der sich nach § 22 Nummer 1 Satz 3 Buchstabe a Doppelbuchstabe bb ergibt;
2. Steuern vom Grundbesitz, sonstige öffentliche Abgaben und Versicherungsbeiträge, soweit solche Ausgaben sich auf Gebäude oder auf Gegenstände beziehen, die dem Steuerpflichtigen zur Einnahmeerzielung dienen;
3. Beiträge zu Berufsständen und sonstigen Berufsverbänden, deren Zweck nicht auf einen wirtschaftlichen Geschäftsbetrieb gerichtet ist;
4. Aufwendungen des Arbeitnehmers für die Wege zwischen Wohnung und erster Tätigkeitsstätte im Sinne des Absatzes 4. [2] Zur Abgeltung dieser Aufwendungen ist für jeden Arbeitstag, an dem der Arbeitnehmer die erste Tätigkeitsstätte aufsucht, eine Entfernungspauschale für jeden vollen Kilometer der Entfernung zwischen Wohnung und erster Tätigkeitsstätte von 0,30 Euro anzusetzen, höchstens jedoch 4500 Euro im Kalenderjahr; ein höherer Betrag als 4500 Euro ist anzusetzen, soweit der Arbeitnehmer einen eigenen oder ihm zur Nutzung überlassenen Kraftwagen benutzt. [3] Die Entfernungspauschale gilt nicht für Flugstrecken und Strecken mit steuerfreier Sammelbeförderung nach § 3 Nummer 32. [4] Für die Bestimmung der Entfernung ist die kürzeste Straßenverbindung zwischen Wohnung und erster Tätigkeitsstätte maßgebend; eine andere als die kürzeste Straßenverbindung kann zugrunde gelegt werden, wenn diese offensichtlich verkehrsgünstiger ist und vom Arbeitnehmer regelmäßig für die Wege zwischen Wohnung und erster Tätigkeitsstätte benutzt wird. [5] Nach § 8 Absatz 2 Satz 11 oder Absatz 3 steuerfreie Sachbezüge für Fahrten zwischen Wohnung und erster Tätigkeitsstätte mindern den nach Satz 2 abziehbaren Betrag; ist der Arbeitgeber selbst der Verkehrsträger, ist der Preis anzusetzen, den ein dritter Arbeitgeber an den Verkehrsträger zu entrichten hätte. [6] Hat ein Arbeitnehmer mehrere Wohnungen, so sind die Wege von einer Wohnung, die nicht der ersten Tätigkeitsstätte am nächsten liegt, nur zu berücksichtigen, wenn sie den Mittelpunkt der Lebensinteressen des Arbeitnehmers bildet und nicht nur gelegentlich aufgesucht wird. [7] Nach § 3 Nummer 37 steuerfreie Sachbezüge mindern den nach Satz 2 abziehbaren Betrag nicht; § 3c Absatz 1 ist nicht anzuwenden. [8] Zur Abgeltung der Aufwendungen im Sinne des Satzes 1 ist für die Veranlagungszeiträume 2021 bis 2026 abweichend von Satz 2 für jeden Arbeitstag, an dem der Arbeitnehmer die erste Tätigkeitsstätte aufsucht, eine Entfernungspauschale für jeden vollen Kilometer der ersten 20 Kilometer der Entfernung zwischen Wohnung und erster Tätigkeitsstätte von 0,30 Euro und für jeden weiteren vollen Kilometer
  a) von 0,35 Euro für 2021 bis 2023,
  b) von 0,38 Euro für 2024 bis 2026
anzusetzen, höchstens 4500 Euro im Kalenderjahr; ein höherer Betrag als 4500 Euro ist anzusetzen, soweit der Arbeitnehmer einen eigenen oder ihm zur Nutzung überlassenen Kraftwagen benutzt.
4a. Aufwendungen des Arbeitnehmers für beruflich veranlasste Fahrten, die nicht Fahrten zwischen Wohnung und erster Tätigkeitsstätte im Sinne des Absatzes 4 sowie keine Familienheimfahrten sind. [2] Anstelle der tatsächlichen Aufwendungen, die dem Arbeitnehmer durch die persönliche Benutzung eines Beförderungsmittels entstehen, können die Fahrtkosten mit den pauschalen Kilometersätzen angesetzt werden, die für das jeweils benutzte Beförderungsmittel (Fahrzeug) als höchste Wegstreckenentschädigung nach dem Bundesreisekostengesetz festgesetzt sind. [3] Hat ein Arbeitnehmer keine erste Tätigkeitsstätte (§ 9 Absatz 4) und hat er nach den dienst- oder arbeitsrechtlichen Festlegungen sowie den diese ausfüllenden Absprachen und Weisungen zur Aufnahme seiner beruflichen Tätigkeit dauerhaft denselben Ort oder dasselbe weiträumige Tätigkeitsgebiet typischerweise arbeitstäglich aufzusuchen, gilt Absatz 1 Satz 3 Nummer 4 und Absatz 2 für die

Fahrten von der Wohnung zu diesem Ort oder dem zur Wohnung nächstgelegenen Zugang zum Tätigkeitsgebiet entsprechend. ⁴Für die Fahrten innerhalb des weiträumigen Tätigkeitsgebietes gelten die Sätze 1 und 2 entsprechend.
5. notwendige Mehraufwendungen, die einem Arbeitnehmer wegen einer beruflich veranlassten doppelten Haushaltsführung entstehen. ²Eine doppelte Haushaltsführung liegt nur vor, wenn der Arbeitnehmer außerhalb des Ortes seiner ersten Tätigkeitsstätte einen eigenen Hausstand unterhält und auch am Ort der ersten Tätigkeitsstätte wohnt. ³Das Vorliegen eines eigenen Hausstandes setzt das Innehaben einer Wohnung sowie eine finanzielle Beteiligung an den Kosten der Lebensführung voraus. ⁴Als Unterkunftskosten für eine doppelte Haushaltsführung können im Inland die tatsächlichen Aufwendungen für die Nutzung der Unterkunft angesetzt werden, höchstens 1000 Euro im Monat. ⁵Aufwendungen für die Wege vom Ort der ersten Tätigkeitsstätte zum Ort des eigenen Hausstandes und zurück (Familienheimfahrt) können jeweils nur für eine Familienheimfahrt wöchentlich abgezogen werden. ⁶Zur Abgeltung der Aufwendungen für eine Familienheimfahrt ist eine Entfernungspauschale von 0,30 Euro für jeden vollen Kilometer der Entfernung zwischen dem Ort des eigenen Hausstandes und dem Ort der ersten Tätigkeitsstätte anzusetzen. ⁷Nummer 4 Satz 3 bis 5 ist entsprechend anzuwenden. ⁸Aufwendungen für Familienheimfahrten mit einem dem Steuerpflichtigen im Rahmen einer Einkunftsart überlassenen Kraftfahrzeug werden nicht berücksichtigt. ⁹Zur Abgeltung der Aufwendungen für eine Familienheimfahrt ist für die Veranlagungszeiträume 2021 bis 2026 abweichend von Satz 6 eine Entfernungspauschale für jeden vollen Kilometer der ersten 20 Kilometer der Entfernung zwischen dem Ort des eigenen Hausstandes und dem Ort der ersten Tätigkeitsstätte von 0,30 Euro und für jeden weiteren vollen Kilometer
a) von 0,35 Euro für 2021 bis 2023,
b) von 0,38 Euro für 2024 bis 2026
anzusetzen.
5a. notwendige Mehraufwendungen eines Arbeitnehmers für beruflich veranlasste Übernachtungen an einer Tätigkeitsstätte, die nicht erste Tätigkeitsstätte ist. ²Übernachtungskosten sind die tatsächlichen Aufwendungen für die persönliche Inanspruchnahme einer Unterkunft zur Übernachtung. ³Soweit höhere Übernachtungskosten anfallen, weil der Arbeitnehmer eine Unterkunft gemeinsam mit Personen nutzt, die in keinem Dienstverhältnis zum selben Arbeitgeber stehen, sind nur diejenigen Aufwendungen anzusetzen, die bei alleiniger Nutzung durch den Arbeitnehmer angefallen wären. ⁴Nach Ablauf von 48 Monaten einer längerfristigen beruflichen Tätigkeit an derselben Tätigkeitsstätte, die nicht erste Tätigkeitsstätte ist, können Unterkunftskosten nur noch bis zur Höhe des Betrags nach Nummer 5 angesetzt werden. ⁵Eine Unterbrechung dieser beruflichen Tätigkeit an derselben Tätigkeitsstätte führt zu einem Neubeginn, wenn die Unterbrechung mindestens sechs Monate dauert.
5b. notwendige Mehraufwendungen, die einem Arbeitnehmer während seiner auswärtigen beruflichen Tätigkeit auf einem Kraftfahrzeug des Arbeitgebers oder eines vom Arbeitgeber beauftragten Dritten im Zusammenhang mit einer Übernachtung in dem Kraftfahrzeug für Kalendertage entstehen, an denen der Arbeitnehmer eine Verpflegungspauschale nach Absatz 4a Satz 3 Nummer 1 und 2 sowie Satz 5 zur Nummer 1 und 2 beanspruchen könnte. ²Anstelle der tatsächlichen Aufwendungen, die dem Arbeitnehmer im Zusammenhang mit einer Übernachtung in dem Kraftfahrzeug entstehen, kann im Kalenderjahr einheitlich eine Pauschale von 8 Euro für jeden Kalendertag berücksichtigt werden, an dem der Arbeitnehmer eine Verpfle-

gungspauschale nach Absatz 4a Satz 3 Nummer 1 und 2 sowie Satz 5 zur Nummer 1 und 2 beanspruchen könnte,
6. Aufwendungen für Arbeitsmittel, zum Beispiel für Werkzeuge und typische Berufskleidung. ²Nummer 7 bleibt unberührt;
7. Absetzungen für Abnutzung und für Substanzverringerung, Sonderabschreibungen nach § 7b und erhöhte Absetzungen. ²§ 6 Absatz 2 Satz 1 bis 3 ist in Fällen der Anschaffung oder Herstellung von Wirtschaftsgütern entsprechend anzuwenden.

(2) ¹Durch die Entfernungspauschalen sind sämtliche Aufwendungen abgegolten, die durch die Wege zwischen Wohnung und erster Tätigkeitsstätte im Sinne des Absatzes 4 und durch die Familienheimfahrten veranlasst sind. ²Aufwendungen für die Benutzung öffentlicher Verkehrsmittel können angesetzt werden, soweit sie den im Kalenderjahr insgesamt als Entfernungspauschale abziehbaren Betrag übersteigen. ³Menschen mit Behinderung,
1. deren Grad der Behinderung mindestens 70 beträgt,
2. deren Grad der Behinderung weniger als 70, aber mindestens 50 beträgt und die in ihrer Bewegungsfähigkeit im Straßenverkehr erheblich beeinträchtigt sind,

können anstelle der Entfernungspauschalen die tatsächlichen Aufwendungen für die Wege zwischen Wohnung und erster Tätigkeitsstätte und für Familienheimfahrten ansetzen. ⁴Die Voraussetzungen der Nummern 1 und 2 sind durch amtliche Unterlagen nachzuweisen.

(3) Absatz 1 Satz 3 Nummer 4 bis 5a sowie die Absätze 2 und 4a gelten bei den Einkunftsarten im Sinne des § 2 Absatz 1 Satz 1 Nummer 5 bis 7 entsprechend.

(4) ¹Erste Tätigkeitsstätte ist die ortsfeste betriebliche Einrichtung des Arbeitgebers, eines verbundenen Unternehmens (§ 15 des Aktiengesetzes) oder eines vom Arbeitgeber bestimmten Dritten, der der Arbeitnehmer dauerhaft zugeordnet ist. ²Die Zuordnung im Sinne des Satzes 1 wird durch die dienst- oder arbeitsrechtlichen Festlegungen sowie die diese ausfüllenden Absprachen und Weisungen bestimmt. ³Von einer dauerhaften Zuordnung ist insbesondere auszugehen, wenn der Arbeitnehmer unbefristet, für die Dauer des Dienstverhältnisses oder über einen Zeitraum von 48 Monaten hinaus an einer solchen Tätigkeitsstätte tätig werden soll. ⁴Fehlt eine solche dienst- oder arbeitsrechtliche Festlegung auf eine Tätigkeitsstätte oder ist sie nicht eindeutig, ist erste Tätigkeitsstätte die betriebliche Einrichtung, an der der Arbeitnehmer dauerhaft
1. typischerweise arbeitstäglich tätig werden soll oder
2. je Arbeitswoche zwei volle Arbeitstage oder mindestens ein Drittel seiner vereinbarten regelmäßigen Arbeitszeit tätig werden soll.

⁵Je Dienstverhältnis hat der Arbeitnehmer höchstens eine erste Tätigkeitsstätte. ⁶Liegen die Voraussetzungen der Sätze 1 bis 4 für mehrere Tätigkeitsstätten vor, ist diejenige Tätigkeitsstätte erste Tätigkeitsstätte, die der Arbeitgeber bestimmt. ⁷Fehlt es an dieser Bestimmung oder ist sie nicht eindeutig, ist die der Wohnung örtlich am nächsten liegende Tätigkeitsstätte die erste Tätigkeitsstätte. ⁸Als erste Tätigkeitsstätte gilt auch eine Bildungseinrichtung, die außerhalb eines Dienstverhältnisses zum Zwecke eines Vollzeitstudiums oder einer vollzeitigen Bildungsmaßnahme aufgesucht wird; die Regelungen für Arbeitnehmer nach Absatz 1 Satz 3 Nummer 4 und 5 sowie Absatz 4a sind entsprechend anzuwenden.

(4a) ¹Mehraufwendungen des Arbeitnehmers für die Verpflegung sind nur nach Maßgabe der folgenden Sätze als Werbungskosten abziehbar. ²Wird der Arbeitnehmer außerhalb seiner Wohnung und ersten Tätigkeitsstätte beruflich

§ 9 Werbungskosten

tätig (auswärtige berufliche Tätigkeit), ist zur Abgeltung der ihm tatsächlich entstandenen, beruflich veranlassten Mehraufwendungen eine Verpflegungspauschale anzusetzen. ³Diese beträgt

1. **28 Euro für jeden Kalendertag, an dem der Arbeitnehmer 24 Stunden von seiner Wohnung und ersten Tätigkeitsstätte abwesend ist,**
2. jeweils 14 Euro für den An- und Abreisetag, wenn der Arbeitnehmer an diesem, einem anschließenden oder vorhergehenden Tag außerhalb seiner Wohnung übernachtet,
3. 14 Euro für den Kalendertag, an dem der Arbeitnehmer ohne Übernachtung außerhalb seiner Wohnung mehr als 8 Stunden von seiner Wohnung und der ersten Tätigkeitsstätte abwesend ist; beginnt die auswärtige berufliche Tätigkeit an einem Kalendertag und endet am nachfolgenden Kalendertag ohne Übernachtung, werden 14 Euro für den Kalendertag gewährt, an dem der Arbeitnehmer den überwiegenden Teil der insgesamt mehr als 8 Stunden von seiner Wohnung und der ersten Tätigkeitsstätte abwesend ist.

⁴Hat der Arbeitnehmer keine erste Tätigkeitsstätte, gelten die Sätze 2 und 3 entsprechend; Wohnung im Sinne der Sätze 2 und 3 ist der Hausstand, der den Mittelpunkt der Lebensinteressen des Arbeitnehmers bildet sowie eine Unterkunft am Ort der ersten Tätigkeitsstätte im Rahmen der doppelten Haushaltsführung. ⁵Bei einer Tätigkeit im Ausland treten an die Stelle der Pauschbeträge nach Satz 3 länderweise unterschiedliche Pauschbeträge, die für die Fälle der Nummer 1 mit 120 sowie der Nummern 2 und 3 mit 80 Prozent der Auslandstagegelder nach dem Bundesreisekostengesetz vom Bundesministerium der Finanzen im Einvernehmen mit den obersten Finanzbehörden der Länder aufgerundet auf volle Euro festgesetzt werden; dabei bestimmt sich der Pauschbetrag nach dem Ort, den der Arbeitnehmer vor 24 Uhr Ortszeit zuletzt erreicht, oder, wenn dieser Ort im Inland liegt, nach dem letzten Tätigkeitsort im Ausland. ⁶Der Abzug der Verpflegungspauschalen ist auf die ersten drei Monate einer längerfristigen beruflichen Tätigkeit an derselben Tätigkeitsstätte beschränkt. ⁷Eine Unterbrechung der beruflichen Tätigkeit an derselben Tätigkeitsstätte führt zu einem Neubeginn, wenn sie mindestens vier Wochen dauert. ⁸Wird dem Arbeitnehmer anlässlich oder während einer Tätigkeit außerhalb seiner ersten Tätigkeitsstätte vom Arbeitgeber oder auf dessen Veranlassung von einem Dritten eine Mahlzeit zur Verfügung gestellt, sind die nach den Sätzen 3 und 5 ermittelten Verpflegungspauschalen zu kürzen:

1. für Frühstück um 20 Prozent,
2. für Mittag- und Abendessen um jeweils 40 Prozent,

der nach Satz 3 Nummer 1 gegebenenfalls in Verbindung mit Satz 5 maßgebenden Verpflegungspauschale für einen vollen Kalendertag; die Kürzung darf die ermittelte Verpflegungspauschale nicht übersteigen. ⁹Satz 8 gilt auch, wenn Reisekostenvergütungen wegen der zur Verfügung gestellten Mahlzeiten einbehalten oder gekürzt werden oder die Mahlzeiten nach § 40 Absatz 2 Satz 1 Nummer 1a pauschal besteuert werden. ¹⁰Hat der Arbeitnehmer für die Mahlzeit ein Entgelt gezahlt, mindert dieser Betrag den Kürzungsbetrag nach Satz 8. ¹¹Erhält der Arbeitnehmer steuerfreie Erstattungen für Verpflegung, ist ein Werbungskostenabzug insoweit ausgeschlossen. ¹²Die Verpflegungspauschalen nach den Sätzen 3 und 5, die Dreimonatsfrist nach den Sätzen 6 und 7 sowie die Kürzungsregelungen nach den Sätzen 8 bis 10 gelten entsprechend auch für den Abzug von Mehraufwendungen für Verpflegung, die bei einer beruflich veranlassten doppelten Haushaltsführung entstehen, soweit der Arbeitnehmer vom eigenen Hausstand im Sinne des § 9 Absatz 1 Satz 3 Nummer 5 abwesend ist; dabei ist für jeden Kalendertag innerhalb der Dreimonatsfrist, an dem gleichzeitig eine Tätigkeit im Sinne des Satzes 2

Übersicht § 9

oder des Satzes 4 ausgeübt wird, nur der jeweils höchste in Betracht kommende Pauschbetrag abziehbar. [13] Die Dauer einer Tätigkeit im Sinne des Satzes 2 an dem Tätigkeitsort, an dem die doppelte Haushaltsführung begründet wurde, ist auf die Dreimonatsfrist anzurechnen, wenn sie ihr unmittelbar vorausgegangen ist.

(5) [1] § 4 Absatz 5 Satz 1 Nummer 1 bis 4, 6b bis 8a, 10, 12 und Absatz 6 gilt sinngemäß. [2] Die §§ 4j, 4k, 6 Absatz 1 Nummer 1a und § 6e gelten entsprechend.

(6) [1] Aufwendungen des Steuerpflichtigen für seine Berufsausbildung oder für sein Studium sind nur dann Werbungskosten, wenn der Steuerpflichtige zuvor bereits eine Erstausbildung (Berufsausbildung oder Studium) abgeschlossen hat oder wenn die Berufsausbildung oder das Studium im Rahmen eines Dienstverhältnisses stattfindet. [2] Eine Berufsausbildung als Erstausbildung nach Satz 1 liegt vor, wenn eine geordnete Ausbildung mit einer Mindestdauer von 12 Monaten bei vollzeitiger Ausbildung und mit einer Abschlussprüfung durchgeführt wird. [3] Eine geordnete Ausbildung liegt vor, wenn sie auf der Grundlage von Rechts- oder Verwaltungsvorschriften oder internen Vorschriften eines Bildungsträgers durchgeführt wird. [4] Ist eine Abschlussprüfung nach dem Ausbildungsplan nicht vorgesehen, gilt die Ausbildung mit der tatsächlichen planmäßigen Beendigung als abgeschlossen. [5] Eine Berufsausbildung als Erstausbildung hat auch abgeschlossen, wer die Abschlussprüfung einer durch Rechts- oder Verwaltungsvorschriften geregelten Berufsausbildung mit einer Mindestdauer von 12 Monaten bestanden hat, ohne dass er zuvor die entsprechende Berufsausbildung durchlaufen hat.

Lohnsteuer-Richtlinien: LStR 9.1–9.13/LStH 9.1–9.14

Übersicht

	Rz
I. Allgemeines	
1. Bedeutung; Aufbau	1
2. Persönlicher Anwendungsbereich	2
3. Verfassungsrecht; Gemeinschaftsrecht	4
4. Verhältnis zu anderen Vorschriften	5
II. Werbungskostenbegriff, § 9 I 1	
1. Überblick	10
2. Einheitlicher Werbungskostenbegriff	11
3. Aufwendungen	12–32
a) Definition	12
b) Zeitpunkt	13
c) Kostentragungsprinzip	14–17
d) Abkürzung des Zahlungswegs	18
e) Abkürzung des Vertragswegs	19, 20
f) Drittaufwand	21–31
g) Rückforderungsansprüche; Ersatzansprüche	32
4. Einkünfte	36
5. Veranlassungszusammenhang	
a) Definition	40
b) Objektiver Zusammenhang	42–48
6. Abgrenzung zur Privatsphäre	52
7. Gemischt veranlasste Aufwendungen	
a) Grundsatz: Aufteilungsgebot	54
b) Geringfügige Veranlassungsbeiträge	55
c) Untrennbare Veranlassungsbeiträge	56
d) Aufteilung nach Veranlassungsbeiträgen	57–62
e) Typische Aufteilungsfälle	63–71
8. Aufwendungen auf das Vermögen	
a) Systematik der Einkünfteermittlung	75
b) Anschaffung; Herstellung	76, 77

	Rz
c) Substanzverluste; Vermögensopfer	78–85
9. Aufwendungen auf ein geschenktes Wirtschaftsgut	88
10. Aufwendungen auf ein fremdes Wirtschaftsgut	90
11. Schuldhaft veranlasste Aufwendungen	92
12. Vorab entstandene/nachträgliche Werbungskosten	
a) Zeitlich gestreckte Veranlassung	94
b) Vorab entstandene Werbungskosten	95–98
c) Nachträgliche Werbungskosten	99
13. Vergebliche Aufwendungen	102
14. Unterbrechung der Einnahmenerzielung	104
15. Beendigung der Erwerbstätigkeit; Liebhaberei	106
16. Rückabwicklung; Ersatz	
a) Rückzahlung von Einnahmen	108–111
b) Rückfluss von Werbungskosten; Ersatzleistungen Dritter	112, 113
17. Verzicht auf Ersatzleistungen	116

III. Abzug von Werbungskosten, § 9 I 2
1. Zuordnung zur zugehörigen Einkunftsart 120
2. Kein Verzicht auf Werbungskosten 121
3. Beweislast beim Werbungskostenabzug 122

IV. Gesondert geregelte Werbungskostentatbestände, § 9 I 3, II
1. Bedeutung der gesonderten Regelungen 130
2. Schuldzinsen; Renten; dauernde Lasten, § 9 I 3 Nr 1
    a) Überblick 131
    b) Schuldzinsen 132–155
    c) Renten 160
    d) Dauernde Lasten 161
3. Öffentliche Abgaben; Versicherungen, § 9 I 3 Nr 2 170
    a) Steuern vom Grundbesitz 171
    b) Sonstige öffentliche Abgaben 172
    c) Versicherungsbeiträge 173
4. Beiträge zu Berufsständen/Berufsverbänden, § 9 I 3 Nr 3 174
5. Entfernungspauschale, § 9 I 3 Nr 4
    a) Allgemeines 180
    b) Aufwandsunabhängige Wegepauschale, § 9 I 3 Nr 4 S 1 181–183
    c) Pauschalierung, § 9 I 3 Nr 4 S 2 184–189
    d) Flugstrecken; Sammelbeförderung, § 9 I 3 Nr 4 S 3 190
    e) Maßgebliche Entfernung, § 9 I 3 Nr 4 S 4 .... 192, 193
    f) Sachzuwendungen ua, § 9 I 3 Nr 4 S 5 194–198
    g) Mehrere Wohnungen, § 9 I 3 Nr 4 S 6 199–203
    h) (Elektro)Fahrräder, § 9 I 3 Nr 4 S 7 204
    i) Befristete Anhebung der Entfernungspauschale, § 9 I 3 Nr 4 S 8 205
6. Sonstige Fahrtkosten, § 9 I 3 Nr 4a
    a) Allgemeines 210
    b) Auswärtige Tätigkeit, § 9 I 3 Nr 4a S 1 und 2 211–213
    c) Sammelpunkte; weiträumige Tätigkeitsgebiete § 9 I 3 Nr 4a S 3, 4 214–216
7. Doppelte Haushaltsführung, § 9 I 3 Nr 5
    a) Allgemeines 220
    b) Berufliche Veranlassung, § 9 I 3 Nr 5 S 1 221
    c) Haupthaushalt und Zweitwohnung, § 9 I 3 Nr 5 S 2, 3 222–240
    d) Notwendige Mehraufwendungen, § 9 I 3 Nr 5 S 4–9 245–255
    e) Abgrenzung zu § 9 I 3 Nr 4 256

Allgemeines 1 § 9

	Rz
8. Übernachtungskosten, § 9 I 3 Nr 5a	
a) Auswärtstätigkeit, § 9 I 3 Nr 5a S 1–3	260
b) Längerfristige Auswärtstätigkeit, § 9 I 3 Nr 5a S 4, 5	261
9. Übernachtungskosten bei Fahrtätigkeit, § 9 I 3 Nr 5b	263
10. Aufwendungen für Arbeitsmittel, § 9 I 3 Nr 6	
a) Allgemeines	265
b) Bekleidung	266–268
c) Abschreibung; Verlust	269
d) ABC der Arbeitsmittel	270
11. Abschreibung; Substanzverringerung, § 9 I 3 Nr 7	
a) Allgemeines	275
b) Geringwertige Wirtschaftsgüter	276
c) Einkünfteerzielungsvermögen	277
d) Umwidmung	278, 279
e) Unentgeltliche Nutzung	280

V. Ergänzende Regelungen, § 9 II–V

1. Abgeltungswirkung der Entfernungspauschale, § 9 II	
a) Anwendungsbereich; Wirkung, § 9 II 1	290–292
b) Ausnahme: öffentliche Verkehrsmittel, § 9 II 2	293
c) Wegekosten bei Behinderung, § 9 II 3 und 4	294–296
2. Andere Überschusseinkünfte, § 9 III	300
3. Erste Tätigkeitsstätte, § 9 IV	
a) Ortsfeste betriebliche Einrichtung, § 9 IV 1	302
b) Dauerhafte Zuordnung, § 9 IV 2–4	303
c) Mehrere Tätigkeitsstätten, § 9 IV 5–7	304
d) Bildungseinrichtungen, § 9 IV 8	305
e) Rechtslage bis VZ 2013	306
3. Mehraufwendungen für Verpflegung, § 9 IVa	
a) Auswärtstätigkeit, § 9 IVa 1, 2 und 4	310
b) Zweistufige Pauschalierung, § 9 IVa 3 und 5	311
c) Dreimonatsgrenze, § 9 IVa 6 und 7	312
d) Gestellung von Mahlzeiten, § 9 IVa 8–11	313
e) Doppelte Haushaltsführung, § 9 IVa 12 und 13	314
4. Nichtabziehbare Werbungskosten, § 9 V	
a) Bedeutung	320
b) Beschränkte Verweisung	321–334

VI. Berufsausbildungskosten, § 9 VI

1. Allgemeines	340
2. Verfassungsmäßigkeit	341
3. Abzugsbeschränkung, § 9 VI 1	343–346
a) Ausbildung innerhalb eines Dienstverhältnisses	344
b) Fortbildungskosten	345
c) Erstausbildung, § 9 VI 2–5	346

I. Allgemeines

1. Bedeutung; Aufbau. § 9 dient der **Abgrenzung** der estl relevanten Erwerbssphäre von der estl irrelevanten Privatsphäre des StPfl. Die Regelung knüpft systematisch an § 2 II 1 Nr 2 an und definiert mit dem Begriff der WK diejenigen Aufwendungen, die bei den sog Überschusseinkünften (§ 2 I 1 Nr 4–7) zur Ermittlung der Einkünfte von den Einnahmen (§ 8) abgezogen werden (zu Einkünften aus KapVerm s aber Rz 5). Dieser Abzug ist Ausdruck des **Leistungsfähigkeitsprinzips** und dient der Verwirklichung des **obj Nettoprinzips**, nach dem nur die Netto-Einkünfte (Einnahmen abzügl WK oder BA) zu besteuern sind: Was der StPfl iZm der Erwerbstätigkeit ausgibt, ist nicht disponibel und unterliegt daher grds nicht dem StZugriff des Staates (s Rz 4 und § 2 Rz 10). – Die Regelung ist insgesamt recht unübersichtl: **§ 9 I** enthält neben der allg Definition des WK-Begriffs (S 1) und einer sachl Zuordnungsregelung (S 2) eine Reihe gesondert geregelter WK-Tatbestände (S 3 Nr 1–7). **§ 9 II** ergänzt die Bestimmungen zur Entfernungspauschale in § 9 I 3 Nr 4. **§ 9 III** stellt Nicht-ArbN iRd übrigen Überschusseinkünfte hinsichtl einiger Sonderregelungen in § 9 I 3 den ArbN gleich. **§ 9 IV** definiert das Tatbestandsmerkmal „erste Tätigkeitsstätte" iSd § 9 I 3 Nr 4–5a. **§ 9 IVa** behandelt die Berücksichtigung von Verpflegungsmehraufwendungen. **§ 9 V** sieht die entspr Anwendung einiger Bestimmungen zur Gewinnermittlung vor (Abzugsverbote etc). **§ 9 VI** schließl enthält ein Abzugsverbot für Berufsausbildungskosten (entspr § 4 IX).

2   **2. Persönlicher Anwendungsbereich.** § 9 gilt grds für alle StPfl mit Überschusseinkünften. Für **beschr StPfl** verlangt § 50 I 1 zusätzl einen wirtschaftl Zusammenhang mit *inl Einkünften*; ob die Aufwendungen im Inl oder Ausl anfallen, ist unerhebl (s § 50 Rz 7). Unterliegen beschr stpfl Einkünfte gem § 50 II 1 dem **StAbzug**, bleiben WK insgesamt unberücksichtigt (Abgeltungswirkung, s § 50 Rz 27). – Zum **Wechsel** zw unbeschr und beschr StPfl während eines Kj (§ 2 VII 3) s § 2 Rz 69; zu vorab entstandenen WK bei Wegzug s Rz 98.

4   **3. Verfassungsrecht; Gemeinschaftsrecht.** Das **obj Nettoprinzip** (Rz 1) ist eine Grundentscheidung des EStRechts und steht nicht zur Disposition des Gesetzgebers (*Isensee*: „identitätskonstituierendes Merkmal", 57. DJT, Bd II Sitzungsberichte, S 46, 214; s auch BFH VI R 8/12 DStR 14, 2216, unter B. III.2; *Tipke* StRO II S 763). Es darf nicht gänzl abgeschafft, wohl aber bei Beachtung hinreichender Folgerichtigkeit eingeschränkt werden; jedoch erfordert jede Einschränkung einen besonderen, **sachl rechtfertigenden Grund** (BVerfG 2 BvR 1735/00 BStBl II 03, 534, C. I.1.b; dazu *Birk* DStR 09, 881; *Drüen* FS Spindler, S 29 ff). Die rein fiskalisch motivierte Durchbrechung ist unzulässig (BVerfG 2 BvL 1/07 ua DStR 08, 2460, C. I.2.b.cc; *Tipke* LB Rz 8.55). Soweit dem Gesetzgeber insb im Grenzbereich zw privater und berufl V eranlassung wegen der dort bestehenden Abgrenzungsschwierigkeiten und Missbrauchsgefahren eine besondere **Typisierungsbefugnis** zusteht (BVerfG 2 BvL 1/07 ua DStR 08, 2460, C. II.4.a; BFH III R 18/13 BStBl II 14, 383; BFH VI R 10/08 BStBl II 11, 32), muss hiervon **realitätsgerecht** Gebrauch gemacht werden; dh der Gesetzgeber muss tatsächl auch den typischen Fall zum Maßstab nehmen. Ungeachtet dessen kommt es verfrechtl nicht nur auf die Unterscheidung zw berufl oder privatem Veranlassungsgrund für die Aufwendungen an, sondern auch auf die Unterscheidung zw freier und beliebiger Einkommensverwendung und **zwangsläufigem, pflichtbestimmtem Aufwand** (BVerfG 2 BvR 1735/00 BStBl II 03, 534, C. I. 1.c, bb aE; erneut BVerfG 2 BvL 1/07 ua DStR 08, 2460, C. I.3.c, zur Pendlerpauschale, und BVerfG 2 BvL 13/09 DStR 10, 1563, zum häusl Arbeitszimmer). Das bedeutet, dass dem Gesetzgeber, wenn sich der StPfl Aufwendungen zur Erzielung stpfl Einnahmen nicht entziehen kann, untersagt ist, diese Aufwendungen zur Gänze vom WK-Abzug auszuschließen; allenfalls der Höhe nach bestehen ein begrenzter Spielraum für Einschränkungen (zB zur Missbrauchsabwehr). – Zu Fragen des **Gemeinschaftsrechts** s § 50 Rz 3 und § 50a Rz 3.

5   **4. Verhältnis zu anderen Vorschriften.** Gem § 10 I 1 geht der WK-Abzug dem SA-Abzug vor; Aufwendungen, die gleichzeitig und ununterscheidbar der Einkünfteerzielung und den SA zugeordnet werden können, sind daher grds als WK zu berücksichtigen (BFH VI R 54/95 BFH/NV 96, 740). Allerdings kann der Gesetzgeber Aufwendungen, die den Begriff von WK oder BA erfüllen, trotz § 10 I 1 konstitutiv dem SA-Bereich zuordnen (so BFH X R 28/07 BStBl II 10, 348 zu RV-Beiträgen, s iEinz § 22 Rz 124, mwN). Auch **§ 10b II** ist lex specialis (§ 9 V iVm § 4 VI; s auch Rz 331). – Für die Einkünfte aus KapVerm wird § 9 gem § 2 II 2 ab VZ 09 durch **§ 20 IX** verdrängt (§ 20 Rz 264). – Gem **§ 33 II 2** geht der WK-Abzug einer Berücksichtigung als agB vor (s § 33 Rz 4); das gilt auch für **§§ 33a, 33b** (s auch § 33a Rz 4). – Es gibt grds auch kein Korrespondenzprinzip zw WK-Abzug und SozR (BFH VI B 8/18 BFH/NV 22, 101).

II. Werbungskostenbegriff, § 9 I 1

10   **1. Überblick.** Die in § 9 I 1 verwendete Legaldefinition **„Erwerbung, Sicherung und Erhaltung"** der Einnahmen umschreibt den Bereich der Einkünfteerzielung. Die einzelnen Begriffe lassen sich indes nicht scharf voneinander abgrenzen; trotz des „und" genügt es, wenn *eine* der genannten Alternativen vorliegt (s auch *HHR* § 9 Rz 121 mwN). § 9 I 1 setzt hiernach voraus, dass Aufwendungen

durch eine auf Einkunftserzielung gerichtete Tätigkeit veranlasst sind. – Nicht ausdrückl geregelt sind die persönl und die zeitl Zurechnung von Aufwendungen; beides bestimmt sich nach allg Grundsätzen. Eine sachl Zuordnung der WK zu der jeweiligen Einkunftsart nimmt § 9 I 2 vor.

2. Einheitlicher Werbungskostenbegriff. Er ist für alle Überschusseinkunfts- **11** arten gleich auszulegen (hM; s BFH VIII R 154/76 BStBl II 82, 37). Allerdings gilt für Einkünfte aus KapVerm seit VZ 09 der **WK-Ausschluss** des § 20 IX (s § 20 Rz 264 ff).

3. Aufwendungen. – a) Definition. Aufwendungen sind **Ausgaben,** die in **12** Geld oder Geldeswert bestehen und aus dem Vermögen des StPfl abfließen (BFH GrS 1/89 BStBl II 90, 830; grundlegend *Söhn* StuW 91, 271 f; *HHR* § 9 Rz 65). Die Einbeziehung des Abflusses von **geldwerten Gütern** wird spiegelbildl aus der Definition des Einnahmenbegriffs in § 8 I gefolgert (BFH VI R 75/06 BStBl II 10, 48). Nur ausnahmsweise, bei entspr gesetzl Regelung, können WK auch *ohne* Aufwendungen anfallen (s zB Rz 181: Entfernungspauschale, und Rz 249: doppelte Haushaltsführung, BFH VI R 29/12 BStBl II 13, 735). – Zu unfreiwilligen Aufwendungen s Rz 79 ff. Zu **AK/HK** als Aufwendungen s Rz 246.

Beispiele – **Abfluss von geldwerten Gütern:** wirtschaftl Verlust einer Darlehensforderung (BFH VI R 75/06 BStBl II 10, 48) oder einer Kaution (BFH VI R 51/85 BStBl II 89, 382) durch ArbN; WK aufgrund eines zinslosen Darlehens (BFH IX R 47/89 BFH/NV 95, 294); Verlust der wirtschaftl Verfügungsmacht über ein Gebäude (BFH VIII R 102/78 BStBl II 82, 553).

b) Zeitpunkt. Aus § 11 II 1 folgt, dass die Aufwendungen für das Kj abzusetzen **13** sind, in dem sie geleistet wurden, also abgeflossen sind (s iEinz § 11 Rz 35 ff). Dass im selben Kj (bereits oder noch) Einnahmen zufließen, ist nicht zwingend erforderl; s zu erstatteten und nachträgl WK Rz 94 ff sowie zu vergebl WK Rz 102. Zu Rückforderungs- und Ersatzansprüchen s Rz 32; zu den Folgen einer späteren Erstattung s Rz 112.

c) Kostentragungsprinzip. Da die ESt an die persönl Leistungsfähigkeit an- **14** knüpft und StSubjekt der einzelne StPfl ist, kann WK grds nur derjenige abziehen, der die Aufwendungen selbst wirtschaftl getragen hat (Kostentragungsprinzip als Ausdruck des Leistungsfähigkeitsprinzips; BFH IX R 29/11 BFH/NV 12, 1952; BFH VI B 8/18 BFH/NV 22, 101; BFH X R 36/05 DStR 08, 2204: auch bei Ehegatten, s aber Rz 18 ff).

aa) Belastung. Voraussetzung des WK-Abzugs ist grds, dass der StPfl mit Auf- **15** wendungen wirtschaftl belastet ist (BFH VI R 25/10 BStBl II 13, 699), wenn auch nicht notwendig endgültig (s Rz 112). Daher sind nicht realisierte Wertverluste (s Rz 75) oder **ersparte Aufwendungen** ebenso wenig WK wie entgangene Einnahmen oder fiktive Ausgaben (BFH VI R 24/09 BStBl II 11, 288). – Führen allerdings ersparte Aufwendungen zu stpfl Einnahmen, liegen iHd Ersparnis **fiktive WK** vor, wenn eine Zahlung durch den StPfl an sich zu WK geführt hätte (BFH VI R 5/18 DStR 20, 2236; BFH VI R 9/10 BFH/NV 11, 976, zu Gemeinschaftsunterkunft/-verpflegung; s auch § 19 Rz 100 „Dienstwohnung"). Dasselbe gilt für Vorteile (zB zinsloses ArbG-Darlehen), die sich iRe anderen Einkunftsart auswirken (Darlehen dient der Anschaffung eines Mietshauses, s BFH IX R 70/94 BFH/NV 97, 20 mwN, und ebenso für Schadensersatz, den der ArbG für den ArbN übernimmt (einerseits Lohn, andererseits BFH VI R-Abzug; s auch BFH VI R 37/06 BStBl II 10, 111: ArbG übernimmt Geldauflage für ArbN).

bb) Herkunft der Mittel. Unerhebl ist, woher die Mittel stammen, mit denen **16** der StPfl seine Ausgaben bestreitet (hM; BFH IX R 45/07 BStBl II 08, 572 mwN; BFH IX R 27/08 BFH/NV 09, 901; s auch *Schnorr* StuW 03, 222, 229). Hat der StPfl das Geld **geschenkt** erhalten oder **geerbt,** steht dies seinem WK-Abzug nicht entgegen; denn es handelt sich gleichwohl um einen Vermögensabfluss beim StPfl und damit um eigenen Aufwand.

17 **cc) Zuwendung von Arbeitskraft.** Wendet der Dritte unentgeltl die eigene Arbeitskraft zu, führt dies nicht zu abzugsfähigem Aufwand (dies folgt aus BFH GrS 2/86 BStBl II 88, 348; s *L. S.* DStR 88, 216).

18 **d) Abkürzung des Zahlungswegs.** Um eigenen Aufwand des StPfl handelt es sich auch dann, wenn ein Dritter die Aufwendungen übernommen hat, also unmittelbar an den Gläubiger des StPfl *für diesen* zahlt. Es macht wirtschaftl keinen Unterschied, ob der Dritte dem StPfl Geld zuwendet, damit dieser seine Schuld tilgt (s Rz 16), oder aber ob er selbst die Schuld des StPfl tilgt, solange er dies nur **„für Rechnung des StPfl"** tut (§ 267 I BGB; s BFH GrS 2/97 BStBl II 99, 782, unter C. IV. 1.c. aa, mwN).

Beispiele – WK anerkannt: Eltern zahlen für Pilotenlizenz des Sohnes (FG Köln EFG 10, 1999, bestätigt durch BFH IX R 5/11 BStBl II 14, 1018); Ehegatte zahlt für Ausbildung der Ehefrau (BFH VI R 41/05 BFH/NV 08, 1136); Kosten des LL.M-Auslandsstudiums werden mit Kreditkarte des Vaters bezahlt (BFH VI R 4/02 BFH/NV 04, 32).

19 **e) Abkürzung des Vertragswegs. – aa) Zuwendungswille.** Ein WK-Abzug kommt ausnahmsweise auch bei der Abkürzung des Vertragswegs in Betracht, also wenn der Dritte zwar im eigenen Namen, aber *für den StPfl* einen Vertrag abschließt und zahlt (BFH IX R 45/07 BStBl II 08, 572; s auch *Heuermann* HFR 09, 43; mE zweifelhaft). Die Direktzahlung des Dritten wird, wenn sie *mit Zuwendungswillen* erfolgt, ihrem wirtschaftl Gehalt nach dem Zahlungsumweg über den StPfl gleichgestellt (BFH IX R 25/03 BStBl II 06, 623 mwN; noch offen gelassen in BFH GrS 2/97 BStBl II 99, 782, C. IV. 1.c.bb). Allerdings ist die Reichweite dieser Rspr **noch nicht abschließend geklärt** (s Rz 20). – Die Zuwendung an den StPfl kann auch in einer vGA bestehen (BFH IX R 42/09 BStBl II 11, 271; *Heuermann* StBp 11, 30; anders FG Köln EFG 10, 705, rkr). – Mangels Zuwendungswillen kann ein **gescheitertes Treuhandverhältnis** nicht in einen abgekürzten Vertragsweg umgedeutet werden (BFH IX R 25/10 BFH/NV 11, 1677).

Beispiele – WK anerkannt: Beauftragung und Bezahlung von Handwerkern durch Eltern des StPfl (BFH IX R 45/07 BStBl II 08, 572; BFH IX R 25/03 BStBl II 06, 623); Zahlung von Ausbildungskosten durch Eltern (vgl BFH VIII R 49/10 BStBl II 13, 309, aE). – Dagegen nach BFH VI R 103/95 BStBl II 96, 375 kein WK-Abzug bei Abschluss des Mietvertrags durch Vater des StPfl.

20 **bb) Dauerschuldverhältnisse.** Nimmt der Dritte für den StPfl ein **Darlehen** auf und zahlt die Schuldzinsen, kann dies beim StPfl ebenfalls zu WK führen (häufig bei Ehegatten). Allerdings muss sich der StPfl im Innenverhältnis verpflichten, den Dritten von Zins- und Tilgungszahlungen freizustellen (BFH X R 36/09 DStR 08, 2204) Bei Dauerschuldverhältnissen und Kreditverbindlichkeiten gibt es iÜ keinen abgekürzten Vertragsweg (BFH IX R 25/03 BStBl II 06, 623 mwN; BFH IV R 75/98 BStBl II 00, 314: nur Bargeschäfte des tägl Lebens, FG Nds DStRE 17, 1096, rkr; s iEinz *HHR* § 9 Rz 43 mwN; *Levedag* NWB 08, 4405).

21 **f) Drittaufwand.** Die Abziehbarkeit von Drittaufwand hat der GrS des BFH abgelehnt (BFH GrS 2/97 BStBl II 99, 782, ausführl unter C. IV-V). Es handelt sich dabei um Fallgestaltungen, in denen der Dritte auf eine aus *eigenem* Interesse eingegangene *eigene* Schuld zahlt. Selbst wenn der Aufwand des Dritten günstig für die Einkunftserzielung des StPfl ist, hat der StPfl keinen WK-Abzug. Dies gilt sowohl für **laufende Kosten** als auch für **Dritt-AfA** (s § 7 Rz 101 f). Die von der Rspr vorgenommenen Abgrenzungen sind nicht immer eindeutig (s Rz 22 ff).

22 **aa) Einkünfte aus Vermietung und Verpachtung.** Ist ein verheirateter StPfl **Alleineigentümer** einer vermieteten Immobilie, gilt bei Finanzierung über gemeinsame Darlehen oder Einzeldarlehen Folgendes:

23 **(1) Gemeinsamer Aufwand.** Zahlen die Ehegatten **„aus einem Topf"** oder haben sie ein **gesamtschuldnerisches Darlehen** aufgenommen, sind die Zinsen in vollem Umfang als WK des Einkunftserzieler-Ehegatten aus VuV abziehbar; denn es handelt sich stets (auch) um dessen *eigenen Aufwand* (BFH IX R 45/95

BStBl II 00, 310; auch bei nachträgl Schuldzinsen s BFH IX R 40/14 BStBl II 16, 78). Unerhebl ist, ob eine gesamtschuldnerische Mithaftung von vornherein bestand oder nachträgl übernommen wurde (BFH IX R 29/11 BFH/NV 12, 1952; s auch BFH IX R 14/00 BFH/NV 03, 468: Schuldbeitritt; FG Hess DStRE 03, 1387, rkr) oder ob sich die Zahlung des Nichteigentümer-Ehegatten auf das gemeinsame Darlehen als Mietzahlung erweist (BFH IX R 78/07 BStBl II 09, 299, Nichteigentümer-Ehegatte ist zugleich Mieter des Objekts des Eigentümer-Ehegatten; *Heuermann* BFH/PR 09, 47).

(2) Fremder Aufwand. Ist der andere Ehegatte hingegen **Alleinschuldner** des Darlehens und zahlt er auch die Zinsen, kann der Einkünfte erzielende Ehegatte die Zinsen nicht als WK absetzen (BFH IX R 45/95 BStBl II 00, 310). Das gilt auch, wenn der Einkunftserzieler-Ehegatte eine *selbstschuldnerische Bürgschaft* übernommen und auf dem vermieteten Objekt Grundpfandrechte als Sicherheit für das Darlehen hat eintragen lassen (BFH IX R 21/96 BStBl II 00, 312).

(3) Verwendung eigener Mittel. Scheidet nach den vorstehenden Fallgestaltungen eigentl ein WK-Abzug aus, sind Aufwendungen dennoch zu berücksichtigen, wenn der Einkunftserzieler-Ehegatte die vom anderen Ehegatten geschuldeten Zinsen aus *eigenen* Mitteln zahlt (BFH IX R 45/95 BStBl II 00, 312; BFH IX R 21/96 BStBl II 00, 312). Dies muss mE auch in einem späteren Jahr noch mögl sein, wenn der andere Ehegatte von dem Alleineigentümer-Ehegatten die Erstattung der Kosten verlangt (vgl auch *Heuermann* StBp 08, 122 aE; s aber BFH X B 73/06 BFH/NV 07, 1653: nur bei Ersatzanspruch, nicht bei Zuwendung). Nicht zu folgen ist BFH VIII R 50/97 BStBl II 00, 393, wonach bei einem **nicht anzuerkennenden partiarischen Darlehen** zu nahen Angehörigen der vom StPfl tatsächl getragene Aufwand iHd Refinanzierungskosten des das Darlehen hingebenden Angehörigen als Drittaufwand nicht zum Abzug zugelassen wird (überzeugend dagegen *Paus* FR 00, 1029, und *Kempermann* FR 00, 767).

(4) Eheleute. Der GrS hat sie nicht als Erwerbsgemeinschaft anerkannt. Es kommt also auch hier darauf an, wer die Kosten getragen hat (kein **ehebedingter Drittaufwand**). Im SA-Bereich (§ 26b, s § 10 Rz 13 aE) werden Eheleute demggü als Einheit betrachtet. Wird das Arbeitszimmer vom Nichteigentümer-Ehegatten für Ausbildungszwecke (§ 10 I Nr 7) genutzt, kommt es unabhängig von der Kostentragung zum SA-Abzug; im WK-Bereich hingegen kommt es auf die Kostentragung an.

(5) Weitere Besonderheiten. Zum Sonderfall, dass bei gemeinschaftl Darlehen der gesamte Zahlungsverkehr für die Immobilie über ein **Konto des Nichteigentümer-Ehegatten** abgewickelt wird, s BFH IX R 22/97 BStBl II 01, 785 (s auch *Fischer* FR 01, 141). – Sind die Ehegatten **Miteigentümer,** werden jedem die auf seinen Miteigentumsanteil entfallenden BA/WK zugerechnet, wenn sich die einkunftsbezogenen Nutzungen innerhalb der Miteigentumsanteile halten; insoweit gilt das Gleiche wie für den Abzug der AfA (s dazu § 7 Rz 91). Soweit die Nutzung über den eigenen Miteigentumsanteil hinausgeht, gelten die vorstehenden Grundsätze.

bb) Arbeitszimmer. Nutzt der StPfl in dem Haus oder der Wohnung, das/die im Alleineigentum seines Ehegatten steht, unentgeltl ein Arbeitszimmer und macht er den Abzug der anteilig auf dieses Zimmer entfallenden Kosten geltend, unterscheidet der GrS wie folgt:

(1) Kosten des Grundstücks. Die lfd grundstücksbezogenen Kosten (Grund-St, Schuldzinsen, Versicherungsbeiträge usw) sind, wenn sie vom *gemeinsamen Konto* der Eheleute bestritten werden, ausschließl dem Alleineigentümer-Ehegatten zuzurechnen, der (vorrangig) eigene Schulden tilgt. Auch soweit sie anteilig auf das Arbeitszimmer entfallen, hat der StPfl (Nichteigentümer) keinen WK-Abzug, da es sich um Drittaufwand handelt. – Etwas anderes kann gelten, wenn die Ehegatten anderweitige *besondere Vereinbarungen* über die Kostentragung getroffen haben (BFH GrS 2/97 BStBl II 99, 782, C. V). Ebenso kommt ein WK-Abzug in Betracht, wenn der StPfl (Nichteigentümer) vom *eigenen* Konto die grundstücksbezogenen Kosten zumindest in der Höhe selbst zahlt, in der sie anteilig auf das Arbeitszimmer entfallen (BFH X R 66/00 BFH/NV 04, 19: auch ohne ausdrückl Vereinbarung; BFH VI R 77/95 BFH/NV 00, 1202).

30 **(2) Kosten des Arbeitszimmers.** Bei ausschließl arbeitszimmerbezogenen Kosten (anteilige Betriebskosten sowie Aufwendungen, die allein das Arbeitszimmer betreffen, zB für Reparatur) können auch bei Zahlung vom *gemeinsamen* Konto die anteiligen Aufwendungen vom StPfl (Nichteigentümer) als BA/WK abgezogen werden. Besteht zw den Ehegatten eine Absprache dahingehend, dass der StPfl (Nichteigentümer) die Kosten des Arbeitszimmers übernehmen soll, kommt ebenfalls für ihn ein WK-Abzug in Betracht.

31 **(3) Kritik; Gestaltung.** Die Unterscheidung zw grundstücks- und arbeitszimmerbezogenen Kosten ist wirtschaftl nicht zwingend. Ungeachtet dessen vermeiden Ehegatten **Nachweisprobleme,** wenn sie einen Mietvertrag über das Arbeitszimmer abschließen und den Vertrag auch durchführen (Zahlung der Miete; s auch § 7 Rz 101). – IÜ können **Mietzahlungen** für die gemeinsam angemietete Wohnung zu WK bei die Einkünfte erzielenden Ehegatten führen, auch wenn die Zahlungen vom Konto des anderen Ehegatten erfolgen (BFH VI R 52/02 BFH/NV 06, 1650). – Zu **gemeinsamer Nutzung** eines Arbeitszimmers durch beide Ehegatten s BFH VI R 53/12 BStBl II 17, 938: jeder Nutzer kann die von ihm selbst getragenen Aufwendungen für das häusl Arbeitszimmer abziehen, wenn ihm dort ein Arbeitsplatz zur Verfügung steht.

32 **g) Rückforderungsansprüche; Ersatzansprüche.** Aufwendungen liegen auch dann vor, wenn mit der Zahlung ein Rückforderungsanspruch entsteht (*HHR* § 9 Rz 78; *von Bornhaupt* DStJG 3, 157 und *KSM* § 9 B 59 ff; s auch § 11 Rz 38) oder dem Stpfl ein Ersatzanspruch zusteht (BFH VI R 16/02 BFH/NV 03, 164; *Offerhaus* BB 79, 618), selbst wenn die zu erwartenden Erstattungen stfrei sind (**aA** OFD Hann DB 06, 252) oder der StPfl einen Gegenwert erhält (*Söhn* StuW 91, 273 ff). Etwas anderes kann uU gelten bei eindeutig versehentl als WK geleisteten Zahlungen, die im gleichen oder folgenden VZ zurückerstattet werden (*HHR* § 9 Rz 78; s aber *Grube* FR 89, 31 f). – Zu den Auswirkungen einer späteren Erstattung s Rz 112; zum Verzicht auf Ersatzleistungen s Rz 116.

36 **4. Einkünfte.** WK kann nur derjenige geltend machen, der den Tatbestand einer Überschuss-Einkunftsart verwirklicht (keine WK bei sog Liebhaberei, s BFH VI R 50/06 BStBl II 09, 243; und § 2 Rz 23 f). Ob Einnahmen tatsächl fließen (vergebl Aufwendungen, s Rz 102), ist grds unerhebl. Bei stfreien Einnahmen schließt § 3c den WK-Abzug aus (bei teilweise stfreien Einnahmen: Aufteilung, s § 3c Rz 7).

40 **5. Veranlassungszusammenhang. – a) Definition.** WK sind nach stRspr alle Aufwendungen, die durch den Beruf bzw durch die auf Einkunftserzielung gerichtete Tätigkeit veranlasst sind. Eine solche Veranlassung liegt vor, wenn **obj** ein Zusammenhang mit der auf die Einkunftserzielung gerichteten Tätigkeit besteht und **subj** die Aufwendungen zur Förderung dieser Tätigkeit gemacht werden (vgl BFH IX R 45/13 BStBl II 15, 635; BFH VI R 37/12 BStBl II 13, 815; BFH VI R 45/09 BStBl II 11, 45). Die Formulierung des § 9 I 1 „zur Erwerbung … der Einnahmen" legt zwar nahe, dass zw Aufwendungen und Einnahmen ein *finaler* Zusammenhang bestehen muss (*Kruse* FR 81, 473; *Stapperfend* FS Kruse S 533, 535). Die Rspr hat jedoch den WK-Begriff zutr an **§ 4 IV** angeglichen (BFH VI R 193/77 BStBl II 81, 368; BFH VI R 25/78 BStBl II 80, 75; BFH GrS 8/77 BStBl II 79, 213; BFH GrS 2–3/77 BStBl II 78, 105; BFH VIII R 194/78 BStBl II 81, 510). Eine unterschiedl Handhabung des Nettoprinzips würde den Gleichheitssatz verletzen. **Einschränkungen des WK-Begriffs** ggü dem BA-Begriff ergeben sich jedoch aus der unterschiedl Ermittlung der Einkünfte bei den Gewinn- und Überschusseinkunftsarten (§ 2 Rz 9), insb in Bezug auf Wertminderungen und Wertverluste (s iEinz Rz 75 ff).

b) Objektiver Zusammenhang. Ein obj Zusammenhang muss nach der Rspr 42 stets vorliegen, während die subj Förderung der Einkünfteerzielung ausnahmsweise fehlen kann (BFH VI R 52/03 BStBl II 07, 317). Daher können etwa auch unfreiwillige Aufwendungen WK sein (vgl BFH VI R 57/13 BStBl II 14, 850: Verlust einer Darlehensforderung gegen ArbG; BFH VI R 23/10 BStBl II 12, 829: arbeitsgerichtl Vergleich; BFH VIII R 3/09 BStBl II 12, 254 Rz 16 ff: erzwungene Kapitalüberlassung; s iEinz Rz 79 ff; ebenso *Ruppe* DStJG 3, 127; *von Bornhaupt* DStJG 3, 176 ff; *Söhn* DStJG 3, 28; *ders* StuW 83, 193). Die Vertreter des **subj Veranlassungsprinzips** stellen dagegen vorrangig darauf ab, ob die Aufwendungen nach der Vorstellung des StPfl der Erwerbstätigkeit dienen sollen, während die Bedeutung des obj Zusammenhangs vor allem im verfahrensrechtl Bereich (Nachweis) liegt; vgl *Tipke* StuW 79, 193; *Wassermeyer* StuW 81, 250 ff, und StuW 82, 352; *Prinz* FR 86, 397, und StuW 96, 267; s auch *Tipke* LB Rz 8.212. IdR gleichen sich allerdings die Ergebnisse.

aa) Mittelbarer Zusammenhang. Das Veranlassungsprinzip fordert keine „direkte" oder unmittelbare Veranlassung (BFH IX R 45/13 BStBl II 15, 635; BFH IX R 2/05 BStBl II 07, 941). Es genügt, wenn die Aufwendungen den Beruf des StPfl *im weitesten Sinne* fördern (BFH VI R 120/01 BStBl II 03, 403: Umschulung; s auch BFH VI R 5/10 BStBl II 12, 553). Ob sich der streitige Aufwand konkret auf die Höhe der Einkünfte auswirkt, ist ohne Belang (BFH VI R 25/09 BStBl II 10, 851 mwN). 43

bb) Wirtschaftlicher Zusammenhang. Ein Kausalzusammenhang iSe *conditio sine qua non* reicht für den WK-Abzug allerdings nicht aus (BFH VI R 24/08 BStBl II 10, 198). Gleiches gilt für einen nur rechtl Zusammenhang (ganz hM; BFH IX R 44/95 BStBl II 99, 676; BFH X R 81/91 BFH/NV 94, 620). Erforderl ist ein steuerrechtl anzuerkennender wirtschaftl Zusammenhang (BFH VI R 23/10 BStBl II 12, 829). Kommen mehrere Einkunftsarten in Betracht, entscheidet nach stRspr der engere und **wirtschaftl vorrangige** Veranlassungszusammenhang (BFH VI R 97/10 BStBl II 12, 343); s iEinz Rz 120. 44

(1) „Auslösendes Moment". Ob ein solcher Zusammenhang besteht, muss im Wege einer **wertenden Betrachtung** aller Umstände des konkreten Einzelfalls festgestellt werden. Maßgebl ist das die betr Aufwendungen „auslösende Moment"; dieses muss der estl relevanten Erwerbssphäre des StPfl zuzuordnen sein (BFH GrS 1/06 BStBl II 10, 672, C. III. 1. a; s auch BFH IX R 42/13 BStBl II 15, 633). So ist etwa für die Berücksichtigung von Schuldzinsen allein die *tatsächl Verwendung* der Darlehensmittel entscheidend (BFH GrS 2–/88 BStBl II 90, 817, C. II. 2. b. bb); dies gilt nach neuerer Rspr auch für **nachträgl Schuldzinsen** (BFH IX R 67/10 BStBl II 13, 275). 45

(2) Dispositionsbefugnis des Steuerpflichtigen. Es kommt nicht darauf an, ob die Aufwendungen **notwendig, übl oder zweckmäßig** sind (BFH VI R 37/15 BStBl II 17, 526; s auch BFH IX R 43/11 BStBl II 14, 878, unter II.1.b.; Ausnahmen: § 9 I 3 Nr 5 und § 9 V). Der Veranlassungszusammenhang wird nicht dadurch beseitigt, dass das Handeln des Stpfl unwirtschaftl ist (BFH IV R 35/76 BStBl II 77, 238; *Offerhaus* BB 79, 621; s aber auch *Tipke* LB Rz 8.231: uU Indiz für private Mitveranlassung). Der Stpfl kann frei bestimmen, welche Erwerbsaufwendungen er zur Erzielung von Einnahmen machen will. 46

cc) Konkurrenz; Überlagerungsgedanke. In der Rspr findet sich immer wieder die Formulierung, dass ein Veranlassungszusammenhang durch einen anderen „überlagert" wird (zB BFH IX R 22/13 BFH/NV 14, 1195). Damit ist gemeint, dass das Konkurrenzverhältnis eines estl erhebl Veranlassungszusammenhangs zu einem unerhebl Zusammenhang dadurch aufgelöst wird, dass einer der beiden Veranlassungszusammenhänge, näml der gewichtigere, den anderen verdrängt (ausführl *Heuermann* StBp 09, 86, 209 mit Beispielen; s auch Rz 55). Hier muss in jedem Einzelfall das Gewicht der konkurrierenden Veranlassungszusammenhänge geprüft werden. 48

Beispiele: Vorfälligkeitsentschädigung *keine* WK bei VuV (BFH IX R 42/13 BStBl II 15, 633; str, s Rz 137); „Aufgabeaufwendungen" als vergebl WK (BFH IX R 12/12 BFH/NV 14, 834); AfaA als WK bei VuV trotz Veräußerung (BFH IX R 64/07 BStBl II 09, 301); Abbruchkosten trotz Eigennutzungsabsicht als WK (BFH IX R 51/05 BFH/NV 08, 933); Schadensersatz nach gescheiterter Investition als WK (BFH IX R 45/05 BStBl II 06, 803); Erhaltungsaufwand wegen Verkauf als Veräußerungskosten (BFH IX R 34/03 BStBl II 05, 343).

52 **6. Abgrenzung zur Privatsphäre.** Aufwendungen, die ausschließl die private Lebensführung des Stpfl betreffen, sind keine WK. § 12 Nr 1 hat insoweit nur klarstellende Bedeutung (s § 12 Rz 1). Einem StPfl kann der WK-Abzug für berufl veranlasste Aufwendungen aber nicht mit der Begründung versagt werden, die Aufwendungen stellten für *andere* StPfl Privataufwendungen dar (BFH VI R 53/09 BStBl II 11, 723: Bücher als Arbeitsmittel; BFH VI R 5/07 BStBl II 10, 687: Reisekosten; BFH VI R 61/02 BStBl II 06, 782: Snowboardkurs). Die Beurteilung, ob Aufwendungen berufl oder privat veranlasst sind, obliegt in erster Linie der tatrichterl Würdigung des FG (BFH VI R 61/13 BFH/NV 16, 1268; BFH VI R 36/13 BFH/NV 16, 194). Zu Nachweispflichten und Sachverhaltsaufklärung s § 12 Rz 12 ff. – **Unverzichtbare Aufwendungen der Lebensführung** werden durch die Vorschriften zur Berücksichtigung des steuerl Existenzminimums (§ 32a, § 32 VI) pauschal abgegolten oder sind als SA (insb § 10) oder agB (§§ 33 ff) abziehbar. Sie sind dem Anwendungsbereich der § 9 (und § 4 IV) entzogen, um eine doppelte Berücksichtigung zu vermeiden (BFH GrS 1/06 BStBl II 10, 672, C. III. 4. a, mwN; s auch BFH IX R 24/13, DStR 14, 1331: Kosten des privaten Wohnens; BFH VI B 40/13 BFH/NV 14, 335: bürgerl Kleidung). Ob ein **berufl Mehraufwand** trotzdem estl zur berücksichtigen ist, muss in erster Linie der Gesetzgeber entscheiden (zB für typische Berufskleidung, § 9 I 3 Nr 6, oder Verpflegung, § 9 IVa; *Pezzer* DStR 10, 93; *Söhn* FS Spindler, S 795; ausführl auch *Steck* DStZ 11, 191 und DStZ 11, 320 unter Rückgriff auf den Existenzminimumbericht der BReg; ebenso *Schwenke* FR 11, 1051). – Wird eine an sich private Veranlassung **durch berufl Gründe überlagert,** kann ein WK-Abzug gegeben sein (BFH VI R 50/10 BStBl II 13, 282 mwN: Telefonkosten während Auswärtstätigkeit).

7. Gemischt veranlasste Aufwendungen

54 **a) Grundsatz: Aufteilungsgebot.** Aufwendungen, die nicht unwesentl sowohl berufl als auch privat veranlasst sind, müssen aufgeteilt werden, soweit dies mögl ist (s auch LStR 9.1 II 3). Das von der Rspr jahrzehntelang aus § 12 Nr 1 hergeleitete umstrittene Aufteilungs- und Abzugsverbot ist durch BFH GrS 1/06 BStBl II 10, 672 zutr aufgegeben worden (s § 12 Rz 10; *Pezzer* DStR 10, 93; *Wacker* BB 18, 2519, 2525). Die steuerl Anerkennung des berufl veranlassten Teils der Aufwendungen als WK ist ein **Erfordernis des obj Nettoprinzips;** die Höhe ist ggf zu schätzen.

55 **b) Geringfügige Veranlassungsbeiträge.** Allerdings sind, wie auch früher schon, geringfügige Veranlassungsbeiträge **unbeachtl** (BFH GrS 1/06 BStBl II 2010, 672, C. III.2.b): Bei einer geringfügigen *privaten* Mitveranlassung sind die wesentl berufl veranlassten Aufwendungen in voller Höhe als WK abzuziehen. Bei einer nur geringfügigen *berufl* Mitveranlassung bleibt es insgesamt beim Abzugsverbot für private Lebensführungskosten (s auch BFH VI R 35/11 BFH/NV 14, 500: Priesterjubiläum). – Ist eine prozentuale Aufteilung mögl, bietet sich die **10%-Grenze** an (*BMF* BStBl I 10, 614 Rz 11; krit *Söhn* FS Spindler, S 795, 799). Andernfalls muss iRe wertenden Gesamtwürdigung festgestellt werden, ob es sich um einen unwesentl privaten Veranlassungsbeitrag handelt. Dass sich dieser nicht beziffern lässt, hindert die Berücksichtigung von wesentl berufl veranlassten Aufwendungen nicht.

56 **c) Untrennbare Veranlassungsbeiträge.** Greifen nicht unwesentl private und berufl Veranlassungsbeiträge so ineinander, dass eine Trennung nach obj Kriterien nicht mögl ist, auch nicht im Wege einer Schätzung, scheidet eine Abzug insgesamt aus (BFH GrS 1/06 BStBl II 10, 672, C. III.4.c; *Söhn* FS Offerhaus, S 477/485; krit *Steck* DStZ 11, 191, 202).

Beispiele – WK nicht anerkannt: Reise eines **Religionslehrers** durch das „Heilige Land" (BFH VI R 36/02 BFH/NV 07, 681); USA-Rundreise eines **Englischlehrerin** (FG Mster EFG 10, 2094, rkr); Auslandsreise eines nebenberufl **Lehrbuchautors** (BFH VIII R 51/10 BStBl II 13, 808); Konzertbesuche von **Musiklehrern** und Theaterbesuche von **Deutschlehrern,** soweit nicht ein konkreter Bezug zum Unterricht besteht (s auch BFH VI R 53/09 BStBl II 11, 723 zu Büchern); Besuche von Kunstausstellungen/Vernissagen einer **Kunstlehrerin** (FG BaWü EFG 16, 627, rkr); Beitritt zu einem **Golfclub** (BFH VI R 31/10 BStBl II 13, 700; *Ortmann-Babel* BB 10, 296).

d) Aufteilung nach Veranlassungsbeiträgen. Sind die Veranlassungsbeiträge 57 für sich genommen jeweils nicht geringfügig und lassen sich berufl und private Veranlassungsbeiträge nach obj Kriterien voneinander abgrenzen, ist der berufl veranlasste Teil der Aufwendungen als WK zu berücksichtigen.

aa) Aufteilungsmaßstab. Einen für alle Aufwendungen einheitl Aufteilungs- 58 maßstab gibt es nicht. Es wird so aufgeteilt, wie es im jeweiligen Fall sachgerecht erscheint. Bei Arbeitsmitteln (s Rz 63) und Reisekosten (s Rz 66) kann eine Aufteilung im Verhältnis der jeweiligen berufl und privaten **Zeitanteile** angebracht sein. Bei Feiern bietet sich eine Aufteilung **nach Köpfen** an (*BMF* BStBl I 10, 614 Rz 15; *Krüger* DStR 15, 2820; s auch Rz 65). – Bereitet die genaue Ermittlung des berufl veranlassten Anteils der Aufwendungen Schwierigkeiten, ist dieser zu **schätzen** (BFH GrS 1/06 BStBl II 10, 672, C. III.3.e).

bb) Abgrenzbare Kostenbestandteile. Lassen sich einzelne, abgrenzbare Kos- 59 tenbestandteile eindeutig der berufl oder der privaten Sphäre zuordnen, sind sie entspr zu behandeln (zB Tagungsbeitrag als WK bei einer gemischt veranlassten Auslandsreise, s BFH GrS 1/06 BStBl II 10, 672, C. III. 3. f; zu privat veranlassten Schadensersatzleistungen bei einer an sich betriebl/berufl Fahrt s BFH IV R 26/04 BStBl II 06, 182). Verursacht eine während einer Urlaubsfahrt wahrgenommene dienstl Unternehmung zusätzl Kosten (zB Übernachtung, Umwegfahrt etc), sind diese als WK abziehbar (*Pezzer* DStR 10, 93, 94). Lassen sich einzelne Kosten weder eindeutig zuordnen noch aufteilen, scheidet ein Abzug *nur insoweit* aus.

cc) Unterschiedliche Gewichtung der Veranlassungsbeiträge. Es kann uU 60 gerechtfertigt sein, die jeweiligen berufl und privaten Veranlassungsbeiträge unterschiedl zu gewichten oder von einer Aufteilung ganz abzusehen (BFH GrS 1/06 BStBl II 10, 672, C. III. 4. e). Ein Beispiel ist die **Wahrnehmung eines berufl Termins auf Weisung des ArbG** (unmittelbarer dienstl Anlass, s auch BFH VI R 37/15 BStBl II 17, 526). In einem solchen Fall können die Kosten der Hin- und Rückreise auch dann in vollem Umfang berufl veranlasst sein, wenn der ArbN den *berufl Pflichttermin* mit einem vorangehenden oder nachfolgenden *Privataufenthalt* verbindet; es kommt dann nicht notwendig darauf an, ob der private Teil der Reise kürzer oder länger ist als der berufl (s auch *Geserich* NWB 11, 2452, 2453). Dies bedeutet aber nicht, dass der ArbN beliebig überziehen kann. Urlaubstage müssen in einem angemessenen Verhältnis zu den Dienstreisetagen stehen; die Verfolgung privater Reiseinteressen darf nicht den Schwerpunkt der Reise bilden (BFH VI R 37/15 BStBl II 17, 526).

dd) Nachweise; Beweislast. Der StPfl muss die berufl Veranlassung der Auf- 62 wendungen darlegen und nachweisen (BFH GrS 1/06 BStBl II 10, 101, C. III.4.d; BFH VIII B 18/10 BFH/NV 11, 1346; s auch Rz 122). Wegen der im Grenzbereich zur privaten Lebensführung bestehenden Missbrauchsgefahr ist der Sachverhalt **umfassend aufzuklären;** FA und FG dürfen sich idR nicht allein auf die Darstellung des StPfl stützen. Bleiben gewichtige Zweifel, ob den als WK geltend gemachten Aufwendungen eine berufl Veranlassung zu Grunde liegt, scheidet ein Abzug aus, insb bei widersprüchl Angaben des StPfl (s BFH VI R 12/10 BStBl II 11, 796). Ist dagegen weder die berufl Veranlassung noch die Abgrenzbarkeit zweifelhaft, bereitet aber die Quantifizierung Schwierigkeiten, muss geschätzt werden (s Rz 58).

63 **e) Typische Aufteilungsfälle. – aa) Arbeitsmittel.** Werden Arbeitsmittel wie Schreibtisch, Aktenschrank, Schreibtischlampe, PC, Laptop uÄ auch privat genutzt, sind die Aufwendungen idR im Verhältnis der zeitl Nutzungsanteile aufzuteilen (BFH VI R 135/01 BStBl II 04, 958; BFH III R 70/08 BFH/NV 10, 2253); bei nur unwesentl privater Mitbenutzung liegen in voller Höhe WK vor (BFH VI R 109/87 BStBl II 93, 106). S iÜ auch § 9 Rz 265.

65 **bb) Feiern.** Ob Aufwendungen für eine Feier berufl oder privat veranlasst sind, bestimmt sich in erster Linie nach dem **Anlass** der Feier (BFH VI R 25/03 BStBl II 2007, 459 mwN); allerdings ist dieser ledigl ein Indiz und nicht das allein entscheidende Kriterium (BFH VI R 46/14 BStBl II 15, 1013; BFH VI R 7/16 BStBl II 17, 409: Geburtstagsfeier). Zusätzl sind auch die **konkreten Umstände** der jeweiligen Veranstaltung zu berücksichtigen: zB wer als Gastgeber auftritt, wer die Gästeliste bestimmt, wer an der Feier teilnimmt, der Ort, der finanzielle Rahmen etc (s auch BFH VI R 35/11 BFH/NV 14, 500 mwN: tatrichterl Würdigung). Ein umsatz- oder **erfolgsabhängiges Gehalt** kann ebenfalls ein gewichtiges Indiz sein (BFH VI R 33/07 BStBl II 09, 11), ist aber schon deshalb keine zwingende Voraussetzung für die Annahme eines berufl Anlasses, weil eine konkrete Auswirkung auf die Höhe der Einnahmen keine Voraussetzung für den WK-Abzug ist (s Rz 43 und BFH VI R 78/04 BStBl II 07, 721). Werden vor allem Kollegen, Geschäftsfreunde, Mitarbeiter des StPfl oder des ArbG, Vertreter des öffentl Lebens, Presse und Verbandsvertreter etc eingeladen, spricht dies für einen berufl Anlass; nehmen vor allem Angehörige, Freunde und Bekannte des StPfl teil, handelt es sich im Zweifel um eine private Veranstaltung. Bei einem (nicht unwesentl, s Rz 55) **gemischten Teilnehmerkreis** ist aufzuteilen, zB nach Köpfen. Die Teilnahme des Ehegatten an einer ansonsten berufl Feier ist mE unbeachtl (unwesentl private Mitveranlassung, s Rz 55, s auch § 19 Rz 110 „Bewirtung").

66 **cc) Reisekosten.** Im Fall einer Reise, die sowohl berufl als auch privaten Belangen dient (zB einer berufl veranlassten Reise wird ein Urlaub hinzugefügt), sind die auf die berufl genutzte Zeit entfallenden Kosten für Übernachtung, Verpflegungsmehraufwand etc als WK abziehbar; die auf die Urlaubstage entfallenden Kosten sind nicht abziehbare Lebensführungskosten. Die **Kosten der Hin- und Rückreise** dienen obj sowohl dem berufl als auch dem privaten Reiseteil; sie sind daher regelmäßig im Verhältnis der berufl und privat veranlassten **Zeitanteile der Reise** aufzuteilen (BFH GrS 1/06 BStBl II 10, 672, C.III.2./4.; *BMF* BStBl I 10, 614 Rz 15). Anreise- und Abreisetage sind bei der Bemessung der Zeitanteile grds neutral zu behandeln (BFH VI R 5/07 BStBl II 10, 687). Zu einer anderweitigen Gewichtung der jeweiligen Veranlassungsbeiträge s Rz 60. Zu **Auslandsgruppenreisen** s § 19 Rz 110 „Studienreisen"; ausführl auch *Geserich* NWB 11, 2452/2454. – Wird der ArbN bei einer **Auswärtstätigkeit** von seiner Familie begleitet, sind die Übernachtungskosten aufzuteilen (BFH VI R 55/16 BFH/NV 18, 1145; BFH VI R 11/13 BStBl II 14, 804), mE durch Ermittlung des privat veranlassten Mehraufwands; so auch § 9 I 3 Nr 5a S 3 (s Rz 237).

67 **dd) Sprachkurse. – (1) Berufliche Veranlassung.** Aufwendungen für das Erlernen einer Fremdsprache oder das Vertiefen bestehender Kenntnisse sind WK, wenn ein obj Zusammenhang mit der Berufstätigkeit und eine subj Förderungsabsicht bestehen (s Rz 42); beides muss anhand sämtl Umstände des Einzelfalls durch das FA bzw das FG iRe Gesamtwürdigung festgestellt werden (BFH VI R 12/10 BStBl II 11, 796). Zu bewerten ist einerseits, ob die gegenwärtige berufl Tätigkeit oder eine konkret angestrebte anderweitige Tätigkeit die betr Fremdsprachenkenntnisse erfordern, und andererseits, ob der gewählte Sprachkurs die erforderl Kenntnisse vermittelt (BFH VI R 46/01 BStBl II 02, 579). Dies können auch **Grundkenntnisse** sein, wenn diese ausreichen oder die Vorstufe zum Erlernen qualifizierterer Kenntnisse sind (BFH VI R 12/10 BStBl II 11, 796 mwN). Das Erlernen der jeweiligen *Fachsprache* ist nicht zwingende Voraussetzung für den WK-Abzug. Es genügt allerdings nicht, dass Fremdsprachenkenntnisse nur allg förderl sind. Je konkreter ein Zusammenhang erkennbar ist, umso geringer sind die

Darlegungsanforderungen an den StPfl (BFH VI R 46/01 BStBl II 02, 579; *Pust* HFR 02, 789). Geht es um eine berufl Tätigkeit im Ausl, kann § 3c I eine Berücksichtigung der Aufwendungen ausschließen (s einerseits BFH VI R 141/89 BStBl II 92, 666 mwN; andererseits BFH VI R 46/01 BStBl II 02, 579: nächste Stufe des berufl Fortkommens maßgebl). – Zu **Deutschkursen** s § 12 Rz 32 „Sprachkurs".

(2) Auswärtige Sprachkurse. Diese Grundsätze gelten im Prinzip auch für Sprachkurse, **68** die nicht am Wohnort des StPfl oder in dessen Nähe besucht werden. Bei entspr berufl Veranlassung sind daher auch die Kursgebühren jedenfalls als WK zu berücksichtigen. Hinsichtl der zusätzl entstehenden Aufwendungen für Anreise, Übernachtungen etc muss in solchen Fällen allerdings iRd vorzunehmenden Gesamtwürdigung (Rz 69) geprüft werden, ob nicht hinsichtl der Wahl des Ortes eine **private Mitveranlassung** vorliegt und die Kosten daher aufzuteilen sind (BFH VI R 12/10 BStBl II 11, 796; BFH VI B 133/12 BFH/NV 13, 552). Im Hinblick auf EuGH C-55/98 DStRE 02, 114 – *Vestergaard* hat der BFH entschieden, bei einem Sprachkurs in einem anderen Mitgliedstaat der EU dürfe nicht unterstellt werden, dass dieser wegen der jeder Auslandsreise innewohnenden touristischen Elemente eher Berührungspunkte zur privaten Lebensführung des StPfl aufweise als ein Inlandssprachkurs (BFH VI R 168/00 BStBl II 03, 765; BMF BStBl I 03, 447 zu EWR und Schweiz). Ungeachtet dessen kann und muss aber auch hier iRd Gesamtwürdigung berücksichtigt werden, wenn der Sprachkurs zB an einem beliebten Urlaubsort stattfindet.

(3) Maßgebliche Gesichtspunkte; Nachweis. IRd vorzunehmenden Gesamtwürdigung sind der **Veranstaltungsort** (typisches Feriengebiet), die **Jahreszeit** (typische Ferienzeit), die Anzahl und Gestaltung **unterrichtsfreier Tage** (Samstage und Sonntage sind grds nicht einzubeziehen, s aber BFH VI R 12/10 BStBl II 11, 796, mit Anm *Kanzler* FR 11, 680) und die **Gestaltung des Jahresurlaubs** auch in früheren Jahre zu beachten (BFH VI R 168/00 BStBl II 03, 765, mit ausführl Anm *Pust* HFR 02, 1080; BFH B 101/02 DStRE 04, 933; BFH VI R 122/01 BFH/NV 05, 1544, Spanischkurs für Flugbegleiterin; FG Hbg EFG 07, 755, rkr, Sprachkurs in Spanien mit Wochenendfreizeit, zutr anerkannt; FG Nds DStRE 06, 135, rkr, Sprachkurs in der Karibik zu Recht nicht anerkannt). Zu berücksichtigen sind ferner die **Gesamtkosten** im Verhältnis zu den Kosten eines gleichwertigen näher gelegenen Kurses (zB Englischkurs in London anstatt in Südafrika). Von Bedeutung kann auch sein, ob es sich um eine Pflichtveranstaltung iRe **Fortbildungsmaßnahme** handelt (BFH VI R 93/00 BFH/NV 02, 1444; s ferner FG Thür EFG 02, 1217, rkr) oder der Kurs der **Examensvorbereitung** dient (BFH VI R 65/04 BFH/NV 06, 1075). Abendveranstaltungen oder begleitende Exkursionen müssen nicht steuerschädl sein. – Der StPfl hat seine **Teilnahme** am Sprachkurs sowie den **Unterrichtsinhalt** nachzuweisen (BFH VI R 61/04 BFH/NV 07, 1132).

ee) Weitere Aufteilungsfälle. Die Aufteilung gemischter Aufwendungen ist **71** ferner zB in folgenden Fällen zulässig:

Kfz-Kosten (BFH GrS 2/70 BStBl II 71, 17, unter II.7 der Entscheidungsgründe); **Telefongrundgebühren** (BFH VI R 202/79 BStBl II 81, 131); Kosten für **Waschmaschine** (BFH VI R 53/92 BStBl II 93, 838; BFH VI R 77/91 BStBl II 93, 837; zur Schätzung der Waschkosten s auch FG Köln EFG 13, 771); Prämien für **Reisegepäckversicherung** (BFH VI R 42/92 BStBl II 93, 519, unter 5); **Kontoführungsgebühren** (BFH VI R 63/80 BStBl II 84, 560); Zinsen für **gemischtem Kontokorrent** (BFH GrS 2–3/88 BStBl II 90, 817); **Leerstandzeiten einer Ferienwohnung** (BFH IX R 97/00 BStBl II 02, 726; s auch § 21 Rz 20); **Computerkosten** (BFH VI R 135/01 BStBl II 04, 958).

8. Aufwendungen auf das Vermögen. – a) Systematik der Einkünfteer- 75 mittlung. Setzt der StPfl Vermögensgegenstände zur Erzielung von Einnahmen ein (zB Hausgrundstück wird vermietet), müssen alle damit wirtschaftl zusammenhängenden Aufwendungen estl als WK berücksichtigt werden, also zB auch die Kosten des Erwerbs oder der Herstellung. Diese sind (ebenso wie bei den Gewinneinkünften) als AK/HK über die AfA gem § 9 I 3 Nr 7 estl abziehbar. Lediglich bloße positive und negative *Wert*veränderungen (zB TW-AfA) bleiben iRd Überschussrechnung nach §§ 8ff (anders als bei den Gewinneinkünften) grds außer Betracht

(BFH VIII R 46/09 BStBl II 11, 920 mwN). Das EStG erfasst aber auch im Bereich der Überschusseinkünfte durch zahlreiche Vorschriften (realisierte, also zu Aufwand oder Ertrag gewordene) Vermögensveränderungen, zB in § 9 I 3 Nr 6 und 7, §§ 17, 20 und 23. S auch BFH GrS 1/89 BStBl II 90, 830/6; BFH VI B 7/13 BFH/NV 13, 1922 mwN; *Kruse* FR 81, 478; *HHR* § 9 Rz 187 ff; *Krüger* FR 95, 633, 634 f.

Der Auffassung, dass in diesem Bereich das **Veranlassungsprinzip** durch den Grundsatz der **Nichtberücksichtigung der Vermögenssphäre** überlagert werde (ausführl dazu *Jakob/Wittmann* FR 88, 547 ff), kann nicht gefolgt werden. Die Nichtberücksichtigung bloßer Wertveränderungen iRd Überschusseinkünfte ist vielmehr Folge der konsequenten Anwendung des Veranlassungsprinzips (s *Krüger* FR 95, 633). Eine allg Regel, dass Aufwendungen, die die Vermögenssphäre betreffen, bei den Überschusseinkünften *a priori* unbeachtl sind, gibt es nicht, wie die Vorschriften in § 9 I 3 Nr 6 und 7, §§ 17, 20 und 23 sowie die zahlreichen Fälle, in denen die Rspr Vermögensverluste als WK gem § 9 I 1 anerkannt hat (s zB die Nachw § 19 Rz 110 „Bürgschaft", „Darlehen"; Rz 77 ff), verdeutlichen (s auch *HHR* § 9 Rz 186 mwN; *Knobbe-Keuk* DStZ 84 335, 340); s Rz 78 ff. – Grundlegend: *Krüger* Führen WK zu Überschusserzielungsvermögen?, 1995; *Durchlaub* Zur StPfl der Gewinne aus der Veräußerung von PV, 1993; *Uhländer* Vermögensverluste im PV, 1996, S 71–92; ferner *Rauch* Nachträgl WK, 1996, S 76 ff.

76 **b) Anschaffung; Herstellung. – aa) Nichtabnutzbares Vermögen.** AK/HK für nichtabnutzbares Vermögen (zB Grundstücke) sind keine WK, da für nichtabnutzbare WG AfA nicht in Betracht kommt (BFH IX R 24/16 BStBl II 18, 168). Denn die wirtschaftl Leistungsfähigkeit des StPfl wird durch die Anschaffung im Ergebnis nicht gemindert (Vermögensumschichtung). Etwas anderes gilt für Aufwendungen, die keine (auch keine nachträgl) AK sind und zu keiner wesentl Veränderung des Vermögensgegenstands führen (s BFH IX R 2/05 BStBl II 07, 941: Aufwendungen für Schadstoff-Gutachten als WK bei VuV). Ebenfalls zu berücksichtigen sind wegen der Sonderregelung des § 9 I 3 Nr 1 Zinsen auf Anschaffungskredite (s Rz 140 ff) und ggf Substanzverluste (Rz 78).

Beispiele – WK nicht anerkannt: Notar- und Gerichtskosten bei **gescheiterter Veräußerung** eines vermieteten Grundstücks (BFH IX R 8/12 BStBl II 12, 781: auch nicht iRd § 23); Erwerb einer **„gebrauchten" LV** (BFH VIII R 46/09 BStBl II 11, 920); vergebl Aufwendungen für Anschaffung von unbebautem **Grund und Boden** (BFH IX R 37/09 BFH/NV 11, 36); **Gutachten zur Ertragslage** vor dem Kauf (BFH VIII R 62/05 BStBl II 10, 159; Anm *Kanzler* FR 07, 1184; abl *Adolf* BB 07, 1537); Abwehr von **Rückübertragungsansprüchen** (BFH IX R 50/08 BFH/NV 10, 622) und von **Zwangsvollstreckung** nach dem AnfG (BFH IX R 56/06 BStBl II 07, 956).

77 **bb) Abnutzbares Vermögen.** AK/HK für ein abnutzbares WG, das zur Einkünfteerzielung eingesetzt wird, werden iRd § 9 I 3 Nr 6 (Arbeitsmittel, Rz 265 ff) und Nr 7 (AfA, Rz 275 ff) sowie im Falle von Erhaltungsaufwendungen (zB Reparaturkosten) und uU Substanzverlusten (s Rz 78) als WK berücksichtigt. Der StPfl erbringt zum Zwecke der Einnahmeerzielung ein Vermögensopfer, das in einem wirtschaftl Zusammenhang mit der Einnahmeerzielung steht. Zur Berücksichtigung von nachträgl WK bei Aufgabe der Vermietungsabsicht s BFH IX R 51/05 BFH/NV 08, 933 (Abbruchkosten als WK) und Rz 99.

78 **c) Substanzverluste; Vermögensopfer.** Darüber hinaus müssen aber auch andere Verluste in der privaten Vermögenssphäre als WK anerkannt werden, wenn die Gründe für einen völligen oder teilweisen Verlust oder sonstige Einbußen in der Erwerbssphäre liegen (BFH IX B 132/15 BFH/NV 16, 926). Das ist vor allem der Fall, wenn ein WG des StPfl einem **spezifischen Risiko der Einkünfteerzielung** ausgesetzt ist und aus diesem Grund die wirtschaftl Leistungsfähigkeit des StPfl gemindert wird (s auch BFH VI R 24/08 BStBl II 10, 198, II.1.c, mwN).

79 **aa) Unfreiwillige Aufwendungen.** Zur Risikosphäre der Erwerbstätigkeit gehören unfreiwillige Aufwendungen in Form von **Beschädigung, Verlust** oder **Zerstörung** privater WG, wenn solche Ereignisse bei der berufl Verwendung eintreten oder auf andere Weise durch die Einkünfteerzielung veranlasst sind (BFH VI

R 75/06 BStBl II 10, 48). Reine **Wertschwankungen** sind dagegen unbeachtl (BFH VIII R 58/07 BStBl II 11, 491: Fremdwährungsdarlehen).

(1) Kraftfahrzeug, Arbeitsmittel etc. Als WK grds zu berücksichtigen sind 80 zB die Kosten eines **Verkehrsunfalls**, der sich auf einer berufl veranlassten Fahrt ereignet (BFH VIII R 33/09 BStBl II 13, 171 mwN; s iEinz § 19 Rz 110 „Unfallkosten" und § 7 Rz 181 ff; einschr BFH VI R 29/13 BStBl II 14, 849, s Rz 196: Abgeltungswirkung der Entfernungspauschale). Auch **Diebstahl/Unterschlagung** von Arbeitsmitteln durch Dritte können WK sein (BFH VI R 185/97 BStBl II 04, 491). Gleiches gilt für notwendiges persönl Gepäck auf einer berufl veranlassten Reise (BFH VI R 26/95 BStBl II 95, 744 mwN: gilt nur für StPfl, nicht für Ehegatten; LStH 9.8 „Diebstahl"), wenn sich eine typische Reisegefahr realisiert hat (BFH VI R 21/92 BStBl II 94, 256). Ebenso kann zB die mutwillige **Zerstörung** des PKW eines Polizeibeamten zu WK führen (BFH VI R 25/80 BStBl II 82, 442; s auch *Glanegger* DStZ 84, 583; FG Saarl EFG 00, 1249, rkr), sofern die berufl Veranlassung feststellbar ist (BFH VI R 25/93 BStBl II 94, 355; *Anm* HFR 94, 318). Der Höhe nach kann nur der **Restwert** als WK angesetzt werden (BFH VI R 26/95 BStBl II 95, 744; s auch BFH VIII R 33/09 BStBl II 13, 171: keine AfaA für rechnerisch abgeschriebenes Kfz).

Weitere Beispiele – WK anerkannt: Diebstahl des privaten PKW auf einer Dienstreise (BFH VI R 171/88 BStBl II 93, 44); Beschädigung von Kleidung bei Berufskraftfahrer (FG Thür EFG 2000, 211). – **WK nicht anerkannt:** Diebstahl auf privater Umwegfahrt (vgl BFH XI R 60/04 BStBl II 07, 762).

(2) Geld. WK fallen auch dann an, wenn dem StPfl auf einer Dienstreise Geld 81 **gestohlen** wird, das er für die Dienstreise selbst oder aber für die mit dieser Reise verfolgten Zwecke mitführt (einschr BFH VI R 227/83 BStBl II 86, 771: nicht bei Verlust „gelegentl" einer Dienstreise). Auch hier konkretisiert sich eine „typische Reisegefahr" (**aA** *KSM* § 9 B 700 „Diebstahl von Geld"; zu Nachweisschwierigkeiten s *HHR* § 9 Rz 195: ggf „großzügige" Betrachtung bei atypischen Fällen). – Die **Veruntreuung** von bereits überwiesenen Mieteinnahmen durch den Miteigentümer führt hingegen nicht zu WK bei dem anderen Miteigentümer (BFH IX R 122/92 BStBl II 95, 534; *Anm* HFR 95, 504; **aA** *Groh* FR 95, 544; *Flies* DStR 96, 90 ff; FG Bremen EFG 98, 1052 bei Veruntreuung durch einen Verwalter; s auch *Paus* INF 98, 36).

bb) Vermögensopfer. WK entstehen auch dann, wenn der StPfl ein Wertopfer 82 oder das Risiko eines Wertopfers aus Gründen der Einkünfteerzielung bewusst in Kauf nimmt und sich dieses Risiko der Erwerbshandlung später realisiert.

(1) Darlehen; Bürgschaft. Das ist der Fall beim wirtschaftl Verlust eines Dar- 83 lehens, das ein ArbN seinem insolvenzbedrohten ArbG gewährt hat, um seinen Arbeitsplatz zu retten (BFH VI R 75/06 BStBl II 10, 48 mwN). Dasselbe gilt, wenn ein ArbN später aus berufl Gründen auf Rückzahlungsansprüche verzichtet (BFH VI R 34/08 BStBl II 12, 24: trotz *Gewährung* des Darlehens aus im Gesellschaftsverhältnis liegenden Gründen), und ebenso im Falle der Tilgung einer aus berufl Gründen übernommenen Bürgschaftsverpflichtung oder anderer Sicherheiten (vgl BFH VI R 97/10 BStBl II 12, 343; BFH VI R 77/14 BStBl II 16, 60; zur Abgrenzung s auch BFH VI R 55/14 BFH/NV 15, 1556). – Dagegen hat die Rspr bei den **Einkünften aus KapVerm** Darlehensverluste bis VZ 2008 (also unabhängig von § 20 IX) nicht als WK anerkannt (s zB BFH VIII R 100/87 BStBl II 92, 234).

S iÜ auch § 19 Rz 110 „Bürgschaft", „Darlehen", „Kaution" und „Stammkapital". Zur Frage nach der **Zuordnung** zur richtigen Einkunftsart s Rz 120 und *Gast* Steuerl Berücksichtigung von Darlehensverlusten …, 2012, S 92 f. Ferner *Knobbe-Keuk* DStZ 84, 335; *Grube* FS F. Klein, 1994, S 913 ff; *Wölff-Diepenbrock* DB 94, 1539; grundlegend *Flies* Vermögensverluste, 1995, S 121 ff; abl *Uhländer* Vermögensverluste im PV, 1996, S 115 f; s ferner *Rauch* Nachträgl WK, 1996, S 82 ff, 80 ff.

84 **(2) Abwehraufwendungen.** In gleicher Weise können Aufwendungen, die dem Erhalt einer Einkunftsquelle oder dem Erhalt von Einnahmen dienen, als WK zu berücksichtigen sein (BFH IX R 72/90 BStBl II 93, 486: Zahlungen zur Verhinderung der Eintragung eines Nießbrauchs als WK bei VuV, einschließl Prozesskosten als Folgekosten; BFH VI R 104/66 BStBl III 67, 655: Prozesskosten, um die Rückzahlung bereits vereinnahmter Mieten zu verhindern, und Umschuldungskosten zur Verringerung der Zinsbelastung). Keine WK liegen allerdings vor, wenn es dem StPfl vorrangig darum geht, Beeinträchtigungen seines Vermögens zu verhindern oder zu beseitigen (BFH IX R 50/08 BFH/NV 10, 622 mwN: Abwehr von Rückübertragungsansprüchen nach dem Vermögensgesetz; s auch BFH IX R 7/14 BFH/NV 15, 327).

Weitere Beispiele – **WK nicht anerkannt:** Aufwendungen zur Vermeidung einer drohenden **Zwangsversteigerung** eines Grundstücks (BFH IX R 89/94 BStBl II 97, 772, zur Ablösung von aus privaten Gründen gewährten Grundschulden: weder nachträgl AK noch sofort abziehbare WK); ebenso bei **Gesamtrechtsnachfolge** (BFH IX R 11/08 BFH/NV 09, 1100). – Zu **Abfindungen** an Mieter etc s § 6 Rz 140 „Abfindungen".

85 **(3) Veräußerungsverluste.** Keine WK liegen nach stRspr vor, wenn der StPfl eine Kapitalbeteiligung an seinem ArbG wegen Beendigung des ArbVerh unter Wert veräußern muss und dadurch einen Verlust erleidet (BFH VI R 24/08 BStBl II 10, 198: erzwungene Veräußerung zum Konsortialkurs durch das Gesellschaftsverhältnis bedingt; Anm *Schneider* BFH/PR 10, 48). Das gilt auch dann, wenn ein ArbN (hier: Wirtschaftsprüfer) Aktien und Fondsanteile auf Weisung seines ArbG veräußert, um gesetzl Unabhängigkeitsregeln zu wahren (BFH VI B 17/08 BFH/NV 09, 13).

88 **9. Aufwendungen auf geschenktes Wirtschaftsgut.** Erhält der StPfl ein WG geschenkt und setzt er es als für die Einkünfteerzielung ein (zB Arbeitsmittel, Hausgrundstück etc), kann er iRd § 9 I 3 Nr 6 und 7 dem Grunde nach WK geltend machen (vgl BFH VI R 85/87 BStBl II 90, 883). Der Ausgangsbetrag für die AfA (§ 9 I 3 Nr 7) ist entspr § 11d I EStDV zu berechnen. Nach dem in dieser Vorschrift enthaltenen Rechtsgedanken kann der StPfl zB dann keine WK nach § 9 I 3 Nr 6 und 7 geltend machen, wenn der Dritte Aufwendungen für das Arbeitsmittel bereits bei sich steuermindernd geltend gemacht hatte; dasselbe gilt, wenn ein privat genutztes WG bei dem Dritten abgeschrieben gewesen wäre, falls dieser es zur Einkünfteerzielung eingesetzt hätte (glA *Littmann* § 9 Rz 60; s auch *Drenseck* FR 81, 150).

90 **10. Aufwendungen auf fremdes Wirtschaftsgut.** Tätigt der StPfl im Interesse seiner Einkünfteerzielung laufende Aufwendungen auf ein fremdes WG (zB Instandhaltungskosten) oder auf eine fremde Verpflichtung (zB Gebäudeversicherung, öffentl Abgaben), sind diese Kosten als WK abziehbar (BFH GrS 4/92 BStBl II 95, 281, C.III.; s auch § 7 Rz 81 ff zur AfA-Befugnis). Es geht hier nicht um Drittaufwand (Rz 21 ff), sondern um **eigenen Aufwand** des StPfl. Dies gilt auch dann, wenn ein Mietvertrag, der der Nutzungsüberlassung an den StPfl zugrunde liegt, nicht anzuerkennen ist (BFH X R 99/92 BFH/NV 96, 891; s auch *Gosch* DStZ 97, 8). Ein **Miteigentümer,** der ein WG zum Zweck der Einkunftserzielung alleine nutzt, kann AfA aber dennoch nur entspr seinem Miteigentumsanteil geltend machen, wenn er die AK/HK auch nur in diesem Umfang getragen hat; gleiches gilt für Schuldzinsen, wenn das Darlehen zur Finanzierung der AK/HK gemeinsam aufgenommen wurde und die Zinsen von einem gemeinsamen Konto gezahlt wurden (BFH VI R 41/15 BStBl II 18, 355).

92 **11. Schuldhaft veranlasste Aufwendungen.** Verstößt ein StPfl grob fahrlässig oder vorsätzl gegen Rechtsvorschriften, handelt er allein deshalb nicht privat. Daher werden auch die Kosten eines durch den StPfl schuldhaft herbeigeführten Kfz-Unfalls während einer berufl veranlassten Fahrt nicht zu privaten Aufwendungen (BFH GrS 2–3/77 BStBl II 78, 105; s aber Rz 196). Denn Verschulden, Strafbarkeit oder moralisches Verhalten des StPfl berühren wegen der **Wertungsfreiheit der Besteuerung** (s auch § 40 AO) die Einordnung von Aufwendungen nicht (BFH VI R 35/96 BStBl II 04, 641: Zahlung aufgrund Haftung wegen Beihilfe zur StHinterziehung als WK; BFH VIII R 43/14 BFH/NV 17, 569; BFH IX R 5/12 BStBl II 13, 806 jeweils zu Kosten der **Strafverteidigung**). Es kommt nur darauf an, ob das Fehlverhalten iRd berufl Aufgabenerfüllung liegt (BFH VI R 75/10 BFH/NV 11, 2040: Beihilfe zur Untreue, Anwaltskosen) und nicht auf privaten Umständen beruht, die den berufl Zusammenhang aufheben (BFH VI R 27/15 BStBl II 18, 441: Aufstellung einer falschen Bilanz, um Dividenden zu beziehen; BFH VI R 94/95 BStBl II 96, 375: Kfz-Unfall auf kurzem Umweg zum Kindergarten; BFH VI R 73/05 BStBl II 07, 766: alkoholbedingte Fahruntüchtigkeit; ferner *Offerhaus* BB 79, 671 mit zahlreichen Beispielen; zu Alkoholgenuss s *von Bornhaupt* BB 84, 1146; *Anm* HFR 84, 326; *Müller* DStZ 99, 334, auch zur Rspr des BAG). – S iEinz § 19 Rz 110 „Haftung", „Prozesskosten", „Schadensersatz" und „Unfallkosten"; ferner § 4 Rz 520 „Schadensersatzleistungen", „Strafen" und „Verlust".

Weitere Beispiele: Nachträgl WK bei **Haftung** des angestellten Ges'ter-Geschäftsführers für StSchulden der Ges (FG SachsAnh EFG 13, 1651, rkr); zu **Strafverteidigerkosten** s BFH VI R 42/04 BStBl II 08, 223, FG Hbg DStRE 12, 271, FG RhPf EFG 16, 528, rkr, ; FG Mster EFG 11, 2059, rkr.

12. Vorab entstandene/nachträgliche Werbungskosten. – a) Zeitlich ge- 94
streckte Veranlassung. Berufl veranlasste Aufwendungen sind grds in dem VZ als WK zu berücksichtigen, in dem sie geleistet wurden (s Rz 13). Das muss nicht notwendig der VZ sein, in dem die zugehörigen Einnahmen erzielt worden sind bzw erzielt werden sollen. Der Veranlassungszusammenhang (s Rz 40 ff) zw Aufwendungen und Einnahmen kann auch über mehrere VZ hinweg bestehen (BFH GrS 1/89 BStBl II 90, 830 mwN). Entscheidend ist, dass durch die Teilnahme am Marktgeschehen im weitesten Sinne stpfl Einnahmen erworben werden sollen bzw worden sind (*Kruse* FR 81, 476; ähnl zu BA *Ruppe* DStJG 1, 39).

b) Vorab entstandene Werbungskosten. – aa) Entschluss des Steuer- 95
pflichtigen. WK können schon zu einem Zeitpunkt anfallen, zu dem noch keine Einnahmen erzielt wurden. Voraussetzung ist auch hier, dass ein hinreichend bestimmter Veranlassungszusammenhang zw den Aufwendungen und der Einkunftsart besteht, bei der der Abzug begehrt wird (stRspr, vgl BFH IX R 14/12 BStBl II 13, 279 mwN). Das ist der Fall, wenn der StPfl im Zeitpunkt des Entstehens der Aufwendungen einen **endgültigen Entschluss zur Einkünfteerzielung** gefasst (BFH VI R 1/18 BFH/NV 20, 354; BFH IX R 9/15 BStBl II 16, 335) und diesen zwischenzeitl nicht wieder aufgegeben hat (BFH IX R 21/12 BFH/NV 13, 1778). Dass tatsächl Einnahmen erzielt worden sind, ist nicht zwingend erforderl (vergebl Aufwendungen, s Rz 102; BFH IX R 24/16 BStBl II 18, 168). Diese Grundsätze gelten für alle Überschusseinkunftsarten (s unten, Beispiele; BFH VI R 8/12 DStR 14, 2216, B. III.3.b.bb, mwN).

Beispiele für Werbungskosten: Kosten der **Stellensuche** eines ArbN (zB Bewerbungsfoto und -unterlagen, Anreise zum Vorstellungsgespräch, Übernachtungskosten etc), Kosten der **Weiterbildung im Erziehungsurlaub** (BFH VI R 137/99 BStBl II 04, 888) und **Unterkunftskosten** iRe Studiums als Zweitausbildung (BFH VI R 78/10 BStBl II 13, 284) als vorab entstandene WK bei den Einkünften aus nichtselbständiger Arbeit. – Aufwendungen nach **gescheitertem Anschaffungsgeschäft** (BFH IX R 24/16 DStR 17, 1426), für ein **unbebautes Grundstück** (BFH IX R 9/15 BStBl II 16, 335) oder eine **leerstehende Wohnung** als vorab entstandene WK bei VuV (BFH IX R 14/12 BStBl II 13, 279); s dazu iEinz § 21 Rz 128 ff und Rz 148 „Bausparvertrag". – Zu Aufwendungen zum **Erwerb von Rentenrechten** s BFH X B 51/11 BFH/NV 12, 1442 mwN (keine WK); dagegen sind Ausgleichszahlungen zur Pensionsanwartschaftsübertragung bei ArbG-Wechsel WK (BFH VI R 22/15 BStBl II 17, 999); zu Schuldzinsen bei **privaten Veräußerungsgeschäften** s § 23 Rz 82. – **Keine vorab entstandenen WK sind iÜ:** Aufwendungen nach Aufgabe der Einkünfteerzielungsabsicht durch Entschluss, ein nicht vermietbares Grundstück stfrei zu veräußern (BFH IX R 30/07 BFH/NV 08, 1300); Finanzierungskosten für Erwerb einer Anwartschaft auf Nacherbschaft (BFH IX B 56/06 BFH/NV 07, 666); Aufwendungen für verfallene Termingeschäfte (BFH IX B 154/10 BStBl II 12, 454).

96 **bb) Nachweis; Konkretisierung.** Der StPfl muss nachweisen, dass er im Zeitpunkt der Aufwendungen bereits den Entschluss gefasst hatte, stpfl Einnahmen zu erzielen. Der Entschluss ist nur dann steuerl relevant, wenn er sich anhand **äußerer obj Umstände** belegen lässt. – Ein unmittelbarer oder ein bestimmter, ggf enger **zeitl Zusammenhang** wird nicht verlangt (BFH IX R 13/05 BFH/NV 07, 406 mwN: kein gesetzl Tatbestandsmerkmal, nur indizielle Bedeutung). Allerdings sind, wenn Aufwendungen auch der privaten Lebensführung dienen können, entspr höhere Anforderungen an die Darlegung eines konkreten Bezugs zu stellen (s einerseits BFH VI R 75/95 BStBl II 96, 529: Aufwendungen eines Gesellen für Meisterlehrgang; und andererseits BFH VI R 67/91 BStBl II 94, 248: Erwerb von Grundkenntnissen in einer gängigen Fremdsprache). – Es genügt nicht, wenn der StPfl Aufwendungen „ins Blaue hinein" tätigt (vgl BFH VI R 24/95 BStBl II 96, 452 mwN), ebenso wenig, dass sich Aufwendungen später iRe Einkunftsart als nützl erweisen (BFH VIII R 12/68 BStBl II 72, 930; FG Bbg EFG 96, 693, rkr, Besichtigungsreisen). Anderseits ist mE nicht erforderl, dass sich die Kosten bereits im Zeitpunkt ihrer Entstehung einer **bestimmten Einkunftsart** zuordnen lassen (zB: StPfl bewirbt sich auf die Anzeige eines Anwalts, der je nach Eignung des Bewerbers einen Angestellten oder Sozius sucht, s *Kruse* FR 81, 477 mit Beispielen; s auch BFH VI R 8/12 DStR 14, 2216, B.III.3.b.bb). Es genügt, wenn feststeht, dass Einkünfte erzielt werden sollen (BFH VI R 71/03 BStBl II 05, 349: tatrichterl Würdigung; glA *HHR* § 9 Rz 162; *BH/Thürmer* § 9 Rz 162; *KS* § 9 Rz 23). Das **spätere Verhalten** des StPfl kann als Indiz für eine frühere Absicht herangezogen werden (BFH IX R 46/06 BFH/NV 08, 1479 mwN; BFH IX R 9/15 BStBl II 16, 335.). – Zum **nachträgl Bekanntwerden** vorab entstandener WK s BFH IX R 219/84 BStBl II 89, 131, und BFH IX R 11/91 BStBl II 95, 192.

97 **cc) Private Nutzung; Aufteilung.** Wird ein WG, das auch im privaten Bereich verwendet wird, für einen in der Zukunft liegenden berufl Einsatz angeschafft, muss ein konkreter Bezug zw Kaufentscheidung und dem künftigen berufl Einsatz glaubhaft gemacht werden (BFH VI R 132/87 BFH/NV 88, 708). Soll ein bestimmtes WG nur teilweise zur Einkunftserzielung eingesetzt werden, sind die für das WG vorabentstanden Aufwendungen nur anteilig als vorabentstandene WK abzugsfähig (s *Drenseck* FR 87, 120; *Günther* FR 87, 499).

98 **dd) Auslandsbezug.** Vorbereitende Aufwendungen zur Erzielung stfreier ausl Einkünfte können zwar nicht das Einkommen (§ 3c), wohl aber das StSatzeinkommen (Progressionsvorbehalt) mindern (BFH I R 59/05 BStBl II 07, 756; *Pust* HFR 01, 433). Zu vorab entstandenen WK eines nicht im Inl stpfl ArbN bei geplanter Inlandstätigkeit s FG Mchn DStRE 08, 601, rkr (zutr anerkannt).

99 **c) Nachträgliche Werbungskosten.** Auch Ausgaben, die erst nach Aufgabe der Erwerbstätigkeit anfallen, sind WK, wenn sie noch durch die **frühere Einkünfteerzielung** veranlasst sind (zB Tilgung einer Bürgschaftsverpflichtung durch ArbN, BFH VI R 97/10 BStBl II 12, 343; Abbruchkosten als „letzter Akt der Vermietung", BFH IX B 126/07 BFH/NV 08, 1332; grundlegend *Rauch* Nachträgl WK, 1996; s auch *Schell* FR 04, 506, *von Bornhaupt* DStJG 3, 177). Voraussetzung ist, dass bereits zum Zeitpunkt, in dem der Grund für die Aufwendungen gelegt wurde, der erforderl Zusammenhang mit der Erwerbstätigkeit bestand (BFH VI R 97/10 BStBl II 12, 343 mwN). Ein unmittelbarer oder enger zeitl Zusammenhang ist auch hier nicht erforderl. – Ein entspr Zusammenhang fehlt, wenn **Ruhestandsbeamte,** entpflichtete Professoren etc freiwillig und ohne gesonderte Bezahlung ihre Tätigkeit oder Teile davon weiterhin ausüben (BFH VI R 24/93 BStBl II 94, 238: keine auf Einnahmenerzielung gerichtete Tätigkeit). Sind allerdings noch Verpflichtungen aus der aktiven Zeit zu erfüllen (zB Betreuung früher angenommener Doktoranden), können nachträgl WK anfallen (s *Vogel* StuW 94, 176; gegen BFH *Rauch* Nachträgl WK, 1996, S 50 ff, 60 ff). – Zu **nachträgl Schuldzinsen** s Rz 151 ff; s iÜ auch § 21 Rz 141 ff.

Weitere Beispiele – WK anerkannt: Haftungsinanspruchnahme des **ehemaligen Ges'ter-Geschäftsführers** (FG SachsAnh EFG 13, 1651); **Vertragsstrafe** aus Ausbildungsdienstverhältnis (BFH VI R 5/03 BStBl II 07, 4); zur Tilgung einer **Bürgschaftsverpflichtung** durch ArbN s BFH VI R 77/14 BStBl II 16, 60, ferner Rz 120. – **WK nicht anerkannt: gescheiterte Sanierung** (BFH XI R 19/15 BFH/NV 17, 19); **Vorfälligkeitsentschädigung** zur Ablösung einer Darlehensschuld bei VuV (BFH IX R 42/13 BStBl II 15, 633, str, s Rz 137) und bei Verkauf einer Wohnung iRd Beendigung einer doppelten Haushaltsführung (BFH VI R 15/17 BStBl II 19, 446); **Priester/Pastor** im Ruhestand bei Aufwendungen für nicht gesondert vergütete seelsorgerische Tätigkeit (FG Sachs BeckRS 2012, 95928; FG RhPf DStRE 07, 1147).

13. Vergebliche Aufwendungen. WK können auch dann vorliegen, wenn es letztl zum Zufluss von Einnahmen nicht gekommen ist oder dem getätigten Aufwand kein Gegenwert gegenübersteht (BFH IX R 24/16 DStR 17, 1426). Auch hier wird der erforderl Veranlassungszusammenhang (Rz 40 ff) zw den Aufwendungen und der (angestrebten) Einkunftsart durch den **endgültigen Entschluss** des StPfl **zur Einkünfteerzielung** hergestellt (BFH GrS 1/89 BStBl II 90, 830, C. III.2.a; BFH VI R 1/18 BFH/NV 20, 354; BFH IX R 45/05 BStBl II 06, 803 mwN: StPfl leistet nach Vertragsaufhebung Schadensersatz, um sich von einer gescheiterten Investition zu lösen; s aber BFH IX R 8/12 BStBl II 12, 781: gilt nicht für private Veräußerungsgeschäfte wegen Typisierung der Einkünfteerzielungsabsicht durch Spekulationsfristen). Dieser Zusammenhang wirkt fort, solange er nicht durch einen neuen, estl relevanten oder irrelevanten Veranlassungszusammenhang überlagert wird (BFH IX R 45/05 BStBl II 06, 803; s auch *Heuermann* INF 06, 809). S iÜ § 21 Rz 128 ff.

Beispiele – WK anerkannt: Kaufpreiszahlung und **Maklerprovision** bei gescheitertem Immobilienerwerb in Vermietungsabsicht (BFH IX R 24/16 DStR 17, 1426); Zahlung zur **Entlassung aus der Haftung** ggü Darlehensgläubiger nach gescheiterter Immobilieninvestition (BFH IX R 12/12 BFH/NV 14, 834: Aufwendung zur Kostenbegrenzung), ebenso **Vergleichszahlungen** (BFH IX R 3/04 BStBl II 06, 258); Kosten eines nicht ausgeübten **Optionsrechts** (BFH VI R 36/05 BStBl II 07, 647); **Bereitstellungszinsen** und **Nichtbezugsentschädigung** nach Scheitern eines Bauvorhabens (BFH IX B 92/01 BStBl II 02, 144); Fahrtkosten bei **Konkurs des ArbG** und Zahlung von Konkursausfallgeld (BFH VI R 93/98 BStBl II 01, 199). – **WK nicht anerkannt: gescheiterte Sanierung** ohne feststellbare Vermietungsabsicht (BFH IX R 19/15 BFH/NV 17, 19); Aufwendungen für **verfallene Termingeschäfte** (BFH IX B 154/10 BStBl II 12, 454); vergebl Aufwendungen für Anschaffung von unbebautem **Grund und Boden** (BFH IX R 37/09 BFH/NV 11, 36); ebenso für ein in **Abbruchabsicht** erworbenes Gebäude: FG Köln EFG 14, 527, rkr.

14. Unterbrechung der Einnahmeerzielung. Aufwendungen, die durch die Einkünfteerzielung veranlasst sind, verlieren ihren Charakter als WK nicht dadurch, dass vorübergehend keine Einnahmen erzielt werden, zB bei Arbeitslosigkeit (*Apitz* DStZ 97, 145) oder Wohnungsleerstand (BFH IX R 14/12 BStBl II 13, 279; iEinz § 21 Rz 134 ff). Entscheidend ist, dass der StPfl seine Einkünfteerzielungsabsicht nicht endgültig aufgegeben hat. Nimmt er die Erwerbstätigkeit später wieder auf, sind die zwischenzeitl angefallenen Aufwendungen als **vorab entstandene WK** (Rz 95 ff) zu berücksichtigen. Gibt er seine Einkünfteerzielungsabsicht zu einem späteren Zeitpunkt auf, handelt es sich bei den bis dahin angefallenen Aufwendungen um **vergebl Aufwendungen** (Rz 102), die ebenfalls zu berücksichtigen sind.

Beispiele – WK anerkannt: häusl Arbeitszimmer während des **Erziehungsurlaubs** (BFH VI R 103/01 BFH/NV 05, 48; s auch *Schmidt* NWB 13, 1294); bei vorübergehende **Ertragslosigkeit** von Wertpapieren oder Beteiligungen (BFH VIII R 98/90 BFH/NV 93, 468, unter II.1.d.; s jetzt aber § 20 IX). – **WK nicht anerkannt:** langjähriger, strukturell bedingter **Wohnungsleerstand** (BFH IX R 48/12 BStBl II 13, 693); häusl Arbeitszimmer einer vorzeitig in den **Ruhestand** versetzten Beamtin, die bei Wiederaufnahme der berufl

Tätigkeit wegen § 4 V 1 Nr 6b keine Aufwendungen würde geltend machen können (BFH VI R 63/03 BStBl II 06, 329).

106 **15. Beendigung der Erwerbstätigkeit; Liebhaberei.** Stellt der StPfl die Erwerbstätigkeit endgültig ein, endet grds auch der WK-Abzug. Dies berechtigt bei noch nicht vollständig abgeschriebenen Arbeitsmitteln aber nicht zur Geltendmachung von AfaA (FG Mchen DStRE 17, 715, rkr). Dasselbe gilt im Falle des Übergangs zur Liebhaberei (§ 2 Rz 23; *Weber-Grellet* FR 02, 1228; s aber auch § 19 Rz 110 „Liebhaberei": Einkünfte-übergreifende Betrachtung, und § 21 Rz 24: starke Typisierung). Wirkt der wirtschaftl Zusammenhang mit der Erwerbstätigkeit noch fort, fallen nachträgl WK an (s Rz 99; zu nachträgl Schuldzinsen s Rz 151). Unabhängig davon muss unterschieden werden zw Aufwendungen, die tatsächl auf die Beendigung der Erwerbstätigkeit gerichtet bzw noch durch diese bedingt waren und daher WK sind (BFH IX R 2/05 BStBl II 07, 941: Kosten eines Schadstoff-Gutachtens als WK bei VuV), und Aufwendungen, die der nichtsteuerbaren Vermögenssphäre (Rz 75) zuzurechnen sind (BFH IX R 34/03 BStBl II 05, 343: Kosten der Instandsetzung noch während der Vermietungszeit als Veräußerungskosten; *Fischer* FR 05, 641; krit *Paus* DStZ 05, 454, mit Gestaltungsüberlegungen). Die Abgrenzung kann im Einzelfall schwierig sein (s BFH IX R 51/05 BFH/NV 08, 933: WK bei Abbruch eines technisch verbrauchten Gebäudes); s auch Rz 137.

Das zeigt auch die Rspr zu Aufwendungen für die **Löschung einer Grundschuld** oÄ (BFH IX R 114/92 BFH/NV 95, 966; BFH IX R 48/92 BStBl II 96, 198): Da die Eintragung der Sicherheiten zur Erlangung des Anschaffungs-/Herstellungskredits und damit zur Einkünfteerzielung erforderl war, spricht mE einiges dafür, die Rückgängigmachung dieses Zustands noch der Einkünfteerzielung zuzurechnen. – S iÜ zu **Umzugskosten** eines ArbN § 19 Rz 110 „Umzugskosten", unter a), aE; zu **Abrisskosten** und **AfaA** bei fehlender Vermietbarkeit s § 7 Rz 188; zu **Veräußerungs-, Räumungs-, Abriss- und Renovierungskosten** etc s § 21 Rz 141 ff und zu **Prozesskosten** § 21 Rz 148.

108 **16. Rückabwicklung; Ersatz. – a) Rückzahlung von Einnahmen.** Zahlt der StPfl Einnahmen, die ihm zugeflossen sind, später wieder zurück, sind die zurückgezahlten Beträge **im VZ der Rückzahlung** als **negative Einnahme** zu berücksichtigen (BFH VI R 33/03 BStBl II 06, 911 lässt offen, ob die Rückzahlung von ArbLohn WK oder negative Einnahme ist). Die Rückzahlung ist kein rückwirkendes Ereignis iSd § 175 I 1 Nr 2 AO; eine Korrektur der bereits erfassten Einnahmen *im VZ des Zuflusses* findet nicht statt (BFH VI R 2/05 BStBl II 07, 315: zu viel gezahlter ArbLohn), auch nicht im Wege von Billigkeitsmaßnahmen.

Die Rspr ging früher von **negativen Einnahmen** aus (zB BFH VI 22/61 S BStBl III 64, 184), lässt die Zuordnung jetzt aber zumeist offen (BFH VI R 17/08 BStBl II 10, 299; anders BFH IX R 26/14 BStBl II 15, 1019 zu § 22 Nr 3 S 3: bei Rückerstattung von zuvor Zahlenden sollen negative Einnahmen vorliegen, bei Rückzahlung an einen Dritten WK; es handelt sich mE aber nur um ein *obiter dictum*). Obwohl zurückgezahlte Einnahmen den WK-Begriff erfüllen (*Schneider* HFR 06, 1118; ferner *Wüllenkemper* Rückfluss von Aufwendungen im ESt-Recht, Diss 1987, S 23–32; *Jakob* LB § 3 Rz 23; *HHR* § 9 Rz 80), ist angesichts der vielfältigen WK-Abzugsverbote die Behandlung als negative Einnahme vorzugswürdig; das hat auch zur Folge, dass der **Pauschbetrag** des § 9a nicht verbraucht wird (BFH VI 22/61 S BStBl III 64, 184, s auch § 8 Rz 9).

109 **aa) Veranlassungszusammenhang; Abfluss.** Voraussetzung für die steuermindernde Berücksichtigung ist wiederum, dass ein Veranlassungszusammenhang mit der Einkünfteerzielung besteht; die Rückzahlung darf **nicht aus privaten Motiven** erfolgen. Ob der StPfl aufgrund einer rechtl oder tatsächl Verpflichtung oder aber freiwillig zahlt, ist dagegen unerhebl (zutr *HHR* § 9 Rz 81; **aA** für Einkünfte aus KapVerm: BFH VIII R 26/78 BStBl II 79, 510). Diese Grundsätze gelten mE allg auch dann, wenn ein StPfl als Bereicherungsschuldner Erträge herausgeben muss, die bei ihm zu stpfl Einnahmen geführt haben (s *Schön* ZHR 155 [1991], 247, 260; vgl auch BFH IX R 50/03 BStBl II 05, 456: Rückzahlung von

Mieteinnahmen bei Restitution nach dem VermG; *Heuermann* DB 05, 847). – Die Rspr verlangt zudem, dass die zugeflossenen Einnahmen **beim StPfl wieder abfließen** und sich dabei der Rückfluss als *„actus contrarius"* zu dem vorangegangenen Zufluss darstellt (BFH VI R 20/07 BStBl II 10, 845: Fortsetzung des durch die Zahlung von ArbLohn begründeten Veranlassungszusammenhangs in der Rückzahlung; s auch BFH VI R 1/08 BStBl II 10, 1074; BFH VI R 5/08 BStBl II 10, 133; BFH VI R 37/08 BStBl II 10, 135).

Weitere Beispiele – negative Einnahmen/WK anerkannt: überbezahlte **Krankenbezüge** (BFH VI R 19/03 BStBl II 06, 832; Anm *Bergkemper* FR 06, 782); **versehentl Überweisung** des ArbG (BFH VI R 17/03 BStBl II 06, 830); fehlgeschlagenes **Mitarbeiterbeteiligungsprogramm** (BFH VI R 17/08 BStBl II 10, 299: WK nur iHd ursprüngl gewährten geldwerten Vorteils); Rückzahlung von **Bestechungsgeldern** (BFH IX R 87/95 BStBl II 00, 396). Zahlt der Erbe **Einnahmen des Erblassers** zurück, wirken sich die negativen Einnahmen beim Erben aus (BFH VI R 157/72 BStBl II 76, 322). Zur Rückzahlung von **Kapitaleinnahmen** als WK s § 20 Rz 23, – **negative Einnahmen/WK nicht anerkannt:** Gewinnausschüttung einer **Versorgungskasse** an ArbG als Träger (BFH VI R 20/07 BStBl II 10, 845); **Zwangsversteigerung** einer durch Verrechnung mit Gehaltsforderungen erworbenen Eigentumswohnung (BFH VI R 1/08 BStBl II 10, 1074); Rückzahlung einer **vGA** oder **offenen Gewinnausschüttung** (BFH VIII R 7/99 BStBl II 01, 173: Erfassung als Einlage; zur Verzinsung der vGA: BFH VIII R 59/97 BStBl II 01, 226); Verlust durch Veräußerung einer **Kapitalbeteiligung am ArbG** des StPfl (BFH VI R 24/08 BStBl II 10, 198; s auch Rz 85). – **Offen gelassen:** Verlust des Bezugsrechts aus einer **Direktversicherung** (BFH VI R 58/05 BStBl II 07, 774 mwN).

bb) Steuerliche Behandlung der Einnahmen. Weiter ist erforderl, dass die früher empfangenen Einnahmen **nicht stfrei** waren (§ 3c; FG Bbg EFG 96, 702, rkr; s auch *OFD Erfurt* DStR 97, 580; ausführl *Wüllenkemper* Rückfluss von Aufwendungen im ESt-Recht, 1987, S 73 ff) und auch nicht pauschal (zB § 40b), sondern individuell lohnversteuert worden sind. Ob die stpfl Einnahmen dagegen zu einer Steuer geführt haben, ist unerheblich (BFH VI 244/63 U BStBl III 65, 11; ebenso, ob eine zurückgezahlte Abfindung ermäßigt besteuert worden ist (BFH VI R 33/03 BStBl II 06, 911; krit *Paus* DStZ 07, 185). – Sind Einnahmen **zu Unrecht als stfrei** behandelt worden und hätte sich bei richtiger Behandlung eine Steuer ergeben, kann die Rückzahlung der Einnahmen nicht als Aufwand berücksichtigt werden (*HHR* § 9 Rz 81; *OFD Erfurt* DStR 97, 580). Hat das FA stfreie Einnahmen rechtsfehlerhaft der Besteuerung unterworfen, muss es nach Treu und Glauben auch bei der Frage der negativen Einnahmen bei dieser Auffassung bleiben (glA *HHR* § 9 Rz 81; *KSM* § 9 B 237).

cc) Zeitliche Zuordnung; Höhe. Die Aufwendungen sind im VZ der Rückzahlung bei den Einkünften zu berücksichtigen, zu denen die Einnahmen gehörten. Ist die auf Einkünfteerzielung gerichtete Tätigkeit zwischenzeitl aufgegeben worden, fallen nachträgl negative Einnahmen/WK an (vgl Rz 99). Gibt der Stpfl einen Gegenstand zurück, dessen Sachwert als stpfl Einnahme behandelt worden ist, bemisst sich die Höhe des Aufwands nach dem ursprüngl gewährten geldwerten Vorteil (BFH VI R 17/08 BStBl II 10, 299; *Geserich* HFR 10, 125; *BH/Thürmer* § 9 Rz 182; **aA** *HHR* § 9 Rz 81: Aufwand iHd aktuellen Werts). Zwischenzeitl eingetretene Veränderungen sind zivilrechtl auszugleichen.

b) Rückfluss von Werbungskosten; Ersatzleistungen Dritter. – aa) Steuerpflichtige Einnahmen. Umgekehrt führen der Rückfluss von WK und ebenso der Ersatz von dritter Seite **im Zeitpunkt des Zuflusses** beim StPfl zu stpfl Einnahmen bei der Einkunftsart, bei der die Aufwendungen vorher als WK abgezogen worden sind (BFH VI B 184/99 BFH/NV 00, 1470 mwN: Versicherungsleistung nach Autounfall auf berufl veranlasster Fahrt; BFH VIII R 44/12 BStBl II 15, 649; ausführl *Wüllenkemper,* Rückfluss von Aufwendungen im EStRecht, Diss, Köln 1987; *HHR* § 9 Rz 85; **aA** *Flies* DB 97, 802, und *Crezelius* LB § 9 Rz 9: negative WK mit der Folge, dass im Jahr des Rückflusses lediglich die tatsächl WK aus derselben Einkunftsart gemindert werden). – Die **Berücksichtigung der WK** *im VZ des*

Abflusses (Rz 13) bleibt davon unberührt. Erfolgt der Rückfluss bereits in dem VZ, in dem die Aufwendungen angefallen sind, kann beides aus Vereinfachungsgründen miteinander verrechnet werden (zB BFH VI R 40/69 BStBl II 70, 764). – Handelt es sich um **stfreie Ersatzleistungen,** müssen die WK entspr gekürzt werden (BFH VI R 28/03 BFH/NV 04, 928: Promotionsstipendium; s auch FG Köln EFG 16, 1605, rkr; FG Mster DStRE 20, 522, rkr; FG Mchen EFG 20, 1750, Rev VI R 34/20). – Zur nachträgl **Minderung von AK/HK** s § 6 Rz 65 ff und 71 ff; zur Erstattung von **AfaA** s § 7 Rz 193; s iU auch § 19 Rz 100 „Reisekostenerstattung" und „Unfallversicherung" sowie Rz 110 „Unfallkosten".

Weitere Beispiele – Einnahmen bejaht: Erstattung von **Finanzierungskosten** iRd Kaufpreiszahlung (BFH IX R 13/93 BStBl 95, 118; diff Anm *Drenseck* FR 95, 109); **Schadensersatzleistungen** als Einnahmen aus VuV (BFH IX R 67/88 BStBl 93, 748); Erstattung von **Grundsteuer** (BFH VI 346/61 U BStBl III 65, 67). – Einnahmen verneint: Übernahme von Verbindlichkeiten iRe Kaufvertrages macht ein gezahltes **Disagio** nicht zu Einnahmen aus VuV (BFH IX R 44/01 BFH/NV 05, 188). – Zu **Nutzungsausfallentschädigung** s FG Hbg EFG 92, 735, rkr.

113 **bb) Veranlassungszusammenhang.** Voraussetzung ist auch hier, dass ein Veranlassungszusammenhang mit der Einkünfteerzielung besteht; die Rückzahlung darf **nicht aus privaten Motiven** erfolgen. Unerhebl ist, ob dem StPfl von Anfang an ein Rückforderungs- oder Ersatzanspruch zugestanden hat (s Rz 32). Es kommt auch nicht darauf an, ob die Erwerbstätigkeit zum Zeitpunkt des Rückflusses noch ausgeübt wird (BFH IX R 41/93 BStBl II 95, 704: Rückerstattung eines Disagios nach Wegfall der Nutzungswertbesteuerung) oder ob sich die Aufwendungen früher steuerl ausgewirkt haben (HHR § 9 Rz 87; *KSM* § 9 B 65 ff). Dagegen kann ein Rückfluss von **nicht abziehbaren Aufwendungen** aus Gründen der StSystematik nicht zu Einnahmen führen (so zutr HHR § 9 Rz 87, auch zur str Rückzahlung von Schmiergeldern). – **Versicherungs- oder Schadensersatzleistungen** zählen nur insoweit zu den stpfl Einnahmen, als sie ausgefallene Einnahmen oder WK ersetzen sollen (BFH IX R 333/87 BStBl 94, 12, mit *Anm* HFR 93, 377; FG Mchn EFG 98, 1083, rkr; FG Mchn EFG 98, 1312, rkr; s auch § 21 Rz 65 „Schadensersatz").

116 **17. Verzicht auf Ersatzleistungen.** Verzichtet der StPfl auf die Geltendmachung eines Anspruchs auf Ersatz von Aufwendungen, die ihm iZm der Einkünfteerzielung entstanden sind, steht dies dem Abzug der WK nicht entgegen (BFH VI R 172/66 BStBl III 67, 570: Anspruch auf Fahrtkostenersatz gegen ArbG; BFH VI R 151/67 BStBl II 68, 375). Gleiches gilt, wenn kostenfreie Leistungen nicht wahrgenommen werden und die Selbsttragung der Kosten nicht Ausdruck der Lebensführung ist (FG Saarl EFG 94, 238, rkr: Übernachtungskosten eines Busfahrers trotz angebotener Freiübernachtung). – Nach BFH VI R 70/69 BStBl II 70, 765 soll ein WK-Abzug ausscheiden, wenn der StPfl aus **„rein persönl Gründen"** von der Geltendmachung eines Schadensersatzanspruchs absieht. Da gilt aber mE allenfalls, wenn der Verzicht eine freiwillige Zuwendung iSd § 12 Nr 2 darstellt (so zutr *BH/Thürmer* § 9 Rz 188; gegen BFH auch *Littmann/Teller* § 9 Rz 36; s auch HHR § 9 Rz 92; iErg wie BFH, aber an § 12 Nr 1 anknüpfend *von Bornhaupt* DStJG 3, 159 Fn 38; zur Übernahme von Unfallkosten, um den Schadensfreiheitsrabatt nicht zu verlieren, s FG Köln EFG 81, 623, rkr: WK zutr anerkannt).

III. Abzug von Werbungskosten, § 9 I 2

120 **1. Zuordnung zur zugehörigen Einkunftsart.** WK sind gem § 9 I 2 bei der Einkunftsart abzuziehen, bei der sie „erwachsen" sind. Die gesetzl Regelung knüpft damit (sprachl verunglückt) systematisch an § 2 II Nr 2 an (Rz 1). Entscheidend ist auch hier der **Veranlassungszusammenhang** zw Aufwendungen und Einnahmen. – Stehen Aufwendungen mit **mehreren Einkunftsarten** in wirtschaftl Zusammenhang, sind sie, soweit mögl, auf die einzelnen Einkunftsarten **aufzuteilen,** ggf im Wege der Schätzung (BFH VIII R 76/05 BStBl II

08, 937: nach obj Gesichtspunkten, nicht nach dem Verhältnis der Einnahmen). Ist eine Schätzung nicht mögl, entscheidet nach stRspr der engere und **wirtschaftl vorrangige** Veranlassungszusammenhang (BFH VI R 58/13 BStBl II 16, 305). Die Aufwendungen sind der Einkunftsart zuzuordnen, die im Vordergrund steht und die Beziehungen zu den anderen Einkünften verdrängt (BFH VI R 57/13 BStBl II 14, 850 mwN). – Die gleichen Grundsätze gelten zw einer gegenwärtig ausgeübten und einer **angestrebten Erwerbstätigkeit** (BFH VI R 77/14 BStBl II 16, 60: hinreichende Konkretisierung erforderl) und ebenso, wenn Aufwendungen zwar nur innerhalb einer Einkunftsart angefallen sind, dort aber mit verschiedenen einkünfteerzielenden Tätigkeiten in Zusammenhang stehen (zB mit mehreren ArbVerh oder mit mehreren vermieteten Häusern). – Zu den Anforderungen an die vom FG vorzunehmende **Tatsachenwürdigung** s BFH VI R 77/14 BStBl II 16, 60; zum Nebeneinander von berufl und privater Veranlassung s Rz 54 ff.

2. Kein Verzicht auf Werbungskosten. Der StPfl kann auf den Ansatz von WK verzichten, wenn Aufwendungen nur auf Antrag zu berücksichtigen sind (BFH I R 120/91 BStBl II 93, 738 – zB um ein Überschreiten von Veranlagungsgrenzen zu vermeiden). Ansonsten „sind" WK bei der betreffenden Einkunftsart abzuziehen (Wortlaut des § 9 I 2; s auch *HHR* § 9 Rz 57).

3. Beweislast beim Werbungskostenabzug. Begehrt ein Stpfl den Abzug von WK, trägt er die obj Beweislast **(Feststellungslast)** für die Tatsachen, die den Abzug der WK dem Grunde und der Höhe nach begründen (stRspr, zB BFH VIII R 27/08 BFH/NV 10, 2038, unter II.2.a). Zu den gesteigerten Anforderungen der Rspr im **Grenzbereich zur privaten Lebensführung** s Rz 62.

Zur Zulässigkeit und zu den Rechtswirkungen einer **tatsächl Verständigung** zw FA und StPfl s BFH I R 13/86 BStBl II 91, 673 mwN; BFH XI R 78/95 BStBl II 96, 625; BFH XI R 27/98 BFH/NV 00, 537; *OFD Mbg* FR 97, 878; umfassend *Seer* Verständigung im StVerfahren, 1996; *ders* BB 98, 85.

IV. Gesondert geregelte Werbungskostentatbestände, § 9 I 3, II

1. Bedeutung der gesonderten Regelungen. Die Regelungen sind teilweise deklaratorischer Art (zB § 9 I 3 Nr 2 und 6), teilweise schränken sie den WK-Abzug ein (§ 9 I 3 Nr 7), teilweise betreffen sie Aufwendungen, bei denen der WK-Charakter zweifelhaft sein könnte (zB § 9 I 3 Nr 4 und 5). – Die Aufzählung ist **nicht abschließend** (s Wortlaut: „auch"). Aufwendungen, die nach der allg Definition zu den WK gehören und nicht unter die Sonderregelungen fallen, sind gem § 9 I 1 zu berücksichtigen (BFH VI R 17/07 BStBl II 08, 234, B. VI.1.d. bb.(1)).

2. Schuldzinsen; Renten; dauernde Lasten, § 9 I 3 Nr 1. – a) Überblick. Sämtl in Nr 1 genannten Aufwendungen sind nur insoweit abzugsfähig, als sie durch eine auf Erzielung stpfl Einnahmen gerichtete Tätigkeit veranlasst sind. Die Regelung deckt sich mit dem allg WK-Begriff (BFH IX R 110/90 BStBl II 95, 47: beispielhafte Anwendungsfälle der allg WK-Definition). Renten und dauernde Lasten müssen darüber hinaus auf besonderen Verpflichtungsgründen beruhen. Für Leibrenten wird der WK-Abzug gem Nr 1 Satz 2 auf den Ertragsanteil beschränkt.

b) Schuldzinsen. – aa) Begriff. Er wird von der Rspr weit ausgelegt (BFH IX R 44/03 BFH/NV 06, 279 mwN) und umfasst **alle Aufwendungen zur Erlangung und Sicherung eines Kredits** (BFH IX R 56/82 BStBl II 86, 143 mwN). Schuldzinsen sind danach alle einmaligen oder laufenden Leistungen in Geld oder Geldeswert, die der StPfl als Vergütung für die Überlassung (dh Nutzung) von Kapital an den Gläubiger zu entrichten hat und die nicht zur Tilgung des Kapitals erbracht werden (BFH IX R 110/90 BStBl II 95, 47).

(1) Wirtschaftlicher Gehalt. Entscheidend ist nicht die Bezeichnung der Leistung, sondern ihr wirtschaftl Gehalt (BFH IX R 32/01 BStBl II 04, 1002: Abgrenzung zu AK). Bei einer einheitl Leistung von Zins und Tilgung muss der nicht abziehbare Tilgungsanteil ausgesondert werden (BFH IX R 110/90 BStBl II 95, 47); denn Tilgungsleistungen sind keine Schuldzinsen. – Dadurch, dass Zinsen nicht an den Gläubiger gezahlt werden, sondern stehen bleiben, verlieren sie nicht ihren Zinscharakter; werden sie später gezahlt, sind sie im VZ der Nachzahlung als WK abzugsfähig (s § 11 Rz 50 „Schuldzinsen"). – Zu Steuer-, Stundungs- und AdV-Zinsen sowie anderen steuerl Nebenleistungen (§ 3 III AO) s § 12 Rz 38.

Beispiele – WK anerkannt: Nennwertabschlag infolge Factorings einer Forderung (FG BaWü EFG 09, 1289, rkr); **Verwaltungskostenbeiträge** der Wohnungsbauförderungsanstalt (FG Mster EFG 03, 523, rkr, und EFG 03, 610, rkr); **Bauzeitzinsen** (BFH IX R 190/85 BStBl II 90, 460; dagegen mit guten Gründen *Wichmann* BB 91, 1835; offen gelassen in BFH IX R 2/12 BStBl II 12, 674; s auch § 6 Rz 206); **Bargebotszinsen** nach Zwangsversteigerung (BFH XI R 3/85 BStBl II 92, 727); Zahlungen auf Grund einer **Wertsicherungsklausel** (BFH VIII R 38/76 BStBl II 79, 334; FG Bln EFG 93, 229, rkr); **Verzugszinsen** (BFH VIII R 119/75 BStBl II 77, 601); Wert eines **Forderungsverzichts** als Gegenleistung für ein zinsloses Darlehen (FG Nds EFG 83, 555, rkr). – **WK *nicht* anerkannt:** Prämien für **Risikolebensversicherung** iZm Finanzierung eines Zweifamilienhauses (BFH IX R 56/82 BStBl II 86, 143: dient der Tilgung der Schuld); **Währungsverluste** (BFH VIII R 58/07 BStBl II 11, 491; s auch BFH IX R 44/03 BFH/NV 06, 279; BFH IX B 42/16 BFH/NV 17, 287: durch Kursverluste bedingte Sondertilgungen; ebenso *Heuermann* DStZ 94, 229; abl *Maly* FR 94, 457). – Zu **Zinsswapkosten** (offengelassen in BFH VIII R 32/13 BStBl II 16, 769) s Anm *Levedag* HFR 16, 890.

134 **(2) Nebenkosten; sonstige Kreditkosten.** Zu Schuldzinsen gehören auch die Nebenkosten der Darlehensaufnahme und sonstige Kreditkosten einschließl Geldbeschaffungs-/Umschuldungskosten (vgl BFH IX R 72/99 BStBl II 03, 399).

Beispiele – WK anerkannt: Maklerprovisionen, Hypothekenbestellungskosten und **Notariatskosten** (BFH IX R 72/99 BStBl II 03, 399); Abschlussgebühren eines **Bausparvertrags** (BFH IX R 12/00 BStBl II 03, 398); **Nichtbezugsentschädigung** (BFH IX B 92/01 BStBl II 02, 144); **Reisekosten** zur Kreditbesorgung (BFH VI 258/65 BStBl III 66, 451); **Rechtsverfolgungskosten** zur Lösung von einem Darlehen (BFH IX R 47/08 BFH/NV 10, 396).

135 **(3) Bereitstellungszinsen; Damnum/Disagio.** Beides gehört zu den Kosten der Darlehensaufnahme und ist im Zeitpunkt der Zahlung (BFH IX R 190/85 BStBl II 90, 460; BFH VIII R 173/83 BStBl II 84, 428) oder Verrechnung (BFH VIII R 78/71 BStBl II 75, 880) als WK zu berücksichtigen (s auch BFH VIII R 59/78 BStBl II 80, 353; BFH VI R 104/66 BStBl III 67, 655). Zur Frage der Marktüblichkeit s BFH IX R 38/14 BStBl II 16, 646; § 11 Rz 50 „Damnum".

Weitere Beispiele: Teilabrechnung eines Damnums (BFH IX R 143/84 BFH/NV 89, 345); Leistung aus einem **Zwischenkredit** (BFH IX R 96/84 BFH/NV 89, 496); Abgrenzung zu einer **Zinsabrede** (FG Thür EFG 00, 1318, rkr). Zur **Rückerstattung** eines Disagios s Rz 112.

136 **(4) Tilgungsstreckungsdarlehen.** Wird iHd Damnums/Disagios ein zusätzl Darlehen gewährt, können die hierfür gezahlten Zinsen und auch die zur Tilgung des Zusatzdarlehens geleisteten Beträge gleich einem Damnum abgesetzt werden (BFH VIII R 105/70 BStBl II 75, 330). Ein sofortiger WK-Abzug iHd Zusatzdarlehens kommt nicht in Betracht, wenn Darlehen und Tilgungsstreckungsdarlehen eine **rechtl und wirtschaftl Einheit** bilden (s BFH IX R 11/92 BFH/NV 95, 669); dies wird idR bejaht, wenn es sich um denselben Gläubiger handelt (vgl BFH IX R 20/90 BFH/NV 95, 293; FG Bln EFG 02, 1377, rkr; FG Köln EFG 01, 676, rkr), und verneint, wenn das zusätzl Darlehen von einem anderen Gläubiger stammt (s BFH IX R 96/84 BFH/NV 89, 496: Mutter- und Tochtergesellschaft als rechtl selbständige Darlehensgeber). Zur Frage, ob ein Damnum im Wege der Verrechnung oder durch Tilgungsstreckung zu zahlen ist, s BFH IX R 177/85 BFH/NV 89, 298.

137 **(5) Vorfälligkeitsentschädigung.** Zwar fällt diese begriffl unter § 9 I 3 Nr 1 (BFH IX R 42/13 BStBl II 15, 633 mwN: Nutzungsentgelt für das auf die verkürzte Laufzeit in Anspruch genommene Fremdkapital). Allerdings lehnt die Rspr den WK-Abzug idR ab, wenn die Zahlung iZm der **Veräußerung eines WG** erfolgt (zB Immobilie); denn der wirtschaftl Zusammenhang mit der Veräußerung soll einen ggf bestehenden wirtschaftl Zusammenhang mit der bisherigen Einkünfteerzielung überlagern (BFH IX R 42/13 BStBl II 15, 633, unter II.2. mwN; s auch BFH VIII R 34/04 BStBl II 06, 265; BFH IX R 20/02 BStBl II 04, 57; ebenso: *BMF* BStBl I 15, 581; **aA** *Sauren* DStR 02, 1254, 1256: Vorfälligkeitsentschädigung als WK, da sie der **Rückgängigmachung** eines durch die bisherige Einkünfteerzielung verursachten Zustandes dient; s auch *Meyer/Ball* DStR 12, 2260, 2265 und allg Rz 106, Beendigung der Erwerbstätigkeit).

Dagegen hat die Rspr **WK anerkannt**, wenn die Vorfälligkeitsentschädigung nicht wegen der Veräußerung eines WG, sondern wegen einer **Umfinanzierung** anfällt (vgl BFH VIII R 34/04 BStBl II 06, 265, unter II.2.a; s auch *Schell* FR 04, 506, 513 ff). – Soweit der IX. BFH-Senat bislang den WK-Abzug im Falle einer Veräußerung zugelassen hat, wenn mit dem Veräußerungserlös ein **neues VuV-Objekt** für die Einkünfteerzielung erworben wird (BFH IX R 34/01 BFH/NV 04, 1091; BFH IX R 5/94 BStBl II 96, 595; s auch *Grube* Inf 97, 294; *Kempermann* FR 06, 417), hat er leider diese **Rspr wieder aufgegeben** unter Hinweis auf BFH VIII R 34/04 BStBl II 06, 265 (s BFH IX R 42/13 BStBl II 15, 633, unter II.2.b); die *FinVerw* erkennt hier gleichwohl WK an bei Veräußerungen vor dem 27.7.15 (*BMF* BStBl I 15, 581, Tz 2). – Zur rechnerischen Reduzierung einer Vorfälligkeitsentschädigung durch ein **anteiliges Disagio** s BFH IX R 36/98 BStBl II 03, 126. Zur Berücksichtigung als **Veräußerungskosten** bei einer stpfl Veräußerung s BFH IX R 42/13 BStBl II 15, 633.

bb) Wirtschaftlicher Zusammenhang. Ob Schuldzinsen mit einer Einkunftsart in wirtschaftl Zusammenhang stehen, richtet sich *allein* nach der **tatsächl Verwendung der Darlehensmittel** als dem maßgebl „auslösenden Moment" (BFH GrS 1–2/95 BStBl II 98, 193; s auch Rz 45). Die Aufwendungen müssen – objektbezogen – einem bestimmten Wirtschaftsgut zugeordnet werden können; die entspr Feststellungen obliegen dem FG als Tatsacheninstanz (BFH IX R 22/10 BFH/NV 12, 14). – Das Bestehen eines nur rechtl Zusammenhangs (s Rz 44) genügt ebenso wenig wie eine bloße gedankl Zuordnung durch den StPfl (BFH IX R 36/00 BStBl II 03, 706 mwN; s auch Rz 148). Hypothetische, zwar realisierbare, aber tatsächlich nicht verwirklichte Sachverhalte und Gestaltungen sind unbeachtl (s BFH VIII R 37/12 BFH/NV 14, 1883 mwN: „geplante" Wertpapiergeschäfte). – Sind Einkünfte **einheitl und gesondert festzustellen,** müssen die Schuldzinsen in wirtschaftl Zusammenhang zu der Einkunftsquelle stehen, die Gegenstand dieser Feststellung ist (BFH IX R 22/10 BFH/NV 12, 14).

(1) Finanzierungsfreiheit. Der StPfl ist in der Gestaltung seiner finanziellen Verhältnisse frei (BFH IX R 62/07 BStBl II 09, 459; s auch Rz 46). Er kann insb frei entscheiden, ob er zur Einkünfteerzielung **Eigen- oder Fremdkapital** einsetzt (BFH IX R 19/96 BStBl II 99, 678 mwN). Er darf sämtl iRe Einkunftsart eingehenden Barmittel (zB Mieten) auf einem besonderen Konto ansammeln und für private Zwecke verwenden und anfallende WK (zB Instandhaltungsaufwendungen) nach dem sog **Zweikontenmodell** über ein getrenntes Schuldkonto finanzieren; die Kreditkosten sind in diesem Fall WK (vgl BFH GrS 2–3/88 BStBl II 90, 817, C.II.3.e). Das gilt auch bei einer PersGes oder Grundstücksgemeinschaft (BFH XI R 64/95 BStBl II 98, 511). – Verwendet der StPfl umgekehrt Eigenmittel für die Bezahlung von WK und müssen daher **Privataufwendungen mit Kredit** bezahlt werden, sind die Zinsen privat veranlasst (BFH IX B 130/14 BFH/NV 15, 977). Die richtige **Gestaltung** ist entscheidend (s Rz 144). – Der Kontentrennungsbeschluss BFH GrS 2–3/88 BStBl II 90, 817 gilt bei den Überschusseinkünften ohne jede Einschränkung fort; **§ 4 IVa** gilt **nur für Gewinneinkünfte** (s auch *BMF* BStBl I 05, 1019, Tz 1), da § 9 V nicht auf § 4 IVa verweist; zur Finanzierungsfreiheit s auch *Prinz* FR 09, 593.

Beispiele – **WK anerkannt:** Finanzierung von **LV-Beiträgen** iZm dem Erwerb von Mietgrundstücken (BFH IX R 62/07 BStBl II 09, 459, gilt aber nicht für Prämien für **Risiko-LV;** s auch BFH IX R 35/14 BStBl II 16, 210, krit Anm *Kanzler,* FR 16, 375). – **WK nicht anerkannt:** ein zum Erwerb einer Fonds-Beteiligung in Anspruch genommener Überziehungskredit wird **durch Eigenmittel zurückgeführt** und anschließend wird ein Darlehen aufgenommen (BFH IX R 22/10 BFH/NV 12, 14; s auch BFH XI R 74/00 BFH/NV

02, 188); StPfl nimmt Darlehen auf, um Belastungen eines im Wege der **Gesamtrechtsnachfolge** erworbenen Vermietungsobjekts abzulösen und eine bestehende Zwangsverwaltung zu beseitigen (BFH IX R 11/08 BFH/NV 09, 1100); StPfl setzt zur **Sicherung einer privaten Schuld** eine Einkunftsquelle (Sparbrief, Hausgrundstück) ein und verwertet bei Fälligkeit der privaten Schuld nicht die Sicherheit, sondern nimmt zu deren Erhaltung einen Kredit auf (BFH VIII R 30/02 BFH/NV 03, 1560). – Zu Zinsen aus einem Darlehen, das der StPfl in einen **Cash-Pool** eingebracht hat, s BFH IX R 10/06 BStBl II 07, 645; Anm *Heuermann* HFR 07, 852.

142 **(2) Gemischtes Konto.** Sind die Konten nicht getrennt und werden zB von einem Mietkonto WK *und* Privatausgaben bestritten, sind die **anteiligen Schuldzinsen** entspr dem Verhältnis der privaten Aufwendungen und der durch die Einkünfteerzielung veranlassten Aufwendungen **als WK zu berücksichtigen** (vgl BFH GrS 1–2/95 BStBl II 98, 193: Zinszahlenstaffelmethode, rechnerische Aufteilung in zwei Unterkonten). Mit eingehenden Einnahmen kann zunächst der private Schuldteil getilgt werden (BFH GrS 1–2/95 BStBl II 98, 193; ferner BFH XI R 19/01 BFH/NV 04, 1277).

143 **(3) Gemischt genutzte Wirtschaftsgüter.** Nutzt der StPfl ein WG, zB ein Gebäude, nicht nur zur Einkünfteerzielung, sondern auch privat, sind Darlehensmittel, die der Finanzierung des gesamten WG dienen, **nur anteilig als WK abziehbar** (BFH IX R 44/95 BStBl II 99, 676). Der StPfl kann allerdings ein Darlehen mit estl Wirkung gezielt dem der Einkünfteerzielung dienenden Gebäudeteil dadurch zuordnen, dass er das Darlehen tatsächl zur Finanzierung gerade dieses Gebäudeteils verwendet (BFH IX R 35/08 BStBl II 09, 663; s auch *Heuermann* DB 09, 1558; *ders* HFR 09, 766; *Schallmoser* DStR 09, 1685). Eine **nachträgl Zuordnung** ist **nicht mögl** (BFH B 56/09 BFH/NV 09, 1813).

Beispiele: Doppelhaushälfte, geschätzte Aufteilung der Zinsen nach dem **Verhältnis der Baukosten** (BFH IX R 44/95 BStBl II 99, 676); Mehrfamilienhaus, Aufteilung anhand der **vertragl vorgesehen Kaufpreiszuordnung** (BFH IX R 35/08 BStBl II 09, 663); Eigentumswohnungen, bei einheitl Abrechnung und Finanzierung Aufteilung nach dem Verhältnis der jeweiligen **Wohn-/Nutzflächen** (BFH VI R 29/96 BFH/NV 97, 288; s auch BFH VI R 19/76 BFH/NV 97, 179: obj Beweislast trägt der StPfl; BFH IX R 22/01 BStBl II 04, 348: Zuordnung von Aufwendungen durch StPfl; BFH IX R 59/95 BFH/NV 99, 764: Erbbaurecht); ggf Aufteilung im **Ertragswertverfahren** (BFH IX R 46/04 BFH/NV 06, 261). – Diese Rspr gilt auch in **Anschaffungsfällen** (BFH IX R 65/00 BStBl II 03, 389), auch bei sukzessivem Erwerb im Wege der **Zwangsversteigerung** (BFH IX B 184/06 BFH/NV 07, 1647), und für **Reparaturen** (BFH IX R 43/06 BFH/NV 08, 208); ebenso für ein **häusl Arbeitszimmer** (als selbständiger Gebäudeteil zu behandeln).

144 **(4) Gestaltung.** Wegen der mitunter erhebl praktischen Schwierigkeiten, die im Zweifel zu Lasten des StPfl gehen (Rz 150), ist die Abwicklung über **getrennte Konten** ratsam. Bei gemischt genutztem Gebäude sollten vorhandene Eigenmittel vorrangig zur Finanzierung des selbst bewohnten Gebäudeteils und Fremdmittel zur Finanzierung des vermieteten Gebäudeteils verwendet werden. Wird der selbst bewohnte Gebäudeteil auch durch ein eigenständiges und nur dafür verwendetes Darlehen finanziert, sollte später vorrangig dieses Darlehen getilgt werden (auch durch Mieteinnahmen, s Rz 141) und erst danach das zur Finanzierung des vermieteten Gebäudeteils verwendete Darlehen. – S iÜ auch *Strahl* NWB 14, 3701, 3728; *Neufang/Neufang* BB 11, 1761; *Risthaus* DB 00, 293 mit Rechenbeispiel.

Zum nur anteiligen Schuldzinsenabzug bei Zuführung verschiedener Darlehensmittel auf ein **einheitl Baukonto** s BFH IX R 38/00 BFH/NV 03, 1049 (dazu auch *Pezzer* FR 00, 654f). Ebenfalls (teil-)schädl ist die Verwendung eines **gemischten Zwischenfinanzierungskontos** (BFH IX R 65/98 BFH/NV 02, 1154; BFH IX R 2/04 BFH/NV 05, 694), eines **einheitl Zwischenkredits** (BFH IX B 167/02 BFH/NV 03, 478) oder eines **Girokontos** (BFH IX R 20/04 BFH/NV 06, 264).

145 **(5) Fremdvergleich.** Bei vertragl Beziehungen zw **nahen Angehörigen** müssen die jeweiligen Aufwendungen auf Grund eines ernsthaft vereinbarten und durchgeführten Schuldverhältnisses geleistet werden (zB BFH IX R 46/08 BStBl II 11, 24 mwN). Darlehensverträge mit Dritten sind hingegen, auch wenn das zu besichernde Grundgeschäft zw Angehörigen geschlossen wurde, in einen Fremdvergleich nicht mit einzubeziehen (BFH IX R 46/01 BStBl II 03, 243: Kaufvertrag zw Ehegatten, Darlehensvertrag mit Bank).

(6) Steuerfreie Einnahmen. Zinsen für Fremdmittel zur Finanzierung stfreier **146** Einnahmen sind gem **§ 3c** nicht als WK abziehbar. Das gilt zB für Zinsen aus der Refinanzierung einer Kapital-LV auch dann, wenn die LV ihrerseits dazu dient, einen durch die Einkünfteerzielung veranlassten Kredit zu tilgen (BFH VIII R 3/11 BStBl II 14, 560: Immobilienkredit einer vom StPfl beherrschten GmbH; s auch BFH I R 15/94 BStBl II 97, 57; weitere Beispiele: § 3c Rz 4 ff).

cc) Änderung des wirtschaftlichen Zusammenhangs. – (1) Umwid- 147 mung. Wird ein kreditfinanziertes WG (zB Grundstück), das bislang zur Einkünfteerzielung eingesetzt wurde, veräußert und wird der **Veräußerungserlös** wiederum für die Einkünfteerzielung eingesetzt (zB Anschaffung eines anderen Grundstücks, das vermietet wird), sind die für das fortbestehende Darlehen gezahlten Zinsen nach der sog **Surrogations-Rspr** bei den nunmehr erzielten Einkünften als WK zu berücksichtigen (ausführl BFH VIII R 68/94 BStBl II 97, 454; BFH VIII R 53/95 BStBl II 97, 682). Wird der Veräußerungserlös **teilweise privat** verwendet, sind die Schuldzinsen aufzuteilen (s BFH VIII R 28/04 BStBl II 07, 699, unter II.2.c: gesplittete Umwidmung). – Entspr gilt für die **geänderte Verwendung** eines kreditfinanzierten WG (BFH GrS 2–3/88 BStBl II 90, 817, unter C. II. 3.b.); daher sind zB nach Entnahme eines Grundstücks aus dem BV und anschließender Vermietung die Zinsen, die mit Anschaffungskrediten des Grundstücks zusammenhängen, als WK bei den Einkünften aus VuV abziehbar. – Ändert sich der Darlehenszweck noch **vor Verwendung der Darlehensmittel**, ist auf den neuen Zweck abzustellen (vgl BFH X R 140/95 BStBl II 99, 93, mwN).

Weitere Beispiele – WK anerkannt: fremdfinanziertes **Betriebsgrundstück** wird nach Betriebsaufgabe vermögensverwaltend vermietet (BFH X R 96/95 BStBl II 99, 353; s auch BFH X R 63/95 BFH/NV 00, 40); nach Betriebseinstellung werden bislang betriebl genutzte Büroräume als **häusl Arbeitszimmer** iRe nichtselbständigen Tätigkeit genutzt (BFH X R 15/04 BStBl II 07, 642; s auch BFH X R 60/99 BFH/NV 03, 900); bei fremdfinanzierter Sofortrente, wenn die **Rentenbeträge zur Anschaffung einer anderen Einkunftsquelle** (zB Zweitrente) oder zur Begleichung von WK eingesetzt werden (BFH IX R 23/03 BStBl II 06, 248); selbstbewohntes kreditfinanziertes Objekt wird veräußert und der Verkaufserlös (teilweise) zur Anschaffung einer **zur Vermietung bestimmten Immobilie** verwendet (BFH IX R 36/00 BStBl II 03, 706: nur teilweiser Abzug der Zinsen); selbstbewohntes Einfamilienhaus wird gegen **Leibrente** veräußert (BFH X R 37/86 BStBl II 91, 398); Übernahme eines Darlehens mit der Folge eines **Schuldnerwechsels** im Zuge der Einbringung einer privaten Verbindlichkeit in eine vermögensverwaltende PersGes (BFH IX R 15/11 BStBl II 12, 205: kein Rechtsmissbrauch).

(2) Keine willkürliche Umwidmung. Die Umwidmung eines Darlehens **148** setzt voraus, dass die auf der erstmaligen Verwendung des Darlehens beruhende Zuordnung zu einer bestimmten Einkunftsart oder zur privaten Vermögenssphäre eindeutig beendet und der bisherige wirtschaftl Zusammenhang **durch obj Umstände gelöst** ist (BFH VIII B 124/00 BFH/NV 01, 907 mwN). Eine willkürl Umwidmung durch den StPfl, zB durch bilanziellen Ausweis eines privat veranlassten Darlehens, ist nicht mögl (BFH X R 49/08 BFH/NV 10, 2225; s auch BFH GrS 1–2/95 BStBl II 98, 193, unter B.II.1.: keine Umschuldung durch gedankl Verrechnung). Gleiches gilt bei einer bloß gedankl Umwidmung des Darlehens (BFH XI R 22/88 BFH/NV 92, 25; BFH VIII R 57/96 BFH/NV 99, 594). Die Rechtsfigur einer Abkürzung des Zahlungswegs (Rz 18) findet hier keine Anwendung (BFH VIII R 57/96 BFH/NV 99, 594; BFH VIII R 48/95 BFH/NV 98, 20).

(3) Umschuldung. Wird der frühere Kredit durch ein neues Darlehen ersetzt, **149** ändert dies am WK-Abzug nichts (BFH IX R 45/13 BStBl II 15, 635, unter II.4.c; BFH IX R 27/97 BStBl II 01, 573; BFH X R 104/98 BFH/NV 02, 163). Zu dieser Rspr steht BFH XI R 98/96 BStBl II 98, 144 in Widerspruch (s *Drenseck* DStR 98, 1328; *Paus* FR 98, 520; *Wendt* FR 98, 194).

150 dd) **Nachweis.** Es muss eindeutig feststehen, dass Darlehensmittel tatsächl zur Einkunftserzielung eingesetzt worden sind (BFH IX R B 238/02 BFH/NV 05, 1051). Im Falle der **Umwidmung** muss der StPfl den geänderten Verwendungszweck eindeutig und nachvollziehbar belegen (BFH VIII R 28/04 BStBl II 07, 699). Unsicherheiten gehen zu Lasten des Stpfl (s BFH IX R 27/97 BStBl II 01, 573: Eingang einer Darlehensvaluta auf einem gemischten Kontokorrentkonto). Ggf müssen entspr Aufzeichnungen geführt werden (BFH XI B 8/03 BFH/NV 03, 1323: gemischtes Bankkonto; BFH IV R 87/95 BFH/NV 97, 339). – Eine **Zustimmung** des Darlehensgebers ist im Falle der Umwidmung nicht zwingend erforderl; sie stellt aber, wenn Zweifel an der Umwidmung bestehen, ein gewichtiges Indiz dar (BFH VIII R 28/04 BStBl II 07, 699; BFH VIII R 68/94 BStBl II 97, 454).

151 ee) **Nachträgliche Schuldzinsen.** Schuldzinsen, die erst nach Aufgabe der Erwerbstätigkeit anfallen, können (ebenso wie andere Aufwendungen, s Rz 99), zu nachträgl WK führen. Auch hier wirkt ein mit der früheren Einkünfteerzielung begründeter **Veranlassungszusammenhang** grds fort. Das gilt auch dann, wenn ein mit Darlehensmitteln angeschafftes WG, das der Einkünfteerzielung gedient hat, veräußert worden ist (BFH VIII R 20/08 BStBl II 10, 787; BFH IX R 67/10 BStBl II 13, 275); denn der ursprüngl Veranlassungszusammenhang setzt sich am **Veräußerungserlös** fort, unabhängig davon, ob die Veräußerung stpfl ist oder nicht (BFH IX R 45/13 BStBl II 15, 635; BFH IX R 4/17 BStBl II 18, 268; s auch *BMF* BStBl I 15, 581).

152 (1) **Verwendung des Veräußerungserlöses.** Entscheidend ist, was mit dem Veräußerungserlös geschieht: *(a)* Wird damit ein **anderes WG angeschafft,** das der Einkünfteerzielung dient, sind die für das fortbestehende Darlehen gezahlten Zinsen nach der sog Surrogations-Rspr bei den nunmehr erzielten Einkünften als WK zu berücksichtigen (Umwidmung des Kredits, s Rz 147). Die bloße aber nicht realisierte Reinvestitionsabsicht reicht für den Schuldzinsenabzug indessen nicht aus (BFH IX R 4/17 BStBl II 18, 268). – *(b)* Wird mit dem Erlös das **Darlehen getilgt,** fallen keine weiteren Zinsen an (zur str Behandlung einer Vorfälligkeitsentschädigung s Rz 137). Zinsen, die bis zur Beseitigung eines Auszahlungshindernisses anfallen, sind und WK (zutr *BMF* BStBl I 15, 581, Tz 1.1). Kann das Darlehen **nur teilweise getilgt** werden, weil der Veräußerungserlös nicht ausreicht, sind die auf das Rest-Darlehen entfallenden Zinsen nachträgl WK. Das gilt auch für Schuldzinsen, die auf ein Refinanzierungs- oder Umschuldungsdarlehen gezahlt werden (BFH IX R 45/13 BStBl II 15, 635). Unwirtschaftl Verhalten wird vom StPfl nicht verlangt (BFH IX R 40/14 BStBl II 16, 78). Voraussetzung ist allerdings, dass die **Einkünfteerzielungsabsicht** des StPfl nicht bereits vor Veräußerung aus anderen Gründen weggefallen ist (BFH IX R 37/12 BStBl II 15, 631). – *(c)* Verwendet der StPfl den Veräußerungserlös ganz oder teilweise **für andere (private) Zwecke,** wird der Zusammenhang mit der Einkünfteerzielung ganz oder teilweise gelöst; die Zinsen sind insoweit keine WK mehr (**Vorrang der Schuldentilgung,** s BFH IX R 67/10 BStBl II 13, 275, II.4.; *Heuermann* BFH/PR 12, 366; einschr *Paus* DStZ 14, 580; aA *Dötsch* jurisPR-SteuerR 26/2014 Anm 3). – Zur Behandlung mehrerer Darlehen und zu Darlehen für Erhaltungsaufwendungen s *BMF* BStBl I 15, 581 Tz 1.1. und 4. – Im Fall einer vermögensverwaltenden PersGes richtet sich die Höhe des Schuldzinsenabzugs nach der **Bruchteilsbetrachtung** (BFH IX R 45/13 BStBl II 15, 635, unter II.5. mwN; s auch BFH IX R 42/14 BStBl II 16, 332: Nachhaftung). Zu **§ 3c** s BFH VIII R 13/11 BStBl II 14, 251.

153 (2) **Untergang des Wirtschaftsguts.** Nachträgl Schuldzinsen können darüber hinaus auch dann als WK zu berücksichtigen sein, wenn das zur Einkünfteerzielung eingesetzte WG zB durch Brand untergeht (so zutr *Paus* FR 84, 136 f; s auch Rz 78 ff).

ff) Erzwungene Kapitalüberlassung. Überlässt der StPfl unfreiwillig einem 154 Dritten Kapital gegen Zinsen (zB Verzugszinsen nach ungerechtfertigter Inanspruchnahme aus Bürgschaft auf erste Anforderung), genügt es für die Begründung des erforderl wirtschaftl Zusammenhangs zw einer Darlehensaufnahme (zur Bedienung der Bürgschaft) und späteren Zinseinnahmen (Verzugszinsen), wenn das Darlehen zu dem Zweck aufgenommen worden ist, um die letztl nicht gerechtfertigte Forderung zu erfüllen (BFH VIII R 3/09 BStBl II 12, 254 mwN: keine besondere subj Bestimmung der Schuldzinsen für Zwecke der Erzielung von Verzugszinsen erforderl).

gg) Lösung des Veranlassungszusammenhangs. Verschenkt der StPfl ein 155 kreditfinanziertes WG, das der Einkünfteerzielung dient, unter Zurückbehaltung der Verbindlichkeiten, wird der Zusammenhang zw Zinsen und Einkünften gelöst (BFH IX B 127/07 BFH/NV 08, 941). Das gilt auch dann, wenn der Beschenkte im Erbwege später Schuldner der Verbindlichkeit wird (BFH IX R 182/84 BFH/NV 90, 560).

c) Renten. Zum Begriff (Leibrenten, Zeitrenten) s § 22 Rz 20 ff. Die Rente 160 muss mit einer Überschusseinkunftsart im Zusammenhang stehen. Der Barwert der Rente (zur Ermittlung s *BMF* BStBl I 10, 227, Tz 69; § 6 Rz 443) ist AK, auf die (zB beim Kauf eines Miethauses) die AfA vorzunehmen ist; der **Ertragsanteil** der Rente ist als WK abzugsfähig und beim Veräußerer als Einnahme iSd § 22 Nr 1 S 3 Buchst a zu erfassen (verfgemäß, s BFH VIII R 38/94 BStBl II 98, 339). BFH X R 32–33/01 BStBl II 11, 675 Rz 38, wonach sich der Zinsanteil aus dem Unterschiedsbetrag zw Rentenzahlungen einerseits und dem jährl Rückgang des Werts der Leibrentenverpflichtung ergibt, gilt nur bei den Gewinneinkünften. Zur unterschiedl Besteuerung bei Leibrente und abgekürzter Zeitrente s BFH IX R 56/07 BStBl II 10, 24 (*Heuermann* BFH/PR 09, 46). Auch die Ablösung eines Nutzungsrechts gegen Leibrente kann zu AK führen (BFH X R 81/91 BFH/NV 94, 620). Eine spätere Erhöhung der Veräußerungsrente bleibt ohne Einfluss auf die AK (FG Nds EFG 94, 653, rkr, mwN).

Zur Vermögensübertragung gegen wiederkehrende Leistungen auf bestimmte Zeit (abgekürzte Leibrente/abgekürzte dauernde Last, Mindestzeitrenten oder verlängerte Leibrenten/dauernde Lasten) s *BMF* BStBl I 04, 922, Tz 58 ff und BStBl I 10, 227, Tz 77 ff. – Im Fall der **Vermögensübergabe gegen Versorgungsleistungen** im Generationenverbund kommt kein WK-Abzug, sondern ein *SA-Abzug idR als dauernde Last* in Betracht (s § 10 Rz 111 ff; § 22 Rz 105); anders ist die Rechtslage, wenn die beiderseitigen Leistungen wie unter Fremden ausgehandelt worden sind.

d) Dauernde Lasten. Zum Begriff s § 22 Rz 47. Im Unterschied zur Rente 161 werden die Leistungen bei der dauernden Last nicht gleichbleibend erbracht. Zum WK-Abzug kann es nur kommen, wenn die dauernde Last mit einer Überschusseinkunftsart im Zusammenhang steht. Zu **Vermögensübergabe gegen Versorgungsleistungen** s Rz 160 aE. Handelt es sich um ein **entgeltl Geschäft** (beiderseitige Leistungen sind wie unter fremden Dritten ausgehandelt), ist nur der in den als dauernde Last zu qualifizierenden Versorgungsleistungen enthaltene *Zinsanteil* als WK abziehbar (BFH X R 136/88 BStBl II 92, 609, unter 5; ebenso BFH IX R 110/90 BStBl II 95, 47; ähnl FG Mster EFG 94, 829, rkr, zur Ablösung von Wohnrecht und Leibrente gegen dauernde Last); dieser Zinsanteil soll beim Veräußerer als Einnahme iSd § 20 I Nr 7 erfasst werden (*obiter dictum* in BFH IX R 110/90 unter 5f, cc der Gründe; *Martin* BB 92, 1619). In Höhe des Barwerts der dauernden Last (§ 14 BewG iVm Anlage 9) sollen AK vorliegen, auf die die AfA vorzunehmen sind (BFH IX R 110/90 BStBl II 95, 47; BFH IX R 46/88 BStBl II 95, 169; Berechnungsbeispiele s *Matteikat* DStR 95, 1091).

3. Öffentliche Abgaben; Versicherungen, § 9 I 3 Nr 2. Die genannten 170 Aufwendungen sind bereits nach § 9 I 1 WK (deklaratorische Bedeutung). Gebäude und Gegenstände, auf die sich die öffentl Abgaben und Versicherungen beziehen, müssen dem StPfl zur Einnahmeerzielung dienen. Dies ist nicht der Fall zB bei leer stehenden Häusern und unvermieteten Grundstücken, sofern sich nicht aus dem Gesichtspunkt vorabentstandener Aufwendungen (Rz 95 ff) etwas anderes ergibt, was bei Grundstücken aber nicht der Fall ist, wenn sie ledigl der Vermögensanlage dienen. Nach BFH VI 230/58 U BStBl III 60, 67 sollen bei **Zwischennutzung** derartiger Objekte WK iHd dabei erzielten Einnahmen abzugsfähig sein; etwaige Überschüsse sollen versteuert werden (s auch BFH VIII R 132/80 BStBl II 82, 463).

171 **a) Steuern von Grundbesitz.** Darunter fallen neben Grundsteuern und Ortskirchensteuern (offen gelassen: BFH IV 378/62 HFR 64, 376) auch ausl Steuern (s Bedenken in BFH I 308/61 U BStBl III 64, 5). Nach der Abzugsfähigkeit der zugrunde liegenden Steuer richtet sich auch die Abzugsfähigkeit steuerl Nebenleistungen.

172 **b) Sonstige öffentliche Abgaben.** Das sind zB Straßenreinigungs-, Müllabfuhr- und Kanalisationsgebühren. *Keine* öffentl Abgaben sind: Ablösezahlung für Stellplatzverpflichtung (BFH IX R 51/00 BStBl II 03, 710; BFH IX R 45/80 BStBl II 84, 702, HK); Kanalbaubeiträge (BFH VI R 302/66 BStBl II 68, 178, Grund und Boden); Anliegerbeiträge (BFH VIII R 65/72 BStBl II 74, 337, Grund und Boden); s demgegenüber aber BFH VIII R 80/77 BStBl II 80, 687, Wegebaukosten als sofort abzugsfähige BA; ferner BFH I R 130/78 BStBl II 83, 38, Sonderbeiträge zur städtischen Kläranlage als BA, weil originäres immaterielles WG; BFH III R 30/79 BStBl II 84, 616 – s auch § 6 Rz 59 ff).

173 **c) Versicherungsbeiträge.** Dazu gehören Feuer-, Wasser-, Sturm-, Haftpflicht-, Ölhaftpflicht-, Mietausfall- und Bauwesenversicherung (BFH VIII B 81/74 BStBl II 80, 294), ferner Versicherung gegen Diebstahl oder Beschädigung von Arbeitsmitteln. Tritt der Versicherungsfall ein, sind außergewöhnl Absetzungen und Kosten der Schadensbeseitigung WK (s Rz 79 f); die Versicherungsleistungen sind Einnahmen (s Rz 112). Nicht unter Nr 2 fallen die Hausrat- und Privathaftpflichtversicherung (§ 12 Nr 1). Zur berufl Unfallversicherung s § 19 Rz 110 „Versicherungsbeiträge".

174 **4. Beiträge zu Berufsständen/Berufsverbänden, § 9 I 3 Nr 3.** WK sind auch Mitgliedsbeiträge, Aufnahmegelder und Umlagen an Gewerkschaften, Beamtenbund, Anwaltskammern, Haus- und Grundbesitzerverein usw. Nicht zu den Beiträgen iSd § 9 I 3 Nr 3 zählen Aufwendungen für ehrenamtl Tätigkeit in den genannten Verbänden oder Aufwendungen für die Teilnahme an Tagungen und Sitzungen. Diese Aufwendungen sind aber nach dem allg WK-Begriff (§ 9 I 1) als WK abzugsfähig (BFH VI R 193/77 BStBl II 81, 368; *Söffing* FR 81, 284). – Nicht als WK abzugsfähig sind Beiträge an Berufsverbände, soweit sie mittelbar **privaten Zwecken** dienen (Sterbegeldumlage; FG RhPf EFG 82, 70, rkr). – Verfolgt der Verband wesentl **allg politische Zwecke**, können die Beiträge nicht der Erwerbssphäre zugeordnet werden (Umgehung des § 4 VI). Entscheidend ist, ob Mittel des Verbandes in erhebl Maß zur Unterstützung politischer Parteien verwendet werden (BFH VI R 51/92 BStBl II 94, 33; FG RhPf EFG 95, 799, rkr). Gleiches gilt, wenn der ArbN einem auch der allgemeinpolitischen Willensbildung tätigen Verband angehört, der berufs- oder betriebsspezifische Belange von Gruppen verfolgt, denen der ArbN selbst nicht angehört (BFH VI R 11/90 BStBl II 93, 53; Anm HFR 93, 70; BFH VI R 50/93 BFH/NV 95, 22; abl *von Bornhaupt* BB 93, 50).

Zu Gewerkschaftsbeiträgen von **Rentnern** s *FM Thür* DStR 92, 822 und *OFD Ffm* DStR 96, 827; nach Aufgabe der ArbN-Eigenschaft durch Übernahme eines politischen Mandats bzw Aufnahme einer selbstständigen/gewerbl Tätigkeit s *OFD Ffm* DStR 96, 1606.

5. Entfernungspauschale, § 9 I 3 Nr 4

Verwaltung: *BMF* BStBl I 20, 1228 (Reisekosten); *BMF* DStR 21, 2793 (Entfernungspauschale).

180 **a) Allgemeines.** Berufl veranlasste Fahrtkosten sind Erwerbsaufwendungen. Gem § 9 I 1 wären sie grds iHd tatsächl Aufwands als WK zu berücksichtigen

(BFH VI R 7/15 BFH/NV 16, 397). Das gilt auch für Fahrten eines ArbN zw Wohnung und erster Tätigkeitsstätte; denn die Überwindung dieser Distanz ist regelmäßig eine **notwendige Bedingung jeder berufl Betätigung** (s auch BVerfG 2 BvL 1/07 ua DStR 08, 2460). Allerdings hat der Gesetzgeber mit § 9 I 3 Nr 4 den WK-Abzug beschränkt. Seit VZ 2001 gilt eine **verkehrsmittelunabhängige Entfernungspauschale** iHv 0,30 € pro Entfernungskilometer (0,35 € von 2021 – 2023, 0,38 € von 2024 – 2026 ab dem 21. Entfernungskilometer); dh die Pauschale ist unabhängig davon anzusetzen, ob der ArbN die Wege zu Fuß, mit dem Fahrrad, dem eigenen Kfz oder mit öffentl Verkehrsmitteln zurücklegt. Dies ist verfgemäß (BFH VI R 4/15 BStBl II 17, 228: keine gleichheitswidrige Privilegierung von Nutzern öffentl Verkehrsmittel). – Der Versuch des Gesetzgebers, den Abzug ab VZ 07 noch weiter einzugrenzen und Kosten erst ab einer Entfernung von 21 km „wie WK" zum Abzug zuzulassen, war verfwidrig (s BVerfG 2 BvL 1/07 ua DStR 08, 2460). Mit Gesetz zur Fortführung der Gesetzeslage 2006 bei der Entfernungspauschale (BStBl I 09, 536) ist der frühere Rechtszustand rückwirkend zum 1.1.07 wiederhergestellt worden. – Zur Rechtslage **bis VZ 2013** vor Einführung des Begriffs der ersten Tätigkeitsstätte s *Schmidt* 39. Aufl. § 9 Rz 306 und *Schmidt* 35. Aufl § 9 Rz 186 ff u 254; zur Rechtsentwicklung allg s *BH/Thürmer* § 9 Rz 250.

b) Aufwandsunabhängige Wegepauschale, § 9 I 3 Nr 4 S 1. – aa) Aufwendungen. Die Regelung setzt ihrem Wortlaut nach „Aufwendungen" für Wege zw Wohnung und erster Tätigkeitsstätte (s Rz 302 ff) voraus. Dass dem ArbN solche Aufwendungen entstehen, wird durch die Formulierung „Zur Abgeltung dieser Aufwendungen" aus Vereinfachungsgründen **gesetzl (typisierend)** unterstellt. Es kommt nicht darauf an, ob der ArbN tatsächl etwas gezahlt hat. Die Pauschale ist auch dann zu gewähren, wenn der ArbN kostenfrei von Kollegen mitgenommen oder von Verwandten etc abgeholt wird (vgl BFH VI R 29/12 BStBl II 13, 735: durch umwelt- und verkehrspolitische Ziele gerechtfertigt). Hierdurch werden insb **Fahrgemeinschaften** gefördert (Einzelheiten: Rz 188).

bb) Wege. Die Pauschalierung gilt für die zurückzulegenden Wege. Auf die Wahl des Verkehrsmittels kommt es nicht an. Auch wenn der ArbN zu Fuß zur Arbeit geht, „per Anhalter" fährt oder ein ihm überlassenes Kfz nutzt, ist die Entfernungspauschale anzusetzen (vgl auch BFH IV R 6/00 BStBl II 01, 575: Motorboot). Zur Bestimmung der **kürzesten Straßenverbindung** s Rz 192.

cc) Wohnung. Der Begriff ist weit auszulegen und erfasst **jede irgendwie geartete Unterkunft**, von der aus der ArbN sich zur ersten Tätigkeitsstätte begibt (BFH VI R 64/81 BStBl II 83, 306). Die Wohnung muss nicht voll eingerichtet sein. Es genügen auch ein möbliertes Zimmer, eine Unterkunft auf einem Schiff, eine Holzbaracke, ein Holzhaus in einem Schrebergarten oder ein für eine gewisse Dauer abgestellter Campingwagen, auch die Wohnung des Freundes oder der Freundin (BFH VI R 92/85 BStBl II 89, 144) oder ein Schlafplatz in einer Massenunterkunft, wenn die Unterkunft von dem ArbN dauerhaft zur Übernachtung genutzt wird (BFH VI R 64/81 BStBl II 83, 306; s auch LStR 9.10 I 2). – Zu **mehreren Wohnungen** s Rz 199.

c) Pauschalierung, § 9 I 3 Nr 4 S 2. Die Entfernungspauschale beträgt bis einschl VZ 2020 einheitl 0,30 € für jeden vollen km der kürzesten Straßenverbindung (Rz 192) zur Wohnung und ersten Tätigkeitsstätte. Angefangene km zählen nicht (also Abrundung). **Von 2021 – 2023** beträgt die Entfernungspauschale 0,35 € und **von 2024 – 2026** 0,38 € ab dem 21. Entfernungskilometer (§ 9 I 3 Nr 4 S 8).

aa) Arbeitstag. – (1) Aufsuchen der ersten Tätigkeitsstätte. Die Entfernungspauschale gilt für jeden Arbeitstag, an dem der ArbN seine erste Tätigkeitsstätte aufsucht. Das Gesetz geht von einem arbeitstägl Hin- und Rückweg aus. Ein ArbN, der an einem Arbeitstag nur einen Weg zurücklegt, kann für den an diesem Arbeitstag zurückgelegten Weg folgl nur die Hälfte der Entfernungspauschale geltend machen (BFH VI R 42/17 BStBl II 20, 473).

186 **(2) Zusätzliche Heimfahrten.** Die Entfernungspauschale ist **für jeden Arbeitstag nur einmal** anzusetzen. Zusätzl Wege an einem Arbeitstag, zB bei Arbeitszeitunterbrechung oder zusätzl Arbeitseinsätzen außerhalb der regulären Arbeitszeit, werden nicht berücksichtigt (BFH VI B 101/03 BStBl II 03, 893; s auch BFH VI B 43/12 DStR 12, 2318). – Diese Einschränkung gilt aber nur bezogen auf *eine* erste Tätigkeitsstätte; hat der ArbN **mehrere DienstVerh** und demzufolge auch *mehrere* erste Tätigkeitsstätten (s auch § 9 IV 5: „je DienstVerh", Rz 204) und kehrt er von der einen ersten Tätigkeitsstätte zur nächsten ersten Tätigkeitsstätte zurück, gilt für den Weg zur nächsten ersten Tätigkeitsstätte die Entfernungspauschale ohne Einschränkungen (s auch *Geserich* NWB 11, 3531, 3537; *BMF* DStR 21, 2793, Rz 24).

187 **bb) Höchstbetrag (Jahresgrenze 4500 €).** Aufwendungen für Wege zw Wohnung und erster Tätigkeitsstätte können grds nur iHv höchstens 4500 € jährl als WK abgezogen werden. Eine **Ausnahme** gilt gem Nr 4 S 2 HS 2 bei Benutzung eines eigenen oder dem ArbN zur Nutzung überlassenen Kfz (nicht Motorrad). Seine tatsächl Kfz-Kosten muss der ArbN auch hier nicht nachweisen, denn es gilt stets die Pauschale (*BMF* DStR 21, 2793, Rz 11). Die Kostendeckelung gilt ferner nicht bei Nutzung öffentl Verkehrsmittel (§ 9 II 2, s unten Rz 293). – Zu **„Park-and-ride"** s Rz 192.

188 **cc) Fahrgemeinschaften. – (1) Bemessung der Pauschale.** Durch die Entfernungspauschale sollen Fahrgemeinschaften begünstigt werden (s Rz 181). Jedes Mitglied der Fahrgemeinschaft erhält für den arbeitstägl Weg zur ersten Tätigkeitsstätte die Entfernungspauschale nach der kürzesten Straßenverbindung zw *seiner* Wohnung und der ersten Tätigkeitsstätte. **Umwege** zum gemeinsamen Treffpunkt oder zu anderen Mitgliedern der Fahrgemeinschaft werden nicht in die Entfernungsermittlung einbezogen (*BMF* DStR 21, 2793, Rz 16). – Eine **Kostenbeteiligung** der Mitfahrer führt zu Einkünften gem § 22 Nr 3; von diesen kann der Fahrer WK für die Umwegstrecke abziehen (ausführl BFH X R 58/91 BStBl II 94, 516; *Schmidt-Liebig* FR 95, 100; krit *Paus* FR 94, 741).

189 **(2) Kostendeckelung.** Bei **einseitiger Fahrgemeinschaft** erhält jeder Mitfahrer die Entfernungspauschale begrenzt auf den Höchstbetrag von 4500 €. Der Fahrer hingegen kann bei Nutzung des eigenen oder eines überlassenen Kfz die Entfernungspauschale ohne Kostenbegrenzung als WK absetzen (Nr 4 S 2 HS 2). – Bei **wechselseitiger Fahrgemeinschaft** ist zunächst die Entfernungspauschale für die Tage zu ermitteln, an denen der ArbN mitgefahren ist; insoweit gilt die Kostendeckelung. Anschließend ist die Entfernungspauschale für die Tage zu berechnen, an denen der ArbN das eigene oder überlassene Kfz eingesetzt hat; mit diesem zweiten Betrag kann der Höchstbetrag überschritten werden (s *BMF* DStR 21, 2793, Rz 18 mit Beispiel).

190 **d) Flugstrecken; Sammelbeförderung, § 9 I 3 Nr 4 S 3.** – Flugstrecken und stfreie Sammelbeförderung (s § 3 Nr 110) sind von der Pauschalierung ausgenommen. Flüge werden also mit den tatsächl Kosten berücksichtigt; diese sind näml idR niedriger, als es die Entfernungspauschale wäre. Die Regelung dient somit der Verhinderung erhebl Mitnahmeeffekte (BFH VI R 42/07 BStBl II 09, 724; *Geserich* HFR 09, 770). Dagegen können Wege zum und vom Flugplatz über die Entfernungspauschale berücksichtigt werden, sofern diese Strecken innerhalb der kürzesten Straßenverbindung bleiben (*BMF* DStR 21, 2793 Rz 21) – Unklar ist die Rechtslage, wenn der ArbN ein **eigenes Flugzeug** benutzt. Da hier die tatsächl Kosten regelmäßig erhebl höher sind als eine anzusetzende Entfernungspauschale, würde die Anwendung von § 9 I 3 Nr 4 S 3 zu einer deutl Begünstigung des Flugverkehrs führen. Dies widerspräche den Zielen der Regelung und könnte eine teleologische Reduktion des § 9 I 3 Nr 4 S 3 rechtfer-tigen (zutr *Kempermann* HFR 01, 958; str, **aA** *HHR* § 9 Rz 458). Letztl wird diese Frage aber wegen der Kostendeckelung (Rz 187) kaum an Bedeutung gewinnen (wohl aber uU bei Familienheimfahrten iRe doppelten Haushaltsführung). – Zur Verwendung eines eigenen Flugzeugs für beruflich veranlasste Auswärtstermine s BFH VI R 37/15 BStBl II 17, 526.

e) Maßgebliche Entfernung, § 9 I 3 Nr 4 S 4. – aa) Kürzeste Straßenverbindung (HS 1). Bei der Ermittlung der anzusetzenden Entfernungs-km (Rz 184) ist grds auf die kürzeste Straßenverbindung abzustellen, unabhängig vom benutzten Verkehrsmittel. Ob etwa die tatsächl benutzte S-Bahn-Strecke weiter ist, ist unerhebl (FG BaWü EFG 09, 926, rkr). Zu berücksichtigen sind **alle öffentl Straßen** (§ 2 StVG), die dem allg Kfz-Verkehr dienen (BFH VI R 20/13 BStBl II 14, 259: auch Bundesstraßen). Auf eine Mautpflicht oÄ kommt es nicht an. – Legt der StPfl die Wege im **"Park-and-ride-System"** zurück, sind nicht die Entfernungen zw Wohnung und Abfahrtsbahnhof, zw Abfahrts- und Ankunftsbahnhof sowie zw Ankunftsbahnhof und erster Tätigkeitsstätte zusammenzurechnen. Maßgebend ist auch in diesem Fall die kürzeste Straßenverbindung zw Wohnung und erster Tätigkeitsstätte. Zur **Berechnung** s *BMF* DStR 21, 2793, Rz 22 mit Beispielen; *Harder-Buschner* NWB 10, 3020. – Zu berufl **Umwegfahrten** s Rz 292.

bb) Offensichtlich verkehrsgünstigere Straßenverbindung (HS 2). Bei der Berechnung der Pauschale kann eine andere, längere Straßenverbindung berücksichtigt werden, wenn diese offensichtl verkehrsgünstiger ist und vom ArbN regelmäßig benutzt wird. **Verkehrsgünstiger** ist eine Strecke für den ArbN, wenn er auf dieser seine erste Tätigkeitsstätte trotz gelegentl Verkehrsstörungen idR schneller und pünktlicher erreicht (BFH VI R 19/11 BStBl II 12, 520, mwN). **Offensichtl** ist das, wenn jeder verständige Verkehrsteilnehmer sich unter den gegebenen Umständen für diese Strecke entschieden hätte. Eine bestimmte "Mindest-Zeitersparnis" wird nicht (mehr) verlangt; auch andere Kriterien wie **Verkehrsaufkommen, Streckenführung** oder **Ampelschaltung** können herangezogen werden (BFH VI R 19/11 BStBl II 12, 520), auch die Unzuverlässigkeit einer **Fährverbindung** (BFH VI R 53/11 BStBl II 12, 802; Anm *Ge* DStR 12, 278: obj Kosten-Nutzen-Analyse; s auch *BMF* DStR 21, 2793, Rz 13). – Zu vergleichen sind die kürzeste und die vom ArbN regelmäßig genutzte längere Straßenverbindung; weitere mögl, aber vom ArbN tatsächl nicht genutzte Fahrtstrecken bleiben unberücksichtigt (BFH VI R 46/10 BStBl II 12, 470).

f) Sachzuwendungen ua, § 9 I 3 Nr 4 S 5. – aa) Sachzuwendungen. Nach § 8 II 11 stfreie Sachbezüge (Freigrenze, § 8 Rz 68) und ArbG-Leistungen gem § 8 III (Rabattfreibetrag, § 8 Rz 70) **für Fahrten Wohnung/erste Tätigkeitsstätte** mindern die Entfernungspauschale (s FG Bbg EFG 13, 1576, rkr: vollumfängl, mit Anm *Pfützenreuter*). Der Wert des Sachbezüges muss von dem nach S 2 ermittelten Betrag abgezogen werden, ggf auch vom Höchstbetrag (4500 €).

(1) Benzingutschein; Tankkarte. Zu berücksichtigen sind wegen der ausdrückl Bezugnahme auf **§ 8 II 11** insb auch stfrei (bis 44 €; **ab VZ 22:** bis 50 €) überlassene Benzingutscheine/Tankkarten des ArbG (vgl BFH VI R 26/08 BFH/NV 11, 589; glA *HHR* § 9 Rz 460; **aA** *Seifert* DStZ 15, 246, 252).

(2) Freifahrtberechtigung. Bei **§ 8 III** muss die ArbG-Leistung zur Liefer- und Leistungspalette des ArbG gehören. Dies betrifft vor allem Freifahrtberechtigungen für Mitarbeiter von **Verkehrsunternehmen** (vgl FG Bbg EFG 13, 1576, rkr) und Kfz-Überlassung an ArbN durch **Mietwagenunternehmen** (*BMF* DStR 21, 2793, Rz 25). Der Wert mindert die Entfernungspauschale. Das gilt allerdings nicht, wenn der ArbN von einer Freifahrtberechtigung keinen Gebrauch macht (FG Bbg EFG 07, 1314, rkr).

197 **(3) Pauschalierung nach § 40 II 2.** Wird von der Pauschalierung nach § 40 II 2 Gebrauch gemacht, ist die Entfernungspauschale gem § 40 II 3 ebenfalls um den pauschal versteuerten Ersatz der Aufwendungen zu mindern (s *BMF* DStR 21, 2793, Rz 26; s auch § 40 Rz 18).

198 **bb) Abgrenzung: Kraftfahrzeugüberlassung und Job-Ticket.** Stellt der ArbG dem ArbN ein **Kfz für Fahrten zw Wohnung und erster Tätigkeitsstätte** zur Verfügung, ergeben sich keine Besonderheiten: Der geldwerte Vorteil (ArbLohn) errechnet sich nach § 8 II 3 (§ 8 Rz 45 ff); der ArbN kann die ungekürzte Entfernungspauschale abziehen (verkehrsmittelunabhängige Pauschale, Rz 182). Die Kfz-Überlassung fällt nicht unter § 9 I 3 Nr 4 S 5. Zu Kfz-Kosten, die der ArbN selbst trägt, s § 8 Rz 37; zur Überlassung eines Kfz mit der Auflage, andere ArbN zur ersten Tätigkeitsstätte mitzunehmen, s § 8 Rz 46 und § 19 Rz 100 „Sammelbeförderung". – **Job-Tickets** und ähnl Sachbezüge des ArbG sind stpfl Lohn; daher kann der ArbN die Entfernungspauschale ungemindert als WK abziehen. Ab VZ 19 gilt für das Job-Ticket aber StFreiheit nach § 3 Nr 15 (s § 3 Rz 63; *BMF* BStBl I 19, 875). Stfreie Zuschüsse mindern nunmehr die Entfernungspauschale (§ 3 Nr 15 S 3).

199 **g) Mehrere Wohnungen, § 9 I 3 Nr 4 S 6. – aa) Maßgebliche Strecke.** Hat ein ArbN mehrere Wohnungen, die er selbst nutzt, kann er die Entfernungspauschale für die kürzeste Straßenverbindung zw der **weiter entfernten Wohnung** und der ersten Tätigkeitsstätte nur geltend machen, wenn diese Wohnung den „Mittelpunkt der Lebensinteressen" bildet und er sie nicht nur gelegentl aufsucht. Sind diese Voraussetzungen erfüllt, ist eine Unterbrechung der Fahrt an der näher gelegenen Wohnung unschädl (BFH VI R 42/89 BStBl II 92, 306). Dagegen ist für diejenigen Tage, an denen der ArbN von der näher gelegenen Wohnung aus zur Arbeit fährt, die kürzeste Straßenverbindung von dieser Wohnung aus anzusetzen. – Befindet sich der Lebensmittelpunkt in der **näher gelegenen Wohnung**, ist die Entfernungspauschale für den Weg zw dieser (Haupt-)Wohnung und der ersten Tätigkeitsstätte nur für die Tage anzusetzen, an denen der ArbN von der entfernter liegenden Wohnung aus gefahren ist (BFH VI R 168/84 BStBl II 86, 95).

200 **bb) Lebensmittelpunkt.** Der Lebensmittelpunkt eines StPfl befindet sich dort, wo die engeren persönl Beziehungen bestehen Es gibt immer nur *einen* Lebensmittelpunkt (BFH VI B 152/10 BFH/NV 11, 1347). Dieser kann allerdings wechseln, auch innerhalb eines VZ (BFH VI R 127/76 BStBl II 79, 335: Sommerwohnung/Winterwohnung; s auch BFH VI B 118/04 BStBl II 07, 538). Die Bestimmung des Lebensmittelpunkts muss unter Würdigung aller Umstände des Einzelfalls erfolgen (BFH VI B 118/04 BStBl II 07, 538: Pflichten des FG). Auf die Motive für die Wohnsitznahme an dem entfernteren Ort kommt es nicht an (BFH VI R 190/85 BFH/NV 89, 576); eine Angemessenheitsprüfung findet nicht statt (BFH VI R 126/86 BFH/NV 90, 498). Eine Wohnung, die nur als Wochenend- oder Ferienwohnung genutzt wird, kann allerdings regelmäßig nicht der Lebensmittelpunkt sein (BFH VI R 168/84 BStBl II 86, 95).

201 **(1) Verheiratete Arbeitnehmer; Lebenspartner etc.** Bei verheirateten ArbN ist grds davon auszugehen, dass sich ihr Lebensmittelpunkt am Aufenthalts- und Wohnort der Familie befindet (BFH VI R 64/81 BStBl II 83, 306; s auch Rz 230 ff). Für ArbN, die in einer Lebenspartnerschaft (s § 2 VIII) oder in anderer Form in einer dauerhaften Beziehung leben, gilt das mE ebenso.

202 **(2) Ledige Arbeitnehmer.** Bei einem erwachsenen ledigen ArbN kann allg angenommen werden, dass sich der Lebensmittelpunkt in der Wohnung befindet, von der aus er sich überwiegend zur ersten Tätigkeitsstätte begibt, es sei denn, er hält sich *nahezu immer, wenn mögl,* also an den Wochenenden, in den Ferien (soweit er nicht wegfährt) oder bei Erkrankungen an einem anderen Wohnort auf und kann darlegen, dass zu diesem Ort eine stärkere Bindung besteht (Eltern, Verlobte,

Freundes- und Bekanntenkreis, Vereinszugehörigkeit etc; ausführl BFH VI R 7/83 BStBl II 86, 221; s auch Rz 234 ff). Unerhebl ist, ob der ledige ArbN dort einen eigenen Haushalt führt, Eigentümer der Wohnung ist, sie gemietet hat oder unentgeltl ein Zimmer im Haus der Eltern nutzt.

cc) Nicht nur gelegentliches Aufsuchen. Die beiden Tatbestandmerkmale „Lebensmittelpunkt" und „nicht nur gelegentl aufgesucht" werden in der Praxis nicht immer sauber getrennt. Das ist auch häufig nicht mögl; denn gerade bei ledigen ArbN ist das nachhaltige Aufsuchen einer Wohnung ein starkes Indiz dafür, dass diese als Lebensmittelpunkt der Wohnung anzusehen ist (s Rz 202). – Der *FinVerw* zufolge genügen bei **verheirateten ArbN** bereits sechs Heimfahrten im VZ (LStR 9.10 I 5: „ohne nähere Prüfung"). Bei ausl Familienwohnsitz können aber auch weniger als sechs Heimfahrten ausreichend sein (s BFH VI R 152/99 BStBl II 04, 233: Familienwohnung in der Türkei). Das wird auch für Lebenspartner gelten (s § 2 VIII). – Bei **ledigen ArbN** werden durchschnittl zwei Fahrten pro Monat erwartet (LStR 9.10 I 8); zwingend ist aber auch dies nicht (Würdigung des Einzelfalls, s Rz 200).

h) (Elektro)Fahrräder, § 9 I 3 Nr 4 S 7. Nach § 3 Nr. 37 idF „JStG 2018" stfreie Vorteile aus der Überlassung von (Elektro)Fahrrädern werden nicht auf die Entfernungspauschale angerechnet. Das Abzugsverbot nach § 3c I ist ebenfalls nicht anzuwenden (*BMF* DStR 21, 2793 Rz 25).

i) Befristete Anhebung der Entfernungspauschale, § 9 I 3 Nr 4 S 8. Zur Entlastung der StPfl von den Mehrkosten des Klimaschutzprogramms wird die Entfernungspauschale unabhängig vom benutzten Verkehrsmittel befristet **von 2021 bis 2023** ab dem 21. Entfernungskilometer auf 0,35 € und **von 2024 bis 2026** auf 0,38 € angehoben. Die Regelung soll für Fernpendler mit besonders langen Arbeitswegen pauschalierend die Mehrkosten durch die CO_2-Bepreisung ausgleichen. Zur Höchstbetragsregelung s Rz 187.

6. Sonstige Fahrtkosten, § 9 I 3 Nr 4a. – a) Allgemeines. Berufl veranlasste Fahrtkosten sind Erwerbsaufwendungen und grds iHd tatsächl Aufwands als WK zu berücksichtigen (s Rz 180). Die Regelung bestätigt diesen Grundsatz scheinbar, schränkt ihn aber tatsächl mit Wirkung **ab VZ 14** in S 3 und 4 für Fahrten zu sog Sammelpunkten und weiträumigen Tätigkeitsgebieten entgegen der bisherigen BFH-Rspr wesentl ein. Darin liegt die eigentl Bedeutung der Bestimmung; die betroffenen StPfl werden **deutl schlechter gestellt** (zutr die Kritik von *Bergkemper* FR 13, 1017: Widerspruch zu § 9 IV 1; s auch *BH/Thürmer* § 9 Rz 315: Verstoß gegen das obj Nettoprinzip). – Zur **Rechtslage bis VZ 13** s *Schmidt* 35. Aufl § 9 Rz 186 ff.

b) Auswärtige Tätigkeit, § 9 I 3 Nr 4a S 1 und 2. – aa) Abgrenzung. Die Grundregel in S 1 und 2 gilt für alle berufl veranlassten Fahrten, die als auswärtige Tätigkeit weder unter § 9 I 3 Nr 4 (Fahrten zw Wohnung und erster Tätigkeitsstätte) noch Nr 5 (Familienheimfahrten bei doppelter Haushaltsführung) fallen. Das betrifft Außendienstmitarbeiter, die an **ständig wechselnden Einsatzstellen** tätig werden, ohne typischerweise arbeitstägl denselben Ort oder dasselbe weiträumige Tätigkeitsgebiet anzufahren (dann: § 9 I 3 Nr 4a S 3), und ArbN, die über eine erste Tätigkeitsstätte verfügen, mit ihren **sonstigen berufl veranlassten Fahrten** wie zB Dienstreisen (also alles jenseits von § 9 I 3 Nr 4 und 5).
Beispiele: ArbN auf **Bauausführungen** und **Montagen** (§ 12 S 2 AO; s BFH VI R 22/14 BStBl II 16, 179); **Bus-/LKW-Fahrer, Kundendienstmonteure, Vertreter, mobile Pflegekräfte** und **Seeleute**, wenn sie *nicht* typischerweise arbeitstägl einen vom ArbG festgelegten Ort aufsuchen müssen (s *BMF* BStBl I 20, 1228 Rz 37); **Dienstreisen**; Heimreise und Rückreise eines ArbN bei **Unterbrechung des Urlaubs** aus *dienstl* Gründen (vgl. BFH VI R 29/86 BStBl II 90, 423).

bb) Tatsächliche Aufwendungen (S 1). Der ArbN kann die tatsächl Aufwendungen als WK absetzen, also bei Bus, Bahn, Taxi und Flugzeug etc die **Beförde-**

rungskosten (einschließl Reservierungskosten und Zuschläge). Das Verkehrsmittel kann er frei wählen. – Benutzt er ein (eigenes oder überlassenes) Kfz, ist der **persönl Km-Satz** wie bisher (s LStR 9.5 I 3) anhand der Gesamtkosten des genutzten Fahrzeugs für einen Zeitraum von 12 Monaten zu ermitteln. Dieser kann so lange angesetzt werden, bis sich die Verhältnisse wesentl ändern (s auch BT-Drs 17/10774 S 12 f).

213 **cc) Pauschale Km-Sätze; Wahlrecht (S 2).** Wahlweise kann der ArbN pauschale Km-Sätze für das jeweilige Fahrzeug **nach BRKG** ansetzen, für Pkw 0,30 € für jeden gefahrenen km und für andere motorbetriebene Fahrzeuge 0,20 € (s *BMF* BStBl I 20, 1228 Rz 36). Aufgrund der ausdrückl gesetzl Regelung gibt es keine „offensichtl unzutr Besteuerung" mehr (s *BMF* BStBl I 20, 1228 Rz 36: daher keine Anwendung von BFH VI R 114/88 BStBl II 92, 105 mehr). Für Reisen mit Bahn oder Flugzeug sind aber keine pauschalen km-Sätze zu berücksichtigen, da das BRKG hierfür keine pauschale Wegstreckenentschädigung festsetzt (BFH VI R 50/18 BStBl II 21, 440). – Das Wahlrecht kann mE **für jede einzelne Fahrt** erneut ausgeübt werden. Dass sich der StPfl für einen ganzen VZ festlegen muss, ist dem Gesetz nicht zu entnehmen (glA *Seifert* DStZ 12, 720, 723; *BH/Thürmer* § 9 Rz 311; **aA** *HHR* § 9 Rz 479; zur Rechtslage bis VZ 2013 auch § 19 Rz 110 „Kraftfahrzeugkosten").

214 **c) Sammelpunkte; weiträumige Tätigkeitsgebiete, § 9 I 3 Nr 4a S 3, 4.** – **aa) Entfernungspauschale.** ArbN, die keine „erste Tätigkeitsstätte" iSd § 9 IV haben, können bei „typischerweise arbeitstägl" Fahrten zu einem vom ArbG dauerhaft festgelegten Ort (zB „Sammelpunkte") oder einem dauerhaft festgelegten weiträumigen Tätigkeitsgebiet nur noch die Entfernungspauschale geltend machen. Dies gilt auch dann, wenn die Fahrten an einer dem Sammelpunkt näher gelegenen Wohnung unterbrochen werden (BFH VI B 64/19, BFH/NV 21, 306). Es kommt also nicht mehr darauf an, ob eine ortsfeste Einrichtung des ArbG angefahren wird. – Die Berücksichtigung von Verpflegungsmehraufwand oder Übernachtungskosten wird von der Neuregelung nicht berührt (so ausdrückl auch *BMF* BStBl I 20, 1228 Rz 40, 45).

215 **bb) Sammelpunkte.** „Dauerhaft festgelegt" sein können zB ein Ort zur Fahrzeugübernahme für Berufskraftfahrer (Busdepot, Lkw-Wechselplatz oÄ; s auch FG Nbg EFG 16, 1240, rkr), der Betriebssitz des ArbG, ein Flug- oder Fährhafen oder ein Schiffsanleger (vgl *BMF* BStBl I 20, 1228 Rz 38). Für die Dauerhaftigkeit gilt die Legaldefinition in § 9 IV 3 entsprechend (BFH VI R 14/19 BFH/NV 22, 15). Der Sammelpunkt muss **typischerweise arbeitstägl** aufgesucht werden; ansonsten liegt eine Auswärtstätigkeit (s Rz 211) vor. Dies erfordert aber nicht, dass der ArbN den Ort zwingend jeden Arbeitstag aufsucht; dies muss nach den Weisungen des ArbG nur ganz überwiegend arbeitstägl geschehen; fahrtäglich reicht insoweit nicht aus (BFH VI R 6/19 BStBl II 21, 727). Ein Aufsuchen alle zwei oder drei Arbeitstage reicht indes nicht aus (FG Nds DStRE 18, 967, rkr). – Privat vereinbarte Sammelpunkte werden hier nicht erfasst, da sie nicht vom ArbG vorgegeben sind (zu Fahrgemeinschaften s Rz 188 f).

216 **cc) Weiträumige Tätigkeitsgebiete.** Ein „weiträumiges Tätigkeitsgebiet" setzt eine **vom ArbG festgelegte Fläche** voraus, innerhalb derer der ArbN die vertragl vereinbarte Arbeitsleistung erbringen soll (FG Bbg DStRE 19, 1054, rkr; *BMF* BStBl I 20, 1228 Rz 42). Dies ist typischerweise bei Hafen- und Forstarbeitern oder Briefzustellern der Fall, nicht hingegen bei ArbN, die wie Bezirksleiter, Vertriebsmitarbeiter, Schornsteinfeger und Pflegekräfte verschiedene Niederlassungen bzw Häuser anfahren (FG Bbg DStRE 19, 1054, rkr; *BMF* BStBl I 20, 1228 Rz 42; FG Nds EFG 21, 748, Rev VI R 4/21). Abzugrenzen ist das weiträumige Tätigkeitsgebiet auch von einer großräumigen, aber in sich geschlossenen und überschaubaren ersten Tätigkeitsstätte (zB Werksgelände, Zeche, Messegelände oder Bürokomplex, BFH VI R 36/16 BStBl II 19, 543; s auch FG Köln EFG 18, 1898, Rev

VI R 36/18, zum Schienennetz einer Werksbahn und *Thomas* DStR 14, 497, 502). – Werden **unterschiedl Zugänge** zum Tätigkeitsgebiet angefahren, „gilt" die Entfernungspauschale „für *die* Fahrten" zu dem der ArbN-Wohnung nächstgelegenen Zugang. Ob dies im Umkehrschluss bedeutet, dass der ArbN für Fahrten zu anderen Zugängen Aufwendungen nach S 1 oder 2 geltend machen kann, ist str (so *HHR* § 9 Rz 487; *BH/Thürmer* § 9 Rz 316; **aA** BT-Drs 17/10774, S 13: Entfernungspauschale auch dann, wenn der ArbN *stets* einen weiter entfernen Zugang nutzt; *BMF* BStBl I 20, 1228 Rz 44: nur Berücksichtigung der *Mehr*-Km mit den tatsächl Kosten). – Fahrten **innerhalb eines weiträumigen Tätigkeitsgebiets** werden gem § 9 I 3 Nr 4a S 4 mit den tatsächl Kosten nach S 1 und 2 berücksichtigt.

7. Doppelte Haushaltsführung, § 9 I 3 Nr 5. – a) Allgemeines. Die Berücksichtigung von Aufwendungen für eine berufl veranlasste doppelten Haushaltsführung als WK ist eine **Grundentscheidung des dt ESt-Rechts** (BVerfG 2 BvR 400/98 ua, BStBl II 03, 534; s auch BVerfG 2 BvL 1/07 ua DStR 08, 2460, C. II.4.a: notwendige Voraussetzung der Erwerbstätigkeit). Dem Gesetzgeber wäre es untersagt, den WK-Abzug ausnahmslos abzuschaffen (so BVerfG 2 BvR 400/98 ua, BStBl II 03, 534, zu Kettenabordnung und „Doppelverdiener"); das gilt besonders in Zeiten wirtschaftl Krisen und drohender Arbeitslosigkeit. Im Fall von Ehe und Familie ist die **Beibehaltung des Familienwohnsitzes** auch bei berufl Veränderungen eines Ehegatten durch Art 6 GG geschützt (vgl BVerfG 1 BvR 1232/00 NJW 05, 3556). – § 9 I 3 Nr 5 hat jedenfalls insoweit konstitutive Bedeutung (lex specialis), als der **WK-Abzug eingeschränkt** wird (BFH VI R 31/16 BStBl II 18, 404; *Drenseck* DB 87, 2485; *HHR* § 9 Rz 490; *BH/Thürmer* § 9 Rz 326). Es handelt sich nicht um gemischte Aufwendungen iSv § 12 Nr 1 (glA *Bergkemper* FR 08, 43; s aber BVerfG 2 BvL 1/07 ua DStR 08, 2460, C. II.4.a; BFH VI R 50/11 BStBl II 13, 286: private Mitveranlassung); § 9 I 3 Nr 5 ist ggü § 12 Nr 1 S 2 vorrangig (ausführl *Söhn* FS Offerhaus, S 477, mwN; *Offerhaus* BB 79, 668). Liegen die Voraussetzungen einer doppelten Haushaltsführung indessen nicht vor, sind die Kosten einer Zweitwohnung idR auch nicht nach § 9 I 1 abziehbar, da sie auch dem der Privatsphäre zuzurechnenden Wohnen dienen und eine Aufteilung mangels Aufteilungsmaßstab nicht in Betracht kommt (BFH VI R 31/16 BStBl II 18, 404). Vorab entstandene WK (s Rz 95ff) können in einem solchen Fall nur vorliegen, wenn der StPfl endgültig den Entschluss gefasst hat, die Wohnung künftig iRe steuerl anzuerkennenden doppelten Haushaltsführung zu nutzen (BFH VI R 1/18, BFH/NV 20, 354; weitergehend FG Mster DStRE 19, 1113, rkr, mE unzutr).

Zur **Rechtsentwicklung** *HHR* § 9 Rz 475; **Rechtslage bis VZ 13** s *Schmidt* 35. Aufl § 9 Rz 205ff.

b) Berufliche Veranlassung, § 9 I 3 Nr 5 S 1. Eine doppelte Haushaltsführung liegt vor, wenn der ArbN neben seinem Haupthaushalt einen weiteren Haushalt führt und wenn dieser Umstand berufl veranlasst ist. Der zweite Haushalt muss **konkreten berufl Zwecken** dienen (BFH VI R 25/11 BStBl II 12, 831). Das ist der Fall, wenn ihn der StPfl nutzt, um von dort aus seine erste Tätigkeitsstätte aufzusuchen (stRspr, vgl BFH VI R 7/13 BStBl II 15, 336); zB nach Wechsel des Beschäftigungsorts oder Versetzung, nach Aufnahme einer neuen Tätigkeit oder bei Bereitschaftsdiensten mit kurzen Reaktionszeiten. Eine berufl Veranlassung ist dagegen ausgeschlossen, wenn die Wohnung am Ort der ersten Tätigkeitsstätte den Haupthaushalt des ArbN bildet (BFH VI R 16/14 BStBl II 15, 511: Aufwendungen der Lebensführung). – Dient die neben dem Haupthaushalt geführte zusätzl Wohnung berufl Zwecken, kommt es auf die (häufig privaten) **Gründe für die Beibehaltung** der doppelten Haushaltsführung nicht an (zB verfestigte soziale Bindungen am Ort der Hauptwohnung, Umzugsunwilligkeit des Partners, schulpflichtige Kinder etc; vgl auch BVerfG 1 BvR 1232/00 NJW 05, 3556). Durch bloßen Zeitablauf verliert die doppelte Haushaltsführung nicht ihre berufl Veranlassung. – Kosten einer doppelten Haushaltsführung können auch während der Zeit der **Arbeitslosigkeit** berufl veranlasst sein (als vorab entstandene/nachträgl WK; s auch Rz 94 ff).

222 **c) Haupthaushalt; Zweitwohnung, § 9 I 3 Nr 5 S 2, 3.** Die gesetzl Regelung unterscheidet in § 9 I 3 Nr 5 S 2 zw dem „eigenen Hausstand", den der ArbN außerhalb des Orts seiner ersten Tätigkeitsstätte unterhält, und einem „Wohnen" am Ort der ersten Tätigkeitsstätte, also zw Haupthaushalt und Zweitwohnung (vgl BFH VI R 16/14 BStBl II 15, 511). – Zum Begriff „erste Tätigkeitsstätte" s Rz 302.

223 **aa) Eigener Hausstand. – (1) Haupthaushalt.** Der „eigene Hausstand" außerhalb des Orts der ersten Tätigkeitsstätte muss der Haupthaushalt des ArbN sein; sonst fehlt es an der berufl Veranlassung (s Rz 221). Das Vorhalten einer Wohnung zu Besuchszwecken oder für Ferienaufenthalte genügt nicht (BFH VI R 46/12 BStBl II 13, 627; BFH VI R 16/14 BStBl II 15, 511). Haupthaushalt ist der Haushalt, an dem der ArbN seinen **dauerhaften Lebensmittelpunkt** hat, wo er sich außerhalb von Arbeits- und ggf Urlaubszeiten regelmäßig aufhält, den er fortwährend nutzt und von wo aus er sein Privatleben führt (BFH VI R 46/12 BStBl II 13, 627 Rz 12). Dass die Wohnverhältnisse vergleichsweise einfach oder beengt sind, schließt nicht aus, dass es sich um den Haupthaushalt handelt; die Voraussetzungen des bewertungsrechtl Wohnungsbegriffs müssen nicht erfüllt sein (BFH VI R 82/02 BStBl II 05, 98; *Fissenewert* HFR 05, 119).

224 **(2) Dauerhafter Lebensmittelpunkt.** Wo sich der dauerhafte Lebensmittelpunkt eines ArbN befindet, ist anhand einer **Gesamtwürdigung** aller Umstände des Einzelfalls festzustellen (stRspr, s BFH VI R 16/14 BStBl II 15, 511 Rz 13 mwN). Indizien können sein die Häufigkeit und Dauer der Aufenthalte am Beschäftigungsort bzw die Anzahl der Heimfahrten, ferner Ausstattung und Größe beider Wohnungen sowie deren Entfernung voneinander. Erhebl Gewicht hat ferner der Umstand, zu welchem Wohnort die engeren persönl Beziehungen bestehen (zB Art und Intensität der sozialen Kontakte mit Angehörigen und Freunden, Vereinszugehörigkeiten und andere Aktivitäten; s BFH VI R 71/14 BFH/NV 15, 1240: vorübergehende Entsendung in ein Entwicklungsland begründet dort idR keinen Lebensmittelpunkt). Es gibt auch hier immer nur *einen* Lebensmittelpunkt. – Bei ArbN, die mit ihrem Ehegatten, Lebenspartner oder Partner in einer dauerhaften Beziehung leben, mit oder ohne Kinder, befindet sich der Lebensmittelpunkt idR am **Familienwohnsitz** (s Rz 230 ff). Mehr Schwierigkeiten bereitet die Bestimmung des Lebensmittelpunkts in der Praxis bei **alleinstehenden ArbN** (s Rz 234 ff).

225 **bb) „Innehaben" und finanzielle Beteiligung, § 9 I 3 Nr 5 S 3.** Mit Wirkung **ab VZ 2014** kommen als gesetzl Voraussetzungen hinzu, dass der ArbN eine Wohnung „innehaben" und sich finanziell an den Kosten der Lebensführung beteiligen muss (ledigl Ergänzung, keine abschließende Definition; zutr *HHR* § 9 Rz 497). Die Regelung betrifft **vor allem alleinstehende ArbN** und richtet sich gegen die bisherige BFH-Rspr, derzufolge eine finanzielle Beteiligung an den Kosten der Haushaltsführung keine zwingende Voraussetzung für die Annahme eines eigenen Hausstands war (s *Schmidt* 35. Aufl § 9 Rz 216). – Bei **Ehegatten und Lebenspartnern**, die nicht dauernd getrennt leben, kann beides regelmäßig unterstellt werden (s auch *BMF* BStBl I 20, 1228 Rz 101 aE: ohne Nachweis).

226 **(1) „Innehaben".** Der ArbN muss die Wohnung oder das Haus, in dem sich der Haushalt befindet, **aus eigenem Recht** nutzen (zB Eigentum, Miete, sonstige Nutzungsgestattung). Das ergab sich bisher schon aus dem Tatbestandsmerkmal „*eigener* Hausstand" in S 2 und schloss auch eine unentgeltl Nutzung mit ein (s *Schmidt* 35. Aufl § 9 Rz 214). Insofern ergeben sich keine Änderungen (zutr FG Nds DStRE 20, 538, Rev VI R 39/19). Es wird weder eine entgeltl Nutzung noch notwendig ein *alleiniges* Recht des ArbN vorausgesetzt; ein gemeinsames bzw abgeleitetes Recht genügt (s auch *BMF* BStBl I 20, 1228 Rz 101: als Ehegatte, LPart oder Mitbewohner). Ein Vorbehaltsnießbrauch zugunsten der Eltern ist unschädl (BFH VI R 170/99 BStBl II 04, 16; *v Twickel* HFR 04, 108). – S iÜ Rz 230 und 237 f.

(2) Finanzielle Beteiligung. Der ArbN muss sich an den **Kosten der Lebensführung** finanziell beteiligen. Gemeint sind damit die Kosten des Haushalts und der Lebensführung, die einen Bezug zum Haushalt aufweisen, zB Miete, Hauskosten, Nebenkosten, Instandhaltungs-/Instandsetzungskosten, AK von Haushaltsgeräten und Lebensmitteln (FG Nds DStRE 20, 538, Rev VI R 39/19; FG Ddorf EFG 20, 1233). Im Streitfall muss er zweierlei nachweisen: die durchschnittl monatl Höhe der Kosten der Lebensführung des Haupthaushalts und seine zumindest nicht unwesentl Beteiligung an diesen Kosten. Es muss sich nicht zwingend um regelmäßige Barleistungen handeln (s aber *BMF* BStBl I 20, 1228 Rz 101: bei monatl Barleistungen genügt Beteiligung von mehr als 10%). Auch die Übernahme sonstiger Aufwendungen kann zu einer entspr finanziellen Beteiligung des ArbN führen (FG Nds DStRE 20, 538, Rev VI R 39/19; BFH VI R 93/77 BStBl II 79, 146: Ansparung zum Zweck der Möbel- und Hausratbeschaffung; FG RhPf EFG 82, 126, rkr: Erwerb oder Erstellung eines Hauses).

cc) Wohnen am Ort der ersten Tätigkeitsstätte. – **(1) Wohnen.** Der Begriff „wohnen" ist (wie bei § 9 I 3 Nr 4, s Rz 183) weit auszulegen und erfasst jede irgendwie geartete **Unterkunft,** von der aus der ArbN sich zur ersten Tätigkeitsstätte begibt. Die Wohnung muss dem ArbN ständig (längerfristig) zur Verfügung stehen; dies ist bei *gelegentl* Hotelübernachtungen nicht der Fall (BFH VI R 40/03 BStBl II 04, 1074 mwN, Anm *Bergkemper* FR 05, 103, was aber entgegen BFH XI R 59/97 BFH/NV 98, 1216 nicht ausschließt, dass die Hotelkosten abziehbar sind, s BFH VI R 40/03 BStBl II 04, 1074). Der ArbN muss nicht an der Mehrzahl der Wochentage in dieser Wohnung anwesend sein (BFH VI R 85/85 BStBl II 88, 990); ein mitgeführtes Wohnmobil reicht nicht aus (FG Hess EFG 88, 517, rkr). – Unerhebl ist, wie sich der ArbN dort einrichtet, ob er den zweiten Haushalt allein oder als **Wohngemeinschaft** führt (BFH VI R 25/11 BStBl II 12, 831: keine „Motivforschung"). Auch eine **Gemeinschaftsunterkunft** reicht aus, sofern sie zum Wohnen genutzt wird (BFH VI R 5/18 DStR 20, 2236). Mehrkosten, die aufgrund zusätzl privater Motive entstehen, müssen über die Beschränkung auf „notwendige" Mehraufwendungen (s Rz 245 ff) ausgeschieden werden. Erst dann, wenn sich der Lebensmittelpunkt an den Beschäftigungsort verlagert und die Wohnung dort zum Haupthaushalt wird, endet die berufl Veranlassung des Wohnens am Beschäftigungsort (s auch Rz 231 mit Beispielen). – Unterkunftnahme am Ort einer **Auswärtstätigkeit** begründet keine doppelte Haushaltsführung (BFH VI R 22/14 BStBl II 16, 179; s auch Rz 260).

(2) Ort der ersten Tätigkeitsstätte. Der Ort des eigenen Hausstands und der Ort der ersten Tätigkeitsstätte (s Rz 254; bis VZ 2013: Beschäftigungsort) müssen auseinanderfallen (BFH VI R 31/16 BStBl II 18, 404), können aber gleichwohl in derselben politischen Gemeinde liegen. In derartigen Fällen ist aber die berufl Veranlassung besonders zu prüfen. Eine doppelte Haushaltsführung ist deshalb nicht gegeben, wenn der StPfl in einer Wohnung am Ort der ersten Tätigkeitsstätte aus berufl Gründen einen Zweithaushalt führt und auch der vorhandene „eigene Hausstand" dort belegen ist (BFH VI R 2/16 BFH/NV 18, 712). – Zum Ort der ersten Tätigkeitsstätte zählt das gesamte **Einzugsgebiet** dieses Ortes (BFH VI R 31/16 BStBl II 18, 404; BFH VI R 59/13 BFH/NV 15, 10; zu weitgehend und nicht zu verallgemeinern aber BFH VI R 59/11 BStBl II 12, 833: „Einzugsgebiet" von 141 km, einstündige Anfahrt mit ICE, dazu auch *Geserich* DStR 12, 1737, 1741). Vorausgesetzt wird nur, dass der ArbN in zumutbarer Weise tägl von der Zweitwohnung aus seine Arbeitsstätte aufsuchen kann. Trifft dies auch auf den eigenen Hausstand des ArbN zu, was bei Fahrzeiten von etwa einer Stunde idR angenommen werden kann, liegt allerdings mangels Auseinanderfallens des Orts des Haupthaushalts und der ersten Tätigkeitsstätte keine doppelte Haushaltsführung vor (krit *Dürr* DStZ 17, 323 und *ders* NWB 18, 844, mE unzutr). Nach *BMF* BStBl I 20, 1228 Rz 102 kann aus Vereinfachungsgründen davon ausgegangen werden, dass die Hauptwohnung außerhalb des Orts der ersten Tätigkeitsstätte liegt, wenn die Entfernung der kürzesten Straßenverbindung mehr als 50 km beträgt.

230 **dd) Ehegatten; Lebenspartner; Partner. – (1) Familienwohnsitz.** Bei verheirateten ArbN und Lebenspartnern (§ 2 VIII) kann, abgesehen vom Fall des dauernden Getrenntlebens, idR davon ausgegangen werden, dass sich der Lebensmittelpunkt des ArbN dort befindet, wo er gemeinsam mit dem Ehegatten/Partner und ggf mit seinen (minderjährigen) Kindern einen Haushalt unterhält (BFH VI R 16/14 BStBl II 15, 511 Rz 17; BFH VIII R 29/16 DStR 20, 430; s aber auch FG Mster EFG 18, 1793, rkr, atypischer Einzelfall). Für ArbN, die in anderer Form in einer **dauerhaften Beziehung** leben, wird dies im Zweifel auch gelten (vgl FG Mster EFG 12, 504, rkr). – Ledigl in Zweifelsfällen wird ein ArbN mit festem Ehe-/Lebenspartner und/oder Kindern seine **persönl Beteiligung am Familienhaushalt** darlegen müssen; dieser kommt eine Indizfunktion für den Lebensmittelpunkt zu. Der ArbN muss in Bezug auf den Haushalt einen über den reinen Besitz hinausgehenden, das dortige Leben umfassenden Einfluss ausüben; er darf sich nicht darauf beschränken, die materiellen Grundlagen eines durch den Ehegatten/Partner allein betriebenen Haushalts zu liefern oder zu verbessern (BFH VI R 285/70 BStBl II 72, 148). Erforderl ist, dass die Familie in der Wohnung gemeinsam wohnt und sich hier der *gemeinsame* Lebensmittelpunkt befindet (zB BFH VI R 77/73 BStBl II 75, 459).

231 **(2) Verlagerung des Lebensmittelpunkts.** Die Wohnung am Ort der ersten Tätigkeitsstätte darf nicht zum (neuen) Lebensmittelpunkt des ArbN geworden sein (BFH VI R 25/11 BStBl II 12, 831). Das wird sie aber im Zweifel, wenn es sich um eine **familiengerechte Wohnung** handelt und der ArbN dorthin zusammen mit seinem Partner bzw seiner Familie zieht, auch wenn die bisherige Familienwohnung beibehalten und zeitweise noch genutzt wird (Regelvermutung, s BFH VI R 16/14 BStBl II 15, 511, mwN). Dagegen sind **gelegentl Besuche des Partners** unschädl. Selbst wenn beiderseits berufstätige Ehegatten am Beschäftigungsort unter der Woche zusammenleben, muss dies nach der Rspr noch nicht zwangsläufig zur Verlagerung des Lebensmittelpunkts führen; es obliegt allerdings dem StPfl, die Regelvermutung zu entkräften (vgl BFH VI B 61/15 BFH/NV 16, 747). Die Grenzen sind hier mitunter sehr schwer zu bestimmen; in Zweifelsfällen muss der StPfl, der den WK-Abzug begehrt, darlegen und glaubhaft machen, dass die doppelte Haushaltsführung (nach wie vor) berufl veranlasst ist.

Beispiele – **Verlagerung des Lebensmittelpunkts bejaht:** Zuzug des Ehepartners, auch bei Beibehaltung der früheren Familienwohnung (BFH VI B 58/11 BFH/NV 12, 233; s auch BFH VI R 77/73 BStBl II 75, 459: gemeinsames Kind bleibt in der Obhut einer Angehörigen); dauerndes Zusammenleben mit *anderer* Frau und gemeinsamem Kind (BFH VI R 32/85 BStBl II 88, 582); beiderseits berufstätige Eheleute leben mit Kind am Beschäftigungsort (FG Hbg EFG 08, 113, rkr; s auch FG Bbg EFG 11, 435, rkr: Darlegungspflicht des StPfl). – **Verneint:** vorübergehende (dreijährige) Entsendung der Ehefrau in ein Entwicklungsland (BFH VI R 71/14 BFH/NV 15, 1240); gemeinsamer Haushalt mit befreundeter Arbeitskollegin (BFH VI R 25/11 BStBl II 12, 831: unschädl, mE wegen der tatsächl Feststellungen des FG zweifelhaft).

232 **(3) Getrennte Haushalte.** Ein gemeinsamer Familienhaushalt liegt *nicht* vor, wenn zwei Ehegatten (oder Partner) mit jeweils eigenem Hausstand heiraten und jeder Ehegatte nach der Eheschließung in seiner Wohnung weiterlebt (BFH VI 59/64 U BStBl III 65, 29; BFH VI 195/65 BStBl III 66, 503) oder die Ehegatten aus anderen Gründen jeweils einen eigenen Haushalt unterhalten und den anderen *nur besuchen* (FG Saarl EFG 11, 2063, rkr).

(4) Ausländischer Familienwohnsitz. Befindet sich der Familienwohnsitz des 233
ArbN im Ausl, reicht es im Hinblick auf die hohen Reisekosten und langen Fahrtzeiten idR aus, wenn der ArbN die Familie **einmal im Jahr** besucht und in der Zwischenzeit briefl oder telefonisch Kontakt hält (BFH VI R 114/76 BStBl II 78, 26: Türkei; kein starres Festhalten an jährl Heimfahrt, FG Ddorf EFG 85, 446, rkr; FG Hess EFG 87, 172, rkr, Urlaub über den Jahreswechsel; krit *Stolz* FR 78, 545, 550). Bei ArbN mit eigenem Hausstand in noch weiter entfernten Ländern kann auch eine Heimfahrt **alle zwei Jahre** genügen (s LStR 9.11 (3) 6: zB Australien, Indien, Japan etc) oder statt einer Heimfahrt ein gemeinsamer Urlaub auf halber Strecke (FG Ddorf EFG 88, 412, rkr). – Dass sich der ArbN an den Kosten des Familienhaushalts hinreichend **finanziell beteiligt,** wird regelmäßig vermutet, es sei denn, die überwiesenen Beträge sind erkennbar unzureichend. Unschädl ist, wenn die finanziellen Mittel aus KiGeld-Zahlungen stammen (BFH VI R 16/83 BStBl II, 86, 306). Die Beträge müssen nicht zu Jahresanfang erbracht werden; auch Zahlungen in Vor- und Nachjahren sind zu berücksichtigen (BFH VI R 3/81 BStBl II 84, 521; BFH VI R 124/82 BFH/NV 87, 25).

ee) Alleinstehende Arbeitnehmer. Nach stRspr kann auch ein alleinsteh- 234
ender ArbN aus berufl Gründen einen doppelten Haushalt führen (seit BFH VI R 62/90 BStBl II 95, 180; s auch BFH VI R 87/10 BStBl II 12, 800). Da es aber an einem gemeinsamen Familienwohnsitz mit Partner und/oder Kindern fehlt, ist es für Alleinstehende idR sehr viel schwieriger darzulegen und glaubhaft zu machen, dass sie ihren Lebensmittelpunkt nicht am Ort der ersten Tätigkeitsstätte haben. Wesentl Gesichtspunkte, die als Indizien bei der Gesamtwürdigung zu berücksichtigen sind (BFH VI B 156/09 BFH/NV 10, 1443), sind neben persönl Beziehungen (Rz 224) die Anzahl der Heimfahrten (Rz 235) und die Ausstattung der jeweiligen Wohnung (Rz 236). Zum „Innehaben" des Haupthaushalts s Rz 237.

(1) Heimfahrten. Bei einem alleinstehenden ArbN, der am Ort seiner ersten 235
Tätigkeitsstätte wohnt, spricht mit zunehmender Dauer der berufl Tätigkeit immer mehr dafür, dass sich sein **Lebensmittelpunkt** an diesen Ort verlagert und dass, soweit er noch über eine weitere Wohnung verfügt, diese ledigl für Besuchszwecke vorgehalten wird (BFH VI R 26/09 BStBl II 12, 618). Macht der ArbN geltend, dass sich sein Haupthaushalt außerhalb der ersten Tätigkeitsstätte befindet, ist nach stRspr maßgebl, ob er sich dort im Wesentlichen nur unterbrochen durch die arbeitsbedingte Abwesenheit und ggf Urlaubsfahrten aufhält (stRspr, s BFH VI R 10/12 BStBl II 13, 208; und BFH VI R 87/10 BStBl II 12, 800 mwN). Je lückenloser und umfassender der ArbN die Fahrten zu dem von ihm behaupteten Lebensmittelpunkt an **Wochenenden und Feiertagen** und ggf auch im Krankheitsfall nachweisen kann (zB durch Vorlage von Fahrkarten, Tankbelegen, Schichtzettel etc, ggf auch Kontoauszüge und Kreditkartenbelege zum Nachweis des Aufenthaltsorts an Wochenenden), desto eher werden FA und FG seinem Vortrag folgen. Die zu erwartende Häufigkeit der Heimfahrten hängt auch von der Entfernung zw Arbeitsort und Wohnort ab. Die *FinVerw* verlangt durchschnittl zwei Fahrten im Monat (LStR 9.10 I 8; s aber auch FG Hbg EFG 15, 1353, Sonderfall wegen geringer Entfernung zum Beschäftigungsort).

(2) Beschaffenheit der Wohnungen. Ein weiteres Indiz kann die Beschaffen- 236
heit der jeweiligen Unterkunft sein (Lage, Größe, Einrichtung, Ausstattung etc, vgl BFH VI R 87/10 BStBl II 12, 800). Eine *abgeschlossene* Wohnung wird nicht verlangt (BFH VI R 46/12 BStBl II 13, 627, mwN, zu einfachen, vergleichsweise beengten Wohnverhältnissen und gemeinsam genutzten Räumlichkeiten). Dementspr lässt auch die *FinVerw* den Status eines „Mitbewohners" genügen (*BMF* BStBl I 20, 1228 Rz 101).

Sollte die Wohnung am Beschäftigungsort derjenigen am Heimatort in Größe und Ausstattung etc entsprechen oder diese gar übertreffen, *kann* dies dafür sprechen, dass der Mittelpunkt der Lebensführung an den Beschäftigungsort verlegt worden ist und dort der Haupthausstand geführt wird (idS FG Mster EFG 96, 1155, rkr; FG BaWü EFG 97, 867, rkr; FG Mchn EFG 97, 1305, rkr; FG BaWü EFG 98, 186, rkr). Zwingend ist das jedoch nicht (BFH VI R 10/06 BStBl II 07, 820: Einzelfallabwägung; s auch FG Mchn DStRE 16, 646). Zur erforderl **Beweisaufnahme** und Sachaufklärungspflicht s BFH VI B 124/08 BFH/NV 10, 638 und BFH VI B 117/09 BFH/NV 10, 879.

237 **(3) Eingliederung in einen fremden Haushalt.** Ein ArbN unterhält keinen eigenen Hausstand, wenn er in einen fremden Haushalt eingegliedert ist, ohne die Haushaltsführung wesentl bestimmen oder doch zumindest mitbestimmen zu können (BFH VI R 87/10 BStBl II 12, 800 mwN). Regelmäßig ist das bei **jüngeren alleinstehenden ArbN** der Fall, die nach Beendigung der Ausbildung weiterhin, wenn auch gegen Kostenbeteiligung, im elterl Haushalt ihr Zimmer bewohnen (BFH VI R 44–45/06 BFH/NV 07, 1878; s auch FG Ddorf EFG 09, 176, rkr). Die elterl Wohnung kann in einem dieser häufigen Fälle, auch wenn der ArbN am Beschäftigungsort eine Unterkunft bezogen hat, zwar wie bisher der Lebensmittelpunkt sein; idR ist sie aber nicht ein vom ArbN unterhaltener eigener Hausstand (FG Saarl EFG 97, 1305, rkr, Zimmer im Haus der Mutter; FG Mster EFG 21, 29, rkr). Allein das Fehlen einer eigenen Küche in den überlassenen Räumen steht der Annahme eines eigenen Hausstandes aber nicht entgegen (BFH VI R 13/08 BFH/NV 09, 1986; BFH VIII R 13/09 BFH/NV 10, 411). – Diese Rspr gilt auch im Hinblick auf die mit Wirkung **ab VZ 2014** geschaffene gesetzl Voraussetzung des **„Innehabens einer Wohnung"** (§ 9 I 3 Nr 5 S 3, s Rz 226) weiter fort (FG Mster EFG 21, 29, rkr). Nur wer die Haushaltsführung wesentl bestimmen oder doch zumindest mitbestimmen kann, hat eine Wohnung in diesem Sinne inne (s auch BT-Drs 17/10774, S 13 f, und *BMF* BStBl I 20, 1228 Rz 101).

238 **(4) Mehrgenerationenhaushalt.** Dagegen ist bei **älteren ArbN,** die wirtschaftl selbständig und berufstätig sind und mit ihren Eltern oder einem Elternteil in einem gemeinsamen Haushalt leben, regelmäßig davon auszugehen, dass sie die Führung des Haushalts maßgebl mitbestimmen. Der Haushalt ist ihnen also idR als *eigener* zuzurechnen, sodass Eltern und Kind eine vollwertige Wohngemeinschaft bilden (BFH VI R 46/12 BStBl II 13, 627: Regelvermutung; BFH VI R 10/12 BStBl II 13, 208: Wandel eines „kleinfamilientypischen" Haushalts der Eltern, jeweils tatrichtl Einzelfallwürdigung; s auch BFH VI R 76/13 BFH/NV 14, 1884; BFH VI R 10/13 BFH/NV 14, 507). Auch diese Regelvermutung gilt für die mit Wirkung **ab VZ 14** geänderte Rechtslage im Hinblick auf das Innehaben einer Wohnung fort, wenn die in § 9 I 3 Nr 5 S 3 geforderte finanzielle Beteiligung (s Rz 227) gegeben ist (zutr FG Nds DStRE 20, 538, Rev VI R 39/19).

239 **ff) Wegverlegung; Umzug.** Doppelte Haushaltsführung kann auch vorliegen, wenn der ArbN seinen Haupthaushalt aus privaten Gründen **vom Ort der ersten Tätigkeitsstätte wegverlegt** und daraufhin einen Zweithaushalt begründet, von dem aus er seine erste Tätigkeitsstätte aufsucht (BFH VI R 7/13 BStBl II 15, 336, mwN). Unerhebl ist, ob der zweite Haushalt nach der Wegverlegung des Lebensmittelpunkts in einer neuen Wohnung oder in der bisherigen Wohnung begründet wird; ebenso unerhebl ist, ob der StPfl verheiratet oder ledig ist (BFH VI R 58/06 BStBl II 09, 1012: verheirateter ArbN; BFH VI R 23/07 BStBl II 09, 1016 und BFH VI R 47/09 BFH/NV 10, 1269: ledige ArbN; s auch *Schneider* HFR 09, 660; frühere Rspr s *Schmidt* 28. Auflage § 9 Rz 150). – Eine doppelte Haushaltsführung entfällt nicht schon dadurch, dass die gemeinsame, außerhalb des Orts der ersten Tätigkeitsstätte liegende Familienwohnung am gleichen Ort gewechselt wird (zB wegen Trennung der Ehegatten, s BFH VI R 11/02 BStBl II 06, 714).

240 **gg) Beendigung.** Die doppelte Haushaltsführung endet, wenn sich entweder der Lebensmittelpunkt des StPfl an den Ort der ersten Tätigkeitsstätte verlagert (s auch Rz 231) oder der berufl Zweck der Zweitwohnung wegfällt. Kosten der **Auflösung** des berufl veranlassten zweiten Haushalts sind ebenfalls WK (BFH VI R 146/89 BStBl II 92, 667; FG Mchn EFG 92, 187, rkr). Dies gilt aber nicht für

eine Vorfälligkeitsentschädigung, die der StPfl iZm der Veräußerung einer Wohnung bei Beendigung der doppelten Haushaltsführung zu zahlen hat (BFH VI R 15/17 BStBl II 19, 446).

d) Notwendige Mehraufwendungen, § 9 I 3 Nr 5 S 4–9. Zu berücksichtigen sind gem § 9 I 3 Nr 5 S 1 alle durch die doppelte Haushaltsführung veranlassten *notwendigen* Mehraufwendungen. Ausdrückl geregelt ist die Berücksichtigung von Unterkunftskosten und Familienheimfahrten (S 4 bis 8). Daneben können aber auch weitere Aufwendungen als WK geltend gemacht werden (Rz 251). – Aufwendungen für die **Hauptwohnung** gehören zu den *nicht* abziehbaren Kosten der Lebensführung (BFH VI R 2/11 BStBl II 12, 104; s auch Rz 52). – Zu **Verpflegungsmehraufwendungen** (§ 9 IVa 12) s Rz 314. Zum Verhältnis zu § 9 I 3 Nr 4 s Rz 256.

aa) Unterkunftskosten, § 9 I 3 Nr 5 S 4. – (1) Höchstbetrag. Tatsächl angefallene Aufwendungen für die Nutzung einer Unterkunft am Ort der ersten Tätigkeitsstätte *im Inl* können **ab VZ 14** bis zu einem Höchstbetrag von **monatl 1000 €** geltend gemacht werden. Zu den Kosten, die von dem Abzugshöchstbetrag erfasst werden, gehören die Aufwendungen für die Bruttokaltmiete, bei einer Eigentumswohnung die AfA und Schuldzinsen, sowie die (warmen und kalten) Betriebskosten einschließl Stromkosten und lfd Reinigungs- und Pflegekosten, nicht aber Aufwendungen für Einrichtungsgegenstände und Haushaltsartikel (BFH VI R 18/17 BStBl II 19, 449, s auch Rz 254). Nach *BMF* BStBl I 20, 1228 Rz 108 umfasst der Höchstbetrag auch Zweitwohnungssteuer und Rundfunkbeitrag (mE zutr). Bei dem Höchstbetrag handelt es sich um eine **realitätsgerechte Typisierung** (zur statistischen Grundlage s BT-Drs 17/10774, 13; zweifelnd aber *Häsner/Böhme* DB 21, 1163), die allerdings regelmäßig überprüft werden muss (so zutr *Geserich* NWB 16, 2258). Notwendigkeit und Angemessenheit der Aufwendungen werden bis zu dieser Höhe unterstellt (s auch *BMF* BStBl I 20, 1228 Rz 106). Innerhalb des VZ können nicht ausgeschöpfte Monatsbeträge auf andere Monate übertragen werden (*BMF* BStBl I 20, 1228 Rz 110; s auch *HHR* § 9 Rz 498). – Der Betrag ist ein **persönl Höchstbetrag;** er gilt für jeden ArbN der einen doppelten Haushalt führt, auch wenn sich mehrere ArbN eine Unterkunft am Ort der ersten Tätigkeitsstätte teilen. Auf die Anzahl der Bewohner (ggf Angehörige) kommt es nicht an. Bei mehreren doppelten Haushaltsführungen eines ArbN gilt für jede ein eigener Höchstbetrag. **Erstattungen** sind anzurechnen. – Bei einer Wohnung am Beschäftigungsort mit einem anzuerkennenden häusl Arbeitszimmer sind vorab die auf das **Arbeitszimmer** entfallenden Kosten auszugrenzen. Der Höchstbetrag gilt nur für die verbleibenden Aufwendungen (BFH VI R 23/05 BStBl II 09, 722). – Die Beschränkung auf den ortsübl Durchschnittsmietzins einer 60 qm großen Wohnung ist mit Wirkung ab VZ 14 entfallen. Das gilt allerdings nur für eine *im Inl* gelegene (Zweit-)Wohnung; bei einer **Zweitwohnung im Ausl** wird wie bisher geprüft, ob die tatsächl Kosten notwendig und angemessen sind (*BMF* BStBl I 20, 1228 Rz 112: weiterhin Orientierung an der ortsübl Miete für eine 60 qm-Wohnung; zu Erstattung durch ArbG s LStR 9.11 X 7 Nr 3). Die Begrenzung auf 60 qm gilt aber nicht, wenn einem Beamten eine Dienstwohnung im Ausl zugewiesen wird, die er beziehen muss (FG RhPf EFG 21, 1709, Rev VI R 20/21, mE zutr).

(2) Aufwendungen. Zu berücksichtigen sind nur die tatsächl angefallenen Aufwendungen für die **Nutzung der Unterkunft** (keine Pauschale; s aber LStR 9.11 7 Nr 3: stfreie Erstattung durch ArbG in Inl und Ausl). Die Anmietung einer am Beschäftigungsort gelegenen und dem Ehegatten gehörenden Eigentumswohnung zu fremdübl Bedingungen wird zu Recht anerkannt (BFH IX R 55/01 BStBl II 03, 627). – Zu den Kosten der **Einrichtung** s Rz 254.

bb) Familienheimfahrten, § 9 I 3 Nr 5 S 5–9. – (1) Begrenzung; Entfernungspauschale (S 5, 6 und 9). Der Abzug von WK für Fahrten von der berufl genutzten Zweitwohnung zum Haupthaushalt und zurück (sog Familienheimfahrten) ist in zweierlei Hinsicht begrenzt: Es kann nur **eine Fahrt pro Woche** geltend gemacht werden (S 5) und Aufwendungen können nur iHd Entfernungspauschale angesetzt werden, also mit **0,30 € pro Entfernungskilometer** (S 6). Gem S 9 wird die Entfernungspauschale auch für Familienheimfahrten befristet **von 2021 bis 2023** ab dem 21. Entfernungskilometer auf 0,35 € und **von 2024 bis 2026** auf 0,38 € erhöht. Hierdurch sollen die Mehrkosten, die sich durch die iRd Klimaschutzprogramms eingeführte CO_2-Bepreisung ergeben, typisierend ausgeglichen werden. Berücksichtigt werden nur die tatsächl durchgeführten Fahrten; das gilt allerdings auch dann, wenn der ArbN abgeholt oder mitgenommen wird (BFH VI R 59/07 BFH/NV 10, 631 betraf altes Recht vor Einführung der Entfernungspauschale). Zur ersten und letzten Fahrt s Rz 253. – **Sachzuwendungen** (Nr 4 S 5, s Rz 194) und stfreie **ArbG-Leistungen** (§ 3 Nr 13, 16) sind auf die Entfernungspauschale anzurechnen (s *BMF* BStBl I 20, 1228 Rz 113 und LStR 9.11 X).

249 **(2) Kürzeste Straßenverbindung; kein Höchstbetrag (S 7).** Maßgebl ist auch hier die kürzeste Straßenverbindung (gem S 7 iVm Nr 4 S 4); zur Ermittlung s Rz 192 f. Der Höchstbetrag von 4500 € (Rz 189) gilt *nicht* für Familienheimfahrten; S 7 verweist nicht auf Nr 4 S 2 (s auch *BMF* DStR 21, 2793, Rz 28). Davon profitieren auch Mitfahrer einer **Fahrgemeinschaft** (*Niermann* DB 07, 17, II.7.): sämtl Mitfahrer erhalten die Entfernungspauschale ohne jegl Kürzung, auch wenn sie keine Kosten tragen (BFH VI R 29/12 BStBl II 13, 735: systemwidrige gesetzl Begünstigung; s auch Rz 12). – Für Flugstrecken (im Linienverkehr, str, s Rz 195) und bei teilentgeltl Sammelbeförderung sind die tatsächl Kosten anzusetzen.

250 **(3) Kraftfahrzeuggestellung (S 8).** Bei unentgeltl Kfz-Gestellung durch den ArbG scheidet ein WK-Abzug für wöchentl Familienheimfahrten aus; dafür wird *kein* geldwerter Vorteil aus der Kfz-Gestellung als Lohn angesetzt (vgl BFH VI R 33/11 BStBl II 13, 629). Das gilt auch, wenn der ArbN für die Kfz-Gestellung monatl Zuzahlungen zu erbringen hat (FG Nds EFG 20, 1416, Rev VI R 35/20) oder der ArbG für die Familienheimfahrten einen Sammeltransporter zur Verfügung gestellt hat (FG Sachs EFG 03, 1529, rkr). Ein Lohnzufluss wird nur angesetzt, wenn der ArbN mehr als eine Familienheimfahrt je Woche durchführt (§ 8 II 5; s § 8 Rz 55).

251 **(4) „Umgekehrte Familienheimfahrten".** Aufwendungen für **Besuchsfahrten des Ehegatten** konnten bislang als WK angesetzt werden, wenn der ArbN aus berufl Gründen oder wegen Erkrankung an der Heimfahrt gehindert war (s *Schmidt* 35. Aufl § 9 Rz 225). Der BFH hat jetzt die berufl Veranlassung solcher Fahrten im Fall einer längerfristigen Auswärtstätigkeit grds verneint (s BFH VI R 22/14 BStBl II 16, 179, krit *Loschelder* StuW 18, 136). Bei einer doppelten Haushaltsführung gilt iErg nichts anderes (BFH VI R 42/15 BStBl II 18, 13; **aA** *Häsner/Böhme* DB 21, 1163). § 9 I 3 Nr 5 S 5 erfasst nicht die Besuchsreisen des Ehepartners vom Familienwohnsitz an den Beschäftigungsort des ArbN, sondern den umgekehrten Fall, dass der ArbN die Fahrt vom Familienwohnsitz an den Beschäftigungsort selbst vornimmt (BFH VI R 15/10 BStBl II 11, 456; FG Thür EFG 17, 1152; s aber *Kammeter* HFR 11, 541; *HHR* § 9 Rz 499).

252 **cc) Sonstige Kosten.** Aufwendungen für ein **Telefongespräch,** das anstelle einer Familienheimfahrt geführt wird, können WK sein (BFH VI R 90/84 BStBl II 88, 988; BFH VI R 48/96 BFH/NV 97, 472: ca 15-minütiges Gespräch zum günstigsten Tarif; zur Glaubhaftmachung s BFH VI R 44/89 BFH/NV 94, 19). – Zum **Verhältnis zu § 9 I 1** s BFH VI R 2/11 BStBl II 12, 104.

253 **(1) Weitere Fahrtkosten.** Die **erste Fahrt** zum und die **letzte Fahrt** vom Ort der ersten Tätigkeitsstätte sind keine Familienheimfahrten; daher sind die tatsächl Fahrtkosten zuzügl Nebenkosten als WK abziehbar (s LStR 9.11 (6): entweder

0,30 € je *gefahrenem* km für Pkw oder pauschale km-Sätze gem LStH 9.5 „Pauschale Kilometersätze"). – Wege zw **Zweitwohnung und erster Tätigkeitsstätte** fallen nicht unter § 9 I 3 Nr 5, sondern unter Nr 4; es gilt die allg Regelung zur Entfernungspauschale (gem Rz 184 ff; s auch *Plenker* DB 13, 24).

(2) Einrichtung; Stellplatz; Garage. Auch Aufwendungen für die Anschaffung der notwendigen (Zweit-)Wohnungseinrichtung (Möbel, Lampen, Geschirr, Elektrogeräte, Gardinen etc) sind als WK zu berücksichtigen, ebenso Kosten für notwendigen **Stellplatz** oder **Garage** (BFH VI R 50/11 BStBl II 13, 286: ohne Prüfung der berufl Erforderlichkeit des Kfz). Kosten für Einrichtungsgegenstände und Hausrat gehören aber nicht zu den Aufwendungen für die Nutzung der Unterkunft, die nach § 9 I 3 Nr 5 S 4 ab VZ 2014 nur mit höchstens 1000 € monatl angesetzt werden können (BFH VI R 18/17 BStBl II 19, 449). Sie sind als sonstige notwendige Mehraufwendungen zusätzl abziehbar. Bei Einrichtungskosten bis zu 5000 € geht die *FinVerw* zur Vereinfachung davon aus, dass es sich um notwendige Mehraufwendungen handelt (*BMF* BStBl I 20, 1228 Rz 108). Hat der StPfl eine (teil-)möblierte Wohnung angemietet, ist die Miete, wenn der Mietvertrag keine Aufteilung enthält, im Schätzwege auf die Überlassung der Wohnung (Abzugshöchstbetrag 1000 €) und auf die Möbel aufzuteilen (BFH VI R 18/17 BStBl II 19, 449). Nach Auffassung der *FinVerw* erfasst der Abzugshöchstbetrag auch Kosten für einen Kfz-Stellplatz und Sondernutzungen (zB Garten) (*BMF* BStBl I 20, 1228 Rz 108. Ausnahme: Maklerkosten). Diese Auffassung ist in Bezug auf den Stellplatz vom Wortlaut des § 9 I 3 Nr 5 S 4 nicht gedeckt. Der Höchstbetrag gilt nur für Aufwendungen für die „Nutzung der Unterkunft", nicht für die Nutzung eines Stellplatzes; diese Kosten können zusätzl geltend gemacht werden (so auch FG Saarl EFG 20, 1408, rkr; *HHR* § 9 Rz 498; *BH/Thürmer* § 9 Rz 402). – Bei Ansatz der AfA kann ein **Restwert** bei Beendigung der doppelten Haushaltsführung nicht als WK geltend gemacht werden (FG Ddorf EFG 01, 424, rkr, Vermögenssphäre).

(3) Umzugskosten; Makler. Kosten für den Umzug bei Begründung und Beendigung der doppelten Haushaltsführung sind notwendige WK, ebenso Maklerkosten. Angesetzt werden können aber nur die tatsächl angefallenen Kosten, nicht die Pauschale nach § 10 BUKG (FG Köln EFG 02, 967, rkr; LStR 9.11 (9) 2); ebenso bei Wechsel der Wohnung am Beschäftigungsort (LStR 9.11 (9) 5). – Umzugsbedingt geleistete **doppelte Mietzahlungen** sind WK (BFH VI R 2/11 BStBl II 12, 104: gem § 9 I 1; keine Anwendung von § 9 I 3 Nr 5).

e) Abgrenzung zu § 9 I 3 Nr 4. Dem Gesetz ist nicht zu entnehmen, dass zw Nr 4 und Nr 5 ein Vorrangverhältnis besteht. Sind die Voraussetzungen *beider* Vorschriften erfüllt, kann der ArbN für jeden VZ und für jede selbstständige doppelte Haushaltsführung nach der Besteuerung nach Nr 4 oder Nr 5 wählen (BFH VI R 85/85 BStBl II 88, 990; Anm *Kretzschmar* DStZ 89, 103; s auch LStR 9.11. V 2 und 3). Ist die Wahl zugunsten einer der Vorschriften ausgeübt, findet die andere Vorschrift keine Anwendung. – Interessant ist das, wenn die Kosten des Zweithaushalts gering sind und der ArbN mehr als einmal pro Woche nach Hause fährt (*Offerhaus* INF 79, 169, 172). Wählt der ArbN in diesem Fall die **Besteuerung nach Nr 4,** gilt nicht die Beschränkung auf eine Fahrt pro Woche nach Nr 5 S 4. Das bedeutet aber auch, dass der ArbN zum einen die Kosten des Zweithaushalts nicht absetzen kann; zum andern sind die Fahrtkosten um den Wert einer vom ArbG gestellten Unterkunft zu kürzen (LStR 9.11 (5) 4; Vorteile der Besteuerung nach der Nr 4 schließen Vorteile nach Nr 5 aus).

8. Übernachtungskosten, § 9 I 3 Nr 5a. – a) Auswärtstätigkeit, § 9 I 3 Nr 5a S 1–3. Für eine berufl veranlasste Übernachtung außerhalb der ersten Tätigkeitsstätte (§ 9 IV, s Rz 302) werden **notwendige Mehraufwendungen** iHd *tatsächl* Kosten als WK berücksichtigt (S 1 und 2); bis VZ 2013 ergab sich das aus § 9 I 1 (vgl *Schmidt* 35. Aufl § 9 Rz 235; s auch BFH VI R 7/02 BStBl II 05, 782). Erfasst werden nur Aufwendungen, die für eine *zusätzl* Unterkunft anfallen (FG

Hbg DStRE 20, 534, rkr); die Kosten der Hauptwohnung/-unterkunft werden durch den Grundfreibetrag gedeckt und sind keinesfalls „Mehr"-Aufwendungen. Pauschalen sind nicht vorgesehen. Zu Verpflegungsmehraufwand s § 9 IVa (Rz 310); zu Aufteilung bei einheitl Zahlungsbeleg s *BMF* BStBl I 20, 1228 Rz 118; zu stfreien Erstattungen durch den ArbG s § 3 Rz 54 ff und 66 ff. – Wird eine Unterkunft zusammen mit weiteren, **ArbG-fremden Personen** genutzt, dürfen nur die Kosten angesetzt werden, die bei einer Allein-Übernachtung angefallen wären (S 3); es erfolgt also keine Aufteilung der tatsächl Aufwendungen nach Köpfen (offen gelassen zur bisherigen Rechtslage: BFH VI R 11/13 BStBl II 14, 804, unter II.2.b.). Bei Wohnungskosten bis zu 1000 € monatl geht die *FinVerw* von einer alleinigen berufl Veranlassung aus (*BMF* BStBl I 20, 1228 Rz 122: Vereinfachung). – Liegt eine berufl Veranlassung vor, unterstellt die Verwaltung die Notwendigkeit der tatsächl Aufwendungen; es wird **keine Angemessenheitsprüfung** in Bezug auf die Kostenhöhe vorgenommen (vgl *BMF* BStBl I 20, 1228 Rz 119).

261 **b) Längerfristige Auswärtstätigkeit, § 9 I 3 Nr 5a S 4, 5.** Änderungen ergeben sich gem S 4 und 5 bei längerfristiger Auswärtstätigkeit: Wird über einen Zeitraum von **mehr als 48 Monaten** dieselbe auswärtige Tätigkeitsstätte (nicht notwendig arbeitstägl, aber nach BMF BStBl I 20, 1228 Rz 125 wenigstens an drei Tagen die Woche, anders BT-Drs 17/10774, S 14: einmal wöchentl soll genügen, mE zutr; s auch *Bergkemper* FR 13, 1017, 1020) aufgesucht, können die Aufwendungen nach Ablauf dieser Frist nur noch bis zum **Höchstbetrag von 1000 €** gem § 9 I 3 Nr 5 S 4 angesetzt werden (s *Niermann* DB 13, 1015, 1023: *ex post*-Betrachtung); diese Beschränkung bezieht sich aber auch hier nur auf Übernachtungen **im Inl**. Auf die übrigen Regelungen des § 9 I 3 Nr 5 wird *nicht* Bezug genommen; es wird also insb weder ein „Innehaben" einer Wohnung noch eine Beteiligung an den Lebensführungskosten iSd § 9 I 3 Nr 5 S 3 vorausgesetzt (s *BMF* BStBl I 20, 1228 Rz 119: Zimmer im Haushalt der Eltern genügt). Eine **Unterbrechung** von mindestens sechs Monaten setzt eine neue 48-Monats-Frist in Gang (§ 9 I 3 Nr 5a S 5). Maßgebl ist auch hier die *tatsächl* Dauer der Unterbrechung; auf den Grund kommt es nicht an (*BMF* BStBl I 20, 1228 Rz 125: zB Urlaub, Krankheit oder Tätigkeit an einer anderen Arbeitsstätte).

263 **9. Übernachtungskosten bei Fahrtätigkeit, § 9 I 3 Nr 5b.** Ab VZ 20 wird für ArbN, die ihre berufl Tätigkeit auf einem Kfz ausüben (zB Berufskraftfahrer), eine gesetzl Pauschale von 8 € pro Kalendertag für Übernachtungen in dem Kfz gewährt. Der Nachweis höherer Aufwendungen ist mögl (s *BMF* BStBl I 12, 1249). In Betracht kommen zB Gebühren für die Benutzung sanitärer Einrichtungen, Parkgebühren und Reinigungskosten der Schlafkabine. Nach **S 2** muss die Entscheidung, die tatsächl Mehraufwendungen oder die Übernachtungspauschale geltend zu machen, einheitl im Kj erfolgen. Der Pauschbetrag nach Nr 5b kann zusätzl zu den gesetzl Verpflegungspauschalen geltend gemacht werden. Der ArbG kann nach § 3 Nr 13 oder § 3 Nr 16 Erstattungen (einheitl im Kj) bis zur Höhe der tatsächl Mehraufwendungen oder bis zur Höhe des Pauschbetrags leisten.

265 **10. Aufwendungen für Arbeitsmittel, § 9 I 3 Nr 6. – a) Allgemeines.** Arbeitsmittel sind Gegenstände, die unmittelbar der Erledigung der dienstl Aufgaben dienen (BFH VI R 53/09 BStBl II 11, 723: Bücher eines Lehrers). Grds kann jedes WG ein Arbeitsmittel sein (*Geserich* NWB 11, 1247). Entscheidend ist immer die **tatsächl** bzw bei Fehlmaßnahmen die **beabsichtigte Verwendung;** diese muss feststehen (BFH VI R 53/09 BStBl II 11, 723). Sind die Gegenstände schon ihrer Art nach dazu bestimmt, einer Berufstätigkeit zu dienen, ist ihre Zuordnung zu den Arbeitsmitteln unproblematisch. Dies wird bei den beispielhaft erwähnten **Werkzeugen** (zB Maschinen und Handwerksgeräte), die der StPfl zu seiner Tätigkeit benötigt, regelmäßig der Fall sein; Nr 6 hat insoweit ledigl klarstellende Bedeutung. Bei Gegenständen, die auch iRd **allg Lebensführung** benutzbar sind, ist die berufl Zuordnung oft schwierig. Nur dann, wenn der Gegenstand nach seiner tatsächl Zweckbestimmung im Einzelfall *ausschließl oder zumindest ganz überwiegend* der Ausübung der berufl Tätigkeit dient, kann er als Arbeitsmittel anerkannt werden (BFH VI R 45/09 BStBl II 11, 45: Diensthund eines Polizei-Hundeführers); bei gemischter Nutzung kann Aufteilung in Betracht kommen (BFH VI R 135/01 BStBl II 04, 958). Zur Arbeitsmitteleigenschaft von Gegenständen in einem **häusl Arbeitszimmer** s BFH VI R 91/10 BStBl II 12, 127: Vorrang von § 9 I 3 Nr 6.

b) Bekleidung. – aa) Typische Berufskleidung. Soweit (ebenfalls beispielhaft) Aufwendungen für Berufskleidung zum Abzug zugelassen sind, hat Nr 6 zum Teil rechtsbegründenden Charakter (BFH VI R 143/77 BStBl II 80, 73, Trachtenanzug). Denn auch die Berufskleidung wird oftmals in erster Linie getragen, um bekleidet zu sein; es wird damit ein allg menschliches Bedürfnis befriedigt; eine nach obj Maßstäben zutreffende **Abgrenzung zw Berufs- und Privatsphäre** wird daher regelmäßig nicht mögl sein (s auch Rz 52). Grds muss es sich um typische, wegen der Eigenart des Berufs *nötige* Kleidung handeln (BFH VI R 77/91 BStBl II 93, 837: Polizeiuniform). Allein der Umstand, dass eine bestimmte (bürgerl) Kleidung auf Grund dienstl Weisung getragen werden muss oder mit einem Dienstabzeichen versehen ist, macht die Kleidung noch nicht zur typischen Berufskleidung (FG BBg EFG 18, 1940, Rev VIII R 33/18, zu schwarzem Anzug eines Trauerredners, mE zweifelhaft, s Rz 267 aE). Gegen typische Berufskleidung spricht, wenn die Kleidung auch mit aufgenähtem Dienstabzeichen allg im privaten Bereich verwendbar ist wie auch verwendet wird (BFH VI R 73/94 BStBl II 96, 202, Lodenmantel; LStR 3.31 I 3). – Bei der **typischen Berufskleidung** geht der Charakter als Berufskleidung nicht dadurch verloren, dass die Kleidung auch privat genutzt wird (BFH VI R 143/77 BStBl II 80, 73; BFH VI R 171/77 BStBl II 79, 519, Oberkellner). – Kosten für die **Reinigung** typischer Berufskleidung in der eigenen Waschmaschine sind als Folgekosten abziehbar (BFH VI R 77/91 BStBl II 93, 837; BFH VI R 53/92 BStBl II 93, 838; BFH VI R 64/92 BFH/NV 94, 97; s auch FG RhPf NWB 10, 4155; gegen BFH: FG Nds EFG 10, 706, rkr, Anm *Wagner*). Zur Schätzung s FG BaWü EFG 06, 811, rkr, und FG Köln EFG 13, 771, rkr.

Beispiele: Bergarbeiterkleidung, typische Schutzkleidung wie **Helme** und **Bürokittel;** Dienstkleidung des Personals einer **Luftverkehrsgesellschaft** (FG Hess EFG 93, 648, rkr); Sportkleidung mit **„Offiziersbalken"** (FG Brem EFG 92, 735, rkr); **Gesellschaftsuniform** (FG Nds EFG 91, 471, rkr); mit **Posthorn** versehene Kleidung (FG Nds EFG 91, 118, rkr); **Arztkittel** (BFH IV R 65/90 BStBl II 91, 348, ausführl zur Kleidung des Arztes).

bb) Bürgerliche Kleidung. Im Gegensatz zur typischen Berufskleidung sind Aufwendungen für sog bürgerl Kleidung, wie man sie auch außerhalb der Berufssphäre zu tragen pflegt, grds nicht abzugsfähig (BFH VI R 94/89 BFH/NV 93, 12, Tropenkleidung). Diese „normale" Kleidung betrifft auch dann stets die Privatsphäre und wird nicht zur typischen Berufskleidung, wenn sie ausschließl während der Arbeitszeit getragen wird (BFH VI R 25/78 BStBl II 80, 75, bürgerl Kleidung eines Dekorateurs), auch wenn sie dabei einer besonders hohen Abnutzung unterliegt (BFH VI R 61/83 BFH/NV 87, 33). Ausnahmsweise kann aber auch bürgerl Kleidung zur **typischen Berufskleidung** zählen, wenn eine Verwendung dieser Kleidungsstücke zum Zwecke der privaten Lebensführung auf Grund der berufsspezifischen Eigenschaften so gut wie ausgeschlossen ist.

Weitere Beispiele – WK verneint: „Business-Kleidung" eines **Rechtsanwalts** oder **Betriebswirts** etc (BFH VI B 40/13 BFH/NV 14, 335; ebenso FG Hbg EFG 14, 1377, rkr); Sportsachen eines **Sportlehrers** (BFH VI B 28/07 BFH/NV 07, 1869); weiße Kleidung des **Masseurs** (BFH I B 5/94 BFH/NV 95, 207); Kleidung einer **Instrumentalsolistin** (BFH IV R 13/90 BStBl II 91, 751); **Schuhe des Briefträgers** (FG Saarl EFG 94, 237, rkr); Dienstkleidung eines **Revierförsters** (FG Hess EFG 87, 552, rkr); schwarzer Rock und weiße Bluse einer **Hotel-Empfangssekretärin** (FG Saarl EFG 89, 110, rkr); schwarzer Anzug eines **Croupiers** (FG BaWü EFG 06, 809, rkr) und eines **Trauerredners** (FG BBg EFG 18, 1940, Rev VIII R 33/18). – **WK anerkannt:** schwarzer Anzug eines **Kellners** (BFH VI R 171/77

BStBl II 79, 519; BFH VI R 20/85 BFH/NV 88, 703), eines **Geistlichen** (BFH VI R 159/86 BFH/NV 90, 288) oder **Leichenbestatters** (BFH I R 33/69 BStBl II 71, 50). – Die Unterscheidungen, die hier getroffen werden, sind nicht immer unmittelbar einsichtig.

268 **cc) Besonders hoher Verschleiß.** Die Rspr, wonach ein besonders hoher Verschleiß an bürgerl Kleidung ausnahmsweise zum WK-Abzug führen kann, ist durch BFH VI R 171/78 BStBl II 81, 781 wesentl eingeschränkt worden; der Verschleiß muss von dem normalen Kleidungsverschleiß nach obj Maßstäben zutr und in leicht nachprüfbarer Weise abgrenzbar und nicht von untergeordneter Bedeutung sein (anders aber bei **Beschädigung**, s FG Thür EFG 00, 211, rkr).

269 **c) Abschreibung; Verlust.** Aufwendungen für Arbeitsmittel (AK oder HK), deren Verwendung oder Nutzung sich auf **mehr als ein Jahr** erstreckt, sind auf die voraussichtl Nutzungsdauer zu verteilen (stRspr). Zur Behandlung geringwertiger Arbeitsmittel (auch umgewidmeter und geschenkter) s Rz 276. – **Verlust, Beschädigung oder Zerstörung** eines Arbeitsmittels kann sich auch dann als WK auswirken, wenn das schadensbegründende Ereignis ein neutrales ist (zB Diebstahl, Blitzschlag; BFH VI R 185/97 BStBl II 04, 491, Unterschlagung durch früheres Familienmitglied; **aA** *Thomas* DStR 04, 1273; s auch Rz 79). Führt der Verlust zum WK-Abzug, dann muss der Ersatz durch eine Versicherung zur Einnahme aus nichtselbständiger Arbeit führen (vgl entspr BFH IV R 31/02 BFH/NV 06, 7; s auch Rz 112).

270 **d) ABC der Arbeitsmittel** (vgl auch § 12 Rz 32)

Aktentasche kann Arbeitsmittel sein (FG Hbg EFG 11, 2057, rkr, mwN: „Pilotentrolley"; s auch FG Bln EFG 79, 225, rkr: Betriebsprüfer).

Aktenschrank s „Schreibtisch".

Bilder im häusl Arbeitszimmer sind *keine* Arbeitsmittel (FG RhPf EFG 92, 65, rkr). Gleiches gilt allg für eigene Gegenstände zur Ausschmückung eines Dienstzimmers im öffentl wie im privaten Bereich (BFH VI R 119/88 BStBl II 91, 837; BFH VI R 92/92 BStBl II 93, 506).

Blindenhund. Zutr anerkannt FG Mchn EFG 85, 390, rkr; s auch „Diensthund".

Brille für Arbeitsplatz. Abgelehnt: BFH VI R 31/92 BStBl II 93, 193 und FG Nds EFG 93, 375, rkr. Ebenso LStR 9.12 „Medizinische Hilfsmittel"; dazu auch ausführl BFH VI R 50/03 BFH/NV 05, 2185 (abgelehnt).

Bücher. Literatur eines Lehrers/Publizisten s BFH VI R 53/09 BStBl II 11, 723; BFH IV R 70/91 BStBl II 92, 1015: Abzustellen ist auf die Funktion *jedes einzelnen Buches* (Zeitschrift), wobei der beabsichtigte tatsächl Verwendungszweck entscheidend ist. – **Fachbücher** sind stets Arbeitsmittel; ihr Inhalt beschränkt sich auf das berufl Fachgebiet des StPfl (FG Bln EFG 72, 179, rkr; FG Nbg EFG 80, 233, rkr; BFH VI R 180/79 BStBl II 82, 67).

Bücherregal und Bücherschrank s „Schreibtisch".

Computer. Nach BFH VI R 135/01 BStBl II 04, 958 ist ein Computer ein Arbeitsmittel, wenn er nahezu ausschließl der Erledigung dienstl Aufgaben dient und die private Mitbenutzung 10 % nicht übersteigt. Beträgt der private Nutzungsanteil mehr als 10 %, können die Kosten aufgeteilt werden. Im Zweifel ist von einer hälftigen Aufteilung auszugehen, es sei denn, ein anderer Aufteilungsmaßstab wird nachgewiesen.

Diensthund eines Polizei-Hundeführers ist (zutr) Arbeitsmittel (ausführl BFH VI R 45/09 BStBl II 11, 45); ebenso der Jagdhund eines Forstbeamten (BFH VI 9/59 U BStBl III 60, 163) und uU auch der Wachhund eines Hausmeisters (FG Hbg EFG 89, 228, rkr). S aber auch BFH IV R 103/75 BStBl II 79, 512: Hund einer Landärztin, BA-Abzug abgelehnt; ebenso beim *privaten* Wachhund eines Hausmeisters (BFH VI R 101/86 BFH/NV 91, 234). Ein sog. Schulhund einer Lehrerin ist zwar kein Arbeitsmittel, aber WK-Abzug nach § 9 I 1: 50% bei arbeitstägl Einsatz zzgl der Ausbildungskosten in voller Höhe (BFH VI R 15/19 BStBl II 21, 453).

Dienstzimmer s „Bilder".

Fachzeitschriften sind Arbeitsmittel (s auch „Bücher"); aber keine WK ohne Beleg (FG BaWü EFG 14, 1958, rkr; ebenso FG Mster BB 14, 2457, rkr). S auch „Zeitschriften".

Fahrrad ist ebenso wie ein Kfz regelmäßig kein Arbeitsmittel; Kosten bei Dienstreisen können in tatsächl Höhe abgezogen werden.

Kraftfahrzeug, das für Fahrten zw Wohnung und Arbeitsstätte benutzt wird, ist kein Arbeitsmittel (BFH VI 201/62 S BStBl III 64, 251; ebenso FG Bln EFG 88, 557, rkr, bei 95% berufl Nutzung), wohl aber bei einem gehbehinderten StPfl, der ohne Kfz seinen Beruf nicht ausüben könnte (BFH VI 66/65 BStBl III 66, 291).

Musikanlage. Tonbandgerät für einen hauptberufl tätigen Musiker als Arbeitsmittel anerkannt (BFH VI R 6/68 BStBl II 71, 459); zu Stereoanlage eines Musiklehrers s FG Ddorf EFG 82, 563, rkr (abgelehnt); zu Musik-CD s FG Mchn EFG 99, 891, rkr (abgelehnt).

Musikinstrumente. Maßgebl ist auch hier die tatsächl Verwendung im Einzelfall: Cembalo eines hauptamtl Kirchenmusikers anerkannt (FG Mster EFG 76, 178, rkr); abgelehnt: Flügel einer an einer Schule angestellten Musiklehrerin (BFH VI R 111/76 BStBl II 78, 459, da die Lebensführung in nicht nur untergeordnetem Maße berührt war; anerkannt bei vollzeitl tätiger Musiklehrerin am Gymnasium, FG Mchn EFG 09, 1447, rkr, und bei Dozentin am Konservatorium, BFH VI R 18/86 BStBl II 89, 356; abgelehnt bei Grundschullehrerin mit Fach Musik, FG BaWü EFG 98, 643, rkr: Reparaturkosten). Anerkannt bei einem Pfarrer, der einen Gemeindechor leitet, s FG Hbg EFG 84, 399, rkr. Zu den erforderl Feststellungen bei der Frage, ob Musikinstrumente als Arbeitsmittel anerkannt werden können, s BFH VI R 193/83 BFH/NV 87, 88.

Papierkorb. Bejaht BFH VI R 182/75 BStBl II 77, 464; s auch „Schreibtisch".

Reisekoffer als Arbeitsmittel s FG Hess EFG 89, 173, rkr, anerkannt.

Reitpferd eines Reitlehrers s BFH VI B 40/07 BFH/NV 08, 955. Entscheidend sind die Umstände des Einzelfalles.

Schreibtisch im anerkannten häusl Arbeitszimmer (s § 4 Rz 591 (2)) ist stets Arbeitsmittel, auch wenn es sich um ein altes Möbelstück mit Wertsteigerungserwartungen handelt (BFH VI R 78/82 BStBl II 86, 355; anders evtl bei einem Antiquitäten, s Anm HFR 86, 291). Dies gilt auch für einen Schreibtisch in einem nicht als häusl Arbeitszimmer anerkannten Raum, wenn eindeutig feststeht, dass der Schreibtisch überwiegend zu berufl Zwecken genutzt wird (BFH VI R 109/87 BStBl II 93, 106) und nicht der Repräsentation dient. Gleiches gilt für Schreibtischlampe und Schreibtischgarnitur, sowie für Akten- und Bücherschränke, Regale und Sitzgelegenheiten (BFH VI R 22/96 BFH/NV 97, 341, zur Abgrenzung Arbeitsmittel, Einrichtungsgegenstand und Ausschmückung des Arbeitszimmers; s auch BFH III R 92/10 BFH/NV 12, 412).

Sportkleidung; Sportgeräte. Abzug der Aufwendungen (auch für Reinigung) ist mögl, wenn die private Nutzung der Kleidung und der Sportgeräte von ganz untergeordneter Bedeutung ist (BFH VI R 137/83 BStBl II 87, 262). Zur tatrichterl Beweiswürdigung s BFH VI B 28/07 BFH/NV 07, 1869. Ggf kommt Aufteilung in Betracht.

Surfbrett; Surflehrgang. WK abgelehnt, wenn der private Nutzungsanteil bei rund 15% liegt (s BFH VI R 137/83 BStBl II 87, 262); wohl überholt, s Rz 57 ff.

Tageszeitung. Kein Arbeitsmittel, Kosten sind grds nicht abziehbar (BFH VI B 168/04 BFH/NV 05, 1300, mwN; FG Hess DStRE 09, 1099 rkr; FG Ddorf

DStRE 01, 903, rkr). Das „Handelsblatt" ist dann anzuerkennen, wenn wegen besonderer Umstände der Bezug nahezu ausschließl berufl veranlasst ist (BFH VI R 64/95 BFH/NV 96, 402), ansonsten nicht (FG Bbg EFG 02, 1085, rkr; FG Hess EFG 02, 1289, rkr).

Teleskop für Astronomie-Lehrer s FG Bln EFG 04, 1362, rkr: anerkannt.

Zeitschriften allgemeinbildenden Inhalts sind keine Arbeitsmittel. Abgelehnt: „Capital" und „Wirtschaftswoche" (FG Saarl EFG 92, 518, aus verfahrensrechtl Gründen zurückverwiesen; FG Hess EFG 92, 517, rkr, weitere Wirtschaftszeitungen); „GEO" (FG Mster EFG 86, 491, rkr). „Der Spiegel", „Die Zeit" abgelehnt bei Kulturkritiker BFH IV R 128/88 BStBl II 90, 19.

275 **11. AfA und Substanzverringerung, § 9 I 3 Nr 7. – a) Allgemeines.** Es gelten die Ausführungen zu den einzelnen Vorschriften über die AfA, die AfS, Sonderabschreibungen nach § 7b und die erhöhten Absetzungen entspr. Die degressive AfA des § 7 II gilt nicht, da diese AV voraussetzt, das es bei den Überschusseinkünften nicht gibt. AfA dient dem Zweck, die AK/HK auf die Nutzungsdauer des WG zu verteilen (BFH IX R 14/19 BStBl II 20, 545; FG Nbg DStRE 18, 1287, rkr). Die Abschreibungen sind grds mit der Anschaffung bzw Fertigstellung (§ 7 Rz 141) und nicht erst vom Jahr der Verausgabung an vorzunehmen. Im Jahr der Anschaffung oder Herstellung des WG vermindert sich der AfA-Betrag nach § 7 I 1 um jeweils ein Zwölftel für jeden vollen Monat, der dem Monat der Anschaffung oder Herstellung vorangeht (§ 7 I 4). Zur Anwendung der **AfA-Tabellen** auf WG der Überschusseinkünfte s § 7 Rz 165. Teilwertabschreibungen sind bei den Überschusseinkunftsarten nicht zulässig; wohl aber kann auch eine außergewöhnl technische oder wirtschaftl Abnutzung (**AfaA,** § 7 I 7) als WK geltend gemacht werden (s auch BFH IX R 33/14 BFH/NV 16, 1446, mwN; BFH VIII R 33/09 BStBl II 13, 171 Rz 22; FG Nbg DStRE 18, 1287, rkr). Reine Wertveränderungen können dagegen nicht als WK berücksichtigt werden. Da Nr 7 keine Beschränkung auf körperl Gegenstände enthält, unterliegen auch **zeitl begrenzte Rechte** einem durch AfA zu berücksichtigenden Wertverzehr (BFH VIII R 12/72 BStBl II 79, 38; zur Bewertung unentgeltl erlangter Nutzungsrechte vgl BFH IV R 117/79 BStBl II 81, 68).

276 **b) Geringwertige Wirtschaftsgüter.** Nach § 9 I 3 Nr 7 können aus Vereinfachungsgründen Aufwendungen für abnutzbare bewegl WG (auch Arbeitsmittel) im Jahr der *Anschaffung/Herstellung* in voller Höhe als WK abgesetzt werden, wenn die AK/HK ohne USt für das einzelne Wirtschaftsgut 800 € (410 € bis VZ 17) nicht übersteigen (BFH VI R 99/10 BStBl II 14, 393). Für den Vollabzug kommt es nicht auf den Zahlungszeitpunkt an. Der Sofortabzug gilt auch, wenn WG des privaten Gebrauchs *umgewidmet* und zur Einkunftserzielung genutzt werden; LStH 9.12 „Absetzung für Abnutzung" lässt den Sofortabzug zu, wenn im Zeitpunkt der Umwidmung die AK/HK abzügl bisheriger fiktiver AfA den Betrag von 800 € (410 € bis VZ 2017) nicht übersteigen. Diese Problematik gilt auch, wenn der StPfl ein **WG geschenkt** erhält und zur Einkunftserzielung einsetzt (s auch Rz 88).

277 **c) Einkünfteerzielungsvermögen.** ME zu bejahen, aber dennoch ungeklärt ist, ob bei den Überschusseinkünften analog den Gewinneinkünften auch die Existenz von Einkünfteerzielungsvermögen (offen gelassen: BFH IX R 42/05 BStBl II 08, 26; wie hier *Littmann* § 7 Rz 106; *Lang* DStJG 9, 45, 53 ff; *Tipke* LB Rz 8.253; *Jakob* LB § 3 Rz 11; *Crezelius* LB § 9 Rz 20; grundlegend auch *Alt* StuW 94, 138; *Krüger* FR 95, 633 und *Flies* Vermögensverluste, S 34 ff; s auch *HHR* § 9 Rz 523 f; abl *Uhländer* Vermögensverluste im PV, S 101 ff; *Rauch* Nachträgl WK, S 82 f) und von einlage-/entnahmeähnlichen Tatbeständen anzuerkennen ist (allerdings ohne die den Überschusseinkünften fremden Gewinn-/Verlustrealisierungen; s *Krüger* FR 95, 633, 639 f). Hiervon hängt ua ab, ob bei Zerstörung eines berufl genutzten Gegenstandes durch neutrale Ereignisse (zB Blitzeinschlag) ein WK-Abzug entspr dem berufl Nutzungsanteil anzuerkennen ist (FG Köln EFG 81, 128, rkr und FG Hbg EFG 83, 344, rkr, Diebstahl von Geld; auch Rz 57).

d) Umwidmung. Die Umwidmung (mE ein einlageähnl Tatbestand) von **WG des zunächst privaten Gebrauchs** für Zwecke der Einkunftserzielung (zB ausschließl Verwendung eines bisherigen Wohnzimmerschranks im häusl Arbeitszimmer als Aktenschrank) oder die Umwidmung eines aus privaten Gründen **geschenkt erhaltenen WG** zur Einkunftserzielung ist seit BFH IX R 109/84 BStBl II 89, 922 geklärt: Der StPfl kann AfA auf die AK/HK vornehmen, die er oder sein Rechtsvorgänger (Schenker) aufgewendet haben (Bemessungsgrundlage); das AfA-Volumen ist aber um die AfA zu kürzen, die der StPfl bis zur Umwidmung hätte in Anspruch nehmen können, wenn er das WG von vornherein für Zwecke der Einkunftserzielung verwendet hätte (fiktive AfA). Hierdurch wird entspr dem Grundgedanken des § 11d EStDV (s dazu auch *Alt* StuW 94, 150f) erreicht, dass nur der Teil der AK/HK sich als WK auswirkt, der zeitanteilig auf die Zeit der Nutzung zur Einkunftserzielung entfällt. Dementsprechend ist im Umwidmungsjahr eine zeitanteilige AfA anzusetzen. Ist im Zeitpunkt der Umwidmung das AfA-Volumen durch fiktive AfA oder im Rahmen einer anderen Einkunftsart angesetzter AfA verbraucht, kommt eine weitere AfA nicht mehr in Betracht (ebenso BFH VI R 22/86 BStBl II 90, 684). Den vorstehenden Grundsätzen hat sich auch BFH VI R 85/87 BStBl II 90, 883 für den Fall geschenkt erhaltener WG angeschlossen; zu Anschaffungsnebenkosten durch Erbauseinandersetzung s BFH IX R 43/11 BStBl II 14, 878. Für den umgekehrten Fall der Entwidmung von WG gelten entspr Grundsätze (BFH VI R 44/86 BStBl II 90, 692, Verwendung eines Meisterstücks nach der Prüfung für den privaten Gebrauch). 278

Wird **Einkünfteerzielungsvermögen entwidmet,** endet die AfA-Befugnis; die Jahres-AfA ist zeitanteilig aufzuteilen; es handelt sich nicht um einen Fall von AfaA (BFH VIII R 27/91 BFH/NV 93, 599; FG Mchn DStRE 17, 715, rkr). – Zur **Umwidmung geringwertiger WG** s Rz 276. 279

e) Unentgeltliche Nutzung. Auf unentgeltl genutzte WG kann, sofern kein eigener Aufwand vorliegt, keine AfA geltend gemacht werden (s § 7 Rz 101). 280

V. Ergänzende Regelungen, § 9 II–V

1. Abgeltungswirkung der Entfernungspauschale, § 9 II. – a) Anwendungsbereich; Wirkung, § 9 II 1. Durch die Entfernungspauschale sind „sämtl Aufwendungen" abgegolten, die durch die Wege zw Wohnung und erster Tätigkeitsstätte (§ 9 I 3 Nr 4), zu sog Sammelpunkten und weiträumigen Tätigkeitsgebieten (§ 9 I 3 Nr 4a S 3 und 4) und durch Familienheimfahrten (§ 9 I 3 Nr 5 S 5) veranlasst sind. Neben der Pauschale können keine weiteren Aufwendungen für diese Fahrten geltend gemacht werden; ein Rückgriff auf § 9 I 1 ist insoweit ausgeschlossen. 290

aa) Umfang. Das gilt ohne jede Einschränkung **für alle Aufwendungen für Fahrten zwischen Wohnung und erster Tätigkeitsstätte,** unabhängig von ihrer Ursache und Höhe (BFH VI R 29/13 BStBl II 14, 849). Es wird nicht mehr wie früher zw normalen, voraussehbaren Kosten und außergewöhnl Aufwendungen unterschieden (vgl etwa noch BFH VI R 54/09 BStBl II 11, 354, II.2.b.aa, mwN). Abgegolten sind danach nicht nur Kraftstoff, Kfz-Steuern, Haftpflichtversicherung, übl Reparaturen, Parkgebühren und Maut/AK, sondern auch Aufwendungen, die durch **Unfälle und außergewöhnl Reparaturen** entstehen (BFH VI R 8/18 BStBl II 20, 291; zust *HHR* § 9 Rz 539). Die Abgeltungswirkung erstreckt sich jedoch nur auf die fahrzeug- und wegstreckenbezogenen Aufwendungen. Unfallbedingte Krankheitskosten können daneben nach allg Grundsätzen als WK abgezogen werden (BFH VI R 8/18 BStBl II 20, 291). – Ungeachtet dessen wird man mE bei außergewöhnl Ereignissen wie **Diebstahl, mutwilliger Beschädigung** oder 291

Zerstörung immer auch prüfen müssen, ob die damit zusammenhängenden Kosten tatsächl „*durch*" die Wege zw Wohnung und erster Tätigkeitsstätte bzw „*durch*" Familienheimfahrten veranlasst sind oder ob hier nicht der von § 9 II vorausgesetzte Veranlassungszusammenhang durch einen anderen berufl Zusammenhang überlagert wird (vgl Rz 48) mit der Folge, dass die Aufwendungen nach § 9 I 1 als WK zu berücksichtigen sind (s auch Rz 80; zust *BH/Thürmer* § 9 Rz 520).

Beispiele – zusätzl Berücksichtigung abgelehnt: **Falschbetankung** (BFH VI R 29/13 BStBl II 14, 849); **Leasingsonderzahlungen** (BFH VI R 20/08 BStBl II 10, 805); **Mautgebühren** (FG SchlH DStRE 10, 147); **Pkw-Diebstahl** (FG Hbg EFG 06, 1822).

292   **bb) Umwegfahrten.** Nicht abgegolten sind mE nach wie vor die Kosten für Umwegfahrten, die aus **sonstigen berufl Gründen** auf dem Weg zu oder von der ersten Tätigkeitsstätte oder auf Familienheimfahrten durchgeführt werden. Für diese Umwege sind die tatsächl oder pauschalierten Kosten nach **§ 9 I 3 Nr 4a** abziehbar (vgl auch BFH VIII R 12/13 BeckRS 2015, 95887); das gilt auch für die Kosten eines Unfalls auf der Umwegstrecke. Soweit der BFH meint, dass auch Umwegfahrten mit der Pauschale abgegolten sind (BFH VI R 29/13 BStBl II 14, 849, dort aber nicht entscheidungserheblich), kann sich dies mE nur auf Fahrten zur Tankstelle, Abholfahrten bei Fahrgemeinschaften uÄ beziehen; denn nur insoweit handelt es sich um Aufwendungen, die „*durch*" die Wege zwischen Wohnung und erster Tätigkeitsstätte und „*durch*" Familienheimfahrten veranlasst sind. – Keine Umwegfahrt liegt vor, wenn der ArbN von der Wohnung aus zu **Kundenbesuchen** aufbricht und später auch noch den Betriebssitz anfährt (insgesamt keine Fahrt zw Wohnung und erster Tätigkeitsstätte, sondern Auswärtstätigkeit; glA *Niermann/Plenker* DB 07, 1889).

293   **b) Ausnahme: öffentliche Verkehrsmittel, § 9 II 2.** Benutzt der ArbN öffentl Verkehrsmittel und sind die dabei tatsächl angefallenen Aufwendungen höher als die Entfernungspauschale, können die höheren Kosten angesetzt werden (Wahlrecht, s BFH VI R 25/08 BFH/NV 09, 1619; BFH VI R 4/15 BStBl II 17, 228: verfgemäß). Maßgebl sind die jeweiligen **Jahresbeträge** (entgegen BFH VI R 40/04 BStBl II 05, 712; s auch *BMF* DStR 21, 2793 Rz 2 mit Beispiel; zu verfrechtl Bedenken und Problemen bei nur zeitweiliger Nutzung öffentl Verkehrsmittel s *Nacke* DB 11, 132; zur Rechtslage bis VZ 10 s *Schmidt* 33. Aufl § 9 Rz 127). Entscheidet sich der ArbN für den Ansatz der Aufwendungen für öffentl Verkehrsmittel, gilt nicht der Höchstbetrag von 4500 €; denn dieser bezieht sich nur auf die Entfernungspauschale (s Rz 187). Öffentl Verkehrsmittel sind neben Bus, Bahn, Fähre auch Flugzeug, nicht aber Taxis im Gelegenheitsverkehr (zutr FG Nds EFG 19, 344, rkr; **aA** FG Thür EFG 20, 348; FG Thür EFG 18, 1944, rkr; *HHR* § 9 Rz 540; offen gelassen in BFH VI R 4/15 BStBl II 17, 228). – Zur Berechnung bei Benutzung verschiedener Verkehrsmittel s *BMF* DStR 21, 2793, Rz 20 ff mit Beispielen; *Harder-Buschner* NWB 10, 3020.

294   **c) Wegekosten bei Behinderung, § 9 II 3 und 4.** Behinderte Menschen mit den im Gesetz genannten Behinderungsgraden und Einschränkungen können für Wege zw Wohnung und erster Tätigkeitsstätte, sog Sammelpunkten und weiträumigen Tätigkeitsgebieten und für Familienheimfahrten iRe doppelten Haushaltsführung die **tatsächl Aufwendungen** ansetzen. Werden die Wege an einem Tag mit verschiedenen Verkehrsmitteln zurückgelegt (Kfz und öffentl Verkehrsmittel), kann das Wahlrecht (Entfernungspauschale oder tatsächl Kosten) **nur einheitl** ausgeübt werden (BFH VI R 77/06 BStBl II 09, 729; *Geserich* HFR 09, 768; *BMF* DStR 21, 2793, Rz 29 mit Beispielen).

295   **aa) Höhe der tatsächl Aufwendungen.** Bei der Ermittlung der tatsächl Wegkosten anhand von individuellen Km-Sätzen sind die **gesamten Fahrzeugkosten** zu berücksichtigen, einschließl AfA (BFH VI R 89/10 BStBl II 12, 835: Minderung der AK durch sozialrechtl Zuschüsse). – Durch § 9 II 3 wird weder der Begriff der Fahrten zw Wohnung und erster Tätigkeitsstätte noch der der Familienheimfahrten

iSd § 9 I 3 Nr 5 erweitert. Daher kann der StPfl nur die tatsächl Kosten für **arbeitstägl eine Hin- und Rückfahrt** bzw für **wöchentl eine Familienheimfahrt** als WK abziehen. Aufwendungen für **Leerfahrten,** die dadurch entstehen, dass der StPfl zur ersten Tätigkeitsstätte gebracht und von dort wieder abgeholt wird, sind aber zusätzl als WK abzugsfähig, wenn diese Art der Beförderung notwendig, dh eine Folge der Behinderung ist (BFH VI R 8/75 BStBl II 78, 260). – Bei Benutzung eines Kfz können die Fahrtkosten wahlweise auch ohne Einzelnachweis mit den **pauschalen km-Sätzen** ihV 0,30 € *je gefahrenem km* angesetzt werden.

bb) Nachweis. Behinderung und erhebl Beeinträchtigung der Bewegungsfähigkeit im Straßenverkehr sind durch **amtl Unterlagen** nachzuweisen (§ 65 I 1 EStDV: Ausweis nach § 69 SGB IX und Merkzeichen G; LStR 9.10 III 3; s auch § 33 Rz 90 „Fahrtkosten Behinderter" und § 33b Rz 43). Zu Fahrtkosten bei Sehbehinderung s FG RhPf DStRE 05, 929, rkr. Zur **Änderung und nachträgl Festsetzung** des Grades der Behinderung s BFH VI B 95/13 BStBl II 14, 525 (Herabsetzung, Zeitpunkt der Berücksichtigung) und § 33b Rz 13.

2. Andere Überschusseinkünfte, § 9 III. Die Regelung ist zur **Gleichstellung von Nicht-ArbN** mit ArbN eingeführt worden (BT-Drs V/1187 S 3). Der Nicht-ArbN muss eine Art *erste Tätigkeitsstätte* (entspr § 9 IV) aufsuchen. Dies ist nicht das nur gelegentl aufgesuchte vermietete Haus des woanders wohnenden Eigentümers; in einem solchen Fall sind also idR gem § 9 I 3 Nr 4a die Fahrtkosten in tatsächl Höhe (S 1) oder pauschaliert (S 2) abzugsfähig (EStR 21.2 IV 4). Die Entfernungspauschale kommt dagegen zu Anwendung, wenn zB ein Vermieter das Vermietungsobjekt fortdauernd und immer wieder aufsucht (BFH IX R 18/15 BStBl II 16, 532). – Gem BFH IX R 73/91 BStBl 95, 713 gilt § 9 III von vornherein nicht bei Fahrten, deren Kosten zu den **GebäudeHK** zählen, sodass also die Fahrtkosten in tatsächl Höhe in die HK eingehen.

3. Erste Tätigkeitsstätte, § 9 IV (*Schrifttum: Gesserich* NWB 19, 2925; *Krüger* DB 19, 2143). – **a) Ortsfeste betriebliche Einrichtung, § 9 IV 1.** Mit Wirkung **ab VZ 14** knüpfen § 9 I 3 Nr 4 und ebenso die Neuregelungen in Nr 4a und Nr 5a an das neue Tatbestandsmerkmal „erste Tätigkeitsstätte" an (Hintergrund und Kritik s *Thomas* DStR 14, 497). Entgegen der bisherigen BFH-Rspr (s *Schmidt* 35. Aufl § 9 Rz 186) zum Begriff „regelmäßige Arbeitsstätte" muss es sich dabei nicht zwingend um eine betriebl Einrichtung des ArbG handeln. Es kann sich auch um die betriebl Einrichtung eines **verbundenen Unternehmens** iSv § 15 AktG oder eines vom ArbG bestimmten **Dritten** handeln; arbeitstägl Fahrtkosten zu diesen Stätten können *nur noch iHd Entfernungspauschale* als WK geltend gemacht werden. Erfasst werden damit auch Fälle, in denen ArbN langfristig in betriebl Einrichtungen von Kunden oder als Leih-ArbN eingesetzt werden (FG Nds EFG 22, 45, rkr), sowie das sog „Outsourcing". – Der ArbN selbst ist nicht „Dritter" iSd Regelung, sodass ein **häusl Arbeitszimmer** keine erste Tätigkeitsstätte sein kann (glA *Niermann* DB 13, 2357; *BMF* BStBl I 20, 1228 Rz 4; **aA** *HHR* § 9 Rz 545; *Thomas* DStR 14, 497). – Nach wie vor muss es sich um eine **„ortsfeste" Einrichtung** handeln. Dies sind räuml zusammengefasste Sachmittel, die der Tätigkeit des ArbG, des verbundenen Unternehmens oder vom ArbG bestimmten Dritten dienen und mit dem Erdboden verbunden oder dazu bestimmt sind, überwiegend ortsgebunden genutzt zu werden (BFH VI R 27/17 BStBl II 19, 536). Eine (großräumige) erste Tätigkeitsstätte liegt dabei auch vor, wenn eine Vielzahl von Sachmitteln, die für sich betrachtet selbständige betriebl Einrichtungen darstellen können, räuml angrenzbar in einem organisatorischen, technischen oder wirtschaftl Zusammenhang mit der betriebl Tätigkeit des ArbG stehen. Als erste Tätigkeitsstätte kommt daher auch ein großflächiges und infrastrukturell erschlossenes Gebiet in Betracht (BFH VI R 40/16 BStBl II 19, 546; BFH VI R 36/18 BFH/NV 21, 309 firmeneigenes Schienennetz einer Werkbahn).

Beispiele – ortsfeste Einrichtung: **Werkstätte, Werkshalle, Bürogebäude oder -etage,** dauerhaft und fest installierte **Baucontainer** (s *BMF* BStBl I 20, 1228 Rz 3; krit *Seifert* NWB 14, 3448). – **Keine ortsfeste Einrichtung: Fahrzeug** (BFH VI R 34/13 BFH/NV 14, 691); **Flugzeug** (BFH VI R 68/12 BFH/NV 14, 1029); **Schiff** (BFH VI R 30/05 BStBl II 06, 378; BFH VI R 12/04 BStBl II 06, 267); **Tätigkeitsgebiete** ohne ortsfeste betriebl Einrichtung (*BMF* BStBl I 20, 1228 Rz 3; s aber Rz 216).

303 **b) Dauerhafte Zuordnung, § 9 IV 2–4.** Der ArbN muss der Tätigkeitsstätte „dauerhaft" zugeordnet sein. In erster Linie kommt es dabei auf die dienst- und arbeitsrechtl Festlegungen sowie die diese ausfüllenden Absprachen und Weisungen des ArbG an (§ 9 IV 2). Nur hilfsweise sind die in § 9 IV 4 genannten quantitativen Kriterien anzuwenden. Die arbeitsrechtl Weisungen können schriftl oder mündl erfolgen. Die Zuordnung kann also insb im **Arbeitsvertrag** oder durch **Ausübung des Direktionsrechts** des ArbG erfolgen (BFH VI R 27/17 BStBl II 19, 536; BFH VI R 10/19 BStBl II 21, 306 zur beamtenrechtl Versetzung; FG Hess EFG 21, 2044, rkr, zur beamtenrechtl Abordnung „bis auf weiteres", zutr). Die Zuordnung muss aber nicht ausdrückl vorgenommen werden; der ArbG muss sich der steuerrechtl Folgen auch nicht bewusst sein. Neben der arbeitsrechtl Zordnung bedarf es daher keiner gesonderten Zuweisung zu einer ersten Tätigkeitsstätte für estl Zwecke (BFH VI R 27/17 BStBl II 19, 536). Auch eine vor dem 31.12.13 erfolgte arbeitsrechtl Zuordnung ist daher zu beachten (BFH VI R 40/16 BStBl II 19, 546). Entscheidend ist stets, ob der ArbN aus der maßgebl ex-ante-Sicht nach den arbeitsrechtl Festlegungen an einer bestimmten ortsfesten betriebl Einrichtung tätig werden soll. Eine besondere Dokumentationspflicht der Zuordnungsentscheidung besteht nicht (BFH VI R 27/17 BStBl II 19, 536; *BMF* BStBl I 20, 1228 Rz 11; *Krüger* DB 19, 2143, 2145). – Die **qualitative Bedeutung** der Tätigkeitsstätte bzw der dort verrichteten Tätigkeiten ist **kein maßgebl Kriterium** mehr (BFH VI R 27/17 BStBl II 19, 536; *BMF* BStBl I 14, 1412 Rz 8, mit Beispielen). Der ArbN muss am Ort der ersten Tätigkeitsstätte nur in geringem Umfang Tätigkeiten erbringen, die er arbeitsvertragl oder dienstrechtl schuldet und die zu dem von ihm ausgeübten Berufsbild gehören (BFH VI R 11/19 BStBl II 21, 308). Ein Flughafen kann hiernach bei entspr Zuordnung die erste Tätigkeitsstätte von Piloten und Flugbegleitern (BFH VI R 17/17 BFH/NV 19, 904) sowie Sicherheitskräften (BFH VI R 12/17 BStBl II 19, 551) sein; ebenso ein Bahnhofsgelände für Lokomotivführer (FG SachsAnh EFG 20, 912, rkr), das Zustellzentrum für Postzusteller (BFH VI R 12/19 BFH/NV 21, 307), die Dienststelle eines Polizeibeamten im Streifendienst (BFH VI R 27/17 BStBl II 19, 536) oder eines Ordnungsamtmitarbeiters (BFH VI R 9/19 BFH/NV 22, 11) und das Amtsgericht für einen Gerichtsvollzieher (BFH VI R 35/18 BStBl II 21, 525). Die bloße Abgabe von Krankmeldungen, Urlaubsanträgen usw reicht aber nicht aus. Gleiches gilt für ganz geringfügige sonstige Tätigkeiten, die nicht unmittelbar zum Berufsbild gehören (BFH VI R 25/19 BFH/NV 22, 18, zum Betriebshof eines Müllwerkers). – Die Zuordnung muss dauerhaft sein. Dies ist gegeben bei **unbefristeter Zuordnung,** bei einer **Zuordnung für die Dauer des ArbVerh** oder für einen Zeitraum von **mehr als 48 Monaten** (§ 9 IV 3). Eine Zuordnung ist unbefristet, wenn ihre Dauer aus der maßgebl ex-ante-Sicht nicht kalendermäßig bestimmt ist und sich auch nicht aus Art, Zweck oder Beschaffenheit des ArbVerh ergibt (BFH VI R 27/17 BStBl II 19, 536). Ein LeihArbVerh als solches steht einer dauerhaften Zuordnung damit nicht entgegen (BFH VI R 6/17 BStBl II 19, 539; FG Nds EFG 22, 45, rkr; FG Nds EFG 20, 1412, Rev VI R 32/20, mE zutr); gleiches gilt für den Vorbehalt der jederzeitigen Umsetzung oder Versetzung (BFH VI R 10/19 BStBl II 21, 306). Eine Zuordnung „bis auf weiteres" kann folgl unbefristet sein (BFH VI R 6/17 BStBl II 19, 539; FG Hess EFG 21, 2044, rkr; *BMF* BStBl I 20, 1228 Rz 14). Bei einem ArbN, der auf einer Baustelle des Auftraggebers seines ArbG eingesetzt ist, kann sich das Fehlen einer dauerhaften Zuordnung aus der Beschaffenheit des ArbVerh ergeben (s FG Mster DStRE 19, 1255, rkr). Ist das ArbVerh seinerseits befristet, kommt eine unbefristete Zuordnung iRd ArbVerh allerdings nicht in Betracht. Die Zuordnung erfolgt für die Dauer des ArbVerh, wenn sie aus der maßgebl Sicht ex ante für die gesamte Dauer des (in diesem Fall auch befristeten) ArbVerh Bestand haben soll (BFH VI R 6/17 BStBl II 19, 539). Abzustellen ist insoweit auf das jeweilige einzelne ArbVerh (BFH VI R 36/16 BStBl II 19, 543). Wird bei einer (vorübergehenden) Entsendung des ArbN in das Ausland mit der ausl (Tochter-)Gesellschaft ein (befristeter) ArbVertrag geschlossen, kann sich eine dauerhafte Zuordnung auch aus diesem Vertrag ergeben (BFH VI R 21/18 BStBl II 21, 506). War der ArbN iRe befristeten Zuordnung bereits einer ersten Tätigkeitsstätte zugeordnet, erfolgt die zweite Zuordnung nicht mehr für die Dauer des ArbVerh mit der Folge, das am Ort der zweiten Zuordnung keine erste Tätigkeitsstätte mehr begründet werden kann, sofern die Zuordnung nicht ausnahmsweise aus der Sicht ex ante über einen Zeitraum von mehr als 48 Monaten erfolgt. Gerade bei befristeten ArbVerh kann deshalb maßgebl sein, ob die Anordnung des ArbG zur Teilnahme an einer mehrmonatigen (Grund-)Ausbildung bereits die erstmalige Zuordnung zu der betreffenden Tätigkeitsstätte beinhaltet, sodass am späteren Einsatzort keine erste Tätigkeitsstätte mehr begründet werden kann (s FG Hess EFG 21, 1194, Rev VI R 6/21, zu Zeitsoldaten). – Fehlt es an einer dauerhaften Zuordnung, wird nach § 9 IV 4 hilfsweise darauf abgestellt, wo der ArbN überwiegend tätig werden soll (quantitative Zuordnung; s auch *BMF* BStBl I 20, 1228 Rz 27 ff, mit Beispielen). Eine fehlende Zuordnung bedeutet folgl nicht notwendig, dass keine erste Tätigkeitsstätte vorliegt. Ohne Zuordnung ist erste Tätigkeitsstätte die betriebl Einrichtung, an der der ArbN dauerhaft typischerweise arbeitstägl oder je Arbeitswoche zwei volle Arbeitstage oder mindestens ein Drittel seiner vereinbarten regelmäßigen Arbeitszeit tätig werden soll. Dabei muss der ArbN an der betriebl Einrichtung seine eigentl berufl Tätigkeit ausüben. Das ist zB bei einer Fahrtätigkeit nicht der Fall (FG Nds DStRE 18, 967, rkr). – Zu kurzfristigen Arbeitsverhältnissen s BFH VI R 36/16 BStBl II 19, 543; *Thomas* DStR 14, 497, 499. – Zu **grenzüberschreitender ArbN-Entsendung** s *BMF* BStBl I 20, 1228 Rz 23 und *Niermann* DB 14, 2793, 2794.

c) Mehrere Tätigkeitsstätten, § 9 IV 5–7. Ein ArbN kann je DienstVerh höchstens **eine erste Tätigkeitsstätte** haben (S 5). Bei mehreren Arbeitsstätten ist wiederum vorrangig auf die Entscheidung des ArbG abzustellen (S 6) und subsidiär auf die der Wohnung des ArbN räuml am nächsten liegende Arbeitsstätte zurückzugreifen (S 7). – Fährt der ArbN die Arbeitsstätten **tägl nacheinander** an, gilt Folgendes: Halbe Entfernungspauschale (§ 9 I 3 Nr 4) für den Weg von der Wohnung zur Arbeitsstätte 1, tatsächl Fahrkosten (§ 9 I 3 Nr 4a) für den Weg von der Arbeitsstätte 1 zur Arbeitsstätte 2 und halbe Entfernungspauschale (§ 9 I 3 Nr 4) für den Weg von der Arbeitsstätte 2 zur Wohnung zurück usw (vgl auch BFH VI R 53/01 BStBl II 02, 878; *Pust* HFR 03, 53; **aA** *BMF* DStR 21, 2793, Rz 24 mit Beispiel 11: Fahrt zur Tätigkeitsstätte B als Umwegfahrt zur Tätigkeitsstätte C, kein Abzug der tatsächl Kosten für die Fahrt zw den beiden Tätigkeitsstätten).

d) Bildungseinrichtungen, § 9 IV 8. Auch eine Bildungseinrichtung (Universität, Fachhochschule etc) kann „erste Tätigkeitsstätte" sein (verfgemäß, FG Sachs EFG 18, 363, rkr). Es muss sich um Einrichtungen handeln, die **außerhalb eines Dienstverhältnisses** iRe Vollzeitstudiums bzw einer vollzeitigen Bildungsmaßnahme aufgesucht werden. Eine solche liegt vor, wenn die Maßnahme typischerweise darauf ausgerichtet ist, dass sich der StPfl ihr zeitl vollumfängl widmen muss und die Lerninhalte vermittelnden Veranstaltungen jederzeit besuchen kann; auf die Dauer der Bildungsmaßnahme kommt es nicht an (BFH VI R 24/18 BStBl II 20, 770). Eine (auswärtige) Bildungseinrichtung, die vorübergehend iRe Vollzeitstudiums besucht wird, um zB ein Praktikum, Praxis- oder Auslandssemester zu absolvieren, ist keine erste Tätigkeitsstätte, wenn der StPfl weiterhin der bisherigen Bildungseinrichtung zugeordnet, also zB bei seiner Heimatuniversität eingeschrieben bleibt (BFH VI R 3/18 DStR 20, 2720).– Mit dem **KroatAnpG** (BGBl I 14, 1266) ist § 9 IV 8 um einen 2. HS ergänzt worden, demzufolge die

Regelungen über Entfernungspauschale, doppelte Haushaltsführung und Verpflegungsmehraufwand entspr anzuwenden sind (ebenfalls ab VZ 14). Den Gesetzesmaterialien zufolge handelt es sich um eine Klarstellung (s BT-Drs 18/1529, 51). Tatsächl beziehen sich § 9 I 3 Nr 4 und 5 sowie IVa ausdrückl nur auf ArbN, sodass rechtssystematische und verfrechtl Bedenken gegen eine Ausdehnung des Regelungsbereichs vorgebracht werden (s *HHR* § 9 Rz 562; *Bergkemper* FR 13, 1017, 1018), die aber iErg nicht begründet sind (BFH VI R 24/18 BStBl II 20, 770 Rz 20 f). Zum Ganzen s auch *Maciejewski* FR 21, 154.

306   e) **Rechtslage bis VZ 13.** S *Schmidt* 35. Aufl. § 9 Rz 186, *Schmidt* 40. Aufl § 9 Rz 306.

310   **4. Mehraufwendungen für Verpflegung, § 9 IVa.** – a) **Auswärtstätigkeit, § 9 IVa 1, 2 und 4.** Der Abzug von Verpflegungsmehraufwendungen ist für ArbN **mit Wirkung ab VZ 14** neu geregelt worden (zur Rechtslage bis VZ 2013 s § 4 Rz 570 ff und § 19 Rz 110 „Reisekosten" (2) sowie *Schmidt* 35. Aufl § 9 Rz 226). Die Regelung ist dem Grunde und der Höhe nach abschließend (§ 9 IVa 1: „nur nach Maßgabe der folgenden Sätze ..."): Nur in den genannten Fällen kann Verpflegungsmehraufwand geltend gemacht werden und nur mit den vorgegebenen Pauschbeträgen; tatsächl angefallene höhere Kosten bleiben unberücksichtigt. Sachl gilt § 9 IVa für **alle Formen der Auswärtstätigkeit** (§ 9 IVa 2 und 4), s BFH VI R 41/12 BStBl II 13, 704, mwN; *Niermann* DB 13, 1015, 1020. – Der StPfl hat einen **Rechtsanspruch** auf die Berücksichtigung der gesetzl Pauschalen (§ 9 IVa 2: „ist ... anzusetzen"; vgl auch BFH VI R 44/03 BStBl II 06, 567). Dabei unterstellt die gesetzl Regelung in § 9 IVa 2 mit der Formulierung „zur Abgeltung der ihm tatsächl entstandenen ... Mehraufwendungen" (wie bisher und nicht anders als § 9 I 3 Nr 4, s Rz 181) **typisierend,** dass bei einer länger andauernden auswärtigen berufl Tätigkeit Verpflegungsmehraufwand entstanden ist; ob und in welcher Höhe tatsächl ein Mehraufwand entstanden ist und ob der ArbN die konkrete Verpflegungssituation vor Ort kennt, ist unerhebl (bislang stRspr, vgl BFH VI R 95/13 BStBl II 15, 231, und BFH VI R 7/13 BStBl II 15, 336, beide mwN; glA: *BMF* BStBl I 20, 1228 Rz 73: keine Prüfungspflicht; **aA** *HHR* § 9 Rz 565; *Paintner* DStR 13, 217). Ledigl bei Mahlzeitengestellungen kommt es zu einer Kürzung der Beträge, s Rz 313. – Zum Begriff **„Mittelpunkt der Lebensinteressen"** in § 9 IVa 4 s Rz 200 ff, 224 und 230 ff.

311   b) **Zweistufige Pauschalierung, § 9 IVa 3 und 5.** Bei Abwesenheit des ArbN vom Hauptthausstand (oder der Zweitunterkunft iRd doppelten Haushaltsführung) von 24 Std werden **24 €/28 € ab VZ 20** angesetzt (Nr 1), bei Abwesenheit von mehr als 8 Std **12 €/14 € ab VZ 20** (Nr 3 Hs 1); Letzteres gilt auch bei einer entspr Abwesenheit über Nacht (S 3 Nr 3: Verteilung der Abwesenheitsdauer auf zwei Kalendertage; *Beispiele* bei *Niermann* DB 13, 1015/20; *Harder-Buschner/Schramm* NWB 14, 175; s auch *BMF* BStBl I 20, 1228 Rz 49). Fallen An- und Abreise bei zwei Dienstreisen auf einen Tag, gewährt die FinVerw nur 12 € (*BMF* BStBl I 20, 1228 Rz 49; mE zweifelhaft, da für die Pauschale „jeweils" anzusetzen ist, s auch *Hermes* NWB 17, 1278). Zur Zusammenrechnung von Abwesenheitszeiten s *BMF* BStBl I 20, 1228 Rz 47. – **Hauptthausstand** kann bei einem Auszubildenden auch die elterl Wohnung sein (s *BMF* BStBl I 20, 1228 Rz 50). An- und Abreisetag werden bei mehrtägiger Auswärtstätigkeit ebenfalls mit 12 €/14 € ab VZ 20 berücksichtigt (S 3 Nr 2: ohne Prüfung von Abwesenheitszeiten; auswärtige Übernachtung an diesem, einem folgenden oder vorangegangen Tag genügt). – Bei **Auslandsreisen** gelten modifizierte Beträge, die sich am BRKG orientieren (s § 9 IVa 5: 80/120% der Auslandstagegelder). Zum maßgebl Ort s § 9 IVa 5 HS 2; zur Höhe s Anlage zu *BMF* BStBl I 17, 1457 ab 1.1.18; *BMF* BStBl I 18, 1354 ab 1.1.19; *BMF* BStBl I 19, 1254 ab 1.1.20 *BMF* BStBl I 20, 1256 ab 1.1.21 und pandemiebedingt auch für VZ 22; s *auch* LStR 9.6 (3)).

312   c) **Dreimonatsgrenze, § 9 IVa 6 und 7.** Die Dreimonatsgrenze gilt nur für längerfristige Tätigkeiten **„an derselben Tätigkeitsstätte"** (BFH VI R 10/08

Ergänzende Regelungen   313–321 § 9

BStBl II 11, 32: verfgemäß). Sie gilt daher nicht, wenn es an einer ortsfesten betriebl Einrichtung fehlt (zB Tätigkeit auf Fahrzeug, Flugzeug, Schiff oder in weiträumigem Gebiet) oder eine Tätigkeitsstätte an nicht mehr als 2 Tagen wöchentl aufgesucht wird (s auch *BMF* BStBl I 20, 1228 Rz 55). Für jede längerfristige Tätigkeit wird eine *eigene* Dreimonatsfrist in Gang gesetzt (Beispiele: *BMF* BStBl I 20, 1228 Rz 55), auch bei unmittelbarer räuml Nähe der einzelnen Tätigkeitsstätten (s *BMF* BStBl I 20, 1228 Rz 53; s auch *Niermann* DB 14, 2793, 2795). – Eine **Unterbrechung** der Auswärtstätigkeit von mind vier Wochen setzt eine neue Dreimonatsfrist in Gang (§ 9 IVa 7; *BMF* BStBl I 20, 1228 Rz 54). Auf den Grund der Unterbrechung kommt es nicht an (s *Niermann* DB 13, 1015, 1020: zB Krankheit, Urlaub, Tätigkeit an anderer Tätigkeitsstätte). Maßgebl sind immer die tatsächl Verhältnisse, nicht die geplanten (s *BMF* BStBl I 20, 1228 Rz 55: *ex post*-Betrachtung).

d) Gestellung von Mahlzeiten, § 9 IVa 8–11. Werden dem ArbN Mahlzeiten vom ArbG oder einem Dritten zur Verfügung gestellt oder erhält er eine Aufwandserstattung, werden die **Pauschalen gekürzt**; das gilt auch dann, wenn Reisekostenvergütungen wegen dieser Mahlzeiten einbehalten oder gekürzt oder vom ArbG pauschal besteuert werden (s § 9 IVa 8 bis 11; ausführl Beispiele: *BMF* BStBl I 20, 1228 Rz 75 ff; s auch *Niermann* DB 14, 2793, 2795 f; *ders* 13, 1015, 1020 f; *Harder-Buschner/Schramm* NWB 14, 175, 182; *Seifert* DStZ 16, 75; *Hermes* NWB 17, 1278). Die Kürzung ist auch vorzunehmen, wenn der ArbN die zur Verfügung gestellten Mahlzeiten tatsächl nicht eingenommen hat (BFH VI R 16/18 BStBl II 20, 783). Auf das Vorliegen einer ersten Tätigkeitsstätte kommt es für die Kürzung ebenfalls nicht an (BFH VI R 27/19 DStR 21, 2057). Getränke sind allerdings keine Mahlzeit (so zutr *Seifert* NWB 14, 3448). Eine Mahlzeitengestellung durch den ArbG ist mE auch nicht anzunehmen, wenn der ArbN oder ein Dritter die erforderl Lebensmittel selbst anschafft und der ArbG diese nur zubereiten lässt (**aA** FG Nds EFG 20, 438, rkr). Zum Besteuerungsverzicht nach § 8 II 9 s § 8 Rz 63; zur Pauschalbesteuerung s § 40 II 1 Nr 1a (auch bei kürzerer Abwesenheit oder nach Ablauf der Dreimonatsfrist) und Nr 4 sowie *BMF* BStBl I 14, 1412 Rz 58 ff und *BMF* BStBl I 20, 1228 Rz 94 ff. 313

e) Doppelte Haushaltsführung, § 9 IVa 12 und 13. Bei Begründung einer doppelten Haushaltsführung gelten die Regelungen zu den Verpflegungspauschalen und zur Mahlzeitengestellung für eine Übergangszeit von drei Monaten entspr. Eine unmittelbar vorangegangene Auswärtstätigkeit ist auf die Dreimonatsfrist anzurechnen. Bei Unterbrechung der doppelten Haushaltsführung (zB durch Mutterschafts-/Erziehungsurlaub) und Neubegründung beginnt die Dreimonatsfrist neu zu laufen (FG Hess EFG 05, 1597, rkr); dies gilt bei typisierender Betrachtung auch bei Rückkehr an den bisherigen Beschäftigungsort in die gleiche Wohnung nach längerer (10 Monate) Abordnung (BFH VI R 15/09 BStBl II 11, 47, erneute Begründung; Anm *Bergkemper* FR 11, 34; *Paus* FR 11, 519). – Die urspüngl fehlende Verweisung auf die Regelung zur Gestellung von Mahlzeiten (s 39. Aufl) wurde durch das Kroat-AnpG nachgeholt. 314

5. Nichtabziehbare Werbungskosten, § 9 V. – a) Bedeutung. Nichtabziehbare WK sind Aufwendungen, die zwar durch die Einkunftserzielung veranlasst sind, die aber kraft Gesetzes für nicht abziehbar erklärt werden; solche Aufwendungen sind auch nicht als SA oder agB abziehbar (*Tipke* LB Rz 8.286). Zwar kann der StPfl grds frei entscheiden, welche Aufwendungen er für angemessen hält, solange diese Aufwendungen seine Lebensführung nicht berühren (BFH VI R 66/78 BStBl II 81, 735). Doch hat der Gesetzgeber mit § 9 V durch den Verweis auf verschiedene Abzugsbeschränkungen für eine **Angleichung von BA und WK** gesorgt. 320

b) Beschränkte Verweisung. Zu beachten ist, dass § 9 V **nicht** auf § 4 V 1 **Nr 5, 6, 6a und 9** verweist. Für den WK-Bereich sind Fahrten zw Wohnung und erster Tätigkeitsstätte und doppelte Haushaltsführung weiterhin in § 9 I 3 Nr 4 und 5 geregelt; hinzugekommen sind die Regelungen zu sonstigen berufl veranlassten 321

Fahrten in Nr 4a und zu Verpflegungsmehraufwand in IVa. Ebenfalls nicht verwiesen wird auf § 4 VII. Damit gilt bei den Überschusseinkunftsarten nicht die Verpflichtung zur getrennten Aufzeichnung der Aufwendungen des § 4 V. Nutzt allerdings ein ArbN auch ein häusl Arbeitszimmer zB als Freiberufler (Schriftsteller), gilt iRd Einkünfte aus selbstständiger Arbeit die Pflicht zur getrennten Aufzeichnung für die auf die freiberufl Nutzung des Arbeitszimmers entfallenden Kosten (s *BMF* BStBl I 11, 195 Rz 25).

322   **aa) Geschenke, § 4 V 1 Nr 1.** Empfänger der Geschenke müssen Kunden des ArbG oder des ArbN sein (AK/HK einschließl USt: 35 €; s § 4 Rz 538); nicht betroffen sind Geschenke des ArbN an seine Mitarbeiter, soweit die Aufwendungen dafür überhaupt abziehbar sind (bej FG Thür EFG 14, 1290, rkr, zust Anm *Wagner*, s auch § 19 Rz 110 „Geschenke").

323   **bb) Bewirtungskosten, § 4 V 1 Nr 2.** Der ArbN muss selbst die bewirtende Person sein (BFH VI R 48/07 BStBl II 08, 870). Es werden alle Personen erfasst, nicht aber Arbeitskollegen des ArbN (BFH VI R 24/15 BStBl II 16, 744); denn bei diesen fehlt der „geschäftl" Anlass (BFH VI R 33/07 BStBl II 09, 11; BFH VI R 12/07 BFH/NV 08, 1997; *Bergkemper* FR 09, 237); bei gemischter Gruppe ist aufzuteilen. Nachweispflicht trifft auch ArbN (BFH IV R 81/96 BStBl II 98, 263, Journalist; BFH VI R 77/04 BFH/NV 07, 1643 zur tatrichterl Überzeugungsbildung; zur Teilnahme von ArbN und anderen Personen an Schulungsveranstaltung s BFH I R 75/06 BStBl II 08, 116). – Auf § 4 VII wird nicht verwiesen; es genügt einfache Belegablage.

324   **cc) Gästehäuser, Jagd usw, § 4 V 1 Nr 3 und 4.** Diese Regelungen haben für ArbN keine große Bedeutung.

326   **ee) Häusliches Arbeitszimmer, § 4 V 1 Nr 6b.** Die zentrale Vorschrift zur Abziehbarkeit der Kosten eines häusl Arbeitszimmers. S iEinz § 4 Rz 590 ff; *Geserich* DB 19, 1810. Zu **Poolarbeitsplatz** s BFH VI R 37/13 BStBl II 14, 570; zu **Telearbeitsplatz** s BFH VI R 40/12 BStBl II 14, 568.

327   **ff) Unangemessene Aufwendungen, § 4 V 1 Nr 7.** S iEinz § 4 Rz 601 ff und BFH VI R 37/15 BStBl II 17, 526. Soweit WK der Höhe nach unangemessen sind, scheidet ein WK-Abzug aus (zB Flügel der Musiklehrerin, s dazu Rz 245 „Musikinstrumente"; Einrichtung eines Arbeitszimmers; s auch *Leu* DStZ 92, 564; Privatflugzeug, BFH VI R 37/15 BStBl II 17, 526). Ob ein unangemessener berufl Aufwand vorliegt, beurteilt sich danach, ob ein ordentl und gewissenhafter StPfl, ungeachtet seiner Freiheit, den Umfang seiner Erwerbsaufwendungen selbst bestimmen zu dürfen, angesichts der erwarteten Vorteile und Kosten die Aufwendungen ebenfalls auf sich genommen haben würde (BFH VI R 37/15 BStBl II 17, 526).

328   **gg) Geldbußen; Hinterziehungszinsen, § 4 V 1 Nr 7.** Diese Regelung bringt im ArbN-Bereich keine Besonderheiten, iEinz § 4 Rz 604 ff.

329   **hh) Bestechungsgelder, § 4 V 1 Nr 10.** Diese sind unter den dort genannten Voraussetzungen auch bei Zahlung durch einen ArbN oder den Bauherren bei VuV nicht als WK abziehbar. Einzelheiten § 4 Rz 610 ff.

330   **ii) Sanktionszuschläge, § 4 V 1 Nr 12.** Zuschläge nach § 162 IV AO wegen nicht rechtzeitiger Dokumentation ausl Geschäftsbeziehungen sind nicht abziehbar (s § 4 Rz 614).

331   **jj) Parteispenden, § 4 VI.** § 4 VI bestimmt § 10b II zur *lex specialis;* also kein WK-Abzug bei Aufwendungen zur Förderung staatspolitischer Zwecke (s auch Rz 174).

332   **kk) Aufwendungen für Rechteüberlassungen, § 4j.** Die Abzugsbeschränkung der Aufwendungen für Rechteüberlassungen bei niedriger Besteuerung des Gläubigers gilt ab VZ 2018 auch für den WK-Abzug.

ll) Aufwendungen bei Besteuerungsinkongruenzen, § 4k. Der zum 1.7.21 333
durch das ATADUmsG (BGBl I 21, 2035) eingefügte § 4k regelt Maßnahmen zur
Abwehr sog *hybrider Gestaltungen*. Die Abzugsbeschränkungen, die für WK entsprechend gelten, sind nur anzuwenden, wenn sich die in § 4k I–V geregelten Transaktionen bzw Inkongruenzen ergeben zw nahe stehenden Personen iSd § 1 II AStG, Unternehmen und ihren Betriebsstätten oder Personen, die iRe sog strukturierten Gestaltung (§ 4k VI 3) handeln.

mm) Anschaffungsnahe Herstellungskosten, § 6 I Nr 1a. Die Vorschrift 334
sieht in bestimmten Fällen die Aktivierung von Aufwendungen im zeitl Zusammenhang mit der Anschaffung von Gebäuden vor (s iEinz § 6 Rz 381 ff).

V. Berufsausbildungskosten, § 9 VI

1. Allgemeines. Bildungsaufwendungen sind, wenn sie berufl veranlasst sind, 340
nach § 9 I 1 WK (stRspr, zB BFH VI R 137/01 BStBl II 03, 407: berufsbegleitendes Erststudium; BFH VI R 12/10 BStBl II 11, 796: Sprachkurs; s auch BVerfG 2 BvL 1/07 ua DStR 08, 2460, C. II. 1). Diesen Grundsatz schränkt das **Abzugsverbot** in § 9 VI (wie § 4 IX) für die Kosten einer erstmaligen Berufsausbildung und eines Erststudiums als Erstausbildung ein, soweit diese nicht iRe DienstVerh stattfinden (zB BFH VI R 14/12 BStBl II 13, 449). – Nicht unter das Abzugsverbot fallen insb Aufwendungen für ein Studium oder eine weitere Ausbildung nach abgeschlossener Berufsausbildung und für ein Zweitstudium nach abgeschlossenem Erststudium (keine „Erstausbildung"; s auch BFH VI R 78/10 BStBl II 13, 284). Auch solche Aufwendungen sind aber nur WK, wenn die berufl Veranlassung vorliegt. Diese kann bei einem Studium nach Eintritt in den Ruhestand fehlen (FG SchlHol EFG 17, 1422). Das Abzugsverbot gilt rückwirkend **ab VZ 04** (§ 52 XII 11; s auch BT-Drs 17/7524, 20: nachträgl Klarstellung der gesetzgeberischen Absicht zu § 12 Nr 5: mE verfgemäß; dagegen: *Neugebauer* FR 15, 307; offen gelassen von BVerfG 2 BvL 22–27/14 DStR 20, 93). **Berufsbildungsmaßnahmen bis 31.12.03** sind nach wie vor von dem Abzugsverbot nicht betroffen. Entspr Aufwendungen sind nach allg Grundsätzen als WK/BA zu berücksichtigen (zu den anzusetzenden Aufwendungen s *Schmidt* 32. Aufl § 19 Rz 110 „Ausbildungskosten"; ferner *Paus* EStB 11, 373).

2. Verfassungsmäßigkeit. Der VI. BFH-Senat hielt das Abzugsverbot der Auf- 341
wendungen einer erstmaligen Berufsausbildung für verfwidrig und hat in mehreren Verfahren das BVerfG angerufen (BFH VI R 2/12 DStRE 15, 5; s auch *Schmidt* 39. Aufl § 9 Rz 341). Dieser Auffassung hat sich das BVerfG jedoch nicht angeschlossen (BVerfG 2 BvL 22–27/14 DStR 20, 93, zustimmend *Ismer* DStR 20, 681; iErg ebenso bereits BFH VIII R 22/12 BStBl II 14, 165). Nach seiner Ansicht war der Gesetzgeber befugt, Aufwendungen des StPfl für seine Erstausbildung außerhalb eines DienstVerh vom WK-Abzug auszunehmen und nur als SA gem § 10 I Nr 7 in begrenzter Höhe (s § 10 Rz 81 ff) zum Abzug zuzulassen. Zwar überzeugen die Ausführungen des BVerfG in weiten Teilen nicht. IErg wird man dem Gesetzgeber aber nicht absprechen können, einen Lebensbereich, der zumindest eine gewisse Nähe zur privaten Lebensführung erkennen lässt, typisierend den SA zuzuweisen (krit aber *Hey* FR 20, 578).

3. Abzugsbeschränkung, § 9 VI 1. Aufwendungen für eine Berufsausbildung 343
oder ein Studium ohne vorangegangene Erstausbildung (Berufsausbildung oder Studium) sind vom WK-Abzug ausgeschlossen (BFH VI R 17/20 BStBl II 20, 719, zu Gestaltungsmöglichkeiten s *Maciejewski* FR 20, 545). Dies gilt erst Recht für die Kosten einer schulischen Ausbildung, auch im Ausl (FG Hess EFG 20, 87, rkr). Aufwendungen für eine **weitere Ausbildung,** auch in Form eines Studiums im Anschluss an eine erstmalige Berufsausbildung, sind wie bisher als WK zu berücksichtigen, wenn ein Veranlassungszusammenhang mit einer späteren Einkünfteerzie-

lung besteht. **Mehrstufige Ausbildungswege** sind daher auch im Falle eines engen und sachl Zusammenhangs der einzelnen Ausbildungsschritte keine einheitl Erstausbildung. Dh mit Abschluss der Lehre liegt eine Erstausbildung vor; weitere Ausbildungsabschnitte (Studium, Fachoberschule etc) fallen nicht unter das Abzugsverbot. – **Berufsausbildung** iSd § 9 VI 1 ist jede ernstl betriebene Vorbereitung auf einen künftigen Beruf (BFH VI R 52/10 BStBl II 12, 825 mwN; zur Auslegung der Begrifflichkeiten iRd § 32 IV 2 s § 32 Rz 61 ff). Der Vorbereitung dienen alle Maßnahmen zum Erwerb von Kenntnissen, Fähigkeiten und Erfahrungen, die als Grundlage für die Ausübung des angestrebten Berufs geeignet sind. Gegenbegriff ist die Allgemeinbildung, die keine notwendige Voraussetzung für eine geplante Berufsausübung darstellt. – **Studium** ist jedes Universitäts- oder Fachhochschulstudium auf einer staatl oder privaten Bildungseinrichtung. Ein Studium verlässt das Stadium des Erststudiums, wenn ein examiniertes und anerkanntes Ausbildungsstadium erreicht ist, das es erlaubt, unter Hinweis auf diese im Berufsleben anerkannte Qualifikation erwerbstätig zu werden (zB Magisterstudium). Jede weitere Höherqualifizierung ist kein Erststudium (zB Aufbau-/Weiterbildungsstudiengänge: BFH VI R 6/07 BFH/NV 09, 1796, und BFH VI R 31/07 BFH/NV 09, 1797; Promotion *BMF* BStBl I 10, 721 Rz 16). Auch ein im Anschluss an ein Fachhochschulstudium durchgeführtes Universitätsstudium ist kein Erststudium mehr. Daher sind die Grundsätze von BFH VI R 50/02 BStBl II 04, 889 durch das Abzugsverbot nicht tangiert (ebenso *BMF* BStBl I 10, 721 Rz 12).

344 **a) Ausbildung innerhalb eines Dienstverhältnisses.** Die Abzugsbeschränkung gilt nicht für eine Erstausbildung iRe DienstVerh. Eine solche liegt vor, wenn die Verpflichtung, sich ausbilden zu lassen, zum Gegenstand eines entgeltl DienstVerh gemacht wird BFH VI R 72/13 BeckRS 2014, 96242. Die vom StPfl zur Erfüllung seiner Pflichten aufgewendeten Kosten dienen hier der Erzielung *gegenwärtiger* stpfl Einnahmen; also handelt es sich um WK. Damit erlangt die frühere Rspr zum Ausbildungs-ArbVerh teilweise wieder Bedeutung (BFH VI R 50/79 BStBl II 81, 216, Hochschulstudium eines Offiziers der Bundeswehr; BFH VI R 127/80 BStBl II 85, 87, Studium der Zahnmedizin eines Bundeswehrangehörigen; BFH VI R 144/83 BStBl II 85, 89, mittlere Reife auf der Bundeswehrfachschule). An dem früheren Erfordernis, dass das Studium *wesentl Gegenstand des DienstVerh* sein musste, ist nach dem Gesetzeswortlaut mE nicht festzuhalten. Die Ausbildung muss nach § 9 VI 1 lediql iRe DienstVerh erfolgen. Daher sind Aufwendungen des ArbN für das Studium zB an einer Bankakademie iRe DienstVerh geleistet und fallen damit nicht unter das Abzugsverbot. – **Stipendien** sollen nicht als Ausbildungs-DienstVerh zu qualifizieren sein (*BMF* BStBl I 10, 721 Rz 28); das ist in dieser Allgemeinheit zweifelhaft (s auch *Ernst/Schill* DStR 08, 1461). – Zu zahlreichen Ausbildungsverhältnissen und der damit verbundenen Rechtskomplizierung s *Steck* DStZ 09, 384.

345 **b) Fortbildungskosten.** Sie sind ebenfalls nicht von § 9 VI erfasst und nach allg Grundsätzen WK. Fortbildungskosten betreffen Ausgaben, die ein StPfl tätigt, um in dem ausgeübten Beruf auf dem Laufenden zu bleiben und den jeweiligen Anforderungen gerecht zu werden, sowie Ausgaben, die ein StPfl macht, um sich in dem von ihm ausgeübten Beruf fortzubilden, damit er ohne Wechsel der Berufs- oder Erwerbsart, also ohne Übergang zu einem anderen Beruf, besser vorwärtskommen kann (BFH VI R 120/01 BStBl II 03, 403, mwN.).

346 **c) Erstausbildung, § 9 VI 2–5.** Der Begriff der Erstausbildung ist ab VZ 2015 erstmals gesetzl definiert und an eine **Mindestdauer** von **zwölf Monaten bei vollzeitiger Ausbildung** geknüpft. § 9 VI 2 ff richten sich gegen die für den StPfl günstige Auslegung des Begriffs der **erstmaligen Berufsausbildung** durch die BFH-Rspr. Hiernach waren weder ein geordneter Ausbildungsgang, noch eine bestimmte Ausbildungsdauer oder ein formaler Abschluss erforderl (BFH VI R 52/10 BStBl II 12, 825, BFH VI R 6/12 BStBl II 15, 180: Flugbegleiterin; entgegen *BMF* BStBl I 10, 721 Rz 4 ff). Eine Ausbildung zum Rettungshelfer in 320 Stunden soll aber auch nach § 9 VI aF nicht ausreichen (FG Ddorf EFG 21, 194, Rev VI R 41/20). Den Gesetzesmaterialien zufolge sollen mit § 9 VI 2–5 Gestaltungen ausgeschlossen werden, bei denen vor Beginn des Studiums eine „Ausbildung" zum Taxifahrer oder Skilehrer oÄ gemacht wurde (s BR-Drs 18/ 3017, 43). „Vollzeitig" soll **mindestens 20 Stunden wöchentl** bedeuten (so BT-Drs 18/3441, 58; vgl auch § 32 IV 3). – Es muss sich um eine **geordnete Ausbildung** handeln; dh es müssen Ausbildungsziele definiert sein und es muss ein Lehrplan vorliegen, wobei nach § 9 VI 3 auch interne Vorschriften eines Bildungsträgers anerkannt werden.– Schließl muss die Ausbildung grds mit einer **Abschlussprüfung** beendet werden; doch genügt nach § 9 IV 4 auch eine tatsächl planmäßige Beendigung der Ausbildung, wenn nach dem betr Ausbildungsplan keine Abschlussprüfung vorgesehen ist. Umgekehrt wird auch eine gleichwertige Abschlussprüfung ohne vorangegangene Ausbildung nach § 9 VI 5 als Erstausbildung anerkannt (zB nach § 45 II BBiG und § 37 II HwO). – Wird die Erstausbildung **unterbrochen** oder abgebrochen, liegt keine abgeschlossene Erstausbildung vor. Beginnt der StPfl mit einer neuen Ausbildung, ist diese (immer noch) eine Erstausbildung.

§ 9a Pauschbeträge für Werbungskosten

¹**Für Werbungskosten sind bei der Ermittlung der Einkünfte die folgenden Pauschbeträge abzuziehen, wenn nicht höhere Werbungskosten nachgewiesen werden:**
1. a) **von den Einnahmen aus nichtselbständiger Arbeit vorbehaltlich Buchstabe b:**
      ein Arbeitnehmer-Pauschbetrag von 1000 Euro;
   b) **von den Einnahmen aus nichtselbständiger Arbeit, soweit es sich um Versorgungsbezüge im Sinne des § 19 Absatz 2 handelt:**
      ein Pauschbetrag von 102 Euro;
2. *(weggefallen)*
3. **von den Einnahmen im Sinne des § 22 Nummer 1, 1a und 5:**
   ein Pauschbetrag von insgesamt 102 Euro.

²**Der Pauschbetrag nach Satz 1 Nummer 1 Buchstabe b darf nur bis zur Höhe der um den Versorgungsfreibetrag einschließlich des Zuschlags zum Versorgungsfreibetrag (§ 19 Absatz 2) geminderten Einnahmen, die Pauschbeträge nach Satz 1 Nummer 1 Buchstabe a und Nummer 3 dürfen nur bis zur Höhe der Einnahmen abgezogen werden.**

Einkommensteuer-/Lohnsteuer-Richtlinien: EStR 9a/EStH 9a; LStH 9a.

1. Bedeutung. Die Vorschrift dient der Arbeitsvereinfachung. Sie unterstellt, **1** dass geringe WK in der bezeichneten Höhe anfallen; sie gilt daher auch, wenn feststeht, dass WK gar nicht oder nur in geringerer Höhe angefallen sind. Höhere WK dürfen nicht neben, sondern nur anstelle der Pauschbeträge abgezogen werden. Der StPfl hat einen Rechtsanspruch auf den Ansatz der Pauschbeträge; es darf sich aber daraus kein Verlust ergeben (s Rz 7). Nur der Ansatz der nachgewiesenen, tatsächl angefallenen WK kann zu einem Verlust führen (FG Thür EFG 95, 1012, rkr). – Der StPfl kann auf den Ansatz der Pauschbeträge nicht verzichten (*HHR* § 9a Rz 15; s auch § 9 Rz 121).

2. Persönlicher Anwendungsbereich. Die Pauschbeträge können bei jeder **2** der genannten Einkunftsarten nur einmal abgezogen werden (zB bei Einnahmen aus verschiedenen ArbVerh). Da sie dem einzelnen StPfl zustehen, sind sie auch bei der Zusammenveranlagung jedem **Ehegatten** zu gewähren, der entspr Einnahmen

§ 9a 3–9 Pauschbeträge für Werbungskosten

hat. Seit VZ 2009 gelten sie auch für **beschr StPfl** (s § 50 Rz 14). Bei Wegzug des StPfl keine Kürzung (EStR 9a).

3 **3. Pauschbetrag bei Einnahmen aus nichtselbstständiger Arbeit, § 9a S 1 Nr 1 Buchst a.** Er beläuft sich ab VZ 11 auf 1000 € (von VZ 04 bis VZ 10: 920 €) und wird auch iRd LSt berücksichtigt (§ 39a I 1 Nr 1; zu mehreren ArbVerh s § 39a Rz 7). Stand der ArbN nicht das ganze Jahr über in einem ArbVerh, kann der Anspruch auf den vollen Pauschbetrag bei der Veranlagung geltend gemacht werden. Nach § 40a I 1 ist die pauschale LSt bei **Teilzeitbeschäftigten** vom ungekürzten Arbeitslohn zu erheben; also kein Ansatz des Pauschbetrages (glA *HHR* § 9a Rz 17). Betreffen Aufwendungen gleichzeitig Einnahmen aus nichtselbstständiger Arbeit und Gewinneinnahmen, sind dennoch in jedem Fall der volle Pauschbetrag (ggf höhere WK) einerseits und daneben bei der anderen Einkunftsart die auf sie entfallenden, ggf im Schätzwege nach der wahrscheinl Veranlassung aufzuteilenden Aufwendungen abziehbar (BFH VIII R 76/05 BStBl II 08, 937; s auch *HHR* § 9a Rz 14: keine Doppelberücksichtigung). Zur Berücksichtigung des Pauschbetrages beim Ausbildungsfreibetrag s BFH III R 79/97 BStBl II 01, 702. Zur Berücksichtigung beim Progressionsvorbehalt s BFH III R 61/12 BStBl II 15, 182 (VerfBeschw BVerfG 2 BvR 3057/14) und § 32b Rz 34. – Der ArbN-Pauschbetrag ist bei Zusammentreffen von normal besteuerten und begünstigt besteuerten (§ 34) Lohneinkünften vorrangig bei den normal besteuerten Einkünften abzuziehen (BFH XI R 63/97 BStBl II 99, 588; *Anm* HFR 99, 712).

4 **4. Arbeitnehmerpauschbetrag für Versorgungsbezüge, § 9a Satz 1 Nr 1 Buchst b.** Er ist ab VZ 05 in der Höhe an den Pauschbetrag des Satzes 1 Nr 3 angepasst. In der Übergangszeit bis zur nachgelagerten Besteuerung der Renten in voller Höhe (2040) wird ein abschmelzender Zuschlag zum Versorgungsfreibetrag (§ 19 II) gewährt. S *BMF* BStBl I 08, 390 Rz 68–87, und *BMF* BStBl I 13, 1087 Rz 169.

6 **5. Pauschbetrag bei wiederkehrenden Bezügen.** Dieser wird nur bei Einnahmen iSv § 22 Nr 1, Nr 1a und Nr 5 gewährt, und zwar nur einmal, also nicht jeweils bei den genannten Nr. Bei der **Zusammenveranlagung** steht der Pauschbetrag jedem Ehegatten mit entspr Bezügen zu. Das gilt auch dann, wenn ein Ehegatte ein ihm gehörendes Grundstück gegen Leibrente veräußert und der Erwerber zur Rentenzahlung an beide Ehegatten verpflichtet ist (BFH X R 48/92 BStBl II 94, 107).

7 **6. Abzugsbegrenzung, § 9a S 2.** Der Pauschbetrag bei Versorgungsbezügen darf nur bis zur Höhe der um den Versorgungsfreibetrag geminderten Einnahmen abgezogen werden. Der ArbN-Pauschbetrag und der Pauschbetrag bei den Einkünften aus § 22 darf nur bis zur Höhe der Einnahmen abgezogen werden. Hierdurch wird verhindert, dass StPfl mit geringen positiven Einnahmen bessergestellt werden als StPfl ohne Einnahmen.

8 **7. Negative Einnahmen.** Durch die Rückzahlung der in einem früheren VZ empfangenen und versteuerten Beträge wird der Pauschbetrag nicht berührt, da die zurückgezahlten Beträge keine WK sein sollen (s auch § 9 Rz 108).

9 **8. Pauschbeträge/Pauschsätze aufgrund der Finanzverwaltung.** Pauschbeträge (= auf einen festen Betrag lautend) und Pauschsätze (= nach einem %-Satz der Einnahmen bemessen, oft der Höhe nach begrenzt) auf Grund von Verwaltungsanordnungen (in LStR und Erlassen der obersten FinBeh, nicht der OFDen) werden iRd Einkünfte aus nichtselbstständiger Arbeit teils für alle, teils für bestimmte Berufsgruppen gewährt. Norminterpretierende Verwaltungsvorschriften und Typisierungsvorschriften binden, anders als Ermessensrichtlinien, die FG grds nicht (s Ausnahme BFH VIII R 33/02 BStBl II 04, 927). Zur Gesetzmäßigkeit von VerwVorschriften und Grenzen der Typisierung *Leisner* StuW 07, 241; BFH GrS 1/15 BStBl II 17, 393.

a) Pauschbeträge für alle Berufsgruppen. *Beispiele:* Reisekosten LStR 9.4; **10** Übernachtungskosten s LStR 9.7 (s auch BFH VI R 48/11 BStBl II 12, 926: keine Pauschale bei Übernachtung in Schlafkabine; zur Schätzung der tatsächl Aufwendungen s *BMF* BStBl I 12, 1249; zu Auslandsreisen s *BMF* BStBl I 13, 60 und BStBl I 15, 34); Umzugskosten LStR 9.9; doppelte Haushaltsführung LStR 9.11. Diese Pauschbeträge können *nicht neben* dem Pauschbetrag des § 9a S 1 Nr 1 geltend gemacht werden. Sie stehen oft unter dem Vorbehalt, dass ihr Ansatz nicht zu einer offensichtl unzutr Besteuerung führt (*Ehehalt* HFR 08, 769; FG BaWü EFG 06, 880, rkr).

b) Pauschbeträge/Pauschsätze für bestimmte Berufsgruppen. Es gibt **11** keine Pauschbeträge für bestimmte Berufsgruppen mehr (Rechtslage früher s 18. Aufl). Einzig für **Abgeordnete** ist ein stfreier Pauschbetrag vorgesehen; dagegen werden verfrechtl Bedenken geltend gemacht.

S BFH VI R 13/06 BStBl II 08, 928 hat die Sache „mangels Entscheidungserheblichkeit" nicht dem BVerfG vorgelegt und dabei nicht den Gedanken aus dem Beitrittsbeschluss zB BFH VI R 81/04 BStBl II 07, 114 aufgegriffen, ob sich nicht aus dem *Demokratiegebot* eine verfassungsrechtl Überprüfungsmöglichkeit ableiten lässt (gegen BFH zB *Birk* DStR 09, 877, 881 f; *Desens* DStR 09, 727; s aber auch BFH X R 43/05 BFH/NV 11, 772). BVerfG 2 BvR 2227–2228/08 DStRE 10, 1058 hat die VerfBeschwerden nicht zur Entscheidung angenommen.

4a. Umsatzsteuerrechtlicher Vorsteuerabzug

§ 9b [Umsatzsteuerrechtlicher Vorsteuerabzug]

(1) **Der Vorsteuerbetrag nach § 15 des Umsatzsteuergesetzes gehört, soweit er bei der Umsatzsteuer abgezogen werden kann, nicht zu den Anschaffungs- oder Herstellungskosten des Wirtschaftsguts, auf dessen Anschaffung oder Herstellung er entfällt.**

(2) [1] **Wird der Vorsteuerabzug nach § 15a des Umsatzsteuergesetzes berichtigt, so sind die Mehrbeträge als Betriebseinnahmen oder Einnahmen zu behandeln, wenn sie im Rahmen einer der Einkunftsarten des § 2 Absatz 1 Satz 1 bezogen werden; die Minderbeträge sind als Betriebsausgaben oder Werbungskosten zu behandeln, wenn sie durch den Betrieb veranlasst sind oder der Erwerbung, Sicherung und Erhaltung von Einnahmen dienen.** [2] **Die Anschaffungs- oder Herstellungskosten bleiben in den Fällen des Satzes 1 unberührt.**

Einkommensteuer-Richtlinien: EStR 9b/EStH 9b

Übersicht	Rz
1. Allgemeines	1
2. Abziehbare Vorsteuer keine Anschaffungskosten/Herstellungskosten	2–7
3. Berichtigung des Vorsteuerabzugs bei Änderung der Verhältnisse, § 9b II	8–10
4. Weitere Auswirkungen der Umsatzsteuer auf Einkommensteuer	11

Schrifttum (Aufsätze vor 2014 s Vorauflagen): *Meyer,* Neues zum WK-Abzug gem § 9b II, FR 14, 876.

1. Allgemeines. § 9b regelt die Auswirkungen des VorStAbzugs auf die ESt; **1** **abziehbare** VorSt gehört nicht zu den AK/HK, sondern ist (wirtschaftl) wie ein „durchlaufender Posten" zu behandeln (BFH IX R 55/90 BStBl II 93, 17). Die USt wird idR als Teil des Rechnungsbetrags gesondert in Rechnung gestellt (§ 14 UStG; Ausnahme: Kleinunternehmer, § 19 I 4 UStG). Die offen ausgewiesene USt kann der Rechnungsempfänger, sofern er selbst Unternehmer iSv § 2 UStG ist, unter weiteren Voraussetzungen (s Rz 4–9) ggü dem FA als Vorsteuer geltend machen. – Die gezahlte VorSt ist (unabhängig davon, ob sie nach USt-Recht abgezogen werden kann oder nicht) bei der **Überschussrechnung (§ 4 III)** und den **Überschusseinkünften** im Zeitpunkt der Zahlung BA oder WK (BFH IX B 74/95 BFH/NV 96, 41; *HHR* § 9b Rz 44; EStH 9b), sofern sie nicht den AK/HK eines WG (§ 5 Rz 93; *KSM* § 9b Rz B 152) zuzurechnen ist. Wird die VorSt nach USt-Recht vom FA erstattet (VorStAbzug), ist sie im Zeitpunkt der Verrechnung ggü dem FA oder der Auszahlung durch das FA als BE oder Einnahme zB aus VuV zu erfassen (BFH IX B 74/95 BFH/NV 96, 41). – Bei der **Gewinnermittlung durch Bilanzierung** ist die (geschuldete oder bereits gezahlte) *nicht abziehbare* VorSt (zB beim bilanzierenden Kleinunternehmer iSd § 19 I UStG) Teil der AK/HK (Rz 2), sofern nicht ausnahmsweise ein sofortiger BA-Abzug vorzunehmen ist (§ 9b II; BFH IV R 121/90 BStBl II 92, 1038). Die *abziehbare* VorSt wirkt hingegen erfolgsneutral, da sie als Vergütungsanspruch gegen das FA zu aktivieren ist (zum Zeitpunkt BFH XI R 1/93 BStBl II 93, 786).

Beispiel: *Kauft* ein Unternehmer ein WG für 119 (100 + 19 USt), hat er zu buchen: „per WG an Geld 100" und „per USt-Erstattungsanspruch an Geld 19". Erhält er vom FA das Geld, so lautet die Gegenbuchung „per Geld an USt-Erstattungsanspruch 19". Damit ist der Fall abgewickelt. – Bei *Verkauf* für 238 (200 + 38 USt) ist zu buchen: „per Geld 200 an WG 100 und an Ertrag 100" und „per Geld 38 an FA-Verbindlichkeit 38".

2 2. Abziehbare Versteuer keine Anschaffungskosten/Herstellungskosten. Die **abziehbare VorSt** gehört estrechtl (bei allen Einkunftsarten) **nicht** zu den **AK/HK** des WG (auch keine Aufstockung bei Einbringung, BFH IV R 7/93 BStBl II 95, 708); dies ordnet **§ 9b I 1** ausdrückl an. Umgekehrt ist die **nicht abziehbare VorSt** Teil der AK/HK (Umkehrschluss aus § 9b I 1; BFH IX B 268/89 BFH/NV 91, 297; *HHR* § 9b Rz 3). Die Zurechnung gilt sowohl für WG des AV als auch des UV sowie für als Teil der HK zu behandelnden Gemeinkosten (BFH V R 6/08 DStR 10, 223; EStR 9b I 2–3).

3 a) Abziehbare Versteuerbeträge. Ob ein VorStBetrag abgezogen werden *kann* und daher nicht zu den AK/HK gehört (§ 9b I 1), richtet sich allein nach USt-Recht (BFH IX R 97, 98/90 BStBl II 94, 738; FG Köln EFG 16, 624; *KSM* § 9b Rz A 14). Entscheidend für § 9b I 1 ist die VorStAbzugsberechtigung, nicht die Geltendmachung der VorSt ggü dem FA (BFH VIII R 60/74 BFH/NV 16, 1455; FG Mchn EFG 18, 1700, rkr, zu Schneeballsystem); umgekehrt ist die VorSt Teil der AK/HK, wenn der StPfl sie zu Unrecht erhält (zB BFH IX R 97, 98/90 BStBl II 94, 738). Ein nachträgl Eintritt der Abzugsberechtigung wirkt auf den Zahlungszeitpunkt zurück (BFH IX B 74/95 BFH/NV 96, 41).

4 aa) Voraussetzungen. Abziehbar ist die VorSt (§ 15 UStG; Abschn 15 UStAE), – *(1)* wenn der Rechnungsempfänger **Unternehmer** ist (§ 2 UStG; *Bunjes* § 2 UStG Rz 5 f; zum Kleinunternehmer vgl § 19 I UStG; Rz 6), – *(2)* wenn er eine Lieferung oder sonstige Leistung **von einem anderen Unternehmer für sein Unternehmen** erhalten hat (EuGH C-204/13 DStR 14, 592; BMF BStBl I 96, 702; *Bunjes* § 15 UStG Rz 33 f; *HHR* § 9b Rz 26); – *(3)* die USt muss in einer Rechnung iSd § 14 UStG **gesondert ausgewiesen** sein. – Abziehbar ist ustrechtl grds bereits die in Rechnung gestellte VorSt, auch wenn diese noch nicht bezahlt ist (vgl BFH X R 135/87 BStBl II 90, 742). Zum Zuordnungswahlrecht bei gemischter Nutzung BFH XI R 64/06 BFH/NV 09, 798. – Zum Abzug der entrichteten **EinfuhrUSt,** der Steuer auf den innergemeinschaftl Erwerb, der Steuer als Leistungsempfänger und als Auslagerer s § 15 I 1 Nr 2–5 UStG; *KSM* § 9b Rz B 76 f.

5 bb) Ausschluss des Vorsteuerabzugs. Vom Abzug ausgeschlossen ist zB *(1)* die USt auf privat mitveranlasste Leistungen (§ 15 Ia UStG; § 12 Nr 1; EStR 9b III) oder *(2)* die USt für die Leistungen, die der StPfl (Rechnungsempfänger) zur Ausführung stfreier Umsätze verwendet (§ 15 II Nr 1 UStG; zu den übrigen Fällen und den Ausnahmen s § 15 II Nr 2, III UStG; *HHR* § 9b Rz 24). Ist der VorStAbzug missbräuchl, scheidet WK-Abzug aus (Bindung an ustrechtl Entscheidung;

BFH VIII R 60/14 BFH/NV 16, 1455). Anderes gilt, wenn zB ein Vermieter (§ 4 Nr 12 UStG) zulässigerweise nach § 9 UStG optiert hat; dann wird die VorSt ustrechtl abziehbar, estrechtl scheidet sie aus den AK/HK aus und wird bei VuV-Einkünften zu WK (BFH IV R 211/83 BStBl II 87, 374).

cc) Notwendige Vorsteuerabzugsberechtigung. Nicht zum VorStAbzug **6** berechtigt ist der **Kleinunternehmer,** der nicht von § 19 II UStG Gebrauch gemacht hat (§ 19 I 4 UStG). – Ohne Bedeutung ist für § 9b, ob die **VorSt pauschaliert** oder nach **Durchschnittssätzen** berechnet wird (§ 23 UStG iVm §§ 69, 70 UStDV nebst Anlage; § 23a UStG für Körperschaften iSv § 5 I Nr 9 KStG; § 24 UStG für LuF); VorSt gehört bei Durchschnittssatzermittlern nicht zu den AK/HK (BFH IV R 47/08 BFH/NV 11, 426). – Erweist sich eine **Option** nach § 9 UStG zB für die UStPflicht von VuV-Einnahmen als (von Anfang an) **unwirksam** (zB das an einen Unternehmer vermietete Gebäude wird von diesem privat genutzt), bleibt es dabei, dass die nichtabziehbaren **VorSt Teil der AK/HK** sind (BFH IV R 211/83 BStBl II 87, 374); wird die VorSt gleichwohl vom FA irrtüml erstattet und später vom StPfl wieder zurückgezahlt, führt dies weder zu WK/BA noch zu VuV-Einnahmen bzw BE (vgl BFH IX R 12/89 BStBl II 91, 759; *Unvericht* FR 89, 614; **aA** *Maisenbacher* FR 88, 182).

b) Teilweise Abziehbarkeit, § 15 IV UStG. Bei gemischten Umsätzen (Vor- **7** StAusschluss und -berechtigung) ist der Teil der VorStBeträge nicht abziehbar, der den Umsätzen wirtschaftl zuzurechnen ist, die zum Ausschluss des VorStAbzugs führen (§ 15 IV 1, 4 UStG; BFH IV R 6/16 BStBl II 19, 160; *HHR* § 9b Rz 36). Aufzuteilen ist *nur* nach der wirtschaftl Zuordnung der VorSt zu den jeweiligen Umsatzgruppen, ggf Schätzung (§ 15 IV 2 UStG). – Die nach dem UStRecht vorzunehmende Aufteilung ist auch für § 9b maßgebend. Werden die VorSt pauschaliert oder nach Durchschnittssätzen berechnet (Rz 6), ist die tatsächl in Rechnung gestellte VorSt aufzuteilen. – Diese Grundsätze galten auch für den 50%igen VorStAbzug nach § 15 Ib UStG aF; iEinz *Schmidt* 33. Aufl § 9b Rz 7).

3. Berichtigung des Vorsteuerabzugs bei Änderung der Verhältnisse, 8 § 9b II. – a) Nichtkorrektur der Anschaffungs-/Herstellungskosten. § 9b II dient der **Vereinfachung** (BFH IV R 121/90 BStBl II 92, 1038) durch sofortige (erfolgswirksame) Korrektur des VorStAbzugs ohne Veränderung der ursprüngl AK/HK (BT-Drs V/2185) bei Berichtigung des VorStAbzugs nach **§ 15a UStG,** zB wenn eine Maschine in späteren Jahren nicht mehr zur Ausführung stpfl, sondern nur noch zur Ausführung stfreier Umsätze benutzt wird, oder umgekehrt. Im Jahr der Verwendungsänderung ist die VorSt zuungunsten oder zugunsten des StPfl entspr zu berichtigen (iEinz UStAE 15a.5 ; BFH V R 36/95 BStBl II 97, 589; *Bunjes* § 15a UStG Rz 7 f). Diese ustl Berichtigung hat Auswirkungen auf die Höhe der AK/HK des WG. Zur Vermeidung des mit der Änderung der Bilanzansätze und der AfA verbundenen Aufwands bleiben aber nach Abs 2 die AK/HK unberührt. Bei zusätzl VorSt Anspruch ist der Mehrbetrag als BE oder Einnahme zB aus VuV zu erfassen oder ggf zu aktivieren; Kürzungen des VorStAbzugs sind als BA oder WK zu behandeln (*HHR* § 9b Rz 51) oder zu passivieren (*KSM* § 9b Rz C 63). Dadurch wird die zu hohe bzw zu niedrige AfA (wegen der unveränderten AK/HK), wenn auch zeitversetzt, iErg korrigiert (*KSM* § 9b Rz C 2); ein WK-Pauschbetrag (§ 9a) bleibt unberührt (BFH IX R 32/00 BFH/NV 04, 766).

b) Einschränkung. Die Neufassung des § 9b II idF AIFM-StAnpG (BGBl I 13, **9** 4318) ist eine Folgeänderung zu § 15a VIa UStG (BT-Drs 18/68 [neu], 74); aufgrund einer VorSt-Berichtigung nach § 15a UStG entstandene Mehr- oder Minderbeträge sind nur dann als BE/Einnahmen BA/Ausgaben zu erfassen, wenn sie iZm einer Einkunftsart bezogen werden (krit *Meyer* FR 14, 876); zur erstmaligen Anwendung s § 52 XVII). Die Nicht-Korrektur der AK/HK ist nur noch bei

estrechtl Relevanz der Korrekturbeträge zu!; sie sind zB nicht als BA oder WK abziehbar, wenn die VorSt-Berichtigungsbeträge auf für eigene Wohnzwecke genutzte Grundstücksteile entfallen (*HHR* § 9b Rz 86).

10 **c) Von Anfang an unzutreffende Behandlung der Vorsteuer.** Bei von Anfang an unzutr Behandlung der VorSt sind die ursprüngl AK/HK zu ändern (*KSM* § 9b Rz C 76). – In Abs 2 auch nicht geregelt ist der Fall der **Änderung der Bemessungsgrundlage** (§ 17 UStG). Hier (zB bei Minderung des Kaufpreises) werden die AK/HK des WG nicht durch eine Veränderung ledigl des VorStAbzugs, sondern durch Veränderung des Entgelts berührt. Die AK/HK sind nach estrechtl Grundsätzen zu berichtigen; § 9b II ist nicht anwendbar (*KSM* § 9b Rz C 79; *HHR* § 9b Rz 75).

11 **4. Weitere Auswirkungen der Umsatzsteuer auf Einkommensteuer.** – *(1)* Nach § 12 Nr 3 darf die USt für Umsätze, die Entnahmen sind (§ 3 I b UStG), nicht steuermindernd berücksichtigt werden (Gleichstellung des Selbstversorgers mit dem Endverbraucher; dazu zB BFH X R 135/87 BStBl II 90, 742). – *(2)* Gem § 6 II 1 ist bei der Berechnung der **800 €-Grenze** die VorSt stets außer Betracht zu lassen, unabhängig davon, ob sie abziehbar ist oder nicht. Die AK/HK von **GWG** sind daher bei einem Nettopreis von bis zu 800 € sofort abziehbar. Bei Nettopreisen (§ 6 IIa 1) zw 250 € und 1000 € kann ein Sammelposten gebildet werden (§ 6 IIa 1–3); in diesem Fall ist ein Sofortabzug nur bei GWG bis 250 € netto mögl; s iEinz § 6 Rz 663, 671). – *(3)* Für die Bemessung der Freigrenze für **Geschenke** nach § 4 V 1 Nr 1 (35 €) sind demggü die AK/HK einschließl nicht abziehbarer VorStBeträge maßgebend (EStR 9b II 3). – *(4)* Bei Anzahlungen auf AK ist (bei Option zur USt) die VorSt herauszurechnen (*Rosarius* D-Spezial 16/98, 2; *HHR* § 9b Rz 43). – *(5)* Da ein Erwerber des Betriebs hinsichtl der Abziehbarkeit der VorSt in der gleichen Lage ist wie der StPfl, ist bei der Bemessung des **Teilwerts** eines WG nicht abziehbare und daher aktivierte VorSt zu berücksichtigen (*KSM* § 9b Rz A 34). Dies gilt auch dann, wenn die AK/HK infolge der Aktivierung der nicht abziehbaren VorSt über dem Marktpreis des WG liegen. Ist infolge Berichtigung des VorStAbzugs nach § 15a UStG (§ 9b II) der Mehrbetrag als BE erfasst worden, kann dies uU durch eine TW-AfA (auf die ungekürzten nur um die AfA verminderten AK bzw HK) ausgeglichen werden (*BH/Heuermann* § 9b Rz 79; mE nur, wenn der TW nicht aus anderen Gründen gestiegen ist).

5. Sonderausgaben

§ 10 [Sonderausgaben]

(1) **Sonderausgaben sind die folgenden Aufwendungen, wenn sie weder Betriebsausgaben noch Werbungskosten sind oder wie Betriebsausgaben oder Werbungskosten behandelt werden:**
1. **bis 1b.** *(aufgehoben)*
2. a) **Beiträge zu den gesetzlichen Rentenversicherungen oder zur landwirtschaftlichen Alterskasse sowie zu berufsständischen Versorgungseinrichtungen, die den gesetzlichen Rentenversicherungen vergleichbare Leistungen erbringen;**
   b) **Beiträge des Steuerpflichtigen**
      aa) **zum Aufbau einer eigenen kapitalgedeckten Altersversorgung, wenn der Vertrag nur die Zahlung einer monatlichen, auf das Leben des Steuerpflichtigen bezogenen lebenslangen Leibrente nicht vor Vollendung des 62. Lebensjahres oder zusätzlich die ergänzende Absicherung des Eintritts der Berufsunfähigkeit (Berufsunfähigkeitsren-**

te), der verminderten Erwerbsfähigkeit (Erwerbsminderungsrente) oder von Hinterbliebenen (Hinterbliebenenrente) vorsieht. ²Hinterbliebene in diesem Sinne sind der Ehegatte des Steuerpflichtigen und die Kinder, für die er Anspruch auf Kindergeld oder auf einen Freibetrag nach § 32 Absatz 6 hat. ³Der Anspruch auf Waisenrente darf längstens für den Zeitraum bestehen, in dem der Rentenberechtigte die Voraussetzungen für die Berücksichtigung als Kind im Sinne des § 32 erfüllt;

bb) für seine Absicherung gegen den Eintritt der Berufsunfähigkeit oder der verminderten Erwerbsfähigkeit (Versicherungsfall), wenn der Vertrag nur die Zahlung einer monatlichen, auf das Leben des Steuerpflichtigen bezogenen lebenslangen Leibrente für einen Versicherungsfall vorsieht, der bis zur Vollendung des 67. Lebensjahres eingetreten ist. ²Der Vertrag kann die Beendigung der Rentenzahlung wegen eines medizinisch begründeten Wegfalls der Berufsunfähigkeit oder der verminderten Erwerbsfähigkeit vorsehen. ³Die Höhe der zugesagten Rente kann vom Alter des Steuerpflichtigen bei Eintritt des Versicherungsfalls abhängig gemacht werden, wenn der Steuerpflichtige das 55. Lebensjahr vollendet hat.

²Die Ansprüche nach Buchstabe b dürfen nicht vererblich, nicht übertragbar, nicht beleihbar, nicht veräußerbar und nicht kapitalisierbar sein. ³Anbieter und Steuerpflichtiger können vereinbaren, dass bis zu zwölf Monatsleistungen in einer Auszahlung zusammengefasst werden oder eine Kleinbetragsrente im Sinne von § 93 Absatz 3 Satz 2 abgefunden wird. ⁴Bei der Berechnung der Kleinbetragsrente sind alle bei einem Anbieter bestehenden Verträge des Steuerpflichtigen jeweils nach Buchstabe b Doppelbuchstabe aa oder Doppelbuchstabe bb zusammenzurechnen. ⁵Neben den genannten Auszahlungsformen darf kein weiterer Anspruch auf Auszahlungen bestehen. ⁶Zu den Beiträgen nach den Buchstaben a und b ist der nach § 3 Nummer 62 steuerfreie Arbeitgeberanteil zur gesetzlichen Rentenversicherung, ein diesem gleichgestellter steuerfreier Zuschuss des Arbeitgebers hinzuzurechnen. ⁷Beiträge nach § 168 Absatz 1 Nummer 1b oder 1c oder nach § 172 Absatz 3 oder 3a des Sechsten Buches Sozialgesetzbuch werden abweichend von Satz 6 nur auf Antrag des Steuerpflichtigen hinzugerechnet;

3. Beiträge zu
   a) Krankenversicherungen, soweit diese zur Erlangung eines durch das Zwölfte Buch Sozialgesetzbuch bestimmten sozialhilfegleichen Versorgungsniveaus erforderlich sind und sofern auf die Leistungen ein Anspruch besteht. ²Für Beiträge zur gesetzlichen Krankenversicherung sind dies die nach dem Dritten Titel des Ersten Abschnitts des Achten Kapitels des Fünften Buches Sozialgesetzbuch oder die nach dem Sechsten Abschnitt des Zweiten Gesetzes über die Krankenversicherung der Landwirte festgesetzten Beiträge. ³Für Beiträge zu einer privaten Krankenversicherung sind dies die Beitragsanteile, die auf Vertragsleistungen entfallen, die, mit Ausnahme der auf das Krankengeld entfallenden Beitragsanteile, in Art, Umfang und Höhe den Leistungen nach dem Dritten Kapitel des Fünften Buches Sozialgesetzbuch vergleichbar sind; § 158 Absatz 2 des Versicherungsaufsichtsgesetzes gilt entsprechend. ⁴Wenn sich aus den Krankenversicherungsbeiträgen nach Satz 2 ein Anspruch auf Krankengeld oder ein Anspruch auf eine Leistung, die anstelle von Krankengeld gewährt wird, ergeben kann, ist der jeweilige Beitrag um 4 Prozent zu vermindern;
   b) gesetzlichen Pflegeversicherungen (soziale Pflegeversicherung und private Pflege-Pflichtversicherung).

§ 10

²Als eigene Beiträge des Steuerpflichtigen können auch eigene Beiträge im Sinne der Buchstaben a oder b eines Kindes behandelt werden, wenn der Steuerpflichtige die Beiträge des Kindes, für das ein Anspruch auf einen Freibetrag nach § 32 Absatz 6 oder auf Kindergeld besteht, durch Leistungen in Form von Bar- oder Sachunterhalt wirtschaftlich getragen hat, unabhängig von Einkünften oder Bezügen des Kindes. ³Satz 2 gilt entsprechend, wenn der Steuerpflichtige die Beiträge für ein unterhaltsberechtigtes Kind trägt, welches nicht selbst Versicherungsnehmer ist, sondern der andere Elternteil. ⁴Hat der Steuerpflichtige in den Fällen des Absatzes 1a Nummer 1 eigene Beiträge im Sinne des Buchstaben a oder des Buchstaben b zum Erwerb einer Krankenversicherung oder gesetzlichen Pflegeversicherung für einen geschiedenen oder dauernd getrennt lebenden unbeschränkt einkommensteuerpflichtigen Ehegatten geleistet, dann werden diese abweichend von Satz 1 als eigene Beiträge des geschiedenen oder dauernd getrennt lebenden unbeschränkt einkommensteuerpflichtigen Ehegatten behandelt. ⁵Beiträge, die für nach Ablauf des Veranlagungszeitraums beginnende Beitragsjahre geleistet werden und in der Summe das Dreifache der auf den Veranlagungszeitraum entfallenden Beiträge überschreiten, sind in dem Veranlagungszeitraum anzusetzen, für den sie geleistet wurden;

3a. Beiträge zu Kranken- und Pflegeversicherungen, soweit diese nicht nach Nummer 3 zu berücksichtigen sind; Beiträge zu Versicherungen gegen Arbeitslosigkeit, zu Erwerbs- und Berufsunfähigkeitsversicherungen, die nicht unter Nummer 2 Satz 1 Buchstabe b fallen, zu Unfall- und Haftpflichtversicherungen sowie zu Risikoversicherungen, die nur für den Todesfall eine Leistung vorsehen; Beiträge zu Versicherungen im Sinne des § 10 Absatz 1 Nummer 2 Buchstabe b Doppelbuchstabe bb bis dd in der am 31. Dezember 2004 geltenden Fassung, wenn die Laufzeit dieser Versicherungen vor dem 1. Januar 2005 begonnen hat und ein Versicherungsbeitrag bis zum 31. Dezember 2004 entrichtet wurde; § 10 Absatz 1 Nummer 2 Satz 2 bis 6 und Absatz 2 Satz 2 in der am 31. Dezember 2004 geltenden Fassung ist in diesen Fällen weiter anzuwenden;

4. gezahlte Kirchensteuer; dies gilt nicht, soweit die Kirchensteuer als Zuschlag zur Kapitalertragsteuer oder als Zuschlag auf die nach dem gesonderten Tarif des § 32d Absatz 1 ermittelte Einkommensteuer gezahlt wurde;

5. zwei Drittel der Aufwendungen, höchstens 4000 Euro je Kind, für Dienstleistungen zur Betreuung eines zum Haushalt des Steuerpflichtigen gehörenden Kindes im Sinne des § 32 Absatz 1, welches das 14. Lebensjahr noch nicht vollendet hat oder wegen einer vor Vollendung des 25. Lebensjahres eingetretenen körperlichen, geistigen oder seelischen Behinderung außerstande ist, sich selbst zu unterhalten. ²Dies gilt nicht für Aufwendungen für Unterricht, die Vermittlung besonderer Fähigkeiten sowie für sportliche und andere Freizeitbetätigungen. ³Ist das zu betreuende Kind nicht nach § 1 Absatz 1 oder Absatz 2 unbeschränkt einkommensteuerpflichtig, ist der in Satz 1 genannte Betrag zu kürzen, soweit es nach den Verhältnissen im Wohnsitzstaat des Kindes notwendig und angemessen ist. ⁴Voraussetzung für den Abzug der Aufwendungen nach Satz 1 ist, dass der Steuerpflichtige für die Aufwendungen eine Rechnung erhalten hat und die Zahlung auf das Konto des Erbringers der Leistung erfolgt ist;

6. *(weggefallen)*

7. Aufwendungen für die eigene Berufsausbildung bis zu 6000 Euro im Kalenderjahr. ²Bei Ehegatten, die die Voraussetzungen des § 26 Absatz 1 Satz 1 erfüllen, gilt Satz 1 für jeden Ehegatten. ³Zu den Aufwendungen im Sinne des Satzes 1 gehören auch Aufwendungen für eine auswärtige Unterbringung. ⁴§ 4 Absatz 5 Satz 1 Nummer 6b sowie § 9 Absatz 1 Satz 3 Num-

mer 4 und 5, Absatz 2, 4 Satz 8 und Absatz 4a sind bei der Ermittlung der Aufwendungen anzuwenden;
8. *(weggefallen)*
9. 30 Prozent des Entgelts, höchstens 5000 Euro, das der Steuerpflichtige für ein Kind, für das er Anspruch auf einen Freibetrag nach § 32 Absatz 6 oder auf Kindergeld hat, für dessen Besuch einer Schule in freier Trägerschaft oder einer überwiegend privat finanzierten Schule entrichtet, mit Ausnahme des Entgelts für Beherbergung, Betreuung und Verpflegung. ²Voraussetzung ist, dass die Schule in einem Mitgliedstaat der Europäischen Union oder in einem Staat belegen ist, auf den das Abkommen über den Europäischen Wirtschaftsraum Anwendung findet, und die Schule zu einem von dem zuständigen inländischen Ministerium eines Landes, von der Kultusministerkonferenz der Länder oder von einer inländischen Zeugnisanerkennungsstelle anerkannten oder einem inländischen Abschluss an einer öffentlichen Schule als gleichwertig anerkannten allgemein bildenden oder berufsbildenden Schul-, Jahrgangs- oder Berufsabschluss führt. ³Der Besuch einer anderen Einrichtung, die auf einen Schul-, Jahrgangs- oder Berufsabschluss im Sinne des Satzes 2 ordnungsgemäß vorbereitet, steht einem Schulbesuch im Sinne des Satzes 1 gleich. ⁴Der Besuch einer Deutschen Schule im Ausland steht dem Besuch einer solchen Schule gleich, unabhängig von ihrer Belegenheit. ⁵Der Höchstbetrag nach Satz 1 wird für jedes Kind, bei dem die Voraussetzungen vorliegen, je Elternpaar nur einmal gewährt.

(1a) Sonderausgaben sind auch die folgenden Aufwendungen:
1. Unterhaltsleistungen an den geschiedenen oder dauernd getrennt lebenden unbeschränkt einkommensteuerpflichtigen Ehegatten, wenn der Geber dies mit Zustimmung des Empfängers beantragt, bis zu 13 805 Euro im Kalenderjahr. ²Der Höchstbetrag nach Satz 1 erhöht sich um den Betrag der im jeweiligen Veranlagungszeitraum nach Absatz 1 Nummer 3 für die Absicherung des geschiedenen oder dauernd getrennt lebenden unbeschränkt einkommensteuerpflichtigen Ehegatten aufgewandten Beiträge. ³Der Antrag kann jeweils nur für ein Kalenderjahr gestellt und nicht zurückgenommen werden. ⁴Die Zustimmung ist mit Ausnahme der nach § 894 der Zivilprozessordnung als erteilt geltenden bis auf Widerruf wirksam. ⁵Der Widerruf ist vor Beginn des Kalenderjahres, für das die Zustimmung erstmals nicht gelten soll, gegenüber dem Finanzamt zu erklären. ⁶Die Sätze 1 bis 5 gelten für Fälle der Nichtigkeit oder der Aufhebung der Ehe entsprechend. ⁷Voraussetzung für den Abzug der Aufwendungen ist die Angabe der erteilten Identifikationsnummer (§ 139b der Abgabenordnung) der unterhaltenen Person in der Steuererklärung des Unterhaltsleistenden, wenn die unterhaltene Person der unbeschränkten oder beschränkten Steuerpflicht unterliegt. ⁸Die unterhaltene Person ist für diese Zwecke verpflichtet, dem Unterhaltsleistenden ihre erteilte Identifikationsnummer (§ 139b der Abgabenordnung) mitzuteilen. ⁹Kommt die unterhaltene Person dieser Verpflichtung nicht nach, ist der Unterhaltsleistende berechtigt, bei der für ihn zuständigen Finanzbehörde die Identifikationsnummer der unterhaltenen Person zu erfragen;
2. auf besonderen Verpflichtungsgründen beruhende, lebenslange und wiederkehrende Versorgungsleistungen, die nicht mit Einkünften in wirtschaftlichem Zusammenhang stehen, die bei der Veranlagung außer Betracht bleiben, wenn der Empfänger unbeschränkt einkommensteuerpflichtig ist. ²Dies gilt nur für
   a) Versorgungsleistungen im Zusammenhang mit der Übertragung eines Mitunternehmeranteils an einer Personengesellschaft, die eine Tätigkeit

§ 10

im Sinne der §§ 13, 15 Absatz 1 Satz 1 Nummer 1 oder des § 18 Absatz 1 ausübt,
b) Versorgungsleistungen im Zusammenhang mit der Übertragung eines Betriebs oder Teilbetriebs, sowie
c) Versorgungsleistungen im Zusammenhang mit der Übertragung eines mindestens 50 Prozent betragenden Anteils an einer Gesellschaft mit beschränkter Haftung, wenn der Übergeber als Geschäftsführer tätig war und der Übernehmer diese Tätigkeit nach der Übertragung übernimmt.

[3]Satz 2 gilt auch für den Teil der Versorgungsleistungen, der auf den Wohnteil eines Betriebs der Land- und Forstwirtschaft entfällt. [4]Voraussetzung für den Abzug der Aufwendungen ist die Angabe der erteilten Identifikationsnummer (§ 139b der Abgabenordnung) des Empfängers in der Steuererklärung des Leistenden; Nummer 1 Satz 8 und 9 gilt entsprechend;

3. Ausgleichsleistungen zur Vermeidung eines Versorgungsausgleichs nach § 6 Absatz 1 Satz 2 Nummer 2 und § 23 des Versorgungsausgleichsgesetzes sowie § 1408 Absatz 2 und § 1587 des Bürgerlichen Gesetzbuchs, soweit der Verpflichtete dies mit Zustimmung des Berechtigten beantragt und der Berechtigte unbeschränkt einkommensteuerpflichtig ist. [2]Nummer 1 Satz 3 bis 5 gilt entsprechend. [3]Voraussetzung für den Abzug der Aufwendungen ist die Angabe der erteilten Identifikationsnummer (§ 139b der Abgabenordnung) des Berechtigten in der Steuererklärung des Verpflichteten; Nummer 1 Satz 8 und 9 gilt entsprechend;

4. Ausgleichszahlungen im Rahmen des Versorgungsausgleichs nach den §§ 20 bis 22 und 26 des Versorgungsausgleichsgesetzes und nach den §§ 1587f, 1587g und 1587i des Bürgerlichen Gesetzbuchs in der bis zum 31. August 2009 geltenden Fassung sowie nach § 3a des Gesetzes zur Regelung von Härten im Versorgungsausgleich, soweit die ihnen zu Grunde liegenden Einnahmen bei der ausgleichspflichtigen Person der Besteuerung unterliegen, wenn die ausgleichsberechtigte Person unbeschränkt einkommensteuerpflichtig ist. [2]Nummer 3 Satz 3 gilt entsprechend.

(2) [1]Voraussetzung für den Abzug der in Absatz 1 Nummer 2, 3 und 3a bezeichneten Beträge (Vorsorgeaufwendungen) ist, dass sie

1. nicht in unmittelbarem wirtschaftlichen Zusammenhang mit steuerfreien Einnahmen stehen; ungeachtet dessen sind Vorsorgeaufwendungen im Sinne des Absatzes 1 Nummer 2, 3 und 3a zu berücksichtigen, soweit
   a) sie in unmittelbarem wirtschaftlichen Zusammenhang mit in einem Mitgliedstaat der Europäischen Union oder einem Vertragsstaat des Abkommens über den Europäischen Wirtschaftsraum oder in der Schweizerischen Eidgenossenschaft erzielten Einnahmen aus nichtselbständiger Tätigkeit stehen,
   b) diese Einnahmen nach einem Abkommen zur Vermeidung der Doppelbesteuerung im Inland steuerfrei sind und
   c) der Beschäftigungsstaat keinerlei steuerliche Berücksichtigung von Vorsorgeaufwendungen im Rahmen der Besteuerung dieser Einnahmen zulässt;
   steuerfreie Zuschüsse zu einer Kranken- oder Pflegeversicherung stehen insgesamt in unmittelbarem wirtschaftlichen Zusammenhang mit den Vorsorgeaufwendungen im Sinne des Absatzes 1 Nummer 3,
2. geleistet werden an
   a) Versicherungsunternehmen,
      aa) die ihren Sitz oder ihre Geschäftsleitung in einem Mitgliedstaat der Europäischen Union oder einem Vertragsstaat des Abkommens über

Sonderausgaben **§ 10**

den Europäischen Wirtschaftsraum haben und das Versicherungsgeschäft im Inland betreiben dürfen, oder
bb) denen die Erlaubnis zum Geschäftsbetrieb im Inland erteilt ist.
²Darüber hinaus werden Beiträge nur berücksichtigt, wenn es sich um Beträge im Sinne des Absatzes 1 Nummer 3 Satz 1 Buchstabe a an eine Einrichtung handelt, die eine anderweitige Absicherung im Krankheitsfall im Sinne des § 5 Absatz 1 Nummer 13 des Fünften Buches Sozialgesetzbuch oder eine der Beihilfe oder freien Heilfürsorge vergleichbare Absicherung im Sinne des § 193 Absatz 3 Satz 2 Nummer 2 des Versicherungsvertragsgesetzes gewährt. ³Dies gilt entsprechend, wenn ein Steuerpflichtiger, der weder seinen Wohnsitz noch seinen gewöhnlichen Aufenthalt im Inland hat, mit den Beiträgen einen Versicherungsschutz im Sinne des Absatzes 1 Nummer 3 Satz 1 erwirbt,
b) berufsständische Versorgungseinrichtungen,
c) einen Sozialversicherungsträger oder
d) einen Anbieter im Sinne des § 80.

²Vorsorgeaufwendungen nach Absatz 1 Nummer 2 Buchstabe b werden nur berücksichtigt, wenn die Beiträge zugunsten eines Vertrags geleistet wurden, der nach § 5a des Altersvorsorgeverträge-Zertifizierungsgesetzes zertifiziert ist, wobei die Zertifizierung Grundlagenbescheid im Sinne des § 171 Absatz 10 der Abgabenordnung ist.

(2a) ¹Bei Vorsorgeaufwendungen nach Absatz 1 Nummer 2 Buchstabe b hat der Anbieter als mitteilungspflichtige Stelle nach Maßgabe des § 93c der Abgabenordnung und unter Angabe der Vertrags- oder der Versicherungsdaten die Höhe der im jeweiligen Beitragsjahr geleisteten Beiträge und die Zertifizierungsnummer an die zentrale Stelle (§ 81) zu übermitteln. ²§ 22a Absatz 2 gilt entsprechend. ³§ 72a Absatz 4 und § 93c Absatz 4 der Abgabenordnung finden keine Anwendung.

(2b) ¹Bei Vorsorgeaufwendungen nach Absatz 1 Nummer 3 hat das Versicherungsunternehmen, der Träger der gesetzlichen Kranken- und Pflegeversicherung, die Künstlersozialkasse oder eine Einrichtung im Sinne des Absatzes 2 Satz 1 Nummer 2 Buchstabe a Satz 2 als mitteilungspflichtige Stelle nach Maßgabe des § 93c der Abgabenordnung und unter Angabe der Vertrags- oder der Versicherungsdaten die Höhe der im jeweiligen Beitragsjahr geleisteten und erstatteten Beiträge sowie die in § 93c Absatz 1 Nummer 2 Buchstabe c der Abgabenordnung genannten Daten mit der Maßgabe, dass insoweit als Steuerpflichtiger die versicherte Person gilt, an die zentrale Stelle (§ 81) zu übermitteln; sind Versicherungsnehmer und versicherte Person nicht identisch, sind zusätzlich die Identifikationsnummer und der Tag der Geburt des Versicherungsnehmers anzugeben. ²Satz 1 gilt nicht, soweit diese Daten mit der elektronischen Lohnsteuerbescheinigung (§ 41b Absatz 1 Satz 2) oder der Rentenbezugsmitteilung (§ 22a Absatz 1 Satz 1 Nummer 4) zu übermitteln sind. ³§ 22a Absatz 2 gilt entsprechend. ⁴Zuständige Finanzbehörde im Sinne des § 72a Absatz 4 und des § 93c Absatz 4 der Abgabenordnung ist das Bundeszentralamt für Steuern. ⁵Wird in den Fällen des § 72a Absatz 4 der Abgabenordnung eine unzutreffende Höhe der Beiträge übermittelt, ist die entgangene Steuer mit 30 Prozent des zu hoch ausgewiesenen Betrags anzusetzen.

(3) ¹Vorsorgeaufwendungen nach Absatz 1 Nummer 2 sind bis zu dem Höchstbetrag zur knappschaftlichen Rentenversicherung, aufgerundet auf einen vollen Betrag in Euro, zu berücksichtigen. ²Bei zusammenveranlagten Ehegatten verdoppelt sich der Höchstbetrag. ³Der Höchstbetrag nach Satz 1 oder 2 ist bei Steuerpflichtigen, die

§ 10

1. Arbeitnehmer sind und die während des ganzen oder eines Teils des Kalenderjahres
   a) in der gesetzlichen Rentenversicherung versicherungsfrei oder auf Antrag des Arbeitgebers von der Versicherungspflicht befreit waren und denen für den Fall ihres Ausscheidens aus der Beschäftigung auf Grund des Beschäftigungsverhältnisses eine lebenslängliche Versorgung oder an deren Stelle eine Abfindung zusteht oder die in der gesetzlichen Rentenversicherung nachzuversichern sind oder
   b) nicht der gesetzlichen Rentenversicherungspflicht unterliegen, eine Berufstätigkeit ausgeübt und im Zusammenhang damit auf Grund vertraglicher Vereinbarungen Anwartschaftsrechte auf eine Altersversorgung erworben haben, oder
2. Einkünfte im Sinne des § 22 Nummer 4 erzielen und die ganz oder teilweise ohne eigene Beitragsleistung einen Anspruch auf Altersversorgung erwerben,

um den Betrag zu kürzen, der, bezogen auf die Einnahmen aus der Tätigkeit, die die Zugehörigkeit zum genannten Personenkreis begründen, dem Gesamtbeitrag (Arbeitgeber- und Arbeitnehmeranteil) zur allgemeinen Rentenversicherung entspricht. ⁴Im Kalenderjahr 2013 sind 76 Prozent der nach den Sätzen 1 bis 3 ermittelten Vorsorgeaufwendungen anzusetzen. ⁵Der sich danach ergebende Betrag, vermindert um den nach § 3 Nummer 62 steuerfreien Arbeitgeberanteil zur gesetzlichen Rentenversicherung und einen diesem gleichgestellten steuerfreien Zuschuss des Arbeitgebers, ist als Sonderausgabe abziehbar. ⁶Der Prozentsatz in Satz 4 erhöht sich in den folgenden Kalenderjahren bis zum Kalenderjahr 2025 um je 2 Prozentpunkte je Kalenderjahr. ⁷Beiträge nach § 168 Absatz 1 Nummer 1b oder 1c oder nach § 172 Absatz 3 oder 3a des Sechsten Buches Sozialgesetzbuch vermindern den abziehbaren Betrag nach Satz 5 nur, wenn der Steuerpflichtige die Hinzurechnung dieser Beiträge zu den Vorsorgeaufwendungen nach Absatz 1 Nummer 2 Satz 7 beantragt hat.

(4) ¹Vorsorgeaufwendungen im Sinne des Absatzes 1 Nummer 3 und 3a können je Kalenderjahr insgesamt bis 2800 Euro abgezogen werden. ²Der Höchstbetrag beträgt 1900 Euro bei Steuerpflichtigen, die ganz oder teilweise ohne eigene Aufwendungen einen Anspruch auf vollständige oder teilweise Erstattung oder Übernahme von Krankheitskosten haben oder für deren Krankenversicherung Leistungen im Sinne des § 3 Nummer 9, 14, 57 oder 62 erbracht werden. ³Bei zusammen veranlagten Ehegatten bestimmt sich der gemeinsame Höchstbetrag aus der Summe der jedem Ehegatten unter den Voraussetzungen von Satz 1 und 2 zustehenden Höchstbeträge. ⁴Übersteigen die Vorsorgeaufwendungen im Sinne des Absatzes 1 Nummer 3 die nach den Sätzen 1 bis 3 zu berücksichtigenden Vorsorgeaufwendungen, sind diese abzuziehen und ein Abzug von Vorsorgeaufwendungen im Sinne des Absatzes 1 Nummer 3a scheidet aus.

(4a) ¹Ist in den Kalenderjahren 2013 bis 2019 der Abzug der Vorsorgeaufwendungen nach Absatz 1 Nummer 2 Buchstabe a, Absatz 1 Nummer 3 und Nummer 3a in der für das Kalenderjahr 2004 geltenden Fassung des § 10 Absatz 3 mit folgenden Höchstbeträgen für den Vorwegabzug

Kalenderjahr	Vorwegabzug für den Steuerpflichtigen	Vorwegabzug im Fall der Zusammenveranlagung von Ehegatten
2013	2100	4200
2014	1800	3600
2015	1500	3000

Sonderausgaben § 10

Kalender-jahr	Vorwegabzug für den Steuerpflichtigen	Vorwegabzug im Fall der Zusammenveranlagung von Ehegatten
2016	1200	2400
2017	900	1800
2018	600	1200
2019	300	600

zuzüglich des Erhöhungsbetrags nach Satz 3 günstiger, ist der sich danach ergebende Betrag anstelle des Abzugs nach Absatz 3 und 4 anzusetzen. ²Mindestens ist bei Anwendung des Satzes 1 der Betrag anzusetzen, der sich ergeben würde, wenn zusätzlich noch die Vorsorgeaufwendungen nach Absatz 1 Nummer 2 Buchstabe b in die Günstigerprüfung einbezogen werden würden; der Erhöhungsbetrag nach Satz 3 ist nicht hinzuzurechnen. ³Erhöhungsbetrag sind die Beiträge nach Absatz 1 Nummer 2 Buchstabe b, soweit sie nicht den um die Beiträge nach Absatz 1 Nummer 2 Buchstabe a und den nach § 3 Nummer 62 steuerfreien Arbeitgeberanteil zur gesetzlichen Rentenversicherung und einen diesem gleichgestellten steuerfreien Zuschuss verminderten Höchstbetrag nach Absatz 3 Satz 1 bis 3 überschreiten; Absatz 3 Satz 4 und 6 gilt entsprechend.

(4b) ¹Erhält der Steuerpflichtige für die von ihm für einen anderen Veranlagungszeitraum geleisteten Aufwendungen im Sinne des Satzes 2 einen steuerfreien Zuschuss, ist dieser den erstatteten Aufwendungen gleichzustellen. ²Übersteigen bei den Sonderausgaben nach Absatz 1 Nummer 2 bis 3a die im Veranlagungszeitraum erstatteten Aufwendungen die geleisteten Aufwendungen (Erstattungsüberhang), ist der Erstattungsüberhang mit anderen im Rahmen der jeweiligen Nummer anzusetzenden Aufwendungen zu verrechnen. ³Ein verbleibender Betrag des sich bei den Aufwendungen nach Absatz 1 Nummer 3 und 4 ergebenden Erstattungsüberhangs ist dem Gesamtbetrag der Einkünfte hinzuzurechnen. ⁴Nach Maßgabe des § 93c der Abgabenordnung haben Behörden im Sinne des § 6 Absatz 1 der Abgabenordnung und andere öffentliche Stellen, die einem Steuerpflichtigen für die von ihm geleisteten Beiträge im Sinne des Absatzes 1 Nummer 2, 3 und 3a steuerfreie Zuschüsse gewähren oder Vorsorgeaufwendungen im Sinne dieser Vorschrift erstatten, als mitteilungspflichtige Stellen, neben den nach § 93c Absatz 1 der Abgabenordnung erforderlichen Angaben, die zur Gewährung und Prüfung des Sonderausgabenabzugs nach § 10 erforderlichen Daten an die zentrale Stelle zu übermitteln. ⁵§ 22a Absatz 2 gilt entsprechend. ⁶§ 72a Absatz 4 und § 93c Absatz 4 der Abgabenordnung finden keine Anwendung.

(5) Durch Rechtsverordnung* wird bezogen auf den Versicherungstarif bestimmt, wie der nicht abziehbare Teil der Beiträge zum Erwerb eines Krankenversicherungsschutzes im Sinne des Absatzes 1 Nummer 3 Buchstabe a Satz 3 durch einheitliche prozentuale Abschläge auf die zugunsten des jeweiligen Tarifs gezahlte Prämie zu ermitteln ist, soweit der nicht abziehbare Beitragsteil nicht bereits als gesonderter Tarif oder Tarifbaustein ausgewiesen wird.

(6) Absatz 1 Nummer 2 Buchstabe b Doppelbuchstabe aa ist für Vertragsabschlüsse vor dem 1. Januar 2012 mit der Maßgabe anzuwenden, dass der Vertrag die Zahlung der Leibrente nicht vor der Vollendung des 60. Lebensjahres vorsehen darf.

---

* KVBEVO v 11.8.09 BGBl I 09, 2730, s Rz 151.

§ 10 Sonderausgaben

Einkommensteuer-Durchführungsverordnung:

§ 29 EStDV Anzeigepflichten bei Versicherungsverträgen

¹ Bei Versicherungen, deren Laufzeit vor dem 1. Januar 2005 begonnen hat, hat der Sicherungsnehmer nach amtlich vorgeschriebenem Muster dem für die Veranlagung des Versicherungsnehmers nach dem Einkommen zuständigen Finanzamt, bei einem Versicherungsnehmer, der im Inland weder einen Wohnsitz noch seinen gewöhnlichen Aufenthalt hat, dem für die Veranlagung des Sicherungsnehmers zuständigen Finanzamt (§§ 19, 20 der Abgabenordnung) unverzüglich die Fälle anzuzeigen, in denen Ansprüche aus Versicherungsverträgen zur Tilgung oder Sicherung von Darlehen eingesetzt werden. ² Satz 1 gilt entsprechend für das Versicherungsunternehmen, wenn der Sicherungsnehmer Wohnsitz, Sitz oder Geschäftsleitung im Ausland hat. ³ Werden Ansprüche aus Versicherungsverträgen von Personen, die im Inland einen Wohnsitz oder ihren gewöhnlichen Aufenthalt haben (§ 1 Abs. 1 des Gesetzes), zur Tilgung oder Sicherung von Darlehen eingesetzt, sind die Sätze 1 und 2 nur anzuwenden, wenn die Darlehen den Betrag von 25 565 Euro übersteigen. ⁴ Der Steuerpflichtige hat dem für seine Veranlagung zuständigen Finanzamt (§ 19 der Abgabenordnung) die Abtretung und die Beleihung unverzüglich anzuzeigen.

(2)–(6) *(aufgehoben)*

§ 30 EStDV Nachversteuerung bei Versicherungsverträgen

¹ Eine Nachversteuerung ist durchzuführen, wenn die Voraussetzungen für den Sonderausgabenabzug von Vorsorgeaufwendungen nach § 10 Absatz 2 Satz 2 des Gesetzes in der am 31. Dezember 2004 geltenden Fassung nicht erfüllt sind. ² Zu diesem Zweck ist die Steuer zu berechnen, die festzusetzen gewesen wäre, wenn der Steuerpflichtige die Beiträge nicht geleistet hätte. ³ Der Unterschied zwischen dieser und der festgesetzten Steuer ist als Nachsteuer zu erheben.

Einkommensteuer-/Lohnsteuer-Richtlinien: EStR 10.1.–10.11; EStH 10.1–10.11; LStH 10

Übersicht

	Rz
I. Allgemeine Grundsätze	
1. Begriff Sonderausgaben	1
2. Einteilung der Sonderausgaben, §§ 10 ff.	2
3. Aufwendungen; Erstattungen	3–7
4. Zeitpunkt des Sonderausgabenabzugs	11
5. Persönliche Abzugsberechtigung	12–15
6. Persönliche Steuerpflicht	18
7. Ausländische Sonderausgaben	21, 22
8. Verfahrensfragen	24
II. Sonderausgaben iSv § 10 I	
1. Altersvorsorgeaufwendungen, § 10 I Nr 2	31–41
2. Krankenversicherungsbeiträge/Pflegeversicherungsbeiträge, § 10 I Nr 3	46–51
3. Sonstige Vorsorgeleistungen, § 10 I Nr 3a	56–58
4. Kirchensteuer, § 10 I Nr 4	60, 61
5. Kinderbetreuungskosten, § 10 I Nr 5	62–77
6. Aufwendungen für eigene Berufsausbildung, § 10 I Nr 7	81–90
7. Schulgeld, § 10 I Nr 9	91–97
III. Sonderausgaben iSv § 10 Ia	
1. Vorbemerkung zu § 10 Ia	101
2. Realsplitting, § 10 Ia Nr 1	102–109

Allgemeine Grundsätze 1–4 § 10

	Rz
3. Versorgungsleistungen bei Vermögensübergaben, § 10 Ia Nr 2	111–120
4. Versorgungs*ausgleichs*leistungen, § 10 Ia Nr 3, 4	126–133
IV. Abzugsbeschränkungen; Verfahren, § 10 II, IIa, IIb	
1. Allgemeine Abzugsvoraussetzungen, § 10 II 1	136–138
2. Besondere Abzugsvoraussetzungen und Verfahrensvorschriften, § 10 II 2, IIa, IIb	141–145
V. Höchstbeträge für Vorsorgeaufwendungen, § 10 III–V	
1. Grundzüge	151, 152
2. Höchstabzugsgrenze für Altersvorsorgebeträge, § 10 III	153–159
3. Höchstbetragsgrenze sonstiger Vorsorgeaufwendungen, § 10 IV	161, 162
4. Günstigerprüfung der Höchstbeträge, § 10 IVa	164, 165
5. Zuschüsse/Erstattungen von Sonderausgaben, § 10 IVb	167–171
6. Verordnungsermächtigung für Krankenversicherungs-Beitragsabschläge, § 10 V	173
VI. Übergangsregelungen, § 10 VI	175

I. Allgemeine Grundsätze

1. Begriff Sonderausgaben. SA sind private Aufwendungen, die nicht in 1 wirtschaftl Zusammenhang mit einer der sieben Einkunftsarten stehen und daher weder BA noch WK darstellen und auch nicht als solche behandelt werden. Sie sind nur dann abziehbar, wenn das Gesetz dies ausdrückl vorsieht. Verfrechtl ist der SA-Abzug geboten, soweit (nur) hierdurch die StFreiheit des Existenzminimums gewährleistet werden kann (BVerfG 2 BvL 1/06 DStR 08, 604). Dies gilt insb für Vorsorgeaufwendungen wegen Krankeit und Pflegebedürftigkeit. §§ 10 ff enthalten eine **abschließende Aufzählung** der SA. § 12 S 1 stellt nur das **Verhältnis von § 10 zu § 12** klar (s § 12 Rz 5). § 10, hat als Ausnahmevorschrift Vorrang vor § 12. § 12 Nr 1 schränkt den Abzug eines SA-Anteils bei gemischten Aufwendungen nicht ein **(Aufteilungsmöglichkeit)**, s § 12 Rz 8.

2. Einteilung der Sonderausgaben, §§ 10 ff. Das EStG enthält keine abstrak- 2 te Definition der SA. Maßgebl ist der jeweilige gesetzl Einzeltatbestand. Es existieren der Höhe nach unbegrenzt oder begrenzt abziehbare SA. – **(1) Unbegrenzter Abzug.** § 10 I Nr 3, Basisbeiträge zur KV und PflV; § 10 I Nr 4, KiSt; § 10 1a Nr 2–4, Versorgungsausgleichsleistungen. – **(2) Begrenzter Abzug.** § 10 I Nr 2, Altersvorsorgeaufwendungen (Bruchteil der Aufwendungen mit jährl steigender Höchstgrenze, § 10 III); § 10 I Nr 3a, sonstige Vorsorgeaufwendungen (Höchstbetrag § 10 IV, abhängig von SA iSv § 10 I Nr 3); § 10 I Nr 5, Aufwand für Kinderbetreuung (Bruchteil der Aufwendungen mit Höchstgrenze); § 10 I Nr 7, Aufwand für Berufsausbildung (Höchstgrenze); § 10 I Nr 9, Schulgeld (Bruchteil der Kosten mit Höchstgrenze); § 10 Ia Nr 1, Unterhaltsleistungen (Höchstgrenze). – **(3) Sonstige Sonderausgaben.** § 10a, zusätzl Altersvorsorge; § 10b, Spenden; §§ 10f, 10g, Aufwendungen für Baudenkmale/Kulturgüter („wie SA"). – **(4) Pauschbeträge.** § 10c ist für die ESt-Veranlagung wegen des niedrigen Betrages und der Einbeziehung von Altersvorsorgeaufwendungen praktisch bedeutungslos geworden.

3. Aufwendungen; Erstattungen. – a) Begriff. Aufwendungen setzen eine 3 tatsächl, die wirtschaftl Leistungsfähigkeit des StPfl mindernde Ausgabe voraus (BFH X R 41/17 BStBl II 18, 648). Diese besteht grds in einer Geldzahlung. Sachleistungen sind aber nicht ausgeschlossen; sie sind insb bei Unterhaltsleistungen denkbar (*HHR* § 10 Rz 33).

b) Wirtschaftliche Belastung. Der StPfl muss durch die Zahlung der SA 4 endgültig wirtschaftl belastet sein (BFH X R 41/17 BStBl II 18, 648). Daran fehlt es zB bei nicht geschuldeten Doppelzahlungen, Beitragsminderungen wegen

§ 10 5, 6 Sonderausgaben

Selbstbeteiligung (Rz 51 zu KV), willkürl Zahlung von KiSt nach Kirchenaustritt (BFH X R 73/94 BStBl II 96, 646) oder *willkürl* Vorauszahlung von KV-Beiträgen für Folgejahre, Spendenvereinbarung von TV-Quizgewinn (FG Köln EFG 07, 758, rkr), Einzahlung von Bausparbeiträgen auf Depositenkonto (BFH VI R 178/75 BStBl II 77, 758); zu sonstigen **Gegenleistungen** s BFH X R 43/89 BStBl II 91, 175 mwN; zu Zuschüssen s BFH X R 13/06 BStBl II 07, 879. Eine wirtschaftl Belastung erfordert idR, dass der StPfl zivil- oder öffentl-rechtl Schuldner der SA ist (BFH X R 2/84 BStBl II 89, 683). – **Kein Abzug von Drittaufwand**: *Grds* kommt hiernach der Abzug von Drittaufwand bei SA weder nach den Regeln über den abgekürzten Zahlungsweg noch über den abgekürzten Vertragsweg in Betracht. Beim abgekürzten Zahlungsweg hat der Zahlende keinen SA-Abzug, da er die Beträge nicht schuldet; der Schuldner ist durch die Zahlung des Dritten wirtschaftl nicht belastet. Die Grundsätze des abgekürzten Vertragswegs sind idR schon deshalb nicht anwendbar, weil SA häufig Dauerschuldverhältnisse betreffen, für die eine Zahlung im abgekürzten Vertragsweg nicht anzuerkennen ist (BFH IV R 75/98 BStBl II 00, 314). S iEinz Rz 12 ff.

5   **c) Nebenkosten; Fremdfinanzierung.** Nebenkosten sind wegen der abschließenden Aufzählung in § 10 grds nicht ihrerseits als SA abziehbar (zB Prozesskosten zu § 10 I Nr 1 aF BFH XI R 86/95 BStBl II 99, 522; Finanzierungskosten zu § 10 I Nr 1a aF BFH X R 120/98 BStBl II 02, 413; Krankheitskostenzuzahlungen und Praxisgebühr zur KV § 10 I Nr 2). Dem ist zuzustimmen, soweit § 10 die Art der Leistung eindeutig festlegt und begrenzt. – **(1) Ausnahmen.** Eine solche Begrenzung ist zB bei § 10 I Nr 7 „Aufwendungen … für Berufsausbildung" nicht gegeben; hier gilt das Veranlassungsprinzip. Die Rspr lässt deshalb zutr wie bei BA/WK alle durch die Berufsausbildung veranlassten Kosten zum Abzug zu (s Rz 85, 87). – **(2) Fremdfinanzierungskosten.** Sie sind nach denselben Grundsätzen zu behandeln wie andere Nebenkosten. Schuldzinsen für ein Darlehen zur Finanzierung von RV-Beträgen hat der BFH aber schon vor dem Systemwechsel zur nachgelagerten Besteuerung als WK anerkannt (BFH VIII R 32/80 BStBl II 82, 41). Dies muss ab VZ 05 für Finanzierungskosten und sonstige Nebenkosten zu Altersvorsorgeaufwendungen weiterhin gelten, da diese trotz ihrer gesetzl Zuweisung zu des SA materiell WK darstellen (ebenso *HHR* § 10 Rz 31).

6   **d) Erstattung von Sonderausgaben im Zahlungsjahr.** Werden dem StPfl im Jahr der Zahlung SA von Dritten erstattet, mindert die Erstattung den als SA abziehbaren Betrag, da es an einer wirtschaftl Belastung des StPfl fehlt. Dies gilt sogar dann, wenn im Zeitpunkt der Zahlung ein nicht zu versteuernder Ersatzanspruch besteht (s BFH X R 13/06 BStBl II 07, 879; zur Belastung des Bürgen bei Rückgriffsanspruch s BFH VI R 131/74 BStBl II 78, 331; zur Belastung mit nicht geschuldeter KiSt s BFH X R 73/94 BStBl II 96, 646, verfmäßig, BVerfG 2 BvR 674/96 StEd 96, 714). Auch stfreie Zuschüsse zu Vorsorgeaufwendungen mindern den SA-Abzug. Eine **Verrechnung** findet aber nur mit Abflüssen **gleichartiger SA** statt (BFH X R 41/17 BStBl II 18, 648). Ob SA gleichartig sind, richtet sich nach deren Sinn und Zweck sowie deren wirtschaftl Bedeutung und Auswirkungen für den StPfl (BFH X R 32/07 BStBl II 10, 38). Bei **Bonuszahlungen der KV** ist zu unterscheiden: Eine Kürzung des SA-Abzugs der KV-Beiträge ist nicht mögl, soweit sich die Bonuszahlungen als Versicherungsleistungen darstellen (FG Mster EFG 18, 1361, rkr), zB Kostenerstattung der KV von Aufwendungen für gesundheitsbewusstes Verhalten gem § 65a SGB V (BFH X R 17/15 BStBl II 16, 989, Anm *Müller* NWB 16, 2266), soweit sie konkreten eigenen Aufwand des Versicherten für die Gesundheitsmaßnahme ausgleichen (BFH X R 16/18 DStR 20, 1905); dagegen Kürzung bei Prämienzahlungen gem § 53 I SGB V, die wirtschaftl klassischen Beitragsrückerstattungen entsprechen (BFH X R 41/17 BStBl II 18, 648). Auch Bonuszahlungen privater KV können wirtschaftl einer Beitragsrück-

erstattung entsprechen und zur Kürzung des SA-Abzugs führen, wenn sie unabhängig davon gezahlt werden, ob dem StPfl Gesundheitsaufwand entstanden ist (BFH X R 31/19 DStR 21, 1411).

e) Erstattung gleichartiger Sonderausgaben nach dem Zahlungsjahr. 7 SA-Rückzahlungen an den StPfl in späteren VZ auf Grund nachträgl eintretender, den ursprüngl Abzug nicht unmittelbar berührender Umstände sind nach stRspr primär *aus Praktikabilitätsgründen* grds nicht als nachträgl Minderung der Ausgabe im Zahlungsjahr, sondern als Minderung *gleichartiger* Aufwendungen *im Erstattungsjahr* zu berücksichtigen (BFH X B 32/09 BFH/NV 10, 1250; also KiSt/KiSt; KV/KV; UV/UV), selbst wenn die spätere Erstattung im *Zeitpunkt der Veranlagung* des Zahlungsjahres (nicht im Zeitpunkt der Zahlung) bereits feststeht und die rückwirkende Verrechnung günstiger wäre; *Beispiele* s *Schmidt* 33.Aufl § 10 Rz 7. So ist trotz Gesetzesänderung des § 10 I Nr 3 ab 2010 die KV-Erstattung für 2009 als gleichartig auf den KV-Beitrag 2010 anzurechnen (so zutr BFH X R 6/14 BStBl II 16, 933). Bei der Verrechnung im Erstattungsjahr verbleibende Erstattungsüberhänge können aber *auch* iRe Berichtigung der *Zahlungsjahrveranlagung* korrigiert werden (zB nach §§ 173, 175, 175b AO, zu KiSt BFH X R 46/07 BStBl II 09, 229 s *Schmidt* 33.Aufl § 10 Rz 8 mwN). Das gilt grds auch ab 2012, allerdings mit Einschränkungen durch die vorrangigen Sonderregelungen in § 10 IVb 2, 3 (s Rz 167ff). Die Erstattung von RV-Beiträgen führt aber nicht zu negativen SA, sondern zu stfreien Einkünften nach § 22 Nr 1 Satz 3 Buchst a Doppelbuchst aa iVm § 3 Nr 3 Buchst b (BFH X R 35/18 DStR 21, 88; *Münch* DStZ 21, 244; **aA** *OFD NRW* DStR 19, 2589).

4. Zeitpunkt des Sonderausgabenabzugs. Maßgebl ist grds der Zeitpunkt 11 der Zahlung (§ 11 II), und zwar sowohl für – echte – Voraus- und Nachzahlungen als auch für lfd Zahlungen (BFH I R 55/90 BStBl II 92, 550; BFH XI R 24/01 BStBl II 02, 351). **Ausnahmen:** Regelmäßig wiederkehrende Zahlungen (§ 11 I 2, *BMF* BStBl I 17, 820 Rz 153ff); Sonderregelung zu KV/PflV in § 10 I Nr 3 S 4 (s Rz 51); abnutzbare WG als Ausbildungskosten nur IHd AfA (BFH VI R 113/92 BStBl II 93, 676; s auch Rz 4 zu *willkürl* Vorauszahlungen ohne wirtschaftl Belastung. Nicht ausgenutzte SA sind nicht vor- oder rücktragsfähig (keine negativen Einkünfte iSv § 10d, s § 10d Rz 17).

5. Persönliche Abzugsberechtigung. – a) Grundsatz. Abzugsberechtigt ist 12 der durch eine Ausgabe wirtschaftl belastete StPfl. Das ist idR derjenige, der Zahlungen aufgrund eigener Verpflichtung selbst oder durch Bevollmächtigte oder Geschäftsführer ohne Auftrag erbringt.

b) Zahlungen *zugunsten* dritter Personen. Der StPfl muss die Zahlung idR 13 als deren öffentl-rechtl oder privatrechtl Schuldner leisten (str; zum Abzug beim Begünstigten s Rz 14). *Beispiele:* Versicherungsaufwendungen kann nur der Versicherungsnehmer absetzen (zur KV BFH VI R 147/71 BStBl II 74, 545 und § 10 I Nr 3 S 3 mit Ausnahme § 10 I Nr 3 S 2 – Abzug für *eigene* KV/PflV eines *Kindes*, s Rz 49 –, zur LV s BFH VI R 137/72 BStBl II 74, 633, zur RV s BFH VI R 233/71 BStBl II 74, 546, zur SV für behindertes Kind FG RhPf EFG 82, 30, rkr, zum Versorgungsausgleich s Rz 126ff, zur Kfz-Haftpflichtversicherung BFH X R 28/86 BStBl II 89, 862). Bei **Geldschenkung** ist der Abzug nur beim Beschenkten mögl, s Rz 14 „Schenkung…". – Das schließt aber nicht aus, dass ein StPfl als Versicherungsnehmer *aufgrund eigener vertragl Verpflichtung* eigene SA auf einen **Vertrag zugunsten Dritter** einzahlt (§§ 328ff BGB, BFH VI R 6/72 BStBl II 74, 265). Darunter fallen Beiträge, die der StPfl für unterhaltsberechtigte Personen leistet, Ehegatten, auch getrennt veranlagte (§ 1361 BGB) oder geschiedene (§ 1578 II BGB), eingetragene LPart (§ 1 I LPartG, § 2 VIII), Kinder oa Verwandte in gerader Linie (§ 1601 BGB). Eine Ausnahme gilt bei KV-Beiträgen gem § 10 I Nr 3 S 3 (Rz 49). – Bei zusammenveranlagten **Ehegatten/LPart** iSv § 26 I ist ohnehin unerhebl, welcher von ihnen die SA geleistet hat (§ 26b). Bei getrennter bzw ab

2013 Einzelveranlagung nach § 26a II erfolgt eine gesonderte Prüfung und der Abzug grds nur beim Zahlenden.

14 **c) Zahlungen *durch* dritte Personen.** Diese kann *der Begünstigte* nur dann als eigene SA absetzen, wenn ihm die Zahlung als eigene Belastung zugerechnet wird (Zahlung aus bei ihm stpfl oder ihm unentgeltl zugewandten Mitteln, zu Kinderbetreuungskosten s Rz 65). Zur **Korrespondenz** zw Einnahmen nach § 22 und dem SA-Abzug s § 10 Ia iVm § 22 Nr 1a, s Rz 101 und § 22 Rz 103ff und § 1a I Nr 1. *Beispiele:*
- **Bevollmächtigte** s Rz 12.
- **Zukunftssicherung des ArbN.** Leistungen, die der ArbG hierfür zahlt, kann der ArbN als SA absetzen, wenn er sie – auch pauschal, § 40b – als ArbLohn versteuert (§ 10 II 1 Nr 1); der ArbG darf jedoch die Steuer nicht übernehmen (s zur Rückerstattung BFH VI R 35/89 BStBl II 92, 663).
- **SV-Beiträge** oder ähnl SA-Leistungen, die eine **PersGes** für Ges'ter übernimmt, dem sie als Gewinn zugerechnet werden (§ 15 I Nr 2), kann dieser als SA absetzen (BFH XI R 37/88 BStBl II 92, 812).
- **Verdeckte Gewinnausschüttungen** in Form der Zahlung von SA eines Ges'ters durch die KapGes sind beim Ges'ter Einnahmen und SA.
- **Hausgewerbetreibende.** Vom Auftraggeber übernommene ArbG-Anteile zur SV können diese als eigene SA absetzen.
- **Schenkung des Geldbetrages:** Nach § 12 Nr 2 besteht kein SA-Abzug beim Schenker, aber idR beim Beschenkten.
- **Haftpflichtversicherung.** Treten Eltern wegen des günstigeren Schadensfreiheitsrabatts als Versicherungsnehmer für den **Pkw der Kinder** auf, sollten die Eltern den Versicherungsbeitrag selbst zahlen, um ihm die Abziehbarkeit (bei sich) sicherzustellen. Nach BFH X R 80/91 BStBl II 95, 637 entfällt bei Zahlung durch das Kind der Abzug beim Kind (und wohl auch beim Vater, der nicht durch SA wirtschaftl belastet ist, s Rz 4, 13. Übernehmen Eltern Prämienzahlungen für Pkw der Kinder, die selbst Versicherungsnehmer sind, können die Kinder die Prämien nur geltend machen, wenn ihnen die Eltern das Geld für die Zahlung zuleiten, nicht aber, wenn die Eltern die Überweisung zugunsten der Kinder unmittelbar vornehmen, um den Zahlungsweg abzukürzen (BFH X R 2/84 BStBl II 89, 683). Da auch die Eltern nicht eigene Beiträge als Versicherungsnehmer leisten, entfällt so der Abzugsmöglichkeit endgültig (krit *Wolff-Diepenbrock* DStR 99, 1642; zum Abzug bei Rückgriffsanspruch s BFH X R 36/05 DStR 08, 2204).
- **Schulgeld.** Aus § 10 I Nr 9 ergibt sich, dass diese SA anders als die anderen in § 10 I genannten Aufwendungen nicht dem StPfl selbst zugutekommen, sondern seinem Kind. Die Übernahme des Schulgelds wie auch von Studiengebühren ist typischer Unterhaltsaufwand. Der StPfl kann daher die Aufwendungen abziehen, auch wenn das Kind selbst Vertragspartner ist (BFH X R 24/09 BStBl II 12, 321).

15 **d) Erbe.** Er tritt nach hM in die Rechte und Pflichten des Erblassers ein und führt dessen Verträge und Ausgaben fort, soweit sie nicht personenbezogen sind, wie zB bei § 10 Ia Nr 1 (§ 1922 BGB, s BFH I R 76/99 BStBl II 02, 487, str). Zahlungen auf offene KiSt des Erblassers durch den Erben sind bei diesem im Jahr der Zahlung als SA abziehbar (BFH X R 43/13 BStBl II 17, 256).

18 **6. Persönliche Steuerpflicht.** Grds sind nur **unbeschr StPfl** berechtigt, SA abzusetzen (§ 50 I 4; zu KV-Beiträgen s FG Ddorf EFG 09, 1911, rkr). Für beschr stpfl **ArbN** besteht nach § 50 I 5 ein SA-Abzug für Altersvorsorgeaufwendungen (§ 10 I Nr 2 Buchst a) und für KV-/PflV-Beiträge (§ 10 I Nr 3), soweit sie auf die Beschäftigungszeit im Inl entfallen (s § 50 Rz 21). § 50 I 4 ist **EU-rechtl** problematisch. Soweit SA persönl Abzüge betreffen, ist der Ausschluss grds zulässig, da idR der Wohnsitzstaat die persönl Verhältnisse des StPfl zu berücksichtigen hat (EuGH Rs C-279/93 DStR 95, 326 – *Schumacker*). Bei Aufwand iZm inl Einkünften, zB nach **§ 10 I Nr 2**, besteht dagegen eins grds Anspruch auf Gleichbehandlung mit inl StPfl (*HHR* § 10 Rz 14). Zu Beiträgen zum dt RA-Versorgungswerk s EuGH Rs C-480/17 DStR 18, 2622 – *Montag*: Abzugsfähigkeit der Pflichtbeiträge wegen unmittelbaren Zusammenhangs mit dem Beruf, aber kein Abzug der freiwilligen Beiträge; glA zu **§ 10 I Nr 6 aF** EuGH Rs C-346/04 BStBl II 07, 350 – *Conijn*; zu § 10 I Nr 1a vor 2008 – jetzt **§ 10 Ia Nr 2** –

Sonderausgaben iSv § 10 I　　　　　　　　　　　　　　　21–31　**§ 10**

s EuGH Rs C-450/09 DStR 11, 664 und – damals auch ohne korrespondierende inl Besteuerung – EuGH Rs C-559/13 BStBl II 15, 1071, geändert durch Streichung von § 10 Ia Nr 2 in § 50 I 3; s auch *BMF* BStBl I 15, 1088 und § 50 Rz 16 mwN).

7. Ausländische Sonderausgaben. – a) Sachliche Abzugsmöglichkeit. Sie 21 richtet sich nach dt Recht, soweit keine vorrangigen DBA-Regelungen bestehen. Danach können aus dem Ausl geleistete Ausgaben als SA abgesetzt werden, wenn die persönl Voraussetzungen gegeben sind (Rz 12 ff, 18). Ggf kommt nur ein anteiliger Abzug in Betracht (zur **Aufteilung ausl SV-Globalbeiträge** s *BMF* BStBl I 19, 985 (VZ 2020); *BMF* BStBl I 20, 1215 (VZ 2021); *BMF* BStBl I 21, 2275 (VZ 2022).

b) Empfänger im Ausland. An sie können SA geleistet werden, wenn das Ge- 22 setz keine Einschränkungen vorsieht (Korrespondenzprinzip). **Beispiele:**
– **§ 10 I Nr 2, 3:** Vorsorgeaufwendungen sind grds unabhängig davon abziehbar, ob es sich um inl oder ausl Anbieter handelt (BFH X R 57/06 BStBl II 09, 1000; EStH 10.5; zu Aufteilung ausl SV-Beiträge s Rz 21), soweit die Voraussetzungen des § 10 II erfüllt sind (s Rz 136 ff).
– **§ 10 I Nr 4:** Nach EStH 10.7, *BMF* BStBl I 10, 1311 sind KiStZahlungen an ausl Religionsgemeinschaften in EU-/EWR-Staaten als SA iSv § 10 I Nr 4 abziehbar.
– **§ 10 I Nr 9:** Schulgeldzahlungen an gleichartige Auslandsschulen können abgezogen werden, s Rz 120.
– **§ 10 Ia Nr 1:** Der Empfänger muss grds unbeschr stpfl sein oder es müssen die Voraussetzungen des § 1a I Nr 1 vorliegen; sonst uU Abzug nach DBA (zB USA; Schweiz; s auch EStH 10.2 mwN) bzw nach EU-Recht.
– **§ 10 Ia Nr 2–4:** Der Empfänger muss grds unbeschr estpfl sein; s aber zu EU-Angehörigen Ausnahmeregelung **§ 1a I Nr 1 Buchst a und Buchst b,** § 1a Rz 14 ff,

8. Verfahrensfragen. Der SA-Abzug ist nur ausnahmsweise antragsabhängig 24 (zB Realsplitting in § 10 I Nr 1, Rz 106) und beruht vielfach auf elektronischen Datenmitteilungen (§ 10 IIa, IVb EStG, § 93c AO). Den StPfl trifft jedoch die obj **Beweislast (Feststellungslast)** für die Zahlung über § 10c hinausgehender SA (BFH IX B 35/87 BFH/NV 90, 98).

II. Sonderausgaben iSv § 10 I

Verwaltung: *BMF* BStBl I 17, 820 mit Änderungen *BMF* BStBl I 17, 1455, *BMF* BStBl I 19, 254, *BMF* BStBl I 21, 1831; *BMF* DStR 22, 2972; bis 2016 *BMF* BStBl I 13, 1087 mit Änderungen *BMF* BStBl I 14, 70, *BMF* BStBl I 15, 256.

1. Altersvorsorgeaufwendungen, § 10 I Nr 2. Die Vorschrift regelt den Ab- 31 zug von Altersvorsorgebeiträgen. Sie wird durch § 10 II, IIa, III und IVa ergänzt. § 10 I Nr 2 ordnet die Altersvorsorgeaufwendungen den SA zu. Der BFH sieht darin trotz des Einleitungssatzes von § 10 I einen WK-Ausschluss und hält die SA-Zuweisung auch nach Einführung der nachgelagerten Rentenbesteuerung für verfmäßig (s Rz 152). Während alle Vorsorgeaufwendungen bis 2004 einheitl behandelt wurden (§ 10 I Nr 2 aF), erfahren seit 2005 Altersvorsorgeaufwendungen in § 10 I Nr 2 eine Sonderbehandlung. Im Anschluss an BVerfG 2 BvL 17/99 BStBl II 02, 618 musste der Gesetzgeber die unterschiedl verfwidrige Besteuerung von Renten und Pensionen angleichen. Er hat sich ab 2005 für die sog **nachgelagerte Besteuerung** entschieden. Schrittweise wird bis 2040 die volle Besteuerung aller Altersvorsorgeerträge und im Gegenzug iRd Höchstbeträge des § 10 III ab 2025 der volle SA-Abzug der dafür aufgewandten Altersvorsorgebeiträge eingeführt. Letztl sollen alle StPfl in gleichem Umfang aus steuerl unbelastetem Einkommen für das Alter Vorsorge treffen können. So soll eine verfwidrige Doppelbesteuerung vermieden werden. Die Neuregelung zur Altersrentenbesteuerung gilt ab 2005 nicht nur für ab 2005 geschlossene Verträge, sondern auch für alle Bestandsrenten (allerdings mit Günstigerprüfung § 10 IVa, s Rz 164). Nur für vor 2005 geschlossene, ab 2005 nicht mehr begünstigte **Le-**

bensversicherungs-Verträge gelten die alten Vorschriften weiter (§ 10 I Nr 3a, s Rz 56).

32 **a) Begünstigte Ausgaben.** § 10 I Nr 2 enthält eine *abschließende Aufzählung* der begünstigten Aufwendungen. Trotz der gesetzl Zuweisung zu den SA handelt es sich materiell um WK bei den Einkünften aus § 22 Nr 1 (BFH X R 34/07 BStBl II 10, 414; BFH X R 41/14 BStBl II 17, 773 Rz 33). Die gesetzgeberische Zuordnungsentscheidung ist aber auch verfrechtl zu akzeptieren (BVerfG 2 BvR 290/10 BStBl II 16, 801). Sofern die Versicherungsart in § 10 I Nr 2 aufgeführt ist, ist die jeweilige Versicherung auch unter einer anderen Bezeichnung begünstigt.

33 **b) Beiträge.** SA sind alle Leistungen auf eine Versicherung iSv § 10 I Nr 2 zur Erlangung des Versicherungsschutzes. Dazu gehören freiwillige und Pflichtbeiträge.einschließl Voraus- und Sonderzahlungen. Nur mittelbar damit zusammenhängende Nebenkosten sind jedoch keine SA (s Rz 5). Nicht als Beiträge des ArbN abzugsfähig sind auch die vom ArbG zu tragenden Beitragsanteile, die für den ArbN nach § 3 Nr 62 stfrei sind.

34 **c) Gesetzliche Rentenversicherung, § 10 I Nr 2 S 1 Buchst a.** Sie gliedert sich in die allgemeine RV und die knappschaftl RV (§ 125 I SGB VI). Beiträge von versicherungspfl Künstlern und Publizisten an die *Künstlersozialkasse* nach dem KSVG sind wie Beiträge zur gesetzl RV als SA zu berücksichtigen (*BMF* BStBl I 17, 820 Rz 3). Gleiches gilt für die landwirtschaftl Alterskasse und berufsständische Versorgungseinrichtungen (§ 6 I 1 Nr 1 SGB VI; s Aufstellung *BMF* BStBl I 14, 1098), die den gesetzl RV vergleichbare Leistungen erbringen. Eine Gleichstellung der Beiträge zu den berufsständischen Versorgungseinrichtungen liegt nur vor, wenn diese die Funktion der Basisversorgung übernehmen (BFH X R 18/10 BStBl II 14, 25). Beiträge an ausl gesetzl RV sind ebenfalls erfasst (*BMF* BStBl I 17, 820 Rz 4). Zur schweizerischen Altersvorsorge s *BMF* BStBl I 16, 759. Voraussetzung für den Abzug der an eine ausl Versorgungseinrichtung geleisteten Beiträge ist, dass die ausl Versorgung mit der deutschen Basisversorgung, insb der gesetzl RV vergleichbar ist (BFH X B 142/09 BFH/NV 10, 1275; FG BaWü DStRE 21, 80, Rev VI R 46/20). Die ausl Versorgungseinrichtung muss nach ihrer Art und Struktur sowie den von ihr zu erbringenden Leistungen bei rechtsvergleichender Betrachtung der gesetzl RV entsprechen (BFH VIII R 38/10 BStBl II 16, 657).

35 **d) Basisrentenverträge § 10 I Nr 2 S 1 Buchst b Doppelbuchst aa.** Die Vorschrift erstreckt den SA-Abzug auf Beiträge des StPfl zu einer *eigenen* kapitalgedeckten Altersversorgung (s *BMF* BStBl I 17, 820 Rz 10 ff; *Schrehardt* DStR 13, 2541). Es sollen nur Beiträge zu solchen Vorsorgeprodukten gefördert werden, die zu Ansprüchen vergleichbar mit der gesetzl RV führen und nicht die sonstige Leistungsfähigkeit erhöhen (ohne Aufteilungsmöglichkeit: „wenn ... nur"). Öffentlichrechtl Versorgungssysteme fallen nicht darunter. Auch Beiträge an *ausl* Versicherungsanstalten sind als SA abziehbar. **Besonderheiten:** – *(1) Älter.* Anspruch auf lebenslange Leibrente darf frühestens ab Vollendung des 62. Lebensjahres (bei Vertragsabschluss vor 2012 Vollendung des 60. Lebensjahres, § 10 VI) bestehen. – *(2) Ergänzende* Absicherung. Entfallen unter 50% der Beitragsanteile auf eine Berufsunfähigkeits-, Erwerbsminderungsrente oder eine Hinterbliebenenrente (FG Mster EFG 18, 552, rkr; *BMF* BStBl I 17, 820 Rz 38), letztere begrenzt auf Ehegatten/LPart und Kinder mit Anspruch auf Familienleistungsausgleich (§ 31) bzw – befristet – auf Waisenkinder iSv § 32, besteht ebenfalls SA-Abzug. – *(3)* Weitere Voraussetzungen s Rz 136 ff.

36 **e) Isolierte Absicherung der Berufsunfähigkeit oder Erwerbsminderung, § 10 I Nr 2 S 1 Buchst b Doppelbuchst bb.** Während bis 2013 das Risiko der eigenen Berufsunfähigkeit/Erwerbsminderung nur „zusätzlich" zur Altersversicherung abgesichert werden konnte (§ 10 I Nr 2 S 1 Buchst b Doppelbuchst aa), sieht das AltvVerbG (BGBl I 13, 1667) ab 2014 den Abschluss einer solchen *selbständigen* RV vor. Tritt die Berufsunfähigkeit vor Vollendung des 67. Lebensjahres ein, muss der Vertrag die monatl Zahlung einer lebenslangen Leibrente sicherstellen (**S 1**). Bei vorherigem Ableben muss der Anspruch ersatzlos wegfallen. Dies ist Ausfluss der Beschränkung auf die Alterssicherung und sollte sich in der Prämienhöhe niederschlagen. Der Vertrag kann eine Beendigung der Rentenzahlung für den Fall vorsehen, dass der Wegfall der Berufsunfähigkeit/Erwerbsminderung medizinisch festgestellt wird (**S 2**). Die Versicherungsleistung kann vom Lebensalter des Versicherten bei Vertragsabschluss abhängig gemacht werden, wenn der StPfl das 55. Lebensjahr vollendet hat (**S 3**). Die Voraussetzungen für eine Berufsunfähigkeit/Erwerbsminderung ergeben sich aus § 2 AltZertG in Anlehnung an das SGB VI (s *BMF* BStBl I 17, 820 Rz 46: Ausfall voll oder teilweise für mindestens 1 Jahr). Anders als Buchst b Doppelbuchst aa verlangt Buchst b Doppelbuchst bb keine Kapitaldeckung.

f) Besondere Abzugsvoraussetzungen, § 10 I Nr 2 S 2-7. Mit diesen Regelungen hat der Gesetzgeber ergänzende Voraussetzungen für den SA-Abzug nach § 10 I Nr 2 S 1 Buchst b normiert.

aa) Übertragungsverbot; Beleihungsverbot; Kapitalisierungsverbot, § 10 I Nr 2 S 2. Alle Ansprüche nach § 10 I Nr 2 S 1 Buchst b Doppelbuchst aa und Buchst b Doppelbuchst bb dürfen nicht vererbl, übertragbar, beleihbar, veräußerbar oder kapitalisierbar sein. Hierdurch soll erreicht werden, dass die Ansprüche dem StPfl selbst zugutekommen. Unschädl ist die Übertragung auf einen anderen für den StPfl nach § 5a AltZertG zertifizierten Basisrentenvertrag und die Übertragung von Versorgungsanwartschaften bei Scheidung nach VersAusglG (*BMF* BStBl I 17, 820 Rz 31). Durch das Verbot der Vererblichkeit werden Renten mit einer Mindestgarantiezeit ausgeschlossen. Das Verbot der Beleihbarkeit erfordert vertragl Vereinbarungen, die zB eine Abtretung oder Verpfändung der Ansprüche ausschließen. Das Kapitalisierungsverbot steht der Auszahlung in einem Einmalbetrag entgegen. Auch hierdurch soll der lfd Versorgungszweck der Rentenansprüche gesichert werden.

bb) Auszahlungsmodalitäten, § 10 I Nr 2 S 3-5. Renten gem § 10 I Nr 2 S 1 Buchst b Doppelbuchst aa und Buchst b Doppelbuchst bb sind grds monatl zu zahlen. Als Ausnahme vom Kapitalisierungsverbot können die Vertragsparteien jährl Auszahlung vereinbaren (**S 3**); außerdem können Kleinbetragsrenten iSv § 93 III 2 in einem Betrag abgefunden werden (**S 4**). Daneben darf nach **S 5** grds kein anderer Auszahlungsanspruch bestehen.

cc) Hinzurechnung steuerfreier Arbeitgeberanteile, § 10 I Nr 2 S 6. Zu den Beiträgen des StPfl nach § 10 I Nr 2 S 1 Buchst b Doppelbuchst aa und Buchst b Doppelbuchst bb ist der gem § 3 Nr 62 stfreie ArbG-Anteil zur RV hinzuzurechnen; gleiches gilt für die diesen ArbG-Anteilen gleichgestellten ArbG-Zuschüsse. Trotz der Hinzurechnung ermöglichen die ArbG-Beiträge dem StPfl aber keinen höheren SA-Abzug, wie sich aus § 10 III 5 ergibt. Die Hinzurechnung führt nur dazu, dass die ArbG-Beiträge in die Berechnung des Höchstbetrags für Altersvorsorgeaufwendungen gem § 10 III 1 einbezogen werden. (s Rz 153).

dd) Zurechnung von Arbeitgeberbeiträgen bei geringfügig Beschäftigten, § 10 I Nr 2 S 7. Die Zurechnung von ArbG-Beiträgen erfolgt für geringfügig Beschäftigte nur auf Antrag (mit entspr Folgeänderung gem § 10 III 7 bei der Höchstbetragskürzung nach § 10 III 5, s Rz 158; *BMF* BStBl I 17, 820 Rz 79). Dies beruht darauf, dass die pauschalen ArbG-RV-Beiträge bei geringfügig Beschäftigten kaum höhere Rentenansprüche ergeben, bei einer Hinzurechnung aber nach § 10 III 4, 6 trotzdem zu einer Minderung der abziehbaren SA führen können. Die Stellung des Antrags nach S 7 sollte unterbleiben, wenn ausschließl der ArbG RV-Beiträge leistet. Zahlt der ArbN jedoch auch eigene Beiträge (§ 5 II SGB VI), kann der Antrag sinnvoll sein, damit der Eigenbeitrag als Vorsorgeaufwand berücksichtigt werden kann (s *Risthaus* DStR 08, 797, 800).

46 **2. Krankenversicherungsbeiträge/Pflegeversicherungsbeiträge, § 10 I Nr 3.** Ab 2010 trat eine grundlegende Änderung des Abzugs *sonstiger* Vorsorgeaufwendungen in Kraft, die einen verbesserten SA-Abzug der unabdingbaren KV- und PflV-Basisbeiträge (§ 10 I Nr 3, IV) brachte. Im Anschluss an BVerfG 2 BvL 1/06 DStR 08, 604 sind eigene (s Rz 49) Beiträge zu KV und PflV iRd sozialhilfegleichen Versorgungsniveaus **(Basisversicherungen)** über die Grenzen des § 10 IV 1–3 hinaus *voll* **abziehbar (§ 10 IV 4)**. Ihr Umfang ist in § 10 I Nr 3 gesondert geregelt. Die übrigen Vorsorgeaufwendungen iSv § 10 I Nr 3a (einschließl der nach § 10 I Nr 3 nicht abziehbaren KV- und PflV-Beiträge) sind abziehbar, *soweit* die KV- und PflV-Beiträge nach § 10 I Nr 3 die Höchstgrenzen des § 10 IV 1–3 nicht erreichen. Anssonsten findet eine Berücksichtigung allenfalls über eine Günstigerprüfung nach § 10 IVa (s Rz 47, 164) statt. **Praxisgebühren** (bis 2012) und **Kostenzuzahlungen/Selbstbehalt** sind keine SA (BFH X R 43/14 BStBl II 17, 55 mwN; zur Erstattung der Praxisgebühr – keine Beitragserstattung – *OFD Rhl* DStR 13, 1785). Gleiches gilt für den Verzicht auf zustehende Beitragserstattungen (BFH X R 3/16 BStBl II 18, 384; FG Ddorf EFG 14, 1789, rkr; **aA** *Neumann* DStR 13, 388), für Prämien aus Selbstbehalttarif gem § 53 I SGB V (BFH X R 41/17 BStBl II 18, 648) und für freiwillig getragene Krankheitskosten zum Erhalt einer Beitragrückerstattung (FG BBg EFG 17, 1265, rkr).

47 **a) Basis-Krankenversicherungsbeiträge, § 10 I Nr 3 S 1 Buchst a.** Begünstigt ist der Abzug von – auch bei vereinbartem Selbstbehalt tatsächl gezahlten und nicht erstatteten – Beiträgen zu einer gesetzl oder privaten KV, einschließl Heilkosten-, Beihilfekostenversicherung, auch von KV-Zusatzprämien hierfür nach § 242 SGB V (abl zu aufsichtsfreier Unterstützungseinrichtung BFH X B 142/13 BFH/NV 14, 899). – **Satz 1** begrnzt den vollen Beitragsabzug für die notwendige Basisversorgung nach § 10 I Nr 3, IV auf das in §§ 47–52 SGB XII bestimmte existenznotwendige Sozialhilfeniveau, auf das – auch bei Privatversicherungen – ein Leistungsanspruch besteht (s zu KV §§ 11–68 SGB V) und das der KV-Träger im Einzelfall ermitteln und gem § 10 IIa 4 der FinVerw melden muss. Nicht abziehbar nach Nr 3 sind damit Beiträge zu nicht sozialhilfefähigen Wahltarifen für Zusatz- oder Komfortleistungen (zB Chefarztbehandlung, Ein-Bett-Zimmer, außerdem Beiträge für Leistungen, auf die der StPfl keinen Anspruch hat, und doppelte gesetzl und private KV (s unten zu S 3). § 10 I Nr 3 S 1 Buchst a steht dem SA-Abzug weiterer, nach dieser Vorschrift nicht (voll) abziehbarer KV/PflV-Kosten insb nach § 10 I Nr 3a aber nicht entgegen (s Rz 56, *BMF* BStBl I 17, 820 Rz 121 ff). – **Satz 2** verweist für Beiträge zur **gesetzl KV** auf die Festlegung der gesetzl Beitragssätze in §§ 241 ff SGB V sowie in §§ 37 ff KVLG. Mit Ausnahme des Krankengeldanteils (S 4) sind diese gesetzl Beiträge voll abziehbar, auch erhöhte Beiträge mangels Anspruchs auf Lohnfortzahlung bei Arbeitsunfähigkeit (§ 242 SGB V). – **Satz 3** überträgt diese Grenzen entspr für die **private KV** auf Beitragsanteile für nach §§ 11 ff SGB V versicherte Grundleistungen. Der Leistungskatalog des sog Basistarifs wird nach Art, Umfang und Höhe durch den Verband der privaten KV unter Fachaufsicht des *BMF* festgelegt (§ 12 VAG). Ohne gesonderten Ausweis der Kosten des Basistarifs kann der nicht abziehbare Beitragsteil durch prozentuale **Prämienabschläge** ermittelt werden (s dazu **§ 10 V**, und unten Rz 173 – KVBEVO). Neben einer gesetzl KV gezahlte Beiträge zu einer privaten KV sind wegen der identischen Leistungsbegrenzung grds nicht abziehbar (vgl *BMF* BStBl I 17, 820 Rz 83; BFH X R 5/17 BStBl II 18, 230, auch zur Günstigerprüfung; FG Köln EFG 17, 1650, rkr). Dies gilt auch, wenn der StPfl trotz bestehender Versicherungspflicht von seinem ArbG nicht zur gesetzl KV angemeldet worden ist und er deshalb die private KV nicht gekündigt hat (BFH X B 56/19 BFH/NV 20, 20). – **Satz 4. Krankengeldansprüche** (uä Ansprüche) gehören nicht zur Basisversorgung. Besteht tatsächl ein solcher Anspruch gegen die gesetzl KV (zB nicht bei Rentnern), wird der für den Basistarif gezahlte Beitrag (einschließl des Zusatzbeitrags für ArbN) pauschal um 4 % vermindert.

b) Pflegepflichtversicherung, § 10 I Nr 3 S 1 Buchst b. Die gesetzl Pflege- 48 pflichtversorgung durch Abschluss einer gesetzl (sozialen oder privaten) PflV steht der Basiskrankenversorgung gleich. Die soziale PflV für gesetzl Krankenversicherte ist im SGB XI geregelt (Beiträge in §§ 54 ff); privat Krankenversicherte müssen eine entspr private PflV abschließen (§ 1 II SGB XI); ebenso Beamte (§ 23 SGB XI).

c) Persönliche Abzugsberechtigung, § 10 I Nr 3 S 2 und 3. Ein StPfl kann 49 grds nur *eigene* KV-/PflV-Beiträge für sich und unterhaltsberechtigte Personen (Familienversicherung, s § 10 SGB V) abziehen, für Drittaufwendungen (s Rz 13). § 10 I Nr 3 S 2 erweitert den Abzug auf die Übernahme von Beiträgen iSv § 10 I Nr 3 S 1 Buchst a und b (nicht aber nach Nr 3a), die unterhaltsberechtigte **Kinder** iSv §§ 32, 63 aus *ihren eigenen* KV/PflV-Verträgen zu tragen hätten (Sonderfall des Drittaufwandsabzugs). Demgemäß entfällt der Abzug beim Kind, zB bei studentischer KV oder gesetzl KV eines behinderten Kindes). Unterhaltszahlungen reichen als Nachweis der Aufwandstragung aus (*BMF* BStBl I 17, 820, Rz 81). Die Erstattung eigener Beiträge des Kindes war nach BFH X R 25/15 BStBl II 19, 191 aber nur in Form von Barunterhalt mögl. Die *FinVerw* wendet BFH X R 25/15 zugunsten des StPfl nur eingeschränkt an. Soweit der BFH Sachunterhalt ausschließt und bei volljährigen, in Ausbildung befindl Kindern eine Prüfung der Unterhaltsbedürftigkeit im Einzelfall fordert, folgt sie dem BFH nicht (*BMF* BStBl I 19, 254). Kindeseinkünfte sind nach ihrer Auffassung stets ohne Bedeutung (*BMF* BStBl I 17, 820, Rz 81). Mit § 10 I Nr 3 S 2 idF „JStG 2019" (BGBl I 19, 2451) hat der Gesetzgeber sich der Auffassung der *FinVerw* angeschlossen. Es ist nunmehr unerhebl, ob die Eltern die Beiträge in Form von Bar- oder Sachunterhalt wirtschaftl tragen. Ob das Kind über eigene Einkünfte verfügt, ist ebenfalls bedeutungslos. § 10 I Nr 3 S 3 idF „JStG 2019" stellt darüber hinaus den SA-Abzug in Fällen sicher, in denen ein Elternteil, das nicht Versnehmer ist, aufgrund seiner Unterhaltsverpflichtung neben dem sonstigen Unterhalt zusätzl auch die Basis-KV/PflV-Beiträge für ein Kind, das nicht VersNehmer ist, leistet. Bei Auseinanderfallen der zivilrechtl Verpflichtung zur Beitragszahlung (als VersNehmer) und der wirtschaftl Belastung mit den Beiträgen wird der SA-Abzug nach S 3 demjenigen gewährt, der wirtschaftl belastet ist.

d) Realsplitting. § 10 I Nr 3 S 4. Es handelt sich um eine Sonderregelung für 50 *eigene Beiträge des StPfl* zum Erwerb einer KV oder PflV für geschiedene oder dauernd getrennt lebende Ehegatten/LPart (§ 2 VIII, § 15 LPartG). Sie gilt nur für Fälle des Realsplitting (§ 10 Ia Nr 1). In diesen Fällen überträgt § 10 I Nr 3 S 4 den SA-Abzug vom zahlenden StPfl auf den begünstigten Ehegatten/LPart, der die Unterhaltsleistung des StPfl nach § 22 Nr 1a versteuert. Der SA-Abzug des StPfl entfällt bei gleichzeitiger Erhöhung des Höchstbetrages nach § 10 Ia Nr 1 S 2. Die Übernahme von Beiträgen für *eigene* KV des geschiedenen Ehegatten/LPart fällt ohne derartige Erhöhung unter § 10 Ia Nr 1. Liegt kein Fall des § 10 Ia Nr 1 vor, kann der StPfl seine eigenen Beiträge für den Ehegatten/LPart als SA nach § 10 I Nr 3 abziehen, dem Ehegatten/LPart stehen in diesem Fall keine SA zu (str, ebenso *HHR* § 10 Rz 97). Beiträge des geschiedenen Ehegatten für die KV eines Kindes kann der zahlende StPfl unter den Voraussetzungen des § 10 I Nr 3 S 3 als SA absetzen (s Rz 49). Beiträge, die nicht nach § 10 I Nr 3 oder § 10 Ia Nr 1 begünstigt sind, können nach § 33a I als Unterhaltsaufwendungen abziehbar sein. § 33a I 2 erhöht – subsidiär – die Höchstbeträge für den Unterhaltsaufwand (s § 33a Rz 19).

51 **e) Vorauszahlungsbeschränkung, § 10 I Nr 3 S 5.** Die Vorschrift enthält ab VZ 2011 eine Ausnahme vom Abflussprinzip des § 11 II und begrenzt den Abzug vertragl geschuldeter Beitragsleistungen für nach Ablauf des VZ beginnende Beitragsjahre auf das Zweieinhalbfache (das Dreifache ab VZ 20) der auf den VZ entfallenden Beiträge (iEinz *BMF* BStBl I 17, 820 Rz 134 ff; *Grün* NWB 13, 2914; *Wolter* DB 13, 2646). Insgesamt können pro VZ also 3,5 (4 ab VZ 20) Jahresbeiträge steuerwirksam geleistet werden. Übersteigende Beträge sind nur abziehbar in VZ, *für die* sie geleistet werden. Eine Ausnahme galt für Beiträge, die der unbefristeten Beitragsminderung nach Vollendung des 62. Lebensjahres dienten. Diese wurden ungeachtet ihrer Höhe stets im VZ des Abflusses berücksichtigt. Ab VZ 2020 wurde diese Ausnahme gestrichen (krit *Dinkelbach* DB 20, 87).

56 **3. Sonstige Vorsorgeleistungen, § 10 I Nr 3a.** Die Vorschrift wurde durch das BürgEntlG-KV (BGBl I 09, 1959) mit Wirkung ab VZ 2010 eingefügt. Ihre Wirkung ist gering, da die Höchstbeträge des § 10 IV idR schon durch die vorrangig nach § 10 I Nr 3 abzuziehenden Beiträge zur KV/PflV ausgeschöpft werden (s. FG Hess EFG 21, 95, Rev X R 10/20 zu Beiträgen einer freiwilligen Pflegezusatzversicherung). Nach § 10 I Nr 3a sind folgende Beiträge als SA abziehbar: KV/PflV, die nicht unter § 10 I Nr 3 fallen, Arbeitslosen-, Erwerbs- und Berufsunfähigkeitsversicherungen, die nicht unter § 10 I Nr 2 S 1 Buchst b) fallen, Unfall- und Haftpflichtversicherungen sowie (ab 2005 nur noch) Risiko-LV. Andere LV sind begünstigt, wenn der Vertrag vor dem 1.1.05 zustande kam (nach *BMF* BStBl I 09, 1172 Rz 89, 91 Zugang der Annahmeerklärung des Versicherers beim Versicherten bzw Datum des Versicherungsscheins und bei sog Vorratsverträgen Versicherungsbeginn bis 31.3.05) und mindestens *ein* Beitrag bis zum 31.12.04 entrichtet wurde. Insoweit gelten die Abzugsmöglichkeiten des § 10 I Nr 2 aF vor 2005 fort (S 1 Buchst b Doppelbuchst bb–dd und S 2–6 sowie § 10 II 2 aF zu Policendarlehen).

57 **a) Abgrenzung Werbungskosten/Betriebsausgaben.** Die Versicherungsbeiträge sind nur insoweit als SA abziehbar, wie es sich nicht um WK/BA handelt (s Rz 1). Für die Abgrenzung ist grds maßgebl, ob das jeweils versicherte Risiko in den betriebl/berufl oder privaten Bereich fällt (BFH VI B 64/04 BFH/NV 05, 1796). Beiträge zu den Personenversicherungen (KV, PflV, Risiko-LV, Arbeitslosen-, Erwerbs- und Berufsunfähigkeitsversicherungen), die in § 10 I Nr 3a genannt sind, sind daher idR als SA abziehbar, da die Risikoursache meistens zu einem nicht unwesentl Teil auch im privaten Bereich angesiedelt ist. Unfallversicherungen, die nur oder ganz überwiegend betriebl Risiken abdecken, sind dagegen als BA abziehbar (BFH IV R 132/66 BStBl II 72, 277). Leistungen in einer allg Unfallversicherung sind demggü grds keine BA (BFH VIII R 34/09 BFH/NV 12, 722). Bei ArbN ist eine Aufteilung der Beiträge zu einer Unfallversicherung in WK und SA zulässig, soweit auch das Risiko berufl Unfälle versichert ist. Regelmäßig kann davon ausgegangen werden, dass die Beiträge jeweils hälftig auf das Risiko privater und beruflicher Unfälle entfallen (BFH VI R 9/05 BStBl II 09, 385; *BMF* BStBl I 09, 1275). Beiträge zu Berufshaftpflichtversicherungen sind BA/WK. Beiträge zu Kfz-Haftpflichtversicherungen sind bei betriebl und privat genutzten Fahrzeugen nach Nutzungsanteilen in BA und SA aufzuteilen. Wird ein Kfz teils für berufl und teils für private Zwecke benutzt, kann der StPfl den Teil seiner Aufwendungen für die Kfz-Haftpflichtversicherung, der dem Anteil der privaten Nutzung entspricht, als SA abziehen. Werden Aufwendungen für Wege Wohnung/erste Tätigkeitsstätte oder Familienheimfahrten mit der Entfernungspauschale abgezogen, lässt die *FinVerw* den SA-Abzug der Kfz-Haftpflichtbeiträge zur Vereinfachung in voller Höhe zu (EStR 10.5).

58 **b) Abschließende Aufzählung.** Die Aufzählung der in § 10 I Nr 3a genannten Versicherungen ist abschließend. Dort nicht genannte Versicherungen sind folgl nicht begünstigt (zB Rechtsschutzversicherungen, Kasko-, Hausrat- und sonstige Sachversicherungen).

4. Kirchensteuer, § 10 I Nr 4. a) Allgemeines. Es handelt sich um Geld- **60** leistungen, die eine gem Art 140 GG iVm 137 VI Weimarer Verfassung als Körperschaft döR anerkannte inl Religionsgemeinschaft von ihren Mitgliedern auf Grund gesetzl Bestimmungen erhebt (BFH I R 250/73 BStBl II 75, 708, unter 5). Keine KiSt sind daher zB Zahlungen auf freiwilliger Basis und an nicht erhebungsberechtigte Religionsgemeinschaften (ggf aber Spendenabzug nach § 10b). Keine SA-Abzug soll auch für vom ArbN an den durch Haftungsbescheid in Anspruch genommenen ArbG erstattete KiSt bestehen (FG Mster EFG 21, 1715, Rev X R 16/21, mE zweifelhaft). KirchenSt erheben im Wesentlichen die römisch-katholische, die altkatholische, die evangelisch-lutherischen und die evangelisch-reformierten Kirchen sowie die jüdischen Kultusgemeinden. Zahlungen an Religionsgemeinschaften, die in mindestens einem Bundesland als Körperschaft döR anerkannt sind, aber von ihrem Erhebungsrecht keinen Gebrauch machen und sich durch freiwillige Beiträge und Spenden finanzieren, sind nach EStR 10.7 im Billigkeitswege wie KirchenSt abziehbar. Auf diesen Abzug hat der StPfl aufgrund Selbstbindung der *FinVerw* bis zur Höhe der KirchenSt, die in dem betr Bundesland von den als Körperschaften döR anerkannten Religionsgemeinschaften erhoben wird, einen Anspruch (BFH XI R 52/00 BStBl II 02, 201). Das besondere Kirchgeld, das von verschiedenen Religionsgemeinschaften erhoben wird, wenn der kirchenangehörige StPfl keine Einkünfte, der andere, nicht kirchenangehörige Ehegatte aber ein relativ hohes Einkommen erzielt, ist ebenfalls als SA abziehbar. Beiträge des nicht kirchenangehörigen Ehegatten an eine freikirchl Gemeinde, der er angehört, sind auf das Kirchgeld anzurechnen (BFH I R 38/06 BStBl II 08, 202), Auch KiStZahlungen an Religionsgemeinschaften, die in einem anderen Mitgliedstaat der EU oder im EWR ansässig sind, und die bei Inlandsansässigkeit als Körperschaft döR anzuerkennen wären, lässt die *FinVerw* zum SA-Abzug zu (*BMF* BStBl I 10, 1311). Dies erscheint europarechtl geboten.

b) Abzugshöhe. Die Höhe der KiSt richtet sich nach den KiSt-Gesetzen der **61** Länder und den im BStBl I veröffentl KiSt-Beschlüssen bzw LandesVO. Sie beträgt idR 8 oder 9 % der ESt/LSt. Zu Veränderungen der Bemessungsgrundlage s § 51a II, IIb–IIe. Grds ist die gezahlte KiSt in voller Höhe abziehbar (ggf abzügl Erstattung, s Rz 6–7). Eine Ausnahme regelt § 10 I Nr 4 HS 2: KapEinkünfte unterliegen grds der AbgeltungSt iHv 25 %, bei deren Erhebung bereits die KiSt gekürzt wird (s zur Veranlagung § 32d I, V, § 51a IId; zum KapEStAbzug § 43a S 2, § 51a IIb, IIc, IIe, § 52 Abs 49). Zur Vermeidung einer Doppelbelastung entfällt insoweit der SA-Abzug; zur Kürzung des SA-Abzugs bei nachträgl Abgeltungsbesteuerung s BFH X R 23/19 BFH/NV 21, 1428. § 10 I Nr 4 idF JStG 2010 (BGBl I 10, 1768) soll ab 2011 klarstellen, dass grds auch KiSt auf *veranlagte* ESt mit Kürzung nach § 32d I iVm § 51a I, II nicht als SA abziehbar ist (Problematik s *Arps-Aubert* DStR 11, 1548; *Rüd* DStR 13, 1220). Dagegen besteht SA-Abzug bei „Normalveranlagung" ohne § 32d I, zB bei gewerbl KapEinkünften, nach Günstigerprüfung oder bei Veranlagung ohne KiStAntrag und ohne Kürzung nach § 32d I (sonst Doppelbelastung durch Wegfall des SA-Abzugs trotz voller Besteuerung; zutr FG Ddorf EFG 17, 212, rkr). Zur Rückerstattung und Vorauszahlung der KiSt s § 10 IVb S 3, Rz 6–7, 11, zu *ausl* Religionsgemeinschaften s Rz 22, *BMF* BStBl I 10, 1311, zu willkürl Zahlungen s Rz 4.

5. Kinderbetreuungskosten, § 10 I Nr 5. Vgl *BMF* BStBl I 12, 307; *OFD* **62** *Nds* DStR 12, 2081.

a) Rechtsentwicklung. – *(1)* Bis 2005 waren Kinderbetreuungskosten allenfalls als agB nach § 33c aF abziehbar. – *(2)* **Ab 2006 bis 2011** waren Kinderbetreuungskosten unter besonderen Voraussetzungen (Erwerbstätigkeit der Eltern) „wie" BA/WK abziehbar, **bis 2008** gem § 4f, § 9 V aF, **2009–2011** zusammengefasst in § 9c I. Lag die Voraussetzung der Erwerbstätigkeit der Eltern nicht vor, waren die Kosten nach § 10 I Nr 5 oder Nr 8 aF bzw nach § 9c II als SA abziehbar (iEinz *Schmidt* 31. Aufl § 9c Rz 22 und *BMF* BStBl I 07, 184). – *(3)* **Ab 2012** richtet sich der Abzug auch bei erwerbsbedingter Betreuung ausschließl nach § 10 I

Nr 5 (Übergang s *Schmidt* 36. Aufl § 10 Rz 85 f). Mit dieser Gesetzesänderung hat der Gesetzgeber die an die StPfl gestellten Nachweisanforderungen für den Abzug von Kinderbetreuungskosten und den Prüfungsaufwand bei der *FinVerw* erheblich reduziert. Durch den Wegfall aller persönl Anspruchsvoraussetzungen bei den Eltern sind zwei Drittel der Kinderbetreuungskosten von Geburt an bis zur Vollendung des 14. Lebensjahres, bei Behinderung darüber hinaus bis zur Vollendung des 25. Lebensjahres ohne Prüfung weiterer Voraussetzungen bis zu einem Höchstbetrag von 4000 € als SA abziehbar. An der Einordnung, welche Aufwendungen zu den Kinderbetreuungskosten gehören, hat sich durch die Neuregelung nichts geändert.

63 **b) Verhältnis zu anderen Vorschriften.** Der Abzug nach § 10 I Nr 5 erfolgt zusätzl zum Entlastungsbetrag des **§ 24b** und zu den Freibeträgen nach **§ 32 VI**; das gleiche gilt (bei behinderten Kindern – sonst greift die Altersgrenze) für den Ausbildungsfreibetrag des **§ 33a II** und (bei Übertragung) für den Behindertenpauschbetrag des **§ 33b V**. Dagegen ist ein Abzug als agB gem **§ 33 II 2** ausgeschlossen (s § 33 Rz 65); auch **§ 35a** wird grds verdrängt, soweit die Abzugsvoraussetzungen nach § 10 I Nr 5 vorliegen (s § 35a Rz 25, *BMF* BStBl I 12, 307 Rz 30, zur Aufteilung s Rz 75). Zur Eintragung eines Freibetrags beim LSt-Abzug s § 39a I Nr 2.

64 **c) Verfassungsmäßigkeit.** Höchstbetrag/Altersgrenze des § 10 I Nr 5 sind als typisierende Beschränkungen verfgemäß (BFH III R 18/13 BStBl II 14, 383 mwN).

65 **d) Persönliche Anwendung.** Nur unbeschr StPfl (§ 1 I–III, § 1a I Nr 2) können nen Aufwendungen nach § 10 I Nr 5 geltend machen (s Rz 18). Unbeschr StPfl *des Kindes* ist nicht erforderl (aber uU Kürzung, s Rz 76). Persönl abzugsberechtigt sind idR zusammen lebende Eltern bzw sonst der Elternteil, zu dessen Haushalt das Kind gehört. Die *FinVerw* lässt den SA-Abzug bei Zahlung durch Dritte für den Abzugsberechtigten zu, wenn der StPfl Schuldner des Betreuungsaufwands ist und eine Rechnung erhalten hat (Drittaufwand, abgekürzter Zahlungsweg, *BMF* BStBl I 12, 307 Rz 24, s auch oben Rz 4 und Rz 14). Bei nicht verheirateten, zusammen lebenden Eltern ist nur der abzugsberechtigt, der den Vertrag abschließt und die Betreuungsaufwendungen trägt (BFH III R 79/09 BStBl II 11, 450). – **Elternaufteilung:** Liegen die Abzugsvoraussetzungen bei beiden Elternteilen vor, kann jeder *seine* Aufwendungen grds bis zu 2000 € absetzen (bei Zusammenveranlagung aber keine Aufteilung, § 26b). Die Eltern können jedoch einvernehml eine andere Aufteilung beantragen (zu Einzelveranlagung ab 2013 s § 26a II 2, 3; *BMF* BStBl I 12, 307 Rz 27; zu nicht verheirateten, dauernd getrennt lebenden oder geschiedenen Eltern s *BMF* BStBl I 12, 307 Rz 28).

66 **e) Abzugsvoraussetzungen beim Kind.** – Für den SA-Abzug von Kinderbetreuungskosten müssen in der Person des Kindes verschiedene Voraussetzungen erfüllt sein. – **aa) Kinder** iSv § 32 I sind leibl (ehel, nicht ehel) Kinder, Enkelkinder und auch Pflege- und Adoptivkinder (§ 32 Rz 8). Es kommt nicht darauf an, ob ein Anspruch auf KiGeld oder Kinderfreibeträge besteht. Im Ausl (Heim, Internat etc) lebende Kinder von Inlandseltern oder unbeschr stpfl Auslandseltern werden bei Haushaltszugehörigkeit (Rz 68) ebenfalls berücksichtigt; uU Kürzung nach § 10 I Nr 5 S 3, s Rz 76.

67 **bb) Altersgrenze.** Kinder werden ab Geburt bis zum 14. Geburtstag berücksichtigt. Vollendet das Kind im VZ das 14. Lebensjahr, sind alle Aufwendungen zu berücksichtigen, die bis zu diesem Tag angefallen sind, und zwar bis zum Höchstbetrag (der nicht zeitanteilig gekürzt wird, s Rz 76). Über das 14. Lebensjahr hinaus werden Kinder berücksichtigt, wenn sie wegen einer körperl, geistigen oder seelischen **Behinderung,** die vor Vollendung des 25. Lebensjahrs *eingetreten* ist (s BFH III R 61/08 BStBl II 12, 141, § 32 Rz 3), außerstande sind, sich selbst zu unterhalten – bei Behinderungseintritt vor dem 1.1.07 Verlängerung auf 27. Lebensjahr, § 52 XVIII 3. Das ist (wie bei § 32) anzunehmen, wenn die eigenen Einkünfte des Kindes geringer sind als der sog Lebensbedarf (Grundbedarf und behinderungs-

bedingter Mehrbedarf, s § 32 Rz 40ff). Zu Begriff und Nachweis der Behinderung s § 32 Rz 39. Der Grad der Behinderung nach § 33b ist nicht maßgebl. In Ausnahmefällen wird eine Behinderung unter 50% reichen (s § 69 SGB IX: ab 20%). Entscheidend ist hier die Kausalität („wegen").

cc) Haushaltszugehörigkeit. Sie liegt vor, wenn das Kind dauerhaft in der 68 Wohnung des StPfl lebt oder sich mit dessen Einwilligung vorübergehend außerhalb der Wohnung aufhält (zB wegen Krankheit oder zu Ausbildungszwecken). Zu den unterschiedl Definitionen s BFH VIII R 91/98 BFH/NV 04, 324. Der Haushaltsbegriff ist mE weit zu fassen (*BMF* BStBl I 12, 307 Rz 12, 13, § 32 Rz 15). Die Zugehörigkeit erfordert Verantwortung für das materielle und immaterielle Kindeswohl; sie wird nicht dadurch aufgehoben, dass sich das Kind in einem Heim oder Internat aufhält, ggf auch im Ausl (BFH X R 24/99 BStBl II 02, 244, zu § 34f). Inl Wohnsitz oder gewöhnl Aufenthalt im Inland werden nicht vorausgesetzt. Übl Ferienbesuche bis zu 6 Wochen begründen jedoch allein keine Haushaltszugehörigkeit (vgl BFH III R 40/03 BStBl I 05, 326; s auch § 63 Rz 5). Bei nicht zusammenlebenden Eltern sind Meldung des Kindes und Erhalt von KiGeld als Indiz zu werten; letztl kommt es auf die *tatsächl Verhältnisse* an. Haushaltszugehörigkeit ist auch gegeben, wenn der Alleinstehende *mit* dem Kind im Haushalt einer anderen Person lebt (zB Großeltern, Wohngemeinschaft). Ausnahmsweise ist Zugehörigkeit zu zwei Haushalten mögl (vgl BFH X R 11/97 BStBl II 99, 594 zu § 34f).

f) Aufwendungen für Betreuungsdienstleistungen. – aa) Aufwendungen. 71 SA sind vereinbarte und gezahlte Ausgaben in Geld oder Geldeswert; für Sachleistungen gilt § 8 II entspr (zB Wohnen/Kost bei Au-pair; *BMF* BStBl I 12, 307 Rz 5). Verringertes Einkommen wegen Reduzierung der Arbeitszeit ist keine Aufwendung; ebenso wenig stfrei gezahlte Zuschüsse des ArbG gem § 3 Nr 33, 34a (§ 3c; *FB Hbg* DStR 17, 1267). Der SA-Abzug ist vielmehr mangels wirtschaftl Belastung des StPfl (s Rz 4) um die stfreien (ArbG-)Zuschüsse zu kürzen (BFH III R 30/20 DStR 21, 1689). Auch der Einsatz der eigenen Arbeitskraft des StPfl ist keine Aufwendung für Betreuungsleistungen. Gleiches gilt für eigene Leistungen des StPfl (zB eigene Fahrtkosten der Eltern, FG Nds EFG 06, 1844, rkr); sie sind über § 32 VI abgegolten. Betreut ein **Angehöriger** des StPfl das Kind gegen ein Entgelt, muss die zw den Beteiligten getroffene Abrede dem entsprechen, was zw fremden Dritten übl ist, und tatsächl durchgeführt werden; bei unentgeltl Geschäftsbesorgung muss Aufwendungsersatz übl sein. Leistungen eines Angehörigen, Lebenspartners etc, die in einer **Familie** typischerweise unentgeltl erbracht werden, bleiben unberücksichtigt (Abgrenzung s BFH III R 184/90 BStBl II 92, 814; FG BaWü EFG 12, 1439, rkr). Ebenfalls nicht erfasst werden Leistungen einer Person, zu der das Kind in einem Kindschaftsverhältnis steht (BFH III R 27/91 BStBl II 98, 187, zu § 53a aF). Zur (Teil-)Abtretung eines Anspruchs auf Landeserziehungsgeld an Kindergartenträger s FG Thür EFG 10, 1407, rkr; zu Anrechnung von Betreuungsgeld nach §§ 4a ff BEEG s *FM SchlHol* DStR 15, 2181.

bb) Dienstleistung. Darunter fällt jede Tätigkeit eines Dritten (nicht des StPfl 72 selbst, s Rz 71), die aufgrund zivil- oder öffentl-rechtl Verpflichtungen, nicht jedoch auf familienrechtl Grundlage erbracht wird (BFH III R 94/96 BFH/NV 99, 163). Ein ArbVerh muss nicht vorliegen; ernst gemeinte unentgeltl Geschäftsbesorgung (§ 662 BGB) mit der Möglichkeit eines Aufwendungsersatzes genügt. Die Dienstleistungen können im Haushalt oder außerhalb erbracht werden. Die steuerl Behandlung beim Leistenden ist unerhebl. Sachaufwendungen (zB für Spielzeug) sind keine Aufwendungen für Dienstleistungen und daher nicht abziehbar, selbst wenn sie iZm Betreuungsleistungen anfallen (*BeckOK EStG* § 10 Rz 252).

cc) Betreuung. Gegenstand der Dienstleistung müssen Aufgaben der Personen- 73 sorge (§ 1631 BGB) wie Pflege, Beaufsichtigung, Unterbringung und Erziehung des Kindes sein. Der Begriff ist weit auszulegen. Er umfasst nicht nur die behütende und beaufsichtigende Betreuung, sondern auch die nicht schulische Unterbringung in pädagogisch ausgestalteten Kindergärten uä Einrichtungen (zur Abgrenzung von nicht abziehbaren Unterrichtsaufwendungen BFH III R 29/11 BStBl II 12, 862). Aufwendungen für Verpflegung des Kindes werden grds nicht erfasst (keine Betreuung, sondern Unterhalt, s BFH III R 1/86 BStBl II 87, 490, zu § 33a; Ausnahme: geringfügige Tagesstätten-Verpflegungskosten, s *BMF* BStBl I 12, 307 Rz 6). **Beispiele für Betreuungsleistungen:** Babysitter, Au-pair, Tages-/Wochenmutter, Erzieher, Kinderpfleger/-schwester, Kindergarten/-tagesstätte, Kinderheim, Internat (FG Thür EFG 16, 1940, rkr), Haushaltshilfe, soweit sie das Kind betreut; ggf auch Ferienbetreuung, Fahrtkostenersatz für unentgeltl Geschäftsbesorgung s FG BaWü EFG 12, 1439, rkr.

74 dd) **Ausgeschlossene Aufwendungen, § 10 I Nr 5 S 2.** Aufwendungen für Unterricht und Freizeitbetätigung etc (zB Jugend- und Sportvereine) sind bereits durch die Freibeträge des § 32 VI abgegolten und fallen ebenso wie Aufwendungen für Nachhilfeunterricht, spezielle Hausaufgabenbetreuung und Klassenfahrten dem Grunde nach nicht unter § 10 I Nr 5. Unschädl ist es dagegen, wenn eine Betreuungsperson *auch* bei den regulären Schulaufgaben hilft („übl Arbeiten", vgl BFH VI R 116/78 BStBl II 79, 142), solange die Betreuung Hauptgegenstand der Dienstleistung ist. Nicht abziehbar sind ferner Schulgeld, Aufwendungen für Fremdsprachenunterricht (Abgrenzung zu Kindergartenunterricht s BFH III R 29/11 BStBl II 12, 862), Musikunterricht, Computerkurse, Tennis- und Reitunterricht.

75 ee) **Gemischte Aufwendungen.** Sie sind grds, ggf im Schätzungswege, aufzuteilen, es sei denn, der Betreuungsleistung kommt nur untergeordnete Bedeutung zu (s *BMF* BStBl I 12, 307 Rz 6). Verrichtet zB ein **Au-pair** auch häusl Arbeiten und wird der Umfang der Kinderbetreuung nicht anhand vertragl Vereinbarungen (uÄ) nachgewiesen, können 50 % der Gesamtaufwendungen als SA angesetzt werden (*BMF* BStBl I 12, 307 Rz 7). Nach Auffassung der *FinVerw* gilt für die **schulische Nachmittagsbetreuung** aber eine Ausnahme vom Aufteilungsgrundsatz (mE zweifelhaft). Umfasst diese *auch* ausgeschlossene Aktivitäten, soll eine Aufteilung der Aufwendungen nur zulässig sein, wenn die entspr Beträge in der Rechnung (etc) aufgeschlüsselt sind (keine Aufteilung im Schätzungswege, s *BMF* BStBl I 12, 307 Rz 6, 9).

76 g) **Abzugshöhe, § 10 I Nr 5 S 1, 3.** – *(1)* **Höchstgrenze.** Satz 1 enthält eine relative Beschränkung auf zwei Drittel der Aufwendungen und eine absolute Höchstgrenze von **4000 € je Kind.** Die Höchstgrenze wird also bei Betreuungskosten iHv 6000 € erreicht. Es handelt sich um einen Jahreshöchstbetrag, der nicht zu kürzen ist, wenn die Abzugsvoraussetzungen nur in einem Teil des Jahres vorliegen (Betreuung nur 6 Monate; Altersgrenze im Juli erreicht, s *BMF* BStBl I 12, 307 Rz 17). Gleichwohl hat eine taggenaue Prüfung der Abzugsvoraussetzungen zu erfolgen, dh nur bis zum Geburtstag angefallene Kosten sind iHd Höchstbetrags abziehbar, s Rz 67). Die Aufwendungen sind um stfreie Zuschüsse zu kürzen (s Rz 71). – *(2)* **Verfahren.** Der Abzug erfolgt vom Gesamtbetrag der Einkünfte (§ 2 IV) im Jahr der Zahlung (§ 11 II, *BMF* BStBl I 12, 307 Rz 10), unabhängig vom Jahr der Leistung. – *(3)* **Kürzung bei Auslandskindern, Satz 3.** Die Kürzung des Höchstbetrags von 4000 € richtet sich nach der Ländergruppeneinteilung in *BMF* BStBl I 16, 1183.

77 h) **Nachweise, § 10 I Nr 5 S 4.** Der SA-Abzug ist an Nachweise geknüpft. – *(1)* **Rechnung.** Er setzt das Vorliegen einer Rechnung voraus (*BMF* BStBl I 12, 307 Rz 20). Diese ist aber nur auf Verlangen des FA (§ 88 I AO) einzureichen. Es muss sich nicht um eine Rechnung iSd UStG handeln; Vertrag (zB Au-pair-Vertrag), Gebührenbescheid (zB für den Kindergarten) oder Quittung über Nebenleistungen genügen (*BMF* BStBl I 12, 307 Rz 20 ff). Gesamtrechnungen sind sachl und persönl aufzuschlüsseln und aufzuteilen, ggf im Schätzungswege (s Rz 75). – *(2)* **Zahlung.** Nur **unbar** entgoltene Betreuungsleistungen (per Einzelüberwei-

sung, Dauerauftrag, Einzugsermächtigung) können angesetzt werden, nicht Bar- oder Barscheckzahlungen, auch nicht bei sonstigem Zahlungsnachweis, Buchungsnachweis oder späterer Ersetzung durch Überweisung (*BMF* BStBl I 12, 307 Rz 23; BFH III B 126/11 BFH/NV 12, 1126; FG Köln EFG 14, 1085, rkr). Diese Beschränkung bezieht sich nur auf Geld-, nicht auf Sachleistungen – für diese gilt § 8 II (*BMF* BStBl I 12, 307 Rz 5, mE noch vertretbare, für den StPfl günstige Auslegung von § 10 I Nr 5 S 4). Bei Zahlung per Online-Überweisung, Verrechnungsscheck uÄ kann der Nachweis durch Vorlage eines Kontoauszugs erbracht werden (s *BMF* BStBl I 12, 307 Rz 22). Auch bei Minijobs ist keine Barzahlung mögl (*FB Hbg* DStR 16, 478; BFH III R 63/13 BStBl II 15, 583).

6. Aufwendungen für eigene Berufsausbildung, § 10 I Nr 7. Die Vorschrift gewährt, den SA-Abzug von Aufwendungen für die eigene Berufsausbildung, allerdings beschränkt auf den Höchstbetrag von 6000 €. Sie ist eine Reaktion des Gesetzgebers auf die BFH-Rspr (grundlegend BFH VI R 120/01 BStBl II 03, 403), durch die die vormals zur Abgrenzung der WK/BA von den SA relevante Differenzierung zw Aus- und Fortbildungskosten neu justiert wurde. Der BFH sah Aufwendungen zum Erwerb von konkret berufsbezogenen Kenntnissen nunmehr zutr grds als WK/BA an, wodurch der Anwendungsbereich des § 10 I Nr 7 aF, der bis VZ 03 galt, wesentl eingeschränkt wurde. Allerdings ist auch die Anwendung der (ab VZ 04) geltenden Fassung stark durch das Konkurrenzverhältnis zu den BA/WK geprägt. Praktische Bedeutung erlangt § 10 I Nr 7 wegen des systematischen Zusammenhangs mit § 9 VI und § 4 IX im Wesentlichen bei den Aufwendungen für eine erstmalige Berufsausbildung und ein Erststudium als Erstausbildung, soweit sie nicht iRe DienstVerh stattfinden. Die Zuweisung dieser Aufwendungen zu den SA ist für den StPfl nicht nur wegen des Abzugshöchstbetrags nachteilig, sondern auch deshalb, weil es für SA keinen Verlustvortrag gibt, sodass der Abzug ohne eigene Einkünfte – anders als beim WK-Abzug – oft verloren geht (§ 10d Rz 17).

a) Berufsausbildung, § 10 I Nr 7 S 1. Berufsbildungsaufwendungen sind, wenn sie berufl/betriebl veranlasst sind, nach § 9 I 1 WK (stRspr, zB BFH VI R 137/01 BStBl II 03, 407; BFH VI R 12/10 BStBl II 11, 796; s auch BVerfG 2 BvL 1/07 ua DStR 08, 2460, C.II.1) oder nach § 4 IV BA. Da ein solcher Veranlassungszusammenhang von Ausnahmefällen abgesehen (zB Seniorenstudium, s BFH VI R 2/12 DStRE 15, 5 Rz 71) fast immer vorliegt, und SA nach § 10 I ggü WK/BA nachrangig sind, fallen unter § 10 I Nr 7 letztl nur die Berufsbildungsaufwendungen, die nach § 9 VI und § 4 IX vom WK/BA-Abzug ausgeschlossen sind (s § 9 Rz 340ff und § 4 Rz 625). Berufsausbildung ist das Erlernen einer später gegen Entgelt auszuübenden Tätigkeit. Darunter sind Maßnahmen zu verstehen, durch die „erst das für den Beruf typische Können und schließlich eine selbstständige, gesicherte Lebensstellung erworben werden sollen" (BT-DrsV/3430 S. 8). Die Ausbildung muss der Vorbereitung auf einen Beruf dienen. Hierzu müssen obj Umstände die *Absicht* erkennen lassen, auf Grund der Ausbildung später eine Erwerbstätigkeit auszuüben (Tatfrage, s BFH VI B 92/07 BFH/NV 09, 148). Der Begriff der Erstausbildung ist in § 9 VI 2-5 definiert (s § 9 Rz 346). Wegen des Vorrangs WK vor SA darf die berufl Erstausbildung auch nicht iRe DienstVerh stattfinden, da in einem solchen Fall die Bildungsaufwendungen stets (nur) als WK angesetzt werden können, was steuerl allerdings vorteilhaft ist.

b) Kosten der Allgemeinbildung. Allgemein- und private Weiterbildung, die sich ein StPfl aus persönl Gründen aneignet, ohne dass eine geplante Berufsausübung zugrunde liegt, ist keine Ausbildung iSv § 10 I Nr 7 (s Rz 82), jedenfalls dann nicht, wenn nach Art der Ausbildung eine private, außerberufl Veranlassung naheliegt. Beispiele s Rz 90 „Führerscheinkosten", „Liebhaberei", „Sprachkurse".

§ 10 84–87   Sonderausgaben

84   **c) Aufteilung bei gemischter Veranlassung.** § 12 Nr 1 steht dem Abzug eines abgrenzbaren SA-Anteils nicht entgegen (Rz 1), egal ob der andere Teil beruﬂ oder außerhalb des SA-Bereichs privat veranlasst ist (*Steck* DStZ 08, 365). Fragl kann bei privater Mitveranlassung nur sein, ob durch Schätzung trennbare Aufwendungen vorliegen.

85   **d) Abziehbare Aufwendungen.** Der SA-Abzug ist ab 1.1.12 begrenzt auf 6000 € (vorher 4000 €) im Kj (ohne Verlustvortragsmöglichkeit, s Rz 81). Abziehbar sind grds alle iZm mit der Berufsausbildung stehenden Aufwendungen (Rz 5). Der StPﬂ muss durch tatsächl Ausgaben wirtschaftl belastet sein (Rz 4, 12). Die private Schenkung der Geldmittel ist unschädl. Eine wirtschaftl Belastung liegt auch bei Fremdﬁnanzierung vor (Abzug im Zeitpunkt der Zahlung der fremdﬁnanzierten SA unabhängig vom Zeitpunkt der Darlehenstilgung, s BFH VI R 41/05 BFH/NV 08, 1136; Abzug der Zinsen, s Rz 5). Zum SA-Abzug nachlaufender Studienkosten nach Stundung s EStR 10.9 II: Abzug im Jahr der Zahlung der gestundeten Beiträge auch nach Abschluss der Ausbildung. An einer Belastung fehlt es aber bei stfreier Erstattung der fragl Ausgaben durch Dritte (s Rz 6, zB §§ 81 ff SGB III oder VO zu § 14a BAföG). Sonstige Ausbildungszuschüsse, die nicht die eigentl Berufsbildungsaufwendungen ersetzen, stellen die eigene Belastung demggü auch dann nicht in Frage, wenn sie stfrei gezahlt werden (zB Erstattung der Lebenshaltungskosten, s auch BFH VI R 26/76 BStBl II 79, 212 zu gekürzten Förderungsbeträgen nach § 13 I, II BAföG; BFH VI R 71/02 BStBl II 04, 890 zu Unterhaltsgeld nach § 44 AFG – §§ 65, 66, 84, 153 ff SGB III). Betrifft die Förderung beide Aufwendungsbereiche, wäre nach dem Gesetz aufzuteilen (s Rz 84). S aber EStR 10.9 I: Aus Vereinfachungsgründen wird auf die Aufteilung und die Kürzung der SA verzichtet, wenn *auch* Kosten der Lebenshaltung ersetzt werden. Diese Vereinfachungsregelung gilt für die meisten Stipendien und Ausbildungsförderungen (zu WK-Kürzung bei Stipendien s FG Köln EFG 16, 1605, rkr, nur iErg zutr).

86   **e) Ehegatten, § 10 I Nr 7 S 2.** Bei Ehegatten/LPartner sind die Aufwendungen für den einzelnen StPﬂ gesondert zu prüfen und im Umfang des personenbezogenen Höchstbetrags von 6000 € abziehbar. Auch wenn die Voraussetzungen des § 26 I 1 erfüllt sind, erfolgt hier keine automatische Verdoppelung des Höchstbetrags. Die Person des Zahlenden ist aber unerhebl, s Rz 13.

87   **f) Einzelne Sonderausgaben; Abzugsbeschränkungen, § 10 I Nr 7 S 3 und S 4.** Vgl auch *Klein* DStR 14, 776; *Geserich* NWB 14, 681; *Broemel* DStR 12, 2461. – **(1) Fachaufwendungen.** Abziehbar sind Kosten für Schul-, Studien-, Kurs-, Lehrgangs-, Tagungs- und sonstige Veranstaltungsgebühren, für Lernmaterial, PC mit Zubehör (uU AfA), Fachbücher, Druckkosten privater Dissertation, Vorbereitungs-, Zulassungs- und Abschlussprüfungskosten für ein Studium einschließl hierdurch veranlasster Nebenkosten (s Rz 5) wie Finanzierungskosten, Prozess- und Anwaltskosten, FG Bln EFG 79, 177, rkr).

(2) Unterbringungskosten, § 10 I Nr 7 S 3, 4. Sie sind unabhängig davon abziehbar, ob die Voraussetzungen einer doppelten Haushaltsführung erfüllt sind oder ob die Unterbringung länger dauert (BFH VI R 40/89 BStBl II 92, 1033, *BMF* BStBl I 10, 721 Rz 29). Es genügt daher auch eine nur kurzfristige auswärtige Unterbringung, zB iRe eines mehrtägigen Lehrgangsbesuchs (*BeckOK EStG* § 10 Rz 282). Sofern es sich aber um eine doppelte Haushaltsführung handelt, sind § 9 I 3 Nr 5, IV 8 nach § 10 I Nr 7 S 4 auch für den SA-Abzug anzuwenden. Verlagert der Auszubildende/Student seinen Lebensmittelpunkt an den Ausbildungs-/Studienort, liegt unabhängig davon grds keine auswärtige Unterbringung iSd § 10 I Nr 7 S 3 (mehr) vor (BFH VI R 78/10 BStBl II 13, 284).

(3) Fahrtkosten, § 10 I Nr 7 S 4. Bei Fahrten von der Wohnung zur ersten Tätigkeitsstätte (Bildungseinrichtung, § 9 IV 8) und bei doppelter Haushaltsführung kommt unabhängig von der Aufwandstragung die Entfernungspauschale nach

§ 9 I 3 Nr 4 und 5, II zur Anwendung. Ansonsten sind die Fahrtkosten nach den für eine Auswärtstätigkeit geltenden Grundsätzen bei eigener Aufwandstragung in tatsächl Höhe oder pauschal für eigenen Pkw iHv 0,30 €/km bzw für andere motorbetriebene Fahrzeuge (zB Motorrad, Mofa) iHv 0,20 €/km (§ 9 I 3 Nr 4a; *BMF* BStBl I 20, 1228 Rz 37; ab 2014 kein Pauschalersatz für Fahrradbenutzung mehr – vorher 0,05 € pro gefahrenen km) abziehbar. Bis 2013 war die **Universität** nach BFH VI R 44/10 BStBl II 13, 234 keine regelmäßige Arbeitsstätte, daher Vollabzug der Fahrtkosten.

(4) Verpflegungsmehraufwendungen, § 10 I Nr 7 S 4. Für den SA-Abzug kommen insoweit § 9 IV 8, § 9 IVa zur Anwendung.

(5) Häusliches Arbeitszimmer, § 10 I Nr 7 S 4. Die entspr § 4 V Nr 6b gekürzten Kosten können SA sein (so schon BFH VI R 2/87 BStBl II 90, 901 zu Arbeits- und Studienraum); iEinz s § 4 Rz 590 ff; Probleme s *Steck* DStZ 08, 365.

(6) Anschaffungskosten sonstiger Arbeitsmittel. Sie sind bei geringwertigen WG, ansonsten iHd der AfA durch die Ausbildung veranlasste SA (zB Arbeitszimmereinrichtung). Dies gilt mE auch bei Schenkung (§ 9 Rz 88) und bei Einsatz eigener, ursprüngl privat angeschaffter WG (§ 9 Rz 278). Die Nutzung muss eindeutig der Ausbildung zuzuordnen sein, ggf anteilig im Wege der Schätzung, soweit sie von der privaten Lebensführung abgrenzbar ist (sonst kein Abzug).

g) ABC der Ausbildungs- und Weiterbildungskosten

Allgemeinbildung s „Liebhaberei" und oben Rz 83.

Aufbaustudium ist idR Fortbildung mit BA/WK-Abzug (s „Studium").

Ausbildungsarbeitsverhältnis führt zum WK-Abzug (s „Staatsprüfung", „Studium", § 9 VI).

Beamtenanwärter. Ausbildungsbedingte Aufwendungen iZm dem DienstVerh sind WK und keine SA (§ 9 VI; s „Staatsprüfung", „Studium").

Berufsschule s „Schule" (grds WK, keine SA).

Erstausbildung; Erststudium. Nach §§ 9 VI, 4 IX handelt es sich nicht um eine zum Abzug von WK/BA führende Bildungsmaßnahme. Daher kommt nur der SA-Abzug bis 6000 € (§ 10 Nr 7) in Betracht. Die VerfMäßigkeit wurde von BVerfG 2 BvL 22–27/14 DStR 20, 93 bejaht.

Flugschein. Die Kosten können bei Zweitausbildung (§ 9 VI) vorab entstandene WK sein, soweit nur ein „hinreichend konkret erkennbarer" Zusammenhang mit künftigen stbaren Einnahmen aus der angestrebten weiteren Tätigkeit besteht (Abgrenzung nach Art der Fluglizenz, BFH IX R 5/11 BStBl II 14, 143). Bei Erstausbildung SA, ohne Berufsziel kein Abzug (s FG Mster EFG 17, 1574, rkr, „Führerscheinkosten", „Liebhaberei").

Führerscheinkosten sind grds Kosten der privaten Lebensführung (keine SA), ausnahmsweise WK/BA, wenn der Erwerb des Führerscheins unmittelbare Voraussetzung für die weiterführende Berufsausübung ist (Bus-, LKW- oder Taxifahrer, s FG Mster EFG 98, 941, rkr und „Flugschein").

Habilitation. Aufwendungen für die Qualifikation als Hochschullehrer sind keine SA, sondern WK (s § 19 Rz 110). S auch „Promotion".

Handwerkskurse von Privatpersonen, die keine Fortbildung darstellen (zB Töpferkurse), werden idR unter „Liebhaberei" fallen.

Hauswirtschaftliche Ausbildung/Weiterbildung. Die Kosten sind nur noch bei echter Berufsausbildung iSv § 10 I Nr 7 S 1 SA, bei Fortbildung uU WK.

Liebhaberei. Die Aufwendung von Bildungskosten ohne erkennbare, obj nachvollziehbare Absicht, später eine Erwerbstätigkeit in dieser Richtung auszuüben, führt idR nicht zu SA (s Rz 82). *Beispiele:* Fotokurs eines Apothekers (BFH VI R 139/76 BStBl II 79, 180); Musikausbildung eines Richters (FG Bln EFG 76, 602, rkr, zust BFH VI R 139/76 BStBl II 79, 180); Jagdprüfung eines Angestellten (FG Bln EFG 79, 438, rkr); Ärztin als Jagdaufseherin (FG Brem EFG 75, 10, zust BFH VI R 139/76 BStBl II 79, 180). Das Gleiche gilt zB für Mal-, Töpfer-, Schreibmaschinengrundkurse (FG RhPf EFG 94, 787, rkr) uÄ sowie für Kurse zur privaten „Persönlichkeitsbildung".

Meisterkurse sind Fortbildung (BA/WK).

Persönlichkeitsbildung. Berufl veranlasste Kursgebühren können uU BA/WK sein, wenn die Veranstaltung primär auf die spezifischen Bedürfnisse des vom StPfl ausgeübten Berufs ausgerichtet ist (s BFH VI R 44/04 BStBl II 09, 106, BFH VI R 35/05 BStBl II 09, 108), nicht SA.

Promotion. Kosten zur Erlangung der Doktorwürde sind keine SA, sondern WK (BFH VI R 96/01 BStBl II 04, 891).

Referendare s „Staatsprüfung".

Schule. Die Kosten für den Besuch **allgemeinbildender Schulen** jeder Art sind nicht als WK/BA oder SA (allenfalls bei den Eltern nach § 10 I Nr 9) abziehbar, da der Schulbesuch die notwendige Grundlage für das Leben und die Ausübung der verschiedensten Berufe schafft. Das gilt auch für **Fachoberschulkosten** außerhalb der berufl Tätigkeit (s BFH VI R 5/04 BStBl II 06, 717). **Berufsschulkosten** sind WK iRd Lehrdienstverhältnisses.

Sport. Das Erlernen einer Sportart ist nur dann Berufsausbildung, wenn konkrete Pläne der Ausübung gegen Entgelt bzw Weitervermittlung der Fähigkeiten als Lehrer, Übungsleiter oÄ bestehen. Bei Berufssportlern können WK/BA vorliegen.

Sprachkurse führen bei berufl Veranlassung zu WK/BA (§ 12 Rz 20, § 4 Rz 520 mwN). IÜ handelt es sich häufig um nichtabziehbare Aufwendungen der Allgemeinbildung, wenn Berufsbezogenheit fehlt (s FG Köln EFG 12, 2196, rkr, „Liebhaberei" sowie Rz 82). Bei berufl Erstausbildung ggf SA-Abzug.

Staatsprüfung. Vorbereitung eines **Studenten** auf die erste Staatsprüfung ist grds Ausbildung iSv § 10 I Nr 7 (s „Studium"). Gleiches gilt bei einstufiger Ausbildung (BFH IX R 96/82 BStBl II 86, 184 mwN) und Bachelor. Vorbereitung eines **Referendars** auf die zweite Staatsprüfung und Masterstudium sind Fortbildung (WK, § 9 VI, s schon BFH VI R 112/70 BStBl II 72, 251).

Steuerberaterprüfung. Die Vorbereitung auf das Steuerberaterexamen ist Fortbildung, also idR WK/BA-Abzug, keine SA. Das gilt ebenso für ähnl Prüfungen (WP, Buchprüfer).

Studium. Kosten für die erstmalige Berufsausbildung und ein Erststudium (Bachelor) außerhalb eines DienstVerh sind nach §§ 4 IX, 9 VI nur als SA abziehbar, ab 2012 bis zu 6000 € (Folge: Kein Verlustvortrag, s § 10d Rz 17). **Masterstudium** ist als Aufbaustudium Fortbildung. Bei **Seniorenstudium** im Ruhestand besteht grds kein SA-Abzug (FG SchlH EFG 17, 1422, rkr; BFH VI R 2/12 DStRE 15, 5 Rz 71). Deutsch-Vorstudienkurs ist keine Ausbildung (FG Nbg EFG 15, 2052, rkr). Die VerfMäßigkeit der Neuregelung wurde von BVerfG 2 BvL 22–27/14 DStR 20, 93 bejaht.

Umschulung. Kosten hierfür sind als Fortbildungskosten (WK) anerkannt (BFH VI R 120/01 BStBl II 03, 403, s § 9 Rz 345).

Volkshochschulkurse werden häufig weder der Fort- noch der Ausbildung dienen, sondern der Erweiterung des Allgemeinwissens (s „Liebhaberei").

Zweitausbildung; Zweitstudium s „Studium", „Umschulung", § 9 Rz 346.

7. Schulgeld, § 10 I Nr 9. Die Vorschrift lässt Aufwendungen für den Besuch 91
von Privatschulen zum SA-Abzug zu. Sie dient der verfrechtl zulässigen Förderung
von Privatschulen (BVerfG 2 BvR 88/03 DStRE 04, 951). Eine verfrechtl Verpflichtung des Gesetzgebers, den SA-Abzug von Schulgeldzahlungen zuzulassen,
besteht allerdings nicht (BFH X B 252/07 BFH/NV 09, 23 mwN). Zur Rechtsentwicklung s *Schmidt* 38.Aufl § 10 Rz 120; zur rückwirkenden Anwendung der
Neuregelung durch das JStG 2009 ab VZ 2008 s § 52 Abs 24a aF mit Sonderregelung für EU-Auslandsschulen; *BMF* BStBl I 09, 487; *Schaffhausen/Plenker* DStR 09,
1123.

a) Begünstigtes Kind, § 10 I Nr 9 S 1. Das Schulgeld muss für ein Kind 92
geleistet werden, für das der StPfl Anspruch auf einen Kinderfreibetrag (§ 32 VI)
oder auf Kindergeld (§ 62) hat.

b) Begünstigte Schulen, § 10 I Nr 9 S 1, 2. Dies sind Schulen in freier Trä- 93
gerschaft und überwiegend privat finanzierte Schulen. Die Voraussetzungen der
freien Trägerschaft und der überwiegenden Privatfinanzierung stehen selbständig
nebeneinander. Begünstigte Privatschulen sind alle Schulen, die privatrechtl und in
privater Initiative errichtet und betrieben werden. Zu den Schulen in freier Trägerschaft gehören auch kirchl Schulen. Schulen werden überwiegend privat finanziert,
wenn der Finanzierungsanteil mehr als 50% beträgt. Die jeweiligen Schulen müssen im Inl oder im **EU/EWR-Ausland** belegen sein. Dies trifft auf Schulen in der
Schweiz nicht zu (BFH X R 3/11 BStBl II 12, 585). In Drittstaaten sind nur *deutsche* Schulen begünstigt, s unten zu S 4. **Hochschulen** einschließl Fachhochschulen und gleichstehende EU/EWR-Auslandseinrichtungen sind keine Schulen iSv
§ 10 I Nr 9 (glA *BMF* BStBl I 09, 487 Rz 4; BFH X R 30/08 BFH/NV 09, 1623;
BFH X R 32/15 BFH/NV 18, 414). Seit VZ 08 ist für die steuerl Berücksichtigung des Schulgelds für Privatschulen außerdem nicht mehr die landesrechtl Anerkennung einer bestimmten Privatschule, sondern der durch die Schule vermittelte
Abschluss für den SA-Abzug des Schuldgelds entscheidend. Maßgebl ist die (bindende) inl Anerkennung durch das zuständige Landesministerium, die Kultusministerkonferenz oder eine inl Zeugnisanerkennungsstelle (s dazu BFH X R 17/13
BFH/NV 15, 320), dass die Schule zu einem allg bildenden oder berufsbildenden
Schul-, Jahrgangs- oder Berufsabschluss gleichwertig einem Abschluss einer öffentl
Schule führt.

c) Gleichgestellte Bildungseinrichtungen, § 10 I Nr 9 S 3. Begünstigt sind 94
auch berufsbildende Ergänzungsschulen im Inl und im EU/EWR-Ausl (zB private
Wirtschaftsgymnasien, Berufsfachschulen, Handels- und Sprachschulen) sowie bestimmte Ersatzschuleinrichtungen, die nicht selbst zu einem Schulabschluss führen,
aber ordnungsgemäß darauf vorbereiten, (zB Wochenend- und Abendkurse; **nicht**
begünstigt sind Nachhilfeinstitute, Musikschulen, Sportvereine, Feriensprachenkurse). Der SA-Abzug nach § 10 I Nr 9 S 3 setzt nicht voraus, dass die zuständige
Schulbehörde in einem Grundlagenbescheid bescheinigt, die Voraussetzungen dieser Vorschrift würden von der Privatschule erfüllt (BFH X R 26/15 BStBl II 18,
58). Zu den Einrichtungen, die auf einen Schul-, Jahrgangs- oder Berufsabschluss
ordnungsmäßig vorbereiten, können indes nur solche gehören, die nach einem
staatl vorgegebenen, genehmigten oder beaufsichtigten Lehrplan ausbilden (BT-Drs 16/11108 S 12).

d) Schulen in Drittstaaten, § 10 I Nr 9 S 4. Nach dieser Vorschrift kommt 95
der SA-Abzug bei Schulen in Drittstaaten nur im Falle des Besuchs einer *deutschen*
Schule in Betracht (s auch BFH XI R 32/03 BStBl II 05, 518).

e) Nachweis. Mangels gesetzl Sonderregelung gelten die allg Beweislastgrund- 96
sätze, bei Auslandsschulen iVm § 90 AO. Der StPfl hat eine Bescheinigung (in dt
Sprache) und einen von der zuständigen inl Stelle bestätigten Nachweis vorzulegen,
dass die Voraussetzungen der Schulbegünstigung vorliegen (EStR 10.10 II, zu §
10

I Nr 9 S 3 s aber einschränkend BFH X R 26/15 BStBl II 18, 58. Die Bescheinigung ist bindende Abzugsvoraussetzung (zur Nachholung s BFH X R 17/13 BFH/NV 15, 320).

97 **d) Höhe § 10 I Nr 9 S 1, 5.** Abziehbar ist nur das Schulgeld. Dies ist der Beitrag zu den Kosten des normalen Schulbesuchs, die an einer staatl Schule von der öffentl Hand getragen würden (BFH XI R 79/03 BStBl II 06, 377). Aus dem geschuldeten Schulgeld ist nach § 10 I Nr 9 S 1 insb das Entgelt für Beherbergung, Betreuung und Verpflegung herauszurechnen. Gleiches gilt für Aufwendungen für Zusatzangebote, die auch an öffentl Schulen gesondert zu vergüten wären (BFH XI R 32/03 BStBl II 05, 518, zB Aufwendungen für Schulbücher, kostenpflichtige Kurse, Klavierunterricht). Diese Aufwendungen können (nur) nach §§ 10 I Nr 5, 33a II begünstigt sein. 30% des Restbetrages sind als SA abziehbar. Dies gilt auch für Zahlungen über Fördervereine (*OFD Kobl* DStR 04, 180). Ab VZ 08 sind höchstens 5000 € (bis 30% von 16 667 €) abziehbar. Der Höchstbetrag ist kindbezogen und wird den Eltern (dem Elternteil, das die Kosten getragen hat) nur einmal gewährt (§ 10 I Nr 9 S 5). Dieses Elternteil ist auch dann abzugsberechtigt, wenn es das Schulgeld zahlt, ohne dazu ggü der Schule aus dem Schulvertrag rechtl verpflichtet zu sein (BFH X R 24/09 BStBl II 12, 321). Wie bei Kinderbetreuungskosten ist eine Zwölftelung des Höchstbetrages nicht vorgesehen. Das gezahlte Schulgeld ist jedoch nur für die Monate abziehbar, in denen die Abzugsvoraussetzungen vorliegen (zB bei Schulwechsel auf eine nicht begünstigte Schule im VZ anteilig). Freiwillige Mehrzahlungen über die vertragl Schulgeldkosten hinaus können uU als Spenden abziehbar sein.

III. Sonderausgaben iSv § 10 Ia

101 **1. Vorbemerkung zu § 10 Ia, sog Korrespondenzbesteuerung.** § 10 Ia wurde durch das ZK-AnpG ab VZ 2015 neu geschaffen. Er fasst alle SA zusammen, für die das Korrespondenzprinzip gilt. Der SA-Abzug beim Zahlenden ist dabei von der Versteuerung der Bezüge beim Empfänger gem § 22 abhängig. Die entspr Tatbestände wurden teilweise ohne inhaltl Änderungen aus § 10 I Nr 1, 1a, 1b in § 10 Ia Nr 1, 2 und 4 übernommen. § 10 Ia Nr 3 enthält auch inhaltl eine Neuregelung. Unter § 10 Ia fallen unter Unterhaltsleistungen (Nr 1), Versorgungsleistungen iRe Vermögensübertragung (Nr 2) sowie Ausgleichsleistungen iZm dem Versorgungsausgleich (Nr 3, 4). In den Fällen des § 10 Ia schließt es der von § 10 I abw Wortlaut aus, dass es sich bei diesen Aufwendungen um WK/BA handeln könnte. Der Abzug kommt nur als SA in Betracht.

102 **2. Realsplitting, § 10 Ia Nr 1.** Die Vorschrift erlaubt es getrennt lebenden und geschiedenen Eheleuten/LPart, anstelle des durch die Trennung weggefallenen Splittingvorteils wegen der zw ihnen bestehenden Unterhaltsverpflichtungen eine steuerl günstigere Verteilung ihrer jeweiligen Einkommen zu erreichen. Der SA-Abzug beim Unterhaltsverpflichteten korrespondiert mit der Besteuerung der Unterhaltszahlungen beim Unterhaltsempfänger gem § 22 Nr 1a.

103 **a) Unterhaltsleistungen.** Unter den weit auszulegenden Begriff fallen lfd, gelegentl, auch einmalige Leistungen. Es muss sich um für Zwecke des Unterhalts bestimmte Aufwendungen handeln, unabhängig von der tatsächl Verwendung durch Empfänger (s BFH X B 203/88 BFH/NV 89, 779). Der Unterhaltsbegriff entspricht § 33a (str). Er umfasst danach insb die typischen Aufwendungen zum Bestreiten der Lebensführung (iEinz s § 33a Rz 9). Andere damit zusammenhängende Nebenkosten sind allerdings nicht als SA abziehbar. Zu berücksichtigen sind sowohl gesetzl geschuldete Pflichtleistungen als auch darüber hinausgehende freiwillige Leistungen. Dies gilt gleichermaßen für Geld- und Sachleistungen. Letztere sind idR mit dem Verkehrswert zu bewerten. So ist zB die Wohnungsüberlassung als Unterhaltsgewährung mögl. Nach BFH XI R 127/96 BStBl II 02, 130 sind nicht nur übernommene nutzungsabhängige Kosten, sondern auch davon unabhängige Kosten wie Schuldzinsen iRv § 10 Ia Nr 1 als SA abziehbar, aber nicht bei Vermögensübertragungen (BFH XI B 55/02 BFH/NV 03, 167). Zur Abgrenzung Auseinandersetzungs-/Unterhaltskosten s BFH XI R 42/04 BFH/NV 07, 1283. Zahlungen zum Ausgleich von Nachteilen des Ehegatten/LPart (zB StErstattungen) sind jedenfalls dann als Unterhaltsleistungen zu berücksichtigen, wenn sie von Anfang an vereinbart und im Antrag und in der Zustimmung aufgenommen wurden (BFH XI B 68/07 BFH/NV 08, 372). Vorleistungen des Sozialamts sind (noch) kein als SA abziehbarer Unterhalt (FG Saarl EFG 97, 657, rkr).

b) Begünstigte Empfänger. Das sind geschiedene (§ 1564 BGB) oder dauernd getrennt lebende (§ 1567 BGB) Ehegatten (S 1) und solche, deren Ehe für nichtig erklärt oder aufgehoben wurde (S 5). Begünstigte können gem § 2 VIII EStG, § 15 LPartG auch **nichtehel LPart** sein, nicht aber sonstige Lebenspartner (FG Hess EFG 15, 112, rkr), auch nicht Kinder (BFH XI B 35–36/99 BFH/NV 00, 841). Allerdings kommt hier ein SA-Abzug bei *eigener* Vertragsverpflichtung des StPfl zu Gunsten dieser Personen in Betracht (s Rz 13, 49, 51), sonst nur Abzug über § 33a I. Die Unterhaltsleistungen müssen zu Lebzeiten der begünstigten Empfänger geleistet werden (BFH X R 26/12 BFH/NV 15, 14: Beerdigungskosten keine Leistung an den verstorbenen Ehegatten).

c) Höchstbetrag, § 10 Ia Nr 1 S 1, 2. Die Unterhaltsleistungen sind in Höhe von bis zu 13 805 € im Kj für jeden unterhaltenen Ehegatten/LPart und unabhängig von weiteren Unterhaltszahlungen Dritter als SA abziehbar. Sie sind nach § 22 Nr 1a vom Empfänger als Einnahmen zu versteuern. Dafür müssen grds beide Ehegatten/LPart **unbeschr stpfl** sein und beide für diesen VZ die entspr Besteuerung wählen. Der SA-Abzug ist darüber hinaus bei Nachweis der Besteuerung auch für Zahlungen *an* **beschr StPfl im EU-Bereich** (§ 1a I Nr 1) sowie außerhalb dieses Bereichs bei **DBA-Zuweisung** des Besteuerungsrechts mögl (EStH 10.2; oben Rz 18). Die SA-Abzugsbeschränkung *ohne* Besteuerung beim Empfänger ist nicht EU-widrig (zu Österreich s EuGH Rs C-403/03 DStR 05, 1265; BFH XI R 5/02 BFH/NV 06, 1069). Zahlungen *durch* beschr StPfl sind nicht abziehbar (§ 50 I 4; s Rz 18) und daher auch beim unbeschr stpfl Empfänger nicht stbar (§ 22 Nr 1a, BFH X R 18/03 BStBl II 04, 1047). – Der Höchstbetrag von 13 805 € ist verfmäßig (BFH X B 4/11 BFH/NV 12, 214). Er erhöht sich ggf um den Betrag der im jeweiligen VZ nach § 10 I Nr 3 für die Absicherung des geschiedenen/dauernd getrennt lebenden unbeschr stpfl Ehegatten/LPart aufgewandten KV-/PflV-Beiträge (s **§ 10 Ia Nr 1 S 2**).

d) Antrag, § 10 Ia Nr 1 S 3. Er kann jeweils nur für ein Kj gestellt und nicht zurückgenommen werden. – *(1) Frist.* Der Antrag ist unbefristet zulässig. Er selbst nach Bestandskraft der eigenen und der StFestsetzung des Empfängers noch mögl (Änderung der § 175 I 1 Nr 2 AO, s BFH XI R 32/05 BStBl II 07, 5). Dies gilt aber nicht, wenn die Zustimmungserklärung des Unterhaltsempfängers dem Geber bereits vor Eintritt der Bestandskraft vorlag; in einem solchen Fall liegt kein rückwirkendes Ereignis iSv § 175 I 1 Nr 2 AO vor (BFH X R 33/12 BStBl II 15, 138). – *(2) Form.* Eine besondere Form ist nicht vorgeschrieben. Zu Nachweiszwecken empfiehlt sich aber idR ein schriftl oder zur Niederschrift vom FA erklärter Antrag (Anlage U). Der Antrag kann der Höhe nach beschränkt werden (BFH XI R 33/03 BStBl II 05, 825). Auch eine nachträgl Erweiterung des Antrags ist mögl (BFH XI R 32/05 BStBl II 07, 5), nicht hingegen eine nachträgl Ermäßigung (BFH XI R 121/96 BStBl II 00, 218). Als rechtsgestaltende Erklärung ist der Antrag bedingungsfeindl. – *(3) Wirkung.* Der Antrag ist verfahrens- und materiellrechtl Abzugsvoraussetzung. Er bindet dem Grunde (SA, Einnahmen) und (von der zulässigen Antragerweiterung abgesehen) auch der Höhe nach für 1 Jahr, muss also jährl neu gestellt werden.

e) Zustimmung, § 10 Ia Nr 1 S 4, 5. Der Abzug hängt von der Zustimmung des Empfängers ab (S 1). Diese muss tatsächl vorliegen (BFH X B 53/11 BFH/NV

13, 972). – **(1) Frist.** Die Zustimmung kann wie der Antrag über die Bestandskraft beider Bescheide hinaus unbefristet nachgeholt werden (s Rz 106 – Änderung erfolgt nach § 175 I 1 Nr 2 AO mit nachträgl SA-Abzug; ebenso umgekehrt SA-Streichung bei nachträgl Unwirksamkei der Zustimmung). – **(2) Form.** Gesetzl Formerfordernisse bestehen nicht. Zum Nachweis sollte aber idR eine schriftl oder zur Niederschrift beim FA, auch blanko (BFH XI R 36/05 BFH/NV 08, 792) erklärte Zustimmung erfolgen (s auch Anlage U zur ESt-Erklärung). – **(3) Verweigerung.** Die Zustimmung ist Abzugsvoraussetzung, selbst bei rechtsmissbräuchl Verweigerung (BFH X R 137/88 BStBl II 90, 1022). Der Empfänger ist jedoch uU zivilrechtl zur Zustimmung verpflichtet, soweit er keinen finanziellen Nachteil hat (§ 242 BGB, vgl BGH XII R 173/06 DStR 10, 266, *Hagemeier/Joost* NWB 15, 984). Das Zivilurteil bzw der Prozessvergleich ersetzen die Zustimmung (BFH IX R 53/84 BStBl II 89, 192) nach § 894 ZPO, allerdings ohne Dauerwirkung nur für den VZ, der Gegenstand des Zivilverfahrens war (§ 10 Ia Nr 1 S 4; **aA** EStR 10.2 II 1: Dauerwirkung bis zum Widerruf). – **(4) Wirkung.** Die Zustimmung ist bedingungsfeindl und kann der Höhe nach beschränkt, aber im VZ nicht später ermäßigt oder zurückgenommen werden (wie Rz 106). Anders als der Antrag **bindet** sie *dem Grunde nach* auf Dauer, grds auch für Erhöhungen nach S 2. Sie ist jedoch (nur) vor Beginn des Kj, für das sie nicht mehr gelten soll, widerrufl (**S 5;** BFH XI B 124/06 BFH/NV 07, 903). ESt-Bescheide, die dadurch einen unzutr SA-Abzug ausweisen, sind nach § 173 AO zu ändern (BFH XI R 48/06 BFH/NV 08, 367; *OFD Kbl* DStR 07, 1820). Änderungen *der Höhe nach* sind *jährl* auch ohne Widerruf mögl (BFH XI R 33/03 BStBl II 05, 825). **Adressat** ist nicht der StPfl, sondern das Veranlagungs-FA des StPfl oder Unterhaltenen (BFH XI R 8/03 BStBl II 03, 803; EStH 10.2).

108 f) **Weitere Voraussetzungen und Nachweise, § 10 Ia Nr 1 7–9.** Die Angabe der Identifikations-Nr der unterhaltenen Person in der StErklärung des Unterhaltsleistenden ist materielle Abzugsvoraussetzung **(S 7),** dh ohne Angabe kein Abzug. Für beschr stpfl EU/EWR-Bürger ohne Identifikations-Nr gilt die Nachweispflicht gem § 1a I Nr 1 S 2 Buchst b (Bescheinigung der ausl StBehörde). – **S 8** enthält die Verpflichtung des Empfängers, dem Zahlenden seine Identifikations-Nr mitzuteilen. – **S 9** regelt andernfalls die Ersatzbeschaffung der Identifikations-Nr durch das FA des Zahlenden, das allein Zugriff auf die Daten des BZSt hat (§ 139b IV Nr 5 AO). – Die für den SA-Abzug erforderl Nachweise hat iÜ der StPfl zu erbringen (s § 1a I Nr 1 Buchst b; BFH IX B 35/87 BFH/NV 90, 98).

109 g) **Rechtsfolgen der Antragstellung mit Zustimmung.** Es ändert sich der Rechtscharakter der Zahlungen: *Tatsächl erbrachte* Unterhaltsleistungen werden begriffl SA. Nach hM entfällt dadurch ein Abzug als agB auch insoweit, als der Antrag auf einen unter 13 805 € liegenden Betrag beschränkt wird oder die Zuwendungen diesen Betrag übersteigen (BFH III R 23/98 BStBl II 01, 338; EStH 10.2: auch bei Zahlung für verschiedene Jahre). Das soll nach BFH X R 49/07 BFH/NV 10, 1790 auch ohne steuerl Auswirkung beim Geber zur vollen StPfl beim Empfänger nach § 22 Nr 1a führen (str, s auch *Stiller* DStZ 11, 154; FG SachsAnh DStRE 19, 1000, Rev X R 15/19 zur Änderung beim Empfänger gem § 175 I 1 Nr 2 AO). Ein überhöhter Abzug ist nach § 173 I Nr 1 AO zu ändern, um die Korrespondenz mit § 22 herzustellen (s § 22 Rz 103).

3. Versorgungsleistungen bei Vermögensübergaben, § 10 Ia Nr 2

Verwaltung: Die *„Rentenerlasse II und III"* (*BMF* BStBl I 02, 893 und *BMF* BStBl I 04, 922) gelten für **Altverträge** bis 2007 auch ab 2008 fort.; für **Neuverträge** ab 2008 s *BMF* BStBl I 10, 227 – *„Rentenerlass IV"*.

111 a) **Allgemeines.** – Die Vorschrift ermöglicht den SA-Abzug bestimmter Versorgungsleistungen, die mit der Übertragung von Betrieben, Teilbetrieben, MU-Anteilen oder bestimmten GmbH-Beteiligungen zusammenhängen. – **(1) Rechts-**

entwicklung. Nach § 10 I Nr 1a aF bis 2007 waren SA „auf besonderen Verpflichtungsgründen beruhende *Renten und dauernde Lasten*, die nicht mit Einkünften in wirtschaftl Zusammenhang stehen, die bei der Veranlagung außer Betracht bleiben". Die BFH-Rspr hatte diese Vorschrift auf Versorgungsleistungen iZm existenzsichernden Vermögensübertragungen angewendet. Sie hatte die ursprüngl auf Altenteilsleistungen uä Betriebsübergaben abzielende Vorschrift ohne Zwang immer weiter ausgedehnt und auf existenzsichernde Versorgungsleistungen aus Erträgen iZm nahezu allen Vermögensübertragungen bis hin zu Grundstücks-, Wertpapier- und sogar Geldübertragungen erstreckt. Sie hatte selbst Nutzungsvorteile (eigengenutztes Grundstück) ua ersparte Aufwendungen als ausreichende Erträge angesehen (BFH GrS 1/00 BStBl II 04, 95). Dies ging dem Gesetzgeber zu weit. Er hat durch das JStG 2008 (BGBl I 07, 3150) die „Renten und dauernden Lasten" in § 10 I Nr 1a aF durch „lebenslange, wiederkehrende Versorgungsleistungen" abgelöst. Gleichzeitig begrenzte er den SA-Abzug auf Leistungen iZm *bestimmten* Vermögensübertragungen. Hierdurch entfällt der SA-Abzug vor allem bei Grundstücks-, Wertpapier- und Geldübergaben sowie Nutzungsvorteilen gegen Versorgungsleistungen (s Rz 120 „Gegenleistung"; *Paus* NWB 14, 992). Durch das ZollkodexAnpG (BGBl I 14, 2417) hat der Gesetzgeber die Regelung des § 10 I Nr 1a aF ab VZ 2015 schließl nach § 10 Ia Nr 2 überführt. – **(2) Zeitliche Anwendung, § 52 XVIII 1, 2.** Die Neuregelung gilt für alle Versorgungsleistungen iZm ab 2008 *vereinbarten* Vermögensübertragungen iSv § 10 I Nr 1a aF/§ 10 Ia Nr 2, wohl über den Wortlaut hinaus auch für *testamentarische Übertragungen* im Todesfall (s Rz 120 „Erbschaft"; FG Mster EFG 18, 296, offen gelassen von BFH X R 3/18 BFH/NV 21, 304), nicht aber für gesetzl Gesamtrechtsnachfolge (s Rz 142). Dann ist auf den Zeitpunkt des Eintritts des Erbfalls abzustellen, *BMF* BStBl I 10, 227 Rz 2, 83. Für die Vermögensübertragung genügt die verbindl Verpflichtung (s Rz 114), die tatsächl Übertragung kann mE nachfolgen. Für **Altverträge bis Ende 2007** gilt altes Recht mit einer Einschränkung fort: Die Neuregelung gilt auch für Altverträge, bei denen das übertragene Vermögen nur deshalb ausreichenden Ertrag bringt, weil Aufwendungen erspart werden. Diese Einschränkung gilt nicht für die Übertragung eines eigengenutzten Grundstücks; hier gilt altes Recht weiter (§ 52 XVIII 2; *BMF* BStBl I 10, 227 Rz 82).

b) Versorgungsleistungen, § 10 Ia Nr 2 S 1. – (1) Begriff. Versorgungsleistungen sind ganz oder teilweise existenzsichernde Zahlungen iZm *unentgeltl* Vermögensübergaben. Es müssen wiederkehrende Leistungen iZm einer Vermögensübergabe vereinbart werden, meist zur Regelung der (vorweggenommenen) Erbfolge. Der Verzicht auf Pflichtteilsansprüche ist keine derartige Vermögensübergabe (BFH X R 3/18 BFH/NV 21. 304). Wie bei der luf Hofübergabe gegen Altenteilsleistungen muss ertragbringendes Vermögen gegen eine Versorgungsverpflichtung übergeben werden. Aus den nun vom Übernehmer erzielten Erträgen sind wiederkehrende Leistungen als Beitrag zur Existenzsicherung des Übergebers zu erbringen, der sich diese Erträge quasi vorbehält. Solche Übertragungen werden unabhängig von der Gegenleistung als **unentgeltl** gewertet (BFH IX R 11/19 DStR 22, 28); sie führen zum Abzug der Versorgungsleistungen als SA und zur Besteuerung der Erträge nach § 22 Nr 1a. Wegen der Unentgeltlichkeit dieser Vermögensübertragungen führt auch die spätere Ablösung eines dingl gesicherten Rückübertragungsanspruchs weder zu nachträgl AK noch zu Veräußerungskosten (BFH VI R 43/16 BFH/NV 19, 1335). Entspr Leistungen des Übernehmers an den Übergeber teilen das rechtl Schicksal der vereinbarten Versorgungsleistungen. **Ab 2008** sind nur Gegenleistungen für die Übertragung in § 10 Ia aufgeführter Vermögenswerte *unentgeltl* Versorgungsleistungen *idS*. Entscheidend ist dabei die unentgeltl Versorgung des Übergebers (und uU dessen Angehöriger) außerhalb des Unterhaltsbereichs. Problematisch ist das Verhältnis ESt/ErbSt (s *Röder* DB 08, 146; *Thiele/Beckmann* FR 16, 656; die Doppelbelastung ist verfgemäß, s Rz 120

„ErbSt"). Die Versorgungsleistungen sind von **Veräußerungsentgelten** abzugrenzen, die dadurch gekennzeichnet sind, dass die wiederkehrenden Leistungen nach den Vorstellungen der Vertragsparteien so bemessen sind, dass ihr Kapitalwert im Wege kfm Ausgewogenheit dem Verkehrswert des übertragenen Vermögensgegenstands entspricht (s iEinz Rz 117). Bei Vermögensübertragungen im Generationennachfolgeverbund spricht eine widerlegbare Vermutung gegen ein kfm ausgewogenes Veräußerungsgeschäft (BFH X R 55/99 BStBl II 04, 706; BFH X R 14/06 BStBl II 08, 123; BFH X B 24/13 BFH/NV 14, 845). Bei Vermögensübergaben an andere Personen besteht eine widerlegbare Vermutung für eine kfm Ausgewogenheit von Leistung und Gegenleistung (BFH IX R 11/94 BStBl II 98, 718; BFH X R 2/06 BStBl II 08, 99; BFH X B 196/10 BFH/NV 11, 1856). Versorgungsleistungen müssen auch von **Unterhaltsleistungen** abgegrenzt werden (s Rz 117). Hier kommt es maßgebl darauf an, ob das übertragene Vermögen ausreichend ertragsfähig ist, um die Zahlungen an den Übergeber aus den Nettoerträgen zu finanzieren (BFH GrS 1/00 BStBl II 04, 95). In einem solchen Fall liegen keine Unterhalts- sondern Versorgungsleistungen vor. Bei der Übergabe betriebl Einheiten spricht hierfür eine (in Ausnahmefällen widerlegliche) Vermutung (BFH X R 13/09 BStBl II 11, 641). – **(2) Lebenslange und wiederkehrende Leistungen.** Die Vorschrift erfasst ab VZ 08 abw von § 10 I Nr 1a aF nur lebenslange Leistungen, also ab Vermögensübergabe bis zum Tod (FG Nds EFG 13, 1486, rkr; FG Köln EFG 14, 1381, rkr). Wiederkehrende Leistungen müssen weder zeitl regelmäßig noch der Höhe nach gleichmäßig, aber auf einem einheitl Rechtsgrund beruhend lfd erbracht werden (s FG BaWü EFG 16, 1089, rkr; unten Rz 114, 116). Einmalige Zusatzleistungen (zB Beerdigungskosten) können aber dennoch abziehbar sein, weil nicht auf die einzelne Leistung, sondern auf das Bündel sämtl Versorgungsleistungen abzustellen ist (BFH X R 5/04 BStBl II 07, 160 zu Altverträgen, s aber Rz 120 „Beerdigungskosten", „Grabpflegekosten"). Str ist, ob nach dem nicht ganz eindeutigen Wortlaut („und") auch sonstige wiederkehrenden, aber nicht lebenslangen Leistungen erfasst werden. Dies wird von der *FinVerw* mE zutr verneint (*BMF* BStBl I 10, 227 Rz 56; **aA** *Wälzholz* DStR 08, 273/7). Die Unterscheidung zw Renten/Leibrenten und dauernden Lasten ist bei § 10 I Nr 2 – anders als bei § 9 I Nr 1 und § 22 – nicht mehr erforderl. – **(3) Zahlungen zur Ablösung wiederkehrender Bezüge.** Sie sind nicht als SA abziehbar (BFH X R 66/98 BStBl II 04, 830, BFH X R 2/06 BStBl II 08, 99; zu Nießbrauchsablösung Rz 114).

c) Allgemeine Abzugsvoraussetzungen. – **(1) Auf besonderem Verpflichtungsgrund beruhende Zahlungsverpflichtung.** Voraussetzung für den Abzug als SA ist das Vorliegen einer privaten Zahlungsverpflichtung, die sich aus dem Gesetz, einem VA, einem zivilrechtl wirksamen und estl anzuerkennenden Vertrag oder einer letztwilligen Anordnung ergeben kann, nicht aber bei gesetzl Erbfolge. Es darf sich nicht um ein Nutzungsentgelt handeln (s Rz 114, 116). Barzahlung oder Verrechnung sind unschädl, können aber uU die Durchführung von Angehörigenverträgen in Frage stellen. – **(2) Kein wirtschaftlicher Zusammenhang mit außer Betracht bleibenden Einkünften, § 10 Ia Nr 2 S 1.** Die Ausgaben dürfen nicht iZm stfreien Einkünften stehen, die der Veranlagung außer Betracht bleiben. Die klarstellende Einschränkung des § 10 Ia Nr 2 S 1 erfasst nur „Einkünfte" iSv § 2 I, keine nicht stbaren Vorgänge (zB BFHVI 26/62 S BStBl III 65, 164). Die Teil-StFreiheit nach **§§ 3 Nr 40, 40a,** der Freibetrag nach **§ 13 III** sowie die AbgeltungSt nach **§ 32d** stehen dem SA-Abzug jedoch nicht entgegen (*BMF* BStBl I 10, 227 Tz 49, BFHVI R 34/75 BStBl II 76, 539 unter 1a). – **(3) Unbeschränkte Steuerpflicht des Empfängers.** Der Empfänger muss unbeschränkt stpfl sein. Ist er dies nicht, hat er aber seinen Wohnsitz in einem EU-/EWR-Mitgliedstaat und lässt sich die Besteuerung der Versorgungsleistungen durch die für ihn zuständige ausl StBehörde nachweisen, besteht die Möglichkeit zur Geltendmachung des SA-Abzugs gem § 1a I Nr 1.

d) Begünstigte Vermögensübertragung, § 10 Ia Nr 2 S 2, 3. – aa) Ver- 114
tragliche Vereinbarung. Abzugsvoraussetzung ist der idR auf einem Vertrag beruhende Übergang des wirtschaftl Eigentums. Die bloße **Nutzungsüberlassung** genügt ebenso wenig wie die Eigentumsübertragung unter Nutzungsvorbehalt (BFH IV R 52/08 BStBl II 11, 261 mwN; zu „Wirtschaftsüberlassungsverträgen" s Rz 120, BFH X R 16/13 BStBl II 14, 889, Anm *Kanzler* FR 14, 1090; BFH VI R 59/15 BStBl II 18, 461). Nach § 52 XVIII 1, 2 ist auf die – bindende – vertragl Vereinbarung und die sachl Verhältnisse bei der Übertragung abzustellen (s Rz 114 zu nachträgl Änderungen). **Mindestvertragsinhalt** sind Art und Umfang des übertragenen Vermögens sowie Höhe, Fälligkeit und Zahlungsart der Versorgungsleistungen (BFH X R 165/90 BStBl II 92, 1020; *BMF* BStBl I 10, 227 Rz 59; FG Mster EFG 09, 461, rkr). Die zivilrechtl **Form** ist trotz § 41 I AO einzuhalten (zB Schriftform nach § 761 BGB für Leibrenten, so BFH VI 12/62 U BStBl III 63, 563, str; s auch *Wälzholz* DStR 08, 273/8; zum Schriftformerfordernis bei *Änderungen* BFH X R 13/09 BStBl II 11, 641, anzuwenden ab 29.7.11, s *OFD Ffm* DStR 11, 2099; *Schuster* NWB 11, 1533; abl *Kesseler* DStR 11, 799). – **Gleitende Vermögensübergaben** sind weiterhin mögl: Behält sich der Übergeber den **Nießbrauch** an dem übergebenen Vermögen vor, wird der ursprüngl sachl Zusammenhang mit der Vermögensübertragung nicht unterbrochen, sodass auch gegen spätere **Nießbrauchsablösung** im Übergabevertrag oder bei Ablösung vereinbarte Versorgungsleistungen *ab diesem Zeitpunkt* nach § 10 Ia abziehbar sein können (BFH X R 34/11 BStBl II 14, 665; *BMF* BStBl I 10, 227 Rz 25, zu Altverträgen *BMF* BStBl I 10, 227 Rz 85; *Risthaus* DB 10, 803). Entscheidend ist der *sachl*, nicht der zeitl Zusammenhang. Sonstige Ablösezahlungen sind nicht abziehbar (BFH X R 2/05 BFH/NV 06, 1824). Das gilt für Versorgungsleistungen iZm Nießbrauchsablösung begünstigter Vermögensübertragungen ab 2008, aber auch bei Ablösung sonstiger, jetzt nicht mehr begünstigter Vermögensübertragungen vor 2008 (§ 52 XVIII 2), selbst ohne *vorherige* Ablöseverpflichtung (BFH IX R 32/14 BStBl II 16, 331, *BMF* BStBl I 16, 476; s auch *Schmidt* 35. Aufl § 10 Rz 115 mwN).

bb) Begrenzung der begünstigten Wirtschaftseinheiten. § 10 Ia Nr 2 115
S 2, 3 führt die nach früherer Rspr übertragbaren Vermögenswerte auf den betriebl Kernbereich zurück, um einerseits die missbräuchl Verlagerung von Unterhaltszahlungen zu verhindern, andererseits aber die Übertragung und Fortführung von Betrieben nach dem Rückzug des Übergebers zu fördern. Nach der abschließenden gesetzl Aufzählung sind nur Versorgungsleistungen iZm folgenden Vermögensübertragungen als SA abziehbar: – **(1) Mitunternehmeranteile an Personengesellschaften, § 10 Ia Nr 2 S 2 Buchst a.** Die Ges muss eine landwirtschaftl, gewerbl oder freiberufl Tätigkeit ausüben, *BMF* BStBl I (s BFH IX R 11/19 DStR 22, 28) 10, 227 Rz 8 ff. Die Gewinnermittlungsart spielt keine Rolle (§ 4 auch § 5a, § 13a). Der Bezug auf § 15 I 1 Nr 1 schließt *gewerbl geprägte* PersGes ohne gewerbl Tätigkeit iSv § 15 III Nr 2 aus (s BFH X B 118/14 BFH/NV 15, 676; Gestaltungsüberlegungen s *Geck* DStR 11, 962) – nicht aber PersGes, die wegen Abfärbung gewerbl tätig sind, sonstige MUerschaften iSv § 15 I 1 Nr 2 (zB atypisch stille Ges), sowie vergleichbare MUergemeinschaften (Erben-, Güter-) oder gewerbl BesitzGes iRe **Betriebsaufspaltung**. Die Begründung einer BetrAufsp ermöglicht so begünstigte Übertragungen einer vermögensverwaltenden PersGes mit den GmbH-Anteilen im BV, s *BMF* BStBl I 10, 227 Rz 9). Nach *BMF* BStBl I 10, 227 Rz 8 begünstigt § 10 Ia Nr 2 selbst ohne vollständigen Rückzug des Übergebers über den Wortlaut hinaus wie § 6 III auch die Übertragung von **MUer-Anteilsteilen** (glA *Oertzen/Stein* DStR 09, 1117; *Wälzholz* DStR 08, 273, FR 08, 641) oder die zusätzl **Ges'terAufnahme** in Einzelunternehmen (s aber BFH X R 48/98 BFH/NV 00, 1468). Offen ist, ob die Mitübertragung von **SonderBV** Voraussetzung für eine begünstigte Anteilsübertragung ist (§ 10 Ia Nr 2 auch bei Übernahme ins PV?). Nach *BMF* BStBl I 10, 227 Rz 8 muss wie bei § 6 III 1

jedenfalls funktional wesentl SonderBV im selben Verhältnis übergehen, str, s *Schmidt* 32. Aufl § 10 Rz 115 mwN, zu § 6 III s § 6 Rz 651). Die begünstigte Übertragung von EinzelWG des BV/SonderBV (§ 6 V) ist jedenfalls nicht mögl. – **(2) Betriebe/Teilbetriebe, § 10 Ia Nr 2 S 2 Buchst b.** Die Vorschrift betrifft die Übertragung von **Einzelunternehmen** (*BMF* BStBl I 10, 227 Rz 12 ff). Es muss sich um selbständige Betriebe oder bereits existierende Teilbetriebe iSv § 6 III, § 16 I 1 Nr 1 handeln, die vollständig übergeben werden müssen (mit Filialen, Zweigniederlassungen etc). Auch bei Betriebsverpachtung (*BMF* BStBl I 10, 227 Rz 11, 12), und bei ruhenden Betrieben greift die Norm ein (glA *Wißborn* FR 10, 322, 3244; *Kratzsch* NWB 10, 1964, 1968). Jeder Betrieb ist gesondert übertragbar, aber nur einheitl entgeltl oder unentgeltl (Einheitstheorie, s § 16 Rz 58 f); der Übergeber kann in anderen Betrieben/Teilbetrieben tätig bleiben. Die Übertragung einzelner WG und fiktiver Teilbetriebe iSv § 16 I 1 Nr 1 S 2/§ 17 reicht jedoch nicht aus (s aber Buchst c, *BMF* BStBl I 10, 227 Rz 14). – **(3) GmbH-Anteile, § 10 Ia Nr 2 S 2 Buchst c.** Die Vorschrift gilt für die GmbH, für „UnternehmerGes" (Mini-GmbH iSv §§ 2 Ia, 5a GmbHG) und für der GmbH vergleichbare EU/EWR-AuslGes (*BMF* BStBl I 10, 227 Rz 15, Rechtsformliste *BMF* BStBl I 99, 1076). **Sonstige KapGesAnteile** (zB AG-Aktien) können nicht gleichgestellt werden; hier wird ledigl eine Kapitaleinkunftsquelle übertragen. Zur Problematik s *Wälzholz* DStR 08, 273, *Oertzen/Stein* DStR 09, 1117; *Reddig* DStZ 10, 445. § 10 Ia Nr 2 Buchst c ist indessen nicht auf GesAnteile im BV beschränkt. Die Vorschrift gilt auch für Anteile an vermögensverwaltenden GmbH ohne gewerbl Tätigkeit iSv § 15 I 1 Nr 1 sowie für Beteiligungen iSv **§ 17**. Der Anwendungsbereich ist aber begrenzt auf personengeprägte Ges mit Übertragung mindestens eines hälftigen Anteils an der Ges. Außerdem muss der Übergeber als Geschäftsführer tätig gewesen sein und der Übernehmer muss diese Tätigkeit nach der Übertragung übernehmen, da nur dann von der Aufgabe einer betriebl Tätigkeit gesprochen werden kann (BFH X R 35/16 BStBl II 17, 985). Das Gesetz enthält keine Definition der „Geschäftsführung", gemeint ist wohl die Organstellung *und* die tatsächl Führung der Geschäfte. Wie lange der Übernehmer anschließend Geschäftsführer sein muss, um den SA-Abzug zu erhalten, sagt die Vorschrift nicht. *BMF* BStBl I 10, 227 Rz 18 begrenzt den Abzug auf die Dauer der Geschäftsführungsübernahme (str). Der Übergeber muss bereits mit mindestens 50 % an der GmbH beteiligt sein; der 50 %-Anteil bezieht sich auf das Stammkapital, nicht auf das Stimmrecht. Die Bestellung eines weiteren Geschäftsführers neben dem Übergeber ist unschädl. Jede Anteilsübertragung soll nach Ansicht der *FinVerw* alle gesetzl Voraussetzungen für den SA-Abzug erfüllen müssen, eine Heilung durch nachträgl „Aufstockung" auf 50 % ist hiernach nicht mögl (*BMF* BStBl I 10, 227 Rz 16 ff unter fragl Einschränkung stufenweiser Übertragungen und der Übertragung auf mehrere Kinder; zur Problematik s *Seitz* DStR 10, 629). Die Übergabe an bisherige Geschäftsführer reicht aber aus, wenn der Übertragende seine Geschäftsführung aufgibt (*BMF* BStBl I 10, 227 Rz 18 ff). Sonstige Tätigkeiten des Übertragenden für die GmbH sind ebenso unschädl wie eine fortbestehende Mitbeteiligung als Ges'ter. – **(4) Wohnteil einer Land- und Forstwirtschaft, § 10 Ia Nr 2 S 3.** Vgl *BMF* BStBl I 10, 227 Rz 48; *Risthaus* DB 10, 744. Satz 3 erfasst keine isolierte Immobilienübertragung („Teil der"), begünstigt aber iZm einer LuF-Übergabe *auch* den Teil der Versorgungsleistungen, der auf den Wohnteil entfällt (auch gewillkürtes BV, s *FM SchlHol* DStR 12, 240). **Ab VZ 2021** ist Voraussetzung für den Abzug der Aufwendungen nach § 10 Ia Nr 2 auch die Angabe der IdentifikationsNr (§ 139b AO) des Empfängers in der Steuererklärung des Leistenden. § 10 Ia Nr 1 S 8 und 9 gilt entspr (s Rz 108). – **(5) Mitübertragung nicht begünstigten Vermögens.** Sie kann bei entspr Abfassung des Übergabevertrages für den begünstigten Teil unschädl sein; dann sind die Leistungen primär dem begünstigten Vermögen zuzurechnen. Nach *BMF* BStBl I 10, 227 Rz 30 entfällt allerdings die Ertragsbeweiserleichterung gem *BMF* BStBl I 10, 227 Rz 29. Bei geringfügigen Erträgen des begünstigten Vermögens und ohne Vereinbarung sind die wiederkehrenden Leistungen aufzuteilen (*BMF* BStBl I 10, 227 Tz 47).

e) Ertragsprognose. Die Erbringung von „Versorgungsleistungen" iZm der Übertragung von Vermögen erfordert begriffl eine Abhängigkeit von daraus erzielbaren Einnahmen iSv § 2 I, aus denen die Versorgung des Übergebers ganz oder zT gesichert wird (BFH GrS 4–6/89 BStBl II 90, 847; BFH GrS 1/00 BStBl II 04, 95). Ohne wesentl ertragsbringende Vermögensübertragung iSv § 10 Ia Nr 2 kommt ein SA-Abzug nicht in Betracht. Es liegen dann zB Unterhaltszahlungen vor, deren Abzug § 12 Nr 2 ausschließt. Andererseits führt oder auch nicht jeder Zusammenhang lfd Zahlungen mit einer Vermögensübertragung von WG iSv § 10a I Nr 2 zwingend zu Versorgungsbezügen (s Rz 120 „Erbschaft"). – **(a) Grundsatz.** Die wiederkehrenden Leistungen müssen nach den Verhältnissen im Übertragungszeitpunkt durch den durchschnittl Jahresertrag im Übertragungsjahr und in den zwei Folgejahren bzw zwei vorangegangenen Jahren gedeckt sein und nicht höher sein als der langfristig erzielbare Vermögensertrag (*BMF* BStBl I 10, 227 Rz 26, 27, 34, 35). Dem Verhältnis des *Vermögenswerts* zum Wert der wiederkehrenden Leistungen misst die *FinVerw* iZm unentgeltl Übertragungen keine Bedeutung zu (zu teilentgeltl Übertragungen s aber *BMF* BStBl I 10, 227 Rz 30, 47, 66 – die *FinVerw* scheint dabei weiterhin ohne Aufteilungsmöglichkeit das „Alles-oder-Nichts-Prinzip" anzuwenden, s BMF BStBl I 10, 227 Rz 66). Auch Versorgungserträge für die Übergabe von Unternehmen ohne ausreichenden Unternehmenswert können daher abziehbar sein (so entgegen BFH GrS 2/00 BStBl II 04, 100 *BMF* BStBl I 10, 227 Rz 31). – **(b) Ersatz der Ertragsprognose durch Beweiserleichterung.** Bei Fortführung des Unternehmens durch dessen Verpachtung besteht bei unentgeltl Betriebsübergaben gegen nicht wesentl überhöhte wiederkehrende lebenslange Leistungen eine widerlegbare Vermutung dafür, dass die Erträge ausreichen, um die wiederkehrenden Leistungen in der vereinbarten Höhe zu erbringen (*BMF* BStBl I 10, 227 Rz 29, 30; BFH GrS 1/00 BStBl II 04, 95 unter II 6d/bb für Betriebsübergaben; BFH X R 44/01 BStBl II 05, 133 für die Übertragung einer GmbH-Beteiligung). Nach Verlustphasen besteht keine derartige Vermutung für eine ausreichende Ertragskraft (BFH X R 47/14 BFH/NV 16, 184; FG Nds DStRE 18, 1293). Die Vermutung soll nach *BMF* BStBl I 10, 227 Rz 30 bei gleichzeitiger Übertragung nicht begünstigter WG ebenfalls nicht gelten. Das ist jedenfalls dann fragl, wenn die wiederkehrenden Leistungen vertragl dem begünstigten Vermögen zugerechnet werden (*BMF* BStBl I 10, 227 Rz 47). – **(c) Ertragsermittlung ohne Beweiserleichterung.** Sie ist in Ausnahmefällen geboten (s iEinz *BMF* BStBl I 10, 227 Rz 32 ff). Grundlage ist die Gewinnermittlung, bei LuF nach §§ 4 oder 13a. Unternehmerlohn oder eigenes Geschäftsführergehalt sind nicht abziehbar. AfA und ao Aufwendungen sind den Erträgen hinzuzurechnen. Ersparte Aufwendungen erhöhen bei Neuverträgen nicht mehr den Vermögensertrag. Bei Altverträgen gilt dies auch, aber mit Ausnahme von ersparten Nettomieten, die weiterhin zu berücksichtigen sind (§ 52 XVIII 2; *BMF* BStBl I 10, 227 Rz 83).

f) Folgen nachträglicher Veränderungen. – (1) Grundsatz. Alle Abzugsvoraussetzungen müssen im Übergabevertrag vereinbart sein und bei Zahlung vorliegen. Abweichungen von der vertragsmäßen Durchführung sind idR schädl, wenn sie iRe Gesamtbeurteilung darauf hindeuten, dass es am erforderl Rechtsbindungswillen fehlt (BFH X R 16/09 BFH/NV 11, 428; BFH X R 3/20 DStR 22, 32); zu Ausnahmen bei den Vertrag nicht in Frage stellenden Zahlungsverzögerungen s BFH X R 10/09 BFH/NV 11, 581; BFH X R 31/09 BFH/NV 11, 583. – **(2) Vertragsänderungen.** Sie sind grds nur für die Zukunft und nur bei veränderten Verhältnissen zu berücksichtigen, zB bei langfristig verändertem Versorgungsbedürfnis des Berechtigten oder veränderter wirtschaftl Leistungsfähigkeit des Verpflichteten (s *BMF* BStBl I 10, 227 Rz 59 ff; BFH X R 61/01 BStBl II 08, 16). Form s Rz 114. – **(3) Sonstige Veränderungen.** Sie können den Abzug nachträgl begründen oder ausschließen. *Beispiele:* Der Empfänger wechselt seinen Wohnsitz (s Rz 113, *BMF* BStBl I 10, 227 Rz 54); gleitende Vermögensübertragung ab Nießbrauchsablösung oder ab Übernahme bei LuF-Wirtschaftsüberlassung (s *BMF* BStBl I 10, 227 Rz 22, 85); Betriebsaufgabe des Übernehmers (*BMF* BStBl I 10, 227 Rz 37); Beendigung der Geschäftsführung durch Übernehmer bei Buchst c (s aber oben Rz 115 *(3)*). Auch Zahlungsunterbrechungen können auf Dauer schädl sein (*BMF* BStBl I 10, 227 Rz 63; BFH X R 13/09 BStBl II 11, 641, Anm *Kanzler* FR 11, 380). Bei **Umschichtung des übertragenen Vermögens** ist grds Vorsicht geboten (s iEnz *BMF* BStBl I 10, 227 Rz 37 ff). Das Behalten und die Fortführung des Unternehmens durch den Übernehmer ist zwar nicht stets Abzugsvoraussetzung. Erforderl ist aber, dass in ertragbringende WG umgeschichtet wird (s BFH X R 55/09 BStBl II 11, 633) und die Versorgungsleistungen weiterlaufen, durch den Erstversorger bei Erwerb eines entspr Ersatz-WG iS v S 2, sei es durch Übernahme der Verpflichtung durch Letzterwerber. Einmalige Ablösungszahlungen sind grds nicht abziehbar (BFH X R 35/10 BFH/NV 11, 782). Unklar bzw missverständl ist, ob und weshalb *BMF* BStBl I 10, 227 Rz 36 *anfängl vertragl vereinbarte* Umschichtungen auch innerhalb begünstigten Vermögens generell ausnimmt. Umschichtungen iRv S 2 sollten unabhängig von einer solchen „Verpflichtung" wie nach *BMF* BStBl I 10, 227 Rz 41 unschädl sein (BFH X R 38/06 BStBl II 11, 622; *HHR* § 10 Rz 279, *BeckOK EStG* § 10 Rz 378, str, s *Schmidt* 32. Aufl § 10 Rz 117 mwN). Zum Ersatz von Naturallasten durch Barleistungen bei Verpachtung der übergebenen LuF s FG Nds EFG 13, 284, rkr. Die *Umschichtung früher begünstigten Vermögens in nach 2007 nicht mehr begünstigtes Vermögen* soll bei Altverträgen auch **ab 2008** mögl sein (s *BMF* BStBl I 10, 227 Rz 87, 88, nicht zwingend, offen BFH X R 38/06 BStBl II 11, 622 mit Anm *Schuster* HFR 10, 1039).

118 **g) Abgrenzung der Versorgungsleistungen.** Versorgungsleistungen sind von **folgenden Fallkonstellationen abzugrenzen: – (1) Entgeltliche Übertragungen.** Kaufverträge oder kaufähnl Verträge führen nicht zum SA-Abzug, s Rz 120 „Gegenleistung"; *BMF* BStBl I 10, 227 Rz 5, 6, 65 ff; s auch Rz 112/115 (5) zur „unentgeltl" Übertragung nicht nach § 10 Ia Nr 2 begünstigter WG. – **(2) Unentgeltliche *betriebl* Versorgungsrenten.** Sie sind bei betriebl Veranlassung ausnahmsweise Entgelt für die frühere betriebl Arbeitsleistung des Ausscheidenden und damit BA und nicht SA. – **(3) Reine Unterhaltsleistungen, § 12 Nr 2.** Sie sind nicht als SA abziehbar.

119 **h) Höhe der absetzbaren Sonderausgaben. – (1) Versorgungsleistungen iSv 10 Ia Nr 2.** Sie sind als Geld- und Sachleistungen unabhängig von der Abänderbarkeit stets *voll* abziehbar (und nach § 22 Nr 1a voll zu versteuern, auch als Leibrenten), s *BMF* BStBl I 10, 227 Rz 52. Die Höhe hängt nicht mehr von der Anpassungsmöglichkeit nach § 323a ZPO (vor 1.9.09 § 323 ZPO) ab (zusammenfassend zum alten Recht FG RhPf DStRE 20, 7, Rev X R 29/19; zur Abänderbarkeit bei Heimunterbringung und Pflegebedürftigkeit BFH X R 31/20 DStR 21, 2884; zur Übernahme des Pflegerisikos s BFH X R 3/20 DStR 22, 32); gleichwohl sind Wertanpassungsvereinbarungen im Übertragungsvertrag zu beachten (*BMF* BStBl I 10, 227 Rz 59 ff, auch zu Änderungsvoraussetzungen; *Wälzholz* DStR 10, 850/2, *Neufang* StB 10, 234/8; zu Grenzen s auch BFH X R 61/01 BStBl II 08, 16). – **(2) Vor 2008 vereinbarte Versorgungsleistungen.** Diese sind weiterhin nach altem Recht abziehbar und zu versteuern (§ 52 XVIII 2, Rz 111), echte Leibrenten nur mit dem Ertragsanteil gem § 22 Nr 1 S 3a/bb, die übrigen Renten und dauernden Lasten voll. Die Aufteilung einer einheitl Verpflichtung in eine Leibrente und eine dauernde Last war und ist uU mögl (§ 22 Rz 30; *BMF* BStBl I 04, 922 Rz 27). – **(3) Bewertung von Naturallasten.** Sie richtet sich idR nach § 8 II (*BMF* BStBl I 10, 227 Rz 44). Die Schätzung von **Altenteils-Naturallasten** kann nach SachBezV bzw SvEV erfolgen, sofern deren Anwendung nicht zu einer offensichtl unzutr Besteuerung führt (BFH X B 112/17 BFH/NV

18, 1086); Nichtbeanstandungsgrenzen der *FinVerw* für 2016: 3463/6926; für 2017: 3537/7074 ; für 2018: 3610/7220; für 2019: 3684/7368; für 2020: 3787/7574; für 2021: 38617/7722 für 2022: 3964/7928 (*LfSt Bay* BeckVerw 565797). Zum SA-Abzug bei **Wohnungsüberlassung** s *BMF* BStBl I 10, 227 Rz 46; BFH X B 135/12 BFH/NV 14, 156. Zum Abzug von Instandhaltungsaufwendungen der Altenteilerwohnung s BFH X R 8/14 BStBl II 17, 512; zu Heizungserneuerung s BFH X B 76/11 BFH/NV 12, 1594; Küchenerneuerung FG Mchen EFG 18, 1629, rkr; FG Nds EFG 17, 1168, rkr, zu Gebäudeschäden s auch FG Nbg EFG 15, 1600, rkr. **Seit 2008** ist nur noch der Wohnteil eines übergebenen LuF-Betriebs bei den Versorgungsleistungen zu berücksichtigen s Rz 115 (4).

i) ABC der Versorgungsleistungen

Vorbemerkung: Bei § 10 Ia Nr 2 spielt die Unterscheidung zw Renten und dauernden Lasten für Verträge **ab 2008** keine Rolle mehr, nach wie vor aber für **vor 2008** geschlossene Versorgungsverträge (§ 52 XVIII 2, s Rz 111, 112; zur Abgrenzung s BFH X R 8/14 BStBl II 17, 51; BFH X R 16/14 BStBl II 17, 517). Insoweit wird auf *Schmidt* 33. Aufl § 10 Rz 57 ff verwiesen.

Abänderungsmöglichkeit von Verträgen ab 2008 s Rz 117.

Abfindungen zur **Ablösung** einer wiederkehrenden SA-Leistungspflicht sind grds nicht als SA abziehbar (s Rz 112; Besteuerung s § 22 Rz 60). Wiederkehrende **Nießbrauchs-Ablösungszahlungen** können unter § 10 Ia Nr 2, § 22 Nr 1a fallen (Rz 114 mwN).

Altenteilslasten als SA/Einkünfte s Rz 119, § 13 Rz 181, sowie Stichwort „Wohnrecht".

Arbeitsleistung. Eigene Arbeit führt nicht zum Abzug von SA, wohl aber Lohnaufwand für fremde Arbeit (s *BMF* BStBl I 10, 227 Rz 45).

Beerdigungskosten. Ob die Beerdigung noch zur „lebenslangen Versorgung" iSv § 10 Ia Nr 2 gehört, ist fragl (abl FG Nds EFG 13, 1486, rkr, mE zutr). Es handelt sich auch nicht um Unterhaltskosten iSv § 10 Ia Nr 1 (BFH X R 26/12 BFH/NV 15, 14).

Bewertung von „Naturallasten" s dort und Rz 119.

Empfänger. Ab 2008 sind nur noch „lebenslange" Versorgungsleistungen abziehbar (§ 10 Ia Nr 2) und vom Empfänger zu versteuern (§ 22 Nr 1a) – damit ohne Zufluss beim Empfänger kein SA-Abzug mehr.

Erbschaft. Zahlungen des Erben aus einer empfangenen Erbschaft können – **(1)** als Gleichstellungsgelder in den Einkünftebereich fallen (BA/WK bzw AK für ein übertragenes WG), – **(2)** als Unterhaltszahlungen nach § 12 Nr 2 oder mangels wirtschaftl Belastung (s Rz 4) nicht abziehbar sein oder aber – **(3)** als angemessene **Versorgungsleistungen** zB durch Vermächtnisanordnung iZm testamentarischer oder erbvertragl Übertragung von luf, gewerbl oder freiberufl Betrieben nach § 10 Ia Nr 2 abziehbar sein, wenn sie bei Vermögensübergabe im Wege vorweggenommener Erbfolge abziehbar wären (*BMF* BStBl I 10, 227 Rz 2 mwN). Das gilt auch nach Schenkungsversprechen von Todes wegen (§ 2301 I 1 BGB; BFH X R 2/06 BStBl II 08, 99). **Voraussetzungen:** – **(a)** Der **Erbe** muss wirtschaftl belastet sein (s Rz 4) und Versorgungsleistungen aus den Erträgen des geerbten Vermögens erbringen können. – **(b)** Der **Begünstigte** muss zum gesetzl erbberechtigten Generationennachfolge-Verbund gehören. Ein vor dem Erbfall erklärter Erb- und/oder Pflichtteilsverzicht ist ein zivil- und steuerrechtl unentgeltl Vertrag, der nicht der ESt unterliegt, sodass auch ein SA-Abzug von Erbverzichtsleistungen ausscheidet (BFH VIII R 57/10 BStBl II 14, 56, Anm *Brandt* StBP 13, 121).

Form. Die Beachtung von Formvorschriften ist nach der BFH-Rspr Voraussetzung für den SA-Abzug (str, s Rz 114, § 22 Rz 20).

Freiwillige Zuwendungen sind grds keine SA (§ 12 Nr 2 Rz 34).

Gegenleistung. Vgl § 22 Rz 105. Wiederkehrende Leistungen iZm einer Vermögensübertragung können kaufpreisähnl Leistungen, Versorgungsleistungen oder Unterhaltsleistungen sein. – **(1) Kaufpreisraten.** Sie sind bei Neu- wie Altverträgen grds AK ohne SA-Abzug, ebenso bei **kauf- und darlehensähnl Vorgängen,** bei denen wiederkehrende Leistungen *entgeltl* im Austausch mit einer gleichwertigen Gegenleistung übernommen werden (s BFH GrS 1/90 BStBl II 92, 78, C I 4d; BFH X R 32–33/01 BStBl II 11, 675; *BMF* BStBl I 10, 227 Rz 69 ff, auch zu Rechtsfolgen). – **(2) Veräußerungsrente in anderen Austauschfällen.** Es besteht grds kein SA-Abzug, nicht nur bei Gleichwertigkeit der Gegenleistung iSv (1), sondern auch darüber hinaus bei feststehender Bemessung (Zeitrente = Raten, soweit nicht eine Versorgungsleistung iSv (3) vorliegt (*BMF* BStBl I 10, 227 Rz 56)). – **(3) Versorgungsvertrag als Sonderfall** (§ 10 I Nr 1a idF vor 2008, *BMF* BStBl I 04, 922 für Altverträge; § 10 I Nr 1a idF ab 2008 bis 2014, ab 2015 § 10 Ia Nr 2, *BMF* BStBl I 10, 227 für Neuverträge). Liegen die jeweiligen Voraussetzungen eines Versorgungsvertrags vor (wiederkehrende Leistungen iZm einer Vermögensübergabe), besteht bei Verträgen bis 2007 grds voller Abzug von dauernden Lasten als SA nach § 10 I Nr 1a aF, bei Leibrenten SA-Abzug mit dem Ertragsanteil (S 2 aF). Bei Neuverträgen ab 2008 besteht stets voller Abzug unter Einschränkung der Vermögensgegenstände (§ 10 Ia Nr 2, s Rz 111 ff, § 52 XVIII 1) mit korrespondierender Besteuerung gem § 22 Nr 1a.. – **(4) Unterhaltsrente** s Stichwort unten. – **(5) Bei Nutzungsvorbehalt des Übergebers** liegt grds keine Vermögensübertragung zur Versorgung vor (s *BMF* BStBl I 04, 922 Rz 12, 18; *BMF* BStBl I 10, 227 Rz 21, 24). Ebenso bei Vermögensübertragung gegen dauernde Lasten auf Kinder und gleichzeitiger Nießbrauchsübertragung auf Enkel (s FG Mchn EFG 03, 991, rkr).

Grabpflegekosten aus Altverträgen sind iZm anderen Versorgungsleistungen SA (BFH X R 17/09 BStBl II 10, 544). *Ausnahmen:* Eigene „Arbeitsleistung"; Grabkosten für andere Personen (FG Thür EFG 10, 1332, rkr). Neuverträge ab 2008 s „Beerdigung", „Empfänger".

Kapitalablösungen s „Abfindung".

Kaufpreisraten sind keine SA (s „Gegenleistung").

Mindestdauer. Bis 2007 musste für Renten und dauernde Lasten eine Mindestlaufzeit von 10 Jahren gegeben sein. § 10 I Nr 1a idF ab 2008/§ 10 Ia Nr 2 verlangt für Neuverträge lebenslange Zahlung (s Rz 112).

Naturallasten gehören zu den Versorgungsleistungen. Zur Bewertung s Rz 119; s auch „Altenteilslasten", „Wohnrecht".

Nutzungsüberlassung ist bei Altverträgen als dauernde Last abziehbar. Bei Neuverträgen ab 2008 besteht kein SA-Abzug mehr. Zu **Nießbrauchsablösung** s Rz 114.

Pflegekosten gehören bei rechtl und wirtschaftl Aufwandsbelastung zu den Versorgungsleistungen (BFH XI R 9/84 BStBl II 91, 794; *BMF* BStBl I 10, 227 Rz 61). *Ausnahme:* Eigene „Arbeitsleistung" (s § 22 Rz 12).

Steuerschulden. Die Übernahme von Steuern des Vermögensübergebers kann bei Versorgungsverträgen zum Abzug nach § 10 Ia Nr 2 führen (BFH III R 190/82 BStBl II 86, 714), nicht jedoch die Zahlung der den übernehmenden Eigentümer treffenden Steuern (zB GrSt) und Abgaben (zB BFH X R 196/87 BStBl II 92, 1012).

Unterhaltsrenten sind grds nicht als SA abziehbar (§ 12 Nr 2) und nicht stbar (§ 22 Nr 1 S 2). *Ausnahmen:* Realsplitting (Rz 102 ff), Versorgungsausgleich (Rz 126 ff).

Veräußerungsrente s „Gegenleistung", *BMF* BStBl I 10, 227 Rz 65.

Wirtschaftsüberlassungsverträge (LuF-Betriebsübergabe zur Nutzung, nicht zu Eigentum). Der Nutzungsberechtigte kann bei **Altverträgen** – neben seinen eigenen BA – grds nicht nur echte Altenteilsleistungen, sondern auch Zins- und Tilgungsleistungen als SA – idR als dauernde Last – absetzen (*BMF* BStBl I 04, 922 Rz 10; der Überlassende versteuert sie entspr nach § 22 Nr 1). Das ist bei **Neuverträgen** ab 2008 gem § 10 Ia Nr 2 S 2 nicht mehr mögl (keine „Vermögensübertragung"; *BMF* BStBl I 10, 227 Rz 22; BFH X R 16/13 BStBl II 14, 889). Ab VZ 2008 können die Leistungen iZm Wirtschaftsüberlassungsverträgen als BA abziehbar sein (BFH VI R 59/15 BStBl II 18, 461).Vgl § 13 Rz 141 mwN.

Wohnrecht. Zu SA-Abzug bei Altverträgen s *Schmidt* 29. Aufl § 10 Rz 65. **Ab 2008** Beschränkung auf den Wohnteil übergebener LuF-Betriebe (§ 10 Ia Nr 2 S 2, 3, Rz 143). Wird ein Wohnrecht als Altenteilsleistung iRe eines Hofübergabevertrags vereinbart, sind die entspr Aufwendungen daher auch ab 2008 weiterhin als SA abziehbar.

Zeitrenten. Entgeltl Zeitrenten führen nicht zu SA (s „Gegenleistung"), unentgeltl Zeitrenten allenfalls aus Altverträgen vor 2008 (nicht „lebenslang" nach § 10 Ia Nr 2, Rz 112).

4. Versorgungs*ausgleichs*leistungen, § 10 Ia Nr 3, 4. – a) Allgemeines. 126 S § 22 Rz 115; *BMF* BStBl I 10, 323, s auch *BMF* BStBl I 13, 1087 Rz 270 ff; Schrifttum s *Schmidt* 32.Aufl § 10 Rz 66; *Wälzholz* DStR 10, 465; *Pelke* NWB 14, 1967. Der Versorgungsausgleich ab 1.9.09 durch das VAStrRefG grundlegend reformiert. Hiernach werden in der Ehezeit erworbene Anrechte grds innerhalb des jeweiligen Versorgungssystems oder ausnahmsweise extern geteilt (§§ 10–13 und §§ 14–19 VersAusglG). Das VersAusglG gestattet außerdem weitgehende Vereinbarungen der Eheleute über den Versorgungsausgleich (§ 6 VersAusglG). Für LPart gilt dies nach § 20 LPartG entspr. § 10 Ia Nr 3, 4 wurden ab VZ 2015 neu in das EStG eingefügt. Sie fassen der Regelungen des SA-Abzugs zum Versorgungsausgleich zusammen. Zur **Rechtslage bis VZ 2014** s *Schmidt* 38.Aufl. Rz 151.

b) Ausgleichsleistungen *zur Vermeidung* eines Versorgungsausgleichs, § 10 127 **Ia Nr 3. – aa) Voraussetzungen.** Die Vorschrift gestattet **ab VZ 2015** den SA-Abzug für alle Ausgleichszahlungen zur Vermeidung des Versorgungsausgleichs gem §§ 6 I Nr 2, 23 VersAusglG sowie §§ 1408 II und 1587 BGB. Voraussetzung ist die Zustimmung des Empfängers zum Antrag des Verpflichteten gem § 10 Ia Nr 1 S 3–5 (s Rz 106–107) mit einer Besteuerung nach § 22 Nr 1a). Begünstigt sind auch Abfindungen, die iRd familiengerichtl Versorgungsausgleichs (§ 1587 BGB) auf Verlangen des anderen Ehegatten an dessen Versorgungsträger geleistet werden, damit dort ein bestehendes Anrecht auf Altersversorgung ausgebaut oder ein neues Anrecht begründet werden kann (§ 23 I VersAusglG). Die Ausgleichszahlungen sind unabhängig davon als SA abziehbar, ob sie eine beamtenrechtl, eine öffentl-rechtl, eine private oder eine betriebl Altersversorgung betreffen. § 10 Ia Nr 3 soll die steuerl Gleichbehandlung der verschiedenen Ausgleichsleistungen gewährleisten (BT-Drs 18/3441, 56). **Ab VZ 2017** setzt der SA-Abzug außerdem voraus, dass der Empfänger unbeschr estpfl ist, mit der Besteuerung nach § 22 Nr 1a bei ihm zu sichern; für EU/EWR-Empfänger gilt § 1a I Nr. 1 (s Rz 130). **Ab VZ 2020** ist zur Sicherung des Korrespondenzprinzips außerdem die Angabe der Identifikations-Nr des Ausgleichsberechtigten materiell-rechtl Voraussetzung für den SA-Abzug beim Verpflichteten. § 10 Ia Nr 1 S 8, 9 gilt entspr (s Rz 108).

bb) Abgrenzung zu Wiederauffüllungszahlungen eigner Versorgungs- 128 **anwartschaften.** Nach dem mE eindeutigen Wortlaut betrifft § 10 Ia Nr 3 nicht die Zahlungen eines Beamten zur Wiederauffüllung *eigener* Anwartschaften *nach* Durchführung des Versorgungsausgleichs. Diese sind weiterhin als WK abziehbar (ebenso *HHR* § 10 Rz 285; s auch BFH VI R 22/15 BStBl II 17, 999 zum WK-Abzug von Zahlungen zur Erlangung höherer ruhegehaltsfähiger Dienstzeiten und BFH X R 39/14 BFH/NV 17, 888 zur Zahlung von Versorgungszuschlägen eines beurlaubten Beamten).

129 cc) **Rechtsfolgen.** Diese sind der Abzug des vollen Abfindungsbetrages beim Zahlenden und dessen Besteuerung beim Empfänger nach § 22 Nr 1a im Jahr der Zahlung (§ 11). Ohne die Besteuerung scheidet der SA-Abzug aus.

130 c) **Ausgleichszahlungen beim Versorgungsausgleichs, § 10 Ia Nr 4.** Die Vorschrift übernimmt § 10 I Nr 1b aF ohne sachl Änderung. Sie gewährleistet den SA-Abzug für bestimmte Ausgleichszahlungen iRd des (schuldrechtl) Versorgungsausgleichs. Die Ausgleichszahlungen sind als SA abziehbar, *soweit* die zu Grunde liegenden, dem *Ausgleichverpflichteten* zustehenden Versorgungsbezüge *bei diesem* der Besteuerung unterliegen (also zB die zu teilende, von ihm nach § 22 voll oder mit dem Ertragsanteil zu versteuernde Rente).

131 aa) **Schuldrechtlicher Versorgungsausgleich.** Die in Bezug genommenen zivilrechtl Vorschriften betreffen den schuldrechtl Versorgungsausgleich. Bei seit dem 1.9.09 eingereichten Scheidungen werden Versorgungsansprüche und Versorgungsanwartschaften grds beim öffentl-rechtl Versorgungsausgleich berücksichtigt. Einen schuldrechtl Versorgungsausgleich sieht § 6 VersAusglG vor, nach dem eine Vereinbarung über den Versorgungsausgleich in notarieller Form (§ 7 VersAusglG) getroffen werden kann. Bezieht der ausgleichspflichtige Ehegatte eine lfd Versorgung aus einem noch nicht ausgeglichenen Anrecht, kann der ausgleichsberechtigte Ehegatte von ihm den Ausgleichswert als schuldrechtl Ausgleichsrente verlangen (§ 20 VersAusglG). IHd Ausgleichsrente kann er zudem die Abtretung des Anspruchs gegen den Versorgungsträger beanspruchen (§ 21 VersAusglG). § 22 VersAusglG gewährt einen Anspruch auf Zahlung des Ausgleichswerts aus Kapitalzahlungen des Versorgungsträgers. § 26 VersAusglG regelt in bestimmten Fällen Ansprüche gegen Witwer/Witwen der ausgleichspflichtigen Person. Ein SA-Abzug ist außerdem mögl, wenn die Ehegatten einen Versorgungsausgleich zwar vertragl ausgeschlossen haben, sie als Scheidungsfolge aber Zahlungen vereinbaren, die der Sache nach einen schuldrechtl Versorgungsausgleich bewirken sollen (BFH X R 36/09 BStBl II 14, 109).

132 bb) **Besteuerung beim Ausgleichspflichtigen.** Der SA-Abzug ist nur insoweit zulässig, als die auszugleichenden Einnahmen beim *Ausgleichspflichtigen der Besteuerung unterliegen*. Beim Empfänger der Ausgleichszahlungen ist der entspr Betrag nach § 22 Nr 1a *korrespondierend* zu besteuern, und zwar ohne Rücksicht auf die steuerl Auswirkung des SA-Abzugs. Bei stfreien Versorgungsbezügen besteht somit kein SA-Abzug; ggf hat eine Aufteilung („soweit") zu erfolgen (s BFH X R 7/14 BFH/NV 15, 824; FG Köln EFG 20, 440, rkr). Der **Zeitpunkt** des SA-Abzugs und der Besteuerung richten sich nach der Besteuerung beim Verpflichteten nach Versorgungseintritt.

133 cc) **Unbeschränkte Steuerpflicht des Ausgleichsberechtigten.** Der SA-Abzug erfordert, dass der Ausgleichsberechtigte unbeschr estpfl ist. Bei Empfängern in EU/EWR-Staaten ist der SA-Abzug auch gestattet, wenn die Besteuerung beim Empfänger durch Bescheinigung der ausl Finanzbehörde nachgewiesen wird (§ 1a I Nr 1). **Ab VZ 2020** gilt § 10 Ia Nr 3 S 3 entspr (s Rz 127).

IV. Abzugsbeschränkungen; Verfahren, § 10 II, IIa, IIb

136 1. **Allgemeine Abzugsvoraussetzungen, § 10 II 1.** § 10 II 1 enthält Abzugsbeschränkungen dem Grunde nach für *alle* Vorsorgeaufwendungen iSv § 10 I Nr 2, 3, 3a. – **a) Zusammenhang mit stfreien Einnahmen, § 10 II 1 Nr 1.** S *BMF* BStBl I 17, 820 Rz 199 ff. Es darf kein unmittelbarer wirtschftl Zusammenhang mit stfreien Einnahmen bestehen. Zweck dieser Vorschrift ist es, einen doppelten steuerl Vorteil auszuschließen (SA-Abzug ohne Einnahmenbesteuerung, ähnl § 3c zu BA/WK; § 10 Ia zu Versorgungsleistungen). Ein solcher Zusammenhang von Vorsorgeaufwendungen mit stfreien Einnahmen besteht, wenn die Einnahmen und die Aufwendungen durch dasselbe Ereignis veranlasst sind, dh wenn der StPfl stfreie

Einnahmen erzielt und dieser Tatbestand gleichzeitig Pflichtbeiträge auslöst. Der unmittelbare wirtschaftl Zusammenhang ist dadurch gegeben, dass die stfreien Einnahmen verpflichtend der Finanzierung der Vorsorgeaufwendungen (zB von Zukunftssicherungsleistungen des ArbG iSv § 3 Nr 62) dienen, BFH X R 62/09 BStBl II 12, 721. Es muss sich eine klar abgrenzbare, unlösbare **Beziehung der Vorsorgeaufwendungen mit stfreien Einnahmen** feststellen lassen. Dazu genügt eine wirtschaftl Bindung dem Grunde und der Höhe nach, etwa durch Berechnung nach stfreien Einnahmen. So werden ausl Pflichtbeiträge durch im Inl stfreie ausl Einnahmen ausgelöst, unabhängig von einer späteren Rentenbesteuerung im Inl. Dies gilt jedenfalls dann, wenn die Beiträge (im Ausl) abziehbar sind (BFH X R 62/09 BStBl II 12, 721, mwN auch zu EU-Recht; BFH I R 19/19 BFH/NV 21, 1357; zu schweizer Pensionskassen *BMF* BStBl I 16, 759 mit Anm *Miessl* IStR 16, 779, BFH VIII R 40/11 BStBl II 16, 675; s auch BFH X R 10/15 BStBl II 17, 1251, *BMF* BStBl I 17, 820 Rz 4; zu Grenzgängern Österreich *Wurmsdobler* IStR 09, 758; zu USA *Portner* BB 15, 1952). – *Weitere Beispiele:* SV-Beiträge für nach § 3 Nr 39 aF stfreie geringfügige Beschäftigung (s *OFD Ffm* DStR 01, 1434); RV-Beiträge aus stfreiem Verletztengeld nach §§ 45 ff SGB VII (FG RhPf EFG 15, 1196, rkr); Altersvorsorgeaufwendungen bei Beschäftigten des Europäischen Patentamts (FG Mchn DStRE 15, 1483 = BFH VI B 144/14, nv); ausl KV-/RV-Beiträge bei im Inl stfreier AuslBeschäftigung (BFH I R 73/09 BFH/NV 11, 773; FG Nds EFG 17, 124; BFH X R 23/17 BStBl II 20, 763; FG Mchn DStRE 21, 1032, Rev I R 55/20); inl SV-Beiträge eines im EU-Ausl tätigen ArbN (BFH I R 19/19 BFH/NV 21, 1357) oder im Inl stfreie Renten (FG Ddorf EFG 15, 1355, rkr); StBefreiung nach Montage- oder Auslandtätigkeitserlass (BFH VI R 97/77 BStBl II 81, 16), nach § 3 Nr 14 stfreie RV-Zuschüsse zur KV (FG Bln EFG 92, 661, rkr); wohl auch Eigenanteile der Rentner zur KV iHd anteiligen StFreiheit der Rente nach § 22 I 3 Buchst aa S 4; § 10 I Nr 5 und § 3 Nr 33, 34a. Pauschal versteuerte Einnahmen sind nicht stfrei iSv § 10 II (str, glA *HHR* § 10 Rz 305). Bei nachträgl Wegfall der StPfl der Einkünfte (zB Übertragung von „Versorgungsansprüchen" nach § 3 Nr 55e ins stfreie Ausl) entfällt mE nicht nur der SA-Abzug für die Übertragungswerte, sondern es muss auch die rückwirkende Streichung bereits erfolgter SA-Abzüge vorgenommen werden. Ausl SA s Rz 21 ff, stfreier SA-Ersatz s Rz 6. – Ein **mittelbarer Zusammenhang** reicht nicht, sodass aus stfreien Einnahmen finanzierte freiwillige Vorsorgeaufwendungen zB für KV nicht unter das Abzugsverbot des § 10 II Nr 1 fallen (BFH VI R 97/77 BStBl II 81, 16, FG Köln EFG 14, 1572, rkr). – Mit der in allen offenen Fällen anzuwendenden Einfügung von § 10 II 1 Nr 1 Buchst a)–c) durch das „JStG 2018" (BGBl I 18, 2338) und die Änderung des Buchst a) durch das JStG 2020 (BGBl I 20, 3096) hat der Gesetzgeber die Rspr des EuGH (Rs C-20/16 BStBl II 17, 1271 – *Bechtel)* umgesetzt. Die Regelung gilt für alle Vorsorgeaufwendungen. Auf die rechtl Natur des zugrunde liegenden Beschäftigungsverhältnisses kommt es nicht an, sofern es sich nur um Einkünfte aus nichtselbständiger Arbeit handelt. Der SA-Abzug wird hierdurch auf Vorsorgeaufwendungen iZm Einnahmen aus der EU, dem EWR und der Schweiz ausgeweitet (BFH X R 23/17 BStBl II 20, 763; *BMF* BStBl I 20, 1216). § 10 II 1 Nr. 1 Buchst c ist unionsrechtskonform, wobei die Abzugsfähigkeit der SV-Beiträge in den jeweiligen Versicherungssparten gesondert zu betrachten ist (FG RhPf DStRE 20, 1095, Rev X R 13/20). Eine doppelte Berücksichtigung der näml SV-Beiträge im Inl und im Tätigkeitsstaat ist unionsrechtl darüber hinaus nicht geboten (FG RhPf DStRE 20, 1476, Rev X R 16/20; FG Mchn DStRE 21, 1032, Rev I R 55/20).

b) Sonderregelung für Kranken- und Pflegeversicherung. § 10 II 1 Nr 1 HS 2 stellt (ab VZ 2010) stfreie Zuschüsse zu einer (privaten) KV/PflV *insgesamt* in einen unmittelbaren wirtschaftl Zusammenhang mit den Vorsorgeaufwendungen iSv § 10 I Nr 3. Grund ist die Gleichbehandlung mit der gesetzl KV/PflV (ohne stfreie ArbG-Zuschüsse). Daher besteht kein anteiliger Abzug von Beiträgen zur Absicherung nicht unter Nr 3 fallender Mehrleistungen und stfreier Zuschüsse (zB § 3 Nr 14, 57, 62; s BFH IX R 43/13 BStBl II 15, 257; FG Mster EFG 18, 2016; *BMF* BStBl I 15, 440). Als ArbLohn stpfl Zuschüsse stehen jedoch dem Abzug nach § 10 I Nr 3a nicht entgegen.

138 **c) Bestimmte Zahlungsempfänger, § 10 II 1 Nr 2.** Begünstigt sind nur Vorsorgeaufwendungen an bestimmte Zahlungsempfänger. Dazu zählen inländische bzw seit 1993/2005 EU/EWR-Versicherungsunternehmen mit Inlandszulassung **(Buchst a S 1)**. Seit 2013 gehören dazu auch sonstige Einrichtungen, die entspr Ansprüche auf Absicherung im Krankheits- oder Pflegefall gewähren, auch außerhalb des EU-Bereichs **(Buchst a S 2)** und auch für StPfl ohne Wohnsitz oder gewöhnl Aufenthaltsort im Inl **(Buchst a S 3)**. Die Vorschrift begünstigt aber keine Beiträge an eine (aufsichtsfreie) Unterstützungskasse, die keinen Rechtsanspruch auf ihre Leistungen gewährt (BFH X R 12/19 DStR 21, 405; ebenso FG Ddorf EFG 22, 39, NZB X B 152/21, zu einem Solidarverein). Seit 2005 sind auch alle berufsständischen Versorgungseinrichtungen iSv § 10 I Nr 2 **(S 1 Buchst b)**, alle (auch ausl) SV-Träger **(S 1 Buchst c;** Verzeichnis *FM SchlHol* IStR 13, 512) und seit 2006 alle anderen Anbieter von Altersvorsorgeverträgen gem § 80 **(S 1 Buchst d)** begünstigt.

2. Besondere Abzugsvoraussetzungen und Verfahrensvorschriften, § 10 II 2, IIa, IIb

Schrifttum: *Risthaus* DStZ 09, 669; *Myßen/Wolter* NWB 09, 2313 und NWB 11, 280; *Harder-Buschner/Junglut* NWB 09, 2636; *Grün* DStR 09, 1457; *Wißborn* NWB 10, 2531.

141 **a) Rechtsentwicklung.** § 10 II aF betraf die Einschränkung des SA-Abzugs für den Finanzierungseinsatz von **LV mit Kapitalwahlrecht** iSv § 10 I Nr 2b/bb–dd aF vor 2005. Da die Vorschrift seit 2005 aufgehoben ist und nur noch für vor 2005 abgeschlossene Versicherungsverträge fortgilt, wird auf *Schmidt* 28. Aufl § 10 Rz 186–199 und *BMF* BStBl I 00, 1118 verwiesen. Zur Umschuldung s BFH VIII R 30/09 BStBl II 14, 153; zu Zinscab-Gebühren s BFH VIII R 49/09 BStBl II 14, 156, zur Gewährung zinsloser Darlehen unter Verwendung von Darlehensvaluta, die mit einer LV besichert ist s BFH VIII R 3/15 BStBl II 19, 235, zu lfd Beitragsleistungen iSv § 10 I Nr 2 Buchst b/dd aF s BFH X R 21/16 BStBl II 19, 157, zur Umschuldung bei Forwarddarlehen s BFH VIII R 6/18 DStR 21, 1587. Seit **2010** gilt ein bundeseinheitl Zertifizierungsverfahren mit dem Ziel, dass der Anbieter der zentralen Stelle (§ 81) die für den SA-Abzug erforderl Daten per Datensatz übermitteln kann, was dem StPfl die Abgabe einer elektronischen StErklärung erleichtert. Diese zunächst nur für **Altersvorsorgeverträge** geltende Regelung wurde ausgedehnt auf Beiträge zu **KV** und **PflV** iSv § 10 I Nr 3 (Abs 2b). Abs 2 enthält Vorschriften über die Abzugsvoraussetzungen; Abs 2a und Abs 2b regeln das Verfahren. **Ab 2017** wurde § 10 IIa an die Datenübermittlung durch Dritte in § 93c AO angepasst. **Ab 2019** wurden § 10 II und § 10 IIa an die DSGVO angepasst. § 10 IIb wurde neu eingefügt (2. DSAnpUG-EU, BGBl I 19, 1626).

142 **b) Sachliche Abzugsvoraussetzungen für Beiträge zur kapitalgedeckten Altersversorgung, § 10 II 2.** Die Vorschrift gilt ausschließl für Beiträge zu einer kapitalgedeckten Altersversorgung und für die Absicherung gegen Berufsunfähigkeit oder Erwerbsminderung iSv § 10 I Nr 2 Buchst b. Die Beiträge müssen zugunsten eines Vertrags geleistet werden, der nach § 5a AltZertG zertifiziert ist. Die Zertifizierung von Verträgen zur Altersvorsorge iSv § 10 I Nr 2 Buchst b nach dem AltZertG durch das **BZSt** als Zertifizierungsstelle nach § 3 AltZertG ist (anfechtbarer) **Grundlagenbescheid** iSv § 171 X AO für die Veranlagung und materielle Voraussetzung für den SA-Abzug der Beiträge. Im BStBl I werden lfd ergänzte **Aufstellungen zertifizierter Verträge gem § 10 AltZertG** veröffentlicht. Das in § 10 II 2 Nr 2 aF vorgesehene Einwilligungserfordernis wurde aufgrund Art 74 Nr 1a) aa) 2. DSAnpUG-EU (BGBl I 19, 1626) ab VZ 2019 aufgehoben, da die Verarbeitung personenbezogener Daten durch die *FinVerw* nach der DSGVO ohne gesonderte Einwilligung zulässig ist, wenn sie für die Wahrnehmung einer im öffentl Interesse liegenden Aufgabe erforderlich ist. Entsprechende Ermächtigungsgrundlagen wurden in § 10 IIa und § 10 IIb in das EStG eingefügt. Die Datenverwendung ist verfgemäß (BFH II R 49/10 BStBl II 12, 168).

Höchstbeträge für Vorsorgeaufwendungen 143–152 § 10

c) Datenübermittlung bei Beiträgen zur kapitalgedeckten Altersversorgung, § 10 IIa. Die Vorschrift regelt die Datenübermittlung der Beiträge nach § 10 I Nr 2 Buchst b. Sie enthält die datenschutzrechtliche Ermächtigungsgrundlage, die die mitteilungspflichtigen Stellen verpflichtet, die in § 10 IIa 1 genannten Daten auch ohne Einwilligung des Betroffenen zu übermitteln. § 10 IIa 2 verweist auf § 22a II. Der Leistungsempfänger hat hiernach seine Identifikations-Nr sowie seinen Geburtstag mitzuteilen; die Vorschrift bestimmt ferner wie zu verfahren ist, wenn der Leistungsempfänger der Mitteilungspflicht nicht nachkommt. 143

d) Datenübermittlung bei Beiträgen zur Basis-Krankenversicherung und Pflegeversicherung, § 10 IIb. Die Norm regelt die Datenübermittlung bei Aufwendungen nach § 10 I Nr 3 für die Basis-KV-/PflV. Sie gilt nicht für Beiträge nach § 10 I Nr. 3a. Mitteilungspflichtig sind Versicherungsunternehmen (private KV/PflV), Träger der gesetzl KV/PflV, die Künstlersozialkasse oä Einrichtungen iSv § 10 II 1 Nr 2 Buchst a S 2 als mitteilungspflichtigen Stellen iSv § 93c I AO. Der Umfang der Datenübermittlung ergibt sich aus § 10 IIb 1. Eine Datenübermittlung ist nach § 10 IIb 2 nicht vorzunehmen, soweit die Daten der FinVerw mit der elektronischen LSt-Bescheinigung oder Rentenbezugsmitteilung bereits vorliegen. § 22a II gilt nach § 10 IIb 3 entspr (s Rz 143). Das BZSt ist gem § 10 IIb 4 (wie nun § 10 IIa 8 Nr 1 aF) zuständige Stelle für den Prüfdienst. Der **Übermittler haftet** nach **§ 10 IIb 5 EStG iVm § 72a IV AO** für entgangene Steuern durch vorsätzl oder grob fahrlässige Falschmeldung (wohl wie in § 10b IV 4 nur subsidiär für den Fall, dass die Steuer vom StPfl nicht nacherhoben werden kann und damit „entgeht"). Der Haftungsbetrag beläuft sich auf pauschal **30 %** des zu hoch ausgewiesenen Betrages, wohl wie bei § 10b IV 3 unabhängig von der tatsächl steuerl Auswirkung. 144

e) Sonstige Vorschriften. – (1) Information. Der StPfl ist über die Meldung zu informieren **(§ 93c I Nr 3 AO)**. – **(2) Korrekturen/Bescheidänderung.** Fehlerhafte Meldungen sind 7 Jahre lang richtig zu stellen **(§ 93c II AO)**. Die Bescheidänderungsvoraussetzungen ergeben sich ab 2017 aus **§ 175b AO**; bis 2016 aus § 10 IIa 8 aF – beide ohne zeitl Begrenzung bis zum Ablauf der Festsetzungsfrist (BFH X R 34/14 BStBl II 17, 375). 145

V. Höchstbeträge für Vorsorgeaufwendungen, § 10 III–V

1. Grundzüge. – a) Überblick. Nach § 10 III und § 10 IV gelten unterschiedl **Höchstbetragsbegrenzungen** für nach § 10 I Nr 2, 3, 3a abziehbare Vorsorgeaufwendungen. § 10 IVa regelt die von Amts wegen durchzuführende **Günstigerprüfung** iRd Übergangs zur nachgelagerten Besteuerung. § 10 IVb betrifft die Behandlung von **Zuschüssen/Erstattungen** iZm Vorsorgeaufwendungen. § 10 V enthält eine **Verordnungsermächtigung**, auf der die KVBEVO über die Ermittlung nichtabziehbaren Beitragsanteile zur privaten KV beruht. 151

b) Verfassungsmäßigkeit. – (1) Rechtslage bis 2004. Die Verfassungsmäßigkeit von § 10 III aF ist geklärt (s *Schmidt* 32. Aufl § 10 Rz 181 mwN). Für die Vergangenheit sind nach der BVerfG-Rspr im alten Recht angelegte Ungleichbehandlungen hinzunehmen (BVerfG 2 BvL 17/99 BStBl II 02, 1305). – **(2) Rechtslage ab 2005, § 10 I Nr 2, III.** Durch das **AltEinkG** (BGBl I 04, 1427) wurde der Abzug von Vorsorgeaufwendungen iSv § 10 I Nr 2 im Zuge der Neuregelung der Rentenbesteuerung grundlegend geändert (s Rz 31 ff, 153 ff). Der SA-Abzug und die Rentenbesteuerung ab 2005 sind verfgemäß (BFH X R 34/07 BStBl II 10, 414; BVerfG 2 BvR 290/10 BStBl II 16, 801, *Weber-Grellet* FR 16, 85). – **(3) Grenze: Keine Doppelbesteuerung.** Der begrenzte SA-Abzug darf nicht dazu führen, dass auf nicht abziehbaren SA beruhende spätere Rentenzuflüsse (nochmals) zu versteuern sind. Eine derartige verfwidrige Doppelbesteuerung ist aber nicht schon beim SA-Abzug, sondern erst später beim Rentenzufluss zu prüfen (s BVerfG 2 152

BvR 290/10 BStBl II 16, 801; BFH X R 28/07 BStBl II 10, 348). Die doppelte Besteuerung kann dann allerdings bereits mit Beginn des Rentenbezugs gerügt werden; es muss nicht gewartet werden, bis die Rentenzahlungen die stfreien Vorsorgeaufwendungen überstiegen haben (BFH X R 44/14 DStR 16, 2575). Zur rechnerischen Ermittlung der Doppelbesteuerung s BFH X R 33/19 DStR 21, 1291, VerfBeschw 2 BvR 1140/21; zum Nachweis durch den StPfl s BFH X R 44/14 DStR 16, 2575, Anm *Weber-Grellet* FR 17, 399. Eine Doppelbesteuerung liegt nicht vor, wenn die Summe der voraussichtl stfreien Rentenzuflüsse mindestens so hoch ist wie die Summe der aus versteuertem Einkommen aufgebrachten Altersvorsorgeaufwendungen. Die Vergleichs- und Prognoserechnung erfolgt nach dem **Nominalwertprinzip**. Als stfreie Rentenzuflüsse sind dabei nur die Freibeträge gem § 22 Nr. 1 S 3 Buchst a Doppelbuchst aa S 4 für die Rente des StPfl und für eine etwaige Hinterbliebenenrente des statistisch länger lebenden Ehegatten anzusetzen. Weitere Beträge, die iRd Einkommensermittlung abziehbar oder stfrei sind, werden nicht einbezogen (zB Grundfreibetrag, SA-Abzug für die Beiträge zur KV und PflV, Beitragsanteile des RV-Trägers zur KV, WK-Pauschbetrag, SA-Pauschbetrag). Für die Ermittlung der bis 2004 geleisteten Altersvorsorgeaufwendungen sind die Beiträge zu den verschiedenen Sparten der gesetzl SV (sowie der Vorsorgeaufwendungen nicht gesetzl Versicherter) gleichrangig zu berücksichtigen. Alle anderen nach damaliger Rechtslage nach abziehbaren Vorsorgeaufwendungen werden iRd Prüfung, in welchem Umfang Altersvorsorgeaufwendungen als aus versteuertem Einkommen geleistet gelten, nur nachrangig berücksichtigt. In Fällen der Zusammenveranlagung werden die gemeinsamen SA-Höchstbeträge im Verhältnis der vorrangig zu berücksichtigenden Vorsorgeaufwendungen aufgeteilt. – **(4) Rechtslage ab 2010, § 10 I Nr 3, Nr 3a, IV.** § 10 IV setzt den vom BVerfG geforderten Vollabzug von BasisKV-/PflV-Kosten um (s Rz 46 ff). Die neue Rechtslage ist verfgemäß (BFH X R 5/13 BStBl II 15, 1043).

153   **2. Höchstabzugsgrenze für Altersvorsorgebeiträge, § 10 III.** Vgl *BMF* BStBl I 17, 820 Rz 59 ff. § 10 III betrifft nur den Abzug von Altersvorsorgeaufwendungen iSv § 10 I *Nr 2*. – **a) Jahreshöchstbetrag, § 10 III 1.** Der Höchstbetrag für abziehbare RV- und gleichgestellte Beiträge iSv § 10 I Nr 2 Buchst a und b knüpft seit 2015 an den aufgerundeten, jährl angepassten Höchstbeitrag zur knappschaftl RV an (statt vor 2015 fest 20 000 €). Er beläuft sich **2017** auf 23 362 € (Beitragsbemessungsgrenze RV Knappschaft (West) 94 200 € × Beitragssatz RV 24,80 %), **2018** auf 23 712 € (96 000 € × 24,7 %), **2019** auf 24 305 € (98 400 € × 24,7 %), **2020** 25 046 € (auf 101 400 € × 24,7 %), **2021** auf 25 787 € (104 400 € × 24,7 %). Der Höchstbetrag kann von Selbständigen ua Personen ausgeschöpft werden, die Beiträge für eine adäquate Altersversorgung in dieser Höhe bereits jetzt aus eigenem versteuerten Einkommen erbringen. Auch ArbN, die den Höchstbeitrag zur gesetzl RV entrichten, können mit zusätzl Vorsorgevolumen aus eigenem Mitteln bis zu dieser Höhe voll absetzen. Bei ArbN sind stfreie *ArbG*-Zuschüsse grds zunächst in diese Höchstbetragsbegrenzung einzubeziehen (§ 10 I Nr 2 S 6, 7 mit späterer Kürzung nach § 10 III 5, 7; also Deckelung bei Höchstbetrag einschl ArbG-Anteil).

154   **b) Ehegatten, § 10 III 2, § 2 VIII.** Bei **Zusammenveranlagung** von Ehegatten/LPart verdoppelt sich der Höchstbetrag. Es gibt aber keine Ausdehnung auf sonstige Personen, die nach Splittingtarif besteuert werden (§ 32a VI, BFH IX R 1/81 BStBl II 86, 353). Bei **getrennter** bzw **Einzelveranlagung** erfolgt eine gesonderte Prüfung für jeden Ehegatten/LPart.

155   **c) Kürzung des Höchstbetrags, § 10 III 3. – aa) Hintergrund.** Bei bestimmten Personen, die iZm ihrer Berufstätigkeit ohne eigene Aufwendungen und ohne Anspruch auf stfreie ArbG-Beiträge ganz oder teilweise Anspruch auf Altersversorgung erhalten, ist ein fiktiver Gesamtrentenversicherungsbeitrag (ArbG und

ArbN) in Abzug zu bringen. Hierdurch soll eine Gleichbehandlung zw Pflichtversicherten ua StPfl, die eine Altersversorgung ganz oder zT ohne eigene Aufwendungen erlangen, gewährleistet werden.

bb) Persönlicher Anwendungsbereich. Die Kürzung erfolgt bei drei Personengruppen; – *(1)* **§ 10 III 3 Nr 1 Buchst a. RV-befreite ArbN,** die auf Grund ihrer Tätigkeit *gesetzl* Anwartschaftsrechte auf Altersversorgung erwerben, sind von der Kürzung betroffen. Dabei handelt es sich vor allem um Beamte, Richter, Soldaten und Geistliche. – *(2)* **§ 10 III 3 Nr 1 Buchst b. Sonstige nicht RV-pflichtige ArbN** mit *vertragl* Anwartschaften aus der Berufstätigkeit unterliegen ebenfalls der Kürzung. Das sind zB AG-Vorstände und GmbH-Ges'tergeschäftsführer mit Vertragsanwartschaften auf Altersversorgung. Sämtl Formen der betriebl Altersvorsorge lösen die Kürzung aus; unerhebl ist, ob und wenn ja in welchem Umfang der StPfl eigene Beiträge leistet (*BMF* BStBl I 17, 820 Rz 67). Bei dem Versorgungsanspruch muss es sich um eine verbindl Zusage handeln, nicht nur um eine nach Art und Höhe erst zu fixierende Anwartschaft (BFH XI R 57/99 BStBl 01, 28). Die Aufhebung der Pensionszusage führt uU zur Rückgängigmachung der Kürzung, dies aber nur, wenn der StPfl nicht ein – verfallbares oder unverfallbares – Anwartschaftsrecht erworben hatte (BFH XI R 67/03 BStBl II 05, 94 zu Widerruf; BFH XI B 134/03 BFH/NV 05, 1755 zu Verzicht). Die Kürzungsvoraussetzungen müssen **nicht** mehr während des **ganzen Kj** vorliegen. Die Kürzung erfolgt auch im Übergangsjahr Arbeit/Rente bzw Pension. Unerhebl für das Eingreifen der Kürzung ist ferner, ob – früher gegebene – Kürzungsvoraussetzungen noch im Jahr einer **ArbLohnNachzahlung** vorliegen (so zu Beamten BFH X R 19/05 BFH/NV 06, 2049; zu sozialversicherungsfreier Abfindung im späteren Jahr der Arbeitslosigkeit BFH X R 38/05 BStBl II 07, 823; FG BaWü DStRE 13, 336, rkr). – *(3)* **§ 10 III 3 Nr 2.** Bei **Mandatsträgern** iSv § 22 Nr 4, die ganz oder teilweise ohne eigene Beitragsleistung einen Anspruch auf Altersversorgung erwerben (Bundes-, Landes- und Europaabgeordnete), erfolgt ebenfalls die Kürzung. – *(4)* **Keine Kürzung** ist hingegen bei allen StPfl vorzunehmen, die ihre Pflichtbeiträge voll selbst tragen oder versteuern, auch bei beantragter Pflichtversicherung (BFH XI R 64/98 BStBl II 01, 64), bei nicht erfüllter Zukunftssicherungsverpflichtung des ArbG (s oben), bei ArbN mit nur nichtsozialversicherungspflichtigen Einkünften (s aber unten), bei Selbständigen sowie bei Nur-Rentnern (keine ArbN) und ArbN-Rentnern und Pensionären. Keine Kürzung erfolgt außerdem bei Absicherung nur der Berufs-/Erwerbsunfähigkeit. – *(5)* **§ 10c III Nr 2 aF bis 2007, Sonderfall Ges'ter-Geschäftsführer einer KapGes.** Nach der BFH-Rspr erfolgte bei diesen Personen keine Kürzung, weil sie (wirtschaftl betrachtet) eine von der KapGes zugesagte Altersversorgung durch Verzicht auf entspr gesellschaftl Ansprüche und damit letztl durch eigene Beitragsleistungen erwerben (BFH X R 41/10 BFH/NV 14, 31; *BMF* BStBl I 07, 493). Die (zweifelhafte) Grundlage für diese Rspr entfällt ab 2008 (s *Schmidt* 32. Aufl § 10 Rz 186; verfgemäße Kürzung, s BFH X R 35/12 BStBl II 15, 213). Die Rspr wirkt sich aber noch iRd Günstigerprüfung aus (§ 10 IVa, Rz 164 f).

cc) Höhe der Kürzung, § 10 III 3. Die Kürzung erfolgt iHd (fiktiven) Gesamtbeitrags (ArbG- und ArbN-Anteil) zur allg RV, aus Vereinfachungsgründen zu Gunsten der StPfl bis zur Beitragsbemessungsgrenze (Ost), *BMF* BStBl I 17, 820 Rz 63. Das sind **2022** 18,6 % aus 81 000 € = 15 066 € und waren **2021** 18,6 % aus 80 400 € = 14 954 €, **2020** 18,6 % aus 77 400 € = 14 396 €, **2019** 18,6 % aus 73 800 € = 13 726 €, (Vorjahre s *Schmidt* 39. Aufl § 10 Rz 153). Der Berechnung ist nur der Einnahmenbetrag aus der zur Kürzung führenden Tätigkeit zu Grunde zu legen.

d) Anpassungsregelung, § 10 III 4–7. Im Einklang mit der schrittweisen Rentenvollbesteuerung waren nach **S 4** im Jahr 2013 76 % der nach S 1 bis 3 ermittelten Vorsorgeaufwendungen bis zum Höchstbetrag anzusetzen. Dieser %-Satz erhöht sich nach **S 6** in den folgenden Jahren bis 2025 um je 2%-Punkte (also 2025: 100%). Der so berechnete Gesamtbetrag ist gem § 10 I Nr 2 **S 5** um den ohne eigenen Aufwand zugerechneten stfreien ArbG-Anteil zur gesetzl RV nach § 3 Nr 62 und gleichgestellte ArbG-Zuschüsse zu kürzen (verfgemäß, BFH X R 45/07 BFH/NV 10, 421; zu überobligatorischen ArbG-Beiträgen BFH X R 51/14 BFH/NV 17, 1015). Bei geringfügig Beschäftigten erfolgen Zurechnung und Kürzung jedoch nur auf Antrag (**S 7**; vgl § 10 I Nr 2 S 7, Rz 64).

159 **Beispiele** (s auch *BMF* BStBl I 17, 820 Rz 73 ff):
1. Selbstständiger zahlt 2013/2017/2025 je 25 000 € für seine Alterssicherung. Er kann **2013** 76% vom alten, festen Höchstbetrag von 20 000 € = 15 200 €, **2017** 84% aus dem für dieses Jahr geltenden Höchstbetrag von 23 362 € = 19 624 € und **2025** 100% bis zum dann geltenden Höchstbetrag absetzen.
2. ArbN zahlt Anteil zur gesetzl RV 2013/2025 3500 €. Keine weitere Basisversorgung. Abziehbar sind: Anteil ArbN + ArbG = 7000 € (unter Höchstbetrag). Davon abziehbar **2013** 76% = 5320 € (**2025** 100% = 7000 €), jeweils ./. stfreier ArbG-Anteil 3500; damit SA **2013** 1820 €, **2025** 3500 € (= 100% *seiner* Aufwendungen).
3. Wie Beispiel 2., aber mit privater Beitragszahlung nach § 10 I Nr 2b von 12 000 €. Abziehbar sind: Anteil ArbN + ArbG = 7000 + Privatrente 12 000 = 19 000 € (unter Höchstbetrag); **2015:** 80% von 19 000 € = 15 200 € ./. 3500 = 11 700 €, **2016:** 82% von 19 000 € = 15 580 € ./. 3500 = 12 080 €, **2025:** 100% = 19 000 ./. 3500 = 15 500 € (= 100% *seiner* Aufwendungen).
4. Beamter mit gleichen Einkünften zahlt 12 000 € in Basis-Zusatzversicherung (unter Höchstbetrag). Er kann von den eigenen 12 000 € Beitragszahlungen **2017** 84% = 10 080 €, **2025** 100% = 12 000 € abziehen.

161 **3. Höchstbetragsgrenze sonstiger Vorsorgeaufwendungen, § 10 IV. – a) Grundsatz.** § 10 IV 1–3 betr alle abziehbaren Beiträge zu KV, PflV ua Versicherungen iSv § 10 I Nr 3 und Nr 3a. Beiträge zur Basis-KV/PflV iSv § 10 I Nr 3 sind jedoch ab VZ 2010 nach § 10 IV 4 voll abziehbar, (s Rz 162). – **(1) Höchstbetrag, § 10 IV 1.** StPfl, die ihre Versicherungsbeiträge vollständig selbst aufbringen, können die Beiträge iSv § 10 I Nr 3, 3a unabhängig von § 10 III bis zu 2800 € jährl abziehen. Die Beiträge sind iRd Höchstbeträge grds *voll* abzusetzen, nur bei LV-Altverträgen iSv § 10 I Nr 3b iVm § 10 I Nr 2b/cc, dd aF nur zu 88%. – **(2) Ermäßigung, § 10 IV 2.** Der Höchstbetrag ermäßigt sich auf 1900 €, wenn der StPfl ohne eigene Aufwendungen Anspruch auf vollständige oder teilweise Erstattung oder Übernahme von Krankheitskosten hat (zB Beamtenbeihilfe § 3 Nr 11, Rentenzuzahlung § 3 Nr 14; auch bei beihilfeberechtigten Ehegatten, s BFH X R 43/09 BStBl II 13, 608) oder für dessen KV Leistungen iSv § 3 Nr 62, § 3 Nr 14 oder § 3 Nr 57 (s „Künstlersozialversicherung") oder Erstattungen nach § 3 Nr 9 iZm Kinderpflege erbracht werden. Eine Teilbegünstigung ist für den jeweiligen VZ insgesamt schädl. – **(3) Ehegatten/Lebenspartner, § 10 IV 3.** Bei Zusammenveranlagung sind die Höchstbeträge nach S 1, 2 getrennt zu ermitteln und zusammen zu rechnen. Die Kürzung erfolgt nur bei dem Ehegatten/LPart, der selbst oder über den Ehegatten/LPart Zuschüsse erhalten hat oder über diesen mitversichert ist.

162 **b) Sonderregelung für Basis-Krankenbeiträge und Pflegeversicherungsbeiträge, § 10 IV 4.** Vgl *BMF* BStBl I 17, 820 Rz 125 ff. Die Höchstbeträge nach § 10 IV 1–3 gelten ab VZ 2010 nicht für Basis-KV- und PflV-Beiträge iSv § 10 I Nr 3, die seitdem voll abziehbar sind (s Rz 46). Übersteigen die nach § 10 IV 4 voll abziehbaren Beiträge die Höchstbeträge gem § 10 IV 1–3, können die in § 10 I Nr 3a genannten sonstigen Vorsorgeaufwendungen nicht mehr abgezogen werden. Dies wird in der Praxis ganz überwiegend der Fall sein (s. FG Hess EFG 21, 95, Rev X R 10/20, zu Beiträgen einer freiwilligen Pflegezusatzversicherung). Spielraum für einen zusätzl Abzug besteht nur, soweit die voll abziehbaren KV- und PflV-Beiträge die Höchstbeträge nicht erreichen. Die Begrenzung ist **verfgemäß** (BFH X R 5/13 BStBl II 15, 1043, VerfBeschw 2 BvR 2445/15 nicht zur Entscheidung angenommen, BFH VIII R 52/13 BStBl II 17, 949; BFH X R 26/16 BFH/NV 18, 424).

Beispiele: Alleinstehender mit KV-Beiträgen nach § 10 I Nr 3 iHv 2000 €: Zusatzbeiträge iSv § 10 I Nr 3a sind iHv 800 € abziehbar. Bei KV-Beiträgen iHv 3000 € kein *zusätzl* Abzug.

4. Günstigerprüfung der Höchstbeträge, § 10 IVa. Vgl *BMF* BStBl I 17, 820 Rz 207 ff. − **a) Ausgangsregelung, § 10 IVa 1.** Vor allem für StPfl mit kleinen Einkommen (Bruttolöhne bis ca 12 000/24 000 €) oder Selbständige mit geringen Altersvorsorgeaufwendungen, aber hohen LV-Beiträgen kann sich durch die Neuregelung des SA-Abzugs der Vorsorgeaufwendungen ein – ungewollter – Nachteil ergeben, da sie bis 2004 alle Beiträge voll absetzen konnten. Daher sieht § 10 IVa für die Jahre ab 2005 bis 2019 zwingend eine von Amts wegen vorzunehmende – jährl – Günstigerprüfung der Höchstbeträge nach § 10 III aF bis 2004 ggü § 10 III, IVa nF vor. **Geltungsbereich:** 2005 Vorsorgeaufwendungen iSv § 10 I Nr 2, ab 2006 nur Nr 2 Buchst a (dafür Erhöhungsbetrag Rz 165) und Nr 3 aF bzw **ab 2010** Nr 2 Buchst a, Nr 3 und 3a. **Dem Grunde nach** sind die zu vergleichenden Vorsorgeaufwendungen auch für die Anwendung des bisherigen Rechts nach Abs 1 Nr 2, 3, 3a **nF** zu bestimmen. **Der Höhe nach** werden die gem Tabelle in § 10 IVa schrittweise abzuschmelzenden Höchstbeträgen (§ 10 III idF 2004 den sich nach neuem Recht ergebenden Höchstbeträgen (§ 10 III, IV nF) gegenübergestellt; das gilt auch für § 10c aF (FG Mster EFG 14, 833, rkr). Vgl Beispiele bei *BMF* BStBl I 17, 820, Rz 210; *Myßen/Wolter* NWB 09, 2313, 2330.

b) Erhöhungsbetrag, § 10 IVa 2, 3. Zusätzl Beiträge für eine private Basisrente (zB Rürup-Vertrag, § 10 I Nr 2 Buchst b) können bei bestimmten Personengruppen (zB ledige Selbständigen ohne Pflichtversicherung in einer berufsständischen Versorgungseinrichtung) ab VZ 2006 uU die als SA abziehbaren Beträge erhöhen. Als Anreiz für diese zusätzl Altersabsicherung sollen diese Beiträge auch iRd Günstigerprüfung (rückwirkend) immer mit mindestens dem sich nach § 10 III 4 und III 6 ergebenden Prozentsatz als Vorsorgeaufwendungen berücksichtigt werden. Dies erfolgt entweder durch Ansatz der entspr Beträge iRd nach altem Recht ergebenden Abzugsvolumens oder durch den sog **Erhöhungsbetrag**. Dieser kommt insb zur Anwendung, wenn das Abzugsvolumen nach altem Recht für Vorsorgeaufwendungen nach § 10 I Nr 2 Buchst a und Nr 3 höher ist als das Abzugsvolumen nach neuem Recht für Vorsorgeaufwendungen nach § 10 I Nr 2 Buchst a und Buchst b und Nr 3. Bemessungsgrundlage für den Erhöhungsbetrag nach S 3 sind die Beiträge nach § 10 I Nr 2 Buchst b nur, soweit sie iRd Höchstbetrages nach § 10 III angesetzt worden wären. § 10 IVa wurde nicht an § 10 III 3 Nr 1/§ 10c III Nr 2 idF JStG 2008 (BGBl I 08, 3150) angepasst (s *Risthaus* DStZ 07, 802). Vgl auch BFH X R 35/12 BStBl II 15, 213.

5. Zuschüsse/Erstattungen von Sonderausgaben, § 10 IVb. Vgl *BMF* BStBl I 17, 820, Rz 197 ff. Die Vorschrift regelt ab VZ 2012 die Behandlung von stfreien Zuschüssen und Erstattungsüberhängen. Die Grundsätze in Rz 7 werden durch die gesetzl Sonderregelungen teilweise für einzelne SA eingeschränkt, falls die Erstattungsbeträge auch nach Verrechnung gem Rz 7 die *gleichartigen* SA-Beträge im Erstattungsjahr übersteigen. Soweit die lückenhaften Regelungen in § 10 IVb nicht eingreifen, gelten weiterhin die allg Grundsätze.

a) Steuerfreie Zuschüsse, § 10 IVb 1. Erhält der StPfl für in einem anderen VZ geleistete Vorsorgeaufwendungen iSv § 10 IVb 2 einen stfreien Zuschuss, ist dieser den erstatteten Aufwendungen gleichzustellen. Für ihn gelten dann § 10 IVb 2–6.

b) Verrechnung von Erstattungsüberhängen, § 10 IVb 2. Nach der Verrechnung von Erstattungen im engeren SA-Bereich (Rz 7) verbleibende Erstattungsüberhänge und nach § 10 IVb 1 gleichgestellte Zuschussüberhänge betr SA iSv § 10 I Nr 2, 3 und 3a sind zunächst primär mit anderen im Erstattungsjahr anfallenden SA der jeweiligen Nummer zu verrechnen. *Beispiele:* KV-Erstattungen nach Nr 3 Buchst a mit PflV-Beiträgen iSv Nr 3 Buchst b (nicht aber mit KV-Beiträgen iSv Nr 3a, um deren Abzug nach § 10 IV nicht zu kürzen); gesetzl RV-Erstattungen Nr 2 Buchst a mit „Rürup"-Beiträgen Nr 2 Buchst b sowie zB Unfallversicherungszahlungen mit Haftpflichtversicherungserstattungen, da beide unter Nr 3a fallen. Nach § 3 Nr 3 Buchst c stfreie Beitragserstattungen berufsständischer Versorgungswerke sind demggü nicht nach § 10 IVb 2 mit KV-Beiträgen zu verrechnen, da die Verrechnung auf die jeweilige Nr beschränkt ist (BFH X R 3/17 BStBl II 21, 746). Für nach der Verrechnung noch verbleibende Erstattungsüberhänge gelten bei Basis-KV/-PflV/KiSt die Sonderregelungen in § 10 IVb 3.

170 **c) Hinzurechnung zum Gesamtbetrag der Einkünfte, § 10 IVb 3.** Um die Aufrollung früherer Veranlagungen zu vermeiden, ist die Behandlung der beiden wichtigsten Erstattungsfälle für SA nach § 10 I Nr 3 und 4 gesetzl geregelt. Die Vorschrift findet keine Anwendung auf SA nach § 10 I Nr 2, 3a oa SA. Ein Erstattungsüberhang kann auch vorliegen, wenn im Erstattungsjahr keine SA gem § 10 I Nr 3 und 4 gezahlt wurden (FG Ddorf EFG 20, 352, Rev X R 1/20, mE zutr, aber str); hierfür spricht auch BFH X B 179/11 BFH/NV 13, 926. Obwohl es sich nicht um Einkünfte iSv § 2 I handelt, werden Erstattungsüberhänge quasi als negative SA gem § 2 IV dem Gesamtbetrag der Einkünfte hinzugerechnet (FG Mster EFG 18, 2016, rkr). Sie erhöhen damit das Einkommen aber nicht den Gesamtbetrag iSv § 2 III als Grundlage für den Spendenabzug nach § 10b I 9 und den Verlustabzug nach § 10d I 1, II 1, IV 2 (BFH IX R 34/17 BStBl II 19, 658; zur Reihenfolge der Zurechnung EStR 2 (1); *HHR* § 10 Rz 413, str). Die Hinzurechnung findet auch statt, wenn sich der KiStAbzug im Jahr der Zahlung als SA wegen vorhandener Verlustabzüge nicht ausgewirkt hatte (BFH IX R 34/17 BStBl II 19, 658, *OFD Ffm* DStR 17, 1599). In diesen Fällen ersetzt die Zurechnung im Erstattungsjahr endgültig eine rückwirkende Berichtigung des Zahlungsjahres. Dies ist verfgemäß (FG Mster EFG 20, 1742, rkr). Eine Hinzurechnung erfolgt aber nicht bei Erstattung von als Zuschlag zur KapESt gezahlter KiSt, da diese nach § 10 I Nr 4 HS 2 nicht als SA abziehbar ist (FG Nds EFG 19, 1090, rkr).

171 **d) Meldepflicht bei steuerfreien Zuschüssen und Erstattungen durch öffentliche Stellen, § 10 IVb 4–6.** S *BMF* BStBl I 17, 820 Rz 57, 181 ff, *BMF* BStBl I 17, 1455 Rz 57a. Auch Behörden ua öffentl Stellen, die einem StPfl Vorsorgeaufwendungen iSv § 10 I Nr 2, Nr 3, Nr 3a erstatten oder stfreie Zuschüsse dazu leisten („übermittelnde Stellen", zB nach §§ 12 ff SGB I), müssen ab 2016 (§ 52 XVIII 4) der zentralen Stelle (§ 81) die entspr Daten per Datenfernübertragung übermitteln, um die gebotene Kürzung des SA-Abzugs sicherzustellen (**S 4**). Dies entspricht der Meldepflicht privater Versicherer gem § 10 IIa (s Rz 144). **Ab 2017** ist die Vorschrift an die zentralen Mitteilungspflichtbestimmungen nach § 93c AO angepasst worden. § 22a II – Mitteilung der IdentifikationsNr – gilt entspr (**S 5**). Fehlerhafte EStBescheide sind auch nach Bestandskraft zu ändern (**§ 175b AO** bzw bis 2016 § 10 IVb **S 5 aF**). Bei dem Datenübermittlungsverfahren nach § 10 IVb hat der Gesetzgeber auf Regelungen zur Haftung sowie zum Prüfdienst durch die FinVerw verzichtet (**S 6** mit Ausschluss von §§ 72a IV, 93c IV AO).

173 **6. Verordnungsermächtigung für Krankenversicherungs-Beitragsabschläge, § 10 V.** Die Vorschrift ist die Rechtsgrundlage für die „Krankenversicherungsbeitragsanteil-Ermittlungsverordnung – KVBEVO". Private KV-Beiträge sind SA nur iRd Basisabsicherung in der gesetzl KV (s Rz 47). Bei gesonderter Tarifabsicherung sind nur die begünstigten Beiträge abzetzbar. Bei einheitl Tarifen ist aufzuteilen: nach tatsächl Anteilen oder – vereinfachend – typisierend mit 4 % (vgl § 10 I Nr 3 Buchst a S 4). Wie der nicht abziehbare Teil tarifbezogen zu ermitteln ist, regelt die KVBEVO (BFH X R 26/16 DStR 18, 457). Die Aufteilung beruht auf einem Proportionalverfahren, bei dem für bestimmte Leistungen Punkte vergeben und prozentual ins Verhältnis gesetzt werden zu Punkten, die auf Komfortleistungen entfallen. Vgl iEinz KVBEVO (BGBl I 09, 2730); *Myßen/Wolter* NWB 09, 2313, 2322; *Risthaus* DStZ 09, 669, 673.

VI. Übergangsregelungen, § 10 VI

§ 10 VI übernimmt die vor 2014 in § 52 Abs 24 S 1 aF getroffenen Übergangsregelungen für Altverträge. Die Vorschrift betrifft die **Altersbegrenzung** für den Aufbau einer kapitalgedeckten Altersversorgung für bis Ende 2011 abgeschlossene Verträge (Rentenzahlung ab 60 Jahren und nicht erst ab 62 Jahren gem § 10 I Nr 2 Buchst b Doppelbuchst aa ab VZ 2012, s Rz 35).

175

§ 10a Zusätzliche Altersvorsorge

(1) ¹In der inländischen gesetzlichen Rentenversicherung Pflichtversicherte können Altersvorsorgebeiträge (§ 82) zuzüglich der dafür nach Abschnitt XI zustehenden Zulage jährlich bis zu 2100 Euro als Sonderausgaben abziehen; das Gleiche gilt für

1. Empfänger von inländischer Besoldung nach dem Bundesbesoldungsgesetz oder einem Landesbesoldungsgesetz,
2. Empfänger von Amtsbezügen aus einem inländischen Amtsverhältnis, deren Versorgungsrecht die entsprechende Anwendung des § 69e Absatz 3 und 4 des Beamtenversorgungsgesetzes vorsieht,
3. die nach § 5 Absatz 1 Satz 1 Nummer 2 und 3 des Sechsten Buches Sozialgesetzbuch versicherungsfrei Beschäftigten, die nach § 6 Absatz 1 Satz 1 Nummer 2 oder nach § 230 Absatz 2 Satz 2 des Sechsten Buches Sozialgesetzbuch von der Versicherungspflicht befreiten Beschäftigten, deren Versorgungsrecht die entsprechende Anwendung des § 69e Absatz 3 und 4 des Beamtenversorgungsgesetzes vorsieht,
4. Beamte, Richter, Berufssoldaten und Soldaten auf Zeit, die ohne Besoldung beurlaubt sind, für die Zeit einer Beschäftigung, wenn während der Beurlaubung die Gewährleistung einer Versorgungsanwartschaft unter den Voraussetzungen des § 5 Absatz 1 Satz 1 des Sechsten Buches Sozialgesetzbuch auf diese Beschäftigung erstreckt wird, und
5. Steuerpflichtige im Sinne der Nummern 1 bis 4, die beurlaubt sind und deshalb keine Besoldung, Amtsbezüge oder Entgelt erhalten, sofern sie eine Anrechnung von Kindererziehungszeiten nach § 56 des Sechsten Buches Sozialgesetzbuch in Anspruch nehmen könnten, wenn die Versicherungsfreiheit in der inländischen gesetzlichen Rentenversicherung nicht bestehen würde,

wenn sie spätestens bis zum Ablauf des Beitragsjahres (§ 88) gegenüber der zuständigen Stelle (§ 81a) schriftlich eingewilligt haben, dass diese der zentralen Stelle (§ 81) jährlich mitteilt, dass der Steuerpflichtige zum begünstigten Personenkreis gehört, dass die zuständige Stelle der zentralen Stelle die für die Ermittlung des Mindesteigenbeitrags (§ 86) und die Gewährung der Kinderzulage (§ 85) erforderlichen Daten übermittelt und die zentrale Stelle diese Daten für das Zulageverfahren verarbeiten darf. ²Bei der Erteilung der Einwilligung ist der Steuerpflichtige darauf hinzuweisen, dass er die Einwilligung vor Beginn des Kalenderjahres, für das sie erstmals nicht mehr gelten soll, gegenüber der zuständigen Stelle widerrufen kann. ³Versicherungspflichtige nach dem Gesetz über die Alterssicherung der Landwirte stehen Pflichtversicherten gleich; dies gilt auch für Personen, die

1. eine Anrechnungszeit nach § 58 Absatz 1 Nummer 3 oder Nummer 6 des Sechsten Buches Sozialgesetzbuch in der gesetzlichen Rentenversicherung erhalten und

§ 10a   Zusätzliche Altersvorsorge

2. unmittelbar vor einer Anrechnungszeit nach § 58 Absatz 1 Nummer 3 oder Nummer 6 des Sechsten Buches Sozialgesetzbuch einer der im ersten Halbsatz, in Satz 1 oder in Satz 4 genannten begünstigten Personengruppen angehörten.

[4] Die Sätze 1 und 2 gelten entsprechend für Steuerpflichtige, die nicht zum begünstigten Personenkreis nach Satz 1 oder 3 gehören und eine Rente wegen voller Erwerbsminderung oder Erwerbsunfähigkeit oder eine Versorgung wegen Dienstunfähigkeit aus einem der in Satz 1 oder 3 genannten Alterssicherungssysteme beziehen, wenn unmittelbar vor dem Bezug der entsprechenden Leistungen der Leistungsbezieher einer der in Satz 1 oder 3 genannten begünstigten Personengruppen angehörte; dies gilt nicht, wenn der Steuerpflichtige das 67. Lebensjahr vollendet hat. [5] Bei der Ermittlung der dem Steuerpflichtigen zustehenden Zulage nach Satz 1 bleibt die Erhöhung der Grundzulage nach § 84 Satz 2 außer Betracht.

(1a) [1] Sofern eine Zulagenummer (§ 90 Absatz 1 Satz 2) durch die zentrale Stelle oder eine Versicherungsnummer nach § 147 des Sechsten Buches Sozialgesetzbuch noch nicht vergeben ist, haben die in Absatz 1 Satz 1 Nummer 1 bis 5 genannten Steuerpflichtigen über die zuständige Stelle eine Zulagenummer bei der zentralen Stelle zu beantragen. [2] Für Empfänger einer Versorgung im Sinne des Absatzes 1 Satz 4 gilt Satz 1 entsprechend.

(2) [1] Ist der Sonderausgabenabzug nach Absatz 1 für den Steuerpflichtigen günstiger als der Anspruch auf die Zulage nach Abschnitt XI, erhöht sich die unter Berücksichtigung des Sonderausgabenabzugs ermittelte tarifliche Einkommensteuer um den Anspruch auf Zulage. [2] In den anderen Fällen scheidet der Sonderausgabenabzug aus. [3] Die Günstigerprüfung wird von Amts wegen vorgenommen.

(3) [1] Der Abzugsbetrag nach Absatz 1 steht im Fall der Veranlagung von Ehegatten nach § 26 Absatz 1 jedem Ehegatten unter den Voraussetzungen des Absatzes 1 gesondert zu. [2] Gehört nur ein Ehegatte zu dem nach Absatz 1 begünstigten Personenkreis und ist der andere Ehegatte nach § 79 Satz 2 zulageberechtigt, sind bei dem nach Absatz 1 abzugsberechtigten Ehegatten die von beiden Ehegatten geleisteten Altersvorsorgebeiträge und die dafür zustehenden Zulagen bei der Anwendung der Absätze 1 und 2 zu berücksichtigen. [3] Der Höchstbetrag nach Absatz 1 Satz 1 erhöht sich in den Fällen des Satzes 2 um 60 Euro. [4] Dabei sind die von dem Ehegatten, der zu dem nach Absatz 1 begünstigten Personenkreis gehört, geleisteten Altersvorsorgebeiträge vorrangig zu berücksichtigen, jedoch mindestens 60 Euro der von dem anderen Ehegatten geleisteten Altersvorsorgebeiträge. [5] Gehören beide Ehegatten zu dem nach Absatz 1 begünstigten Personenkreis und liegt ein Fall der Veranlagung nach § 26 Absatz 1 vor, ist bei der Günstigerprüfung nach Absatz 2 der Anspruch auf Zulage beider Ehegatten anzusetzen.

(4) [1] Im Fall des Absatzes 2 Satz 1 stellt das Finanzamt die über den Zulageanspruch nach Abschnitt XI hinausgehende Steuerermäßigung gesondert fest und teilt diese der zentralen Stelle (§ 81) mit; § 10d Absatz 4 Satz 3 bis 5 gilt entsprechend. [2] Sind Altersvorsorgebeiträge zugunsten von mehreren Verträgen geleistet worden, erfolgt die Zurechnung im Verhältnis der nach Absatz 1 berücksichtigten Altersvorsorgebeiträge. [3] Ehegatten ist der nach Satz 1 festzustellende Betrag auch im Fall der Zusammenveranlagung jeweils getrennt zuzurechnen; die Zurechnung erfolgt im Verhältnis der nach Absatz 1 berücksichtigten Altersvorsorgebeiträge. [4] Werden Altersvorsorgebeiträge nach Absatz 3 Satz 2 berücksichtigt, die der nach § 79 Satz 2 zulageberechtigte Ehegatte zugunsten eines auf seinen Namen lautenden Vertrages geleistet hat, ist die hierauf entfallende Steuerermäßigung dem Vertrag zuzurechnen, zu dessen Gunsten die Altersvorsorgebeiträge geleistet wurden. [5] Die Übermitt-

lung an die zentrale Stelle erfolgt unter Angabe der Vertragsnummer und der Identifikationsnummer (§ 139b der Abgabenordnung) sowie der Zulage- oder Versicherungsnummer nach § 147 des Sechsten Buches Sozialgesetzbuch.

(5) ¹Nach Maßgabe des § 93c der Abgabenordnung hat der Anbieter als mitteilungspflichtige Stelle auch unter Angabe der Vertragsdaten die Höhe der im jeweiligen Beitragsjahr zu berücksichtigenden Altersvorsorgebeiträge sowie die Zulage- oder die Versicherungsnummer nach § 147 des Sechsten Buches Sozialgesetzbuch an die zentrale Stelle zu übermitteln. ²§ 22a Absatz 2 gilt entsprechend. ³Die Übermittlung muss auch dann erfolgen, wenn im Fall der mittelbaren Zulageberechtigung keine Altersvorsorgebeiträge geleistet worden sind. ⁴§ 72a Absatz 4 der Abgabenordnung findet keine Anwendung. ⁵Die übrigen Voraussetzungen für den Sonderausgabenabzug nach den Absätzen 1 bis 3 werden im Wege der Datenerhebung und des automatisierten Datenabgleichs nach § 91 überprüft. ⁶Erfolgt eine Datenübermittlung nach Satz 1 und wurde noch keine Zulagenummer (§ 90 Absatz 1 Satz 2) durch die zentrale Stelle oder keine Versicherungsnummer nach § 147 des Sechsten Buches Sozialgesetzbuch vergeben, gilt § 90 Absatz 1 Satz 2 und 3 entsprechend.

(6) ¹Für die Anwendung der Absätze 1 bis 5 stehen den in der inländischen gesetzlichen Rentenversicherung Pflichtversicherten nach Absatz 1 Satz 1 die Pflichtmitglieder in einem ausländischen gesetzlichen Alterssicherungssystem gleich, wenn diese Pflichtmitgliedschaft
1. mit einer Pflichtmitgliedschaft in einem inländischen Alterssicherungssystem nach Absatz 1 Satz 1 oder 3 vergleichbar ist und
2. vor dem 1. Januar 2010 begründet wurde.
²Für die Anwendung der Absätze 1 bis 5 stehen den Steuerpflichtigen nach Absatz 1 Satz 4 die Personen gleich,
1. die aus einem ausländischen gesetzlichen Alterssicherungssystem eine Leistung erhalten, die den in Absatz 1 Satz 4 genannten Leistungen vergleichbar ist,
2. die unmittelbar vor dem Bezug der entsprechenden Leistung nach Satz 1 oder Absatz 1 Satz 1 oder 3 begünstigt waren und
3. die noch nicht das 67. Lebensjahr vollendet haben.
³Als Altersvorsorgebeiträge (§ 82) sind bei den in Satz 1 oder 2 genannten Personen nur diejenigen Beiträge zu berücksichtigen, die vom Abzugsberechtigten zugunsten seines vor dem 1. Januar 2010 abgeschlossenen Vertrags geleistet wurden. ⁴Endet die unbeschränkte Steuerpflicht eines Zulageberechtigten im Sinne des Satzes 1 oder 2 durch Aufgabe des inländischen Wohnsitzes oder gewöhnlichen Aufenthalts und wird die Person nicht nach § 1 Absatz 3 als unbeschränkt einkommensteuerpflichtig behandelt, so gelten die §§ 93 und 94 entsprechend; § 95 Absatz 2 und 3 und § 99 Absatz 1 in der am 31. Dezember 2008 geltenden Fassung sind anzuwenden.

(7) Soweit nichts anderes bestimmt ist, sind die Regelungen des § 10a und des Abschnitts XI in der für das jeweilige Beitragsjahr geltenden Fassung anzuwenden.

Einkommensteuer-Richtlinien: EStH 10a; – *Verwaltungsanweisungen:* BMF BStBl I 21, 1050 (Steuerl Förderung der betriebl Altersversorgung); BMF BStBl I 18, 93 (Steuerl Förderung der privaten Altersvorsorge).

Übersicht

	Rz
I. Grundaussage	
1. Inhalt und Anwendung (VII)	1
2. Funktion und Systematik	2
3. Verfahren	3

	Rz
II. Tatbestandsvoraussetzungen	
1. Personenkreis, § 10a I, Ia, VI	13
2. Begünstigte Aufwendungen, § 10a I 1	14–19
3. Höchstbeträge; überschießende Eigenbeiträge	20
4. Wahlrecht, § 10a I	22
5. Verfahren, § 10a IIa, V	23, 24
III. Rechtsfolgen	
1. Günstigerprüfung, § 10a II	25
2. Zulage oder Sonderausgabenabzug	27
3. Gesonderte Feststellung, § 10a IV	30
4. Mehrere Verträge, § 10a IV 2, 5	31
IV. Besonderheiten bei Ehegatten, § 10a III	
1. Grundsatz	35
2. Sonderausgabenabzugsberechtigung beider Ehegatten, § 10a III 5	36
3. Sonderausgabenabzugsberechtigung nur eines Ehegatten, § 10a III 2, 3	37–39

I. Grundaussage

Schrifttum (Auswahl; Aufsätze vor 2018 s Vorauflagen: *Rürup/Myßen,* Die steuerl geförderte private Altersvorsorge, in: *Ruland/Rürup* (Hrsg), Alterssicherung und Besteuerung 2008, § 8. – *Meissner,* Das BMF-Schreiben zur Förderung der betrieblichen Altersversorgung, DStR 18, 99; *dies,* Update des BMF-Schreibens zur steuerlichen Förderung der bAV, DStR 21, 2774; *Weber-Grellet,* Kein Anspruch auf Altersvorsorgezulage während des Sonderurlaubs, jurisPR-ArbR 28/19 Anm 5.

1   **1. Inhalt und Anwendung.** § 10a erlaubt (alternativ zu §§ 79 ff, nicht kumulativ) einen begrenzten SA-Abzug (von bis zu 2100 €) für (inl) Altersvorsorgebeiträge (nebst fiktiver Zulage; Rz 19) zum Aufbau einer sog **RiesterRente;** im Jahr 2020 bestanden nur noch ca 16,3 Mio RiesterVerträge (2018: 16,6 Mio). Das geförderte Kapital kann auch für die Anschaffung einer selbst genutzten Wohnung (§ 92a) verwendet werden („Wohn-Riester"; dazu iEinz § 92a Rz 1f). Der mit dem AVmG (BGBl I 01, 1310) eingeführte § 10a bezweckt, den mit Eigenbeiträgen finanzierten freiwilligen Aufbau einer ergänzenden **kapitalgedeckten Vorsorge** (betriebl Altersvorsorge, dazu § 3 Nr 63, und private Altersvorsorge – „2. und 3. Säule") **steuerl** zu **flankieren** (zum Drei-Schichten-Modell s *Rürup/Myßen* aaO Vor Rz 1, 20 f); die teilweise Abkehr vom bisherigen Umlageverfahren wird zT (als Subvention der Finanzwirtschaft) heftig kritisiert. – Reichen die Zulagen nicht aus, um die Eigenbeträge stfrei zu stellen, entsteht ein zusätzl Anspruch auf einen SA-Abzug (in der StErklärung mittels Anlage AV); zur Rechentechnik Rz 36. Im Unterschied zu § 10 steht der Abzugsbetrag nach § 10a nur den StPfl offen, die – **(1)** von der Absenkung des Renten-/Versorgungsniveaus betroffen sind und – **(2)** die dem jeweiligen Versorgungssystem (gesetzl RV, luf Alterssicherung, Amtsbezüge-Empfänger) „aktiv" angehören (*Rürup/Myßen* aaO Vor Rz 1, Rz 104 f). Dies geschieht durch die progressionsunabhängige Altersvorsorgezulage (§§ 79 ff) oder durch den ggf günstigeren (Rz 25) SA-Abzug nach § 10a mit bis VZ 2008 ansteigenden Höchstbeträgen (sog „Kombimodell"). Die Zulage wird auf den Altersvorsorgevertrag überwiesen, die StErmäßigung infolge SA-Abzug mindert hingegen die ESt und ist damit frei verfügbar (Rz 27). – § 10a ist in der für das jeweilige Beitragsjahr geltenden Fassung anzuwenden (VII); zu Änderungen seit 2001 s *Schmidt* 34. Aufl § 10a Rz 1.

2   **2. Funktion und Systematik.** Der SA-Abzug stellt sicher, dass die Altersvorsorgebeiträge (zum Begriff BFH X R 41/13 BStBl II 16, 525) auch bei höheren Progressionsstufen nicht aus versteuerten Einkommen finanziert werden (FG SchlHol EFG 21, 1454, Rev X R 11/21); er soll deshalb auch die **nachgelagerte Besteuerung** nach der Sonderregelung des **§ 22 Nr 5 nF** rechtfertigen (s § 22

Rz 125; *HHR* § 10a Rz 5); zur Rechentechnik Rz 36. – Trotz der systematisch-komplementären Verklammerung von Zulage und SA-Abzug stellt § 10a nicht auf die – nur ausnahmsweise (§ 90 IV) – festgesetzte Zulage, sondern auf den Zulagen-*anspruch* ab (zur eigenständigen Ermittlungspflicht des FA s Rz 18).

3. Verfahren. § 10a kann nur bei der **ESt-Veranlagung**, nicht hingegen im 3 Vorauszahlungsverfahren geltend gemacht werden (§ 37 III 6; zum Entstehen des Zulagenanspruchs s 88). Die Bemessungsgrundlage für **KiSt** (§ 51a II) und **SolZ** (§ 3 II SolZG) mindert sich abw vom KiGeld nur um den *tatsächl* SA-Abzug. – Die zusätzl StErmäßigung auf Grund des SA-Abzugs ist **gesondert festzustellen** (§ 10a IV; s Rz 30); bei „schädl Verwendung" (§ 93), zB Wegfall der unbeschr StPfl, ist das besondere Zurückzahlungs-/Festsetzungsverfahren des § 94 zu beachten (keine Änderung des ESt-Bescheids; *BMF* BStBl 18, 93 Rz 216). – Zur Anspruchsberechtigung von **Ehegatten** s Rz 35.

II. Tatbestandsvoraussetzungen

1. Personenkreis, § 10a I, Ia, VI. S dazu iEinz *BMF* BStBl I 18, 93 Rz 1–29, 8 nebst Anlage 1 und 2). – **a) Begünstigte.** Begünstigt sind grds nur diejenigen **unbeschr** ESt-StPflichtigen (§ 50 I 4; vgl auch § 79; zu § 1 III s *BMF* BStBl I 18, 93 Rz 19, 21), die entweder *(1)* von der Absenkung des Leistungsniveaus der inl gesetzl RV betroffen, dh – zumindest für einen Teil des *jeweiligen* VZ – in der inl **gesetzl RV pflichtversichert** sind (BT-Drs 14/5150, 35; *BMF* BStBl I 18, 93 Rz 2–17 u Anlage 1) oder *(2)* der wirkungsgleichen Absenkung des Niveaus der **öffentl Altersversorgung** unterfallen (Abs 1 S 1 HS 2, S 2; *Risthaus* DB 05, Beil Nr 2, 32). Diese Begrenzungen sind **verfgemäß** (BFH X R 11/13 BStBl II 16, 18). – Ausreichend ist, wenn die Voraussetzungen zu einem Zeitpunkt innerhalb des VZ vorliegen (keine Mindestfrist). – Fließen Altersvorsorgeleistungen oder werden Beiträge nach Beginn der Auszahlungsphase geleistet, kommt § 10a nicht mehr in Betracht (*BMF* BStBl I 18, 93 Rz 42).

Übersicht nach *BMF* BStBl I 18, 93. – *(1)* **Unmittelbar begünstigte Personen:** – 9 *(a)* Pflichtversicherte (Rz 10; *BMF* BStBl I 18, 93 Rz 2), einschließl Alterssicherung der Landwirte (I 3; *BMF* BStBl I 18, 93 Rz 3 und Anlage 1 B); – *(b)* Empfänger von Besoldung und gleichgestellte Person en (Rz 11, 12; *BMF* BStBl I 18, 93 Rz 4); – *(c)* Pflichtversicherten gleichgestellte Personen (*BMF* BStBl I 18, 93 Rz 10); insb Arbeitslose (§ 10a I 3 HS 2; Klarstellung durch AltvVerbG; BT-Drs 17/10818, 16), die als arbeitssuchende gemeldet sind und wegen hohen Vermögens/Einkommens keine Leistung nach dem SGB II erhalten (vgl §§ 11, 12 SGB II), werden Pflichtversicherten gleichgestellt *BMF* BStBl I 18, 93 Rz 10; nicht erfasst werden Angestellte mit Sonderurlaub nach § 28 TVöD (BFH X R 37/17 BFH/NV 19, 199); – *(d)* nicht mehr Pflichtversicherte in einer auf ausl gesetzl RV (*BMF* BStBl I 18, 93 Rz 18 f); – *(e)* nicht mehr Beschäftigte internationaler Organisationen (*BMF* BStBl I 18, 93 Rz 22), wohl aber EU-Bedienstete (*BMF* BStBl I 18, 93 Rz 23); – *(f)* entsendete Personen (*BMF* BStBl I 18, 93 Rz 11, 12); *(g)* Empfänger einer Rente wegen Erwerbsunfähigkeit usw (*BMF* BStBl I 18, 93 Rz 13); – *(2)* **nicht (unmittelbar) begünstigte Personen** (Rz 11; iEinz *BMF* BStBl I 18, 93 Rz 24 und Anlage 1 C), zB freiwillig RV-Versicherte, von der RV befreite oder versicherungsfreie Personen; – *(3)* **mittelbar berechtigte Personen:** der Ehegatte eines unmittelbar Berechtigten mit eigenem Vertrag (*BMF* BStBl I 18, 93 Rz 26 f; Rz 38).

b) Pflichtversicherte, § 10a I 1 HS 1. Diese sind nach der inl gesetzl RV bzw 10 nach dem Gesetz über die Alterssicherung der Landwirte (ALG) versichert. Hierzu gehören ua (zu Einzelheiten *BMF* BStBl I 18, 93 Rz 2 ff und Anlage 1 A; *KSM* § 10a Rz B 20 f): – *(1)* **Nichtselbstständig** Beschäftigte gegen Arbeitsentgelt (einschließl Kurzarbeiter- und Winterausfallgeld) und Berufsauszubildende (§ 1 S 1 Nr 1 SGB VI), geringfügig Beschäftigte bei Verzicht auf Versicherungsfreiheit (§ 8 I Nr 1 SGB IV iVm § 5 II 1 Nr 1, S 2 SGB VI). – *(2)* **Bestimmte Selbstständige** nach Maßgabe von § 2 SGB VI, zB Lehrer, Erzieher, Hebammen, Seelotsen, Künstler, Handwerker (beachte aber Befreiung nach § 6 I 1 Nr 4 SGB VI), ArbN-ähnl

Selbstständige. – *(3)* **Sonstige Versicherte** gem § 3 SGB VI, zB Kindererziehende ohne Arbeitseinkommen in der dreijährigen Anrechnungszeit, nicht erwerbsmäßig tätige Pflegepersonen, gesetzl Wehr- und Zivildienst von mehr als drei Tagen, bestimmte Bezieher von Entgeltersatzleistungen wie Kranken-, Verletzten-, Vorruhestands-, Arbeitslosengeld oder Arbeitslosenhilfe (vgl auch Rz 12). – *(4)* **Versicherungspflichtige nach Übergangsrecht** (§§ 229 ff SGB VI; s BMF BStBl I 18, 93 Anlage 1 A Nr 32 ff). – *(5)* **Pflichtversicherte auf Antrag** (§ 4 SGB VI; zB Entwicklungshelfer, bestimmte Selbstständige). – *(6)* **Pflichtversicherte gem ALG** (vgl § 10a I 3 HS 1; *BMF* BStBl I 18, 93 Anlage 1 B; Risthaus DB 05, Beil Nr 2, 32: auch bei gesetzl RV-Pflicht nur einfache Anspruchsberechtigung). – *(7)* **Nachversicherte** (Beamte, Richter, Berufssoldaten; vgl Rz 13) mit anschließender versicherungspfl Tätigkeit; zur Rückwirkung für den Zeitraum der Nachversicherung BFH X R 3/15 BFH/NV 17, 270). – Frühere Mitgliedschaft in Pflichtversicherung reicht nicht (BFH X R 11/13 BStBl II 16, 18).

11   c) **Nichtpflichtversicherte.** Nicht nach § 10a I begünstigt sind hingegen ua Nichtpflichtversicherte, das heißt – *(1)* **versicherungsfreie Personen:** geringfügig Beschäftigte (§ 8 I SGB IV) ohne Verzicht auf Versicherungsfreiheit (s Rz 10), geringfügig selbstständig tätige Studenten mit geringfügigem Praktikaentgelt und Altersvollrentner/Pensionäre (§ 5 II, IV SGB VI; iEinz *BMF* BStBl I 18, 93 Anlage 1 C); zu beamtenähnl ArbN und Beamten etc s Rz 12, 13; – *(2)* **von der Versicherungspflicht Befreite** (§ 6 SGB VI); zB StB, RA als Mitglied einer berufsständischen (Pflicht-)Versorgungseinrichtung (BFH X R 11/13 BStBl II 16, 18; BFH X R 42/14 BFH/NV 16, 1157; *Myßen* StB 15, 2967); Ehefrau eines Landwirts (FG BBg DStRE 15, 265, rkr); – *(3)* **freiwillig Versicherte** (§ 7 SGB VI; zu den Motiven *KSM* § 10a Rz B 284/6: auch Umgehungsschutz); iEinz *BMF* BStBl I 18, 93 Anlage 1 C; – *(4)* Personen in ausl Alterssicherungssystem (*BMF* BStBl I 18, 93 Rz 18 f).

12   d) **Gleichgestellte, § 10a I 1 HS 2. – aa) Betroffene Personengruppen.** Als Folge der Absenkung des Niveaus der öffentl Versorgungssysteme (dazu Rz 1) werden die hiervon Betroffenen nach **§ 10a I 1 (HS 2)** begünstigt (*BMF* BStBl I 18, 93 Rz 4 iVm Anlage 2; *HHR* § 10a Rz 12). – *(1)* **Nr 1: Besoldungsempfänger:** Beamte, Richter, Soldaten, vgl §§ 14, 69e BeamtVG, auch Landes- und Kommunalbeamte, §§ 26, 97 SoldatenVG, zum gesetzl Wehrdienst s Rz 9; zum Ausschluss der Versorgungsempfänger *KSM* § 10a Rz B 154 f. – *(2)* **Nr 2:** Empfänger von **Amtsbezügen** (zB Regierungsmitglieder des Bundes, parlamentarische Staatssekretäre, Bundesbeauftragte, vgl ua §§ 15 III, 21a V BMinG, §§ 6, 7 ParlStG); nicht Abgeordnete (*OFD Mster* DB 07, 2744). – *(3)* **Nr 3: Beamtenähnl ArbN** (§ 5 I 1 Nr 2, 3; § 6 I 1 Nr 2 SGB VI: zB Dienstordnungsangestellte bei Krankenkassen/Berufsgenossenschaften, Geistliche, Kirchenbeamte; Lehrer/Erzieher an nicht öffentl Schulen/Anstalten; vgl *KSM* § 10a Rz B 193 f; § 230 II 2 SGB VI: Angehörige geistl Gemeinschaften; BT-Drs 15/3004, 18) sind dann nach **§ 10a I 1, HS 2 Nr 3** begünstigt, wenn ihr Versorgungsrecht die entspr Anwendung von § 69e III, IV BeamtVG (Abflachung der Versorgungserhöhungen) vorsieht (BT-Drs 14/7681, 75; *BMF* BStBl I 18, 93 Rz 4); auch Bedienstete der EU (*BMF* BStBl I 18, 93 Rz 23). – *(4)* **Nr 4** (idF ÄndG, BGBl I 03, 58; s Rz 1; *KSM* § 10a Rz B 223 f): ohne Besoldung **beurlaubte Beamte** (Richter, Berufs-/Zeitsoldaten) mit auf Grund einer weiteren (privaten) Beschäftigung **ruhegehaltsfähigen Dienstzeiten** (zB als Angestellte der Dt Post/Telekom; *BMF* BStBl I 18, 93 Rz 4). – *(5)* **Nr 5:** Beurlaubte Personen iSv Nr 1–4 bleiben förderberechtigt (idF AltEinkG, BGBl I 04, 1427; Klarstellung, BT-Drs 15/2150, 35/36; *BMF* BStBl I 18, 93 Rz 4); begünstigt werden auch altersversicherte Landwirte (Nr 5 S 3 idF JStG 2010, BGBl I 10, 1768) und bestimmte Rentenempfänger bei Erwerbsminderung/-unfähigkeit (Nr 5 S 4). – *(6)* **Mitglieder ausl Systeme** (§ 10a VI): Personen, die Pflichtmitglieder in einem **ausl gesetzl Alterssicherungssystem** sind bzw. Leistungen aus einem ausl Alterssicherungssystem beziehen (BFH X R 11/15 BFH/ NV 17, 300; *BMF* BStBl I 18, 93 Rz 22; BT-Drs 18/1529, 52).

bb) Besondere Anforderungen. Gleichgestellte müssen – *(a)* über die zuständige Stelle (§ 81a) eine **Zulagenummer** beantragen (§ 10a Ia; *HHR* § 10a Rz J 08–8; *KSM* § 10a Rz C 45 f) und – *(b)* fristgerecht, dh bis zum Ablauf des Beitragsjahres (§ 88; BT-Drs 18/12612, 34) die **Einwilligung** in das Verfahren gem § 10a I 1 HS 2 erklären; ohne Einwilligung („verfahrensrechtl Erklärung") besteht keine Förderberechtigung (BFH X R 14/14 BStBl II 15, 931 mit Anm *Kulosa* HFR 15, 123). Ggf kommt eine mittelbare Zulageberechtigung über Ehegatten in Betracht (BFH X R 20/14 BStBl II 15, 709); Einwilligung erforderl (BFH X B 24/18 BFH/NV 18, 1148). 13

Beispiel: Beitragszahlung 2010; bestandskräftige Veranlagung 2011; Einwilligung 2012. – Nach BFH X R 18/14 BStBl II 15, 371 ist wohl keine Änderung mögl, kein rückwirkendes Ereignis nach § 175 I 1 Nr 2 AO.

Die Einwilligung muss ggf vor Beginn des jeweiligen Kj, für das sie nicht mehr gelten soll, **widerrufen** werden (§ 10a I 2).

2. Begünstigte Aufwendungen, § 10a I 1. Der SA-Abzug wird für Altersvorsorgebeiträge gem § 82 zuzügl der hierfür zustehenden Zulagen bis zu den gestaffelten jährl Höchstgrenzen des § 10a I 1 gewährt (*Risthaus* DB 05, Beil Nr 2, 35). Leistungen zur Bildung der *Versorgungsrücklage* (für Beamte etc, vgl § 14a BBesG) sind nicht gefördert (BT-Drs 14/7064, 52). 14

a) Altersvorsorgebeiträge nach § 82. In Betracht kommen – *(1)* private Altersvorsorgebeiträge (§ 82 I; *BMF* BStBl I 18, 93 Rz 30); – *(2)* Beiträge iRd betriebl Altersversorgung, *(3)* Beiträge, die über den Mindesteigenbeitrag (§ 86) hinausgehen (zur Abgrenzung geförderter und nicht geförderter Beiträge *BMF* BStBl I 18, 93 Rz 131 f). – **aa) Kapitalgedeckte private Altersversorgung, § 82 I** (Rz 1; *KSM* § 10a Rz B295 f). Altersvorsorgebeiträge sind Beiträge, die der Zulagenberechtigte (§ 79; zu Ehegatten s Rz 35) – bis zum Beginn der sog Auszahlungsphase (*Pedack/Myßen* INF 02, 609) – zu Gunsten eines **zertifizierten Altersvorsorgevertrags** (zB RV, Bankguthaben mit Zinsansammlung, Investmentfonds) leistet (vgl *BMF* BStBl I 18, 93 Rz 30 f). Der Zertifizierungsbescheid ist Grundlagenbescheid iSv § 171 X AO (§ 82 I 2). 15

bb) Betriebliche Altersversorgung, § 82 II, III (zum Begriff s § 1 BetrAVG; *BMF* BStBl I 21, 1050 Rz 1 ff; KSM § 10a Rz B 455 f). Altersvorsorgebeiträge, auch Zahlungen in eine **DirektVers,** einen **Pensionsfonds** (vgl § 112 VAG) oder eine **Pensionskasse** (Einzelheiten, zB Arbeitszeitkonten, Nichtberücksichtigung von Umlagen *BMF* BStBl I 21, 1050 Rz 66 ff) liegen vor, wenn – *(1)* die Einrichtung eine **lebenslange** Altersvorsorge gewährleistet (§ 1 I Nr 4 und 5 AltZertG: Rente oder Auszahlungsplan mit Teilkapitalverrentung; einschließl Anteile für verminderte Erwerbsfähigkeit und Hinterbliebenenversorgung, § 82 III; vgl *Pedack* INF 01, 422; *BMF* BStBl I 21, 1050 Rz 68), – *(2)* die Beitragszahlungen aus **individuell versteuertem** ArbLohn (zu Ausnahmen, zB Eigenleistungen nach Beendigung des Arbeitsvertrags gem § 1 b V BetrAVG, s *BMF* BStBl I 21, 1050 Rz 72; *Pedack/Myßen* INF 02, 609) geleistet (dh grds: Verzicht auf Steuerfreiheit nach § 3 Nr 63 S 2 iVm §§ 1a III, 17 I 3 BetrAVG; Einzelheiten auch zum Personenkreis *BMF* BStBl I 21, 1050 Rz 23 f) *und* – *(3)* die Beiträge zum Aufbau einer betriebl Altersversorgung im **Kapitaldeckungsverfahren** erhoben werden (*BMF* BStBl I 21, 1050 Rz 74); daher keine Förderung von § 40b-Zuwendungen (*BMF* BStBl I 21, 1050 Rz 83). 16

cc) Keine Doppelbegünstigung, § 82 IV (idF StÄndG 2001, BGBl I 01, 3794; BT-Drs 14/7341, 33; *Myßen* NWB F 3, 11 654). Ebenso wie bei der Zulage ist auch der SA-Abzug für die Aufwendungen ausgeschlossen, für die entweder die ArbN-Sparzulage, Wohnungsbau-Prämie oder der SA-Abzug nach § 10 gewährt wird. Gleiches gilt bei Rückzahlung des Eigenheimbetrags nach § 92a II. 17

18 **b) Aufwendungen.** (Spar-)Leistungen iSv § 10a I 1 sind die Zahlungen aus (grds) individuell versteuertem ArbLohn gem § 82 II (Rz 16; zur zeitl Zuordnung s *BMF* BStBl I 18, 93 Rz 73; § 11 II) sowie die Altersvorsorgebeiträge, die der StPfl zugunsten eines auf seinem Namen lautenden Vertrags nach § 82 I leistet (Eigenbeiträge; Rz 15); der vorherige Erhalt der erforderl Geldmittel als Schenkung ist mE unschädl (glA *FM SchlHol* DStR 03, 2020). Zur Versorgungsrücklage s Rz 14.

19 **c) Einbeziehung des Zulagenanspruchs.** Begünstigt ist aber auch die dem StPfl für die Eigenbeiträge „zustehende Zulage" (§ 10a I 1); der Zulagenanspruch gilt als eigener Aufwand. Maßgebl ist demnach der mit dem Ende des *jeweiligen Kj* (= Beitragsjahr) entstehende Zulagen*anspruch* (§ 88), nicht dessen Auszahlung an den Anbieter oder die Gutschrift auf dem Vertragskonto (s dazu – einschl Begrenzung auf zwei Verträge – §§ 87 ff; *BMF* BStBl I 18, 93 Rz 92 f, 119, 124). Für den SA-Abzug ist es unerhebl, ob der Antrag auf Zulage überhaupt gestellt wird (glA *BMF* BStBl I 18, 93 Rz 104; vgl zu mehreren Verträgen Rz 31).

20 **3. Höchstbeträge; überschießende Eigenbeiträge.** Die *tatsächl* Sparleistungen (Eigenbeiträge und Zulagenanspruch) sind nur bis zu den zwar nach Kj gestaffelten, jedoch nicht dynamisierten Beträgen als SA abziehbar (§ 10a I 1 HS 1; VZ 2002/03: 525 €; 2004/05: 1050 €; 2006/07: 1575 €; ab 2008: 2100 €). Es handelt sich nicht um Freibeträge, sondern um jährl Höchstbeträge (*KSM* § 10a Rz B 289). Der – nach Abzug der Zulage – überschießende Teil der tatsächl Eigenbeiträge ist begriffl nicht mehr Altersvorsorgebeitrag gem § 82 I 1 (zT aA *BMF* BStBl I 18, 93 Rz 43, 134) und somit auch nicht iSv § 10a I 1 (uU aber SA-Abzug nach § 10 I Nr 2b, III; vgl zur dieser Aufwandsspaltung auch § 82 IV; weitere Folge: insoweit keine Nachversteuerung nach § 22 Nr 5; BT-Drs 14/4595, 66, 67). – Keine Einbeziehung des Berufseinsteiger-Bonus (§ 84 S 2) in Günstigerprüfung (§ 10a I 5).

22 **4. Wahlrecht, § 10a I.** Trotz der Günstigerprüfung von Amts wegen (Rz 25) besteht für den SA-Abzug nach § 10a I 1 („können") ein gegenüber der Zulage eigenständiges Wahlrecht (glA *BMF* BStBl I 18, 93 Rz 101), sodass die Versteuerung nach § 22 Nr 5 vermieden werden kann (vgl zu mehreren Verträgen auch § 10a IV 2, Rz 31; zu Ehegatten s Rz 35).

23 **5. Verfahren, § 10a IIa, V. – a) Einwilligung in Datenübermittlung.** Ab VZ 2010 ist nach § 10a IIa **keine Papierbescheinigung** mehr erforderl (*HHR* § 10a Rz J 08–9), sondern die Einwilligung in die Datenübermittlung (*BMF* BStBl I 18, 93 Rz 94). Der StPfl, der den SA-Abzug nach § 10a nutzen will, hat seinen Anbieter (mitteilungspflichtige Stelle) zu beauftragen, die erforderl Daten der zentralen Stelle (§ 81) nach amtl vorgeschriebenen Datensatz zu senden (BT-Drs 16/10188, 24). Die **Einwilligung** ist eine materielle Voraussetzung für den SA-Abzug nach § 10a. **Abs 2a** regelt (durch Bezugnahme auf § 10 IIa 1–3; BT-Drs 17/10818, 16) die Einwilligung zur Übermittlung der Daten, **Abs 5** die Übermittlung selbst (zur Datenübermittlung bei Riester-Verträgen *BMF* BStBl I 18, 93 Rz 101). – Damit die *FinVerw* den Datensatz zuordnen kann, benötigt sie die IdentifikationsNr nach § 139b AO (*BMF* BStBl I 18, 93 Rz 94). Die Erhebung der IdentifikationsNr verläuft wie die Erhebung der IdentifikationsNr im Rentenbezugsmitteilungsverfahren; entspr Geltung des § 90 I 2, 3 (BR-Drs 318/10, 75).

24 **b) Datenerhebung und Datenübermittlung.** Die Altersvorsorgebeiträge (= Eigenbeiträge, Rz 20) sind durch amtl vorgeschriebenen Datensatz durch Datenfernübertragung zu übermitteln (§ 10a V 1, § 93c AO); § 10a V 2 regelt die nachträgl Einwilligung und die Mitteilung der IdentifikationsNr. § 10a V 3 dient der Berücksichtigung des Zulageanspruchs des nach § 79 S 2 mittelbar Berechtigten (BT-Drs 15/2150, 36; *BMF* BStBl I 18, 93 Rz 94 f). § 10a V 4 schließt die Haftung nach § 72a IV AO aus. Nach § 10a V 5 wird der SA-Abzug im Hinblick auf § 10a I–III nach § 91 überprüft (*BMF* BStBl I 18, 93 vor Rz 1). § 10a V 6 regelt die Erteilung einer ggf erforderl ZulagenNr (§ 90 I 2, 3).

III. Rechtsfolgen

1. Günstigerprüfung, § 10a II. Das FA hat von Amts wegen die Zulage 25 (einschließl Kinderzulage, vgl §§ 84, 85) mit der StEntlastung auf Grund des SA-Abzug nach § 10a (zu den Höchstgrenzen s Rz 20) zu vergleichen (Günstigerprüfung; FG SchlHol EFG 21, 1454, Rev X R 11/21; *BMF* BStBl I 18, 93 Rz 101 f); Kinderfreibeträge (§ 32 VI) sind nicht (mehr) zu berücksichtigen (BT-Drs 15/2150, 36; *BMF* BStBl I 18, 93 Rz 61). Umgekehrt sind bei der Günstigerprüfung nach § 31 S 1, 4 die Beträge nach § 10a immer als SA abzuziehen (mE jedoch nicht, wenn weder Zulage noch SA nach § 10a beantragt werden; unklar *Risthaus* DB 01, 1275; BT-Drs 14/5150, 38). S aber Rz 1. – Zuschlagsteuern bleiben außen vor (*KSM* § 10a Rz D 30).

2. Zulage oder Sonderausgabenabzug. Überschreitet die StEntlastung die 27 Zulage nicht, verbleibt es bei dieser (§ 10a II 2). Andernfalls ist der SA-Abzug vorzunehmen; gleichzeitig ist zur Vermeidung doppelter Begünstigung die tarifl ESt um den Zulagen*anspruch* (s Rz 19) zu erhöhen (§ 10a II 1, § 2 VI 2; ähnl wie § 31 S 4; FG SchlHol EFG 21, 1454, Rev X R 11/21 [auch zur Berechnung]; *KSM* § 10a Rz B 510; *HHR* § 10a Rz 26). Die Zulage bewirkt eine Bindung iSv § 90 II, die StErmäßigung durch SA-Abzug ist „frei verfügbar" (*BMF* BStBl I 18, 93 Rz 104; *Horlemann* StuW 01, 101). Zu KiSt/SolZ und EStVorauszahlung vgl Rz 3. – Zu Ehegatten s Rz 35, 36.

3. Gesonderte Feststellung, § 10a IV. Diese ist zum Zwecke später ggf erfor- 30 derl Rückforderung bei schädl Verwendung (FG BBg EFG 18, 1103, Rev X R 11/18; *KSM* § 10a Rz F 34) erforderl (zum Verfahren s §§ 93, 94). Abw von der ursprüngl Konzeption (BT-Drs 14/4595, 66; BT-Drs 14/5150, 37) wird nur die über die Zulage hinausgehende StErmäßigung (nicht aber betr ESt, nicht KiSt/SolZ; Rz 25) gesondert festgestellt und der zentralen Stelle (§ 81: BfA) mitgeteilt (**IV 1, 5**; BFH I R 79/13 BStBl II 16, 326; *BMF* BStBl I 18, 93 Rz 112 f). Nach dem Wortlaut des § 10a IV 1 HS 1 ist die zusätzl StErmäßigung für jedes Kj (VZ) eigenständig, dh ohne Fortschreibung in einem Gesamtbetrag festzustellen. Demgemäß entfaltet der Feststellungsbescheid des Vorjahrs auch keine Bindungswirkung. Der Verweis (§ 10a IV 1 HS 2) auf § 10d IV 3–5 regelt lediglich die Zuständigkeit des FA (S 3) sowie die Änderung/Aufhebung des Feststellungsbescheids in Abhängigkeit von der Änderung der für den *SA-Abzug* maßgebl Besteuerungsgrundlagen (S 4 f). Dies kann zB die Änderung der Einkunftsverhältnisse (bei Günstigerprüfung) oder Änderungen bei der Zulage auf Grund des Datenabgleichs nach § 91 betreffen; mE jedoch nicht die Rückzahlung (§ 94) von Zulage und festgestellter StErmäßigung aufgrund „schädl Verwendung" iSv § 93. – Die Rückforderung zieht keine Änderung von ESt- oder § 10a IV – Bescheiden nach sich (*BMF* BStBl I 18, 93 Rz 223).

4. Mehrere Verträge, § 10a IV 2, 5. Leistet der StPfl Altersvorsorgebeiträge 31 zugunsten mehrerer Verträge (zB DirektVers, LV, Fondsanteile), wird gem § 87 die *Zulage* nur für zwei dieser Verträge gewährt; die hierfür geleisteten Beiträge müssen zudem den Mindesteigenbetrag (§ 86; *BMF* BStBl I 18, 93 Rz 63 f) erreichen und bestimmen zugleich das Aufteilungsverhältnis betr die Zulage (vgl *BMF* BStBl I 18, 93 Rz 119 ff mit Beispielen; *KSM* § 10a Rz B 520). Diese Beschränkungen kennt § 10a nicht: der StPfl kann den SA-Abzug (bis zur jährl Höchstgrenze) auf beliebig viele Altersvorsorgeverträge verteilen (Wahlrecht) mit der Folge, dass die zusätzl EStErmäßigung auf Grund des § 10a im Verhältnis der „berücksichtigten Altersvorsorgebeiträge" den einzelnen Verträgen zugerechnet und als solche (dh bezogen auf den Einzelvertrag) festgestellt wird (*BMF* BStBl I 18, 93 Rz 119 ff mit Beispielen). Hiernach bestimmt sich ua auch das Ob und der Umfang einer „schädl Verwendung" (§ 93) sowie der nachgelagerten Besteuerung nach § 22 Nr 5 (BT-Drs 14/5150, 37; *Pedack/Myßen* INF 02, 609).

IV. Besonderheiten bei Ehegatten, § 10a III

35 **1. Grundsatz.** Bei Ehegatten ist nach § 10a III 1 die persönl Anspruchsberechtigung (§ 10a I) unabhängig von der Veranlagungsart *individuell* zu prüfen (BT-Drs 14/5150, 35; *BMF* BStBl I 18, 93 Rz 99 f).

36 **2. Sonderausgabenabzugsberechtigung beider Ehegatten, § 10a III 5.** Bei zusammenveranlagten Ehegatten, die beide nach Abs 1 begünstigt sind (s Rz 8 ff), sind bei der Günstigerprüfung und bei der Hinzurechnung beider Ansprüche auf Zulage anzusetzen (§ 10a III 3; BT-Drs 16/2712, 43; *BMF* BStBl I 18, 93 Rz 110; *Myßen/Bering* NWB F 3, 14 303). Zu mehreren Verträgen s Rz 31.

Beispiel (nach *BMF* BStBl I 18, 93 Rz 117): Ehegatten, die beide unmittelbar begünstigt sind, haben im Jahr **2018** ein zu versteuerndes Einkommen iHv 150 000 (ohne SA-Abzug nach § 10a). Darin sind Einkünfte aus unterschiedl Einkunftsarten enthalten. Sie haben mit den Beiträgen iHv **2300** (Ehemann)/**900** (Ehefrau) zugunsten ihrer Verträge mehr als die erforderl Mindesteigenbeiträge gezahlt und daher für das Beitragsjahr **2018** jeweils einen Zulageanspruch von **175** € (§ 84 I 1).

	Ehemann	Ehefrau	
Eigenbeitrag	2 300	900	
davon gefördert			
höchstens (2100 − 175)	1 925	1 925	
gefördert somit	1 925	900	
abziehbare SA (1925 + 175 =)	2 100	1 075	(900 + 175)
zu versteuerndes Einkommen (bisher)		150 000	
abzügl SA Ehemann		2 100	
abzügl SA Ehefrau		1 075	
		3 175	
zu versteuerndes Einkommen (neu)		146 825	
ESt auf 150 000		48 272	
ESt auf **146 825**		46 865	
Differenz		1 407	
abzügl Zulageansprüche insgesamt (2 × 175)		350	
zusätzl StErmäßigung insgesamt		1 057	

Der SA-Abzug nach § 10a ergibt für die Ehegatten eine zusätzl StErmäßigung iHv **1057**; zur Zurechnung der auf den einzelnen Ehegatten entfallenden Ermäßigung vgl BMF BStBl I 18, 93 Rz 117.

37 **3. Sonderausgabenabzugsberechtigung nur eines Ehegatten, § 10a III 2, 3. – a) Unmittelbare Berechtigung.** Werden Altersvorsorgeverträge nur vom zum SA-Abzug berechtigten Ehegatten abgeschlossen, sind seine Altersvorsorgebeiträge und Zulagenansprüche ungeachtet der Art der Veranlagung der Günstigerprüfung (Rz 25) sowie dem einfachen SA-Höchstbetrag (Rz 20) zugrunde zu legen und die gesondert festzustellende StErmäßigung (Rz 27, 30) ihm zuzurechnen (*BMF* BStBl I 18, 93 Rz 107 f).

38 **b) Mittelbare Berechtigung.** Hat hingegen der andere Ehegatte – obgleich dieser **nicht** zum Personenkreis nach **§ 10a I** gehört (zB Selbstständiger, s Rz 9) – einen Altersvorsorgevertrag abgeschlossen, begründet **§ 79 S 2** bei Vorliegen des § 26 I eine mittelbare Zulageberechtigung dieses Ehegatten (BFH X R 49/14 BFH/NV 16, 1152), *nicht* aber ein eigenständiges Recht zum SA-Abzug. In diesem Fall sind gem § 10a III 2 beide Beiträge (nebst Zulagen) bei der Günstigerprüfung (einheitl) zu berücksichtigen und ggf als SA (getrennt) abziehbar (*BMF* BStBl I 18, 93 Rz 99 f mit Beispielen); die StErmäßigung ist dem begünstigten Vertrag zuzurechnen (IV 4; BT-Drs 15/2150, 36). Bei eigener unmittelbarer Berechtigung besteht keine mittelbare Berechtigung (BFH X R 33/18 BFH/NV 20, 678).

c) Mindestbeitrag von 60 €. Mittelbar Zulageberechtigte müssen (ab 1.1.12; **39** vgl BT-Drs 17/7524) einen Eigenbeitrag von mindestens 60 € im Jahr auf ihren Vertrag einzahlen, um die volle Zulage zu erhalten (§ 10a III 3 idF BeitrRLUmsG, BGBl I 11, 2592; *BMF* BStBl I 18, 93 Rz 89). Die Zulagenhöhe des mittelbar Zulagenberechtigten bleibt davon abhängig, wie hoch der Eigenbeitrag des **unmittelbar** Zulagenberechtigten ist, dh die volle Zulage erhält der mittelbar Zulageberechtigte nur, wenn der unmittelbar Zulageberechtigte seinen Mindesteigenbeitrag (§ 86; FG BBg DStRE 16, 1159, rkr) leistet. Der höchstmögl SA-Abzug nach § 10a steigt durch den Mindestbeitrag des mittelbar Zulagenberechtigten iHv 60 € auf 2160 €. Falls (im ersten Beitragsjahr) weniger als 60 € gezahlt werden, geht die Zulage vollständig verloren.

Beispiel: Alleinverdiener (55 T€ Bruttoeinkommen 2018) und Frau, 1 Kind (6 Jahre alt).

Mindesteigenbeitrag Mann ↓	Mann (unmittelbar zulageberechtigt) ↓		Frau (mittelbar zulageberechtigt) ↓	
55 000 € × 4% = max 2100 €	Mindesteigenbeitrag	1450 €	Mindestbeitrag	60 €
./. Grundzulage (m) = 175 €	+ Grundzulage	175 €	+ Grundzulage	175 €
./. Grundzulage (w) = 175 €			+ Kinderzulage	300 €
./. Kinderzulage = 300 €				
Mindesteigenbeitrag = 1450 €	Vertragsgutschrift	1625 €	Vertragsgutschrift	535 €

Als SA sind Beiträge und Zulagen iHv 2160 € (1625 + 535) abzusetzen.

§ 10b Steuerbegünstigte Zwecke

(1) [1] **Zuwendungen (Spenden und Mitgliedsbeiträge) zur Förderung steuerbegünstigter Zwecke im Sinne der §§ 52 bis 54 der Abgabenordnung können insgesamt bis zu**

1. **20 Prozent des Gesamtbetrags der Einkünfte oder**
2. **4 Promille der Summe der gesamten Umsätze und der im Kalenderjahr aufgewendeten Löhne und Gehälter**

als Sonderausgaben abgezogen werden. [2] **Voraussetzung für den Abzug ist, dass diese Zuwendungen**

1. **an eine juristische Person des öffentlichen Rechts oder an eine öffentliche Dienststelle, die in einem Mitgliedstaat der Europäischen Union oder in einem Staat belegen ist, auf den das Abkommen über den Europäischen Wirtschaftsraum (EWR-Abkommen) Anwendung findet, oder**
2. **an eine nach § 5 Absatz 1 Nummer 9 des Körperschaftsteuergesetzes steuerbefreite Körperschaft, Personenvereinigung oder Vermögensmasse oder**
3. **an eine Körperschaft, Personenvereinigung oder Vermögensmasse, die in einem Mitgliedstaat der Europäischen Union oder in einem Staat belegen ist, auf den das Abkommen über den Europäischen Wirtschaftsraum (EWR-Abkommen) Anwendung findet, und die nach § 5 Absatz 1 Nummer 9 des Körperschaftsteuergesetzes in Verbindung mit § 5 Absatz 2 Nummer 2 zweiter Halbsatz des Körperschaftsteuergesetzes steuerbefreit wäre, wenn sie inländische Einkünfte erzielen würde,**

geleistet werden. [3] **Für nicht im Inland ansässige Zuwendungsempfänger nach Satz 2 ist weitere Voraussetzung, dass durch diese Staaten Amtshilfe und Unterstützung bei der Beitreibung geleistet werden.** [4] **Amtshilfe ist der Auskunftsaustausch im Sinne oder entsprechend der Amtshilferichtlinie gemäß § 2 Absatz 2 des EU-Amtshilfegesetzes.** [5] **Beitreibung ist die gegenseitige Un-**

§ 10b

terstützung bei der Beitreibung von Forderungen im Sinne oder entsprechend der Beitreibungsrichtlinie einschließlich der in diesem Zusammenhang anzuwendenden Durchführungsbestimmungen in den für den jeweiligen Veranlagungszeitraum geltenden Fassungen oder eines entsprechenden Nachfolgerechtsaktes. [6] Werden die steuerbegünstigten Zwecke des Zuwendungsempfängers im Sinne von Satz 2 Nummer 1 nur im Ausland verwirklicht, ist für den Sonderausgabenabzug Voraussetzung, dass natürliche Personen, die ihren Wohnsitz oder ihren gewöhnlichen Aufenthalt im Geltungsbereich dieses Gesetzes haben, gefördert werden oder dass die Tätigkeit dieses Zuwendungsempfängers neben der Verwirklichung der steuerbegünstigten Zwecke auch zum Ansehen der Bundesrepublik Deutschland beitragen kann. [7] Abziehbar sind auch Mitgliedsbeiträge an Körperschaften, die Kunst und Kultur gemäß § 52 Absatz 2 Satz 1 Nummer 5 der Abgabenordnung fördern, soweit es sich nicht um Mitgliedsbeiträge nach Satz 8 Nummer 2 handelt, auch wenn den Mitgliedern Vergünstigungen gewährt werden. [8] Nicht abziehbar sind Mitgliedsbeiträge an Körperschaften,

1. die den Sport (§ 52 Absatz 2 Satz 1 Nummer 21 der Abgabenordnung),
2. die kulturelle Betätigungen, die in erster Linie der Freizeitgestaltung dienen,
3. die Heimatpflege und Heimatkunde (§ 52 Absatz 2 Satz 1 Nummer 22 der Abgabenordnung),
4. die Zwecke im Sinne des § 52 Absatz 2 Satz 1 Nummer 23 der Abgabenordnung

fördern oder

5. deren Zweck nach § 52 Absatz 2 Satz 2 der Abgabenordnung für gemeinnützig erklärt worden ist, weil deren Zweck die Allgemeinheit auf materiellem, geistigem oder sittlichem Gebiet entsprechend einem Zweck nach den Nummern 1 bis 4 fördert.

[9] Abziehbare Zuwendungen, die die Höchstbeträge nach Satz 1 überschreiten oder die den um die Beträge nach § 10 Absatz 3 und 4, § 10c und § 10d verminderten Gesamtbetrag der Einkünfte übersteigen, sind im Rahmen der Höchstbeträge in den folgenden Veranlagungszeiträumen als Sonderausgaben abzuziehen. [10] § 10d Absatz 4 gilt entsprechend.

(1a) [1] Spenden zur Förderung steuerbegünstigter Zwecke im Sinne der §§ 52 bis 54 der Abgabenordnung in das zu erhaltende Vermögen (Vermögensstock) einer Stiftung, welche die Voraussetzungen des Absatzes 1 Satz 2 bis 6 erfüllt, können auf Antrag des Steuerpflichtigen im Veranlagungszeitraum der Zuwendung und in den folgenden neun Veranlagungszeiträumen bis zu einem Gesamtbetrag von 1 Million Euro, bei Ehegatten, die nach den §§ 26, 26b zusammen veranlagt werden, bis zu einem Gesamtbetrag von 2 Millionen Euro, zusätzlich zu den Höchstbeträgen nach Absatz 1 Satz 1 abgezogen werden. [2] Nicht abzugsfähig nach Satz 1 sind Spenden in das verbrauchbare Vermögen einer Stiftung [3] Der besondere Abzugsbetrag nach Satz 1 bezieht sich auf den gesamten Zehnjahreszeitraum und kann der Höhe nach innerhalb dieses Zeitraums nur einmal in Anspruch genommen werden. [4] § 10d Absatz 4 gilt entsprechend.

(2) [1] Zuwendungen an politische Parteien im Sinne des § 2 des Parteiengesetzes sind, sofern die jeweilige Partei nicht gemäß § 18 Absatz 7 des Parteiengesetzes von der staatlichen Teilfinanzierung ausgeschlossen ist, bis zur Höhe von insgesamt 1650 Euro und im Fall der Zusammenveranlagung von Ehegatten bis zur Höhe von insgesamt 3300 Euro im Kalenderjahr abzugsfähig. [2] Sie können nur insoweit als Sonderausgaben abgezogen werden, als für sie nicht eine Steuerermäßigung nach § 34g gewährt worden ist.

Steuerbegünstigte Zwecke § 10b

(3)* ¹ Als Zuwendung im Sinne dieser Vorschrift gilt auch die Zuwendung von Wirtschaftsgütern mit Ausnahme von Nutzungen und Leistungen. ² Ist das Wirtschaftsgut unmittelbar vor seiner Zuwendung einem Betriebsvermögen entnommen worden, so bemisst sich die Zuwendungshöhe nach dem Wert, der bei der Entnahme angesetzt wurde und nach der Umsatzsteuer, die auf die Entnahme entfällt. ³ Ansonsten bestimmt sich die Höhe der Zuwendung nach dem gemeinen Wert des zugewendeten Wirtschaftsguts, wenn dessen Veräußerung im Zeitpunkt der Zuwendung keinen Besteuerungstatbestand erfüllen würde. ⁴ In allen übrigen Fällen dürfen bei der Ermittlung der Zuwendungshöhe die fortgeführten Anschaffungs- oder Herstellungskosten nur überschritten werden, soweit eine Gewinnrealisierung stattgefunden hat. ⁵ Aufwendungen zugunsten einer Körperschaft, die zum Empfang steuerlich abziehbarer Zuwendungen berechtigt ist, können nur abgezogen werden, wenn ein Anspruch auf die Erstattung der Aufwendungen durch Vertrag oder Satzung eingeräumt und auf die Erstattung verzichtet worden ist. ⁶ Der Anspruch darf nicht unter der Bedingung des Verzichts eingeräumt worden sein.

(4) ¹ Der Steuerpflichtige darf auf die Richtigkeit der Bestätigung über Spenden und Mitgliedsbeiträge vertrauen, es sei denn, dass er die Bestätigung durch unlautere Mittel oder falsche Angaben erwirkt hat oder dass ihm die Unrichtigkeit der Bestätigung bekannt oder infolge grober Fahrlässigkeit nicht bekannt war. ² Wer vorsätzlich oder grob fahrlässig eine unrichtige Bestätigung ausstellt oder veranlasst, dass Zuwendungen nicht zu den in der Bestätigung angegebenen steuerbegünstigten Zwecken verwendet werden, haftet für die entgangene Steuer. ³ Diese ist mit 30 Prozent des zugewendeten Betrags anzusetzen. ⁴ In den Fällen des Satzes 2 zweite Alternative (Veranlasserhaftung) ist vorrangig der Zuwendungsempfänger in Anspruch zu nehmen; die in diesen Fällen für den Zuwendungsempfänger handelnden natürlichen Personen sind nur in Anspruch zu nehmen, wenn die entgangene Steuer nicht nach § 47 der Abgabenordnung erloschen ist und Vollstreckungsmaßnahmen gegen den Zuwendungsempfänger nicht erfolgreich sind. ⁵ Die Festsetzungsfrist für Haftungsansprüche nach Satz 2 läuft nicht ab, solange die Festsetzungsfrist für den Empfänger der Zuwendung geschuldeten Körperschaftsteuer für den Veranlagungszeitraum nicht abgelaufen ist, in dem die unrichtige Bestätigung ausgestellt worden ist oder veranlasst wurde, dass die Zuwendung nicht zu den in der Bestätigung angegebenen steuerbegünstigten Zwecken verwendet worden ist; § 191 Absatz 5 der Abgabenordnung ist nicht anzuwenden.

Einkommensteuer-Durchführungsverordnung:

§§ 48, 49 EStDV *(aufgehoben)*

§ 50 EStDV *Zuwendungsbestätigung*

(1) ¹ Zuwendungen im Sinne der §§ 10b und 34g des Gesetzes dürfen vorbehaltlich des Absatzes 2 nur abgezogen werden, wenn der Zuwendende eine Zuwendungsbestätigung, die der Zuwendungsempfänger unter Berücksichtigung des § 63 Absatz 5 der Abgabenordnung nach amtlich vorgeschriebenem Vordruck ausgestellt hat, oder die in den Absätzen 4 bis 6 bezeichneten Unterlagen erhalten hat. [bis 31.12.2024: ² *Dies gilt nicht für Zuwendungen an nicht im*

---

* Sachspenden an gemeinnützige Organisationen sollen nach Koalitionsvertrag S. 165 erleichtert werden, um Warenvernichtung zu verringern.

§ 10b Steuerbegünstigte Zwecke

Inland ansässige Zuwendungsempfänger nach § 10b Absatz 1 Satz 2 Nummer 1 und 3 des Gesetzes.][*]

(2) ¹Der Zuwendende kann den Zuwendungsempfänger bevollmächtigen, die Zuwendungsbestätigung der für seine Besteuerung nach dem Einkommen zuständigen Finanzbehörde nach amtlich vorgeschriebenem Datensatz durch Datenfernübertragung nach Maßgabe des § 93c der Abgabenordnung zu übermitteln. ²Der Zuwendende hat dem Zuwendungsempfänger zu diesem Zweck seine Identifikationsnummer (§ 139b der Abgabenordnung) mitzuteilen. ³Die Vollmacht kann nur mit Wirkung für die Zukunft widerrufen werden. ⁴Der Zuwendungsempfänger hat dem Zuwendenden die nach Satz 1 übermittelten Daten elektronisch oder auf dessen Wunsch als Ausdruck zur Verfügung zu stellen; in beiden Fällen ist darauf hinzuweisen, dass die Daten der Finanzbehörde übermittelt worden sind. ⁵§ 72a Absatz 4 der Abgabenordnung findet keine Anwendung.

(3) ¹In den Fällen des Absatzes 2 ist für die Anwendung des § 93c Absatz 4 Satz 1 der Abgabenordnung das Finanzamt zuständig, in dessen Bezirk sich die Geschäftsleitung (§ 10 der Abgabenordnung) des Zuwendungsempfängers im Inland befindet. ²Die nach Absatz 2 übermittelten Daten können durch dieses Finanzamt zum Zweck der Anwendung des § 93c Absatz 4 Satz 1 der Abgabenordnung den für die Besteuerung der Zuwendenden nach dem Einkommen zuständigen Finanzbehörden abgerufen und verwendet werden.

(4) ¹Statt einer Zuwendungsbestätigung genügt der Bareinzahlungsbeleg oder die Buchungsbestätigung eines Kreditinstituts, wenn
1. die Zuwendung zur Hilfe in Katastrophenfällen:
   a) innerhalb eines Zeitraums, den die obersten Finanzbehörden der Länder im Benehmen mit dem Bundesministerium der Finanzen bestimmen, auf ein für den Katastrophenfall eingerichtetes Sonderkonto einer inländischen juristischen Person des öffentlichen Rechts, einer inländischen öffentlichen Dienststelle oder eines inländischen amtlich anerkannten Verbandes der freien Wohlfahrtspflege einschließlich seiner Mitgliedsorganisationen eingezahlt worden ist oder
   b) bis zur Einrichtung des Sonderkontos auf ein anderes Konto der genannten Zuwendungsempfänger eingezahlt wird; wird die Zuwendung über ein als Treuhandkonto geführtes Konto eines Dritten auf eines der genannten Sonderkonten eingezahlt, genügt der Bareinzahlungsbeleg oder die Buchungsbestätigung des Kreditinstituts des Zuwendenden zusammen mit einer Kopie des Barzahlungsbelegs oder der Buchungsbestätigung des Kreditinstituts des Dritten, oder
2. die Zuwendung 300 Euro nicht übersteigt und
   a) der Empfänger eine inländische juristische Person des öffentlichen Rechts oder eine inländische öffentliche Dienststelle ist oder
   b) der Empfänger eine Körperschaft, Personenvereinigung oder Vermögensmasse im Sinne des § 5 Absatz 1 Nummer 9 des Körperschaftsteuergesetzes ist, wenn der steuerbegünstigte Zweck, für den die Zuwendung verwendet wird, und die Angaben über die Freistellung des Empfängers von der Körperschaftsteuer auf einem von ihm hergestellten Beleg aufgedruckt sind und darauf angegeben ist, ob es sich bei der Zuwendung um eine Spende oder einen Mitgliedsbeitrag handelt, oder
   c) der Empfänger eine politische Partei im Sinne des § 2 des Parteiengesetzes ist, die nicht gemäß § 18 Absatz 7 des Parteiengesetzes von der staatlichen Teilfinanzierung ausgeschlossen ist, und bei Spenden der Ver-

---

[*] § 50 I 2 EStDV wird ab VZ 2025 aufgehoben (JStG 2020, s Rz 15).

wendungszweck auf dem vom Empfänger hergestellten Beleg aufgedruckt ist. ²Aus der Buchungsbestätigung müssen der Name und die Kontonummer oder ein sonstiges Identifizierungsmerkmal des Auftraggebers und des Empfängers, der Betrag, der Buchungstag sowie die tatsächliche Durchführung der Zahlung ersichtlich sein. ³In den Fällen des Satzes 1 Nummer 2 Buchstabe b hat der Zuwendende zusätzlich den vom Zuwendungsempfänger hergestellten Beleg aufzubewahren.

(5) Bei Zuwendungen zur Hilfe in Katastrophenfällen innerhalb eines Zeitraums, den die obersten Finanzbehörden der Länder im Benehmen mit dem Bundesministerium der Finanzen bestimmen, die über ein Konto eines Dritten an eine inländische juristische Person des öffentlichen Rechts, an eine inländische öffentliche Dienststelle oder an eine nach § 5 Absatz 1 Nummer 9 des Körperschaftsteuergesetzes steuerbefreite Körperschaft, Personenvereinigung oder Vermögensmasse geleistet werden, genügt das Erhalten einer auf den jeweiligen Zuwendenden ausgestellten Zuwendungsbestätigung des Zuwendungsempfängers, wenn das Konto des Dritten als Treuhandkonto geführt wurde, die Zuwendung von dort an den Zuwendungsempfänger weitergeleitet wurde und diesem eine Liste mit den einzelnen Zuwendenden und ihrem jeweiligen Anteil an der Zuwendungssumme übergeben wurde.

(6) Bei Zahlungen von Mitgliedsbeiträgen an politische Parteien im Sinne des § 2 des Parteiengesetzes genügen statt Zuwendungsbestätigungen Bareinzahlungsbelege, Buchungsbestätigungen oder Beitragsquittungen.

(7) ¹Eine in § 5 Absatz 1 Nummer 9 des Körperschaftsteuergesetzes bezeichnete Körperschaft, Personenvereinigung oder Vermögensmasse hat die Vereinnahmung der Zuwendung und ihre zweckentsprechende Verwendung ordnungsgemäß aufzuzeichnen und ein Doppel der Zuwendungsbestätigung aufzubewahren. ²Diese Aufbewahrungspflicht entfällt in den Fällen des Absatzes 2. ³Bei Sachzuwendungen und beim Verzicht auf die Erstattung von Aufwand müssen sich aus den Aufzeichnungen auch die Grundlagen für den vom Empfänger bestätigten Wert der Zuwendung ergeben.

(8) ¹Die in den Absätzen 1, 4, 5 und 6 bezeichneten Unterlagen sind vom Zuwendenden auf Verlangen der Finanzbehörde vorzulegen. ²Soweit der Zuwendende sie nicht bereits auf Verlangen der Finanzbehörde vorgelegt hat, sind sie vom Zuwendenden bis zum Ablauf eines Jahres nach Bekanntgabe der Steuerfestsetzung aufzubewahren.

Einkommensteuer-Richtlinien: EStR 10b.1–10b.3/EStH 10b.1–10b.3

Übersicht

	Rz
I. Hintergrund des Spendenabzugs; Gesetzesentwicklung	1
II. Abziehbare Zuwendungen	
1. Spenden; Zuwendungen, § 10b I 1, III	2, 3
2. Unentgeltlichkeit; Fremdnützigkeit; Mitgliedsbeiträge	5, 6
3. Freiwilligkeit	8
III. Abzugsvoraussetzungen	
1. Person des Zahlenden	10
2. Begünstigte Zwecke, § 10b I 2–8; §§ 51 ff AO	12–16
3. Empfängerkreis, § 10b I 2	17–22
IV. Höchstgrenzen des Zuwendungsabzugs	
1. Höhe der abziehbaren Zuwendungen, § 10b I	25, 26
2. Abzugszeitpunkt/Spendenvortrag, § 10b I 9, 10, § 10d IV ..	28
3. Stiftungsspenden, § 10b I, Ia	30–34
4. Höhe politischer Zuwendungen, § 10b II	36–38

§ 10b 1–3 Steuerbegünstigte Zwecke

	Rz
V. Verfahren; Nachweise; Haftung	
1. Zuwendungsbestätigung; § 50 I, IV–VI EStDV	40–45
2. Nachweisverfahren, § 50 I, II, VII, VIII EStDV, § 93c AO	47, 48
3. Rechtsfolgen der Zuwendungsbestätigung, § 10b IV 1 EStG; § 50 I 1 EStDV	50–54
4. Haftung, § 10b IV 2–5	56–63

I. Hintergrund des Spendenabzugs; Gesetzesentwicklung

1 **Hintergrund:** Während private Aufwendungen grds nicht steuerl abziehbar sind, trifft das EStG im Anschluss an die Gemeinnützigkeitsvorschriften in §§ 51 ff AO eine Ausnahmeregelung für aus sozialpolitischen Gründen erwünschte Förderzuwendungen nach § 10b.

II. Abziehbare Zuwendungen

2 **1. Spenden; Zuwendungen, § 10b I 1, III. – a) Allgemeines. – *(1) Begriffe*. Spenden** sind freiwillige unentgeltl Ausgaben zur Förderung mildtätiger, kirchl, religiöser, wissenschaftl oder als besonders förderungswürdig anerkannter gemeinnütziger Zwecke. Teilweise ist der Abzug sonstiger Zuwendungen begünstigt (**Zuwendung** als Oberbegriff für Spenden und **Mitgliedsbeiträge**, § 10b I 1, §§ 52 ff AO, Rz 5). Den Zuwendungen muss eine **Ausgabe** des StPfl iSv § 11 II zugrunde liegen (s zur endgültigen wirtschaftl Belastung BFH X R 191/87 BStBl II 91, 690, zur Rückzahlung von Spenden Rz 52, zu wirtschaftl Belastung im Erbfall Rz 8 und Rz 32; zu „gespendeten" TV-Show-Gewinnen abl *BMF* BStBl I 06, 342; FG Hbg EFG 08, 842, rkr – kein Abzug ohne Vereinnahmung). Es kann sich um Geld- oder Sachzuwendung aus WG handeln (§ 10b I 1). – *(2)* **Bewertung von Sachspenden, § 10b III 2–4***. Grundsatz für **PV:** Gemeiner Wert = Einzelveräußerungspreis (§ 9 II BewG) mit Beschränkung in § 10b III 3, 4 auf WG, deren Veräußerung nicht der Besteuerung unterliegt, sonst nur bei vorheriger Gewinnrealisierung; iÜ wie Spenden von WG wegen höchstens stiller Reserven AK/HK. Bei Spenden nach **Entnahme von BV** Wertansatz nach § 6 I Nr 4 S 1 mit dem TW (mit USt, s EStR 10b.1 I); bei bestimmten Empfängern (zB Stiftungsspenden) wahlweise nach § 6 I Nr 4 S 4 mit dem Buchwert. Spenden durch **Forderungserlass** sind mit dem aktuellen Wert anzusetzen (§ 12 BewG). – *(3)* **Wertnachweis**. In Zweifelsfällen verlangt die *FinVerw* einen Nachweis der spendenbescheinigten Werte durch den Spender, vgl 50 VII 3 EStDV, EStH 10b.I, *OFD Ffm* DStR 04, 180 zu Altkleidern, Büchern uä WG. – *(4) Nutzungen und Leistungen, § 10b III 1, § 6 I Nr 4 S 5*. Ausdrückl Abzugsausnahme, soweit nicht mit einer Wertabgabe aus dem geldwerten Vermögen des Zuwendenden verbunden (zB Pkw-AfA, Rz 3).

3 **b) Beispiele für Zuwendungsausgaben**
- **Private Kleiderspenden** sind Sachspenden, die gem § 10b III 3 mit dem gemeinen Wert abzusetzen sind (§ 9 II BewG, BFH X R 17/85 BStBl II 89, 879). Nachweis s Rz 2*(3)*.
- Spenden aus **Betriebsvermögen** (zB Skispende des Sportgeschäfts für Sportverein) sind nach § 10b III 2 höchstens mit dem **Entnahmewert** anzusetzen (s Rz 2).
- **Katastrophenspenden** s § 50 IV 1 Nr 1 EStDV, § 50 V EStDV; zu **Coronaspenden** s *BMF* BStBl I 20, 498 mit Verlängerung bis Ende 2021 *BMF* 21, 57; zu Flutkatastrophe *BMF* BStBl I 21, 1024; *FM NRW* FR 21, 855; s auch *Schmidt* 39. Aufl § 10b Rz 3 mwN.
- **Aufwandsspenden; Rückspenden, § 10b III 5, 6, § 9 II 4, 5 KStG, § 50 VII 2 EStDV** (s *BMF* BStBl I 14, 1584 Tz 3 idF *BMF* BStBl I 16, 994; *Schmidt* 38. Aufl § 10b Rz 3). Zuwendungen können durch freiwilligen Verzicht auf Geldansprüche erfolgen. **Abzugsvoraussetzungen, § 10b III 5,6:** – *(1)* **Aufwendungen,** die nicht in Nutzungen (AfA) und „Fahrtkosten" (insb unentgeltl Arbeit, s aber unten „Arbeitsleistung", Rz 8) bestehen und auf deren Erstattung zugunsten einer aufwandszahlungsfähigen, zum Empfang berechtigten Körperschaft verzichtet wird (insb „Fahrtkosten" – s unten; Verpflegung/Unterkunft uU pauschal nach SvEV). – *(2)* **Vertragl oder satzungsmäßiger**

---

* S Fn Gesetzestext § 10b III.

Abziehbare Zuwendungen 5 § 10b

Ersatzanspruch ohne Verzichtsbedingungen. Das *BMF* verlangt grds *vorherige* schriftl Anspruchsfixierung, uU durch rechtsgültigen Vorstandsbeschluss aufgrund Satzungsermächtigung); Leistungsfähigkeit des Empfängers ist grds anzunehmen, s *BMF* BStBl I 16, 994 Tz 3). Das gilt ab 2015 auch für Vorstandsvergütungen (§ 27 III 2 BGB; *Fischer* NWB 15, 439). – *(3)* **Wirksamer Anspruchsverzicht** des Spenders (zeitnah bis 3 Monate, uU vorheriger, auch stillschweigender Verzicht, str, s unten „Arbeitsleistung"). Auch bei Sportverein wird **Rückspende** von Auslagenersatz anerkannt (s Rz 8 und *BMF* BStBl I 16, 994).
- **Fahrtkosten** für gemeinnützigen Verein s oben „Aufwandsspenden". Als Nutzungswendung kein Abzug von **Pkw-AfA** ua Fixkosten, nur sachl Aufwendungen wie Benzinkosten. Jedoch kann eine (ohne AfA und Fixkosten) geschätzte Kilometerpauschale nach Dienstreisegrundsätzen vereinbart und gem § 10b III 5, 6 als Geldspende abgesetzt werden (vgl BFH X R 154/88 BStBl II 90, 570; *OFD Mchn* DStR 99, 1441). Dagegen uU voller Abzug bei Verzicht auf in Rechnung gestellte Gesamtkostenpauschalen (s BFH I R 67/95 BStBl II 97, 474).
- **Blutspende.** Fragl ist, ob es sich um geldwerte Sachleistung oder Nutzung oder Leistung iSv § 10b III 1 handelt (vgl *Drasdo* DStR 87, 330, Spende abl *OFD Ffm* FR 95, 287, zutr). Entgeltspende ist jedoch abziehbar. Ähnl unentgeltl Zuwendung eines Körperteiles (Haut, Auge, Niere); glA FG Saarl EFG 09, 743, rkr.
- **Arbeitsleistung; ehrenamtl Vereinstätigkeit.** Keine Spende bei unentgeltl Leistung. Es genügt nicht, dass der „Spender" seine Zeit und Arbeitskraft zur Verfügung stellt (§ 10b III 1). Er kann jedoch entgeltl tätig werden und den Vergütungsanspruch spenden (**Verzicht auf Geldanspruch**, s Rz 3); die **StFreiheit** des Entgelts (zB **§ 3 Nr 12, 26, 26a, b**) steht dann mE dem Spendenabzug grds nicht entgegen.
- **Nutzungsüberlassung** eines WG ohne Wertabgabe ist keine Spende (§ 10b III 1, zu Arbeitszimmer BFH X R 119/90 BFH/NV 94, 154, zu Pkw-AfA s oben „Fahrtkosten").
- **Selbst hergestellte WG:** Die HK können Gegenstand einer Spende sein.
- **Preisnachlass.** Verbilligte Überlassung von **Waren** rechtfertigt mE keinen Spendenabzug iHd Wertnachlasses (wohl aber Verkauf zu Normalpreis und späterer Verzicht); bei Unterschreiten der Selbstkosten geldwerte Zuwendung.
- **Arbeitslohnverzichtsspenden** können uU nach § 10b abziehbar sein, bei Spenden über ArbG jedoch nicht, wenn der ArbLohn stfrei bleibt (vgl oben Katastrophenspende).
- **Verpflichtungsübernahmen** iZm Betriebsübertragungen s *Kahsnitz* DStR 16, 2137.

2. Unentgeltlichkeit; Fremdnützigkeit; Mitgliedsbeiträge. – a) Gegen- 5 leistung. – *(1)* Grundsatz. Das Gesetz verlangt, dass mit den Ausgaben bestimmte Zwecke verfolgt werden. Daraus schließt die Rspr zutr, dass es zwar nicht auf die Beweggründe der Zahlung ankommt, dass es jedoch an einer Ausgabe zur Förderung begünstigter Zwecke fehlt, wenn der „Spende" eine vertragl oä Gegenleistung des Empfängers gegenübersteht (kein Abzug gemeinnütziger Aufwendungen, FG BBg DStRE 14, 840, rkr; zu „Crowdfunding" *BMF* BStBl I 18, 246). Dies ist nicht im bürgerl-rechtl Sinne zu verstehen (BFH XI R 6/03 BStBl II 07, 8 – abl zu „Beitrittsspende" an Golfclub). Die Gegenleistung muss nicht wirtschaftl Art sein; auch mittelbarer Zusammenhang kann schädl sein (vgl BFH X R 4/11 BFH/NV 15, 853). Jedoch genügt nicht jede Vorteilserlangung. So stellt zB die geforderte öffentl Benennung des Spenders eine unentgeltl Zuwendungsabsicht iSv § 10b idR nicht in Frage (vgl BFH X R 5/16 BStBl II 18, 651). Das Verlangen einer *bestimmten* begünstigten Zweckverwendung (iSv § 10b) ist als solche noch nicht spendenschädl (Beurteilung nach überwiegender Spendenmotivation, s BFH X R 37/19 BStBl II 21, 810, Anm *Geserich* FR 22, 26; § 4 Rz 520 „Spenden", „Sponsoring" – *BMF* BStBl I 98, 212). – *(2)* **Mitgliedsbeiträge, § 10b I 1, 7, 8.** Zuwendungen umfassen außer Spenden auch *bestimmte* Mitgliedsbeiträge, Umlagen und Aufnahmegebühren (**§ 10b I 1**). Der Erwerb einer Mitgliedschaft in einem Verein kann, muss aber keine schädl Gegenleistung sein. Mitgliedsbeiträge sind nur abziehbar, soweit kein eigener Vorteil „erkauft" wird (wie bei Sportvereinsbeitrag; zu übl „freiwilligen" Eintrittsspenden/Investitionsumlagen in Golfclub BFH XI R 6/03 BStBl II 07, 8; FG BBg EFG 21, 249, Rev V R 43/20 – als Beitrittsgegenleistung nicht „fremdnützig"). Der **Empfänger** muss förderungswürdig iSv § 10b II (politische Parteien) oder iSv §§ 52–54 AO sein (s Rz 17) und darf nicht unter **§ 10b I 8** fallen. **Ausgeschlossen** sind danach Mitgliedsbeiträge (nicht

§ 10b 6, 8 Steuerbegünstigte Zwecke

sonstige Spenden) an Empfänger, die bei typisierender Betrachtung überwiegend Leistungen ggü Mitgliedern erbringen, vor allem auf dem Gebiet der Freizeitgestaltung (Förderung des Sports, der kulturellen Freizeitgestaltung – zB Laienchor –, der Heimatpflege, Tier- und Pflanzenzucht, Brauchtumspflege uä gemeinnützige Zwecke iSv § 52 II Nr 22, 23 AO). Zum Abzug bei gemischten Leistungen s FG Köln EFG 21. 1167, Rev X R 7/21. **§ 10b I 8 Nr 5** soll eine Regelungslücke schließen: BFH V R70/14 BStBl II 14, 1106 hatte Turnierbridge gem § 52 II 2 AO als gemeinnützig anerkannt. Derartige mit solchen gem § 52 II 1 AO/§ 10b I 8 Nr 1-4 vergleichbare Katalogzwecke (zB Schach) fallen ab 2020 trotz Gemeinnützigkeit unter den Mitgliedsbeitragsausschluss nach § 10b I 8. Abziehbar sind dagegen Mitgliedsbeiträge an **kulturelle Fördervereine**, auch bei materiellen Vorteilen (**§ 10b I 7**). Grund: § 52 II Nr 5 AO begünstigt die Förderung von Kunst und Kultur, ausnahmsweise auch bei **persönl Vorteilen** iRd Mittelverwendungsgebots nach § 55 AO, wie verbilligten Eintrittskarten, Jahresgaben, Veranstaltungen für Mitglieder (so BT-Drs 16/11108, 17; s auch BFH X R 5/16 BStBl II 18, 651).

6   **b) Beispiele für schädliche Gegenleistungen**
  – **Kaufverträge:** Ein gemeinnütziger Blindenverein verkauft Bürsten uÄ; s auch Rz 5.
  – Erwerb von **Wohlfahrtslosen** (BFHVI R 159/68 BStBl II 71, 799) - Leistung und Gegenleistung brauchen sich nicht zu entsprechen – oder **Wohlfahrtsbriefmarken** (BFHVI R 12/67 BStBl II 69, 701). Die frühere Aufteilungsmöglichkeit bei Eintrittskarten zu Wohltätigkeitsveranstaltungen und UNICEF-Grußkarten ist grds entfallen (EStH 10b.1 „Gegenleistung").
  – **Schulgeldzahlung** an gemeinnütziges Internat, auch als Vereinsbeitrag (Verein „Freie Waldorf-Schule", „Rudolf-Steiner-Schulvereine" uÄ; keine Aufteilung einheitl Leistungen). Nur *zusätzl* freiwillige Leistungen, Elternspenden ohne Schulgeldpflicht oder über Schulgeld hinaus sowie zweckgebundene Einzelspenden sind als Spenden abziehbar, sonst uU 30 % des Schulgelds ieS nach § 10 I Nr 9 als SA. Entscheidend ist, ob die Zahlung normale Schulbetriebskosten abdeckt (vgl BFH XI B 51/05 BFH/NV 06, 2070).
  – **Einstellung von Straf- oder Bußgeldverfahren** gegen Zahlung an gemeinnützige Körperschaft (BFH X R 40/86 BStBl II 91, 234), wie **Bußgeldzahlung** (Rz 8).
  – **Verwaltungshandeln** als schädl Gegenleistung s FG Ddorf DStRE 00, 630, rkr.
  – **Krankenpflege** s BFHVI R 43/76 BStBl II 79, 646.

8   **3. Freiwilligkeit.** Spenden sind freiwillige Leistungen. **Nicht begünstigt** sind zB: Pflicht-Feuerwehrabgabe (FG BaWü EFG 71, 129, bestätigt in BFHVI R 23/71 BStBl II 74, 300), Satzungsspenden einer Stiftung (BFH I R 102/10 BStBl II 14, 484), Stiftungsspenden als **vGA** (BFH I R 16/18 DStR 21, 2779); Pflichtspenden der Sparkassen an Gewährträger (BFH I R 126/90 BStBl II 92, 849); auferlegte **Erben-Vermächtniszahlungen** an gemeinnützige Einrichtung (BFH X R 107/91 BStBl II 93, 874; auch kein Abzug beim Erblasser, BFH X R 75/94 BStBl II 97, 239; s auch zu testamentarischen Stiftungsspenden sowie zum Verfall von Großspendenrestbeträgen im Erbfall BFH X R 44//05 DStR 09, 339). Zwangsspenden oder Geldzahlungen nach § 153a StPO. Eine ausgabenbezogene, **freiwillig eingegangene Rechtspflicht** steht der Spende nicht entgegen (s BFH I R 63/91 BStBl II 92, 748). *Beispiele:* Leistung auf Grund einer jährl Spendenzusage (zB an DRK), eines Ordensgelübdes (BFH IV 388/51 U BStBl III 52, 49) oder einer Beitrittsverpflichtung (Mitgliedsbeiträge s Rz 5); Spende bei Schenkung unter **Auflage** (unterschiedl nach Art der Auflage, s BFH X R 6/17 BStBl II 19, 318); nicht als SA abziehbare Pflichtbeiträge an Religionsgemeinschaften (s EStR 10.7 II); Pflichtparteispenden (s § 10b II). – Übl **Eintrittsspenden/Investitionsumlagen** (zB Golfclub) wertet die *FinVerw* idR zutr nicht als freiwillig (s *BMF* BStBl I 98, 1424 – Vermutung bei Zahlung durch 75 % der Neumitglieder). Noch strenger BFH XI R 6/03 BStBl II 07, 8 (nicht „fremdnützig" als Beitrittsgegenleistung, Rz 5). Freiwilligkeit bei – freiwillig – **vorher zugesagter Rückzahlung** von Übungsleiterzuschüssen an Sportverein als Spende (s Rz 3, str); **aA** zur von ArbG (= stbegünstigte Körperschaft) „vorgeschlagenen" Rückzahlung von Weihnachtsgeld als Spende *OFD Bln* DStR 03, 1299 (wohl Druck des ArbG

Abzugsvoraussetzungen 10–14 § 10b

im Einzelfall entscheidend). Widerrufl Abbuchungsauftrag stellt den Spendenabzug nicht in Frage, wohl aber zeitl Begrenzung der Freiwilligkeit („Spendenbescheinigung bei Zahlung bis …").

III. Abzugsvoraussetzungen

1. Person des Zahlenden. Spender können unbeschr oder beschr stpfl sein. Unmittelbare Zahlung/Weiterleitung s Rz 20. Spenden über **Treuhänder:** Die Zurechnung beim Treugeber sollte mögl sein, wenn das Treuhandverhältnis und der Zahlungsfluss im Spendenabzugsverfahren nachgewiesen sind (vgl § 50 IV 1 Nr 1b, V EStDV). Anders als uU bei SA iSv § 10 (s § 10 Rz 14) sind im Namen eines anderen geleistete **„Drittspenden"** bei diesem abziehbar. Spenden anstatt Geschenken/Grabschmuck sind als Direktspenden beim Zahlenden abziehbar, bei Zahlung über den Betroffenen bei diesem. Zusammenveranlagte **Ehegatten/ LPart** als Spendereinheit s BFH X R 191/87 BStBl II 91, 690 –Höchstbetragsverdoppelung s Rz 26. 10

2. Begünstigte Zwecke, § 10b I 2–8, §§ 51 I, 52–54 AO. – a) **Gesetzlich begünstigte Zweckbereiche.** Bestimmte Bereiche sind nach § 10b I 1 durch Zweckbestimmung *allg* als gemeinnützig anerkannt; darüber hinaus können weitere Zwecke für gemeinnützig erklärt werden (§ 52 II 2 AO; *FM SachsAnh* DB 18, 675). Solche (auch im Ausl, s Rz 15) begünstigten Zwecke sind vor allem: – *(1) Gemeinnützige Förderung der Allgemeinheit,* § 52 I, II 1 Nr 1–26 AO mit Einzelfällen. Die fragl Erweiterung auf Freizeitzwecke, zB Heimatpflege, Sport, Karneval, § 52 II 1 Nr 21–23 AO, ist (nur) für den Spendenabzug von *Mitgliedsbeiträgen* ausgenommen (§ 10b I 8, Rz 5). – **Wissenschaftl Zwecke** (§ 52 II 1 Nr 1 AO): Forschung und Lehre auf dem Gebiet der Geistes- und Naturwissenschaften, der theoretischen und angewandten Wissenschaften; auch Fachhochschulen ohne eigene Forschungsberechtigung. – **Religiöse Zwecke** (§ 52 II 1 Nr 2 AO) sind im Gesetz nicht definiert; es wird jede Beziehung zu Gott oder einer nichtchristl Gottheit erfasst. Ausdehnung durch BFH XI R 66/98 BStBl II 00, 533 auf weltanschaul Fragen nach Deutung von Welt, Lebenssinn, Lebenswert und Normen des sittl Handelns. – **Staatspolitische Zwecke:** Begünstigt sind nach § 10b II Mitgliedsbeiträge (auch Sonderbeiträge) und Spenden *an politische Parteien* (dazu Rz 18, Rz 36). Zuwendungen an sonstige politische Organisationen sind nur bei deren Gemeinnützigkeit abziehbar (Rz 13, § 52 II Nr 24 AO). Kein Abzug bei **Verstoß** des Empfängers **gegen die Rechtsordnung** (BFH I R 215/81 BStBl II 85, 106; Rz 14). Zu (weiten) **Grenzen** der Zulässigkeit politischer Betätigungen durch **gemeinnützige Organisationen** (Umwelt-/Naturschutz, BUND) s BFH X R 13/15 BStBl II 17, 1110; enger zu „Attac" BFH V R 60/17 BStBl II 19, 301 = 2. Instanz BFH V R 14/20 BStBl II 21, 739; zu Coronaschutzziel BFH V B 25/21 BStBl II 21, 931; s auch *Heuermann* DStR 19, 439, *Hornung/Vielwerth* DStR 19, 1497; ausführl *Hüttemann* DB 19, 744; *ders* DB 21, 72; *OFD Ka* DStR 20, 661; Änderungsempfehlung s BR-Drs 746/1/20 und Koalitionsvertrag 2021-2025 v. 24.11.21 S. 165; *Kirchhain* DStR 21, 129. – *(2) Mildtätige Zwecke.* S § 53 AO; zu Katastrophenhilfe Rz 3. – *(3) Kirchliche Zwecke* s § 54 AO. 12

b) Sonstige Zuwendungen, § 52 I 1, II 2, 3 AO. Bei Empfängern, die nicht unter § 52 II 1 AO fallen (und nur bei diesen), müssen gemeinnützige Zwecke iSv § 52 I AO als **besonders förderungswürdig** anerkannt werden. 13

c) Ausschluss extremistischer Körperschaften, § 51 III AO. Körperschaften iSv §§ 51 I AO dürfen nach Satzung und tatsächl Geschäftsführung *(1)* keine Bestrebungen iSv § 4 BVerfSchG fördern (widerlegbare Vermutung bei Aufnahme im Verfassungsschutzbericht als extremistische Organisation, vgl BFH V R 36/16 BStBl II 18, 422) und *(2)* nicht dem Gedanken der Völkerverständigung zuwiderhandeln (zB ausländerextremistische Spendensammelvereine). Voraussetzungen 14

15 **d) Auslandsspenden.** S *LfSt Bay* DStR 21, 2975. Der Abzug ist abhängig von einem doppelten Inlandsbezug: – *(1)* **Sachlicher Inlandsbezug, § 51 II AO.** Aufgrund EuGH C-386/04 DStR 06, 675 – *Stauffer* schließt § 51 II AO die Verwirklichung nach §§ 52 ff AO begünstigter Tätigkeiten im Ausl (auch in Drittstaaten) grds in die inl StVergünstigung ein (zB Entwicklungshilfespenden), jedoch mit *zusätzl* Einschränkung, dass „natürl inl Personen gefördert werden" oder die Tätigkeit „auch zum Ansehen der BRD im Ausl beitragen kann". Zur Gleichbehandlung hinsichtl der inl Voraussetzungen bei inl Empfängern BFH I R 16/12 BStBl II 14, 440 – s aber § 50 I 2 EStDV. – *(2)* **Persönlicher Inlandsbezug des Spendenempfängers, § 10b I 2–6.** Der frühere generelle Ausschluss unmittelbarer ausl Spendenempfänger verstieß gegen EG-Recht (EuGH C-318/07 DStR 09, 207 – *Persche*. § 10b I 2 Nr 3 S 3–6 setzen die Anforderungen des EuGH um unter – vager – Festlegung der Voraussetzungen für den Abzug von Spenden an im Inl weder unbeschr noch beschr stpfl Körperschaften mit Sitz in anderen **EU-/EWR-Staaten** (nicht Drittstaaten, s *Schmidt* 39. Aufl § 10b Rz 15 mwN). Die Empfänger müssen bei Erzielung inl Einkünfte gem § 5 I Nr 9 iVm § 5 II Nr 2 KStG von der KSt befreit sein (§ 10b I 2) und – unabhängig von Gemeinnützigkeit im Ansässigkeitsstaat – nach Satzung, Stiftungsgeschäft oder sonstiger Verfassung und nach tatsächl Geschäftsführung ausschließl und unmittelbar gemeinnützigen, mildtätigen oder kirchl Zwecken nach Maßgabe der §§ 51–68 AO dienen (vgl zu EU-ausl Kirche FG Köln EFG 19, 1445, rkr). **Einschränkungen:** – *(a)* **§ 10b I 6, Inlandsbezug.** Bei Verwirklichung der begünstigten Zwecke im Ausl wird der Spendenabzug entspr § 51 II AO wie bei inl Empfängern von einem Inlandsbezug abhängig gemacht (Förderung von natürl inl Personen oder Beitrag zum Ansehen der BRD). Letzteres Tatbestandsmerkmal ist derart unbestimmt, dass es zur Wahrung der Europarechtmäßigkeit und Gleichbehandlung mit Auslandsspenden inl Spendenorganisationen großzügig auszulegen ist; idR werden Spenden für gemeinnützige Zwecke im Ausl auch das Ansehen Deutschlands fördern bzw dessen Ansehen im Ausl nicht entgegenstehen (so zutr FG Köln EFG 16, 653, insoweit bestätigt durch BFH X R 5/16 BStBl II 18, 651; s auch *FM SchlHol* DStR 16, 1869, AEAO § 51 Nr 7). – *(b)* **§ 10b I 3–5. Amtshilfe und Beitreibungsunterstützung** des Ansässigkeitsstaats sind weitere Voraussetzungen für den Spendenabzug, denn wenn es dem StPfl nicht gelingt, die Abzugsvoraussetzungen nachzuweisen, muss das FA von Amts wegen ermitteln, auch im Hinblick auf mögl Haftungsinanspruchnahme des Empfängers nach § 10b IV 4. – *(3)* **Verfahrensrechtliche Vorschriften zur Nachweiserbringung, § 50 I 2 EStDV.** S *BMF* BStBl I 11, 559; *LfSt Bay* IStR 12, 817; *Weitemeyer/Bornemann* FR 16, 437. Die Regelung ist EU-rechtmäßig und verfmäßig. Zu Bedenken s *Förster* DStR 13, 1516. § 50 I 2 EStDV verzichtet bei EU/EWR-Auslandsspenden iSv § 10b I 2 bis 2024 auf Zuwendungsbestätigungen nach im Inl amtl vorgeschriebenem *Vordruck* (arg: ab 2025 Spendenerfassung im Zuwendungsempfängerregister, § 60b AO). Voraussetzung ist jedoch, dass die vom StPfl vorzulegende ausl Zuwendungsbestätigung nicht nur den Spendenerhalt, sondern die Gemeinnützigkeit sowie die ausschließl satzungsgemäße Verwendung für gemeinnützige Zwecke bescheinigt (BFH X R 7/13 BStBl II 15, 588; Nachweis durch Spender, s FG BBg DStRE 16, 1102, rkr).

16 **e) Sachliche Abzugsbeschränkung, § 10b I 8.** *Mitgliedsbeiträge* (nicht Spenden) an *bestimmte* gemeinnützige Körperschaften sind wegen des eigenen persönl Interesses dem Grunde nach nicht abziehbar. S Rz 5.

17 **3. Empfängerkreis, § 10b I 2.** – **a) Allgemeines.** Sachl begünstigte Leistungen sind nur an Empfänger iSv § 10b I 2 abziehbar, vgl BFH I R 65/86 BStBl II 91, 258, nicht Direktzuwendungen an bedürftige natürl Personen (s aber Rz 43; zur

Aufnahme von Kriegsflüchtlingen *BMF* BStBl I 15, 745, *BMF* BStBl I 16, 1425; zu Coronaspenden s *BMF* BStBl I 20, 498; *BMF* BStBl I 21, 57). Das bedeutet jedoch keinen *generellen* Ausschluss einer Personenbegünstigung (so aber EStR 10b.1 I 2) – Spenden an gemeinnützigen Verein zur Unterstützung bestimmter Einzelpersonen sind abziehbar (s auch Rz 20, § 55 I Nr 3 AO). Unter den begünstigten Empfängerkreis fallen juristische Personen döR, öffentl Dienststellen, private Körperschaften, Personenvereinigungen oder Vermögensmassen iSv § 5 I Nr 9 KStG einschließl Parteien, auch Stiftungen. Ausl Empfänger s Rz 15. – **Einzelne Empfänger: Juristische Personen des öffentl Rechts** sind selbstständige, rechtsfähige Verwaltungsträger, die in den Staatsorganismus eingegliedert sind und bestimmte öffentl Aufgaben mit hoheitl Befugnis erfüllen. Dazu gehören Gebiets- und Personenkörperschaften (Bund, Länder, Gemeinden, Gemeindeverbände, ReligionsGes, Hochschulen) sowie Anstalten und Stiftungen döR (die keine Mitglieder haben). **Öffentl Dienststellen** sind andere innerstaatl Einrichtungen, die staatl oder staatswichtige Aufgaben erfüllen, idR unselbständige, nachgeordnete Dienststellen von juristischen Personen döR (zB Forschungsanstalten, Museen, Bibliotheken). **Private Körperschaften**, Personenvereinigungen und Vermögensmassen iSv § 10b I 2 EStG können nur die in § 1 I KStG aufgeführten sein (Abzugsvoraussetzungen s Rz 42). Dazu gehören auch nichtrechtsfähige Vereine und Stiftungen des privaten Rechts (§§ 80 ff BGB). **Stiftungen** müssen nach Satzung, Stiftungsgeschäft oder sonstiger Verfassung und nach tatsächl Geschäftsführung ausschließl und unmittelbar gemeinnützigen Zwecken iSv §§ 51–68 AO dienen (§ 10b I 2 EStG, § 5 I Nr 9 KStG, dazu Rz 12 ff, 42, 43, auch zum Verfahren). Sie können auch für **„Katastrophenspenden"** sammeln (s Rz 3).

b) Politische Parteien. Das sind nur solche iSv § 2 PartG und deren Gebietsverbände und Teilorganisationen. **Kommunalparteien** (freie Wählergemeinschaften) sind zwar steuerl durch § 5 I Nr 7 KStG politischen Parteien gleichgestellt, aber nicht als Spendenempfangsberechtigte iSv § 10b (nur iSv § 34g S 1 Nr 2); die Ungleichbehandlung ist verfgem (BFH X R 55/14 BStBl II 17, 1122). Sonstige staatspolitische Empfänger s Rz 12. Abziehbar sind iRv § 10b II (und § 34g) Mitgliedsbeiträge (§ 50 VI EStDV) und darüber hinausgehende Geldspenden an politische Parteien einschließl Mandatsträgerbeiträgen (§ 27 ParteiG; bis 300 € vereinfachter Nachweis, § 50 IV 1 Nr 2c EStDV; Mitgliedsbeiträge s § 50 VI EStDV). Zuwendungen über 10 000 € hinaus müssen zwar im Rechenschaftsbericht der Partei verzeichnet sein; diese Aufzeichnung *als Spendenabzugsvoraussetzung* ist jedoch entfallen. Fehlende Einhaltung der Melde- und Abführungspflicht nach § 25 ParteiG stellt den Abzug nach § 10b/§ 34g nicht in Frage. **Höhe** s Rz 36. **18**

c) Unmittelbare Zahlung. Grds muss die Spende unmittelbar für begünstigte Empfänger bestimmt sein; es gibt jedoch **Ausnahmen** (vgl §§ 57-58a AO mit AEAO-Änderungen *BMF* BStBl I 21, 1036; *Hüttemann* DB 21, 72, *ders* DB 21, 2580; *Seer/Unger* FR 21, 564; oben Rz 17, unten Rz 43). – Die Spende kann eine **Hilfsperson** entgegennehmen (§ 57 I 2 AO, EStR 10b.1 III 2; *Beispiele:* Schulspende über Kassier des Elternbeirats, Gemeinde als „Durchlaufstelle" für Sportverein, s Rz 22; Beförderung von hilfsbedürftigen Personen als Spende an das DRK oÄ, s Rspr Rz 3 „Fahrtkosten"; kirchl Spende durch Übernahme der Kosten für Kirchenrestaurateur, FG Nbg EFG 61, 204). – **Spendensammelvereine/Mittelweitergaben** nur an begünstigte Mitglieder (s §§ 57 III, 58, 58a AO, FG Nds DStRE 10, 592, rkr; s aber Rz 17). **Parteispenden** über Dritte entfallen nach § 25 I ParteiG (verschleierte Geschäfte). s Rz 5, 50 ff). **20**

d) Durchlaufspenden. Die Begünstigung bestimmter Spenden war bis 1999 davon abhängig, dass die Leistung nicht an den gemeinnützigen Letztempfänger (Sportverein) selbst erfolgte, sondern über eine juristische Person (zB Gemeinde). Ab VZ 2000 ist dieses Durchlaufspendenverfahren *als Voraussetzung des Abzuges* abgeschafft. Die mögl **Weiterleitung** durch öffentl Stellen ist dadurch nicht eingeschränkt (s EStR 10b.1 II; zu Haftungsrisiko Rz 56). **22**

IV. Höchstgrenzen des Zuwendungsabzugs

25 **1. Höhe der abziehbaren Zuwendungen, § 10b I. – a) Sachliche Begrenzung.** Zuwendungen (Spenden und Mitgliedsbeiträge) zur Förderung aller steuerbegünstigten Zwecke iSv §§ 52–54 AO sind *insgesamt* bis zu 20% des Gesamtbetrages der Einkünfte iSv § 2 III *oder* – wenn dies günstiger ist wohl von Amts wegen – 4 vT der gesamten (stbaren und nicht stbaren) Umsätze iSv § 1 I UStG (dazu BFH I R 151/93 BStBl II 97, 327) zuzügl der gezahlten Löhne und Gehälter abziehbar (ohne Billigkeitserhöhung wegen Alters, BFH X B 12/11 BFH/NV 12, 215). Auch bei abw Wj ist auf die Umsätze *im Kj* abzustellen (str, s FG Saarl EFG 18, 1901, rkr). **Parteispenden** s Rz 36 ff. **Abgeltende Kapitalerträge nach § 32d I** sind gemäß § 2 Vb nicht in die Einkünfteberechnung einzubeziehen (Streichung von § 2 Vb S 2 aF). Die Einbeziehung bei Normalversteuerung gem § 32d II–VI schließt § 2 Vb nicht aus.

26 **b) Persönliche Abzugsvoraussetzungen.** Bei **Ehegatten/Lebenspartner** (§ 26b) gilt: Keine *gesetzl* Betragsverdoppelung wie in § 10b Ia 2 (s Rz 32); aber bei gemeinsamen Spenden faktische Verdoppelung durch Ansatz der Einkünfte/ Umsätze von beiden ohne Rücksicht auf den Zahlenden (vgl BFH XI R 76/03 BStBl II 06, 121). Bei **PersGes** ist auf den Gesamtbetrag der Einkünfte des Spender-Ges'ters oder den anteiligen Gesamtumsatz abzustellen (EStR 10b.3 I), ggf zuzügl sonstiger Ges'terUmsätze. **Erben** s Rz 32.

28 **2. Abzugszeitpunkt/Spendenvortrag, § 10b I 9, 10, § 10d IV.** Grds sind Spenden im Zahlungsjahr abzuziehen (§ 11 II, BFH X R 46/09 BStBl II 11, 685 mwN). Die Höchstbeträge übersteigende Zuwendungen gehen nicht verloren. Sie sind iRd Höchstbeträge (zusammen mit späteren Zuwendungen) zeitl unbegrenzt in folgenden VZ als SA abziehbar. Hierfür sind die am Jahresende verbleibenden Beträge entspr § 10d IV gesondert **festzustellen** (s Rz 33). Rücktrag ist nicht mögl. **Abzugsreihenfolge** für den Vortrag: Der Gesamtbetrag der Einkünfte ist vorweg um Vorsorgeaufwendungen nach § 10 III, IV (damit auch § 10 IVa), § 10c und Verlustabzüge nach § 10d sowie um im VZ abziehbare Spenden zu kürzen. Grund: Förderung der Spendenbereitschaft durch Erweiterung der Vortragsmöglichkeit auch bei negativem Gesamtbetrag der Einkünfte wegen Kürzung nach § 2 IV um SA und Verlustabzüge (nicht die agB und nicht bei ESt 0, weil das zu versteuernde Einkommen unter dem Grundfreibetrag liegt). Keine Hinzurechnung von SA-Erstattungen nach § 10 IVb 3 (s § 10 Rz 170).

30 **3. Stiftungsspenden, § 10b I, Ia.** S *BMF* BStBl I 09, 16; *BMF* BStBl I 14, 1278; allg zu Stiftungen *v Hoerner* NWB 19, 154; Neuregelung des Stiftungsrechts **ab 1.7.23** s §§ 80 ff BGB idF des Gesetzes zur Vereinheitlichung des Stiftungsrechts … (BGBl I 21, 2947); *Lorenz/Mehren* DStR 21, 1774; Stiftungsdauer s *Blumers* DB 21, 2243). – **a) Rechtsentwicklung.** *Seit 2007* entfallen die Sonderregelungen für den Stiftungsspendenabzug in § 10b I 3 aF und für Neugründungsspenden in § 10b Ia aF sowie die Großspendenverteilung nach § 10b I 4 aF. **Normale Stiftungsspenden** sind iRv § 10b I abziehbar bzw unbefristet verteilbar. **Vermögensstockspenden** können *darüber hinaus* bis zu einem Betrag von 1 Mio € abgezogen oder auf das Zahlungsjahr bzw die folgenden 9 Jahre verteilt werden (§ 10b Ia, unten Rz 31). Kein Abzug *eigennütziger* Stiftungszuwendungen (s FG BBg DStRE 14, 840, rkr; oben Rz 5).

31 **b) Vermögensstockspenden, § 10b Ia 1, 2.** Vgl *BMF* BStBl I 09, 16, *BMF* BStBl I 14, 1278. Grundvoraussetzung ist das Bestehen oder die Gründung einer – eigenen oder fremden, selbständigen oder unselbständigen (str), inl oder ausl – Stiftung, die unter § 10b I 2–6 fällt (ohne Einschränkung durch § 10b I 8, s *Schmidt* 38. Aufl § 10b Rz 31). Vor Gründung kein Abzug (zu Vorstiftung BFH X R 36/11 BStBl II 15, 545). Begünstigt sind nicht nur eigeninitiative Gründungs- und Zustiftungen, sondern auch **Zuspenden** an **Fremdstiftungen**, seit 2007 ohne zeitl

Bindung an die Gründung. Der Begriff „**Vermögensstock**" ist neu. Gemeint ist das Grundstockvermögen der Stiftung, dem der Spender Vermögen zur Erfüllung des Stiftungszwecks zuwenden muss, einschließl Zuspenden (*BMF* BStBl I 14, 1278). § 10b Ia 2 idF ab 2013 spricht klarstellend von „zu erhaltendem Vermögen" und schließt ausdrückl Verbrauchsstiftungen aus.

c) Höhe/persönliche Begünstigung, § 10b Ia 1, 3. Vgl *BMF* BStBl I 09, 16. – *(1)* **Höhe, § 10b Ia 1.** Stiftungsspenden können über die nach Abs 1 abziehbaren und abgezogenen Beträge hinaus und losgelöst von den Voraussetzungen des Abs 1 bis zu einem of 10 Jahre bezogenen Höchstbetrag (Geld oder Sachwert) von 1 Mio € auf Antrag *wahlweise* im Jahr der Zuwendung oder beliebig gleichmäßig oder unterschiedl verteilt auf dieses und die nachfolgenden neun Jahre abgezogen werden. Ein Verlust*rücktrag* ist nicht mögl (wie § 10b I 9). – *(2)* **Antrag.** Es gelten die Grundsätze § 10d Rz 27, 28. Ohne Antrag § 10b Ia gilt § 10b I, ebenso bei Spenden über 1 Mio € hinaus und bei nach Ablauf des 10-Jahreszeitraums verbleibenden Spendenresten (insoweit nach § 10b I ohne zeitl Begrenzung, s *BMF* BStBl I 09, 16 Tz 3, 4a). IÜ wird der sonstige Spendenabzug nach § 10b I durch einen Antrag nach § 10b Ia nicht berührt. – *(3)* **Verteilung; Frist; Wiederholung, § 10b Ia 1, 3.** Die *jährl* Abzugshöhe kann der StPfl für jeden VZ unterschiedl bestimmen, um die Abzugsvorteile voll auszunutzen. Maßgebend für den Beginn der 10-Jahresfrist ist der VZ der Zuwendung, selbst wenn diese vor 2007 lag und unter § 10b Ia aF fiel (*BMF* BStBl I 09, 16 mit Beispiel). Für jede spätere Stiftungsspende soll nach *BMF* BStBl I 09, 16 ein neuer 10-Jahreszeitraum beginnen (zweifelhaft, s FG Ddorf EFG 16, 578, rkr, Anm *Wendt* mwN; *HHR* § 10b Rz 102); der Höchstbetrag von 1 Mio € darf jedoch unabhängig von der – mögl – Einbeziehung der Folgespenden und von der Ausnutzung der 10 Jahresfrist nach der Erstspende nicht überschritten werden (auch nicht bei Vollabzug im Zahlungsjahr). Verbleibende Folgespenden sind in dem danach verbleibenden VZ innerhalb *deren* 10-Jahresfrist nach § 10b Ia abziehbar, anschließend ggf gem § 10b I (*BMF* BStBl I 09, 16 Tz 4a). Die Laufzeit nicht ausgenutzter Teile von Alt-Großspenden vor 2007 läuft unabhängig von der Gesetzesänderung weiter (Wortlaut § 10b I 4 aF; *BMF* BStBl I 09, 16 Tz 4b, nicht zwingend). Der Höchstbetrag § 10b Ia 1 kann nach Ablauf von zehn Jahren erneut in Anspruch genommen werden (S 3 „innerhalb dieses Zeitraums"), allerdings nur aufgrund neuer Stiftungsspenden. – *(4)* **Personenbezogene Prüfung.** Stiftungsspenden sind bei der Veranlagung natürl Personen abziehbar. Spenden der **PersGes'ter**: für jeden Ges'ter bis zu dieser Höhe, mE unter anteiliger Berücksichtigung nur durch die Ges geleisteten Spenden und mit unterschiedl Wahlrecht. **GewSt/KSt** s *Schmidt* 39. Aufl § 10b Rz 32. Zusammen veranlagte **Ehegatten/LPart:** Seit 2013 gesetzl Verdoppelung ohne Rücksicht auf die Zahlungsperson (insoweit abw von § 10b I 1, BFH XI R76/03 BStBl II 06, 121, s Rz 26; *BMF* BStBl I 14, 1278 – anders vor 2013, s FG Köln EFG 21, 2053, rkr). **Erben:** Fragl ist, ob Zuwendungen an eine **Stiftung von Todes wegen** bei der Veranlagung des Verstorbenen im Todesjahr auf Grund der zivilrechtl Rückwirkung nach § 84 BGB abziehbar sind – sicher nicht bei Verpflichtung des Erben zur Stiftungserrichtung (BFH X R 75/94 BStBl II 97, 239; abl zu testamentarischer Stiftungserrichtung BFH X R 46/09 BStBl II 11, 685; s auch Rz 8; abl zu Restabzug einer Großspende beim Erben BFH X R 44/05 BFH/NV 09, 375; zu Spende nach Schenkung unter Auflage BFH X R 6/17 BStBl II 19, 318). S auch *Strickmann* NWB 21, 311.

d) Feststellung verbleibender Abzugsbeträge, § 10b Ia 4. § 10d IV gilt entspr (vgl BFH X R 11/17 BStBl II 21, 899). Das bedeutet: Nach S 1 nicht ausgenutzte Stiftungsspenden bis zu insgesamt 1 Mio € sind während der restl Laufzeit gesondert als verbleibend festzustellen, dh bis zu 9 Jahre jeweils zum 31.12. Ein nach Ablauf von zehn Jahren nicht ausgenutzter Spendenbetrag kann zwar nicht nach Abs 1a fortgeschrieben werden; er geht jedoch nach hM trotz der 10-jährigen Befristung entgegen der Vortragsfrist für Großspenden nicht steuerl verloren (s Rz 32), sondern wird im unbefristeten allg Spendenvortrag nach § 10b I 9, 10 fortgeführt. Ggf waren 3 Feststellungen nebeneinander durchzuführen (§ 10b I 10 für normale Spenden, § 10b I 5 aF für verbleibende Großspenden nach altem Recht (BMF BStBl I 09, 16 Tz 1, str), § 10b Ia 4 für Vermögensstock-Stiftungsspenden, wohl unter Einbeziehung alter Neugründungsspenden.

34 **e) Erweiterung des Empfängerkreises, § 10b Ia 1.** Im Anschluss an die Erweiterung des allg Spendenabzugs an ausl Empfänger nach § 10b I 2 Nr 3 wird der Stiftungsspendenabzug nach § 10b Ia unter denselben Voraussetzungen auf **im EU-/EWR-Ausl ansässige Stiftungen döR** (§ 10b I 2 Nr 2) und des privaten Rechts ausgedehnt (§ 10b I 2 Nr 3, S 3–6, s Rz 15).

36 **4. Höhe politischer Zuwendungen, § 10b II. – a) Grundsatz der Spendenbegünstigung; begrenzte Abzugshöhe, § 10b II 1:** Mitgliedsbeiträge und Spenden an **politische Parteien** sind neben Zuwendungen nach § 10b I als Spenden abziehbar. Nach Bedenken des BVerfG gegen die Höhe erfolgte eine Senkung der Jahreshöchstbeträge nach § 10b II auf 1650/3300 € unter gleichzeitiger Ausdehnung und Anhebung der vorrangigen Tarifabzugsbeträge nach § 34g. Bei zusammen veranlagten Ehegatten/LPart stets gesetzl Verdopplung ohne Prüfung des Zahlenden. **KSt:** S Schmidt 39. Aufl § 10b Rz 36 mwN.

37 **b) Abzugsbeschränkung ab 2017, § 10b II 1.** Im letzten NPD-Verfahren hatte BVerfG 2 BvB 1/13 (NJW 17, 611) zwar den beantragten NPD-Parteiausschluss abgelehnt, aber die Möglichkeit eröffnet, die staatl Finanzierung der Partei einzuschränken. Hiervon hat der Gesetzgeber durch Einfügung einer entspr Vorschrift in § 18 II 2 ParteiG und Übernahme in § 10b II 2 (sowie § 34g I 1 EStG und § 50 IV 1 Nr 2 Buchst c EStDV) Gebrauch gemacht (Gesetz zum Ausschluss verfassungsfeindl Parteien von der Parteienfinanzierung, BGBl I 17, 2730). Danach sind Spenden an solche Parteien nach erforderl Bestätigung durch das BVerfG nicht mehr abziehbar.

38 **c) Verhältnis zu § 34g, § 10b II 2.** Als Ausgleich der gekürzten Höchstbeträge nach § 10 b II 1 gewährt § 34g für Zuwendungen an politische Parteien (und unabhängige Wählervereinigungen ohne SA-Abzugsberechtigung) vorrangig eine besondere, den SA-Abzug kürzende tarifl ESt-Ermäßigung bis zu 825 €/ 1650 € bei Zuwendung von 1650 €/3300 €. Übersteigende Zuwendungen sind nicht durch „Gewährung" nach § 34g verbraucht und können bis zu den Höchstbeträgen nach § 10b II zusätzl als SA abgesetzt werden.

V. Verfahren; Nachweise; Haftung

40 **1. Zuwendungsbestätigung, § 50 I, IV-VI EStDV. – a) Bedeutung der Bestätigung, § 50 I EStDV.** Es handelt sich um eine Spendenbescheinigung über Empfänger, Empfang und Verwendung einer Zuwendung, ggf über den Wert von Sachspenden (§ 50 VII 3 EStDV). Die Verwendungs- (und Wert)bestätigung ist zwar eine unverzichtbare materiell-rechtl Voraussetzung für den SA-Abzug mit sachl Bedeutung insoweit, als das FA ohne sie den Spendenabzug idR ablehnen wird (zB bei Straßen-/Haussammlungen, Kirchenkollekte). Gleichwohl ist die konstitutive Wirkung nicht allein für den Abzug entscheidend (s Rz 50).

41 **b) Inhalt der Bestätigung. – aa) Zuwendungsnachweis.** Grds bestätigt der Empfänger den Eingang einer bestimmten Zuwendung durch eine genau bezeichnete Person auf einem amtl vorgeschriebenen Vordruck (§ 50 I EStDV, § 50 IV 2 EStDV; Vordrucke s Rz 47; Treuhänderkonten s § 50 IV Nr 1b, V EStDV). Bei Geldspenden genügt uU Sammelbestätigung; bei Sachspenden Bestätigung der einzelnen Sachwerte (s Rz 2, 3; BFH X R 154/88 BStBl II 90, 570; BMF BStBl I 13, 1333), bei Aufwandsspenden der Einzelaufwendungen sowie jeweils der Grundlagen für deren Wertermittlung (s § 50 VII 3 EStDV; Rz 3 „Fahrtkosten").

Verfahren; Nachweise; Haftung   42–48 § 10b

bb) Empfangsberechtigungsnachweis. Begünstigter Personenkreis s 42
§ 10b I 2 EStG/§ 50 I EStDV, oben Rz 17. Bei **Zuwendungen an Körperschaften iSv** § 5 I Nr 9 KStG muss deren Empfangsberechtigung feststehen (§ 50 I EStDV iVm § 63 V AO), sei es durch KSt-Freistellungsbescheid/Freistellung in der Anlage zum KSt-Bescheid, sei es durch bindende Feststellung der Satzungsmäßigkeit nach § 60a I AO (s *BMF* BStBl I 14, 791). Die Freistellung darf nicht länger als 5 Jahre, die Satzungsbescheinigung nicht länger als 3 Jahre zurückliegen (§ 63 V AO). Die Bindung erstreckt sich auf die tatsächl Freistellung von der KSt wegen Gemeinnützigkeit, dh darauf, dass nach Satzung und tatsächl Geschäftsführung ausschließl und unmittelbar gemeinnützige Zwecke verfolgt werden und kein wirtschaftl Geschäftsbetrieb vorliegt (§ 5 I Nr 9 KStG, §§ 51–68 AO, unten Rz 50).

cc) Verwendungsbestätigung. Bei gemeinnützigen Spenden muss der Emp- 43
fänger der Zuwendungen auf amtl Vordruck bestätigen, dass er diese nur für *seine satzungsmäßigen Zwecke* verwendet (§ 50 I EStDV mit Ausnahmen – ausl EU/EWR-Empfänger bis 2024, s Rz 15). Bei **Sachspenden** reicht nach zutr hM die **mittelbare Verwendung** des zu bestätigenden Verkaufserlöses (**aA** FG Ddorf EFG 97, 473, rkr – „Münzspende nicht abziehbar", fragl). Diese Bestätigung ersetzt nicht die tatsächl Verwendung (s Rz 50). Steuerl unschädl **Weiterleitung** an andere – gleichartig begünstigte – Körperschaften ist iRv § 58 AO mögl (vgl auch BFH X R 13/15 BStBl II 17, 1110 Rz 20); Spenden zur Begünstigung einzelner Personen s Rz 17, zu Coronaspenden *BMF* BStBl I 20, 498 und *BMF* BStBl I 21, 57. *Erforderl* **Nebenkostenfinanzierung** ist unschädl (nach BFH I R 60/01 BFH/NV 03, 1025 ohne absolute oder prozentuale Obergrenze, in vierjähriger Gründungsphase uU bis 50% für **Mitgliederwerbung, Verwaltung uä;** *BMF* BStBl I 00, 814 sieht die BFH-Rspr als Sonderfälle und prüft im Einzelfall; die **10%-Grenze** für Mitgliederwerbung ist gefallen).

c) Verzicht auf Zuwendungsbestätigung, § 50 IV- VI EStDV. In folgenden 45
Fällen genügen Zahlungsbeleg oder Buchungsbestätigung der Bank mit Angaben zu Spender und Empfänger (§ 50 IV 2 EStDV): – *(1)* **Katastrophenfälle** ohne Rücksicht auf die Höhe (§ 50 IV Nr 1 gem Voraussetzungen § 50 V EStDV; s Rz 3, auch zu Coronaspenden); – *(2)* **Geringfügigkeit**. In anderen Einzelfällen bei Zuwendungen ab 2020 **bis 300 €**, vorher 200 € (§ 50 IV 1 Nr 2 EStDV). **Sammelbestätigungen** für Geldspenden sind mögl (Rz 41); auch **Online-Banking** (*OFD Ffm* DB 06, 530). Kontoauszug genügt, nicht aber Überweisungsdurchschlag (*OFD Ka* DStR 03, 371). – *(3)* **Politische Zuwendungen (§ 50 VI EStDV).** Bei *Mitgliedsbeiträgen* an politische Parteien genügen Zahlungsbelege unbegrenzt (§ 50 VI EStDV), bei sonstigen Geldspenden einschließl Mandatsträgerbeiträgen bis 300 € (§ 50 IV 1 Nr 2c EStDV).

2. Nachweisverfahren, § 50 I, II; Ausnahmen § 50 VII-VIII EStDV/§ 93c 47
AO. – **a) Nachweis durch Spender/Aufbewahrung statt FA-Vorlage.** Während Spender früher Zuwendungsbestätigungen und vereinfachte Nachweise iSv § 50 IV EStDV ihrer StErklärung beilegen mussten, ist das **ab 2017** nur noch auf Aufforderung durch das FA erforderl. Die Unterlagen iSv § 50 I, IV–VI EStDV sind jedoch *aufzubewahren* bis 1 Jahr nach Zugang des StBescheids (§ 50 VIII EStDV). Das gilt auch für **amtl Vordrucke** im Empfänger (**§ 50 I EStDV,** s Muster *BMF* BStBl I 13, 1333 iVm *BMF* BStBl I 14, 791). Die Vorlage kann der StPfl ggf im Einspruchsverfahren oder bis zur Entscheidung des FG nachholen. Zuwendungen an Körperschaften iSv § 5 I Nr 9 KStG haben diese aufzuzeichnen und aufzubewahren (§ 50 VII EStDV).

b) Datenfernübertragung durch Dritte; Meldeverfahren, § 50 II, III ESt- 48
DV iVm § 93c AO. S *BMF* DStR 17, 330. Zuwendungsbestätigungen können auch elektronisch durch Dritte an das FA übermittelt werden (ab 2017 gem § 93 c AO, s § 50 II EStDV). Danach kann (nicht muss) der Spender den Zuwendungs-

empfänger unter Mitteilung seiner Identifikations-Nr bevollmächtigen, die Zuwendungsbestätigung per Datenfernübertragung unmittelbar an sein Veranlagungs-FA zu übermitteln. Die Vollmacht ist (nur) für die Zukunft widerrufbar. Der Zuwendungsempfänger hat dem Spender die Übermittlung zu bestätigen und die übermittelten Daten zur Verfügung zu stellen. *Bei diesem Verfahren* **entfällt die Aufbewahrungspflicht** *des Spenders*. Der Zuwendungsempfänger übermittelt die Daten idR bis Ende Februar des Folgejahres an das Veranlagungs-FA des Zuwenders und teilt sie diesem elektronisch oder auf Antrag als Ausdruck mit. Der Empfänger zeichnet die übermittelten Daten auf und bewahrt diese Aufzeichnungen und die der Mitteilung zugrunde liegenden Unterlagen 7 Jahre lang auf (§ 50 VII EStDV, § 93c I Nr 4 AO). Etwaige Korrekturen hat er nachzumelden (§ 93c I, III AO; ggf Bescheidänderung nach § 175b AO).

50   **3. Rechtsfolgen der Zuwendungsbestätigung, § 10b IV 1 EStG; § 50 I 1 EStDV. – a) Verhältnis Bestätigung/Verwendung.** Grds kann sich der Spender auf die Richtigkeit der Bestätigung verlassen (Rz 52). Gleichwohl müssen die sachl und persönl Spendenabzugsvoraussetzungen (Rz 12, 18) tatsächl gegeben sein. Rechtsbegründende Wirkung hat weniger die Zuwendungsbestätigung als die tatsächl Verwendung ausschließl für begünstigte Zwecke beim begünstigten Empfängers. BFH X R 17/85 BStBl II 89, 879 spricht von Beweiserleichterung ohne Bindungswirkung (= EStH 10b.1 „Zuwendungsbestätigung"). Entscheidend sind letztl die tatsächl Empfangsberechtigung (§ 5 I Nr 9 KStG; BFH X R 32/10 BFH/NV 12, 179, krit *Hüttemann* FR 12, 241) und die tatsächl Verwendung (s FG Thür EFG 98, 1640, rkr; oben Rz 43). § 50 EStDV ersetzt also nur bedingt den endgültigen Verwendungsnachweis. Zur Bindung an eine im Zeitpunkt der Erstellung rechtmäßige Zuwendungsbestätigung s BFH X R 46/16 BFH/NV 18, 717 (auch zur Änderungsmöglichkeit auf Grund nachträgl Umstände und zur Unschädlichkeit eines nicht korrekten Ausstellungsdatums).

51   **b) Formelle Änderungsvoraussetzungen.** Diese können sich aus §§ 164, 165, 173 I Nr 1 AO (fehlerhafte Zuwendungsbestätigung, Rz 52), uU Nr 2 nachträgl Vorlage – nicht nachträgl Erteilung der Bestätigung, s BFH X R 34/13 BFH/NV 17, 23, auch zu § 175 AO), oder aus § 173a AO bzw § 175b AO ergeben.

52   **c) Bindung/Vertrauensschutz nach Treu und Glauben, § 10b IV 1 HS 1.** Der Spender darf sich grds auf die Richtigkeit der Spendenbestätigung berufen. Der **Schutz umfasst** grds (s Rz 53) den Fortbestand der persönl Voraussetzungen (zB bei Widerruf der Empfängerbefreiung), Verwendung der Spende (zB Veruntreuung durch Empfänger, Ausgaben für nichtbegünstigte Zwecke), rechtl Qualifizierung als Spende (BFH XI R 30/01 BFH/NV 02, 1029), aber nicht Spendenrückzahlung (vgl BFH VI R 72/73 BStBl II 76, 338).Vgl auch § 58a AO.

53   **d) Ausnahmen, § 10b IV 1 HS 2** (*OFD Ffm* DStR 14, 1445). Kein Vertrauensschutz besteht in folgenden Fällen: – **aa) Erwirkung der Bestätigung durch unlautere Mittel** oder **falsche Angaben des Spenders.** Die Handlung des StPfl muss ursächl für die Erteilung sein. Handlungen bzw Unterlassungen dritter Personen (zB Vertreter) können dem StPfl zuzurechnen sein, uU ohne Kenntnis (vgl BFH X R 143/88 BStBl II 91, 325). **Unlautere Mittel** sind wie in § 130 II Nr 2 AO insb arglistige Täuschung, Drohung oder Bestechung. „**Falsche Angaben**" müssen in wesentl Teilen (ursächl) obj unrichtig oder unvollständig sein.

54   **bb) Kenntnis der Unrichtigkeit.** Schädl ist positive Kenntnis sowie grob fahrlässige Unkenntnis des Spenders. Wie in § 130 II Nr 4 AO erfolgt die Prüfung nach individuellen Maßstäben. **Grob fahrlässig** handelt, wer die nach seinen persönl Kenntnissen und Fähigkeiten gebotene und zuzumutende Sorgfalt in ungewöhnl Maße und in nicht entschuldbarer Weise verletzt (vgl – auch zu Vertreterverschulden – Rz 56, BFH VIII R 174/85 BStBl II 89, 789 mwN zu § 173 I Nr 2 AO sowie Rspr zu § 110 I AO zu Fällen einfacher Fahrlässigkeit). Bei „Golfspende" (Rz 8) uU grobe Fahrlässigkeit (BFH XI R 6/03 BStBl II 07, 8, str). Maßgebl Zeitpunkt nach *FinVerw* (zutr *OFD Ffm* DStR 04, 772): Einreichung der StErklärung (wegen § 150 II AO nicht Ausstellen der Bescheinigung; bei Anwendung von § 153 I 1 Nr 1, II AO würde § 10b IV 1 leerlaufen).

4. Haftung, § 10b IV 2–5. – a) Personen, die für entgehende Steuer haften können, § 10b IV 2. – *(1)* Zuwendungsempfänger. Dies kann ein für die Verwendung zuständiger **gesetzl Vertreter** sein (zB Vereinsvorstand, vgl BFH VII R 46/02 BStBl II 03, 556 zu Verhältnis Hauptvorstand/Abteilungsleiter; § 34 AO, § 26 BGB; ggf mehrere Vertreter als Gesamtschuldner; Zurechnung eines StB-Verschuldens s FG BBg EFG 14, 989, rkr), uU ein **nicht Berechtigter** (zB bei Veruntreuung) oder **Anweisender** als Veranlasser (s Rz 58). Weites **Auswahlermessen,** s BFH XI B 130/98 BFH/NV 99, 1089 Rz 62. – *(2)* **Aussteller der Spendenbestätigung.** IdR ist dies – auch für Durchlaufspenden – die empfangende Körperschaft, deren Vertreter durch grob fahrlässiges Ausstellen unrichtiger Bestätigungen den Haftungstatbestand des HS 1 erfüllen (s Rz 54; Haftung der Anstellungskörperschaft, Art 34 GG, vgl BFH XI R 123/96 BStBl II 03, 128). Die Haftung entfällt, wenn der Haftungsschuldner fehlenden Vertrauensschutz des StPfl nachweist (Rz 53). – *(3)* **Keine Dritthaftung, § 50 II 5 EStDV.** Die Haftungsregelungen ab 2017 für datenübermittelnde Dritte des § 72a IV iVm § 93c AO gelten für Spendenempfänger nicht (Vorrangigkeit des § 10b IV). 56

b) Einzeltatbestände, § 10b IV 2. – aa) Ausstellerhaftung, § 10b IV 2 HS 1. Die Vorschrift entspricht anderen Haftungsfällen bei Ausstellung unrichtiger Bestätigungen mit steuerl Auswirkung bei Dritten (zB § 45a VII, dort allerdings ohne Verschulden). Die erforderl obj Unrichtigkeit (s Rz 54) kann sich auf die Zahlung als solche und auf die persönl Freistellung des Empfängers beziehen (*Beispiel:* Empfänger bestätigt Freistellung zu Unrecht entgegen zwischenzeitl Satzungs- oder Geschäftsführungsänderung, vgl auch Rz 42, 43). Haftung aber nur bei Vorsatz oder grober Fahrlässigkeit (s Rz 59) in den Grenzen der Vertrauensschutzregelung § 10b IV 1 (dazu BFH XI R 65/98 BStBl II 00, 65). 57

bb) Veranlasserhaftung, § 10b IV 2 HS 2. Typische Fälle der Veranlassung zweckfremder Verwendung der Spendenmittel (vgl Rz 43) sind: – Verwendung zu anderen als den begünstigten (auch anderen gemeinnützigen) Zwecken; – nachträgl Änderung der Satzung (§§ 59, 60 AO) oder der tatsächl Geschäftsführung (§ 64 AO); – Beginn eines wirtschaftl Geschäftsbetriebes; – Unterschlagung für Privatzwecke. „**Veranlasst**" wird zweckfremde Verwendung idR durch die entscheidungsbefugten und anordnenden Vorstände (s Rz 56). Verschulden s Rz 59. Wirtschaftl erforderl Verwaltungs- und Mitgliederwerbeausgaben sind idR unschädl (s Rz 43). Subsidiäre Haftung s § 10b IV 4, unten Rz 62. Die **Rückwirkende Aberkennung der Gemeinnützigkeit** (dazu BFH I R 59/09 BStBl II 12, 226) fällt nicht unter HS 2 (BFH XI R 58/01 BStBl II 04, 352), uU § 10b IV 2 HS 1. 58

c) Verschulden. Während § 10b IV 2 HS 1 stets vorsätzl oder grob fahrlässiges Handeln voraussetzt, enthielt HS 2 aF einen Fall der Gefährdungshaftung ohne Verschulden. Das ist **ab 2013** geändert (versteckte Streichung des Wortes „wer" in HS 2). Die Inanspruchnahme kann ermessensfehlerhaft sein, s Rz 56, 62. 59

d) Tatsächlicher Steuerausfall. Der ist zwar nicht ausdrückl Tatbestandsmerkmal und wird daher grds vom FA nicht geprüft (Fiktion § 10b IV 3 mit Ausnahme § 10b IV 4). Vertrauenstatbestand in § 10b IV 1 und Haftung nach § 10b IV 2 hängen jedoch zusammen; Steuer- und Haftungsschuld schließen einander aus, sodass sich Haftungsschuldner durch Darlegung der Bösgläubigkeit des StSchuldners (Folge aus Rz 61) oder der fehlenden steuerl Auswirkung im Einzelfall exkulpieren können (zB durch Einwand „keine StFestsetzung gegen den Spender" oder „kein Spendenabzug geltend gemacht", s *OFD Ffm* DStR 14, 1445). 60

§ 10d Verlustabzug

61 **e) Haftungsbetrag, § 10b IV 3.** § 10b IV enthält einen Haftungstatbestand für entgangene Steuer, die Satz 3 grds unwiderlegbar mit **30 %** des Spendenbetrages fingiert (Ermessensreduzierung auf Null, vgl FG Hess EFG 98, 757, rkr; oben Rz 60).

62 **f) Veranlasserhaftungsbeschränkung, § 10b IV 4.** Da sich durch die gesamtschuldnerische Haftung immer weniger für die „Veranlassung" nach § 10b IV 2 HS 2 verantwortl Personen (zB ehrenamtl Vereinsvorstände) zur Verfügung stellen, ist primär der Spendenempfänger (zB der Verein) als Haftungsschuldner in Anspruch zu nehmen; die veranlassenden Personen haften nur noch subsidiär (Ermessensentscheidung der Auswahl eines Gesamtschuldners; vgl auch §§ 31a, b BGB). Die Haftung nach § 10b IV gilt im Anschluss an § 10b I 2 Nr 3 auch für **ausl EU-/EWR-Empfänger.**

63 **g) Verjährung, § 10b IV 5.** Die **Ablaufhemmung der Festsetzungsfrist** (§ 191 III AO) soll verhindern, dass die Dauer eines (schließl uU erfolglosen) Primärhaftungsverfahrens gegen Zuwendungsempfänger (§ 10b IV 4) zur Haftungsverjährung bei der veranlassenden Person und damit zum Haftungsausfall nach § 10b IV 2 führen kann. § 191 V AO ist auf Doppelhaftung nicht anwendbar.

§ 10c Sonderausgaben-Pauschbetrag

¹**Für Sonderausgaben nach § 10 Absatz 1 Nummer 4, 5, 7 und 9 sowie Absatz 1a und nach § 10b wird ein Pauschbetrag von 36 Euro abgezogen (Sonderausgaben-Pauschbetrag), wenn der Steuerpflichtige nicht höhere Aufwendungen nachweist.** ²**Im Fall der Zusammenveranlagung von Ehegatten verdoppelt sich der Sonderausgaben-Pauschbetrag.**

1 **1. Wesen des Pauschbetrags.** Der StPfl hat zwei Möglichkeiten. Er kann höhere Mehraufwendungen nachweisen. Ohne Nachweis wird der Pauschbetrag von Amts wegen gewährt, grds auch dann ohne Kürzung, wenn die Voraussetzungen nur für einen **Teil des Jahres** vorliegen. Beschr StPfl s § 50 I 3–5.

2 **2. Aufhebung der Vorsorgepauschale nach § 10c II–V aF.** Im Veranlagungsverfahren können seit 2010 nur noch tatsächl gezahlte Vorsorgebeiträge abgesetzt werden. Pauschalierte Vorsorgeaufwendungen werden im **LStAbzugsverfahren** berücksichtigt (s § 39b II 5 Nr 3).

3 **3. Sonderausgaben-Pauschbetrag, § 10c S 1.** § 10c S 1 entspricht § 10c I aF. Der SA-Pauschbetrag umfasst mit Ausnahme der Vorsorgeaufwend iSv § 10 I Nr 2, 3, 3a alle anderen Aufwendungen iSv § 10 und § 10b. Beschr StPfl s Rz 1.

4 **4. Höhe, § 10c S 1, 2.** Der Pauschbetrag § 10c S 1 ist mit 36 EUR so niedrig gehalten, dass er sich praktisch nie auswirkt, weil sich stets höhere SA ergeben, wenn einer der Abzugstatbestände vorliegt (s Rz 1). Verdoppelung für zusammenveranlagte Ehegatten/LPart s § 10c S 2.

§ 10d Verlustabzug

(1) ¹**Negative Einkünfte, die bei der Ermittlung des Gesamtbetrags der Einkünfte nicht ausgeglichen werden, sind bis zu einem Betrag von *10 000 000 Euro* [ab VZ 2022: 1 000 000 Euro], bei Ehegatten, die nach den §§ 26, 26b zusammenveranlagt werden, bis zu einem Betrag von *20 000 000 Euro* [ab VZ 2022: 2 000 000 Euro] vom Gesamtbetrag der Einkünfte des unmittelbar vorangegangenen Veranlagungszeitraums*** vorrangig vor Sonderausgaben,

---

* Laut RefEntw CoronaStHG IV wird die Betragserhöhung auf 2022 und 2023 ausgedehnt und die Verlustrücktragsmöglichkeit ab 2022 dauerhaft von 1 Jahr auf 2 Jahre verlängert werden (s auch Rz 4).

Verlustabzug § 10d

außergewöhnlichen Belastungen und sonstigen Abzugsbeträgen abzuziehen (Verlustrücktrag). ²Dabei wird der Gesamtbetrag der Einkünfte des unmittelbar vorangegangenen Veranlagungszeitraums um die Begünstigungsbeträge nach § 34a Absatz 3 Satz 1 gemindert. ³Ist für den unmittelbar vorangegangenen Veranlagungszeitraum bereits ein Steuerbescheid erlassen worden, so ist er insoweit zu ändern, als der Verlustrücktrag zu gewähren oder zu berichtigen ist. ⁴Das gilt auch dann, wenn der Steuerbescheid unanfechtbar geworden ist; die Festsetzungsfrist endet insoweit nicht, bevor die Festsetzungsfrist für den Veranlagungszeitraum abgelaufen ist, in dem die negativen Einkünfte nicht ausgeglichen werden. ⁵Auf Antrag des Steuerpflichtigen ist ganz oder teilweise von der Anwendung des Satzes 1 abzusehen. ⁶Im Antrag ist die Höhe des Verlustrücktrags anzugeben.

(2) ¹Nicht ausgeglichene negative Einkünfte, die nicht nach Absatz 1 abgezogen worden sind, sind in den folgenden Veranlagungszeiträumen bis zu einem Gesamtbetrag der Einkünfte von 1 Million Euro unbeschränkt, darüber hinaus bis zu 60 Prozent des 1 Million Euro übersteigenden Gesamtbetrags der Einkünfte vorrangig vor Sonderausgaben, außergewöhnlichen Belastungen und sonstigen Abzugsbeträgen abzuziehen (Verlustvortrag). ²Bei Ehegatten, die nach den §§ 26, 26b zusammenveranlagt werden, tritt an die Stelle des Betrags von 1 Million Euro ein Betrag von 2 Millionen Euro. ³Der Abzug ist nur insoweit zulässig, als die Verluste nicht nach Absatz 1 abgezogen worden sind und in den vorangegangenen Veranlagungszeiträumen nicht nach Satz 1 und 2 abgezogen werden konnten.

(3) *(weggefallen)*

(4) ¹Der am Schluss eines Veranlagungszeitraums verbleibende Verlustvortrag ist gesondert festzustellen. ²Verbleibender Verlustvortrag sind die bei der Ermittlung des Gesamtbetrags der Einkünfte nicht ausgeglichenen negativen Einkünfte, vermindert um die nach Absatz 1 abgezogenen und die nach Absatz 2 abziehbaren Beträge und vermehrt um den auf den Schluss des vorangegangenen Veranlagungszeitraums festgestellten verbleibenden Verlustvortrag. ³Zuständig für die Feststellung ist das für die Besteuerung zuständige Finanzamt. ⁴Bei der Feststellung des verbleibenden Verlustvortrags sind die Besteuerungsgrundlagen so zu berücksichtigen, wie sie den Steuerfestsetzungen des Veranlagungszeitraums, auf dessen Schluss der verbleibende Verlustvortrag festgestellt wird, und des Veranlagungszeitraums, in dem ein Verlustrücktrag vorgenommen werden kann, zu Grunde gelegt worden sind; § 171 Absatz 10, § 175 Absatz 1 Satz 1 Nummer 1 und § 351 Absatz 2 der Abgabenordnung sowie § 42 der Finanzgerichtsordnung gelten entsprechend. ⁵Die Besteuerungsgrundlagen dürfen bei der Feststellung nur insoweit abweichend von Satz 4 berücksichtigt werden, wie die Aufhebung, Änderung oder Berichtigung der Steuerbescheide ausschließlich mangels Auswirkung auf die Höhe der festzusetzenden Steuer unterbleibt. ⁶Die Feststellungsfrist endet nicht, bevor die Festsetzungsfrist für den Veranlagungszeitraum abgelaufen ist, auf dessen Schluss der verbleibende Verlustvortrag gesondert festzustellen ist; § 181 Absatz 5 der Abgabenordnung ist nur anzuwenden, wenn die zuständige Finanzbehörde die Feststellung des Verlustvortrags pflichtwidrig unterlassen hat.

Einkommensteuer-Durchführungsverordnung:

§ 62d *EStDV Anwendung des § 10d des Gesetzes bei der Veranlagung von Ehegatten*

(1) ¹Im Fall der Einzelveranlagung von Ehegatten (§ 26a des Gesetzes) kann der Steuerpflichtige den Verlustabzug nach § 10d des Gesetzes auch für Verlus-

§ 10d 1 Verlustabzug

te derjenigen Veranlagungszeiträume geltend machen, in denen die Ehegatten nach § 26b des Gesetzes zusammen veranlagt worden sind. ²Der Verlustabzug kann in diesem Fall nur für Verluste geltend gemacht werden, die der einzeln veranlagte Ehegatte erlitten hat.

(2) ¹Im Fall der Zusammenveranlagung von Ehegatten (§ 26b des Gesetzes) kann der Steuerpflichtige den Verlustabzug nach § 10d des Gesetzes auch für Verluste derjenigen Veranlagungszeiträume geltend machen, in denen die Ehegatten nach § 26a des Gesetzes einzeln veranlagt worden sind. ²Im Fall der Zusammenveranlagung von Ehegatten (§ 26b des Gesetzes) in einem Veranlagungszeitraum, in den negative Einkünfte nach § 10d Abs. 1 des Gesetzes zurückgetragen werden, sind nach Anwendung des § 10d Abs. 1 des Gesetzes verbleibende negative Einkünfte für den Verlustvortrag nach § 10d Abs. 2 des Gesetzes in Veranlagungszeiträume, in denen eine Zusammenveranlagung nicht stattfindet, auf die Ehegatten nach dem Verhältnis aufzuteilen, in dem die auf den einzelnen Ehegatten entfallenden Verluste im Veranlagungszeitraum der Verlustentstehung zueinander stehen.

Einkommensteuer-Richtlinien: EStR 10d/EStH 10d

Übersicht

Rz

I. Allgemeines
1. Bedeutung des Verlustabzugs 1
2. Rechtsentwicklung 2–5
3. Verfassungsfragen 10
4. Sachlicher Geltungsbereich 11
5. Persönlicher Geltungsbereich; Zurechnungsfragen 12–16

II. Verlustberechnung; negative Einkünfte
1. Gesetzesaufbau; Rechtsfolgen 17
2. Ermittlung des abziehbaren Verlusts 18
3. Sonderfälle des Verlustabzugs 19

III. Verlustrücktrag, § 10d I
1. Rechtsentwicklung 20
2. Höchstbetrag, § 10d I 1, 2 21–23
3. Verfahrensfragen zum Verlustrücktrag, § 10d I 3, 4 .... 24, 25
4. Wahlrechtsausübung, § 10d I 5, 6 26–28
5. Corona-Verluste 29

IV. Verlustvortrag, § 10d II
1. Rechtsentwicklung 30
2. Mindestbesteuerung, § 10d II 1 31
3. Vortragshöhe, § 10d II 1, 2 32
4. Verlustermittlung, § 10d II 1 33
5. Abzugsvoraussetzungen, § 10d II 3 34

V. Verlustfeststellung, § 10d IV
1. Verlustfeststellungsverfahren, § 10d IV 1–3 36–40
2. Rechtsfolgen 41
3. Verhältnis Feststellungsverfahren/Einkommensteuerveranlagungsverfahren, § 10d IV 4, 5 42–47
4. Begrenzung der Feststellungsfrist, § 10d IV 6 48–50

I. Allgemeines

1 **1. Bedeutung des Verlustabzugs.** Vgl *Hey* DStR 20, 2041. Verluste iSv § 2 I sind primär im VZ des Entstehens mit positiven Einkünften zu verrechnen (§ 2 III), soweit dies nicht gesetzl ausgeschlossen ist (Rz 11). Bei fehlender Ausgleichsmöglichkeit im VZ ermöglicht § 10d aus Gründen der StGerechtigkeit eine begrenzte **Erweiterung dieser Abschnittsbesteuerung** durch Verlustrückträge/-vorträge. Einerseits soll bei schwankenden Einkünften nicht auf das zufällige

Allgemeines 2–12 **§ 10d**

Jahresergebnis abgestellt werden mit der Folge, dass zB gewerbl Anlaufverluste endgültig ohne steuerl Auswirkung bleiben. Anderseits soll dies nicht unbegrenzt gelten.

2. Rechtsentwicklung. – a) Altverluste bis 2003, § 10d aF. S zuletzt *Schmidt* 37. Aufl § 10d Rz 2.   **2**

b) Verlustabzug seit 2004, § 10d. Der **Verlustrücktrag** *ins Vorjahr* ist wie **4** der Verlustausgleich im VZ einkünfteübergreifend mögl, aber zeitl – bislang – auf 1 Jahr und betragsmäßig auf 1 Mio bzw bei Zusammenveranlagten 2 Mio € beschränkt, zunächst nur für Verluste 2020 und 2021 **coronabedingt erhöht** auf 10 bzw 20 Mio €. Geplante Änderung: Laut RefEntw CoronaStHG IV soll die Betragserhöhung auf 2022 und 2023 ausgedehnt und Rücktragsmöglichkeit ab 2022 dauerhaft auf 2 Jahre verlängert werden (s auch BT-Drs Fn zu § 10d I). Der **Verlustvortrag** *in spätere VZ* ist zeitl nicht und betragsmäßig nicht nach Einkunftsarten, aber der Höhe nach auf hohe **Sockelbeträge** begrenzt **(neue Mindestbesteuerung):** Abzug im Folgejahr nur noch bis zu 60% des 1 Mio € bzw 2 Mio übersteigenden Gesamtbetrags der Einkünfte, bislang ohne Erhöhung entspr § 10d I. Vor der Gesamtprüfung nach § 10d I, II sind **sonstige Verlustabzugsbeschränkungen** in „besonderen Verrechnungskreisen" auszuscheiden (vgl Rz 11).

c) Feststellung von Altverlusten ab 2004. Unabhängig vom Verlustentste- **5** hungsjahr gilt § 10d IV auch für zum 31.12.98 und zum 31.12.03 nach altem Recht festgestellte verbleibende Verlustvorträge, letztere ohne weitere Trennung nach Einkunftsarten.

3. Verfassungsfragen. – *(1)* Verfassungsmäßigkeit VZ 1999–2003. S *Schmidt* **10** 32. Aufl § 10d Rz 10. – ***(2)* Verfassungsmäßigkeit ab VZ 2004.** Grds hat die Rspr keine verfmäßigen Bedenken (s *Schmidt* 38. Aufl § 10d Rz 10 mwN). Auf den Verlustabzug besteht weder ein Grundrechtsanspruch noch ein Vertrauensschutzanspruch auf Fortbestand (vgl *Hey* DStR 20, 2041 mwN). Zweifel bestehen jedoch bei definitiv feststehendem Ausschluss späterer Verlustverrechnung nach § 10d EStG/§ 8c KStG aus tatsächl oder rechtl Gründen, zB bei Erbfall oder Beendigung einer KapGes im Folgejahr (s BFH I R 59/12 BStBl II 14, 1016 – Vorlage an BVerfG 2 BvL 19/14). Teilweise **AdV** s *BMF* BStBl I 11, 974, *OFD Ffm* DB 16, 1048. Vorläufige Veranlagung abgelehnt durch BFH I R 32/13 BStBl II 15, 575.

4. Sachlicher Geltungsbereich. – *(1)* Anwendungsbereich. § 10d erfasst alle **11** nicht im Verlustjahr ausgeglichenen Verluste aus sämtl Einkunftsarten (Ermittlung s Rz 18). § 10d gilt für die **ESt** und gem § 8 I KStG für die **KSt** (Rz 13). § 10a GewStG lässt für die **GewSt** nur den Verlust*vortrag* zu und schreibt seit 2004 eine Mindestbesteuerung ähnl § 10d vor. – ***(2)*** **Sonderregelungen zur Verlustabzugsbeschränkung für besondere Verrechnungskreise.** Sie gehen § 10d vor, soweit diese Vorschriften im Verlustentstehungsjahr galten, zB §§ 2a, 2b aF, 15 IV/15a, 15b/§ 20 I Nr 4, § 20 VI, § 21 I 2, § 22 Nr 3 S 3–5, § 23 III 8 ff, § 34a VIII. – ***(3)* Sonderregelungen.** Nach **§ 10b I, 9, 10** sind verbleibende **Spenden** über die Höchstbeträge hinaus ebenso wie nach **§ 2a I S 3–5** verbleibende **Auslandsverluste** *nur vortragbar* und ggf entspr § 10d IV festzustellen.

5. Persönlicher Geltungsbereich; Zurechnungsfragen. – a) Allgemeines/ **12** **Personengesellschaftsverluste.** § 10d gilt für unbeschr und beschr EStPfl und KStPfl. Ohne persönl StPfl s Rz 39, zu Wechsel der StPfl Rz 23. Der Verlustabzug ist **personenbezogen** und steht dem StPfl zu, der den Verlust erlitten hat (grds zivilrechtl Personenidentität). **Ehegatten/LPart** s Rz 15; **Erben** s Rz 14. **Wahlrechtsanträge** s Rz 28. Bei **PersGes** werden Ges-Verlust und Ges'ter-Verlustanteile einheitl und gesondert festgestellt; inwieweit der Verlust nach § 10d abziehbar ist, entscheidet sich bei der EStVeranlagung der Ges'ter iRd jedem zustehenden Höchstbeträge, auch bei Beteiligung an mehreren Ges'ten nur einmal.

§ 10d 13–16   Verlustabzug

13   **b) Personenidentität bei Kapitalgesellschaften. –** *(1)* **Grundsatz.** Für KapGes gilt § 10d (§ 8 I KStG). – *(2)* **Einschränkungen bei Rechtsträgerwechsel/ Umwandlung/Organschaftsverlusten.** Bei „schädl Beteiligungserwerb" Verlustabzugsbeschränkung durch §§ **8c, 8d KStG;** *Schmidt* 37. Aufl § 10d Rz 13.

14   **c) Sonstige Übertragungen; Erbfälle. –** *(1)* **Rechtsgeschäfte unter Lebenden** (zB entgeltl oder unentgeltl Betriebsübertragung, vorweggenommene Erbfolge und sonstige Rechtsträgerwechsel). Der Verlustabzug kann grds nicht übertragen werden (BFH I R 74–75/90 BStBl II 91, 899). – *(2)* **Erbfälle. BFH GrS 2/04** BStBl II 08, 608 hat die Vererblichkeit des Verlustabzugs endgültig gekippt für Todesfälle ab 13.3.08/18.8.08 (vgl *Schmidt* 31. Aufl § 10d Rz 14). Der Erbe kann nur Verluste abziehen, die er selbst wirtschaftl trägt, durch die er in seiner Einkommens- oder Vermögenssphäre belastet ist – unabhängig davon, ob er rechtl in Anspruch genommen werden kann (zB nachgezahlte KiSt auf Einkünfte des Erblassers, BFH GrS 2/04 BStBl II 08, 608 und BFH IX R 43/13 BStBl II 17, 256). Es genügt nicht, dass ihm aufgrund des Erblasserverlusts ein geringeres Vermögen zufällt (vgl BFH IX B 185/12 BFH/NV 13, 1233 mwN; zu grds Ablehnung von Billigkeitsmaßnahmen BFH IX R 24/17 BFH/NV 18, 929). Bedeutung für **andere Verlustabzugsmöglichkeiten/-beschränkungen** (s Rz 11, EStR 10d IX 9 ff): Einkunfts*quellen*bezogene Verluste sind bei Übergang der Einkunftsquelle weiterhin vererbl (§ 15 IV 1, 2, § 15a, § 15b EStG, § 7d , § 82b EStDV, s EStR 21.1 VI 2, str, s § 21 Rz 126; abl zu WK-Verteilungsrestübertragung nach Tod eines Nießbrauchers BFH IX R 22/17 BFH/NV 18, 824), nicht dagegen nur einkunfts*art*bezogene Erblasserverluste (§ 2a I – s § 2a Rz 45 –, § 20 VI, § 22 Nr 3 S 4, § 23 III 7–8, EStR 10d IX 10). Hinzurechnung von Erblasserverlusten nach **§ 2a III 3** s § 2a Rz 63.

     Stellungnahme: Die Begründung der Änderung der 46-jährigen Rspr wirkt eher konstruiert als zwingend. Der Verlustübertragungsausschluss wird dem immer stärker in den Vordergrund tretenden obj Nettoprinzip kaum gerecht, vor allem bei im Hinblick auf zukünftige positive Einkünfte gezielt in Kauf genommenen Anlaufausgaben („echte Verluste", s Rz 10).

15   **d) Ehegatten/Lebenspartner, § 2 VIII.** Der Verlustabzug ist auch bei Ehegatten/LPart **personenbezogen** (s Rz 12; so bei Heirat in 2021 kein Abzug von Verlusten des anderen Ehegatten/LPart aus 2020). Bei **Einzelveranlagung** getrennte Ermittlung und Zurechnung der Verluste (§ 26a I EStG, § 62d I EStDV), bei **Zusammenveranlagung** getrennte Ermittlung und Zusammenrechnung der Einkünfte und gemeinschaftl Verlustausgleich vor Verlustabzug (§ 26b EStG, § 62d II EStDV); zusammenveranlagte Ehegatten/LPart erhalten die doppelten Sockelbeträge für den Verlustabzug (§ 10d I 1, II 2; zu Aufteilung nach persönl Verlustanteilen EStR 10d VI 5 – **aA** zutr FG Köln EFG 12, 1741, rkr). Eine Verlustaufteilung nach **§ 62d EStDV/§ 26a III** erfolgt nur bei **Wechsel der Veranlagungsart;** zu verfgemäßer Auslegung – entspr § 26 III ohne Wahlrecht Offizialprinzip gegen Wortlaut § 26d I 1 EStDV – s BFH VIII R 89/00 BStBl II 05, 624. Im Einzelfall kann sich im Hinblick auf den Verlustrücktrag die getrennte bzw Einzelveranlagung empfehlen.

16   **e) Insolvenzverfahrens.** Durch Eröffnung gehen Verluste nicht verloren (vgl auch FG D'dorf EFG 18, 2058, Rev I R 36/18, ausgesetzt wegen BVerfG 2 BvL 19/14). Auch wenn die Schuldbegleichung noch offen ist, können sie nach hM gem § 10d abgezogen werden (vgl BFH VIII R 23/67 BStBl II 72, 946; *Dreiss/ Eitel-Dreiss* DB 80, 1861; s zum Verfahren BFH I R 33/01 BStBl II 03, 630; bei mehrjährigem Besteuerungszeitraum nach § 11 I KStG steht der Sockelbetrag nach § 10d II nur einmal zu, BFH I R 35/12 BStBl II 13, 508). **Grenze:** Wenn der Schuldner gem §§ 286 ff InsO endgültig von seinen Verbindlichkeiten befreit wird, entfällt die wirtschaftl Belastung (s § 10 Rz 4) und damit der Verlustabzug (so wohl auch BFH IV R 288/66 BStBl II 69, 726). Verrechnung in **Sanierungsfällen** ab 2017 s **§ 3a** III 2 Nr 7, 10, 12, § 3a IIIa.

II. Verlustberechnung; negative Einkünfte

1. Gesetzesaufbau; Rechtsfolgen. Während vor 1999 entstandene Verluste 17 „wie Sonderausgaben" vom Gesamtbetrag der Einkünfte (§ 2 III) abzuziehen waren, erfolgt die Berechnung der abziehbaren Verluste ab 1999 nach § 10d I 1 und II 1 iRd *Ermittlung des Gesamtbetrages der Einkünfte*, also *vorrangig vor* SA, agB und sonstigen Abzugsbeträgen (die daher selbst nicht mehr vortragbar sind und – zB Erststudienkosten – bei fehlender Ausgleichsmöglichkeit mangels eigener Einkünfte in diesem Jahr uU endgültig verloren gehen, verfgemäß, BFH IX R 191/09 BFH/NV 10, 1270, VerfBeschw 2 BvR 1175/10 nicht zur Entscheidung angenommen, BFH IX B 14/21, BFH/NV 21, 1488, Rz 10). Ausnahme: vortragbare **Spenden** (§ 10b I 9, 10). Das sollte bei **Ausübung des Wahlrechts** der Höhe nach beachtet werden. Nachteile ergeben sich zB durch Transfer der Kinderbetreuungskosten ab 2012 von WK/BA in SA (s § 10 I Nr 5). Der Gesamtbetrag der Einkünfte des Vorjahres ist für den Verlustrücktrag gem § 10d I 2 um Begünstigungsbeträge nach **§ 34a** zu kürzen, um Doppelentlastungen zu vermeiden (s Rz 19). IÜ hat sich nichts geändert an dem Grundprinzip, dass rückgetragene Verluste soweit abzuziehen sind, bis sich ein **Einkommen von 0** ergibt (Wortlaut des § 10d I 1, II 1 „vom Gesamtbetrag der Einkünfte abzuziehen", § 2 IV, selbst bei zu versteuerndem Einkommen **unter Grundfreibetrag**, s Rz 18; iÜ *grds* keine Beschwer durch EStBescheid mit ESt 0, nur Antrag auf Verlustfeststellung; s zu Ausnahmen Rz 42). **Zinsen:** Die Änderung von StoBescheiden aufgrund eines rückwirkenden Verlustereignisses nach § 175 AO hat Auswirkung auf den Anlauf von StErstattungs- und StNachzahlungszinsen (**§ 233a IIa AO**) und gilt auch für Folgeänderungen eines Verlustrücktragsjahres (s BFH XI R 50/00 BStBl II 02, 453; FG Köln EFG 15, 1159, rkr).

2. Ermittlung des abziehbaren Verlusts. – *(1)* **Summe der Einzeleinkünf- 18 te, § 2 I, II.** Nach allg Grundsätzen scheiden sämtl bei Ermittlung der Einkünfte *nicht zu berücksichtigenden* Einnahmen oder Gewinne von vornherein aus und verkürzen den Verlust nicht. **Dies sind** stfreie Einnahmen einschließl stfreie Veräußerungsgewinne iSd §§ 14 S 2, 14a, 16 IV, 17 III, 18 III und begrenzt abziehbare Verluste (s Rz 11), **nicht** aber nur *teilweise* stfreie Einnahmen (anteilig nach § 3 Nr 40 festgestellte Verlustvorträge mindern spätere Gewinne unabhängig von einer voller Besteuerung nur anteilig) oder gem § 34 tarifbegünstigte Einkünfte (vgl BFH XI R 27/03 BStBl II 04, 547). § 34a und § 2a I s Rz 19. Hinzurechnungsbeträge nach **§ 2a III 3** mindern den Verlust, nicht aber ein KiSt-Erstattungsüberhang gem § 10 I Nr 4, § 10 IVb 3 trotz Zurechnung zum Gesamtbetrag der Einkünfte (BFH IX R 34/17 BStBl II 19, 658). Stpfl **Kapitaleinkünfte** mit AbgeltungSt nach § 32d sind nicht anzusetzen (§ 2 **Vb**). Besonderheiten bei KiSt s § 51a II, BFH I R 76/08 BStBl II 10, 1061. Stpfl Veräußerungsverluste sind bei Ermittlung der Einkünfte zu erfassen und erhöhen den Verlustabzug; ebenso WK-Pauschbeträge (§ 9a) und Freibeträge, die schon iRd Einkünfteermittlung zu berücksichtigen sind (§ 19 II, § 20 IX). – *(2)* **Gesamtbetrag der Einkünfte, § 2 III.** Der Freibetrag für LuF (§ 13 III) mindert mE wie der Altersentlastungsbetrag und der Entlastungsbetrag für Alleinerziehende (§ 24b) die Summe der Einkünfte und damit den Gesamtbetrag der Einkünfte und den nach § 10d I 1, II 1 abziehbaren Verlust (vgl BFH III R 83/04 BFH/NV 06, 999, FG Köln EFG 19, 533 – ohne sachl Entscheidung aufgehoben durch BFH IX R 3/19 BStBl II 21, 859 –, *HHR* § 10d Rz 59; sehr str, **aA** EStR § 10d I; *BeckOK EStG* § 10d Rz 175, *BH/Vogel* § 10d Rz 113 – „keine negativen Einkünfte", fragl ohne gesetzl Regelung). Das gilt selbst in VZ mit Einkommen unter Grundfreibetrag (§ 32a (BFH IX B 138/15 BFH/NV 16, 1017 mwN). – *(3)* **Zu versteuerndes Einkommen, § 2 IV, V.** Freibeträge, die vom Gesamtbetrag der Einkünfte oder vom Einkommen abzuziehen sind, berühren den Verlust nicht. Aus diesem Grunde können auch **SA** (und damit auch aus Vorjahren stammende Verlustvorträge und wohl Abzugsbeträge „wie SA" zB nach §§ 10e–10i) die Berechnung des Verlustes nicht beeinflussen (s Rz 17). **Spenden** s § 10b I 9, 10, oben Rz 19. – *(4) Steuertarif.* Kein Verlustabzug bei der Einkünfteermittlung nach § 32 IV 2 für den **Kinderfreibetrag** (BFH VI R 169/00 BStBl II 02, 250) und für **agB** nach § 33a I 4 (BFH III B 90/06 BFH/NV 08, 1318).

19   **3. Sonderfälle des Verlustabzugs.** – *(1)* **Nicht entnommene Gewinne, § 34a.** Sie sind gem § 10d I 2/§ 34a VIII (ausdrückl, wenn auch missverständl) aus der für den Verlustausgleich/Verlustabzug/Verlustrücktrag maßgebl Einkünfteberechnung ausgenommen (anders als zB tarifbegünstigte Veräußerungsgewinne, s Rz 18), soweit sie tatsächl antragsgemäß ermäßigt besteuert wurden, wohl auch im Hinblick auf eine mögl Nachversteuerung (str, s § 34a Rz 36/37, auch zu Antragsrücknahme). – *(2)* **Verluste aus Kapitalvermögen.** Sie dürfen ab 2009 nicht mit Einkünften aus anderen Einkunftsarten ausgeglichen oder nach § 10d abgezogen werden **(§ 20 VI 1)**; sie mindern jedoch ohne entspr Ausgleich KapEinkünfte in den Folgejahren (**§ 20 VI 2, 3** – in diesem „Verrechnungstopf" nur Verlust*v*ortrag, ohne Sockelbetrag nach § 10d II 1, 2). Weitere Beschränkung für **Aktien** s § 20 VI 4, uU verfwidrig, s Vorlage an BVerfG BFH VIII R 11/18 BStBl II 21, 562; *Döring/GaRz* FR 21, 834; *Kanzler* FR 21, 847. Verrechnung iRd AbgeltungSt **§ 32d** s BFH VIII R 5/15 BStBl II 18, 66. – *(3)* **Private Veräußerungsverluste (§ 23).** Seit 1999 gilt § 23 nur für private WG iSv § 23 I nF; Verluste sind nur noch von gleichartigen Gewinnen abziehbar (§ 23 III 7, 8; s § 23 Rz 97). Die Veräußerung von *nach dem 31.12.2008 erworbenem privaten KapVerm* fällt nicht mehr unter § 23, sondern unter § 20 II, VI (s oben (2)). – *(4)* **Auslandsverluste (§ 2a I 3–5)** und **verbleibende Spenden (§ 10b I 9, 10)** sind nur vortragbar. – *(5)* **Corona-Verluste ab 2020/2021** s Rz 29.

III. Verlustrücktrag, § 10d I

20   **1. Rechtsentwicklung.** Seit 1999 besteht ein **Wahlrecht** zwischen Verlustrücktrag und Verlustvortrag (§ 10d I 5, 6, unten Rz 26). Ohne Vortragsantrag wird Verlustrücktrag **von Amts wegen** vorgenommen. ArbN, die nicht aus anderen Gründen veranlagt werden, müssen die Veranlagung zur Vornahme des Verlustrücktrages beantragen (§ 46 II Nr 8) oder auf den Rücktrag verzichten, um den Vortrag nicht zu verlieren (EStR 10d IV). **Zeitl Begrenzung** seit 1999 auf 1 Jahr, bislang (1.2.22) ohne Verlängerung. **Geplante Änderung:** Laut RefEntw Corona-StHG IV soll die Rücktragsmöglichkeit ab 2022 auf 2 Jahre verlängert werden; das *anteilige* Rücktragswahlrecht § 10d I 5, 6 soll entfallen.

21   **2. Höchstbetrag, § 10d I 1, 2. – a) Rücktragsfähiger Betrag:** Verluste aus VZ *2020 und 2021* (nur für Rücktrag, nicht Vortrag, iVm § 10a GewStG): Vorübergehend (CoronaStHG III, BGBl I 21, 330) 10 Mio € bzw bei Zusammenanlagung 20 Mio € (§ 10d I), von *2013–2019* und *ab 2022 bzw 2024* wieder 1 Mio/2 Mio € (§ 52 XVIII b), vor 2013 511500/1023000 €. Abw vom Verlustvortrag (§ 10d II) sind übersteigende Verlustbeträge nicht rücktragbar. Der Höchstbetrag kann jedoch bis 2021 anteilig in Anspruch genommen werden (§ 10d I 5 mit Wahl des Verlustvortrags für den restl Teil). **Verlustberechnung** s Rz 18; Kürzung um Begünstigungsbeträge nach **§ 34a III 1** s oben Rz 19.

22   **b) Personenbezogenheit.** Der Höchstbetrag bezieht sich auf den einzelnen StPfl, der den Verlust erlitten hat (s Rz 12 ff – PersG'ter, Eheleute, Erben).

23   **c) Abzugszeitraum, § 10d I 1.** „Unmittelbar vorangegangener VZ" ist das *Kj* vor dem Verlustentstehungsjahr (§ 25 I; geplante Anhebung auf 2 Jahre s Fn § 10d I). Ob dies auch gilt für nach § 50 II begrenzt abziehbare Verluste bei **Wechsel zw unbeschr und beschr StPfl**, ist str (s § 50 Rz 9).

Verlustrücktrag 24–28 **§ 10d**

3. Verfahrensfragen zum Verlustrücktrag, § 10d I 3, 4. – a) Änderungs- 24
vorschrift, § 10d I 3. – *(1)* Punktänderung. Ist für den dem Verluststehungsjahr vorgehenden VZ ein EStBescheid bereits ergangen, ist der Abzug rücktragbarer Verluste des Folge-VZ gem § 10d I 3, 4 auch bei Bestandskraft im Wege der Änderung des Bescheides vorzunehmen (Punktänderung). – *(2)* **Korrekturumfang.** In diesem Änderungsrahmen können nach § 177 AO alle **Rechtsfehler** berichtigt werden. § 10d I 3 enthält eine eigenständige verfahrensrechtl Änderungsvorschrift, die nicht nur eingreift, wenn sich zB auf Grund neuer Tatsachen für das Verluststehungsjahr herausstellt, dass der Verlust in anderer Höhe angefallen ist, sondern auch die Korrektur von (Rechts-)Fehlern beim Verlustabzug im Verluststehungsjahr oder in Vor- und Rücktragsjahren trägt, auch nach BP, uU auch nach Feststellung § 10d IV (s Rz 42 ff). Vgl iEinz Rz 28, BFH VIII R 4/97 BFH/NV 99, 599 sowie *Schmidt* 38. Aufl § 10d Rz 24 mwN. Folgen einer versehentl *doppelten Verlustberücksichtigung* s BFH XI R 31/06 BFH/NV 08, 378.

b) Zeitliche Grenzen, § 10d I 4. HS 1 stellt klar, dass auch bestandskräftige 25
Bescheide änderbar sind. **HS 2** betrifft nur die **Festsetzungsverjährung** (punktuelle Ablaufhemmung, BFH XI R 31/06 BFH/NV 08, 378) und gilt auch für Verlustvorträge (BFH VIII R 36/88 BStBl II 90, 618). Entscheidend ist allein, dass die Festsetzungsfrist *für den VZ der Verluststehung* nach §§ 169 ff AO nicht abgelaufen ist (BFH X R 44/13 BStBl II 16, 278 und Rz 46 ff zu Wahländerung bis Bestandskraft des Feststellungsbescheides). Danach ist auch kein Rücktrag durch das FA mögl (s Rz 28 zum Rücktrag in bestandskräftigen EStBescheid). Das Rücktragsjahr darf nicht verjährt sein (BFH IX R 59/08 BStBl II 10, 1009).

4. Wahlrechtsausübung, § 10d I 5, 6. – a) Allgemeines. Für ab 1994 ent- 26
standene, im VZ nicht ausgeglichene Verluste besteht ein Wahlrecht: Rücktrag in das letzte (geplant: oder vorletzte, s Rz 4) Vorjahr oder Vortrag in das *nächste* Folgejahr (s Rz 30).

b) Antrag, § 10 I 5. Erforderl ist ein Antrag, der beliebig *betragsmäßig beschränkt* 27
werden kann (bis 2021 „ganz oder teilweise"; zu Bezifferung s FG BBg EFG 16, 873, rkr, Anm *Tiedchen*). Optimale Anträge setzen daher ein Rechenexempel und gute Kenntnis der Besteuerungsgrundlagen aller in Frage kommenden Jahre voraus. Zu beachten sind zB der Abzug in hohen Gewinnjahren (Tarifprogression), die persönl Abzugsberechtigung (s Ehegatten Rz 15, Erbfall Rz 14) sowie die Ausnutzung der Freibeträge und Tarifermäßigungen (jedenfalls Beschränkung bis zum Grundfreibetrag zuzügl SA, agB und sonstigen Abzugsbeträgen, s Rz 17). **Ohne Antrag** Regelabzug (voller Rücktrag) nach § 10d I 1. Bei **Ehegatten/LPart** gilt primär der Antrag desjenigen, der den Verlust erzielt hat, bei **PersGes** Antrag jedes Ges'ters (BFH IX R 72/06 BStBl II 09, 639), bei **Miterben** einheitl Antrag aller Erben, soweit das Wahlrecht des Erblassers noch abänderbar oder offen ist. Zum notwendigen **Inhalt** (Betrag und Abzugsjahr) s bis 2021 **§ 10d I 6.** Der Antrag ist formlos (idR StErklärung, auch elektronisch zB durch Elster), nicht gesetzl befristet (s aber Rz 28 und Rz 42 ff) und bis zur bestandskräftigen Veranlagung **widerrufl.**

c) Zeitliche Grenzen. Vgl AEAO Nr 8 vor §§ 172 ff. AO Bestandskraft der 28
Abzugsveranlagung mit Verlustverbrauch, Bestandskraft eines Feststellungsbescheides nach § 10d IV (BFH IX R 72/06 BStBl II 09, 639; str, s *BeckOK EStG* § 10d Rz 386) oder Ablauf der Festsetzungs- bzw Feststellungsfrist (s auch Rz 25, 42, 48 ff). Bei Berichtigung bestandskräftiger Veranlagung mit Auswirkung auf den Verlustabzug (zB nach BP oder nach Vorläufigkeit) ist ein neuer Antrag mögl mit entspr Änderung des Feststellungsbescheides § 10d IV 4 (s Rz 43) und sonstiger Folgebescheide (zB nach § 10d I 3), nach wohl hM auch bei Korrektur anderer betroffener Veranlagungen mit Verschiebung der Berechnungsgrundlagen ohne unmittelbare Auswirkung auf den Abzugs- oder Feststellungsbescheid (zB bei Gewinnänderung des Vorjahres, durch die der Rücktrag günstiger würde als der vorgenommene Vortrag). Das ist nicht zwingend und nicht gesichert (s auch

§ 10d IV 5) und gilt allenfalls im **Korrekturrahmen von § 351 I AO** (glA EStR 10d III 2; s auch BFH X R 44/13 BStBl II 16, 278). Bis zur Klärung dieser Rechtsfrage und bis zur Kenntnis der Einkünfte der Folgejahre sollte die Abzugsveranlagung mögl lange offen gehalten werden (zB §§ 164, 165 AO, uU Einspruch). Bei **Änderung der Verlusthöhe im Entstehungsjahr** zwingende Änderung eines Rücktragsbescheides nach § 10d I 3, 4 bzw des Feststellungsbescheides nach § 10d IV 4, 5 mit neuer Antragsausübung und Folgeänderung der Abzugsveranlagung (s Rz 41). Die Bestandskraft oder die Festsetzungsverjährung im Verlustverrechnungsjahr steht dem Rücktrag auch bei nachträgl Änderung des Entstehungsjahres im Rechtsbehelfsverfahren nicht entgegen (BFH IX R 59/08 BStBl II 10, 1009). Vgl auch zu **Coronaverlusten** ab 2020 s Rz 29 und § 111 III. Abgrenzung zu unstrigen Wahlrechten BFH X R 56/13 BStBl II 16, 697.

29 **5. Corona-Verluste ab 2020/2021.** Grundsätzl kann ein Verlustrücktrag aus **2020** in der Veranlagung 2019 erst nach der Veranlagung 2020 berücksichtigt werden. Bis dahin können jedoch die für Gewinneinkünfte und VuV-Einkünfte festgesetzten *Vorauszahlungen* – außer voll für 2020 – auch für 2019 auf Antrag rückwirkend vorläufig **pauschal** mit 30% der diesen zu Grunde gelegten Einkünfte neu berechnet, herabgesetzt und erstattet werden (§ 110). Dasselbe gilt bei der *StFestsetzung* 2019 vor der Veranlagung 2020 (§ 111 I) mit vorübergehender zinsloser Stundung von Nachzahlungen auf Grund der im StBescheid festgesetzten Vorauszahlungen bis zur Veranlagung 2020 (§ 111 I 3, IV). Erweiterung auf Verluste 2021 s § 111 IX. Weitere Änderungen von §§ 110, 111 ab 2022 sieht der RefEntw CoronaStHG IV derzeit (1.2.22) nicht vor.

IV. Verlustvortrag, § 10d II

30 **1. Rechtsentwicklung.** Verluste *vor 1999* und Verluste von *1999–2003* s *Schmidt* 32. Aufl § 10d Rz 30. Ab 2004 gilt § 10d nF auch für verbleibende Altverlustvorträge aus Vorjahren (s Rz 5).

31 **2. Mindestbesteuerung, § 10d II 1.** Verluste sind – soweit nicht zurückgetragen – einkunftsartübergreifend ohne zeitl Begrenzung in begrenzter Höhe vortragbar. Neu ab 2004 ist, dass diese betragsmäßige *Beschränkung auch innerhalb derselben Einkunftsart* gilt (verschärfend für verbliebene Altverluste).

32 **3. Vortragshöhe, § 10d II 1, 2.** Die voll abziehbaren Sockelbeträge belaufen sich entgegen § 10d I unverändert auf 1 Mio € bzw bei Zusammenveranlagung 2 Mio €. Übersteigende Verluste sind seit 2013 beschränkt bis zu 60% des diese Beträge übersteigenden Gesamtbetrages der Einkünfte abziehbar.

33 **4. Verlustermittlung, § 10d II 1.** Seit 1999 erfolgt der Abzug vorrangig vor dem Abzug sonstiger SA vom Gesamtbetrag der Einkünfte, bis sich ein *Einkommen* von 0 € ergibt (s Rz 17). Einzelheiten s Rz 18.

34 **5. Abzugsvoraussetzungen, § 10d II 3.** Der Verlust darf nicht nach § 10d I zurückgetragen worden sein. Es darf aber auch kein (zwingender) Abzug in einem vorangegangenen Vortragsjahr versäumt worden sein.

V. Verlustfeststellung, § 10d IV

36 **1. Verlustfeststellungsverfahren, § 10d IV 1–3.** – OFD *Ffm* DStR 17, 2390. – **a) Rechtsentwicklung, § 10d IV 1, 2.** Um frühere Schwierigkeiten der späteren Verlustermittlung auszuschalten (s Rz 38, *Schmidt* 39. Aufl § 10d Rz 36), wurde 1990 die bindende jährl **Feststellung verbleibender Verlustvorträge** eingeführt. Ausgangspunkt ist der bei der Ermittlung des Gesamtbetrages der Einkünfte nicht ausgeglichene Verlust des Entstehungsjahres, vermindert um nach § 10d I tatsächl abgezogene Verlustrücktragsbeträge und nach § 10d II abziehbare Verlustvortragsbeträge (§ 10d II 3) und vermehrt um nicht verbrauchten Verlustvortrag aus Vor-

Verlustfeststellung 37–42 § 10d

jahren. Die gesonderte Feststellung nach den Regeln der §§ 179 ff AO erfolgt – soweit Verluste bekannt sind – von Amts wegen, bei mehreren Beteiligten auch einheitl (PersGes; nicht bei Eheleuten). Festgestellt wird der Verlust für das **Jahr der Verlustentstehung** (kein Wahlrecht, keine Nachholung im Folgejahr).

b) Verlustfortschreibung, § 10d IV 2. In den nachfolgenden Jahren wird 37 der nicht ausgeglichene Verlust in gleicher Weise fortgeschrieben und in dieser Höhe zum Schluss des jeweiligen VZ festgestellt, ggf um neue nicht ausgeglichene Verluste erhöht. Der Vorjahresfeststellungsbescheid wird dadurch gegenstandslos. Nach Verlustverbrauch oder bei Ablehnung erfolgt **negative Feststellung** mit Bindungswirkung (verbleibender Verlust 0), EStR 10d VII; s Rz 42.

c) Verlustrückträge sind als Bezugsgröße des verbleibenden Verlustvortrages 38 grds nicht tangiert (s Wortlaut § 10d IV 1, 2). Über die Höhe eines Rücktrags ist wie bisher ohne Feststellung bei der EStVeranlagung für das *Abzugsjahr* zu entscheiden (BFH IX R 24/19 BFH/NV 20, 873 mwN zu ESt-0-Bescheid; Ausnahmen Coronarückträge s Rz 29, §§ 110, 111). Auch die Einschränkungen des § 10d IV 4, 5 sind nicht anwendbar (s Rz 47). Im *Rücktragsjahr* verbleibende Verluste aus späteren Jahren sind daher zum Ende des Rücktragsjahres nicht (erstmalig) festzustellen, gehen aber in spätere Verlustvortragsfeststellungen ein (§ 10d IV 2).

d) Persönliche und sachliche Grenzen. Nach dem Wortlaut von § 10d IV 39 muss für eine Verlustfeststellung die *persönl* StPfl als Voraussetzung für eine ESt-Veranlagung gegeben sein (vgl FG Mchn EFG 07, 1677, rkr, unter zutr Hinweis darauf, dass entstandene Verluste ggf ohne Feststellung später zu berücksichtigen sind; s auch *OFD Mbg* DB 12, 2493; EStR 10d VIII zu vorübergehender **Unterbrechung** der persönl StPfl). Eine fehlende *sachl* StPfl (keine Veranlagung oder EStFestsetzung von 0 €) steht einer Verlustvortragsfeststellung grds nicht entgegen, sodass zB vorab entstandene BA/WK in VZ ohne Einkünfte festzustellen sind (zB BFH IX R 81/07 BFH/NV 09, 386 zu Rechtslage vor § 10d IV 6). § 10d IV 4 schränkt Verlustfeststellungsanträge ab 14.11.2010 ein, wenn die ESt des Feststellungs VZ und des Rücktrags VZ nicht mehr änderbar sind (s Rz 43).

e) Zuständigkeit, § 10d IV 3. Feststellungs-FA ist das für die Besteuerung zu- 40 ständige FA.

2. Rechtsfolgen. Der Feststellungsbescheid ist ein selbständiger VA. Bei Fest- 41 stellungsfehlern, die nicht auf sonstigen Bescheidänderungen beruhen, ist der **Feststellungsbescheid anzufechten** (großzügige Antragsauslegung, s BFH VIII R 47/98 BFH/NV 01, 589). Er ist bindender **Grundlagenbescheid** für den nächsten EStBescheid und den nächsten Verlustfeststellungsbescheid (kein Vortrag ohne Feststellung; Bindung auch bei Fehlerhaftigkeit, vgl BFH VIII R 2/02 BStBl II 04, 551; bei Bestandskraft keine nachträgl Änderung über § 10d, allenfalls über AO; keine nachträgl Umwandlung in Rücktrag, EStR 10d VII; AdV s *BMF* BStBl I 19, 2). Er ist aber auch eine Art **Folgebescheid** der ihm zugrunde liegenden Veranlagung: Bei Änderung des EStBescheides 2020 mit Verlustauswirkung erfolgt eine Folgeänderung des Verlustfeststellungsbescheides nach § 10d zum 31.12.20; dann ggf Änderung des EStBescheides 2021 (§§ 182 I, 175 I 1 Nr 1 AO) bzw – bei rechtzeitiger Nachholung des Vor-/Rücktragswahlrechts – des EStBescheides 2019 und/oder eines Verlustfeststellungsbescheides 31.12.19. Rechtswirkung negativer Feststellungsbescheide (und deren Aufhebungsbescheide) s BFH I R 23/08 BFH/NV 09, 1961.

3. Verhältnis Feststellungsverfahren/Einkommensteuerveranlagungsver- 42 **fahren, § 10d IV 4, 5. – a) Abhängigkeit der Feststellung von Veranlagungen, § 10d IV 4.** EStBescheide sind zwar keine echten Grundlagenbescheide für die Verlustfeststellung; gleichwohl begründen sie eine inhaltl Bindung für die Feststellungsbescheide. Eine Änderung der Gewinne oder Überschüsse im ESt-Verfahren beeinflusst die Höhe einer Verlustfeststellung. Daher war in **§ 10d IV 4**

eine spezielle **Erlass- und Änderungsmöglichkeit** ähnl § 175 I Nr 1 AO geschaffen worden. Grundlage für die Feststellung ist eine Festsetzung der ESt. Voraussetzung für den nachträgl Erlass oder eine Änderung des Feststellungsbescheides ist idR der Erlass oder die Aufhebung/Änderung eines EStBescheides mit den Bezugsgrößen.

43 **b) Bindungswirkung mit Verlustverbrauch durch bestandskräftige Steuerfestsetzungen, § 10d IV.** Die frühere BFH-Rspr schwankte, in welchem Umfang eine bestandskräftige ESt-Veranlagung nach § 10d IV 4 aF zum Verlustverbrauch führte (s Schmidt 37. Aufl § 10d Rz 47). Nach RsprÄnderung BFH IX R 70/06 BStBl II 09, 897 waren erstmalig geltend gemachte Verluste auch insoweit – von Amts wegen – gesondert festzustellen, als ein ESt-Bescheid zwar bestandskräftig war, darin aber keine nicht ausgeglichenen negativen Einkünfte berücksichtigt waren. Dabei nicht verbrauchte Verluste konnten daher bis zum Ablauf der Feststellungsfrist (s Rz 48) nicht nur – ohne Feststellung – noch zurückgetragen, sondern auch noch als Verlustvortrag festgestellt werden, zB Verluste aufgrund nachträgl RsprÄnderung, Fortbildungsverluste. – **§ 10d IV 4 HS 1** idF JStG 2010 (BGBl I 10, 1768) soll diese Rspr betr nachträgl Erlass/Änderung von Feststellungsbescheiden aushebeln und die ursprüngl BFH-Rspr (XI R 25/99 BStBl II 02, 817) wieder herstellen). Nachträgl erklärte Verluste, die nicht in die Besteuerungsgrundlagen der Veranlagung eingeflossen sind, können danach nicht mehr eigenständig ermittelt und festgestellt werden (vgl BFH IX R 31/15 BStBl II 18, 699; BFH IX R 15/17 BFH/NV 18, 433 zur VerfMäßigkeit; zum problematischen Wortlaut von § 10d IV 4, 5 s Schmidt 39. Aufl § 10d Rz 43, auch zur **zeitl Anwendung** ab 13.12.10). § 10d IV 4 soll eine nachträgl Verlustfeststellung oder die Änderung eines solchen Bescheides aufgrund neuer Tatsachen oder Beweismittel auf „rechtserhebl Fälle" beschränken, in denen „das FA bei rechtzeitiger Kenntnis schon bei der ursprüngl Veranlagung mit an Sicherheit grenzender Wahrscheinlichkeit zur entspr Verlustfeststellung gelangt wäre" (BR-Drs 318/10, 76). Die Verlustfeststellung wird enger mit der EStVeranlagung verknüpft; sie entfällt, wenn die ESt dieses VZ und des Rücktrags-VZ bestandskräftig und nicht mehr änderbar ist. Damit entfällt zB die nachträgl Geltendmachung von Verlusten aufgrund späterer RsprÄnderung. Vgl zu KapEink BFH VIII R 40/15 BStBl II 17, 1049 mwN, zu Spekulationsverlusten § 23 III 8 BFH IX R 29/19 DStRE 21, 1486. Es genügt daher nicht, alle mögl Verluste zum Ende des Veranlagungsjahres zur Feststellung anzumelden und den Verlustfeststellungsbescheid ggf anzufechten. Es muss ggf auch der **ESt-Bescheid des Verlustjahres angefochten** werden, selbst als Nullbescheid (vgl Rz 44, 45). Der Rechtsbehelfsbelehrung kommt daher besondere Bedeutung zu (vgl § 126 III AO). Folgerichtig gelten nach **§ 10d IV 4 HS 2** auch insoweit § 171 X AO (Ablaufhemmung der Festsetzungsfrist des Folgebescheides), § 175 I 1 Nr 1 AO (Anpassung von Folgebescheiden an Grundlagenbescheid) und § 351 II AO/§ 42 FGO entspr (Anfechtungsbeschränkung des Feststellungsbescheides), damit auch der betragsmäßige Änderungsrahmen nach § 351 I AO (BFH IX R 31/15 BStBl II 18, 699).

44 **c) Ausnahmen von der Bindungswirkung S 4, § 10d IV 5.** S 5 enthält eine Ausnahme von dieser „inhaltl Bindungswirkung" des EStBescheides. Während grds der (nachträgl) Erlass/die Korrektur des Feststellungsbescheides von einer Änderung des EStBescheides abhängt, gilt eine Ausnahme für den Fall, dass zwar die verfahrensrechtl Änderungsvoraussetzungen vorliegen, eine Änderung jedoch mangels steuerl Auswirkung unterbleibt (zB bei EStNullbescheid, s Rz 45, oder bei der Saldierung von Rechtsfehlern, BFH IX R 28/17 BFH/NV 19, 110). Liegen die verfahrensrechtl Änderungsvoraussetzungen für die ESt nicht vor (zB – nach Bestandskraft, s oben zu § 351 II AO – bei grob schuldhaft verspätetem Vorbringen neuer Tatsachen, § 173 AO, oder Ablauf der EStFestsetzungsfrist), ist § 10d IV 5 nicht anwendbar (BFH IX R 15/17 BFH/NV 18, 433).

d) Verlustverbrauch durch Nullbescheid. Ohne Feststellungsbindung sind 45 wegen unterlassener Verlustberücksichtigung fehlerhafte *ESt*-Bescheide anzufechten. Das gilt unabhängig von § 10 IV 5 auch für ESt-0-Bescheide (BFH XI R 50/17 BStBl II 18, 752, auch zur mögl Auslegung eines Feststellungsantrags als Einspruch gegen den ESt-Bescheid; FG Köln EFG 19, 541, rkr). Dabei ergeben sich **Probleme** (ohne StBelastung idR keine **Beschwer,** § 350 AO, daher Anfechtung *grds* unzulässig, zB BFH I R 174/86 BStBl II 90, 91). **Ausnahme:** Beschwer liegt vor, falls sich durch einen unzutr Verlustansatz bindend eine nachteilige Wirkung bei der ESt in anderen VZ (zB Verlustverbrauch durch überhöhten Gewinnansatz), bei der Verlustfeststellung oder bei anderen Vergünstigungen ergibt (zB zu Erstattung von AbgeltungSt BFH VIII R 17/09 BFH/NV 13, 1581; zu Verlustrücktrag BFH I R 51/13 BFH/NV 15, 305; zu rechtl Bindung für andere Bescheide s *Schmidt* 38. Aufl § 10d Rz 45 mwN). Während die Bestandskraft von ESt/KSt-0-Bescheiden nach früherer BFH-Rspr bis 2010 keine Rolle spielte, ist deren Bedeutung gewachsen durch **§ 10d IV 4, 5** idF JStG 2010 (BGBl I 10, 1768): Nachträgl Verlustfeststellungen sind wieder abhängig von EStFestsetzungen im Feststellungsjahr und im Vorjahr. Daher müssen für spätere Verlustberücksichtigung ggf auch **ESt-0-Bescheide angefochten** werden (s Rz 38, Rz 43; BFH VI R 17/16 BStBl II 19, 496; BFH I R 41/18 BFH/NV 19, 1109). **AdV** eines ESt-0-Bescheids ist nicht mögl (*BMF* BStBl I 19, 2 – **aA** FG Mster EFG 21, 2000).

e) Verlustverbrauch *ohne* Veranlagung. Bislang keine nachträgl Feststellungs- 46 beschränkung durch § 10d IV 4, 5 (zeitl Begrenzung durch § 10d IV 6 s Rz 49). Die *FinVerw* war **aA** und ging davon aus, dass auch ohne sonstige Einkünfte stets eine ESt-0-Veranlagung vorangehen müsse, dass eine Verlustfeststellung nach Ablauf der ESt-Festsetzungsfrist ausscheide und dass sogar isolierte erstmalige Anträge auf Verlustfeststellung als Anträge auf EStVeranlagung (mit ESt 0) zu behandeln seien (s *Schmidt* 34. Aufl § 10d Rz 49). Das ist trotz der bezweckten inhaltl Bindungswirkung einer ESt-Festsetzung nicht aus § 10d IV 4, 5 herzuleiten (BFH IX R 22/14 BStBl II 15, 829 mwN). Eine vom BR angeregte Gesetzesänderung (BR-Drs 121/15, 12) ist nicht umgesetzt worden.

f) Verlustrücktrag. Nicht verbrauchte, erstmals nachträgl ermittelte Verluste 47 sind grds ohne Verlustfeststellung wie früher unabhängig von der EStVeranlagung dieses Jahres ohne Antragsfrist bis zur Festsetzungsverjährung in das Vorjahr rücktragbar (§ 10d I, III 2, s Rz 38). § 10d IV 4, 5 betr nur die Feststellung von Verlust*vorträgen*. *Beispiel:* EStVeranlagung 01 bestandskräftig ohne Verluste; Verlust 02 ist rücktragbar. – **Bestandskräftige Verlustfeststellungsbescheide** sind (ohne Änderungsmöglichkeit nach § 10d IV 4 oder nach allg AO-Vorschriften) bindend hinsichtl Verlustausgleich und verbleibendem Verlust und stehen auch einem nachträgl Verlustrücktragsantrag ins Vorjahr entgegen.

4. Begrenzung der Feststellungsfrist, § 10d IV 6. – a) Ausgangslage. Wie 48 in § 10d I 4 ist grds der Ablauf der Feststellungsfrist für das *Feststellungsjahr* maßgebl (§§ 169 ff, 181 I AO). Einschränkungen können sich außer durch Bindung an Fristen für die ESt-Festsetzungen (§ 10d IV 4, 5, oben Rz 43) aus § 10d IV 6 ergeben. Die erstmalige Feststellung war nach früherer Rspr so lange mögl, wie der Verlust auf eine offene EStVeranlagung übertragbar war (§ 181 V AO), sodass wegen der unbegrenzten Vortragsmöglichkeit ohne ESt-Veranlagung praktisch keine Feststellungsverjährung eintrat. Diese Rechtslage ändert § 10d IV 6 seit 2007 in zweifacher Hinsicht.

b) Verknüpfung von Feststellungs-/Festsetzungsfrist, § 10d IV 6 HS 1. 49 § 10d IV 6 HS 1 knüpft die Feststellungsfrist an den Ablauf der Festsetzungsfrist für die *ESt dieses (Verlustfeststellungs-)VZ*. Anders als bei Antragsveranlagungen (für die keine Anlaufhemmung gilt, s § 46 Rz 36) liegt der Verlustfeststellung eine

§ 10f Steuerbegünstigung für Baudenkmale und Gebäude

Pflichterklärung zu Grunde mit der Folge einer längstens 3-jährigen Anlaufhemmung (§ 181 I 2 iVm § 170 II Nr 1 AO); die Verpflichtung kann sich auch aus § 56 EStDV ergeben (so zutr FG Nds EFG 15, 701, rkr). Damit sind Verlustfeststellungsanträge *ohne ESt-Veranlagungen* (zB bei Studenten ohne Einkünfte) anders als „freiwillige" ESt-Veranlagungsanträge **7 Jahre** nachholbar (s *Schmidt* 39. Aufl § 10d Rz 49 mwN; zu Ausbildungskosten BVerfG 2 BvL 22-27/14, DStR 20, 93).

50 **c) Einschränkung der Anwendung von § 180 V AO, § 10d IV 6 HS 2 EStG.** § 181 V AO mit der Möglichkeit der Verlustfeststellung nach Ablauf der Feststellungsfrist ist nur noch anwendbar, wenn das FA ihm zB aus einer StErklärung bekannte Verluste **pflichtwidrig** nicht (ggf von Amts wegen) festgestellt hat – nur dann können Feststellungen unbefristet nachgeholt werden. IU gilt: Eine nachträgl Verlustfeststellung ohne EStVeranlagung ist grds bis zum Ablauf der 4-jährigen Feststellungsfrist mögl (§§ 181 I 1 iVm 169 I 1, II Nr 2 AO), auch für vor dem 9.12.06 entstandene Verluste (BFH IX R 17/14 BFH/NV 15, 1089). Der Antrag ist jedoch so rechtzeitig einzureichen, dass das FA bis zum Fristablauf darüber entscheiden kann (BFH IX R 36/10 BStBl II 11, 807).

§ 10e Steuerbegünstigung der zu eigenen Wohnzwecken genutzten Wohnung im eigenen Haus

Benutzerhinweis: § 10e hat keine aktuelle Bedeutung mehr, weil die Vorschrift letztmals bei Anschaffung/Herstellungsbeginn vor dem 1.1.96 anzuwenden war (§ 52 XIX 6). Letzte umfassende Kommentierung s *Schmidt* 21. Aufl § 10e Rz 1 ff.; letzte Nachträge s *Schmidt* 27. Aufl § 10e Rz. 1 ff. Siehe auch ausführl *BH/Erhard* § 10e Rz. 1 ff.

§ 10f Steuerbegünstigung für zu eigenen Wohnzwecken genutzte Baudenkmale und Gebäude in Sanierungsgebieten und städtebaulichen Entwicklungsbereichen

(1) ¹Der Steuerpflichtige kann Aufwendungen an einem eigenen Gebäude im Kalenderjahr des Abschlusses der Baumaßnahme und in den neun folgenden Kalenderjahren jeweils bis zu 9 Prozent wie Sonderausgaben abziehen, wenn die Voraussetzungen des § 7h oder des § 7i vorliegen. ²Dies gilt nur, soweit er das Gebäude in dem jeweiligen Kalenderjahr zu eigenen Wohnzwecken nutzt und die Aufwendungen nicht in die Bemessungsgrundlage nach § 10e oder dem Eigenheimzulagengesetz einbezogen hat. ³Für Zeiträume, für die der Steuerpflichtige erhöhte Absetzungen von Aufwendungen nach § 7h oder § 7i abgezogen hat, kann er für diese Aufwendungen keine Abzugsbeträge nach Satz 1 in Anspruch nehmen. ⁴Eine Nutzung zu eigenen Wohnzwecken liegt auch vor, wenn Teile einer zu eigenen Wohnzwecken genutzten Wohnung unentgeltlich zu Wohnzwecken überlassen werden.

(2) ¹Der Steuerpflichtige kann Erhaltungsaufwand, der an einem eigenen Gebäude entsteht und nicht zu den Betriebsausgaben oder Werbungskosten gehört, im Kalenderjahr des Abschlusses der Maßnahme und in den neun folgenden Kalenderjahren jeweils bis zu 9 Prozent wie Sonderausgaben abziehen, wenn die Voraussetzungen des § 11a Absatz 1 in Verbindung mit § 7h Absatz 2 oder des § 11b Satz 1 oder 2 in Verbindung mit § 7i Absatz 1 Satz 2 und Absatz 2 vorliegen. ²Dies gilt nur, soweit der Steuerpflichtige das Gebäude in dem jeweiligen Kalenderjahr zu eigenen Wohnzwecken nutzt und diese Aufwendungen nicht nach § 10e Absatz 6 oder § 10i abgezogen hat. ³Soweit der Steuerpflichtige das Gebäude während des Verteilungszeitraums zur Einkunftserzielung nutzt, ist der noch nicht berücksichtigte Teil des Erhaltungsaufwands im Jahr des Übergangs zur Einkunftserzielung wie Sonderausgaben abzuziehen. ⁴Absatz 1 Satz 4 ist entsprechend anzuwenden.

Begünstigung bestimmter Anschaffungskosten/Herstellungskosten **1–4 § 10f**

(3) ¹Die Abzugsbeträge nach den Absätzen 1 und 2 kann der Steuerpflichtige nur bei einem Gebäude in Anspruch nehmen. ²Ehegatten, bei denen die Voraussetzungen des § 26 Absatz 1 vorliegen, können die Abzugsbeträge nach den Absätzen 1 und 2 bei insgesamt zwei Gebäuden abziehen. ³Gebäuden im Sinne der Absätze 1 und 2 stehen Gebäude gleich, für die Abzugsbeträge nach § 52 Absatz 21 Satz 6 in Verbindung mit § 51 Absatz 1 Nummer 2 Buchstabe x oder Buchstabe y des Einkommensteuergesetzes 1987 in der Fassung der Bekanntmachung vom 27. Februar 1987 (BGBl. I S. 657) in Anspruch genommen worden sind; Entsprechendes gilt für Abzugsbeträge nach § 52 Absatz 21 Satz 7.

(4) ¹Sind mehrere Steuerpflichtige Eigentümer eines Gebäudes, so ist Absatz 3 mit der Maßgabe anzuwenden, dass der Anteil des Steuerpflichtigen an einem solchen Gebäude dem Gebäude gleichsteht. ²Erwirbt ein Miteigentümer, der für seinen Anteil bereits Abzugsbeträge nach Absatz 1 oder Absatz 2 abgezogen hat, einen Anteil an demselben Gebäude hinzu, kann er für danach von ihm durchgeführte Maßnahmen im Sinne der Absätze 1 oder 2 auch die Abzugsbeträge nach den Absätzen 1 und 2 in Anspruch nehmen, die auf den hinzuerworbenen Anteil entfallen. ³ § 10e Absatz 5 Satz 2 und 3 sowie Absatz 7 ist sinngemäß anzuwenden.

(5) Die Absätze 1 bis 4 sind auf Gebäudeteile, die selbständige unbewegliche Wirtschaftsgüter sind, und auf Eigentumswohnungen entsprechend anzuwenden.

Einkommensteuer-Richtlinien: EStR 10f/ESt H 10f

1. Anwendungsbereich; Abgrenzung. § 10f gilt für **selbstgenutzte Gebäude**, knüpft iU aber an die Voraussetzungen der § 7h (Modernisierungs- und Instandsetzungsmaßnahmen in **Sanierungsgebieten**) bzw § 7i (Maßnahmen zur Erhaltung oder sinnvollen Nutzung eines **Baudenkmals**) an. Die in Bezug genommenen Vorschriften der §§ 7h, 7i gelten unmittelbar nur für Gebäude, die der Einkunftserzielung dienen. – Aufwendungen für selbstgenutzte Baudenkmale, die sich aufgrund der Übergangsregelung des § 13 II Nr 2, IV noch im **luf BV** befinden, mindern die Einkünfte aus LuF (s *Schmidt* 36. Aufl § 13 Rz 81 ff). Für Baudenkmale, die weder der Einkunftserzielung dienen (zB Liebhaberei) noch selbstgenutzt werden, gilt § 10g. – Zur **Kritik** an § 10f s *Schmidt* 39. Aufl § 10f Rz 2.

2. Begünstigung bestimmter Anschaffungskosten/Herstellungskosten, § 10f I, V. – **a) Aufwendungen an einem eigenen Gebäude.** Weil § 10f ausdrückl (wirtschaftl) Eigentum des StPfl fordert, ist der Kreis der Begünstigten kleiner als bei §§ 7h, 7i. Bei den dortigen AfA-Vorschriften genügt aufgrund des obj Nettoprinzips bereits die Tragung der AK/HK und die Nutzung zur Einkunftserzielung (s § 7 Rz 52 ff); Eigentum ist nicht erforderl. Demggü ist bei der Subventionsvorschrift des § 10f, bei der das Nettoprinzip nicht gilt, insb der **Vorbehaltsnießbraucher** nach Verlust seines Eigentums nicht mehr zum Abzug berechtigt (so zutr zur wortgleichen Vorschrift des § 10e BFH X R 38/98 BStBl II 00, 653). Auch ein langfristiger Mietvertrag (35 Jahre) mit Vorkaufsrecht genügt nicht (FG Hbg EFG 10, 149, rkr). – Gebäudeteile, die selbständige unbewegl WG sind, sind jeweils gesondert zu betrachten (Abs 5; s auch § 7 Rz 215 mwN).

b) Nutzung zu eigenen Wohnzwecken. Der StPfl muss das Gebäude in jedem Kj, in dem er die Begünstigung in Anspruch nimmt, zu eigenen Wohnzwecken nutzen (§ 10f I 2); es muss aber nicht Lebensmittelpunkt sein. Ein freistehendes Nebengebäude auf dem Wohngrundstück ist auch dann begünstigt, wenn es zu Hobbyzwecken genutzt wird (FG Nds EFG 06, 1051, rkr). Das eigene häusl Arbeitszimmer dient hingegen nicht Wohnzwecken (WK). Wird das

Gebäude iRe doppelten Haushaltsführung genutzt und sind die Aufwendungen daher WK, verdrängt der WK-Tatbestand den SA-Tatbestand des § 10f; ein zusätzl Abzug über die Kosten der doppelten Haushaltsführung hinaus ist daher nicht mögl. Dies gilt mE auch dann, wenn der StPfl auf den WK-Abzug „verzichtet" (**aA** FG Köln EFG 14, 1086, rkr). Näher zum Begriff der Wohnzwecke s *Schmidt* 27. Aufl § 7 Rz 171. – Eine Nutzung zu eigenen Wohnzwecken ist auch dann gegeben, wenn **Teile einer selbstgenutzten Wohnung** *unentgeltl* zu Wohnzwecken überlassen werden (Abs 1 S 4); zB bei Überlassung einzelner Räume an Angehörige. Eine Überlassung der *gesamten* Wohnung an einen Dritten ist hingegen (anders als nach § 4 EigZulG) keine Nutzung zu *eigenen* Wohnzwecken (zutr BFH X R 13/10 BFH/NV 11, 974; dort allerdings nicht entscheidungserhebl Verweis auf die Rspr zu § 10e, wonach die unentgeltl Überlassung der gesamten Wohnung an ein unterhaltsberechtigtes Kind iSd § 32 begünstigt war, was mE jedenfalls für § 10f aufgrund des anderen Normzwecks zweifelhaft ist). – Ist ein **Gebäude teilweise vermietet und teilweise selbstgenutzt**, ist die Bemessungsgrundlage für die erhöhten AfA nach §§ 7h, 7i einerseits und den SA-Abzug nach § 10f andererseits nach dem Verhältnis der Nutzflächen aufzuteilen (*Stuhrmann* DStZ 90, 107, 111). – Findet während des Kj ein **Wechsel zw Selbstnutzung und anderen Nutzungszwecken** (zB Vermietung oder Leerstand) statt, ist der SA-Abzug zeitanteilig zu gewähren (glA *BH/Schießl* § 10f Rz 29; **aA** FG Nds EFG 13, 1321, rkr: Ganzjahresbetrag; *Littmann* § 10f Rz 17: Wahlrecht zw §§ 7h/7i und § 10f). Hierfür spricht sowohl der Wortlaut des Abs 1 S 2 („soweit") als auch die ausdrückl Konkurrenzregelung zum WK-Abzug nach §§ 7h, 7i für denselben Zeitraum (§ 10f I 3).

5   **c) Vorliegen der Voraussetzungen des § 7h oder § 7i.** – § 7h erfasst **HK für Modernisierungs- und Instandsetzungsmaßnahmen** (nicht für Neubauten) an einem im *Inland* belegenen Gebäude in einem förml festgelegten **Sanierungsgebiet** oder städtebaul Entwicklungsbereich. AK sind nur begünstigt, wenn die Maßnahmen nach Abschluss des Erwerbsvertrags durchgeführt werden (§ 7h I 3). Die Voraussetzungen müssen durch eine **Bescheinigung** der Gemeinde nachgewiesen werden (Grundlagenbescheid). Zuschüsse aus öffentl und privaten Mitteln mindern die Bemessungsgrundlage. Wegen der Einzelheiten s § 7h Rz 2–16. – **§ 7i** gilt für HK (und bestimmte AK) an einem **Baudenkmal**, die zur Erhaltung des Gebäudes oder zu seiner sinnvollen Nutzung erforderl sind. Auch hier ist eine Bescheinigung der Denkmalbehörde notwendig. Wegen der Einzelheiten s § 7i Rz 1–16.

6   **d) Vermeidung von Doppelförderungen.** Zur Abgrenzung zu **§ 10e/EigZulG** s § 10f I 2 und *Schmidt* 39. Aufl § 10f Rz 6. – Außerdem scheidet ein Abzug nach § 10f I aus, wenn der StPfl für denselben Zeitraum und dieselben Aufwendungen **erhöhte AfA nach §§ 7h, 7i** abzieht (§ 10f I 3). – Der Gesetzeswortlaut schließt es mE aber nicht aus, das Gebäude zunächst 10 Jahre selbst zu nutzen und 10 × 9% der HK nach § 10f abzuziehen, und anschließend das Gebäude zu vermieten und dafür die **Gebäude-AfA gem § 7 IV** nach Maßgabe der ursprüngl HK in Anspruch zu nehmen (**aA** *BH/Schießl* § 10f Rz 30). Da § 10f keine AfA-Vorschrift ist, ist das AfA-Volumen nicht um die nach § 10f abgezogenen SA zu kürzen; allerdings gilt die auf die verstrichene Zeit entfallende AfA als verbraucht (s § 7 Rz 127). Bei Einlage in ein BV ist § 6 I Nr 5 S 2 nicht anwendbar (zutr *Klein* DStR 16, 1399, 1403).

7   **e) Höhe des Abzugs.** Im Jahr des Abschlusses der Baumaßnahme (Ganzjahresbetrag unabhängig vom Monat der Fertigstellung) und in den neun folgenden Kj kann der StPfl jeweils bis zu 9% wie SA abziehen (insgesamt also 90% der HK). Ein Höchstbetrag ist nicht vorgesehen. Ein Verlustvor- oder -rücktrag ist nicht mögl; auch eine „RestwertAfA" nicht ausgeschöpfter Beträge (so in § 7h I 5 und § 7i I 8 vorgesehen) kommt nicht in Betracht. – **Abschluss der Baumaßnahme**

(dh Beginn des SA-Abzugs) ist bei einer sog „Gesamtmaßnahme" (Gesamtsanierung, die aus mehreren Einzelmaßnahmen besteht) erst der Abschluss der Gesamtmaßnahme (zutr FG Bln EFG 06, 1892, rkr). Die anderslautende Rspr zu § 7i (BFH IX R 40/97 BStBl II 03, 582 unter II.1.b aa) ist auf den dort abw Wortlaut gestützt (§ 7i: „HK für Baumaßnahmen"/§ 10f: „Aufwendungen *an* einem Gebäude") und nicht auf § 10f übertragbar. – Bei **Gesamtrechtsnachfolge** ist ein weiterer Abzug beim Rechtsnachfolger nicht mögl (entspr BFH GrS 2/04 BStBl II 08, 608). Da § 10f keine AfA-Vorschrift ist, ist § 11d EStDV nicht anwendbar.

3. Begünstigung von Erhaltungsaufwand, § 10f II. – a) Begünstigtes Objekt. Auch hier muss es sich um ein **eigenes Gebäude** handeln (s Rz 3), das im jeweiligen Kj **zu eigenen Wohnzwecken genutzt** wird (Rz 4).

b) Vorliegen der Voraussetzungen der § 11a, § 11b. Diese Tatbestände erfassen Erhaltungsaufwendungen für Maßnahmen, die, wenn es sich um HK handeln würde, nach §§ 7h, 7i begünstigt wären (Gebäude in Sanierungsgebieten oder Entwicklungsbereichen, Baudenkmale). Auch hier sind **Bescheinigungen** der Gemeinde- bzw Denkmalbehörden erforderl. Bei einem Baudenkmal setzt der Abzug von Erhaltungsaufwand zudem voraus, dass die Maßnahme in (vorheriger) Abstimmung mit der Denkmalbehörde vorgenommen wird (§ 11b S 1, 2, jeweils aE; s näher § 7i Rz 10). Wegen der Einzelheiten s Rz 5 sowie die Erläut zu §§ 7h, 7i. – Zum Begriff des **Erhaltungsaufwands** (Abgrenzung zu HK) s § 6 Rz 151 ff, insb § 6 Rz 188. Hohe Heizkosten für ein denkmalgeschütztes Schloss sind kein Erhaltungsaufwand im steuerl Sinne, auch wenn sie zur Erhaltung des Gebäudes notwendig sind (FG Mster EFG 10, 703, rkr).

c) Vermeidung von Doppelförderungen. Handelt es sich bei den Erhaltungsaufwendungen um BA/WK, ist der Abzug nach den dortigen Vorschriften vorrangig (§ 10f II 1). Auch ein Abzug nach § 10e VI oder § 10i ist vorrangig und schließt die Anwendung des § 10f II aus (§ 10f II 2); die genannten Vorschriften sind allerdings in den Jahren 1995 bzw 1998 ausgelaufen.

d) Höhe des Abzugs. Obwohl es sich um Erhaltungsaufwand handelt, ist kein voller Abzug im Jahr des Abflusses mögl. Vielmehr sind die Aufwendungen (unabhängig vom Zahlungszeitpunkt) im Jahr des Abschlusses der Maßnahme und den neun Folgejahren jeweils bis zu 9 % wie SA abziehbar (Gesamtabzug maximal 90 % der Aufwendungen). Da die Rechtsfolge dieselbe ist wie bei den HK iSd Abs 1, kommt es für Zwecke des § 10f auf die Abgrenzung zw HK und Erhaltungsaufwand nicht an (BFH X R 17/18 BFH/NV 19, 801 Rz 27). – **Übergang zur Einkunftserzielung.** Der noch nicht berücksichtigte Teil des Erhaltungsaufwands ist im Jahr des Übergangs in einer Summe wie SA (nicht als BA/WK) abzuziehen (§ 10f II 3). Auch in diesen Fällen darf der Gesamtabzug aber höchstens 90 % der Aufwendungen betragen, weil ein höherer Betrag nicht „berücksichtigt" werden kann. Eine Nachholung nicht ausgenutzter Beträge wird auch durch einen Übergang zur Einkunftserzielung nicht ermöglicht (glA *HHR* § 10f Rz 30 mwN). Im umgekehrten Fall (Übergang zur Selbstnutzung nach vorheriger Nutzung zur Einkunftserzielung) kann der nach §§ 11a, 11b verteilungsfähige Erhaltungsaufwand in *einer* Summe als BA/WK abgesetzt werden (§ 11a II). Während § 11a II eine entspr Regelung auch für die zwischenzeitl Veräußerung enthält, ist noch nicht berücksichtigter Erhaltungsaufwand in den Fällen des § 10f bei einer Veräußerung verloren; der Gesetzgeber geht davon aus, dass dies durch einen entspr höheren stfreien Veräußerungserlös ausgeglichen wird (*Hahn* DB 90, 65, 67). Ggf bietet sich hier eine zwischenzeitl Vermietung an den späteren Erwerber an (so *Biergans* FR 90, 133, 137), wobei allerdings die Einkunftserzielungsabsicht bei zeitl begrenzter Vermietung häufig fehlen wird (s § 21 Rz 31 mwN). Bei Eintritt von Gesamtrechtsnachfolge endet der Abzug (s Rz 7).

4. Objektbeschränkung, § 10f III, IV. Die Abzugsbeträge nach Abs 1, 2 kann der StPfl nur bei *einem* Gebäude in Anspruch nehmen (Abs 3 S 1). Diese Be-

§ 10g Steuerbegünstigung für schutzwürdige Kulturgüter

schränkung ist (wie bei § 10e) auf die Lebensdauer des StPfl bezogen; es ist also nicht mögl, in einem späteren VZ Beträge für ein anderes Gebäude abzuziehen (zutr FG BBg EFG 21, 629 unter II., Rev X R 22/20; zust *Pfützenreuter* EFG 21, 632; **aA** *KSM* § 10f Rz D 3). Die Übertragung nicht ausgenutzter Beträge auf ein Folgeobjekt ist nicht mögl. Ehegatten (§ 26 I) stehen die Abzüge für insgesamt zwei Gebäude zu (§ 10f III 2), und zwar unabhängig davon, welcher Ehegatte Eigentümer der Gebäude ist. Objektverbrauch tritt auch dann ein, wenn der StPfl Abzugsbeträge nach den Vorläufervorschriften (§§ 82g, 82i EStDV 1987) in Anspruch genommen hatte (§ 10f III 3). – **Mehrere selbstgenutzte Wohnungen im selben Gebäude.** Die Objektbeschränkung greift hier nicht, da das Gebäude, nicht aber die einzelne Wohnung maßgebend ist (*BH/Schießl* § 10f Rz 51; *Koller* DStR 90, 128, 130; *Biergans* FR 90, 133, 137; *Stuhrmann* DStZ 90, 107, 111). Die Abzüge nach Abs 1 und Abs 2 können zwar nebeneinander gewährt werden, müssen nach dem Gesetzeswortlaut aber auf dasselbe Gebäude bezogen sein (glA *HHR* § 10f Rz 35; *Littmann* § 10f Rz 29). – Bei **Miteigentum** schließt grds bereits die Begünstigung der auf den Miteigentumsanteil entfallenden anteiligen HK oder Erhaltungsaufwendungen eine Inanspruchnahme des SA-Abzugs für ein weiteres Objekt aus (§ 10f IV 1). Dies gilt jedoch nicht, wenn Miteigentümer des Gebäudes ausschließl der StPfl und sein Ehegatte sind (§ 10f IV 3 iVm § 10e V 2; s hierzu ausführl *Schmidt* 21. Aufl § 10e Rz 65–69). Nach Hinzuerwerb eines Miteigentumsanteils am selben Gebäude (im Gegensatz zu § 10e nicht nur vom Ehegatten, sondern auch von Dritten) kann der StPfl Aufwand für künftige Maßnahmen in Bezug auf beide Miteigentumsanteile abziehen (Abs. 4 S 2). In Miteigentumsfällen kann eine gesonderte und einheitl Feststellung der Abzugsbeträge vorgenommen werden (§ 10f IV 3 iVm § 10e VII).

§ 10g Steuerbegünstigung für schutzwürdige Kulturgüter, die weder zur Einkunftserzielung noch zu eigenen Wohnzwecken genutzt werden

(1) [1]Der Steuerpflichtige kann Aufwendungen für Herstellungs- und Erhaltungsmaßnahmen an eigenen schutzwürdigen Kulturgütern im Inland, soweit sie öffentliche oder private Zuwendungen oder etwaige aus diesen Kulturgütern erzielte Einnahmen übersteigen, im Kalenderjahr des Abschlusses der Maßnahme und in den neun folgenden Kalenderjahren jeweils bis zu 9 Prozent wie Sonderausgaben abziehen. [2]Kulturgüter im Sinne des Satzes 1 sind

1. Gebäude oder Gebäudeteile, die nach den jeweiligen landesrechtlichen Vorschriften ein Baudenkmal sind,
2. Gebäude oder Gebäudeteile, die für sich allein nicht die Voraussetzungen für ein Baudenkmal erfüllen, aber Teil einer nach den jeweiligen landesrechtlichen Vorschriften als Einheit geschützten Gebäudegruppe oder Gesamtanlage sind,
3. gärtnerische, bauliche und sonstige Anlagen, die keine Gebäude oder Gebäudeteile und nach den jeweiligen landesrechtlichen Vorschriften unter Schutz gestellt sind,
4. Mobiliar, Kunstgegenstände, Kunstsammlungen, wissenschaftliche Sammlungen, Bibliotheken oder Archive, die sich seit mindestens 20 Jahren im Besitz der Familie des Steuerpflichtigen befinden oder als nationales Kulturgut in ein Verzeichnis national wertvollen Kulturgutes nach § 7 Absatz 1 des Kulturgutschutzgesetzes vom 31. Juli 2016 (BGBl. I S. 1914) eingetragen ist und deren Erhaltung wegen ihrer Bedeutung für Kunst, Geschichte oder Wissenschaft im öffentlichen Interesse liegt,

wenn sie in einem den Verhältnissen entsprechenden Umfang der wissenschaftlichen Forschung oder der Öffentlichkeit zugänglich gemacht werden,

Voraussetzungen   1, 2   § 10g

es sei denn, dem Zugang stehen zwingende Gründe des Denkmal- oder Archivschutzes entgegen. ³Die Maßnahmen müssen nach Maßgabe der geltenden Bestimmungen der Denkmal- und Archivpflege erforderlich und in Abstimmung mit der in Absatz 3 genannten Stelle durchgeführt worden sein; bei Aufwendungen für Herstellungs- und Erhaltungsmaßnahmen an Kulturgütern im Sinne des Satzes 2 Nummer 1 und 2 ist § 7i Absatz 1 Satz 1 bis 4 sinngemäß anzuwenden.

(2) ¹Die Abzugsbeträge nach Absatz 1 Satz 1 kann der Steuerpflichtige nur in Anspruch nehmen, soweit er die schutzwürdigen Kulturgüter im jeweiligen Kalenderjahr weder zur Erzielung von Einkünften im Sinne des § 2 noch Gebäude oder Gebäudeteile zu eigenen Wohnzwecken nutzt und die Aufwendungen nicht nach § 10e Absatz 6, § 10h Satz 3 oder § 10i abgezogen hat. ²Für Zeiträume, für die der Steuerpflichtige von Aufwendungen Absetzungen für Abnutzung, erhöhte Absetzungen, Sonderabschreibungen oder Beträge nach § 10e Absatz 1 bis 5, den §§ 10f, 10h, 15b des Berlinförderungsgesetzes abgezogen hat, kann er für diese Aufwendungen keine Abzugsbeträge nach Absatz 1 Satz 1 in Anspruch nehmen; Entsprechendes gilt, wenn der Steuerpflichtige für Aufwendungen die Eigenheimzulage nach dem Eigenheimzulagengesetz in Anspruch genommen hat. ³Soweit die Kulturgüter während des Zeitraums nach Absatz 1 Satz 1 zur Einkunftserzielung genutzt werden, ist der noch nicht berücksichtigte Teil der Aufwendungen, die auf Erhaltungsarbeiten entfallen, im Jahr des Übergangs zur Einkunftserzielung wie Sonderausgaben abzuziehen.

(3) ¹Der Steuerpflichtige kann den Abzug vornehmen, wenn er durch eine Bescheinigung der nach Landesrecht zuständigen oder von der Landesregierung bestimmten Stelle die Voraussetzungen des Absatzes 1 für das Kulturgut und für die Erforderlichkeit der Aufwendungen nachweist. ²Hat eine der für Denkmal- oder Archivpflege zuständigen Behörden ihm Zuschüsse gewährt, so hat die Bescheinigung auch deren Höhe zu enthalten; werden ihm solche Zuschüsse nach Ausstellung der Bescheinigung gewährt, so ist diese entsprechend zu ändern.

(4) ¹Die Absätze 1 bis 3 sind auf Gebäudeteile, die selbständige unbewegliche Wirtschaftsgüter sind, sowie auf Eigentumswohnungen und im Teileigentum stehende Räume entsprechend anzuwenden. ²§ 10e Absatz 7 gilt sinngemäß.

Einkommensteuer-Richtlinien: EStR 10g/EStH 10g

1. Anwendungsbereich. § 10g gilt für Kulturgüter, die weder zur Einkunftserzielung (dann Abzug als BA/WK, ggf im Wege der AfA) noch zu eigenen Wohnzwecken (bei Baudenkmalen dann Abzug nach § 10f) eingesetzt werden. **Typische Anwendungsfälle** sind die Nutzung für eine Tätigkeit, die estl als Liebhaberei zu beurteilen ist, der Leerstand, die unentgelt Überlassung an Dritte oder (nur bei Gartenanlagen oder Sammlungen, nicht bei Gebäuden) die Selbstnutzung.   1

2. Voraussetzungen, § 10g I. – a) Aufwendungen für Herstellungs-/Erhaltungsmaßnahmen. Da beide Aufwendungsgruppen begünstigt sind, kommt es hier auf die Abgrenzung zw HK und Erhaltungsaufwand nicht an. AK fallen allerdings nicht unter § 10g, sodass die Abgrenzung zw anschaffungsnahen AK (§ 6 I Nr 1a) und Erhaltungsaufwand hier von Bedeutung ist. Weil nur Maßnahmen *an* dem Kulturgut begünstigt sind, sind *lfd Aufwendungen* (zB Versicherungen, Heizung, Beleuchtung, Reinigung, Bewachung) nicht von § 10g erfasst (*FM MeVo* DStR 93, 1330; *Wewers* DB 92, 753, 754; *HHR* § 10g Rz 14; s auch § 10f Rz 10).   2

3 **b) Vornahme an eigenen schutzwürdigen Kulturgütern im Inland.** Zur erforderl Nutzung dieser Kulturgüter s Rz 1 (weder Einkunftserzielung noch eigene Wohnzwecke). Der StPfl muss wirtschaftl Eigentümer sein; allein die Tragung der HK ohne Erlangung des wirtschaftl Eigentums genügt nicht (s § 10f Rz 3). Zu den europarechtl Bedenken gegen die Beschränkung auf *inl* Kulturgüter s § 7h Rz 2. – **Katalog der schutzwürdigen Kulturgüter (§ 10g I 2 HS 1).** Erfasst sind **Baudenkmäler** (Nr 1; hier sind gem § 10g I 3 HS 2 zusätzl die Voraussetzungen des § 7i I 1–4 zu beachten, s dazu § 7i Rz 1), **geschützte Gebäudegruppen** (Nr 2), **geschützte Gartenanlagen** oä (auch Bodendenkmäler; Nr 3) sowie bestimmte **Sammlungen,** die sich entweder seit mindestens 20 Jahren im Besitz der Familie des StPfl befinden (mE nur Angehörige iSd § 15 AO; weiter *KSM* § 10g Rz B 15; *Littmann* § 10g Rz 14: auch entfernte Verwandte oder Familienstiftung) oder als national wertvolles Kulturgut in ein entspr Verzeichnis eingetragen sind und deren Erhaltung im öffentl Interesse liegt (Nr 4). – Gebäudeteile, die selbständige unbewegl WG sind, sind jeweils gesondert zu betrachten (§ 10g IV 1).

4 **c) Öffentliche Bindung.** Dabei handelt es sich um die „Gegenleistung" des StPfl für die Subvention. Die Kulturgüter müssen (in einem den Verhältnissen entspr Umfang) entweder der wissenschaftl Forschung oder der Öffentlichkeit zugängl gemacht werden (§ 10g I 2 HS 2). Dies gilt nicht, wenn dem Zugang zwingende Gründe des Denkmal- oder Archivschutzes entgegen stehen (was allenfalls beim öffentl Zugang, kaum aber beim Forschungszugang der Fall sein kann). Der Zugang muss nicht unentgeltl gewährt werden; die Erhebung von **Eintrittsgeldern** schadet daher nicht (s auch § 10g I 1: „etwaige aus diesen Kulturgütern erzielte Einnahmen"; beim Überschreiten der Schwelle zur Gewinnerzielungsabsicht sind die Aufwendungen aber BA/WK und fallen nicht mehr unter § 10g). Erzielte Einnahmen sind aber auf die Aufwendungen anzurechnen (§ 10g I 1; s Rz 8).

5 **d) Erforderlichkeit der Maßnahmen, § 10g I 3.** Dies richtet sich nach den Bestimmungen der Denkmal- und Archivpflege; zudem müssen sie in Abstimmung mit der zuständigen Behörde durchgeführt werden. Für die Erforderlichkeit von Maßnahmen an Gebäuden enthält § 10g I 3 HS 2 einen Verweis auf § 7i I 1–4.

6 **e) Vermeidung von Doppelförderungen.** Öffentl und private **Zuwendungen** mindern den begünstigten Betrag. Dies würde auch ohne ausdrückl gesetzl Regelung aus den allg Grundsätzen folgen (s § 7i Rz 11). Bei nachträgl Gewährung von Zuschüssen ist vorrangig die künftigen Abzugsbeträge zu mindern; reicht dies nicht aus, ist nach den zu § 10 entwickelten Grundsätzen (s § 10 Rz 7) rückwirkend der Abzug in früheren VZ zu versagen (**aA** wohl *HHR* § 10g Rz 31: keine Auswirkung auf frühere VZ). – Ferner darf der StPfl die Aufwendungen nicht nach § 10e VI, § 10h S 3 oder § 10i abgezogen haben (Aufwendungen vor Bezug; Abs 2 S 1 HS 2). – Auch für Zeiträume, für die der StPfl von den unter § 10g fallenden Aufwendungen AfA, erhöhte AfA, SonderAfA oder Abzugsbeträge nach §§ 10e, 10f, 10h oder dem EigZulG vorgenommen hat, ist kein Abzug nach § 10g mögl (§ 10g II 2).

7 **f) Bescheinigung, § 10g III.** Über die Erfüllung der Voraussetzungen des Abs 1 für das Kulturgut, die Erforderlichkeit der Aufwendungen und die Höhe etwaiger Zuschüsse stellt die zuständige Behörde (s dazu *BMF* BStBl I 15, 506) eine Bescheinigung aus, die als **Grundlagenbescheid** wirkt (s § 7i Rz 13–16; dort auch zur Kritik am Bescheinigungsverfahren).

8 **3. Höhe des Abzugs.** Im Kj des Abschlusses der Maßnahme sowie in den neun Folgejahren sind jeweils bis zu 9% der begünstigten Aufwendungen wie SA abziehbar (Einzelheiten hierzu s § 10f Rz 7, insb zur fehlenden Nachholungsmöglichkeit und zum Wegfall des Abzugs bei Gesamtrechtsnachfolge). Ein Höchstbetrag ist nicht vorgesehen. Für jede selbständige Maßnahme gilt ein eigener Abzugszeitraum. Im Gegensatz zu § 10f kennt § 10g **keine Objektbeschränkung.** – Die begünstigten Aufwendungen mindern sich vorab um erzielte Einnahmen und erhaltene Zuwendungen (§ 10g I 1). Soweit allerdings die Einnahmen zur Deckung solcher Aufwendungen bestimmt sind, die nicht nach § 10g begünstigt sind (s Rz 2: zB Heizung, Beleuchtung, Reinigung, Bewachung), sind sie diesen Aufwendungen zuzurechnen und mindern nicht die begünstigten HK/Erhaltungsaufwendungen. – **Übergang zur Einkunftserzielung.** Der noch nicht als *Erhaltungsaufwand* berücksichtigte Teil der Aufwendungen ist im Jahr des Übergangs in einer Summe wie SA abzuziehen (Einzelheiten s § 10f Rz 12). Soweit es sich um *HK* handelte, können hierfür nunmehr AfA (ggf erhöhte AfA nach § 7i) vorgenommen werden. – **Miteigentum.** Die Abzugsbeträge können gesondert und einheitl festgestellt werden (§ 10g IV 1 iVm § 10e VII).

6. Vereinnahmung und Verausgabung

§ 11 [Vereinnahmung und Verausgabung]

(1) ¹**Einnahmen sind innerhalb des Kalenderjahres bezogen, in dem sie dem Steuerpflichtigen zugeflossen sind.** ²**Regelmäßig wiederkehrende Einnahmen, die dem Steuerpflichtigen kurze Zeit vor Beginn oder kurze Zeit nach Beendigung des Kalenderjahres, zu dem sie wirtschaftlich gehören, zugeflossen sind, gelten als in diesem Kalenderjahr bezogen.** ³**Der Steuerpflichtige kann Einnahmen, die auf einer Nutzungsüberlassung im Sinne des Absatzes 2 Satz 3 beruhen, insgesamt auf den Zeitraum gleichmäßig verteilen, für den die Vorauszahlung geleistet wird.** ⁴**Für Einnahmen aus nichtselbständiger Arbeit gilt § 38a Absatz 1 Satz 2 und 3 und § 40 Absatz 3 Satz 2.** ⁵**Die Vorschriften über die Gewinnermittlung (§ 4 Absatz 1, § 5) bleiben unberührt.**

(2) ¹**Ausgaben sind für das Kalenderjahr abzusetzen, in dem sie geleistet worden sind.** ²**Für regelmäßig wiederkehrende Ausgaben gilt Absatz 1 Satz 2 entsprechend.** ³*Werden Ausgaben für eine Nutzungsüberlassung von mehr als fünf Jahren im Voraus geleistet, sind sie insgesamt auf den Zeitraum gleichmäßig zu verteilen, für den die Vorauszahlung geleistet wird.** ⁴**Satz 3 ist auf ein Damnum oder Disagio nicht anzuwenden, soweit dieses marktüblich ist.** ⁵**§ 42 der Abgabenordnung bleibt unberührt.** ⁶**Die Vorschriften über die Gewinnermittlung (§ 4 Absatz 1, § 5) bleiben unberührt.**

Einkommensteuer-/Lohnsteuer-Richtlinien: EStR 11/EStH 11/LStH 11

Übersicht

	Rz
I. Regelungsinhalt	1
II. Anwendungsbereich und Ausnahmen	
1. Persönlicher Anwendungsbereich	2
2. Sachlicher Anwendungsbereich	3
3. Überblick über § 11 I	4
4. Überblick über § 11 II	5
5. Vorrangige gesetzliche Ausnahmevorschriften zu § 11 II 1	6
6. Ausnahmen aus Billigkeit im Einzelfall	7
7. Vorteile und Nachteile des Zuflussprinzips/Abflussprinzips	8
8. Kein Korrespondenzprinzip	9
9. Gestaltung des Zuflusses/Abflusses durch Steuerpflichtigen	10

---

* Zur Anwendbarkeit von § 11 II 3 beachte BVerfG 2 BvL 1/11 (BGBl I 21, 1800) und Rz 42.

III. Zufluss von Einnahmen, § 11 I 1–5
1. Wirtschaftliche Verfügungsmacht 15, 16
2. Zahlung an Dritte 17
3. Späterer Verlust der Verfügungsbefugnis 18
4. Umfang der Verfügungsmacht 19
5. Regelmäßig wiederkehrende Einnahmen, § 11 I 2 25–28
6. Einnahmenverteilung für Nutzungsüberlassungen, § 11 I 3 30
7. Einnahmen aus nichtselbständiger Arbeit, § 11 I 4 32
8. Kein Zuflussprinzip beim Betriebsvermögensvergleich, § 11 I 5 33

IV. Abfluss von Aufwendungen, § 11 II 1–6
1. Abflusszeitpunkt 35, 36
2. Einschaltung Dritter 37
3. Rückzahlung und Erstattung von Aufwendungen 38
4. Regelmäßig wiederkehrende Ausgaben, § 11 II 2 40
5. Vorausgezahlte Ausgaben für Nutzungsüberlassungen, § 11 II 3 42
6. Keine Ausgabenverteilung bei marktüblichem Damnum, § 11 II 4 44
7. Verhältnis zu § 42 AO, § 11 II 5 46
8. Kein Abflussprinzip beim Betriebsvermögensvergleich, § 11 II 6 48

V. ABC des Zuflusses und Abflusses 50

I. Regelungsinhalt

1 § 11 betrifft nur die *zeitl* Zuordnung von Einnahmen und Aufwendungen (BFH I R 59/05 BStBl II 07, 756; BFH IX R 70/07 BStBl II 11, 346). Die Vorschrift regelt nicht, ob und in welcher Höhe stpfl Einnahmen bzw abziehbare Aufwendungen vorliegen (s BFH X R 65/93 BStBl II 96, 566) und im Rahmen welcher Einkunftsart sie zu berücksichtigen sind (sachl Zurechnung). Auch die persönl Zurechnung ist nicht Regelungsinhalt von § 11.

II. Anwendungsbereich und Ausnahmen

2 **1. Persönlicher Anwendungsbereich.** § 11 gilt bei unbeschr und beschr StPfl sowie beim Wechsel von unbeschr zu beschr StPfl und umgekehrt (BFH I R 78/95 BStBl II 96, 571).

3 **2. Sachlicher Anwendungsbereich.** § 11 ist auf stpfl inl und ausl Einkünfte anwendbar. Auch iRv § 32b findet § 11 grds Anwendung (BFH I R 59/05 BStBl II 07, 756). *Ausnahmen* können sich aus einer abw gesetzl Regelung, der Definition des Besteuerungsgegenstandes (zB bei Gewinn- und Verlustanteilen einschl Sondervergütungen iSv § 15 I 1 Nr 2; bei Einkünften aus privaten Veräußerungsgeschäften s § 23 Rz 92, 95; BFH X R 6/91 BStBl II 91, 916; BFH IX B 207/07 BFH/NV 08, 2022) oder aus der Art einmaliger Leistungen iSd § 22 Nr 3 (s § 22 Rz 143; BFH IX R 87/95 BStBl II 00, 396).

4 **3. Überblick über § 11 I.** Die Vorschrift regelt den **Zufluss von Einnahmen** (§ 8) bei den **Überschusseinkünften.** IRd Gewinneinkünfte gilt § 11 I nur für BE bei der **Gewinnermittlung nach § 4 III** (BFH IV R 1/99 BStBl II 00, 121), nicht aber für den BV-Vergleich nach §§ 4 I, 5 (§ 11 I 5). Bei der Ermittlung der Veräußerungs-, Aufgabe- und Auflösungsgewinne nach **§§ 16, 17** ist § 11 I ebenfalls nicht anwendbar. *Vorab entstandene* und *nachträgl Einnahmen* fallen ebenfalls unter § 11. **Gesetzl Sonderregelungen** enthalten **§ 11 I 2** für regelmäßig wiederkehrende Einnahmen (s Rz 25), **§ 11 I 3** für die Verteilung von Vorauszahlungen bei langfristigen Nutzungsüberlassungen (s Rz 30), **§ 11 I 4** für ArbLohn und für die auf den ArbN abgewälzte pauschale LSt (s Rz 32) sowie **§ 11 I 5** für den BV-Vergleich. Die Zuflusszeitpunktfiktionen in **§ 44 II, III** betreffen nur die

Entrichtung der KapESt (s § 44 Rz 5). Vergütungen iSv § 50a I fließen in den durch § 73c EStDV bestimmten Zeitpunkten zu.

4. Überblick über § 11 II. Die Norm gilt für den **Abzug von Aufwendungen** als WK (§ 9) bei den **Überschusseinkunftsarten** und als BA (§ 4 IV) bei der Gewinnermittlung nach § 4 III (s § 11 II 6). Dies schließt vorab entstandene und nachträgl BA/WK sowie AfaA nach § 7 I 7, § 9 I 3 Nr 7 ein. AfaA ist im VZ des Schadenseintritts abzuziehen (BFH VI R 27/97 BStBl II 98, 443). Auch auf den Abzugszeitpunkt von **SA** (§§ 10–10b) findet grds § 11 II Anwendung (s § 10 Rz 13, BFH XI R 24/01 BStBl II 02, 351), nicht aber auf die Erstattung von SA (BFH XI R 68/03 BFH/NV 05, 1304), da diese nicht zu steuerbaren Einnahmen führen (BFH X R 32/07 BStBl II 10, 38). Bei **agB** (§§ 33, 33a) richtet sich der Abzugszeitpunkt ebenfalls grds nach § 11 II (s § 33 Rz 5, BFH VI R 36/15 BStBl II 17, 979). Für die Inanspruchnahme der **Steuerermäßigungen** nach § 34g und § 35a gilt § 11 II (*BMF* BStBl I 10, 140 Rz 40 zu § 35a).

5. Vorrangige gesetzliche Ausnahmevorschriften zu § 11 II 1. Dies sind § 11 II 2 (regelmäßig wiederkehrende Ausgaben, s Rz 40), § 11 II 3 (Verteilung von Ausgaben bei langfristigen Nutzungsüberlassungen, s Rz 42), § 11 II 6 (keine Anwendung des Abflussprinzips auf den BV-Vergleich), **§ 4 III 4** (späterer Abzug für nicht abnutzbare WG des AV und bestimmte WG des UV, s § 4 Rz 406), **§§ 4 VIII, 10f II, 11a, 11b EStG, § 82b EStDV** (Verteilung von Gebäudeerhaltungsaufwand, s § 4 Rz 624, § 10f Rz 9, § 21 Rz 124, 126), **§ 6 II/§ 9 I 3 Nr 7 S 2** (für GWG: Abzug der AK/HK im Jahr der Anschaffung, Herstellung, Einlage oder Betriebseröffnung, § 6 Rz 652, § 9 Rz 276), **§ 6 IIa** (Sammelposten-AfA für bewegl WG, s § 6 Rz 671), **§ 7** (iVm § 4 III 3 für die AfA bei abnutzbaren WG des AV, s § 4 Rz 408; iVm § 9 I 3 Nr 7 für die AfA bei den Überschusseinkünften, s § 9 Rz 275), **§ 7g** (Investitionsabzugsbeträge und SonderAfA), **§ 7h, § 7i, § 10b Ia** (Stiftungsspendenverteilung, s § 10b Rz 32), **§ 10d, § 10g** (Verteilung von HK/Erhaltungsaufwand für schutzwürdige Kulturgüter; für Zuschüsse und Einnahmen gilt aber auch hier § 11), **§§ 16, 17.**

6. Ausnahmen aus Billigkeit im Einzelfall. Die *FinVerw* lässt aus Billigkeitsgründen die **Verteilung von Gewinn oder Aufwand** ausnahmsweise zu, zB EStR 16 XI (Wahlrecht bei Betriebsveräußerung gegen wiederkehrende Bezüge, s BFH III R 49/13 BFH/NV 16, 652; BFH X R 12/17 DStR 20, 435). Billigkeitsmaßnahmen nach **§ 163 AO** kommen grds nicht in Betracht, wenn es durch § 11 in einem VZ zu Ergebnissen kommt, die zu steuerl Be- oder Entlastungen führen (BFH VI R 2/05 BStBl II 07, 315). Denn eine zeitabschnittsbezogene Steuerermittlung bewirkt typischerweise Unterschiede der Steuerbelastung zw verschiedenen VZ.

7. Vorteile und Nachteile des Zuflussprinzips/Abflussprinzips. § 11 gilt zugunsten und zuungunsten des StPfl (BFH IV R 20/04 BStBl II 05, 758). Versehentl unterlassene Aufwendungen sind aber nicht endgültig verloren, da sie einen später anfallenden Gewinn aus der Veräußerung oder der Entnahme des WG mindern (s BFH IV R 20/04 BStBl II 05, 758; zu unterlassener AfA s § 7 Rz 8 ff).

8. Kein Korrespondenzprinzip. Zw Einnahmen/Ausgaben gibt es kein allg Korrespondenzprinzip. Eine von Zu-/Abfluss losgelöste Gesamtbetrachtung ist nicht mögl. Das Prinzip der Abschnittsbesteuerung erfordert eine Jahresbetrachtung (BFH VI R 63/09 BFH/NV 11, 743; BFH IX R 46/09 BFH/NV 11, 797).

9. Gestaltung des Zuflusses/Abflusses durch Steuerpflichtigen. § 42 AO spielt im Bereich von § 11 grds keine Rolle. Gläubiger und Schuldner können iRd zivilrechtl Möglichkeiten den Erfüllungszeitpunkt und damit auch die steuerrechtl Zuordnung des Zu- und Abflusses zu einem VZ so gestalten, wie es ihnen am günstigsten erscheint. Eine einmal getroffene Vereinbarung können sie jedenfalls vor der ursprüngl vereinbarten Fälligkeit einvernehml auch wieder ändern. § 42 AO kommt in derartigen Fällen grds nicht in Betracht (BFH IX R 1/09 BStBl II 10, 746; s auch BFH IX R 14/09 BFH/NV 10, 1089). Der Gesetzgeber hat durch die Bestimmung des Besteuerungszeitpunkts nach dem Zu- und Abfluss selbst Gestaltungsmöglichkeiten eröffnet. Von krassen Ausnahmefällen abgesehen lässt sich deshalb nicht feststellen, dass das Gesetz eine Gestaltung, die aufgrund der zeitabschnittsbezogenen Steuerermittlung zu Unterschieden bei der Steuerbelastung führt, missbilligt (s auch BFH IX R 87/95 BStBl II 00, 396).

III. Zufluss von Einnahmen, § 11 I 1–5

15 **1. Wirtschaftliche Verfügungsmacht.** Nur zugeflossene Einnahmen unterliegen der ESt. Maßgebl für die Besteuerung von Einnahmen ist die Rechtslage im Zuflusszeitpunkt (BFH IX R 4/14 BStBl II 15, 526; BFH VI R 32/18 BStBl II 20, 106). Einnahmen sind zugeflossen (bezogen), wenn der StPfl wirtschaftl über sie verfügen kann (BFH VIII R 40/08 BFH/NV 11, 592; BFH VI R 6/13 BFH/NV 16, 1509, stRspr, s *Offerhaus* StuW 06, 317, 320; *Thomas* DStR 15, 263). Das ist dann der Fall, wenn die Einnahme in das Vermögen des StPfl übergegangen ist **(Eintritt des Leistungserfolges).** Erforderl ist der wirtschaftl Übergang des geschuldeten Gutes oder das Erlangen der wirtschaftl Dispositionsbefugnis darüber (BFH IX R 1/09 BStBl II 10, 746). Für welchen Zeitraum Einnahmen geleistet werden, ist bei § 11 I 1 bedeutungslos. Maßgebl ist allein der Zeitpunkt des Übergangs der wirtschaftl Verfügungsmacht. Da sich dieser nach den tatsächl Verhältnissen richtet, kann der Zufluss grds nicht fingiert werden (BFH VI R 24/12 BStBl II 14, 495). Die Rspr, nach der bereits die Möglichkeit ausreichen soll, den Leistungserfolg herbeizuführen (zB BFH IX R 170/85 BStBl II 90, 310; BFH VIII R 15/83 BStBl II 86, 342), hat sich zu weit vom Gesetz gelöst (zutr BFH VI R 44/17 BStBl II 21, 392). Vor Eintritt des Leistungserfolges kann ein Zufluss nur angenommen werden, wenn die Verwirklichung des Leistungserfolges in so greifbare Nähe gerückt und so gesichert ist, dass dies wirtschaftl dem Eintritt des Leistungserfolges gleichzustellen ist (s amtl Begr zu § 11 EStG 1934 RStBl 35, 40).

16 Der **Übergangszeitpunkt der wirtschaftl Verfügungsmacht** richtet sich nach der Art des zugewandten Vorteils und den Umständen des jeweiligen Einzelfalls. Geldbeträge fließen idR durch **Barzahlung, Kontogutschrift** oder **Entgegennahme** eines **gedeckten Schecks** zu (BFH IX R 97/97 BStBl II 01, 482; BFH VIII R 40/08 BFH/NV 11, 592). Der **Anspruch auf die Leistung** begründet dagegen grds noch keinen gegenwärtigen Zufluss (BFH VI R 124/99 BStBl II 05, 766; BFH VI R 17/16 BStBl II 19, 496); Gleiches gilt für die Stundung und erst Recht für die bloße Nichtgeltendmachung eines Anspruchs (BFH VIII R 40/13 BFH/NV 16, 633). Der Zufluss kann aber in der **Zuwendung eines Anspruchs gegen einen Dritten** liegen, wenn gerade diese Leistung geschuldet ist (s BFH VI R 30/04 BFH/NV 08, 550; BFH VI R 25/05 BStBl II 09, 382). Mit der Zuwendung des Anspruchs ist dann der Leistungserfolg eingetreten. Eine **Gutschrift in den Büchern des Verpflichteten** kann den Zufluss bewirken, wenn die Gutschrift nicht nur das buchmäßige Festhalten einer Schuldverpflichtung darstellt, sondern zum Ausdruck bringt, dass der Betrag dem Berechtigten von nun an zur Auszahlung zur Verfügung steht (Rz 50 „Gutschrift"; BFH VI R 17/16 BStBl II 19, 496). Eine wirtschaftl Verfügung des StPfl, die den Zufluss herbeiführt, kann auch in der Vereinbarung mit dem Schuldner liegen, dass der Betrag nunmehr aus einem anderen Rechtsgrund geschuldet wird **(Schuldumwandlung, Novation).** Die Novationsvereinbarung verkürzt den Zahlungsweg, indem auf Aus- und Rückzahlung verzichtet wird (BFH VIII R 36/04 BStBl II 09, 190). Die Novation muss sich aber als Folge der Ausübung der wirtschaftl Verfügungsmacht des Gläubigers darstellen. Ein nicht geltend gemachter (bestehender) Anspruch kann deshalb noch nicht zu einem Zufluss führen (BFH VIII R 66/13 BStBl II 17, 626). Gleiches gilt bei einem (noch) nicht fälligen Anspruch, sofern keine vertragl vereinbarte Vorausverfügung vorliegt (BFH VI R 17/16 BStBl II 19, 496). Auch die **Aufrechnung** ist Ausdruck wirtschaftl Verfügungsmacht und führt im Zeitpunkt der Aufrechnungserklärung zum Zufluss (BFH VI B 139/06 BFH/NV 07, 1315; FG Ddorf DStRE 16, 1282, rkr).

2. Zahlung an Dritte. Dem StPfl fließt eine Einnahme auch dann zu, wenn 17 der Geld- oder Sachwert an einen Dritten für Rechnung des StPfl geleistet wird (BFH III R 32/92 BStBl II 94, 179; BFH IX B 152/04 BFH/NV 06, 93). Es kann ausreichen, dass der StPfl dem Schuldner ggü die Zahlung an einen Dritten duldet (FG Mchn EFG 06, 1887, rkr). Bei **gesetzl Forderungsübergang** fließt ebenso wie bei **Abtretung** oder **Pfändung** der Betrag der übergegangenen Forderung dem StPfl in dem Zeitpunkt zu, in dem die Zahlung beim Zessionar eingeht (BFH VI R 66/03 BStBl II 08, 375). Der Zufluss an einen von mehreren **Gesamtgläubigern** wirkt idR für alle (BFH VIII R 15/83 BStBl II 86, 342; s auch FG Ddorf EFG 94, 104, rkr). Bei **Gesamtrechtsnachfolge** sind Einnahmen, die nach dem Tod des Erblassers an den Erben gezahlt werden, dem Erben im Zahlungszeitpunkt auch dann zugeflossen, wenn sie wirtschaftl für einen Zeitraum vor dem Tod des Erblassers geleistet werden (FG BaWü EFG 04, 406, rkr; ebenso bei unentgeltl Erwerb durch gerichtl Vergleich in Nachlasssachen, FG Nds DStRE 02, 871, rkr).

3. Späterer Verlust der Verfügungsbefugnis. Er macht den Zufluss nicht 18 rückgängig (BFH X B 204/07 BFH/NV 08, 1679). Der Zufluss wird auch nicht dadurch in Frage gestellt, dass das zugeflossene Gut später wertlos wird (BFH VIII R 40/97 BFH/NV 98, 958; BFH VI B 160/10 BFH/NV 11, 1869). Zufluss setzt ein Behaltendürfen nicht voraus. Er liegt daher auch dann vor, wenn der Empfänger den Betrag später wieder zurückzahlen muss (BFH VIII R 74/99 BFH/NV 02, 1430; BFH VI R 17/03 BStBl II 06, 830; FG BBg EFG 19, 355, rkr). Die Rückzahlung ist erst im Zeitpunkt des tatsächl Abflusses einkünftemindernd zu berücksichtigen (BFH VI R 2/05 BStBl II 07, 315; s auch BFH VI R 12/06 BFH/NV 09, 1105 zum Verstoß gegen Treu und Glauben bei doppelter Berücksichtigung einer Gehaltsrückzahlung). Beträge, die **BA/WK ersetzen,** sind im Jahre des Zuflusses stpfl Einnahmen bei der Einkunftsart, bei der die Aufwendungen vorher abgezogen wurden (Rz 38).

4. Umfang der Verfügungsmacht. Verfügungs- und Nutzungsbeschränkungen 19 stehen dem Zufluss nicht entgegen (BFH VI R 94/13 BFH/NV 14, 1649; BFH VI R 67/05 BStBl II 09, 282; BFH VI R 47/08 BFH/NV 10, 1094; s aber BFH VI R 37/09 BStBl II 11, 923, restricted shares; dazu auch *Heurung ua* DStR 11, 2436; *Käshammer/Ramirez* DStR 14, 1419). Deshalb hindern weder die Zahlung auf ein gepfändetes Konto noch auf ein Sperrkonto den Zufluss (BFH IV R 87/85 BStBl II 88, 342; BFH VIII R 156/75 BStBl II 80, 643; BFH VI R 47/02 BFH/NV 07, 1876). Beruht eine Verfügungsbeschränkung auf einer freien Vereinbarung, kann bereits in der Vereinbarung eine Verfügung zu sehen sein (BFH III R 32/92 BStBl II 94, 179). Soll der Übergang der Verfügungsmacht dagegen nur durch Gutschrift in den Büchern des Schuldners erfolgen, kommt es bei Vorliegen von Verfügungsbeschränkungen darauf an, ob der StPfl das ihm zumindest wirtschaftl gehörende Kapital dem Schuldner überlässt. Hierfür können Interessenlage, Fälligkeit und Verzinsung Indizien sein (BFH X R 55/91 BStBl II 93, 499; BFH XI R 30/97 BStBl II 98, 252; BFH IX R 74/98 BFH/NV 02, 643).

5. Regelmäßig wiederkehrende Einnahmen, § 11 I 2. – a) Gesetzliche 25 **Sonderregelung.** Für regelmäßig wiederkehrende Einnahmen enthält § 11 I 2 eine Sonderregelung. Sie soll in engen Grenzen sicherstellen, dass Einnahmen in dem Zeitabschnitt erfasst werden, zu dem sie wirtschaftl gehören (BFH IV R 63/94 BStBl II 96, 266; BFH X B 30/02 BFH/NV 03, 169; FG Mster EFG 10, 2080, rkr). § 11 I 2 gilt nicht aber für sonstige Bezüge iSv § 38a I 3; für diese gilt § 11 I 1 (BFH VI R 58/15 BStBl II 18, 72).

26 **aa) Wiederkehr; Regelmäßigkeit.** Einnahmen sind wiederkehrend, wenn auf Grund eines bestimmten Rechtsverhältnisses die Wiederholung in gewissen Zeitabständen von Anfang an feststeht (BFH VIII R 15/83 BStBl II 86, 342; BFH IV R 309/84 BStBl II 87, 16; zB Mietzinsen, Pachtzahlungen – zu LuF § 4 III mit abw Wj s BFH IV R 1/99 BStBl II 00, 121 –, Renten, Zinsen, Quartalszahlungen der kassenärztl Vereinigung s BFH IV R 63/94 BStBl II 96, 266, nicht aber Gewinnausschüttungen aus Beteiligung an einer KapGes). Die Regelmäßigkeit der Einnahmen ist zu bejahen, wenn diese nicht nur einmal oder rein zufällig mehrmals angefallen sind (BFH XI R 48/05 BStBl II 08, 282 zu USt-Vorauszahlungen). *Zweimal* ist bereits wiederkehrend (str). Unter diesen Voraussetzungen ist schon die erste Einnahme regelmäßig wiederkehrend, auch wenn spätere Einnahmen ausbleiben (*BH/Martini* § 11 Rz 37). Unerhebl ist, ob die Einnahmen ihrer Höhe nach schwanken (BFH IV R 63/94 BStBl II 96, 266).

27 **bb) Kurze Zeit.** Dies ist nach stRspr idR ein Zeitraum bis zu 10 Tagen vor Beginn oder nach Ende des Jahres (BFH IV R 309/84 BStBl II 87, 16; BFH X B 30/02 BFH/NV 03, 169), also der Zeitraum vom 22.12. bis zum 10.1. Dieser Zeitraum verändert sich nicht, wenn sein Anfang oder Ende auf einen Sonnabend, Sonntag oder Feiertag fällt (BFH VIII R 34/12 BStBl II 15, 285; **aA** *Dürr* DStZ 16, 645). Die Zahlungen müssen **zum Jahreswechsel** bzw kurz vorher oder nachher fällig sein, egal ob (viertel-)jährl, monatl oder wöchentl (str; *OFD NRW* DB 15, 1630; *LfSt Bay* DB 21, 2051; BFH VI R 58/15 BStBl II 18, 72; FG Thür EFG 16, 1425; FG Sachs EFG 21, 1185, Rev VIII R 25/20; FG Mchen EFG 21, 1532, Rev X R 2/21, offen gelassen in BFH X R 44/16 BStBl II 18, 781; **aA** FG Ddorf DStRE 20, 588, Rev VIII R 1/20; FG Sachs EFG 17, 1081, Rev unbegr, BFH X R 2/17 BFH/NV 18, 1286; dazu auch *Steck* DStZ 16, 652; *Korff* DStZ 16, 978; *Wendt* DStR 18, 2071). *Beispiel:* Am 10.1.11 zum 31.12.10 geleistete Miete fällt unter § 11 II 1, nicht aber am 10.1.11 zum 30.11.10 gezahlte Miete (vgl BFH VI R 161/72 BStBl II 74, 547). Nicht erforderl ist, dass die Zahlung noch in dem Kj fällig wird, für das sie geleistet wurde. Es kommt neben der wirtschaftl Zugehörigkeit zu dem jeweiligen Wj insoweit nur darauf an, dass die Einnahme kurze Zeit vor Beginn oder kurze Zeit nach Beendigung des Kj zugeflossen ist (BFH IV R 63/94 BStBl II 96, 266). Die **wirtschaftl Zugehörigkeit** richtet sich danach, für welchen Zeitraum die Einnahme erzielt wird (*Littmann* § 11 Rz 62). Auf die Fälligkeit kommt es insoweit nicht an. *Beispiel:* Fälligkeit des Mietzinses für Jahr 20 zw 1. und 10.1.21; Zahlung am 8.1.21; Zurechnung als Einnahme für Jahr 20.

28 **b) Rechtsfolgen.** Die zeitl Zurechnung erfolgt nach der wirtschaftl Zugehörigkeit zu dem Zeitraum, *für den* die Leistung erbracht wird (BFH IV R 309/84 BStBl II 87, 16; BFH IV R 1/99 BStBl II 00, 121).

30 **6. Einnahmenverteilung für Nutzungsüberlassungen, § 11 I 3.** Die Regelung gestattet die Verteilung von Einnahmen, die für eine Nutzungsüberlassung für mehr als 5 Jahre im Voraus bezogen werden (s auch Rz 50 „Vorauszahlungen"). Einnahmen für Nutzungsüberlassungen sind Leistungen, die für eine Nutzung von bewegl oder unbewegl Sachen oder Rechten erbracht werden (BFH VI R 54/16 BStBl II 19, 311), zB aus Erbbaurechten, Miet- und Pachtverhältnissen, Nießbrauch oder aus Gestattungen für naturschutzrechtl Kompensationsmaßnahmen (BFH VI R 34/17 BStBl II 21, 5). Wird eine Entschädigung demggü in erster Linie für die Wertminderung und nicht für die Nutzung einer Sache gezahlt, scheidet die Verteilung der Einnahme aus (BFH IX R 3/18 BFH/NV 18, 1266; BFH VI R 54/16 BStBl II 19, 311). Der Zahlungsempfänger hat ein **Wahlrecht,** das Entgelt im Zuflusszeitpunkt sofort zu versteuern oder auf den Vorauszahlungszeitraum gleichmäßig zu verteilen. Das Wahlrecht kann bis zur Bestandskraft der Veranlagung des Zuflussjahres ausgeübt oder geändert werden (*BH/Martini* § 11 Rz 49). An die Wahl ist der StPfl für den restl Vorauszahlungszeitraum gebunden (*Frotscher/Geurts*

§ 11 Rz 51). Der Zeitraum von mehr als 5 Jahren bezieht sich auf den Vorauszahlungszeitraum und auf die Dauer des Nutzungsrechts (BFH VI R 34/17 BStBl II 21, 5). Einen bestimmten Zeitraum setzt § 11 I 3 nicht voraus; er muss ledigl (auch iRe Schätzung) bestimmbar sein und mehr als 5 Jahre betragen (BFH VI R 34/17 BStBl I 21, 5).

7. Einnahmen aus nichtselbständiger Arbeit, § 11 I 4. Die Vorschrift verweist für solche Einnahmen auf §§ 38a I 2 und 3, 40 III 2. Nach § 38a I 2 gilt lfd ArbLohn in dem Kj als bezogen, in dem der Lohnzahlungszeitraum oder in den Fällen des § 39b V 1 der Lohnabrechnungszeitraum endet (s § 38a Rz 2, 3). ArbLohn, der nicht als lfd ArbLohn gezahlt wird (sonstige Bezüge), wird im Jahr des Zuflusses bezogen (§ 38a I 3, s § 38a Rz 2, BFH VI R 25/05 BStBl II 09, 382). Der Verweis auf § 40 III 2 stellt klar, dass die auf den ArbN abgewälzte pauschale LSt beim ArbN als Zufluss erfasst wird (s § 40 Rz 26).

8. Kein Zuflussprinzip beim Betriebsvermögensvergleich, § 11 I 5. Das Zuflussprinzip gilt für den **BV-Vergleich** nach §§ 4 I, 5 nicht.

IV. Abfluss von Aufwendungen, § 11 II 1–6

1. Abflusszeitpunkt. Ausgaben sind für das Kj abzusetzen, in dem sie geleistet, dh abgeflossen, sind. Für den Abfluss kommt es darauf an, wann der StPfl seine Leistungshandlung vornimmt und die wirtschaftl Verfügungsmacht über den Gegenstand der Leistung verliert (BFH IV R 47/95 BStBl II 97, 509; BFH IX R 28/02 BFH/NV 05, 49; BFH X R 46/09 BFH/NV 11, 1059). Die Leistungshandlung ist abgeschlossen, wenn der StPfl alles Erforderliche getan hat, um den Leistungserfolg herbeizuführen (BFH VIII R 8/98 BFH/NV 00, 825). Wann der Leistungserfolg eintritt, ist für den Abfluss unerhebl. Auf den Verlust der rechtl Verfügungsmacht kommt es ebenfalls nicht an.

Barzahlungen. Sie fließen mit Hingabe der Zahlungsmittel ab. Bei einer **Überweisung** ist der Abfluss erfolgt, wenn der Überweisungsauftrag der Bank zugegangen ist und der StPfl alles getan hat, um eine unverzügl banküblic Ausführung zu gewährleisten (BFH IX R 51/80 BStBl II 86, 453), spätestens aber im Zeitpunkt der Lastschrift (BFH IV R 47/95 BStBl II 97, 509). Bei **Scheckzahlung** tritt Abfluss mit Hingabe des (gedeckten) Schecks ein (BFH IX R 2/80 BStBl II 86, 284). Bei Zahlung mittels **Kreditkarte** erfolgt der Abfluss mit Unterschrift auf dem Belastungsbeleg (FG RhPf EFG 13, 1029, rkr). Bei einer Aufrechnung fließt die Ausgabe im Zeitpunkt der durch die **Aufrechnung** bewirkten Leistung ab (BFH VI B 139/06 BFH/NV 07, 1315). Auch die **Novation** kann den Abfluss bewirken (BFH IV B 139/06 BFH/NV 08, 57). Das buchmäßige Festhalten einer Forderung beim Gläubiger führt aber anders als die einer Lastschrift ähnl Buchung auf einem bei einer Geschäftsbank geführten Kontokorrentkonto noch nicht zum Abfluss beim Schuldner (FG BaWü EFG 15, 116, rkr).

2. Einschaltung Dritter. Die Zahlung an einen anderen als den Gläubiger führt den Abfluss unter den allg Voraussetzungen herbei (zB Zahlung auf ein Treuhandkonto, FG Nds EFG 84, 393, rkr). Soweit Aufwendungen iRd abgekürzten Zahlungs- oder Vertragswegs abziehbar sind, erfolgt der Abfluss beim StPfl in dem Zeitpunkt, in dem der Dritte die Aufwendungen zugunsten des Stpfl tätigt, ohne sie vom StPfl zurückzufordern (BFH IX R 25/03 BStBl II 06, 623).

3. Rückzahlung und Erstattung von Aufwendungen. Sie lassen den vorherigen Abfluss grds unberührt. Beträge, die BA/WK ersetzen, sind im Jahr des Zuflusses stpfl Einnahmen bei derjenigen Einkunftsart, bei der die BA/WK zuvor abgezogen worden waren (BFH IX R 36/98 BStBl II 03, 126; BFH IX R 41/93 BStBl II 95, 704; BFH IX R 13/93 BStBl II 95, 118). Das gilt auch für Schadensersatzleistungen, mit denen BA/WK ersetzt werden (BFH IX R 67/88 BStBl II 93, 748). Da die Erstattung von SA nicht zu steuerbaren Einnahmen führt, sind erstattete SA im Erstattungsjahr mit gleichartigen SA zu verrechnen; ein Erstattungsüberhang ist in das Zahlungsjahr zurückzutragen (BFH X R 24/08 BFH/NV 09, 568). Bei agB ist wegen des dort geltenden Belastungsprinzips eine erst in einem späteren VZ zugeflossene Erstattung bereits im Jahr des Abflusses der agB in vollem Umfang auf die Aufwendungen anzurechnen (BFH III R 8/95 BStBl II 99, 766; s § 33 Rz 17).

40 **4. Regelmäßig wiederkehrende Ausgaben, § 11 II 2.** Für sie gilt § 11 I 2 entspr (s Rz 25 ff). Regelmäßig wiederkehrende Ausgaben sind zB USt-Vorauszahlungen (BFH XI R 48/05 BStBl II 08, 282; zum Abflusszeitpunkt einer USt-Vorauszahlung s *Handor/Bergan* DStR 16, 2568; BFH X R 44/16 BStBl II 18, 781; bei erteilter Einzugsermächtigung s BFH VIII B 58/15 BFH/NV 16, 1008), Sollzinsen eines Kontokorrentkontos (BFH IV R 47/95 BStBl II 97, 509), Lohn-, Mietzinszahlungen; zu Unterhaltszahlungen s BFH III R 63/89 BFH/NV 92, 101; BFH VI R 140/80 BStBl II 81, 713.

42 **5. Vorausgezahlte Ausgaben für Nutzungsüberlassungen, § 11 II 3.** Die Regelung sieht für mehr als 5 Jahre vorausgezahlte Ausgaben für eine Nutzungsüberlassung (s Rz 30) zwingend eine **gleichmäßige Verteilung der Vorauszahlung** auf den Vorauszahlungszeitraum vor. Die 5 Jahre beziehen sich auf den Vorauszahlungszeitraum und das Nutzungsrecht (s Rz 30). Anders als § 11 I 3 enthält § 11 II 3 kein Wahlrecht. § 11 II 3 gilt für Vorauszahlungen für eine Grundstücksnutzung, die nach dem 31.12.03 geleistet wurden. Eine verfwidrige Rückwirkung liegt vor, wenn die Vorrauszahlung bis zur Einbringung der Neuregelung in den BT (27.10.04) verbindl vereinbart und in 2004 auch gezahlt wurde (BVerfG 2 BvL 1/11 DStR 21, 1153). IÜ ist die Einbeziehung im Voraus geleisteter Erbbauzinsen in die Neuregelung verfassungsrechtl zulässig.

44 **6. Keine Ausgabenverteilung bei marktüblichen Damnum, § 11 II 4.** Die Vorschrift schließt Damnum und Disagio (zum Begriff s BFH X R 69/96 BStBl II 00, 259), soweit es marktübl ist, von der Verteilung nach § 11 II 3 aus. Es bleibt daher beim sofortigen Abzug des marktübl (Teils des) Damnums im Zeitpunkt des Abflusses (s auch Rz 50 „Damnum"). Marktübl ist ein Damnum, soweit es nicht mehr als 5% des Darlehensnennbetrags beträgt (*BMF* BStBl I 03, 546). Auch ein höheres Disago kann marktübl sein; der Abschluss einer Zins- und Disagiovereinbarung mit einer Geschäftsbank soll nach Ansicht des BFH die Marktüblichkeit indizieren (BFH IX R 38/14 BStBl II 16, 646, mE zweifelhaft, krit auch *Beck* DStR 16, 2628).

46 **7. Verhältnis zu § 42 AO, § 11 II 5.** Die Regelung, nach der § 42 AO unberührt bleibt, betrifft nur Vorauszahlungen für Nutzungsüberlassungen, soweit nicht § 11 II 3 eingreift (BT-Drs 15/4050, 56; zu § 42 AO s iÜ Rz 10).

48 **8. Kein Abflussprinzip beim Betriebsvermögensvergleich, § 11 II 6.** Das Abflussprinzip gilt beim BV-Vergleich nach §§ 4 I, 5 I nicht.

V. ABC des Zuflusses/Abflusses

50 **Abtretung** (§§ 398 ff BGB). Abtretung und **gesetzl Forderungsübergang** haben grds keinen Einfluss auf den Zu- oder Abfluss (BFH VI R 66/03 BStBl II 08, 375; BFH XI R 52/88 BStBl II 93, 507). Einnahmen aus der abgetretenen Forderung sind beim alten Gläubiger (Zedenten) mit Zufluss beim neuen Gläubiger (Zessionar); Einnahmen aus einer Gegenforderung gegen den Zedenten sind beim Zessionar im selben Zeitpunkt zu erfassen. Auch nach Abtretung der Forderung führt Geldeingang beim ursprüngl Gläubiger zum Zufluss bei diesem (FG Nds EFG 10, 1021, rkr). Erfolgt die **Abtretung** ausnahmsweise **an Erfüllungs statt**, ist bereits mit der Abtretung der Zufluss erfolgt (BFH VI 137/65 BStBl III 66, 394), und zwar iHd wirtschaftl Werts der Forderung im Abtretungszeitpunkt (BFH IV R 97/78 BStBl II 81, 305, unter 1c). Die Verfügung über eine **wertlose Forderung**

kann nicht als Zufluss gewertet werden, gleichgültig, ob sie erfüllungshalber oder an Erfüllungs Statt erfolgt (BFH VIII R 211/82 BFH/NV 88, 224).

Arzthonorar. Beim Einzug durch **privatärztl Verrechnungsstelle** erfolgt Zufluss im Zeitpunkt des Eingangs bei dieser Stelle; **Vorschüsse** sind im Zahlungszeitpunkt zugeflossen (FG Nds DStRE 09, 1289, rkr). Bei **Direkteinzug** durch den Arzt erfolgt die Besteuerung im Zeitpunkt des Zuflusses bei diesem. Honorar für kassenärztl Tätigkeit fließt mit Eingang des durch die **kassenärztl Vereinigung** überwiesenen Betrags zu (BFH IV 4/61 U BStBl III 64, 329). § 11 I 2 ist bei Zahlungen der kassenärztl Vereinigung grds anwendbar (BFH IV R 309/84 BStBl II 87, 16; BFH IV R 72/94 BFH/NV 96, 209).

Aufrechnung (§§ 387 ff BGB). Zufluss erfolgt im Zeitpunkt der durch die Aufrechnungserklärung bewirkten Leistung. Entsprechendes gilt für den Abfluss (BFH VI B 139/06 BFH/NV 07, 1315; FG Ddorf DStRE 16, 1282, rkr).

Ausschüttungen einer Kapitalgesellschaft und **unbestrittene Forderung** fließen dem **beherrschenden Ges'ter** bereits mit der Beschlussfassung über die Ausschüttung bzw der Fälligkeit der sonstigen Forderung zu, da er es grds in der Hand hat, sich geschuldete Beträge auszahlen zu lassen (BFH VIII R 13/06 BFH/NV 07, 2249; BFH VIII B 46/11 BFH/NV 12, 597). Die Fälligkeit beurteilt sich grds nach Zivilrecht und darf nicht ihrerseits fingiert werden (BFH VI R 44/17 BStBl II 21, 392). Der Zufluss bei Fälligkeit gilt nur für Beträge, die die KapGes dem beherrschenden Ges'ter schuldet und die sich bei zutr Ermittlung des Einkommens der KapGes auswirken (BFH VI R 66/09 BStBl II 14, 491; *BMF* BStBl I 14, 860). Die KapGes darf außerdem nicht zahlungsunfähig sein (BFH VI B 220/00 BFH/NV 04, 1419), wobei iEinz ungeklärt ist, unter welchen Voraussetzungen Zahlungsunfähigkeit vorliegt (s FG Mster EFG 20, 82, Rev III R 58/19). Diese Grundsätze gelten auch bei ausl KapGes (FG Mster EFG 20, 525, rkr); bei Tantiemezahlungen (BFH VI R 3/19 BFH/NV 22, 9) und bei gespaltener Gewinnverwendung, bei der der zur Ausschüttung bestimmte Gewinn teils sofort ausgeschüttet und teils in eine personenbezogene Rücklage eingestellt wird (FG Nds DStRE 19, 1445, Rev VIII R 25/19) sowie für Vorabgewinnausschüttungen, die zum Zeitpunkt der Beschlussfassung über die Gewinnverwendung zufließen, selbst wenn eine spätere Fälligkeit des Auszahlungsanspruchs vorgesehen ist (BFH VIII R 2/12 BFH/NV 15, 567). Verzichtet ein Ges'ter ggü der KapGes auf bestehende oder künftige Ansprüche, fließen ihm keine Einnahmen zu, soweit er dadurch eine tatsächl Vermögenseinbuße erleidet (BFH VI R 4/10 BStBl II 14, 493; BFH VI R 24/12 BStBl II 14, 495; *BMF* BStBl I 14, 860). Die Annahme des Zuflusses bei Fälligkeit ist str und nur ausnahmsweise gerechtfertigt (s Rz 15). Eine Ausdehnung zB auf nicht beherrschende Ges'ter (BFH VI R 4/10 BStBl II 14, 493; BFH VI R 24/12 BStBl II 14, 495), MinderheitsGes'ter (BFH VIII R 24/03 BFH/NV 05, 1266), auf Nur-Geschäftsführer (FG BaWü EFG 98, 1011, rkr), „Angehörige" (zu Eheleuten FG Köln EFG 95, 419, rkr) und Lebensarbeitszeitkonten (§ 19 Rz 100 „Arbeitszeitkonten") scheidet aus. Im umgekehrten Fall, dass die KapGes einen Anspruch gegen den beherrschende Ges'ter hat, gibt es auch keine Abflussfiktion (BFH VI R 13/14 BFH/NV 16, 1368).

Baukostenzuschüsse fließen erst mit der Entscheidung der auszahlenden Stelle zu, dass die Fördermittel nicht zurückzuzahlen sind (BFH IX R 46/09 BFH/NV 11, 797). S auch EStR 6.5/EStH 6.5, EStR 21.5/EStH 21.5; *Betzweiser* DStR 04, 617.

Belegschaftsaktien. Der stpfl Vorteil (s § 19 Rz 100 „Aktien", BFH VI R 19/96 BFH/NV 97, 179) fließt dem ArbN sofort und nicht erst nach Ablauf einer Veräußerungssperrfrist zu (BFH VI R 39/80 BStBl II 85, 136; BFH VI R 67/05 BStBl II 09, 282). Eine Verfügungsbeschränkung mindert auch nicht die Höhe der Vorteilszuwendung (BFH VI R 73/86 BStBl II 89, 927; BFH VI R 73/04 BFH/NV 07, 896; FG Mster EFG 95, 320, rkr; s aber BFH VI R 37/09 BStBl II 11, 923, restricted shares; zu vinkulierten GmbH-Anteilen s *Heurung/Hilbert/Engel* GmbHR 13, 184 und zutr *ge* DStR 14, 1716).

Bonusaktien fließen im Zeitpunkt der Depoteinbuchung zu (BFH VIII R 70/02 BStBl II 05, 468).

Bruchteilsgemeinschaft. Der Zufluss bei der Gemeinschaft ist den Teilhabern anteilig zuzurechnen; zur Erbengemeinschaft s FG Hbg EFG 10, 425, rkr. Zum Abfluss s FG BaWü EFG 82, 464, rkr.

Damnum hat Zinscharakter (BFH I R 46/05 BStBl II 09, 955). **Zufluss beim Darlehensgeber** grds im Jahr der Zahlung oder Einbehaltung (BFH VIII R 1/91 BStBl II 94, 93; bei Schuldverschreibung erst mit Rückgabe, s BFH VIII R 156/84 BStBl II 88, 252). **Abfluss beim Darlehensnehmer** im Jahr der Verausgabung (Einbehalt) bzw Einzahlung vor Darlehensauszahlung (BFH IX R 85/85 BStBl II 87, 492; BFH IX R 96/84 BFH/NV 89, 496 – missverständl).

Darlehen. – *(1)* **Arbeitnehmerdarlehen an Arbeitgeber.** Wird ArbLohn nicht ausbezahlt, sondern nur gutgeschrieben (s „Gutschrift"), ist die Frage des Zuflusses nach den Gesamtumständen des Einzelfalles zu entscheiden (BFH VI R 124/77 BStBl II 82, 469; BFH VI R 47/08 BFH/NV 10, 1094), wie Interessenlage, Verzinsung, Liquidität des ArbG, Dauer der Überlassung, Art des ArbLohns. – *(a) Grundsatz.* ArbN kann über zugeflossenen Lohn durch **darlehensweise Überlassung** verfügen (BFH VIII R 97/79 BStBl II 83, 295). Das kann auch im Wege der Umbuchung als Schuldumwandlung geschehen. Die Gutschrift liegt häufig im überwiegenden **Interesse des ArbN,** sich eine Kapitalanlage zu verschaffen oder seinen Arbeitsplatz zu sichern (s aber „Verzicht"; zu Darlehensforderungsverzicht BFH VI R 35/94 BFH/NV 95, 208). Das Einverständnis braucht nicht aus freien Stücken erteilt zu sein. Es muss aber ein Verfügungs-, nicht nur ein Absicherungsinteresse des ArbN vorliegen (vgl auch BFH X R 55/91 BStBl II 93, 499). *Beispiele:* für 15 Jahre überlassene Gratifikation (BFH VIII R 210/83 BStBl II 90, 532), für 5 Jahre überlassene Jubiläumszuwendungen (FG Hbg EFG 81, 85, rkr); für 3 Jahre überlassene ArbN-Tantieme oder als Sicherheit überlassene Vertreterprovision (BFH X R 55/91 BStBl II 93, 499). – *(b)* **Kein Zufluss,** wenn sofortige Leistung beabsichtigt war und im Interesse des ArbN lag, jedoch an der **Liquiditätslage des ArbG** scheiterte, oder wenn der ArbG dem ArbN nur **zukünftige Leistungen** ohne Wahlrecht der sofortigen Auszahlung verspricht. *Beispiele:* Gewinngutschriften für den Versorgungsfall (BFH I R 139/71 BStBl II 74, 454); langfristige gewinnabhängige Erfolgsprämien (BFH I R 72/76 BStBl II 80, 741, unter 2c), auch bei endgültiger Zusage und Verzinsung (BFH VI R 124/77 BStBl II 82, 469).– *(c)* Bei „**Stundung**" grds kein Zu- oder Abfluss des ArbLohnes. – *(2)* **Arbeitgeberdarlehen an Arbeitnehmer.** Bei Zahlungen über den lfd ArbLohn hinaus ist nach den Vereinbarungen über Höhe, Rückzahlung und Verzinsung zu prüfen, ob im Zeitpunkt der Zahlung Lohn zufließt oder eine nicht steuerbare Vermögensleistung „Darlehen" vorliegt.– *(3)* **Zeitpunkt des Abzugs bei Fremdfinanzierung.** Bei BA, WK, SA und agB kommt es auf den Zeitpunkt der Zahlung der finanzierten Aufwendungen an (zB BFH VI R 41/05 BFH/NV 08, 1136 zu WK; BFH VI R 252/71 BStBl II 74, 513 zu SA; BFH III R 248/83 BStBl II 88, 814; BFH III R 60/88 BStBl II 90, 958; FG Mchn EFG 08, 455, rkr, zu agB). – *(4)* **Bei anderen Einnahmen** als ArbLohn hängt es vom Einzelfall ab (Vertragsgestaltung, Interessenlage etc), ob die Zahlung zunächst nur ein nicht steuerbares Darlehen oder eine den Zufluss herbeiführende (Vorschuss-)Leistung darstellt (s BFH III R 30–31/85 BStBl II 90, 287; FG Ddorf EFG 11, 313, rkr; FG Hess DStRE 09, 1102, rkr, Umwandlung Miete in Darlehen).

Depotzahlungen sind ohne Abfluss nicht als WK/BA/SA abziehbar. Auf Depotkonto gutgeschriebene Zinsen sind zugeflossen (BFH X R 55/91 BStBl II 93, 499; zur Abgrenzung bei Stornoreservekonto s BFH XI R 30/97 BStBl II 98, 252).

Zum Zufluss von Erträgen aus englischer LV iRe *Wealthmaster-Vertrags* s BFH VIII R 40/08 BFH/NV 11, 592.

Erbbaurecht als **ArbLohn** im Zeitpunkt der Bestellung s BFH VI R 15/80 BStBl II 83, 642 mit Bestätigung und Abgrenzung zum Wohnrecht in BFH VI R 33/97 BStBl II 04, 1076; § 19 Rz 100 „Erbbaurecht". **Erschließungskostenzahlungen** des Erbbauberechtigten sind erst nach Wertzuwachsrealisierung bei Vertragsende Einkünfte aus VuV (BFH IX R 86/89 BStBl II 91, 712).

Erlass s unter „Verzicht".

Erstattung von Einnahmen und Ausgaben s Rz 18, 38.

Forderungen. Entscheidend ist idR der Zeitpunkt der Einziehung, nicht der Fälligkeit bzw Einzugsmöglichkeit. Ausnahmen s „Ausschüttungen einer KapGes" (zum Zufluss bei „Verzicht" s BFH VI R 4/10 BFH/NV 11, 904). Verfügungsmöglichkeit muss hinsichtl der Zahlung, nicht der Forderung bestehen (zu gesetzl Forderungsübergang BFH XI R 52/88 BStBl II 93, 507; BFH VI R 66/03 BStBl II 08, 375).

Geldwerte Vorteile (s § 8 II 1). Maßgebl ist der tatsächl Zufluss, bei Überlassung von WG zur Nutzung die tatsächl (Möglichkeit der) Nutzung (BFH VI R 33/97 BStBl II 04, 1076; BFH I R 32/92 BStBl II 93, 399; BFH I R 44/92 BFH/NV 94, 318; FG Mster EFG 13, 1659, rkr, zur Ferienwohnungsnutzung als Kapitaleinkünfte – **Hapimag/Timesharing** –; zu Zinsvorteil BFH IX R 47/89 BFH/NV 95, 294. Die Bereicherung bei verbilligter Abgabe von Sachwerten erfolgt nicht durch den Sachwert selbst, sondern durch den Zufluss des bewerteten geldwerten Vorteils (zB des Preisnachlasses, s BFH VI R 124/99 BStBl II 05, 766).

Gewinnanteile aus Beteiligung an **KapGes** oder Genossenschaft sind keine regelmäßig wiederkehrenden Einnahmen (Rz 25). Auf Gewinnanteile aus Beteiligung an **PersGes** findet § 11 keine Anwendung; s aber „stille Gesellschaft".

Gutschrift. – *(1)* Die **Gutschrift in den Büchern des Verpflichteten** ist häufig nur ein buchmäßiges Festhalten einer Schuldverpflichtung. Sie kann aber mit dem Wechsel der wirtschaftl Verfügungsbefugnis verbunden sein (**Zufluss** § 11 I), wenn der Verpflichtete durch die Buchung (idR auf Verrechnungskonto) zum Ausdruck bringt, dass dem Berechtigten der Betrag von nun an zur Auszahlung zur Verfügung steht (s Rz 16; abgelehnt für Bonuszinsen auf einem Bounskonto bei einem Bausparvertrag: FG Nds EFG 21, 941, Rev VIII R 18/20, mE zutr). Der Verpflichtete muss außerdem leistungsbereit und leistungsfähig sein (BFH VIII R 57/95 BStBl II 97, 755; BFH IX R 74/98 BFH/NV 02, 643; zu Versicherungsprovisionen BFH X R 55/91 BStBl II 93, 499 mit Abgrenzung in BFH XI R 30/97 BStBl II 98, 252; zum umgekehrten Fall der Lastschrift beim KapGes'ter BFH VIII R 284/83 BStBl II 86, 481, unter 2b; BFH I B 165/07 BFH/NV 08, 2049). Zufluss ist daher nicht anzunehmen, solange der Schuldner (auch nur vorübergehend) **zahlungsunfähig** ist (BFH VIII R 97/70 BStBl II 73, 815; BFH VII R 36/04 BStBl II 09, 190; s auch „Schneeballsysteme"). Die Gutschrift muss der Verpflichtete dem Berechtigten **mitteilen,** soweit sie nicht ausdrückl vorher vereinbart war (BFH III R 32/92 BStBl II 94, 179). Die Mitteilung hat hier materielle Wirkung. *Beispiele:* Steuergutschrift der Finanzkasse (FG Saarl EFG 89, 454, rkr), Gutschrift von ArbLohn (s „Darlehen" a, BFH VI R 35/94 BFH/NV 95, 208), Gutschrift bei partiarischem Darlehen (BFH VIII R 70/95 BFH/NV 00, 18). Freiwillige **Verfügungsbeschränkungen** des Empfängers stehen dem Zufluss nicht entgegen (s Rz 16).– *(2)* **Gutschrift auf Empfängerkonto** führt stets zum Zu- und Abfluss, unabhängig von der Wertstellung (BFH VI R 63/80 BStBl II 84, 560; FG Hess EFG 02, 245, rkr). Die Benachrichtigung hat hier keine materielle Bedeutung, anders als im Falle der Gutschrift beim Schuldner (s BFH IV 210/65 BStBl II 71, 97). Gutschrift auf Beteiligungskonto des ArbN s BFH VI R 47/08 BFH/NV 10, 1094, Anm *ge* DStR 10, 792. Gutschrift auf Genussrechtskonto

§ 11 **50**

s BFH VI R 57/13 BStBl II 14, 850. Die Bank des Gläubigers muss im Zeitpunkt der Gutschrift zahlungsfähig sein (FG Köln EFG 81, 505, rkr). – *(3)* **Gutschrift bei Dritten** als Zufluss s Rz 17 und *OFD Ffm* DStR 96, 1567 (für Amateursportler angelegte Werbehonorare).

Hinterlegung führt als Erfüllungssurrogat (§ 372 BGB) – anders als Sicherheitshinterlegung – idR auch bei Rücknahmerecht (§ 376 BGB) zum Zu- und Abfluss, spätestens mit Klärung der Anspruchsberechtigung (§ 372 S 2 BGB; s auch FG Mchn EFG 04, 1295, rkr, Zufluss beim zunächst unbekannten Gläubiger erst bei Auszahlung). Zur Bedeutung der Hinterlegungvereinbarung s BFH IV R 125/83 BStBl II 86, 404.

Insolvenzgeld, das von einer Bank vorfinanziert wird, fließt den ArbN bereits in dem Zeitpunkt zu, in dem er das Entgelt von der Bank erhält (BFH VI R 4/11 BStBl II 12, 596).

Kaution. Zahlung der Kaution ist idR kein Abfluss (BFH X R 55/91 BStBl II 93, 499).

Kreditkarte. Zufluss beim Empfänger erfolgt erst mit Zahlung durch den Kartenausgeber, beim Karteninhaber grds wie beim „Scheck" Abfluss schon mit Unterschriftsleistung (s Rz 36; glA FG RhPf DStRE 14, 652, rkr; *HHR* § 11 Rz 120, *Wüllenkemper* EFG 13, 1031, str).

Lastschrift. Bei Erteilung eines Lastschriftmandats tritt der Zufluss beim Gläubiger nicht bereits mit Mandatserteilung durch den Schuldner, sondern erst bei Gutschrift auf dem Konto des Gläubigers ein; § 224 II Nr 3 AO gilt nur für Ansprüche aus dem StSchuldverhältnis bei Zahlungen an FinVerw (BFH VI R 58/15 BStBl II 18, 72). Die Erteilung eines Lastschriftmandats führt bei § 11 II 1 auch den Abfluss noch nicht herbei; er erfolgt erst mit Belastung des Kontos (BGH XI ZR 236/07 NJW 10, 3510; offen gelassen in BFH VI R 58/15 DStR 17, 2541); zum Abfluss bei § 11 II 2 s FG Mster EFG 10, 2080, rkr.

Notaranderkonto. Zu- und Abfluss hängen bei Zahlung auf ein Notaranderkonto davon ab, wem die Verfügungsmacht wirtschaftl zusteht. Von Bedeutung ist insb die dem Verwahrungsverhältnis zugrunde liegende Hinterlegungsvereinbarung (BFH IV R 125/83 BStBl II 86, 404; FG Hbg EFG 09, 1642, rkr, Zu- und Abflusszeitpunkt können auseinanderfallen).

Novation s „Schuldumwandlung".

Option. Die Einräumung eines **nicht handelbaren oder handelbaren** Optionsrechts führt idR noch nicht zum Zufluss iSv § 11. Maßgebend ist der Zeitpunkt der Aktienüberlassung (Einbuchung in das Depot, BFH VI B 87/13 BFH/NV 14, 334) bzw vor 2002 der Rechtsausübung (Billigkeitsregelung *BMF* BStBl I 03, 234; BFH VI R 4/05 BStBl II 08, 826). Der Zufluss kann auch durch anderweitige Verwertung des Optionsrechts erfolgen. Zuflusszeitpunkt ist dann der Übertragungszeitpunkt des Rechts (BFH VI R 90/10 BFH/NV 13, 440). Zur Rechtslage, wenn ArbG die überlassenen Optionen am Markt erworben hatte s *Schneider* BFH/PR 09, 127; *Bergkemper* FR 09, 628; *Schmidt* DStR 09, 1989. S auch § 19 Rz 100 „Ankaufsrecht". Sperr-, Halte- und Verfallsklauseln hindern Zufluss des geldwerten Vorteils nicht (BFH VI R 67/05 BStBl II 09, 282; *Bergkemper* FR 09, 487). Verfügungsbeschränkungen können dem Zufluss aber entgegenstehen, wenn sie die Annahme rechtfertigen, dass der Begünstigte über die Aktien noch keine Verfügungsmacht erlangt hat (BFH VI R 37/09 BStBl II 11, 923, restricted shares, s dazu auch *Käshammer/Ramirez* DStR 14, 1419). Können Aktien, deren Wert nach Ausübung der Option unter den Ausgabepreis gesunken ist, an den ArbG zum Ausgabepreis zurückgegeben werden, fließt ein darin liegender geldwerter Vorteil im Zeitpunkt der Rückübertragung der Aktien zu (BFH VIII R 19/11 BStBl II 13, 689). (Echte) **Wandelschuldverschreibungen** sind wie Optionen zu behandeln (Endbesteuerung, s BFH VI R 124/99 BStBl II 05, 766; zu

§ 34 s BFH VI R 136/01 BStBl II 07, 456; BFH VI R 62/05 BStBl II 08, 294; zu sog Virtual Stock Options s *Schiemzik* NWB 11, 798). Auch **„Wandeldarlehen"** führen zum Zufluss erst bei Ausübung bzw Veräußerung des Wandlungsrechts (BFH VI R 10/03 BStBl II 05, 770; BFH VI R 18/03 BFH/NV 06, 13; BFH VI R 12/08 BStBl II 10, 1069). Zur Grundstückserwerbsoption s BFH VI R 200/81 BFH/NV 86, 306. Zeitpunkt eines **Verlustabzugs** s BFH VI R 35/05 BStBl II 09, 108; BFH VI B 137/06 BFH/NV 08, 66. S auch *Portner* DStR 10, 577, zu neuen Vergütungsregelungen für Manager; zusammenfassend *Marquart* FR 13, 980; *Geserich* DStR-Beih 14, 53.

Pfändung; Verpfändung bewirken weder Zu- noch Abfluss (BFH IV R 190/71 BStBl II 75, 776). Sie stehen ihm auch nicht entgegen (BFH IV R 87/85 BStBl II 88, 342). Besteuerung beim Pfändungsschuldner im Zeitpunkt des Forderungseinzugs durch Pfändungsgläubiger bzw des Zahlungseingangs (BFH IX R 163/83 BStBl II 89, 702; s auch „Forderungen").

Renten sind im Zuflusszeitpunkt nach den dann geltenden Vorschriften zu versteuern (BFH X R 1/10 BStBl II 11, 915; BFH X R 17/10 BFH/NV 11, 1501).

Rückzahlung fließt erst im Jahr des Rückflusses ab (BFH VI R 12/06 BFH/NV 09, 1105, mwN und zum Verstoß gegen Treu und Glauben bei doppelter Berücksichtigung einer Gehaltsrückzahlung). S auch Rz 18, 38.

Scheck s Rz 16, 36. Maßgebl Zeitpunkt der Leistung ist idR die Hingabe (Abfluss)/Entgegennahme (Zufluss) eines (gedeckten) Bar- oder Verrechnungsschecks (BGH II ZR 283/85 NJW 87, 317), sofern die sofortige Einlösung nicht durch zivilrechtl Vereinbarung eingeschränkt ist. Es liegt auch dann Zufluss vor, wenn auf die Zahlung kein Anspruch besteht (BFH IX R 97/97 BStBl II 01, 482). Sonderregelung bei Steuerzahlung s **§ 224 II Nr 1 AO** (ab 2007: 3 Tage nach Eingang).

Schneeballsysteme. Gutschriften aus betrügerischen Anlagesystemen (Scheinrenditen) führen nach stRspr des BFH zum Zufluss von KapEinnahmen und damit zur Besteuerung auch dann, wenn die Gutschrift zwar angefordert wird, dass der gutgeschriebene Betrag das Anlagekapital erhöhen soll. Diese BFH-Rspr ist von Kritik begleitet (FG Saarl EFG 12, 1642; *Schmidt-Liebig* FR 09, 409; *Marx* FR 09, 515; *Wolff-Diepenbrock* FS Spindler, 897; *Otte* DStR 14, 245), die aber durch BFH VIII R 4/07 BStBl II 14, 147; BFH VIII R 25/12 BStBl II 14, 461; BFH VIII R 38/13 BStBl II 14, 698 und BFH I R 33/16 BFH/NV 20, 201 erneut zurückgewiesen wurde (dazu *Pezzer* BFH/PR 10, 372; *Moritz* NWB 10, 2858; *Levedag* NWB 15, 914; *Werth* DB 21, 1833; weiterhin gegen BFH aber: *Loritz/Sessig* DStR 19, 1333). Es kann nach der BFH-Rspr nur dann am Zufluss fehlen, wenn der Betreiber des Schneeballsystems bei entspr Verlangen des Anlegers nicht zur Auszahlung der gutgeschriebenen Beträge leistungsbereit und -fähig gewesen wäre (die Feststellungslast trägt insoweit das FA). So kann es sich verhalten, wenn der Betreiber eine vom StPfl verlangte Auszahlung ablehnt und stattdessen über anderweitige Zahlungsmodalitäten verhandelt; ein Rat zur Wiederanlage genügt aber noch nicht. Der BFH sieht sich estl wegen § 20 I Nr 7 S 2 auch daran gehindert, die Scheinrenditen entspr den zutr Ausführungen in BFH II R 62/08 BFH/NV 11, 7 zur VermögenSt als bloße Kapitalrückzahlungen zu behandeln, was mE auch bei der ESt mögl gewesen wäre. Die *FinVerw* gewährt einen gewissen Rechtsschutz, indem sie anerkennt, dass den nicht ausgezahlten Scheinrenditen im Jahr der Insolvenz gleichhohe Verluste gegenüberstehen (*OFD Rhl* DStR 11, 176). Fordert der Insolvenzverwalter ausgezahlte und damit zu Recht versteuerte Scheingewinne zurück (BGH in BGHZ 179, 137; *Schmittmann* StuB 14, 381), führt die Rückzahlung zu negativen Einnahmen. Allerdings sind Scheinrenditen gem § 2 Vb bei der ESt-Festsetzung wegen der Abgeltungswirkung nach § 43 V 1 nicht zu berücksichtigen, soweit sie der KapESt unterlegen haben (BFH VIII R 17/17 BStBl II 21, 468). Dies kann zu einer gewissen Entlastung der betrogenen Anleger führen (*Werth* DB 21, 1833).

Schuldumwandlung (Novation) ist Zahlungsersatz bei freiem Entschluss des Gläubigers in seinem Interesse, s BFH GrS 1–2/95 BStBl II 98, 193 unter B II; BFH VIII R 221/80 BStBl II 84, 480; BFH VIII R 13/91 BStBl II 93, 602; BFH XI R 52/88 BStBl II 93, 507; BFH IV B 139/06 BFH/NV 08, 57, auch zur Grenze der Zahlungsunfähigkeit BFH VIII 36/04 BStBl II 09, 190. Das Unterlassen der Durchsetzung einer Forderung führt nicht zum Zufluss durch Novation (FG BaWü EFG 11, 1156, rkr). Zum **Abfluss bei Novation** BFH IV R 56/99 BFH/NV 00, 1191; zu Bauspar-Zinsboni FG Nds EFG 03, 1772, rkr. Zu sonstigen Anlagen s BFH VIII R 63/03 BFH/NV 08, 194. Zu **Verrechnungsvereinbarungen** s BFH IX B 227/02 BFH/NV 03, 1327; BFH VIII R 40/08 BFH/NV 11, 592, zur Novation als Verkürzung des Leistungsweges, zur Vorausverfügung und zur modifizierten Stundungsvereinbarung.

Schuldübernahme s FG Nds EFG 92, 73, rkr (Zufluss bei Genehmigung).

Schuldzinsen sind im Zahlungsjahr der Zahlung abgeflossen (also grds nicht bei Zuschlag zum Darlehen ohne Zahlung, vgl BFH IV R 56/99 BFH/NV 00, 1191). Sie sind im Zuflussjahr zu versteuern. Hierfür kann es uU genügen, wenn sie vereinbarungsgemäß im Interesse des Gläubigers dem Kapital zugeschlagen werden (Abgrenzung zur „Stundung", die grds noch nicht zum Zufluss führt s BFH VIII R 221/80 BStBl II 84, 480 unter 2c, 3; BFH VIII B 55/05 BFH/NV 06, 1467; str).

Sparzinsen fließen mit Bankgutschrift unabhängig vom Zeitpunkt der Eintragung im Sparbuch zu (BFH VIII R 47/70 BStBl II 75, 696). Für die Bankgutschrift gilt § 11 I 2 (s Rz 25).

Spenden können uU auf mehrere Jahre verteilt werden (§ 10b Ia).

Sperrkonto. Einvernehml Überweisung auf Sperrkonto steht § 11 I nicht entgegen (Rz 19; BFH IX R 163/83 BStBl II 89, 702; BFH VIII R 10/08 BStBl II 12, 315; str).

Stille Gesellschaft. Der Zuflusszeitpunkt richtet sich nach § 11 I, nicht nach § 44 III (BFH VIII R 53/03 BFH/NV 05, 2183; § 44 Rz 7). Zum Zeitpunkt des Abzuges von Verlusten s § 20 Rz 96 f.

Stundung schiebt grds Zu- und Abfluss hinaus (BFH VIII R 221/80 BStBl II 84, 480 unter 2c); s auch „Darlehen".

Treuhandkonto. Zahlungseingänge fließen idR dem Treugeber zu (§ 39 II Nr 1 S 2 AO; BFH IV R 125/83 BStBl II 86, 404; BFH VIII R 80/99 BFH/NV 06, 57).

Überweisungen fließen spätestens mit Gutschrift/Lastschrift bei dem einnehmenden/ausgebenden StPfl zu/ab. Weist das Konto die nötige Deckung auf (ausreichendes Guthaben oder Kreditrahmen), genügt für den Abfluss die Erteilung des Überweisungsauftrags (Rz 36; BFH IV R 47/95 BStBl II 97, 509; BFH IX R 28/02 BFH/NV 05, 49; s auch BGH VIII ZR 157/97 DStR 99, 170), auch bei **Online-Banking.** Dagegen erfolgt vor Gutschrift mangels Verfügungsmöglichkeit noch kein Zufluss beim Empfänger (FG Hess EFG 02, 245, rkr; zu Ges'ter-Einlageleistung BFH VIII R 8/87 BStBl II 92, 232).

Umbuchung kann sowohl zum Zufluss (BFH IV R 28/98 BFH/NV 00, 1455 – KiSt, BFH VIII R 181/78 BStBl II 82, 753 – USt) als auch zum Abfluss (vgl BFH VI 204/59 U BStBl III 60, 140; FG Saarl EFG 89, 454, rkr) im Zeitpunkt der Umbuchung führen. Zur Umbuchung als Aufrechnung s BFH VII R 72/04 BStBl II 06, 350; BFH VII R 70/04 BFH/NV 06, 7; zu Grenzen nach Insolvenz FG Bbg EFG 06, 1480, rkr; s auch BFH VII R 18/05 BStBl II 07, 914. Umbuchung von ArbLohn s „Darlehen" a; s auch „Aufrechnung", „Gutschrift", „Schuldumwandlung (Novation)", „Verrechnung".

ABC des Zuflusses und Abflusses 50 § 11

Umsatzsteuer; Vorsteuer. Bei estl Auswirkung Ausgabe/Einnahme bei Zahlung, kein „durchlaufender Posten" (s § 4 Rz 404). Das gilt auch bei nachträgl Eintritt der VSt-Abzugsvoraussetzungen (BFH IX R 97, 98/90 BStBl II 94, 738). USt-Vorauszahlungen und -erstattungen sind grds regelmäßig wiederkehrende Ausgaben/Einnahmen gem § 11 II 2, I 2 (BFH XI R 48/05 BStBl II 08, 282; BMF BStBl I 08, 958; zu den Auswirkungen der verschiedenen Zahlungswege s LfSt Bay DStR 13, 653), auch bei Dauerfristverlängerung nur die zum 10.1. fälligen Zahlungen (BFH VIII R 34/12 BStBl II 15, 285). Die Verschiebung der Fälligkeit nach § 108 III AO ist iRd § 11 II 2 nicht zu beachten (BFH X R 44/16 BStBl II 18, 781; FG Sachs DStR·E 21, 321, rkr).

Unterschlagung von BE im betriebl Bereich: Abfluss mit Vollendung der Unterschlagungshandlung (BFH IV R 79/73 BStBl II 76, 560).

Veräußerungsgeschäfte. Gewinne (und Verluste) aus privaten Veräußerungsgeschäften sind grds bei Zufluss steuerl zu erfassen (s auch zu Ausnahmen § 23 Rz 92, 95; FG Hess EFG 11, 52, rkr).

Verdeckte Gewinnausschüttung an nahestehende Personen fließen dem Ges'ter bei Zufluss an diese zu (BFH VIII R 19/07 BFH/NV 11, 449; „Ausschüttungen einer Kapitalgesellschaft", „Gewinnanteile", „Verzicht").

Verlust. Als **BA/WK** abziehbare Wertverluste sind grds im Zeitpunkt des Verlusteintritts abgeflossen. Bei Beschädigung und Wiederherstellung sind Reparaturkosten im Zahlungszeitpunkt abzusetzen. Bei Verlusten, die zu „**ag Belastungen**" führen, ist der Aufwandszeitpunkt für die Wiederbeschaffung maßgebend (BFH III R 8/95 BStBl II 99, 766; BFH III B 135/03 BFH/NV 04, 339).

Verrechnung s „Schuldumwandlung", „Umbuchung". Von der Verrechnung ist die (einseitige) Anspruchskürzung abzugrenzen, die als Einbehalt der Leistung keinen Zufluss bewirkt (s BFH VI R 48/10 BFH/NV 11, 1321).

Verzicht. – (1) Grundsatz: Kein Zufluss. Im Falle des Verzichts auf eine Leistung fehlt es idR an Zu- und Abfluss (zum freiwilligen Gehaltsverzicht BFH VI R 87/92 BStBl II 93, 884; BFH VI R 115/92 BStBl II 94, 424; zu Ges'ter-Geschäftsführer BFH VI R 4/10 BStBl II 14, 493; BFH VI R 24/12 BStBl II 14, 495; BFH VI R 6/13 BStBl II 16, 903; zu Verzicht auf Darlehensforderung BFH VI R 35/94 BFH/NV 95, 208; unzutr zu „Verzicht" trotz Zahlung und Rückzahlung BFH I R 5/88 BStBl II 91, 308; s auch FG Saarl EFG 92, 601, rkr). Der Tendenz der Rspr, beim Verzicht auf die Einlösung einer fälligen Forderung Zufluss anzunehmen (fragl, s Rz 15), ist BFH VI R 4/10 BFH/NV 11, 904 zu Recht entgegengetreten (s aber Paus DStZ 11, 458). Kein Zufluss von „gespendeten" TV-Gewinnen. Ohne Verwendungsbestimmung liegt kein Zufluss vor (zu ArbG-Spende an beliebige Dritte s BFH XI R 18/98 BStBl II 99, 98; s zu ArbLohnverzicht für Hochwasser-/Flutopferspenden BMF BStBl I 14, 889; Koss DB 05, 414). – **(2) Ausnahmen: Zufluss.** Verzicht führt zum Zufluss, wenn er zur Erlangung einer Gegenleistung erfolgt (BFH VI R 4/05 BStBl II 08, 826), auch in Form offener oder verdeckter Werterhöhung einer KapGesBeteiligung (BFH VI R 6/13 BFH/NV 16, 1509), auch durch NichtGes'ter bei Verzicht zugunsten nahe stehender Ges'ter (BFH GrS 1/94 BStBl II 98, 307; zum Verzicht eines beherrschenden Ges'tergeschäftsführers BFH VIII R 58/92 BStBl II 95, 362). Verzicht zugunsten Dritter mit konkreter **Verwendungsbestimmung** stellt Zufluss ebenfalls nicht in Frage (FG Bbg EFG 01, 970, rkr – auch zu gesetzl Forderungsübergang; BFH VI B 155/98 BFH/NV 99, 457). – **Entnahmen:** Gewinnerhöhung durch Verzicht auf betriebl Forderung aus privaten Gründen bei § 4 III; zum Verzicht auf Privatforderung bei § 23 aus privaten Gründen FG Hbg EFG 85, 125, rkr. – **verdeckte Einlagen:** Verzicht des Ges'ters auf Forderung aufgrund des Gesellschaftsverhältnisses führt zum Zufluss des werthaltigen Teils der Forderung (BFH GrS 1/94 BStBl II 98, 307; BFH VI R 4/16 BStBl II 18, 208; zur Kritik an dieser Rspr *Bleschick* NWB 13, 3372, nwN; s auch ge DStR 13, 1724). – **ArbLohn:** Mit dem Verzicht des ArbG auf eine Forderung gegen ArbN (zB Darlehensrückzahlung, Zinsverzicht, Schadensersatz) kann diesem Lohn zufließen (BFH VI R 73/05 BStBl II 07, 766; BFH VI R 1/17 DStR 20, 2417; RsprÄnderung BFH VI R 54/03 BStBl II 08, 58 zum Zeitpunkt bei Verzicht auf SV-Nachforderung nach Schwarzlohnzahlungen; FG RhPf EFG 96, 1103, rkr und *OFD Hann* DStR 98, 1633 zum Tantiemeverzicht gegen Pensionszusage); gleichzeitig können beim ArbG BA abfließen. – **vGA:** In dem Verzicht einer KapGes auf Forderung gegen beherrschenden Ges'ter kann Zufluss einer vGA liegen.

Vorauszahlungen sind grds bei Eingang zugeflossen (BFH III R 30–31/85 BStBl II 90, 287; zu Lohnvorschuss s „Darlehen" b), und mit Zahlung abgeflossen (mögl Vorteile: Pauschbeträge, Progression, § 33 III; zu SA BFH IX R 2/80 BStBl II 86, 284; BFH III R 23/98 BStBl II 01, 338; s auch „Damnum"). Zu Vorauszahlungen für Nutzungsüberlassungen von mehr als 5 Jahren als Einnahmen (§ 11 I 3) und Ausgaben (§ 11 II 3) s Rz 30, 42. **Grenze: Rechtsmissbrauch** bei fehlendem wirtschaftl Grund (BFH IX R 197/84 BStBl II 90, 299 unter V 2d, fragl, s Rz 10); **aA** BFH XI R 24/01 BStBl II 02, 351; BFH XI R 51/01 BFH/NV 03, 597. Verlorene Vorauszahlungen auf HK sind keine HK (BFH GrS 1/89 BStBl II 90, 830) sondern WK im Jahr des Ausfalls (BFH IX R 164/87 BStBl II 92, 805; FG BaWü EFG 96, 17, rkr); Leasingsonderzahlungen sind keine AK des Nutzungsrechts, sondern WK, deren Sofortabzug idR nicht rechtsmissbräuchlich ist (BFH VI R 100/93 BStBl II 94, 643).

Vorsteuer s „Umsatzsteuer; Vorsteuer".

Wechsel. Maßgebend ist der Zeitpunkt der Diskontierung oder der Einlösung (BFH I R 166/69 BStBl II 71, 624, unter 3, vgl auch BFH IV R 97/78 BStBl II 81, 305 unter 1b). Ausnahmen s FG Köln EFG 83, 141 (rkr).

Zahlungsanweisung s „Scheck" und „Überweisungen".

Zahlungsunfähigkeit s „Darlehen", „Gutschrift" a, b, „Schneeballsysteme".

Zeitwertkonten. Buchung auf **Arbeitszeitkonten** führt grds noch nicht zum Zufluss von ArbLohn (§ 19 Rz 100 „Arbeitszeitkonten").

Zukunftssicherungsleistungen des ArbG für ArbN. – **(1) Allgemeines.** Entscheidend ist, ob Einnahmen als (gegenwärtig oder später verfügbarer) ArbLohn oder als (später verfügbare, nachgelagert zu versteuernde) wiederkehrende Bezüge zu qualifizieren sind. Der Zeitpunkt des BA-Abzugs beim ArbG ist hierfür ohne Bedeutung. – **(2) Gegenwärtig zufließender Arbeitslohn** in Form von Beitragszahlungen des ArbG an Dritte ist anzunehmen, wenn sich der Vorgang wirtschaftl betrachtet so darstellt, als ob der ArbG dem ArbN Mittel zur Verfügung gestellt und der ArbN sie zum Erwerb seiner Zukunftssicherung verwendet hätte (BFH X R 36/86 BStBl II 90, 1062). ArbG-SV-Beiträge sind kein gegenwärtig zufließender ArbLohn (BFH VI R 178/97 BStBl II 03, 34; BFH VI R 52/08 BStBl II 10, 703 – s aber zu § 15 I 1 Nr 2 BFH IV R 14/06 BStBl II 07, 942 und § 19 I 1 Nr 3 idF JStG 2007 gegen BFH, § 19 Rz 86–88). Der ArbN muss selbst einen Rechtsanspruch gegen die dritte Person erwerben und der Zukunftssicherung ausdrückl oder stillschweigend zustimmen (BFH VI R 19/92 BStBl II 94, 246; BFH VI R 75/97 BFH/NV 99, 1590). BFH VI R 66/97 BStBl II 00, 408 bejaht einen solchen Anspruch bei GruppenKV und verneint ihn bei GruppenUV wegen Ausübung der materiellen ArbN-Ansprüche durch ArbG (s auch BFH VI R 9/05 BStBl II 09, 385; BFH VI R 60/96 BStBl II 00, 406; zu Rückzahlung BFH VI R 115/01 BFH/NV 05, 1804; BFH VI R 20/07 BStBl II 10, 845; zu Renten-Beitrag der Kirche BFH VI R 38/04 BStBl II 07, 181). Die späteren Zahlungen auf Grund des Rechtsanspruchs können an Bedingungen geknüpft sein; dem ArbG darf jedoch kein Heimfallrecht zustehen (BFH VI R 173/71 BStBl II 75, 275; BFH VI R 8/07 BStBl II 10, 194; s aber FG BaWü EFG 04, 1827, rkr). Im Fall des gegenwärtigen Zufließens als *stpfl* ArbLohn gelten im gleichen Zeitpunkt die Beitragsleistungen des ArbG als SA des ArbN abgeflossen. *Beispiele:* Einzahlungen des ArbG über die stfreien Beträge des § 3 Nr 63, 66 hinaus in eine *Pensionskasse* (§ 4c), einen *Pensionsfonds* (§ 4e) oder eine *DirektVers* (§ 4b − Rechtsanspruch des ArbN, dazu BFH VI R 66/97 BStBl II 00, 408; zum Rechtsanspruch nach Gehaltsumwandlung BAG BB 94, 73; s auch BFH VI B 155/98 BFH/NV 99, 457; BFH VI R 57/08 BFH/NV 11, 890; abl zu gesetzl Gehaltskürzung gegen Versorgungsrückstellung ohne Rechtsanspruch des ArbN BFH VI R 165/01 BStBl II 05, 890) oder eine AnlageVersorgungsGes für selbständige Vertreter (BFH III R 32/92 BStBl II 94, 179; FG Köln EFG 96, 427, rkr; zu Rundfunkermittlern BFH X R 9/04 BFH/NV 06, 1645), auch bei Einmalprämie (vgl BFH VI R 173/71 BStBl II 75, 275 zu GruppenLV, *BMF* BStBl I 93, 248); zu Aushilfskräften FG Hess EFG 94, 394, rkr. − *(3)* **Späterer Zufluss von Einnahmen.** − *(a)* **Versorgungszusage** (§ 19). ArbG verspricht dem ArbN Versorgung aus eigenen Mitteln (**Beispiele:** Beamtenpension, Pensionszusage, auch bei Einkauf in Rentenversicherung, FG Mster EFG 92, 461, rkr; zu Bahn-Versicherungszuschüssen BFH VI R 178/99 BFH/NV 01, 1258). − *(b)* **Rückdeckungsversicherung:** ArbG spart Leistungen als Versicherungsnehmer an, vgl FG Hbg EFG 03, 1000, rkr. Abgrenzung zu DirektVers s BFH VI R 66/97 BStBl II 00, 408; BFH IV R 41/00 BStBl II 02, 724 (§ 2 II Nr 3 S 4 LStDV). Achtung: Bei Abtretung der Versicherungsansprüche doch ArbG an ArbN fließt diesem das bis dahin angesparte Deckungskapital einschließl Zinsen zu (insoweit später nicht nochmals nach § 22 Nr 1 zu versteuern). − *(c)* **Leistungen aus Unterstützungskassen** (§ 4d) fließen erst bei Zahlung durch die Kasse als ArbLohn zu (FG Köln EFG 98, 875, rkr: ArbN-Anspruch nur gegen ArbG, nicht gegen Kasse). − *(d)* **Andere Versicherungsleistungen ohne Rechtsanspruch** des ArbN können bei Auszahlung als ArbLohn zufließen (BFH VI R 216/72 BStBl II 76, 694 zu Tagegeldern aus Unfallversicherung). − *(e)* **Wiederkehrende Zahlungen aus Pensionskasse, Pensionsfonds, Direktversicherung** sind bei Zufluss gem § 22 zu versteuern.

Zuflussfiktion. Der Zufluss darf grds nicht fingiert werden (BFH VI R 4/10 BFH/NV 11, 904). Zur Ausnahme bei beherrschenden KapGes'tern s „Ausschüttungen einer Kapitalgesellschaft".

§ 11a Sonderbehandlung von Erhaltungsaufwand bei Gebäuden in Sanierungsgebieten und städtebaulichen Entwicklungsbereichen

(1) ¹**Der Steuerpflichtige kann durch Zuschüsse aus Sanierungs- oder Entwicklungsförderungsmitteln nicht gedeckten Erhaltungsaufwand für Maßnahmen im Sinne des § 177 des Baugesetzbuchs an einem im Inland belegenen Gebäude in einem förmlich festgelegten Sanierungsgebiet oder städtebaulichen Entwicklungsbereich auf zwei bis fünf Jahre gleichmäßig verteilen.** ²Satz 1 ist entsprechend anzuwenden auf durch Zuschüsse aus Sanierungs- oder Entwicklungsförderungsmitteln nicht gedeckten Erhaltungsaufwand für Maßnahmen, die der Erhaltung, Erneuerung und funktionsgerechten Verwendung eines Gebäudes im Sinne des Satzes 1 dienen, das wegen seiner geschichtlichen, künstlerischen oder städtebaulichen Bedeutung erhalten bleiben soll, und zu deren Durchführung sich der Eigentümer neben bestimmten Modernisierungsmaßnahmen gegenüber der Gemeinde verpflichtet hat.

(2) ¹Wird das Gebäude während des Verteilungszeitraums veräußert, ist der noch nicht berücksichtigte Teil des Erhaltungsaufwands im Jahr der Veräußerung als Betriebsausgaben oder Werbungskosten abzusetzen. ²Das Gleiche gilt, wenn ein nicht zu einem Betriebsvermögen gehörendes Gebäude in ein Betriebsvermögen eingebracht oder wenn ein Gebäude aus dem Betriebs-

§ 12 vermögen entnommen oder wenn ein Gebäude nicht mehr zur Einkunftserzielung genutzt wird.

(3) Steht das Gebäude im Eigentum mehrerer Personen, ist der in Absatz 1 bezeichnete Erhaltungsaufwand von allen Eigentümern auf den gleichen Zeitraum zu verteilen.

(4) § 7h Absatz 1a bis 3 ist entsprechend anzuwenden.

Einkommensteuer-Richtlinien: EStR 11a/EStH 11a

§ 11b Sonderbehandlung von Erhaltungsaufwand bei Baudenkmalen

¹Der Steuerpflichtige kann durch Zuschüsse aus öffentlichen Kassen nicht gedeckten Erhaltungsaufwand für ein im Inland belegenes Gebäude oder Gebäudeteil, das nach den jeweiligen landesrechtlichen Vorschriften ein Baudenkmal ist, auf zwei bis fünf Jahre gleichmäßig verteilen, soweit die Aufwendungen nach Art und Umfang zur Erhaltung des Gebäudes oder Gebäudeteils als Baudenkmal oder zu seiner sinnvollen Nutzung erforderlich und die Maßnahmen in Abstimmung mit der in § 7i Absatz 2 bezeichneten Stelle vorgenommen worden sind. ²Durch Zuschüsse aus öffentlichen Kassen nicht gedeckten Erhaltungsaufwand für ein im Inland belegenes Gebäude oder Gebäudeteil, das für sich allein nicht die Voraussetzungen für ein Baudenkmal erfüllt, aber Teil einer Gebäudegruppe oder Gesamtanlage ist, die nach den jeweiligen landesrechtlichen Vorschriften als Einheit geschützt ist, kann der Steuerpflichtige auf zwei bis fünf Jahre gleichmäßig verteilen, soweit die Aufwendungen nach Art und Umfang des schützenswerten äußeren Erscheinungsbildes der Gebäudegruppe oder Gesamtanlage erforderlich und die Maßnahmen in Abstimmung mit der in § 7i Absatz 2 bezeichneten Stelle vorgenommen worden sind. ³§ 7h Absatz 3 und § 7i Absatz 1 Satz 2 und Absatz 2 sowie § 11a Absatz 2 und 3 sind entsprechend anzuwenden.

Einkommensteuer-Richtlinien: EStR 11b/EStH 11b

1 **Anmerkungen zu §§ 11a, 11b. – (1) Gleichmäßige Verteilung.** Zur Rechtsentwicklung s *HHR* § 11a Rz 1 und *HHR* § 11b Rz 1. – Führen Baumaßnahmen an Objekten der §§ 7h und 7i nicht zu HK oder AK, sondern zu Erhaltungsaufwand, ist nach Wahl des StPfl eine gleichmäßige Verteilung dieses Erhaltungsaufwandes auf zwei bis fünf Jahre möglich. Die Vorschriften gelten unmittelbar bei WG des PV und gem § 4 VIII entspr bei WG des BV. Verteilt werden kann nur der Erhaltungsaufwand (dazu *Götz* DStR 11, 1016), der durch die im Gesetz genannten Zuschüsse nicht gedeckt ist. IÜ müssen die Voraussetzungen der §§ 7h, 7i vorliegen (s die Erläut dort).

2 **(2) Sofortabzug.** § 11a II, der auch für § 11b gilt (s § 11b S 3), regelt den Sofortabzug des restl Erhaltungsaufwandes, wenn das Objekt veräußert (s die andere Rechtslage bei § 10f Rz 9), aus dem BV entnommen, in das BV eingelegt oder nicht mehr zur Einkunftserzielung genutzt wird. Miteigentümer müssen den Erhaltungsaufwand auf den gleichen Zeitraum verteilen (§ 11a III, § 11b S 3).

7. Nicht abzugsfähige Ausgaben

§ 12 [Nicht abzugsfähige Ausgaben]

Soweit in § 10 Absatz 1 Nummer 2 bis 5, 7 und 9 sowie Absatz 1a Nummer 1, den §§ 10a, 10b und den §§ 33 bis 33b nichts anderes bestimmt ist, dürfen weder bei den einzelnen Einkunftsarten noch vom Gesamtbetrag der Einkünfte abgezogen werden

Allgemeines **1 § 12**

1. die für den Haushalt des Steuerpflichtigen und für den Unterhalt seiner Familienangehörigen aufgewendeten Beträge. ²Dazu gehören auch die Aufwendungen für die Lebensführung, die die wirtschaftliche oder gesellschaftliche Stellung des Steuerpflichtigen mit sich bringt, auch wenn sie zur Förderung des Berufs oder der Tätigkeit des Steuerpflichtigen erfolgen;
2. freiwillige Zuwendungen, Zuwendungen auf Grund einer freiwillig begründeten Rechtspflicht und Zuwendungen an eine gegenüber dem Steuerpflichtigen oder seinem Ehegatten gesetzlich unterhaltsberechtigte Person oder deren Ehegatten, auch wenn diese Zuwendungen auf einer besonderen Vereinbarung beruhen;
3. die Steuern vom Einkommen und sonstige Personensteuern sowie die Umsatzsteuer für Umsätze, die Entnahmen sind, und die Vorsteuerbeträge auf Aufwendungen, für die das Abzugsverbot der Nummer 1 oder des § 4 Absatz 5 Satz 1 Nummer 1 bis 5, 7 oder Absatz 7 gilt; das gilt auch für die auf diese Steuern entfallenden Nebenleistungen;
4. in einem Strafverfahren festgesetzte Geldstrafen, sonstige Rechtsfolgen vermögensrechtlicher Art, bei denen der Strafcharakter überwiegt, und Leistungen zur Erfüllung von Auflagen oder Weisungen, soweit die Auflagen oder Weisungen nicht lediglich der Wiedergutmachung des durch die Tat verursachten Schadens dienen sowie damit zusammenhängende Aufwendungen.
5. *(aufgehoben)*

Einkommensteuer-Richtlinien: EStR 12.1–12.6/EStH 12.1–4, 12.6

Übersicht

	Rz
I. Allgemeines	
1. Bedeutung; Aufbau	1
2. Persönlicher Anwendungsbereich	2
3. Neuere Rechtsentwicklung	3
4. Verfassungsrecht	4
5. Verhältnis zu anderen Vorschriften	5
II. Lebensführungskosten, § 12 Nr 1	
1. Haushalt und Unterhalt, § 12 Nr 1 S 1	8
2. Repräsentationskosten, § 12 Nr 1 S 2	9
3. Kein allgemeines Aufteilungsverbot/Abzugsverbot	10
4. Abgrenzung Erwerbssphäre/Privatsphäre	11–16
5. Angehörigenverträge	20–31
6. ABC der nicht abzugsfähigen Aufwendungen	32
III. Zuwendungen, § 12 Nr 2	
1. Bedeutungsverlust	34
2. Zuwendungen	35
3. Keine Zurechnung von Einkünften und Aufwendungen	36
IV. Steuern, § 12 Nr 3	
1. Bedeutung; Anwendungsbereich	38
2. Erbschaftsteuer; Schenkungsteuer	39
3. Umsatzsteuer	40
4. Steuerliche Nebenleistungen	41
V. Geldstrafen; Auflagen; Weisungen, § 12 Nr 4	
1. Bedeutung	42
2. Geldstrafen, Auflagen Weisungen	43
3. Zusammenhängende Aufwendungen	44

I. Allgemeines

1. Bedeutung; Aufbau. § 12 spricht mehrere Abzugsverbote aus. Die Regelung dient spiegelbildl zu § 4 IV und § 9 der Trennung der estl relevanten **Erwerbssphäre** von der estl irrelevanten **Privatsphäre**. Die Erwerbssphäre wird durch die einzelnen Einkunftsarten bestimmt; die Privatsphäre betrifft die Einkommensverwendung. Diese Trennung ist von zentraler Bedeutung für das ESt-Recht. Auf ihrer Grundlage erfolgt die Unterscheidung zw den als BA/WK abziehbaren Erwerbsaufwendungen (**obj Nettoprinzip**, s § 2 Rz 10, § 9 Rz 1 und 4) und den Privataufwendungen des StPfl. Privataufwendungen können sich jenseits der Berücksichtigung des steuerl Existenzminimums (§§ 32a, 32 VI) nach dem Einleitungssatz des § 12 nur dann steuermindernd auswirken, wenn ihr Abzug ausdrückl zugelassen ist (zum **subj Nettoprinzip** s § 2 Rz 11), entweder als SA (§§ 10, 10a, 10b) oder als agB (§§ 33, 33a, 33b). – § 12 weist folgende Aufwendungen der estl irrelevanten Privatsphäre zu: Kosten der Lebensführung des StPfl und seiner Familie einschließl Repräsentationsaufwendungen **(Nr 1)**, sonstige Zuwendungen an unterhaltsberechtigte Personen **(Nr 2)**, Personensteuern **(Nr 3)** und Geldstrafen und andere Sanktionen mit Strafcharakter **(Nr 4)**.

Zum Abzugsverbot für Aufwendungen für die **erstmalige Berufsausbildung** gem § 12 Nr 5 aF (bis VZ 2014) s *Schmidt* 36. Aufl Rz 56 ff; jetzt geregelt in § 4 IX und § 9 VI (s iEinz § 9 Rz 340 ff).

2   **2. Persönlicher Anwendungsbereich.** § 12 gilt für alle unbeschr und beschr stpfl **natürl Personen** (auch wenn sich diese zu einer PersGes zusammengeschlossen haben, s § 15 Rz 425 mwN).

Für **Körperschaften** gilt § 10 KStG, aber ohne eine § 12 Nr 1 entspr Regelung, da Körperschaften der Rspr zufolge grds über keine Privatsphäre verfügen (s BFH I R 32/06 BStBl II 07, 961: ggf vGA; str, s § 4 Rz 55 mwN); zur außersteuerl Sphäre eines **eV** s BFH I R 48/13 BStBl II 15, 713.

3   **3. Neuere Rechtsentwicklung.** § 12 Nr 4 ist durch das „JStG 2019" (BGBl I 19, 2451) geändert worden (s Rz 44); die Regelung gilt für alle Aufwendungen, die nach dem 31.12.18 entstanden sind und mit nach dem 31.12.18 festgesetzten Sanktionen zusammenhängen (doppelter Vorbehalt, s § 52 XX). – S iÜ *BH/ Thürmer* § 12 Rz 5 ff.

4   **4. Verfassungsrecht.** Das (rückwirkende) Abzugsverbot für die Kosten einer erstmaligen Berufsausbildung (§ 12 Nr 5 aF) ist verfgemäß (BVerfG 2 BvL 22/14 ua DStR 20, 93 zu § 9 VI; ebenso BFH VIII R 4/20 BStBl II 21, 11 zu § 4 IX); s § 9 Rz 341 und *Schmidt* 36. Aufl § 12 Rz 57.

5   **5. Verhältnis zu anderen Vorschriften.** Nach dem Einleitungssatz des § 12 gehen § 10 I Nr 2–5, 7, 9 und Ia Nr 1, 10a und § 10b sowie §§ 33–33b als speziellere Regelungen vor; fallen Aufwendungen unter eine dieser Bestimmungen, gelten die Abzugsverbote des § 12 nicht. Nicht genannt wurden § 10 Nr 1a und Nr 1b (mit Wirkung ab 2015 aufgehoben); insoweit war § 12 anzuwenden (zu § 10 Ia Nr 2 s unten Rz 34). Ebenfalls nicht genannt wird § 10f, der aber bei Berücksichtigung des § 12 leerliefe, sodass letzterer nicht anzuwenden ist. – Zur **Vorsteuer** s § 15 Ia UStG (BFH V R 27/19 DStR 19, 2524) und Rz 40.

II. Lebensführungskosten, § 12 Nr 1

Verwaltung: *BMF* BStBl I 10, 614 (Aufgabe des Aufteilungs- und Abzugsverbots); *FM SchlHol* DStR 11, 314 (vGA).

8   **1. Haushalt und Unterhalt, § 12 Nr 1 S 1.** Das Abzugsverbot des § 12 Nr 1 S 1 gilt für alle Beträge, die der StPfl für seinen Haushalt und für den Unterhalt seiner Familienangehörigen aufwendet. An sich ergibt sich diese Rechtsfolge bereits aus der jeweiligen Definition des BA-/WK-Begriffs (§§ 4 IV, 9 I 1; s auch § 9 Rz 52). Die Regelung ist daher lediglich eine „Interpretationshilfe zur näheren Bestimmung des obj Nettoprinzips" (so zutr *Tipke* LB § 8 Rz 240). – Die Nennung von Haushalt und Unterhalt ist beispielhaft. Betroffen sind grds *alle* Aufwendungen (zum Begriff s § 4 Rz 471 ff, § 9 Rz 12 ff), die die **private Lebensführung**, also die gesamte Gestaltung des privaten Lebens des StPfl betreffen, soweit sie nicht ausdrückl iRd steuerl Existenzminimums (§§ 32a, 32 VI) oder als SA und agB berücksichtigt werden (Rz 1 und § 9 Rz 52).

Lebensführungskosten 9–13 § 12

Beispiele − Abzug ausgeschlossen: Aufwendungen für **Nahrung, Wohnung** und zur **Förderung der Gesundheit, bürgerl Kleidung, Brille, Armbanduhr** (vgl BFH GrS 1/06 BStBl II 10, 672, unter C. III.4.a.; s auch LStR 9.1 II); **Unterhaltsleistungen** an Eltern, die keine wiederkehrenden Versorgungsleistungen iSd § 10 I Nr 1a aF sind (BFH X R 35/10 BFH/NV 11, 782); Aufwendungen des Ehepartners für **Besuchsfahrt** zur auswärtigen Tätigkeitsstätte des StPfl (BFH VI R 22/14 BStBl II 16, 179, s auch § 9 Rz 251). S iÜ Rz 25 „ABC".

2. Repräsentationskosten, § 12 Nr 1 S 2. Unter das Abzugsverbot fallen auch Aufwendungen, die die wirtschaftl oder gesellschaftl Stellung des StPfl mit sich bringt, sog private Repräsentationskosten (s BFH GrS 1/06 BStBl II 10, 672). Sie mögen zwar dem Beruf oder der einkünfterelevanten Tätigkeit des StPfl dienl sein; doch greifen hier berufl und private Veranlassungsstränge so ineinander, dass eine Trennung unmögl wäre oder nur willkürl erfolgen könnte (*Pezzer* DStR 10, 93, 95). Es handelt sich ihrer Natur nach um private Aufwendungen, die nicht dadurch zu abziehbaren BA/WK werden, dass sie (auch) der Förderung des Berufs dienen (BFH VI R 36/13 BFH/NV 16, 194: abstrakter Kausalzusammenhang iSe *conditio sine qua non* genügt nicht; § 9 Rz 44 ff).

Beispiele − Repräsentationskosten: Aufwendungen eines Vorstandsmitglieds für Kunst im Dienst- und Vorzimmer (BFH VI R 92/92 BStBl II 93, 506); Gobelinbild im häusl Arbeitszimmer (BFH VIII R 42/87 BStBl II 91, 340). **− Keine Repräsentationskosten:** Orientteppich für 3900 DM im häusl Arbeitszimmer (BFH VI R 22/96 BFH/NV 97, 341: Gebrauchsgegenstand).

3. Kein allgemeines Aufteilungsverbot/Abzugsverbot. § 12 Nr 1 S 2 enthält kein allg Aufteilungs- und Abzugsverbot für Aufwendungen, die sowohl betriebl/berufl als auch durch die Lebensführung des StPfl veranlasst sind, sog **gemischt veranlasste Aufwendungen.** Die gegenteilige Rspr hat der Große Senat des BFH zutr aufgegeben (BFH GrS 1/06 BStBl II 10, 672; s auch *Schneider* FS BFH, S 1243; *Söhn* FS Spindler, S 795, 796 f; *Spindler* FS Lang, S 589). Ein Abzugsverbot besteht nur dann, wenn private und berufl Gründe so zusammenwirken, dass eine Trennung nicht mögl ist, weil sie schlichtweg willkürl wäre. S iEinz § 4 Rz 48 ff, 489 und § 9 Rz 54 ff. Zur früheren Rspr s *Schmidt* 28. Aufl § 12 Rz 11–16.

4. Abgrenzung Erwerbssphäre/Privatsphäre. − a) Veranlassungsprinzip. Ob Aufwendungen der Erwerbssphäre oder der Privatsphäre des StPfl zuzuordnen sind, bestimmt sich nach dem jeweiligen Veranlassungszusammenhang (zum Begriff s § 4 Rz 30 ff, 480 ff; § 9 Rz 40 ff; *Weber* StuW 09, 184). Es handelt sich idR um Einzelfallentscheidungen, die auf einer tatrichtl Gesamtwürdigung beruhen (instruktiv: BFH VI R 43/04 BFH/NV 08, 357: Aufnahme ausl Gastlehrerin; BFH VI R 62/04 BFH/NV 08, 358: Tanzlehrerausbildung).

aa) Nachweispflicht. Da es immer wieder vorkommt, dass StPfl versuchen, Privataufwendungen als berufl veranlasst darzustellen, um so den estl Abzug dieser Aufwendungen zu erreichen, dürfen sich FinVerw und FG bei der Sachverhaltsaufklärung idR nicht allein auf die Darstellung des StPfl stützen; vielmehr hat der StPfl die berufl Veranlassung iEinz darzulegen und nachzuweisen (BFH GrS 1/06 BStBl II 10, 672 mwN).

bb) Tatsächliche Verwendung. Entscheidend für die Feststellung, welcher Sphäre Aufwendungen zuzuordnen sind, ist bei **Nutzung von WG** deren tatsächl Verwendung (BFH VI B 80/11 BFH/NV 12, 782: Pferdehaltung; s auch BFH GrS 2/70 BStBl II 71, 17, unter II.2). Das gilt insb für WG, die auch allg Lebensführung genutzt werden können (BFH VI R 15/19 BStBl II 21, 453: Schulhund/Therapiehund; BFH VI R 24/16 BStBl II 19, 376: Sky-Bundesliga-Abo eines Fußballtrainers; s auch § 4 Rz 520 „Alltagsgegenstände"). Dagegen kann eine berufl/betriebl Verwendung idR dann ohne Weiteres angenommen werden, wenn es sich um WG handelt, die bereits *ihrer Art nach* der berufl Tätigkeit des StPfl zu dienen bestimmt sind (BFH VI R 182/75 BStBl II 77, 464, Schreibtisch; ebenso:

Loschelder

Werkzeug des Handwerkers, Instrumente eines Berufsmusikers). – Die tatsächl Verwendung ist auch entscheidend, wenn Aufwendungen zu untersuchen sind, die **Gegenleistung für eine Dienstleistung** sind (zB Hausgehilfin, die im betriebl *und* privaten Bereich eingesetzt ist, BFH IV R 66/77 BStBl II 80, 117). IÜ kommt es auf den **konkreten Verwendungszweck** der Aufwendungen an (zB Sprachkurs, Kongressreise). – Verwendung und Verwendungszweck sind anhand **objektiver Merkmale** festzustellen. Einer berufl Veranlassung steht iÜ nicht entgegen, dass die im berufl Interesse gewonnenen Erkenntnisse auch im privaten Bereich genutzt werden können (BFH VI R 5/07 BStBl II 10, 687 unter II.2.a.: Reise einer Englischlehrerin nach Irland).

14 cc) **Vermutete Verwendung**. In Zweifelsfällen darf und muss auf die **allg Lebenserfahrung** zurückgegriffen werden. Eine darauf gegründete, allg nachvollziehbare Vermutung einer privaten Nutzung kann der StPfl nicht durch bloße Gegenbehauptung widerlegen (BFH VI R 1/90 BStBl II 92, 195: Unterhaltungselektronik). Geht es um WG, die ihrer Art nach typischerweise privaten Zwecken dienen, wird die Widerlegung schwierig sein. **Zeugenvernehmung** darf nicht abgelehnt werden (BFH VI R 32/96 BFH/NV 97, 349). – Lässt sich eine zumindest anteilige und nicht unwesentl Nutzung zur Einkünfteerzielung tatsächl feststellen, sind die Kosten nach BFH-Rspr **aufzuteilen** (s § 9 Rz 54 ff).

Beispiele – nach allg Lebenserfahrung Privataufwendungen: **Pay-TV-Abonnement** eines Profi-Fußballers (FG RhPf DStRE 15, 1100, rkr; s aber BFH VI R 24/16 BStBl II 19, 376: konkrete Feststellungen erforderl); **Privatpilotenlizenz** (BFH IX R 49/09 BStBl II 10, 1038; BFH VI B 17/01 BFH/NV 04, 338); **Stereoanlage** und **Videorekorder/Videokamera** (BFH VI R 54/90 BFH/NV 94, 18; FG Nds EFG 93, 575, rkr). – **Kein Rückgriff auf die allg Lebenserfahrung: psychologisches Seminar** (BFH VI R 40/94 BFH/NV 02, 182). – Weitere Beispiele s *Schmidt* 39. Aufl § 12 Rz 14.

15 b) **Umqualifizierung an sich privater Aufwendungen.** Aufwendungen, die an sich privat veranlasst sind und zu den Lebensführungskosten zählen, können im Einzelfall zu abziehbaren **Erwerbsaufwendungen** werden, wenn die private Veranlassung durch einen einkünftebezogenen Veranlassungszusammenhang überlagert wird (zB BFH VI R 50/10 BStBl II 13, 282 mwN: Telefonkosten während Auswärtstätigkeit).

Weitere Beispiele: Aufwendungen für **Doppelfeier** (Geburtstag und Bestellung zum StBer, s BFH VI R 46/14 BStBl II 15, 1013; § 9 Rz 65); Rückfahrt zur Fortsetzung eines **aus betriebl Gründen unterbrochenen Urlaubs** (BFH VI R 29/86 BStBl II 90, 423); **Beendigung einer doppelten Haushaltsführung** (BFH VI R 146/89 BStBl II 92, 667, mwN). Zum umgekehrten Fall einer Überlagerung an sich privater Handlungen (private Postings) durch öffentl-rechtl **Dienstpflichten eines Soldaten** s FG Köln EFG 21, 1983, Rev VI R 16/21, WK anerkannt, mE zutr). – **Nicht mehr anerkannt:** sog **umgekehrte Familienheimfahrten** (BFH VI R 22/14 BStBl II 16, 179; BFH VI R 42/15 BStBl II 18, 13 Rz 14; **aA** *Loschelder* StuW 18, 136).

16 c) **Liebhaberei.** Tätigkeiten, die bei obj Betrachtung nicht geeignet sind, einen Totalgewinn bzw -überschuss zu erzielen, sind auch dann nicht der estl Erwerbssphäre zuzurechnen, wenn sie ansonsten den Tatbestand einer Einkunftsart erfüllen (s § 2 Rz 23 mwN; zur zweistufigen Prüfung der Gewinnerzielungsabsicht s § 15 Rz 24 ff). Damit zusammenhängende Aufwendungen sind weder BA noch WK. Das gilt vor allem für Tätigkeiten, mit denen typischerweise **persönl Neigungen** befriedigt werden (BFH IV B 81/01 BStBl II 03, 804: nicht notwendig in Form von Erholung und Freizeitgestaltung; *Tipke* LB § 8 Rz 133, mwN: insb Ausgleichsbeschäftigungen wie Sport, Musizieren, Pferdezucht, Weinanbau etc). Davon ist grds auch dann noch auszugehen, wenn die Einnahmen die mit der Tätigkeit zusammenhängenden Aufwendungen nur unwesentl übersteigen (BFH VI R 59/91 BStBl II 93, 303: Amateurfußballspieler). Die Rspr ist zwangsläufig **einzelfallbezogen.** Zu den **Feststellungen,** die FA und FG zu treffen haben, s BFH X R 40/11 BFH/NV 14, 1359 (nebenberufl Kraftsportler). – S iÜ § 13 Rz 91 ff (LuF),

§ 15 Rz 24 ff (Gewerbebetrieb), § 18 Rz 75 f (künstlerische Tätigkeit) und § 18 Rz 99 (RA), § 20 Rz 12 (KapVerm) und § 21 Rz 25 ff (VuV).

5. Angehörigenverträge. – a) Bedeutung; Hintergrund. Zwar steht es auch Angehörigen frei, ihre Rechtsverhältnisse untereinander steuerl möglichst günstig zu gestalten (BFH IX R 17/07 BStBl II 08, 502 unter II.1.a). Werden dabei aber Aufwendungen als BA/WK geltend gemacht, muss wegen des häufig **fehlenden Interessengegensatzes** besonders geprüft werden, ob die zugrunde liegenden Vereinbarungen der Erwerbstätigkeit (§ 4 IV, § 9 I) zuzurechnen sind oder ob es sich um private Zuwendungen und Unterhaltsleistungen iSv § 12 Nr 1 und Nr 2 handelt (BFH VI R 28/18 BStBl II 21, 450; s auch BFH IX R 45/06 BStBl II 11, 20 Rz 10: effektive Missbrauchsbekämpfung). Das ist grds **verfrechtl zulässig** (BVerfG 2 BvR 802/90 BStBl II 96, 34, B.I.1.) und verletzt insb nicht Art 6 GG (BFH IX R 28/15 BFH/NV 16, 1006).

Weitere Rechtsgrundlagen bei **Scheingeschäften** und **Gestaltungsmissbrauch**: §§ 41, 42 AO (vgl BFH X R 26/11 BStBl II 14, 374 Rz 41; s auch *Heuermann* DB 07, 1267). Eine etwas andere Funktion hat der Fremdvergleich iZm dauernden Lasten iSv **§ 10 Ia Nr 2** (§ 10 I Nr 1a aF; s BFH X R 14/01 BStBl II 04, 826). – **Schrifttum:** *Kulosa* DB 14, 972; *Levedag* GmbHR 15, 57; *Pezzer* DStZ 02, 850. – **Verwaltung:** *BMF* BStBl I 11, 37 und *BMF* BStBl I 14, 809 (Darlehensverträge).

b) Fremdvergleich. – aa) Allgemeine Grundsätze. Aus diesem Grund legt die stRspr Verträge zw nahen Angehörigen (Begriff s Rz 23) der Besteuerung grds nur dann zugrunde, wenn sie einem sog Fremdvergleich standhalten (vgl BFH X R 44-45/17 BStBl II 19, 203 Rz 18 mwN; s auch *Kulosa* DB 14, 972). Das ist der Fall, wenn die vertragl Hauptpflichten klar und deutl vereinbart sind (s Rz 24), der Vertrag zivilrechtl wirksam abgeschlossen wurde (s Rz 25) und nach Inhalt und Durchführung dem entspricht, was auch zw Fremden übl ist (Rz 26 ff). Dem zuletzt genannten Gesichtspunkt kommt dabei besonderes Gewicht zu (vgl BFH X R 19/17 BStBl II 19, 795 Rz 27). Die Intensität der jeweils erforderl Prüfung kann vom **Anlass des Vertragsschlusses** abhängig sein (BFH X R 31/12 BStBl II 13, 1015).

So soll etwa für Darlehen zur Finanzierung der AK/HK von WG des BV ein **„eher großzügiger Fremdvergleich"** gelten (BFH X R 19/17 BStBl II 19, 795 Rz 27, krit Anm *Kanzler* FR 19, 1131, 1138; s auch die Nachweise unter BFH X R 26/11 BStBl II 14, 374 Rz 40); ebenso, wenn der StPfl, der einen Angehörigen beschäftigt, ansonsten einen fremden Dritten hätte einstellen müssen (BFH X R 31/12 BStBl II 13, 1015: „weniger strikt", unschädl Mehrarbeit). – Ein **„strikter Fremdvergleich"** ist dagegen vorzunehmen, wenn zB bei einem Darlehen die Darlehensmittel dem Darlehensgeber zuvor vom Darlehensnehmer geschenkt worden sind (BFH X R 26/11 BStBl II 14, 374 Rz 37).

bb) Gesamtwürdigung. Bei den genannten Kriterien handelt es sich *nicht* um starre Tatbestandsmerkmale; sie haben **nur indizielle Bedeutung** (BVerfG 2 BvR 802/90 BStBl II 96, 34 unter B.I.2.). Entscheidend ist immer die Gesamtwürdigung der konkreten Umstände des Einzelfalls (vgl BFH VI R 59/15 BStBl II 18, 461 mwN). Nicht jede Abweichung vom Üblichen schließt die steuerl Anerkennung des Vertrags aus; Defizite in einem Bereich können durch Erfüllung des Fremdvergleichs in anderen Bereichen kompensiert werden (s BFH X R 44-45/17 BStBl II 19, 203 Rz 18). – Diese Grundsätze gelten seit dem genannten Beschluss des BVerfG. Auf die strengere **Rspr vor 1995** kann daher nur eingeschränkt zurückgegriffen werden. – Die Gesamtwürdigung ist **Aufgabe des FG;** der BFH prüft nur, ob das FG von zutr Kriterien ausgegangen ist (vgl BFH X R 44-45/17 BStBl II 19, 203 Rz 22: unzutr Erfahrungssätze) und alle maßgebl Beweisanzeichen zutr einbezogen hat (BFH IX R 8/16 BStBl II 17, 273; BFH IX R 8/07 BFH/NV 08, 350 unter II.1.a).

In die Gesamtwürdigung können auch **Tatsachen außerhalb des konkreten VZ** einbezogen werden, soweit sie für diesen von Bedeutung sind (BFH IX B 116/00 BFH/NV 01, 778 unter 4. mwN; BFH IX R 8/07 BFH/NV 08, 350 unter II.1.b). Weist der Angehörigenvertrag nach Inhalt oder Durchführung **denselben Mangel** wie ein *mit einem Fremden* geschlossener Vertrag auf, verliert der Mangel an Gewicht (BFH IX R 68/99 BStBl II 02, 699 unter II.2.b; BFH IX R 8/07 BFH/NV 08, 350 unter II.1.b).

23 c) **Nahe Angehörige; nahestehende Personen.** Die besondere Prüfung ist vor allem bei Verträgen mit **Ehegatten** (BFH X R 44-45/17 BStBl II 19, 203) oder **eingetragenen LPart** (§ 2 VIII), einem **Elternteil** (BFH X R 26/11 BStBl II 14, 374), **Kindern** (BFH VIII R 50/97 BStBl II 00, 393), **Geschwistern** (BFH IX R 69/94 BStBl II 97, 196) und **Verschwägerten** (BFH X R 19/17 BStBl II 19, 795) des StPfl vorzunehmen. Gelegentl verwendet der BFH auch den Begriff der „**nahestehenden Person**" (BFH VIII R 23/11 BeckRS 2015, 95 302: langjährige Freundschaft). Dies stellt eine deutl **Erweiterung** dar, die aber im Zweifel verfrecht sogar geboten ist, da eine nachteilige Sonder-Rspr nicht auf die durch Art 6 GG geschützten Personen beschränkt sein darf (*Tipke* LB § 8 Rz 163 mwN; *Kulosa* DB 14, 972). – Die Grundsätze des Fremdvergleichs gelten darüber hinaus auch für Verträge zw dem StPfl und einer **PersGes** (BFH VIII R 29/97 BStBl II 00, 386, unter 1.) oder **KapGes** (BFH IX B 186/01 BFH/NV 02, 1155 mwN), die von einer der genannten Personen beherrscht wird oder zu deren Ges'tern ausschließl solche Personen gehören, ohne dass einem Einzelnen eine beherrschende Stellung zukommt (BFH IX R 26/12 BFH/NV 14, 529); ferner bei Provisionszahlung einer PerGes an KapGes mit **(teil-)identischem Ges'ter-Kreis** (BFH IV R 16/12 BFH/NV 15, 1572). – Letztl ist immer entscheidend, ob ein besonderes Näheverhältnis vorliegt, das, aus welchen Gründen auch immer, einen **Gleichklang wirtschaftl Interessen** indiziert (vgl BFH IX R 42/15 BFH/NV 17, 1422 Rz 14).

24 d) **Klare und eindeutige Vereinbarung.** Die vertragl **Hauptpflichten** müssen klar und eindeutig bestimmt sein (BFH X R 31/12 BStBl II 13, 1015 Rz 24), also vor allem Art und Umfang der geschuldeten Leistung sowie Höhe und Fälligkeit der Gegenleistung (s iEinz s Rz 27 ff). Maßgebl sind die Vereinbarungen, die **zu Beginn des Rechtsverhältnisses** bzw bei späteren Änderungen jeweils für die Zukunft getroffen worden sind (BFH X R 14/01 BStBl II 04, 826); nachfolgende Änderungen wirken nicht auf frühere VZ zurück (BFH X R 19/17 BStBl II 19, 795 Rz 34). Allerdings ist es zulässig, von einer „**dauernden Übung**" auf das Vorliegen einer im Voraus getroffenen Vereinbarung zu schließen (BFH VIII R 13/05 BStBl II 08, 568 Rz 29). Das ist aber nicht zwingend; letztl obliegt die Wertung dem FG (BFH XI R 1/98 DStRE 99, 162). – Da die obj Beweislast für die betriebl/berufl Veranlassung der Aufwendungen den StPfl trifft (s § 4 Rz 416, § 9 Rz 122), ist es, unabhängig von zivilrechtl Formvorschriften (s Rz 25), auf jeden Fall ratsam, den Inhalt der Vereinbarung **schriftl** festzuhalten und zwar von Anfang an. – Fehlende Absprachen in Bezug auf vertragl **Nebenpflichten** stehen der Anerkennung einer Vereinbarung nicht unbedingt entgegen, gehen aber in die Gesamtwürdigung mit ein (BFH IX R 30/96 BStBl II 98, 349; s auch § 21 Rz 86).

25 e) **Zivilrechtliche Wirksamkeit.** Die Einhaltung zivilrechtl Formvorschriften ist nicht zwingend Voraussetzung für die steuerl Anerkennung, hat aber vor allem bei klarer Zivilrechtslage eine **starke indizielle Bedeutung** (BFH IX R 45/06 BStBl II 11, 20 Rz 11; BFH VIII R 29/97 BStBl II 00, 386 Rz 15: Abweichung von § 41 I 1; s auch *BMF* BStBl I 11, 37 Rz 2). Ist allerdings den Beteiligten der Verstoß gegen Formerfordernisse nicht vorzuwerfen und bemühen sie sich zeitnah nach Bekanntwerden des Mangels um Heilung, kommt dem ursprüngl Formmangel uU nur geringe Bedeutung zu (BFH IX R 4/04 BStBl II 07, 294).

Beispiele: Übertragung von Grundeigentum und Schenkungsversprechen müssen grds **notariell beurkundet** werden (§ 311b, § 518 BGB). – Verträge mit minderjährigen Kindern bedürfen häufig einer **familiengerichtl Genehmigung** (§§ 1643 I, 1821, 1822 BGB) bzw der Bestellung eines **Ergänzungspflegers** (§§ 181, 1629 II, 1795, 1909 BGB); das Fehlen kann, muss aber nicht steuerl zur Versagung des BA/WK-Abzugs führen (s BFH IX R 46/08

BStBl II 11, 24; BFH IV R 24/08 BFH/NV 09, 1427; *BMF* BStBl I 11, 37, EStR 4.8 III). – S auch zu **Mietverträgen** § 21 Rz 84; zu **Gesellschaftsverträgen** § 15 Rz 747 (BFH IV R 52/11 DStR 14, 2111).

f) Fremdüblichkeit von Vereinbarung und Durchführung. Wesentl Bedeutung iRd Gesamtwürdigung (Rz 22) kommt der Frage zu, ob eine Vereinbarung nach Inhalt und Durchführung dem entspricht, was zw Fremden übl ist (BFH X R 19/17 BStBl II 19, 795). Das gilt insb für die **vertragl Hauptpflichten.** Unübl Inhalte begründen ein starkes Indiz gegen die steuerl Anerkennung (vgl *Kulosa* DB 14, 972, 974). Geprüft werden muss vor allem, ob die vertragl Chancen und Risiken in fremdübl Weise verteilt sind (BFH X R 19/17 BStBl II 19, 795). Ebenso muss das Vereinbarte entspr den Vereinbarungen tatsächl durchgeführt werden (BFH X R 31/12 BStBl II 13, 1015). Abweichungen in Bezug auf **vertragl Nebenpflichten** haben dagegen ein geringeres Gewicht.

aa) Arbeitsverträge. Hauptpflichten sind die Erbringung der Arbeitsleistung und die Lohnzahlung. Unbezahlte Mehrarbeit bei Arbeitsvertrag mit Eltern kann unschädl sein (BFH X R 31/12 BStBl II 13, 1015); ebenso fehlende Vereinbarung konkreter Arbeitszeiten (BFH IV R 44/99 BFH/NV 00, 699) und Lohnzahlung auf Oder-Konto, wenn nachweisl ArbLohn abgehoben wird (BFH IV R 68/02 BFH/NV 05, 553). – Zur Möglichkeit eines betriebsinternen (vorrangig) oder -externen (nachrangig) Fremdvergleichs für **DirektVers** s § 4b Rz 15; zu **Pensionszusagen** s BFH VIII R 49/12 BeckRS 2015, 95104 (nicht erbrachter betriebsinterner Fremdvergleich) und § 6a Rz 39.

S iÜ zu **ArbVerh** BFH X R 1/19 BStBl II 21, 283: **Wertguthabenvereinbarungen** nach SGB IV; BFH IV R 15/98 BFH/NV 99, 919: **notwendiger Inhalt**; BFH X R 145/94 BFH/NV 97, 347: Durchführung, insb **Zufluss von ArbLohn**; § 19 Rz 35 „Angehörige", auch zu **Überkreuz-/Unterarbeitsverhältnissen;** zu Tätigkeitsvergütung und Pensionszusage an **Unternehmer-Ehegatten** s § 15 Rz 592.

bb) Darlehensverträge. Hauptpflichten sind die Darlehensgewährung und (soweit vereinbart) Zinszahlungen. Problematisch sind vor allem Gestaltungen, bei denen der Darlehensnehmer dem Darlehensgeber die **Darlehensmittel geschenkt** hat unter der Bedingung der Darlehensgewährung (BFH IV R 60/98 BStBl II 99, 524); allerdings kann auch in solchen Fällen die Fremdüblichkeit zu bejahen sein (s BFH X R 26/11 BStBl II 14, 374: Darlehen zum Erwerb von AV; mit Rspr-Übersicht Rz 36 ff; *I. Osterloh* DStR 14, 393). Die Fremdüblichkeit ist zudem fragl bei Darlehen mit **überlanger Laufzeit** (BFH X R 19/17 BStBl II 19, 795: unbesichertes Darlehen für 35 Jahre, davon fast 20 Jahre tilgungsfrei) oder bei wechselseitiger Übernahme (BFH IX R 17/07 BStBl II 08, 502). S iÜ *Kulosa* DB 14, 972, 977 ff; *Levedag* GmbHR 15, 57; *BMF* BStBl I 11, 37 und *BMF* BStBl I 14, 809. – Zur **Abzinsung** unverzinsl Angehörigen-Darlehen s BFH VI R 62/15 BStBl II 18, 15, VerfBeschw nicht angenommen, und § 6 Rz 458.

cc) Kaufverträge. Hauptpflichten sind die Übergabe des Kaufgegenstands und die Verschaffung des Eigentums daran einerseits und die Zahlung des vereinbarten Kaufpreises andererseits. Die dargestellten Regeln gelten auch hier (vgl BFH IX R 40/05 BFH/NV 06, 2236). – Beispiele s *Schmidt* 39. Aufl § 12 Rz 29.

dd) Miete und Pacht. Hauptpflichten sind die Gebrauchs- bzw Nutzungsüberlassung und die Miet-/Pachtzahlung. Zu **Mietverträgen** mit Angehörigen s iEinz § 21 Rz 86 ff; zu **Pachtverträgen** s § 13 Rz 113. Fremdüblichkeit verneint bei Kombination wie widerrufl **Schenkung und Miete** (BFH IX R 8/16 BStBl II 17, 273). – Zu **Wirtschaftsüberlassungsverträgen** s § 13 Rz 141.

ee) Weitere Fälle des Fremdvergleichs. Zu **PerGes** s § 15 Rz 425 ff (ArbVerh, Darlehen, stille Ges, Miet-/Pachtverhältnisse); zu **FamilienPersGes** s § 15 Rz 742; zu **Betriebsaufspaltung** unter Beteiligung von Ehegatten und Kindern s § 15 Rz 845 ff; zu unentgeltl **Übertragung eines MUeranteils** s § 16 Rz 431; zu Unterbeteiligung zw Ehegatten iZm **§ 17** s BFH IX R 19/09 BStBl II 10, 823 und § 17 Rz 76. – Zur **Übertragung von Einkunftsquellen** an Angehörige s § 20 Rz 23; zu **vGA** s § 20 Rz 43 und 56 ff.

32   6. ABC der nicht abzugsfähigen Aufwendungen, § 12 Nr 1

S auch § 4 Rz 520 (ABC der BA) und § 19 Rz 110 (ABC der WK); ferner § 9 Rz 265 (Arbeitsmittel, Bekleidung).

Abwehrkosten (Rufschädigung) s § 4 Rz 520 „Abwehrkosten" und FG Ddorf EFG 80, 400, rkr (Aufwendungen eines Angestellten zur Wiederherstellung des guten Rufs als Einkäufer, anerkannt; dagegen aber BFH VI R 61/13 BFH/NV 16, 1268).

Alarmanlage s „Persönliche Sicherheit".

Angehörige s Rz 20 ff und Kfz-Gestellung.

Arbeitsmittel s § 9 Rz 63 (gemischte Nutzung) und 265.

Arbeitszimmer s § 4 Rz 121 ff und 590 ff.

Ausbildungskosten s § 9 Rz 340 ff, § 10 Rz 102 ff. Aufwendungen des StPfl für die Aus- oder Fortbildung der Kinder sind idR nicht als BA/WK abzugsfähig (s BFH VIII R 49/10 BStBl II 13, 309: Ausbildung des Sohnes zum Facharzt für Kieferorthopädie zwecks Praxisfortführung; ähnl auch FG Mster EFG 16, 551, rkr: Unternehmensberatung).

Auslandsreisen s § 4 Rz 520 „Informationsreisen", § 9 Rz 67 ff „Sprachkurse" und § 19 Rz 110 „Studienreisen"; ferner hier „Fachkongress".

Beerdigungskosten sind stets privat veranlasst (s auch § 33 Rz 35 „Beerdigungskosten").

Bewirtungskosten s § 4 Rz 540 ff; § 19 Rz 110 „Bewirtung".

Brille. Aufwendungen sind privat, auch bei Bildschirm-Arbeitsbrille; Ausnahme: Sehbeschwerden sind auf berufl Tätigkeit am Bildschirm zurückzuführen (BFH VI R 50/03 BFH/NV 05, 2185).

Dienstwagen s „Kraftfahrzeuggestellung".

Ehescheidung. Folgekosten der Scheidung sind auch dann privat veranlasst, wenn der StPfl im Hinblick auf eine mögl Beeinträchtigung seiner berufl Sphäre infolge der Ehescheidung einer raschen und großzügigen Regelung zustimmt (BFH IV R 87/74 BStBl II 77, 462). Zur Berücksichtigung als agB s § 33 Rz 35.

Einbürgerungskosten sind keine BA oder WK (BFH VI R 130/80 BStBl II 84, 588; Anm HFR 84, 466). S auch „Sprachkurs".

Ehrenamt s § 19 Rz 110 „Ehrenamt" und „Arbeitnehmervertreter". Zu Honorarkonsul s FG Hbg EFG 94, 99, rkr: nicht abziehbar; FG Nds EFG 76, 74, rkr.

Essen s „Verpflegungskosten".

Fachkongress im Ausland s § 4 Rz 520 „Informationsreisen", § 9 Rz 66 und § 19 Rz 110 „Studienreisen". Kongress auf einem Schiff s BFH IV R 57/87 BStBl II 89, 19 (abl); Kreuzfahrt s BFH IV B 135/97 BFH/NV 99, 611 (abl). Ausschließl berufl Veranlassung ist gegeben, wenn der StPfl auf dem Kongress einen Vortrag hält und die Teilnahme zu seinen Vertragspflichten gehört (FG Hbg EFG 01, 1423, rkr).

Feiern s „Gesellschaftliche Veranstaltungen" und § 9 Rz 65.

Flugzeug; Fluglizenz. Zur privaten Nutzung eines betriebl Flugzeugs s BFH I R 47/10 BFH/NV 11, 1019 (vGA); zur berufl Nutzung eines Privatflugzeugs s BFH VI R 37/15 BStBl II 17, 526 (berufl Veranlassung bej, aber Begrenzung auf angemessenen Betrag). Aufwendungen für den **privaten Pilotenschein** sind idR nicht als BA/WK abzugsfähig (stRspr, BFH VI R 85/02 BStBl II 05, 202 und BFH

VI B 17/01 BFH/NV 04, 338, mwN). – Weitere Beispiele s *Schmidt* 39. Aufl § 12 Rz 32 „Flugzeug; Fluglizenz".

Geburtstag s § 9 Rz 65 („Feiern").

Gesellschaftliche Veranstaltungen sind idR privat veranlasst; maßgebl sind aber auch hier die konkreten Umstände (s § 4 Rz 520 „Sponsoring" und § 9 Rz 65). WK bejaht für Teilnahme eines Soldaten am Regimentsball (FG Mchn EFG 84, 451, rkr; s aber FG RhPf EFG 88, 115, rkr). Zum „Herrenabend" einer Kanzlei s BFH VIII R 26/14 BStBl II 17, 161 (uU § 4 V 1 Nr 4), und BFH VIII B 129/18 BFH/NV 19, 812 (Aufteilung im Schätzungswege).

Gesundheit. Aufwendungen zur Förderung der Gesundheit sind privat veranlasst (BFH GrS 1/06 BStBl II 10, 672, C. III.4.a., mwN); s auch „Krankheit".

Gruppenreisen s „Fachkongress" und „Studienreisen", § 4 Rz 520 „Informationsreisen" und § 19 Rz 110 „Studienreisen" sowie § 9 Rz 67 (Sprachkurs).

Haushaltshilfe. Bei Tätigkeit sowohl im Betrieb als auch im Haushalt des StPfl stundenweise Aufteilung (FG Mchn EFG 98, 937, rkr). Entspr gilt bei Reinigung eines häusl Arbeitszimmers (s auch § 19 Rz 110 „Arbeitszimmer"). S ferner § 35a.

Hörgerät. Die AK sind Privataufwendungen (BFH IR B 275/00 BFH/NV 03, 1052); Kosten für Batterien können anteilig BA/WK sein (BFH IV 345/53 U BStBl III 54, 174). Zum Abzug als agB s BFH VI R 14/11 BFH/NV 12, 39 und § 33 Rz 44.

Jagd. Aufwendungen für Jagd und **Jägerprüfung** sind idR Kosten der Lebensführung (BFH VI B 92/11 BFH/NV 12, 783); Ausnahme: Jagd gehört zur Berufsausübung (BFH VI 9/59 U BStBl III 60, 163, Forstbediensteter; anders aber bei Forstwart einer Landwirtschaftskammer, s FG Nds EFG 73, 204, rkr).

Karneval. S FG Ddorf EFG 67, 391, rkr (BA anerkannt; s aber auch § 9 Rz 56). Einladung von Kunden zu Karnevalsveranstaltung s BFH VIII R 7/92 BStBl II 94, 843 (abl; vertiefend Anm HFR 94, 706).

Kfz-Gestellung. Kfz-Überlassung iRe eines Familien-Arbeitsverhältnisses wird nur anerkannt, wenn die Überlassung als solche im konkreten Arbeitsverhältnis fremdübl ist (zB bei Außendienst) und zu fremdübl Konditionen erfolgt (vgl BFH X R 44–45/17 BStBl II 19, 203; BFH X B 181/13 BFH/NV 14, 523; s auch Rz 20 ff).

Kinderbetreuung. Aufwendungen sind nicht deshalb BA/WK, weil sich der StPfl wegen der berufl Tätigkeit nicht um Haushalt und Kinder kümmern kann (zuletzt BFH VI R 60/06 BStBl II 10, 267); dies ist nicht zweifelsfrei (*Jachmann* FR 10, 125). – Gleiches gilt für Aufwendungen für ein Kindertagesheim (FG BaWü EFG 93, 235, rkr); Betreuungskosten für ein Enkelkind (BFH III R 73/09 BStBl II 12, 463). – Zum Abzug als SA gem **§ 10 I Nr 5** s § 10 Rz 62 ff.

Zahlungen an **fremdsprachl Schulen** im Inland sind auch dann nicht als WK abziehbar, wenn aul Eltern vorübergehend im Inland berufstätig sind (BFH VI R 38/97 BStBl II 01, 132; *Fröschl* HFR 01, 431).

Kleidung. Aufwendungen für bürgerl Kleidung sind weder BA noch WK (BFH GrS 1/06 BStBl II 10, 672, C. III.4.a., mwN; s auch BFH VI B 40/13 BFH/NV 14, 335, mwN). Zu typischer Berufskleidung und zu Grenzfällen s § 9 Rz 266 f; abl zu **schwarzem Anzug/schwarzer Bluse** jetzt ausführl FG BBg EFG 18, 1940, Rev VIII R 33/18 (Trauerrednern, mE zutr und auf entspr andere Fälle übertragbar).

Kosmetik. Aufwendungen sind privat, auch Mehraufwendungen von Künstlern uÄ (BFH IV R 91–92/87 BStBl II 90, 49: Schauspielerin und Fernsehansagerin).

Krankheit. Steuerl Anerkennung von Aufwendungen nur bei typischer Berufskrankheit oder bei offenkundigem Zusammenhang zw Erwerbstätigkeit und Entstehung der Erkrankung (vgl BFH VI R 36/13 BFH/NV 16, 194 mwN); s auch

§ 4 Rz 520 „Krankheitskosten", § 19 Rz 110 „Berufskrankheit" und zu agB § 33 Rz 40 ff.

Nahestehende Personen s Rz 23.

Persönliche Sicherheit s „Sicherheitsmaßnahmen".

Persönlichkeitsentfaltung. Als BA/WK abziehbar sind Aufwendungen für Kurse/Seminare, die primär auf die spezifischen Bedürfnisse des ausgeübten Berufs ausgerichtet sind (zB Verbesserung der Kommunikation, Supervision; ausführl und zutr BFH VI R 35/05 BStBl II 09, 108; BFH VI R 44/04 BStBl II 09, 106; s auch *Ehehalt* BFH/PR 09, 12); ansonsten Lebensführungskosten (BFH VI B 145/05 BFH/NV 06, 1474).

Beispiele – BA/WK bejaht: „neuro-linguistisches Programmieren" (NLP-Kurse – BFH VI R 44/04 BStBl II 09, 106). – **BA/WK verneint:** Shaolin-Kurs einer Zahnärztin (FG Köln EFG 14, 519, rkr); „Geld-/Empowerment-Training", Coaching-Ausbildung (FG Mster DStRE 10, 1483, rkr, mE in Bezug auf die Coaching-Ausbildung nicht verallgemeinerbar).

Pferdehaltung/Pferdezucht s § 13 Rz 34 und *Schmidt* 39. Aufl § 15 Rz 34.

Pilotenschein s „Flugzeug".

Prozesskosten s § 4 Rz 520 „Prozesskosten", § 19 Rz 110 „Prozesskosten" und § 21 Rz 148 „Prozesskosten". Erbrechtl Streitigkeiten betreffen stets die Privatsphäre (BFH X R 16/98 BFH/NV 01, 1262). IdR auch keine Berücksichtigung als **agB**, s § 33 Rz 67 f.

Renovierungskosten s „Wohnungskosten".

Rufschädigung s „Abwehrkosten (Rufschädigung)".

Schadensersatz s § 19 Rz 110 „Schadensersatz"; *Loritz* DStR 12, 2205 (2208).

Schwimmhalle. Aufwendungen bei betriebl und privater Nutzung sind nach BFH IV R 8/78 BStBl II 81, 201 nicht abzugsfähig (s auch BFH X B 229/08, nv). Nunmehr wird es hier zur Aufteilung kommen können (so auch *Fischer* NWB 10, 412, 420; krit: *Söhn* FS Spindler, 795, 806).

Sicherheitsmaßnahmen. Aufwendungen sind idR Kosten der Lebensführung (*FM Nds* FR 92, 529; FG Hess EFG 88, 230, rkr; *BMF* BStBl I 97, 696, Tz 4; FG BaWü EFG 93, 72, rkr; s auch § 9 Rz 270 „Pistole"). Kosten für Alarmanlage sind HK des Gebäudes (BFH IX R 85/88 BStBl II 93, 544; FG Saarl EFG 00, 1249, rkr).

Sittenwidrigkeit s „Strafbare Handlungen".

Skisport. Skikurs eines Lehrers s BFH VI R 175/85 BStBl II 89, 91 (Anerkennung unter engen Voraussetzungen, Erwerb einer Skilehrerlizenz; krit *Paus* DStZ 89, 230; BFH VI R 93/87 BFH/NV 91, 815, und BFH VI R 61/91 BFH/NV 93, 416, mwN; FG Ddorf DStRE 02, 922, rkr; *OFD Mster* DB 90, 1538, Prüfungskatalog). Gilt aber nicht für Skiausrüstung (FG Mchn EFG 04, 1206, rkr). Anerkannt bei Lehrerfortbildung „Snowboardfahren" (BFH VI R 61/02 BStBl II 06, 782: konkreter Zusammenhang mit Berufstätigkeit, Einzelfall; s auch *Bergkemper* FR 06, 938; *Rößler* INF 07, 145).

Sport. Angeordneter Dienstsport kann zum WK-Abzug führen (FG BBg DStRE 08, 676, rkr; FG RhPf EFG 09, 16, rkr); ebenso bei vom ArbG erwarteter Wettkampfteilnahme (FG RhPf DStRE 09, 336, rkr); Windsurfing-Kurs führt nicht zu WK (FG Köln EFG 93, 71, rkr; FG RhPf EFG 95, 513, rkr); ebenso nicht Besuch eines Fitnessstudios (FG SachsAnh EFG 07, 29, rkr), Tennissport eines Polizeibeamten (FG Mster EFG 94, 238, rkr) oder Mitgliedschaft in einem Golfclub (FG Mchn EFG 97, 1105, rkr). S auch § 9 Rz 270 „Sportkleidung und Sportgeräte".

Sportmedizin. Ausbildungskurs zum „Sportmediziner" am Gardasee kann zu WK führen (BFH VI R 66/04 BStBl II 10, 685; auch der sportpraktische Teil wäre im Zweifel anzuerkennen gewesen, hätte der Kläger ebenfalls Revision eingelegt; s auch *Kanzler* StbJb 2010/2011, 43, 56).

Sprachkurs. Zu **Fremdsprachen** s § 9 Rz 67 ff. Aufwendungen eines in Deutschland lebenden Ausländers für das Erlernen der **dt Sprache** sind der Rspr zufolge auch dann nicht als BA/WK abziehbar, wenn die Sprachkenntnisse für die Berufsausübung oder ein berufsergänzendes Studium förderl sind (private Lebensführung, s BFH VI R 14/04 BStBl II 07, 814; BFH VI R 72/06 BFH/NV 07, 2096; FG Hbg EFG 17, 1789, rkr; FG Nbg EFG 15, 2052; **aA** mit guten Gründen *Beiser* DB 07, 1720).

Strafbare Handlungen können ebenso wie sittenwidrige Handlungen stpfl Einnahmen (s § 15 Rz 45) und Erwerbsaufwendungen begründen (§ 40 AO; BFH VI R 27/15 BStBl II 18, 441; s auch § 4 Rz 492 und § 9 Rz 92). Zu Geldstrafen s Rz 42 f.

Studienreisen s § 4 Rz 520 „Informationsreisen", § 9 Rz 67 ff „Sprachkurse" und § 19 Rz 110 „Studienreisen".

Tageszeitung s § 9 Rz 270 „Tageszeitung".

Tanzkurs einer Musiklehrerin kann zu WK führen (s BFH VI R 62/04 BFH/NV 08, 358).

Telefonkosten s Rz 15 und § 19 Rz 110 „Telekommunikationsaufwendung".

Testamentsvollstrecker. Kosten sind ggf im Schätzwege aufzuteilen, soweit sie zum Vermögens- (kein Abzug; FG Köln EFG 98, 752, rkr) oder zum Verwaltungsbereich gehören (Einkünfteerzielungsvermögen; zusammenfassend *Noll/Schuck* DStR 93, 1437).

THW. Fahrtkosten für Diensteinsätze sind keine WK (FG BaWü EFG 94, 699, rkr).

Tiere. Da Tiere häufig iRd allg Lebensführung gehalten werden, kommt es auch hier auf den (nachweisbaren) tatsächl Verwendungszweck im Einzelfall an (s Rz 13; BFH VI B 80/11 BFH/NV 12, 782: Pferdehaltung, WK verneint). Aufwendungen für den vom Dienstherrn zugewiesener **Diensthund** eines Polizisten sind allerdings WK (BFH VI R 45/09 BStBl II 11, 45: Arbeitsmittel).

Weitere Beispiele – **WK bejaht:** privat angeschaffter **„Schulhund"** einer Lehrerin (BFH VI R 52/18 BFH/NV 21, 626: 50% WK bei arbeitstägl Einsatz; FG Mster EFG 19, 886: „Therapiehund", Rev VI R 15/19; **aA** FG RhPf EFG 18, 726, rkr); **Jagdhund** eines Försters (BFH VI 9/59 U, BStBl III 60, 163). – **WK verneint:** „Wachhund" eines Schul-Hausmeisters (BFH VI R 101/86 BFH/NV 91, 234) oder einer Landärztin (BFH IV R 103/75 BStBl II 79, 512).

Versicherungsbeiträge s § 4 Rz 178 ff; § 9 Rz 173; § 19 Rz 110 „Versicherungsbeiträge".

Verpflegungskosten. Kosten der Ernährung sind grds *unverzichtbare* Aufwendungen der **Lebensführung** (s allg § 9 Rz 52). Eine Berücksichtigung als BA oder WK ist auch dann nicht mögl (auch nicht teilweise), wenn der StPfl wegen der Eigenart seines Berufs allg einen erhöhten Bedarf an Nahrungsmitteln hat (zB als Sportler oder Schwerarbeiter; FG Hess EFG 89, 172, rkr; s auch BFH X R 40/11 BFH/NV 14, 1359); idR wird es ohnehin an einem objektivierbaren Aufteilungsmaßstab fehlen (zur *Söhn* FS Spindler, S 795, 805). Zu berufsbedingten Verpflegungsmehraufwendungen s § 4 Rz 570; § 9 Rz 310 ff; § 19 Rz 110 „Fahrtätigkeit" und „Reisekosten".

Wehrdienst. Aufwendungen zur gänzl oder teilweisen Freistellung vom Wehrdienst konnten nicht als WK abgezogen werden (BFH VI R 45/84 BStBl II 86, 459; s auch FG Mster BeckRS 2014, 95062: türkischer Wehrdienst).

Wohnungskosten. Aufwendungen für die eigene Wohnung sind grds unverzichtbare Aufwendungen der Lebensführung (§ 9 Rz 52; s auch BFH VI R 2/11

BStBl II 12, 104 Rz 13). Sie sind nur dort zu berücksichtigen, wo der Gesetzgeber den Abzug eines betriebl/berufl Mehraufwands zulässt (BFH IX R 24/13 BFH/NV 14, 1197). S iEinz § 4 Rz 520 „Geschäftsreise" und „Umzugskosten", § 9 Rz 246 und 260 (doppelte Haushaltsführung, Übernachtungskosten) und § 19 Rz 110 „Reisekosten" und „Umzugskosten". Zur Berücksichtigung zwangsläufiger Aufwendungen s *Bergkemper* FR 05, 103; aA *Söhn* FS Spindler, S 795, 804.

Beispiele – kein Abzug: Mehraufwand für **Familienmitnahme** bei berufl Entsendung ins Ausl (BFH VI R 55/16 BFH/NV 18, 1145: Aufteilung nach Köpfen unter Berücksichtigung eines „Sockelbetrags" für Ein-Personenhaushalt); Anmietung einer Wohnung wegen **Vermietung der eigenen Wohnung** (BFH IX R 24/13 DStR 14, 1331; keine „negative Eigenmiete"); **Verzögerung eines berufsbedingten Umzugs** (BFH VI B 13/03 BFH/NV 03, 1182); Renovierung der neuen Wohnung (Privaträume) nach berufl veranlasstem Umzug (BFH X B 153/11 BFH/NV 12, 1956: keine Aufteilung mögl); vollständig eingerichtete **Zweitwohnung eines Gewerbetreibenden,** die dieser über weite Zeiträume des Jahres mit seiner Ehefrau bewohnt (BFH IV R 100/72 BStBl II 76, 776; zutr, da sich der Lebensmittelpunkt zeitweise in der Zweitwohnung befindet). – Zu **wechselseitiger Vermietung** s BFH IX R 18/12 BFH/NV 13, 1094: rechtsmissbräuchl.

Zeitung, Zeitschriften s § 9 Rz 270 „Zeitschriften".

Zinsen s § 4 Rz 152 ff; § 9 Rz 141 ff; § 21 Rz 148 „Erbauseinandersetzung".

III. Zuwendungen, § 12 Nr 2

Verwaltung: EStR 12.5; BMF BStBl I 10, 227.

34 **1. Bedeutungsverlust.** Das Abzugsverbot für Zuwendungen in § 12 Nr 2 ist historisch bedingt; es diente bis VZ 2007 der Suspendierung von § 10 I Nr 1a aF bei freiwillig begründeten Rentenverpflichtungen und dauernden Lasten sowie bei Verpflichtungen ggü unterhaltsberechtigten Personen (vgl BFH X R 11/01 BStBl II 04, 820; BFH IX R 29/09 BFH/NV 10, 2257; s auch *Schmidt* 26. Aufl § 12 Rz 26). Mit der abschließenden Regelung der unentgeltl **Vermögensübergabe gegen Versorgungsleistungen** durch das JStG 2008 (damals § 10 I Nr 1a, jetzt: § 10 Ia Nr 2) bleibt für das Abzugsverbot kein eigener, konstitutiver Anwendungsbereich mehr (s iEinz § 10 Rz 111 ff, auch zur Weitergeltung des alten Rechts für Altverträge bis Ende 2007). § 12 Nr 2 hat aber durchaus noch **klarstellende Bedeutung** (Rz 35).

Zwar wird § 10 Ia Nr 2 im Einleitungssatz des § 12 nicht bei den Regelungen genannt, die dem Abzugsverbot vorgehen (s Rz 5). Nach stRspr handelt es sich aber bei der Vermögensübergabe gegen Versorgungsleistungen um vorbehaltene Vermögenserträge (vgl BFH VI R 43/16 BFH/NV 19, 1335 Rz 14; s auch § 10 Rz 112 mwN), die keine Zuwendung (s Rz 22) und damit keine Unterhaltsleistungen iSd § 12 Nr 2 sind; Abgrenzung: *Schmidt* 38. Aufl § 10 Rz 145 (3). Zur Abgrenzung nach § 10 I Nr 1a aF s BFH X R 13/18 BFH/NV 21, 304 (Versorgungsleistungen nach Verzicht auf Pflichtteilsanspruch).

35 **2. Zuwendungen.** Der Begriff „Zuwendung" ist im Gesetz nicht geregelt, wird aber allg verstanden als eine **unentgeltl Leistung,** also eine Leistung, der keine Gegenleistung gegenübersteht (BFH X R 6/19 BStBl II 21, 557 Rz 30). Herkömmlicherweise wird bei § 12 Nr 2 zw einmaligen und regelmäßig wiederkehrenden Leistungen unterschieden, wobei sich die Abzugsfähigkeit **einmaliger Leistungen** nach hA ohnehin nicht nach § 12 Nr 2 richtet, sondern nach den allg Regelungen. Letzteres trifft aber inzwischen, nach dem Bedeutungsverlust des Abzugsverbots (s Rz 34), auch auf **wiederkehrende Leistungen** zu. Damit bestätigt § 12 Nr 2 lediglich, was sich ohnehin schon aus den estl Vorschriften ergibt: Zuwendungen sind nur dann nicht abzugsfähig, wenn es sich um BA, WK, agB oder um sonst vom Gesetz ausdrückl zum Abzug zugelassene Aufwendungen handelt. Das gilt für alle drei Tatbestandsalternativen des § 12 Nr 2. – Die Regelung ist gleichwohl nicht überflüssig. Sie benennt Konstellationen, in denen Aufwendungen **typischerweise privat veranlasst** sind. Sie dient damit, wie § 12 Nr 1, als Interpretationshilfe bei der Unterscheidung zw estl zu berücksichtigen und estl nicht zu

Steuern 36, 38 § 12

berücksichtigenden Leistungen. Daher greift auch die Rspr vor allem in Abgrenzungs- und Aufteilungsfällen immer wieder auf § 12 Nr 2 zurück.

Beispiele: Schuldrechtl Versprechen des Ehemannes, **künftige Veräußerungserlöse** aus dem Verkauf von Aktien teilweise der Ehefrau zuzuwenden (BFH IX R 40/15 BFH/NV 17, 572: keine Minderung des Veräußerungspreises); Leistungen des Nutzungsberechtigten eines **Wirtschaftsüberlassungsvertrags**, die das marktübl Entgelt übersteigen (vgl BFH VI R 59/15 BStBl II 18, 461 Rz 33: „insoweit … gem § 12 Nr 2 EStG nicht als BA abziehbare Unterhaltsleistungen"; ebenso: BFH X R 16/13 BStBl II 14, 889; s iU zu Wirtschaftsüberlassungsverträgen § 13 Rz 141 ff); Reparaturaufwendungen als BA eines **Vorbehaltsnießbrauchers** (BFH IV R 20/07 BFH/NV 10, 26).

3. Keine Zurechnung von Einkünften und Aufwendungen. Für die Frage, 36 wem Einkünfte oder Aufwendungen zuzurechnen sind, gibt § 12 Nr 2 nichts her. **Einkünfte** sind demjenigen zuzurechnen, der den Tatbestand der Einkunftserzielung erfüllt (s § 2 Rz 18 ff; § 13 Rz 111 ff; § 15 Rz 135 ff; § 19 Rz 7 f; § 20 Rz 165 ff; § 21 Rz 71 ff). Welche **Aufwendungen** der Einkunftserzieler von den stpfl Einnahmen steuermindernd abziehen kann, richtet sich vor allem nach § 4 IV (BA, s § 4 Rz 500 ff) und § 9 I (WK, s § 9 Rz 16 ff). Aufwendungen, die außerhalb der Einkünfteermittlung von der Summe der Einkünfte (§ 2 III), vom Gesamtbetrag der Einkünfte (§ 2 IV) oder vom Einkommen (§ 2 V) abgezogen werden dürfen, müssen vom Gesetz ausdrückl zum Abzug zugelassen werden. Fehlt eine positive Abzugsregelung, sind die Aufwendungen von vornherein nicht abzugsfähig. Zu dieser Erkenntnis bedarf es keiner besonderen Regelung, auch wenn § 12 Nr 2 von der Rspr gelegentl idS angewendet wird (s zB BFH VIII R 134/81 BStBl II 84, 705, und BFH IV R 60/98 BStBl II 99, 524, Zinsen auf Grund eines Schenkungsversprechens; glA *KSM* § 12 A 8).

Auch die Problematik der Anerkennung von sog **Familienarbeitsverhältnissen** (BFH X R 31/12 BStBl II 13, 1015) von FamilienPersGes, von unentgeltl am Grundbesitz oder KapVerm eingeräumten **Nutzungsrechten** (Nießbrauch, Wohnrecht, sonstige dingl oder obligatorische Nutzungsrechte) oder von Familiendarlehensverträgen (BFH X R 26/11 BStBl II 14, 374) ist unabhängig von § 12 Nr 2 zu entscheiden. S auch Rz 20 ff und zur steuerl Behandlung von FamilienPersGes § 15 Rz 740 ff.

IV. Steuern, § 12 Nr 3

1. Bedeutung; Anwendungsbereich. Steuern können nur als Aufwand be- 38 rücksichtigt werden, wenn sie BA oder WK sind (s § 4 Rz 520 „Steuern" und § 9 Rz 170) oder wenn ihre Berücksichtigung sonst ausdrückl zugelassen wird (KiSt: § 10 I Nr 4, s § 10 Rz 60). Somit hat auch § 12 Nr 3 weitgehend klarstellende Bedeutung (s auch BFH VIII R 53/14 BStBl II 18, 687 Rz 24); denn die **Personensteuern** (ESt, LSt, *Annexsteuern* wie Ergänzungsabgaben, Stabilitätszuschläge, Investitionshilfeabgabe) erfüllen nicht die tatbestandl Voraussetzungen von BA, WK oder agB (BFH III R 33/14 BStBl II 16, 44: Teil der Privatsphäre). Ebenso können **Zinsen** für ein zur Begleichung der ESt aufgenommenes Darlehen keine BA/WK sein (BFH IV R 122/90 BStBl II 92, 342; FG Nds EFG 07, 1147, rkr); dasselbe gilt für **Nachzahlungszinsen** gem § 233a AO (BFH IV R 6/08 BFH/NV 11, 430; BFH VIII R 33/07 BStBl II 11, 503; zur verfrechtl Problematik der Steuerbarkeit von Erstattungszinsen s BFH VIII B 94/18 BFH/NV 19, 935: keine Korrespondenz; § 4 Rz 460 „Zinsen" und § 20 Rz 120 mwN; *Kessler ua* DStR 21, 2929, 2932 f). Ob sie überhaupt von § 12 Nr 3 erfasst werden (so wohl BFH IX B 21/18 BStBl II 18, 415; offen gelassen in BFH VIII R 53/14 BStBl II 18, 687 Rz 26 mwN), ist aber letztl unerhebl. – Eine **Haftung** für *fremde* Steuern fällt nicht unter § 12 Nr 3 (str, mE zutr FG Hess EFG 20, 346 mwN, Rev VI R 19/20; s auch § 19 Rz 110 „Haftung").

Rechtsverfolgungskosten betr ESt sind insoweit als BA/WK abziehbar, als sie mit dem Einkünftebereich zusammenhängen (BFH VIII R 27/08 BFH/NV 10, 2038); s auch § 4 Rz 520 „Prozesskosten". Entsprechendes muss mE für Gebühren für **verbindl Auskünfte**

gelten (s aber EStH 12.4; **aA** auch *BH/Thürmer* § 12 Rz 205). Für Beratungskosten bei Erstellung **strafbefreiender Erklärungen** hat der BFH dies verneint (s BFH VIII R 29/10 BStBl II 13, 344). Zum Abzug einer KSt-Haftungsschuld als WK des Ges'tergeschäftsführers s FG Mster EFG 00, 481, rkr (verneint, soweit Haftung die KSt der eigenen Kapitaleinkünfte betr). Zur „internen Steuer" des **Europäischen Patentamts** s FG Mchn EFG 15, 131 rkr.

39 **2. Erbschaftsteuer; Schenkungsteuer.** Sie ist Personensteuer iSd § 12 Nr 3 und fällt unter das Abzugsverbot (BFH X R 63/08 BStBl II 11, 680 mwN; s aber ab 2009 § 35b; krit *Keß* FR 11, 575). Eine sich daraus ergebende Doppelbelastung einschließl der damit verbundenen Härten hat der Gesetzgeber in Kauf genommen (BFH II R 23/09 BStBl II 10, 641 – VerfBeschw nicht angenommen, s BVerfG 1 BvR 1432/10 HFR 15, 695).

Ebenfalls nicht als BA/WK abziehbar: Zinsen für ein **Darlehen** zur Begleichung der Steuer (vgl BFH IV R 122/90 BStBl II 92, 342; FG Nds EFG 03, 297, rkr); SchenkungSt nach Wegfall des **Verschonungsabschlags** (FG Mchn BeckRS 2019, 9660); Vorkosten zum **§ 10e VI** (BFH X R 42/97 BFH/NV 01, 307); bei einem teilentgeltl Erwerb kann angefallene SchenkungSt nicht als **AfA** steuermindernd berücksichtigt werden (FG Mster EFG 94, 1037, rkr). – Zu **ErbSt-Zahlungen nach § 23 ErbStG** (§ 35 EStG aF) s *Schmidt* 33. Aufl § 12 Rz 47 und § 35b Rz 2 aE.

40 **3. Umsatzsteuer.** Seit 1.4.99 behandeln § 3 Ib Nr 1, IXa UStG unentgeltl Wertabgaben als Umsätze (früher: Eigenverbrauchstatbestände); die darauf entfallende USt darf estl nicht abgezogen werden, denn es handelt sich um „USt für Umsätze, die Entnahmen sind" iSv § 12 Nr 3. Dieser Entnahmebegriff ist estl zu verstehen; er umfasst also Gegenstands- und Nutzungsentnahmen (*Lohse/Zeiler* StB 00, 203). Zur Behandlung der USt bei der **privaten Kfz-Nutzung** iZm der 1 %-Regelung s § 6 Rz 544. – Ferner dürfen **VorSt** auf privat veranlasste Aufwendungen (§ 12 Nr 1) und auf die genannten unter das Abzugsverbot des § 4 V fallenden Aufwendungen (s auch das ustrechtl Abzugsverbot des § 15 Ia Nr 1 UStG) nicht abgezogen werden (vgl EStR 4.10 V 8). Dieser Aufwand wird als privater Endverbrauch somit weder bei der USt noch bei der ESt entlastet.

Durch StÄndG 2003 (BGBl I 03, 2645) wurde der **VorStAbzug aus Reise- und Fahrtkosten der ArbN** wieder zugelassen, soweit der Unternehmer Leistungsempfänger ist. – Der in **Verpflegungsmehraufwendungen** enthaltene UStBetrag ist als VorSt abziehbar, soweit der Verpflegungsmehraufwand in den Grenzen des § 4 V 1 Nr 5 liegt; die darin enthaltene USt kann als BA/WK abgezogen werden (*Birkenfeld/Wäger* USt-Handbuch, § 16 Rz 56); die Verpflegungspauschbeträge sind also ungekürzt als BA/WK abziehbar.

41 **4. Steuerliche Nebenleistungen, § 3 III AO.** Sie teilen das Schicksal der Steuer, zu der sie gehören. Daher können Säumniszuschläge (§ 240 AO), Verspätungszuschläge (§ 152 AO), Zwangsgelder (§ 329 AO) und Kosten (§§ 337 ff AO) zur ESt und den sonstigen zu § 12 Nr 3 genannten Steuern nicht als WK oder BA abgezogen werden. Ab VZ 1999 gilt dies auch für Steuer-, Stundungs- und AdV-**Zinsen** (§§ 4, 233a, 234, 237 AO; EStH 12.4; s auch Rz 38). Zum **Strafzuschlag nach § 398a AO** s *Roth* DStR 11, 1410.

V. Geldstrafen; Auflagen; Weisungen, § 12 Nr 4

42 **1. Bedeutung.** Geldstrafen wegen einer Straftat sind grds der persönl Sphäre des StPfl zuzurechnen und daher (anders als Geldbußen etc, s § 4 V 1 Nr 8) bereits ihrem Anlass nach nicht als BA/WK abziehbar (ausführl BFH IV R 260/84 BStBl II 86, 518; BFH VIII R 93/85 BStBl II 86, 845, zu Auflagen gem § 153a I Nr 2 StPO). Auch Nr 4 hat somit weitgehend nur klarstellende Bedeutung. – Zur gesamten Problematik s *Lang* StuW 85, 11; vgl auch § 4 Rz 604 ff und § 19 Rz 100 „Geldbuße; Geldstrafe; Geldauflage".

43 **2. Geldstrafen, Auflagen, Weisungen.** Anders als in § 4 V 1 Nr 8 ist nicht bestimmt, dass die Geldstrafe (sonstige Nebenfolge) von einem inl Gericht verhängt worden sein muss; daher sind auch die von einem ausl Gericht verhängten Geldstrafen nicht abziehbar. Das Abzugsverbot gilt aber insoweit nicht, als die ausl Geldstrafe wesentl Grundsätze der dt Rechtsordnung verletzt (BFH VIII R 89/86 BStBl II 92, 85) oder aber mit der ausl Geldstrafe nach dt Recht ein persönl Unwerturteil nicht verbunden ist (str, s *HHR* § 12 Rz 150; **aA** *BH/Thürmer* § 12 Rz 220). – Zu den **sonstigen Rechtsfolgen vermögensrechtl Art** mit *Strafcharakter* s EStH 12.3 (s auch *Seer/Krumm* StuW 06, 346). – **Geldauflagen** iSd § 153a I Nr 2 StPO unterliegen ebenfalls dem Abzugsverbot (BFH VI R 47/06 BStBl II 09, 151). Dagegen hat die Auflage an den in einem Steuerstrafverfahren Verurteilten, die hinterzogene Betriebssteuer zu zahlen, *Wiedergutmachungscharakter* (die Betriebssteuer bleibt als BA abzugsfähig, s *Bordewin* FR 84, 411). Das Gleiche gilt für Geldauflagen nach § 56b II 1 Nr 1 StGB (BFH VI R 37/06 BStBl II 10, 111; *Bergkemper* FR 09, 820). Zu § 73 StGB s BFH X R 23/12 BStBl II 14, 684 (§ 4 V 1 Nr 10). – Zur **Übernahme durch ArbG** s § 19 Rz 100 „Geldbuße"; **Zahlung durch die Ges** s BFH VIII R 21/11 BFH/NV 15, 191.

3. Zusammenhängende Aufwendungen. Mit dem „JStG 2019" (BGBl I 19, 2451) ist das Abzugsverbot auf solche Aufwendungen erweitert worden, die mit der festgesetzten Geldstrafe etc zusammenhängen (zur zeitl Anwendung s Rz 3). Ziel der Änderung ist die Anpassung an § 4 V 1 Nr 8 und Nr 10 (s BT-Drs 19/13436 S 91, 96). Dementsprechend fallen nach den Gesetzesmaterialien jedenfalls **Zinsen** zur Finanzierung der verhängten Sanktion unter das Abzugsverbot. Fragl mag auf den ersten Blick erscheinen, ob künftig auch für die **Kosten des Strafverfahrens** (Gerichts- und Anwaltskosten für Beratung/Verteidigung) gilt, die bislang nach hA nicht unter § 12 Nr 4 fielen (s BFH VI R 75/10 BFH/NV 11, 2040 mwN). ME ist das nicht der Fall. Nach der gesetzl Formulierung („festgesetzte Geldstrafen ... sowie *damit* zusammenhängende Aufwendungen") knüpft das Abzugsverbot an die Geldstrafe als verhängte Sanktion an, also an das Ergebnis des Strafverfahrens, nicht an das Verfahren selbst (str, glA *BeckOK EStG* § 12 Rz 228; **aA** *BH/Thürmer* § 12 Rz 214). 44

8. Die einzelnen Einkunftsarten

a) Land- und Forstwirtschaft (§ 2 Absatz 1 Satz 1 Nummer 1)

§ 13 Einkünfte aus Land- und Forstwirtschaft

(1) **Einkünfte aus Land- und Forstwirtschaft sind**
1. **Einkünfte aus dem Betrieb von Landwirtschaft, Forstwirtschaft, Weinbau, Gartenbau und aus allen Betrieben, die Pflanzen und Pflanzenteile mit Hilfe der Naturkräfte gewinnen.** ²**Zu diesen Einkünften gehören auch die Einkünfte aus der Tierzucht und Tierhaltung, wenn im Wirtschaftsjahr**

für die ersten 20 Hektar	nicht mehr als 10 Vieheinheiten,
für die nächsten 10 Hektar	nicht mehr als 7 Vieheinheiten,
für die nächsten 20 Hektar	nicht mehr als 6 Vieheinheiten,
für die nächsten 50 Hektar	nicht mehr als 3 Vieheinheiten
und für die weitere Fläche	nicht mehr als 1,5 Vieheinheiten

je Hektar der vom Inhaber des Betriebs regelmäßig landwirtschaftlich genutzten Fläche erzeugt oder gehalten werden. ³**Die Tierbestände sind nach dem Futterbedarf in Vieheinheiten umzurechnen.** ⁴*§ 51 Absatz 2 bis 5 [ab VZ 2025: § 241 Absatz 2 bis 5] des Bewertungsgesetzes ist anzuwenden.* ⁵**Die Einkünfte aus Tierzucht und Tierhaltung einer Gesellschaft, bei der die Gesellschafter als Unternehmer (Mitunternehmer) anzusehen sind, gehören zu den Einkünften im Sinne des Satzes 1, wenn die Voraussetzungen des *§ 51a des Bewertungsgesetzes* [ab Wj 2025/26: § 13b] erfüllt sind und andere Ein-

§ 13 Einkünfte aus Land- und Forstwirtschaft

künfte der Gesellschafter aus dieser Gesellschaft zu den Einkünften aus Land- und Forstwirtschaft gehören;
2. Einkünfte aus sonstiger land- und forstwirtschaftlicher Nutzung *(§ 62 Bewertungsgesetz)* [ab VZ 2025: (§ 242 des Bewertungsgesetzes)];
3. Einkünfte aus Jagd, wenn diese mit dem Betrieb einer Landwirtschaft oder einer Forstwirtschaft im Zusammenhang steht;
4. Einkünfte von Hauberg-, Wald-, Forst- und Laubgenossenschaften und ähnlichen Realgemeinden im Sinne des § 3 Absatz 2 des Körperschaftsteuergesetzes.

(2) Zu den Einkünften im Sinne des Absatzes 1 gehören auch
1. ¹Einkünfte aus einem land- und forstwirtschaftlichen Nebenbetrieb. ²Als Nebenbetrieb gilt ein Betrieb, der dem land- und forstwirtschaftlichen Hauptbetrieb zu dienen bestimmt ist;
2. der Nutzungswert der Wohnung des Steuerpflichtigen, wenn die Wohnung die bei Betrieben gleicher Art übliche Größe nicht überschreitet und das Gebäude oder der Gebäudeteil nach den jeweiligen landesrechtlichen Vorschriften ein Baudenkmal ist;
3. die Produktionsaufgaberente nach dem Gesetz zur Förderung der Einstellung der landwirtschaftlichen Erwerbstätigkeit.

(3) ¹Die Einkünfte aus Land- und Forstwirtschaft werden bei der Ermittlung des Gesamtbetrags der Einkünfte nur berücksichtigt, soweit sie den Betrag von 900 Euro übersteigen. ²Satz 1 ist nur anzuwenden, wenn die Summe der Einkünfte 30 700 Euro nicht übersteigt. ³Im Fall der Zusammenveranlagung von Ehegatten verdoppeln sich die Beträge der Sätze 1 und 2.

(4) ¹Absatz 2 Nummer 2 findet nur Anwendung, sofern im Veranlagungszeitraum 1986 bei einem Steuerpflichtigen für die von ihm zu eigenen Wohnzwecken oder zu Wohnzwecken des Altenteilers genutzte Wohnung die Voraussetzungen für die Anwendung des § 13 Absatz 2 Nummer 2 des Einkommensteuergesetzes in der Fassung der Bekanntmachung vom 16. April 1997 (BGBl. I S. 821) vorlagen. ²Der Steuerpflichtige kann für einen Veranlagungszeitraum nach dem Veranlagungszeitraum 1998 unwiderruflich beantragen, dass Absatz 2 Nummer 2 ab diesem Veranlagungszeitraum nicht mehr angewendet wird. ³§ 52 Absatz 21 Satz 4 und 6 des Einkommensteuergesetzes in der Fassung der Bekanntmachung vom 16. April 1997 (BGBl. I S. 821) ist entsprechend anzuwenden. ⁴Im Fall des Satzes 2 gelten die Wohnung des Steuerpflichtigen und die Altenteilerwohnung sowie der dazugehörende Grund und Boden zu dem Zeitpunkt als entnommen, bis zu dem Absatz 2 Nummer 2 letztmals angewendet wird. ⁵Der Entnahmegewinn bleibt außer Ansatz. ⁶Werden
1. die Wohnung und der dazugehörende Grund und Boden entnommen oder veräußert, bevor sie nach Satz 4 als entnommen gelten, oder
2. eine vor dem 1. Januar 1987 einem Dritten entgeltlich zur Nutzung überlassene Wohnung und der dazugehörende Grund und Boden für eigene Wohnzwecke oder für Wohnzwecke eines Altenteilers entnommen,

bleibt der Entnahme- oder Veräußerungsgewinn ebenfalls außer Ansatz; Nummer 2 ist nur anzuwenden, soweit nicht Wohnungen vorhanden sind, die Wohnzwecken des Eigentümers des Betriebs oder Wohnzwecken eines Altenteilers dienen und die unter Satz 4 oder unter Nummer 1 fallen.

(5) Wird Grund und Boden dadurch entnommen, dass auf diesem Grund und Boden die Wohnung des Steuerpflichtigen oder eine Altenteilerwohnung errichtet wird, bleibt der Entnahmegewinn außer Ansatz; der Steuerpflichtige kann die Regelung nur für eine zu eigenen Wohnzwecken genutzte Wohnung und für eine Altenteilerwohnung in Anspruch nehmen.

Übersicht **§ 13**

(6) ¹Werden einzelne Wirtschaftsgüter eines land- und forstwirtschaftlichen Betriebs auf einen der gemeinschaftlichen Tierhaltung dienenden Betrieb im Sinne des § 34 Absatz 6a des Bewertungsgesetzes einer Genossenschaft oder eines Vereins gegen Gewährung von Mitgliedsrechten übertragen, so ist die auf den dabei entstehenden Gewinn entfallende Einkommensteuer auf Antrag in jährlichen Teilbeträgen zu entrichten. ²Der einzelne Teilbetrag muss mindestens ein Fünftel dieser Steuer betragen.

(7) § 15 Absatz 1 Satz 1 Nummer 2, Absatz 1a, Absatz 2 Satz 2 und 3, §§ 15a und 15b sind entsprechend anzuwenden.

Einkommensteuer-Durchführungsverordnung:

§ 51 EStDV Pauschale Ermittlung der Gewinne aus Holznutzungen

(1) **Steuerpflichtige, die für ihren Betrieb nicht zur Buchführung verpflichtet sind, den Gewinn nicht nach § 4 Absatz 1 des Einkommensteuergesetzes ermitteln und deren forstwirtschaftlich genutzte Fläche 50 Hektar nicht übersteigt, können auf Antrag für ein Wirtschaftsjahr bei der Ermittlung der Gewinne aus Holznutzungen pauschale Betriebsausgaben abziehen.**

(2) **Die pauschalen Betriebsausgaben betragen 55 Prozent der Einnahmen aus der Verwertung des eingeschlagenen Holzes.**

(3) **Soweit Holz auf dem Stamm verkauft wird, betragen die pauschalen Betriebsausgaben 20 Prozent der Einnahmen aus der Verwertung des stehenden Holzes.**

(4) **Mit den pauschalen Betriebsausgaben nach den Absätzen 2 und 3 sind sämtliche Betriebsausgaben mit Ausnahme der Wiederaufforstungskosten und der Minderung des Buchwerts für ein Wirtschaftsgut Baumbestand abgegolten.**

(5) **Diese Regelung gilt nicht für die Ermittlung des Gewinns aus Waldverkäufen sowie für die übrigen Einnahmen und die damit in unmittelbarem Zusammenhang stehenden Betriebsausgaben.**

Einkommensteuer-Richtlinien: EStR 13.1–13.6/EStH 13.1–13.5 − *Verwaltungsanweisungen: BMWF* BStBl I 72, 102 *(Einführung der Bodengewinnbesteuerung); BMF* BStBl I 81, 878 *(Buchführung in luf Betrieben); BMF* BStBl I 01, 864 *(Bewertung von Tierbeständen); BMF* BStBl I 02, 262 *(eiserne Verpachtung); BMF* BStBl I 08, 682 mit Änderungen in *BMF* BStBl I 08, 939 und *BMF* BStBl I 17, 33 *(Zahlungsansprüche nach der GAP-Reform); GLE* BStBl I 11, 1213 *(Abgrenzung zum GewBetr); BMF* BStBl I 12, 595 *(Forstwirtschaft); BMF* BStBl I 14, 1094 mit Änderungen in *BMF* BStBl I 18, 1037 und *BMF* BStBl I 21, 2451 *(Baumschulen); BMF* BStBl I 14, 1503 *(Milchlieferrechte); BMF* BStBl I 17, 1431 *(Abgrenzung zum GewBetr bei Weinbau); BMF* BStBl I 18, 689 *(forstwirtschaftl Flächen als BV); BMF* BStBl I 21, 1044 *(FSchAusglG).*

Übersicht

	Rz
I. Begriff des LuF-Betriebs; Umfang der Einkünfte, § 13 I, II	
1. Überblick	1–3
2. Landwirtschaft im engeren Sinne, § 13 I Nr 1 S 1 Alt 1	6–9
3. Forstwirtschaft, § 13 I Nr 1 S 1 Alt 2	11–21
4. Weinbau	24–26
5. Gartenbau	27–29
6. Tierzucht und Tierhaltung, § 13 I Nr 1 S 2–5	31–49
7. Einkünfte aus sonstiger land- und forstwirtschaftlicher Nutzung, § 13 I Nr 2	50–54
8. Einkünfte aus Jagd, § 13 I Nr 3	55–57

	Rz
9. Realgemeinden, § 13 I Nr 4	58
10. Abgrenzung zu Gewerbebetrieb, insbesondere Nebenbetriebe, § 13 II Nr 1	61–77
11. Nutzungswert der Wohnung in einem Baudenkmal in Altfällen, § 13 II Nr 2, IV	81
12. Produktionsaufgaberente nach FELEG, § 13 II Nr 3	84
13. Besonderheiten der Einkunftserzielungsabsicht bei Land- und Forstwirtschaft	91–99

II. Ergänzende Regelungen, § 13 III–VII

1. Freibetrag, § 13 III	101
2. Steuerfreie Entnahme selbstgenutzter Wohnungen in Altfällen, § 13 IV	102
3. Steuerfreie Entnahme bei Wohnbebauung, § 13 V	103, 106
4. Ratenzahlung der Einkommensteuer bei Übertragung von Wirtschaftsgütern auf Gemeinschaftsbetrieb, § 13 VI	108
5. Verweisung auf § 15 (§ 13 VII)	109

III. Besonderheiten der Zurechnung bei Einkünften aus Land- und Forstwirtschaft

1. Allgemeines zur Zurechnung	111
2. Pacht	112, 113
3. Verpachtung mit eisernem Inventar	114–120
4. Betriebsverpachtung im Ganzen	123–136
5. Wirtschaftsüberlassungsverträge	141–145
6. Nießbrauch	151–156
7. Nutzungsberechtigung nach § 14 HöfeO	158
8. Besonderheiten bei Mitunternehmerschaften der Land- und Forstwirtschaft	161–176
9. Hofübergabe gegen Versorgungsleistungen (Altenteil)	181–186

IV. Besonderheiten der Gewinnermittlung bei Land- und Forstwirtschaft

1. Gewinnermittlungsarten	191–206
2. Gewinnermittlungszeitraum	208
3. Grund und Boden in der Gewinnermittlung	212–235
4. Bewertung des Aufwuchses	238–240
5. Gewillkürtes Betriebsvermögen	243–245
6. Entschädigungen; Zuschüsse; Milchmarktordnung; Zuckermarktordnung; GAP-Prämien	251–263

I. Begriff des LuF-Betriebs; Umfang der Einkünfte, § 13 I, II

1 **1. Überblick. – a) Bedeutung.** § 13 (ergänzt durch §§ 14, 24) regelt abschließend den Umfang der Einkünfte aus LuF und grenzt diese zu anderen Einkunftsarten ab. Von wesentl Bedeutung ist die Abgrenzung zu den Einkünften aus Gew-Betr, vor allem wegen der Besonderheiten der Gewinnermittlung (§ 13a gilt nur für LuF) und der fehlenden GewStPfl (diese Differenzierung ist verfgem, s BVerfG 1 BvL 2/04 BVerfGE 120, 1 unter C.I.2.b bb). – **Persönl Anwendungsbereich.** § 13 gilt für natürl Personen und PersGes, über § 8 I KStG auch für Körperschaften (soweit diese nicht gem § 8 II KStG ausschließl gewerbl Einkünfte haben).

2 **b) Norminhalt.** § 13 I, II legen den Rahmen der Einkünfte aus LuF fest (s Rz 6–84). Abs 3 enthält einen Freibetrag für Einkünfte aus kleinen und mittelgroßen luf Betrieben (Rz 101), Abs 4, 5 stellen bestimmte Entnahmegewinne iZm der Selbstnutzung von Gebäuden stfrei (Rz 102–106), Abs 6 enthält eine Stundungsregelung für die ESt aus bestimmten Übertragungsvorgängen bei gemeinschaftl Tierhaltung (Rz 108) und Abs 7 ordnet an, dass wesentl Teile der für gewerbl Einkünfte geltenden Normen auch iRd § 13 anzuwenden sind (s Rz 109). § 13a ermöglicht kleineren Betrieben eine vorteilhafte Gewinnermittlung nach Durchschnittssätzen, § 13b regelt die gemeinschaftl Tierhaltung über PersGes/Körperschaften (anwendbar ab Wj 2025/26; davor § 51a BewG), § 14 bezieht Veräußerungs- und Aufgabegewinne in die Einkünfte ein. – **Sonderregelungen für luf Einkünfte außerhalb der §§ 13–14.** Vgl § 4a (Wj, zeitl Zuordnung des Gewinns; s Rz 208), § 32c (Tarifglättung), § 34b (StErmäßigung bei außerordentl Einkünften aus Forstwirtschaft), § 40 III (günstiger LStPauschsatz für luf Aushilfskräfte), § 55 (Ausgangswert für den am 30.6.70 vorhandenen GuB; kein Verlustansatz aus den pauschalen GuB-Werten), § 149 II 2 AO (verlängerte StErklärungsfrist) und § 233a II 2 AO (verlängerte Karenzfrist für die Vollverzinsung).

c) Ausland. Eine **im Inl betriebene LuF** führt bei Personen, die im Inl weder 3 einen Wohnsitz noch ihren gewöhnl Aufenthalt haben, zur beschr StPfl (§ 49 I Nr 1). – Für eine **im Ausl betriebene LuF** gilt DBA-rechtl nicht der Betriebsstättenartikel, sondern der Artikel über unbewegl Vermögen, was Einfluss auf die anzuwendende Methode (Freistellung oder StAnrechnung) haben kann (BFH I R 26/11 BStBl II 12, 457: nach dem DBA Spanien ledigl Anrechnung der ausl ESt). Sofern ein DBA die Freistellungsmethode anwendet (zB DBA Niederlande), ist zu berücksichtigen, dass die ausl LuF (auch ein einzelnes luf Grundstück im grenznahen Ausl, sog „Traktatländerei") den Betriebsstättenbegriff des dt EStRechts erfüllt, sodass Einkünfte aus anderen EU/EWR-Staaten gem § 32b I 2 Nr 1 nicht dem Progressionsvorbehalt unterliegen (BFH I R 68/12 BStBl II 14, 875; ausführl *Riegler/Riegler* IStR 15, 185). Negative Einkünfte aus einer in einem Nicht-EU/EWR-Staat belegenen LuF sind grds nicht ausgleichsfähig (§ 2a I 1 Nr 1). Zur Besteuerung dt-niederländischer Betriebe s *Hutmacher* INF 07, 460.

2. Landwirtschaft im engeren Sinne, § 13 I Nr 1 S 1 Alt 1. – a) Begriff. 6 Den in § 13 I Nr 1 umschriebenen Einkünften (Landwirtschaft iwS) ist die **planmäßige Nutzung der natürl Kräfte des Bodens** zur Erzeugung und Verwertung lebender Pflanzen und Tieren gemeinsam (BFH IV R 191/74 BStBl II 79, 246 unter 2.a; EStR 15.5 I 1; **ab 2025** wird diese Definition in § 232 I 1 BewG festgeschrieben). Die Verwertung kann durch Verbrauch im Betrieb selbst (zB Verfütterung selbst erzeugten Tierfutters) oder durch Verkauf geschehen (unbearbeitet oder nach einer ersten Bearbeitungsstufe). Die in § 13 I, II enthaltenen Begriffsbestimmungen dienen vor allem der Abgrenzung zu § 15. – Erfasst ist nicht nur die klassische Feldwirtschaft, sondern auch die Pflanzenproduktion mit Hilfe von Substraten oder Wasser (EStR 15.5 I 2; zB Keimlingsproduktion, Pilzzucht). Weitere Beispiele: Erzeugung von Humus oder Kompost aus pflanzl Abfällen des Betriebs, Erzeugung nachwachsender Rohstoffe für die Verwendung in einer Biogasanlage zum Eigenverbrauch (zu erneuerbaren Energien ausführl Rz 69). Der Obst- und Gemüsebau fällt unter den Begriff des „Gartenbaus" (s Rz 27). – **Reiner Pachtbetrieb.** Er fällt ebenfalls unter § 13, da es auf das Eigentum an den genutzten Flächen nicht ankommt.

b) Kleinbetriebe. – Mindesterfordernisse. Ein luf Betrieb setzt weder einen 7 vollen landwirtschaftl Besatz (Betriebsgebäude, Inventar) voraus (BFH IV R 41/91 BStBl II 93, 430) noch eine eigene Hofstelle (BFH IV R 52/02 BFH/NV 05, 674 unter I.1.: Verkauf von auf Kanalwiesen stehendem „Gras auf dem Halm" zur Aberntung durch andere Landwirte). Auch die Bewirtschaftung von **Stückländereien** (Begriff: § 34 VII BewG) fällt daher unter § 13, sofern die allg steuerl Voraussetzungen für die Erzielung von Gewinneinkünften (insb Beteiligung am allg wirtschaftl Verkehr, Gewinnerzielungsabsicht; s Rz 109) gegeben sind. – **Typisierungen.** *FinVerw* und Rspr gehen vom Vorliegen eines Betriebs aus, wenn die **selbstbewirtschaftete Fläche größer als 3000 qm** ist, weil der erzielbare Gewinn dann den eines Gartenbesitzers übersteigt (BFH IV R 117/91 BFH/NV 94, 533 unter 3.; BFH IV R 48/08 BStBl II 11, 792; vgl auch die Nachweise in BFH IV R 41/91 BStBl II 93, 430 unter 2.a). Wird der Flächeneigentümer aber nicht luf tätig, führt allein die bewertungsrechtl Behandlung als Stückländerei nicht zur Annahme eines Betriebs im estl Sinne (BFH IV R 16/10 BFH/NV 14, 324 Rz 25). Umgekehrt liegt bei einer Fläche unter 3000 qm (abgesehen von Intensivnutzungen) idR kein luf Betrieb vor (BFH VI R 73/15 BFH/NV 18, 1249 Rz 37). – Zur Behandlung kleiner **Forstflächen** s Rz 13; zur **allmähl Verkleinerung des Betriebs** s § 14 II und § 14 Rz 36.

9 **c) Mehrere Betriebe eines Steuerpflichtigen.** Der StPfl kann Inhaber mehrerer luf Betriebe sein. Dies kann im Vergleich zu einem einzigen (Groß-)Betrieb vorteilhaft sein (Unterschreitung der Buchführungsgrenze des § 141 AO, der Durchschnittssatzgrenze nach § 13a, der Gewinngrenze nach § 7g; bessere Ausnutzung der degressiv gestalteten Vieheinheitengrenze nach § 13 I Nr 1 S 2), sodass die Abgrenzung zw einem einheitl und mehreren getrennten Betrieben hier von größerer Bedeutung ist als bei § 15. – **Voraussetzungen für die Annahme mehrerer getrennter Betriebe.** Es muss sich jeweils um die organisatorische Zusammenfassung personeller, sachl und anderer Arbeitsmittel zu einer selbständigen Einheit handeln, sofern nicht ledigl Teilbetriebe vorliegen. Bei der Bewirtschaftung nach einem einheitl Konzept scheidet dies idR aus (BFH IV R 136/85 BStBl II 89, 7). Hinsichtl der räuml Entfernung geht die Rspr von einer Höchstgrenze von 100 km aus, bei deren Überschreiten idR kein einheitl Betrieb mehr angenommen werden kann (BFH VI R 86/14 BStBl II 17, 981 Rz 19 f). – **Teilung eines bisher einheitl Betriebs.** Die steuerl Anerkennung setzt neben der Aufteilung der WG insb eine organisatorische Trennung voraus (Zuordnung der Arbeitskräfte, getrennte Buchführung, getrennter Einkauf, Verrechnung der Maschinenverwendung, keine einheitl Fütterungsanlagen, Regelungen zur Gülleentsorgung, keine gemeinschaftl Tierhaltung). Bleiben beide Betriebe in der Hand desselben StPfl, führt die Betriebsteilung nicht zur Aufdeckung der stillen Reserven (§ 6 V 1). Bei der (unentgeltl) Übertragung eines Betriebsteils auf einen *Dritten* gilt dies nur, wenn die organisatorische Verselbständigung bereits zuvor die Stufe des Teilbetriebs erreicht hatte (§ 6 III).

11 **3. Forstwirtschaft, § 13 I Nr 1 S 1 Alt 2.** S auch *Koss* DStZ 15, 326. – **a) Begriff.** Erfasst ist die planmäßige Nutzung der natürl Kräfte des Waldbodens zur Gewinnung von Nutzhölzern und ihre Verwertung im Wege der Holzernte (BFH IV R 30/87 BStBl II 89, 718). Der Begriff des „Waldes" iSd BundeswaldG, das ua die besonderen Sozialbindung von Wäldern (Art 14 GG) konkretisiert, ist wegen der unterschiedl Zweckrichtung nicht mit dem steuerl Begriff des Forstbetriebs deckungsgleich. – **Nachhaltsbetriebe** ermöglichen aufgrund der Struktur der vorhandenen Baumbestände (Art, Altersklasse) eine planmäßige jährl Nutzung. – **Aussetzende Betriebe** enthalten im Gegensatz dazu nur Bestände aus einer einzigen Altersklasse (zB Bauernwaldungen). Sie setzen weder eine nachhaltige Bestandspflege voraus noch ermöglichen sie die Vornahme lfd Holzeinschläge (BFH IV R 27/98 BStBl II 00, 524 unter 1.c).

12 **b) Allgemeine Merkmale jeder betrieblichen Betätigung.** Diese Voraussetzungen (Selbständigkeit, Nachhaltigkeit, Gewinnerzielungsabsicht, Beteiligung am allg wirtschaftl Verkehr; s Rz 109) müssen auch bei Forstbetrieben erfüllt sein. Zu Besonderheiten der **Gewinnerzielungsabsicht** bei Forstbetrieben s Rz 91 ff; zur **Teilbetriebseigenschaft** s § 14 Rz 8; zu Besonderheiten bei der **Betriebsaufgabe** s § 14 Rz 12.

13 **c) Kleine Privatwälder ohne Zusammenhang mit einem vorhandenen land- und forstwirtschaftlichen Betrieb.** Hier ist die Gewinnerzielungsabsicht (ebenso wie die Nachhaltigkeit und die Beteiligung am allg wirtschaftl Verkehr) mangels lfd Bewirtschaftung und regelmäßiger Einnahmen ohne Weiteres feststellbar. Wegen der Besonderheiten der Forstwirtschaft genügt es, wenn die Voraussetzungen nicht in jedem Jahr erfüllt sind, sondern nur **innerhalb der Gesamtumtriebszeit des Baumbestands** (BFH IV R 30/87 BStBl II 89, 718; BFH IV R 45/13 BFH/NV 17, 459 Rz 27). Vor allem eine planmäßige Aufforstung – auch durch frühere Generationen – lässt auf einen Forst„betrieb" schließen. Dasselbe gilt ab einer gewissen Größe aber auch für Wald, der durch Samenanflug oder Stockausschlag entstanden ist. Denn auch der Eigentümer, der keine lfd Einnahmen durch Holzverkäufe erzielt, nimmt am jährl Wertzuwachs des Holzes teil (BFH IV R 30/87 BStBl II 89, 718: 2,5 ha mit 120-jährigen, planmäßig aufgeforsteten Eichen und 0,3 ha mit durch Samenanflug entstandenen Buchen; BFH IV R 27/98 BStBl II 00, 524: 2 ha planmäßig aufgeforstete und 8 ha durch Samenanflug entstandene Kiefern; BFH IV R 28/98 BFH/NV 00, 1455: 0,7 ha aufgeforstet, 1,3 ha durch Samenanflug entstanden; anders jedoch BFH IV R 149/83 BStBl II 85, 549 unter B. II.: nicht bei einer zuvor zum PV gehörenden Fläche von 0,7 ha, auf der Fichten gepflanzt werden, um Unkrautflug zu vermeiden). Dies gilt mE auch dann, wenn der Wald während der gesamten Besitzdauer der StPfl nicht bewirtschaftet wird (BFH IV R 52/72 BStBl II 76, 482: 10 ha; BFH VI R 86/14 BStBl II 17, 981 Rz 17: 7,4 ha; aA *Forchhammer* DStR 15, 977). Auch kommt es nicht darauf an, wie hoch der Gewinn bei Umrechnung auf die Jahre der Besitzdauer wäre (BFH VI R 86/14 BStBl II 17, 981 Rz 23). – Die *FinVerw* behandelt Waldflächen, die sich in nicht zu großer räuml Entfernung zu einem vorhandenen landwirtschaftl Betrieb des StPfl befinden, unabhängig von ihrer Größe stets als BV. „Isolierte" Waldflächen sollen dann einen eigenständigen Forstbetrieb darstellen, wenn darauf ein selbständiges WG „Baumbestand" iSd Rz 14 vorhanden ist, was eine Mindestgröße von 1 ha voraussetzt (ausführl *BMF* BStBl I 18, 689 unter II.).

d) Besonderheiten der Gewinnermittlung bei Forstbetrieben. – **aa) Aktivierung.** – **(1) „Bestand" als maßgebliches Wirtschaftsgut.** Es ist weder auf den einzelnen Baum noch die gesamte betriebl Waldfläche abzustellen, sondern auf jeden (nach Holzart, Altersklasse, räuml Lage) abgrenzbaren Teil des stehenden Holzes (Bestand bzw Bestockung). Dabei kann an die kleinste im Betriebswerk ausgewiesene Einheit angeknüpft werden, sofern diese idR eine Größe von mindestens 1 ha aufweist (BFH IV R 67/05 BStBl II 08, 960 unter II.1.c; BFH IV R 35/11 BStBl II 15, 763 Rz 18; ausführl *zu Ortenburg/zu Ortenburg* DStZ 05, 782; *Wittwer* FR 08, 617; krit zu einigen praktischen Konsequenzen dieser Rspr *zu Ortenburg/zu Ortenburg* NWB 09, 3344; krit zur Grenze von 1 ha *zu Ortenburg/ zu Ortenburg* NWB 15, 1993). Dieses WG gehört zum nichtabnutzbaren AV (BFH IV R 50/07 BStBl II 08, 968). – **(2) Anschaffung oder erstmalige Aufforstung eines Waldes.** Diese Aufwendungen sind bei Gewinnermittlung nach § 4 I grds als AK des WG „Bestand" zu aktivieren. Kosten der **Urbarmachung des Bodens** gehören hingegen zu den AK des GuB, während Kosten der Bodenverbesserung (s Rz 234) sofort abzugsfähig sind. Schutzzäune stellen ein eigenständiges bewegl abnutzbares WG (ggf § 6 II) dar (zum Ganzen BFH IV 268/59 S BStBl III 63, 357 unter III.2.). – **(3) Jährlicher Wertzuwachs.** Er muss nicht aktiviert werden, da sich die Bestandsaufnahme nicht auf das stehende Holz erstrecken braucht (§ 141 I 4 AO). Dasselbe Ergebnis folgt auch aus § 6 I Nr 2 (Verbot des Ansatzes eines höheren TW), da trotz des Holzzuwachses weiterhin dasselbe WG („Bestockung") bewertet wird (BFH IV R 50/07 BStBl II 08, 968 unter II.3.c). – **(4) Besondere Aufzeichnungspflichten für Forstbetriebe.** S *BMF* BStBl I 81, 878 Tz 3.4.

bb) Einschlag; Buchwertminderungen. – **(1) Endnutzung.** Bei einem Kahlschlag von Teilflächen ist auch der Buchwert des jeweiligen WG „Bestand" (Rz 14) anteilig zu mindern (BFH IV R 68/93 BStBl II 95, 779; *BMF* BStBl I 12, 595 unter B.I.1.: zusammenfassende Betrachtung aller Einschläge innerhalb von 5 Wj). Der Holzeinschlag zur Anlegung befestigter Wirtschaftswege oder Lagerplätze (nicht jedoch bei unbefestigten Rückewegen) führt ebenfalls zur Buchwertabspaltung (BFH IV R 35/11 BStBl II 15, 763 Rz 27 ff; s dazu auch *zu Ortenburg/ zu Ortenburg* NWB 15, 1993). Bei einer Endnutzung im Wege naturnaher Waldbewirtschaftung (allmähl Holzernte durch Schirm-, Saum- oder Femelschlag unter gleichzeitiger Verjüngung) gilt dies hingegen nur, wenn es zu einer Minderung der Substanz und des Wertes des jeweiligen Bestands kommt. Die Buchwertminderung entspricht dann der Differenz zw dem Buchwert des bisherigen Bestands und dem TW des verbleibenden Bestands (BFH IV R 35/11 BStBl II 15, 763 Rz 24: Überschreiten einer Wesentlichkeitsschwelle nicht erforderl; evtl einschr *BMF* BStBl I 12, 595 unter B. II.2.: „weitgehende Minderung der Substanz" erforderl). – **(2) Regelmäßige Durchforstungsmaßnahmen.** Sie rechtfertigen keine Buchwertminderung, weil nicht der einzelne Baum, sondern der abgrenzbare Bestand des stehenden Holzes das maßgebende WG ist, dieser aber durch die Durchforstung keine Wertminderung erleidet (BFH IV R 67/05 BStBl II 08, 960 unter II.1.c; BFH IV R 50/07 BStBl II 08, 968; ausführl *v Twickel* FR 08, 612). Dies gilt auch für die Nachholung zuvor mehrjährig unterbliebener Durchforstungen (BFH IV R 35/11 BStBl II 15, 763 Rz 26). Die Möglichkeit einer TW-AfA (§ 6 I Nr 2 S 2) steht buchführenden Forstwirten zwar offen, setzt aber eine voraussichtl dauernde Wertminderung voraus. Für eine jährl pauschale Waldwertminderung gibt es keine Rechtsgrundlage (s ausführl *Schmidt* 35. Aufl § 13 Rz 15). – **(3) Zeitpunkt der Gewinnrealisierung.** Holz geht mit seiner Trennung vom GuB ins UV über. Zu einer Gewinnrealisierung kann dies aber noch nicht führen, da das UV nach § 6 I Nr 2 ledigl mit den (anteiligen) historischen AK/HK (Ansatz der Buchwertminderung zzgl der Kosten der Ernte) zu bewerten ist (BFH IV R 35/11 BStBl II 15, 763 Rz 22; glA *HHR* § 34b Rz 18; *BH/Nacke* § 13 Rz 287; jetzt auch *HHR* § 13 Rz 63). Nach den allg Grundsätzen bewirkt erst die *Veräußerung* des Holzes die Gewinnrealisierung. In den Fällen des § 4a FSchAusglG kann von der Aktivierung des eingeschlagenen, aber noch unverkauften Kalamitätsholzes abgesehen werden (s Rz 21), sodass sich ein Buchverlust im Umfang der Buchwertminderung ergibt. Für **ao Holznutzungen** sieht § 34b ermäßigte StSätze vor (s dort). – **(4) Wiederaufforstungskosten.** Sie sind zu aktivieren, wenn die Endnutzung des alten Bestands zu einer Buchwertminderung geführt hat (*BMF* BStBl I 12, 595 unter B. I.4., II.3.: alle Aufwendungen der ersten 5 Wj seit Beginn der Wiederaufforstung; *v Twickel* FR 08, 612, 614). Ohne eine solche Buchwertminderung sind Wiederaufforstungskosten hingegen lfd Aufwand (*BMF* BStBl I 12, 595 unter B. II.3.; s auch BFH IV 268/59 S BStBl III 63, 355 unter III.2.). Wiederaufforstungskosten nach einer Kalamitätsnutzung, die als Kahlschlag anzusehen ist, können hingegen sofort abgezogen werden, wenn der StPfl auf die Buchwertminderung verzichtet (*BMF* BStBl I 12, 595 unter E.). Nachaufforstungskosten zur Wiederherstellung zerstörter Jungpflanzen (BFH IV 257/60 S BStBl III 63, 361) sowie Aufwendungen für Bestandsverjüngung und -pflege (*BMF* BStBl I 12, 595 unter B. I.5.) sind stets lfd BA. – **(5) Gewinnermittlung nach § 4 III.** Die AK, Erst- und Wiederaufforstungskosten für das nichtabnutzbare WG „Bestand" können nicht sofort als BA abgezogen werden (§ 4 III 4). Allerdings führt eine einschlagsbedingte Buchwertminderung wegen der fehlenden Möglichkeit zur Aktivierung des unverkauften Holzes im UV sofort zu BA (*BMF* BStBl I 12, 595 unter C.).

16 **cc) Verkauf eines Waldgrundstücks.** Für die Aufteilung des Kaufpreises auf die WG stehendes Holz (insoweit ggf Begünstigung nach § 34b) sowie GuB kann grds einer Vereinbarung im Kaufvertrag gefolgt werden (BFH IV R 332/84 BFH/NV 87, 763 mwN). Fehlt eine solche oder ist sie offensichtl durch die Erlangung von StVorteilen beeinflusst, ist der Kaufpreis nach dem Verhältnis der Verkehrswerte der beiden WG aufzuteilen (BFH IV R 84/70 BStBl II 72, 451; BFH IV B 160/01 BFH/NV 02, 1563; FG BaWü EFG 97, 1364, rkr; s auch § 6 Rz 118 ff). Dabei schlagen sich die standortbedingten Chancen und Risiken im Preis des GuB und der Wert des konkret vorhandenen Baumbestands im Kaufpreis für das stehende Holz nieder (*v Twickel* FR 08, 612). Der pauschale Bodenwert nach § 55 ist jedenfalls nicht maßgebl (FG Hess EFG 89, 99, rkr). – Sowohl der Gewinn aus GuB als auch aus stehendem Holz ist nach § 6b I 1 übertragungsfähig.

dd) Betriebsausgaben-Pauschsatz, § 51 EStDV. – **(1) Persönlicher An-** 18
wendungsbereich. StPfl, die weder zur Buchführung verpflichtet sind noch den Gewinn tatsächl nach § 4 I ermittelt, können bei der Ermittlung der Gewinne aus Holznutzungen pauschale BA abziehen, wenn die forstwirtschaftl genutzte Fläche 50 ha nicht übersteigt. Begünstigt sind nicht nur Forstbetriebe, sondern alle StPfl mit Holznutzungen (auch zB GewBetr). – **(2) Höhe der pauschalen Betriebsausgaben.** Abziehbar sind grds 55% der Einnahmen aus der Holzverwertung (§ 51 II EStDV); hierzu gehört auch der TW des entnommenen Holzes (BT-Drs 17/5125, 48). Wird das Holz auf dem Stamm verkauft, ermäßigt sich der Pauschsatz auf 20% (§ 51 III EStDV). In den Fällen des § 4 FSchAusglG gelten erhöhte Pauschsätze (s Rz 20). Wird der Wald als solcher (dh mit dem GuB) verkauft, gelten die Pauschsätze nicht (§ 51 V EStDV). In diesem Fall sind die BA nach den allg Regeln zu ermitteln. – **(3) Bemessungsgrundlage für die Berechnung der pauschalen Betriebsausgaben.** Maßgebl sind allein die „Einnahmen aus der Verwertung des eingeschlagenen Holzes"; Zuschüsse sind daher nicht erfasst. – **(4) Abgeltungswirkung.** Die Pauschsätze erfassen sämtl BA des lfd Wj mit Ausnahme der Wiederaufforstungskosten und der Minderung des Buchwerts des WG Baumbestand (§ 51 IV EStDV). Der Abzug von BA in anderen Wj ist unbeschr mögl; dies ergibt sich zwar nicht aus Abs 4, wohl aber daraus, dass der Antrag nach § 51 I EStDV jeweils für ein WJ gestellt werden kann.

ee) Beispiele für weitere Betriebsausgaben. Kosten für die Erstellung eines 19
Betriebswerks oder -gutachtens, sofern sie nicht im Zusammenhang mit dem Kauf eines Forst(teil)betriebs stehen (*FM Nds DB* 86, 834). Eine **Rückstellung** für die Kosten einer künftigen **Wiederaufforstung** kann gebildet werden, wenn diese (wie im Regelfall) *gesetzl verpflichtend* ist und es sich nicht um HK des neuen Holzbestands handelt (*zu Ortenburg/zu Ortenburg* DStZ 05, 782, 799).

ff) Forstschädenausgleichsgesetz. § 1 FSchAusglG ermöglicht es, durch VO Einschlags- 20
beschränkungen für den Fall einer Marktstörung durch Kalamitätsnutzungen anzuordnen (dazu ausführl *BMF* BStBl I 21, 1044INF), zB für Fichten durch VO v 14.4.21 (BGBl I 21, 808; dazu *Wiegand* NWB 21, 1826). Im Gegenzug gewähren §§ 3–7 FSchAusglG diverse steuerl Erleichterungen. – **(1) Gewinnmindernde Rücklage, § 3 FSchAusglG.** Bilanzierende Betriebe können vorsorgl eine Rücklage iHv bis zu 100% der jahresdurchschnittl nutzungssatzmäßigen Einnahmen bilden (jährl Zuführung bis 25%). Voraussetzung ist, dass die Mittel in einem betriebl Ausgleichsfonds (Bankkonto, festverzinsl Staats- oder Bankpapiere) angespart werden, der nur für bestimmte Zwecke in Anspruch genommen werden darf (§ 3 III FSchAusglG, zB Ergänzung der durch eine Einschlagsbeschränkung geminderten Erlöse, Forstschutzmaßnahmen, Wiederaufforstung von Schadensflächen). – **(2) Erhöhte Betriebsausgaben-Pauschsätze, § 4 FSchAusglG.** Die Pauschsätze für BA nicht buchführender StPfl (§ 51 EStDV; s Rz 18) erhöhen sich im Wj einer Einschlagsbeschränkung auf 90%, beim Verkauf von Holz auf dem Stamm auf 65% der Einnahmen aus den Holznutzungen (s *Voß* StBP 98, 74; zR sehr krit im Hinblick auf die Überschreitung der Grenzen zulässiger Typisierung *Reimer* FR 11, 929, 935). Auch hier sind nicht nur Forstwirte, sondern alle StPfl erfasst. Da die Regelung auf § 51 EStDV Bezug nimmt, gilt die dortige Höchstgrenze von 50 ha nicht (zutr *BMF* BStBl I 21, 1044 Rz 31). Der erhöhte Pauschsatz gilt einheitl für alle Einnahmen im Wj der Einschlagsbeschränkung; es kommt nicht darauf an, ob die konkrete Einnahme mit der Einschlagsbeschränkung in Zusammenhang steht oder auf Kalamitätsnutzungen beruht (BFH IV R 193/80 BStBl II 83, 757). Im Gegenzug kann die Begünstigung trotz eines Zusammenhangs der Kalamitätsnutzung mit der Einschlagsbeschränkung nicht gewährt werden, wenn die Einnahmen erst nach Ablauf des letzten Wj der Einschlagsbeschränkung anfallen (BFH IV R 27/07 BStBl II 10, 546: keine analoge Anwendung des § 5 II FSchAusglG); enger *BMF* BStBl I 21, 1044 Rz 33: maßgebl sei nicht das *Wj*, sondern der *Zeitraum* der Einschlagsbeschränkung.

(3) Nichtaktivierung eingeschlagenen, aber unverkauften Kalamitätsholzes, § 4a 21
FSchAusglG. Das entspr Wahlrecht gilt für buchführende Betriebe (die anderen Gewinnermittlungsarten kennen ohnehin keine Aktivierung). – **(4) Einheitlicher ermäßigter Steuersatz.** Im Wj der Einschlagsbeschränkung gilt für alle Kalamitätsnutzungen einheitl der ermäßigte StSatz von $^1/_4$ des durchschnittl StSatzes (§ 5 I FSchAusglG iVm § 34b III Nr 2), der ansonsten nur anzuwenden ist, soweit außerordentl Holznutzungen den Nutzungssatz

übersteigen. Die Ermittlung eines Nutzungssatzes durch ein Betriebswerk/-gutachten ist in diesem Fall nicht erforderl. Kalamitätsnutzungen, die erst in Folgejahren anfallen, aber mit Kalamitätsnutzungen aus dem Wj der Einschlagsbeschränkung in ursächl Zusammenhang stehen, können auf das Wj der Einschlagsbeschränkung zurückbezogen und damit ebenfalls in den ermäßigten StSatz einbezogen werden (§ 5 II FSchAusglG). Die *FinVerw* begrenzt den hierfür erforderl ursächl Zusammenhang idR auf 24 Monate nach Ende der Einschlagsbeschränkung (*BMF* BStBl I 21, 1044 Rz 42). Auf Kalamitätsnutzungen aus *früheren* Wj (ohne Einschlagsbeschränkung), die sich gewinnmäßig erst im Wj der Einschlagsbeschränkung auswirken, ist die Vorschrift nicht anzuwenden (*BMF* BStBl I 21, 1044 Rz 39). Zur Begünstigung sog Kalamitätsfolgehiebe s § 34b Rz 8. – **(5) Bewertungsabschlag auf den Mehrbestand an Holzvorräten, § 7 FSchAusglG.** Holzerzeuger, -händler und -verarbeiter dürfen einen Abschlag von 50 % auf den Mehrbestand vornehmen, der im Vergleich zum Durchschnittsbestand der letzten drei Jahre vorhanden ist.

24 **4. Weinbau. – a) Begriff.** Weinbau ist die Gewinnung von Weintrauben durch Bodenbewirtschaftung einschließl der Verarbeitung der Trauben zu Wein als erster luf Verarbeitungsstufe (BFH V R 78/93 BStBl II 98, 359; BFH IV R 91/99 BStBl II 02, 221 unter 1.). Es handelt sich um eine Spezialform des Obstbaus. Die reine Erzeugung von Tafeltrauben ist allerdings nicht Wein-, sondern Obstbau (s zutr *Wiegand* NWB 18, 28).

25 **b) Abgrenzung zum Gewerbebetrieb.** Der Verarbeitungsprozess *allein* (ohne Eigenerzeugung von Weintrauben) ist keine landwirtschaftl Betätigung, weil § 13 **Urproduktion** voraussetzt. Werden in erhebl Umfang auch **zugekaufte** Trauben verarbeitet, fällt dies unter § 15 (zum Ganzen BFH VIII R 419/83 BStBl II 89, 284 unter 2.; BFH V R 78/93 BStBl II 98, 359); anders jedoch, wenn die hinzugelieferten Trauben Naturalentgelt für die Verpachtung von Weinberg-Teilflächen sind (BFH IV R 270/83 BFH/NV 88, 85). Im Einzelfall kann dann sogar der Traubenanbau nur noch als (gewerbl) Nebenbetrieb eines Weinhandels anzusehen sein (RFH RStBl 39, 231: Größenverhältnis 1 : 20). Die *FinVerw* nimmt LuF an, wenn das Enderzeugnis zu mehr als 50 % aus eigenen Erzeugnissen stammt; dies gilt auch für die Herstellung von Winzer-Sekt aus Grundweinen (zum Ganzen *BMF* BStBl I 17, 1431; dazu *Wiegand* NWB 18, 28). Die Bewirtschaftung eines Weingutes für Rechnung eines Dritten ist gewerbl (BFH IV R 91/99 BStBl II 02, 221). Zur Abgrenzung vom GewBetr beim Verkauf selbsterzeugter Getränke in einem **Ausschankbetrieb** (sog Besen-/Straußwirtschaften), insb beim ergänzenden Verkauf von Speisen oder zugekauften Getränken, s EStR 15.5 VIII und Rz 75; zu Betriebspacht-/Bewirtschaftungsverträgen im Weinbau s *Schild* INF 97, 549.

26 **c) Besonderheiten der Gewinnermittlung.** Maßgebendes WG ist nicht der einzelne Rebstock, sondern die jeweilige Weinberganlage (Reben, Stützen, Umzäunungen, Terrassen) als solche (BFH IV R 43/78 BStBl II 79, 281: vom GuB zu trennendes, abnutzbares WG). – **Wiederbepflanzungsrechte** (§ 6 I WeinG) sind zwar eigenständige immaterielle WG, aber jedenfalls bis 30.6.11 nicht abnutzbar (BFH VI R 65/15 BStBl II 18, 353); ggf ist aber ab VZ 2016 aufgrund von Änderungen im EU-Recht eine TW-AfA mögl (*Geserich* HFR 18, 358). – Zu den von der *FinVerw* der Weinbau-Bundesländer festgelegten **BA-Pauschalen** s *Felsmann* A 21f, 21h; *Wiegand* NWB 18, 28, 35 ff. – Reine Weinbaubetriebe können ihren Gewinn bis zu bestimmten Grenzen nach **§ 13a** ermitteln (s Anlage 1a zu § 13a).

27 **5. Gartenbau. – a) Begriff.** Diese Nutzung ist auf die Erzeugung hochwertiger Pflanzen durch Bodenbewirtschaftung ausgerichtet. Nach § 40 II BewG gehören hierzu (im Unterschied zur landwirtschaftl Nutzung ieS; s Rz 6) der Obst- und Gemüsebau, der Blumen- und Zierpflanzenbau (auch die Rollrasenproduktion, FG Bbg EFG 98, 16, rkr) sowie Baumschulen. Dies gilt auch, soweit bestimmte Gemüsesorten iRd landwirtschaftl Fruchtfolge angebaut werden (BFH II R 54/06 BStBl II 09, 896: Gemüsemais). Die *FinVerw* ordnet allerdings gleichwohl einige Sorten der landwirtschaftl Nutzung ieS zu (A 6.07 BewRL: Weiß-, Rot- und Wirsingkohl, Pflückerbsen und -bohnen; **aA** FG Nds EFG 89, 558, rkr; von BFH II R

54/06 BStBl II 09, 896 offen gelassen). Diese Unterscheidung ist nicht nur für das BewR, sondern wegen der Zuschläge für Sondernutzungen (§ 13a VI) auch estl von Bedeutung.

b) Abgrenzung zum Gewerbebetrieb. Dies ist bei Gartenbaubetrieben von besonderer Bedeutung, weil hier zur Vervollständigung des Angebots häufig Waren zugekauft und Dienstleistungen erbracht werden. Einzelheiten s Rz 61 ff. **28**

c) Besonderheiten der Gewinnermittlung. – (1) Aktivierung. Die Kosten der Erstanlage von **mehrjährigen Kulturen** (Pflanzungen, die nach einer mehrjährigen Kulturzeit einen *einmaligen* Ertrag liefern; zB Baumschulen; s auch BFH IV R 25/97 BFH/NV 98, 1470 unter 1.b) und **Dauerkulturen** (Pflanzungen, die während mehrerer Jahre *lfd* Erträge durch Blüten, Früchte usw erbringen; zB Obst, Spargel, Hopfen, Korbweiden; s BFH IV R 43/78 BStBl II 79, 281 unter 1.) sind zu aktivieren. Das Aktivierungswahlrecht nach EStR 14 III beschränkt sich auf einjährige Kulturen (s Rz 239) und gilt insoweit nicht. Pflege- und Gemeinkosten von geringer Bedeutung brauchen nicht aktiviert werden (zum Ganzen *BMF* BStBl I 81, 878 Tz 3.2). – **(2) Mehrjährige Baumschulkulturen.** Hier können anstelle der Bewertung mit den individuellen HK die Richtsätze (Festwerte) der *FinVerw* angesetzt werden (ab Wj 2013/2014 s *BMF* BStBl I 14, 1094; Geltungsdauer verlängert bis Wj 2022/23 durch *BMF* BStBl I 18, 1037 und *BMF* BStBl I 21, 2451). Diese sind auch von der Rspr gebilligt worden (zu einer Vorläuferregelung BFH IV R 25/97 BFH/NV 98, 1470 unter 2.b mwN). Zur Bewertung von **Obstbaumbeständen** ausführl *Rübke* INF 91, 337. – **(3) Zugekaufte Handelswaren.** Sie sind grds UV; Dekorationspflanzen gehören zum abnutzbaren AV. – **(4) Einzelnes Wirtschaftsgut.** Die Pflanzen von GuB sind zu unterscheiden (BFH IV R 43/78 BStBl II 79, 281 unter 1.). Maßgebend ist idR ein Gesamtbestand an Pflanzen gleichen Alters, gleicher Art, Lage und Güte (s auch Rz 14 zu Forstbetrieben). Der Austausch einzelner Pflanzen führt daher zu lfd BA, weil das WG „Bestand" unverändert bleibt. Topfpflanzen, deren Standort sich ständig ändert und die auch einzeln genutzt werden können, sind aber jeweils selbständige WG (zutr FG Ddorf INF 90, 333, rkr). – **(5) AfA.** Mehrjährige Kulturen gehören zum UV, sodass AfA nicht zulässig sind. Dauerkulturen gehören hingegen zum AV; insoweit sind AfA (ggf SonderAfA) vorzunehmen, sofern keine Festwerte angesetzt werden. Zum Zeitpunkt der Fertigstellung (und damit des AfA-Beginns) bei Obstbauanlagen und anderen Dauerkulturen s *BMF* BStBl I 90, 420 (grds Jahr des ersten Vollertrags). **29**

6. Tierzucht und Tierhaltung, § 13 I Nr 1 S 2–5. – a) Überblick. Diese Betätigungen fallen unter § 13, wenn zwei Hauptvoraussetzungen erfüllt sind: *(1)* Die Tiere müssen für die LuF **typisch** sein (s Rz 32–34). Ist dies nicht der Fall, handelt es sich um einen GewBetr, auf de die allg Regeln des § 15 anzuwenden sind. Gleiches gilt, wenn *Hauptzweck* des Betriebs die entgeltl Zurschaustellung von Tieren ist (zB Wildpark, Zoo). – *(2)* Zum anderen muss der Betrieb eine **ausreichende Ernährungsgrundlage** für die Tiere bieten, was typisierend nach dem Verhältnis zw Flächen- und Tierbestand beurteilt wird (s Rz 36–41). Fehlt es daran, handelt es sich um gewerbl Tierzucht, die neben der GewStPflicht auch mit einer Verlustausgleichsbeschränkung belegt ist (§ 15 IV 1, 2; s § 15 Rz 895 f). Die Regelung gilt unabhängig davon, ob die Tiere als Arbeits-, Melk- oder Schlachtvieh gezüchtet oder gehalten werden. **31**

b) Differenzierung nach Tierarten. – aa) Für Land- und Forstwirtschaft nach der Verkehrsauffassung typische Tiere. Hierunter fallen insb die in Anlage 1 zu § 51 BewG genannten Arten. Diese Anlage umfasst nicht nur die klassischen luf Tierarten (Pferde, Rindvieh, Schafe, Ziegen, Schweine, Geflügel), sondern auch zB Alpakas, Damtiere, Kaninchen, Lamas, Strauße. **32**

bb) Für die Land- und Forstwirtschaft untypische Tiere. In den nachstehenden Fallgruppen werden keine luf Einkünfte erzielt: – **(1) Tierarten, deren** **33**

Ernährungsgrundlage nicht pflanzlich ist. Dann fehlt es an der erforderl Veredelung pflanzl Produkte (BFH IV R 47/01 BStBl II 03, 507: Nerze; zu sonstigen Pelztieren s § 51 V BewG). – **(2) Tiere, die zum Verkauf für Zwecke außerhalb der LuF vorgesehen sind.** ZB Hunde oder Katzen, die als Haus-, Polizei- oder Versuchstiere genutzt werden sollen (BFH VIII R 22/79 BStBl II 81, 210). – **(3) Kleintiere, die nicht der menschl Ernährung dienen.** ZB Zwergkaninchen, Meerschweinchen, Hamster, Mäuse, Ratten (BFH IV R 4/04 BStBl II 05, 347); Brieftauben (BFH VII R 45/92 BStBl II 93, 200).

34 cc) **Besonderheiten bei Pferdezucht/Pferdehaltung.** – **(1) Pensionspferdehaltung.** Die Versorgung mit Futter und Unterstellplätzen ohne weitere Leistungen, die Pferdezucht mit gelegentl Verkäufen und die Vermietung eigener Pferde gehört zur LuF (BFH VIII R 91/83 BStBl II 89, 416 unter II.3.; FG Nds EFG 08, 1203 unter 1., rkr). Dies gilt auch dann noch, wenn der StPfl neben der Versorgung der Pensionspferde eine einfache Reithalle zur Verfügung stellt, sofern alle ggf vorhandenen aufwändigeren Reitanlagen durch Dritte betrieben werden und der Reitunterricht durch Dritte erteilt wird (BFH III R 182/84 BStBl II 89, 111). Bietet der StPfl hingegen in einem „**Reiterhof**" den Eigentümern der Pensionspferde einheitl die Nutzung der vorhandenen Reitanlagen an und erteilt ihnen Reitunterricht, handelt es sich im Ganzen um einen GewBetr (BFH V R 22/78 BStBl II 88, 83 unter 1.b). Zur Beurteilung der Pensionspferdehaltung im Rahmen des § 13a s § 13a Rz 45. – **(2) Teilnahme an Pferderennen.** Ist dies Hauptzweck der Pferdehaltung, ist sie insgesamt gewerbl (BFH IV R 82/89 BStBl II 91, 333 unter 4.). Nimmt der StPfl hingegen nicht *selbst* an den Rennen teil, sondern betätigt er sich in der **Ausbildung** der von ihm gehaltenen Pferde für Turniere und veräußert sie dann an die Reitsportler, soll es sich selbst dann noch um LuF handeln, wenn die Pferde zugekauft werden, sofern die Haltedauer im Betrieb länger als ein Jahr ist (BFH I R 71/03 BStBl II 04, 742 unter II.9.; ausführl BFH IV R 34/06 BStBl II 09, 453; EStH 13.2; *Lüschen/Willenborg* INF 99, 577; mE zR **aA** FG Mster EFG 15, 907, Klagerücknahme während des RevVerf VI R 61/15). – **(3) Deckhengsthaltung.** Sie ist noch LuF, sofern keine betriebseigene Besamungsstation unterhalten wird; dies gilt auch dann, wenn die Tiere zugleich zu Sportzwecken eingesetzt werden (zum BewG BFH II R 9/13 BStBl II 15, 888). Allein die einmalige Geburt eines Fohlens macht eine Hobby-Pferdehaltung aber nicht zum luf Betrieb (BFH VI R 8/17 BFH/NV 19, 1332). – **(4) Umsatzsteuer.** Die Pensionspferdehaltung in Bezug auf Freizeitpferde ist hier aufgrund der Vorgaben des EU-Rechts (trotz des nahezu identischen Wortlauts) nicht nach § 24 UStG begünstigt (BFH V R 41/02 BStBl II 04, 757; BFH V R 65/09 BStBl II 11, 465; BFH XI R 33/13 BStBl II 15, 720; *BMF* BStBl I 04, 851).

36 c) **Verhältnis Tierbestand/Nutzfläche.** Einkünfte aus Tierzucht/Tierhaltung fallen in vollem Umfang unter § 13, wenn der in **Vieheinheiten** (VE) umgerechnete Tierbestand (s Rz 39) die von der Größe der landwirtschaftl Nutzfläche (s Rz 37) abhängigen, degressiv ausgestalteten (dh Kleinbetriebe begünstigenden) Grenzen des § 13 I Nr 1 S 2 nicht nachhaltig (s Rz 40) übersteigt; sonst ist eine Aufteilung zw § 13 und § 15 IV vorzunehmen (Rz 41). Nicht erforderl ist, dass die Tiere auch tatsächl mit Erzeugnissen des Betriebs gefüttert werden (BFH I R 71/03 BStBl II 04, 742 unter II.9.d); eine Ausnahme gilt nur für Pelztiere (§ 51 V BewG). Bei der Umrechnung ist das letzte angefangene ha nicht auf einen vollen ha aufzurunden (BFH V R 110–112/84 BStBl II 89, 1036 unter II.3.a bb).

37 aa) **Vom Betriebsinhaber regelmäßig landwirtschaftlich genutzte Fläche.** Diese bildet die Grundlage für die Beurteilung. – **(1) Maßgebliche Fläche.** Es kommt auf die Verhältnisse zu Beginn des Wj an (aufgrund der Anbindung an das BewR sowie zur Vermeidung einer doppelten Berücksichtigung der Fläche sowohl beim Veräußerer als auch beim Erwerber; der Wortlaut „regelmäßig" genutzte Fläche lässt diese Auslegung noch zu). Im Jahresverlauf wegfallende Flächen sind daher noch

Begriff des LuF-Betriebs; Umfang der Einkünfte

beim StPfl zu berücksichtigen; im Jahresverlauf hinzutretende Flächen bleiben hingegen zunächst außer Betracht (glA *BH/Nacke* § 13 Rz 94; **aA** *HHR* § 13 Rz 77). Bei beschr StPfl sind nur die im Inl belegenen Flächen einzubeziehen (BFH I R 95/96 BStBl II 98, 260). – **(2) Nutzung durch den Betriebsinhaber.** Dies ist sowohl bei Eigentums- als auch bei angepachteten Flächen der Fall. Auch Stilllegungsflächen aufgrund öffentl Förderprogramme (EStR 13.2 III 1; § 1 Gesetz v 10.7.95, BGBl I 95, 910) sind einzubeziehen. Umgekehrt sind Eigentumsflächen, die nicht selbst genutzt, sondern **verpachtet** werden, auszuscheiden; dies gilt jedoch nicht für Kurzpachtverträge (zB Anbau einer Zwischenfrucht durch einen Dritten), weil dann die „regelmäßige" Nutzung beim StPfl verbleibt (glA *Wendt* FR 96, 265, 275). – **(3) Nur Flächen mit landwirtschaftlicher Nutzung ieS.** Daran fehlt es bei Flächen, die durch Forstwirtschaft, Weinbau oder Gartenbau genutzt werden (insoweit zutr EStR 13.2 III 2). Für Obstbauflächen mit regelmäßiger landwirtschaftl Unternutzung sieht EStR 13.2 III 3 einen Ansatz zur Hälfte vor; eine solche Unternutzung ist heute aber selten. Die *FinVerw* will auch **Hof- und Gebäudeflächen** nicht einbeziehen (EStR 13.2 III 2); dies steht indes in Widerspruch zu § 40 III 1 BewG (glA *BH/Nacke* § 13 Rz 95). – **(4) Landwirtschaftliche Flächen in großer Entfernung von der Tierhaltung.** Nur wenn wegen der großen Entfernung zwei getrennte Betriebe vorliegen, sind die Flächen des entfernten Betriebs nicht in die Berechnung einzubeziehen (BFH IV R 48/96 BFH/NV 97, 749: bei einer Entfernung von 82 km handelt es sich um zwei Betriebe, selbst wenn der Ertrag der landwirtschaftl Fläche im Wesentl als Futter im eigenen Mastbetrieb und der Tiermist zur Düngung der eigenen Ackerflächen verwendet wird; bei Heranziehung der in Rz 9 dargestellten Grundsätze ist dies mE unzutr).

bb) Umrechnung der Tierbestände in Vieheinheiten. Hierfür ist der Futterbedarf maßgebend (§ 13 I Nr 1 S 3). – **(1) Umrechnungsschlüssel.** Er ist in Anlage 1 zum BewG gesetzl geregelt (BFH II R 35/90 BStBl II 94, 152 unter II.2.: die dortigen Typisierungen verstoßen nicht gegen den Gleichheitssatz; VerfBeschw BVerfG 1 BvR 607/94 nicht zur Entscheidung angenommen) und gilt gem § 13 I Nr 1 S 4 EStG iVm § 51 IV 1 BewG (ab VZ 2025 ohne inhaltl Änderung § 241 BewG nF) auch für das EStRecht.– **(2) Anwendung.** Bei Tieren, die typischerweise für eine kürzere Zeit als ein Jahr im Betrieb gehalten werden, beziehen sich die Umrechnungsfaktoren auf das einzelne erzeugte Tier. Dies gilt insb für **Masttiere,** jedoch nicht für die in EStR 13.2 I 4 genannten Tiere (Mastrinder mit einer Mastdauer von weniger als einem Jahr; Kälber und Jungvieh; Schafe und Damtiere unter einem Jahr). Diese sind – ebenso wie alle Tiere, die länger als ein Jahr gehalten werden – mit ihrem **Jahresdurchschnittsbestand** zu erfassen, was für den StPfl günstiger ist (Beispiel: wenn eine Kuh in den ersten 4 Monaten des Wj und eine andere Kuh in den letzten 4 Monaten des Wj gehalten wird, sind nicht etwa 2 × 1,0 VE anzusetzen, sondern 2 × 1,0 VE × $^{4}/_{12}$; vgl BFH V R 110–112/84 BStBl II 89, 1036 unter II.3.a cc). – Zwar sieht der gesetzl Umrechnungsschlüssel für „Jungvieh unter 1 Jahr" einen Wert von 0,3 VE vor; handelt es sich jedoch um Mastbullen ab einem Alter von 7 Monaten, ist der für Masttiere geltende höhere Wert von 1,0 VE anzuwenden (BFH IV R 134/89 BStBl II 92, 378). – **(3) Pensionstierhaltung; Lohntierhaltung.** In die VE-Grenze sind auch solche Tiere einzubeziehen, die zwar im Betrieb aufgezogen werden, aber im Eigentum Dritter stehen (BFH IV R 191/74 BStBl II 79, 246 unter 2.a bb; BFH IV R 40/86 BStBl II 88, 774 unter I.1.: Zurechnung der VE von Pensionstieren zum Pensionsbetrieb). Dies gilt jedoch nicht, wenn der Pensionsbetrieb vom Hauptbetrieb getrennt ist; in diesem Fall handelt es sich um einen selbständigen GewBetr (FG SchlHol EFG 87, 117, rkr: Entfernung 90 km; keine wirtschaftl und organisatorische Verflechtung). ME sind die VE der Pensionstiere nicht zusätzl dem Eigentümer zuzurechnen (**aA** FG Nds EFG 20, 1299, Rev XI R 33/20). – **(4) Erzeugung von Tieren ohne jeglichen Futterbedarf.** Dies ist stets gewerbl (BFH IV R

88/88 BStBl II 90, 152; BFH IV B 64/07 BFH/NV 08, 1474 unter II.1.: Ankauf von Bruteiern, maschinelle Ausbrütung, sofortiger Verkauf der Eintagsküken).

40 **cc) Nachhaltige Überschreitung.** Die Überschreitung der VE-Grenzen (durch Vermehrung der Tierbestände oder Verringerung der Flächen) führt nur dann zu gewerbl Einkünften, wenn sie nachhaltig ist (§ 13 I Nr 1 S 4 EStG iVm § 51 II 1 BewG; s auch Rz 64). – **(1) Allmählicher Strukturwandel.** Hier ist Nachhaltigkeit erst bei einem Überschreiten der VE-Grenze in drei aufeinander folgenden Jahren gegeben; der GewBetr beginnt mit dem vierten Jahr (BFH IV R 10/05 BStBl II 07, 516 unter II.1.c; BFH IV R 18/06 BStBl II 09, 654 unter II.A.2.a; EStR 13.2 II 7 iVm 15.5 II 4). Bei Übertragung des Betriebs beginnt die Drei-Jahres-Frist nicht erneut (EStR 15.5 II 5). Der Strukturwandel stellt keine Betriebsaufgabe dar, sodass etwaige stille Reserven auch gewstl verhaftet werden (s § 6 Rz 762; § 14 Rz 12). – **(2) Eindeutige und erhebliche Umstrukturierungsmaßnahmen.** Der Übergang zum GewBetr vollzieht sich dann bereits mit dem erstmaligen Überschreiten der Grenze (BFH I R 113/74 BStBl II 76, 423 unter 2.b cc: langfristige Investition mit hohem Kostenaufwand, die erhebl über den Rahmen des bisherigen Betriebs hinaus geht). Typisierend ist von einem sofortigen Übergang zum GewBetr auszugehen, wenn die VE-Grenze um mehr als 10% überschritten und dadurch ein zusätzl Flächenbedarf von mehr als 10% ausgelöst wird (BFH IV R 18/06 BStBl II 09, 654 unter II.A.2.b). Der GewBetr beginnt mit den ersten auf die Kapazitätserweiterung gerichteten Vorbereitungshandlungen; bereits vorhandene (luf) Tierbestände sind jedoch erst mit der Aufstallung der zusätzl Bestände in den GewBetr zu überführen (BFH IV R 18/06 BStBl II 09, 654 unter II.A.2.c, d). Der Zuordnung zu § 15 steht nicht entgegen, dass der StPfl für die Zukunft eine Flächenvergrößerung oder Betriebsteilung plant, sofern diese Pläne noch zu unkonkret sind (zutr FG SachsAnh EFG 13, 1118, rkr). – **(3) Neugründung eines Betriebs.** Wird die Tierbestandsgrenze von Anfang an erhebl überschritten, ist sofort ein GewBetr gegeben. Bei nur geringfügiger Überschreitung soll aber der Dreijahreszeitraum gelten (FG Nds EFG 03, 454, rkr; mE zweifelhaft).

41 **dd) Aufteilung der Tierbestände bei Überschreitung der Vieheinheiten-Grenze.** Wird die VE-Grenze überschritten, ist die Tierhaltung nicht etwa im Ganzen GewBetr. Vielmehr gelten die folgenden Aufteilungsgrundsätze (§ 13 I Nr 1 S 4 EStG iVm § 51 II, III BewG): Zur landwirtschaftl Nutzung gehören diejenigen Zweige des Tierbestands, deren VE zusammen die Grenze nicht übersteigen (§ 51 II 1 BewG). Daher ist in einem **ersten Schritt** der gesamte Tierbestand nach Tierarten aufzuteilen; innerhalb einer Tierart ist weiter nach den Bestandszweigen Zug-, Zucht-, Mast- und übriges Nutzvieh zu differenzieren (§ 51 III BewG). Innerhalb der einzelnen Tierbestandszweigs ist keine weitere Aufteilung zulässig (§ 51 II 4 BewG). In einem **zweiten Schritt** sind die nach Tierarten und -zweigen gebildeten Einzelgruppen so lange zu addieren, wie die für den Betrieb insgesamt geltende VE-Grenze noch nicht überschritten ist. Dabei gilt die folgende **Reihenfolge:** Zunächst sind die mehr flächenabhängigen Zweige (lt Anlage 2 BewG) zur luf Nutzung zu rechnen, erst danach die weniger flächenabhängigen Zweige (§ 51 II 2 BewG). Innerhalb der mehr bzw weniger flächenabhängigen Gruppen ist die Addition beginnend mit der Tierart (Zweig) mit der geringsten Anzahl an VE, und sodann aufsteigend vorzunehmen (§ 51 II 3 BewG), was die dem StPfl günstigste Methode ist.

42 **d) Gemeinschaftliche Tierhaltung.** Eine MUerschaft, die Tierzucht oder -haltung betreibt, hat gem § 13 I Nr 1 S 5 luf Einkünfte, wenn die detaillierten Voraussetzungen des § 51a BewG (ab Wj 2025/26: § 13b EStG) erfüllt sind (dazu iEinz *Leingärtner* Kap 7 Rz 1 ff; *HHR* § 13 Rz 80; *GLE* BStBl I 16, 638) und die MUerschaft auch iÜ luf Einkünfte erzielt. – **Zweck** der Regelung ist es, die bäuerl Veredelungswirtschaft zu fördern, indem Zusammenschlüsse von Landwirten zur gemeinschaftl Tierhaltung unter bestimmten Voraussetzungen nicht als GewBetr, sondern als LuF behandelt werden (BFH II R 43/16 BStBl II 20, 739 Rz 21). § 51a BewG ermöglicht insb, die bei den MUern nicht ausgeschöpfte Möglichkeit zur luf Tierhaltung auf die MUerschaft zu übertragen, auch wenn die erforderl Flächen weiterhin bei den einzelnen MUern verbleiben. – Die **persönl Voraussetzungen** des § 51a I 1 Nr 1 BewG können nur von natürl Personen erfüllt werden; eine Beteiligung von juristischen Personen (zB KapGes) schließt die Begünstigung daher aus (BFH IV R 13/07 BFH/NV 10, 652). Zulässig ist jedoch die Beteiligung einer luf MUerschaft, deren sämtl Ges'ter die persönl Voraussetzungen des § 51a BewG erfüllen (BFH II R 43/16 BStBl II 20, 739 Rz 22). Wenn die Ges'ter der Tierhaltungs-MUerschaft zugleich Ges'ter einer luf MUerschaft sind, die die VE auf die Tierhaltungs-MUerschaft übertragen hat, obwohl sie selbst nicht deren Ges'ter ist, ist § 51a BewG ebenfalls anwendbar, weil die VE der luf MUerschaft den MUern zuzurechnen sind (BFH II R 43/16 BStBl II 20, 739 Rz 23). Allerdings müssen *alle* MUer der Tierhaltungs-MUerschaft beitreten (BFH VI R 39/18 BStBl II 21, 532: kein § 51a BewG, wenn bei einer Gütergemeinschaft, bei der nur der Ehemann tatsächl als Landwirt aktiv ist, nicht auch die Ehefrau der Tierhaltungs-MUerschaft beitritt). – Verfügt die MUerschaft zwar über hinreichend große Flächen, ist sie aber wegen anderweitiger originär gewerbl Einkünfte als im Ganzen gewerbl anzusehen, gilt das **Verlustausgleichsverbot** des § 15 IV nicht (BFH IV R 195/83 BStBl II 85, 133). Zur Behandlung einer Beteiligung an einer Tierhaltungskooperation in Erbfällen s *Felsmann* A 97 ff. – **Ratenzahlung der ESt bei Übertragung von WG auf einen Gemeinschaftsbetrieb, § 13 VI** s Rz 108.

e) Bewertung von Tierbeständen. Ausführl *BMF* BStBl I 01, 864. Die nachfolgende Darstellung gilt bei Gewinnermittlung nach § 4 I *und* § 4 III. –
aa) Allgemeine Grundsätze. Tiere, die von vornherein zur Veräußerung bestimmt sind (Mast-/Schlachttiere; BFH IV R 19/99 BStBl II 01, 549 unter 2.b), sind dem UV zuzurechnen, die übrigen Tiere dem AV (zB Zucht-/Milchvieh, Legehennen; BFH IV R 97/91 BStBl II 93, 284 unter 2.). Selbständig nutzbares WG ist grds das einzelne Tier (BFH IV R 19/99 BStBl II 01, 549 unter 1.a).

bb) Einzelbewertung. – (1) Maßgeblichkeit der individuellen Anschaffungs- und Herstellungskosten. Ausführl *BMF* BStBl I 01, 864 Rz 1–6. Für Tiere, die am Bilanzstichtag noch nicht geboren waren, ist kein Bilanzposten zu bilden; nach der Geburt ist allerdings ein Teil der auf die Mutter getätigten Aufwendungen den HK des Jungtieres zuzurechnen (so zutr *BMF* BStBl I 01, 864 Rz 7; offen gelassen von BFH III R 143/93 BStBl II 97, 575 unter II.1.g; allg zur Abspaltung von AK s § 6 Rz 37). – **(2) Schätzung der Herstellungskosten.** Dies ist ggf zulässig. Dabei dürfen auch die Verhältnisse vergleichbarer Musterbetriebe herangezogen werden (BFH IV R 97/91 BStBl II 93, 284 unter 3.; BFH IV B 47/96 BFH/NV 97, 835), sofern dort HK im strechtl Sinne ermittelt werden (BFH IV B 80/03 BFH/NV 05, 1532). – **Richtwerte der FinVerw.** Diese dienen der Erleichterung der Bewertung (*BMF* BStBl I 01, 864, Spalten 2, 3 der Anlage; keine Anwendung auf besonders wertvolle Tiere). Sie werden auch von der Rspr beachtet (BFH IV R 5/99 BStBl II 01, 548 unter 2.). – **(3) Beginn der AfA.** Maßgebl ist die „Fertigstellung" des jeweiligen WG, Dies ist hier grds die erste Nutzung nach Ende der Aufzuchtphase (BFH IV R 97/91 BStBl II 93, 284 unter 2.; *BMF* BStBl I 01, 864 Rz 8), dh bei Vatertieren der Beginn der ersten Deckperiode und bei Muttertieren die erste Besamung. Eine Sau ist „fertiggestellt", wenn sie nicht mehr Jungsau ist (BFH IV R 1/10 BStBl II 14, 246 Rz 14). – **(4) Höhe der AfA.** Zur betriebsgewöhnl Nutzungsdauer gängiger Tierarten s *BMF* BStBl I 01, 864 Rz 26. Die AfA kann nur auf die Differenz zw AK/HK und dem **Schlachtwert** vorgenommen werden (BFH IV R 101/90 BStBl II 93, 276 unter 3.; BFH IV R 97/91 BStBl II 93, 284 unter 4.; BFH IV R 67/97 BStBl II

99, 14 unter 2.f; anders zu § 7g demggü BFH IV R 26/05 BStBl II 06, 910 unter II.2.b; zu Richtwerten für die Schlachtwerte s *BMF* BStBl I 01, 864, Spalten 4, 5 der Anlage; s auch § 7 Rz 115). – **(5) GWG; Sammelposten.** Es handelt sich um ein Wahlrecht des StPfl. Ein Schlachtwert ist in diesen Fällen wegen Geringfügigkeit nicht zu berücksichtigen (BFH IV R 1/10 BStBl II 14, 246 Rz 22).

48 cc) **Gruppenbewertung, § 240 IV HGB.** Auch sie ist zulässig (BFH IV R 97/91 BStBl II 93, 284 unter 2.). Nach Auffassung der Rspr besteht für die Gruppenbewertung angesichts der auch bei der Einzelbewertung von der *FinVerw* zugelassenen Vereinfachungsmöglichkeiten (Richtwerte) allerdings kaum noch ein Bedürfnis (BFH IV R 19/99 BStBl II 01, 549 unter 1.c). – **(1) Gewogener Durchschnittswert.** Dieser ist für die Gruppenbewertung maßgebl (allg zur Durchschnittsbewertung s *Schmidt* 37. Aufl § 6 Rz 624 ff). Hierfür können wiederum anerkannte statistische Grundlagen herangezogen werden, insb die **Richtwerte der** *FinVerw* (Spalten 6, 7 der Anlage zu *BMF* BStBl I 01, 864; Vorläuferregelung gebilligt durch BFH IV R 67/97 BStBl II 99, 14 unter 2.d). Diese sind auch bei solchen KapGes anwendbar, die der Sache nach ausschließl LuF betreiben (*FM MeVo* FR 93, 590). – **(2) Wahlmöglichkeiten.** Die Gruppenbewertung setzt voraus, dass *alle* gleichartigen WG zusammengefasst werden. Daher kann zw den Bewertungsmethoden nur jeweils für eine nach Art und Alter (Aufzuchtstadium) selbständige Tiergruppe *insgesamt,* nicht aber für einzelne Tiere gewählt werden (BFH IV R 5/99 BStBl II 01, 548 unter 2.).

49 dd) **Wechsel der Bewertungsmethode.** Dies wird durch den Grundsatz der Bewertungsstetigkeit (§ 252 I Nr 6 HGB; ausführl § 6 Rz 12 ff) eingeschränkt. Jedenfalls ein willkürl Wechsel der Viehbewertungsmethode ist ausgeschlossen (*Felsmann* B 605a). Der vorhandene Tierbestand ist daher grds auch zum nächsten Bilanzstichtag nach der bisher angewandten Methode zu bewerten. Hingegen kann der StPfl für die *Neuzugänge* des lfd Wj – insoweit aber nur einheitl – von der Gruppen- zur Einzelbewertung übergehen (BFH IV R 19/99 BStBl II 01, 549 unter 1.c). Ein Übergang von der Einzel- zur (ungenaueren) Gruppenbewertung ist nur bei einer wesentl Änderung der betriebl Verhältnisse zulässig (*BMF* BStBl I 01, 864 Rz 20).

50 **7. Einkünfte aus sonstiger land- und forstwirtschaftlicher Nutzung, § 13 I Nr 2. – a) Zeitlicher Anwendungsbereich.** Die Regelung verweist (bis einschließl VZ 2024) weiterhin auf § 62 BewG, obwohl die Vorschrift des § 175 BewG jünger und umfassender ist. **Ab VZ 2025** (Art 18 III GrStRefG) bezieht sich der Verweis jedoch auf § 242 BewG nF. Diese Norm umfasst (über § 62 BewG aF hinaus) auch den Pilzanbau, die Produktion von Nützlingen, Weihnachtsbaumkulturen sowie Kurzumtriebsplantagen. Richtigerweise müsste sich der neue Verweis ledigl auf § 242 II BewG nF beziehen, weil dort die „sonstige" luf Nutzung geregelt ist (§ 242 I BewG nF betrifft die „übrige" luf Nutzung).

51 **b) Binnenfischerei, Teichwirtschaft, Fischzucht, § 62 I Nr 1–3 BewG.** Nur die Fischerei in Binnengewässern führt zu Einkünften aus LuF; Küsten- und Hochseefischerei sind hingegen gewerbl Tätigkeiten. Fischzucht ist die Erzeugung von Fischen unter Ausnutzung der Naturkräfte; sie ist nur LuF, wenn sie sich auf die Binnenfischerei und Teichwirtschaft beschränkt. Erfasst ist die Erzeugung von Speisefischen, Futterfischen, Besatzfischen (Setzlingen), soweit sie der Erzeugung von Speisefischen dienen, sowie von Köderfischen für Angler, sofern sie Speisefische angeln wollen (zum Ganzen BFH V R 55/77 BStBl II 87, 467 unter II.2.-5.). Dagegen ist die Zucht von Zierfischen in Teichen keine Teichwirtschaft (BFH V R 55/77 BStBl II 87, 467 unter II.1., zur gleichlautenden Regelung des § 24 II Nr 1 UStG und in Abgrenzung zur gegenteiligen älteren Rspr zu § 13, die noch auf der Grundlage eines weiter gefassten Gesetzeswortlauts ergangen war und daher überholt ist). – **Abgrenzung zum GewBetr.** Weil § 13 I Nr 2 iVm § 62 BewG für die Fischerei und Fischzucht (anders als § 13 I Nr 1 S 2 für die Tierhaltung und -zucht) keine Verknüpfung zw der Größe des Fischbestands und den vorhandenen Flächen vorsieht, zählen auch **Großanlagen** zur LuF (zutr FG Brem EFG 86, 601, rkr). Eine ausreichende Futtergrundlage im Betrieb selbst ist nicht erforderl, der Zukauf von Futter oder Jungfischen ist unschädl. Allerdings ist der Begriff der „Teichwirtschaft" nicht mehr erfüllt, wenn die Fische in überdachten Stahlbehältern gehalten werden (FG Nds EFG 95, 232). Zur Gewerblichkeit durch Zukauf s Rz 68, zur Abgrenzung zw luf Nebenbetrieb (zB Räuchern und Filetieren selbsterzeugter Fische) und eigenständigem GewBetr s Rz 61 ff.

c) Imkerei; Wanderschäferei. Sie gehört nach § 62 I Nr 4, 5 BewG zur LuF (näher *HHR* § 13 Rz 87). 52

d) Saatzucht, § 62 I Nr 6 BewG. Umfasst ist auch die Züchtung neuer Pflanzensorten, sofern die Inanspruchnahme des GuB hierfür nicht lediglich von untergeordneter Bedeutung ist (BFH IV 221/53 U BStBl III 54, 197), und die Vermehrung von eigenem (nicht jedoch fremdem) Saatgut durch andere Landwirte (RFH RStBl 34, 148 mwN; FG BaWü EFG 98, 1003, rkr). 53

e) Weitere land- und forstwirtschaftliche Nutzung. Die Aufzählung in § 62 I BewG (und ab VZ 2025 ebenso in § 242 II BewG nF) ist nicht abschließend („insb"). Als LuF gelten gem § 175 BewG zB die Pilzzucht, die Produktion von Nützlingen (zu Schlupfwespen und Raubmilben zur Schädlingsbekämpfung s BT-Drs 12/1108, 58; *OFD Ffm* DB 96, 1059) und Weihnachtsbaumkulturen (*BH/Nacke* § 13 Rz 124). Ab VZ 2025 sind diese Nutzungen durch den Verweis auf § 242 BewG nF ohnehin unmittelbar in § 13 einbezogen. 54

8. Einkünfte aus Jagd, § 13 I Nr 3. – a) Zusammenhang mit land- und forstwirtschaftlichem Betrieb. Eine Jagd fällt nur unter § 13, wenn sie mit dem Betrieb einer LuF im Zusammenhang steht. Dies ist der Fall, wenn sie dem luf Flächen des Betriebs dient, der StPfl also entweder in einem Eigenjagdbezirk (§ 7 BJagdG) oder als Mitglied einer Jagdgenossenschaft in einem sog Jagdbogen (§ 11 II BJagdG) **auf überwiegend eigenen Flächen** der Jagd nachgeht, wobei wirtschaftl Eigentum genügt (BFH IV R 19/00 BStBl II 02, 692 unter II.1.b). Es genügt auch, wenn mit gepachteten Flächen zugleich ein Eigenjagdbezirk angepachtet wird (BFH VI R 11/17 BStBl II 19, 607 Rz 15 ff); jedoch nicht, wenn die Jagd überwiegend auf betriebsfremden Flächen erfolgt (BFH IV R 35/77 BStBl II 79, 100). In diesen Fällen gehört die Jagd auch dann zum luf Betrieb, wenn aus ihr bei isolierter Betrachtung Verluste anfallen (BFH IV R 35/77 BStBl II 79, 100). – **Eigenjagdrecht.** Es ist im Verhältnis zum GuB ein selbständiges, nicht abnutzbares immaterielles WG (*BMF* BStBl I 99, 593 mit Übergangsregelung für Altfälle; vgl auch § 140 I 2 BewG; zur Bewertung *Schindler* StBP 86, 61). Die vom BFH für Milchlieferrechte entwickelte Abspaltungsthese (s *Schmidt* 39. Aufl § 13 Rz 252) gilt nicht für das Eigenjagdrecht, weil es schon vor der Einführung der Bodenwertbesteuerung als selbständiges WG in Erscheinung getreten ist. – Einnahmen, die ein nicht jagender LuF von dem Jagdpächter erhält, fallen hingegen nicht unter Nr 3 (so aber FG Nbg EFG 10, 637 unter 4.b, rkr), sondern unter Nr 1. – Betreibt der StPfl eine Jagd ohne Zusammenhang mit einem luf Betrieb, fällt dies unter § 15, wird idR aber als Liebhaberei anzusehen sein. 55

b) Zupachtung eines Jagdbezirks. Dies berechtigt nur dann zum Abzug der Pachtzahlungen als BA bei § 13, wenn die Anpachtung aus zwingenden öffentlichrechtl Gründen erfolgt, der ordnungsgem Bewirtschaftung des luf Betriebs dient oder die zugepachteten Jagdflächen überwiegend eigenbetriebl genutzt werden (BFH IV R 19/00 BStBl II 02, 692 unter II.2.c). Ein BA-Abzug ist zudem mögl für Flächen, die der Abrundung eines Eigenjagdbezirks dienen (s BFH VI R 11/17 BStBl II 19, 607 Rz 18 ff). 56

c) Einkunftserzielungsabsicht. Besteht nach den Grundsätzen der Rz 55, 56 ein Zusammenhang der Jagd mit dem luf Betrieb, stellt die Jagd auch dann keine 57

Liebhaberei dar, wenn mit ihr bei isolierter Betrachtung Verluste erzielt werden (BFH IV R 35/77 BStBl II 79, 100 unter a). Die Abzugsbeschränkung nach § 4V 1 Nr 4 (dazu § 4 Rz 567) gilt nicht, wenn die Jagd Gegenstand einer mit Gewinnerzielungsabsicht ausgeübten Betätigung ist (§ 4 V 2).

58   **9. Realgemeinden, § 13 I Nr 4.** Einkünfte aus Hauberg-, Wald-, Forst- und Laubgenossenschaften und ähnl Realgemeinden gehören ebenfalls zur LuF (§ 13 I Nr 4). Obwohl es sich um Körperschaften handelt, sind die Einkünfte nach § 180 I Nr 2 Buchst a AO einheitl und gesondert festzustellen. Die Genossen sind mit allen Konsequenzen wie MUer zu behandeln; und zwar auch dann, wenn sie im Übrigen keine Einkünfte aus LuF beziehen (BFH IV R 331/84 BStBl II 87, 169). Dies folgt aus § 3 II KStG, wonach die Gewinne nur insoweit kstpfl sind, als die Realgemeinde einen GewBetr unterhält oder verpachtet, der über den Rahmen eines luf Nebenbetriebs hinausgeht. Bei KSt-Pflicht fallen Ausschüttungen unter § 20 I Nr 9, sind aber nach § 20 VIII ggf den Einkünften aus LuF zuzurechnen. Realgemeinden, die nicht (mehr) unmittelbar oder als Verpächter luf tätig sind, sondern nur noch das vorhandene Vermögen verwalten, fallen nicht unter § 13 I Nr 4, weil sie keine für die dort genannten Körperschaften typische Tätigkeit mehr ausüben (vgl FG Brem EFG 04, 1551, rkr).

61   **10. Abgrenzung zum Gewerbebetrieb, insbesondere Nebenbetriebe, § 13 II Nr 1.** Die Abgrenzungsproblematik ist von erhebl Bedeutung, weil die Besteuerung bei GewBetr weit schärfer ist als bei LuF. Die Praxis lehnt sich eng an die entspr Verwaltungsanweisungen an (EStR 15.5; *GLE* BStBl I 11, 1213; dazu ausführl *Wiegand* NWB 12, 460), die von der Rspr gebilligt worden sind. Zur Abgrenzung zum **gewerbl Grundstückshandel** s Rz 215 mwN.

62   **a) Grundsystematik der Typisierung.** Die *FinVerw* bildet zwei Gruppen (EStR 15.5 XI): Zum einen **Tätigkeiten iZm dem Absatz eigener Erzeugnisse** (zB Hofladen mit Zukauf, Vermarktung von Produkten der zweiten Verarbeitungsstufe, gaststättenmäßiges Anbieten selbsterzeugter Speisen und Getränke; s Rz 68 ff), zum anderen **Dienstleistungen** (einschließl der Überlassung von WG) an Dritte (s Rz 73 ff). Für jede Gruppe gesondert werden „gewerbenahe" Tätigkeiten dann noch als LuF behandelt, wenn die Einnahmen 51 500 € im Wj sowie $1/3$ des Gesamtumsatzes nicht überschreiten. Zusätzl müssen *sämtl* gewerbenahen Tätigkeiten (dh beide Gruppen zusammengenommen) auf 50 % des Gesamtumsatzes begrenzt sein. Diese Typisierung ist als sehr großzügig zu bewerten (zR krit im Hinblick auf die Wettbewerbsgleichheit zu GewBetr *HHR* § 13 Rz 20).

63   **b) Getrennte oder einheitliche Betrachtung.** Grds sind gewerbl und luf Tätigkeiten getrennt voneinander zu beurteilen (anders bei MUerschaft wegen § 15 III Nr 1). Besteht jedoch zw den Betätigungen eine planmäßig gewollte wirtschaftl Beziehung, kann ein einheitl Betrieb vorliegen. Ein solcher ist *insgesamt* nach § 13 oder aber § 15 zu beurteilen; maßgebend ist, welche Teil-Tätigkeit dem Gesamtbetrieb das Gepräge verleiht (zum Ganzen EStR 15.5 I 4–7; BFH IV B 109/94 BFH/NV 95, 772 mwN). Droht der gewerbl Teil die LuF zu „infizieren", sollte er daher rechtl verselbständigt werden. – **Werden nahezu die gesamten Erzeugnisse des luf Betriebs im GewBetr verwendet,** stellen sie dort aber nur einen geringfügigen Bruchteil der Eingangsleistungen dar, hat der BFH zunächst einen einheitl GewBetr angenommen (BFH IV 299/61 U BStBl III 66, 193: Tierhaltungsbetrieb, dessen Erzeugnisse weitgehend in einer eigenen Metzgerei und Gastwirtschaft abgesetzt werden und der wiederum die Metzgereiabfälle als Tierfutter verwendet; BFH IV 285/62 U BStBl III 65, 90: Obstbaubetrieb, dessen Erzeugnisse zu 100 % im eigenen Großhandel abgesetzt werden, dort aber nur 1 % des Verkaufs ausmachen). Mittlerweile stellt der BFH (ohne die dargestellte Rspr ausdrückl aufgegeben zu haben) vor allem darauf ab, ob der *Hauptbetrieb* (hier: der GewBetr) durch eine Auflösung der Lieferbeziehungen betroffen wäre; ist dies zu verneinen, handelt es sich um getrennte Betriebe (BFH IV R 156, 157/67 BStBl II 72, 8: über 50% der erzeugten Tiere werden in der eigenen Schlachterei verwertet, machen dort aber nur 2,5% der Tiereingänge aus; BFH III R 193/81 BFH/NV 86, 278: alle erzeugten Tiere werden in der eigenen Metzgerei verwertet, machen dort aber nur 3% der Eingänge aus). – Eine **Baumschule** (§ 13) ist von der Erbringung landschaftspflegerischer Dienstleistungen (§ 15) grds trennbar (BFH V R 129/84 BStBl II 89, 432). Zu Besonderheiten bei Handelsgeschäften s Rz 68.

c) Änderungen in der Betriebsstruktur. Ein **Strukturwandel** führt entweder sofort oder aber erst nach Ablauf eines gewissen Beobachtungszeitraums zur Einordnung in eine andere Einkunftsart. Ein *sofortiger* Übergang von der LuF zum GewBetr liegt vor, wenn klar erkennbare Umstrukturierungen mit dauerhafter Wirkung vorgenommen werden (zB Investitionen, Vertragsschlüsse). Werden die in Rz 68 ff genannten Umsatzgrenzen hingegen nur *allmähl* überschritten, ist ein Übergang zum GewBetr erst nach Ablauf von drei Jahren anzunehmen (zum Ganzen EStR 15.5 II; *GLE* BStBl I 11, 1213 Tz II.2.; BFH IV R 10/05 BStBl II 07, 516 unter II.1.c; zum Parallelproblem des Strukturwandels bei gewerbl Tierhaltung s Rz 40). Die Überführung von WG zw luf und gewerbl BV (anlässl oder außerhalb eines Strukturwandels) führt nicht zur Aufdeckung stiller Reserven (§ 6 V 1; zuvor bereits BFH GrS 1/73 BStBl II 75, 168). 64

d) Allgemeine Voraussetzungen des Nebenbetriebs ieS. Erforderl ist zum einen das Bestehen eines luf Hauptbetriebs (so ausdrückl § 13 II Nr 1) und zum anderen die Be- oder Verarbeitung von luf Rohstoffen. – **aa) Vorhandensein eines Hauptbetriebs.** Dies bedingt zugleich eine gewisse Selbständigkeit des Nebenbetriebs. Inhaber beider Betriebe muss derselbe StPfl sein (BFH IV R 88/88 BStBl II 90, 152: eine selbständige Kükenbrüterei oder Schlachterei ohne eigene Tiererzeugung ist gewerbl; das Brüten/Schlachten *eigener* Tiere ist hingegen LuF). Ein *gemeinschaftl* Nebenbetrieb (MUerschaft) ist zulässig, wenn darin nur Erzeugnisse aus den luf Betrieben der MUer verwendet werden (EStR 15.5 III 8). 65

bb) Bearbeitung/Verarbeitung von land- und forstwirtschaftlichen Rohstoffen. – (1) Erste Verarbeitungsstufe. Diese gehört ebenso wie der Verkauf der daraus erzeugten Produkte nach der Konzeption der *FinVerw* noch zur LuF, wenn überwiegend (mehr als 50%) selbsterzeugte Rohstoffe (zB selbst gezogene Pflanzen oder Tiere) eingesetzt werden (EStR 15.5 III 4; zB Herstellung von Brot, Butter, Obstsäften, Wein; BFH II R 38/96 BFH/NV 98, 1338: Kükenbrüterei, in der die im Betrieb erzeugten Eier verwendet werden; BFH VI R 76/04 BStBl II 09, 40 unter II.2.a: Schälen von selbst erzeugtem Spargel; FG Nds EFG 14, 912, rkr: Kornbrennerei; zahlreiche Einzelfälle bei *BH/Nacke* § 13 Rz 174 und *Engel* INF 91, 412). – **(2) Zweite Verarbeitungsstufe.** Diese ist schon gewerbl. Ihre Produkte (zB Wurst) fallen nach der *FinVerw* aber dann unter § 13, wenn sie iRd Direktvermarktung abgesetzt werden und der Nettoumsatz hieraus (gemeinsam mit anderen „gewerbenahen" Verkäufen) 51 500 € im Wj sowie 1/3 des Gesamtumsatzes nicht übersteigt (EStR 15.5 III 7, XI). 66

(3) Abweichende Rechtsprechung. Sie differenziert nicht zw erster und zweiter Verarbeitungsstufe, sondern danach, ob die Verarbeitung einer für GewBetr übl Produktionsweise erfolgt und daher mit diesen in Konkurrenz tritt. Bagatellbetriebe sollen gleichwohl unter § 13 fallen; insoweit stellt der BFH typisierend auf die Kleinunternehmergrenze des § 19 UStG (seit VZ 2020: 22 000 €) als absoluten Höchstbetrag und einen Umsatzanteil von 10% als relativen Höchstbetrag ab (BFH IV R 78/95 BStBl II 97, 427: Herstellung von Wurst und Schinken aus selbsterzeugten Schweinen zum Verkauf auf einem Bauernmarkt). – Diese abw Konzeption hat sich wegen ihrer Nichtanwendung durch die FinVerw (*BMF* BStBl I 97, 629) in der Praxis nicht durchgesetzt. Sie ist im Vergleich zur VerwAuffassung zudem nicht mit einem Gewinn an Rechtssicherheit verbunden (zR krit auch *Felsmann* A 302b ff; *BH/Nacke* § 13 Rz 173; zust hingegen *HHR* § 13 Rz 107; *Zugmaier* INF 97, 579).

e) In der Praxis häufige Nebenbetriebe. – aa) Handelsgeschäft/Zukauf. *FinVerw* und Rspr typisieren stark und sehen das Handelsgeschäft (zB Hofladen, 68

Marktstand) nur dann als GewBetr an, wenn der **Nettoumsatz** aus zugekauften Produkten **ein Drittel des Gesamtumsatzes** *oder* **51 500 €** im **Wj** nachhaltig übersteigt. Der Vergleichsmaßstab „Gesamtumsatz" bezieht sich dabei nach der Verwaltungsauffassung auf den Umsatz des Gesamtbetriebs (so ausdrückl *BMF* BStBl I 10, 46; wohl auch *GLE* BStBl I 11, 1213 Tz II.6., 11.; EStR 15.5 VI iVm XI), nach der Rspr hingegen ledigl auf den Umsatz der betrachteten Verkaufsstelle (so BFH IV R 21/06 BStBl II 10, 113; diese Auffassung wäre enger). Auf die Art der zugekauften Produkte (betriebstypisch, abrundend oder untypisch) oder den Standort des Handelsgeschäfts (innerhalb oder außerhalb des Betriebsgeländes) kommt es nicht an. – Eine etwaige Gewerblichkeit des (trennbaren) Handelsgeschäfts berührt die Zuordnung der originär luf Tätigkeiten zu den Einkünften aus § 13 nicht, und zwar grds unabhängig davon, in welchem Umfang die selbsterzeugten luf Produkte über das Handelsgeschäft vermarktet werden.

69 **bb) Erzeugung erneuerbarer Energien durch einen Land-/Forstwirt.** Dies ist nur dann Nebenbetrieb, wenn selbsterzeugte Produkte verwendet werden. – **(1) Biogasanlagen.** Sie fallen nur dann unter § 13, wenn sie überwiegend mit eigenen Rohstoffen beschickt werden (näher *BMF* BStBl I 06, 248, mit Übergangsregelung *BMF* BStBl I 06, 417; hierzu ausführl *Wiegand* INF 06, 497). Setzt der StPfl allerdings das gesamte Ernte seines Betriebs zur Stromerzeugung in einer Biogasanlage ein, handelt es sich um einen einheitl GewBetr (BFH II R 55/11 BStBl II 13, 518). – **(2) Windkraft; Solarkraft; Wasserkraft.** Dies ist mangels Verwendung selbsterzeugter Rohstoffe stets gewerbl (EStR 15.5 XII; *GLE* BStBl I 11, 1213 Tz II.12).

70 **cc) Abbaubetriebe; Bodenschätze.** Es handelt sich nur dann um Nebenbetriebe, wenn die gewonnene Substanz überwiegend im eigenen luf Betrieb verwendet wird (EStR 15.5 III 9; Nachweise zur Rspr s Rz 245). Da dies in der Praxis selten ist, liegt idR ein GewBetr vor. Zum Zeitpunkt des Entstehens eines Bodenschatzes als selbständiges WG s § 5 Rz 140, 270 „Bodenschätze"; zur Höhe der AK bei nachträgl entdeckten oder in ein gewerbl BV eingelegten Bodenschätzen sowie zur Zulässigkeit von AfS und zur Behandlung des RestWG „Ackerkrume" s § 7 Rz 221 ff; zur Abgrenzung zw Verkauf und Verpachtung bei entgeltl Ausbeutung des Bodenschatzes durch *Dritte* sowie zur Behandlung von Entschädigungen für entgehende luf Einnahmen s § 21 Rz 18.

73 **f) Dienstleistungen.** Zu Dienstleistungen bei **Pferdehaltung** s Rz 34. – **aa) Entgeltliche Übernahme organischer Abfälle.** Dies stellt einen luf Nebenbetrieb dar, wenn die Abfälle zunächst be- oder verarbeitet (zB kompostiert) und die dabei gewonnenen Erzeugnisse nahezu ausschließl im eigenen luf Betrieb verwendet werden (EStR 15.5 III 4 Nr 2). Handelt es sich mangels Be-/Verarbeitung der Abfälle nicht um einen Nebenbetrieb, fallen die Einnahmen gleichwohl unter § 13, wenn die Abfälle auf selbstbewirtschaftete Flächen ausgebracht (zB Klärschlamm) oder an eigene Tierbestände verfüttert werden (zB Küchen-/Grünabfälle, Schlempe; EStR 15.5 IV; *GLE* BStBl I 11, 1213 Tz II.4.; anders zur USt allerdings BFH V R 34/11 BStBl II 13, 460). Unterhält der LuF aufgrund von *Klärschlammtransporten* und der Ausbringung auf Flächen *Dritter* ohnehin bereits einen GewBetr, gehören hierzu auch die Entgelte für Transport/Ausbringung auf *eigene* Flächen (BFH IV R 24/05 BStBl II 08, 356).

74 **bb) Dienstleistungen beim Absatz eigener land- und forstwirtschaftliche Produkte.** Diese Tätigkeiten (zB Grabpflege oder Gartengestaltung mit gleichzeitiger Lieferung selbsterzeugter Pflanzen) sind LuF, wenn bei der einzelnen Tätigkeit der Dienstleistungsanteil maximal 50% des Umsatzes beträgt. Tätigkeiten, bei denen der Dienstleistungsanteil höher ist, gehören noch zur LuF, wenn diese Umsätze 1/3 des Gesamtumsatzes und 51 500 € im Wj nicht übersteigen (*GLE* BStBl I 11, 1213 Tz II.7., 11.; ähnl bereits BFH I R 24/66 BStBl III 66, 678: Landschaftsgärtner; BFH VIII R 15/73 BStBl II 76, 492: Friedhofsgärtnerei). Danach fallen Friedhofs- und Landschaftsgärtnereien mit überwiegendem Dienstleistungsanteil unter § 15.

cc) Ausschank selbsterzeugter Getränke. Ohne Hinzutreten weiterer Leistungen handelt es sich um bloße Produktvermarktung, die zur LuF gehört. Der Zukauf von Getränken oder das Anbieten von Speisen ist unschädl, wenn der entspr Umsatz $1/3$ des Gesamtumsatzes des Betriebs und 51 500 € netto im Wj nicht übersteigt. Ansonsten liegt GewBetr vor, *soweit* Speisen und zugekaufte Getränke verkauft werden (*GLE* BStBl I 11, 1213 Tz II.8., 11.).

dd) Verwendung betrieblicher Wirtschaftsgüter außerhalb des Betriebs; Lohnarbeiten. Dies ist grds gewerbl (zB Vermietung von Landmaschinen, Erbringung von Maschinenarbeiten für Dritte, Einsatz des Traktors im Winterdienst für Dritte, Landschaftspflege). Wird das WG aber zu mindestens 10 % im eigenen luf Betrieb genutzt (s hierzu BFH IV R 45/02 BStBl II 04, 512 unter 2.a), gehören auch die Dienstleistungen für Dritte zu § 13, wenn sie nicht mehr als $1/3$ des Gesamtumsatzes und höchstens 51 500 € im Wj betragen (*GLE* BStBl I 11, 1213 Tz II.9., 11.). Unterhalb dieser Grenze gibt noch die LuF dem Gesamtbetrieb das Gepräge (BFH IV R 45/02 BStBl II 04, 512 unter 2.b; BFH IV R 10/05 BStBl II 07, 516 unter II.1.b; BFH IV R 32/06 BFH/NV 08, 569). Zur Beurteilung von **Maschinengemeinschaften und Maschinenringen** s *Wendt* FR 96, 265, 280.

ee) Vermietung von Zimmern und Ferienwohnungen. Hier gelten dieselben Kriterien wie bei der Abgrenzung zw GewBetr und privater Vermögensverwaltung (näher § 15 Rz 83). Die FinVerw nimmt jedenfalls dann noch LuF an, wenn weniger als 4 Zimmer und weniger als 6 Betten bereitgehalten werden und keine Hauptmahlzeit gewährt wird (EStR 15.5 XIII). Die Vermietung von Kurzzeitparkplätzen und Sportanlagen (BFH X R 21/00 BStBl II 03, 520), der Betrieb von Campingplätzen und Liften sowie die Durchführung von Schlossbesichtigungen ist idR gewerbl.

11. Nutzungswert der Wohnung in einem Baudenkmal in Altfällen, § 13 II Nr 2, IV. Der Nutzungswert der vom StPfl oder einem Altenteiler selbst genutzten Wohnung und die damit in Zusammenhang stehenden Aufwendungen fließen nur dann in die Einkünfte aus LuF ein, wenn es sich um ein Baudenkmal handelt, die Wohnung die bei gleichartigen Betrieben übl Größe nicht überschreitet und für die jeweilige Wohnung die Voraussetzungen für die Nutzungswertbesteuerung bereits im VZ 1986 vorgelegen haben. Gewinne aus der Entnahme/Veräußerung derartiger Objekte sind stfrei (Abs 4, s Rz 102). Umfassend zur Nutzungswertbesteuerung samt Übergangsregelung s BMF BStBl I 86, 528 sowie *Schmidt* 24. Aufl § 13 Rz 175–190; zusammenfassender Überblick mit aktueller Rspr s *Schmidt* 36. Aufl § 13 Rz 81–91.

12. Produktionsaufgaberente nach FELEG, § 13 II Nr 3. S *Schmidt* 25. Aufl § 13 Rz 168.

13. Besonderheiten der Einkunftserzielungsabsicht bei Land- und Forstwirtschaft. – a) Überblick. Ausführl zur Einkunftserzielungsabsicht s § 2 Rz 23 f; für die Gewinneinkunftsarten § 15 Rz 24 ff. Danach ist der Liebhabereitatbestand zweigliedrig: Auf der ersten (obj) Stufe ist eine negative Totalgewinnprognose erforderl (Einzelheiten s Rz 94–97 sowie ausführl § 15 Rz 25 ff). Die Einkunftserzielungsabsicht kann aber nur dann verneint werden, wenn auf der zweiten (subj) Stufe persönl Motive für die Hinnahme der Verluste maßgebend sind (Einzelheiten s Rz 98 sowie ausführl § 15 Rz 29 ff). – **Rechtsfolge** der Annahme eines Liebhabereibetriebs ist **keine Betriebsaufgabe,** sondern ein erfolgsneutraler Strukturwandel (keine Aufdeckung, sondern Festschreibung der stillen Reserven; BFH IV R 138/78 BStBl II 82, 381 unter 2.; BFH IV R 82/04 BFH/NV 06, 1291 unter 1.c), der einem weiteren Schuldzinsenabzug nicht entgegen steht (ausführl § 15 Rz 42). Wie bei der Betriebsverpachtung im Ganzen (s Rz 123 ff) besteht aber ein Wahlrecht, die Betriebsaufgabe zu erklären. – Diese allg Grundsätze gelten auch für LuF; nachfolgend sind nur die hier zu beachtenden **Besonderheiten** dargestellt (vgl auch *Felsmann* A 186 ff). – Die bei gewerbl Tätigkeit geltende **Ver-**

mutung der **Gewinnerzielungsabsicht** wird von der Rspr jedenfalls dann nicht auf LuF übertragen, wenn fachfremde StPfl einen Betrieb übernehmen und dabei vor allem auf fremde Arbeitskräfte angewiesen sind oder das angestrebte Leben auf dem Lande ein wesentl Motiv ist (BFH IV B 82/95 BFH/NV 97, 21 unter 2.b mwN; BFH IV B 74/96 BFH/NV 97, 668 unter 1.a).

92 **b) Mehrere Betätigungen eines Steuerpflichtigen.** Sie sind für die Liebhabereiprüfung grds getrennt zu beurteilen (näher s § 15 Rz 29). Dies gilt bei LuF zB für Betriebe, die aus mehreren (jeweils für sich lebensfähigen) land- bzw forstwirtschaftl Teilbetrieben bestehen (BFH IV R 1/89 BStBl II 91, 452 unter 3.; BFH IV R 20/05 BFH/NV 08, 532 unter II.2.d). – **Pferdezucht** einerseits und Ackerbau andererseits können getrennt zu beurteilen sein (BFH IV R 178/83 BStBl II 86, 293 unter 3.), nicht hingegen ein nur noch aus Weideflächen bestehender Betrieb und die darauf betriebene Pferdezucht (BFH IV R 45/81 BFH/NV 86, 213 unter 1.). Pferdezucht und Pensionspferdehaltung sind einheitl zu betrachten, wenn die Zucht den Pensionsbetrieb in besonderem Maße fördert und stärkt (zutr FG Köln EFG 12, 1621, rkr). – Werden mit einem Betriebsteil Versuche zur Züchtung neuer Arten oder Sorten vorgenommen und damit zunächst Verluste erzielt, dienen diese Versuche aber der Steigerung des Gewinnes des Gesamtbetriebs, handelt es sich um einen einheitl, mit Gewinnerzielungsabsicht geführten Betrieb (BFH IV R 45/89 BStBl II 91, 625).

94 **c) Totalgewinnprognose.** Ausführl § 15 Rz 30, 31. Der Betrieb muss bei obj Betrachtung nach seiner Art, der Gestaltung der Betriebsführung und den gegebenen Ertragsaussichten einen Totalgewinn erwarten lassen (BFH IV R 33/99 BStBl II 00, 227 unter 1.; BFH IV B 168/01 BFH/NV 03, 896 unter 1.a). – **Gewinnermittlung nach § 13a.** Hier treten Verluste grds nicht in Erscheinung (Ausnahme: Sondergewinne nach § 13a VII; s § 13a Rz 23). Eine negative Totalgewinnprognose ist daher (bis zu einem etwaigen Übergang zu § 4 I/III) auch dann ausgeschlossen, wenn im Fall der Bilanzierung Verluste auszuweisen wären (BFH IV R 137/84 BStBl II 86, 808 unter 2.; BFH IV B 41/06 BFH/NV 07, 2049; BFH IV R 60/07 BFH/NV 10, 1446 Rz 28). Gleiches gilt, wenn es an jegl Gewinnermittlung fehlt (BFH IV R 27/98 BStBl II 00, 524 unter 1.e). Davon unberührt bleibt aber, dass eine steuerl Erfassung eine betriebl Tätigkeit voraussetzt.

95 **aa) Länge des Prognosezeitraums.** Sie ist von der Art des Betriebs abhängig und darf nicht verwechselt werden mit der Dauer der Phase, in der Anlaufverluste hinzunehmen sind. – **(1) Bedeutung der Generationenfolge.** Die Periode für die Feststellung, ob ein Totalgewinn mögl ist, kann mehrere Generationen umfassen (ausführl *Stöber* FR 17, 801). Gleichwohl ist die Prüfung der Gewinnerzielungsabsicht stets auf den einzelnen StPfl bezogen (BFH IV R 46/99 BStBl II 00, 674 unter 3.: trotz generationenübergreifender Totalgewinn kann die Gewinnerzielungsabsicht beim Rechtsvorgänger fehlen und beim Übernehmer aufgrund von Umstrukturierungen wieder einsetzen; BFH VI R 5/17 BStBl II 19, 601 Rz 25). Die generationenübergreifende Betrachtung gilt auch dann, wenn der Betrieb zunächst unter Nießbrauchsvorbehalt an die nächste Generation übertragen wird, sodass zeitweise zwei Betriebe bestehen, die aber auf eine erneute Zusammenführung angelegt sind (für forstwirtschaftl Betriebe BFH IV R 38/13 BStBl II 16, 765 Rz 24 ff; für landwirtschaftl Betriebe s BFH VI R 5/17 BStBl II 19, 601 Rz 29 ff). Wenn es sich nicht um klassische LuF handelt, ist die Totalperiode aber auf die Dauer der Tätigkeit des StPfl begrenzt (BFH IV R 178/83 BStBl II 86, 293 unter 3.: Pferdezucht durch einen Nicht-LuF). – **(2) Forstwirtschaftliche Betriebe.** Die gesamte Umtriebszeit (ggf mehr als 100 Jahre) ist zu berücksichtigen (BFH IV R 149/83 BStBl II 85, 549 unter B.I.; BFH VI R 86/14 BStBl II 17, 981 Rz 12; BMF BStBl I 18, 689 unter IV.). – **(3) Angepachtete Betriebe.** Nach bisheriger, strenger Rspr muss der Totalgewinn innerhalb der vereinbarten Pachtzeit erzielbar sein (BFH IV R 25/82 BStBl II 85, 399). Dies soll auch dann gelten, wenn der Pachtvertrag eine spätere Hofübergabe vorbereiten soll (BFH IV R 15/05 BStBl II 08, 465 unter II.2.c; me anders, wenn die beabsichtigte Hofübergabe bereits rechtl gesichert ist). Für die Verpachtung von **Forstbetrieben** ist diese Rspr allerdings zR aufgegeben worden (BFH IV R 38/13 BStBl II 16, 765 Rz 30). Die Ausführungen in BFH VI R 5/17 BStBl II 19, 601 Rz 32 lassen die Annahme zu, dass die Rspr auch bei der Verpachtung landwirtschaftl Betriebe gelockert werden könnte. – **(4) Nebenerwerbsbetriebe.** Hier wird man nicht ohne Weiteres von einer generationenübergreifenden Betriebsführung ausgehen können. Umgekehrt endet der Prognosezeitraum gerade bei sehr kleinen Betrieben, die nur einen geringen Tätigkeitsumfang erfordern, aber nicht notwendig mit der Pensionierung des StPfl (zum Ganzen BFH IV R 12/05 BFH/NV 08, 759 unter II.2.b).

bb) Vorhersehbare Verlustursachen. – **(1) Hoher Personalbestand und erhebliche Fremdfinanzierung.** Bei Forstbetrieben wird es in diesen Fällen (wegen der geringen lfd Einnahmen) häufig an der obj Möglichkeit zur Erzielung eines Totalgewinns fehlen (BFH IV R 6/03 BFH/NV 05, 1511 unter II.2.: ein Betrieb mit nur 90 ha ist für Fremdpersonal und Fremdfinanzierung zu klein; BFH IV R 1/89 BStBl II 91, 452 unter 2.b: selbst bei einem Betrieb mit 157 ha kann die Führung durch Fremdpersonal Dauerverluste mit sich bringen, die nicht mehr aufholbar sind). Gleiches gilt für ein fremdfinanziertes Weingut, das durch Angestellte bewirtschaftet wird und dessen Rebflächen nur zu $2/3$ bestockt sind (BFH IV B 74/96 BFH/NV 97, 668). – **(2) Ungeeignete Betriebsführung.** Der Anbau von Sorten, die für hiesige klimatische Bedingungen ungeeignet sind, führt idR zu einer negativen Prognose (BFH IV R 62/88 BFH/NV 89, 775: Kiwi-Zucht). Gleiches gilt für den Erwerb eines heruntergewirtschafteten Gutes in einem parasitenverseuchten Überschwemmungsgebiet durch einen Nicht-Landwirt, wenn kein Landwirt das Gut kaufen wollte (BFH IV R 27/97 BStBl II 99, 638 unter B. III.) sowie für eine Rinderfarm in Paraguay, die dt Anlegern iRe Verlustzuweisungsmodells vermittelt wird (BFH IV R 86/95 BFH/NV 98, 950). – **(3) Pferdezucht.** Hier sind strenge Anforderungen an die obj Eignung zur Gewinnerzielung zu stellen (BFH IV R 33/99 BStBl II 00, 227; BFH IV B 168/01 BFH/NV 03, 896; ausführl *Ritzrow* EStB 09, 205).

cc) Entstehen von Anlaufverlusten. – **(1) Grundsätzlich noch keine Liebhaberei.** Anlaufverluste allein sprechen nicht gegen eine positive Totalgewinnprognose, wenn vorhersehbare Verlustursachen der in Rz 96 genannten Art nicht vorliegen, der Betrieb also nicht schon *von vornherein* ungeeignet zur Erzielung eines Totalgewinns ist (zu einem solchen Fall von vornherein fehlender Eignung BFH IV B 97/03 BFH/NV 05, 2176). Stellt der StPfl den (zur Gewinnerzielung nicht von vornherein ungeeigneten) Betrieb während der Anlaufverlustphase ein, bleiben die bis dahin erzielten Verluste steuerl relevant (s auch Rz 99). – **(2) Dauer der Anlaufphase.** Während bei GewBetr üblicherweise von gut 5 Jahren ausgegangen wird (BFH X R 33/04 BStBl II 07, 874 unter II.2.b. cc), kann bei LuF durchaus auch ein längerer Zeitraum anzunehmen sein (BFH IV R 74/79 BStBl II 83, 2 unter 3.: bei hohem Investitionsbedarf 10 Jahre; FG Saarl EFG 98, 92, rkr: Tiere mit spät einsetzender Zuchtreife; *von Schönberg* FR 92, 246: Wiedereinrichter in den neuen Bundesländern). Allerdings beruht die frühere Rspr, wonach grds von einer Anlaufphase von 8 Jahren auszugehen sei (so BFH IV R 182/78 BStBl II 80, 718 unter 1.), noch auf dem obj Liebhabereibegriff und ist daher überholt.

d) Persönliche Motive für die Hinnahme der Verluste. Ausführl § 15 Rz 32. – **aa) Klassische persönliche Motive.** ZB private Erholungsinteressen und die persönl Begeisterung für den eigenen Betrieb (BFH IV R 6/03 BFH/NV 05, 1511 unter II.3.: Forstbetrieb); es geht dem StPfl vor allem um die Schaffung eines gehobenen Wohnsitzes auf dem Lande (BFH IV R 175/84 BStBl II 87, 89 unter 2.b); er möchte die Weinbautradition der Familie fortführen (BFH IV R

46/99 BStBl II 00, 674 unter 4.; BFH IV B 81/01 BStBl II 03, 804 unter 1.b bb). Gleiches gilt, wenn der Betreiber eines Gestüts zugleich ein persönl Freund des Reitsports und der Pferdezucht ist (BFH IV R 25/82 BStBl II 85, 399; FG Ddorf EFG 14, 991, rkr) oder die Pferdezucht bereits vor Gründung des „Betriebs" als Hobby ausgeübt hat (BFH IV R 33/99 BStBl II 00, 227 unter 4.; s auch BFH IV B 96/08 BFH/NV 10, 207), oder wenn ein erfolgreicher Industrieller, der ursprüngl Landwirt werden wollte, sich mit dem Erwerb eines Gutes seinen Jugendtraum erfüllen will (BFH IV R 27/97 BStBl II 99, 638 unter B.III.4.). Liebhaberei ist auch dann anzunehmen, wenn ein kleiner, aus einem Hobby heraus entstandener Pflanzenzuchtbetrieb innerhalb von 20 Jahren Verluste von 470 000 € erwirtschaftet (FG Köln EFG 14, 2120, rkr).

99 **bb) Indizien gegen das Vorliegen persönlicher Motive.** Eine obj negativer Totalgewinnprognose schadet nicht, wenn der StPfl auf die Verluste zeitnah durch nachvollziehbare Bemühungen zur Umstrukturierung, zum Verkauf oder zur Aufgabe des Betriebs reagiert (BFH X R 33/03 BStBl II 04, 1063 unter II.3b; BFH IV R 15/05 BStBl II 08, 465 unter II.4.a). Dies kann selbst bei Pferdehaltung gelten (BFH IV R 139/81 BStBl II 85, 205; BFH IV R 109/87 BFH/NV 89, 692 unter 1.b). Gleiches gilt, wenn die negative Prognose auf Ereignissen beruht, die bei Betriebsgründung nicht vorhersehbar waren (BFH IV R 130/01 BFH/NV 03, 1303: schwere Erkrankung des Betriebsinhabers).

II. Ergänzende Regelungen, § 13 III–VII

101 **1. Freibetrag, § 13 III.** Einkünfte aus LuF (ggf nach Abzug des Freibetrags nach §§ 14, 16 IV; auch nachträgl Einkünfte) werden bei der Ermittlung des Gesamtbetrags der Einkünfte nur berücksichtigt, soweit sie den Freibetrag von 900 € übersteigen. – **Eheleute.** Bei zusammenveranlagten Ehegatten (auch eingetragene LPart, § 2 VIII) verdoppelt sich der Freibetrag auf 1 800 €, und zwar auch dann, wenn nur *ein* Ehegatte luf Einkünfte bezieht. Erzielt einer der Ehegatten positive und der andere negative luf Einkünfte, sind diese vor Anwendung des Freibetrags zunächst zu saldieren (BFH IV R 32/86 BStBl II 88, 827). – **Einkünftegrenze.** Der Freibetrag wird nur gewährt, wenn die Summe der Einkünfte 30 700 € (bei zusammenveranlagten Ehegatten: 61 400 €) nicht übersteigt. – **Anwendungsbereich.** Abs 3 gilt für alle Gewinnermittlungsarten, auch für § 13a. Die Begünstigung der LuF durch den Freibetrag ist verfgemäß (*HHR* § 13 Rz 3) und nicht auf andere Einkunftsarten übertragbar (FG Hess EFG 96, 812, rkr). – **Systematik.** Der Freibetrag ist nicht bereits bei der Ermittlung der Einkünfte, sondern erst von der **Summe der Einkünfte** abzuziehen. § 46 II Nr 1 sieht vor, dass er für Zwecke der dortigen Veranlagungsgrenze in einer Hilfsrechnung abzuziehen ist. Er kann nicht bereits bei der Gewinnfeststellung einer MUerschaft, sondern erst bei der EStVeranlagung der MUer berücksichtigt werden (BFH IV R 90/88 BStBl II 90, 689 unter I.5.).

102 **2. Steuerfreie Entnahme selbstgenutzter Wohnungen in Altfällen, § 13 IV.** Der Nutzungswert der selbstgenutzten Wohnung des StPfl wird (unter Gewährung des vollen BA-Abzugs) nur noch besteuert, wenn die Wohnung schon im VZ 1986 selbstgenutzt wurde und sich in einem **Baudenkmal** befindet (Abs 2 Nr 2 iVm Abs 4 S 1). Abs 4 S 2 gewährt dem StPfl ein Wahlrecht, diese Nutzungswertbesteuerung jederzeit zu beenden. In diesem Fall bleibt der **Entnahmegewinn** (auch für den dazugehörigen GuB) stfrei (Abs 4 S 4, 5). Auch der Gewinn aus der Veräußerung einer solchen Wohnung bleibt stfrei (Abs 4 S 6 Nr 1); ebenso der Entnahmegewinn, der entsteht, wenn eine vor 1987 vermietete Wohnung später selbstgenutzt und dadurch entnommen wird (Abs 4 S 6 Nr 2). Hierbei muss es sich nach der Gesetzessystematik und der Entstehungsgeschichte ebenfalls um ein Baudenkmal handeln (BFH VI R 22/17 BStBl II 20, 639). Wegen der Einzelheiten s *Schmidt* 36. Aufl § 13 Rz 81 ff und *BMF* BStBl I 86, 528.

103 **3. Steuerfreie Entnahme bei Wohnbebauung, § 13 V. – a) Überblick.** Wird GuB durch Errichtung der Wohnung des StPfl (Betriebsinhabers) oder eines

Altenteilers entnommen, bleibt der Entnahmegewinn außer Ansatz. Die Regelung begünstigt nur **Neubauten,** nicht hingegen die erstmalige Selbstnutzung einer bereits vorhandenen Wohnung (dies kann bei Baudenkmalen unter Abs 4 S 6 Nr 2 fallen, s Rz 102). Der Umfang des zur Wohnung gehörenden GuB ist wie in den Fällen des Abs 4 S 4 (s *Schmidt* 36. Aufl § 13 Rz 89 mwN) zu ermitteln (so auch *BMF* BStBl I 97, 630 Tz 6). Altenteiler ist, wer den Betrieb in vorweggenommener Erbfolge übertragen hat und dafür Nutzungen, Natural- oder Geldleistungen erhält (BFH IV R 33/04 BFH/NV 06, 188 unter 1.b). – **Dauerrecht.** Die Anwendung des § 13 V ist zeitl nicht begrenzt. Sie setzt (anders als § 13 IV) auch nicht voraus, dass der betr GuB schon 1986 zum BV gehört hatte. Daher ist auch eine Anwendung im Beitrittsgebiet mögl. – **Anwendung bei §§ 15, 18.** Gem § 15 I 3 und § 18 IV 1 gilt § 13 V auch zugunsten von Gewerbetreibenden und selbständig Tätigen. – Zu **Besonderheiten bei Mitunternehmerschaften** s *Schmidt* 39. Aufl § 13 Rz 104; zur **Errichtung einer Wohnung durch einen Nutzungsberechtigten des Betriebs** s *Schmidt* 39. Aufl § 13 Rz 105.

b) Objektbeschränkung. Der StPfl kann die StBefreiung nur für jeweils eine selbstgenutzte und eine Altenteilerwohnung in Anspruch nehmen (die StFreiheit nach § 13 IV zählt hier allerdings nicht mit). Da die Regelung auf den jeweiligen Betriebsinhaber bezogen ist, kann der Erbe bzw Hofübernehmer sie erneut in Anspruch nehmen (*Felsmann* A 178d). Ob sie bei **MUerschaften** von jedem MUer gesondert, insgesamt nur ein Mal oder aber nicht in Anspruch genommen werden kann, hat die Rspr bisher nicht entschieden (vgl die Nachweise in BFH VIII R 23/95 BStBl II 99, 53 unter II.1.). ME ist die Objektbeschränkung dann auf den einzelnen MUer („StPfl") bezogen (glA *HHR* § 13 Rz 135), sodass die Begünstigungswirkung nicht durch Gründung neuer MUerschaften vervielfacht werden kann. **106**

4. Ratenzahlung der Einkommensteuer bei Übertragung von Wirtschaftsgütern auf Gemeinschaftsbetrieb, § 13 VI. Werden einzelne WG eines luf Betriebs auf einer der **gemeinschaftl Tierhaltung** dienenden Betrieb einer Genossenschaft oder eines Vereins übertragen, führt dies zur Gewinnrealisierung (§ 6 V ist nicht anwendbar, da es sich nicht um MUerschaften handelt). Allerdings kann die auf den Veräußerungsgewinn entfallende ESt auf Antrag in höchstens fünf jährl Raten entrichtet werden. Wirtschaftl entspricht dies einer zinslosen Teilstundung. **108**

5. Verweisung auf § 15, § 13 VII. Wesentl Teile der für gewerbl Einkünfte geltenden Normen sind auch iRd § 13 anzuwenden. Dies folgt zum einen aus der gesetzl Verweisung in § 13 VII, die sich ausdrückl auf die Vorschriften über die MUerschaft (§ 15 I 1 Nr 2; zu Besonderheiten der LuF s Rz 161 ff), die Besteuerung des Gewinns aus Anteilen an Europäischen Ges nach Sitzverlegung (§ 15 Ia), die Besonderheiten der Gewinnerzielungsabsicht (§ 15 II 2, 3) sowie Verluste bei beschr Haftung (§ 15a) und iZm StSparmodellen (§ 15b) erstreckt. – Diese Verweisung ist aber **nicht abschließend.** Insb gelten (obwohl von der Verweisung in § 13 VII nicht ausdrückl erfasst) die in § 15 II 1 genannten **allg Merkmale betriebl Einkünfte** wie Selbständigkeit, Nachhaltigkeit, Gewinnerzielungsabsicht und Beteiligung am allg wirtschaftl Verkehr auch für die Einkünfte aus LuF (BFH IV R 86/99 BStBl II 02, 80 unter 1.b). Einzelheiten zu diesen Merkmalen s § 15 Rz 8 ff; zu Besonderheiten der Gewinnerzielungsabsicht bei LuF s Rz 91 ff. Auch die allg Gewinnermittlungsvorschriften (§§ 4–7i) sind anwendbar. **109**

III. Besonderheiten der Zurechnung bei Einkünften aus Land- und Forstwirtschaft

1. Allgemeines zur Zurechnung. Umfassend zur Zurechnung betriebl Einkünfte s § 15 Rz 135–148; zu den nachstehend dargestellten Besonderheiten der LuF grundlegend BFH IV R 119/74 BStBl II 75, 770 unter 1.; BFH IV R 31/74 BStBl II 76, 335 unter II.1. – Auch die Einkünfte aus LuF sind demjenigen zuzurechnen, **auf dessen Rechnung und Gefahr der Betrieb geführt wird.** **111**

Dies ist derjenige, dem die Nutzungen des luf Vermögens, insb des GuB, zustehen, idR also der Eigentümer der Grundstücke und sonstigen Betriebsmittel. Dies gilt selbst dann, wenn der Eigentümer den Betrieb nicht selbst führt, sondern durch einen Dritten (zB Verwalter) bewirtschaften lässt. Muss der Eigentümer die Nutzungen des luf Vermögens aufgrund steuerrechtl anzuerkennender Rechtsbeziehungen – zB Pacht (Rz 112–120), Betriebsverpachtung im Ganzen (Rz 123–136), Wirtschaftsüberlassungsvertrag (Rz 141–144), Nießbrauch (Rz 151–156), sonstige Überlassungsverträge – einem Dritten überlassen, sind diesem die lfd Einkünfte zuzurechnen. Beim Eigentümer verbleiben die Einkünfte aus dem Nutzungsentgelt sowie aus Veräußerungen seiner betriebl WG. – Ferner können luf Einkünfte durch MUerschaften (Rz 161–176) erzielt werden.

112 **2. Pacht. – a) Einkunftserzielung durch den Nutzungsberechtigten.** Ist der StPfl zwar nicht Eigentümer der Flächen oder Betriebsmittel, stehen ihm deren Nutzungen aber aufgrund eines steuerl anzuerkennenden Pachtvertrags zu, erzielt er in seiner Person Einkünfte aus LuF.

113 **b) Pachtverträge zwischen Angehörigen.** Sie sind in der LuF häufig. Nach den allg hierfür geltenden Grundsätzen sind sie zu berücksichtigen, wenn sie nach Inhalt und tatsächl Durchführung einem Fremdvergleich standhalten (allg zu Angehörigenverträgen s § 12 Rz 20 ff; speziell zu Miet- und Pachtverträgen zw Angehörigen s § 21 Rz 81 ff). – **Angemessenheit des Pachtzinses.** Überhöhte Pachtzahlungen an Angehörige sind keine BA. Bei einem unübl niedrigen Pachtzins liegt ein teilentgeltl Geschäft vor. Der **Pächter** kann den *Gesamtbetrag* seiner Zahlungen als BA abziehen (zutr FG Nds EFG 04, 1681, unter 2., rkr), sofern es sich nicht ledigl um Versorgungs-/Altenteilsleistungen handelt, die bei Vertragsschluss bis VZ 2007 zu einer Beurteilung als (unentgeltl) Wirtschaftsüberlassungsvertrag führten (BFH IV R 31/74 BStBl II 76, 335 unter I.; s Rz 141 ff). Beim **Verpächter** findet eine Nutzungsentnahme statt; diese ist nach den allgemeinen Regeln mit den anteiligen Selbstkosten (nach Maßgabe der Unentgeltlichkeitsquote) zu bewerten (s Rz 229; § 6 Rz 517). – **Übernahme von Reparaturkosten durch den Pächter.** Übernimmt der Pächter bei Pachtverträgen zw Angehörigen Reparaturkosten, die nach dem Vertrag dem Verpächter obliegen, ist zu differenzieren: Trägt der Pächter die Kosten im eigenen betriebl Interesse (insb in der rechtl abgesicherten Erwartung des späteren Eigentumsübergangs), handelt es sich um BA (BFH IV R 1/02 BStBl II 04, 780; ebenso zu Aufwendungen eines Pächters zur Bodenverbesserung FG Nds EFG 94, 512, rkr). Andernfalls liegt eine steuerl unbeachtl Zuwendung an den Angehörigen vor (BFH IV R 89/93 BFH/NV 95, 379; BFH IV B 22/94 BFH/NV 95, 591; vgl auch *Felsmann* B 579 ff).

114 **3. Verpachtung mit eisernem Inventar. – a) Zivilrecht.** Nach § 582a BGB wird bei der Verpachtung von landwirtschaftl Betrieben häufig vereinbart, dass der Pächter das Inventar zum Schätzwert übernimmt und bei Pachtende zum Schätzwert zurückzugeben hat; bei Wertdifferenzen ist ein Geldausgleich zu zahlen. Damit geht die Gefahr des zufälligen Untergangs (anders als im Normalfall des Miet- oder Pachtvertrags) auf den Pächter über. Der Pächter kann innerhalb der Grenzen einer ordnungsmäßigen Wirtschaft über die zum Inventar gehörenden WG verfügen; er muss das Inventar erhalten und lfd ersetzen. Auch wenn der Pächter WG anschafft, wird der Verpächter deren Eigentümer (§ 582a II 2 BGB). – **Begriff des Inventars.** Zivilrechtl kommen nur **bewegl Sachen** in Betracht (s § 97, § 98 Nr 2 BGB; insb Geräte, Vieh, Vorräte). Grundstücksbestandteile fallen auch dann nicht darunter, wenn sie steuerl (abw vom Zivilrecht) als bewegl WG angesehen werden (BFH IV R 31/97 BStBl II 00, 286 unter 4.); Gleiches gilt für immaterielle WG (zB Lieferrechte). – Diese Grundsätze gelten auch beim Nießbrauch mit eisernem Inventar (§ 1048 II BGB).

115 **b) Gewinnermittlung durch Bilanzierung.** Umfassend *BMF* BStBl I 02, 262 (hierzu *Ostmeyer* INF 02, 357; ausführl und mit Beispielen *Felsmann* A 617 ff;

s auch § 5 Rz 702). Die traditionelle Handhabung ist wenig praktikabel (zur Vereinfachungsregelung der *FinVerw* s Rz 120). Allerdings hat BFH IV R 31/97 BStBl II 00, 286 unter 2. offen gelassen, ob daran festgehalten werden soll.

aa) Anlagevermögen. – (1) Aktivierung beim Verpächter. WG des AV bleiben auch wirtschaftl im Eigentum des Verpächters, der das Inventar daher weiterhin zu aktivieren hat und AfA vornehmen kann (BFH I 51/61 S BStBl III 66, 61); zum wirtschaftl Eigentum bei Einbauten des Pächters s § 7 Rz 81 ff. Dies vermeidet die Gewinnrealisierung, die bei einer Übertragung des (wirtschaftl) Eigentums an den Pächter eintreten würde, und ist einer der Hauptgründe für die Wahl der eisernen Verpachtung. – **(2) Bilanzierung der Verpflichtung zur Substanzerhaltung. – (a) Pächter.** Er hat hierfür eine Rückstellung zu bilden, deren Höhe sich an der AfA (allerdings unter Berücksichtigung der ggf veränderten aktuellen Wiederbeschaffungskosten) orientiert (BFH I 51/61 S BStBl III 66, 61; BFH VIII R 88/87 BStBl II 93, 89). – **(b) Verpächter.** Ob dieser korrespondierend einen **Substanzerhaltungsanspruch** zu aktivieren hat, ist in der jüngeren Rspr str geworden: Die bisherige Rspr hat eine Aktivierung nach Maßgabe der Wiederbeschaffungskosten (dh am TW orientiert) bejaht (BFH IV 75/64 BStBl III 66, 589; BFH VIII R 28/95 BStBl II 98, 505); die Grundsätze hierfür entsprechen denen für die Bildung der Pachterneuerungsrückstellung beim Pächter. Damit tritt beim Verpächter eine Gewinnauswirkung lediglich in Höhe der Differenz zw der AfA und der jährl Hinzuaktivierung ein. Demgü hat der IV. Senat jüngst eine Aktivierung abgelehnt, sich aber nicht mit der bisher gegenteiligen Rspr auseinandergesetzt (BFH IV R 29/12 BStBl II 17, 668; zR krit *Weber-Grellet* FR 15, 557; *Tiedchen* StuW 15, 281). ME ist an der bisherigen Rspr festzuhalten; der Erneuerungsanspruch ist ein WG. – **(3) Erhaltungsaufwendungen und Ersatzbeschaffungen. – (a) Pächter.** Es handelt sich um BA. Zugleich ist die Pachterneuerungsrückstellung teilweise aufzulösen. Übersteigen die Ersatzbeschaffungen die zivilrechtl Rückgabeverpflichtung des Pächters, hat dieser den nach § 582a III 3 BGB entstehenden Wertausgleichsanspruch und der Verpächter die entspr Verpflichtung zu bilanzieren; diese Bilanzposten sind in den Folgejahren entspr aufzulösen. – **(b) Verpächter.** Er hat die in sein Eigentum übergehenden Ersatzbeschaffungen zu aktivieren und zugleich seine Forderung auf Substanzerhaltung zu mindern (diff FG Ddorf EFG 97, 630, rkr: Ersatzbeschaffungen, die sich innerhalb der Pachtzeit verbrauchen, hat allein der Pächter zu aktivieren; mE zutr).

bb) Umlaufvermögen. Mit überlassenes UV (zB Feldinventar, stehende Ernte) geht ins wirtschaftl Eigentum des Pächters über und wird als Sachdarlehen behandelt (BFH IV R 160/74 BStBl II 79, 138). Der Pächter hat die WG des UV zu aktivieren und in gleicher Höhe eine Rückgabeverpflichtung zu passivieren. Der Verpächter aktiviert eine Rückgabeforderung in Höhe des Werts des überlassenen WG. Hat der Verpächter jedoch nach EStR 14 III von der Aktivierung seines Vorratsvermögens abgesehen (hierzu Rz 239), braucht er auch keine Rückgabeforderung zu aktivieren (BFH IV R 212/82 BStBl II 85, 391; BFH IV R 130/84 BStBl II 86, 399; EStR 14 III 6).

c) Gewinnermittlung nach § 4 III. Hier sind weder Forderungen noch Verbindlichkeiten anzusetzen. Ersatzbeschaffungen sind beim Pächter BA, beim Verpächter (der gewinnmindernd AfA vornehmen kann) BE.

d) Unentgeltliche Betriebsübertragung auf den Pächter. Hier fällt sowohl der Substanzerhaltungsanspruch des Verpächters als auch die Pachterneuerungsverpflichtung des Pächters aus privaten Gründen weg. Bei bilanzierenden StPfl ergeben sich daher keine Gewinnauswirkungen. Bei § 4 III bewirkt der aus privaten Gründen eintretende Wegfall der Forderung beim Verpächter eine Gewinnrealisierung (Entnahme; BFH IV R 73/97 BStBl II 00, 309 unter 2.; Anm *Kanzler* FR 00, 54; *Ostmeyer* INF 00, 7); der Wegfall der Verbindlichkeit beim Pächter kann als BA (Einlage) behandelt werden (*BMF* BStBl I 02, 262 unter III.).

§ 13 120–124   Einkünfte aus Land- und Forstwirtschaft

120 **e) Vereinfachungsregelung.** Aus Billigkeits- und Vereinfachungsgründen lässt die *FinVerw* zR wahlweise die **Buchwertmethode** zu (*BMF* BStBl I 02, 262 unter IV.; krit *HHR* § 13 Rz 48 aE: keine Rechtsgrundlage). Danach übernimmt der Pächter bei Beginn der eisernen Verpachtung die Buchwerte des Verpächters (mE muss Gleiches für den Sammelposten nach § 6 IIa und den Investitionsabzugsbetrag nach § 7g gelten) und setzt in gleicher Höhe eine unveränderl Rückgabeverpflichtung an. In der Folgezeit nimmt er die AfA vor und aktiviert auch Neuanschaffungen. Der Verpächter „friert" die Buchwerte des überlassenen Inventars ein; AfA darf er nicht mehr vornehmen. Bei einer späteren unentgeltl Übertragung ergibt sich dann keine Gewinnauswirkung. – **Voraussetzung** ist, dass die eiserne Verpachtung im Vorgriff auf eine spätere Hofübertragung vorgenommen wurde, zumindest eine der Vertragsparteien *nicht* bilanziert (diese Voraussetzung lässt sich jedenfalls beim Verpächter idR gestalten), und beide Parteien die Anwendung der Vereinfachungsregelung gemeinsam beantragen. – Zur **Übergangsregelung für vor dem 1.4.02 abgeschlossene Altverträge** s *Schmidt* 34. Aufl § 13 Rz 78.

123 **4. Betriebsverpachtung im Ganzen.** Ausführl § 16 Rz 166 ff; *HHR* § 16 Rz 650 ff; nachstehend sind nur die *Besonderheiten* der LuF dargestellt. – **a) Überblick.** Verpachtet der StPfl den bisher von ihm selbst geführten Betrieb (oder einen Teilbetrieb), steht ihm ein **Wahlrecht** zu (grundlegend BFH GrS 1/63 S BStBl III 64, 124; seit 5.11.11 modifiziert durch § 16 IIIb): Er kann entweder eine *ausdrückl* Erklärung ggü dem FA abgeben, dass mit der Verpachtung die Betriebsaufgabe eingetreten sein soll (s Rz 136 und § 16 Rz 191). Dann werden die verpachteten WG in das PV überführt, der Aufgabegewinn ist (unter Gewährung der Begünstigungen nach §§ 14, 34) zu versteuern. Ohne eine solche Aufgabeerklärung wird der Betrieb als fortbestehend behandelt, sodass die stillen Reserven weiterhin steuerverhaftet bleiben, ihre Realisierung aber aufgeschoben wird. Der StPfl kann auch in diesem Fall später jederzeit eine Betriebsaufgabe durch Abgabe einer eindeutigen Aufgabeerklärung herbeiführen. Ebenso gilt eine Betriebsaufgabe als bewirkt, wenn dem FA Tatsachen für eine Zwangsaufgabe bekannt werden. – Während der StPfl bei Begründung der Betriebsverpachtung idR dazu neigen wird, die Gewinnrealisierung zu vermeiden, wandelt sich seine **Interessenlage** in der Folgezeit, sodass er später mitunter eher nach Gründen dafür suchen wird, die für ein Entfallen der Voraussetzungen für die Fortführung des BV bereits in früherer (verjährter) Zeit sprechen könnten (*Wendt* FR 06, 828). Hierfür trägt er die obj Beweislast (BFH IV B 31/97 BFH/NV 98, 1345; BFH IV B 3/05 BFH/NV 06, 1652 unter 1.a; BFH IV B 25/09 BFH/NV 10, 1116; BFH VI R 73/15 BFH/NV 18, 1249 Rz 29). Durch § 16 IIIb ist für diese Fälle mehr Rechtsklarheit geschaffen worden. – **Voraussetzung** einer (die Gewinnrealisierung zunächst vermeidenden) Betriebsverpachtung im Ganzen ist die Verpachtung aller (funktional) wesentl Betriebsgrundlagen (s Rz 125 ff und § 16 Rz 169 ff). Ferner muss dem Verpächter obj die Möglichkeit verbleiben, den Betrieb wieder selbst fortzuführen. Daran fehlt es bei wesentl Umgestaltungen des BV, die daher auch ohne Aufgabeerklärung (theoretisch) zu einer Zwangsbetriebsaufgabe führen können (s Rz 134 und § 16 Rz 188). Diese Grundsätze gelten einheitl sowohl für Haupt- als auch für Nebenerwerbsbetriebe (BFH IV B 162/95 BFH/NV 97, 558).

124 **b) Verpachtung aller wesentlichen Betriebsgrundlagen. – aa) Einheitliche oder parzellenweise Verpachtung.** Zwar setzt eine Betriebsverpachtung im Ganzen grds eine einheitl Verpachtung an **einen einzigen Pächter** voraus. Bei LuF kann aber auch eine **parzellenweise Verpachtung** an verschiedene Pächter genügen (BFH IV R 66/86 BStBl II 88, 260 unter 1.; BFH IV R 57/00 BStBl II 03, 16 unter 1.a; BFH IV R 52/02 BFH/NV 05, 674 unter I.3.a; BFH IV R 57/04 BFH/NV 07, 1640 unter II.1.a; BFH IV R 58/07 BFH/NV 10, 1785 unter II.3.a aa; BFH IV R 45/13 BFH/NV 17, 459 Rz 29), und zwar selbst dann, wenn die Pachtverträge stark unterschiedl Laufzeiten haben (BFH IV R 58/91

BStBl II 92, 521 unter 3.). – **Billigkeitsregelung der *FinVerw*.** Die *FinVerw* geht bisher aus Billigkeitsgründen wegen der früher gegenteiligen VerwAuffassung (s *GLE* BStBl II 66, 34) von einer (Zwangs-)Betriebsaufgabe in der Vergangenheit aus, wenn die parzellenweise Verpachtung bereits vor der Veröffentlichung des erstgenannten BFH-Urteils (15.4.88) erfolgte (*OFD Mster* DB 91, 523; vgl auch die Nachweise in BFH IV R 57/04 BFH/NV 07, 1640 unter II.1.c; umfassend *Bolin* INF 01, 39; *Meyne-Schmidt* StBP 04, 235). Der BFH, der generalisierende Billigkeitsregelungen (im Anschluss an die mE irrige Entscheidung BFH GrS 1/15 BStBl II 17, 393) immer kritischer sieht, hat einen Anspruch des StPfl auf Anwendung der ihm günstigen Billigkeitsregelung jedoch verneint (BFH VI R 35/17 BFH/NV 20, 849; mE unzutr; FG Mster EFG 21, 547, Rev VI R 3/21; offen BFH VI R 30/18 BFHE 273, 6 Rz 23; zust *Riehm* FR 21, 474).

bb) Wesentliche Betriebsgrundlagen. – (1) Begriff. Bei der Betriebsverpachtung wird ausschließl eine **funktionale Betrachtung** vorgenommen (Bedeutung des WG für den Betrieb); auf das Vorhandensein stiller Reserven kommt es hier (anders als bei der Betriebsaufgabe) nicht an (s § 16 Rz 172 mwN). Werden WG, die *nicht* zu den wesentl Betriebsgrundlagen gehören, anlässl der Verpachtung zurückbehalten, veräußert oder unentgeltl übertragen, kann der StPfl das Verpächterwahlrecht gleichwohl in Anspruch nehmen. Dass die neuere Rspr zur Betriebsverpachtung mit der Annahme wesentl Betriebsgrundlagen sehr zurückhaltend ist, beruht vor allem darauf, dass ansonsten im Fall der späteren Umgestaltung/Veräußerung dieser WG auch der Anwendungsbereich der Zwangsbetriebsaufgabe (Rz 134) auszuweiten wäre, was die Rspr tendenziell zu vermeiden versucht.

(2) Eigentumsbetriebe. – (a) Selbst bewirtschaftete Nutzflächen. Diese stellen die hauptsächl wesentl Betriebsgrundlage dar (BFH IV R 65/98 BStBl II 99, 398 unter 3.; BFH IV R 57/04 BFH/NV 07, 1640 unter II.1.a). Bei einer Gärtnerei gehören neben dem GuB auch die Gewächshäuser zu den wesentl Betriebsgrundlagen (FG BaWü EFG 95, 526, rkr). – **(b) Hofstelle** (Wirtschaftsgebäude und sonstige Anlagen). Die Rspr ist hier nicht ganz konsequent: Einerseits wird die Hofstelle durchaus den wesentl Betriebsgrundlagen zugeordnet; gleichwohl soll ihre Zurückbehaltung unschädl sein, weil es zahlreiche luf Betriebe ganz ohne Hofstelle gebe und daher auch das weitere Schicksal der Hofstelle keine Bedeutung für die Fortführung des BV haben könne (BFH IV B 107/99 BFH/NV 00, 1339; BFH IV B 204/02 BFH/NV 04, 1647; BFH IV R 57/04 BFH/NV 07, 1640 unter II.3.); auch der spätere Verkauf der Hofstelle führt nicht zur Zwangsbetriebsaufgabe des Verpachtungsbetriebs (BFH VI R 17/19 BFH/NV 21, 930). Mit derselben Begründung könnten allerdings auch die Eigentumsflächen aus dem Begriff der wesentl Betriebsgrundlagen herausgenommen werden, da es zahlreiche luf Betriebe gibt, die auf gepachteten Flächen wirtschaften. Diese Rspr kann daher mE jedenfalls dann nicht überzeugen, wenn die Hofstelle für den konkreten Betrieb tatsächl die Bedeutung einer funktional wesentl Betriebsgrundlage hat. – **(c) Lebendes und totes Inventar.** Es gehört bei Eigentumsbetrieben wegen seiner im Vergleich zu den Nutzflächen untergeordneten Bedeutung und der Möglichkeit kurzfristiger Wiederbeschaffung idR nicht zu den wesentl Betriebsgrundlagen (BFH IV R 7/89 BStBl II 91, 833 unter 1.; BFH IV R 58/91 BStBl II 92, 521 unter 2.c; BFH IV R 52/94 BFH/NV 96, 110 unter 1.a). Dessen unterbliebene Mitverpachtung führt daher nicht zur Zwangsaufgabe (bei unentgeltl Übertragung allerdings Entnahme und lfd Gewinn). – **(d) Immaterielle WG.** Sie können im Einzelfall zu den wesentl Betriebsgrundlagen gehören (zB Lieferrechte).

(3) Pachtbetriebe. Hier ist auch das (eigene) lebende und tote Inventar eine wesentl Betriebsgrundlage (BFH IV R 25/88 BStBl II 90, 373 unter I.1.d; BFH IV R 7/89 BStBl II 91, 833 unter 1.; BFH IV R 65/98 BStBl II 99, 398 unter 3.b).

128 **cc) Einheitliche Beurteilung für den gesamten Betrieb.** Die ursprüngl verpachteten Grundstücke gehören einheitl zu dem Verpachtungsbetrieb; der Verpächter hat nicht die Möglichkeit, *einzelne* wesentl Betriebsgrundlagen seinem PV zuzuordnen (BFH IV R 97/96 BFH/NV 98, 311 unter 1.). – **Hinzuerwerb von GuB.** Erwirbt der Verpächter, der noch keine Aufgabeerklärung abgegeben hat, später weitere Flächen hinzu und verpachtet sie an denselben Pächter, werden sie zwingend BV (BFH IV R 1/98 BStBl II 99, 55). Ist die hinzuerworbene Fläche hingegen langfristig an einen *Dritten* verpachtet, gehört sie nicht zum notwendigen BV, kann aber dem gewillkürten BV zugeordnet werden, sofern sie in einer gewissen räuml Nähe (bis 100 km) zu dem vorhandenen Betrieb liegt (BFH IV R 10/09 BStBl II 12, 93; BFH VI R 53/16 BStBl II 21, 427 Rz 21; krit zu der Entfernungsgrenze *Kanzler* FR 12, 130).

129 **dd) Verpachtung von Restflächen nach unentgeltlicher Betriebsübertragung.** Das Verpächterwahlrecht besteht auch dann, wenn eine Restfläche von einer unentgeltl Betriebsübertragung ausgenommen und statt dessen an den Erwerber verpachtet wird (BFH IV R 28/00 BFH/NV 05, 1062 unter II.2.d); dies gilt ab VZ 2020 unabhängig von der Größe der Restfläche (§ 14 II; s § 14 Rz 38). Bewirtschaftet der Verpächter die zurückbehaltene Restfläche hingegen *selbst*, besteht kein Wahlrecht zur Erklärung der Betriebsaufgabe; vielmehr findet dann auch die Verpachtung zwingend im Rahmen des fortgeführten luf Betriebs statt (BFH IV B 129/90 BFH/NV 91, 591; BFH IV B 31/97 BFH/NV 98, 1345 mwN).

130 **ee) Verpachtung unmittelbar nach Betriebserwerb.** Verpachtet der StPfl (Nichtlandwirt) einen gerade entgeltl erworbenen Betrieb, ohne ihn jemals selbst geführt zu haben, steht ihm **kein Wahlrecht** zu. Die Flächen gehören zum PV, so dass er Einkünfte aus VuV erzielt (BFH IV R 95/87 BStBl II 89, 863; ebenso BFH VI R 82/14 BFH/NV 17, 1313 für Erwerb und sofortige Verpachtung durch Eheleute, auch wenn einer der Ehegatten an anderer Stelle noch einen kleinen luf Betrieb führt; ebenso FG Nds EFG 13, 774, rkr, für ein verpachtetes Grundstück, das neben einem Forstbetrieb erworben wird). – Hat der StPfl beim Erwerb hingegen die (obj erkennbare) Absicht, alsbald die Eigenbewirtschaftung aufzunehmen, erfolgt der Erwerb zwingend zum BV (BFH IV R 14/89 BStBl II 92, 134; BFH IV R 110/91 BStBl II 93, 752; BFH IV R 23/00 BStBl II 03, 124: ein *gesamter* Betrieb wird BV, auch wenn der StPfl von Anfang an nur einen kleinen Teil der Flächen selbst bewirtschaftet und den überwiegenden Teil sofort verpachtet).

132 **c) Objektive Möglichkeit der Fortführung durch den Verpächter. – aa) Keine wesentliche Umgestaltung.** Gedankl Hintergrund der Einräumung des Rechts zum Aufschub der Versteuerung der stillen Reserven ist die Möglichkeit, dass der Verpächter (oder sein Rechtsnachfolger; s Rz 135) den „unterbrochenen" Betrieb wieder aufnehmen könnte. Daran fehlt es, wenn der Betrieb so wesentl umgestaltet wird, dass eine Wiederaufnahme obj unmögl ist; wenn dem FA diese Tatsachen bekannt werden, tritt auch ohne Aufgabeerklärung eine **Zwangsbetriebsaufgabe** ein (§ 16 IIIb 1 Nr 2). In der Praxis ist die Rspr mit der Annahme einer Zwangsbetriebsaufgabe äußerst zurückhaltend; sie soll nur noch angenommen werden, wenn *keine* wesentl Betriebsgrundlagen mehr vorhanden sind (BFH IV B 99/98 BFH/NV 99, 1073 unter 1.b). Hierfür reicht es nicht aus, wenn die Nutzflächen parzellenweise verpachtet werden, die Hofgebäude zurückbehalten oder an verschiedene Nutzer vermietet werden und das lebende Inventar verkauft wird (BFH IV R 66/86 BStBl II 88, 260 unter 5.a; BFH IV R 86/96 BFH/NV 98, 834; BFH IV B 25/02 BFH/NV 03, 1554). Durch die Anfügung von § 14 II, III bewirkt auch die Verkleinerung des Betriebs durch Veräußerung/Entnahme von Teilflächen sowie die Realteilung des Verpachtungsbetriebs keine Zwangsaufgabe mehr (s § 14 Rz 36f). Gleiches gilt für den Wegfall der Gewinn-

erzielungsabsicht (BFH IV R 36/94 BFH/NV 96, 398; s auch Rz 91: Strukturwandel), eine starke Reduzierung der Beteiligung am allg wirtschaftl Verkehr (BFH IV R 86/99 BStBl II 02, 80), die Beantragung einer Altersrente und Löschung des Höfevermerks (BFH IV R 86/96 BFH/NV 98, 834 unter 1.b) oder eine lange Laufzeit des Pachtvertrags.

bb) Zerstörung der Wirtschaftsgebäude. Weder dies noch die Veräußerung **133** der zunächst mitverpachteten Hofstelle führt zur Zwangsaufgabe, weil die Hofstelle nicht zwingend für die Annahme eines luf Betriebs ist (BFH IV R 61/01 BStBl II 03, 755 unter 3.; BFH IV B 82/04 BFH/NV 06, 1291 unter 1.b; dazu *Hiller* INF 03, 815; s bereits Rz 126, dort auch zur Kritik). Für den Umbau von Stallgebäuden durch den Verpächter für gewerbl Zwecke eines Mieters gilt dies jedenfalls dann, wenn die Viehhaltung schon mit Beginn der Verpachtung aufgegeben worden war und die Stallgebäude daher nicht zu den wesentl Betriebsgrundlagen gehören (BFH IV R 35/03 BFH/NV 05, 1046 unter 2.b). Auch eine Änderung der Bewirtschaftungsweise durch den Pächter beeinflusst die steuerl Qualifizierung des Verpächterbetriebs nicht (*Felsmann* A 596); dies gilt selbst dann, wenn der Pächter (zB durch vermehrten Zukauf) die Grenze zur Gewerblichkeit überschreitet (zum Branchenwechsel s auch § 16 Rz 173). – Im Hinblick auf diese Rspr sieht die *FinVerw* für die Annahme einer Zwangsbetriebsaufgabe im Rahmen einer luf Betriebsverpachtung im Ganzen auch bei umfangreichen Flächenveräußerungen und Veränderungen an den Wirtschaftsgebäuden regelmäßig keinen Raum mehr (*BMF* BStBl I 00, 1556).

cc) Zwangsbetriebsaufgabe. Dies hat die Rspr nur in sehr wenigen Ausnah- **134** mefällen bejaht, zB wenn der StPfl ein 6 ha großes Grundstück, auf dem durch Samenanflug (niemals bewirtschafteter) Buschwald entstanden war, wenige Jahre nach dem Erwerb an 12 verschiedene Pächter auf bis zu 50 Jahre zur Errichtung von Wochenendhäusern verpachtet (BFH IV R 91/85 BStBl II 88, 257: wenn hier überhaupt jemals ein Forstbetrieb bestanden hat, ist er jedenfalls aufgegeben worden). Zu einer Zwangsaufgabe hat der BFH auch in dem Sonderfall tendiert, in dem die Flächen eines nicht mehr aktiv bewirtschafteten Kleinstbetriebs (2,4 ha) verpachtet und zugleich unter Nießbrauchsvorbehalt auf einen Dritten übertragen worden waren (BFH IV R 53/99 BFH/NV 00, 1078).

dd) Rechtsnachfolge. Der Tod des Inhabers des Verpachtungsbetriebs stellt **135** keine Betriebsaufgabe dar. Vielmehr geht der Betrieb (und die Möglichkeit, durch jederzeitige Aufgabeerklärung die Betriebsaufgabe herbeizuführen) nach § 6 III auf die Erben über (BFH IV R 28/00 BFH/NV 05, 1062 unter II.2.f). Werden die verpachteten Flächen iRd **Erbauseinandersetzung** auf die Miterben aufgeteilt, vermeidet § 14 III ab 18.12.20 die nach früherer Rechtslage ggf eintretende Zwangsbetriebsaufgabe führen (s § 14 Rz 38). – Überträgt der Verpächter den Betrieb im Laufe der Pachtzeit *unentgeltl* auf den Pächter, führt dieser ihn ohne Aufdeckung der stillen Reserven (nunmehr als Eigentumsbetrieb) fort (§ 6 III). Zur Abgrenzung entgeltl/unentgeltl Erwerb s § 16 Rz 35 ff.

d) Aufgabeerklärung. Sie muss *ausdrückl* ggü dem FA abgegeben werden (§ 16 **136** IIIb). Nach § 138 I 4 AO besteht ohnehin eine gesetzl Pflicht, Betriebsaufgaben dem FA mitzuteilen.

5. Wirtschaftsüberlassungsverträge. Sie stellen eine Besonderheit der LuF **141** ggü anderen Einkunftsarten dar. Strukturell liegen sie zw der Betriebsverpachtung im Ganzen (allerdings besteht das Pachtentgelt idR in Altenteilsleistungen) und der Vermögensübergabe gegen Versorgungsleistungen (insoweit fehlt es aber noch an der dingl Eigentumsübertragung). Der wirtschaftl Hintergrund liegt häufig darin, dass Eltern ihren Betrieb zwar noch nicht eigentumsmäßig übergeben, den Übernehmer aber nicht mit dem vollen marktübl Pachtzins belasten wollen (*Kanzler* FR 18, 189).

142 **a) Voraussetzungen.** Grundlegd BFH IV R 99/72 BStBl II 75, 772 unter 3.; BFH IV R 31/74 BStBl II 76, 335 unter II.; ausführl ferner *Felsmann* A 692ff; *HHR* § 13 Rz 49; *Wätzig* INF 82, 437; *Kanzler* FR 92, 239. – **(1) Alleiniges Nutzungsrecht des Berechtigten.** Dies muss ihm bis zum Eintritt des Erbfalls, zumindest aber für einen nicht nur vorübergehenden Zeitraum (BFH IV R 99/72 BStBl II 75, 772 unter 4.a: 9 Jahre) nach außen hin erkennbar eingeräumt werden. Entscheidend ist die *persönl* Bewirtschaftung durch den Übernehmer (originäres Fruchtziehungsrecht); eine Nutzung im Wege der Verpachtung an Dritte genügt nicht (BFH IV B 32/93 BFH/NV 94, 539). – **(2) Eigentum am lebenden und toten Inventar.** Dies wird (entgeltl oder unentgeltl) auf den Berechtigten übertragen; zumindest aber muss er die volle Verfügungsmacht über das Inventar nach Maßgabe der für die eiserne Verpachtung geltenden Grundsätze (s Rz 114ff) erlangen. Die letztgenannte Variante vermeidet die bei entgeltl oder unentgeltl Übertragung eintretende Realisierung der stillen Reserven des Inventars (vgl BFH IV R 31/74 BStBl II 76, 335 unter II.2.b). – **(3) Alleinige Entscheidungsbefugnis des Nutzungsberechtigten.** Sie bezieht sich auf sämtl zur Betriebsführung erforderl Maßnahmen. – **(4) Eingeschränkte Gegenleistung.** Der Nutzungsberechtigte verpflichtet sich ledigl zu **„Altenteilsleistungen"** (wesentl Teile des Pachtzinses bestehen aus altenteilsähnl Leistungen wie Kost und Logis, Hege und Pflege) oder zu einem **unübl niedrigen Entgelt** (vgl BFH IV R 1/98 BStBl II 99, 55 unter 3.b). – **(5) Person der Berechtigten.** Typischerweise ist der Nutzungsberechtigte zugleich der künftige **Hoferbe**; zwingend ist dies jedoch nicht (BFH IV R 84/87 BFH/NV 90, 623: ein minderjähriges Kind als Hofeigentümer überlässt den Hof seinen Eltern zur Bewirtschaftung; BFH IV R 53/92 BStBl II 93, 395 unter 3.: Überlassung des Hofs an den anderen Ehegatten gegen Versorgungsleistungen zugunsten der Schwiegereltern).

143 **b) Rechtsfolgen. – aa) Zurechnung der Einkünfte. – (1) Nutzungsberechtigter.** Er erzielt aus der aktiven Bewirtschaftung des Betriebs Einkünfte aus LuF. Er kann seine lfd Aufwendungen sowie die AfA für die ihm zuzurechnenden WG (nicht jedoch die AfA für WG des Eigentümers) abziehen. – **(2) Eigentümer.** Er hat wegen der Ähnlichkeit zw Wirtschaftsüberlassung und Betriebsverpachtung im Ganzen ein Wahlrecht, die Betriebsaufgabe zu erklären. Gibt er keine eindeutige Aufgabeerklärung ab, besteht sein BV fort (BFH IV R 179/72 BStBl II 76, 415 unter 2.c; BFH IV R 31/74 BStBl II 76, 335 unter III.; ausführl s Rz 123ff). Zu den Einnahmen aus diesem BV gehören Erlöse aus der Veräußerung von WG des (ihm weiter zuzurechnenden) unbewegl AV, Einkünfte aus betriebl Beteiligungen sowie aus einer etwaigen Betriebsveräußerung. Als BA abzusetzen die AfA für die abnutzbaren unbewegl WG (BFH IV R 104/90 BStBl II 93, 327), Versicherungsprämien, öffentl Abgaben (zB GrundSt), Schuldzinsen, soweit sie nicht vom Nutzungsberechtigten getragen werden. – **(3) Buchführungspflicht.** Sofern sie besteht, geht sie mit der Übernahme der Bewirtschaftung des Betriebs auf den Nutzungsberechtigten über (§ 141 III AO); die Buchführungspflicht des Hofeigentümers erlischt. Aus der Gewinnermittlung nach § 13a scheidet der Hofeigentümer erst auf Grund einer Mitteilung des FA gem § 13a I 4 aus.

144 **bb) Behandlung der laufenden Zahlungen. –** Bei **Vertragsschluss ab dem 1.1.08** (§ 52 XVIII) sind die Voraussetzungen des § 10 Ia Nr 2 nicht erfüllt, weil kein Betrieb übertragen wird (zutr *BMF* BStBl I 10, 227 Rz 22; BFH X R 16/13 BStBl II 14, 889; BFH VI R 59/15 BStBl II 18, 461 Rz 23). Die Zahlungen sind daher grds als **BA beim Nutzungsberechtigten** und als **BE beim Eigentümer** zu behandeln (BFH VI R 59/15 BFHE BStBl II 18, 461 Rz 27ff). – **Fremdvergleich.** Der BA-Abzug setzt voraus, dass das Vertragsverhältnis einem Fremdvergleich standhält (*Kanzler* NWB 14, 2926). Allein ein unübl geringes Entgelt oder der Umstand, dass das Entgelt in (abänderbaren) Altenteilsleistungen besteht, die naturgemäß nur zw Angehörigen vereinbart werden, führt jedoch nicht zur Verneinung der Fremdüblichkeit (BFH X R 16/13 BStBl II 14, 889 Rz 19; BFH VI R 59/15 BFHE BStBl II 18, 461 Rz 33, 43; *Kanzler* FR 14, 1090; *Kanzler* FR 18, 189). Kann angesichts der geringen Höhe des Entgelts (auch unter Berücksichtigung ggf zuwachsender stiller Reserven) auf Dauer kein Überschuss mehr erzielt werden, wandelt sich der Eigentümerbetrieb in einen Liebhabereibetrieb. Bei einem zu hohen Entgelt handelt es sich um unbeachtl Unterhaltsleistungen (BFH VI R 59/15 BStBl II 18, 461 Rz 33). – Zur Rechtslage bei **Vertragsschluss bis 31.12.07** s *Schmidt* 39. Aufl § 13 Rz 144 (Vermögensübergabe gegen Versorgungsleistungen).

6. Nießbrauch. Es handelt sich um ein dingl Recht, kraft dessen der Nießbraucher berechtigt ist, die Nutzungen der belasteten Sache zu ziehen (§§ 1030 ff BGB). Zu unterscheiden ist zw **Unternehmens-** und **Ertragsnießbrauch.** Nur der Unternehmensnießbrauch (zu den zivilrechtl Voraussetzungen s *Grüneberg* § 1085 BGB Rz 3 ff) begründet die Unternehmereigenschaft des Nießbrauchers und damit die Zurechnung der lfd Einkünfte an ihn. Ist der Nießbrauch hingegen auf den Ertrag beschränkt, werden die Einkünfte weiterhin vom Eigentümer erzielt (s § 15 Rz 143 mwN). **151**

a) Entgeltliche Nießbrauchsbestellung. Sie führt wirtschaftl weitgehend dieselben Wirkungen wie eine Verpachtung des Betriebs herbei. Auch die steuerl Behandlung ist grds dieselbe. – **Nießbrauchsbesteller.** Das Entgelt führt zu Einkünften aus der Nutzungsüberlassung, die bis zu einer Aufgabeerklärung (Rz 136) unter § 13, danach unter § 21 fallen. Er bleibt zivilrechtl und wirtschaftl Eigentümer der WG; ihm steht weiterhin die AfA zu (s § 7 Rz 70). – **Nießbraucher.** Er bewirtschaftet den Hof kraft des Nießbrauchsrechts selbst und hat daher ebenfalls Einkünfte aus LuF. Das lfd Nießbrauchsentgelt ist BA; *vorausgezahltes* Entgelt ist zu aktivieren und auf den Vorauszahlungszeitraum abzuschreiben (s § 5 Rz 176 mwN). – **Entgeltl Nießbrauchsbestellung zugunsten naher Angehöriger.** Es gelten die bei Angehörigenverträgen übl steuerl Kriterien (ausführl § 12 Rz 20). Bleibt das Entgelt für die Bestellung des Nießbrauchs deutl hinter dem Angemessenen zurück, handelt es sich um BA, sofern das Vertragsverhältnis noch anzuerkennen ist, ansonsten um unbeachtl Unterhalt (s Rz 144). **152**

b) Unentgeltliche Nießbrauchsbestellung. Die Vorwegnahme einer Erbregelung kann zeitl gestreckt werden. Hierfür ist der Nießbrauch gut geeignet. So kann der Hofeigentümer zB das Eigentum an dem Betrieb dem künftigen Hoferben übertragen und sich den Nießbrauch vorbehalten (Vorbehaltsnießbrauch, Rz 154) oder er kann Eigentümer bleiben, aber dem künftigen Hoferben unentgeltl einen Nießbrauch bestellen (Zuwendungsnießbrauch, Rz 156). **153**

aa) Vorbehaltsnießbrauch. Behält sich der luf Unternehmer bei der Übertragung des Eigentums an den künftigen Hoferben den Nießbrauch vor und setzt er auf dieser rechtl Grundlage die Bewirtschaftung (einstweilen) fort, entstehen dadurch zwei luf Betriebe (BFH IV R 66/86 BStBl II 88, 260 unter 2.). – **(1) Behandlung beim Nießbraucher.** Er erzielt aus seiner aktiven Bewirtschaftung (nunmehr allerdings auf fremden Flächen) weiterhin die lfd Einkünfte. Zu einer Gewinnrealisierung kommt es durch die Nießbrauchsbestellung (anders als bei der Übertragung *einzelner* WG unter Vorbehaltsnießbrauch, s § 7 Rz 64 f) wegen § 6 III nicht (s § 6 Rz 701 mwN). Die AfA stehen – trotz idR fehlenden wirtschaftl Eigentums – weiterhin dem früheren Eigentümer (Nießbraucher) zu, der die lfd Einkünfte erzielt, und zwar auf der Basis der von ihm selbst getragenen tatsächl AK/HK (ausführl § 7 Rz 65 mwN). Wird der Nießbrauch gegen Einmalzahlung abgelöst, gehört diese auch bei einem verpachteten Betrieb zu den Einkünften aus LuF (zutr BFH VI R 26/17 BStBl II 19, 660). – **(2) Behandlung beim neuen Eigentümer.** Der übertragene Betrieb ruht fortan, weil er unentgeltl überlassen wird. Die Einkünfte aus der Substanz der überlassenen WG (zB Veräußerung oder Entnahme von Grundstücken, Gewinn aus einer Betriebsveräu- **154**

ßerung oder -aufgabe) sind dem neuen Eigentümer zuzurechnen. Dieser kann entspr den Grundsätzen über die Betriebsverpachtung im Ganzen (s Rz 123 ff) wählen, ob er die Betriebsaufgabe erklärt (BFH IV R 325/84 BStBl II 87, 772 unter 2.). Solange er keine Aufgabeerklärung abgibt, handelt es sich um Einkünfte aus LuF. Lfd Einkünfte bezieht er wegen der Unentgeltlichkeit der Nießbrauchsbestellung idR nicht. – **(3) „Rheinische Hofübergabe".** Hier übernimmt der neue Eigentümer vom Vorbehaltsnießbraucher auch die aktive Bewirtschaftung, zB durch einen „nachgeschalteten" Pacht- oder Wirtschaftsüberlassungsvertrag. Für die AfA-Befugnis kommt es dann darauf an, ob das Überlassungsverhältnis entgeltl ist: Bei entgeltl Pachtvertrag erzielt der Nießbraucher weiterhin lfd Einkünfte und kann die AfA abziehen (BFH IV R 28/00 BFH/NV 05, 1062 unter II.1. hat allerdings angedeutet, dass hier das Verpächterwahlrecht ausgeschlossen sein könnte, sodass der Übergeber nach einer zwingenden Betriebsaufgabe Einkünfte aus VuV erzielt). Bei (unentgeltl) Wirtschaftsüberlassung geht die AfA-Befugnis hingegen auf den neuen Eigentümer über.

156 bb) **Zuwendungsnießbrauch; Vermächtnisnießbrauch.** Wendet der Hofeigentümer dem künftigen Hoferben unentgeltl ein Nießbrauchsrecht zu, um ihm die Bewirtschaftung zu überlassen (Zuwendungsnießbrauch), oder wird ein Nießbrauchsrecht durch Vermächtnis zugewandt (Vermächtnisnießbrauch), erzielt der Nießbraucher die lfd Einkünfte aus LuF. Ihm stehen jedoch weder AfA nach den AK/HK des Eigentümers zu (s § 7 Rz 102 mwN) noch kann er (mangels eigener Aufwendungen) ein Nießbrauchsrecht aktivieren und abschreiben. Wegen dieser steuerl Nachteile ist der Zuwendungsnießbrauch nicht empfehlenswert und in der Praxis selten. – Einkünfte aus der Veräußerung des luf *Vermögens* erzielt weiterhin der Eigentümer, der zudem ein Wahlrecht zur Erklärung der Betriebsaufgabe hat (BFH IV R 7/94 BStBl II 96, 440 unter 2.a). Die Einräumung eines Vermächtnisnießbrauchs führt nicht zur Zwangsbetriebsaufgabe (BFH IV R 19/94 BFH/NV 96, 600 unter 1.b). – Vertragsgemäße Versorgungs-(Altenteils-)leistungen, die der Nießbraucher an den Eigentümer erbringt, sind nach den hierfür geltenden Grundsätzen (s Rz 181 ff) zu beurteilen.

158 **7. Nutzungsberechtigung nach § 14 HöfeO. – Rechtsgrundlagen.** In den Ländern Nds, NRW, SchlHol und Hbg (frühere britische Besatzungszone) gilt die HöfeO; ähnl § 23 HöfeO RhPf; s ausführl *Felsmann* A 272 ff. – **Zivilrechtl Inhalt.** Der überlebende Ehegatte eines verstorbenen Hofeigentümers ist berechtigt, den Hof bis zur Vollendung des 25. Lebensjahrs des Hoferben zu verwalten und zu nutzen (§ 14 HöfeO). Diese Rechtsstellung ähnelt der eines **Vermächtnisnießbrauchers** (s Rz 156). – **Steuerl Behandlung.** Die lfd Erträge sind dem Nutzungsberechtigten zuzurechnen. Dieser ist aber weder wirtschaftl Eigentümer noch in einer MUerschaft mit dem Hoferben verbunden (BFH IV R 20/84 BStBl II 87, 561; BFH IV R 29/05 BFH/NV 08, 1131). Dem Erben (Hofeigentümer) stehen die Einkünfte aus der Vermögenssubstanz zu, zB wenn er WG veräußert. **AfA** kann weder der Nutzungsberechtigte (mangels eigener AK) noch der Eigentümer (mangels Betriebsführung) abziehen. Wenn dieses Ergebnis unerwünscht ist, sollte § 14 HöfeO (erb)vertragl abbedungen werden (zutr *KS* § 13 Rz 41).

161 **8. Besonderheiten bei Mitunternehmerschaften der Land- und Forstwirtschaft.** Allg zur MUerschaft s § 15 Rz 160 ff; zu FamilienPersGes s § 15 Rz 740 ff. – **a) Anwendung der allg Vorschriften.** Über § 13 VII (s Rz 109) gelten zahlreiche Sonderregelungen der §§ 15–15b auch für luf PersGes. Auch die allg Regeln über die steuerl Anerkennung von Gesellschaftsverträgen zw nahen Angehörigen sind anwendbar (BFH IV R 44/02 BStBl II 04, 500 unter 1.a). – Die **Abfärberegelung des § 15 III Nr 1** (ausführl § 15 Rz 185 ff) ist gerade bei (auch) luf tätigen PersGes von Bedeutung. Gewerbl Nebentätigkeiten, die bei einem Einzelunternehmen einen gesonderten GewBetr begründen und die LuF im Übrigen unberührt lassen würden, führen hier zur Umqualifizierung der *Gesamt-*

einkünfte. Die **gewerbl Prägung nach § 15 III Nr 2** erfasst (rein) luf tätige PersGes, bei denen eine KapGes persönl haftend und geschäftsführend ist (näher § 15 Rz 211 ff). Zum Halten einer Beteiligung an einer luf PersGes in einem gewerbl BV s § 15 Rz 200 ff. – **Verfahren.** Die **verbindl Entscheidung über das Bestehen einer MUerschaft** kann (auch zw Ehegatten) nur im Gewinnfeststellungsverfahren getroffen werden (§ 180 I 1 Nr 2 Buchst a AO; Ausnahme: Fälle von geringerer Bedeutung nach § 180 III 1 Nr 2 AO). Feststellungszeitraum ist auch bei abw Wj immer das Kj (BFH IV R 87/82 BStBl II 85, 148). – **SonderBV** ist insb bei Ehegatten-MUerschaften von erhebl Bedeutung, weil die Flächen trotz gemeinsamer Bewirtschaftung häufig zumindest teilweise im Alleineigentum eines Ehegatten stehen. Wird eine bisher im gemeinschaftl Eigentum stehende Teilfläche in das Alleineigentum eines Ehegatten übertragen, aber weiterhin faktisch durch den gemeinsamen Betrieb bewirtschaftet (wofür nach der Rspr eine Vermutung spricht), entsteht kein eigener Betrieb des Eigentümer-Ehegatten; vielmehr stellt die Fläche ledigl SonderBV in der fortbestehenden MUerschaft dar (BFH IV R 62/94 BStBl II 95, 592).

b) Zivilrechtliches Gesellschaftsverhältnis oder Gemeinschaftsverhältnis. S ausführl § 15 Rz 320 ff. – **Gütergemeinschaft** (zum Einfluss der ehel Güterstände s § 15 Rz 375 ff). Hier ist auch ohne zusätzl Vereinbarungen grds MUerschaft gegeben (BFH IV R 37/04 BStBl II 06, 165 unter II.2.; BFH VI R 73/15 BFH/NV 18, 1249 Rz 24; BFH VI R 50/16 BStBl II 19, 313 Rz 18). Dies gilt auch dann, wenn tatsächl nur ein Ehegatte den Betrieb führt (BFH VI R 39/18 BStBl II 21, 532 Rz 28). Eine fortgesetzte Gütergemeinschaft ist trotz der Einkünftezurechnung an den überlebenden Ehegatten (§ 28) als MUerschaft anzusehen (*Kanzler* FR 93, 761, 769). Auch bei Trennung oder Scheidung der Eheleute endet die MUerschaft nicht schon mit diesem Ereignis, sondern erst mit der tatsächl Auflösung und Abwicklung der Gütergemeinschaft (BFH IV B 66/10 BFH/NV 12, 411). Der Güterstand der Zugewinngemeinschaft reicht hingegen für die Annahme einer MUerschaft allein noch nicht aus (s aber Rz 164 ff). – **Bruchteilsgemeinschaft.** Sie kann ebenfalls zu einer MUerschaft führen. – **Ausdrückl als solche vereinbarte InnenGes.** Sie ist auch dann MUerschaft, wenn der allein tätige und nach außen allein auftretende Betriebsinhaber nur über angepachtete Flächen verfügt und ledigl einen geringen festen Vorabgewinn erhält, der andere Ges'ter aber sämtl weitere Betriebsmittel einbringt und zu 100% am Gewinn und den stillen Reserven beteiligt ist (BFH IV R 2/05 BStBl II 07, 927 unter II.B.3.: die starke MUerinitiative kompensiert das geringe MUerrisiko). **Stille Ges** sind bei LuF allerdings schon zivilrechtl ausgeschlossen, da es an dem dafür erforderl Grundhandelsgewerbe fehlt; statt dessen ist eine InnenGbR anzunehmen (BFH IV R 2/05 BStBl II 07, 927 unter II.B.2.).

c) Stillschweigende (faktische/verdeckte) Mitunternehmerschaften. Allg hierzu s § 15 Rz 280 ff; zu Besonderheiten der LuF s *Ritzrow* StBP 07, 17 mwN; *v Twickel* DStR 09, 411. Sie sind bei LuF häufiger als bei anderen Einkunftsarten. Zwar ist für die Annahme einer MUerschaft *immer* ein Ges- oder Gemeinschaftsverhältnis erforderl. IdR wird es sich um einen ausdrückl Vertrag (schriftl oder mündl) handeln, worunter auch die Gütergemeinschaft fällt (Ehevertrag). Auch beim Fehlen einer solchen ausdrückl Vereinbarung kann jedoch ein stillschweigendes (faktisches, verdecktes) GesVerhältnis vorliegen, wenn die Parteien unter Übernahme von Unternehmerrisiko und -initiative gemeinschaftl einen luf Betrieb führen. Aus diesem tatsächl Verhalten wird dann auf die stillschweigende Vereinbarung einer InnenGes geschlossen (*v Twickel* DStR 09, 411). Für die Feststellung einer verdeckten MUerschaft gelten die allg Regeln für die Anerkennung von Verträgen zw nahen Angehörigen – anders als bei *ausdrückl* GesVerträgen – naturgemäß nicht (BFH XI R 14/95 BStBl II 96, 133). – IErg kann die Annahme einer verdeckten MUerschaft bei LuF wegen der besonderen Bedeutung sowohl der betriebl WG (insb des GuB, s Rz 212 ff) als auch der tatsächl Mitarbeit unter **großzügigeren Voraussetzungen als bei § 15** erfolgen (so bereits BFH I 140/61 U BStBl III 62, 214), wo entscheidend auch auf das Auftreten nach außen abgestellt wird. Bei Betrieben, die zwar landwirtschaftsnah, jedoch steuerl als GewBetr einzustufen sind (zB gewerbl Gärtnereien, gewerbl Tierzucht), gelten nicht die für LuF, sondern die für GewBetr entwickelten Grundsätze (FG Nds INF 87, 329, rkr).

166 **d) Stillschweigende Ehegatten-Mitunternehmerschaft.** Dies setzt grds die Verteilung des luf GuB auf *beide* Ehegatten (dazu sogleich) und darüber hinaus MUerinitiative (beiderseitige Mitarbeit im Betrieb, s Rz 171) sowie MUerrisiko (s Rz 172) voraus; zu den Rechtsfolgen s Rz 173; zur Anwendung dieser Grundsätze über die Ehegatten-Fälle hinaus s Rz 175. Die Rspr des VI. Senats betont allerdings verstärkt die Abgrenzung zu Fällen, in denen die Eheleute jeweils eigenständige Betriebe unterhalten (BFH VI R 45/16 BStBl II 19, 60 Rz 30 ff), wobei die Kriterien für die zu treffende Unterscheidung zw einer gemeinsamen Bewirtschaftung der den Ehegatten getrennt gehörenden Flächen einerseits (MUerschaft) und der auf familienrechtl Grundlage stattfindenden (ggf wechselseitigen) bloßen Mithilfe im Einzelbetrieb des anderen Ehegatten andererseits noch unklar sind.

167 **aa) Verteilung des land- und forstwirtschaftlichen Grund und Bodens auf beide Ehegatten.** Dies ist nach der Rspr ein entscheidendes Kriterium. Die Flächen müssen also entweder den Eheleuten *gemeinsam* (BFH I 14/60 U BStBl III 60, 326; BFH IV R 206/80 BStBl II 83, 636) oder ein erhebl Teil jedem Ehegatten zu Allein- oder Miteigentum gehören (BFH I 140/61 U BStBl III 62, 214; BFH IV R 248/84 BStBl II 87, 17; insoweit **aA** *Wendt* FR 96, 265, 270). Zur stillschweigenden Überlassung solcher Flächen an den anderen Ehegatten, die der Überlassende seinerseits angepachtet hat, s Rz 168. Auch Forstflächen sind grds in die Betrachtung einzubeziehen (BFH VI R 45/16 BStBl II 19, 60 Rz 29; mit beachtl Gründen krit *Stephany* DStRK 18, 308), wobei hier aber sorgfältig zu prüfen ist, ob der dem einen Ehegatten gehörende Forst als eigener Betrieb anzusehen ist und dadurch aus der Betrachtung ausscheidet (BFH VI R 45/16 BStBl II 19, 60 Rz 30 ff; s hierzu auch BFH IV R 62/94 BStBl II 95, 592). – Hintergrund dieser Rspr ist, dass die einheitl Nutzung des auf beide Ehegatten verteilten GuB stets Einvernehmen der Ehegatten voraussetzt, sodass die Annahme eines konkludent begründeten Gesellschaftsverhältnisses nahe liegt. – **Förml Pachtvertrag.** Beruht die Überlassung des dem anderen Ehegatten gehörenden Teils der Flächen hingegen nicht ledigl auf einer stillschweigenden Übereinkunft, sondern auf einem förml Pachtvertrag, erzielt nur der bewirtschaftende Ehegatte (Pächter) Einkünfte aus LuF; der Annahme einer MUerschaft bedarf es hier nicht (BFH IV R 35/09 BFH/NV 11, 2057 unter II.6.). Der Abschluss derartiger ausdrückl Verträge kann sich empfehlen, wenn die Flächen des einen Ehegatten im PV gehalten werden sollen.

168 **(1) Nur geringfügiger Flächenanteil eines Ehegatten.** Dies reicht zur Begründung einer verdeckten MUerschaft nicht aus. Als geringfügig sieht der BFH Flächen im Umfang von weniger als 10 % der insgesamt genutzten Eigentumsflächen an (BFH IV R 16/07 BStBl II 09, 989 unter II.2.b ee; BFH IV R 45/13 BFH/NV 17, 459 Rz 25; BFH VI R 45/16 BStBl II 19, 60 Rz 21). Liegt der Flächenanteil eines Ehegatten unter dieser Geringfügigkeitsgrenze, unterhält jeder Ehegatte auf seinen Eigentumsflächen selbst dann einen *eigenen* Betrieb, wenn die Bewirtschaftung einheitl durch *einen* der Ehegatten erfolgt, weil dann der Grundsatz gilt, dass Einkünfte aus luf genutztem GuB dem Eigentümer zuzurechnen sind (BFH IV R 96/87 BStBl II 89, 504). – **(2) Ausschließlich** *ein* **Ehegatte ist Eigentümer des GuB.** In diesen Fällen lehnt die Rspr eine stillschweigende MUerschaft grds ab und rechnet die Einkünfte auch dann in vollem Umfang dem Eigentümer-Ehegatten zu, wenn der andere Ehegatte seine gesamte Arbeitskraft in den Betrieb einbringt, ohne dass dies auf besonderen Rechtsbeziehungen beruht (BFH

IV R 119/74 BStBl II 75, 770; BFH IV R 186/79 BStBl II 83, 73; BFH IV R 16/07 BStBl II 09, 989 unter II.2.b ff). Bei Überlassung von Flächen, die der Nichteigentümer-Ehegatte von Dritten im eigenen Namen **angepachtet** hat, lässt der BFH aber eine stillschweigende MUerschaft zu, weil auch der Pächter gem § 956 BGB originär Eigentümer der Früchte wird (zutr BFH IV R 16/07 BStBl II 09, 989 unter II.2.b cc). – **(3) Ausnahmsweise keine verdeckte Mitunterschaft trotz Verteilung des Grund und Bodens auf beide Ehegatten.** Dies gilt für solche Betriebe, bei denen die Erzeugnisse weder wesentl Bestandteile noch Früchte des zu ihrer Hervorbringung genutzten Grundstücks darstellen, weil der GuB dann nicht von prägender Bedeutung ist (BFH IV R 341/84 BStBl II 87, 23: Baumschule, Blumengärtnerei; mE ebenso für Pilzzuchtbetriebe).

(4) Kritik. Die ausschließl Fixierung auf den eigenen GuB erscheint gleichwohl als zu eng. Denn mit zunehmender Technisierung und Bürokratisierung der Landwirtschaft haben zB **Lieferrechte, Geräte und Know-how** an Bedeutung gewonnen; dementspr ist der GuB als Produktionsmittel nicht mehr allein entscheidend (ebenso *BH/Nacke* § 13 Rz 45). Bringt einer der Ehegatten derartige „Beiträge" (vgl § 705 BGB) und der andere die Eigentumsflächen ein, reicht dies mE für eine MUerschaft aus, wenn der Betrieb *tatsächl* gemeinsam geführt wird (beiderseitige Mitarbeit, gemeinsame Entscheidungsfindung). Zutr weist die Rspr allerdings darauf hin, dass für die Ausdehnung der Grundsätze über die stillschweigende Ehegatten-MUerschaft **kein besonderes Bedürfnis** besteht, weil den Ehegatten, die eine MUerschaft wünschen, jederzeit der Abschluss eines ausdrückl Gesellschaftsvertrages mögl ist (BFH IV R 44/02 BStBl II 04, 500 unter 1.c). IÜ kann die Annahme einer MUerschaft durchaus auch negative Rechtsfolgen mit sich bringen (zB Abfärbung gewerbl Anteile, s Rz 161, 173). Eine verfwidrige Benachteiligung von Eheleuten liegt hierin nicht, da die Grundsätze auch zw Dritten angewendet werden können (BFH VI R 45/16 BStBl II 19, 60 Rz 22 f; s auch Rz 175).

bb) Mitunternehmerinitiative. Sie ist gegeben, wenn beide Ehegatten **im Betrieb mitarbeiten,** wobei der Beitrag des einen durchaus auch „weit geringer" sein kann als der des anderen (BFH IV R 248/84 BStBl II 87, 17: Mitarbeit im Umfang von 20 % einer Vollzeitkraft; BFH IV B 104/94 BFH/NV 96, 27 unter 1.; BFH IV R 44/02 BStBl II 04, 500 unter 2.: der Ehemann bewirtschaftet, die Ehefrau erledigt Schriftverkehr und Bankgeschäfte). Sind diese Voraussetzungen erfüllt, kommt es für die Bejahung einer MUerschaft nicht darauf an, ob die Ehegatten auch nach außen hin gemeinsam auftreten (woran es bei einer reinen InnenGes typischerweise fehlt); daher sind auch gemeinsame Bankkonten nicht zwingend.

cc) Mitunternehmerrisiko. Daran fehlt es (dh keine MUerschaft), wenn zw den Ehegatten ein **steuerl beachtl Nutzungsüberlassungsverhältnis** (zB Pacht, Nießbrauch, unentgeltl Überlassung aufgrund besonderer Vereinbarung) über die Flächen besteht. Denn aufgrund der festen (oder ganz fehlenden) Vergütung hat der Eigentümer-Ehegatte keinen Anspruch auf Beteiligung am Gewinn des luf Betriebs (BFH IV R 44/02 BStBl II 04, 500 unter 1.b, 3.b). Die überlassenen Flächen können dann zum PV des Eigentümer-Ehegatten gehören, sofern dieser niemals selbst einen luf Betrieb geführt hat (BFH IV R 264/84 BStBl II 87, 20). Bei einer unentgeltl Überlassung „zur Bewirtschaftung" kann die Abgrenzung zw schuldrechtl Überlassung einerseits und Gesellschafterbeitrag andererseits schwierig sein; im Zweifel nimmt die Rspr Gesellschafterbeitrag an (BFH IV R 264/84 BStBl II 87, 20 unter 2.; BFH IV R 44/02 BStBl II 04, 500 unter 3.b). – ME gilt dieser **Vorrang ausdrückl schuldrechtl Abreden** vor der Annahme einer stillschweigenden MUerschaft auch dann, wenn die Ehegatten (die je für sich Eigentümer von Teilflächen sind) einen den steuerl Anforderungen genügenden **Arbeitsvertrag** geschlossen haben, wonach der eine Ehegatte in dem luf Betrieb des anderen tätig wird.

dd) Rechtsfolgen. Der Gewinn ist nach der Rspr grds beiden Ehegatten **zu je 50 % zuzurechnen** (BFH I 14/60 U BStBl III 60, 326; BFH IV R 264/84 BStBl II 87, 20 unter 1.), wobei man daran zweifeln kann, ob dies auch in solchen

Fällen, in denen die Eheleute erhebl abw Beiträge erbringen, sachgerecht ist. Sondervergütungen sind nicht als BA abziehbar (§ 15 I 1 Nr 2). – Wie bei jeder MUerschaft droht auch der stillschweigenden Ehegatten-MUerschaft Gefahr durch die **Abfärberegelung** des § 15 III Nr 1 (s Rz 161), sodass bei einer *teilweise* gewerbl Tätigkeit die *gesamten* Einkünfte unter § 15 fallen. Unschädl wäre es aber, wenn die gewerbl Tätigkeit nur durch *einen* der Ehegatten ausgeübt wird, weil dieser dann einen gewerbl Einzelbetrieb neben der luf MUerschaft innehätte (vgl den Fall BFH IV R 45/02 BStBl II 04, 512; *Stephany* DStRK 18, 308). Die Annahme einer MUerschaft kann jedoch auch positive Auswirkungen haben. So kommt es bei **Übertragung einzelner WG** auf den MUer nicht zu einer gewinnrealisierenden Entnahme, sondern zur Buchwertfortführung (§ 6 V 3). – Die **Beendigung** einer stillschweigend begründeten MUerschaft ist nur durch eindeutige vertragl Vereinbarungen oder eindeutige Handlungen mögl (vgl BFH IV R 81/93 BFH/NV 95, 202 unter 2.b). Nach dem **Tod eines Ehegatten** treten, wenn abw vertragl Vereinbarungen nicht getroffen werden, dessen Erben in die MUerstellung ein (FG BaWü EFG 96, 649, rkr).

175   **e) Weitere Anwendungsfälle stillschweigender Mitunternehmerschaften.** Diese Grundsätze gelten nicht nur für Eheleute, sondern immer dann, wenn mehrere Personen Flächen für einen gemeinsamen Bewirtschaftungszweck zur Verfügung stellen (BFH VI R 45/16 BStBl II 19, 60 Rz 22). – Im Verhältnis zw **Eltern und Kindern** ist eine Mitarbeit des Kindes im Betrieb (besondere Ausprägung der MUerinitiative, s Rz 171) abw von den Ehegattenfällen jedenfalls dann nicht erforderl, wenn ein Bruchteil der luf Flächen des Betriebs von den Eltern auf das Kind übertragen wird, die Flächen weiterhin luf genutzt werden und der betriebl Gewinn tatsächl nach dem Flächenanteil verteilt wird (BFH IV R 47/06 BFH/NV 10, 181 unter II.2., obiter dictum). Hat das Kind hingegen keinen Anteil am betriebl GuB, kommt eine stillschweigende MUerschaft nicht in Betracht (ebenso iErg BFH VI R 50/05 BStBl II 08, 868 unter II.1.c). – Im Verhältnis zw **Hofeigentümer und Nießbrauchsberechtigtem** (oder einem Nutzungsberechtigten nach § 14 HöfeO) gelten die Grundsätze ebenfalls.

176   **f) Ernteteilungsverträge; Bewirtschaftungsverträge.** Sie werden zw Landeigentümern und erfahrenen Landwirten abgeschlossen, die die erforderl Bestellungs- und Erntearbeiten gegen Entgelt durchführen. Hierdurch wird eine **MUerschaft** begründet, wenn die Flächen gemeinschaftl und auf beiderseitiges Risiko bewirtschaftet werden. Wesentl Indiz dafür ist eine erfolgsabhängige Beteiligung am Ertrag (zB quotale Beteiligung an der Ernte oder am erzielten Gewinn), auch wenn die vertragl Regelung als Entgeltvereinbarung bezeichnet wird (*Felsmann* A 290p ff; *Wendt* FR 96, 265, 279). Andernfalls wird durch die Vereinbarung ein partiarisches Rechtsverhältnis begründet: Der passive Flächeneigentümer unterhält einen luf Einzelbetrieb; der überbetriebl Maschineneinsatz des aktiv tätigen LuF fällt nach den zu Rz 76 dargestellten Grundsätzen entweder unter § 13 oder § 15. Zu Bewirtschaftungsverträgen im Weinbau s *Schild* INF 97, 549. – Verpachtet der Eigentümer die Flächen, erbringt er aber aufgrund eines Bewirtschaftungsvertrags gleichwohl die landwirtschaftl Dienstleistungen für den Pächter, ist er gewerbl tätig (BFH IV R 91/99 BStBl II 02, 221).

181   **9. Hofübergabe gegen Versorgungsleistungen (Altenteil).** Ausführl § 10 Rz 111 ff; *BMF* BStBl I 10, 227. – **a) Systematik.** Wie bei jeder anderen Vermögensübergabe sind auch bei einer Übergabe luf Betriebe gegen wiederkehrende Leistungen steuerl die folgenden Konstellationen zu unterscheiden: – **(1) Veräußerungsentgelt.** Sind die wiederkehrenden Leistungen als echte *Gegenleistung* anzusehen, handelt es sich um eine (unter § 14 fallende) gewinnrealisierende Betriebsveräußerung; der Kapitalwert der wiederkehrenden Leistungen stellt das Veräußerungsentgelt dar. – **(2) Unterhaltszahlungen.** Sind die wiederkehrenden Leistungen als Unterhalt anzusehen, ist die Betriebsübergabe unentgeltl (Buchwertfortführung nach § 6 III). Der Übernehmer kann die Unterhaltszahlungen weder als BA noch nach § 10 Ia Nr 2 abziehen, sondern allenfalls unter den besonderen Voraussetzungen und in den engen Grenzen des § 33a. – **(3) Vermögensübergabe gegen Versorgungsleistungen.** Dies ist die häufigste Gestaltung bei der Übergabe luf Betriebe an Angehörige. Auch hier wird die Vermögensübergabe als unentgeltl angesehen, sodass es nicht zur Gewinnrealisierung kommt (§ 6 III; ausführl zur Abgrenzung zw entgeltl und unentgelt Übertragungen § 16 Rz 35 ff). Der Übernehmer kann die wiederkehrenden Leistungen dann in vollem Umfang nach § 10 Ia Nr 2 abziehen (dieser Tatbestand geht den Regelungen über Unterhaltsleistungen vor); der Übergeber hat sie als sonstige Einkünfte zu versteuern (§ 22 Nr 1a). Die nachfolgenden Erläuterungen beziehen sich ausschließl auf diese Sonderform der (unentgeltl) Vermögensübergabe.

b) Abzug von Versorgungsleistungen für ab 2008 geschlossene Neuverträge. Nachstehend werden Vermögensübertragungen erläutert, die nach dem 31.12.07 vereinbart worden sind (§ 52 XVIII 1). Versorgungsleistungen, die auf zuvor abgeschlossenen Verträgen beruhen, werden auch in Zukunft (zeitl unbegrenzt) nach den bis VZ 2007 geltenden Grundsätzen behandelt (dazu *Schmidt* 38. Aufl § 13 Rz 187 und *BMF* BStBl I 04, 922).

aa) Übertragung eines Betriebs, Teilbetriebs oder Mitunternehmeranteils. – **(1) Übertragung von Betrieben/Teilbetrieben.** Hier ist erforderl, aber auch ausreichend, dass **alle wesentl Betriebsgrundlagen** auf den Erwerber übergehen (ausführl § 16 Rz 100; zum Begriff der wesentl Betriebsgrundlage bei LuF s Rz 125 ff). Daran fehlt es bei typisierender Betrachtung, wenn der Übergeber mehr als 10% der Eigentums-Nutzflächen zurückbehält und weiterhin selbst bewirtschaftet (BFH IV B 101/04 BFH/NV 06, 53 mwN); anders nur dann, wenn schon *vor* der Übergabe die Voraussetzungen eines luf Teilbetriebs (s § 14 Rz 6) vorlagen. Zur Behandlung zurückbehaltener Restflächen, die unter der 10%-Grenze bleiben, s Rz 129. Die Art der Gewinnermittlung (auch § 13a, Schätzung) spielt keine Rolle. Auch Nebenerwerbsbetriebe sind erfasst (BFH X R 7/04 BFH/NV 05, 201), ferner verpachtete (sofern noch nicht aufgegebene) und erhebl verkleinerte Betriebe. – **(2) Übertragung von Mitunternehmeranteilen.** Wird ein *ganzer* MUeranteil übertragen, muss auch das SonderBV übergehen, weil sonst schon die Voraussetzungen des § 6 III nicht erfüllt sind. Zur Übertragung von *Teilanteilen* s § 6 III 2 und § 6 Rz 736. – **(3) Wohnteil.** Begünstigt sind gem § 10 Ia Nr 2 S 3 ausdrückl auch Versorgungsleistungen, die auf den Wohnteil entfallen (der nun nicht mehr BV, sondern privates Grundvermögen darstellt und an sich nicht begünstigt wäre). Dies gilt aber nur für die einheitl Übergabe von Betrieb und Wohnteil; die *isolierte* Übergabe des Wohnteils ist nicht erfasst (zu Gestaltungsmöglichkeiten *Neufang* Stbg 07, 592). – **(4) Gleitende Vermögensübergabe.** Hier behält sich der Übergeber zunächst den Nießbrauch am übergebenen Betrieb vor (erzielt also weiterhin die lfd Einkünfte); erst in einem zweiten Schritt verzichtet er auf den Nießbrauch, und zwar gegen Einräumung von Versorgungsleistungen. Dies fällt mE auch weiterhin unter den Tatbestand (zum früheren Recht BFH X R 147/88 BStBl II 93, 98). Denn sowohl der im ersten Schritt übertragene Eigentumsbetrieb als auch der Nießbrauchsbetrieb ist jeweils als luf Betrieb anzusehen (s Rz 154). – **(5) Rumpfwirtschaftsjahr.** Wird der Betrieb nicht zum Ende des Wj übergeben, so bildet sowohl für den Übergeber wie für den Erwerber je ein RumpfWj zu bilden (BFH IV R 95/75 BStBl II 80, 8).

bb) Begriff der Versorgungsleistungen. Sie müssen aus den Nettoerträgen des übergebenen Vermögens erbracht werden können, wofür allerdings eine Vermutung spricht (s § 10 Rz 116). Zum Umfang und zur Bewertung der abziehbaren (und korrespondierend vom Empfänger zu versteuernden) Leistungen (bei Altenteilsverträgen iSd Art 96 EGBGB typischerweise Wohnung mit Heiz-, Strom- und Nebenkosten, Verpflegung, Geldbedarf; ggf Pflege, soweit dafür Aufwendungen anfallen) s § 10 Rz 119; zur Bewertung unbarer Altenteilsleistungen in der LuF s auch *LfSt Bayern* DB 09, 583.

185 **cc) Empfänger der Versorgungsleistungen.** Dieser Personenkreis ist nach dem Wortlaut der seit 2008 geltenden Regelung nicht mehr eingeschränkt. ME sind daher nun auch Leistungen an Geschwister oder Lebensgefährten des Übergebers abziehbar (**aA** *BMF* BStBl I 10, 227 Rz 50). Der Empfänger hat die Leistungen nach § 22 Nr 1a zu versteuern.

186 **dd) Nachträgliche Umschichtung des übergebenen Vermögens.** Hier kann der Abzug mE nur dann fortgeführt werden, wenn auch das neue Vermögen Gegenstand einer begünstigten Vermögensübergabe sein könnte (dh Betrieb, Teilbetrieb, MUeranteil; nicht bei Umschichtungen in nichtbetriebl Grund-, Wertpapier- oder Geldvermögen).

IV. Besonderheiten der Gewinnermittlung bei Land- und Forstwirtschaft

191 **1. Gewinnermittlungsarten.** Für die Prüfung, welche Gewinnermittlungsart im Einzelfall anzuwenden ist, gilt die folgende Systematik: Besteht eine Buchführungspflicht nach § 140 oder § 141 AO (s Rz 193f), ist zwingend der **Betriebsvermögensvergleich** (§ 4 I) vorzunehmen. Fehlt es an einer gesetzl Buchführungspflicht *und* liegen die sonstigen Voraussetzungen des § 13a I vor, ist der Gewinn nach **Durchschnittssätzen** zu ermitteln (Einzelheiten s zu § 13a). Sind die sonstigen Voraussetzungen des § 13a I nicht gegeben *oder* stellt der StPfl den Antrag nach § 13a II, hat er die Wahl, den Gewinn entweder durch freiwilligen BV-Vergleich oder durch **Einnahmen-Überschuss-Rechnung** (§ 4 III) ermitteln (BFH VII R 90/91 BFH/NV 93, 346 unter 3.). Der Antrag nach § 13a II bindet den StPfl für vier Jahre. Bei freiwilligem Übergang von der Überschussrechnung zur Bilanzierung gilt eine Mindestfrist von drei Jahren (BFH IV R 18/00 BStBl II 01, 102 unter 2.cbb). Kommt der StPfl einer bestehenden Buchführungspflicht nicht nach, wird der Gewinn durch **Schätzung** ermittelt (s Rz 206).

193 **a) Betriebsvermögensvergleich; Buchführungspflicht.** Umfassend und nach wie vor aktuell *BMF* BStBl I 81, 878. Eine Buchführungspflicht kann sich aus §§ 140, 141 AO ergeben (s näher *Schmidt* 37. Aufl § 13 Rz 194 ff).

201 **aa) Anforderungen an die Buchführung. – (1) Anwendung von HGB-Vorschriften.** In den Fällen des § 141 AO sind gem die §§ 238, 240, 241, 242 I, 243–256 HGB sinngemäß anzuwenden (§ 141 I 2 AO). Es gilt jedoch nicht die Maßgeblichkeit des Handelsrechts (§ 5 I erfasst nur GewBetr); vielmehr werden die HGB-Vorschriften durch § 6 überlagert (zB keine *zwingende* TeilwertAfA, sondern Wahlrecht; s § 6 Rz 361 ff). Zu Besonderheiten der Forstwirtschaft s Rz 14 ff, zum Gartenbau s Rz 29. – **(2) Formale Anforderungen.** Nach § 142 AO ist ein **Anbauverzeichnis** über die Fruchtarten zu führen (ausführl *BMF* BStBl I 81, 878 Tz 3.3), das der Mengenkontrolle der Geldrechnung dient. Nach § 144 V AO ist für Lieferungen an GewBetr ein **Warenausgangsbuch** zu führen (s *BMF* BStBl I 81, 878 unter Nr 4). – **(3) Erleichterungen.** Die Bestandsaufnahme braucht sich nicht auf das stehende Holz zu erstrecken (§ 141 I 4 AO). Weitere Erleichterungen werden durch § 148 AO ermöglicht (s auch *BMF* BStBl I 81, 878 Tz 3). Zum Verzicht auf die Aktivierung des Feldinventars und der stehenden Ernte s Rz 239. Zudem kann das FA auf der Grundlage des § 148 AO auf die Mitteilung der Buchführungspflicht nach § 141 AO verzichten, wenn das Überschreiten voraussichtlich nur einmalig ist (zB bei schwankenden Ernteerträgen oder einem einmaligen Veräußerungsgewinn; AEAO zu § 141 AO Nr 4; BFH IV R 31/87 BStBl II 88, 20). Erklärt sich das FA damit einverstanden, dass die Eröffnungsbilanz erst auf einen Stichtag ein Jahr nach Beginn der Buchführungspflicht erstellt wird, hat dies nicht etwa zur Folge, dass auch die wegen Wechsels der Gewinnermittlungsart erforderl

Gewinnkorrektur nach EStR 4.6 erst zu diesem späteren Zeitpunkt erfolgt (BFH IV R 191/84 BFH/NV 87, 216).

bb) Übergang zum Betriebsvermögensvergleich. – (1) Übergangsbilanz. 202
Sie ist nach vorangegangener Gewinnermittlung nach § 13a oder § 4 III zu erstellen. Ferner sind Zu- und Abrechnungen vorzunehmen, durch die sich idR ein Übergangsgewinn ergibt (ausführl § 4 Rz 650 ff). Darin sind die WG mit den Werten anzusetzen, mit denen sie zu Buche stünden, wenn der Gewinn von Anfang an durch BV-Vergleich ermittelt worden wäre (BFH IV R 56/01 BStBl II 03, 801 unter 1.; sehr ausführl zur LuF s *OFD Mster* FR 92, 454). Die abnutzbaren WG des AV sind mit den **AK/HK abzügl der auf ihre bisherige Nutzung entfallenden AfA** auszuweisen, wobei die Nutzungsdauer den amtl AfA-Tabellen zu entnehmen ist (BFH IV R 225/83 BStBl II 86, 392; BFH IV R 17/92 BStBl II 93, 344). Während der Zeit der Gewinnermittlung nach § 13a empfangene Investitionszuschüsse mindern die AK/HK der entspr WG (BFH IV R 56/01 BStBl II 03, 801). – **(2) Ausübung von Bewertungswahlrechten.** Dies findet erstmals in der Übergangsbilanz statt (BFH IV R 96/86 BStBl II 88, 672). Es darf nicht unterstellt werden, dass der StPfl bei seiner bisherigen Gewinnermittlung Wahlrechte ausgeübt hat, die zu einem niedrigeren Bilanzansatz führen würden, selbst wenn die Inanspruchnahme derartiger Wahlrechte übl ist (BFH IV R 96/86 BStBl II 88, 672: selbsterzeugte Futtervorräte; BFH IV R 82/87 BStBl II 88, 770: Aktivierung von GWG; BFH IV R 97/91 BStBl II 93, 284: Ansatz der tatsächl HK statt der Richtwerte für Vieh). Seit Wj 2015/16 ist für die Gewinnermittlung nach § 13a ohnehin ausdrückl angeordnet, dass bestimmte Wahlrechte (§ 6 II, IIa, § 7g, § 7 I 6, 7, II) ausgeschlossen sind (§ 13a III 2, s § 13a Rz 22). Dies beeinflusst dann auch die Übergangsbilanz.

b) Gewinnermittlung nach § 4 III. Einzelheiten s § 4 Rz 370 ff; zur zeitl 205
Erfassung von BE und BA s § 11 und die dortigen Erläuterungen.

c) Schätzung. Kommt der LuF einer bestehenden Buchführungspflicht nicht 206
nach, ist der Gewinn durch Schätzung zu ermitteln (§ 162 AO). Hierbei gelten die Grundsätze des BV-Vergleichs. – **Schätzungsmethoden.** Übl ist die Schätzung nach **Richtsätzen für Hektarerträge**, die bei buchführenden Vergleichsbetrieben ermittelt werden (zust zu den Richtsätzen der *FinVerw* BFH IV R 33/82 BStBl II 85, 352; BFH IV R 67/99 BStBl II 01, 484; die Berücksichtigung betriebsindividueller Besonderheiten ist damit grds ausgeschlossen). Anerkannt ist auch die Schätzung nach **Standarddeckungsbeiträgen;** dies setzt aber ein Mindestmaß an Aufzeichnungen des StPfl voraus (BFH IV R 67/99 BStBl II 01, 484 unter II.2.). – **Schätzung bei § 4 III.** Besteht keine Buchführungspflicht und hat der StPfl ansatzweise eine Gewinnermittlung nach § 4 III erstellt, die aber wegen ihrer Mängel der Besteuerung nicht zugrunde gelegt werden kann, ist der Gewinn nach den Grundsätzen der Überschussrechnung zu schätzen (BFH VIII R 225/80 BStBl II 84, 504 unter I.1.d; BFH IV R 68/98 BStBl II 99, 481 unter II.1.). Die (eigentl für § 4 I ermittelten) Richtsätze können aber auch hier zugrunde gelegt werden, da beide Gewinnermittlungsarten zum selben Totalgewinn führen müssen (BFH IV R 68/98 BStBl II 99, 481 unter II.4.).

2. Gewinnermittlungszeitraum. S ausführl die Erläut zu § 4a sowie *Schmidt* 208
37. Aufl § 13 Rz 208 f. RegelWj bei LuF ist der Zeitraum vom 1.7. bis 30.6. (§ 4a I 2 Nr 1). Für bestimmte spezialisierte Betriebe bestehen Wahlrechte, anstelle des RegelWj andere Wj zu bestimmen (§ 8c I EStDV). Der Gewinn des Wj ist auf die Kj (VZ), in denen das Wj liegt, entspr dem zeitl Anteil aufzuteilen (§ 4a II Nr 1). Veräußerungsgewinne iSd § 14 (auch Veräußerungsverluste) sind allerdings immer ausschließl dem Kj zuzuordnen, in dem sie entstanden sind (§ 4a II Nr 1 S 2).

3. Grund und Boden in der Gewinnermittlung. – a) Zugehörigkeit 212
zum Betriebsvermögen. Der im luf Betrieb genutzte GuB gehörte schon im-

mer zum BV (BFH IV R 27/98 BStBl II 00, 524 unter 1.b); seine Wertänderungen werden aber erst seit 1970 steuerl erfasst (zur Ermittlung der fiktiven AK zum 1.7.70 s *Schmidt* 39. Aufl § 55 Rz 1 ff).

213 **aa) Grund und Boden, der tatsächlich land- und forstwirtschaftlich genutzt wird.** Es handelt sich um notwendiges BV, auch wenn die Nutzung nur extensiv ist (BFH IV B 72/00 BFH/NV 01, 1238 unter 1.: Wildwiese), wegen der relativ geringen Größe der Flächen eine ertragbringende Bewirtschaftung nicht mögl ist (BFH IV R 41/91 BStBl II 93, 430 unter 2.; BFH IV R 57/96 BFH/NV 97, 649 unter 2.a), die Fläche als Bauland ausgewiesen wird (BFH IV R 159/79 BStBl II 83, 448 unter II.1.; BFH IV R 188/83 BFH/NV 87, 84 unter 2.a), es sich um eine Stilllegungsfläche (Fiktion der Bewirtschaftung durch § 1 Gesetz v 10.7.95, BGBl I 95, 910) oder um ein Grundstück handelt, das bei einer Betriebsübertragung zurückbehalten wurde und weiterhin bewirtschaftet wird (BFH IV R 117/91 BFH/NV 94, 533 unter 3.; BFH IV B 50/98 BFH/NV 99, 1075), oder die Fläche zum Preis für Bauland und möglicherweise in Spekulationsabsicht erworben wurde (FG Mchn EFG 07, 1579, rkr). Zur BV-Eigenschaft der Flächen eines im Ganzen **verpachteten Betriebs** s Rz 128 mwN (vor Abgabe einer Betriebsaufgabeerklärung ist eine auf einzelne mitverpachtete Grundstücke beschränkte Entnahme nicht mögl; auch hinzuerworbene Flächen werden BV). Flächen, die in der obj erkennbaren **Absicht späterer Selbstbewirtschaftung** erworben werden, sind ebenfalls notwendiges BV (BFH IV R 110/91 BStBl II 93, 752).

214 **bb) Flurbereinigung und Umlegung.** Die BV-Eigenschaft eines in ein solches Verfahren eingebrachten Grundstücks setzt sich ohne Gewinnrealisierung (weder Tausch noch Entnahme) an den erlangten Ersatzgrundstücken unverändert fort (s § 6 Rz 854 mwN). Soweit jedoch Mehrflächen gegen Ausgleichszahlung zugeteilt werden, gilt dies nur, wenn die Mehrflächen aufgrund ihrer luf Nutzung zum notwendigen BV gehören oder in das BV eingelegt werden (BFH IV R 70/06 BStBl II 10, 270 unter II.2.d).

215 **cc) Abgrenzung zum gewerblichen Grundstückshandel bei Veräußerung von Grund und Boden.** Ausführl § 15 Rz 57 ff mwN sowie *Kanzler* DStZ 13, 822. Werden Flächen veräußert, die zuvor langjährig tatsächl luf genutzt worden sind, handelt es sich grds um ein luf Hilfsgeschäft (dh kein GewBetr). Dies gilt auch dann, wenn eine Vielzahl von Parzellen gebildet und an verschiedene Erwerber veräußert werden. Der GuB bleibt bis zu seiner Veräußerung im AV; dies ermöglicht die Übertragung aufgedeckter stiller Reserven nach §§ 6b, 6c (BFH IV R 73/00 BStBl II 01, 673; Anm *Kanzler* FR 01, 1016; BFH IV R 22/07 BFH/NV 11, 31). Ergreift der StPfl hingegen besondere Verwertungsmaßnahmen, die den GuB zu einem Objekt anderer Marktgängigkeit machen sollen (in der Praxis vor allem die über die Wahrnehmung übl Mitwirkungsrechte hinausgehende Einflussnahme auf die Bauleitplanung und die Mitwirkung bei der Erschließung), begründet er einen gewerbl Grundstückshandel (BFH IV R 34/05 BStBl II 08, 231 mwN). Die Flächen werden dann zum Buchwert aus dem luf Betrieb in das UV des GewBetr überführt. Die Anwendung der §§ 6b, 6c auf die späteren Veräußerungserlöse ist nicht mögl; es fällt GewSt an.

217 **b) Entnahmen von Grund und Boden.** Allg zu Entnahmen s § 4 Rz 220. Tritt bei Flächen, die einmal zum notwendigen BV gehört haben (s Rz 213), eine (auf Dauer angelegte) **Nutzungsänderung** ein, ist zu differenzieren: Gehört die Fläche nun zum notwendigen PV, hat zwingend eine Entnahme stattgefunden (s Rz 218); wurde die Entnahme des GuB durch Errichtung einer selbstgenutzten Wohnung verwirklicht, kann der Entnahmegewinn aber gem § 13 V stfrei sein (s Rz 103). Gehört der GuB nach der Nutzungsänderung hingegen weder zum notwendigen PV noch zum notwendigen BV, bleibt er BV (keine Zwangsentnahme); der StPfl kann eine Entnahme aber durch eine eindeutige Erklärung herbeiführen (s Rz 225 f).

aa) Die Fläche gehört nach der Nutzungsänderung zum notwendigen Privatvermögen. Dann hat (auch ohne ausdrückl Erklärung) eine Entnahme stattgefunden (BFH IV R 47/06 BFH/NV 10, 181 unter II.1.b). Der Entnahmegewinn ist im Wj der Nutzungsänderung zu versteuern; eine Nachholung der Versteuerung in späteren Wj ist nicht mögl. – **(1) Hauptanwendungsfälle.** Errichtung der selbstgenutzten Wohnung auf einer Teilfläche, sofern die Selbstnutzung auf Dauer angelegt ist (BFH IV R 10/03 BStBl II 04, 947 unter 2.a); unentgeltl Bestellung eines Erbbaurechts aus privaten Gründen (*OFD Ddorf* DB 95, 900); unentgeltl auf Dauer angelegte Überlassung von *Gebäuden* an betriebsfremde Angehörige (BFH IV R 44/05 BFH/NV 08, 1156 unter II.3.a); nicht aber die unentgeltl Überlassung eines Teils des *GuB* an nahe Angehörige zur Errichtung einer Garage ohne gesicherte Rechtsposition (BFH IV R 39/93 BFH/NV 95, 873) oder die unentgeltl Überlassung eines Gartens (BFH IV R 70/06 BStBl II 10, 270 unter II.3.b). Eine ursprüngl zum PV gehörende Fläche, die unentgeltl an Dritte überlassen ist, aber zwischenzeitl dem BV einer luf Ehegatten-MUerschaft zugeordnet wird (ohne jedoch tatsächl von dieser genutzt zu werden), wird nach der Wegverlegung des Betriebs der MUerschaft an einen anderen Ort wieder zu notwendigem PV (BFH IV R 16/10 BFH/NV 14, 324 Rz 27; mE ungewöhnl gelagerter Sonderfall). – **(2) Entnahmezeitpunkt.** Maßgebl ist der Zeitpunkt, zu dem feststeht, dass das Gebäude auf Dauer außerbetriebl genutzt werden soll. Dies kann frühestens der Baubeginn sein (vgl BFH IV R 44/05 BFH/NV 08, 1156 unter II.3.b bb, cc; BFH IV R 47/06 BFH/NV 10, 181 unter II.1.c); uU jedoch erst die Fertigstellung, wenn bei Baubeginn noch nicht sicher feststeht, dass eine entgeltl Vermietung ausgeschlossen ist (zutr FG Mchn EFG 02, 1081, rkr). – **(3) Steuerfreiheit des Entnahmegewinns bei Wohnbebauung.** Gem § 13 V bleibt der Entnahmegewinn stfrei, wenn GuB dadurch entnommen wird, dass darauf eine vom StPfl (Betriebsinhaber) oder Altenteiler selbstgenutzte Wohnung (neu) errichtet wird. Einzelheiten s Rz 103 ff.

bb) Die Fläche ist nach der Nutzungsänderung weder notwendiges Betriebs- noch notwendiges Privatvermögen. In diesen Fällen findet keine Zwangsentnahme statt; der StPfl hat aber ein Wahlrecht, den GuB durch Entnahme seinem PV zuzuordnen. – **(1) Eindeutige Erklärung der Entnahme.** Nur dies bewirkt die Entnahme. Allein die Nichterwähnung des GuB in der Anlage L genügt hierfür nicht, wenn nicht zugleich ein Entnahmegewinn erklärt wird (BFH IV B 142/96 BFH/NV 98, 705); Gleiches gilt für die Nichterwähnung in der beim Übergang von § 13a zur Bilanzierung aufzustellenden Eröffnungsbilanz (BFH IV R 70/06 BStBl II 10, 270 unter II.1.b bb). Auch die Erklärung von Einkünften aus VuV aus dem Grundstück ohne gleichzeitige Erklärung eines Entnahmegewinns genügt nicht (BFH IV R 32/01 BFH/NV 02, 1135 unter 3.a; BFH IV B 57/03 BFH/NV 05, 1265). Als ausreichende Entnahmehandlung sind im Fall der Errichtung von Mietwohnungen auf betriebl GuB jedoch die Ausbuchung der HK oder die Zuordnung von Verkaufserlösen zum PV angesehen worden (BFH IV R 44/06 BStBl II 09, 811 unter II.3.). Ermittelt der StPfl seinen Gewinn nicht durch Bilanzierung, ist die Entnahme erst mit dem Eingang der entspr Erklärung beim FA bewirkt (BFH IV R 49/88 BFH/NV 91, 363 unter 2.; BFH IV R 35/09 BFH/NV 11, 2057 unter II.3.). Sie kann also nicht rückwirkend erklärt werden, was insb bei zwischenzeitl Wertsteigerungen durch Bauleitplanung von Bedeutung ist. – **Entnahmewert.** Wird ein erschlossenes Baugrundstück in das PV überführt, orientiert sich der Entnahmewert an dem ortsübl Preis für baureifes Land (zutr FG Hess EFG 96, 183, rkr). Zu Einheimischen-Modellen s *OFD Mchn* FR 96, 683; zur Bewertung des GuB der Hofstellen s *Bolin/Müller* INF 02, 449.

(2) Fehlende Entnahmeerklärung. Die Fläche verbleibt im (gewillkürten bzw geduldeten) BV (ausführl *Jachmann* DStR 95, 40 mwN). Ein Entnahmegewinn fällt nicht an; die Aufwendungen auf den GuB sind weiterhin als BA abziehbar. Im

Gegenzug bleiben die stillen Reserven aber steuerverstrickt. Diese Grundsätze gelten auch, wenn die Nutzungsänderung bereits vor Einführung der Bodengewinnbesteuerung zum 1.7.70 eingetreten ist (BFH IV R 44/06 BStBl II 09, 811 unter II.2.), sowie bei **Gewinnermittlung nach § 13a** (BFH IV B 173/03 BFH/NV 05, 334 unter 1.; BFH IV B 91/05 BFH/NV 06, 2245 unter 1.a). – Diese Rspr wird mit der besonderen Bedeutung des GuB bei luf Betrieben begründet (BFH IV R 47/06 BFH/NV 10, 181 unter II.1.c). Sie ist erkennbar von dem Gedanken getragen, **Zwangsentnahmen zu vermeiden.** Dies ist in doppelter Hinsicht sinnvoll: Zum einen fehlt es dem StPfl im Zeitpunkt der Nutzungsänderung idR an Liquidität, um die Steuer auf einen Entnahmegewinn zu bezahlen. Zum anderen werden Nutzungsänderungen dem FA häufig nicht bekannt. Der StPfl wird einen solchen Tatbestand nicht immer von selbst mitteilen, sondern sich mitunter erst dann auf eine angebl Zwangsentnahme berufen, wenn er (wesentl später, insb nach Verjährung des VZ der Nutzungsänderung) die mittlerweile zu Bauland gewordene Fläche verkaufen möchte.

228 **cc) Beispiele für fortbestehendes Betriebsvermögen trotz Nutzungsänderung.** – **(1) Entgeltliche Bestellung von Erbbaurechten.** Eine Entnahme wird hierdurch nicht verwirklicht (BFH IV R 171/85 BStBl II 88, 490 unter 1.: auch wenn sich der StPfl verpflichtet, das belastete Grundstück innerhalb von 6 Jahren an seine erbbauberechtigte Tochter zu übertragen). Dies gilt auch dann, wenn eine Vielzahl von Grundstücken betroffen ist, solange der Charakter als luf Betrieb nicht durch die Vermögensverwaltung verdrängt wird. Jedenfalls bei erbbaubelasteten Flächen **bis zu 10 % der gesamten Eigentumsflächen** des Betriebs ist dies noch nicht der Fall (BFH IV R 115/91 BStBl II 93, 342 unter 3.; BFH IV R 52/02 BFH/NV 05, 674 unter II.2.). Sofern diese Grenze überschritten wird, liegt jedoch eine Entnahme vor (BFH VI R 30/18 BFHE 273, 6 Rz 36 ff; FG Mster EFG 22, 19; *Kanzler* FR 93, 761, 766). Allerdings soll der Umstand, dass in Vorjahren Erbbaurechte an mehr als 10 % der Betriebsfläche bestellt und diese daher zwangsweise entnommen worden sind, die Bildung gewillkürten BV bei Bestellung von Erbbaurechten an *weiteren* Betriebsflächen (nunmehr weniger als 10 % der Restfläche) nicht hindern (BFH IV R 46/08 BStBl II 11, 692 unter B.1.e; mE zutr, weil die zuvor bestellten Erbbaurechte aus dem BV ausgeschieden sind; anders jedoch, wenn diese im BV verblieben wären). Eine Entnahme kann zwar durch Einbringung in eine gewerbl geprägte PersGes vermieden werden; die vorläufige EStErsparnis ist aber gegen die zusätzl gewerbesteuerl Verstrickung der stillen Reserven (die nur im Idealfall durch § 35 neutralisiert wird) abzuwägen.

229 **(2) Errichtung von Mietwohnungen auf zuvor land- und forstwirtschaftlich genutztem Grund und Boden.** Die in Rz 228 dargestellten Grundsätze gelten entspr. Es handelt sich grds nicht um eine Entnahme (EStR 4.2 IX 4; BFH IV R 41/91 BStBl II 93, 430 unter 1.a: auch bei gleichzeitigem Abriss eines Betriebsgebäudes; BFH IV R 32/01 BFH/NV 02, 1135 unter 2.; BFH IV R 33/04 BFH/NV 06, 188 unter 1.b; BFH IV R 30/05 BStBl II 08, 707 unter II.5.: auch bei Vermietung des GuB zur Errichtung von Gebäuden durch einen Dritten; BFH IV R 49/97 BStBl II 99, 652 unter 1.a: auch bei Vermietung eines zuvor eigenbetriebl genutzten Gebäudes an Dritte), sofern die hierfür *insgesamt* benötigte Fläche 10 % der Gesamtflächen des Betriebs nicht übersteigt (BFH IV R 57/00 BStBl II 03, 16; BFH IV R 51/03 BFH/NV 05, 547; zust *Hiller* INF 03, 575). Auf das Verhältnis der Mieteinnahmen zu den originär luf Einnahmen kommt es nicht an (BFH VI R 30/18 BFHE 273, 6 Rz 42 INF). Diese Rspr hat auch zur Folge, dass der StPfl Gewinne aus dem Verkauf von luf GuB gem § 6b auf die HK der Gebäude übertragen kann. Zur Errichtung von Mietwohnungen auf *zugekauftem* GuB s Rz 244. – **Verbilligte Vermietung von Wohnungen des luf BV an Angehörige.** Dies führt nicht zu einer Entnahme des GuB und der Gebäude, sondern ledigl zu lfd Nutzungsentnahmen (BFH IV R 49/97 BStBl II 99, 652 unter 3.: keine Anwendung von § 21 II). Diese sind nicht etwa mit der Differenz zur Marktmiete, sondern mit dem verursachten Aufwand (den „tatsächl Selbstkosten") zu bewerten (BFH IV R 46/00 BFHE 201, 454: Neutralisationsprinzip). Die vorstehenden Grundsätze gelten auch für die verbilligte Bestellung von Erbbaurechten (BFH IV R 46/08 BStBl II 11, 692 unter B.2.: das Grundstück bleibt BV, sofern sich das Entgelt auf mindestens 10% des marktübl Betrags beläuft).

(3) Weitere Beispiele für fortbestehendes Betriebsvermögen. Eine Teilfläche des iÜ fortbestehenden Betriebs wird nur noch als Futtergrundlage für Hobbypferde genutzt (BFH IV R 270/84 BStBl II 86, 516); **Verpachtung von Teilflächen** (BFH IV R 41/91 BStBl II 93, 430 unter 1.a; BFH IV R 74/99 BStBl II 02, 356; BFH IV B 79/06 BFH/NV 07, 2084: auch bei langfristiger Verpachtung an Golfclub; die für Erbbaurechte und Mietwohngrundstücke geltende 10%-Grenze ist hier nicht anwendbar, weil eine spätere luf Nutzung mögl bleibt); Obstanbau, der nur noch für den **Eigenbedarf** betrieben wird (BFH IV R 53/94 BFH/NV 95, 592); **Überführung von GuB aus einem GewBetr in einen luf Betrieb** (BFH VIII R 387/83 BStBl II 89, 187). – Dies gilt auch für früher luf genutzten, gegenwärtig aber **brach liegenden GuB** (für LuF BFH IV R 159/79 BStBl II 83, 448; BFH IV R 1/84 BStBl II 86, 711 unter 2.; BFH IV B 122/11 BFH/NV 12, 1577 Rz 7; FG Mster EFG 14, 1668, rkr; FG Mchn EFG 18, 1658: auch wenn die Fläche vom StPfl niemals luf genutzt, beim Erwerb aber dem BV seines aktiv bewirtschafteten Betriebs zugeordnet worden war; ebenso für GewBetr BFH XI R 27/90 BStBl II 93, 391). Darüber hinaus hat BFH IV R 69/95 BStBl II 97, 245 unter 3. (nicht entscheidungserhebl und mE zweifelhaft) angedeutet, dass es hier sogar an der Möglichkeit zur Abgabe einer *ausdrückl* Entnahmeerklärung fehlen soll (zutr hält aber BFH IV R 74/99 BStBl II 02, 356 bei Brachlage nach vorheriger Verpachtung nur noch gewillkürtes BV für gegeben und eine Entnahmeerklärung für mögl). 230

c) Vom Grund und Boden zu unterscheidende Wirtschaftgüter. Das einheitl WG „GuB" (Bewertungseinheit) besteht aus dem Mutterboden (Ackerkrume; auch die Grasnarbe bei Weideland, s BFH IV R 229/81 BStBl II 84, 424; wegen des Verlustes der Ackerkrume bei der Substanzausbeute s § 7 Rz 225) und dem darunter befindl Erdreich (BFH IV R 96/78 BStBl II 82, 643: Entgelte für eine in 1–2 m Tiefe verlegte Rohrleitung gehören zu den luf BE; BFH VI R 49/18 BFHE 273, 98 Rz 15 ff: auch bei 3–4 m Tiefe; ausführl OFD Ffm DStR 19, 2084). Nutzungsmöglichkeiten des GuB, die lediglich wertbildende Faktoren sind, bleiben unselbständiger Bestandteil des GuB (BFH IV R 27/01 BStBl II 03, 878: Recht, Klärschlamm auf dem Grundstück zu lagern). – Vom GuB zu unterscheidende **selbständige WG des luf BV** sind der Aufwuchs (s Rz 238), Eigenjagdrechte (s auch Rz 55), Milchlieferrechte (BFH IV R 23/96 BStBl II 03, 56 unter 1.; *BMF* BStBl I 14, 1503 Rz 7; s ausführl *Schmidt* 39. Aufl § 13 Rz 252 ff), Zuckerrübenlieferrechte, sofern sie einen eigenen Marktwert haben (BFH IV R 33/98 BStBl II 03, 58 unter 2.a; BFH IV R 53/02 BFH/NV 04, 258; BFH IV R 25/02 BFH/NV 04, 617; s *Schmidt* 39. Aufl § 13 Rz 259), Zahlungsansprüche nach dem GAP-RefG (s Rz 262 f) sowie besondere Anlagen im Boden (BFH II R 61/88 BStBl II 91, 531: Rohrdrainagen, zur GrESt). – Vom GuB zu unterscheidende **selbständige WG, die nicht zum luf BV gehören** (und deren Überlassung daher zu Einkünften aus VuV führt), sind zB tief im Erdreich liegende Kavernen zur Speicherung von Öl oder Gas (BFH IV R 19/79 BStBl II 83, 203) und entdeckte Bodenschätze (s Rz 70 mwN). 233

d) Aufwendungen auf den Grund und Boden. Sie stellen lfd BA dar, wenn sie der Steigerung der Ertragsfähigkeit der Ackerkrume durch **Bodenverbesserung** dienen (zB Düngung); auch wenn durch die Maßnahmen eine bisherige luf Nutzung durch eine **höherwertige luf Nutzung** ersetzt werden kann (BFH IV 324/60 U BStBl III 63, 207: Planierung einer früheren Schafweide; BFH IV R 234

66/72 BStBl II 76, 8: Entfernen der Baumwurzeln beim Übergang von Forstwirtschaft zum Ackerbau; FG Nds EFG 95, 878, rkr: Tiefumbruch einer bereits zuvor luf genutzten Moorfläche; s auch die Beispiele in *OFD Ffm* DStR 19, 1308 unter 4.). Betreffen die Aufwendungen hingegen die **Urbarmachung** bisher landwirtschaftl nicht nutzbarer Flächen, handelt es sich um HK des GuB. Zur Behandlung von **Erschließungskosten** s ausführl § 6 Rz 59 ff.

235 **e) Teilwertabschreibung auf Grund und Boden, § 6 I Nr 2 S 2.** Ausführl zu TW s § 6 Rz 231 ff; nachstehend sind nur die Besonderheiten der LuF dargestellt. – TW-AfA sind bei einer voraussichtl dauernden Wertminderung (zB wegen Inanspruchnahme für Naturschutzzwecke, nach einer Substanzausbeute, bei Aufforstung einer Ackerfläche) zulässig, wenn der Gewinn nach § 4 I ermittelt wird (bei § 4 III keine TW-AfA, s § 6 Rz 360). Das (handelsrechtl) strenge Niederstwertprinzip (§ 253 III 3 HGB) gilt trotz der Verweisung in § 141 I 2 AO nicht, weil § 6 I Nr 2 S 2 als lex specialis ein Abwertungs*wahl*recht vorsieht. – **Einzelfragen** (s auch § 6 Rz 272). Ein bei der Anschaffung aus betriebl Gründen gezahlter Überpreis rechtfertigt nur insoweit eine TW-AfA, als auch der Vergleichspreis gesunken ist (BFH IV R 87/99 BStBl II 02, 294; krit *Paus* DStZ 02, 567). Der Abschluss eines Pachtvertrags führt jedenfalls dann nicht zum Absinken des TW eines zuvor selbstbewirtschafteten Grundstücks, wenn der Pachtzins marktübl ist (BFH IV R 53/90 BStBl II 92, 462). Auch ein erkennbar langfristiges Absinken des Marktpreises eines Grundstücks kann den Ansatz des niedrigeren TW rechtfertigen (*Felsmann* B 737a; *Hiller* INF 02, 103). – Die obj Beweislast trägt der StPfl. Der bloße Hinweis auf einen zu beobachtenden allg Preisverfall für landwirtschaftl Grundstücke wird zumeist nicht ausreichen. Der niedrigere TW muss vielmehr durch aussagekräftige Unterlagen (zB Gutachten, Bodenrichtwertkarte für vergleichbare Grundstücke, Vergleichskäufe) für die jeweilige Fläche nachgewiesen oder zumindest glaubhaft gemacht werden. – Nach vorangegangener TW-AfA und zwischenzeitl Wertsteigerung (zB Planung als Bau- oder Industrieland) ist eine **TW-Zuschreibung** vorzunehmen (§ 6 I Nr 2 S 3; Einzelheiten s § 6 Rz 376 ff).

238 **4. Bewertung des Aufwuchses. – a) Grundsatz.** Abw vom ZivilR ist der Aufwuchs steuerl ein eigenes WG des UV (BFH IV R 67/05 BStBl II 08, 960 unter II.1.b; BFH VI R 48/16 BFH/NV 19, 908 Rz 16) und daher grds getrennt zu bewerten. Maßgebend sind die für die Bestellung entstandenen Aufwendungen (BFH IV R 23/07 BStBl II 11, 654 unter II.2.a). Diese können sowohl nach betriebsspezifischen Daten als auch nach den vom Landwirtschaftsministerium veröffentlichten StandardHK ermittelt werden (vgl EStR 14 II 8; FG Thür EFG 12, 1429, rkr).

239 **b) Verzicht auf Aktivierung. – Erfasste Wirtschaftsgüter.** Bei Grundstücken mit jährl Fruchtfolge brauchen das **Feldinventar** (dh die auf den Feldern vorhandenen Pflanzenbestände einschließl Saat und Dünger; s BFH IV R 23/07 BStBl II 11, 654 unter II.2.a), die **stehende Ernte** (EStR 14 III) sowie **selbsterzeugte Futtervorräte** (*BMF* BStBl I 81, 878 Tz 3.1.3) aus Vereinfachungsgründen (Vermeidung der oft schwierigen Bewertung dieser WG) nicht bewertet zu werden (ausführl hierzu *Wiegand* NWB 13, 2330; sehr krit allerdings die neue BFH-Rspr, s BFH VI R 48/16 BFH/NV 19, 908 Rz 28 ff). Eine ähnl Regelung enthält § 141 I 4 AO für das stehende Holz bei Forstbetrieben (s Rz 14). Wird der Aufwuchs vom GuB getrennt (Ernte, geschlagenes Holz), ist er (als Vorratsvermögen) gesondert zu bewerten. Für **mehrjährige und Dauerkulturen** gilt der Aktivierungsverzicht nicht (zur Aktivierung dieser Kulturen bei Gartenbaubetrieben s Rz 29). – **Rechtsgrundlage** für diesen Aktivierungsverzicht ist nach der Rspr nicht etwa § 148 AO, sondern § 163 I 2 AO (BFH IV R 38/99 BStBl II 00, 422; BFH IV R 23/07 BStBl II 11, 654 unter II.3.c; BFH IV R 51/14 BStBl II 18, 78 Rz 20 ff). ME ist der Grundsatz der Gesetzmäßigkeit der Verwaltung ungeachtet der durch BFH GrS 1/15 BStBl II 17, 393 vorgenommenen Einschränkungen der Befugnis der *FinVerw* zu gesetzesabweichenden Billigkeitsmaßnahmen nicht verletzt (offen gelassen von BFH VI R 48/16 BFH/NV 19, 908 Rz 18; BFH VI R 49/17 BFH/NV 20, 762 Rz 20; **aA** *Kanzler* FR 18, 284). Eine rechtswidrige Billigkeitsentscheidung des FA für einen bestimmten VZ bindet nicht auch für nachfolgende VZ (BFH VI R 49/17 BFH/NV 20, 762 Rz 33). – **Anwendung bei § 15.** Das Wahlrecht gilt auch für luf tätige Körperschaften (zu einem solchen Fall BFH I R 32/11 BStBl II 15, 175) und gewerbl geprägte PersGes (FG MeVo EFG 02, 1368, rkr), nach der (um Wahlrecht sehr krit eingestellten) neueren BFH-Rspr aber nicht für PersGes, die kraft Abfärbung gewerbl Einkünfte erzielen (BFH VI R 48/16 BFH/NV 19, 908 Rz 23; mE unzutr). – **Weitere Rechtsfolgen.** Trotz des Aktivierungsverzichts ist eine Einlage von Feldinventar aus dem PV gewinnmindernd zu berücksichtigen (zutr FG MeVo EFG 98, 1630, rkr; betr Wiedereinrichter in neuen Bundesländern). Zur Wirkung bei eiserner Verpachtung s Rz 116.

c) Wechsel in der Wahlrechtsausübung. Der LuF kann jederzeit zur Aktivierung dieser WG (für den Gesamtbestand, nicht lediglich für Einzelparzellen) übergehen (BFH IV R 38/99 BStBl II 00, 422). Dann ist er daran aber nach dem Grundsatz der Bewertungsstetigkeit (s ausführl § 6 Rz 12) auch für die Zukunft gebunden (EStR 14 III 2; BFH IV R 23/07 BStBl II 11, 654 unter II.5; anders für Betriebsumstellungen *Kanzler* FR 10, 711). Unzutr daher FG Bbg EFG 05, 1005 (erfolglose NZB I B 212/03, nv), das einen späteren erneuten Verzicht auf die Aktivierung aus dem Grundsatz der Selbstbindung der Verwaltung hergeleitet hat, obwohl die *FinVerw* einen erneuten Verzicht gerade *nicht* zulässt. Wechselt der StPfl von der Gewinnermittlung nach § 13a zu § 4 III und später zu § 4 I, kann er das Wahlrecht beim letztgenannten Wechsel ausüben (BFH IV R 31/10 BFH/NV 14, 514 Rz 16 ff). Ein entgeltl Betriebserwerber kann das Wahlrecht neu ausüben, nicht aber bei unentgeltl Betriebsübertragung (EStR 14 III 3). Bei einer Umwandlung von Körperschaften kommt es für die Zulässigkeit einer erneuten Wahlrechtsausübung darauf an, ob die neue Ges mit der früheren rechtl identisch ist (näher FG MeVo EFG 02, 1368, rkr). – Ein StPfl, der diese WG bisher stets bilanziert hat, hat nach Auffassung von *FinVerw* und Rspr keine Möglichkeit, das Wahlrecht zur Nichtaktivierung auszuüben (EStR 14 III 2; BFH IV R 31/10 BFH/NV 14, 514 Rz 15; BFH VI R 49/17 BFH/NV 20, 762 Rz 21: Verzicht auf Aktivierung setze voraus, dass diese WG im Betrieb noch nie aktiviert wurden). Dies soll auch nach Umstrukturierung (hier: Veräußerung eines Teilbetriebs) gelten (FG SachsAnh EFG 16, 2044, rkr). ME ist dies unzutr, da der Stetigkeitsgrundsatz nur ein willkürl „Hin und Her" verbietet, nicht aber eine *erstmalige* Wahlrechtsausübung verhindern will. Für die hM spricht allerdings, dass es sich hier nicht um ein echtes Bilanzierungswahlrecht, sondern um eine Billigkeitsregelung handelt.

5. Gewillkürtes Betriebsvermögen. Ausführl § 4 Rz 42 ff; nachfolgend sind nur die Besonderheiten der LuF dargestellt. – **a) Zulässigkeit der Bildung von gewillkürtem Betriebsvermögen.** Zur Abhängigkeit von der Gewinnermittlungsart s § 4 Rz 45. Danach ist die Bildung von gewillkürtem BV auch bei § 4 III zulässig. Bei **Gewinnermittlung nach § 13a** lässt die *FinVerw* seit Wj 2015/16 die Bildung gewillkürten BV für den Bereich der Sondergewinne, bei denen die Gewinnermittlung ohnehin nach § 4 III erfolgt (s § 13a Rz 37), ausdrückl zu (zutr *BMF* BStBl I 15, 877 Rz 44). Außerdem zwingt bei § 13a weder der Übergang zu einer Gewinnermittlungsart noch eine Nutzungsänderung, die bei § 4 I keine Entnahme wäre (s Rz 225 ff), zur Entnahme (§ 4 I 6, 7; sog **geduldetes BV**).

b) Einlagen in das gewillkürte Betriebsvermögen. Sie sind bei LuF nur eingeschränkt zulässig. Ausgeschlossen sind WG, die der LuF wesensfremd sind und denen eine eindeutige sachl Beziehung zum Betrieb fehlt (BFH IV R 80/92 BFH/NV 95, 288 unter 1.d mwN; BFH IV R 44/06 BStBl II 09, 811 unter II.1.a dd). Dies gilt insb für auf *zugekauftem* GuB sofort errichtete Miethäuser (BFH IV R 80/92 BFH/NV 95, 288 unter 1.e). Eine Behandlung als gewillkürtes BV ist aber zulässig, wenn aufgrund der erhebl Größe des Betriebs auch eine Nutzung als Landarbeiterwohnung in Betracht kommt (BFH IV R 12/98 BFH/NV 00, 317).

245 **c) Einzelfälle gewillkürtes Betriebsvermögen.** Zum Übergang von **Grund und Boden** in das gewillkürte BV nach einer Nutzungsänderung, die die Eigenschaft als notwendiges BV entfallen lässt, s ausführl Rz 225 (mit zahlreichen Beispielen). – **Bodenschätze** (s Rz 70 mwN), die nicht für Zwecke der LuF gewonnen und verwertet werden, gehören weder zum notwendigen noch zum gewillkürten BV (BFH VIII B 57/80 BStBl II 82, 526; BFH IV R 73/81 BStBl II 83, 106; BFH IV R 45/05 BStBl II 09, 449 unter II.2.; BFH IV R 2/09 BFH/NV 12, 1309 Rz 19; *BMF* BStBl I 93, 678 Tz 3). – **Anteile** an Zucht-, Forst- oder Weidegenossenschaften gehören bereits zum notwendigen BV, wenn die Mitgliedschaftsrechte betriebl genutzt werden (BFH IV R 147/79 BStBl II 82, 250). Dies gilt für Aktien einer Zuckerfabrik, mit denen Lieferrechte verbunden sind, auch dann, wenn die Lieferungen in der Praxis bereits langjährig aufgrund gesonderter schuldrechtl Vereinbarungen erfolgen (BFH IV R 19/02 BStBl II 04, 280). Anteile an einer Genossenschaft, die den luf Betrieb versorgende Elektrizitätswerk betreibt und grds Dividenden ausschüttet, können (ebenso wie ertragbringende Wertpapiere) auch dann dem gewillkürten BV zugeordnet werden, wenn dem Betrieb keine Sonderkonditionen gewährt werden (BFH IV R 14/07 BStBl II 10, 227).

251 **6. Entschädigungen; Zuschüsse; Milchmarktordnung; Zuckermarktordnung; GAP-Prämien. – a) Entschädigungen für Wirtschaftserschwernisse.** Derartige Zahlungen (zB weil nach dem Bau einer Verkehrs- oder Versorgungstrasse durch das Betriebsgelände künftig Umwege erforderl sind), sind grds sofort zu versteuernde BE (für § 4 III und § 13a BFH IV R 69/90 BStBl II 92, 598; für § 4 I BFH IV R 131/89 BStBl II 92, 715 unter 3.: weder passiver RAP noch Rückstellung für künftige Lasten); eine Verteilung auf mehrere Jahre kann nur im Billigkeitswege vorgenommen werden. – Handelt es sich hingegen um ein Entgelt für **Nutzungsüberlassung,** können buchführende LuF einen passiven RAP auch dann bilden, wenn keine feste zeitl Begrenzung vorliegt, wohl aber ein Mindestzeitraum vorgesehen ist (BFH IV R 130/91 BStBl II 95, 202: Hochspannungsleitung; *BMF* BStBl I 95, 183; ausführl *Felsmann* A 740ff). Auch die Zurverfügungstellung von naturschutzrechtl Ausgleichsflächen kann im Einzelfall als Nutzungsüberlassung anzusehen sein, sodass nichtbuchführende LuF das Entgelt gem § 11 I 3 über den Vertragszeitraum verteilen können, wenn dieser wenigstens schätzweise bestimmbar ist (BFH VI R 34/17 BStBl II 21, 5; dazu *BMF* BStBl I 21, 2025; s auch § 21 Rz 16).

252 **b) Milchlieferrechte.** S ausführl *Schmidt* 39. Aufl § 13 Rz 252ff und *BMF* BStBl I 14, 1503 (zum 2.4.84 Abspaltung vom GuB unter Beachtung des § 55; zum 31.3.15 Wiedervereinigung mit dem GuB). Zu **Zuckerrübenlieferrechten** s *Schmidt* 39. Aufl § 13 Rz 259.

262 **c) Flächenabhängige Prämienzahlung. – aa) Subventionsrechtliche Grundlagen.** Zu den Rechtsgrundlagen (GAP-ReformG, BGBl I 04, 1763; Verfmäßigkeit bej durch BVerfG 1 BvF 4/05 BVerfGE 122, 1) und zahlreichen steuerl Einzelfragen s *BMF* BStBl I 08, 682; *Felsmann* A 1516ff; *Wiegand* NWB F 17, 2325. Die Prämien sind nicht mehr vom Umfang der Produktion, sondern von der vorhandenen Fläche und der Einhaltung bestimmter Anforderungen an die Betriebsführung (sog Cross Compliance: Tierschutz, Tiergesundheit, Umweltschutz, Lebensmittel-/Futtermittelsicherheit) abhängig. Sie setzen sich im Wesentl aus drei Komponenten zusammen: der einheitl Betriebsprämie (die wiederum aus einem betriebsindividuellen Betrag und einem flächenbezogenen Betrag besteht), den Zahlungsansprüchen für Stilllegung und den besonderen Zahlungsansprüchen (zB bei sehr geringer beihilfefähiger Fläche des Betriebs). Die Zahlungsansprüche können selbständig (dh ohne Bezug auf den GuB, von dem sie abgeleitet sind) verkauft und verpachtet werden. Zum 31.12.14 haben die ursprüngl Zahlungsansprüche ihre Gültigkeit verloren; zugleich sind neue Ansprüche für die Zeit bis 2020 (übergangsweise fortgeführt bis 2022) begründet worden.

263 **bb) Steuerliche Behandlung. – (1) Maßgebliche Wirtschaftsgüter.** Die Zahlungsansprüche sind **selbständige immaterielle WG** (BFH IV R 6/12 BStBl II 17,

45). Anders als bei den Milchquoten findet **keine Abspaltung vom Buchwert des GuB** statt, weil die neuen Prämien im Wesentl die schon bisher gezahlten produktionsabhängigen Prämien zusammenfassen und daher keine Wertminderung des GuB eintritt (zutr *BMF* BStBl I 08, 682 Rz 21; *Kanzler* FR 11, 285). – **(2) Übertragbarkeit.** Die künftigen Zahlungsansprüche können übertragen werden, und zwar auch ohne die Flächen, die für ihre Ermittlung maßgebl waren (in diesem Fall unterliegt das Veräußerungsentgelt der USt, s BFH XI R 19/10 BStBl II 11, 772). Bei entgeltl Erwerb sind sie zu aktivieren. – **(3) AfA/Teilwert-AfA.** Entgeltl erworbene Prämienansprüche (rechtl genauer: „Betriebsprämien-Anwartschaftsrechte", s zutr *Weber-Grellet* FR 16, 675) sind abnutzbar; die Nutzungsdauer kann auf 10 Jahre geschätzt werden (zutr BFH IV R 6/12 BStBl II 17, 45 Rz 20 ff). Die *FinVerw* hatte die Vornahme von AfA zunächst abgelehnt (*BMF* BStBl I 08, 682 Rz 19), lässt jetzt aber wahlweise sogar eine gleichmäßige Verteilung der AK für Zahlungsansprüche der ersten Förderperiode (2005–2014) auf die Zeit bis zum 31.12.14 (Stichtag für die Neuordnung des Prämiensystems) zu (*BMF* BStBl I 17, 33). Daraus ergibt sich ein noch kürzerer AfA-Zeitraum als nach der Rspr. ME muss diese Beurteilung auch für die Zahlungsansprüche der zweiten Förderperiode (2015–2020) gelten. – **(4) Behandlung der Prämien bei Gewinnermittlung nach Durchschnittssätzen.** S § 13a Rz 30.

§ 13a Ermittlung des Gewinns aus Land- und Forstwirtschaft nach Durchschnittssätzen

(1) [1] **Der Gewinn eines Betriebs der Land- und Forstwirtschaft ist nach den Absätzen 3 bis 7 zu ermitteln, wenn**
1. der Steuerpflichtige nicht auf Grund gesetzlicher Vorschriften verpflichtet ist, für den Betrieb Bücher zu führen und regelmäßig Abschlüsse zu machen und
2. in diesem Betrieb am 15. Mai innerhalb des Wirtschaftsjahres Flächen der landwirtschaftlichen Nutzung (§ 160 Absatz 2 Satz 1 Nummer 1 Buchstabe a des Bewertungsgesetzes) selbst bewirtschaftet werden und diese Flächen 20 Hektar ohne Sondernutzungen nicht überschreiten und
3. die Tierbestände insgesamt 50 Vieheinheiten (§ 13 Absatz 1 Nummer 1) nicht übersteigen und
4. die selbst bewirtschafteten Flächen der forstwirtschaftlichen Nutzung (§ 160 Absatz 2 Satz 1 Nummer 1 Buchstabe b des Bewertungsgesetzes) 50 Hektar nicht überschreiten und
5. die selbst bewirtschafteten Flächen der Sondernutzungen (Absatz 6) die in Anlage 1a Nummer 2 Spalte 2 genannten Grenzen nicht überschreiten.

[2] Satz 1 ist auch anzuwenden, wenn nur Sondernutzungen bewirtschaftet werden und die in Anlage 1a Nummer 2 Spalte 2 genannten Grenzen nicht überschritten werden. [3] Die Sätze 1 und 2 gelten nicht, wenn der Betrieb im laufenden Wirtschaftsjahr im Ganzen zur Bewirtschaftung als Eigentümer, Miteigentümer, Nutzungsberechtigter oder durch Umwandlung übergegangen ist und der Gewinn bisher nach § 4 Absatz 1 oder 3 ermittelt wurde. [4] Der Gewinn ist letztmalig für das Wirtschaftsjahr nach Durchschnittssätzen zu ermitteln, das nach Bekanntgabe der Mitteilung endet, durch die die Finanzbehörde auf den Beginn der Buchführungspflicht (§ 141 Absatz 2 der Abgabenordnung) oder auf den Wegfall einer anderen Voraussetzung des Satzes 1 hingewiesen hat. [5] Der Gewinn ist erneut nach Durchschnittssätzen zu ermitteln, wenn die Voraussetzungen des Satzes 1 wieder vorliegen und ein Antrag nach Absatz 2 nicht gestellt wird.

(2) [1] **Auf Antrag des Steuerpflichtigen ist für einen Betrieb im Sinne des Absatzes 1 der Gewinn für vier aufeinander folgende Wirtschaftsjahre nicht nach**

§ 13a LuF-Gewinnermittlung nach Durchschnittssätzen

den Absätzen 3 bis 7 zu ermitteln. ²Wird der Gewinn eines dieser Wirtschaftsjahre durch den Steuerpflichtigen nicht nach § 4 Absatz 1 oder 3 ermittelt, ist der Gewinn für den gesamten Zeitraum von vier Wirtschaftsjahren nach den Absätzen 3 bis 7 zu ermitteln. ³Der Antrag ist bis zur Abgabe der Steuererklärung, jedoch spätestens zwölf Monate nach Ablauf des ersten Wirtschaftsjahres, auf das er sich bezieht, schriftlich zu stellen. ⁴Er kann innerhalb dieser Frist zurückgenommen werden.

(3) ¹Durchschnittssatzgewinn ist die Summe aus
1. dem Gewinn der landwirtschaftlichen Nutzung,
2. dem Gewinn der forstwirtschaftlichen Nutzung,
3. dem Gewinn der Sondernutzungen,
4. den Sondergewinnen,
5. den Einnahmen aus Vermietung und Verpachtung von Wirtschaftsgütern des land- und forstwirtschaftlichen Betriebsvermögens,
6. den Einnahmen aus Kapitalvermögen, soweit sie zu den Einkünften aus Land- und Forstwirtschaft gehören (§ 20 Absatz 8).

²Die Vorschriften von § 4 Absatz 4a, § 6 Absatz 2 und 2a sowie zum Investitionsabzugsbetrag und zu Sonderabschreibungen finden keine Anwendung. ³Bei abnutzbaren Wirtschaftsgütern des Anlagevermögens gilt die Absetzung für Abnutzung in gleichen Jahresbeträgen nach § 7 Absatz 1 Satz 1 bis 5 als in Anspruch genommen. ⁴Die Gewinnermittlung ist nach amtlich vorgeschriebenem Datensatz durch Datenfernübertragung spätestens mit der Steuererklärung zu übermitteln. ⁵Auf Antrag kann die Finanzbehörde zur Vermeidung unbilliger Härten auf eine elektronische Übermittlung verzichten; in diesem Fall ist der Steuererklärung eine Gewinnermittlung nach amtlich vorgeschriebenem Vordruck beizufügen. ⁶§ 150 Absatz 8 der Abgabenordnung gilt entsprechend.

(4) ¹Der Gewinn aus der landwirtschaftlichen Nutzung ist die nach den Grundsätzen des § 4 Absatz 1 ermittelte Summe aus dem Grundbetrag für die selbst bewirtschafteten Flächen und den Zuschlägen für Tierzucht und Tierhaltung. ²Als Grundbetrag je Hektar der landwirtschaftlichen Nutzung (§ 160 Absatz 2 Satz 1 Nummer 1 Buchstabe a des Bewertungsgesetzes) ist der sich aus Anlage 1a ergebende Betrag vervielfältigt mit der selbst bewirtschafteten Fläche anzusetzen. ³Als Zuschlag für Tierzucht und Tierhaltung ist im Wirtschaftsjahr je Vieheinheit der sich aus Anlage 1a jeweils ergebende Betrag vervielfältigt mit den Vieheinheiten anzusetzen.

(5) Der Gewinn aus der forstwirtschaftlichen Nutzung (§ 160 Absatz 2 Satz 1 Nummer 1 Buchstabe b des Bewertungsgesetzes) ist nach § 51 der Einkommensteuer-Durchführungsverordnung zu ermitteln.

(6) ¹Als Sondernutzungen gelten die in § 160 Absatz 2 Satz 1 Nummer 1 Buchstabe c bis e des Bewertungsgesetzes in Verbindung mit Anlage 1a Nummer 2 genannten Nutzungen. ²Bei Sondernutzungen, die die in Anlage 1a Nummer 2 Spalte 3 genannten Grenzen überschreiten, ist ein Gewinn von 1000 Euro je Sondernutzung anzusetzen. ³Für die in Anlage 1a Nummer 2 nicht genannten Sondernutzungen ist der Gewinn nach § 4 Absatz 3 zu ermitteln.

(7) ¹Nach § 4 Absatz 3 zu ermittelnde Sondergewinne sind
1. Gewinne
   a) aus der Veräußerung oder Entnahme von Grund und Boden und dem dazugehörigen Aufwuchs, den Gebäuden, den immateriellen Wirtschaftsgütern und den Beteiligungen; § 55 ist anzuwenden;
   b) aus der Veräußerung oder Entnahme der übrigen Wirtschaftsgüter des Anlagevermögens und von Tieren, wenn der Veräußerungspreis oder der

an dessen Stelle tretende Wert für das jeweilige Wirtschaftsgut mehr als 15 000 Euro betragen hat;
c) aus Entschädigungen, die gewährt worden sind für den Verlust, den Untergang oder die Wertminderung der in den Buchstaben a und b genannten Wirtschaftsgüter;
d) aus der Auflösung von Rücklagen;
2. Betriebseinnahmen oder Betriebsausgaben nach § 9b Absatz 2;
3. Einnahmen aus dem Grunde nach gewerblichen Tätigkeiten, die dem Bereich der Land- und Forstwirtschaft zugerechnet werden, abzüglich der pauschalen Betriebsausgaben nach Anlage 1a Nummer 3;
4. Rückvergütungen nach § 22 des Körperschaftsteuergesetzes aus Hilfs- und Nebengeschäften.

²Die Anschaffungs- oder Herstellungskosten bei Wirtschaftsgütern des abnutzbaren Anlagevermögens mindern sich für die Dauer der Durchschnittssatzgewinnermittlung mit dem Ansatz der Gewinne nach den Absätzen 4 bis 6 um die Absetzung für Abnutzung in gleichen Jahresbeträgen. ³Die Wirtschaftsgüter im Sinne des Satzes 1 Nummer 1 Buchstabe a sind unter Angabe des Tages der Anschaffung oder Herstellung und der Anschaffungs- oder Herstellungskosten oder des an deren Stelle getretenen Werts in besondere, laufend zu führende Verzeichnisse aufzunehmen. ⁴Absatz 3 Satz 4 bis 6 gilt entsprechend.

(8) Das Bundesministerium der Finanzen wird ermächtigt, durch Rechtsverordnung mit Zustimmung des Bundesrates die Anlage 1a dadurch zu ändern, dass es die darin aufgeführten Werte turnusmäßig an die Ergebnisse der Erhebungen nach § 2 des Landwirtschaftsgesetzes und im Übrigen an Erhebungen der Finanzverwaltung anpassen kann.

Anlage 1a zu § 13a:

Ermittlung des Gewinns aus Land- und Forstwirtschaft nach Durchschnittssätzen

Für ein Wirtschaftsjahr betragen
1. der Grundbetrag und die Zuschläge für Tierzucht und Tierhaltung der landwirtschaftlichen Nutzung (§ 13a Absatz 4):

Gewinn pro Hektar selbst bewirtschafteter Fläche	350 EUR
bei Tierbeständen für die ersten 25 Vieheinheiten	0 EUR/Vieheinheit
bei Tierbeständen für alle weiteren Vieheinheiten	300 EUR/Vieheinheit

Angefangene Hektar und Vieheinheiten sind anteilig zu berücksichtigen.
2. die Grenzen und Gewinne der Sondernutzungen (§ 13a Absatz 6):

Nutzung	Grenze	Grenze
1	2	3
Weinbauliche Nutzung	0,66 ha	0,16 ha
Nutzungsteil Obstbau	1,37 ha	0,34 ha
Nutzungsteil Gemüsebau Freilandgemüse Unterglas Gemüse	0,67 ha 0,06 ha	0,17 ha 0,015 ha
Nutzungsteil Blumen/Zierpflanzenbau Freiland Zierpflanzen Unterglas Zierpflanzen	0,23 ha 0,04 ha	0,05 ha 0,01 ha
Nutzungsteil Baumschulen	0,15 ha	0,04 ha

Nutzung	Grenze	Grenze
1	2	3
Sondernutzung Spargel	0,42 ha	0,1 ha
Sondernutzung Hopfen	0,78 ha	0,19 ha
Binnenfischerei	2000 kg Jahresfang	500 kg Jahresfang
Teichwirtschaft	1,6 ha	0,4 ha
Fischzucht	0,2 ha	0,05 ha
Imkerei	70 Völker	30 Völker
Wanderschäfereien	120 Mutterschafe	30 Mutterschafe
Weihnachtsbaumkulturen	0,4 ha	0,1 ha

3. in den Fällen des § 13a Absatz 7 Satz 1 Nummer 3 die Betriebsausgaben 60 Prozent der Betriebseinnahmen.

Einkommensteuer-Richtlinien: EStR 13a.1, 13a.2/EStH 13a.1, 13a.2. *Verwaltungsanweisungen: BMF* BStBl I 15, 877 (Anwendungsschreiben zu der ab Wj 2015/2016 geltenden Fassung).

Übersicht

	Rz
I. Rechtsentwicklung und Bedeutung	
1. Rechtsentwicklung	1
2. Bedeutung	2
II. Voraussetzungen für die Gewinnermittlung nach Durchschnittssätzen, § 13a I, II	
1. Überblick	3
2. Keine gesetzliche Buchführungspflicht, § 13a I 1 Nr 1	4
3. Größenmerkmale, § 13a I 1 Nr 2–5, 2	5–10
4. Kein § 13a nach Übergang eines Nicht-13a-Betriebs, § 13a I 3	12
5. Wegfall der Voraussetzungen des § 13a	13–17
6. Wahlrecht des Steuerpflichtigen, § 13a II	18–20
III. Ermittlung des Durchschnittssatzgewinns, § 13a III–VIII	
1. Grundsätze der pauschalen Gewinnermittlung, § 13a III	21–25
2. Gewinn aus der landwirtschaftlichen Nutzung, § 13a III 1 Nr 1, IV,VIII, Anlage 1a	26–30
3. Gewinn aus der forstwirtschaftlichen Nutzung, § 13a III 1 Nr 2,V	32
4. Sondernutzungen, § 13a III 1 Nr 3,VI	33–36
5. Sondergewinne, § 13a III 1 Nr 4,VII	37–48
6. Einnahmen aus Vermietung und Verpachtung des land- und forstwirtschaftlichen Betriebsvermögens, § 13a III 1 Nr 5	51–53
7. Einnahmen aus Kapitalvermögen, § 13a III 1 Nr 6	55

I. Rechtsentwicklung und Bedeutung

1. Rechtsentwicklung. § 13a wurde zuletzt durch das ZK-AnpG (BGBl I 14, 2417) mit Wirkung für Wj, die nach dem 30.12.15 enden (§ 52 Abs 22a S 2) umfassend geändert (dazu ausführl *BMF* BStBl I 15, 877; *Kanzler* DStZ 15, 375; *Wiegand* NWB 15, 250; *Wiegand* NWB 16, 103).

2. Bedeutung. Etwa 25 % der StPfl mit luf Einkünften ermitteln ihren Gewinn nach § 13a, darunter auch zahlreiche Vollerwerbsbetriebe (s BT-Drs 17/8428, 4). Bei Anwendung der Durchschnittssätze wird idR nur ein *Teil* des tatsächl Gewinns steuerl erfasst (BFH IV R 28/02 BStBl II 03, 345 unter 3.c mwN; BFH

Voraussetzungen der Gewinnermittlung 3–6 § 13a

VI R 40/09 BStBl II 11, 164 Rz 20: „Verschonungsregelung"). – **Niedrige Gewinnerfassungsquote.** Diese lag für die bis Wj 2014/15 geltende Rechtslage nach Berechnungen des Bundesrechnungshofs nur bei ca. 50%, wobei erhebl Schwankungen nach unten und oben auftraten (BT-Drs 17/8428, 9 ff). Für die seit Wj 2015/16 geltende Fassung liegt die Quote bei durchschnittl 70%, allerdings mit erhebl Unterschieden zw den Betriebsformen (ausführl *Ruß/Kinne/Hüsing* DStR 19, 1704). – **VerfWidrigkeit der Regelung.** Eine Rechtfertigung dieser gravierenden Ungleichbehandlung fällt schwer. Insb kann der Vereinfachungszweck des § 13a die faktische StFreistellung von durchschnittl $1/3$ des Gewinns nicht rechtfertigen, weil eine Gewinnermittlung nach § 4 III für jeden Unternehmer praktikabel sein dürfte. Zudem fällt die Begünstigungswirkung nach eher zufälligen Kriterien sehr unterschiedl aus (zum Willkürcharakter derartiger Zufälligkeiten s BVerfG 1 BvL 10/02 BStBl II 07, 192 unter C.I.2.b, C.II.1.d). Daher spricht mE vieles für die Verfassungswidrigkeit des § 13a (glA *KS* § 13a Rz 1; näher *HHR* § 13a Rz 5 mwN; sehr krit auch Bericht des Bundesrechnungshofs, BT-Drs 17/8428). Auch die Grundtendenz jedenfalls des bis 2016 zuständigen IV. Senats des BFH war „§ 13a-kritisch", was sich in den Entscheidungen zu zahlreichen Auslegungsfragen widerspiegelt (vgl auch *Wittwer* DStRE 09, 1054). Die gesetzl Änderungen der Jahre 1999 und 2014 haben die Problematik in Teilbereichen etwas abgemildert, nicht aber beseitigt.

II. Voraussetzungen für die Gewinnermittlung nach Durchschnittssätzen, § 13a I, II

1. Überblick. § 13a ist grds **zwingend** anzuwenden, wenn das Wahlrecht nach 3 Abs 2 nicht ausgeübt wird. **Voraussetzung** ist, dass der StPfl für den Betrieb nicht buchführungspflichtig ist (§ 13a I 1 Nr 1, s Rz 4) und der Betrieb bestimmte Größenmerkmale nicht überschreitet (§ 13a I 1 Nr 2–5, s Rz 5–10). Aus Gründen der Rechtssicherheit ist § 13a aber auch bei einem obj Wegfall seiner Voraussetzungen so lange anzuwenden, bis das FA auf den Wegfall hinweist (§ 13a I 4, s Rz 15). Umgekehrt hat der StPfl auch bei Vorliegen der Voraussetzungen des § 13a ein Wahlrecht, den Gewinn nach § 4 I/III zu ermitteln (§ 13a II, s Rz 18). Wegen der **Betriebsbezogenheit der Regelung** ist die Betriebsteilung (s § 13 Rz 9) ein beliebtes Gestaltungsmittel (treffend *HHR* § 13a Rz 16). – **Flächen im Ausl.** § 13a ist neutral formuliert und daher auch auf ausl Flächen anwendbar (*BMF* BStBl I 15, 877 Rz 1; zur Rechtslage bis Wj 2014/15 s *Schmidt* 38. Aufl § 13a Rz 3).

2. Keine gesetzliche Buchführungspflicht, § 13a I 1 Nr 1. Eine gesetzl 4 Buchführungspflicht (s § 13 Rz 193f) für den jeweiligen Betrieb schließt die Anwendung des § 13a aus. Eine freiwillige Buchführung führt aber nur bei Stellung des Antrags nach Abs 2 zum Ausschluss des § 13a (*BMF* BStBl I 15, 877 Rz 2).

3. Größenmerkmale, § 13a I 1 Nr 2–5, S 2. – a) Maximalfläche der land- 5 **wirtschaftl Nutzung, § 13a I 1 Nr 2. – aa) Selbstbewirtschaftung.** Grundvoraussetzung für die Anwendung des § 13a ist, dass der StPfl Flächen der landwirtschaftl Nutzung ieS (§ 160 II 1 Nr 1 Buchst a BewG) selbst bewirtschaftet. Es genügt allerdings, wenn ausschließl Sondernutzungen bewirtschaftet werden und deren Fläche innerhalb der in der Anlage 1a Nr 2 Spalte 2 genannten Grenzen (s dazu Rz 10) bleibt (§ 13a I 2). Ein reiner Forstbetrieb kann § 13a nicht anwenden, da die Forstwirtschaft keine Sondernutzung mehr darstellt (zutr *Wiegand* NWB 15, 250, 252). Zur Rechtslage bis Wj 2014/15 s *Schmidt* 38. Aufl § 13a Rz 5.

bb) Höchstgrenze 20 ha. Die selbst bewirtschaftete Fläche der landwirtschaftl 6 Nutzung darf ohne Sondernutzungen maximal 20 ha betragen. Zur Ermittlung dieser Fläche und zur Einbeziehung von Unternutzungen s § 13 Rz 37 mwN. Hof- und Gebäudeflächen (jedoch ohne den zur Wohnung gehörenden GuB) sind einzubeziehen (*BMF* BStBl I 15, 877 Rz 4, 14). Eigentum des StPfl ist nicht erforderl; maßgebend ist allein die Selbstbewirtschaftung. Durch die Beschränkung auf die landwirtschaftl Nutzung sind alle anderen Nutzungen für das Größenmerkmal unbeachtl (zB Forstwirtschaft, Weinbau, Gartenbau), ebenso die Sondernutzungen iSd § 175 I Nr 1 BewG (zB Hopfen, Spargel, Tabak). Einzubeziehen sind aber die auf Grund eines Flächenstilllegungsprogramms (§ 1 Gesetz v 10.7.95, BGBl I 95, 910) nicht bewirtschafteten Flächen (EStR 13.2 III 1; *Kanzler* DStZ 99, 682, 695; krit *Hiller* INF 89, 457, 459 und *ders* INF 99, 449, 450 Fn 33). Dies ist mE (ebenso wie die Einbeziehung in die Ermittlung des Grundbetrags) zutr, da auch die Einnahmen aus der Stilllegungsprämie mit dem Grundbetrag abgegolten und nicht gesondert erfasst werden.

7 cc) **Stichtag 15.5.** Maßgebl für die Flächenermittlung ist jeweils der 15.5. eines Wj. Dies ist zugleich das für den Betriebsprämienantrag maßgebl Datum, was der Vereinfachung dient (BT-Drs 18/3017, 46). Zur Rechtslage bis Wj 2014/2015 s *Schmidt* 38. Aufl § 13a Rz 7.

8 **b) Tierbestände, § 13a I 1 Nr 3.** Sie dürfen insgesamt 50 VE nicht übersteigen. Zur Ermittlung der VE ausführl § 13 Rz 39. Maßgebend ist der Stand zu Beginn des Wj. Allerdings führt nur ein *nachhaltiges* Überschreiten der VE-Grenze zum Wegfall der Voraussetzungen des § 13a; nicht aber ein einmaliges Überschreiten aufgrund besonderer Umstände (EStR 13a.1 I; *Kanzler* DStZ 15, 375, 379). Ab einem Bestand von 25 VE wird für den Tierbestand ein Zuschlag zum Grundbetrag vorgenommen (s Rz 27).

9 **c) Forstwirtschaftliche Nutzung, § 13a I 1 Nr 4.** Die selbst bewirtschaftete forstwirtschaftl Fläche darf nicht größer als 50 ha sein. Zum Stichtag enthält das Gesetz keine ausdrückl Regelung. Die *FinVerw* legt ebenfalls den 15.5. zugrunde (*BMF* BStBl I 15, 877 Rz 8); nach allg Grundsätzen wäre aber wohl eher auf den Beginn des Wj abzustellen (glA *HHR* § 13a Rz 20).

10 **d) Weitere Sondernutzungen, § 13a I 1 Nr 5.** Deren Flächen dürfen die in Anlage 1a Nr 2 Spalte 2 differenziert festgelegten Höchstgrenzen nicht überschreiten. Da die Maximalgrößen relativ klein sind, werden nur Betriebe mit geringen Sondernutzungen von § 13a erfasst. Welche Sondernutzungen unter Nr 5 fallen, ist in § 13a VI 1 definiert (s iEinz Rz 33). Sondernutzungen innerhalb der Höchstgrenze erhöhen den § 13a-Gewinn nur dann, wenn ihre Fläche die in Anlage 1a Nr 2 *Spalte 3* genannte Grenze (die sich idR auf 1/4 der Höchstgrenze nach Spalte 2 beläuft) übersteigt (dann pauschaler Gewinnzuschlag von 1000 € je Sondernutzung; s Rz 33). Zur Rechtslage bis Wj 2014/2015 s *Schmidt* 38. Aufl § 13a Rz 10.

12 **4. Kein § 13a nach Übergang eines Nicht-13a-Betriebs, § 13a I 3.** Trotz Erfüllung aller Voraussetzungen des § 13a ist dessen Anwendung durch den Übernehmer im Übergangs-RumpfWj ausgeschlossen, wenn ein Betrieb, dessen Gewinn bisher nach § 4 I, III ermittelt wurde, während des lfd Wj im Ganzen zur Bewirtschaftung als Eigentümer, Miteigentümer, Nutzungsberechtigter oder durch Umwandlung übergeht. Ab dem folgenden Wj gelten dann alle allg Voraussetzungen des § 13a. Die Vorschrift gilt ab Wj 2015/16 und soll vermeiden, dass in Übergangsjahr ein Wechsel der Gewinnermittlungsart vorgenommen werden muss (*Wiegand* NWB 15, 250, 253; *BH/Nacke* § 13a Rz 36).

13 **5. Wegfall der Voraussetzungen des § 13a. – a) Notwendige Mitteilung des FA, § 13a I 4. – aa) Grundsatz.** Auch bei obj Wegfall der in § 13a I 1 Nr 1–5 genannten Voraussetzungen (entweder Eintritt in die Buchführungspflicht oder Überschreiten eines der Größenmerkmale, ggf auch aufgrund einer Gesetzesänderung, s BFH VI R 70/15 BStBl II 18, 174 Rz 13) bleibt es so lange bei der Gewinnermittlung nach § 13a, bis das FA den StPfl hierauf hinweist. Bei dem Hinweis handelt es sich um einen rechtsgestaltenden VA (BFH IV R 14/05 BStBl II 07, 816 unter II.1.b). § 13a ist letztmalig für den Gewinn desjenigen Wj anzuwen-

den, das nach Bekanntgabe der Mitteilung des FA endet. Die Rechtslage entspricht insoweit derjenigen bei § 141 II AO (s *Schmidt* 37. Aufl § 13 Rz 197). Das FA soll die Mitteilung wenigstens einen Monat vor Beginn des Wj bekannt geben, für das § 13a nicht mehr anzuwenden ist (EStR 13a.1 II; *BMF* BStBl I 15, 877 Rz 23); ein Unterschreiten dieser Frist macht die Mitteilung aber nicht rechtswidrig (BFH IV R 14/05 BStBl II 07, 816 unter II.1.c: ggf Bewilligung vorübergehender Buchführungserleichterungen nach § 148 AO). Der BRat hatte im Gesetzgebungsverfahren zum ZK-AnpG (mE zutr, aber letztl erfolglos) vorgeschlagen, auf das Mitteilungserfordernis zu verzichten, weil dies die erstmalige Anwendung der Regel-Gewinnermittlung stets um mindestens 1–2 Jahre hinauszögert (BT-Drs 18/3158, 21).

bb) Ausnahmen vom Mitteilungserfordernis. Hat der StPfl das FA durch wissentl falsche Angaben (zB Angabe, die selbstbewirtschaftete Fläche liege unter 20 ha, obwohl sie darüber liegt) daran gehindert, die Mitteilung zu erlassen, entfällt die Befugnis zur Anwendung des § 13a nach Ablauf des Wj, in dem das FA bei zutr Angaben des StPfl die Mitteilung erlassen hätte (BFH IV R 13/00 BStBl II 02, 147). Die Rechtslage ist insoweit anders als bei der Mitteilung über die Buchführungspflicht nach § 141 II AO (s *Schmidt* 37. Aufl § 13 Rz 197). Gleiches gilt, wenn der StPfl aus *anderen* (nicht mit § 13a zusammenhängenden) Gründen zur Abgabe einer StErklärung verpflichtet wäre, dies aber rechtswidrig unterlässt (zutr BFH IV R 61/11 BStBl II 15, 478; FG Nds EFG 14, 1490, rkr). Wenn die Voraussetzungen des § 13a niemals vorgelegen haben, sondern diese Vorschrift rechtsirrig angewendet wurde, bedarf es keines Hinweises auf die Pflicht zur Gewinnermittlung nach den allg Vorschriften, sodass diese Pflicht sofort wirksam ist (BFH VI R 70/15 BStBl II 18, 174 Rz 17). **14**

cc) Neugründung eines Betriebs. Liegen die Voraussetzungen des § 13a von Anfang an nicht vor, bedarf es für dessen Nichtanwendung keiner Mitteilung des FA (EStH 13a.1 „Neugründung"; BFH IV R 151/84 BStBl II 86, 741: Anpachtung des Betriebs, selbst wenn der Verpächter seinen Gewinn zuvor nach § 13a ermittelte; BFH IV R 34/92 BStBl II 94, 891: Einbringung eines § 13a-Betriebs in PersGes; BFH IV B 35/96 BFH/NV 97, 856: Übernahme des Betriebs einer MUerschaft nach Ausscheiden des vorletzten Ges'ters). Zum Betriebsübergang s auch Rz 12. **15**

b) Gewinnermittlung nach Wirksamwerden der Mitteilung. Der Gewinn ist nach § 4 I zu ermitteln, wenn der StPfl in die Buchführungspflicht eingetreten ist. Beruht der Wegfall der Voraussetzungen des § 13a hingegen auf einem Überschreiten der Größenmerkmale des § 13a I 1 Nr 2–4, hat der StPfl die Wahl zw § 4 I und § 4 III. Zur Übergangsbilanz s EStR 13.5 II und § 13 Rz 202; beim Wechsel von § 13a zu § 4 III ist keine Übergangsbilanz aufzustellen (BFH IV R 31/10 BFH/NV 14, 514 Rz 19). Reicht der StPfl keine Gewinnermittlung ein, ist der Gewinn zu schätzen (BFH VII R 90/91 BFH/NV 93, 346; BFH VI R 70/15 BStBl II 18, 174 Rz 12). **16**

c) Erneute Erfüllung der Voraussetzungen des § 13a nach Bekanntgabe der Mitteilung, § 13a I 5. In einem solchen Fall ist grds auch ohne erneute Mitteilung des FA der Gewinn wieder nach § 13a zu ermitteln. Dies gilt auch, wenn die Änderung bereits zw der Bekanntgabe der Mitteilung und dem Beginn des Wj eintritt, ab dem § 13a erstmals nicht mehr anwendbar sein sollte, so dass § 13a dann ohne Unterbrechung anzuwenden ist. Beruht die Wiedererfüllung der Voraussetzungen des § 13a allerdings auf einem Unterschreiten der Buchführungspflichtgrenzen des § 141 AO, ist zunächst eine „Feststellung" des FA erforderl (§ 141 II 2 AO; s *Schmidt* 37. Aufl § 13 Rz 198; zum Ganzen EStR 13a.1 III); diese Vorschrift wird mE auch durch § 13a I 5 nicht verdrängt. **17**

6. Wahlrecht des Steuerpflichtigen, § 13a II. LuF, die unter § 13a fallen, können auf Antrag zur Gewinnermittlung nach § 4 I/§ 4 III übergehen. – **a) Bindungsfrist.** Der Antrag ist für vier Wj bindend; eine Rückkehr zu § 13a ist während dieses Zeitraums ausgeschlossen. Die Frist, die durch einen Antrag nach § 13a II in der bis Wj 2014/2015 geltenden Fassung ausgelöst worden ist, läuft auch nach **18**

der Neuregelung durch das ZK-AnpG weiter (so ausdrückl § 52 Abs 22a S 3). Ein Wechsel zw § 4 I und § 4 III innerhalb der Bindefrist bleibt mögl (BFH IV R 39/13 BStBl II 17, 154 Rz 17). Daher kann das FA den StPfl während der Bindefrist nach § 141 AO auffordern, zur Buchführung überzugehen (EStR 13a.1 IV Nr 1). – Wird der Gewinn nur für *eines* der vier Wj nicht nach § 4 I/III ermittelt (zB bei Schätzung wegen fehlender Gewinnermittlung), ist für alle vier Wj (ggf rückwirkend) § 13a anzuwenden (§ 13a II 2). – **Nach Ablauf der vier Wj** ist der Gewinn wieder nach § 13a zu ermitteln, wenn der StPfl keinen neuen Antrag stellt und ihm keine Mitteilung nach § 141 II AO oder § 13a I 2 bekanntgegeben wird. Beim Übergang von § 4 III zu § 13a ist ein **Übergangsgewinn** zu ermitteln, auch wenn die frühere ausdrückl gesetzl Regelung seit 1999 entfallen ist (mE zutr EStR 4.6 I; FG BaWü EFG 20, 1304, RevVI R 31/20; s näher § 4 Rz 653).

19 **b) Schriftform.** Der Antrag ist schriftl zu stellen (§ 13a II 3). Hierfür genügt aber die Abgabe einer unterschriebenen StErklärung unter Beifügung entspr Gewinnermittlungsunterlagen; ein *ausdrückl* Antrag nach § 13a II ist nicht erforderl (BFH IV R 12/86 BStBl II 88, 530; BFH IV R 62/88 BFH/NV 89, 775 unter 2.b). Dies gilt selbst dann, wenn der StErklärung keine Anlage L beigefügt wird (BFH IV R 123–124/91 BStBl II 93, 125); nicht jedoch, wenn sowohl die Anlage L fehlt als auch der StPfl die Gewinnermittlung nicht für das Wj, sondern für das Kj vorgenommen hat und ihm das Wahlrecht gar nicht bewusst war (BFH IV R 61/86 BStBl II 88, 532). – Auf die **elektronische EStErklärung** ist diese Rspr mE nicht übertragbar, da die StGesetze klar zw schriftl und elektronischer StErklärung unterscheiden. Hier ist daher neben der elektronischen StErklärung ein gesonderter schriftl Antrag erforderl.

20 **c) Antragsfrist.** Sie läuft grds bis zur Abgabe der StErklärung für das erste Wj, auf das der Antrag sich bezieht, endet jedoch (auch ohne Abgabe einer StErklärung) spätestens 12 Monate nach Ablauf des Wj (§ 13a II 3). Hierbei handelt es sich um eine Ausschlussfrist, bei deren schuldloser Versäumung allerdings Wiedereinsetzung gewährt werden kann (BFH IV R 72/87 BStBl II 89, 234 unter 1.c; BFH IV R 61/86 BStBl II 88, 532). Ein Antrag, der für das Wj, auf das er sich bezieht, verspätet ist, kann für das nächstfolgende Jahr wirksam sein (BFH IV R 55/93 BFH/NV 94, 863 unter 2.). Innerhalb der genannten Frist kann ein bereits gestellter Antrag noch zurückgenommen werden (§ 13a II 4).

III. Ermittlung des Durchschnittssatzgewinns, § 13a III–VIII

21 **1. Grundsätze der pauschalen Gewinnermittlung, § 13a III. – a) Gewinnermittlungsschema, § 13a III 1.** Nach § 13a III 1 Nr 1–6 ist Durchschnittssatzgewinn die Summe aus – *(Nr 1)* dem Gewinn der landwirtschaftl Nutzung (Einzelregelungen in § 13a IV: pauschaler Grundbetrag und ggf Zuschlag für Tierhaltung; s Rz 27), – *(Nr 2)* der forstwirtschaftl Nutzung (Einzelregelungen in § 13a V: Pauschalierung der BA nach § 51 EStDV; s Rz 32), – *(Nr 3)* den Sondernutzungen (Einzelregelungen in § 13a VI: für größere Sondernutzungen pauschale Zuschläge von je 1000 €; s Rz 33), – *(Nr 4)* den Sondergewinnen (Einzelregelungen in § 13a VII; s Rz 37 ff), – *(Nr 5)* den Einnahmen aus VuV vom WG des luf BV (s Rz 51) und – *(Nr 6)* den Einnahmen aus KapVerm, soweit sie zur LuF gehören (s Rz 55). Schließl ist noch der Freibetrag nach § 13 III abzuziehen (s § 13 Rz 101). – **Zuflussprinzip.** Die erforderl Zuschläge zum Grundbetrag sind, soweit es sich nicht ihrerseits um Pauschalbeträge unabhängig von den tatsächl Einnahmen handelt, nach dem Zuflussprinzip (§ 11) vorzunehmen (zu vorausgezahlten Nutzungsentgelten s § 11 Rz 30). Nur hinsichtl des Grundbetrags und der Zuschläge für Tierhaltung gelten die Grundsätze des § 4 I. Dies ist seit Wj 2015/16 ausdrückl in § 13a IV 1 geregelt, wurde von der Rspr aber bereits zuvor so gesehen (BFH IV R 82/87 BStBl II 88, 770; BFH IV R 31/10 BFH/NV 14, 514 Rz 18).

b) Nichtanwendung von Vorschriften, § 13a III 2, 3. Bei Gewinnermitt- 22
lung nach § 13a sind ab Wj 2015/16 die Vorschriften der § 4 IVa (Beschränkung
des Schuldzinsenabzugs bei Überentnahmen; dies galt nach EStR 13a.2VI 1 und
BMF BStBl I 05, 1019 Rz 35 auch schon zuvor), § 6 II, IIa (Sofortabzug bei GWG,
Sammelposten) sowie zum Investitionsabzugsbetrag und zu SonderAfA (insoweit
anders die bis Wj 2014/15 geltende Rechtslage, s *Schmidt* 38. Aufl § 7g Rz 27; zu
Übergangsproblemen s *BMF* BStBl I 15, 877 Rz 85 mit Billigkeitsregelung) nicht
anzuwenden. Von den AfA-Regelungen sind nur § 7 I 1–5 anwendbar (lineare
Normal-AfA; weder Leistungs-AfA noch AfaA oder degressive AfA); ergänzend
lässt § 13a VII 2 noch die lineare Gebäude-AfA (§ 7 IV) zu. – Diese Regelungen
haben eine **doppelte Bedeutung:** Zum einen sind sie für die **Ermittlung von
Sondergewinnen** (Abs 7) unmittelbar maßgebend (bei den Pauschalgewinnen
nach Abs 4–6 sind die allg Gewinnermittlungsvorschriften ohnehin nicht anwendbar). Zum anderen bestimmen sie die Buchwerte, die iRv **Übergangsrechnungen
beim Wechsel zu § 4 I/III** anzusetzen sind (s § 13 Rz 202).

c) Grundsätzlich kein Abzug von Betriebsausgaben. Ausnahmen gelten 23
nur für die forstwirtschaftl Nutzung (Abs 6: pauschale BA nach § 51 EStDV) und
die Ermittlung des Sondergewinnes (Abs 7). Auch die (bis Wj 2014/15 noch mögl)
Abzüge von Pacht- und Schuldzinsen sind nicht mehr zugelassen (krit hierzu die
Stellungnahme des BR, BT-Drs 18/3158, 21). Die damit teilweise eintretende
Bruttobesteuerung ist mE angesichts der vielfachen anderweitigen Begünstigungen
des § 13a noch **verfgemäß** (aA *Kanzler* DStZ 15, 375, 382; *HHR* § 13a Rz 39),
zumal der StPfl jederzeit die Möglichkeit hat, zu einer anderen Gewinnermittlungsart zu wechseln (§ 13a II). – **Verluste** können sich bei § 13a nicht ergeben,
soweit die Gewinnermittlung auf Pauschalbeträgen (Abs 4–6) oder dem Bruttoansatz von Einnahmen (Abs 3 S 1 Nr 5, 6) beruht. Dies ist verfgem (BFH IV R
52/93 BStBl II 96, 415 unter 2.; VerfBeschw BVerfG 2 BvR 1277/96 nicht zur
Entscheidung angenommen). Daher ist auch die Annahme von **Liebhaberei**
grds ausgeschlossen (näher § 13 Rz 94). Nur bei den Sondergewinnen nach
§ 13a VII ist auch ein Verlustausweis mögl. – Zur Rechtslage bis Wj 2014/15
s *Schmidt* 38. Aufl § 13a Rz 24.

d) Elektronische Übermittlung, § 13a III 4–6. Die Gewinnermittlung ist ab 25
Wj 2015/16 spätestens mit der ESt-Erklärung elektronisch an das FA zu übermitteln (§ 13a III 4). Zur Vermeidung unbilliger Härten sind Ausnahmen mögl
(§ 13a III 5, 6 EStG iVm § 150 VIII AO; s auch Erläut zu §§ 5b, 25 IV).

2. Gewinn aus der landwirtschaftlichen Nutzung, § 13a III 1 Nr 1, IV, 26
VIII, Anlage 1a. – **a) Grundbeträge.** Sie sind in Anlage 1a Nr 1 zum EStG
festgelegt (seit Wj 2015/16 350 € je ha selbstbewirtschafteter Fläche der landwirtschaftl Nutzung). Angefangene ha sind anteilig zu berücksichtigen. Eine Staffelung der Gewinne je ha in Abhängigkeit vom bewertungsrechtl Hektarwert ist
seit dem Wj 2015/2016 nicht mehr vorgesehen; die durch § 13a ohnehin schon
bewirkte Pauschalierung wird dadurch in bedenkl Weise noch gröber (krit auch
HHR § 13a Rz 46). – **Stichtag für den Bestand an Flächen und VE.** ME
kann hier der 15.5. herangezogen werden (analoge Anwendung von § 13a I 1
Nr 2). – Zur Rechtslage bis Wj 2014/2015 s *Schmidt* 38. Aufl § 13a Rz 31.

b) Zuschlag für Tierhaltung und Tierzucht. Dieser ist ebenfalls in An- 27
lage 1a Nr. 1 festgelegt. Für die ersten 25 VE wird kein Zuschlag vorgenommen.
Ab der 26.VE gilt ein Zuschlag von 300 € je VE; angefangene VE sind anteilig
zu berücksichtigen. Ab 50 VE ist die Anwendung des § 13a ausgeschlossen (§ 13a
I 1 Nr 3), kann aber noch bis zur Bekanntgabe der Mitteilung des FA fortgesetzt werden (§ 13a I 4).

c) Rumpf- oder verlängertes Wirtschaftsjahr. Grundbetrag, Tierhaltungs- 28
zuschlag und die pauschalen Zuschläge für Sondernutzungen sollen lt *FinVerw*

nicht zeitanteilig, sondern mit den für ein volles Wj geltenden Werten anzusetzen sein (*BMF* BStBl I 15, 877 Rz 29; *Wiegand* NWB 15, 250, 255; *BH/Nacke* § 13a Rz 102). ME ist dies unzutr (glA FG Mchn EFG 20, 1393, Rev VI R 30/20; *HHR* § 13a Rz 10, 38), zumal der BFH für die Vorläuferregelung (VOL) die gegenteilige Auffassung vertreten hatte (BFH IV 246/55 U BStBl III 57, 65), bis Wj 2014/15 auch nach der Verwaltungsauffassung die zeitanteilige Betrachtung galt (R 13a.2 VII EStR 2012) und sich die Systematik des § 13a insoweit nicht geändert hat. Die neue Verwaltungsauffassung bewirkt eine Über- bzw. Unterbesteuerung.

29   **d) Änderung der Werte durch VO, § 13a VIII.** Das BMF kann die Werte der Anlage 1a durch VO an die Ergebnisse von Erhebungen nach § 2 LandwG oder Erhebungen der *FinVerw* anpassen. Diese Ermächtigung ist mE **verfrechtl kritisch** zu sehen, da die Pauschalbeträge unmittelbar die Höhe des § 13a-Gewinns (und damit der ESt) festlegen, die grundlegenden Entscheidungen über die Höhe der Steuer aber durch das Parlament getroffen werden müssen und nicht an die Exekutive delegiert werden dürfen (glA *BH/Nacke* § 13a Rz 6).

30   **e) Abgeltungswirkung.** Mit den Grundbeträgen sind sämtl luf Einkünfte abgegolten, die in § 13a III–VII nicht ausdrückl gesondert erwähnt sind (BFH IV R 57/10 BFH/NV 14, 316 Rz 34). Dies gilt insb für Veräußerungserlöse (Ausnahme: § 13a VII 1 Nr 1 Buchst a, b; s Rz 38 f), Stilllegungsprämien, Entschädigungen (Ausnahme: § 13a VII 1 Nr 1 Buchst c), Produktionsaufgaberenten und den Nutzungswert der Wohnung, sofern diese als Baudenkmal (§ 13 IV) noch zum luf BV gehört (EStR 13a.2 VI 3). – **Zahlungen nach dem GAP-ReformG** (BGBl I 04, 1763; dazu § 13 Rz 262) sind ebenfalls mit dem Grundbetrag abgegolten. Die Veräußerung der Zahlungsansprüche fällt allerdings unter § 13a VII 1 Nr 1 Buchst a, da es sich um ein immaterielles WG handelt (§ 13 Rz 263 mwN). Die Verpachtung von Zahlungsansprüchen führt zu Pachteinnahmen iSd § 13a III 1 Nr 5; Aufwendungen für die Anpachtung können nicht abgezogen werden.

32   **3. Gewinn aus der forstwirtschaftlichen Nutzung, § 13a III 1 Nr 2, V.** Zu Umfang und Ermittlung der Einkünfte aus Forstwirtschaft s § 13 Rz 11 ff. Entscheidet der StPfl sich für die Anwendung des § 13a, ist der Gewinn **zwingend** nach der (grds als Wahlrecht ausgestalteten) Vorschrift des § 51 EStDV zu ermitteln. Die Größenmerkmale für die Anwendung des § 13a und des § 51 EStDV (höchstens 50 ha forstwirtschaftl Fläche) sind identisch. – **Einnahmen.** Anzusetzen sind die tatsächl Einnahmen sowie evtl Beträge für entnommenes Holz (TW). Die Tarifermäßigungen für ao Holznutzungen und Kalamitätsnutzungen (§ 34b EStG/§ 5 FSchAusglG) sind mE auch in Fällen des § 13a anzuwenden, weil der Gewinn aus forstwirtschaftl Nutzung ohnehin nach Maßgabe der tatsächl Einnahmen ermittelt wird. Einnahmen aus einer naturschutzrechtl Ausgleichszahlung, die für die Umwandlung einer zuvor landwirtschaftl Fläche in eine Forstfläche gezahlt wird und die Wertminderung des GuB abgelten soll, sind allerdings mit dem Grundbetrag abgegolten; soweit in der Ausgleichszahlung auch ein Zuschuss für die Kosten der Aufforstung enthalten ist, mindert dieser die HK des WG „Baumbestand" (BFH IV R 57/10 BFH/NV 14, 316). Einnahmen aus Jagdpacht fallen nicht unter Nr 2, sondern unter Nr 5 (s Rz 51; zutr *BMF* BStBl I 15, 877 Rz 37). – **Ausgaben.** BA sind mit grds 55 % der Einnahmen aus der Verwertung des eingeschlagenen Holzes zu pauschalieren. Nur Wiederaufforstungskosten und die Minderung des Buchwerts des WG Baumbestand können zusätzl zum Pauschalbetrag als BA abgezogen werden (näher zu § 51 EStDV s § 13 Rz 18). ME gelten im Wj einer Einschlagsbeschränkung die höheren BA-Pauschalen nach § 4 FSchAusglG (dazu § 13 Rz 20). – Zur Rechtslage bis Wj 2014/2015 s *Schmidt* 38. Aufl § 13a Rz 32 aE.

33   **4. Sondernutzungen, § 13a III 1 Nr 3, VI. – a) Begriff.** Als Sondernutzungen gelten ab Wj 2015/16 (zur früheren Rechtslage s *Schmidt* 38. Aufl § 13a Rz 35) die in § 160 II 1 Nr 1 Buchst c–e BewG genannten Nutzungen (§ 13a VI 1). Erfasst sind daher die weinbaul Nutzung, die gärtnerische Nutzung (dh Obst, Gemü-

Ermittlung des Durchschnittssatzgewinns 34–38 § 13a

se, Blumen, Zierpflanzen, Baumschulen) und die übrigen luf Nutzungen iSd § 175 BewG (zu den Begriffen s § 13 Rz 24, 27, 50). Zu den „übrigen Nutzungen" gehören wiederum die Sonderkulturen (Hopfen, Spargel, Tabak ua), die abw von § 160 II 2 BewG für Zwecke des § 13a *immer* zu den Sondernutzungen zählen (dh nicht nur dann, wenn keine landwirtschaftl Nutzung ieS vorhanden ist; s BT-Drs 18/3017, 46) sowie insb (keine abschließende Aufzählung) Binnenfischerei, Teichwirtschaft und die hierauf bezogene Fischzucht; Imkerei, Wanderschäferei, Saatzucht, Pilzanbau, Nützlingsproduktion und Weihnachtsbaumkulturen. **Nebenbetriebe** sind ab Wj 2015/2016 nicht mehr als Sondernutzung erfasst, sondern fallen unter § 13a VII 1 Nr 3 (s Rz 44).

b) Höhe des Gewinns. – aa) Sondernutzungen innerhalb der Höchstgrenzen der Anlage 1a. Wenn die jeweilige Sondernutzung in der Anlage 1a Nr 2 zum EStG genannt ist und ihr Umfang den in Anlage 1a Nr 2 Spalte 3 genannten Wert nicht übersteigt, ist der Gewinn mit dem Grundbetrag abgegolten. Wird der genannte Wert überschritten, ist „je Sondernutzung" ein pauschaler Gewinn von 1000 € anzusetzen (§ 13a VI 2), was als zu starr und zu gering erscheint (glA *HHR* § 13a Rz 52). Für die **gärtnerische Nutzung** ist dieser Gesetzeswortlaut nicht mit dem der Anlage 1a abgestimmt, weil dort innerhalb dieser Nutzung nach zahlreichen Nutzungsteilen differenziert wird. Der Wortlaut der Anlage 1a spricht dafür, den Pauschalgewinn für jeden dort genannten Nutzungsteil gesondert anzusetzen, was mE angesichts der sonst eintretenden Nichterfassung erhebl Teile des Gewinns auch dem Gesetzeszweck entspricht. 34

bb) Sondernutzungen über den Höchstgrenzen der Anlage 1a. Es entfällt dann zwar materiell-rechtl die Berechtigung zur Gewinnermittlung nach Durchschnittssätzen (§ 13a I 1 Nr 5). Bis zum Wirksamwerden des Hinweises nach § 13a I 4 bleibt es aber beim Ansatz des Pauschalgewinns von 1000 € (zu § 13a aF auch EStR 13a.2 II 4). Dies kann zu einer uU jahrelangen Verzerrung der Gewinnermittlung führen (krit bereits *Kanzler* DStZ 99, 682, 690). Der BR hatte zR, aber erfolglos vorgeschlagen, in diesen Fällen die tatsächl Einnahmen und eine BA-Pauschale anzusetzen (BT-Drs 18/3158, 23). 35

cc) Nicht in Anlage 1a Nr 2 genannte Sondernutzungen. Hier ist der tatsächl, nach § 4 III zu ermittelnde Gewinn anzusetzen (§ 13a VI 3). Hiervon betroffen sind ausweisl des Katalogs des § 175 BewG aber nur Tabakanbau, Saatzucht, Pilzanbau und Nützlingsproduktion. 36

5. Sondergewinne, § 13a III 1 Nr 4, VII. Diese sind nicht typisierbar und daher nicht pauschaliert, sondern grds in ihrer tatsächl Höhe anzusetzen und nach § 4 III zu ermitteln (Einleitungssatz des § 13a VII 1). Insoweit kann sich dann auch ein Verlust ergeben (der ansonsten im Anwendungsbereich des § 13a ausgeschlossen ist, s Rz 23). Auch gewillkürtes BV darf mE gebildet werden (allg hierzu s § 13 Rz 243ff). Allerdings ist nur die lineare AfA anwendbar (§ 13a VII 2; s auch § 13a III 3 und oben Rz 22). Die Vorschriften der §§ 4 IVa, 6 II, IIa, 7g sind nicht anzuwenden (§ 13a III 2). – **Anlageverzeichnis.** Nach dem Wortlaut des § 13a VII 3 sind (nur) die in § 13a VII 1 Buchst a genannten WG in besondere, lfd zu führende Verzeichnisse aufzunehmen. ME ergibt sich jedoch aus dem Verweis (auch) auf § 4 III 5 eine Verzeichnispflicht für sämtl WG des AV, die zur Erzielung von Sondergewinnen iSd Abs 7 dienen. Die Gewinnermittlung für die Sondergewinne ist **elektronisch an das FA zu übermitteln** (§ 13a VII 4 iVm § 13a III 4–6; zu Einzelheiten und Ausnahmen s Rz 25). Auch dies hätte sich ohne ausdrückl Regelung bereits aus § 60 IV EStDV ergeben. – Zur Rechtslage bis Wj 2014/2015 s *Schmidt* 38. Aufl § 13a Rz 37 aE. 37

a) Veräußerung oder Entnahme bestimmter Wirtschaftsgüter, § 13a VII 1 Nr 1 Buchst a. Ab Wj 2015/2016 (zur früheren Rechtslage s *Schmidt* 38. Aufl § 13a Rz 38 aE) sind Gewinne aus der Veräußerung oder Entnahme von **GuB,** 38 dazugehörigem **Aufwuchs, Gebäuden, immateriellen WG** (auch zB GAP-Zahlungsansprüche, Kontingente, Lieferrechte) und **Beteiligungen** (zB Aktien, Genossenschaftsanteile) stets neben dem Grundbetrag als Sondergewinn hinzurechnen (unabhängig von der Höhe des Erlöses). Zur Zugehörigkeit von GuB zum luf BV s § 13 Rz 212 ff, zur Entnahme von GuB s § 13 Rz 217 ff, zur Zulässigkeit der Bildung von gewillkürtem BV s § 13 Rz 243. Zur Ermittlung des Buchwerts des GuB s § 55; insb die Verlustklausel des § 55 VI ist zu beachten. Es kommt hier nicht darauf an, ob das WG zum AV oder UV gehört; eine Freigrenze (wie in Buchst b) gibt es nicht. Im Fall der Veräußerung (nicht aber bei Entnahme) kann der Gewinn unter den Voraussetzungen des § 6c steuerneutral übertragen werden. Der Begriff des „Gewinns" umfasst hier (ebenso bei Buchst b) mE auch einen **Verlust**, der sich daher neben dem Grundbetrag auswirkt. Zur Ermittlung der Gewinnhöhe ist von den AK/HK nur die lineare AfA abzuziehen (§ 13a VII 2).

39 **b) Veräußerung oder Entnahme sonstiger Wirtschaftsgüter, § 13a VII 1 Nr 1 Buchst b.** Unter den Tatbestand fallen ab dem Wj 2015/16 (zur früheren Rechtslage s *Schmidt* 38. Aufl § 13a Rz 39 aE) zum einen alle nicht bereits in Buchst a genannten WG, sofern sie zum AV gehören (zB Betriebsvorrichtungen, Maschinen), ferner Tiere (hier sowohl des AV als auch des UV). Voraussetzung ist allerdings, dass der Veräußerungs*preis* (dh nicht der Gewinn, sondern der Erlös aus der Veräußerung) oder der an dessen Stelle tretende Wert (zB Entnahmewert nach § 6 I Nr 4) *für das jeweilige WG* **mehr als 15 000 €** beträgt. Diese **Betragsgrenze** dürfte allenfalls bei wertvollen Maschinen überschritten werden, sonst aber kaum.

40 **c) Entschädigungen, § 13a VII 1 Nr 1 Buchst c.** Sie sind seit dem Wj 2015/2016 (zur früheren Rechtslage s *Schmidt* 38. Aufl § 13a Rz 40 aE) neben dem Grundbetrag anzusetzen, wenn sie für den Verlust, den Untergang oder die Wertminderung der in Buchst a, b genannten WG gewährt werden. Der StPfl hat ggf die Möglichkeit, eine RfE (s § 6 Rz 101) zu bilden (so auch BT-Drs 18/3017, 47); die spätere Auflösung dieser Rücklage fällt dann unter Buchst d. Entschädigungen für WG iSd Buchst b sind mE nur erfasst, wenn der Entschädigungsbetrag für das einzelne WG mehr als 15 000 € beträgt (so auch *BMF* BStBl I 15, 877 Rz 53).

42 **d) Gewinne aus der Auflösung von Rücklagen, § 13a VII 1 Nr 1 Buchst d.** Der Tatbestand umfasst zum einen Rücklagen nach § 6c (Gewinne aus der Veräußerung von GuB, Aufwuchs und Gebäuden), zum anderen Rücklagen für Ersatzbeschaffung (ausführl hierzu § 6 Rz 101 ff). Daraus folgt zugleich, dass die Bildung einer RfE auch bei Gewinnermittlung nach § 13a zulässig ist (dazu EStR 6.6 VI). – Eine § 6c-Rücklage kann innerhalb der Frist für ihre Beibehaltung auch *teilweise* aufgelöst werden.

43 **e) Berichtigung des Vorsteuerabzugs, § 13a VII 1 Nr 2.** Ab Wj 2015/16 sind BE oder BA nach § 9b II (Beträge aufgrund der Berichtigung des VorSt-Abzugs nach § 15a UStG (s § 9b Rz 8 f) gesondert zu erfassen. Zuvor war dies mit dem Grundbetrag abgegolten.

44 **f) Dem Grunde nach gewerbliche Tätigkeiten, § 13a VII 1 Nr 3.** – **aa) Keine Abgeltung.** Tätigkeiten, die dem Grunde nach gewerbl sind, aber der LuF zugerechnet werden (hierzu ausführl § 13 Rz 61 ff mwN sowie in Bezug auf § 13a *BMF* BStBl I 15, 877 Rz 57 ff), sind nicht mit dem Grundbetrag abgegolten. Anders als noch bis zum Wj 2014/15 geltenden Rechtslage (s dazu *Schmidt* 38. Aufl § 13a Rz 46) sind nicht nur „Dienstleistungen" erfasst, sondern alle „Tätigkeiten", dh auch die Ergebnisse aus Handelstätigkeiten und Nebenbetrieben. Es kommt nicht mehr darauf an, ob die Tätigkeiten für andere LuF oder ggü Dritten erbracht werden. – Anzusetzen sind die tatsächl Einnahmen aus diesen Tätigkeiten (einschließl USt). Als BA sind (zwingend) pauschal 60 % der Einnahmen abzuziehen (Nr 3 der Anlage 1a zum EStG).

bb) Abgrenzung zu Mieteinnahmen/Pachteinnahmen. Diese fallen unter 45
§ 13a III 1 Nr 5 (s Rz 51) und sind daher in *voller* Höhe (ohne Abzug pauschaler
BA) zu erfassen. Bei der Beherbergung von Feriengästen ist danach zu differenzieren, ob der Vermietungscharakter überwiegt (dann Abs 3) oder der Dienstleistungscharakter, zB bei Beköstigung (dann Abs 7). Die **Pensionspferdehaltung** ist einheitl als „Tätigkeit" anzusehen, wenn die Tiere neben der Überlassung des Stallplatzes vom StPfl auch mit Futter und Medikamenten versorgt werden. Wird hingegen im Wesentlichen nur der Stallplatz überlassen, werden Mieteinnahmen iSd Abs 3 erzielt. Wird ausschließl Futter überlassen (zB bei Weidenutzung ohne Stallplatz), sind die Einnahmen mit dem Grundbetrag abgegolten (zum Ganzen BFH IV R 49/05 BStBl II 08, 425). Werden WG vermietet und im Zusammenhang damit Dienstleistungen erbracht, die von untergeordneter Bedeutung sind, ist einheitl § 13a III 1 Nr 5 anzuwenden (EStR 13a.2 IV 4).

g) Rückvergütungen nach § 22 KStG, § 13a VII 1 Nr 4. Dieser (mit Wirkung ab Wj 2015/2016 neu geschaffene) Tatbestand erfasst genossenschaftl Rückvergütungen (unabhängig davon, ob sie angemessen oder als vGA anzusehen sind). Er soll der Schließung einer Besteuerungslücke dienen (BT-Drs 18/3017, 47). 48

6. Einnahmen aus Vermietung und Verpachtung von Wirtschaftsgütern 51
des land-/forstwirtschaftlichen Betriebsvermögens, § 13a III 1 Nr 5. –
a) Gesonderter Ansatz. Miet- und Pachteinnahmen sind stets gesondert anzusetzen (näher EStR 13a.2 IV). Auf die Bezeichnung der vertragl Vereinbarungen kommt es nicht an (BFH IV R 49/05 BStBl II 08, 425 unter II.1.b). **Beispiele:** Verpachtung von Flächen (zB auch für Windkraftanlagen), entgeltl Nießbrauch- oder Erbbaurechtsbestellung, Vermietung von Gebäuden oder Maschinen, Jagdpacht, Überlassung von immateriellen WG (zB Lieferrechte); Überlassung von Flächen für naturschutzrechtl Ausgleichsmaßnahmen (*BMF* BStBl I 21, 2025 Tz II.4; allerdings ist für diese Flächen kein Grundbetrag mehr anzusetzen). Wenn ein Pächter angepachtete Flächen unterverpachtet, fallen die Einnahmen nicht unter Nr 5, weil es sich nicht um sein BV handelt (zutr FG Mster EFG 20, 1761, Rev VI R 38/20). – Zu den Mieteinnahmen gehören auch vereinnahmte **Umlagen** für Nebenkosten (BFH IV R 47/07 BStBl II 09, 900, Anm *Wittwer* DStRE 09, 1054; ebenso die Handhabung bei VuV, s BFH IX R 6/97 BFH/NV 01, 305 unter II.3a). Dies führt wegen der fehlenden Möglichkeit zum Abzug der den Umlagen ggü stehenden Aufwendungen zu einer Bruttobesteuerung. – Nicht zu den unter Nr 5 fallenden Einnahmen gehören Stilllegungsprämien (EStR 13a.2 IV 5) sowie Zahlungsansprüche nach dem GAP-RefG (s § 13 Rz 262); diese sind daher mit dem Grundbetrag abgegolten. Gleiches gilt für das Entgelt für die Eintragung einer **Dienstbarkeit,** die einem Dritten der dauerhafte Verlegung einer (die luf Nutzung nicht beeinträchtigende) Rohrleitung in 3–4 m Tiefe gestattet wird (BFH VI R 49/18 BFHE 273, 98 Rz 30 ff: mangels zeitl Begrenzung keine Nutzungsüberlassung, sondern Ausgleich für die in der Eintragung liegende Eigentumsbeschränkung).

b) Kein Abzug von Aufwendungen. Ein BA-Abzug ist bei Nr 5 nicht vorgesehen (BFH IV R 28/02 BStBl II 03, 345: verfgem, weil der StPfl die Möglichkeit hat, eine andere Gewinnermittlungsart zu wählen). Bei hohen nicht abziehbaren Aufwendungen bietet sich ein Antrag nach § 13a II an. 52

c) Abgrenzung zu Dienstleistungsentgelten. Diese fallen unter § 13a VII 1 53
Nr 3 (s näher Rz 45). Die zutr Zuordnung ist von erhebl Bedeutung, weil Dienstleistungsgewinne nur mit 40 % der Einnahmen angesetzt werden (Vermietung von WG: 100 % der Einnahmen).

7. Einnahmen aus Kapitalvermögen, § 13a III 1 Nr 6. Ab Wj 2015/2016 55
(zur früheren Rechtslage s *Schmidt* 38. Aufl § 13a Rz 55 aE) sind sämtl Einnahmen aus KapVerm anzusetzen, die zu den Einkünften aus LuF gehören. Zu den Kapital-

§ 13b Gemeinschaftliche Tierhaltung

erträgen zählen sowohl Zinsen als auch Gewinnanteile (zB genossenschaftl Dividenden; zu Beteiligungen des luf BV s § 13 Rz 245). Es gilt das Zuflussprinzip. Aufwendungen dürfen nicht abgezogen werden (EStR 13a.2 V); § 3 Nr 40 ist aber anwendbar (*BMF* BStBl I 15, 877 Rz 79; **aA** *HHR* § 13a Rz 39).

[ab Wj. 2025/2026; bis dahin gilt § 51a BewG, s Rz 1 und § 52 Abs 22b S 1.]
§ 13b Gemeinschaftliche Tierhaltung

(1) ¹**Zu den Einkünften aus Land- und Forstwirtschaft gehören auch die Einkünfte aus landwirtschaftlicher Tierzucht und Tierhaltung von Genossenschaften (§ 1 Absatz 1 Nummer 2 des Körperschaftsteuergesetzes), von Gesellschaften, bei denen die Gesellschafter als Mitunternehmer (§ 15 Absatz 1 Satz 1 Nummer 2) anzusehen sind, oder von Vereinen (§ 1 Absatz 1 Nummer 5 des Körperschaftsteuergesetzes), wenn**
1. **alle Gesellschafter oder Mitglieder**
   a) **Inhaber eines Betriebs der Land- und Forstwirtschaft mit selbst bewirtschafteten regelmäßig landwirtschaftlich genutzten Flächen sind,**
   b) **nach dem Gesamtbild der Verhältnisse hauptberuflich Land- und Forstwirte sind,**
   c) **Landwirte im Sinne des § 1 Absatz 2 des Gesetzes über die Alterssicherung der Landwirte sind und dies durch eine Bescheinigung der jeweiligen Sozialversicherungsträger nachgewiesen wird und**
   d) **die sich nach § 13 Absatz 1 Nummer 1 Satz 2 für sie ergebende Möglichkeit zur landwirtschaftlichen Tiererzeugung oder Tierhaltung in Vieheinheiten ganz oder teilweise auf die Genossenschaft, die Gesellschaft oder den Verein übertragen haben;**
2. **die Anzahl der von der Genossenschaft, der Gesellschaft oder dem Verein im Wirtschaftsjahr erzeugten oder gehaltenen Vieheinheiten keine der nachfolgenden Grenzen nachhaltig überschreitet:**
   a) **die Summe der sich nach Nummer 1 Buchstabe d ergebenden Vieheinheiten und**
   b) **die Summe der Vieheinheiten, die sich nach § 13 Absatz 1 Nummer 1 Satz 2 auf der Grundlage der Summe der von den Gesellschaftern oder Mitgliedern regelmäßig landwirtschaftlich genutzten Flächen ergibt;**
3. **die Betriebe der Gesellschafter oder Mitglieder nicht mehr als 40 Kilometer von der Produktionsstätte der Genossenschaft, der Gesellschaft oder des Vereins entfernt liegen.**

²**Die Voraussetzungen des Satzes 1 Nummer 1 Buchstabe c gelten als erfüllt, wenn hauptberufliche Landwirte (Nummer 1 Buchstabe b) nicht die Voraussetzungen des § 1 Absatz 2 des Gesetzes über die Alterssicherung der Landwirte erfüllen, weil sie im Inland in der gesetzlichen Rentenversicherung versicherungspflichtig sind oder auf sie das Recht der sozialen Sicherheit eines anderen Mitgliedstaats der Europäischen Union anzuwenden ist und dies durch eine Bescheinigung des zuständigen Sozialversicherungsträgers nachgewiesen wird; entsprechendes gilt für die Schweiz oder einen Staat, auf den das Abkommen über den Europäischen Wirtschaftsraum anzuwenden ist.**
³**Die Voraussetzungen des Satzes 1 Nummer 1 Buchstabe d und des Satzes 1 Nummer 2 sind durch besondere, laufend und zeitnah zu führende Verzeichnisse nachzuweisen.**

(2) **Der Anwendung des Absatzes 1 steht es nicht entgegen, wenn die dort bezeichneten Genossenschaften, Gesellschaften oder Vereine die Tiererzeugung oder Tierhaltung ohne regelmäßig landwirtschaftlich genutzte Flächen betreiben.**

Veräußerung des Betriebs § 14

(3) **Von den in Absatz 1 bezeichneten Genossenschaften, Gesellschaften oder Vereinen regelmäßig landwirtschaftlich genutzte Flächen sind bei der Ermittlung der nach Absatz 1 Satz 1 Nummer 2 maßgebenden Grenzen wie Flächen von Gesellschaftern oder Mitgliedern zu behandeln, die ihre Möglichkeit zur landwirtschaftlichen Tiererzeugung oder Tierhaltung im Sinne des Absatzes 1 Satz 1 Nummer 1 Buchstabe d auf die Genossenschaft, die Gesellschaft oder den Verein übertragen haben.**

(4) **Bei dem einzelnen Gesellschafter oder Mitglied der in Absatz 1 bezeichneten Genossenschaften, Gesellschaften oder Vereine ist § 13 Absatz 1 Nummer 1 Satz 2 mit der Maßgabe anzuwenden, dass die in seinem Betrieb erzeugten oder gehaltenen Vieheinheiten mit den Vieheinheiten zusammenzurechnen sind, die im Rahmen der nach Absatz 1 Satz 1 Nummer 1 Buchstabe d übertragenen Möglichkeiten erzeugt oder gehalten werden.**

(5) **Die Vorschriften des § 241 Absatz 2 bis 5 des Bewertungsgesetzes sind entsprechend anzuwenden.**

1. Zeitlicher Anwendungsbereich. § 13b wird **erst zum Wj 2025/2026 in Kraft treten** (§ 52 Abs 22b S 1). Die Einfügung dieser Norm wurde erforderl, weil § 51a BewG, auf den § 13 I Nr 1 S 5 in Fällen gemeinschaftl Tierhaltung bisher verwies, durch Art 2 Nr 6 GrStRefG (BGBl I 19, 1794) **zum 31.12.24** (Art 18 III GrStRefG) **aufgehoben** werden wird. Kraft ausdrückl Anordnung gilt § 51a BewG für estl Zwecke aber noch bis zum Ablauf des Wj 2024/2025 fort (§ 52 Abs 22b S 2).

2. Norminhalt. Weil § 13b erst zum Wj 2025/2026 in Kraft treten wird, wird bis dahin auf die Erläuterungen zu § 51a BewG (ua *Rössler/Troll* § 51a BewG Rz 1 ff) sowie die Kurzdarstellung in § 13 Rz 42 verwiesen. – § 13b weist allerdings die folgenden **Änderungen im Vergleich zur Vorgängerregelung** des § 51a BewG auf: – *(1)* Die Eigenschaft als Landwirt iSd § 1 II ALG kann nicht mehr nur durch eine Bescheinigung der landwirtschaftl Alterskasse, sondern auch durch **Bescheinigungen anderer Sozialversicherungsträger** nachgewiesen werden (§ 13b I 1 Nr 1 c). – *(2)* Die Regelung wird auch für Landwirte geöffnet, die zwar nicht in der landwirtschaftl Alterskasse, wohl aber in der gesetzl Rentenversicherung versichert sind (§ 13b I 2 HS 1). Darüber hinaus wird der Anwendungsbereich auch auf **Landwirte aus anderen EU-/EWR-Staaten** und der Schweiz erstreckt (§ 13b I 2 HS 2). Hier genügt der Nachweis, dass auf sie das Recht der sozialen Sicherheit eines anderen Mitgliedstaats anwendbar ist. – *(3)* In § 13b I 3 ist ausdrückl die Anforderung aufgenommen worden, dass das Verzeichnis über die vorhandenen Vieheinheiten nicht nur (wie bisher) laufend, sondern auch „zeitnah" zu führen ist (anders zu § 51a BewG BFH VI R 49/16 BStBl II 20, 86 Rz 22 ff). – *(4)* § 13b V verweist nun auch auf die für **Pelztiere** geltende Ausschlussregelung des § 241 IV BewG. Demggü war die Vorläuferregelung des § 51 V BewG aF nicht vom Verweis in § 51a V BewG aF umfasst.

§ 14 Veräußerung des Betriebs

(1) ¹**Zu den Einkünften aus Land- und Forstwirtschaft gehören auch Gewinne, die bei der Veräußerung eines land- oder forstwirtschaftlichen Betriebs oder Teilbetriebs oder eines Anteils an einem land- und forstwirtschaftlichen Betriebsvermögen erzielt werden.** ²**§ 16 gilt entsprechend mit der Maßgabe, dass der Freibetrag nach § 16 Absatz 4 nicht zu gewähren ist, wenn der Freibetrag nach § 14a Absatz 1 gewährt wird.**

(2) ¹**Wird ein land- und forstwirtschaftlicher Betrieb durch die Entnahme, Überführung oder Übertragung von Flächen verkleinert und verbleibt mindestens eine Fläche, die der Erzeugung von Pflanzen oder Tieren im**

§ 14 1–3 Veräußerung des Betriebs

Sinne des § 13 Absatz 1 zu dienen bestimmt ist, liegt unabhängig von der Größe dieser Fläche keine Betriebsaufgabe vor. ²§ 16 Absatz 3b bleibt unberührt.

(3) ¹Werden im Rahmen der Aufgabe des Betriebs einer land- und forstwirtschaftlichen Mitunternehmerschaft Grundstücke an den einzelnen Mitunternehmer übertragen oder scheidet ein Mitunternehmer unter Mitnahme einzelner Grundstücke aus einer Mitunternehmerschaft aus, gelten diese unabhängig von ihrer Größe auch bei fortgeführter oder erstmaliger Verpachtung bis zu einer Veräußerung oder Entnahme bei diesem weiterhin als Betriebsvermögen. ²Dies gilt entsprechend für Grundstücke des bisherigen Sonderbetriebsvermögens des einzelnen Mitunternehmers. ³Die Sätze 1 und 2 sind nur anzuwenden, wenn mindestens eine übertragene oder aus dem Sonderbetriebsvermögen überführte Fläche der Erzeugung von Pflanzen oder Tieren im Sinne des § 13 Absatz 1 zu dienen bestimmt ist. ⁴Für den übernehmenden Mitunternehmer gilt § 16 Absatz 3b entsprechend.

Einkommensteuer-Richtlinien: EStR 14/EStH 14

Übersicht

Rz
I. Anwendung des § 16 und Besonderheiten der Land- und Forstwirtschaft, § 14 I
1. Verweis auf § 16 1
2. Besonderheiten der Land- und Forstwirtschaft bei der Betriebsveräußerung 2–9
3. Besonderheiten bei der Betriebsaufgabe 11–15
4. Besonderheiten der Land- und Forstwirtschaft bei Erbfall, Erbauseinandersetzung und vorweggenommener Erbfolge 20–25

II. Veräußerungs- und Aufgabegewinn
1. Ermittlung des Veräußerungsgewinns/Aufgabegewinns 26–28
2. Steuerbegünstigungen 31
3. Zeitliche Erfassung 33

III. Betriebsverkleinerung; Realteilung, § 14 II, III
1. Betriebsverkleinerung, § 14 II 36
2. Realteilung von Mitunternehmerschaften 38

I. Anwendung des § 16 und Besonderheiten der Land- und Forstwirtschaft, § 14 I

1 **1. Verweis auf § 16.** § 14 I entspricht sowohl hinsichtl der erfassten Veräußerungs- und Aufgabegewinne als auch hinsichtl der Rechtsfolgen dem für gewerbl Veräußerungs-/Aufgabegewinne geltenden § 16, sodass auf die dortigen Erläuterungen verwiesen wird. Nachfolgend werden nur die **Besonderheiten der LuF** dargestellt. Veräußerungs- und Aufgabegewinne sind auch bei Gewinnermittlung nach § 13a gesondert zu versteuern.

2 **2. Besonderheiten der Land- und Forstwirtschaft bei der Betriebsveräußerung. – a) Begriff der Veräußerung.** Es muss sich um die *entgeltl* (ggf teilentgeltl) Übertragung zumindest des wirtschaftl Eigentums an den wesentl Betriebsgrundlagen in einem einheitl Übertragungsakt handeln (allg hierzu s § 16 Rz 25–71, insb Abgrenzung zu unentgeltl Übertragung, Erbfall, Einlage). Die unentgeltl Übertragung fällt unter § 6 III; zur vorweggenommenen Erbfolge (als Sonderfall der unentgeltl Übertragung) s Rz 23.

3 **b) Betrieb.** Ausführl zur Übertragung eines ganzen Betriebs s § 16 Rz 75–110 (dort insb zur Übertragung der wesentl Betriebsgrundlagen, der Beendigung der bisherigen Tätigkeit und zur Zurückbehaltung von WG). Zu den **Mindestanforderungen** an die Annahme eines landwirtschaftl Betriebs s § 13 Rz 7, zu den Mindestanforderungen an einen forstwirtschaftl Betrieb s § 13 Rz 13. – **Zurech-**

nung. Wurde das Eigentum an den betriebl WG bereits an den Hofnachfolger unter Nießbrauchsvorbehalt zugunsten des bisherigen Inhabers übertragen, ist ein späterer Veräußerungsgewinn dem neuen Eigentümer (Nießbrauchsverpflichteten) zuzurechnen (BFH IV R 325/84 BStBl II 87, 772 unter 2.; BFH IV R 53/99 BFH/NV 00, 1078 unter 1.c).

aa) Umfang des Betriebsvermögens. Dazu gehört insb der GuB (ausführl § 13 Rz 212 ff), das lebende Inventar (Tierbestände), das tote Inventar (Maschinen, Betriebsanlagen), das Feldinventar, die stehende Ernte, das aufstehende Holz und die immateriellen WG (zB Lieferrechte, Zahlungsansprüche nach GAP-ReformG, BGBl I 04, 1763). Zum gewillkürten BV s § 13 Rz 243, zur Abgrenzung zw BV und PV bei der Veräußerung eines bereits beim Erwerb *verpachteten* Betriebs s § 13 Rz 130. – **Wesentl Betriebsgrundlagen.** Zu diesem Begriff bei den verschiedenen Arten luf Betriebe s § 13 Rz 126. IRd §§ 14, 16 liegt eine wesentl Betriebsgrundlage allerdings nicht nur bei funktioneller Wesentlichkeit vor, sondern schon dann, wenn erhebl stille Reserven in dem WG gebunden sind (§ 16 Rz 86 mwN). In einem solchen Fall kann ausnahmsweise auch Inventar als wesentl Betriebsgrundlage anzusehen sein (BFH IV R 351/64 U BStBl III 65, 576).

bb) Zurückbehaltung von Teilflächen. Geringfügige Teilflächen (bis zu 10%) stellen keine wesentl Betriebsgrundlage dar, sodass ihre Zurückbehaltung der Begünstigung der Betriebsübertragung nicht entgegen steht (zur unentgeltl Betriebsübertragung BFH IV R 117/91 BFH/NV 94, 533: die zurückbehaltene Fläche kann weiterhin BV bleiben, wenn sie bewirtschaftet wird; BFH IV R 28/00 BFH/NV 05, 1062 unter II.2.c). Werden hingegen mehr als (idR) 10% des GuB zurückbehalten, sind nicht sämtl wesentl Betriebsgrundlagen veräußert worden (BFH IV R 101/77 BStBl II 82, 20 unter a: 40%; BFH IV R 137/84 BStBl II 86, 808: 20%; BFH IV R 8/89 BStBl II 90, 428: 18%, auch wenn die Fläche absolut gesehen eher klein ist). Ausnahmen sind aber mögl (BFH IV R 88/81 BStBl II 85, 508 unter b: hier wurde das Zurückbehalten von 12% noch als unschädl beurteilt, weil die Hälfte davon Hutungen waren). – **Rückpacht.** Die Annahme einer steuerbegünstigten Betriebsveräußerung wird nicht dadurch ausgeschlossen, dass der Veräußerer den Betrieb sogleich zurückpachtet und weiterhin aktiv bewirtschaftet (BFH IV R 88/81 BStBl II 85, 508 unter c; EStH 14 „Rückverpachtung"; *HHR* § 14 Rz 26; krit im Hinblick auf die Abweichung zu GewBetr *Kanzler* FR 96, 678; *Wendt* FR 09, 429).

c) Teilbetrieb. Es muss sich um einen mit einer gewissen Selbständigkeit ausgestatteten, organisch geschlossenen Teil des Gesamtbetriebs handeln, der für sich allein lebensfähig ist (Einzelheiten und Nachweise s ausführl § 16 Rz 115–142).

aa) Landwirtschaftlicher Teilbetrieb. Bei der erforderl Beurteilung nach dem Gesamtbild der Verhältnisse sind vor allem die Trennung der Hofstellen und des Anlagevermögens wichtige, aber nicht zwingende Indizien (BFH IV R 62/99 BFH/NV 01, 1248 unter 1.b, 2.b; BFH VI R 63/15 BFHE 260, 138 Rz 17). Die Erfüllung sämtl Kriterien für eine Betriebsteilung (§ 13 Rz 9) ist nicht erforderl. – **(1) Eigentumsbetrieb.** Das lebende und tote Inventar *allein* ist kein Teilbetrieb, sodass dessen isolierte Veräußerung nicht begünstigt ist (BFH IV R 179/72 BStBl II 76, 415 unter 1.); Gleiches gilt für die Veräußerung des Milchlieferrechts ohne gleichzeitige Veräußerung des Tierbestands (BFH IV B 91/06 BFH/NV 07, 1853). Eine isoliert übertragene landwirtschaftl Fläche ist nicht allein deshalb Teilbetrieb, weil sie größer als 3000 m² ist (zutr BFH VI R 63/15 BFHE 260, 138 Rz 19; BFH VI R 66/15 BFHE 262, 33 Rz 26 ff; **aA** FG Mster EFG 16, 614 unter I.3., rkr: verpachtete Fläche von 1,7 ha; ausführl *Wackerbeck* DStR 17, 1691). – **(2) Pachtbetrieb.** Ein räuml getrennt liegender Pachtbetrieb (der naturgemäß nur aus Inventar bestehen kann) kann im Verhältnis zu einem Eigentumsbetrieb auch dann Teilbetrieb sein, wenn der Gewinn einheitl ermittelt wird (BFH IV R 25/88 BStBl II 90, 373 unter I.1.a). – **(3) Nebenbetriebe.** Sie können als Teilbetriebe anzusehen sein. Gleiches gilt für organisatorisch selbständig geführte, aber noch zur LuF gehörige **Handelsbetriebe** (s § 13 Rz 61 ff).

8 **bb) Besonderheiten des forstwirtschaftlichen Teilbetriebs.** Hier gilt ein von GewBetr und Landwirtschaft abw Teilbetriebsbegriff, weil die lfd Bewirtschaftung von geringerer Bedeutung ist (BFH IV R 180/77 BStBl II 82, 158 unter 3.; BFH IV R 96/93 BFH/NV 96, 316 unter 2.). Im Verhältnis zur landwirtschaftl Nutzung ist eine vom selben StPfl betriebene Forstwirtschaft stets Teilbetrieb (BFH IV R 96/93 BFH/NV 96, 316 unter 2.; *BMF* BStBl I 18, 689 unter III.). Aber auch *innerhalb* eines Forstbetriebs können Teilbetriebe bestehen. – **(1) Nachhaltsbetrieb.** Zum Begriff s § 13 Rz 11. Er ist in Verhältnis zu weiteren forstwirtschaftl Flächen als Teilbetrieb anzusehen, wenn er entweder getrennt verwaltet wird (eigener Betriebsplan, Führung in gesonderter Rechnung) oder wenn der verkaufte Teil beim *Erwerber* als selbständiger Nachhaltsbetrieb mit idR jährl Holzernten weitergeführt werden kann (BFH IV R 180/77 BStBl II 82, 158 unter 3.a: bei 131 ha bejaht). Wird eine *Teilfläche* aus einem Nachhaltsbetrieb veräußert, muss diese beim Erwerber allerdings nicht ebenfalls einen Nachhaltsbetrieb bilden; vielmehr kommt es nur darauf an, ob die Teilfläche beim Erwerber eine selbständige Erwerbsgrundlage als möglichst lebensfähiges Forstrevier mit idR jährl Holzernten bildet (BFH IV R 12/89 BStBl II 91, 566 unter I.2.: für 88 ha bejaht). – **(2) Aussetzender Betrieb.** Hier genügt bereits die räuml zusammenhängende Lage einer Forstfläche für die Annahme eines Teilbetriebs (BFH IV 67/58 U BStBl III 61, 124: 5,5 ha; BFH IV R 180/77 BStBl II 82, 158 unter 3.b; offen gelassen für 6,7 ha von BFH IV R 27/98 BStBl II 00, 524 unter 1.a, und für 2 ha von BFH IV R 28/98 BFH/NV 00, 1455 unter 2.a). Für diese Absenkung der bei aussetzenden Betrieben geltenden Anforderungen spricht, dass hier schon an das Vorhandensein eines Forstbetriebs überhaupt nur sehr geringe Anforderungen gestellt werden (s § 13 Rz 13). Eine Untergrenze gilt gleichwohl auch hier (FG Mchn EFG 15, 376, rkr: kein Teilbetrieb bei 0,5 ha).

9 **d) Mitunternehmeranteil.** Zur Veräußerung s § 16 Rz 380 ff (insb zur Behandlung des SonderBV); zur luf MUerschaft s § 13 Rz 161 ff. Die Veräußerung eines *Teils* eines MUeranteils ist nicht begünstigt (§ 16 I 2).

11 **3. Besonderheiten bei Betriebsaufgabe.** Allg zur Betriebsaufgabe s § 16 Rz 150 ff; zu den Besonderheiten der LuF s *Hiller* INF 94, 106. Danach muss die bisher in dem Betrieb entfaltete luf Tätigkeit endgültig eingestellt werden (Rz 12); alle wesentl Betriebsgrundlagen müssen in einem einheitl Vorgang (dazu Rz 15) in das PV überführt oder an verschiedene Erwerber veräußert werden (Rz 14). Zur **Realteilung** einer MUerschaft anstelle einer Betriebsaufgabe s § 16 Rz 520 ff; diese Grundsätze gelten auch im Bereich der LuF (BFH IV B 113/06 BFH/NV 07, 2257 unter II.2.c bb; *Stephany* INF 02, 718; ausführl *Felsmann* D 61 ff).

12 **a) Einstellung der Tätigkeit.** S § 16 Rz 80 (insb Abgrenzung zur bloßen Betriebsunterbrechung). Allein der Verkauf des Gesamtbestands an Großvieh bedeutet keine Betriebsaufgabe, wenn die Flächen weiterhin bewirtschaftet werden (BFH IV R 41/91 BStBl II 93, 430). Auch die Flucht eines Landwirts, der sich in wirtschaftl Schwierigkeiten befindet, stellt noch keine Betriebsaufgabe dar, wenn der Betrieb zunächst weiterbewirtschaftet und erst später abgewickelt wird (BFH IV R 5/06 BStBl II 08, 113). Ein **Forstbetrieb** (auch ein aussetzender) kann nicht aufgegeben werden, weil dem Eigentümer stetig Holz zuwächst (BFH IV R 27/98 BStBl II 00, 524 unter 1.d). – Der Übergang zur **Liebhaberei** stellt keine zwingende Betriebsaufgabe dar (s § 13 Rz 91; § 15 Rz 42). Gleiches gilt, wenn nach einer Betriebsverkleinerung eine ertragbringende luf Betätigung nicht mehr mögl ist (s § 13 Rz 8, 213 mwN). Auch der Strukturwandel (von LuF zum GewBetr) ist keine Betriebsaufgabe (*BMF* DStR 99, 1615), sodass die vorhandenen stillen Reserven auch gewstl verstrickt werden. – Die **Betriebsunterbrechung** ist noch keine (endgültige) Einstellung; allein die Beendigung der Eigenwirtschaftung bewirkt

Anwendung des § 16 und Besonderheiten der LuF 14–21 § 14

daher keine Zwangsbetriebsaufgabe (BFH VI B 105/16 BFH/NV 17, 1172 Rz 7 mwN). Eine Form der Betriebsunterbrechung ist die **Betriebsverpachtung im Ganzen** (ausführl § 13 Rz 123 ff; dort auch zum Wahlrecht der Erklärung der Betriebsaufgabe und zur – ausnahmsweisen – Zwangsbetriebsaufgabe); Gleiches gilt für die Einräumung eines Nießbrauchs am Betrieb (s § 13 Rz 151 ff) und die Begründung eines Wirtschaftsüberlassungsvertrags (s § 13 Rz 141 ff).

b) Überführung der wesentlichen Betriebsgrundlagen in das Privatvermögen oder Veräußerung. S § 16 Rz 150. Werden einzelne wesentl Betriebsgrundlagen zum Buchwert in einen anderen (Teil-)Betrieb des StPfl überführt, ist die Veräußerung oder Aufgabe des RestBV nicht begünstigt (BFH IV R 25/88 BStBl II 90, 373 unter I.1.d: Überführung von Teilen des eigenen Inventars eines im Übrigen angepachteten Teilbetriebs; FG Nds EFG 14, 912, rkr: Aufgabe einer Nebenbetriebs-Kornbrennerei unter Weiterverwendung des zugehörigen GuB im fortbestehenden luf Hauptbetrieb). Allerdings wird eine begünstigte Aufgabe des luf Betriebs nicht dadurch ausgeschlossen, dass Teile des bisherigen BV anschließend an eine GmbH vermietet werden und dadurch eine gewerbl Betriebsaufspaltung begründet wird (BFH IV R 31/03 BStBl II 06, 652 unter II.1.c). Zur Abgrenzung zwe unentgeltl Betriebsübertragung (§ 6 III) einer gewinnrealisierender Betriebszerschlagung s Rz 24 mwN. – Der StPfl, der sich darauf beruft, den Betrieb bereits in der entfernten Vergangenheit aufgegeben zu haben, trägt hierfür die **Beweislast** (s § 13 Rz 123); ab 5.11.11 ist in Fällen der Betriebsunterbrechung/-verpachtung zudem grds eine ausdrückl Aufgabeerklärung erforderl (§ 16 IIIb; s § 16 Rz 190 ff). 14

c) Einheitlicher Vorgang. S ausführl § 16 Rz 208 ff. Die Zerschlagung des Betriebs muss innerhalb kurzer Zeit geschehen. Die Beschränkung auf ein einziges Wj ist aber nicht erforderl; idR wird eine Zeitspanne bis zu 18 Monaten der Annahme einer begünstigten Betriebsaufgabe nicht entgegen stehen (BFH VI 118, 119/65 BStBl III 67, 70: 14 Monate für den Verkauf der Einzelflächen eines Weinbaubetriebs; BFH IV R 11/06 BFH/NV 09, 937 unter III.4.: 15 Monate für den Verkauf der landwirtschaftl Flächen und des Viehbestands). In einem solchen Fall ist der Aufgabegewinn zwar einheitl zu ermitteln; die Gewinne aus den einzelnen Verkaufs- bzw Entnahme-Teilakten sind aber jeweils zum Zeitpunkt ihrer Realisierung (dh ggf in verschiedenen VZ) zu versteuern (BFH IV R 17/02 BStBl II 05, 637 unter 1.c; zu den Begünstigungen nach §§ 16 IV, 34 in diesen Fällen s *BMF* BStBl I 06, 7; *Felsmann* D 180 ff). Demggü ist eine **allmähl Abwicklung** mangels Zusammenballung stiller Reserven nicht begünstigt (BFH IV R 217/81 BStBl II 84, 364: Veräußerung des luf GuB über 4 Jahre hinweg). Wird zunächst ein forstwirtschaftl Teilbetrieb unentgeltl übertragen (§ 6 III) und in zeitl Zusammenhang damit der landwirtschaftl Teilbetrieb (nunmehr als *ganzer* Betrieb) aufgegeben, handelt es sich nicht etwa um eine einheitl Betriebsaufgabe; vielmehr bezieht sich die gewinnrealisierende Betriebsaufgabe allein auf den landwirtschaftl (Teil-)Betrieb (BFH IV R 60/99 BStBl II 01, 101). 15

4. Besonderheiten der Land-/Forstwirtschaft bei Erbfall, Erbauseinandersetzung und vorweggenommener Erbfolge. – a) Erbfall. Ausführl zum Erbfall bei Einzelunternehmern s § 16 Rz 590 ff (dort insb zur Behandlung der Erfüllung von Vermächtnis-/Pflichtteilsansprüchen); zum Tod von MUern s § 16 Rz 660 ff (dort insb zu den verschiedenen Fortsetzungs-/Nachfolgeklauseln); zu den Besonderheiten der LuF ausführl *Hiller* INF 93, 361, 391. – **Erbengemeinschaft.** Soweit landesgesetzl Regelungen (zB HöfeO; s Rz 21) den nach § 1922 BGB grds eintretenden Rechtsübergang auf die Erbengemeinschaft nicht ausschließen, werden die Miterben geborene MUer. Zahlt der Hofübernehmer Abfindungen an weichende Erben, handelt es sich um Entgelt (s *Felix* FR 91, 613). 20

b) Erbfolge nach HöfeO. § 4 HöfeO vermeidet die Aufteilung des Hofes unter mehrere Miterben und weist ihn einem einzigen Erben zu **(Sonderrechts-** 21

nachfolge). Dies gilt auch für vergleichbare landesrechtl Vorschriften (zB Württembergisches Anerbenrecht; ausführl zu den länderweise unterschiedl höferechtl Regelungen *BMF* BStBl I 06, 253 Rz 75 ff; *Felix* FR 91, 613 und 656). Auch steuerl entsteht dann keine MUerschaft der Miterben hinsichtl des Hofes; vielmehr wird der Hoferbe Einzelunternehmer (BFH IV R 20/84 BStBl II 87, 561 unter 1.a aa; *Kempermann* FR 91, 585; krit *Felsmann* D 117 ff). Allerdings gehört der *Wert* des Hofes zum Nachlass (§ 4 S 2 HöfeO), sodass den Miterben Abfindungsansprüche zustehen (§ 12 HöfeO), die wegen der Orientierung am EW aber idR weit unter dem tatsächl Wert liegen. Diese Ansprüche sind erbrechtl Art (auf Gesetz beruhende Vermächtnisse) und begründen daher keine AK (*Felix* FR 91, 613, 617); die Rechtslage entspricht derjenigen bei qualifizierter Nachfolge in einen PersGesAnteil (hierzu ausführl § 16 Rz 672). – **Hoffreies Vermögen.** Es unterliegt (vergleichbar dem SonderBV bei einem PersGesAnteil) nicht der Sonderrechtsnachfolge. Daher werden die auf die anderen Miterben übergehenden Anteile am hoffreien Vermögen am Todestag entnommen. Die **Zurechnung dieses Entnahmegewinns** ist str: Nach Verwaltungsauffassung ist er dem Erblasser zuzurechnen (*BMF* BStBl I 06, 253 Rz 78; *Felsmann* D 117c); die Gegenauffassung rechnet ihn dem jeweiligen Miterben zu (*Kempermann* FR 91, 585; *BH/Nacke* § 14 Rz 28; *HHR* § 14 Rz 19; obiter dictum in FG Ddorf EFG 06, 1499 unter 4., aus anderen Gründen bestätigt durch BFH IV R 44/06 BStBl II 09, 811). Letzteres ist mE zutr, weil der Erblasser keinen Entnahmetatbestand verwirklicht hat. Erst in der Person des jeweiligen Erben entscheidet sich, ob die übergegangenen WG BV bleiben oder nicht.

22 **c) Erbauseinandersetzung.** Die steuerl Behandlung entspricht derjenigen bei einer MUerschaft (ausführl s § 16 Rz 608 ff; dort insb zur Behandlung von Abfindungszahlungen als AK des Übernehmers, zum Entstehen von Veräußerungsgewinnen bei den weichenden Miterben und zur Behandlung von Mischnachlässen, die auch PV beinhalten; *BMF* BStBl I 06, 253). Solange die Flächen einer Nutzung iSd § 13 I dienen, bleiben sie unabhängig von ihrer Größe auch nach der Erbauseinandersetzung BV der einzelnen Miterben (§ 14 III ab 17.12.20; s Rz 38; dort auch zur früheren Rechtslage).

23 **d) Vorweggenommene Erbfolge. – aa) Unentgeltlicher Vorgang.** Werden im Zuge einer vorweggenommenen Erbfolge Versorgungsleistungen zugesagt, Nutzungsrechte eingeräumt oder Betriebsschulden übernommen, stellt dies kein Entgelt dar, sodass in diesen Fällen die Buchwerte fortzuführen sind (§ 6 III; *BMF* BStBl I 93, 80; ausführl s § 16 Rz 50 ff; dort insb zur Frage, wann „Gegenleistungen" anzunehmen sind, die zur Entgeltlichkeit führen). Dies gilt auch für die nach § 55 ermittelten Werte für den GuB. Zu AK (bzw Veräußerungsentgelt) führen hingegen die Leistung von Abstandszahlungen oder Gleichstellungsgeldern und die Übernahme betriebsfremder Schulden (zu teilentgeltl Übergaben ausführl *Hiller* INF 93, 217, 245).

24 **bb) Abgrenzung zu gewinnrealisierenden Vorgängen. – (1) Keine Aufteilung der wesentlichen Betriebsgrundlagen.** Da steuerl idR die Unentgeltlichkeit gewünscht wird, ist darauf zu achten, dass sämtl wesentl Betriebsgrundlagen entweder einheitl auf den Nachfolger übertragen werden oder aber einheitl beim Übergeber bleiben und dem Nachfolger nur die Nutzung überlassen wird (zB durch Nießbrauch, Verpachtung, Wirtschaftsüberlassung). Anders als bei GewBetr ist § 6 III auch dann anzuwenden, wenn der Übergeber sich bei der Betriebsübertragung den Nießbrauch vorbehält, seine Tätigkeit also fortsetzt (s § 6 Rz 701 mwN). – Wird hingegen ein Teil der wesentl Betriebsgrundlagen zurückbehalten und ein anderer Teil übereignet, führt dies zur Gewinnrealisierung, und zwar entweder als Betriebsaufgabe (BFH IV R 101/77 BStBl II 82, 20; BFH IV R 8/89 BStBl II 90, 428) oder aber (bei Fortbestand des Betriebs des Übergebers) als Entnahme (zB BFH IV R 43/73 BStBl II 77, 719).

Veräußerungs- und Aufgabegewinn **25–28 § 14**

(2) Entnahme. Wird der Betrieb vor einer unentgeltl Übertragung verkleinert, indem einzelne Grundstücke an weichende Erben übertragen werden und der verbleibende Betrieb unentgeltl an den Nachfolger übertragen wird, gilt für die Betriebsübertragung § 6 III; die Übertragung der Einzelflächen ist eine gewinnrealisierende Entnahme (zutr FG Mchn EFG 14, 1953, rkr, krit Anm *Hennigfeld* EFG 14, 1954). – **Betriebszerschlagung.** Demggü stellt die Übertragung sämtl Eigentumsflächen an die Kinder des StPfl, die fortan getrennt voneinander wirtschaften, auch ohne Aufgabeerklärung eine (Zwangs-)**Betriebsaufgabe** dar, wenn das einzig zurückbehaltene (Wohn-)Grundstück zu klein ist, um darauf LuF zu betreiben (BFH IV R 7/07 BStBl II 10, 431). Eine Aufteilung der Flächen auf mehrere Übernehmer im Wege vorweggenommener Erbfolge wird (anders als eine Aufteilung im Wege der Realteilung einer MUerschaft oder Erbengemeinschaft) nicht von § 14 III erfasst. Insoweit bleibt es daher auch ab 17.12.20 dabei, dass die Aufteilung (Zerschlagung) eines nicht mehr aktiv bewirtschafteten (zB verpachteten) Betriebs zur Zwangsbetriebsaufgabe führt (so zur früheren Rechtslage BFH VI R 63/15 BFHE 260, 138; BFH VI S 9/19 BFH/NV 20, 1051). Will man dieses Ergebnis vermeiden, muss der Betrieb auf eine MUerschaft übertragen werden, an der die Übernehmer beteiligt sind (zutr *Kanzler* FR 18, 570). Der BFH hat selbst dann eine Betriebszerschlagung eines Verpachtungsbetriebs (und keine Übertragung nach § 6 III) angenommen, wenn der Hauptübernehmer ca 14 000 qm erhielt (also wesentl mehr als die für die Annahme eines Betriebs erforderl Mindestgröße von 3000 qm) und das andere Kind lediglich ca 4000 qm (BFH IV R 19/13 BFH/NV 16, 1702 Rz 20).

II. Veräußerungs- und Aufgabegewinn

1. Ermittlung des Veräußerungsgewinns/Aufgabegewinns. Ausführl s § 16 Rz 230 ff (dort insb zur Veräußerung gegen wiederkehrende Bezüge, zur Abgrenzung vom lfd Gewinn und zu nachträgl Änderungen des Veräußerungspreises). **Veräußerungsgewinn** ist der Betrag, um den der Veräußerungspreis (Rz 27) nach Abzug der Veräußerungskosten den nach § 4 I ermittelten Wert des BV (Rz 28) übersteigt (§ 16 II). **Aufgabegewinn** ist der Betrag, um den die Summe der Einzelveräußerungserlöse und des gemeinen Wertes der nicht veräußerten WG (§ 16 III 6, 7) nach Abzug der Aufgabekosten den nach § 4 I ermittelten Wert des BV übersteigt (ausführl § 16 Rz 290 ff; dort auch zur Aufgabebilanz).

a) Einzelfragen zum Veräußerungspreis. – Aufteilung. Zur Aufteilung eines Gesamtkaufpreises auf GuB einerseits und Aufwuchs (zB stehendes Holz) andererseits s § 13 Rz 16 mwN. Bei solche Aufteilung kann erforderl sein, um die für GuB geltende Verlustausschlussklausel des § 55 VI zutr anzuwenden (s *Felsmann* B 295; *Schindler* StBP 87, 248; aA *Obermeier* DStR 93, 77, 86). Eine Aufteilung ist ferner erforderl, wenn sich der Gesamtkaufpreis nicht nur auf BV, sondern auch auf WG des PV bezieht (zB Verkauf des Betriebs einschließl eines Gebäudes, das nur *teilweise* dem BV zugeordnet wurde). – **Abgrenzung zum lfd Gewinn.** Ist der Verkäufer berechtigt, die Ernte auch nach dem Zeitpunkt der Übergabe noch einzubringen, erzielt er hieraus nachträgl luf Einkünfte iSd § 24; es handelt sich nicht um einen Teil des nach §§ 14 I, 16 IV, 34 begünstigten Veräußerungsgewinns. – **Nachträgl Änderungen des Veräußerungspreises.** Sie müssen auf den Zeitpunkt der Gewinnrealisierung zurückwirken (ausführl § 16 Rz 335 ff). Dies gilt insb, wenn bei der Veräußerung von GuB im Rahmen einer Betriebsaufgabe eine Kaufpreisnachzahlung für den Fall vereinbart wird, dass die Flächen zu Bauland werden (BFH IV R 53/04 BStBl II 06, 906 unter B. II.2.).

b) Nach § 4 I ermittelter (Buch-)Wert des Betriebsvermögens. Das Gesetz geht davon aus, dass sich zugleich mit der Betriebsveräußerung/-aufgabe ein **Übergang zur Gewinnermittlung nach § 4 I** vollzieht. Die wegen dieses Übergangs erforderl Zu- und Abrechnungen sind Teil des lfd Gewinns und können nicht auf drei Jahre verteilt werden (ausführl § 4 Rz 650 ff, insb § 4 Rz 663). – Zur Ermittlung des Buchwerts des **Grund und Bodens,** der am 30.6.70 bereits zum BV gehört hat, s § 55. Zur Ermittlung des Buchwerts (AK) für **stehendes Holz** s § 13 Rz 14 und EStR 14 V; war das stehende Holz bereits am 21.6.48 vorhanden, ist insoweit der anteilige EW zu diesem Tag anzusetzen (BFH I 35/57 S BStBl III 60, 306; BFH IV 344/64 BStBl II 70, 747). Ist von der Möglichkeit Gebrauch gemacht worden, **Feldinventar und stehende Ernte** nicht zu aktivieren (s § 13 Rz 239), gehört der dadurch bei der Betriebsveräußerung entstehende Buchgewinn zum begünstigten Veräußerungsgewinn; der Erwerber kann den entspr Teil seiner Kaufpreiszahlung sofort als BA abziehen (so ausdrückl noch R 14 II 5, 6 EStR 2008; in den EStR 2012 fehlt eine Äußerung hierzu). Zur Ermittlung des Buchwerts **sonstiger WG,** insb bei Gewinnermittlung nach § 13a, s § 13 Rz 202 mwN (danach ist davon auszugehen, dass der StPfl von Bewertungs- und AfA-Wahlrechten, die zu niedrigen Wertansätzen führen, keinen Gebrauch gemacht hat, sodass sich ein höherer Buchwert und damit ein geringerer Veräußerungsgewinn ergibt). – Soweit die Buchwerte nicht der Buchführung oder dem nach § 4 III 5, § 13a VI 2 zu führenden Verzeichnis und anderen Aufzeichnungen des StPfl entnommen werden können, sind sie auf den Zeitpunkt der Betriebsveräußerung bzw -aufgabe zu schätzen.

31   **2. Steuerbegünstigungen.** Der **Freibetrag nach § 13 III** wird auch für Veräußerungsgewinne gewährt. Der **Freibetrag nach § 16 IV** (45 000 €) gilt auch für LuF; er wird aber nur einmal im Leben und zudem nur gewährt, wenn der StPfl das 55. Lebensjahr überschritten hat oder dauernd berufsunfähig ist (s näher § 16 Rz 575). Der **ermäßigte Steuersatz** des § 34 I (Fünftelungs-Regelung) ist bei Veräußerungs- und Aufgabegewinnen in jedem Fall zu gewähren; der auf 56 % des durchschnittl StSatzes ermäßigte StSatz des § 34 III hingegen ebenfalls nur einmal im Leben und nur nach Vollendung des 55. Lebensjahrs oder bei dauernder Berufsunfähigkeit.

33   **3. Zeitliche Erfassung.** Gewinne aus der Veräußerung/Aufgabe eines luf Betriebes sind nicht (wie lfd Gewinn) auf die Kj zu verteilen, in denen das Wj liegt, sondern einheitl in dem Kj zu erfassen, in dem sie entstanden sind (§ 4a II Nr 1 S 2). Erstreckt sich eine **Betriebsaufgabe über mehrere Kj,** sind die jeweiligen Teil-Gewinne im Zeitpunkt der Realisation zu versteuern (s Rz 15 mwN).

III. Betriebsverkleinerung; Realteilung

36   **1. Betriebsverkleinerung, § 14 II. – Norminhalt.** Die Regelung soll in bestimmten Fällen eine Zwangsbetriebsaufgabe vermeiden. Wenn ein luf Betrieb durch Entnahme, Überführung oder Übertragung von Flächen verkleinert wird, aber mindestens eine Fläche verbleibt, die der Erzeugung von Pflanzen oder Tieren iSd § 13 I zu dienen bestimmt ist (dh nicht zB ausschließl ein Wohngrundstück), liegt unabhängig von der Größe dieser Fläche keine Zwangsbetriebsaufgabe vor. Für selbst bewirtschaftete Betriebe galt dies auch schon vor der Anfügung des Abs 2 (BFH VI R 66/15 BFHE 262, 33 Rz 22 mwN); für Verpachtungsbetriebe hatte die neuere Rspr hingegen bei einem Absinken der Restfläche unter die 3000 qm-Grenze (s § 13 Rz 7) eine Zwangsaufgabe angenommen (BFH VI R 73/15 BFH/NV 18, 1249 Rz 37), die nunmehr vermieden wird. – **Betriebsaufgabe aus anderen Gründen weiterhin möglich.** § 16 IIIb bleibt allerdings unberührt (§ 14 II 2). Dies bedeutet zum einen, dass der Inhaber eines verpachteten Betriebs jederzeit die Betriebsaufgabe erklären kann (§ 16 IIIb 1 Nr 1). Darüber hinaus können *andere* Tatsachen (bei denen es sich nicht um die von § 14 II erfasste reine Flächenverkleinerung handelt) mit ihrem Bekanntwerden beim FA weiterhin eine Zwangsbetriebsaufgabe bewirken (§ 16 IIIb 1 Nr 2). – **Zeitl Anwendung.** § 14 II ist durch das JStG 2020 (BGBl I 20, 3096) angefügt worden, gilt aber (unecht rückwirkend) bereits für den gesamten VZ 2020 (§ 52 I idF vor der Änderung durch Art 2 JStG 2020).

2. Realteilung von Mitunternehmerschaften, § 14 III. – Norminhalt. Die 38 Regelung knüpft an Abs 2 an und ordnet in bestimmten Fällen die fortbestehende BV-Eigenschaft von luf GuB auch nach der Realteilung einer MUerschaft (insb Erbengemeinschaft) an. Sie erfasst zum einen die Aufgabe des Betriebs der MUerschaft mit Übertragung von GuB an einzelne MUer (S 1 Alt 1), zum anderen das Ausscheiden eines MUers unter Mitnahme von GuB (S 1 Alt 2), darüber hinaus GuB des SonderBV des MUers (S 2). Wie Abs 2 setzt aber auch Abs 3 voraus, dass mindestens *eine* dem MUer zugewiesene bzw verbleibende Fläche der Erzeugung von Pflanzen oder Tieren iSd § 13 I zu dienen bestimmt ist (§ 14 III 3). Ist dies in Bezug auf *eine* Fläche der Fall, bleibt der *gesamte* GuB des MUers BV. Auf dessen Größe kommt es dann nicht an, was ausdrückl auch für den Fall der bloßen Verpachtung der Fläche gilt. Gewinnerzielungsabsicht bleibt allerdings erforderl (BT-Drs 19/25160, 189). – Demggü gingen nach der vor Anfügung des Abs 3 ergangenen Rspr verpachtete Flächen, die iRd Auflösung einer luf MUerschaft (ErbGem) an einen nicht anderweitig luf tätigen MUer übertragen wurden, zwingend in dessen PV über (BFH VI R 66/15 BFHE 262, 33 Rz 34 ff; BFH VI R 73/15 BFH/NV 18, 1249 Rz 44 ff). – **Betriebsaufgabe aus anderen Gründen weiterhin möglich.** Wie bei Abs 2 (iEinz s Rz 36) gilt § 16 IIIb für den übernehmenden MUer entspr (§ 14 III 4). – **Keine Anwendung bei restloser Aufteilung eines Einzelbetriebs.** Weder vom Wortlaut des Abs 2 noch des Abs 3 wird der Fall erfasst, dass die Flächen eines luf Einzelbetriebs im Wege vorweggenommener Erbfolge vollständig auf mehrere Übernehmer aufgeteilt werden. Hier kann es daher weiterhin zu einer Zwangsbetriebsaufgabe kommen (s Rz 23 f). – **Zeitliche Anwendung.** Abs 3 ist erstmals auf Übertragungen/Überführungen nach dem 16.12.20 anzuwenden (§ 52 Abs 22c S 1). Der jeweilige MUer kann beim BetriebsFA aber unwiderrufl beantragen, die Neuregelung auch auf zuvor durchgeführte Übertragungen/Überführungen anzuwenden (§ 52 Abs 22c S 2, 3). Ein solcher Antrag kann ungewollte Gewinnrealisierungen in noch nicht verjährter Zeit vermeiden.

§ 14a *Vergünstigungen bei der Veräußerung bestimmter land- und forstwirtschaftlicher Betriebe*

Benutzerhinweis. Die Freibetragsregelungen nach § 14a I–III gelten nur für 1 Betriebsveräußerungen und -aufgaben **vor dem 1.1.01;** der Freibetrag nach § 14a IV gilt nur für Veräußerungen und Entnahmen von GuB vor dem 1.1.06, der Freibetrag nach § 14a V für Veräußerungen von GuB vor dem 1.1.01. Daher wird hier auf den Abdruck des Gesetzestextes verzichtet und auf die **Erläuterungen** in *Schmidt* 27. Aufl § 14a Rz. 1 ff verwiesen.

b) Gewerbebetrieb (§ 2 Absatz 1 Satz 1 Nummer 2)

§ 15 Einkünfte aus Gewerbebetrieb

(1) ¹**Einkünfte aus Gewerbebetrieb sind**
1. **Einkünfte aus gewerblichen Unternehmen.** ²**Dazu gehören auch Einkünfte aus gewerblicher Bodenbewirtschaftung, z. B. aus Bergbauunternehmen und aus Betrieben zur Gewinnung von Torf, Steinen und Erden, soweit sie nicht land- oder forstwirtschaftliche Nebenbetriebe sind;**
2. **die Gewinnanteile der Gesellschafter einer Offenen Handelsgesellschaft, einer Kommanditgesellschaft und einer anderen Gesellschaft, bei der der Gesellschafter als Unternehmer (Mitunternehmer) des Betriebs anzusehen**

ist, und die Vergütungen, die der Gesellschafter von der Gesellschaft für seine Tätigkeit im Dienst der Gesellschaft oder für die Hingabe von Darlehen oder für die Überlassung von Wirtschaftsgütern bezogen hat. ²Der mittelbar über eine oder mehrere Personengesellschaften beteiligte Gesellschafter steht dem unmittelbar beteiligten Gesellschafter gleich; er ist als Mitunternehmer des Betriebs der Gesellschaft anzusehen, an der er mittelbar beteiligt ist, wenn er und die Personengesellschaften, die seine Beteiligung vermitteln, jeweils als Mitunternehmer der Betriebe der Personengesellschaften anzusehen sind, an denen sie unmittelbar beteiligt sind;
3. die Gewinnanteile der persönlich haftenden Gesellschafter einer Kommanditgesellschaft auf Aktien, soweit sie nicht auf Anteile am Grundkapital entfallen, und die Vergütungen, die der persönlich haftende Gesellschafter von der Gesellschaft für seine Tätigkeit im Dienst der Gesellschaft oder für die Hingabe von Darlehen oder für die Überlassung von Wirtschaftsgütern bezogen hat.

²Satz 1 Nummer 2 und 3 gilt auch für Vergütungen, die als nachträgliche Einkünfte (§ 24 Nummer 2) bezogen werden. ³§ 13 Absatz 5 gilt entsprechend, sofern das Grundstück im Veranlagungszeitraum 1986 zu einem gewerblichen Betriebsvermögen gehört hat.

(1a) ¹In den Fällen des § 4 Absatz 1 Satz 5 ist der Gewinn aus einer späteren Veräußerung der Anteile ungeachtet der Bestimmungen eines Abkommens zur Vermeidung der Doppelbesteuerung in der gleichen Art und Weise zu besteuern, wie die Veräußerung dieser Anteile an der Europäischen Gesellschaft oder Europäischen Genossenschaft zu besteuern gewesen wäre, wenn keine Sitzverlegung stattgefunden hätte. ²Dies gilt auch, wenn später die Anteile verdeckt in eine Kapitalgesellschaft eingelegt werden, die Europäische Gesellschaft oder Europäische Genossenschaft aufgelöst wird oder wenn ihr Kapital herabgesetzt und zurückgezahlt wird oder wenn Beträge aus dem steuerlichen Einlagenkonto im Sinne des § 27 des Körperschaftsteuergesetzes ausgeschüttet oder zurückgezahlt werden.

(2) ¹Eine selbständige nachhaltige Betätigung, die mit der Absicht, Gewinn zu erzielen, unternommen wird und sich als Beteiligung am allgemeinen wirtschaftlichen Verkehr darstellt, ist Gewerbebetrieb, wenn die Betätigung weder als Ausübung von Land- und Forstwirtschaft noch als Ausübung eines freien Berufs noch als eine andere selbständige Arbeit anzusehen ist. ²Eine durch die Betätigung verursachte Minderung der Steuern vom Einkommen ist kein Gewinn im Sinne des Satzes 1. ³Ein Gewerbebetrieb liegt, wenn seine Voraussetzungen im Übrigen gegeben sind, auch dann vor, wenn die Gewinnerzielungsabsicht nur ein Nebenzweck ist.

(3) Als Gewerbebetrieb gilt in vollem Umfang die mit Einkünfteerzielungsabsicht unternommene Tätigkeit
1. einer offenen Handelsgesellschaft, einer Kommanditgesellschaft oder einer anderen Personengesellschaft, wenn die Gesellschaft auch eine Tätigkeit im Sinne des Absatzes 1 Satz 1 Nummer 1 ausübt oder gewerbliche Einkünfte im Sinne des Absatzes 1 Satz 1 Nummer 2 bezieht. ²Dies gilt unabhängig davon, ob aus der Tätigkeit im Sinne des Absatzes 1 Satz 1 Nummer 1 ein Gewinn oder Verlust erzielt wird oder ob die gewerblichen Einkünfte im Sinne des Absatzes 1 Satz 1 Nummer 2 positiv oder negativ sind;
2. einer Personengesellschaft, die keine Tätigkeit im Sinne des Absatzes 1 Satz 1 Nummer 1 ausübt und bei der ausschließlich eine oder mehrere Kapitalgesellschaften persönlich haftende Gesellschafter sind und nur diese oder Personen, die nicht Gesellschafter sind, zur Geschäftsführung befugt sind (gewerblich geprägte Personengesellschaft). ²Ist eine gewerblich ge-

Übersicht **§ 15**

prägte Personengesellschaft als persönlich haftender Gesellschafter an einer anderen Personengesellschaft beteiligt, so steht für die Beurteilung, ob die Tätigkeit dieser Personengesellschaft als Gewerbebetrieb gilt, die gewerblich geprägte Personengesellschaft einer Kapitalgesellschaft gleich.

(4) ¹Verluste aus gewerblicher Tierzucht oder gewerblicher Tierhaltung dürfen weder mit anderen Einkünften aus Gewerbebetrieb noch mit Einkünften aus anderen Einkunftsarten ausgeglichen werden; sie dürfen auch nicht nach § 10d abgezogen werden. ²Die Verluste mindern jedoch nach Maßgabe des § 10d die Gewinne, die der Steuerpflichtige in dem unmittelbar vorangegangenen und in den folgenden Wirtschaftsjahren aus gewerblicher Tierzucht oder gewerblicher Tierhaltung erzielt hat oder erzielt; § 10d Absatz 4 gilt entsprechend. ³Die Sätze 1 und 2 gelten entsprechend für Verluste aus Termingeschäften, durch die der Steuerpflichtige einen Differenzausgleich oder einen durch den Wert einer veränderlichen Bezugsgröße bestimmten Geldbetrag oder Vorteil erlangt. ⁴Satz 3 gilt nicht für die Geschäfte, die zum gewöhnlichen Geschäftsbetrieb bei Kreditinstituten, Finanzdienstleistungsinstituten und Finanzunternehmen im Sinne des Gesetzes über das Kreditwesen oder bei Wertpapierinstituten im Sinne des Wertpapierinstitutsgesetzes gehören oder die der Absicherung von Geschäften des gewöhnlichen Geschäftsbetriebs dienen. ⁵Satz 4 gilt nicht, wenn es sich um Geschäfte handelt, die der Absicherung von Aktiengeschäften dienen, bei denen der Veräußerungsgewinn nach § 3 Nummer 40 Satz 1 Buchstabe a und b in Verbindung mit § 3c Absatz 2 teilweise steuerfrei ist, oder die nach § 8b Absatz 2 des Körperschaftsteuergesetzes bei der Ermittlung des Einkommens außer Ansatz bleiben. ⁶Verluste aus stillen Gesellschaften, Unterbeteiligungen oder sonstigen Innengesellschaften an Kapitalgesellschaften, bei denen der Gesellschafter oder Beteiligte als Mitunternehmer anzusehen ist, dürfen weder mit Einkünften aus Gewerbebetrieb noch aus anderen Einkunftsarten ausgeglichen werden; sie dürfen auch nicht nach § 10d abgezogen werden. ⁷Die Verluste mindern jedoch nach Maßgabe des § 10d die Gewinne, die der Gesellschafter oder Beteiligte in dem unmittelbar vorangegangenen Wirtschaftsjahr oder in den folgenden Wirtschaftsjahren aus derselben stillen Gesellschaft, Unterbeteiligung oder sonstigen Innengesellschaft bezieht; § 10d Absatz 4 gilt entsprechend. ⁸Die Sätze 6 und 7 gelten nicht, soweit der Verlust auf eine natürliche Person als unmittelbar oder mittelbar beteiligter Mitunternehmer entfällt.

Einkommensteuer-Richtlinien: EStR 15.1–15.10/EStH 15.1–15.10

Übersicht

	Rz
A. Allgemeines	
I. Norminhalt	1
II. Rechtssystematische Bedeutung	2
III. Anwendungsbereich	3
B. Gewerbliche Einzelunternehmen; § 15 I 1 Nr 1 iVm § 15 II	
I. Allgemeines	5
II. Gewerbebetrieb	
1. Begriff des EStG	8
2. Begriffe anderer Gesetze	9
3. Selbständigkeit	11–15
4. Nachhaltigkeit	17–19
5. Teilnahme am allgemeinen wirtschaftlichen Verkehr	20, 21
6. Gewinnerzielungsabsicht; Liebhaberei	24–42
7. Verbotene/unsittliche Betätigung	45

§ 15 Einkünfte aus Gewerbebetrieb

	Rz
III. Abgrenzung gegenüber privater Vermögensverwaltung	
1. Ungeschriebenes Tatbestandsmerkmal	46
2. Gewerblicher Grundstückshandel	47–78
3. Vermietung	80–87
4. Gemischte Tätigkeit	88
5. Ausübung von Rechten; Veräußerung beweglicher Sachen	89–91
6. Kreditgewährung; Lebensversicherung	92
IV. Abgrenzung gegenüber selbständiger Arbeit iSv § 18	
1. Negatives Tatbestandsmerkmal	95
2. Gemischte Tätigkeit	97–100
V. Abgrenzung gegenüber Land- und Forstwirtschaft iSv § 13	
1. Negatives Tatbestandsmerkmal	105
2. Gemischte Tätigkeiten bei Land- und Forstwirtschaft	107
3. Strukturwandel	108
VI. Sachliche und zeitliche Abgrenzung des Gewerbebetriebs; Einkunftszurechnung	
1. Mehrere Gewerbebetriebe	125
2. Umfang des Gewerbebetriebs	126–128
3. Beginn des Gewerbebetriebs	129–132
4. Ende des Gewerbebetriebs	133, 134
5. Einkunftszurechnung	135–148
6. ABC der Gewerbebetriebe	150

C. Spätere Veräußerung von Anteilen an Europäischer Gesellschaft/Genossenschaft, § 15 Ia

1. Grundaussage, § 15 Ia 1	155
2. Veräußerungsersatztatbestände	156

D. Gewerbliche Mitunternehmerschaften, § 15 I 1 Nr 2 und S 2 iVm § 15 II, III

I. Grundlagen	
1. Keine Steuerpflicht der Mitunternehmerschaft – Option gem. § 1a KStG	160–160e
2. Zweck des § 15 I 1 Nr 2 – Gesellschaftsrecht/MoPeG	161–167
3. Personengesellschaft als Mitunternehmerschaft	169, 170
4. Sonstige Mitunternehmerschaften	171
5. Internationale Mitunternehmerschaften	173
6. Gleichwertigkeit verschiedener Mitunternehmerschaften	174
7. Organschaft	175
II. Gemeinsamer Gewerbebetrieb als Regelvoraussetzung einer Mitunternehmerschaft	
1. Gemeinsamer Gewerbebetrieb; Gewinnabsicht	180–183
2. Einheitliche Beurteilung einer nur teilweise gewerblich tätigen Personengesellschaft, § 15 III Nr 1; „Abfärbetheorie"; „Infektionstheorie"	185–193
3. Einheit des Betriebs; mehrere zivilrechtliche Gesellschaften	194
4. Beginn und Ende einer Mitunternehmerschaft	195–197
III. Nicht gewerbliche/gewerblich geprägte Personengesellschaft	
1. Nicht gewerbliche Personengesellschaft bei betrieblicher Beteiligung eines Gesellschafters (Zebragesellschaft); Freiberufler-Personengesellschaft	200–206
2. Gewerblich geprägte Personengesellschaft, § 15 III Nr 2	211–234
IV. Subjektive Zurechnung von Einkünften aus Mitunternehmerschaft, insbesondere Mitunternehmerbegriff	
1. Funktion des Mitunternehmerbegriffs	250

Übersicht

	Rz
2. Personenkreis	251, 253
3. Unternehmer; Mitunternehmer/Gesellschafter; Gemeinschafter	257–275
4. Wirtschaftlich vergleichbare Gemeinschaftsverhältnisse ..	276
5. Verdeckte (faktische) Mitunternehmerschaft; fehlerhafte Gesellschaft	280–291
6. Treuhand; wirtschaftliches Eigentum; Testamentsvollstreckung	295–301
7. Nießbrauch und Mitunternehmerschaft	305–315

V. Einzelne Arten der Mitunternehmerschaft

1. Personenhandelsgesellschaften	320–323
2. Gesellschaft bürgerlichen Rechts; EWIV; Partnerschaftsgesellschaft	324–334
3. Atypische stille Gesellschaft; GmbH & Still (atypisch)	340–360
4. Innengesellschaft (GbR)	361
5. Atypische stille Unterbeteiligung	365–372
6. Partenreederei	374
7. Eheliche Güterstände; eheähnliche Lebensgemeinschaft; eingetragene Lebenspartnerschaft	375–383

VI. Umfang und Ermittlung der gewerblichen Einkünfte eines Mitunternehmers

1. Gewerbliche Einkünfte eines Mitunternehmers	400–402
2. Additive Gesamtbilanz	403–406
3. Steuerbilanz der Personengesellschaft	407–439
4. Sondervergütungen	440
5. Zurechnung des Steuerbilanzgewinns/Steuerbilanzverlusts	441
6. Anteilige Zurechnung des Steuerbilanzgewinns/Steuerbilanzverlusts; Entnahmen	443–446
7. Anteilige Zurechnung des Steuerbilanzgewinns/Steuerbilanzverlusts einer KG	449
8. Änderung der Gewinnverteilungsabrede; Eintritt/Austritt von Gesellschaftern; Rückbeziehung; „Vorabanteile"	452–455
9. Ergänzungsbilanzen	460–474
10. Sonderbilanzen	475
11. Betriebsvermögen der Mitunternehmerschaft *(Überblick)*	480
12. Wirtschaftsgüter im Gesellschaftsvermögen/Privatvermögen	481–484
13. Einzelfragen	485–505
14. Sondervermögen *(Überblick)*	506–512
15. Notwendiges Sonderbetriebsvermögen	513–524
16. Gewillkürtes Sonderbetriebsvermögen	527–531
17. Miteigentum	532, 533
18. (Bilanzierungs-)Konkurrenz Sonderbetrieb/Eigenbetrieb eines Gesellschafters/Mitunternehmers	534–537
19. Gewinnrealisierung	538
20. Forderungen *gegen* die Personengesellschaft; Forderungsverzicht	540–551
21. Sondervergütungen *(Überblick)*	560–567
22. Sachliche Abgrenzung	568, 569
23. Zeitliche Abgrenzung	571–573
24. Negativbegrenzung	575
25. Zeitpunkt der Besteuerung und subjektive Zurechnung	576–578
26. Vergütungen für Tätigkeit im Dienst der Gesellschaft	580–592
27. Vergütungen für die Überlassung von Wirtschaftsgütern	593
28. Vergütungen für die Hingabe von Darlehen	594
29. Leistungen zwischen Schwester-Personengesellschaften; mittelbare Leistung bei unmittelbarer Beteiligung	600–607
30. Doppelstöckige/mehrstöckige Personengesellschaft; unmittelbare Leistung bei mittelbarer Beteiligung	610–624

		Rz
31.	Leistungen einer (gewerblichen) Personengesellschaft an Gesellschafter (Mitunternehmer) oder Schwester-Personengesellschaft	625–632
32.	Leistungen zwischen Schwester-Personengesellschaften	633
33.	Sondereinnahmen und Sonderausgaben	640–644
34.	Sonderbetriebsausgaben *(Einzelheiten)*	645–647
35.	Sonderbetriebseinnahmen *(Einzelheiten)*	648–650
36.	Verfahrensrecht	651

VII. Übertragung von Wirtschaftsgüter zwischen Gesellschafter und Personengesellschaft oder zwischen Schwesterpersonengesellschaften; Veräußerung; Entnahme; Einlage 660

VIII. Beteiligung an einer Personengesellschaft; Bilanzierung 690

IX. Besonderheiten bei der GmbH & Co KG mit Einkünften aus Gewerbebetrieb

1.	GmbH & Co KG	700–704
2.	Publikums-GmbH & Co KG	705–707
3.	GmbH & Co KG *mit* und *ohne* Gewerbebetrieb	708
4.	Mitunternehmerschaft	709
5.	Steuerbilanzgewinn, Gesamtgewinn und Betriebsvermögen der GmbH & Co KG; Sonderbetriebsvermögen und Sondervergütungen der Komplementär-GmbH	711–713
6.	Anteile an Komplementär-GmbH	714, 716
7.	Tätigkeitsvergütungen	717–721
8.	Angemessene Gewinnverteilung; Verlustzurechnung	722–728
9.	Änderung der Gewinnverteilungsabrede	729
10.	Ausscheiden der Gesellschafter	730

X. Besonderheiten bei Familien-Personengesellschaften

1.	Zielsetzungen; Erscheinungsformen; Rechtsgrundlagen	740–744
2.	Gründung und einkommensteuerrechtliche Anerkennung einer Familien-KG (EStR 15.9 II)	745
3.	Zivilrechtliche Wirksamkeit des KG-Vertrags	747, 748
4.	Tatsächlicher Vollzug des KG-Vertrags	749
5.	Gesellschafterrechte gemäß HGB	750–752
6.	Zivilrechtliche Rückbeziehung	763
7.	Erbfall	764
8.	Entgeltlicher Erwerb	765
9.	Familien-GmbH & Co KG; Mitunternehmerschaft	766
10.	Familien-OHG	769
11.	Einkommensteuerrechtliche Anerkennung atypischer stiller Beteiligungen; Unterbeteiligungen	770–773
12.	Typisch stille Beteiligung; Unterbeteiligung	774
13.	Angemessene Gewinnverteilung	776–786
14.	Subjektive Einkünftezurechnung bei Ausschüttungen einer Familien-GmbH	787

XI. Besonderheiten bei Betriebsaufspaltung

1.	Gewerblichkeit kraft Betriebsaufspaltung	800
2.	Erscheinungsformen; Bedeutung, Option nach § 1a KStG	802–805
3.	Steuergesetzliche Grundlage; Verfassungsmäßigkeit	807
4.	Sachliche Verflechtung	808–819
5.	Personelle Verflechtung	820–842
6.	Ehegatten; Eltern und Kinder	845–849
7.	Rechtsform und Tätigkeit des Betriebsunternehmens; mitunternehmerische Betriebsaufspaltung	855–859
8.	Rechtsform des Besitzunternehmens	861–864
9.	Beendigung der Betriebsaufspaltung	865–868
10.	Rechtsfolgen einer Betriebsaufspaltung	869–876

11. Betriebsaufteilung; Übertragung einzelner Wirtschaftsgüter zwischen Besitzunternehmen und Betriebskapitalgesellschaft/Betriebspersonengesellschaft 877, 878
12. Investitionszulage bei Betriebsaufspaltung 879

E. Einkünfte der persönlich haftenden Gesellschafter einer KGaA, § 15 I Nr 3

I. Rechtliche Qualifikation der KGaA 890
II. Umfang und Ermittlung der gewerblichen Einkünfte der Komplementäre 891

F. Ausgleichs- und Abzugsverbot für Verluste aus gewerblicher Tierzucht/Tierhaltung, aus betrieblichen Termingeschäften und aus mitunternehmerischen Innengesellschaften zwischen Kapitalgesellschaften, § 15 IV

I. Zielsetzung; Inhalt 895
II. Gewerbliche Tierzucht und Tierhaltung, § 15 IV 1 896
III. Termingeschäfte, § 15 IV 3–5
  1. Systematik 900
  2. Betriebliche Veranlassung 901
  3. Termingeschäft, § 15 IV 3 902
  4. Verluste 903
  5. Gewöhnlicher Geschäftsbetrieb; Absicherung 904
  6. Konkurrenzen 905
IV. Verluste aus mitunternehmerischen Innengesellschaften zwischen Kapitalgesellschaften, § 15 IV 6–8 idF Korb II-Gesetz
  1. Tatbestandliche Voraussetzungen 906–909
  2. Rechtsfolgen 910

A. Allgemeines

I. Norminhalt

Ausgehend von der Begriffsbestimmung des GewBetr (§ 15 II) werden die lfd Einkünfte einer natürl Person in § 15 I 1 Nr 1 (gewerbl Unternehmen = Einzelunternehmen) sowie die Gewinnanteile/Vergütungen des MUers einer gewerbl MUerschaft in § 15 I 1 Nr 2, III und diejenigen des Komplementärs einer KGaA in § 15 I 1 Nr 3 iVm I 2 geregelt. Sondervorschriften enthalten § 15 I 3: Entnahmeprivileg entspr § 13 V; § 15 Ia: Veräußerung von EuropaGesAnteilen; § 15 III: gewerbl Fiktionen der MUerschaften; § 15 IV: Ausgleichs- und Abzugsverbot für Verluste aus gewerbl Tierzucht und Tierhaltung, aus gewerbl Termingeschäften und aus mitunternehmerischen InnenGes zw kstpfl Personen.

II. Rechtssystematische Bedeutung

§ 15 konkretisiert den Tatbestand der lfd Einkünfte aus GewBetr (§ 2 I 1 Nr 2: Gewinneinkunft) und grenzt diese ggü den anderen Einkunftsarten sowie uU nicht estbaren Vermögensmehrungen/-minderungen ab. Die Abgrenzung ist auch für die Art der Einkünfteermittlung (§§ 2 II, 4 ff) und die GewSt von Bedeutung (§ 2 I GewStG; BFH GrS 3/92 BStBl II 93, 616). § 15 wird durch § 16 für Veräußerungs-/Aufgabegewinne und durch § 24 Nr 2 für nachträgl Einkünfte ergänzt.

III. Anwendungsbereich

§ 15 gilt unmittelbar nur für estpfl natürl Personen, mittelbar über §§ 1, 8 KStG auch für kstpfl Personen. § 15 erfasst inl und ausl GewBetr unbeschr stpfl Personen

§ 15 5–11   Einkünfte aus Gewerbebetrieb

sowie über § 49 I Nr 2 inl GewBetr beschr stpfl Personen (s iEinz dort Rz 20 ff); zu Nr 2f nF s auch Rz 862.

B. Gewerbliche Einzelunternehmen; § 15 I 1 Nr 1 iVm § 15 II

I. Allgemeines

5   Das Erzielen von Einkünften aus gewerbl Unternehmen iSv § 15 I 1 Nr 1 erfordert, dass die in § 15 II definierten Merkmale des GewBetr, ggf iVm § 15 I 1 Nr 1 S 2 (dazu Rz 134) von einer nat Person als Einzelunternehmer aufgrund ihres/ ihrer Unternehmerrisikos/-initiative (dazu Rz 135 ff) erfüllt werden. Die Prüfung verschränkt somit sachl und persönl Umstände (BFH GrS 3/92 BStBl II 93, 616).

II. Gewerbebetrieb

8   **1. Begriff des EStG.** Seine Merkmale sind – *(1)* eine selbständige nachhaltige Betätigung, die mit der Absicht, Gewinn zu erzielen (§ 15 II 2–3), unternommen wird und sich als Beteiligung am allg wirtschaftl Verkehr darstellt, die – *(2)* weder als Ausübung von LuF (§ 13) noch als Ausübung selbständiger Arbeit (§ 18) anzusehen ist und – *(3)* den Rahmen privater Vermögensverwaltung überschreitet (stdg Rspr; BFH GrS 1/98 BStBl II 02, 291). ME handelt es sich um einen offenen **Typusbegriff** (Rz 11, 20, 46) und nicht um einen abschließend definierten Klassenbegriff (vgl *KSM* § 15 B 3 ff); jedenfalls sind Grenzfälle durch einen Ähnlichkeits-/Typusvergleich, dh durch Abgleich des „Gesamtbildes der Einzelfallverhältnisse" mit den Vollformen des GewBetr („Urbildern" = Produktion, Dienstleistung, gewerbl Handel) zu beurteilen (BFH GrS 1/98 BStBl II 02, 291; BFH X R 18/18 BStBl II 20, 538 mwN).

9   **2. Begriffe anderer Gesetze.** Der Begriff des GewBetr iSv § 15 I 1 Nr 1 iVm II stimmt zwar grds mit demjenigen des § 2 I 1 **GewStG** überein (arg § 2 I 2 GewStG). Unterschiede bestehen aber vor allem in *zeitl* Hinsicht insofern, als der GewBetr iSv § 15 II früher beginnt und aufgrund § 24 Nr 2 später endet (BFH GrS 4/82 BStBl II 84, 751; Rz 129–134). Der estrechtl Begriff ist auch nicht mit gleich lautenden Begriffen in **§§ 1, 2 HGB** und **§ 1822 Nr 4 BGB** oder demjenigen des Erwerbsgeschäfts iSv § 1822 Nr 3 BGB (vgl. auch § 1852 BGB nF) identisch (zB BFH VIII R 1/71 BStBl II 72, 360; *BH HGB* § 1 Rz 11 f: HGB tendenziell weiter). Demgemäß fällt ein ins HR eingetragenes luf Unternehmen estrechtl unter § 13; auch die sog Scheinkaufmannseigenschaft (§ 5 HGB) begründet keinen estrechtl GewBetr. Von der gewerbl Tätigkeit iSv **§ 2 I 1 UStG** und vom wirtschaftl Geschäftsbetrieb iSv **§ 14 AO** unterscheidet sich der GewBetr ua insofern, als jene keine Gewinnabsicht erfordern (§ 2 I 3 UStG; § 14 S 2 AO). Zum **Unternehmen** als (unterschiedl) handels-, gesellschafts-, bilanz- und konzernrechtl Begriff (zB § 271 HGB) s *BH HGB* Einl vor § 1 Rz 31 ff.

11   **3. Selbständigkeit. – a) Grundsätze.** Die selbständige Betätigung iSv § 15 II kennzeichnet, dass eine natürl Person auf *eigene* Rechnung und Gefahr tätig ist und damit das Unternehmer**risiko** (Erfolgs-/Verlustrisiko) der eigenen Betätigung trägt und Unternehmer**initiative** entfalten kann. Beide Merkmale bestimmen zum einen die Einkunftszurechnung (dazu Rz 135 ff), zum anderen die Abgrenzung ggü der nichtselbständigen Arbeit des ArbN im estrechtl Sinne (vgl § 1 I, II LStDV). Maßgebl sind nicht tatbestandl festumrissene Kriterien, sondern die das **Gesamtbild der Verhältnisse** prägenden/**abzuwägenden** Einzelfallmerkmale (sog offener Typusbegriff; BFH X R 14/10 BStBl II 12, 511; LStH 19.0: umfangreicher Kriterienkatalog). Ebenso grds iRv § 2 UStG; *Ausnahmen:* MUer/Komplementär (BFH XI R 14/09 BStBl II 11, 433); Aufsichtsrats s § 18 Rz 150; UStR 2.2 IIIa). Zur spiegelbildl Prüfung der **ArbN-Merkmale** (§ 19 EStG; § 1 I LStDV: „Dienstverhältnis") s iEinz auch zur Übereinstimmung mit dem Arbeits- und Sozialrecht § 19 Rz 20 ff. Demgemäß kann zB eine Beteiligung des Geschäftsführers einer

KapGes von mehr 50% dessen Selbständigkeit indizieren (BFH I R 48/16 BFH/NV 17, 1316; *Wacker* FR 21, 505; ausführl § 19 Rz 35 „Gesellschafter ..."). Ein und **dieselbe Tätigkeit** kann iSd des EStG/GewStG zwar nur selbständig (zB § 15 I 1 Nr 1) oder nichtselbständig (§ 19) sein. Eine natürl Person kann aber *neben* einer selbständigen auch eine **unselbständige Tätigkeit** ausüben (BFH X R 163–164/87 BStBl II 91, 802: Eigengeschäfte eines Bank-ArbN) oder **mehrere Gew-Betr** betreiben (s Rz 125).

b) Abwägungskriterien (Überblick; s **iEinz** § 19 Rz 22 ff). – **aa) Pro Arbeitnehmer.** Hierzu gehörten: Weisungsgebundenheit hinsichtl Ort, Zeit und Inhalt der Tätigkeit („Eingliederung"; BFH VI R 11/07 BStBl I 08, 933: Telefoninterviewer); feste Arbeitszeit; einfache Tätigkeit (BFH VI R 126/88 BStBl II 93, 155); kein Kapitaleinsatz; überwiegend feste, erfolgsunabhängige Bezüge, Fortzahlung bei Krankheit und Urlaub (BFH I R 17/78 BStBl II 80, 303); ganze Arbeitskraft geschuldet, nicht ein Arbeitserfolg (BFH I R 159/76 BStBl II 79, 182).

bb) Pro Selbständigkeit. Hierzu gehören: tätigkeitsbezogene Vergütung (BFH I R 98/15 DStR 18, 449); Beauftragte kann über Zeit, Ort und Umfang seiner Tätigkeit im Wesentlichen selbst bestimmen oder die geschuldete Tätigkeit delegieren, insb selbst wieder ArbN beschäftigen (BFH XI R 71/93 BStBl II 95, 559); kein Anspruch auf bezahlten Urlaub oder Lohn bei Krankheit (BFH I R 98/15 DStR 18, 449); Auftraggeber-Betrieb wird nur kurzfristig „berührt" (BFH IV R 1/77 BStBl II 81, 706: Synchronsprecher).

cc) Neutral. Dazu rechnen: LStAbzug (BFH IV 162/63 BStBl III 67, 598: nur indizielle Bedeutung); Bezeichnung (zB „freie Mitarbeit", BFH VI R 126/88 BStBl II 93, 155); Art der Tätigkeit (BFH VI R 150–152/82 BStBl II 85, 661). Demnach kann zB das Taxifahren selbständig oder unselbständig (angestellter Fahrer) ausgeführt werden. Ein Vertreter kann ArbN (§ 84 II HGB) oder selbständiger Gewerbetreibender sein; Letzteres nach § 84 I 2 HGB, wer im Wesentlichen frei seine Tätigkeit gestalten und seine Arbeitszeit bestimmen kann (vgl BFH IV R 98/71 BStBl II 75, 115).

c) Beispiele. Zu **einzelnen Tätigkeiten** (zB Ges'terGeschäftsführer einer KapGes; Vertreter, Heimarbeiter, Hausgewerbetreibende, Schwarzarbeit, ArbN-ähnl Selbständige iSv § 2 S 1 Nr 9 SGB VI, Schwarzarbeiter, Sportler, Schiedsrichter, Künstler, Musiker, Lehrtätigkeiten, Prostituierten, Franchisenehmer, Reiseleiter) s Rz 150, EStR 15.1, EStH 15.1 sowie ausführl § 19 Rz 35. S dort auch zu **Nebentätigkeiten.**

4. Nachhaltigkeit. – **a) Grundsätze.** Das Merkmal zielt darauf, nur **gelegentliche Tätigkeiten** aus dem GewBetr iSv § 15 II **auszuschließen.** Eine Tätigkeit ist nachhaltig, wenn sie „auf **Wiederholung** angelegt", dh der allg Wille besteht, gleichartige oder ähnl Geschäfte bei sich bietender Gelegenheit – ggf auch in größeren Zeitabständen (BFH IV R 50/15 BStBl II 18, 89) – durchzuführen (BFH I R 60/80 BStBl II 86, 88; EStH 15.2). Bei subj **Unentschlossenheit,** wiederholt zu handeln, fehlt es idR an der Nachhaltigkeit (BFH IV R 28/92 BFH/NV 93, 728), anders, wenn ein Entschluss zur Wiederholung zB mangels Gelegenheit nicht umgesetzt werden kann (BFH X R 36/06 BStBl II 10, 171). Nicht erforderl ist, dass **jede einzelne Handlung** in Wiederholungs- oder Gewinnabsicht (BFH I R 60/80 aaO) unternommen wird (zu Grundstückshandel s Rz 18, 62; zur Abgrenzung ggü privater Vermögensverwaltung wie zB ebay-Verkäufe s Rz 46). Auch eine nur auf wenige Wochen angelegte Tätigkeit kann nachhaltig sein (BFH I R 173/83 BStBl II 91, 66). Eine nur **gelegentl Tätigkeit** ist hingegen der Verkauf einzelner Hausratsgegenstände, zB auf einem Flohmarkt (vgl § 22 Nr 3 S 1 „gelegentl Vermittlungen"; BFH X R 108/91 BStBl II 94, 96: GelegenheitsGes) oder die sog (praktisch unbedeutende) Zufallserfindung (BFH XI R 26/02 BStBl II 04, 218; BFH IV B 170/01 BFH/NV 03, 1406; FG Hbg EFG 06, 661). Der BFH prüft die

Nachhaltigkeit bei **händlertypischer** Tätigkeit grds nur bezügl der Aktivitäten auf dem **Absatzmarkt** (BFH IV R 50/17 BStBl II 18, 89: Ein-Objekt-Flugzeugfonds; mE unzutr), bei andersartigen Tätigkeiten (jedenfalls zT) auch bezügl der **Beschaffungsseite** (BFH IV R 34/15 BFH/NV 18, 24: Forderungs*käufer*; glA FG BBg EFG 21, 2065, Rev IV R 10/21). In Einzelfällen bejaht die Rspr zudem die Nachhaltigkeit bei einer Vielzahl unterschiedl Tätigkeiten zur Erfüllung eines **einzigen Vertrags** (Absatzgeschäft; BFH I R 60/80 BStBl II 86, 88: Hallenfest eines Vereins; BFH V R 1/87, BFH/NV 1992, 418: Testamentsvollstreckung); zum Grundstückshandel s Rz 18.

18 **b) Gewerblicher Grundstückshandel.** Nachhaltig ist der **Verkauf** von Miteigentumsanteilen an *einem* Grundstück im grundbuchrechtl Sinne an **verschiedene** Erwerber (BFH IV B 47/06 BFH/NV 07, 234: auch bei einheitl Veräußerungsentschluss) oder mehrerer Grundstücke an mehrere konzernangehörige TochterKapGes (BFH X R 25/13 BStBl II 15, 897). Die Veräußerung selbst von mehr als drei Objekten an **einen** Erwerber in **einem** Verkaufsgeschäft soll idR nur nachhaltig sein, wenn weitere Grundstücksgeschäfte geplant sind (BFH IV R 62/07 BFH/NV 10, 2261). **Nicht** nachhaltig ist *grds* eine wiederholte Tätigkeit nur auf der **Beschaffungsseite** (Rz 17; BFH III R 47/88 BStBl II 92, 143: Ankauf mehrerer Grundstücke) oder der Verkauf einer Pflegestation, selbst bei Berücksichtigung von Erwerber-Bauwünschen (FG Mster EFG 05, 526). **Ausnahme:** Nach BFH GrS 1/98 BStBl II 02, 291 ist die Nachhaltigkeit bei **unbedingter Veräußerungsabsicht** zum Zeitpunkt der Bauverpflichtung (s Rz 62) auch bei nur einem einzigen Absatzgeschäft (Verkauf/Werkvertrag) zu bejahen, wenn deren Erfüllung („Beschaffungsseite") mehrere unterschiedl Einzeltätigkeiten erfordern, die in ihrer Gesamtheit die Würdigung der Nachhaltigkeit tragen (BFH VIII R 40/01 BStBl II 03, 294; Fischer FR 05, 991: „typologische" Abgrenzung). Allerdings soll dies auf **„besondere Sachverhalte"** beschränkt sein. Erforderl sind Einzelmaßnahmen, die dem Bau mehrerer (gedachter) Gebäude entsprechen (BFH X R 41/08 BFH/NV 11, 245); die Höhe der Baukosten soll hierbei nur Beweisanzeichen sein.

Weitere **Einzelfälle: Bej** BFH VIII R 40/01 BStBl II 03, 294: Einkaufszentrum, 7 Mio DM/Verkauf; BFH IV R 65/04 BStBl II 06, 259: Einkaufspassage, 12 Mio/HK; BFH IV R 10/06 BStBl II 09, 533: Handwerkermarkt, 10 Mio DM/HK; IV R 77/06 BStBl II 09, 791: zwei oder drei Gewerbehallen. – **Vern** BFH X R 27/03 BFH/NV 07, 412: „kleiner" Supermarkt, 2 Mio DM/HK; BFH X R 35/07 BFH/NV 09, 1249: Mehrfamilienhaus, 2,35 Mio DM/HK; BFH IV R 77/06 BStBl II 09, 791: eine Gewerbehalle; **offen** BFH IV R 8, 9/07 BFH/NV 09, 923: Mehrfamilienhaus, 1,7 Mio/HK; BFH IV R 12/07 BFH/NV 09, 926: Gewerbe-/Wohngebäude, 4,7 Mio DM/HK; BFH IV R 17/04 BStBl II 05, 606: Behördenbau, 16 Mio DM/HK.

Nicht ausreichend sind Maßnahmen, die in **Vermietungsabsicht** vorgenommen werden (BFH IV R 27/03 BStBl II 05, 164); die Leistungen eines **Generalunternehmers** sind dem Auftraggeber aber zuzurechnen (BFH IV R 10/06 BStBl II 09, 533). **Stellungnahme:** Da Nachhaltigkeit bei Veräußerung von zwei Objekten zu bejahen ist, sollte die Rspr das Merkmal in Ein-Objekt-Fällen im Interesse der Rechtssicherheit durch die Baukostenhöhe typisierend bestimmen. Der Vorschlag einer administrativen Nichtaufgriffsgrenze (BFH IV R 17/04 BStBl II 05, 606; *Kempermann* DStR 06, 265, 268: Baukosten unter 2,5 Mio €) wäre dann entbehrl.

19 **c) Nachweis.** Die Wiederholungsabsicht ist aus **obj Merkmalen** zu schließen (BFH III R 47/88 BStBl II 92, 143), zB aus der tatsächl Wiederholung, aber auch aus sonstigen Umständen (zB BFH IV R 30/14 BStBl II 17, 1061). Ist die Nachhaltigkeit nicht feststellbar, trifft die **Feststellungslast** denjenigen (FA; StPfl), der aus dem Vorliegen eines GewBetr begünstigende Folgen ableitet (BFH I R 60/80 BStBl II 86, 88).

20 **5. Teilnahme am allgemeinen wirtschaftlichen Verkehr. – a) Grundsätze.** Das Merkmal dient der Trennung des Markteinkommens iSv § 15 II aufgrund

Güter-/Leistungsaustausch von sonstigen Vermögensmehrungen (BFH I R 98/15 DStR 18, 449; *Schön* FS Vogel, 2000, 661); es ist typusbezogen auszulegen (BFH I R 16/99 BStBl II 00, 404; Rz 8; **aA** *HHR* § 15 Rz 1050 mwN). Erforderl ist, dass der StPfl als **Anbieter** von Gütern oder Leistungen, auch immaterieller Art (BFH X R 43/12 BStBl II 16, 48; s auch § 1 IIIc 2 AStG nF), über den internen (privaten) Bereich hinaus am (allg) Markt gegen Entgelt und für Dritte erkennbar auftritt (BFH III R 61/97 BStBl II 99, 390) oder dies beabsichtigt (BFH X R 10/16 BStBl II 18, 630). Die Verkaufs-/Leistungsabsicht muss nicht durch Werbung bekannt werden (BFH I R 98/15 DStR 18, 449); Kenntnis eines kleinen Kreises genügt (BFH X B 109/97 BFH/NV 98, 1083). Der StPfl muss die Leistungen **nicht in eigener Person** erbringen; er kann sich eines Maklers oder Vertreters bedienen, deren Tätigkeit er sich zurechnen lassen muss (BFH X R 10/16 BStBl II 18, 630). Selbst Marktteilnahme in verschleierter Form (verdeckte Stellvertretung, zB durch Einschaltung einer Bank) genügt (BFH X R 10/16 BStBl II 18, 630; unten Rz 138). Unschädl ist, dass bei Erwerb der spätere Käufer bereits bekannt ist (BFH IV B 44/02 BFH/NV 02, 1559). Unerhebl ist ferner, ob der StPfl nur ein **erfolgsabhängiges Entgelt** erhält (BFH X R 43/12 BStBl II 16, 48: Poker; *OFD NRW* DB 17, 339; zur USt s aber BFH XI R 37/14 BStBl II 19, 336) oder es ihm nicht vom Leistungsempfänger, sondern von einem Dritten gewährt wird (BFH I R 110/76 BStBl II 78, 137: Einfirmenvertreter). Insb bei typisch kfm Tätigkeit können Geschäfte mit nur einem **einzigen Kunden**/Abnehmer (BFH IV R 94/99 BStBl II 02, 565: Pilot einer FlugGes) oder einem eng begrenzten Kreis von Personen ausreichen (zB BFH IV R 10/00 BStBl II 02, 338: Angehörige; BFH X R 38/11 BFH/NV 13, 1125: Heilpflanzenimport für einen Abnehmer; BFH X R 15/11 BFH/NV 13, 1548: Nachbarschaftspflege). Demgemäß ist auch nicht erforderl, dass der Händler seine Waren oder mehreren Personen anbietet (BFH IV B 64/99 BFH/NV 00, 1329: Verkauf an Mieter und Angehörige; ebenso BFH I R 98/15 DStR 18, 449: *Martini* FS D. Maier, 2020, 467: Schiedsrichterleistung ggü Verbänden). Eine Geschäftsbeziehung/ein Verkauf reicht selbst dann aus, wenn Vertragsbeziehungen zu **anderen Personen ausgeschlossen** sind, vorausgesetzt, dem Bild der unternehmerischen Marktteilnahme wird nach Art und Umfang der Tätigkeit genügt (BFH I R 16/99 BStBl II 00, 404: Dienstleistungen für Militär; BFH X R 37/00 BStBl II 03, 464: Vermietung/Veräußerung von Wohnmobilien an eine GmbH; BFH I R 98/15 DStR 18, 449: Profischiedsrichter). Gleiches gilt für geschäftsleitende **HoldingGes** (BFH VIII R 73/06 BStBl II 09, 647; FG Ddorf EFG 18, 1287, rkr: konzerninterne Beratung) und bei **gewerbl Grundstückshandel** (BFH IV R 10/06 BStBl II 09, 533: Errichtung/Veräußerung *eines* Fachmarkts für/an eine bestimmte teilweise personenidentische GbR; glA FG Hbg EFG 09, 1934). Zur Zwischenschaltung eines Dritten s *BMF* BStBl I 04, 434 Rz 4.

b) Einzelfälle fehlender Marktteilnahme. – *(1)* Ausübung hoheitl Gewalt, zB Tätigkeit des Präsidenten einer öffentl-rechtl Berufskammer (BFH III R 241/84 BStBl II 88, 615); anders aber, wenn eine Privatperson auf privatrechtl Grundlage öffentl Aufgaben erledigt (BFH X R 83/96 BStBl II 99, 534: Rundfunkermittler; BFH XI R 53/95 BStBl II 97, 295: Bezirksschornsteinfeger; zur USt BFH V R 28/99 BStBl II 00, 597). – *(2)* Vergabe von Ges'terDarlehen an KapGes (BFH X R 9/17 DStR 19, 2626); bloße Verwaltung des aufgebrachten Stammkapitals (BFH I R 98/87 BStBl II 90, 1073); Bürgschaftsübernahme durch Ges'ter (BFH X B 58/06 BFH/NV 06, 1837; anders bei wiederholter Übernahme uU BFH III R 22/06 BFH/NV 09, 1087). – *(3)* Nachhaltiger Abschluss von Lottospielverträgen (BFH I R 133/68 BStBl II 70, 865; anders aber bei Berufspieler [Anbieter], BFH X B 276/96 BFH/NV 98, 854). – *(4)* Einsammeln und Verwerten leerer Flaschen (BFH I R 203/71 BStBl II 73, 727: § 22 Nr 3); („privater" = nicht berufl) An- und Verkauf von Wertpapieren oder Briefmarken ohne offene Marktteilnahme (BFH XI R 80/97 BStBl II 99, 448; unten Rz 89, 91); Abschluss von Termingeschäften durch einen Bankdirektor (BFH IV R 220/85 BStBl II 89, 39; anders aber BFH III R 9/89 BFH/NV 94, 80; unten Rz 91). – **(5)** Wiederholte Pkw-Vermietung durch Unternehmer an Angestellten (BFH VI R 387/69 BStBl II 71, 173).

6. Gewinnerzielungsabsicht; Liebhaberei

Verwaltung: EStH 15.3; OFD Kbl DStR 05, 379 (Ferienhausvermietung). – **Schrifttum** (Auswahl): *Stöber,* Die subjektübergreifende ... Absicht, FR 17, 801.

24 a) **Grundsätze.** Das Merkmal „Absicht, Gewinn zu erzielen" in § 15 II 1–3 konkretisiert die grds alle Einkünfte (§ 2 II; s aber § 23 Rz 3) kennzeichnende Einkunftserzielungsabsicht (anders § 8 I 2 KStG: Betrieb gewerbl Art; § 14 S 2: wirtschaftl Geschäftsbetrieb; Unternehmer gem § 2 I UStG; dazu FG Mster EFG 21, 1151, NZB XI B 33/21). Es will die Besteuerung nach der Leistungsfähigkeit, dh entspr dem **Fiskalzweck** des EStG sicherstellen, dass in die Einkünfte gem § 15 nur die **durch** die gewerbl/betriebl **Erwerb**stätigkeit veranlassten Aufwendungen/ Gewinne eingehen, und hiervon die nichtsteuerbare/"private" Sphäre der **Einkunftsverwendung** („**Liebhaberei**"; BT-Drs 10/336; BVerfG 2 BvR 1818/91 DStR 98, 1743; § 12 Nr 1 S 2: „Lebensführung") abgrenzen (BFH GrS 4/82 BStBl II 84, 751; unten Rz 179 ff; *Birk* BB 09, 860). – Das Merkmal ist nach stRspr wortlautgemäß **zweigliedrig** zu prüfen (BFH X R 27/16 BFH/NV 18, 3; grds zutr; krit § 2 Rz 23): – **(1) obj** Ertragsprognose/Gewinneignung des Betriebs (dazu Rz 25 ff); – **(2)** bei neg Prognose Ermittlung der **subj** Gewinnerzielungs*absicht* des StPfl und/oder etwaiger privater Gründe (dazu Rz 29 ff). Letzteres hat ua die sachgerechte Folge, dass selbst langjährige Verluste vorbehaltl ihrer Zuordnung zur Einkunftsverwendung (s oben) im Einklang mit dem Risikocharakter betriebl Einkünfte die ESt mindern. – Zur entspr Anwendung von § 15 II 2, 3 gem § 13 VII **(LuF),** § 18 IV 2 **(Selbständige Arbeit)** s jeweils dort. – Zu **MUerschaften/ MUern** PersGes (einschließl VerlustzuweisungsGes) s Rz 182f; 265 und Rz 225 (gewerbl Prägung). Zum Verkauf/Einbringung an/in KapGes s Rz 76. Zu **§ 49 II** s § 49 Rz 133. Zur „Liebhaberei" einer **KapGes** s BFH I R 92/00 BFHE 199, 217: **vGA.**

25 b) **Objektive Ertragsprognose; Totalgewinn. – aa) Allgemeines.** Erforderl ist das Streben nach einer **BV-Mehrung** in Form eines **Totalgewinns,** dh eines positiven über die Gesamtheit des Eigenkapitaleinsatz hinausgehenden Gesamtergebnisses des Betriebs in der Zeit von der Gründung bis zur Veräußerung/Aufgabe (BFH GrS 4/82 BStBl II 84, 751 Rz 181). Abzustellen ist hierbei auf estrechtl Maßstäben auch zB bezügl der konkreten Gewinnermittlungsart (BFH IV R 60/07 BFH/NV 10, 1446) auf der Grundlage **tatsächl** Erträge und Aufwendungen; **nicht** also: **kalkulatorische Kosten** (zB Unternehmerlohn, AfA nach Wiederbeschaffungskosten; *Groh* DB 84, 2424) oder Pauschbeträge (BFH X B 218/06 BFH/NV 07, 2273). Eine durch die Betätigung verursachte **Minderung** der **Steuern** vom **Einkommen** ist kein Gewinn (**§ 15 II 2;** BT-Drs 10/336, 26; BFH GrS 4/82 BStBl II 84, 751 ; unten Rz 178 ff; BFH IV R 4/95 BFH/NV 98, 947). Daher unterhalten VerlustzuweisungsGes, die ihren Ge'stern nur Verlustanteile zum Ausgleich positiver Einkünfte vermitteln will, keinen GewBetr iSv § 15 II (s Rz 182). – Einzubeziehen sind aber stbare **Veräußerungs-/Aufgabegewinne,** auch soweit sie zB nach § 16 IV **stfrei** sind (BFH I R 69/95 BFH/NV 97, 408); somit auch stille Reserven (BFH IV R 8/03 BFH/NV 05, 854; uU weiter BFH IV R 38/13 BStBl II 16, 765: „fiktiver" Aufgabegewinn/-verlust; fragl). Ebenso direkte **Subventionen,** selbst bei StFreiheit (zB InvZul; *FinSen Bln* FR 99, 827; BFH III R 23/15 DStR 18, 782 zu § 3 Nr 26: gleichwohl Prüfung des Gewinnabsicht; zutr) sowie negative Wechselkursentwicklungen (BFH IV B 31/96 BFH/NV 97, 478). Ein **Mindestbetrag** des Totalgewinns, insb eine Mindestverzinsung des Eigenkapitals ist **grds nicht** notwendig, jedoch nach BFH IV R 149/83 BStBl II 85, 549 ein „wirtschaftl ins Ge-

Gewerbebetrieb (Begriff) 26–29 § 15

wicht fallender Gewinn". Bloße Selbstkostendeckung ist jedenfalls nicht ausreichend (BFH I R 36/98 BStBl II 99, 366). Eine **Barwertberechnung** ist mE nicht geboten, aber bei neg Gesamtergebnis uU Indiz gegen Gewinnabsicht. Nur durch **Geldentwertung** bedingte BV-Mehrung reicht nicht aus (BFH IV R 88/86 BFH/NV 89, 771). **§ 6 II** (als Vereinfachungsnorm) ist zu berücksichtigen (BFH IV B 8/05 BFH/NV 07, 231), nicht aber **SonderAfA** (BFH IX R 24/07 BStBl II 10, 127 zu VuV; **aA** BMF BStBl I 98, 1444). Zu nichtabziehbaren Aufwendungen s zB § 160 AO s BFH X R 99/92 BFH/NV 96, 891. Bei einheitl Tätigkeit, die (zufällig) teils selbständig, **teils nichtselbständig** ausgeübt wird, ist eine **Gesamtbetrachtung** notwendig (BFH XI R 46/01 BStBl II 03, 602). Die erforderl **Prognose** (Schätzung), dh die in die Zukunft gerichtete langfristige (Gesamt-) Beurteilung hat die konkrete **Betriebsstruktur/-führung** zu berücksichtigen (*Drüen* AG 06, 707). Die Verhältnisse bereits abgelaufener Zeiträume können hierfür wichtige Anhaltspunkte bieten (BFH XI R 10/97 BStBl II 98, 663). **Außergewöhnl Verluste** sind nur bei Vorhersehbarkeit einzubeziehen (BFH IV R 20/05 BFH/NV 08, 532). Bei risikobehafteter Tätigkeit müssen vernünftige Anhaltspunkte für eine reale Gewinnchance bestehen; eine nur **theoretische Gewinnchance** reicht *nicht* aus (BFH X B 214/09 BFH/NV 10, 1811).

bb) Segmentierung. Verschiedene Aktivitäten des StPfl sind je nach den Umständen des Einzelfalls einheitl (sog Beurteilungseinheit) oder getrennt (Segmentierung; BFH XI R 58/04 BFH/NV 07, 434) zu prüfen, auch bei LuF (BFH IV R 20/05 BFH/NV 08, 532). Selbständige Tätigkeitsbereiche, die nicht ledigl bloße Hilfs-/Nebentätigkeiten zu einer gewerbl Haupttätigkeit (mit Gewinnabsicht) sind, müssen gesondert beurteilt werden; abzugrenzen ist nach dem **„Förderungs-/Sachzusammenhang"** (BFH VIII R 28/94 BStBl II 97, 202: BesitzGes iVm Hubschraubervermietung). Für **Segmentierung** zB BFH X R 27/16 BFH/NV 18, 36: Handel/Yachtbetrieb; BFH IV R 31/94 BStBl II 95, 718 Tanzschule iVm Getränkeverkauf; FG BaWü EFG 08, 1118: Handel eines gewerbl Maschinenführers; BFH X R 106/95 BFH/NV 99, 1181: getrennte Vermietungsbereiche. – Für **Beurteilungseinheit** zB BFH IV R 45/89 BStBl II 91, 625 bei Fleischfabrik iVm Rinderzucht; BFH VIII R 73/06 BStBl II 09, 647: Management-HoldingGes).

cc) Totalperiode. Maßgebl ist idR die jeweilige **Gesamtdauer** der Betätigung des StPfl (BFH X B 106/12 BFH/NV 13, 1090). Sie kann auch **unter 30 Jahren** liegen (zB bei vereinbarter Betriebsübertragung; BFH X R 48/99 BStBl II 03, 282; *OFD Kbl* DStR 05, 379); zur gewerbl Vermietung s BFH X B 146/05 BFH/NV 07, 1125: grds 30 Jahre. Bei unbestimmter Unternehmensdauer ist auf die „absehbare Zeit" abzustellen (BFH IV R 37/85 BFH/NV 89, 574). Bei bisher gepachteten WG ist auch der Zeitraum nach Erwerb einzubeziehen (BFH X R 20/10 BFH/NV 14, 524: bloße Umstrukturierung). Zum Prognosezeitraum nach Eintritt in Verlustzone s BFH IV R 43/02 BStBl II 04, 455: verbleibende Jahre maßgebl. Die Verhältnisse des („unentgeltl") **Rechtsnachfolgers** sind *grds nicht* einzubeziehen. Die von der Rspr anerkannten „atypischen Ausnahmetatbestände" – luf Generationenbetrieb (dazu BFH VI R 5/17 BStBl II 19, 601 betr Pferdepension/Vorbehaltsnießbrauch; Immobilienvermietung, Hinterbliebenenrenten; *uU* auch unentgeltl Betriebsübergabe (**§ 6 III;** BFH IV B 63/13. BFH/NV 14, 512; unten Rz 265) – sind nicht verallgemeinerungsfähig (s iEinz BFH I R 2/16 BStBl II 18, 567; BFH VI R 5/17 BStBl II 19, 601 ; **aA** *Stöber* FR 17, 801).

c) Absicht der Gewinnerzielung. – aa) Allgemeines. Liebhaberei wird nach dieser idR **subj** Merkmalskomponente (s Rz 24) nicht bereits bei einem negativen Gesamtergebnis oder einer obj negativen Ergebnisprognose (Rz 25 ff), sondern nur dann begründet, wenn die Tätigkeit auf *estrechtl* **unbeachtl Motiven** beruht, zB weil die verlustbringende Tätigkeit aus Gründen **allg Lebensführung** oder **persönl Neigungen** ausgeübt wird (BFH IV R 34/11 BStBl II 15, 380). Zur Lebensführung gehört zwar neben der Freizeitgestaltung uä (EStH 15.3) auch die generelle **Indifferenz** ggü der Gewinnerzielung (*Wüllenkemper* EFG 10, 1413). **Nicht** hingegen, dass die Gewinnerzielung nur als **Nebenzweck** verfolgt wird (§ 15 II 3; BFH X R 43/12 DStR 15, 2651). Da sich die (subj) Handlungsmotive des StPfl als sog innere Tatsache zumeist nur anhand äußerer **obj** zu ermittelnder **Umstände feststellen** lassen, hat die Rspr **Fallgruppen** (s Rz 30 ff) entwickelt („case law") und diese **zT** mit **tatsächl Vermutungen** für oder gegen die Gewinnerzielungs*absicht* **(Anscheinsbeweis)** verknüpft (BFH GrS 4/82 BStBl II 84, 751 Rz 185; BFH X R 27/16 BFH/NV 18, 36). Beides zielt offenkundig darauf, die Varietät zweifelh Einzelfälle im Interesse der Rechtssicherheit und -gleichheit zu strukturieren.

30   bb) **Fallgruppen; Vermutungen** (s zunächst Rz 29). Hiernach gilt: – *(1)* **Tatsächliche Gewinne.** Werden diese über mehrere Jahre hinweg erzielt, indiziert dies idR die Gewinnabsicht auch bei Verlusten aus einzelnen Geschäften (BFH X R 26/18 HFR 21, 272: ebay). Ebenso mE obj bei **positiver Ergebnisprognose**.

Beispiele: Wasserverband (BFH I R 79–80/86 BStBl II 90, 452); Trabrennstall (BFH IV R 53/98 BFH/NV 00, 1090); nebenberufl Fußballtrainer (BFH IV R 131/92 BFH/NV 94, 93); Reitstall (FG Nds EFG 10, 1016).

31   *(2)* **Langjährige Verluste; negative Totalprognose.** – *(a)* **Schädliche Motive.** Beruhen die tatsächl/prognostizierten Verluste auf *estl unbeachtl Motiven* (**Lebensführung**; Hobby), fehlt die Gewinnerzielungsabsicht idR von Anfang an (BFH X B 98/11 BFH/NV 13, 924). Gleiches gilt bei ausschließl Absicht zur **Steuerersparnis** (§ 15 II 2; BFH X R 33/04 BStBl II 07, 874 Rz 37), insb bei Beteiligung an VerlustzuweisungsGes (BFH VIII R 59/92 BStBl II 96, 219: Anscheinsbeweis gegen Gewinnabsicht; StPfl kann entkräften; unten Rz 35), zur **Beschäftigung von Angehörigen** (BFH X B 188/15 BFH/NV 16, 1036; BFH IV R 43/02 BStBl II 04, 455; iRe nebenberufl Versicherungsagentur BFH X R 106/97 BFH/NV 01, 160) oder zur **Praxisfortführung** durch diese (BFH IV R 81/99 BStBl II 02, 276). Allein die StMinderung aufgrund eines Verlusts genügt aber ebenso wenig wie Unvermögen oder Krankheit (BFH III B 45/12 BFH/NV 14, 342; BFH X R 33/03 BStBl II 04, 1063).

Weitere Beispiele: Vercharterung von Motorboot/Segelyacht (BFH III R 273/83 BStBl II 1988; BFH I R 22/88, BFH/NV 1990, 768); gelegentl Sportwagenvermietung (FG BBg EFG 13, 1396); zeitweise eigenge-nutzte Ferienwohnanlage (BFH IV R 6/91 BFH/NV 94, 240); Weinberg (BFH IV B 74/96 BFH/NV 97, 668); Weinhandel (BFH X R 62/06 BFH/NV 09, 1793); Patchworkstoffhandel (BFH X B 84/12 BFH/NV 13, 771); Modellbau (FG Nbg EFG 13, 1587); nebenberufl Reiki-Berater (FG BaWü EFG 11, 231); Tachyon-Produkte-Vertrieb (BFH X B 67/05 BFH/NV 06, 742); Golfklubbeteiligung (FG Saarl EFG 97, 664), Farmprojekt/Paraguay (BFH IV R 86/95 BFH/NV 98, 950); „Amway-Fälle" (FG SachsAnh EFG 14, 1955).

32   *(b)* **Totalgewinn ausgeschlossen.** Gleichfalls keine Gewinnerzielung, auch nicht in der sog Anfangsphase (s Rz 33), wenn/sobald **„eindeutig feststeht"**, dass der Betrieb aufgrund der Art der Betriebsführung keinen (nachhaltigen) Totalgewinn erwirtschaften kann (BFH X B 106/12 BFH/NV 13, 1090 mN). Dies dürfte sich nicht selten tatbestandl mit Fallgruppe *(a)* überschneiden.

Beispiele: uU Reitschule/Pferdeverleih (BFH IV R 139/81 BStBl II 1985, 205); uU Hubschraubervermietung (BFH VIII R 28/94 BStBl II 97, 202); Kutschbetrieb einer Tierärztin (FG Nbg EFG 19, 95), Vercharterung Segelyacht (BFH X B 118/99 BFH/NV 00, 1333; FG MeVo EFG 07, 10), Erwerb ausl „Premiumlizenzen" (FG BaWü EFG 16, 276); Musikproduktion (FG BaWü EFG 02, 17); Motorsportverein (BFH I R 33/97 BFH/NV 04, 445).

33   *(c)* **Neugründung; Anlaufverluste.** Ergibt sich die fehlende Totalgewinnchance nicht aufgrund „eindeutiger Feststellungen" (s Rz 32), sondern „nur" aufgrund einer **obj Prognose,** und beruht die Tätigkeit auch *nicht* auf estl unbeachtl Motiven (s Rz 31), geht die Rspr bei *neugegründeten GewBetr* grds von einem **Anscheinsbeweis** zugunsten der typischerweise gegebenen Gewinnabsicht aus (BFH VIII R 4/83 BStBl II 86, 289: Großhandel; ähnl BFH VIII R 55/93 BFH/NV 95,

Gewerbebetrieb (Begriff) **34, 35 § 15**

866: Tennishalle mit Restaurant; BFH XI R 10/97 BStBl II 98, 663: Rechtsanwalt; Rz 225: gewerbl geprägte PersGes). Ebenso bei neu hinzukommender Tätigkeit (BFH X R 106/95 BFH/NV 99, 1181); nicht aber bei VerlustzuweisungsGes (s Rz 30). **Folge** hiervon ist, dass – abw von den Fallgruppen *(1)* und *(2)* (s Rz 30, 31) – **Verluste** in der betriebsspezifisch festzulegenden **Anlaufzeit** (nur ausnahmsweise kürzer als **5 Jahre**) idR **anzuerkennen** sind (BFH X R 33/04 BStBl II 07, 874; BFH IV R 34/11 BStBl II 15, 380: geprägte VorratsGes; s Rz 225). Keine neue Anlaufphase jedoch bei Einbringung (BFH VIII R 13/01 BFH/NV 03, 1298), anders bei qualitativer Veränderung der Arbeitsweise (FG Nds DStRE 04, 249). Wird eine mit Gewinnabsicht begonnene Tätigkeit mangels Gewinnen **eingestellt,** wird dies noch Teil der ursprüngl Gewinnabsicht (BFH VIII R 68/93 BStBl II 95, 722). Einen **Anscheinsbeweis** *für* die Gewinnabsicht kann das FA aber insb durch die Darlegung der ernstl Möglichkeit privater Tätigkeitmotive des StPfl, nicht jedoch durch den Hinweis auf dauernde Verluste **entkräften** (sog Erschütterungsbeweis). Gelingt dies, ist nach den Gesamtumständen des Einzelfalls zu entscheiden, ob Gewinnabsicht fehlt (BFH VIII R 4/83 BStBl II 86, 289); bei verbleibender Ungewissheit gelten die allg Grundsätze zur **Beweislast** (Rz 35).

(d) **Verluste nach Anlaufphase.** Wird die verlustbringende Tätigkeit einge- 34 stellt, nehmen die hierdurch bedingten weiteren Verluste am Anscheinsbeweis gem Fallgruppe (c) (Rz 33) teil. Wird der Betrieb als Reaktion auf die Anlaufverluste betriebswirtschaftl sinnvoll **umstrukturiert,** kann hieraus (mE außerhalb des Anscheinsbeweis) auf die fortdauernde Gewinnerzielungsabsicht geschlossen werden (BFH X R 62/01 BStBl II 05, 336: Möbelhandel). Bleibt eine solche **Reaktion** indes **aus,** spricht zwar das fehlende Bemühen, die Verlustursachen zu ermitteln und ihnen mit geeigneten Maßnahmen zu begegnen, nach der Rspr dafür, dass die weiteren Verluste auf **persönl Neigungen/Motiven** beruhen (BFH X B 186/10 BFH/NV 11, 1137: stille Reserven iHd aufgelaufenen Verluste sind unerhebl; zutr). Allerdings soll es auch dann, wenn auch „ohne hohe Anforderungen", der tatsächl Feststellung bedürfen, dass solche Motive „möglicherweise gegeben sind" (BFH X R 27/16 BFH/NV 18, 36 mwN; BFH IV R 60/01 BStBl II 03, 85: Architektenbüro aus Altersgründen; FG Köln EFG 13, 212: soziale Stellung als RA; BFH XI R 46/01 BStBl II 03, 602: Künstler). Dies wird zR kritisiert (*Alber* FS W. Müller, 01, 263; *Birk* BB 09, 860: „unkalkulierbar"). Die Rspr lässt nicht nur die allg Grundsätze zur Beweislast (Rz 35) außer Acht; *mE* begründen fehlende Anpassungsmaßnahmen zudem einen Anscheinsbeweis gegen die fortdauernde Gewinnabsicht.

Beispiele/Wegfall des Verlustansatzes: Verlag (FG BaWü EFG 98, 1059), Galerie (BFH X B 75/99 BFH/NV 00, 1458; anders FG Ddorf EFG 96, 751); Porzellanmanufaktur (FG Mster EFG 01, 564); Modellbau (BFH X B 60/00 BFH/NV 01, 1381; s auch Rz 31); Pferderennstall/Pferdegestüt (FG Ddorf EFG 98, 565; BFH IV R 17/06 HFR 09, 771: uÜ § 165 AO, s Rz 36; zu § 118 II FGO s BFH IV B 137/10 BFH/NV 12, 732). – **Gegenbeispiele.** Dh, weiterer Verlustansatz wegen Anpassung oder mangels feststellbarer „persönl Gründe": Gästehaus (BFH VIII R 59/82 BStBl II 85, 455); Photovoltaikanlage (FG Thür EFG 21, 32, rkr; s. unten Rz 150); Kosmetikstudio (FG Ddorf EFG 95, 166); Reitschule/Pferdeverleih (BFH IV R 139/81 BStBl II 85, 205); befristete Fortführung eines ererbten Trabergestüts (BFH IV R 109/87 BFH/NV 89, 692); ererbter Handwerksbetrieb (FG Hess EFG 99, 1279); Zucht/Handel mit Wellensittichen (BFH X R 10/88 BFH/NV 92, 108); Luftfahrt-Charterunternehmen (FG Mchn EFG 97, 1176).

cc) Anscheinsbeweis; Feststellungslast. Die Ermittlung der Gewinnerzie- 35 lungsabsicht liegt im Wesentlichen auf tatsächl Gebiet (BFH IV R 36/11 BStBl II 15, 380) und ist Sache des FG (BFH IX R 31/98 BFH/NV 01, 1017). Es hat aber die von Rspr entwickelten tatsächl Vermutungen (Anscheinsbeweise) sowie deren Widerlegbarkeit (sog Erschütterungsbeweis) zu beachten (s iEinz Rz 31 ff). Eine hiernach verbleibende Ungewissheit trifft denjenigen (obj Beweislast), der aus der Gewinnabsicht oder deren Fehlen begünstigende Folgen ableiten; dh den StPfl, der (andere) positive Einkünfte mit dem fragl Verlusten ausgleichen (BFH VIII B 51/11 BFH/NV 12, 1780), und das FA, das Gewinne besteuern will.

36 **dd) Verfahren.** Bei Unsicherheit in der Beurteilung der Gewinnabsicht ist vorläufig (§ 165 AO) zu veranlagen (BFH X R 109/87 BStBl II 90, 278); Verluste sind ggf nicht zu berücksichtigen (BFH IV R 17/06 HFR 09, 771). Zu Rückschlüssen aus späterer Entwicklung („Aufhellung") s BFH VIII R 59/92 BStBl II 96, 219, 223; zum Ende der Unsicherheit s BFH X B 156/10 BFH/NV 11, 745. Zur Ablaufhemmung s BFH IV R 1/07 BStBl II 09, 335.

37 **ee) Änderung der Verhältnisse.** Die Gewinnabsicht kann von Anfang an fehlen oder erst später wegfallen oder erst fehlen und dann einsetzen (BFH GrS 4/82 BStBl II 84, 751). *Beispiel:* kein Verlustabzug nach Anlaufzeit (Rz 34). Umgekehrt kann bei VerlustzuweisungsGes Gewinnabsicht angenommen werden, sobald sich die Erzielung eines Totalgewinns konkretisiert (BFH VIII R 25/86 BStBl II 91, 564); ebenso bei geänderter Betriebsführung (BFH IV B 155/11 BFH/NV 12, 950).

42 **d) Rechtsfolgen; Übergang zur Liebhaberei.** Zur von Anfang an fehlenden Gewinnabsicht s Rz 31 f. Zur Abwicklung als Reaktion auf anhaltende Verluste s Rz 33. Handelt der StPfl erst nach Tätigkeitsbeginn mit Gewinnabsicht, ist dies Eröffnung eines GewBetr (§ 6 I EStDV). Zu Billigkeitsmaßnahmen bei „widerstreitende" StFestsetzungen (Versagung des BA-Abzugs trotz Lohnansatz beim Ehegatten) s BFH X R 62/01 BStBl II 05, 336. Gibt ein StPfl seine bisherige Gewinnabsicht auf, ist dies idR keine Betriebsaufgabe, sondern erfolgsneutraler **Strukturwandel** vom GewBetr zur **Liebhaberei** (zB Rz 34; BFH X R 6/15 BStBl II 17, 1130; EStH 15.7 I: betr gewerbl Grundstückshandel; Rechtsfolge: „eingefrorenes" BV; s einschl Schuldzinsen § 16 Rz 156, 356). Nach § 8 VO zu § 180 AO sind die stillen Reserven festzustellen (BFH X R 61/14 BStBl II 16, 939 auch zu UV). Ebenso nach FG MeVo EFG 21, 1528, rkr, wenn Gewinnabsicht in StBescheid irrtümlich bejaht wurde; mE unzutr.

45 **7. Verbotene/unsittliche Betätigung.** Ein GewBetr kann auch vorliegen, wenn die Tätigkeit gegen ein gesetzl Gebot/Verbot oder die guten Sitten verstößt (§ 40 AO; BVerfG 2 BvL 18/93 DStRE 97, 273) und/oder strafbar ist. Demgemäß sind Einkünfte aus GewBetr zB gegeben bei lfd *Schmuggeltätigkeit* (BFH I 196/56 U BStBl III 57, 160), *Bordell* (BFH IV 79/60 U BStBl III 61, 518), *Zuhälter* (BFH V B 116/90 BFH/NV 92, 277), berufl *Glücksspiel* (FG Mster EFG 96, 267), *Rauschgifthandel* (BFH IV R 31/99 BFH/NV 00, 1161), nicht aber bei Vermögenserwerb durch *Unterschlagung* (BGH 3 StR 10/90 HFR 90, 521). *Prostitution* ist gewerbl (zutr nunmehr BFH GrS 1/12 BStBl II 13, 441; *Hubert* StuB 18, 426), ebenso Telefonsex (BFH X R 142/95 BStBl II 00, 610); zur Gewinnschätzung s FG Hbg EFG 17, 489; zum „Düsseldorfer Verfahren" s BFH VII R 50/14 BStBl II 16, 730. Zur Zimmervermietung s Rz 85; zur Umsatzzurechnung s BFH V R 9/17 BFH/NV 19, 127.

III. Abgrenzung gegenüber privater Vermögensverwaltung

Verwaltung: EStR 15.7; *BMF* BStBl I 04, 434 (Gewerbl Grundstückshandel); *OFD Ffm* DStR 06, 1458 (Gebrauchtpolicen-Handel); *OFD Nds* DB 11, 2119 (Städtebau Vertrag).

Schrifttum (Auswahl): *Söffing,* Gewerbl Grundstückshandel … 6. Aufl, 2021; *Carlé,* Rspr-Tendenzen …, DStZ 09, 278; *Hartrott,* Gewerbl Grundstückshandel …, BB 10, 2271.

46 **1. Ungeschriebenes Tatbestandsmerkmal.** Im Gegensatz zur privaten Vermögensverwaltung (s aber §§ 17, 20 II, 23) unterliegen beim GewBetr auch realisierte Wertveränderungen des BV nach § 15 (Einzel-WG) und § 16 (Betriebsveräußerung/Aufgabe) grds der ESt. Gewerbl ist mehr als Verwaltung und Umschichtung privaten Vermögens. Es muss den Rahmen privater Vermögensverwaltung überschreiten (= ungeschriebenes Tatbestandsmerkmal; BFH GrS 4/82 BStBl II 84, 751 Rz 145; vgl § 14 AO); auch bei Nutzung von Internetplattformen (BFH X R 18/19 BStBl II 21, 213: ebay-Verkauf; uU weiter zu § 1 UStG BFH XI R 43/13 BStBl II 15, 919; s auch Rz 86, 89). Maßgebl ist **„das Gesamtbild der Verhältnisse"** (BFH GrS 1/98 BStBl II 02, 291; BFH X R 10/16 BStBl II 18, 630). In Zweifelsfällen kommt es auf die gerichtsbekannte und somit nicht beweisbedürftige Auffassung an, ob die Tätigkeit dem **Bild** entspricht, das nach der Verkehrsanschauung einen **GewBetr** ausmacht (BFH X R 39/03 BStBl II 05, 817; zB Händler, Bauunternehmer, Bauträger; marktmäßiger Warenumschlag), dh strukturell-gewerbl Aspekte aufweist (BFH X R 43/12 BStBl II 16, 48; *OFD NRW* DB 17, 339: Turnierpoker; BFH X R 10/60 aaO; *Ebner* HFR 18, 796: Heizwerkbetrieb nach „Verwaltungsmodell"; FG Mchn EFG 18, 1700, rkr; anders bei „Verpachtungsmodell") auch einer Vermögensverwaltung („Halter") fremd ist (BFH X R 255/93 BStBl II 96, 303). Zu unbestimmt ist mE die Abgrenzung nach Risikostrukturen (so *Schön* DB 98, 1169). Das Gesamtbild wird von einer Vielzahl einzelner Faktoren getragen (BFH XI R 80/97 BStBl II 99, 448; zB Rz 47 ff gewerbl Grundstückhandel; *Schnoor* NJW 04, 3214: Wertschöpfung). Die **Interessenlage** ist ambivalent, je nachdem, ob es um Gewinnbesteuerung oder Verlustabzug geht.

2. Gewerblicher Grundstückshandel. – **a) Grundsätze; Drei-Objekt-** 47 **Grenze.** Die Rspr beschreibt zum einen das mit dem jeweiligen Einzelfall abzugleichende **Bild des GewBetr** (Rz 46) für diese Fallgruppe dahin, dass es dem gewerbl Grundstückshändler nicht primär auf die Nutzung des Grundbesitzes durch „Fruchtziehung aus zu erhaltender Substanz" (= Vermögensverwaltung durch Eigennutzung; Vermietung) ankomme, sondern die **„Ausnutzung substantieller Vermögenswerte** durch Umschichtung in den Vordergrund (trete)" (BFH GrS 1/98 BStBl II 02, 291 Rz 29, 31; EStR 15.7 I; Folge ua: § 15, § 35 EStG iVm GewSt). Zum anderen ist seit BFH VIII R 317/82 BStBl II 88, 244 in der zeitl eng zusammenhängenden Veräußerung (BFH XI R 23/90 BStBl II 92, 135: Verwertungszeitraum) von **mehr als drei in zumindest bedingter Veräußerungsabsicht** angeschafften/errichteten **Objekten** ein starkes Beweisanzeichen (obj **Indiz**) für den *gewerbl* Betätigungs*willen* (= *Absicht* der Veräußerung/Substanzverwertung = *innere* Tatsache; des StPfl zu sehen. Dies dient im Grundsatz zutr der erforderl Rechtssicherheit und zugleich der einheitl Abgrenzung (Besteuerungsgleichheit) ggü privaten Grundstücksgewinne, die nach der gesetzgeberischen Grundentscheidung nur innerhalb der 10-Jahresgrenze des § 23 I 1 Nr 1 EStG besteuert werden (BFH GrS 1/98 BStBl II 02, 291 Rz 35; ähnl BFH I R 118/97 BStBl II 00, 28: normfüllende Typisierung). BFH GrS 1/98 BStBl II 02, 291 stellt iRd Indizwirkung zwar grds das bloße „Durchhandeln" mit der Veräußerung nach Bebauung gleich (glA *BMF* BStBl I 04, 434 Rz 5 f; mE unzutr). Indizwirkung heißt aber jedenfalls, dass einerseits unter „ganz besonderen Umständen" eine *unbedingte* Veräußerungsabsicht und damit Gewerblichkeit auch innerhalb der Drei-Objekt-Grenze zu bejahen (zu **Ein-Objekt-Großprojekten** s Rz 62; zur **Baulanderschließung** s Rz 58) und andererseits trotz Überschreitens die „im Grunde stets bestehende (bedingte) Veräußerungsabsicht" aufgrund „eindeutiger Anhaltspunkte" zu vernachlässigen sein kann (BFH GrS 1/98 BStBl II 02, 291 Rz 38). Zudem entbindet die Grenze nicht von den allg Merkmalen des § 15 II (**Nachhaltigkeit, Gewinnabsicht;** dazu Rz 18, 50). Zu **Beginn/Ende** des GewBetr s Rz 131, 78.

b) Objektbegriff. Hierzu zählt – unabhängig davon, ob gleichartige oder ver- 48 schiedenartige Objekte veräußert werden (BFH X R 18/18 BStBl II 20, 538) und ob diese im In- oder Ausland liegen (*OFD Nbg* DStR 93, 1481) – grds jedes **selbständig veräußerbare** Immobilienobjekt (= zivilrechtl Grundbuchgrundstück; BFH IV R 34/08 BStBl II 11, 787); **Ausnahmen** bestehen nach Gesamtbild und unter dem Aspekt der wirtschaftl Einheit (§ 2 BewG; grundbuchrechtl Behandlung nicht entscheidend; BFH IV R 44/08 BStBl II 11, 645 Rz 25; BFH X R 56–57/14 BFH/NV 17, 481; s unten zu *(1), (3))*. IEinz gilt: – *(1)* Selbständige Objekte sind **Wohneinheiten,** dh Einfamilienhäuser, auch Reihenhäuser und Doppelhaushälften, Eigentumswohnungen, Zweifamilienhäuser (zB BFH XI R 83/00 BStBl II 04, 699); **nicht** aber – ggf auch mehrere (FG Mchn EFG 11, 142) – **Garagen** (BFH X R 183/96 BStBl II 03, 238; aA *Kempermann* StbJb 02/03, 419, 431). – *(a)* **Mehrere Eigentumswohnungen** sind auch dann mehrere Objekte, wenn sie gleichzeitig veräußert werden (BFH XI R 38, 39/91 BFH/NV 94, 20) oder durch **Aufteilung** entstanden sind (BFH XI R 47, 48/03 BStBl II 05, 41: unabhängig von Modernisierungsmaßnahmen; BFH X B 71/14 BFH/NV 15, 834: auch vor sachenrechtl Teilung). Nur ein Objekt aber bei *einer* zwei Wohnungseigentumsrechte umfassenden einheitl genutzten Wohnung (BFH X B 183/03 BFH/NV 05, 1274: wirtschaftl Einheit). – *(b)* **Zwei Doppelhaushälften** auf ungeteiltem Grundstück bilden *ein* Objekt (BFH IX R 56/99 BStBl II 04, 227). – *(c)* **Dauerhaft selbstgenutzte/-bewohnte Einheiten** (BFH X B 37/05 BFH/NV 05, 1802) sind keine Objekte, auch keine Zählobjekte; ebenso bei hälftiger Selbstnutzung sowie bei *vorübergehender* Selbstnutzung iVm *Veräußerung* aufgrund offensichtl *Sachzwänge* (BFH X R 36/04 BFH/NV 05, 1535: berufl veranlasster Umzug; BMF BStBl I 04, 434 Rz 10). Dasselbe gilt für Veräußerungen nach dem **VerkehrsflächenbereinigungsG** (*OFD Mchn* FR 04, 794). – *(d)* Ein **Mehrfamilienhaus** oder **Gewerbebau** kann nur *ein* Objekt sein (BFH X R 48/07 BFH/NV 10, 212; *Kempermann* StbJb 02/03, 419, 430: Umstände des Einzelfalls; BMF BStBl I 03, 171); nicht aber bei vorheriger Aufteilung in Eigentumswohnungen (BFH III R 37/02 BStBl II 04, 950). – *(e)* **Mehrere Mehrfamilienhäuser** bilden trotz geschlossener Bebauung ("Straßenzug") stets mehrere Objekte (BFH X R 40/03 BStBl II 05, 35; FG D'dorf EFG 17, 127, rkr; aA BFH IV R 34/08 BStBl II 11, 787 bei einem Grundbuchgrundstück; krit *Hartrott* BB 11, 2213). – *(2)* **Unbebaute Grundstücke/Grundstückparzellen** (BFH IV R 39, 40/05 BFH/NV 07, 221; dazu Rz 57); – *(3)* **Miteigentumsanteile** an einem der vorgenannten Objekte (zB BFH III R 1/05 BStBl II 07, 375; Ausnahme BFH X R 44/08 aaO; X R 56–57/14 aaO: Aufteilung in Kaufvertrag); – *(4)* Zu Anteilen an **Grundstücks-PersGes** (zB BFH III R 1/05 BStBl II 07, 375; s Rz 70 f). *(5)* Die Beteiligung an einem **Immobilienfonds** soll idR ein Akt privater Grundstücksverwaltung sein (*Schmidt-Liebig* BB 98, 563).

50   **c) Gewerblichkeit gemäß Drei-Objekt-Grenze** (zur Indizwirkung s zunächst Rz 47). – **aa) Gebäudeveräußerung nach Anschaffung/Errichtung.** – **aaa) Veräußerung.** – **(1) Allgemeines.** In das Indiz der 3-Objekt-Grenze sind alle **Verkäufe** zu fremdübl Konditionen einzurechnen. **Unerhebl** ist: Die **BV-Zughörigkeit** einzelner Objekte (BFH X R 51/03 BFH/NV 05, 1532; aA bei Beendigung einer BetrAufsp BFH III R 64/05 BFH/NV 07, 1659 fragl); das **Scheitern** des Veräußerungsversuchs/Verkaufs (BFH IV R 57/01 BStBl II 03, 291; BFH X B 183/05 BFH/NV 07, 232). Zur Veräußerung bei Unternehmensrückgabe vgl *OFD Ffm* BB 98, 2043. Veräußerung kann neben dem Verkauf an beherrschte GmbH (BFH X R 48/07 BFH/NV 10, 212; BFH X R 22/13 BStBl II 16, 95: ebenso gegen Schuldübernahme oder Darlehensgewährung) auch die **Einbringung** in **KapGes** oder **PersGes** gegen Gewährung von GesRechten sein (BFH X R 18/18 BStBl II 20, 538; *BMF* BStBl I 04, 434 Rz 7; § 16 Rz 29; aA für Formwechsel *Dorn ua* DStR 16, 1455). **Nicht als Veräußerung** gelten hingegen: – *(1)* grds **Schenkungen** (unentgeltl Übertragungen), insb an Angehörige (zB BFH X R 183/96 BStBl II 03, 238; aA Ausnahmen s BFH X R 7/15 BFH/NV 18, 325: zB § 42 Rz 65; zT weiter *BMF* BStBl I 04, 434 Rz 9, 11). Zum Beschenkten/Erben s Rz 52; – *(2)* Teilentgeltl Übertragungen **unterhalb der Selbstkosten** (BFH VIII R 19/01 BFH/NV 02, 1571; *BMF* BStBl I 04, 434 Rz 11; zur Entnahme s BFH X R 39/03 BStBl II 05, 817); – *(3)* Veräußerung **ohne Gewinnerzielungsabsicht** zum Selbstkostenpreis oder darunter (BFH VIII R 14/99 BStBl II 02, 811); anders bei Unterpreis-Veräußerung, aber über Selbstkosten (BFH X R 48/06 BFH/NV 08, 1463); bei Veräußerung an fremde Dritte besteht grds „Vermutung" der Gewinnerzielungsabsicht (FG Köln EFG 05, 451); – *(4)* IdR die (verdeckte) **Einlage** (ohne Gewährung von GesRechten); – *(5)* Übertragungen iRd **Realteilung** vermögensverwaltender PersGes/Bruchteilsgemeinschaften (BFH IV R 74/95 BStBl II 96, 599; *BMF* BStBl I 04, 434 Rz 13; § 15 Rz 72; *Tiedtke ua* DB 02, 652. 654: Teilauseinandersetzung); – *(6)* Eigentumsverlust aufgrund **Umlegungsverfahren** (FG Mster EFG 04, 1116) oder **Zwangsversteigerung** (s auch Rz 52).

(2) **Grundstücksrechte.** Nicht nur die Übertragung von Erbbaurechten (vgl BFH X B 72/08, BeckRS 2009, 25014913), sondern auch deren Bestellung (zu unbefristeten Dauerwohnrechten s BFH IV R 2/85 BFH/NV 89, 580) kann einer Veräußerung unbebauter Grundstücke gleichwertig sein, zB wenn der StPfl teils Erbbaurechte mit künftigem Ankaufsrecht bestellt, teils Bauparzellen veräußert (BFH IV R 115/91 BStBl II 1993, 342 Rz 12); die (bloße) Bestellung genügt nicht (BFH X R 4/04 BStBl II 07, 885; *Tiedtke ua* DB 02, 652).

bbb) **Anschaffung; Herstellung.** In die 3-Objekte-Grenze gehen grds nur vom StPfl entgeltl erworbene (angeschaffte; BFH IX R 140/92 BStBl II 95, 839: Erwerb im Bauherrenmodell; BFH XI R 47/03 BStBl II 05, 41: anteiliger Zwangsversteigerungserwerb; zum Veräußerer s Rz 50) oder errichtete Objekte ein. **Nicht** hingegen: – *(1)* **Erbschaftserwerbe** (BFH III R 1/05 BStBl II 07, 375; Ausnahme *BMF* BStBl I 04, 434 Rz 9: Erbschaft des GewBetr; erhebl Modernisierung durch Erben; Rz 54). – *(2)* Nach der Rspr vorbehaltl § 42 AO (BFH X R 39/03 BStBl II 05, 817; unten Rz 65) auch nicht **unentgeltl zu Lebzeiten** erworbene Objekte (BFH III R 1/05); insoweit **aA** *BMF* BStBl I 04, 434 Rz 9 bei Veräußerung durch Rechtsnachfolge in zeitl Zusammenhang mit Anschaffung/Errichtung durch Schenker (krit *HHR* § 15 Rz 1132 mN); zur Modernisierung durch Beschenkten s Rz 54. – *(3)* **Entnahmen** (BFH X R 26/17 BFH/NV 18, 1255: Umkehrschluss zu § 23 I 2; zu anschließenden Verkäufen/Modernisierungen s Rz 53 f).

ccc) **Zeitliche Zusammenhänge; weitere Indizien.** – *(1)* Die Indizwirkung der 3-Objekt-Grenze setzt einen engen zeitl Zusammenhang voraus – *(a)* zw Anschaffung oder Errichtung (BFH IV R 23/88 BStBl II 90, 637: sofern sie dem Grundstückserwerb nachfolgt) und Veräußerung des **einzelnen Objekts** (dazu iEinz Rz 48) *und* – *(b)* zw den Veräußerungen der hiernach einzubeziehenden Objekte (**objektübergreifender Verwertungszusammenhang** bezügl mehr als drei Objekte) voraus. Beide Zeiträume betragen grds **5 Jahre.** Maßgebl für die Objektanschaffung/-veräußerung sind grds die *schuldrechtl Geschäfte;* zwischenzeitl inaktive Phasen sind unerhebl; ein Gesamtplan ist nicht erforderl (BFH III R 1/05 BStBl II 07, 375). Bei selbst errichteten Objekten beginnt die Frist mit der Objekt-Fertigstellung (*BMF* BStBl I 04, 434 Rz 19 f, 22). Im Falle einer Entnahme (s Rz 52) ist die betriebl Zeit zu berücksichtigen (*BMF* BStBl I 04, 434 Rz 27; BFH X R 26/17 BFH/NV 18, 1255: LuF). Zur Nachhaltigkeit s Rz 18, 62; zur Gewinnerzielungsabsicht s Rz 50. – *(2)* Die 5-Jahres-Zeiträume entfalten iRd Drei-Objekt-Grenze zwar eine **gewichtige Indizwirkung,** sie statuieren jedoch **keine starre** zeitl **Begrenzungen** (Rz 47). – *(a)* Wird die **Drei-Objekt-Grenze** innerhalb des 5-jährigen Verwertungszeitraums **überschritten,** entfällt das Indiz für die bedingte Veräußerungsabsicht nur bei **„eindeutigen"** gegenläufigen **„Anhaltspunkten"** (BFH GrS 1/98 BStBl II 02, 291; *BMF* BStBl I 04, 434 Rz 21 f). Der Hinweis auf den *konkreten Anlass* des Verkaufs genügt hierfür idR nicht, zB Ehescheidung, Alterssicherung, Beschaffung von Ersatzwohnraum (BFH IV B 203/03 BStBl II 04, 355), Finanzierungsprobleme, Krankheit, Scheidung, Wegzug, Gefälligkeit ggü Mandanten, drohende Zwangsversteigerung (BFH III R 19/11

BStBl II 13, 433), Druck der Banken (BFH III R 101/06 BStBl II 10, 541); anders bei „*objektiven Umstände*", die eine spätere Veräußerung erschweren (*BMF* BStBl I 04, 434 Rz 30; BFH X R 22/13 BStBl II 16, 95: langfristige Wohnraumvermietung mwN; krit *Anzinger* FR 10, 526). – **(b)** Wird die Drei-Objekt-Grenze erst **nach** dem 5-jährigen Verwertungszeitraum (Ausnahme: 10-jähriger Vorbesitz; s unten) **überschritten,** kann der Wegfall Indizwirkung durch **„besonderer Umstände"** kompensiert werden, zB (s *BMF* BStBl I 04, 434 Rz 5, 20; BFH X R 22/13 BStBl II 16, 95, mwN): geringfügiges zeitl Überschreiten; größere Zahl von Objekten; Branchennähe im Hauptberuf/Insiderwisse; ständige Grundstücksgeschäfte; hohe Fremdfinanzierung, keine langfristige Vermietung. *Faustregel:* mit zunehmendem zeitl Abstand muss das auch Gewicht der Sonderfaktoren zunehmen. **Nicht** zu berücksichtigen ist hierbei jedoch die Veräußerung **langjährig** vermieteter (*BMF* BStBl I 04, 434 Rz 2: mindestens **10 Jahre,** glA BFH X B 149/10 BFH/NV 11, 1348; FG Nds EFG 98, 653: auch nach 9 Jahren) oder selbstbewohnter Objekte (*BMF* BStBl I 04, 434 Rz 10); sie ist – vorbehaltl zusätzl Aktivitäten (Modernisierung etc; BFH III R 1/05 BStBl II 07, 375; unten Rz 54) – auch bei mehreren Veräußerungen noch Vermögensverwaltung (BFH X R 241/93 BFH/NV 97, 396). Zur **unentgeltl Rechtnachfolge**/Erbfall s Rz 50, 52, 54; *BMF* BStBl I 04, 434 Rz 9, 11.

54 **bb) Gebäudemodernisierung; Sanierung.** Auch dann, wenn die Veräußerungen *bezogen* auf den Zeitpunkt der Anschaffung/Errichtung die Drei-Objekt-Grenze nicht überschreiten (iEinz Rz 53), kann gewerbl Grundstückshandel insb zu bejahen sein, wenn das Gebäude ggf iZm mit dessen Aufteilung in Eigentumswohnungen **umfangreich** modernisiert wird und mehr als drei Objekte **anderer Marktgängigkeit** veräußert werden (BFH IV B 32/06 BFH/NV 07, 2095; *BMF* BStBl I 04, 434 Rz 24; *einschr* bei **Altbesitz** (mehr als 10 Jahre) BFH X R 18/18 BStBl II 20, 538: „neues" Gebäude ggf einschließl Altsubstanz erforderl; zu sonstigen Umständen s BFH XI R 35/02 BFH/NV 05, 1267: Dachausbau und Veräußerung). Ebenso bei Einräumung unbefristeter Dauerwohnrechte (BFH IV R 2/85 BFH/NV 89, 580; oben Rz 51). Maßgebl ist dann der 5-Jahreszeitraum zw Modernisierung und Veräußerung (BFH IV B 32/06 BFH/NV 07, 2095). Im Falle der **Sanierung** beginnt der Zeitraum mit deren Abschluss (BFH IV R 57/01 BStBl II 03, 291; FG Mster EFG 11, 454). Gleiches gilt für den **unentgeltl Erwerber/Erben** bei erhebl Wertsteigerungsmaßnahmen nach Erwerb (BFH X R 8/15 BFH/NV 18, 340; s auch Rz 50, 52).

57 **cc) Veräußerung unbebauter Grundstücke. – aaa) Grundsatz.** Wird die Drei-Objekt-Grenze (s einschließl unentgeltl Erwerb Rz 50 ff) *nicht* überschritten, gehören auch die **Parzellierung** und Veräußerung noch zur Vermögensverwaltung (BFH XI R 47, 48/03 BStBl II 05, 41). Bei Überschreiten der Grenze liegen hingegen auch ohne besondere Verwertungsmaßnahmen (zB Erschließung) grds gewerbl Grundstückshandel vor (zB BFH IV R 112/92 BStBl II 96, 367; *BMF* BStBl I 04, 434 Rz 26; zu Ausnahmen bei Rückübereignung nach VermG s *BMF* DStR 94, 860). Zur Nachhaltigkeit/Gewinnerzielungsabsicht s Rz 18, 62.

58 **bbb) Ausnahmen.** Bei erhebl Aktivitäten zur **Erschließung** (Baureifmachung; ggf einschließl Parzellierung) kann bereits die Anschaffung/Veräußerung von **nur drei** Grundstücken gewerbl sein (BFH IV B 59/05 BFH/NV 06, 2063: Baulanderschließungsunternehmer); mE auch bei Veräußerung des *gesamten* Gelände einheitl an nur *einen* Erwerber (nicht eindeutig *BMF* BStBl I 04, 434 Rz 3). Ebenso, wenn der Veräußerer den Erwerbern die Verpflichtung auferlegt, Gebäude nach seinen Plänen zu errichten (BFH VIII R 74/87 BStBl II 91, 844).

Einzelfälle aus der Rspr. – Gewerblich: Entwurf des Bebauungsplans auf eigene Kosten (BFH I R 61/68 BStBl II 70, 61); Erschließungsverpflichtung ggü Gemeinde (BFH I R 210/71 BStBl II 73, 642); Verpflichtung der Parzellenkäufer zur Tragung gesetzl nicht geschuldeter Erschließungskosten, zur unentgeltl Abtretung von Straßengrund, zur Auftragserteilung an Architekten = Ersteller des Bebauungsplans (BFH I R 214/71 BStBl II 74, 6); Anlegen von Straßen und Be-/Entwässerungsanlagen und Abtreten von Straßen (BFH I R 55/79 BeckRS 1983, 5171). Allg hat sich der Eigentümer die Tätigkeiten der von ihm beauftragten Personen (BFH VIII R 71/72 BStBl II 73, 239) sowie von Erschließungs-/GrundstücksumlegungsGes zurechnen zu lassen (BFH IV R 133/85 BStBl II 86, 666; *Jäschke* DStR 06, 1349). – **Gegenbeispiele:** Bauvoranfrage betr Bebaubarkeit oder Veräußerung nur weniger kleiner Parzellen (BFH IV R 286/66 BStBl II 71, 456; *Kempermann* DStR 96, 1156/9); lediql Abschluss eines „städtebaul Vertrags" (*FM Bay* DStR 00, 554; *OFD Nds* DB 11, 2119); Abtretung von Straßenland an die Gemeinde (BFH X B 26/99 BFH/NV 00, 557).

ccc) Veräußerung durch Landwirt. Nach den Grundsätzen zu Rz 58 ist auch 59 zu beurteilen, ob die Veräußerung bisher luf genutzter Grundstücke als *Bauland* durch einen Landwirt noch luf **Hilfsgeschäft** (s § 13 Rz 215) oder ein GewBetr ist (BFH IV R 22/07 BFH/NV 11, 31; BFH X R 21–22/17 BFH/NV 20, 177: Objekt „anderer Marktgängigkeit" aufgrund Mitwirkung bei Bebauungsplan/Erschließung; BFH IV R 34/05 BStBl II 08, 231: Grundstückstausch/iVm Bauvoranfrage; BFH IV B 147/10 BFH/NV 12, 432: Wertsteigerung wegen Bauvoranfrage; *BMF* BStBl I 04, 434 Rz 27; EStH 15.5; iEinz *Kanzler* DStZ 13, 822). In letzterem Fall werden die Grundstücke bei Eröffnung des gewerbl Handels UV (BFH IV R 22/07 BFH/NV 11, 31); sie sind mangels Entnahme grds mit dem bisherigen Buchwert anzusetzen (BFH IV R 133/85 BStBl II 86, 666; zur GewSt s aber Rz 130).

d) Gewerblichkeit trotz Nichtüberschreitens der Drei-Objekt-Grenze. 62 Auch ohne Überschreiten der Drei-Objekt-Grenze (s Rz 53) und damit außerhalb deren Indizwirkung für eine zumindest **bedingte** gewerbl Veräußerungsabsicht kann (mE grds zutr) nach BFH GrS 1/98 BStBl II 02, 291 (Rspr-Verschärfung) „**unter ganz besonderen Umständen**" gewerbl Grundstückshandel zu bejahen sein (allg Rz 47; glA *BMF* BStBl I 04, 434 Rz 28, 36: Übergangsregelung für Veräußerungen vor 1.6.02; dazu BFH X R 11/14 BStBl II 17, 22). Ihr Kennzeichnen ist die **un**bedingte **Veräußerungsabsicht** bereits im Zeitpunkt der Bauverpflichtung oder des Grundstückankaufs (*Kempermann* DStR 09, 1725; krit *Hartrott* FR 08, 1095). GewBetr ist hiernach zu **bejahen** bei: – *(1)* **Baureifmachung** unbebauter Grundstücke (Rz 58f); – *(2)* **Bebauung** auf **Rechnung/** nach **Wünschen** des **Erwerbers** (BFH GrS 1/98 BStBl II 02, 291 ; BFH VIII R 70/98 BFH/NV 03, 742: maßgebl Erwerbereinfluss auf Bauplanung/Finanzierung), nicht bei geringfügigen Anpassungen (FG Mster EFG 05, 526); – *(3)* **Nähe zum Baubereich** (BFH X R 53/01 BFH/NV 03, 1291; oben Rz 46; zB; Bauunternehmer auch Nebengewerbe, Baubetreuer oder Bauträger, keine fremdübl Abrechnung (vgl BFH GrS 1/98 BStBl II 02, 291 ; *BMF* BStBl I 04, 434 Rz 28). UU können Erwerb/Errichtung auch Teil eines Maklerbetriebs (BFH X R 49/04 BStBl II 08, 711) oder dem Bauingenieurs zuzuordnen sein (BFH X R 35/07 BFH/NV 09, 1249; unten Rz 125). – *(4)* **Grundstücksveräußerung vor Bebauung** (BFH GrS 1/98 BStBl II 02, 291; BFH VIII B 270/03 BFH/NV 05, 890: Branchennähe unerhebl; BFH IV R 10/06 BStBl II 09, 533: Ges'terbeschluss; zur Nachhaltigkeit s zu *(5);* Rz 18). Ein unbedingtes Ankaufsrecht reicht (BFH X R 48/04 BFH/NV 05, 698), nicht aber ein Vorkaufsrecht (BFH IV R 38/06 BStBl II 09, 278). Die unbedingte Veräußerungsabsicht muss **bereits** im Zeitpunkt der **Bauverpflichtung** (Bauvertrag etc) vorliegen (BFH IV R 77/06 BStBl II 09, 791; BFH X R 41/06 BFH/NV 10, 38; *Kempermann* DStR 09, 1725; nicht eindeutig *BMF* BStBl I 04, 434 Rz 28). Bei Verkauf nach Abschluss der Bauverträge sollen selbst bei engem zeitl Zusammenhang (überholt BFH X R 39/03 BStBl II 05, 817; s nachfolgende Rspr) nur weitere Umstände auf eine von Anfang bestehende unbedingte Veräußerungsabsicht schließen lassen; BFH X R 41/06 BFH/NV 10, 38: kurzfristige Finanzierung, Werkvertragsrecht etc; FG Nbg EFG 18, 639, rkr: zeitnaher Verkauf an Besitz-KG iVm kurzfristiger Finanzierung; *Kanzler* FR 11, 810: Grundstücksvereinigung; BFH X R 25/06 BStBl II 09, 965: Zeitungsanzeige/

sonstige Dokumentation der Veräußerungsabsicht (glA *Hartrott* FR 10, 72; **aA** *Sommer* DStR 10, 1405); BFH X R 48/06 BFH/NV 08, 1463: Maklerauftrag während Bauphase; BFH X R 41/06 BFH/NV 10, 38: Branchennähe schwaches Indiz, mE fragl; BFH X R 25/06 aaO: Eigenqualifikation/Gewerbeanmeldung unerhebl; ebenso langfristige Finanzierung (BFH IV R 10/08 BFH/NV 11, 1666) oder Vermietungsgarantie/Gewährungsleistung (BFH IV R 34/08 BStBl II 11, 787). Grds glA nunmehr BFH X R 36/06 BStBl II 10, 171; BFH X R 14/05 BFH/NV 09, 1244: Einbringung in beherrschte GmbH *iVm* Branchennähe; BFH X R 48/07 BFH/NV 10, 212: Verkauf an GmbH *iVm* Refinanzierungsbedarf. ME ist der BFH an die Beweiswürdigung des FG grds gebunden (BFH X B 192/06 BFH/NV 08, 68; zT **aA** *Kempermann* DStR 09, 1725, 1729). – **(5) „Ein-Objekt-Fälle".** Nach BFH IV R 17/04 BStBl II 05, 606; BFH IV R 65/04 BStBl II 06, 259 (FA-Bau; Einkaufspassage) genügt bei Erwerb/Bebauung in unbedingter Veräußerungsabsicht (s oben) sogar nur *ein* Objekt. Ebenso bei Schaffung eines Objekts anderer Marktgängigkeit (BFH IV R 35/06 BStBl II 08, 359; oben Rz 58, 62), nicht aber bei Sanierungsmaßnahmen vor dem Verkaufsentschluss (BFH IV R 54/02 BStBl II 04, 868). Erforderl ist zudem die **Nachhaltigkeit** (iEinz Rz 18).

64 **e) Ehegatten.** Grundstücksgeschäfte, die Eheleute getrennt tätigen, sind auch getrennt zu beurteilen (BFH I R 28/75 BStBl II 77, 552; *BMF* BStBl I 04, 434 Rz 12). Anders aber zB bei Erwerb/Veräußerung als Ges'ter/Miteigentümer.

65 **f) Missbrauch.** § 42 AO kann zu bejahen sein bei einheitl Veräußerung an **einen Erwerber** (zB PersGes; BFH X R 21–22/17 BFH/NV 20, 117 mwN), unentgeltl/teilentgeltl Übertragung an **Angehörige** (BFH X R 39/03 BStBl II 05, 817; oben Rz 50, 52); nicht aber bei signifikanter Wertschöpfung durch Erwerber (BFH X R 21–22/17 BFH/NV 20, 117). Zur Zwischenschaltung einer **KapGes** Rz 76, 142. Allg *Kempermann* StbJb 02/03, 419, 432; *Vogelsang* BB 04, 183, 193.

67 **g) Gewinnermittlung nach § 4 III.** Besteht für den gewerbl Grundstückshandel keine Buchführungspflicht (§§ 141, 140 AO iVm 1 II HGB; FG BBg EFG 12, 1427; § 5 Rz 12 ff; zur Bilanzberichtigung s BFH X R 23/05 BStBl II 09, 407), kann die Gewinnermittlung nach § 4 III grds auch noch nach Ablauf des Wj **gewählt** werden (Rspr-Änderung s iEinz BFH IV R 57/07 BStBl II 09, 659; BFH X R 46/08 BFH/NV 10, 186; *OFD Nds* v 17.2.10, juris; insoweit überholt *BMF* BStBl I 04, 434 Rz 33).

68 **h) Verfahrensrecht.** Die Beurteilung ist (generell) nicht auf Sachverhalte des jeweiligen VZ beschränkt (BFH X R 12/02 BStBl II 04, 722). Die Veräußerung eines vierten Objekts ist nach BFH VIII R 17/97 BStBl II 00, 306 kein rückwirkendes Ereignis iSd § 175 I 1 Nr 2 AO (zR **aA** FG Mster EFG 02, 12; krit *Söffing* DStR 00, 916); der Gewinn des vierten Objekts ist indes anzusetzen (BFH III R 1/05 BStBl II 07, 375). Eine Änderung kann aber nach § 173 I Nr 1 AO mögl sein (BFH IV R 58/01 BFH/NV 03, 588; *BMF* BStBl I 04, 434 Rz 33). Zur vorläufigen Veranlagung s Rz 36.

70 **i) Personenmehrheit. – aa) Gemeinschaftliche Ebene. – aaa) Grundsätze.** Veräußert eine PersGes (zB OHG, GbR) – zu **OptionsGes** (§ 1a KStG s Rz 76) – oder wirtschaftl vergleichbare Gemeinschaft (zB Erben-/Gütergemeinschaft) bebaute Grundstücke, ist das Vorliegen eines GewBetr auf der Ebene der PersGes/Gemeinschaft nach *deren* Veräußerungen/gemeinschaftl Tätigkeiten (dazu allg Rz 163) zu bestimmen (BFH IV R 66–67/91 BStBl II 94, 463; *BMF* BStBl I 04, 434 Rz 14), einschließl Veräußerungen innerhalb der MUerschaft (BFH VIII R 15/00 BFH/NV 05, 1033). Nicht zu berücksichtigen sind hingegen bei Prüfung der Drei-Objekt-Grenze auf der gemeinschaftl Ebene die Objekte der Ges'ter, die diese selbst und/oder über weitere PersGes an- oder verkaufen (BFH VIII R 7/02 BStBl II 04, 914); ebenso nicht die Branchennähe der Ges'ter/Gemeinschafter (BFH VIII R 19/01 BFH/NV 02, 1571). Die Beurteilung der Ges-

Ebene ist vorrangig; sie wird – auch gewstrechtl – nicht durch die Veräußerungen der Ges'ter „infiziert". Selbst beteiligungsidentische vermögensverwaltende GbR können mE nicht zu einem GewBetr zusammengefasst werden (FG Bbg EFG 10, 323; **aA** BFH IV R 39, 40/5 BFH/NV 07, 221; offen nunmehr BFH IV R 85/06 BStBl II 09, 795). Entspr gilt für den gewerbl Grundstückshandel aufgrund unbedingter Veräußerungsabsicht (zB sog Ein-Objekt-Fällen; s einschließl Nachhaltigkeit Rz 62; BFH IV R 72/07 BStBl II 09, 529: auch bei Branchennähe).

bbb) Bruchteilsgemeinschaften (§§ 741, 1008 BGB). Für sie gelten die Grundsätze zu Rz 70 sinngemäß (BFH GrS 1/93 BStBl II 95, 617 zu IV.C.2b; BFH IV B 32/06 BFH/NV 07, 2095). Mehrere beteiligungsgleiche Bruchteilsgemeinschaften können aber uU ein einheitl gewerbl Unternehmen bilden (BFH VIII R 100/90 BFH/NV 93, 538).

ccc) Realteilung. Werden die von der PersGes/Bruchteilsgemeinschaft erworbenen/errichteten Grundstücke/Gebäude den Ges'tern iRe Realteilung zugewiesen, ist dies keine Veräußerung iSd Drei-Objekt-Grenze (Rz 50; BFH IV R 74/95 BStBl II 96, 599).

bb) Ebene der Gesellschafter/Gemeinschafter. – (1) Zurechnung. Aktivitäten (Erwerb, Bebauung, Veräußerung) der PersGes oder wirtschaftl vergleichbarer Gemeinschaften (zB Erben-/Bruchteilsgemeinschaft; zu Ehegatten s Rz 64) sind dem Ges'ter/Gemeinschafter wie eigene Aktivitäten zuzurechnen **(keine Abschirmwirkung),** unabhängig davon, ob die jeweilige BeteiligungsGes (Gemeinschaft) für sich betrachtet nur vermögensverwaltend oder gewerbl tätig. Dies gilt unabhängig davon, ob ein Sachzusammenhang mit weiteren Eigenaktivitäten des Ges'ters gegeben ist (BFH GrS 1/93 BStBl II 95, 617; BFH X B 109/02 BFH/NV 03, 1082: Gesamtschau beider Betätigungsfelder; FG Hbg EFG 09, 557: doppelstöckige PersGes) oder der Ges'ter/Gemeinschafter nur Beteiligungen an mehreren PersGes/Gemeinschaften hält (BFH X R 22/13 BStBl II 16, 95; zutr; *Wacker* FS Goette, 561, 569); außer Betracht bleiben aber Grundstücksaktivitäten gewerbl PersGes, die iZm mit anderen unternehmerischen Zwecken stehen wie zB einem Fertigungsbetrieb (BFH GrS 1/93 aaO zu C.IV.4.).

(a) Beteiligung an nur vermögensverwaltender Zebra-GbR. – Beispiel: A ist zu 30% an der X-GbR beteiligt. Die GbR erwirbt, bebaut und verkauft innerhalb des 5-Jahreszeitraums nur 2 Objekte; auch A verkauft nur 2 Objekte. – *Lösung:* Obgleich die GbR nur vermögensverwaltend tätig ist, betreibt A einen gewerbl Grundstückshandel, da ihm die Verkäufe der GbR zuzurechnen sind und er damit die Drei-Objekt-Grenze überschreitet (BFH X R 4/02 BFH/NV 03, 457; *BMF* BStBl I 04, 434 Rz 18). Zur Einkünfteermittlung/-feststellung s Rz 202 f.

(b) Beteiligung an gewerbl Grundstückshandel-GbR. – Beispiel: A ist zu 30% an der X-GbR beteiligt. Diese veräußert innerhalb des 5-Jahreszeitraums 5 Objekte, ist also bereits gewerbl tätig. A selbst verkauft im gleichen Zeitraum nur 2 Objekte. – *Lösung:* A ist gewerbl Grundstückshändler, weil bei ihm auch die Verkäufe der GbR zu berücksichtigen sind. Es bestehen mE zwei selbständige GewBetr, der GbR und des A. Ebenso wäre die Rechtslage, wenn A selbst 5 Objekte veräußert hätte, also bereits für sich betrachtet gewerbl tätig gewesen wäre.

(c) Beteiligung an mehreren GbR. – Beispiel: A ist zu je 30% an der X-GbR und an der Y-GbR beteiligt. Jede GbR verkauft innerhalb des 5-Jahreszeitraums nur 3 Objekte, also kein GewBetr. – *Lösung:* A ist gewerbl Grundstückshändler, weil bei ihm die Verkäufe der GbR zu berücksichtigen sind und diese zusammen die Drei-Objekt-Grenze überschreiten (BFH X R 22/13 BStBl II 16, 95; *Hartrott* FR 13, 126). Die Beteiligungen sind gewerbl BV des A (Zebra-Ges; *BMF* BStBl I 04, 434 Rz 18). – **Variante 1:** Die X-GbR verkauft 5 Objekte, ist also bereits gewerbl tätig; die Y-GbR verkauft nur 3 Objekte. – *Lösung:* Es besteht ein selbständiger GewBetr der X-GbR und ein selbständiger GewBetr des A, zu dessen BV (nur) die Beteiligung an der nichtgewerbl Y-GbR gehört (str). – **Variante 2:** Die X-GbR und die Y-GbR verkaufen je 5 Objekte; A verkauft kein Objekt. – *Lösung:* Je ein selbständiger GewBetr der X-GbR und der Y-GbR; kein GewBetr des A (str). – **Variante 3:** Wie Variante 2, aber auch A verkauft 1 Objekt. – *Lösung:* Je ein selbständiger GewBetr der X-GbR, der Y-GbR und des A (str).

§ 15 74–76   Einkünfte aus Gewerbebetrieb

74   **(2) Anteilsveräußerungen.** – *(a)* **Laufende** (gewstpfl) **Gewinne** entstehen bei Veräußerungen eines Anteils an einer den **gewerbl Grundstückshandel** betreibenden PersGes (BFH IV B 71/08 BFH/NV 09, 930); ggf Aufteilung des Veräußerungserlöses auf UV/AV (BFH IV R 69/04 BStBl II 10, 973). S auch § 16 Rz 327.
– *(b)* Veräußerungen der **Anteile an vermögensverwaltenden (Zebra-)Ges** stehen Grundstücksveräußerungen des Ges'ters (= eigener GewBetr) gleich (BFH IV R 2/92 BStBl II 96, 369 zu I.3e; *BMF* BStBl I 04, 434 Rz 18); ebenso bei **entgeltl Ausscheiden** aus der BeteiligungsGes oder bei Beitritt weiterer Ges'ter zum Zwecke der Eigenkapitalbeschaffung eines Fonds (*Wacker* HFR 09, 476). Der GesAnteil beinhaltet so viele **Objekte,** wie sich im **Gesamthandseigentum** befinden (BFH III R 1/01 BStBl II 03, 250; *BMF* BStBl I 04, 434 Rz 18). Gewerbl handelt zB auch, wer Anteile an 4 Grundvermögen verwaltenden PersGes erwirbt und diese Anteile innerhalb von 5 Jahren wieder veräußert (BFH III R 61/97 BStBl II 99, 390). Veräußert die PersGes/Gemeinschaft außerhalb des 5-Jahreszeitraums (Anschaffung: 01; Veräußerung: 07), wird die Frist jedoch nach Maßgabe des späteren Ges'terbeitritts (03) gewahrt, ist Letzteres maßgebl, dh kein Überschreiten des 5-Jahreszeitraums (**aA** zum umgekehrten Fall *Götz* FR 05, 137). Zur Einkünfteermittlung/Einkünftefeststellung (Zebra-Ges) s Rz 202 ff. Bei vermögensverwaltender PersGes wird die **GewSt** auf den betriebl beteiligten Ges'ter verlagert (BFH III R 62/97 BFH/NV 99, 1067). – *(c)* Gleiches gilt grds, wenn mehr als 3 Anteile an originär vermögensverwaltenden, jedoch **gewerbl geprägten** (Objekt-)**PersGes** veräußert werden (BFH IV R 81/06 BStBl II 10, 974). Die Veräußerungsgewinne (lfd Gewinne) sind Teil des eigenen GewBetr des G'ters (Grundstückshandel) und unterliegen bei ihm der GewSt (**aA** *Figgener ua* DStR 12, 2579); *Ausnahme:* Veräußerung durch OberPersGes (§ 7 S 2 iVm § 9 Nr 2 GewStG; *Behrens ua* BB 08, 2334). – *(d)* Nach BFH X R 34/10 BStBl II 12, 647; EStH 15.7 I kann das Wohnsitz-FA iRd ESt-Veranlagung auch dann einen lfd Gewinn annehmen (Umqualifikation), wenn das Betriebs-FA den Anteilsveräußerungsgewinn (bestandskräftig) fehlerhaft als tarifbegünstigt feststellt. Die Ansicht verstößt mE gegen die Bindungswirkung des § 182 AO.

75   **(3) Mindestbeteiligung.** In der Rspr bisher nicht geklärt ist, ob die Grundsätze zu Rz 74 nur bei einer Mindestbeteiligung **10 %** gelten (so – mE unzutr – *BMF* BStBl I 04, 434 Rz 14, 17, 18; diff *Penné ua* WPg 95, 753: Anteil bereits BV; *Weber-Grellet* DStR 95, 1341: nur *ein,* nicht aber mehrere Anteile unter 10 % zu vernachlässigen). Nach *BMF* BStBl I 04, 434 Rz 14 muss bei einer Beteiligung von weniger als 10 % der **Verkehrswert** des GesAnteils bzw des Anteils am veräußerten Grundstück mehr als 250 000 € betragen. Andere Umstände (zB Generalvollmacht) sind zu berücksichtigen (BFH X R 4/04 BStBl II 07, 885).

76   **j) Beteiligung an Kapitalgesellschaft.** Der Verkauf von Grundbesitz an die KapGes kann gewerbl Grundstückshandel des Ges'ters begründen (BFH IV R 62/07 BFH NV 10, 2261). Auch die Einbringung ist Veräußerung iSd 3-Objekt-Grenze (Rz 50) und kann Indiz für unbedingte Veräußerungsabsicht sein (BFH X R 48/07 BFH/NV 10, 212; Rz 62). Wird bei Verkauf an KapGes auf ein marktübl Entgelt (Erwerbschance) verzichtet, steht dies der Gewinnerzielungsabsicht des G'ters nicht entgegen (BFH X R 47/06 BFH/NV 10, 400). Bei überhöhtem Kaufpreis ist vGA anzusetzen. Hat die GmbH sich ggü dem Ges'ter zB zu bestimmten Baumaßnahmen verpflichtet, ist die Tätigkeit dem Ges'ter als eigene unmittelbarer Tatbestandserfüllung zuzurechnen (BFH III R 25/02 BStBl II 04, 787, 790; **aA** uU BFH IV R 25/08 BStBl II 10, 622). Darüber hinaus kommt eine Zurechnungs-**„Durchgriff"** mE nur gem § 42 AO (Gestaltungsmissbrauch) in Betracht (glA BFH X R 27/03 BFH/NV 07, 412; *OFD Ddorf* DStR 97, 1208), zB bei nur formalem Grundstückszwischenerwerb und/oder unangemessener Kaufpreisgestaltung (ausführl BFH III R 25/02 BStBl II 04, 787; unten Rz 142; zu weitergehenden Ansätzen der sog mittelbaren Tatbestandsverwirklichung oder Sphärenvermengung

Abgrenzung gegenüber privater Vermögensverwaltung 77, 78 § 15

s BFH X R 39/03 BStBl II 05, 817). Die GmbH entfaltet hiernach **Abschirmwirkung,** wenn sie **nicht funktionslos** ist (BFH IV R 25/08 BStBl II 04, 787: Bebauung = eigene signifikante Wertschöpfung); andernfalls (§ 42 AO) ist die GmbH „hinwegzudenken" (*Oelmaier* HFR 10, 818). Gleiches dürfte für **Options-Ges** gem § 1a KStG (s Rz 160a) gelten.

k) Umfang des gewerblichen Grundstückshandels. Systematisch ist zu 77 trennen zw der Begründung des gewerbl Grundstückshandels (Rz 131) und dessen BV (Umfang, Entwicklung). Grds gelten die allg Regeln (BFH X R 22/13 BStBl II 16, 95: sachl/zeitl Zusammenhang; einheitl Betätigungswille; Rz 126) auch bei GewBetr aufgrund unbedingter Veräußerungsabsicht (BFH X R 48/07 BFH/NV 10, 212; oben Rz 62). Alle zur Veräußerung bestimmten Objekte, insb die vom StPfl errichteten und im unmittelbaren Anschluss hieran veräußerten Wohnungen sind **notwendiges BV;** auch Grundstücke vermögensverwaltender PersGes (BFH X R 24/11 BStBl II 12, 865), nicht aber solche, die für sich gesehen nicht Gegenstand eines gewerbl Grundstückshandels sein können (BFH III R 64/05 BFH/NV 07, 1659: BetrAufsp). **Gewillkürtes** BV erfordert eindeutige Widmung (BFH X R 26/17 BFH/NV 18, 1255). Die Objekte gehören zum **UV** (keine AfA; zB BFH X B 61/00 BFH/NV 02, 329; *BMF* BStBl II 04, 434 Rz 32; **aA** zu § 4 FördG (aF) BFH IV R 48/07 BStBl II 10, 799; mE unzutr; BFH X B 138/16 BFH/NV 17, 579: AdV). Ist ein gewerbl Grundstückshandel begründet, sind von vornherein zur Veräußerung bestimmte Objekte (ggf auch außerhalb des 5-Jahreszeitraums; BFH X R 74/99 BStBl II 03, 245) selbst dann notwendiges BV, wenn sie vermietet werden (BFH XI R 7/02 BStBl II 04, 738); s aber BFH IV R 2/92 BStBl II 96, 369 zu I.4.: uU AV und erst bei Verkauf UV; BFH X R 28/00 BStBl II 03, 133: Überführung aus ruhendem GewBetr in gewerbl Grundstückshandel zu Buchwerten (Rz 59, 130).

Stellungnahme: ME führt die Notwendigkeit einer „Veräußerungsbestimmung iRe einheitl Betätigungswillens" (BFH XI R 7/02 BStBl II 04, 738) im Vergleich zu der sonst verlangten eindeutigen Aussonderung privater Geschäfte (BFH III R 20/01 BStBl II 03, 297; zur Abgrenzung BFH X B 140/04 BFH/NV 05, 1794) zur Umkehr der Argumentationslast.

Kein BV, sondern von vornherein **PV** sind Objekte, die der StPfl nachweisl zwecks Vermögensanlage bzw nicht in sachl und zeitl Zusammenhang mit den gewerbl Verkäufen errichtet oder erworben hat (BFH III R 20/01 BStBl II 03, 297), zB ererbte (Ausnahmen s Rz 52, 54; BFH X R 47/06 BFH/NV 10, 400; BFH X R 8/15 BFH/NV 18, 340) oder *langfristig* vermietete Grundstücke (BFH X R 22/13 BStBl II 16, 95: 5-Jahres-Grenze als Indiz; **aA** aber ab 2000 *Förster* HFR 16, 129: arg § 575 BGB; zutr). Eine eindeutige Zuordnung ist geboten (*BMF* BStBl I 04, 434 Rz 32).

Ob Objekte, die der StPfl vorübergehend **selbst bewohnt,** zur Veräußerung bestimmt sind, richtet sich nach den Einzelfällen (BFH X R 74/99 BStBl II 03, 245). Notwendiges PV sind Objekte, die auf Dauer für eigene Wohnzwecke genutzt werden sollen (BFH X R 28/00 BStBl II 03, 133). Objekte, die zunächst BV waren, werden mit der auf Dauer angelegten Nutzung für eigenes Wohnen entnommen (BFH IV R 66–67/91 BStBl II 94, 463); ebenso bei Schenkung an Angehörige (BFH X B 83/99 BFH/NV 00, 946). S auch *BMF* BStBl I 04, 434 Rz 32.

l) Veräußerungsgewinne. Sie sind mit Rücksicht auf den Zweck des Unter- 78 nehmens idR nicht begünstigte **lfd Gewinne,** auch wenn zugleich der Betrieb aufgegeben (§ 16 Rz 327) oder an einen gewerbl Abnehmer im Ganzen veräußert wird (BFH XI B 19/01 BFH/NV 02, 783); ebenso wenn iRe Betriebsaufgabe die zunächst bestehende Bebauungsabsicht aufgegeben wird (BFH VIII R 65/02 BStBl II 06, 160). Die zeitweilige (auch längerfristige) Beschränkung auf Grundstücksverwaltung (Vermietung) ist nur Unterbrechung, nicht Aufgabe des Betriebs (BFH XI R 7/02 BStBl II 04, 738); eine **Betriebsbeendigung** muss eindeutig erklärt werden (BFH IV R 36/09 BFH/NV 11, 2092; unten Rz 133). Eine **Erb-**

§ 15 80–84   Einkünfte aus Gewerbebetrieb

baurechtsbestellung führt nicht zur Betriebsaufgabe (BFH XI R 28/97 BStBl II 98, 665; s aber Rz 51).

80   **3. Vermietung. – a) Grundstücke.** Die Vermietung (Verpachtung) von Grundstücken (evtl einschließl Inventar) kann Teil einer gewerbl Tätigkeit sein (zB BFH X R 18/12 BStBl II 17, 450). Fehlt es hieran, liegt idR Vermögensverwaltung vor (arg § 21 EStG; § 14 S 3 AO).

81   **aa) Vermögensverwaltung.** Die Dauervermietung von leeren Räumen (einschließl Garagen) und die Errichtung von Häusern zum Zwecke der Vermietung ist Vermögensverwaltung, auch wenn erhebl Fremdmittel eingesetzt werden und wegen Umfangs/Größe des Objekts für die Verwaltung „ein in kfm Weise eingerichteter Geschäftsbetrieb" (§ 1 II HGB) erforderl ist (BFH IV R 21/96 BFH/NV 97, 762: Geschäfts- und Freizeitzentrum); ebenso mE bei Umsatzmieten. Entspr gilt für die Dauer-/Untervermietung von gewerbl genutzten Räumen (zB Verkaufsstände, Läden; BFH IV 141/60 U BStBl III 64, 367; BFH X R 29/15 BFH/NV 17, 1597).

82   **bb) Gewerbebetrieb.** Er ist zu bejahen bei **häufigem Mieterwechsel** iVm der einem **Beherbergungsbetrieb** vergleichbaren Organisation (BFH XI B 158/01 BFH/NV 03, 152; Rz 83) oder wenn iRe **Gesamtkonzepts** ein **Totalüberschuss** *nur* unter Einschluss des **Veräußerungserlöses** erzielbar (BFH IV R 50/15 BStBl II 18, 89: Erbbaurechtsentschädigung nach 20 Jahren (zutr; s Rz 86, 89; **aA** *Spohn ua* DStR 18, 605: „Rechtsunsicherheit"; *Wagner ua* DB 18, 408: „Sonder-Rspr"; zur Nachhaltigkeit s Rz 17) oder bei wesentl **Sonderleistungen** (zB BFH X B 42/10 BFH/NV 11, 37: Ferienwohnungen; BFH IV R 91/05 BFH/NV 08, 1289: zusätzl Vermittlungsleistungen; Rz 84). Zu Immobilien-Leasing s *InstFSt*-Brief 184 (mE stets gewerbl). Keine Sonderleistungen sollen hingegen nach BFH IV R 34/13 BStBl II 17, 175 bei übl Infrastrukturmaßnahmen und bei das Gesamtobjekt betr werbe-/verkaufsfördernde Maßnahmen iZm einem **Einkaufzentrum** vorliegen (glA *Eisolt ua* DStR 17, 483; s auch Rz 186). Dies ist unzutr und mit den Wertungen der bisherigen Rspr kaum vereinbar (einschr bei „Outsourcing" *Wendt* BFH/PR 17, 42; zutr).

     Weitere Rspr-Beispiele *für* GewBetr: Stundenweise Vermietung von *Tennisplätzen* (BFH VIII R 262/80 BStBl II 89, 291), *Messeständen* (EStR 15.7 II), unternehmerischer Betrieb eines *Parkplatzes* (BFH X R 21/00 BStBl II 03, 520) oder *Campingplatzes* (BFH I R 7/79 BStBl II 83, 80), zahlreiche *Liegeplätze für Sportboote* (FG Bln EFG 99, 1185), Betrieb eines Asylbewerber-/Flüchtlingsheims (BFH IV B 29/02 BFH/NV 04, 330); *betreutes Wohnen* (diff FG BaWü EFG 16, 820). Zu Besonderheiten bei **PersGes,** insb **Immobilien-KG,** s § 15 Rz 200 ff, 211 ff, 323.

83   **cc) Möblierte Zimmer.** Die Vermietung (Untervermietung) von möblierten Zimmern ist grds nicht gewerbl. GewBetr, der die Nutzungsüberlassung als Teil einer einheitl gewerbl Gesamtleistung umfasst, ist aber der Betrieb eines Hotels, eines Gasthofs, einer Fremdenpension oder eines Wohnheims (BFH I R 182/79 BStBl II 84, 722). Die (Unter)Vermietung einzelner möblierter Zimmer an Dauermieter bleibt auch bei übl **Nebenleistungen** (Frühstück, Reinigung der Räume usw) Vermögensverwaltung (BFH IX R 109/84 BStBl II 89, 922). GlA FG Köln EFG 21, 633 betr „Boardinghouse" iVm Fremddienstleister (mE unzutr; s Rz 84). Die Nebenleistungen sind ggf, soweit mit Gewinnabsicht erbracht, getrennt von der Vermietung als gewerbl zu erfassen (BFH VIII R 27/72 BStBl II 77, 244). Ebenso ist die Vermietung von **Ferienzimmern** in Privathäusern noch Vermögensverwaltung; anders bei pensionsartiger Organisation (BFH IV R 150/82 BStBl II 85, 211).

84   **dd) Ferienwohnungen.** Die Vermietung (einer oder mehrerer) Ferienwohnungen in Gewinnabsicht ist GewBetr, wenn – *(1)* die Wohnung in einer Ferienwohnanlage hotelmäßig angeboten wird, dh Einrichtung für kurzfristiges Wohnen, Zugehörigkeit zu einer einheitl Wohnanlage, Werbung/Verwaltung durch Feriendienstorganisation übertragen (BFH IV B 52/08 BFH/NV 09, 1114); *Ausnahme:* Letztere handelt aufgrund von Zusatzleistungen (Reinigung etc) eigennützig (BFH IV R 10/18 BFH/NV 20, 1055; unzutr; s auch Rz 83) oder – *(2)* bei Vermietung mehrerer Wohnungen außerhalb einer Ferienwohnanlage wegen Nebenleistungen eine fremdenpensionsartige Organisation erforderl ist (BFH IX B 23/03 BFH/NV 03, 1425); die Zahl der vermieteten Wohnungen allein ist unerhebl (BFH II R 44/15 BStBl II 18, 358). Einschaltung eines Geschäftsbesorgers genügt nicht (BFH II R 44/15 BStBl II 18, 358). – *(3)* Zur Vereinfachung bei **luf** Betrieben s *GLE* DStR 12, 1275.

ee) Zimmervermietung an Dirnen. Sie ist gewerbl, wenn eine prostitutionsfördernde Organisation bereitgestellt wird (FG Hess EFG 95, 711 Rz 45; zur USt s BFH V R 9/17 BFH/NV 19, 127; BFH XI R 4/19 BFH/NV 21, 1374). 85

b) Bewegliche Sachen. Deren Vermietung (zB Boote, Strandkörbe) ist idR nur bei erhebl **Sonderleistungen**/Organisation gewerbl (EStR 15.7 III; FG Ddorf EFG 21, 1188 rkr: Hausboot) oder ggf § 21 I, § 22 Nr 3. Typisch gewerbl ist zB Autovermietung/-leasing (BFH VIII R 263/81 BStBl II 86, 359); FG Hbg EFG 12, 1771: Telefon-/TV-Leasing), nicht hingegen die Yachtvercharterung (BFH III R 65/97 BStBl II 99, 619) oder Vermietung eines Wohnmobils (BFH XI R 44/95 BStBl II 98, 774), es sei denn, sie ist mit dem Fahrzeugverkauf **planmäßig verklammert** (BFH X B 173/08 BFH/NV 09, 1260). Gleiches gilt für **Flugzeugvermietung/-leasing** (BFH IV R 49/04 BStBl II 09, 289; *BMF* BStBl I 09, 515: gewerbl bei *einheitl Geschäftskonzepts* bezügl *Vermietung/Verkauf;* zur **Nachhaltigkeit** s aber Rz 17; zur Auswirkung auf Fonds *Hensell ua* DStR 08, 87; einschr *Lüdicke ua* BB 08, 2552; abl *Klass ua* FR 09, 653). 86

c) Betriebsaufspaltung. S dazu Rz 800 ff; zur Betriebsverpachtung s § 16 Rz 166 ff; zur zeitl Überlassung von Rechten s § 21 Rz 103. 87

4. Gemischte Tätigkeit. Eine Tätigkeit, die Vermietung *und* Erwerb und Veräußerung von Grundbesitz uä umfasst, ist einheitl gewerbl, wenn die Tätigkeiten iSe einheitl Gesamtkonzepts miteinander verflochten sind (Rz 82, 86). 88

5. Ausübung von Rechten; Veräußerung beweglicher Sachen. Maßgebl ist auch hier die strukturelle Ähnlichkeit der jeweiligen Tätigkeit mit dem **Bild,** das nach der Verkehrsanschauung die Vermögensverwaltung überschreitet und einen GewBetr ausmacht (Rz 46), weil zB Teppiche „händlertypisch" gekauft und verkauft werden (BFH I R 173/85 BFH/NV 91, 685) oder nach dem Geschäftskonzept ein Totalgewinn den Verkauf erfordert (BFH IV R 30/14 BStBl II 17, 1061: Schiffscontainer; BFH IV R 6/14 BStBl II 17, 1053: Mobilienleasing; bei FondsGes Indizwirkung des Prospekts; Rz 82, 86; zur Nachhaltigkeit s Rz 17). Zu berücksichtigen ist auch die **Art der Gegenstände** und ihrer **Verwaltung.** Die wiederholte Anschaffung und Veräußerung ist zB bei Wertpapieren eher übl als bei Schmuck oder Antiquitäten (BFH IV R 25/78 BStBl II 82, 461: Gemälde; BFH IV R 50/14 BStBl II 17, 456: Gold; BFH X R 1/97 BStBl II 01, 706 für Optionsscheine; BFH X R 55/97 BStBl II 01, 809 für GmbH-Anteile). Zu *ebay-Verkauf* s BFH X R 18/19 BStBl II 21, 213; Rz 46 (uU weitergehend BFH V R 2/11 BStBl II 12, 634 betr Sammlungen). Ein Austausch kann der weiteren Vermietung dienen (BFH IV R 17/05 BStBl II 07, 768). 89

a) Ausübung von Rechten. Gewerbl ist zB die wiederholte **Gründung von GmbH** und deren Verkauf (BFH X R 55/97 BStBl II 01, 809; zust *Wiese* GmbHR 02, 293: „Beteiligungshändler"; BFH IX R 3/17 BFH/NV 18, 20: Handel mit VorratsGes; krit *Blumers ua* DB 02, 60; *Hey* BB 02, 870: Widerspruch zu § 17). Das Streben nach Einfluss auf eine KapGes reicht nicht aus (BFH VIII R 150/76 BStBl II 80, 389), wohl aber die Ausübung einer **Konzernleitung** (BFH I R 54, 55/10 BStBl II 12, 106); zur **Geschäftsführung** iVm Mehrheitsbeteiligung s Rz 11, 15; § 19 Rz 35; iEinz *Wacker* FR 21, 505; zur BetrAufsp 90 s Rz 800; zu Anteilen an vermögensverwalten PersGes s *BMF* BStBl I 21, 363 Rz 40 betr § 8d KStG). **Private Equity-Fonds** betreiben private Vermögensverwaltung, wenn sie nur Beteiligungsrechte wahrnehmen, aber keine eigene unternehmerische Tätigkeit ausüben (s BR-Drs 740/13, 59; BT-Drs 8/8045, 84 zum InvStG aF/nF). Der hierfür nach der FinVerw zu prüfende Kriterienkatalog (*BMF* BStBl I 04, 40; *OFD Mbg* DStR 06, 1505; *OFD Rhl* DB 07, 135; *Rodin ua* DB 04, 103) ist vom BFH ausdrückl offengelassen worden; die Rspr bejaht aber Gewerblichkeit jedenfalls dann, wenn der Fonds primär auf fremdfinanzierte Vermögensumschichtung gerichtet ist (BFH I R 46/10 BStBl II 14, 764; zutr; abl *Süß ua* DStR 11, 2276). Zum „carried interest" § 18 Rz 280 ff; zum Verwalter/Initiator s § 18 Rz 141, 288.

91 **b) Wertpapierhandel; Edelmetalle; Kryptowährung.** Die Anschaffung und Veräußerung von **Wertpapieren** (auch in größerem Umfang) für eigene Rechnung und die Ausübung von (Stimm-)Rechten („Privatanleger") ist idR private Vermögensverwaltung und erst gewerbl, wenn besondere Umstände vorliegen („professionelle Konturierung"), zB persönl Arbeitseinsatz, entspr Beruf, Beschäftigung von Hilfskräften, erhebl Fremdfinanzierung, Büroräume, Buchführung, Offerieren an Dritte, überwiegend Handeln auf fremde Rechnung, Fremdverwaltung (BFH III R 31/07 BFH/NV 10, 844; EStH 15.7 IX; *Hartrott* FR 08, 1095), zB Optionsgeschäfte eines angestellten Börsenmaklers (BFH X R 24/06 BFH/NV 08, 774). Nicht maßgebl ist Umschlaghäufigkeit oder Wert des Vermögens (BFH X R 14/07 BFH/NV 08, 2012); ebenso nicht die gewerbl Eigenqualifikation des StPfl (BFH X B 158/07 BFH/NV 08, 2024). Bei Differenz-/Termin-/Optionsgeschäften soll es an der Teilnahme am allg wirtschaftl Verkehr fehlen (BFH XI R 1/96 BStBl II 97, 399 Rz 21; offen BFH X R 1/97 BStBl II 01, 706). *Anders* aber bei Handel mit **Gold/Edelmetallen** (BFH IV R 50/14 BStBl II 17, 456; BFH I R 62/15 BFH/NV 18, 620: kurzfristiger/häufiger fremdfinanzierter Umschlag indiziert GewBetr; FG Hess EFG 20, 1115, Rev I R 48/19, zutr; zur Bilanzierung s Rz 173). Zu Kauf/Mining von **Kryptowährungen** s Rz 150. Zum **Bodenschatzverkauf** s BFH X R 10/07 BFH/NV 10, 184: nicht gewerbl.

92 **6. Kreditgewährung; Lebensversicherung.** GewBetr, wenn Darlehen an verschiedene Personen *bankgeschäftsähnl* gewährt werden (zB BFH VIII R 236/77 BStBl II 80, 571; FG Hbg EFG 12, 1771: Inkasso); nicht aber bei „bloßer" Vergabe von Ges'terdarlehen an KapGes (BFH X R 9/17 DStR 19, 2626 Rz 21). Gewerbl ferner, wenn **notleidende Darlehen** („Non-Performing-Loans") erworben und verwertet werden (offen BFH IV R 34/15 BFH/NV 18, 24; **aA** FG BBg EFG 21, 2065, Rev IV R 10/21 bei „vorrangiger" Zinserzielungsabsicht ungeachtet Fremdfinanzierung; fragl; s auch Rz 17; zur USt s *BMF* BStBl I 15, 1012). Nicht hingegen bei Erwerb **gebrauchter LV** (insb US-LV-Zweitmarktfonds), wenn diese nicht weiterveräußert, sondern vom Fonds (nur) *eingezogen* werden (so BFH IV R 32/10 BStBl II 13, 538; *OFD Ffm* DB 13, 2119; zu § 20 I Nr 6 s § 20 Rz 102 ff).

IV. Abgrenzung gegenüber selbständiger Arbeit iSv § 18

95 **1. Negatives Tatbestandsmerkmal.** Eine selbständige nachhaltige und von Gewinnabsicht getragene Teilnahme am allg wirtschaftl Verkehr ist kein GewBetr (§ 15 II 1), wenn (und soweit, s § Rz 97 ff) eine selbständige Tätigkeit iSv § 18 ausgeübt wird (§ 18 Nr 1 freier Katalogberuf (zB Arzt, Rechtsanwalt), ein einem Katalogberuf „ähnl Beruf", eine wissenschaftl, künstlerische, unterrichtende/erzieherische Tätigkeit; § 18 Nr 3 sonstige selbständige Arbeit; § 18 Nr 4: Gewinnvorzug). Nicht gewerbl sind auch Einkünfte aus ehemaliger freiberufl Tätigkeit, soweit nur vom Freiberufler geschaffene Werte realisiert werden. Zu **Einzelheiten** dieser Tätigkeiten s § 18 Rz 60 ff; § 16 Rz 607: Erbfall.

2. Gemischte Tätigkeit. – a) Grundsätze. Ist eine *natürl Person* (zu PersGes – zB Gemeinschaftspraxen – s § 15 III Nr 1; Rz 185 ff; zu KapGes s § 8 II KStG) teils gewerbl, teils freiberufl tätig und bestehen zw den Betätigungen keine sachl und wirtschaftl Berührungen (zB ein Arzt betreibt eine Gaststätte, s § 18 Rz 50), so ist offensichtl, dass verschiedene Einkunftstatbestände erfüllt sind (BFH IV R 48/01 BStBl II 04, 363). Besteht zw einer – jeweils für sich betrachtet, teils gewerbl, teils freiberufl Betätigung – derselben natürl Person ein **sachl und wirtschaftl Zusammenhang** (sog gemischte Tätigkeit) – zB ein Fabrikant fertigt/veräußert Maschinen auf Grund eigener Erfindungen; ein Architekt errichtet/veräußert Häuser nach eigenen Plänen; BFH VIII R 17/15 BFH/NV 18, 522: StBeratung neben Mandantenverpachtung/BetrAufsp; s iÜ Rz 100; § 18 Rz 50) –, ist die Gesamtbetätigung estrechtl im Interesse sachgerechter Ergebnisse idR **getrennt zu beurteilen**. Die aus jeder Tätigkeit herrührenden Einkünfte sind gesondert und ggf im Schätzungswege zu ermitteln (zB BFH IV B 35/98 BFH/NV 99, 1328). Eine **einheitl Beurteilung** ist nur geboten, wenn die einzelnen Tätigkeiten einander gegenseitig bedingen und derart miteinander verflochten sind, dass sie nach der Verkehrsauffassung als Einheit anzusehen sind (zB BFH IV R 48/01 BStBl II 04, 363: Praxis und Privatklinik); dafür spricht zB, dass der StPfl dem Auftraggeber einen einheitl Erfolg schuldet (BFH I R 54/93 BStBl II 94, 864). Maßgebl ist, welche Tätigkeit der Gesamttätigkeit das **Gepräge** gibt (BFH XI R 57/05 BFH/NV 07, 1854).

b) Rechtfolgen bei einheitlichem Gewerbebetrieb. Es weder zulässig, aus den Verkaufserlösen einen Teil für freiberufl Leistungen herauszurechnen und gesondert zu versteuern, noch bei der Ermittlung der gewerbl Gewinne fiktive Honorare als BA abzuziehen und als freiberufl BE anzusetzen (BFH IV R 87/85 BStBl II 88, 342: Architekt). Durch Ausgliederung der gewerbl Tätigkeit (Verlag, Fabrikation usw) auf GmbH/PersGes und Abschluss entgeltl Verträge lässt sich jedoch eine Trennung erreichen, sofern keine BetrAufsp (Rz 800 ff) oder vGA vorliegt.

c) Beispiele (aus der Rspr zu gemischten Tätigkeiten einer natürl Person). – **(1) Trennbar:** BFH IV R 42/89 BStBl II 90, 534 (Treuhandtätigkeit eines RA für Bauherren); BFH IV R 102/90 BStBl II 92, 413 (Produktwerbung eines Schauspielers); BFH IV R 15/90 BStBl II 91, 889 (handwerkl und künstl Tätigkeit eines Holzschnitzers); BFH IV R 99/93 BStBl II 94, 650 (typische freiberufl Leistungen eines StBeraters iRd Treuhandschaft für Bauherrengemeinschaft); BFH VIII R 116/10 BFH/NV 11, 1135: StBeratung und Verpachtung von Mandantenstamm/BetrAufsp; BFH IV R 11/97 BStBl II 98, 603 (Augenarzt und Kontaktlinsenverkauf); BFH IV B 35/98 BFH/NV 99, 1328 (Freiberufler und Software-Entwickler); BFH IV R 48/01 BStBl II 04, 363 (Praxis und Klinik). – **(2) Einheitl gewerbl:** BFH IV R 15/73 BStBl II 79, 236 (Selbstverlag); BFH VIII R 149/76 BStBl II 81, 746 (Technikerschule und Rehabilitationszentrum); FG Nds EFG 92, 681 (Veräußerung schlüsselfertiger Häuser durch Architekt); BFH IV R 223/85 BFH/NV 88, 737 (Lizenzvergabe für eigene Erfindungen durch Gewerbetreibenden); BFH IV R 60/95 BStBl II 97, 567 (Ingenieurbüro und Hardware-Verkauf). – **(3) Einheitl gewerbl *oder* freiberufl:** BFH XI R 85/93 BStBl II 95, 732 (Praxis für Laboratoriumsmedizin). – **(4) Einheitl freiberufl:** BFH IV R 80/88 BStBl II 90, 17 (Geldgeschäfte als Hilfsgeschäfte).

V. Abgrenzung gegenüber Land- und Forstwirtschaft iSv § 13

1. Negatives Tatbestandsmerkmal. Eine selbständige nachhaltige und von Gewinnabsicht getragene Teilnahme am allg wirtschaftl Verkehr ist kein GewBetr, wenn LuF iSv § 13 vorliegt (§ 15 II 1). LuF ist die planmäßige Nutzung der Naturkräfte des Bodens und die Verwertung der dadurch gewonnenen Erzeugnisse (zB BFH IV R 45/02 BStBl II 04, 512).

LuF sind insb Betriebe, die – **(1)** Pflanzen mit Hilfe der Naturkräfte gewinnen (wie zB Land-/Forstwirtschaft, Wein-, Garten-, Obst-, Gemüsebau, Baumschulen, § 13 I Nr 1 S 1), – **(2)** Tiere züchten oder/und Tiere halten, sofern der Tierbestand den in § 13 I Nr 1 S 2 angegebenen Umfang nicht übersteigt, – **(3)** Binnenfischerei, Fischzucht, Wanderschäferei oder Imkerei betreiben (§ 13 I Nr 2). – **(4)** Zur LuF gehört auch ein GewBetr, der einem luf Hauptbetrieb dient (luf Nebenbetriebe, § 13 II Nr 1; § 15 I 1 Nr 1), uU auch Dienstleitungen. Schafft ein Landwirt WG an, die er im eigenen Betrieb nicht benötigt, und erbringt er damit Dienstleistungen für Dritte, wird er von Anfang an gewerbl tätig, auch wenn er die WG gelegentl in der eigenen Landwirtschaft einsetzt (BFH IV R 10/05 BStBl II 07, 516).

Zu **Einzelheiten** der Abgrenzung von gewerbl und luf Betrieben (zB Tierzucht und Tierhaltung, Absatz-, Be und Verarbeitungsbetriebe, Abbau von Bodenschätzen, Vermietung und Dienstleistungen, Pensionsreitpferde, Gärtnereien) s **§ 13**.

107 **2. Gemischte Tätigkeiten bei Land- und Forstwirtschaft.** S insb zur Abgrenzung ggü GewBetr sowie zu luf Nebenbetrieben § 13 Rz 61 ff; zur Abfärbung bei PersGes s Rz 185 ff; zu KapGes s § 8 II KStG. Zu Grundstücksveräußerung als luf Hilfsgeschäft oder GewBetr s Rz 59.

108 **3. Strukturwandel.** Der Wandel vom luf Betrieb zu einem Gewerbe ist eine Betriebsaufgabe (Rz 132; § 16 Rz 154; EStR 15.5 II).

VI. Sachliche und zeitliche Abgrenzung des Gewerbebetriebs; Einkunftszurechnung

125 **1. Mehrere Gewerbebetriebe.** Eine **natürl Person** (zu PersGes s § 15 III Nr 1; Rz 185, 194) kann mehrere GewBetr betreiben (vgl BFH X R 130/87 BStBl II 89, 901); ebenso Ehegatten (FG Köln EFG 02, 39). Ob bei mehreren gewerbl Tätigkeiten jeweils selbständige Betriebe, mehrere Teilbetriebe (BFH X R 15/18 BStBl II 21, 157; § 16 Rz 118: „gewisse Selbständigkeit" iRd Gesamtbetriebs) oder nur unselbständige Betriebsteile eines einheitl GewBetr vorliegen, ist estrechtl – anders als iRv § 16 I Nr 1 oben gewerbstl (s GewStR 2.4) für die **lfd Gewinnermittlung** idR zu vernachlässigen, weil Gewinne und Verluste einer natürl Person auch bei mehreren selbständigen GewBetr miteinander verrechnet/ausgeglichen werden und ein WG-Transfer gem § 6 V 1 nicht zur Aufdeckung stiller Reserven führt. **Kennzeichen** selbständiger Betriebe ist – im Gegensatz zu Teilbetrieben (s oben) – ihre „vollkommene Eigenständigkeit" (BFH X R 15/18 BStBl II 21, 157). Ein **einheitl Betrieb** ist demnach bei **gleichartigen Betätigungen** idR indiziert, es sei denn, sie weisen *keine* Merkmale des Zusammenhangs wirtschaftl, organisatorischen oder finanziellen Art auf (räuml Trennung, eigene/s Buchführung/Personal/AV, selbständige Organisation/Verwaltung); zB Einzelhandelsfilialen (BFH X R 130/87 BStBl II 89, 901); Tankstellen (FG D'dorf EFG 20, 1258 rkr; **aA** BFH VIII R 294/84 BFH/NV 90, 261). Umgekehrt sind bei **ungleichartigen Tätigkeiten** die Anforderungen an die Zusammenhangsmerkmale (Betriebseinheit) entspr dem Grad der Verschiedenheit *kontinuierlich* zu erhöhen; iRd Einzelfallbeurteilung ist insb ein ggf *ergänzende Charakter* der Tätigkeiten zu würdigen (BFH X R 15/18 BStBl II 21, 157: Imbiss/Eisdiele; BFH X B 130/15 BFH/NV 16, 915: Handel/Photovoltaikanlage; BFH X R 38/11 BFH/NV 13, 1125: Fleischerei/Heilpflanzenhandel).

126 **2. Umfang des Gewerbebetriebs. – a) Grundsätze.** Liegt ein GewBetr vor, schließt dies nicht aus, dass der Unternehmer (natürl Person; zu PersGes s § 15 III Nr 1; Rz 185; zu KapGes s § 8 II KStG; Rz 24) daneben privat tätig ist (zB Wertpapiergeschäfte). Branchen-/berufstypische Geschäfte sind indes idR dem GewBetr zuzurechnen (BFH X R 51/03 BFH/NV 05, 1532). Zu **Einzelfällen** s ausführl § 4 Rz 35 ff, 40 ff; zu Grundstücksgeschäften „Branchenkundiger" s auch Rz 53, 62, 70.

128 **b) Gemischte Tätigkeit.** S dazu Rz 97, 107.

129 **3. Beginn des Gewerbebetriebs. – a) Allgemeines.** Der estrechtl Beginn eines GewBetr (zu PersGes s Rz 195) ist maßgebl dafür, welche Aufwendungen und Erträge bereits zu positiven oder negativen Einkünften aus GewBetr führen und welcher Zeitpunkt für den TW-Ansatz der dem Betrieb dienenden WG (bei Anschaffung vor mehr als drei Jahren) nach § 6 I Nr 6, 5 bestimmst ist. Ungeachtet der unterschiedl Phasen einer Betriebseröffnung (s BFH IV R 30/00 BStBl II 04, 182), beginnt bei **endgültiger** Entscheidung zur Betriebseröffnung (BFH IV R 28/05 BStBl II 07, 704 mN) estrechtl der GewBetr (einer natürl Person) bereits mit den ersten **vorbereitenden Maßnahmen,** die mit der Betriebseröffnung in unmittelbarem Zusammenhang stehen (BFH X R 10/16 BStBl II 18, 630). Die hierdurch veranlassten Aufwendungen (Beratungskosten usw) sind BA und führen ggf zu gewerbl Verlusten (BFH III R 96/98 BStBl II 92, 819: Besichtigungskosten). Unerhebl ist, ob die Betriebsgründung zB wegen betrügerischer Schädigung scheitert (BFH X R 10/16 BStBl II 18, 630; Rz 131, 195). **Keine** Betriebseröffnung ist jedoch die **geänderte** rechtl **Würdigung** einer tatsächl bereits früher begonnenen gewerbl Tätigkeit (FG Mchn EFG 87, 450).

b) Gewerbesteuer. Ein GewBetr (s Rz 8 f) liegt gwstrechtl erst mit Beginn **130** der **werbenden** Tätigkeit vor (GewStR 2.5; BFH IV R 8/97 BStBl II 98, 478: auch bei BetrAufsp; BFH IV R 23/97 BStBl II 98, 745: Leasingunternehmen). Zu gewerbl geprägten PersGes s Rz 232; BFH IV R 49/15 DStR 17, 1428: eigenständige Vermögensverwaltung *vor* originärer gewerbl Tätigkeit. Vorweg entstandene BA sind danach nicht zu berücksichtigen (krit *Roser* Ubg 15, 582); zu AfA s aber BFH IV R 52/09 BStBl II 11, 929. Offen ist, ob der Beginn der werbenden Tätigkeit auch für den TW-Ansatz nach § 6 I Nr 6 EStG (§ 7 GewStG) bestimmend sein soll (mE folgerichtig) und somit est-/gwstrechtl evtl unterschiedl Teilwerte maßgebl sind (*Glanegger* FR 90, 469).

c) Gewerblicher Grundstückshandel (Rz 47 ff). Er beginnt (s *BMF* BStBl I **131** 04, 434 Rz 31) mit Tätigkeiten des StPfl, die obj erkennbar auf die Vorbereitung der gewerbl Grundstücksgeschäfte gerichtet sind (BFH III R 27/98 BStBl II 02, 537). Das ist zB der Fall − *(1)* mit dem Erwerb von Grundstücken in zumindest bedingter Veräußerungsabsicht (BFH IV R 8/74/08 BFH/NV 09, 919), − *(2)* sofern nur ein zeitl Zusammenhang zw Bebauung und Veräußerung besteht, spätestens mit dem Bauantrag (*BMF* BStBl I 04, 434 Rz 31), − *(3)* mit der Werbung von Käufern für künftige Eigentumswohnungen, auch wenn noch kein Antrag auf Baugenehmigung gestellt ist, − *(4)* mit der Erstellung eines Bauplans (BFH VIII R 65/89 BStBl II 91, 789) oder eines Verwertungskonzepts, − *(5)* mit dem Antrag auf Vorbescheid/Baugenehmigung jedenfalls iVm Maklerauftrag (**aA** BFH IX R 10/11 BFH/NV 13, 715 für nicht realisierbare Vorhaben), − *(6)* mit dem Abschluss eines Baubetreuungsvertrags (BFH I R 29/79 BStBl II 83, 451), − *(7)* bei Veräußerung unbebauter Grundstücke mit dem Auftrag an einen Architekten, einen Bebauungsplan zu entwerfen, mit dem ersten von mehreren Verkäufen (BFH X R 139/90 BFH/NV 93, 474), − *(8)* bei Veräußerung ursprüngl zur Vermietung bestimmter Wohnungen spätestens mit der Aufgabe der Vermietungsabsicht, sofern hier überhaupt GewBetr vorliegt (vern BFH VIII R 46/84 BStBl II 88, 65; bej BFH X R 107−108/89 BStBl II 90, 1060). − *(9)* Mit typischen Vorbereitungshandlungen wie zB dem Auftrag an einen Architekten, einen Vorentwurf zu erstellen, beginnt der GewBetr auch dann, wenn der StPfl noch nicht Eigentümer des zu bebauenden Grundstücks ist, sofern mit der Realisierung des Vorhabens ernstl zu rechnen ist; nicht erforderl ist, dass das Vorhaben tatsächl durchgeführt wird (BFH VIII R 34/91 BFH/NV 92, 797); s auch Rz 129, 195. − *(10)* Zum Beginn des Gew-Betr bei Erwerb von Althausbesitz zwecks Sanierung, Vermietung und evtl Weiterveräußerung s BFH VIII R 149/78 BStBl II 81, 522; FG Mster EFG 11, 454. − *(11)* Zum Verfahren Rz 68, 36.

d) Strukturwandel. Zum Beginn des GewBetr beim Strukturwandel von LuF **132** zu GewBetr s EStR 15.5 II sowie von freiberufl Tätigkeit zu GewBetr s BFH III R 15/87 BFH/NV 90, 58 (evtl TW-Ansatz nur für GewSt; BFH I R 49/94 BFH/NV 96, 130).

133 **4. Ende des Gewerbebetriebs. – a) Grundsätze.** Der estrechtl Begriff des GewBetr umfasst – anders als der gewstrechtl (vgl Rz 9; § 16 Rz 17; GewStR 2.6) – auch die auf **Abwicklung** des Unternehmens gerichtete Tätigkeit, zB nach **Insolvenzeröffnung** (BFH IV R 36/02 BStBl II 03, 871 Rz 36f; zum Insolvenzschuldner s Rz 141, 148). Der GewBetr endet daher nicht schon mit der Einstellung der werbenden Tätigkeit (zB Schließung eines Ladenlokals), sondern erst mit der **letzten Abwicklungshandlung,** es sei denn, dass bereits die Betriebseinstellung als Betriebsaufgabe iSv § 16 zu werten ist oder dass der Betrieb im Ganzen veräußert wurde. Eine nur vorübergehende Betriebseinstellung hingegen beendet den GewBetr nicht (**Betriebsunterbrechung,** § 16 Rz 160). Zu Veräußerungsgewinnen beim **gewerbl Grundstückshandel** s Rz 78; § 16 Rz 327. Zu **BetrAufsp** und **Betriebsverpachtung** (Wegfall der tatbestandl Voraussetzungen) s Rz 865; § 16 Rz 187 ff.

134 **b) Nachträgliche Einkünfte.** Gem § 24 Nr 2 können auch nach Ende eines GewBetr noch positive oder negative gewerbl Einkünfte anfallen. Zu Vorgängen nach Betriebsveräußerung/Betriebsaufgabe (zB Zahlung von Schuldzinsen) s § 16 Rz 335 ff, 348 ff.

135 **5. Einkunftszurechnung.** Einkünfte sind derjenigen natürl Person zuzurechnen, die sie erzielt (§ 2 I), dh die den Tatbestand der einzelnen Einkunftsart verwirklicht. IRv § 15 I 1 Nr 1 (Einkünfte aus gewerbl Unternehmen = GewBetr) ist dies der Unternehmer als Träger des Unternehmens (BFH III R 25/02 BStBl II 04, 787). Zu Provisionseinkünften einer Einmann-GmbH s FG Nds EFG 16, 479.

136 **a) Unternehmerbegriff (einkommensteuerrechtlich).** Diesen erfüllt, wer Unternehmerinitiative entfalten kann und Unternehmerrisiko trägt (BFH GrS 3/92 BStBl II 93, 616 Rz 61), dh diejenige Person, nach deren **Willen** und auf deren **Rechnung** und **Gefahr** das Unternehmen in der Weise geführt wird, dass sich der **Erfolg** oder **Misserfolg** in **ihrem Vermögen unmittelbar** (nicht nur, wie zB beim Aktionär mittelbar) **niederschlägt** (BFH X R 21–22/17 BFH/NV 20, 177). Unternehmer ist hiernach – wenn auch nicht immer (s zB Rz 137, 143, 146) – der rechtl und wirtschaftl Eigentümer (§ 39 AO) der dem Betrieb dienenden WG (BFH XI R 35/97 BStBl II 98, 542).

137 **b) Einzelfragen. – aa) Offene Stellvertretung.** Unternehmer ist der **Vertretene,** wenn das Unternehmen auf seine Rechnung betrieben wird (BFH X R 10/16 BStBl II 18, 630); dies gilt auch, wenn Eltern als gesetzl Vertreter ein Unternehmen im Namen ihrer minderjährigen Kinder führen (zB BFH VIII R 193/83 BStBl II 89, 414). Hingegen ist der **Vertreter** Unternehmer, wenn er in fremdem Namen, aber für eigene Rechnung handelt (BFH VIII R 349/83 BStBl II 92, 330); dies kann auch zutreffen, wenn Eltern als gesetzl Vertreter die Gewinne der Kinder zu deren Unterhalt verwenden und sich hierdurch entlasten (BFH VIII R 193/83 BStBl II 89, 414).

138 **bb) Diskrepanz von Außen- und Innenverhältnis.** In einem solchen Fall (zB nachweisl **Treuhand**) ist grds das **Innenverhältnis** maßgebl, dh nur der **Treugeber** ist Unternehmer (BFH X R 10/16 BStBl II 18, 630 Rz 52), vorausgesetzt, dass der Treuhänder hinreichend weisungsunterworfen ist und ausschließl für Rechnung/auf Gefahr des Treugebers handelt (BFH IV R 10/18 BFH/NV 20, 1055; s auch Rz 84; Rz 295 ff zu PersGes). An den **Nachweis** der Treuhand, der dem (StPfl oder FA) obliegt, der daraus Rechte ableiten will (vgl § 159 AO), sind hohe Anforderungen zu stellen (BFH X B 99/89 BFH/NV 91, 163; FG Mchn EFG 10, 236). Entscheidend ist aber nicht die Vereinbarung (verdeckte Stellvertretung; Treuhand; Innen-/Außenverhältnis; Strohmann), sondern wer den Erzielungstatbestand nach dem **Gesamtbild** *tatsächl verwirklicht* hat (BFH X B 106/09 BFH/NV 10, 601; *Fischer* FR 05, 256); zur USt BFH V B 152/03 BFH/NV 04, 833. Zur **verschleierten Marktteilnahme** durch treuwidrige Eigengeschäfte eines Bank-ArbN unter dem Namen der Bank s BFH X R 163–164/87 BStBl II 91, 802; ähnl FG Ddorf EFG 19, 437, Rev X R 3/19 bei Dispositionsbefugnis im Innenverhältnis.

cc) Betriebsübertragung an Angehörige. Zur unentgeltl (teilentgeltl) Übertragung eines Einzelunternehmens zw Angehörigen s § 16 Rz 10 ff, 37 ff; zur Übertragung auf minderjährige Kinder unter Vorbehalt lebenslängl elterl Verwaltungs- und Verfügungsbefugnis s BFH VIII R 193/83 BStBl II 89, 414 (mE unzutr, s *Schmidt* FR 89, 142; offen in BFH IV R 125/92 BStBl II 96, 5). Beachte: insb bei unentgeltl Übertragungen **behält der bisherige Betriebsinhaber** (zB Ehemann) anstelle des neuen (formalen) Unternehmensträgers (zB Ehefrau, Kinder) weiterhin die (alleinige) Unternehmerstellung, wenn – *(1)* er **wirtschaftl Eigentümer bleibt** (**bej** für KG-Anteil bei widerrufl Schenkung BFH VIII R 196/84 BStBl II 89, 877; wegen Scheidungsklausel iVm besonderen Umständen BFH VIII R 81/85 BStBl II 94, 645; **vern** bei Betriebsübertragung auf minderjährige Kinder BFH VIII R 193/83 BStBl II 89, 414; bei schenkweiser atypischer Unterbeteiligung minderjähriger Kinder mit Rückfallklausel BFH IV R 114/91 BStBl II 94, 635; bei unwiderrufl Vollmacht zur Ausübung von Ges'terrechten in vermögensverwaltender GbR BFH IV R 125/92 BStBl II 96, 5) oder – *(2)* eine **verdeckte Treuhand** vorliegt (BFH IV R 189/84 BFH/NV 88, 734); evtl kann die Vereinbarung auch als verdecktes GesVerhältnis zu werten sein, kraft dessen der Betriebsveräußerer MUer wird (s Rz 280 ff). – *(3)* Zur **Betriebsverpachtung** zB an eine neugegründete Familien-GmbH & Co KG ohne gesellschaftsrechtl Beteiligung des bisherigen Inhabers s Rz 744; zum sog **Wiesbadener Modell** s Rz 846.

dd) Erbe; Vermächtnis. Zur Unternehmerstellung s § 16 Rz 590 ff; Entsprechendes gilt für den Vorerben (§§ 2100 ff BGB). Zur (str) Zurechnung der Einkünfte aus vermächtnisweise zugewendetem GewBetr s § 16 Rz 42.

ee) Fremdverwaltung. Führt der **Insolvenzverwalter** den GewBetr des Gemeinschuldners fort (Rz 133), bleibt (nur) dieser Unternehmer (Rz 148). Gleiches gilt für den **Testamentsvollstrecker** (zu Dauervollstreckung/Vollmachtlösung s *Grüneberg* § 2205 BGB Rz 7 ff; BFH IV R 76/05 BStBl II 08, 858: treuhandähnl) als Vertreter des Erben (= Unternehmer); ebenso bei sog Treuhandlösung (BFH IV R 36/73 BStBl II 78, 499: OHG-Anteil; BFH VIII R 18/93 BStBl II 95, 714: Treuhänder-K'tist; Rz 301). Zur BetrAufsp s Rz 841. Zum Verfahren (StBescheid) s BFH X B 328/94 BStBl II 96, 322.

ff) Missbrauch, § 42 AO. Dies kann nach der Rspr zu bejahen sein bei Schenkung an Verwandte und Freunde (BFH X B 146/04 BFH/NV 05, 1559: „Beherrschung des Geschehens"), bei sonstiger Einschaltung eines („funktionslosen") Familienangehörigen (BFH X R 39/03 BStBl II 05, 817; BFH X R 21–22/17 BFH/NV 20, 177; *Fischer* FR 05, 949: mittelbare Tatbestandsverwirklichung/Tatherrschaft; abl BFH III R 25/02 BStBl II 04, 787: nur § 42 AO) oder ggf bei Einschaltung einer GmbH (BFH III R 25/02 BStBl II 04, 787). Ein Überlassungsvertrag zugunsten einer (fremden) GmbH reicht nicht (FG Mster EFG 03, 934). S auch Rz 65, 76; *Vogelgesang* FS Korn 2005, 187, 217 zur Vermeidung der Gewerblichkeit.

gg) Nutzungsberechtigter. Unternehmer kann auch der **Pächter** eines GewBetr sein (vgl § 22 II HGB) oder derjenige sein, dem der Betrieb von einem Angehörigen **unentgeltl** zur Eigennutzung überlassen ist (sog Wirtschaftsüberlassung; s BFH VI R 59/15 BStBl II 18, 241; § 13 Rz 141; § 16 Rz 175). Zur unentgeltl betriebl Nutzung einzelner WG eines Angehörigen, insb zur Nutzungseinlage und zum sog Drittaufwand, s § 4 Rz 500 f. Beim **Nießbrauch** ist zw Unternehmensnießbrauch und (evtl nur quotalem) Ertragsnießbrauch zu unterscheiden (*Hübner ua* DStR 17, 2353). – *(1)* **Unternehmensnießbrauch.** Nur derjenige, der auf

Grund des Nießbrauch im eigenen Namen Unternehmerinitiative entfaltet und Unternehmerrisiko trägt, ist Unternehmer (vgl zB BFH IV R 7/94 BStBl II 96, 440). Der Unternehmensnießbrauch ist eine „verdinglichte" Form der Unternehmenspacht und grds wie diese (s § 5 Rz 701; § 16 Rz 175) zu beurteilen; zu § 6 III s aber dort Rz 700. Der Nießbraucher wird idR Eigentümer des UV (§ 1067 BGB), der Besteller bleibt Eigentümer des AV. Zum Nießbrauch an MUeranteilen s Rz 305 ff. – **(2) Ertragsnießbrauch.** Wem nur der (positive) Ertrag eines von einem anderen betriebenen Unternehmens (ganz oder teilweise) gebührt, ist nicht Unternehmer und damit nicht Zurechnungssubjekt *gewerbl* Einkünfte (BFH VIII R 349/83 BStBl II 92, 330/3). Zum MUerAnteil s Rz 308, 314.

146   **hh) Betriebsüberlassungsverträge/Betriebsführungsverträge.** S § 16 Rz 167.

148   **d) Keine Relevanz.** Der Zurechnung gewerbl Einkünfte steht **nicht entgegen,** dass – *(1)* der Unternehmer persönl nicht die erforderl **behördl Genehmigung** für die Ausübung der Tätigkeit besitzt, zB nach § 2 GastG, – *(2)* das Unternehmen nicht auf den Namen des Unternehmers, sondern zB der Ehefrau nach § 14 GewO **angemeldet** (BFH IV 112/59 DB 62, 789) oder in das **HReg** eingetragen ist (BFH VIII R 349/83 BStBl II 92, 330), – *(3)* über das Vermögen des Unternehmers das **Insolvenzverfahren** eröffnet ist (Rz 133, 141), – *(4)* ein **entgeltl Betriebsübertragungsvertrag** (Kaufvertrag, Übereignung) – oder ein Unternehmenspachtvertrag zw Fremden, auf Grund dessen ein Unternehmen betrieben wird, **zivilrechtl unwirksam** ist (BFH IV R 80/67 BStBl II 68, 93; zur Rückabwicklung s § 16 Rz 145), – *(5)* der Unternehmer im **Güterstand der Zugewinngemeinschaft** lebt und demgemäß der andere Ehegatte mittelbar über den Zugewinnausgleichsanspruch am Unternehmen teil hat (anders bei Gütergemeinschaft s Rz 376); – *(6)* der Unternehmer in **nichtehel Lebensgemeinschaft/Lebenspartnerschaft** lebt (s auch Rz 381 f).

150   **6. ABC der Gewerbebetriebe** (s EStH 15.6; zur Abgrenzung ggü § 18 s Rz 95 ff, § 18 Rz 155).

     Aktionsleiter einer Bausparkasse s BFH I R 114/85 BStBl II 89, 965.

     Apotheker s BFH IV B 48/97 BFH/NV 98, 706; *OFD Rostock* BB 95, 1886.

     Apotheken-Inventurbüro bzw *Rezeptabrechner* s BFH IV 283/63 U BStBl III 65, 556; BFH IV R 153/73 BStBl II 74, 515.

     Artist, sofern nicht ArbN (BFH IV 77/53 S BStBl III 55, 100).

     Artistenvermittler s BFH I 157/63 U BStBl III 66, 36.

     Astrologe s FG Ddorf EFG 67, 522; ebenso astrologische Telefonberatung (FG Ddorf DStRE 05, 824).

     Bastler (FG Nds EFG 97, 802, für Schiffsmodelle; aA FG Bbg EFG 97, 675 bei Verkauf von 6 Fahrzeugen in 6 Jahren und gelegentl Zubehörverkauf).

     Baubetreuer s BFH X R 255/93 BStBl II 96, 303; ebenso Bauträger/Generalunternehmer; vgl auch § 34c GewO.

     Berufs(karten)spiel ist gewerbl, wenn es nicht als reines Glücks-, sondern als Geschicklichkeitsspiel ausgeübt wird (BFH XI R 48/91 BFH/NV 94, 622: Croupier; BFH X R 43/12 BStBl II 16, 48; BFH X R 34/16 BFH/NV 19, 686: Turnierpoker; BFH III R 67/18 BFH/NV 21, 1070: Cash Games; FG Mster EFG 21, 1208, Rev X R 8/21: „Texas Hold'em"; zu str Einzelheiten s *OFD NRW* DB 17, 339; *Ebner* NWB 16, 1584). Zur USt einschr BFH XI R 37/14 BStBl II 19, 336.

     Berufssportler, sofern nicht ArbN (zB BFH I R 159/76 BStBl II 79, 182). Zu Werbeleistungen s BFH VIII R 104/85 BStBl II 86, 424; *BMF* DStR 95, 1508. Zum **Sportamateur** s zB BFH VI R 59/91 BStBl II 93, 303; *OFD Ffm* DStR 96, 1567 (Werbeeinsätze). Zu **Art 17 OECD-MA** s BFH I R 98/15 DStR 18, 449.

Bezirksschornsteinfegermeister s BFH XI R 53/95 BStBl II 97, 295.
Bezirksstellenleiter für Lotto/Toto s BFH IV R 77/67 BStBl II 68, 718.
Bitcoin s „Kryptowährung".
Blockheizwerk bei sog „Verwaltungsmodell" gewerbl, selbst bei Betrug; s Rz 46, 129.
Bordell s BFH IV 79/60 U BStBl III 61, 518; Rz 45.
Briefmarkensammeln, wenn übl Sammleraktivitäten überschritten (BFH X R 23/82 BStBl II 87, 744 zur USt:Verhalten wie Händler).
Buchführungshilfe, sofern selbständig (BFH IV R 10/00 BStBl II 02, 338).
Buchmacher s BFH IV R 49/78 BStBl II 82, 650.
Bürgschaftsübernahme in einer Vielzahl von Fällen, wenn nicht SonderBE (BFH III R 22/06 BFH/NV 09, 1087: offen; Rz 524).
Campingplatz s BFH IV R 215/80 BStBl II 83, 426 mwN; Rz 82.
Datenschutzbeauftragter s § 18 Rz 155, 107, 111, 125, 50.
Daytrader (Wertpapierhändler) s BFH XI R 80/97 BStBl II 99, 448; zur Abgrenzung FG BBg EFG 08, 128; zu § 15 IV 3 s Rz 902.
Detektiv s RFH RStBl 42, 989.
Dispacheur s BFH IV R 109/90 BStBl II 93, 235; BVerfG 2 BvR 460/93 FR 01, 367.
Ebay-Verkauf auch von Sammlungen s Rz 17, 30, 46, 89.
Ehevermittler s BFH I 242/65 BStBl II 69, 145.
Erbensucher s BFH I 349/61 U BStBl III 65, 263.
Exportberater vgl *Grube* StuW 81, 34/43.
Factoring, wenn es (wie beim unechten Factoring) über die reine Forderungseinziehung hinausgeht (diff *Meyer-Scharenberg* DStR 06, 1437/42).
Fahrzeugsammler nur bei händlertypischem Verhalten (BFH V R 21/08 BFH/NV 10, 473 zur USt).
Filmhersteller, sofern nicht insgesamt künstlerisch; s BFH VIII R 32/75 BStBl II 81, 170; FG Hess EFG 84, 296, rkr (Pornofilme).
Filmschauspieler s Werbung.
Finanz- und Kreditberater s BFH I R 300/83 BStBl II 88, 666.
Fitness-Studio, sofern nicht Sportunterricht, sondern Einweisung in Gerätebenutzung prägend (BFH IV R 35/95 BStBl II 96, 573 mwN).
Flugzeugvermietung; Flugzeugleasing s Rz 86.
Fotomodell, sofern selbständig, s FG Hbg EFG 92, 332.
Fremdenführer, sofern selbständig, s BFH I R 85/83 BStBl II 86, 851 (s aber FG RhPf EFG 91, 321 zu Museumsführer).
Friedhofsgärtner s BFH VIII R 15/73 BStBl II 76, 492.
Handelsvertreter (§ 84 I HGB) BFH XI R 91/94 BFH/NV 96, 135.
Hausgewerbetreibende iSv § 2 II HAG (vgl § 11 III GewStG; BFH III R 223/83 BStBl II 87, 719), nicht hingegen Heimarbeiter (BFH IV 186/65 BStBl II 72, 385 mwN; EStR 15.1 II).
Hausverwalter (vgl § 18 I Nr 3) bei ständiger Beschäftigung von Mitarbeitern (Vervielfältigungstheorie; zB BFH IV R 5/98 BFH/NV 99, 1456).
Havariesachverständiger s BFH I 347/60 U BStBl III 65, 593.
Heilmittelverkauf durch Heilpraktiker (BFH IV 9/58 BeckRS 1961, 21008571), durch Arzt (BFH V R 95/76 BStBl II 77, 879), durch Tierarzt (BFH IV R 113/76 BStBl II 79, 574).

Heizwerk s „Blockheizwerk".
Hellseher s BFH VIII R 137/75 BStBl II 76, 464.
Influencer idR gewerbl (*Schmidt ua* DStR 21, 765).
Inkassobüro s BFH I B 240/93 BFH/NV 95, 501; FG Hbg EFG 12, 1771.
Insolvenzverwaltung, auch zB durch StBerater, sofern Rahmen sonstiger selbständiger Tätigkeit (§ 18 I Nr 3) überschritten (BFH IV R 126/91 BStBl II 94, 936: Vervielfältigungstheorie; FG RhPf EFG 07, 1523).
Internat s „Schule".
Internethandel s „Ebay-Verkauf".
Kinderheim, sofern erzieherische Tätigkeit nicht das Gepräge gibt (BFH I R 107/73 BStBl II 75, 610; BFH III R 198/81 BFH/NV 86, 358).
Klavierstimmer, wenn selbständig, BFH IV R 145/88 BStBl II 90, 643.
Klinik, wenn der Unternehmer kein Arzt ist oder aus der Beherbergung und Verpflegung der Patienten ein besonderer Gewinn erstrebt wird, s BFH I R 34/66 BStBl III 67, 90; BFH IV R 48/01 BStBl II 04, 363.
Kryptowährung ist WG (FG BaWü DStR 22, 143, Rev IX R 27/21 zu § 23 I 1 Nr 2). Mining und Verkauf ist jedenfalls bei hohem Rechnereinsatz zur Lösung der kryptographischen Aufgaben und Schaffung der devisenähnl Rechnungseinheit (§ 1 XI 1 Nr 7 KWG) gewerbl (*OFD NRW* DB 18, 1185; s iEinz *LfSt Nds* 29.8.18, juris; *Farruggia-Weber ua* DStR 22, 8; *Richter ua* FR 17, 937; *Hötzel ua* NWB 18, 392). Zu Kryptotoken s *Albrecht ua* FR 19, 393. Zur USt s *BMF* BStBl I 18, 316; BMF BStBl I 21, 713 unter III.
Künstleragent s BFH VIII R 162/70 BStBl II 72, 624; BFH IV B 2/90 BFH/NV 92, 372.
Künstlermanager s BFH IV B 2/90 BFH/NV 92, 372.
Kursmakler s BFH IV B 102/03 DStRE 05, 1382.
Landschaftsgärtner, sofern nicht LuF.
Leasing iVm Sonderleistungen s FG Hbg 12, 1771.
Lebensversicherungskauf s Rz 92.
Lotto-/Toto-Annahmestelle s FG Köln EFG 93, 594.
Makler s BFH IV R 173/74 BStBl II 76, 643.
Mannequin, sofern nicht ArbN, s BFH IV 244/65 BStBl II 69, 71.
Mitgliederwerber für Bücherclubs uä (*Felix* DStR 93, 1550).
Münzsammler, wenn dieser sich wie ein Händler verhält (BFH X R 48/82 BStBl II 87, 752 zur USt).
Musiker; Musikkapellen, sofern selbständig (s *BMF* BStBl I 90, 638; DStR 96, 1407) und nicht künstlerisch, s BFH IV R 64/79 BStBl II 83, 7; krit *Kempermann* FR 92, 250, 253.
Öffentlichkeitsarbeit s „Public-Relation-Berater".
Outplacement-Berater (*OFD Ffm* StEK EStG § 15 Nr 362).
Personalvermittlung; Personalberatung s BFH IV R 12/02 BFH/NV 04, 168.
Pharmaberater s FG Ddorf EFG 96, 989.
Photovoltaik/Stromerzeugung/Stromeinspeisung idR gewerbl (BFH XI R 21/10 BStBl II 12, 434). Zur Einkunftserzielung und Einzelheiten der Gewinnermittlung s Rz 34; *BMF* BStBl I 21, 722; *Gragert* NWB 21, 3312; *Schumann* EStB 21, 519; FG Sachs EFG 12, 1304 (InvZul); *LfSt Nds* 12.7.18, juris (§ 7g); BFH IV R 6/17 DStR 20, 1437; *FM MeVo* NWB 17, 995 (§ 180 I 1 Nr 2a AO).

Sachliche/zeitliche Abgrenzung; Einkunftszurechnung   150 § 15

Pilot s BFH IV R 94/99 BStBl II 02, 565.
Poker s „Berufskartenspiel".
Projektierer, sofern nicht Ingenieur, s BFH I R 66/78 BStBl II 81, 121.
Projektmanager s FG Nds EFG 01, 1146, rkr; zum Produktmanager und klinischen Monitor s FG Mchn EFG 2005, 382.
Prostitution s Rz 45, 85.
Public-Relation-Berater s BFH IV R 16/98 BFH/NV 99, 602.
Rauschgifthändler s BFH IV R 31/99 BFH/NV 00, 1161.
Reiterhof, sofern nicht LuF oder Liebhaberei, s zB BFH VIII R 91/83 BStBl II 89, 416.
Rentenhändler, soweit nicht ArbN (BFH X R 39/88 BStBl II 91, 631).
Rezeptabrechner s „Apotheken-Inventurbüro".
Risikolebensversicherungen, Erwerb gebrauchter Risiko-LV s Rz 92.
Rundfunkermittler, wenn selbständig, s BFH X R 83/96 BStBl II 99, 534; BVerfG FR 01, 367.
Sachverständiger für Blitzschutz (FG SachAnh EFG 07, 1448, rkr).
Sanatorium s „Klinik".
Schadensregulierer (selbständig) s BFH I 21/61 U BStBl III 61, 505.
Schätzer für Kunstwerke s BFH VIII 23/65 BStBl II 71, 749.
Schauspieler s „Werbung".
Schiedsrichter. Sportschiedsrichter idR gewerbl (BFH I R 98/15 DStR 18, 449; *Martini* HFR 18, 305; *ders.*, FS D. Maier, 2020, 467); zu „Werbung" s dort.
Schiffssachverständiger als Schadensgutachter s BFH XI R 82/94 BStBl II 96, 518.
Schlossbesichtigung s BFH VIII R 95/77 BStBl II 80, 633.
Schule, wenn der Unternehmer keine eigenverantwortl Unterrichtstätigkeit ausübt (BFH IV R 191/74 BStBl II 79, 246 mwN) oder mit der Schule ein Internat verbunden ist und aus der Beherbergung (Beköstigung) der Schüler ein Gewinn erstrebt wird (BFH VI 301/62 U BStBl III 64, 630). Zum Verkauf von Getränken uä in einer Tanzschule s Rz 26.
Schwimmbadbetrieb durch GrundstücksGes (BFH I R 56/07 BFH/NV 08, 1359).
Sicherheitsbeauftragter s BFH IV B 106/03 BFH/NV 05, 1544.
Spielerberater; Spielervermittler s BFH IV R 59/97 BStBl II 99, 167: Verhandlungs- und Vermittlungstätigkeit im Vordergrund.
Stromableser (FG Bbg EFG 04, 34).
Stundenbuchhalter übt keine verwaltende Tätigkeit aus (BFH IV R 10/00 BStBl II 02, 338).
Telefonsex s BFH X R 142/95 BStBl II 00, 610.
Trabrennstall s BFH IV R 82/89 BStBl II 91, 333.
Treuhand bei Bauherrenmodellen s StBerater; Treuhandtätigkeit im Bereich von Immobilienfonds (BFH XI R 9/06 BStBl II 07, 266).
Übersetzungsbüroinhaber, jedenfalls bei fehlender eigener Kenntnis aller einschlägigen Fremdsprachen (vgl BFH IV B 121/95 BFH/NV 97, 25).
Versicherungsberater ist Kaufmann (BFH IV R 19/97 BStBl II 98, 139); zum **Versicherungsvertreter** s EStR 15.1 I; oben Rz 14.
Werbedamen, wenn selbständig (BFH VI R 150–152/82 BStBl II 85, 661).

Werbung zB eines Sportlers für Industrie (BFH X R 14/10 BStBl II 12, 511: Fußball-Nationalspieler; *BMF* DStR 95, 1508) oder eines Schiedsrichters (*OFD Ffm* BeckVerw 260180) ist gewerbl; ebenso die Mitwirkung eines Schauspielers an Werbesendungen, soweit nicht eigenschöpferisch (BFH IV R 1/97 BFH/NV 99, 465); Mitwirken eines Friseurs (BFH XI R 71/97 BFH/NV 99, 460).

Wohnheim, zB für Asylsuchende, Umschüler, Arbeiter (BFH III R 217/82 BFH/NV 87, 441; FG Hess EFG 94, 485).

Zolldeklarant s BFH IV R 117/87 BStBl II 90, 153; ebenso **Zollberater** ohne Zulassung (BFH IV R 33/95 DStRE 98, 476).

C. Spätere Veräußerung von Anteilen an Europäischer Gesellschaft/Genossenschaft, § 15 Ia

155 **1. Grundaussage, § 15 Ia 1.** In den Fällen des § 4 I 5 (keine Entnahme bei Sitzverlegung einer Europäischen Ges/Genossenschaft; Einschränkung des dt Besteuerungsrechts im Hinblick auf Art 14 I FusionsRL 2009/133/EG (= Art 10d I FusionsRL 90/434/EWG); s § 4 Rz 250; BT-Drs 16/3369, 12) ist der Gewinn bei einer **späteren Veräußerung** der Anteile in der gleichen Art und Weise zu besteuern, wie wenn keine Sitzverlegung stattgefunden hätte (zB *Benecke ua* IStR 07, 22); für alle anderen Rechtsformen gilt § 4 I 3, 4. Entgegenstehende Bestimmungen eines DBA (Art 13 V OECD-MA) sind unbeachtl („Treaty Override"; vgl Art 14 II FusionsRL 2009/133/EG (= Art 10d II FusionsRL 90/434/EWG): Besteuerungsrecht der Mitgliedstaaten bei späterer Veräußerung). § 15 Ia soll zur Vermeidung drohender Doppelbesteuerungen unionskonform auf die stillen Reserven bei Sitzverlegung zu beschränken sein (*HHR* § 15 Rz 979 mwN; mE fragl). Zur entspr Geltung vgl §§ 13 VII, 18 IV EStG; § 12 I KStG. Für Anteile im PV gilt insoweit § 17 V. S auch § 20 IVa.

156 **2. Veräußerungsersatztatbestände, § 15 Ia 2.** Der Veräußerung gleichgestellt sind *(1)* verdeckte Einlage, *(2)* Auflösung, *(3)* Kapitalherabsetzung, *(4)* Kapitalrückzahlung und *(5)* Ausschüttung/Rückzahlung von Beträgen aus dem steuerl Einlagenkonto iSv § 27 KStG (BT-Drs 16/3369, 12; s auch § 17 I 2, IV).

D. Gewerbliche Mitunternehmerschaften, § 15 I 1 Nr 2 und S 2 iVm § 15 II, III

Schrifttum (Aufsätze vor 2020 s zuletzt *Schmidt* 40. Aufl § 15 vor Rz 160). – **Allgemein:** *Pinkernell,* Einkünftezurechnung bei PersGes, Diss Köln, 2000; *Wacker,* Aktuelles zum Einfluss des Gesellschafts- und ZivilR, FS Goette, 561 *M. Fischer,* GesamthandGes, FS Crezelius, 2018, 117; *Blischke,* Die MUerschaft …, Diss., 2020;. **Verwaltung:** EStR 15.8 II, V, VI – **Zu § 1a KStG/Optionsmodell** s Rz 160a.

I. Grundlagen

160 **1. Keine Steuerpflicht der Mitunternehmerschaft – Option gem § 1a KStG. – a) Grundsatz.** Die PersGes (OHG, KG, GbR, Partnerschaft, stille Ges) sind nach dem sog **Transparenzprinzip** als solche **weder estpfl** (§ 1: nur natürl Personen) **noch kstpfl** (vgl § 1 KStG). Deshalb rechnet § 15 I 1 Nr 2 das von gewerbl PersGes oder Gemeinschaften (Oberbegriff: „MUerschaft"; s § 6 V 2–3; § 16 III 2; § 35 II, III) „erzielte Einkommen" anteilig unmittelbar (iSv § 3 I KStG) den einzelnen MUern „als originäre eigene Einkünfte" zu (Rz 163) und unterwirft es bei diesen (= originäre *Einkunfteerzieler*) – bzw bei mehrstöckigen PersGes den MUer der obersten Ges (BFH GrS 7/89 BStBl II 91, 691 unter C.III.3.b bb) – nach deren persönl Merkmalen der ESt oder KSt. Zu abw Ansichten s zB *Blischke* Diss. 2020. **Verfahrensrecht:** die Einkünfte der einzelnen MUer sind grds gesondert, einheitl und für die ESt-/KSt-Veranlagung bindend festzustellen (§§ 179 ff AO).

b) Ausnahme: Option gem § 1a KStG. Vgl *Wacker/Krüger ua* DStR-Beih 21, **160a**
3 mwN; *BMF* BStBl I 21, 2212. Das Optionsmodell gem **KöMoG** (BGBl I 21,
2050) begründet ein **Sonderrecht** idS, dass bestimmte PersGes („optierende Pers-
Ges"; hier **OptionsGes**) sich für die Geltung des Trennungsprinzips gem KStG
entscheiden können.

aa) Fiktive Umwandlung. § 1a KStG eröffnet iVm § 34 Ia KStG gewerbl und
auch vermögensverwaltenden **PersonenhandelsGes** (einschl GmbH & Co KG;
EWIV; ausl Ges entspr Typenvergleich; Rz 173; *BMF* BStBl I 21, 2212 Rz 2 ff) und
Partnerschaften – OptionsGes – nicht jedoch GbR, InnenGes, Erben-/Güter-
gemeinschaften oder Einzelunternehmen – trotz ihres zivilrechtl Fortbestands erstmals für Wj, die **nach 2021** beginnen, das Recht zur Besteuerung „**wie eine
KapGes**". Der **Übergang** vom Transparenzprinzip (Rz 160) zum **KSt-Tren-
nungsprinzip** gilt nur für das ErtragStR (KSt, ESt, GewSt; vgl §§ 17 I 3, 20 I Nr 1
EStG nF; § 2 VIII GewStG nF), nicht für die Besitz-/VerkehrsSt (beachte aber § 5
GrEStG); er wirkt auch innerhalb eines Konzern **einheitl** nur für die **jew** OptionsGes *(Bodden* KÖSDI 21, 22526). *Beispiel:* an U-KG sind O-KG und U zu je
50% beteiligt; nur O-KG optiert, U nimmt § 34a in Anspruch. Erforderl ist ein
Antrag mit einmonatiger Frist (dh keine Rückwirkung), der grds die Zustimmung
aller Ges'ter der OptionsGes bedarf (§ 1a I 1 HS 2 KStG). Dem Übergang zur KSt-
Besteuerung liegt ein fiktiver Formwechsel zugrunde, der nach § 1a II KStG –
obgleich keine neuen Anteile an der OptionsGes gewährt werden – den **Buchwertprivilegien** der §§ 1, 25 iVm §§ 20 f UmwStG unterstehen kann; maßgebl
hierfür sind – gleich einem tatsächl Formwechsel und trotz der einheitl Wirkung
der Option (s oben) – die jeweiligen **individuellen Verhältnisse** der Ges'ters
(Einbringung von MUerAnteilen). *Soweit* es zB aufgrund des Rückbehalts von
SonderBV (s § 16 Rz 30, 411) an einer „privilegierten MUerAnteilseinbringung"
fehlt, werden entweder die betroffenen MUerAnteile aufgegeben oder die stillen
Reserven nach § 6 VI (analog) aufgedeckt (lfd Gewinn; s § 16 Rz 100, 397). Der
Übergang kann den Untergang von **Verlustabzügen** (zB § 15a EStG; § 10a
GewStG), die Verletzung von **Sperrfristen** (§§ 6 III 2, V 6, 16 III 3, V EStG; § 22 I
6 Nr 2 UmwStG ggf iVm 22 II 2, 24 V, 18 III 2, 18 III 2 UmwStG) sowie die
Nachsteuer nach § 34a VI 1 Nr 2, VI 2 auslösen. Zudem sind die Anteile an der
OptionsGes gem **§ 22 I, II UmwStG sperrfristbehaftet**.

bb) Gesellschafter. Aufgrund der Option werden alle Ges'ter – dh auch die **160b**
zivilrechtl Vollhafter der OptionsGes – *ertragstrechtl* **nicht persönl haftenden**
Ges'tern einer **KapGes** gleichgestellt. Folge: sie erzielen *nicht* mehr mitunter-
nehmerschaftl/gemeinschaftl Einkünfte, sondern eigenständige **Beteiligungseinkünfte** (Trennungsprinzip) aus KapVerm (§ 20 einschl vGA iVm AbgeltungSt;
Teileinkünfteverfahren) sowie – soweit fremdüblich – Einkünfte aus Dienstleistungen (z.B. als Geschäftsführer der OptionsGes) und aus Nutzungsüberlassungen
(z.B. für Grundstücken) gemäß §§ 19, 21. Nicht ausgeschlossen wird hierdurch
indes, dass die Beteiligung an der OptionsGes zum **BV/SonderBV** des **Ges'ters**
gehört; Folge: Umqualifikation der Erträge/Entgelte gem § 1a III 4 KStG. Dies
betrifft neben der Konstellation der **BetrAufsp** (Rz 803a) auch zB den Sachverhalt, dass der Anteil an der OptionsGes von einer Ober-KapGes, Ober-OptionsGes
(§ 1 I Nr 1 iVm § 8 II KStG; s Rz 160a) oder einer zB gewerbl geprägten Ober-
PersGes (§ 15 III Nr 2) gehalten wird.

cc) Rückkehrwege. § 1a IV KStG sieht hierfür neben dem Wegfall der Op- **160c**
tionsvoraussetzungen, dem Ausscheiden des vorletzten Ges'ters aus der Options-
Ges und der tatsächl Umwandlung (OptionsGes in KapGes) die wiederum unter
Beachtung der Monatsfrist jederzeit ausübbare **Rückoption** vor. Zu **Sperrfristverstößen** (§ 22 I, II UmwStG) bezügl der Anteile an OptionsGes s *Wacker/Krüger
ua* DStR-Beih 21, 3; *BMF* BStBl I 21, 2212 Rz 46, 98.

160d dd) **Systematik/Zweck.** Das „**Optionsmodell**" ist weder ein Beitrag zur StVereinfachung noch begründet es ein einheitl UntStR. Vielmehr ergänzt es die bestehende Dreiteilung (Transparenzprinzip, Trennungsprinzip, Thesaurierungsbegünstigung gem § 34a) iSe wahlweisen Regimewechsels unter Verzicht auf die zivilrechtl Umwandlung zur intransparenten KSt-Besteuerung der OptionsGes. Es kombiniert damit iSe **Sonderrechts** die zivilrechtl Vorteile der PersGes (zB Mitbestimmung; Rechnungspublizität) mit denjenigen des KSt-Tarifs für nicht ausgeschüttete Gewinne (s dazu § 34a Rz 6 ff). Demgemäß zielt es auf die Begünstigung ertragsstarker PersGes mit gesicherter Gewinnerwartung ohne allerdings normativ die tatsächl Thesaurierung des tarifprivilegierten Gewinns sicherzustellen (s zu Darlehen zB *Wacker/Krüger ua* DStR-Beih 21, 3, 43).

160e ee) **Weitere Einzelfragen/Verweise.** Zu weiteren Einzelheiten (zB KSt der OptionsGes einschl ausl PersGes; Verfmäßigkeit; Besitz-/VerkehrSt; GesR) s *BMF* BStBl I 21, 2212; *Wacker/Krüger ua* DStR-Beih 21, 3. Zum **Ges'ter** s § 17 Rz 14, 56, 101f, 106, § 20 Rz 3, 28 ff, 35, 41, 65. Zum gewerbl **Grundstückshandel** s Rz 76, zur **BetrAufsp** s Rz 803a, 835, 855. Zu **mehrstöckigen PersGes** s Rz 160a; § 16 Rz 384. Zur **Bewertung** s *Zwirner ua* DB 21, 2919.

161 2. **Zweck des § 15 I 1 Nr 2 – Gesellschaftsrecht/MoPeG.** Die Vorschrift zielt darauf, „die Einkünfte beim gemeinschaftl Bezug von Einkünften aus Gew-Betr zu bestimmen" (BFH GrS 4/82 BStBl II 84, 751 unter C. V.3.b bb) und dabei „den **MUer** einem **Einzelunternehmer** insoweit gleichzustellen, als die Vorschriften des GesRechts nicht entgegenstehen" (zB BFH IV R 51/98 BStBl II 05, 173 Rz 26) bzw die Besteuerung von Einzelunternehmer und MUer möglichst weitgehend anzunähern (BFH VIII R 21/00 BStBl II 03, 194 Rz 22). Diese (mE zutr) „**Gleichstellungsthese**" bzw „*Parallelwertung*" entspricht der hL (zB *Pinkernell* aaO S 182 ff; krit *Hallerbach* FR 16, 1117). **Konsequenzen** sind zB – *(1)* die Hinzurechnung von Sondervergütungen (weil auch der Einzelunternehmer seinen Gewinn nicht um fiktive Gehalt, Mietentgelte und Darlehenszinsen mindern kann, zB BFH IV R 5/18 BStBl II 20, 448) und die Erfassung von betriebl genutzten WG der MUer als SBV (weil auch beim Einzelunternehmer betriebl genutzte WG BV sind; Rz 163); – *(2)* die grds Gleichbehandlung von Ges'terBeiträgen gegen Gewinnanteil und schuldrechtl Ges'terleistungen gegen Entgelt (vgl *Groh* DB 91, 879, 882).

162 a) **Rechtsentwicklung. Früher** war hL, dass **PersGes** „für die ESt … überhaupt **nicht da**" sind und die Rechtslage so zu beurteilen ist, „wie wenn der einzelne Ges'ter den Betrieb der Ges in dem seinem Anteil entspr Umfang als eigenen Betrieb führen würde" (*Becker* Die Grundlagen der ESt, 94, 102–103); danach war die Bilanz der PersGes nur die Summe von Einzelbilanzen aller Ges'ter, sog „**Bilanzbündeltheorie**". Diese Sicht hat die Rspr aufgegeben (BFH GrS 4/82 BStBl II 84, 751).

163 b) „**Duales System**". An deren Stelle ist für die gewerbl PersGes in schrittweiser, teils *retrograder* Entwicklung der Rspr (vgl insb BFH GrS 7/87 BStBl II 91, 691; BFH GrS 3/92 BStBl II 93, 616; BFH GrS 1/93 BStBl II 95, 617; dazu *Wacker* FS Goette, 561) ein „duales System" getreten, das durch ein (freilich) geordnetes) Nebeneinander von „Einheit und Vielheit" gekennzeichnet ist (*M. Fischer* FS Crezelius, 117, 128) und teilw als Widerstreit von Trennungs- und Transparenzprinzip umschrieben wird (zB *Kempermann* GmbHR 02, 200). Nach mE zutr gegenwärtiger Sicht des BFH bleibt auch bei den Beteiligungseinkünften nach § 15 I 1 Nr 2 die Grundentscheidung der §§ 1 und 2 unberührt, dass ESt-Subjekte allein die einzelnen Ges'ter sind" (BFH GrS 1/93 BStBl II 95, 617 Rz 55; ebenso zum StPfl iSv § 1 AStG BFH I B 96/97 BStBl II 98, 321; anders § 1 I 2 aF/nF, V 7 AStG). Demgemäß ist der Gewinn/Verlustanteil das Ergebnis eigener Tatbestandsverwirklichung und damit **originäre** Einkunft des **MUers** (BFH GrS 1/93, BStBl II 95, 617 Rz 160, 441; § 15 I 1 Nr 2, HS 1 ist insoweit lediglich deklaratorisch;

unklar BFH IV R 48/11 BFH/NV 15, 1075; BFH II R 5/10 BFH/NV 12, 1942). Dh: nicht die PersGes als eigenständige Rechtspersönlichkeit, sondern die **MUer in** ihrer gesellschafts-/gemeinschaftrechtl **Verbundenheit erzielen** die gewerbl (betriebl) **Einkünfte** (BFH GrS 2/02 BStBl II 05, 679 Rz 29; BFH IV R 72/02 BStBl II 08, 420; *Wacker* aaO; *KS* § 15 Rz 162 f; zT **aA** *Hüttemann* DStJG 34, 291) und sind als „Unternehmer (Mitunternehmer) des Betriebs der PersGes gewerbl tätig" (zB BFH GrS 1/93 BStBl II 95, 617 Rz 65). Aus dieser Doppelperspektive (Verbund der MUer = Einheit; originäre Einkünfte der einzelnen MUers = Vielheit) folgt, dass – *(1)* in die Gewinnermittlung der MUerschaft nicht nur SonderBE (§ 15 I 1 Nr 2 HS 2) und SonderBA, sondern gem § 4 I auch WG im Eigentum der Ges'ter (SBV) einzubeziehen sind (BFH GrS 3/92 BStBl II 93, 616), – *(2)* die **Gewinnerzielungsabsicht** zweistufig zu prüfen ist (MUer-Verbund *und* MUer; Rz 180–183), und – *(3)* bei der Bestimmung des Gewinnanteils nur dann auf die im Verbund verwirklichten Merkmale (Einheit) abzustellen ist, wenn dies mit dem **Zweck** der *jeweiligen* **Norm** im Einklang steht (ähnl BFH IV R 5/11 BStBl II 14, 972: „sachl zutr Besteuerung"). Hiernach gilt zB:

aa) Teilrechtsfähigkeit des Mitunternehmerverbunds. Die gewerbl/betriebl **164** PersGes (Außen- wie InnenGes!) oder Gemeinschaft (s Rz 171) – dh der *MUer-Verbund* (Rz 163) – ist insoweit „Steuerrechtssubjekt", als – *(1)* bei der Feststellung der **Einkunftsart** und grds (Ausnahmen s Rz 165) der **Ermittlung der Einkünfte** auf die Verbundmerkmale abzustellen ist (zB BFH GrS 1/93 BStBl II 95, 617 unter C IV 2b/aa: Subjekt der Einkünftequalifikation und Gewinnermittlung; BFH IV B 46/10 BFH/NV 11, 244: AV/UV; *Wacker* FS Goette, 561; Rz 200: vermögensverwaltende PersGes); – *(2)* die PersGes als solche (dh der MUer-Verbund) – wiederum unabhängig von zivilrechtl Vorgaben – MUer einer anderen PersGes sein kann (BFH GrS 7/89 BStBl II 91, 691/9; zum mittelbaren MUer gem § 15 I 1 Nr 2 S 2 s unten Rz 253); – *(3)* Veräußerungsgeschäfte zw Ges und Ges'ter zu fremdübl Bedingungen anzuerkennen sind (BFH IV R 37/06 DStR 08, 761; § 6 Rz 784); – *(4)* Forderungen eines Ges'ters gegen die Ges nicht aufzuspalten sind in eine Forderung gegen sich selbst und die übrigen Ges'ter (s Rz 540); – *(5)* bei Überlassung von WG zur Nutzung zw Schwester-PersGes das BV der überlassenden PersGes grds Vorrang vor SBV bei der nutzenden PersGes hat (s Rz 532, 600 ff); – *(6)* MUerschaft nur kraft Betrieb unterhält BFH VIII R 56/13 BStBl II 16, 936; BFH VI R 44/16 BStBl II 19, 466; *BMF* BStBl I 19, 870; 20, 623 zu §§ 4 IVa, 7b, 7g einschließl SBV); – *(7)* PersGes uU Einbringende iSd §§ 20, 24 UmwStG sein kann (so *BMF* BStBl I 11, 1314 Tz 20.02, 20.03 iVm 24.03; *Kamphaus ua* Ubg 12, 293;s aber Rz 165 aE); – *(8)* Pers*handels*Ges in die Konzernklausel (§ 8c I 5 KStG) einbezogen sind; – *(9)* AStG betr Einkunftsberichtigung (§ 1 I 2, V 7 AStG) und Hinzurechnungsbesteuerung/Nahestehen (§ 7 III, IV AStG nF).

bb) Maßgeblichkeit der individuellen Mitunternehmermerkmale. – **165** *Beispiele:* *(1)* Sonder-BV und zweistufige Prüfung der Gewinnerzielungsabsicht (Rz 161, 163); Ergänzungsbilanzen (Rz 460 ff; **aA** bezügl Bilanzänderung EStR 4.4 II 6); – *(2)* GuV-Verteilung (Rz 452 ff); – *(3)* Zurechnung ausl Betriebsstätten (s Rz 421); – *(4)* Ges'ter-/personenbezogene Prüfung von StVergünstigungen (zB erhöhte/degressive AfA, SonderAfA; § 6b; s Rz 411 ff), soweit gesetzl nichts anderes bestimmt ist (zB in § 1 I 2 InvZulG; § 2 II, § 3 III 3 FZulG; iEinz *BMF* BStBl I 21, 2277 Rz 10 ff; zur Einlage des FZul-Anspruchs s Rz 521); – *(5)* Überentnahme iSv § 4 IVa (Rz 430); – *(6)* Ges'ter einer PerGes als gewerbl Grundstückshändler (s Rz 73 ff); – *(7)* Buchwerttransfer von WG zw eigenem BV/SBV und GesamthandsBV (§ 6 V); – *(8)* Teileinkünfteverfahren für KapGes-Anteilen im GesamthandsBV (s – einschließl § 7 S 4 GewStG – Rz 438 f); ebenso iRv § 19 IV KStG nF; – *(9)* Einbringungsgewinns I (§ 22 UmwStG, *BMF* BStBl I 11, 1314 Tz 22.02; s aber oben Rz 164 aE).

166 c) **Gesellschaftsrecht – MoPeG-Reform.** Da die Geltung des Transparenzprinzips (§ 15 I 1Nr 2 EStG ggf iVm § 2 I GewStG) an die **zivilrechtl Reform** anknüpft (OHG, KG, GbR etc, vergleichbare Gemeinschaften; Rz 160, 171), Entsprechendes für die KSt-Pflicht gem § 1 KStG (Trennungsprinzip) gilt und § 15 I 1 Nr 2 zudem die Auffangnorm des § 3 KStG verdrängt (BFH GrS 4/82 BStBl II 84, 751 Rz 95, 112 ff), ist diese (steuer-)gesetzl Grundentscheidung durch die Anerkennung der Rechtsfähigkeit der Außen-GbR/Fortentwicklung des Gesamthandsprinzips (§ 718 f BGB) in der **Rspr** des **BGH** (II ZR 331/00 BGHZ 146, 341 „*ARGE Weißes Ross*") nicht in Frage gestellt worden; Letztere hat lediglich dazu geführt, dem Umstand der *gemeinschaftl* Einkunftserzielung *der MUer* auch ertragsteuerrechtl größere Bedeutung beizumessen (iEinz Rz 163 ff). Nichts anderes kann sich ab **2024** aus der **MoPeG-Reform** (BGBl I 21, 3436) zur **„rechtsfähigen Ges"** = registerfähige Außen-GbR = zivilrechtl Leitbild iVm partieller Aufgabe des „überholten" (so BR-Drs 59/61, 1) Gesamthandsprinzips (**§§ 705, 713 BGB nF:** AußenGes iVm §§ 105 II, III, 161 III HGB nF, § 1 IV PartGG nF) ergeben. Abgesehen davon, dass Güter-/Erbengemeinschaften (§§ 1419, 2032 BGB; Rz 171) weiterhin **Gesamthandsvermögen** bilden und das MoPeG eine Vielzahl bisheriger zivilrechtl Strukturmerkmale des PersGes-Rechts nicht angetastet hat (zB §§ 711, 712 f, 717, 720 f BGB nF: kein Erwerb eigener Anteile, Anwachsungserwerb, Mehrheit von Ges'tern, Informationsrechte, Selbstorganschaft, GesHaftung), folgt dies insb aus der bewussten (vgl BR-Drs 5/21, 114: „keine Änderung" des Transparenzprinzips) und auch iRd § 1a KSt-Option (Rz 160a) bekräftigten (BT-Drs 19/31105, 6 f) Kontinuität von Wortlaut und Systematik des § 15 EStG (iVm §§ 1, 3 KStG und § 2 I GewStG). Demgemäß sind, selbst wenn (mE deklaratorische; glA *Möhlenbrock ua* FR 22, 53) Folgeanpassungen unterbleiben sollten, normative Bezugnahmen auf die Gesamthand (zB §§ 6 V 3, 6b X 10, 7g VII, 44b VII EStG; § 39 II Nr 2 AO) „ertragsteuerautonom" auszulegen (vgl ferner §§ 10 I 4, 13b IV 2 Buchst d ErbStG; §§ 1 IIa, 5f, 7 II, III, 19 II GrEStG).

Verweise: Rz 223 (Einheits-KG), Rz 222 f, 306, 341, 751, 823, 833, 904 (Geschäftsführung/Kontrollrechte/Widerspruchsrechte), Rz 169, 324 f (rechtsfähige/nichtrechtfähige GbR), Rz 253 (mehrstöckige PersGes), Rz 305 (Nießbrauch/Abspaltung), Rz 443 (GuV-Anteil); **§ 15a** Rz 11 und passim (K'tistenhaftung), § 15a Rz 13 f und passim (GuV-Anteil); **§ 16** Rz 136, 443, 460, 674 (§ 39 II Nr 2 AO), § 16 Rz 395, 443 (Geschäftsübernahme); § 16 Rz 401 (Statuswechsel), § 16 Rz 524 (GbR-Realteilung); § 16 Rz 660, 672 (Tod des Ges'ter), § 16 Rz 665 (Sondererbfolge); **§ 18** Rz 41 und passim (Öffnung für freie Berufe).

167 d) **Tatbestand des § 15 I 1 Nr 2 (und S 2) iVm § 15 II, III.** Er erfasst *dem Grunde nach* – **(1)** eine PersGes oder wirtschl gleichwertige Gemeinschaft, deren Mitglieder in ihrer Verbundenheit als MUer *einen GewBetr betreiben* (zB BFH VIII R 40/01 BStBl II 03, 294 zu 1.) oder – **(2)** eine „*gewerbl geprägte PersGes*" iSv § 15 III Nr 2, deren Ges'ter MUer sind. Estpfl als gewerbl Einkünfte sind beim einzelnen MUer *der Höhe nach* der **Anteil am „Gesamtgewinn der MUerschaft** (§ 2 II Nr 1)" (zB BFH GrS 3/92 BStBl II 93, 616 zu C.III.6.a bb; BFH VIII R 78/97 BStBl II 99, 163 zu II.4.a), bei beschr stpfl MUern aber nur, soweit er auf inl Betriebsstätten entfällt (BFH I R 92/01 DStRE 03, 808). Dieser umfasst den Anteil am StB-Gewinn der Ges (Gemeinschaft), die Ergebnisse einer Ergänzungsbilanz und der Sonderbilanz für den einzelnen MUer, in der sich Sondervergütungen iSv § 15 I 1 Nr 2, Aufwand und Ertrag des SBV und sonstige SonderBE und SonderBA niederschlagen (s Rz 400 ff). Estpfl als gewerbl Einkünfte sind außerdem nachträgl bezogene Sondervergütungen ehemaliger MUer oder der Rechtsnachfolger (§ 15 I 2), Einkünfte aus betriebl Beteiligung an einer nicht gewerbl PersGes (s Rz 201 ff) und Einkünfte aus der Veräußerung eines MUerAnteils (§ 16 I 1 Nr 2 iVm I 2).

169 **3. Personengesellschaft als Mitunternehmerschaft.** § 15 I 1 Nr 2 erfasst (nur) OHG, KG und andere Ges (einschließl wirtschaftl vergleichbarer Gemeinschaftsverhältnisse), „bei der der Ges'ter als Unternehmer (MUer) anzusehen ist".

Hierzu gehört *grds* auch die Personen-InvestitionsGes/KG (s einschließl Ausnahmen §§ 18, 15a InvStG 2004; *BMF* BStBl I 15, 185; ab 2018: §§ 1 III Nr 2InvStG 2018; *BMF* BStBl I 19, 527 zu 1.3). **"Andere Gesellschaften"** iSv § 15 I 1 Nr 2 sind zB – *(1)* **GbR** (§§ 705 ff BGB; zur MoPeG-Reform **ab 2024** s § 705 II BGB nF; Rz 166), als (kleingewerbl tätige) AußenGes mit Gesamthandsvermögen oder als InnenGes, bei der nach außen nur einer der Ges'ter als (Mit-)Unternehmer auftritt, aber schuldrechtl im Innenverhältnis für Rechnung mehrerer Personen handelt (Rz 324; BFH VIII R 31/01 BStBl II 02, 464; s auch Rz 365 ff: Unterbeteiligung); – *(2)* **Partenreederei** iSv § 489 aF HGB (s Rz 374); – *(3)* **Stille Gesellschaft** iSv 230 HGB, wenn der stille Ges'ter als MUer anzusehen ist (atypische stille Ges; s Rz 340 ff); – *(4)* **PersGes ausl Rechts,** die wirtschaftl einer dt OHG (KG) gleichwertig sind (Typenvergleich!; Rz 173); – *(5)* „wirtschaftl vergleichbare **Gemeinschaftsverhältnisse"** (s Rz 171). Keine „andere Ges" sind KapGes, auch wenn diese wie zB eine Familien-GmbH wirtschaftl einer PersGes nahe stehen (BFH GrS 4/82 BStBl II 84, 751, 758), ebenso nicht die UnternehmerGes gem § 5a GmbHG idF MoMiG, BGBl I 08, 2026 (BT-Drs 16/6140: „GmbH-Variante"); wohl aber bei Errichtung einer GmbH die **VorgründungsGes** (BFH IV B 1/08, BeckRS 2008, 25013992; KStH 1.1; BGH II ZR 120/02 DStR 04, 1094: uU OHG) und – sofern *nicht* als GmbH ins HReg eingetragen – die **Vor-Ges** (BFH IV R 88/06 BStBl II 10, 991; zutr, zum Streitstand s *Martini* DStR 11, 337).

170 Auch eine (gewerbl) **OHG** oder **KG** ist **MUerschaft** iSv § 15 I 1 Nr 2 aber **nur, soweit** die zivilrechtl **Ges'ter estrechtl „MUer"** – Einzelheiten s Rz 257 ff – sind; der Relativsatz „bei der der Ges'ter als Unternehmer (MUer) anzusehen ist" bezieht sich auch auf die OHG oder KG (BFH GrS 3/92 BStBl II 93, 616 zu C. III. b. a mwN; **aA** zB *Hallerbach* aaO S 147). – Keine MUerschaft, sondern ein Einzelunternehmen besteht aber, wenn der einzige K'tist Treuhänder des persönl haftenden Ges'ters ist (BFH IV R 130/90 BStBl II 93, 574; s aber Rz 298). Dies gilt auch für **GewSt/„Treuhandmodell"** (BFH IV R 26/07 BStBl II 10, 751; BFH IV R 34/16 BFH/NV 19, 1078; *Wacker* HFR 10, 744; *OFD Nds* DB 14, 687). Zu „atypischen" Gestaltungen s *Kraft ua* FR 16, 153.

171 **4. Sonstige Mitunternehmerschaften.** Gesellschaftsähnl Gemeinschaftsverhältnisse. § 15 I 1 Nr 2 erfasst – neben zivilrechtl Ges – auch: **Rechtsgemeinschaften, die wirtschaftl gewerbl PersGes gleichwertig sind** (BFH GrS 4/82 BStBl II 84, 751, 768; BFH VIII R 32/90 BStBl II 98, 480 zu 2). Hierher gehören – *(1)* die ehel **Gütergemeinschaft,** soweit ein GewBetr (KG-Anteil) zum Gesamtgut gehört (Rz 376; BFH IV B 66/10 BFH/NV 12, 411); – *(2)* die **Erbengemeinschaft,** insb soweit Miterben den zum Nachlass gehörigen GewBetr fortführen (vgl § 27 HGB; Rz 383); – *(3)* die gemeinsame Verpachtung eines Einzelunternehmens durch Nießbraucher und Eigentümer (BFH I R 123/76 BStBl II 80, 432; mE konkludenter GesVertrag; zu § 6 III s aber § 6 Rz 700); – *(4)* beim **Nießbrauch an einem PersGesAnteil** (Rz 305 ff) das Rechtsverhältnis zw Nießbraucher, Besteller und übrigen Ges'tern (Rz 305 ff), – *(5)* **Miteigentümer zu Bruchteilen** (§§ 1008, 741 BGB; Rz 601) zB bei BetrAufsp (s Rz 861) oder gewerbl Grundstückshandel (zB BFH GrS 1/93 BStBl II 95, 617), einschließl Wohnungseigentümergemeinschaft (**WEG;** BFH IV R 6/16 BStBl II 19, 160: Blockheizwerkbetrieb); – *(6)* die **fehlerhafte Ges** (BFH IV R 100/06 BFH/NV 10, 2056; mE schon zivilrechtl Ges, s BFH/NV 98, 1339; FG Köln EFG 07, 1085; Rz 280; § 18 Rz 43). – Diese „Gemeinschaften" sind grds wie PersGes zu beurteilen (vgl BFH GrS 1/93 BStBl II 95, 617/2). – **Sonstige Rechtsverhältnisse,** die zB als Dienst-, Darlehens- oder Pachtverhältnisse bezeichnet sind, können zivilrechtl ein GesVerhältnis (InnenGes) und damit eine MUerschaft sein (**verdeckte MUerschaft**). Ansonsten können sie – obwohl § 20 I Nr 4 ausdrückl von partiarischen Darlehensgebern als MUer spricht – keine MUerschaft begründen (s

Rz 257 ff; 280 ff; **aA** wohl *P. Fischer* FR 98, 813); erst recht gilt dies für rein tatsächl Beziehungen (**keine faktische MUerschaft;** zB BFH VIII R 12/94 BStBl II 97, 272).

173   5. Internationale Mitunternehmerschaften (zB *Prinz* FR 18, 973). Sie werden – vorbehaltl der Option nach § 1a KStG (dazu Rz 160a ff; *Wacker/Krüger ua* DStR-Beih 21, 3; *BMF* BStBl I 21, 2212) – von § 15 I 1 Nr 2 erfasst, wenn es sich handelt um – *(1)* **Inl PersGes** mit ausl Betriebsstätten (einschließl Beteiligungen an inl PersGes) und/oder ausl Ges'tern (zB BFH I R 71/01 BStBl II 03, 191), oder – *(2)* **Ausl PersGes** mit inl Betriebsstätten (zu § 49 Nr 2 f s § 49 Rz 54 ff) und/oder inl Ges'tern. – *(3)* **Einzelheiten** (Hinweise/Auswahl): – *(a)* Ausl Ges sind nach dem Vergleich der wesentl Merkmale ihres (ausl) GesR (uU einschl der konkreten Satzung) mit denjenigen des deutschen GesR entweder als PersGes oder als KapGes zu qualifizieren (**Typenvergleich**; s einschließl Abkommensberechtigung zB BFH I R 34/08 BStBl II 09, 263 (LLC/Florida); BFH I B 76/20 DStR 21, 2389 (Einpersonen-LLC/Colorado); I R 12/18 DStRE 21, 1245 (X Inc/Delaware); *BMF* BStBl I 14, 1258; *OFD Ffm* IStR 16, 860; zT **aA** *Rödder* IStR 21, 795). Zum Einfluss der **MoPeG-Reform** (BGBl I 21, 3436; Rz 166) s *Linn ua* IStR 21, 825. Die PersGes-Qualifikation gem Typenvergleich liegt auch der Option nach **§ 1a KStG** zugrunde (iEinz *Wacker/Krüger ua* DStR-Beih 21, 3; *Möhlenbrock ua* FR 22, 53; *BMF* BStBl I 21, 2212 Rz 3). – *(b)* Der Typenvergleich gilt nach BT-Drs 19/30470 zu § 8 I 4 KStG, §§ 95 I 2, 96 I 1 Nr 5 BewG, §§ 13b I Nr 2 ErbStG, §§ 5 I 3, 6 III 5 GrEStG jeweils idF StAbwG (BGBl I 21, 2056) ferner für **DrittstaatenGes** mit inl Verwaltungssitz (**aA** *Martini* IStR 21, 37: idR dt GbR/OHG; offen BFH I B 76/20 DStR 21, 2389) sowie **nach** dem **Brexit** trotz Wegfalls der Gründungstheorie (BFH I B 31/21 DStR 22, 250; OLG Mchn 29 U 2411/21 GmbHR 21, 1152) für die **Ltd & Co KG** (*BH/Rengers* § 1 KStG Rz 146 Großbritannien). Zur werbenden Tätigkeit einer **gelösten** Ltd s *BMF* BStBl I 14, 111; *BMF* DStR 21, 113. – *(c)* Eine sog **Qualifikationsverkettung** lehnt der BFH ab (iEinz BFH I R 95/10 BStBl II 14, 760: nationale Einkünftezurechnung; *Stöber* IStR 20, 601; zutr). Zu **Qualifikationskonflikten** s zB § 50d IX ff, § 49 I Nr 11 nF. – *(d)* **Gewerbl geprägte** ausl PersGes (Rz 215, 229) unterfallen zwar § 49 I Nr 2a (BFH I R 58/15 DStR 18, 657; *Wacker* FR 18, 562), sind aber **DBA-rechtl** *nicht* „unternehmerisch tätig" (BFH I R 81/09 BStBl II 14, 754); ebenso nach BFH *nicht* das Besitzunternehmen iRe **BetrAufsp** (dazu Rz 862). Gleiches gilt für *inl* PersGes (BFH II R 51/09 BStBl II 14, 751 zu VSt) und mutmaßl auch iRv § 15 III Nr 1 (Rz 186, 192). Ebenso *BMF* BStBl I 14, 1258; zur Übergangsregelung für WG-Transfer vor 29.6.13 s aber § 50i. – *(e)* Zu **atypischer stiller Beteiligung** bzw Unterbeteiligung s Rz 353; – *(f)* Zu **doppelstöckiger PersGes** s zB BFH IV R 43/16 BFH/NV 20, 511: § 180 AO; *BMF* BStBl I 14, 1258; Rz 253, 622; *krit* zur Praxis *Behrendt ua* IStR 21, 666. – *(g)* Zur **Betriebsstätten-Zurechnung** sowie zu MUer-Betriebsstätte s – einschließl DBA/AOA – BFH I R 92/12 DStR 17, 589; BFH I R 58/15 DStR 18, 657; *Ditz ua* DB 15, 2897 (HoldingPersGes); *Wacker* DStR 19, 836. Zur **Homeoffice**-Betriebsstätte s *Rasch ua* IStR-Beih 21, 1 ff. Zu **Zuordnungskonflikten** s § 50d IX Nr 3 nF. – *(h)* Zur **bilanziellen Gewinnermittlung** s EStR 4.1 IV (inl PersGes); zu ausl PersGes („Goldfinger-Modell"; Rz 91) s *BFH IV R 3/20* DStR 21, 1806; FG Mchn EFG 21, 1891, Rev I R 5/21. – *(i)* Zum Umfang der **beschr StPfl** s zB BFH I R 92/12 DStR 17, 589; I R 95/84 BStBl II 88, 663; – *(j)* Zur **Betriebsstättenzuordnung** von Drittstaateneinkünften/Dividenden/Zinsen s zB BFH I R 47/12 BStBl II 14, 770; *BMF* BStBl I 14, 1258; von **Sondervergütungen** iSv § 15 I 1 Nr 2 s einschließl § 50d X nF unten Rz 565; von **SBV II** s BFH I B 191/09 BStBl II 11, 156; I R 49/14 DStR 16, 1310: Komplementär-Anteil; *Buciek* HFR 08, 685; Rz 512; BFH I 92/12 DStR 17, 589; *Wacker/Krüger ua* DStR-Beih 21, 3: Einlagenrefinanzierung/-doppelstöckige PersGes; – *(k)* Zum sog Organschafts-/**Mittelstandsmodell**

s *Prinz* DB 21, 914. – *(l)* Zu **Ausschüttungen** von inl Komplementär-GmbH an ausl Ges'ter s BFH I R 85/91 BStBl II 92, 937; – *(m)* Zu ausl **DBA-Verlusten** s BFH I R 32/18 DStR 20, 2354: **EuGH-Vorlage**; – *(n)* Zu § **4h**, § **4i** s dort; – *(o)* Zum **StAbwG** (BGBl I 21, 2056) s *Benz ua* DB 21, 1630 einschl BA-Abzugsverbote bei PersGes. – *(p)* Zu § **16 IIIa** s § 16 Rz 197.

6. Gleichwertigkeit verschiedener Mitunternehmerschaften. Aus der gleichwertigen Aufzählung in § 15 I 1 Nr 2 und dem Gesetzeszweck (s Rz 161) ist abzuleiten, dass das Gesetz alle gewerbl MUerschaften materiell *grds* gleichbehandelt wissen will (BFH GrS 7/89 BStBl II 91, 691 zu C. IV); *Wacker* FS Goette, 561, 568) und nicht differenziert – *(1)* zw GbR, OHG und KG, – *(2)* bei AußenGes nach der Nähe zur juristischen Person (zu Publikums-KG s Rz 705), – *(3)* zw Außen- und InnenGes, insb Ges mit und ohne Gesamthandsvermögen (zB atypische stille Ges; BFH I R 133/93 BStBl II 95, 171 zu II.2.d), – *(4)* zw gewerbl tätiger *Ges* oder *Gemeinschaft* (BFH GrS 1/93 BStBl II 95, 617 zu C. IV.2.b). Hieraus folgt zB, dass – *(a)* die **Umwandlung einer** gewerbl tätigen **MUerschaft** in eine *solche* anderer Rechtsform zB GbR in OHG und umgekehrt oder einer Erbengemeinschaft, *soweit* zum Nachlass ein GewBetr gehört, in eine KG estrechtl nur „formwechselnd", dh keine Betriebsveräußerung oder -aufgabe und als solche (anders bei Eintritt weiterer Ges'ter) auch keine Einbringung iSv § 24 UmwStG ist (s § 16 Rz 401 f, 511 f); – *(b)* der Inhaber des Handelsgeschäfts AK haben kann, wenn er beim Ausscheiden eines atypisch stillen Ges'ters diesem eine Abfindung zahlt (s § 16 Rz 399, 495). – *Unterschiede* ergeben sich aber zB nach Maßgabe der Haftung der Ges'ter für GesSchulden bei Verlusten (vgl § 15a), nach § 15 IV 6–8 beim Verlustausgleich (s Rz 895) und nach § 15 III 1 bei der einheitl Beurteilung der Betätigung zB einer KG einerseits und zB einer Erbengemeinschaft andererseits (s Rz 187).

7. Organschaft. Betreibt eine PersGes ein gewerbl Unternehmen iSv § 15 I 1 Nr 2, kann sie iRe kstl Organschaft Organträger sein (§ 14 I 1 Nr 2 KStG; KStR 14.3). *BMF* BStBl I 05, 1038 Rz 15 ff bejaht dies zwar für BesitzGes (BetrAufsp; Rz 871) oder teilweise gewerbl Tätigkeit (soweit nicht ganz geringfügig), *nicht* jedoch bei gewerbl Prägung, Beteiligung an gewerbl PersGes (mE trotz geändertem Wortlaut von § 15 III Nr 1 unzutr, s Rz 189) oder gewerbl Tätigkeit der PersGes im SBV (zur Kritik *Dötsch* DB 05, 2541). Zur atypisch stillen Ges s abl FG Ddorf EFG 21, 1052, Rev I R 17/21; offen BFH I R 33/18 BFH/NV 21, 776; *BMF* BStBl I 15, 649 (iVm Vertrauensschutz); **aA** *Hölzer* FR 15, 1065; zutr). Zu § 7 S 4 GewStG s *BMF* DB 07, 771.

II. Gemeinsamer Gewerbebetrieb als Regelvoraussetzung einer Mitunternehmerschaft

1. Gemeinsamer Gewerbebetrieb; Gewinnabsicht. – a) Mitunternehmerschaft. § 15 I 1 Nr 2 setzt grds (Ausnahme § 15 III Nr 2) voraus, dass die PersGes (MUerschaft) dh die „Ges'ter in ihrer Verbundheit als PersGes" (zB BFH VIII R 40/01 BStBl II 03, 294) – bzw bei InnenGes ein Ges'ter für Rechnung aller Ges'ter – ein gewerbl Unternehmen iSv § 15 I 1 Nr 1 iVm II betreibt. Maßgebend ist die Tätigkeit der PersGes, sofern diese AußenGes ist; bei ihr müssen *alle* einen GewBetr kennzeichnenden Merkmale gegeben sein (BFH GrS 4/82 BStBl II 84, 751 zu C.III.3.b; BFH I R 35/14 BStBl II 18, 33); entspr muss bei einer InnenGes der nach außen als Unternehmer auftretende Ges'ter alle Merkmale eines GewBetr erfüllen. Eine PersGes, die keinen GewBetr iSv § 15 II betreibt (oder dies nicht mehr tut) und auch keine gewerbl geprägte PersGes iSv § 15 III Nr 2 ist, fällt nicht unter § 15 I 1 Nr 2; ihre Ges'ter haben grds (Ausnahme: betriebl beteiligter Ges'ter) keine gewerbl, sondern zB Einkünfte aus VuV oder überhaupt keine Einkünfte (Einzelheiten s Rz 8 ff; zum nur teilweise deckungsgleichen handelsrechtl Begriff des GewBetr s zB *MüKo HGB* § 1 Rz 19 ff). – § 15 I 1

Nr 2 ist aber entspr anzuwenden auf eine PersGes, die (nur) LuF betreibt (§ 13 VII) oder wie zB eine Anwaltssozietät oder Partnerschaft (Rz 334) selbstständige Arbeit ausübt (§ 18 IV). – Zur gewerbl Abfärbung s Rz 185 ff.

181 **b) Handelsregistereintragung.** Ist eine PersGes als OHG oder KG in das HReg eingetragen, folgt daraus noch nicht, dass die Ges einen GewBetr iSv § 15 I 1 Nr 1, II hat; denn nach §§ 105 II; 161 II; 2 HGB kann auch eine PersGes, die „nur eigenes Vermögen verwaltet", als OHG oder KG ins HR eingetragen werden; sie ist dann „echte" OHG oder KG iSd HGB, solange die Eintragung besteht. Estrechtl erfasst § 15 I 1 Nr 2 aber nur solche OHG oder KG, die gewerbl tätig (oder geprägt iSv § 15 III Nr 2) sind (*Kahle* FR 19, 337), nicht hingegen zB luf oder freiberufl KG (vgl BFH IV R 26/99 BStBl II 00, 498).

182 **c) Gewinnabsicht.** Einen GewBetr iSv § 15 II – anders handelsrechtl, s Rz 320 – betreibt eine PersGes nur, *soweit* (und solange) sie in der Absicht tätig ist, einen (Total-)Gewinn iSe durch BV-Vergleich erfassbaren Vermögensmehrung (zB BFH VIII R 28/94 BStBl II 97, 202 zu II.3.a: BV der Ges einschließl SBV der Ges'ter; BFH/NV 97, 408 und *FinSen Bln* FR 99, 827: einschließl steuerbefreiter Gewinne, zB InvZul; BFH IX R 49/07 BFH/NV 09, 757 zu VuV) **zu erzielen** (iEinz Rz 24 ff). *Selbstständige* Tätigkeitsbereiche ohne diese Absicht sind außerbetriebl und nicht in die Gewinnermittlung der PersGes einzubeziehen (BFH VIII R 28/94 BStBl II 97, 202 zu II.2.b.dd: abzugrenzen nach Förderungs- und Sachzusammenhang zu betriebl bzw außerbetriebl Tätigkeit; krit *Berz* DStR 97, 358). – Die Absicht, den Ges'tern EStVorteile (durch Verlustzuweisungen) zu vermitteln, reicht nicht aus (§ 15 II 2; zB BFH IV R 90/96 BFH/NV 99, 754/8). – Bei **VerlustzuweisungsGes** (zu deren Typus s BFH VIII R 59/92 BStBl II 96, 219 zu A.II.3.; BFH IV R 6/05 BFH/NV 07, 1492; Anm *HG* DStR 96, 580; krit FG Hbg EFG 02, 391) ist (widerlegl) zu vermuten, dass sie zumindest anfängl keine Gewinnabsicht haben (zB BFH VIII R 59/92 BStBl II 96, 219). Zur Ergebnisprognose s *Drüen* FR 99, 1097. Zum Verfahren s BMF BStBl I 92, 404; BMF BStBl I 94, 420.

183 **d) Prüfung.** Die Gewinnabsicht ist **zweistufig** zu prüfen (zB BFH VIII B 59/00; BFH/NV 01, 895; VIII R 38/01 BFH/NV 04, 1372), dh auch wenn Gewinnabsicht auf der *Ebene der Ges* gegeben ist, kann diese und die erforderl obj Möglichkeit der Gewinnteilhabe auf der *Ebene einzelner Ges'ter* zB wegen nur befristeter Beteiligung fehlen (BFH IX R 68/96 BStBl II 99, 718 zu I); diese Ges'ter sind keine MUer (BFH XI R 45/88 BStBl II 93, 538, 541 Sp 2; Rz 265). – Zu VerlustzuweisungsGes mit Einkünfteerzielungsabsicht s 15b. – Zu sog HilfsGes/InnenGes ohne eigene Gewinnabsicht s Rz 327. – Zu privater „Abwasser-GbR" s FG Mster EFG 04, 727. – Zu atypisch stiller Ges s Rz 345 aE.

2. Einheitliche Beurteilung einer nur teilweise gewerblich tätigen Personengesellschaft, § 15 III Nr 1; „Abfärbetheorie"; „Infektionstheorie"

Verwaltung: EStR 15.8 V; *BMF* BStBl I 96, 621; *BMF* BStBl I 97, 566; *BMF* BStBl I 05, 698; *BMF* BI 20, 1032; *OFD Ffm* DB 07, 1282; *OFD Ffm* DB 07, 1333. – **Schrifttum:** *Niehus,* Überlegungen zur Verfwidrigkeit …, Ubg 18, 713; *Korn ua,* (Keine) Zukunft …, DStR 19, 1665; *Strecker,* Gewerbl Infektion …, KÖSDI 20, 21560; *Stenert ua,* Aktuelles …, DStR 20, 2505.

185 **a) Einheitlicher Gewerbebetrieb.** Ist eine PersGes teils freiberufl (zB BFH IV R 43/88 BStBl II 89, 797) oder luf (zB BFH IV R 45/89 BStBl II 91, 625) oder vermögensverwaltend **und** teils gewerbl tätig – wofür BesitzGes bei BetrAufsp (BFH IV R 37/10 BFH/NV 13, 910) oder gewerbl Tätigkeit nur eines Ges'ters *für Rechnung der Ges* (BFH IV R 17/90 BStBl II 93, 324) genügt –, gilt die Tätigkeit der PersGes, soweit diese von Einkünfteerzielungsabsicht getragen ist, nach § 15 III Nr 1 „in vollem Umfang" als GewBetr (*Groh* DB 05, 2430). – Zu Vorteilen s zB *Höck* FR 01, 683. – § 15 III Nr 1 ist *verfgemäß* (BVerfG 1 BvL 2/04 DB 08, 1243 Rz 109; BFH VIII R 6/12 BStBl II 15, 1002; zu Nr 1 HS 2 s unten

Rz 186) und verstößt nicht gegen das Beihilfeverbot des Art 107 AEUV (*Balbinot* Beihilfeverbot und Rechtsformneutralität, Diss, 2018, 233 ff.).

b) Tatbestand. § 15 III Nr 1 setzt voraus: – *(1) eine* OHG, KG oder „andere **186** PersGes" zB GbR (BFH IV R 11/97 BStBl II 98, 603; FG Köln EFG 07, 1085: auch fehlerhafte; zutr), Partnerschaft (s Rz 334), Partenreederei gem § 489 HGB aF (EStR 15.8 V 2; Rz 374); ausl PersGes (zu DBA-Recht s aber einschließl § 50i), – *(2)* eine *nicht gewerbl* von Einkünfteerzielungsabsicht getragene estpfl Tätigkeit dieser PersGes zB LuF (*GLE* DStR 12, 1275), selbstständige Arbeit, KapVerm, VuV (BFH IV R 37/10 BFH/NV 13, 910) **und** – *(3)* eine *gewerbl* Tätigkeit iSv § 15 I 1 Nr 1 iVm II, wozu erforderl ist, dass insoweit Gewinnerzielungsabsicht besteht (dazu BFH IV R 31/94 BStBl II 95, 718). **Unklar** nunmehr *BMF* v 14.1.22, DStR 22, 205 zu § 14 I 1 Nr 5 KStG. Zu Verlustjahren s Rz 188. – **Vorrangig** ist aber zu klären, ob eine zB aus freiberufl und gewerbl Elementen gemischte Tätigkeit wegen untrennbarer Verflechtung einheitl als freiberufl oder gewerbl zu werten ist, je nachdem, welche Elemente sie prägen (s Rz 97) ist dies zu bejahen, entfällt § 15 III Nr 1 (BFH XI R 8/00 BStBl II 02, 478; *OFD Ffm* DB 07, 1282; § 18 Rz 50f); ebenso bei gewerbl Elementen einer vermögensverwaltenden Vermietung (BFH IV R 34/13 BStBl II 17, 175; Rz 82).

aa) Personengesellschaft. § 15 III Nr 1 erfasst nur PersGes (s Rz 186), nicht **187** eine teils gewerbl tätige Erbengemeinschaft (BFH IV R 214/84 BStBl II 87, 120) oder ehel Gütergemeinschaft (EStR 15.8 V 3); diese sind zwar, soweit gewerbl tätig, MUerschaften, aber keine PersGes; entspr gilt für andere „wirtschaftl vergleichbare Gemeinschaftsverhältnisse (s Rz 171) zB reine (nicht durch GbR überlagerte) Bruchteilsgemeinschaften (*Strecker* KÖSDI 20, 21560, 21561). Eine PersGes, die eine gewerbl Tätigkeit „ausübt" iSv § 15 III Nr 1, ist aber eine **atypische stille Ges** (ungeachtet dessen, dass sie InnenGes ist), sofern der Geschäftsinhaber für Rechnung der stillen Ges gewerbl tätig ist (BFH IV R 73/06 BStBl II 10, 40). Zu prüfen ist allerdings jeweils, ob sich die stille Beteiligung zivilrechtl auch auf die nichtgewerbl Betätigung des tätigen Teilhabers erstreckt (BFH I R 133/93 BStBl II 95, 171 zu II.2.e); ist dies zu verneinen, bleibt es bei der getrennten Beurteilung. Entsprechendes gilt für atypische stille UnterbeteiligungsGes (EStR 15.8 V 2).

bb) Geringfügigkeit; Verluste. – **(1) Geringfügige gewerbliche Tätigkeit.** **188** Auch diese führt grds zur Umqualifizierung der nicht gewerbl Einkünfte (zB BFH IV R 11/97 BStBl II 98, 603; zu Auswegen s Rz 193). Ebenso wird eine von der GewSt befreite Tätigkeit allerdings ohne GewSt-Belastung (BFH IV R 30/16 BStBl II 20, 649 mwN). **Ausnahme:** Nach BFH-Rspr **Bagatellgrenze** für „äußerst" geringfügige und trennbare (s Rz 186 aE) gewerbl Tätigkeit (arg: Verhältnismäßigkeitsgrundsatz; zur Kritik s *Schmidt* 34.Aufl § 15 Rz 188); dies wirkt nicht nur zu Gunsten, sondern auch zu Lasten der PersGes/Ges'ter. Danach keine Abfärbung, wenn (relative *und* absolute Grenze) die originär gewerbl Nettoumsatz*erlöse (1)* nicht höher als **3 %** des Gesamtnettoumsatzes *und (2)* nicht höher als **24 500 €** sind. *Beachte:* trotz Anlehnung an gewinnbezogenen Freibetrag gem § 11 I 3 Nr 1 GewStG ist der Umsatzerlös maßgebl (so jetzt BFH VIII R 6/12 BStBl II 15, 1002: angestellter RA; VIII R 62/13 BStBl II 16, 381; VIII R 63/13 BStBl II 16, 383: „angestellte" (s Rz 321) Ärztin; VIII R 16/11 BStBl II 15, 996: Warenverkauf; VIII R 41/11 BStBl II 15, 999: gewerbl Vermittlung; ebenso nunmehr *FinVerw* (EStH 15.8 V „Bagatellgrenze"). Die Voraussetzungen sind nach BFH (aaO) für jeden VZ gesondert zu prüfen; dies ist fragl, wenn es hierdurch zum Wegfall von Gewinneinkünften (Betriebsaufgabe) kommt (krit auch *Korn* BeSt 15, 14; *Stenert ua* DStR 20, 2505). Die Bagatellgrenze gilt auch ggü §§ 20, 21 (*Stenert ua* DStR 20, 2505) sowie für „gelegentl" Tätigkeiten (*Korn* BeSt 15, 14). Besteht jedoch für die „gewerbl" Tätigkeit keine Gewinnerzielungsabsicht, entfällt mE die Abfärbung generell (s auch Rz 193; insoweit zutr BFH IV R 5/15 BStBl II 20, 118). – **Gegenausnahmen:** Keine Bagatellgrenze bei MUerstellung von iSv § 18 Berufsfremden

(BFH VIII R 6/12 BStBl II 15, 1002; § 18 Rz 43 *(aa)*) sowie nach BFH IV R 30/16 BStBl II 20, 649 ferner nicht für gewerbl **Beteiligungseinkünfte** (§ 15 III Nr 1 HS 2) einer Ober-PersGes (s *Schmidt* 38. Aufl § 15 Rz 188); allerdings sollen die originär nicht gewerbl Einkünfte der OberGes nicht der GewSt unterliegen (verfkonforme Reduktion von § 2 I 2 GewStG; *Korn ua* DStR 19, 1665; FG Kln EFG 21, 857 Rev IV R 24/20; FG Hbg EFG 21, 1564 NZB VIII B 38/21; FG BBg EFG 21, 2065 Rev IV R 10/21; mE fragl; *GLE* BStBl I 20, 1032: Nichtanwendung). – **(2) Gewerbliche Verluste.** Sie sollten nach BFH IV R 5/15 BStBl II 20, 118 (betr Besitzunternehmen iVm Gewinnthesaurierung) auch bei Überschreiten der Umsatzgrenzen zu (1) jedenfalls vermögensverwaltende Einkünfte *nicht* gewerbl umqualifizieren. Da dies neben praktischen Bedenken mit Wortlaut und Gesetzeszweck nicht vereinbar und auch verfrechtl nicht geboten war (aA *Wendt* BFH/PR 18, 198), hat das „**JStG 2019**" (BGBl I 19, 2451) die Abfärbung neg Einkünfte (§ 15 III Nr 1 HS 1 und HS 2) iRd allg Grenzen (s zu (1)) in § 15 III Nr 2 Satz 2 iVm § 52 XXIII nF ausdrückl und mit Rückwirkung angeordnet (zutr; aA *Stenert ua* DStR 20, 2505: verfwidrig; offen FG BBg EFG 21, 2065 Rev IV R 10/21; s auch Rz 196).

189 **cc) Doppelstöckige Personengesellschaft.** Nach früherer **Rspr** erfasste § 15 III Nr 1 aF *durchgängig* auch die doppelstöckige PersGes (Rz 253, 612) dh die *mitunternehmerische* Beteiligung einer OberGes (Außen- oder InnenGes, s Rz 613) an einer gewerbl UnterGes (BFH VIII R 68/98 BStBl II 01, 359; *BMF* StBl I 96, 621). Hieran hielt der BFH zwar (noch) für freiberufl und luf OberGes fest (auch bei Kleinstbeteiligungen, s Rz 188; aA *Schmidt* 23. Aufl § 15 Rz), **nicht** aber für **vermögensverwaltende** OberGes (BFH IX R 53/01 BStBl II 05, 383; IV ER – S – 3/03 BStBl II 05, 376: Trennung nach Einkunftsarten).

Die **Rspr-Änderung** war mE verfehlt (Dissens zu BFH GrS 3/92 BStBl II 93, 616, 621; Rz 165; *Wacker* StbJb 05/06, 67, 92; glA *Fischer* FR 05, 143; s krit *Groh* DB 05, 2430). Zur Kritik s *Schmidt* 34. Aufl § 15 Rz 189; offen BFH I R 92/12 IStR 17, 278. Zur GewSt s FG Köln EFG 05, 1714.

Die **FinVerw** hat deshalb mit einem **Nichtanwendungserlass** reagiert und eine **Gesetzesergänzung** angekündigt (*BMF* BStBl I 05, 698; krit *Müller ua* BB 05, 2271; zur Organschaft s aber Rz 175), die aber erst mit dem JStG 07 aus den vorgenannten Gründen (BT-Drs 16/2712, 44) umgesetzt wurde (**§ 15 III Nr 1 nF):** Abfärbung auch dann, wenn die OberPersGes (einschließl GbR; aA *Schmidt ua* GmbHR 07, 628/34) neben luf, selbstständigen oder vermögensverwaltenden Einkünften (s oben) „auch … gewerbl Einkünfte iSd Abs 1 S 1 Nr 2 bezieht" (zur Geringfügigkeitsgrenze, s Rz 188). Gleiches gilt, wenn die OberPersGes gewerbl und sonstige *Beteiligungs*einkünfte erzielt (zum Beginn der Abfärbung s Rz 196); nicht jedoch, wenn die OberGes nur an einer UnterPersGes beteiligt ist (BFH I R 92/12 IStR 17, 278; aA *BMF* v 14.1.22, DStR 22, 205 zu § 14 I 1 Nr 5 KStG; s Rz 186). Die gesetzl Neuregelung gilt zur Sicherung einer ununterbrochenen Rechtspraxis **rückwirkend** (§ 52 Abs 23 aF; BT-Drs 16/3368; OFD Ffm DB 07, 1333). Dies ist mangels schutzwürdigen Vertrauens (bzgl Rspr-Änderung, s oben) verfgemäß (glA BFH IV R 39/10 BStBl II 19, 77; aA *HHR* § 15 Rz 1402).

190 **dd) Freiberuflich tätige Personengesellschaft.** Sie fällt nicht deshalb unter § 15 III Nr 1, weil nur einer der Ges'ter (auf *eigene* Rechnung, s Rz 185) gewerbl **SonderBE** hat (BFH XI R 31/05 BStBl II 07, 378 zu II/5; evtl *BMF* BStBl I 96, 621). – Keine gewerbl Tätigkeit iSv § 15 III 1 liegt vor, wenn zB freiberufl Leistungen einer GbR für eine gewerbl PersGes, an der ein Ges'ter der GbR beteiligt ist, wegen des Vorrangs von Sondervergütungen (s Rz 568) anteilig im Gesamtgewinn der gewerbl PersGes erfasst werden. – § 15 III Nr 1 ist nicht anwendbar auf PersGes, die zB **teils freiberufl, teils luf oder vermögensverwaltend** tätig sind; solche PersGes werden nicht einheitl beurteilt (so implizit zR BFH XI R 31/05 BStBl II 07, 378).

c) Rechtsfolge. § 15 III Nr 1 ordnet die **Umqualifizierung** der nicht gewerbl 192
Tätigkeit an, soweit diese den Tatbestand einer der 6 anderen Einkunftsarten (einschließl *Einkünfteerzielungsabsicht!*) erfüllt. Die Betätigungen bilden insgesamt *einen* GewBetr ab dem Zeitpunkt der Aufnahme der gewerbl Tätigkeit (BFH XI R 8/00 BStBl II 02, 478). Die der umqualifizierten Betätigung dienenden WG sind grds gewerbl BV. *Ausnahmen:* PV (Rz 484) und kein DBA-Unternehmensgewinn (Rz 173, 186; BMF I 14, 1258). Soweit die PersGes ohne Einkünfteerzielungsabsicht trennbar („wirtschaftl eigenständig") tätig ist, zB ein Gestüt, greift § 15 III Nr 1 nicht ein; diese Betätigung bleibt bei Ermittlung ihrer gewerbl Einkünfte außer Betracht (BFH VIII R 73/06 BStBl II 09, 647 aE); die ihr dienenden WG sind kein BV. Für die Prüfung, ob die PersGes eine (wirtschaftl eigenständige) Tätigkeit in Einkünfteerzielungsabsicht ausübt, ist eine „Färbung" zB von VuV-Einkünften in solche aus GewBetr vorrangig; maßgebl ist daher, ob ein Total*gewinn* (einschließl Veräußerung) erstrebt wird (BFH VIII R 28/94 BStBl II 97, 202).

d) Ausweichgestaltungen (zB *Strecker* KÖSDI 20, 21560, 21568). Der **einheitl** 193
Beurteilung lässt sich ausweichen dadurch, dass die gewerbl Tätigkeit ein Ges'ter auf eigene Rechnung übernimmt (evtl unter Reduzierung seines Gewinnanteils) oder durch Errichtung zivilrechtl selbstständiger (beteiligungsidentischer) PersGes mit unterschiedl Zweck (Rz 194; BVerfG 1 BvL 2/04 DB 08, 1243 Rz 132; BFH VIII R 6/12 BStBl II 15, 1002). Zur Anerkennung dieses sog **Ausgliederungsmodells** zB bei ärztl Gemeinschaftspraxen ist erforderl, dass sich die Tätigkeit der gewerbl GbR „eindeutig von der Tätigkeit der (ärztl) Gemeinschaftspraxis abgrenzen lässt" (*BMF* BStBl I 97, 566) bzw „die zweite Ges nach außen erkennbar geworden ist" (BFH XI R 21/99 BFH/NV 02, 1554). Der Anteil an der „zweiten" Ges ist auch kein SBV bei der ersten und umgekehrt (s Rz 507). Überlässt die Praxis der gewerbl GbR WG zur Nutzung gegen Aufwandsersatz (keine Gewinnabsicht), bleiben diese WG BV der Praxis und die Einnahmen solche aus selbstständiger Arbeit (*BMF* BStBl I 97, 566).

3. Einheit des Betriebs; mehrere zivilrechtliche Gesellschaften. Eine ge- 194
werbl oder freiberufl MUerschaft hat auch bei verschiedenartiger Tätigkeit zur selben Zeit nur einen Betrieb (BFH IV R 49/15 DStR 17, 1428), aber uU mehrere Teilbetriebe (BFH VIII R 56/13 BStBl II 16, 936; BFH IV R 2/14 BStBl II 17, 1138; BFH VI R 66/15 DStR 18, 2135 zu LuF). Bestehen hingegen zivilrechtl mehrere PersGes, sind est- und gewstrechtl grds auch bei Ges'teridentität mehrere MUerschaften mit selbstständigen GewBetr gegeben (BFH VIII R 23/89 BStBl II 92, 375: Leistungsaustausch zw zwei PersGes; BFH IV R 11/97 BStBl II 98, 603: keine „Abfärbung"). Folgen ua: mehrere Feststellungsbescheide; bei ESt sind die gewerbl und nicht gewerbl Betätigung getrennt zu beurteilen (s zB Rz 70, 193; § 15a; 35); bei GewSt mehrfacher Freibetrag, kein Verlustausgleich).

4. Beginn und Ende einer Mitunternehmerschaft. – a) Beginn. Tatbe- 195
standselement (für gewerbl Einkünfte iSv § 15 I 1 Nr 2) ist der *gemeinsame* Beginn eines GewBetr; die gemeinsame Betätigung muss alle Merkmale eines GewBetr erfüllen (BFH GrS 4/82 BStBl II 84, 751 zu C. III.3.b); setzt die Gewinnabsicht erst später ein, beginnt er erst jetzt der GewBetr. Nicht erforderl ist, dass – *(1)* ein GesVertrag zivilrechtl wirksam ist, soweit die Beteiligten das wirtschaftl Ergebnis des Vertrags eintreten und bestehen lassen (§ 41 AO; zu FamilienPersGes s Rz 748), und – *(2)* die PersGes bereits eine *werbende* Tätigkeit aufgenommen hat (BFH XI R 45/88 BStBl II 93, 538 zu B. I.3), die Vorbereitung hierfür genügt, zB Anmietung eines Geschäftslokals (anders gewstrechtl, s zB BFH IV R 23/97 BStBl II 98, 745; GewStR 2.5 I). Zum Beginn des GewBetr einer BesitzPersGes bei BetrAufsp s Rz 869; zu GmbH & Co KG s BFH III R 2/03 BStBl II 05, 405, zu gewerbl geprägter PersGes s Rz 231. Eine MUerschaft kann auch vorliegen, wenn die Aufnahme der ernstl geplanten werbenden Tätigkeit unterbleibt (BFH IV R 176/74 BStBl II 78, 54; BFH IV R 41/93 BB 95, 861; oben Rz 129, 131). Die **Rück-**

beziehung des GesVertrags ändert nichts am Beginn erst mit Vertragsabschluss. Zu **Vorweg-BA** bei geplanter, aber nicht realisierter PersGes/-Beteiligung s BFH IV R 117/94 BFH/NV 96, 461; BFH III R 38/03 BFH/NV 05, 202.

196 **b) Doppelstöckige Personengesellschaft.** Die Abfärbung aufgrund der Beteiligung an gewerbl UnterPersGes gem § 15 III Nr 1 nF (Rz 189) tritt erst mit „Beziehen" der Einkünfte ein; dies erfordert neben den Beginn des GewBetr der (ggf abgefärbten/gewerbl geprägten) UnterPersGes (Rz 195, 225) die MUerstellung der OberGes *und* die Zuweisung des Gewinn-/Verlustanteils gem § 4a II Nr 2 (BFH IV R 5/11 BStBl II 14, 972; FG BBg EFG 21, 2065, Rev IV R 10/21).

197 **c) Ende.** Die MUerschaft endet mit Beendigung des GewBetr, auch nach Preisgabe der Gewinnabsicht (BFH GrS 4/82 BStBl II 84, 751/66), oder für einzelne MUer mit Veräußerung seines MUanteils (§ 16 I Nr 2). Wird der ganze GewBetr veräußert oder aufgegeben (§ 16 I Nr 1), endet die gewerbl MUerschaft im Zeitpunkt der Veräußerung oder Aufgabe, auch wenn zivilrechtl das GesVerhältnis noch nicht voll beendet ist, zB weil der Veräußerungserlös noch nicht verteilt ist; es liegt anteiliges PV der Ges'ter vor (str, s § 16 Rz 337). Stellt die MUerschaft ihre werbende Tätigkeit ohne Betriebsveräußerung/-aufgabe ein, endet sie *gewstrechtl* mit Betriebseinstellung (BFH VIII R 47/86 BFH/NV 90, 799), *estrechtl* mit dem Ende der Abwicklung (= Vollbeendigung der Ges), sofern die Abwicklung ernsthaft betrieben wird; andernfalls ist die Betriebseinstellung eine Betriebsaufgabe. Die Eröffnung des **Insolvenzverfahrens** über das Vermögen einer PersGes beendet weder die MUerschaft noch die EStPflicht der MUer, und zwar nicht nur bei Fortführung des GewBetr durch den Insolvenzverwalter, sondern auch bei bloßer Abwicklung. Die Absicht, wieder eine gemeinsame werbende Tätigkeit aufzunehmen, schließt eine Betriebsaufgabe nur bei bloßer **Betriebsunterbrechung** aus (dazu § 16 Rz 160ff). Auch nach dem Ende einer MUerschaft können die ehemaligen MUer oder deren Rechtsnachfolger gem § 24 Nr 2 (evtl iVm § 15 I 2) noch nachträgl Einkünfte aus GewBetr haben (s § 16 Rz 348ff).

III. Nicht gewerbliche/gewerblich geprägte Personengesellschaft

1. Nicht gewerbliche Personengesellschaft bei betrieblicher Beteiligung eines Gesellschafters (Zebragesellschaft); Freiberufler-Personengesellschaft

Verwaltung: *BMF* BStBl I 94, 282; *BMF* BB 96, 424 (Einkunftsermittlung); *BMF* BStBl I 96, 1521; *BMF* BStBl I 99, 592 (Nichtanwendungserlass zu BStBl II 97, 39 bzw BStBl II 99, 401); *BMF* BStBl I 07, 542 (§ 15b); *OFD Bln* DB 04, 1235 („sale und lease back").

Schrifttum: *Wachter,* Gewerbl Prägung ..., DB 17, 2827; *v. Proff,* Die Einheits-KG ..., DStR 17, 2590; *Engel,* Zebra ..., FS Crezelius, 2018, 297.

200 **a) Vermögensverwaltende Gesellschaft.** Ist eine PersGes (OHG, KG, GbR) **nicht gewerbl** (auch nicht teilweise, s Rz 185ff), sondern zB *nur* vermögensverwaltend tätig, und ist sie auch keine gewerbl geprägte PersGes (§ 15 III Nr 2), fällt sie nicht unter § 15 I 1 Nr 2, III Nr 1 (BFH GrS 2/02 BStBl II 05, 679). Dh, die **Ges'ter** in ihrer Verbundenheit **erzielen** keine Einkünfte aus GewBetr, sondern **Einkünfte** aus LuF, KapVerm oder VuV, die nach den dafür maßgebl Grundsätzen (§§ 8, 9, 11) zu ermitteln, gesondert festzustellen und den Ges'tern anteilig zuzurechnen sind. Zur gesellschafterbezogenen Ergänzungsrechnung s BFH IX R 38/17 DStR 20, 1033. Zu §§ 17, 23 s dort, *Wacker* DStR 05, 2014; *Milatz ua* DStR 17, 141; *OFD Ffm* DStR 15, 2554; zu § 15b s *BMF* BStBl I 07, 542 Tz 13; zur AbgeltungsSt ab 2009 § 20 II 3 nF. Zu § 180 I Nr 2a AO s *OFD Ffm* DStR 15, 2554. Zur BP-Anordnung s BFH IX R 16/19 DStR 21, 1232. Zu WagnisKapGes s Rz 280ff, 290. Zur Bilanzierung nach HGB s *Früchtl ua* DStZ 10, 595. – **Ausnahme:** KSt-Pflicht aufgrund **Option** gem **§ 1a KStG** (dazu Rz 160aff).

201 **b) Betriebliche Beteiligung.** Anderseits müssen, wenn an der nichtgewerbl PersGes eine **KapGes** beteiligt ist, deren Einkünfte aus dieser PersGes nach § 8 II KStG anteilig (kstrechtl und gewstrechtl) als **gewerbl** erfasst werden. Zum BV dieser sog **ZebraGes** (*Engel,* FS Crezelius, 297) gehören deshalb die **Anteile** an den WG der ZebraGes (§ 39 II Nr 2 AO; BFH I R 29/13 BFH/NV 15, 27; glA zu § 9 Nr 1 S 2 GewStG BFH GrS 2/16 BStBl II 19, 262 Rz 82); auch hierfür ist § 15 III Nr 2 nicht einschlägig, weil die Ges'ter aufgrund von Umständen *außerhalb* der ZebraGes gewerbl Einkünfte erzielen (BFH GrS 2/02 BStBl II 05, 679; oben Rz 200). Gleiches gilt bei betriebl Beteiligung (notwendiges oder gewillkürtes BV/SBV) **anderer Gewerbetreibender** (zB natürl Person, gewerbl tätige oder geprägte PersGes BFH IV R 44/09 BStBl II 13, 142).

c) Einkünftefeststellung. Die Frage, wo (Ges oder Ges'ter) und wann die Anteile betriebl beteiligter Ges'ter (Rz 201) in gewerbl Einkünfte umzuqualifizieren und umzurechnen sind, war früher umstritten (s *Schmidt* 34. Aufl § 15 Rz 202). **202**

aa) Finanzverwaltung. Nach *BMF* BStBl I 94, 282, *BMF* BStBl I 96, 1521 und *BMF* BStBl I 99, 592 sind auf der *Ebene der PersGes* die Einkünfte für alle Ges'ter *grds* als Überschusseinkünfte (ohne Ansatz von Veräußerungsgewinnen; *mE* auch nicht solche gem §§ 17, 23) festzustellen (s Rz 200). Erst auf der *Ges'ter-Ebene* sind die Einkünfte (isoliert) als betriebl zu ermitteln und verfahrensrechtl eigenständig in den ESt- oder KSt-Folgebescheiden zu erfassen. Dabei hat jeder betriebl beteiligte Ges'ter alle WG der nicht gewerbl PersGes *anteilig* in „seiner eigenen Buchführung zu erfassen und den Gewinnanteil, der sich für ihn aus den einzelnen Geschäftsvorfällen der PersGes ergibt, nach den Grundsätzen der Gewinnermittlung zu berechnen und anzusetzen" (*BMF* BStBl I 94, 282 Tz 5). **Ausnahmen:** – *(1)* Die PersGes ermittelt freiwillig den Gewinnanteil des Ges'ters nach §§ 4 I, 5 (Tz 2–3, 6; beachte auch Buchführung gem § 238 HGB iVm §§ 6, 105 II, 161 II HGB). – *(2)* Der StPfl ist zu weniger als 10 % an der PersGes beteiligt; in diesem Fall ist auf Antrag mit Zustimmung des FA „aus Vereinfachungsgründen" der anteilige Gewinn oder Verlust iHd auf der Ebene der Ges nach den Grundsätzen der Überschussrechnung ermittelten und festgestellten Überschussanteils zu schätzen und auf einem „Beteiligungskonto" erfolgswirksam zu buchen; bei späterer Veräußerung/Entnahme des PersGes-Anteils (dazu Rz 206) ist der Unterschied zw Veräußerungserlös/Entnahmewert und Buchwert des Beteiligungskontos als lfd gewerbl Gewinn des Ges'ters zu erfassen (Tz 7–11 mit Beispiel). **204**

bb) Bundesfinanzhof. BFH **GrS** 2/02 (BStBl II 05, 679) hat sich dem – allerdings ohne Aussage zu Ausnahme *(2)* – zR **angeschlossen** (glA bereits zuvor BFH IX R 80/98 BStBl II 03, 167); Folge: die Ges'ter sind *jeweils einzeln* („isoliert") bezügl der Höhe ihrer gewerbl Beteiligungseinkünfte erklärungspflichtig (BFH III R 18/03 BFH/NV 06, 235: keine Bindung an Feststellungsbescheid; **aA** BFH IX R 72/07 BStBl II 09, 231; insgesamt abl *Lüdicke* DB 05, 1813: Verstoß gegen effektive Rechtsschutzgewährung, weil kein ausreichendes Informationsrecht gegen ZebraGes; mE unzutr, vgl Vorlagebeschluss BFH IX R 80/98 BStBl II 03, 167 zu B III 4/d; *Wacker* JbFStR 06/07, 365, 375). Der GrS hat damit – trotz ihrer Vorzüge – die Ping-Pong-Lösung (dazu *Schmidt* 34. Aufl § 15 Rz 203) mangels gesetzl Grundlage zutr abgelehnt. **205**

d) Ermittlung der anteiligen Gewinneinkünfte. Über die Grundsätze zu Rz 204, 205 („isolierte Gewinnermittlung") hinaus gilt zB, dass dem betriebl Beteiligten – *(1)* sämtl Steuervergünstigungen, die BV voraussetzen, zustehen (zB § 6b; erhöhte AfA, einschr gem § 7a VII *Groh* DB 84, 2374; *BMF* BStBl I 94, 282 Tz 5; mE unzutr; abl zu InvZul BFH III R 41/89 BFH/NV 96, 360; zum FördG (aF) s abw BFH IX R 5/07 BFH/NV 07, 2097: *Ges* maßgebl; abl zu Buchwertfortführung gem § 11 UmwStG *BMF* BStBl I 11, 1314 Rz 3.16; **aA** *Huber ua* DB 11, 1823); – *(2)* bei BV-Vergleich des Ges'ters anteilig TW-AfA mögl sind (*Pyszka* DStR 10, 1372) und – *(3)* *sämtl* Veräußerungsgewinne (-verluste) zu erfassen sind (BFH IV R 37/99 BStBl II 01, 162 zu II.1); Ausnahme: Bruchteilsbetrachtung gem § 39 II Nr 2 AO im Verhältnis Ges'ter/ZebraGes (*Wacker* DStR 05, 2012); demnach im Umfang der Beteiligungsquote des Ges'ters auch keine Gewinnrealisierung, **206**

wenn er WG an die ZebraGes veräußert (BFH IV R 44/09 BStBl II 13, 142; *Wacker* DStR 05, 2012; § 6 Rz 763); – *(4)* die der ZebraGes zur Nutzung überlassenen WG in die Gewinnermittlung einzubeziehen sind (diff *G. Söffing* DB 98, 896, 898); – *(5)* von der ZebraGes erhaltene Tätigkeits- oder Nutzungsvergütungen Teil der gewerbl Einnahmen des Ges'ters und zugleich – sofern nicht bei der Ges zu aktivieren (s auch Rz 577) – (anteilig) BA sind (zB *Groh* DB 84, 2374, 2376; zum umgekehrten Fall s *KS* § 15 Rz 398); zu Ergebnisvorab s aber FG BBg EFG 13, 928; – *(6)* der GesAnteil kein MUeranteil iSv § 16 I 1 Nr 2 ist (BFH IV R 103/94 BStBl II 97, 39 zu 5.; *OFD Bln* DB 04, 1235; § 16 Rz 387) und deshalb bei unentgeltl Übertragung (Entnahme; dazu Rz 204) des Zebra-Anteils § 6 III nicht anwendbar ist (*Groh* DB 84, 2374, 2375); – *(7)* **§ 15a-Verluste** auf Ebene des Ges'ters festzustellen sind *(Braun ua* DStR 20, 2697; **aA** *BMF* BStBl I 20, 919 Tz 20) – *(8)* **§ 15b** für die individuellen *gewerbl* Beteiligungseinkünfte zu prüfen ist (**aA** *BMF* BStBl I 07, 542 Tz 20). – *(9)* zu **§ 43b II 1** (KapESt) s BFH I R 77/17 DStR 21, 2193. – *(10)* Zur **GewSt** s zB BFH GrS 2/16 BStBl II 19, 262 § 9 Nr 1 S 2 f GewStG aF/nF. – *(11)* Zu **§ 35** zB *Kollruss* StBP 02, 102. – *(12)* Zu **§ 8d II 2 Nr 4 KStG** s *BMF* BStBl I 21, 363 Rz 40. – *(13)* Zur **ErbSt** s BFH II R 4/12 BStBl II 13, 742; abl *Hübner* DStR 13, 2257.

2. Gewerblich geprägte Personengesellschaft, § 15 III Nr 2

Verwaltung: EStR 15.8 VI; GewStR 2.1 II; 2.5 I; *BMF* BStBl I 00, 1198; *BMF* BStBl I 01, 614 (Haftungsbeschränkung bei GbR); *OFD NRW* IStR 17, 996 (ausl Grundstücksgesellschaft).

211 **a) Geprägetheorie (frühere Rechtslage).** Hiernach galt die – zB nur vermögensverwaltende – Betätigung einer OHG (KG) stets als GewBetr, wenn an der Ges nur KapGes oder neben natürl Personen eine KapGes beteiligt war, die der PersGes das „Gepräge" gibt, dh einzige persönl haftende Ges'terin war. Diese Rspr hat der **BFH** 1984 **aufgegeben** (BFH GrS 4/82 BStBl II 84, 751).

212 **b) Gesetzliche Regelung der „gewerblich geprägten Personengesellschaft", § 15 III Nr 2; Inhalt und Zielsetzung.** Nach § 15 III Nr 2 (idF StBerG 1986, BGBl I 85, 2436) „gilt" die mit Einkünfteerzielungsabsicht unternommene Betätigung einer nicht gewerbl tätigen PersGes, an der eine oder mehrere KapGes unmittelbar oder mittelbar (§ 15 II Nr 2 S 2) beteiligt sind, unter bestimmten Voraussetzungen (s zu c) als GewBetr (kraft Rechtsform). § 15 III Nr 2 bezweckt primär eine „gesetzl Verankerung der sog Gepräge-Rspr" (BT-Drs 10/4513, 64). Dies ist **verfgemäß** (BFH IV R 5/02 BStBl II 04, 464; § 18 Rz 4) und mit dem Beihilfeverbot des **Art 107 AEUV** vereinbar (*Balbinot* Beihilfeverbot und Rechtsformneutralität, Diss, 2018, 237 ff).

213 **c) Tatbestand.** Die gewerbl Prägung einer PersGes erfordert nach § 15 III Nr 2 **positiv** *(1)* eine „PersGes", *(2)* bei der „ausschließl eine oder mehrere KapGes" (oder diesen gem § 15 III Nr 2 S 2 insoweit gleichgestellten gewerbl geprägte PersGes iSv § 15 III Nr 2 S 1) „persönl haftende Ges'ter sind", *(3)* „nur diese oder Personen, die nicht Ges'ter sind, zur Geschäftsführung befugt sind" und *(4)* eine „mit Einkünfteerzielungsabsicht unternommene Tätigkeit". **Negativ**, ist erforderl, dass die PersGes „keine Tätigkeit iSd Abs 1 S 1 Nr 1 ausübt" (BFH IV R 1/13 BStBl II 17, 489), dh **nicht** bereits **originär gewerbl** iSv § 15 II tätig ist zB als BesitzGes einer BetrAufsp oder iRe Betriebsunterbrechung (BFH IV R 37/14 BStBl II 18, 227; § 16 Rz 160 ff). Denn soweit eine PersGes (auch nur teilweise) gewerbl tätig ist, gilt ihre gesamte Betätigung ohnehin als GewBetr (§ 15 III Nr 1). Leitbild der gesetzl Regelung sind: die (nicht gewerbl tätige) GmbH & Co KG, bei der eine GmbH einzige persönl haftende und geschäftsführende Ges'terin ist; die OHG, deren Ges'ter nur KapGes sind. – Da vertragl gestaltbar ist, ob eine PersGes allen Tatbestandsmerkmalen genügt (zB durch Regelung der Geschäftsführungsbefugnis, s Rz 221 ff, besteht – abgesehen vom Rückwirkungsbereich – ein (faktisches) **Wahlrecht** zw gewerbl geprägter und nicht gewerbl PersGes. Da-

Nicht gewerbliche/gewerblich geprägte Personengesellschaft   215–218   § 15

mit eröffnet § 15 III Nr 2 estrechtl **Gestaltungsmöglichkeiten** zB zur Vermeidung einer Betriebsaufgabe, zur „Ausgliederung" von SBV/BV (krit *Niehus* StuW 08, 359/72) oder zur Erlangung *erbsteuerl Vorteile* (§§ 13a, 19a, 28a ErbStG). Zur **KSt-Option** gem § 1a KStG s Rz 160a ff.

aa) Personengesellschaft (mit persönl haftenden Ges'tern). Der Begriff der 215
PersGes umfasst Außen- wie InnenGes. Die Ges muss aber (mindestens einen, evtl mehrere) persönl haftende Ges'ter haben. Auch ausl Ges können PersGes iSv § 15 III Nr 2 sein (BFH I R 92/12 IStR 17, 278; BFH VIII R 11/16 DStR 19, 1136; *OFD NRW* IStR 17, 996); zur DBA-Qualifikation s aber Rz 173.

bb) Kapitalgesellschaft. Ausschließl KapGes dürfen persönl haftende Ges'ter 216
und zur Geschäftsführung befugt sein. § 15 III Nr 2 ist nicht erfüllt, wenn (auch) andere Personen zB eine oder mehrere natürl Personen persönl haftende Ges'ter und/oder geschäftsführungsbefugt sind. Der Begriff der KapGes entspricht dem des § 1 I Nr 1 KStG (zB AG, GmbH, KGaA; zu § 5a GmbHG nF s Rz 169, 700). Auch die mit Abschluss eines GmbH-Vertrags entstehende VorGes (s Rz 169) ist, sofern die GmbH später ins HR eingetragen wird, bereits KapGes (BFH III R 2/03 BStBl I 05, 405; diff BFH II R 41/07 BStBl II 09, 600 zu § 13a ErbStG; mE fragl); zur HREintragung der KG s Rz 227. Ausl Ges können KapGes iSv § 15 III Nr 2 selbst dann sein, wenn sie weder gewerbl tätig noch unbeschr kstpflichtig sind (§§ 1 I Nr 1, 8 II KStG; BFH XI R 15/05; BStBl II 07, 924; *OFD NRW* IStR 17, 996; zu DBA und Limited & Co KG „im Brexit" s Rz 173). Keine KapGes sind Genossenschaften, VVaG (§ 1 I Nr 2, 3 KStG) und sonstige juristische Personen iSv § 1 I Nr 4 KStG (zB rechtsfähige Stiftung); die Stiftung & Co KG fällt daher nicht unter § 15 III Nr 2 (FG Mster EFG 20, 831, Rev II R 9/20; *Wehrheim ua* StuW 05, 234). Eine **GmbH & Co KG** ist keine KapGes, aber bei doppelstöckigen PersGes als OberGes insofern einer KapGes gleichgestellt (§ 15 III Nr 2 S 2), als dem Erfordernis „ausschließl KapGes persönl haftende Ges'ter und geschäftsführungsbefugt" bei der UnterGes auch genügt ist, wenn bei dieser (wenn statt KapGes) eine oder mehrere gewerbl geprägte PersGes iSv § 15 III Nr 2 persönl haftende Ges'ter und geschäftsführungsbefugt sind **(doppelstöckige gewerbl geprägte PersGes),** wobei die OberGes ihrerseits bereits eine doppelstöckige gewerbl geprägte PersGes sein kann (mehrstöckige gewerbl geprägte PersGes). Diese Gleichstellung ist zwar entgegen dem Gesetzeswortlaut auch geboten, wenn die als persönl haftende Ges'terin beteiligte GmbH & Co KG (OberGes) selbst gewerbl tätig ist (BFH IV R 37/99 BStBl II 01, 162). ME müssen jedoch die Prägevoraussetzungen dem Grunde nach auch bei der OberGes erfüllt sein (glA FG Hess EFG 21, 2057, nrkr). Dh: – **(1)** ein K'tist darf weder Geschäftsführer der UnterGes noch der OberGes sein (*Euhus* DStR 11, 1350); – **(2)** persönl haftender Ges'ter der OberGes muss eine KapGes sein (FG Saarl EFG 11, 2067). Allerdings ist für die jeweils zu beurteilende PersGes die Stellung der KapGes als zivilrechtl Ges'terin ausreichend (s EStR 15. 8 VI 5), nicht notwendig deshalb auch die estrechtl MUer-Stellung (*Groh* DB 87, 1006).

cc) Persönlich haftende Gesellschafter. Ausschließl KapGes (oder gleichge- 218
stellte gewerbl geprägte PersGes) dürfen persönl haftende Ges'ter sein. Der Begriff ist dem **HGB** (zB § 161 I HGB) entnommen; dieses versteht darunter einen Ges'ter, der neben der PersGes für deren Verbindlichkeiten aufgrund der §§ 124, 128, 130 HGB unbeschr, dh weder gegenständl noch summenmäßig beschr haftet. Ges'ter, die diese Voraussetzungen nicht erfüllen, zB Kdist, oder Personen, die nur im Innenverhältnis haften zB Treugeber (BGH XI ZR 148/08 DStR 09, 1920), sind keine persönl haftenden Ges'ter. Danach sind persönl haftende Ges'ter unstr die Ges'ter einer OHG und die Komplementäre einer KG, und zwar auch dann, wenn sie für bestimmte Verbindlichkeiten der OHG oder KG zB aufgrund Vereinbarung mit einem Gläubiger nicht unbeschr haften, oder ihnen als Minderjährige eine Haftungsbeschränkung mögl ist (zu GbR-Ges'ter s Rz 227). Umgekehrt sind

die K'disten keine persönl haftenden Ges'ter, auch wenn sie für Verbindlichkeiten der KG zB aufgrund Bürgschaft oder des § 176 HGB unbeschr haften (*Groh* DB 87, 1006, 1007) oder der KG Kredite gewähren (BFH IV B 96/03 BFH/NV 05, 1564). – Das Tatbestandselement „persönl haftender Ges'ter" erfasst auch den allein nach außen auftretenden Ges'ter einer InnenGes, weil dessen Schulden im Innenverhältnis allen Ges'tern anteilig wie „GesSchulden" zugerechnet werden (s Rz 228).

221 **dd) Geschäftsführungsbefugnis.** Ausschließl KapGes – oder natürl Personen, die nicht Ges'ter der PersGes sind – dürfen zur (Einzel-/Gesamt-)Geschäftsführung befugt sein. § 15 III Nr 2 ist nicht erfüllt, wenn neben einer KapGes auch nur eine natürl Person, die Ges'ter (zB K'tist) der PersGes ist, geschäftsführungsbefugt ist, gleichgültig ob allein oder nur gemeinschaftl mit einer KapGes (BFH VIII R 63/93 BStBl II 96, 93; BFH IV R 87/93 BStBl II 96, 523; *Drüen* FS Lang, 57, 80f).

222 **(1) Geschäftsführung.** Der Begriff ist gesellschaftsrechtl zu verstehen (vgl §§ 114–117, 164 HGB; §§ 709–713 BGB); maßgebl ist die gesetzl oder gesellschaftsvertragl (organschaftl) Befugnis im Innenverhältnis der Ges'ter zueinander zu einer auf Verwirklichung des GesZwecks gerichteten Tätigkeit, nicht die Vertretungsmacht zB iSv §§ 125 ff HGB (BFH IV R 52/10 BFH/NV 11, 1354; EStR 15.8 VI 1). Bei einer KG kann der einzige persönl haftende Ges'ter zwar gesvertragl nicht von der Vertretung, wohl aber von der Geschäftsführung ausgeschlossen werden; umgekehrt kann ein K'tist zwar nicht zur (gesetzl) Vertretung, wohl aber zur Geschäftsführung berufen werden. § 15 III Nr 2 ist daher *nicht* erfüllt, wenn bei einer GmbH & Co KG ein K'tist (natürl Person) aufgrund des GesVertrags allein oder auch nur neben der Komplementär-GmbH einzeln oder gemeinschaftl mit dieser geschäftsführungsbefugt ist (sog verfremdete GmbH & Co KG; BFH IV R 87/93 BStBl II 96, 523; zur Einheits-KG s aber Rz 223). Eine *Befugnis* zur Geschäftsführung reicht aus. Ergibt sich diese aber nicht aus Gesetz oder GesVertrag, sondern zB nur aus einem Dienstvertrag eines K'tisten (natürl Person) mit der KG, ist dies keine Geschäftsführungsbefugnis iSv § 15 III Nr 2 (BFH IV R 87/93 BStBl II 96, 523; **aA** *Lüdicke* FS FfSt 1999 S 323). Der Kreis der persönl haftenden und der zur Geschäftsführung befugten KapGes muss nicht identisch sein; § 15 III Nr 2 ist auch erfüllt, wenn zB drei KapGes persönl haften, aber nur zwei davon einzeln- oder gesamtgeschäftsführungsbefugt sind; erst eine zusätzl Geschäftsführungsbefugnis eines Ges'ters (natürl Person) schließt § 15 III Nr 2 aus. Umgekehrt ist § 15 III Nr 2 erfüllt, wenn alle persönl haftenden Ges'ter (KapGes) einzel- oder gesamtgeschäftsführungsbefugt sind (BFH VIII R 63/93 BStBl II 96, 93 zu II.1.b cc). Ist neben der alleinigen Komplementär-KapGes eine weitere KapGes zur Geschäftsführung befugt, die nur K'tistin ist, ist mE entgegen dem missverständl Gesetzestext § 15 III Nr 2 zu bejahen (**aA** EStR 15.8 VI 1–2; *Pyszka* DStR 10, 1372).

223 **(2) Personengesellschaft.** Maßgebl ist die Geschäftsführung bei der PersGes, deren Qualifikation in Frage steht. Demgemäß erfasst § 15 III Nr 2 eine GmbH & Co KG, bei der nur die einzige Komplementär-GmbH zur Geschäftsführung berufen ist, auch dann, wenn Geschäftsführer der GmbH eine natürl Person ist, die an der KG als K'tist beteiligt ist (BFH IV R 87/93 BStBl II 96, 523/6); denn zur Geschäftsführung bei der KG ist in diesem Falle nur die GmbH befugt, nicht deren Geschäftsführer; dieser führt nur mittelbar die Geschäfte der KG. Soll § 15 III Nr 2 vermieden werden, muss ein K'tist (natürl Person) neben oder an Stelle der GmbH zur Geschäftsführung bei der KG berufen werden (s Rz 222). Diese Grundsätze gelten auch für die **Einmann-GmbH & Co KG,** nicht jedoch für die sog **Einheits-GmbH & Co KG**, bei der die Anteile an der Komplementär-GmbH zum Gesamthandsvermögen der KG gehören (Rz 700). Folge dieser strukturellen Vereinheitlichung wäre, dass die GmbH-Geschäftsführer zugleich die GesRechte der KG iRd GmbH-GesVersammlung wahrzunehmen hätten (zum Stimmverbot gem § 47 IV GmbHG s *K. Schmidt*, GesR, 4. Aufl, § 56 II 3e). Demgemäß sehen die

GesVerträge nicht selten vor, dass die Geschäftsführung *insoweit* den K'tisten *organschaftl* übertragen werden (zu § 170 II HGB (RefE) s *Wertenbruch* GmbHR 21, 1). Dies ist nach BFH IV R 42/14 BStBl II 17, 1126 abw von den allg Grundsätzen (Rz 222) für die gewerbl Prägung der KG unschädl, da die K'tisten *hierdurch* keinen bestimmenden Einfluss auf die eigentl Unternehmenstätigkeit der *KG* erlangen (*Wachter* DB 17, 2827: teleologische Reduktion des Geschäftsführungsbegriffs). Die Rspr wirkt zwar vereinfachend, gleichwohl ist sie mE nicht zweifelsfrei, weil den K'tisten auch eine nur rechtsgeschäftl Vollmacht erteilt werden könnte (zur sog Beiratslösung s EStR 15.8 VI 5).

(3) Natürliche Personen. § 15 III Nr 2 bleibt anwendbar, wenn außer KapGes 224 natürl Personen, die nicht Ges'ter sind, geschäftsführungsbefugt sind. Gesrechtl können solche Personen nur neben Ges'tern zur Geschäftsführung berufen werden; es ist nicht mögl, alle Ges'ter von dieser auszuschließen (str); das entspr Tatbestandselement des § 15 III Nr 2 ist leerlaufend.

ee) Tätigkeit in Einkünfteerzielungsabsicht. § 15 III Nr 2 setzt voraus, 225 dass die PersGes mit „Einkünfteerzielungsabsicht", dh in der Absicht tätig wird, einen *betriebl* Totalgewinn (einschließl etwaiger Veräußerungs-/Aufgabegewinne) zu erzielen (BFH IV R 80/05 BStBl II 09, 266; EStR 15.8 VI 4; zu § 15 III Nr 1 s Rz 192). Allerdings ist nach BFH IV R 34/11 BStBl II 15, 380 die Gewinnerzielungsabsicht selbst bei einer nur geprägten VorratsGes im Hinblick auf die angestrebte (später jedoch nicht aufgenommene) Tätigkeit zu vermuten, wenn diese nicht verlustgeneigt wäre und (zunächst) keine Anhaltspunkte für deren Aufgabe bestehen (mE bedenkl; s zu Vorlaufverlusten auch BFH IV R 80/05 BStBl II 09, 266 sowie *Schmidt* 34. Aufl § 15 Rz 225).

ff) Einzelfälle. – (1) GmbH & Co GbR. Nach neuerer *zivilgerichtl Rspr* haf- 227 ten die Ges'ter einer GbR für die rechtsgeschäftl (und gesetzl) Schulden der GbR grds auch persönl und unbeschr mit ihrem Vermögen; eine Beschränkung der Haftung auf das GesVermögen ist entgegen früher hL *nicht durch eine Beschränkung der Vertretungsmacht* des geschäftsführenden Ges'ters, sondern nur im Wege einer individualvertragl getroffenen Vereinbarung mögl (BGH II ZR 371/98 DStR 99, 1704; II ZR 331/00 DStR 01, 310; II ZR 385/99 DStR 03, 747); Ausnahme aus Gründen des Vertrauensschutzes: bereits existierende Immobilienfonds-GbR (BGH II ZR 2/00 DB 02, 1042). – Estrechtl folgt daraus, dass eine GmbH & Co GbR grds (Ausnahme s oben) **keine gewerbl geprägte PersGes** iSv § 15 III Nr 2 sein kann, wenn auch natürl Personen Ges'ter sind, da diese unbeschr für rechtsgeschäftl Schulden haften. Folgen: Soweit *früher* eine GmbH & Co GbR als gewerbl geprägte PersGes anerkannt war, erweist sich dies idR rückwirkend als unrichtig; die GbR hatte von Anfang an PV (Wandel der Beurteilung, keine Betriebsaufgabe!). Soweit in der Vergangenheit aus einem BV einzelne WG zu Buchwerten in die (vermeintl gewerbl geprägte) GbR eingebracht wurden, war dies in Wahrheit eine Entnahme (*BMF* BStBl I 00, 1198); bestandskräftige Steuerbescheide sind nicht nach **§ 174 III AO** änderbar (BFH IV R 33/07 BStBl II 10, 586; überholt damit *BMF* BStBl I 01, 614). – Der **HReg-Eintrag** einer vermögensverwaltenden GbR als GmbH & Co **KG** (vgl §§ 105 II, 161 II 2 HGB) bewirkt das Entstehen einer echten gewerbl geprägten Ges (BFH I R 52/10 BFH/NV 11, 1354;) und damit eine Betriebseröffnung durch die KG (beachte zu Ges'ter-KapGes/VorGes aber Rz 216). – Aus **Vertrauensschutzgründen** konnte aber eine GbR, die bisher als gewerbl geprägt beurteilt wurde, auf Antrag weiter als solche behandelt werden (BV!), wenn sie bis zum 31.12.01 in eine GmbH & Co KG umgewandelt wurde (*BMF* BStBl I 01, 614; *OFD Kbl* DB 01, 69: rechtzeitige Anmeldung genügt); gleichwohl besteht jedenfalls bei Widerspruch zur vorgelegten Eröffnungsbilanz (TW-Ansatz) kein Zwang zur Buchwertfortführung (BFH IV R 11/10 BFH/NV 13, 1569). – Die vorstehenden Grundsätze gelten mE auch, wenn **individual-** bzw formularvertragl **Haftungsbeschränkungen** vereinbart werden; für eine GbR kann insoweit nichts anderes gelten als für eine OHG oder KG (BFH IV R 35/13 DStR 16, 2704; oben Rz 218). GlA nunmehr *BMF* BStBl I 14, 555 mit „zweiter" Übergangsregelung (Antrag zur Gewerblichkeit bis 31.12.14 iVm Umwandlung in geprägte KG; dazu *kk* KÖSDI 14, 18794).

228 **(2) GmbH & Still; GmbH & Co KG & Still.** Auch eine atypische stille Ges, bei der „Inhaber des Handelsgeschäfts" eine nicht gewerbl tätige KapGes oder gewerbl geprägte PersGes ist, kann als solche gewerbl geprägte PersGes iSv § 15 III Nr 2 sein – ungeachtet dessen, dass eine stille Ges als InnenGes keine „Ges-Schulden" (s Rz 222) hat (BFH IV R 18/98 BStBl II 99, 286). Zur *atypisch Unterbeteiligung* am Anteil eines Ges'ters an einer gewerbl geprägten PersGes s aber Rz 367.

229 **(3) Personengesellschaft nur aus Kapitalgesellschaft.** Sind nur KapGes Ges'ter einer Außen-PersGes, ist diese gewerbl geprägt (BFH IV R 51/00 BStBl II 02, 873; s auch Rz 222 aE). Zu ausl PersGes (einschließl DBA) s Rz 215, 173.

230 **gg) Keine gewerblich geprägten Personengesellschaften.** *Beispiele:* eine OHG/GbR aus KapGes *und* natürl Person; eine KG, deren persönl haftender Ges'ter KapGes *und* natürl Personen sind; eine KG, bei der eine KapGes als einzige persönl haftende Ges'terin von der Geschäftsführung ausgeschlossen, und stattdessen ein K'tist (natürl Person) zur Geschäftsführung berufen ist; eine Stiftung & Co KG. Zur Partenreederei gem § 489 HGB aF (s Rz 374) s *Schmidt* 34. Aufl § 15 Rz 230.

231 **d) Rechtsfolge.** Nach § 15 III Nr 2 **„gilt"** **(Fiktion)** die Tätigkeit der PersGes grds **einheitl** („in vollem Umfang") estrechtl **als GewBetr** mit der Folge, dass die Ges'ter als MUer gem § 15 I 1 Nr 2 Einkünfte aus GewBetr beziehen. DBA-rechtl liegt jedoch Vermögensverwaltung vor (zu § 50i s dort); ebenso fehlt es an einem wirtschaftl Geschäftsbetrieb gem § 14 AO (BFH II R 44/15 BStBl II 18, 358) sowie an einem Betrieb gewerbl Art iSv § 4 I KStG (BFH I R 83/15 BStBl II 18, 495). Die verschiedenen Betätigungen (einschließl ihrer Vorbereitung, s Rz 195), zB Grundstücksvermietung (VuV), Gewährung verzinsl Darlehen (KapVerm) bilden einen einheitl GewBetr. Das GesVermögen ist notwendig gewerbl BV (vgl BFH I R 61/90 BStBl II 92, 628), soweit es estrechtl relevanten Betätigung dient (s Rz 225, 484, 496). **WG** eines **Ges'ters,** die estrechtl relevanten Betätigung des Ges'ters (oder der Beteiligung der Ges'ter an der Ges) dienen, sind gewerbl (Sonder-)BV. Ob der Gewinn (Verlust) nach § 4 III oder § 5 iVm § 4 I zu ermitteln ist, bestimmt sich nach allg Grundsätzen (dazu Rz 401). Für den Umfang und die **Ermittlung der Einkünfte** gelten uneingeschränkt die für gewerbl tätige PersGes maßgebl Grundsätze (BFH IV R 10/14 BStBl II 17, 466 zu AV/UV). – Eine Aufgabe des (fiktiven) GewBetr (§ 16 III) durch Überführung des GesVermögens ins PV ist nicht mögl, solange und soweit die tatbestandl Voraussetzungen des § 15 III Nr 2 erfüllt sind.

232 Die **GewStPflicht** (§ 2 I 2 GewStG) besteht auch bei Betriebsverpachtung (§ 16 Rz 166 ff). Sie beginnt ebenso wie bei Einzelunternehmern und nicht gewerbl geprägten PersGes (dazu Rz 130; BFH IV R 1/13 BStBl II 17, 489) und anders als bei KapGes (BFH I R 81/15 BStBl II 17, 1071) erst mit HR-Eintragung (BFH I R 52/10 BFH/NV 11, 1354 *OFD Mster* DB 08, 323; *Ausnahme:* nur KapGes sind GbR-Gester *und* Aufnahme der „werbenden" Tätigkeit (GewStR 2.5 I 4; BFH IV R 54/10 BStBl II 12, 927: ebenso, wenn ein späterer Veräußerungsgewinn § 7 S 2 GewStG unterfiele; BFH IV R 49/15 DStR 17, 1428: eigenständige Vermögensverwaltung vor originär gewerbl Tätigkeit). Sie endet mit der endgültigen Einstellung der werbenden Tätigkeit (GewStR 2.6 I). Der gewstl Verlustabzug erfordert Unternehmensidentität (BFH IV R 8/17 BStBl II 20, 401). Zu § 9 Nr 1 Satz 2 s BFH IV R 44/16 BStBl II 20, 24.

233 **e) Änderungen im Tatbestand.** Verändert sich der Sachverhalt so, dass eines der Tatbestandselemente des § 15 III Nr 2 wegfällt (zB Eintritt einer natürl Person als persönl haftender Ges'ter; Änderungen in der Geschäftsführungsbefugnis), entfällt damit die Fiktion eines GewBetr; dies ist idR Betriebsaufgabe iSv § 16 III (BFH XI R 15/05 BStBl II 07, 924; BFH IX R 13/19 BFH/NV 21, 1169; EStR 16 II 6; § 16 Rz 196). Keine Betriebsaufgabe liegt aber vor, wenn die Pers-Ges gleichzeitig eine (echte) gewerbl Tätigkeit aufnimmt (§ 15 III Nr 1 iVm II) oder die Voraussetzungen einer Betriebsverpachtung/-aufspaltung vorliegen (EStR 16 II 7). Umgekehrt ist die erstmalige Erfüllung des Tatbestands des § 15 III Nr 2 Betriebseröffnung iSv zB § 6 I Nr 6. Zum gewstl Verlustabzug s BFH IV R 2/14 BStBl II 17, 1138.

f) Rückwirkende Anwendung. § 15 III Nr 2 ist grds rückwirkend auch auf in VZ vor 1986 verwirklichte Sachverhalte (Altfälle) anzuwenden. Einzelheiten s *Schmidt* 34. Aufl § 15 Rz 234 f.

IV. Subjektive Zurechnung von Einkünften aus Mitunternehmerschaft; insbesondere Mitunternehmerbegriff

Schrifttum (Auswahl): *Petersen,* Unternehmensteuerrecht und bewegl System (BetrAufsp, MUerschaft, vGA), 1999 S 100 ff; *Pinkernell,* Einkünftezurechnung bei PersGes, 2000; *Görgen,* MUerstellung ..., DStZ 20, 607.

1. Funktion des Mitunternehmerbegriffs. Sie besteht darin, dass grds nur demjenigen positive oder negative Einkünfte aus GewBetr im Umfang des § 15 I 1 Nr 2 anteilig unmittelbar als eigene Einkünfte zugerechnet werden können (und *müssen*), der MUer des Betriebs der PersGes (oder Einzelunternehmer) ist (s auch Rz 744 zu „erwünschter" und „unerwünschter" MUerschaft).

2. Personenkreis. – a) Allgemeines. Natürl Personen (minder- oder volljährig) und **juristische Personen**, insb **KapGes** (einschl **OptionsGes** gem § 1a KStG; Rz 160a), aber auch juristische Personen döR (BFH VIII R 43/15 DStRE 19, 1323; BFH I R 83/15 BStBl II 18, 495: Betrieb gewerbl Art; dazu *BMF* BStBl I 16, 237; *BMF* BStBl I 17, 880; *Schiffers* DStZ 17, 562, 600; *Strahl* Ubg 19, 272), gleichgültig, ob unbeschr oder beschr estpfl bzw kstpfl (§ 49 I Nr 2a) oder von der KSt befreit (zB *BMF* DStR 05, 2080; BFH I R 31/10 BFH/NV 12, 786: nichtrechtsfähige Stiftung; zu § 15 AStG s Rz 257); sie alle können MUer sein, soweit sie an einer PersGes (bzw Gemeinschaft, s Rz 171; BFH IV R 50/16 BStBl II 20, 57: Fiskalerbe) unmittelbar als Ges'ter beteiligt sind. Daneben können sie auch Einzelunternehmer oder MUer weiterer GewBetr sein.

b) Doppelstöckige/mehrstöckige Personengesellschaft. – Zivilrechtl ist anerkannt, dass nicht nur OHG und KG, sondern auch eine (Außen-)**GbR** Ges'ter einer anderen PersGes sein können (zu K'tistin s auch § 162 I 2 HGB nF; zu Komplementärstellung OLG Celle DStR 12, 918). – Für das **ESt-Recht** hat BFH GrS 7/89 (BStBl II 91, 691) entschieden, dass bei Beteiligung einer OHG, KG oder „mitunternehmerisch tätigen GbR" (OberGes) an einer gewerbl PersGes (UnterGes) nur die OberGes, *nicht auch* deren Ges'ter (OberGes'ter; kein Durchgriff!) MUer der UnterGes sind. Dies ist jedoch teilweise **überholt,** da nach **§ 15 I 1 Nr 2 S 2** (ab StÄndG 1992, BGBl I 92, 297) ein mittelbar über eine oder mehrere PersGes **beteiligte Ges'ter** dem unmittelbar beteiligten Ges'ter gleichsteht und daher (neben der unmittelbar beteiligten PersGes) als **MUer** des Betriebs der **(Unter-)PersGes** anzusehen ist (s Rz 610 ff). Die Vorschrift **bezweckt** nach der Rspr nur, die mittelbar beteiligten Ges'ter hinsichtl der **Tätigkeits- und Nutzungsvergütungen** und des **SBV** estrechtl wie eine unmittelbar beteiligte Ges'ter („Sonder-MUer") zu behandeln (BFH IV R 69/99 BStBl II 01, 731; offen nunmehr BFH I R 92/12 IStR 17, 278 mit Anm *Wacker*). Hingegen soll es dabei bleiben, dass der auf die OberGes entfallende Anteil am **Gewinn (Verlust) der UnterGes** – einschließl der Sondervergütung für Leistungen der OberGes an die UnterGes (BFH I R 60/92 BStBl II 93, 714 zu II.A. 3.) und eines Gewinns (Verlusts) aus der Veräußerung der Beteiligung an der UnterGes – der **OberGes als MUerin** zuzurechnen ist, auf diese Weise in den Gewinn der OberGes eingeht und deren Ges'tern erst als Teil ihres Anteils am Gewinn der OberGes zuzurechnen ist (BFH IV R 23/93 BStBl II 95, 467 zu IV.3); bei abw Wj zeitversetzt (BFH I 12/62 U BStBl III 65, 296), sofern die Wahl des Wj nicht rechtsmissbräuchlich ist (bej BFH VIII R 89/02 BFH/NV 04, 936; vern bei Vermeidung eines RumpfWj BFH IV R 21/05 BStBl II 10, 230).

Stellungnahme; Kritik: ME ist der **Transparenzgedanke** (Rz 163 ff einschl MoPeG, BGBl I 21, 3436 ab 2024; s auch § 17 III 3 REITG) auch bei mehrstöckigen Strukturen zu beachten, dh MUer (Einkunftserzielungssubjekt) der jeweiligen Unter-PersGes ist nicht die Ober-PersGes als solche, sondern sind die Ober-Ges'ter in ihrer Verbundenheit; in der Sache verfährt die Rspr in Veräußerungsfällen hiernach (s Rz 409, 471; § 15a Rz 169; § 16 Rz 366, 384, 576; Ausnahme § 10a GewStG; s § 16 Rz 366); ebenso iRd DBA (BFH I R 75/07 BStBl II 10, 1028; *BMF* BStBl I 14, 1258; oben Rz 173). Unberührt hiervon bleibt allerdings die Eigenständigkeit der Gewinnermittlungskreise (Unter-/Ober-PersGes; Rz 618 ff; § 15a Rz 33, 169; § 34a Rz 22) sowie die Durchführung gestufter Feststellungsverfahren (§ 180 I Nr 2a AO: ausführl – einschließl GewSt – *Wacker* FS Goette, 561, 578; ähnl *Bodden* FR 02, 559, 564).

Zur iÜ nur **vermögensveraltenden** OberPersGes s Rz 189, 613. Zur **KSt-Pflicht** von Ober- und/oder UnterPersGes kraft **Option** gem **§ 1a KStG** s Rz 160a ff.

257 **3. Unternehmer; Mitunternehmer/Gesellschafter; Gemeinschafter.** Die Begriffe „Unternehmer" (Rz 136 ff) und „Mitunternehmer" sind gleichrangig; auch der MUer ist ein Unternehmer, und zwar des Betriebs der Ges (BFH GrS 3/92 BStBl II 93, 616/21 Sp 2; *Bodden* FR 02, 559, 562). – MUer kann nur sein, **(1)** wer *zivilrechtl Ges'ter einer PersGes* ist, gleichgültig, ob Außen- oder InnenGes (BFH I R 35/14 BStBl II 18, 33), oder **(2)** – in Ausnahmefällen – wer aufgrund eines anderen Rechtsverhältnisses eine einem Ges'ter „wirtschaftl vergleichbare Stellung innehat" (s Rz 171) oder **(3)** wer wirtschaftl Eigentümer (§ 39 II Nr 1 AO) des GesAnteils ist (s Rz 300). – Die **Ges'tereigenschaft** ist grds unerlässl für die Qualifikation als MUer (zB GrS BFH GrS 7/89 BStBl II 91, 691 zu C.III.3.a; BFH VIII R 32/90 BStBl II 98, 480 zu 2.a; s auch Rz 262, 344; **aA** *P. Fischer* FR 98, 813; *Pinkernell* aaO S 210 ff; diff *HHR* § 15 Rz 336). Nicht ausreichend deshalb die Einkunftzurechnung bei ausl Familienstiftung nach § 15 AStG (*Oellerich* HFR 13, 670; zum AStG aF s BFH I R 39/11 FR 13, 1102; s auch § 35 Rz 3); auch führt ein aufschiebend bedingter Ges-Beitritt erst zeitversetzt mit Bedingungseintritt zur MUerstellung (BFH VIII B 30/01 BFH/NV 02, 191). Zum **zivilrechtl Begriff der Ges** (§ 705 BGB) als Voraussetzung einer MUerschaft und der erforderl **Beteiligung am Gewinn** s Rz 280, 284. – Soweit allerdings jemand den Kriterien des MUerbegriffs (Rz 261 ff) genügt, ist zu vermuten, dass er zivilrechtl Ges'ter ist (BFH VIII R 68/98 BStBl II 01, 359 zu II.5.a mwN).

259 **a) Gesellschafterstellung nicht ausreichend.** Der zivilrechtl Ges'ter einer gewerbl tätigen (oder geprägten) PersonenhandelsGes (OHG, KG, GmbH & Co KG, Publikums-KG) ist nur dann MUer, wenn seine gesellschaftsrechtl Stellung den allg Kriterien des MUerbegriffs (s Rz 261 ff) genügt (zB BFH GrS 3/92 BStBl II 93, 616; BFH IV R 34/16 BFH/NV 19, 1078). Mit der Zwecksetzung des § 15 I 1 Nr 2 wäre es nicht vereinbar, zB einen K'tisten als MUer zu behandeln, obwohl er nach dem GesVertrag im Innenverhältnis einem typischen stillen Ges'ter oder Darlehensgeber gleichgestellt ist, der gem § 20 I Einkünfte aus KapVerm hat; ein solcher K'tist bezieht keine Einkünfte aus GewBetr, sondern Einkünfte aus KapVerm (zB BFH VIII R 66–70/97 BStBl II 00, 183 zu II.1). – **Praktische Folgerungen** ergeben sich hieraus zB für die Fragen, ob MUer sind – *(1) ArbN-K'tisten* (s Rz 272, 562, 580), – *(2)* schenkweise in eine Familien-KG aufgenommene *Kinder* (s Rz 740 ff), – *(3)* Ges'ter einer *Publikums-KG* (vern bei Beteiligung ohne Gewinnchance BFH GrS 4/82 BStBl II 84, 751 zu C.V.3.), – *(4)* K'tisten mit sog *Nullbeteiligung* (vern *Kempermann* FR 00, 257), – *(5) kurzfristig* beteiligte Ges'ter (je nach Einzelfall zB vern FG Hbg EFG 16, 499, rkr; bej BFH VIII R 12/16 DStR

19, 2404; BFH IV R 42/13 DStR 17, 2653; BFH IV R 11/15 DStR 17, 1376: Rechtsnachfolge gem UmwStG ausreichend; fragl), – *(6)* krit mE auch die sog *Kettenumwandlung (,,*MUer für eine „logische Sekunde"); dazu zB *Bohn* DStR 18, 1265; *Wendt* FR 18, 318 f.

b) Typusbegriff. Das Gesetz verwendet mit dem Ausdruck MUer als Tatbestandsmerkmal des § 15 I 1 Nr 2 einen Typusbegriff (zB BFH III R 105/88 BStBl II 91, 616), für den kennzeichnend ist, dass er nur durch eine unbestimmte Zahl austauschbarer Merkmale beschrieben werden kann und stets das Gesamtbild entscheidend ist (BFH GrS 4/82 BStBl II 84, 751 zu C.V.3.c; krit *Petersen* aaO S 110 ff; *Mössner* FS Kruse, 2001 S 161; *Görgen* DStZ 20, 607: Kategorisierung). **261**

c) Mitunternehmermerkmale. MUer ist (nur), wer aufgrund eines zivilrechtl GesVerhältnisses (krit *G. Söffing/Jordan* BB 04, 353 für Nießbraucher) oder wirtschaftl damit vergleichbaren Gemeinschaftsverhältnisses zusammen mit anderen Personen MUerinitiative entfalten kann und MUerrisiko trägt (zB BFH GrS 3/92 BStBl II 93, 616 zu C.III.6.a). – Beide Merkmale müssen vorliegen; sie können aber im Einzelfall mehr oder weniger ausgeprägt sein (zB BFH VIII R 66–70/97 BStBl II 00, 183 zu II.1.a mwN) und sind daher bedingt kompensierbar: MUer kann sein, wer geringes Risiko trägt, aber ausgeprägte Unternehmerinitiative entfaltet (zB BFH VIII R 32/90 BStBl II 98, 480 zu 2.c mwN; BFH IV R 18/98 BStBl II 99, 286 zu I.1), und umgekehrt (s Rz 344). Beide Merkmale müssen auf dem GesVertrag beruhen (BFH VIII R 50/92 BStBl II 94, 282 zu II.2.a; str, s Rz 257, 344). **262**

aa) Mitunternehmerinitiative. Sie bedeutet Teilhabe an unternehmerischen Entscheidungen (zB BFH IV R 34/16 BFH/NV 19, 1078); ausreichend kann indes sein: – *(1)* die Ausübung von Rechten, die den Stimm-, Kontroll- und Widerspruchsrechten eines K'tisten (§§ 164, 166 HGB; ab 2024 idF MoPeG, BGBl I 21, 3436) wenigstens angenähert sind oder den Kontrollrechten nach § 716 I BGB (ab 2024 § 717 BGB idF MoPeG) entsprechen (zB BFH VIII R 18/95 BStBl II 99, 384 zu II.1.a; Rz 272; teilweise **aA** *Bodden* FR 02, 559, 563), – *(2)* die gemeinsame Ausübung dieser Rechte durch Treuhänder (BFH I R 31/10 BFH/NV 12, 786) oder – *(3)* Recht und Pflicht eines phGes'ters zur Vertretung (BFH/NV 99, 1196; unten Rz 264, 321, 354, 709; **aA** *Karl* BB 10, 1311). **263**

bb) Mitunternehmerrisiko. Erfordert gesellschaftsrechtl (oder dieser wirtschaftl vergleichbare) Teilhabe am Erfolg oder Misserfolg eines GewBetr (zB BFH VIII R 32/90 BStBl II 98, 480 zu 2.c mwN), idR durch *Beteiligung am Gewinn und Verlust sowie an den stillen Reserven* einschließl eines Geschäftswerts (zB BFH VIII R 66–70/97 BStBl II 00, 183 zu II.1.a), wenigstens bei Auflösung der Ges (BFH VIII R 166/84 BStBl II 89, 758 zu 2.e); eine bloße Umsatzbeteiligung genügt hierfür idR nicht (BFH VIII R 68/98 BStBl II 01, 359 zu II.5.b). Hinsichtl Verlustbeteiligung reicht das Risiko aus einer unbeschr Außenhaftung aus, selbst wenn im Innenverhältnis ein Freistellungsanspruch besteht (BFH IV R 26/07 BStBl II 10, 751; *Wacker* NWB F 3, 14 199; unten Rz 321, 709); umgekehrt ist persönl Haftung nicht erforderl (BFH VIII R 349/83 BStBl II 92, 330 zu 2.). Zur Verlustteilhabe stiller Ges'ter s Rz 343 (allg), Rz 350, 449 (Darlehensumwandlung); zum Stehenlassen von Gewinnen s Rz 356. Zum „Scheinsozius" s § 18 Rz 42. **264**

cc) Gewinnabsicht. Erforderl und ausreichend ist eine (individuelle; s *Wacker* FS Goette, 561, 569) Gewinnabsicht hinsichtl des Gesamtgewinns (zB BFH IV R 42/13 DStR 17, 2653). Ein K'tist oder ein InnenGes'ter, der zB aufgrund des GesVertrags nur eine feste Vergütung erhält oder wegen rechtl oder tatsächl **Befristung** seiner Beteiligung keine konkrete Aussicht auf einen seine Einlage übersteigenden Anteil an einer Mehrung des BV der Ges hat, ist mangels MUerrisiko (fehlende Gewinnchance) kein MUer (FG Mchn EFG 09, 184; offen BFH IV B 63/13 BFH/NV 14, 512 bei Schenkung des GesAnteils; Rz 27). Ebenso keine **265**

MUerstellung bei nur mittelbarer Teilhabe am Gewinn über eine GmbH (vgl BFH VIII R 66–70/97 BStBl II 00, 183 zu II.2.) oder wenn ein Ges'ter sich durch eigene Maßnahmen bewusst um alle Gesamtgewinnchancen bringt (s Rz 183; *Groh* DB 84, 2424).

266 **d) HGB-Regelstatut.** Ein zivilrechtl Ges'ter einer PersGes ist MUer nur, *wenn* seine rechtl und wirtschaftl Position nach dem GesVertrag, den gesetzl Bestimmungen und den tatsächl Gegebenheiten im Einzelfall nicht wesentl hinter dem zurückbleibt, was nach den dispositiven Vorschriften des HGB (Regelstatut) das Bild eines persönl haftenden Ges'ters einer OHG oder KG oder eines K'tisten einer KG bestimmt (BFH GrS 4/82 BStBl II 84, 751 zu C.V.3.c cc; BFH VIII R 16/97 BStBl II 01, 186 zu 2.a; zust zB *Pinkernell* aaO S 215 ff; ähnl *Bodden* FR 02, 559, 562); arg: Parallelwertung von Einzelunternehmer und MUer. Diese Formel gilt grds in gleicher Weise für PersGes unter Fremden wie für Familien-PersGes (BFH VIII R 166/84 BStBl II 89, 758 zu 1.c; BFH IV B 143/05 BFH/NV 07, 1848). Ihre **Bedeutung** ist aber **gering**, soweit sie nicht bereits durch die Kriterien des MUerBegriffs (Rz 261 ff) abgedeckt ist, weil zB schenkweise als K'tisten aufgenommene Kinder, sofern sie den MehrheitsGes'ter vertragl kraft ihres Stimmrechts mindestens an einer Änderung des GesVertrags hindern können (BFH VIII R 16/97 BStBl II 01, 186; BFH II R 44/08 BFH/NV 10, 690) *und* bei Hinauskündigung oder Auflösung der PersGes an den stillen Reserven und am Geschäftswert teilhaben, selbst bei sonstiger Entrechtung MUer sind (s Rz 750 ff).

267 **e) Abweichungen vom HGB-Regelstatut.** *(1)* **Haftung.** Wer nach außen unbeschr für Verbindlichkeiten der Ges haftet (und am Gewinn beteiligt ist), ist grds MUer, selbst wenn er im Innenverhältnis einen (unbegrenzten) Freistellungsanspruch gegen andere Ges'ter hat (s dazu Rz 264, 321, 709).

269 *(2) Gewinnbeteiligung.* Grds ist jemand, der nicht am Gewinn teil hat, sondern eine feste Vergütung erhält, *und* am Verlust nicht oder nur bis zu seiner Einlage beteiligt ist, kein MUer (BFH IV R 34/16 BFH/NV 19, 1078). Anders ist dies evtl bei Anteil an stillen Reserven und Geschäftswert bei Ausscheiden oder Liquidation (BFH VIII R 18/93 BStBl II 95, 714 für befristete Belastung eines KG-Anteils mit Gewinnvermächtnis; offen in IV R 1/92 BStBl II 94, 700 zu 3.c; vern *Anm* HFR 94, 138); nicht jedoch, wenn ein Anteilsveräußerungsgewinn in Wahrheit nichtbetriebl Leistungen des Ges'ters zuzuordnen ist (BFH IV R 89/05 BFH/NV 08, 1984).

270 *(3) Stille Reserven.* Wer am Gewinn und Verlust und bei seinem Ausscheiden und/oder bei einer Liquidation auch an den stillen Reserven und am Geschäftswert *teilhat,* ist grds MUer, auch dann, wenn er keinen Einfluss auf die Geschäftsführung und nur geringe sonstige Mitwirkungs-/Kontrollrechte hat (vgl BFH VIII R 364/83 BStBl II 86, 311 zu III.3.a für atypische stille Ges; BFH IV R 103/83 BStBl II 87, 54 zu I.2.b für atypische Unterbeteiligung).

271 *(4) Verlustbeteiligung.* Wer nicht am Verlust teilnimmt und abgesehen vom Anteil am lfd Gewinn keinen Anteil an den stillen Reserven und am Geschäftswert hat, ist idR nicht MUer (vgl BFH VIII R 349/83 BStBl II 92, 330 zu 3.), es sei denn, er kann typische Unternehmerentscheidungen treffen und ist vom Erfolg oder Misserfolg dieser Entscheidungen selbst wirtschaftl betroffen, zB im Hinblick auf eine hohe Gewinnbeteiligung (zB BFH VIII R 6/93 BFH/NV 04, 1080; Rz 344).

272 *(5) Stimmrecht.* MUerinitiative ist zwar bei beteiligungsproportionalem Stimmgewicht zu bejahen (uU differenzierend BFH XI R 24/17 BFH/NV 19, 597 zu LuF). Kein MUer ist aber, wer vertragl vom Stimmrecht ausgeschlossen ist (BFH II R 34/13 BStBl II 15, 821; unten Rz 309, 752). Gleiches soll gelten, wenn der formal Stimmberechtigte den MehrheitsGes'ter selbst bei Änderung des GesVertrags nicht an einer Beschlussfassung hindern kann (vgl BFH VIII R 328/83 BStBl II 89, 762; *Escher* FR 08, 985, 989; mE fragl).

(6) Sonderklauseln. Zur Ausschlussklausel s Rz 270, 752; BFH IV R 79/94 BStBl II 96, 269 zu I.2.b mwN. Zu Scheidungsklausel s Rz 300 mwN. Zu bedingter Rückfallklausel s Rz 300, 771 mwN. 273

f) Sachenrechtliche (Mit-)Berechtigung am Betriebsvermögen. Grds unerhebl für die Qualifikation als MUer ist die sachenrechtl (Mit-)Berechtigung am BV. Der dingl Mitberechtigte zB ein K'tist kann estrechtl stiller Ges'ter iSv § 20 I Nr 4 sein (s Rz 259 mwN); umgekehrt braucht ein MUer nicht dingl mitberechtigt zu sein (zB atypischer stiller Ges'ter). 274

g) Fehlende Mitunternehmerstellung. Sind einzelne Ges'ter nicht MUer, ist das Ges-(Gesamthands-)Vermögen gleichwohl **insgesamt BV,** und nicht etwa entspr dem Beteiligungsverhältnis der MUer und der anderen Ges'ter in BV und PV aufzuteilen (vgl BFH VIII R 66–70/97 BStBl II 00, 183). Gewinnanteile der nicht mitunternehmerischen Ges'ter sind je nach betriebl oder privater Veranlassung BA oder nichtabzugsfähige Gewinnverwendung der anderen Ges'ter (*Dautzenberg* BB 94, 903). 275

4. Wirtschaftlich vergleichbare Gemeinschaftsverhältnisse. Sie haben zur Folge, dass jemand ohne zivilrechtl Ges'ter (AußenGes/InnenGes) zu sein die Stellung eines MUer erlangt; zB Erben- und Gütergemeinschaft und bestimmte Bruchteilsgemeinschaften iSv §§ 741 ff BGB (dazu Rz 171, 861). Partiarische Rechtsverhältnisse fallen nicht darunter, es sei denn, diese sind zivilrechtl „gesellschaftsähnl Rechtsverhältnisse" (vgl BFH VIII R 68/98 BStBl II 01, 359 zu II.5.c). 276

5. Verdeckte (faktische) Mitunternehmerschaft; fehlerhafte Gesellschaft

Schrifttum (Auswahl): *Priester,* Die faktische MUerschaft – Ein gesellschaftsrechtl Problem, FS L. Schmidt, 1993 S 331; *Haas/Drüen,* Die Bruchteilsgemeinschaft als MUerschaft, FS Priester, 2007, 133.

a) Gesellschaftsvertrag. Ist eine Person, die in Rechtsbeziehungen zu einer gewerbl PersGes (AußenGes) steht, zivilrechtl nicht Ges'ter dieser *AußenGes* (zB KG), kann sie gleichwohl MUer des GewBetr sein, wenn die Rechtsbeziehungen zivilrechtl als **InnenGesVerhältnis** zur PersGes oder deren Ges'tern zu werten sind (zu **fehlerhafter** Ges s BFH/NV 98, 1339; *Zimmermann* GmbHR 06, 231: Managerbeteiligung) und die übrigen Kriterien des MUerbegriffs genügen (zB BFH VIII R 32/90 BStBl II 98, 480); gleiches gilt für entspr Rechtsbeziehungen zu Einzelunternehmer oder GmbH (zB BFH IV R 1/92 BStBl II 94, 700; *Priester* FS L. Schmidt, 331, 349). Ein Rechtsverhältnis, das zB als Dienst-, Darlehens- oder Pachtvertrag *bezeichnet* ist, kann ein GesVerhältnis iSv §§ 705 ff BGB sein, weil auch zivilrechtl nicht die „vertragl Eigenqualifikation der Parteien", sondern das „wirkl Gewollte" maßgebl ist (zB BFH IV R 65/94 BStBl II 96, 66), und damit eine **verdeckte MUerschaft** in Form einer InnenGes begründen; diese InnenGes unterliegt keinem Fremdvergleich (BFH VI R 45/16 DStR 18, 2012). – Zur evtl Wertung eines „typengemischten Vertrags" (Automatenaufstellungsvertrag) als GesVertrag bzw gesellschaftsähnl Rechtsverhältnis und als MUerschaft s BFH VIII R 68/98 BStBl II 01, 359. – Zum gemeinsamen GesZweck, und zu konkludent abgeschlossenen GesVerträgen, zB *K. Schmidt,* GesRecht, 4. Aufl 2002, § 4 I und § 59 I 2, 3; *Priester* aaO S 339; BFH VIII R 32/90 BStBl II 98, 480 zu 2.a. Zur Ehegatten-InnenGes s BGH XII ZR 161/01 BB 03, 2033. Im **Schrifttum** ist die Ansicht im Vordringen, ein GesVerhältnis sei keineswegs unerlässl Voraussetzung für die subj Zurechnung gewerbl Einkünfte als (Mit-)Unternehmer, gleichwohl sei aber die BFH-Rspr iErg idR zutr (*Haas/Drüen* FS Priester, 133; *KS* § 15 Rz 175). 280

b) BFH-Rechtsprechung. Sie geht davon aus, dass begriffl Erfordernis einer (gewerbl) *InnenGes,* gleichgültig ob stille Ges (vgl § 231 HGB) oder GbR, – anders 284 als bei AußenGes – eine „(allseitige) **Beteiligung am Gewinn**" *aufgrund eines GesVerhältnisses* ist und diese fehlt, wenn in Austauschverträgen (zB Pacht-, Dienstvertrag) nur eine Umsatzbeteiligung oder eine gewinnabhängige Vergütung in *übl leistungsgerechter* Höhe vereinbart ist (zB BFH VIII R 2/03 BFH/NV 03, 1564). Danach nimmt die Rspr idR Rechtsbeziehungen auch bei „Bündelung von Risiken aus ... Austauschverträgen" und deren zw Fremden nicht übl Gestaltung wie zB unverzinsl Darlehen, Bürgschaften (BFH VIII R 50/92 BStBl II 94, 282) hin, es sei denn, dass sich die Gegenleistung iRe Austauschvertrags „nicht durch die erhaltenen Sachleistungen erklären lässt" (BFH IV R 65/94 BStBl II 96, 66). Als **Indizien** dafür, dass der wirkl Wille der Vertragsparteien nicht auf schuldrechtl Leistungsaustausch, sondern auf Erreichung eines **gemeinsamen Zwecks** (Ges) gerichtet (und daher verdeckte MUerschaft zu bejahen) ist, wertet der BFH: unübl und unangemessene Entgelte, Unwirksamkeit oder Nichtdurchführung der Austauschverträge, tatsächl Verhalten wie Ges'ter zB Entnahmen, Geschichte und Eigenart des Unternehmens (vgl BFH VIII R 32/90 BStBl II 98, 480; BFH IV R 94/96 BFH/NV 99, 295; im Erg glA *P. Fischer* FR 98, 813). Nicht ausreichend ist die mittelbare Teilhabe des Lebenspartners am Betriebserfolg (FG Mchn EFG 14, 1296, rkr).

285 aa) **BFH gegen verdeckte Mitunternehmerschaft.** *(1)* BFH VIII R 303/81 BStBl II 85, 363 für Ehemann, der GewBetr an eine GmbH & Co KG verpachtete, an der nur seine Ehefrau beteiligt war, deren Geschäfte er aber als Geschäftsführer der Komplementär-GmbH führte (ähnl BFH VIII R 259/84 BStBl II 87, 766 zu II.), – *(2)* BFH VIII R 335/82 BStBl II 86, 599 für zwei Ehemänner, die ihren GewBetr auf eine GmbH & Co KG übertrugen, an der nur die Ehefrauen als K'tisten beteiligt waren, deren Geschäfte sie aber als Ges'ter-Geschäftsführer der Komplementär-GmbH führten, – *(3)* BFH III R 94/87 BStBl II 90, 500 für das sog Wiesbadener Modell (Ehemann verpachtet seinen GewBetr an GmbH, deren AlleinGes'terin die Ehefrau, deren Geschäftsführer aber der Ehemann ist), – *(4)* BFH IV R 17/84 BStBl II 88, 62 für Ehemann, der seinen Betrieb ohne Grundstück auf GmbH der Ehefrau überträgt, Grundstück umsatzabhängig an GmbH verpachtet und deren Geschäfte gegen Festgehalt und Provision führt, – *(5)* BFH VIII R 193/83 BStBl II 89, 414 für schenkweise Betriebsübertragung auf Kinder unter Vorbehalt lebenslängl Verwaltungs- und Verfügungsbefugnis, – *(6)* BFH VIII R 362/83 BStBl II 89, 705 für Ehemänner, die Geschäftsführer mit Festgehalt einer Ehefrauen-GmbH & Co KG waren, dieser Grundstücke gegen Festmiete überließen, ungesicherte Darlehen gewährten und für Schulden der KG bürgten, – *(7)* BFH XI R 61, 62/89 BFH/NV 93, 14 für Geschäftsführer der Komplementär-GmbH einer Familien-GmbH & Co KG mit teilweise gewinnabhängigen Bezügen, der dieser Grundstück vermietet, Darlehen gewährt und für GesSchulden bürgt, – *(8)* BFH VIII R 81/85 BStBl II 94, 645 für umsatzabhängige Betriebsverpachtung der Ehemänner an GmbH & Co, bei der die Ehemänner Ges'ter der GmbH und die Ehefrauen K'tistin sind (aber wirtschaftl Eigentum!, s Rz 300), – *(9)* BFH VIII R 50/92 BStBl II 94, 282 für Verkauf des Unternehmens des Ehemanns an von der Ehefrau beherrschte, aber vom Ehemann geführter GmbH & Co KG trotz unübl Austauschverträge (vgl auch BFH IV B 62/97, BFH/NV 99, 167, BFH IV R 94/96 BFH/NV 99, 295; BFH VIII R 2/03 BFH/NV 03, 1564), – *(10)* BFH II R 26/07 BStBl II 09, 602 (betr § 13a ErbStG) für Darlehensgeber nach Übertragung der KG-Anteile auf Tochter, wenn Darlehen und Geschäftsführervergütung (von Komplementär-GmbH) fremdüblich.

286 bb) **BFH für verdeckte Mitunternehmerschaft.** *(1)* BFH IV B 51/85 BStBl II 86, 10 (Neugründung eines Dienstleistungsbetriebs durch die Ehefrau mit „Anstellung" des Ehemanns gegen hohe Provision), – *(2)* BFH IV R 53/82 BStBl II 86, 798 (Betriebsverpachtung an Familien-GmbH & Co KG zu unübl Konditionen), – *(3)* BFH IV R 272/84 BStBl II 86, 802 (Betriebsübertragung auf Familien-KG mit tatsächl Fortbestand der Alleinherrschaft des bisherigen Betriebsinhabers, insb Entnahme der Gewinne), – *(4)* BFH IV R 65/94 BStBl II 96, 66 (Betriebsübertragung durch Ehemann auf GmbH & Co KG, bei der Ehefrau einzige K'tistin und Ehemann weisungsfreier Ges'ter-Geschäftsführer der GmbH ist und unangemessen hohe gewinnabhängige Bezüge hat), – *(5)* BFH VIII R 32/90 BStBl II 98, 480 (GmbH & Co KG; Ehefrau einzige K'tistin, Ehemann Ges'ter-Geschäftsführer der Komplementär-GmbH mit überhöhten gewinnabhängigen Bezügen und tatsächl Verhalten wie Ges'ter der KG = Entnahmen und Einlagen), – *(6)* BFH VI R 45/16 BStBl II 19, 60 (gemeinsame Bewirtschaftung von luf Ehegattengrundstücken).

cc) Finanzverwaltung. Sie **bejaht MUerschaft** zB bei Medienfonds für Personen, die 287 zwar nicht an der FondGes (GbR, KG) beteiligt sind, aber Anteil an den Einspielergebnissen und unternehmerischen Einfluss haben (*BMF* BStBl I 01, 175 Rz 27).

c) Stellungnahme. Im Schrifttum hat *Priester* (FS L. Schmidt, 331, 348) überzeugend 288 nachgewiesen, dass *zivilrechtl* ein verdecktes InnenGesVerhältnis gegeben ist, wenn die Beteiligten das Unternehmen entgegen der Bezeichnung ihrer Abreden tatsächl auf gemeinsame Rechnung und Gefahr betreiben, und dass dies (jedenfalls dann) indiziert wird, wenn *(1)* Inhalt und/oder tatsächl Durchführung der sog Austauschverträge nicht dem entsprechen, was zw Fremden übl ist (zB hohe Kredite ohne Sicherheiten) und *(2)* eine offene oder verdeckte Beteiligung am Gewinn hinzukommt. – Dem ist mE beizupflichten – mit dem ergänzenden Hinweis, dass – *(1)* eine Gewinnbeteiligung, die sich in einem Austauschvertrag findet, zumindest bei zusätzl verdeckter Gewinnverwendung zugunsten eines Angehörigen ausreicht (vgl *Anm* FR 94, 193), – *(2)* die in Rz 285 zu *(7)* und *(9)* erwähnten Urteile dieser Beurteilung nicht gerecht werden.

d) Steuerliche Vorteile. S hierzu BFH IV R 53/82 BStBl II 86, 798 zu 1.d: 289 Minderung des Gewinns (Gewerbeertrags) um Entgelte für Geschäftsführung (einschließl Pensionszusage), Pacht, Darlehen usw; betriebl genutzte Grundstücke PV. – Andererseits aber keine Anwendung des § 35 EStG und §§ 13a, 19a ErbStG.

e) Kapitalgesellschaft. Im Verhältnis zw einer KapGes und ihren Ges'tern 290 können aber die StPfl eine MUerschaft zu ihren Gunsten (Verlustanteile!) nur geltend machen, wenn nachweisbar im Voraus ein GesVerhältnis vereinbart war (s Rz 354). Umgekehrt kann aus FA zum Nachteil der StPfl allein daraus, dass ein Ges'ter der KapGes über seine Einlage hinaus zusätzl Leistungen zugunsten der KapGes erbringt, nicht ableiten, dieser sei im Verhältnis zur KapGes MUer, denn diese Beiträge erbringt er idR als Ges'ter der KapGes (FG Nds FR 88, 367).

f) LuF. Zu luf MUerschaften von **Ehegatten** s Rz 375 ff; § 13 Rz 161 ff. 291

6. Treuhand; wirtschaftliches Eigentum; Testamentsvollstreckung

Schrifttum: *Fuhrmann*, Treuhandgestaltungen, KÖSDI 06, 15293.

a) Treuhand. Bei offenen oder verdeckten Treuhandverhältnissen, deren Ge- 295 genstand die **Mitgliedschaft in einer PersGes** ist, zB OHG- oder KG-Anteil, ist *zivilrechtl* allein der Treuhänder Ges'ter der PersGes (zB BFH VIII R 18/93 BStBl II 95, 714; zum Transparenzregister s *Tebben* ZGR 20, 430).

aa) Mitunternehmer. – **(1) Grundsätze.** EStrechtl Zurechnungssubjekt 296 (MUer) für die Einkünfte aus der MUerschaft ist jedoch der **Treugeber** – und zwar bei (fremdnütziger) Treuhand über *KG-Anteil* an gewerbl KG *nur* der Treugeber (BFH IV R 40/03 BFH/NV 05, 1994; Ausnahme s Rz 297/8; zur GrESt s BFH II B 41/20 BFH/NV 21, 447); denn der Treuhänder übt als Ges'ter die Ges'terrechte zwar im eigenen Namen, im Innenverhältnis aber gem §§ 675, 665 BGB nach Weisung des Treugebers und ausschließl auf dessen Rechnung aus (zB BFH VIII R 18/93 BStBl II 95, 714 zu 1.b.bb: auch bei Belastung des KG-Anteils mit Gewinnvermächtnis; BFH IV R 3/01 BStBl II 03, 112 zu 4.a). Erforderl ist dazu aber, dass – *(a)* der Treuhänder als Ges'ter eine Rechtsstellung innehat, die ihn als MUer erscheinen ließe, wenn er auf eigene Rechnung handeln würde; fehlt es hieran, ist auch der Treugeber nicht MUer (BFH IV R 47/76 BStBl II 77, 737 zu B.I.2.b), – *(b)* das Treuhandverhältnis **steuerl anzuerkennen ist** (Abschlussnachweis gem § 159 AO; BFH I B 213/02 BFH/NV 03, 1536: tatsächl Vertragsdurchführung; BFH I R 69/97 BStBl II 99, 514: Treugeber muss Treuhandverhältnis beherrschen; BFH XI R 45/88 BStBl II 93, 538: Anspruch auf *jederzeitige* Herausgabe des Treuguts nicht erforderl; strenger BFH VIII R 56/93 BStBl II 98, 152 zu § 17) und – *(c)* dem Treugeber aufgrund des Treuhandverhältnisses sowie sonstiger Abreden (zB Vollmacht) die MUerstellung vermittelt wird (BFH IV R 63/07 BFH/NV 11, 214). – Zahlt die gewerbl PersGes an den Treugeber zB **Tätigkeitsvergütungen,** greift insoweit § 15 I Nr 2 S 1 HS 2 ein; der PersGes zur Nutzung überlassene WG des Treugebers sind dessen **SBV.** Das Treuhandverhältnis wird idR durch Übertragung des GesAnteils vom Ges'ter auf einen Dritten (**Übertragungstreuhand**), kann aber auch durch eine Vereinbarung des Ges'ters mit dem Dritten begründet werden, dass der Ges'ter seinen GesAnteil fortan nur für Rechnung des Dritten als Treugeber hält (sog **Vereinbarungstreuhand**; BFH IV R 130/90 BStBl II 93, 574 zu KG-Anteil; BFH VIII R 56/93 BStBl II 98, 152 zu § 17).

297 (2) **Abgrenzung.** Von einer **Unterbeteiligung** unterscheidet sich die (fremdnützige) Treuhand dadurch, dass der Treugeber im Innenverhältnis *sämtl* Rechte und Pflichten aus dem Hauptgesverhältnis innehat, der Unterbeteiligte hingegen nur an diesen Rechten teilhat; der Hauptbeteiligte ist Ges'ter für eigene *und* fremde Rechnung, der Treuhänder *nur* für fremde Rechnung (BFH VIII R 51/84 BStBl II 92, 512 zu III. mwN: keine Parallelwertung). Anders uU BFH VIII B 75/14 BFH/NV 16, 551: Nebeneinander der MUerStellung von Treuhänder/-geber bei Sozietät (s dazu Rz 298).

298 **bb) Außenhaftung.** Bei unbeschr Außenhaftung des Treuhänders für Ges-Verbindlichkeiten (zB Treuhänder ist persönl haftender Ges'ter) ist dieser wegen des Haftungsrisikos und der nichtentziehbaren Vertretungsmacht idR neben dem Treugeber MUer (FG Köln EFG 19, 1840, rkr; einschr BFH III R 21/02 BStBl II 05, 168 bei geringem Kapitaleinsatz und Haftungsrisiko) und deshalb zB das Entgelt für die Treuhandschaft SonderBE. S auch einschließl **GewSt** („Treuhandmodell") Rz 170.

299 **cc) Verfahren.** Es ergehen **zwei** nach § 175 I 1 Nr 1 AO gestufte **Feststellungsbescheide**. – *(1)* Gewinnfeststellung für die Ges *(Grundlagenbescheid)* und – *(2)* für das Treuhandverhältnis (analog § 179 II 3 AO; *Folgebescheid*). Bei Einverständnis der Beteiligten können beide Feststellungen formularmäßig miteinander verbunden werden (BFH VIII B 32/20 BFH/NV 21, 333). Bezügl *(1)* ist grds nur der Treuhänder, bezügl der Folgefeststellung *(2)* auch der Treugeber klagebefugt (BFH IV R 35/10 BFH/NV 13, 1945; BFH VIII B 75/14 BFH/NV 16, 551 zu § 16). Zur Beteiligung der Ziel-KG s BFH VIII B 28/21 BFH/NV 21, 1363.

300 **b) Wirtschaftlicher Eigentümer.** Ist jemand zivilrechtl weder Ges'ter noch Treugeber, aber wirtschaftl Eigentümer eines GesAnteils (§ 39 II Nr 1 S 1 AO), ist er idR (KG-Anteil!) *anstelle* des zivilrechtl Ges'ters MUer (BFH IV R 15/15 BStBl II 18, 539). *Beispiele:* BFH IV R 42/13 DStR 17, 2653: Kauf iVm rückwirkender Genehmigung; zutr; BFH VIII R 196/84 BStBl II 89, 877: wirtschaftl Eigentum des Ehemanns am KG-Anteil der Ehefrau; BFH IV B 168/04 BFH/NV 06, 1828: frei widerrufl Schenkung; unentgeltl Rückübertragung nach 10 Jahren; entschädigungslose Hinauskündigungsklausel. *Kein* wirtschaftl Eigentum des Schenkers aber bei nur *bedingter* **Rückfallklausel** (BFH IV R 114/91 BStBl II 94, 635; BFH II R 34/18 BStBl II 20, 465; *Götz* FR 15, 972), aufgrund unwiderrufl Vollmacht zur Ausübung der Ges'terRechte ohne Veräußerungsbefugnis (BFH IV R 125/92 BStBl II 96, 5) oder wegen Pflicht zur unentgeltl Rückübertragung geschenkter WG bei Ehescheidung (sog *Scheidungsklausel*; BFH XI R 35/97 BStBl II 98, 542; FG SchlHol EFG 05, 80; anders aber bei Hinzutreten weiterer Umstände BFH VIII R 81/85 BStBl II 94, 645; *Escher* FR 08, 985, 988).

301 **c) Testamentsvollstreckung.** *Zivilrechtl* ist eine Testamentsvollstreckung über den Komplementäranteil unzulässig (BGH II ZR 120/75 BGHZ 68, 225); für KG-Anteil hingegen grds zulässig und jedenfalls bei Dauervollstreckung auf Antrag ins HReg einzutragen (BGH II ZB 15/11 DB 12, 682). – *Estrechtl* ist idR nur der Erbe oder Vermächtnisnehmer, nicht der Testamentsvollstrecker MUer, auch wenn dieser den GesAnteil als Treuhänder hält (BFH VIII R 18/93 BStBl II 95, 714: KG-Anteil; **aA** evtl BFH VIII R 252/80 BStBl II 87, 33 für Komplementäranteil bei Treuhandlösung).

7. Nießbrauch und Mitunternehmerschaft

Schrifttum (Auswahl): *Götz/Hülsmann*, Der Nießbrauch im Zivil- und Steuerrecht, 2014 –. *Wachter*, Stimmrechtsvollmachten …, DStR 16, 2065; *ders.*, Neues …, DB 20, 634; *Hübner ua*, Buchwertfortführung …, DStR 17, 2353; *Korn*, Nießbrauch …, KÖSDI 18, 20597; *Hermes*, … MUerverdopplung, Ubg 18, 566; *Stein*, Der Nießbrauch …, DB 21, 28; *ders.*, Der Nießbrauch am Mitunternehmeranteil …, DStR 21, 1679; *Bossmann*, Die Existenz …, DStR 21, 2217; *Pauli*, Nießbrauch …, FS D. Maier 2020, 237.

a) Zivilrecht. Str ist, in welcher Form und mit welchem Inhalt ein **Nießbrauch** als dingl Recht (vgl § 1068 BGB) **am Anteil an einer PersGes** begründet werden kann (vgl BFH VIII R 35/92 BStBl II 95, 241; *Wälzholz* DStR 10, 1786). Nach *früher hL* ist dies *nur* durch Übertragung des GesAnteils auf den Nießbraucher mit schuldrechtl Treuhandbindung im Innenverhältnis mögl **(Treuhandlösung):** Der Nießbraucher wird Ges'ter auf Zeit und als solcher in das HR eingetragen; er allein übt im Verhältnis zur Ges alle Rechte aus dem GesVerhältnis aus; er haftet im Außenverhältnis für Schulden der Ges; der Nießbrauchsbesteller scheidet auf Zeit aus der Ges aus, er hat nur schuldrechtl Ansprüche gegen den Nießbraucher (*Wälzholz* aaO). Nach *hL* kann ein PersGes-Anteil aber auch (Wahlrecht!) mit einem **dingl Recht** *belastet* werden („echte Nießbrauchslösung"; zB *K. Schmidt* GesRecht, 4. Aufl § 61 II 1), der Nießbraucher wird hierdurch jedoch nicht Ges'ter (*Wertenbruch* NZG 20, 641: keine Außenhaftung, keine HR-Eintragung; str). IÜ ist str, ob die dem Ges'ter grds zustehenden **Vermögens- und Mitwirkungsrechte** im Weg der Vergemeinschaftung, Abspaltung oder Bevollmächtigung dem Nießbraucher eingeräumt werden können (ausführl *Wedemann* ZGR 16, 798; *Schmidt* 35. Aufl § 15 Rz 305 mwN; offen BR-Drs 59/21, 260 iRd MoPeG-Reform (BGBl I 21, 3436) ab 2024 zu §§ 711a, 740 II BGB nF; §§ 105 III, 161 II, 109 IV HGB nF). Der **Rechtsgrund** (causa) des Nießbrauchs kann unentgeltl (Vorbehalts-, Zuwendungs-, Vermächtnisnießbrauch; ErbStR 13b.30 VI), teil- oder vollentgeltl sein. Zur **HB** s *Hermes* DStR 18, 1878.

b) Einkommensteuerrecht. Ungeachtet der gewählten Form (dingl Recht, Treuhandlösung; Rz 305) ist der **Nießbraucher** dann **MUer,** wenn er aufgrund der im Einzelfall getroffenen Abreden oder mangels solcher gesetzl (vgl BFH VIII R 35/92 BStBl II 95, 241 zu III.3.c) eine rechtl und/oder tatsächl (§ 41 AO) Stellung erlangt, die dem Typusbegriff des MUers entspricht (hL; zB *Schießl* HFR 16, 451. **Offen** aber nunmehr **BFH** IV R 43/13 BFH/NV 16, 742 Rz 42 (uU Rsprm-Änderung/obiter dictum iSe Ausschlusses der gleichzeitigen MUerStellung von Nießbraucher und Ges'ter; s auch § 15 Rz 300, 309); **mE** unzutr (glA *BMF* BStBl I 19, 1291 Rz 7; *Götz* FR 19, 605; *Hermes* Ubg 18, 566; *Stein* DStR 21, 1679; *Bossmann,* DStR 21, 2217; *Pauli* FS D. Maier, 237; s auch Rz 311; zu **verbindl Auskünften** s aber *IDW LIFE* 21, 235). Da dem Nießbraucher nach hL (zB BFH VIII R 35/92 BStBl II 95, 241 zu III.3.c; zu above Abreden s FG RhPf EFG 21, 1356 Rev IV R 12/21; unten Rz 307, 309, 310) **kein Anteil** an den **stillen Reserven** des AV einschl Geschäftswert gebührt (gleichgültig ob diese erst bei Auflösung der Ges oder vorher realisiert werden; BFH VIII R 207/85 BStBl II 92, 605 zu GmbH-Anteil), ist (Rz 311) erforderl, dass der Nießbraucher einen Teil der mit der Mitgliedschaft verbundenen Verwaltungsrechte, zB **Stimmrechte** hinsichtl lfd Geschäfte der PersGes, allein oder mit dem Ges'ter ausübt (BFH IV R 52/08 BStBl II 11, 261; *Korn* KÖSDI 18, 20597, 20601; *Hübner ua* DStR 17, 2353; *Hermes* Ubg 18, 566) und diese signifikante, dh über das gesetzl Rechte (zu WiderspruchsR s § 164 HGB; ab 2024 iVm § 116 II 1 HGB idF MoPeG) hinaus eine gesteigerte **MUerInitiative** gewähren (allg BFH VIII R 6/93 BFH/NV 04, 1080; BFH VIII R 46/18 BStBl II 21, 614; oben Rz 270, 344; vgl. zum StimmR FG BaWü EFG 06, 793) **oder** der Nießbraucher als (weiterer) Ges'ter zB für Schulden der Ges **mithaftet.** Dies ist auch für den **Vorbehaltsnießbraucher** zu beachten (vgl BFH IV R 43/13 aaO). Zu den Folgen s auch Rz 308. Zu Ausweichgestaltungen s

Wachter DStR 16, 2065; zur InnenGes s *Hermes* Ubg 18, 566; *Stein* DStR 21, 1679 (fragl).

307 **c) Gewinnanteile des Nießbrauchers.** Hierzu gehört gem iSv § 15 I 1 Nr 2 der ihm *zivilrechtl* iVz Besteller gebührende Gewinnanteil, dh nach hL nur der nach GesVertrag oder (insoweit auch estrechtl rückwirkenden) Gewinnverwendungsbeschluss der Ges **entnahmefähige Teil** des Anteils am festgestellten (evtl bereits durch Gewinnrücklagen geminderten) HB-Gewinnanteil (dazu zB *von Oertzen ua* Ubg 12, 285) – ausgenommen evtl der Gewinn aus der Realisierung stiller Reserven des AV (s Rz 306). Der **restl Teil** des StB-Gewinnanteils ist vorbehaltl abweichender Abreden (s Rz 310) dem **Besteller** als weiterem MUer zuzurechnen (Rz 309); Gleiches gilt für steuerl Mehrgewinne aufgrund nicht abziehbarer BA (zB § 4 Vb; *von Oertzen ua* Ubg 12, 285; str). Ist dieser **nicht MUer** (Rz 309, 313), muss notwendig auch der nicht entnahmefähige StB-Gewinnanteil dem Nießbraucher zugerechnet werden; der steuerl Ausgleich ist erst bei Beendigung des Nießbrauchs durch Ansatz entspr Aufwands/Ertrags durchzuführen (*Weber* DStZ 91, 530). – Gewerbl Einkünfte des Nießbrauchers als MUer sind auch seine **Sondervergütungen** iSv § 15 I 1 Nr 2 sowie Aufwand und Ertrag seines SBV. Ein Entgelt für die Bestellung ist SonderBA, für einen Verzicht SonderBE. Zu **§ 16** (einschließl Gestaltungen) s *Schwetlik* GmbHR 06, 1096. Zum SBV des Nießbrauchers soll nach BFH II R 67/09 BFH/NV 11, 2066; *GLE* BStBl I 12, 1101 (jeweils zu **ErbSt**) auch dessen **Nießbrauchsrecht** gehören (mE nicht zutr); zum Wertansatz s BFH VI R 26/17 BStBl II 19, 660.

308 **d) Ertragsnießbrauch; keine Mitunternehmerstellung.** Wird der Nießbrauch zivilrechtl in der Weise auf den *Gewinnanteil* beschränkt, dass der Nießbraucher keine (zB reiner Ertragsnießbrauch; vgl aber *Wälzholz* DStR 10, 1786: gesetzl nicht geregelt) oder keine für die MUerstellung hinreichenden (Mit-)Verwaltungsrechte erlangt, ist der Nießbraucher nicht MUer; er bezieht daher keine Gewinnanteile iSv § 15 I 1 Nr 2 (BFH VIII R 18/93 BStBl II 95, 714 zu 1.c). MUer ist dann nur der Ges'ter; nur ihm ist der Gewinnanteil zuzurechnen, auch soweit er diesen dem Nießbraucher überlassen muss (BFH VIII R 18/93 BStBl II 95, 714 ; FG Köln EFG 03, 587). Dessen Bezüge sind bei ungeltl Einräumung (Schenkung, Vermächtnis; lex causa Rz 305) entweder nicht estpfl oder wiederkehrende Bezüge (Versorgungsleistungen) iSv § 22 Nr 1 aF/Nr 1b nF oder bei betriebl Veranlassung BE (dazu zB *Paus* BB 90, 1675, 1681). Behält sich der bisherige Ges'ter nur die Erträge vor (iVm Verlust der MUerstellung), gelten für den **Vorbehaltsnießbraucher** die Grundsätze zur **Betriebsverpachtung** (§ 16 Rz 166 ff, 176, 179) sinngemäß (zutr *BH/Bode* § 15 Rz 366; *Hübner ua* DStR 17, 2353, 2357); vgl auch Rz 313. Korrespondierend sind die Zahlungen des Ges'ters/Bestellers bei diesem SonderBA, Sonderausgaben oder nicht abzugsfähig (vgl FG Köln EFG 03, 587).

309 **e) Gesellschafter; Besteller.** Neben die MUerStellung des Nießbrauchers kann mE – sowohl bei zivilrechtl Treuhandlösung entspr den estrechtl Zurechnungskriterien bei Treuhand (s Rz 296, 313) als auch bei zivilrechtl Nießbrauchslösung als Ges'ter (ausführl BFH VIII R 35/92 BStBl II 95, 241 betr Nießbrauchslösung; BFH VIII R 18/93 BStBl II 95, 714; *Baßler* Ubg 11, 863) – die MUerStellung des Ges'ters/Bestellers treten. . Zum aktuellen **Streitstand** s aber Rz 306. Nach bisheriger Rspr war dies aber anders, wenn der (Vorbehalts-)Nießbraucher *alle* Ges'terRechte (Rz 266, 751) wahrnehmen *soll* (BFH II R 34/13 BStBl II 15, 821 mwN: arg § 41 AO; zur Kritik s *Schmidt* 39. Aufl Rz 309); hiervon ist BFH II R 34/16 BStBl II 20, 465 (lebenslange Stimmrechtsvollmacht/Verfügungsverbot iVm Widerrufsrecht; s auch Rz 300) mit Rücksicht auf den Inhalt und die zivilrechtl Grenzen der Bevollmächtigung zR abgerückt (*Wachter* DB 20, 634; s auch Rz 865). Zum fehlenden GuV-Anteils des Ges'ter s FG RhPf EFG 21, 1356 Rev IV R 12/21: keine MUerStellung.

aa) Gewinnanteil. Dies ist – vorbehaltl anderer Abreden (FG RhPf EFG 21, 1356 Rev IV R 12/21; oben Rz 306, 309) - iSv § 15 I 1 Nr 2 der ihm zivilrechtl (idR erst nach Beendigung des Nießbrauchs) gebührende (s Rz 306 f) Anteil an den bei Bilanzfeststellung gebildeten Gewinnrücklagen, am nichtentnahmefähigen Teil des Bilanzgewinnanteils (*Wälzholz* DStR 10, 1930, 1932) einschließl Mehrgewinnanteile in der StB ggü der HB und evtl am entnahmefähigen Gewinnanteil aus der Realisierung stiller Reserven des AV (dazu BFH VIII R 35/92 BStBl II 95, 241 zu III 3c). Bei Auflösung der während des Nießbrauchs gebildeten Gewinnrücklagen (bzw Differenzen zw HB und StB) zugunsten des entnahmefähigen Bilanzgewinns ist beim Besteller Sonderbetriebsaufwand und beim Nießbraucher Sonderbetriebsertrag anzusetzen (*von Oertzen ua* UBg 12, 285, 290).

bb) Verlustanteile. Sie sind nach hL idR dem Besteller zuzurechnen (BFH VIII R 35/92 BStBl II 95, 241 zu III.3.c), es sei denn, dass nach einer Vereinbarung zw Besteller und Nießbraucher den Verlust im Innenverhältnis zu tragen hat. Der hier vertretenen weitergehenden Ansicht, dass dem Nießbraucher deshalb die seine Einlage übersteigenden Verlustanteile zuzurechnen sind, weil er künftige (entnahmefähige) Gewinnanteile verliert (s *Schmidt* 35. Aufl § 15 Rz 311), ist der BFH (IV R 43/13 BFH/NV 16, 742) nicht gefolgt (mE unzutr; s Rz 306).

cc) Sonderbetriebsvermögen. Gewerbl Einkünfte des Bestellers als MUer sind auch **Sondervergütungen** iSv § 15 I 1 Nr 2 S 1 HS 2, Ertrag und Aufwand von SBV und ein Entgelt für die **Nießbrauchsbegründung** (zB *Korn* DStR 99, 1461, 1476: BE, evtl passiver RAP). WG, die der Besteller (Ges'ter) der PersGes zur Nutzung überlassen hat, bleiben sein SBV, idR auch, wenn dem Nießbraucher am PersGes-Anteil gleichzeitig ein Nießbrauch an diesen WG bestellt wird (BFH VIII R 35/92 BStBl II 95, 241 zu III 3c bb).

f) Vorweggenommene Erbfolge. Wird ein GesAnteil in Vorwegerbfolge unter Nießbrauchsvorbehalt übertragen und dabei nicht die echte Nießbrauchslösung (s dazu aber Rz 306; zum Bruchteils-/Quotennießbrauch s BFH II B 107/08 BFH/NV 09, 32), sondern die Treuhandlösung (dh Übertragung des GesAnteils auf den Übernehmer iVm Rückübertragung auf den Übergeber als Treuhand-Ges'ter) gewählt, gilt: **Nießbraucher** *und* **Besteller** werden **MUer**, wenn das Treuhandverhältnis estrechtl „echt" ist (s Rz 296) und der Übernehmer damit neben Kontrollrechten auch schuldrechtl Anteil an der Vermögenssubstanz des GesAnteils hat. In beiden Fällen (Nießbrauchs-/Treuhandlösung) ist der Buchwert des übertragenen *Teil*-MUeranteils fortzuführen (arg § 6 III 1, 2; BFH X R 59/14 BStBl II 19, 730 steht dem nicht entgegen; BMF BStBl I 19, 1291 Rz 7, 18; *Götz* DStZ 18, 540). Wird unentgeltl ein Zuwendungs-/Vermächtnisnießbrauch bestellt *und* **verliert** der Besteller im Hinblick auf den Inhalt vertragl Abreden seine bisherige **MUerstellung** für die Dauer des Nießbrauchs, sind die Grundsätze über die Betriebsverpachtung sinngemäß anzuwenden (BFH IV R 325/84 BStBl II 87, 772 zu 2; zu § 16 IIIb nF s *Wendt* FR 11, 1023, 1027; BMF BStBl I 16, 1326); s zum Vorbehaltsnießbrauch auch Rz 308. Zur **Nießbrauchsablösung** s § 16 Rz 61.

g) Nießbrauch am sog Gewinnstammrecht. Ein solches Nießbrauchsrecht vermittelt – unabhängig davon, ob zivilrechtl zulässig (vern *Wälzholz* DStR 10, 1786) – keine MUerstellung. Der Nießbraucher bezieht keine Gewinnanteile iSv § 15 I 1 Nr 2; das Rechtsverhältnis ist estrechtl als Vorausabtretung künftiger Gewinnansprüche zu werten (BFH IV R 83/75 BStBl II 76, 592; *Gschwendtner* NJW 95, 1875), unabhängig davon, ob der Nießbrauch unentgeltl zugewendet oder bei Anteilsübertragung vorbehalten ist. Beim Besteller (Ges'ter) liegt verdeckte Einkommensverwendung vor (BFH VIII R 18/93 BStBl II 95, 714 zu 1.d) oder bei entgeltl Bestellung Sonderbetriebsaufwand (krit *Paus* BB 90, 1675/81).

h) Nießbrauchsverpachtung. Sie soll dem Nießbrauch am PersGesAnteil gleichzustellen sein (*Jordan ua* INF 05, 547); vgl auch § 16 IIIb 1 nF; Rz 313.

V. Einzelne Arten der Mitunternehmerschaft

320 **1. Personenhandelsgesellschaften.** OHG (§§ 105 ff HGB) **und KG** (§§ 161 ff HGB), auch GmbH & Co KG und Publikums-KG sind **typische Formen** der MUerschaft, vorausgesetzt, – *(1)* dass die Betätigung der Ges'ter in ihrer Verbundenheit als PersGes allen Tatbestandsmerkmalen eines GewBetr (§ 15 II) genügt oder gem § 15 III Nr 2 als GewBetr gilt, *und* – *(2)* soweit die Ges'ter auch MUer sind (zB BFH GrS 3/92 BStBl II 93, 616 zu C. III.6.a). Eine OHG (KG), die ohne Gewinnabsicht iSv § 15 II tätig ist, ist zwar handelsrechtl echte OHG (KG), da zum handelsrechtl Begriff des GewBetr keine Gewinnabsicht gehört (zB *MüKo HGB* § 1 Rz 23); sie fällt aber nicht unter § 15 I 1 Nr 2 (BFH GrS 4/82 BStBl II 84, 751 zu C. IV.3). – Eine ausl mit einer OHG (KG) vergleichbare PersGes ist andere Ges iSv § 15 I 1 Nr 2 (Rz 169, 173). – Nicht unter § 15 I 1 Nr 2 fällt eine als OHG oder KG in das HReg eingetragene Ges, die zB *nur* LuF (§ 3 HGB) betreibt oder „nur eigenes Vermögen verwaltet" (§§ 105 II, 161 II 2 HGB).

321 **a) Unbeschränkte Haftung.** Die Ges'ter einer (gewerbl) OHG und die persönl haftenden Ges'ter einer (gewerbl) KG sind idR schon wegen ihrer unbeschr Haftung für Schulden der Ges **MUer** (BFH IV R 8/17 BStBl II 20, 401; Rz 298). Sind der oder die anderen Ges'ter im Innenverhältnis verpflichtet, einen persönl haftenden Ges'ter von der Außenhaftung freizustellen, ist dieser gleichwohl MUer, wenn er am Gewinn beteiligt ist; unerhebl ist dann, ob der Freistellungsanspruch begrenzt oder unbegrenzt ist und; ob der persönl haftende Ges'ter weisungsunterworfen ist (BFH VIII R 74/03 BStBl II 06, 595; Rz 263 f; zur KSt s BFH XI R 14/09 DB 10, 2088). Ebenso ist dies mE, wenn der persönl haftende Ges'ter vertretungsbefugt ist. Krit zum „angestellten Komplementär" *HG* DStR 96, 1359; *Bodden* FR 02, 559/65. Entspr gilt mE für **GbR**-Ges'ter (aA BFH VIII R 63/13 BStBl II 16, 383; unzutr, s § 18 Rz 42; *Schreiber* FS Crezelius, 2018, 207). Zu Einkünften einer natürl Person, die persönl haftender Ges'ter bei mehreren KG mit Einkünften aus VuV ist („Berufskomplementär"), s BFH I R 301/83 BStBl II 87, 816; *Tulloch ua* DStR 99, 1093, 1096.

322 **b) Kommanditist.** Er ist (bei gewerbl KG) idR MUer, wenn das GesVerhältnis dem Regelstatut des HGB für die KG mindestens *nahekommt* (Rz 266 ff, 745, 750 ff). Eine Außenhaftung nach § 172 IV HGB begründet idR keinen Fortbestand der MUerEigenschaft eines *ausgeschiedenen* K'tisten.

323 **c) Vermögensverwaltende KG.** Sie ist zwar handelsrechtl „echte" KG (s Rz 181), hat aber nur Einkünfte zB aus VuV und/oder KapVerm, sofern sie nicht gewerbl geprägt iSv § 15 III Nr 2 ist. Zur Bedeutung der Abgrenzung von Ergebnisanteil und Sondervergütung s *Tulloch/Wellisch* DStR 99, 1093. Zu geschlossenen (Immobilien-/Film-) **Fonds** usw s Rz 707; zu *Private Equity Fonds-KG* s § 18 Rz 280.

2. Gesellschaft bürgerlichen Rechts; EWIV; Partnerschaftsgesellschaft.

Verwaltung: *BMF* BStBl I 98, 251 (Gewinnrealisierung bei Mitgliedern sog kleiner Arge); GewStR 2a, 5.2; *OFD Nds* DB 15, 2667 (PartGes).

324 **a) Gesellschaft bürgerlichen Rechts (GbR).** Eine GbR, die als **AußenGes** mit Gesamthandsvermögen ein **gewerbl Unternehmen** betreibt, fällt als **andere Ges** unter § 15 I 1 Nr 2 (zB FG BaWü DStRE 98, 88: Rauschgifthandel;); gleiches gilt für eine **InnenGes** ohne Gesamthandsvermögen, also eine GbR, bei der ein Ges'ter nach außen im eigenen Namen als Einzelunternehmer, im Innenverhältnis aber für Rechnung mehrerer Personen (Ges'ter) handelt (vgl zB BFH I R 92/01 DB 03, 1147). Zur MUerstellung s Rz 321. Zur Rechtslage ab 2024 (rechtsfähige/nichtrechtsfähige GbR) s §§ 705 II, 706, 740 ff BGB idF MoPeG (BGBl I 21, 3436).

aa) Typische Formen – *(1)* einer Außen-GbR sind der Zusammenschluss 325
von Kleingewerbetreibenden (dh Gewerbetreibenden, deren Unternehmen nach
Art od Umfang einen in kaufmännischer Weise eingerichteten Geschäftsbetrieb
nicht erfordert, vgl § 1 II HGB), sofern die Ges nicht (freiwillig) als OHG oder KG
ins HR eingetragen ist (§§ 105 II, 161 II, 2 HGB; zur MoPeG-Reform ab 2024
(BGBl I 21, 3436) s § 107 HGB nF); die „VorgründungsGes" und uU die „Vor-
Ges" bei Errichtung einer GmbH (Rz 169); – *(2)* einer Innen-GbR die (mitunternehmerische) stille Beteiligung an einem Gewerbe, das kein Handelsgewerbe
iSv § 230 iVm §§ 1, 2 HGB ist (zB BFH VIII R 31/01 BStBl II 02, 464; zur
MUerschaft aufgrund eines verdeckten InnenGesVerhältnisses s Rz 280 ff).

bb) Vermögensverwaltung. Zahlreiche GbR sind keine MUerschaften, weil 326
sie keinen GewBetr betreiben, zB *Bauherren-, Wohn-, Fahr-* oder *Tippgemeinschaften,*
Zusammenschlüsse von Freiberuflern und Landwirten zur gemeinsamen Berufsausübung (§ 18 Rz 39 ff), Ges zur gemeinsamen privaten Vermögensverwaltung
(zB *Strahl* KÖSDI 01, 12802; zu Investment-Clubs s *OFD Kiel* DB 02, 244; *OFD
Hann* BB 02, 2589).

cc) Hilfsgesellschaft. Da sie nur ihren Ges'tern für deren Betriebe durch die 327
gemeinsame Übernahme von Aufwendungen wirtschaftl Vorteile vermitteln wollen,
zB *Büro-, Labor-, Apparate-* oder *Werbegemeinschaften,* sind idR mangels Gewinnabsicht (iSe Mehrung *des BV der Ges*) keine MUerschaft (zB BFH IV R 133/85
BStBl II 86, 666; *BMF* BStBl I 09, 398; *OFD Nds* DB 11, 1723 zu ärztl Apparate-
bzw Laborgemeinschaft); s auch FG Ddorf DStRE 21, 1508 rkr zu Verlagsgemein-
schaft. Die BA und BE sind aber gesondert festzustellen (VO zu § 180 II AO; *BMF*
BStBl I 01, 256). S auch Rz 183 aE; § 18 Rz 40.

dd) Gelegenheitsgesellschaft. Sie bzw **Meta-Verbindungen** (Vereinigungen 328
zu Einzelgeschäften) sind MUerschaft, wenn die gemeinsame Betätigung, die uU
nach außen nur durch einen oder mehrere Ges'ter in eigenem Namen in Erscheinung tritt, GewBetr iSv § 15 II ist und die Ges'ter dem Typus der MUers
genügen (*bej* BFH VIII R 81/96 BFH/NV 99, 355; FG BaWü EFG 04, 360, rkr für
Verwirklichung und Vermarktung *eines* Bauvorhabens, einschr BFH VIII R 6/93
BFH/NV 04, 1080; BFH IV R 60/86 BFH/NV 90, 19 für InnenGes zur Herstellung eines Films; BFH VI R 149/67 BStBl II 71, 620 für ein *Konsortium* zum An-
und Verkauf von Wertpapieren; BFH I R 92/01 DB 03, 1147 für Bilderein- und
-verkäufe; *vern* BFH X R 108/91 BStBl II 94, 96 für *einmaliges* Gelegenheitsge-
schäft).

ee) Arbeitsgemeinschaften gewerblicher Unternehmer. Sie sind idR zivil- 329
rechtl GbR und *estrechtl* MUerschaft (BFH I R 165/90 BStBl II 93, 577). Ist aber
ihr Zweck nur die Erfüllung eines *einzigen* Werk- oder Werklieferungsvertrags
(sog kleine Arge), gelten sie *gewst- und bewertungsrechtl* „insoweit anteilig als Betriebsstätten" der Ges'ter (§ 2a GewStG; § 180 IV AO; *FM Bay* DB 95, 351; *BMF*
BStBl I 98, 251; BFH VIII R 81/96 BFH/NV 99, 355: Abgrenzung von GelegenheitsGes). Auf die materiell-rechtl Ermittlung der Einkünfte einer Arge haben diese
Sondervorschriften keinen Einfluss (estrechtl MUerschaft!; BFH VIII R 61/96
BFH/NV 99, 463). Entspr sind zB Leistungen der Partner ggü der kleinen Arge bei
den Partnern „wie Fremdgeschäfte ggü einer außenstehenden Gesamthandsgemeinschaft nach den allg ertragsteuerl Grundsätzen zu behandeln" (sofortige Gewinnrealisierung; *BMF* BStBl I 98, 251; krit *Paus* FR 98, 994).

ff) Joint-Ventures. Sie sind vertragl Vereinbarungen über gemeinschaftl wirt- 330
schaftl Aktivitäten von zwei oder mehreren Partnern (Sonderform der Arbeits-
gemeinschaft). Sie können die Rechtsform einer GbR (Außen- oder InnenGes)
haben und MUerschaft sein (vern zB FG BaWü EFG 93, 225, rkr), wenn die Partner gemeinsam oder einer für Rechnung aller gewerbl iSv § 15 II tätig ist (Einzelheiten zB *IdW* WPg 93, 441; *BeckHdb PersGes* § 22 Rz 40 ff).

331 **gg) Gewinngemeinschaft.** Nach BFH I R 35/14 BStBl II 18, 33 (dazu *Walter* Der Konzern 17, 331; krit *Gosch* IStR 18, 747) kann auch die GuV-Beteiligung (Unternehmensvertrag nach § 292 I Nr 1 AktG mit dem Ziel der Quer-Organschaft) eine MUerschaft (BGB-InnenGes) begründen; bei wechselseitiger Beteiligung uU zwei MUerschaften. Hierüber sowie über weitere Fragen – zB Verdrängung durch organschaftl Sonderregeln (§§ 14 ff KStG); vGA – ist aber im Feststellungsverfahren (§ 180 I 1 Nr 2a AO) zu entscheiden.

333 **b) Europäische wirtschaftliche Interessenvereinigung (EWIV).** Sie ist eine europarechtl (übernationale) Gesellschaftsform s Art 308 EWG-Vertrag (jetzt Art 288 II, 352 AEUV) iVm VO (EWG) Nr 2137/85 und EWIV-AG (BGBl I 88, 514). Hat eine EWIV ihren Sitz in der BRD, sind auf sie die Vorschriften des HGB über die OHG subsidiär anzuwenden. Eine EWIV hat nicht den (Haupt-)Zweck, selbst Gewinn zu erzielen; sie ist daher idR keine MUerschaft, sondern nur HilfsGes (FG BBg EFG 19, 672, rkr; oben Rz 327). Soweit eine Gewinnabsicht Nebenzweck (vgl § 15 II 3) einer EWIV ist und die übrigen Voraussetzungen eines GewBetr erfüllt sind, ist sie estrechtl wie eine OHG zu behandeln (zB *BeckHdb PersGes* § 21 Rz 254). Zur **KSt-Pflicht** kraft **Option** gem **§ 1a KStG** s Rz 160a ff.

334 **c) Partnerschaft.** Sie ist eine besondere GesForm zur gemeinsam Ausübung freier Berufe (§ 1 II PartGG). Sie ist zivilrechtl eine PersGes und wie eine OHG namens-, grundbuch- und parteifähig. Für ihre Verbindlichkeiten haften neben ihrem Vermögen die Partner grds als Gesamtschuldner; Haftungsbeschränkungen ergeben sich jedoch aus § 8 II, IV aF PartGG (*OFD Nds* DStR 16, 245). Estrechtl ist die Partnerschaft eine **andere PersGes** iSv § 15 I 1 Nr 2 iVm § 18 IV. Es gelten für sie grds die für eine Freiberufler-GbR maßgebl Grundsätze (s § 18 Rz 41–43); zu FG Mster EFG 09, 106 s unten Rz 533, 606; zu § 15a s § 15a Rz 131. Zur **KSt-Pflicht** kraft **Option** gem **§ 1a KStG** s Rz 160a ff.

3. Atypische stille Gesellschaft; GmbH & Still (atypisch)

Verwaltung: GewStR 2.4 V; *OFD Erfurt* FR 03, 1299 (Steuerl Behandlung der typisch und atypisch stillen Ges); *OFD Mbg* DStR 12, 1088 (§ 10a GewStG); *BMF* DStR 00, 245 (DBA).

Schrifttum (Auswahl): *Blaurock*, Handbuch der stillen Ges, 8. Auflage, 2016; *Bolk*, FS Reiss, 2008, 449; *Brandenberg*, FS Crezelius, 2018, 275; *Levedag* GmbHR 19, 699; *Bodden* KÖSDI 19, 21282.

340 **a) Zivilrecht.** Stiller Ges'ter ist, wer sich „an dem Handelsgewerbe, das ein anderer betreibt" mit einer *Vermögenseinlage* beteiligt (§ 230 HGB; BFH VIII R 45/98 BStBl II 02, 339). Zivilrechtl spricht die hL von einer *atypisch* stillen Ges, wenn der GesVertrag von den gesetzl Regeln der §§ 230 ff HGB durch die Gewährung von Verwaltungsrechten an den Stillen und/oder dessen vermögensrechtl Gleichstellung mit dem tätigen Teilhaber, insb Beteiligung an stillen Reserven und am Geschäftswert abweicht (*Blaurock* aaO, Rz 4.26 ff). Zu *fehlerhafter* Ges s Rz 171, 280, 355; BFH IV R 100/06 BFH/NV 10, 2056; zu § 39 I Nr. 5 InsO s BGH IX ZR 191/11 DB 12, 2212; zum EK-Ausweis s *Schulze-Osterloh* FS Hommelhoff, 1075.

341 **b) Einkommensteuerrecht.** Ein stiller Ges'ter kann Einkünfte aus KapVerm beziehen (typischer stiller Ges'ter iSv § 20 I Nr 4) oder MUer iSv § 15 I 1 Nr 2 (andere Ges; s Rz 169) sein, wie sich zwingend aus § 15a V Nr 1 und § 20 I Nr 4 ergibt **(atypisch stiller Ges'ter).** Er ist **MUer,** wenn seine durch den GesVertrag begründete Rechtsstellung von §§ 230 ff HGB derart abweicht, dass sie nach dem Gesamtbild dem Typ des MUers entspricht (BFH IV R 10/17 BFH/NV 18, 1268); auf die vertragl Bezeichnung als MUer kommt es nicht an (BFH IV R 54/16 DStRE 20, 453). Im Hinblick auf die Zielsetzung des § 15 I 1 Nr 2, wirtschaftl gleichwertige Außen- und InnenGes estrechtl idR gleichzubehandeln (zB BFH I R 133/93 BStBl II 95, 171), ist ein stiller Ges'ter MUer jedenfalls dann, wenn vereinbart ist, dass er im Innenverhältnis so zu behandeln ist, „als ob er Kommanditist wäre" (BGH II ZR 183/75 NJW 78, 424) – abgesehen von der bei einer Innen-Ges nicht mögl, für die Wertung einer PersGes als MUerschaft aber unerhebl sachenrechtl Bildung eines Gesamthandsvermögens und einer *Außen*haftung für Betriebsschulden. Zivilrechtl bewirkt diese Vereinbarung, dass der stille Ges'ter diejenigen Rechte und Pflichten hat, die nach dem Regelstatut des HGB einem K'tisten zustehen und obliegen, dh zB über § 233 HGB (ab 2024 idF MoPeG iVm § 166 HGB) hinaus Mitwirkungs- und Kontrollrechte (§§ 164, 166 HGB; ab 2024 idF MoPeG) und bei Auflösung der Ges ein nach dem Verkehrswert des BV (stille Reserven, Geschäftswert!) bemessenes Auseinandersetzungsguthaben (vgl BFH IV R 1/92; BStBl II 94, 700).

aa) Mitunternehmerstellung. Fehlt eine klare Gesamtvereinbarung, liegt aber 342 eine Ges als primäre Voraussetzung einer MUerschaft (s Rz 257, 280) vor – nicht etwa nur ein partiarisches Darlehen oÄ (zur Abgrenzung zB BFH IV R 54/16 DStRE 20, 453) –, sind die für und gegen eine MUerschaft sprechenden Einzelregelungen –, die uU bereits für und gegen eine Ges sprechen – gegeneinander abzuwägen; maßgebl ist das **Gesamtbild** der Verhältnisse (BFH IV R 54/16 DStRE 20, 453; s auch *OFD Erfurt* FR 03, 1299 zu 2).

(1) Beteiligung an stillen Reserven. Eine MUerschaft ist auch ohne Beteili- 343 gung an der Unternehmensführung **idR zu bejahen,** wenn der stille Ges'ter am lfd Gewinn und Verlust (BFH VIII R 5/04 BFH/NV 07, 906: konkludente Abrede) teilnimmt und bei Auflösung der Ges (nicht notwendig auch bei vorzeitigem Ausscheiden BFH IV R 132/91 BFH/NV 93, 647) auch einen Anteil an den Wertsteigerungen des BV einschließl Geschäftswert erhalten soll (s zB BFH IV R 1/92 BStBl II 94, 700); dabei muss der Geschäftswert nach den verkehrsübl Methoden berechnet werden (BFH IV R 100/06 BFH/NV 10, 2056: Ertragswertmethode); die Vereinbarung einer hiervon abw Pauschalabfindung genügt idR nicht (BFH IV B 124/08 BFH/NV 09, 1981: Multiplikatorverfahren; vgl auch §§ 199 ff BewG). Eine lfd Gewinnauszahlung ist nicht erforderl (BFH IV B 165/90 BFH/NV 92, 388; zu FamilienGes s Rz 772); eine Einlagesicherung ist unschädl (BFH IV R 43/12 BStBl II 16, 517). Stehen dem stillen Ges'ter neben seiner Teilhabe an den stillen Reserven *sowie* am Geschäftswert die Initiativrechte des § 233 HGB zu, ist er auch dann MUer, wenn er an den Verlusten nur iHd Einlage beteiligt ist (BFH IV R 10/17 BFH/NV 18, 1268). Einer Beteiligung am Geschäftswert steht gleich, wenn dieser dem stillen Ges'ter ohnehin allein zusteht, weil er dem tätigen Teilhaber nur zur Nutzung überlassen ist (BFH VIII R 364/83 BStBl II 86, 311 zu III.2); Entsprechendes gilt für die stillen Reserven, wenn SBV des stillen Ges'ters vorhanden ist (BFH VIII R 300/82 BStBl II 86, 891 zu 3.b). Zur Beteiligung an einzelnen **Geschäftsbereichen** s Rz 360. Die vereinbarte Teilhabe an stillen Reserven/Geschäftswert kann jedoch keine MUerschaft begründen, wenn sie **keine wirtschaftl Bedeutung** hat, zB weil sich wahrscheinl keine entspr Werte bilden können (diff BFH IV R 6/01 BFH/NV 03, 36; *OFD Erfurt* FR 03, 1299); unschädl ist aber, dass bei Gründung der stillen Ges (noch) keine stillen Reserven vorhanden sind (BFH VIII R 47/85 BStBl II 89, 720).

(2) Keine Beteiligung an stillen Reserven. Fehlt es hieran, ist der stille 344 Ges'ter grds nicht MUer (BFH IV R 54/16 DStRE 20, 453; FG Nds EFG 20, 1834, Rev IV R 19/20). Anders aber (evtl sogar ohne Verlustanteil), wenn ihm bei hoher Beteiligung am Bilanzgewinn typische **Unternehmer*entscheidungen*** auch der lfd Geschäftsführung übertragen sind (präzisierend BFH VIII R 6/93 BFH/NV 04, 1080; BFH IV B 128/08 BFH/NV 10, 1425; BFH VIII R 46/18 BStBl II 21, 614; **aA** uU BFH IV R 53/10 BFH/NV 13, 1920). Bei stiller Beteiligung an einer *GmbH & Co KG* kann dieser Voraussetzung auch genügt sein (BFH IV B 88/00 BFH/NV 01, 1550), wenn der stille Ges'ter zB nur mittelbar, dh als Anteilseigner und Geschäftsführer der GmbH die Geschäfte der KG führt (BFH VIII R 10/

87 BB 91, 1022; BFH VIII R 122/86 BB 91, 684; zu GmbH & Still s Rz 356) oder ggü der GmbH weisungsbefugt ist und zudem entspr seiner hohen Einlage am Gewinn und Verlust beteiligt ist (BFH IV R 18/98 BStBl II 99, 286 zu I.1).

345 **(3) Keine Gewinnbeteiligung.** Ist der Stille vertragl oder tatsächl (zB wegen Befristung) nicht am Gewinn beteiligt, liegt zivilrechtl idR kein GesVerhältnis iSv § 230 HGB vor und damit weder eine stille Ges iSv § 20 I Nr 4 noch MUerschaft; offen ist allerdings, ob die fehlende Beteiligung am lfd Gewinn (Bilanzgewinn) durch den Anteil an den stillen Reserven einschließl Geschäftswert bei Beendigung der Ges ersetzt werden kann (vgl BFH IV R 1/92 BStBl II 94, 700 zu 3.c; vern Anm HFR 94, 138). Nicht ausreichend sind – *(a)* feste Verzinsung iVm einer Option auf künftige Gewinnbeteiligung (BFH IV R 1/92, BStBl II 94, 700), – *(b)* Beteiligung am Umsatz oder feste Vergütung (BFH VIII R 81/85 BStBl II 94, 645 zu 1.c), es sei denn, diese laufen nach Art oder Handhabung auf eine Gewinnbeteiligung hinaus (BFH IV R 17/84 BStBl II 88, 62 zu 3.c mwN), – *(c)* bzgl "Garantiegewinne" (FG Hbg EFG 05, 437). Bei Vertragsverhältnissen zw **Familienangehörigen** kann auch bei formal fester Vergütung Gewinnbeteiligung vorliegen, zB wenn Bezüge *unabhängig* von der erbrachten Leistung (BFH VIII R 57/91 BFH/NV 93, 518) jeweils der Ertragslage angepasst werden oder die Bezüge ständig nahezu den ganzen Gewinn absaugen. – Keine MUerschaft besteht, wenn der Handelsgeschäftsinhaber nicht in **Gewinnabsicht** tätig ist (BFH VIII B 112/97 BFH/NV 99, 169 zu GmbH & atypisch Still; FG Hbg EFG 02, 391) oder diese Absicht dem stillen Ges'ter fehlt (BFH VIII B 59/00 BFH/NV 01, 895).

347 **bb) Weitere Einzelfragen.** – **(1) Rechtssubjektivität.** Die atypische stille Ges (MUerschaft) ist ebenso wie eine PersGes mit Gesamthandsvermögen (Außen-Ges) „Subjekt der **Gewinnermittlung** und Einkünftequalifikation" (BFH VIII R 31/01 BStBl II 02, 464; FG Nds EFG 17, 1170, Rev IV R 7/17; iEinz *Groh* FS Kruse, 2001, 417; *Brandenberg* FS Crezelius, 275; BFH IV R 38/15 BStBl II 18, 587: „fiktive KG"). Hieraus folgert die hL zR, dass es neben der HB des tätigen Teilhabers zwar keine HB (aA *Berninghaus* FS Röhricht, 2005, 747), wohl aber eine **StB** der atypischen stillen Ges geben muss, mit der Gewinn und Verlust der Ges und die Anteile der Ges'ter ermittelt werden (*Suchanek ua* FR 04, 1149, 1151; *Groh* FS Kruse, 2001, 417: fiktive GesamthandsGes; BFH I R 24/13 BStBl II 15, 141: aus HB/StB des Geschäftsinhabers abgeleitete Gesamtbilanz; anders *OFD Erfurt* FR 03, 1299 zu Tz 3.2.1: additiver Gesamtgewinn). Zur **Buchführungspflicht** s Rz 401. Zur **Organträgerschaft** s Rz 175.

348 **(2) Betriebsvermögen der Mitunternehmerschaft.** Es umfasst das BV des Inhabers des Handelsgeschäfts, vergleichbar dem GesVermögen einer KG, und das *SBV* I und II des stillen Ges'ters (BFH III R 23/89 BStBl II 94, 709 zu 2.a; *Ruban* DStZ 95, 637, 642; zum SBV des Geschäftsinhabers s *Brandenberg* FS Crezelius, 275, 284). – Zu *personenbezogenen* StVergünstigungen zB § 7d und Ges'terwechsel s BFH VIII R 85/91 BStBl II 94, 243. – Zur estrechtl *Gleichbehandlung* von K'tisten und atypischen stillen Ges'tern – *(a)* bezügl *Gewinnverteilung*/Einlagen der Stillen s BFH IV R 5/12 BStBl II 15, 935 (Geschäftswert); – *(b)* bei *Sondervergütungen* iSv § 15 I 1 Nr 2 S 1 HS 2 s Rz 358, 544; – *(c)* bei der *Gewinn- und Verlustzurechnung* s BFH VIII R 41/87 BStBl II 90, 965 (auch in zeitl Hinsicht s *OFD Erfurt* FR 03, 1299 zu Tz 3.2.1; zur Ungleichbehandlung beim Verlustausgleich s § 15 IV 6–8). – Zum *negativen KapKto* des (atypischen) stillen Ges'ters s § 15a Rz 133. Nach BFH IV B 123/09 BFH/NV 10, 2266 erhöht ein *Agio* nicht den Gewinnanteil (zutr). Zur Zurechnung *stfreier Erträge* und *nichtabziehbarer BA* s *OFD Rostock* DStR 00, 591 zu IVb. – Zur *Übertragung*, auch Veräußerung *von WG* zw den MUern s § 6 Rz 803. – Zur Anwendbarkeit des *§ 15 III Nr 1* s Rz 187.

350 **(3) Umgestaltung.** Bei *Begründung* einer atypischen stillen Ges ist **§ 24 UmwStG** auch auf den Inhaber des Handelsgeschäfts anwendbar (Aufstockung!; gem

§ 24 III 3 UmwStG aber keine Tarifvergünstigung), obwohl keine Änderung der Rechtszuständigkeit eintritt (BFH IV R 38/15 BStBl II 18, 587; IV R 8/14 BStBl II 17, 538; § 16 Rz 515; *Brandenberg* FS Crezelius, 275, 285). Zur *Beendigung* einer atypischen stillen Ges s FG Nbg EFG 01, 566; zur „*formwechselnden" Umwandlung* zB in KG und umgekehrt s Rz 174. Die „Umwandlung" einer wertlosen *Darlehensforderung* in eine atypische stille Beteiligung steht der MUerstellung des Stillen entgegen (BFH IV R 40/09 BFH/NV 12, 1440; zutr; s aber Rz 356); bei wertgeminderter Forderung ist die steuerl Gewinn-/Verlustzurechnung zu korrigieren (BFH VIII R 10/00 BStBl II 01, 747 zu III.2.b.; glA BFH IV R 54/16 DStRE 20, 453 betr typisch stille Einlage).

(4) Gewerbesteuer. S einschließl Verfahrensfragen zB BFH IV R 73/06 BStBl II 10, 40 (mehrere stillen Ges); BFH IV R 34/10 BStBl II 17, 233; IV R 8/14 BStBl II 17, 538 (PerGes als Geschäftsinhaber: *zwei* GewBetr); *OFD Rostock* DStR 00, 591; *OFD Erfurt* FR 03, 1299; *Kupfer ua* Ubg 14, 361.

(5) Einheitliche Gewinnfeststellung. S hierzu BFH VIII R 46/18 BStBl II 21, 614 bei Zweifeln über MUerschaft; BFH I R 38/17 BFH/NV 21, 1; BFH IV R 9/18 BFH/NV 20, 338: doppelstöckige PersGes; zur **Prüfungsanordnung** s BFH VIII B 39/02 BFH/NV 03, 1028.

c) Grenzüberschreitende atypische stille Gesellschaft. S *BMF* BStBl I 14, 1258; BFH I R 74/93 BStBl II 95, 683 (an US-KapGes); BFH I B 47/05 BStBl II 09, 766 (SBV); BFH I R 110/98 BStBl II 99, 812 (DBA-Schweiz); BFH I R 24/13 BStBl II 15, 141 (DBA-Österreich); BFH IV R 20/17 BFH/NV 21, 1191 (DBA Luxemburg); FG Ddorf EFG 21, 1917, Rev I R 33/21 (§ 8 Nr 3 GewStG aF); *Haase* IStR 08, 312 (AStG); BFH I R 38/17 BFH/NV 21, 1 (§ 180 AO).

d) Inhaber des Handelsgeschäfts. „Tätiger Inhaber" iSv § 230 HGB kann eine natürl Person, eine OHG oder KG, zB GmbH & Co KG (BFH VIII R 85/91 BStBl II 94, 243) oder eine KapGes sein (s Rz 355 ff). Der nicht an GuV beteiligte Inhaber ist allein aufgrund seiner Außenhaftung und (entgeltl) Geschäftsführung **MUer** (BFH IV R 2/05 BStBl II 07, 927; FG Hbg EFG 05, 950; s auch Rz 264, 267, 321, 709). – **aa) Personengesellschaft.** Mehrere atypisch stille Ges'ter am Betrieb der PersGes bilden zwar nur eine MUerschaft (BFH IV B 42/02 BFH/NV 02, 1447). Zugleich entsteht aber auch dann eine **doppelstöckige** Struktur (PersGes = OberGes; atypisch stille Ges = UnterGes), wenn (nur) der K'tist die atypisch stille Beteiligung hält (BFH IV R 8/14 BStBl II 17, 538; BFH IV R 20/14 BFH/NV 17, 475; § 16 Rz 515); *Bodden* KÖSDI 19, 21282, 21284. Anders hingegen bei typisch stiller Beteiligung des K'tisten (BFH IV R 73/06 BStBl II 10, 40: Verstärkung der MUerstellung als K'tist; Rz 443). Im Fall einer ledigl gewerbl geprägten PersGes (§ 15 III Nr 2) gelten die gleichen Grundsätze wie für die stille Ges mit einer nicht gewerbl tätigen KapGes (s Rz 359). Zur Segmentierung s Rz 360.

bb) Kapitalgesellschaft. Ist „Inhaber des Handelsgeschäft" eine KapGes, zB GmbH (zu AG s BFH VIII B 62/97 BFH/NV 98, 1339), können sich an deren Unternehmen nicht nur Dritte, sondern auch die Ges'ter der KapGes als atypische stille Ges'ter beteiligen (sog **GmbH & atypisch Still;** zB BFH IV R 41/14 BStBl II 17, 1133; *OFD Ffm* DStR 01, 1159 zu Tz 2.8; zu Ltd & Still s *Kessler ua* DStR 05, 2101, 2106). Das GesVerhältnis muss jedoch nachweisbar im Voraus klar und rechtswirksam vereinbart sein und tatsächl durchgeführt werden (vgl BFH VIII R 47/85 BStBl II 89, 720; BFH IV R 41/14 BStBl II 17, 1133); es reicht nicht aus, dass der Ges'ter einer GmbH für deren Unternehmen über seine Stammeinlage hinaus weitere Leistungen erbringt, weil dies ein zusätzl Beitrag als GmbH-Ges'ter sein kann (BFH IV R 47/72 BStBl II 77, 155). Anders aber evtl, wenn zB der Ehegatte des GmbH-Ges'ters leistet; dies kann verdeckte MUerschaft aufgrund verschleierter InnenGes (Rz 280 ff) *oder* mittelbare verdeckte GmbH-Einlage sein. Zu Angehörigen des beherrschenden Ges'ter s Rz 770.

356 **(1) Mitunternehmermerkmale.** Für die Wertung eines stillen GesVerhältnisses als MUerschaft gelten die allg Grundsätze (s Rz 341 ff; zB BFH IV R 18/98 BStBl II 99, 286). Sofern der stille Ges'ter keinen Anteil an den stillen Reserven und am Geschäftswert kann dies durch die **Ges'ter- und Geschäftsführerstellung** bei der KapGes ausgeglichen werden (stdg Rspr; BFH VIII R 46/18 BStBl II 21, 614). Erforderl ist zudem, dass er nachweisbar (Rz 355) ein Mindestrisiko trägt, dh nach BFH IV R 41/14 BStBl II 17, 1133 (s auch *OFD Ffm* FR 00, 1367 Tz 1.3) *eigenes* Vermögens (Einlagen) einsetzt; der „Verzicht auf spätere Gewinnbeteiligung" ist nicht ausreichend (abl *Lamprecht* Ubg 17, 613). ME kann jedenfalls eine Einlage auch aus zugewendetem Vermögen erbracht werden (glA *Levedag* GmbHR 19, 699), nicht jedoch durch Umwandlung wertloser Darlehen (dazu Rz 350). Eine **kapitalersetzende** stille **Beteiligung** begründet als solche noch keine MUerschaft (vgl BFH VIII R 25/96 BStBl II 97, 724).

357 **(2) Verdeckte Gewinnausschüttung.** Wird dem Ges'ter einer KapGes als stiller Ges'ter eine zu **hohe Gewinnbeteiligung** eingeräumt, liegt hierin zwar eine vGA, jedoch ist *vorrangig* die Gewinnverteilung zu korrigieren, soweit sie durch Umstände außerhalb des GesVerhältnisses (zB verwandtschaftl/wirtschaftl Art) beeinflusst wurde (s BFH IV R 5/12 BStBl II 15, 935). Ein zu **niedriger** Gewinnanteil kann verdeckte Einlage sein (s zur GmbH & Co KG Rz 724, 725). Welcher Gewinnanteil angemessen ist, bestimmt sich sinngemäß nach den Grundsätzen, die für eine typische stille Beteiligung des Ges'ters einer KapGes maßgebend sind (Vergleich der beiderseitigen Wertbeiträge; FG Bbg EFG 02, 1118; *OFD Erfurt* FR 03, 1299 zu Tz 3.2.2.4; zur Zuordnung eines Geschäftswerts s BFH IV R 5/12 aaO; zu Vorabgewinnen der GmbH s FG Mster EFG 14, 29, rkr). Ist im stillen GesVertrag mit der GmbH vereinbart, dass sich der Gewinnanteil des Stillen nach dem StB bestimmt, besteht die Gefahr einer vGA, sofern sich nicht klar ermitteln lässt, ob dies der StB-Gewinn vor oder nach Abzug der KSt ist (BFH I R 78/91 BStBl II 92, 975: Tantiemen). Die Vereinbarung des StB-Gewinns vor Abzug der KSt (mit dem zugleich an der GmbH beteiligten Ges'ter) ist als solche (bei angemessener Gewinnaufteilung) keine vGA. Ist der StB-Gewinn nach Abzug der KSt maßgebl, ist zu berücksichtigen, dass deren Höhe wiederum vom Gewinnanteil des (atypischen oder typischen) stillen Ges'ter abhängt. – Allg zu **Gewinnzurechnung** bei vGA s *OFD Ffm* DStR 01, 1159 zu Tz 2.8; *OFD Erfurt* FR 03, 1299 zu Tz 3.2.2; zu **Ltd & Still** s *Kessler ua* DStR 05, 2101, 2107.

358 **(3) Einkünfte des Stillen.** Zur **Gewinnverteilung** gem GesRecht s einschließl Ausnahmen Rz 449, 443; FG Mster EFG 19, 1521, NZB IV B 43/19; zum *Verlustausgleichsverbot* gem § 15 IV 6–8 s Rz 905 ff. Gewinnunabhängige Entgelte des atypisch stillen Ges'ter für Dienstleistungen zB als Geschäftsführer der KapGes sind ebenso wie bei der GmbH & Co KG (s Rz 717) **SonderBE** iSv § 15 I 1 Nr 2 S 1 (BFH IV R 44/14 BFH/NV 18, 407; unten Rz 707; zur SV-Pflicht s Rz 584); Gleiches gilt für Nutzungsüberlassungsentgelte (BFH IV R 79/06 BFH/NV 09, 730). Zu Wertminderungen s Rz 544. Die Anteile des atypischen stillen Ges'ters an der KapGes sind wie bei der GmbH & Co KG (Rz 714) **SBV II,** sofern nicht die GmbH noch anderweitig erhebl tätig ist (BFH IV R 18/98 BStBl II 99, 286; einschr bei Kleinbeteiligung – weniger als 10 % – BFH IV R 5/12 BStBl II 15, 935; Rz 714; zum Vorrang ggü BetrAufsp s Rz 874). St-Freiheit nach **§ 8b KStG** besteht nur, soweit die Bezüge aus der Beteiligung an einer KapGes auf die GmbH als MUerin (s Rz 347, 703) entfallen (§ 8b VI 1 KStG; zu § 7 S 4 GewStG s Rz 439). **SonderBA** des stillen Ges'ters, der auch Ges'ter der GmbH ist, können den Abzugsbeschränkungen des **§ 3c** unterliegen (s auch Rz 819, 869, 870).

(4) Gewerbebetrieb kraft Rechtsform. Ist eine KapGes *tatsächl nicht gewerbl* **359** *tätig,* hat sie kraft Rechtsform Einkünfte aus GewBetr (§ 8 II KStG); str ist, ob danach auch der atypische stille Ges'ter, *wenn § 15 III Nr 2 nicht erfüllt ist* (dazu Rz 228), Einkünfte aus GewBetr hat (bej *OFD Erfurt* FR 03, 1299 zu Tz 3.2.1; **aA** – zR – zB BFH VIII B 112/97 BFH/NV 99, 169; *Suchanek ua* FR 04, 1149, 1153; *Bodden* KÖSDI 19, 21282, 21292; Rz 367). S aber zu BetrAufsp Rz 855.

e) Umfang der atypischen stillen Gesellschaft. Zivilrechtl kann die Beteili- **360** gung des stillen Ges'ters auf bestimmte *Geschäftsbereiche* des „Handelsgewerbes, das ein anderer betreibt" (§ 230 HGB), beschränkt werden (BFH I R 109/94 BStBl II 98, 685; GewStR 2.4 V; sog Tracking-Stock-Struktur). Unter der Voraussetzung, dass die Geschäftsbereiche *„hinreichend sachl abgrenzbar"* sind, ist dies auch estrechtl maßgebl (MUer-Stellung, Gewinnermittlung/-zurechnung, BV der jeweiligen stillen Ges usw; Rz 341 ff; s iEinz BFH IV R 73/06 BStBl II 10, 40: abl für Medienaufträge; *Pyszka* DStR 03, 857; *Bodden* KÖSDI 19, 21282, 21288) mit der Folge, dass auch iSd GewStG *mehrere MUerschaften* nebeneinander bestehen (BFH IV R 73/06 BStBl II 10, 40). Zu mehreren stillen Ges'tern am nämlichen Betrieb s Rz 354.

4. Innengesellschaft (GbR). Diese Grundsätze (Rz 340 ff) gelten entspr für **361** eine InnenGes (GbR), die unter § 15 I 1 Nr 2 (nicht aber unter § 230 HGB) fällt, weil der tätige Teilhaber einen GewBetr, aber kein Handelsgewerbe iSv §§ 1–6 HGB betreibt (vgl BFH VIII R 6/93 BFH/NV 04, 1080) oder der Stille keine Vermögenseinlage erbracht hat (BFH IV R 73/06 BStBl II 10, 40).

5. Atypische stille Unterbeteiligung

Schrifttum (Auswahl): *Groh,* Die Bilanz der UnterbeteiligungsGes, FS Priester, 2007, 107; *Carlé,* Unterbeteiligungen ..., KÖSDI 08, 16166; *Krauß ua,* Unternehmensnachfolge ..., DB 15, 2114.

a) Mitunternehmerstellung. Räumt der MUer einer **gewerbl PersGes** **365** einem Dritten an seinem GesAnteil entgeltl oder unentgeltl (zB BFH IV R 114/ 91 BStBl II 94, 635) eine Unterbeteiligung ein (zum Unterschied zur Treuhand s Rz 297), wird der **Unterbeteiligte** *estrechtl* MUer (atypische stille bzw mitunternehmerische Unterbeteiligung) – und zwar nicht nur im Verhältnis zum Hauptbeteiligten, sondern gem § 15 I 1 Nr 2 S 2 (wie bei doppelstöckigen AußenGes; *Krauß ua* DB 15, 2114, 2116) auch (mittelbar) im Verhältnis zur HauptGes (BFH IV R 70/04 BStBl II 07, 868) –, *wenn* seine Rechtsstellung vertragl so ausgestaltet ist, dass der GewBetr der HauptGes mittelbar anteilig auch für Rechnung des Unterbeteiligten betrieben wird und dieser dem Typus des MUers genügt (BFH IV R 79/94 BStBl II 96, 269). – *Zivilrechtl* ist die UnterbeteiligungsGes eine **Innen-Ges** (GbR) mit schuldrechtl Beziehungen nur zw dem HauptGes'ter und dem Unterbeteiligten; ihr Zweck besteht darin, den Unterbeteiligten an einem Teil der Rechte und Pflichten des Hauptbeteiligten aus dem HauptGesVerhältnis, insb am Gewinn und Verlust hieraus im Innenverhältnis zu beteiligen. Sie ist keine stille Ges iSv § 230 HGB, weil der Hauptbeteiligte als solcher kein Handelsgewerbe betreibt; sie steht der stillen Ges aber nahe (BFH IV R 79/94 BStBl II 96, 269 zu I.2a; *Groh* FS Priester, 107, 112).

b) Zwei Personengesellschaften. Neben die **HauptGes** (zB OHG, KG) tritt **366** die **UnterbeteiligungsGes;** es liegen deshalb zwei MUerschaften vor (BFH VIII R 51/84 BStBl II 92, 512 zu III.). Für die Unterbeteiligung am PersGes-Anteil, den eine KapGes hält, gelten die für die GmbH & Still maßgebl Grundsätze sinngemäß (FG Hbg EFG 94, 150). Auch bei vermächtnisweiser Zuwendung einer Unterbeteiligung entsteht diese erst mit Abschluss des GesVertrags zw Haupt- und Unterbeteiligtem (vgl BFH IV R 152/79 BStBl II 82, 646). – Der Unterbeteiligte kann nur dann MUer sein, wenn der Hauptbeteiligte seinerseits MUer ist, zB als Ges'ter einer OHG (KG) oder als atypischer stiller Ges'ter.

367 Eine „atypische" Unterbeteiligung an einem **GmbH-Anteil** (dazu *Hohaus* GmbHR 02, 883) begründet zwar keine MUerschaft, hat jedoch bei Teilhabe an *allen* Anteilsrechten die wirtschaftl Mitinhaberschaft (§ 39 II AO) und damit die originäre Einkunftserzielung gem §§ 17, 20 I Nr 1 zur Folge (ausführl BFH VIII R 11/02 BStBl II 06, 253; *Wacker* HFR 06, 42; *Carlé* KÖSDI 08, 16166, 16174). – Die Unterbeteiligung am **Anteil an** einer nur **gewerbl geprägten PersGes** iSv § 15 III Nr 2 führt mE ebenso wenig zu einer MUerschaft wie die atypische stille Beteiligung an einer nicht gewerbl tätigen GmbH (*Groh* DB 87, 1006, 1009; str, s Rz 359). Zur Unterbeteiligung am Anteil an **PersGes mit Einkünften auf VuV** s BFH IX R 155/89 BStBl II 92, 459; krit *Pickhardt-Poremba* ua DStZ 00, 281.

369 c) **Mitunternehmermerkmale.** – Der Unterbeteiligte trägt **MUerRisiko,** wenn er über den Hauptbeteiligten (also mittelbar) sowohl am Gewinn *und* Verlust der HauptGes als auch entspr seinem Anteil am GesAnteil des Hauptbeteiligten an einem Geschäftswert und an den stillen Reserven im BV der HauptGes beteiligt ist; demgemäß muss er bei Auflösung der UnterGes *durch Kündigung des HauptGes'ters* jedenfalls dann eine entspr Abfindung beanspruchen können, wenn die Kündigung nicht durch wichtigen Grund in seiner Person veranlasst ist (BFH IV R 79/94 BStBl II 96, 269). Für die **MUerinitiative** genügen Kontrollrechte (§ 233 HGB; § 716 BGB) ggü dem Hauptbeteiligten (vgl BFH IV R 75/96 BStBl II 98, 137; BFH II R 10/06 BStBl II 08, 631; *Bodden* FR 02, 559, 565). Bei Unterbeteiligung an OHG-Anteil ist die Verlustbeteiligung im InnenVerh zivilrechtl idR auf die Einlage beschränkt (vgl BFH I R 127/78 BStBl II 82, 546).

370 d) **Verfahren.** Obwohl nach § 15 I 1 Nr 2 S 2 der Unterbeteiligte trotz nur mittelbarer Beteiligung neben dem Hauptbeteiligten ebenfalls (mittelbarer) **MUer der HauptGes** ist (s zu a), bestehen zwei MUerschaften, deren **Einkünfte gesondert festzustellen** sind (§ 179 II 3 AO). Daher sind zB SonderBA des Hauptbeteiligten nur bei der Gewinnfeststellung der HauptGes zu berücksichtigen und BA des Unterbeteiligten grds nur bei der Feststellung für die UnterbeteiligungsGes (vgl BFH IV R 135/92 BStBl II 95, 531).

371 e) **Weitere Einzelheiten.** – **(1)** Zur **Ermittlung der lfd Einkünfte** des Haupt- und des Unterbeteiligten zB *Märkle* DStZ 85, 511. Zur Rechnungslegung für die UnterbeteiligungsGes und zur Ermittlung eines Gewinnes oder Verlustes aus der Veräußerung der Unterbeteiligung BFH IV R 10/72 BStBl II 75, 853; *Groh* FS Priester, 107. Zur Führung eines negativen KapKtos BFH I R 127/78 BStBl II 82, 546. Zu **Sondervergütungen,** die die HauptGes dem Unterbeteiligten für unmittelbare Leistungen gewährt, » Rz 619, 622. Zum **Verlustausgleichsverbot** bei „Unterbeteiligung an KapGes" s § 15 IV 6–8; zu § 15a s § 15a Rz 137, 32. Zur entgeltl/unentgeltl Begründung **einer Unterbeteiligung** s § 16 Rz 416, 420; *Wacker* ZSteu 05, 358, 359; *Maetz* DStR 15, 1844. Zur **„Umwandlung"** – **(a)** einer Unterbeteiligung in eine Hauptbeteiligung und umgekehrt s *Bürkle* DStR 98, 558 – **(b)** der HauptGes s *Schindhelm* ua DStR 03, 1444.

372 **(2)** Ist der **Unterbeteiligte nicht MUer,** ist sein Gewinnanteil, sofern eine estrechtl anzuerkennende (typische) Unterbeteiligung besteht, – **(a)** für den Hauptbeteiligten abzugsfähige SonderBA (zB BFH I R 191/84 BStBl II 89, 343; BFH IV R 20/16 BStBl II 19, 224: Einlage des Unterbeteiligten) oder Sonderausgabe (§ 10 I Nr 1a; zB vorbehaltene Unterbeteiligung bei schenkweiser Übertragung des GesAnteils); – **(b)** für den Unterbeteiligten Einnahme aus KapVerm (§ 20 I Nr 4; BFH I R 111/88 BStBl II 91, 313: Verlustanteil WK) oder wiederkehrender Bezug (§ 22 Nr 1 S 1). Ist die Unterbeteiligung estrechtl nicht anzuerkennen, ist der Gewinnanteil nichtabzugsfähige Einkommensverwendung und nicht estpfl Vermögensmehrung (BFH IV R 79/94 BStBl II 96, 269).

374 **6. Partenreederei.** Die Rechtsform wurde durch das SeehandelsReformG (BGBl I 13, 831) als überholt **abgeschafft.** Für bis 24.4.13 entstandene Partnerreedereien gelten allerdings die §§ 489 HGB aF fort (Art 71 EGHGB). Zu den zivilrechtl Grundlagen s. *Schmidt* 32. Aufl § 15 Rz 374; zur estrechtl Qualifikation als eine andere Ges iSv § 15 I 1 Nr 2 sowie zum Mitreeder/Korrespondetreeder als MUer s *Schmidt* 34. Aufl § 15 Rz 374. Zu § 15 III Nr 2 s Rz 230; zu Verlusten s § 15a Rz 140.

7. Eheliche Güterstände; eheähnliche Lebensgemeinschaft; eingetragene Lebenspartnerschaft. – a) Ehegatten. – aa) Gütertrennung; Zugewinngemeinschaft. Leben Ehegatten in Gütertrennung (§ 1414 BGB) oder im gesetzl Güterstand der Zugewinngemeinschaft (§ 1363 BGB, ebenso bei Wahl-Zugewinngemeinschaft gem § 1519 BGB), können sie estrechtl grds nur dann *zu ihren Gunsten* geltend machen, dass der eine Ehegatte MUer eines GewBetr des anderen Ehegatten sei, wenn ein zivilrechtl PersGesVerhältnis ernsthaft und klar vereinbart und tatsächl durchgeführt ist (vgl Rz 740 ff). Dies gilt auch, wenn zivilrechtl evtl eine **InnenGes** vorliegt (BGH XII ZR 161/01 DStR 03, 1805). Das FA kann aber nachweisen, dass konkludent ein GesVertrag abgeschlossen ist (BFH VIII R 21/04 BFH/NV 06, 1839), insb ein als Dienst-, Miet- oä bezeichneter Vertrag zivilrechtl ein GesVertrag ist, der MUerschaft begründen kann (vgl Rz 280 ff). Der mögl Anspruch auf **Zugewinnausgleich** (§§ 1372 ff BGB) begründet keine MUerschaft, obwohl durch diesen der eine Ehegatte letztl an Substanz und Ertrag eines GewBetr des anderen Ehegatten teil hat. Die Zugewinnausgleichsschuld ist Privatschuld (BFH IX R 25/89 BStBl II 93, 751). Auf eine Vermögensteilung bei Beendigung der Zugewinngemeinschaft unter Lebenden sind die Grundsätze zu erfolgsneutraler Realteilung nicht anzuwenden (§ 16 Rz 534).

bb) Gütergemeinschaft. Leben Ehegatten in Gütergemeinschaft (§§ 1415 ff BGB) und betreibt einer von ihnen einen **GewBetr**, der zum **Gesamtgut** gehört, ist der andere Ehegatte wegen der Teilhabe an den Erträgen, der dingl Mitberechtigung am Gesamtgut und der daraus resultierenden Teilhabe an den stillen Reserven des BV und der Haftung des Gesamtguts (einschließl des estrechtl PV im Gesamtgut) für betriebl Schulden idR MUer (mit PersGes „wirtschaftl vergleichbares Gemeinschaftsverhältnis", s Rz 171), auch wenn er nach außen nicht in Erscheinung tritt (zB BFH IV R 37/04 BStBl II 06, 165). Dies gilt selbst dann, wenn dem Ehegatten, der nach außen als Inhaber des GewBetr auftritt, die alleinige Verwaltung des Gesamtguts übertragen ist (vgl § 1421 BGB); denn die MUerinitiative des anderen Ehegatten ist hier nicht schwächer als zB die eines atypischen Unterbeteiligten (FG Saarl EFG 04, 1449). Der andere Ehegatte ist aber nicht MUer, wenn im GewBetr die persönl Arbeitsleistung in Vordergrund tritt und kein nennenswertes Kapital eingesetzt wird (BFH VIII R 18/95 BStBl II 99, 384: Handelsvertreter).

cc) Einzelfragen. – *(1)* Sind die Ehegatten **MUer,** umfasst das BV dieser MUerschaft nur die dem GewBetr gewidmeten WG des Gesamtguts und evtl SBV eines Ehegatten (BFH IV R 62/94 BStBl II 95, 592). Das übrige Gesamtgut ist PV; § 15 III Nr 1 ist nicht anwendbar (BFH IV R 214/84 BStBl II 87, 120 zur Erbengemeinschaft). Zur (idR hälftigen) Gewinnzurechnung s BFH VIII R 18/95 BStBl II 99, 384 zu II.3; zur Trennung/Scheidung s BFH IV B 66/10 BFH/NV 12, 411. Zur Realteilung des Gesamtguts s FG Mchn FR 93, 812. – Diese Grundsätze gelten entspr, soweit ein KG-Anteil eines Ehegatten Gesamtgut ist (BFH VIII R 18/95 BStBl II 99, 384). – *(2)* Ein zum **Vorbehaltsgut** oder **Sondergut** eines Ehegatten gehörender GewBetr oder Anteil an einer PersGes ist nur diesem Ehegatten zuzurechnen; dass die Erträgnisse unmittelbar in das Gesamtgut fallen, begründet keine MUerschaft (BFH IV R 50/72 BStBl II 77, 201 mwN). – *(3)* Zu Ehegatten, die in der **ehem DDR** im Güterstand der **„Eigentums- und Vermögensgemeinschaft"** lebten, s *Schmidt* 21. Aufl § 15 Rz 379. – *(4)* Bei **fortgesetzter Gütergemeinschaft** (§§ 1483 ff BGB) sind die in das Gesamtgut fallenden (lfd) Einkünfte allein dem überlebenden Ehegatten zuzurechnen (§ 28); insoweit gelten die Kinder nicht als MUer (BFH I R 142/72 BStBl II 75, 437 zu II.1.). Wird aber die Gütergemeinschaft aufgelöst, ist ein evtl Betriebsaufgabegewinn dem

Ehegatten *und* den Kindern nach Maßgabe ihrer Beteiligung am Gesamtgut zuzurechnen (BFH IV R 41/91 BStBl II 93, 430). – *(5)* Zu **LuF-MUerschaften** s Rz 286; § 13 Rz 161 ff; BFH VI R 45/16 DStR 18, 2012.

381 **b) Eheähnliche Lebensgemeinschaft.** Lebt ein Unternehmer in eheähnl Lebensgemeinschaft, ist der Partner, wenn keine Ges vereinbart ist (zB BGH II ZR 193/95 DStR 96, 1740), nicht schon deshalb MUer, weil er am Aufbau und Betrieb des GewBetr mitwirkt und ihm zivilrechtl evtl bei Auflösung der Lebensgemeinschaft analog zu §§ 730 ff BGB ein – dem Zugewinnausgleich estrechtl gleichwertiger – Abfindungsanspruch zusteht (dazu zB BGH II ZR 46/90 DStR 91, 655; OLG Stuttgart DStR 92, 474); ebenso wenig reicht die Gefahr der Strafverfolgung (BFH VII R 32/07 BFH/NV 09, 355). Damit ist frei unvereinbar, dass die Rechtsgrundsätze zu Verträgen zw Ehegatten (zB § 4 Rz 520 „Angehörige") auf eheähnl Lebensgemeinschaften *nicht* sinngemäß anzuwenden sein sollen (zB BFH GrS 1/88 BStBl II 90, 160 zu C. III.5b; anders zB BGH IX ZR 55/96 BB 97, 543; offen in BFH VIII R 22, 23/90 BFH/NV 92, 25).

382 **c) Eingetragene Lebenspartnerschaft.** Seit dem LPartÜG gilt auch für Partner einer eingetragenen (gleichgeschlechtlichen) LPart das eheliche Güterrecht mit der Folge, dass sie mangels einer anderen Vereinbarung (Gütertrennung/Gütergemeinschaft) in Zugewinngemeinschaft leben (§§ 6, 7 LPartG). Demgemäß gelten für LPart auch estrechtl die zu Rz 375 ff dargelegten Grundsätze. Folgl sind auf Verträge zw LPart (zB Arbeits- oder Mietverträge) auch die für Verträge zw Ehegatten gültigen Grundsätze anzuwenden (§ 4 Rz 510, § 12 Rz 20 ff). Zur **Umwandlung** in eine Ehe s § 17a LPartG.

383 **d) Erbengemeinschaft.** Wird ein gewerbl Einzelunternehmer von mehreren Personen beerbt, werden alle **Miterben** mit dem Erbfall „geborene" MUer (BFH GrS 2/89 BStBl II 90, 837). Die Erbengemeinschaft ist zwar nicht rechtsfähig (BGH V ZB 142/15 DB 16, 2403), aber selbst dann MUerschaft (s Rz 171), wenn die Miterben den GewBetr nur vorübergehend fortführen (iEinz s § 16 Rz 601 ff). Zum Übergang von **Anteilen an** einer **gewerbl PersGes** auf den/die Miterben s § 16 Rz 660 ff.

VI. Umfang und Ermittlung der gewerblichen Einkünfte eines Mitunternehmers

Verwaltung: EStR 4.1 III, IV; 6b.2 VI, VII, IX; *BMF* BStBl I 78, 8 (MU-Erlass); *BMF* BStBl I 18, 1207 (Schuldzinsenabzug nach § 4 IVa); *BMF* BStBl I 07, 701 Tz 17–32 (§ 35 bei MUerschaften); *OFD Ffm* DB 03, 2466 (Rücklagen nach § 6b X); *OFD Kbl* DStR 04, 314 (§ 6b: Identität des veräußerten und des angeschafften/hergestellten WG); *BMF* BStBl I 08, 495 (§ 6b; KapGes als MUerin); BMF BStBl I 11, 37 (Angehörigen-Darlehen); *OFD Ffm* DStR 15, 1802 (disquotale Gewinnverteilung).

Schrifttum (Auswahl): *Hallerbach,* Die PersGes im ESt-Recht, 1999. *Pinkernell,* Einkünftezurechnung bei PersGes, Diss Köln, 2000; *Bodden,* Einkünftequalifikation bei MUern, Diss Köln, 2001; *Schwandtner,* Disquotale Gewinnausschüttungen …, Diss, 2006; *Herbst ua,* Neues zur korrespondieren Bilanzierung, DStR 17, 2081.

400 **1. Gewerbliche Einkünfte eines Mitunternehmers.** Sie umfassen seinen Anteil am „**Gesamtgewinn der MUerschaft**" (zB BFH GrS 3/92 BStBl II 93, 616 zu C. III.6.a; BFH I R 52/13 BStBl 16, 172; *BMF* BStBl I 99, 669 Rz 26). Zum ehemaligen MUer oder Rechtsnachfolger s § 15 I 2.

401 **a) Zweistufige Gewinnermittlung.** Der „Gesamtgewinn" ist in *zwei Stufen* zu ermitteln (zB BFH VIII R 78/97 BStBl II 99, 163 zu II.4.a). In der **1. Stufe** umfasst er den in § 15 I 1 Nr 2 S 1 an erster Stelle genannten Anteil am Gewinn oder Verlust der Ges, der sich errechnet *(a)* aus einer aus der HB nach den estrechtl Bilanzierungs- und Bewertungsvorschriften (einschließl der Normen über Entnahmen und offene oder verdeckte Einlagen; zB BFH IV R 12/08 BFH/NV 11,

768) abgeleiteten **StB der Ges** zuzügl *(b)* des Ergebnisses einer etwaigen **Ergänzungsbilanz** für den einzelnen MUer, in der Wertkorrekturen zu den Ansätzen der StB der Ges erfasst sind aus individuellen AK (zB BFH VIII R 1/14 BFH/NV 17, 1418 Rz 63). Der Gewinn (Verlust) ist gem § 5 **bilanziell** zu ermitteln, wenn die PersGes nach HGB (§ 238) oder AO (§§ 140, 141) **buchführungs-/abschlusspflichtig** ist; ebenso bei **ausl** Buchführungspflicht (BFH I R 81/16 BStBl II 19, 390) oder nach **§ 4 I, III** bei freiwilligem Abschluss (BFH I R 24/13 BStBl II 15, 141; BFH IV R 20/17 BFH/NV 21, 1191: jew zu atypisch stiller Ges); zu § 4 III-Ergänzungsrechnung s Rz 462.

In der **2. Stufe** umfasst er das Ergebnis etwaiger **Sonderbilanzen** *(a)* Aufwand und Ertrag der aktiven und passiven WG des dem einzelnen MUer gehörigen SBV, *(b)* die in § 15 I 1 Nr 2 S 1 an zweiter Stelle genannten Sondervergütungen einschließl nachträgl Sondervergütungen iSv § 15 I S 2, *(c)* die sonstigen SonderBE und SonderBA und *(d)* etwaige Gewinne oder Verluste aus der Veräußerung des MUeranteils iSv § 16 I Nr 2. Zu § 4 III s Rz 475, 641. – Ihren bilanziellen Ausdruck findet dies in der „**Gesamtbilanz der MUerschaft**" (zB BFH VIII R 15/96 BStBl II 08, 174 zu II.3.b mwN; s aber *Groh* StuW 95, 383, 389: Gesamtbilanz überflüssig, additive Gewinnermittlung genügt); in dieser sind die StB der Ges, die Ergänzungs- und Sonderbilanzen der MUer bzw ehemaligen MUer (vgl § 15 I 2) zusammengefasst. – So wie danach die gewerbl Einkünfte eines MUers (Gesamtgewinnanteil) eine komplexe Größe sind, sind es auch: *(aa)* der *Anteil am aktiven und passiven BV der MUerschaft* (= Anteil am BV der PersGes und das SBV); *(bb)* der *Anteil am Eigenkapital der MUerschaft* (= estrechtl „Gesamt"- KapKto des einzelnen MUers; BFH IV R 77/93 BStBl II 98, 180 zu 1.b: Anteil am EK der PersGes nebst Ergänzungsbilanzen und das EK aus der Sonderbilanz). – Grds **aA** *Hallerbach* aaO S 139 ff, 165: Ges'ter hat eigenständigen „Beteiligungsbetrieb".

b) Gewerbesteuer. Ergänzungs- und Sonderbilanzen, Sondervergütungen und SonderBE bzw SonderBA sind auch bei der Ermittlung des Gewerbeertrags zu berücksichtigen (zB BFH GrS 3/92 BStBl II 93, 616 zu C.III.6.b; BFH VIII R 46/94 BStBl II 99, 720 zu 1.; GewStH 7.1 III. Zur zivilrechtl Zurechnung von gewstl Mehr- oder Minderergebnissen hieraus s zB *Ottersbach* DStR 02, 2023.

2. Additive Gesamtbilanz. Die StB der Ges nebst Ergänzungsbilanzen einerseits und Sonderbilanzen der MUer andererseits sind – so Rspr und hL – durch Addition der – einheitl nach § 5 ermittelten (BFH XI R 38/89 BStBl II 92, 797) – Ergebnisse zusammenzufassen („**Additive Gewinnermittlung**"; zB *Groh* StuW 95, 383; BFH GrS 7/89 BStBl II 91, 691 zu C.II.1; BFH VIII R 78/97 BStBl II 99, 163 zu II.4.a); die Summe lässt sich als „additive Gesamtbilanz" bezeichnen, die nach EStR 4.4 II 6; *FM SchlHol* DStR 12, 1660 (mit Beispiel) *insgesamt* Gegenstand einer Bilanzänderung (§ 4 II 2) sein kann (Rz 165).

a) Sonderbetriebsvermögen I. Der **BFH** (und die hL) vertritt mE zutr die Ansicht, dass (jedenfalls) *„für den Bereich der Sondervergütungen"*, genauer für die durch § 15 I 1 Nr 2 S 1 HS 2 erfassten Rechtsbeziehungen in der StB der Ges und den Sonderbilanzen der MUer korrespondierend zu bilanzieren ist und insoweit zB das Imparitätsprinzip nicht greift („additive Gewinnermittlung mit **korrespondierender Bilanzierung**"; zB BFH IV R 42/02 BStBl II 04, 353; *Groh* aaO; *Pinkernell* aaO S 300 ff; *Hüttemann* DStJG 34, 391, 304). Der BFH leitet dieses Prinzip aus dem *Zweck* des § 15 I 1 Nr 2 S 1 HS 2 ab, erstens die Stellung des MUers einem Einzelunternehmer anzunähern, weil dieser keine Verträge mit sich schließen kann (zB BFH VIII R 41/98 BStBl II 00, 339 zu II.2.b), und zweitens das Besteuerungsergebnis unabhängig davon zu machen, ob Ges'terleistungen durch Vorabgewinn oder Sondervergütung honoriert werden (zB BFH VIII R 13/99 BStBl II 00, 612 zu 2.). Hieraus folgt zB: – *(1)* Unabhängig von allg Bilanzierungs- und Bewertungsnormen sind Sondervergütungen *zeit- und betragsgleich* als Aufwand in der StB und als Ertrag in der Sonderbilanz auszuweisen und demgemäß Rückstellungen für Sondervergütungsschulden in der StB der Ges durch gleichhohe Aktivposten in der oder den Sonderbilanzen auszugleichen (BFH VIII R 15/96 BStBl II 08, 174 zu II.3.b; s auch Rz 586). – *(2)* Darlehensforderungen eines MUers gegen die Ges sind idR in der Gesamtbilanz Eigenkapital und können daher in der Sonderbilanz grds nicht gewinnmindernd wertberichtigt werden (zB BFH IV R 77/93 BStBl II 98, 180 zu 1.b); zu Ausnahmen (Betriebsaufgabe, Ausscheiden des MUers, Forderungsabtretung) aber Rz 544.

405 **b) Schrifttum.** Dort wird abw von der Rspr zB vertreten: – *(1)* Maßgebl sind die allg Bilanzierungs- und Bewertungsnormen einschließl Imparitätsprinzip; daher sind auf Forderungen eines MUers gegen die Ges in seiner Sonderbilanz TW-AfA zulässig; desgleichen können in der StB der Ges zB Rückstellungen für Pensionszusagen an Ges'ter gebildet werden, ohne dass in der Sonderbilanz des begünstigten oder aller Ges'ter ein gleich hoher Posten zu aktivieren ist (**„reine additive Gewinnermittlung"**; zB *G. Söffing* BB 99, 96; s dazu aber Rz 586). – *(2)* Zu bilanzieren ist teils nach GoB (Ansprüche aus Darlehen oder nach § 110 HGB), teils korrespondierend (Sondervergütungen; *Sieker* Eigen- und Fremdkapital der PersGes, 1991 S 81 ff). – *(3)* Das Imparitätsprinzip greift ein, soweit der Ges'ter in der StB der Ges ein positives KapKto hat oder zw Ges und MUer Streit herrscht (*Dreher* DStZ 96, 139).

406 **c) EuGH.** Zur str Frage, ob der BFH verpflichtet ist, Fragen des Bilanz(steuer)rechts der PersGes dem EuGH vorzulegen, s § 5 Rz 3.

407 **3. Steuerbilanz der Personengesellschaft. – a) Anteil des Mitunternehmers.** Der in § 15 I 1 Nr 2 S 1 an erster Stelle genannte Gewinn- oder Verlustanteil der Ges'ter (MUer) ist aus dem durch BV-Vergleich ermittelten Gewinn oder Verlust der Ges – und nicht etwa aus einem BV-Vergleich für den einzelnen Ges'ter – abzuleiten (BFH GrS 3/92 BStBl II 93, 616 zu C.III.6.a cc). Grundlage ist die StB der Ges, auch bei gewerbl InnenGes wie zB atypischen stiller Ges (s Rz 347). PersGes, und zwar Außen- wie InnenGes sind demnach (als gewerbl MUerschaften) zwar bezügl Einkünftequalifikation und Gewinnermittlung partiell **steuerrechtsfähig;** unberührt hiervon bleibt jedoch dass nur die einzelnen **Ges'ter** Subjekte der ESt/KSt sind mit der Folge, dass sie – wenn auch im mitunternehmerschaftl Verbund – aus ihrer Beteiligung **originär** betriebl Einkünfte erzielen (Rz 163 mN).

408 **aa) Zurechnungsgegenstand.** Den Ges'tern (MUern) ist *grds nur* das durch BV-Vergleich ermittelte *Ergebnis* der gewerbl Betätigung **(Gewinn/Verlust)** der PersGes unmittelbar zuzurechnen, *nicht* dagegen einzelne *Geschäftsvorfall* oder das einzelne WG des GesVermögens (BFH GrS 3/92 BStBl II 93, 616). Anders ist dies ua aber gem § 3 Nr 40 EStG und § 8b KStG für Einkünfte aus Anteilen an KapGes (Rz 438 f). Bei beschr stpfl Ges'tern ist der Gewinn nur insoweit stpfl, als er auf inl Betriebstätten entfällt (§ 49 I Nr 2a).

409 **bb) Mehrstöckige Personengesellschaft.** Ist eine PersGes an einer anderen PersGes beteiligt, gehen „die von der OberGes aus ihrer Beteiligung an der UnterGes erzielten Einkünfte in den Gewinn der OberGes" ein und werden deren Ges'tern „als Gewinnanteil" zugerechnet (BFH GrS 7/89 BStBl II 91, 691 zu C.III.3b bb; zur MUerstellung der OberGes s Rz 253, 612). Dies gilt für den Anteil am StB-Gewinn, das SBV und die Sondervergütungen *der OberGes,* nicht hingegen für Sondervergütungen und SBV der *Ges'ter der OberGes* aus *unmittelbaren* Beziehungen zur UnterGes; diese sind Teil des Gesamtgewinns bzw -BV der UnterGes (Einzelheiten Rz 610 ff).

410 **b) Einzelheiten.** In der **StB der Ges** ist **grds einheitl zu bilanzieren** (AfA, Rückstellungen usw); Ansatz- und Bewertungswahlrechte (zB lineare/degressive AfA usw) können nur einheitl für die Ges als solche und nicht unterschiedl für jeden Ges'ter in Anspruch genommen werden (zB BFH IV R 137/83 BStBl II 86, 910; § 7a VII 2).

aa) Personenbezogenheit. Das EStG und Sondergesetze sehen für bestimmte 411
Investitionen Steuervergünstigungen in Form **erhöhter AfA, SonderAfA, stfreier Rücklagen** oder **InvZul** vor (zB §§ 7d, 7g aF/7g nF, 7k EStG; § 1 InvZulG); diese sind uU von Zugehörigkeits- oder Verwendungsvoraussetzungen **(Bindungsvoraussetzungen)** abhängig (zB § 7d II Nr 1, VI; § 7g II Nr 2 aF; zu § 7g nF s § 7g Rz 83; § 7k II Nr 4 EStG; § 2 S 1 Nr 2 InvZulG). Bei diesen Vorschriften stellt sich, sofern sie „personenbezogen" sind (zB § 7d II Nr 1: „… die WG in einem … Betrieb *des StPfl* … dienen"), für PersGes die Frage, ob **begünstigte Person** die *PersGes* als solche oder die einzelnen Ges'ter (*MUer*) sind (s Rz 165). Dies ist bedeutsam dafür, wie sich zB ein (entgeltl) **Ges'terwechsel,** eine Realteilung usw hinsichtl WG des Gesamthandsvermögens auswirken, (zB rückbezügl Wegfall der Vergünstigung? Vergünstigung für einen neuen Ges'ter?). Da nur natürl Personen und Körperschaften est- und kstpfl sind, ist davon auszugehen, dass StPfl iSd Vorschriften **die Ges'ter (MUer)** sind (vgl BFH GrS 3/92 BStBl II 93, 616 zu § 10a GewStG; BFH VIII R 85/91 BStBl II 94, 243 zu § 7d; BFH IX R 50/98 BStBl II 01, 760 u *OFD Bln* FR 02, 48 zu §§ 7h, 7i; BFH VIII R 13/04 BFH/NV 07, 333 zu § 82f EStDV; zum Teileinkünfteverfahren s Rz 438, 439). Anders ist dies nur, wenn sich im Einzelfall aus Wortlaut und/oder Zweck der jeweiligen Norm das Gegenteil ergibt (BFH VIII R 85/91 BStBl II 94, 243 zu § 7d); Letzteres trifft zB zu für das InvZulG (§ 1 I 2 iVm § 5 II 2; dazu *BMF* BStBl I 06, 119 Rz 5) und das FördG aF (§ 1 I 2; dazu BFH IX R 21/98 BStBl II 02, 309; *FB Bln* DB 05, 2719). – Auch bei personenbezogenen Vergünstigungen ist aber einheitl zu bilanzieren, soweit der Ges'terbestand unverändert ist (§ 7a VII 2; BFH IV R 137/83 BStBl II 86, 910).

bb) AfA. Soweit in Vorschriften über AfA, zB degressive AfA (§ 7 V), erhöhte 413
AfA (§ 7h) oder SonderAfA die HK der WG des GesVermögens einer PersGes Bemessungsgrundlage sind, ist idR davon auszugehen, dass **Hersteller** („Zurechnungssubjekt für HK" bzw Bauherr) iSd Vorschriften nicht die PersGes als solche, sondern die einzelnen Ges'ter sind (BFH IX R 50/98 BStBl II 01, 760). Ges'ter, die erst nach Fertigstellung in die Ges eintreten, können daher die erhöhte AfA usw nicht beanspruchen (*OFD Bln* FR 02, 48 zu §§ 7h, 7i), es sei denn, auch AK sind begünstigt und die etwaigen Voraussetzungen hierfür sind erfüllt (BFH IX R 50/98, BStBl II 01, 760). Entsprechendes gilt, soweit Aufwendungen **für immaterielle WG** (nur) als HK sofort abzugsfähig sind (vgl § 5 II; zur Abgrenzung von Herstellungs- und Erwerberfonds s *BMF* BStBl I 03, 546 Rz 41 ff, 49; *BMF* BStBl I 03, 406 Tz 11. – Zu PersGes (auch doppelstöckigen) als **„Existenzgründer"** iSv § 7g VII 2 Nr 2 aF s *Schmidt* 34. Aufl § 7g Rz 51.

cc) Rücklage nach § 6b. Durch § 6b X idF des UntStFG (BGBl I 01, 3858) 416
ist das Gesetz mit Wirkung ab 1.1.02 zur bis zum 31.12.98 maßgebl Rechtlage zurückgekehrt. Dh, § 6b begründet eine **personen-/*gesellschafter*bezogene** StVergünstigung (zB BFH IV R 19/14 BStBl II 18, 575 betr Veräußerung an Schwester-PersGes). Begünstigt sind somit diejenigen Personen, die einen Veräußerungsgewinn zu versteuern hätten (vgl EStR 6b.2 VI–VII). Zu weiteren *Einzelheiten* (zB Übertragung aus/in Gesamthandsvermögen/SBV; KapGes als MUerin/HB-Korrekturposten; Vorbesitzzeiten bei Änderung der Beteiligungsverhältnisse; § 6b bei Veräußerung von MUeranteilen) s § 6b Rz 31 f, 43 ff, 94, 110; § 15 Rz 474; § 16 Rz 577. Zum Verfahren s BFH IV R 7/19 DStR 21, 277: BMF-Beitritt.

dd) Betriebsstätte; Eigenkapitalbeschaffung. Obwohl die WG des GesVermögens den Ges'tern idR (s Rz 408) nicht unmittelbar anteilig zuzurechnen sind, gilt eine *Betriebsstätte* der PersGes zugleich als Betriebstätte jedes MUers (BFH I R 10/01 BStBl II 02, 848 zu 2.b); bei beschr stpfl Ges'tern ist daher der auf ausl Betriebsstätten entfallende Gewinn der Ges nicht estpfl (BFH I R 95/84 BStBl II 88, 663). Zu § 34a s § 34a Rz 25. Aufwendungen für die *Beschaffung von Eigenkapital,* zB Provisionen für den Beitritt von K'tisten, sind idR sofort abzugsfähig 421 (zB BFH IV R 352/84 BStBl II 88, 128; *BMF* BStBl I 88, 98); anders aber bei geschlossenen Immobilienfonds, auch in der Rechtsform der gewerbl geprägten KG (dazu Rz 323). Werden Provisionen an Ges'ter gezahlt, sind sie bei diesen SonderBE. Sog **Konzeptionskosten** zB einer Verlustzuweisungs-KG sind als AK eines immateriellen WG zu aktivieren (BFH XI R 45/88 BStBl II 93, 538 zu B. II).

425 **ee) Betriebliche Veranlassung; Entnahme; Aufwandsersatz.** Bei der Ermittlung des StB-Gewinns dürfen nur Aufwendungen als **BA** abgezogen werden, die durch den (eigenen) Betrieb der PersGes veranlasst sind (§ 4 IV; BFH IV R 38/16 BFH/NV 19, 551). Soweit dies zu verneinen ist (BFH VIII S 37/18 BFH/NV 20, 196; Veranlassung durch GesVerhältnis), liegt Gewinnverwendung bzw Entnahme durch die Ges'ter vor (zB BFH VIII R 57/94 DStR 97, 1965 zu Forderungsverzicht). Dies gilt auch im Verhältnis zu **SchwesterKapGes** (BFH IV R 16/12 BFH/NV 15, 1572; Rz 600 ff). Aufwendungen einer PersGes sind hiernach (insgesamt) **keine BA,** sondern Entnahmen, wenn sie durch die unentgeltl Anteilsübertragung (BFH IV R 44/12 BFH/NV 15, 1085) oder auch durch die Lebensführung eines Ges'ters oder einer *einem* (nicht notwendig *allen*) Ges'ter nahe stehenden Person veranlasst sind (FG Mster EFG 18, 1786, rkr); das Abzugsverbot für Aufwendungen nach § 12 *BMF* BStBl I 10, 614) gilt auch für PersGes (BFH VIII R 148/85 BStBl II 92, 647; § 12 Rz 23); **aA** FG Mchn EFG 16, 274, rkr, betr Kostenübernahme für Komplementär iVm Aktivierung eines Aufwendungsersatzanspruchs. Keine BA sind Kosten der **Gewinnfeststellungserklärung** (zur *freiwilligen* Abschlussprüfung s BFH IV R 26/11 BStBl II 14, 886: keine Rückstellung; zR abl *Hennrichs* StuW 15, 65); ebenso nicht die Erklärungen zur ESt der Ges'ter oder der Wertfeststellungen gem § 151 BewG betr die ErbSt (*FM SchlHol* DStR 15, 1313).

426 **(1) Arbeitsverhältnis.** Aufwendungen aus ArbVerh zw einer PersGes und dem Ehegatten oder anderen Angehörigen eines beherrschenden Ges'ters sind (nur) nach den für Ehegatten-ArbVerh maßgebl Grundsätzen abzugsfähig (zB BFH VIII R 38/93 BStBl II 96, 153: *Fremdvergleich/„Nur Pensionszusage";* BFH VIII R 69/98 BStBl II 02, 353); zu Barlohnumwandlung s BFH VIII R 68/06 BStBl II 08, 973; zu Rückstellungen für Pensionszusagen an den ArbN-Ehegatten s Rz 592.

427 **(2) Darlehen.** Zinsen für Darlehen, die eine PersGes von Angehörigen eines (beherrschenden) Ges'ters aufnimmt, sind grds nur dann BA, wenn die Vereinbarung zivilrechtl wirksam ist und nach Inhalt und diesem entspr tatsächl Durchführung dem gleicht, *was unter Fremden übl ist* (vgl *BMF* BStBl I 11, 37; 14, 809; BFH IV B 76/14 BFH/NV 15, 976). Zum Fremdvergleich gehört jedenfalls bei langfristigen Darlehen (mE allg) idR auch die *Bestellung von Sicherheiten* (BFH VIII R 50/97 BStBl II 00, 393 zu II.3. mwN; zu *Ausnahmen* s BFH IV R 21/01 BFH/NV 03, 1542; BFH VI R 62/15 DStR 17, 2475; *BMF* BStBl I 11, 37; 14, 809). Ebenso ist dies *(Fremdvergleich!),* wenn Ges'ter ihre Forderungen gegen die PersGes (bisher Eigenkapital in der Gesamtbilanz) an Angehörige schenkweise abtreten (BFH IV R 17/89 BStBl II 91, 18; *BMF* BStBl I 11, 37). – Auch Zinsen für ein *fremdübl* „Darlehen" sind aber *keine BA,* wenn ein Einzelunternehmer die Geldmittel vorher nahen Angehörigen unter der Auflage geschenkt hat, sie dem Schenker als Darlehen zurückzugewähren (BFH X R 121/88 BStBl II 92, 468; *BMF* BStBl I 11, 37); ebenso wenn die Geldmittel nicht dem Schenker, sondern einer von diesem beherrschten PersGes als Darlehen zurückgewährt werden, sofern zw Schenkung und Darlehen „eine auf einem **Gesamtplan** beruhende sachl Verknüpfung besteht" (BFH IV R 46/00 BStBl II 02, 685; *BMF* BStBl I 11, 37; *Wacker* StbJb 02/03, 106). – Darlehenszinsen sind aber uU BA, wenn das geschenkte und dann als Darlehen gewährte Geld von Angehörigen stammt, die nicht Ges'ter der PersGes sind (BFH IV R 58/99 BStBl II 01, 393 zu 3.) oder wenn die Beschenkten (Darlehensgeber) wirtschaftl unabhängige volljährige Angehörige sind (BFH IV R 58/99 BStBl II 01, 393; *BMF* BStBl I 11, 37).

(3) Stille Gesellschaft. Diese Grundsätze sind sinngemäß maßgebl für eine 428
typische stille Beteiligung eines Angehörigen eines (beherrschenden) Ges'ters an
einer Familien-PersGes „jedenfalls ... wenn eine Verlustbeteiligung ausgeschlossen
ist" (BFH X R 99/88 BStBl II 93, 289; *BMF* BStBl I 11, 37 Rz 15: für Vereinbarungen nach dem 31.12.92 ohne Verlustbeteiligung; ähnl *Weber-Grellet* DStR 93,
1010). Für stille Ges *mit Verlustbeteiligung* ist str, ob für die Anerkennung eine dingl
Sicherung erforderl ist (vern BFH III R 91/87 BStBl II 90, 10). ME ist die Differenzierung zw stillen Ges ohne und mit Verlustbeteiligung kaum überzeugend.

(4) Mietverhältnisse; Pachtverhältnisse. Derartige Verträge zw einer PersGes 429
und den beherrschenden Ges'tern (oder deren Angehörigen) sind nur anzuerkennen, wenn sie nach Inhalt und tatsächl Durchführung im Wesentlichen dem *Fremdvergleich* entsprechen (BFH IV R 43/13 BFH/NV 16, 742; einschr BFH IX
R 45/06 BStBl II 11, 20; *BMF* BStBl I 11, 37: nicht anzulastende Formmängel uU
unschädl).

ff) Überentnamen/§ 4 IVa. Zinsen für Schulden einer PersGes bzw ihrer 430
Ges'ter sind nur insoweit BA bzw SonderBA, als die Schuld Betriebsschuld ist
(Rz 485 ff, 521 ff). Der BA-Abzug dieser Zinsen wird aber durch **§ 4 IVa** nach
Maßgabe des „Überentnahmenmodells" (zu Einzelheiten s § 4 Rz 535 und
bis *Schmidt* 34. Aufl § 15 Rz 430) und (mE nachrangig) durch § 4h (Zinsschranke)
der Höhe nach begrenzt. Zu doppelstöckigen PersGes s § 4 IVa und FG Mchn
EFG 21, 1361, Rev IV R 8/21.

gg) Versicherungen. Prämien für Risiko- oder Kapitalversicherung auf das Le- 431
ben eines Ges'ters sind (einschließl *Rückdeckungsversicherung*, s BFH IV R 41/00
BStBl II 02, 724; BFH VIII R 4/10 BStBl II 13, 615; s auch Rz 493, 588) – nach
bisheriger Rspr (s unten) unabhängig von der vorgesehenen Verwendung der Versicherungssumme (zB *Teilhaberversicherung;* dazu zB BFH/NV 94, 539; *OFD Ffm* FR
95, 553) – keine BA (und der Versicherungsvertrag kein BV, s Rz 493), sondern
Entnahmen; die Versicherungsleistung seiner keine BE, sondern Einlagen, auch wenn
die Versicherung der Sicherung eines von der PersGes aufgenommenen Darlehens
(zB **Policendarlehen**) dient (zB BFH VIII B 5/06 BFH/NV 07, 689). Versicherungs- und Darlehensverhältnis sind danach getrennt zu beurteilen; ist die
Kreditaufnahme ausschließl betriebl veranlasst, sind die Schuld Betriebsschuld und
die Zinsen BA (*OFD Nbg* DStR 93, 1258). – BA und Prämien für Versicherung
auf das Leben eines **NichtGes'ters** mit Anspruchsberechtigung der Ges (BFH IV
R 14/95 BStBl II 97, 343) oder auf das Leben von Angehörigen (Kindern) des
Ges'ters bei betriebl Kredittilgungszweck (BFH IV R 45/08 BStBl II 11, 552;
Rz 493; bedenkl) – Zum steuerunschädl Einsatz von **LV-Ansprüchen** (vgl § 10
II 2) s *BMF* BStBl I 00, 1118. Zu weiteren betriebl Risiken s Rz 493.

hh) Spenden der Personengesellschaft. Sie sind anteilig Entnahmen der 432
Ges'ter und bei diesen nach § 10b abzugsfähig (BFH X R 149/88 BStBl II 91, 70).
Zur Ermittlung des Höchstbetrags für sog Großspenden (§ 10b) der PersGes und/
oder ihrer Ges'ter s BFH XI R 95/97 BStBl II 03, 9; *OFD Hann* BB 98, 1671,
1672). Zum umsatzbezogenen Höchstbetrag s EStR 10b.3 I 3.

ii) Geldstrafen; Geldbußen (§ 12 Nr 4; § 4 V Nr 8). Sie sind idR Entnahmen 433
der Ges'ter (vgl BFH VIII R 89/86 BStBl II 92, 85).

jj) Wirtschaftsguttransfer. Zur Auswirkung **entgeltl Veräußerung** oder **un-** 434
entgeltl bzw teilentgeltl **Übertragung** einzelner WG aus oder in das GesVermögen oder ihres Übergangs aus dem BV ins PV der Ges auf den StB-Gewinn
und dessen *subj Zurechnung* s Rz 446, 484, 496; § 6 Rz 761 ff.

kk) Entnahmen. Die (*berechtigte,* dh vom Einverständnis aller Ges'ter getragene) 435
Entnahme **lfd Nutzungen,** zB unentgeltl *vorübergehende* Privatnutzung von WG
des BV der PersGes durch Ges'ter oder die Entnahme von **Dienstleistungen** ist
bei der Ermittlung des StB-Gewinns nach den für Einzelunternehmer maßgebl

Grundsätzen (vgl § 4 Rz 300 ff) gewinnerhöhend zu berücksichtigen, vorausgesetzt, dass mit der außerbetriebl Nutzung Aufwand zB anteilige AfA verbunden ist (BFH IV R 43/13 BFH/NV 16, 742). Einzelheiten zur spezialgesetzl geregelten Höhe der Aufwandsentnahme für **private Nutzung von Kfz** im BV der PersGes (§ 6 I Nr 4) s *BMF* BStBl I 09, 1326; *BMF* BStBl I 14, 835; unten Rz 496, 647; *OFD Nds* DB 12, 2550 (UStG), – Aufwandsentnahme liegt auch vor bei unentgeltl Begründung eines (dingl oder schuldrechtl) Rechts zur *vorübergehenden* Nutzung (vgl BFH VIII R 35/92 BStBl II 95, 241). – Die *unberechtigte* Nutzung ist keine Entnahme, begründet aber Ersatzansprüche der Ges gegen den nutzenden Ges'ter iHd Nutzungswerts (*Hellwig* FS Döllerer, 202, 213). – Zur (berechtigten) *unentgeltl* und *dauerhaften* **Belastung** eines WG des GesVermögens mit einem **Nutzungsrecht** zugunsten eines Ges'ters für *private* Zwecke oder eines Familienangehörigen s Rz 496 (Entnahme des belasteten WG); *Ruban* FS Klein, 1994, 781, 796; *OFD Ddorf* DB 95, 900. – Zur verbilligten Vermietung einer zum BV gehörigen Wohnung s BFH IV R 46/00 DStRE 03, 773. Zum Ansatz der den Ges'tern von Dritten zugewendeten **Nutzungsvorteile** (zB Schiffsreise) **als BE** der Ges und Entnahme der Ges'ter s BFH VIII R 35/93 BStBl II 96, 273.

436 **ll) Einlagen.** Zu **disquotalen** Einlagen s § 16 Rz 420. Eine (gewinnmindernde) Einlage der lfd **Nutzungen** eines WG, das einem Ges'ter (oder einem Dritten) gehört, ist nicht mögl (BFH GrS 2/86 BStBl II 88, 348). Gehört das WG einem Ges'ter, ist es idR SBV des Ges'ters; seine Aufwendungen zB AfA sind Sonder-BA. Wird das WG nicht SBV, weil es die PersGes nur kurzfristig nutzt (s Rz 514), sind die Aufwendungen, soweit sie zeitanteilig auf die betriebl Nutzung durch die PersGes entfallen, mE (wie bei Einzelunternehmern) als SonderBA des Ges'ters (Aufwandseinlage) abzugsfähig. Nutzt die PersGes ein WG eines Dritten zB Ehegatten eines Ges'ters unentgeltl, kann die PersGes die Aufwendungen, zB AfA des Dritten **(Drittaufwand),** idR nicht als BA abziehen (Einzelheiten BFH GrS 1/97 BStBl II 99, 774; BFH GrS 2/97 BStBl II 99, 778; BFH GrS 3/97 BStBl II 99, 782; GrS 5/97 BStBl II 99, 787). Zur Sacheinlage eines **Nutzungsrechts** s Rz 515.

437 **mm) Leistungen Personengesellschaft/Gesellschafter.** S hierzu Rz 625 ff, eines Ges'ters an die PersGes s Rz 560, zw Schwester-PersGes s Rz 600 ff.

438 **nn) Anteile an Kapitalgesellschaft** (BV; zu SBV s Rz 517 f, 528). Gehören zum Gesamthandsvermögen (BV) einer PersGes (oder zum BV des tätigen Teilhabers einer atypisch stillen Ges) Anteile an KapGes, ist *grds* ab 1.1.02 im Hinblick auf die „Transparenz" der PersGes bei der subj Einkünftezurechnung (Rz 162, 165) zu unterscheiden. – *(1)* **Natürl Personen als Ges'ter (MUer).** Gem **§ 3 Nr 40 S 1 (Teileinkünfteverfahren)** sind bis VZ 2008 die Hälfte sowie ab **VZ 2009** (iZm der abgesenkten Belastung der KapGes: KStSatz: 15 % zuzügl GewSt/SolZ) **40 %** der (offenen oder verdeckten) Gewinnausschüttungen, der BV-Mehrungen/Einnahmen aus der Veräußerung/Entnahme von KapGes-Anteilen und des auf solche Anteile entfallenden Veräußerungspreises iSv § 16 II **stfrei** – ausgenommen – *(aa)* einbringungsgeborene Anteile iSv § 21 UmwStG aF (ggf iVm §§ 20 III 4, 21 II 6 UmwStG nF) während eines Behaltezeitraums von 7 Jahren ab Einbringung (§ 3 Nr 40 S 3–4 aF), – *(bb)* bestimmte KapGesAnteile in Händen von Finanzunternehmen iSd KWG/Wertpapierinstituten iSd WpIG(s § 3 Nr 40 SS 3; s Rz 439) und – *(cc)* Veräußerungsgewinne gem § 19 II, III, § 19a REITG. Begünstigt sind danach § 3c auch Erlöse aus der Veräußerung des MUeranteils, soweit der Erlös auf KapGes-Anteile entfällt (zu § 24 V UmwStG nF s Rz 439). Andererseits dürfen gem **§ 3c II** BV-Minderungen, BA und Veräußerungskosten, die mit den in § 3 Nr 40 genannten BV-Mehrungen oder Einnahmen in Zusammenhang stehen, nur zu 60 % abgezogen werden; s iEinz dort (Absicht der Einkunftserzielung; TW-AfA, Darlehensverlust, lfd Aufwendungen iZm Mietverträgen etc) sowie hier Rz 869, 819. **Ausnahme:** BA der MUerschaft/PersGes (zB Zinsen) sind **zugleich**

SonderBE der MUer/Ges'ter (BFH IV R 5/18 BStBl II 20, 448: Ges'terdarlehen = EK in Gesamtbilanz der MUerschaft; Rz 540). – Die stfreien und die nichtabzugsfähigen Teilerträge sind, da im StB-Ergebnis enthalten, **außerbilanziell** zu kürzen und hinzuzurechnen (zB *Drüen* FR 01, 999). – Zur **GewSt** s Rz 439 aE.

(2) **Kapitalgesellschaft als Gesellschafter (Mitunternehmer); Körperschaftsteuerfreistellungsverfahren.** Gem § 8b I, II KStG sind bei der Ermittlung des Einkommens einer KapGes Gewinnausschüttungen einer (anderen) KapGes sowie Erlöse aus der Veräußerung von KapGes-Anteilen außer Ansatz zu lassen – ausgenommen – *(a)* bestimmte KapGesanteile in Händen von Finanzunternehmen iSd KWG/Wertpapierinstituten iSd WpIG (s § 8b VII KStG), – *(b)* einbringungsgeborene Anteile iSv § 21 UmwStG aF während eines Behaltezeitraums von 7 Jahren (§ 8b IV KStG aF) und – *(c)* rückwirkender Ansatz des Einbringungsgewinns II gem §§ 24 V aF/nF, 22 II UmwStG nF innerhalb einer 7-jährigen Sperrfrist. Anderseits bleiben gem § 8b III 3 KStG TW-AfA und Veräußerung-/Auflösungsverluste bezügl der Anteile unberücksichtigt; ebenso nach Maßgabe von § 8b III 4–7 KStG Gewinnminderungen iZm Darlehen und Sicherheiten (s auch Rz 819, 869). Des Weiteren dürfen 5 % des nicht der Besteuerung unterliegenden Gewinns nicht als BA abgezogen werden (§ 8b III 1 KStG), sodass iErg nur 95 % des Gewinns stfrei sind; § 3c ist nicht anzuwenden. – KStpflichtig sind jedoch aus Gründen des EU-Rechts gem § 8b IV KStG nF Ausschüttungen auf **Streubesitz-Anteile** (weniger als 10 %; vgl § 8b IV 4 f), die ab dem 1.3.13 zufließen, mit der Folge, dass insoweit bei gebietsansässigen Anteilseignern auch der BA-Abzug eröffnet ist. – Gem § **8b VI KStG** gelten diese Vorschriften auch, soweit einer KapGes Bezüge, Gewinne und Gewinnminderungen zB aus Teilwert-AfA iRd Gewinnanteils aus einer **MUerschaft** zugerechnet werden, sowie für Gewinne (Verluste), soweit diese **bei der Veräußerung (Aufgabe)** eines MUeranteils auf entspr KapGes-Anteile entfallen (Transparenz der PersGes!; s BFH I R 95/05; BStBl II 07, 279; BFH I R 58/10 DB 11, 505; *BMF* BStBl I 03, 292 Tz 54–58). Zur **Ausnahme** bei Kongruenz von BA der MUerschaft/SonderBE der MUer s Rz 438. – *(3)* Maßgebl für **anteilige Anwendung** des Teileinkünfteverfahrens und der KStFreiheit bei PersGes mit natürl Personen und KapGes als MUer ist grds der allg **Gewinnverteilungsschlüssel** der PersGes (*Ausnahme:* § 24 V UmwStG nF; s oben).

(4) **Verdeckte Gewinnausschüttung.** VGA an MUer (oder Nahestehende) erhöhen den GesGewinn (BFH IV R 7/13 BStBl II 16, 219: überhöhtes Gehalt).

(5) **Weitere Einzelfragen.** – *(a) Bezugrechte* (BFH I R 101/06 BStBl II 08, 719: kein § 8b II KStG) – *(b)* Veräußerungskosten s *BMF* BStBl I 08, 506 – *(c)* mehrstufige PersGes s zB *Hoffmann* DB 00, 1931, 1934; – *(d)* KapESt s Rz 505; – *(e)* PersGes als Organträger s Rz 175; zu § 14 IV KStG (Auflösung von Ausgleichsposten) s § 16 Rz 135 – *(f)* § 8b KStG und §§ 3 Nr 40, 3c gelten auch für die GewSt (BFH I R 95/05 BStBl II 07, 279; *BMF* DStR 07, 626: Übergangsregelung; ab EZ 04 s § 7 S 4); – *(g)* Zur Feststellungs gem § 180 I Nr 2a AO s BFH IV R 47/16 BStBl II 20, 142; BFH IV R 25/18 BStBl II 20, 448: „netto" oder „brutto".

4. Sondervergütungen. Entgelte für Dienstleistung usw eines Ges'ters sind Sondervergütungen iSv § 15 I 1 Nr 2 S 1 HS 2 (und kein Gewinnvorab), *wenn* sie auf einem besonderen Schuldverhältnis beruhen oder zwar im GesVertrag vereinbart sind, aber nach Abrede der Ges'ter Aufwand der Ges sein sollen und auch dann gezahlt werden sollen, wenn die Ges keinen Gewinn erzielt (BFH IV R 62/00 BStBl II 05, 88; BFH VIII R 11/16 DStR 19, 1136; *Röhrig ua* DStR 06, 489, 493; **aA** *Groh* DStZ 01, 358: nur bei bes Austauschvertrag). Solche Sondervergütungen mindern den StB-Gewinn (BFH VIII R 4/98 BStBl II 99, 284: soweit sie nicht AK sind), nicht jedoch den Gesamtgewinn der MUerschaft (s Rz 400), weil der Betrag, der in der StB als Aufwand angesetzt ist, *zeit- und betragsgleich* in der

Sonderbilanz des Ges'ters als Ertrag angesetzt werden muss (korrespondierende Bilanzierung, s Rz 404 ff, 576). **Gewinnvorab** liegt vor, wenn einem Ges'ter aufgrund des GesVertrags Vergütungen zB für Dienstleistung *vorweg aus dem Gewinn* gewährt und diese *nicht als Aufwand* behandelt werden (BFH VIII R 30/99 BStBl II 01, 621; FG Mster EFG 04, 1750, rkr; **aA** *Groh* DStZ 01, 358: auch Zahlungen im Verlustfall können Gewinnvorab sein; ähnl FG Ddorf DStRE 01, 226, rkr). Dieser mindert den StB-Gewinn nicht; er ist handels- und estrechtl Teil der in § 15 I 1 Nr 2 an erster Stelle genannten Gewinnanteile (BFH VIII R 30/99 BStBl II 01, 621). – Zur Bedeutung der Abgrenzung zw Gewinnvoraus und Sondervergütungen für – *(1)* § **15a** s § 15a Rz 41, 62 – *(2)* **§ 5a IV** s *BMF* BStBl I 02, 614; *BMF* DB 08, 2511 Rz 34 f; BFH VIII R 74/02 BStBl II 08, 180 (§ 32c aF); *Glasenapp* DStR 09, 1462 – *(3)* Vermögensverwaltende PersGes s FG Ddorf EFG 18, 1548, rkr; § 18 Rz 141, 280, 288 (WagnisKapGes); – *(4)* **§ 35** s § 35 Rz 25; – *(5)* § 1, 2 UStG s UStR 1.6.

441   **5. Zurechnung des Steuerbilanzgewinns/Steuerbilanzverlusts.** Der StB-Gewinn/Verlust der Ges ist den MUern **unmittelbar** *anteilig* als originäre eigene Einkünfte **zuzurechnen** (BFH GrS 3/92 BStBl II 93, 616; BFH X R 171/96 BStBl II 99, 450 zu VII.3.). Dies ist nach bisheriger Rspr nicht bereits mit der fortlaufenden Einkunftserzielung (§ 2 I 1; dazu BFH X R 31/16 DStRE 20, 170), also mit den einzelnen Geschäftsvorfällen (hierfür *Kußmaul ua* NWB 20, 646 mN), sondern bei unveränderten Beteiligungsverhältnissen idR erst mit dem **Ende** des jeweiligen **Wj** anzunehmen (zB BFH IV R 271/83 BStBl II 84, 602 zu 2.b; **aA** *Bauschatz* FR 05, 1230: Jahresabschluss*feststellung*). Zu mehrstöckigen PersGes mit abw Wj s Rz 253. **Ausnahmen:** Ein-/Austritt von Ges'tern, Änderung der Gewinnverteilungsabrede während des Wj (Rz 453; § 16 Rz 428); **Insolvenz des MUers**/Gesters (BFH X R 31/16 BFH/NV 20, 152: ESt/KSt als Masseverbindlichkeit). – Unerhebl für Höhe und Zeitpunkt der Zurechnung ist, ob der Gewinnanteil **entnahmefähig** ist, insb ob und wann die Ges eine Gewinnausschüttung beschließt und diese dem einzelnen MUer iSv § 11 zufließt (zB BFH I R 95/84 BStBl II 88, 663 zu 2 f). Dies gilt auch – *(1)* bei **Insolvenz der PersGes** und Fortführung ihres Betriebs durch den Insolvenzverwalter (BFH X R 60/04 BStBl II 08, 787; FG Ddorf EFG 18, 1190, rkr: ESt-Schuld des K'tisten vorbehaltl MUerinsolvenz (s oben) keine Masseverbindlichkeit; BGH II ZR 62/15 DStR 16, 1273: kein Steuerentnahmerecht der Ges'ter/Rückerstattung der KapESt; unten Rz 505; krit *Kruth* DStR 16, 1871; s auch *Fischer* DB 15, Beil 4; FN-IdW 11, Beihefter 8 Tz 60), – *(2)* für **alle MUerschaften,** auch für die atypisch stille Ges und – *(3)* auch bei Geltendmachung von Gegenansprüchen (BFH VIII R 12/09 BStBl II 12, 207: Schadenersatz; EStH 15.8 III; zust *Meyer* BB 12, 429).

443   **6. Anteilige Zurechnung des Steuerbilanzgewinns/Steuerbilanzverlusts; Entnahmen. – a) Steuerbilanz-Gewinn/-Verlust.** Er ist den Ges'tern nach dem **vertragl** (oder gesetzl; zur MoPeG-Reform (BGBl I 21, 3436) ab 2024 s § 709 BGB nF ggf iVm §§ 105 III, 161 II HGB nF) Gewinnverteilungsschlüssel zuzurechnen (zu *mündl* Abreden s BFH IV R 55/06 BStBl II 09, 950). *Ausnahmen:* Widerstreit zu Vorschriften/Wertungen des EStG/KStG, zB die Abrede ist privat (§ 12 Nr 2; Einkommensverwendung; s Rz 776 ff) oder durch das GesVerhältnis veranlasst (FG Mster EFG 19, 1521, NZB IV B 43/19: Verluste des stillen Ges'ters), missbräuchl (§ 42 AO), als vGA (BFH VIII R 10/00 BStBl II 01, 747 zu III.2.b/bb) oder als Veräußerungsentgelt (BFH IV R 47/12 BStBl II 16, 600: Gewinnvorabmodell; § 16 Rz 512) zu werten ist; ebenso bei Gewinnschätzung (BFH IV B 165/90 BFH/NV 92, 388). Entsprechendes gilt bei **Sonderzuweisungen** (zB GuV einzelner Geschäftsfelder/Kostenfaktoren; unklar *Kempelmann ua* DStR 19, 630) sowie allg bei sog **disquotaler** Gewinnverteilung (OFD Ffm DStR 15, 1802; *Fuhrmann* KÖSDI 17, 20563, 20566; s auch Rz 357, 722 ff, 776 ff; § 18 Rz 280: Private Equity Fonds; zT **aA** *Schwandtner* Diss, 2006, 342 ff, 215 ff, 280 ff: grds nur

GesRecht maßgebl; uU aber SonderBE/SonderBA bei Weiterleitung oder Abtretung des Gewinnauszahlungsanspruchs an Mit-Ges'ter). Teil des vertragl Schlüssels sind auch unterschiedl Gewinn- und Verlustverteilungsabreden (BFH IV R 14/16 DStR 18, 2259 zu GewSt aufgrund von SonderBE; BFH IV B 30/85 BStBl II 86, 68 zu 2/f; zu VuV s BFH IX R 18/07 BFH/NV 09, 1247) sowie GuV-Anteile des K'tisten aus daneben bestehenden typischen Innen-Gesverträgen (BFH IV R 73/06 BStBl II 10, 40; s Rz 354). Soweit eine fehlerhafte Zurechnung für frühere Jahre nicht mehr berichtigt werden kann, muss diese bei Wahrung des Bilanzenzusammenhangs nachgeholt werden (BFH VIII R 28/90 BStBl II 92, 881). Gewinne und Verluste aus **Ergänzungs-/Sonderbilanzen** sind allein dem betr Ges'ter zuzurechnen. Zu Veräußerungsgewinnen nach **§ 7 S 2 GewStG** s BVerfG 1 BvR 1236/11 BStBl II 18, 303 Rz 111. Für MUerschaften, die **keine** zivilrechtl **Ges** sind (s Rz 171), ist die gesetzl oder vertragl Regelung maßgebl (zB Erbquote).

aa) Divergenzen. Die gesellschaftsvertragl Gewinnverteilungsabrede bezieht **444** sich, sofern nicht anderes vereinbart ist, auf den HB-Gewinn (BFH VIII R 41/87 BStBl II 90, 965); sie ist aber mangels bes Bestimmungen im EStG (s Rz 443) entspr anzuwenden, soweit der **StB-Gewinn/-verlust höher** ist als der **HB-Gewinn/-verlust** (BFH GrS 7/87 BStBl II 91, 691 zu C. II.3). Dies gilt grds auch für erst durch eine **Betriebsprüfung** festgestellte bilanzielle dh ansatz- oder bewertungsbedingte **Mehrgewinne** (BFH IV R 56/04 BStBl II 06, 838: zu § 15a s § 15a Rz 34, 41). Bilanzielle Mehrgewinne, die erst *nach Ausscheiden eines Ges'ters* bekannt werden, sind dem Ges'tern jedenfalls dann nach dem bisherigen Gewinnverteilungsschlüssel zuzurechnen, wenn die Ges eine Einheitsbilanz (HB = StB) erstellt (BFH IV R 56/04, BStBl II 06, 838; *Bordewin* NWB F 3, 10049: bisherige Gewinnabrede auch bei unterschiedl Bilanzen maßgebl); zu gesvertragl Abreden s FN-IdW Beihefter 11, 8 Tz 69. – Mehrgewinne *wegen nicht abzugsfähiger BA* oder *verdeckter Privatentnahmen* sind bei ihrer Art entweder dem Ges'tern anteilig zuzurechnen (BFH IV B 13/99 BFH/NV 00, 29; FG Thür EFG 16, 706, rkr) oder nur dem betroffenen Ges'ter (Einzelheiten *Ritzrow* StBp 99, 1). – Zu niedrigerem StB-Verlust infolge *Auflösung von aktiven Bilanzierungshilfen in der HB* und zu Korrekturen der Zurechnung dieses StB-Verlustes für später eingetretene Ges'ter s BFH VIII R 41/87 BStBl II 90, 965. Zur Zurechnung eines *Übergangsgewinns* (§ 4 III) bei Beendigung der PersGes s BFH IV R 18/97 BStBl II 98, 290.

bb) Abreden. Werden Gewinne **einvernehml anders** verteilt als vertragl **445** vorgesehen, kann darin eine konkludente Änderung dieser Abrede enthalten sein, die aber estrechtl idR nur insoweit beachtl ist, als sie künftige Gewinne betrifft und betriebl veranlasst ist (Rz 453).

b) Entnahmen. Auch Buchgewinne (bzw -verluste) aus der *(berechtigten,* dh **446** vom GesVertrag oder der Zustimmung aller Ges'ter getragenen) Entnahme von WG des GesVermögens (einschl Nutzungsentnahmen; Rz 496) sind als Teil des StB-Gewinns der Ges idR *allen* Ges'tern anteilig zuzurechnen (BFH IV R 39/94 BStBl II 96, 276: Schenkung stiller Reserven), soweit nicht eine *vor* der Entnahme (uU konkludent) getroffene und *betriebl veranlasste* Abrede der Ges'ter eine andere Zurechnung, zB dem Begünstigten Ges'ter, vorsieht (*Hellwig* FS Döllerer, 1988 S 205, 211; ähnl *Stopper* Betriebsaufgabe als Gewinnausweistatbestand, S 60: Parallele zu § 16 III 8; diff *KS* § 15 Rz 294). Gleiches gilt für *(berechtigte)* **Geldentnahmen** (FN-IdW 12, 189, 197; BFH VIII R 128/84 BStBl II 93, 594 zu II.4.a). – Zur Zurechnung **veruntreuter** (noch nicht ins GesVermögen geflossener) BE s Rz 648 (SonderBE). **Unberechtigter Entnahmen** aus dem *bereits vermehrten* GesVermögen sind hingegen nach BFH IV R 16/00 BStBl II 01, 238 keine SonderBE, sondern bei Ges zunächst als BA und bei Rückerstattung (ggf Aktivierung) als BE zu erfassen (dazu *Kempermann* FR 01, 408; mE fragl; s dazu BFH VIII S 37/18, BFH/NV 20, 196). Zur Klagebefugnis s BFH IV R 17/15 BFH/NV 18, 182.

§ 15 449–453   Einkünfte aus Gewerbebetrieb

449   **7. Anteilige Zurechnung des Steurbilanzgewinns/Steuerbilanzverlusts einer KG.** Auch bei einer **KG** oder zB **atypisch stiller Ges** ist estrechtl für die subj Zurechnung des Verlustes grds der handelsrechtl Verteilungsschlüssel maßgebl, auch insoweit als ein Verlustanteil bei einem K'tisten oder stillen Ges'ter in der StB der KG zu einem **negativen KapKto** führt – unabhängig davon, ob der Verlustanteil gem § 15 IV 6–8 bzw § 15a nur verrechenbar ist oder sofort ausgleichs- und abzugsfähig. Einzelheiten s § 15a. – Zu Ausnahmen s Rz 443 Verlustzurechnung nach Umwandlung einer (wertlosen) Darlehensforderung s Rz 350.

452   **8. Änderung der Gewinnverteilungsabrede; Eintritt/Austritt von Gesellschaftern; Rückbeziehung; „Vorabanteile".** – **a) Änderung der Gewinnverteilung.** Wird die Abrede **nach** Ablauf eines **Wj** zivilrechtl *rückbezügl* für dieses Wj **geändert,** kann dies estrechtl keine von der ursprüngl Abrede abw Gewinn- oder Verlustzurechnung bewirken (zB BFH VIII R 293/82 BStBl II 87, 558 zu 2.; BFH VIII R 10/00 BStBl II 01, 747 zu II.2.b/bb; **aA** *Bauschatz* FR 05, 1230). Abzugrenzen sind aber zu Beginn des Wj getroffene *mündl* Abreden (s BFH IV R 55/06 BStBl II 09, 950 einschließl Änderung nach § 173 I Nr 1, 2 AO). – Ges'tern, die erst nach Ablauf des Wj beitreten, kann trotz zivilrechtl **Rückbeziehung (Rückdatierung) des Eintritts,** kein Gewinn- oder Verlustanteil für das abgelaufene Wj zugerechnet werden; umgekehrt ist Ges'tern, die mit Ablauf des Wj ausscheiden, trotz **Rückbeziehung des Austritts** noch der im abgelaufenen Wj entstandene Gewinn oder Verlust anteilig zuzurechnen (BFH IV R 194/69 BStBl II 73, 389). Werden rückbezügl Vereinbarungen tatsächl vollzogen, ist dies evtl, sofern betriebl veranlasst, ein Anschaffungs- und Veräußerungsvorgang (vgl zB BFH IV R 209/80 BStBl II 84, 53 zu 2. aE). – Estrechtl beachtet ist die Rückbezüglichkeit ernsthafter *gerichtl oder außergerichtl Vergleiche* über streitige Rechtsverhältnisse (BFH IV R 15/96 BStBl II 97, 535 zu 2.b bb). Zur estrechtl Rückbeziehung, „wenn sie nur auf kurze Zeit ist und nur technische Bedeutung hat", BFH VIII R 119/81 BStBl II 85, 55 zu 2–3; FG Mchn DStRE 99, 643.

453   **b) Änderung des Gesellschafterkreises.** Die Grundsätze unter a) gelten entspr bei Änderung einer Gewinnverteilungsabrede und bei **Eintritt oder Austritt** von Ges'tern **während des Wj** mit Rückbeziehung auf den Beginn des Wj, weil der Einkünftetatbestand fortgesetzt durch die jeweiligen Ges'ter gemeinsam verwirklicht wird und für einen MUerwechsel nichts anderes gelten kann als für einen Einzelunternehmerwechsel. Das Ergebnis des Wj ist *grds* zeitanteilig auf Grund einer Zwischenbilanz (zB BFH VIII R 50/86 BFH/NV 91, 676), evtl durch Schätzung, auf die Zeit vor und nach der Änderung aufzuteilen und getrennt zuzurechnen (zB BFH IV R 125/92 BStBl II 96, 5 zu 2.a; § 16 Rz 450); ebenso mE bei Umwandlung des MUers (krit *Behrendt ua* BB 18, 2603). Dem entspricht, dass das Organeinkommen für die Ges'ter entfällt, die im Zeitpunkt des Enstehens des Gewinnabführungsanspruchs (Zurechnungszeitpunkt) an der OT-PersGes beteiligt sind (BFH IV R 50/09 BStBl II 13, 494; zutr). Nach FinVerw gilt dies aber nicht für **SonderAfA** und die degressive AfA, wenn ein Ges'ter erst während des Wj in eine bestehende PersGes eintritt: In diesem Fall haben die Ges'ter ein *Wahlrecht* zw anteiliger Zurechnung der Gesamtgewinns/-verlustes entspr der zeitl Zugehörigkeit der Ges'ter *oder* Beteiligung der erst später zB am letzten Tag des Wj beigetretenen Ges'ter an den SonderAfA und der degressiven AfA für das ganze Wj (*OFD Ffm* BB 94, 900; *OFD Hann* DStR 00, 730; einschr *OFD Mster* DStR 08, 98; glA zu § 4 FördG aF BFH IX R 20/03 BStBl II 05, 33; zu § 7g s *Lechner ua* NWB 16, 1712); anders bei Beitritt zur OberGes einer doppelstöckigen PersGes (*OFD Bln* FR 02, 48). Zu vermögensverwaltenden PersGes s *OFD Ffm* DB 12, 145; BFH IX R 35/17 BStBl II 19, 167. – Ein durch den Eintritt eines weiteren Ges'ters verursachter Provisionsaufwand ist bereits Aufwand der Zeit nach Eintritt dieses Ges'ters (BFH IV R 352/84 BStBl II 88, 128 zu 2.). Demggü ist ein **Sanierungsgewinn** (Gewinn aus Schulderlass) nach zT geänderter Rspr *dem AltGes'ter oder* dem NeuGes'ter zuzurechnen, *der* die Schuld vereinbarungsgemäß „wirtschaftl zu tragen" hat (BFH IV R 38/10 BStBl II 15, 389; glA *OFD Ffm* DStR 15, 1802; zR krit *Kleinheisterkamp* JbFfSt 2016/17, 500, 507: Sonder-Rspr). Zur **Stfreiheit** nach §§ 3a, 3c nF s dort; § 15a Rz 4, 21, 63. Ein **tatsächl Vollzug** einer rückbezügl Eintrittsvereinbarung durch Zurechnung entspr KapKten ist mE als entgeltl Veräußerung von Teilen der MUeranteile der AltGes'ter an die Neu-Ges'ter zu werten, auch wenn deren Einlage ins GesVermögen fließt (**aA** BFH VIII R 293/82 BStBl II 87, 558).

c) Vorabverlustanteile. Eine Änderung der Gewinn- und Verlustverteilungsabrede während des Wj, dass *künftige* Verluste in begrenztem Umfang (zB Erreichung gleich hoher negativer KapKosten aller Ges'ter) *nur* K'tisten zugerechnet werden, die ihre Einlagen erhöhen oder neu beitreten (Vorabverlustanteile), ist idR auch estrechtl maßgebl (BFH IV R 209/80 BStBl II 84, 53). Eine Abrede, dass alle während des Wj eintretenden Ges'ter bei der Verlustzurechnung für dieses Wj gleichgestellt sind, ist als Zuweisung von Vorabverlustanteilen für neueintretende Ges'ter zu verstehen; sie ist estrechtl aber nur insoweit zu berücksichtigen, als der ab Eintritt der neuen Ges'ter entstandene Verlust die Vorabverlustanteile der neuen Ges'ter in ihrer Summe abdeckt (BFH VIII R 293/82 BStBl II 87, 558).

Beispiel: Verlust des Wj 120, monatl Verlust somit (geschätzt) 10. Ges'ter ab 1.1. A und B; Eintritt neuer Ges'ter C und D am 1.12. Eine Abrede, alle Ges'ter seien in der Verlustzurechnung gleichzustellen, kann nicht dazu führen, dass der Verlust von 120 A, B, C und D mit je 30 zuzurechnen ist. Vielmehr ist der Verlust vom 1.1.–30.11. von 110 auf A und B zu je 55 zu verteilen; der Verlust vom 1.12.–31.12. von 10 ist (nur) C und D zuzurechnen mit je 5. Ohne Gleichstellungsabrede wäre dieser Verlust A, B, C und D zu je 2,5 zuzurechnen.

9. Ergänzungsbilanzen

Verwaltung: *BMF* BStBl I 17, 34 (AfA; § 24 UmwStG); *BMF* BStBl I 11, 1314 (UmwStErlass) Tz 24.09, 24.13, 24.14; *BMF* BStBl I 10, 755 (§ 6 II, IIa nF); *FB Bln* DB 05, 2719 (FördG aF).

Schrifttum (Auswahl): *Regniet*, Ergänzungsbilanzen bei der PersGes, 1990; *Ising*, Ergänzungsbilanzen anläßl entgeltl Ges'terwechsels, 2001. – *Bolk*, Auflösung von Ergänzumgsbilanzen, DStZ 15, 472; *ders*, Auflösung von Ergänzungsbilanzen nach § 24 UmwStG, DStR 18, 424; *Kahle*, Steuerl Gewinnermittlung ..., BB 18, 747.

a) Allgemeines. Positive oder negative Ergänzungsbilanzen korrigieren die Wertansätze für die betriebl WG des GesVermögens in der StB der PersGes mit Rücksicht auf die **Mehr- oder Minderaufwendungen** der **Ges'ter** (MUer). Sie dienen der Gleichbehandlung von MUer und Einzelunternehmer (BFH IV R 1/11 BStBl II 17, 34) und sind von den Sonderbilanzen (s Rz 401, 474) zu unterscheiden. Ergänzungsbilanzen sind uU zu erstellen: – *(1)* nach einem Ges'terwechsel (Rz 461 ff), – *(2)* bei Einbringung eines Betriebs (Teilbetriebs, MUeranteils) in PersGes nach § 24 UmwStG aF/nF (Rz 472), – *(3)* bei Übertragung einzelner WG zw MUerschaft und MUer nach § 6 V 3–5 (Rz 473) und – *(4)* bei Inanspruchnahme personenbezogener StVergünstigungen zB § 6b für einzelne Ges' ter (Rz 474). Zur Umwandlung KapGes in PersGes s *BMF* BStBl I 11, 1314 Tz 04.24. – **Dogmatisch** ist str, ob Ergänzungsbilanzen nur *rechnerische* Korrekturposten ausweisen (BFH VIII R 12/16 DStR 19, 2404; BFH IV R 1/11 BStBl II 17, 34: Gleichbehandlung mit Einzelunternehmer; *Reiß* FS Crezelius 2018, 371, 382) oder die Beteiligung an der Ges oder Anteile des Ges'ters an WG des GesVermögens („Bruchteilsbilanz"; *HHR* § 15 Rz 500 mN). – Unstr ist, dass – *(a)* ihr Ergebnis zusammen mit dem Anteil am StB-Gewinn der Ges die in § 15 I 1 Nr 2 S 1 an erster Stelle genannten Gewinnanteile bildet (zB BFH IV R 57/94 BStBl II 96, 68); – *(b)* zum KapKto iSv § 15a auch das in einer Ergänzungsbilanz ausgewiesene Kapital gehört (§ 15a Rz 41); – *(c)* „Buchwert" eines WG der sich aus StB der PersGes zuzügl Ergänzungsbilanz ergebende Wert ist (BVerfG 1 BvR 1236/11 BStBl II 18, 303 Rz 110; § 15 Rz 464); – *(d)* Zur Bilanzänderung s Rz 403.

461 **b) Gesellschafterwechsel.** Der **entgeltl** (teilentgeltl) **Erwerb eines Mitunternehmeranteils** oder eines Bruchteils hiervon ist aus der Sicht des Erwerbers kein Erwerb eines WG „PersGesAnteil", vergleichbar einer Beteiligung an einer KapGes, sondern entgeltl Anschaffung von Anteilen an den einzelnen zum GesVermögen gehörenden WG (iEinz § 16 Rz 443; s auch § 15 Rz 690).

462 **aa) Zusätzliche Anschaffungskosten.** Der Erwerber hat seine **Aufwendungen**, soweit sie sein **KapKto** in der **StB der Ges übersteigen** und auf WG des BV entfallen (unabhängig von der HB der Ges) in einer **positiven Ergänzungsbilanz** als (oder wie) zusätzl AK für seine Anteile an den stillen Reserven in den WG des GesVermögens und an einem Geschäftswert mit allen bilanzstrechtl Folgen für die künftige Gewinnermittlung (höhere AfA, geringerer Veräußerungsgewinn usw) im Verhältnis der Teilwerte aufgeteilt zu aktivieren und in gleicher Höhe ein Mehreigenkapital zu passivieren (BFH IV R 30/93 BStBl II 95, 831 zu 1.). Bei Fremden (Interessengegensatz) wird man grds einer vertragl Aufteilung auch dann folgen können, wenn Gegenstand des Erwerbs nicht die WG der Gesamthand, sondern der GesAnteil ist (glA – iErg – FG RhPf EFG 12, 63). Entsprechendes gilt bei Gewinnermittlung nach § 4 III (BFH VIII R 13/07 BStBl II 09, 993: Ergänzungsrechnung). Die zu aktivierenden (Mehr-)Aufwendungen können bestehen – *(1)* in der Zahlung von Bar- oder Buchgeld, – *(2)* der Übernahme privater Schulden usw (vgl § 16 Rz 272) oder eines negativen KapKtos des ausscheidenden Ges'ters, gleichgültig, ob dieses auf ausgleichsfähigen oder nur verrechenbaren Verlusten oder auf Entnahmen beruht (BFH VIII R 63/91 BStBl II 93, 706 zu II.1.a), – *(3)* in einer Bewertungs-/Ansatzkorrektur gem § 5 VII 3 nF (*Benz ua* DStR 13, 2653, 2659; *BMF* BStBl I 17, 1619), – *(4)* in einer handelsrechtl Gewinn*ermittlungs*abrede (BFH VIII R 148/85 BStBl II 92, 647 zu 3.). Die (Mehr-)Aufwendungen dürfen (müssen) in der Ergänzungsbilanz allerdings nur aktiviert werden, wenn sie – würde sich der Erwerb nicht zw MUern vollziehen – auch in der HB und StB der Ges aktiviert werden müssten (BFH IV R 40/92 BStBl II 94, 224). Letzteres trifft indes auch für Anteile an immateriellen WG des GesVermögens zu, die in der StB des Ges nicht angesetzt sind (zB originärer Geschäftswert; § 5 II; BFH IV R 70/92 BStBl II 94, 745, 747). – Steht aber fest, dass dem Mehraufwand keine nach GoB iVm § 5 aktivierbaren Werte gegenüberstehen, ist der Mehraufwand sofort abzugsfähig, und zwar als SonderBA (BFH IV R 40/92 BStBl II 94, 224). Dies gilt allerdings nicht, wenn bei Erwerb eines **KG-Anteils mit** (durch Verlustanteile entstandenem) **negativem KapKto** dieses dem Entgelt hinzugerechnet wird, weil dies nur zum Ziel hat, beim Erwerber solche Gewinnanteile außer Ansatz zu lassen, die sich auf die frühere Zurechnung von Verlusten beim Veräußerer gründen. In diesem Falle ist der erforderl Ausgleich nach Ansicht des IV. Senats des BFH dadurch herzustellen (kein Erwerbsverlust!), dass der Erwerber in der Ergänzungsbilanz einen entspr Ausgleichsposten aktiviert und diesen mit künftigen *stpfl* Gewinnanteilen verrechnet (BFH IV R 70/92 BStBl II 94, 745 zu 5.c), nach Ansicht des VIII. Senats genügt insoweit ein außerbilanzieller „Merkposten" (BFH VIII R 37/93 BStBl II 95, 246). Diese Grundsätze gelten auch für entgeltl (teilentgeltl) Ausscheiden aus zweigliedriger KG (BFH VIII R 76/96 BStBl II 99, 269).

463 **bb) Minderbeträge; negative Anschaffungskosten.** Wendet der Erwerber **weniger** auf als den in der StB der Ges als KapKto ausgewiesenen anteiligen **Buchwert**, entsteht kein „Erwerbsgewinn" (BFH IV R 3/01 BStBl II 03, 112 zu 4.c); der Minderbetrag ist in einer **negativen Ergänzungsbilanz** von den Buchwerten der aktivierten WG, soweit diese abstockungsfähig sind (nicht also für reine Geldposten, BFH IV R 77/93 BStBl II 98, 180 zu 2.c; zu str Einzelheiten s *Kahle* FR 13, 873), durch **passive Wertberichtigungen** abzusetzen, die in der Folgezeit entspr Abgang/Verbrauch der WG gewinnerhöhend aufzulösen sind (BFH IV R 30/93 BStBl II 95, 831; FG BBg EFG 08, 534, rkr: Eigenprovision;

unten Rz 649); in gleicher Höhe ist auf der Aktivseite ein negatives Mindereigenkapital auszuweisen. Hieran hat mE auch BFH IV R 1/11 BStBl II 17, 34 nichts geändert (Rz 464 f; **aA** *Bolk* DStZ 15, 472; unklar *BMF* BStBl I 17, 34). Die Abstockung der Buchwerte kann **nicht** durch Passivierung des Minderbetrags als **negativer Geschäftswert** vermieden werden (str, s § 16 Rz 421, 471). Ist die Differenz zw übernommenem positiven KapKto (= Nettobuchwert) und niedrigerem Entgelt größer als der Betrag, um den sich die Buchwerte der abstockungsfähigen WG – ggf bis auf 1 € (**aA** *Kempf ua* DB 98, 545: Teilwert) – abstocken lassen, entsteht auch insoweit kein Erwerbsgewinn (**aA** *Groh* FS F. *Klein*, 1994, 815); vielmehr ist in der Ergänzungsbilanz des Erwerbers erfolgsneutral ein **Ausgleichsposten** zu passivieren, der gewinnerhöhend gegen spätere Verlustanteile oder bei Beendigung der Beteiligung aufzulösen ist (BFH IV R 77/93 BStBl II 98, 180 zu 2.d; gleicht iErg negativem Geschäftswert). Entsprechendes gilt für einen **negativen Kaufpreis** (Ausgleichszahlung an Erwerber = negative AK; *Rapp* FR 18, 170; § 16 Rz 471).

cc) Fortschreibung der (positiven) Ergänzungsbilanzen. Einzelheiten (s zB *Kahle* FR 13, 873; *ders* BB 18, 747) sind str. Nach der Rspr sind die Fragen weniger nach Maßgabe des dogmatischen Verständnisses der Ergänzungsbilanz (s Rz 460), sondern vor allem nach dem Prinzip einer „sachgerechten Besteuerung des einzelnen MUer-Ges'ters" zu beantworten (BFH IV R 1/11 BStBl II 17, 34: Gleichbehandlung mit Einzelunternehmer). Der Aufwand/Ertrag aus der Auflösung (BVerfG 1 BvR 1236/11 BStBl II 18, 303 Rz 110: WG-Veräußerung) oder Fortschreibung der Ergänzungsbilanz ist nicht Sonder-BA/BE, sondern Teil des in § 15 I Nr 2 S 1 an erster Stelle genannten Gewinnanteils (BFH VIII R 52/04 BStBl II 06, 847); sie beeinflussen daher das KapKto des MUers iSv § 15a (s § 15a Rz 41). 464

(1) AfA. Sie sind in der StB der Ges wie bisher fortzuführen; in der Ergänzungsbilanz sind hingegen nach BFH IV R 1/11 BStBl II 17, 34 bezügl der **Mehr-AK** des Ges'ters die Restnutzungsdauer und die AfA-Methode eigenständig zu bestimmen (Folge ua: auch Aufwendungen für abgeschriebene WG sind zu aktivieren; glA zB *Niehus* StuW 02, 116, 123); dies ist allerdings mit dem Rspr-Grundansatz (Ausweis nur rechnerischer Korrekturposten; s Rz 460) kaum vereinbar. Nach der **FinVerw** sind dagegen die AfA auch bezügl der Buchwertanteile (GesBilanz) des Ges'ters neu zu ermitteln (*BMF* BStBl I 17, 34 mit Beispiel; zutr); in diesem Sinne wird zT auch das BFH IV R 1/11 BStBl II 17, 34 interpretiert (*Bolk* DStZ 15, 472, 474; glA zu § 21 BFH IX R 38/17 DStR 20, 1033). Zu **SonderAfA** s Rz 411; zur Auflösung negativen Ergänzungbilanzen **(Minder-AK/ negative AK)** s Rz 463. 465

(2) Immaterielle Wirtschaftsgüter. Aufwendungen für solche WG des Ges-Vermögens, die in der StB nicht angesetzt sind (zB originärer Geschäftswert; s auch § 1 IIIc 2 AStG nF), sind in der Ergänzungsbilanz nach tatsächl/fiktiver Nutzungsdauer (vgl § 7 I 3) abzuschreiben (*Uelner* DStJG 14, 139, 158). 466

(3) Teilwertabschreibung. Sie sind mE zulässig, soweit der Anteil am Teilwert des WG voraussichtlich dauernd niedriger ist als die Summe aus dem *anteiligen* Buchwert in der StB *und* dem Buchwert in der Ergänzungsbilanz (zB *Niehus* StuW 02, 116, 124; **aA** *Marx* StuW 94, 191/200: kein Raum für eigenständige Teilwert-AfA; offen in BFH IV R 30/93 BStBl II 95, 831 zu 2.). 467

(4) Geringwertige Wirtschaftsgüter; § 6 II. Vergütet der neue Ges'ter stille Reserven in WG, die bei Anschaffung (Herstellung) durch die Ges GWG waren und in der StB abgeschrieben sind, *kann* der Ges'ter § 6 II (voller BA-Abzug) in Anspruch nehmen, wenn sein Aufwand nicht höher als der seinem GesAnteil entspr Anteil von 410 € ist (zB *Niehus* StuW 02, 116, 125; **aA** *Regniet* aaO S 162: Aufwand auf Restnutzungsdauer zu verteilen). Folgt man BFH IV R 1/11 BStBl II 468

17, 34, ist es unerhebl, ob die WG bei Erwerb durch die Ges geringwertig waren. Zu **Sammelposten** nach § 6 IIa s § 6 Rz 671.

471 **c) Doppelstöckige Personengesellschaft.** Ist an einer PersGes (UnterGes) eine andere PersGes (OberGes) beteiligt (doppel- oder mehrstöckige PersGes), sind MUer gem § 15 I 1 Nr 2 S 2 die OberGes'ter und nach der Rspr daneben auch die OberGes selbst. Gleichwohl entfaltet die Rspr den Transparenzgedanken (zutr; Rz 253, 612). Danach ist im Falle des entgeltl Erwerbs eines **Anteils an der OberGes**, soweit die AK hierfür das KapKto über-(unter-)schreiten, für den neuen Ges'ter der OberGes ist bei dieser eine Ergänzungsbilanz zu bilden, in der die Mehr-(Minder-)werte der *WG im GesVermögen der OberGes* einschließl solcher WG, die der UnterGes zur Nutzung überlassen sind (SBV der OberGes bei der UnterGes) anteilig erfasst sind, aber *ohne* den GesAnteil an der UnterGes, weil dieser in der StB zwar auszuweisen, aber nicht selbstständig zu bewerten ist (s Rz 622). Stattdessen ist *bei der UnterGes* eine weitere Ergänzungsbilanz zu bilden – str allerdings, ob für den neuen *Ges'ter* der OberGes als MUer der UnterGes (BFH IV R 67/00 DStRE 04, 1327: zu § 15 IV; s *Schmidt* 23. Aufl § 15 Rz 471; *Wacker* JbFStR 06/07, 316, 325; *Ludwig* BB 07, 2152, 2155) *oder* für die Ober*Ges* als Ges'terin der UnterGes (*Ley* KÖSDI 11, 17277; *Kahle* DStZ 14, 273, 281) –, in der die Mehr-(Minder-)werte der durch den GesAnteil der OberGes repräsentierten WG im GesVermögen der UnterGes ausgewiesen sind, soweit auf sie die AK für den erworbenen Anteil an der OberGes mittelbar entfallen. Gleiches gilt für WG des SBV (zB Darlehensforderung der OberGes gegen UnterGes (*Prinz* FR 18, 493; zu § 6b s *Reckzeh* FR 20, 719; s auch Rz 544). Insgesamt diff *L. Mayer* DB 03, 2034, 2038; *ders* KÖSDI 05, 14609: Ergänzungsbilanz – *(1)* auf der Ebene der OberGes für stille Reserven in deren BV – *(2)* der OberGes auf der Ebene der UnterGes für stille Reserven in deren BV und – *(3)* zur Sonderbilanz bei der UnterGes für SBV der OberGes bei der UnterGes (ähnl *Stegemann* INF 03, 266). Zum **Veräußerer** s § 16 Rz 366, 384, 576.

472 **d) Einbringung.** Bei Einbringung eines Betriebs (Teilbetriebs, MUeranteils) **in eine PersGes** gegen Gewährung von GesRechten *darf* die PersGes das eingebrachte BV „in ihrer Bilanz einschließl ihrer Ergänzungsbilanzen" für ihre Ges'ter mit dem **Buchwert** ansetzen (§ 24 UmwStG), so dass kein Veräußerungsgewinn entsteht. Bilanziell kann dies entweder durch die sog **Bruttomethode** dargestellt werden, nach der die Wertansätze in der StB der GesBil aufgestockt (*Folge:* beteiligungskongruenter Ausweis der KapKten in der StB der Ges) und diese für die Alt-Ges'ter in negativen Ergänzungsbilanzen abgestockt werden (*Folge:* insgesamt Buchwertführung; BFH IV R 82/92 BStBl II 95, 599 zu 3.; *BMF* BStBl I 11, 1314 Tz 24.14 mit Beispiel). Als Korrekturposten zu den Wertansätzen der WG des GesVermögens sind die Abstockungen in den **negativen Ergänzungsbilanzen** in der Folgezeit **korrespondierend** entspr Verbrauch, Abnutzung oder Veräußerung dieser WG gewinnwirksam mit entspr Auswirkung auf die KapKto aufzulösen (BFH VIII R 33/13 BStBl II 16, 596); BFH IV R 1/11 BStBl II 17, 34 (Rz 464) hat hieran nichts geändert (*BMF* BStBl I 17, 34; *Bolk* DStZ 15, 472, 476; *ders* DStR 18, 424). Die Buchwertfortführung kann aber dadurch erreicht werden, dass für den NeuGes'ter, der eine **Bareinlage** leistet, die höher ist als sein aus der Summe der Buchwerte und der Einlage errechnetes und in der StB angesetztes KapKto, eine **positive Ergänzungsbilanz** erstellt und der hierdurch bei den anderen Ges'tern entstehende Einbringungsgewinn durch eine entspr **negative Ergänzungsbilanz** dieser Ges'ter neutralisiert wird (sog **Nettomethode**; BFH VIII R 52/04 BStBl II 06, 847; *BMF* BStBl I 17, 34 mit Beispiel). Bei Austritt des NeuGes'ter sollen nach FG Nds EFG 20, 298, Rev IV R 27/19 nicht nur die positiven, sondern auch die negativen Ergänzungsbilanzen aufzulösen sein (mE unzutr; zB *Bolk* DStR 20, 584). Zu **Zuzahlungen ins PV** s BFH IV R 82/92 BStBl II 95, 599; *BMF* BStBl I 11, 1314 Tz 24.09: keine Neutralisierung durch negative Ergänzungsbilanz.

Auch das Bewertungswahlrecht nach § 20 UmwStG bei Einbringung eines MUeranteils **in KapGes** wird durch Ergänzungsbilanz bei der betroffenen PersGes ausgeübt (BFH I R 102/01 BStBl II 04, 804; *BMF* BStBl I 11, 1314 Tz 20.22).

e) Einzelne Wirtschaftsgüter. Die zu d) (Rz 472) dargestellten Grundsätze 473 gelten sinngemäß, wenn einzelne WG aus einem BV (SBV) in eine PersGes gegen **Gewährung von GesRechten oder unentgeltl** eingebracht und dabei gem § 6 V 3 die Buchwerte fortgeführt werden *(müssen)*, soweit kein KStSubjekt (KapGes) als MUer kapitalmäßig beteiligt ist. Einzelheiten s § 6 Rz 775.

f) Personenbezogene Steuervergünstigungen. Nimmt eine PersGes Steuer- 474 vergünstigungen (zB § 7h, § 7k, § 7d) anteilig für diejenigen Ges'ter in Anspruch, die den persönl Voraussetzungen hierfür genügen (s Rz 411), geschieht dies durch eine negative Ergänzungsbilanz für diese Ges'ter. – Entsprechendes gilt zB, wenn eine PersGes **§ 6b** anwendet, aber wegen eines vorangegangenen Ges'terwechsels (bei doppelstöckiger PersGes auch bei der OberGes) nur ein Teil der Ges'ter der Sechsjahresfrist des § 6b IV Nr 2 genügt (vgl BFH VIII B 179/86 BStBl II 87, 782; oben Rz 416), oder ein Einzelunternehmer einen Veräußerungsgewinn anteilig auf AK seiner PersGes überträgt (*Strahl* FR 01, 1154, 1156) oder bei Veräußerung von KapGesAnteilen im Gesamthandsvermögen einer PersGes (§ 6b X), wenn deren Ges'ter nur teilweise natürl Personen sind.

10. Sonderbilanzen. Aktive und passive WG des SBV, Sondervergütungen iSv 475 § 15 I Nr 2 S 1 HS 2 und SonderBE und SonderBA – nicht hingegen Aufwand und Ertrag aus der Fortschreibung einer Ergänzungsbilanz – sind in Sonderbilanzen der einzelnen MUer zu erfassen (vgl § 202 I BewG). Diese sind mit der StB der Ges einschließl Ergänzungsbilanzen zur Ermittlung des Gesamtgewinns der MUerschaft additiv zur „Gesamtbilanz" zusammenzufassen (s Rz 403 ff, 440). Für Sonderbilanzen gilt ebenso wie für die StB der Ges § 5 (zB BFH VIII R 85/94 BStBl II 01, 185 zu II.2.a) aber (mangels entspr HB) ohne Maßgeblichkeit eines konkreten HB-Ansatzes (BFH VIII R 72/87 BStBl II 92, 958 zu 3.a; zu § 4 III s BFH VIII B 28/10 BFH/NV 10, 2272); zur Bilanzänderung s Rz 403; zum Bilzusammenhang s BFH IV R 19/16 BStBl II 19, 614. Wahlrechte sind zwar von den MUern auszuüben; da aber die PersGes auch für das SBV buchführungspflichtig ist (BFH VIII R 142/85 BStBl II 91, 401; **aA** *Wichmann* DStR 12, 2513). wird grds vermutet, dass die Sonderbilanzen mit denen der MUern abgestimmt sind (BFH IV R 14/04 BStBl II 06, 418; EStH 4.4: Ausnahme für ausgeschiedene MUer oder wenn FA ernstl Meinungsunterschiede bekannt sind; zust *Ley* Wpg 06, 904); zu gesvertragl Klauseln s FN-IDW 11, Beil 8 Tz 10.

11. Betriebsvermögen der Mitunternehmerschaft *(Überblick)*

Verwaltung: EStR 4.2 II, XI–XII; *OFD Mchn* DStR 01, 1032 (KapGes-Anteile als SBV); *OFD Ffm* DStR 19, 1357 (Finanzierung von SBV). – **Schrifttum:** *Pyszka,* Die fremdfinanzierte Entnahme …, GmbHR 17, 1082.

Das BV der MUerschaft umfasst: – *(1)* bei **MUerschaften mit Gesamthands-** 480 **vermögen** (OHG, KG, GbR, Erben-/Gütergemeinschaft) sowohl WG des Gesamthandsvermögens (BV der Ges bzw Gemeinschaft) als auch WG im Eigentum der MUer (SBV des MUers; s Rz 507), zB BFH VIII R 27/00 BStBl II 02, 733 zu II.2.; vgl auch § 97 I Nr 5 S 2 BewG – *(2)* bei **MUerschaften ohne Gesamthandsvermögen** zB atypische stille Ges die zum Betrieb des tätigen Teilhabers (§ 235 HGB) gehörigen WG, vergleichbar dem KG-Gesamthandsvermögen, und das SBV des atypischen stillen Ges'ters (s Rz 348).

12. Wirtschaftsgüter im Gesellschaftsvermögen/Privatvermögen. – 481 **a) Allgemeines.** WG, die *zivilrechtl und wirtschaftl* (s Rz 483) oder *nur wirtschaftl* (§ 39 II Nr 1 AO; zB BFH I R 51/95 BFH/NV 96, 101) zum Gesellschaftsvermögen (Gesamthandsvermögen) einer OHG oder KG mit GewBetr gehören, sind **grds** (Ausnahme Rz 484 ff) **notwendiges BV** – auch bei *zeitweiser* privater

Nutzung –, da diese WG in die HB aufzunehmen sind (§§ 238, 242, 246 HGB) und nach § 5 I estrechtl das *BV* anzusetzen ist, das nach den handelsrechtl GoB auszuweisen ist (zB BFH IV R 7/03 BStBl II 05, 354). Dies gilt in gleicher Weise für **aktive WG** (zB Grundstücke usw) wie für **passive WG** (Schulden). – Für WG des GesVermögens, die nicht unmittelbar dem Betrieb dienen (zB fremdvermietetes Gebäude; Geldvermögen), hat die Ges anders als der Einzelunternehmer kein Wahlrecht, sie als BV oder als PV zu behandeln (**kein gewillkürtes BV;** BFH I R 51/95 BFH/NV 95, 101; **aA** *Klinkmann* BB 98, 1233, 1234; BFH VIII R 63/96 BStBl II 99, 466 zu II.1. für Devisentermingeschäfte; s auch Rz 492); sie sind, sofern sie nicht notwendiges PV sind, notwendiges BV, auch wenn sie **fälschl nicht in der Bilanz ausgewiesen** sind (zB BFH VIII R 65/89 BStBl II 91, 789 zu 1.b; zur Behandlung solcher WG bei Veräußerung s BFH IV R 160/84 BFH/NV 89, 96: bilanzberichtigende Einbuchung; krit *Groh* DB 98, 1931, 1935).

482   **aa) GbR; Erbengemeinschaft.** Diese Grundsätze sind sinngemäß anzuwenden auf eine gewerbl tätige oder geprägte GbR mit Gesamthandsvermögen (zB BFH IV R 36/79 BStBl II 83, 459), nicht aber auf Erbengemeinschaft (vgl BFH IV R 214/84 BStBl II 87, 120: fremdvermietetes Grundstück als gewillkürtes BV).

483   **bb) Wirtschaftliches Eigentum.** Kein BV sind WG des GesVermögens, die die Ges nachweisbar nur als **Treuhänderin** hält. – WG, die in eine PersGes nur „dem Werte nach" **(quoad sortem)** eingebracht sind, bleiben zivilrechtl Eigentum des Ges'ters (BGH II ZR 242/08 DStR 09, 2015); ob die PersGes wirtschaftl Eigentümerin wird und die WG daher in ihrer HB (StB) anzusetzen sind, bestimmt sich nach der Vertragsgestaltung im Einzelfall (eingehend *Daragan* FS FfSt, 1999 S 293; offen in BFH VIII R 5/92 BStBl II 94, 856 zu II.2.b); wenn nicht, sind sie idR notwendiges SBV (Rz 514).

484   **b) Privatvermögen.** Der Grundsatz, dass WG des GesVermögens notwendiges BV sind, erleidet Ausnahmen, die ihre Rechtsgrundlage in den estrechtl Begriffen des BV und der BA haben: **Aktive** sowohl wie **passive** WG des GesVermögens sind **nicht BV** (sondern PV der Ges), wenn ihre Zugehörigkeit zum GesVermögen nicht (mehr) betriebl veranlasst ist (BFH VIII R 57/94 BStBl II 98, 652 zu B.I.2), zB ein von der PersGes abgeschlossener Vertrag den Privatbereich der Ges'ter betrifft (zB BFH IV R 64/93 BStBl II 96, 642: Darlehen an Ges'ter, s Rz 629 ff), oder wenn WG *auf Dauer* nur (noch) *unentgeltl* für private Zwecke eines, mehrerer oder aller Ges'ter genutzt werden (BFH VIII R 353/82 BStBl II 88, 418: Übergang von BV ins *PV der Ges* durch Entnahme; *Ruban* FS Klein, S 781, 796). Auch die Gewährung eines Darlehens an eine *den Ges'tern der PersGes nahe stehende KapGes* (und ein Forderungsverzicht) können außerbetriebl veranlasst sein (vgl BFH IV R 7/03 BStBl II 05, 354; FG Köln EFG 07, 900, rkr); der Verzicht ist dann, soweit die Anteile an der KapGes SBV sind, so zu werten als hätten die Ges'ter die Forderung *zum Buchwert* ins SBV überführt und erst dann verzichtet (vgl BFH VIII R 57/94 BStBl II 98, 652). – Diese Grundsätze gelten auch für *gewerbl geprägte PersGes.* – Soweit aber eine KapGes MUerin ist, hat diese eine betriebl Beteiligung an einer *partiell (PV!)* nichtbetriebl PersGes (s Rz 200 ff). – Zur DBA-Betriebsstättenzuordnung s Rz 173.

485   **13. Einzelfragen. – a) Verbindlichkeiten einer Personengesellschaft.** Sie sind estrechtl nicht schon deshalb Betriebsschulden (und die Zinsen damit BA), weil zivilrechtl die PersGes selbst Schuldnerin und die Schuld daher in der HB der Ges auszuweisen ist (zB BFH VIII R 422/83 BStBl II 91, 765 zu 2. mwN; BFH VIII R 37/91 BFH/NV 94, 859); sie sind es nur, soweit die Schuld betriebl veranlasst ist. Gleiches gilt für **Freistellungsverpflichtungen** der PersGes (BFH IV R 38/16 BFH/NV 19, 551).

486   **aa) Betriebliche Veranlassung.** Nimmt die PersGes einen **Kredit** auf, ist für die Wertung der Schuld als **Betriebs- oder Privatschuld** entscheidend, wie die

Kreditmittel tatsächl verwendet werden (BFH GrS 2–3/88 BStBl II 90, 817 zu C. II.2.a). Eine Betriebsschuld liegt vor, wenn mit den Mitteln betriebl veranlasster Aufwand (zB Löhne; AK bzw HK), auch nach § 4 V nichtabziehbare BA (*Bordewin* StbJb 92/93, 171, 182) finanziert werden, und zwar grds auch dann, wenn der Mittelbedarf durch *vorausgegangene* **Entnahmen** der Ges'ter entstanden ist; privat ist die Schuld hingegen, wenn die Mittel für Privatausgaben der Ges'ter, also für *nachfolgende* Entnahmen oder für gemischte Aufwendungen (Rz 425) verwendet werden (BFH IV R 46/86 BStBl II 91, 514). Schuldsalden auf sog gemischten Kontokorrentkonten sind entspr ihrer Veranlassung rechnerisch in betriebl und private Unterkonten aufzuteilen (BFH GrS 2–3/88 BStBl II 90, 817). Zu gleichartiger Trennung in betriebl und private Schulden führt das **Zwei- und Mehrkontenmodell**, das der BFH im „**Kontentrennungsbeschluss**" anerkannt hat (BFH IV R 110/94 BStBl II 98, 513). Dieses zu Einzelunternehmen entwickelte Modell und die Rspr zu gemischten Konten gelten ebenso für PersGes (vgl BFH XI R 64/95 BStBl II 98, 511). Hiernach betriebl veranlasste Zinsen (BFH X R 46/04 BStBl II 06, 125) sind allerdings nur nach Maßgabe von § 4 IVa (s Rz 430) und § 4h (s dort) als BA abziehbar.

bb) Entnahmen. Werden Entnahmen (Privatausgaben der Ges'ter) durch **Kredite** der **PersGes** finanziert, gehören die Kredite zum *PV* der Ges und sind anteilig (§ 39 II Nr 2 AO) den Ges'tern zuzurechnen; die von der PersGes getragenen Zinsen sind als Entnahme zu erfassen. *Beispiele*: Kredite für Rückzahlung von Ges'ter-Einlagen (*Bader* FR 98, 449, 457), ESt der Ges'ter. Werden die Kreditmittel zur Tilgung von fremdübl *Ges'terdarlehen* verwendet (zur Abgrenzung ggü KapKto s Rz 540), ist die neue Schuld Betriebsschuld (vgl BFH VIII R 93/84 DStR 91, 771; BFH IV R 29/06 BStBl II 08, 103); ebenso bei Refinanzierung von Sondervergütungen (vgl *Ley* KÖSDI 94, 9982; *Bader* FR 98, 449). Gleiches, wenn mit dem Kredit der PersGes SBV/SonderBA eines Ges'ters (*Pyszka* GmbHR 17, 1082: einschließl KSt einer MUer-KapGes) finanziert werden (Rz 521); allerdings ist die betriebl Zuordnung der Schuld auf die Beteiligungsquote des betroffenen Ges'ters begrenzt (iÜ privater Drittaufwand; *OFD NRW* DStR 19, 1357; weitergehend *Pyszka* GmbHR 17, 1082). **488**

cc) Keine Betriebsschuld der Personengesellschaft. – *(1)* Bürgschaft zugunsten eines Ges'ters (BFH VIII R 148/85 BStBl II 92, 647); – *(2)* privat veranlasster Schuldübernahme zugunsten eines (früheren) Ges'ters (BFH IV R 38/16 BFH/NV 19, 551), einer zT gesellschafteridentischen KG (BFH VI R 307/66 BStBl III 67, 734) oder KapGes (BFH VIII R 57/94 BStBl II 98, 652 zu B. I.2); – *(3)* Grundschuldbestellung aufgrund konzernrechtl Verflechtung (BFH IV R 22/15 BFH/NV 18, 335: Veranlassung durch GesVerhältnis, zutr); – *(4)* Übernahme der Zugewinnausgleichsschuld eines Ges'ters als Darlehen (BFH VIII R 37/91 BFH/NV 94, 859); Vereinbarungsdarlehen für auszukehrende, jedoch privat verwendete BE (BFH IV R 25/07 BStBl II 08, 715). **489**

b) Aktive Wirtschaftsgüter. – aa) Grundsatz. Sie (und zugehörige Schulden) sind **kein BV** der PersGes, wenn sie einer gesonderten Betätigung ohne Gewinnabsicht (zB Gestüt) der PersGes dienen (arg § 15 III Nr 1; BFH VIII R 28/94 BStBl II 97, 202: verlustgezeichnete WG), oder **ein betriebl Anlass** *(Gesamtwürdigung!)* für die Zugehörigkeit zum GesVermögen fehlt (zB BFH IV R 64/93 BStBl II 96, 642; BFH IV B 25/08 BFH/NV 09, 754: Kredit an Ges'ter/Nahestehende). **491**

bb) Einzelfälle. – *(1)* **Erwerb wertloser Darlehensforderung eines Gesellschafters** (BFH IV R 193/71 BStBl II 75, 804). Zu Darlehen der Ges an **Ges'ter** oder **Schwester-PersGes** s Rz 491, 629 ff, 551 f; **An- und Verkauf von Wertpapieren** (BFH I R 57/76 BStBl II 79, 257; ähnl FG Mster EFG 98, 625) **Goldtermingeschäfte** (BFH IV R 94/78 BStBl II 81, 658: branchenuntypische Warentermingeschäfte (BFH IV R 67/95 BFH/NV 97, 114; **aA** für Devisenter- **492**

mingeschäfte/DAX-Optionen BFH VIII R 63/93 BStBl II 96, 93; BFH IV R 87/05 BFH/NV 09, 1650). Zu **Verlusten aus gewerbl Termingeschäften** s § 15 IV.

493 *(2) Versicherungsverträge.* Die Zugehörigkeit zum BV beurteilt sich grds nach der Art des versicherten Risikos. **PV** ist danach eine **Risiko- oder Kapitalversicherung auf das Leben** *eines Ges'ters* (einschließl Rückdeckungsversicherung, s Rz 431, 588) oder eine Krankentagegeldversicherung (zB BFH IV R 30/91 BStBl II 92, 653; BFH IX R 103/90 BFH/NV 94, 539 zu Teilhaberversicherung; BFH IV R 35/92 BFH/NV 94, 306 zu Krankentagegeldversicherung; *OFD Ddorf* DStR 03, 1299). **BV** ist aber idR – *(aa)* eine **Insassenunfallversicherung** für einen zum BV gehörigen PKW (BFH IV R 78/74 BStBl II 78, 212), – *(bb)* eine Versicherung auf das Leben oder den Tod eines *fremden Dritten* (BFH IV R 14/95 BStBl II 97, 343; *FM SachsAnh* DStR 97, 1536; diff *Klinkmann* BB 98, 1233) – *(cc)* der Angehörigen (Kinder) der Ges'ter, wenn die Versicherung der Tilgung betriebl Kredite dient (BFH IV R 45/08 BStBl II 11, 552; *Bode* DB 11, 1083; mE bedenkl), – *(dd)* uU auch konzernintern Rückversicherung betriebl Risiken (BFH IV R 5/13 BFH/NV 17, 451).

495 *(3) Privatvermögen.* WG des GesVermögens, die danach nicht BV sind, sind idR anteilig „notwendiges PV der Ges'ter" (BFH IV R 56/87 BStBl II 89, 657 zu 2.); uU sind sie (zugleich?) SBV bei einer anderen (Schwester-)PersGes (vgl BFH IV R 207/83 BStBl II 85, 6). – Zur erfolgsneutralen WG-Ausbuchung eines fälschl als BV bilanzierten WG s *Groh* DB 98, 1931, 1936.

496 *(4) Lebensführung; Wohnung.* Nicht zum BV der PersGes gehören auch WG des GesVermögens, die mit Zustimmung aller Ges'ter *unentgeltl* und *auf Dauer* der privaten Lebensführung eines, mehrerer oder aller Ges'ter (oder diesen nahe stehenden Personen) dienen, zB ein Einfamilienhaus, das von Ges'ter für eigene Wohnzwecke genutzt wird (zB BFH IV R 43/13 BFH/NV 16, 742; zu eigenbetriebl genutzten Grundstücksteilen von geringem Wert s § 8 EStDV). – Die *berechtigte* (dh von allen Ges'tern gebilligte) Änderung der Nutzung eines bisher betriebl genutzten WG ist (stpfl) bei *Dauerhaftigkeit* Entnahme des WG, ansonsten nur Nutzungsentnahme (BFH VIII R 11/11 BStBl II 13, 117: Kfz; oben Rz 435); umgekehrt ist die betriebl Verwendung eines bislang privat genutzten WG Einlage. Die *unberechtigte* Nutzungsänderung lässt die Zuordnung zum BV oder PV der Ges unberührt (BFH VIII R 353/82 BStBl II 88, 418 zu 3.b). – Bei einer Nutzungsüberlassung iHv zumindest des 10% des ortsübl Entgelts bleibt das WG BV (BFH IV R 46/08 BStBl II 11, 692; *OFD Mster* DB 11, 2061).

Seit **1.1.87** (Wegfall der Besteuerung des Nutzungswerts der Wohnung im eigenen Haus) können Wohnungen, die ein StPfl für eigene Wohnzwecke nutzt (zB Einfamilienhaus; Wohnung in einem Miethaus) – anders als vorher – nicht mehr BV sein; dies gilt auch für Wohnungen, die zum *GesVermögen* einer PersGes gehören und von Ges'tern *unentgeltl* für eigene Wohnzwecke genutzt werden (s Rz 496). Stfrei ist der Gewinn aus der **Entnahme von Grund und Boden,** der bereits im VZ 86 GesVermögen und BV (oder SBV) war, durch Errichtung einer Wohnung für eigene (auf Dauer angelegte) Wohnzwecke eines Ges'ters (§ 15 I 3 iVm § 13 V; s aber BFH VIII R 23/95 DStR 98, 1953: entgeltl Veräußerung an Ges'ter *nicht* steuerfrei) oder eines „Altenteilers" dh ehem Ges'ter (vgl BFH IV R 82/99 BStBl II 01, 232). Die Steuerbefreiung kann *zeitl unbefristet,* aber nur einmal (Objektbegrenzung!) – dafür mE für jeden Ges'ter bzw Altenteiler (*Korn* KÖSDI 89, 7638 mwN) – beansprucht werden.

500 *(5) Nutzungsrecht.* Zur *unentgeltl* Belastung eines WG des GesVermögens (ausgenommen Grund bzw Wohnung für eigene Wohnzwecke!) mit Nutzungsrecht zugunsten eines Ges'ters oder Dritten, s Rz 435, 627. Zur *entgeltl* Belastung s Rz 496.

501 *(6) Nicht-Mitunternehmer.* Sind an einer KG Ges'ter beteiligt, die nicht MUer sind, ist das GesVermögen gleichwohl insgesamt BV (s Rz 274).

(7) Teileinkünfteverfahren. Im zeitl Geltungsbereich des Halb-/Teileinkünfte- **503**
verfahrens dh grds ab VZ 2002/2009 sind Ausschüttungen auf KapGes-Anteile
im Gesamthandsvermögen der PersGes zwar BE, aber je nach Rechtsform ihrer
Ges'ter (natürl Person, KapGes) anteilig zu 50%/40% oder iErg zu 95% stfrei
(s Rz 438, 439).

(8) **Körperschaftsteueranrechnung.** Zum Anspruch der Anteilsigner auf KStAnrech- **504**
nung nach dem früheren Anrechnungsverfahren s bis *Schmidt* 34. Aufl § 15 Rz 504.

(9) **Kapitalertragsgüter.** Der Anspruch auf Anrechnung von KapESt (ein- **505**
schließl Zinsabschlag und SolZ), die auf Einnahmen aus Anteilen im GesVermögen
einbehalten wurde, steht den Ges'tern anteilig gem Gewinnverteilungsabrede als
PV (Entnahme) zu; die KapESt ist jedoch bei fehlendem Steuerentnahmerecht
oder bei Insolvenz der Ges dieser zu erstatten (BGH II ZR 62/15 DStR 16, 1273).
Zu **Bauabzugssteuern** nach §§ 48 ff s *BMF* BStBl I 01, 804 Rz 62).

14. Sondervermögen *(Überblick).* Vgl § 6 V.WG, die zivilrechtl *und* wirtschaftl **506**
oder *nur* wirtschaftl (§ 39 II Nr 1 AO; zB BFH VIII R 30/98 FR 02, 1119) im
Eigentum eines **Mitunternehmers** stehen, sind notwendiges oder gewillkürtes
(s Rz 527) SBV, wenn sie dazu geeignet und bestimmt sind, dem Betrieb der Pers-
Ges zu dienen **(SBV I)** oder der Beteiligung des Ges'ters an der PersGes zumindest förderl sind **(SBV II;** zB BFH VIII R 27/00 BStBl II 02, 733 zu II.2.b).
Dies folgt unmittelbar aus dem Begriff des BV iSv § 4 I und § 5, zusätzl aus § 6 V
und § 15 I 1 Nr 2 S 1 HS 2, insb dem Zweck dieser Vorschrift, einen MUer einem
Einzelunternehmer insoweit gleichzustellen als das GesRecht nicht entgegensteht
(zB BFH IV R 51/98; BStBl II 05, 173; BFH XI R 35/99 BStBl II 01, 26; s auch
Schneider, SBV, S 137 ff; *Hüttemann* DStJG 34, 291, 303). Auch **Verbindlichkeiten**
eines MUers können SBV sein (s Rz 521 ff).

a) Umfang. SBV ist zwar für aktive und passive WG des **notwendigen PV** zu **507**
verneinen (zu Pkw s BFH IV B 73/05 BFH/NV 07, 1106; FG SchlHol EFG 06,
335, rkr). Es kann jedoch bei Anteilen an (vermögensverwaltenden; Rz 200 ff)
Zebra-Ges zu bejahen sein (zB BFH IV R 29/04 BStBl II 06, 173; Rz 532;
abl für AbschreibungsGes etc BFH IV R 36/83 BStBl II 85, 654; FG Nds EFG 03,
627). ME können ferner Anteile an **gewerbl PersGes** nicht nur zum betriebl
Vermögen einer OberPersGes (Rz 610) oder eines Einzelunternehmens, sondern
nach allg Grundsätzen (Rz 518, 527) auch zum notwendigen/gewillkürten SBV II
gehören (glA *OFD Kobl* DStR 07, 992; BFH I R 58/07 BFH/NV 09, 1953; offen
BFH IV B 74/95, juris; **aA** *Schmidt* 27. Aufl § 15 Rz 507 mwN; *Grosse ua* DStR
21, 2033; *Prinz* DB 10, 972, 976; uU *BMF* BStBl I 98, 583). Unberührt hiervon
bleibt der Bilanzausweises des SBV-MUeranteils gem Spiegelbildmethode sowie
seine verfahrensrechtl Selbstständigkeit (Rz 690), die Rspr zur mitunternehmerischen BetrAufsp (Rz 858: Ablehnung von SBV I) sowie die normspezifisch zu
prüfende materiell-rechtl Selbstständigkeit der MUeranteile; s zB Rz 430 (§ 4 IVa),
Rz 896 (§ 15 IV), § 15a Rz 33; § 16 Rz 384, 97; § 34a Rz 22; §§ 5 S 3, 9 Nr 2
GewStG, §§ 20, 24 UmwStG (*Schumacher* DStR 10, 1606).

b) Buchführungspflicht. Für SBV der Ges'ter ist die **PersGes** gem § 141 AO **508**
buchführungspflichtig (BFH XI R 38/89 BStBl II 92, 797; EStR 4.1 III; krit zB
Brandenberg ua JbFfSt 93/94, 300; *Dißars* StuB 16, 452: nur Ges'ter). – Für die Gewinnermittlung gilt § 5 (s iEinz Rz 475).

c) Abgrenzung. Die Unterscheidung zw SBV I und II hat *evtl* rechtl Be- **509**
deutung – *(1)* für die Bilanzierungskonkurrenz (Rz 533, 53) bei Beteiligung an
zwei Pers Ges (BFH VIII R 137/84 BStBl II 88, 679; BFH IV R 34/09 BStBl II
13, 471: Vorrang von SBV I; s auch Rz 874) – *(2)* für die Bildung gewillkürten
BV (*Authenrieth* DStZ 87, 43) – *(3)* für die korrespondierende Bilanzierung in
der Gesamtbilanz (Rz 403 ff) – *(4)* für die Wertung als wesentl Betriebsgrundlage
(BFH I R 183/94 BStBl II 96, 342 zu II.1.d: SBV II keine wesentl Betriebsgrund-

lage iSv § 20 UmwStG; anders zu § 16 BFH IV R 84/96 BStBl II 98, 104). Unerhebl ist sie für die Ermittlung des Gewerbeertrags, da hier SBV I *und* II zu berücksichtigen ist (BFH IV R 54/04 BStBl II 08, 742).

510 **d) Mitunternehmeranteil.** Der **Begriff des MUeranteils** (§ 16 I Nr 2) **umfasst** auch etwaiges **SBV** (zB BFH IV R 51/98 DStR 00, 1768 zu 2.b bb; BFH XI R 35/99 BStBl II 01, 26 zu II.2.b; **aA** *Storg* DStR 02, 1384).

511 **e) Eigentum.** WG, die Personen (zB Ehegatte) gehören, die **nicht MUer** sind, können nicht SBV sein (BFH GrS 3/92; BStBl II 93, 616 zu C.III.6. a/bb; BFH VIII R 51/98 BStBl II 00, 316 zu II.1; s aber Rz 610 ff zu mittelbarer Beteiligung über PersGes). Besteht an solchen WG ein Nutzungsrecht eines MUers, kann dieses SBV sein (Rz 515 aE). Zu WG im Miteigentum eines Ges'ters und eines Dritten s Rz 532.

512 **f) Ausland.** Diese Grundsätze gelten auch bei grenzüberschreitenden Beteiligungen an PersGes (zB BFH I R 47/12 BStBl II 14, 770; oben Rz 173).

513 **15. Notwendiges Sonderbetriebsvermögen. – a) Aktives Sonderbetriebsvermögen I. – aa) Grundsatz.** Hierzu gehören alle WG, die obj erkennbar zum unmittelbaren Einsatz im Betrieb der PersGes selbst bestimmt sind (zB BFH III R 35/98 BStBl II 01, 316 zu 2.b; BFH VIII R 27/00 BStBl II 02, 733 zu II.2.a; *Ley* KÖSDI 03, 13908).

514 **(bb) Einzelfragen. – (1) Nutzungsüberlassung.** Dies trifft insb zu für WG, die der PersGes von einem Ges'ter unmittelbar zur Nutzung überlassen sind und von dieser für eigengewerbl Tätigkeit, zB Produktion, Lager usw genutzt werden, unabhängig davon, ob die WG dafür „nötig" sind (BFH IV R 94/90 BStBl II 91, 800); hierher gehören zB Grundstücke, Gebäude, Erbbaurecht einschließl Gebäude (BFH VIII R 122/86 BB 91, 1023 zu 2.), Maschinen, Patente usw, das gesamte BV eines ausschließl für die PersGes tätigen Betriebs eines Ges'ters (FG Nds EFG 95, 833), verpachtete Gaststätten des Ges'ters einer Getränke-OHG (FG Ddorf EFG 98, 1674). Vgl auch § 13b IV Nr 1a ErbStG. – Es reicht auch aus, dass die PersGes die ihr überlassenen WG zB durch Untervermietung nutzt, selbst wenn sie den Mietzins insgesamt an den Ges'ter weiterleitet (BFH IV R 94/90 BStBl II 91, 800). – Gleichgültig ist, ob das WG *entgeltl oder unentgeltl* zur Nutzung überlassen wird (BFH VIII R 53/92 BStBl II 95, 241 zu III.1; zur USt s aber BFH V R 20/13 BStBl II 14, 1029), ob dies *im GesVertrag oder* in *besonderem Vertrag* vereinbart ist und ob die Nutzungsüberlassung *schuldrechtl* (Miete, Pacht, Leihe) *oder dingl Art* ist, zB Nießbrauch, Erbbaurecht (BFH IV R 79/06 BFH/NV 09, 730). – Auch vorübergehende Nutzung von längerer Dauer (mE mehr als 1 Jahr) kann zu notwendigem SBV führen (BFH IV R 72/79 BStBl II 83, 215 zu 3.). – Zu WG, die ein Ges'ter an Dritten und dieser der PersGes zur Nutzung überlässt, s Rz 517, 518 (SBV II!).

515 **(2) Nutzungsrecht.** Wird ein schuldrechtl oder dingl Nutzungsrecht eines Ges'ters aus dessen PV in das GesVermögen einer PersGes gegen Gewährung oder Erweiterung von GesRechten eingebracht (offene **Sacheinlage:** Gutschrift auf KapKto), ist sowohl das genutzte WG als SBV des Ges'ters in einer Sonderbilanz als auch das (entgeltl, näml tauschähnl erworbene) Nutzungsrecht als BV der PersGes (Gesamthandsvermögen) in deren StB auszuweisen. Der Gesamtgewinn (aus StB und Sonderbilanz) ist so zu ermitteln, als ob der Ges'ter von der Ges eine Mietvorauszahlung iHd Barwerts des Nutzungsrechts erhalten und diese bar in das GesVermögen eingebracht hätte, dh in der StB der Ges ist zugunsten des KapKtos des Ges'ters das Nutzungsrecht zu aktivieren und auf die Nutzungsdauer gewinnmindernd abzuschreiben, in der Sonderbilanz des Ges'ters ist das WG auszuweisen und gleichzeitig zu Lasten des KapKtos des Ges'ters ein passiver RAP iHd Barwerts des Nutzungsrechts zu bilden und korrespondierend mit der AfA des Nutzungsrechts aufzulösen (*Littmann* § 15 Rz 78 mwN). Wird ein Nutzungsrecht an WG eines

Ges'ters aus dessen PV ohne Gewährung von GesRechten unentgeltl eingebracht (**verdeckte Einlage,** Rz 401), wird das genutzte WG SBV; eine Aktivierung des Nutzungsrechts in der StB der PersGes ist unzulässig (BFH GrS 2/86 BStBl II 88, 348). Hat der MUer ein fremdes WG, das er zB aufgrund Nießbrauchs nutzen darf, der Ges zur Nutzung überlassen, ist das Nutzungsrecht notwendiges SBV (BFH VIII R 316/84 BStBl II 86, 713).

(3) Andere Wirtschaftsgüter. Nicht der PersGes zur Nutzung überlassene WG sind idR nicht SBV I, aber evtl SBV II (*HG* DStR 98, 677), zB ein an ArbN der Ges vermietetes Wohnheim (FG Hess EFG 95, 527) oder eine mit Bierbezugsrecht zugunsten der PersGes verpachtete Gaststätte (FG Ddorf EFG 92, 579).

b) Notwendiges Sonderbetriebsvermögen II. Ist zu bejahen, wenn WG *unmittelbar* der Begründung oder Stärkung *der Beteiligung* an der PersGes dienen (zB BFH IV R 3/00 BStBl II 01, 520 zu 1.a; BFH VIII R 27/00 BStBl II 02, 733 zu II.2.b; krit *Tiedtke ua* DStZ 04, 482). Dazu gehören zB die **Anteile der K'tisten** einer GmbH & Co KG – *(1)* an der **Komplementär-GmbH** nebst Darlehensforderungen gegen die GmbH, es sei denn, die GmbH hat daneben ein eigenes Unternehmen von nicht ganz untergeordneter Bedeutung (s – einschließl Minderheitsbeteiligung; mittelbarer Beteiligung – Rz 714), oder – *(2)* an einer **K'tisten-GmbH** ohne eigene Geschäftstätigkeit (BFH VIII R 12/99 BStBl II 01, 825; einschr *Walter* GmbHR 06, 1187). Entsprechendes gilt für Anteile eines K'tisten an einer KapGes, die Ges'terin der Komplementär-GmbH ist (BFH IV R 51/08 BFH/NV 12, 723). Dies gilt auch, wenn neben der GmbH noch ein weiterer persönl haftender Ges'ter vorhanden ist, oder bei einer doppelstöckigen GmbH & Co KG für die Beteiligung eines K'tisten *der UnterGes* an der Komplementär-GmbH der OberGes, sofern er diese (mittelbar) beherrscht (BFH VIII R 14/87 BStBl II 91, 510). Diese Grundsätze sind auf die **GmbH & atypisch Still** entspr anzuwenden (str, s Rz 358). Zu **OrganGes** s BFH IV R 46/02 BStBl II 04, 216; BFH IV R 12/03 BStBl II 06, 361; *BMF* BStBl I 05, 1038 Rz 8; *Haase ua* DB 11, 1128; *Letzgus* Ubg 10, 699.

c) Weitere Einzelfälle. – *(1)* **Anteile an einer KapGes,** bei **enger** wirtschaftl **Verflechtung** mit PersGes (zB BFH IV R 86/06 BFH/NV 10, 1096; *OFD Mchn* DStR 01, 1032 zu 3). Hiervon kann nach der Rspr weder aufgrund bloßer Geschäftsbeziehungen, wie sie idR auch mit anderen Unternehmen bestehen (BFH XI R 31/05 BStBl II 07, 378 zu II 6), noch deshalb ausgegangen werden, weil die MUerschaft der KapGes dient (BFH IV B 20/05 BFH/NV 06, 2257). Erforderl ist idR vielmehr, dass die Beteiligung einen beherrschenden Einfluss auf die KapGes vermittelt *und* in den Dienst des PersGesUnternehmens gestellt wird (zB bei Vermietung von AV, Aufteilung in Produktion und Vertrieb aufgrund eines wirtschaftl Gesamtkonzepts) *und* die KapGes neben ihrer Beziehung zur PersGes keinen (eigenen) Geschäftsbetrieb von erhebl Gewicht unterhält (s iEinz BFH IV R 13/08 BFH/NV 12, 1112; BFH IV R 53/16 BStBl II 20, 534; zur *Abgrenzung* ggü notwendigem BV bei *Einzelunternehmen* s zB BFH X R 28/16 BStBl II 19, 474; *Kulosa* HFR 19, 744; BFH X R 38/17 BStBl II 19, 518; *Weiss* StuB 20, 701; *Kahsnitz* KÖSDI 20, 22033/9). Zur BetrAufsp s Rz 873; – *(2)* Zu **PersGes-Anteilen** s Rz 507; **Put-Option** (FG BBg EFG 16, 1862; s dazu BFH IV R 48/16 BFH/NV 20, 695). – *(3)* **Gebäudeteile,** in denen ein Ges'ter (ausschließend oder überwiegend) eine von § 15 I 1 Nr 2 S 1 HS 2 erfasste Tätigkeit ausübt (BFH VIII R 44/95 BStBl II 97, 530 zu 2.b; zu *häusl* Arbeitszimmer iSv § 4 V 1 Nr 6b s BFH VIII R 6/11 HFR 15, 914; unten Rz 593 aE). – *(4)* Ein **Grundstück,** das ein Ges'ter an einen Dritten und dieser an die PersGes vermietet (BFH IV B 120/07 BFH/NV 08, 1320 mwN: auch bei unterschiedl Laufzeiten oder bei Vermietung vor Eintritt in die Ges; FG BBg EFG 08, 1952, rkr); ein Grundstück, an dem ein Ges'ter einem Dritten ein Erbbaurecht bestellt, damit dieser darauf ein Gebäude errichtet und an die PersGes vermietet (BFH IV R 11/92 BStBl II 94,

796); ein Grundstück, das ein Ges'ter der PersGes entgeltl zur Vermarktung überträgt (BFH VIII R 65/89 BStBl II 91, 789).

519 *(5)* **Forderungen Gesellschafter gegen Personengesellschaft,** insb Geldforderungen zB aus Darlehen sind idR **notwendiges SBV I** (s Rz 540 ff), nicht hingegen marktübl Forderungen (s Rz 534). – Auch **Forderungen eines Ges'ter gegen Dritte** können SBV sein (vgl BFH IV R 37/92 BStBl II 94, 564 unter 2.c).
– Zu **SBV I und II bei BetrAufsp** s Rz 874.

520 d) **Kein notwendiges Sonderbetriebsvermögen.** Hierzu gehören zB: ein der PersGes vermietetes Grundstück, das ein Ges'ter von einem anderen Ges'ter unentgeltl unter Nießbrauchsvorbehalt erworben hat (BFH VIII R 316/84 BStBl II 86, 713: gewillkürtes BV des Eigentümers!; s auch *ms* KÖSDI 99, 12139); Wertpapiere, die für Schulden der Ges verpfändet sind (FG Mster DStZ 16, 514, rkr); eine typische stille Beteiligung des HauptGes'ters einer Bau-KG an Unternehmen des Innenausbaus (FG RhPf EFG 84, 170); ein von Ges'tern einer Bau-KG zu privater Vermietung erworbenes Erbbaurecht (FG BaWü EFG 90, 424); ein von einem Ges'ter auf sein und das Leben eines MitGes'ters abgeschlossener Lebensversicherungsvertrag (BFH VIII R 4/10 BStBl II 13, 615: notwendiges PV); Anteile an KapGes, zu der die PersGes nur allg übl Geschäftsbeziehungen hat (Rz 518); Anteile an Holding-GmbH (FG RhPf EFG 99, 271); Anteile an KapGes, an der eine PersGes neben ihren Ges'tern nur (wenn auch mehrheitl) *beteiligt* ist (BFH IV B 20/05 BFH/NV 06, 2257); ein fremdvermietetes Gebäude, das ein Ges'ter aufgrund eines von der Ges unentgeltl eingeräumten Nutzungsrechts errichtet hat (BFH IV R 137/88 BFH/NV 90, 422); marktübl Forderungen gegen Dritte (BFH IV R 2/90 BStBl II 91, 786) oder Tochter-GmbH der PersGes (BFH VIII R 8/91 BStBl II 93, 864) oder Geschäftsführer der GmbH bei atypisch stiller Ges (FG Köln EFG 10, 945); ein Grundstück, das ein Ges'ter an Geschäftspartner der PersGes vermietet (FG Mster EFG 03, 529) oder in die PersGes einzubringen beabsichtigt (FG Mster DStRE 05, 1193).

521 e) **Schulden.** Verbindlichkeiten eines MUers ggü Dritten, aber auch ggü der PersGes sind **notwendiges passives SBV,** wenn sie durch den Betrieb der PersGes oder die Beteiligung an der PersGes veranlasst sind. *Beispiele:* Finanzierung des MUeranteils (BFH I R 92/12 DStR 17, 589; BFH IV R 30/18 DStR 21, 470: atyp stille Beteiligung iVm § 19 IV GewStDV; zu mehrstöckigen PersGes s Rz 617) oder des notwendigen/gewillkürten SBV I oder II; Finanzierung von WG des betriebl Gesamthandsvermögen, auch nach unentgelt Übertragung des finanzierten Aktivums aus SBV von *anderer* MUerschaft (BFH IV B 53/16 BFH/NV 17, 1032; s auch BFH IV R 131/91 BStBl II 93, 509 zu Einbringung); Bürgerschaften iZm KapGes-Anteil des SBV II (BFH VIII R 27/00 BStBl II 02, 733 zu III.2), Abtretung des FZulG-Anspruchs an PersGes (*BMF* BStBl I 21, 2287 Rz 286). Zu Schulden der PersGes als (anteiliges) negatives SBV des Ges'ters s Rz 488.

522 aa) **Darlehen; Unterbeteiligung.** Neben betriebl veranlassten typisch stillen Unterbeteiligungen gehören auch Darlehens-/Rentenschulden zum negativen BV, soweit der MUer die Mittel unmittelbar für betriebl Zwecke der PersGes (BFH I R 92/12 IStR 17, 268: Einlagen), zur Finanzierung seiner Beteiligung (vgl BFH IV R 68/05 BStBl II 08, 483: auch zu § 5 IIa glA FG Mchn EFG 13, 877, rkr: auch nach Entnahme der finanzierten WG der PersGes) oder für den Erwerb von SBV (zB BFH VIII R 42/98 BStBl II 00, 390 zu 2.a; BFH VIII B 287/02 BFH/NV 04, 951: Erwerb der Anteile an Komplementär-GmbH) verwendet. **Nicht** aber Darlehen für Ergebnisabführungen der MUer (BFH IV B 55/10 BFH/NV 12, 206).

523 bb) **Erbfallschulden.** Ist ein MUer, der seinen GesAnteil im Erbwege erworben hat, mit **Geldvermächtnis-, Pflichtteils- oder Erbersatzschulden** belastet, begründen diese keine AK für den GesAnteil; sie sind nach BFH *insgesamt* notwendig Privatschulden (s § 16 Rz 592).

cc) Bürgschaften. Eindeutig durch die *Beteiligung* des MUers *veranlasste* Bürgschaften sind zwar passives SBV (und die Ersatzforderung aktives SBV), wenn sie für betriebl Schulden der PersGes (offen: BFH III R 22/06 BFH/NV 09, 1087) oder deren Tochter-KapGes eingegangen werden (BFH VIII R 31/04 BStBl II 06, 874; dazu *Kraft ua* DStZ 19, 310). Während des Bestehens der Ges ist aber keine gewinnmindernde Bildung einer Rückstellung in der Sonderbilanz mögl, weil die Leistungen grds wie Einlagen in das GesVermögen (StB) zu werten sind; Schuld, Zahlung und das Wertloswerden der Ersatzforderung gegen die Ges wirken sich erst bei Beendigung der Ges oder vorheriger Betriebsaufgabe aus (*OFD NRW* FR 14, 823; unten Rz 547; BFH IV B 137/06 BFH/NV 07, 1489: Bürgschaft für Unter-PersGes; **aA** bezügl Tochter-KapGes *Mückl* DStR 08, 2137). Gleiches kann für entspr Leistungen des Ehegatten (zB Bürgschaft, dingl Sicherheit) eines Ges'ters gelten (mittelbare verdeckte Einlage des Ges'ter-Ehegatten).

16. Gewillkürtes Sonderbetriebsvermögen. Gleich einem Einzelunternehmer kann auch ein MUer iRv SBV (aktives) gewillkürtes BV haben (zB BFH VIII R 35/92 BStBl II 95, 241; offen nunmehr aber BFH IV R 17/17 DStR 20, 2192 Rz 18). Schulden können nicht als passives SBV gewillkürt werden (BFH GrS 2–3/88 BStBl II 90, 817 Rz 73); sie sind aber SBV, soweit sie in wirtschaftl Zusammenhang mit gewillkürtem aktiven SBV stehen, zB der Finanzierung ihrer AK dienen (BFH GrS 2-3/88 BStBl II 90, 817).

a) Voraussetzungen. WG, die weder notwendiges BV noch notwendiges PV sind, sind gewillkürtes SBV, *wenn* sie (zB BFH VIII R 4/94 BStBl II 98, 461 zu II.1.c mwN): – *(1)* **Objektiv** geeignet sind, (mittelbar) den Betrieb der PersGes oder die Beteiligung des MUers an der PersGes zu fördern; dies wird zB *bejaht* für sog Vorratsgelände BFH IV R 39/78 BStBl II 81, 731; für fremdvermietetes Grundstück BFH VIII R 4/94 BStBl II 98, 461 zu II.1.c; für Grundstück, das an anderen Ges'ter zu marktübl Bedingungen vermietet ist BFH IV R 27/89 BStBl II 91, 216; für die PersGes zur Nutzung überlassenes Grundstück, das zusammen mit dem GesAnteil nießbrauchsbelastet ist, BFH VIII R 35/92 BStBl II 95, 241; zB *verneint* für Gestüt FG Hbg EFG 92, 657, rkr; für Beteiligungen an AbschreibungsGes BFH IV R 36/83 BStBl II 85, 654; für Schiffsbeteiligung FG Mchn EFG 05, 584.

(2) **Subjektiv** dazu *bestimmt* sind, dem Betrieb der PersGes oder der Beteiligung des MUers zu dienen *und* diese Widmung rechtzeitig und eindeutig zum Ausdruck gebracht wird (BFH VIII R 86/87 BStBl II 93, 21). Bei **elektronischer Buchführung** muss die Dokumentation „unumkehrbarer" sein (FG Köln EFG 18, 1195 zu WP-Depot; zutr). Offen, ob dies *nur* durch Ausweis in der Buchführung der Pers-Ges (BFH XI R 38/89 BStBl II 92, 797: Ges'terbeschluss) geschehen kann oder auch in anderer Weise (BFH VIII R 31/04 BStBl II 06, 874) zB durch Ausweis in Sonderbilanz des Ges'ters (BFH IV B 105/07 BFH/NV 08, 1470) oder Mitteilung an FA (FG Köln EFG 18, 1195; *Westerfelhaus* DB 91, 1340). S auch Rz 475 aE. – Nicht mehr „rechtzeitig" ist der Ausweis zum Zeitpunkt, zu dem das WG nur noch Verluste bringen kann (BFH IV R 51/08 BFH/NV 12, 723).

b) Entwidmung. Bei obj Eignung und subj Widmung kann der wirkl oder behauptete Wille, zB ein unbebautes **Grundstück** später nur für private Wohnzwecke zu verwenden, zu notwendigem PV und damit zu erfolgsneutraler Ausbuchung führen. Die obj Eignung ist nicht nur bei tatsächl Einsatz eines WG als Sicherungsobjekt für GesSchulden (BFH IV R 27/89 BStBl II 91, 216), sondern auch bei bloßer Eignung hierfür gegeben (BFH VIII R 86/87 BStBl II 93, 21); sie fehlt, wenn das WG dauernd und ausschließl privat genutzt wird (notwendiges PV, FG Hbg DStRE 19, 857: Pkw). Sind Teile eines Grundstücks der PersGes zur betriebl Nutzung überlassen und nutzt der Eigentümer (Ges'ter) den übrigen Teil für eigene Wohnzwecke, kann dieser Teil nicht gewillkürtes SBV sein.

532 **17. Miteigentum. – a) Allgemeines.** Die Grundsätze zu Rz 507 ff gelten sinngemäß – *(1)* für **WG, die im Miteigentum mehrerer Personen** stehen, von denen nur einer oder einige MUer der PersGes sind, die das WG nutzt – in diesem Falle ist das WG, *soweit* es den MUern gehört, unter den allg Voraussetzungen **SBV** (zB BFH VIII R 51/98 BStBl II 00, 316 zu II.1.) und – *(2)* für **WG, die im Gesamthandsvermögen einer** nur **vermögensverwaltenden PersGes** ohne BV (zu luf und freiberufl s Rz 534) stehen, deren Ges'ter sämtl oder zum Teil auch MUer der nutzenden gewerbl PersGes sind **(Schwester-PersGes)** – in diesem Falle ist das WG anteilig (§ 39 II Nr 2 AO) SBV der Ges'ter, die auch MUer der gewerbl PersGes sind (BFH IV B 121/07 BFH/NV 08, 2002).

533 **b) Sonderfälle.** *Anders* ist dies (kein SBV, vorrangig EigenBV) bei WG, die Gesamthandsvermögen und BV einer ganz oder teilweise beteiligungsidentischen gewerbl tätigen oder gewerbl geprägten PersGes sind und der **Schwester-PersGes** zur **Nutzung** überlassen sind (Rz 532, 600 ff; beachte aber Rz 507). Gewerbl tätig (iSd Vorrangs des Eigenbetriebs) ist auch eine PersGes, die (nur) als **BesitzGes** bei **mitunternehmerischer BetrAufsp** fungiert (BFH VIII R 61/97 BStBl II 99, 483) – jedenfalls bei entgeltl Nutzungsüberlassung (str, s Rz 858). – Ungeklärt ist (vgl BFH IV R 29/04 BStBl II 06, 173), ob eine **freiberufl oder luf** tätige **PersGes** insofern einer gewerbl PersGes gleichsteht, als bei Vermietung eines WG an eine ganz oder teilweise beteiligungsidentische gewerbl Schwester-PersGes das WG nicht (anteilig) SBV bei der nutzenden gewerbl PersGes wird, sondern BV der überlassenden *freiberufl oder luf* PersGes bleibt. Mutmaßl wird der BFH dies bejahen (glA *Korn* KÖSDI 07, 15711, 15717; **aA** FG Mster EFG 09, 106); fragl aber, ob er die Mietzinsen wie bisher (zB BFH I R 56/77 BStBl II 79, 763) im Hinblick auf die GewSt (*Brandenberg* DB 98, 2488, 2491) bei der nutzenden PersGes als Sondervergütung erfasst (*Groh* DStZ 96, 673, 676; zR krit *Kempermann* FR 06, 279; s auch § 16 Rz 184). Zum umgekehrten Fall (Vermietung an freiberufl Ges) s Rz 858 aE.

534 **18. (Bilanzierungs-)Konkurrenz Sonderbetrieb/Eigenbetrieb eines Gesellschafters/Mitunternehmers – a) Grundsatz.** Aktive und passive WG eines MUers, die dieser *unmittelbar* einer gewerbl PersGes zur Nutzung überlässt, an der er unmittelbar (oder mittelbar, § 15 I 1 Nr 2 S 2) beteiligt ist, sind unter den Voraussetzungen eines wirtschaftl Beitrags zum GesZweck (s Rz 562) auch dann SBV I oder II bzw passives SBV, wenn sie bereits BV eines **eigenen freiberufl oder luf Betriebs des Ges'ters** wären; die SBV-Eigenschaft ist ebenso wie die Qualifikation von Entgelten als Sondervergütungen in § 15 I 1 Nr 2 S 1 HS 2 (Rz 568) vorrangig (vgl einschließl SBV bei BFH IV R 12/03 BStBl II 06, 361). Gleiches gilt – auch bei grenzüberschreitenden Beteiligungen (zB BFH I R 114/97 BStBl II 00, 399 zu IV.1.e mwN) –, wenn die zur Nutzung überlassenen WG BV eines **eigenen** (sachl selbstständigen) **GewBetr des Ges'ters** (MUers) wären (grundlegend BFH I R 199/75 BStBl II 79, 750 zu II.2). An dieser **„Ablehnung der Subsidiaritätsthese"** (dh der These, dass § 15 I 1 Nr 2 HS 2 nur eine Qualifikationsnorm ist, also nur Leistungsentgelte bzw WG in gewerbl umqualifiziert, die ohne § 15 I 1 Nr 2 HS 2 keine *gewerbl Einkünfte* bzw *gewerbl BV* wären), **halten BFH, FinVerw, hL** *für die unmittelbare Nutzungsüberlassung* – trotz der iErg andersartigen Rspr zur Nutzungsüberlassung von Schwester-PersGes, also mittelbarer Nutzungsüberlassung (dazu Rz 600 ff) – **weiterhin fest** (zB BFH I R 114/97 BStBl II 00, 399 zu IV.1.c; BFH IV R 59/04 BStBl II 05, 830; *BMF* BStBl I 98, 583 Nr 6 iVm *BMF* BStBl I 79, 683; **aA** – dh für Subsidiaritätsthese – zB *G. Söffing* DB 07, 1994; *Kerssenbrock* BB 00, 763 bei Umwandlung einer KapGes in PersGes). – Unerhebl für den Vorrang des Sonderbetriebs (= Ablehnung der Subsidiaritätsthese) ist, welche Rechtsform der **Ges'ter** (MUer) hat, der *seiner* PersGes *unmittelbar* WG zur

Nutzung überlässt oder an diese leistet (Einzelunternehmer, PersGes, KapGes) und wie groß seine Beteiligung an der PersGes ist (BFH IX R 86/86 BFH/NV 92, 377; zB Besitzunternehmer bei BetrAufsp). – **Materiell-rechtl Folgerungen** aus SBV-Zuordnung ergeben sich (s *Ley* KÖSDI 03, 13916) zB für die Qualifikation von Forderungen gegen die Ges als Eigenkapital in der Gesamtbilanz (s Rz 543 f), für beschr StPfl (BFH I R 5/82 BStBl II 83, 771), für § 16 I Nr 2 (MUeranteil umfasst SBV) und für die GewSt.

b) Ausnahmen. – aa) Laufender Geschäftsverkehr. Anders ist die Rechtslage bei – *nicht* durch das GesVerhältnis bedingten (s Rz 562) – Leistungen iRd lfd Geschäftsverkehrs eines – nicht nur für die PersGes tätigen (vgl FG Nds EFG 95, 833, rkr) – gewerbl Eigenbetriebs eines Ges'ters zu fremdübl Konditionen (BFH IV R 65/85 BStBl II 87, 564 zu 4. aE; BFH X R 24/10 BStBl II 12, 498: keine Anwendung des § 15 I 1 Nr 2 S 1 HS 2, dh **Vorrang des eigenen gewerbl BV** und gewerbl BE ggü SBV und Sondervergütungen; s auch Rz 549).

bb) Schwester-Personengesellschaft. Bei einer **Nutzungsüberlassung** zw gewerbl Schwester-PersGes haben **das eigene gewerbl BV** bzw die eigenen gewerbl BE grds **Vorrang** ggü SBV und Sondervergütungen; das WG ist daher nicht SBV der nutzenden PersGes, sondern BV der Eigentümer-PersGes (zB BFH VIII R 42/94 BStBl II 98, 328; BFH VIII R 61/97 BStBl II 99, 483; *BMF* BStBl I 98, 583; *Förster ua* DStR 20, 2273: Keine BilKonkurrenz). Dies gilt selbst dann, wenn eine gewerbl geprägte PersGes nur für die Schwester-PersGes zB durch Vermietung an diese tätig wird (BFH VIII R 63/93 BStBl II 96, 93), und *grds* unabhängig davon, zu welchen Konditionen das WG zur Nutzung überlassen wird (fremdübl oder nicht); allerdings mit der Einschränkung, dass SBV und Sondervergütungen bei der nutzenden PersGes Vorrang haben, wenn die leistende PersGes vom beherrschenden Ges'ter nur „zwischengeschaltet", insb zur Leistung angewiesen ist (*HG* DStR 99, 1438 mit Hinweis auf BFH VIII R 46/94 BStBl II 99, 720; Einzelheiten s Rz 600 ff). Im Ergebnis praktiziert der BFH damit für die Überlassung von Sachwerten zur Nutzung *zw gewerbl Schwester-PersGes* die Subsidiaritätsthese (s Rz 534); beachte aber Rz 507. Zu mittelbarer Nutzungsüberlassung in Erfüllung *eigener Leistungspflicht eines Ges'ters* s *Groh* DStZ 96, 673/6: Entgeltl Sondervergütung bei nutzender Ges, WG eigenes BV der überlassenden Ges. – Zur Nutzungsüberlassung einer freiberufl oder luf PersGes an gewerbl Schwester-PersGes s Rz 533 aE. Zur Gewährung von Darlehen s Rz 540 ff, insb Rz 551.

c) Sonderbetriebsvermögen I und II. Stärkt ein WG, das SBV I eines Ges'ters der PersGes A ist, gleichzeitig dessen Beteiligung an einer anderen PersGes B (SBV II bei B), hat SBV I Vorrang (BFH VIII R 137/84 BStBl II 88, 679).

19. Gewinnrealisierung. Bei **Tausch** bleibt der SBV-Status zunächst erhalten (BFH IV R 17/17 DStR 20, 2192). – Wird die tatsächl Nutzung so geändert, dass die Voraussetzungen für notwendiges und gewillkürtes SBV (BFH IV R 86/06 BFH/NV 10, 1096) entfallen, ist dies **Entnahme** (idR lfd Gewinn). Diese (s auch Rz 531) liegt auch vor, wenn – *(1)* gewillkürtes SBV nicht mehr bilanziert wird oder – *(2)* der Eigentümer eines zum SBV gehörigen WG seine MUerschaft verliert, zB durch Ausscheiden aus der Ges (BFH I R 124/91 BStBl II 93, 889), oder Umwandlung der PersGes in eine KapGes (BFH IV R 52/87 BStBl II 88, 829), es sei denn, das WG wird gleichzeitig BV eines eigenen (gewerbl, freiberufl, luf) Betriebs des Eigentümers (BFH I R 183/94 BStBl II 96, 342 zu II.2.b; BFH IV R 17/17 DStR 20, 2192: betr Abspaltung iZm BetrAufsp), oder – *(3)* das WG unentgeltl einer Person übereignet wird, die *nicht* MUer ist (BFH IV R 89/90 BStBl II 93, 225), auch bei Vorbehalt eines schuldrechtl/dingl Nutzungsrechts (BFH X R 140/87 BStBl II 90, 368). – Wird ein WG des SBV auf einen *anderen* MUer schenkweise unter **Nießbrauchsvorbehalt** übertragen und scheidet der *Nießbraucher* anschließend aus der Ges aus, ist weder das WG noch der Nießbrauch entnommen (arg § 6 V); der MUer-Eigentümer entnimmt aber die lfd Nutzung (Aufwandsentnahme!) zugunsten des Nießbrauchers, wenn dieser aufgrund des Nießbrauchs das WG auf eigene Rechnung an die PersGes oder einen Dritten vermietet (vgl BFH VIII R 35/92 BStBl II 95, 241; *Wälzholz* DStR 10, 1930). Die AfA verbleibt beim Nießbraucher (BFH IV R 57/82 BStBl II 86, 322); ebenso bei schuldrechtl Nutzungsvorbehalt (BFH IX R 126/89 BStBl II 97, 121). – Gehört ein WG zum BV eines **eigenen** (gewerbl, freiberufl, luf) **Betriebs des Ges'ters**, war und ist weder Nutzungsüberlassung an die PersGes, die zu vorrangigem SBV I führt (Rz 534), noch deren Beendigung **(Wegfall der Bilanzierungskonkurrenz),** Einlage und Entnahme (notwendig Buchwertfortführung, BFH XI R 9/01 BStBl II 02, 737; *Ley* KÖSDI 03, 13914); Entsprechendes gilt für den Wechsel zw SBV verschiedener PersGes (§ 6 V 2).

20. Forderungen *gegen* die Personengesellschaft; Forderungsverzicht

Verwaltung: *BMF* DStR 02, 805 (Refinanzierungszinsen bei Darlehen einer an PersGes beteiligten Bank); *BMF* BStBl I 05, 699 (Abzinsung).

Schrifttum (Auswahl): *Ley,* Ges'terkonten … KÖSDI 14, 18844; *dies,* …, KÖSDI 14, 18891; *Herbst ua,* Neues zur korrespondieren Bilanzierung, DStR 17, 2081.

540 **a) Grundsätze.** Hat ein **Ges'ter** (MUer; zu Ausnahmen s Rz 189, 613) *gegen die PersGes* eine **Forderung,** zB aus Darlehen, rückständiger Sondervergütung usw (zu Forderungen der *PersGes gegen einen Ges'ter* s Rz 625 ff), ist diese estrechtl – ebenso wie zivilrechtl – *nicht* aufzuspalten in eine Forderung gegen sich selbst und die übrigen Ges'ter (BFH I R 9/79 BStBl II 83, 570; **aA** *Siegel* DStZ 19, 628). Solche Forderungen sind, soweit sie von § 15 I 1 Nr 2 S 1 HS 2 erfasst werden (Kapitalüberlassung; Rz 562, 594), **SBV I des Ges'ters** in der Sonderbilanz zu aktivieren (BFH VIII R 28/98 BStBl II 00, 347 zu II.1). In der **StB der Ges** steht ihnen eine Schuld **(Fremdkapital!)** ggü (BFH IV R 77/93 BStBl II 98, 180 zu 1.b), auch wenn der Kredit als gesellschaftsrechtl Beitrag gewährt ist (BFH VIII R 78/97 BStBl II 99, 163 zu II.4.b, cc) oder das Darlehen eigenkapitalersetzend ist (BFH VIII R 28/98 BStBl II 00, 347; s dazu § 15a Rz 47; zum Finanzplankredit s aber § 15a Rz 49). In der **Gesamtbilanz** (Rz 401) sind sie **Eigenkapital** (Erhöhung des Gesamt-KapKtos des Gläubiger-MUers; zB BFH I R 60/92 BStBl II 93, 714: auch bei grenzüberschreitender Beteiligung an PersGes). Die Hingabe von Kapital ist danach Einlage (BFH I R 114/97 BStBl II 00, 399 zu IV.1.b), die Rückzahlung Entnahme (BFH VIII R 128/84 BStBl II 93, 594 zu II.1.a). Dies gilt grds – Ausnahme: kein wirtschaftl Zusammenhang mit dem GesVerhältnis (s Rz 562, 549) – unabhängig davon, ob – *(1)* die Forderung beim Ges'ter an sich zu einem eigenen BV gehören würde, – *(2)* das Kapital zu fremdübl oder nichtfremdübl Konditionen (zB niedrig verzinsl, unverzinsl, ungesichert überlassen wird (BFH IV R 37/06 BStBl II 11, 617) und – *(3)* welcher Art die Ges'terforderung ist (BFH IV R 36/02 BStBl II 03, 871: Ausgleichsanspruch). Forderung des MUers und Schuld der Ges unterliegen nicht nur dem Grundsatz der **korrepondierenden Bilanzierung** (s einschl Kritik Rz 404 f; zu Ausnahmen s Rz 544). Der Eigenkapitalcharakter des Ges'terdarlehens in der Gesamtbilanz schließt auch das Abzinsungsgebot gem **§ 6 I Nr 3** aus (BFH IV R 37/06 BStBl II 11, 617; unklar *BMF* BStBl I 05, 699 Rz 23). Fragl, ob Gleiches für das Passivierungsverbot des § 5 IIa gilt (bei *Herbst ua* DStR 13, 176, 178; EK-Ausweis in GesBilanz abl BFH I R 100/10 BStBl II 12, 332).

541 **b) Rechtscharakter.** Danach ist estrechtl *grds* unerhebl (Gesamtbilanz!), ob die von der PersGes **für den Ges'ter geführten Konten** (zB KapKto I, II, III, Privatkonto usw) gesrechtl Einlage- oder Forderungs- und Schuldcharakter haben. Zur Abgrenzung s § 15a Rz 46; *Faustregel:* KapKto, wenn darauf Verluste und/oder Entnahmen und Einlagen verbucht werden). Von **estrechtl Relevanz** ist diese Frage aber dafür, – *(1)* in welcher Höhe ein Verlustanteil eines K'tisten ausgleichs- und abzugsfähig ist, denn der Begriff des KapKtos iSv § 15a umfasst nur das Kapital in der StB der Ges (s § 15a Rz 41), – *(2)* ob ein Kredit, den die PersGes zur Finanzierung der Zahlung an einen Ges'ter aufnimmt, Betriebsschuld ist (und die Zinsen hierfür BA sind) oder nicht, denn nach BFH VIII R 93/84 BStBl II 91, 516 ist zwar die Rückzahlung eines Ges'ter-Darlehens (Fremdkapital in der StB der Ges) betriebl veranlasst, nicht aber die Rückzahlung von Eigenkapital (= Entnahme; vgl Rz 486; krit *Bordewin* StbJb 92/93, 171, 186), – *(3)* soweit verzinsl Ges'terkonten einen Debetsaldo (= evtl Forderung gegen den Ges'ter) ausweisen (dazu Rz 632).

c) Einkommensteuerrechtliche Folgen. Die Wertung der Ges'ter-Forderung als SBV I bedeutet zB, dass *(1)* Ges'ter mit eigenem GewBetr sie nicht in ihrer eigenen StB ausweisen können (Rz 534), *(2)* Zinsen bei der Ges BA und beim Ges'ter SonderBE sind (Rz 594).

d) Grundsatz der korrespondieren Bilanzierung. – (a) Allgemeines. Der Grundsatz (s iEinz Rz 404 f) bedingt, dass der Ges'ter seine Forderung gegen die PersGes auch bei deren Insolvenz oder bei Wechselkursänderung für Fremdwährung *während des Bestehens der Ges* nicht gewinnmindernd wertberichtigen kann (BFH IV R 106/94 BStBl II 96, 226 zu III.4), sodass sich **Wertminderungen** für die Ges'ter (zusätzl zum Verlustanteil nach dem allg Gewinn- und Verlustverteilungsschlüssel) **erst mit Vollbeendigung der PersGes** oder vorheriger Betriebsaufgabe iSv § 16 gewinnmindernd auswirken (BFH IV R 1/15 BStBl II 17, 943 mwN) und damit Einlagen ins GesVermögen gleichstehen (BFH VIII R 128/84 BStBl II 93, 594). Gleiches gilt für Ausgleichsansprüche des atypisch stillen Ges'ters (FG Nds EFG 17, 1170, Rev IV R 7/17). Zu § 6 I Nr 3 s aber Rz 540 aE. – **(b) Ausscheiden des Mitunternehmers/Forderungszession. –** *(1)* Scheidet der MUer *insgesamt* aus der Ges aus und liegt kein Fall der unentgeltl Übertragung gem § 6 III vor (zutr *Herbst ua* DStR 17, 2081, 2082), endet der Grundsatz der korrespondierenden Bilanzierung; ebenso wenn die Forderung iZm einer MUeranteilsabtretung mit Verlust veräußert wird; der Erwerber hat deren AK in seinem SBV I zu aktivieren, die Passivierung bei der Ges bleibt unberührt (BFH IV R 1/15 BStBl II 17, 943). – *(2)* Wird die MUer-Forderung *isoliert* **an Nicht-MUer** abgetreten, wird sie zu Fremdkapital (BFH IV R 77/93 BStBl II 98, 180 zu 1.b); der Ges'ter erzielt uU einen Verlust im SBV (BFH VIII R 5/03 BFH/NV 05, 1523). Bei Abtretung an Nahestehende erfordert dies jedenfalls die tatsächl Durchführung der Abrede (einschr zum Fremdvergleich BFH VIII R 5/03 BFH/NV 05, 1523: Zinsverzicht unschädl; BFH IV R 29/86 BStBl II 89, 500: kein Fremdvergleich, wenn Zessionar nicht beherrschender Ges'ter ist). – *(3)* Gleiches gilt grds bei isolierter Forderungszession an anderen MUern (vgl BFH IV R 1/15 BStBl II 17, 943 : Vorrang des AK-Prinzips; *Wendt* FR 17, 959; zutr; s instruktiv *Herbst ua* DStR 17, 2081). Wird die MUer-Forderung aber fremd*un*übl unter dem Nennwert abgetreten, ist der Differenzbetrag neben den AK zu aktivieren (§ 6 V 3 Nr 3 ggf analog; krit *Herbst ua* DStR 13, 176, 180). – *(4)* Erwirbt ein MUer die Forderung gegen die Ges **von Nicht-MUern** zu einem *fremdübl* Preis, wird sie zu Eigenkapital und ist im SBV auch mit den AK anzusetzen, wenn diese den Nennwert unterschreiten (FG RhPf EFG 21, 81 Rev IV R 28/20; *Herbst ua* DStR 13, 176, 179). – *(5)* Zur entspr Handhabung bei **doppelstöckigen PersGes** s Rz 471, § 16 Rz 384.

e) Bürgschaft. Bedeutung erlangt die Rspr nur, wenn sich ein Ges'ter als Bürge für *Schulden der PersGes* in Anspruch genommen wird und ein Ausfall seiner Regressforderung gegen die Ges oder die anderen Ges'ter droht bzw diese wertlos werden (BFH VIII R 31/04 BStBl II 06, 874: Verlust erst realisiert bei Betriebsaufgabe oder Beendigung der Ges; *OFD NRW* FR 14, 823; s auch Rz 524).

f) Sonderbetriebsvermögen II. Zur bilanzrechtl Behandlung von Geldforderungen, die SBV II sind, zB der Forderung eines K'tisten einer GmbH & Co KG gegen die Komplementär-GmbH, *Döllerer* DStZ 92, 646, 649.

549 **g) Abgrenzung.** Kein SBV, sondern eigenes BV sind **Forderungen** (gegen die PersGes) **eines Ges'ters mit eigenem** (gewerbl, luf, freiberufl) – nicht ausschließl für die PersGes tätigen (s Rz 535) – **Betrieb aus lfd Lieferungen oder Leistungen**, die nicht wirtschaftl mit dem GesVerhältnis zusammenhängen (Rz 562) *und* wie zw Fremden übl abgewickelt werden (vgl BFH IV R 65/85 BStBl II 87, 564 mwN; str, **aA** zB *Ley* KÖSDI 02, 13459/63). Entspr gilt für Forderungen aus Lieferungen und Leistungen vor Eintritt in die PersGes oder von Dritten erworbene Forderungen, außer das Kapital wird fortan der Ges zB darlehensweise zur Nutzung überlassen (zB BFH XI R 42–43/88 BStBl II 92, 585).

550 **h) Verzicht.** Verzichtet ein Ges'ter einer PersGes auf seine Forderung gegen diese, gelten die vom BFH entwickelten Grundsätze zum *Forderungsverzicht eines Ges'ters einer KapGes* (BFH GrS 1/94 BStBl II 98, 307; VIII R 57/94 BStBl II 98, 652) mE sinngemäß – und dies unabhängig davon, ob die Forderung eigenes BV des Ges'ters war und noch ist oder SBV war bzw zB durch Stundung geworden ist –, wenn der Ges'ter *aus eigenbetriebl Interesse* verzichtet zB zwecks Erhaltung von Geschäftsbeziehungen. In diesem Fall ist iHd noch werthaltigen Teils der Forderung bei der PersGes eine Einlage und beim Ges'ter eine Entnahme und iHd nicht mehr werthaltigen Teils bei der PersGes ein stpfl Ertrag und beim Ges'ter ein abzugsfähiger Aufwand anzunehmen (*Pyszka* BB 98, 1557; **aA** *Erhardt ua* DStR 12, 1636: stets erfolgsneutral). – Ist der Verzicht hingegen *durch das GesVerhältnis zur PersGes veranlasst* (FG Mster EFG 03, 30; FG Mster EFG 10, 52: Regelfall), ist ein Verzicht vor dem 1.1.99 und ebenso wieder ein Verzicht nach dem 31.12.00 (vgl § 6 V 3) – unabhängig davon, inwieweit die Forderung werthaltig ist – wie die unentgeltl Übertragung eines WG aus eigenem BV oder SBV ins Gesamthandsvermögen zum Buchwert insgesamt erfolgsneutral; das Kapital in der StB der PersGes erhöht sich erfolgsneutral um den Nennwert der Schuld und das Kapital in der Eigen- oder Sonderbilanz vermindert sich grds erfolgsneutral um den gleichen Betrag (§ 6 Rz 799; **aA** *Herbst ua* DStR 17, 2081, 2086: Ausgleichsposten iHd Wertdifferenz). Wurde die Forderung des SBV I hingegen unter Nennwert erworben (dazu Rz 544), ergibt sich ein Wegfallgewinn; dazu *Ley* KÖSDI 05, 14815, 14823; **aA** FG RhPf EFG 21, 81, Rev IV R 28/20). – Die (erfolgsneutrale oder stpfl) *Erhöhung des Kapitals der PersGes* ist mE idR, sofern die Ges'ter nichts anderes vereinbarten, allein dem *verzichtenden* Ges'ter zuzurechnen und erhöht daher sein KapKto in der StB der PersGes (**aA** *Ley* KÖSDI 05, 14815, 14823). – Zum Forderungsverzicht gegen Besserungsschein s *BMF* DStR 04, 34; BFH II R 57/07 BStBl II 09, 606 (ErbSt).

551 **i) Schwester-Personengesellschaft.** Gehört die Forderung gegen die PersGes zB *aus Darlehen zu fremdübl Konditionen* zum GesVermögen (Gesamthand) einer ganz oder teilweise gesellschaftsidentischen PersGes (Schwester-PersGes), die eigengewerbl tätig, gewerbl geprägt oder BesitzGes bei (mu'erischer) BetrAufsp ist, so ist die Forderung – anders als eine entspr Forderung einer nur vermögensverwaltenden Schwester-PersGes (s Rz 600 ff) – nicht SBV der auch an der Gläubiger-PersGes beteiligten Ges'ter (DoppelGes'ter) bei der Schuldner-PersGes, sondern eigenes BV der Gläubiger-PersGes (mit entspr Konsequenzen, zB TeilwertAfA!). – Offen ist, ob Gleiches gilt, wenn die (fremdübl) Forderung zum GesVermögen einer nur **freiberufl oder luf PersGes** gehört (s Rz 533 aE). – Gewährt aber eine PersGes mit (gewerbl, freiberufl, luf) BV einer gewerbl Schwester-PersGes ein Darlehen *zu nicht fremdübl Konditionen* (zB unverzinsl, niedrig verzinsl, ohne Sicherheit usw), ohne dass dies durch andere betriebl Vorteile ausgeglichen wird, ist die Darlehensforderung – ebenso wie bei Darlehensgewährung an Ges'ter (s Rz 491 f, 625 ff) – estrechtl *kein BV*, sondern **PV der Gläubiger-PersGes**; die Darlehensvaluta ist aus dem BV ins PV der Ges entnommen (vgl zB BFH IV R 21/01 BFH/NV 03, 1542: Gesamtwürdigung; *OFD Mster* DStR 94, 582). – ME ist bei Darlehensgewährung zu nicht fremdübl Konditionen die Darlehensforderung nicht nur PV der Gläubiger-PersGes, sondern – wie bei Darlehensgewährung durch nur vermögensverwaltende Schwester-PersGes (s Rz 604) – **auch SBV** derjenigen Ges'ter, die an beiden Ges beteiligt sind; etwaige Zinsen sind keine Einkünfte aus Kap-Verm, sondern Sondervergütungen bei der Schuldner-PersGes, ein Darlehensverlust ist kein Verlust von PV, sondern von SBV (glA *Ley* KÖSDI 03, 13573).

21. Sondervergütungen *(Überblick).* Zu den **gewerbl Einkünften aus MUerschaft** gehören die in § 15 I 1 Nr 2 S 1 HS 2 genannten (Sonder-)**Vergütungen** für **Tätigkeiten, Darlehen, Nutzungsüberlassung** (Leistungen); sie mindern grds den StB-Gewinn der Ges, werden aber beim Ges'ter in gleicher Höhe in seiner Sonderbilanz erfasst und gehen so in den Gesamtgewinn der MUerschaft ein (zB BFH VIII R 13/99 BStBl II 00, 612 zu 2.). Die Norm erfasst sowohl Leistungen, die im GesVertrag vereinbart sind, insb auch Ges'terbeiträge iSv § 706 BGB, sofern das Entgelt hierfür nach Abrede der Ges'ter nicht als Gewinnvorab behandelt werden soll (BFH VIII R 4/98 BStBl II 99, 284), als auch Leistungen, die zivilrechtl auf besonderer schuldrechtl Grundlage (Drittverhältnis) beruhen (zB BFH GrS 7/89 BStBl II 91, 691 zu C. II.3; BFH GrS 3/92 BStBl II 93, 616 zu C. III.6.a/bb). Zur Unterscheidung zw Gewinnvorab und Sondervergütung s Rz 440. Zur USt s UStR 1.6.

a) Zweck. Die Regelung will die MUer einer PersGes dem Einzelunternehmer annähern (s Rz 161), weil dieser keine Verträge mit sich abschließen kann (zB BFH IV R 41/04 BStBl II 06, 755 zu II.1.c) *und* das Besteuerungsergebnis unabhängig davon zu machen, ob Leistungen eines Ges'ters durch Gewinnvorab oder besonderes Entgelt vergütet werden (zB BFH IV R 14/06 BStBl II 07, 942). *Unerhebl* ist daher, ob – *(1)* und in welcher *anderen* Einkunftsart (zB selbstständige Arbeit, VuV) die Vergütungen ohne § 15 I 1 Nr 2 zu erfassen wären (zB BFH VIII R 262/80 BStBl II 89, 291 zu 2. mwN) – *(2)* die Vergütungen in der StB der PersGes sofort abzugsfähig oder aktivierungspflichtig sind (str, s Rz 577 mwN) – *(3)* die Vergütungen, unter Einschluss der AußenGes, von der Ges oder, wie zB bei der atypischen stillen Ges, vom Geschäftsinhaber an den stillen Ges'ter gezahlt werden (BFH IV R 14/06 BStBl II 07, 942) – *(4)* der Ges'ter nur geringfügig beteiligt ist (BFH IV 14/06, BStBl II 07, 942; unten Rz 562) – *(5)* dieser unbeschr oder beschr estpfl (oder kstpfl; zu Betrieb gewerbl Art s BFH I R 52/13 BStBl II 16, 172; oben Rz 251) ist und – *(6)* unmittelbare oder nur mittelbar zB durch Zwischenschaltung einer KapGes erbrachte Leistungen vergütet werden (BFH I R 71/01 BStBl II 03, 191 zu II.2; s auch Rz 569 ff, 600 ff). – *Wesentl für Sondervergütungen* ist aber, dass sie *Gegenleistung* für eine Leistung iSv § 15 I 1 Nr 2 zB eine Tätigkeit, Nutzungsüberlassung usw sind (BFH IV R 14/06 BStBl II 07, 942: unabhängig von Zufluss). Unangemessene Vergütungen (zB zum Zwecke der zT Gewinnrealisierung) sind Entnahmen (BFH IV R 87/06 BStBl II 08, 428), rückwirkende Abrede grds nicht anzuerkennen (BFH IV B 65/07 BFH/NV 08, 1469: vGA; Rz 718). Bei *einheitl Vergütung* (zB Lieferung und Dienstleistung) darf der Wert der Lieferung im Verhältnis zum Wert der Dienste nur von untergeordneter Bedeutung sein (BFH VIII R 41/98 BStBl II 00, 339; unten Rz 580). – Sondervergütungen sind auch Teil des **Gewerbeertrags** (zB BFH GrS 3/92 BStBl II 93, 616 zu C. III.6.b). Beachte § 9 Nr 1 S 5 Nr 1a GewStG.

b) Bezug zum Gesellschaftszweck. § 15 I 1 Nr 2 S 1 HS 2 setzt allerdings voraus, dass ein Zusammenhang zw der Leistung des Ges'ters und der Betätigung der Ges besteht. Nach der **Positivformel** des I. und VIII. BFH-Senats – s zu (1) – und nach der evtl engeren **Negativformel** des IV. BFH-Senats – s zu (2) – besagt dies: – *(1)* Die Vergütung muss für Leistungen gewährt werden, die *wirtschaftl* „durch das GesVerhältnis ... veranlasst sind" (BFH I R 163/77 BStBl II 79, 757 zu 4.), dh die ihre rechtl Grundlage im GesVertrag haben (zB BFH IV R 222/84 BStBl II 87, 553 zu 3.b) oder auf schuldrechtl Vertrag beruhen, aber *wirtschaftl* zur Verwirklichung des GesZwecks beitragen (BFH VIII R 46/94 BStBl II 99, 720; sog

Beitragsgedanke *Woerner* DStZ 80, 203). – **(2)** Ausgenommen sind nur Vergütungen für Leistungen, bei denen ein wirtschaftl Zusammenhang zw Leistung und MUerschaft ausgeschlossen erscheint, diese also nur zufällig zusammentreffen (BFH IV R 3/00 BStBl II 01, 520 zu 1.b; ähnl BFH I R 71/01 BStBl II 03, 191 zu II.2). Dies ist zu bejahen, wenn der an einer Publikums-KG geringfügig beteiligte RA gelegentl von dieser einen Auftrag erhält (vgl BFH IV R 154–155/77 BStBl II 80, 269, fragl, s BFH IV R 44/14 BFH/NV 18, 407, Rz 578), der Ges'ter einer Bank-KG das Sparguthaben eines Dritten erbt und alsbald auflöst (vgl BFH IV R 159/78 BStBl II 80, 275) oder der Fonds-Ges'ter Provisionen für Fonds-Anteilsvermittlung durch *Dritte* erhält (BFH X R 24/10 BStBl II 12, 498; BFH X R 29/11 BFH/NV 12, 1586: Eigen- und Fremdprovisionen; Rz 649); es ist hingegen zu verneinen, wenn ein ArbVerh nach (geringfügigem) Beteiligungserwerb nicht nur kurzfristig fortgeführt wird (BFH IV R 14/06 BStBl II 07, 942). – Zu Sondervergütungen bei nur mittelbarer Beteiligung über andere PersGes **(doppelstöckige PersGes),** s Rz 615.

565 **c) Internationale Mitunternehmerschaften.** S zunächst Rz 173. Sondervergütungen sind nach ESt (§ 15 I 1 Nr 2, 3; ggf iVm § 49 I Nr 2) auch bei grenzüberschreitenden Sachverhalten Teil des Gesamtgewinns der MUerschaft (Rz 540, 401). Ein danach gegebenes Besteuerungsrecht kann aber gem DBA eingeschränkt sein: zB Freistellung ausl Betriebsstättengewinne; Nutzungsentgelte für im Ausl belegenes Grundstück (BFH I R 71/92 BStBl II 94, 91: DBA-Schweiz). Nach **BFH-Rspr** sind aber zB Zinsentgelte, die ein inl Ges'ter einer ausl PersGes (DBA-Staat) von dieser erhält **(Outbound-Fall),** idR nicht dem DBA-Unternehmensgewinn zugeordnet und damit im Inl stpfl (zB BFH I B 47/05 BStBl II 09, 766; zu Tätigkeitsvergütungen/Zinsen iZm Beteiligung einer inl PersGes an einer ausl Tochter-PersGes vgl BFH I R 71/98 BStBl II 00, 336; BFH I R 17/01 BStBl II 03, 631). Umgekehrt **(Inbound-Fall)** verneint der BFH die inl StPfl idR für Pensionen/Zinsen/Lizenzen, die ein ausl Ges'ter von einer inl PersGes erhält (BFH I R 5/06 BStBl II 09, 356; BFH I R 106/09 BStBl II 14, 759; s aber zu DBA-Schweiz BFH I R 71/01 BStBl II 03, 191). Demggü waren nach **BMF** BStBl I 10, 354 Sondervergütungen – auch ohne Sonderregeln (zB Österreich; Schweiz; s aktuell *BMF* BStBl I 14, 1258) – Teil der DBA-Unternehmensgewinne. Soweit **§ 50d X** idF **JStG 2009** (BGBl I 08, 2794; rückwirkend; uU iVm § 50d IX Nr 1) versucht hatte, diesen Konflikt iSd *BMF* BStBl I 10, 354) zu lösen, ist der BFH dem – wegen des „tatbestandl Defizits" der Norm – nicht gefolgt (zB BFH I R 5/11 IStR 12, 222). Demgemäß ist § 50d X durch das **AmtshilfeRLUmsG** (BGBl I 13, 1809) „klarstellend" und gleichfalls rückwirkend neu gefasst worden (dazu ausführlich *BMF* BStBl I 14, 1258; *Hruschka* IStR 14, 785, 790). Nach BFH I R 4/13 BStBl II 14, 791 **(BVerfG-Vorlage)** verstößt die Neuregelung gegen das Rückwirkungsverbot; das Treaty Overriding (Abkommensüberschreibung) ist hingegen verfgemäß (**BVerfG** IStR 16, 191). Zu Einzelheiten s § 50d. – Zu Leistungen zw inl und ausl Schwester-PersGes s *Kempermann* FS Flick 1997 S 445, 454.

566 **d) Gewerbesteuer.** Sondervergütungen sind Teil des Gewerbeertrags (zB BFH GrS 3/92 BStBl II 93, 616 C.III.6/b) und deshalb nicht (mehr) nach § 8 Nr 1 GewStG hinzuzurechnen (*GLE* BStBl I 12, 654 Rz 2). Beachte auch § 9 Nr 1 Satz 5 Nr 1a GewStG.

567 **e) Nicht betriebliche Einkünfte.** Bei vermögensverwaltender KG ist § 15 I 1 Nr 2 S 1 HS 2 **nicht** entspr anwendbar (BFH IX R 103/85 BStBl II 87, 707).

568 **22. Sachliche Abgrenzung. – a) Grundsatz.** § 15 I 1 Nr 2 S 1 HS 2 greift grds auch ein, wenn ein Ges'ter (MUer) *unmittelbar* iRe **eigenen Iuf oder freiberufl Betriebs** leistet; Sondervergütungen haben Vorrang vor Iuf oder freiberufl BE (zB BFH I R 163/77 BStBl II 79, 757). Gleiches gilt für *unmittelbare* Leistungen iRe **eigenen GewBetr** des Ges'ters (Ablehnung der Subsidiaritätsthese; s Rz 534).

– § 15 I 1 Nr 2 S 1 HS 2 ist aber mE nicht anzuwenden auf Entgelte für fremdübl eigenbetriebl Leistungen, die *nicht* mit dem GesVerhältnis wirtschaftl verknüpft sind (Rz 562, 535, 549; str).

b) Schwester-Personengesellschaft. Entgelte für Leistungen einer ganz oder teilweise ges'teridentischen PersGes, die *nur vermögensverwaltend (PV) tätig* ist, werden bei der die Leistung empfangenden und das Entgelt zahlenden PersGes als Sondervergütungen für *mittelbare* Leistungen (bei unmittelbarer Beteiligung) derjenigen Ges'ter erfasst, die an beiden Ges beteiligt sind, sofern die allg Voraussetzungen des § 15 I 1 Nr 2 HS 2 erfüllt sind (s Rz 606). Gleiches gilt nach *bisheriger* BFH-Rspr für Leistungen einer Schwester-PersGes zB GbR, die *luf oder freiberufl (BV) tätig* ist (zB BFH I R 56/77 BStBl II 79, 763; s aber Rz 533 aE). – Hingegen sind Entgelte für Leistungen einer (Schwester-)PersGes, die ihrerseits *eigengewerbl tätig, gewerbl geprägt* oder *BesitzGes bei* (mu'erischer) *BetrAufsp* (str, s Rz 858) ist, *grds* keine Sondervergütungen, sondern gewerbl BE der leistenden (und die Entgelte empfangenden) PersGes (zB BFH VIII R 61/97 BStBl II 99, 483). Dies gilt, soweit eine solche gewerbl PersGes *Dienste leistet* oder *WG zur Nutzung überlässt*, grds unabhängig davon, ob dies zu fremdübl Bedingungen geschieht oder nicht (s Rz 536, 600 ff). Sondervergütungen (für mittelbare Leistungen) sind aber gegeben, wenn ein Dritter – dies kann zB eine KapGes, aber auch eine (Schwester-)PersGes sein – in den Leistungsaustausch zw Ges'ter und seiner Ges gezielt „zwischengeschaltet" ist (s Rz 607). Zu *Darlehen* s Rz 551.

23. Zeitliche Abgrenzung. § 15 I 1 Nr 2 S 1 HS 2 erfasst nur Entgelte für Leistungen, die **während der Zugehörigkeit zur PersGes** erbracht werden (vgl BFH IV R 14/91 BStBl II 94, 250 zu II.2.c), nicht für vorgesellschaftl Leistungen; Fälligkeit und Zeitpunkt der Zahlung sind unerhebl (MU-Erlass *BMF* BStBl I 78, 8 Tz 84).

a) Nachträgliche Vergütungen. Nach § 15 I 2 gilt § 15 I 1 Nr 2 S 1 HS 2 (und Nr 3 HS 2) auch für Vergütungen (zB Versorgungsbezüge), die als nachträgl Einkünfte iSv § 24 Nr 2 bezogen werden. Diese sind demnach Teil des gem § 180 I Nr 2a AO gesondert festzustellenden Gesamtgewinns der PersGes (Rz 400 ff) und damit auch des Gewerbeertrags (BFH VIII R 8/01 BStBl II 02, 532; anders hingegen bei gewinnabhängigen Kaufpreis: nachträgl BE). Die Vergütungen sind dem begünstigten ehemaligen Ges'ter oder dessen Rechtsnachfolger iSv § 24 Nr 2 (§ 328 BGB; BFH VIII B 111/93 BStBl II 94, 455; unten Rz 587) subj zuzurechnen, unabhängig davon, ob dieser ebenfalls Ges'ter ist oder nicht (zum F-Bescheid s BFH VIII R 42/96 BStBl II 08, 177). Maßgebl ist der Zeitpunkt, zu dem die Vergütungen auch einem Ges'ter zuzurechnen wären; etwaige Aktiva im SBV (zB Pensionsanpruch) sind deshalb bei Ausscheiden als MUer nicht aufzulösen (BFH IV R 14/11 BStBl II 14, 624). Auch soweit § 15 I 2 greift (zB Hinterbliebenenpension), sind **Rückstellungen** der PersGes durch Aktivierungen im SBV auszugleichen (BFH IV R 14/11 BStBl II 14, 624; *BMF* BStBl I 08, 317 Rz 17; unten Rz 587, 592). Zu vor dem 1.1.86 gebildeten Rückstellungen s BFH IV R 14/11 BStBl II 14, 624; *BMF* BStBl I 08, 317 Rz 18.

b) Einzelunternehmer. Entgegen seinem Wortlaut dürfte § 15 I 2 dem Gesetzeszweck entspr auch Vergütungen erfassen, die ein Einzelunternehmer an ehemalige MitGes'ter oder deren Rechtsnachfolger zB nach Ausscheiden aus zweigliederiger OHG zahlt (vgl FG Hbg EFG 92, 70).

24. Negativbegrenzung. § 15 I 1 Nr 2 S 1 HS 2 erfasst nicht: – *(1)* **Veräußerungsgeschäfte** zw der Ges und einem MUer (zB BFH VIII R 41/98 BStBl II 00, 339 zu 1.a mwN); Kaufpreisstundungen können jedoch Darlehen iSv § 15 I 1 Nr 2 S 1 HS 2 sein (BFH I R 38/76 BStBl II 79, 673; MU-Erlass *BMF* BStBl I 78, 8 Tz 87); – *(2)* **Vergütungen, die die Ges erhält** für Leistungen, die *sie* ggü einem Ges'ter erbringt, zB Darlehen an einen Ges'ter (keine „negativen Sondervergütungen"; s Rz 625 ff); – **(3)** schuldrechtl Rechtsbeziehungen der **MUer untereinander** (BFH I R 248/74 BStBl II 78, 191; MU-Erlass *BMF* BStBl I 78, 8 Tz 36–39).

576 **25. Zeitpunkt der Besteuerung und subjektive Zurechnung.** Die Vergütungen iSv § 15 I 1 Nr 2 S 1 HS 2 und S 2 sind als gewerbl Einkünfte **in dem Wj** zu erfassen, in dem sie **bei der Ges** (in der StB) **als Aufwand** in Erscheinung treten – unabhängig davon, wann und in welcher Höhe die Vergütungen einem MUer oder seinem Rechtsnachfolger (§ 15 I 2; § 24 Nr 2) tatsächl zufließen (s Rz 404, 440). Die Vergütungen mindern daher den Gesamtgewinn nicht, dh die in der StB der Ges als Aufwand zB durch Rückstellung angesetzten Vergütungen sind in gleicher Höhe in einer Sonderbilanz des begünstigten oder aller Ges'ter (s Rz 578, 585, 588) oder seines Rechtsnachfolgers (§ 15 I 2 § 24 Nr 2) anzusetzen, und zwar nach dem Prinzip der **korrespondierenden Bilanzierung** abw von allg bilanzsteuerrechtl Grundsätzen und damit zB auch, wenn nach GoB noch kein Aktivposten auszuweisen wäre (zB BFH VIII B 25/04 BFH/NV 05, 1257).

577 **a) Aktivierung.** Auch Vergütungen, die als Aufwand zu aktivieren sind (BFH III R 35/93 BStBl II 96, 427), sind bereits im Jahr der Aktivierung als gewerbl Einkünfte des MUers zu erfassen (zB BFH IV R 222/84 BStBl II 87, 553 zu 4.a; **aA** evtl BFH VIII R 41/98 BStBl II 00, 339 zu 1.b; *Bitz* GmbHR 00, 497).

578 **b) Zufluss; Vorteil.** Dem MUer (oder dessen Rechtsnachfolger; § 15 I 2; § 24 Nr 2) sind die ihm zugeflossenen Vergütungen zuzurechnen. Gleiches gilt (zuflu*ssunabhängig*) für Aufwand der Ges, der dem Ges'ter einen wirtschaftl Vorteil vermittelt und deshalb als *Gegenleistung* für die Tätigkeit des Ges'ters zu qualifizieren ist (BFH IV R 14/06 BStBl II 07, 942: ArbG-Anteile zur SozialVers; Rz 561, 584; BFH IV R 44/14 BFH/NV 15, 407: Vergütung für Jahresabschluss bei atypisch stiller Ges; *Korn* KÖSDI 18, 20701: abzügl SonderBA; zutr).

580 **26. Vergütungen für Tätigkeit im Dienst der Gesellschaft. – a) Grundsätze.** Darunter fallen sowohl gesellschaftsrechtl **Dienstleistungen,** zB die Geschäftsführung, als auch solche aufgrund eines Dienstvertrags iSv § 611 BGB (zB ArbVerh, anwaltschaftl Beratung), eines Werkvertrags iSv § 631 BGB oder eines Geschäftsbesorgungsvertrags iSv § 675 BGB (zB Architekten- oder Baubetreuungsleistungen, BFH IV R 222/84 BStBl II 87, 553, 555); *nicht* darunter fallen allerdings *einheitl* Vergütungen für aus Warenlieferung und Tätigkeit bestehende *Gesamtleistungen, wenn* der Wert der Lieferung im Verhältnis zum Wert der Arbeit nicht mehr von untergeordneter Bedeutung ist (BFH VIII R 41/98 BStBl II 00, 339: schlüsselfertige Gebäudeerrichtung; *Kempermann* FR 00, 561).

581 **aa) Beispiele.** Erfasst werden aber – **(1)** Leistungen aufgrund eines ArbVerh, gleichgültig, ob die ArbN- oder die MUereigenschaft überwiegt, auch bei nur geringfügiger Beteiligung an der PersGes (s Rz 562), – **(2)** freiberufl Leistungen (zB BFH I R 71/98 BStBl II 00, 336 zu II.1: Wirtschaftsprüfer und Steuerberater), – **(3)** Vermittlungen (zB BFH IV R 352/84 BStBl II 88, 128 mwN: neue K'tisten). – Der MUer muss nicht selbst tätig sein; er kann sich dazu einer Organisation mit Hilfskräften bedienen (BFH VIII R 41/98 BStBl II 00, 339 zu II.1.b mwN).

582 **bb) GmbH & Co KG.** § 15 I 1 Nr 2 S 1 HS 2 erfasst auch Vergütungen für den Geschäftsführer (oder einen leitenden Angestellten) der Komplementär-GmbH, der zugleich K'tist ist, gleichgültig, ob ein Dienstvertrag nur zur GmbH oder unmittelbar zur KG besteht (s Rz 717). – Sinngemäß gilt dies für eine atypische *stille Ges,* deren tätiger Teilhaber eine GmbH und deren atypischer stiller Ges'ter Geschäftsführer der GmbH ist (s Rz 358). – Allg zu *mittelbarer* (Dienst-)Leistung s Rz 569 ff, 600 ff.

584 **b) Einzelfragen. – Entgelte.** Vergütungen sind alle Entgelte in Bar- oder Sachwerten, gleichgültig ob einmalig oder laufend (BFH IV R 42/02 BStBl II 04, 353); ebenso sind nicht nur *feste,* sondern auch *gewinnabhängige* Entgelte (Tantieme) Sondervergütungen, wenn sie auf schuldrechtl Vertrag beruhen oder zwar im Ges-

Vertrag vereinbart, aber kein Gewinnvorab sind (zur Abgrenzung s Rz 440). Vergütungen sind zB **Abfindungen** wegen Auflösung des ArbVerh (BFH VIII R 53/94 BStBl II 96, 515: *OFD Ffm* GmbHR 07, 896: kein StFreiheit nach § 3 Nr 9; aber nach BFH IV R 94/06 DB 09, 2129 jedenfalls bei Dienstverhältnis mit Komplementär-GmbH Entschädigung gem § 24 I Nr 1a; s auch BFH IX R 3/09 BStBl II 10, 1030; **aA** *OFD Ffm* DStR 16, 2856; zutr; § 24 Rz 27) oder zur Abgeltung eines Pensionsanspruchs (BFH IV R 10/99 BStBl II 02, 850 zu 2/b), bzw einer betriebl Versorgungsrente (BFH IV R 22/03 BStBl II 05, 559; s § 16 Rz 315); ArbG-Anteile zur **Sozialversicherung** (BFH IV R 14/06 BStBl II 07, 942; BFH IV R 30/06 BFH/NV 08, 546: unabhängig von Zufluss; *Wacker/Krüger ua* DStR-Beih 21, 3 Fn 258; **aA** *Bolk* FS Reiss, 449, 456; *Briese* DStR 21, 1638), zudem keine StFreiheit gem § 3 Nr 62 (s § 3 Rz 200); Zuschüsse zu einer **Lebensversicherung.**

c) **Pension.** Vergütungen für Tätigkeit im Dienste der Ges sind nicht nur lfd **Pensionszahlungen** einschließl Hinterbliebenenbezüge (vgl § 15 I 2; BFH I R 124/95 BStBl II 97, 799 zu II.3.b; BFH II R 16/08 BStBl II 10, 923; beachte auch § 8 Nr 1 Buchst b S 2 GewStG: keine Hinzurechnung), sondern auch (bereits) die entspr Pensionszusagen (BFH VIII R 40/03 BStBl II 08, 182).

d) **Pensionszusage.** – aa) **Grundsätze.** Die Verpflichtung aus einer Pensionszusage ist – bei Altzusagen vor dem 1.1.87: Wahlrecht (Art 23 EGHGB) – in der HB (*IDW* RS HFA 30 nF) und damit auch der **StB der PersGes** (bereits vor Eintritt des Versorgungsfalls) als Verbindlichkeit bzw Rückstellung gem § 6a **zu passivieren.** Hieran hat mE auch § 5 I 1 letzter HS nF (**BilMoG**, BGBl I 09, 1102) nichts geändert (*BMF* BStBl I 10, 239 Tz 9 ff; str s § 6a Rz 2; BT-Drs 17/2823, 37), vorausgesetzt, die Erfordernisse des § 6a zum Rückstellungs*ansatz* liegen vor. Eine (betriebl) Bewertungseinheit gem § 5 Ia (allg abl *BMF* DB 10, 2024) mit der zum PV gehörenden Rückdeckungsversicherung (Rz 588) kommt nicht in Betracht. Die Passivierung ist auch bei einem Schuldbeitritt geboten (**aA** BFH IV R 43/09 BStBl II 11, 1228; *BMF* BStBl I 17, 1619 Rz 24); glA nunmehr betr Neufälle § 4f Abs 2, § 52 VIII). Gleichwohl wird dadurch nach **stRspr des BFH** der „Gesamtgewinn" der MUerschaft nicht gemindert, weil nach dem Grundsatz der korrespondierenden Bilanzierung (s Rz 404) der Passivposten in der StB durch einen gleich hohen **Aktivposten** im SBV ausgeglichen werden muss (zB für Anwartschaften BFH I R 105/91 BStBl II 93, 792 zu II.2.b; FG Mster EFG 13, 1642: Ausnahme: Nichtpassivierung bei Nachholverbot gem § 6a IV 1; zutr); die im Schrifttum vereinzelt vertretene Ansicht, der (Gesamt-)Gewinn der MUerschaft werde durch die Pensionsrückstellung in der StB gemindert, weil der begünstigte Ges'ter Vergütungen erst nach Eintritt des Versorgungsfalls beziehe (Nachweise s *Schmidt* 25. Aufl § 15 Rz 586; *Briese* DStR 21, 1981), hat sich nicht durchgesetzt (*Wacker* FR 08, 801). Die früher offene Frage, **wem** der Aktivposten **zuzurechnen** ist, ist zR dahin entschieden worden, dass er *nur* in der Sonderbilanz des durch die Pensionszusage **begünstigten Ges'ters** anzusetzen ist (BFH IV R 82/06 BFH/NV 09, 581; **aA** *Fuhrmann ua* WPg 07, 77: Abrede der Ges'ter maßgebl). Nach *BMF* BStBl I 08, 317 **(zwei Übergangsregelungen)** kann bei sog Pensions-**Altzusagen** (Erteilung *unmittelbar* durch die *PersGes* spätestens im Wj 07 bzw Wj 06/07) erstmals in der Schlussbilanz des Wj 08 (bzw Wj 07/08; mE fragl; s *Wacker* FR 08, 801, 806) entweder *(aa)* auf Antrag aller Ges'ter an der bisherigen Handhabung (Nichtbilanzierung oder korrespondierende Aktivierung im SBV aller Ges'ter) zeitlich unbefristet festgehalten (sog große Übergangsregelung) oder *(bb)* bei Übergang zur geänderten BFH-Rspr der aus der erstmaligen Bilanzierung entstehende Umstellungsgewinn (Nettoertrag) des Pensionsberechtigten nur für Zwecke der ESt (grds) auf 15 Jahre (14/15-Rücklage) verteilt werden (sog kleine Übergangsregelung). Bei Pensionszusage durch *Komplementär-GmbH* (Rz 712, 713) ist die Milderung zu *(bb)* ausgeschlossen (*BMF* BStBl I 08,

317 Rz 14, 15 einschließl doppelstöckige PersGes; krit *Groh* DB 08, 2391, 2395; *Sievert ua* Ubg 08, 617, 621), zweifelhaft aber, ob Gleiches für die Milderung zu (aa) gilt (vgl Wortlaut von *BMF* BStBl I 08, 317 Rz 20). Das BMF lässt iÜ eine Vielzahl von Fragen offen, zB betr Milderung zu (aa) die Fortentwicklung der SBV-Aktiva bei Auszahlung der Pension (mE aufwandswirksam) oder die entgeltl/unentgeltl MUeranteilsübertragung; betr Milderung zu (bb) die Behandlung von § 15a-Verlustanteilen iZm erstmaliger Passivierung bei KG (s *Wacker* FR 08, 801; *Groh* DB 08, 2391). – Zu **KGaA** s Rz 891; zu **vGA** bei überhöhten Zusagen s *Rogall* FR 05, 779/85.

587 **bb) Folgen.** – *(1)* Der begünstigte MUer hat die Differenz zw Aktivum und seinem Anteil am Passivierungsaufwand der PersGes zu versteuern (Ausweg: Sonderabrede bzgl Rückstellungsaufwand; dazu Rz 443; beachte aber § 15a; vgl BFH IV R 82/06 BFH/NV 09, 581; *Wacker* FR 08, 801, 806; weitergehend *Ley* KÖSDI 08, 16204, 16209; krit *Groh* DB 08, 2391). – *(2)* Wurde in der Vergangenheit nicht nach diesen Grundsätzen verfahren, sind die (Sonder-)Bilanzen uU gewinnwirksam zu berichtigen (zutr BFH IV R 14/11 BStBl II 14, 624; zu Übergangsregelungen s Rz 586). – *(3)* Scheidet der Pensionsberechtigte unter Fortbestand seiner Versorgungsanwartschaft aus der Ges aus, ist die Sonderbilanz für ihn fortzuführen; spätere Versorgungsleistungen sind damit zu verrechnen (*BMF* BStBl I 08, 317 Rz 8, 17 einschl Hinterbliebene). – *(4)* Verliert er (oder sein Rechtsnachfolger) die Anwartschaft, entsteht bei ihm (diesem) Sonderbetriebsaufwand (zu § 10d s *Ley* KÖSDI 08, 16204/6) und in der StB der PersGes Ertrag (*BMF* BStBl I 08, 317 Rz 4, 9). – *(5)* Zu Abfindungen s Rz 584.

588 **cc) Rückdeckung.** Beiträge zu einer Rückdeckungsversicherung für Pensionszusagen an MUer sind weder BA (s Rz 431) noch Sondervergütungen, sondern Entnahmen, die entspr der Zugehörigkeit des Rückdeckungsanspruchs (PV) zum GesVermögen anteilig allen Ges'tern zuzurechnen sind (BFH IV R 41/00 BStBl II 02, 724; *BMF* BStBl I 08, 317 Rz 19; *BMF* BStBl I 11, 1314 Tz 06.08). Zu § 5 Ia s Rz 586.

589 **dd) Pensionssicherungsverein.** Demggü sind nach FG BaWü EFG 05, 949 Zahlungen an den PSV aufgrund Pensionszusagen an Ges'ter als SonderBE zu erfassen (Gleichbehandlung zu ArbG-Anteilen zur SV; dazu Rz 584).

590 **ee) Statuswechsel/Umwandlung.** Wird ein ArbN einer PersGes, dem eine Pensionszusage erteilt ist, **MUer**, ist die bisher gebildete Pensionsrückstellung nicht aufzulösen, da die Pensionszusage insoweit keine Vergütung für die Tätigkeit eines MUers ist (MU-Erlass *BMF* BStBl I 78, 8 Rz 85). Entspr gilt für lfd Versorgungsleistungen oder eine Abfindung. Umgekehrt fällt eine Pensionszusage an einen ArbN, der früher MUer war, unter § 15 I 1 Nr 2 S 1 HS 2, soweit sie Entgelt für die Tätigkeit während der Zugehörigkeit zur Ges ist (§ 15 I 2). – Zahlt eine PersGes, die durch **Umwandlung** *aus* einer GmbH entstanden ist, eine Abfindung für einen Pensionsanspruch eines Ges'ters, den dieser durch seine Tätigkeit in der GmbH erworben hat, ist die Abfindung keine Vergütung isV § 15 I 1 Nr 2 S 1 HS 2, sondern eine Leistung in Erfüllungs statt zur Tilgung einer Fremdverbindlichkeit der PersGes (BFH IV R 91/07 BStBl II 81, 422). Pensionsrückstellungen sind bei Umwandlung einer KapGes in PersGes nicht gewinnerhöhend aufzulösen (BFH I R 8/75 BStBl II 77, 798; FG BaWü EFG 20, 1140, Rev VIII R 17/20; vgl auch *BMF* BStBl I 11, 1314 Tz 06.04ff; LfSt Bay DB 09, 2404; **aA** FG Mster BB 11, 1904 rkr; *Demuth ua* KÖSDI 11, 17618/27; zu Rückdeckungsanspruch (Rz 588) s *BMF* BStBl I 11, 1314 Tz 06.08: idR Entnahme. Zu Umwandlung einer PersGes *in* KapGes (ab 2022 auch für **Option** gem **§ 1a KStG**; Rz 160a) s zB BFH I R 124/95 BStBl II 97, 799; FG Köln EFG 09, 572: stfreie Entnahme des Pensionsanspruchs; **aA** *BMF* BStBl I 11, 1314 Tz 20.28–20.33 (RestBV). Beachte auch §§ 20 II 1, 3 I 2 UmwStG (§ 6a-Wert; krit *Dötsch ua* DB 06, 2704, 2705).

e) Diensterfindungsvergütungen eines Arbeitnehmers. Sie bleiben abzugsfähig, auch wenn der ArbN MUer wird (BFH I R 103/75 BStBl II 76, 746).

f) Ehegatten. Nicht erfasst werden **Tätigkeitsvergütungen** einschließl Vorsorgeaufwendungen an Ehegatten eines MUers auf Grund estrechtl anzuerkennender ArbVerh; sie sind grds als BA abzugsfähig (s Rz 426). Für Pensionszusagen an den ArbN-Ehegatten sind Rückstellungen zu bilden, wenn und soweit sie dem Grund und der Höhe nach betriebl veranlasst sind (Fremdvergleich; zB BFH VIII R 69/98 BStBl II 02, 353); dabei ist auch eine Anwartschaft auf Witwen(Witwer)versorgung zu berücksichtigen, selbst bei einer Ein-Mann-GmbH & Co KG (BFH IV R 80/86 BStBl II 88, 883). Nicht anzuerkennen sind Rückstellungen für „Nur-Pensionen" (BFH VIII R 38/93 BStBl II 96, 153; **aA** betr KapGes *BMF* BStBl I 08, 681).

27. Vergütungen für Überlassung von Wirtschaftsgütern. § 15 I 1 Nr 2 S 1 HS 2 setzt voraus, dass der Ges'ter das WG der Ges zur Nutzung (auf Zeit) überlässt; die Übertragung des rechtl und/oder wirtschaftl Eigentums ist entgeltl Veräußerung oder Einlage. Rechtsgrundlage kann der GesVertrag oder ein besonderes Schuldverhältnis (Miete, Pacht usw) oder ein dingl Recht (zB Nießbrauch, Erbbaurecht, Lizenz) sein. Gegenstand der Überlassung können materielle und immaterielle WG aller Art (zB unbebaute Grundstücke, Fabrik-, Büro- oder Wohngebäude, Maschinen, Patente, Urheberrechte usw; s auch § 1 IIIc 2 AStG nF) sein; diese werden idR SBV des überlassenden MUers (s Rz 514 ff). Vergütungen sind alle Gegenleistungen für die Nutzungsüberlassung von **Mietzinsen, Erbbauzinsen** (BFH IV R 42/02 BStBl II 04, 353: einschließl entschädigungslosem Gebäudeerwerb; BFH VIII R 8/11 HFR 15, 914 mwN: *häusl Arbeitzimmer* trotz (Sonder-)-BA-Schranke des § 4 V 1 Nr 6b; zu Miete s Rz 645), **Lizenzgebühren.** Nach BFH VIII R 13/99 BStBl II 00, 612 hingegen nicht eine pachtvertragl übernommene Entfernungspflicht (zR krit *Gosch* StBp 00, 282), ebenso nach BFH IV R 29/12 DStR 15, 811; BFH IV R 63/11 BFH/NV 15, 832 nicht ein *rückständige Anpruch* des Ges'ters gegen die PersGes auf **Instandhaltung** (mE unzutr; s auch *Weber-Grellet* FR 15, 557). Unerhebl ist, ob der überlassende MUer Eigentümer oder nur Nutzungsberechtigter, zB Mieter ist (BFH VIII R 261/81 BStBl II 86, 304). Vergütungen für nur kurzfristige Nutzung fallen unter § 15 I 1 Nr 2 S 1 HS 2, sofern die Nutzungsüberlassung wirtschaftl durch das GesVerhältnis veranlasst ist, unabhängig davon, ob das genutzte WG SBV wird oder nicht (s Rz 513). Vergütungen für die Überlassung von realen Teilen eines WG sind ebenso zu behandeln wie Vergütungen für die Überlassung des ganzen WG. Insb gilt § 15 I 1 Nr 2 S 1 HS 2 auch bei Mietzinsen für Grundstücksteile, deren Wert im Verhältnis zum Wert des gesamten Grundstücks nur von untergeordneter Bedeutung ist und die deshalb gem § 8 EStDV nicht BV (SBV) sind. – Vermietet eine Bruchteilsgemeinschaft (§§ 741 ff BGB) ein WG an eine PersGes, an der einer der Miteigentümer beteiligt ist, erfasst § 15 I 1 Nr 2 S 2 den auf diesen Miteigentümer entfallenden Teil der Mietzinsen (s Rz 532). – Zur Nutzungsüberlassung – *(1)* durch eine PersGes an eine *Schwester-PersGes* s Rz 600, 605; – *(2)* durch Ges'ter der OberGes bei *mehrstöckiger PersGes* s Rz 610 ff. – Die mit den WG zusammenhängenden Aufwendungen des überlassenden MUers sind SonderBA (s Rz 645).

28. Vergütungen für die Hingabe von Darlehen. Der Begriff des Darlehens iSv § 15 I 1 Nr 2 S 1 HS 2 erfasst nicht nur Geld- und Sachdarlehen iSv §§ 488 ff, 607 ff BGB, sondern **jede Überlassung von Kapital zur Nutzung** auf schuldrechtl oder gesrechtl Grundlage (BFH VIII R 78/97 BStBl II 99, 163 zu II.4.b), zB auch Ges'terkonten mit Forderungscharakter, soweit sie Guthaben ausweisen (FG BaWü EFG 96, 369), Genussrechte (vgl *Angerer* DStR 93, 41, 43), typische stille Beteiligung (BFH IV R 50/99 BStBl II 01, 299 zu I.1.b), Übernahme einer Bürgschaft für Verbindlichkeiten der PersGes (FG Bln EFG 99, 466; s auch Rz 524) oder durch das GesVerhältnis veranlasste Stundung von Kaufpreis-, Gehaltsforderungen usw gegen die PersGes (zB BFH XI R 42–43/88 BStBl II 92, 585 zu II.2.a). Vergütungen sind danach **Darlehenszinsen**, **Gewinnanteile** (bei partiarischen Darlehen oder typischen stillen Beteiligungen), **Avalprovisionen** (BFH I R 52/13 BStBl II 16, 172), **Stundungszinsen** usw. § 15 I 1 Nr 2 S 1 HS 2 ist auch auf **Habenzinsen für Giro-/Festgeld-/Spargutsaben** anzuwenden, die ein K'tist einer Bank-KG bei dieser unterhält (BFH IV R 159/78 BStBl II 80, 275). Im Hinblick auf die Ablehnung der Subsidiaritätsthese (s Rz 533) muss dies auch für den gewerbl Kreditverkehr zw MUer und PersGes gelten, *sofern* dieser durch das GesVerhältnis veranlasst ist (Rz 562; BFH I R 15/89 BStBl II 91, 444 zu B.2; vgl auch *BMF* DStR 02, 805 zu Refinanzierungszinsen); anders ist dies mE bei nur kurzfristiger Überlassung von Geld.

29. Leistungen zwischen Schwester-Personengesellschaften; mittelbare Leistung bei unmittelbarer Beteiligung

Verwaltung: *BMF* BStBl I 96, 86); *BMF* BStBl I 98, 583; *OFD Mchn* DB 99, 1878.

Schrifttum (Auswahl): *Ley*, Ges'terkonten bei Doppelstock- und Schwester-MUerschaften im Ertragsteuerrecht, KÖSDI 03, 13573 (s auch oben vor Rz 65, 84, 95, 146).

600 **a) Schwester-Personengesellschaftern.** Dies sind Ges (OHG, KG, GbR, atypisch stille Ges), an denen ganz oder teilweise dieselben Ges'ter (= „Doppel-Ges'ter") beteiligt sind; davon zu unterscheiden ist, dass eine PersGes selbst an einer anderen beteiligt ist (s Rz 610 ff). Die Frage, ob § 15 I 1 Nr 2 S 1 HS 2 (anteilig) anzuwenden ist – wirtschaftl Beitrag zum GesZweck vorausgesetzt (s Rz 562) –, wenn nicht ein Ges'ter selbst leistet, sondern (1) eine Schwester-PersGes der die Vergütung gewährenden PersGes oder (2) eine KapGes, an der der Ges'ter beteiligt ist, oder (3) ein Dritter auf Veranlassung (evtl für Rechnung) eines Ges'ters der PersGes, ist nach Leistungsart (Dienste, Überlassung von WG, Darlehen) und der estrechtl Qualifizierung des Leistenden (zB gewerbl, luf oder freiberufl, privat) wie folgt zu beantworten. – Zu Veräußerungen zw Schwester-PersGes s § 6 Rz 805; *BMF* BStBl I 11, 1279 Rz 20.

601 **b) Leistungen an gewerblich tätige oder geprägte Schwester-Personengesellschaften. – aa) Dienstleistung und Nutzungsüberlassung.** Nach BFH-Rspr ist § 15 I 1 Nr 2 S 1 HS 2 grds (Ausnahme s Rz 607) *nicht* anzuwenden, wenn eine gewerbl **PersGes** an eine Schwester-PersGes Dienste erbringt oder WG zur Nutzung überlässt; Entgelte sind vorrangig BE, die überlassenen WG BV des eigenen GewBetr der leistenden PersGes (zB BFH VIII R 13/95 BStBl II 98, 325 zu 1c; Rz 536 mwN; zust zB *Bordewin* DStZ 97, 98; *Kempermann* FS Flick, 1997, 445; abl *Meyer ua* FR 98, 1075). Beachte auch Rz 507. – Nach hL und (nicht eindeutiger Rspr) gilt dies grds auch, wenn den Leistungen (Dienste, Nutzungsüberlassung) keine fremdübl Konditionen zugrunde liegen (zB *Groh* DStZ 96, 673). Hiervon geht auch (für Wj nach dem 31.12.98) die FinVerw aus (*BMF* BStBl I 98, 583 Nr 3, auch zum erfolgsneutralen Wechsel der BV). – Eine **Bruchteilsgemeinschaft, die gewerbl tätig** ist, und ebenso eine Erben- oder Gütergemeinschaft (*OFD Mchn* DB 99, 1878; mE Miteigentümer zivilrechtl idR konkludent GbR). – Str ist, ob eine **PersGes, die ihren GewBetr** an eine Schwester-PersGes **verpachtet hat** (keine BetrAufsp mangels personeller Beherrschung!), als eigengewerbl tätig zu beurteilen ist mit der Rechtsfolge des Vorrangs des eigenen BV ggü SBV (s dazu § 16 Rz 184). – Nicht anzuwenden ist die zitierte BFH-Rspr bei **doppelstöckigen PersGes** auf Leistungen der OberGes an die UnterGes (s Rz 610 ff; BFH I R 114/97 BStBl II 00, 399 zu IV.1.c; *BMF* BStBl I 98, 583 Nr 1 aE), auch wenn an der UnterGes neben der OberGes deren Ges'ter beteiligt sind (vgl BFH III R 35/98 BStBl II 01, 316).

602 **bb) Darlehen uÄ.** § 15 I 1 Nr 2 S 1 HS 2 ist bei der Darlehensnehmerin nicht anzuwenden, wenn ein Darlehen von der gewerbl Schwester-PersGes zu *fremdübl*

Bedingungen gewährt wird; die Forderung ist eigenes BV, die Zinsen BE der Darlehensgeberin (*Korn* KÖSDI 07, 15711, 15713). Aber auch bei Darlehen uä zu *nicht fremdübl Konditionen* soll § 15 I 1 HS 2 nicht anzuwenden sein (BFH IV R 50/99 BStBl II 01, 299 zu stiller Beteiligung); die Forderung sei jedoch kein BV, sondern (nur) PV der Gläubiger-PersGes (s aber Rz 607); Zinsen und Tilgungen seien keine BE, sondern Entnahmen und Einlagen der an beiden Ges beteiligten Ges'ter (vgl BFH IV R 64/93 BStBl II 96, 642; diff BFH IV R 50/99 BStBl II 01, 299: nur überhöhte Entgelte sind verdeckte Entnahmen und Einlagen).

cc) Eigene Leistungspflicht eines Gesellschafters. Soweit sich ein Ges'ter 603 einer PersGes dieser ggü (ges- oder schuldrechtl) zu Leistungen verpflichtet hat, die Verpflichtung aber von einer gewerbl Schwester-PersGes erfüllt wird, sind zwar die *Entgelte Sondervergütungen* des Ges'ters bei der die Leistung empfangenden Ges; ein *zur Nutzung überlassenes WG* bleibt aber *eigenes BV* der überlassenden PersGes und eine Darlehensforderung entweder BV oder PV der Gläubiger-PersGes (vgl *Groh* DStZ 96, 673, 676; **aA** evtl BFH VIII R 46/94 BStBl II 99, 720 zu 2.a: SBV des Ges'ters). – Zu *Verlustübernahme* zw gewerbl Schwester-PersGes s BFH IV R 73/93 BStBl II 95, 589: Entnahmen und Einlagen der Ges'ter.

c) Leistungen einer Schwester-Personengesellschaft, die (nur) als Be- 604 **sitzgesellschaft iRe (mitunternehmerischen) Betriebsaufspaltung gewerbl tätig ist.** Diese steht nach BFH-Rspr (s Rz 858 mN) einer eigengewerbl tätigen oder geprägten PersGes insofern gleich als auch bei einer Nutzungsüberlassung der (Nur-)BesitzPersGes im Rahmen mu'erischer BetrAufsp an die BetriebsPersGes **BE und BV der BesitzGes Vorrang** vor Sondervergütungen und SBV der „DoppelGes'ter" bei der BetriebsGes haben (**aA** *Gebhardt* GmbHR 98, 1022, 1024). Die FinVerw hat sich dieser Rspr mit der Maßgabe angeschlossen, dass deren Grundsätze uneingeschränkt grds erst für nach dem 31.12.98 beginnende Wj anzuwenden sind (*BMF* BStBl I 98, 583 Nr 3–4; Einzelheiten zB *Neu* INF 99, 492, 522; krit *Meyer* ua FR 98, 1075, 1081). – Für eine mitunternehmerische BetrAufsp (= Vorrang des BV der BesitzPersGes) fordert die FinVerw allerdings – mE zR –, dass die BesitzPersGes für die Nutzungsüberlassung Entgelte erhält, die ihre **Gewinnabsicht** erkennen lassen (*BMF* BStBl I 98, 583 Nr 1; zust zB *Kloster* GmbHR 00, 111, 114; krit *Kroschel ua* DStZ 99, 167, 171).

d) Vergleich. Zu steuerl **Vor- und Nachteilen** des Vorrangs eigengewerbl BE 605 bzw BV ggü Sondervergütungen bzw SBV, speziell bei mitunternehmerischer BetrAufsp, s *Kroschel/Wellisch* DStZ 99, 167, 174.

e) Leistungen einer Schwester-Personengesellschaft ohne gewerbliche 606 **Einkünfte.** Soweit dieselben Ges'ter an beiden Ges beteiligt sind, ist § 15 I 1 Nr 2 S 1 HS 2 auf Leistungen (Dienste, Überlassung von WG, Darlehen) bei der die Leistungen empfangenden PersGes anzuwenden mit der Folge, dass bei dieser die Entgelte anteilig *Sondervergütungen* sowie überlassene WG und Forderungen *SBV* sind: – *(1)* auf Leistungen (Tätigkeit, Darlehen, Nutzungsüberlassung), die eine *nur vermögensverwaltenden PersGes* (PV) erbringt, soweit die Ges'ter der die Leistung empfangenden PersGes auch an der leistenden PersGes als MUer beteiligt sind (BFH IV R 48/93 BStBl II 96, 82 zu I.3.a; BFH VIII R 63/93 BStBl II 96, 93 zu II.2.b); – *(2)* nach *bisheriger BFH-Rspr* auf *freiberufl (oder luf) Leistungen*, die eine ganz oder teilweise Ges'tergleiche (Schwester-)PersGes erbringt, zB eine Architekten-GbR für eine *gewerbl* KG (BFH I R 56/77 BStBl II 79, 763; FG Mster EFG 09, 106); ob der BFH hieran festhält, ist zweifelhaft (s Rz 533 aE).

f) Mittelbare Leistungen über Dritte. – *(1)* § 15 I 1 Nr 2 S 1 HS 2 ist an- 607 zuwenden zB auf Dienstleistungen, die Ges'ter der die Leistung empfangenden PersGes über eine KapGes erbringen, zB wenn bei *GmbH & Co KG* ein K'tist bzw bei GmbH & atypisch Still der stille Ges'ter als Geschäftsführer der GmbH tätig ist (s Rz 717 mN) oder wenn ein Ges'ter einer KG für diese als Geschäftsführer einer zwischengeschalteten Management-KapGes tätig ist (BFH I R 71/01 BStBl II 03, 191; *Gosch* StBp 03, 92; glA zu Management-KG FG Mster EFG 05, 867; **aA** *G. Söffing* DStZ 03, 455; krit *Grützner* StuB 03, 310). – **(2)** Darüber hinaus kommen Sondervergütungen (oder andere SonderBE) allg in Betracht, wenn *ein Dritter* – dh natürl Person, KapGes oder PersGes, auch Schwester-PersGes(!) oder TochterGes (FG Nds EFG 11, 1517, rkr) – *in den Leistungsaustausch zw dem Ges'ter und seiner PersGes eingeschaltet ist;* Voraussetzung ist aber, dass die (über den Dritten erbrachte und „abgrenzbare") Leistung des Ges'ters „nicht dem zwischengeschalteten Dritten, sondern der leistungsempfangenden PersGes zugutekommen soll" (BFH VIII R 46/94 BStBl II 99, 720; *HG* DStR 99, 1438; *Kempermann* FR 99, 1054). Dies trifft zB zu, wenn der Ges'ter dem Dritten ein Grundstück mit der Weisung vermietet, dieses an die PersGes weiterzuvermieten („Anweisungsfälle"; BFH VII R 46/94, mwN; s aber zu BetrAufsp Rz 861) oder wenn sich die Leistung des Ges'ters als mittelbare Leistung über einen Dritten (zB GmbH) erweist, weil sie – *(a)* der PersGes zugutekommen soll, – *(b)* sich von den übrigen Geschäftsbereich des Dritten abgrenzt und – *(c)* der Dritte von der PersGes Aufwandsersatz erhält (FG Nds EFG 13, 1855, rkr); unerhebl ist hierbei, ob der PersGes'ter den Dritten beherrscht (BFH VIII R 40/03 BStBl II 08, 182; FG Nds EFG 11, 1517). Zur Kritik an der BFH-Rspr s *Schmidt* 23. Aufl § 15 Rz 607. – **(3)** Demggü erzielen MUer der Organträgerin (PersGes) als Geschäftsführer der OrganGes grds keine Sondervergütungen (FG Ddorf EFG 07, 34). – **(4)** Zur DBA-Qualifikation s *Badetz* NWB 19, 310.

30. Doppelstöckige/mehrstöckige Personengesellschaft; unmittelbare Leistung bei mittelbarer Beteiligung

Verwaltung: EStR 15.8 II; BMF BStBl I 07, 542 (§ 15b); *OFD Nbg* BB 98, 44; *OFD Bln* FR 02, 48; *FM NRW* DB 02, 1349; *OFD Kbl* DStR 07, 992.

610 **a) Mehrstöckige Personengesellschaft. – aa) Frühere Rspr.** 1991 hatte der **Große Senat des BFH** entschieden (BFH GrS 7/89 BStBl II 91, 691), dass bei Beteiligung einer OHG (KG) oder einer „mitunternehmerisch tätigen GbR" als OberGes an einer gewerbl tätigen oder geprägten PersGes (UnterGes) **nur die OberGes**, nicht auch deren Ges'ter, **MUer** der UnterGes sind **(kein Durchgriff)**. – **Rechtsfolgen** waren: – *(1)* Vergütungen, die die UnterGes einem Ges'ter der OberGes für unmittelbare Leistungen gewährt (einschließl Pensionszusagen!), wurden bei der UnterGes nicht durch § 15 I 1 Nr 2 (aF) erfasst und waren daher zB Einkünfte aus nichtselbststständiger Arbeit, VuV und KapV. – *(2)* WG, die ein Ges'ter der OberGes unmittelbar der UnterGes zur Nutzung überlässt, waren kein SBV, sondern PV.

612 **bb) Gesetzeskorrektur.** Diese Entscheidung ist durch **§ 15 I 1 Nr 2 S 2** idF StÄndG 1992 (BGBl I 92, 297) teilweise überholt. Danach steht ein mittelbar über eine oder mehrere PersGes beteiligter Ges'ter dem unmittelbar beteiligten Ges'ter gleich. Er ist insoweit als **(Sonder-)MUer** der UnterGes anzusehen, an der er mittelbar beteiligt ist, sofern er und die seine Beteiligung vermittelnden PersGes (OberGes) jeweils MUer der PersGes sind, an der sie unmittelbar beteiligt sind („MUer-Kette"). Die Vorschrift sollt sich aber nach der (allerdings nicht einheitl) BFH-Rspr (Rz 253) auf die Behandlung von **Sondervergütungen/SBV** beschränken (BFH IV R 69/99 BStBl II 01, 731 zu 2.c; offen BFH I R 92/12 IStR 17, 278 mit Anm *Wacker*). **ME** ist nur der *Verbund der OberGes'ter*, nicht hingegen die OberGes selbst MUer der UnterGes (Transparenzgedanke; s Rz 253; *Wacker* FS Goette, 261, 278). Zur **KSt-Pflicht** von Ober- und/oder UnterPersGes kraft **Option** gem § 1a KStG s Rz 160a ff.

613 **cc) Tatbestandselemente des Satzes 2 in § 15 I 1 Nr 2:** – *(1)* Eine gewerbl tätige oder geprägte PersGes (gleichgültig, welcher Rechtsform) als **UnterGes,** wobei nach § 15 III Nr 1 teilweise gewerbl Tätigkeit ausreicht *Kahle* DStZ 14, 273, 276. – *(2)* Eine PersGes, die an der UnterGes (unmittelbar) beteiligt ist **(OberGes)** – oder an einer PersGes, die ihrerseits wiederum OberGes ist (mehrstöckige PersGes). – *(3)* Eine ununterbrochene **MUer-Kette,** dh die OberGes (s Rz 612) und

§ 15   619

unentgeltl (verdeckte Einlage), *(bb) einzelne WG des SBV eines Ges'ters der UnterGes* unentgeltl auf andere Ges'ters der UnterGes in deren SBV bei der UnterGes oder auf einen der Ges'ter der OberGes in dessen SBV bei der UnterGes als (Sonder) MUer der UnterGes (*Hoffmann* GmbHR 02, 125, 133) oder *(cc) einzelne WG des eigenen BV eines Ges'ters der OberGes ins Gesamthandsvermögen der UnterGes* (*Brandenberg* DStZ 02, 551, 556; *FN-IdW* Beil 04, 5 Tz 95 ff). Auch nach dem Tranzsparenzgedanken (Rz 253, 612) dürfte eine Buchwertfortführung aber ausgeschlossen sein, wenn ein Ges'ter der OberGes aus seinem SBV bei der OberGes einzelne WG unentgeltl auf einen Ges'ter der UnterGes in dessen SBV bei der UnterGes überträgt (Grund: Ober- und UnterGes sind nicht dieselbe MUerschaft iSv § 6 V 3 Nr 3; vgl *BMF* BStBl I 11, 1279 Rz 21).

619   ee) Gesamtgewinn (und Gesamtbetriebsvermögen) der Untergesellschaft – Gesamtgewinnanteile. Grundlage des Gesamtgewinns der UnterGes (und damit auch ihres Gewerbeertrags) ist das *Ergebnis der StB der UnterGes*. Der StB-Gewinn oder StB-Verlust ist nach BFH-Rspr unmittelbar und anteilig den Ges'tern der UnterGes einschließl der OberGes als Ges'ter (MUer) zuzurechnen (**mE:** OberGes = Verbund der OberGes'ter; Rz 253, 612). Der auf die OberGes entfallende Anteil am StB-Gewinn/Verlust der UnterGes geht in den StB-Gewinn/Verlust der OberGes ein (BFH IV R 23/93 BStBl II 95, 467 zu IV.3.; *Ley* KÖSDI 10, 17148, 17151: zuzügl außerbilanzielle Korrekturen) und ist von den Ges'tern der OberGes als Teil ihres Anteils am Gesamtgewinn der OberGes zu versteuern. Soweit die **Wj** von Unter- und OberGes nicht übereinstimmen, führt dies zu einer zeitversetzten Versteuerung, sofern die Wahl des Wj nicht im Einzelfall rechtsmissbräuchl ist (s Rz 253). – Zum **GesamtBV der UnterGes** gehören ua auch WG des GesVermögens der OberGes, die der UnterGes zur Nutzung überlassen sind; diese WG sind *aktives SBV der OberGes bei der UnterGes* (Vorrang des SBV vor EigenBV, s Rz 534; BFH II R 35/98 BStBl II 01, 316 zu II.2.b); ebenso sind die mit diesen WG oder der Beteiligung an der UnterGes wirtschaftl zusammenhängenden *Schulden der OberGes* ihr *passives SBV bei der UnterGes* (vgl BFH IV R 68/05 BStBl II 08, 483; BFH I R 92/12 DStR 17, 589; *Wacker* IStR 17, 268; *FM SchlHol* DStR 19, 2320; oben Rz 617). – Teil des (einheitl und gesondert festzustellenden) **Gesamtgewinns der UnterGes** und des **Gesamtgewinnanteils der OberGes** als Ges'terin (BFH: „MUerin" der OberGes; s oben) sind des Weiteren: – *(1)* Die Ergebnisse einer etwaigen *Ergänzungsbilanz für die OberGes* zur StB der UnterGes aufgrund individueller AK beim Erwerb *ihres Anteils an der UnterGes*. – *(2)* Die Ergebnisse einer etwaigen Ergänzungsbilanz für die OberGes'ter (oder OberGes; str, s Rz 471) aufgrund individueller AK beim Erwerb *ihres Anteils an der OberGes, soweit* diese AK mittelbar auf die WG der UnterGes entfallen. Gleiches gilt für Refinanzierungsaufwand des OberGes'ters (BFH I R 92/12 DStR 17, 589; oben Rz 617). Zu Bürgschaft des OberGes'ters s Rz 524. – *(3) Sondervergütungen,* die die *OberGes* für unmittelbare Leistungen an die UnterGes von dieser bezieht (zu ausl UnterGes s *Rosenberger* IStR 06, 591). – *(4) Aufwendungen und Erträge des SBV der OberGes* in ihrer Eigenschaft als „MUerin" der UnterGes. – *(5)* Gewinne und Verluste aus der *Veräußerung des MUeranteils* der OberGes an der UnterGes. Schließl sind **Teile des Gesamtgewinns der UnterGes,** nicht aber Teil des der *OberGes* zuzurechnenden Anteils am Gesamtgewinn, sondern vielmehr Gesamtgewinnanteil der *Ges'ter der OberGes* in ihrer Eigenschaft als (Sonder)MUer der UnterGes: – *(1)* Sondervergütungen, die ein Ges'ter der OberGes für unmittelbare Leistungen an die UnterGes von dieser bezieht (zu Pensionszusage s *BMF* BStBl I 08, 318 Rz 15; oben Rz 586), und sonstige SonderBE, zB Zinsen für ein Ges'ter-Darlehen, das die OberGes zum Erwerb von SBV bei der UnterGes oder die Beteiligung an dieser verwendet hat. – *(2)* Aufwendungen und Erträge von WG, die ein Ges'ter der OberGes der UnterGes unmittelbar zur Nutzung überlassen hat und die deshalb bei der UnterGes SBV des Ges'ters der Ober-

deren Ges'ter müssen jeweils „MUer der Betriebe" der PersGes sein, an denen sie unmittelbar beteiligt sind (BFH I R 92/12 IStR 17, 278). – **Zu (2):** OberGes iSv § 15 I 1 Nr 2 S 2 ist unstr jede AußenGes (OHG, KG, GbR, ausl PersGes; BFH I R 92/12 IStR 17, 278) und wohl auch ein „wirtschaftl vergleichbares Gemeinschaftsverhältnis" (s Rz 171), zB eine Erbengemeinschaft als Mitglied einer durch Tod eines Ges'ters in Abwicklung befindl PersGes (vgl BFH VIII R 35/92 BStBl II 95, 241 zu III 3a). OberGes kann mE aber auch eine InnenGes sein, deren Ges'ter MUer sind (zB GmbH & atypisch Still), denn estrechtl ist allein entscheidend, dass der nach außen auftretende Ges'ter (zB GmbH) für Rechnung aller Ges'ter tätig ist (FG BaWü EFG 06, 1829). – **Zu (3):** Eine unterbrochene MUerkette lag nach **bisheriger Rspr** auch dann vor, wenn die OberGes außer dem Halten des Anteils an der UnterGes keine oder *nur vermögensverwaltende* Einkünfte erzielt, da die OberGes allein aufgrund ihrer Beteiligung an der (gewerbl) UnterGes als MUerschaft zu qualifizieren war (BFH IV R 7/92 BStBl II 96, 264). Letzterem wäre mE zwar nach der **geänderten BFH-Rspr zu § 15 III Nr 1 aF** (Abfärbung nur noch bei freiberufl oder luf, *nicht aber* bei vermögensverwaltender OberGes; BFH IX R 53/01 BStBl II 05, 383; s Rz 189) die Grundlage entzogen worden (s ausführl *Schmidt* 25. Aufl § 15 Rz 613). Mit **§ 15 III Nr 1 nF** hat der Gesetzgeber jedoch die bisherige Beurteilung (Abfärbung bei OberPersGes auch aufgrund gewerbl Beteiligungseinkünfte) rückwirkend festgeschrieben (s dazu Rz 189). – § 15 I 1 Nr 2 S 2 greift nicht, wenn die unmittelbaren Leistungen an die UnterGes und die mittelbare Beteiligung an dieser nur zufällig zusammentreffen (s Rz 562), zB bei mehrstufiger Beteiligung, geringem Anteil an der OberGes und erhebl eigengewerbl Aktivitäten der ZwischenGes (s *Felix* KÖSDI 94, 9768).

dd) Rechtsfolgen des § 15 I 1 Nr 2 S 2. Hierzu gehören zB – **(1) Sondervergütungen,** die die UnterGes einem *Ges'ter der OberGes* für *unmittelbare* Leistungen gewährt, sind im Gesamtgewinn der UnterGes und deren Gewerbeertrag zu erfassen (Aufwand in der StB, Ertrag in Sonderbilanz bei der UnterGes *für den Ges'ter der OberGes* als SonderMUer der UnterGes). 615

(2) Sonderbetriebsvermögen I. WG, die ein *Ges'ter der OberGes* der UnterGes *unmittelbar* zur Nutzung überlässt, und dessen Forderungen zB aus Darlehen gegen die UnterGes sind als aktives SBV I Teil des (Gesamt-)BV der UnterGes (BFH III R 35/98 BStBl II 01, 316 zu II.2.b; *Rödder* StbJb 94/95, 303 Fn 34: Vorrang ggü evtl SBV bei der OberGes); Gleiches gilt für damit zusammenhängende Schulden (passives SBV; *Mückl* DB 09, 1088; *U. Förster* DB 11, 2570). 616

(3) Sonderbetriebsvermögen II. Ist die UnterGes eine GmbH & Co KG, sind Anteile eines Ges'ters der OberGes an der **Komplementär-GmbH** der UnterGes bei *dieser* SBV II des Ges'ters der OberGes als (Sonder)MUer der UnterGes (*Ley* KÖSDI 10, 17148, 17154); Entgelte, die ein Ges'ter der OberGes im Dienste der Komplementär-GmbH der UnterGes erhält, sind bei dieser als **Sondervergütungen** zu erfassen. Zum negativen SBV II gehören **Darlehensschulden** des OberGes'ters nicht nur, wenn die Valuta vor Entstehen der doppelstöckigen Struktur für die Einlage in die UnterPersGes verwendet worden ist (BFH I R 92/12 IStR 17, 278; s auch Rz 522), sondern auch, *soweit* die refinanzierte Einlage tatsächl durch die OberPersGes in das Vermögen der UnterPersGes *„durchgeleitet"* wird (*Wacker* IStR 17, 286) oder *soweit* AK für den Erwerb der Anteile an der OberPersGes wertmäßig auf WG der UnterPersGes entfallen (so zutr *FM SchlHol* DStR 19, 2320). 617

(4) Buchwertfortführung. Werden einzelne WG des Gesamthandsvermögens der OberGes (BV) der UnterGes zur Nutzung überlassen, wechseln sie zum Buchwert in das SBV der OberGes bei der UnterGes (§ 6 V 1–2). Darüber hinaus ist grds Buchwertfortführung geboten (Rechtslage ab 1.1.01: § 6 V 3–6 nF) zB wenn übertragen werden *(aa) einzelne WG des Gesamthandsvermögens der OberGes* in das Gesamthandsvermögen der UnterGes gegen Gewährung von GesRechten oder 618

31. Leistungen einer (gewerblichen) Personengesellschaft an Gesellschafter/Mitunternehmer oder Schwester-Personengesellschaft

Verwaltung: OFD *Mster* DStR 94, 582 (Ges'terdarlehen); OFD *Ffm* DStR 17, 498 (Kap-Kto).

625 a) Leistungen an Gesellschafter. § 15 I 1 Nr 2 S 1 HS 2 ist nicht anwendbar, wenn eine PersGes gegen angemessenes oder überhöhtes Entgelt oder ganz oder teilwese unentgeltl **für einen MUer** *tätig* ist (zB Reparaturen an dessen Haus ausführen lässt) oder diesem *Kapital* oder *WG zur Nutzung überlässt* (zB ein Grundstück vermietet); das Gesetz kennt *keine „negativen Sondervergütungen"* (vgl BFH IV R 64/93 BStBl II 96, 642 zu II.2.; *Bordewin* StbJb 92/93, 171, 172; OFD *Mster* DStR 94, 582). Bei der estrechtl Beurteilung derartiger Rechtsverhältnisse, die das Gegenstück zu den in § 15 I 1 Nr 2 S 1 HS 2 angesprochenen Sachverhalten bilden, ist mE zw *Dienstleistungen* und *Nutzungsüberlassung von WG* und *Darlehen* zu unterscheiden.

626 b) Dienstleistungen; Nutzungsüberlassungen. Solche Rechtsverhältnisse sind **in der StB** der Ges wie Rechtsverhältnisse zu Fremden **nach allg bilanzstrechtl Grundsätzen** zu erfassen, *soweit sie fremdübl gestaltet und durchgeführt sind* (BFH IV R 123/80 BStBl II 83, 598 zu 1.): Die Entgelte sind BE der Ges; die Entgeltsforderung ist BV der Ges und mit Gewinnausweis zu aktivieren, sobald die Ges ihre Leistung erbracht hat; ihr Ausfall mindert idR den (Gesamt-)Gewinn der Ges (Ausnahme: Schuld des Ges'ters ist negatives SBV); Aufwand der Ges ist BA.

627 aa) Missverhältnis von Leistung/Gegenleistung (zu niedriges oder überhöhtes Entgelt). Dies führt zu verdeckten (Nutzungs- oder Dienst-, evtl auch Geldoder Sach-)Entnahmen oder verdeckten Geldeinlagen (Rz 401; einschr *Rogall* FR 05, 779, 784). Diese sind zwar vergleichbar mit vGA und verdeckten Einlagen bei einer KapGes, unterliegen aber den für Entnahmen und Einlagen eines Einzelunternehmers maßgebenden Bewertungsvorschriften (§ 6 I Nr 4, 5), soweit an der PersGes natürl Personen beteiligt sind. Überlässt zB eine PersGes einem Ges'ter ein WG zeitweise unentgeltl zur privaten Nutzung, liegt eine **Entnahme der Nutzung** vor; diese ist – anders als vGA – nur mit dem der PersGes für das WG entstehenden Aufwand anzusetzen (zB BFH VIII R 35/92 BStBl II 95, 241 zu III 3c/bb: **Aufwandsentnahme;** bei Wohnungen aber evtl mit dem Mietwert BFH IV R 49/97 BStBl II 99, 652 zu 5.a; s auch Rz 435). Zur privaten Nutzung eines Betriebs-Kfz s Rz 435, 647. – Auch die Entnahme von (fremden) **Dienstleistungen** (zB Ges stellt Ges'ter unentgeltl ArbN zu privaten Diensten zur Verfügung) ist nur mit dem der Ges erwachsenden Aufwand zu bewerten (*Steger* INF 07, 427, 429). – Zur subj **Zurechnung von Entnahmen** s Rz 446.

628 bb) Verdeckte Gewinnausschüttung. Ist eine KapGes MUerin, kann eine vGA gegeben sein, soweit die Begünstigung mittelbar zu Lasten der KapGes geht und der Begünstigte KapGes-Ges'ter oder eine nahe stehende Person ist (BFH VIII R 280/81 BStBl II 86, 17 mwN; abl zur SchenkSt FG Nds DStRE 13, 992).

629 c) Darlehen. Gewährt eine PersGes einem Ges'ter ein Darlehen zu **fremdübl Konditionen** (angemessener Zins; Sicherheit, ausgenommen bei kurzfristigem und geringem Kredit), sind die Zinsen BE und die Forderung BV der PersGes (BFH IV R 64/93 BStBl II 96, 642; *Ley* KÖSDI 02, 13459, 13467). Beim Ges'ter (Darlehensnehmer) sind die Zinsen je nach Verwendung der Valuta nicht abzugsfähig, WK oder (Sonder-)BA (BFH VIII R 42/98 BStBl II 00, 390), Letzteres zB bei Kredit zum Erwerb eines WG des aktiven SBV (Schuld negatives BV).

630 aa) Fremdvergleich. Die Zinsen sind nicht nur dann BE (und die Forderung BV der PerGes), wenn die PersGes einem Ges'ter ein fremdübl Darlehen (angemessener Zins; Sicherheit, ausgenommen bei kurzfristigem und geringem Kredit) gewährt (dazu Rz 629). Gleiches gilt nach der jüngeren Rspr (Fremdvergleich nur

Ges sind; dazu gehören auch Gewinne aus der entgeltl Veräußerung oder Entnahme dieses SBV. Diese Gewinne sind mE nicht begünstigt nach §§ 16, 34, wenn und weil der Ges'ter keinen MUeranteil, sondern nur SBV veräußert oder entnommen hat (*Ley* KÖSDI 11, 17277, 17282; **aA** zB *Völker* INF 95, 487); denn er bleibt als Ges'ter der OberGes notwendig MUer der UnterGes, unabhängig davon, ob er dieser WG zur Nutzung überlässt oder nicht (Rz 253, 612). Zu Schulden s Rz 616, 617.

ff) Gesamtgewinn der Obergesellschaft; Gesamtgewinnanteile. Grundlage des Gesamtgewinns der OberGes (und damit auch ihres Gewerbeertrags) ist das Ergebnis der *StB der OberGes*, in das auch der Gesamtgewinnanteil der OberGes als „MUerin" (s Rz 253, 612) der UnterGes eingegangen ist (BFH IV R 42/02 BStBl II 04, 353). – Teile des Gesamtgewinns der OberGes und des Gesamtgewinnanteils des jeweils betroffenen Ges'ters der OberGes sind die Weiteren: – *(1)* Die Ergebnisse der etwaigen *Ergänzungsbilanz* zur StB der OberGes zB aufgrund individueller AK beim Erwerb des Anteils an der OberGes, soweit diese AK nicht (mittelbar) auf WG der UnterGes entfallen (s Rz 619, 471). – *(2) Sondervergütungen,* die ein Ges'ter der OberGes für unmittelbare Leistungen an die OberGes von dieser bezieht. – *(3)* Aufwendungen und Erträge des *SBV der Ges'ter der OberGes* als MUer der OberGes einschließl der Erlöse aus der Veräußerung von SBV. – *(4)* Sonstige durch die Beteiligung *an der OberGes* veranlasste SonderBE/BA. – *(5)* Gewinne und Verluste aus der Veräußerung des MUeranteils an der OberGes (§ 16 Rz 582; BFH I R 79/06 BFH/NV 08, 729). – *(6)* Zu Währungsverlusten s BFH I R 13/14 BStBl II 16, 927. 620

gg) Einzelheiten. S zu entgeltl Veräußerung und entgeltl Erwerb der Anteile an der OberGes oder UnterGes s § 16 Rz 384. Zur entgeltl *Veräußerung des ganzen GewBetr der UnterGes* s § 16 Rz 366. – Zu § 4h s FG Köln EFG 14, 521, Rev IV R 4/14. – Zu § 15a s § 15a Rz 33, 169. Zu *§ 35 II 5, III* bei mehrstöckiger PersGes s *BMF* BStBl I 07, 701 Rz 25; *Herzig/Lochmann* DB 00, 1728, 1729. Zu § 4 IVa s Rz 420 aE. 621

hh) Beteiligung (Mitunternehmeranteil) Obergesellschaft an Untergesellschaft. Sie ist kein (eigenständiges) WG (BFH I R 92/12 IStR 17, 268); sie ist nach hL in der StB der OberGes zwar auszuweisen, aber nicht selbstständig zu bewerten mit der Folge, dass dem Ausweis *für die estrechtl Gewinnermittlung* keine zusätzl (neben der Gewinnfeststellung bei der UnterGes) Wirkung zukommt (BFH I R 102/01 BStBl II 04, 804; zu *ausl* UnterGes s aber BFH VIII R 38/01 BFH/NV 04, 1372). Str, iErg aber wohl unerhebl ist, wie die Beteiligung auszuweisen ist: Merkposten mit Spiegelbildmethode (*L. Mayer* DB 03, 2034) oder als Summe der Anteile an den WG der UnterGes (*Nickel ua* FR 03, 391); zu den Wirkungen dieses Ausweises zB für § 15a s § 15a Rz 33; für § 15b s *BMF* BStBl I 07, 542, Tz 21; zu § 34a s § 34a Rz 22. 622

b) Atypische stille Unterbeteiligung. § 15 I 1 Nr 2 S 1 HS 2 erfasst in seinem Anwendungsbereich (Sondervergütungen und SBV, s Rz 253) auch denjenigen, der am GesAnteil eines MUers atypisch still unterbeteiligt ist (BFH IV R 75/96 BStBl II 98, 137; krit *Ottersbach* FR 99, 201). Zwar kann eine InnenGes zivilrechtl nicht Ges'terin einer PersGes sein; der nach außen auftretende Ges'ter hält die Beteiligung aber für Rechnung der InnenGes, sodass der Unterbeteiligte „mittelbar über eine … PersGes" an der HauptGes beteiligt ist. 623

c) Mittelbare Beteiligung über Kapitalgesellschaft. Nicht anzuwenden sind § 15 I 1 Nr 2 S 1 HS 2 und S 2 idR (Ausnahme § 42 AO), wenn eine KapGes an einer PersGes beteiligt ist und ein Ges'ter der KapGes, der *nicht Ges'ter der PersGes* ist, für unmittelbare Leistungen von dieser Vergütungen erhält (BFH VIII R 66–70/97 BStBl II 00, 183 zu II.2.b). Zu GmbH & atypisch Still s aber Rz 613 zu (2). 624

Indiz; bedenkl, s *Schmidt* 33. Aufl § 15 Rz 630), wenn die PersGes das Darlehen zu nicht fremdübl Konditionen ausreicht (zB zinsverbilligt/unverzinslich; ohne Sicherheiten), es sei denn, es kann festgestellt werden (Einzelfallwürdigung; Beweislast bei FA!), dass für die Kreditgewährung „keine wesentl betriebl Veranlassung" besteht (BFH IV R 15/11 BStBl II 15, 267 mwN: ausreichend besseres Bilanzbild, Vermeidung von Ges'ter-Entnahmen; Darlehen für LV der Ges'ter iVm Sicherungszession zugunsten PerGes; *Wendt* FR 15, 277: keine 10%-Grenze; *C. Pohl* StuB 15, 330; *OFD Ffm* DStR 17, 498). Gleiches gilt erst Recht, wenn die PersGes ein betriebl Interesse am Verwendungszweck der zinsverbilligten Kreditmittel hat, zB Finanzierung von SBV I eines Ges'ters (*OFD Mster* DStR 94, 582; ähnl BFH IV R 64/93 BStBl II 96, 642 zu II.4.b; oben Rz 491 f) oder ein Ausfall der Forderung im Hinblick auf bestellte Sicherheiten so gut wie ausgeschlossen ist. ME bleibt die Zinsverbilligung jedoch außerbetriebl veranlasst mit der Folge, dass etwaige *Refinanzierungskosten* der PersGes als anteilige Aufwandsentnahme nicht abzugsfähig sind (ähnl *Ruban* FS Klein, 1994 781, 798; *Korn* KÖSDI 07, 15711, 15714; **aA** *OFD Mster* DStR 94, 582). Zum Forderungsverzicht s *Ley* KÖSDI 02, 13459, 13467. Beim **Ges'ter** (Darlehensnehmer) sind die Zinsen je nach Verwendung der Valuta entweder nicht abzugsfähig, WK oder (Sonder-)BA (BFH VIII R 42/98 BStBl II 00, 390), Letzteres ist zB der Fall bei Kredit zum Erwerb eines WG des aktiven SBV (Schuld negatives BV).

bb) Entnahme. Die nicht betriebl veranlasste Forderung (Rz 630) wird, obgleich Gesamthandsvermögen der PerGes, PV der Ges (s Rz 484 ff) aufgrund aktivem Ges'tern anteilig zuzurechnender Entnahme (*OFD Ffm* DStR 17, 498); ihr Ausfall (bzw ein Verzicht) mindert den Gewinn nicht (BFH IV R 64/93 BStBl II 96, 642); etwaige Zinsen sind keine BE, sondern anteilige Einlagen aller Ges'ter; Refinanzierungskosten sind nicht abzugsfähig. – S zu weiteren Konsequenzen *Ley* aaO S 13469; *OFD Ffm* DStR 17, 498. **631**

cc) Kapitalkonten; Verzinsung. Werden positive oder negative Salden der für **632** die Ges'ter geführten Konten (s Rz 541) verzinst, ist dies, soweit die Konten *zivilrechtl* KapKonten sind, Teil der Gewinnverteilungsabrede (BFH VIII R 30/99 BStBl II 01, 621) mit der Folge, dass die für einen Sollsaldo *verrechneten* Zinsen den StB-Gewinn der PersGes nicht erhöhen (BFH IV R 16/99 BStBl II 01, 171: Zinsen keine BE, sondern Negativ-Vorab bei Gewinnverteilung; *Kempermann* FR 00, 1070; *OFD Ffm* DStR 17, 498). Dies gilt aber nicht, soweit der negative Saldo *zivilrechtl* Schuldcharakter hat, zB durch Auszahlungen der Ges entstanden ist, die nicht als gesellschaftsrechtl zulässiger Vorschuss auf künftige Gewinnanteile zu werten sind und daher mangels solcher zB nach dem *GesVertrag* (dazu BGH II ZR 73/11 DStR 13, 1295; zR krit *Priester* DStR 13, 1786) *zurückzuzahlen sind* (vgl zum Streitstand BFH IV R 98/06 BStBl II 09, 272; *Ley* KÖSDI 14, 18844; **aA** *OFD Mster* DStR 94, 582: bei Sollsaldo des Darlehenskonto idR KapKto = Einlagenrückgewähr).

32. Leistungen zwischen Schwester-Personengesellschaften. S Rz 600 ff. **633**

33. Sondereinnahmen; Sonderausgaben. Der Umfang der gewerbl Einkünfte **640** der MUer ist in § 15 I 1 Nr 2 mit den Gewinnanteilen und den Sondervergütungen nicht abschließend umschrieben. Aus dem Sinnzusammenhang der Normen über die Besteuerung der MUer folgt, dass – *(1)* persönl Aufwendungen, die durch seinen MUerAnteil **veranlasst** sind (dazu allg § 4 Rz 480, 420; *Wacker* BB 18, 2519), als SonderBA(-aufwand) seine gewerbl Einkünfte mindern und – *(2)* persönl Erträge, die ihre Veranlassung in der mitunternehmerschaftl Beteiligung haben, als SonderBE(-ertrag) die seine gewerbl Einkünfte des MUers (zB BFH IV R 20/18 BStBl II 22, 904; *Stutzmann* HFR 21, 1155). Dies gilt auch für **beschr stpfl** MUer (BFH VIII R 57/98 BFH/NV 01, 28; beachte aber ab 2017 **§ 4i**). SonderBE und SonderBA gehen neben den Sondervergütungen und Wertänderungen des SBV in die Gesamtbilanz der MUerschaft ein.

641 **a) Zeitliche Zuordnung.** Sie sind entspr der Gewinnermittlungsart der MUerschaft in deren Wj zu erfassen (BFH IV R 222/84 BStBl II 87, 553 zu 4.a; VIII B 28/10 BFH/NV 10, 2272: § 4 III). Demgemäß sind bei Bilanzierung zB Reparaturaufwendungen für Gebäuden im SBV des Ges'ters nach Ausführung der Reparatur zu passivieren; ebenso sind Forderungen gegen Dritte zu aktivieren und spätere TW-Minderungen zu berücksichtigen. Zum Bilanzzusammenhang s BFH IV R 19/16 BStBl II 19, 614; Rz 475, 508.

642 **b) Ergänzungsbilanz.** Nicht zu den ggf in der Sonderbilanz zu erfassenden SonderBE/-BA gehören Aufwand und Ertrag aus der Fortschreibung einer Ergänzungsbilanz (vgl BFH VIII R 63/91 BStBl II 93, 706; s auch Rz 649). Rechtl bedeutsam ist dies zB für den Begriff des KapKtos iSv § 15a (dazu § 15a Rz 41).

643 **c) Eigener Gewerbebetrieb.** SonderBE und SonderBA sind (ähnl wie die Sondervergütungen, s Rz 568) auch dann ein Teil der in der Sonderbilanz zu erfassenden gewerbl Einkünfte aus MUerschaft (und Teil des Gewerbeertrags der MUerschaft; BFH IV R 54/04 BStBl II 08, 742), wenn der MUer einen eigenen GewBetr hat, dem der PersGesAnteil dient (zur Abgrenzung von BE eines GewBetr s Rz 649), oder noch an einer anderen PersGes beteiligt ist (vgl BFH VIII R 137/84 BStBl II 88, 679).

644 **d) Mehrstöckige Personengesellschaft.** Da die Ges'ter der OberGes als MUer des Betriebs der UnterGes anzusehen sind (vgl § 15 I 1 Nr 2 S 2), sind Aufwendungen eines Ges'ters aufgrund unmittelbarer Leistungen an die UnterGes SonderBA *bei der UnterGes.* Zum Aufwand (Schuldzinsen etc) des OberGes'ters für den Erwerb der *Beteiligung* an der OberGes s Rz 619, 471.

645 **34. Sonderbetriebsausgaben** *(Einzelheiten).* Dazu gehören Gründungskosten (zB BFH IV R 117/94 BFH/NV 96, 461; oben Rz 195); Aufwendungen iZm SBV I, zB bei der PersGes zur Nutzung überlassenem Gebäude AfA, Grundsteuer, Reparatur usw; Mietzinsen für ein der PersGes untervermietetes WG (BFH VIII R 261/81 BStBl II 86, 304); durch Ges'terstellung veranlasste Bürgschaftsverluste (BFH VIII R 27/00 BStBl II 02, 733; s oben Rz 524); Aufwendungen für WG des SBV II; Zinsen für Schulden des passiven SBV (Rz 521; zu § 3c s Rz 819, 869); nicht aktivierbare Erwerbsaufwendungen für MUeranteils, zB Zahlung an lästigen Ges'ter (BFH VIII R 63/91 BStBl II 93, 706 zu II.1.c); uU Freigabezahlung bei Nachlassinsolvenz betr ererbten MUeranteil (FG BBg EFG 20, 1402, Rev IV R 10/20; beachte: § 131 III Nr 2 HGB); Aufwendungen der Komplementär-GmbH für den Geschäftsführer (BFH VIII R 50/92 BStBl II 94, 282), auch wenn diese Sondervergütungen sind (BFH I R 105/91 BStBl II 93, 792; oben Rz 440); Finanzierungskosten eines K'tisten für den Erwerb von Anteilen an der Komplementär-GmbH (BFH VIII R 63/91 BStBl II 93, 706 zu II.1.c); Aufwendungen im wirtschaftl Zusammenhang mit (entgeltl oder unentgeltl) Leistungen iSv § 15 I 1 Nr 2 S 1 HS 2, insb Tätigkeiten im Dienste der Ges (BFH IV R 14/16 DStR 18, 2259: abl zu GewSt-Erstattung; zutr; s auch Rz 443); der (angemessene) Gewinnanteil eines (estrechtl anzuerkennenden) typisch stillen Unterbeteiligten; Kosten eines Zivilprozesses gegen andere Ges'ter; Honorare für Beratung in Fragen der Geschäftsführung (BFH VIII R 345/82 BStBl II 86, 139) oder Ges'terauseinandersetzung (BFH IV R 19/16 BStBl II 19, 614); evtl Umzugskosten (BFH IV R 42/86 BStBl II 88, 777) oder Mietaufwand (BFH IV R 21/08 BStBl II 10, 337: häusl Arbeitszimmer iSv § 4 V 1 Nr 6b; s auch Rz 518, 593); Verluste aus Ausgleichsforderungen gegen andere Ges'ter zB aufgrund der Erfüllung von Verbindlichkeiten der Ges (zB BFH VIII R 128/84 BStBl II 93, 594: „Wegfall" eines positiven KapKto; BFH/NV 99, 1593); Rückstellung für Ersatz veruntreuter BE (= SonderBE des untreuen Ges'ters, Rz 648) frühestens ab Kenntniserlangung durch geschädigte Ges'ter (BFH IV R 39/99 BStBl II 00, 670; BFH IV R 56/04 BStBl II 06, 838; *Kempermann* DStR 06, 1788).

Umfang und Ermittlung der gewerbl MUer-Einkünfte   646–648   § 15

a) Konkurrenz. Bei Dienstleistungen, die ein MUer für die PersGes iRe frei- 646
berufl **Praxis** zB als StB oder Architekt oder eines **eigenen GewBetr** zB als
Handelsvertreter erbringt, die aber gleichwohl von § 15 I 1 Nr 2 S 1 HS 2 erfasst werden (str, s Rz 602, 533), sind die in der freiberufl Praxis oder dem GewBetr entstehenden Aufwendungen, soweit sie durch die Leistungen für die PersGes bedingt sind, SonderBA; sie sind ggf im Schätzungswege zu ermitteln (vgl FG Hbg EFG 03, 975).

b) Keine Sonderbetriebsausgaben. Hierzu gehören zB Kosten für ärztl Un- 647
tersuchung eines Ges'ters oder Prämien für Lebens- oder Krankenversicherung (vgl BFH VI R 35/92 BFH/NV 94, 306); Zinsen gem § 233a AO (BFH IV R 6/08 BFH/NV 11, 430); Aufwendungen für ein auch zur Werbung eingesetztes Renngestüts (FG Hbg EFG 92, 657); bei der GmbH & Co KG die Gründungskosten für die Komplementär-GmbH und andere nicht unmittelbar durch die KG-Beteiligung veranlassten Aufwendungen der GmbH zB Jahresabschlusskosten (BFH IV R 46/94 BStBl II 96, 295); Kosten einer Geburtstagsfeier eines Ges'ters mit Geschäftsfreunden (vgl BFH IV R 58/88 BStBl II 92, 524); Kosten der Einladung von Geschäftsfreunden zur Sitzung eines Karnevalsvereins, dem der Ges'ter angehört (BFH VIII R 7/92 BStBl II 94, 843); Zahlung der betriebl Schulden der PersGes mit privaten Mitteln eines Ges'ters (= Einlage); Verluste aus Warentermingeschäften eines Ges'ters (BFH IV R 123/82 BFH/NV 86, 15; s aber oben Rz 492) und die Kosten eines hierüber erfolglos geführten Finanzrechtsstreits (BFH III R 220/83 BStBl II 87, 711); Gerichts- und Anwaltskosten erbrechtl Streitigkeiten (BFH VIII R 345/82 BStBl II 86, 139; diff zR *Grube* DStZ 99, 313; *Dusowski* DStZ 00, 584); Kosten einer Testamentserrichtung (FG Nds EFG 00, 1372); Zahlungen, die Erben eines Ges'ters aufgrund Vermächtnisses an frühere Angestellte der Ges leisten (BFH IV R 119/84 BStBl II 86, 609); Ersatzleistungen für unberechtigte Entnahmen aus dem GesVermögen (*Kempermann* FR 01, 32); Übertragung von GmbH-Anteilen Geschäftsführerentlohnung (FG RhPf EFG 04, 794: Entnahme; Pkw-Nutzung für andere Unternehmen/Betriebe (BFH IV R 59/06 BFH/NV 09, 1617; s auch *BMF* BStBl I 09, 1326 Rz 17; *BMF* BStBl I 14, 835; BFH X R 24/12 BStBl II 15, 132).

35. Sonderbetriebseinnahmen *(Einzelheiten).* Dazu gehören zB: Erträge der 648
WG des **SBV I,** soweit diese nicht bereits als Sondervergütungen sind, zB bei insgesamt als SBV ausgewiesenem Grundstück die auf die Fremdvermietung entfallenden Mieterträge; Erträge des **SBV II,** zB bei der GmbH & Co KG Ausschüttungen auf die Anteile an der Komplementär-GmbH (s Rz 517, 714) oder BetriebsGmbH (BFH IV R 28/11 BFH/NV 15, 495); Entnahmegewinne (BFH IV R 20/11 BFH/NV 14, 1519); Erbbauzinsen, die ein Ges'ter von einem Dritten erhält, der aufgrund des Erbbaurechts vereinbarungsgemäß ein Gebäude errichtet und dieses an die PersGes vermietet hat (BFH IV R 11/92 BStBl II 94, 796); Entschädigung des Ges'ters für Tätigkeit in Berufskammer (BFH VIII R 72/03 DStR 05, 690); Gründungsstipendien für mitunternehmerschaftl Projekte (BFH VIII R 47/18 BStBl II 21, 696); Zahlung einer den Ges'ter betr Geldauflage (§ 12 Nr 4; § 153a StPO) durch die Ges (offen BFH VIII R 21/11 BFH/NV 15, 191); Zinsen auf im Interesse der PersGes gewährte Darlehen an Dritte (*Bordewin* StbJb 92/93, 171, 188); Entgelte für mittelbare Leistungen über Dritte (dazu Rz 605); Schmiergelder, die ein Ges'ter zB als Einkäufer erhält (spätere Ersatzleistungen an die Ges sind SonderBA); BE, die ein Ges'ter ohne Wissen der anderen und ohne Rechtsanspruch erhält (BFH VIII R 41/14 BFH/NV 17, 1180: Abgrenzung ggü Schenkung; § 18 Rz 170) oder zu seinen Gunsten verkürzt (BFH IV R 56/04 BStBl II 06, 838; *Kempermann* DStR 06, 1788; zur Rückstellung für Erstattungspflicht an Ges s Rz 645 aE); Erlöse aus der Veräußerung von SBV (BFH IV R 54/04 BStBl II 08, 742: einschließl GewSt); Versicherungsleistung für entwendetes WG im SBV (BFH VIII R 57/07 HFR 10, 245, uU Aufzinsung von AK; s auch § 16 Rz 460);

vorbehaltl Veräußerung gem § 16 (s § 16 Rz 145) Schadenersatz/einschl Zinsen wegen Prospekthaftung iZm Weiterveräußerung des MUerAnteils (BFH IV R 20/18 BStBl II 22, 904; *Stutzmann* HFR 21, 1155; *Bodden* BeSt 22, 6).

649 **a) Keine Sonderbetriebseinnahmen.** *Beispiel:* – *(1)* Ges'ter erhält für eine iRd Betriebs übl Leistung *von dritter Seite* eine Vergütung, auch wenn die Leistung im wirtschaftl Zusammenhang mit der Beteiligung an der PersGes steht (BFH IV R 85/77 BStBl II 79, 111; BFH X R 24/10 BStBl II 12, 498: BE des eigenen GewBetr; Rz 562); – *(2)* Zinsen für aus privaten Mitteln gewährten Darlehen an MitGes'ter (FG Mster EFG 13, 2007); – *(3)* Unberechtigte Ges'ter-Entnahmen aus dem GesVermögen (BFH IV R 16/00 BStBl II 01, 238; *Kempermann* FR 01, 408: „Griff in die Kasse"); – *(4)* Nach BFH IV R 23/05 BFH/NV 06, 941 die Rückzahlung von Eigenkapital-Vermittlungsprovisionen (mE überholt; vgl zur Rspr-Änderung BFH IV R 33/15 DStR 18, 1491; unten Rz 707); – *(5)* Kaufpreisabzinsung (BFH VIII R 1/14 BFH/NV 17, 1418; fragl; s § 16 Rz 460).

650 **b) Mehrstöckige Personengesellschaft.** Vergütungen, die ein Ges'ter von der OberGes für unmittelbare Leistungen an die UnterGes von dieser erhält, sind bei der OberGes weder Sondervergütungen iSv § 15 I 1 Nr 2 HS 2 noch sonstige SonderBE, wohl aber Sondervergütungen bei der UnterGes.

651 **36. Verfahrensrecht.** SonderBE/SonderBA sind, sofern nicht nach Ausscheiden angefallen (zB BFH X R 60/99 BFH/NV 03, 900), als eigenständig anfechtbar (BFH IV R 5/18 BStBl II 20, 440) im Feststellungsbescheid (§§ 179, 180 AO) auszuweisen und auch nur dann (§ 182 AO: Bindung) bei der ESt-Veranlagung des MUers – ungeachtet eines etwaigen Geheimhaltungsinteresses – zu berücksichtigen. Die Rspr lässt eine Bescheidergänzung (§ 179 III AO) nur in engen Grenzen zu (zB BFH IV R 19/09 BFH/NV 12, 1569; bedenkl); zu § 173 I AO s BFH IV R 6/18 DStR 21, 31. Zu SonderBA bei Beteiligung an mehreren PersGes FG Hbg EFG 03, 975; zu SonderBA eines Treugebers BFH IV R 47/85 BStBl II 89, 722. Zu mehrstöckigen PersGes s BFH I R 92/12 DStR 17, 589. Zum unzutr zweifachem Abzug s BFH XI R 61/96 BStBl II 97, 170: § 174 II AO.

VII. Übertragung von Wirtschaftsgütern zwischen Gesellschafter und Personengesellschaft oder zwischen Schwesterpersonengesellschaften; Veräußerung; Entnahme; Einlage

660 *Hinweis* zur Kommentierung bis *Schmidt* 29. Aufl § 15 Rz 660–689: Die og Vorgänge können als Veräußerung/Anschaffung (einschließl der Neutralisierung gem § 6b) zu qualifizieren sein, zu **Entnahme** oder **Einlagen** führen oder **§ 6 V** unterstehen; sie wurden bis *Schmidt* 29. Aufl § 15 Rz 660 ff sehr ausführl erläutert. Angesichts des Regelungszusammenhangs insb zur Buchwertfortführung gem § 6 V werden in geschlossener Form in § 6 Rz 806 ff kommentiert. Hierauf wird Bezug genommen.

VIII. Beteiligung an einer Personengesellschaft; Bilanzierung

690 Hat ein Ges'ter (natürl Person, PersGes, KapGes) einen eigenen GewBetr und dient seine Beteiligung an einer gewerbl (tätigen oder geprägten) PersGes diesem GewBetr – so stets bei KapGes als Ges'ter einer PersGes –, sind die Beteiligung und ihre Erträge in der **HB** des eigenen GewBetr auszuweisen, und zwar nach hL *wie KapGesAnteile* (zB FN-IdW 12, 24; zu AK-Änderungen s *Fey ua* BB 12, 1461). In der **StB** gilt hingegen – *(1)* der **Grundsatz**, dass die Beteiligung für die Ermittlung der estpfl/kstpfl Einkünfte (GuV-Anteile) keine selbstständige Bedeutung zukommt (unstr, s zB BFH I R 114/97 BStBl II 00, 399 zu B.IV.1.b; *Groh* StuW 95, 383). Nach der Rspr soll die Beteiligung an der PersGes **kein WG** iSd §§ 5, 6 sein (zB BFH GrS 7/89 BStBl II 91, 691 zu C.III.2.b/cc; BFH IV R 33/01 BStBl II 03, 272 zu 2.). Richtigerweise ist die Beteiligung in der StB des Ges'ters zwar als WG **auszuweisen**, aber **nicht selbstständig** zu **bewerten** (BFH I R 102/01 BStBl II 04, 804); Folge: der Bilanzposten entfaltet bei der Ermittlung der ggf nach § 180 AO festzustellenden Gewinnanteile keine eigenständige Wirkung (zB BFH I R 58/07 BFH/NV 09, 1953). Auszuweisen ist die Beteiligung demnach nach der Spiegelbildmethode als „Summe der Anteile an den WG" der PersGes (BFH I R 29/13 BFH/NV 15, 27; *Ley* KÖSDI 10, 17148, 17152; *OFD Kobl* DStR 07, 992; FN-IdW 12, 24, 30; *Atilgan* StuB 19, 137; iErg ebenso *Reiß*, FS Crezelius, 2018, 371, 384: Bilanzierung entspr Kapitalanteil; abl *Uhländer* DB 19, 2373); eine TW-AfA auf die Beteiligung ist ausgeschlossen (BFH IV R 100/06 BFH/NV 10, 2056). Ferner ist bei **Erwerb** eines Anteils an der PersGes estrechtl Gegenstand der Anschaffung nicht der GesAnteil als eigenständiges WG, sondern die in der Beteiligung repräsentierten ideellen Anteile an den einzelnen WG des GesVermögens (s Rz 461; § 16 Rz 443). Zur Beteiligung an einer **nicht gewerbl tätigen** (oder geprägten) PersGes (zB Immobilien-KG) s Rz 200 ff. – *(2)* **Ausnahme:** Anteil an **OptionsGes** gem § 1a KStG (s Rz 160a ff); sie ist wie die Beteiligung an einer KapGes auszuweisen (iEinz *Wacker/Krüger ua* DStR-Beih 21, 3, 19).

IX. Besonderheiten bei der GmbH & Co KG mit Einkünften aus Gewerbebetrieb

Verwaltung: *OFD Mchn* DStR 01, 1032; *OFD NRW* DB 16, 1907 (Anteile an KapGes).

Schrifttum (Auswahl): *Binz/Sorg*, Die GmbH & Co KG, 12. Aufl 2018; *Söffing*, Die GmbH & Co KG, 4. Aufl, 2021; *Sudhoff*, GmbH & Co KG, 5. Aufl 2000; *Urban*, Disproportinale Kap-Erhöhung ..., GmbHR 17, 453.

1. GmbH & Co KG. – a) Wesen; Erscheinungsformen; Rechtsvergleich. Die **echte** GmbH & Co KG ist eine KG (§§ 161 ff HGB), bei der einziger persönl haftender Ges'ter eine GmbH ist. Zur **UG** (haftungsbeschränkt) **& Co KG** (§ 5a GmbHG nF) s Rz 169, 216; *Wachter* GmbHR Sonderheft 08, 87/9: Gewinnbeteiligung erforderl!; *Kock ua* BB 09, 848: Haftungspauschale genügt). Erscheinungsformen sind: Die **typische** GmbH & Co KG, bei der die Ges'ter der Komplementär-GmbH und nur diese zugleich K'tisten sind (beteiligungsidentische oder Einmann-GmbH & Co KG); die **GmbH-beherrschte** GmbH & Co KG, bei der die GmbH innerhalb der KG vertragl die beherrschende Stellung hat (vgl *Borsch* GmbHR 03, 881), die Ges'ter-Geschäftsführer der GmbH aber nicht K'tisten sind; die **Einheits-GmbH & Co KG**, bei der die Anteile an der Komplementär-GmbH im Gesamthandsvermögen der KG sind (s § 172 VI HGB; Rz 223); die **doppelstöckige** GmbH & Co KG, bei der persönl haftende Ges'terin der KG eine GmbH & Co KG ist; die **Publikums**-GmbH & Co KG (s Rz 705 ff). – Eine **Abart** der echten GmbH & Co KG ist eine KG, bei der neben der GmbH – zB zwecks Vermeidung der Publizitätspflicht nach § 264a HGB (dazu IDW LIFE 18, 258) – auch eine natürl Person persönl haftende Ges'terin ist. – Zur **„ausl KapGes" & Co KG** s zB *Wachter* GmbHR 06, 79; zur Limited & Co KG „im Brexit" s Rz 173. – **Estrechtl** ist die GmbH & Co KG mit GewBetr (gewerbl tätige oder geprägte) KG zu unterscheiden von einer ohne GewBetr (s Rz 708). Eine KG, bei der einziger persönl haftender und geschäftsführender Ges'ter eine GmbH ist, erfüllt aber stets (str, s Rz 216) den Tatbestand einer gewerbl geprägten PersGes iSv § 15 III Nr 2.

b) Zivilrecht. – Das HGB und das UmwG gehen davon aus, dass die GmbH & Co KG ungeachtet ihrer wirtschaftl Nähe zur KapGes (vgl BGH II ZR 167/72 BGHZ 62, 227) „wirkl" eine KG ist (arg § 177a iVm §§ 125a HGB; § 39 I Nr 5, IV InsO nF). *Handelsrechtl* ist die GmbH & Co KG eine ins HR als KG (iSv § 161 I HGB) eingetragene PersGes „echte" KG, unabhängig davon, ob sie ein Handelsgewerbe iSv § 1 II HGB oder nur ein Kleingewerbe betreibt oder überhaupt nicht gewerbl tätig ist, sondern „nur eigenes Vermögen verwaltet" (vgl §§ 105 II; 161 II iVm § 2 HGB;

zur MoPeG-Reform (BGBl I 21, 3436) ab 2024 s § 107 iVm § 161 II HGB nF). – Für KG (oder OHG), an denen keine natürl Person als persönl haftender Ges'ter beteiligt ist, gelten, sofern sie eine bestimmte Größenklasse erreichen, für Wj, die nach dem 31.12.99 beginnen, die handelsrechtl **Rechnungslegungsvorschriften** (Jahresabschluss, Prüfung, Offenlegung) **für KapGes** (§§ 264a; 267 HGB). – Zu **Vor-/Nachteilen** ggü GmbH s *Binz ua* GmbHR 11, 281.

702 c) **ErtragStR.** *Grundsatz:* ESt-/KStrechtl ist die GmbH & Co KG keine KapGes iSv § 1 I 1 Nr 1 KStG (oder § 2 II GewStG), sondern „wirkl" eine KG und damit, *sofern* sie *gewerbl* tätig oder geprägt ist, grds MUerschaft iSv § 15 I 1 Nr 2 (zB BFH VIII R 54/93 BStBl II 95, 794 mwN zu II.1.a). Zum **Konzern** iSv § 4h III 5, 6 s dort. *Ausnahme:* Zur **KSt-Pflicht** von Ober- und/oder UnterPersGes kraft **Option** gem § 1a KStG s Rz 160a ff.

703 d) **GmbH & Still.** Einer GmbH & Co KG mit GewBetr estrechtl vergleichbar ist die GmbH & Still (atypisch), dh eine stille Ges, bei der eine (tatsächl gewerbl tätige) GmbH Inhaberin des Handelsgeschäfts iSv § 230 HGB ist und daran die Ges'ter der GmbH oder andere natürl Personen atypisch still beteiligt sind (vgl BFH VIII R 54/93 BStBl II 95, 794 zu II.1.a). Einzelheiten, auch zur atypischen stillen Beteiligung an einer *nicht gewerbl tätigen* GmbH, s Rz 354 ff, 228, 735.

704 e) **Stiftung & Co.** Eine **Alternative** zur GmbH & Co KG ist die Stiftung & Co, die eine KG, bei der persönl haftender Ges'ter eine rechtsfähige Stiftung ist. Ihre Ges'ter beziehen Einkünfte aus GewBetr, wenn die KG gewerbl tätig ist; sie kann keine gewerbl geprägte PersGes sein (Rz 216). Einzelheiten zB *Götz* INF 04, 669; *Wehrheim ua* StuW 05, 234.

705 2. **Publikums-GmbH & Co KG.** – a) **Begriff.** Diese ist *gesrechtl* dadurch gekennzeichnet, dass der GesVertrag „auf die Mitgliedschaft einer unbestimmten Vielzahl in der Öffentlichkeit geworbener und nur als Kapitalanleger beteiligter KG-Ges'ter zugeschnitten ist, die ihrerseits auf die Ausgestaltung des bei ihrem Beitritt zur Ges schon fertig und unänderl vorliegenden Vertrages keinen Einfluss haben …" (*Binz/Sorg* aaO § 13). Ihrer Struktur nach entspricht sie dem Idealtyp der Körperschaft, diese als Gegensatz zur PersGes gesehen. Gleichwohl ist sie **wirkl eine PersGes,** auf die grds das Recht der KG anzuwenden ist; der BGH hat aber für sie ein Sonderrecht entwickelt, das dem Recht der KapGes angenähert ist (vgl zur BGH-Rspr zB *BH* HGB Anh § 177a Rz 52 ff).

706 b) **Mitunternehmerschaft.** Auch estrechtl ist die Publikums-KG eine MUerschaft iSv § 15 I 1 Nr 2, sofern sie gewerbl tätig oder geprägt ist; sie ist weder als KapGes iSv § 1 I Nr 1 KStG noch als nichtrechtsfähiger Verein iSv § 1 I Nr 5 KStG kstpfl; ihr „Einkommen" ist unmittelbar bei ihren Mitgliedern (§ 3 I KStG) zu versteuern (BFH GrS 4/82 BStBl II 84, 751 zu C.II.3). Dies gilt auch für die mittelbare *AnlageGes* (K'tist als Treuhänder für zahlreiche Treugeber, zB BFH IV R 47/85 BStBl II 89, 722) und die mehrstöckige Publikums-GmbH & Co KG.

707 c) **Typische einkommensteuerrechtliche Probleme der Publikums-KG.** Dies sind zB, **(1)** ob nur Verlustzuweisungsges (s Rz 182) oder mit Einkünfteerzielungsabsicht tätig und daher MUerschaft iSv § 15 I 1 Nr 2 ist und ob ggf § 15b eingreift, **(2)** ob die K'tisten bzw ihre Treugeber MUer sind (grds bej BFH GrS 4/82 BStBl II 84, 751 zu C.V.3.c; BFH XI R 45/88 BStBl II 93, 538 für Treugeber), **(3)** wann die MUerschaft des einzelnen Ges'ters beginnt (s Rz 259), **(4)** ob Fondsetablierungskosten (zB Eigenkapitalvermittlungsprovisionen) als AK zu aktivieren sind (abl BFH IV R 33/15 DStR 18, 1491: Rspr-Änderung/Vorrang von § 15b; zu *erhaltenen* Provisionen s BFH X R 24/10 BStBl II 12, 498). S auch Rz 562, 649. – Speziell zu (gewerbl geprägter) **Leasing-Fonds** GmbH & Co KG s zB *Henkel/Jakobs* DStR 95, 1573; *Eisgruber* DStR 95, 1569; **Medien-Fonds-**GmbH & Co KG s BMF BStBl I 01, 175; BMF BStBl I 03,

406. Zu § 15b s *BMF* BStBl I 07, 542; **Private Equity Fonds** s § 18 Rz 280 ff; zu **PersoneninvestitionsGes/KG** s §§ 18, 15a InvStG 2004; § 1 III Nr 2 InvStG 2018.

3. GmbH & Co KG *mit* und *ohne* Gewerbebetrieb. Eine GmbH & Co KG 708 und ihre Ges'ter haben nur dann Einkünfte aus GewBetr, wenn die KG *(1)* – mindestens auch (§ 15 III Nr 1) – einen GewBetr iSv § 15 II betreibt oder *(2)* gewerbl geprägte PersGes iSv § 15 III Nr 2 ist. Fehlt es hieran, ist die KG eine nicht gewerbl PersGes; ihre Ges'ter beziehen grds Einkünfte zB aus LuF oder VuV; Ausnahme: betriebl beteiligte Ges'ter (zB KapGes) beziehen Einkünfte aus GewBetr (s Rz 201).

4. Mitunternehmerschaft. Bei der typischen GmbH & Co KG (mit GewBetr) 709 ist die **Komplementär-GmbH** wegen ihrer Außenhaftung für KG-Schulden und ihrer Geschäftsführungs- und Vertretungsbefugnis idR MUer, auch wenn sie nur eine gewinnunabhängige Vergütung erhält und nicht am Vermögen und Verlust beteiligt und im Innenverhältnis weisungsgebunden ist (BFH VIII R 74/03 BStBl II 06, 595; BFH VIII R 42/10 DB 12, 2484); MUer kann sie auch sein, wenn sie nur Treuhänderin ist (BFH IV R 26/07 BStBl II 10, 751) oder OrganGes (vgl BFH VIII R 54/93 BStBl II 95, 794; dazu *Wehrheim ua* DB 02, 1676). S auch Rz 264, 267, 321, 354; *K. Schmidt* FS Röhricht, 511, 539. – Zur MUerschaft von **Treugeber-Kommanditisten** s Rz 296; 707. – Zu evtl **verdeckter MUerschaft** des (nicht als K'tist beteiligten) **Geschäftsführers** der Komplementär-GmbH s Rz 280 ff, 356; *Rodewald* GmbHR 97, 582.

5. Steuerbilanzgewinn, Gesamtgewinn und Betriebsvermögen der 711 **GmbH & Co KG; Sonderbetriebsvermögen und Sondervergütungen der Komplementär-GmbH.** Für die Ermittlung des **StB-Gewinns** bzw Gesamtgewinns und für den Umfang des BV (GesamthandsBV, SBV) gelten auch bei einer Einmann-GmbH & Co KG die allg für PersGes maßgebl Grundsätze. Zu Aufwandsersatz s Rz 425; zum Teileinkünfteverfahren und zu KStFreiheit nach § 8b KStG für KapGesAnteile im GesVermögen der KG s Rz 438 f.

a) Sonderbetriebsvermögen. WG, die der GmbH gehören und die diese der 712 KG zur Nutzung überlassen hat, sind SBV I der GmbH bei der KG; sie gehen über die Sonderbilanz der GmbH in die estrechtl Gesamtbilanz der KG ein, obwohl sie in der HB der GmbH auszuweisen sind; estrechtl hat die Gesamtbilanz der KG Vorrang vor der HB (StB) der GmbH (s Rz 534). Eine Nutzungsänderung (zB bisherige alleinige Nutzung der GmbH – Überlassung an die KG und umgekehrt) führt zur Änderung im Bilanzausweis, nicht aber zur Gewinnrealisierung (nur Wechsel zw BV; § 6 V 2; *BMF* BStBl I 11, 1279 Rz 3 f). Schulden der GmbH ggü ihrem Geschäftsführer (zB Gehalt, Pensionszusage uä), der *nicht* Ges'ter der KG ist, sind passives SBV (BFH VIII R 50/92 BStBl II 94, 282 zu II.4.c), die auch bei Aufwendungsersatzanspruch der GmbH gegen die KG letztl (Rückstellung der KG!) den Gesamtgewinn mindern (BFH IV R 62/00 BStBl II 05, 88).

b) Sondereinnahmen; Sonderbetriebsausgaben. Entgelte, die die GmbH zB 713 für Dienstleistung (Geschäftsführung) von der KG erhält, können Sondervergütungen (und die hierauf gerichtete Forderung dann SBV) oder Gewinnvorab sein (dazu Rz 440 mwN). – SonderBA der GmbH, die den einheitl festzustellenden Gesamtgewinn (und Gewerbeertrag) der KG mindern, sind nur solche Aufwendungen, die unmittelbar durch die Beteiligung an der KG veranlasst sind, auch wenn die GmbH *nur* die Beteiligung an der GmbH hält; andere Aufwendungen wie zB Jahresabschluss- und StB-Kosten (*BMF* DB 08, 22), IHK-Beiträge sind laufende BA (KSt-Veranlagung) iRd eigenen GewBetr der GmbH (BFH IV R 46/94 BStBl II 96, 295). – Zum Ausweis einer Pensionszusage der GmbH ggü einem K'tisten s BFH I R 105/91 BStBl II 93, 792: Passivierung in der StB mit korrespondierender Aktivierung als Sondervergütung, keine Minderung des Gesamtgewinns der KG (Rz 586, 587). – Zu Rückdeckungsversicherung s *Reuter* GmbHR 94, 141.

714 6. Anteile an Komplementär-GmbH. – a) Einstöckige Personengesellschaft. Gehören die Anteile einem MUer (K'tisten), sind sie grds **notwendiges SBV II,** wenn sie Einfluss auf die Geschäftsführung der KG vermitteln (zB BFH IV R 18/98 BStBl II 99, 286 zu 1.2.a; BFH IV B 26/08 BFH/NV 08, 2003). – **Ausnahmen:** die Komplementärin übt noch eine **andere (Geschäfts-)Tätigkeit** von nicht ganz untergeordneter Bedeutung aus (BFH VIII R 14/87 BStBl II 91, 510; FG BBg EFG 19, 636, Rev IV R 6/19; FG Ddorf EFG 19, 1195, Rev IV R 15/19; einschr *OFD NRW* DB 16, 1907 zu III.2 bei erhebl wirtschaftl Verflechtung von GmbH und KG; BFH IV R 39/11 BStBl II 19, 131: gewillkürtes SBV (s aber Rz 527) oder es handelt es sich – vorbehaltl einer gesellschaftsvertragl Einstimmigkeitsabrede (*OFD NRW* DB 16, 1907) – um eine Beteiligung von **weniger als 10%** (BFH IV R 1/12 BStBl II 15, 705: selbst bei hoher Gewinnbeteiligung der Komplementärin; offen trotz Minderheitenrechte bei Beteiligung von mindestens 10%; wohl bei bei Quote von mehr als 25%; arg § 53 II GmbHG; s auch Rz 358; krit *Carlé* BeSt 15, 33). Letzteres Urteil überspannt mE die Anforderung an das Merkmal der „Stärkung der Beteiligung" (Rz 517), vernachlässigt das Gewicht der K'tisten als Personengruppe (Rz 823) sowie in casu die über die GmbH-Anteile vermittelte *mitunternehmerschaftl* Gewinnbeteiligung. Unerhebl ist, ob außer der GmbH ein weiterer persönl haftender Ges'ter vorhanden ist. Nach BFH I R 72/08 BStBl II 10, 471 (glA FG Mchn EFG 20, 1517, Rev IV R 9/20) gehören die Anteile an der nicht am KG-Gewinn/Verlust beteiligten Komplementärin nur dann zu den **funktional wesentl Betriebsgrundlagen** (s zB § 16 Rz 86, 390, 407), wenn der K'tist als Einzelperson seinen Willen in der GmbH durchsetzen kann (zu KG-Umwandlung s BFH I R 97/08 BStBl II 10, 808; *Stangl ua* DStR 10, 1871); die *OFD NRW* DB 16, 1907 fordert idR zudem, dass der K'tist nicht mehrheitl an KG beteiligt ist (Ausnahme: 100%ige Beteiligung); allg abl *Goebel ua* DStZ 11, 431. ME ist es auch hier ausreichend, dass der K'tist nach der sog Personengruppentheorie (Rz 823) Mehrheitsbeschlüsse in der GmbH blockieren kann (*Wacker* NWB 10, 2382). – Vorstehendes gilt entspr für Anteile eines K'tisten an einer KapGes, die Ges'terin der Komplementär-GmbH ist (BFH IV R 51/08 BFH/NV 08, 723). – Ist die GmbH zugleich persönl haftende Ges'terin **mehrerer KG,** bei denen ihre Ges'ter jeweils als K'tisten beteiligt sind („sternförmige" GmbH & Co KG), sind die GmbH-Anteile SBV II in der zuerst gegründeten GmbH & Co KG (*OFD NRW* DB 16, 1907zu V.1; vgl zur zeitl Priorität auch BFH IV R 34/09 BStBl II 13, 471; Rz 509, 874). Zu „Mehrfach-Komplementär-GmbH" mit zusätzl eigenem Geschäft s *OFD NRW* DB 16, 1907. – **Gewinnausschüttungen** der Komplementär-GmbH auf Anteile im SBV sind SonderBE (zB BFH IV R 65/94 BStBl II 96, 66 aE); ebenso der Erlös aus der Veräußerung der GmbH-Anteile. – Zum **Teileinkünfteverfahren** s Rz 438. – Noch kein notwendiges SBV sind Anteile an einer aufschiebend befristet in die KG eingetretene GmbH (sog **Reserve-Komplementär-GmbH**) vor Fristablauf. – Zu Anteilen eines K'tisten **an K'tisten-GmbH** derselben KG s BFH VIII R 12/99 BStBl II 01, 825: SBV II.

716 b) Mehrstöckige Personengesellschaft. Diese Grundsätze gelten im Hinblick auf § 15 I 1 Nr 2 S 2 sinngemäß bei mehrstöckigen PersGes für die von den Ges'tern der OberGes gehaltenen Anteile an der Komplementär-GmbH der UnterGes (mE SBV II bei der UnterGes; **aA** *Rödder* StbJb 94/95, 304 Fn 34). – Zu doppelstöckiger KG, bei der die K'tisten der *UnterGes* Anteile an der Komplementär-GmbH der OberGes halten, s BFH VIII R 14/87 BStBl II 91, 510.

717 7. Tätigkeitsvergütungen. – a) Geschäftsführer der Komplementär-GmbH. Ist dieser auch K'tist und MUer der KG und erhält er aufgrund eines **Dienstvertrags mit der GmbH** von dieser Vergütungen dafür, dass er die Geschäfte der GmbH und über diese auch die der KG führt (mittelbare Dienstleistung), sind dies SonderBA der GmbH und Sondervergütungen des Geschäftsführers als MUer der KG, die iErg den Gesamtgewinn (und Gewerbeertrag) der KG nicht mindern (BFH IV B 23/04 BFH/NV 06, 51). Dabei ist unerhebl, ob – *(1)* feste oder gewinnabhängige Vergütungen (Tantieme) gewährt werden und – *(2)* die GmbH die Vergütungen gesondert ersetzt erhält oder aus ihrem allg Gewinnanteil bestreitet. Sondervergütung *des MUers* (K'tist) iVm verdeckter Einlage bejaht BFH IV R 11/18 BStBl II 20, 641 ferner bei **„Vorabgewinn"** der **Komplementär-GmbH** für Geschäftsführung des *MUers* ggü KG (sog **Thesaurierungsmodell;** mE fragl; vgl *Wacker* JbFfSt 21/22, 557 ff; *Briese* DB 21, 1363) – Auch feste Entgelte, die der als Ges'ter an der KG beteiligte Geschäftsführer der GmbH aufgrund eines **mit** der **KG** abgeschlossenen **Dienstvertrags** erhält, sind Sondervergütungen; ebenso mE auch die Tantiemen, die bei der KG bilanziell Aufwand sind. – Übt die **Komplementär-GmbH** auch eine **eigene Geschäftstätigkeit** von nicht untergeordneter Bedeutung aus, sind die Tätigkeitsvergütungen ggf schätzweise aufzuteilen; nur der auf die Führung der Geschäfte der KG entfallende Teil gehört zu den Sondervergütungen, der andere Teil ist BA der GmbH und Einnahme des Geschäftsführers nach § 19. – Zu den Sondervergütungen gehören auch **Versorgungsbezüge und Pensionszusagen;** Rückstellungen der GmbH sind zwar SonderBA, sie mindern jedoch nicht den Gesamtgewinn der KG (BFH I R 105/91 BStBl II 93, 792; iEinz s Rz 585 ff, 712, 713). Zu **Abfindungen** s Rz 584. – Zur **USt** s UStR 1.1, 1.6, 2.2, 2.8.

aa) Überhöhte Tätigkeitsvergütungen. Solche Vergütungen (einschließl Tantiemen) des als K'tisten (MUer) beteiligten Ges'ter-Geschäftsführer sind trotz § 15 I 1 Nr 2 S 1 HS 2 wegen Minderung des Anteils der GmbH am Restgewinn insoweit vGA und iÜ Entnahmen des Ges'ter-Geschäftsführers in seiner Eigenschaft als K'tist (MUer) der KG (Einzelheiten, auch zur Aufteilung zw vGA und Entnahmen s *Wassermeyer* GmbHR 99, 18); gesrechtl sind solche Vergütungen Einlagenrückgewähr iSv § 172 IV HGB, wenn vereinbart ist, dass die KG der GmbH deren Aufwendungen zu ersetzen hat. Auch *Gehaltszahlungen,* die die Komplementär-GmbH an ihren *beherrschenden* Ges'ter-Geschäftsführer, der zugleich K'tist ist, aus ihrem KG-Gewinnanteil zahlt, sind vGA, wenn sie nicht im Voraus klar vereinbart sind (Rz 561). 718

bb) Angemessene Tätigkeitsvergütungen. Solche Vergütungen des *Ges'ter-Geschäftsführers* der Komplementär-GmbH, der *nicht MUer der KG* ist, sind SonderBA der Komplementär-GmbH, die zwar ggf durch einen Aufwendungsersatzanspruch zu neutralisieren sind, dann aber auch zu einer zu passivierenden Schuld der KG führen und damit deren StB-Gewinn und Gesamtgewinn mindern (BFH IV R 62/00 BStBl II 05, 88). – *Überhöhte* Vergütungen sind idR vGA der GmbH, evtl aber Einlagen der mittelbar benachteiligten K'tisten bei der GmbH (*Wassermeyer* GmbHR 99, 18). – Ist der *Geschäftsführer der GmbH* zwar K'tist, aber *nicht Ges'ter der GmbH,* sind angemessene Tätigkeitsvergütungen, Sondervergütungen, und iÜ idR Entnahmen, evtl teilweise mittelbar vGA (*Wassermeyer* GmbHR 99, 18). – Auch Entgelte für Dienste, die ein K'tist als Geschäftsführer einer *KapGes, die nicht an der KG beteiligt ist,* für die KG leistet, können Sondervergütungen sein (s Rz 607). 719

b) Doppelstöckige KG. Diese Grundsätze gelten sinngemäß bei doppelstöckiger GmbH & Co KG für den Geschäftsführer der Komplementär-GmbH *(1)* der OberGes, der an der UnterGes als K'tist beteiligt ist (FG RhPf EFG 87, 187); *(2)* der UnterGes, der nur an der OberGes als K'tist beteiligt ist (s Rz 615). 721

8. Angemessene Gewinnverteilung; Verlustzurechnung. Leistet die GmbH eine **Vermögenseinlage,** ist die Gewinnverteilung angemessen, wenn der GmbH auf Dauer neben dem Ersatz ihrer Auslagen eine ihr Haftungsrisiko (s Rz 723) und ihren Kapitaleinsatz (Vergleich der Kapitalbeiträge) berücksichtigende Beteiligung 722 am Gewinn in einer Höhe eingeräumt wird, die auch eine fremde GmbH akzeptiert hätte (grundlegend BFH IV R 139/67 BStBl II 68, 152).

723 **a) Haftung; Geschäftsführung.** Ist die GmbH **mangels Einlage** nicht am Kapital der KG beteiligt, ist eine Gewinnverteilung angemessen, die ihr nach dem Einzelfall zu bemessendes **Haftungsrisiko** abgilt; Anhalt hierfür bieten banküblAvalprovisionen sowie die Höhe des GmbH-Vermögens als Haftungssubstrat (BFH IV R 122/73 BStBl II 77, 346; iEinz zB FG Sachs EFG 21, 268, rkr). Für die Geschäftsführertätigkeit ist jedenfalls Auslagenersatz zu gewähren; darüber hinaus ist mE ein fremdübl Geschäftsführerentgelt der KG auch dann anzuerkennen, wenn die GmbH-Gester (= K'tisten) für diese unentgeltl tätig werden (**aA** aber BFH IV R 11/18 BStBl II 20, 641; oben Rz 717).

724 **b) Verdeckte Gewinnausschüttung.** Ein unangemessen niedriger gesellschaftsvertragl Gewinnanteil der GmbH begründet eine vGA (*Briese* DStR 15, 1945; **aA** *Schwandtner*, *D*isquotale Gewinnausschüttungen, Diss, 367). Zur Bestimmung ihrer Rechtsfolgen ist davon auszugehen, dass die GmbH lfd einen angemessenen Gewinnanteil erhält, die GmbH aber die Differenz zum tatsächl Gewinnanteil lfd an ihre Ges'ter (= K'tisten) ausschüttet und diese insoweit, da die Anteile an der Komplementär-GmbH SBV sind (s Rz 714), SonderBE haben, auf die aber grds ab VZ 2002/2009 das Halb-/Teileinkünfteverfahren (§ 3 Nr 40; § 3c) anzuwenden ist. Die Gewinnanteile der GmbH und der Gesamtgewinn der KG erhöhen sich um die vGA; der Gewinnanteil der an der GmbH beteiligten K'tisten ändert sich insofern als er sich nunmehr aus dem um die vGA verminderten StB-Anteil und aus der teilweise stfreien SonderBE iHd vGA zusammensetzt (anders noch zum früheren Recht BFH IV R 139/67 BStBl II 68, 152). Über vGA der Komplementär-GmbH ist bei der Gewinnfeststellung der KG zu entscheiden (BFH I R 79/97 BStBl II 98, 578).

725 **c) Einlage.** Ist der vertragl Gewinnanteil der GmbH aus außerbetriebl Gründen zu Lasten der K'tisten, die zugleich Ges'ter der GmbH sind, überhöht, ist dies **verdeckte** Einlage der GmbH-Ges'ter (K'tisten) mit der Folge, dass − *(1)* den K'tisten ein entspr höherer und der GmbH ein entspr niedriger Gewinnanteil zuzurechnen ist und − *(2)* der den K'tisten zusätzl zugerechnete Gewinnanteil zu nachträgl AK für ihre dem SBV zugehörigen Anteile an der Komplementär-GmbH führt (BFH IV R 71/89 BStBl II 91, 172).

726 **d) Einzelfragen** − *(1)* Zur **Verlustzurechnung** s Rz 449 ff. Zu vertragl Ausschluss der Verlustbeteiligung der Komplementär-GmbH s § 15a Rz 17.

728 *(2)* **Mittelbare vGA der Komplementär-GmbH sind Leistungen aus dem Gesellschaftsvermögen der KG** zugunsten − *(a)* eines K'tisten, der zugleich GmbH-Ges'ter ist, zB Veräußerung von WG des GesVermögens an diesen zu unangemessen niedrigem Preis; − *(b)* eines (Nur-)GmbH-Ges'ters zB überhöhte Vergütung für dessen Darlehen (BFH IV R 47, 48/92 BFH/NV 95, 103; *Wassermeyer* GmbHR 99, 18).

729 **9. Änderung der Gewinnverteilungsabrede.** Bei der typischen GmbH & Co KG kann eine Zustimmung der GmbH zu einer Änderung der Gewinnverteilungsabrede eine vGA der GmbH sein, *wenn* sich dadurch der Anteil am Jahresgewinn und künftigen Abfindungs-/Auseinandersetzungsguthaben zugunsten der K'tisten (= GmbH-Ges'ter) verringert *und* ein ordentl Geschäftsleiter der GmbH der Vertragsänderung nicht zugestimmt hätte (BFH IV R 69/91 BFH/NV 93, 386). Gleiches kann gelten, wenn das Kapital der KG erhöht wird und die GmbH an der Kapitalerhöhung nicht teilnimmt (FG Köln EFG 17, 372, rkr; ausführl *Urban* GmbHR 17, 453; vgl auch BFH I R 6/04 BStBl II 09, 197; uU weiter BFH IV R 153/74 BStBl II 77, 504); anders aber idR, wenn der bisherige Gewinnanteil der GmbH überhöht war (s Rz 725). Ist die Änderung des KG-Vertrags eine vGA, ist Gegenstand der vGA idR ein Bruchteil des bisherigen MUeranteils der GmbH.

Die Rechtsfolge der vGA entspricht der eines Verkaufs eines Bruchteils des MUeranteils zu angemessenem Preis (FG Mchn EFG 88, 290) mit Ausschüttung des Verkaufserlöses an die GmbH-Ges'ter. In dieser Höhe (= Anteilswert einschließl Geschäftswert) sind bei den Empfängern der vGA (K'tisten = GmbH-Ges'ter) SonderBE anzusetzen (BFH I R 150/82 BStBl II 87, 455 zu I.3).

10. Ausscheiden der Gesellschafter. Ausscheiden der Komplementär-GmbH 730
(Anwachsung auf natürl Personen). War die ausscheidende GmbH am Vermögen der KG kapitalmäßig nicht beteiligt, sind die Buchwerte zwingend fortzuführen (s § 16 Rz 503; *Brandenberg* DStZ 02, 511, 513). – Zum Ausscheiden aller K'tisten (Anwachsung auf die GmbH) s § 16 Rz 505.

X. Besonderheiten bei Familien-Personengesellschaften

Verwaltung: EStR/EStH 15.9 I–IV.

1. Zielsetzungen; Erscheinungsformen; Rechtsgrundlagen. – a) „Er- 740
wünschte" Mitunternehmerschaft/KSt-Option.** Die Gründung zB einer Familien-KG durch Einbringung des elterl Einzelunternehmens und schenkweise Aufnahme von Kindern als K'tisten oder eine entspr personelle Erweiterung einer FamilienPersGes haben – neben zivilrecht und erbstl Motiven – vielfach auch das **estrechtl Ziel,** Einkommensteile auf die Kinder zu verlagern und damit durch Progressionsabschwächung und Vervielfältigung des Grundfreibetrags die ESt-Belastung zu mindern (zB *Hohaus ua* BB 04, 1707; *Frieling ua* DB 20, 569). Zur **KSt-Pflicht** von Ober- und/oder UnterPersGes kraft **Option** gem § 1a KStG s Rz 160a ff.

aa) Mitunternehmerstellung. Dieses Ziel ist nur erreichbar, soweit eine 741
MUerschaft der Kinder („erwünschte" MUerschaft) und die vereinbarte Gewinnverteilung estrechtl „anzuerkennen" sind („Realsplitting"); dazu müssen bestimmte Voraussetzungen erfüllt sein. Während näml bei GesVerhältnissen zw Fremden ein natürl wirtschaftl Interessengegensatz vorhanden ist, der die vertragl Vereinbarungen idR als betriebl veranlasst erscheinen lässt, fehlt diese „Richtigkeitsgewähr" idR, wie allg bei Verträgen zw nahen Angehörigen (zB BFH VIII R 16/97 BStBl II 01, 186 zu 2.a mwN), auch bei GesVerhältnissen (zum Begriff bzw Typus der Familien-PersGes zB *Ritzrow* StBp 03, 140; krit *Carlé ua* KÖSDI 00, 12383). Die inhaltl Ausgestaltung des GesVerhältnisses kann deshalb privat veranlasst und die „Gewinnverteilung" Einkommensverwendung sein. Nur der als privat zu wertende Entstehungsgrund (zB Schenkung) muss grds außer Betracht bleiben (zB BFH IV R 114/91 BStBl II 94, 635 zu I.2. mwN).

bb) Fremdvergleich. Voraussetzung dieser estrechtl Abstraktion vom privaten 742
Entstehungsgrund ist jedoch, dass das GesVerhältnis einem im Ausgleich widerstreitender Interessen zustandegekommenen GesVerhältnis zw Fremden *grds* wirtschaftl gleichwertig ist (Fremdvergleich; zB BFH VI R 45/16 DStR 18, 2012; BFH IV R 114/91 BStBl II 94, 635 zu I.3.; zust *Westerfelhaus* DB 97, 2033; krit zB *P. Fischer* DStZ 97, 357; *Pezzer* DStZ 02, 850), und nicht ledigl eine verdeckte Einkommensverwendung in der „Maske" eines zivilrechtl Gewinnanteils enthält (iVm der Aussicht, *in Zukunft* Kapital/MUerstellung zu erlangen); es ist zu fragen, ob auch ein Dritter sich unter gleichen Umständen *entgeltl* beteiligt hätte bzw sich bei entgeltl Beteiligung *in etwa* mit gleichartigen Rechten begnügt hätte (BFH IV R 79/94 BStBl II 96, 269 zu II.2). Ein Einzelunternehmer kann sich der Tatbestandsverwirklichung des § 15 I 1 Nr 1 oder ihren Rechtsfolgen nicht dadurch entziehen, dass er den Ertrag einzelner Geschäftsvorfälle zB durch Vorausabtretung des Vergütungsanspruchs (vgl BFH I R 64/81 BStBl II 85, 330) oder Abschluss eines Vertrags zugunsten Dritter einem anderen zuwendet (vgl BFH I R 215/78 BStBl II 83, 27 mwN); ebenso wenig kann er dies dadurch, dass er schenkweise seine Kinder aufnimmt und ihnen x-beliebige Gewinnanteile einräumt. Er kann dies nur (BFH VIII

R 16/97 BStBl II 01, 186), – **(1)** wenn er den Kindern eine GesVerhältnissen mit Richtigkeitsgewähr mindestens angenäherte rechtl und tatsächl Stellung vermittelt, die diese über bloße Empfänger lfd Zuwendungen iSv § 12 Nr 2 und § 22 Nr 1 S 2 hinaushebt, dh zu MUern werden lässt (estrechtl „Anerkennung" des Ges-Verhältnisses dem Grunde nach) und – **(2)** soweit die Gewinnanteile nicht über das hinausgehen, was dem wirtschaftl Gewicht ihrer MUerstellung im Verhältnis zu der der übrigen Ges'ter entspricht (estrechtl „Anerkennung" der Gewinnzurechnung der Höhe nach = angemessene Gewinnverteilung). – **Rechtsgrundlage** für eine von der zivilrechtl Gestaltung abw Gewinnzurechnung ist die Unterscheidung zw Einkommenserzielung (Tatbestandsverwirklichung) und -verwendung (vgl zB BVerfG 1 BvR 150/75 BVerfGE 43, 108), dh ein richtig verstandener § 15 I 1 Nr 2 (dh, dass nicht jeder, der zivilrechtl Ges'ter einer KG ist, damit schon gewerbl Einkünfte in Gestalt seines vertragl Gewinnanteils hat) und § 12 Nr 2 (dh, dass diese Norm auch verdeckte private Zuwendungen erfasst).

744 **b) „Unerwünschte" Mitunternehmerschaft.** Während die Gründung einer Familien-PersGes eine Minderung des ESt-Belastung bewirken kann (und soll), lassen sich zusätzl Steuerersparnisse insb bei der GewSt erzielen, wenn – **(1)** der bisherige Betriebsinhaber sein Unternehmen an eine neugegründete Familien-GmbH & Co KG (evtl auch GmbH & atypisch Still), verpachtet oder verkauft, an der er selbst *nicht* als Ges'ter der KG (und der GmbH!) beteiligt, für die er aber als Geschäftsführer tätig ist, oder – **(2)** die K'tisten einer GmbH & Co KG ihre KG-Anteile schenkweise zB auf ihre Ehegatten übertragen, aber selbst Geschäftsführer der Komplementär-GmbH bleiben. Dieses Ziel wird nur erreicht, wenn – **(a)** die Rechtsbeziehungen zw dem bisherigen Betriebsinhaber und der neuen KG bzw deren Ges'ter, zB Pacht-, Dienst-, Darlehensvertrag usw *als solche* und nicht als verdecktes GesVerhältnis und damit als MUerschaft („unerwünschte") zu werten sind (s Rz 280 ff) und – **(b)** der bisherige Unternehmer nicht wirtschaftl Eigentümer der geschenkter KG-Anteile bleibt (s Rz 300).

745 **2. Gründung und einkommensteuerrechtliche Anerkennung einer Familien-KG** *(EStR 15.9 II)*. Bei Gründung einer Familien-KG durch Einbringung des elterl Einzelunternehmens und unentgeltl Aufnahme von Angehörigen, insb voll- oder minderjährigen Kindern als K'tisten – zur zivilrechtl Konstruktion der Einbuchung (Einlage für eigene und fremde Rechnung) auch im Hinblick auf § 171 I HGB und eines evtl Widerrufs der Schenkung vgl *K. Schmidt* GesRecht, 4. Aufl, § 54 II 4; BFH X R 35/04 BFH/NV 06, 521 –, konnten schon nach früherer Verwaltungspraxis und hL die **Buchwerte** in vollem Umfang fortgeführt werden; ab VZ 2001 greift insoweit **§ 6 III 1 HS 2 Alt 1,** nach dem „bei der unentgeltl Aufnahme einer natürl Person in ein bestehendes Einzelunternehmen" zwingend die Buchwerte fortzuführen sind. Zu Einzelheiten s § 6; § 16 Rz 218. – Zur unentgeltl Übertragung eines **Teils des MUeranteils** (§ 6 III 1 HS 2 Alt 2 iVm S 2) s § 6 Rz 735; § 16 Rz 420. – **MUer** iSv § 15 I 1 Nr 2 werden die unentgeltl aufgenommenen Angehörigen aber nur, wenn **(1)** in einem GesVertrag, der ernsthaft gemeint, insb zivilrechtl wirksam ist (dazu Rz 747), **(2)** ihnen „wenigstens annäherungsweise diejenigen Rechte eingeräumt bzw belassen sind, die einem K'tisten nach dem Regelstatut des HGB über die KG zukommen" (dazu Rz 750 ff) und **(3)** die zivilrechtl Gestaltung klar und eindeutig ist und den vertragl Bestimmungen gem vollzogen wird (zB BFH VIII R 16/97 BStBl II 01, 186 zu 2.a). – Ein K'tist, der nicht MUer ist (dazu Rz 274 mwN), weil seine Rechtsstellung im Innenverhältnis abw vom Regelstatut des HGB auf die eines (typischen) stillen Ges'ters beschränkt ist, kann estrechtl stiller Ges'ter iSv § 20 I Nr 4 sein (BFH IV R 79/94 BStBl II 96, 269 zu III), sofern die Voraussetzungen hierfür (s Rz 774) erfüllt sind (zB BFH IV R 79/94, BStBl II 96, 269 zu II.2).

747 **3. Zivilrechtliche Wirksamkeit des KG-Vertrags. – a) Grundsätze.** Hierin ist mE nicht nur eines von mehreren Indizien für die Ernsthaftigkeit des Vertrags (ähnl BFH IX R 45/06 DB 07, 1287; *BMF* BStBl I 11, 37: Nichtbeachtung *zivilrechtl streitiger* Formvorschriftern ist uU unschädl; *allein* die Verletzung von Formvorschriften rechtfertigt keinen Schluss auf fehlenden Bindungswillen) zu sehen, sondern die zivilrechtl Wirksamkeit ist unerlässl, weil sich nur für Angehörige, denen Ges'terrechte zustehen und nicht wieder entzogen werden können, die empfangenen Leistungen als Gewinnanteile und nicht bloß als private Zuwendungen iSv § 12 Nr 2 werten lassen (zB BFH IV R 53/82 BStBl II 86, 798; **aA** zB *Schön* FS Klein, 1994, 467). Dazu ist bei schenkweiser Aufnahme von minderjährigen Kindern erforderl, dass – *(1)* diese, sofern der GesVertrag mit den Eltern (oder Großeltern) abgeschlossen wird, durch einen gerichtl bestellten **Ergänzungspfleger** (§ 1909 BGB/§ 1809 BGB nF), und zwar mehrere Kinder jeweils durch einen anderen Pfleger vertreten werden, weil der Abschluss eines KG-Vertrags nicht lediglich rechtl vorteilhaft ist (§§ 181, 1629 II, 1795 II BGB/§ 1824 BGB nF; vgl BGH II ZR 120/75 BGHZ 68, 225) und – *(2)* der Vertrag **familiengerichtl genehmigt** wird (§§ 1643, 1822 Nr 3 BGB, § 1852 BGB nF; BFH IV R 49/68 BStBl II 73, 307; *Ivo* ZEV 05, 193; *Brock* GmbHR 20, 349; zu vermögensverwaltenden KG s *Langheld* DB 20, 1609). – Einer **notariellen Beurkundung** bedarf es nicht, weil die schenkweise Aufnahme in eine KG eine vollzogene Schenkung ist (§ 518 II BGB). – Die familien-/vormundschaftsgerichtl Genehmigung wirkt auch estrechtl auf den Zeitpunkt des Vertragsabschlusses zurück, wenn sie unverzügl beantragt wird (BFH I R 227/70 BStBl II 73, 287; ähnl zur Pflegergenehmigung BFH IV R 46/91 BStBl II 92, 1024) oder den Beteiligten nicht angelastet werden kann (BFH VIII R 83/05 BFH/NV 09, 1118).

b) Missbrauch. Ist der GesVertrag zivilrechtl unwirksam, stellt sich die Frage, **748** ob § 41 I 1 AO anzuwenden ist (bej zB *Carlé/Halm* KÖSDI 00, 12387; evtl BFH/NV 98, 1339; vern *Bordewin* DB 96, 1359, 1364: arg § 41 I 2 AO iVm § 12); mE sind die Kinder nicht MUer, weil das wirtschaftl Ergebnis (einstweilen) nur lfd Zuwendungen iSv § 12 Nr 2 entspricht (FG Ddorf EFG 87, 331).

4. Tatsächlicher Vollzug des KG-Vertrags. Eine MUerschaft der Kinder wird **749** nicht dadurch in Frage gestellt, dass bei einem GesVerhältnis, an dem minderjährige Kinder neben ihren Eltern oder einem Elternteil beteiligt sind, die **Eltern als gesetzl Vertreter** der Kinder deren Ges'terrechte ausüben; es bedarf **keines Dauerpflegers** (BFH IV R 102/73 BStBl II 76, 328; BGH II ZB 6/74 BGHZ 65, 93; zur Stimmrechtsvollmacht s Rz 752). Nicht erforderl ist auch, dass entnahmefähige Gewinnanteile tatsächl entnommen werden (BFH IV R 102/73, BStBl II 76, 328 zu 2.b). Schädl ist aber, wenn Eltern als gesetzl Vertreter die Gewinnanteile der Kinder entnehmen und für *eigene* Zwecke verwenden (vgl BFH IV R 272/84 BStBl II 86, 802 zu 2.b); Gleiches gilt mE bei Verwendung zum Unterhalt des Kindes (evtl BFH IX R 220/84 BStBl II 89, 137; *Bordewin* DB 96, 1359, 1370; **aA** *Carlé ua* KÖSDI 00, 12388).

5. Gesellschafterrechte gemäß HGB. Ob Kinder deshalb keine MUer sind, **750** weil ihre Ges'terRechte nicht annähernd denen eines **K'tisten** nach dem **Regelstatut** des HGB entsprechen (dazu krit *Binz/Sorg* § 16 Rz 113 ff), ist grds nach gleichen Kriterien wie bei PersGes unter Fremden zu beurteilen (BFH VIII R 166/84 BStBl II 89, 758; BFH IV B 143/05 BFH/NV 07, 1848) – mE nur, soweit die Beschränkungen einzeln und in der Summe in etwa auch bei entgeltl begründeten PersGes denkbar sind (Fremdvergleich!; ähnl BFH IV R 79/94 BStBl II 96, 269 für atypische Unterbeteiligung; *Bordewin* DB 96, 1359, 1367).

a) Grundsatz. Die neuere **BFH-Rspr** ist tendenziell **großzügig.** Danach gilt: **751** – *(1)* Schenkweise aufgenommene (minderjährige) Kinder sind, sofern sie nicht zum Buchwert aus der KG verdrängt werden können, *selbst dann MUer,* wenn ihr Kündigungsrecht langfristig und ihr Widerspruchsrecht (§ 164 HGB; ab 2024 iVm § 116 II 1 HGB idFMoPeG, BGBl I 21, 3436) ausgeschlossen ist, sie bei Ausscheiden durch *eigene* Kündigung zum Buchwert abgefunden werden und der Vater sich durch Einlageerhöhung das Recht zur Änderung des GesVertrags verschaffen kann (s Rz 266 mwN). – **(2)** Schenkweise aufgenommene Kinder sind *keine MUer,* wenn ihr Widerspruchsrecht (§ 164 HGB) ausgeschlossen ist und der GesVertrag Stimmrecht und Mehrheitserfordernisse für Ges'terbeschlüsse so regelt, dass der Senior in allen Angelegenheiten *einschließl Änderung des GesVertrags* und Auflösung der Ges allein entscheiden kann (BFH VIII R 328/83 BStBl II 89, 762; ähnl BFH/ NV 90, 92). – **(3)** Geringfügige Abweichungen einzelner Regelungen vom Fremdüblichen oder vom Regelstatut sind unschädl (BFH VIII R 16/97 BStBl II 01, 186 zu 2.c cc).

b) Keine Mitunternehmerstellung; Beispiele. Danach dürfte eine Anerkennung schenkweise aufgenommener Kinder als MUer an ihrer „Entrechtung" iVm Fremdvergleich nur scheitern (vgl *Bordewin* DB 96, 1359, 1367; *Ritzrow* StBP 03, 140, 143): – **(1)** Wenn der K'tist nach dem GesVertrag wie ein typischer stiller Ges'ter weder beim Ausscheiden noch bei Auflösung der Ges an den **stillen Reserven** und/oder am **Geschäftswert** teilhat (**aA** *Binz/Sorg* § 16 Rz 121 ff). – **(2)** Wenn sich der Schenker vorbehalten hat, den Kindern nach freiem Ermessen zu kündigen (Übernahmerecht = **Hinauskündigungsklausel**) – ungeachtet der Kontroverse um die zivilrechtl Wirksamkeit einer solchen Vereinbarung (vgl *K. Schmidt,* GesRecht, 4. Aufl 2002, § 50 III 4; BGH II ZR 300/05 DB 07, 1017; *Wälzholz* NZG 07, 416) –, es sei denn, die Kinder erhalten eine Abfindung, die auch einen angemessenen Anteil an den stillen Reserven und am Geschäftswert umfasst (zB BFH IV R 79/94 BStBl II 96, 269; *Knobbe-Keuk* § 12 I 2). – **(3)** Wenn die **Mitgliedschaft** von vornherein **befristet** ist (BFH IV R 73/73 BStBl II 76, 324; zust *Knobbe-Keuk* § 12 I 2; *Binz/Sorg* aaO). – **(4)** Wenn der **GesVertrag** kraft besonderer Bestimmung mit der Stimmenmehrheit des Schenkers *uneingeschränkt* zuungunsten der Kinder **geändert** werden kann – mE ungeachtet der evtl Unwirksamkeit (Kernbereichslehre) dieser Regelung – (BFH VIII R 328/83 BStBl II 89, 762; BFH VIII R 16/97 BStBl II 01, 186 zu 2.c bb; **aA** BFH VIII R 166/84 BStBl II 89, 758 solange nicht geändert). Dem ist die Wahrnehmung der **Ges'terrechte** durch den **(Vorbehalts-)Nießbraucher** gleichgestellt (BFH II R 34/07 BStBl II 09, 312; oben Rz 309). – **(5)** Wenn sich der Schenker den freien **Widerruf der Schenkung** vorbehalten hat (EStR 15.9 II; BFH VIII R 196/84 BStBl II 89, 877: wirtschaftl Eigentum des Schenkers) – mE auch bei Schenkung weiterer Anteile an MUer (*Konrad* HFR 08, 605; **aA** *Jülicher* DStR 98, 1977 f) –, nicht hingegen bei Vorbehalt eines Widerrufs (**Rückfall**) nur für bestimmte unwahrscheinl Ausnahmefälle (BFH IV R 114/91 BStBl II 94, 635), zB Insolvenz oder Vorversterben des Beschenkten (*Götz* FR 15, 972). Entsprechendes gilt für bedingte **Weiterleitungsklauseln** (*Jülicher* DStR 98, 1977). – **(6)** Bei einer **pachtenden Familien-GmbH & Co KG** ohne Beteiligung des bisherigen Betriebsinhabers (Verpachters), wenn der Pachtvertrag vom Verpächter jederzeit gekündigt werden kann, die Kinder keinen Einfluss auf die Geschäftsführung der KG haben und ihre Gewinnanteile nur geringfügig entnehmen können (BFH IV R 53/82 BStBl II 86, 798). – Unschädl sind hingegen idR Beschränkungen des Entnahmerechts, auch wenn diese nicht fremdübl sind (BFH VIII R 16/97 BStBl II 01, 186 zu 2.c cc). – Zum Vorbehalt einer **unwiderrufl Stimmrechtsvollmacht** zugunsten des Schenkers s BFH IV R 125/92 BStBl II 96, 5; FG Hbg EFG 02, 260, rkr). – Zu Rechtsfolgen, wenn einzelne Ges'ter nicht MUer sind, s Rz 274. – **(7)** Nicht ausreichend für die MUerschaft ist – **(a)** die **dingl Mitberechtigung** des K'tisten am GesVermögen (vgl BFH VIII R 66–70/97 BStBl II 00, 183), und – **(b)** dessen **Verlustbeteiligung,** weil die Kinder nicht mehr verlieren können, als ihnen zugewendet werden. – **(8)** Der Einwand, die vertragl Beschränkungen der Rechte der schenkweise aufgenommenen K'tisten seien zivilrechtl unwirksam und deshalb unbeachtl, kann die Anerkennung der MUerschaft nicht rechtfertigen, weil vom Bedachten nicht erwartet werden kann, dass er seine ungewisse Rechtsposition im Prozesswege durchsetzt (zB BFH IV R 79/94 BStBl II 96, 269 zu I.2.b), zumal darin uU ein Grund zum Widerruf der Schenkung wegen groben Undanks gesehen werden könnte.

6. Zivilrechtliche Rückbeziehung. Wird die Aufnahme in eine Familien-KG auf einen Zeitpunkt vor mündl oder schriftl Abschluss des GesVertrags vereibart, kann dies estrechtl nicht dazu führen, dass dem Angehörigen ein Anteil an dem vor Abschluss des Vertrags entstandenen Gewinn als eigene gewerbl Einkünfte zugerechnet wird (zB BFH IV R 79/94 BStBl II 96, 269 zu I.2.e).

7. Erbfall. Bei KG-Anteilen, die Angehörige von Todes wegen erwerben, werden die Erben nicht MUer zB, wenn die KG nur aus Vater und Großvater besteht und der vom Großvater auf den Enkel im Erbwege übergegangene KG-Anteil mit steuerschädl Beschränkungen (Rz 750 ff) belastet ist, die erst mit dem Tode des Großvaters wirksam werden oder kurze Zeit vorher vereinbart sind.

8. Entgeltlicher Erwerb. Wird ein Familienangehöriger entgeltl in der Weise als K'tist aufgenommen, dass er sich zu einer Kapitaleinlage verpflichtet, diese aber nur aus künftigen Gewinnanteilen zu leisten ist, ist er im Jahr des Vertragsabschlusses noch nicht MUer (BFH IV R 138/67 BStBl II 73, 526).

9. Familien-GmbH & Co KG; Mitunternehmerschaft. Die in Rz 745–765 dargestellten Grundsätze sind zu Fällen entwickelt, in denen ein Elternteil sein Unternehmen in eine KG sowohl für eigene Rechnung als auch schenkweise für Rechnung der als K'tisten aufgenommenen Kinder einbrachte und in der KG selbst persönl haftender Ges'ter wurde. Sie gelten in gleicher Weise für eine **GmbH & Co KG**, wenn ein Elternteil die Komplementär-GmbH als Ges'ter und/oder -Geschäftsführer beherrscht, gleichgültig, ob er daneben auch zivilrechtl Ges'ter und/oder estrechtl MUer der KG ist (BFH XI R 35/88 BFH/NV 92, 452). Denn es ist gleichwertig, ob der bisherige Einzelunternehmer (MUer) seine rechtl und wirtschaftl Machtstellung als persönl haftender Ges'ter oder mittelbar über eine GmbH konserviert. – Zusätzl ist uU zu prüfen, ob Personen, die nicht Ges'ter der GmbH & Co KG sind, zB der bisherige Betriebsinhaber (= Verpächter und/oder Geschäftsführer der Komplementär-GmbH), **wirtschaftl Eigentümer** zB geschenkter KG-Anteile geblieben sind (s Rz 300) oder KG bzw deren Ges'ter in einem verdeckten (Innen-)GesVerhältnis stehen (s Rz 280 ff).

10. Familien-OHG. Werden Angehörige schenkweise als Ges'ter in eine OHG (oder als **persönl haftende Ges'ter** in eine KG) aufgenommen, werden diese unabhängig von der Ausgestaltung des GesVerhältnisses idR schon wegen der Außenhaftung für GesSchulden MUer (s Rz 321), es sei denn, diese ist rein formaler Natur zB bei bankverbürgter Freistellungspflicht der übrigen Ges'ter.

11. Einkommensteuerrechtliche Anerkennung atypischer stiller Beteiligungen; Unterbeteiligungen. Wird Angehörigen eine atypische stille Beteiligung zB am väterl Unternehmen oder einer vom Vater beherrschten GmbH oder eine Unterbeteiligung an einem PersGesAnteil (s auch § 6 III) schenkweise eingeräumt, werden sie (nur dann) MUer, wenn – *(1)* ihnen im Innenverhältnis annäherungsweise diejenigen Rechte zustehen und Pflichten obliegen, die den K'tisten nach dem Regelstatut des HGB kennzeichnen, sie insb bei (jeder!) Auflösung des GesVerhältnisses an den stillen Reserven und am Geschäftswert teilhaben, – *(2)* der GesVertrag ernsthaft gemeint, insb zivilrechtl wirksam ist und – *(3)* tatsächl vollzogen wird (zB BFH IV R 79/94 BStBl II 96, 269). Danach ist – anders als bei typischer stiller Ges (s Rz 774) – das Rechtsverhältnis auch bei Identität zw Schenker/tätigem Teilhaber bzw Hauptbeteiligten estrechtl als MUerschaft anzuerkennen, weil eine Beteiligung geschenkt (FG BBg EFG 11, 1335; *BMF* BStBl I 11, 37 Rz 15) und nicht bloß Geld versprochen ist (BFH IV R 114/91 BStBl II 94, 635).

771 **a) Mitunternehmer.** Die Beschenkten werden idR **nicht** MUer, wenn ihre Rechtsstellung in einer Weise beschränkt ist, wie dies bei entgeltl begründeten Rechtsverhältnissen zw Fremden im Gesamtbild grds nicht übl ist (vgl BFH IV R 79/94 BStBl II 96, 269); *unschädl* (für sich allein) ist aber eine – zw Fremden naturgemäß nicht übl – Rückfallklausel (ersatzloser Rückfall der Beteiligung an den Schenker), sofern der Rückfall auf Vorversterben des Beschenkten, Notbedarf des Schenkers und groben Undank des Beschenkten (§§ 527, 530 BGB) beschränkt ist (vgl BFH IV R 114/91 BStBl II 94, 635; s auch Rz 300 mwN zu Scheidungsklausel). – Zu *verneinen* ist eine *MUerschaft*, wenn (alternativ) – *(1)* für den Unterbeteiligten jegl Kündigungsrecht zu Lebzeiten des Hauptbeteiligten ausgeschlossen sein soll (ungeachtet, dass eine solche Bestimmung zivilrechtl unwirksam ist; BGH II ZR 166/55 BGHZ 23, 10); – *(2)* der tätige Teilhaber im Wesentlichen über die Verwendung der Gewinnanteile des Stillen (kein Auszahlungsanspruch) bestimmt; – *(3)* der GesVertrag die Beteiligung des Stillen/Unterbeteiligten an den stillen Reserven nicht klar regelt; – *(4)* ein Unterbeteiligter ohne wichtigen Grund zum Buchwert jederzeit hinausgekündigt werden kann (BFH IV R 79/94 BStBl II 96, 269); – *(5)* die Eltern die Gewinnanteile ihrer minderjährigen Kinder zur Erfüllung ihrer Unterhaltpflicht verwenden (str, s Rz 749); – *(6)* die Unterbeteiligung vor Erreichen der Volljährigkeit des Kindes endet und nicht vertraggem durchgeführt wird (FG SchlHol EFG 16, 618, rkr).

772 **b) Kündigungsbeschränkungen; Entnahmebeschränkungen.** Sie stehen einer MUerschaft entgegen, wenn sie für Haupt- und Unterbeteiligten in gleicher Weise gilt (BFH IV R 103/83 BStBl II 87, 54 zu I.2.c). Jedoch ist die Auszahlung des „entnahmefähigen" Gewinnanteils für den Vollzug – anders als bei der KG (s Rz 749) – idR erforderl (BFH VIII R 47/85 BStBl II 89, 720).

773 **c) Zivilrechtliche Wirksamkeit.** Zwar ist bei schenkweiser Begründung, sofern Schenker der tätige Teilhaber oder Hauptbeteiligte ist, grds die notarielle Beurkundung erforderl (§ 518 I 2 BGB; zB BFH IV R 114/91 BStBl II 94, 635), jedoch liegt nach der jüngeren Rspr mit dem Abschluss des (Innen)GesVertrags und ggf Einbuchung der stillen Beteiligung eine iSv § 518 II BGB vollzogene Schenkung (damit ein wirksamer Schenkungsvertrag) jedenfalls dann vor, wenn dem Stillen (Unterbeteiligten) auch Mitgliedschaftsrechte zu stehen (BGH II ZR 306/09 BGHZ 191, 354; weitergehend FG RhPf EFG 13, 835, rkr; *Blaurock*, Hdb Stille Ges, 9. Aufl, 2020, Rz 7.24) oder er (darüber hinaus) als MUer (dh atypisch) beteiligt ist (BFH II R 10/06 BStBl II 08, 631). Gleiches gilt bei Übertragung einer bereits bestehenden Beteiligung oder Begründung durch Vertrag zugunsten Dritter, zB zw KG und Ges'ter (FG Nds EFG 95, 1102); ebenso bei Aufrechnung von Einlage und geschenktem Darlehensanspruch (BFH IV R 52/11 DStR 14, 2111). Ausführl *Wacker* JbFfSt 15/16, 795, 798. Bei Minderjährigen muss aber idR ein Ergänzungspfleger mitwirken (BFH IV R 27/13 BFH/NV 16, 1559: jedenfalls bei Wettbewerbsverbot) und der Vertrag evtl familiengerichtl genehmigt werden (BFH IV R 114/91 BStBl II 94, 635; OLG Hamm NZG 20, 745).

774 **12. Typisch stille Beteiligung; Unterbeteiligung.** Zur estrechtl Anerkennung (Gewinnanteile: einerseits BA, andererseits Einkünfte aus KapVerm) von Angehörigen (Fremdvergleich) s einschließ Darlehen § 4 Rz 520 „Angehörige"; zum ZivilR s Rz 773.

776 **13. Angemessene Gewinnverteilung. – a) Familien-KG.** Bei schenkweiser Aufnahme eines *nicht mitarbeitenden* minder-/volljährigen Kindes als K'tist in eine Familien-KG ist dem Kind der vertragl Gewinnanteil nur insoweit estrechtl als eigene gewerbl Einkünfte zuzurechnen, als er angemessen ist. Nach der bisherigen BFH-Rspr ist er dies grds nur, wenn er (Quantifizierung des „Angemessenen" mangels Fremdvergleichsmöglichkeit) auf einer Gewinnverteilungsabrede beruht, bei der sich nach den Verhältnissen bei Vertragsabschluss auf längere Sicht eine Durchschnittsrendite von nicht mehr als 15 % des tatsächl Werts des geschenkten

Besonderheiten bei Familien-Personengesellschaften   777–780 § 15

KG-Anteils ergibt; der darüber hinausgehende Gewinnanteil des Kindes ist dem an der KG als MUer beteiligten Schenker zuzurechnen; die Gewinngutschrift/-auszahlung an das Kind ist insoweit verdeckte Einkommensverwendung des Schenkers (BFH GrS 4/71 BStBl II 73, 5; ferner zB BFH IV R 103/83 BStBl II 87, 54: wirtschaftl gerechtfertigte Typisierung zwecks Gleichbehandlung; ähnl BFH I R 50/94 BStBl II 95, 549: Tantieme des beherrschenden Ges'ter-Geschäftsführers; BFH IV R 50/99 BStBl II 01, 299 still beteiligte Schwester-PersGes, *Wacker* StbJb 02/03, 85; *anders aber* für atypische Unterbeteiligung der Kinder am KG-Anteil des Vaters an einer KG zw Fremden BFH VIII R 77/98 BStBl II 02, 460; *Kempermann* FR 02, 154). Zur **Anpassungspflicht** s iEinz BFH IV R 83/06 BStBl II 09, 798; *Wacker* HFR 09, 775; Rz 786; vgl auch § 1a AStG nF. – Sinngem gelten diese Grundsätze, wenn der GesAnteil zB in vorweggenommener Erbfolge **teilentgeltl** eingeräumt worden ist. – Beachte auch **§ 7 VI ErbStG**.

aa) Rechtsgrundlage. Sie ist in § 15 I 1 Nr 2 und § 12 Nr 2 und in der 777 dem EStG immanenten Unterscheidung zw Einkommenserzielung (Tatbestandsverwirklichung) und (offener oder verdeckter, unmittelbarer oder mittelbarer) Einkommensverwendung zu sehen (BFH IV R 103/83 BStBl II 87, 54 zu II.2.a; **aA** EStR 15.9 III 2: § 42 AO).

bb) Tatsächlicher Wert des KG-Anteils. Auszugehen ist vom Wert des Un- 778 ternehmens (einschließl Geschäftswert) bei Vertragsabschluss; dieser ist auf die einzelnen Ges'ter nach einheitl Maßstab, zB feste Kapitalanteile, aufzuteilen, wenn keiner der Ges'ter in seinen Rechten, zB Gewinnentnahme, Abfindungsansprüche bei Ausscheiden oder Liquidation beschränkt ist oder derartige Beschränkungen für alle Ges'ter gleichmäßig gelten; bei einseitigen Beschränkungen ist vom Anteilswert ein Abschlag zu machen (BFH IV R 158/68 BStBl II 73, 489; *Märkle* BB 93, Beil 2, 15). Bei Prüfung, ob der vertragl Gewinnsatz 15 % übersteigt, ist auf den zu erwartenden künftigen Restgewinnanteil (nach angemessener Abgeltung von Sonderleistungen einzelner Ges'ter) abzustellen; der danach errechnete Gewinnsatz bleibt grds maßgebl, auch wenn die tatsächl erzielten Gewinne höher oder niedriger sind (BFH IV R 158/68 BStBl II 73, 489; BFH IV R 47, 48/92 BFH/NV 95, 103). Führt der vereinbarte Gewinnverteilungsschlüssel zu einer höheren Rendite, ist der Gewinn estrechtl so zuzurechnen, als ob ein angemessener Gewinnanteilsatz vereinbart worden wäre (Einzelheiten BFH IV R 158/68 BStBl II 73, 489). Ausnahmsweise kann die Gewinnabrede auch dann angemessen sein, wenn sie nicht zu einer höheren Rendite als 15 % führt; dies trifft zB zu, wenn dem Komplementär unter Berücksichtigung der Vorabvergütungen für die Geschäftsführung und das Haftungsrisiko nicht wenigstens eine Rendite des tatsächl Werts seines GesAnteils verbleibt, die ebenso hoch ist wie die Rendite des geschenkten KG-Anteils (sog überproportionale Gewinnbeteiligung, s BFH VIII R 275/81 BFH/NV 86, 327; *Märkle* BB 93, Beil 2 16: Ausgewogenheitsprüfung).

cc) Kritik. Das Schrifttum lehnt überwiegend die 15%-Grenze ab (zB *Carlé/* 779 *Halm* KÖSDI 00, 12390: nur Fremdvergleich; krit auch *Bordewin* DB 96, 1359, 1360; *Daragan* ZEV 02, 39). – ME ist eine Angemessenheitsprüfung unerlässl; für Gewinnanteile kann nichts anderes gelten als zB für Entgelte in einem Arbeitsvertrag zw Angehörigen (ähnl *KS* § 15 Rz 217 ff; grds **aA** *Schwandtner* Disquotale Gewinnausschüttungen, Diss 2006, 366).

b) KG-Anteil. Die Grundsätze der Rz 776 ff sind uU sinngemäß anzuwenden, 780 wenn ein (Teil-)Anteil an einer zB nur aus Vater und Großvater bestehenden KG schenkweise übertragen wird. Ebenso für schenkweise aufgenommene K'tisten, die in der KG nur in *nachgeordneter Funktion* **mitarbeiten** (BFH VIII R 275/81 BFH/NV 86, 327). Sie sind grds *nicht* anzuwenden auf die Schenkung eines KG-Anteils an einer KG, deren übrige Ges'ter Fremde sind (BFH XI R 35/88 BFH/NV 92, 452; ähnl BFH VIII R 77/98 BStBl II 02, 460). Ebenso *nicht* (15%-Grenze), wenn ein K'tist eine *unternehmerische Leistung* erbringt; eine Angemessenheitsprüfung ist aber nach den für entgeltl erworbene KG-Anteile maßgebl Grundsätzen (s Rz 785) geboten.

782 **c) Atypisch stille Beteiligung; Unterbeteiligung.** Bei Familienangehörigen gelten die Grundsätze über die Angemessenheit der Gewinnverteilung bei schenkweiser Aufnahme in einer Familien-KG sinngemäß (zB BFH IV R 114/91 BStBl II 94, 635 aE; anders aber – keine 15%-Grenze! – überzeugend BFH VIII R 77/98 BStBl II 02, 460 für quotale Unterbeteiligung der Kinder am KG-Anteil des Vaters an KG zw Fremden, wenn der auf den KG-Anteil entfallende Restgewinnanteil nur den Kapitalbeitrag vergütet; *Kempermann* FR 02, 154; *Wacker* StbJb 02/03, 85/93).

783 **d) Familien-GmbH & Co KG.** Werden Kinder schenkweise als K'tisten in eine Familien-GmbH & Co KG aufgenommen, an der der Schenker und bisherige Einzelunternehmer nicht als Ges'ter beteiligt ist, die dieser aber als Ges'ter und/ oder Geschäftsführer der Komplementär-GmbH beherrscht, sind die in Rz 776 ff dargestellten Grundsätze sinngemäß anzuwenden (BFH/NV 92, 452/4; krit *Binz/Sorg* aaO § 16 Rz 191 ff mN). Die überhöhten Gewinnanteile sind, sofern keine (zusätzl) verdeckte MUerschaft des bisherigen Einzelunternehmers (GmbH-Geschäftsführers) vorliegt (s Rz 766), der GmbH zuzurechnen (diff BFH XI R 35/88 BFH/NV 92, 452); darüber hinaus kann insoweit eine vGA vorliegen.

784 **e) Erbfall.** Ist zB der Vater K'tist einer KG, deren übrige Ges'ter Fremde sind, und geht der KG-Anteil im Erbwege auf den Sohn über, ist der bisherige Gewinnverteilungsschlüssel weiter anzuerkennen (vgl BFH GrS 4/71 BStBl II 73, 5 zu IV.2.c aE; *Märkle* BB 93, Beil 2, 16). Anders kann es bei einer KG sein, die zB aus Vater und Großvater besteht, wenn der KG-Anteil des Großvaters im Erbwege auf einen Enkel übergeht, sofern die Gewinnabrede auf diesen Übergang zugeschnitten ist oder einen Leistungsbeitrag des Großvaters abgilt, der entfällt, sodass zw Fremden die Gewinnverteilungsabrede geändert worden wäre.

785 **f) Entgeltlicher Erwerb.** Die in Rz 776 ff dargestellten Grundsätze (15%-Grenze!) sind *nicht* anzuwenden, soweit der als K'tist (atypischer stiller Ges'ter, Unterbeteiligter) aufgenommene Familienangehörige dem Unternehmen aus eigenen, zB von dritter Seite geerbten Mitteln neues Kapital zuführt. Auch hierbei ist aber zu prüfen, ob der Gewinnanteil nicht höher ist, als der Gewinnanteil, der einem Fremden für einen gleichartigen Leistungsbeitrag eingeräumt worden wäre (zB BFH IV R 59/76 BStBl II 80, 437 zu 1.; FG Hess EFG 06, 1762). Insoweit sind mE die Rspr-Grundsätze zur Gewinnverteilung zw einer GmbH und typischen stillen Ges'tern, die zugleich Ges'ter der GmbH sind oder diesen nahe stehen, sinngemäß anzuwenden (s Rz 357). Zu § 42 AO s BFH VIII B 185/02 BFH/NV 05, 1258.

786 **g) Typisch stille Beteiligung; Unterbeteiligung.** Vgl zB BFH I R 52/00 BFH/NV 02, 537 (unentgeltl Erwerb); BFH IV R 50/99 BStBl II 01, 299 (entgeltl still beteiligte Schwester-PersGes; *Wacker* StbJb 02/03, 85); Anpassungspflicht bei Gewinnsprung (BFH IV R 83/06 BStBl II 09, 798; *Wacker* HFR 09, 775: uU auch vor Kündigungsfrist; s auch § 1a AStG nF). Beachte auch § 32d II 1 Nr 1a: keine AbgeltungsSt bei Nahestehenden.

787 **14. Subjektive Einkünftezurechnung bei Ausschüttungen einer Familien-GmbH.** S § 20 Rz 14, 52 (einschließl disquotaler Ausschüttungen).

XI. Besonderheiten bei Betriebsaufspaltung

Verwaltung (Auswahl): EStR 15.7 VIII; EStR 16 II 4; GewStH 2.4 III; *BMF* DStR 98, 766 (Übernahme von betriebl Verbindlichkeiten); *BMF* BStBl I 01, 634; *BMF* BStBl I 02, 88, 647 (Büro-/Verwaltungsgebäude; Übergangsregelung); *BMF* BStBl I 02, 1028 (Einstimmigkeit bei Besitzunternehmen); *BMF* BStBl I 21, 2212 (§ 1a-KStG-Option); *OFD Ffm* DStR 99, 1111; *OFD NRW* DStR 10, 2462 (Gemeinnützigkeit); *OFD Ffm* FR 12, 976 (Gesamtdarstellung); s auch vor Rz 855.

Besonderheiten bei Betriebsaufspaltung   800–803 § 15

Schrifttum (Auswahl): *Söffing/Micker,* Die BetrAufsp, 6. Aufl.; *Dehmer,* BetrAufsp, 3. Aufl.; *Ott* Absicherung … DStZ 19, 693; *Demuth* Entwicklungen … KÖSDI 19, 2130; *Micker ua* Personelle Verflechtung …, DStZ 20, 750; *Wachter,* Steuerl BetrAufsp …, DB 20, 2648; *Wacker,* Von der BetrAufsp zum gewerbl Beteiligungsbesitz, FR 21, 505.

1. Gewerblichkeit kraft Betriebsaufspaltung. – Ausgangspunkt der **BFH-Rspr** (grundlegend BFH GrS 2/71 BStBl II 72, 63) ist, dass aufgrund der Aufspaltung eines vormals einheitl Unternehmens ein „**Doppelunternehmen**" entsteht (sog. echte BetrAufsp; Rz 802) und die nach ihrer Art grds nicht gewerbl **Vermietung**/Verpachtung wesentl Betriebsgrundlagen durch das sog Besitzunternehmen/-Ges (typischerweise eine natürl Person oder PersGes; s aber Rz 863, 803) an das oder die sog Betriebsunternehmen/-Ges (idR eine KapGes; s aber Rz 858, 803; zu mehreren Ges s BFH XI R 6/93 BStBl II 94, 23) aufgrund der **sachl** und **personellen Verflechtung** der Rechtsträger einen **GewBetr** begründet (§ 15 I 1 Nr 1, II EStG; § 2 I GewStG; zur zivilrechtl Terminologie vgl zB § 134 I UmwG: AnlageGes/BetriebsGes). Tragend ist demnach, dass die hinter beiden Unternehmen stehenden Personen einen **einheitl geschäftl Betätigungswillen** ausüben (können) und deshalb auch das Besitzunternehmen „über" das Betriebsunternehmen, am allg wirtschaftl Verkehr teilnimmt (zB BFH IV R 31/19 BStBl II 21, 768). Gleichwohl bilden beide Unternehmen keine wirtschaftl Einheit, sondern sind zivilrechtl und auch strechtl grds als **selbstständige Unternehmen** zu qualifizieren (BFH VIII R 57/99 BStBl II 02, 662 zu II.B.1; s Rz 807). Zum tatbestandl **Vorrang** der Nutzungsüberlassung iSv § 15 I 1 Nr 2 HS 2 (**SonderBV**/-vergütung) s Rz 858. – **ME** überzeugt die Rspr nicht. Die originäre Gewerblichkeit (iEinz Rz 807) des Besitzunternehmens gründet richtigerweise nicht in der Verklammerung beider Unternehmen und damit in der Durchbrechung/Verletzung der kstrechtl Trennungsprinzips, sondern in der Gesamtschau der Einzelumstände des **Beteiligungsbesitzes** (ausführl *Wacker* FR 21, 505). S zur jüngeren Rspr betr die Beratung/**Geschäftsführung** iVm der mindestens 50%-igen **KapGes-Beteiligung** (s Rz 11, 15, 90; § 19 Rz 35), zu deren BV jedenfalls der KapGes-Anteil gehört (iEinz *Wacker* FR 21, 505). – **Hinweis:** *Angesichts der praktischen Zielsetzung dieses Kommentars wird den folgenden Erläuterungen die von der FinVerw geteilte BFH-Rspr zugrunde gelegt.*

2. Erscheinungsformen; Bedeutung; Option nach § 1a KStG. – **802**
a) Echte/unechte Betriebsaufspaltung. Eine **echte** BetrAufsp liegt vor, wenn ein bisher einheitl GewBetr – zu luf oder freiberufl Betrieb s zB BFH IV R 67/96 BStBl II 98, 254; Rz 855, 859; § 18 Rz 55 – in der Weise aufgeteilt wird, dass ein Teil des BV zB das bewegl Anlage- und/oder das UV einer **Betriebs-KapGes** (sog **klassische BetrAufsp**) übertragen wird und mindestens eine der (bisherigen) wesentl Betriebsgrundlagen beim (nunmehrigen) *Besitzunternehmen (Einzelunternehmen; PersGes)* verbleibt, aber der BetriebsGes zur Nutzung überlassen wird (sachl Verflechtung), und zw beiden Unternehmen eine personelle Verflechtung besteht. – Eine **unechte** BetrAufsp entsteht zB, wenn der oder die beherrschenden Ges'ter einer (Betriebs-)KapGes dieser einzelne WG des PV (oder eines anderen BV) zur Nutzung überlassen, die für die BetriebsGes wesentl Betriebsgrundlagen sind (zB BFH X R 8/00 BStBl II 02, 527). Aus Gründen der Gleichmäßigkeit der Besteuerung wird auch hierdurch – in Übereinstimmung mit der die echte BetrAufsp tragenden Wertung – ein gewerbl Besitzunternehmen begründet (zB BFH XI R 2/96 BStBl II 97, 460 zu II.1; BFH X R 8/00 BStBl II 02, 527 zu II.3.c; krit zB *Gassner* FS FfSt 1999, 267).

b) Sonderformen. – **Mitunternehmerische Betriebsaufspaltung.** Betriebs- **803**
Ges (und idR auch das Besitzunternehmen) haben die Rechtsform einer PersGes (Rz 858). – **Kapitalistische BetrAufsp** zw einer KapGes als Besitzunternehmen und einer KapGes oder PersGes als Betriebsunternehmen (Rz 863). – **Einheits-BetrAufsp:** BesitzPersGes/KapGes ist unmittelbar an BetriebsGes be-

teiligt (BFH VIII R 31/04 BStBl II 06, 874). – **Umgekehrte BetrAufsp:** BetriebsPersGes (idR PersGes; zu eG s BFH IV R 44/07 BStBl II 12, 136) beherrscht ein Besitzunternehmen in der Rechtsform der *KapGes* (BFH III R 45/92 BStBl II 95, 75/8; ErbStR 13b.14 I 8; *Kessler ua* DStR 01, 869). – **Überlagerte BetrAufsp:** BesitzGes hat auch einen eigenen GewBetr (*Rödder* FR 98, 401). – **Qualifizierte** (echte oder unechte) **BetrAufsp:** der BetriebsGes werden nicht nur einzelne, sondern sämtl wesentl Betriebsgrundlagen zur Nutzung überlassen (BFH X R 8/00 BStBl II 02, 527 zu II.1; Rz 865).

803a c) **Option nach § 1a KStG.** Die ertragsteuerrechtl Behandlung der OptionsGes (PershandelsGes/Partnerschaft) „wie eine KapGes" (§ 1a I 1; Rz 160a) gilt mit allen Folgen (BE, BV) auch iRd Grds zur BetrAufsp (str; *Wacker/Krüger ua* DStR-Beih 21, 3; *BMF* BStBl I 21, 2212 Rz 36, 84). Demgemäß kann zB durch *Option der BetriebsPersGes* eine echte BetrAufsp entstehen (*BMF* BStBl I 21, 2212 Rz 33; *Wacker/Krüger ua* DStR-Beih 21, 3; oben Rz 160a), oder eine bestehende mitunternehmerische BetrAufsp in eine „klassische" BetrAufsp überführt werden. Zu beachten bleibt indes, dass die Buchwertoption (analog § 20 UmwStG) bezügl des jew MUerAnteils die Einbringung aller wesentl Betriebsgrundlagen einschl SonderBV erfordert (Rz 160a; § 16 Rz 11, 100, 397, 411; BFH I R 7/16 BStBl II 19, 738; *Wacker/Krüger ua* DStR-Beih 21, 3) und für das Entstehen einer kapitalistischen BetrAufsp qualifizierte Beherrschungsvoraussetzungen gelten (Rz 863). S insgesamt auch *Brill* NWB 21, 2420.

804 d) **Vorteile; Nachteile.** Die **echte BetrAufsp** kombiniert steuerl Vorteile eines Personenunternehmens (zB unmittelbare Verlustzurechnung; § 34 III) mit steuerl Vorteilen einer KapGes, zB gewstrechtl Abzugsfähigkeit der Ges'ter-Geschäftsführervergütungen, Rückstellung für Pensionszusagen an Ges'ter-Geschäftsführer (BFH X R 42/08 BStBl II 12, 188: keine Anwartschaftsaktivierung; Rz 873), KStSatz iVm Teileinkünfte- bzw KSt-Freistellungsverfahren, keine KiSt. Sie ermöglicht – in begrenztem Maße (s Rz 805) – auch, wertvolle Teile des BV, zB Grundbesitz, aus der Haftungsmasse für lfd Verbindlichkeiten – ausgenommen Betriebssteuern (§ 74 AO; dazu BFH VII R 34/14 BStBl II 16, 375) – herauszuhalten, gleichwohl aber für gewerbl Einkünfte vorbehaltene StVergünstigungen in Anspruch zu nehmen (zB InvZul). Ihre Zweckmäßigkeit ist neuerdings str (krit zB *Strahl* FS Schaumburg, 493: Steuerbelastungsvergleich). Zur GewSt-Hinzurechnung nach § 8 Nr 1 GewStG nF s Rz 871. – Die **unechte BetrAufsp** hat den estrechtl Nachteil, dass zB WG des PV zu BV werden und damit realisierte Wertsteigerungen weitergehend als nach §§ 23, 20 stpfl sind; dem steht jedoch die erbstrechtl Begünstigung von BV (§§ 13a, 19a ErbStG; zum Besitzunternehmen s § 13b IV Nr 1a, IX ErbStG; *Mertes ua* DStR 20, 2111) als Vorteil ggü. Der Nachteil, dass die lfd Erträge aus der Nutzungsüberlassung – anders als bei PV – der GewSt unterliegen, wird durch die pauschalierte Anrechnung der GewSt auf die ESt (§ 35) idR ausgeglichen. – Zu den steuerl Vorteilen einer **umgekehrten BetrAufsp** (uU iVm Organschaft) s *Carlé ua* KÖSDI 12, 18093, 18097. – **Mitunternehmerische BetrAufsp** hat zB den Vorteil eines verdoppelten GewSt-Freibetrags (s auch Rz 871), der GewSt-Anrechnung nach § 35 sowie der Thesaurierungsbegünstigung gem § 34a (s *Strahl* aaO, 504, 511). – Zum **Wiesbadener Modell** (Rz 846) s *Husmann ua* StuW 06, 221.

805 e) **Zivilrechtliche Aspekte.** Soll iRe echten BetrAufsp ein Teil des BV des bisher einheitl Unternehmens der neuen Betriebs(Kap)Ges nicht bloß zur Nutzung überlassen, sondern übereignet werden, kann dies durch **Einzelübertragung** oder gem der §§ 123 III, 124 I, 152 UmwG im Wege **partieller Gesamtrechtsnachfolge** geschehen (s auch Rz 877). – Ob ein **Besitzunternehmen** ein **Gewerbe im zivilrechtl Sinne** betreibt, wird überwiegend verneint (zB *MüKo HGB* § 1 Rz 28 mwN). Nach §§ 2; 105 II HGB werden aber auch nur vermögensverwaltende PersGes bei Eintrag ins HR zu OHG oder KG. – Zur **Haftung** des GmbH-

Ges'ters bei existenzvernichtendem Eingriff in die Betriebs-GmbH s zB *Gloger ua* DStR 08, 1141. – Zur **eigenkapitalersetzenden Nutzungsüberlassungen** (§ 32a GmbHG aF, § 172a HGB aF) sowie zu § 135 III InsO nF (MoMiG, BGBl I 08, 2026) s Rz 866.

3. Steuergesetzliche Grundlage; Verfassungsmäßigkeit. Nach der nunmehr 807 insoweit einheitl Rspr ist das Besitzunternehmen ein **„originärer" GewBetr** iSv § 15 I 1 Nr 1, II (BFH IV R 59/16 BStBl II 20, 147; BFH I R 72/16 BStBl II 21, 484: „originär gewerbl"; überholt damit BFH I R 95/10 BStBl II 14, 760: Gewohnheitsrecht; ähnl BFH VIII R 61/97 BStBl II 99, 483 zu II.1.: „Rechtsinstitut"; *Drüen* GmbHR 05, 69: richterl Rechtsfortbildung; **aA** *Kudert ua* StuW 16, 146, 150: derivativer GewBetr; *Wacker* FR 21, 505: gewerbl Beteiligungsbesitz; Rz 800). Ebenso bei grenzüberschreitender BetrAufsp (Rz 862); zum DBA-Recht s aber BFH I R 72/16 aaO sowie – einschließ § 50i, § 50d X – *BMF* I 14, 1258; Rz 173, 565 (krit *Wacker* FR 21, 505). Zivilrechtl werden an die „wirtschaftl Verflechtung" zw zwei Rechtsträgern spezifische Rechtsfolgen geknüpft (BGH II ZR 146/92 DB 94, 1715: „Bei einer BetrAufsp ... bilden BesitzGes und BetriebsGes eine wirtschaftl Einheit, die es rechtfertigt ..."; ähnl § 322 II UmwG). – Dies lässt allerdings die steuerl Wertung rechtl und wirtschaftl selbstständiger Unternehmen (s Rz 800) zB iR von § 6 V unberührt – Zur **VerfMäßigkeit** s zB BVerfG 1 BvR 571/81 BStBl II 85, 475; BVerfG 1 BvR 19/07 HFR 08, 754; BFH X B 96/12 BFH/NV 13, 1802. – Der **Kritik** des **Schrifttums** (zB BetrAufsp der gesetzl Grundlage) ist der BFH nicht gefolgt (iEinz *Wacker* FR 21, 505). Die Rspr wurde zwischenzeitl auch **gesetzl rezipiert** (vgl § 50i I 4 EStG; §§ 13a III 13b IV Nr 1 ErbStG).

4. Sachliche Verflechtung. – a) Allgemeine Grundsätze. Der BetriebsGes 808 müssen **materielle** oder **immaterielle WG** idR *unmittelbar* zur Nutzung überlassen sein. **Beispiele** (s auch § 1 IIIc 2 AStG nF): Erfindungen (zB BFH X R 22/02 BStBl II 06, 457), Werberechte (BFH I R 164/94 BFH/NV 97, 825), kommerzialisierbare Teile der Namensrechte (BFH X R 20/17 BStBl II 20, 3), Zeichenrechte (BFH I R 97/08 BStBl II 10, 808), Markenrechte (einschr BFH I R 22/14 DStR 16, 1155; s dazu FG M'ster EFG 20, 525 rkr; BFH I R 97/09 BFH/NV 11, 312), Kunden-/Mandantenstamm (*BMF* BStBl I 10, 774, oben Rz 210; BFH VIII R 17/15 BFH/NV 18, 522; X R 34/15 BFH/NV 18, 623), Firmenwert (BFH IV R 65/01 BStBl II 09, 699; zur Abgrenzung zur Veräußerung s BFH III B 9/87 BStBl II 88, 537) oder selbständig übertragbare *Kunden-/Lieferantenliste* (BFH IV R 40/07 BStBl II 10, 609). Dies kann geschehen auf **schuldrechtl oder dingl Grundlage** (zB Pacht, Nießbrauch; BFH VIII R 57/99 BStBl II 02, 662; *OFD Ffm* FR 12, 976, 977: unechte BetrAufsp durch Erbbaurecht am *unbebautem* Grundstück; krit *Meyer/Ball* DB 03, 1597; zur Vertragsdurchführung s FG Mster EFG 06, 962). Die WG müssen für die BetriebsGes (BFH XI R 12/87 BStBl II 92, 415) *eine* ihrer **wesentl Betriebsgrundlagen** sein (zB BFH VIII R 36/91 BStBl II 93, 233 zu 2.a), dh nach dem Gesamtbild der Verhältnisse zur Erreichung des Betriebszwecks erforderl sein und besonderes Gewicht für die Betriebsführung besitzen (zB BFH IV R 73/94 BStBl II 97, 569). Es genügt zB, wenn ein GewBetr als ganzer Betrieb bzw alle hierfür erforderl WG verpachtet wird (zB BFH X R 8/00 BStBl II 02, 527). Ansonsten (Überlassung einzelner WG) sind *allein* die **funktionalen Erfordernisse des Betriebsunternehmens** (BFH X R 78/91 BStBl II 93, 718) maßgebl, nicht – wie bei der Betriebsveräußerung/-aufgabe – der Umfang der stillen Reserven (BFH IV R 135/86 BStBl II 89, 1014); daher sind zB Grundstücks-/Gebäudeteile, auf denen funktionell zusammenhängende Tätigkeiten ausgeübt werden, einheitl zu beurteilen (BFH VIII R 77/87 BStBl II 92, 334).

aa) Nutzungsüberlassung. Sie kann **entgeltl**, aber bei Überlassung an *Betriebs-* 809 *KapGes* (anders bei BetriebsPersGes s BFH IV R 5/15 BStBl II 20, 118; Rz 858) auch **unentgeltl** (Leihe) oder nur **teilentgeltl** sein, weil im Hinblick auf die **Gewinnabsicht** des Besitzunternehmens Ausschüttungen zuzügl Wertsteigerung der Anteile an der BetriebsGes und Nutzungsentgelte austauschbar sind (zB BFH VIII R 68/96, DStR 00, 1426 zu II.2.c; FG Ddorf EFG 07, 1503); dies gilt auch bei Anwendung des Teileinkünfteverfahrens (dazu Rz 819). Gleichgültig ist, ob der Besitzunternehmer **Eigentümer** der dem Betriebsunternehmen *unmittelbar* zur Nutzung überlassenen WG ist oder sie ihm von Dritten (entgeltl/unentgeltl) zur Nutzung überlassen sind (zB BFH X R 5/14 BFH/NV 17, 8), sofern er ein eigenes (Sonder-)Nutzungsrecht hat (BFH X R 34/15 BFH/NV 18, 623). Zur Rückübertragung nach VermG s BFH IV B 110/07 BFH/NV 08, 2010.

810   **bb) Mittelbare Nutzungsüberlassung.** Sie steht idR einer unmittelbaren gleich (BFH X R 50/97 BStBl II 02, 363; FG Nbg EFG 02, 632).

Beispiel: E ist AlleinGes'ter der X-GmbH. Er vermietet ein Grundstück an seine Frau F; diese vermietet das Grundstück, wie geplant, an die X-GmbH weiter. BetrAufsp.

Anders soll dies aber sein, wenn das Grundstück einer zwischengeschalteten PersGes unentgeltl zum Zweck der Weitervermietung überlassen wird (so BFH XI R 31/05 BStBl II 07, 378 zu II.4; offen *Söffing* DB 06, 2479) oder wenn die erbbauberechtigte GmbH das von ihr bebaute Grundstück weitervermietet (BFH IV R 9/13 BStBl II 16, 154; mE unzutr; s *Schmidt* 34. Aufl § 15 Rz 810). Ebenso nicht bei luf „Nutzungstausch" (FG RhPf EFG 16, 288, rkr).

811   **b) Fabrikationsgrundstücke. – aa) Grundsatz.** Gebäude bzw Gebäudeteile, die der Fabrikation, Reparatur, auch handwerkl Art, und damit verflochtenen betriebl Bedürfnissen (zB Lagerung, Sozialräume, Verwaltung) dienen, sind idR wesentl Betriebsgrundlage (zusammenfassend BFH X R 118/98 BFH/NV 02, 1130) – insb bei Nutzungsüberlassung im zeitl Zusammenhang mit ihrer Errichtung oder ihrem Erwerb (BFH IV R 113/90 BStBl II 92, 349; BFH/NV 93, 169) –, wenn sie – *(1)* nach Gliederung und Bauart dauernd für den Betrieb der BetriebsGes eingerichtet sind (durch diese oder das Besitzunternehmen) oder – *(2)* nach Lage, Größe und Grundriss auf die BetriebsGes zugeschnitten sind (BFH IV R 50/91 BStBl II 92, 830 mwN; BFH IV R 49/91 BFH/NV 93, 95) oder – *(3)* das Betriebsunternehmen aus anderen innerbetriebl Gründen auf ein Gebäude *dieser Art angewiesen* ist (sog Auffangklausel; zB BFH X R 21/93 BStBl II 97, 565; BFH VIII R 13/03 BFH/NV 04, 1253; BFH I R 7/16 DStR 18, 1014; s auch Rz 813). Unerhebl (iS, dass damit die Eigenschaft als wesentl Betriebsgrundlage nicht ausgeschlossen wird) ist nach jüngerer BFH-Rspr, dass – *(a)* „das Betriebsunternehmen jederzeit am Markt ein für seine Belange gleichartiges Grundstück mieten oder kaufen kann" (BFH IV R 78/06 BStBl II 09, 803; *Kempermann* FR 93, 593, 596: Austauschbarkeit) und – *(b)* die Baulichkeiten auch von anderen branchengleichen oder -fremden Unternehmen genutzt werden können (zB BFH X R 78/91 BStBl II 93, 718 zu 2.b).

812   **bb) Ausnahmen.** Ein Gebäude ist **keine wesentl Betriebsgrundlage,** wenn es für den Betrieb nach dessen innerer Struktur qualitativ oder quantitativ nur von geringer wirtschaftl Bedeutung und insofern „entbehrl" ist (BFH X R 21/93 BStBl II 97, 565 mwN); dies trifft zu: – **(1) Qualitative Ausnahme** zB bei einem Geräteschuppen (*Kempermann* NWB F 3, 12502) oder uU einer vorübergehenden Nutzung (BFH IV R 78/06 BStBl II 09, 803: kurzfristige Überbrückung); – **(2) Quantitative Ausnahme** uU bei Unterschreiten der Grenzen des § 8 EStDV (offen BFH IV R 78/06 BStBl II 09, 803; bej *Kempermann* FR 93, 593, 597; *ders* HFR 06, 1213). – Die früher von BFH (XI R 1/92 BFH/NV 93, 245: Supermärkte; hier: *Schmidt* 28. Aufl § 15 Rz 812; s auch Rz 813) vertretene weitere (quantitative) Ausnahme bei **gleichartiger Nutzung** verschiedener Grundstücke („geringfügige" Größenrelation), ist *überholt* (BFH IV R 78/06 BStBl II 09, 803: Einzelhandelsfilialen; keine 10%-Grenze; *Wacker* HFR 09, 876; krit *Behrens ua* BB 09, 1570; *Bitz* GmbHR 09, 728).

c) **Andere Gebäude (keine Fabrikation).** Sie sind wesentl Betriebsgrundlage 813
– abgesehen von Fällen der qualitativen und quantitativen Ausnahme (s Rz 812) –,
wenn der Betrieb seiner Art nach von der Lage des Grundstücks abhängig ist
(BFH IV R 135/86 BStBl II 89, 1014) zB Hotel, Gaststätte, Café uä, oder wenn
das Gebäude „die örtl und sachl Grundlage der betriebl Organisation" bildet
(BFH XI R 18/90 BStBl II 92, 723) zB Geschäftslokal im Bereich des Einzelhandels (BFH IV R 78/06 BStBl II 09, 803; s auch Rz 812), Handelsunternehmen (BFH X B 99/10 BFH/NV 12, 1110), Lagergrundstück bei Getränkehandel
(offen BFH IV R 17/12 BFH/NV 16, 209), Reisebüro (BFH X R 118/98 BFH/
NV 02, 1130). – **Büro- und/oder Verwaltungsgebäude** sind nach jüngerer
BFH-Rspr *wesentl Betriebsgrundlage* – *(1)* jedenfalls dann, wenn sie für die Bedürfnisse der BetriebsGes hergerichtet oder gestaltet worden sind (zB BFH X R 21/93
BStBl II 97, 565 für Werbeagentur), – *(2)* unabhängig davon, ob das Gebäude der
räuml und funktionale Mittelpunkt der Geschäftstätigkeit des Betriebsunternehmens ist (BFH VIII R 24/01 BStBl II 03, 757 zu II.2.a; BFH X R 34/15 BFH/NV
18, 623). Unerhebl ist, ob die BetriebsGes Fabrikation, Handel oder Dienstleistung
betreibt (BFH VIII R 11/99 BStBl II 00, 621; BFH XI R 41/04 BFH/NV 06,
1455). Die **FinVerw** hat sich dieser – von der Verwaltungspraxis abw – Rspr angeschlossen, dazu aber eine bis 1.1.03 befristete Übergangsregelung erlassen (*BMF*
BStBl I 01, 634; *BMF* BStBl I 02, 88; *BMF* BStBl I 02, 647; *OFD Kbl* DStR 04,
727: zu Betrieb gewerbl Art; *Kempermann* NWB F 3, 12506; s auch Rz 865), die
jedoch nicht für Einbringungen (§§ 20, 24 UmwStG aF) gilt *OFD Mster* DB 04,
2439; s aber BFH VIII R 79/05 BStBl II 08, 863: kein gesetzl Vertrauensschutz). –
Fazit: Ein betriebl genutztes Gebäude, zB eine Lagerhalle (BFH IV B 111/00
BFH/NV 01, 1252), ist **grds** wesentl Betriebsgrundlage, dementspr auch ein „Allerweltsgebäude" (BFH IV R 25/05 BStBl II 06, 804). ***Ausnahme:*** Geringe quantitative und qualitative Bedeutung (Rz 812; BFH XI R 45/04 BFH/NV 06, 1453:
Büroraum); Letzteres soll auch bei Büroraum am Satzungssitz der Betriebsunternehmens zu prüfen sein (BFH IV R 16/13 BFH/NV 16, 19; fragl).

d) **Unbebaute Grundstücke.** Sie sind (jedenfalls dann) wesentl Betriebs- 814
grundlage – abgesehen von Fällen der quantitativen Ausnahme (s Rz 812) –, wenn
sie von der BetriebsGes mit Zustimmung des Besitzunternehmens entspr ihren
Bedürfnissen bebaut oder sonst zB als Lagerplatz gestaltet worden sind (BFH
IV R 135/86 BStBl II 89, 1014 zu 5.b; BFH VIII R 57/99 BStBl II 02, 662
zu II.B.2.b) oder im Funktionszusammenhang mit Gebäuden stehen zB als Abstellflächen (BFH IV R 59/04 BStBl II 05, 830; *Kempermann* FR 93, 593, 595),
Parkflächen (offen BFH X R 58/04 BFH/NV 05, 1774) oder ansonsten betriebsnotwendig sind (vgl BFH X R 34/15 BFH/NV 18, 623: Gärtnereierweiterung).

e) **Bewegliche Anlagegüter; Inventar.** Sie sind nach BFH III R 77/03 815
BStBl II 05, 340 im Falle ihrer kurzfristigen Wiederbeschaffbarkeit keine wesentl
Betriebsgrundlagen. Fehlt es hieran, geht die Rspr, auch wenn keine Sonderfertigung vorliegt, idR von wesentl Betriebsgrundlagen aus (zB FG Ddorf EFG
04, 41; FG Ddorf EFG 06, 264); weitergehend FG BBg EFG 15, 289, rkr, zu Hotelinventar (zR krit *kk* KÖSDI 15, 19267; s § 16 Rz 88). Zu immateriellen **WG**
s Rz 808.

f) **Darlehensgewährung; Dienstleistung.** IdR *keine* wesentl Betriebsgrund- 816
lage (BFH X R 9/17 BStBl II 21, 418 mwN).

g) **Angemessenheit der Nutzungsentgelte.** Bei der Betriebs-KapGes füh- 819
ren *zu hohe Entgelte* zu vGA (s auch zu Geschäftswert BFH IV R 5/12 BStBl II 15,
935; unten Rz 878). Zu **niedrige Nutzungsentgelte** sind bei KapGes (zu PersGes s Rz 858) anzuerkennen (keine Nutzungseinlage). Andererseits unterliegen lfd
Aufwendungen (zB Strom, Heizung, Versicherung, Refinanzierung) bei durch das
GesVerhältnis veranlasster unentgeltl/teilentgeltl Nutzungsüberlassung dem Teil-

abzugsverbot des § 3c II EStG (BFH X R 6/12 BFH/NV 14, 21; oben Rz 438, 439); Gleiches gilt nach Maßgabe von **§ 3c II 2–6** ab Wj 2015 für Substanzverluste/-aufwendungen (zB Gebäude-AfA, Erhaltungsaufwendungen, TW-AfA auf Darlehen, Bürgschaftsrückgriffsansprüche oder andere Sicherheiten; s iEinz § 3c); beachte auch § 8b III 4–8 KStG (Rz 439). *Unabhängig* hiervon ist, soweit die Vorteile aus un-/teilentgeltl Nutzung bei der BetriebsKapGes sog Nur-BetriebsGes'tern (s Rz 827), insb Angehörigen zugutekommen, der Aufwand des Besitzunternehmers (zB AfA) durch einer Nutzungs-/Aufwandsentnahme zu neutralisieren, sofern und soweit die überquotale Leistung privat veranlasst ist (Fremdvergleich!; s BFH VIII R 68/96 DStR 00, 1426; *OFD Ffm* DB 08, 92). Zum Verzicht auf entstandene Miet-/Pachtforderungen s Rz 870.

820 **5. Personelle Verflechtung.** BetriebsGes und Besitzunternehmen müssen von einem **einheitl geschäftl Betätigungswillen** getragen sein (grundlegend BFH GrS 2/71 BStBl II 72, 63). Dieser tritt am klarsten bei **Beteiligungsidentität** zutage, dh wenn an beiden Unternehmen dieselben Personen im gleichen Verhältnis beteiligt sind (zB BFH X R 21/93 BStBl II 97, 565 zu 1.). Er ist aber auch vorhanden bei **Beherrschungsidentität**, dh wenn eine Person oder Personengruppe (s Rz 823) beide Unternehmen auf gesrechtl bzw vertragl Grundlage (s Rz 821 ff) oder ausnahmsweise faktisch (s Rz 836) in der Weise beherrscht, dass sie in der Lage ist, in beiden Unternehmen einen einheitl Geschäfts- und Betätigungswillen durchzusetzen (zB BFH I R 20/14 BFH/NV 15, 1109; *BMF* BStBl I 02, 1028 zu I.). Hieran hat die Rspr-Korrektur zu **§ 2 II Nr 2 UStG** (BFH V R 9/09 DStR 10, 1277) nichts geändert (zT **aA** *Dehmer* DStR 10, 1701).

821 **a) Beherrschungsidentität.** – Keine Beteiligungs-, wohl aber Beherrschungsidentität *auf gesellschaftsrechtl Grundlage* ist idR gegeben, wenn dieselben Personen – dies können auch Ehegatten sein (s Rz 845) – und *nur diese* am *Besitzunternehmen* und an der *BetriebsGes*, aber in unterschiedl Höhe beteiligt sind (zB BFH IV R 62/98 BStBl II 00, 417 mwN).

Beispiele: *(1)* A und B sind zu je $^1/_2$ Miteigentümer eines Grundstücks, das an GmbH vermietet ist, deren Ges'ter A zu 60% und B zu 40% sind: BetrAufsp.

(2) Ehemann und Ehefrau sind zu je $^1/_2$ Miteigentümer eines Grundstücks, das an GmbH vermietet ist, deren Ges'ter Ehemann zu 98% und Ehefrau zu 2% sind: BetrAufsp (BFH IV R 8–9/93 BStBl II 94, 466; krit G. *Söffing* FR 94, 471).

(3) Ehemann ist an BetriebsGes zu 80%, Ehefrau zu 20% beteiligt; am Grundstück ist Ehemann zu 20%, Ehefrau zu 80% beteiligt: BetrAufsp (BFH IV R 62/98 BStBl II 00, 417; BVerfG 2 BvR 944/00 NZG 04, 734: Nichtannahme; BFH VIII R 34/00 BFH/NV 02, 185).

Beherrschungsidentität besteht, weil es sich bei Beteiligung *nur* derselben Personen an Besitz- und Betriebsunternehmen idR um einen „zweckgerichteten Zusammenschluss" dieser Personen handelt; die (unterschiedl) Beteiligungen sind idR „Ausdruck eines nicht zufälligen Zusammenkommens" dieser Personen, sondern ein Zusammenschluss „zur Verfolgung eines bestimmten wirtschaftl Zwecks" mit beiden Unternehmen (Personengruppe, s Rz 823), bei der die „wirtschaftl Notwendigkeit" der gewählten Unternehmensform gleichgerichtete Interessen indiziert und ein gemeinsames Handeln gebietet (BFH IV R 62/98 BStBl II 00, 417; Anm *MK* DStR 00, 818: **„Theorie der bewusst geplanten DoppelGes";** BFH VIII R 34/00; BFH/NV 02, 185; zust *Märkle* DStR 02, 1109, 1114; krit *Gosch* StBp 00, 185). Danach besteht aber bei Beteiligung nur derselben Personen an Besitz- und Betriebsunternehmen ausnahmsweise **keine** Beherrschungsidentität dh keine personelle Verflechtung, wenn – *(1)* die Beteiligungen an Besitzunternehmen und BetriebsGes der Höhe nach *extrem* entgegengesetzt sind, zB 95 zu 5 und 5 zu 95 (BFH X R 5/86 BStBl II 89, 152 zu 1.b; offen in BFH IV R 62/98 BStBl II 00, 417; BFH X R 50/03 BFH/NV 06, 1144) oder – *(2)* die Einheit durch wirksame Stimmrechtsbindung zugunsten Dritter (s zu c) oder nachgewiesene Interessengegensätze aufgelöst ist (BFH IV R 113/90 BStBl II 92, 349 zu 1.; BFH IV B 24/07 BFH/NV 08, 784), wobei sich diese nicht schon daraus herleiten, dass eine der beiden am Besitzunternehmen zu je 50 % beteiligten Personen an der Betriebs-GmbH nur geringfügig beteiligt ist (BFH IV R 8–9/93 BStBl II 94, 466).

b) Gruppentheorie. Sind am Besitzunternehmen – in der Rechtsform einer Bruchteilsgemeinschaft, GbR, OHG oder KG – außer den Ges'tern der BetriebsGes auch andere Personen beteiligt, bilden die an beiden Unternehmen beteiligten Personen – unabhängig von einer evtl unterschiedl Beteiligungshöhe (s Rz 821) – „eine durch **gleichgerichtete Interessen** geschlossene Personengruppe" (Gruppentheorie; grundlegend BFH IV 87/65 BStBl II 72, 796; ferner zB BFH X R 25/93 BStBl II 97, 44 zu 3.; Ausnahme BFH X R 22/07 BFH/NV 10, 208: Sondernutzungsrecht eines Miteigentümers = Besitzeinzelunternehmer). Beherrschungsidentität (auf gesrechtl Grundlage) und damit personelle Verflechtung ist gegeben, wenn die DoppelGes'ter (Personengruppe) sowohl die BetriebsGes beherrschen (dazu Rz 827 ff) als auch das Besitzunternehmen (s auch § 13b IV Nr 1a ErbStG; Rz 804). Beherrschung des **Besitzunternehmens** setzt aber idR (Ausnahme s Rz 836: faktische Beherrschung) voraus, dass – *(1)* die DoppelGes'ter (dazu BFH XI R 31/05 BStBl II 07, 378 zu II 3) zusammen im Besitzunternehmen über die (einfache) **Mehrheit der Stimmen** verfügen und *(2)* für das Besitzunternehmen *gesetzl* das **Mehrheitsprinzip** gilt, so zB bei Bruchteilsgemeinschaften (§ 745 BGB) und bei OHG bzw KG für gewöhnl Geschäfte der geschäftsführenden Ges'ter (§§ 116; 164 HGB ab 2024 idF MoPeG, BGBl I 21, 3436) oder im GesVertrag zB einer GbR das Mehrheitsprinzip ausdrückl vereinbart ist. **Ausnahme:** Nach BFH IV R 54/11 BFH/NV 13, 1557 keine personelle Verflechtung, wenn ein Nur-MinderheitsGes'ter der Besitz-GbR allein geschäftsführungs- und vertretungsbefugt ist (mE fragl); vgl. auch Rz 824. Bei der Frage, **welche Geschäfte** dem gesetzl oder vertragl **Mehrheitsprinzip** zur Begründung der personelle Verflechtung unterliegen müssen, ist von *FinVerw* und (allerdings nicht ganz eindeutiger) BFH-Rspr nur auf die **lfd Geschäfte** (einschließl der lfd Verwaltung der zur Nutzung überlassenen WG) abzustellen (*BMF* BStBl I 02, 1028 zu III.; *OFD Ffm* FR 12, 976, 980; BFH III R 72/11 BStBl II 13, 684; überzeugend *Kempermann* GmbHR 05, 317), *vorausgesetzt*, dass der Nutzungsüberlassungsvertrag nicht gegen den Willen der (beherrschenden) Personengruppe geändert oder beendet werden kann (BFH IV R 4/17 BStBl II 20, 710; *Kempermann* GmbHR 05, 317; FG SchlHol EFG 11, 1433; einschr aber BFH X R 5/19 BStBl II 21, 851; dazu krit *Binnewies* GmbHR 21, 1171). Das **Selbst-/Doppelvertretungsverbot** (§ 181 BGB) schließt die Beherrschung nicht aus, wenn die *Möglichkeit* zur Einräumung von Drittvertretungsrechten besteht (iEinz BFH IV R 4/17 BStBl II 20, 710; zutr; krit *Wachter* DB 20, 2648). Unterliegen umgekehrt **Abschluss/Beendigung** des Pachtvertrags dem Mehrheitsprinzip, begründet dies nach BFH IV R 44/07 BStBl II 12, 136; BFH IV R 59/16 BStBl II 20, 147 bei umgekehrter BetrAufsp (eG/GmbH = Betriebsunternehmen ist mehrheitl an Besitz-GbR/KG beteiligt) die personelle Verflechtung.

c) Stimmverbot; Minderheitsgesellschafter. Str ist, ob ein **Besitzunternehmen** von ihren **mehrheitl beteiligten Ges'tern** auch dann beherrscht wird, wenn diese beim Besitzunternehmen wegen Interessenkollision einem Stimmverbot hinsichtl der Beziehungen zur BetriebsGes unterliegen und deshalb insoweit der Nur-BesitzGes'ter allein entscheidet (bej BFH I R 174/79 BStBl II 84, 212; offen BFH IV R 91/89 BFH/NV 90, 562). Da das Bestehen eines solchen ggf abdingbaren Stimmverbots aber zivilrechtl für die Bruchteilsgemeinschaft und PersGes (insb GbR) zweifelhaft ist, ist die Beherrschung des Besitzunternehmens durch die DoppelGes'ter jedenfalls dann zu bejahen, wenn das Stimmverbot tatsächl nicht praktiziert wird (BFH VIII R 240/81 BStBl II 86, 296 zu I.3.b aE; BFH IV R 91/89 BFH/NV 90, 562; FG Mchn EFG 96, 748, rkr; *Kempermann*

GmbHR 05, 317, 321); mE ist dies für den Regelfall zu vermuten (Anscheinsbeweis).

825 **d) Einstimmigkeitsprinzip; qualifiziertes Mehrheitsprinzip.** Gilt das Einstimmigkeitsprinzip nicht nur für außergewöhnl Geschäfte (zB Begründung, Änderung, Beendigung des Nutzungsverhältnisses), sondern *auch für Geschäfte des tägl Lebens* beim *Besitzunternehmen* (Bruchteilsgemeinschaft, GbR, OHG, KG) vertragl oder gesetzl (zB § 709 I BGB für GbR), schließt ein auch nur minimal beteiligter **Nur-Besitzges'ter** (Nur-Gemeinschafter) oder dessen Angehöriger nach stRspr des BFH idR (s unten) Beherrschungsidentität aus. *Begründung:* die am „Besitzunternehmen" mehrheitl (und an der BetriebsGes allein) beteiligten Personen sind infolge des Vetorechts des Nur-BesitzGes'ters nicht in der Lage, ihren geschäftl Betätigungswillen im Besitzunternehmen durchzusetzen (zB BFH IV R 37/10 BFH/NV 13, 910 für gemeinsame Geschäftsführung mit Nur-BesitzGes'ter). Zur Auslegung des GesVertrags s BFH IV 9/13 BStBl II 16, 154; fragl). Die *FinVerw* hat ihre strengere Ansicht (*BMF* BStBl I 85, 121; *BMF* BStBl I 89, 39) aufgegeben, und eine Übergangsregelung getroffen (*BMF* BStBl I 02, 1028 zu V.). Danach waren bei „unechter BetrAufsp" die zur Nutzung überlassenen WG kein BV, sondern PV. Bei „echter BetrAufsp" wurden diese WG im Zeitpunkt der Betriebsaufteilung entnommen; bestandskräftige Veranlagungen sollen nach § 174 III AO geändert werden (BFH IV B 167/04 BStBl II 06, 158: *AdV*; zR krit auch *Tiedtke ua* DStR 03, 757). Anders ist dies, wenn bis zum 31.12.02 die personellen Voraussetzungen einer BetrAufsp geschaffen und ein entspr Antrag gestellt wurde. – **Ausnahmen:** Trotz Einstimmigkeitsabrede besteht aber **Beherrschungsidentität,** wenn – **(1)** eine Person oder Personengruppe das Besitzunternehmen zwar nicht rechtl, aber **faktisch beherrscht** (s Rz 836 ff); – **(2) Rechtsmissbrauch** (§ 42 AO) vorliegt (BFH VIII R 50/96 BFH/NV 00, 601 zu II.2: nicht rechtsmissbräuchl, wenn gesetzl Einstimmigkeitsregel nicht abbedungen ist); – **(3)** Nur-BesitzGes'ter eine **KapGes** ist, die von den DoppelGes'tern beherrscht wird (s auch Rz 835); – **(4)** einem MehrheitsGes'ter die **alleinige Geschäftsführung** und Vertretung übertragen ist (BFH VIII R 24/01 BStBl II 03, 757; BFH X B 255/10 BFH/NV II, 1859; *Kempermann* GmbHR 05, 317, 318; krit *Gosch* StBP 03, 309). – Gleiche Grundsätze gelten bei Vereinbarung eines qualifizierten Mehrheitsprinzips (zB 75%), wenn die Sowohl-als-auch-Ges'ter nur die einfache Mehrheit haben. – Zu **Stimmrechtsbindung** s Rz 829.

827 **e) Nur-Betriebsgesellschafter.** Hat die BetriebsGes Ges'ter, die nicht am Besitzunternehmen beteiligt sind, gelten folgende Grundsätze: – **aa) Personengruppe.** Hat die BetriebsGes die Rechtsform einer GmbH (zu AG s Rz 832; zu PersGes s Rz 833), ist Beherrschungsidentität auf gesrechtl Grundlage gegeben, wenn die „Sowohl-als-auch-Ges'ter" als Personengruppe (Rz 823) zusammen – unabhängig von der Höhe der einzelnen Anteile (BFH IV R 8–9/93 BStBl II 94, 466) – bei der Betriebs-GmbH über die einfache, nicht notwendig 75%ige Mehrheit der Anteile und damit der Stimmen verfügen, weil für die Beherrschung einer GmbH gem § 47 I GmbHG grds die **Mehrheit** der Anteile (Stimmen) ausreichend ist (zB BFH X R 5/19 DStR 21, 2119; BFH III R 13/15 BFH/NV 19, 1069) – unabhängig davon, ob die Beherrschung konkret ausgeübt wird (FG Mchn EFG 03, 1535). Zur **grds Kritik** an diesem Erfordernis s einschl Kommentierungshinweis Rz 800.

Beispiel: A und B sind zu je $1/2$ Miteigentümer eines Grundstücks, das an eine GmbH vermietet ist, deren Ges'ter A, B und C zu je $1/3$ sind. Folge: BetrAufsp!

828 **f) Stimmverbot.** Für die personelle Verflechtung ist unerhebl, ob die Doppel-Ges'ter bei Beschlüssen der Betriebs-GmbH über Geschäfte mit dem Besitzunternehmen gem § 47 IV GmbHG vom Stimmrecht ausgeschlossen sind. Denn zur Beherrschung einer KapGes genügt die Herrschaft über die „Geschäfte des tägl Lebens" (vgl BFH X R 25/93 BStBl II 97, 44 zu 3.), die bei einer GmbH allein von dem oder den Geschäftsführern getätigt werden; für Beschlüsse über die Bestellung und Abberufung der Geschäftsführer besteht aber grds kein Stimmverbot der MehrheitsGes'ter (*BH* GmbHG § 47 Rz 51–52); demgemäß kann sich in der Betriebs-GmbH auf Dauer nur ein geschäftl Betätigungswille entfalten, der vom Vertrauen des oder der MehrheitsGes'ter getragen ist; dies reicht für personelle Verflechtung aus (BFH IV R 151/86 BStBl II 89, 455 zu 3.; *Kempermann* GmbHR 05, 317, 321).

g) Stimmbindung/Treuhand. Besteht in der BetriebsKapGes aufgrund des 829 Anteilsbesitzes keine Stimmenmehrheit der Doppel-Ges'ter, kann diese durch Stimmrechtsbindungsverträge begründet sein (*Fichtelmann* GmbHR 06, 345); die Stimme desjenigen, der gebunden ist, ist vorbehaltl § 138 BGB (Sittenverstoß; BFH III R 13/15 BFH/NV 19, 1069) dem oder den Weisungsbefugten „zuzurechnen". Umgekehrt kann eine Stimmenmehrheit durch ernst gemeinte Stimmrechtsbindung zugunsten eines Nur-BetriebsGes'ters verloren gehen (BFH VIII B 22/97 BFH/NV 98, 852). Zur Stimmrechts**abtretung** s BFH IV R 76/05 BStBl II 08, 858 zu II.2.b. Zur Stimmrechts**vollmacht** s BFH X B 230/08 BFH/NV 09, 1647: idR Wahrung der Interessen des Vollmachtgebers oder freie Widerruflichkeit (ähnl FG Nds EFG 09, 2022, aber bei Nießbrauch; **aA** – uU – BFH IX R 51/10 BStBl II 12, 308; BFH X R 45/14 BFH/NV 17, 1039 bei „unbeschränkter" Vollmacht; Rz 865, 309); anders aber BFH XI R 23/96 BStBl II 97, 437: faktische Beherrschung bei widerrufl und ggf transmortaler Vollmacht zur Anteilserhöhung (s Rz 838). Zur Vorsorgevollmacht (§ 1901c BGB/§ 1820 BGB nF) s *Micker* ua DStZ 20, 750, 755. Zur **Treuhand** s BFH IV R 31/19 BStBl II 21, 768 (StimmR bei Treugeber; § 39 II Nr 1 AO);BFH III B 114/03 BFH/NV 04, 1109 (verdeckte Treuhand/Strohmann). Zu **Testamentsvollstreckung** s Rz 841.

h) Einstimmigkeit. Gilt laut Satzung der Betriebs-GmbH für Beschlüsse 830 der Ges'terversammlung das Einstimmigkeitsprinzip (vgl BFH XI B 162/06 BFH/NV 08, 384), schließt dies personelle Verflechtung nicht aus, wenn *(1)* die MehrheitsGes'ter der Geschäftsführer der Betriebs-GmbH, die zugleich die Besitzunternehmen als Alleineigentümer des zur Nutzung überlassenen WG beherrschen, die das Nutzungsverhältnis betreffenden Rechtshandlungen ohne Zustimmung der Ges'terversammlung vornehmen können und *(2)* die Ges'terversammlung die Geschäftsführer nicht gegen den Willen der MehrheitsGes'ter abberufen kann (BFH X R 56/04 BStBl II 06, 415; BFH IV B 96/03 BFH/NV 05, 1564; krit *G. Söffing* BB 06, 1529).

i) Qualifizierte Mehrheit. Das zu Rz 830 Gesagte gilt entspr, wenn bei der 831 Betriebs-GmbH vertragl für *alle* Ges'terbeschlüsse eine qualifizierte Mehrheit erforderl ist, derjenige, der WG zur Nutzung überlässt, aber bei der Betriebs-GmbH nur die einfache Mehrheit hat (BFH IV B 129/06 BFH/NV 08, 363).

j) Aktiengesellschaft. Diese Grundsätze sind auch maßgebl für eine Betriebs- 832 Ges in der Rechtsform einer AG (BFH X R 45/09 BStBl II 11, 778: bei Mehrheitsaktionär bei börsennotierter AG; **aA** *Bode* FR 11, 1001). Ebenso bei ArbN-Mitbestimmung in AG oder GmbH (arg §§ 29 II, 31 IV MitbestG; zu Beiräten s FG Nbg DStRE 06, 671). Bei fehlender Stimmenmehrheit uU faktische Beherrschung durch Vorstand (offen BFH X R 45/09 BStBl II 11, 778; *Wachter* DStR 11, 1599).

k) Betriebspersonengesellschaft. Hat die BetriebsGes die Rechtsform einer 833 PersGes (OHG, KG GbR; mitunternehmerische BetrAufsp, s Rz 858), genügt (und ist grds erforderl) für eine Beherrschung der Besitz der Mehrheit der Anteile, wenn bei der BetriebsPersGes vertragl/gesetzl zumindest für die *lfd* Geschäfte (s Rz 823) das Mehrheitsprinzip gilt. Ist hingegen allg das Einstimmigkeitsprinzip maßgebl oder besteht ein Widerspruchsrecht (§ 164 HGB ab 2024 iVm § 116 II 1 HGB nF/MoPeG, BGBl I 21, 3436) eines Nur-Betriebs-Ges'ters bezügl des Nutzungs-

§ 15 834, 835 Einkünfte aus Gewerbebetrieb

verhältnisses über wesentl Betriebsgrundlagen (vgl BFH IV R 13/91 BStBl II 93, 134), besteht idR keine personelle Verflechtung.

834 **l) Nur-Betriebsgesellschafter; Nur-Besitzgesellschafter.** Sind sowohl am Besitzunternehmen Personen beteiligt, die nicht zugleich Ges'ter der BetriebsGes sind, als auch umgekehrt bei der BetriebsGes Ges'ter vorhanden, die nicht zugleich am Besitzunternehmen beteiligt sind, gelten die in Rz 821–833 dargestellten Grundsätze, insb die **Gruppentheorie** sinngemäß und kombiniert.

Beispiel: A, B, C und D sind zu je $1/4$ Miteigentümer eines Grundstücks, das an eine GmbH vermietet ist, deren Ges'ter A, B, C und E zu je $1/4$ sind. BetrAufsp, weil ABC Besitzunternehmen und BetriebsGes beherrschen.

835 **m) Mittelbare Beteiligung am Besitzunternehmen oder Betriebsunternehmen.** – Nach st Rspr wird der für die BetrAufsp maßgebende Einfluss auf die **BetriebsPersGes oder BetriebsKapGes** auch durch eine mittelbare Beteiligung an dieser – also zB „über" eine zwischengeschaltete KapGes – vermittelt (zB BFH X R 22/02 BStBl II 06, 457; FG BaWü EFG 20, 1486, Rev IV R 5/20). Soweit aus BFH IV R 11/98 BStBl II 99, 532 zu 1.b ein auch für das Betriebsunternehmen zu beachtendes Durchgriffsverbot abgeleitet worden ist (vgl *Salzmann* DStR 00, 1329), ist der BFH hiervon wieder abgerückt (BFH IV R 82/05 BStBl II 08, 471: „missverständl Formulierung"; BFH IV R 31/19 BStBl II 93, 134). Gleiches muss für **OptionsGes** (§ 1a KStG; Rz 160a) gelten. Demggü sollte es nach **bisheriger BFH-Rspr** an der personellen Verflechtung auf gesellschaftsrechtl Grundlage **fehlen**, wenn diejenigen Personen, die die BetriebsKapGes beherrschen, an der **BesitzPersGes** nur **mittelbar** über eine KapGes (als Ges'terin der BesitzPersGes) beteiligt sind. Grund: „Durchgriffsverbot"; offen blieb allerdings, ob evtl eine faktische Beherrschung (s Rz 836) gegeben sein konnte (BFH IV R 13/91 BStBl II 93, 134 zu II.2.a; BFH IV R 44/07 BStBl II 12, 136; offen aber bereits BFH IV R 59/16 BStBl II 20, 147; BFH IV R 31/19 BStBl II 21, 768). Diese Rspr hat der BFH nunmehr in **BFH IV R 7/18** DStR 22, 189 mit Rücksicht auf die Kritik des Schrifttums – vgl *Schmidt* 40. Aufl § 15 Rz 835 mwN: Abweichung ggü der Beurteilung der Beherrschungsidentität bei mittelbaren Beteiligungen an Betriebsunternehmen (s.o.) unverständl und ohne sachl Berechtigung; das „Durchgriffsverbot" stehe, wie die Organschaftregeln (§ 14 I 1 Nr 1 KStG) zeigten, einer mittelbaren Beherrschung nicht entgegen; jedenfalls bestehe eine faktische Beherrschung, dazu Rz 803, 836 – **geändert** mit der Folge, dass die mittelbare Beherrschung der **Besitz-PersGes** die **personelle Verflechtung** mit dem unmittelbar oder gleichfalls nur mittelbar beherrschten Betriebsunternehmen (PersGes *oder* KapGes; s.o.) **begründen** kann. **Offen** blieb in BFH IV R 7/18 DStR 22, 189 allerdings, ob das Durchgriffsverbot weiterhin im Verhältnis zu einer **BesitzKapGes** greift (so BFH I R 111/78 BStBl II 80, 77; zur kapitalistischen BetrAufsp s Rz 803, 863).

Beispiel 1 (BetriebsGes): E ist Alleineigentümer eines Grundstücks, das als wesentl Betriebsgrundlage an die X-GmbH vermietet ist. Ges'ter der X-GmbH sind die E-GmbH zu 90% und F (Ehefrau des E) zu 10%. E ist AlleinGes'ter der E-GmbH. – *Lösung:* E und die X-GmbH sind nicht nur sachl, sondern auch personell verflochten, denn E beherrscht mittelbar über die E-GmbH die BetriebsGes. BetrAufsp.

Beispiel 2 (BetriebsGes): E ist Alleineigentümer eines Grundstücks, das als wesentl Betriebsgrundlage an die E-GmbH & Co KG vermietet ist. Ges'ter der KG sind die A-GmbH als persönl haftender Ges'ter und die B-GmbH als K'tist. E ist AlleinGes'ter der A-GmbH und der B-GmbH. – *Lösung:* Mitunternehmerische BetrAufsp, keine Anwendung des § 15 I 1 Nr 2 S 1 HS 2.

Beispiel 3 (BesitzGes): Die Y-GmbH & Co KG vermietet der X-GmbH wesentl Betriebsgrundlagen: Ges'ter der Y-GmbH (AlleinGes'ter ist E) als persönl haftender Ges'ter und E als K'tist. E ist außerdem AlleinGes'ter der X-GmbH. – *Lösung:* BetrAufsp zw KG und X-GmbH so nunmehr auch die geänderte BFH-Rspr; s.o.).

Zur **sachlichen** Verflechtung bei **unmittelbarer Beteiligung** an Besitz- und Betriebsunternehmen iVm einer nur **mittelbarer Nutzungsüberlassung** zB über eine ZwischenKapGes s Rz 810.

Besonderheiten bei Betriebsaufspaltung   836–845 § 15

n) Faktische Beherrschung. In Ausnahmefällen kann die Person/Personen- 836
gruppe, die zwar eines der Unternehmen (Besitz- oder BetriebsGes) beherrscht,
aber keine *rechtl* Möglichkeit hat, im anderen Unternehmen ihren Willen durchzusetzen (zB keine Mehrheit oder Einstimmigkeitsprinzip), dieses Unternehmen
gleichwohl faktisch beherrschen, zB weil sich die anderen Ges'ter ihrem Druck aus
wirtschaftl oder anderen Gründen unterordnen müssen (vgl zB BFH VIII R 82/98
BStBl II 02, 774 zu 2. mwN; *BMF* BStBl I 02, 1028 zu IV: Überlassung einer *unverzichtbaren* Betriebsgrundlage; dazu *Kempermann* GmbHR 05, 317, 322).

aa) Beispiele. Die Rspr hat diese zB **bejaht** – *(1)* bei Beherrschung einer BetriebsPersGes 838
über eine daran beteiligte Stiftung (BFH I R 118/80 BStBl II 82, 662), – *(2)* wenn Ehemänner
ihren Betrieb an eine neue KG verpachten, deren Ges'ter die nicht fachkundigen Ehefrauen
sind, das Unternehmen aber wie bisher, nur formal als Angestellte der KG fortführen (BFH IV
R 145/72 BStBl II 76, 750), – *(3)* wenn der Besitzunternehmer die Geschäfte der Betriebs-
GmbH führt und zB aufgrund Vollmacht oder Option jederzeit die Mehrheit der GmbH-
Anteile erwerben kann (BFH IV R 23/96 BStBl II 97, 437; BFH/NV 02, 345; s oben Rz 829).

bb) Gegenbeispiele. Die Rspr hat diese zB **verneint** – *(1)* bei Betriebsverpachtung durch 839
den Ehemann an – *(a)* GmbH, deren alleinige Ges'terin die „nicht fachunkundige" Ehefrau ist
(zB BFH X R 5/86 BStBl II 89, 152), – *(b)* GmbH, deren AlleinGes'terin die Ehefrau ist –
ungeachtet dessen, dass der Ehemann der GmbH als Geschäftsführer das „Gepräge" gibt
(BFH I R 228/84 BStBl II 89, 155), – *(c)* GmbH, deren Ges'ter die Ehefrau und die minderjährigen Kinder sind und deren Geschäftsführer der Ehemann und die teilweise fachkundige
Ehefrau sind – ungeachtet dessen, dass der Ehemann die GmbH-Anteile geschenkt hatte (ähnl
BFH/NV 00, 601 zu 1.c), Gläubiger der GmbH war und den Pachtvertrag kündigen konnte
(BFH III R 94/87 BStBl II 90, 500), – *(d)* GmbH, an der die Eheleute zu je $^1/_2$ beteiligt sind
(BFH XI R 25/88 BFH/NV 91, 454), – *(2)* wenn die Ehemänner die BesitzGes beherrschen,
bei der BetriebsGmbH der Ehefrauen angestellt sind und die Geschäftsanteile der Ehefrauen
uU eingezogen werden können (BFH IV R 20/98 BStBl II 99, 445), – *(3)* wenn Ehefrau
Nur-BesitzGes'terin in Familien-GbR mit Einstimmigkeitsprinzip ist und das an die Betriebs-
GmbH überlassene Grundstück vom Ehemann als MehrheitsGes'ter in Besitz- und Betriebs-
Ges angemietet ist (BFH VIII R 82/98 BStBl II 02, 774), – *(4)* wenn AlleinGes'ter der Be-
triebs-GmbH die Grundstücksgemeinschaft nicht beherrscht, er jedoch die Miete erhält (FG
Mster EFG 04, 329, rkr), – *(5)* bei fehlender Geschäftsführungsbefugnis in Betriebs-GmbH
(FG Ddorf EFG 04, 1632), – *(6)* bei Ergänzungspfleger für Anteil eines Minderjährigen (BFH
X R 5/19 BStBl II 21, 851; dazu Rz 827, 849). Zur tatsächlichen Beherrschung aufgrund
Großgläubigerstellung s zB BFH IV R 13/91 BStBl II 93, 134 zu III.).

o) (Dauer-)Testamentsvollstreckung (Rz 141, 301). Sie bedeutet treuhän- 841
derisches Handeln für die Miterben/Erben und begründet deshalb ohne Anteils-
beherrschung durch Miterben/Erben keinen einheitl geschäftl Betätigungswillen
(BFH VIII R 237/81 BStBl II 85, 657), lässt aber die aus den Beteiligungen der/s
Miterben/Erben abzuleitende Beherrschungsidentität unberührt (BFH IV R 76/
05 BStBl II 08, 858 mwN; *Bitz* GmbHR 08, 1043; krit *LoRz* ZEV 08, 498).

p) Insolvenz. Nach der BFH-Rspr entfällt die personelle Verflechtung mit der 842
Eröffnung des Insolvenzverfahrens über die **BetriebsGes** (zust *Fichtelmann* EStB
04, 75); Rechtsfolge soll idR **Betriebsaufgabe** des Besitzunternehmens bereits zu
diesem Zeitpunkt sein (BFH XI R 2/96 BStBl II 97, 460; krit zR *Wendt* FR 98,
264, 277: nur Betriebsänderung, solange WG weiterhin der BetriebsGes überlassen; ähnl *Crezelius* JbFfSt 98/99, 270; Anm *HG* DStR 97, 958: nur Betriebsunterbrechung, wenn Betrieb fortgesetzt wird; s auch Rz 865, 866).

6. Ehegatten; Eltern und Kinder. – Sind Ehegatten oder Eltern und Kinder 845
sowohl an der BetriebsGes als auch an den zur Nutzung überlassenen WG beteiligt (zB Miteigentümer des Grundstücks zu je 40%, Ges'ter der Betriebs-GmbH
zu je 50%), bilden sie **wie Fremde** keine „geschlossene Personengruppe" (zB
BFH IV R 8–9/93 BStBl II 94, 466); personelle Verflechtung ist idR gegeben, auch
bei unterschiedl hoher Beteiligung (s Rz 821). Zu Grundstück und Anteilen an
Betriebs-GmbH im Gesamtgut ehel Gütergemeinschaft s BFH IV R 15/91
BStBl II 93, 876; BFH IV R 22/02 DStR 06, 2207; BVerfG 1 BvR 19/07 HFR
08, 754.

846 **a) Ehegatten.** Sind *beide* entweder *nur* an der BetriebsGes oder *nur* an den dieser zur Nutzung überlassenen WG beteiligt (zB Ehemann ist Alleineigentümer eines Grundstücks, das an eine GmbH vermietet ist, deren Ges'ter Ehemann und Ehefrau zu je 50 % sind), ist im Hinblick auf Art 3 I, 6 I GG eine Zusammenrechnung der Ehegattenanteile *nur* zulässig, wenn zusätzl zur ehel Lebensgemeinschaft Beweisanzeichen für gleichgerichtete wirtschaftl Interessen der Ehegatten vorliegen (BVerfG 1 BvR 571/81 BStBl II 85, 475; BFH IV R 20/98 BStBl II 99, 445; BMF BStBl I 86, 537). *Zusätzl Beweisanzeichen* für gleichgerichtete wirtschaftl Interessen der Ehegatten *sind* zB *unwiderrufl* Stimmrechtsvollmacht (BFH VIII R 151/85 BFH/NV 90, 99; **aA** *Kuhfus* GmbHR 90, 401) oder Stimmrechtsbindung. *Keine* solchen Beweisanzeichen sind: Jahrelanges, konfliktfreies Zusammenwirken innerhalb der Ges (zB BFH VIII R 72/96 BStBl II 02, 722 zu II.1.b; Herkunft der Mittel für die Beteiligung der Ehefrau an der BetriebsGes vom Ehemann; ,Gepräge' der BetriebsGes durch den Ehemann (vgl BFH III R 94/87 BStBl II 90, 500 zu 3.a). – *(3)* Unzulässig ist eine Zusammenrechnung, wenn ein Ehegatte nur am „Besitzunternehmen" und der andere Ehegatte nur an der „BetriebsGes" beteiligt ist (sog **Wiesbadener Modell**), auch wenn aufgrund besonderer Beweisanzeichen gleichgerichtete wirtschaftl Interessen der Ehegatten anzunehmen sind (BFH X R 5/86 BStBl II 89, 152; BFH I R 228/84 BStBl II 89, 155). Etwas anderes gilt mE, wenn zB die Ehefrau das vermietete Grundstück oder die Anteile an der Betriebs-GmbH vom Ehemann geschenkt erhalten hat *und* diese Schenkung frei widerrufl ist (BFH VIII R 196/84 BStBl II 89, 877; zum Zivilrecht instruktiv *Kesseler* DStR 15, 1189). Unabhängig hiervon kann das Rechtsverhältnis zw den Ehegatten uU als verdecktes GesVerhältnis zu werten und damit MUerschaft sein (s Rz 280 ff). Zu **Treuhand** s Rz 829.

849 **b) Eltern und Kinder.** Auch soweit an **einem** der beiden „**Unternehmen**" **nur** die **Eltern** oder ein Elternteil, an dem anderen aber sowohl die Eltern bzw ein Elternteil als auch **minderjährige Kinder** beteiligt sind (zB die Eltern sind Miteigentümer eines Grundstücks zu je $^1/_2$, das an eine GmbH vermietet ist, deren Ges'ter die Eltern und ihre beiden minderjährigen Kinder zu je $^1/_4$ sind), können (iSe Beherrschungsidentität) die Anteile der Kinder den Eltern nur zugerechnet werden, wenn Beweisanzeichen dafür vorhanden sind, dass die Rechte aus den Anteilen in Gleichrichtung mit den Rechten aus den elterl Anteilen ausgeübt werden. Nach Auffassung der *FinVerw* (EStR 15.7 VIII) rechtfertigt die **elterl Vermögenssorge** (§ 1626 BGB) eine Zusammenrechnung grds *nur*, wenn an einem der beiden Unternehmen beide Elternteile mehrheitl und am anderen ebenfalls beide Elternteile und das Kind (zusammen mehrheitl) beteiligt sind, *sofern* beide Elternteile sorgeberechtigt sind. Keine Zusammenrechnung hingegen bei Ergänzungspflegschaft (BFH X R 5/19 BStBl II 21, 851; *Nöcker* HFR 22, 24; weitergehend zB *Felix* StB 97, 145, 151). Zum Wegfall der personellen Verflechtung durch Eintritt der Volljährigkeit s Rz 865.– Anteile von **Eltern und volljährigen Kindern** oder von **sonstigen Angehörigen** werden grds nicht zusammengerechnet (zB BFH VIII R 13/93 BStBl II 94, 922 zu 2.c mwN).

7. Rechtsform und Tätigkeit des Betriebsunternehmens; mitunternehmerische Betriebsaufspaltung

Verwaltung: *BMF* BStBl I 98, 583; *BMF* BStBl I 19, 1291: Verhältnis des § 15 I Nr 2 zur mitunternehmerischen BetrAufsp; unentgeltl Begründung (§ 6 III); *BMF* BStBl I 21, 2212: OptionsGes gem § 1a KStG; *OFD Mchn* (DB 99, 1878): Bruchteilsgemeinschaften.

855 **a) Betriebsunternehmen.** Hat idR die Rechtsform einer **KapGes** (zB BFH IV R 59/16 BStBl II 20, 147; BFH X R 17/05 BStBl II 08, 579: Vor-GmbH), evtl auch einer **PersGes** (OHG, KG, GbR), insb einer GmbH & Co KG (sog *mitunternehmerische BetrAufsp;* s Rz 856; zur **OptionsGes** gem **§ 1a KStG** s aber Rz 803a) oder einer eG (BFH IV R 44/07 BStBl II 12, 136). Ein **Einzelunternehmen** (natürl Person) kann nicht *Betriebs*unternehmen sein (*Kroschel ua* DStZ 99, 167, 168). Über-

lässt zB eine Bruchteilsgemeinschaft oder nicht gewerbl GbR, an der ein Einzelunternehmer beteiligt ist, diesem WG zur gewerbl Nutzung, ist der Miteigentumsanteil (§ 39 II Nr 2 AO) – und nur dieser – notwendiges BV des Einzelunternehmens (BFH IV R 160/73 BStBl II 78, 299). Die BetriebsGes muss ein **gewerbl Unternehmen** betreiben (zu ausl Ges s Rz 862); sie kann gemeinnützig sein (*OFD Ffm* DStR 99, 1111; *Jost* DB 07, 1664) oder zB nach § 3 Nr 20 GewStG gewstfrei (s Rz 869, 871). Es ist weder erforderl, dass bei echter BetrAufsp der Träger des Besitzunternehmens schon vorher *gewerbl* tätig war, noch, dass die BetriebsGes eigengewerbl tätig ist; ein GewBetr kraft Rechtsform (§ 8 II KStG: KapGes; § 15 III Nr 2: GmbH & Co KG) reicht aus (**"gewerbl geprägte BetrAufsp"**; zB BFH IV B 21/91 BFH/NV 92, 333: Pflegeheim; BFH XI R 12/87 BStBl II 92, 415: Vergabe von *Unterlizenzen;* BFH VIII R 24/01 BStBl II 03, 757: Steuerberatung; BFH IV R 67/96 BStBl II 98, 254: Labor-GmbH; BFH VIII R 11/99 BStBl II 00, 621: Ingenieurbüro; BFH X R 54/14 DStR 16, 2338; BFH IV R 11/13 BFH/NV 15, 1398: jew Vermietung; BFH III R 68/06 BFH/NV 10, 241: Verlustausgleich durch Fremd-Manager; **aA** zB *Kesseler* DStR 15, 2427; *Kudert ua* StuW 16, 146/53). Soweit sich dadurch die Struktur des bisherigen freiberufl (oder luf) Betriebs zum GewBetr wandelt, tritt keine (zwangsweise) Gewinnrealisierung ein. – Dass die Betriebs-GmbH zugleich persönl haftender Ges'ter der BesitzPersGes ist, steht einer Betr-Aufsp nicht entgegen (BFH IV B 21/91 BFH/NV 92, 333).

b) Mitunternehmerische Betriebsaufspaltung; Personengesellschaft als Betriebsunternehmen. – aa) Keine Subsidiarität. Da der BFH in stRspr die sog Subsidiaritätsthese ablehnt (s Rz 534), gilt, dass § 15 I 1 Nr 2 HS 2 die Rechtsfolgen einer mitunternehmerischen BetrAufsp verdrängt, genauer den Tatbestand nicht erfüllt ist **(Vorrang von SBV und Sondervergütungen),** *wenn* derjenige (natürl Person, PersGes, KapGes), der wesentl Betriebsgrundlagen einer **Betriebs-PersGes, die keine OptionsGes iSv § 1a KStG ist** (Rz 803a, 855), zur Nutzung überlässt, **an dieser selbst als Ges'ter (MUer)** beherrschend beteiligt ist (BFH III R 50/96 BStBl II 03, 613 zu II.2.c; *BMF* BStBl I 98, 583 Nr 1; **aA** zB *Patt/Rasche* DStZ 99, 127). – Nach der Rspr des BFH (VIII R 13/95 BStBl II 98, 325; BFH VIII R 61/97 BStBl II 99, 483) und Ansicht der FinVerw (*BMF* BStBl I 98, 583 Nr 2–4) ist die Rechtslage aber anders **(Vorrang der mitunternehmerischen BetrAufsp),** wenn eine *PersGes* wesentl Betriebsgrundlagen zur Nutzung überlässt und nicht diese selbst, sondern nur deren Ges'ter (oder einige davon) beherrschend an der BetriebsPersGes beteiligt sind (zust zB *Kloster* BB 01, 1449; abl *G. Söffing* DStR 01, 158; zur Umqualifikation bei Beendigung der BetrAufsp s Rz 865 aE). Unerhebl ist, ob die Besitz-PersGes originär gewerbl tätig, gewerbl geprägt oder erst aufgrund der personellen und sachl Verflechtung mit der BetriebsGes gewerbl ist (zB *Brandenberg* FR 97, 87, 89; *Strahl* FS Schaumburg, 493, 504; **aA** *Gebhardt* GmbHR 98, 1022, 1024). Gleiches soll für eine Bruchteilsgemeinschaft als Besitzunternehmen gelten (*OFD Mchn* DB 99, 1878; *Poll* DStR 99, 477; **aA** *Strahl* KÖSDI 98, 11533; *Meyer/Ball* FR 98, 1075, 1082; mE idR konkludent GbR, s Rz 861; ähnl BFH VIII R 34/00 BFH/NV 02, 185; krit *Weber* FR 06, 572; zu § 6 III s § 6 Rz 741; *BMF* BStBl I 19, 1291 Rz 39). Für eine mitunternehmerische BetrAufsp (bzw ihren Vorrang gegenüber SBV) fordert die FinVerw allerdings – mE zR –, dass die *BesitzPersGes mit Gewinnabsicht* tätig ist; diese wird idR fehlen, sofern die BesitzGes nur als Besitzunternehmen tätig ist (Ausnahme evtl gewerbl geprägte PersGes), – anders als bei Nutzungsüberlassung an Betriebs-KapGes (s Rz 809), *wenn* die WG unentgeltl oder nur teilentgeltl überlassen sind (BFH IV R 5/15 BStBl II 20, 118; *BMF* BStBl I 98, 583 Nr 1; zust *Demuth* KÖSDI 19, 21310, 21318; krit *Kroschel ua* DStZ 99, 167, 171; *Wendt* FR 06, 25). – Zu den (estrechtl und gewstrechtl) Konsequenzen **(Vor- und Nachteilen!)** des Vorrangs der mitunternehmerischen BetrAufsp s zB *BMF* BStBl I 98, 583 Nr 2; *Strahl* FS Schaumburg, 493, 506: zB Nur-BesitzGes'ter hat gewerbl Einkünfte; Veräußerung der Anteile an BesitzPersGes tarifbegünstigt; ebenso Anteilsveräußerung bezügl BetriebsPersGes (FG Bdg EFG 07, 1498, rkr: ohne Ansatz eines Entnahmegewinns für BesitzPersGes-Anteile; zutr); Trennung der Veräußerungsgewinne bezügl Besitz- und BetriebsPersGes (FG BaWü EFG 08, 795, rkr, zu § 34 III 4 nF); zu § 7g; *BMF* BStBl I 13, 1493 Rz 1, 15); mehrfacher GewSt-Freibetrag; kein gewstl Verlustausgleich zw den Ges; Hinzurechnung gem § 8 GewStG (Rz 871) mögl, aber GewSt-Anrechnung (§ 35) und Thesaurierungsbegünstigung (§ 34a) auch bezügl BesitzPersGes (*Strahl* KÖSDI 98, 11533). Zur **Option** gem **§ 1a KStG** s Rz 160d. – Überlässt eine GbR zB ein Grundstück einer ges'teridentischen **freiberufl PersGes** zur Nutzung, ist dies mangels GewBetr der BetriebsPersGes (s Rz 855) keine mitunternehmerische BetrAufsp (BFH X R 59/00 BStBl II 06, 661; BFH IV R 29/04 BStBl II 06, 173; **aA** *KS* § 15 Rz 88).

859 bb) Folgen. – *(1)* **Anwendung des § 15 I 1 Nr 2 S 1 HS 2.** Keine BetrAufsp: – *(a)* wenn eine natürl Person, KapGes oder PersGes, die wesentl Betriebsgrundlagen einer anderen PersGes zur Nutzung überlässt, an dieser *selbst als Ges'ter* (MUer) mehrheitl beteiligt ist, zB doppelstöckige PersGes (BFH III R 35/98 BStBl II 01, 316); – *(b)* wenn eine natürl Person, die an der „eigenen" GmbH atypisch still beteiligt ist, an diese vermietet (BFH III R 23/89 BStBl II 94, 709); – *(c)* wenn eine weder originär gewerbl tätige noch gewerbl geprägte BesitzPersGes der Schwester-BetriebsPersGes, die von den Ges'tern der BesitzPersGes beherrscht wird, WG (auch wesentl Betriebsgrundlagen) *unentgeltl oder teilentgeltl ohne Gewinnabsicht* zur Nutzung überlässt (*BMF* BStBl I 98, 583 Nr 1; str, s Rz 858, 602 mwN). – *(2)* **Keine Anwendung des § 15 I 1 Nr 2 S 1 HS 2, sondern mitunternehmerische Betriebsaufspaltung:** – *(a)* wenn eine vermögensverwaltende PersGes (oder Bruchteilsgemeinschaft, s Rz 858) oder eine gewerbl tätige oder geprägte PersGes („überlagerte BetrAufsp") wesentl Betriebsgrundlagen einer (Schwester-)PersGes *mit Gewinnabsicht* zur Nutzung überlässt (s Rz 601 mwN), an der die beherrschenden Ges'ter der überlassenden PersGes ebenfalls beherrschend beteiligt sind (BFH VIII R 13/95 BStBl II 98, 325; BFH VIII R 61/97 BStBl II 99, 483); – *(b)* wenn eine natürl Person (KapGes, PersGes), die einer PersGes (zB mit vertragl Mehrheitsprinzip) wesentl Betriebsgrundlagen zur Nutzung überlässt, an dieser nicht als Ges'ter (MUer) beteiligt ist, diese aber zB über eine rechtsfähige Stiftung (BFH I R 118/80 BStBl II 82, 662) oder den Komplementär-GmbH beherrscht (BFH I R 178/77 BStBl II 83, 136).

Beispiel: A und B sind alleinige K'tisten der A-GmbH & Co KG und zugleich Allein-Ges'ter der Komplementär-GmbH. A, B und C sind zu je $1/3$ Ges'ter einer GbR mit vertragl Mehrheitsprinzip (s Rz 823), die ihr Grundstück an die KG vermietet: BetrAufsp; kein SBV von A und B bei der KG.

861 8. **Rechtsform des Besitzunternehmens. – a) Allgemeines.** Das Besitzunternehmen kann die Rechtsform eines Einzelunternehmens einer natürl Person haben – allerdings nur im Verhältnis zu einer Betriebs-*KapGes* (BFH III R 28/08 BStBl II 14, 194) oder *OptionsGes* gem § 1a KStG (Rz 803a) –, einer Bruchteilsgemeinschaft (§§ 741 ff BGB; zB BFH VIII R 34/00 BFH/NV 02, 185: idR GbR; *Stahl* KÖSDI 03, 13800: Besitz-GbR mit Grundstück im Miteigentum als SBV; dazu auch BFH IV R 59/00 BStBl II 05, 830; uU einschr BFH IV R 16/13 BFH/NV 16, 19; BFH X R 50/03 BFH/NV 06, 1144; *Wacker* JbFfSt 07/08, 382; krit *Weber* FR 06, 572; ausführl *Haas/Drüen* FS Priester, 133), Erbengemeinschaft (BFH III R 7/03 BFH/NV 05, 1974) oder ehel Gütergemeinschaft (BFH IV R 22/02 DStR 06, 2207), einer Wohnungseigentümergemeinschaft (BFH IV R 73/94 BStBl II 97, 569), einer PersGes (GbR, OHG, KG), einer KapGes (s zu c), eines eingetragenen (auch) Vereins/Stiftung iVm wirtschaftl Geschäftsbetrieb (BFH I R 97/09 BFH/NV 11, 312; FG D'dorf EFG 13, 1958) oder einer Körperschaft des öffentl Rechts (*BMF* BStBl I 21, 2483). Bestehen mehrere Bruchteilsgemeinschaften, kann BetrAufsp zu *mehreren* Besitzunternehmen gegeben sein (BFH IV

R 59/04 BStBl II 05, 830, mwN), jene können aber auch durch *eine* GbR als *ein* Besitzunternehmen „überlagert" sein (zB BFH IV R 98–99/85 BStBl II 86, 913); zu mehreren Besitz*PersGes* zB GbR s BFH IV R 27/06 BStBl II 09, 881; *Schallmoser* DStR 97, 49 (mehrfacher GewSt-Freibetrag).

b) Betriebsaufspaltung über die Grenze. – *(1)* Nach rein **nationalem** 862 **Recht** erzielen der/die Besitzunternehmer/MUer originär **gewerbl Einkünfte** (§ 15) auch bei **WG-Überlassung an ausl BetriebsGes** (Rz 807; BFH I R 95/10 BStBl II 14, 760), ungeachtet dessen, ob Letztere im Inl über eine Betriebsstätte verfügt (BFH I R 72/16 DStR 21, 1149; **aA** bis *Schmidt* 39. Aufl § 15 Rz 862). Deren Einkünfte unterliegen entweder – *(a)* bei inl Wohnsitz (etc) der Besitzunternehmer/MUer der **unbeschränkten,** anderenfalls – *(b)* nach § 49 I Nr 2a der **beschränkten ESt/KSt**-Pflicht, **wenn** – *(aa)* das *Besitzunternehmen* seine Geschäftsleitung oder – *(bb)* selbst eine andere Betriebsstätte im Inl hat (§§ 10, 12 AO; § 49 Rz 25: Grundstücksüberlassung nicht ausreichend; mE fragl; vgl *Wacker* FR 21, 505; BFH I R 196/79 BStBl II 83, 77: keine BS-Zurechnung der BetriebsGes) oder – *(cc)* ein ständiger Vertreter bestellt ist (§ 13 AO) oder – *(dd)* gewerbl Einkünfte gem § 49 I Nr 2 f idF 09 vorliegen (*FB Bln* DStR 14, 2569; zuvor § 49 I Nr 6: Einkünfte aus VuV; *Haverkamp* IStR 08, 165). – *(2)* Beachte aber § 2 I 3 **GewStG:** inl Betriebsstätte erforderl; *Bron* DB 09, 592. – *(3)* **DBA**-rechtl soll das Besitzunternehmen hingegen **keine** Unternehmensgewinne (Art 7 OECD-MA) erzielen (BFH I R 72/16 DStR 21, 1149 mwN; *BMF* BStBl I 14, 1258; mE unzutr; iEinz *Wacker* FR 21, 505; s auch Rz 173; zu § 50i s § 50i Rz 11).

c) Kapitalgesellschaft. Überlässt diese einer *anderen KapGes* oder *OptionsGes* 863 gem § 1a KStG (Rz 803a) wesentl Betriebsgrundlagen zur Nutzung, liegt eine sog „kapitalistische" BetrAufsp vor, wenn die KapGes *selbst* an der anderen KapGes als Ges'ter beherrschend beteiligt ist (BFH I R 20/14 BFH/NV 15, 1109 mwN; *OFD Hbg* DStR 96, 427). Eine eigene gewerbl Tätigkeit der BesitzKapGes ist unschädl (BFH III R 28/08 BStBl II 14, 194). Ebenso, wenn die BesitzKapGes eine *BetriebsPersGes* zB über eine rechtsfähige Stiftung beherrscht (Rz 859), ohne an der PersGes selbst als Ges'ter beteiligt zu sein („kapitalistische" *mitunternehmerische BetrAufsp*). – Keine BetrAufsp ist gegeben, wenn nur die Ges'ter der BesitzKapGes an der BetriebsKapGes oder Betriebs-OptionsGes gem § 1a KStG (Rz 803a) beteiligt sind (SchwesterGes; zB BFH III R 45/92 BStBl II 95, 75; **aA** *Klein ua* GmbHR 95, 499). – Hat die BetriebsGes die Rechtsform einer (Schwester-)PersGes, liegt eine *umgekehrte BetrAufsp* vor, wenn deren Ges'ter die BesitzKapGes aufgrund Anteilsbesitz (SBV) beherrschen (vgl BFH III S 42/92 BStBl II 93, 723; s auch Rz 803, 835). – Da eine KapGes kraft Rechtsform ohnehin gewerbl Einkünfte erzielt, hat die Annahme oder Ablehnung einer BetrAufsp in den **Rechtsfolgen** *primär* (s aber Rz 877; *Kessler ua* DStR 01, 869) Bedeutung für die InvZul (Rz 879) und (ggf iVm Organschaft) die GewSt-Belastung (*Strahl* FS Schaumburg, 493; Rz 804, 871).

d) Überlassung an verschiedene Gesellschaften. Werden wesentl Betriebs- 864 grundlagen an **verschiedene KapGes** oder **PersGes** überlassen, kann bei personeller Verflechtung BetrAufsp mit *einem* Besitzunternehmen und *mehreren* BetriebsGes vorliegen (zB BFH XI R 6/93 BStBl II 94, 23; BFH IV R 137/91 BStBl II 94, 477); das Besitzunternehmen hat dann uU mehrere **Teilbetriebe** (vgl einschließl sog überlagerter BetrAufsp § 16 Rz 130 „Besitzunternehmen").

9. Beendigung der Betriebsaufspaltung. – a) Entflechtung. Veränderun- 865 gen in den **personellen** Voraussetzungen der BetrAufsp durch Handlungen (zB Veräußerung der Anteile an der Betriebs-GmbH; BFH X R 22/12 BStBl II 14, 388) oder sonstige Ereignisse (zB Erbfall; Volljährigkeit; Insolvenz, BFH XI R 2/96 BStBl II 97, 460, dazu auch Rz 842, 867) können zum (endgültigen) Wegfall des Tatbestands der BetrAufsp führen („personelle Entflechtung"). Ebenso nach BFH X R 16/12 BFH/NV 15, 815, wenn Besitz-Einzelunternehmen und GmbH-Anteil unter **Vorbehaltsnießbrauch** übertragen werden, da der Nießbraucher dann nur noch das Besitunternehmen beherrsche, nicht aber die GmbH (Stimmrechte nach hM grds beim Ges'ter; zR krit *Wachter* GmbHR 15, 778; Rz 309; zum wirtschaftl Eigentum des Vorbehaltsnießbrauchers an GmbH-Anteilen s auch BFH IX R 51/10 BStBl II 12, 308; BFH X R 45/14 BFH/NV 17, 1039; mE bedenkl; Rz 829). Die BetrAufsp kann gleichfalls durch Veränderungen in den **sachl** Voraussetzungen zB Beendigung des Pachtverhältnisses mit der Betriebs-GmbH oder Veräußerung der verpachteten WG entfallen („sachl Entflechtung"; zB BFH VIII R 17/15 BFH/NV 18, 522; BFH X R 14/11 BStBl II 14, 158). – Der Tatbestand der BetrAufsp fällt aber **nicht** weg zB, – *(1)* wenn der Inhaber des Besitzunternehmens ein der BetriebsGes vermietetes Grundstück unter Nießbrauchsvorbehalt und Fortbestand des Mietvertrags auf seine Kinder überträgt (BFH VIII R 25/01 BFH/NV 02, 781; zur Abgrenzung s aber FG Nds EFG 07, 1584, rkr; zum Nießbrauch an GmbH-Anteilen s oben), oder – *(2)* wenn eine *BetriebsKapGes* die bisherige (originäre) gewerbl Tätigkeit einstellt, ihr aber weiterhin zB das Betriebsgrundstück zur Nutzung überlassen ist und die KapGes das Grundstück entgeltl untervermietet („gewerbl geprägte BetrAufsp", s Rz 855). – Der Wegfall des Tatbestands der BetrAufsp ist nach stRspr des BFH sowohl bei personeller wie sachl „Entflechtung", unabhängig davon, ob handlungsbedingt oder nicht, grds (s unten) als **Betriebsaufgabe** (§ 16 III) des Besitzunternehmens mit voller Gewinnrealisierung im BV – einschließl der Anteile an der Betriebs-GmbH (BFH X B 47/99 BFH/NV 00, 559; *Patt* DStR 97, 807 mwN) ausgenommen evtl einbringungsgeborene Anteile iSv § 21 UmwStG 1995 (*Crezelius* FS Haas, 1996, 79, 90) – zu beurteilen (zB BFH XI R 6/93 BStBl II 94, 23 mwN: personelle Entflechtung durch Anteilsveräußerung; BFH XI R 2/96 BStBl II 97, 460: personelle Entflechtung durch Konkurs der BetriebsGes; BFH X R 14/11 BStBl II 14, 158: sachl Entflechtung; **aA** *Wendt* FR 98, 264/77: nur wenn Aufgabehandlung vorliegt). – **Ausnahmen (keine Betriebsaufgabe!):** – *(1)* Die Überlassung der wesentl Betriebsgrundlagen erfüllt subsidiär die Voraussetzungen einer *Betriebsverpachtung* (dazu § 16 Rz 166 ff), denn nach Wegfall des Tatbestands der BetrAufsp erzielt der „Betriebsverpächter" weiterhin gewerbl Einkünfte, solange er keine Betriebsaufgabe erklärt (BFH X R 34/15 BFH/NV 18, 623). Dies gilt für echter BetrAufsp (zB BFH IV R 1/01 BStBl II 02, 519 zu 1.) und auch bei unechter, sofern alle wesentl Betriebsgrundlagen verpachtet sind (BFH IV R 12/16 BStBl II 19, 745: betr Grundstücksverpachtung; s dazu § 16 Rz 173). Zur GewSt s FG Köln EFG 09, 1244. – *(2)* Der Vorgang führt zu einem *Strukturwandel* zB in ein freiberufl „Erfinder-Unternehmen" (BFH XI B 91/05 BFH/NV 06, 1266; **aA** *Fichtelmann* GmbHR 06, 345, 347). – *(3)* Die BesitzGes erfüllt – evtl nach Umstrukturierung – den Tatbestand einer *gewerbl geprägten PersGes* (iEinz Ott DStZ 19, 693). – *(4)* Der Besitzunternehmer hat vorher eine andere gewerbl Tätigkeit begonnen. – *(5)* Die personelle oder sachl Verflechtung fällt nur vorübergehend weg = *Betriebsunterbrechung* (BFH XI R 2/96 BStBl II 97, 460; FG Nds Rz 160), zB weil *alle* wesentl Betriebsgrundlagen zurückbehalten oder ggf branchenfremd vermietet (BFH VIII R 80/03 BStBl II 06, 591; *Wendt* FR 08, 828) oder befristete Optionen auf Erwerb der KapGes-Anteile eingeräumt werden (BFH X R 37/07 BFH/NV 10, 406). Zur Betriebsaufgabeerklärung s FG BBg EFG 13, 1400 rkr; zu § 16 IIIb S 1 s § 16 Rz 191; *BMF* BStBl I 16, 1326. – Allg zu **„vorbeugenden" Maßnahmen** zB *Strahl ua* NWB F 3, 11947. – Zu Härten führt die **Ermittlung des Aufgabegewinns** als Differenz zw gemeinem Wert und AK, wenn die *FinVerw* im Einzelfall in der Vergangenheit (obj zu Unrecht) BetrAufsp verneint hat (zum Teilwertansatz s *Schmidt* 23. Aufl § 15 Rz 865; **aA** BFH X B 113/97 BFH/NV 98, 578; *Kempermann* NWB F 3, 12507; s auch Rz 813). – Zu *Beendigung einer mitunternehmerischen BetrAufsp* durch Wegfall der sachl Verflechtung s BFH IV R 50/5 BStBl II 08, 129: uU Umqualifikation des Vermögens der BesitzPersGes zu SBV des vormaligen BetriebsGes. – Die *FinVerw* gewährt „aus Billigkeitsgründen" auf Antrag ein Wahlrecht zur Fortsetzung der gewerbl Tätigkeit (unabhängig von den Voraussetzungen einer Betriebsverpachtung), *wenn* (nur in diesem Fall!) die personelle Verflechtung durch Volljährigkeit minderjähriger Kinder wegfällt (EStR 16 II 4).

b) Nachträgliche Nutzungsüberlassung. Muss der Inhaber des Besitzunter- 866 nehmens nach **Insolvenz der Betriebs-KapGes** gem BGH-Rspr der Masse die bisher der KapGes vermietetem WG für bestimmte Zeit unentgeltl zur Nutzung überlassen, weil die Vermietung nach § 172a HGB aF (iVm 32a III GmbH aF) eigenkapitalersetzend war (Rz 805), und unterstellt man, dass bereits mit der Eröffnung des Verfahrens der Betrieb des *Besitzunternehmens* aufgegeben ist (s Rz 842, 865), entstehen mE beim ehemaligen Besitzunternehmer iHd Aufwendungen für die WG (negative) Einkünfte aus VuV bzw GewBetr. Nach **§ 135 III InsO** ist das Nutzungsentgelt als Einnahme anzusetzen.

c) Gezielte Beendigung der Betriebsaufspaltung. Kann zB eintreten – 867 *(1)* durch Einbringung des Besitzunternehmens in die Betriebs-GmbH nach §§ 20 ff UmwStG bzw in die BetriebsPersGes nach § 24 UmwStG oder Verschmelzung der BetriebsGmbH auf die Besitz-PersGes nach §§ 3 ff UmwStG s zB *Märkle* DStR 02, 1153, 1161; *BMF* BStBl I 98, 583 Nr. 5; – *(2)* Verschmelzung bzw Einbringung von Besitz- und BetriebsGes s BFH VIII R 25/98 BStBl II 01, 321.

d) Verunglückte Betriebsaufspaltung. Wird ein GewBetr in BetriebsGes 868 und BesitzGes aufgeteilt (s Rz 877), fehlt aber die personelle Verflechtung zw beiden Ges (zB Besitz-GbR mit Nur-Besitz Ges'ter und Einstimmigkeitsprinzip) und damit der Tatbestand der (echten) BetrAufsp (sog verunglückte BetrAufsp), ist dies idR nur **Betriebsunterbrechung** (keine Gewinnrealisierung!), sofern keine Betriebsaufgabe erklärt wird (BFH VIII R 72/96 DStR 99, 1184; *HG* DStR 99, 1186; s auch Rz 865; krit *Natschke* StBp 00, 133). Ebenso ist dies mE, wenn aufgrund **Änderung der Rspr** eine ursprüngl zR bejahte (echte) BetrAufsp ex tunc zu verneinen ist (ähnl *Tiedtke ua* DStZ 99, 725).

10. Rechtsfolgen einer Betriebsaufspaltung. – a) Allgemeines. Ist der Tat- 869 bestand der BetrAufsp erfüllt, betreibt auch das Besitzunternehmen einen GewBetr – zu DBA-Recht s aber Rz 173 (einschließl § 50i); *BMF* BStBl I 14, 1258 –, der grds (s aber Rz 871) auch **gewstpfl** ist (zB BFH IV R 8/97 BStBl II 98, 478). Dieser GewBetr *beginnt* grds, sobald personelle und sachl Verflechtung vorliegt; bei unechter BetrAufsp sind uU auch Vorbereitungshandlungen ausreichen (BFH VIII R 57/99 BStBl II 02, 662 zu II.B.3.; *OFD Ffm* FR 12, 976, 981). Der Unternehmer (MUer) des Besitzunternehmens hat gewerbl Einkünfte und insoweit BV. Dies gilt auch, wenn – *(1)* ein Freiberufler einer von ihm beherrschten GmbH wesentl Betriebsgrundlagen zur Nutzung überlässt (BFH IV R 67/96 BStBl II 98, 254: Zahnarzt-GbR überlässt Räume uä; BFH VIII R 24/01 DStR 03, 1431: Gebäude an Steuerberater-GmbH) oder – *(2)* die BetriebsGes an sich nur luf, freiberufl oder vermögensverwaltend tätig ist, aber einen GewBetr kraft Rechtsform (zB KapGes) hat (s Rz 855). Der Gewinn des Besitzunternehmens ist grds durch **BV-Vergleich** zu ermitteln (arg § 141 AO; evtl § 242 HGB; BFH X R 9/86 BStBl II 89, 714; zu § 4 III s *kom* KÖSDI 14, 19001, 19003); zur BesitzGes als *ZweckGes* iSv § 290 II Nr 4 HGB nF s *Schüttler ua* DStR 10, 1798; zum *Konzern* iSv § 4h s § 4h Rz 27 ff. Zu Pachtinstandhaltung s Rz 593. **(Gewinn)Ausschüttungen der Betriebs-KapGes** gehören zu den gewerbl BE, auch soweit sie Zeiträume vor Begründung der BetrAufsp betreffen (BFH III R 47/98 BStBl II 00, 255). Zu **vGA** s Rz 819 (Nutzungsentgelte); BFH I B 77/09 BFH/NV 10, 472: Gehalt. Zu **TW-AfA** auf Anteile an BetriebsKapGes und (ggf einkapitalersetzende; s dazu § 15a Rz 47; *OFD Mster* DB 09, 2350) Darlehen/Pachtforderungen s BFH X R 45/06 BStBl II 10, 274: „Gesamtbetrachtung"; ebenso bei qualifiziertem Rangrücktritt IV R 13/04 BStBl II 06, 618 (weitergehend BFH IV B 120/06 BFH/NV 08, 204; zu eingelegten Anteilen s BFH X R 48/02 BStBl II 10, 162). **Ab VZ 2002/2009** sind aber Gewinnausschüttungen bei natürl Personen gem § 3 Nr 40a zur Hälfte/zu 60 %

und bei KapGes gem § 8b I KStG iErg zu 95% stfrei (**Halb-/Teileinkünfteverfahren** bzw KSt-Freistellungsverfahren, s – einschließl § 8b IV KStG nF (Streubesitzdividende) – Rz 438 f). Andererseits sind bei natürl Personen die mit diesen BE zusammenhängenden Ausgaben/Gewinnminderungen nach Maßgabe von **§ 3c II aF/nF** (**ZK-AnpG**, BGBl I 14, 2417) nur zur Hälfte/zu 60 % abzugsfähig. S iEinz – einschl Rechtsentwicklung (zB TW-AfA auf Ges'terdarlehen; Aufwendungen iZm der verbilligten Überlassung von wesentl Betriebsgrundlgen) – § 3c Rz 11ff sowie oben Rz 819, 438.

870 **b) Selbständige Unternehmen.** Nach der Rspr des BFH sind Besitzunternehmen und BetriebsGes trotz sachl und personeller Verflechtung rechtl und wirtschaftl selbstständige Unternehmen; zB Einbringung des Besitzunternehmens nach § 20 UmwStG (BFH I R 7/16 DStR 18, 1014; instruktiv *Ott* StuB 20, 693); keine einheitl Betrachtung bezügl Teilbetriebsvoraussetzungen (BFH IV B 125/92; BFH/NV 94, 617; **aA** *Tiedtke/Wälzholz* BB 99, 765; dazu § 16 Rz 130 „Besitzunternehmen"); zu § 7g s § 7g Rz 28; Ausnahme: InvZulG, s Rz 879). Sie bilanzieren grds unabhängig voneinander (zu Teilwert-AfA/§ 4h-Konzern/ZweckGes s aber Rz 869). Zu unterschiedl Wahl des **Wj** von Besitz- und Betriebsunternehmen als Gestaltungsmissbrauch s BFH VIII R 89/02 BFH/NV 04, 936; BFH IV R 21/05 BStBl II 10, 230; Rz 253). – Ansprüche auf **(künftige) Gewinnausschüttungen** gegen die BetriebsKapGes sind auch bei BetrAufsp nicht phasengleich zu aktivieren (BFH VIII R 85/94 BStBl II 01, 185 mwN; *Märkle* DStR 02, 1153, 1156: Vorabausschüttung mögl; allg krit zR *Groh* DB 00, 2444, 2558). – Zum str korrespondierenden Wertansatz für Warenrückgabeanspruch s BFH IV R 59/73 BStBl II 75, 700; abl *Beisse* FS L. Schmidt S 455, 467 mwN; s auch § 5 Rz 701 ff). – Ein gesrechtl veranlasster **Verzicht** auf entstandene **Miet- oder Pachtzinsen** führt bei der *Betriebs-KapGes* zu erfolgsneutraler Einlage (EK 04 = Einlagenkonto iSv § 27 KStG), soweit die erlassene Forderung werthaltig war (Teilwert!), und iÜ (Buchwert der Schuld abzügl Einlage) zu stpfl Ertrag (BFH GrS 1/94 BStBl II 98, 307); der Besitzunternehmer hat nachträgl AK auf die Anteile an der Betriebs-GmbH, soweit der Verzicht bei dieser Einlage ist, und iÜ Aufwand (vgl BFH VIII R 57/94 BStBl II 98, 652 zu B. II.1b; zu § 3c s Rz 819, 869).

871 **c) Gewerbesteuer.** – **(1) Organschaft.** Sie setzt **ab 2002** auch gewstrechtl (§ 2 II 2 GewStG) neben der finanzieller Eingliederung der OrganGes den Abschluss eines GAV voraus. In die Gewinnerzielungsabsicht des Organträgers (§ 14 I 1 KStG: gewerbl Unternehmen) sind die Beteiligungserträge einzubeziehen (BFH I R 20/09 BFH/NV 10, 391). Die BesitzPersGes ist gem § 14 I 1 Nr 2 KStG iVm § 15 I 1 Nr 1 EStG gewerbl tätig (BFH I R 40/12 DStR 13, 1939; Rz 800, 807; *BMF* BStBl I 05, 1038 Rz 16). – *(2)* **Besitzunternehmen.** Nach geänderter Rspr lässt die **GewSt-Befreiung** der BetriebsKapGes (oder *OptionsGes* gem § 1a KStG; Rz 803a) zwar die BetrAufsp unberührt (BFH X R 42/16 BFH/NV 19, 586); die Befreiung schlägt jedoch aufgrund der Verflechtung auf das verflochtene Besitzunternehmen durch, zB § 3 Nr 6, 20 GewStG (BFH X R 54/14 BStBl II 17, 529; BFH IV R 30/16 BStBl II 20, 649: **Merkmalsübertragung** einschließl Abgrenzungen). ME unzutr, da § 9 Nr 2a GewStG nicht vereinbar und unzulässiger Rückgriff auf wirtschaftl Einheit; dazu Rz 800, 870; zutr zur GrSt BFH II B 89/19 BFH/NV 20, 1281). Folge der GewSt-Rspr ua: Aufteilung, wenn Besitzunternehmen andere gewstpfl Einkünfte erzielt (*OFD NRW* DStR 10, 2462; FG Saarl EFG 21, 1495, rkr). **§ 9 Nr 1 S 2 f GewStG** aF/nF ist nicht anwendbar; ebenso zu kapitalistischer BetrAufsp und Gewerblichkeit des Betriebsunternehmens kraft Rechtsform (BFH X R 54/14 BStBl II 17, 529). – *(3)* **Hinzurechnungen.** S insb § 8 Nr 1 GewSt (ab EZ 2008/2020). – *(4)* **Unternehmensidentität** (§ 10a GewStG) entfällt bei Übergang zu bloßen Besitzunternehmen (BFH IV R 8/17 BStBl II 20, 401); zur uU unschädl Umstrukturierung des Besitzunternehmens s BFH IV R 59/16 BStBl II 20, 147.

d) Besitzpersonengesellschaft. Ist das Besitzunternehmen eine PersGes (zur 872
OptionsGes gem § 1a KStG s Rz 803a), betreibt diese – gleichgültig, ob die Anteile
an der BetriebsKapGes Gesamthandsvermögen oder SBV (s Rz 874) sind – insgesamt **einen GewBetr** (BFH VIII R 61/97 BStBl II 99, 483 zu II.2.); der Abfärbung nach § 15 III Nr 1 aF stand auch die geänderte Rspr zu doppelstöckigen
PersGes nicht entgegen (zur Neufassung von § 15 III Nr 1 durch JStG 2007,
BGBl I 06, 2878 s Rz 189). Rechtsfolge ist zB, dass alle Ges'ter, auch diejenigen
Ges'ter, die nicht an der Betriebs-KapGes beteiligt sind **(Nur-BesitzGes'ter),**
gewerbl Einkünfte haben (**aA** *Micker* FR 09, 852; zu Auswegkonstruktionen s *Felix*
StB 97, 145, 149 mwN). Gleiche Grundsätze gelten idR (Ausnahme s BFH IV
R 73/94 BStBl II 97, 569 zu 1.g) für Besitzunternehmen in der Rechtsform der
Bruchteilsgemeinschaft (BFH VIII R 240/81 BStBl II 86, 296 zu I.3.a; s auch
Rz 858, 861).

e) Betriebsvermögen. – aa) Einzelunternehmen. Zum notwendigen BV 873
des Besitzunternehmens (Einzelunternehmen) gehören: – *(1)* die der BetriebsGes
zur Nutzung überlassenen WG (zB BFH III R 64/05 BFH/NV 07, 1659: Zuordnungsvorrang ggü gewerbl Grundstückshandel), und zwar idR (dh bei entspr
wirtschaftl Zusammenhang) auch, soweit diese für die BetriebsGes keine wesentl
Betriebsgrundlage sind (zB BFH X R 58/04 BFH/NV 05, 1774: *Demuth* KÖSDI
19, 21310, 21316), zB nur untervermietet sind (BFH IV R 135/86 BStBl II 89,
1014); Gleiches gilt mE für einen **Miteigentumsanteil** des Besitzunternehmers
am zur Nutzung überlassenen Grundstück (diff BFH III R 77/03 BStBl II 05, 340;
BFH I R 7/16 DStR 18, 1014). – *(2)* die **Anteile an der BetriebsKapGes** (zB
BFH X R 49/06 BStBl II 07, 772; zu TW-AfA s Rz 869 aE; zu Konkurrenz mit
§ 21 UmwStG 1995 s *Crezelius* FS Haas, 1996, 89); – *(3)* eine Beteiligung an einer
KapGes, die mittelbar einen **beherrschenden** Einfluss auf die BetriebsGes gewährt
(BFH IV R 103/78 BStBl II 82, 60; BFH X R 22/02 BStBl II 06, 457; einschr
Roser EStB 09, 177; s Rz 714); – *(4)* unmittelbare oder mittelbare Beteiligungen an
KapGes, die **intensive Geschäftsbeziehung** mit der BetriebsGes unterhält
(BFH X B 98/05 BStBl II 05, 833; BFH X R 2/03 BStBl II 05, 694); ebenso, wenn
durch den Komplementäranteil solche Geschäftsbeziehungen zw einer KG und der
BetriebsKapGes gefördert werden (zutr BFH X R 2/10 BStBl II 13, 907; krit *Prinz*
DB 14, 1218). – *(5)* **Darlehensforderungen** gegen die BetriebsGes (zu § 4h nF s
dort), wenn die Darlehenshingabe betrieblich veranlasst ist (BFH X R 2/03 BStBl II
05, 694; BFH IV R 13/04 BStBl II 06, 618: einschließl Ausnahmen und Abgrenzung zu verdeckter Einlage), oder eine typische stille Beteiligung; – *(6)* **Schulden**
aus Bürgschaft für Verbindlichkeiten der BetriebsKapGes (BFH X R 104/98 BFH/
NV 02, 163). – Zu TW-Afa s Rz 869 aE. – Die von einer Betriebs-GmbH an Inhaber des Besitzunternehmens gezahlten **Vergütungen für eine Tätigkeit** im
Dienste der GmbH gehören nicht zum Gewinn des Besitzunternehmens; sie sind
Einkünfte aus nichtselbstständiger oder selbstständiger Arbeit (BFH IV R 16/69
BStBl II 70, 722; zu vGA s aber Rz 869); Pensionsanwartschaften sind nicht zu
aktivieren (BFH X R 42/08 BStBl II 12, 188).

bb) Personengesellschaft; Gemeinschaft. Zum **notwendigen BV** des Be- 874
sitzunternehmens (PersGes bzw Personengemeinschaft) gehören grds alle WG des
GesVermögens, auch wenn diese nicht an die BetriebsGes zur Nutzung überlassen sind (arg § 15 III Nr 1; BFH VIII R 61/97 BStBl II 99, 483 zu II.2.), zB Forderungen aus Darlehen (BFH IV R 73/99 BStBl II 01, 335; BFH XI R 65/03
BStBl II 05, 102: auch bei Refinanzierung nicht durchlaufender Posten; zu Ausnahmen iVm verdeckter Einlage s BFH IV R 7/03 BStBl II 05, 354) oder typischer
stiller Beteiligung an der Betriebs-GmbH (BFH VIII R 106/87 BStBl II 91, 569:
Zeitpunkt der Aktivierung eines Gewinnanspruchs aus stiller Beteiligung) – ausgenommen notwendiges PV (Rz 484). – WG im Eigentum einzelner Ges'ter sind
notwendiges SBV, wenn sie *an das Besitzunternehmen* zur Weitervermietung an die

BetriebsGes überlassen sind (SBV I; zB BFH X R 50/03 BFH/NV 06, 1144), aber auch bei *unmittelbarer* **Nutzungsüberlassung an die BetriebsGes** (SBV II), *wenn* die Nutzungsüberlassung seitens des Ges'ters (Gemeinschafters) nicht durch (betriebl oder private) Interessen des Ges'ters, sondern primär durch die betriebl Interessen der BesitzPersGes oder *BetriebsKapGes*, dh gesellschaftl veranlasst ist (Einzelheiten BFH IV R 14/18 DStR 21, 18; BFH IV R 65/07 BStBl II 09, 371; zu eng; s auch FG Ddorf EFG 04, 981; *Lutterbach* DB 99, 2332: evtl zweite Betr-Aufsp); bei Überlassung an *BetriebsPersGes* ist hingegen der Vorrang des SBV I zu beachten (BFH IV R 59/04 BStBl II 05, 830; oben Rz 534). Stets gesellschaftl veranlasst ist eine nicht fremdübl Nutzungsüberlassung (*HG* DStR 02, 447; **aA** FG Mster EFG 14, 1951); sie fehlt hingegen zB bei fremdübl Vermietung durch GbR, an der einzelne Ges'ter der Besitz-OHG nichtbeherrschend beteiligt sind (BFH VIII R 44/95 BStBl II 97, 530) oder wenn Ges'ter einer Besitz-GbR sind, Wohnungen an Dritte vermieten (BFH IV R 77/97 BStBl II 99, 279). – **Notwendiges SBV** sind ferner – die Anteile eines Ges'ters der BesitzPersGes an der **Betriebs-KapGes** (BFH VIII R 63/87 BStBl II 91, 832; zu Einlagen s BFH IV R 73/05 BStBl II 08, 965; zu mehreren Besitz-Ges s Rz 861; *Rutemöller* DStZ 12, 839; *Oelmaier* HFR 09, 1021: Ausweis gem **zeitl Priorität**; vgl hierzu auch BFH IV R 34/09 BStBl II 13, 471) sowie der Ausschüttungsanspruch auf diese Anteile (BFH XI R 18/90 BStBl II 92, 723). Der Anteil an einer Vertriebs-KapGes ist auch dann SBV beim Besitzunternehmen, wenn zugleich die Voraussetzungen für dessen Aktivierung im SBV bei der Produktions-KG erfüllt sind (BFH IV R 34/09 BStBl II 13, 47); – Anteile an **zwischengeschalteter KapGes** (Rz 835; FG BaWü EFG 20, 1486, Rev IV R 5/20: „qualitativer" Vorrang der MUerschaft mit BetriebsKapGes; fragl) oder mit **intensiver** (vorteilhafter) **Geschäftsbeziehung** zur BetriebsGes (s BFH IV R 7/03 BStBl II 05, 354 einschließl verdeckten Einlagen); – durch das GesVerhältnis veranlasste **Darlehen** an BetriebsKapGes (BFH IV R 99/06 BStBl II 10, 593: nicht marktübl Konditionen als Indiz; zu eng FG Hbg EFG 07, 761). – Zur **Rückstellung** für **Bürgschaft** des BesitzPersGes'ters für Schulden der Betriebs-GmbH als negatives SBV II einschließl Ausfall des Regresses s BFH VIII R 27/00 BStBl II 02, 733; BFH X R 60/99; BFH/NV 03, 901. Zur **Durchgriffshaftung** s BFH XI R 52/01 BStBl II 03, 658.

875 **cc) Gewillkürtes Betriebsvermögen.** Besitzunternehmen in der Rechtsform eines *Einzelunternehmens,* einer *Bruchteilsgemeinschaft* oder einer *Erbengemeinschaft* können auch gewillkürtes BV haben; zu diesem gehört zB fremdvermieteter Grundbesitz, sofern und solange dieser als BV ausgewiesen ist (BFH III R 64/05 BFH/NV 07, 1659). Entspr gilt für WG, die auch im Ges'ter einer BesitzPersGes gehören (*gewillkürtes SBV;* BFH IV R 77/97 BStBl II 99, 279 zu 2.b).

876 **f) Anteilsübertragung; Einlage.** Werden vom Besitzunternehmer (zum BV gehörige) Anteile an der BetriebsKapGes **unentgeltl** oder verbilligt auf nicht am Besitzunternehmen beteiligte **Angehörige** *(Nur-BetriebsGes'ter)* übertragen, sind diese Anteile entnommen (zur Bewertung s FG Köln EFG 04, 880; oben Rz 869 aE); ebenso bei verdeckter Einlage der Anteile in andere KapGes (BFH X R 22/02 BStBl II 06, 457; § 16 Rz 135). Wird bei einer **Kapitalerhöhung der Betriebs-KapGes** einem Nur-Betriebs-Ges'ter der *verbilligte* Barerwerb neuer Anteile ermöglicht, ist dies eine Entnahme (eines Bezugsrechts bzw einer Anwartschaft) iHd Differenz zw dem Wert der übernommenen Anteile und der Einlage (BFH VIII R 63/87 BStBl II 91, 832; BFH III R 8/03 BStBl II 06, 287; *Söffing* BB 06, 1529; *J. Thiel* FS Haas, 1996, S 353: *disquotale Kapitalerhöhung* diff FG Mster EFG 95, 794). Zur Entnahme iZm der **Abspaltung** betr BetriebsKapGes s BFH IV R 17/17 DStR 20, 2192; oben Rz 538. Leistet der Besitzunternehmer eine **verdeckte (Bar-)Einlage,** die idR auch zu einer Wertsteigerung der Anteile eines Nur-BetriebsGes'ters führt (*J. Thiel* FS Haas, 1996, S 353: *disquotale Einlage* mit Teilung des automatischen Entgelts), ist dies idR ihd Quote des Nur-Betriebsges'ters eine unentgeltl Zuwendung an diesen (vgl BFH GrS 1/94 BStBl II 98, 307 zu C. III; *Groh* DStR 99, 1050) und damit Barentnahme des Besitzunternehmers mit der Folge, dass sich die AK *seiner* Anteile an der BetriebsKapGes nur entspr seiner Beteiligungsquote erhöhen (*J. Thiel* FS Haas, 1996, S 335; BFH X R 34/03 BStBl II 05, 378: jeweils auch zur verdeckten Einlage von WG mit stillen Reserven).

11. Betriebsaufteilung; Übertragung einzelner Wirtschaftsgüter zwischen Besitzunternehmen und Betriebskapitalgesellschaft/Betriebspersonengesellschaft. – a) Übertragungen. Im Gegensatz zur Rechtslage bis 1998 (dazu BFH X B 172/09 BFH/NV 10, 2053; *Schmidt* 30. Aufl § 15 Rz 877) können ab 1.1.99 einzelne WG nach hL **nicht** mehr zu Buchwerten auf die **BetriebsKapGes** übertragen werden (glA BFH X B 172/09 BFH/NV 10, 2053); vielmehr werden nach § 6 VI 2, 3 „die AK der Beteiligung an der KapGes" um den TW des eingelegten WG oder in den Sonderfällen des § 6 I Nr 5 I Buchst a um den Einlagewert des WG erhöht und damit idR ein Gewinn realisiert. Unerhebl ist, dass bei BetrAufsp beide Unternehmen in mancher Hinsicht eine wirtschaftl Einheit bilden (so ausdrückl BT-Drs 14/23). **Auswege** bei echter BetrAufsp: Betriebsverpachtungsmodell (s Rz 865), evtl iVm Schrumpfungsmodell (dazu *Hörger ua* GmbHR 01, 1139); Anwachsungsmodell (Aufteilung einer GmbH & Co KG durch Ausscheiden der Komplementär-GmbH und deren Einsatz als BetriebsGes); Einbringung eines Teilbetriebs (§ 20 UmwStG; *Lederle* GmbHR 04, 985, 989; s aber § 16 Rz 116, 130); § 6b (*Stahl* KÖSDI 03, 13796). – Zur Übertragung einzelner WG bei Begründung oder iR einer **mitunternehmerischen BetrAufsp** vor 1999 (Wahlrecht) und in den Jahren 1999/2000 (TW-Ansatz) s *Schmidt* 29. Aufl § 15 Rz 877. Ab dem 1.1.01 sind idR (dh soweit Ges'ter der BetriebsGes natürl Personen) zwingend die Buchwerte des Besitzunternehmens fortzuführen (§ 6 V; BMF BStBl I 01, 1279); fragl aber zur Gesamtvermögen der PerGes (s § 6 Rz 805; BMF BStBl I 11, 1279 Rz 18). *Alternativ* kann die Besitzunternehmen die WG entgeltl zu fremdübl Konditionen an die BetriebsPersGes veräußern (Gewinnrealisierung; uU aber § 6b). – Zur mE nicht durchgreifenden **Kritik** (unterschiedl Behandlung von BetriebsKapGes und BetriebsPerGes; teleologische Reduktion des § 6 VI 2) s *Schmidt* 23. Aufl § 15 Rz 877.

b) Geschäftswert. Er verbleibt idR beim Besitzunternehmen (BFH IV R 5/12 BStBl II 15, 935), kann aber der BetriebsGes zur Nutzung überlassen (zB FG Ddorf EFG 04, 41 rkr; vgl auch BFH X R 32/05 BStBl II 09, 634; *Levedag* NWB 10, 106) oder ausnahmsweise auf diese ganz oder teilweise (?) übertragen werden, zB bei langfristiger Verpachtung aller wesentl Betriebsgrundlagen (BFH I R 42/00 BStBl II 01, 771; *Anm* DStR 01, 1748; BFH IV R 79/05 BStBl II 09, 15; *Schießl* GmbHR 06, 459). – Für die beim Besitzunternehmen **verbleibenden WG** sind die Buchwerte zwingend fortzuführen (nur Strukturänderung; vgl zB BFH VIII R 63/87 BStBl II 91, 832).

12. Investitionszulage bei Betriebsaufspaltung. Die von der BetriebsGes erfüllten Tatbestandsmerkmale des InvZulG sind auch dem investierenden Besitzunternehmen zuzurechnen (sog *Merkmalübertragung/Einheitsbetrachtung*), sofern beide Unternehmen „betriebsvermögensmäßig" miteinander verbunden sind (iEinz BFH III R 28/08 BStBl II 14, 194; BFH III R 16/15 BFH/NV 18, 235: abl für Photovoltaikanlage des Besitzunternehmens; zutr). Letzteres zielt iRv § 7g allerdings nur auf den Ausschluss rein faktischer Beherrschungen (BFH IV R 82/05 BStBl II 08, 471).

E. Einkünfte der persönlich haftenden Gesellschafter einer KGaA, § 15 I Nr 3

Verwaltung: *OFD Köln* DStR 91, 1218.

Schrifttum (Auswahl): *Kessler,* Die KGaA im System der dualen Unternehmensbesteuerung, FS Korn, 307; *Hoppe,* Die Besteuerung der KGaA –, Diss, 2014; *Drüen ua,* Die KGaA …, DStR 12, 541; *dies,* Sondervergütungen …, DB 12, 2184; *Hageböke,* Sondervergütungen …,

DB 12, 2709; *ders.*, Wo ist die Ergänzungsbilanz …, DK 18, 136; *Kempf,* Ergänzungsbilanz …, DStR 15, 1905; *Fischer,* Die (dt) KGaA im internationalen StRecht, FS Gosch, 69; *Krebbers-van Heek,* Die mitunternehmerische Besteuerung …, 2016, Diss; *Reiß,* Steuerl Ergänzungsbilanz …, FS Crezelius, 2018, 371.

I. Rechtliche Qualifikation der KGaA

890 Die KGaA ist eine **rechtsfähige Ges,** bei der mindestens ein Ges'ter den GesGläubigern unbeschränkt haftet (Komplementär) und die übrigen an dem in Aktien zerlegten Grundkapital beteiligt sind, ohne für die Verbindlichkeiten der Ges zu haften (Kommanditaktionäre). Das Rechtsverhältnis der persönl haftenden Ges'ter bestimmt sich zivilrechtl nach den HGB-Vorschriften über die KG, iÜ gelten für die KGaA die AktG-Vorschriften über die AG (§§ 278–290 AktG; BFH II B 76/04 BFH/NV 05, 1627). Persönl haftender Ges'ter einer KGaA können natürl oder juristische Personen zB GmbH oder PersGes zB GmbH & Co KG sein (BGH II ZB 11/96 DStR 97, 1012; *Kollruss* INF 03, 347). Zu Ges ausl Rechts s § 9 I Nr 1 KStG. Die KGaA unterliegt der **KSt** (§ 1 I Nr 1 KStG). Bei der Ermittlung ihres kstpfl Einkommens sind aber abzuziehen – *(1)* ausdrückl gem § 9 I Nr 1 KStG „der Teil des Gewinns, der an **persönl haftende Ges'ter** auf ihre nicht auf das Grundkapital gemachte Einlage oder als Vergütungen für die Geschäftsführung verteilt wird", auch soweit überhöht, und – *(2)* als BA oder analog § 9 I Nr 1 KStG sonstige (angemessene oder überhöhte) Sondervergütungen, die die KGaA dem Komplementär gewährt (zu str Einzelheiten s zB *Schaumburg* DStZ 98, 525, 533; *Drüen ua* DB 12, 2184, 2187: Haftungsvergütung). Dem entspricht es, dass die Gewinnanteile (und Sondervergütungen, s Rz 891) der persönl haftende Ges'ter bei diesen, soweit sie natürl Personen sind, als Einkünfte aus GewBetr estpfl und, soweit persönl haftender Ges'ter zB eine GmbH ist, kstpfl sind (§ 15 I 1 Nr 3 HS 1; BFH X R 14/88 BStBl II 89, 881), unabhängig davon, ob ihre Rechtsstellung im Einzelfall den allg Kriterien des MUerbegriffs genügt (BFH I R 11/80 BStBl II 84, 381). Zur **GewSt** s § 8 Nr 4, § 9 Nr 2b GewStG; Rz 891. Zu Reformvorschlägen s *E & Y* DB 14, 147; *Bielinis* DStR 14, 769.

II. Umfang und Ermittlung der gewerblichen Einkünfte der Komplementäre

891 Die Komplementäre (persönl haftende Ges'ter) sind im Verhältnis zur KGaA oder den Kommanditaktionären zwar nicht MUer (ieS), sie werden aber insofern **„wie (Mit-)Unternehmer behandelt",** als „ihre Gewinnanteile und Vergütungen als gewerbl Einkünfte erfasst werden" (BFH I R 235/81 BStBl II 86, 72; zu § 34a s dort Rz 20). Dem persönl haftenden Ges'ter (natürl Person, GmbH, GmbH & Co KG ggf iVm Option gem § 1a KStG; Rz 160a) ist sein durch BV-Vergleich (§ 5) zu ermittelnder Anteil am Gewinn oder Verlust der StB – nach der zutr sog „Wurzeltheorie" (offen BFH I R 42/11 BFH/NV 13, 589; *aA Fischer* aaO mwN) – estrechtl bzw kstrechtl unmittelbar zuzurechnen (BFH X R 14/88 BStBl II 89, 881; FG SchlHol DStRE 21, 769, rkr; ausführl *Kessler* FS Korn, 307; *Hoppe* Diss, 46 ff; *Hagemann* StuW 19, 280 auch zu § 49 I Nr 2a). Nicht geklärt ist, ob im **Feststellungsverfahren** (§ 180 I Nr 2a AO) durchzuführen ist (BFH I B 32/16 BFH/NV 16, 1679; *Martini* HFR 17, 1023). Zu den gewerbl Einkünften der persönl haftenden Ges'ter gehören wie bei MUern einer PersGes auch Vergütungen für eine **Tätigkeit im Dienst der Ges,** die Hingabe von **Darlehen** und **Überlassung von WG** (§ 15 I 1 Nr 3 HS 2) einschließl der als nachträgl Einkünfte bezogenen Vergütungen (§ 15 I 2). Zu Sondervergütungen eines beschr stpfl persönl haftenden Ges'ters s BFH I R 16/89 BStBl II 91, 211; BFH I R 5/11 IStR 12, 222 sowie nunmehr § 50d X (Rz 565). Auch diese Einkünfte sind nach den für § 15 I 1 Nr 2 maßgebl Grundsätze durch BV-Vergleich (§ 5) zu ermitteln

(BFH I R 42/11 BFH/NV 13, 589: iErg „phasengleich"). Danach sind zB auch Pensionszusagen der KGaA ggü persönl haftenden Ges'tern in Sonderbilanzen korrespondierend zur StB der KGaA anzusetzen (s Rz 585 ff; **aA** *Busch ua* FR 08, 1137); ein der KGaA überlassenes Grundstück des persönl haftenden Ges'ters ist SBV. SonderBA können § 4i unterliegen (s § 4i Rz 10). Str ist, inwieweit diese Grundsätze sinngemäß gelten, wenn persönl haftende Ges'ter eine GmbH & Co KG (ohne Option gem § 1a KStG; Rz 160a) ist und deren Ges'ter (= **mittelbare Ges'ter** der KGaA) unmittelbar – oder über die KG – für die KGaA tätig sind oder ihr WG zur Nutzung überlassen (mE zu bejahen, arg § 15 I 1 Nr 2 S 2; **aA** *Hempe ua* DB 01, 2268; diff *Wehrheim* DB 01, 9479; zur Direktanstellung s *Gosch* DK 17, 505). Die dem persönl haftenden Ges'ter gehörigen **Kommanditaktien** sind aber kein SBV; Ausschüttungen auf sie sind bei Zufluss (§ 11) als Einnahmen aus **KapVerm** zu erfassen (BFH X R 14/88 BStBl II 89, 881; zu vGA s *Mahlow* DB 03, 1540). Gleiches gilt für die Anteile der Kommanditaktionäre an der **Komplementär-GmbH** (*Wehrheim ua* StuW 05, 234, 243). Zur **Anteilsveräußerung** s § 16 I 1 Nr 3 iVm I 2 (§ 16 Rz 560f). Im Falle eines Anteilserwerbs sind nach allg Grundsatz Ergänzungsbilanzen zu bilden (BFH I R 41/16 DStR 17, 1976; *Wacker* DStR 17, 197; *Reiß* FS Crezelius, 371, 386); nicht jedoch iRd sog „KGaA-Modells" (dazu BFH I R 57/14 DStR 17, 193; BFH I R 41/16 DStR 17, 1976; *Martini* HFR 17, 1023). Hält eine KGaA Anteile an KapGes, unterliegen Ausschüttungen hierauf grds ab VZ 2002/2009 dem Halb-/**Teileinkünfte**- bzw **KSt-Freistellungsverfahren** (§ 3 Nr 40, § 3c II EStG; § 8b KStG aF/nF; s Rz 438f, 819, 869; FG Mchn EFG 19, 267, Rev I R 44/18; *Rohrer ua* BB 07, 1594; zu DBA-Schachtelprivileg s aber BFH I R 62/09 DStR 10, 1712; *Fischer* aaO; sowie ab 2012 § 50d XI nF). Zur **Stiftung & Co KGaA** s *Wehrheim ua* aaO. Zu **§ 4h** s *Rödder ua* DB 09, 1561. Der **Gewerbeertrag** der KGaA wird zwar um Tätigkeitsentgelte der persönl haftenden Ges'ter (§ 9 I Nr 1 KStG) gekürzt und dann nach § 8 Nr 4 GewStG hinzugerechnet (BFH I R 42/11 BFH/NV 13, 589; FG Mchn EFG 20, 788, Rev I R 13/20: „Drittanstellung"); Darlehens- und Miet/Pachtentgelte (BA der KGaA) unterliegen hingegen nur der Hinzurechnung § 8 Nr 1 GewStG (BFH X R 6/05 BStBl II 08, 363 zu § 32c aF; *Hageböke* DB 12, 2709; § 35 Rz 22); GuV iZm Ergänzungsbilanzen (s oben) gehen (anders als bei PersGes) nicht in den Gewerbeertrag der KGaA ein, sondern allenfalls in denjenigen des persönl haftenden Ges'ters (iEinz BFH I R 41/16 DStR 17, 1976; *Wacker* DStR 17, 197; *Martini* HFR 17, 1023; **aA** *Hageböke* DK 18, 136).

F. Ausgleichs- und Abzugsverbot für Verluste aus gewerblicher Tierzucht/Tierhaltung, aus betrieblichen Termingeschäften und aus mitunternehmerischen Innengesellschaften zwischen Kapitalgesellschaften, § 15 IV

Verwaltung: EStR 15.10; *BMF* BStBl I 01, 986 (private Termingeschäfte); *BMF* BStBl I 02, 712 (Aktieneigenhandel); *BMF* BStBl I 04, 1097 (Verhältnis zu § 10d); *BMF* DB 05, 2269 (Begriff des Termingeschäfts); *BMF* BStBl I 08, 970 (InnenGes); *BMF* DB 10, 2024 (§ 5 Ia; § 5 IVa); *LfSt Bay* DStR 09, 533 (Versicherungsunternehmen); *FM SchlHol* DStR 11, 1427 (Erbfall).

Schrifttum zu § 15 IV 3–5 (Auswahl ab 2015): *Johannemann ua*, Der Begriff des Termingeschäfts …, DStR 15, 1489; *Drüen*, Das steuerrechtl Termingeschäft …, BB 21, 1175. – **Schrifttum zu § 15 IV 6–8** (Auswahl): *Götz ua*, Die Verlustabzugsbeschränkung …, GmbHR 09, 584; *Wacker*, Stille Beteiligungen und Verlustverwertungsbeschränkung, DB 12, 1403; *Peters*, Abzugsbeschränkungen …, FR 12, 718.

I. Zielsetzung; Inhalt

Das Ausgleichs- und Abzugsverbot in **§ 15 IV 1–2** für Verluste aus **gewerbl Tierzucht/-haltung** ist eine agrarpolitische Maßnahme; sie soll die traditionelle, mit Bodenwirtschaft verbundene luf Tierzucht/Tierhaltung vor der industriellen

Tierveredelungsproduktion, insb mittels VerlustzuweisungsGes (§ 6 II aF/nF, § 6 IIa nF für Tiere) schützen (BFH IV R 47/01 BStBl II 03, 507 zu 2.). Zur **Verfassungsmäßigkeit** und EU-Konformität s BFH IV B 84/11 BFH/NV 12, 1313. – Das Ausgleichs-/Abzugsverbot in **§ 15 IV 3–5** sperrt den sofortigen BA-Abzug (*BMF* DB 10, 2024 bezügl Rückstellungen nach § 5 IVa S 2) für Verluste aus riskanten (betriebl) **Termingeschäften** und sichert zudem die entspr Beschränkungen im PV (früher: § 23 I 1 Nr 4 iVm III aF; heute: § 20 II 1 Nr 3, VI aF/nF) ab (zutr BFH IV R 20/13 BStBl II 16, 739). Satz 4 nimmt hiervon – vorbehalt der Sonderregel in Satz 5 – Geschäfte aus, die entweder zum gewöhnl Geschäftsbetrieb von Kreditinstituten usw iSd KWG gehören (und daher nach § 3 Nr 40 S 3 aF/nF bzw § 8b VII aF/nF KStG voll stpfl sind) oder der Absicherung von Geschäften des gewöhnl Geschäftsbetriebs dienen. Die Vorschriften sind mE insgesamt **verfgemäß**; nach BFH IV R 20/13 BStBl II 16, 739; BFH I R 25/14 DStR 16, 2388 vorbehaltl eines definitiven Verlustwegfalls. – Mit Wirkung **ab VZ 2003** wurde durch **Satz 6** (StVergAbG, BGBl I 03, 660) ein Ausgleichs- und Abzugsverbot für Verluste aus **mitunternehmerischen InnenGes zw KapGes** verfügt. Die Vorschrift soll die Abschaffung der sog Mehrmütterorganschaft absichern (s dazu BFH I B 7/11 BStBl II 02, 751), weil die mit dieser Regelung verfolgten Ziele „faktisch auch durch Innengesellschaften" erreicht werden können (BT-Drs 15/119, 38; BFH I R 62/08 BStBl II 12, 745; *BMF* BStBl I 05, 1038 Rz 6 ff). Die Regelung ist in sog **Altfällen** (InnenGes bis 20.11.02 [= Kabinettsbeschluss zu E-StVergAbG] rechtwirksam geschlossen) für Verluste, die im ersten nach Verkündung des StVergAbG (20.5.03) endenden Wj (2003 oder 2002/2003) angefallen sind, noch *nicht* anwendbar (BFH I R 62/08 BStBl II 12, 745: verfkonforme Einschränkung von § 52 I EStG 2003; zutr); weitergehender Vertrauensschutz (zB nach § 227 AO) jedoch mE nicht ausgeschlossen (*Wacker* DB 12, 1403, 1407). Durch das **Korb II-G** (BGBl I 03, 2840) wurde mit Wirkung ab VZ 2004 **Satz 6** geändert und um die **Sätze 7 und 8** ergänzt, weil „sich gezeigt hat, dass die bisherige Verlustausgleichsbeschränkung des § 15 IV Satz 6 bei stillen Beteiligungen (von KapGes) an KapGes durch die Zwischenschaltung einer PersGes leicht umgangen werden könnte" (BR-Drs 560/03, 14). Nach dieser Neuregelung unterliegen Verluste aus der Beteiligung an einer mitunternehmerischen InnenGes einem Ausgleichs- und Abzugsverbot, soweit sie auf kstpfl Steuersubjekte (insb KapGes) als unmittelbar oder mittelbar beteiligte MUer entfallen, während sie – wie seit jeher – sofort abzugsfähig sind, soweit sie einer natürl Person als unmittelbar oder mittelbar beteiligte MUer zuzurechnen sind (Satz 8). Eine Parallelvorschrift zu § 15 IV 6–8 enthält § 20 I Nr 4 Satz 2 für typisch stille Beteiligungen, Unterbeteiligungen und sonstige InnenGes an KapGes. Diese gilt über § 8 I KStG für KapGes als typisch stille Ges'ter usw, obwohl deren Einkünfte keine solche aus KapVerm, sondern aus GewBetr sind (§ 8 II KStG; BFH I R 62/08 BStBl II 12, 745). Die Vorschriften werden überwiegend als **verfwidrig** angesehen (fehlende Zweckeignung, keine Einbeziehung von natürl Personen und AußenGes; zB *Peters* FR 12, 718; *Schmidt* 31. Aufl § 15 Rz 895); mE ist dem nicht zu folgen, da der Gesetzgeber die InnenGes und die frühere Mehrmütterorganschaft als *wirtschaftl* gleichwertig ansehen und sich (zunächst) auf den praktisch bedeutsamen Fall der Beteiligung durch eine KapGes beschränken durfte (s iE *Wacker* DB 12, 1403, 1407). – **Einzelfragen:** – *(1)* § 15 IV 1–5 gilt auch für KapGes (BFH I R 62/08 BStBl II 12, 745) einschl OptionsGes gem § 1a KStG (Rz 160a). – *(2)* § 15 IV gilt jedoch nicht für die **GewSt** (zu S 1–5 s BFH I R 10/98 BStBl II 01, 349 zu II.3; *Ebel* FR 13, 882, 889; zu S 6f s *BMF* BStBl I 08, 970 Tz 10). – *(3)* Zum Verlustwegfall nach **§ 3a nF** (Sanierungserträge) s § 3a Rz 35 ff; zu **§ 8c KStG** (aF/nF = JStG 2018, BGBl I 18, 2338) s *BMF* BStBl I 17, 1645, Rz 2, 63, 66). – *(4)* Zu Verlusten aus Anteilen an REIT-AG s §§ 19 IV, 23 REITG.

II. Gewerbliche Tierzucht und Tierhaltung, § 15 IV 1

896 Hierzu gehört Zucht und Haltung (auch Pensionsviehhaltung) traditionell in luf Betrieben gezogener und gehaltener Tierarten, die deshalb als gewerbl zu beurteilen ist, weil der **Tierbestand „überhöht"** ist, dh entspr § 13 I EStG iVm §§ 51, 51a BewG (oder **ab VZ 2025** § 241 BewG) keine hinreichende eigene luf Nutzfläche als Futtergrundlage zur Verfügung steht (zB BFH IV R 96/94 BStBl II 96, 85; FG Nbg EFG 96, 1028: uU 2 Betriebe, LuF *und* GewBetr), vorausgesetzt, dass iÜ dem Begriff des GewBetr (§ 15 II) genügt ist (Gewinnabsicht!) Hierzu gehört auch die Pferdeveredlung (FG Mster EFG 19, 1280, Rev VI R 26/19). § 15 IV 1 erfasst aber *nicht* die stets als gewerbl zu beurteilende Zucht und Haltung von Tieren, deren Ernährungsgrundlage *nicht pflanzl* ist, zB Zucht und Haltung von Hunden, Katzen, Zierfischen, Nerzen (BFH IV R 47/01 BStBl II 03, 507), die industriell betriebene Fischzucht/-mästerei (FG Brem EFG 86, 601), eine selbstständige Brüterei (BFH IV B 64/07 BFH/NV 08, 1474), Verpachtungsbetriebe (FG Nds EFG 89, 58) und die Haltung landwirtschaftl Tierarten für gewerbl oder freiberufl Zwecke (zB Pferde einer Brauerei/Reitschule) oder für Zoo/Zirkus. § 15 IV 1 gilt auch nicht für die nur aus rechtl Gründen als gewerbl Tierzucht/-haltung einer KapGes oder Genossenschaft iRd § 13 I Nr 1 oder einer noch anderweitig gewerbl tätigen oder geprägten PersGes (BFH IV R 22/91 BFH/NV 92, 655). – Betreibt ein StPfl iRe als einheitl zu beurteilenden GewBetr auch eine gewerbl Tierzucht/Tierhaltung, ist § 15 IV 1 auf den ggf zu **schätzenden** Verlust aus gewerbl Tierzucht/Tierhaltung anzuwenden, gleichgültig, ob diese oder die andere gewerbl Betätigung dem Unternehmen das Gepräge gibt (BFH IV R 96/94 BStBl II 96, 85). Nicht anzuwenden ist § 15 IV 1 aber auf an sich luf Tierzucht/Tierhaltung iRe einheitl gewerbl Betriebs (BFH IV R 45/89 BStBl II 91, 625). Bei einer **PersGes** sind Verluste aus gewerbl Tierzucht/Tierhaltung nach § 180 AO festzustellen (BFH I R 130/82 BStBl II 86, 146). Zur Transparenz s BFH II R 43/16 DStRE 20, 789; ab VZ 2025 s § 13b. **Verluste iSv § 15 IV 1–2** sind auch Verluste aus der Veräußerung oder Aufgabe des Betriebs. Ausgeschlossen ist der (vertikale) Ausgleich mit *anderen* positiven Einkünften im selben VZ des StPfl oder des zusammenveranlagten Ehegatten. Insoweit ist auch ein Verlustvor-/-rücktrag nach § 10d unzulässig. *Nicht* ausgeschlossen ist, dass ein StPfl, der mehrere selbstständige Unternehmen der gewerbl Tierzucht/Tierhaltung betreibt oder an solchen als MUer beteiligt ist, Verluste aus dem einen Betrieb mit Gewinnen aus dem anderen Betrieb (MUeranteil) horizontal ausgleicht (EStR 15.10). Gleiches gilt für zusammenveranlagte Ehegatten, wenn jeder der Ehegatten gewerbl Tierzucht/Tierhaltung betreibt (BFH IV R 116/87 BStBl II 89, 787). Zulässig ist gem § 15 IV 2 der Verlustvortrag/-rücktrag nach Maßgabe des § 10d (*BMF* BStBl I 04, 1097) auf Gewinne des StPfl oder seines zusammenveranlagten Ehegatten im unmittelbar vorangegangenen oder den folgenden Wj aus gewerbl Tierzucht/Tierhaltung, auch auf Gewinne aus der Veräußerung des Betriebs oder Teilbetriebs der gewerbl Tierzucht oder -haltung (BFH IV R 23/93 BStBl II 95, 467 zu IV.4; BFH IV R 67/00 DStRE 04, 1327: doppelstöckige PersGes). Nach FG Ddorf EFG 10, 2106 (glA zu § 23 aF BFH IX R 21/04 BStBl II 07, 158; dazu *BMF* BStBl I 07, 268: Nichtanwendung) war eine bindende **Verlustfeststellung** entbehrl. Die hiervon abw Ansicht der *FinVerw* (*OFD Ffm* DB 02, 2303; FG Nds EFG 11, 1060, rkr; mE zutr) ist durch das AmtshilfeRLUmsG (BGBl I 13, 1809) in Satz 2 und 7 „klarstellend" (§ 52 Abs 23; BT-Drs 17/11 220, 35 f) festgeschrieben worden. Die Verluste gehen mE auf den Erben über (vgl § 15a Rz 168; einschr *FM SchlHol* DStR 11, 1427; **aA** *Dötsch* DStR 08, 641, 646; offen BFH GrS 2/04 BStBl II 08, 608).

III. Termingeschäfte, § 15 IV 3–5

900 **1. Systematik.** Das Ausgleichs- und Abzugsverbots betrifft betriebl veranlasste (Wertpapier-, Devisen-, Zins- oder Waren-)Termingeschäfte (s Rz 902). **Ausge-**

nommen sind aber: – *(1)* Gem § 15 IV 4 HS 1 Verluste aus Termingeschäften, „die zum *gewöhnl Geschäftsbetrieb* bei *Kreditinstituten*, Finanzdienstleistungsinstituten und Finanzunternehmen iSd KWG oder ab 26.6.21 Wertpapierinstituten iSd WpIG" gehören (Einzelheiten zB *BMF* BStBl I 02, 712 zu C.I; BFH I R 4/11 BFH/NV 12, 453; BFH I B 105/11 BFH/NV 12, 456: FamilienKapGes/Holding als Finanzunternehmen; *Breuninger ua* Ubg 11, 13; *Haisch ua* Ubg 12, 667) und – *(2)* gem Satz 4 HS 2 Verluste aus Termingeschäften (aller gewerbl Unternehmen), die der *Absicherung* von Geschäften des *gewöhnl Geschäftsbetriebs* dienen (dazu Rz 904). **Gegenausnahme:** Die Ausnahmen greifen nicht (Anwendung des Satzes 3), wenn *Aktiengeschäfte* abgesichert werden, bei denen der Veräußerungsgewinn teilweise (§ 3 Nr 40 EStG) oder insgesamt (§ 8b KStG) stfrei ist (einschr zu Veräußerungskosten BFH I R 52/12 BStBl II 14, 861). Die Neuregelungen in § 3 Nr 40 S 3 EStG nF und § 8b VII KStG nF (BEPS-UmsG, BGBl I 16, 3000) sind hierbei zu beachten. Zu Versicherungsunternehmen (§ 8b VIII KStG) s *LfSt Bay* DStR 09, 533.

901 **2. Betriebliche Veranlassung.** § 15 IV 3 setzt voraus, dass die Termingeschäfte betriebl veranlasst und Gewinne und Verluste hieraus somit solche aus GewBetr sind. Dies umfasst auch nicht autorisierte Geschäfte untreuer Angestellter (BFH I R 25/14 DStR 16, 2388: GmbH/Inhouse-Bank; dazu auch Rz 904); Termingeschäfte einer KapGes können aber vGA sein (BFH I R 106/99 BStBl II 03, 487). Bei natürl Personen und PersGes führen branchenuntypische Geschäfte, insb andere als die „der Absicherung" dienenden Geschäfte (s Rz 903), idR nicht zu notwendigem, sondern allenfalls (strenge Anforderungen!) zu „gewillkürtem" BV (s auch Rz 481, 492), wenn sie als solche ausgewiesen und zu diesem Zeitpunkt zur Gewinnerzielung obj geeignet sind (BFH VIII R 63/96 BStBl II 99, 466; FG Nds EFG 02, 606). Auf Einkünfte aus LuF und aus selbstständiger Arbeit ist § 15 IV 3 nicht anwendbar, da die §§ 13, 18 nicht entspr verweisen.

902 **3. Termingeschäft, § 15 IV 3.** Der Begriff ist nach der Rspr (BFH I R 25/14 DStR 16, 2388 mwN) nicht steuerrechtl, sondern unter Verzicht auf typologische Risikokriterien (zB Hebelwirkung, Totalverlustrisiko; *Johannemann ua* DStR 15, 1489) in Übereinstimmung mit § 2 II Nr 1 WpHG; § 1 XI 3 Nr 1 KWG im zivil-/bankenaufsichtsrechtl Sinne und damit in Abgrenzung zum Kassageschäft dahin auszulegen, dass es sich um „Festgeschäfte (zB Kauf, Tausch) oder Optionsgeschäfte handelt, die zeitl *verzögert* zu *erfüllen* sind und deren Wert sich unmittelbar oder mittelbar vom Preis oder Maß eines *Basiswerts*" (zB Wertpapiere, Devisen-/Rechnungseinheiten, Indices, Waren und andere nicht finanzielle Werte) „ableitet" (vgl auch § 20 II 1 Nr 3; BT-Drs 14/443). Hinzu kommen muss nach § 15 IV 3, dass der StPfl durch ein solches Termingeschäft einen **Differenzausgleich** oder einen durch den Wert einer **veränderl Bezugsgröße** (zB Wertentwicklung von Wertpapieren, Indices, Futures, Zinssätzen) bestimmten Geldbetrag oder Vorteil (zB Lieferung von Wertpapieren) erlangt (s zu § 20 II 1 Nr 3a BFH IX R 48/14 BStBl II 16, 456). Unerhebl ist allerdings, ob das Geschäft an der Börse abgeschlossen wird und ob es gem § 37e WpHG verbindl oder gem §§ 762, 764 BGB unverbindl ist. Zu den Termingeschäften gehören ua Optionen (BFH IX R 10/12 BFH/NV 14, 1020), Zinsswaps (BFH X R 13/12 BStBl II 15, 177; BFH IX R 13/14 BStBl II 15, 827), Zinswährungsswaps (FG Kln EFG 21, 637 Rev IV 23/20), Swaptions (*Johannemann ua* DStR 15, 1489), *nicht* aber Kassageschäfte, wie zB Index-Schuldverschreibungen/Zertifikate (BFH IV R 53/11 BStBl II 15, 483), Aktienkäufe, WP-/Fremdwährungsdarlehen, Knock-out-Zertifikate (so FG BBg BeckRS 2019, 7719, Rev I R 24/19), Optionsscheine (*BMF* BStBl I 21, 723 Rz 7 ff; *Drüen* BB 21, 1175). Nach BFH I R 25/14 (DStR 16, 2388 ; zutr; zT **aA** bis *Schmidt* 37. Aufl § 15 Rz 902; *BMF* DB 05, 2269) rechnen zu den Termingeschäften (iSv S 3) **nicht** solche, die auf **physische** (tatsächl) **Lieferung** des Basiswerts gerichtet sind; anders aber **(wirtschaftl Termingeschäft),** wenn der Diffe-

Verluste aus mitunternehmerischen InnenGes 903–908 **§ 15**

renzausgleich brutto, dh durch Abschluss eines Gegengeschäfts *vor* Fälligkeit des Erfüllungsgeschäfts abgewickelt wird (BFH I R 25/14 DStR 16, 2388 ; FG Hbg EFG 17, 1503, rkr; ebenso zu § 20 II 1 Nr 3a *BMF* I BStBl I 16, 85 Rz 38; einschr BFH VIII R 35/15 BStBl II 18, 189 zu § 20 II 1 Nr 3); hierzu gehört auch das sog **echte** (ungedeckte) **Daytrading** (BFH I R 60/16 BStBl II 18, 637: „Scheinkassageschäft"). Zu weiteren umstrittenen Einzelheiten (zB betr Forwards, Futures, „strukturierte" Produkte s *Johannemann ua* DStR 15, 1489).

4. Verluste. Verluste iSv § 15 IV 3–5 sind der Saldo aus allen einschlägigen Termingeschäften eines Wj, auch aus anderen Betrieben des StPfl oder seines zusammenveranlagten Ehegatten (s Rz 896; Einzelheiten zu Verlusten aus Optionen uä *Schmid ua* DStR 05, 815, 818). Verluste aus Termingeschäften liegen ferner im Falle der konzern-/gruppeninternen Weiterbelastung vor (BFH X R 13/12 DStR 14, 2277; **aA** *Schmidt* 33. Aufl § 15 Rz 903). 903

5. Gewöhnlicher Geschäftsbetrieb; Absicherung. Ob Geschäfte zum gewöhnl Geschäftsbetrieb (bei anderen Unternehmen als Kreditinstituten usw) gehören und deren Absicherung dienen (§ 15 IV 4 HS 2) kann im Einzelfall zweifelhaft sein. Sicher ist allerdings, dass Gelegenheitsgeschäfte oder Untreuehandlungen eines Angestellten (BFH I R 25/14 DStR 16, 2388) nicht zum gewöhnl Geschäftsbetrieb rechnen und dass der „Absicherung" nur solche Geschäfte „dienen", die mit dem Grundgeschäft nicht nur subj verknüpft, sondern auch obj geeignet sind, deren Risiken zu kompensieren (BFH X R 13/12 BStBl II 15, 177: abl für zinsoptimierenden Swap; glA FG Kln EFG 21, 637 Rev IV 23/20; s auch *Ettinger* Ubg 15, 416). Offen ist hingegen zB, ob der Begriff des gewöhnl Geschäftsbetriebs wie der gleich lautende handelsrechtl Begriff in §§ 126 I, 164; 275, 277 I HGB ab 2024/MoPeG, BGBl I 21, 3436: § 715 BGB nF, § 116 II 1 HGB nF) zu verstehen (zB *HHR* § 15 Rz 1560 mwN) oder umfassender ist (so *Schmittmann ua* DStR 01, 1783, 1786). 904

6. Konkurrenzen. Zu § 2a (aF/nF) und § 15a s *Grützner* StuB 99, 961; zu § 2b aF s *Herzig ua* DB 99, 1470, 1474; zum Vorrang von § 15b s *BMF* BStBl I 07, 542 Tz 22 (**aA** *Naujok* DStR 07, 1601, 1606). Zum Verhältnis zu § 10d s *BMF* BStBl I 04, 1097; Rz 896 aE. 905

IV. Verluste aus mitunternehmerischen Innengesellschaften zwischen Kapitalgesellschaften, § 15 IV 6–8 idF Korb II-Gesetz

1. Tatbestandliche Voraussetzungen. Erforderl ist primär eine Beteiligung an einer KapGes; der „tätige Teilhaber" (AußenGes'ter, Hauptbeteiligte) muss die Rechtsform einer KapGes haben oder dem als OptionsGes gem § 1a KStG gleichgestellt sein (Rz 160a). Zu verfrechtl Zweifeln s Rz 895. Beteiligungen an PersGes (MUerschaften) sind nicht angesprochen, auch wenn die Ges'ter KapGes sind (s aber Rz 909). Zeitl Anwendung (einschließl verfassungskonformer Auslegung) s Rz 895. 906

(1) „**Verluste aus stillen Gesellschaften** ... an Kapitalgesellschaften: Der stille Ges'ter muss MUer sein (atypisch stille Ges; s Rz 355 ff) und darf keine natürl Person sein, sondern zB eine KapGes. Ist eine PersGes stille Ges'terin, greift Satz 6 ein, soweit der auf die stille Ges'terin entfallende Verlust anteilig nicht einer natürl Person, sondern zB einer KapGes als MUerin der PersGes zuzurechnen ist. 907

Beispiel: An der Z-AG ist die T-KG zu 50% als atypisch stille Ges'terin beteiligt. Ges'ter der T-KG sind zu je $^1/_4$ die natürl Personen A und B sowie die X-GmbH und die Y-GmbH. Auf die T-KG als stille Ges'terin entfällt ein Verlustanteil von 100; davon sind die den beiden GmbH zuzurechnenden Verlustanteile von je 25 nicht ausgleichs- und abzugsfähig.

(2) „**Verluste aus ... sonstigen Innengesellschaften** an KapGes": Erfasst sind InnenGes, die als MUerschaften unter § 15 I 1 Nr 2 fallen, aber keine stillen Ges iSv § 230 HGB sind, zB weil der InnenGes'ter keine Vermögenseinlage erbracht hat 908

Wacker

§ 15a Verluste bei beschränkter Haftung

(s Rz 361). Zur Rechtsform des InnenGes'ters und zu natürl Personen als Innen-Ges'ter s Rz 906.

909 **(3) „Verluste aus … Unterbeteiligungen** … an KapGes, bei denen der … Beteiligte als MUer anzusehen ist": Diese Tatbestandsalternative ist missverständl, denn eine Unterbeteiligung am Anteil an eine KapGes, zB an einem GmbH-Anteil, begründet keine MUerschaft, weder zum Hauptbeteiligten noch zur KapGes (s Rz 367). Erfasst soll offenbar der Fall werden, dass eine KapGes A (oder OptionsGes gem § 1a KStG; Rz 160a) zB als K'tistin MUerin einer gewerbl Pers-Ges ist und eine andere KapGes B/OptionsGes am MUerAnteil der KapGes A atypisch unterbeteiligt ist.

Beispiel: Die A-GmbH ist K'tistin der B-KG. Die C-GmbH ist am KG-Anteil der A-GmbH atypisch still unterbeteiligt. – Der Tatbestand des § 15 IV 6 ist erfüllt.

910 **2. Rechtsfolgen.** – Verlustanteile, die nicht natürl Personen, sondern kstpfl Steuersubjekten, insb KapGes und OptionsGes gem § 1a KStG (Rz 160a), unmittelbar oder mittelbar als mitunternehmerischen stillen Ges'tern, sonstigen InnenGes'tern oder Unterbeteiligten zuzurechnen sind, dürfen weder mit Einkünften aus GewBetr oder anderen Einkünften ausgeglichen noch nach § 10d vor- oder zurückgetragen werden (Satz 6). Sie mindern aber die Gewinnanteile der unmittelbar vorangegangenen oder folgenden Wj aus derselben stillen Ges, Unterbeteiligung oder InnenGes nach Maßgabe des § 10d (Satz 7). Da auf mitunternehmerische Beteiligungen – anders als bei betriebl *typisch* stillen Beteiligungen (dazu *Wacker* DB 12, 1403, 1405) – TW-AfA ausgeschlossen sind (Rz 690), werden von diesem Ausgleichs- und Abzugsverbot **nur gesvertragl Verlustanteile** (StB-Verluste) erfasst; nicht hingegen Verluste im SBV (zB *Riegler ua* DStR 14, 1031 einschließlich Ergänzungsbilanz; **aA** *Hegemann ua* StB 03, 197, 200; offen *BMF* BStBl I 08, 970) oder Verluste „aus der Beteiligung selbst", zB aus ihrer Veräußerung (BR-Drs 560/03, 14; *BMF* BStBl I 08, 970). ME sind darüber hinaus bei Veräußerung oder Beendigung der (mitunternehmerischen) Beteiligung die bis dahin nicht berücksichtigten Verluste abziehbar (str; vgl *Wacker* DB 12, 1403). – Verlustanteile des **„tätigen Teilhabers"** (AußenGes'ters, Hauptbeteiligten) fallen nicht unter die Regelung (Sätze 6–8; zB *Förster* DB 03, 899, 900). – Der Hinweis auf **§ 10d** besagt, dass die betragsmäßigen Grenzen des Verlustabzugs in § 10d auch für die nach § 15 IV 7 mögl Verrechnung mit positiven Einkünften aus derselben Beteiligung maßgebl sind (s einschließl Wahlrecht *BMF* BStBl I 08, 970 Tz 4, 9). Mit § 15 IV 7 iVm § 10d IV idF AmtshilfeRLUmsG (BGBl I 13, 1809) ist zudem klagestellt worden, dass die nicht ausgeglichenen Verluste bindend festzustellen sind (s Rz 896). – Verrechnungsfähige Gewinne sind **nur gesellschaftsvertragl Gewinnanteile** (StB-Gewinne), nicht hingegen solche aus dem SBV. Wann Gewinne aus **„derselben"** Beteiligung vorliegen, richtet sich mE nach den Grundsätzen, die für § 15a II und dem dortigen Erfordernis „aus seiner Beteiligung an der KG" gelten (s § 15a Rz 61 ff). Daraus folgt zB, dass bei einer (estrechtl) formwechselnden Umwandlung einer atypisch stillen Ges in eine KG der ehemalige stille Ges'ter und nunmehrige K'tist (KapGes) seine Verluste aus der stillen Ges mit Gewinnen aus dem KG-Anteil verrechnen kann. – § 15 IV 6–8 ist mE sowohl für Verluste, die nicht § 15a unterstehen (kein negatives KapKto), als auch innerhalb von § 15a (beschr Vortrag) zu beachten (s § 15a Rz 4; insoweit **aA** *BMF* BStBl I 08, 970 Rz 7 ff; offen *Götz ua* GmbHR 09, 584).

§ 15a Verluste bei beschränkter Haftung

(1) ¹**Der einem Kommanditisten zuzurechnende Anteil am Verlust der Kommanditgesellschaft darf weder mit anderen Einkünften aus Gewerbebetrieb noch mit Einkünften aus anderen Einkunftsarten ausgeglichen werden, soweit ein negatives Kapitalkonto des Kommanditisten entsteht oder sich

Verluste bei beschränkter Haftung § 15a

erhöht; er darf insoweit auch nicht nach § 10d abgezogen werden. ²Haftet der Kommanditist am Bilanzstichtag den Gläubigern der Gesellschaft auf Grund des § 171 Absatz 1 des Handelsgesetzbuchs, so können abweichend von Satz 1 Verluste des Kommanditisten bis zur Höhe des Betrags, um den die im Handelsregistereingetragene Einlage des Kommanditistenseine geleistete Einlage übersteigt, auch ausgeglichen oder abgezogen werden, soweit durch den Verlust ein negatives Kapitalkonto entsteht oder sich erhöht. ³Satz 2 ist nur anzuwenden, wenn derjenige, dem der Anteil zuzurechnen ist, im Handelsregister eingetragen ist, das Bestehen der Haftung nachgewiesen wird und eine Vermögensminderung auf Grund der Haftung nicht durch Vertrag ausgeschlossen oder nach Art und Weise des Geschäftsbetriebs unwahrscheinlich ist.

(1a) ¹Nachträgliche Einlagen führen weder zu einer nachträglichen Ausgleichs- oder Abzugsfähigkeit eines vorhandenen verrechenbaren Verlustes noch zu einer Ausgleichs- oder Abzugsfähigkeit des dem Kommanditisten zuzurechnenden Anteils am Verlust eines zukünftigen Wirtschaftsjahres, soweit durch den Verlust ein negatives Kapitalkonto des Kommanditisten entsteht oder sich erhöht. ²Nachträgliche Einlagen im Sinne des Satzes 1 sind Einlagen, die nach Ablauf eines Wirtschaftsjahres geleistet werden, in dem ein nicht ausgleichs- oder abzugsfähiger Verlust im Sinne des Absatzes 1 entstanden oder ein Gewinn im Sinne des Absatzes 3 Satz 1 zugerechnet worden ist.

(2) ¹Soweit der Verlust nach den Absätzen 1 und 1a nicht ausgeglichen oder abgezogen werden darf, mindert er die Gewinne, die dem Kommanditisten in späteren Wirtschaftsjahren aus seiner Beteiligung an der Kommanditgesellschaft zuzurechnen sind. ²Der verrechenbare Verlust, der nach Abzug von einem Veräußerungs- oder Aufgabegewinn verbleibt, ist im Zeitpunkt der Veräußerung oder Aufgabe des gesamten Mitunternehmeranteils oder der Betriebsveräußerung oder -aufgabe bis zur Höhe der nachträglichen Einlagen im Sinne des Absatzes 1a ausgleichs- oder abzugsfähig.

(3) ¹Soweit ein negatives Kapitalkonto des Kommanditisten durch Entnahmen entsteht oder sich erhöht (Einlageminderung) und soweit nicht auf Grund der Entnahmen eine nach Absatz 1 Satz 2 zu berücksichtigende Haftung besteht oder entsteht, ist dem Kommanditisten der Betrag der Einlageminderung als Gewinn zuzurechnen. ²Der nach Satz 1 zuzurechnende Betrag darf den Betrag der Anteile am Verlust der Kommanditgesellschaft nicht übersteigen, der im Wirtschaftsjahr der Einlageminderung und in den zehn vorangegangenen Wirtschaftsjahren ausgleichs- oder abzugsfähig gewesen ist. ³Wird der Haftungsbetrag im Sinne des Absatzes 1 Satz 2 gemindert (Haftungsminderung) und sind im Wirtschaftsjahr der Haftungsminderung und den zehn vorangegangenen Wirtschaftsjahren Verluste nach Absatz 1 Satz 2 ausgleichs- oder abzugsfähig gewesen, so ist dem Kommanditisten der Betrag der Haftungsminderung, vermindert um auf Grund der Haftung tatsächlich geleistete Beträge, als Gewinn zuzurechnen; Satz 2 gilt sinngemäß. ⁴Die nach den Sätzen 1 bis 3 zuzurechnenden Beträge mindern die Gewinne, die dem Kommanditisten im Wirtschaftsjahr der Zurechnung oder in späteren Wirtschaftsjahren aus seiner Beteiligung ander Kommanditgesellschaft zuzurechnen sind.

(4) ¹Der nach Absatz 1 nicht ausgleichs- oder abzugsfähige Verlust eines Kommanditisten, vermindert um die nach Absatz 2 abzuziehenden und vermehrt um die nach Absatz 3 hinzuzurechnenden Beträge (verrechenbarer Verlust), ist jährlich gesondert festzustellen. ²Dabei ist von dem verrechenbaren Verlust des vorangegangenen Wirtschaftsjahrs auszugehen. ³Zuständig für den Erlass des Feststellungsbescheids ist das für die gesonderte Feststellung des Gewinns und Verlustes der Gesellschaft zuständige Finanzamt. ⁴Der Feststellungsbescheid kann nur insoweit angegriffen werden, als der verrechenbare

§ 15a   Verluste bei beschränkter Haftung

Verlust gegenüber dem verrechenbaren Verlust des vorangegangenen Wirtschaftsjahres sich verändert hat. [5] Die gesonderten Feststellungen nach Satz 1 können mit der gesonderten und einheitlichen Feststellung der einkommensteuerpflichtigen und körperschaftsteuerpflichtigen Einkünfte verbunden werden. [6] In diesen Fällen sind die gesonderten Feststellungen des verrechenbaren Verlustes einheitlich durchzuführen.

(5) Absatz 1 Satz 1, Absatz 1a, 2 und 3 Satz 1, 2 und 4 sowie Absatz 4 gelten sinngemäß für andere Unternehmer, soweit deren Haftung der eines Kommanditisten vergleichbar ist, insbesondere für

1. stille Gesellschafter einer stillen Gesellschaft im Sinne des § 230 des Handelsgesetzbuchs, bei der der stille Gesellschafter als Unternehmer (Mitunternehmer) anzusehen ist,
2. Gesellschafter einer Gesellschaft im Sinne des Bürgerlichen Gesetzbuchs, bei der der Gesellschafter als Unternehmer (Mitunternehmer) anzusehen ist, soweit die Inanspruchnahme des Gesellschafters für Schulden in Zusammenhang mit dem Betrieb durch Vertrag ausgeschlossen oder nach Art und Weise des Geschäftsbetriebs unwahrscheinlich ist,
3. Gesellschafter einer ausländischen Personengesellschaft, bei der der Gesellschafter als Unternehmer (Mitunternehmer) anzusehen ist, soweit die Haftung des Gesellschafters für Schulden in Zusammenhang mit dem Betrieb der eines Kommanditisten oder eines stillen Gesellschafters entspricht oder soweit die Inanspruchnahme des Gesellschafters für Schulden in Zusammenhang mit dem Betrieb durch Vertrag ausgeschlossen oder nach Art und Weise des Geschäftsbetriebs unwahrscheinlich ist,
4. Unternehmer, soweit Verbindlichkeiten nur in Abhängigkeit von Erlösen oder Gewinnen aus der Nutzung, Veräußerung oder sonstigen Verwertung von Wirtschaftsgütern zu tilgen sind,
5. Mitreeder einer Reederei im Sinne des § 489 des Handelsgesetzbuchs, bei der der Mitreeder als Unternehmer (Mitunternehmer) anzusehen ist, wenn die persönliche Haftung des Mitreeders für die Verbindlichkeiten der Reederei ganz oder teilweise ausgeschlossen oder soweit die Inanspruchnahme des Mitreeders für Verbindlichkeiten der Reederei nach Art und Weise des Geschäftsbetriebs unwahrscheinlich ist.

Einkommensteuer-Richtlinien: EStR 15a/EStH 15a

Übersicht

	Rz
I. Allgemeines	
1. Normzweck	1
2. Normüberblick	2
3. Binnensystematik	3
4. Verhältnis zu anderen Vorschriften	4
5. Zeitlicher Anwendungsbereich; Rechtsentwicklung	5
6. Sinngemäße oder entsprechende Anwendung des § 15a bei anderen Einkunftsarten	6
7. Höherrangiges Recht	7
8. Kritik; Reformvorschläge	8
II. Verlustzurechnung bei negativem Kapitalkonto des Kommanditisten	
1. Gesellschaftsrechtliche Stellung des Kommanditisten	11–14
2. Einkommensteuerrechtliche Verlustzurechnung	15–25
III. Verlustausgleich aufgrund von Einlagen, § 15a I 1, II 1	
1. Einkünfte aus Gewerbebetrieb	31
2. Persönliche Voraussetzungen	32–33a
3. Anteil am Verlust der KG	34, 35
4. Kapitalkonto	41–49

Allgemeines **1 § 15a**

	Rz
5. Entstehung oder Erhöhung eines negativen Kapitalkontos .	50, 51
6. Rechtsfolgen	56–67
IV. Erweiterter Verlustausgleich aufgrund „überschießender" Außenhaftung, § 15a I 2, 3	
1. Grundsätze	71
2. Außenhaftung am Bilanzstichtag auf Grund § 171 I HGB . .	72–78
3. Ausschlusstatbestände, § 15a I 3	81–85
4. Rechtsfolgen	86, 87
V. Einlageminderung; Haftungsminderung, § 15a III	
1. Zweck	91
2. Nachversteuerung auf Grund Einlageminderung	92–97
3. Nachversteuerung auf Grund Haftungsminderung	101–109
VI. Nachträgliche Einlagen, § 15a Ia; II 2; Haftungserweiterungen	
1. Nachträgliche Einlagen	111–117
2. Haftungserweiterung	119
VII. Feststellungsverfahren, § 15a IV	
1. Gesonderte Feststellung	121
2. Anfechtungsbefugnis	122
VIII. Sinngemäße Anwendung des § 15a I–IV auf vergleichbare Unternehmer, § 15a V	
1. Allgemeines	131
2. Stiller Gesellschafter (Mitunternehmer)	132, 133
3. Gesellschafter (Mitunternehmer) einer GbR	134–137
4. Gesellschafter (Mitunternehmer) einer ausländischen Personengesellschaft	138
5. Haftungslose Unternehmer	139
6. Mitreeder einer Partenreederei, § 489 HGB aF	140
IX. „Wegfall" des negativen Kapitalkontos in Sonderfällen: Beendigung der KG – Übertragung eines Kommanditanteils – Umstrukturierung	
1. Entgeltliche Veräußerung eines KG-Anteils	151–163
2. Unentgeltlicher Übergang eines Kommanditanteils	166–168
3. Doppelstöckige Personengesellschaft; Anteilsveräußerung	169
4. Umwandlung einer KG in eine Kapitalgesellschaft	171, 172
5. Einbringung eines KG-Anteils in Personengesellschaft; Verschmelzung der KG mit anderer PersGes; Verschmelzung von Gesellschaftern einer KG	176
6. Realteilung einer KG	177
7. Auflösung, Liquidation und Vollbeendigung der KG	181–185
8. Strukturwandel	186

I. Allgemeines

1. Normzweck. Ausgerichtet am gesetzl Grundfall des MUer-K'tisten zielt 1 § 15a darauf, den Ausgleich (§ 2 III) und Abzug (§ 10d) der dem K'tisten nach § 15 zugerechneten Verluste mit anderen positiven Einkünften grds auf dessen zivilrechtl „Haftungsbetrag" zu begrenzen, weil darüber hinausgehende Verluste den K'tisten „im Jahr ihrer Entstehung weder rechtl noch wirtschaftl" belasten, sondern nur zur Verrechnung mit späteren Gewinnanteilen verpflichten (BT-Drs 8/3648, 16). Derartige Verluste werden deshalb nur mit späteren Gewinnen aus derselben Beteiligung nach Art eines Verlustvortrags verrechnet (BFH IV R 58/00 BStBl II 02, 748). Dies dient allg der Besteuerung nach der finanziellen Leistungsfähigkeit und geht über das spezielle Ziel der Eindämmung modellhafter VerlustzuweisungsGes hinaus (BT-Drs 8/3648, 16; § 2 Rz 9; BFH IV R 16/15 BStBl II 18, 527). § 15a gilt folgerichtig „sinngemäß" für andere gewerbl Unternehmer (§ 15a V; Rz 131 ff) sowie auch für Verluste aus anderen Einkünften (§ 13 VII, § 18 IV; § 20 I Nr 4; § 21 I 2; Rz 6).

§ 15a 2–4 Verluste bei beschränkter Haftung

2 **2. Normüberblick. § 15a** I 1 schließt aus, dass die dem K'tisten zugerechneten Anteile am Verlust aus GewBetr einer KG, soweit diese in der StB ein negatives KapKto des K'tisten begründen oder erhöhen, mit anderen positiven Einkünften ausgeglichen oder von diesen abgezogen werden (Verlustausgleichs- und Verlustabzugsverbot). § 15a Ia erstreckt dies auf „nachträgl Einlagen" zum Ausgleich negativer KapKten. Nach § 15a II mindern die „nicht ausgleichs- und abzugsfähigen Verluste" als „verrechenbare Verluste" die Gewinne des K'tisten aus seiner Beteiligung in späteren Wj. § 15a I 2–3 lässt weitergehend zu, dass im Falle einer zivilrechtl (sog „überschießender") Außenhaftung des K'tisten auch Verlustanteile, die ein negatives KapKto begründen oder erhöhen, bis zur Höhe dieser Haftung mit anderen positiven Einkünften ausgeglichen oder von diesen abgezogen werden. § 15a III regelt die Rechtsfolgen von Entnahmen, durch die ein negatives KapKto entsteht oder sich erhöht (Einlagenminderung), und einer Herabsetzung der Außenhaftung nach vorangegangenem Verlustausgleich oder -abzug bei überschießender Außenhaftung (Haftungsminderung) in der Weise, dass iHd Minderungsbetrags einerseits ein lfd Gewinn nachzuversteuern ist und andererseits ein verrechenbarer Verlust des K'tisten begründet wird. Nach § 15a IV sind verrechenbare Verluste des einzelnen K'tisten jährl gesondert festzustellen. § 15a V erklärt die für K'tisten maßgebl Vorschriften, ausgenommen diejenigen über die überschießende Außenhaftung und die Haftungsminderung (§ 15a I 2–3, III 3), für sinngemäß anwendbar auf andere Unternehmer, deren „Haftung" der eines K'tisten vergleichbar ist, zB atypische stille Ges'ter (Nr 1), beschr haftende Ges'ter einer GbR (Nr 2) oder ausl PersGes (Nr 3) oder Mitreeder einer Reederei iSv § 489 HGB (Nr 5) und Einzel- oder MUer mit sog haftungslosen Verbindlichkeiten (Nr 4). **§ 52 Abs 24 Satz 3 ff** regelt ergänzend den sachl Anwendungsbereich und den „Wegfall" eines durch *ausgleichs- und abzugsfähige* Verluste negativ gewordenen KapKto.

3 **3. Binnensystematik.** § 15a setzt die *steuerrechtl Verlustzurechnung* (Rz 11 ff) voraus und schränkt die Verwertung dieser Verluste nach Maßgabe eines positiven *steuerrechtl* KapKto sowie einer nach *Handelsrecht* zu ermittelnden Außenhaftung des *K'tisten* ein.

4 **4. Verhältnis zu anderen Vorschriften.** – **(1)** § 15a EStG ist ggü **§ 10d I, II** (Einschränkung des Vor-/Rücktrags nicht ausgeglichener Verluste) insofern vorrangig, als – *ohne* Betragsgrenze – Verluste iHd negativen KapKto (grds) mit künftigen Gewinnen aus *derselben* Einkunftsquelle verrechnet werden (s auch Rz 60); § 10d greift aber ein, soweit nach § 15a bei positivem KapKto/überschießender Außenhaftung ein Verlustabzug mögl ist. Gleiches galt für §§ 2 III 2 ff, 10d aF. – **(2)** Ein nach **§ 2a I, II** für negative ausl Einkünfte mögl Verlustausgleich/-abzug ist bei K'tisten mit negativem KapKto nach § 15a ausgeschlossen; umgekehrt unterliegt ein nach § 15a mögl Verlustausgleich den Beschränkungen des § 2a I, II (BFH IV R 58/00 BStBl II 02, 748; EStR 15a V). – **(3)** Zu **§ 2b aF** (VerlustzuweisungsGes) s bis *Schmidt* 37. Aufl § 15a Rz 4; zu § 15b s unten; – **(4)** Zu **§ 3a nF** (stfreie **Sanierungsgewinne**). Die StFreiheit des Sanierungsgewinns beruhte zunächst auf § 3 Nr 66 aF und anschließend auf dem sog *Sanierungserlass* (BMF BStBl I 03, 240; *BMF* BStBl I 10, 18). Nachdem der BFH Letzteres zR für verfwidrig erachtet hatte (BFH GrS 1/15 BStBl II 17, 393), ist die StFreiheit nunmehr für Schulderlasse nachdem 8.2.17 (unternehmens- und unternehmerbezogene Sanierung) als auch antragsgebunden für Altfälle (§ 52 IVa in §§ 3a, 3c IV (ggf iVm §§ 8c II, 8d I 9 KStG) gesetzl geregelt; *Folge:* Verbrauch des § 15a-Verlusts und Minderung des stfreien Sanierungsgewinns (s unten Rz 21, 63 sowie iEinz § 3a Rz 36 ff); – **(5)** Zu **§ 3c** s *Löhr* BB 02, 2361 (GmbH & atypisch Still). – **(6)** Soweit eine KG für Seeschiffegem **§ 5a** (**Tonnagebesteuerung**) wählt, ist § 15a gleichwohl iRe Schattenrechnung nach § 5 anzuwenden (§ 5a V 4); der § 15a-Verlust ist mit einem Gewinn aus dem Teilwertansatz (§ 5a VI) zu verrechnen (iEinz § 5a Rz 31). – **(7)** Soweit nach **§ 15 IV 1–5** innerhalb der jeweiligen Einkunftsart (gewerbl Tier-

Allgemeines 5–7 § 15a

zucht, Termingeschäfte) ein Verlustausgleich mögl ist, kann der Verlust nach § 15a nur verrechenbar sein. Gleiches gilt grds im Verhältnis zu § 15 IV 6–8 iVm § 20 I Nr 4 S 2betr Verluste von KapGes aus stillen Beteiligungen, dh soweit § 15a greift, kein Rücktrag (*Förster* DB 03, 899; *BMF* BStBl I 08, 970 Tz 7, 9); zudem wird mE die Verlustverrechnung nach § 15a II durch § 15 IV 7 iVm § 10d II eingeschränkt (sog kumulative Konkurrenz; *Ausnahme*: Veräußerung/Aufgabe der Beteiligung; vgl § 15a II 2 nF; **aA** *BMF* BStBl I 08, 970 Tz 8; offen *Götz ua* GmbHR 09, 584; § 15 Rz 910). – *(8)* Soweit Verluste iZm sog **StStundungsmodellen** nach **§ 15b** – unabhängig von der Höhe des KapKto – nur mit positiven Einkünften derselben Quelle (= einzelnes „Modell") verrechnet werden (s auch § 13 VII; § 18 IV 2; § 20 VII; § 21 I 2), ist § 15a nicht anzuwenden (§ 15b I 3; BT-Drs 16/107; *BMF* BStBl I 07, 542 Tz 13, 23; einschr *Gragert* NWB F 3, 14775, 14788; **aA** *Naujok* DStR 07, 1601, 1606). – *(9)* Zu **§ 32c aF** s bis *Schmidt* 31. Aufl § 15a Rz 4; – *(10)* Zum Verhältnis zu **§ 34a** s § 34a Rz 22, 23, 26. – *(11)* Die Gewinnhinzurechnung (§ 15a III) war nicht nach **§ 34c IV aF** tarifbegünstigt (BFH IV R 4/00 BStBl II 02, 458). – *(12)* Zum Nachrang von § 15a ggü **§ 4h (Zinsschranke)** s § 4h; *Schluck ua* DB 12, 2893. – *(13)* Zu **§ 1a KStG (Option)** s Rz 31f, 172. – *(14)* Zum Wegfall nach **§ 8c KStG aF**/„JStG 2018" (Manteikauf) s *BMF* BStBl I 17, 1645 Rz 2, 63, 66 (**aA** *Dennisen* DB 17, 443). – *(15)* Zu **§ 2 IV UmwStG** s *FM SchlHol* DB 17, 1746; *Viebrok ua* DStR 13, 1364. – *(16)* Zum Verhältnis zu **§ 10a GewStG** s BFH VIII R 39/97 BFH/NV 97, 857. – *(17)* Zu **§ 27 StFG** (BGBl I 08, 1982) s Rz 176.

5. Zeitlicher Anwendungsbereich; Rechtsentwicklung. § 15a ist erstmals 5 auf Verluste des Wj anzuwenden, dasnach dem **31.12.79** beginnt (§ 52 XIX 1 aF). Dieser Grundsatz wurde mehrfach aus Gründen des Vertrauensschutzes für Altbetriebe (Eröffnung vor 11.10.79) und der Wirtschaftspolitik für sog privilegierte Betriebe; Beherbergungsgewerbe, Bau und Errichtung von Wohnungen im sozialen Wohnungsbau, Betrieb von Seeschiffe durchbrochen. Einzelheiten s bis *Schmidt* 36. Aufl § 15a Rz 39 bis 41. Zu § 15a III s Rz 92.

6. Sinngemäße oder entsprechende Anwendung des § 15a bei anderen 6 **Einkunftsarten.**
Verwaltung: *BMF* BStBl I 20, 919 (Vermögensverwaltende PersG); *OFD Ffm* DB 18, 94 (auch LuF).

Sinngemäß/entspr anzuwenden ist § 15a nicht nur auf Unternehmer gem § 15a V Nr 4 und typisch stille Ges'ter (§ 20 I Nr 4 S 2), sondern auch auf K'tisten (Ges'ter gem § 15a V) mit Einkünften aus LuF (§ 13 VII), selbstständiger Arbeit (§ 18 IV 2) oder VuV (§ 21 I 2). S dazu BFH IX R 52/13 BStBl II 15, 263; *BMF* I 20, 919: fiktives KapKto für grds alle Beteiligungseinkünfte; Verrechnungskreis einschließl § 23, aber ohne § 32d I (**aA** *Middendorf ua* BB 21, 539). Zur Übernahme von negativen KapKto s BFH IX R 38/17 DStR 20, 1033. Zu Zebra-Ges s § 15 Rz 206. Verrechenbare Verluste werden nach gewerbl Prägung der bisher vermögensverwaltenden KG nicht ausgleichsfähig (FG RhPf EFG 05, 1038 zutr; Rz 186).

7. Höherrangiges Recht. – *(1)* **Verfassungsrecht.** § 15a ist grds verfgemäß 7 (zB BVerfG HFR 07, 274), auch soweit – *(a)* § 15a für sämtl KGund nicht nur für VerlustzuweisungsGes gilt und stille Reserven unberücksichtigt bleiben (BFH IV R 75/93 BStBl II 96, 474), – *(b)* der erweiterte Verlustausgleich auf die Haftung nach § 171 I HGB beschränkt ist (BFH IX R 7/95 BStBl II 00, 265; BVerfG 2 BvR 375/00 HFR 07, 274; s auch Rz 78), und – *(c)* nachträgl Einlagen nicht verrechenbare in ausgleichsfähige Verluste „umpolen" (BFH VIII R 39/94 BFH/NV 98, 1078; BVerfG 2 BvR 375/00 HFR 07, 274; s Rz 112; **aA** *HHR* § 15a Rz 31). Verfwidrig ist hingegen die Behandlung nachträgl Einlagen gem § 15a Ia (s Rz 117). – *(2)* **EU-Recht.** Zum fehlenden Verlustausgleich aufgrund erweiterter Außenhaftung bei EU-/EWR-PersGes (Art 34 AEUV) s Rz 138.

8 **8. Kritik; Reformvorschläge.** § 15a ist mit Rücksicht auf seinen Zweck (s Rz 1) und seine Anlehnung an das Handelsrecht (s BFH GrS 1/79 BStBl II 81, 164; unten Rz 11 ff) sachgerecht. Typisierungen (zB keine Umqualifikation verrechen barer Verluste durch Einlagen in späteren Wj; Rz 112) sind hierbei aus Praktikabilitätsgründen unvermeidbar (**aA** *HHR* § 15a Rz 39). Einem Verzicht auf den Verlustausgleich aufgrund Außenhaftung steht mE die Verlustbehandlung beim Komplementär und damit Art 3 I GG entgegen (**aA** *HHR* § 15a Rz 39).

II. Verlustzurechnung bei negativem Kapitalkonto des Kommanditisten

11 **1. Gesellschaftrechtliche Stellung des Kommanditisten. – a) Außenhaftung.** Der K'tist haftet im Außenverhältnis für Schulden der KG grds nur bis zur Höhe seiner im HReg eingetragenen **Haftsumme** (§§ 171 I HS 1, 172 I HGB), und zwar unabhängig von der Höhe der Einlage, zu der er im Innenverhältnis ggü der KG und den anderen Ges'tern vertragl verpflichtet ist (sog **Pflichteinlage**); diese muss nicht der Haftsumme entsprechen. Die Haftung ist ausgeschlossen, soweit der K'tist eine Einlage tatsächl geleistet und nicht wieder zurückerhalten hat oder Gewinnanteile haftungsschädl entnimmt (§ 171 I HS 2; § 172 IV HGB). Zur **MoPeG-Reform** (BGBl I 21, 3436) ab 2024 s §§ 171, 172 HGB nF (terminologische Bereinigung; Wegfall des Gutglaubensprivilegs).

12 **b) Verlustverteilung.** Ein Verlustanteil, der nach dem vertragl/gesetzl GuV-Verteilungsschlüssel auf einen Ges'ter (K'tist oder persönl haftenden Ges'ter) entfällt, wird von seinem Kapitalanteil „abgeschrieben" (§ 161 II iVm § 120 II HGB). Zwar nimmt nach § 167 III HGB ein K'tist, sofern nichts anderes vereinbart ist, am Verlust nur bis zum Betrag seines Kapitalanteils und seiner noch rückständigen (Pflicht-)Einlage teil; damit wird allerdings „nur die Grenze der endgültigen Verlusttragung bestimmt" (BFH GrS 1/79 BStBl II 81, 164). Das besagt:

13 **(1) (HB-)Jahresschlussbilanz.** Ein Verlustanteil des K'tisten ist von dessen **Kapitalanteil** auch insoweit abzuschreiben, als dieser dadurch **negativ** wird; demgemäß hat er seinen Anteil an künftigen HB-Gewinnen bis zur Höhe seines negativen KapKto der KG zur Deckung der früheren Verluste zu belassen (BFH GrS 1/79 BStBl II 81, 164: **„Verlusthaftung mit künftigen Gewinnanteilen"**; ab 2024/MoPeG-Reform (BGBl I 21, 3436) s § 709 III BGB nF iVm § 105 III, 161 II HGB nF).

14 **(2) Liquidationsschlussbilanz.** In dieser darf für den K'tisten anders als für einen persönl haftenden Ges'ter **kein negativer Kapitalanteil** ausgewiesen werden, weil er grds weder den MitGes'tern noch der KG zum Nachschuss (Kontenausgleich) verpflichtet ist, es sei denn, § 167 III HGB (iVm § 707 BGB) ist in der Weise abbedungen, dass der K'tist im Innenverhältnis entspr seinem Verlustanteil *unbegrenzt* für KG-Schulden einzustehen hat, dh die Pflichteinlage aufschiebend bedingt erhöht wird (BFH IV R 90/94 BStBl II 97, 241). Die Abrede, dass der (einzige) persönl haftende Ges'ter nicht am Verlust teilnimmt, oder KapKten im Soll zu verzinsen sind, begründet aber idR keine solche Nachschusspflicht (*K. Schmidt* DB 95, 1381). S auch Rz 23, 44, 78 ab 2024/MoPeG-Reform (BGBl I 21, 3436) s § 167 iVm § 149 HGB nF.

2. Einkommensteuerrechtliche Verlustzurechnung

Verwaltung: EStR 15a; *OFD NRW* FR 14, 823 (Bürgschaften von K'tisten); *OFD Mchn/Nbg* FR 04, 731 (Verlustzurechnung; Nachversteuerung; Bürgschaft; Wegfall).

15 **a) Anerkennung des negativen Kapitalkontos.** Nach zutr Ansicht des **BFH-Grundsatzbeschlusses** (BFH GrS 1/79 BStBl II 81, 164) sind dem K'tisten einer gewerbl tätigen (oder geprägten) KG ein nach Vertrag oder Gesetz auf ihn entfallender Verlustanteil grds auch *estrechtl* insoweit zuzurechnen, als er in der StB der Ges zu einem negativen KapKto führt oder dieses erhöht. Zwar hafte der K'tist gesrechtl insoweit weder ggü den Gläubigern der Ges, noch habe er zusätzl

Einlagen an die KG zu leisten. Da er aber seine zukünftigen Gewinnanteile zum Ausgleich des negativen KapKto verwenden müsse (Rz 13), sei diese Verlusthaftung mit künftigen Gewinnanteilen Teil seines Unternehmerrisikos. Demgemäß seien dem K'tisten Verlustanteile auch bei negativem KapKto zuzurechnen, solange zu erwarten sei, dass künftig Gewinnanteile anfielen, die er der KG zur Verlustdeckung belassen müsse. Sobald und soweit aber feststehe, dass ein solcher Ausgleich nicht mehr in Betracht komme, seien die Verlustanteile, die sich rechtl und wirtschaftl beim K'tisten nicht mehr auswirken, *estrechtl* auf die persönl haftenden Ges'ter und die übrigen K'tisten mit positivem Kapitalanteil zu verteilen.

b) Bedeutung für § 15a. Die Vorschrift setzt „einem Kommanditisten zuzurechnende" Verlustanteile voraus und bestimmt für diese, welche ausgleichs-/abzugsfähig oder nur verrechenbar sind. **16**

aa) Handelsrechtliche Abrede. Auch im Anwendungsbereich des § 15a gelten für die subj Einkunftszurechnung zum einen die allg Grundsätze, nach denen die *estrechtl Verlust*anteile des MUer-K'tisten grds nach der *handelsrechtl* GuV-Verteilung zu bestimmen sind (§ 15 Rz 443, 449). Haben die Ges'ter vereinbart, dass das KapKto eines K'tisten *nicht* durch Verlustzurechnung negativ werden kann, sind Verlustanteile, die zu einem negativen KapKto führen würden, sowie die „gegenläufigen" späteren Gewinnanteile estrechtl nicht dem K'tisten, sondern dem persönl haftenden Ges'ter und den übrigen K'tisten mit positivem KapKto zuzurechnen (BFH IV R 249/84 BFH/NV 88, 699). Gleiches gilt, soweit vereinbart ist, dass ein K'tist trotz negativem KapKto abw von § 169 I 2 HGB (ab 2024/ MoPeG-Reform (BGBl I 21, 3436): § 169 HGB nF) seine Gewinnanteile ohne Rückzahlungspflicht entnehmen darf. **17**

bb) Negatives Kapitalkonto. Nimmt der K'tist hingegen handelsrechtl (Regelfall) am Verlust auch bei Anfall eines negativen KapKto teil (iVm „Verlusthaftung mit künftigen Gewinnanteilen"; Rz 15), sind die Grundsätze von BFH GrS 1/79 BStBl II 81, 164 zu C.I.7. auch im Geltungsbereich des § 15a zu beachten (BFH IV R 44/93 DStR 95, 1144; *OFD Mchn* FR 04, 731 Tz 1.1). Dh, die Verlustanteile werden grds ebenfalls dem K'tisten auch *estrechtl* **zugerechnet,** ggf aber nicht als ausgleichs- und abzugsfähig, sondern nach Maßgabe des § 15a als nur verrechenbar qualifiziert; korrespondierend sind die dem Ausgleich des negativen KapKto dienenden späteren Gewinnanteile solche des K'tisten und bei diesem nach § 15a II um die bisher nur verrechenbaren Verlustanteile zu mindern (BFH IV R 17/07 BStBl II 10, 631 Rz 44; EStH 15a). Die Fortgeltung der Grundsätze von BFH GrS 1/79 BStBl II 81, 164 bedeutet aber auch, dass sobald und soweit am Bilanzstichtag feststeht**, dass ein Ausgleich** eines negativen KapKto mit künftigen Gewinnanteilen **nicht mehr in Betracht** kommt(Rz 15), auch im Anwendungsbereich des § 15a einem K'tisten Verlustanteile nicht mehr zugerechnet werden können und unter Berücksichtigung der verrechenbaren Verluste „nachzuversteuern" sind. S iEinz Rz 20 ff. **18**

c) Private Einkünfte. Bei einer KG, die estrechtl Einkünfte aus VuV erzielt (§ 15 Rz 323), waren vor Geltung des § 15a den K'tisten Anteile am Verlust *nicht* mehr zuzurechnen, soweit dadurch ein negatives KapKto entsteht oder sich erhöht (BFH VIII B 26/80 BStBl 81, 574: kein Abfluss von WK). Diese Rspr ist durch § 21 I 2 iVm § 15a (s Rz 5) ab VZ 80 überholt (BFH IX R 7/91 BStBl II 94, 492; *BMF* BStBl I 94, 355); ebenso bei Einkünften aus KapVerm BFH VIII R 36/01 BStBl II 02, 858; abl *Groh* DB 04, 668. **19**

d) Wegfall des negativen Kapitalkontos mangels künftigem Gewinnanteil. – aa) Laufender Wegfall-Gewinn. Sobald und soweit bereits *vor* Veräußerung oder Aufgabe des Betriebs und vor gesellschaftsrechtl Auflösung der KG feststeht, dass ein Ausgleich des negativen KapKto mit künftigen (stpfl oder stfreien) Gewinnanteilen nicht mehr in Betracht kommt, fällt das negative KapKto schon zu diesem Zeitpunkt weg mit der Folge, dass der K'tist einen nichtbegünstigten lfd Gewinn zu versteuern hat (BFH GrS 1/79 BStBl II 81, 164; *OFD NRW* FR **20**

14, 823). Dies gilt auch, soweit das KapKto auf nach § 15a verrechenbaren Verlusten beruht (Rz 18). Der **Wegfall-Gewinn** des negativen KapKtos ist kein „echter" Gewinn, sondern nur die rechtl notwendige Folge davon, dass der Rechtfertigungsgrund der früheren Verlustzurechnungen entfallen ist (zB BFH GrS 4/82 BStBl II 84, 751 Rz 216; BFH IV R 42/75 BStBl II 81, 570; zu Billigkeitserlass bei früheren Verlusten ohne tatsächl Verlustausgleich s BFH IV R 91/94 BStBl II 96, 289; zur Abgrenzung s BFH X R 25/03 BFH/NV 04, 1212).

21 bb) **Voraussetzungen. – aaa) „Künftiger Gewinnanteil"**. Hierzu gehören nur die Gewinnanteile laut **StB** zuzügl etwaiger **Ergänzungsbilanzen**. Dies umfasst auch stfreie Gewinne und demgemäß auch solche aus einer unternehmensbezogenen **Sanierung** (BFH VIII R 65/96 BStBl II 98, 437; zur Zurechnung bei Ausscheiden bisheriger und Eintritt neuer Ges'ter s aber § 15 Rz 453; zum Wegfall von § 15a-Verlusten mit Folge der Minderung des Sanierungsgewinn s Rz 4, 63 sowie § 3a Rz 36 ff). **Keine** „künftigen Gewinnanteile" sind aber Gewinne aus dem **SBV** und Vergütungen iSv § 15 I 1 Nr 2 S 1 HS 2 (BFH GrS 1/79 BStBl II 81, 164 zu C. I. 6.), ebenso nicht Einlagen iSv § 4 I 5 oder „Gewinne" aus dem sog Wegfall des negativen KapKtos zur Korrektur früherer Verlustzurechnungen (BFH GrS 4/82 BStBl II 84, 751).

22 bbb) **„Feststehen"**. Wann und bis zu welchem Betrag feststeht, dass künftige (stpfl oder stfreie) Gewinnanteile nicht mehr entstehen werden (Prognose), ist zwar *Tatfrage*. Sie ist aber nach BFH IV R 9/15 BStBl II 17, 896 materiell zum einen an den Verhältnissen am Bilanzstichtag (zuzügl werterhellender Umstände bis zur Bilanzaufstellung), zum anderen daran auszurichten, dass eine Auffüllung des KapKto *„unter keinem denkbaren Gesichtspunkt"* mehr in Betracht kommt (idR Abschluss der Liquidation). ME *kann* hierfür, wenn stille Reserven nicht vorhanden sind, auch die Betriebseinstellung oder die Ablehnung der Eröffnung des Insolvenzverfahrens mangels Masse ausreichen (glA *OFD Mchn* FR 04, 731 Tz 1.1; BFH IV R 124/92 BStBl II 95, 253; BFH VIII R 86/90 BStBl II 94, 174). Die Feststellungslast trägt das FA (FG Mster EFG 88, 635). Die Eröffnung des Insolvenzverfahrens genügt hingegen nicht, sofern noch Gewinne zB aus der Veräußerung der Masse zu erwarten sind oder Aussicht auf Sanierung mit Unternehmensfortführung besteht (zB BFH VIII R 65/96 BStBl II 98, 437; BFH IV R 9/15 BStBl II 17, 896; *OFD Mchn* FR 04, 731 Tz 2).

23 ccc) **Bürgschaft; Nachschusspflicht.** Soweit feststeht, dass ein Ausgleich mit künftigen Gewinnanteilen ausscheidet, sind Verlustanteile einem K'tisten selbst dann nicht mehr zuzurechnen, wenn dieser sich für Schulden der KG verbürgt hat. Auch eine Minderung des (lfd) „Wegfall"-Gewinns auf Grund der über eine Bürgschaft bestehenden Außenhaftung ist bei „vorzeitigem Wegfall" des negativen KapKto – anders als bei Wegfall durch Betriebsaufgabe/Übertragung des KG-Anteils (Rz 181 ff, 151 ff) – unzulässig (BFH IV R 105/94 BStBl II 97, 277 zu 4.; *OFD Mchn* FR 04, 731 Tz 3.1; *Demuth* KÖSDI 13, 18381, 18389). Zu SonderBA des K'tisten s § 15 Rz 524 f, 547. Ob, wie hier bisher (*Schmidt* 38. Aufl § 15a Rz 26) vertreten, dann anders (kein Wegfallgewinn) gilt, wenn der K'tist übers § 167 III HGB (zur **MoPeG-Reform** (BGBl I 21, 3436) ab 2024 s Rz 13 f) im Innenverhältnis nach Maßgabe des GuV-Schlüssels *unbegrenzt* wie ein persönl haftender Ges'ter für die Schulden der KG einzustehen hat und nachschusspflichtig ist, ist mE fragl; jedenfalls unterläge eine fortdauernde Verlustzurechnung § 15a (s Rz 57).

24 cc) **Rechtsfolgen; Rückstellung; Nachholung.** Soweit feststeht, dass künftige StB-Gewinnanteile (s Rz 21) zum vollen Ausgleich eines negativen KapKto eines K'tisten nicht mehr anfallen, hat dies bei personell unverändertem Bestand einer KG mehrere **Rechtsfolgen:** Dem K'tisten ist der vertragl Anteil am Verlust der KG ab dem letzten Bilanzstichtag, soweit er zu einem negativen KapKto führt oder dieses erhöht, estrechtl nicht mehr zuzurechnen; Verluste im SBV sind aber gesondert zu berücksichtigen (*OFD NRW* FR 14, 823). Beim K'tisten entsteht ein Ge-

winn, und zwar grds iHd negativen StB-KapKto vom letzten Bilanzstichtag, der iHd verrechenbaren Verluste gem § 15a gemindert wird. Dies gilt auch, soweit in Fällen der Teilauflösung eines negativen KapKto, das auch auf ausgleichsfähige Verlusten beruht (arg Meistbegünstigung). Dem persönl haftenden Ges'ter (oder K'tisten mit positivem KapKto) sind Verlustanteile in der Höhe zuzurechnen, in der sie dem K'tisten nicht mehr zugerechnet werden dürfen oder bei diesem durch Wegfall eines negativen KapKto ein Gewinn entsteht (BFH IV R 44/93 BB 95, 1520; *OFD Mchn* FR 04, 731 Tz 1.1; offen BFH IV R 36/02 BStBl II 03, 871). – Vor diesem Zeitpunkt des „Feststehens" kann der persönl haftende Ges'ter, auch wenn er ernstl mit einer Inanspruchnahme für Schulden der KG rechnen muss, **keine Rückstellung** in einer Sonderbilanz (oder Bilanz eines eigenen GewBetr, zu dessen KV die Beteiligung an der KG gehört) bilden (BFH X R 14/88 BStBl II 89, 881; s auch Rz 57, 59, 78, 132). – Wurde bei der Gewinnfeststellung für das Wj, in dem das negative KapKto weggefallen ist, versäumt, daraus die estrechtl Folgerungen zu ziehen (zB einen entspr Gewinn des K'tisten anzusetzen), kann dies, da das negative KapKto wie ein negatives WG (Schuld) zu behandeln ist, auf Grund des formellen Bilanzenzusammenhangs für das erste noch offene Wj gewinnwirksam **nachgeholt** werden. Liegt im ersten offenen (Folge-)Wj eine Betriebsaufgabe vor, ist die Auflösung Teil des begünstigten Aufgabegewinns (BFH IV R 17/07 BStBl II 10, 631; *Wacker* HFR 10, 475 f). Zum Wegfall des negativen KapKto *iRd* Betriebsaufgabe/-veräußerung s Rz 182, 154.

e) Wegfall und Verrechnung in Sonderkonstellationen. Zur Behandlung 25 des negativen KapKto bei **Veräußerung/Aufgabe** des Betriebs der KG (einschließl ihrer Auflösung) sowie der entgeltl/unentgeltl Übertragung von MUer-Anteilen und der **Umstrukturierung** s Rz 151 ff.

III. Verlustausgleich aufgrund von Einlagen, § 15a I 1, II 1

Verwaltung: EStR 15a; BMF BStBl I 93, 976: Saldierungsverbot; BMF BStBl I 97, 627; *OFD Ffm* DStR 17, 498: Umfang des KapKto; *OFD Ffm* DStR 13, 2699: doppelstöckige PersGes; *OFD Rostock* DStR 01, 2115: tatsächl Einlage; *OFD Bln* FR 02, 594 (stfreie Einnahmen); *OFD Ffm* DB 15, 406 (StBilanz/HBilanz); *OFD Ffm* DStR 16, 1813 (Bp-Mehrgewinne); *OFD Ffm* DStR 18, 569 (Zweifelsfragen).

Schrifttum: *Zerbe ua*, Bestimmung des KapKto …, DStR 15, 1292; *Dornheim*, Außerbilanzielle Korrekturen …, DStZ 15, 174.

1. Einkünfte aus Gewerbebetrieb. § 15a setzt nach seiner systematischen 31 Stellung voraus, dass aus der Beteiligung an der inl und gewerbl tätigen oder geprägten KG (§ 15a I) oder aus einem anderen Unternehmen (§ 15a V) nach dem ertragsteuerrechtl **Transparenzprinzip** Einkünfte als GewBetr (§ 15 II, III; s § 15 Rz 160) erzielt werden; *ausgenommen* sind mithin Einkünfte *aus* der Beteiligung *an* einer dem *Trennungsprinzip* unterliegenden *KapGes* oder *OptionsGes* (= KG) gem § 1a KStG (s § 15 Rz 160a ff; zum KG-Anteil der KapGes/OptionsGes s aber Rz 32). Demgemäß gilt § 15a ferner, wenn an einer KG mit Einkünften aus VuV oder KapVerm Personen beteiligt sind, für die Beteiligung in einem gewerbl BV halten (sog **ZebraGes;** § 15 Rz 200 ff) und daher nach dem Transparenzprinzip anteilig Einkünfte aus GewBetr erzielen (BFH IV R 77/99 DStR 01, 21 zu 2.b; iErg glA *Niehus* DStZ 04, 143, 151). Unerhebl ist, ob der Gewinn nach **§ 4 III** ermittelt wird; allerdings erfordert dies – eben sowie iRv §§ 21 I 2, § 20 I Nr 4 S 2 (Rz 6) – die Entwicklung eines fiktiven KapKto (zu ErgänzungsBils BFH VI-II R 13/07 BStBl II 09, 993; **aA** *Weßling* BB 11, 1823). Zur sinngemäßen Geltung iRv anderen Einkünften s Rz 6.

2. Persönliche Voraussetzungen. – a) Kommanditist. § 15a I–IV gilt un- 32 mittelbar nur für K'tisten iSd § 161 I HGB; dies umfasst auch Ges'ter, die einer KG als K'tisten beigetreten, aber als solche noch nicht ins HReg eingetragen sind (BFH IV R 70/02 BStBl II 04, 423; zur evtl Haftung nach § 176 HGB s Rz 57 f,

78). Eine nur **kleingewerblich** tätige, aber ins HReg als KG eingetragene Ges war früher GbR (Schein-KG); nach §§ 161 II, 105 II HGB idF HRefG (BGBl I 98, 1474) ist sie ab 1.7.98 „echte" KG mit der Folge, dass für ihre K'tisten – anders als für Ges'ter einer GbR iSv § 15a V Nr 2 – auch § 15a I 2–3, III 3 (überschießende Außenhaftung) gilt; zur **MoPeG-Reform** (BGBl I 21, 3436) ab 2024 s § 107 iVm § 161 II HGB nF. Der K'tist muss zudem **MUer** (s einschl **KapGes/** § 1a KStG-**OptionsGes** § 15 Rz 251; zur OptionsGes selbst s Rz 31) sein, da dies Voraussetzung für eine subj Zurechnung von Verlustanteilen ist (Rz 17).

Bei **Formwechsel** von OHG zu KG während des Wj gilt § 15a für das gesamte Wj (BFH VIII R 81/02 BStBl II 04, 118; BFH IV R 70/02 BStBl II 04, 423: Ges'terbeschluss maßgebl; abl zB *Söffing* DStZ 07, 175; s auch Rz 101, 119). Die Rechtsstellung eines **Treuhand-K'tisten** (vgl § 15 Rz 295 ff) ist estrechtl dem Treugeber zuzurechnen; die Verlustanteile unterliegen bei diesem dem Ausschluss eines Verlustausgleichs/-abzugs nach § 15a I 1 (BFH IX R 24/00 BFH/NV 03, 894; BT-Drs 8/4157, 3; *Feldgen* StuB 16, 500, 505). Ist der Treugeber zugleich K'tist, sollen die KapKten beider Beteiligungen zu addieren sein (FG Ddorf EFG 13, 1289; fragl). Zu § 15a I 2 s Rz 73. – Ein **atypisch Unterbeteiligter** (s § 15 Rz 365 ff) ist nach der Rspr (**aA** wohl EStR 15a III 4) nicht wie ein Treugeber zu beurteilen (BFH VIII R 51/84 BStBl II 92, 512); er wird daher nur über § 15a V Nr 2 erfasst (s Rz 73, 137). Der § 15a-Verlust einer **OrganGes** (K'tistin) erhöht das dem Organträger zuzurechnende Einkommen (BFH I R 65/11 BStBl II 13, 555; *BMF* BStBl I 13, 921).

33 **b) Doppelstöckige Personengesellschaft.** Ist eine PersGes K'tistin, ist der gesellschaftsrechtl auf die OberGes entfallende Anteil am StB-Verlust der UnterGes estrechtl grds *der OberGes* zuzurechnen (mE: OberGes = Verbund der *OberGes'ter*; Transparenz; s § 15 Rz 253, 612) und in deren Gesamtergebnis aus dem eigenen Betrieb und aus dem Anteil an der UnterGes (einschließl § 16 I Nr 2) einzubeziehen (s einschließl § 15 III Nr 1 § 15 Rz 610, 613; 189). Dies gilt unabhängig davon, dass *(a)* nach § 15 I 1 Nr 2 S 2 der mittelbar beteiligte (Ober-)Ges'ter als weiterer (mittelbarer) MUer der UnterGes anzusehen ist und *(b)* sich der Verlustanteil estrechtl erst mittelbar bei den Ges'tern der OberGes auswirkt. Der der OberGes zuzurechnende Verlustanteil ist mit einem etwaigen (an sich tarifbegünstigten) Gewinn aus der Veräußerung des Anteils an der *UnterGes* zu saldieren (s Rz 61); der Saldo unterliegt – mit mittelbarer estrechtl Wirkung erst bei den Ges'tern der OberGes (s Beispiel Rz 34a) – dem Ausschluss des Verlustausgleichs/ -abzugs nach § 15a I 1 (BFH IV R B 201/03 BStBl II 04, 231; *Dörfler* DStR 12, 1212; Rz 169; glA zu § 15b BT-Drs 16/107; *BMF* BStBl I 07, 542 Rz 21; **aA** *Naujok* DStR 07, 1601, 1605), auch soweit die Ges'ter der OberGes ihrerseits für die Verbindlichkeiten *dieser* Ges (zB OHG) unbeschr haften (*HHR* § 15a Rz 74) oder sie zusätzl unmittelbare Ges'ter der UnterGes sind (BFH IV R 32/16 BStBl II 20, 199: offen bei „Zebra"-KG). Der auf die OberGes entfallende Verlustanteil an der UnterGes vermindert in der StB anteilig die KapKten der OberGes'ter bei der OberPersGes (s § 15 Rz 622, 690: Spiegelbildmethode; *Ley* KÖSDI 10, 17148, 17162). *Folgen:* – *(1)* Zur Vermeidung einer doppelten Berücksichtigung des *verrechenbaren* Verlusts der UnterGes ist *dieser* dem Kommanditkapital der OberGes'ter wieder hinzurechnen (*Zerbe ua* DStR 15, 1292; *Ley* KÖSDI 10, 17148; *OfD Ffm* DStR 13, 2699: § 15a-Merkposten); – *(2)* ein aus *ausgleichfähig* zugewiesener Verlust der UnterGes, zB „Zebra-GbR" (BFH IV R 32/16 BStBl II 20, 199), kann, *soweit* § 15a für OberGes'ter gilt, in einen nur verrechenbaren Verlust umzuqualifizieren ist. Zur **KGaA** als OberGes vgl *Kusterer* FR 03, 502.

33a **Beispiel:** Ges'ter der O-KG sind A als Komplementär und B (KapKto: 100) als K'tist (GuV-Anteil je 50%). Die O-KG ist K'tistin der U-KG mit einer Einlage (= positives KapKto) von 100. Verlust von U-KG und O-KG je 150. *Lösung:* Der verrechenbare Verlust der O-KG bei der U-KG (50) geht als *solcheranteilig* (25) auch in den Verlustanteil des A (Komplementär) bei der O-KG ein (insgesamt $2 \times 150 \times 1/2 = 150$; davon ausgleichsfähig: 125). Für B (K'tist)

Verlustausgleich aufgrund von Einlagen   34–41   § 15a

mindert der Verlust der U-KG sein KapKto bei der O-KG auf 25 (= 100 − $^1/_2$ × 150); dieser Betrag ist für Zwecke des § 15a um den Anteil des B am verrechenbaren der U-KG (25) auf 50 zu erhöhen, sodass sein Anteil am eigenen Verlust der O-KG (75 = 150 × $^1/_2$) iHv 25 verrechenbar ist. Insgesamt für B somit: verrechenbarer Verlust 50 (je 25 von U-KG/O-KG), ausgleichsfähiger Verlust 100 (je 50 von U-KG/O-KG). – **Variante:** KapKto des B bei der O-KG: 0. Sein Verlustanteil (150 = 2 × 150 [U-KG/O-KG] × $^1/_2$) ist insgesamt verrechenbar, dh Umqualifikation seines Anteils am „ausgleichsfähigen" Verlust der O-KG bei der U-KG (100 × $^1/_2$) auf der Stufe der O-KG.

3. Anteil am Verlust der KG. Da sich nach diesem Merkmal bestimmt, welche 34
Verluste § 15a unterfallen werden, ist das Interesse des StPfl nicht selten auf ein restriktives Verständnis des „Anteils am Verlust der KG" und konkret auf eine Verlagerung von Verlusten zB in den SBV-Bereich (s unten und Rz 35) gerichtet; s aber zum Verhältnis zu § 10d Rz 4. – **a) Begriff.** Zum Anteil am Verlust der KG iSv § 15a I 1 gehört, entspr dem Zweck der Norm (s Rz 1), *nur* der in **§ 15 I 1 Nr 2 S 1** an **erster Stelle** genannte **GuV-Anteil**; dieser ergibt sich – *(1)* aus der **StB der KG** iVm mit dem estrechtl maßgebl handelsrechtl GuV-Verteilungsschlüssel (s § 15 Rz 440 ff; *OFD Ffm DStR* 16, 1813: Bp-Mehrgewinne) und – *(2)* einer etwaigen (positiven oder negativen) **Ergänzungsbilanz** des K'tisten, die für die StB-Ansätze des GesVermögens Mehr-/Minderaufwendungen des MUers ausweist (iEinz § 15 Rz 460 ff); hinzu kommt – *(3)* ein etwaiger Gewinn oder Verlust aus einer **Anteilsveräußerung** (§ 16 I Nr 2), soweit dieser auf GesVermögen entfällt (BFH IV R 17/07 BStBl II 10, 631), – *(4)* das einer KG als **Organträger** gem § 14 KStG zuzurechnende (positive oder negative) Einkommen der OrganGes (*Breuningerua* DStR 95, 927; **aA** *Autenrieth* FS Haas, 1996, 7, 19; *IdW* Beil FN-IdW Nr 10/96, 468k) und – *(5)* auf KapGesAnteile im GesVermögen entfallende und zu berücksichtigende Übernahmeergbnis (§ 4 VI iVm § 7 UmwStG). – **Nicht** hinzugehört hingegen Aufwand und Ertrag die in Sonderbilanzen ausgewiesenen aktiven und passiven **SBV** sowie die sonstigen **SonderBE/-BA** (§ 15 Rz 473, 507 ff, 640 ff). Sie bleiben bei der Ermittlung des „Anteils am Verlust der KG" außer Betracht; die sich hieraus ergebenden Verluste sind grds unbegrenzt ausgleichs- und abzugsfähig (BFH VIII R 31/88 BStBl II 92, 167). Ausnahme: SBV gehört zum Gesamthandsvermögen (EStR 15a II 2, 3; zutr). Zu § 4 III s Rz 31.

b) Ermittlung. Maßgebl ist der Verlust der KG gem **StB** (Rz 3, 11 ff). Dessen 35
Ermittlung und damit auch die Ermittlung des Anteils am Verlust der KG iSv § 15a I 1 richtet sich nach allg bilanzstrechtl Vorschriften. Es bleiben zB beim BV-Vergleich WG außer Ansatz, die zwar GesVermögen, nicht aber BV sind (§ 15 Rz 484 ff). Erträge aus **Sondervergütungen** des K'tisten iSv § 15 I 1 Nr 2 S 1 HS 2 (zB Entgelte für Dienstleistung, Nutzungsüberlassung) sind, soweit angemessen, wie betriebl veranlasste Leistungen an einen Dritten, in der *StB* als **BA** abzuziehen, *wenn* sie auf schuldrechtl Vertrag beruhen oder zwar im GesVertrag vereinbart sind, aber gewinnunabhängig geleistet werden (s insb zu Tätigkeitsvergütungen § 15 Rz 440). Sie mindern den Gewinn und erhöhen den Verlust der KG. Andererseits sind die Vergütungen beim K'tisten als SonderBE zu erfassen (s § 15 Rz 400, 560 ff). Soweit keine Vergütung geschuldet wird, ist dies auch estrechtl zu beachten; die dadurch bewirkte Verlagerung von Verlusten in den Bereich des SBV lässt sich nicht durch Ansatz eines fiktiven Aufwands der KG und eines fiktiven Ertrags des Ges'ters verhindern (BFH GrS 2/86 BStBl II 88, 348: keine Nutzungseinlage). Folge der Trennung von GesVermögen und SBV ist ferner, dass die Anteile des K'tisten am Verlust der KG, die § 15a betreffen, nicht mit Gewinnen aus dem SBV saldiert werden, sondern nur mit künftigen Gewinnen *aus dem GesVermögen* verrechenbar sind (sog **Saldierungsverbot**; Rz 62).

4. Kapitalkonto. – a) Funktion; Grundsätze. Das Merkmal des KapKto hat 41
im Tatbestand des § 15a die Aufgabe, die Grenze zu bestimmen, bis zu der die einem K'tisten zuzurechnenden Anteile am Verlust der KG einerseits nach den allg Vorschriften ausgleichs- und abzugsfähig (*positives* KapKto) und andererseits nur

§ 15a 42, 43   Verluste bei beschränkter Haftung

nach § 15a II verrechenbar sind (*negatives* KapKto). Zum *fiktiven* KapKto iRv § 4 III s Rz 31. Aufgrund des systematischen Zusammenhangs zum „Anteil am Verlust der KG" ist auch für das „KapKto" des Ges'ters auf die Bilanz der **KG** (dh das GesVermögen) abzustellen. Maßgebl ist für § 15a I *1* die **StB,** weil die Vorschrift die *steuerrechtl* Verlustverwertung einer typisierenden *steuerrechtl* Verwertungssperre unterwirft (grundlegend BFH VIII R 31/88 BStBl II 92, 167; zum HB-Ansatz gem § 15a I *2* s Rz 75); es ist nach den estrechtl auszuweisende und nicht nach dem zB infolge unrichtiger Bilanzansätze tatsächl ausgewiesenen KapKto zu bestimmen. Aufgrund estrechtl Ansatz- und Bewertungsvorschriften kann das KapKto in der StB größer oder kleiner sein als in der HB (zu Einzelheiten – zB Mehrgewinn aufgrund Bp – s *OFD Ffm* DStR 16, 1813). Die Höhe des KapKto und des Verlustanteils kann für jeden **K'tisten verschieden** sein (zB unterschiedl Einlagen, GuV-Anteile oder AK der Beteiligung). Das individuelle steuerbilanzielle KapKto des Ges'ters (iSv § 15a I 1) wird aber durch positive/negative **Ergänzungsbilanzen** erhöht/gemindert (ebenso iErg BFH IV R 36/14 BStBl II 17, 905 zu AK-Minderung gem § 6b; *OFD Ffm* DStR 18, 569). **Unberücksichtigt** bleiben: – **(1)** *Stille Reserven* in den Buchwerten (BFH IV R 75/93 BStBl II 96, 474; s auch Rz 7), – **(2)** *Private Schulden* der PersGes (§ 15 Rz 488; insoweit zutr *Pyszka* GmbHR 17, 1082), – **(3)** *Sonderbilanzen der Ges'ter* und demgemäß *aktives SBV* I und II (zB Ges'terdarlehen) zum Nachteil des StPfl und *passives SBV* (zB Kredit zur Finanzierung der Kommanditeinlage) zum Vorteil des StPfl (BFH VIII R 28/98 BStBl II 00, 347; BFH IV R 46/05 DStR 08, 1577; *Kahle* FR 10, 773); glA *BMF* BStBl I 02, 123; *OFD Ffm* BB 96, 1433: Übergangsregelung.

Beispiel:
StB der KG

Verschiedene Aktiva	400	KapKto A KapKto B	100 300
Ergänzungsbilanz Kommanditist B			
Verschiedene Aktiva	100	Kapital B	100
Sonderbilanz Kommanditist B			
Grundstück	50	Hypothekenschuld Kapital B	20 30

KapKto B nach der Auffassung des BFH: 300 + 100 = 400.

42   **b) Einzelfragen zu den Komponenten des Kapitalkontos. – aa) Aktiva; Passiva.** Zu berücksichtigen ist (vgl *BMF* BStBl I 97, 627), dass – **(1) Gewinn- und Kapitalrücklagen** (vgl § 272 II, III HGB) das Eigenkapital der KG und damit anteilig die KapKten der K'tisten erhöhen, – **(2)** in der StB der KG nur aktive und passive WG anzusetzen sind, die **BV** iSv § 4 sind (§ 15 Rz 484 ff), – **(3) Darlehen,** die eine KG einem Ges'ter gewährt, uU nicht als Forderung zu aktivieren, sondern als Entnahme der Darlehensvaluta zu werten sind und dann das KapKto mindern (§ 15 Rz 630, 631; *OFD Ffm* DStR 17, 498), – **(4) Zur Entnahme von Scheingewinnen** s Rz 50. – **(5)** aktive **Bilanzierungshilfen** (zB § 17 IV DMBilG) das Eigenkapital mindern und – **(6)** das KapKto durch **stfreie Einnahmen** erhöht und durch **nicht abziehbare BA** gemindert sein kann (*Müller ua* BB 14, 1572; *OFD Ffm* DStR 18, 569), *nicht* hingegen durch den *außerbilanziellen* Abzug oder die Hinzurechnung nach § 7g I, II nF (FG Mster EFG 17, 1594; FG Mster EFG 19, 1676, Rev IV R 26/19; § 7g Rz 84; *Rund* EStB 18, 150). Zum Gewinn-/Verlustanteil s aber Rz 63.

43   **bb) Einlagen. – aaa) Abgrenzung.** Für die Höhe des in der StB der KG auszuweisenden KapKto ist nicht die vertragl Pflichteinlage, sondern nur die am Bilanzstichtag tatsächl „geleistete Einlage" maßgebl (zB BFH VIII B 90/02 BFH/NV 02, 1577: zivilrechtl Rückwirkung unbeachtl; **aA** zB *Walter* GmbHR 97, 823 zu stiller Ges), und zwar auch, wenn die Einlage aus Fremdmitteln finanziert ist

Verlustausgleich aufgrund von Einlagen 44–47 § 15a

oder die in das HReg eingetragene Haftsumme niedriger ist. Eine die geleistete Einlage übersteigende Pflichteinlage führt zu einem höheren Verlustausgleich nur unter den Voraussetzungen des § 15a I 2–3 (s Rz 71 ff).

Beispiel: Pflichteinlage 100; geleistete Einlage zum 31.12.01 nur 30; Haftsumme 50. Von einem Verlustanteil 01 iHv 200 sind nur 30 gem § 15a I 1 und nur unter den besonderen Voraussetzungen des § 15a I 2–3 weitere 20 ausgleichsfähig.

bbb) Leistung der Einlage. Ob die Einlage in das GesVermögen „geleistet" 44 worden ist, richtet sich nach den handelsrechtl Grundsätzen (§ 171 I HGB; zur MoPeG-Reform (BGBl I 21, 3436) ab 2024 s Rz 11) **effektiver Kapitalaufbringung** (BFH VIII B 44/96 BFH/NV 97, 153; unklar BFH IV B 201/03 BStBl II 04, 231; dazu *Wacker* FS Röhricht, 1079, 1091; *Kempermann* DStR 08, 1917, 1919).

Beispiele: BFH VIII R 8/87 BStBl II 92, 232: bei Banküberweisung Gutschrift (BFH IX R 24/00 BFH/NV 03, 894: glA zu Treuhand); *OFD Rostock* DStR 01, 2115: Buchungstag maßgebl; BFH IV R18/10 BFH/NV 14, 1516: Einlage durch Abtretung werthaltiger Forderung; BFH VIII B 44/96 BFH/NV 97, 153: Abtretung der Einlageforderung an Erfüllungs-Statt; BFH VIII R 21/06 BStBl II 08, 126: befreiende Übernahme von GesSchulden; BFH IV B 147/05 BFH/NV 07, 1124: Werthaltigkeitsprüfung; glA FG Nds EFG 15, 714 rkr; offen FG BBg EFG 17, 1867, rkr; s auch Rz 45; *Ley* KÖSD I 08, 16204/18; **aA** *Jahndorf ua* FR 07, 424); zur Forderungsumwandlung (Debt-to-Equity-Swap) gem §§ 225a II, 254 IV InsOn Fs *K. Schmidt* ZGR 12, 566. *Gegenbeispiele:* Bei Verpfändung von Versicherungsansprüchen (BFH IV B 149/05 BFH/NV 07, 1502) oder bloßer Verlustübernahmeverpflichtung (dazu BGH ZEV 06, 320) fehlt hingegen eine wirtschaftl Belastung (BFH IV B 157/06 BFH/NV 08, 211; nur irkg zur; dazu BFH VIII B 51/03, *juris:* Nachschussverpflichtung; *Wacker* Jb FSt 05/06, 336; *OFD Ffm* DStR 17, 498). Ebenso, wenn das negative EK dem Darlehenskonto des Einbringenden belastet wird (**aA** FG BBg EFG 15, 291, rkr).

ccc) Einlage durch Forderungsverzicht. Verzichtet ein K'tist auf eine Forde- 45 rung gegen die KG, ist mE zu differenzieren, ob der Verzicht durch ein eigenbetriebl Interesse des Ges'ters (Geltung der Grundsätze bei KapGes) oder durch das GesVerhältnis zur KG veranlasst ist (Erfolgsneutralität; arg § 6 V). S einschließ Interimszeit (1999–2000) und Zurechnung der KG-Kapitalerhöhung *Schmidt* 27. Aufl § 15 Rz 550.

cc) Mehrere Konten; Abgrenzung zu Fremdkapital. Führt die KG für 46 die K'tisten mehrere Konten mit verschiedenen Bezeichnungen (KapKto I; II, III, Verrechnungskonto, Privatkonto usw), ist anhand des GesVertrags zu ermitteln, welche zivilrechtl Rechtsnatur diese Konten haben, dh ob sie Eigenkapital (Einlagen) oder Forderungen und Schulden ausweisen; nur Beteiligungs-(Eigenkapital-)konten sind Teil des KapKto iSv § 15a; dass Forderungen der Ges'ter gegen die KG estrechtl zu Eigenkapital *in der Sonderbilanz* führen, ist unerhebl (Rz 41). Zivilrechtl gilt die Faustregel, dass Konten Eigenkapital ausweisen, wenn Verluste mit „Guthaben" auf diesen Konten zu verrechnen sind (iEinz zB *BMF* BStBl I 97, 627 Tz 4–5; *OFD Ffm* DStR 17, 498; FN-IDW Beil zu 9/13; *U. Huber* ZGR 88, 1; *Kempermann* DStR 08, 1917, 1919); zur Einbeziehung in das Auseinandersetzungsguthaben s FG Ddorf EFG 18, 1109, rkr. Zum Drei-Konten-Modell s zB BFH I R 81/00 BStBl II 04, 344; BFH IV R 29/06 BStBl II 08, 103; zum Vier-Konten-Modell BFH IV R 46/05 BStBl II 08, 812; BFH IV R 98/06 BStBl II 09, 272; BGH IX ZR 122/19 DB 21, 164; zT krit *Ley* KÖSDI 14, 18844; s § 15 Rz 632. Zur fehlerhaften Buchung s FG Hess EFG 19, 1749, Rev IV R 8/19: Bilanzberichtigung.

dd) Gesellschafterforderungen. – aaa) Allgemeines. Sie konnten zivilrechtl 47 nach § 172a HGB aF iVm §§ 32a, 32b GmbHG aF oder analog §§ 30, 31 GmbHG aF **eigenkapitalersetzend** sein (*Folge:* Rückzahlungsverbot, Nachrangigkeit gem § 39 I Nr 5 InsO aF); gleichwohl waren sie in der HB und StB der KG als „echtes" Fremdkapital auszuweisen (BGH II ZR 88/99 DStR 01, 175; BFH I R 127/90 BStBl II 92, 532) und haben deshalb das **KapKto** iSv § 15a **nicht erhöht** (BFH

VIII R 28/98 BStBl II 00, 347; *BMF* BStBl I 97, 627 Tz 6; *OFD Ffm* DStR 17, 498). Letzteres gilt auch nach **Abschaffung** des Eigenkapitalersatzrechts durch das **MoMiG** (BGBl I 08, 2026); vgl § 30 I 3 GmbHG) für nach §§ 39 I Nr 5, IV, V, 135 InsO nF gesetzl nachrangige Ges'terDarlehen (zB *Hein ua* DStR 08, 2289, 2290).

48 **bbb) Einzelfälle. – (1) Rangrücktritt.** Auch Ges'terDarlehen mit vereinbartem Rangrücktritt sind grds in HB und StB als **Fremdkapital** auszuweisen (BFH I R 11/03 BStBl II 05, 581). Dies gilt nicht nur für den sog *einfachen* Rangrücktritt nach § 19 II 2 InsO idF MoMiG (BGBl I 08, 2026), sondern idR auch für den *qualifizierten* Rücktritt (= Gleichstellung mit EK-Rückgewähr; BFH IV R 13/04 BStBl II 06, 618), der ledigl den Ausweis in der Überschuldungsbilanz entfallen lässt (BGH II ZR 88/99 DStR 01, 175 zu § 39 I Nr 5 InsO aF); Ausnahme: die Verbindlichkeiten sind nur aus künftigem Gewinn/Liquidationsüberschuss zu tilgen (BFH I R 25/15 BStBl II 17, 670). Zu **§ 5 IIa** s Rz 139; *BMF* BStBl I 06, 497.

49 **(2) Finanzplankredit.** Vom eigenkapitalersetzenden und gesetzl oder vertragl nachrangigen Darlehen ist der sog Finanzplankredit zu unterscheiden. IwS sind dies Ges'terDarlehen, die planmäßig in die Finanzierung der Ges einbezogen sind, zB wenn die Ges'ter als gesplittete Pflichteinlage bei Gründung der Ges auch Kredite gewähren müssen. **Gesellschaftsrechtl** ist ein solches Darlehen nach hM *Haft-(Eigen-)Kapital* (zu § 17 zB BFH VIII R 31/98 BStBl II 99, 724 zu 2.a.dd), mE auch nach Inkrafttreten des MoMiG (BGBl I 08, 2026; glA *BMF* BStBl I 10, 832; *K. Schmidt* GmbHR 09, 1009, 1012). Nach **BFH** IV R 24/03 BStBl II 05, 598 **erhöht** es das **KapKto** iSv § 15a, *wenn* es aufgrund *eindeutiger* Abrede (vgl *Kempermann* FR 05, 998; BFH IV B 198/04 BFH/NV 06, 47; *OFD Ffm* DStR 17, 498) – *(1) vom Ges'ter* während des Bestehens der Ges nicht gekündigt werden kann *und* – *(2)* bei Ausscheiden des Ges'ters oder Liquidation der Ges mit einem negativem KapKto zu verrechnen ist (sog Finanzplankredit ieS = materielles EK). Gleiches gilt mE bei Krediten an eine Einmann GmbH & Co KG; erforderl ist aber auch hier, dass – *(3)* das Darlehen der Ges nicht nur versprochen, sondern tatsächl gewährt worden ist (Rz 44: effektive Kapitalaufbringung). **Offen** ist, ob die EK-Qualifikation an die Unverzinslichkeit des Darlehens gebunden ist (vgl *Buciek* Stbg 00, 111; *Bitz* GmbHR 05, 1065: gewinnabhängige Vergütung unschädl: zutr zu § 6 I Nr 3 s § 15 Rz 540). **Unerhebl** für die Annahme materiellen EK ist – *(1)* ob bis zum Ausscheiden des Ges'ters ein gesondertes Verlustvortragskonto geführt oder die Haftsumme im HReg erhöht wird, – *(2)* dass das Darlehen keine Beteiligung an den stillen Reserven vermittelt (BFH IV R 24/03 BStBl II 05, 598) und – *(3)* ob es in der HB/StB der Ges als formelles Fremdkapital und im SBV I des Ges'ters als Forderung zu erfassen ist (für EK zB *Ruban* FS Klein, 781, 787; *Ley* KFR F 3 § 15a 1/05; diff *Buciek* DStZ 00, 569). **Weitere Folgen:** – *(1)* Umwidmung von Fremdkapital in Finanzplankredit ieS = Einlage iSv § 15a (*Wacker* JbFSt 06/07, 347); – *(2)* Gutschrift des Finanzplankredits ieS auf formellem KapKto (zB KapKto II, Verlustverrechnungskonto) erhöht nicht das KapKto iSv § 15a (bloße EK-Umbuchung); – *(3)* Rückzahlung des Finanzplankredits oder Umwandlung in kündbares Ges'terdarlehen vermindert das KapKto (= Entnahme iSv § 15a III; zum Wiederaufleben der Haftung s abl *Bitz* GmbHR 05, 1065).

50 **5. Entstehung oder Erhöhung eines negativen Kapitalkontos. – a) Bilanzstichtag.** Maßgebl ist der Stand des KapKto des einzelnen K'tisten am Bilanzstichtag (arg § 15a I 2), also am *Ende* des Wj, für das dem K'tisten ein Verlustanteil zuzurechnen ist (BFH VIII R 11/98 BStBl II 01, 166 zu 2b/aa; *OFD Ffm* DB 18, 94: abw Wj). Einlagen in das GesVermögen während des Wj erhöhen ein positives und vermindern ein negatives KapKto (BFH VIII R 45/98 BStBl II 02, 339: abl zu Dienstleistungen; zu Fremdwährung s *Voigt* NZG 08, 933), Entnahmen aus dem GesVermögen zu Lasten des Kapitals (*Gegensatz:* Darlehen) vermindern ein positives und erhöhen ein negatives KapKto. Zur Entnahme von Scheingewinnen s OLG Ddorf DStR 20, 1747. Zu **nachträgl Einlagen** (§ 15a Ia) s Rz 111 ff.

b) Veränderung des Kapitalkontos. Die Rechtsfolgen des § 15a treten nur ein, *soweit* zum Ende des Wj, für das dem K'tisten ein Verlustanteil zuzurechnen ist, durch diesen ein negatives KapKto entsteht oder sich erhöht. Einlagen *während* des Wj wirken der Entstehung (Erhöhung) eines negativen KapKto entgegen; bis zur Höhe dieser Einlagen sind die Verlustanteile des lfd Wj ausgleichs- und abzugsfähig, weil sie den K'tisten insoweit auch wirtschaftl belasten (BFH IV R 106/94 BStBl II 96, 226). Dies gilt auch für § 15a idF JStG 2009 (s Rz 113); zu sog vorgezogenen Einlage für *spätere* Verluste s aber Rz 115 ff. Die **Feststellungslast** über die Entstehung oder Erhöhung eines negativen KapKto trägt mE idR das FA (**aA** *van Lishaut* FR 94, 273, 278). 51

6. Rechtsfolgen. – a) Verrechenbarer Verlust. Die „**zweipoligen**" Rechtsfolgen ergeben sich aus § 15a I 1 und II. Der Anteil eines K'tisten am Verlust der KG, soweit ein negatives KapKto des K'tisten entsteht oder sich erhöht (s aber Rz 115 ff), darf weder mit „anderen Einkünften aus GewBetr" noch mit Einkünften aus anderen Einkunftsarten ausgeglichen und auch nicht gem § 10d vor- oder zurückgetragen werden (§ 15a I 1; **Verwertungssperre**); er mindert statt dessen die Gewinne, die dem K'tisten in späteren Wj „aus seiner Beteiligung an der KG" (s Rz 61 ff) zuzurechnen sind (§ 15a II 1). Die Umqualifikation in verrechenbare Verlustanteile bewirkt, dass der K'tist künftige „Gewinne ... aus seiner Beteiligung an der KG" insoweit nicht versteuern muss (**einkunftsquellenbezogener Verlustvortrag**; zu § 34a s § 34a Rz 25). 56

b) Irrelevanz abweichender Haftungsregelungen. – aa) Innenverhältnis. Hat sich ein K'tist zur erweiterten Haftung im Innenverhältnis ggü den anderen Ges'tern idS verpflichtet, für Schulden der KG **unbegrenzt** nach Maßgabe seines Verlustanteils **einzustehen** (s Rz 23), ist er gleichwohl K'tist iSv § 161 I HGB und damit auch iSv § 15a I 1; auch bei ihm sind Verlustanteile, soweit sie zu einem negativen KapKto führen, nur verrechenbar. Die erweiterte Haftung im Innenverhältnis rechtfertigt nach hL (Umkehrschluss zu § 15a I 2–3) während des Bestehens der KG keinen höheren Verlustausgleich und -abzug (vgl BFH IV R 106/94 BStBl II 96, 226; BFH VIII R 76/93 BFH/NV 98, 576 für atypischen stillen Ges'ter). Auch die Bildung einer Rückstellung in einer Sonderbilanz ist ausgeschlossen (s Rz 24). Zahlungen, die der K'tist auf Grund der Haftung im Innenverhältnis leisten muss, ohne dafür Ausgleich von anderen Ges'tern zu erlangen, sind aber Einlagen, die das KapKto erhöhen (s Rz 111); *spätestens* sind sie bei Beendigung der Ges voll ausgleichs-/abzugsfähig (BFH IV R 106/94 BStBl II 96, 226). Haben die Ges'ter einer KG vereinbart, dass abw vom HGB das KapKto eines K'tisten **nicht** durch Verlustzurechnung **negativ** werden kann, sind entspr Verlustanteile (und Gewinnanteile) den anderen Ges'tern zuzurechnen (Rz 17). 57

bb) Außenverhältnis. Gleiches gilt nach hL (s Rz 78) bei erweiterter Haftung im Außenverhältnis, sofern die Voraussetzungen für einen erweiterten Verlustausgleich bei überschießender Außenhaftung nach § 15a I 2, 3 (dazu Rz 71 ff) *nicht* erfüllt sind. Solche Fälle sind zB – *(1)* die nicht in das HReg eingetragene Erhöhung der Haftsumme (§ 172 II HGB; BFH VIII B 11/92 BStBl II 93, 665), – *(2)* bei Gründung oder Eintritt in die Gesellschaft während der unbeschr Haftung nach § 176 HGB (FG Mster EFG 98, 291; ab 2024 § 176 HGB nF/MoPeG, BGBl I 21, 3436), – *(3)* die Haftung eines K'tisten aus Bürgschaft für KG-Schulden (BFH IV B 91/01 BFH/NV 03, 304). – **Kritik** an hL s Rz 78. 58

c) Kein Verlust des Komplementärs. Die Umqualifikation schließt als *negative Zurechnungsnorm* aus, die verrechenbaren Verlustanteile *statt* (oder neben) dem K'tisten dem persönl haftenden Ges'ter (oder anderen K'tisten) zuzurechnen. Dies gilt auch dann, wenn ein persönl haftender Ges'ter am Bilanzstichtag ernstl damit 59 rechnen muss, für die Verbindlichkeiten der KG in einer Höhe in Anspruch genommen zu werden, die über seine vertragl Beteiligung am lfd Verlust hinausgeht; auch die Bildung einer Rückstellung im SBV ist ausgeschlossen (s Rz 24).

Beispiel: KapKten 31.12.01: Komplementär A 0, Kommanditist B 0. Verlust in 02: 90. Vertragl Verlustbeteiligung 1 : 2 also 30 : 60.

KG-Bilanz 31.12.02

Verschiedene Aktiva	10	Verbindlichkeiten	100
KapKto A	30		
KapKto B	60		

Obwohl A damit rechnen muss, für die nach Verwertung der Aktiven verbleibende Restschuld der KG von 90 voll in Anspruch genommen zu werden, ist ihm nur ein Verlustanteil von 30 zuzurechnen.

Die Wirkung dieser negativen Zurechnungsnorm entfällt mit der gesellschaftsrechtl Beendigung der KG, vorher bei einer Aufgabe/Veräußerung des ganzen GewBetr der KG. Gleiches gilt, sobald feststeht, dass künftige Gewinnanteile zum Ausgleich des negativen KapKto nicht mehr anfallen (Rz 20 ff); zu diesem Zeitpunkt ist es dem persönl haftenden Ges'ter nicht mehr verwehrt, Verbindlichkeiten der KG als (nachträgl) negative gewerbl Einkünfte geltend zu machen; er erweist sich damit als derjenige, der die Verluste tatsächl trägt.

60 **d) Keine Einbeziehung ausgleichsfähiger Verluste.** Die Umqualifikation erfasst nur verrechenbare Verluste (s auch § 15a IV 1); es ist unzulässig, statt eines rechtl mögl Verlustausgleichs (zB kein negatives KapKto) eine Verrechnung nach § 15a II 1 zu wählen (s auch Rz 4). Verlustanteile, die mangels positiver Einkünfte tatsächl nicht ausgeglichen werden können, werden nach 1a zu verrechenbaren Verlusten iSv § 15a II 1; sie sind nur nach § 10d rücktrags- und vortragsfähig.

61 **e) Beteiligungsgewinne, § 15a II 1. – aa) KG-Vermögen.** Hierzu (Ausgleich mit Verlusten desselben Wj/Minderung um verrechenbare Verluste früherer Wj) gehören nach ganz hM – vorbehaltl vorrangiger Vorschriften (dazu Rz 4) – **nur Gewinne aus dem GesVermögen,** dh der Anteil am StB-Gewinn nebst Ergänzungsbilanzen (zB BFH VIII R 29/98 BStBl II 1999, 592; *BMF* BStBl I 93, 976; *Ruban* FS Klein, 1994, 781). Ebenso der Gewinn aus einer **MUer-Anteilsveräußerung** (§ 16 I 1 Nr 2), soweit dieser auf GesVermögen entfällt, allerdings mit der Folge, dass die Tarifbegünstigung für diese Gewinne ins Leere geht (BFH IV R 23/93 BStBl II 95, 467; ähnl IV B 136/97 BFH/NV 99, 307; *OFD Ffm* NWB F 3, 11 909, 11 915: vorrangige Verrechnung mit lfd Gewinnen; zutr).

62 **bb) Keine Sonderbetriebseinnahmen.** *Nicht* zu den Gewinnen, die dem K'tisten gem § 15a II 1 aus seiner Beteiligung an der KG zuzurechnen sind, sondern zu den „anderen Einkünften" iSv § 15a I 1, gehören hingegen SonderBE, insb Gewinne aus der Veräußerung von SBV, und Sondervergütungen iSv § 15I 1 Nr 2 S 1 HS 2 – gleich gültig, ob auf schuld- oder gesellschaftsrechtl Grundlage-, sofern diese Entgelte nicht als „Gewinnvoraus" (s Rz 35; § 15 Rz 440) geschuldet werden. Solche Sonderbetriebsgewinne dürfen daher nicht um verrechenbare Verluste gemindert werden (sog **Saldierungsverbot**), und zwar unabhängig davon, ob sie in „späteren Wj" (§ 15a II 1) oder dem selben Wj anfallen (*BMF* BStBl I 93, 976; BFH VIII R 78/97 BStBl II 99, 163; *Wacker* BB 99, 33; zur Kritik s *Schmidt* 17. Aufl § 15a Rz 105). Entstehen im SBV aus verschiedenen Quellen sowohl Gewinne als auch Verluste, sind diese allerdings zu saldieren.

Beispiel: Kommanditist K erzielt in 02 aufgrund einer Tätigkeitsvergütung einen SBV-Gewinn iHv 50; sein Verlustanteil (einschließl Anteil am Vergütungsaufwand) bezügl StB der KG beläuft sich auf 150 (= neg KapKto zum 31.12.02). K hat 50 voll zu versteuern; der nicht ausgleichsfähige und nur verrechenbare Verlust beträgt 150.

Zu **Gestaltungen,** durch die die negativen Wirkungen des Saldierungsverbots vermieden werden können, wie zB Reduzierung der Sondervergütungen oder Verzicht auf diese mit Besserungsklausel (vgl § 15 Rz 550), Gewinnvoraus statt

Sondervergütungen, zusätzl Bareinlage iVm Kreditaufnahme im SBV, Umwandlung von Ges'terforderungen in Kapital, Erhöhung der Haftsumme usw, s zB *van Lishaut* FR 94, 273, 281; *Paus* Anm FR 99, 266).

cc) Weitere Einzelfragen. Keine „Einkünfte ..." iSv § 15a I 1 und „Gewinne ..." iSv § 15a II 1 sind ferner **stfreie Gewinne** zB nach § 16 IV, § 3 Nr 40 aF/nF oder Nr 66 aF (*Ley* KÖSDI 04, 14383; *Steger* NWB 11, 3372) sowie stfreie BE zB nach InvZul (dazu *Reiß ua* DB 94, 1846; FG Bbg EFG 98, 195). Sie sind den Ges'tern nach Maßgabe des Gewinnverteilungsschlüssels zuzurechnen (zum Ges'terwechsel s aber § 15 Rz 453) und mindern – soweit nicht zurückzuzahlen (*OFD Bln* FR 02, 594) – *gleich* einer Einlage anteilig ein negatives KapKto des K'tisten. Sein verrechenbarer Verlust bleibt zwar zunächst in der *bisherigen* Höhe bestehen (*OFD Ffm* FR 98, 964), wird jedoch entweder durch spätere Gewinne aufgezehrt oder ist bei Ausscheiden des K'tisten (oder Betriebsaufgabe; s Rz 151 ff und 181 ff) iHd stfreien Gewinns in einen ausgleichsfähigen Verlust umzuqualifizieren (BFH IV R 58/00 BStBl II 02, 748). Zu Stfreiheit von *Sanierungsgewinnen* nach § 3a, § 3c s Rz 4, 21. – **Nicht abziehbare BA** (zB §§ 4 V, 3c) sind jedoch Teil der Verluste/Gewinne iSv § 15a I, II (*Müller ua* BB 14, 1572; *OFD Ffm* DStR 18, 569: nachrangige Verlustverrechnung; zutr). Anders soll dies hingegen bei der *außerbilanziellen* Hinzurechnung nach **§ 7g II** sein (FG BaWü EFG 15, 636, rkr; FG Mster EFG 15, 899, rkr; glA *OFD Ffm* DStR 18, 569; *Dornheim* DStZ 15, 174); mE unzutr, da § 15a I, II – im Unterschied zu § 34a II – *insoweit* auf den steuerl Verlust-/Gewinnanteil und nicht auf das *StB*-Ergebnis abstellt (s auch Rz 42); zur Bildung des IAB im SBV s FG Mster EFG 17, 1594, rkr.

f) Subjektidentität; Anteilsidentität. – aa) Grundsätze. Nach **BFH** IV R 16/15 BStBl II 18, 527 unterliegt § 15a II einer „streng **anteilsbezogenen** Betrachtung ..." (ähnl *FN-IdW* Beil 10/96468c; *Autenrieth* FS Haas, 1996, 7). *ME* ist hingegen grds von einem anteils- *und* – ähnl § 10d – subjektbezogenen Verständnis auszugehen (arg „seine" Beteiligung; *Jacobsen ua* DStR 13, 433). Dh, der GesAnteil (MUeranteil), aus dem die zu verrechnenden Verlustanteile herrühren, muss wirtschaftl identisch sein mit dem GesAnteil (MUerAnteil), aus dem die zu mindernden Gewinnanteile stammen, und grds kann nur der StPfl, der den Verlust erlitten hat, diesen verrechnen (zu Ausnahmen s Rz 166 ff, 171 ff).

bb) Einzelfälle ohne Umstrukturierung. Dem Identitätserfordernis wird zwar bei **Formwechsel** einer KG in eine **OHG** oder GbR (R 138d I EStR 2004; zum Formwechsel in KapGes s Rz 171) sowie bei bloßer **Umwandlung** der Rechtsstellung eines K'tisten in die eines **persönl haftenden Ges'ters** genügt (R 138d I EStR 2004; Rz 119). Ausgeschlossen ist jedoch die Verrechnung mit Gewinnanteilen desselben StPfl aus der Beteiligung an einer *anderen* KG(s aber Rz 176). Eine **Änderung** im **Umfang** der Beteiligung lässt die Beteiligungsidentität unberührt, weil nach gesellschaftsrechtl hL (diff *Priester* DB 98, 55) ein Ges'ter nur einen GesAnteil haben kann (vgl BFH IV R 15/96 BStBl II 97, 535); der verrechenbare Verlust aus einem nur 10 %igen KG-Anteil mindert daher den Gewinn aus der auf 50 % aufgestockten Beteiligung (*IdW* Beil 10/96, 468h). Bei **unentgeltl Übertragung** unter Lebenden oder von Todes wegen geht der verrechenbare Verlust auf den Rechtsnachfolger über, *wenn* ihm das Recht auf Bezug der künftigen Gewinne übertragen wird, weil er hiermit zugleich die Verpflichtung zum Ausgleich des negativen KapKto übernimmt (BFH IV R 16/15 BStBl II 18, 527); *Folge:* Verrechnung der Gewinnanteile gem § 15a II (s Rz 166 ff). Entspr gilt bei unentgeltl Übertragung eines KG-**Teilanteils** iVm anteiligem Übergang des Gewinnbezugsrechts; sinkt der Anteil des K'tisten hiernach zB von 50 % auf 30 %, verbleiben beim Schenker ³/₅ seiner verrechenbaren Verluste, während ²/₅ auf den Beschenkten als Rechtsnachfolger übergehen (BFH IV R 16/15 BStBl II 18, 527; *Autenrieth* FS Haas S 7, 13; *IdW* Beil 10/96, 468; s auch Rz 168; § 16 Rz 420). Bei **entgeltl Veräußerung des KG-Anteils** (Rz 151 ff) geht der Verlust durch Verrechnung und Abzug nach § 15a II 1, 2 verloren. Zur Veräußerung eines KG-Teilanteils s Rz 94. Veräußert eine KG ihren **GewBetr** oder gibt sie ihn auf, ohne sich gleichzeitig gesellschaftsrechtl aufzulösen, *und* beginnt sie einen anderen Gew-Betr, ist idR die zivilrechtl Identität der KG gewahrt. Die **Betriebsveräußerung/-aufgabe** führt aber mE zu einem Wegfall des negativen KapKto und damit zu einem Gewinn in dieser Höhe (**aA** BFH VIII R 43/84 BStBl II 86, 136), von dem der verrechenbare Verlust abzuziehen ist, sodass für die neue gewerbl Betätigung der KG verrechenbare Verlustanteile nicht mehr zur Verfügung stehen (§ 15a II 2 nF; Rz 151 ff, 160 ff).

66 cc) **Umstrukturierung.** Auch bei „Umwandlung" einer zweigliedrigen KG in **Einzelunternehmen** können „über den Wortlaut des § 15a II hinaus" *verrechenbare* Verluste des **K'tisten,** der das Unternehmen allein fortführt, mit späteren Gewinnen hieraus verrechnet werden (R138d I EStR 2004; BFH IV R 133/06 BFH/NV 07, 888). Gleiches gilt mE bei Unternehmensübernahme und *-fortführung* (*Jacobsen ua* DStR 13, 433; **aA** *Rautenstrauch ua* DStR 06, 359) durch eine K'tisten-GmbH (**aA** *Thill* FR 06, 407). Nicht übertragbar ist hingegen die Gewinnhinzurechnung nach § 15a III 3 (dazu Rz 177). Zur Übernahme durch den **persönl haftenden Ges'ter** s BFH VIII R 76/96 BStBl II 99, 269; FG Nbg EFG 11, 1162: Erbfall. Zur Umwandlung der K'tistenstellung in diejenige des persönl haftenden Ges'ters s Rz 119; zum Treugeber-Komplementär s Rz 32, 73. Zum **UmwStG** s Rz 171 ff.

67 g) **Zeitpunkt der Verrechnung.** Verrechenbare Verlustanteile müssen zum *frühestmögl* Zeitpunkt – vom FA von Amts wegen ohne Antrag – von den Gewinnanteilen der Folge-Wj abgezogen werden. Dies gilt auch für nach §§ 16, 34 tarifbegünstigte Gewinne (s Rz 61). Entsteht im selben Wj ein lfd und ein begünstigter Gewinn und ist die Summe höher als der verrechenbare Verlust, ist die Verrechnung in der für den StPfl günstigeren Reihenfolge vorzunehmen.

IV. Erweiterter Verlustausgleich aufgrund „überschießender" Außenhaftung, § 15a I 2, 3

Verwaltung: EStR 15a III; OFD Bln BB 96, 636 (Unwahrscheinl Vermögensminderung); OFD Mchn/Nbg FR 04, 731 (Bürgschaft).

71 1. **Grundsätze.** Über die Grundregel des § 15a I 1 hinaus kann ein KG-Verlustanteil auch insoweit ausgeglichen (abgezogen) werden, als ein negatives KapKto entsteht oder sich erhöht, soweit der K'tist am Bilanzstichtag den Gläubigern der KG in bestimmter Weise unmittelbar haftet (§ 15a I 2–3). Dieser sog erweiterte Verlustausgleich setzt positiv voraus, dass – *(1)* der K'tist am Bilanzstichtag den Gläubigern der Ges *auf Grund des § 171 HGB* haftet, – (2) derjenige, dem der Verlustanteil esteuerrechtl zuzurechnen ist, im HR eingetragen ist,– *(3)* die Haftung nachgewiesen wird und negativ, dass – *(4)* eine Vermögensminderung aufgrund der Haftung weder durch Vertrag ausgeschlossen noch nach Art und Weise des Geschäftsbetriebs unwahrscheinl ist. Der erweiterte Verlustausgleich kommt nur K'tisten zugute, nicht den in **§ 15a V** erwähnten vergleichbaren Unternehmern, da in Abs V nicht auf Abs I 2–3 verwiesen ist (dazu Rz 131).

72 2. **Außenhaftung am Bilanzstichtag auf Grund § 171 I HGB.** Danach haftet der K'tist bis zu der in das HReg eingetragenen Haftsumme (vgl § 172 I HGB), soweit – *(1)* die bisher tatsächl geleistete Einlage (s Rz 44) niedriger ist als die Haftsumme (BFH VIII R 32/01 BStBl II 04, 359), gleichgültig, ob als Pflichteinlage nur diese oder ein höherer Betrag geschuldet ist, – *(2)* die Einlage zurückgezahlt worden ist und deshalb gem § 172 IV 1 HGB den Gläubigern ggü als nicht geleistet gilt, oder – *(3)* ein K'tist Gewinnanteile trotz Minderung seines Kapitalanteils unter die geleistete Einlage entnimmt und deshalb gem § 172 IV 2 HGB die Einlage den Gläubigern ggü als nicht geleistet gilt. Zur **MoPeG-Reform** (BGBl I 21, 3436) ab 2024 s Rz 11.

a) Namentliche Handelsregistereintragung. Hierdurch soll ausgeschlossen **73** werden, dass **Treugeber,** denen nach § 39 AO die Verlustanteile zuzurechnen sind, an deren Stelle aber der Treuhänder-K'tist ins HReg eingetragen ist, den erweiterten Verlustausgleich in Anspruch nehmen können (EStR 15a III 4–5; BFH IV R 67/04 BStBl II 06, 878; BGH II ZR 345/15HFR 17, 1073). Nach hL (s Rz 78) muss der erweiterte Verlustausgleich schon daran scheitern, dass der Treugeber nicht persönl und unmittelbar den Gläubigern der Ges auf Grund des § 171 I HGB haftet; er ist nur im Innenverhältnis zum Treuhänder verpflichtet, diesen von Verbindlichkeiten freizustellen (BGH XI ZR 148/08 DStR 09, 1920; zur Abgrenzung s BGH II ZR 300/08 DB 11, 1914). Gleiches gilt für den am KG-Anteil atypisch **Unterbeteiligten** (Rz 32, 131, 137; EStR 15a III 4). Seine Beteiligungsquote kürzt zugleich den dem K'tisten zuzurechnenden Verlustanteil (BFH IV R 70/04 BStBl II 07, 868).

b) Eintrag am Bilanzstichtag. Der K'tist und seine Haftsumme (zu Fremd- **74** währung s *Voigt* NZG 08, 933) müssen am Bilanzstichtag bereits eingetragen sein, die Anmeldung zum HReg reicht nicht aus (BFH VIII B 11/92 BStBl II 93, 665 EStR 15a III 1–3). Demnach wirkt auch eine spätere Berichtigung nicht zurück (FG BBG EFG 12, 1453; *Lux* DStR 13, 1671). *Ausnahme:* Steuerrechtl Rückwirkung der Haftungsverfassung gem § 2 UmwStG iVm § 234 Nr 1 UmwG (BFH IV R 61/07 BStBl II 10, 942; *Wacker* HFR 10, 967; s auch Rz 4). Zu EU-/EWR-HReg s Rz 138.

c) Haftung gemäß Handelsrecht. Ob die Haftung evtl iVm § 172 IV HGB **75** besteht, insb ob die Einlage geleistet ist (§ 171 I HS 2 HGB) oder eine Rückzahlung einer Einlage oder eine Entnahme von Gewinnanteilen vorliegt (§ 172 IV HGB), bestimmt sich allein nach Handelsrecht (BFH IV R 35/07 BStBl II 08, 676); zur Forderungsumwandlung nach §§ 225a II, 254 IV InsO s *K. Schmidt* ZGR 12, 566. Soweit die HB von der StB abweicht (zu mögl Divergenzen zw KapKto in der HB und Einlage s *HHR* § 15a Rz 105 ff), ist deshalb das in der *HB* ausgewiesene KapKto (Buchwerte!; BGHZ 109, 334) maßgebl; hiervon sind zudem die Beträge nach § 268 VIII HGB sowie ab 2024/MoPeG-Reform (BGBl I 21, 3436; oben Rz 11) auch diejenigen nach § 253 VI 2 HGB („Ausschüttungssperre") abzusetzen (§ 172 IV 3 HGB aF/nF; zu latenten Steuern s *FN-IdW* 12, 24, 30). Die Pflichteinlage kann höher oder geringer als die Außenhaftung sein. Der erweiterte Verlustausgleich ist begrenzt auf den Betrag, um den die im HReg eingetragene Haftsumme die geleistete Einlage (s Rz 44) übersteigt. Allerdings erkennt die Rspr **„negative Tilgungsbestimmungen"** (= *zusätzl* Einlage iVm *fortbestehender* Außenhaftung) an (BFH IV R 98/06 BStBl II 09, 272; FG BaWü EFG 10, 498, rkr; ausführl *Priester* FS Crezelius, 2018, 173); mE unzutr, da Einlage nicht „auf die Haftsumme" geleistet wird und Haftungsbeendigung durch Einlage kraft Gesetzes eintritt (glA *Hüttemann ua* DB 09, 1613; *MüKoHGB* §§ 171, 172 Rz 48b). Fällt die überschießende Außenhaftung in *späteren* Wj durch Leistung der Einlage weg (§ 171 I HGB), lässt dies den erweiterten Verlustausgleich in den vorangegangenen Wj unberührt (s Rz 114), auch wenn am fragl Bilanzstichtag eine spätere Einlageleistung wahrscheinl war oder feststand (Fälligkeit der Pflichteinlage; s Rz 83).

Beispiel: Bilanzstichtag 31.12.01. Tatsächl geleistete Einlage = bisheriges KapKto K: 40. Ins HReg eingetragene Haftsumme K: 100; Pflichteinlage 120. Verlustanteil K für 01: 120. Ausgleichsfähig nach § 15a I 1: 40; des Weiteren ausgleichsfähig nach § 15a I 2–3: 60; nur verrechenbar nach § 15a II 1: 20.

d) Rückzahlung der Einlage iSv § 172 IV 1 HGB. Dies ist nur eine Zu- **76** wendung an den K'tisten (oder einen Dritten; s dazu BGH II ZR 99/08DStR 09, 1654), durch die der Ges Vermögenswerte ohne entspr Gegenleistung entzogen werden; nur dann wird die Fähigkeit der Ges zur Gläubigerbefriedigung gemindert (BGH II ZR 124/61 BGHZ 39, 319, 331). Deshalb liegt weder Rückzahlung der Einlage noch Gewinnentnahme iSv § 172 IV HGB vor, wenn der K'tist für eine Tätigkeit oder die Überlassung von WG zur Nutzung (vgl § 15 I 1 Nr 2 S 1 HS 2) nicht mehr als *angemessene* Vergütungen erhält, die in der HB Aufwand sind (zB BFH VIII R 30/99 BStBl II 01, 621) oder die Einlage in eine vollwertige Darlehensforderung umgewandelt wird (*MüKo HGB* §§ 171, 172 Rz 69). Einlagerückgewähr liegt zB vor, soweit eine KG ein WG des GesVermögens an einen K'tisten unter dem wahren Wert verkauft oder einem K'tisten unverzinsl bzw niedrig verzinsl Darlehen gewährt (*K. Schmidt* GesR § 54 III 2/a). Keine Einlagerückgewähr ist die entgeltl Veräußerung eines KG-Anteils an einen Dritten (BGH II ZR 103/84 BGHZ 93, 246). **Gewinnentnahmen** lassen die Haftung nach § 172 IV 2 HGB (ggf iVm S 3) auch dann wiederaufleben, wenn das KapKto in der HBzB durch estrechtl SonderAfA negativ geworden ist (BGH II ZR 78/89 BGH Z 109, 334: Buchwerte sind maßgebl; BFH IV R 75/93 BStBl II 96, 474; iEinz IDW LIFE 18, 258 Tz 36 ff). Solange das KapKto infolge von Verlusten niedriger als die Haftsumme ist, lebt bei Entnahmen (auch unberechtigten) die Außenhaftung iHd entnommenen Betrags bis zur Haftsumme wieder auf (BGH II ZR 78/89 BGHZ 109, 334; FG BBg EFG 10, 54, rkr; zum Agio s Rz 95). Zu § 172 V HGB s BGH II ZR 88/08 DB 09, 1289. Zur MoPeG-Reform (BGBl I 21, 3436) ab 2024 s Rz 11.

77 **e) Leistung an Gläubiger/Insolvenzverwalter.** Ist ein K'tist auf Grund des § 171 HGB von einem **Gläubiger** in Anspruch genommen worden, schließt dies handelsrechtl eine weitere Außenhaftung des K'tisten idR aus (BGH II ZR 122/16 DB 17, 2407). Ein erweiterter Verlustausgleich nach § 15a I 2–3 entfällt insoweit (zu früheren Wj s Rz 114); fortan gilt § 15a I 1. Fragl ist aber, ob die Leistung an Gläubiger auch dann wie eine *Einlage* in das *GesVermögen* zu werten ist, dh das KapKto erhöht, wenn die Pflichteinlage überschritten wird und damit dem K'tisten ein Ersatzanspruch gegen die KG zusteht (so *Schmidt* 20. Aufl § 15a Rz 77; *Ausnahme:* vollwertiger Regressanspruch, s Rz 82). ME ist der Ersatzanspruch im SBV zu aktivieren und erst mit Ausfall bei Beendigung der KG als Einlage bzw SonderBA anzusetzen (vgl zB BFH VIII R 28/98 BStBl II 00, 347 zu II.4; BFH IV R 36/02 BStBl II 03, 871 sowie Rz 78). Zur Einziehungsbefugnis des **Insolvenzverwalters** (§ 171 II HGB) s BGH II ZR 175/19 DStR 20, 2386.

78 **f) Kein erweiterter Verlustausgleich.** Nicht ausreichend für einen erweiterten Verlustausgleich ist – *(1)* eine Haftung im **Innenverhältnis** zB auf Grund einer im GesVertrag vereinbarten Pflicht (BFH IV R 106/94 BStBl II 96, 226), – *(2)* eine **Außenhaftung** zB auf Grund einer **Bürgschaft** für KG-Schulden (BFH IV B 119/96 BStBl II 98, 109) oder auf Grund des **§ 172 II HGB** (BFH VIII B 11/92 BStBl II 93, 665) oder auf Grund des **§ 176 HGB** (EStR 15a III 5; BFH IX R 7/95 BStBl II 00, 265; ab 2024 § 176 HGB nF/MoPeG, BGBl I 21, 3436) oder des **§ 160 HGB** (BFH VIII R 81/02 BStBl II 04, 118), – *(3)* eine Haftung nach **Kapitalersatzrecht** gem § 172a HGB aF oder einer **Nachrangigkeit** gem **§ 39** I Nr 5, 135 **InsO** (s Rz 47). Zum Finanzplankredit s aber Rz 49. Nach der BFH-Rspr führen tatsächl Leistungen auf Grund einer dieser Haftungstatbestände – ebenso wie Leistungen auf Grund des § 171 HGB (Rz 77) – erst mit *Ausfall* des Ersatzanspruchs gegen KG oder andere Ges'ter *bei Beendigung der KG* zu „**Einlagen** des Ges'ters zugunsten seines KapKto", weil allg (s § 15 Rz 544) das Imparitätsprinzip insoweit nicht gilt (BFH VIII R 28/98 BStBl II 00, 347 zu II.4; *OFD Mchn* FR 04, 731 Tz 3; unten Rz 113).

Stellungnahme: Zur Kritik an dieser Beurteilung, insb im Hinblick auf fehlende Angleichung von Verlustausgleichsvolumen eines K'tisten und Haftungsumfang, vgl *Schmidt* 34. Aufl § 15a Rz 129. ME ist der Ansicht des BFH zu folgen, da sie im Einklang mit Wortlaut und Gesetzesmaterialien (BT-Drs 8/3648, 17; BT-Drs 8/4157, 5) dem Gebot der StVereinfachung (HReg-Publizität) verfgemäß Rechnung trägt (BFH VIII R 28/98 BStBl II 00, 347); zR hat der BFH auch die gewinnmindernde Bildung einer Rückstellung in einer

Sonderbilanz des K'tisten für interne Verlustausgleichs-/pflichten und Bürgschaftsschulden abgelehnt (BFH VIII R 28/98 BStBl II 00, 347).

3. Ausschlusstatbestände, § 15a I 3. – a) Kein Haftungsnachweis. Vom 81
K'tisten nachzuweisen ist die Haftung auf Grund des § 171 I HGB am Bilanzstichtag; die übrigen Voraussetzungen, zB Eintragung ins HReg, sind von Amts wegen festzustellen. Zum Nachweis der Haftung gehört der Nachweis der Voraussetzungen des § 171 I HGB, nicht aber, dass die KG am Bilanzstichtag haftungsbegründende Schulden hatte; insoweit ist nur die voraussichtl künftige Entwicklung maßgebl (BFH VIII R 111/86 BStBl II 92, 164). Hängt die Haftung von einer zivilrechtl Frage ab, ist darüber von Amts wegen zu entscheiden.

b) Kein vertraglicher Ausschluss einer Vermögensminderung. Dies ist 82
zB mit der Folge zu bejahen, dass der erweiterte Verlustausgleich entfällt, wenn – **(1)** der K'tist einen Versicherungsvertrag abgeschlossen hat, der das Risiko einer Inspruchnahme abdeckt (zB *HHR* § 15a Rz 124), – **(2)** dem K'tisten nicht nur ein Regressanspruch gegen die KG oder andere Ges'ter oder Dritte zusteht, sondern der Anspruch auch sicher (zB bankverbürgt) ist (*Uelner* StbJb 81/82, 107/18; evtl *Kempermann* FR 98, 248, 250 Sp 2). S auch Rz 135.

c) Unwahrscheinlichkeit der Vermögensminderung. – aa) Grundsätze. 83
Nach BFH ist bei Prüfung, ob eine Vermögensminderung auf Grund der Haftung nach Art und Weise des Geschäftsbetriebs unwahrscheinl ist, auch auf die voraussichtl künftige Entwicklung abzustellen. Ein echtes wirtschaftl Haftungsrisiko aufgrund des Haftungssummeneintrags ist deshalb nur zu verneinen, „wenn die finanzielle Ausstattung der Ges und deren gegenwärtige und zu erwartende Liquidität … im Verhältnis zum GesZweck und dessen Umfang so außergewöhnl günstig sind, dass die Inanspruchnahme des einzelnen zu beurteilenden K'tisten nicht zu erwarten ist" (BFH VIII R 111/86 BStBl II 92, 164). Ebenso *FinVerw* (*BMF* BStBl I 94, 355: Risiko ist Regeltatbestand; s auch *FB* Bln BB 96, 636). Auch die Erwartung weiterer **(fälliger) Einlagen** führt nicht zur Unwahrscheinlichkeit der Haftung; gleiches gilt, wenn sicher ist, dass der K'tist nicht vorzeitig an Gläubiger der KG leisten muss (BFH VIII R 111/86 BStBl II 92, 164). Die hierdurch bedingte „Entschärfung" des § 15a (*Fleischmann* BB 91, 2051) bewirkt zwar eine zeitl Vorverlagerung des Verlustausgleichs, aber keine Erhöhung des Ausgleichsvolumens (EStR 15a III 8).

Beispiel: 31.12.01: tatsächl Einlage 40, später fälliger Pflichteinlagerest 50, Haftsumme 90. Verlustanteil für 01: 90. Dieser ist teils nach S 1 (40), teils nach S 2–3 (50) ausgleichsfähig – 31.12.02: tatsächl Einlage 90, restl Pflichteinlage 0, Haftsumme 90, KapKto vor Verlustzurechnung: 40 ./. 90 + 50 = 0. Verlustanteil für 02: 50. Dieser ist nur verrechenbar.

bb) Einzelfälle. *Nicht* unwahrscheinl nach Art und Weise des Geschäftsbetriebs 84
ist eine Inanspruchnahme idR zB bei Bauunternehmen, auch wenn diese nicht konkret erkennbar ist (BFH IV R 112/91 BStBl II 94, 627). Hingegen ist die Unwahrscheinlichkeit widerlegbar zu *vermuten* bei Ges, die von gewerbl tätigen Initiatoren mit finanzieller Gesamtkonzeption gegründet werden, nach denen das Haftungsrisiko auf die Einlage beschränkt sei (Werbung), zB Modernisierungsfonds (vgl BFH IX R 7/91 BStBl II 94, 492 zu GbR mit VuV; zur Abgrenzung s FG Bln EFG 03, 82; krit *Wagner* DStR 95, 1153/8). Ist die Inanspruchnahme dem Grunde nach nicht unwahrscheinl, kommt es auf die Höhe des Risikos *grds* nicht mehr an (BFH IX R 60/91 BStBl II 94, 496 zu GbR mit VuV).

cc) Wegfall des vertraglichen Ausschlusses oder der Unwahrschein- 85
lichkeit einer Vermögensminderung. Beide Umstände haben, wenn sie zu einem späteren Bilanzstichtag eintreten, die Wirkung einer Haftungserweiterung (s Rz 119). Zu tatsächl Leistungen auf Grund der Haftung s Rz 114.

4. Rechtsfolgen. – a) Begrenzungen. Der erweiterte Verlustausgleich kann 86
nur „bis zur Höhe des Betrags" der überschießenden Außenhaftung, also nur **einmal,** beansprucht werden (EStR 15a III 7–9; ESt H 15a „Auflösung …" Beispiel 2;

Wacker

BFH IV R 112/91 BStBl II 94, 627; *Bordewin* DStR 94, 673, 677; zu Einschränkungen s FG Hess EFG 07, 1505). Ausgleichsfähige Verluste vor 1985 und zu Unrecht als nur verrechenbar festgestellte Verluste früherer Wj bleiben außer Betracht (BFH IV R 112/91 BStBl II 94, 627).

>**Beispiel:** 31.12.01: Haftsumme K 50, tatsächl Einlage 10, KapKto 10. – Verlustanteil K in 02: 40; ausgleichsfähig nach § 15a I 1: 10, nach § 15a I 2–3: 30; KapKto K zum 31.12. in 02: ./. 30. – Verlustanteil K in 03: 25; ausgleichsfähig nach § 15a I 2–3: 10 (restl überschießende Außenhaftung), iÜ (15) nur verrechenbar.

87 **b) Wahlrecht.** Der K'tist muss vom erweiterten Verlustausgleich keinen Gebrauch machen; er hat insoweit ein Wahlrecht (arg Nachweispflicht; **aA** FG RhPf EFG 21, 1372 rkr; *HHR* § 15a Rz 1165). Auch ein früher zu Unrecht nicht berücksichtigter erweiterter Verlustausgleich kann später, sofern die überschießende Außenhaftung noch besteht, nachgeholt werden.

V. Einlageminderung; Haftungsminderung, § 15a III

91 **1. Zweck.** Die Vorschrift will verhindern, dass die Begrenzung des Verlustausgleichs gem § 15a I durch nur vorübergehende höhere Einlagen oder eine nur vorübergehend höhere Haftung umgangen wird. Danach wird der Verlustausgleich im Jahr der Verlustentstehung nach Maßgabe des (erhöhten) KapKto bzw der (erweiterten) Haftung zugelassen, später bei Einlage- oder Haftungsminderung aber nachversteuert (BFH IV R 106/94 BStBl II 96, 226). Rechtstechnisch geschieht dies nicht rückwirkend für das Jahr der Verlustentstehung, sondern annährend gleichwertig dadurch, dass in den folgenden Wj einer Einlage- oder Haftungsminderung iSv § 15a III 1 oder § 15a III 3 die früher ausgleichs-/abzugsfähigen Verluste *als* lfd **Gewinn** zu versteuern sind. Da dieser zugleich in einen verrechenbaren Verlust „umgepolt" (§ 15a III 4 = § 15a I 1) wird, entspricht dies einer Qualifikation auf der gedanklichen Grundlage, dass von vornherein eine geringere Einlage geleistet worden wäre oder eine geringere Haftung bestanden hätte und der Verlust bereits im Entstehungsjahr nur verrechenbar gewesen wäre (BFH IV R 42/00 BStBl II 03, 798).

92 **2. Nachversteuerung auf Grund Einlageminderung – a) Überblick.** *Voraussetzungen* der Zurechnung eines fiktiven Gewinnes sind *positiv,* dass – *(1)* durch Entnahmen ein negatives KapKto des K'tisten entsteht oder sich erhöht und – *(2)* in diesem oder früheren Wj KG-Verlustanteile ausgleichs- oder abzugsfähig waren, und – *(3) negativ,* dass auf Grund der Entnahmen keine nach § 15a I 2 zu berücksichtigende Haftung besteht oder entsteht (§ 15a III 1). Die *Rechtsfolgen* sind zum einen die Zurechnung eines fiktiven Gewinns iHd durch die Entnahme entstandenen negativen KapKto (§ 15a III 1), begrenzt bis zur Höhe der im Wj der Einlageminderung und den vorangegangenen 10 Wj ausgleichs- und abzugsfähigen KG-Verlustanteile (§ 15a III 2) und zum anderen die Umqualifizierung des als fiktiven Gewinnes zugerechneten Betrags in einen verrechenbaren Verlust (§ 15a III 4). Soweit Verluste *außerhalb* des Anwendungsbereichs des § 15a ausgleichs- oder abzugsfähig waren, führt eine Einlageminderung *nicht* zu einer Nachversteuerung nach § 15a II (§ 52 Abs 24 S 5; BFH IV R 67/04 BStBl II 06, 878).

93 **b) Voraussetzungen. – aa) Entstehung/Erhöhung eines negativen Kapitalkontos durch Entnahmen.** Maßgebl ist der Begriff des KapKto iSv § 15a I 1, dh das KapKto in der **StB** der KG nebst etwaigen Ergänzungsbilanzen (s Rz 41 ff; zu st/freien BE s *OFD Ffm* DStR 18, 569; s auch Rz 86, 100). Zu vergleichen ist das KapKto am Bilanzstichtag der Entnahme mit dem KapKto des Vorjahres (BFH IV R 106/94 BStBl II 96, 226).

94 **bb) Entnahmen. – *(1)* Grundsätze.** Hierzu gehören grds alle Entnahmen iSv § 4 I 2 (Ausnahmen s unten *(3)*). Sie können bestehen in Geld oder in materiellen und immateriellen WG, auch in Nutzungen und Leistungen, soweit sich dies in einer Minderung des KapKto niederschlägt, zB in Form von Aufwand für unentgeltl Leistungen (*Ruban* FS Klein, 1994, 781, 799). Da § 15a III 1 nur auf das KapKto in der StB (nebst ggf in der Ergänzungsbilanz) abstellt (Rz 93), erfasst die Vorschrift notwendigerweise grds nur (berechtigte; s § 15 Rz 446) Entnahmen aus dem (betriebl) **GesVermögen,** zB die Herabsetzung der geleisteten Einlage iVm der Auszahlung des Minderungsbetrags oder der Übergang von WG des BV ins PV der KG durch Nutzungsänderung (s § 15 Rz 484, 488; *Ruban* FS Klein, 1994, 796). Entnahmen aus dem **SBV** begründen daher keine Einlageminderung iSv § 15a III 1 (*Ruban* FS Klein, 1994, 793); die Überführung von WG des GesVermögens ins SBV oder ein anderes BV (vgl § 6 V) ist aber Entnahme iSv § 15a III 1. – *(2)* **Keine Entnahmen** iSv § 15a III 1 mangels Minderung des *bilanzierten* GesVermögens (KapKto) sind ferner (s *Ruban* FS Klein, 1994, 797 ff): – *(a)* Darlehen, die die KG einem Ges'ter zu fremdübl Bedingungen gewährt (einschr *MüKoHGB* §§ 171, 172 Rz 69: solange vollwertig; BFH VII B 224/03 BFH/NV 04, 1060: Einzelfall maßgebl; zu unverzinsl oder niedrig verzinsl Darlehen s § 15 Rz 632); – *(b)* Tilgung eines steuerl anerkannten und passivierten Ges'terdarlehens; – *(c)* entgeltl Veräußerung von WG zum Buchwert; – *(d)* unentgeltl Übertragung nicht aktivierbarer WG zB selbstgeschaffener immaterieller WG; – *(e)* „Entnahmen", die der K'tist an die KG zurückzahlen muss (und kann), sofern die KG eine entspr Forderung aktiviert (keine Minderung des KapKto in der StB; diff *Ruban* FS Klein, 1994, 799), oder des Ausweis eines „negativen KapKto" in Wahrheit eine solche Forderung zum Inhalt hat; – *(f) angemessene* Sondervergütungen iSv § 15 I 1 Nr 2 S 1 (s Rz 35; § 15 Rz 440); hingegen sind Sondervergütungen, soweit sie überhöht sind, Entnahmen aus dem GesVermögen und mindern, sofern kein aktivierbarer Rückzahlungsanspruch besteht, das KapKto in der StB der KG; – *(g)* Veräußerung eines Teils des KG-Anteils (FG Köln EFG 01, 1142; fragl, wenn das negative KapKto beim Veräußerer bleibt). – *(3)* **Konkurrenzen.** Entnahmen und **Einlagen** im *selben* Wj sind zusaldieren; Einlageerhöhungen in *späteren* Wj machen die vorangegangene Einlageminderung nicht rückgängig (BFH IV R 106/94 BStBl II 96, 226; zur Entnahme von Einlagen *früherer* Wj s FG Bln EFG 02, 1320: insoweit zutr; *Wacker* DB 04, 11; **aA** *Kempermann* DStR 04, 1515, 1516; s aber auch Rz 111, 113 ff). – Ebenso zu saldieren – *(a)* Entnahmen und **Gewinnanteile** im *selben* Wj (BFH IV R 106/94 BStBl II 96, 226); – *(b)* Entnahmen und eine nach § 15a I 2 zu berücksichtigende Erhöhung der **Haftsumme** im *selben* Wj (*Lempenau ua* StbJb 96/97, 358). – Zum Zusammentreffen von Entnahmen und Verlustanteilen s *FN-IdW* 12, 189/97. – Zum Zusammentreffen von Einlagen- und Haftungsminderung s EStR 15a I; *Rosenbaum ua* DStZ 06, 11, 23.

cc) Keine überschießende Außenhaftung. Eine Entnahme führt trotz „Anfall" eines negativen KapKto nicht zur Nachversteuerung, soweit aufgrund der Entnahme eine „nach Abs 1 Satz 2 zu berücksichtigende Haftung" (Rz 71 ff) entsteht oder besteht. Letzteres trifft nur auf den K'tisten der inl KG zu, aber auch auf die in § 15a V erwähnten vergleichbaren Unternehmen (s Rz 138 einschließl EU-HReg). Ob durch eine Entnahme aus dem GesVermögen eine Außenhaftung entsteht oder besteht, bestimmt sich allein nach Handelsrecht (§ 172 IV HGB; Einzelheiten s Rz 71 ff; zur Entnahme eines durch Verluste „verbrauchten" **Agio** s BFH IV R 35/07 BStBl II 08, 676; BGH II ZR 105/07 BB 08, 1356; zur MoPeG-Reform (BGBl I 21, 3436; s Rz 11). Zudem müssen die Voraussetzungen des § 15a I 3 erfüllt werden. Fehlt es daran, ist die Haftung auch iSv § 15a III 1 nicht „zu berücksichtigen"; hierfür spricht zudem der Zweck des § 15a III 1, den K'tisten so zu stellen, als ob von Anfang an nur die um die Entnahme geminderte Einlage bestanden hätte (BFH IV R 15/06 BFH/NV 08, 1142). Entfällt hiernach eine Nachversteuerung, ist an Stelle des ursprüngl Verlustausgleichs durch Einlage (§ 15a I 1) der erweiterte Verlustausgleich nach § 15a I 2 getreten (EStH 15a „Auflösung …" Beispiel 2; BFH IV R 67/04 BStBl II 06, 878).

Beispiel 1: K'tist K Haftsumme 01: 100; geleistete Einlage: 100. Verlustanteil 01: 100. KapKto dadurch 0; keine Außenhaftung des K nach § 171 I HGB; Verlustausgleich zulässig nach § 15a I 1. In 02 weder Gewinn noch Verlust, aber Entnahme iHv 40. Keine Nachversteuerung der Entnahme von 40, weil in dieser Höhe gem § 172 IV 1 HGB die Außenhaftung des K wieder auflebt; auch wenn K von Anfang an nur 60 (100 ./. 40) eingelegt hätte, wäre der Verlust 01 voll ausgleichsfähig gewesen, iHv 60 nach § 15a I 1 und von 40 nach § 15a I 2.

Beispiel 2: Haftsumme K zum 31.12.00: 10; KapKto laut StB: 100 (tatsächl geleistete Einlage höher als Haftsumme). Verlustanteil 01: 90. Dieser ist nach § 15a I 1 voll ausgleichsfähig, weil KapKto (31.12.01: 10) nicht negativ wird. In 02 Entnahme 60 sowie GuV-Anteil 0, sodass ein negatives KapKto (–50) und eine überschießende Außenhaftung iHv 10 nach §§ 171, 172 IV HGB (vgl Rz 76 aE) entsteht. Die Entnahme (60) ist im Umfang der Differenz von negativem KapKto (50) und Außenhaftung (10), also iHv 40, K als (fiktiver) Gewinn zuzurechnen (BFH IV R 35/07 BStBl II 08, 676); dieser Betrag wird gleichzeitig verrechenbarer Verlust (s Rz 97). Unter Berücksichtigung von 01 (Verlustausgleich 01: 90) verbleibt K somit ein ausgleichsfähiger Verlust von 50, der im Umfang von 10 auf § 15a III 1 iVm I 2 beruht. Ist K in 03 ein Gewinn (zB 50) zuzurechnen, ist hiervon der verrechenbare Verlust (50) abzuziehen.

96 **c) Rechtsfolgen. – aa) Beschränkungen.** Die Rechtsfolge der Einlageminderung (fiktiver Gewinn) ist entspr ihrem Zweck (Rz 91) auf die Beträge, die in früheren Wj im Wj der Einlageminderung ausgleichs- oder abzugsfähig gewesen sind (FG BBg EFG 10, 54), begrenzt. Aus Praktikabilitätsgründen sind die KG-Verlustanteile anzusetzen, die im Wj der Einlageminderung und in den 10 vorangegangenen Wj ausgleichs- oder abzugsfähig gewesen sind (§ 15a III 2). Nach der FinVerw sind zudem ausgleichsfähige Verluste aufgrund Außenhaftung (§ 15a I 2) auszuklammern (*Steger* DB 06, 2086). Gewinnanteile, die innerhalb des 11-Jahreszeitraums und zw dem Wj des ausgleichsfähigen Verlusts und Wj der Einlageminderung anfallen, sind abzuziehen (BFH IV R 42/00 BStBl II 03, 798).

97 **bb) Verrechenbarer Verlust.** Die Vorschrift, dass die als fiktive Gewinne zuzurechnenden Beträge die Gewinne des K'tisten aus seiner Beteiligung im Jahr der Zurechnung und in den späteren Wj mindern (§ 15a III 4), entspricht § 15a II 1. Grundlage hierfür ist die „Umpolung" des ursprüngl ausgleichs-/abzugsfähigen in einen nunmehr verrechenbaren Verlust. Der dem K'tisten als Folge der Einlageminderung zuzurechnende fiktive Gewinn gehört nicht zu den nach § 15a III 4 zu vermindernden Gewinnen aus der Beteiligung an der KG, denn er ist in Wahrheit kein Gewinn; auch verrechenbare Vorjahresverluste sind daher nicht abzuziehen (BFH IV R 4/00 BStBl II 02, 458).

101 **3. Nachversteuerung auf Grund Haftungsminderung. – a) Überblick.** Voraussetzung der Zurechnung eines fiktiven Gewinns auf Grund Haftungsminderung ist, dass der Haftungsbetrag iSv § 15a I 2 gemindert wird und im Wj der Haftungsminderung und in den 10 vorangegangenen Wj Verluste *nach § 15a I 2* ausgleichs- oder abzugsfähig gewesen sind (§ 15a III 3; vgl § 52 Abs 24 S 5; Rz 92). Die Rechtsfolgen sind – *(1)* ein fiktiver Gewinn iHd Haftungsminderung abzügl der auf Grund der überschießenden Außenhaftung geleisteten Beträge und begrenzt bis zur Höhe des im Wj der Haftungsminderung und den 10 vorangegangenen Wj ausgleichs- oder abzugsfähigen KG-Verlustanteils (§ 15a III 3) und – *(2)* die Begründung eines verrechenbaren Verlustes iHd nachzuversteuernden Betrags (§ 15a III 4 = § 15a II 1). Wechselt der Vollhafter in die K'tistenstellung, ist § 15a III 3 nicht entspr anwendbar (FG Ddorf EFG 13, 201; vgl auch Rz 119). Zum Zusammentreffen von Einlage- und Haftungsminderung s EStR 15a I.

102 **b) Voraussetzungen. – aa) Minderung des Haftungsbetrags.** Haftungsbetrag iSv § 15a I 2 ist die in das HReg eingetragene Haftsumme, soweit diese eine Außenhaftung des K'tisten auf Grund des § 171 I HGB begründet, zB weil die Haftsumme höher ist als die tatsächl geleistete Einlage (Rz 72 ff). Für eine Minderung des „Haftungsbetrags iSd Abs 1 Satz 2" ist demnach idR erforderl, dass die in das HReg eingetragene **Haftsumme herabgesetzt** wird. Zur Realteilung

Einlageminderung; Haftungsminderung 102a, 108 § 15a

s Rz 177. Der Wegfall einer Außenhaftung durch **Leistung der Einlage** (§ 171 I HGB) ändert den „Haftungsbetrag" iSv § 172 I (= HReg-Eintrag) nicht und ist deshalb keine Haftungsminderung iSv § 15a I 3 (BFH IV R 19/88 BStBl II 89, 1018; zur MoPeG-Reform, BGBl I 21, 3436 s Rz 11). Entspricht die Haftsumme der geleisteten Einlage, kann mangels Außenhaftung eine Herabsetzung der Haftsumme nicht zu einer Minderung des Haftungsbetrags iSv § 15a I 2 führen; dies gilt auch für Einlagen, die nach dem Wj der Verlustentstehung die Außenhaftung entfallen lassen (s Beispiel Rz 102a). Die Herabsetzung der Haftsumme wirkt zwar nicht ggü den **(Alt-)Gläubigern** der KG, deren Forderung zurzeit der Eintragung in das HReg begründet war (§ 174 HS 2 HGB). Gleichwohl führt sie iSv § 15a I 2 iVm I 3 zu einer Haftungsminderung ggü den „Gläubigern der Ges aufgrund § 171 I HGB" (zutr FG Mster EFG 12, 512). Den (Neu-)Gläubigern der KG ggü wird die Herabsetzung erst mit der Eintragung in das HReg (§ 174 HS 1 HGB) und ihrer Bekanntmachung (§ 15 I HGB) wirksam. Vorher liegt keine Minderung der Haftsumme vor. Als Wj der Haftungsminderung ist grds das Jahr der Bekanntmachung anzusehen. Maßgebl sind die Verhältnisse im Zeitpunkt der Wirksamkeit der Herabsetzung, in dem auf Grund überschießender Außenhaftung ein erweiterter Verlustausgleich zulässig war.

Beispiel: Tatsächl geleistete Einlage K 01: 40; Haftsumme K 01: 100; Verlustanteil K 01: 100. Der Verlust war zu 40 nach § 15a I 1 und zu 60 nach § 15a I 2 ausgleichsfähig. Weitere Einlage K 02: 60; insgesamt geleistete Einlage somit 100 = Haftsumme 100. Eine überschießende Außenhaftung besteht nicht mehr. Wird in 02 die Haftsumme auf 40 herabgesetzt, führt dies nicht zu einer Minderung des Haftungsbetrags iSv I 2.   **102a**

bb) Vorangegangener erweiterter Verlustausgleich. Eine Haftungsminderung löst die Zurechnung eines fiktiven Gewinns nur aus, wenn im Wj der Haftungsminderung oder einem der 10 vorangegangenen Wj die Voraussetzungen für einen erweiterten Verlustausgleich nach § 15a I 2 erfüllt waren. Es muss also dem K'tisten in einem dieser Wj ein KG-Verlustanteil zugerechnet worden sein, der zu einem negativen KapKto führte, aber gleichwohl ausgleichs- oder abzugsfähig war, weil der K'tist den Gläubigern der KG auf Grund des § 171 I HGB haftete. Obwohl § 15a III 3 nur auf § 15a I 2, nicht auf § 15a I 3 verweist, müssen auch die Voraussetzungen von § 15a I 3 erfüllt gewesen sein (dazu Rz 81).   **103**

c) Rechtsfolgen. – aa) Gewinn. Rechtsfolge der Haftungsminderung ist die Zurechnung eines fiktiven Gewinns iHd Haftungsminderung und die Begründung eines verrechenbaren Verlustes in gleicher Höhe.   **106**

Beispiel: Haftsumme K 01: 100; geleistete Einlage K 01: 50; Verlustanteil K 01: 100. Haftsumme K nach Herabsetzung in 02: 70; geleistete Einlage K wie bisher: 50. Haftungsminderung = fiktiver Gewinn = verrechenbarer Verlust: 30 (100 minus 70).

bb) Kürzung. Der Zurechnungsbetrag ist zu kürzen (§ 15a III 3) um die auf Grund der Haftung „tatsächl geleisteten Beträge" (Zahlungen an Gläubiger der KG). Dieser Abzug entfällt aber, soweit die Zahlungen wie Einlagen ins GesVermögen zu werten sind (s Rz 77), weil es dann an einer Haftungsminderung mangelt, soweit Einlagen in Wj geleistet werden, die dem Wj mit Verlustausgleich wegen Außenhaftung nachfolgen (Rz 102).   **107**

cc) Höchstgrenze. Der Zurechnungsbetrag ist auf die Summe der KG-Verlustanteile im Wj der Haftungsminderung und den 10 vorangegangenen Wj begrenzt, soweit diese ausgleichs- und abzugsfähig gewesen sind. Dies kann nach dem Gesetzeszweck nur KG-Verlustanteile betreffen, die auf Grund der überschießenden Außenhaftung nach **§ 15a I 2–3 ausgleichsfähig** waren.   **108**

Beispiel: Geleistete Einlage K 01: 40; Haftsumme K 01: 100; Verlustanteil K 01: 90. Dieser war zu 40 nach § 15a I 1 und nach § 15a I 2 zu 50 ausgleichsfähig. Kein verrechenbarer Verlust. Herabsetzung der Haftsumme K in 02 auf 40. Haftungsminderung: 60 (100 minus 40). Höchstgrenze der Nachversteuerung = verrechenbarer Verlust: 50, nicht etwa 60, denn nur 50 waren in 01 nach § 15a I 2 ausgleichsfähig.

§ 15a 109–113 Verluste bei beschränkter Haftung

Aus dem Zweck der Nachversteuerung, den K'tisten so zu stellen, als ob von vornherein kein erhöhter Verlustausgleich nach § 15a I 2 zulässig gewesen wäre, folgt weiter, dass bei der Bestimmung der Höchstgrenze des fiktiven Gewinns vom nach § 15a I 2 ausgleichsfähigen Verlustanteil auch ein *zw* dem *Verlustjahr* und dem *Herabsetzungsjahr* entstandener stpfl **Gewinnanteil** abzuziehen ist (glA zu Einlageminderung BFH IV R 42/00 BStBl II 03, 798; s Rz 96).

Beispiel: Geleistete Einlage K 01: 40; Haftsumme K 01: 100; Verlustanteil K 01: 90. Voll ausgleichsfähig, kein verrechenbarer Verlust. Gewinnanteil K 02 : 10. Dieser ist voll stpfl. Herabsetzung der Haftsumme in 03 auf 40; Haftungsminderung: 60. Höchstgrenze der Nachversteuerung: Nach § 15a I 2 ausgleichsfähiger Verlustanteil von 50 minus Gewinnanteil 02 von 10 = 40 (= verrechenbarer Verlust). Damit ist das Ergebnis erreicht, das eingetreten wäre, wenn die Haftsumme von vornherein nur 40 betragen hätte; dann wären vom Verlustanteil 01 50 verrechenbar gewesen; dies hätte dazu geführt, dass der Gewinn 02 von 10 nicht zu versteuern gewesen und ein verrechenbarer Verlust von 40 verblieben wäre.

109 **d) Hinweise.** Eine Haftungsminderung kann nicht durch eine **Haftungserweiterung** in späteren Wj rückwirkend rückgängig gemacht werden (s Rz 119). Zur **Realteilung** s Rz 177. – Zum Feststellungsverfahren s Rz 121.

VI. Nachträgliche Einlagen, § 15a Ia; II 2; Haftungserweiterungen

111 **1. Nachträgliche Einlagen. – a) Überblick.** § 15a I 2 a idF JStG 2009 (BGBl I 08, 2794 = BFH-NichtanwendungsG) kodifiziert für nach dem 24.12.08 „getätigte" Einlagen (§ 52 Abs 33 S 6 aF; gemeint: wohl „geleistete"; Rz 44; s aber *Wacker* DStR 09, 403) den Begriff der „nachträgl Einlage" iSv von Einlagen nach Ablauf eines Wj, in dem nur verrechenbarer Verluste gem § 15a I oder ein Gewinn gem § 15a III 1 zugerechnet wurden. Obgleich die Neufassung darauf gerichtet ist, der früheren Rspr zur Behandlung lfd Verlusten nach früherer Rechtslage (dazu Rz 115 ff) dadurch den Boden zu entziehen, dass nach § 15a Ia 1 HS 2 die nachträgl Einlagen für zukünftige Wj nicht zu ausgleichsfähigen Verlusten führen, *soweit* durch diese Verluste (erneut) ein negatives KapKto entsteht oder sich erhöht, stellt das Gesetz auch die weiteren Rechtsfolgen nachträgl Einlagen klar (§ 15a Ia 1 HS 1, II 2).

112 **b) Keine Umpolung früherer Verluste.** Während Einlageminderungen, die nicht mit einer Haftungserweiterung korrespondieren, iErg dazu führen, dass bisher ausgleichsfähige KG-Verlustanteile in nur verrechenbare umqualifiziert werden (§ 15a III 1; Rz 91 ff), sah bereits § 15a aF *nicht* vor, dass weitere ins GesVermögen geleistete Einlagen die verrechenbaren Verluste der *vorangegangenen Wj* im Jahr der Einlagenerhöhung in ausgleichsfähige Verluste umpolen (BT-Drs 8/4157, 2; BFH I VR 106/94 BStBl II96, 226: keine Analogie zu § 15a III; BFH VIII R 39/94 BFH/NV 98, 1078: verfgemäß; dazu Rz 7). Demgemäß ist § 15a Ia 1 HS 1, II nur deklaratorisch.

Beispiel: KapKto K = verrechenbarer Verlust 31.12.01: – 35. Einlage K in 02: 35. Trotz Ausgleich des negativen KapKto, beträgt der verrechenbare Verlust weiterhin 35; er wird nicht zu einem ausgleichsfähigen Verlust.

113 **c) Ausgleichsfähigkeit späterer Verluste. – aa) Grundsatz.** Gleichwohl wirkt die nachträgl Einlage einkünftemindernd, und zwar unstreitig entweder – *(1)* bei **Verlusten im Wj** der Einlage (*im Beispiel:* Wj 02; s Rz 50; zu Ausnahmen s Rz 114) oder – *(2)* weil zB keine weiteren Verluste entstehen, bei **Vollbeendigung** der KG (BFH VIII R 28/98 BStBl II 00, 347 zu H. Rz 184) oder **Veräußerung** der Beteiligung (s Rz 160; zu Einzelheiten – zB Meistbegünstigung bei Zusammentreffen mit lfd Gewinn/Verlusten – s OFD Ffm DStR 18, 569). § 15a Ia idF JStG 2009 (BGBl I 08, 2794) lässt die Auswirkung zu *(1)* unberührt und stellt diejenige zu *(2)* ohne erkennbaren Anlass klar (§ 15a II 2 iVm § 15a Ia nF).

Beispiel zu (2): Negatives KapKto K = verrechenbarer Verlust 31.12.01: 100. Einlage K in 02: 40. Negatives KapKto nunmehr: 60. Wird die KG in 03 liquidiert, ohne dass weitere

Nachträgliche Einlagen; Haftungserweiterungen **114–119 § 15a**

Gewinne oder Verluste entstanden sind, entsteht iHd weggefallenen negativen KapKto von 60 ein Gewinn, der mit dem verrechenbaren Verlust von 100 auszugleichen ist (Rz 160); iHd Einlage von 40 hat K einen *ausgleichsfähigen* Verlust aus GewBetr (ebenso – deklaratorisch – § 15a II 2, Ia nF).

bb) Ausnahme. Ist das negative KapKto aufgrund der überschießenden *Außen-* **114** *haftung* (§ 15a I 2–3) durch *ausgleichsfähige* Verluste entstanden, werden diese zwar durch eine (haftungsbeendende) Einlage (*Schmelz* DStR 06, 1704; s Rz 75: „negativen Tilgungsbestimmung"), die das negative KapKto ausgleicht, nicht in verrechenbare Verluste umqualifiziert (keine Haftungsminderung iSv § 15a III 3; Rz 102); die Einlage kann aber iHd ausgeglichenen negativen KapKto *kein weiteres* Verlustausgleichspotential mehr vermitteln (BFH IV B 126/98 BFH/NV 99, 1461; EStR 15a III 8: ohne zeitl Grenze, zutr; dazu *Rosenbaum ua* DStZ 06, 11, 23).

Beispiel: In 01: Haftsumme K 100, geleistete Einlage 40, überschießende Außenhaftung also 60. Verlustanteil K in 01: 100, davon 40 ausgleichsfähig nach § 15a I 1 und 60 ausgleichsfähig nach § 15a I 2–3; negatives KapKto K zum 31.12.01 demnach ./. 60. Haftungsbeendende Einlage des K in 02 und Verlustanteil 02 *je* 60. Obgleich das negative KapKto unverändert (– 60) bleibt, ist der Verlust 02 nur verrechenbar.

d) Kein Verlustausgleich mit laufenden späteren Verlusten. – aa) Aktuelle **115** **Rechtslage.** Die unsystematischen Wirkung des § 15a Ia 1 HS 2 verdeutlicht folgendes

Beispiel: Haftsumme des K: 35. Wj 01: Einlage 35 und ausgleichsfähiger Verlust 35. Wj 02: verrechenbarer Verlust 30, KapKto zum 31.12.02: – 30. **Variante 1:** Wj 03: Einlage: 40; GuV: 0; KapKto zum 31.12.03:10. Wj 04: Verlust 40; KapKto zum 31.12.04: – 30. **Variante 2:** Haftsummenerhöhung im Wj 03 um 40 auf 75. **Variante 3:** Einlage (40) erst im Wj 04 (Verlustjahr).

Lösung: In **Variante 1** greift § 15a Ia nF: die nachträgl Einlage des Wj 03 (40) vermittelt für das Wj 04 ausgleichsfähige Verluste iHv nur noch 10 (= *positives* KapKto zum 31.12.03). Im Übrigen (30 = negatives KapKto zum 31.12.04) entsteht ein verrechenbarer Verlust, § 15a II nF unterliegt; dh die im Wj 03 zum *Ausgleich* des *negativen KapKto* (31.12.02) geleistete nachträgl Einlage (ieS) bleibt bis zum Anfall Beteiligungsgewinnen oder einer Anteilsveräußerung/Betriebsaufgabe (Rz 113) unberücksichtigt. In den **Varianten 2 und 3** ist hingegen der Verlust des Wj 04 – wie bisher (s Rz 113) – in voller Höhe (40) ausgleichsfähig.

bb) Nichtanwendung der Rechtsprechung. Die Lösung setzt die Grund- **116** sätze des **BFH** außer Kraft, nach denen (Alt-)Einlagen, die bis 24.12.08 (zu § 15a Ia nF s Rz 111) zum Ausgleich eines negativen KapKto „getätigt" werden, grds (s aber Rz 114) nicht nur ausgleichsfähiger Verluste für das Wj der Einlage (Rz 113) vermitteln, sondern – soweit im Einlagejahr nicht aufgezehrt – abw vom Wortlaut des § 15a I 1 als sog **vorgezogene Einlagen** auch die Ausgleichsfähigkeit der Verluste begründen, die in den *Wj nach* der Einlage anfallen und erneut ein negatives KapKto entstehen lassen (oder dieses erhöhen). *Ratio:* Verfassungsrechtl gebotene Gleichbehandlung zu dem Fall, dass der K'tist anstelle der Einlage lediglich seine Haftsumme erhöht (§ 15a I 2; *Wacker* FS Röhricht, 1079/89). Zu Einzelheiten der hiernach gebotenen Nebenrechnung: s Beispiel in *Schmidt* 38. Aufl § 15a Rz 183.

cc) Würdigung. § 15a Ia 1, 2. HS nF ist **verfwidrig.** Abgesehen von der **117** irreführenden Gesetzesbegründung (Verlustausgleich nach Rspr ist nicht iSv BT-Drs 16/10189 „willkürlich", sondern durch tatsächl geleistete Einlagen gerechtfertigt), nimmt die Neuregelung die verfrechtl Einschätzung der bisherigen Rspr (Rz 116) nicht zur Kenntnis und widerstreitet damit dem Gebot der Folgerichtigkeit (s iEinz *Wacker* DStR 09, 403; *Friedberg,* Diss, 2013, 204ff). Sie wäre auch unter dem Aspekt der Vereinfachung (*Kempermann* DStR 08, 1917, 1920) nicht zu rechtfertigen. Einschlägige Streitfälle sollten deshalb offen gehalten werden.

2. Haftungserweiterung. Eine Haftungserweiterung in **späteren Wj,** zB Er- **119** höhung der in das HReg eingetragenen Haftsumme, hat nicht zur Folge, dass verrechenbare Verluste der vorangegangenen Wj im Jahr der Haftungserweiterung in ausgleichsfähige Verluste umgepolt werden; insoweit kann nichts anderes gelten als für die Einlagenerhöhung (s Rz 112). Auch die Umwandlung der Rechtsstellung eines K'tisten in die eines persönl haftenden Ges'ters führt nicht zu einer solchen Umpolung (BFH VIII R 38/02 BStBl II 04, 115; abl zB *Söffing* DStZ 07, 175). Nur auf die dem jetzigen persönl haftenden Ges'ter zuzurechnenden Verlustanteile ist § 15a nicht mehr anzuwenden, und zwar bei Umwandlung während des Wj für das *ganze* Wj (EStH 15a „Wechsel ..."; BFH VIII R 81/02 BStBl II 04, 118; BFH IV R 26/02 BFH/NV 04, 1228: Ges'terBeschluss maßgebl/Feststellungslast bei StPfl; dazu *Kempermann* DStR 04, 1515; zutr; s auch Rz 32 zum umgekehrten Fall). Die früher entstandenen Verlustanteile bleiben verrechenbare Verluste; sie sind mit Gewinnanteilen aus der umgewandelten Beteiligung zu verrechnen (BFH VIII R 38/02 BStBl II 04, 115; EStH 15a „Wechsel ..."). S auch Rz 65.

VII. Feststellungsverfahren, § 15a IV

Verwaltung: *OFD Kiel* DStR 96, 1689 (Änderung der Rechtsform).

121   1. Gesonderte Feststellung. Der *verrechenbare* Verlust iSv § 15a und III 4 ist jährl durch Bescheid gesondert festzustellen (zu negativen Bescheiden BFH VIII R 10/05 BStBl II 07, 96). Zuständig ist das für die Gewinnfeststellung der KG (§§ 180 I Nr 2, 18 I AO) zuständige FA (§ 15a IV 3). Im **Gewinnfeststellungsbescheid** wird über die subj Verlustzurechnung und über die Gewinnhinzurechnung gem § 15a III (BFH IV R 47/11 BStBl II 15, 532; fragl), im **Feststellungsbescheid** nach § 15a IV (lediglich!) über die Höhe des nur verrechenbaren Verlustes entschieden (BFH VIII R 30/99 BStBl II 01, 621; BFH IV B 16/19 BFH/NV 20, 181). Da Letzteres wiederum die Höhe des ausgleichsfähigen Verlustanteils (bzw anzusetzenden Gewinnanteils) bestimmt, stehen beide Bescheide **wechselseitig** zueinander im Verhältnis von Grundlagen- und Folgebescheid iSd §§ 171 X, 175 I 1 Nr 1 AO (BFH IV R 31, 32/05 BStBl II 07, 687). Das negative KapKto kann zB auf Grund von Einlagen/Entnahmen höher/niedriger sein als der festzustellende verrechenbare Verlust. Der Bescheid zur Feststellung der verrechenbaren Verluste ist an den einzelnen K'tisten als **Inhaltsadressat** gerichtet (BFH IV R 7/14 IStR 18, 35); die Höhe dieser Verluste **kann** bei jedem K'tisten verschieden sein. Die Feststellungen können mit der Gewinnfeststellung für die KG verbunden werden (§ 15a IV 5), bleiben aber selbstständig anfechtbar (BFH VIII R 29/98 BStBl II 99, 592); bei dieser Verbindung (nur dann) sind die Feststellungen des verrechenbaren Verlustes der einzelnen K'tisten „einheitl durchzuführen", dh miteinander zu verbinden (§ 15a IV 6). Der festzustellende Verlust errechnet sich, ausgehend von der Feststellung für das vorangegangene Wj, wie im folgenden **Beispiel** (BFH IV R 23/93 BStBl II 95, 467).

Verrechenbarer Verlust gem Feststellung für vorangegangenes Wj	100
+ Verlustanteil des laufenden Wj	200
− ausgleichs- oder abzugsfähiger Teil des Verlustanteils	− 50
+ Minderung von Einlagen- oder Haftungsminderung soweit zusätzl verrechenbarer Verlust	20
Festzustellender verrechenbarer Verlust	270

Zur **Nichtigkeit** bei unklarer Feststellung s FG BBg EFG 09, 587; zu § 129 AO s FG Nds EFG 15, 95. Zu **ZebraGes** s § 15 Rz 206.

122   2. Anfechtungsbefugnis. Jeder K'tist kann den *gegen ihn* ergangenen Feststellungsbescheid anfechten (zum vorläufigen Rechtsschutz s BFH VIII B 185/04 BFH/NV 05, 1492), aber nur insoweit, als sich der verrechenbare Verlust ggü der vorangegangenen Feststellung verändert hat (§ 15a IV 4), dh keine Aufrollung bestandskräftiger Feststellungen. Neben dem K'tisten ist die KG klagebefugt, *wenn* die Feststellung mit der gesonderten Gewinnfeststellung verbunden wurde (BFH IX R 72/92 BStBl II 97, 250; zur abw Rechtslage nach § 34a X s § 34a Rz 98).

VIII. Sinngemäße Anwendung des § 15a I–IV auf vergleichbare Unternehmer, § 15a V

Verwaltung: EStR 15a V 4; *BMF* BStBl I 00, 1198; *BMF* BStBl I 01, 614; *OFD Rostock* DStR 01, 1571; *OFD Ffm* FR 02, 420; *OFD Bln* DB 02, 2080 (Haftungsbeschränkung bei GbR).

1. Allgemeines. § 15a I–IV sind unmittelbar nur auf K'tisten anzuwenden. Die Gleichmäßigkeit der Besteuerung gebietet, sie sinngemäß anzuwenden auf Personen, deren Stellung wirtschaftl der eines K'tisten gleichwertig ist (Rz 1). § 15a V ordnet dies an für gewerbl Unternehmer, „soweit deren Haftung der eines K'tisten vergleichbar ist" und zählt *beispielhaft* auf: den atypischen stillen Ges'ter (Nr 1), den beschr haftenden Ges'ter (MUer) einer GbR oder ausl PersGes (Nr 2, 3), den beschr haftenden Mitreeder einer Partenreederei gem § 489 HGB aF (Nr 5) und den Unternehmer, der mit sog haftungslosen Verbindlichkeiten arbeitet (Nr 4). – Sinngemäß anzuwenden sind sämtl Vorschriften des § 15a I–IV, **außer** § 15a I 2, 3, § 15a III 3 (**erweiterter Verlustausgleich** bei überschießender Außenhaftung; vgl BFH IV R 106/94 BStBl II 96, 226; s Rz 71). Die Aufzählung der **vergleichbaren Unternehmer** ist nicht abschließend; außer den ausdrückl erwähnten Sachverhalten werden uU erfasst (*HHR* § 15a Rz 181): OHG-Ges'ter, persönl haftender KG-Ges'ter, Treugeber-Kommanditist (*Wacker* HFR 10, 744), Unterbeteiligte und verdeckte MUer (als Ges'ter einer Innen-GbR), Partner einer Partnerschaft (§ 15 Rz 334), Ges'ter einer EWIV (§ 15 Rz 333); ferner der K'tist, dem die Schulden der KG anteilig iZm eigenen (betriebl) Einkünften zugerechnet werden (s § 15 Rz 486 ff, 521; insoweit **aA** *Pyszka* GmbHR 17, 1082, 1086). Die Aufzählung bedeutet nicht, dass auf diese Unternehmer § 15a unabhängig davon sinngemäß anzuwenden ist, ob ihre „Haftung" der eines K'tisten vergleichbar ist. Sie ist nur beispielhaft für den Oberbegriff des „vergleichbaren" Unternehmers; die Formulierung „*soweit* deren Haftung" ist iSv „wenn" zu verstehen (arg § 15a I 3; diff BFH IX R 60/91 BStBl II 94, 496). **Nicht** vergleichbar ist ein Partner, der nach § 8 II, IV nF PartGG haftet (glA *OFD Nds* DB 15, 2667).

2. Stiller Gesellschafter (Mitunternehmer). – a) Allgemeine Grundsätze. Zur MUerstellung eines stillen Ges'ters (§ 230 HGB) s § 15 Rz 340 ff. – Da die stille Ges InnenGes ist, sind Schulden, die mit dem betriebenen GewBetr zusammenhängen, zivilrechtl ausschließl des Inhabers des Handelsgeschäfts; nur dieser haftet, auch bei „Innen-KG". Die Haftung des stillen Ges'ters ist der eines K'tisten **vergleichbar,** wenn vereinbart ist (dazu BFH VIII R 36/01 BStBl II 02, 858; *Groh* DB 04, 668), dass der Verlustanteil des stillen Ges'ters von seinem KapKto auch dann noch abzuschreiben ist, wenn dieses dadurch negativ wird mit der Folge, dass der stille Ges'ter künftige vertragl Gewinnanteile zur Deckung früherer Verluste zur Verfügung stellen muss (s § 232 II 2 HGB). Ist vereinbart, dass der stille Ges'ter im **Innenverhältnis** *unbegrenzt am Verlust* teilnimmt und deshalb im Liquidationsfalle (oder schon vorher) nachschusspflichtig ist, ist seine Rechtsstellung im Innenverhältnis wirtschaftl der eines persönl haftenden Ges'ter ähnl; gleichwohl ist § 15a I 1 anzuwenden (BFH VIII R 22/94 BFH/NV 98, 823), weil auch für einen K'tisten, dessen Verlustbeteiligung im Innenverhältnis unbegrenzt ist, § 15a I 1 gilt und Verlustanteile, die zu einem negativen KapKto führen, nur bei überschießender Außenhaftung nach § 15a I 2–3 ausgleichs- und abzugsfähig sind (s Rz 57 f, 78); Rückstellungen in einer Sonderbilanz sind unzulässig (BFH VIII R 22/94 BFH/NV 98, 823). Auch eine **Außenhaftung** des Stillen ist erst bei Erfüllung „als Einlage zu behandeln" (BFH VIII R 33/01 BStBl II 03, 705; zutr); soweit der Stille durch die Erfüllung der Außenschuld einen Aufwendungsersatzanspruch (SBV!) gegen den Inhaber des Handelsgeschäfts erlangt (BGH II ZR 382/99 DStR 02, 319), erhöht sich sein KapKto nicht (Rz 77).

b) Einzelheiten. Dem für § 15a maßgebl KapKto in der StB einer KG entspricht das **KapKto,** das in einer (neben der HB des tätigen Teilhabers) aufzustellenden StB für die (atypische) stille Ges für den stillen Ges'ter auszuweisen ist (s § 15 Rz 347); auch insoweit ist die „geleistete Einlage" (s Rz 44) maßgebl, die Einbuchung der Einlage*forderung* reicht nicht aus (**aA** *Walter* GmbHR 97, 823). Zum Korrekturposten s *Schmidt* 38. Aufl § 15a Rz 200. Aktives und passives SBV bleibt außer Betracht (vgl Rz 132 aE). Ist vereinbart, dass der stille Ges'ter stets **Auszahlung** seiner Gewinnanteile verlangen kann, sind ihm mangels „Verlusthaftung mit künftigen Gewinnanteilen" keine entspr Verlustanteile zuzurechnen. Zum „Wegfall" eine aufgrund ausgleichsfähiger Verlustanteile negativen KapKto des atypisch stillen Ges'ters s BFH IV B 30/85 BStBl II 86, 68.

134 **3. Gesellschafter (Mitunternehmer) einer GbR. – a) Allgemeines.** Die sinngemäße Anwendung der § 15a I–IV setzt voraus, dass – *(1)* eine GbR einen GewBetr iSv § 15 I 1 Nr 1 betreibt und der Ges'ter als MUer anzusehen ist *oder* – *(2)* an einer nichtgewerbl GbR ein Ges'ter beteiligt ist, bei dem die Beteiligung zu einem gewerbl BV gehört (Rz 31; § 15 Rz 200 ff) *und* – *(3)* die Haftung des Ges'ters der eines K'tisten vergleichbar ist, was nach dem Gesetz zutrifft, wenn die Inanspruchnahme für betriebl Schulden vertragl ausgeschlossen *(Fall 1)* oder nach Art und Weise des Geschäftsbetriebs unwahrscheinl ist *(Fall 2)*. Wenn das Gesetz eine Inanspruchnahme des Ges'ters für betriebl Schulden erwähnt, scheint es von einer unmittelbaren Haftung des Ges'ters ggü den Gläubigern, also einer AußenGes auszugehen. Gleichwohl erfasst § 15a V Nr 2 ebenso wie Nr 1 (Rz 132) auch eine **InnenGes**, und zwar – im Gegensatz zu einer AußenGes (zu VuV s BFH IX R 61/93 BStBl II 96, 128; krit *HG* HFR 03, 870) – nicht nur im Falle einer *internen* Verlustausgleichsverpflichtung (BFH VIII R 45/98 BStBl II 02, 339), sondern auch bei schuldrechtl *Außen*haftung des Innen-Ges'ters (BFH VIII R 33/01 BStBl II 03, 705; Rz 132). IÜ ist das Tatbestandsmerkmal mE iSe „Vermögensminderung auf Grund der Haftung" (§ 15a I 3) zu verstehen. Demgemäß ist § 15a V Nr 2 erfüllt (keine Vermögensminderung), wenn zwar die Außenhaftung eines Ges'ters weder vertragl ausgeschlossen noch unwahrscheinl ist, dem Ges'ter aber ein vollwertiger Ausgleichsanspruch zB gegen einen anderen Ges'ter zusteht (s Rz 131 f; **aA** FG Mchn EFG 07, 1597).

135 **b) Vergleichbarkeit mit Kommanditistenhaftung wegen vertraglichem Haftungsausschluss** *(Fall 1)*. – **Zivilrechtl** war früher hL, dass die Haftung der Ges'ter einer Außen-GbR auf das GesVermögen beschränkt werden kann durch entspr nach außen erkennbare Begrenzung der Vertretungsmacht der vertretungsberechtigten Ges'ter. Dies ist überholt, da nach BGH die Ges'ter einer (Außen-) GbR grds stets auch persönl unbeschr haften (wie in § 128 HGB für OHG geregelt); eine Beschränkung der Haftung auf das GesVermögen sei nicht durch Einschränkung der Vertretungsmacht des geschäftsführenden Ges'ters, sondern nur durch mit dem jeweiligen Vertragspartner getroffene Abrede mögl (BGH II ZR 371/98 DStR 99, 1704; *Ausnahme*: Immobilienfonds, BGH II ZR 2/00 DStR 02, 816). – **Estrechtl** folgt daraus für § 15a V Nr 2, – *(1)* dass eine GbR, die als gewerbl geprägte PersGes (§ 15 III Nr 2) angesehen wurde, dies nicht war und daher entgegen dem Erfordernis des § 15a V Nr 2 (s Rz 134) keinen GewBetr hatte, und – *(2)* dass die Haftung der Ges'ter einer Außen-GbR nur dann „... durch Vertrag ausgeschlossen" und damit § 15a V Nr 2 Alt 1 erfüllt ist (= „Haftung der eines K'tisten vergleichbar"), soweit die Haftung einzelner oder aller Ges'ter für rechtsgeschäftl Schulden der GbR durch individualvertragl Abrede mit *allen* Gläubigern (**aA** evtl *von Gronau ua* DStR 99, 1965: nur Großgläubiger) auf das GesVermögen beschränkt ist. Für eine Außen-GbR dürfte damit § 15a V Nr 2 grds leerlaufend sein (ähnl *Kempermann* FR 01, 1107; Ausnahmen s oben; Rz 134). – Die **FinVerw** hat allerdings eine auf den 31.12.01 verlängerte *Übergangsregelung* getroffen (BMF BStBl I 00, 1198; BMF BStBl I 01, 614; krit *von Gronau ua* DStR 99, 1965). Danach kann eine GbR, die bisher zu Unrecht als gewerbl geprägte PersGes beurteilt wurde, auf Antrag weiter als solche behandelt werden (BV!), sofern sie bis zum

31.12.01 gem §§ 105 II, 161 II iVm § 2 HGB umgewandelt wurde. *Folge:* § 15a V Nr 2 erste Alternative bleibt auch auf Verluste in der Zeit bis zum 31.12.01 anwendbar. Andernfalls sollen die festgestellten verrechenbaren Verluste (§ 15a IV) bei den Einkünften gem § 21 berücksichtigt werden (*OFD Bln* DB 02, 2080; mE unzutr).

c) Vergleichbarkeit mit Kommanditistenhaftung wegen Unwahrscheinlichkeit der Inanspruchnahme *(Fall 2)*. S Rz 83 ff; zu GbR mit VuV s BFH IX R 61/93 BStBl II 96, 128; FG Mchn EFG 07, 1597; *BMF* BStBl I 94, 355. **136**

d) Unterbeteiligung. Soweit ein atypisch Unterbeteiligter an einem PersGes-Anteil (KG, OHG, GbR) MUer iSv § 15 I 1 Nr 2 ist (dazu § 15 Rz 365 ff), wird er grds von § 15a V Nr 2 erfasst, da die Unterbeteiligungs Ges (InnenGes) eine GbR ist (FG Ddorf EFG 97, 340; *OFD Ffm* FR 02, 420; s Rz 32, 134). Danach ist der Unterbeteiligte an einem KG-, OHG- oder GbR-Anteil wie ein K'tist zu behandeln (§ 15a I 1), wenn er vertragl oder analog § 232 II HGB an Verlusten nur iHd Einlage (und künftiger Gewinnanteile) teilnimmt (*Kempermann* FR 98, 248). Gleiches gilt, wenn seine Haftung im Außenverhältnis zB durch Vereinbarung mit den Gläubigern der HauptGes erweitert ist (keine Anwendung des § 15a I 2–3) oder er sich im Innenverhältnis zu unbegrenztem Verlustausgleich verpflichtet hat (*Kempermann* FR 98, 248). Hingegen sollen derartige, die Haftung oder die Ausgleichspflicht erweiternde Vereinbarungen bei der Unterbeteiligung am Anteil eines *persönl haftender Ges'ters* (zB OHG) oder eines GbR-Ges'ters dazu führen, dass § 15a V Nr 2 (Fall 1; Rz 135) nicht erfüllt und demgemäß grds ein unbegrenzter Verlustausgleich zulässig ist (*Kempermann* FR 98, 248; mE im Vergleich mit der BFH-Rspr zur atypischen stillen Ges/InnenGes (s Rz 132, 134) und im Hinblick auf die analoge Anwendung der §§ 230 ff HGB widersprüchl; zweifelnd *Groh* FS Priester, 107, 116). **137**

4. Gesellschafter (Mitunternehmer) einer ausländischen Personengesellschaft. Eine PersGes, die nicht dt Gesellschaftsrecht unterliegt, ist MUerschaft, wenn nach ausl Recht einschließl des GesVertrags die Rechtsstellung eines Ges'ters wirtschaftl derjenigen des Ges'ters einer OHG oder KG entspr dem Regelstatut des HGB gleichwertig ist (s § 15 Rz 169, 173). Die in § 15a V Nr 3 genannten zusätzl Tatbestandsmerkmale (Haftung entspricht der eines K'tisten oder stillen Ges'ters; Inanspruchnahme für Betriebsschulden vertragl ausgeschlossen oder unwahrscheinl) sind begriffl kaum zu trennen. Erfasst werden sollen ausl Ges, die einer KG § 15a I oder einer atypischen stillen Ges iSv § 15a V Nr 1 entsprechen, und ausl Ges, die einer GbR iSv § 15a V Nr 2 gleichwertig sind (s Rz 134). § 15a V Nr 3 erfasst inl und umzurechnende (s § 15 Rz 173) ausl Verluste der Ges. Der Verlustausgleich wegen überschießender Außenhaftung (Rz 71 ff) ist nach dem Wortlaut ausgeschlossen. ME ist dies (arg: Niederlassungsfreiheit) EU-konform auf Eintragungen in EU/EWR-HReg auszudehnen (offen FG Ddorf EFG 11, 1969; verfahrensrechtl aufgehoben durch BFH IV R 7/14 IStR 18, 35; **aA** *Mitschke* FR 08, 165, 169). **138**

5. Haftungslose Unternehmer. „Haftungslose" Unternehmer, deren Haftung der eines K'tisten vergleichbar ist, sind nach § 15a V Nr 4 **Einzelunternehmer** oder **MUerschaften**, soweit deren Verbindlichkeiten nur aus Erlösen oder Gewinnen aus der Nutzung, Veräußerung oder sonstigen Verwertung von WG zu tilgen sind (sog haftungslose Verbindlichkeiten). **139**

Beispiel: A erwirbt von X das Auswertungsrecht an einem Film zum Preis von 5 Mio €; X stundet den Kaufpreis, sodass er nur aus dem Verwertungserlös des Filmes zu tilgen ist.

Die Bestimmung geht davon aus, dass die Rechtsstellung eines „haftungslosen" Unternehmers wirtschaftl der eines K'tisten gleichwertig ist, der seine Einlage erbracht hat; sie will sicherstellen, dass haftungslose Verbindlichkeiten nicht zur Grundlage eines Verlustausgleichs werden, *unterstellt,* dass ihre bilanzielle Beurteilung überhaupt zu einem Verlustausweis führen kann (BR-Drs 511/79, 18). Nach BFH-Rspr waren Verpflichtungen, die nur aus künftigen Erlösen zu tilgen sind, allg als Verbindlichkeiten oder Rückstellungen passivierungsfähig, und gewinnabhängige Verpflichtungen unter der Voraussetzung, dass sie als AK für erworbene WG zu werten sind (zB BFH IV R 54/97 BStBl II 139). Für Wj, die nach dem 31.12.98 beginnen, entfällt diese Passivierungsfähigkeit (§ 5 IIa). § 15a V Nr 4 dürfte damit gegenstandslos sein (§ 5 Rz 315; **aA** *Kaiser* GmbHR 01, 103).

140   **6. Mitreeder einer Partenreederei, § 489 HGB aF.** Da die Rechtsform als überholt abgeschafft wurde und nur noch für bis einschließl 24.4.13 entstandene Ges weiter gilt (s § 15 Rz 374), wird im Hinblick auf die sinngemäße Geltung von § 15a für Alt-Partenreedereien auf *Schmidt* 32. Aufl § 15a Rz 209 verwiesen.

IX. „Wegfall" des negativen Kapitalkontos in Sonderfällen: Beendigung der KG – Übertragung eines Kommanditanteils – Umstrukturierung

Verwaltung: EStR 15a IV, VI; OFD *Mchn* FR 04, 731 (Nachversteuerung); FM *SchlHol* DStR 13, 1086; OFD *Ffm* DStR 13, 2699 (doppelstöckige PersGes); BMF BStBl I 11, 1314 (UmwStErlass); BMF BStBl I 18, 319 (Abspaltung); FM *SchlHol* DStR 20, 1573 (Einbringung).

151   **1. Entgeltliche Veräußerung eines KG-Anteils.** Estrechtl liegt eine *voll entgeltl* Veräußerung iSv § 16 I 1 Nr 2 vor, wenn – *(1)* ein KG-Anteil gegen kfm bemessenes Entgelt übertragen wird, oder – *(2)* ein K'tist gegen Abfindung aus der KG ausscheidet und sein GesAnteil den bisherigen Ges'tern anwächst (vgl § 738 BGB). Zu *teilentgeltl* Übertragung s Rz 152, 167. Dem Ausscheidenden ist der vertragl Anteil am Verlust in der Zeit vom letzten Bilanzstichtag bis zum Zeitpunkt des Ausscheidens auch dann noch als ausgleichs- und abzugsfähig zuzurechnen, wenn dadurch ein negatives KapKto entsteht; eine Verlustzurechnung ist nur ausgeschlossen, soweit feststeht, dass auch beim Rechtsnachfolger Gewinnanteile nicht mehr anfallen (zB BFH IV R 44/93 BB 95, 1520; s allg Rz 20 ff).

152   **a) Negatives Kapitalkonto aus ausgleichsfähigen Verlustanteilen.** Zu negativem KapKto, das eine Ausgleichs*schuld* beinhaltet, s § 16 Rz 484 f, 453. – **aa) Veräußerungsgewinn.** Ist das KapKto ganz oder teilweise durch die Zurechnung von Verlustanteilen negativ geworden, die rechtl (nicht notwendig auch tatsächl) ausgleichs- und abzugsfähig waren, weil die Verlustanteile außerhalb des Anwendungsbereiches des § 15a entstanden sind oder die Voraussetzungen für einen Verlustausgleich trotz überschießender Außenhaftung nach § 15a I 2, 3 erfüllt waren, und besteht der Veräußerungspreis iSv § 16 II in der **Übernahme** des **negativen KapKto** und eines **zusätzl Entgelts** (stille Reserven höher als das negative KapKto), entsteht beim ausscheidenden K'tisten ein Veräußerungsgewinn iSv § 16 I 1 Nr 2 iHd Differenz zw dem zusätzl Entgelt und dem negativen KapKto (§ 16 Rz 484 f, 453). Entsprechendes gilt bei **teilentgeltl** Übertragung (BFH XI R 34/92 BStBl II 93, 436).

153   **bb) Zeitlicher Anwendungsbereich.** Dies gilt auch (BFH IV R 107/88 BFH/NV 90, 496) für entgeltl Veräußerungen im zeitl Anwendungsbereich des § 52 Abs 24 S 4, 5, dh nach dem 28.8.80, unabhängig davon, ob § 52 Abs 24 S 4 – *(1)* überhaupt auf entgeltl Veräußerungen anzuwenden ist (diff zu § 52 Abs 24 S 5 BFH VIII R 37/93 BStBl 95, 246 aE: keine Anwendung auf Veräußerung an Dritte oder nur einen der bisherigen Ges'ter) und – *(2)* nur negative Kapkonten erfasst, die durch außerhalb des § 15a ausgleichsfähige Verlustanteile entstanden sind oder auch solche, die zB auf wegen überschießender Außenhaftung (§ 15a I 2–3) ausgleichsfähigen Verlustanteilen beruhen.

154   **cc) Begünstigung.** Der Veräußerungsgewinn ist nach §§ 16, 34 begünstigt (BFH IV R 53/91 BStBl II 95, 112), auch wenn das negative KapKto durch einen Verlustanteil entstanden ist, der wegen überschießender Außenhaftung nach § 15a

I 2–3 ausgleichsfähig war. Zwar hat die Veräußerung des KG-Anteils für den Veräußerer die gleiche Wirkung wie eine Haftungsminderung iSv § 15a III, die zur Nachversteuerung eines lfd Gewinns führt; an die Stelle der Haftung des Veräußerers tritt aber die des Erwerbers. Haftet der K'tist für Schulden der KG aus **Bürgschaft** oder nach §§ 171, 172 HGB, gehört der „Wegfall" des negativen KapKto insoweit nicht zum Veräußerungspreis als die Bürgschaft bestehen bleibt und der K'tist mit einer Inanspruchnahme ohne realisierbare Rückgriffsmöglichkeit ernsthaft rechnen muss (BFH IV R 37/89 BStBl II 91, 64). Wird er tatsächl nicht in Anspruch genommen oder mit einem geringeren oder größeren Betrag (oder ist ein Rückgriff zB gegen die KG erfolgreich), ändert sich der Veräußerungsgewinn rückwirkend (BFH IV R 17/07 BStBl II 10, 631; BFH GrS 1/92 BStBl II 93, 897; *OFD Mchn* FR 04, 731 Tz 3.2).

dd) Anschaffungskosten. In Höhe des Veräußerungspreises (Übernahme des negativen KapKto und zusätzl Entgelt) hat der Erwerber AK für die Anteile an den WG des GesVermögens zu aktivieren, und zwar in einer Ergänzungsbilanz, sofern der KG-Anteil an einen neuen Ges'ter oder nur einen der bisherigen Ges'ter veräußert wird (§ 16 Rz 465), und in der StB der KG, sofern alle bisherigen Ges'ter den KG-Anteil anteilig erwerben.

(1) Erwerber. Dies gilt auch bei entgeltl Veräußerungen im zeitl Anwendungsbereich des § 52 Abs 24 S 4 dh **nach dem 28.8.80,** gleichgültig ob an einen Dritten, einen der bisherigen Ges'ter oder an alle bisherigen Ges'ter veräußert wird. Zwar ist dort bestimmt, dass iHd negativen KapKto, das der Ausscheidende nicht ausgleichen muss und daher bei ihm Veräußerungsgewinn ist, bei den anderen MUern Verlustanteile anzusetzen sind. Die Vorschrift ist aber allg *nicht* anzuwenden auf die entgeltl Veräußerung eines KG-Anteils an einen Dritten oder nur einen von mehreren der *bisherigen* Ges'ter (s zB BFH VIII R 37/93 BStBl II 95, 246 aE) und bei entgeltl Veräußerung an alle *bisherigen* Ges'ter teleologisch dahin zu reduzieren ist, dass sie insoweit nicht eingreift, als das negativen KapKto anteilige stillen Reserven entsprechen; denn die Bilanzierung erworbener stiller Reserven kann nicht davon abhängen, ob das KapKto des Veräußerers positiv oder negativ war und daher der Preis nur in einem Barentgelt oder auch einem Verzicht auf künftige Gewinnanteile (negatives KapKto) besteht (EStR 15a VI 3; BFH IV B 4/06 BFH/NV 07, 2090).

(2) Folgen. Die Aktivierung eines Betrags iHd negativen KapKto führt aber dazu, dass die stillen Reserven bei ihrer Realisierung *nicht nochmals* vom Erwerber zu versteuern sind (BFH IV R 70/92 BStBl II 94, 745).

Beispiel: K'tist X tatsächl geleistete Einlage: 50; Haftsumme 100; Verlustanteil in 01: 100. Der Verlust ist voll ausgleichsfähig nach § 15a I 2–3. Negatives KapKto: 50. Anteil an den stillen Reserven des GesVermögens: 80. Veräußerung des KG-Anteils in 02 an Y gegen Übernahme des negativen KapKto und Barentgelt von 30. Veräußerungsgewinn X: 30 + 50. AK Y: 80, auszuweisen in einer Ergänzungsbilanz mit positivem KapKto von 80, bei gleichzeitiger Fortführung des negativen KapKto in der StB der KG mit minus 50.

ee) Kein weiteres Entgelt. Diese Grundsätze (Rz 152 ff) gelten in gleicher Weise, wenn der Erwerber zwar das negative KapKto übernimmt, aber kein zusätzl Entgelt zahlt, weil der Anteil des Veräußerers an den stillen Reserven des GesVermögens nicht höher ist als sein negatives KapKto. Der Veräußerungsgewinn und die AK sind gleich dem negativen KapKto (s auch § 16 Rz 465).

ff) Geringe/keine stille Reserven. Sind die stillen Reserven (einschließl Geschäftswert) nachweisl geringer als das übernommene negative KapKto, entsteht beim **Veräußerer** ein **Veräußerungsgewinn** iHd negativen KapKto (vgl BFH VIII R 76/96 BStBl II 99, 269 zu nur verrechenbaren Verlusten). Der **Erwerber** hat entspr den dargelegten Grundsätzen AK iHd anteiligen stillen Reserven einschließl Geschäftswert (BFH IV R 70/92 BStBl II 94, 745; BFH IV B 4/06 BFH/NV 07, 2090), wobei *insoweit* mE gleichgültig ist, ob an einen neuen Ges'ter, einen der bisherigen Ges'ter oder anteilig an alle bisherigen Ges'ter veräußert wird. Beim Erwerber ist weiterhin zu unterscheiden: Gem § 52 Abs 24 S 4 entsteht ein **Verlust,** wenn ein K'tist ohne Abfindung ausscheidet **(Anwachsung),** sein KG-Anteil also weder auf einen Dritten noch auf einen der bisherigen Ges'ter übergeht; denn jetzt steht fest, dass die bisherigen verbleibenden Ges'ter die Verluste tragen (BFH IV R 50/16 BStBl II 20, 57; BFH VIII R 37/93 BStBl II 95, 246; EStR 15a VI). Hingegen ist § 52 Abs 24 S 4 *nicht* anzuwenden auf die entgeltl Veräußerung an einen neuen oder einen der bisherigen Ges'ter; der Erwerber hat in diesem Falle vielmehr iHd *nicht* durch anteilige stille Reserven und einen Geschäftswert abgedeckten negativen KapKto in einer Ergänzungsbilanz einen **Ausgleichsposten** zu aktivieren, der mit *allen* (FG Mster EFG 11, 960; zutr) künftigen auf den KG-Anteil entfallenden *stpfl* Gewinnanteilen zu verrechnen ist und diese damit für den Erwerber neutralisiert (BFH IV R 59/96 BStBl II 99, 266: kein Erwerbsverlust; Anm *MK* DStR 98, 889; *Herbst ua* DStR 17, 2081; *Haas* DStR 21, 2830; iErg ähnl BFH VIII R 37/93 BStBl II 95, 246: **„Merkposten"** außerhalb der Bilanz). Sind überhaupt **keine stillen Reserven** vorhanden und wird der Anteil unentgeltl übertragen, scheidet schon aus diesem Grund ein Verlust beim Erwerber aus. Zur Abgrenzung ggü einer *entgeltl* Veräußerung s aber BFH VIII R 76/96 BStBl II 99, 269.

160 **b) Negatives Kapitalkonto aus verrechenbaren Verlustanteilen. – aa) Veräußerer.** Besteht der Veräußerungspreis isv § 16 II in der Übernahme des negativen KapKto *und* eines zusätzl Entgelts (anteilige stille Reserven!), entsteht dem Veräußerer ein Gewinn iHd zusätzl Entgelts *und* des negativen KapKto (*Herbst ua* DStR 17, 2081, 2084); dieser ist gem § 15a II 1 um den noch vorhandenen verrechenbaren Verlust zu mindern (dazu Rz 181 ff); nur der Rest ist estpfl (BFH IV R 16/15 BStBl II 18, 527; BFH IV R 75/93 BStBl II 96, 474 zu 3. aE). Ist das negative KapKto auf Grund nachträgl Einlage *und* deshalb auch der Veräußerungsgewinn niedriger als der festgestellte verrechenbare Verlust, ist die Differenz ein ausgleichs- und abzugsfähiger Veräußerungsverlust (nunmehr ausdrückl § 15a II 2; s Rz 113, 184). Zu Sanierungsgewinnen s Rz 4, 21, 63.

161 **bb) Erwerber.** Fragl ist, ob beim Erwerber nur iHd zusätzl Entgelts oder auch iHd übernommenen negativen KapKto **AK** (Rz 155, 160) zu aktiveren sind (bis *Schmidt* 37. Aufl § 15a Rz 225; BFH VIII R 37/93 BStBl II 95, 246: soweit negatives KapKto durch stillen Reserven gedeckt, iÜ nur außerbilanzieller Merkposten) *oder* mit Rücksicht auf die Gewinnabhängigkeit der Ausgleichsverpflichtung (§ 5 IIa) zur Vermeidung eines Erwerbsverlust (s § 16 Rz 466) durchgängig nur ein aktiver **Ausgleichsposten** (AP) in der Ergänzungsbilanz auszuweisen ist (so BFH IV R 16/15 BStBl II 18, 527). Nach letzterer, mE zutr Ansicht (ähnl FG Ddorf EFG 18, 1113, rkr: durchgängig Merkposten) entfällt der negative KapKto, wenn die erworbenen anteiligen stillen Reserven gewinnwirksam realisiert werden; hierdurch entsteht jedoch beim Erwerber kein estpfl Gewinn, soweit der Veräußerungspreis den in der StB fortgeführten Buchwerten *und* dem zusätzl AP in der Ergänzungsbilanz entspricht (vgl *Haas* DStR 21, 2830). Die Vorstellung, die stillen Reserven blieben damit teils unversteuert (beim Veräußerer wegen der Verlustverrechnung; beim Erwerber wegen der gewinnmindernden Auflösung des AP), ist jedoch unzutr. Vielmehr hatte die KG einen Verlust erlitten, der sich für den bisherigen K'tisten nach § 15a nicht nicht steuermindernd auswirken konnte; zum Ausgleich werden die stillen Reserven iHd Verlustanteils (verrechenbarer Verlust) trotz ihrer Aufdeckung nicht gewinnwirksam. Erst *jetzt* wirkt sich der frühere Verlust aus. Zu vermögensverwaltender KG s Rz 6.

162 **cc) Kein zusätzliches Entgelt.** Gleiches gilt, wenn der Veräußerungspreis nur in der Übernahme des negativen KapKto besteht, weil nur in dieser Höhe anteilige **stille Reserven** vorhanden sind. Sind diese einschließ Geschäftswert **niedriger** als das übernommene negative KapKto, haben der/die Erwerber –

auch bei Anwachsung (§ 52 Abs 24 S 4 nicht anwendbar) – die Differenz als Ausgleichs- oder Merkposten mit den zu bb) dargestellten Rechtsfolgen zu aktivieren (BFH VIII R 76/96 BStBl II 99, 269 zu II.3.a): kein Erwerbsverlust; anders aber bei Ausscheiden ohne Abfindung (BFH IV R 50/16 BStBl II 20, 57; s auch Rz 159).

dd) Sonderbetriebsergebnisse. Zum Zusammentreffen eines Veräußerungsgewinns mit Sonderbetriebs-Verlust und Gewinn aus anderem GewBetr s *Brandenberg ua* JbFfSt 90/91, 239. 163

2. Unentgeltlicher Übergang eines Kommanditanteils. – a) Negatives Kapitalkonto aus ausgleichsfähigen Verlustanteilen. – aa) Grundsatz. Geht der KG-Anteil unentgeltl von Todes wegen (zB Erbanfall) auf einen neuen, alle oder nur einen der bisherigen Ges'ter über, haben diese die Buchwerte des Erblassers einschließl negativem KapKto fortzuführen (§ 6 III; *FM SchlHol* DStR 11, 1427). Zur Vererblichkeit des Verlustabzugs s Rz 168. 166

bb) Einzelfragen. – *(1)* Ebenso ist dies bei unentgeltl Übertragung unter Lebenden, sofern der Anteil an den **stillen Reserven** einschließl Geschäftswert **höher** ist als das negative KapKto; die Übertragung ist voll unentgeltl iSv § 6 III (BFH IV R 16/15 BStBl II 18, 527). Beim bisherigen K'tisten entsteht kein Gewinn; der Rechtsnachfolger hat die anteiligen Buchwerte einschließl negativem KapKto fortzuführen. Künftige Gewinnanteile, durch die das negative KapKto aufgefüllt wird, muss er versteuern (s iEinz Rz 64; ebenso einen Gewinn aus der entgeltl Veräußerung des KG-Anteils mit negativem KapKto. § 52 Abs 24 S 3, 4 sind entgegen ihrem Wortlaut nicht anwendbar (s Rz 156). – *(2)* Wird ein negatives KapKto übernommen und ein **zusätzl Entgelt** (zB Gleichstellungsgeld) gewährt, ist beides zusammen aber niedriger als der Anteil des K'tisten an den stillen Reserven, ist dies teilentgeltl Veräußerung, die nach den zu Rz 152 ff dargestellten Grundsätzen zu beurteilen ist (vgl BFH XI R 34/92 BStBl II 93, 436; *IdW* Beil FN-IdW Nr 10/96 S 468 f). – *(3)* Soweit das **negative KapKto höher** ist als die anteiligen **stillen Reserven,** ist eine Anteilsübertragung unter Lebenden mE allenfalls iHd anteiligen stillen Reserven unentgeltl iSv § 6 III. IÜ entsteht ein Gewinn aus dem Wegfall des restl negativen KapKto; der Erwerber hat einen aktiven Ausgleichs- oder Merkposten zur Neutralisierung künftiger Gewinnanteile anzusetzen (s Rz 159, 162). Ist der GesAnteil wertlos, wird der Erwerber idR mangels Gewinnchance nicht MUer; der Übertragende hat seinen MUeranteil estpfl aufgegeben (vgl BFH VIII R 154/85 BStBl II 86, 896). – *(4)* Soweit bereits feststeht, dass sich das negative KapKto aus künftigen Gewinnanteilen nicht mehr auffüllen lassen wird, entsteht vor der Anteilsübertragung beim bisherigen Ges'ter ein lfd Gewinn (§ 16 Rz 423). 167

b) Negatives Kapitalkonto aus verrechenbaren Verlustanteilen. Wird der KG-Anteil von Todes wegen oder voll unentgeltl unter Lebenden übertragen, tritt der Übernehmer, sofern er MUer wird, nicht nur in die bilanzrechtl Rechtsstellung seines Rechtsvorgängers ein, sondern nach der Rspr auch in das Recht zur Verlustverrechnung nach § 15a II aF/nF oder III 4; er muss die ihm zuzurechnenden künftigen Gewinnanteile bis zur Höhe des verrechenbaren Verlustes nicht versteuern (BFH VIII R 76/96 BStBl II 99, 269 zu II.3.b; Rz 64). Hieran ist auch nach der geänderten Rspr zu § 10d (s § 16 Rz 590) festzuhalten (BFH IV R 16/15 BStBl II 18, 527; *FM SchlHol* DStR 11, 1427). Eine schenkweise Übertragung eines KG-Anteils mit Buchwertfortführung und Übergang des Rechts zu Verlustverrechnung ist aber idR (Ausnahme evtl Vorwegerbfolge, s BFH VIII R 76/96 BStBl II 99, 269 zu II.2.c aE) nur anzunehmen, wenn stille Reserven (Geschäftswert) vorhanden sind, die anteilig höher als das negative KapKto sind; andernfalls ist nach den zu Rz 167 dargelegten Grundsätzen zu verfahren (krit *IdW* Beil FN-IdW Nr 10/96 S 468g). 168

169 **3. Doppelstöckige Personengesellschaft; Anteilsveräußerung.** Veräußert die OberGes ihren Anteil an der UnterGes, sind die Rechtsgrundsätze anzuwenden, die allg für die Veräußerung (und den Erwerb) von MUeranteilen maßgebl sind (§ 16 Rz 384; § 15 Rz 613); Anteile am Verlust der UnterGes sind mit dem Veräußerungsgewinn zu saldieren (s Rz 33). Wird ein *Anteil an der OberGes veräußert* und ist für diese (mit Wirkung für die OberGes'ter) bei der UnterGes ein verrechenbarer Verlust festgestellt, ist dieser mit einem Gewinn aus der Anteilsveräußerung zu verrechnen, aber nur, soweit dieser anteilig mittelbar auf die WG der UnterGes entfällt (s Rz 64 f: Anteilsidentität!; glA BFH IV R 67/00 BFH/NV 04, 1707; *Baschnagel* BB 15, 349); Gleiches gilt für die Auflösung eines negativen KapKto bei der UnterGes (*FM SchlHol* DStR 13, 1086; *OFD Ffm* DStR 13, 2699). Zu str Einzelheiten § 15 Rz 471.

171 **4. Umwandlung einer KG in eine Kapitalgesellschaft. – a) Betriebseinbringung.** Hat eine KG ihren ganzen GewBetr gegen Gewährung von GesRechten zu Buchwerten in eine KapGes **eingebracht** (§§ 20 ff UmwStG aF) oder wurde sie **formwechselnd** in eine KapGes umgewandelt (vgl § 25 UmwStG aF), ging ein verrechenbarer Verlust nicht auf die KapGes über (ebenso wenig wie ein Verlustabzug nach § 10d: arg § 22 I, II iVm § 12 III 1 UmwStG aF; **aA** uU BFH I R 68/03 BStBl II 06, 380; dazu *BMF* BStBl I 06, 344: Nichtanwendung; zur späterer Veräußerung einbringungsgeborener Anteile gem § 21 UmwStG 1995). Hieran hat die mE missverständl Fassung von § 23 I, III, IV iVm § 12 III HS 1 **UmwStG 2006** nichts geändert (*HHR* § 15a Rz 143; *FM SchlHol* DStR 20, 1573; unklar *BMF* BStBl I 11, 1314 Tz 23.02). Bei Einbringung zu gemeinen Werten oder Zwischenwerten mindert aber ein verrechenbarer Verlust den Einbringungsgewinn. Einlagenerhöhung vor Umwandlung zum Ausgleich negativer KapKten führt zu ausgleichsfähigen Verlusten (EStR 15a IV; *Brandenberg ua* JbFStSt 90/91, 242; s auch Rz 113).

172 **b) Anteilseinbringung.** Wird ein KG-Anteil gegen Gewährung von GesRechten in eine KapGes eingebracht (§§ 20 ff UmwStG), ist dies auch bei Buchwertfortführung entgeltl Veräußerung (BFH IV R 52/87 BStBl II 88, 829). Das Recht zur Verlustverrechnung nach § 15a II oder III 4 geht nicht auf die KapGes über (*FM SchlHol* 20, 1573; *HHR* § 15a Rz 143; **aA** zu UmwStG 1995 *Hierstetter ua* DB 02, 1963). Gleiches gilt in Fällen der Option gem § 1a KStG (§ 15 Rz 160a; *Wacker/Krüger ua* DStR-Beih 21, 13; *BMF* BStBl I 21, 2212 Rz 47) sowie der verdeckten Einlage (keine Anwendung des § 6 III; s § 6 Rz 714; § 16 Rz 216 f, 397). IÜ sind die Grundsätze zu Rz 171 maßgebl.

176 **5. Einbringung eines KG-Anteils in Personengesellschaft; Verschmelzung der KG mit anderer Personengesellschaft; Verschmelzung von Gesellschaftern einer KG. – (1)** Wird ein **KG-Anteil** gem § 24 UmwStG zu Buchwerten in eine andere PersGes **eingebracht, sodass** eine doppelstöckige PersGes entsteht, bleibt mE das Recht des Einbringenden zur Verlustverrechnung nach § 15a II, III 4 in der Weise erhalten, dass der Einbringende seinen Gewinnanteil bei der OberGes insoweit mindern kann, als dieser aus dem Gewinnanteil der OberGes bei der UnterGes herrührt (mittelbar Anteilsidentität; glA *HHR* § 15a Rz 142; weitergehend *Rödder ua* DB 98, 99, 102; *IdW* Beil FN-IdW Nr 10/96 S 468h). Zur Rückbeziehung der Einbringung nach § 24 IV s *Patt ua* FR 96, 365, 374 sowie § 2 IV aF/nF UmwStG. – **(2)** Werden **PersGes verschmolzen,** lässt dies jedenfalls bei der aufnehmenden KG das Recht zur Verlustverrechnung unberührt. Auch ein bei den K'tisten der untergehenden KG bestehendes Recht zur Verlustverrechnung bleibt diesen in ihrer Eigenschaft als NeuGes'ter der aufnehmenden PersGes erhalten (mE wirtschaftl Identität der Anteile; glA *HHR* § 15a Rz 142; str). – **(3)** Ist eine **KapGes** als K'tist an einer KG beteiligt und wird die KapGes (unter Fortbestand ihres KG-Anteils) **in eine PersGes umgewandelt** (mit der Folge, dass eine doppelstöckige PersGes entsteht), geht ein verrechenbarer Verlust der KapGes aus dem KG-Anteil nicht auf die PersGes über – ebenso wenig wie ein Verlustabzug nach § 10d (§ 4 II 2 UmwStG). Der verrechenbare Verlust kann aber durch die (einheitl) Wertaufstockung nach § 3 I, II UmwStG ausgeglichen werden; iÜ wirkt er sich mittelbar durch Minderung eines Übernahmegewinns aus, der aber ab 2001 ohnehin zu 50% bzw 40% stfrei ist (§ 4 VII UmwStG aF/nF). Zu Verlusten im Rückwirkungszeitraum s Rz 74. – *(4)* Bei **Verschmelzung** der **MUer-KapGes** auf eine andere KapGes schließt § 12 III iVm § 4 II 2 UmwStG den Übergang auch verrechenbarer Verluste aus (BR-Drs 542/06, 66); Gleiches gilt in Fällen der **Auf-/Abspaltung** (§§ 16, 15 III UmwStG; *BMF* BStBl I 11, 1314 Tz 15.41, 16.03; *BMF* BStBl I 18, 319; *Ausnahme:* § 27 StFG, BGBl I 08, 1982; dazu *FM SchlHol* DStR 20, 1738).

6. Realteilung einer KG. Wird eine KG *unter Fortführung der Buchwerte* (§ 16 III 2) in der Weise real geteilt, dass die KG erlischt (s § 16 Rz 520 ff), bleibt den Realteilern ihr Recht zur Verlustverrechnung nach § 15a II erhalten (Transfer des verrechenbaren Verlusts; *Jacobsen ua* DStR 13, 433; *Autenrieth* FS Haas, 7, 17; *IdW* Beil FN-IdW 96, 468j), ebenso wie bei Umwandlung einer zweigliedrigen KG in ein Einzelunternehmen durch Ausscheiden des persönl haftenden Ges'ters (s Rz 66). Nicht übertragbar ist hingegen nach BFH IV R 47/11 BStBl II 15, 532 die *(Gewinn-)*Hinzurechnung gem § 15a III 3 (Haftungsminderung) für *ausgleichsfähige* Verluste; sie sind aufgrund des *Ausscheidens* des K'tisten nach § 52 Abs 24 S 3 *gesellschafts*bezogen als Veräußerungsgewinn zu erfassen.

7. Auflösung, Liquidation und Vollbeendigung der KG. – a) **Verrechenbare Verluste.** Die gesellschaftsrechtl Auflösung, Liquidation und Beendigung der KG kann begünstigte Betriebsveräußerung/-aufgabe (§ 16) oder Betriebseinstellung iVm allmähl Abwicklung des GewBetr sein. **Gewinne** eines K'tisten aus der Realisierung stiller Reserven sind um etwaige verrechenbare Verluste iSv § 15a II, III 4 zu mindern (zB BFH X R 121/95 BFH/NV 00, 16); der im Jahre der Betriebsveräußerung/-aufgabe angefallene lfd Verlust ist hiervon auszunehmen (FG Mster EFG 13, 30, rkr; *Hempe ua* DStR 18, 1217).

b) **Verbleibendes negatives Kapitalkonto.** Es ist zu unterscheiden: – **aa) Ausgleichsfähige Verluste.** Soweit negative KapKten durch Zurechnung von Verlustanteilen entstanden sind, die rechtl (nicht notwendig auch tatsächl; s aber BFH IV B 139/99 BFH/NV 01, 452: Erlass im *ESt*-Verfahren; zur Abgrenzung s BFH X R 25/03 BFH/NV 04, 1212) ausgleichs- und abzugsfähig waren, weil § 15a (noch) nicht anwendbar war, fallen sie weg und mit der Folge, dass beim K'tisten in dieser Höhe ein estpfl Gewinn entsteht; Gleiches gilt bei Liquiditätsentnahmen (vgl BFH IV R 19/12 BStBl II 15, 954); zu nichtabziehbare BA s § 16 Rz 311. Kein „Wegfall"-Gewinn entsteht bei Betriebsveräußerung/-aufgabe aber, soweit sich der K'tist für Schulden der KG **verbürgt** hatte (oder nach den §§ 171, 172 HGB haftet) *und* er mit einer Inanspruchnahme ohne realisierbare Rückgriffsmöglichkeit ernsthaft rechnen muss (BFH IV R 37/89; IV R 17/07 BStBl II 91, 64; 10, 631; *OFD NRW* FR 14, 823); dies gilt selbst dann, wenn der K'tist zahlungsunfähig ist (BFH VIII R 29/91 BStBl II 93, 747). Zu evtl späteren *rückwirkenden* Änderungen s Rz 154. Der Gewinn ist gem **§ 52 Abs 24 S 3, 4** auch dann nach den **§§ 16, 34** begünstigt, wenn keine Betriebsveräußerung/-aufgabe, sondern eine allmähl Abwicklung vorliegt (BFH IV R 124/92 BStBl II 95, 253; mE fragl). Wird aber die KG gesellschaftsrechtl **aufgelöst,** zB durch Eröffnung des Insolvenzverfahrens, *und* steht (erst und schon jetzt) fest, dass das negative KapKto mit künftigen Gewinnanteilen nicht mehr ausgeglichen wird (s dazu aber Rz 22), ist der „Wegfall-Gewinn" nach § 52 Abs 24 S 3, der auch auf negative Kapkonten (Verluste) aus der Zeit vor § 15a anzuwenden ist (BFH IV R 9/15 BStBl II 17, 896), unabhängig davon tarifbegünstigt, ob (auch) eine Betriebsaufgabe vorliegt (BFH IV R 124/92 BStBl II 95, 253; *OFD NRW* FR 14, 823). Eine Saldierung des Wegfallgewinns mit Verlusten gem § 15a ist – anders als bei Aufgabe/Veräußerung von

Betrieb/MUeranteil (s Rz 160) – ausgeschlossen (BFH IV R 17/07 BStBl II 10, 631; *Wacker* HFR 10, 475, 476; *Demuth* KÖSDI 13, 18381, 18390). Ein lfd Gewinn entsteht hingegen, wenn das negative KapKto schon **vor Auflösung** der KG wegfällt, weil feststeht, dass künftige Gewinnanteile nicht mehr entstehen (lfd Gewinn; Rz 20 ff); zur *Nachholung* s aber Rz 24). Auch für den Anwendungsbereich des **§ 52 Abs 24 S 3, 4** enthält das Gesetz keine besondere Bestimmung über den Zeitpunkt, zu dem das negative KapKto, gleichgültig durch welche Art von Verlustanteilen entstanden, wegfällt. Maßgebl ist deshalb nach BFH GrS 1/79 BStBl II 81, 164 der Zeitpunkt, zu dem feststeht, dass ein Ausgleich des negativen KapKto mit künftigen Gewinnanteilen nicht mehr in Betracht kommt (s Rz 22), spätestens der Zeitpunkt einer Betriebsveräußerung/-aufgabe. In Höhe des tarifbegünstigten oder lfd Gewinns entsteht ein **Verlust,** der anteilig den persönl haftenden Ges'tern und mE auch den K'tisten mit positiven KapKten zuzurechnen ist, soweit diese in den Jahren, in denen die zu negativen KapKten führenden Verluste entstanden sind, bereits Ges'ter waren (ähnl BFH VIII R 37/93 BStBl II 95, 246).

183   **bb) Außenhaftung.** Die Grundsätze zu aa) gelten auch für negative KapKten, soweit diese durch Zurechnung von Verlustanteilen entstanden sind, die nach **§ 15a I 2–3** wegen überschließender Außenhaftung ausgleichsfähig waren, sofern der K'tist aus dieser nicht in Anspruch genommen wird (BFH IV R 124/92 BStBl II 95, 253). Zahlungen, die er auf Grund der Außenhaftung leisten muss oder leisten musste, mindern den „Wegfall-Gewinn" und in gleicher Weise den entspr Verlust der übrigen Ges'ter (BFH IV R 17/07 BStBl II 10, 631). Zu Liquidationsgewinnen s EStH 15a „Auflösung ..." Beispiel 2; BFH IV R 17/07 BStBl II 10, 631.

184   **cc) Verrechenbare Verluste.** Sind negative KapKten durch Zurechnung nur verrechenbarer **Verlustanteile** entstanden, ist ihr Wegfall für den K'tisten ohne estrechtl Auswirkung, soweit das negative KapKto dem noch vorhandenen verrechenbaren Verlust entspricht (vgl BFH IV R 17/07 BStBl II 10, 631). Für den oder die persönl haftenden Ges'ter oder die übrigen K'tisten mit positiven KapKten entsteht in gleicher Höhe ein Verlust, da diese Ges'ter die Verluste tatsächl tragen (zur zweigliedrigen KG s Rz 65). War das negative KapKto niedriger als der noch verrechenbare Verlust, zB weil der K'tist in späteren Wj weitere Einlagen leistete **(Einlagenerhöhung),** entsteht grds ihd weiteren Einlagen ein nachträgl ausgleichs- und abzugsfähiger Verlust des K'tisten, weil dieser, und nicht etwa der persönl haftende Ges'ter, insoweit den Verlust der KG tatsächl trägt (s mit Beispiel Rz 113; § 15a II 2). Entsprechendes muss gelten, wenn sich der K'tist im Innenverhältnis zu Nachschüssen verpflichtet hat (oder eine von § 15a I 2 nicht erfasste Außenhaftung bestand) und hieraus in Anspruch genommen wird (BFH IV R 17/07 BStBl II 10, 631). Zu Sanierungsgewinnen s Rz 4, 21, 63.

185   **dd) Einzelfragen.** Zur Auswirkung **fortbestehender Außenhaftung** eines K'tisten zB auf Grund Bürgschaft s Rz 154, 182; zum Ausfall von Ges'terforderungen **(SBV I)** s § 15 Rz 544; § 16 Rz 367. – Zum „Wegfall" eines **positiven** KapKto (= Ausgleichsanspruch) s BFH VIII R 128/84 BStBl II 93, 594.

186   **8. Strukturwandel.** Entfällt auf Grund Preisgabe eines der Tatbestandsmerkmale des § 15 III Nr 2 die gewerbl Prägung einer KG und werden iRd nur noch vermögensverwaltenden KG Einkünfte aus VuV erzielt, ist auf diese dem § 21 I 2 weiterhin § 15a sinngemäß anzuwenden. Der Übergang ist zwar Betriebsaufgabe iSv § 16 III; soweit jedoch die negativen KapKten durch die Anteile am Aufgabegewinn nicht ausgeglichen werden (s auch § 16 Rz 312), fallen sie nicht weg; die „Nachversteuerung" findet in Form positiver Einkünfte aus VuV statt (glA FG RhPf EFG 05, 1038). Zum umgekehrten Fall s Rz 6.

§ 15b Verluste im Zusammenhang mit Steuerstundungsmodellen

(1) ¹Verluste im Zusammenhang mit einem Steuerstundungsmodell dürfen weder mit Einkünften aus Gewerbebetrieb noch mit Einkünften aus anderen Einkunftsarten ausgeglichen werden; sie dürfen auch nicht nach § 10d abgezogen werden. ²Die Verluste mindern jedoch die Einkünfte, die der Steuerpflichtige in den folgenden Wirtschaftsjahren aus derselben Einkunftsquelle erzielt. ³§ 15a ist insoweit nicht anzuwenden.

(2) ¹Ein Steuerstundungsmodell im Sinne des Absatzes 1 liegt vor, wenn auf Grund einer modellhaften Gestaltung steuerliche Vorteile in Form negativer Einkünfte erzielt werden sollen. ²Dies ist der Fall, wenn dem Steuerpflichtigen auf Grund eines vorgefertigten Konzepts die Möglichkeit geboten werden soll, zumindest in der Anfangsphase der Investition Verluste mit übrigen Einkünften zu verrechnen. ³Dabei ist es ohne Belang, auf welchen Vorschriften die negativen Einkünfte beruhen.

(3) Absatz 1 ist nur anzuwenden, wenn innerhalb der Anfangsphase das Verhältnis der Summe der prognostizierten Verluste zur Höhe des gezeichneten und nach dem Konzept auch aufzubringenden Kapitals oder bei Einzelinvestoren des eingesetzten Eigenkapitals 10 Prozent übersteigt.

(3a) Unabhängig von den Voraussetzungen nach den Absätzen 2 und 3 liegt ein Steuerstundungsmodell im Sinne des Absatzes 1 insbesondere vor, wenn ein Verlust aus Gewerbebetrieb entsteht oder sich erhöht, indem ein Steuerpflichtiger, der nicht auf Grund gesetzlicher Vorschriften verpflichtet ist, Bücher zu führen und regelmäßig Abschlüsse zu machen, auf Grund des Erwerbs von Wirtschaftsgütern des Umlaufvermögens sofort abziehbare Betriebsausgaben tätigt, wenn deren Übereignung ohne körperliche Übergabe durch Besitzkonstitut nach § 930 des Bürgerlichen Gesetzbuchs oder durch Abtretung des Herausgabeanspruchs nach § 931 des Bürgerlichen Gesetzbuchs erfolgt.

(4) ¹Der nach Absatz 1 nicht ausgleichsfähige Verlust ist jährlich gesondert festzustellen. ²Dabei ist von dem verrechenbaren Verlust des Vorjahres auszugehen. ³Der Feststellungsbescheid kann nur insoweit angegriffen werden, als der verrechenbare Verlust gegenüber dem verrechenbaren Verlust des Vorjahres sich verändert hat. ⁴Handelt es sich bei dem Steuerstundungsmodell um eine Gesellschaft oder Gemeinschaft im Sinne des § 180 Absatz 1 Satz 1 Nummer 2 Buchstabe a der Abgabenordnung, ist das für die gesonderte und einheitliche Feststellung der einkommensteuerpflichtigen und körperschaftsteuerpflichtigen Einkünfte aus dem Steuerstundungsmodell zuständige Finanzamt für den Erlass des Feststellungsbescheids nach Satz 1 zuständig; anderenfalls ist das Betriebsfinanzamt (§ 18 Absatz 1 Satz 1 Nummer 2 Buchstabe a der Abgabenordnung) zuständig. ⁵Handelt es sich bei dem Steuerstundungsmodell um eine Gesellschaft oder Gemeinschaft im Sinne des § 180 Absatz 1 Satz 1 Nummer 2 Buchstabe a der Abgabenordnung, können die gesonderten Feststellungen nach Satz 1 mit der gesonderten und einheitlichen Feststellung der einkommensteuerpflichtigen und körperschaftsteuerpflichtigen Einkünfte aus dem Steuerstundungsmodell verbunden werden; in diesen Fällen sind die gesonderten Feststellungen nach Satz 1 einheitlich durchzuführen.

Einkommensteuer-Richtlinien: EStH 15b

Übersicht

	Rz
I. Verlustausgleich; Anwendungsbeginn; Einkunftsquelle	
1. Verlustausgleich; Entstehung; Anwendungsbeginn; Rückwirkung	1
2. Einkunftsquelle, § 15b I 2	2

	Rz
3. Zweck	3
4. Regelungsinhalt; Tatbestandsmerkmale	4
5. Sonderfall Einzelinvestor	5
II. Abgrenzungen	
1. Verhältnis zu anderen Vorschriften	6
2. Anwendungsbereich	7
III. Modellarten	
1. Steuerstundungsmodell, § 15b II	8–11
a) Modelhaftigkeit	9
b) Fondsbeteiligungen	10
c) Doppelstöckige Strukturen	11
2. Ein-Objekt-Investitionen	12
3. Rentenversicherung; Lebensversicherung	13
4. Zebragesellschaften	14
IV. Verlustgrenze	
1. Schädliche Verlustgrenze, § 15b III	16, 17
2. Rechtsnachfolge	18
3. Nachträgliche Änderung des Modellkonzepts	19
V. Umlaufvermögen; Verfahren	
1. Verrechenbarkeit von § 4 III-Verlusten, § 15b IIIa	20
2. Verfahren und Verlustfeststellung, § 15b IV	21

Schrifttum: Bis 2011 s *Schmidt* 33. Aufl § 15b vor Rz 1; vor 2015 s *Schmidt* 37. Aufl § 15b vor Rz 1; *Strothenke*, Änderung im InvStRefG verhindert künftig Steuergestaltungen, DStR 16, 2893; *Haarmann*, Anm zu BFH VIII R 7/13, NZG 17, 751; *Thiele*, Kein StStundungsmodell gemäß § 20 Abs. 2b EStG (§ 20 Abs. 7 EStG nF) bei hohen negativen Zwischengewinnen beim Erwerb von Investmentanteilen, DStRK 17, 308; *Reiß*, Vorsteuerabzug und Vorsteuerberichtigung bei Anzahlungen für nicht erbrachte Leistungen, MwSt 18, 372; *Schumann*, Glaube und Wahrheit beim Vorsteuerabzug aus Anzahlungen, DStR 18, 1653; *Keller* Berücksichtigung von Fondsetablierungskosten seit Inkrafttreten von § 15b EStG, StuB 18, 761; *Rüsch*, Zweifelsfragen bei der Umqualifizierung von BA/WK in AK durch die Neuregelung von § 6e EStG für „Fondsetablierungskosten", DStR 20, 1172; *Haselmann/Cropp/Hundrieser*, Verfassungswidrigkeit der rückwirkenden Anwendung von § 6e EStG, DStR 20, 2580.

Verwaltungsanweisungen: *BMF* BStBl I 07, 542 (Anwendungsschreiben); zur Auslegung des Anwendungsschreibens *BMF* DStR 08, 561; zu § 20 IIb: *OFD Mster* DB 08, 2681; *OFD Mbg* DStR 08, 1833; *OFD Mbg* DStR 09, 532 zu Kapitalvermögen.

I. Verlustausgleich; Anwendungsbeginn; Einkunftsquelle

1 1. Verlustausgleich; Entstehung; Anwendungsbeginn; Rückwirkung. § 15b (VerlustBeschrG, BGBl I 05, 3683, in Kraft seit 1.1.06, § 52 Abs 25) ersetzt den Verlustausgleich durch Saldierung mit späteren positiven Einkünften (Rz 2) der nämi **Einkunftsquelle**. § 15b ist anwendbar für StStundungsmodelle mit deren *Außenvertrieb* (vgl § 52 Abs 25 S 2; FG Hess BeckRS 2008, 26025584) ab dem 11.11.05 begonnen wurde oder denen der StPfl ab dem 11.11.05 beigetreten ist (§ 52 Abs 25 S 1); für geschlossene Fonds ist der Zeitpunkt des Beitritts maßgebend (BFH IV R 17/13 BStBl II 16, 1003 Rz 16), maßgebend bei bereits bestehender Fondsbeteiligung ist der Zeitpunkt der Kapitalerhöhung bzw. der Reinvestition (§ 52 Abs 25 S 4). Das VerlustBeschrG legt sich also **Rückwirkung** auf den 11.11.05 bei (krit *Fleischmann/Meyer-Scharenberg* DB 06, 353; *Patt/Patt* DB 06, 1865 mwN; *Schuska* DStR 14, 825; zur BVerfG-Rspr *Seeger* FS Korn, 2005, 701). Durch das JStG 2007 (BGBl I 06, 2878) wurde § 20 IIb (jetzt § 20 VII) eingefügt, anwendbar ab VZ 06 (§ 52 Abs 28 S 2 iVm Abs 25). – **§ 15b IIIa** beruht auf dem AIFM-AnpG (BGBl I 13, 4318; BT-Drs 18/68), anwendbar ab 29.11.13 (§ 52 Abs. 25 S 5); vgl auch § 32b II Nr 2 Buchst b, anwendbar ab 1.3.13 (§ 52 Abs 33). – § 15b gilt unmittelbar für Einkünfte aus **GewBetr** und entspr für andere Einkunftsarten (Rz 7). Für Einkünfte aus KapVerm wurde die entspr Anwendung zunächst durch § 20 I Nr 4 S 2 nur für diese Fälle (Verluste stiller Ges'ter), dann durch § 20 IIb = § 20 VII auf alle Fälle des § 20 **rückwirkend** auf den Beginn des VZ 06 ausgedehnt (§ 52 Abs 37d, 33a = § 52 Abs. 28 S 2 nF). Damit gilt die Vorschrift für alle Einkunftsarten (Rz 6). Zur Rechtsentwicklung *Krää* FR 15, 928. Für das sog *Bond-Stripping* ist § 3 Ia InvStG seit 2013 idF AIFM-AnpG ggü § 15b lex specialis; für PV ab VZ 2017 s § 20 II 4 und 5 (*Strohenke* DStR 16, 2893). – **StStundungsmodelle** breiteten sich vor 2006 – entgegen der ursprüngl Einschätzung des Gesetzgebers – stark aus; wem dem in diesen Modellen erkennbaren Missbrauch von Verlustverrechnungsmöglichkeiten entgegen zu treten, wurde der Anwendungsbereich des § 15b ab 2006 – wie dargestellt – auf alle Kapitaleinkünfte ausgedehnt. Die (unechte) Rückwirkung für 2006 war zulässig: FG BaWü EFG 18, 1947; BFH VIII R 16/18 DStR 21, 2115 (dagegen *Rüsch* DStR 20, 1172; *Haselmann/Cropp/Hundrieser* DStR 20, 2580); die Begründung der Entscheidungen ist zweifelhaft: Die ESt wird nicht als laufender Anteil an einzelnen Geschäftsvorfällen, sondern –aus Gründen der Praktikabilität – in jährl Abschnitten nachträgl (§ 2 VII) erhoben. Daraus folgt, dass § 36 I kein *Steuerentstehungsmerkmal* (Tatbestandsmerkmal) im materiell-rechtl Sinne enthält – wie auch § 2 VII zeigt –, sondern eine **Fristenregelung mit Organisationscharakter;** das hat die bisherige Rspr nicht erkannt; vgl BVerfG 1 BvL 44, 48/92, BVerfGE 95, 64 8692, ferner die in BFH VIII R 16/18 DStR 21, 2115 aufgeführte Rspr des BVerfG. Danach lag bei FG BaWü BeckRS 2018, 22443 kein Fall unechter Rückwirkung vor. FG BaWü BeckRS 2018, 22443 Rz 50 hat das Ergebnis aber in der Sache auch aus § 42 AO hergeleitet; ähnl BFH VIII R 16/18 DStR 21, 2115 Rz 36. Deshalb verdienen die Entscheidungen im Ergebnis Zustimmung.

2. Einkunftsquelle, § 15b I 2. Eine Begriffsbestimmung enthält § 15b nicht. Nach der Begründung zum Gesetzentwurf stellt die Beteiligung an einem StStundungsmodell die Einkunftsquelle dar (BT-Drs 16/107 S 9; ähnl *BH/Heuermann* § 15b Rz 25 ff; zur Quellentheorie s *Tipke* StRO II § 12 S 627). Maßgebl für das Vorliegen einer **Einkunftsquelle** sind ggf allein die subj Vorstellungen des (gutgläubigen) StPfl, zB bei nichtig Täuschung nicht sich ergebender Kapitalverluste (= vergebl Aufwendungen), sofern nicht § 15b eingreift (BFH X R 10/16 BStBl II 18, 630 Rz 31 ff, zur USt Rz 36); s auch Rz 8. – Etwaiges **SonderBV** gehört mit zur Einkunftsquelle. Das bedeutet, dass Gewinne und Verluste unterschiedl Vermögensanlagen eines Fonds (einer Ges) ausgeglichen werden können (*BMF* BStBl I 07, 542 Rz 13; vgl auch Anwendungserlass zu § 2b (*BMF* BStBl I 01, 588 Rz 13a) und *Beck* DStR 06, 61 Tz 3.3.1; *BH/Heuermann* § 15b Rz 32 *Beispiel*). Ist der Fonds als sog **Dachfonds** an weiteren Fonds beteiligt, werden die saldierten Ergebnisse jedes einzelnen Fonds betrachtet, nicht aber das Gesamtergebnis des Dachfonds (s Rz 11; zu mehrstöckigen Ges *BMF* BStBl I 07, 542 Rz 21; *Beck* DStR 06, 61 Tz 3.3.1 mit *Berechnungsbeispielen*). Für § 15b wird also der jeweilige Ges, nicht aber die **einzelne** Investition als Einkunftsquelle betrachtet. Hingegen wird bei **natürl Personen** auf das einzelne Investment abgestellt (*BMF* BStBl I 07, 542 Rz 13; zu steuergestalterischen Möglichkeiten dieser Definition s *Naujok* DStR 07, 1601, 1604). Das bedeutet: Der Begriff der **Einkunftsquelle** wird in *BMF* BStBl I 07, 542 (s *Gragert* NWB 10, 2540, 2542 zur saldierten Betrachtung, wenn Einkunftsquelle die Beteiligung am StStundungsmodell ist) *nicht mit einem einheitl Inhalt* verwendet. Der Begriff der Einkunftsquelle wird in § 15b anders verstanden als in der Quellentheorie; vgl *Fuisting/Strutz* EStG, 8. Aufl, 1915, Bd 1, S 163, 175: bei einer natürl Person würden danach zB ein (vermietetes) Mehrfamilienhaus und ein luf Betrieb zwei Einkunftsquellen bilden; daran würde sich auch nichts ändern, wenn beide *einer* PersGes gehören würden. Für Zwecke des § 15b könnte genauso verfahren werden. Infolge Einführung der **AbgeltungsSt** (§ 32d) ist die saldierende Behandlung verschiedener Arten von Einkünften innerhalb eines Modells fragl geworden (vgl *Grabert* NWB 10, 2450 mit Beispielen).

3. Zweck. § 15b ersetzt § 2b ab 11.11.05 (Rz 1; § 52 IV EStG 2006). Bezweckt wird, auf vertragl Gestaltungen beruhende vorgezogene Verlustnutzung zu unterbinden, um entspr Progressions- und Zinsvorteile auszuschließen. § 15b ist nach hM verfgemäß (BFH IV R 59/10 BStBl II 14, 465 Rz 17–27; BFH VIII R 7/13, BStBl II 17, 700 Rz 25; *Nacke* NWB 14, 1939; *Schuska* DStR 14, 825); s aber Rz 5. § 15b I enthält ein begrenztes Verlustabzugsverbot dergestalt, dass Verluste allein mit (späteren) Gewinnen aus – anders als § 2b aF – „derselben **Einkunftsquelle**" (Rz 2) verrechnet werden können. Dies schränkt den **Grundsatz der Einheit des Einkommens** weiter ein (s § 2 II 2, § 32d; § 2 Rz 62–66; *Söffing* BB 05, 1249; *Naujok* DStR 07, 1601, 1604). Auf (typische) **Anlaufverluste** bei Aufnahme einer Einkünfteerzielungstätigkeit ist § 15b nicht anwendbar (*BMF* BStBl I 07, 542; FG Mster BeckRS 2010, 26029635 für Gründungskosten; *Dornheim* Ubg 13, 456), desgleichen nicht auf **endgültige Veräußerungsverluste** (FG BBg EFG 16, 385, aus verfahrensrechtl Gründen aufgehoben durch BFH IV R 2/16 BStBl II 19, 526; *KSM* § 15b Rz C 8; *KS* § 15b Rz 19; **aA** FG Hbg EFG 20, 713, Anm *Kögel* EFG 20, 713). In § 15b werden lediglich eine – beliebige (§ 15b III 3) – Vertragsgestaltung (Modell, Konzept) und eine **Ertragsprognose** (Verlustzusammenballung in der Anfangsphase) als Tatbestandsvoraussetzungen festgelegt. Diese systemfremde Vorgehensweise ist der Versuch einer Antwort auf die unerschöpfl scheinende Phantasie auf Steuervermeidung gerichteter Kautelargestaltungen. Wegen der Weite der verwendeten Begriffe (Steuerstundung, Modell) und der Ungewissheit der Beurteilung der Ertragsprognose durch die FinVerw hat § 15b große **präventive Wirkung** entfaltet (vgl *BH/Heuermann* § 15b Rz 1, 4a). Zu beachten bleibt auch die Grenze der Verlustverrechnung infolge des Wegfalls der **Vererblichkeit** von Verlusten (§ 2 Rz 57; *Dötsch* DStR 08, 641, 646).

4. Regelungsinhalt; Tatbestandsmerkmale. § 15b I setzt iRe *beliebigen Vertragsgestaltung* (Rz 3) das Anstreben vorgezogener Verluste bei gleichzeitig gegebener Einkünfteerzielungsabsicht voraus (*Preißer* DB 15, 1558, 1561). § 15b schließt zwar den Ausgleich vorgezogener Verluste und den Abzug nach § 10d aus (zu endgültigen Verlusten s Rz 3). Gestattet bleibt aber Verrechnung mit positiven Einkünften aus *derselben* Einkunftsquelle in späteren Wj.

5. Sonderfall Einzelinvestor. Soweit einer Einzelinvestition ein Modellangebot iSd § 15b II zugrunde liegt, ergeben sich keine Besonderheiten. Ersinnt ein StPfl selbst ein StStundungsmodell oder lässt er es von einem Berater (entgeltl) kreieren, lässt der Gesetzeswortlaut den Rechtsanwender im Stich. Die FG-Rspr ist uneinheitl (*Dornheim* Ubg 13, 453 mwN; s Rz 8). *Lüdicke/Fischer* (Ubg 13, 694) folgern mit einem Teil der FG-Rspr aus dem Wortlaut des § 15b II (grammatisches Passiv, vorgefertigtes Konzept, *gebotene* Möglichkeit) und dem Modellbegriff (modellhafte Gestaltung), dass (unausgesprochene) Tatbestandsvoraussetzung **Passivität** des StPfl – ausgenommen die Beitrittshandlungen – sei, so dass Einzelinvestitionen nur dann unter § 15b fallen sollen, wenn sie das Passivitätskriterium erfüllen; teilweise **aA** *Dornheim* Ubg 13, 453; *Stahl/Mann* DStR 13, 1822, 1823. *Lüdicke* (DStR 14, 692), *Podewils* (juris Anm D zu BFH IV R 59/10 BStBl II 18, 630) und *Nacke* (NWB 14, 1939, 1942) verneinen die Anwendbarkeit des § 15b, wenn ein Modell nicht *angeboten* oder als solches vom StPfl nicht *erkannt* wird. Dem Gesetz (§ 15b III) lässt sich mE immerhin entnehmen, dass auch **Gestaltungen durch Einzelinvestoren,** also solche, denen kein von einem Dritten angebotenes Konzept zugrunde liegt, unter § 15b fallen sollen (**aA** BFH VIII R 7/13 BStBl II 17, 700; s auch Rz 3, 8; zust *Haarmann* NZG 17, 751). Die Auffassung des BFH bedeutet, dass § 15b auf Einzelinvestoren nicht angewendet werden kann, wenn diese die Verlustkonstruktion selbst gestalten bzw von ihren Beratern gestalten lassen. Darin liegt eine verfwidrige Besserstellung von Einzelinvestoren (**aA** hM s Rz 3), weil es der Zweck des § 15b ist, **„unechte Verluste"** (BFH IX R 56/05 DStR 11, 963 zu § 2 III aF), die auf bloß rechtl

II. Abgrenzungen

1. Verhältnis zu anderen Vorschriften. § 15b hat keinen Einfluss auf die Ermittlung von Einkünften (vgl BFH VIII R 7/15 BStBl II 19, 231 Rz 26–28 zur Aufteilung von Schuldzinsen trotz § 20 IX). § 15b gilt nicht für **endgültig eintretende** Verluste (Rz 3). § 15b ist lex specialis ggü § 15a (§ 15b I 3; s Beispiel bei *BH/Heuermann* § 15b Rz 28 f). § 15b setzt – auch iRe entspr Anwendung, wie der Wortlaut des § 20 IIb, VII bestätigt (... nicht der tarifl ESt unterliegen) – voraus, dass (im Inl) stbare (positive bzw negative) Einkünfte erzielt werden (vgl BFH I B 223/08 IStR 09, 503); zur Einkunftsquelle s Rz 2. Zu den Einkünften iS des § 15b gehören nicht (negative) **Zwischengewinne** aus Fondsbeteiligungen von Privatanlegern (Rz 8; BFH VIII R 29/15 BStBl II 19, 751 Rz 19, 20 ff). Nicht der „tarifl ESt" iSv § 20 IIb, VII unterliegen Einkünfte, von denen **AbgeltungsSt** erhoben wird; deshalb erweitert § 20 VII 2 die entspr Anwendung auch auf diese Fälle (*BH/Ratschow* § 20 Rz 473 aE). – **Fondsetablierungskosten** behandelte die Rspr – *vor der Geltung des § 15b* – unter Anwendung des § 42 AO als AK der gesamthänderisch erworbenen WG (BFH IV R 33/15 BFH/NV 18, 1024 Rz 23 f). Nunmehr gilt insoweit statt § 42 AO die Rechtsfolgeanordnung des § 15b I 2 (BFH IV R 33/15 BFH/NV 18, 1024 Rz 26, 29, 32, 33; Anm *Keller* StuB 18, 761; *Möller* EStB 18, 276). Zufolge § 6e werden **Fondsetablierungskosten** – rückwirkend wieder (§ 6e Rz 2) – wie AK behandelt (JStG 2019, BGBl I 19, 2451, § 52 I, XIVa; dazu Rz 1; ferner *Rüsch* DStR 20, 1172, 1174; *Haselmann/Cropp/Hundriese* DStR 20, 2580). Wenn während der Abwicklung des Modells die Steuerbarkeit durch Wegzug endet, ist § 15b nicht anwendbar (zust FG BaWü DStRE 12, 315; bestätigt BFH I R 39/11 BStBl II 16, 434, Anm. *Blumers* DStRE 13, 1264). § 15b schließt deshalb auch den **negativen Progressionsvorbehalt** nicht aus (FG Hess DStRE 11, 267; FG Sachs DStR 12, 1356, rkr; *Naujok* DStR 07, 1601, 1606; **aA** BMF BStBl I 07, 542 Rz 24; *BH/Heuermann* § 15b Rz 5; eingehend *Dornheim* DStR 12, 1581; dagegen *Schmidt/Renger* DStR 12, 2042; *Hechtner* NWB 13, 196). Zweifelhaft ist auch, ob § 4 III 4, der der **Verlustentstehung** entgegenstünde, anwendbar ist (dafür *Dornheim* DStR 12, 1581; dagegen *Schmidt/Renger* DStR 12, 2042; *Stahl/Mann* DStR 13, 1822, 1823 mwN aus der FG-Rspr). Zu § 32b II Nr 2 Buchst c und der Einschränkung des **negativen Progressionsvorbehalts** in den **Goldfällen** s § 15b IIIa (Rz 20); § 32b Rz 45 mwN.

2. Anwendungsbereich. § 15b gilt unmittelbar für gewerbl Einkünfte und entspr für alle anderen Einkunftsarten; vgl § 13 VII; § 18 IV 2; § 20 VII; § 21 I 2 (Rz 12) und § 22 Nr 1 HS 2; zum Anwendungsumfang iEinz *Ronig* NWB 14, 1490. Für **KapEinkünfte** gilt § 15b auch, wenn sie nicht der tarifl ESt unterliegen (§ 20 VII 2; s Rz 6). § 15b wurde durch § 8 VII InvStG auf **Investmentanteile** für entspr anwendbar erklärt (JStG 2010, BGBl I 10, 1768); dazu *Kretzschmann* FR 11, 62, 66; *Jansen/Lübbehüsen* FR 11, 512. Auf Steuerstundungsmodelle, die auf der Inanspruchnahme von **Damnum** oder **Disagio** beruhen, ist § 15b anwendbar (vgl § 20 I Nr 7); zu **fremdfinanzierten LV** s Rz 13.

III. Modellarten

1. Steuerstundungsmodell, § 15b II. Dabei handelt es sich um eine rechtl Gestaltung, die aufgrund eines vorgefertigten Konzepts (§ 15b II 2), einer Investitionskonzeption, auf die Möglichkeit (sofortiger) Verlustverrechnung gerichtet ist (BFH VIII R 7/13 BStBl II 17, 700 Rz 30; BFH VIII R 57/14 BStBl II 17, 1144; BFH VIII R 29/15 BStBl II 19, 751, Anm *Thiele* DStRK 17, 308; s aber oben Rz 5 zu Einzelinvestoren; BT-Drs 16/107 S 6); daran fehlt es, wenn nach dem Modell des Anbieters sofort Gewinn erzielt werden soll (*BMF* BStBl I 07, 542 Rz 12; FG Mster EFG 20, 652 Rz 27, rkr; BFH IV R 7/16 BStBl II 19, 513). Ein Modell iSd § 15b zielt konzeptionell ab auf Erzielung negativer Einkünfte zwecks Verrechnung mit positiven Einkünften (BFH VIII R 57/14 BStBl II 17, 1144), also auf Verlustausgleich nach § 2 III und/oder Verlustabzug nach § 10d (vgl § 2 Rz 58; § 10d Rz 17 ff). Nach dem *Wortlaut* des § 15b II muss sich das Konzept an eine andere Person (oder eine unbestimmte Vielzahl von Personen) wenden (BFH IV R 59/10 BStBl II 18, 630 Rz 20) und bei dieser – dem Investor – auf die Entstehung negativer Einkünfte – wenigstens in der Anfangsphase – abzielen; charakteristisch ist in den *Angebotsfällen* (zu Einzelinvestoren Rz 5) die Passivität des Investors bei der Entwicklung der Geschäftsidee und der Vertragsgestaltung (BFH VIII R 7/13 BStBl II 17, 700; BFH I B 223/08 IStR 09, 503 Anm *Wassermeyer;* FG RhPf DStR 13, 1834 rkr; weitergehend *Lüdicke/Fischer* Ubg 13, 694; gegen das Passivitätskriterium *Dornheim* Ubg 13, 453, 456). Modelle wie **Private Equity Fonds** und **Venture Capital Fonds,** die auf die Erzielung positiver Einkünfte bereits in der Anfangsphase gerichtet sind, fallen nicht unter § 15b (*BMF* BStBl I 07, 542 Rz 12; *Fleischmann/Meyer-Scharenberg* DB 06, 353 unter IV). Die Ausnutzung eines StGefälles (AbgeltungsSt/tarifl ESt) ist kein StStundungsmodell iSv § 15b, sofern keine Verlustverrechnung angestrebt wird (BFH VIII R 57/14 BStBl II 17, 1144); auch ein planvoll eintretender (negativer) **Zwischengewinn** ist nicht als StStundungsmodell zu werten, weil diese Verluste ihre Ursache nicht in Aufwendungen des StPfl haben (BFH VIII R 29/15 BStBl II 19, 751 Rz 18–23), vorausgesetzt, dass sich positive Zwischengewinne gleicher Höhe ergeben können (BFH VIII R 57/14 BStBl II 17, 1144; BFH VIII R 29/15 BStBl II 19, 751).

9 **a) Modellhaftigkeit.** Modellhaft ist nach § 15b II 1, 2 eine Gestaltung, wenn der Investor aufgrund des Erwerbs von Anteilen an **PersGes** (sog Fondsanteile) oder einer **Einzelinvestition** (s § 15b III) nach einem zugrunde liegenden Konzept (s Rz 8; BFH I B 223/08 IStR 09, 503 Anm *Wassermeyer*) Verluste „erzielen" soll, die, gäbe es § 15b nicht, als negative Einkünfte mit positiven Einkünften gem § 2 III zu verrechnen wären. Modellhaft ist nach *BMF* BStBl I 07, 542 Rz 8, 11 auch eine Vertragsgestaltung, bei der mehrere Vertragspartner sich zwecks Kapitalanlage zusammenschließen und solchermaßen **gleichgerichtete Leistungsbeziehungen** ggü der Ges begründen (ähnl *Naujok* DStR 07, 1601, 1603; aA *Brandtner/Lechner/Schmidt* BB 07, 1922, 1924). Die Modellhaftigkeit folgt dabei nicht aus dem jeweils einzelnen Vertrag, sondern aus der Gleichartigkeit der Vertragsinhalte ggü den Leistungserbringern (*BMF* BStBl I 07, 542 Rz 11). Modellhaft können auch **Anlegerfremdfinanzierungen** gestaltet werden, weshalb *BMF* BStBl I 07, 542 Rz 6, 8 auch die anlegerbezogene Anwendung in den § 15b einbezieht.

10 **b) Fondsbeteiligungen.** Modellhaft sind jedenfalls alle Fondsbeteiligungen, die auf einem vorkonzipierten Vertragswerk beruhen, das dem Anleger keine ins Gewicht fallende Einflussmöglichkeit auf Vertragsgestaltung und **Geschäftsführung** des Fonds lässt (vgl *Beck* DStR 06, 61 Tz 3.2.1; *Fleischmann/Meyer-Scharenberg* DB 06, 353; *Brandtner/Raffel* BB 06, 639 unter 2a). Das soll aber auch für Fonds gelten, bei denen die Anleger wegen ihnen eröffneter gewichteter Mitentscheidungsmöglichkeiten nicht als bloße Erwerber, sondern nach dem 5. Bauherrenerlass (*BMF* BStBl I 03, 546) als **Bauherren** oder nach dem **Medienerlass** (*BMF* BStBl I 01, 588) als Hersteller anzusehen wären, weil auch in diesen Fällen der Beitritt zu dem Fonds auf einem **vorgefertigten Konzept** beruhe (*Beck* DStR 06, 61 Tz 3.2.2.). Nach *BMF* BStBl I 07, 542 Rz 7 kommt es auf etwaige Mitentscheidungsmöglichkeiten nicht an, wenn „wegen vorrangig kapitalmäßiger Beteiligung" ein Einfluss auf die Geschäftsführung nicht angestrebt wird. Das bedeutet, dass auch bei für die Annahme einer **MUerstellung** ausreichender Einflussmöglichkeit auf die Geschäftsgestaltung § 15b anwendbar sein kann (zust BFH IV R 59/10 BStBl II

18, 630 Rz 21; vgl *Brandtner/Lechner/Schmidt* BB 07, 1922, 1923). Die Abgrenzung zu **Anlaufverlusten** bei Aufnahme einer Einkünfteerzielungstätigkeit, die von § 15b nicht betroffen sind (Rz 3), kann hier nur aus dem Gesamtbild der Umstände gewonnen werden. Nach der Begründung des Gesetzentwurfs (BT-Drs 16/107 unter I.) und *BMF* BStBl I 07, 542 Rz 6 ff fallen unter § 15b zB **Medienfonds** (dazu *Theisen* DStR 10, 1649; *Dornfeld* DStR 11, 1793 insb Fn 4), **Schiffsbeteiligungen** (soweit sie noch Verluste vermitteln, also nicht nach § 5a besteuert werden), **New-Energy-Fonds, Leasingsfonds, Wertpapierhandelsfonds, Videogamefonds** und **geschlossene Immobilienfonds;** anders **LV-Zweitmarktfonds, Venture-Capital- und Private-Equity-Fonds** (BT-Drs. 16/107 S 6; *BMF* BStBl I 07, 542 Rz 12). Zu Bauträger-Angeboten s Rz 12.

c) **Doppelstöckige Strukturen.** Die Voraussetzungen des § 15b sind für **OberGes** und die **UnterGes** getrennt zu prüfen. Ob § 15b auch auf eine UnterGes Anwendung findet, wenn diese, nicht aber die OberGesStStundungsmodell ist, ist **umstritten** (*BMF* BStBl I 07, 542 Tz 21). Zunächst ist jedenfalls die 10 %-Grenze des § 15b III zu beachten. Nach § 15 I Nr 2 S 2 stehen mittelbar beteiligte unmittelbar beteiligten Ges'tern gleich. Dies und § 33 AO sprechen für die Auffassung von *BMF* BStBl I 07, 542 Rz 21, dass Verluste der UnterGes ggf als § 15b-Verluste festzustellen seien (vgl auch *Pohl* DStR 06, 689; *ders* DStR 07, 382); fragl, weil § 15 I Nr 2 S 2 nur Ges'ter, nicht StPfl anspricht (*Lechner/Lemaitre* DStR 07, 935; *Naujok* BB 07, 1365; *Lüdicke/Naujok* DB 06, 744, 747; eingehend auch *BH/Heuermann*15bRz 27 mwN); allerdings sind PersGes auch StPfl, soweit sie Gewinnermittlungssubjekte sind (§ 15 Rz 164 ff).

2. Ein-Objekt-Investitionen. Zur Auslegung des § 15b s Rz 3, zur grds Anwendbarkeit des § 15b s Rz 5, ferner *BMF* BStBl I 07, 542 Rz 11, 8, 9. Die **Finanzierung** eines GesAnteils fällt unter § 15b, wenn sie modellhaft ist (**aA** *Beck* DStR 06, 61; zweifelnd BFH I B 223/08 IStR 09, 503). Ein-Objekt-Investitionen liegen vor, wenn zB einzelne WG oder **Sachgesamtheiten** erworben werden und der Verkäufer gesondert zuzezahlende **Nebenleistungen** übernimmt, zB Finanzierungsvermittlung, Mietausfallgarantie (s unten). In solchen Fällen können die Entgelte für die Zusatzleistungen zu negativen Einkünften führen, so dass ein StStundungsmodell vorliegt (vgl *Apel* StuB 05, 1000). Wird ein **Gebäude mit Modernisierungszusage** zu einem Gesamtpreis verkauft, handelt es sich nicht um ein Modell iSd § 15b, wenn nach den Grundsätzen des sog **einheitl Vertragswerks** (BFH II R 29/01 BFH/NV 03, 1446; BFH II R 12/03 BStBl II 05, 220; vgl auch *BMF* BStBl I 03, 546 Rz 1) vom Erwerb eines modernisierten Gebäudes auszugehen ist, auch wenn eine Vielzahl von Verträgen abgeschlossen worden ist und die Modernisierung erst nach Eigentumsumschreibung auf den Erwerber begonnen wird; wie hier im Wesentlichen auch *BMF* BStBl I 07, 542 Rz 8, 9; *BH/Heuermann* § 15b Rz 19. Diese Abgrenzung vermeidet einen Widerspruch zw § 15b und § 7h I 5 sowie § 7i I 5 (*Beck* DStR 06, 61; so auch BT-Drs 16/107 zum Verlust BeschrG, Begr zu § 21 I 2; zweifelnd *Brandtner/Raffel* BB 06, 639 unter 2c; *Naujok* DStR 07, 1601, 1602). Ein StStundungsmodell kommt in solchen Fällen in Betracht, wenn die im **einheitl Vertragswerk** ausgewiesene Entgelte als „**gesonderte Gebühren**" nicht Teil der AK sind, sondern als sofort abzugsfähige BA/WK zu einem Verlust führen. Auch **Bauträger-**„**Angebote**" sind deshalb grds modellhaft (*BMF* BStBl I 07, 542 Rz 6 ff; *Fleischmann/Meyer-Scharenberg* DB 06, 353 unter IV; *Naujok* DStR 07, 1601, 1603). Kein StStundungsmodell, wenn die dem Verkauf bzw Erwerb vorangehenden Dienstleistungen nicht gesondert in Rechnung gestellt werden (s oben) und so nicht sofort den Verlust erhöhen, sie also zu den AK gehören (*Beck* DStR 05, 61, 64; *Fleischmann/Meyer-Scharenberg* DB 06, 353 unter IV). „**Gesonderte Gebühren**" führen auch dann nicht zur Annahme eines StStundungsmodells, wenn sie für lfd zuzubringende Gegenleistungen des Empfängers gezahlt werden wie zB Entgelt für die Hausverwaltung, für Straßen- und Gebäudereinigung, für nachträgl erforderl werdende Reparaturen (*BMF* BStBl I 07, 542 Rz 9). Auch **Mietenpooling** begründet kein Modell, weil die Zusammenfassung der Mieten nach Beginn der Vermietung nicht auf Verlust-, sondern auf Gewinn- bzw Überschusserzielung gerichtet ist (vgl *BMF* BStBl I 07, 542 Rz 9).

13 **3. Rentenversicherung; Lebensversicherung.** RV- und LV-Ansprüche, die iZm fremdfinanzierten Prämienleistungen begründet werden (anders nach § 2b; vgl *Schmidt* 26. Aufl § 2b Rz 15 mwN), fallen gem§ 22 Nr 1 S 1, 2. HS grds unter § 15b (*BMF* BStBl I 07, 542 Rz 7). Die zusammen angebotenen Finanzierungs- und LV-Verträge sind als Bestandteile des Modells zu prüfen. Nicht unter § 15b fielen *zunächst* LV, die zu Einkünften iSd § 20 I Nr 6 führen, weil insoweit § 15b nicht für anwendbar erklärt war (vgl *Söffing* DStR 06, 1585; *BMF* BStBl I 07, 542 Rz 7); dies wurde **rückwirkend** ab VZ 06 geändert (§ 20 IIb,VII).

14 **4. Zebragesellschaften.** Werden im BV Anteile an PersGes gehalten, die ledigl vermögensverwaltend tätig sind, ist die Frage, ob ein StStundungsmodell vorliegt, allein anhand der Überschusseinkünfte zu entscheiden. Die Umqualifizierung in gewerbl Einkünfte und eine sich dabei ergebenden Änderung der Höhe der Einkünfte berührt die Anwendung des § 15b nicht (*BMF* BStBl I 07, 542 Rz 20).

IV. Verlustgrenze

16 **1. Schädliche Verlustgrenze, § 15b III. – a) Verlustverrechnung.** Diese ist zufolge § 15b I 1, 2 auf spätere Gewinne aus derselben Einkunftsquelle (Rz 2) beschränkt, wenn in der Anfangsphase der Investition (s § 15b II 2) die Summe der prognostizierten Verluste 10 % des aufzubringenden Kapitals übersteigt; bei Ein-Objekt-Investitionen ist mE auf die prognostizierbaren Verluste abzustellen (vgl Rz 5). Die **Anfangsphase** entspricht der konzeptgemäßen **Verlustphase** (*BMF* BStBl I 07, 542 Rz 15). Maßgebl ist also das **Verhältnis Verluste/Eigenkapital**. Die Rechtsfolge des § 15b I und II wird nicht durch unvorhergesehen auftretende Verluste ausgelöst (*BH/Heuermann* § 15b Rz 15; vgl auch Rz 19), auch nicht durch *normale* Anfangsverluste, wie sie bei Neugründungen regelmäßig auftreten (Rz 2).

17 **b) Verlustgrenze.** Diese ist für **Ein-Objekt-Investitionen** von besonderer Bedeutung, da die Verluste 10 % des **eingesetzten Eigenkapitals** nicht übersteigen dürfen, soll die Verlustverrechnung nicht nach § 15b I 1 eingeschränkt werden. Jede **Fremdfinanzierung** ist vom Eigenkapital abzuziehen (*BH/Heuermann* § 15b Rz 35; *KSM* § 15b Rz C 49). Das bedeutet, dass bei Inanspruchnahme von gesetzl Abschreibungsmöglichkeiten die Schädlichkeitsgrenze regelmäßig überschritten sein wird (vgl. *BH/Heuermann* § 15b Rz 19, 35). Eine solche Wirkung ist wegen § 15b II 3 hinzunehmen (BFH IV R IV R 7/16 BStBl II 19, 513 Rz 28, Anm *Veser* DStRK 19, 268). Auf im Inl belegene Investitionsprojekte (Windkraftanlagen), die sich ausschließ an Investoren richten, die im Inl nicht stpfl sind, ist § 15b nicht anwendbar (FG Nds DStRE 19, 1509, rkr).

18 **2. Rechtsnachfolge.** Erwirbt der StPfl im Erbgang die Rechte an einem StStundungsmodell (zB Beteiligung an einer PersGes oder Einzelinvestment, Rz 4, 10), gingen *bis* zur Rspr-Änderung durch BFH GrS 2/04, BStBl II 08, 608 die Verluste mit der Verrechnungsmöglichkeit nach § 15b auf ihn über (vgl *BMF* BStBl I 07, 542 Rz 25). Der Rechtsübergang ist seither (18.8.08, vgl § 2 Rz 57; § 10d Rz 14; *BMF* BStBl I 08, 809) nicht mehr mögl. Anders evtl bei Verlusten iSd **§ 15a** (§ 16 Rz 234; *Dötsch* DStR 08, 641, 646). Entspr ist mE der Verlustübergang im Erbfall nicht ausgeschlossen, soweit die Verlustursachen den Erben wirtschaftl belasten (§ 16 Rz 234; *Dötsch* DStR 08, 641, 646), weil dann der Verlustverrechnung das **Drittaufwandabzugsverbot** (§ 2 Rz 10, 19, 57) nicht entgegensteht. Die in PersGes (GbR, oHG) entstandenen Verluste sind mE folgl, wenn der Erbe durch die Verlustentstehungsursachen (zB Verbindlichkeiten) wirtschaftl belastet ist, kein der Abzugsmöglichkeit (= keine Vererblichkeit) entgegenstehender Drittaufwand.

3. Nachträgliche Änderung des Modellkonzepts. Für die Frage, ob eine Investition unter § 15b fällt, kommt es grds auf die prognostizierten Verluste zum Zeitpunkt des Beitritts bzw des Erwerbs an (*BMF* BStBl I 07, 542 Rz 16, 17). Tatsächl anders (zB geringer) eintretende Verluste ändern an der Zuordnung zu § 15b nichts (*Brandtner/Lechner/Schmidt* BB 07, 1922, 1927). Wird das **Konzept** dahin geändert, dass nunmehr Gewinne erstrebt werden, ist gem dem Grundsatz der Abschnittsbesteuerung ab Wirksamwerden der Änderung die Feststellung von „nicht-verrechenbaren" Verlusten iSd § 15b nicht mehr zulässig. Soweit für zurückliegende VZ Verluste entstanden sind, bleibt es bei der eingeschränkten Verrechnungsmöglichkeit nach § 15b; vgl auch BFH IV R 7/16 BStBl II 19, 513.

V. Umlaufvermögen; Verfahren

1. Verrechenbarkeit von § 4 III-Verlusten, § 15b IIIa. In § 15b IIIa (BR-Drs 740/13) wird für Zugänge zum UV nach dem 28.11.13 (§ 52 Abs 25 S 5) geregelt, dass AK/HK von bestimmten WG des **Umlaufvermögens** (*Dornheim* DStR 12, 1581)in den in § 15b IIIa genannten Fällen (= Eigentumserwerb ohne Erlangung des unmittelbaren Besitzes), die nach § 4 III 1 sofort abzugsfähig wären, weil § 4 III 4 nicht anwendbar ist (BFH VIII R 10/14 BStBl II 17, 466 Rz 35–40; vgl § 4 Rz 373 mwN; *BH/Heuermann* § 15b Rz 39), (ledigl) nach § 15b I 2 mit (späteren) positiven Einkünften aus der selben Einkunftsquelle verrechnet werden; Aufzeichnungspflicht nach § 4 III 5 besteht nicht, da die verrechenbaren Verluste jährl festzustellen sind (§ 15b IV). § 929 S 2 BGB ist in § 15b IIIa nicht aufgeführt; analoge Anwendung des § 15b IIIa mE aber geboten, weil der Zweck, **unwirtschaftl Verlustgenerierung** (s Rz 3, 4) zu erschweren, klar ist, aber unvollständigen Ausdruck im Gesetz gefunden hat; **aA** *Heuermann* DStR 14, 171. Ob § 15b auch für **Auslandsfälle** gilt, wurde in der FG-Rspr nicht einheitl beantwortet; zu unterscheiden sind die Anwendungsbereiche von § 15b I, II (Rz 17) und § 15b IIIa (s unten Rz 6 und § 32b Rz 45 mwN; *Stahl/Mann* DStR 13, 1822, 1823). Aus der Ergänzung des § 32b II Nr 2 Buchst c ab 1.3.13 (§ 52 Abs 33 S 1) folgt für ausl Erwerbsfälle (iSd § 4 III), dass die angeschafften/hergestellten WG nebst AK/HK gem § 4 III 5 aufzuzeichnen sind und die Aufwendungen erst bei Zufluss des Veräußerungserlöses oder zum Entnahmezeitpunkt abgezogen werden dürfen (§ 32b II Nr 2 Buchst b S 2 iVm § 4 III 5). In **Altfällen** (eingehend *Preißer* DB 15, 1558; *Krää* FR 15, 928, 932), also Anschaffung bis 28.2.13 (*Schulte-Frohlinde* BB 13, 1623) kann mangelnde gewerbl Tätigkeit (BFH IV R 50/13 BFH/NV 17, 751; BFH IV R 50/14 BStBl II 17, 456; Anm *Cloer/Wilms* Steuk 14, 189: Gewerblichkeit bejaht: FG Mster EFG 14, 753, bestätigt durch BFH IV R 50/14 BStBl II 17, 456 und BFH IV R 10/14, BStBl II 17, 466 mwN) dem **negativen Progressionsvorbehalt** entgegenstehen; ferner ist die Anwendbarkeit des § 4 III bei im Ausl bestehender Bilanzierungspflicht (BFH I R24/13 BStBl II 15, 14; BFH I R 3/13 DStR 15, 629; krit *Hennrichs* DStR 15, 1420) ausgeschlossen (*Mann/Stahl* DStR 15, 1425; krit *Salzmann* DStR 15, 1725 u *Rohde* Steuk 15, 320).

2. Verfahren und Verlustfeststellung, § 15b IV. Die nicht ausgleichsfähigen Verluste, die mit späteren positiven Einkünften verrechnet werden können, sind jährl nach Einkunftsarten und Einkunftsquellen gesondert festzustellen (§§ 179, 182 AO; BFH VIII R 74/13, BStBl II 16, 388 Rz 16). Der Feststellungsbescheid muss die Einordnung als StStundungsmodell (§ 15b II, § 20 IIb, VII) enthalten. Dabei wird je Einkunftsquelle der Verlust eines Jahres zu dem Verlustbetrag des Vorjahres addiert (§ 15b IV 2); der auf das Ende der VZ ermittelte verrechenbare Verlust ist gesondert auszuweisen (BFH VIII R 74/13, BStBl II 16, 388). Die Feststellung ist grds auch für **Einzelinvestitionen** durchzuführen (vgl BFH VIII R 74/13 BStBl II 16, 388 Rz 19, 20). Ein **Gewinnfeststellungsbescheid** (zB nach § 180 I 1 Nr 2 Buchst a AO oder § 180 V Nr 1 AO) und der **Verlustfeststellungsbescheid** iSd § 15b IV (ggf iVm § 32b I 3; vgl § 32b II 1 Nr 2 Satz 2 Buchst c) sind selbständige Verwaltungsakte mit je selbständigem Regelungsinhalt, die ggf gesondert anzufechten sind (BFH IV R 7/16 BStBl II 19, 513; BFH IV R 50/14 BStBl II 17, 456 Rz 102); zur Klagebefugnis bei **negativen Verlustfeststellungsbescheiden** s BFH IV R 5/16 BFH/NV 17, 755 Rz 13. Anfechtbar ist die Verlustfeststellung nur hinsichtl des jeweiligen Jahresbetrages (§ 15b IV 3). Für Ges/Gemeinschaften iSd § 180 I Nr 2 Buchst a AO wird der Feststellungsbescheid von dem für die gesonderte Feststellung zuständigen FA erlassen; andernfalls vom BetriebsFA (§ 180 I Nr 2 AO). Die Verlustfeststellung kann gem§ 15b IV 5 mit der einheitl und gesonderten Feststellung von Einkünften verbunden werden; das ändert nichts an der **getrennten Anfechtbarkeit** (vgl BFH IV R 50/14 BStBl II 17, 456 Rz 102, 103; *Stahl/Mann* DStR 13, 1822; *dies* DStR 15, 1425, 1428; vgl aber *Dißars* NWB 15, 3170); zur Klagebefugnis der Ges'ter nach Verschmelzung und Insolvenz s BFH IV R 2/16 BStBl II 19, 526. Fragl ist der rechtl zulässige Umfang der nach § 15b zu treffenden Feststellung, wenn die **Anteilsfinanzierung** (Rz 9) einbezogen werden soll, weil in die Feststellung nach § 180 I Nr 2 Buchst b AO nur gemeinschaftl verwirklichte Tatbestandsmerkmale einzubeziehen sind (vgl § 180 III Nr 1 AO; dazu *Stahl/Mann* DStR 13, 1822; *dies* DStR 15, 1425, 1428; *Naujok* DStR 07, 1601, 1602 unter Hinweis auf BFH GrS 2/02 BStBl II 05, 679 und *Lüdicke* DB 05, 1813). Einer ausl **Familienstiftung** zuzurechnende *Einkünfte* können analog § 180 I Nr 2 Buchst a AO in die Feststellung einzubeziehen sein, wenn (bis VZ 2012) die *Einkommenszurechnung* (dazu *Seeger* DStZ 11, 889, 890), ab VZ 2013 die Einkünftezurechnung (§ 15 I, VII; § 21 XXI 4 AStG idF AmtshilfeRL UmsG (BGBl I 13, 1809) bei einer unbeschrstpfl Person in Betracht kommt; § 15b ist iRd Anwendung des § 15 AStG zu prüfen (BFH I B 223/08 BFH/NV 09, 1437); da die Einkünfteermittlung ab VZ 2013 nach deutschem Recht durchzuführen ist (§ 15 VII AStG nF), ergeben sich ggü Inlandssachverhalten keine Besonderheiten mehr.

§ 16 Veräußerung des Betriebs

(1) ¹ **Zu den Einkünften aus Gewerbebetrieb gehören auch Gewinne, die erzielt werden bei der Veräußerung**
1. **des ganzen Gewerbebetriebs oder eines Teilbetriebs.** ² **Als Teilbetrieb gilt auch die das gesamte Nennkapital umfassende Beteiligung an einer Kapitalgesellschaft; im Fall der Auflösung der Kapitalgesellschaft ist § 17 Absatz 4 Satz 3 sinngemäß anzuwenden;**
2. **des gesamten Anteils eines Gesellschafters, der als Unternehmer (Mitunternehmer) des Betriebs anzusehen ist (§ 15 Absatz 1 Satz 1 Nummer 2);**
3. **des gesamten Anteils eines persönlich haftenden Gesellschafters einer Kommanditgesellschaft auf Aktien (§ 15 Absatz 1 Satz 1 Nummer 3).**

²Gewinne, die bei der Veräußerung eines Teils eines Anteils im Sinne von Satz 1 Nummer 2 oder 3 erzielt werden, sind laufende Gewinne.

(2) ¹ **Veräußerungsgewinn im Sinne des Absatzes 1 ist der Betrag, um den der Veräußerungspreis nach Abzug der Veräußerungskosten den Wert des Betriebsvermögens (Absatz 1 Satz 1 Nummer 1) oder den Wert des Anteils am Betriebsvermögen (Absatz 1 Satz 1 Nummer 2 und 3) übersteigt.** ² **Der Wert des Betriebsvermögens oder des Anteils ist für den Zeitpunkt der Veräußerung nach § 4 Absatz 1 oder nach § 5 zu ermitteln.** ³ **Soweit auf der Seite des Veräußerers und auf der Seite des Erwerbers die selben Personen Unternehmer oder Mitunternehmer sind, gilt der Gewinn in soweit jedoch als laufender Gewinn.**

(3) ¹ **Als Veräußerung gilt auch die Aufgabe des Gewerbebetriebs sowie eines Anteils im Sinne des Absatzes 1 Satz 1 Nummer 2 oder Nummer 3.** ² **Werden im Zuge der Realteilung einer Mitunternehmerschaft Teilbetriebe, Mitunter-**

nehmeranteile oder einzelne Wirtschaftsgüter in das jeweilige Betriebsvermögen der einzelnen Mitunternehmer übertragen, so sind beider Ermittlung des Gewinns der Mitunternehmerschaft die Wirtschaftsgüter mit den Werten anzusetzen, die sich nach den Vorschriften über die Gewinnermittlung ergeben, sofern die Besteuerung der stillen Reserven sichergestellt ist; der übernehmende Mitunternehmer ist an diese Werte gebunden; § 4 Absatz 1 Satz 4 ist entsprechend anzuwenden. ³Dagegen ist für den jeweiligen Übertragungsvorgang rückwirkend der gemeine Wert anzusetzen, soweit bei einer Realteilung, bei der einzelne Wirtschaftsgüter übertragen worden sind, zum Buchwert übertragener Grund und Boden, übertragene Gebäude oder andere übertragene wesentliche Betriebsgrundlagen innerhalb einer Sperrfrist nach der Übertragung veräußert oder entnommen werden; diese Sperrfrist endet drei Jahre nach Abgabe der Steuererklärung der Mitunternehmerschaft für den Veranlagungszeitraum der Realteilung. ⁴Satz 2 ist bei einer Realteilung, bei der einzelne Wirtschaftsgüter übertragen werden, nicht anzuwenden, soweit die Wirtschaftsgüter unmittelbar oder mittelbar auf eine Körperschaft, Personenvereinigung oder Vermögensmasse übertragen werden; in diesem Fall ist bei der Übertragung der gemeine Wert anzusetzen. ⁵Soweit einzelne dem Betrieb gewidmete Wirtschaftsgüter im Rahmen der Aufgabe des Betriebs veräußert werden und soweit auf der Seite des Veräußerers und auf der Seite des Erwerbers die selben Personen Unternehmer oder Mitunternehmer sind, gilt der Gewinn aus der Aufgabe des Gewerbebetriebs als laufender Gewinn. ⁶Werden die einzelnen dem Betrieb gewidmeten Wirtschaftsgüter im Rahmen der Aufgabe des Betriebs veräußert, so sind die Veräußerungspreise anzusetzen. ⁷Werden die Wirtschaftsgüter nicht veräußert, so ist der gemeine Wert im Zeitpunkt der Aufgabe anzusetzen. ⁸Bei Aufgabe eines Gewerbebetriebs, an dem mehrere Personen beteiligt waren, ist für jeden einzelnen Beteiligten der gemeine Wert der Wirtschaftsgüter anzusetzen, die er bei der Auseinandersetzung erhalten hat.

(3a) Einer Aufgabe des Gewerbebetriebs steht der Ausschluss oder die Beschränkung des Besteuerungsrechts der Bundesrepublik Deutschland hinsichtlich des Gewinns aus der Veräußerung sämtlicher Wirtschaftsgüter des Betriebs oder eines Teilbetriebs gleich; § 4 Absatz 1 Satz 4 gilt entsprechend.

(3b) ¹In den Fällen der Betriebsunterbrechung und der Betriebsverpachtung im Ganzen gilt ein Gewerbebetrieb sowie ein Anteil im Sinne des Absatzes 1 Satz 1 Nummer 2 oder Nummer 3 nicht als aufgegeben, bis

1. der Steuerpflichtige die Aufgabe im Sinne des Absatzes 3 Satz 1 ausdrücklich gegenüber dem Finanzamt erklärt oder
2. dem Finanzamt Tatsachen bekannt werden, aus denen sicher gibt, dass die Voraussetzungen für eine Aufgabe im Sinne des Absatzes 3 Satz 1 erfüllt sind.

²Die Aufgabe des Gewerbebetriebs oder Anteils im Sinne des Absatzes 1 Satz 1 Nummer 2 oder Nummer 3 ist den Fällen des Satzes 1 Nummer 1 rückwirkend für den vom Steuerpflichtigen gewählten Zeitpunkt anzuerkennen, wenn die Aufgabeerklärung spätestens drei Monate nach diesem Zeitpunkt abgegeben wird. ³Wird die Aufgabeerklärung nicht spätestens drei Monate nach dem vom Steuerpflichtigen gewählten Zeitpunkt abgegeben, gilt der Gewerbebetrieb oder Anteil im Sinne des Absatzes 1 Satz 1 Nummer 2 oder Nummer 3 erst in dem Zeitpunkt als aufgegeben, in dem die Aufgabeerklärung beim Finanzamt eingeht.

(4) ¹Hat der Steuerpflichtige das 55. Lebensjahr vollendet oder ist er im sozialversicherungsrechtlichen Sinne dauernd berufsunfähig, so wird der Veräußerungsgewinn auf Antrag zur Einkommensteuer nur herangezogen, soweit

§ 16 Veräußerung des Betriebs

er 45 000 Euro übersteigt. ²Der Freibetrag ist dem Steuerpflichtigen nur einmal zu gewähren. ³Er ermäßigt sich um den Betrag, um den der Veräußerungsgewinn 136 000 Euro übersteigt.

(5) Werden bei einer Realteilung, bei der Teilbetriebe auf einzelne Mitunternehmer übertragen werden, Anteile an einer Körperschaft, Personenvereinigung oder Vermögensmasse unmittelbar oder mittelbar von einem nicht von § 8b Absatz 2 des Körperschaftsteuergesetzes begünstigten Steuerpflichtigen auf einen von § 8b Absatz 2 des Körperschaftsteuergesetzes begünstigten Mitunternehmer übertragen, ist abweichend von Absatz 3 Satz 2 rückwirkend auf den Zeitpunkt der Realteilung der gemeine Wert anzusetzen, wenn der übernehmende Mitunternehmer die Anteile innerhalb eines Zeitraums von sieben Jahren nach der Realteilung unmittelbar oder mittelbar veräußert oder durch einen Vorgang nach § 22 Absatz 1 Satz 6 Nummer 1 bis 5 des Umwandlungssteuergesetzes weiter überträgt; § 22 Absatz 2 Satz 3 des Umwandlungssteuergesetzes gilt entsprechend.

Einkommensteuer-Durchführungsverordnung:

§ 6 *EStDV Eröffnung, Erwerb, Aufgabe und Veräußerung eines Betriebs (abgedruckt bei § 4)*

Einkommensteuer-Richtlinien: EStR 16/EStH 16

Übersicht — Rz

A. Allgemeines

I. Inhalt; Systematik; Zweck
1. Norminhalt 1
2. Rechtsentwicklung 2
3. Systematik; Zweck 3, 4
4. Entsprechende Anwendung 5

II. Persönlicher Anwendungsbereich
1. Natürliche Personen 6
2. Körperschaften 7
3. Mehrstöckige Personengesellschaften 8

III. Sachlicher Anwendungsbereich
1. Keine unentgeltliche Übertragung iSv § 6 III 10, 11
2. Umwandlungen 12
3. Tonnagegewinn 13

IV. Verhältnis zu anderen Vorschriften
1. Einkommensteuergesetz 15
2. Körperschaftsteuergesetz; Umwandlungssteuergesetz 16
3. Gewerbesteuergesetz 17, 18
4. Umsatzsteuergesetz 19
5. Höherrangiges Recht 20

B. Tatbestand der Veräußerung des ganzen Gewerbebetriebs oder eines Teilbetriebs, § 16 I 1 Nr 1

I. Veräußerung
1. Begriff 25
2. Entgelt 26
3. Zeitpunkt 27
4. Sonderrecht des UmwStG 29–32

II. Abgrenzung: Vollentgeltliche/teilentgeltliche/unentgeltliche Übertragung
1. Vollentgelt versus Teilentgelt; Vermutungen zwischen Fremden und Angehörigen 35
2. Schenkung; unbenannte Zuwendung 37, 38
3. Erwerb von Todes wegen 40–44

Übersicht

	Rz
4. Vorweggenommene Erbfolge	50–62
5. Rechtsfolgen teilentgeltlicher Übertragung von Betrieben/Teilbetrieben	65–71

III. Betriebsveräußerung im Ganzen

1. Überblick	75
2. Ganzer Betrieb	76–78
3. Beendigung der bisherigen gewerblichen Tätigkeit	80–82
4. Veräußerung aller wesentlichen Betriebsgrundlagen	85–91
5. Veräußerung durch Personengesellschaft	93–98
6. Einheitliche Veräußerung der wesentlichen Betriebsgrundlagen	100, 102
7. Rückbehalt nicht wesentlicher Wirtschaftsgüter	103–110

IV. Veräußerung eines Teilbetriebs

1. Teilbetrieb	115–123
2. Veräußerung	125, 126
3. Unentgeltliche Übertragung; § 6 III	128
4. ABC des Teilbetriebs	130
5. 100%ige Beteiligung an Kapitalgesellschaft als Teilbetrieb	135–142

V. Rückgängigmachung der Veräußerung; fehlgeschlagener Erwerb ... 145

C. Tatbestand der Aufgabe des ganzen Gewerbebetriebs oder eines Teilbetriebs, § 16 III, IIIa, IIIb

I. Aufgabe des ganzen Betriebs

1. Aufgabetatbestand	150–157
2. Betriebsunterbrechung, § 16 IIIb	160–164
3. Betriebsverpachtung; § 16 IIIb	166–193
4. Finale Betriebsaufgabe; § 16 IIIa	196, 197
5. Nichtbegünstigte allmähliche Abwicklung	200–203
6. Gewinnrealisierung; wesentliche Betriebsgrundlage	205
7. Zeitraum der Betriebsaufgabe; einheitlicher Vorgang	208–212
8. Betriebsaufgabe und Umstrukturierung in KapGes	215–217
9. Unentgeltliche Rechtsnachfolge	218

II. Aufgabe eines Teilbetriebs

1. Allgemeines	220
2. Teilbetrieb der Personengesellschaft	221

D. Rechtsfolgen der Veräußerung oder Aufgabe des Gewerbebetriebs oder Teilbetriebs, § 16 II iVm § 16 III

I. Gewinnrealisierung

1. Begriff des Veräußerungsgewinns/Aufgabegewinns	230
2. Zeitpunkt der Gewinnrealisierung; Rückbeziehung	231–236
3. Wahlrecht bei Betriebsveräußerung gegen wiederkehrende Bezüge	240–264

II. Rechengrößen des Veräußerungsgewinns

1. Veräußerungspreis	270–284
2. „Aufgabepreis"	290–295
3. Veräußerungskosten; Aufgabekosten	300–303
4. Wert des Betriebsvermögens; Schlussbilanzwert	305–319

III. Abgrenzung von Veräußerungsgewinn/Aufgabegewinn und laufenden/nachträglichen Einkünften

1. Grundsätze	325
2. Erträge während Betriebsveräußerung; Betriebsaufgabe	326–328
3. Wechselwirkungen	329

IV. Spaltung von Veräußerungsgewinnen, § 16 II 3, III 5

1. Grundsätze	331
2. Umfang der Umqualifikation	332

§ 16 Veräußerung des Betriebs

	Rz
V. Rückwirkende Änderungen; nachträgliche Einkünfte	
1. Allgemeines	335
2. Rückwirkende Ereignisse; Abgrenzungen	337–345
3. Nachträgliche gewerbliche Einkünfte (§ 24 Nr 2)	348–359
VI. Veräußerungsgewinn/Aufgabegewinn einer Personengesellschaft; nachträgliche gewerbliche Einkünfte	
1. Veräußerung	365, 366
2. Aufgabe	367–369

E. Tatbestand der Veräußerung; Aufgabe von Mitunternehmeranteilen, § 16 I Satz 1 Nr 2, Satz 2 und § 16 III

I. Systematik; Verfahrensrecht	380
II. Mitunternehmeranteil; Mitunternehmer	
1. Grundsätze	382
2. Einzelfälle	383–388
3. Umfang; wesentliche Betriebsgrundlagen	390
III. Veräußerung	
1. Personengesellschaften mit Gesamthandsvermögen	395–397
2. Andere Gesamthandsgemeinschaften	398
3. Innengesellschaften	399
4. Veräußerung versus Formwechsel	401, 402
5. Vorabausgliederung von Gesamthandsvermögen	405
6. Sonderbetriebsvermögen	406–411
7. Abgrenzung zur Betriebsveräußerung/Betriebsaufgabe	413
8. Teil eines Mitunternehmeranteils	415–418
9. Unentgeltliche Übertragung; Teilentgelt	420–426
10. Zeitpunkt der Veräußerung; Rückbeziehung	428–431
IV. Aufgabe	435

F. Rechtsfolgen der Veräußerung; Aufgabe von Mitunternehmeranteilen, § 16 II, III

I. Systematik der Darstellung	440
II. Übertragung des Mitunternehmeranteils gegen Barentgelt oder Sachwerte; Tausch	
1. Veräußerung	441
2. Besteuerung des Veräußerers	442–455
3. Besteuerung des Erwerbers	460–466
4. Barentgelt unter Buchwert	470, 471
5. Tausch von Mitunternehmeranteilen; Veräußerung gegen Sachwerte	475
III. Ausscheiden aus der Mitunternehmerschaft gegen Abfindung	
1. Gesellschaftsrecht; ertragsteuerrechtliche Einordnung; Kommentierungshinweis	480
2. Ausscheiden gegen Geld	481–495
3. Sachwertabfindung ins Privatvermögen	498
4. Sachwertabfindung ins Betriebsvermögen	500, 501
5. Ausscheiden ohne Abfindung; „Anwachsungsmodell"	503, 505
IV. Einbringung; Gesellschafterbeitritt; Änderung der Beteiligungsverhältnisse	
1. Einbringung; Abgrenzungen	510
2. Gesellschafterbeitritt; Gesellschaftsgründung	511–515
3. Änderung der Beteiligungsverhältnisse	516
V. Realteilung einer Mitunternehmerschaft, § 16 III 2, 3, V	
1. Überblick	520, 521
2. Rechtsentwicklung; Binnensystematik	523
3. Verhältnis zu anderen Normen	524–527

Inhalt; Systematik; Zweck

	Rz
4. Gewinnneutrale Realteilung	530–544
5. Gewinnrealisierende Realteilung	548–557

G. Veräußerung/Aufgabe des Anteils eines persönlich haftenden Gesellschafters einer KGaA, § 16 I 1 Nr 3

I. Veräußerungsgewinn	560
II. Anteil des Komplementärs	561

H. Steuerbarkeit; Steuerfreiheit; Freibetrag § 16 IV

I. Steuerbarkeit; Steuerfreiheit	570
II. Freibetrag, § 16 IV	
1. Rechtsentwicklung; Überblick	572
2. Zweck	573
3. Tatbestand	574–579
4. Ermäßigungsbetrag; Freibetragsgrenze	581, 582
5. Verfahrensrecht	583

I. Erbfall und Erbauseinandersetzung

I. Tod eines Einzelunternehmers	
1. Alleinerbe	590–600
2. Erbengemeinschaft	601
3. Fortgesetzte Erbengemeinschaft	602, 603
4. Schlichte Erbengemeinschaft	605–607
5. Erbauseinandersetzung; Überblick	608, 609
6. Erbauseinandersetzung über Betriebsvermögen	610–623
7. Erbauseinandersetzung über Privatvermögen	625–634
8. Erbauseinandersetzung über Mischnachlass	636–643
9. Abfindung mit Wirtschaftsgütern des Nachlasses	646–648
II. Tod eines Mitunternehmers	
1. Zivilrechtliche Grundlagen	660
2. Fortsetzungsklausel; Ausschließungsklausel	661–664
3. Einfache Nachfolgeklausel	665–671
4. Qualifizierte Nachfolgeklausel	672–675
5. Teilnachfolgeklausel	676
6. Eintrittsklausel	677, 678
7. Eintrittsklausel zugunsten von Nichterben	679
8. Auflösung der Gesellschaft	680, 681

A. Allgemeines

I. Inhalt; Systematik; Zweck

1. Norminhalt. § 16 regelt die mit Rücksicht auf den Gesetzeszweck der Teil-/ Schlussbesteuerung betriebl Einkünfte (Rz 3) wirtschaftlich vergleichbaren Tatbestände der **Veräußerung** oder **Aufgabe** des ganzen GewBetr, des Teilbetriebs einschießl der im BV gehaltenen 100%igen Beteiligung an einer KapGes (§ 16 I 1 Nr 1; III 1), des MUeranteils (§ 16 I 1 Nr 2; III 1) sowie des Anteils eines persönl haftenden Ges'ters einer KG aA (§ 16 I 1 Nr 3; III 1) und definiert die **Bemessungsgrundlage** in § 16 II 1–2, III 6–8 als Differenz zw Veräußerungspreis/gemeinemWert der WG des BV abzügl Veräußerungskosten und (Buch-) Wert des jeweiligen BV. **Rechtsfolge** hiervon ist ua, dass Veräußerungs-/Aufgabegewinne vorbehaltl der Befreiung (§ 16 IV) und eines Verlustausgleichs/-abzugs (§ 2 III, § 10d) estpfl sind und ggf nach § 34 I, II ermäßigt besteuert werden. **Sonderregeln** enthält § 16 – *(1) zur Spaltung* von Veräußerungsgewinnen in begünstigten/nichtbegünstigten Teil (§ 16 II 3, III 5; unten Rz 331: lfd Gewinn bei Veräußerung/Einbringung von MUerteilanteilen; Rz 15, 135 ff, 570: Teileinkünfteverfahren; Rz 548, 610, 660: Realteilung/Erbauseinandersetzung; Rz 160, 166: Freibetrag), – *(2) zur Fortführung* verpachteter/unterbrochener Betriebe (§ 16 IIIb;

§ 16 2–6 Veräußerung des Betriebs

dazu Rz 572), – **(3)** zur *Realteilung* (§ 16 III 2–4, § 16 V; zur Erbauseinandersetzungs Rz 608 ff) – **(4)** *finalen Entnahme/Betriebsaufgabe* (§ 16 III 2, IIIa iVm § 36 V nF; dazu Rz 196, 548; § 4 Rz 240 ff), – **(5)** zum Ansatz der *entnommener WG* mit dem gemeinen Wert (§ 16 III 7, nicht TW nach § 6 I Nr 4).

2   **2. Rechtsentwicklung.** Angesichts des seit 2011 nicht mehr geänderten Wortlauts wird auf *Schmidt* 39. Aufl § 16 Rz 2 sowie die lfd Kommentierung verwiesen.

3   **3. Systematik; Zweck.** – **a) Deklaratorische Aussagen.** § 16 stellt iSe (Teil-)**Schlussbesteuerung** sicher, dass die positiven oder negativen stillen Reserven der WG des (gewerbl) BV auch im Fall der Veräußerung/Aufgabe eines Betriebs/Teilbetriebs/MUeranteils als Einkünfte aus GewBetr erfasst werden (BFH GrS 1/73 BStBl II 75, 168; vgl auch BFH GrS 1/73 BStBl II 75, 168; BFH I R 5/82 BStBl II 75, 168; BFH I R 5/82 BStBl II 83, 771: Betriebsaufgabe als „Totalentnahme"). Mit Rücksicht auf die Grundentscheidung der § 2 II 1 Nr 1 iVm § 15, den gewerbl *Gesamt*gewinn zu besteuern, wirkt § 16 insoweit nur klarstellend (zB BFH X R 101/90 BStBl II 93, 710/4). Da Betriebsveräußerung und Betriebsaufgabe gesetzl gleichgestellt sind, kann sich iSe **„Wahlfeststellung"** eine tatbestandl Abgrenzung im Einzelfall erübrigen.

4   **b) Konstitutive Anordnungen.** Hierzu gehören die zu Rz 1 genannten „Sonderregeln". Rechtsgründend ist ferner der „unlösbare Zusammenhang" zu den Begünstigungen des **§ 16 IV** (Freibetrag zur Erleichterung der Altersversorgung, s Rz 572) sowie des **§ 34 I, II** (Tarifermäßigung); dies wiederum bedingt die in § 16 II 3, III 5 angeordnete **Trennung** des *lfd* Gewinns/Verlusts vom *privilegierten* Veräußerungs-/Aufgabegewinn als einer „in sich geschlossenen Einheit" (BFH GrS 2/92 BStBl II 93, 897; BFH GrS 2/98 BStBl II 00, 123). Da § 16 iVm § 34 *nur* die **„zusammengeballte Realisierung** der während vieler Jahre entstandenen stillen Reserven vom progressiven ESt-Tarif ausnimmt" (BFH GrS 2/98 BStBl II 00, 123), ist das Tarifprivileg an die Aufdeckung *aller* stillen Reserven der Sachgesamtheit (Teil-/Betrieb, MUeranteil) in einem **einheitl Vorgang** gebunden, der nach der sog **Gesamtplan-Rspr** zweckgerichtet auch mehrere zeitl gestreckte Teilakte umfassen kann (dazu *Wacker* Ubg 16, 245). Gleichwohl hält der BFH an der Tarifbegünstigung **teilentgeltl** Übertragungen (iSv § 16) fest (mE unzutr; s Rz 66). In der **Rspr** ist zudem **str**, ob das Erfordernis der zusammengeballten Realisierung *nur* iRv § 34 II 1 zu beachten ist (so neuerdings BFH VI R 36/13 BStBl II 15, 529; BFH IV R 57/11 BStBl II 15, 536;) oder ob es auch die Veräußerungs-/Aufgabetatbestände des § 16 konkretisiert (so BFH GrS 2/92 BStBl II 93, 897: „unlösbarer Zusammenhang", s oben; BFH GrS 2/98 BStBl II 00, 123: „einheitl Grundkonzept"). Letzterer „traditioneller" Sicht ist mit Rücksicht auf die Entstehungsgeschichte (§ 58 EStG 1925/§§ 16, 34 EStG 1934; RStBl I 1935, 33, 52), den tatbestandl Gleichklang von § 16 IV und § 34 sowie das Erfordernis der einheitl Abgrenzung ggü den lfd Einkünften zuzustimmen. Unstr ist jedoch, dass das Privileg **unabhängig** davon zu gewähren ist, ob im Einzelfall eine **Progressionswirkung** eintritt, zB weil bereits der lfd Gewinn vom Spitzensteuersatz erfasst (BFH VIII R 33/85 BStBl II 89, 458) oder der MUeranteil kurzfristig gehandelt wird (str; dazu Rz 20, 380).

5   **4. Entsprechende Anwendung.** Zur Veräußerung/Aufgabe luf Betriebe/Teilbetriebe/MUeranteile sowie des der selbständigen Arbeit dienenden Vermögens und der entspr Anwendung der in § 14 und § 18 III jeweils in Bezug genommenen Regelungen des § 16 s § 14 Rz 1 sowie § 18 Rz 220.

II. Persönlicher Anwendungsbereich

6   **1. Natürliche Personen.** § 16 erfasst bei **unbeschränkter** Steuerpflicht auch ausl Betriebe, Teilbetriebe oder MUeranteile (BFH IV R 128/86 BStBl II 89, 543); das Besteuerungsrecht kann jedoch durch ein DBA ausgeschlossen sein (zu Rück-

Anwendungsbereich 7–11 § 16

fallklauseln s BFH I R 96/06 BStBl II 08, 953; zu § 50d IX s § 50d Rz 44ff; zur Betriebsaufgabe s auch Rz 196 f). § 16 (Ausnahme: § 16 IV) gilt ferner für **beschränkt** StPfl, vor allem bei Betriebsstätte oder ständigem Vertreter im Inl (§ 49 I Nr 2a–d; § 50 I 3; zu § 49 I Nr 2f s § 49 Rz 54 ff).

2. Körperschaften. § 16 gilt auch für Körperschaften, die der KSt unterliegen 7 (zur Konkurrenz zu § 13 KStG s *BMF* BStBl I 02, 221). Körperschaften genießen aber keine Tarifermäßigung nach §§ 16, 34 (BFH IV R 93/89 BStBl II 91, 455; KStR 8.1 I), auch nicht, wenn sie zu einer natürl Person oder PersGes aus natürl Personen in einem **Organschaftsverhältnis** iSv §§ 14 ff KStG stehen (BFH III R 19/02 BStBl II 04, 515; krit *Carlé* NZG 04, 650). Zu § 16 IV s Rz 575; zu § 14 IV KStG aF/nF (Ausgleichsposten/Einlagelösung) s Rz 135.

3. Mehrstöckige Personengesellschaften (§ 15 Rz 253, 610). Für sie greifen 8 die §§ 16, 34 nicht nur ein, wenn der GewBetr der OberGes oder die Anteile daran veräußert werden, sondern auch, wenn die UnterGes ihren GewBetr (Teilbetrieb) veräußert oder (nur) Anteile an der UnterGes veräußert werden (s Rz 366, 384).

III. Sachlicher Anwendungsbereich

1. Keine unentgeltliche Übertragung iSv § 6 III. – Wird ein GewBetr, 10 Teilbetrieb oder MUeranteil voll unentgeltl (zur Teilentgeltlichkeit s Rz 65 f) übertragen, ist nicht § 16, sondern § 6 III anzuwenden. Danach entfällt eine Gewinnrealisierung beim Übertragenden (S 1); der Rechtsnachfolger ist an die Buchwertansätze gebunden ist (S 3; zu negativem KapKto s Rz 59).

(1) **Traditionelle Sicht.** Nach früher hM erforderte der Tatbestand des § 6 III 1 in Anlehnung an die BFH-Rspr zu § 7 EStDV aF, dass das wirtschaftl Eigentum an *allen funktional* wesentl Betriebsgrundlagen (Rz 86) des Betriebs/-Teilbetriebs dem/den Erwerber(n) (BFH VIII B 54/01 BFH/NV 02, 24; *Wacker* ZSteu 05, 358) in einem *einheitl* Vorgang übertragen wird (s Rz 100) *und* der Übergeber damit seine bisher in diesem Betrieb entfaltete unternehmerische Betätigung im Wesentlichen aufgibt (s auch Rz 80). Bei unentgeltl Übergang eines gesamten MUeranteils war deshalb auch das (funktional wesentl) *SBV* (zB an PersGes vermietetes Grundstück) mit zu übertragen. Dessen Buchwertausgliederung (§ 6V), Entnahme oder Veräußerung schloss eine Buchwertfortführung nach § 6 III 1, 3 bezügl des GesAnteils auch dann aus, wenn die Rechtsvorgänge nicht zeitgleich, sondern in sachl/zeitl Zusammenhang vollzogen wurden (Gesamtplan; s *BMF* BStBl I 05, 458 Rz 7; *mE* zutr); *Folge:* Aufdeckung der stillen Reserven im GesAnteil (ggf iRe Betriebsaufgabe).

(2) **Ausgliederungsrechtsprechung.** Nach **BFH** IV R 41/11 BStBl II 19, 715 11 sind hingegen die begünstigenden Buchwertverknüpfungen nach § 6 III, V kumulativ anwendbar, sodass für Zwecke des § 6 III *funktional wesentl* WG nach § 6 V 3 auch zeitgleich ausgegliedert werden können; Grenze: übertragene Sachgesamtheit ist aufgrund Betriebszerschlagung/-aufgabe nicht mehr lebensfähig. Gleiches gilt für die *Vorabentnahme/Vorab*veräußerung (BFH IV R 29/14 BStBl II 19, 723), nicht hingegen für die *zeitgleiche* Entnahme oder Veräußerung funktional wesentl WG (Präzisierung durch BFH I R 7/16 BStBl II 19, 738; BFH IV R 14/18 BStBl II 21, 367; *Wacker* DStR 18, 1019; glA *Wendt* FR 18, 513). GlA zu § 13a ErbStG aF BFH II R 33/17 BStBl II 21, 217; BFH II R 38/17 BStBl II 21, 98; Rz 416. Die **FinVerw** hat sich dem nunmehr grds angeschlossen (*BMF* BStBl I 19, 1291; BMF BStBl I 21, 696). **Kritik.** Die Rspr ist mit Zweck und Systematik des § 6 III nicht vereinbar und vermischt dessen Tatbestand mit § 6 V. Sie führt zudem dazu, dass die Begriffe „Betrieb/Teilbetrieb/MUeranteil" iSv § 6 III nicht mehr durch die funktional wesentl WG gekennzeichnet werden (Rz 85; *Brandenberg* DB 13, 17). **Verweise.** Zum Teilbetrieb s Rz 128; zur Übertragung von

Teilen von MUeranteilen/Betriebsanteilen s Rz 218, 420; zur qualifizierten Nachfolge s Rz 674; zu teilentgeltl Übertragungen s Rz 37, 66; zu § 10 Ia Nr 2 s Rz 51; zur Betriebsverpachtung s Rz 172; zur Veräußerung von Betrieben etc s Rz 85 f, 125, 405 f; zu den §§ 20, 24 UmwStG einschl Option gem § 1a KStG s Rz 30, 100, 397, 411; zur Betriebsaufgabe s Rz 205; zur Realteilung s Rz 530, 535, 550, 553. – **Verdeckte Einlage.** Entgegen der ursprüngl Absicht (BT-Drs 14/6882) wurde in § 6 III 1 *HS 1* (anders aber § 6 III 1 *HS 2*) darauf verzichtet, nur *natürl* Personen als begünstigte Empfänger zuqualifizieren. Dies soll zwar die bisherige Praxis absichern (zB Vererben von Betrieben an Stiftungen etc; vgl BFH I R 76/99 BStBl II 02, 487; s auch Rz 590 aE; BT-Drs 14/7344), lässt aber andererseits die Rechtsfolgen der verdeckten Einlage unberührt (zB bei unentgeltl Übertragung von Betrieben/MUeranteilen in KapGes, an denen der Einbringende oder ein ihm Nahestehender beteiligt ist; *BMF* BStBl I 19, 1291 Rz 2; § 6 Rz 714; *Wacker* ZSteu 05, 358; zum Verhältnis zu § 20 UmwStGs Rz 30, 32, 410; zu 100%igen KapGesAnteils Rz 135).

12 **2. Umwandlungen.** Zum grds *Vorrang* der Einbringungen nach §§ 20, 24 UmwStG s Rz 29 ff. Zur Umwandlung einer InvestitionsGes in InvFonds s § 20 InvStG 2018.

13 **3. Tonnagegewinn.** Er umfasst auch Einkünfte nach § 16 (§ 5a V, VI, s § 5a Rz 20, 30); zu § 42 AO s BFH IV R 42/13 DStR 17, 2653. Zur nicht gem §§ 16, 34 begünstigten Hinzurechnung (§ 5a IV 3 aF/nF) vgl Rz 574.

IV. Verhältnis zu anderen Vorschriften

15 **1. Einkommensteuergesetz** *(Auswahl).* Zu *(1)* § 2 II iVm § 15: Erfassung des betriebl Gesamtgewinns bei Veräußerung/Aufgabe iSv § 16 s Rz 3; – *(2)* § 2 III: nachrangiger Verlustausgleich mit Einkünften iSv §§ 16, 34 s § 2 Rz 58; § 34 Rz 56; BFH I R 84/13 BFH/NV 15, 664; – *(3)* § 3 Nr 40 (Teileinkünfteverfahren) und § 16 IV (Freibetrag) s Rz 574, 582; BFH X R 61/08 BStBl II 10, 1011: Meistbegünstigung; – *(4)* §§ 4, 5: Buchwert des BV s § 16 II; – *(5)* § 4 I 4: finale Entnahme/Betriebsaufgabe s § 16 III 2 letzter HS, IIIa; – *(6)* § 4 IVa (Überentnahme) s § 4 Rz 525 – *(7)* § 5a: Tonnagegewinn s Rz 13. – *(8)* § 6 III: unentgeltl Übertragung von (Teil-)Betrieben/MUeranteilen s Rz 10 f; – *(9)* § 6 V: Buchwertausgliederung von EinzelWG s Rz 11; – *(10)* § 6b: Übertragung stiller Reserven s Rz 91, 98, 309, 351, 410, 443, 577, 582; – *(11)* SonderAfA/InvZul s § 15 Rz 411. – *(12)* § 10d: Verlustabzug s § 10d Rz 18; – *(13)* § 15 IV 2, 3: Verlustverrechnung bei gewerbl Tierzucht/Termingeschäften s § 15 Rz 896, 905; § 15 IV 7: Verluste aus InnenGes § 15 Rz 910; – *(14)* § 15a: verrechenbare Verluste s insb Rz 453, 484, § 15a Rz 151 ff; – *(15)* § 15b s § 15b Rz 2, 4; – *(16)* § 16 ist ggü § 23 vorrangig; beachte aber § 23 I 5; *BMF* BStBl I 00, 1383 Rz 4; – *(17)* § 24 Nr 2: nachträgl Einkünfte s Rz 348. – *(18)* § 34 II 1, I: ao Einkünfte s Rz 4 – einschließl der in der Rspr umstrittenen tatbestandl Differenzierungen –; *(19)* § 34a I 1, VI 1 Nr 1, 2: Thesaurierungsbegünstigung/Nachversteuerung s insb § 34a Rz 35, 75 ff – *(20)* § 34c I 2 ggf iVm VI 2 und § 34d Nr 2a: StErmäßigung bei ausl Veräußerungsgewinnen s § 34c Rz 13 u § 34d Rz 3; – *(21)* § 35: GewSt-Anrechnung für Veräußerungsgewinne s § 35 Rz 19, 39, 52; – *(22)* § 49 I Nr 2a, beschr ESt-Pflicht s § 49 Rz 29; § 50: Sondervorschrift s § 50 Rz 14 (kein § 16 IV; kein EU-Verstoß), § 50 Rz 19 (§ 34 I, II).

16 **2. Körperschaftsteuergesetz; Umwandlungsteuergesetz.** S Rz 7, 29 ff.

17 **3. Gewerbesteuergesetz – a) § 7 GewStG; § 18 UmwStG. – *(1)* Natürliche Personen.** Die GewSt (BFH I R 13/18 DStR 20, 444: tätigkeitsbezogene Objektsteuer) erfasst bei natürl Personen nur den lfd Gewinn (Verlust) des „werbenden" Betriebs, nicht Gewinne (Verluste) aus der Veräußerung oder Aufgabe des ganzen GewBetr oder eines Teilbetriebs. Letztere nehmen folgerichtig auch nicht

Veräußerung eines Betriebs oder Teilbetriebs 18–26 § 16

an der Tarifermäßigung für gewerbl Einkünfte nach § 35 teil (s § 35 Rz 18, 20). – *(2)* **MUerschaften.** Gleiches gilt bei PersGes/MUerschaften ab EZ 2002 nur, soweit eine *natürl* Person als MUer an der MUerschaft *unmittelbar* beteiligt ist. Andernfalls gehören nach **§ 7 S 2 GewStG** (BVerfG 1 BvR 1236/11 BStBl II 18, 303: verfgemäß) die Gewinne/Verluste aus der Veräußerung/Aufgabe des Betriebs/ Teilbetriebs der MUerschaft, der MUeranteile durch die OberGes (KapGes/PersGes; BFH IV R 39/10 BStBl II 19, 77) und des Anteils des phGes'ters einer KGaA zum Gewerbeertrag. Vgl auch § 9 Nr 1 S 6 GewStG. Zur erhöhten Entlastung nach § 35 idF s § 35 Rz 20. – *(3)* **Sonderfragen.** Auch vor EZ 2002 war zudem die Veräußerung von **Teilen** von MUeranteilen gewstpfl (Rz 415); zu Anteilen an **ZebraGes** s Rz 387. Der Gewinn aus der Veräußerung eines 100%igen **KapGes-Anteils** im BV iSv § 16 I 1 HS 2 ist idR Teil des gewstpfl Gewinns; zu § 3 Nr 40 EStG, § 8b KStG s aber Rz 135. – *(4)* **§ 18 III UmwStG.** Nach dieser so besonderen Missbrauchsvorschrift unterliegen ferner „Auflösungs- und Veräußerungsgewinne" der GewSt, wenn nach einem Vermögensübergang (einschließl Formwechsel) von einer KapGes auf eine PersGes oder natürl Person der Betrieb/Teilbetrieb der PersGes (oder natürl Person) oder ein Anteil an der PersGes „innerhalb von 5 Jahren nach der Umwandlung aufgegeben oder veräußert wird". Zu weiteren Einzelheiten s bis *Schmidt* 34. Aufl. § 16 Rz 8; *BMF* BStBl I 11, 1314 Tz 18.05 ff. Zur Veräußerung gegen wiederkehrende Bezüge s BFH X R 40/10 BStBl II 13, 883; *BMF* BStBl I 11, 1314 Tz 18.06, zutr; zu Veräußerungskosten s Rz 302; zu § 16 IV s Rz 573; zu § 35 EStG iVm § 18 III 3 UmwStG § 35 Rz 23. – *(5)* **KapGes.** Bei diesen gehören ab EZ 2002 nicht nur (wie zuvor) Gewinne aus der Veräußerung/ Aufgabe des ganzen GewBetr/Teilbetriebs zum Gewerbeertrag (BFH I B 226/04 BFH/NV 06, 364), sondern (anders als zuvor) auch solche aus der Veräußerung/ Aufgabe eines MUeranteils (einschließl Einbringung gem §§ 20, 24 UmwStG).

b) Wechselwirkungen mit § 16. Der Veräußerungsgewinn, der nach § 16 II 3, 18 III 5 EStG, § 24 III 3 UmwStG als lfd Gewinn umqualifiziert wird, unterliegt der GewSt (s Rz 331, 511). Ab EZ 2008 mindert die GewSt nicht mehr den Veräußerungsgewinn (§ 4 Vb); zu Veräußerungskosten s aber Rz 302. Zum Wegfall der GewSt bei Betriebsverpachtung s Rz 166, 186.

4. Umsatzsteuergesetz. Zur von § 16 tatbestandl abw Geschäftsveräußerung 19 iSv § 1 Ia UStG s UStAE 1.5; *OFD Ka* DStR 21, 1821.

5. Höherrangiges Recht. § 16 ist **verfgemäß,** auch soweit er nach den im 20 Realisierungszeitpunkt geltenden Normen (BFH IX B 45/20 BFH/NV 21, 767) nominelle Gewinne der ESt unterwirft (BFH I B 10/71 BStBl II 71, 626) und Gewinne aus geringfügigen Anteilen erfasst (BFH VIII B 30/98 BFH/NV 99, 769). Er ist mE auch **EU-konform;** zu § 16 IIIa (Entstrickung) s Rz 196; zu § 16 IV iVm § 50 I 3 s oben Rz 15 aE.

B. Tatbestand der Veräußerung des ganzen Gewerbebetriebs oder eines Teilbetriebs, § 16 I 1 Nr 1

I. Veräußerung

1. Begriff. Die den Tatbestand des § 16 I Nr 1 kennzeichnende Veräußerung 25 erfordert die **entgeltl** (Rz 26) **Übertragung** des Eigentums – bei Divergenz zw rechtl und wirtschaftl Eigentum des **wirtschaftl Eigentums** – am Gegenstand der Veräußerung (GewBetr; Teilbetrieb) auf eine andere Person (Rechts-/„Steuersubjekt") (BFH VIII R 7/90 BStBl II 93, 228), wobei auch PersGes als „Steuersubjekten" anzusehen sind (vgl Rz 93, 365; BFH X R 52/90 BStBl II 94, 838; BFH III R 34/01 BStBl II 03, 700). Zur **weiteren** Voraussetzung der Veräußerung des **ganzen** Betriebs/Teilbetriebs s Rz 75, 125.

2. Entgelt. Aus § 16 II folgt, dass das Gesetz unter (Betriebs-)Veräußerungen 26 nur entgeltl (oder teilentgeltl; dazu Rz 65) Vorgänge versteht. **Voll entgeltl** ist eine

Übertragung, mittels derer ein schuldrechtl Verpflichtungs-(Kausal-)geschäft erfüllt wird, bei dem die Gegenleistung (kfm) nach dem Wert der Leistung bemessen ist (zB Kauf, § 433 BGB; Tausch, § 480 BGB). **Einzelfälle:** die Tilgung einer **Geldschuld,** zB Anspruch auf *Zugewinnausgleich*, an **Erfüllungsstatt** (BFH III R 13/15 BFH/NV 19/1069; Rz 599; zu Vermeidungsstrategien s *Stein* DStR 12, 1063) Zur Beendigung der Gütergemeinschaft s Rz 534; zur Abgrenzung ggü Pacht s BFH X R 36/08 BFH/NV 17, 4; unten Rz 167. Keine Veräußerung liegt vor, soweit der zunächst erhaltene Kaufpreis abredegemäß („Rückschenkung") zurückfließt (BFH X R 14/11 BStBl II 14, 158; unten Rz 632).

27 **3. Zeitpunkt.** Der Veräußerungsbegriff ist insofern **zweigliedrig,** als er das entgeltl Kausalgeschäft und das Erfüllungsgeschäft umfasst. Die Veräußerung ist bei vorausgegangenem Kausalgeschäft erst mit der Erfüllung vollendet (BFH VIII R 7/90 BStBl II 93, 228); in diesem Zeitpunkt entsteht der Veräußerungsgewinn/-verlust (Rz 231, 235). Dieser Zeitpunkt soll nach der Rspr dafür entscheidend sein, ob eine Veräußerung des ganzen GewBetr oder nur eines Teilbetriebs vorliegt (BFH I R 119/81 BStBl II 85, 245).

29 **4. Sonderrecht des UmwStG. – a) Einbringung in Kapitalgesellschaft, § 20 UmwStG. – aa) Offene Sacheinlage.** Zwar ist auch die Einbringung aller wesentl Betriebsgrundlagen eines Betriebs/Teilbetriebs in eine KapGes gegen Gewährung von GesRechten (offene Sacheinlage) Veräußerung iSv § 16 (BFH I R 33/14 BStBl II 16, 913: tauschähnl Vorgang; BFH I R 55/09 BStBl II 10, 1094: ebenso bei Einbringung als Aufgeld zu Bareinlage: *steuerrechtl* Sacheinlage). Die Rechtsfolgen bestimmen sich aber nach den **vorrangigen** §§ 20 ff UmwStG (Rechtsfolgen-/**Bewertungswahlrecht:** Buch-/Zwischenwert, gemeiner Wert; zur KGaA s Rz 561; ggf iVm § 50i II 1). Zur Einbringung in KapGes zugunsten bisher nicht beteiligter *Familienangehöriger* s § 15 Rz 876.

30 **bb) Rückbehalt wesentlicher Betriebsgrundlagen – *(1)* Buchwert; Zwischenwert.** Der Grundsatz, dass die §§ 20 ff UmwStG nur bei Einbringung aller wesentl Betriebsgrundlagen anwendbar sind (BFH I R 183/94 BStBl II 96, 342; *BMF* BStBl I 11, 1314 Tz 20.06/20.10), ist im Einklang mit der Lockerung der **Rspr** zum Verhältnis von **§ 6 III** (s einschließl Kritik Rz 10 f) mE dahin zu durchbrechen, dass es dem Buchwertansatz/Zwischenwertansatz nach § 20 UmwStG nicht entgegensteht, wenn funktional wesentl (Sonder)BV entweder (ggf auch zeitgleich) nach § 6 V **ausgegliedert** oder *vor* der Einbringung veräußert oder entnommen wird (BFH I R 7/16 BStBl II 19, 1291): zeitpunktbezogene Betrachtung/*keine* Gesamtplanbetrachtung; *Wacker* DStR 18, 1019; *Wendt* FR 18, 513; *Binder ua* DB 20, 1587; BFH X R 60/09 BStBl II 12, 638; s auch Rz 411; offen *BMF* BStBl I 19, 1291; **aA** noch *BMF* BStBl I 11, 1314 Tz 20.07). Wird dies **versäumt** („schlichter Rückbehalt im PV" = Entnahme), kommt es zur Betriebsaufgabe (BFH I R 7/16 BStBl II 19, 1291), auch bei **Option gem § 1a KStG** (dazu § 15 Rz 160a; *BMF* BStBl I 21, 2212; *Wacker/Krüger ua* DStR-Beih 21, 12) – *(2)* **Gemeiner Wert.** Gleiches gilt (begünstigte Betriebsaufgabe), wenn die KapGes (oder OptionsGes gem § 1a KStG) das eingebrachte Vermögen mit dem gemeinen Wert angesetzt hat. Wurden die zurückbehaltenen wesentl Betriebsgrundlagen aber nach § 6 V in eine andere BV zu Buchwerten übertragen, entsteht aus der Einbringung (Tausch zum gemeinen Wert) nur ein *lfd* nicht begünstigter Gewinn (BFH I R 183/94 BStBl II 96, 342; zu § 6 I Nr 4 S 4 s aber Rz 77). Ebenso, wenn Buchwertübergang und Einbringung zum gemeinen Wert iSe *Gesamtplans* verknüpft werden (s Rz 4).

31 **cc) Verdeckte Einlage; verschleierte Einlage** s dazu Rz 216 f.

32 **b) Einbringung in Personengesellschaft, § 24 UmwStG.** Auch die Einbringung von Betrieben oder Teilbetrieben (zu 100 %iger KapGesAnteil s aber Rz 135) in eine PersGes (einschließl deren SBV) gegen Gewährung von GesRechten ist – selbst bei Buchwertfortführung – (tauschähnl) Veräußerung iSv § 16 (BFH X R 8/13 BFH/NV 15, 1409; ebenso mE trotz BFH IV R 15/14 BStBl II 16, 593; *BMF* BStBl I 16, 684 bei Gutschrift auf KapKto II; insgesamt **Aa** *Weber-Grellet* DB 19, 2201: Organisationsakt). *Folge:* § 24 UmwStG **verdrängt** sowohl § 16 als auch § 6 V 3 (Rz 397; *BMF* BStBl I 11, 1279 Rz 38). Zum **Rechtsformwechsel** von PersGes s Rz 401 f. Zu **Ausgleichszahlungen** s Rz 511 ff. Führt die PersGes die Buchwerte fort, ist ein Gewinn aus dem Übergang **zurückbehaltener WG** ins **PV** nicht tarifbegünstigt (BFH IV R 93/85 BStBl II 88, 374). Zum Buchwert-Rückbehalt wesentl BV/SBV s Rz 30, 410. Zur Einbringung zum gemeinen Wert sowie zur Veräußerung an eine PersGes, an der der Einbringende/Veräußerer beteiligt ist, s Rz 331 (anteiliger lfd Gewinn).

II. Abgrenzung: Vollentgeltliche/teilentgeltliche/ unentgeltliche Übertragung

1. Vollentgelt versus Teilentgelt; Vermutungen zwischen Fremden und 35 **Angehörigen.** Bei Übertragungen zw **Fremden** spricht eine tatsächl Vermutung dafür, dass entgeltl veräußert ist; dies gilt auch bei Übertragung gegen wiederkehrende Bezüge (BFH VIII R 121/83 BStBl II 89, 585) oder Erwerb gegen Zuzahlung des Veräußerers (BFH I R 49, 50/04 BStBl II 06, 656). Ebenso grds bei Übertragungen zw Freunden (iEinz BFH IX R 1/16 BStBl II 18, 94 zu § 17). Umgekehrt besteht bei Betriebsübertragungen zw **Familienangehörigen** eine (widerlegbare) Vermutung, dass diese auf familiären Gründen beruhi, dh die beiderseitigen Leistungen nicht kfm abgewogen sind u damit keine (voll entgeltl) Betriebsveräußerung, sondern eine voll unentgeltl Übertragung iVm privaten Versorgungsleistungen, oder eine (teil-)entgeltl Übertragung vorliegt (BFH GrS 4–6/89 BStBl II 90, 847; BFH X R 58/92 BStBl II 96, 672). Die Vermutung gilt grds auch bei negativem KapKto (s Rz 59, 423), nicht jedoch, wenn Leistung und Gegenleistung nachweisl (BFH IX R 4/13 BFH/NV 14, 1201: Darlegungslast des StPfl bei geringem Kaufpreis) obj gleichwertig sind (BFH X R 14/89 BStBl II 93, 23). Sie ist widerlegt, wenn feststeht, dass trotz obj Ungleichwertigkeit die beiderseitigen Leistungen subj wie unter Fremden abgewogen sind (BFH X R 193/87, BStBl II 92, 465; *BMF* BStBl I 93, 80 Rz 2, 5, 26; *BMF* BStBl I 04, 922 Rz 4), dh die Parteien von der Gleichwertigkeit ausgegangen sind und darüber klare und eindeutige Vereinbarungen getroffen haben (BFH X R 12/01 BStBl II 04, 211: maßgebl primäre Erwerbersicht; § 6 Rz 718). Ist die Gegenleistung nicht kfm bemessen und steht fest, dass sie obj den angemessenen Wert der Leistung übersteigt, sind (nur) der angemessene Teilbetrag AK; das „Mehr" ist nicht estpfl und nicht abzugsfähig (BFH X R 44/93 BStBl II 96, 676 aE zu PV). Str ist, ob dies auch gilt (Entgelt!), wenn der Wert der Leistung geringer ist als die **Hälfte des Werts** (zB Barwert) der Gegenleistung (mE zutr), oder ob in diesem Fall der Vorgang voll unentgeltl, dh die Gegenleistung insgesamt nicht estpfl und nicht abzugsfähig ist (*BMF* BStBl I 04, 922 Rz 50). Wird ein Kaufpreis zwar vereinbart, aber **tatsächl nicht gezahlt**, oder der zur Zahlung erforderl Betrag dem „Käufer" vom „Verkäufer" gleichzeitig geschenkt, ist die Übertragung voll unentgeltl (vgl BFH XI R 1/86 BStBl II 92, 239 zu PV).

2. Schenkung; unbenannte Zuwendung. – a) § 6 III; Tatbestand. Keine 37 Veräußerung iSv § 16 I 1 Nr 1 (auch keine Betriebsaufgabe iSv § 16 III; s aber Rz 218), sondern eine unentgeltl Übertragung iSv § 6 III 1 liegt vor, wenn der ganze GewBetr (Teilbetrieb) im Wege einer (gemischten) **Schenkung** iSv § 516 BGB, dh voll unentgeltl übertragen wird (BFH GrS 4–6/89 BStBl II 90, 847; für Teilbetrieb; BFH I R 105/85 BStBl II 89, 653; zu MUerTeilanteil s Rz 420) und der Schenker damit seine bisherige unternehmerische Betätigung (im Wesentlichen) aufgibt. Nach bisher hL erforderte dies, dass in einem *einheitl* Vorgang das wirtschaftl Eigentum an *allen funktional* wesentl Betriebsgrundlagen (einschließl SBV) übertragen wird; hiervon sind BFH und FinVerw (kumulative Anwendung von § 6 III und V) jedoch abgerückt (iEinz Rz 11; § 6 Rz 707). Zu zurückbehaltenen WG, die keine funktional wesentl Betriebsgrundlagen sind, s Rz 325. Unentgeltl ist ferner die **unbenannte Zuwendung** zw Ehegatten (s zur ErbSt BFH II R 59/92 BStBl II 94, 366; ErbStR E 7.2; *GLE* BStBl I 94, 297). Voll unentgeltl iSv § 6 III ist die Übertragung eines GewBetr usw zw Angehörigen estrechtl auch, soweit der Erwerber neben den Aktiva die Passiva **(Betriebsschulden)** übernimmt (BFH GrS 4–6/89 BStBl II 90, 847/54; BFH IV R 28/97 BFH/NV 98, 836/7), selbst wenn diese die Buchwerte der Aktiva übersteigen (BFH VIII R 36/66 BStBl II 73, 111; *BMF* BStBl I 93, 80 Rz 30).

38   **b) § 6 III; Rechtsfolgen.** Der Schenker (Zuwendende) realisiert (grds) weder Gewinn noch Verlust; der Beschenkte hat keine AK; er muss die (aktiven/passiven) Buchwerte des Schenkers fortführen (§ 6 III 3) und tritt daher – trotz geänderter Rspr zu § 10d (s unten Rz 590) – insoweit grds in die Rechtsstellung des Schenker sein (zum formellen Bilanzzusammenhangs BFH I B 179/11 BFH/NV 13, 21; s auch § 6b Rz 11; zur mittelbaren Grundstücksschenkungs aber BFH IV R 9/06 BStBl II 10, 664; zu § 4 IV abej BFH IV R 17/10 BStBl II 14, 316; *BMF* BStBl I 05, 1019 Rz 10a; zu § 6 IIa s diff *BMF* BStBl II 10, 755 Rz 19, 23; zu § 7g s § 7g Rz 1 ff; zu § 15a s § 15a Rz 168; zu § 15b nF s *BMF* BStBl I 07, 542 Tz 25; zu § 34a s § 34a Rz 85.

40   **3. Erwerb von Todes wegen. – a) Erbfall.** Grds keine Veräußerung iSv § 16 I (und auch keine Betriebsaufgabe iSv § 16 III), sondern unentgeltl „Übertragung" iSv § 6 III 1, 3 ist der Übergang des ganzen GewBetr durch Erbfall (§ 1922 I BGB). Der Erbe tritt grds in die Rechtsstellung des Erblassers ein. Beim Erblasser sind die Werte anzusetzen, die sich für den Zeitpunkt des Todes nach den Vorschriften der lfd Gewinnermittlung (§§ 4–7) ergeben; stille Reserven werden nicht aufgedeckt; der Erbe hat diese Buchwerte fortzuführen (§ 6 III 3; BFH X B 162/08 BFH/NV 09, 156; Rz 590 ff). Zum Übergang auf KapGes s Rz 216 f, 590 aE.

41   **b) Erblasserschulden.** Ihr Übergang auf den Erben ist kein Entgelt (AK) für den Erwerb der (aktiven) Vermögensgegenstände (PV, BV) des Nachlasses. Gleiches gilt für die Belastung des Erben mit Geldvermächtnissen, Pflichtteils-/Erbersatzansprüchen (Erbfallschulden) oder Auflagen (iEinz s Rz 592 ff).

42   **c) Vermächtnis.** Ist der Betrieb (Teilbetrieb) Gegenstand eines Sachvermächtnisses, geht der Betrieb usw zivilrechtl auf den Erben und erst mit der Erfüllung der Vermächtnisschuld auf den Vermächtnisnehmer über. Hiervon ist auch estrechtl auszugehen (BFH VIII R 18/93 BStBl II 95, 714). Gleichwohl tritt keine Gewinnrealisierung nach § 16 ein (Ausnahme: Kaufrechtsvermächtnis, s Rz 598); denn der Betrieb geht im Anschluss an den *unentgeltl* Übergang vom Erblasser auf den Erben mit der Erfüllung des Vermächtnisses von diesem *unentgeltl* auf den Vermächtnisnehmer über (§ 6 III 1; BFH VIII R 18/93 BStBl II 95, 714; *BMF* BStBl I 06, 253 Tz 61).

43   **aa) Unternehmer.** Nach BFH wird der Vermächtnisnehmer idR erst mit **Erfüllung** des Vermächtnisses Unternehmer; die bis dahin im Erbfall erzielten Gewinne sind dem oder den Erben zuzurechnen. *Ausnahmen:* – *(a)* Vermächtnisnehmer hat schon ab Erbfall die *Sachherrschaft* über den Betrieb (BFH VIII R 349/83 BStBl II 92, 330; *BMF* BStBl I 06, 253 Tz 61; **aA** *Tiedtke ua* ZEV 07, 349: Vermächtnisnehmer ist idR bereits ab Erbfall Unternehmer; weil ihm nach § 2184 BGB die Früchte des Betriebs gebühren; Erbe ist nur „Durchgangsunternehmer" (BFH IV R 10/99 BStBl II 02, 850). – *(b)* Bei *unklarer Erbrechtsrechtslage* ist der Erbe nach BFH IX R 26/99 BFH/NV 04, 476 (betr VuV) uU Treuhänder des Vermächtnisnehmers (dazu *Geck* ZEV 04, 279; bedenkl).

44   **bb) Abgrenzung.** Betriebsveräußerung ist mE aber eine Übereignung an **Geldvermächtnisnehmer** oder Pflichtteilsberechtigte als Leistung an Erfüllungsstatt (glA BFH III R 38/00 BStBl II 05, 554; s auch Rz 599, 26).

Abgrenzung: voll-/teil-/unentgeltliche Übertragung 50–54 § 16

4. Vorweggenommene Erbfolge

Verwaltung: *BMF* BStBl I 93, 80 (vorweggenommene Erbfolge); *BMF* BB 93, 1791 (SBV); *BMF* BStBl I 07, 269 (Entgeltaufteilung); *BMF* BStBl I 10, 227 (Rentenerlass IV).

a) BFH-Rechtsprechung (GrS). Wird ein Betrieb (Teilbetrieb, MUeranteil) **50** in „vorweggenommener Erbfolge", dh „durch den (künftigen) Erblasser auf einen oder mehrere als (künftige) Erben in Aussicht genommene Empfänger" übertragen (BGH IV ZR 299/89 BGHZ 113, 310; vgl § 593a BGB, § 13a I Nr 2 ErbStG aF; § 7g VII 3 aF; *BMF* BStBl I 93, 80 Rz 1) und werden dabei „Gegenleistungen" (zB Versorgung, Gleichstellungsgeld) vereinbart, kann dies – abw von der früheren Rspr (s *BMF* BStBl I 93, 80: Übergangsregelung) – nach BFH (GrS 4–6/89; BStBl II 90, 847; BFH GrS 1/90 BStBl II 92, 78) **unabhängig** davon, ob der Übergabevertrag zivilrechtl gemischte oder **Auflagenschenkung** (*Wacker* NWB F 3, 8650; **aA** *Stephan* DB 91, 1090) ist, estrechtl unentgeltl Übertragung iSv § 6 III oder (voll- bzw teilentgeltl) Veräußerung sein.

b) Versorgungsleistungen. Zwar ist nach BFH (GrS 1/90 BStBl II 92, 78) eine **51** Verpflichtung des Übernehmers zu wiederkehrenden Versorgungsleistungen – gleich dem Vorbehalt von Nutzungsrechten am übertragenen Vermögen (s Rz 61) – grds **kein Entgelt,** weil das EStG spezialgesetzl („Sonderrecht") das Rechtsinstitut „**Vermögensübergabe gegen Versorgungsleistungen**" (= vorbehaltene Vermögenserträge) ausschließl den §§ 22, 10 zuordnet und damit aus dem Bereich der (teil-)entgeltl Geschäfte ausklammert. Gleiches gilt im Anwendungsbereich von § 10 Ia Nr 2, § 22 Nr 1a (iEinz s *BMF* BStBl I 10, 227; § 10 Rz 111 ff), **nicht** jedoch, wenn die stillen Reserven des übertragenen BV aufzudecken sind (BFH IV R 52/08 BStBl II 11, 261). Die Lockerung der Anforderungen an § 6 III durch BFH und *FinVerw* (s Rz 11, 30) soll nach *BMF* BStBl I 19, 1291 Rz 40 auch für § 10 Ia Nr 2a gelten.

c) Abstandszahlungen; Gleichstellungsgelder. Ein teilentgeltl Veräuße- **52** rungs-/Anschaffungsgeschäft liegt vor, wenn die Vereinbarung ernsthaft und klar ist sowie tatsächl durchgeführt wird (BFH X R 31/91 BFH/NV 93, 18; zum Zahlungsrückfluss s Rz 26) und der Wert der Leistung (Betrieb etc) höher als der Wert der Gegenleistung ist, soweit der Übernehmer – *(1)* an den Übergeber Abstandszahlungen zu leisten hat (s Rz 53), oder – *(2)* sich zur Zahlung von „Gleichstellungsgeldern" an Dritte verpflichtet (s Rz 53) oder – *(3)* private Schulden des Übergebers übernimmt (s Rz 57).

d) Geldleistungen; Sachleistungen aus eigenem Vermögen. – aa) Grund- **53** **sätze.** Entgelt für den GewBetr ist die Verpflichtung des Übernehmers zu **Geldleistungen** an Übergeber oder Dritte – ausgenommen *wiederkehrende Leistungen* iRd Sonderrechtsinstituts der Vermögensübertragung gegen Versorgungsleistungen (Rz 51), grds unabhängig davon, ob er aus dem übernommenen oder eigenen Vermögen leistet (*Groh* DB 90, 2187/9; **aA** *Wacker* NWB F 3, 8654; evtl *BMF* BStBl I 93, 80 Rz 8). Der Übergeber erzielt einen *Veräußerungspreis* in Gestalt seiner Forderung aus dem Übergabevertrag (*BMF* BStBl I 93, 80 Rz 24 iVm Rz 7) unabhängig davon, ob auch der Dritte einen eigenen Anspruch gegen den Übernehmer erwirbt (§§ 328 I, 330 S 2 BGB); der Übernehmer hat entspr *AK* (dazu Rz 66). Der Verpflichtung zur Geldleistung steht die Verpflichtung zu einer **Sachleistung aus eigenem Vermögen** des Übernehmers gleich (*BMF* BStBl I 93, 80 Rz 24 iVm Rz 7 Satz 2; 12; zu PV s *BMF* BStBl I 98, 914 Rz 33). Auch gleichbleibende oder abänderbare **wiederkehrende Zahlungen,** die keine Versorgungsleistungen iSd zu Rz 51 dargestellten „(Sonder-)Rechtsinstituts" (zB verrentetes Gleichstellungsgeld; Mindestzeitrenten) sind, führen iHd Barwerts zu Entgelt (BFH X R 32–33/01 BStBl II 11, 675).

bb) Fälligkeit. Ist die Ausgleichszahlung erst zu einem späteren Zeitpunkt **54** fällig *(Betagung)* oder von einem künftigen Ereignis abhängig, bei dem nur der

Zeitpunkt des Eintritts ungewiss ist, zB Tod *(Befristung),* ist Veräußerungspreis der abgezinste Barwert (BFH XI R 9/84 BStBl II 91, 794 zu PV); der Dritte erzielt im Zeitpunkt der Erfüllung Einkünfte aus KapVerm iHd Differenz zw Erfüllungsbetrag und Barwert (ähnl *Groh* DB 90, 2187, 2190; *BMF* BStBl I 93, 80 Rz 11, 20 zu PV). Ist die Ausgleichszahlung von einem ungewissen künftigen Ereignis zB Heirat abhängig (aufschiebende Bedingung), entstehen erst mit Eintritt des Ereignisses beim Übernehmer nachträgl AK (BFH XI R 2/90 BFH/NV 92, 297; *BMF* BStBl I 93, 80 Rz 19, 21 zu PV); beim Übergeber erhöht sich der Veräußerungspreis rückwirkend (arg BFH GrS 2/92 BStBl II 93, 897).

55 **cc) Leistung an Erfüllungsstatt.** Wird eine Geldleistungsverpflichtung durch eine Sachleistung (oder wiederkehrende Bezüge) abgelöst (Leistung an Erfüllungsstatt), bleibt der Entgeltcharakter der Geldschuld unberührt (glA *Schoor* StBP 92, 29, 33; **aA** *Ehmcke* Stbg 92, 72, 78). Bei einem Wahlrecht des Dritten zw Sachoder Geldleistung ist die Verpflichtung des Übernehmers mE ebenso wie bei reiner Geldschuld Entgelt. Ist Gegenstand der Leistung an Erfüllungsstatt ein WG des (übernommenen) BV, entsteht ein nichtbegünstigter Gewinn des Übernehmers (mE Veräußerung iSv § 6b; s BFH VIII R 2/94 BStBl II 96, 60).

56 **dd) Ausweg.** Einer evtl Gewinnrealisierung bei Betriebsübertragung gegen Gleichstellungsgeld lässt sich dadurch ausweichen, dass der *Übergeber* vor der Übertragung liquide Mittel entnimmt und diese selbst den Dritten zuwendet.

57 **e) Übernahme von Schulden. – aa) Private Schulden.** Soweit bei der Übertragung des GewBetr (Teilbetrieb, MUeranteil) der Übernehmer private Schulden, insb Geldschulden des Übergebers oder der PersGes (s § 15 Rz 489) übernimmt, ist dies – gleich Abstandszahlungen – Entgelt (BFH GrS 4–6/89 BStBl II 90, 847, 853; BFH IV R 61/93 BStBl II 95, 367 aE; *BMF* BStBl I 93, 80 Rz 27), ausgenommen die Übernahme – *(1)* schuldrechtl oder dingl Pflichten zur Nutzungsüberlassung zB aus Miete (*Groh* DB 90, 2187, 2191), – *(2)* bestehender Versorgungspflichten im „Generationennachfolge-Verbund". Die übernommenen (privaten) Schulden werden beim Übernehmer damit BV und die Zinsen BA (BFH IV R 73/87 BStBl II 91, 450). Zur Ablösung privater Schulden des Veräußerers s Rz 303.

58 **bb) Betriebliche Schulden.** Kein Entgelt ist aber die Übernahme der Schulden, die passives BV (einschließl SBV) des übertragenen Betriebs (Teilbetriebs, MUeranteils) sind; hierzu gehören auch die § 4 IVa (Kürzung des BA-Abzugs für Schuldzinsen) zugrunde liegenden Verbindlichkeiten (*Hübner* DStR 00, 1205, 1208; *BMF* BStBl I 05, 1019 Rz 1). Buchwert iSv § 6 III ist grds der Nettowert (s Rz 38; BFH GrS 4–6/89 BStBl II 90, 847; *BMF* BStBl I 93, 80 Rz 29).

59 **cc) Negatives Kapitalkonto.** Hieraus folgt ferner, dass auch bei Übertragung eines Betriebs mit negativem KapKto die Übernahme der diesem Konto entspr Schulden kein Entgelt und die Übertragung daher voll unentgeltl ist, *wenn* entspr stille Reserven oder zumindest Gewinnchancen vorhanden sind *und* keine (sonstigen) Gegenleistungen erbracht werden (BFH IV R 16/15 BStBl II 18, 527; BFH VIII R 76/96 BStBl II 99, 269). Zum Übergang verrechenbarer Verluste vgl § 15a Rz 65, 168; *Meyer ua* INF 98, 557 beir Übergabe real überschuldeter Betriebe). Ist die Übertragung aber teilentgeltl, zB weil der Übernehmer ein Gleichstellungsgeld zu zahlen hat, ist zur Ermittlung des Veräußerungsgewinns vom Entgelt (zB Gleichstellungsgeld) der negative Buchwert abzuziehen (Subtraktion einer negativen Größe = Addition) mit der Folge, dass die Übernahme der Betriebsschulden iHd negativen KapKtos wie die Übernahme privater Schulden (Entgelt) wirkt (BFH X B 71/06 BFH/NV 07, 37); demgemäß hat der Übernehmer auch AK iHd Gleichstellungsgelds zuzügl übernommenes negatives KapKto (BFH XI R 34/92 BStBl II 93, 436; *BMF* BStBl I 93, 80 Rz 30, 31).

Beispiel: Verkehrswert des GewBetr 1 Mio; Nettobuchwert = KapKto ./. 0,2 Mio (Aktiva 0,4 Mio, Passiva 0,6 Mio). V überträgt auf S gegen Gleichstellungsgeld an T von 0,5 Mio.

Lösung: – *(a) BMF/hL:* Veräußerungsgewinn des V = AK des S: 0,7 Mio (0,5 Mio Gleichstellungsgeld + 0,2 negatives KapKto). – *(b) Gegenmeinung:* Veräußerungsgewinn = AK: 0,5 Mio (nur Gleichstellungsgeld). *Ausweg* uU: Vorab-Entnahme liquider Mittel durch V (Rz 56).

f) Verfügungen über erhaltenes Vermögen. – aa) Weitergabe. Ist der Übernehmer des GewBetr auf Grund des Übergabevertrags verpflichtet, WG des übernommenen BV (zB Grundstück) an Dritte (zB Geschwister) weiter zu übertragen, ist diese Verpflichtung – anders als Zahlungen oder Sachleistungen aus eigenem Vermögen – **kein Entgelt** für den GewBetr (BFH GrS 4–6/89 BStBl II 90, 847/53; *BMF* BStBl I 93, 80 Rz 24, 8; zu Geldleistungen s aber Rz 53). Mit der Erfüllung der Verpflichtung entsteht aber ein nicht begünstigter Entnahmegewinn des Übernehmers (diff *BMF* BStBl I 93, 80 Rz 32). Übereignet der Übergeber noch selbst vor der Betriebsübertragung, ist der Entnahmegewinn dem Übergeber zuzurechnen (BFH IV R 89/90 BStBl II 93, 225). Wird die Pflicht zur Sachleistung durch eine Zahlung an **Erfüllungsstatt** abgelöst, führt dies mE nicht zu nachträgl Veräußerungserlös des Übergebers (**aA** *Schmidt* 17. Aufl § 16 Rz 70: AK des Übernehmers). 60

bb) Erlösauskehrung; Belastungen des erhaltenen Vermögens; Abfindungen. An einem Veräußerungserlös für den Übergeber und damit an AK für den Übernehmer fehlt es ferner, *wenn* – **(1) der Übernehmer verpflichtet** ist – *(a)* bei (teilweiser) Veräußerung des übertragenen Vermögens erzielten (Teil-)Erlös zB an Geschwister abzuführen (*Wacker* NWB F 3, 8654), – *(b)* Dritten einen GesAnteil (zB KG-Anteil, stille Beteiligung) am übertragenen GewBetr einzuräumen (*Groh* DB 90, 2187, 2189), – *(c)* Dritten ein Nutzungsrecht an Teilen des übertragenen Vermögens zuzuwenden, – *(d)* den Übergeber mit zB 25 % am Gewinn des Betriebs zu beteiligen (Folge: Übergeber erzielt nachträgl gewerbl Einkünfte; glA zu vorbehaltenem Ertragsnießbrauch FG Mster EFG 14, 1951); – **(2)** zugunsten Übergeber oder Dritten **vorbehaltene** (dingl/schuldrechtl) **Nutzungsrechte,** zB Wohn-/Erbbaurecht (BFH I R 96/02 BStBl II 08, 296; BFH IX R 8/18 DStR 20, 33; zur Entnahme s § 5 Rz 655) übernommen werden. Wird das Nutzungsrecht später **abgelöst,** führt dies idR zu nachträgl AK des Übernehmers (Ausnahme: gleitende Vermögensübergabe gegen Versorgungsleistungen; s § 10 Rz 112, 120 „Abfindung). Wird der an einem **MUeranteil** vorbehaltene **Nießbrauch** abgelöst, erzielt der Nießbraucher (MUer; dazu § 15 Rz 306, 313) einen Veräußerungsgewinn (zT **aA** *Götz ua* DStR 10, 2432). – **(3)** Gleichfalls grds kein Entgelt (keine AK) für das (potentielle) Erbvermögen sind **Abfindungen** auf Grund eines **Erb-/Pflichtteilsverzichts** (BFH VIII R 3/17 BStBl II 20, 813) trotz geänderter Rspr zur Behandlung beim Empfänger (BFH X R 132/95 BStBl II 00, 82: kein § 22 Nr 1; zu Zinsen s BFH VIII R 22/17 BStBl II 20, 92: § 20 I Nr. 7); zu § 10 Ia Nr 2 s § 10 Rz 112. Gleiches gilt für entgeltl **Verzicht** und **Herausgabeanspruch** des Vertragserben gem **§ 2287 BGB** vor Eintritt des Erbfalls (FG Mster EFG 02, 131). Ein mögl Zinsanteil ist auch beim Erben (s Rz 593) nicht BA/WK; *Ausnahme:* GewBetr wird zB in vorweggenommener Erbfolge unter Übernahme der (Rest-) Abfindungsschuld ggü Verzichtendem übertragen (vgl Rz 57). Zu § 311b V BGB (= § 312 II aF) s *Kempermann* FR 01, 442, 553: kein Entgelt (**aA** *Daragan* DB 01, 848). 61

g) Gleichzeitige Übertragung Gewerbebetrieb und Privatvermögen. Wird gleichzeitig ein GewBetr und PV auf *denselben* Übernehmer übertragen, ist zur Ermittlung des Veräußerungspreises für den GewBetr und der AK für GewBetr und PV (Übernehmer) ein Teilentgelt zwar grds im Verhältnis der Verkehrswerte der übertragenen WG aufzuteilen (zu Nettowertansatz des BV s *Wacker* NWB F 3, 8671, 8672). Entgegen *BMF* BStBl I 93, 80 Tz 47 sind jedoch vertragl vereinbarte Einzelpreise bis zur Höhe der jeweiligen Verkehrswerte (BV; einzelne WG des PV) nicht zu beanstanden (BFH IX R 54/02 BStBl II 06, 9; *BMF* BStBl I 07, 269: zB unentgeltl Betriebsübertragung und vollentgeltl Veräußerung von PV). 62

§ 16 65–69   Veräußerung des Betriebs

65 **5. Rechtsfolgen teilentgeltlicher Übertragung von Betrieben/Teilbetrieben.** Die Wertung bestimmter Leistungen des Übernehmers als Entgelt besagt noch nicht, dass bei (teilentgeltl) Übertragung eines **GewBetr** (Teilbetriebs, MUeranteils) in vorweggenommener Erbfolge stets Veräußerungsgewinne oder -verluste des Übergebers und entspr AK des Übernehmers entstehen.

66 **a) Einheitstheorie.** Die teilentgeltl Übertragung eines GewBetr (Teilbetriebs, MUeranteils) ist – anders als bei PV (s BFH XI R 5/83 BStBl II 91, 793) – nicht nach dem Verhältnis des Entgelts zum Verkehrswert des übertragenen Vermögens in einen voll entgeltl und einen voll unentgeltl Teil aufzuspalten (Spaltungs- bzw Trennungstheorie; dafür *Weber-Grellet* DB 19, 2201), sondern einheitl zu beurteilen: Nur soweit das Entgelt den gesamten (Netto-)Buchwert (KapKto) übersteigt, entsteht ein Gewinn des Übergebers (BFH X R 14/11 BStBl II 14, 158; BFH IV R 15/76 BStBl II 81, 11 zu § 17; *BMF* BStBl I 93, 80; *BMF* BStBl I 07, 269 Rz 14 f). Ist das Entgelt niedriger, ist der Buchwert fortzuführen (§ 6 III); es entsteht kein Verlust (BFH XI R 34/92 BStBl II 93, 436; *BMF* BStBl I 93, 80 Rz 35–39 mit Beispielen; glA zB *Groh* DB 90, 2187, 2190; *L. Schmidt* FS Clemm, 1996 S 349). Dies gilt sowohl für den **Veräußerer** (BFH X R 14/11 BStBl II 14, 158) als auch den **Erwerber** (BFH IV R 61/93 BStBl II 95, 367 aE), ebenso mE, wenn nach den Grundsätzen von BFH und *FinVerw* § 6 III trotz **Buchwertausgliederung** von funktional wesentl WG (§ 6 V) greift (s Rz 11). Der nach der Einheitstheorie ermittelte Veräußerungsgewinn (des Zuwendenden) ist nach bisheriger, von BFH IV R 36/13 BStBl II 15, 529 nur aus Gründen der Rechtskontinuität bestätigter Rspr **tarifbegünstigt** (BFH IV R 12/81 BStBl II 86, 811), wenn unter Beachtung des Gesamtplan-Rspr alle wesentl Betriebsgrundlagen des Betriebs/MUanteils übertragen werden (Rz 4, 77, 86, 97, 125). ME widerstreitet die Rspr dem Zweck der §§ 16, 34 (*Wacker* Ubg 16, 245, 252; *Patt* EStB 18, 330; Rz 4). Zu § 6 III 2 (unentgeltl Aufnahme in Einzelunternehmen/Übergang von MUer*teil*anteilen) s Rz 218; zu verdeckter Einlage in KapGes s Rz 216 f. Zur GewBetr-Übertragung mit negativem KapKto s Rz 59.

Beispiel 1: V überträgt einen GewBetr auf S mit einem Verkehrswert von 2 Mio € und einem Buchwert von 0,8 Mio € (1,2 Mio Aktiva ./. 0,4 Mio Passiva). S muss an T ein Gleichstellungsgeld von 1 Mio € zahlen. – *Lösung* (Einheitstheorie): Vom Veräußerungspreis (1 Mio) ist der volle Nettobuchwert (0,8 Mio) abzuziehen; der (tarifbegünstigte) Veräußerungsgewinn des V beträgt (nur) 0,2 Mio €. S muss die Buchwerte der Aktiva um 0,2 Mio € aufstocken.

Beispiel 2: Wie Beispiel 1, nur: das buchmäßige Eigenkapital beträgt 1,3 Mio € (1,7 Mio Aktiva ./. 0,4 Mio Passiva). Lösung (Einheitstheorie): Da der Veräußerungspreis den Nettobuchwert nicht übersteigt, entsteht weder ein Veräußerungsgewinn noch -verlust. S muss die Buchwerte fortführen (§ 6 III 1, 3).

67 **b) Nebenkosten.** Sie gehören bei Teilentgeltlichkeit in vollem Umfang zu den (ggf aufzuteilenden) AK (BFH XI R 4/90 BFH/NV 92, 169; *BMF* BStBl I 93, 80 Rz 13 zu PV); *Ausnahme:* ErbSt (§ 12 Nr 3). Auch bei voll unentgeltl Erwerb sollen Anschaffungsnebenkosten anzusetzen sein (s § 6 Rz 53; fragl; offen BFH IV R 44/12 BFH/NV 15, 1085).

68 **c) Buchwertgrenze.** Überschreitet die Gegenleistung nicht den Buchwert, ist dieser gem § 6 III 3 fortzuführen; auch insoweit ist die Ausgliederungs-Rspr (BFH IV R 14/18 BStBl II 21, 367; Rz 11) zu beachten und der Buchwert nur auf das übertragene Vermögen zu beziehen. Obwohl hiernach beim Veräußerer kein Verlust entsteht und der Erwerber keine AK hat (s Rz 66), soll die **Gegenleistungsschuld** (und ihre Refinanzierung einschließl **Zinsen**) nach Verwaltungsansicht (*BMF* BStBl I 93, 80 Rz 38; uU auch BFH IV R 73/87 BStBl II 91, 450) **betriebl** veranlasst sein (mE unzutr).

69 **d) Wiederkehrende Leistungen.** Teilentgelt kann auch eine Verpflichtung zu gleichbleibenden oder abänderbaren wiederkehrenden Leistungen sein (BFH VIII R 64/93 BFH/NV 02, 10 zu betriebl EinzelWG; BFH IX R 46/88 BStBl II 95,

Betriebsveräußerung im Ganzen 70–76 § 16

169 zu vollentgeltl Erwerb von PV gegen dauernde Last; BFH X R 54/94 BStBl II 97, 813 zu teilentgeltl Erwerb von PV), Ausnahme: „Vermögensübertragungen gegen Versorgungsleistungen" (s Rz 51; § 22) und private Versorgungsrenten (BFH X R 2/06 BStBl II 08, 99).

e) Weitere Folgerungen. Überschreitet das Teilentgelt nicht den Buchwert des 70 übertragenen Betriebs (etc), ergibt sich aus den Grundsätzen der Einheitstheorie **mE** ferner, dass der **Übernehmer** hinsichtl zB degressiver bzw erhöhter AfA, Bindungsvoraussetzungen (zB FördG aF, InvZulG) usw in die Rechtsstellung des Übergebers in vollem Umfang eintritt (glA zu § 6b BFH VIII R 27/98 DStRE 01, 230; zu § 4 IVa *Kanzler* INF 00, 513, 516; zu § 34a s § 34a Rz 76, 85); umgekehrt ist der Übernehmer wie ein voll entgeltl Erwerber zu behandeln, wenn das Teilentgelt höher als der Buchwert ist (§ 6b Rz 30; zu § 4 IVa *Korn* KÖSDI 01, 12705; zur Aufteilung s FG BBg DStRE 18, 394, rkr; zum Verpächterwahlrecht s Rz 179). Die **FinVerw** ist dem ggü *(noch)* der Ansicht, dass – *(1)* der Übernehmer zwar die Abschreibung des Übergebers fortführen kann, soweit kein entgeltl Erwerb gegeben ist, und Aufstockungsbeträge wie nachträgl AK zu behandeln sind, – *(2)* die Verbleibensfristen/Vorbesitzzeiten aber nur hinsichtl des unentgeltl Teils beim Rechtsvorgänger/Rechtsnachfolger zusammengefasst werden können, hinsichtl des entgeltl Teils die WG angeschafft sind und daher ggf neue Fristen in Gang gesetzt werden (*BMF* BStBl I 93, 80 Rz 38, 39, 41).

f) Abgrenzungen. Zur andersartigen Rechtslage bei Realteilung/**Erbaus-** 71 **einandersetzung** mit Abfindung bzw Ausgleichszahlung (Trennungstheorie) s Rz 542, 610, 619–621. Zur Übertragung **betriebl Einzel-WG** s BFH IV R 11/12 DStR 12, 2051; BFH I R 80/12 BStBl II 13, 1004: Verrechnung von Teilentgelt und *vollem* Buchwert (sog modifizierte Trennungstheorie; **aA** *BMF* BStBl I 13, 1164). Trifft eine **vorweggenommene Erbfolge** mit einer **Erbauseinandersetzung** (Rz 608 ff) zusammen, sind beide Teile der Vereinbarung getrennt zu beurteilen (BFH XI R 7, 8/84 BStBl II 91, 791).

III. Betriebsveräußerung im Ganzen

1. Überblick. Ein ganzer Gewerbebetrieb oder ein Teilbetrieb wird iSv § 16 I 75 Nr 1 veräußert, wenn – *(1)* das wirtschaftl Eigentum (Rz 25, 231) an allen wesentl Betriebsgrundlagen, – *(2)* entgeltl/teilentgeltl (Rz 66), – *(3)* in einem einheitl Vorgang, – *(4)* auf einen Erwerber (natürl Person; PersGes; KapGes) übertragen und – *(5)* damit die bisher in diesem Betrieb mit diesen wesentl Betriebsgrundlagen entfaltete gewerbl Betätigung des Veräußerers endet (zB BFH X R 28/11 BFH/NV 15, 479 mwN).

2. Ganzer Betrieb. Der bestehende und noch nicht zerstörte (dazu BFH IV 76 R 25/79 BStBl II 82, 707: Betriebsaufgabe; Rz 122) Betrieb muss „als **selbständiger Organismus** des Wirtschaftslebens" auf den Erwerber übertragen werden und von diesem fortgeführt werden *können* (zB BFH IV R 50/90 BStBl II 92, 380). Unerhebl ist, ob der Erwerber den Betrieb tatsächl fortführt oder stilllegt (EStR 16 I 2). GewBetr iSv § 16 kann auch ein noch nicht werbend tätiger Betrieb sein, vorausgesetzt, dass bereits die wesentl Betriebsgrundlagen vorhanden sind (zB BFH IV R 30/00 BStBl II 04, 182 zu § 7g aF; weitergehend FG Ddorf EFG 00, 1246). Ob ein *ganzer* GewBetr (und nicht nur ein Teilbetrieb oder einzelne Betriebsteile) veräußert worden ist, beurteilt sich nach den Verhältnissen im Zeitpunkt der **Übertragung** des **wirtschaftl Eigentums** (BFH I R 119/81 BStBl II 85, 245; krit zR *Tiedtke/Wälzholz* DStZ 00, 127: Kausalgeschäft maßgebl). Werden alle wesentl Betriebsgrundlagen teils entgeltl, teils durch **verdeckte Einlage** auf eine KapGes übertragen, ist dies idR Betriebsveräußerung, bei der auch der Wert der eingelegten WG zum Veräußerungspreis gehört (BFH VIII R 142/84 BStBl II 90, 420), oder Betriebsaufgabe (BFH I R 113/95 BFH/NV 97, 214).

77 **a) Mehrere Erwerber.** Werden alle wesentl Betriebsgrundlagen auf verschiedene, nicht gesellschaftl verbundene Personen übertragen und damit der Betrieb als selbstständiger Organismus des Wirtschaftslebens zerstört, ist dies keine Betriebsveräußerung (BFH VIII R 323/84 BStBl II 89, 357); es kann Betriebsaufgabe iSv § 16 III oder nichtbegünstigte allmähl Abwicklung gegeben sein (s Rz 200). Gleiches gilt, wenn ein Teil der wesentl Betriebsgrundlagen auf einen oder verschiedene Erwerber entgeltl oder unentgeltl übertragen und der andere Teil in das PV überführt (BFH VIII B 21/93 BStBl II 95, 890) „oder anderen betriebsfremden Zwecken zugeführt" (BFH I R 202/83 BStBl II 87, 705) wird (Rz 150). Wird ein Teil der wesentl Betriebsgrundlagen (Rz 86) als **BV/SBV** unter **Buchwertansatz** gem § 6 V (zwingend!; vgl BFH X R 28/00 BFH/NV 03, 243) fortgeführt, das restl BV aber veräußert, liegt **keine Betriebsveräußerung/Betriebsaufgabe,** sondern die nicht begünstigte Veräußerung einzelner WG (Betriebsmittel) vor (BFH X R 8/16 BStBl II 18, 426; zur GewSt s *OFD Ffm* DB 00, 2350; oben Rz 17); Gleiches gilt, wenn Buchwertfortführung und Restveräußerung iSe **Gesamtplans** sachl/zeitl verknüpft sind (BFH IV R 49/08 BStBl II 10, 726; BFH X R 22/12 BStBl II 14, 388). Die Lockerung der Rspr zu § 6 III (s Rz 10f) hat hieran nichts geändert (BFH IV R 44/10 BFH/NV 13, 376; *BMF* BStBl I 19, 1291 Rz 16). §§ 16, 34 sind jedoch zu **bejahen,** wenn (wesentl) BV/SBV zu Buchwerten nach § 6 I Nr 4 S 4 entnommen wird (BFH VIII R 53/99 BStBl II 03, 237; FG Köln EFG 11, 1520; insoweit unklar EStR 16 II 8; *Seifert* INF 99, 100/-5) oder wenn einzelne Gewinnteile als *lfd* Gewinn zu erfassen sind (Rz 326, 331; BFH VIII R 15/00 BFH/NV 05, 1033 zu teilentgeltl Veräußerung) oder dem **Teileinkünfteverfahren** unterliegen (*arg* § 34 II Nr 1). Ebenso uU auch bei **Wohnbebauung** gem §§ 13 V, 15 I 3, 18 IV 1 (vgl BFH IV R 31/00 BStBl II 02, 78).

78 **b) Insolvenzverfahren.** Einer Veräußerung durch den Betriebsinhaber steht die Veräußerung durch den **Insolvenzverwalter** (§ 160 II Nr 1 InsO) gleich (BFH IV 210/62 S BStBl III 64, 70; evtl ist aber bereits die Betriebseinstellung eine Betriebsaufgabe, s Rz 157, 200; Veräußerung von EinzelWG s BFH IV R 23/11 BStBl II 13, 759: ESt = Masseverbindlichkeit). Zur Veräußerung von SBV durch StPfl s FG Mster EFG 13, 1350.

80 **3. Beendigung der bisherigen gewerblichen Tätigkeit.** Diese ist – anders als bei LuF; s Rz 82) und losgelöst vom Merkmal der Übertragung aller wesentl Betriebsgrundlagen – selbstständiges Tatbestandsmerkmal des § 16, das sich obj auf ein bestimmtes BV und subj auf ein bestimmtes „Steuersubjekt" bezieht (BFH XI R 56, 57/95 BStBl II 96, 527; abl *Glanegger* DStR 98, 1329). Das Merkmal ist deshalb nicht nur bei Veräußerung an eine **KapGes** (BFH X B 175/97 BFH/NV 98, 1346), sondern nach der Rspr auch dann erfüllt, wenn zB ein **Einzelunternehmer an** eine **PersGes veräußert,** an der er beteiligt ist (BFH X R 28/11 BFH/NV 15, 479; PersGes = Gewinnerzielungssubjekt; bedenkl; s § 15 Rz 163), oder zu gemeinen Werten in eine PersGes gegen Gewährung von GesRechten nach § 24 UmwStG einbringt (BFH VIII R 5/92 BStBl II 94, 856; *Tiedtke ua* DStR 99, 217, 220). Der Veräußerungsgewinn gilt aber ab „insoweit" als **lfd Gewinn,** als der Veräußerer auch MUer der erwerbenden PersGes ist bzw wird (§ 16 II 3 EStG; § 24 III 3 UmwStG); s dazu Rz 331.

81 **a) Weitere Tätigkeiten.** Der (begünstigten) Veräußerung des ganzen GewBetr steht weder der **freie Mitarbeit** des Veräußerers im veräußerten Betrieb (BFH X R 40/07 BStBl II 09, 43; § 18 Rz 227; zu verdecktem Kaufpreis s *Stahl* BeSt 09, 3) entgegen noch, dass er nach der Veräußerung weiterhin **anderweitig gewerbl** tätig ist, sei es, dass er neben dem veräußerten ganzen GewBetr schon bisher einen weiteren GewBetr unterhielt und fortführt oder MUer des GewBetr einer PersGes war und bleibt (nebeneinander), sei es, dass er einen neuen GewBetr eröffnet (nacheinander), sofern dieser und der veräußerte Betrieb nicht wirtschaftl identisch

Betriebsveräußerung im Ganzen 82–88 § 16

sind, dh wenn alle wesentl Betriebsgrundlagen (einschließl immaterieller Anlagewerte, insb Kundenstamm vgl BFH VIII R 323/84 BStBl II 89, 357) veräußert wurden und der Veräußerer damit seine bisher mit diesen wesentl Betriebsgrundlagen entfaltete gewerbl Tätigkeit endgültig einstellt (BFH IV R 12/10 BStBl II 14, 1000. Einschr *Glanegger* DStR 98, 1329 in Anlehnung an die Rspr zu § 18 (§ 18 Rz 223): Rückbehalt von 10 % der Kundenbeziehungen unschädl (zutr; ebenso FG Köln EFG 13, 682; uU BFH XI R 56, 57/95 BStBl II 96, 527 aE; enger aber *OFD Bln* FR 03, 1146). Fehlt es hieran, liegt idR nur eine innerbetriebl Strukturänderung evtl iVm einer Betriebsverlegung vor (BFH XI R 71/95 BStBl II 97, 236; FG Nds EFG 14, 917).

b) Rückpacht; Vorbehaltsnießbrauch. Betriebsveräußerung ist auch zu verneinen, wenn der Veräußerer anschließend den Betrieb vom Erwerber pachtet (BFH XI R 26/91 BFH/NV 93, 161; *Schießl* DStZ 07, 113: lfd Gewinn). Ebenso bei Vorbehaltsnießbrauch (vgl – auch zu § 6 III – BFH X R 59/14 BStBl II 19, 730; FG Mster EFG 20, 255, Rev X R 35/19; unklar *BMF* BStBl I 19, 1291 Rz 7; krit *Hübner ua* DStR 17, 2353; *Korn* KÖSDI 18, 20597, 20599; FG Brem EFG 20, 1126, Rev IV R 1/20: Treu und Glauben; fragl); anders aber bei LuF (§ 14 Rz 3; BFH VI R 26/17BStBl II 19, 660). Zur BetrAufsp s *Tiedtke ua* BB 99, 765, 771. 82

4. Veräußerung aller wesentlichen Betriebsgrundlagen. Veräußert werden muss der (ganze) GewBetr, dh aber nicht alle WG des BV, aber **alle wesentl Betriebsgrundlagen** (zB BFH VIII R 10/99 BStBl II 01, 282). Der Begriff der wesentl Betriebsgrundlagen ist entspr dem jeweiligen Gesetzeszweck **normspezifisch** auszulegen (BFH X R 49/06 BStBl II 07, 772). Danach ist zB für § 6 III (Rz 10, 37 einschließl Ausgliederungs-Rspr), die Betriebsverpachtung (s Rz 172) und die Betr Aufsp (s § 15 Rz 808) eine rein funktionale Sicht geboten. GlA ErbStR 13a.13 II zu §§ 13a VI, 19a VErbStG; zT **aA** BFH II R 10/18 DStR 21, 1648 betr doppelstöckige PersGes. Zu §§ 20, 24 UmwStGs Rz 30, 32. 85

a) Funktional-quantitative Betrachtung. Als Tatbestandsmerkmal des **§ 16** dh bei Veräußerung (oder Aufgabe; Rz 205) eines GewBetr (Teilbetrieb, MUeranteil) versteht der BFH den Begriff der wesentl Betriebsgrundlagen entspr dem Zweck der §§ 16, 34, (nur) die zusammengeballte Realisierung der stillen Reserven tarifl zu begünstigen (s Rz 4: Gesamtplan-Rspr) und anders als zB iRv § 6 III (s Rz 85) – iSe **kombinierten** funktional-quantitativen **Betrachtung** (BFH IV R 49/08 BStBl II 10, 726). Danach gehören zu den wesentl Betriebsgrundlagen iSv § 16 sowohl – *(1)* WG, die nach der Art des Betriebs (Fabrikation, Handel, Dienstleistung) und ihrer **Funktion** im Betrieb für diesen wesentl sind, unabhängig davon, ob sie stille Reserven enthalten (funktionale Betrachtung aus Veräußerersicht; s einschließl Ausnahmen BFH I R 97/08 BStBl II 10, 808; BFH X R 11/16 BStBl II 17, 992) als auch – *(2)* WG, die zwar funktional gesehen für den Betrieb nicht erforderl, in denen aber **erhebl stille Reserven** gebunden sind (quantitative Betrachtung; krit zB *F. Dötsch* GS Knobbe-Keuk, S 411, 422). Entspr gilt bei Veräußerung von **Teilbetrieben/MUeranteilen** (Rz 125, 405 ff). 86

b) Einzelfragen. – aa) Betriebsvermögen; Sonderbetriebsvermögen. Nach der für § 16 (Betriebsveräußerung/-aufgabe) maßgebl funktional-quantitativen Betrachtungsweise werden – anders als zB bei § 6 III usw (Rz 85) – auch WG des **gewillkürten BV**, des **SBV I**, aber auch des **SBV II** (s dazu Rz 96) erfasst. 87

bb) Anlagevermögen. Zu den wesentl Betriebsgrundlagen gehören funktional idR die WG des Anlagevermögens, insb **Betriebsgrundstücke** (BFH X R 77/90 BFH/NV 92, 659: auch wenn „austauschbar"; FG BaWü EFG 91, 613: Fahrschulraum; FG BaWü EFG 04, 1833: zeitweise Nichtnutzung unerhebl; zu Bürogebäude/Büroräume auch betr BetrAufsp s § 15 Rz 813), aber auch **Lagergrundstück** eines Getränkehandels (offen BFH IV R 17/12, BFH/NV 16, 209), **Maschinen/Betriebsvorrichtungen** (*einschr* BFH X R 20/06 BStBl II 10, 222), 88

§ 16 89–91   Veräußerung des Betriebs

nicht aber **kurzfristig** wieder **beschaffbare einzelne** WG des AV (BFH X R 101/90 BStBl II 93, 710), jedenfalls solche von relativ geringem Wert (BFH IV R 139/81 BStBl II 85, 205: Reitschulpferde; BFH IV R 20/02 BStBl II 04, 10: Betriebseinrichtung eines Großhandels; BFH IV R 18/02 BStBl II 03, 838: Schulungs-Kfz; BFH X R 13/05 BFH/NV 08, 1306: Bäckereiinventar; FG RhPf EFG 86, 10: Kinoeinrichtung; FG BaWü EFG 98, 1063: Hotelinventar; **aA** FG BBg 15, 289, rkr; § 15 Rz 815; ebenso FG Hess EFG 02, 1442; FG Mster EFG 98, 1465: Betonpumpenmaschine; s auch Rz 173) *oder* solche mit hohem **Verschleiß** (BFH X R 20/06 BStBl II 10, 222: Kfz-Werkstattausrüstung). Anders aber uU bei einem absolut und relativ hohen **WP-Bestand** einer gewerbl geprägten *Vermögensverwaltung* (BFH VIII R 10/99 BStBl II 01, 282). Str ist die Betriebsveräußerung (Aufgabe), wenn ein Schifffahrtsunternehmer sein **einziges Schiff** veräußert und ein anderes erwirbt (*vern* BFH IV R 46/10 BFH/NV 14, 221; *bej* für Küstenschiffer BFH IV R 199/72 BStBl II 76, 670; für Partenreederei gem § 489 HGB aF zB BFH IV R 50/90 BStBl II 92, 380; für KG BFH IV R 12/10 BStBl II 14, 1000).

89   cc) **Immaterielle Wirtschaftsgüter.** Wesentl Betriebsgrundlagen können auch immaterielle Wertesein, zB Geschäftswert und dessen Elemente (BFH IV R 3/03 DStR 05, 553), Fernverkehrsgenehmigung (BFH VIII R 142/84 BStBl II 90, 420), Namens-/Zeichenrecht (BFH I R 97/08 BStBl II 10, 808), Bezeichnung eines Betriebs (BFH X R 11/16 BStBl II 17, 992), Bezirkshändlervertrag (BFH XI R 71/95 BStBl II 97, 236), Vertreterrecht (FG SchlHol EFG 13, 688), Vertriebsrechte (BFH IV R 89/06 BFH/NV 10, 818: zweifelnd), Kundenstamm (BFH XI R 63/96 BStBl II 97, 573), besondere Geschäftsbeziehungen (BFH IV R 12/10 BStBl II 14, 1000), örtl Wirkungskreis (BFH IV R 3/03 BFH/NV 05, 879). Dies ist insb für die **Abgrenzung** der begünstigten Betriebsveräußerung/Betriebsaufgabe) iVm der Neueröffnung eines anderen Betriebs von der **innerbetriebl Strukturänderung** oder **Betriebsverlegung** iVm einer nichtbegünstigten Veräußerung oder Entnahme einzelner WG wichtig. Letzteres liegt bei Rückbehalt immaterieller wesentl Betriebsgrundlagen zB vor, wenn – *(1)* ein Handelsvertreter seine bisherigen Vertretungen veräußert, aber als bald eine neue übernimmt (BFH I 221/63 BStBl III 66, 459; FG SchlHol EFG 13, 688), – *(2)* eine Druckerei ihr Anlagevermögen „auswechselt", aber weiterhin für den selben Großabnehmer tätig ist (BFH I R 119/81 BStBl II 85, 245), – *(3)* ein Frachtführer nach Veräußerung seiner Lastzüge für die selben Kunden als Spediteur tätig ist (BFH VIII R 323/84 BStBl II 89, 357).

90   dd) **Umlaufvermögen.** Ob UV wie zB **Waren** zu den wesentl Betriebsgrundlagen gehört, richtet sich nach den Umständen des Einzelfalls (dazu auch Rz 130 „Warenbestand"). Für den Warenbestand eines Einzelhändlers zB mit Teppichen wird dies idR zu bejahen sein (BFH VIII R 316/82 BStBl II 89, 602/4; ähnl BFH VIII R 65/02 BStBl II 06, 160 betr Grundstücke). Anders aber, wenn der Warenbestand seiner Art nach (zB Lebensmittel, Getränke; BFH IV R 51/07 BStBl II 09, 303: Schmuck; fragl) kurzfristig wieder beschaffbar ist. Demgemäß ist die Veräußerung eines Lebensmittelgeschäfts auch dann Betriebsveräußerung, wenn der Veräußerer in einer anderen Stadt mit seinem *bisherigen* Warenbestand ein gleichartiges Ladengeschäft eröffnet (BFH IV R 200/72 BStBl II 76, 672: Wechsel des Kundenstamms; s Rz 89); anders aber bei Standortwechsel um 200–300 m (BFH I R 116/81 BStBl II 85, 131: bloße Betriebsverlegung; Rz 152). Entspr muss zB gelten, wenn ein Hotel veräußert wird und in anderer Stadt ein neues eröffnet wird. **Liquide Mittel** und Kundenforderungen (Darlehen) sind idR nicht wesentl Betriebsgrundlagen (BFH I R 156/71 BStBl II 73, 219; BFH VIII R 41/09 BStBl II 14, 288; *Micker* FR 18, 490); s aber auch Rz 88.

91   ee) **Rücklage nach § 6b.** Hat der StPfl in früheren Wj eine 6b-Rücklage gebildet **(Alt-Rücklage),** kann er diese trotz Betriebsveräußerung fortführen, auch wenn er keine Reinvestitionsabsicht hat (§ 6b Rz 56 mN). Führt er die Rück-

lage fort, ist der Vorgang allerdings nach Ansicht der FinVerw **nicht** nach §§ 34, 16 IV begünstigt, *wenn* die Alt-Rücklage aus der Veräußerung **wesentl** Betriebsgrundlagen herrührt (EStR 6b.2 X 3; *BMF* BStBl I 18, 309 zu § 6b IIa; unten Rz 577). Hierbei ist mE aber auch die Höhe der stillen Reserven zu berücksichtigen (funktional-quantitative Betrachtung, vgl Rz 86; **aA** *Schmidt* 17. Aufl § 16 Rz 108); der Rechtsgedanke der Einheitstheorie (Rz 66) ist nicht einschlägig, da der StPfl sich nicht aller stillen Reserven „entäußert" (BFH IV R 12/81 BStBl II 86, 811/4). Zur späteren Auflösung der Alt-Rücklage s Rz 351. Bildet der StPfl bei Veräußerung für einen Teil des Gewinns eine 6b-Rücklage (**Neu-Rücklage),** entfällt die Tarifvergünstigung für den restl Teil gleichfalls (§ 34 I 4, III 6; **aA** *Dötsch* GS Knobbe-Keuk, 411, 426: wesentl Betriebsgrundlagen); eine spätere Auflösung der Rücklage führt zu nachträgl nichtbegünstigten Einkünften aus GewBetr (BFH IV R 150/78 BStBl II 82, 348; s Rz 351); eine Änderung der StB zwecks Rückgängigmachung der § 6b-Rücklage ist idR unzulässig (BFH IV R 81/87 BStBl II 89, 558; zu § 4 II 2 s BFH XI R 16/05 BFH/NV 07, 1293). *Ausnahme:* Rücklage nach § 6b **X** für Gewinne aus (KapGes-)Anteilsveräußerungen, die aufgrund des Teileinkünfteverfahrens ohnehin nicht zu den ao Einkünften gehören (arg § 34 II Nr 1; s § 34 Rz 27).

5. Veräußerung durch Personengesellschaft. Veräußert eine PersGes ihren GewBetr an einen Dritten, ist dies auch dann (begünstigte) Veräußerung des ganzen GewBetr iSv § 16, wenn dieselben Personen zivilrechtl zu einer weiteren PersGes mit anderer Zwecksetzung zusammengeschlossen sind (s § 15 Rz 194), die ihren (anderen) Betrieb fortführen (zu § 6 V 3, 4 s unten Rz 450).

a) Veräußerung an Schwester-Personengesellschaft/Gesellschafter. Auch die Veräußerung des GewBetr an eine (Schwester-)PersGes ist eine Veräußerung iSv § 16 I 1 Nr 1 (BFH VIII R 23/89 BStBl II 92, 375). Gleiches gilt grds bei Betriebsveräußerung an Ges'ter, und zwar nach BFH III R 34/01 BStBl II 03, 700 selbst dann, wenn die PersGes beendet und der Kaufpreis geteilt wird; mE unzutr, da wirtschaftl Gehalt nur im Ausgleich unter den Ges'tern und damit in der Veräußerung des MUeranteils besteht (vgl Rz 395; § 140 I 2 HGB; BFH VIII R 257/80 BStBl II 86, 53 aE). Nach § 16 II 3 gilt aber der Veräußerungsgewinn *anteilig* als **lfd Gewinn** (s dazu Rz 331).

b) Sonderbetriebsvermögen. – aa) Wesentliche Betriebsgrundlagen des Gewerbebetriebs einer Personengesellschaft. Hierzu gehören auch bestimmte WG des SBV der Ges'ter (dazu § 15 Rz 506 ff) und zwar nach BFH IV R 84/96 BStBl II 98, 104 (hL) idR das SBV I wie zB ein der PersGes zur betriebl Nutzung überlassenes Grundstück, aber auch funktional oder wegen erhebl stiller Reserven wesentl SBV II (insoweit beiläufig **aA** BFH I R 183/94 BStBl II 96, 342 zu § 20 UmwStG; s Rz 411). Werden iZm der Veräußerung des GewBetr durch die PersGes WG des GesVermögens oder des SBV der Ges'ter in deren **PV** übertragen, ist der Gewinn insgesamt begünstigt (BFH IV R 67/86 BStBl II 90, 132), bei wesentl WG mE als Aufgabegewinn (offen BFH VIII R 78/02 BStBl II 06, 58); ebenso, wenn alle wesentl Betriebsgrundlagen teils entgeltl, teils durch verdeckte Einlage auf eine KapGes übertragen werden (s Rz 76). Dies gilt auch, wenn die **PersGes nicht** gleichzeitig **aufgelöst** wird (BFH IV R 12/10 BStBl II 14, 1000), sondern später unter Einsatz des aus der Betriebsveräußerung erlösten Kapitals einen wirtschaftl neuen (dh nicht identischen) GewBetr eröffnet (s Rz 160).

bb) Ausgliederung. Wird bei Veräußerung des ganzen GewBetr das SBV eines Ges'ters, das wesentl Betriebsgrundlage ist (s Rz 96), den **Buchwerten** in ein anderes BV überführt ist, der Gewinnanteil dieses Ges'ters nicht begünstigt (BFH GrS 2/98 BStBl II 00, 123). Gleiches gilt, wenn Buchwertüberführung und Veräußerung des Rest-BV sachl/zeitl verknüpft sind (**Gesamtplan;** BFH IV R 49/08 BStBl II 10, 726; Rz 4). Die Lockerung der Rspr zu § 6 III (BFH IV R 14/18 BStBl II 21, 367; s oben Rz 10 f) hat hieran nichts geändert (BFH IV R 44/10

BFH/NV 13, 376; *BMF* BStBl I 19, 1291). S auch zu §§ 20, 24 UmwStG unten Rz 406 ff. – Zu *Ausnahmen* s Rz 384.

98 **c) Weitere Einzelfragen.** – *(1)* Der Veräußerungsgewinn der PersGes ist nach Maßgabe des Handelsrechts auf die Ges'ter zu verteilen und diesen estrechtl zuzurechnen (BFH VIII R 21/77 BStBl II 82, 456; s unten Rz 365). Die Ges kann eine **6b-Rücklage** für alle Ges'ter oder nur anteilig für einzelne Ges'ter bilden; der Anteil eines Ges'ters am Veräußerungsgewinn der Ges ist auch dann begünstigt, wenn ein anderer Ges'ter für seinen Gewinnanteil § 6b in Anspruch genommen hat (BFH IV R 81/87 BStBl II 89, 558). – *(2)* Der bis zur Verteilung des Veräußerungserlöses aus dessen Anlage erzielte Ertrag (Zinsen usw) gehört zu den **nachträgl** nichtbegünstigten Einkünften der Ges'ter (BFH IV R 12/10 BStBl II 14, 1000).

100 **6. Einheitliche Veräußerung der wesentlichen Betriebsgrundlagen.** – Erforderl ist deren Veräußerung an den (einen) Erwerber in einem einheitl Vorgang (BFH VIII R 10/99 BStBl II 01, 282). – **a) Rückbehalt.** Wird ein Teil der wesentl Betriebsgrundlagen dem Erwerber nur zur Nutzung überlassen, zB vermietet, fehlt es nach der Zwecksetzung der §§ 16, 34 an einer Veräußerung des ganzen GewBetr (BFH X R 118/98 BFH/NV 02, 1130). Auch eine Betriebseinbringung iSv **§ 20 UmwStG** ist zu verneinen, wenn nur ein Teil der wesentl Betriebsgrundlagen in eine KapGes gegen Gewährung von GesRechten eingebracht und die übrigen wesentl Betriebsgrundlagen dieser KapGes zur Nutzung überlassen werden (s BFH I R 7/16 BStBl II 19, 738 einschließl Abgrenzung zur vorgelagerten Ausgliederung; *BMF* BStBl I 11, 1314 Tz 20.06; zur Bildung von Teil-/Bruchteilseigentum vgl *Wacker* BB 98, Beil 8, 5). Es handelt sich dann entweder um eine begünstigte Betriebsaufgabe (*Wacker* BB 98, Beil 8, 17 ff) oder fällt zB bei Rückbehalt iRe BetrAufsg ein nur lfd Gewinn an (BFH I R 7/16 BStBl II 19, 738; Rz 205). Gleiches gilt bei **Option** gem **§ 1a KStG** (s Rz 11, 30, 384, 397, 411; § 15 Rz 160a); nach *BMF* BStBl I 21, 2212 Rz 32 uU auch bei Rückbehalt des Komplementäranteils (vgl § 15 Rz 714; § 16 Rz 407; *Wacker/Krüger* ua DStR-Beih 21, 3, 12). Gehört der **Warenbestand** zu wesentl Betriebsgrundlagen (s Rz 90) und wird er nicht dem Erwerber des AV übertragen, sondern zB vorher durch Räumungsverkauf veräußert, ist dies Betriebsaufgabe, bei der ledigl der Räumungsverkaufsgewinn nicht begünstigt ist (s Rz 327).

102 **b) Mehrere Einzelakte.** Ein einheitl Veräußerung ist zu bejahen, wenn diese auf *einem* Kausalgeschäft (zB Unternehmenskauf) beruht, sich die Erfüllung des Kausalgeschäfts durch Übereignung und Übergabe (= Gewinnrealisierung; s Rz 231) aber in mehreren Einzelakten vollzieht. Ebenso soll dies bei schrittweiser Übertragung (und mehreren Kausalgeschäften) auf Grund einheitl Entschlusses sein, sofern die Vorgänge in engem sachl/zeitl Zusammenhang stehen (BFH X R 74–75/90 BStBl II 94, 15; mE ca 2 Jahre für § 16 – anders als zu § 6 III – bedenkl). Werden einzelne WG des einheitl veräußerten ganzen GewBetr zeitversetzt (evtl sogar in verschiedenen VZ) übertragen, sodass auch die Gewinne abschnittsweise realisiert werden (zB 12/20 und 1/21), sind die einzelnen Gewinnteile tarifbegünstigt (BFH IV R 97/89 BStBl II 92, 392; **aA** evtl BFH X R 79/90 BFHE 165, 75), aber nur soweit der *gesamte* Gewinn die Grenze der Tarifermäßigung (§ 34 III) nicht übersteigt (Rz 211). Gleiches gilt mE bei schrittweiser Übertragung auf Grund mehrerer, rechtl aber eigenständiger Kausalgeschäfte.

103 **7. Rückbehalt nicht wesentlicher Wirtschaftsgüter.** – **a) Grundsatz.** Der Rückbehalt von WG, die *nicht* zu den wesentl Betriebsgrundlagen gehören (Rz 86 ff), hindert nicht die Annahme der Betriebsveräußerung im Ganzen (BFH X R 101/90 BStBl II 93, 710). Die WG können uU zu Buchwerten in ein anderes BV des Veräußerers überführt werden. Werden sie PV, ist ihr gemeiner Wert analog § 16 III 7 dem Veräußerungspreis als Teil des begünstigten Veräußerungsge-

Betriebsveräußerung im Ganzen 104–109 § 16

winns hinzuzurechnen (BFH IV R 93/85 BStBl II 88, 374), vorausgesetzt, dass die „Betriebsveräußerung" als solche nicht erfolgsneutral ist (BFH IV R 93/85 BStBl II 88, 374 zu Buchwerteinbringung nach § 24 UmwStG).

b) Zwangsrest-Betriebsvermögen. WG, die ihrer Art nach grds nur be- 104 trieblich genutzt werden können wie zB Waren, können nicht ins PV überführt werden (s Rz 205); ihre spätere Veräußerung führt mE nicht zu einer rückwirkenden Änderung des begünstigten Veräußerungsgewinns (s Rz 352), sondern zu nachträgl gewerbl Einkünften (§ 24 Nr 2; BFH IV R 30/92 BStBl II 94, 105). Entspr muss für WG des Anlagevermögens gelten, wenn sie in der Absicht alsbaldiger Veräußerung „entnommen" werden. Zu Zinsen s Rz 349.

c) Wahlrest-Betriebsvermögen. WG, die *auch privat* genutzt werden können, 105 kann der StPfl gleichzeitig zum gemeinen Wert (§ 16 III 7) in sein PV überführen (BFH IV R 52/87 BStBl II 88, 829); der Gewinn ist begünstigt. Spätere Wertänderungen führen nicht zu einer rückwirkenden Änderung des begünstigten Veräußerungsgewinns (BFH IV R 37/92 BStBl II 94, 564). Die WG können auch zum Buchwert in einen anderen (gewerbl, luf, freiberufl) Betrieb überführt werden (BFH VIII R 387/83 BStBl II 89, 187), nicht aber Rest-BV ohne Betriebsfortführung bleiben (zB BFH I R 96/83 BStBl II 87, 113; BFH III R 214/83 BFH/NV 87, 578: Grundstückvermietung ist Zuführung zum PV/Entnahme; s auch Rz 202).

d) Unbestrittene Forderungen. Dem Grund und der Höhe nach unbestritte- 106 ne Forderungen zB aus Warenlieferungen, die nicht an den Betriebserwerber abgetreten werden, kann der StPfl nach hL im Zeitpunkt der Betriebsveräußerung durch Entnahme mit Ansatz zum gemeinen Wert (§ 16 III 7) in sein **PV** überführen (offen BFH IV R 37/92 BStBl II 94, 564). Str ist allerdings, ob ein späterer Forderungsausfall zu einem privaten Vermögensverlust oder gemäß den Grundsätzen von BFH GrS BStBl II 93, 897; 894 (betr Ausfall von Kaufpreisforderungen; Rz 340) zur rückwirkenden Minderung des Veräußerungs-/Aufgabegewinns führt. Für Nichtberücksichtigung (BFH IV R 37/92 BStBl II 94, 564); anders hingegen bei Ausfall einer Darlehensforderung (SBV) des Ges'ters gegen Ges (BFH IV R 47/95 BStBl II 97, 509). Letzterem ist angesichts des „vorläufigen Charakters" von Geldforderungen zu folgen (*Groh* DB 95, 2235; *Dötsch* FS Beisse, 1997, 139, 147); zu sonstigen WG s aber Rz 293. Der StPfl kann die Forderung aber auch als **BV** (ohne Betrieb) fortführen, sofern noch mit einer betriebl Verwertung zu rechnen ist (weitergehend BFH VIII R 41/09 BStBl II 14, 288 zu Honoraransprüchen; s § 18 Rz 232; enger hingegen BFH VIII R 3/66 BStBl II 72, 936).

e) Ungewisse Forderungen. Dem Grund und/oder der Höhe nach ungewisse 107 Forderungen, zB bestrittene Schadenersatzforderungen, können nicht entnommen werden; sie bleiben notwendig BV, mindestens bis zu dem Zeitpunkt, zu dem sie unstreitig werden (BFH III B 134/94 BFH/NV 95, 1060 mwN; *Mathäus* Ubg 15, 340; zu nachträgl Wertänderungen s Rz 340).

f) Versorgungszusagen. Zu Ansprüchen hieraus, die ein Unternehmer (zB 108 Handelsvertreter) als Entgelt für betriebl Leistungen erhalten hat s BFH I R 44/83 BStBl II 89, 323.

g) Verbindlichkeiten. – *(1)* Werden sie vom Erwerber **nicht übernommen** 109 und waren sie **BV**, bleiben sie (auch ohne Betrieb) BV (BFH GrS 2–3/88 BStBl II 90, 817; zu „Vorab-Entnahmen" s *Meyer ua* INF 98, 525/7). **Ausnahme:** Schulden werden notwendiges PV, mit Wegfall ihres betriebl Charakters, soweit die (fälligen) Veräußerungserlöse (§ 16 II 1, III 6) sowie die entnommenen WG nicht zur Tilgung verwertet werden (BFH XI R 98/96 BStBl II 98, 144; *OFD Erfurt* BeckVerw 236865; s auch Rz 369). Der Übergang ins PV ist gewinnneutral, weil der negative Entnahmewert die BV-Mehrung neutralisiert (§ 4 I 1; BFH IV R 86/

87 BStBl II 89, 456). **Gegenausnahmen:** Die Schulden bleiben BV, wenn Hindernisse in der *betriebl* Sphäre für die Verwertung der aktiven WG oder Schuldentilgung bestehen (BFH XI R 46/98 BStBl II 00, 120: betr Leibrenten; BFH X R 15/04 BStBl II 07, 642: vern bei teilweise eigenbewohntem Gebäude, zutr) oder Schuldtilgung „nicht veranlasst ist", weil ein Erlass zugesagt oder die Schuld ungewiss ist. Gleiches gilt bei Veräußerung eines Teils des Betriebs (BFH XI R 26/98 BFH/NV 00, 11). Zu **SBV** s Rz 369. Zum **Zinsabzug** s Rz 349). – *(2)* Dem Grunde und/oder die Höhe nach **ungewisse** Verbindlichkeiten, die vom Erwerber nicht übernommen werden, bleiben BV (BFH IV R 131/91 BStBl II 93, 509) – zumindest bis zum Ende der Ungewissheit (BFH I R 205/85 BStBl II 90, 537).

110   **h) Weitere Einzelfragen.** Zu **Wertveränderungen**/Erlass zurückbehaltener Schulden, s Rz 341 (BV), Rz 342 (PV). – Zur Rücklage nach **§ 6b** s Rz 91, 351. – Zur Art der **Gewinnermittlung** für zurückbehaltene WG des BV s Rz 359.

IV. Veräußerung eines Teilbetriebs

1. Teilbetrieb

Verwaltung/FusionsRL: EStR 16 III; *BMF* BStBl I 11, 1314 (UmwStErl). – **Schrifttum** (Auswahl): *Wälzholz,* Der Teilbetriebsbegriff im Steuerrecht, Diss, 1999; *Graw,* Der Teilbetrieb im UmwStR ..., IFSt-Schrift Nr 488; *Pyszka,* Das von mehreren Teilbetrieben genutzte Grundstück ..., DStR 16, 2017, 2074; *Micker ua*; Die Auslegung ..., Ubg 21, 320.

115   **a) Abgrenzungen; Fusionsrichtlinie. – aa) Abgrenzungen.** Der Teilbetrieb ist zwar dem „gesondert geführten Betrieb" iSv § 75 I AO ähnl (vgl AEAO 3.1 zu § 75 AO). Er ist aber abzugrenzen von: – *(1)* einem *ganzen GewBetr,* da eine natürl Person estrechtl und gewstrechtl (s GewStR 2.4 I, II) Inhaber mehrerer ganzer GewBetr sein kann (s Rz 119; § 15 Rz 125); – *(2) unselbststängigen Betriebsteilen* und einzelnen WG des BV (Betriebsmittel), deren Veräußerung zwar estpfl, jedoch weder nach §§ 34, 16 IV begünstigt noch gewstfrei ist (BFH GrS 2/98 BStBl II 00, 123); – *(3) Betriebsteilen* iSv § 613a BGB, § 12 III 2 UmwStG 1995 (*BMF* BStBl I 99, 455 Rz 37); – *(4) Betriebsstätte* iSv § 12 AO und *Funktion* iSv § 1 III 9, IIIb AStG aF/nF (*BMF* BStBl I 10, 774 Rz 14, 79, 109).

116   **bb) Nationaler Begriff; wesentliche Betriebsgrundlagen.** § 16 I 1 Nr 1 liegt der nationale Teilbetriebsbegriff zugrunde. Er ist normspezifisch auszulegen (BFH IV R 84/96 BStBl II 98, 104) und umfasst in sachl Hinsicht entspr den Merkmalen des ganzen GewBetr sowohl die **funktional wesentl WG** als auch die nur wegen ihrer stillen Reserven **quantitativ wesentl WG** (iEinz Rz 86, 125). Die Fünftel-Regelung des § 34 I hat hieran nichts geändert (EStR 34.1 II; **aA** *Haarmann* FS Widmann 385 ff). Der nationale Begriff wurde überwiegend auch für die §§ 15, 20, 24 UmStG aF vertreten (*BMF* BStBl I 98, 268 Tz 15.02, 20.08, 23.01, 24.04; *BMF* BStBl I 00, 1253: bei Buchwert/Zwischenwert funktionale Betrachtung; s *Schmidt* 30. Aufl § 16 Rz 141). IRd **UmwStG 2006** (= SEStEG) soll jedoch der EU-Teilbetriebsbegriff des **Art 2j FusionsRL 2009/133/EG** (dazu EuGH C-43/00 IStR 02, 94; *Graw* IFSt-Schrift Nr 488), der die sog wirtschaftl **zuordenbaren** WG umfasst (*Pyszka* DStR 16, 2017, 2020), auch für *rein nationale* Umwandlungen gelten (*BMF* BStBl I 11, 1314 Tz 15.02, 20.06, 20.077, 24.03, S. 05; **aA** zB *Benz ua* DB 11, 1354, 1356). Str ist, ob der FusionsRL-Begriff weiter (liberaler) ist (zB betr Selbständigkeit, bloße Nutzungsüberlassung; *Felgen* Ubg 12, 459; **aA** *BMF* BStBl I 11, 1314 Tz 15.02, 15.07). Nach **BFH** I R 96/08 BStBl II 11, 467 (betr § 15 UmwStG 1995) sind beide Begriffe grds *identisch* (Übertragung aller funktional wesentl WG; **aA** *Graw* IFSt-Schrift Nr 488: gespaltene Auslegung). Für **§ 16** ist der FusionsRL-Begriff *ohne* Bedeutung (zutr BFH X R 17/03 BFH/NV 06, 532; BFH X R 21/11 BFH/NV 14, 676; *Micker ua* Ubg 21, 320). Art 2j FusionsRL 2009/133/EG beeinflusst weder für § 16 noch für das

Veräußerung eines Teilbetriebs **118–121 § 16**

UmwStG 2006 die (nationalen) Merkmale des **Betriebs** oder **MUeranteils** (glA *BMF* BStBl I 11, 1314 Tz 20.06, 20.10, 24.03).

b) Merkmale. Teilbetrieb iSv § 16 I 1 Nr 1 ist "ein mit einer gewissen Selbst- **118** ständigkeit ausgestatteter, organisch geschlossener Teil des Gesamtbetriebs, der für sich allein lebensfähig ist" (zu § 16 zB BFH GrS 2/98 BStBl II 00, 123; zu Art 2j FusionsRL 2009/133/EG s Rz 116). Kennzeichen des Teilbetriebs ist hiernach, dass er bezogen auf die Verhältnisse beim Veräußerer (Rz 122 f) – *(1)* einen **organisch geschlossenen Teil** eines Gesamtbetriebs bildet und dieser damit *mehrere Teilbetriebe* umfasst (Rz 119; BFH I R 105/85 BStBl II 89, 653; zum Erfordernis der *originär gewerbl* Tätigkeit s Rz 130 „Grundstücksverwaltung"/„Besitzunternehmen" sowie krit *Tiedtke ua* FR 99, 117; *Wälzholz* Diss aaO 134 ff); – *(2)* für sich **lebensfähig** ist (Rz 120; krit *Wälzholz* Diss aaO 134 ff; s aber BFH VIII R 33/85 BStBl II 89, 458: nicht erforderl bei Teilbetrieb im Aufbau; zu Art 2j FusionsRL 2009/133/EG s aber *BMF* BStBl I 11, 1314 Tz 15.03); – *(3)* schon vor Veräußerung mit einer **gewissen Selbstständigkeit** ausgestattet war (Rz 121). – *(4)* Die **Veräußerung/Aufgabe** iSv § 16 I 1 Nr 1 des Teilbetriebs (*wesentl Betriebsgrundlagen;* s Rz 125) ist zudem an die teilbetriebsbezogene *Tätigkeitseinstellung* gebunden (Rz 126).

aa) Organisch geschlossener Teil des Gesamtbetriebs. Kein Teil(-betrieb) **119** eines Gesamtbetriebs, sondern mehrere ganze GewBetr liegen vor, wenn eine natürl Person mehrere Betriebe hat, die zueinander in keiner sachl und wirtschaftl Verbindung stehen (§ 15 Rz 125). Der Teilbetrieb setzt ferner idR mehrere zusammengefasste WG voraus; ein einzelnes WG ist häufig nur Betriebsmittel. Unterschiedl Leistungen müssen von einem selbstständigen Zweigbetrieb erbracht werden (BFH X R 1/86 BStBl II 89, 376); werden sie nur nach organisatorischen (örtl/fachl) Gesichtspunkten aufgeteilt, liegt demnach nur unselbstständiger Betriebsteil vor (BFH I R 107/93 BStBl II 95, 403). Kein Teilbetrieb sind innerbetriebl Organisationseinheiten, die nicht selbst am Markt Leistungen anbieten (ähnl EStR 16 III 3–5; BFH X R 17/03 BFH/NV 06, 532), sowie die Anteile an den WG eines Einzelunternehmens (BFH GrS 2/98 BStBl II 00, 123).

bb) Lebensfähiger Teil eines Gesamtbetriebs. Die ist zu bejahen, „wenn **120** von ihm seiner Struktur nach eigenständig eine betriebl Tätigkeit ausgeübt werden kann" (BFH IV R 179/72 BStBl II 76, 415). Nicht erforderl ist, dass stets Gewinn erzielt wird (BFH VIII R 39/92 BStBl II 96, 409). Notwendig sind aber idR ein *eigener Kundenkreis* und *eigene Einkaufsbeziehungen* (BFH XI R 21/90 BFH/NV 92, 516; *Ausnahme:* Bezug von Hauptbetrieb zu Bedingungen externer Lieferanten, BFH VIII R 31/95 BFH/NV 98, 1209; insgesamt krit *Tiedtke ua* DStZ 00, 127; *Haarmann,* FS Widmann, 380). Auf das Wertverhältnis zum Gesamtbetrieb kommt es nicht an (BFH VIII R 87/72 BStBl II 77, 45).

cc) Selbstständiger Teil eines Gesamtbetriebs. Dies erfordert, dass die ver- **121** schiedenen WG zusammen einer Betätigung dienen, die sich von der übrigen gewerbl Betätigung abhebt und **unterscheidet** (BFH IV R 119/76 BStBl II 79, 557). Maßgebend ist das Gesamtbild der beim Veräußerer bestehenden Verhältnisse (BFH VIII B 82/97 BFH/NV 99, 38); eine völlige Selbstständigkeit ist nicht erforderl (BFH IV R 189/81 BStBl II 84, 486). **Indizien** sind örtl Trennung, Verwendung jeweils anderer Betriebsmittel, insb eigenes Anlagevermögen (BFH VIII R 39/92 BStBl II 96, 409: eigene Räume), Einsatz verschiedenen Personals (vgl BFH I R 105/85 BStBl II 89, 653), gesonderte Buchführung/Kostenrechnung (zB BFH I R 146/76 BStBl II 80, 51), selbstständige Preisgestaltung (BFH X R 1/86 BStBl II 89, 376; einschr BFH VIII R 31/95 BFH/NV 98, 1209), eigener Kundenstamm (BFH IV R 189/81 BStBl II 84, 486), Vergütung eines eigenen Geschäftswerts durch den Erwerber (BFH I R 150/82 BStBl II 87, 455). Diesen Merkmalen kommt **unterschiedl Gewicht** zu, je nachdem, ob es sich um einen Fertigungs-, Handels- oder Dienstleistungsbetrieb handelt (BFH XI R 35/00 BFH/NV 02,

336; BFH IV R 18/02 BStBl II 03, 838). Selbstständigkeit können Betriebsteile uU dadurch erlangen, dass ein Teil verpachtet wird; der Rest kann damit Teilbetrieb werden. Bei **geringem Organisationsbedarf** einer Betätigung kann der organisatorische Zusammenhang mit den anderen Tätigkeiten vernachlässigbar sein (BFH X R 36/17 BFH/NV 19, 195). Insgesamt krit *Wälzholz* Diss, 154; *Haarmann* FS Widmann, 388 ff; zum EU-Recht s Rz 116.

122 dd) **Verhältnisse beim Veräußerer.** Maßgebend für Lebensfähigkeit und Selbstständigkeit sind die Verhältnisse beim Veräußerer im Veräußerungs- bzw Aufgabezeitpunkt (BFH GrS 2/98 BStBl II 00, 123). Es reicht nicht aus, dass die veräußerten WG beim Erwerber eine ausreichende Grundlage für einen GewBetr bilden; ihre Funktion iRd Unternehmens des Veräußerers ist entscheidend (BFH GrS 2/98 BStBl II 00, 123; BFH X R 33/11 BFH/NV 14, 693; zu Ausnahme bei Umwandlungen s BFH I R 97/08 BStBl II 10, 808). Umgekehrt ist unerhebl, dass der Erwerber die WG nicht als selbstständige Einheit weiterführt, sondern in sein Unternehmen integriert (BFH I R 146/76 BStBl II 80, 51). Auch ein erst **im Aufbau** befindl betriebl **Organismus** kann uU beim Veräußerer bereits Teilbetrieb iSv § 16 sein (BFH I R 77/09 BFH/NV 11, 10; **aA** zu Art 2j FusionsRL 2009/133/EG *BMF* BStBl I 11, 1314 Tz 1503). Liegt im **Zeitpunkt** der **Veräußerung** ein funktionsfähiger Teilbetrieb nicht mehr vor, weil dieser bereits früher zB durch Brand zerstört wurde, ist die Veräußerung der verbliebenen WG (zB Trümmergrundstücks), oder ihre Überführung in das PV keine Teilbetriebsveräußerung/-aufgabe (BFH IV R 227/68 BStBl II 70, 738; anders bei Aufgabe in engem zeitl Zusammenhang mit Zerstörung der Betriebsanlagen (BFH IV R 25/79 BStBl II 82, 707; FG Hbg EFG 00, 552).

123 ee) **Unternehmer/Veräußerer des Teilbetriebs.** Dies kann eine natürl Person, PersGes, KapGes oder juristische Person (vgl BFH I R 150/82 BStBl II 87, 455) sein. Bei PersGes steht der Annahme eines Teilbetriebs nicht entgegen, dass die dem Teilbetrieb dienenden WG teils GesVermögen, teils Eigentum eines Ges'ters (SBV) sind (**aA** evtl BFH I R 203/63 BStBl II 68, 9). Ein WG des SBV ist nicht schon wegen der unterschiedl sachenrechtl Zuordnung ein Teilbetrieb (BFH IV R 48/77 BStBl II 79, 554).

125 **2. Veräußerung. – a) Einheitlicher Vorgang/wesentliche Betriebsgrundlagen.** Die Veräußerung iSv § 16 I 1 Nr 1 erfordert, dass alle wesentl Betriebsgrundlagen (Rz 85 ff) des Teilbetriebs in einem einheitl Vorgang (Rz 100 ff) an *einen* Erwerber (BFH VIII R 323/84 BStBl II 89, 357; bei verschiedenen Erwerbern evtl Teilbetriebsaufgabe) gegen Entgelt – oder ein den Buchwert überschreitendes Teilentgelt (Rz 66) – übertragen werden und dadurch die in dem veräußerten Teilbetrieb gebildeten stillen Reserven von Bedeutung durch den einheitl Veräußerungsvorgang (grds) aufgelöst werden (BFH IV R 119/76 BStBl II 79, 557). Werden wesentl Betriebsgrundlagen veräußert und die anderen in das PV überführt, ist der Teilbetriebnichtveräußert, aber (gleichwertig) aufgegeben (BFH IV 22/64 BStBl II 69, 69). Bei Übernahme wesentl Betriebsgrundlagen des Teilbetriebs zum **Buchwert** in ein anderes BV des StPfl liegt keine Teilbetriebsveräußerung/-aufgabe vor, sondern hinsichtl der veräußerten WG ein nicht begünstigter lfd Gewinn (BFH X B 192/07 BFH/NV 09, 43; Rz 4: **Gesamtplan-Rspr**); die Lockerung der Rspr zu § 6 III (BFH IV R 14/18 BStBl II 21, 367; s oben Rz 10f) hat hieran nichts geändert (BFH IV R 44/10 BFH/NV 13, 376; *BMF* BStBl I 19, 1291 Rz 16; oben Rz 85 f). Wird ein **wesentl WG**, zB ein Gebäude, für **verschiedene Teilbetriebe** genutzt (zB Erdgeschoss für Gaststätte, Obergeschoss für Kaufhaus), ist die Veräußerung der übrigen einem Teilbetrieb dienenden WG ohne den *entspr* Gebäudeteil grds keine Teilbetriebsveräußerung (BFH I R 96/08 BStBl II 11, 467); Ausnahmen: der zurückbehaltene Gebäudeteil war für den Teilbetrieb nur von ganz untergeordneter Bedeutung (*HG* DStR 96, 1082) oder die Grundstücksteilung (dazu iEinz *Pyszka* DStR 16,

Veräußerung eines Teilbetriebs (mit ABC) **126–130 § 16**

2017) verzögert sich ohne Verschulden des StPfl (BFH VIII B 78/98 BFH/NV 99, 1329; *BMF* BStBl I 11, 1314 Tz 15.08: Begründung von Miteigentum). Zu § 6 III s aber Rz 128.

b) Einstellung der Teilbetriebstätigkeit. Voraussetzung einer Teilbetriebs- **126** veräußerung/Teilbetriebsaufgabe iSv § 16 I 1 Nr 2 ist ferner, dass der StPfl die Tätigkeit, die er bisher mit den veräußerten wesentl Betriebsgrundlagen (Teilbetrieb) entfaltet hat, **endgültig** einstellt, den bisherigen Geschäftszweig damit nicht mehr weiterverfolgt (BFH R 323/84; BStBl II 89, 357; BFH X R 23/09 BFH/NV 10, 633; einschr *Glanegger* DStR 98, 1329). Wird der Teilbetrieb zwar einheitl, aber schrittweise veräußert (s Rz 102, 125), muss die Tätigkeit spätestens mit dem letzten Übergabeakt eingestellt werden (vgl BFH I R 105/85 BStBl II 89, 653).

3. Unentgeltliche Übertragung; § 6 III. Nach bisher **hL** wird ein Teilbetrieb **128** iSv § 6 III unentgeltl übertragen(keine Gewinnrealisierung), wenn *alle funktional wesentl* Betriebsgrundlagen dieses Teilbetriebs *einheitl* (Rz 102) und tätigkeitsbeendend auf *einen* Erwerber übergehen. Zu Einzelheiten (zB Schädlichkeit von (Vorbehalts-)Nießbrauch; bloße Nutzungsüberlassung einzelner wesentl WG) s § 6 Rz 691 ff. *ME* wird man hieran nach **Lockerung** der **Rspr** (BFH IV R 14/18 BStBl II 21, 367 : kumulative Anwendung von § 6 III und V; s Rz 10 f) nicht festhalten können. Folge ua: eine Aufteilung bisher gemeinsam genutzter WG (zB Grundstücke; s Rz 125) wäre für § 6 III nicht (mehr) erforderl; ähnl zu *Buchwert*umwandlungen *Pyszka* DStR 16, 2017, 2074.

4. ABC des Teilbetriebs **130**

Abfindungen für die Einschränkung eines GewBetr gehören zum lfd Gewinn; keine Teilbetriebsveräußerung (BFH VIII R 39/74 BStBl II 75, 832; ähnl BFH IV R 56/79 BStBl II 82, 691; s dazu aber Rz 303).

Aufbau-Teilbetrieb (noch nicht werbend) fällt unter § 16, wenn die wesentl Betriebsgrundlagen bereits vorhanden sind (BFH IV R 12/10 BStBl II 14, 1000; **aA** zu Art 2j FusionsRL 2009/133/EG *BMF* BStBl I 11, 1314 Tz 15.03; oben Rz 116).

Automaten. Bei Vertrieb gleichartiger Waren zB Handel und in Automaten kann der Automatenbereich bei organisatorischer usw Trennung Teilbetrieb sein (BFH I R 75/85 BFH/NV 91, 291); Gleiches gilt für räuml abgrenzbare (Automaten-)Vertriebsnetze (BFH VIII R 31/95 BFH/NV 98, 1209) oder Spielautomaten (FG Köln EFG 99, 470). Anders jedoch bei Verflechtung von Getränkehandel und Geldspielautomaten (FG BaWü EFG 98, 1082). S auch Spielhalle.

Besitzunternehmen. Kein Teilbetrieb sind einzelne Grundstücke, die teils an die BetriebsGes sowie teils an Fremde vermietet werden (BFH IV R 202/68 BStBl II 69, 397); anders jedoch, wenn – *(1)* die gewerbl Verpachtung selbstständiger Teil (dazu BFH X R 36/17 BFH/NV 19, 195) des auch originär tätigen Besitzunternehmens ist (BFH III R 27/98 BStBl II 02, 537; BFH IV R 14/03 BStBl II 05, 395) oder – *(2)* selbstständige Verwaltungskomplexe entweder an mehrere BetriebsGes (BFH XI R 24/97 BFH/NV 98, 690) oder an verschiedene Teilbetriebe der näml BetriebsGes vermietet werden (FG Mster EFG 98, 737; offen BFH X R 49/06 BStBl II 07, 772). Maßgebl für Teilbetriebsaufgabe/-veräußerung sind die Verhältnisse des Besitzunternehmens (BFH IV B 125/92 BFH/NV 94, 617). Zu mehreren GewBetr (zB Grundstückshandel/Besitzunternehmen) vgl BFH X B 111/00 BFH/NV 01, 816; zu mehreren BesitzGes s § 15 Rz 861, 864.

Betonherstellung. Kein Teilbetrieb, wenn sie durch Betonpumpenbetrieb (Serviceleistung) ergänzt wird (FG Mster EFG 98, 1465).

Brauereigaststätte ist Teilbetrieb (BFH IV 380/62 BStBl III 67, 47), auch bei Verpachtung (BFH VIII R 100/86 BFH/NV 90, 102).

Buchführung. Eine eigene Buchführung indiziert einen Teilbetrieb (zB BFH X R 1/86 BStBl II 89, 376). Sie ist aber weder unerlässl (BFH I 64/63 U BStBl III 65, 656) noch allein ausreichend (BFH IV R 202/68 BStBl II 69, 397).

Café. Keine Teilbetriebsveräußerung oder -aufgabe, wenn Betriebsgrundstück BV bleibt (BFH VI 180/65 BStBl III 67, 724); s auch Gastwirtschaften.

Dentallabor eines Zahnarztes oder einer Zahnärzte-Praxisgemeinschaft idR kein Teilbetrieb (BFH I R 62/93 BStBl II 94, 352; BFH I B 2/94 BFH/NV 95, 497).

Dienstleistungsunternehmen. Eine ausgegliederte Verwaltungsabteilung (Hausverwaltung) ist kein Teilbetrieb, wenn sie keinen eigenen Kundenkreis hat (BFH VIII R 39/74 BStBl II 75, 832; *Goebel ua* DStR 09, 354, 358).

Druckerei/Zeitungsverlag können Teilbetriebe sein (BFH VIII R 87/72 BStBl II 77, 45); ebenso Offset-/Tampon-Druckerei (FG BaWü EFG 93, 784).

Einzelhandelsfiliale. Für Teilbetrieb ist grds erforderl, dass der Filiale auch der Wareneinkauf obliegt (BFH XI R 21/90 BFH/NV 92, 516; *Goebl ua* DStR 09, 354, 358; abl *Tiedtke ua* DStZ 00, 127); bei zentraler Einkaufsorganisation des Gesamtbetriebs muss der Filialleitung eigene Gestaltung der Verkaufspreise mögl sein (BFH I R 146/76 BStBl II 80, 51), es sei denn, die Einkaufspreise/Verkaufspreise können nicht beeinflusst werden (BFH VIII R 31/95 BFH/NV 98, 1209: Tabakhandel). Bei Lebensmittelgroß-/-einzelhandel keine begünstigte Aufgabe des Einzelhandels, wenn die einzelnen Filialen innerhalb von 5 Jahren an verschiedene Erwerber veräußert werden (BFH I R 99/75 BStBl II 77, 66). Zu Getränkegroß- und -einzelhandel sowie Getränkemärkten/unselbständigen Verkaufsstellen s BFH X R 28/11 BFH/NV 15, 479); zu Grundstücken s Rz 88.

Fahrschulfiliale evtl Teilbetrieb (BFH IV R 120/88 BStBl II 90, 55; BFH IV R 18/02 BStBl II 03, 838: auch ohne SchulungsKfz; s Rz 88).

Ferienwohnung. Keine Teilbetriebsveräußerung, wenn von mehreren vermieteten Wohnungen *eine* veräußert wird (BFH I R 96/78 BeckRS 1981, 4774).

Fertigungsbetrieb s „Produktionsbetrieb".

Friseur. Hauptniederlassung/Zweigstelle evtl Teilbetrieb (FG MeVo EFG 21, 1534 Rev X R 10/21; fragl).

Gastwirtschaften/Imbiss/Eisdiele. Zu Imbiss/Eisdiele bei räuml Verbindung s BFH X R 15/18 BStBl II 21, 157. Bei räuml Trennung idR Teilbetriebe (BFH III R 53/06 BFH/NV 07, 1661; BFH IV R 17/12 BFH/NV 16, 209: Abgrenzung ggü Getränkehandel). S aber auch Café, Brauereigaststätte, Hotel.

Gebäude s „Grundstück".

Geschäftswert. Teilbetrieb kann eigenen Geschäftswert haben (zB BFH I R 60/95 BStBl II 96, 576). Verkauft ein Ges'ter einer KapGes an diese einen Teilbetrieb ohne Entgelt für den Geschäftswert (verdeckte Einlage), ist dies Teilbetriebsaufgabe, bei der auch die stillen Reserven des Geschäftswerts realisiert werden (BFH I R 202/83 BStBl II 87, 705; BFH I R 104/94 DStR 96, 617). Ein Geschäftswert kann nur zusammen mit einem Betrieb/Teilbetrieb veräußert werden.

Getränkehandel s „Gastwirtschaften/Imbiss/Eisdiele".

Großhandel s „Einzelhandelsfiliale".

Grundstück. S „Besitzunternehmen", „Café", „Grundstücksverwaltung", „Hotel", „Landwirtschaft", „Sonderbetriebsvermögen", „wesentl Betriebsgrundlage". – Betriebsgrundstücke sind idR wesentl Betriebsgrundlage eines Teilbetriebs (s Rz 88). Unterhält ein StPfl im selben Gebäude mehrere Teilbetriebe, liegt idR keine Teilbetriebsveräußerung vor, wenn der StPfl die WG des Teilbetriebs ohne das Grundstück veräußert (BFH VIII R 39/92 BStBl II 96, 409; s oben Rz 88, 100). Werden Grundstücke eigengewerbl genutzt und andere fremdvermietet, sind die verschiedenen Grundstücksgruppen idR kein Teilbetrieb (BFH IV R 202/68 BStBl II 69, 397; s aber „Besitzunternehmen"). Die Vermietung eines bebauten Grundstücks ist idR weder GewBetr noch gewerbl Teilbetrieb; anders ist dies evtl, wenn der Vermieter wesentl Sonderleistungen erbringt (BFH VIII R 263/81 BStBl II 86, 359; § 15 Rz 82). Die Entnahme eines nicht dem Teilbetrieb dienenden Grundstücks iZm einer Teilbetriebsveräußerung ist nicht begünstigt (BFH I R 57/71 BStBl II 73, 700).

Grundstücksverwaltung iRe GewBetr ist Teilbetrieb, wenn sie auch außerhalb des GewBetr gewerbl Charakter hätte (BFH X B 101/98 BFH/NV 99, 176; BFH I R 7/16 BStBl II 19, 738; **aA** *Tiedtke ua* FR 99, 117). S auch „Besitzunternehmen".

Güterfernverkehr s „Transportunternehmen".

Handelsvertreter. Aufgabe einzelner Bezirke ist idR keine Teilbetriebsaufgabe (BFH IV 83/63 BStBl II 68, 123). Entschädigungszahlungen eines Nachfolgers sind kein Erlös aus Teilbetriebsveräußerung, wenn der Vertreter seinen bisherigen Bezirk nur verkleinert (BFH IV R 44/69 BStBl II 72, 899).

Hausverwaltung s „Dienstleistungsunternehmen" sowie FG Hbg EFG 02, 1399.

Hotel iVm Restaurant im selben Gebäude: Die Veräußerung des Restaurants ohne Gebäude keine Teilbetriebsveräußerung (BFH I R 40/72 BStBl II 75, 232). Eines von mehreren Hotels kann Teilbetrieb sein (BFH IV 40/62 U BStBl III 64, 504; FG Nds EFG 87, 304); ebenso ein von einer Brauerei betriebenes oder verpachtetes Hotel (BFH IV R 56/79 BStBl II 82, 691) oder ein Appartementhaus neben Hotel (einschr BFH X R 33/11 BFH/NV 14, 693).

Internetdienst nur bei hinreichender Selbstständigkeit/organisatorischer Trennung Teilbetrieb (BFH X R 4/07 BFH/NV 10, 888).

Kraftwerke (die von LeasingGes gepachtet) sind keine Teilbetriebe (*FM BaWü* BB 85, 1711).

Lichtspieltheater. Räuml getrennt sind sie Teilbetriebe (FG Saarl EFG 73, 378).

Maschinenfabrik. Eine Zweigniederlassung, die dem Vertrieb und der Reparatur der im Hauptwerk hergestellten Maschinen dient, kann Teilbetrieb sein (BFH I R 154/71 BStBl II 73, 838).

Mastenstreicherei neben Maler- und Gipsergeschäft kann Teilbetrieb sein (BFH I R 105/85 BStBl II 89, 653).

Obstbauanlage; Obstplantage. Keine Teilbetriebsveräußerung, wenn sie ohne Wirtschaftsgebäude veräußert wird (BFH IV 143/64 BStBl II 70, 807).

Omnibusunternehmen. Keine Teilbetriebsveräußerung, wenn eine von mehreren Linien samt Omnibus veräußert wird (BFH IV 439/61 BeckRS 1963, 21007554).

Produktionsbetrieb s „Betonherstellung", „Grundstück", „Maschinenfabrik". – Stehen wesentl Maschinen (Rz 88) nur für alle Produktionsabteilungen gemeinsam zur Verfügung, sind diese idR kein Teilbetrieb (BFH I R 66/68 BStBl II 72, 118; einschr FG RhPf EFG 03, 45).

Reisebüro. Werden iRe Unternehmens Reisen veranstaltet (Reisebüro) und Personen befördert (Omnibusunternehmen), ist die Veräußerung von Omnibussen nur ausnahmsweise Teilbetriebsveräußerung (BFH VIII R 26/76 BStBl II 78, 672; **aA** zB *Tiedtke* DStR 79, 543; *J. Bauer* DB 82, 1069, 1072).

Reparaturbetrieb s „Maschinenfabrik".

Restaurant s „Gastwirtschaften/Imbiss/Eisdiele",„Hotel".

Schausteller. Einzelne Fahrgeschäfte sind idR kein Teilbetrieb (BFH IV R 178–180/74 nv; FG Köln EFG 98, 296; **aa** BFH X R 63/88 BFH/NV 90, 699 für Kinderverkehrspark).

Schenkung. Keine Gewinnrealisierung, sondern Buchwertfortführung nach § 6 III (Rz 128; BFH IV R 108/75 BStBl II 79, 732: Übergang zu LuF).

Schiff. Werden mehrere Schiffe (Schleppkäne) betrieben, ist das einzelne Schiff idR kein Teilbetrieb (BFH IV R 46/10 BFH/NV 14, 221; zT **aa** *Tiedtke* DStR 79, 543). Die Veräußerung eines Schiffs (Hochseeschiff) ist nur dann Teilbetriebsveräußerung, wenn das Schiff die wesentl Betriebsgrundlage eines Zweigunternehmens bildet (BFH VII 283/64 BStBl III 66, 178). Kein Teilbetrieb ist ein im Bau befindl Schiff (BFH IV 31/63 BStBl III 66, 271). S auch Rz 88.

Sonderbetriebsvermögen. Ein einzelnes WG des SBV des Ges'ters einer PersGes ist idR kein Teilbetrieb (BFH IV R 48/77 BStBl II 79, 554). Mehrere WG können Teilbetrieb sein (BFH IV 380/62 BStBl III 67, 47).

Spielhalle kann auch in der Hand eines Automatenaufstellers Teilbetrieb sein (BFH XI R 35/00 BFH/NV 02, 336). S auch „Automaten".

Stromnetz. IdR kein Teilbetrieb (FG BaWü EFG 99, 605).

Tankstelle kann selbstständiger GewBetr (BFH VIII R 294/84 BFH/NV 90, 261), Teilbetrieb (BFH X R 62/87 BStBl II 89, 973) oder unselbstständige Verkaufsstelle sein (BFH I R 14/77 BStBl II 80, 498; abl *Tiedtke* FR 81, 445).

Taxi, eines von mehreren, einschließl Konzession kein Teilbetrieb (BFH IV R 168/69 BStBl II 73, 361; diff FG Nbg EFG 92, 600).

Transportunternehmen. Güterfernverkehr/Güternahverkehr sowie Zweigniederlassungen können bei organisatorischer Trennung Teilbetriebe sein (BFH IV B 36/96 BFH/NV 97, 761). Keine Teilbetriebsveräußerung/-aufgabe liegt vor, wenn ein Spediteur seine eigenen Lastzüge veräußert, aber die bisherigen Kunden weiter über die Spedition betreut (BFH VIII R 323/84 BStBl II 89, 357).

Treibstoffgroßhandel s „Tankstelle".

Verlag. Umfasst er mehrere Bereiche, kann die Veräußerung eines Fachgebiets Teilbetriebsveräußerung sein (BFH IV R 189/81 BStBl II 84, 486; fragl FG Hbg DStRE 05, 562). Wird für bestimmte Druckerzeugnisse die Verlagstätigkeit ins Ausl verlegt, während die Redaktion im Inl bleibt, ist dies Entnahme einzelner WG (BFH I R 123/78 BStBl II 83, 113); gleichfalls kein Teilbetrieb sind einzelne Belieferungsrechte (BFH X R 17/03 BFH/NV 06, 532).

Warenbestand eines Einzelhändlers kann uU wesentl Betriebsgrundlage sein (BFH VIII R 316/82 BStBl II 89, 602: Teppicheinzelhandel; BFH II R 53/07 BStBl II 09, 852: Kunstwerke; ebenso mE zB bei Antiquitätenhandel, Juwelier uä). Gleiches gilt für einen auf kurzfristigen Warenumschlag ausgerichteten Großhandel mit Importwaren (BFH III R 9/87 BStBl II 89, 874). Keine wesentl Betriebsgrundlage ist der kurzfristig wieder beschaffbare Warenbestand eines Lebensmitteleinzelhändlers (BFH IV R 200/72 BStBl II 76, 622), einer Gaststätte (BFH IV R 56/97 BStBl II 98, 735), evtl auch der eines Großhandels (BFH III R 112/96 BFH/NV 99, 1198). S auch Rz 90.

Wesentliche Betriebsgrundlage s „Grundstück", „Warenbestand" (Rz 88, 90).

Windkraftanlage eines Stromerzeugungsbetriebs ist kein Teilbetrieb (BFH X R 23/09 BFH/NV 10, 633; s auch Rz 126).

Wohnungsbauunternehmen. Keine Teilbetriebsveräußerung, wenn von vermieteten Wohnungen in mehreren Städten der in einer Stadt belegene Grundbesitz verkauft wird (BFH IV R 113/68 BStBl II 69, 464; **aA** *Tiedtke* DStR 79, 543).

Zweigniederlassung (§ 13 HGB) ist idR Teilbetrieb (BFH IV R 88/92 BFH/NV 94, 694; BFH I R 107/93 BStBl II 95, 403).

5. 100%ige Beteiligung an Kapitalgesellschaft als Teilbetrieb. – a) Allgemeines/Rechtsentwicklung. – 135
(1) **Rechtslage bis 2001.** Da die im BV gehaltene 100%ige Beteiligung an einer KapGes als **Teilbetrieb gilt** (§ 16 I 1 Nr 1 S 2; Fiktion gem wirtschafl Betrachtung), war die Veräußerung nach der Rechtslage bis VZ 2001 (bzw 2002) zwar tarifbegünstigt. Die Fiktion galt jedoch weder für § 6 III EStG noch für § 24 UmwStG (str; s unten), auch war/ist die Veräußerung grds gewstpfl (GewStH 7.1 III; zu § 35 nF s § 35 Rz 18); *Ausnahme:* Veräußerung/Entnahme bei (Teil-)Betriebsveräußerung/-aufgabe (BFH III R 27/98 BStBl II 02, 537). Zur Buchwertübertragung iZm der Aufgabe eines Betriebs oder MUeranteils s BFH IV R 84/96 BStBl II 98, 104; *BMF* BStBl I 11, 1314 Tz 24.02, 15.06: keine Begünstigung; **aA** BFH IV R 49/08 BStBl II 10, 726; unten Rz 384; zutr). S iEinz *Schmidt* 33. Aufl § 16 Rz 161 und *Schmidt* 39. Aufl § 16 Rz 161).

(2) **Rechtslage ab VZ 2002.** Aufgrund des **Teileinkünfteverfahrens** entfällt ab VZ 2002/2009 die Tarifbegünstigung nach § 34 II Nr 1 auch für 100%ige Beteiligungen an KapGes (einschl OptionsGes gem § 1a KStG; s § 15 Rz 160a). Zur Kaufpreisaufteilung s BFH VIII B 110/13 BFH/NV 14, 1886. Die Teilbetriebsfiktion ist deshalb grds nur noch für den Freibetrag (§ 16 IV; s Rz 572, 578) sowie für Umstrukturierungen (24 UmwStG; so *BMF* BStBl I 09, 671; *BMF* BStBl I 11, 1314 Tz 24.02, 15.05 f zR abl BFH I R 77/06 BStBl II 09, 464; s auch § 15 I 3 UmwStG) von Bedeutung. Bei Veräußerung einer **Organbeteiligung** (Auflösung der OrganGes etc) sind für Mehr-/Minderabführungen bis 2021 gebildete passive/aktive Ausgleichsposten gewinnwirksam iVm §§ 3 Nr 40, 3c aufzulösen (§§ 14 IV KStG aF iVm § 34 VIe 7 ff KStG nF: Übergangsregelung; s auch *Schmidt* 40. Aufl § 16 Rz 135; gleiches muss bei Veräußerung von MUeranteilen an der Organträger-PersGes gelten). Ab **2022** bestimmen die Divergenzen gem §§ 14 IV, 34 VIe 5f den StB-Ausweis der Organbeteiligung (Einlagelösung). **§ 34 I/III** ist mE weiter anwendbar, wenn der Veräußerungserlös für die 100%ige Beteiligung nach § 3 Nr 40 S 3, 4 nicht zu 40% steuerbefreit ist (zu Verlusten s auch § 15 IV 3 ff).

b) Gesamtes Nennkapital der Kapitalgesellschaft. Die Beteiligung des StPfl 136 muss das gesamte Nennkapital (Grund- oder Stammkapital) erfassen (BFH VIII B 234/04 BFH/NV 06, 519; **aA** FG Köln EFG 08, 447) – ausgenommen eigene Anteile der KapGes (s § 17 Rz 41). Eine Beteiligung im handelsrechtl Sinne (§ 271 HGB) ist nicht erforderl (vgl *OFD Mster* DStR 89, 394). Dem StPfl müssen die Anteile estrechtl als wirtschaftl Eigentümer (§ 39 I, II 1 AO) zuzurechnen sein. Befinden sie sich im Gesamthandsvermögen einer gewerbl PersGes, soll trotz § 39 II Nr 2 AO im Hinblick auf § 5 I iVm §§ 238 ff HGB eine 100%ige Beteiligung iSv § 16 I 1 Nr 1 gegeben sein (BFH IV R 151/79 BStBl II 82, 751; zu §§ 705, 713 BGB idF MoPeG (BGBl I 21, 3436) ab 2024 s § 15 Rz 166). Entspr muss für eine 100%ige Beteiligung im Miteigentum (§ 1008 BGB) und für eine in der Summe 100%ige Beteiligung gelten, wenn die Anteile teils GesVermögen sind, teils den Ges'tern oder nur den Ges'tern gehören und jeweils SBV sind (EStR 16 III 7; BFH VIII R 2/93 BStBl II 95, 705).

c) Beteiligung im Betriebsvermögen. Die Beteiligung muss **notwendiges** 137 oder **gewillkürtes** BV sein; SBV genügt (Rz 136). Die 100%ige Beteiligung muss insgesamt BV sein (hL; EStR 16 III 8; *HHR* § 16 Rz 167: Teil-Anteile in verschiedenen BV des StPfl). Eine 100%ige Beteiligung im GesVermögen einer Zebra-Ges (s § 15 Rz 201) ist nicht insgesamt BV. Hält ein StPfl die 100%ige Beteiligung teilweise im PV, muss sie vor einer Veräußerung und mE außerhalb eines „Gesamtplans" in das BV einlegt worden sein.

d) Veräußerung; Aufgabe. Gegenstand einer begünstigten (s aber Rz 135) 138 *Veräußerung* ist die 100%ige Beteiligung, wenn sie einheitl gegen Entgelt an einen Erwerber übertragen wird. Wird sie insgesamt an verschiedene Erwerber übertragen, ist dies eine nach § 16 III ebenso begünstigten *Aufgabe*. Gleiches gilt, wenn die 100%ige Beteiligung insgesamt entnommen (BFH IV R 151/79 BStBl II 82, 751) oder teilweise veräußert und iÜ in das PV überführt wird (zum Teileinkünfteverfahren s aber Rz 135). Veräußerung/Aufgabe soll ferner gegeben sein, wenn die Beteiligung in Teilen nacheinander ohne Sachzusammenhang, jedoch insgesamt innerhalb desselben Wj veräußert wird (EStR 16 III 6). Ebenso muss es dann aber sein, wenn die Anteile zwar in zwei aufeinander folgenden Wj, aber auf Grund eines wirtschaftl einheitl Vorgangs (zB mehrerer gleichzeitig abgeschlossener obligatorischer Geschäfte) übertragen werden. Nicht anwendbar ist § 16 I 1 Nr 1, III, wenn der StPfl einen Teil seiner 100%igen Beteiligung *im BV* zurückbehält (*HHR* § 16 Rz 170).

139 **e) Tausch.** Zum Tausch einer 100%igen Beteiligung gegen andere KapGes-Anteile s § 6 VI 1 (§ 6 Rz 851 ff, § 5 Rz 631). Zur **Einbringung** in **KapGes** gegen Gewährung von GesRechten s §§ 20 ff UmwStG. Zur Gewinnrealisierung bei verdeckter Einlage s Rz 216; auch diese unterliegt nunmehr dem Teileinkünfteverfahren (§ 3 Nr 40 S 1 Buchst b; vgl auch BFH I R 202/83 BStBl II 87, 705: verdeckte Einlage ist zugleich Entnahme).

140 **f) Auflösung und Liquidation der Kapitalgesellschaft.** Letzteres führt zum Untergang der 100%igen Beteiligung an dieser KapGes und ist damit deren Veräußerung/Aufgabe grds gleichwertig (BFH VIII R 7/03 BStBl II 09, 772). Abw von der früheren Rechtslage (BFH VIII R 7/03 BStBl II 09, 772) ist ab VZ 97 nach § 16 I 1 Nr 1 S 2 HS 2 (dazu BT-Drs 13/5952 S 46) im Fall der Auflösung der KapGes § 17 IV 3 sinngemäß anzuwenden. Demzufolge sind die von der KapGes ausgekehrten und beim Anteilseigner als BE zu erfassenden Vermögenswerte (Liquidationserlös) insoweit nicht Teil des begünstigten Veräußerungspreises (dh grds lfd BE), als „die Bezüge nach § 20 Abs 1 Nr 1 oder Nr 2 zu den Einnahmen aus KapVerm gehören" (BFH IV R 74/06 BFH/NV 09, 725: auch bei „Gesamtbetriebsaufgabe"). Diese Trennung wird zwar ab VZ 2002 bzw VZ 2003 beibehalten, jedoch entfällt infolge des Teileinkünfteverfahrens (§ 3 Nr 40 Buchst a/b) auch für den Veräußerungsgewinn grds § 34, nicht jedoch der Freibetrag nach § 16 IV (s einschließl Organbeteiligungen Rz 135).

141 **aa) Kapitalherabsetzung.** Sie ist weder Veräußerung noch Aufgabe der 100%-igen Beteiligung, weil sie nicht die ganze Beteiligung erfasst (zum Teileinkünfteverfahren vgl § 20 I Nr 2 iVm III, § 3 Nr 40 Buchst a, e iVm S 2).

142 **bb) Verschmelzung.** Geht eine 100%ige Beteiligung durch Verschmelzung der KapGes oder formwechselnde Umwandlung in PersGes unter, bestimmen sich die Rechtsfolgen beim Anteilseigner nach dem UmwStG.

V. Rückgängigmachung der Veräußerung; fehlgeschlagener Erwerb

145 Wird die Veräußerung aufgrund von Umständen rückgängig gemacht (dazu BFH VIII R 28/02 BStBl II 05, 46), die im Veräußerungsgeschäft **angelegt** waren, entfällt rückwirkend die ursprüngl Veräußerung und damit die Gewinnverwirklichung; *Beispiele:* Nichtigkeit des Kaufvertrags (BFH VIII R 77/96 BStBl II 02, 227), Wegfall/Störung der Geschäftsgrundlage (BFH IX R 17/09 BStBl II 10, 539), vertragl Rücktrittsrecht oder Anfechtung (§§ 119, 123 BGB). Unberührt bleiben jedoch *lfd BE* aufgrund von Reuegeldern uä (*Götz* FR 15, 972, 975; **aA** zu PV BFH IX R 32/04 BStBl II 07, 44). Gleiches gilt für Rücktritt aus **privaten Gründen** (vgl auch Rz 338) und für auflösende Bedingung iVm Vergleich nach Kaufpreiszahlung (BFH VIII R 67/02 BStBl II 04, 107; *Welzer* DStR 16, 1393: StKlauseln; offen bei Anfechtung BFH X R 12/01 BStBl II 04, 211). Die Veranlagung ist gem **§ 175 I 1 Nr 2 AO** zu berichtigen; der Rückabwicklung ist keine Anschaffung des Veräußerers (s zu § 17 BFH IX R 49/15 BStBl II 17, 673 *LfSt Bay* DB 08, 2110; *Hils* DStR 17, 2157; zutr; BFH I R 43, 44/98 BStBl II 00, 424 ist aufgegeben). Gleichwohl hat der **Erwerber** den lfd Gewinn bis zum Vollzug der Rückgängigmachung zu versteuern, sofern er ihm verbleibt (BFH IV R 80/67

Aufgabe des ganzen Betriebs 150–152 § 16

BStBl II 68, 93). Ein Rückabwicklungsverlust des Erwerbers iZm § 16 ist jedoch BA. Die Veräußerung entfällt jedoch **nicht,** wenn ein wirksamer und vollzogener Kaufvertrags nachträgl aufgehoben (BFH IV R 70/92 BStBl II 94, 745; **aA** *Bahns* FR 04, 317) oder der MUeranteil an einen Drittschädiger weiterveräußert wird (zB Prospekthaftung); der Schadenersatz ist mE – anders bei privaten Fonds (zB BFH IX R 27/15 BStBl II 18, 335) – betriebl Veräußerungserlös (BFH IV R 20/18 BStBl II 21, 904; s § 15 Rz 648). Ebenso idR nicht bei **Rückfallklauseln** (BFH XI R 55/97 BFH/NV 99, 9; § 15 Rz 300). Zu vorweggenommenen BA bei **fehlgeschlagenem Erwerb** (GewBetr/MUeranteil) s § 4 Rz 484; BFH I R 56/12 BStBl II 14, 703: DBA-Freistellung. Zur Betriebsaufgabe s Rz 150.

C. Tatbestand der Aufgabe des ganzen Gewerbebetriebs oder eines Teilbetriebs, § 16 III, IIIa, IIIb

Verwaltung: EStR 16 II, III; *BMF* BStBl I 16, 1326 (§ 16 IIIb). – **Schrifttum** (Auswahl): *Stopper,* Die Betriebsaufgabe als Gewinnausweistatbestand, Diss, 2005; *Rutemöller,* Gesellschaften in der Liquidation, DStZ 19, 832.

I. Aufgabe des ganzen Betriebs

1. Aufgabetatbestand. – a) Aufgabe durch Handlung. Der BFH wertet die 150 Betriebsaufgabe, die nach § 16 III 1 als Veräußerung gilt (Fiktion), als „Totalentnahme". Eine Betriebsaufgabe liegt hiernach **(Grundtatbestand)** vor, **wenn** – *(1)* auf Grund eines **Entschlusses** des StPfl, den Betrieb aufzugeben – *(2)* die bisher in diesem Betrieb (von diesem „Steuersubjekt") entfaltete gewerbl Tätigkeit **endgültig eingestellt** wird (s Rz 80ff); unerhebl ist dabei allerdings, ob dies freiwillig oder zwangsweise (zB Berufsverbot) geschieht (BFH X R 163–164/87 BStBl II 91, 802: Rechtsvorgang, Rz 151; FG Hbg EFG 00, 552: Brand; s auch Rz 122; zur teilweisen Veräußerung der wesentl Betriebsgrundlagen eines Verpachtungsbetriebs s 188) – *(3)* **alle wesentl Betriebsgrundlagen** – *(4)* in einem **einheitl Vorgang,** dh innerhalb kurzer Zeit (s Rz 200), – *(5)* entweder – *(a)* insgesamt eindeutig, dh äußerl erkennbar in das **PV** überführt (BFH X R 28/11 BFH/NV 15, 479) oder – *(b)* „anderen **betriebsfremden Zwecken**" zugeführt (BFH VIII R 17/85 BStBl II 91, 512 zu verdeckter Einlage in KapGes; Rz 76, 216) oder – *(c)* insgesamt einzeln als **verschiedene** nicht als MUer verbundene **Erwerber** veräußert (BFH III R 27/98 BStBl II 02, 537) oder unentgeltl überträgt (BFH VI S 9/19 *(PKH)* BFH/NV 20, 1051) oder – *(d)* **teilweise** veräußert/überträgt und teilweise in das **PV** überführt werden und – *(6)* dadurch der **Betrieb** „als selbstständiger Organismus des Wirtschaftslebens" zu bestehen **aufhört** (BFH X R 32/05 BStBl II 09, 634). – *(7)* Sind die Voraussetzungen zu (1) bis (6) gegeben, bedarf es (grds) **keiner** zusätzl **Aufgabeerklärung** ggü dem FA (zB BFH I R 235/80 BStBl II 85, 456), da die Betriebsaufgabe ein tatsächl Vorgang ist (Entnahme). – *(8)* Demgemäß kann sie auch **nicht** durch Erklärung **zurückbezogen** werden (BFH IV R 39/94 BStBl II 96, 276; zur Sonderregelung des § 16 IIIb s Rz 160; zu gewerbl Grundstückshandel s § 15 Rz 78) und – anders als in Fällen der Betriebsveräußerung (Rz 145) – auch **nicht rückwirkend beseitigt** werden (BFH VIII R 15/80 BStBl II 83, 736; FG MeVo EFG 08, 1699). – *(9)* Zur Sonderform der **Realteilung** (§ 16 II 2–4) s Rz 520ff.

b) Substituierender Rechtsvorgang. Ein solcher kann im Einklang mit dem 151 Entnahmebegriff des § 4 I 2 (s § 4 Rz 242ff) auch ohne Aufgabehandlung des StPfl eine sog „finale Betriebsaufgabe" begründen (zB BFH VIII R 90/81 BStBl II 84, 474; s einschließl Entstrickung gem § 16 IIIa Rz 196).

c) Keine Betriebsaufgabe. – aa) Grundsätze. Aus den *allg* Merkmalen zu 152 Rz 150 ergibt sich im tatbestandl Gegenschluss die Abgrenzung der Betriebsaufgabe ggü – *(1)* der **„allmählichen Abwicklung"** (Auflösung) eines GewBetr, die zwar ebenfalls zu einer Gewinnrealisierung führt, aber nicht in zeitl konzentrierter

§ 16 153–160 Veräußerung des Betriebs

("einheitl") Form und deshalb nicht begünstigt ist (Rz 200), – *(2)* einer vorübergehenden **Betriebsunterbrechung**; § 16 IIIb; Rz 160) oder **Betriebsverpachtung** (Rz 166), – *(3)* einer innerbetriebl **Strukturänderung** (Rz 154) oder **Betriebsverlegung** (BFH I R 99/08 BStBl II 11, 1019; s Rz 81, 89 f, 160), bei denen aufgrund dessen, dass der Betrieb als selbständiger Organismus des Wirtschaftslebens fortbesteht, nur nicht begünstigte Gewinne (oder Verluste) aus der Veräußerung oder Entnahme einzelner WG erzielt werden (zu § 16 IIIa s aber Rz 196), und – *(4)* der **unentgeltl/entgeltl Betriebsübertragung**, bei der die wesentl Betriebsgrundlagen einem Erwerber übertragen werden(s einschließl Ausnahmen Rz 10 f; BFH IV R 16/92 BStBl II 93, 716: Tod eines Einzelunternehmers). Demgemäß ist auch die **Einstellung** der bisherigen werbenden gewerbl **Tätigkeit** (zB § 27 II HGB) idS **„mehrdeutig"**, dass sie estrechtl der Beginn einer Betriebsaufgabe (Rz 209), der Beginn einer allmähl Betriebsabwicklung oder nur eine Betriebsunterbrechung evtl iVm einer innerbetriebl Strukturänderung oder räuml Betriebsverlegung sein kann (s oben zu *(3)*).

153 bb) **Wichtige Einzelfälle.** Betriebsaufgabe liegt insb **nicht** vor: **(1) Rechtsirrtum**. Dh die *nachträgl* Erkenntnis über das **Nicht-Vorliegen** eines **GewBetr** zB keine gewerbl Prägung der GmbH & Co GbR auf Grund BGH II ZR 371/98 DStR 99, 1704; BGH II ZR 2/00 DStR 02, 816 (§ 15 Rz 227; vgl aber nunmehr vermögensverwaltende Pers*handels*Ges gem §§ 2, 105, 161 II 2 HGB; zur Umwandlung KapGes in PersGes s BFH IX R 23/96 BFH/NV 00, 1258).

154 **(2) Änderung von Betriebsstruktur/Betriebsgröße.** *Beispiele:* Produktionszum Handelsbetrieb (BFH X R 78/93 BFH/NV 97, 226; BFH III R 1/03 BFH/NV 04, 1231), Hotel zu Restaurant (BFH III R 1/03 BFH/NV 04, 1231: s auch Rz 89, 173), von Pflegebetrieb zu Ferienpension (BFH IV B 120/04 BFH/NV 06, 727), von originärem zu gewerbl geprägtem GewBetr (s auch zu GewSt BFH IV R 41/07 BStBl II 10, 977) und umgekehrt, eines GewBetr zu LuF oder selbstständiger Arbeit und umgekehrt (BFH IV R 18/06 BStBl II 09, 654; Rz 607: Erbfall). Zu § 14 II nF (Sonderrecht) s § 14 Rz 36.

155 **(3) Betriebsaufspaltung; Betriebsunterbrechung; Betriebsverpachtung.** Der Übergang zur BetrAufsp (zB BFH III R 40/07 BStBl II 10, 609) oder die Betriebsverpachtung/Betriebsunterbrechung (s Rz 166, 160).

156 **(4) Liebhabereibetrieb.** Bei Wandel eines GewBetr in einen Liebhabereibetrieb bleiben die betriebl WG vorbehaltl einer Betriebsaufgabe*erklärung* „eingefrorenes" BV. Die bis zum Strukturwandel/Beurteilungswandel angewachsenen stillen Reserven werden ungeachtet einer negativen Wertentwicklung in der Liebhabereiphase zB bei späterer entgeltl Veräußerung oder schenkweiser Einzelübertragung (Entnahme) realisiert (BFH X R 61/14 BStBl II 16, 939; *Heckel* Diss, 1999, 120: Rechtsfolgenreduktion; zu Schuldzinsen s Rz 356). Der Unterschiedsbetrag zw gemeinem Wert und Buchwert ist für jedes WG der AV und UV (BFH X R 61/14 BStBl II 16, 939) auf den Zeitpunkt des Strukturwandels gesondert und ggf einheitl festzustellen (vgl § 180 II AO iVm § 8 VO; BFH X R 15/15 BStBl II 17, 112); ein Übergangsgewinn kann angesetzt werden (BFH X R 61/14 BStBl II 16, 939: keine Bilanzierungspflicht; krit *Kanzler* FR 16, 1048; *Paus* DStZ 17, 377; BFH X R 2/16 BFH/NV 18, 421: kein § 7g aF).

157 **(5) Insolvenzverfahren.** Dessen Eröffnung begründet keine Betriebsaufgabe (vgl §§ 1, 155, 157 InsO; BFH II R 10/18 DStR 21, 1648; BFH X B 71/15 BFH/NV 16, 34: Eigenantrag; § 4 II GewStDV; GewStR 2.6 IV; zu 4a s *BMF* BStBl I 98, 1500 zu 4.3; zu § 13a ErbStG aF s BFH II R 19/18 DStR 20, 2599; anders aber idR bei Besitzunternehmen einer BetrAufsp (§ 15 Rz 865 ff) oder wenn Betriebsfortführung ausgeschlossen (FG Mster EFG 11, 1519; unten Rz 161).

160 **2. Betriebsunterbrechung, § 16 IIIb. – a) Fortbestand des Betriebs.** Keine Betriebsaufgabe, sondern bloße Betriebsunterbrechung (ieS) mit der Folge

Aufgabe des ganzen Betriebs 161–163 § 16

originär gewerbl Einkünfte (BFH IV R 37/14 BStBl II 18, 227; § 15 Rz 213) ist anzunehmen, wenn nach den äußerl erkennbaren Umständen, zB weil die zurückbehaltenen, nicht grundlegend umgestalteten und weiterhin gebrauchstaugl WG jederzeit die Wiederaufnahme des Betriebs gestatten (BFH III B 54/07 BFH/ NV 09, 1620), wahrscheinl ist, dass – *(1)* die werbende Tätigkeit (zu mehreren Betätigungen s Rz 161) innerhalb eines „überschaubaren" Zeitraums, dessen Länge sich nach den Umständen des Einzelfalls bestimmt (BFH VIII B 98/01 BFH/NV 06, 1287: 30–40 Jahre; weitergehend BFH IV R 37/14 BStBl II 18, 227: keine allg Höchstgrenze; s Rz 181) in gleichartiger oder ähnl Weise **wieder aufgenommen** wird, sodass der stillgelegte und der wiederaufgenommene Betrieb wirtschaftl **identisch** sind (BFH X B 12/03 BFH/NV 03, 1575: Betriebsunterbrechung iVm Betriebsverlegung; FG Hbg EFG 12, 1416: Verhältnisse bei Einstellung der werbenden Tätigkeit maßgebend; zutr, s Rz 169; zu § 16 IIIa s aber Rz 196), oder – *(2)* der Betrieb alsbald ohne Aufgabe **verpachtet** wird oder – *(3)* die wesentl WG an **verschiedene Nutzer** vermietet werden (BFH VIII R 80/03 BStBl II 06, 591). Ebenso, wenn – *(4)* eine PersGes ihren Betrieb einstellt, dieselben Ges'ter eine **neue PersGes** gründen und diese einen Betrieb eröffnet, der mit dem bisherigen *wirtschaftl identisch* ist (zu § 10a GewStG s BFH VIII R 30/05 BFH/NV 07, 1042); – *(5)* bei **Zerstörung** wesentl **Betriebsgrundlagen** zB durch Brand, wenn Ersatzbeschaffung ua durch Bildung einer RfE bekundet wird (BFH IV R 97/89 BStBl II 92, 392). Zur Betriebsunterbrechung bei Fehlen oder Wegfall der Voraussetzungen einer **BetrAufsp** s § 15 Rz 865.

Beispiele. Typische Fälle der Betriebsunterbrechung: Saisonbetriebe, zB Hotel in Wintersportort; Handelsvertreter gibt bisherige Vertretungen auf und übernimmt nach einiger Zeit neue (BFH I 221/63 BStBl III 66, 459); Ferienwohnungen werden vorübergehend nicht über Feriendienstorganisation vermietet (BFH III R 31/87 BStBl II 90, 383). Zu Grundstückshandel iVm Grundstücksverwaltung s BFH IV R 39/94 BStBl II 96, 276; zur unschädl Bestellung von Erbbaurechten s BFH XI R 28/97 BStBl II 98, 665.

161 **b) Aufgabe des unterbrochenen Betriebs.** Nach der jüngeren BFH-Rspr kann im Einklang mit den Grundsätzen zur Betriebsverpachtung (vgl Rz 181) von einer Betriebsunterbrechung ausgegangen werden, solange die Möglichkeit zur (jederzeitigen) Wiederaufnahme der gewerbl Tätigkeit besteht (BFH IV R 65/01 BStBl II 09, 699; BFH IV R 37/14 BStBl II 18, 227; *BMF* BStBl I 02, 1028). Maßgebl ist grds der Betriebszustand vor Einstellung; bei mehreren verschiedenen Betätigungen ist die Wiederaufnahmeabsicht für eine Tätigkeit ausreichend (BFH X R 36/17 BFH/NV 19, 195).

162 **aa) Aufgabeerklärung; § 16 IIIb 1 Nr 1.** Ein hiernach nur unterbrochener Betrieb gilt nach der für BetrAufgaben ab dem 5.11.11 anwendbaren (§ 52 Abs 34 S 9 aF; *BMF* BStBl I 16, 1326; **aA** *Hechtner* NWB 13, 20: ab 1.1.12) Anordnung in § 16 IIIb 1 Nr 1 erst dann als aufgegeben, wenn der StPfl die Aufgabe ggü dem FA *ausdrücklich* erklärt (s dazu einschließl einer mögl dreimonatigen Rückwirkung gem S 2, 3 Rz 190 ff).

163 **bb) Unerkannte Betriebsaufgabe; § 16 IIIb 1 Nr 2. – aaa) Rechtsprechungsgrundsätze.** Mit dem Wegfall der Möglichkeit zur Wiederaufnahme der gewerbl Tätigkeit (Rz 161) wurde nach der Rspr zur Rechtslage vor Geltung von § 16 IIIb zugleich der Betriebsaufgabetatbestand erfüllt (FG Mster EFG 11, 1519 zu Konkurs). Dem stand weder entgegen, dass der StPfl ggü dem FA erklärt hatte, wieder gewerbl tätig sein zu wollen; noch dass das FA in Kenntnis der tatsächl Gegebenheiten über diese Rechtslage irrte oder Anlass bestand, den Sachverhalt zu ermitteln. Zudem lehnte der BFH eine Bindung nach **Treu und Glauben** ab (iEinz BFH III R 7/91 BFH/NV 93, 358; mE bedenkl; s auch Rz 203). Zur mE nicht tragfähigen Erwägung von BFH X R 78/93 BFH/NV 97, 226, das Jahr der „verkannten" Betriebsaufgabe gem § 174 III AO zu ändern, s *Schmidt* 39. Aufl § 16 Rz 182. **Ausnahme:** *allmähl* Reduzierung des Geschäftsbetriebs (BFH VIII

R 11/95 BStBl II 98, 379: eindeutige Erklärung erforderl, **„keine schleichende"** Betriebsaufgabe; mE zutr; s auch hierzu iEinz *Schmidt* 39. Aufl § 16 Rz 182).

164 **bbb) Partielle Korrektur durch § 16 IIIb 1 Nr 2.** Hiernach setzt die Betriebsaufgabe voraus, dass dem **FA** die Tatsachen **bekannt** werden, aus denen sich die „rechtl Voraussetzungen der Aufgabe iSv § 16 III 1" ergeben. Letzteres lässt einerseits die bisher geltenden Grundsätze (s Rz 163) unberührt, will aber andererseits (BR-Drs 54/11: Vereinfachung/Rechtssicherheit „für StPfl") iSe partiellen Rspr-Korrektur den **Betriebsfortbestand** bis zu dem Zeitpunkt **fingieren**, zu dem das FA (= mE der zuständige Bearbeiter; glA *BMF* BStBl I 16, 1326; *Manz* DStR 13, 1512, 1515) Kenntnis davon erhält, dass die Möglichkeit zur Betriebsfortführung entfallen ist, weil zB (= „Aufgabe iSv § 16 III 1") alle wesentl oder iRe schleichenden Betriebsaufgabe die letzten wesentl Betriebsgrundlagen (BFH VIII R 18/99 BFH/NV 01, 31) veräußert worden sind. Ein *Rechts*irrtum des FA ist allerdings unerhebl (zutr *Müller* FR 15, 616). Soweit WG vor dem Jahr der Kenntniserlangung veräußert/entnommen worden sind, sollen nach *BMF* (BStBl I 16, 1326) die Vorjahre, soweit verfahrenrechtl möglich, geändert werden (*HHR* § 16 Rz 674; fragl).

3. Betriebsverpachtung; § 16 IIIb

Verwaltung: EStH 16 V; GewStR 2.2; *BMF* BStBl I 94, 771 (Wiederaufleben des Verpächterwahlrechts; Ges'terwechsel bei verpachtender PersGes); *BMF* BStBl I 84, 461; *BMF* BStBl I BStBl I 00, 1556 (LuF); *BMF* BStBl I 09, 1303 (BgA); *OFD Bln* FR 04, 494 (Erbfall); *OFD Hann* DB 09, 2520 (BgA); *BMF* BStBl I 16, 1326 (§ 16 IIIb).

Schrifttum (Auswahl): *Heckel*, Das Ende gewerbl Tätigkeit trotz Fortbestand des Betriebs, Diss, 1999; *Stopper*, Betriebsaufgabe als Gewinnausweistatbestand, Diss, 2005.

166 **a) Systematik; Rechtsgrundlage.** Obgleich die Verpachtung von WG idR nicht dem Tatbestand der gewerbl Einkünfte (§ 15 I 1 Nr 1, II) genügt, geht die Rspr (BFH GrS 1/63 S BStBl III 64, 124) für Zwecke des EStG (zur GewSt s Rz 186, 170 aE, 183) auch bei langfristiger Verpachtung der wesentl Grundlagen mit Rücksicht auf die bis dahin ausgeübte unternehmerische Tätigkeit nicht von einer Betriebsaufgabe, sondern – vorbehalt einer Aufgabeerklärung **(Wahlrecht)** – von einem fortbestehenden GewBetr **(Betriebsunterbrechung iwS)** aus, solange obj die Möglichkeit und – was allerdings zu vermuten ist – subj die Absicht zur „identitätswahrenden Wiederaufnahme" der früheren gewerbl Tätigkeit in eigener Person oder eines unentgeltl Rechtsnachfolgers besteht. **Entsprechendes** gilt vorbehaltl § 14 II, III nF (Sonderrecht; s § 14 Rz 36) bei Verpachtung eines **LuF-Betriebs** (s § 13 Rz 123) und einer **Freiberuflerpraxis** (str, s § 18 Rz 215). – **Rechtsgrundlage.** Der BFH (VIII R 2/95 BStBl II 98, 388; krit zB *Führer* DStR 95, 785, 788) stützt das Wahlrecht auf die teleologische Reduktion des § 16 III 1 (ähnl *Stopper* Diss, 158 ff: Analogie zu Entnahme; **aA** *Heckel* Diss, 103: Rechtsfolgenreduktion iVm „Einfrieren" der stillen Reserven).

167 **b) Abgrenzungen.** Betriebspachtverträge sind zu unterscheiden von **Betriebsführungsverträgen** (BFH I R 61/09 BStBl II 11, 249: Betriebsführung im fremden oder eigenen Namen und auf fremde Rechnung gegen Entgelt) und **Betriebsüberlassungsverträgen** (Betriebsführung im fremden Namen auf eigene Rechnung). Zu Einzelheiten, zB *Gembruch ua* Ubg 11, 619; *Kuhr* Ubg 14, 776; BFH I R 175/85 BFH/NV 90, 667. Zur Umqualifikation in einen **Verkauf** s BFH X R.36/08 BFH/NV 17, 4 Rz 26. Zur **verdeckten MUerschaft** (Familien-PersGes) s § 15 Rz 285, 744. Zur **Betriebsstätte** s BFH III R 3/19 BFH/NV 20, 708.

168 **c) Voraussetzungen des Wahlrechts zur Betriebsaufgabe.** Das Wahlrecht erfordert – **(1)** positiv bestimmte sachl und persönl Gegebenheiten (Rz 169 ff) und – **(2)** negativ das Fehlen einer BetrAufsp oder MUerschaft zw Verpächter und Pächter (Rz 183 f). Es entfällt auch, wenn der Verpächter eine Aktivität entfaltet, die über die bloße Nutzungsüberlassung erhebl hinausgeht und sich ihrerseits als gewerbl Betätigung darstellt (BFH VIII R 263/81 BStBl II 86, 359: „ins Gewicht fallende Sonderleistungen").

aa) Ganzer Gewerbebetrieb. Erforderl ist, dass der StPfl einen (noch lebenden) GewBetr (zum Teilbetrieb s Rz 170), dessen Eigentümer oder Nutzungsberechtigter er ist (BFH VIII R 120/86 BStBl II 90, 780), zur Nutzung überlässt. Dem ist (nur) genügt, wenn der StPfl zumindest **alle wesentl Grundlagen** des (bisherigen) Betriebs verpachtet, sodass der *Pächter* den Betrieb „im Wesentlichen fortsetzen kann" (zB BFH IV R 20/02 BStBl II 04, 10). Dem *Verpächter* (bzw seinem Rechtsnachfolger) muss − bezogen auf den Betriebszustand vor Einstellung der *letzten* werbenden Tätigkeit (BFH IV R 65/01 BStBl II 09, 699) − *obj* die Möglichkeit verbleiben, diese „idenditätswahrend" wieder aufzunehmen (BFH IX R 2/95 BStBl II 98, 373). Hierfür reicht nach der jüngeren Rspr eine „gleichartige oder ähnliche" Betriebstätigkeit aus (BFH X R 21/11 BFH/NV 14, 676; BFH X R 16/10 BFH/NV 14, 1038: Wettbewerbsverbot unschädl; s auch *Schuster* FR 07, 584). Ist dies der Fall, wird die *subj* Betriebsunterbrechungsabsicht (s Rz 160, 164) vermutet; zur Betriebsfiktion nach § 16 IIIb 1 Nr 2 nF s Rz 188. Zur Vermietung an *mehrere* Nutzer s Rz 160.

bb) Teilbetrieb. Auch hier hat der Verpächter grds ein Wahlrecht zw fortbestehendem gewerbl Teilbetrieb und Teilbetriebsaufgabe, *wenn* − **(1)** die verpachteten Gegenstände in der Hand des *Verpächters* bereits einen Teilbetrieb iSv § 16 I Nr 1 gebildet haben (BFH I R 127/71 BStBl II 74, 357; zur Einstellung der gewerbl Tätigkeit in den anderen Teilbetrieben s FG RhPf EFG 86, 10; *Ehlers* DStZ 87, 557, 560) und − **(2)** der Teilbetrieb *nicht* „im Rahmen des gesamten Betriebs" verpachtet wird, dh kein wirtschaftl Zusammenhang mit dem Restbetrieb besteht (BFH IV R 56/97 BStBl II 98, 735; EStH 15.7 I), zB aufgrund umfangreicher Lieferbeziehungen zw Pacht- und Restbetrieb. Ausgeschlossen ist das Wahlrecht − **(3)** ferner im Hinblick auf § 15 III Nr 1 stets, wenn eine gewerbl tätige (oder geprägte) PersGes einen Teilbetrieb verpachtet (BFH IV R 174/74 BStBl II 78, 73; *Ausweg:* vorherige Realteilung in zwei beteiligungsidentische PersGes; s Rz 539). Zur GewSt-Pflicht bei gewerbl Prägung s BFH IV B 9/95 BFH/NV 96, 213.

cc) Mitunternehmeranteil. Zum Streitstand s § 15 Rz 315. Zum Vorbehaltsnießbrauch vgl § 15 Rz 308. Zu unentgeltl Übertragung eines MUeranteils mit zeitgleicher Verpachtung des SBV an Beschenkten s BFH VIII R 120/86 BStBl II 90, 780: keine Betriebsverpachtung bei Miteigentum des Pächters.

dd) Verpachtung aller wesentlichen Betriebsgrundlagen. − **aaa) Grundsätze.** Diese Wahlrechtsvoraussetzung bezieht sich allein auf die WG, die nach ihrer Funktion im Betrieb/Teilbetrieb des Verpächters wesentlich sind **(funktionale Betrachtung),** nicht also auf solche mit hohen stillen Reserven (BFH X R 39/04 BStBl II 08, 220), ungeachtet der hiervon abw („normspezifischen") Rspr zur Betriebsveräußerung/Betriebsaufgabe (Rz 85 f). Danach kann Betriebsverpachtung auch vorliegen, wenn ein WG mit erhebl stillen Reserven nicht mitverpachtet wird; es bleibt aber bis zu einer evtl Entnahme BV (BFH I R 163/85 BStBl II 91, 357). Die Lockerung der Begriffsanforderungen **iRv § 6 III** durch BFH IV R 14/18 BStBl II 21, 367 (s iEinz Rz 10 f.) dürfte am Erfordernis der Überlassung *aller* funktional wesentl WG nichts geändert haben.

bbb) Einzelfälle. − **(1)** Wird **nur** das **Betriebsgrundstück** (evtl iVm Betriebsvorrichtungen) verpachtet, muss es (s Rz 172) die **alleinige** funktional wesentl Betriebsgrundlage sein (BFH X R 39/04 BStBl II 08, 220). Dies *bejaht* die jüngere BFH-Rspr jedenfalls bei Groß-/Einzelhandel (BFH IV R 12/16 BStBl II 19, 745; FG Hbg EFG 19, 1172, Rev IV R 13/19) und Hotels/Gaststätten (BFH X R 21/11 BFH/NV 14, 676; s auch Rz 88, 90); ebenso für Reitanlage (BFH IV R 139/81 BStBl II 85, 205) und Kfz-Werkstatt (BFH X R 20/06 BStBl II 10,

222), *nicht* jedoch bei Autohaus mit Tankstelle (XI R 6/93 BStBl II 94, 23; **aA** (zutr) FG Mster EFG 12, 916 für Tankstellengrundstück) und für Holzverarbeitungsbetrieb (BFH VIII R 2/95 BStBl II 98, 388). Demgemäß führt in diesen Fällen auch die **branchenfremde Verpachtung** nicht zu einer („Zwangs"-)-Betriebsaufgabe (BFH IV R 45/06 BStBl II 09, 90: von Schuh- zu Bekleidungshandel; BFH IV R 20/02 BStBl II 04, 10: von Großhandel zu Druckerei; *Schießl* FR 05, 823; diff für Hotelgebäude und Einzelhandel FG BaWü EFG 98, 1063; 00, 1068; mE aber überholt BFH III R 20/99 BStBl II 03, 635: Apotheke zu Druckerei; BFH X R 48/96 BFH/NV 02, 153: von Schusterei zu Buchhandel). Ebenso nicht die **Anpassung** an wirtschaftl **veränderte Gegebenheiten** (zB Umstellung des Warensortiments; Modernisierung der Maschinen; BFH XI R 26/00 BFH/NV 01, 1106: Nachtbar statt bürgerl Gaststätte/Hotel), die Betriebserweiterung (BFH IV R 1/98 BStBl II 99, 55), die Veräußerung eines einzelnen ggf wesentl WG (BFH X B 142/99 BFH/NV 01, 16; fragl) oder die Betriebsverlegung (FG Hess EFG 08, 448; fragl; s Rz 90, 160) oder ein **Strukturwandel** beim Pächter zB vom GewBetr zur **LuF;** es ändert sich nur die Art der Einkünfte, auch des Verpächters. – **(2)** Zur Verpachtung *nach* **BetrAufsp** s § 15 Rz 865. – **(3)** Zu den wesentl Betriebsgrundlagen eines **Fabrikationsbetriebs** gehören zwar grds auch das bewegl AV, insb Produktionsanlagen (BFH X R 101/90 BStBl II 93, 710) und Maschinen (BFH VIII R 2/95 BStBl II 98, 388 zu II.2.); Ausnahme: *einzelne* kurzfristig ersetzbare Maschinen eines Fabrikationsbetriebs (str, s Rz 88; *HG* DStR 97, 1885; weitergehend *Schuster* FR 07, 584; uU auch BFH X R 20/06 BStBl II 10, 222). – **(4)** Bei Verpachtung eines vom Pächter unverändert fortgeführten Ladengeschäfts steht die **Veräußerung der Warenvorräte** und/oder der Ladeneinrichtung der Annahme einer Betriebsverpachtung nicht entgegen (BFH VIII R 153/77 BStBl II 80, 181; BFH X R 13/05 BFH/NV 08, 1306: handwerkl Bäckerei; BFH III R 13/15 BFH/NV 19, 1069); ebenso bei Übergang von **Großhandel** zu **Einzelhandel** (s zu *(1)*). – **(5)** Zu **weitergehenden Umgestaltungen** Rz 188.

175 **ee) Nutzungsüberlassung.** Der Vertrag, durch den die wesentl Betriebsgrundlagen einem anderen befristet zur Nutzung überlassen werden, ist idR zivilrechtl ein Pachtvertrag (§§ 581 ff BGB); §§ 292 I Nr 3, 294 AktG (HReg-Eintrag) gilt nicht für PersGes (OLG Köln GmbHR 20, 709). Das Wahlrecht besteht ferner bei Vermietung (§§ 535 ff BGB) oder – anders als iRv § 4 IV KStG (BFH I R 58/17 BStBl II 21, 945; *BMF* BStBl I 21, 2483) – **unentgeltl** Nutzungsüberlassung (Betriebsvermögen!; BFH X R 176/96 BFH/NV 99, 454) und damit auch, wenn zw Angehörigen einzelne Entgeltabreden **nicht fremdübl** sind (BFH VI R 59/15 BStBl II 18, 461 zu Wirtschaftsüberlassungsvertrag). Der schuldrechtl Nutzungsüberlassung steht eine solche auf **dingl** Grundlage (zB Unternehmensnießbrauch) gleich (arg § 22 II HGB; BFH IV R 7/94 BStBl II 96, 440: Vermächtnisnießbrauch an LuF; § 15 Rz 143). Zur evtl Wertung einer „Nutzungsüberlassung" als **Veräußerung** s zB *Führer* DStR 95, 785, 792; *Korn* DStR 95, 961, 966.

176 **ff) Persönliche Voraussetzungen. – aaa) Person des Verpächters. – (1)** Der Personenkreis ist auf **natürl Person** und **PersGes** (oder KSt-Subjekt iSv § 1 I Nr 4 KStG) beschränkt; ausgeschlossen vom Wahlrecht sind **KapGes** und **gewerbl geprägte PersGes,** da diese grds nur Einkünfte aus GewBetr und gewerbl BV haben (§ 8 II KStG; § 15 III Nr 2) und ihre WG weder durch erklärte noch durch tatsächl Betriebsaufgabe PV werden können (BFH IV B 9/95 BFH/NV 96, 213; *FB Brem* DStR 00, 1308); *Ausnahme:* Betriebsverpachtung durch gemeinnützige GmbH (BFH I R 55/06 BStBl II 07, 725; **aA** *Hüttemann* BB 07, 2324). Das Wahlrecht kann jedoch später aufleben (s Rz 193). Zur Verpachtung durch einen Betrieb gewerbl Art (§ 4 IV KStG) s *BMF* BStBl I 09, 1303 Rz 15, 22; *OFD Hann* DB 09, 2520; *Baldauf* DStZ 10, 523. – **(2)** Ist der Verpächter natürl Person, muss diese **unbeschr estpfl** sein oder, da das verpachtete BV idR keine Betriebsstätte

Aufgabe des ganzen Betriebs   **178, 179   § 16**

des *Verpächters* begründet, für den Verpachtungsbetrieb einen ständigen Vertreter iSv § 49 I Nr 2a bestellt haben (BFH I R 136/77 BStBl II 78, 494; FG Mchn EFG 13, 364; zu § 49 I Nr 2f s § 49 Rz 54 ff). – *(3)* Ist der Verpächter eine **nicht gewerbl geprägte PersGes** und genügen alle Ges'ter einer PersGes den persönl Voraussetzungen des Wahlrechts, kann dieses nur **einheitl** ausgeübt werden (BFH VIII R 2/95 BStBl II 98, 388 zu II.2.a; *FB Brem* DStR 00, 1308); Gleiches gilt, wenn nur ein Teil der Ges'ter den persönl Voraussetzungen genügt, für diese Ges'ter (analog § 7a VII). Zu späterem Ges'terwechsel s Rz 179. Sind an dieser **KapGes beteiligt**, entfällt das Wahlrecht anteilig für die KapGes (aA *Schoor* StBP 96, 29: Wahlrecht der PersGes, gewerbl Einkünfte erst auf Ebene der KapGes), ebenso, soweit Ges'ter beteiligt sind, die weder unbeschr estpfl sind noch einen ständigen Vertreter bestellt haben, es sei denn, die Geschäftsleitung der Ges ist im Inl (FG Mchn EFG 91, 328; *Führer* DStR 95, 785, 787). – *(4)* Verpachtet eine **PersGes** oder Erbengemeinschaft **an** einen **Ges'ter** oder Miterben, besteht das Wahlrecht für alle Ges'ter oder Miterben; erklären diese die Betriebsaufgabe, wird oder bleibt der Anteil des Pächters am GesVermögen der PersGes BV seines GewBetr (*Schoor* DStR 97, 1, 4). – *(5)* Zur gemeinsamen Betriebsverpachtung durch **Eigentümer** und **Nießbraucher**, s BFH I R 123/76 BStBl II 80, 432; zu § 6 III s aber Rz 179.

bbb) Betrieb des Verpächters. Der Verpächter muss vor der Verpachtung grds **178** den GewBetr **selbst betrieben** haben. Dies ist auch zu bejahen (s § 15 Rz 163), wenn eine PersGes liquidiert und der vormalige MUer sein bisheriges SBV (= einzige wesentl Betriebsgrundlage; Rz 172 f) verpachtet (BFH IV R 51/07 BStBl II 09, 303). Wird ein noch nicht verpachteter GewBetr **entgeltl erworben** und **unmittelbar** darauf **verpachtet**, besteht kein Wahlrecht (BFH IV R 95/87 BStBl II 89, 863). Vorbehaltl des Erwerbes für einen bereits vorhandenen Betrieb (BFH X R 57/88 BStBl II 91, 829), erlangt der Erwerber PV (einschließl Geschäftswert!) und erzielt Einkünfte aus VuV (*BMF* BStBl I 90, 770: Vertrauensschutz bei Erwerb vor 1.1.90; zR abl BFH IV R 111/94 BStBl II 96, 188). Gleiches gilt für den entgeltl Erwerb eines **bereits verpachteten** Betriebs (BFH IV R 88/99 BStBl II 02, 791), es sei denn, der Erwerber hat erkennbar den Willen zur späteren Eigenbewirtschaftung (BFH IV R 14/89 BStBl II 92, 134; zur Abgrenzung vgl BFH IV R 88/99 BStBl II 02, 791).

ccc) Erbfall; Schenkung; Einbringung; Übergang auf Pächter. – *(1)* Bei **179** **unentgeltl** Erwerb (Erbfall, Schenkung; § 6 III) eines **noch nicht verpachteten** Betriebs tritt der Erwerber auch bei sofortiger Verpachtung in die Rechtsstellung des Rechtsvorgängers (Wahlrecht) ein (BFH IV R 29/91 BStBl II 93, 36; BFH X R 176/96 BFH/NV 99, 454; krit *Kanzler* FR 00, 875; zu § 14 III nF (Sonderrecht) s § 14 Rz 36). Ebenso ist dies bei **teilentgeltl** Erwerb; fragl allerdings, wenn das Entgelt den Buchwert überschreitet (s nachfolgend zu *(2)*; *Cornelius* DStZ 10, 915, 920; allg Rz 70). – *(2)* Gleiches gilt bei unentgeltl Übertragung eines **verpachteten** Betriebs unter Fortbestand des Pachtvertrags (§§ 581 II, 566 BGB; BFH X R 52/13 BStBl II 16, 710), auch wenn der Pächter zugleich Miterbe wird (BFH VIII B 5/05 BFH/NV 06, 75; zur Realteilung s Rz 538). Ebenso bei **teilentgeltl** Übertragung; Gewinnrealisierung bei Veräußerer ist nach BFH X R 52/13 BStBl II 16, 710 unerhebl (s auch zu *(1)*). Anders aber bei Schenkung an mehrere nicht als MUer verbundene Erwerber (Rz 150, 188: Betriebsaufgabe) oder Vorbehaltsnießbrauch (BFH X R 59/14 BStBl II 19, 730; unklar *BMF* BStBl I 19, 1291; str, Rz 82; § 6 Rz 700 f **aA** zu LuF BFH VI R 26/17 BStBl II 19, 660) – *(3)* Wird der verpachtete Betrieb unentgeltl dem **Pächterübertragen**, endet zwar der Verpachtungsbetrieb, allerdings nicht aufgrund Betriebsaufgabe beim Schenker/Erblasser, sondern aufgrund unentgeltl Betriebsübertragung gem § 6 III (BFH VIII R 153/77 BStBl II 80, 181; zum Substanzerhaltungsanspruch s BFH IV R 73/97 BStBl II 00, 309; *BMF* BStBl I 02, 262). – *(4)* Hat eine **PersGes** ihren GewBetr verpachtet und keine Betriebsaufgabe erklärt, führt ein späterer **Ges'ter-**

wechsel nicht zu einer „anteiligen" Betriebsaufgabe (str; FG Mchn EFG 14, 1957; *Brandenberg ua* JbFfSt 92/93, 220; *BMF* BStBl I 94, 771: Ausnahme bei Veräußerung aller Anteile innerhalb kurzer Zeit). – *(5)* Ein Verpachtungsbetrieb kann ferner zu Buch- oder Zwischenwerten gem **§ 24 UmwStG** eingebracht werden (BFH IV B 84/09 BFH/NV 10, 1450; zur gewerbl geprägten PersGes s Rz 176). – *(6)* Zur **ErbSt** s ErbStR 13b.15.

181 gg) **Fortführungsabsicht; Vermutung.** Die „Absicht", den Betrieb nur zu unterbrechen, dh die eingestellte **gewerbl Tätigkeit** eines Tages in eigener Person oder durch einen unentgeltl Rechtsnachfolger (Rz 179) identitätswährend wieder aufzunehmen, wird, solange dies obj mögl (Rz 169 ff) und keine Betriebsaufgabe erklärt ist, (mE unwiderlegl) auch bei langfristiger Verpachtung zugunsten wie zuungunsten des StPfl oder des FA vermutet (BFH IV R 65/01 BStBl II 09, 699; BFH IV R 45/06 BStBl II 09, 902 mwN: 43 Jahre, keine allg Höchstdauer; FG Hbg EFG 19, 1172, Rev IV R 13/19: 60 Jahre; Rz 161). Demgemäß ist beiden ein nachträgl Nachweis verwehrt, eine solche Absicht habe zB mangels geeigneten Nachfolgers nicht bestanden. Darüber hinaus hat BFH IV R 45/06 BStBl II 09, 902 **angekündigt,** zukünftig vom Merkmal der Wahrscheinlichkeit und Absicht der Tätigkeitswiederaufnahme **abzusehen,** solange die sachl Verpachtungsvoraussetzungen (s Rz 169 ff) vorliegen.

182 hh) **Negative Tatbestandsvoraussetzungen.** Das Wahlrecht zugunsten einer Betriebsaufgabe setzt („negativ") voraus: *(1)* **Keine gewerbl Prägung** gem § 15 III Nr 2 (Rz 176).

183 *(2)* **Keine Betriebsaufspaltung.** Erfüllt die Verpachtung zugleich die Voraussetzungen der estrechtl originär gewerbl BetrAufsp (§ 15 Rz 807), kann das verpachtete Vermögen nicht durch Erklärung PV werden (BFH VIII R 13/93 BStBl II 94, 922; BFH X R 34/15 BFH/NV 18, 623: Subsidiarität der Betriebsverpachtung; *BMF* BStBl I 94, 771; zum „Aufleben" des Wahlrechts s Rz 193; zur GewSt s BFH XI R 8/99 BFH/NV 00, 1135). Keine BetrAufsp liegt aber vor, wenn eine Erbengemeinschaft einen zum Nachlass gehörigen Betrieb an *einen* Miterben verpachtet (s § 15 Rz 855).

184 *(3)* **Kein Sonderbetriebsvermögen.** WG, die zum **notwendiges Sonder-BV** eines MUer gehören, können gleichfalls nicht durch Aufgabeerklärung PV werden (Subsidiarität der Betriebsverpachtung; *BMF* BStBl I 94, 771) – *(a)* **SBV I** (iEinz § 15 Rz 514 ff). Die Nutzungsüberlassung unterfällt § 15 I 1 Nr 2, wenn der Betrieb – *(aa) an* eine PersGes verpachtet wird und der Verpächter Ges'ter/MUer dieser Ges ist (BFH IV R 49/02 BFH/NV 04, 1247), oder – *(bb)* einer natürl/juristischen Person zur Nutzung überlassen ist und das Nutzungsverhältnis zivilrechtl als GesVerhältnis (stille Ges, andere InnenGes) und estrechtl als MUerschaft (atypische stille Ges, verdeckte MUerschaft, s § 15 Rz 340 ff, 280 ff) zu werten ist. – **Kein SBV I** liegt aber vor, wenn eine PersGes ihren GewBetr – *(aa) an* einen MUer verpachtet, wobei aber der Anteil des Pächters am GesVermögen der PersGes notwendiges BV seines GewBetr bleibt (Rz 176); – *(bb) an* eine Schwester-PersGes verpachtet, sofern entweder die verpachtende PersGes Besitzunternehmen einer mitunternehmerischen BetrAufsp (s § 15 Rz 533 ff) oder gewerbl geprägt (s Rz 176) ist oder die vermietete PersGes nur die Voraussetzungen einer Betriebsverpachtung erfüllt (FG Bln EFG 08, 1373; *Brandenberg* DB 98, 2488, 2491; *Folge:* § 15 I 1 Nr 2 greift erst nach Betriebsaufgabeerklärung; **aA** bis *Schmidt* 17. Aufl § 16 Rz 708 mit Rücksicht auf GewSt; s Rz 186; § 15 Rz 533). – *(b)* Zu notwendigem **SBV II** vgl § 15 Rz 517; FG Ddorf EFG 98, 1674.

186 d) **Rechtsfolgen.** – aa) **Fortbestehen der Verpächterbetrieb.** – *(1)* **EStG.** Erklärt der Verpächter keine Betriebsaufgabe, besteht sein „bisheriger" GewBetr *estrechtl* fort (s Rz 166). Der Verpächter erzielt Einkünfte aus **GewBetr,** zu denen auch Gewinn/Verluste aus der Veräußerung des verpachteten Betriebs oder einzel-

ner WG des BV gehören. Alle verpachteten WG sind notwendig BV des fortbestehenden GewBetr (BFH IV R 1/98 BStBl II 99, 55; BFH VIII R 104/87 BFH/NV 91, 671: Hinzu erwerb zB durch Erbfall). WG, die nicht mitverpachtet sind, aber bisher BV waren, bleiben dies bis zur Entnahme (dazu BFH VIII R 301/83 BStBl II 87, 261) oder Veräußerung (FG Nbg EFG 02, 1507). Auch kann weiterhin gewillkürten BV gebildet werden (BFH I R 24/14 BFH/NV 16, 588; BFH VI R 53/16 DStRE 20, 546). Zur estrechtl Gewinnermittlung s § 5 Rz 701; zu § 7g s § 7g Rz 26. – *(2) GewStG.* Der **Verpächter** ist aber grds **nicht** (mehr) *gewstpfl*, § 35 dem nach nichtanwendbar (s § 35 Rz 10) – auch bei Teilbetriebsverpachtung ohne wirtschaftl Zusammenhang mit Restbetrieb (Rz 170) –, weil die GewSt nur „werbende" Betriebe erfasst (GewStR 2.2; BFH IV R 56/97 BStBl II 98, 735: gew strechtl Betriebsbeendigung, § 2 IV GewStG idR nicht erfüllt); Folge: **Betriebsübergang** auf **Pächter** (§ 2 V GewSt; FG RhPf EFG 21, 2003, Rev X R 17/21). Bei Verpachtung während des Wj entsteht somit (nur) gew strechtl ein Rumpf-Wj (BFH IV R 56/97 BStBl II 98, 735); ein GewSt-Verlust geht auch bei gewerbl Prägung der nun mehrigen Verpächter-KG und/oder Übergang zur BetrAufsp unter (BFH IV R 8/17 BStBl II 20, 401; sein schließl Umstrukturierung des Besitzunternehmen s § 15 Rz 871). *Ausnahme:* Verpachtungsbetriebe von **KapGes** (BFH I R 55/06 BStBl II 07, 725; § 15 Rz 232).

bb) Veräußerung des Verpächterbetriebs. Veräußert der Verpächter den noch **187** nicht aufgegebenen verpachteten Betrieb, ist dies Betriebsveräußerung iSv § 16 (BFH X B 93/00 BFH/NV 01, 773; BFH IV R 56/97 BStBl II 98, 735: Teilbetrieb). Zum Erwerber s Rz 176 ff. Wird der Betrieb in eine KapGes eingebracht (§§ 20 ff UmwStG), ist dies Betriebsveräußerung oder uU Betriebsaufgabe.

cc) Betriebsaufgabe aufgrund Umgestaltung; Veräußerung; § 16 IIIb 1 **188** **Nr 2.** Diese ist tatbestandl gegeben, wenn der StPfl den Sachverhalt während der Verpachtung zB durch Veräußerung *wesentl* Betriebsgrundlagen später so verändert, dass die Voraussetzungen des Wahlrechts entfallen (*FB Brem DStR 00, 1308:* Sachverhaltsüberwachung). – *(1)* Hieran fehlt es nach der „liberaleren" jüngeren BFH-Rspr zwar häufig in Fällen der Grundstücksvermietung (uU auch bei branchenfremder Nutzung), Betriebserweiterung, Betriebsverlegung, Umgestaltung des Betriebs oder dessen Strukturwandel (s iEinz Rz 173). – *(2)* Der („Zwangs"-) Betriebsaufgabetatbestand *ohne* Aufgabeerklärung (§ 16 III 1) war und ist – vorbehalt der Fiktion des § 16 IIIb (s zu *(3)*) – aber gegeben, wenn das Pachtverhältnis einvernehml (BFH VIII R 301/83 BStBl II 87, 261) unter Wegfall der sachl Voraussetzungen des Wahlrechts geändert wird (BFH X B 48/01 BFH/NV 03, 317), zB ersatzloser Veräußerung wesentl Teile des BV (BFH VIII R 13/93 BStBl II 94, 922), deren ersatzloser Verbrauch (*Schoor FR 94, 449, 456*) oder unentgeltl Übertragung an mehrere nicht als MUer verbundene Erwerber (BFH VI S 9/19 *(PKH)* BFH/NV 20, 1051). Beachte LuF-Sonderregeln in § 14 II, III nF. Gleiches gilt bei Wegfall der persönl Voraussetzungen (BFH I R 136/77 BStBl II 78, 494); ebenso nach FG BaWü EFG 95, 524 bei ersatzloser Beendigung (mE fragl; s Rz 160). *Ausweg uU:* Einbringung des Verpachtungsbetriebs in gewerbl geprägte PersGes. – *(3)* Wurde der Betriebsaufgabetatbestand zu *(2) nach* dem **4.11.11.** verwirklicht, *fingiert* **§ 16 IIIb 1 Nr 2** (iVm § 52 Abs 39 S 9 aF) den Betriebsfortbestand bis zur entspr Tatsachenkenntnis des FA (s dazu einschließl der sog „schleichenden" Betriebsaufgabe, Rechtsirrtum des FA, Rechtsfolgen Rz 164).

dd) Betriebsaufgabe aufgrund Aufgabeerklärung/Aufgabewahlrecht, **190** **§ 16 IIIb 1 Nr 1. – aaa) Allgemeines.** Das Wahlrecht kann zu Beginn des Pachtverhältnisses, aber jederzeit auch während seiner Laufzeit ausgeübt werden (zB BFH X R 49/87 BStBl II 89, 606). Zur einheitl Wahl insb bei Verpachtungsbetrieben von PersGes s Rz 176.

bbb) Aufgabeerklärung. – *(1)* Ihr Kennzeichen ist eine Willensbekundung **191** des Inhalts, dass und bei Teilbetrieben in welchem Umfang der StPfl sich für eine

Betriebsaufgabe („endgültige Betriebseinstellung") mit allen Folgen entschieden hat (BFH IV R 5/06 BStBl II 08, 113; BFH VI R 66/15 DStR 18, 2135; BFH VI R 30/18 BFHE 273, 6 zu LuF; zur Vollmacht gem § 80 AO s BFH IV R 57/04 BFH/NV 07, 1640). Dies muss zwar nicht mit Angaben zum Aufgabegewinn verbunden sein (BFH III R 9/03 BStBl II 05, 160), die Erklärung von Einkünften aus VuV genügt aber idR nicht (BFH IV R 29/91 BStBl II 93, 36; nur bei Hinzutreten weiterer Umstände; BFH X R 176/96 BFH/NV 99, 454: auch wenn FA nicht nachfragt). – **(2)** Diese inhaltl Anforderungen sind auch für Erklärungen gem **§ 16 IIIb 1 Nr 1** ab **5.11.11** (Rz 162) zu beachten(*BMF* BStBl I 16, 1326; bei MUerschaften einvernehml). Auch setzt das Erfordernis der „*ausdrücklichen*" (dh klaren und unmissverständl) Erklärung „*ggü dem FA*" nicht die Schriftlichkeit voraus (*BMF* BStBl I 16, 1326); ausgeschlossen sind aber – anders als zuvor – konkludente Erklärungen. Eine (ausdrückl) Aufgabeerklärung wird zu dem **Zeitpunkt** wirksam, zu dem sie dem FA (zuständiger Sachbearbeiter; Rz 164) zugeht; dieser ist idR auch der Zeitpunkt der gewinnrealisierenden Aufgabe iSv § 16 III 1 (BFH IV R 61/01 BStBl II 03, 755). Eine in der StErklärung zB für 01 enthaltene Aufgabeerklärung führt zu einer Aufgabe zu dem Zeitpunkt, zu dem die Erklärung zB im Oktober 02 beim FA eingeht (BFH IV R 46/87 BFH/NV 90, 86/7). Wird in der Erklärung ein Aufgabezeitpunkt genannt, ist dieser maßgebl, sofern er erst bevorsteht oder nicht mehr als **3 Monate** zurückliegt (FG Hbg EFG 19, 1172, Rev IV R 13/19). Da letztere Frist nur der vereinfachten Gewinnermittlung dient (BFH IV R 9/04 BStBl II 06, 581), war sie bei erhebl Wertsteigerungen im Rückwirkungszeitraum nicht anwendbar (s *Schmidt*35. Aufl § 16 Rz 711). Nach **§ 16 IIIb S 2** („ist ... anzuerkennen") ist diese Einschränkungen bei Erklärungen ab 5.11.11 entfallen (glA *Manz* DStR 13, 1512); bei Erbfall kann die (bei MUern einvernehml) Aufgabeerklärung durch Rechtsnachfolger auf die Veranlagung des Erblassers zurückwirken, nicht jedoch bei vorweggenommener Erbfolge (*BMF* BStBl I 16, 1326). Wird die 3-Monatsfrist überschritten, wird der (Teil-)Betrieb nach **S 3** (deklaratorisch) mit Eingang der (ausdrückl) Erklärung beim FA aufgegeben (*BMF* BStBl I 16, 1326). **Widerrufl** ist die Aufgabeerklärung nur, wenn sie für einen zukünftigen Zeitpunkt abgegeben wurde (**aA** *HHR* § 16 Rz 673: bis Bestandskraft); sie kann, da inhaltl auf Entwidmung gerichtet (Rz 166) und steuerl Auswirkungen damit nicht Inhalt der Erklärung sind, idR auch nicht nach § 119 BGB angefochten werden (sog Motivirrtum, vgl BFH XI B 188/06 BFH/NV 07, 1885; BFH I R 23/18 BFH/NV 21, 944; *Manz* DStR 13, 1512, 1513; **aA** *Schmidt* 17. Aufl § 16 Rz 711; uU BFH IV R 36/94 BFH/NV 96, 398).

192   **ccc) Rechtswirkungen Aufgabeerklärung; Geschäftswert.** Mit ihrem Wirksamwerden (Rz 191) beginnt und endet die Betriebsaufgabe (Zeitpunkt!); grds werden alle WG des bisherigen BV zu diesem Zeitpunkt zu PV (**Gewinnrealisierung;** BFH I R 235/80 BStBl II 85, 456). Bei der Ermittlung des Aufgabegewinns ist aber sowohl ein originärer als auch ein derivativer **Geschäftswert auszuklammern** (BFH X R 56/99 BStBl II 02, 387; mE zweifelhaft; **aA** *Führer* DStR 95, 785, 790; *Stopper* Diss, 167), auch wenn dieser dem Pächter zusammen mit den übrigen WG gegen Entgelt zur Nutzung überlassen ist (BFH X R 32/05 BStBl II 09, 634); gleichwohl ist der übrige Aufgabegewinn nach **§§ 34; 16 IV** begünstigt (BFH VIII R 21/77 BStBl II 82, 456/9). Der Geschäftswert bleibt auch nach erklärter Betriebsaufgabe (ohne Betrieb) ein WG des BV (*Presting* FR 92, 425/8; **aA** *Führer* aaO), auf das (bei derivativem Erwerb) uU TW-AfA und AfA (§ 7 I 3) mögl ist (BFH X R 49/87 BStBl II 89, 606); der auf den mitverpachteten Geschäftswert (BFH VIII R 13/93 BStBl II 94, 922) entfallende Teil der Pachtzinsen ist daher BE (BFH X R 56/99 BStBl II 02, 387; zu Zinsen für Betriebsmittelkredite *Meyer ua* INF 98, 557). Wird der verpachtete und durch Erklärung aufgegebene ehemalige GewBetr mit Geschäftswert veräußert, entsteht ein estpfl Gewinn aus GewBetr, soweit der Erlös auf den (uU neu geschaffenen) Geschäftswert entfällt (BFH X R 56/99 BStBl II 02, 387: kein Vertrauensschutz; *BMF* BStBl I 84, 461; **aA** *Tiedtke ua* DStR 01, 145). Dieser ist ebenso wenig nach §§ 34, 16 IV begünstigt (BFH X R 56/99 BStBl II 02, 387; *FinVerw* DStR 91, 775) wie andere nachträgl gewerbl Einkünfte (s Rz 348 ff); eine rückwirkende Änderung des Betriebsaufgabegewinns ist ausgeschlossen (BFH X R 56/99 BStBl II 02, 387; Rz 236; **aA** *Tiedtke ua* aaO).

ddd) Wiederaufleben des Wahlrechts. Bestand bei Betriebsverpachtung kein Wahlrecht (zB aufgrund BetrAufsp oder gewerbl Prägung; s Rz 182 ff), lebt das Verpächterwahlrecht (wieder) auf, sobald der Hinderungsgrund wegfällt, weil zB die personelle Verflechtung bei einer BetrAufsp entfällt (BFH VIII R 13/95 BStBl II 98, 325), vorausgesetzt, dass die übrigen Voraussetzungen des Wahlrechts *weiterhin* vorliegen (*BMF* BStBl I 94, 771). Letzteres ist nicht nur bei einer echten (BFH I R 76/96 BFH/NV 98, 742), sondern auch bei einer (durch die Überlassung aller wesentl Betriebsgrundlagen) „qualifizierten" unechten BetrAufsp zu beachten (BFH VIII R 80/03 BStBl II 06, 591). Gleiches sollte gelten, wenn eine KapGes ihren GewBetr verpachtet (s Rz 176) und später erfolgsneutral nach §§ 3 ff UmwStG in eine (nicht gewerbl geprägte) PersGes umgewandelt wird. **193**

4. Finale Betriebsaufgabe; § 16 IIIa. − a) Aufgabe aufgrund substituierendem Rechtsvorgang. Da nach der Rspr (Lehre von der finalen Entnahme/Aufgabe; Rz 151) an die Stelle der Aufgabehandlung des StPfl ein Rechtsvorgangtreten kann, wenn die ertragsteuerl Einordnung sich so verändert, dass die Erfassung der im Buchansatz für die WG des BV enthaltenen „stillen Reserven nicht mehr gewährleistet ist" (BFH IV R 138/78 BStBl II 82, 381; BFH VIII R 90/81 BStBl II 84, 474; abl *Stopper* Diss, 139), ist in der „Entstrickung" bzw der diese auslösenden Handlung zB im **Wegfall** der tatbestandl Voraussetzungen einer **BetrAufsp** (§ 15 Rz 865 ff; zur Abgrenzung vgl BFH VIII R 25/01 BFH/NV 02, 781) oder der **gewerbl Prägung der PersGes** (s § 15 Rz 233) eine **Betriebsaufgabe** zu sehen. **196**

b) Ausländische Betriebsstätten. Eine Betriebsaufgabe hinsichtl ausl Betriebsstätten hatte die **frühere Rspr** zwar aufgrund des Abschlusses eines DBA mit Freistellungsmethode verneint (BFH VIII R 3/74 BStBl II 76, 246), jedoch entspr dem finalen Betriebsaufgabebegriff (Rz 151, 166) bei **Verlegung** eines ausl GewBetr aus dem Inl in das **Ausland** bejaht, sofern der Gewinn aus dem GewBetr auf Grund eines DBA nicht mehr der inl Besteuerung unterliegt (BFH I R 261/70 BStBl II 77, 76; diff *BMF* BStBl I 90, 72; EStR 16 II 3; zur Kritik – ua EU-Verstoß – s *Schmidt* 27. Aufl § 16 Rz 175). Mit Urt BFH I R 77/06 BStBl II 09, 464, BFH I R 99/08 BStBl II 11, 1019 hat der **BFH** diese Rspr **aufgegeben,** das inl Besteuerungsrecht bezügl späterer Realisationsakte im Ausl bleibe jedoch erhalten (Gewinnaufteilung; *BMF* BStBl I 09, 671: Nichtanwendung). Die Zweifel, ob die neue BFH-Rspr auch § 4 I 3 (ab Wj 06/05/06: Ansatz des gemeinen Werts einschließl Firmenwert, selbst bei bloßer Beschränkung des dt Besteuerungsrechts) die Grundlage entzieht (s *Schmidt* 29. Aufl § 16 Rz 175), sind positiv-rechtl im Wege einer Fiktion durch **§ 16 IIIa iVm § 4 I 4 idF JStG 2010** beseitigt worden. Danach „gilt" das dt Besteuerungsrecht mit der Verlegung des Betriebs/Teilbetriebs ins (DBA- oder NichtDBA-)Ausl als beschränkt (*BMF* BStBl I 14, 1258; 18, 1104; iEinz *Wacker* DStJG 41, 423, 440; **aA** *Gosch* BFH/PR 15, 296 mit Rücksicht auf Besteuerungszuteilung gem DBA); **Folgen:** − *(1)* „finale (Teil)Betriebsaufgabe" (einschr FG Nds EFG 20, 1757 rkr betr § 89b HGB; fragl), − *(2)* §§ 16 IV, 34 (*Ausnahme:* KStPflicht; BT-Drs 17/3549), − *(3)* § 36 V aF/nF; 5-jährige StVerteilung bzgl Aufgabe-/Übergangsgewinn bei EU-/EWR-Staaten (zu § 4g aF/nF bei Teilbetriebsaufgabe/ausl PersGes s § 4g Rz 4), − *(4)* zur Anwendung bis einschließl Wj 05 s *Schmidt* 39. Aufl § 16 Rz 175. Zu weiteren Einzelfragen s § 4 Rz 244 ff; zum DBA-LIE s *Niehaves ua* DStR 12, 209/12. Zur **EU-Konformität** s EuGHC- 657/13 DStR 15, 1166 − *VerderLabTec*; *Wacker* DStJG 41, 445; *Kudertua* **197**

§ 16 200–202   Veräußerung des Betriebs

DB 15, 1377; *insoweit* glA *Gosch* BFH/PR 15, 296); zum **Brexit** s § 36 Rz 30. Zum Transfer von **Einzel-WG** ins Ausl (**§ 16 III 2 nF**) s Rz 290, 548.

200   **5. Nichtbegünstigte allmähliche Abwicklung.** Stellt ein StPfl seine (bisherige, s Rz 150) werbende gewerbl Tätigkeit **endgültig** ein (Betriebseinstellung, keine Betriebsunterbrechung, Betriebsverlegung, Betriebsänderung, Betriebsverpachtung, s Rz 150, 154 ff, 160), hat der StPfl ein „**faktisches Wahlrecht**" (krit *HHR* § 16 Anm 534) zw einer begünstigten **Betriebsaufgabe** und einer nichtbegünstigten allmähl **Betriebsabwicklung.** Erfüllt sein Verhalten nicht alle Tatbestandsmerkmale der Betriebsaufgabe, bleibt das bisherige BV estrechtl solange BV „als das rechtl noch mögl ist, näml bis zum Zeitpunkt der tatsächl Verwertung oder der eindeutigen Übernahme in das PV" (BFH IV R 45/87 BStBl II 89, 509) oder der Aufgabe der Verwertungsabsicht (BFH IV R 217/81 BStBl II 84, 364). Die durch Abwicklung veranlassten Aufwendungen und Erträge sind als Einkünfte aus dem insoweit fortbestehenden GewBetr (BFH IV R 45/87 BStBl II 89, 509). Zur „endgültigen" Betriebseinstellung bei allmähl Reduzierung der gewerbl Tätigkeit vgl Rz 163 f.

201   **a) Voraussetzungen.** Die allmähl Abwicklung erfordert, dass der StPfl die **Absicht** hat, wenigstens einen Teil der wesentl Betriebsgrundlagen **in absehbarer Zeit zu veräußern** (BFH X R 128/94 BFH/NV 96, 877). Besteht diese Absicht nicht und werden die wesentl Betriebsgrundlagen auch nicht in ein anderes BV des StPfl überführt, werden sie mit der (endgültigen) Betriebseinstellung idR PV (Ausnahmen s Rz 103 ff, 188, 348 ff); die Betriebseinstellung ist dann notwendig eine Betriebsaufgabe, die eine begünstigte Gewinnrealisierung beinhaltet (zB BFH IV R 7/07 BStBl II 10, 431; BFH X R 128/94 BFH/NV 96, 877; aA *Stopper* Diss, 76 ff). Denn die Betriebsaufgabe ist ein tatsächl Vorgang, dessen estrechtl Folgen durch Willenserklärung nicht zu vermeiden sind (BFH X B 12/03 BFH/NV 03, 1575).

202   **b) Folgen.** Hat der StPfl (oder zB der Insolvenzverwalter; Rz 157) die **Absicht,** alle oder einen Teil der **wesentl Betriebsgrundlagen zu veräußern,** besteht das (faktische) Wahlrecht; die WG bleiben bis zur Veräußerung/Entnahme BV (BFH X R 32/05 BStBl II 09, 634). Die nicht veräußerten WG werden aber zu dem Zeitpunkt notwendig PV, zu dem mit einer Veräußerung nicht mehr zu rechnen ist (BFH X R 77–78/90 BFH/NV 92, 659; zur Abgrenzung BFH IV R 14/00 BStBl II 01, 798; BFH III B 19/12 BFH/NV 13, 1403), zB das Betriebsgrundstück vermietet wird (BFH VIII R 15/00; BFH/NV 05, 1033). Der dadurch realisierte Gewinn ist begünstigt, wenn eine Betriebsaufgabe bis dahin noch nicht beendet ist (zB BFH X R 77–78/90 BFH/NV 92, 659), nicht hingegen bei allmähl Abwicklung. Ausgeschlossen ist, die Gewinnrealisierung dadurch auf „ewig" hinauszuschieben, dass die WG weder veräußert noch ausdrückl entnommen werden (BFH X R 31/95 BStBl II 97, 561 zu 3a; **aA** – „fortbestehendes BV" ohne GewBetr – zB *Stopper* Diss, 76 ff). Die allmähl Abwicklung kann sich aber uU über mehrere Jahre hinziehen (BFH IV R 217/81 BStBl II 84, 364). *Ausweg uU:* gewerbl geprägte PersGes. Zum *Sonderfall* der **Strukturänderung** iVm einer Reduktion der betr Tätigkeit und einer – uU gegebenen – langfristigen Abwicklungsabsicht vgl BFH X R 78/93 BFH/NV 97, 226: begünstigte Betriebsaufgabe; ebenso bei Aufgabe im Anschluss an Betriebsunterbrechung BFH VIII R 11/95 BStBl II 98, 379.

     Beispiel: Ein StPfl stellt seinen Betrieb ein. Er will das UV und die Maschinen nach und nach veräußern, nicht hingegen das Betriebsgrundstück. In diesem Falle werden die stillen Reserven im UV und in den Maschinen im jeweiligen Zeitpunkt der Veräußerung (nicht begünstigt) realisiert; die stillen Reserven im Betriebsgrundstück werden spätestens zu dem Zeitpunkt realisiert, zu dem die letzte Maschine oder der letzte Teil des UV veräußert ist oder sich die beabsichtigte Veräußerung als undurchführbar erweist oder der StPfl die Veräußerungsabsicht aufgibt.

Aufgabe des ganzen Betriebs 203–209 § 16

c) Treu und Glauben. Ein StPfl, der von vornherein nicht die Absicht hatte, die wesentl Betriebsgrundlagen zu veräußern, oder die Abwicklungsabsicht später aufgibt, dies aber zum fragl Zeitpunkt nicht zum Ausdruck bringt, kann mE nach Treu und Glauben gehindert sein, sich später darauf zu berufen, dass WG bereits früher PV geworden sind (s zu ähnl Fällen Rz 163). 203

6. Gewinnrealisierung; wesentliche Betriebsgrundlage. Der Betriebsaufgabetatbestand erfordert (Rz 150), dass alle nach ihrer Verwendung vor Betriebseinstellung *funktional* **wesentl Betriebsgrundlagen,** aber auch solche mit erheblichen *stillen Reserven* (iEinz Rz 85 f) in einem einheitl Vorgang (s Rz 208) entweder einzeln **veräußert** oder zB durch **Entnahme** PV werden (BFH IV R 17/02 BStBl II 05, 637: Vorrang der Veräußerung) oder teilweise veräußert und teilweise PV werden. Dabei steht der Entnahme die Zuordnung des WG zu einer ausl Betriebsstätte gleich (§ 4 I 3f, § 16 IIIa; s unten Rz 290). Zur teilentgeltl Veräußerung s Rz 290. Überführt der StPfl wesentl Betriebsgrundlagen (oder gar alle) zu **Buchwerten** in ein **anderes BV,** ist der Vorgang **keine Betriebsaufgabe** (BFH X R 8/16 BStBl II 18, 426; **aA** zu LuF BFH IV R 31/03 BStBl II 06, 652; s aber zu §§ 6 I Nr 4 S 4, 13 V Rz 77); die Lockerung der Rspr zu § 6 III (BFH IV R 14/18 BStBl II 21, 367; s oben Rz 11) ist insoweit ohne Bedeutung (*BMF* BStBl I 19, 1291; BFH IV R 44/10 BFH/NV 13, 376). Die Entnahme bedarf einer äußerl erkennbaren Entnahmehandlung (BFH X R 78/93 BFH/NV 97, 226), zB langfristige Grundstücksvermietung (BFH III R 214/83 BFH/NV 87, 578). Besteht keine Veräußerungsabsicht (mehr), werden die WG mit dem Ende der Betriebsaufgabe idR gewinnrealisierend notwendig PV (BFH VIII R 73/87 BFH/NV 92, 227; BFH X R 77–78/90 BFH/NV 92, 659); dies gilt auch für GmbH-Anteile iSv § 17 (BFH X R 31/95 BStBl II 97, 561). Zur nicht erforderl Aufgabeerklärung s einschließl Ausnahmen Rz 150, 162. Zu zurückbehaltenen WG, die **keine wesentl Betriebsgrundlagen** sind, s Rz 103 ff, 348 ff. **Vorräte** können, abgesehen von unbedeutenden Restposten, **nicht** in das **PV** überführt werden (BFH X R 77–78/90 BFH/NV 92, 659); zur Warenveräußerung iRd Betriebsaufgabe s Rz 326 ff. Wird ein wesentl Betriebsgrundlagen gehörender Warenbestand (Rz 90) nicht innerhalb des Zeitraums der Betriebsaufgabe (Rz 208 ff) veräußert, liegt allmähl Abwicklung vor. WG, die zur **Sicherung von Betriebsschulden** bestimmt sind (zB mit Grundpfandrechten belastete Grundstücke), können ins PV überführt werden (BFH IV 107/63 U BStBl III 64, 406). 205

7. Zeitraum der Betriebsaufgabe; einheitlicher Vorgang. Zwar wird der Betriebsaufgabegewinn häufig sukzessiv erzielt (Rz 236), gleichwohl müssen die Realisationsakte (Einzelveräußerung/Entnahme) mit Rücksicht auf den Gesetzeszweck, nur die zusammengeballte Aufdeckung der stillen Reserven zu begünstigen (Rz 4, 100 ff), Gegenstand eines „*einheitl Vorgangs*" sein (BFH IV R 14/00 BStBl II 01, 798). 208

a) Beginn. Die Aufgabe beginnt nicht bereits mit dem Aufgabeentschluss oder dessen Kundgabe (= Vorbereitung der Betriebsaufgabe), sondern erst mit Handlungen, die obj auf die Auflösung des Betriebs gerichtet sind (zB BFH IV B 143/09 BFH/NV 11, 1694); ebenso bei gewerbl geprägten PersGes (BFH IV R 146/10 BFH/NV 12, 410) Solche Handlungen sind zB die Einstellung der werbenden Tätigkeit (BFH IV R 17/02 BStBl II 05, 637: Schließung eines Ladenlokals/Marktstands) oder Produktion (BFH X R 101/90 BStBl II 93, 710), die Veräußerung des bewegl AV (BFH X R 77–78/90 BFH/NV 92, 659) oder des Betriebsgrundstücks (BFH VIII R 62/96 BFH/NV 98, 1211: uU auch wenn nur quantitativ wesentl), es sei denn unter Nutzungsvorbehalt (BFH IV R 36/81 BStBl II 84, 711), oder die Veräußerung einer GmbH-Beteiligung (FG BaWü EFG 01, 1460). Bloße **Vorbereitung** sind zB der Auflösungsbeschluss einer PersGes (BFH IV 350/64 BStBl II 70, 719; umgekehrt kann Betriebsaufgabe auch ohne diesen vorliegen (BFH IV R 150/78 BStBl II 82, 348), die Flucht („Abtauchen") 209 des Betriebsinhabers (BFH IV R 5/06 BStBl II 08, 113) oder die Einstellung des Wareneinkaufs (offen in BFH III R 9/87 BStBl II 89, 874).

210 **b) Ende.** Die Aufgabe endet mit der Veräußerung des letzten zur Veräußerung bestimmten/geeigneten WG, das zu den wesentl Betriebsgrundlagen gehört (BFH IV R 75/00 BStBl II 03, 467), oder der Vermietung des Betriebsgrundstücks nach vorheriger Veräußerung, Vernichtung oder Entnahme aller anderen wesentl Betriebsgrundlagen (BFH III R 7/91 BFH/NV 93, 358). Der Rückbehalt nicht wesentl Betriebsgrundlagen steht der Beendigung der Betriebsaufgabe nicht entgegen (BFH X R 101/90 BStBl II 93, 710); ebenso wenig der Verkauf von nicht wesentl Vorräten (BFH XI R 6/93 BStBl II 94, 23), die spätere Abwicklung noch schwebender Geschäfte (BFH IV 350/64 BStBl II 70, 719), der Einzug von Außenständen oder die Abwicklung streitiger Schulden (BFH IV R 17/07, BStBl II 10, 631). Zu gewerbl Grundstückshandel s § 15 Rz 78.

211 **c) Wirtschaftlich einheitlicher Vorgang.** Ein solcher ist gegeben, wenn zw Beginn und Ende der Aufgabe dh der Einzelveräußerung und/oder PV-Überführung aller wesentl Betriebsgrundlagen nur ein **„kurzer Zeitraum"** liegt (BFH X R 101/90 BStBl II 93, 710), auch wenn Beginn und Ende der Aufgabe, insb einzelne Gewinnrealisierungen, in verschiedene VZ fallen (BFH X R 101/90 BStBl II 93, 710: **mehr** als **zwei VZ** idR keine Betriebsaufgabe, sondern allmähl Abwicklung) mit der weiteren (mE bedenkl) Folge, dass die begrenzte Tarifvergünstigung (Rz 4) mehrfach beansprucht werden kann (diff *BMF* BStBl I 06, 7; *Tiedtke ua* DStR 01, 145, 148: einheitl Höchstgrenze der Tarifbegünstigung; Rz 102). Welcher Zeitraum noch kurz ist, lässt sich entgegen *BMF* BStBl I 19, 1291 Rz 15 (18 Monate) nicht schematisch bestimmen (bej zB für 9 Monate in BFH IV R 25/88 BStBl II 90, 373; für 18 Monate in BFH IV R 42/93 BStBl II 94, 385 zu LuF; für 19 Monate BFH X R 28/11 BFH/NV 15, 479; offen für 17 Monate IV R 49/04 BStBl 09, 289 zu § 15; vern für 20 Monate BFH VIII R 10/99 BStBl II 01, 282; für 34 Monate BFH IV R 14/00 BStBl II 01, 798).

212 **d) Zuordnung von Gewinnen/Aufwendungen; § 16 III 6.** Geschäftsvorfälle, die „im Rahmen der Aufgabe des Betriebs" (§ 16 III 6) anfallen, dh *wirtschaftl* zum *einheitl Vorgang* der Betriebsaufgabe *rechnen*, erhöhen oder mindern idR den Aufgabegewinn (BFH IV R 42/99 BStBl II 03, 67; BFH X R 77–78/90 BFH/NV 92, 659: Grundstücksentnahme), auch wenn sie sich nicht auf wesentl Betriebsgrundlagen beziehen. Ferner können Ereignisse, die nach der Aufgabe eintreten, *rückwirkend* den Aufgabegewinn ändern (s Rz 335 ff). Zu *BA* s Rz 300, 345. Zu *lfd* Gewinnen während des Aufgabezeitraums s Rz 326 ff.

215 **8. Betriebsaufgabe und Umstrukturierung in KapGes.** Die Einbringung von Betrieben/Teilbetrieben gegen Gewährung von GesRechten untersteht als tauschähnl Vorgang (= Veräußerung iSv § 16) dem vorrangigen Sonderrecht der §§ 20 ff UmwStG (zB Buchwertfortführung). Im Rückbehalt wesentl Betriebsgrundlagen kann allerdings eine Betriebsaufgabe liegen. S iEinz Rz 29 ff.

216 **a) Verdeckte Einlage.** Wird ein GewBetr (Teilbetrieb) in eine KapGes durch deren Ges'ter *ohne* Gewährung von GesRechten („unentgeltl") eingebracht (verdeckte Einlage), ist dies zwar keine Betriebsveräußerung, **aber Betriebsaufgabe** iSv § 16 III (Gewinnrealisierung einschl Geschäftswert; Rz 505: „Anwachsungsmodell"). Jedenfalls ab 1999 scheidet die Fortführung der Buchwerte nach **§ 6 III** des GewBetr auch dann aus, wenn diese zum *BV* gehören (*arg* § 6 VI 2 nF). Str; s Rz 11 und insgesamt § 6 Rz 865. Zu **teilentgeltl** Betriebsübertragung vgl BFH III R 40/07 BStBl II 10, 609: bei Rückbehalt von Kundenstamm uU Begründung einer **BetrAufsp.**

217 **b) Verschleierte Einlage.** Auch eine Veräußerung des ganzen GewBetr zu Buchwerten an eine **KapGes,** die durch Bargründung entstanden ist, mit Verrechnung von Einlage- und Kaufpreisanspruch (sog verschleierte Sacheinlage) ist

– auch unter Berücksichtigung der Rspr zum steuerrechtl Sacheinlagebegriff (Rz 29; **aA** *Wachter* DB 10, 2137) – Betriebsaufgabe und § 20 UmwStG nicht anwendbar (BFH I R 5/92 BStBl II 93, 131; *BMF* BStBl I 11, 1314 Tz E 20.10). Die Heilung nach der Rspr zum GmbHG aF (BGH II ZR 235/01 BGHZ 155, 329: *Sachwert*einbringung *ex nunc*) ließ den Aufgabengewinn nicht rückwirkend entfallen (s BFH VIII R 28/02 BStBl II 05, 46; oben Rz 145). Gleiches gilt nach §§ 19 IV, 56 II GmbHG nF iVm § 3 IV EGGmbHG (**MoMiG**, BGBl I 08, 2026): uU rückwirkende Anrechnung der Sachwerte auf fortbestehende **Geldeinlage**verpflichtung (BGH II ZR 120/07 DStR 09, 809; *Heidinger ua* GmbHR 15, 1); s auch § 27 III AktG aF/nF (iVm § 20 VII EG-AktG nF).

9. Unentgeltliche Rechtsnachfolge. Sie führt nach der Ausgliederungs-Rspr **218** des BFH idR auch dann nicht zur Betriebsaufgabe, wenn dem unentgeltlichen Rechtsnachfolger (zB Familienangehöriger) nur ein Teil der **wesentl Betriebsgrundlagen** übertragen wird. S einschl Ausnahmen Rz 10 f, 152. – Die **unentgeltl „Aufnahme"** in ein **Einzelunternehmen** ist ab VZ 2001 (zur früheren Rechtslage s *Schmidt* 31. Aufl § 16 Rz 203) in **§ 6 III 1 HS 2 und III 2** geregelt. S deshalb § 6 Rz 731 ff. Diese Vorschriften sind allerdings mangels Unentgeltlichkeit nicht anwendbar bei Einbringung des Einzelunternehmens (oder eines bereits bestehenden MUeranteils) gegen **Ausgleichszahlung** an den bisherigen Einzelunternehmer (grds Veräußerung; Rz 511 ff) oder wenn der Hinzutretende in das GesVermögen der MUerschaft Leistungen erbringt (§ 24 UmwStG; iEinz § 6 Rz 727, 732). Zu § 34a s § 34a Rz 78; zu § 35 s *BMF* BStBl I 07, 701 Rz 29.

II. Aufgabe eines Teilbetriebs

1. Allgemeines. Obwohl § 16 III 1 den Teilbetrieb (Begriff s Rz 115 ff) anders **220** § 16 I 1 Nr 1 nicht erwähnt, wird ein Teilbetrieb - im Einklang mit den für ganze Betriebe geltenden Grundsätzen (BFH VIII B 101/96 BFH/NV 98, 452) – aufgegeben, wenn der StPfl bisher in dem Teilbetrieb entfaltete Tätigkeit endgültig einstellt und alle wesentl Betriebsgrundlagen in einem einheitl Vorgang insgesamt entweder ins PV übernimmt oder an verschiedene Erwerber veräußert (BFH IV R 14/03 BStBl II 05, 395) oder teils PV und teils veräußert werden (s iEinz einschließl Verlegung ins Ausl Rz 150 ff, 196 f). **Keine Aufgabe** eines Teilbetriebs ist die unentgeltl Übertragung iSv § 6 III (s Rz 152, 10 f, 218); s zur kumulativen Anwendungen von § 6 III und V Rz 11. Zur 100%igen Beteiligung an KapGes s Rz 138.

2. Teilbetrieb der Personengesellschaft. Stellt eine PersGes die gewerbl Tä- **221** tigkeit *nur* in einem Teilbetrieb ein, ist dies keine Teilbetriebsaufgabe, wenn wesentl Betriebsgrundlagen des stillgelegten Teilbetriebs (BFH VIII R 39/92 BStBl II 96, 409: Grundstück mit erhebl stillen Reserven) weiterhin zu ihrem BV gehört (s Rz 125). Unerhebl ist, ob das WG von der PersGes für ihre gewerbl Tätigkeit eingesetzt oder zB durch Fremdvermietung genutzt wird (BFH IV R 65/01 BStBl II 09, 699; BFH IV B 146/10 BFH/NV 12, 410). Ist die gewerbl *nicht* geprägte (§ 15 III Nr 2) PersGes nach Betriebseinstellung nur noch vermögensverwaltend tätig (zB Grundstücksvermietung ohne Betriebsunterbrechung; s Rz 160), hat die Betriebseinstellung im Teilbetrieb die Aufgabe des *ganzen* GewBetr zur Folge: Ausnahme: allmähl Abwicklung (BFH IV R 8/67 BStBl II 68, 78; Rz 170, 200 ff).

D. Rechtsfolgen der Veräußerung oder Aufgabe des Gewerbebetriebs oder Teilbetriebs, § 16 II iVm § 16 III

I. Gewinnrealisierung

1. Begriff des Veräußerungsgewinns/Aufgabegewinns. Er bildet die Be- **230** messungsgrundlage für die gewerbl Einkünfte aus der Veräußerung/Aufgabe des

GewBetr /Teilbetriebs und ist nach Maßgabe der §§ 34, 16 IV begünstigt, soweit er nicht gem § 16 II 3, III 5 in lfd Gewinne umqualifiziert wird (Rz 1). Zu Verlusten s Rz 3, 15. – **Veräußerungsgewinn** ist der Betrag, um den der Veräußerungspreis nach Abzug der Veräußerungskosten den nach §§ 4 I, 5 zu ermittelnden Wert des BV im Zeitpunkt der Veräußerung übersteigt, § 16 II. **Aufgabegewinn** ist der Betrag, um den die Summe aus dem Veräußerungspreis für die iRd Aufgabe veräußerten WG, aus dem gemeinen Wert der ins PV überführten WG und aus in wirtschaftl Zusammenhang mit der Aufgabe angefallenen sonstigen Erträgen oder Aufwendungen nach Abzug der Aufgabekosten den (Buch-)Wert des BV im „Zeitpunkt" der Aufgabe übersteigt (§ 16 III 6, 7 iVm § 16 II). Zu den einzelnen Begriffen/Rechengrößen s Rz 270 ff.

231 **2. Zeitpunkt der Gewinnrealisierung; Rückbeziehung. – a) Veräußerung des ganzen Betriebs.** Nach dem zweigliedrigen Veräußerungsbegriff und der Maßgeblichkeit des dingl Erfüllungsgeschäfts (s Rz 27) wird ein Betrieb idR zu dem Zeitpunkt mit der Folge der Gewinnrealisierung veräußert, zu dem das **wirtschaftl Eigentum** an den **wesentl Betriebsgrundlagen** auf den Erwerber übergeht (BFH GrS 2/92 BStBl II 93, 897). Dies setzt regelmäßig den Eintritt der vereinbarten aufschiebenden Bedingungen voraus (iEinz BFH IV R 3/07 BStBl II 10, 182). Zum vorzeitigen Übergang des zivilrechtl Eigentums vgl BFH III R 25/05 DStR 06, 1359; s auch § 5 Rz 608 ff; zu zeitversetzten Einzelübertragungen s Rz 102. Zur Veräußerung im noch bevorstehenden „Schnittpunkt der Kalenderjahre" s Rz 428 mit Beispielen; zum Verhältnis zu § 2 UmwStG s BFH II R 33/97 BStBl II 00, 2; *BMF* BStBl I 11, 1314 Tz 02.02, 02.04.

232 **aa) Einzelheiten.** – Der Veräußerungsgewinn wird hiernach (Rz 231) nicht erst und nicht bereits bei Vorauszahlung mit Zufluss des Veräußerungspreises (BFH IV R 153/86 BStBl II 89, 557) oder mit Abschluss des schuldrechtl Kausalgeschäfts erzielt. Unerhebl ist ferner, ob der Veräußerungspreis Zug um Zug entrichtet oder ob er langfristig gestundet wird (BFH GrS 2/92 BStBl II 93, 897). Unberührt hiervon bleibt allerdings, dass – *(1)* die Veräußerung uU rückwirkend entfallen kann (s Rz 145) und – *(2)* spätere Änderungen der für den Veräußerungsgewinn maßgebl Faktoren zu einer rückwirkenden Änderung des Veräußerungsgewinns führen können (s Rz 335 ff). Zur Veräußerung des GewBetr gegen wiederkehrende Bezüge s Rz 240 ff.

234 **bb) Keine Rückbeziehung; Ausnahmen.** Vereinbaren die Vertragsparteien, einander *schuldrechtl* so zu stellen, als ob das wirtschaftl Eigentum bereits zu einem Zeitpunkt *vor* Vertragsabschluss auf den Erwerber übergegangen wäre, kann dies nach dem estrechtl **Rückwirkungsverbot** grds keine Berücksichtigung finden. Unerhebl ist hierbei, ob die Veräußerung nur auf den Beginn des lfd Wj oder auf einen Zeitpunkt im vorangegangenen Wj zurückbezogen werden soll (s § 15 Rz 452). **Ausnahmen:** – *(1)* **Klarstellung** eines ernstl streitigen Sachverhalts (FG Mster EFG 14, 1574) durch Nachgeben in gerichtl/außergerichtl Vergleich (BFH IV R 10/83 BStBl II 84, 786; zur Erbauseinandersetzung s Rz 623); – *(2)* Rückbeziehung für nur *kurze Zeitspanne* (mE bis zu 3 Monate) zur **technischen Vereinfachung** der Besteuerung (BFH VIII B 196/05 BFH/NV 06, 1829); – *(3)* zivilrechtl erforderl vormundschaftsgerichtl **Genehmigung** wirkt auch estrechtl auf den Vertragsabschluss zurück, wenn sie unverzügl beantragt wurde (BFH IV R 49/68 BStBl II 73, 307; weiter BFH VIII R 29/97 BStBl II 00, 386). Entspr gilt für andere Fälle schwebender Unwirksamkeit (vgl BFH IV R 46/91 BStBl II 92, 1024; BFH I R 71/95 BStBl II 99, 35 zu § 181 BGB), vorausgesetzt, das Rechtsgeschäft wird tatsächl nicht rückabgewickelt (BFH IV R 6/10 BFH/NV 13, 1584); – *(4)* **§ 20 VI, V UmwStG** (*BMF* BStBl I 11, 1314 Tz 20.13–20.16) und **§ 24 IV UmwStG** (*BMF* BStBl I 11, 1314 Tz 24.06: Gesamtrechtsnachfolge iVm SBV-Einzelrechtsnachfolge), ggf iVm § 27 XV UmwStG idF CoronaSt HG I (BGBl I 20, 1385) und RVO (BGBl I 20, 2258).

b) Veräußerung des Teilbetrieb. Maßgebl ist der Zeitpunkt, zu dem der 235 Gewinn/Verlust nach dem Realisationsprinzip (GoB) bilanzrechtl auszuweisen ist (§ 5 Rz 78). Die Veräußerung des Teilbetriebs erfordert als lfd Geschäftsvorfall zwar keine Schlussbilanz (BFH X R 38/10 BStBl II 12, 725), ist aber (ggf im Schätzungswege) materiell-rechtl an den Grundsätzen einer Schlussbesteuerung auszurichten (Rz 305; BFH IV R 19/14 BStBl II 18, 575: Abgrenzung ggü lfd Gewinn). Die Kaufpreisforderung ist BV, wenn sie nicht entnommen wird.

c) Betriebsaufgabe. Der „Zeitpunkt" der Betriebsaufgabe ist idR ein **Zeit-** 236 **raum,** da die Betriebsaufgabe häufig aus mehreren Teilakten besteht, zB Einzelveräußerung von WG an *verschiedene* Erwerber (BFH X R 101/90 BStBl II 93, 710); Ausnahmen (zB) Rz 196: Aufgabe aufgrund Rechtsakt; BFH X R 163–164/87 BStBl II 91, 802: Kündigung). Demgemäß ist für die Gewinnverwirklichung nicht auf „Beginn" (zB Einstellung der werbenden Tätigkeit) oder „Ende" der Betriebsaufgabe (Rz 208 ff) oder eine Erklärung des StPfl (*Ausnahme:* § 16 IIIb; Rz 162, 190), sondern auf den Zeitpunkt der **einzelnen Aufgabeteilakte** abzustellen(BFH VI R 63/15 DStRE 18, 193: Übergang des wirtschaftl Eigentums bei Veräußerung einzelner WG). *Folge:* Aufgabegewinn fällt sukzessive an und damit uU in verschiedene VZ (BFH X R 32/05 BStBl II 09, 634). Beachte aber: bei **mehr** als **2 VZ** keine Betriebsaufgabe, sondern nur allmähl Abwicklung (Rz 200). Für WG, die nicht zur Veräußerung bestimmt und noch nicht ins PVüberführt sind, entsteht der Gewinn, sobald die werbende Tätigkeit eingestellt ist und alle *anderen* wesentl Betriebsgrundlagen veräußert/entnommen sind (Rz 210).

3. Wahlrecht bei Betriebsveräußerung gegen wiederkehrende Bezüge 240 (*Verwaltung:* EStR 16 XI; *BMF* BStBl I 04, 1187; *OFD* Hann BB 08, 1944). **a) Rechtsgrundlage des Wahlrechts.** Wird der Betrieb entgeltl gegen *wiederkehrende wagnisbehaftete* Bezüge mit *Versorgungscharakter* veräußert, gewähren Rspr und FinVerw(EStR 16 XI) dem StPfl (BFH X R 40/10 BStBl II 13, 883 Rz 44: nicht KapGes) unter bestimmten Voraussetzungen ein **Wahlrecht** zw der Versteuerung eines nach §§ 16, 34 begünstigten Veräußerungsgewinns im Veräußerungszeitpunkt oder der Versteuerung nichtbegünstigter nachträgl gewerbl Einkünfte bei Zufluss (§ 15 I iVm § 24 Nr 2). **Rechtsgrundlage** hierfür ist nach BFH die teleologische Reduktion der §§ 16, 34 im Verhältnis zu § 24 Nr 2 sowie der Grundsatz der Verhältnismäßigkeit der Besteuerung (BFH X R 40/10 BStBl II 13, 883).

b) Tatbestand. – aa) Gegenstand. Dieser kann mE sowohl ein **ganzer Gew-** 242 **Betr** als auch ein **Teilbetrieb** sein (BFH VIII R 8/01 BStBl II 02, 532; BFH IV R 137/82 BStBl II 84, 829; *BMF* BStBl I 04, 1187). Wird der Anspruch auf die Bezüge (beim Restbetrieb) bilanziert, ist dies Ausübung des Wahlrechts iSe Sofortversteuerung; der Anspruch ist (gewillkürtes) BV; zu § 4f s Rz 272. Zu 100%igen KapGes-Anteilen s *Patt* EStB 04, 410, 412; *Neu ua* DStR 05, 141, 147. Veräußert eine **PersGes** ihren GewBetr/Teilbetrieb, hat jeder MUer (nicht aber KapGes; s Rz 240) für seinen Anteil am Veräußerungspreis ein Wahlrecht, das angesichts seiner Rechtsgrundlage (Rz 240) unabhängig von der Ausübung des Wahlrechts der anderen MUer ist; § 7a VII 2 ist nicht einschlägig (*Schröder* WPg 06, 108, 110). Auch die Veräußerung von **MUeranteilen** unterliegt dem Wahlrecht (BFH VIII R 8/01 BStBl II 02, 532; zu Teilanteilen vgl Rz 442), **nicht** hingegen diejenige von **Einzel-WG** zB iRe **Betriebsaufgabe** (Rz 292).

bb) Leibrente; Zeitrente. Nach der Rspr wird das Wahlrecht zum einen 244 bei **lebenslänglichen** „wagnisbehafteten" Bezügen gewährt, wobei hierzu sowohl abänderbare („dauernde Last") als auch feste Bezüge (Leibrenten ieS; BFH IV R 67/98 BStBl II 00, 179) gehören. Ebenso aber auch bei Zeitrenten mit fester Laufzeit von **mehr als 10 Jahren,** weil diese mit einem im Geschäftsleben unübl Wagnis behaftet sind und damit gleichfalls zumindest auch der Versorgung des Berechtigten dienen (BFH X R 12/17 BStBl II 20, 262; BFH IV R 17/08 BStBl II

11, 716; offen BFH I R 9/08 BStBl II 10, 560). Der BFH hat damit seine frühere Rspr bestätigt (BFH IV R 80/70 BStBl II 74, 452: Leibrente bei 10-jähriger Höchstlaufzeit; BFH X R 79/90 BB 91, 2353: Zeitrente auf 25 Jahren mit Versorgungsnebenzweck).

245 **(1) Finanzverwaltung.** Zwar sprechen die **EStR 16 XI 1** (seit EStR 1996) nur noch von Veräußerung „gegen eine Leibrente". Nach den **EStH 16 XI** soll dem jedoch weiterhin – *(1)* eine Veräußerung gegen Raten, die länger als 10 Jahre zu zahlen sind und eindeutig der Versorgung des Veräußerers dienen, und – *(2)* eine Veräußerung gegen Zeitrente mit nicht mehr überschaubarer Laufzeit gleichzustellen sein. Dies dürfte mit der BFH-Rspr (Rz 244) übereinstimmen.

246 **(2) Kritik.** Obgleich der Ausfall einer **gestundeten Kaufpreisforderung** zu einer rückwirkenden Änderung des Betriebsveräußerungsgewinns führt (BFH GrS 2/92 BStBl II 93, 897; unten Rz 335), folgt hieraus mE **nicht,** dass bei Betriebsveräußerung gegen **lebenslängl Bezüge** ein Veräußerungsgewinn gleichfalls rückwirkend zu **ändern** ist, wenn die Bezüge tatsächl kürzer oder länger laufen als der Berechnung ihres Kapitalwert zugrunde liegt (zutr BFH III R 22/05 BFH/NV 09, 1409: vorzeitiges Ableben des Veräußerers *vertragsimmanentes* Risiko/*kein* rückwirkendes Ereignis). Demgemäß hält die hL (zB *Groh* DB 95, 2235, 2237) zR am Wahlrecht für **Leibrenten** fest. Gleiches muss gelten für lebenslängl Bezüge mit Mindest- oder Höchstlaufzeit, wenn die statistische Lebenserwartung der Berechtigten länger bzw kürzer ist als die entspr Laufzeit (*Neu ua* DStR 03, 61, 66). Hingegen ist mE – entgegen Rspr/FinVerw – bei Bezügen mit **fester Laufzeit** (Raten, Zeitrenten) die Sofortversteuerung zwingend (*Richter ua* DB 95, 1098), weil das „Wagnis" nur das Ausfallrisiko ist und einem Ausfall durch rückwirkende Änderung des Veräußerungsgewinns zu entsprechen ist (BFH VIII B 34/11 BFH/NV 11, 2039). Dass dem Veräußerer die Mittel zur Steuerzahlung noch nicht zugeflossen sind, könnte ein Wahlrecht nur rechtfertigen, wenn es auch bei *weniger als 10-jähriger Laufzeit* und unabhängig vom Versorgungsbedürfnis gewährt würde; dies lehnt der BFH jedoch zR ab (BFH X R 12/17 BStBl II 20, 262).

247 **cc) Leistungen von Dritten.** Das Wahlrecht besteht auch für wiederkehrende Leistungen, die iZm der Veräußerung von Dritten erbracht werden (BFH IV R 14/90 BStBl II 92, 457; BFH III R 12/17 BFH/NV 18, 948: Veräußererperspektive maßgebl; Rz 271).

249 **dd) Betriebliche Veräußerungsrente; Teilentgelt; private Versorgungsrente.** Das Wahlrecht ist nur für entgeltl vereinbarte Bezüge (betriebl Veräußerungsrente) eröffnet, wofür bei Übertragungen zw **Fremden** eine tatsächl Vermutung spricht (BFH X R 193/87 BStBl II 92, 465). Hingegen greift bei **Familienangehörigen,** für die eine nicht vollentgeltl Übertragung vermutet wird (Rz 35), das Sonderrecht des § 10 Ia Nr 2 (Vermögensübergabe gegen Versorgungsleistungen; Rz 51) iVm § 6 III (Buchwertfortführung). *Folge:* **teilentgeltl** Übertragung iSv § 16 iVm Wahlrecht grds nur, wenn Voraussetzungen dieses Sonderrechts (§ 10 Ia Nr 2) *nicht* erfüllt werden (zB Mindestzeitrenten; *BMF* BStBl I 10, 227 Rz 56 str, s BFH IX R 11/19 DStR 20, 1426) erforderl ist hierfür zudem, dass iSd Einheitstheorie der Barwert der Bezüge den Buchwert des Betriebs/Teilbetriebs/MUeranteils übersteigt (Rz 66).

250 **ee) Kein umsatzabhängiges/gewinnabhängiges Entgelt.** Das Wahlrecht besteht in diesen Fällen nicht. Mangels Gewinnrealisation (§ 5 Rz 79 im Veräußerungszeitpunkt ist das umsatz-/gewinnabhängige Entgelt zwingend als **nachträgl** und **lfd BE** zu erfassen und nach Verrechnung mit dem Schluss-KapKto (zuzügl Veräußerungskosten) zu versteuern (BFH VIII R 8/01 BStBl II 02, 532; BFH IV R 33/11 BStBl II 15, 717; BFH VIII R 47/12 BStBl II 16, 600: Gewinn vorab; Rz 512; FG RhPf EFG 21, 1199 Rev IV R 9/21; EStH 16 XI, zutr; **aA** *Neu ua* DStR 05, 141, 145; zu „Gestaltungen" s *Stahl* KÖSDI 02, 13535, 13541). Gleiches gilt für § 8b II KStG (BFH I R 71/16 BStBl II 19, 493).

251 **ff) Erklärung.** Der StPfl muss das Wahlrecht zur lfd Versteuerung **ausdrückl** (BFH VIII R 8/01 BStBl II 02, 532; BFH X R 27/07 BStBl II 09, 620) und im **ESt-Veranlagungsverfahren** (BFH III R 49/13 BStBl II 17, 37) für den VZ

Gewinnrealisierung

der Veräußerung ausüben. Ausreichend ist die Erklärung bis zur Bestandskraft der Veranlagung, spätestens jedoch im FG-Verfahren; demgemäß auch in den Grenzen einer Bescheidänderung nach den §§ 172 ff AO (BFH III R 12/17 BFH/NV 18, 948; aA noch *Schmidt* 36. Aufl § 16 Rz 226). Hat der StPfl gegen eine Leibrente für sich und seine Ehefrau veräußert und stirbt er vor Ausübung des Wahlrechts, steht dieses den **Erben** zu, auch wenn die Ehefrau, die bei entspr Ausübung des Wahlrechts die lfd Bezüge zu versteuern hat, nicht zu den Erben gehört (str). Der StPfl ist an die Ausübung seines Wahlrechts für die Folgejahre grds gebunden (BFH X B 7/91 BFH/NV 91, 819; zur Ablösung s aber Rz 262).

c) Rechtsfolgen beim Veräußerer. – aa) Sofortbesteuerung. Entscheidet sich der StPfl für eine Besteuerung im Zeitpunkt der Veräußerung, besteht der Veräußerungspreis im ggf zu schätzenden Kapitalwert des Rechts auf die wiederkehrenden Bezüge (Rz 283; EStR 16 XI 10: Regelzinssatz 5,5); der nach Abzug von BV-Buchwert und Veräußerungskosten verbleibende Gewinn ist, soweit nicht gem § 3 Nr 40 teilweise steuerbefreit, nach § 16 IV und § 34 begünstigt.

(1) Zinsanteil. Außerdem sind die wiederkehrenden Bezüge iHd darin enthaltenen, ggf geschätzten Zins- bzw Ertragsanteils **estpfl,** und zwar – je nachdem, ob das Recht der Bezüge als (ohne Betrieb fortbestehendes) BV oder als PV zu werten ist (s Rz 355) – nach § 24 Nr 2 oder nach § 20 I Nr 7 (BFH VIII R 37/90 BFH/NV 93, 87: Zeitrenten) bzw § 22 Nr 1 (BFH VIII R 8/01 BStBl II 02, 532: Leibrente; EStR 16 XI 5: Rentenertrag gem § 22 Nr 1 S 3 Buchst a Doppelbuchst bb, mithin abw von Barwertermittlung, s Rz 264; zR krit *Paus* NWB F 3, 13 683, 13 685).

(2) Wertsicherung. Bei späterer Erhöhung der Jahresbeträge auf Grund vertragl Wertsicherungsklausel ist nach bisheriger BFH-Rspr der Mehrbetrag im Jahr des Zuflusses in voller Höhe nach § 20 I Nr 7 stpfl (BFH VIII R 37/90 BFH/NV 93, 87; diff *Schoor* FR 93, 225, 227). Eine rückwirkende Erhöhung des Veräußerungsgewinns gem § 175 I 1 Nr 2 AO ist mE trotz BFH GrS 2/92 BStBl II 93, 897 nicht zulässig (keine „Vertragsstörung"; vgl BFH VIII R 8/01 BStBl II 02, 532).

(3) Ausfall. Werden Teilbeträge der Bezüge uneinbringl, entfällt mangels Zufluss die Besteuerung nach § 20 I Nr 7 bzw § 22 Nr 1; außerdem ist die Höhe des Veräußerungsgewinns rückwirkend zu ändern (dazu Rz 337). Zum vorzeitigen Tod eines Leibrentenberechtigten s Rz 246.

(4) Umsatzabhängige/gewinnabhängige Bezüge. Eine Sofortbesteuerung ist nicht zulässig (s Rz 250); demgemäß entfällt auch die Schätzung des (nicht bestimmbaren) „Zinsanteils" (BFH VIII R 8/01 BStBl II 02, 532).

bb) Zuflussbesteuerung. Entscheidet sich der StPfl für eine Besteuerung bei Zufluss, entsteht ein als nachträgl gewerbl Einkünfte zu versteuernder Gewinn, sobald die Summe der zugeflossenen Jahresbeträge den Buchwert des BV bei Veräußerung und die Veräußerungskosten übersteigt; dieser sich sukzessive erhöhende Gewinn ist im jeweiligen Jahr des Zuflusses in *voller* Höhe ohne Begünstigung zu versteuern (§ 24 Nr 2; BFH X R 14/94 BStBl II 96, 287), unterliegt jedoch grds nicht der **GewSt** (zu § 18 III UmwStG s aber Rz 17).

(1) Teileinkünfteverfahren; Zinsen. Nach bisheriger Rspr sind die Jahresbeträge nicht in Zins- und Tilgungsanteile aufzuteilen. Dies ist jedoch mit Rücksicht auf das Teileinkünfteverfahren (zum Halbeinkünfteverfahren s *OFD Hann* BB 08, 1944) sowie die *volle* Erfassung der Zinsen bei Sofortbesteuerung (Rz 256) fragl geworden. Deshalb ordnen *BMF* BStBl I 04, 1187; EStR 16 XI 7, 8 (bis 2003) eine Übergangsregelung sowie ab 2004 *durchgängig* an, nur den Tilgungsanteil zu verrechnen und den Zinsanteil jeweils voll zu erfassen (ähnl BFH X R 34/89 BStBl II 96, 663; BFH VIII R 3/17 BStBl II 20, 813; offen BFH X R 12/17 BStBl II 20, 262). Zu § 17 s § 17Rz 140.

262 (2) **Ablösung.** Die Wahl zugunsten der Zuflussversteuerung wird gegenstandslos, wenn später die (restl) Bezüge auf Grund nachträgl Vereinbarung oder vorbehaltenen Rechts durch Einmalzahlung abgelöst werden. Die Ablösung ist im Ablösungsjahr estpfl (aA *Groh* DB 95, 2235, 2238: rückwirkende Änderung) und grds gem § 34 begünstigt. Die Tarifbegünstigung wird aber insoweit nicht gewährt, als die Ablösung dem Volumen des mit den wiederkehrenden Bezügen verrechneten Buchwerts des Betriebs (Rz 260) entspricht, da insoweit die zum Normaltarif zu versteuernden Bezüge stfrei geblieben sind. Zur Ablösung bei Kombination mit festem Entgelt s Rz 263.

263 cc) **Veräußerung gegen wiederkehrende Bezüge und festes Entgelt.** In diesem Fall besteht das Wahlrecht nur hinsichtl der wiederkehrenden Bezüge (BFH III R 12/17 BFH/NV 18, 948; FG Mster EFG 01, 1275: Übernahme von Betriebsschulden; EStR 16 XI 9), und zwar unabhängig vom betragsmäßigen Verhältnis zw Einmalbetrag und Barwert der Bezüge. Wird es iSe Zuflussversteuerung ausgeübt, ist der Buchwert des BV im Zeitpunkt der Veräußerung vom festen Veräußerungspreis abzuziehen; ein etwaiger Gewinn ist im Zeitpunkt der Veräußerung verwirklicht und gem **§ 34 II Nr 1** begünstigt, obwohl nicht alle stillen Reserven gleichzeitig realisiert werden (BFH X R 79/90 BB 91, 2368; FG Mster EFG 01, 1275; aA *Patt* EStB 18, 330; zutr; s Rz 66). Ist das feste Entgelt geringer als der Buchwert und wählt der StPfl die Zuflussbesteuerung, entsteht kein Verlust; die Bezüge sind – vorbehaltl § 3 Nr 40 – in voller Höhe nach § 24 Nr 2 tarifl zu besteuern, sobald ihre Summe den Buchwert zzgl festes Entgelt übersteigt (str). Zu **§ 16 IV** s Rz 577. Werden die wiederkehrenden Bezüge abgelöst (Rz 262), entfällt mangels zusammengeballter Gewinnrealisierung in einem VZ die Begünstigung, wenn im Jahr der Veräußerung der Gewinn iHd Differenz Einmalbetrag/Buchwert bereits tarifbegünstigt versteuert wurde (BFH III R 53/89 DStR 94, 132). *Ausnahme* (BFH X R 37/02 BStBl II 04, 493): geringfügiger Veräußerungsgewinn kürzt die Tarifbegünstigung des Ablösebetrags (mE bedenkl).

264 d) **Rechtsfolgen beim Erwerber; Überblick.** – Der bilanzierende vollentgelt/teilentgelt Erwerber hat unabhängig von der Wahlrechtentscheidung des Veräußerers den versicherungsmathematischen **Barwert** seiner Verpflichtung zu wiederkehrenden Leistungen zum Erwerbszeitpunkt (= AK) und zu den folgenden Bilanzstichtagen zu passivieren (zB BFH X R 58/92 BStBl II 96, 672); *Folge:* Aufwand iHd Differenz von lfd Leistungen und Barwertminderung (BFH X R 12/01 BStBl II 04, 211). S iEinz einschließl Zinssatz/Wertsicherung/umsatzabhängige Verpflichtungen § 6 Rz 82, 443; § 5 Rz 270 „gewinnabhängige Vergütung"; zu § 5 IIa, IVb s § 5 Rz 315, 369. Zu Besonderheiten bei Gewinnermittlung nach § 4 III vgl § 4 Rz 401 f. Zur **gewstrechtl** Hinzurechnung von Renten/dauernden Lasten s § 8 Nr 1 Buchst b GewStG s *GLE* BStBl I 12, 654 Rz 25.

II. Rechengrößen des Veräußerungsgewinns

270 1. **Veräußerungspreis.** Er ist die erste Rechengröße des Veräußerungsgewinns (§ 16 II; oben Rz 230) und ggf um den Wert zurückbehaltener WG zu erhöhen. Zur **Steuerfreiheit** zB gem Teileinkünfteverfahrens Rz 570.

271 a) **Veräußerungspreis ieS.** Dies ist die **Gegenleistung,** die der Veräußerer (oder auf seine Veranlassung ein Dritter) vom Erwerber oder von einem Dritten (BFH IV R 17/08 BStBl II 11, 716) für den Betrieb/Teilbetrieb erlangt. Grds ist dies der Anspruch auf das Entgelt zB auf den Kaufpreis oder das Tauschobjekt, soweit das Veräußerungsgeschäft ohne Störung so abgewickelt wird, wie es vertragl vereinbart ist. Zum Wertansatz und zur rückwirkenden Änderung des Veräußerungspreises s Rz 337 f. Zum Kaufpreisrückfluss s Rz 26, 35.

272 aa) **Schuldübernahme; Schuldfreistellung** – *(1)* **Private Schulden.** Gegenleistung ist auch eine Verpflichtung zur Freistellung von einer privaten Schuld des

Veräußerers ggü einem Dritten durch befreiende Schuldübernahme oder durch Schuldbeitritt mit befreiender Wirkung im Innenverhältnis oder nur im Innenverhältnis (BFH IV R 38/16 BFH/NV 19, 551), zB ein Anspruch, dass der Erwerber den Veräußerer von einer privaten Versorgungsverpflichtung befreit (BFH IV R 180/80 BStBl II 83, 595) – *(2)* **Betriebsschulden.** Offen, für die Höhe des Gewinns des *Veräußerers* aber idR (zu negativem KapKto s aber Rz 59) praktisch unerhebl ist, ob die vom Erwerber übernommenen bilanzierten Betriebsschulden (Buch-)Wert iSv § 16 II (Nettobuchwert!) mindern (so zB BFH I R 61/06 BStBl II 08, 555; BFH IV B 82/08 BFH/NV 10, 50; zu § 6 III s oben Rz 58) oder Teil des Veräußerungspreises sind mit der Folge, dass als (Buch-)Wert des BV iSv § 16 II nur der Buchwert der Aktiva anzusetzen ist (so BFH GrS 4–6/89 BStBl II 90, 847; mE zutr). Zur späteren Inanspruchnahme des Veräußerers für vom Erwerber übernommene Schulden s Rz 343. – *(3)* **Nicht** zum Veräußerungspreis gehört indes die Übernahme der zR in der StB des Veräußerers **nicht passivierten Schulden** (zB § 5 IIa, IVa; § 6a), weil sie durch die Übernahme *erstmals* aufwandswirksam/realisiert werden („Hebung stiller *betriebl* Lasten"; BFH I R 61/06 BStBl II 08, 555; *Ley* DStR 07, 589). Der Aufwand/BA-Abzug wird allerdings gem den differenzierenden Regeln in § 4f zeitl gestreckt. **§ 4f I** bestimmt für Schuldübernahmen iZm Veräußerung/Aufgabe von *Teil*-MUeranteilen die Aufwandsverteilung auf 15 Jahre, iZm *Teilbetriebs*veräußerung/-aufgabe die Verteilung, soweit Aufwand die stillen Reserven überschreitet; **§ 4f II** regelt für Schuldbeitritte/Freistellungen auch iZm Veräußerung/Aufgabe von Betrieb/MUeranteil die durchgängige Aufwandsverteilung. IEinz s § 4f; *BMF* BStBl I 17, 1619. – *(4)* Zu den **AK** des **Erwerbers** gem § 6 I Nr 7 gehört auch die Übernahme/Freistellung von nicht oder nicht in voller Höhe bilanzierten Schulden (dazu einschließl Bewertung § 6 Rz 81 ff, 441 ff). Allerdings sind die Passivierungsbegrenzungen des **§ 5 VII** iVm der Verteilung des Abwertungsgewinns auf mindestens 15 (Altfälle 20) Jahre zu beachten; s iEinz § 5 Rz 503; *BMF* BStBl I 17, 1619. – *(5)* Zu **zurückbehaltenen Schulden** s Rz 109, 349, 369.

bb) Bloße Schuldübernahme. Entsprechendes gilt, wenn die Gegenleistung nur in der Übernahme von Betriebsschulden besteht; der Veräußerungs*gewinn* ist dann (idR) gleich der Höhe der buchmäßigen Überschuldung (negatives KapKto) abzügl Veräußerungskosten (BFH VIII R 370/83 BStBl II 89, 563), sofern überhaupt eine Betriebsveräußerung iSv § 16, dh keine unentgeltl Übertragung iSv § 6 III vorliegt (dazu Rz 35 ff). 273

cc) Veräußerung während des Wirtschaftsjahres. Wird der Veräußerung die Bilanz zum Ende des vorausgegangenen Wj zugrunde gelegt, hat der Veräußerer gleichwohl den bis zur Veräußerung erzielten Gewinn durch Zwischenbilanz oder Schätzung zu ermitteln; dieser ist als lfd Gewinn zu versteuern und erhöht zugleich den Buchwert des BV bei Veräußerung (zum Übergang § 4 III zu § 4 I s Rz 306). 274

dd) Gesamtkaufpreis. Werden zusammen mit dem Betrieb auch WG des PV zu einem Gesamtkaufpreis veräußert, muss dieser grds nach dem Verhältnis der Verkehrswerte aufgeteilt werden (BFH IV B 82/08 BFH/NV 10, 50). 275

b) Veräußerungspreis iwS. Hierzu rechnen alle Leistungen, die der Veräußerer – durch die Veräußerung **veranlasst** – als *offene* oder *verdeckte* Gegenleistung für den Betrieb erhält, entweder vom Erwerber (BFH IV R 141/67 BStBl II 71, 92: betr Aufgabe eines Mietrechts; BFH IV R 12/08 BFH/NV 11, 768: verdeckte Einlage) oder von einem Dritten mit oder ohne Veranlassung durch Erwerber (zB Schulderlass; BFH IV R 14/90 BStBl II 92, 457 betr Prämien). Ebenso idR ein Entgelt für ein **Wettbewerbsverbot** (BFH IX R 76/99 BFH/NV 03, 1161; § 24 Rz 42; **aA** OFD *Ddorf* DStR 92, 790 bei eigener wirtschaftl Bedeutung; BFH X R 61/06 BFH/NV 08, 1491: § 22 Nr 3; ausführl *Wiesbrock* GmbHR 05, 519; zur USt s BFH XI R 1/11 BStBl II 13, 301). Abl für Gewinn aus Auflösung 276 eines betriebl Versorgungswerks FG Mster EFG 03, 39. Zur Disagio-Rückerstattung s Rz 303. Zur Betriebsaufgabe s Rz 295.

277 **c) Rückbehalt von Wirtschaftsgütern. – aa) Hinzurechnung.** Behält der Veräußerer einzelne WG des BV zurück, die **nicht wesentl** (Rz 86) Betriebsgrundlage waren und überführter diese ins PV (sofern estrechtl mögl), erhöht der gemeine Wert dieser WG analog § 16 III 7 den Veräußerungspreis (ebenso „Vorabentnahme") und damit auch den Veräußerungsgewinn (zB BFH IV R 67/86 BStBl II 90, 132). Gleiches gilt bei Sacheinlage in PersGes zu Teilwerten/gemeinen Werten nach § 24 UmwStG (BFH VIII R 5/92 BStBl 94, 856). Anders ist dies aber bei unentgeltl Betriebsübertragung (§ 6 III iVm Entnahmegewinn) oder Sacheinlage in PersGes nach § 24 UmwStG zu *Buchwerten* (BFH IV R 93/85 BStBl II 88, 374; zu Sacheinlage in KapGes s Rz 29 ff). *Keine* Entnahme nach BFH IV R 29/09 BStBl II 13, 387 bei Wegfall der Nutzungsbefugnis zB am Ehegattengrundstück (mE unzutr; s auch § 5 Rz 101).

278 **bb) Einzelfragen. –** *(1)* Werden nicht wesentl WG zum **Buchwert** in ein anderes BV des Veräußerers überführt (oder verbleiben sie „Rest-BV"), ist der Buchwert entweder dem Veräußerungspreis hinzuzurechnen *oder* aus dem Wert der BV iSv § 16 II auszuscheiden (s Rz 312). – *(2)* Neben den Gewinn aus der Veräußerung eines **Teilbetriebs** (§ 16) kann ein lfd Entnahmegewinn betr nicht dem Teilbetrieb dienender EinzelWG treten (BFH IV R 67/86 BStBl II 90, 132). – *(3)* Werden **wesentl** Betriebsgrundlagen zurückbehalten und in ein anderes BV zu **Buchwerten** ausgegliedert, ist der Gewinn aus veräußerten WG nicht begünstigt (Rz 4, 85f, 97, 125), bei Überführung ins **PV** liegt Betriebsaufgabe vor – *(4)* Zum **Rückbehalt** von BV nach einer Betriebsveräußerung/-aufgabe s Rz 103 ff, 352 ff.

280 **d) Wert des Veräußerungspreises. – aa) Grundsätze.** Anders als bei Teilbetriebsveräußerung/-aufgabe (dazu Rz 235) ist der Veräußerungspreis bei Veräußerung eines Betriebs/MUeranteils nicht nach § 6 (BFH IV R 61/73 BStBl II 78, 295: nur für Ermittlung des lfd Gewinns maßgebl), sondern mit seinem **gemeinen Wert** anzusetzen. Dieser ist (arg § 16 III 7) als spezifischer Wertmaßstab des § 16 grds anhand der §§ 2–16 BewG zu konkretisieren (weitergehend BFH IV R 61/73 BStBl II 78, 295; BFH IV R 3/07 BStBl II 10, 182: unmittelbare Geltung). Demgemäß können auch die Wertansätze bei Veräußerer und Erwerber (Aktivierung/Passivierung gem § 6) divergieren. Zur Wertbestimmung sind alle Vorgänge iZm mit der Veräußerung nach den bis zur endgültig bestandskräftigen Veranlagung gewonnenen Erkenntnissen, auch soweit **wertbegründend**, zu berücksichtigen (BFH X R 163–164/87 BStBl II 91, 802; BFH VIII R 27/92 BFH/NV 94, 159). Zu **rückwirkenden** Änderungen s Rz 281, 337 f.

281 **bb) Einzelheiten. – (1) Geld/Fremdwährung; Sicherungsgeschäfte; Ausfallrisiko.** Besteht die Gegenleistung in Bar- und Buchgeld, die Zug um Zug (s §§ 274, 322 BGB) gegen Übertragung des Betriebs gezahlt wird, ist der Wert der Gegenleistung gleich dem Nennwert des Geldes (BFH VIII R 17/15 BFH/NV 18, 522). Zahlt der Erwerber noch vor Übertragung des Betriebs an einen Bevollmächtigten des Veräußerers mit befreiender Wirkung, ist Veräußerungspreis die Herausgabeforderung gegen den Bevollmächtigten (BFH IV R 153/86 BStBl II 89, 557). Bei Hingabe **ausl Valuta** ist der Umrechnungskurs im Veräußerungszeitpunkt, nicht der des tatsächl Währungstauschs maßgebl. Demgemäß ist auch bei **Fremdwährungsforderungen** grds auf den Wechselkurs im Zeitpunkt der Veräußerung abzustellen; ein ernstl zu erwartender Kursverlust rechtfertigt aber einen schätzweisen Abschlag (BFH IV R 61/73 BStBl II 78, 295). Weicht der Wechselkurs im Zeitpunkt der Erfüllung vom zunächst angesetzten Wertverhältnis ab, ist der Veräußerungspreis mE in sinngemäßer Anwendung von BFH GrS 2/92 BStBl II 93, 897 rückwirkend zu korrigieren (*Groh* DB 95, 2235; **aA** *Bordewin* FR 94, 555). Gewinne aus **Sicherungsgeschäften** zur Minimierung des Wechselkursrisikos (*Micro Hedge*) erhöhen den Veräußerungspreis (zutr BFH I R 20/16

BStBl II 20, 674 zu § 8b; beachte auch § 8b III 6 KStG idF KöMoG (BGBl I 21, 2050); **aA** BFH IX R 73/04 BFH/NV 08, 1658 zu § 17), Verluste aus diesen Geschäften sind Veräußerungskosten (BFH I R 20/16 BStBl II 20, 674). Grds glA nunmehr *BMF* BStBl I 20, 1033: „strenge" Nachweiserfordernisse; mE fragl. Soweit im Zeitpunkt der Veräußerung ernstl mit einem **Ausfall** der Kaufpreisforderung zu rechnen ist, ist deren Nennwert schätzweise zu mindern (BFH VIII R 27/92 BFH/NV 94, 159/62; oben Rz 280). Erlöst der Veräußerer später tatsächl mehr oder weniger als den zunächst angesetzten Wert, wirkt dies auf den Zeitpunkt der Veräußerung zurück (BFH VIII R 17/15 BFH/NV 18, 522; s iEinz Rz 337 f).

(2) Stundung. Besteht die Gegenleistung in einer gestundeten Geldforderung, 282 ist in Anlehnung an § 12 I BewG der Nennwert anzusetzen, soweit nicht besondere Umstände einen höheren oder geringeren Wert begründen (s BFH IV R 61/73 BStBl II 78, 295). Soweit für die gestundete Forderung kapitalmarktübl **Zinsen** zu zahlen sind, gehören diese nicht zum Veräußerungspreis; sie sind, sofern die Kaufpreisforderung PV ist (str, s Rz 337), als Einnahmen aus KapVerm, andernfalls (Rest-BV) als nachträgl gewerbl Einkünfte estpfl. Bei **zinsloser**/niedrigverzinsl Stundung ist Veräußerungspreis der abgezinste Wert (iEinz BFH VIII R 17/15 BFH/NV 18, 522; **aA** BFH VIII R 41/82 BStBl II 84, 550 bei unbestimmter Fälligkeit); die spätere Zahlung des vollen Nennwerts enthält iHd Differenz zum Barwert Einnahmen aus KapVerm oder nachträgl gewerbl Einkünfte.

(3) Wiederkehrende Bezüge. Übt der Veräußerer sein evtl Wahlrecht (Rz 240) 283 iSd (Sofort-)Besteuerung im Veräußerungszeitpunkt aus, entspricht der Barwert dem versicherungsmathematisch ermittelten Betrag, den der Veräußerer nach den Kapitalmarktverhältnissen zum Zeitpunkt der Veräußerung hätte aufwenden müssen, um sich gleichartige wiederkehrende Bezüge zB bei einer Versicherung zu „erkaufen" (**aA** EStR 16 XI 10: Zinssatz 5,5 %, sofern nichts anderes vereinbart; ebenso BFH VIII R 64/93 BFH/NV 02, 10 zu bereits freier EinzelWG; offen in BFH IX R 110/90 BStBl II 95, 47 zu PV). Künftige Erhöhungen auf Grund einer **Wertsicherungsklausel** sind ohne Einfluss auf die Höhe der zu kapitalisierenden Jahresbeträge (BFH VI R 212/69 BStBl II 70, 541), wertgesicherte wiederkehrende Bezüge sind aber mit einem niedrigeren Zinsfuß zu kapitalisieren (BFH IV R 141/67 BStBl II 71, 92); zu späteren Erhöhungen s Rz 257. Bei Zuflussbesteuerung bestimmt der Abzinsungssatz sowohl den Barwert der wiederkehrenden Bezüge als auch deren Zins- bzw Ertragsanteil (dazu Rz 261).

(4) Tausch. Besteht die Gegenleistung nicht in Geld, ist der gemeine Wert 284 der erlangten WG im Veräußerungszeitpunkt anzusetzen; etwaige Verfügungsbeschränkungen sind entspr § 9 II 3, III 1 BewG zu berücksichtigen (BFH IV R 3/07 BStBl II 10, 182). Auf den gemeinen Wert des veräußerten Betriebs kommt es, anders als beim Tausch von EinzelWG bei der BV (§ 5 Rz 633), mangels Geltung bilanzstrechtl Grundsätze (s Rz 280) nicht an. Die spätere Wertentwicklung der erlangten WG (PV) ist unerhebl (*Bordewin* FR 94, 555, 560; Rz 105, 293); Gleiches gilt mE bei Aktienoptionen als Veräußerungsentgelt (gemeiner Wert = Optionsprämie). Soll die Gegenleistung erst später geleistet werden, ist – ungeachtet etwaiger Kaufpreisanrechnungsabreden – der Wert des eingetauschten WG im Erfüllungszeitpunkt maßgebl (BFH IX R 43/14 BStBl II 16, 212; *Hils* DStR 16, 1345).

2. „Aufgabepreis". – **a) Komponenten.** Der Aufgabepreis = **Aufgabeend-** 290 **vermögen** bildet die erste der drei Rechengrößen zur Ermittlung des Aufgabegewinns (§ 16 III 1 iVm § 16 II) und umfasst die Summe aus – **(1)** den *Veräußerungspreisen* für die iRd Aufgabe veräußerten WG (§ 16 III 6), – **(2)** den *gemeinen Werten* der ins PV übergegangenen aktiven und passiven WG (§ 16 III 7; BFH X R 31/95 BStBl II 97, 561: auch soweit diese nach § 17 steuerverhaftet bleiben; zu § 16 III 2 HS 3 iVm § 4 I 4 s § 4 Rz 244 ff; zu § 16 IIIa s Rz 197; zu teilentgeltl Veräußerung s BFH X R 14/11 BStBl II 14, 158: Kombination von Veräußerung und Entnahme; keine Einheitstheorie; fragl; *Wacker* Ubg 16, 245, 254) und etwaiger als BV zurückbleibender Schulden (s Rz 109; BFH X R 163–164/87 BStBl II 91, 802/4) sowie – **(3)** die iZm der Aufgabe erzielten *sonstigen Erträge*.

291 **b) Aufgabebilanz.** Während die frühere Rspr eine Bilanzierungspflicht für das Aufgabeendvermögen (Rz 290) verneint hatte (BFH X R 163–164/87; BStBl II 91, 802), geht der BFH nunmehr von einer Pflicht aus, auf den Aufgabezeitpunkt eine **„Aufgabebilanz"** zu erstellen (BFH VI R 51/16 BStBl II 18, 778; BFH X R 4/15 BStBl II 17, 786). Auch in Fällen gestreckter Gewinnrealisierung (dazu Rz 236) soll hierbei auf den einheitl Zeitpunkt des Beginns der Betriebsaufgabe abzustellen sein (BFH IV R 17/02 BStBl II 05, 637; mE bedenkl). Zur Schlussbilanz s Rz 305).

292 **c) Veräußerungspreis.** – **(1)** Erforderl ist die Veräußerung des jeweiligen WG **„iRd"** die Betriebsaufgabe (§ 16 III 6). Dies setzt nach dem **Veranlassungsprinzip** (dazu *Wacker* BB 18, 2519) einen **zeitl** Zusammenhang, dh die Veräußerung während der Betriebsaufgabe, weder vorher noch nachher (BFH IV R 86/87 BStBl II 89, 456; BFH X B 41/96 BFH/NV 96, 881) als auch einen **wirtschaftl** Zusammenhang voraus, dh nicht nur gelegentl der Betriebsaufgabe (BFH IV R 86/87 BStBl II 89, 456: Schulderlass; BFH IV R 14/03 BStBl II 05, 395; BFH X R 14/11 BStBl II 14, 158: Teilbetriebsaufgabe iZm Veräußerung sonstiger WG/ einschließl Gesamtplan-Rspr; krit *Herlinghaus* FR 14, 441, 446; zur Veräußerung von **UV** s Rz 327). – **(2)** In zeitl Hinsicht ist maßgebl, wann nach dem **Realisationsprinzip** (§ 5 Rz 78 ff) der Gewinn aus der Veräußerung erzielt wird (BFH X R 52/13 BStBl II 16, 710; **aA** BFH X B 41/96 BFH/NV 96, 881: Kaufvertrag genügt). – **(3)** Werden **einzelne WG** zB iRe BetrAufgabe gegen **wiederkehrende Bezüge** veräußert, ist Veräußerungspreis der Kapitalwert der Bezüge; anders als bei der Veräußerung des ganzen GewBetr oder Teilbetriebs (Rz 240 ff) besteht kein Wahlrecht zw Sofort- und Zuflussbesteuerung (BFH I R 44/83 BStBl II 89, 323; FG SchlHol EFG 20, 575, Rev X R 6/20). – **(4)** Zur rückwirkenden Änderung zB bei **Forderungsausfall** s Rz 337. – **(5)** Zum abredegemäßen **Rückfluss** des Kaufpreises s Rz 26, 35. – **(6)** Zur **Umqualifikation** in **„lfd" Gewinn** gem § 16 III 5 bei Identität von Veräußerer/Erwerber s Rz 331; zur Realteilung s Rz 548).

293 **d) Entnahme; gemeiner Wert; Buchwert.** – **aa) Grundsätze.** Der nach § 16 III 7 für nicht veräußerte, ins PV überführte WG anzusetzende gemeine Wert entspricht grds § 9 II BewG (BFH I R 235/80 BStBl II 85, 456). Über die Unterschiede zum Teilwert s zB BFH I R 114/84 BStBl II 90, 117. Der ggf sukzessive Übergang der einzelnen WG ins PV bestimmt auch den jew **Bewertungszeitpunkt** (BFH X R 150/95 BStBl II 98, 569: „zeitpunktbezogene Momentaufnahmen"; s auch Rz 284). Die Wertansätze zu diesen Zeitpunkten bleiben auch bei späteren Wertänderungen unverändert, der Aufgabegewinn ist nicht rückwirkend zu ändern (BFH X R 150/95 BStBl II 98, 569: betr späterer Altlastenverdacht; *Bordewin* FR 94, 555, 558). – Zur **Buchwertfortführung** nach § 6 V sowie zum Buchwertwahlrecht nach **§ 6 I Nr 4 S 4** und **§ 13 V** s Rz 77.

294 **bb) Einzelfragen.** – **(1) Grundstücke** und Gebäude sind mit dem Verkehrswert anzusetzen (BFH VIII R 26/87 BFH/NV 92, 232), der je nach Einzelfall auf Grund zeitnaher Verkäufe oder des Ertragswerts/Sachwerts (vgl ImmoWertV, BGBl I 21, 2805) zu schätzen ist (BFH II R 19/08 BStBl II 09, 403; überholt BFH I R 235/80 BStBl II 85, 456: idR Sachwert; zu persönl Umständen iSv § 9 II, III BewG BFH VIII R 67/96 BFH/NV 05, 2178: keine Berücksichtigung latenter Ertragsteuerlasten; vgl auch §§ 177 ff BewG). Bei gemischter Gebäudenutzung ist der aus dem Gesamtverkehrswert abzuleitende Wert des betriebl Gebäudeteils/ Grundstücksteils idR nicht nach dem Ertragswert, sondern nach dem Nutzflächenverhältnis zu bestimmen (BFH III R 20/99 BStBl II 03, 635). Zu **Nutzungsrechten** s Rz 277. Zur verbindl Auskunft s abl BFH VIII B 121/00 BFH/NV 02, 181. – **(2)** Gemeiner Wert (Marktwert; BFH X R 17/85 BStBl II 89, 879) von **Ma-**

schinen, Einrichtungen, Waren usw ist der Einzelveräußerungspreis. – *(3)* Für **Anteile an KapGes** und Wertpapieren (BFH IV R 18/12 BStBl II 16, 346: ggf Sachverständigengutachten erforderl) gilt § 11 BewG. Zur Ableitung aus NStBl ist BFH II R 40/08 BStBl II 10, 843; zu Veräußerungsbeschränkungen s BFH IV R 3/07 BStBl II 10, 182; zu Ertrags-/Substanzverfahren s BFH III R 79/07 BFH/NV 10, 610; zum Stuttgarter Verfahren s BFH X B 100/09 BFH/NV 10, 205: BFH VI R 67/14 BStBl II 17, 69: Einzelfallprüfung; zu Recht abl *OFD Ffm* GmbHR 11, 1344 *(Schmidt* 35. Aufl § 16 Rz 294 mwN; ebenso nach BR-Drs 542/06, 90 „klarstellend" § 11 II 3 BewG aF). § 11 II iVm § 97 Ib BewG verweist nicht nur auf im Geschäftsverkehr übl Bewertungsmethoden, sondern auch auf das vereinfachte Ertragswertverfahren (§§ 199 ff BewG; *GLE* BStBl I 14, 882), das nach *BMF* BStBl I 11, 859; *FM SchlHol* DStR 15, 1313 ertragsteuerl entspr gilt *(Fuhrmann* KÖSDI 21, 22440); zum Wahlrechts des Stpfl s BFH II R 5/19 DStRE 21, 1058. Ab VZ 2002/2009 ist § 3 Nr 40 Buchst b **(Teileinkünfteverfahren)** zu beachten (Rz 270, 570); zur verfrechtl gebotenen Eliminierung von Wertsteigerungen (bis 31.3.99/26.10.00) der Anteile gem § 17 aF (mindestens 10%/1%), die zu AK in das BV eingelegt worden sind, s *BMF* BStBl I 12, 42. Zu Einflüssen der **Corona-Krise** s *Heeke ua* DB 21, 1567. – *(4)* **Forderungen** sind wie eine Kaufpreisforderung aus Betriebsveräußerung zu bewerten (dazu Rz 280 ff). – *(5)* Ein **Geschäftswert** ist idR beim „Aufgabepreis" nicht anzusetzen; er geht durch die Betriebsaufgabe unter (BFH X R 32/05 BStBl II 09, 634 aE). Anders ist dies bei Betriebsverpachtung (s Rz 192), Aufgabe von MUeranteilen (FG SchlHol EFG 19, 1508 rkr; unten Rz 408) und evtl bei Realteilung einer PersGes (BFH X R 32/05 BStBl II 09, 634; s auch Rz 550 f).

e) Sonstige Erträge bei Betriebsaufgabe. Nach Maßgabe des Veranlassungsprinzips (zeitl/wirtschaftl Zusammenhang; Rz 292) gehören zB auch folgende Erträge – sofern stbar (s Rz 270, 570) – zum „Aufgabepreis" und gehen damit in den Aufgabegewinn ein – *(1)* von dritter Seite, insb der öffentl Hand gezahlte **Entschädigungen** oder Stilllegungsgelder (vgl zB BFH X R 56/95 BFH/NV 98, 1354; zur Abgrenzung/lfd Gewinn s aber BFH VIII B 101/96 BFH/NV 98, 452; FG Hbg EFG 14, 1009) und Versicherungsleistungen (BFH IV R 25/79 BStBl II 82, 707; FG Hbg EFG 00, 552); – *(2)* der **Erlass** von **Betriebsschulden** (dazu Rz 342); – *(3)* **Auflösung** einer erst und nur durch Betriebsaufgabe entfallenden **Rückstellung** (BFH XI R 8/96 BStBl II 99, 18: Bilanzberichtigung vorrangig; s Rz 305, 309) oder eines passiven RAP (BFH IV R 42/99 BStBl II 03, 67). **Gegenbeispiele:** Rz 327 (Ausverkauf des Warenlagers etc); Bauten auf fremdem GuB (BFH X R 46/14 BStBl II 16, 976; *BMF* BStBl I 16, 1431: kein Ansatz stiller Reserven; krit § 5 Rz 270). **Offen** ist (vgl BFH I R 34/12 BFH/NV 14, 1014), ob **Verbindlichkeiten,** die zB mangels Aktiva **nicht** mehr **erfüllt** werden können, gewinnwirksam auszubuchen sind (unklar *OFD Ffm* DStR 21, 2973).

3. Veräußerungskosten; Aufgabekosten. – a) **Grundsätze.** – *(1)* Nach BFH VIII R 55/97 BStBl II 00, 458 (Leitentscheidung) ist für den Begriff der Veräußerungskosten/Aufgabekosten (dazu Rz 301) nicht wie zuvor auf die „unmittelbare Beziehung zum Veräußerungsgeschäft", sondern auf die **Veranlassung** (dazu *Wacker* BB 18, 2519) durch die Veräußerung/Aufgabe abzustellen. Demgemäß ist das den Aufwand „auslösende Moment" in wertender Betrachtung unter Berücksichtigung der gesetzl Wertungsvorgabe zu bestimmten. Hierzu gehört insb, dass gem § 16 II die Gewinnermittlung nach Maßgabe der Schlussbilanz (Rz 305) überlagert/verdrängt. Allerdings sollen nach BFH IV R 14/16 DStR 18, 2259; BFH IV R 18/17 BStBl II 19, 696 (dazu Rz 302) durch **Ges-Verhältnis** veranlasster Aufwand nicht zu den Veräußerungskosten gehören; mE fragl, weil hierdurch allein der betriebl Veranlassungszusammenhang zur Veräußerung/Aufgabe nicht gelöst wird. – *(2)* Aufwendungen, die **keine Veräußerungskosten,** aber BA sind, mindern den lfd Gewinn, ggf als nachträgl negative gewerbl

Einkünfte (vgl Rz 348 ff). Zu Kosten früher fehlgeschlagener Veräußerung *Felix* DStZ 91, 373. – *(3)* Auch wenn die Veräußerungskosten vor oder nach dem VZ der Veräußerung anfallen, mindern sie mit Rücksicht auf den punktuellen Charakter der Veräußerungen iSv § 16 (oben Rz 4, unten Rz 335) ggf rückwirkend den Veräußerungs-/Aufgabegewinn (BFH IV R 17/02 BStBl II 05, 637: **Attraktivkraft** des Veräußerungsvorgangs). – *(4)* Zur **nachträgl Minderung/Erhöhung** der Veräußerungskosten s Rz 345. – *(5)* Der Veräußerungskostenbegriff des § 16 II entspricht demjenigen der §§ 17, 23 EStG und § 8b II KStG (BFH I R 20/16 BStBl II 20, 674).

301 **b) Aufgabekosten.** Obgleich das EStG sie nicht erwähnt, sind sie analog § 16 II 1 anzusetzen und von lfd BA nach dem Veranlassungsprinzip abzugrenzen. Zu den Aufgabekosten gehören hiernach Aufwendungen, die iZm der Veräußerung einzelner WG iRd Aufgabe (Rz 292) oder iZm den sonstigen Erträge der Betriebsaufgabe (zB Entschädigungen; Rz 295) stehen, aber auch sonstiger durch die Betriebsaufgabe veranlasster Aufwand (BFH IV R 22/03 BStBl II 05, 559; BFH IV R 17/02 BStBl II 05, 6370), zB Gehälter für die mit den Aufgabehandlungen befassten ArbN (*Heuer* FR 74, 593, 594) oder Verlust einer Ausgleichsforderung gegen MitGes'ter (BFH VIII R 128/84 BStBl II 93, 594). Zur nachträgl Minderung/Erhöhung s Rz 345.

302 **c) Gewerbesteuer.** Sie ist für Erhebungszeiträume ab 2008 nicht mehr abziehbar (§ 4 Vb; oben Rz 18; zur früheren Rechtslage s BFH IV R 22/08 BStBl II 10, 736 betr § 18 UmwStG). Anders soll dies aber nach BFH IV R 5/14 BStBl II 16, 875 (zu § 7 S 2 GewStG s Rz 17) und BFH IV R 18/17 BStBl II 19, 696 (zu § 18 UmwStG) für die vom Veräußerer erstattete GewSt sein, soweit die Erstattung nicht durch das GesVerhältnis veranlasst ist (beides mE fragl; s auch Rz 300). Hiervon unberührt bleibt, dass Veräußerungs-/Aufgabekosten den Gewerbeertrag (lfd Gewinn) nicht mindern (BFH X R 56/95 BFH/NV 98, 1354), mE auch dann nicht, wenn der Veräußerungs-/Aufgabegewinn (oder -verlust) der GewSt unterliegt (Rz 17; § 16 II 3, III 5 EStG; § 7 S 2 GewStG; §§ 18 III, 24 III 3 UmwStG; **aA** bis *Schmidt* 39. Aufl § 16 Rz 306).

303 **d) Einzelfälle.** Zu den Veräußerungskosten/Aufgabekosten gehören zB Grundbuchgebühren, Vermittlungsprovisionen, Notar-, Inserate-, Reise-, Beratungs-, Gutachterkosten (BFH IV R 17/02 BStBl II 05, 637), Verkehrsteuern (BFH IV R 121/90 BStBl II 92, 1038 VorSt-Berichtigung bei Grundstücksveräußerung), Prozesskosten zur Abwehr von Gewährleistungsansprüchen (BFH XI R 20/97 BFH/NV 98, 701), Kosten eines FG-Verfahrens über die Höhe des Veräußerungsgewinns (BFH IV R 61/97 BStBl II 98, 621), Verluste aus Wechselkurssicherungen (Rz 283) evtl Wertopfer an WG des PV (FG Nbg EFG 95, 424; zR **aA** aber bei Ablösung privater Schulden BFH X R 66/98 BStBl II 04, 830). Ebenso Vorfälligkeitsentschädigung für die Ablösung von Krediten iRd Betriebsveräußerung/Betriebsaufgabe (BFH VIII R 55/97 BStBl II 00, 458; BFH X R 70/97 BFH/NV 01, 440), nach Ansicht des IV. Senats jedoch nur dann, wenn der Veräußerungserlös zur Schuldentilgung ausreicht (**aA** *Wacker* KFR F 3 EStG, S 353; offen BFH X R 70/97 BFH/NV 01, 440); demzufolge auch der Rest des aktiv abgegrenzten Disagios (überholt mE BFH IV R 76/82 BStBl II 84, 713; offen BFH VI R 51/16 BStBl II 18, 778). Der nicht verbrauchte Teil des Disagios kann (vgl BFH X R 69/96 BStBl II 00, 259) als Teil des Veräußerungspreises (s Rz 276) zurückzuerstatten sein oder als Rechenposten die Vorfälligkeitsentschädigung mindern (vgl BFH IX R 36/98 BStBl II 03, 126; § 490 II 3 BGB). Veräußerungskosten sind ferner Abfindungen zur Beendigung von Schuldverhältnissen (zB Pachtverträge/Arbeitsverträge; überholt BFH IV R 56/79 BStBl II 82, 691; BFH VIII R 95/84 BStBl II 85, 327; vgl BFH IV R 22/03 BStBl II 05, 559 betr MUer-Pensionsansprüchen), uU Stillhalteprämien (BFH I R 14/12 BFH/NV 13, 1768) sowie Gebäudeabbruchkosten (**aA,** aber überholt BFH XI R 14/87 BStBl II 91, 628 zu § 6b). Zu Abfindungen an Nießbraucher (MUer) s *Schwetlik* GmbHR 06, 1096; zu Bürgschaften s Rz 345.

4. Wert des Betriebsvermögens; Schlussbilanzwert. – a) Grundsätze. – **(1)** Der nach § 16 II 1, 2 iVm III 1 auf den Veräußerungszeitpunkt oder den/die Aufgabezeitpunkt/e anzusetzende **Wert des BV** – das sog Veräußerungs-/Aufgabe*anfangsvermögen* – ist nach § 4 I oder § 5 und damit nach den allg handels-/estrechtl Ansatz- und Bewertungsvorschriften (BFH IV R 19/14 BStBl II 18, 575) zu ermitteln (s – einschließl § 42 AO – BFH VIII R 78/02 BStBl II 06, 58). Daraus folgt, dass der Wert iSv § 16 II ein **Buchwert** ist, der grds – zu Ausnahmen s Rz 307 – mit dem Buchwert einer ggf unterjährig (§ 6 II EStDV) zu erstellenden „letzten Schlussbilanz" identisch ist. IEinz s Rz 309ff. – **(2)** Str ist, ob § 16 II ledigl die materiellen Schlussbilanzwerte meint (so BFH IV R 31/99 BStBl II 01, 536 betr Rumpf-Wj) oder eine **Bilanzierungspflicht** auf den Zeitpunkt der Veräußerung oder Aufgabe begründet (so nunmehr BFH VI R 51/16 BStBl II 18, 778; BFH X R 4/15 BStBl II 17, 786) mit der weiteren Folge, dass auch bei gestreckter Gewinnrealisierung iRe Betriebsaufgabe (vgl Rz 236) die Schlussbilanz auf den einheitl Zeitpunkt des *Beginns* Betriebsaufgabe zu erstellen sei (BFH IV R 17/02 BStBl II 05, 637; mE bedenkl; s auch Rz 291 zur Aufgabebilanz). – **(3)** Wird keine Bilanz erstellt, ist der Buchwert zu **schätzen** (BFH X R 163–164/87 BStBl II 91, 802). – **(4)** Der Buchwert (Nettowert) kann **negativ** (buchmäßige Überschuldung) sein (vgl BFH IV R 19/12 BStBl II 15, 954; *Folge:* Subtraktion negativer Größe = Addition). – **(5)** Entspr der sog **Zweischneidigkeit** der Bilanzansätze (BFH X B 162/08 BFH/NV 09, 156; § 4 Rz 297) dient der Schlussbilanzwert der Bestimmung sowohl des (letzten) lfd Gewinns als auch des begünstigten Veräußerungs-(Aufgabe-)gewinns, weil er gem § 16 II 1 iVm III 1 vom Veräußerungs-/Aufgabepreis abzuziehen ist (Rz 230). – **(6)** Jedenfalls materiell-rechtl gilt das Vorstehende auch bei Veräußerung/Aufgabe von **Teilbetrieben** (BFH X R 38/10 BStBl II 12, 725; BFH IV R 19/14 BStBl II 18, 575; oben Rz 235).

b) Überschussrechnung, § 4 III. – Zur Bestimmung des letzten lfd Gewinns und des Veräußerungs-/Aufgabegewinns ist der **Übergang** zur Bilanzierung nach § 4 I geboten (zB BFH VIII R 9/18 BStBl II 20, 845; zur Bilanzierungspflicht s Rz 305). Dies gilt mE auch für in das PV überführte WG (zB zurückbehaltene Forderungen). Ein evtl Übergangsgewinn ist **lfd Gewinn** (zB BFH X R 36/02 BStBl II 05, 707; zu § 175 AO abl FG Mchn EFG 03, 1522) und nicht mehrjährig verteilbar (FG BaWü DStRE 97, 803; glA zu § 20 UmwStG FG Mster EFG 01, 764). Ebenso bei Ausscheiden aus PersGes (BFH VIII B 42/10 BFH/NV 11, 1345; Rz 661). Zu § 6 III s aber Rz 218; § 4 Rz 399, 669; zu Realteilung s Rz 541, 548; zu § 24 UmwStG s § 18 Rz 232.

c) Abweichungen gegenüber Schlussbilanz. Der Grundsatz der Identität von letzter Schlussbilanz und dem „Wert des BV" iSv § 16 II 1 (Rz 305) wird insofern durchbrochen, als letzterer Wert – *(a)* um den Buchwert *aktiver WG,* die nach Betriebsveräußerung (Aufgabe) beim Veräußerer als *BV* zurückbleiben (als RestBV oder in einem anderen BV), zu vermindern und – *(b)* um den Buchwert *passiver WG* (Schulden), die nach Betriebsveräußerung (Aufgabe) beim Veräußerer als *BV* zurückbleiben, zu vermehren ist. Zur Übernahme von Betriebsschulden durch den Erwerber s Rz 313.

d) Überblick über die Bilanzansätze. Vorbehaltl der Abweichungen von Schlussbilanz und Wert des BV (§ 16 II 1; Rz 305, 312) ist aus den allg Ansatz- und Bewertungsvorschriften (Rz 305) für die Ansätze der Schlussbilanz abzuleiten: – *(1)* Geltung des formellen/materiellen **BilZusammenhangs** (BFH VIII R 33/13 BStBl II 16, 596; BFH IV R 11/04 BStBl II 05, 809) sowie – *(2)* der **Aktivierungsverbote,** zB nach § 5 II (FG Hbg EFG 00, 432); – *(3)* **AfA** sind nach § 7 bei unterjähriger Veräußerung/Aufgabe zeitanteilig zu berücksichtigen (BFH I R 46/70 BStBl II 71, 688). – *(4)* **WG,** die aufgrund der Betriebsaufgabe zB dem Vermieter entschädigungslos **übertragen** werden, sind noch nicht auszubuchen; ihr Verlust mindert den Betriebsaufgabegewinn (BFH I R 46/70 BStBl II 71, 688). – *(5)* Der Sofortabzug für **GWG** nach § 6 II kann noch in der Schlussbilanz beansprucht werden. – *(6)* Gleiches gilt für den **Sammelposten** nach § 6 IIa (s § 6 Rz 676). – *(7)* Die in früheren Wj beanspruchten **erhöhten Absetzungen,** SonderAfA, stfreien Rücklagen (zB § 6b III, X; RfE) sind fortzuführen, sofern ihre zeitl (zB § 6b III 2–3, X 8) und sonstigen Voraussetzungen nicht bereits *vor* der Veräußerung oder dem Aufgabebeginn entfallen sind (*BMF* BStBl I 18, 309 zu § 6b IIa; BFH IV R 19/14 BStBl II 18, 575: Teilwert-AfA; BFH X R 31/03, BStBl II 07, 862: § 7g aF; *BMF* BStBl I 07, 790). – *(8)* Gleiches gilt für **passive RAP** (BFH VI R 51/16 BStBl II 18, 778); – *(9)* zum aktiviertem **Disagio** s Rz 303: Veräußerungskosten. – *(10)* Demgü sind Investitionsabzugsbeträge/SonderAfA nach § **7g nF** rückwirkend zu korrigieren (BFH X R 16/15 BFH/NV 16, 1444; *BMF* BStBl I 13, 1493 Rz 58 f). – *(11)* Ob Aufwendungen für **Teilleistungen** und die entspr Vergütungsansprüche anzusetzen sind (ggf lfd Gewinn), bestimmt sich nach den allg Bilanzierungsgrundsätzen (BFH IV R 69/74 BStBl II 80, 239; § 5 Rz 270).

310 e) **Einzelaspekte. – aa) Handelsvertreter (Eigenhändler).** Der Ausgleichsanspruch (§ 89b HGB) ist, auch wenn die Vertragsbeendigung mit einer Betriebsveräußerung/-aufgabe zusammenfällt, noch zu Gunsten des lfd Gewinns zu aktivieren (BFH IV R 37/08 BFH/NV 11, 1120; zur GewSt s BFH X B 142/15 BFH/NV 16, 1030; zu Wettbewerbsverboten s Rz 276; BFH X R 61/06 BFH/NV 08, 1491: uU § 22 Nr 3). Hieran hat § 89b HGB nF (dazu § 24 Rz 45) nichts geändert (BFH X B 56/11 BFH/NV 12, 1331; **aA** *Daragan* DStR 21, 1735).

311 bb) **Nichtabziehbare Betriebsausgaben** (§ 4 V EStG; § 160 AO). Die außerbilanziell zu berücksichtigenden Abzugsbeschränkungen werden durch die Veräußerung/Aufgabe von (Teil-)Betrieben/MUeranteilen nicht aufgehoben; deshalb gehen die geminderten KapKto in die Ermittlung der Veräußerungs-/Aufgabegewinne/verluste ein (BFH VIII R 15/17 BStBl II 20, 841: häusl Arbeitszimmer, § 4 V 1 Nr 6b; BFH VIII R 9/18 BStBl II 20, 845: Nutzungsentnahme/Pkw; EStR 5.7 I 1: Rückstellung für GewStG/§ 4 Vb; zu Veräußerungskosten s aber Rz 302). Nach BFH IV R 17/07 BStBl II 10, 631 (glA *Anm* HFR 10, 475) soll dies auch für die Auflösung des negativen KapKto des K'tisten iRe Betriebsaufgabe gelten (arg: kein Übergang der Abzugsbeschränkung (§ 4 V) auf die MitGes'ter; mE fragl; s *Schmidt* 39. Aufl § 16 Rz 320).

312 cc) **Betriebsschulden. – aaa) Zurückbehaltene Schulden.** – *(1)* Bleiben sie nach Betriebsveräußerung/-aufgabe als **BV** zurück, erhöht ihr Buchwert den Wert des BV (§ 16 II 1; oben Rz 307) und mindert den Veräußerungs-/Aufgabegewinn. – *(2)* Werden die zurückbehaltenen Schulden (negative WG) hingegen **PV** (dazu Rz 109, 349, 369), sind sie zwar auch beim Wert des BV anzusetzen, zugleich aber vom Veräußerungs-(Aufgabe-)preis abzuziehen; iErg entspricht dies idR einem Nichtansatz (BFH IV R 52/93 BStBl II 96, 415; BFH XI R 64/97 BStBl II 98, 727; s auch Rz 307). –*(3)* Zur **Vermögenslosigkeit** des Stpfls Rz 295.

Beispiel: Aktiva Buchwert 400, Teilwert 600; Schulden 100; Nettobuchwert 300. Schulden werden nicht mit übernommen; Erwerber zahlt daher 600. – Veräußerungsgewinn 200, ermittelt entweder (600 ./. 100) ./. 300 oder 600 ./. 400.

313 bbb) **Schuldübernahme; Freistellung.** – *(1)* Zur Streitfrage, ob vom Erwerber übernommene Schulden den Wert iSv § 16 II mindern (Nettobuchwert) oder Teil des Veräußerungspreises mit der Folge sind, dass die Schulden – abw von ihrem Ausweis in der letzten Schlussbilanz – aus dem Wert des BV iSv § 16 II eliminiert werden müssen, s einschließl der Übernahme von zR nicht passivierten Betriebsschulden Rz 272. – *(2)* Soweit jedoch der Veräußerer zB mangels Leistungsfähigkeit des Erwerbers in Anspruch genommen wird, sind die Schulden gleich solchen zu behandeln, die als BV zurückbleiben; *Folge:* Wert des BV wird erhöht und damit der Veräußerungs-/Aufgabegewinn gemindert (Rz 312).

ccc) Zu **Rückstellungen** s Rz 295, 311, 318, 341. 314

dd) Pensionsverpflichtungen gegen **Arbeitnehmer** (Anwartschaften und 315 lfd Verpflichtungen). Sie sind nach Maßgabe des § 6a anzusetzen, gleichgültig, ob sie bei Betriebsveräußerung auf den Erwerber übergehen oder beim Veräußerer verbleiben (BFH IV R 56/92 BStBl II 94, 740). Stirbt ein pensionsberechtigter Unternehmer und veräußern seine Erben den Betrieb, erhöht der Wegfall der Rentenverpflichtung noch den lfd Gewinn (BFH IV R 49/76 BStBl II 80, 150). Die Abfindung nicht passivierter Pensionszusagen gehört hingegen zu den Veräußerungskosten (BFH IV R 22/03 BStBl II 05, 559 betr MUer vgl Rz 303; krit *Paus* DStZ 05, 598).

ee) Privatvermögen. Aktive WG, die nicht mitveräußert und PV werden, sind 316 mit dem Buchwert sowohl in der letzten Schlussbilanz als auch beim Wert iSv § 16 II anzusetzen und zugleich gem § 16 III 7 mit dem gemeinen Wert dem Veräußerungs-(Aufgabe-)preis hinzuzurechnen (Rz 277, 290). Zur entspr Handhabung bei Schulden (= negative WG) s Rz 312 mit Beispielen.

ff) Nachträgliche Korrekturen. – aaa) Fehlerhafte Schlussbilanz. Ent- 318 spricht die „letzte Schlussbilanz" nicht den allg Ansatz- und Bewertungsvorschriften (Rz 305; zB BFH X R 36/02 BStBl II 05, 707 betr Rückstellungen), ist der letzte lfd Gewinn zu ändern, soweit verfahrensrechtl zulässig (FG Mster EFG 98, 1456: Wertaufhellung). Demgemäß sind WG des **notwendiges PV,** die zu Unrecht bilanziert sind, erfolgsneutral auszubuchen (BFH I R 201/71 BStBl II 73, 706). Sind umgekehrt WG des **notwendigenBV** zu Unrecht nicht bilanziert worden, müssen sie mit dem Wert zu berücksichtigen werden, der sich bei zutr Bilanzausweis ergeben hätte (zB AK abzügl AfA; BFH X R 38/10 BStBl II 12, 725). Die Feststellungslast dafür, dass WG zum BV gehören, trägt grds das FA; macht der StPfl aber geltend, WG wären nicht mehr BV gewesen, trägt er hierfür die Feststellungslast (BFH III R 172/82 BStBl II 87, 679). Zu Mehr-/Minderergebnissen auf Grund **Betriebsprüfung** s BFH IV R 90/94 BStBl II 97, 241; § 15 Rz 444.

bbb) Rückwirkende Änderungen. Insgesamt s Rz 335 ff; zu übernehmenden 319 Schulden s Rz 313.

III. Abgrenzung von Veräußerungsgewinn/Aufgabegewinn und laufenden/nachträglichen Einkünften

1. Grundsätze. Ist der Tatbestand einer **Betriebsveräußerung/Betriebs-** 325 **aufgabe nicht** erfüllt (zB unentgeltl Betriebsübertragung iSv § 6 III; Überführung wesentl Betriebsgrundlagen in ein anderes BV) oder kommt es zB bei Einbringung in eine PersGes zu Buchwerten **nicht zur Gewinnrealisierung,** kann ein im zeitl Zusammenhang hiermit erzielter Veräußerungs-/Entnahmegewinn idR nur ein **lfd Gewinn** sein (BFH IV B 129/01 BFH/NV 02, 1570; BFH III R 23/89 BStBl II 94, 709; aber uU gewstfrei); ebenso ab 1.1.02 gem § 20 V/IV UmwStG bei Einbringung in KapGes (zuvor s BFH I R 184/87 BStBl II 92, 406). Liegt hingegen eine gewinnrealisierende Betriebsveräußerung/-aufgabe vor, ist für die Zuordnung einzelner Gewinne/Verluste zum Veräußerungs-/Aufgabegewinn entscheidend, ob sie durch die Betriebsveräußerung/-aufgabe **veranlasst** sind (BFH VI R 51/16 BStBl II 18, 778; oben Rz 292, 295 mwN). Die Abgrenzung ggü Gewinnen **vor** Betriebsveräußerung/-aufgabe richtet sich iSe normativen Konkretisierung des Veranlassungsprinzips (*Wacker* BB 18, 2519) nach dem Buchwertansatz im Zeitpunkt der Veräußerung oder Aufgabe (Rz 305 ff). Die Abgrenzung zu **nach** Betriebsveräußerung oder dem letzten Aufgabeakt (Rz 210) anfallenden nachträgl gewerbl Einkünften (oder nicht estpfl Einnahmen) ist in „wertender Betrachtung" zu bestimmen; zu berücksichtigen ist hierbei auch die BV-Qualifikation zurückbehaltener WG sowie inwieweit § 16 die Rückwirkung späterer Ereignisse auf den Veräußerungs- oder Aufgabegewinn gebietet (Rz 335 ff).

326 **2. Erträge während Betriebsveräußerung; Betriebsaufgabe.** Auch Gewinne oder Verluste „**während**" einer Betriebsveräußerung können (Veranlassungsprinzip; Rz 325) als lfd Erträge zu qualifizieren sein (Beispiel s unten). Werden während (= nach Beginn und vor Beendigung) einer Betriebs-/Teilbetriebsaufgabe einzelne WG veräußert oder entnommen, ist der Gewinn hieraus **nur** insoweit Teil des begünstigten Aufgabegewinns, als die WG „**im Rahmen der Aufgabe des Betriebs**" (§ 16 III 6), dh nicht nur in zeitl, sondern auch **wirtschaftl Zusammenhang** mit der Aufgabe veräußert oder entnommen werden (s Rz 292, 295; BFH X R 76–77/92 BStBl II 95, 388). Hieran fehlt es jedoch zB, wenn **UV** an den *bisherigen Kundenkreis* abgesetzt, insb die bisherige normale Geschäftstätigkeit im Kern unverändert fortgesetzt wird (BFH III R 9/87 BStBl II 89, 874).

327 **a) Fehlender Zusammenhang.** *Nicht* begünstigt sind daher Gewinne aus – **(1)** einem **Räumungsverkauf** (BFH VIII R 316/82 BStBl II 89, 602; BFH X R 145/87 BFH/NV 91, 373), auch bei Verkauf zu Ausverkaufspreisen (*Anm* HFR 89, 489); – **(2) gewerbl Grundstückshandel**, zB aus dem Verkauf von Eigentumswohnungen, auch an Wiederverkäufer (BFH IV R 75/00 BStBl II 03, 467; BFH VIII R 15/00 BFH/NV 05, 1033), von vermieteten Büro- und Wohneinheiten (BFH III R 27/98 BStBl II 02, 537; FG Mchn EFG 09, 1468; fragl) oder – bei gewerbl Grundstückshandel einer PersGes – aus der Veräußerung von (Teil-) MUeranteilen (BFH IV R 3/05 BStBl II 07, 777; BFH IV R 75/05 DStRE 08, 341: Kaufpreisaufteilung; zutr: *BMF* BStBl I 04, 434 Rz 18, 35; § 15 Rz 74). Gleiches gilt bei Einbringung des Betriebs/MUeranteils in GmbH (BFH I R 21/10 BFH/NV 11, 258; § 15 Rz 76) oder PersGes (BFH X R 22/13 BB 16, 86). – **(3)** Veräußerung des einzigen Grundstücks **(UV)** durch eine gewerbl geprägte und dann liquidierte KG (FG Hbg DStRE 12, 1456; zur GewSt s § 15 Rz 74, 232); – **(4)** der Veräußerung von **AV**, wenn Bestandteil des einheitl Geschäftskonzepts (BFH IV R 30/14 BStBl II 17, 1061: ContainerFonds; BFH IV R 6/14 BStBl II 17, 1053: Mobilienleasing; BFH IV R 50/15 DStR 17, 2726: Grundstücke; *BMF* BStBl I 09, 515: Leasing; einschr *Lüdicke ua* BB 08, 2552; abl *Klass ua* FR 09, 653, 658, s § 15 Rz 82, 89); – **(5)** Schiffsveräußerung iVm Änderung des Ges-Zwecks (BFH IV B 38/09 BFH/NV 10, 1489); – **(6)** der Veräußerung von Anteilen an **Zebra-Ges** (*Prinz* DStR 99, 98; Rz 405); – **(7)** Entnahme von Einzel-WG in nur zeitl Zusammenhang mit Teilbetriebsveräußerung (BFH I R 57/71 BStBl II 73, 700); – **(8)** Veräußerung von SBV an KG iZm KG-Anteilsveräußerung (BFH IV R 4/13 BStBl II 16, 544: lfd Gewinn gem § 16 II 3); – **(9)** gewerbl **Handel mit KapGes-Anteilen** (BFH X R 55/97 BStBl II 01, 809); selbst bei geringem Umfang (BFH IV R 30/13 DStR 15, 2660); – **(10)** Auflösung erhaltener Anzahlungen (FG Mchn EFG 09, 337); – **(11)** Auflösung eines Mitarbeiter-Versorgungswerks s FG Mster EFG 03, 39; – **(12)** Ausgleichsanspruch gem § 89b HGB (s Rz 310).

328 **b) Gegenbeispiele.** – **(1)** Rücklieferung an Lieferanten oder Veräußerung an Abnehmer der gleichen Handelsstufe (BFH IV R 136/79 BStBl II 81, 798); – **(2)** Veräußerung des Warenbestands an Handelsvertreter, die bisher den Verkauf nur vermittelten (BFH IV R 140/86 BStBl II 89, 368).

329 **3. Wechselwirkungen.** Die Veräußerung/Aufgabe kann die Höhe des lfd Gewinns beeinflussen. *Beispiele:* § 16 II 3, III 5 (Rz 331), § 7g (BFH X R 16/15 BFH/NV 16, 1444), § 4 IVa (Überentnahme iHd Buchwerts = Veräußerungs-/Aufgabegewinn abzügl entnommenem Veräußerungserlös/WG des BV; *BMF* BStBl I 06, 416). Zur Stundung oder Verrentung des Kaufpreises s *Paus* FR 00, 957.

IV. Spaltung von Veräußerungsgewinnen, § 16 II 3, III 5

1. Grundsätze. – *(1)* Gewinne aus der Veräußerung des (Teil-)Betriebs (MUeranteils) und aus der Veräußerung einzelner WG des BV iRe Betriebsaufgabe gelten nach § 16 II 3, III 5 *„insoweit* als **lfd Gewinn**", als „auf der Seite des *Veräußerers* und auf der Seite des *Erwerbers* **dieselben Personen** *Unternehmer* oder *MUer* sind"; eine mittelbare MUerstellung ist hierfür genügend (*arg* § 15 I 1 Nr 2 S 2). Bei Einbringung von Betrieb/Teilbetrieb oder MUanteil in eine PersGes zum gemeinen Wert gilt nach § 24 III 3 UmwStG Entsprechendes (*BMF* BStBl I 11, 1314 Tz 24.16, 24.17). – *(2)* Die Regelung eliminiertmangels „steuersystematischer Berechtigung" aus den Begünstigungen der §§ 16, 34 Sachverhalte, bei denen der Veräußerer/Einbringende wirtschaftl an sich selbst veräußert (BT-Drs 12/5630, 80, 56); sie richtet sich insb gegen das zuvor anerkannte sog *Aufstockungsmodell* (tarif-/ freibetragsbegünstigter Gewinn einerseits, AfA-Volumen andererseits; s dazu *Schmidt* 33. Aufl § 16 Rz 416, 567). – *(3)* Betroffen sind **nur** Gewinne aus **Veräußerungen** (von einer oder an eine ggf durch die Übertragung entstehende MUerschaft; FG Hbg EFG 09, 573; BFH IV R 54/99 BStBl II 01, 178: einschließl Einbringungsgewinn im SBV). – **Nicht** hingegen Gewinne aus dem Übergang von WG aus dem BV **ins PV**, zB – *(a)* iRe Betriebsaufgabe (§ 16 III 7; s oben Rz 293), – *(b)* bei Aufgabe eines Verpachtungsbetriebs (s Rz 190 ff), – *(c)* bei Wegfall der tatbestandl Voraussetzungen einer BetrAufsp (s § 15 Rz 865, 868), – *(d)* iZm einer Betriebsveräußerung (s Rz 103, 277) oder Betriebseinbringung iSv § 24 UmwStG (*Schiffers* BB 94, 1469); – *(e)* ebenso – mangels MUerstellung – nicht Gewinne aus der **Veräußerung** an oder der **Einbringung** in eine **KapGes**. – *(5)* Zu Auswirkungen auf – *(a)* Aufnahme in ein Einzelunternehmen s Rz 514; – *(b)* Eintritt in eine PersGes s Rz 511; – *(c)* Verschmelzung von PersGes s Rz 397; – *(d)* Realteilung s Rz 548; – *(e)* § 16 IV s Rz 574, 581; – *(f)* GewSt s BFH IV R 59/11 BFH/NV 15, 520; unten Rz 511.

2. Umfang der Umqualifikation. Dieser („insoweit") bestimmt sich mE bei Veräußerung des **(Teil-)Betriebs an PersGes** grds nach dem der Gewinnverteilungsschlüssel der erwerbenden PersGes, sodass zB bei einem 50%igen Gewinnanteil des Veräußerers die Hälfte des Veräußerungsgewinns als lfd Gewinn gilt (BFH VIII R 7/01 BStBl II 04, 754; *Groh* DB 96, 2356; **aA** uU BFH IV R 54/99 BStBl II 01, 178 betr Einbringung ins SBV: Vermögensbeteiligung maßgebl) und bei Veräußerung von 3 Einzelunternehmen an eine PersGes, an der jeder zu $^1/_3$ beteiligt ist, die Veräußerungsgewinne jeweils zu $^1/_3$ lfd und zu $^2/_3$ begünstigter Gewinn sind. Bei Veräußerung zw **SchwesterPersGes** kommt es demnach auf das Verhältnis des Anteils des einzelnen Ges'ters am StB-Gewinn der erwerbenden PersGes zu seinem Anteil am StB-Gewinn der veräußernden PersGes an (BFH VIII R 7/01 BStBl II 04, 754; *BMF* BStBl I 11, 1314 Tz 24.16).

Beispiel: A, B und C sind mit Gewinnanteilen von je $^1/_3$ (= $^4/_{12}$) Ges'ter der X-KG. Sie veräußert ihren GewBetr (Buchwert 100) an die Y-KG zum Preis von 500. An der Y-KG sind A, B, C und D mit Gewinnanteilen von je $^1/_4$ (= $^3/_{12}$) beteiligt. – Der Veräußerungsgewinn von 400 gilt zu $^3/_4$ als lfd Gewinn und ist zu $^1/_4$ tarifbegünstigt.

Sinngemäß gelten diese Grundsätze, wenn **SBV** eines Ges'ters an die erwerbende PersGes **mitveräußert** wird (*Groh* DB 96, 2356).

Beispiel: Wie oben, aber A ist Eigentümer eines Grundstücks des SBV (Buchwert 50), das an die Y-KG zum Preis von 250 mitveräußert wird. Der allein A zuzurechnende Gewinn von 200 gilt zu $^1/_4$ als lfd Gewinn und ist zu $^3/_4$ tarifbegünstigt.

Werden WG zu Teilwerten/gemeinen Werten in das **SBV** der PersGes **eingebracht** (§ 24 UmwStG), soll nach BFH IV R 54/99 BStBl II 04, 754 die (100%ige) Vermögensbeteiligung maßgebl sein (iErg zutr, vgl *Groh* DB 96, 2356, 2358: AfA-Potential mindert *Gewinnanteil* des Einbringenden).

V. Rückwirkende Änderungen; nachträgliche Einkünfte

335 **1. Allgemeines.** Steuerrelevante Ereignisse, die nach einer Veräußerung (Aufgabe) des (Teil-)Betriebs eintreten, können zu nachträgl positiven oder negativen Einkünften aus GewBetr (§ 24 Nr 2) oder zu einer rückwirkenden Änderung des Veräußerungs-/Aufgabegewinns oder -verlustes führen. Nach der **Rspr** will § 16 den **tatsächlich erzielten** Veräußerungs-/Aufgabegewinn *im* Zeitpunkt der Veräußerung/Aufgabe als einmaliges **punktuelles Ereignis** besteuern, sodass nicht nur der Ausfall des Veräußerungspreises (BFH GrS 2/92 BStBl II 93, 897), sondern auch spätere Änderungen im Hinblick auf den Wert des BV (BFH GrS 1/92 BStBl II 93, 894: gescheiterte Freistellung des Veräußerers von Betriebsschulden) materiell-rechtl auf den Zeitpunkt der Veräußerung zurückwirken und der St-Bescheid für das Jahr der Veräußerung ggf nach **§ 175 I 1 Nr 2 AO** zu ändern ist (BFH IX R 30/14 BStBl II 17, 94; beachte: § 233a IIa, VII AO). Dies vermeide einerseits „ein verfrecht bedenkl Übermaß an Besteuerung" (zB Nichtberücksichtigung des Ausfalls der Kaufpreisforderung) und andererseits eine „Überentlastung" (Ansatz nachträgl negativer Einkünfte). Gleichwohl kann zweifelhaft sein, welchen Ereignissen eine solche Rückwirkung zukommt. Unstr ist insoweit nur, dass nicht alle nachträgl eintretenden Ereignisse zurückwirken(s dazu Rz 337 ff; *Groh* DB 95, 2235) und Wertänderungen von WG, die ins **PV** übernommen wurden, den Betriebsaufgabe/-veräußerungsgewinn grds nicht mehr beeinflussen (s Rz 293); zu Ausnahmen betr Forderungen und Schulden s Rz 337 ff.

337 **2. Rückwirkende Ereignisse; Abgrenzungen.** – a) **Kaufpreis; Veräußerungspreis.** – aa) **Ausfall.** Er ändert den Veräußerungspreis (§ 16 I 1) rückwirkend; ebenso „iRd" Betriebsaufgabe (§ 16 III 6; Rz 292; BFH IV R 20/08 BStBl II 10, 528 mwN). Dies gilt unabhängig von der str Frage, ob die Kaufpreisforderung aus der Betriebsveräußerung *notwendig PV* wird (so BFH VIII R 11/95 BStBl II 98, 379 zu 4; offen BFH IV R 67/98 BStBl II 00, 179) oder „*RestBV*" bleibt (*Dötsch*, FS Beisse, 139, 143; BFH IV R 67/98 BStBl II NV 00, 686: jedenfalls bei weiterem RestBV; diff BFH X R 12/17 BStBl II 20, 262; *Theisen* DStR 94, 1599: Wahlrecht). Steuerbefreite Teile des Veräußerungspreises (zB § 3 Nr 40) sind quotal zu mindern (*Paus* DStZ 03, 523). Ausgefallen ist die Kaufpreisforderung zu dem *Zeitpunkt,* zu dem feststeht, dass der Käufer nicht zahlt (zahlen kann) und eine Verbesserung dieses Zustands nicht absehbar ist, zB wie bei einem Insolvenzantrags mangels Masse (*Groh* DB 95, 2235, 2240). Entsprechendes gilt, wenn der GewBetr gegen **wiederkehrende Bezüge** veräußert und zB die Leibrente nach Wahl der Sofortbesteuerung (Rz 255, 258) uneinbringl wird (BFH IV R 67/98 BStBl II 00, 179; *Bordewin* FR 94, 555: Veräußerungspreis = Summe der *Tilgungsanteile*), *nicht* aber, wenn nur die tatsächl Laufzeit der Leibrente von der Barwertprognose abweicht (Rz 246). Wird die Kaufpreisforderung in ein **Darlehen** umgewandelt (Novation), ändert mE der Darlehensausfall nicht den Veräußerungsgewinn; der Sachverhalt steht der Erlangung eines Tauschentgelts (Sachwert) und einem nachfolgenden Wertverlust des Sachwerts gleich (krit *Bordewin* FR 94, 555; diff *Groh* DB 95, 2235). Wird ein **Teilbetrieb** veräußert, ist die Kaufpreisforderung bis zur Entnahme BV des Restbetriebs. Fällt die Forderung (BV *oder PV!*) aus, ist mE nach den Grundsätzen von BFH GrS 2/92 BStBl II 93, 897 (Rz 335) der Veräußerungsgewinn rückwirkend zu mindern (§ 175 I 1 Nr 2 AO); für das Wj des Ausfalls ist die BV-Minderung außerbilanziell auszugleichen (krit *Groh* DB 95, 2235). Gleiches muss bei Veräußerung **100%iger KapGes-Beteiligungen** (Rz 135) gelten (zu § 8b KStG s BFH I R 58/10 BStBl II 15, 688). – Zum **Erwerber** s § 6 Rz 81.

338 **bb) Minderung; Erhöhung.** Wird ein (tatsächl) Streit über die vertragl nicht eindeutig fixierte Höhe des Veräußerungspreises (iSv § 16 I 1 *oder* „iRd" Betriebsaufgabe gem § 16 III 6; Rz 292) durch gerichtl/außergerichtl **Vergleich** beigelegt, bestimmt dessen Inhalt rückwirkend den Veräußerungsgewinn (BFH I R 3/09 BStBl II 10, 249; zu § 175 I 1 Nr 2 AO ggf iVm § 233a II AO s Rz 335).

Rückwirkende Änderungen; nachträgliche Einkünfte 340–348 § 16

Entsprechendes gilt bei Herabsetzung des Veräußerungspreises, zB aufgrund Minderungsrecht oder **Abrede** (BFH IV R 20/08 BStBl II 10, 528) oder wenn an deren Stelle iRe Betriebsaufgabe das WG an einen Zweiterwerber mit einem Abschlag veräußert wird (BFH VIII R 66/03 BStBl II 06, 307 betr Mitwirkung des Ersterwerbers). Ebenso, wenn Veräußerungspreis nachträgl einvernehml oder auf Grund einer Nachforderungsklausel **erhöht** wird (BFH IV R 53/04 BStBl II 06, 906; zu § 6b BFH X R 148/97 BStBl II 01, 641), bei Eintritt einer **aufschiebenden Bedingung** (BFH VIII R 68/04 BStBl II 05, 762 zu § 17) und bei Mehrerlös ggü Nennwertabschlag (Rz 281). **Keine** Rückwirkung jedoch bei Ausübung von **Aktienoptionen** (BFH IX R 7/18 BFH/NV 20, 864) oder **Besserungsoptionen** (BFH IX R 32/11 BStBl II 12, 675: zu § 17; fragl). Zu **Wertsicherungsklauseln** s Rz 257. Zu **Steuerklauseln** s BFH II B 97/18 BFH/NV 19, 290. Nach der Rspr beeinflusst auch der Erlass der Kaufpreisforderung aus **privaten Gründen** die Höhe des Veräußerungsgewinns (BFH VIII R 69/88 BStBl II 94, 648; zu § 17; FG Ddorf EFG 98, 873; ebenso *Groh* DB 95, 2235, 2237). Zu **AK-Minderung** s § 6 Rz 65.

b) Sonstige betriebliche Forderungen. Werden diese als Restbetriebsvermögen zurückbehalten, weil sie zB dem Grund und/oder der Höhe nach **ungewiss/bestritten** sind, und abw von ihrem BV-Ausweis iSv § 16 II, dh mit geringerem oder höherem Betrag getilgt, bleibt der Buchwert unverändert; rückwirkend sich aber der Veräußerungspreis iSv § 16 II 1, III 6 (BFH IV R 37/92 BStBl II 94, 564; FG BaWü EFG 18, 1712, Rev X R 31/18: USt-Erstattung; aA *Mathäus* Ubg 15, 340, 343: § 24 Nr 2; BFH XI R 9/01 BStBl II 02, 737 bei „Rückfall" einer Darlehensforderung in Einzelbetrieb nach Veräußerung des MUeranteils). Zu **unbestrittenen** Forderungen s Rz 106. 340

c) Betriebsschulden. – aa) Ungewisse betriebliche Schulden. Bleiben sie als **Restbetriebsvermögen** zurück (Rz 109, 349, 369) und werden sie mit einem geringeren/höheren Betrag getilgt, als beim Wert des BV iSv § 16 II angesetzt, ändert sich rückwirkend der Veräußerungsgewinn (FG Mster EFG 95, 439; überholt BFH X R 163–164/87 BStBl II 91, 802), vorausgesetzt, die Schulden sind in der Schlussbilanz zutr ausgewiesen. Fehlt es hieran (zB Rückstellung unzulässig) und ist eine Korrektur der Schlussbilanz ausgeschlossen (Rz 309), sind lfd nachträgl Einkünfte anzusetzen, soweit nach §§ 172 ff AO zulässig (*Groh* DB 95, 2235, 2238; **aA** *Dötsch* FS Beisse, 139, 151: stets § 24 Nr 2. Zum Erlöschen von Rentenschulden s aber Rz 349. 341

bb) Erlass. Gleiches gilt nicht nur bei nachträgl Erlass aus betriebl Gründen (BFH X R 20/03 BFH/NV 06, 713; betr lfd Schulden), sondern auch für eine Restschuldbefreiung gem § 301 InsO (BFH X R 4/15 BStBl II 17, 786; FG Mster EFG 19, 1781 Rev X R 28/19). Ebenso mE bei Erlass von beim Veräußerer als **PV** verbliebenen Schulden (Rz 349; *Dötsch* FS Beisse, 139, 147). 342

cc) Schuldübernahme. Wird der Veräußerer trotz Schuldübernahme/-freistellung des Erwerbers in Anspruch genommen, ist rückwirkend der Wert des BV zu erhöhen und folglich der Veräußerungsgewinn zu mindern (iEinz Rz 272, 313). Zinsen auf solche Schulden führen aber zu nachträgl negativen gewerbl Einkünften (BFH VIII R 315/84 BFH/NV 94, 626; s Rz 349). 343

d) Veräußerungskosten; Aufgabekosten. Zur rückwirkenden Attraktivkraft Rz 300; BFH XI R 20/97 BFH/NV 98, 701; *Groh* DB 95, 2235/8). Ebenso bei Inanspruchnahme aus durch Betriebsveräußerung/-aufgabe veranlasster **Bürgschaft** (BFH IV R 72/05 BFH/NV 08, 1311) oder aus **Freistellungsvereinbarung** für Gewährleistungen (FG Nds EFG 12, 1051). 345

3. Nachträgliche gewerbliche Einkünfte (§ 24 Nr 2). – a) Grundsätze; Einzelfälle. Zur Abgrenzung ggü rückwirkenden Änderungen des Veräußerungs-/ 348

Aufgabegewinn s Rz 335. Positive nachträgl Einkünfte sind nicht nach §§ 34, 16 IV begünstigt, negative können mit anderen tarifl zu versteuernden Einkünften ausgeglichen werden. Hierzu gehören zB:

349 **aa) Zinsen.** Soweit sie auf (bilanzierte oder nicht bilanzierte) Schulden entfallen, die nach Betriebsveräußerung/-aufgabe oder als passives **BV** zurückbleiben (BFH X R 104/98 BFH/NV 02, 163) oder für die der Veräußerer entgegen der Übernahmeverpflichtung des Erwerbers in Anspruch genommen wird (BFH VIII R 315/84 BFH/NV 94, 626), *vorausgesetzt*, die *Zins*schulden waren nicht bereits beim Buchwert (§ 16 II 2; s oben Rz 312 ff) anzusetzen (BFH VIII R 18/92 BStBl II 96, 291). Das gilt auch bei Sicherung der Betriebsschulden durch PV (BFH I R 61/79 BStBl II 81, 461; BFH I R 198/78 BStBl II 81, 461). Die betriebl Veranlassung entfällt aber grds und die Schulden werden notwendiges **PV**, soweit Veräußerungslöse/verwertbare Aktivwerte nicht zur Tilgung einsetzt werden (s iEinz mit Gegenausnahmen Rz 109). Zu SBV s Rz 369. Zum Einfluss *späterer Änderungen* des Veräußerungserlöses auf den Zinsabzug s *Pfalzgraf/Meyer* StBp 96, 5. Zu § 4 IVa (Gewinnzurechnung bei Überentnahme) s § 4 Rz 525. Zu § 4h (Zinsschranke) s § 4h Rz 1 ff. Zur Veräußerung gegen **wiederkehrende Bezüge** s Rz 355. *Keine* nachträgl (negativen) gewerbl Einkünfte sind **Tilgungsleistungen** auf als BV zurückgebliebene Schulden (BFH X R 63/95 BFH/NV 00, 40); anders aber bei Erlöschen einer zurückbehaltenen Rentenschuld (BFH III R 22/05 BFH/NV 09, 1409). Zu Zinsen betr Ersatz **veruntreuter BE** vgl BFH IV R 39/99 BStBl II 00, 670. Zum WK-Abzug für Zinsen auf bei Betriebseinbringung (**§ 20 UmwStG**) zurückbehaltene Schulden s BFH VIII R 5/96 BStBl II 99, 209; anders bei Veräußerung an GmbH BFH XI R 98/96 BStBl II 98, 144. Zur Surrogations-Rspr s § 9 Rz 147.

350 **bb) Stundungszinsen.** Bei Stundung des Veräußerungspreises (§ 16 II 1, III 6), wenn die Forderung RestBV bleibt (str, s Rz 337).

351 **cc) Rücklage nach § 6b.** Wenn sie bei Betriebsveräußerungs/Betriebsaufgabegewinn fortgeführt oder gebildet wurde (Rz 91; zu MUeranteilen s Rz 443) und später wegen Fristablaufs nicht begünstigt aufzulösen ist (BFH IV R 150/78 BStBl II 82, 348; *Neu ua* GmbHR 16, 1).

352 **dd) Restbetriebsvermögen; Kosten.** Bei Betriebsaufgabe/Betriebsveräußerung als BV zurückbehalte WG (Rz 103 ff) werden veräußert (BFH IV R 30/92 BStBl II 94, 105; *Groh* DB 95, 2235, 2239); uU (Zeitablauf, Art der WG) kann die Veräußerung noch Teil der Betriebsaufgabe sein (BFH VIII R 10/99 BStBl II 01, 282). Zu § 24 Nr 2 gehören auch Kosten für Lagerung, Transport oder Finanzierung zurückbehaltenen BV (BFH I R 119/78 BStBl II 81, 460; *Meyer/Ball* INF 98, 525); zur Liquidation eines Grundstückshandels s FG Mchn EFG 98, 1046.

353 **ee) Geschäftsabwicklung.** Bei Betriebsveräußerung/-aufgabe schwebende Geschäfte werden nachträgl abgewickelt; Einkünfte sind wirtschaftl vor Betriebsveräußerung/-aufgabe veranlasst (ähnl BFH IV 350/64 BStBl II 70, 719; FG BBg EFG 18, 1544, Rev VIII R 12/18; aA *Groh* DB 95, 2235/9: Rückwirkung).

354 **ff) Nachträgliche Entschädigungszahlungen.** Dazu BFH X B 129/00, X B 130/00 BFH/NV 01, 1444. Ebenso mE bei Schadensersatz einer WP-Ges für fehlerhafte Prüfung (vgl BFH IX R 8/15 BStBl II 17, 316 zu § 23).

355 **gg) Wiederkehrende Bezüge.** Bei Wahl der Zuflussbesteuerung (Rz 260 ff), sobald die Summe der Tilgungsanteile den Buchwert iSv § 16 II 2 abzügl Veräußerungskosten übersteigen oder diesen endgültig nicht erreichen (Verlust). Bei Wahl der Sofortversteuerung sind die Tilgungsleistungen erfolgsneutral, die Zinsanteile führen jedoch entweder zu nachträgl Einkünften aus GewBetr oder aus KapVerm (str, s Rz 256).

hh) „Eingefrorenes" Betriebsvermögen; Geschäftswert. Veräußerung von 356
WG, die bei einem Strukturwandel/Beurteilungswandel von LuF/GewBetr zur
Liebhaberei zurückbleiben (s Rz 156; BFH XI R 58/04 BFH/NV 07, 434: Zinsen für Schuldenüberhang s G.Wendt HFR 07, 320). Ebenso bei Veräußerung
von BV, das nach Betriebsverpachtung mit erklärter Betriebsaufgabe in Gestalt des
Geschäftswerts zurückbleibt (s Rz 192, 294); zu BV ohne Betrieb s iÜ ablehne
nd Rz 105, 109.

ii) **Teilbetriebsveräußerung; Aufwandsverteilung.** S zu nachträgl BA für 357
stille Lasten § **4f I** (Schuldübernahme); § **4f II** (Schuldbeitritt/Schuldfreistellung;
Rz 272; *BMF* BStBl I 17, 1619).

b) **Gewinnermittlung.** Ob nachträgl gewerbl Einkünfte zwingend nach § 4 III 359
(zB EStH 16.1 mN) oder nach § 4 I zu ermitteln sind, ist nicht abschließend geklärt (BFH XI R 46/98 BStBl II 00, 120). Während der IV. Senat des BFH bisher
ein Wahlrecht zw beiden **Gewinnermittlungsarten** gewährte (BFH IV R 47/95
BStBl II 97, 509; zu § 4 III bei Witwenpension s BFH VIII R 42/96 BStBl II 08,
177; *Schießl* FR 07, 136; zutr), ist er hiervon iRe obiter dictums abgerückt (BFH IV
R 31/09 BFH/NV 12, 1448: bei BetrAufgabe § 4 III zwingend). Demggü sind
Ansprüche auf nachträgl Einkünfte gem § 24 Nr 2 weiter zu aktivieren (BFH IV R
14/11 BStBl II 14, 624, *Mathäus* Ubg 15, 340, 345; § 15 Rz 572).

VI. Veräußerungsgewinn/Aufgabegewinn einer Personengesellschaft; nachträgliche gewerbliche Einkünfte

1. Veräußerung. – a) Grundsätze. Der Gewinn/Verlust aus der Veräußerung 365
des GewBetr durch die PersGes, soweit er auf das GesVermögen entfällt, den
Ges'tern nach dem für den lfd Gewinn gültigen Verteilungsschlüssel zuzurechnen,
sofern der GesVertrag nichts anderes bestimmt (BFH VIII R 21/77 BStBl II 82,
456). Veräußerungs-/Entnahmegewinne des SBV sind nur dem betr Ges'ter zuzurechnen. Der Gewinn (einschließl SBV) ist gem § 34 begünstigt, auch wenn er mit
der *Buchwertausgliederung* von *(Unter)PersGes-Anteilen* oder *Teilbetrieben* einschließl
100%iger KapGes-Anteile zusammentrifft (BFH IV R 26/12 BStBl II 15, 797;
Wacker Ubg 16, 245, 253; **aA** noch *BMF* BStBl I 11, 1314 Tz 24.02, 15.06); Gleiches gilt mE allg für KapGes-Anteile (arg: § 34 II Nr 1; zutr FG Mster EFG 16,
20). Keine Begünstigung jedoch, soweit gem § 16 II 3 ein lfd Gewinn fingiert
wird (zB Veräußerung an einen der Ges'ter; s Rz 331). Zu § 6 V 4 s Rz 450. Ein
Liquidationserlös (§§ 145 ff HGB) erhöht die KapKten und ist an die Ges'ter auszukehren, es sei denn, es verbleibt eine Ausgleichsschuld (negatives KapKto) ggü
den MitGes'tern (dazu Rz 484 ff).

b) **Doppelstöckige Personengesellschaft.** Veräußert die UnterGes ihren 366
GewBetr, ist der Veräußerungsgewinn den Ges'tern der UnterGes einschließl der
an ihr beteiligten PersGes (OberGes; s auch § 15 Rz 253, 612) anteilig zuzurechnen, soweit er auf die Veräußerung des GesVermögens und die jeweiligen SBV
entfällt. Da die (estpfl) Ges'ter der OberGes mittelbare MUer der UnterGes sind
(§ 15 Rz 253, 610), sind deren Veräußerungsgewinnanteile nach §§ 16, 34 begünstigt. Zwar ist nach der Rspr der Anteil der OberGes am Veräußerungsgewinn
Teil ihres StB-Gewinns; dieser ist aber den Ges'tern der gleichfalls „transparenten"
OberGes (anteilig) zuzurechnen ist (vgl BFH IV R 26/12 BStBl II 15, 797 mwN;
Wacker Ubg 16, 245, 253; unten Rz 384). Zu § 7 S 2 GewStG s Rz 17, 384; § 15
Rz 74; zu § 35 s *BMF* BStBl I 07, 701. Zu § 10a GewStG ggf iVm § 2 UmwStG
vgl BFH IV R 59/07 BFH/NV 10, 1492; GewStR/GewStH 10a.3; **aA** *Wacker* FS
Goette, 561, 578.

2. Aufgabe. Wird eine PersGes zB durch Insolvenzverfahren (§ 131 I Nr 3 367
HGB) aufgelöst und gibt sie ihren GewBetr auf (vgl aber Rz 157), ist bei Ermittlung des Aufgabegewinns/-verlustes zu berücksichtigen, dass ein Ges'ter, dessen

KapKto positiv ist und der deshalb gegen die MitGes'ter einen Ausgleichsanspruch hat, einen mit der Aufgabe realisierten Verlust erleidet, wenn sein Anspruch wertlos ist (BFH VIII R 128/84 BStBl II 93, 594; zu § 199 InsO s BGH II ZR 10/19 DStR 20, 735); anders aber bei Verzicht auf Ausgleich aus privaten Gründen (FG BBg EFG 12, 1458). Zum „Wegfall" **negativer KapKto** der K'tisten s § 15a Rz 181 ff; zum Ausfall von Ges'terForderungen (SBV I) vgl § 15 Rz 544; BFH IV R 36/02 BFH/NV 03, 1490; FG Ddorf EFG 12, 509. Zu § 6 V 4 s Rz 450.

368 **a) Vermögensauskehr.** Wird abw von den §§ 145 ff HGB das GesVermögen den Ges'tern übertragen, ist dies Aufgabe des GewBetr der PersGes (§ 16 I 1 Nr 1, III), es sei denn, die Ges besteht als gewerbl geprägte PersGes (§ 15 III Nr 2) fort oder der GewBetr wird allmähl abgewickelt. Vorbehaltl der Buchwertfortführung gem § 16 III (Realteilung; Rz 520 ff) bestimmt sich der **Aufgabegewinnanteil** des Ges'ters nach dem Unterschied zw dem gemeinen Wert der im zugeteilten WG (§ 16 III 8) zuzügl Ausgleichszahlungen von und abzügl Ausgleichszahlungen an andere Ges'ter und dem Buchwert seines GesAnteils (KapKto; BFH VIII R 21/77 BStBl II 82, 456), es sei denn, der Ausgleich ist außerbetriebl veranlasst. Da die Vermögensverteilung die Übernahme von GesSchulden berücksichtigt, mindern **Nachschüsse** zur Schuldentilgung den Aufgabegewinnanteil nur, soweit sie über die individuelle Verpflichtung im Innenverhältnis der Ges'ter hinausgehen und kein Regress von den MitGes'tern zu erlangen ist (BFH VIII R 54/98 BFH/NV 99, 1593). Zu Bürgschaften s BFH IV B 81/96 BFH/NV 98, 317.

369 **b) Zinsen.** Nach Betriebsveräußerung/Betriebsaufgabe der PersGes sind Zinsen für zurückgebliebene Gesamthandschulden – entspr der Beurteilung von Einzelunternehmen – *grds* keine nachträgl BA, soweit vorhandene Aktivwerte nicht zur (mögl) Tilgung verwendet werden (iEinz s Rz 349, 109). Gleiches gilt für Schulden eines Ges'ters im **SBV**; nicht erforderl ist aber, dass aktives SBV zur Tilgung von Gesamthandsschulden eingesetzt wird (BFH VIII R 18/92 BStBl II 96, 291; *Pfalzgraf ua* DStR 96, 1425: Gestaltungen). Bei Veräußerung/Aufgabe des **MUeranteils** ist hingegen auch aktives SBV zur Tilgung von Schulden des SBV zu verwenden (BFH X R 60/99 BFH/NV 03, 900); anders jedoch bei Veräußerung eines Teils des MUeranteils (Rz 415) oder Einbringung nach § 24 UmwStG (BFH XI R 26/98 BFH/NV 00, 11). Zum Schulderlass s Rz 342; BFH VIII R 43/99 BFH/NV 00, 1330.

**E. Tatbestand der Veräußerung;
Aufgabe von Mitunternehmeranteilen, § 16 I Satz 1 Nr 2,
Satz 2 und § 16 III**

I. Systematik; Verfahrensrecht

380 Nach § 16 I 1 Nr 2 sind Gewinne aus der Veräußerung „des ... Anteils eines Ges'ters, der als Unternehmer (MUer) des Betriebs anzusehen ist (§ 15 I 1 Nr 2)", wie Gewinne aus der Veräußerung des ganzen GewBetr (Teilbetriebs) estpfl. Der **MUer** wird – insoweit **deklaratorisch** (Rz 3) – auch im Hinblick auf die „Aufgabe" eines MUeranteils (§ 16 III 1) dem **Einzelunternehmer gleichgestellt (Transparenz** der PersGes) und folgerichtig sind auch die von ihm in eigener Person erzielten (BFH VIII R 65/95 BFH/NV 98, 573) Veräußerungs-/Aufgabegewinne (dh Veräußerungspreise abzügl Buchwert des MUeranteils und Veräußerungskosten) *konstitutiv* durch die **§§ 16 IV, 34** begünstigt (s Rz 4), **nicht** hingegen bei Veräußerung eines **Teils** des MUeranteils (§ 16 I S 1 Nr 1 iVm S 2; zu §§ 20, 24 UmwStG s Rz 411). – **Verweise:** Zu **§ 3 Nr 40** EStG/§ 8b KStG s Rz 135, 570; zur Sonderung **lfd** Gewinnanteile s Rz 325 ff; zu **§ 34a** s § 34a Rz 35, 76, 78. Zu **§ 42 AO** (aF) s BFH IV B 108/97 BFH/NV 99, 146: Grundstückshandel; BFH IV R 12/03 BStBl II 06, 361: vorherige Buchwerteinbringung; *Niehus* StuW 08, 359, 366: ObjektGes. Zu ZebraGes s Rz 387. – **Verfahrensrechtl** sind Gewinne/Verluste aus der Veräußerung/Aufgabe des MUeranteils einheitl und gesondert bindend und als selbständig anfechtbare Besteuerungsgrundlage festzustellen (zB BFH III R 20/13 BStBl II 16, 583; BFH I R 79/06 BFH/NV 08, 729: doppelstöckige PersGes; s auch Rz 428 aE; zu Treuhand s § 15 Rz 299).

II. Mitunternehmeranteil; Mitunternehmer

1. Grundsätze. Erfasst sind – *(1)* GesAnteile von PersGes mit Gesamthandsvermögen (OHG, KG, GbR) oder mit Bruchteilseigentum der Ges'ter (zB Partenreederei gem § 489 HGB aF), – *(2)* GesAnteile von PersGes, die als InnenGes kein Gesellschafts-(Gesamthands-)vermögen haben (zB atypische stille Ges, Unterbeteiligung), und – *(3)* Anteile an wirtschaftl vergleichbaren Gemeinschaftsverhältnissen zB Erbengemeinschaft (§ 15 Rz 171). Erforderl ist, dass – *(a)* die Ges (Gemeinschaft) einen **GewBetr** iSv § 15 I 1 Nr 1, II betreibt oder ihre Tätigkeit kraft Prägung als GewBetr gilt (§ 15 III Nr 2) oder bei einer InnenGes die für Rechnung der Ges ausgeübte Tätigkeit der nach außen als Unternehmer auftretenden Person alle Merkmale eines GewBetr erfüllt, und – *(b)* der einzelne Ges'ter (Gemeinschafter) den Kriterien des **MUer-Typus** genügt (§ 15 Rz 250, 257, 280); hierfür ist auch ein nur **kurzfristig** gehaltener MUeranteil ausreichend (BFH IV B 149/98 BFH/NV 99, 1336; **aA** *Lehnert* DStR 96, 1153: lfd Gewinn).

2. Einzelfälle. – a) Atypisch stille Gesellschaft. Der MUeranteil des stillen Ges'ters umfasst seine Mitgliedschaft einschließl schuldrechtl wertmäßiger Beteiligung am BV und die seines SBV (s zu GmbH & atypisch Still § 15 Rz 358). Demgemäß ist MUeranteil des tätigen Teilhabers nur sein um die schuldrechtl wertmäßige Beteiligung des stillen Ges'ters verminderter Anteil am BV (s Rz 399, 416, 495).

b) Doppelstöckige Personengesellschaft. Nach der Rspr ist die Ober-PersGes MUer der Unter-PersGes (BFH GrS 7/89 BStBl II 91, 691; BFH IV R 29/13 BFH/NV 16, 1489); zu ihrem MUeranteil gehört neben dem GesAnteil auch ihr SBV bei der UnterGes. *ME* ist allerdings nicht die OberGes als solche, sondern gem Transparenzgedanke der Verbund ihrer Ges'ter MUer der UnterGes (s *Wacker* FS Goette, 561, 578). *Daneben* tritt unstr nach § 15 I 1 Nr 2 S 2 die (sog *mittelbare*) individuelle MUerstellung der Ober-*Ges'ter*/MUer an der Unter-PersGes, zu deren SBV insb die WG gehören, die der OberGes der UnterGes zur Nutzung überlassen hat (iEinz § 15 Rz 253, 612; zu § 7 S 2 GewStG s oben Rz 17). Die OberGes'ter sind zudem MUer der OberGes einschließl ihres dieser MUerschaft zuzuordnenden SBV. **Veräußert** die **OberGes** „ihren" (Rspr; s oben) MUeranteil an der UnterGes, ist ein Gewinn bei den Ges'tern der OberGes auch dann nach § 34 begünstigt, wenn die OberGes ihren originären Betrieb zurückbehält oder zu Buchwerten zB in eine SchwesterPersGes ausgliedert (BFH IV R 49/08 BStBl II 10, 726; Rz 365); zur Bedeutung des SBV der OberGes s Rz 406 ff. Auch können die OberGes'ter nach Maßgabe des Alters/der Berufsunfähigkeit den Freibetrag nach § 16 IV beanspruchen (*arg:* Transparenz, s oben *Ley* KÖSDI 11, 17277, 17281; **aA** bis *Schmidt* 30. Aufl § 16 Rz 401). **Veräußert der OberGes'ter** seinen Anteil an der OberGes, liegt hierin – entspr der Behandlung des Erwerbers (§ 15 Rz 471) – nach dem Transparenzgedanken die Veräußerung von **zwei MUeranteilen:** – *(a)* bezügl Anteil an UnterPersGes uU einschließl SBV gem § 15 I 1 Nr 2 S 2, – *(b)* bezügl Anteil am originären Betrieb der OberGes einschl SBV. Demgemäß ist die Anteilsveräußerung des OberGes'ters auch dann nach **§ 34** begünstigt, wenn sie mit der Buchwertausgliederung des UnterGes-Anteils der OberGes zusammentrifft (BFH IV R 49/08 BStBl II 10, 726). Grds **aA** EStR 16 XIII 8; GewStR 7.1 III 5; *OFD Kobl* DStR 07, 992; *Ley* KÖSDI 11, 17277, 17278: einheitl Vorgang gem § 34 III, § 16 IV (s Rz 576) auch bezügl § 7 S 2 GewStG (oben Rz 17) und §§ 20, 24 UmwStG (BMF BStBl I 11, 1314 Tz 20.12, 24.03; zur Option gem § 1a KStG s § 15 Rz 160a; *Bodden* KÖSDI 21, 22526). ME sollte § 34 angesichts der tatbestandl Differenzierungen des § 16 I (Teil-/Betrieb/MUeranteil) auch greifen, wenn der jeweilige MUeranteil an OberGes/UnterGes zum SBV (str, s § 15 Rz 507) oder Einzel-BV gehört (**aA** bis *Schmidt* 39. Aufl § 16 Rz 407 aE). Zu § 15a s § 15a Rz 33; zu § 34a s § 34a Rz 22. – Zur **Veräußerung**/Aufgabe von Betrieb/Teilbetrieb durch **UnterPersGes** s Rz 366.

386   c) **Atypisch stille Unterbeteiligung.** Das zu Rz 384 Gesagte gilt entspr, da der GesAnteil eines MUers (UnterbeteiligungsGes) als OberGes iSv § 15 I 1 Nr 2 S 2 zu qualifizieren ist (§ 15 Rz 365, 623; s auch unten Rz 402).

387   d) **Zebragesellschaft.** Kein MUeranteil iSv § 16 I 1 Nr 2 ist ein im BV gehaltener Anteil an einer sog Zebra-PersGes, die weder gewerbl tätig noch geprägt ist (s iEinz § 15 Rz 200 ff); bei Anteilsveräußerung fällt ein lfd Gewinn/Verlust an, der ggf der GewSt unterliegt (BFH IV R 75/99 BFH/NV 01, 1195; **aA** *Niehus* DStZ 04, 143): *Ausnahme:* Veräußerung iZm dem eigenen Betrieb (zu Grundstückshandel s aber Rz 327).

388   e) **Gemischte Tätigkeit.** Bei einer PersGes, die teils gewerbl, teils zB freiberufl oder vermögensverwaltend tätig ist, ist MUeranteil grds der gesamte GesAnteil (§ 15 III Nr 1). Bei einer PersGes mit BV und *PV* (s § 15 Rz 484) sowie Erbengemeinschaften mit sog Mischnachlass (BV und PV, s Rz 636) ist MUeranteil nur der GesAnteil/Erbanteil am *BV*.

390   3. **Umfang; wesentliche Betriebsgrundlagen.** Der Mitunternehmeranteil umfasst die Mitgliedschaft einschließ der dingl Mitberechtigung am Gesamthandsvermögen (oder schuldrechtl Beteiligung am BV; Rz 383) *und* etwaiges **SBV** des einzelnen MUers (s § 15 Rz 400 ff, 506 ff). Entspr der Veräußerung des ganzen GewBetr (s Rz 85 ff) setzt § 16 I 1 Nr 2 *nicht* die Veräußerung der ggf anteilige Mitveräußerung *aller* WG des BV/SBV voraus, sondern nur derjenigen WG des BV/SBV, die **wesentl Betriebsgrundlage** der PersGes sind (s Rz 86, 407); die Lockerung der Rspr zu § 6 III (Rz 11) hat hieran nichts geändert (Rz 77, 97, 125, 205; BFH IV R 44/10 BFH/NV 13, 376; *BMF* BStBl I 19, 1291 Rz 16). Gleiches gilt mE für die Einbringung von MUeranteilen zum gemeinen Wert gem **§§ 20, 24 UmwStG** (*BMF* BStBl I 11, 1314 Tz 20.10, 20.06, 24.03); anders bei Buch-/Zwischenwerteinbringung, s Rz 30. – Zur (Vorab-)**Ausgliederung** dieser WG auf ein gewerbl tätige/geprägte **Schwester-PersGes** s Rz 405, 410.

III. Veräußerung

395   1. **Personengesellschaften mit Gesamthandsvermögen.** – a) **Grundformen.** Bei OHG, KG, GbR können der Veräußerung eines MUeranteils iSv § 16 I 1 Nr 2 folgende **entgeltl Rechtsvorgänge** (zur unentgeltl/teilentgeltl Übertragung s Rz 420 ff; zum Übergang im Erbfall s Rz 40, 660 ff) = „Grundformen" der Umstrukturierung zugrunde liegen: – *(1)* **Übertragung** des MUeranteils auf neuen Ges'ter oder MitGes'ter (ggf iVm Anteilsvereinigung) gegen – *(a)* Barentgelt oder – *(b)* Tausch von Sachvermögen; – *(2)* **Ausscheiden** aus PersGes mit Abfindung aus GesVermögen entweder – *(a)* unter Fortbestand der Ges mit anteiliger **Ab-/Anwachsung** (BFH IV R 77/93 BStBl II 98, 180 zu 1.a; OFD Bln FR 02, 1151) oder – *(b)* unter Fortführung des GewBetr als Einzelunternehmen durch einen der Ges'ter (**Geschäftsübernahme**). – *(3)* **Einbringung** des MUeranteils in PersGes oder KapGes. – **Zivilrechtl** liegt im **Fall** *(1)* ein Verpflichtungs- und Verfügungsgeschäft vor, dessen Gegenstand der GesAnteil (Mitgliedschaft) ist; der Erwerber tritt in die mitgliedschaftl Rechtsstellung des Veräußerers ein; die zivilrechtl Identität der Ges bleibt vorbehaltl einer Vereinigung aller Anteile bei einer Person (Gesamtrechtsnachfolger) gewahrt. Im **Fall** *(2)* erlischt der GesAnteil des ausscheidenden Ges'ters iVm einem schuldrechtl Abfindungsanspruch gegen die fortbestehende (identische) Ges (§§ 738 ff BGB; zur InsO s BFH X R 25/14

Veräußerung 396–398 § 16

BFH/NV 17, 317); die Mitgliedschaft der verbleibenden Ges'ter erweitert sich kraft Gesetzes durch Anwachsung (§ 738 I 1 BGB). Erlischt mit dem GesAnteil des Ausgeschiedenen die Ges, wird das Gesamthandseigentum kraft Gesetzes zu Alleineigentum des Übernehmers (§ 140 I 2 HGB; § 738 I 1 BGB; BayObLG 3 Z BR 48/01 DB 01, 2088: Anteilsübergang auf Komplementär-GmbH;ab 2024 § 712a HGB idF MoPeG, BGBl I 21, 3436); der Ausgeschiedene erwirbt einen schuldrechtl Abfindungsanspruch gegen den Übernehmer.

b) Systematische Einordnung. Sämtl Vorgänge (Rz 395), gleichgültig, ob 396 sie auf GesVertrag, besonderer Vereinbarung der Ges'ter oder gerichtl Entscheidung (zB § 140 HGB) beruhen, sind **nur dann** nach §§ 16 I 1 Nr 2, 34 **begünstigt,** wenn die **wesentl** Betriebsgrundlagen (einschließl SBV), mitveräußert oder PV werden (s Rz 390, 410; *Ausnahmen* bezügl Sachgesamtheiten/KapGes-Anteilen s Rz 365, 405, 410) *und* **keine unentgeltl** Übertragung (§ 6 III) und kein Fall des § 42 AO vorliegt (Rz 380). Zu **beachten** ist zudem, dass Rspr/FinVerw das **Ausscheiden** gegen Sachwertabfindung *ins* **BV** als (unechte) **Realteilung** = Aufgabe des MUeranteils behandeln (Rz 530) und für **Einbringungen** das **Sonderrecht** des UmwStG gilt (Rz 397).

c) Einbringung gemäß UmwStG; Verschmelzung von Personengesell- 397 **schaften; Abspaltung.** Entgeltl Veräußerung ist auch die Übertragung des MUeranteils auf eine PersGes gegen Gewährung von GesRechten (sog Einbringung); sie unterliegt den vorrangigen Vorschriften des **§ 24 UmwStG** (Bewertungswahlrechte; Rz 32). Dies gilt sowohl im Verhältnis zu **§ 6 V 1, 2** (Einbringung von (Sonder-)BV in das *SBV* des *gemeinen* Werten; s aber § 24 III 3; zu „Gestaltungen" s Rz 405, 410) als auch zu **§ 6 V 3 ff** (grds Buchwertzwang bei Übertragung von EinzelWG), dh SBV *kann* auch zum TW in das Gesamthandsvermögen oder SBV eingebracht werden. Im Falle der Buchwerteinbringung nach § 24 UmwStG iVm anschließender Veräußerung einzelner eingebrachter WG durch die *PersGes* ist nicht nur das Verhältnis zur Sperrfrist nach § 6 V 4 (mE Vorrang von § 24 UmwStG), sondern auch fragl, ob mit Rücksicht auf die KöKlausel des § 6 V 5, 6 nicht *Ergänzungs*bilanzen zu bilden sind (s dazu allg *Reiß* BB 00, 1965, 196); zur Buchwertüberführung in das SBV s BFH IV R 12/16 BStBl II 19, 745. Auch die **Verschmelzung von Personengesellschaften** (OHG, KG, PartGes) durch Aufnahme oder Neubildung (§ 2 I UmwG) fällt als Einbringung von MUeranteilen unter § 24 UmwStG (*BMF* BStBl I 11, 1314 Tz 01.47). Veräußerung iSv § 16 I 1 Nr 2 ist ferner die Einbringung in eine **KapGes** gegen Gewährung von GesRechten (BFH I R 55/09 BStBl II 10, 1094: ebenso bei Bareinlage iVm MUeranteil als Aufgeld; oben Rz 29), unterliegt aber den gleichfalls vorrangigen **§§ 20 ff UmwStG** (*BMF* BStBl I 11, 1314 Tz 01.44, 20.09). Zur verdeckten Einlage/Aufgabe des MUeranteils s Rz 216, 505. Zu § 50i II s § 50i Rz 12. Die **Begünstigung** der § 16, 34 setzt nach §§ 20 IV, 24 III UmwStG ab 2002 den Ansatz von gemeinen Werten (früher: TW) voraus; sie sind auch hier bei Einbringung von Teil-MUeranteilen ausgeschlossen (s einschließl GewSt Rz 415). Unberührt bleibt hiervon, dass MUerteilanteile zu **Buchwerten** in eine KapGes/PersGes eingebracht werden können (*BMF* BStBl I 11, 1314 Tz 20.11). Zum lfd Gewinnen bei Rückbehalt wesentl Betriebsgrundlagen einschl der Option gem § 1a KStG s Rz 11, 30, 100; zur anschließenden Veräußerung des Gesamtanteils an der aufnehmenden PersGes s *Groh* DB 01, 2162, 2164; *Patt* EStB 03, 344, 348. § 6 III 2 ist – mangels unentgeltl Übertragung – nicht einschlägig; zu § 6 V s oben. Zur **Abspaltung** des MUeranteils (**§ 15 UmwStG)** s BFH IV R 29/18 BStBl II 21, 722 betr § 10a GewStG. Zu weiteren Einzelfragen s Rz 510 ff.

2. Andere Gesamthandsgemeinschaften. Für andere MUerschaften mit 398 Gesamthandsvermögen (zB Erben-, Gütergemeinschaft) gelten die vorstehenden Grundsätze (Rz 395 ff) sinngemäß.

399 **3. Innengesellschaften.** Bei diesen Ges-Formen – **atypisch stille Gesellschaft, UnterbeteiligungsGes** (Rz 383, 386), zu Ehegatten s § 15 Rz 375 – sind Veräußerung (und Erwerb) eines MUeranteils iSv § 16 I 1 Nr 2 folgende entgeltl (s Rz 420) Rechtsvorgänge (*Groh* FS Kruse, 417, 427): – *(1)* Auflösung/Beendigung der atypischen stillen Ges (oder anderen InnenGes) durch Ausscheiden des stillen Ges'ters und Fortführung des Unternehmens durch den tätigen Teilhaber, – *(2)* Auflösung/Beendigung der atypischen stillen Ges durch Übereignung des Unternehmens auf den atypischen stillen Ges'ter und Fortführung durch diesen, – *(3)* Übertragung der atypischen stillen Beteiligung auf Dritten oder des Handelsgeschäfts auf einen Dritten unter Fortbestand der atypischen stillen Beteiligung (zB BFH IV R 90/05 DStR 09, 683; zur GewSt s *Knupfer ua* Ubg 14, 361). – **Zivilrechtl** tritt im *Fall (1)* zwar keine Änderung der sachenrechtl Rechtszuständigkeit ein, da der Inhaber des Handelsgeschäfts Alleineigentümer des BV war und bleibt und der atypische stille Ges'ter anstelle seiner schuldrechtl Mitberechtigung am BV einen Abfindungsanspruch erlangt. Gleichwohl muss die *estrechtl* Wertung der des Ausscheidens eines Ges'ters aus einer zweigliedrigen OHG/KG entsprechen, dh Veräußerung des MUeranteils durch den atypischen Stillen (BFH IV R 18/98 BStBl II 99, 286) und (anteiliger) entgeltl Erwerb durch den Inhaber des Handelsgeschäfts (Rz 495). Dies folgt nicht nur aus der Gleichwertigkeit der MUerschaften mit und ohne Gesamthandsvermögen (§ 15 Rz 174), sondern auch daraus, dass nach dem maßgebl Innenverhältnis die Geschäfte sämtl Ges'tern zuzurechnen sind (BFH VIII R 42/94 BStBl II 98, 328). Demnach ist auch im *Fall (2)* trotz Änderung der zivilrechtl Rechtszuständigkeit (stiller Ges'ter wird Eigentümer der WG des BV; der bisher tätige Teilhaber erlangt einen Abfindungsanspruch) von der Veräußerung des MUeranteils durch den nach außen tätigen Teilhaber auszugehen. Zur GewSt s BFH IV R 38/09 BStBl II 13, 958. – *Beachte:* Nach Rspr/FinVerw können die Vorgänge zu *(1)* und *(2)* als (unechte) **Realteilung** = Aufgabe des MUeranteils zu qualifizieren sein (Rz 396, 530). Zur **Einbringung** iZm atypisch stillen Beteiligungen/Unterbeteiligungen s zB *SHS* 8. Aufl § 20 UmwStG Rz 158 ff sowie zum **estrechtl Formwechsel** Rz 402.

401 **4. Veräußerung versus Formwechsel. – a) Rechtsformwechsel der Personengesellschaft.** Wird eine PersGes (zB GbR) **in** eine **PersGes** anderer Rechtsform (zB OHG, KG) unter Wahrung der zivilrechtl Identität und Beteiligungsverhältnisse umgewandelt (BFH IV R 36/79 BStBl II 83, 459; *Heckschen*, FS D. Maier 2020, 15), ist dies grds weder Veräußerung/Aufgabe der MUeranteile noch der BV/GewBetr der PersGes. Ebenso bei **Statuswechsel** ab 2024 gem § 707c BGB idF MoPeG, BGBl I 21, 3436, § 106 IV, V HGB idF MoPeG. *Ausnahme:* umwandlungsbedingter Wegfall der gewerbl Prägung (s einschließl GmbH & Co *GbR* s Rz 196; § 15 Rz 233). Indes kann die Umwandlung die zivilrechtl Folge zB einer Veräußerung des GewBetr der PersGes sein (BFH IV R 167/80 BStBl II 81, 527). Abzugrenzen hiervon ist die Neugründung einer ggf ges'teridentischen PersGes (BFH VIII R 5/92 BStBl II 94, 856; anders uU BFH IV R 26/98 BStBl II 99, 604). Die formwechselnde Umwandlung einer PersGes **in eine KapGes** (§ 191 I Nr 1, II Nr 3 UmwG) gilt hingegen estrechtl gem § 25 UmwStG – ebenso wie eine Einbringung von MUeranteilen in eine KapGes (s Rz 397) – als Veräußerung, wobei vorrangig die §§ 20 ff UmwStG anzuwenden sind (insb kein Zwang zur Buchfortführung; vgl *BMF* BStBl I 06, 445; *BMF* BStBl I 11, 1314 Tz 25.01 iVm 20.01 ff). Zu SBV s *Boorberg* DB 07, 1777 (zweifelhaft); zu § 50i II s § 50i Rz 12.

402 **b) Einkommensteuerrechtlicher Formwechsel.** Keine Veräußerung/Aufgabe von MUeranteilen oder des GewBetr ist ferner die sog „estrechtl formwechselnde" Umwandlung (s § 15 Rz 174) einer **atypischen stillen Ges** in eine **KG** und umgekehrt, obwohl hier zivilrechtl die Identität der Ges nicht gewahrt ist und sich die sachenrechtl Rechtszuständigkeit ändert (BFH IV R 10/07 BStBl II

08, 118; BFH IV B 94/09 BFH/NV 10, 1272: betr KGaA; Rz 561; *Blaurock* 8. Aufl 26.50: Billigkeit). Gleiches sollte mE gelten, wenn die unentgeltl (Rz 420) eingeräumte atypisch stille **Unterbeteiligung an einem MUeranteil** gegen eine unmittelbare Beteiligung an der HauptGes „getauscht" wird (*Ottersbach* FR 99, 201, 204; BFH IV R 75/96 BStBl II 98, 137: Unterbeteiligter = mittelbarer MUer der Haupt-Ges; s Rz 386), nicht aber bei Umwandlung der HauptPersGes in KapGes (*Schindhelm ua*, DStR 03, 1469/72; **aA** *Brandenberg* FS Crezelius, 275, 291).

5. Vorabausgliederung von Gesamthandsvermögen. Werden bei Veräußerung eines GesAnteils vorab WG aus dem GesVermögen (mE unerhebl, ob wesentl Betriebsgrundlage oder nicht) ins **PV** der Ges'ter übertragen, ist der Gesamtvorgang einschließl des Gewinns aus der Vorabentnahme begünstige Veräußerung/Aufgabe des MUeranteils (BFH IV R 67/86 BStBl II 90, 132; *Förster ua* FR 16, 596). **Nicht begünstigte** Veräußerung von Anteilen an einzelnen WG liegt aber vor, wenn in sachl/zeitl Zusammenhang (**Gesamtplan;** Rz 4) mit der Veräußerung von GesAnteilen wesentl Betriebsgrundlagen (EinzelWG) aus dem GesVermögen zu **Buchwerten** in ein anderes BV der Ges'ter übertragen wird (BFH VIII R 65/02 BStBl II 06, 160; zu § 1 Nr 4 S 4 vgl Rz 77; zur str Übertragung *zw* SchwesterPersGes einschließl Schulden s § 6 Rz 805); Gleiches gilt, wenn nach Auslagerung der EinzelWG der MUeranteil an der **aufnehmenden** PersGes veräußert wird (BFH IV R 57/11, BStBl II 15, 536; *Wacker* Ubg 16, 245, 252). Die Lockerung der Rspr zu § 6 III (Rz 11) ändert hieran nichts (BFH IV R 44/10 BFH/NV 13, 376; *BMF* BStBl I 19, 1291 Rz 16). **Anders** ist dies aber, wenn zw Übertragung der EinzelWG und Anteilsveräußerung *kein* sachl/zeitl Zusammenhang besteht (s auch Rz 410) *oder* die Ausgliederung einen **UnterPersGes-Anteil** oder einen **Teilbetrieb** einschließl 100%iger Beteiligung an KapGes betrifft (vgl BFH IV R 49/08 BStBl II 10, 726; BFH IV R 26/12, BStBl II 15, 797; *Wacker* Ubg 16, 245, 253; Rz 135); ebenso mE bei sonstigen **KapGes-Anteilen** (s Rz 365). 405

6. Sonderbetriebsvermögen. – a) Nur-Veräußerung. Werden nur die Einzel-WG des SBV ohne den GesAnteil veräußert, ist dies keine Veräußerung eines MUeranteils oder Bruchteils davon (Rz 415; BFH VIII B 234/04 BFH/NV 06, 519; *BMF* BStBl I 05, 458 Tz 20; *Kanzler* FS Korn, 287, 304). Anders aber bei **Teilbetrieben** im SBV (str; s Rz 123, 130). 406

b) Mitveräußerung. Gehören zum veräußerten GesAnteil WG des SBV, die funktional oder – anders als iRv § 6 III (Rz 85) – aufgrund stiller Reserven quantitativ **wesentl Betriebsgrundlage** (Rz 86, 96) sind, und werden diese auf Grund eines wirtschaftl einheitl Vorgangs (BFH VIII R 66/96 BStBl II 98, 383) auf den Erwerber des GesAnteils entgelt **übertragen**, ist dies insgesamt begünstigte Veräußerung eines MUeranteils. Zu funktional wesentl SBV I s zB BFH XI R 30/05 BStBl II 07, 524: Grundstücks-/Dachgeschossüberlassung an PersGes; zu SBV II s BFH IV R 84/96 BStBl II 98, 104: GmbH-Anteil; § 15 Rz 517, 714: Anteil an Komplementär-/Kommanditisten-GmbH. Zur Mitveräußerung sowie zum unschädl Rückbehalt **nicht wesentl** Betriebsgrundlage Rz 103 sowie allg von KapGes-Anteilen aufgrund § 34 II 1 (Teileinkünfteverfahren) s Rz 135, 365, 405 (str). 407

c) Entnahme. Werden **wesentl** Betriebsgrundlagen zurückbehalten und ins **PV** überführt, ist dies zwar keine Veräußerung, aber begünstigte **Aufgabe** des **MUeranteils** (§ 16 III 1); der Entnahmewert ist dem Veräußerungspreis hinzuzurechnen (§ 16 III 7; zB BFH IV R 18/98 BStBl II 99, 286; FG SchlHol EFG 19, 1508, rkr: einschließl Geschäftswert!; Rz 294). Entspr gilt bei Veräußerung dieser WG in wirtschaftl selbstständigen Akten an den Erwerber des GesAnteils (BFH VIII R 66/96 BStBl II 98, 383). Zum SBV – *(a)* bei **doppelstöckigen** PersGes s Rz 384; *Behrens ua* DStR 02, 481; – *(b)* bei Veräußerung des Teil-/Betriebs durch PersGes s Rz 96 f, 123. 408

410 **d) Buchwertausgliederung.** Werden **wesentl** Betriebsgrundlagen des SBV (zB Grundstück) **zeitgleich** mit der Anteilsveräußerung nach § 6 V zu Buchwerten in ein anderes BV oder SBV I/II (BFH IV R 22/13 BStBl II, 1438) umgegliedert, ist nach hM die Anteilsveräußerung estpfl, aber mangels Veräußerung des ganzen MUanteils **nicht begünstigt** (BFH GrS 2/98 BStBl II 00, 123; BFH IV R 52/08 BStBl II 11, 261; *Förster ua* FR 16, 596); zu *Ausnahmen* bei Sachgesamtheiten/KapGesAnteilen s Rz 405. Gleiches gilt, wenn Buchwertausgliederung im zeitl/wirtschaftl Zusammenhang mit der Veräußerung steht (**Gesamtplan;** Rz 4, 405; *Wendt* FR 10, 386; *Wacker* NWB 10, 2382, 2387; *BMF* BStBl I 11, 1314 Tz 20.07, 20.10, 24.03; BFH IV R 44/10, BFH/NV 13, 376). *Folge:* Gleich der Neutralisierung einer vorgeschalteten Veräußerung des SBV nach **§ 6b** (§ 34 I 4; s Rz 91; **aA** *Bogenschütz ua* DStR 03, 1097, 1102) führt die Verknüpfung mit der Buchwertausgliederung zu einem lfd Gewinn bezügl des veräußerten Restanteils. Dem steht weder BFH X R 60/09 BStBl II 12, 638 (fremdübl Grundstücksveräußerung iVm Zwischenwerteinbringung nach § 24 UmwStG; oben Rz 30, 32) noch die Ausgliederungs-Rspr zu § 6 III, V (s iEinz Rz 11; nunmehr auch *BMF* BStBl I 19, 1291) noch entgegen, dass bei **Buch- oder Zwischenwertansatz** gem §§ 20, 24 UmwStG funktional wesentl (Sonder)BV *zeitgleich* zu Buchwerten nach § 6 V übertragen oder *vorab* entnommen/veräußert werden kann (BFH I R 7/16 BStBl II 19, 738, Anm *Wacker* DStR 18, 1019; *Wendt* FR 18, 513; BFH X R 60/09 BStBl II 12, 638). Die konkreten **zeitl Grenzen** des Gesamtplans sind einzelfallabhängig und ggf vom FG festzustellen; der Abstand dürfte idR enger als die dreijährige Sperrfrist des § 6 V 4 sein (**aA** *Brandenberg* Stbg 04, 65, 68). Zur Ausgliederung von SBV bei **Veräußerung** des Betriebs/Teilbetriebs **durch PersGes** s Rz 96 f, 123.

411 **e) Einbringung.** Bei *Buchwert*einbringung nach **§ 20 UmwStG** (einschl **Option** gem **§ 1a KStG;** Rz 11, 30, 100, 384, 397) ist nur auf das funktional wesentl SBV I/II abzustellen (BFH I R 97/08 BStBl II 10, 808; BFH IV B 81/06 BFH/NV 07, 1939). Ähnl *BMF* BStBl I 00, 1253 zu UmwStG 1995: quantitative Betrachtung bei Einbringung zu TW/gemeinen Werten; ohne ausdrückl Aussage zu UmwStG 2006: *BMF* BStBl I 11, 1314 (s aber Tz 20.10, 20.06, 15.02, 15.04). ME gilt diese wertansatzbezogene Unterscheidung auch iRv **§ 24 UmwStG** (Rz 410; **SHS** § 24 UmwStG Rz 70); zu Teilen von MUeranteilen s Rz 415).

413 **7. Abgrenzung zur Betriebsveräußerung/Betriebsaufgabe. Veräußert** die **MUerschaft** (zB KG) ihren Betrieb/Teilbetrieb, gibt sie ihn auf oder wickelt ihn nicht begünstigt allmähl ab, hat die Gewinnrealisierung auf Ges-Ebene (§ 16 I 1 Nr 1, III) – auch bei Vollbeendigung der Ges – Vorrang vor dem Tatbestand der Veräußerung oder Aufgabe des MUeranteils (§ 16 I 1 Nr 2, III; zur Realteilung s aber Rz 530 f). Zur Entnahme/Ausgliederung von SBV s Rz 96 f, 125, 410. Keine Veräußerung/Aufgabe des ganzen GewBetr der PersGes, sondern eine Veräußerung von **MUeranteilen** liegt aber vor, wenn **alle Ges'ter** gleichzeitig ihre Anteile an verschiedene Erwerber unter zivilrechtl Wahrung der Identität der PersGes oder an denselben Erwerber mit Untergang der PersGes veräußern.

415 **8. Teil eines Mitunternehmeranteils. – a) Keine Begünstigung nach §§ 16, 34.** Im Gegensatz zur *teilentgeltl* Übertragung eines *Vollanteils* (dazu einschließl Kritik Rz 66) untersteht nach § 16 I 1 Nr 2, 3 iVm I 2 die vollentgeltl/teilentgeltl Veräußerung von *Teilen* von MUeranteilen (oder des Teilanteils des ph Ges'ters einer KGaA; s Rz 560) mangels Aufdeckung aller stillen Reserven und damit aus Gründen der Besteuerungsgleichheit (BT-Drs 14/6882) ab 2002 nicht mehr §§ 16, 34. Auch bei kongruenter Mitübertragung von SBV fällt ein **lfd Gewinn** an (mE entbehrl Klarstellung in § 16 I 2; **aA** *Geissler* FR 01, 1029), der zudem grds (s Rz 514) der **GewSt** unterliegt (GewStR 7.1 III 6; BFH IV R 3/05 BStBl II 07, 777; zu § 35 s § 35 Rz 18; insoweit **aA** *Förster ua* FR 16, 596); ebenso dann aber auch ein Veräußerungsverlust. Zu den entspr Regelungen bei **Einbrin-**

gung von Teilen von MUeranteilen in KapGes/PersGes nach §§ 20, 24 UmwStG vgl oben Rz 397, 512. **Ausnahme:** *begünstigte* Veräußerung/Aufgabe des *gesamten* MUeranteils (Rz 435), wenn dieser in sachl/zeitl Zusammenhang (Gesamtplan!) in mehreren Teilakten an einen/verschiedene Erwerber veräußert wird (BFH III B 35/12 BFH/NV 14, 531; BFH VIII R 23/01 BStBl II 04, 474; *Förster ua* StuW 03, 114).

b) Einzelfälle; Abgrenzungen. Veräußerung des Teils eines MUeranteils ist 416 bei **PersGesmit Gesamthandsvermögen** – *(1)* die **Teilanteilsübertragung,** und zwar nicht nur, wenn *alle* mit einem GesAnteil verbundenen Verwaltungs-/Vermögensrechte anteilig einem MitGes'ter (Rz 516) oder einem Dritten teilentgeltl/entgeltl übertragen werden; zur zivilrechtl Einheit des GesAnteils s Rz 418). Ausreichend ist auch der entgeltl Übergang **einzelner Ges'terrechte,** zB Gewinnanteil/Liquidationsanteil (BFH VIII B 15/16 BFH/NV 17, 574; s auch Rz 420), nicht aber der Verzicht auf die Ausübung einzelner gesellschaftsrechtl Befugnisse (zB eines Kündigungsrechts; BFH XI R 41/88 BStBl II 92, 335) oder die isolierte Abfindung für ArbVerh (FG Köln EFG 96, 9); – *(2)* der **Eintritt** eines weiteren Ges'ters in eine fortbestehende PersGes ohne Ausscheiden eines bisherigen Ges'ter gegen Leistung eines Entgelts an die bisherigen Ges'ter, sodass sich die Mitgliedschaftsrechte aller oder einzelner Ges'ter nach Maßgabe des Aufnahmevertragszu Gunsten des Eintretenden mindern (Rz 512); – *(3)* die Veräußerung eines Teil des MUeranteils „iZm" (**Gesamtplan;** Rz 4, 410) der Buchwertübertragung des anderen Teil-MUeranteils (BFH IV R 36/13 BStBl II 15, 529). – *Weitere Sachverhalte:* – *(1)* „**Eintritt"** eines Ges'ters in ein **Einzelunternehmen** iVm Ausgleichszahlung in PV (dazu BFH IV R 22/06 BFH/NV 08, 109; unten Rz 514); – *(2)* **Atypisch stiller Gesellschafter** oder **Inhaber** des **Handelsgeschäfts** veräußern Teile ihrer Beteiligung an der stillen Ges (*Hild ua* DB 93, 181, 185); – *(3)* Einräumung einer MUerstellung auf obligatorischer Grundlage am GesAnteil, zB **atypische Unterbeteiligung** (zB *Groh* FS Priester, 107, 118; *Pickhardt ua* DStZ 00, 281, 284). – *Abgrenzung:* Zum MUeranteil gehört zwar auch wesentl **SBV,** dessen isolierte Veräußerung ohne Änderung der Rechte an der PersGes ist, jedoch keine Teilanteilsübertragung (Rz 406; BFH VIII R 14/87 BStBl II 91, 510 aE; zu § 6 III s *BMF* BStBl I 19, 1291 Rz 35; zu § 13a ErbStG BFH II R 38/17 DStR 20, 2539 Rz 11). Gleiches gilt, wenn bei **doppelstöckiger PersGes** der OberGes'ter nur sein der UnterGes überlassenes SBV veräußert, da dies seine mittelbare MUerstellung unberührt lässt (str, s § 15 Rz 619).

c) Umfang der Übertragung. Er ist insb bezügl der KapKto und Darlehens- 417 konten (BFH I R 123/77 BStBl II 82, 211; § 15a Rz 46) anhand des Gesellschafts- und Veräußerungsvertrags zu bestimmen.

d) Buchwertanteil. Wird zB die Hälfte eines MUeranteils veräußert, ist vom 418 Veräußerungspreis ein entspr **Buchwertbruchteil** des MUeranteils (KapKto; BFH IV R 29/19 BFH/NV 21, 438: einschl anteiliger negativer/postiver Ergänzungsbilanz; Rz 450) abzuziehen, auch wenn der Veräußerer diesen zu unterschiedl Zeitpunkten/AK erworben hat (BFH VIII R 12/16 BStBl II 20, 378: **Durchschnittsbewertung**). ME zutr, da auch nach Hinzuerwerb zivilrechtl grds nur ein GesAnteil des Ges'ters besteht (BFH VIII R 12/16 BStBl II 20, 378; **aA** *Priester* DB 98, 55 bei rechtl Sonderausstattung). Wird nur der Anteil an den **stillen Reserven** rechtl geändert, ist der Buchwert des veräußerten MUerteilsanteils gleich Null (einschr FG Köln EFG 01, 1142; s § 15a Rz 94).

9. Unentgeltliche Übertragung; Teilentgelt. – **a) Buchwertfortführung;** 420 **Voraussetzungen.** Keine Veräußerung/Aufgabe iSv § 16 I 1 Nr 2, III, sondern unentgeltl Übertragung iSv § 6 III 1 mit der Folge der Buchwertfortführung einschließl Schulden/keine Gewinnrealisierung (Rz 38) liegt vor, wenn der **MUeranteil** (zB KG-Anteil; atypisch stille Beteiligung) unentgeltl übergeht, vorausgesetzt, dass der Übertragende (noch) MUer war (BFH VIII R 154/85 BStBl II 86,

896) und der **Erwerber MUer** wird. Fehlt es hieran, zB auf Grund der Verpflichtung des Beschenkten zur Drittveräußerung (s aber § 15 Rz 259) oder bei Anteilserwerb durch gemeinnützige Körperschaft (iEinz § 6 Rz 714), liegt idR eine Aufgabe des MUanteils durch den Schenker vor (Rz 435), *nicht* hingegen bei Übertragung unter *freiem* **Widerrufsvorbehalt**, da MUanteil weiterhin dem Schenker zuzurechnen ist (iEinz auch zu bedingten Klauseln s § 15 Rz 300). – Entsprechendes gilt bei unentgeltl Übertragung des **Teils** eines **MUanteils** (s Rz 416; BFH VIII R 47/12 BStBl II 16, 600: **disquotale Einlage;** zur SchenkSt s BFH II R 9/17 BStBl II 20, 658) oder **Aufnahme** einer natürl Person **in Einzelunternehmen** (§ 6 III 1 *HS* 2). Zum MUerteilanteil gehört auch **SBV**. Dieses kann jedoch bei Erhalt der betriebl Einheit iZm § 6 III – anders als bei § 16 (Rz 408, 410) – nach Rspr und *FinVerw* (BMF BStBl I 19, 1291) selbst dann *vorab* entnommen oder nach § 6 V auch *zeitgleich* zu Buchwerten ausgegliedert werden, wenn es zu den funktonal **wesentl** Betriebsgrundlagen gehört. Zudem unterliegen mehrere funktional wesentl SBV (nunmehr) bei Übertragung von **Teilen** von MUanteilen (§ 6 III 1 iVm 2) keiner gegenständl, sondern einer nur *wertmäßigen* Betrachtung. **Nicht** wesentl **WG** (iSv § 6 III; oben Rz 10, 37, 85) des SBV können entweder erfolgsneutral in ein anderes BV überführt/übertragen (§ 6 V) oder ins PV entnommen werden; *Folgen:* iÜ bleibt § 6 III unberührt; grds auch keine GewSt auf Entnahmegewinn (BFH IV R 93/85 BStBl II 88, 374 zu 4.; *BMF* BStBl I 19, 1291 Rz 17). – *Verweis.* S iEinz § 6 Rz 691 ff, 704, 736 ff.

421 **b) Abgrenzung gegenüber der Veräußerung iSv § 16. – aa) Grundsätze.** – *(1)* Veräußerung ist nicht nur die **vollentgeltl** *oder* **teilentgeltl** Anteilsübertragung, **wenn** das Entgelt/Teilentgelt den auf den Veräußerungszeitpunkt zutr ermittelten **Buchwert** des MUanteils, dh KapKto in GesamtBil einschließl SBV (BFH IV R 77/93 BStBl II 98, 180), **überschreitet.** Zum negativen KapKto s Rz 423, 453. – *(2)* Da der Veräußerungsgewinn iSv § 16 II auch eine negative Größe sein kann, wird ferner ein stbarer (Veräußerungs-)**Verlust** erzielt, wenn der Veräußerungspreis/Abfindungsanspruch abzügl Veräußerungskosten den **positiven** Anteilsbuchwert **unterschreitet**, *vorausgesetzt,* dass, was zw Fremden zu vermuten ist (Rz 35), Leistung und Gegenleistung iwN abgewogen sind, dh der MUeranteil **voll entgeltl veräußert** wird (BFH IV B 80/06 BFH/NV 07, 2262: Buchwertklausel iVm Verzicht auf wertlose Darlehensforderung; BFH IV R 3/01 BStBl II 03, 112: Veräußerung ohne Entgelt; s BFH IV R 13/06 BFH/NV 10, 1483: § 27 DMBilG). Zur Beweislast betr Buchwert s BFH IV R 10/72 BStBl II 75, 853. – *(3)* Gleiches gilt, wenn der Veräußerer wegen negativer stiller Lasten an den Erwerber eine Ausgleichszahlung **(negativer Kaufpreis)** leistet (*Rapp* FR 18, 170; zum Erwerber s Rz 471; § 15 Rz 463 ff) oder – *(4)* der Anteil aus **betriebl Gründen** ganz oder teilweise **unentgeltl übertragen** wird (*Schoor* StBp 95, 154). – *(5)* Zu Abfindungsklauseln s Rz 482. – *(6)* **Keine Veräußerung** hingegen, wenn aus (nicht betriebl) **privaten Gründen** – *(a)* der MUanteil **voll unentgeltl** (BFH I R 123/77 BStBl II 82, 211/5) übertragen wird oder – *(b)* das **Teilentgelt** den Buchwert *nicht* überschreitet. *Folge:* Buchwertfortführung gem § 6 III ggf iVm Einheitstheorie (Rz 420, 66), uU iVm Entnahme (Rz 505). Zur (widerlegbaren) Vermutung der Teilentgeltlichkeit bei **Familienangehörigen** s Rz 35). – *(7)* Bei Ausscheiden einer **MUer-KapGes** kann eine vGA vorliegen (BFH I R 78–80/05 BFH/NV 07, 1091; dazu *Freikamp* DB 07, 2220). – *(8)* Ist das **Entgelt** aus privaten Gründen höher, ist die **Mehrzahlung** nicht Veräußerungspreis, sondern private Zuwendung, evtl (KapGes) vGA (BFH IV R 204/80 BFH/NV 88, 192).

422 **bb) Vermögensübergabe gegen Versorgungsleistungen.** Sie ist kraft gesetzl Wertung voll unentgeltl (§ 10 Ia Nr 2; Rz 51).

423 **cc) Negatives Kapitalkonto.** Dessen Übernahme steht, gleichgültig ob es durch Verlustzurechnung/Entnahmen entstanden ist oder eine Ausgleichspflicht ausdrückt (zB OHG-Ges'ter), der voll unentgeltl Anteilsübertragung iSv § 6 III

Veräußerung 424–428 § 16

zw **Familienangehörigen** jedenfalls dann nicht entgegen, wenn stille Reserven vorhanden sind, der Anteil noch eine Gewinnchance repräsentiert und wenn keine (sonstigen) Gegenleistungen erbracht werden (BFH IV R 16/15 BStBl II 18, 527; BFH VIII R 76/96 BStBl II 99, 269; § 15a Rz 168; *BMF* BStBl I 93, 80 Rz 30; s auch zur teilentgeltl Übertragung s Rz 59). Anders bei **Fremden,** wenn der Ausscheidende sein verlustbringendes Engagement beenden will (BFH IV R 77/93 BStBl II 98, 180 zu 2b; BFH VIII R 76/96 BStBl II 99, 269); oben Rz 421. Steht bereits bei „schenkweiser" Übertragung eines **wertlosen KG-Anteils** fest, dass das negative KapKto eines K'tisten durch künftige Gewinnanteile nicht mehr ausgeglichen werden kann, ist es idR bereits vor Übertragung gewinnwirksam weggefallen (BFH VIII R B 17/92 BFH/NV 93, 421; lfd Gewinn; § 15a Rz 167); andernfalls wird der MUerantum mangels MUerstellung des Erwerbers (keine Gewinnchance) beim Übertragenden spätestens im Übertragungszeitpunkt aufgegeben (vgl BFH VIII R 154/85 BStBl II 86, 896).

dd) Ausscheiden aus Personengesellschaft; Nießbrauch. Scheidet ein 424 Ges'ter **ohne Abfindung** aus, ist dies idR eine unentgeltl Übertragung (*OFD Bln* FR 02, 1151; s aber „Anwachsungsmodell" Rz 505); ebenso, wenn Ges'ter seinen Abfindungsanspruch nicht geltend macht (FG Nbg EFG 01, 566). Voll Entgeltl ist aber die Abfindung entspr GesVertrag, auch wenn sie den Verkehrswert seines GesAnteils unterschreitet, vorausgesetzt, die Regelung gilt für alle Ges'ter und beruht nicht auf familiären Gründen mit der Folge der Teilentgeltlichkeit beruht (BFH X R 193/87 BStBl II 92, 465). *Beachte:* Nach Rspr/FinVerw kann dies als (unechte) **Realteilung** = Aufgabe des MUeranteils zu qualifizieren sein (Rz 396, 399). – Zum **Nießbrauch** am MUeranteil s Rz 61, 128; § 15 Rz 306 ff; zum Tod des Nießbraucher-MUers s *Mielke* DStR 14, 18.

c) Teilentgelt. Eine nach dem Vorstehenden teilentgeltl MUeranteilsübertragung 426 ist grds dann als voll entgeltl Übertragung zu beurteilen, wenn das Entgelt den Buchwert des MUeranteils überschreitet (iEinz s Rz 66, 421). Zum gleichzeitigen Übergang von SBV ins PV s Rz 408.

10. Zeitpunkt der Veräußerung; Rückbeziehung. – a) Grundsätze. – 428 *(1)* Bei einer **Anteilsübertragung** geht der MUeranteil vom bisherigen auf den neuen MUer idR zum Zeitpunkt des Abschlusses des Verfügungsvertrags über, sofern der Übergang nicht *später* wirksam wird (BFH IV R 107/92 BStBl II 93, 666) oder aufschiebend bedingt ist (BFH IV R 3/07 BStBl II 10, 182), es sei denn (Gegenausnahme), der Erwerber wurde bereits zu einem früheren Zeitpunkt wirtschaftl Inhaber des MUeranteils (BFH IV R 22/06 BFH/NV 08, 109 betr wechselseitige Optionen; s dazu iEinz *Kestler ua* DStR 19, 1489; FG Hbg EFG 20, 1673, rkr: Zustimmung als Regelverlauf; zum Zweistufenmodell s *Schmidt* 32. Aufl § 16 Rz 565). Nach BFH IV R 39/11 BStBl II 19, 131 erfordert Letzteres neben einer rechtl geschützten Erwerbsposition den *vollständigen* Übergang von MUer-Risiko und MUerinitiative (glA *Wendt* FR 18, 958; *Strahl* KÖSDI 19, 21355; *Möhrle ua* Ubg 20, 421); mE ist auch hier eine Gesamtabwägung geboten. – *(2)* Bei **Ausscheiden** (Untergang des GesAnteils) ist der Vertragsabschluss oder der (spätere) Zeitpunkt maßgebl, zu dem zB bei Kündigung die Mitgliedschaft des Ausscheidenden endet (BFH IV R 10/83 BStBl II 84, 786); unerhebl ist, ob zu diesen Zeitpunkten Einvernehmen über die Abfindungshöhe bestand (BFH IV R 70/86 BFH/NV 90, 31). – *(3)* Zur Veräußerung im bevorstehenden **„Schnittpunkt der Jahre"** s BFH IV R 47/73 BStBl II 74, 707; mit „Wirkung vom 1. 1. des Jahres 02" s zB BFH VIII R 76/96 BStBl II 99, 269: Gewinn/Verlusterst in 02 realisiert; „mit Wirkung zum 31.12.01" s BFH IV R 52/08 BStBl II 11, 261; FG Nbg EFG 18, 1035, rkr: Gewinn(Verlust) in 01 realisiert. – *(4)* **Abweichendes Wj** (§ 4 II Nr 2): Anders als im Fall des Ausscheidens aus einer zweigliedrigen PersGes (vgl BFH IV R 59/98 BStBl II 00, 170) lässt die Veräußerung des MUeranteils bei fortbestehender PersGes kein RumpfWj entstehen (Rz 450); gleichwohl ist der

Veräußerungsgewinn bereits im Jahr der Veräußerung zu erfassen (BFH X R 8/07 BStBl II 10, 1043; BFH IV R 15/15 BStBl II 18, 539; zutr; zur Gegenansicht *Schmidt* 29. Aufl § 16 Rz 441). *Beispiel:* Wj 1.4.01–31.3.02; Veräußerung am 30.11.01; Erfassung im VZ 01. Wird nur ein **Teilanteil** übertragen, bleibt es mE bei der Zuordnung gem § 4a II Nr 2. – *(5)* Zur **Gewinnfeststellung** bei Ges'tereintritt/-austritt s einschließl § 30 AO BFH VIII R 36/93 BStBl II 95, 770.

429 **b) Keine Rückbeziehung; Ausnahmen.** Die schuldrechtl Rückbeziehung einer während des Wj getroffenen Austritts-/Eintrittsvereinbarung auf den Beginn des Wj ändert nichts daran, dass ein Veräußerungsgewinn erst **mit Vertragsabschluss** verwirklicht ist, dem Ausscheidenden mithin sein vertragl Anteil an dem *bis* dahin erwirtschafteten lfd Gewinn/Verlust zuzurechnen ist und der neue Ges'ter erst *ab* diesem Zeitpunkt lfd Gewinne/Verluste erzielt (Einzelheiten s § 15 Rz 452 ff). *Ausnahmen:* Klarstellung eines ernstl Streits zB durch Vergleich; technische Vereinfachung bis max 3 Monate; uU rückwirkende **Genehmigung**. IEinz – einschließl §§ 20, 24 UmwStG – s oben Rz 234.

430 **c) Sonderfälle. – aa) Ausschließungsklage.** Scheidet ein Ges'ter im Zuge einer solchen Klage (§ 140 HGB) aus, wirkt der Ges'terAusschluss mit der Rechtskraft des Urteils/Schiedsspruchs zwar *gesrechtl* auf den Zeitpunkt der Klageerhebung bezügl der Höhe des Abfindungsguthabens zurück (§ 140 II HGB). EStrechtl entsteht deshalb einerseits der Veräußerungsgewinn mit Rechtskraft des Urteils oder eines § 140 II HGB entspr Vergleichs, andererseits ist aber dem Ausgeschiedenen nur ein Anteil an dem bis zur Klageerhebung erwirtschafteten lfd Gewinn zuzurechnen ist.

431 **bb) Gesellschaftsvertrag; Abfindungsstichtag.** Ist nach dem GesVertrag bei Ausscheiden während des Wj das Abfindungsguthaben entspr dem Stand des GesVermögens zum Schluss des vorangegangenen Wj zu errechnen, wird der Veräußerungsgewinn zwar erst im Zeitpunkt des Ausscheidens verwirklicht; der Ges'ter ist aber am Gewinn des lfd Wj nicht mehr beteiligt; dieser ist, soweit er auf den Zeitraum bis zum Ausscheiden entfällt, den anderen Alt-Ges'tern, nur iÜ allen Ges'tern einschließlich eines evtl Neu-Ges'ters zuzurechnen (str; s § 15 Rz 453).

IV. Aufgabe

435 Der Tatbestand der **Aufgabe des MUeranteils** wird in § 16 III 1 ausdrückl genannt (zu § 13a ErbStG zB s BFH II R 39/03 BStBl II 05, 571). Er will MUer und Einzelunternehmer gleichstellen, zB wenn zwar der GesAnteil, nicht aber die MUerstellung/der MUeranteil auf den Erwerber übergeht (BFH IV R 18/98 BStBl II 99, 286; oben Rz 420). Ebenso bei Entnahme zurückbehaltenen BV/SBV (Rz 405, 408), verdeckter Einlage in KapGes s Rz 505; FG Nbg EFG 01, 566 atypisch stille Ges), Veräußerung des aufgeteilten MUeranteils in sachl/zeitl Zusammenhang an verschiedene (Teil-)Erwerber (BFH IV R 69/04 BStBl II 10, 973; oben Rz 415). Zur Begriffserweiterung durch die Rspr zur Realteilung nach § 16 III 2 s Rz 396, 399, 424, 530. Keine Aufgabe des MUeranteils hingegen bei bloßem Wegfall des negativen KapKto eines K'tisten (BFH VIII R 26/94 BStBl II 00, 300; vgl aber auch Rz 423).

F. Rechtsfolgen der Veräußerung; Aufgabe von Mitunternehmeranteilen, § 16 II, III

I. Systematik der Darstellung

440 Die Kommentierung folgt im Interesse der Praxis den **Grundformen** der Veräußerung: – *(1)* Übertragung des MUeranteils, – *(2)* Ausscheiden aus MUerschaft und – *(3)* Einbringung (s Rz 395) und berücksichtigt, dass Rspr/FinVerw das Ausscheiden gegen Sachwertabfindung ins BV grds nicht als Veräußerung, sondern als (unechte) Realteilung = Aufgabe des MUeranteils qualifizieren (iEinz Rz 396, 500 f).

II. Übertragung des Mitunternehmeranteils gegen Barentgelt oder Sachwerte; Tausch

1. Veräußerung. Abgrenzung ggü § 6 III (Buchwertfortführung) s iEinz Rz 421.

2. Besteuerung des Veräußerers. – a) Entstehung des Veräußerungsgewinns. Maßgebl ist der Zeitpunkt der Veräußerung (Rz 428), nicht die Fälligkeit des Entgelts; zu dessen Ausfall s aber Rz 455. Bei Veräußerung gegen **wiederkehrende Bezüge** besteht das Wahlrecht zw begünstigter Sofortbesteuerung und nichtbegünstigter Zuflussbesteuerung (Rz 242). Gleiches dürfte bei Veräußerung des **Teils** eines MUanteils gelten; die fehlende Begünstigung gem §§ 16, 34 ab 2002 (Rz 415) hat hieran mE nichts geändert (*Neu* ua DStR 03, 61, 64).

b) Gegenstand der Veräußerung. – Zivilrechtl wird der immaterielle GesAnteil entweder auf einen Erwerber übertragen oder er erlischt, sodass an seine Stelle der Abfindungsanspruch (§ 738 BGB; § 140 I 2 HGB; ab 2024 § 712a HGB idF MoPeG, BGBl I 21, 3436: Geschäftsübernahme; dazu Rz 395) tritt. **EStrechtl** sind hingegen nach Rspr/hM (zutr) Gegenstand der Veräußerung/des Erwerbs nicht die dem MUeranteil (§ 16 I 1 Nr 2) zugrunde liegende Rechte (zB GbR-/KG-Anteil), sondern entspr der **Bruchteilsbetrachtung** des § 39 II Nr 2 AO die (ideellen) **Anteile** des Veräußerers an sämtl, auch nichtbilanzierten und/oder immateriellen **WG** des **GesVermögens** ggf iVm dem Eigentum am SBV (BFH GrS 7/89 BStBl II 91, 691/700 Sp 2; BFH I R 102/01 BStBl II 04, 804; BFH IV R 52/08 BStBl II 11, 261; *BMF* BStBl I 14, 1258; *BMF* BStBl I 08, 588 Rz 32c zu § 4 IVa; *BMF* BStBl I 14, 1258: DBA; ebenso bei Erwerb *aller* GesAnteile BFH IV R 52/03 BStBl II 06, 128; BR-Drs 740/13, 117 zu § 5 VII 3; **aA** *Schön* FR 94, 658; zu §§ 705, 713 BGB idF MoPeG, BGBl I 21, 3436 ab 2024 s § 15 Rz 166). Gleiches gilt für PersGes ohne Gesamthandsvermögen (Gleichwertigkeit der MUerschaften) zB **atypischestille Ges** (BFH VIII R 85/91 BStBl II 94, 243; s auch Rz 399). Demgemäß kann der Veräußerer zB **§ 6b** in Anspruch nehmen (BFH IV R 83/83 BStBl II 86, 350; *FM SchlHol* DStR 14, 2025; beachte aber § 34 I 4, III 6; oben Rz 91). Umgekehrt beginnt für den Erwerberanteil ein neuer Vorbesitzzeitraum (diff BFH IV R 77/92 BFH/NV 95, 214 bezügl Besitzzeitanrechnung). Zur Sonderung *lfd* Gewinnanteile s Rz 331. Zu **§ 35** bei Ges'terwechsel s *BMF* BStBl I 07, 701 Rz 28 f. Zum Verlustvortrag nach **GewStG** s § 10a S 4, 5.

c) Veräußerungspreis. – aa) Grundsätze. Dieser ist bei **Übertragung** des MUeranteils gleich dem vereinbarten **Entgelt** (zur Abzinsung s Rz 460; zum Ausfall s Rz 446). Zwar ist umstr, ob die auf den Erwerber übergehenden **Schulden** (zB im negativen SBV) Teil des „Entgelts" sind (mEzutr) oder nur den (Buch-)Wert iSv § 16 II (Nettobuchwert) mindert. Für die Höhe des Veräußerungsgewinns ist dies iErg jedoch unerhebl; anders aber für die AK des Erwerbers (Rz 272; 460 f). Teil des Veräußerungspreises ist jedenfalls die Übernahme **privater** Schulden/dingl Lasten der PersGes (Rz 272; § 15 Rz 488; *Pyszka* GmbH 17, 1082, 1087). Veräußerungspreis ist auch ein Betrag, der als Abfindung eines **lästigen** Ges'ters nicht aktivierungspflichtig, sondern abzugsfähig ist (dazu Rz 463). Zu offenen oder verdeckten Leistungen im **wirtschaftl Zusammenhang** mit der Veräußerung, s Rz 276. Zur **Bewertung** des Veräußerungspreises gelten die Grundsätze zu Rz 280 ff entsprechend.

bb) Sonderbetriebsvermögen. Wird es zusammen mit dem GesAnteil an den Erwerber veräußert, gehört der hierfür vereinbarte Kaufpreis zum Veräußerungspreis (BFH X R 128/92 BStBl II 95, 465). Zur Aufgabe des MUeranteils bei Drittveräußerung des SBV oder Rückbehalt im PV sowie zum lfd Gewinn bezügl GesAnteil bei Buchwertausgliederung des SBV s Rz 408, 410, 435. Zur Bewertung, wenn SBV zugunsten eines Ges'ters nießbrauchsbelastet bleibt, s § 5 Rz 653.

446 **dd) Ausfall; Wegfall.** Wird der Veräußerungspreis später ganz oder teilweise **uneinbringl,** ist dies – ebenso wie bei Veräußerung des GewBetr eines Einzelunternehmers (s Rz 337 f) – ein Ereignis, das materiell-rechtl auf den Zeitpunkt des Ausscheidens zurückwirkt, sodass die Veranlagung für das Jahr des Ausscheidens ggf nach § 175 I 1 Nr 2 AO zu ändern ist (BFH IV R 20/08 BStBl II 10, 528). Zu nachträgl gewerbl Einkünften s Rz 455. Zum rückwirkenden **Wegfall/fehlgeschlagenen Erwerb** s Rz 145.

448 **d) Veräußerungskosten.** S Rz 300 ff.

450 **e) Buchwert des Mitunternehmeranteils. – aa) Grundsätze.** Der Buchwert des Mitunternehmeranteils ist nach **allg bilanzsteuerrechtl** Grundsätzen auf den Veräußerungszeitpunkt zu ermitteln, bei Veräußerung während des Wj durch Zwischenbilanz oder Schätzung (zu abw Wj s Rz 428). Anders als bei Vollbeendigung (BFH VIII R 76/96 BStBl II 99, 269: RumpfWj von 1 Tag) entsteht bei Fortbestand der PersGes kein RumpfWj (BFH IV R 252/84 BStBl II 89, 312), folgt auch keine Pflicht zur Aufstellung einer Zwischenbilanz (BFH VIII R 48/93 BFH/NV 95, 84). Zur str Abschichtungsbilanz bei Ausscheiden s *BH* HGB § 131 Rz 50. Maßgebl ist die **Gesamtbilanz** der MUerschaft (§ 15 Rz 400 ff), dh die Buchwerte in der **StB** der PersGes, des **SBV** (gleichgültig, ob diese mitveräußert oder PV werden Rz 445) sowie negativer (dazu Rz 471; BFH IV R 29/19 BFH/NV 21, 438 betr *Teil*-MUeranteil; Rz 418) oder positiver **Ergänzungsbilanzen** (dazu Rz 461 ff). Letzteres gilt auch, wenn sie nach § 6 V 4 iVm S 3 Nr 1, 2 iZm der Übertragung von Einzel-WG ins Gesamthandsvermögen gebildet wurden (*Paus* FR 03, 59, 67); ist dies unterblieben, kann fragl werden, ob die MUeranteilsveräußerung der rückwirkenden Teilwertansatz iVm der Erhöhung des Anteilsbuchwerts gebietet (abl § 6 Rz 825). Hält der Ausgeschiedene den **GesAnteil im BV,** ist nicht der Buchwert in dessen HB (StB), sondern in der Gesamtbilanz der PersGes maßgebl (BFH I R 242/81 BStBl II 86, 333). Einzelheiten zum Buchwert s Rz 305 ff; zum MUteilanteil Rz 418; zu § 7g VII s § 7g Rz 85. Zur Rückbeziehung des Ausscheidens s Rz 429 ff. Zur Zurechnung später festgestellter steuerl Mehrgewinne s § 15 Rz 443 ff. Zur Zurechnung eines Übergangsgewinns bei Gewinnermittlung nach § 4 III s BFH IV R 67/98 BStBl II 00, 179 sowie Rz 661.

451 **bb) Schulden der Gesamthand.** Zur Freistellung, Haftungsinanspruchnahme, dem Rückbehalt von Schulden sowie einer Bürgenhaftung s Rz 483.

452 **cc) Negatives Sonderbetriebsvermögen.** Werden solche Schulden (s § 15 Rz 521; zB Anteilsfinanzierung) vom Erwerber des GesAnteils übernommen, bleiben diese (unbestrittenen) Schulden, sofern man die Schuldübernahme zum Veräußerungspreis rechnet (Rz 444), bei der Buchwertermittlung außer Ansatz. Gleiches gilt, wenn der Erwerber die Schulden nicht übernimmt und dafür einen höheren Barpreis zahlt; die Zinsen sind nachträgl BA, soweit der Erlös für GesAnteil und etwaiges aktives SBV zur Schuldentilgung nicht ausreicht; die Schuld bleibt insoweit BV (BFH VIII R 18/92 BStBl II 96, 291; oben Rz 109, 369).

453 **dd) Negatives Kapitalkonto.** Es mindert vorbehaltl einer Ausgleichsleitung den Buchwert und erhöht damit grds den Veräußerungsgewinn. S iEinz einschließl § 15a und Bürgenhaftung Rz 484 f.

455 **f) Ereignisse nach Ausscheiden.** Insoweit gelten sinngemäß die für die Veräußerung eines ganzen GewBetr maßgebl Grundsätze. *Nachträgl gewerbl Einkünfte* (iEinz Rz 348 ff) fallen zB an in Form von Schuldzinsen für zurückgebliebene Betriebsschulden. Der *Veräußerungsgewinn* ist zB *rückwirkend* zu ändern bei Ausfall der Kaufpreisforderung s (BFH X R 128/92 BStBl II 95, 465; *Ley* KÖSDI 02, 13459, 13465), oder einem Erlass der als BV (SBV) zurückgebliebenen Schulden (BFH VIII R 43/99 BFH/NV 00, 1330; str, s Rz 342); s iEinz Rz 337 ff.

3. Besteuerung des Erwerbers. – a) Anschaffungskosten. Dem Erwerber 460
entstehen nach § 39 II Nr 2 AO (Bruchteilsbetrachtung) AK (einschließl Erwerbsnebenkosten; zB GrESt; **aA** *Gadek ua* DB 12, 2010; diff BFH I R 2/10 BStBl II 11, 761; zu Schulden s Rz 444) nicht für den GesAnteil als immaterielles WG, sondern für die *ideellen Anteile* an den einzelnen WG des GesVermögens (s Rz 443 einschl MoPeG-Reform, BGBl I 21, 3436 ab 2024), zuzügl der AK für die erworbenen WG des SBV. Zu wiederkehrende Leistungen s Rz 264. Wird der vorab entrichteten Kaufpreises *abgezinst*, führt dies zu einer teilentgeltl Veräußerung, die der sog Einheitstheorie (Rz 66) untersteht (BFH VIII R 1/14 BFH/NV 17, 1418: keine lfd SonderBE; mE fragl).

b) Ergänzungsbilanz; Sonderbilanz. – aa) Grundsätze. Der Erwerber hat 461
seine AK für die Anteile an den (materiellen/immateriellen) WG des GesVermögens (Rz 443), soweit diese die anteiligen Restwerte/Buchwerte in der StB der Ges sowie einer etwaigen Ergänzungsbilanz (KapKto) überschreiten, als „Mehr-AK" in einer Ergänzungsbilanz zu aktivieren und das entspr Mehrkapital oder eine Finanzierungsschuld/Kaufpreisstundung zu passivieren, s iEinz § 15 Rz 460 ff; BFH IV R 40/92 BStBl II 94, 224). Zum Anteilserwerb bei **doppelstöckiger PersGes** s Rz 384, 576; § 15 Rz 471. Erwerbsaufwendungen für SBV sind in der **Sonderbilanz** (§ 15 Rz 475) zu aktivieren.

bb) Aktivierung. – aaa) Stufentheorie. Hiernach war früher hM (zB 462
BFH VIII R 37/93 BStBl II 95, 246), dass auf der Grundlage widerlegbarer Vermutungen die „Mehr-AK" (Rz 461) vorrangig auf die stillen Reserven der bilanzierten WG geleistet werden, nur der hiernach verbleibende Restbetrag auf die nichtbilanzierten Einzel-WG und erst in einem letzten Schritt auf den Geschäftswert entfallen (s iEinz *Schmidt* 39. Aufl § 16 Rz 487 ff). Zutr ist hingegen die sog **„modifizierte Stufentheorie"**, nach der die Vermutung in gleicher Weise für stille Reserven in bilanzierten materiellen und immateriellen WG *und* das Vorhandensein nichtbilanzierter immaterieller WG einschließl Geschäftswert (vgl zB BFH IV R 40/92 BStBl II 94, 224) spricht; der Mehrbetrag ist auf alle WG proportional (*Ley* StBJb 03/04, 135/68) oder im Verhältnis der TW (evtl BFH IV B 111/06 BFH/NV 08, 360; *Bauer ua* FR 15, 838) zu verteilen. GlA nunmehr FinVerw bei Einbringung zu Zwischenwerten gem §§ 20 II 2, 24 II 2 UmwStG (*BMF* BStBl I 11, 1314 Tz 20.18 iVm 03.25, 24.03, 24.13: „einheitl"; **aA** noch zu UmwStG 1995 s *BMF* BStBl I 98, 268 Tz 22.08, 24.04 iVm Tz 4.06: zweistufige Aufstockung, dh nachrangige Aktivierung des *originären* Geschäftswerts; glA *Kahle* FR 13, 873, 877; *Bauer ua* FR 15, 838). Zu den Vermutungen für das Vorliegen eines Geschäftswerts s Rz 463, 491.

bbb) Lästiger Gesellschafter. Ist nachgewiesen, dass der ausgeschiedene 463
Ges'ter „lästig" war, zB sich betriebsschädigend verhalten hat, ist damit zwar die Vermutung widerlegt, dass die über den Buchwert hinausgehenden Aufwendungen einen Anteil des Ausgeschiedenen an stillen Reserven und an einem Geschäftswert abgelten (Rz 491). Steht aber fest, dass solche stillen Reserven und/oder ein Geschäftswert vorhanden sind und der Ausgeschiedene daran teilhatte (Liquidationsschlüssel), sind die Aufwendungen als AK für diese Anteile zu aktivieren (BFH IV R 107/88 BFH/NV 90, 496). Nur soweit es hieran fehlt und außerbetriebl Gründe für die Mehrleistung ausscheiden, ist diese sofort (ggf wiederkehrend; *Schwer* StBp 00, 103, 108) abzugsfähige BA (BFH VIII R 63/91 BStBl II 93, 706). Dies gilt nicht nur bei Ausscheiden gegen Abfindung, sondern gleichermaßen bei Mehrleistungen iZm Anteilserwerb (vgl BFH IV R 40/92 BStBl II 94, 224); sie führen zu SonderBA (BFH VIII R 37/93 BStBl II 95, 246 zu 3.a). Zur Übernahme eines negativen KapKto s Rz 465 f.

c) Übernahme eines negativen Kapitalkontos. – aa) Ausgleichsschuld. 465
Veräußert der **unbeschränkt haftende Ges'ter** seinen MUanteil, *ohne* sein negatives KapKto *auszugleichen*, weil sein Anteil an den stillen Reserven des Ges-

Vermögens einschließl Geschäftswert höher oder gleich dem negativen KapKto ist, bestehen die AK aus einem etwaigen Barentgelt *und* dem Betrag des übernommenen negativen KapKtos (BFH VIII R 63/91 BStBl II 93, 706). Soweit der Veräußerer das negative KapKto mangels stiller Reserven im Anteil *ausgleicht,* ist dies für die verbliebenen Ges'ter und den Erwerber die erfolgsneutrale Tilgung einer betriebl Ausgleichsforderung; zugleich mindern sich die AK. Ist der Veräußerer ausgleichspflichtig, aber zahlungsunfähig, erleiden die Erwerber einen Verlust durch Wertloswerden ihrer zum SBV zu rechnenden Ausgleichsforderung (BFH VIII R 128/84 BStBl II 93, 594; FG BaWü EFG 06, 1756). Gleiches gilt, wenn sie eine realisierbare Ausgleichsforderung aus *betriebl* Gründen erlassen (§ 397 BGB); ein Erlass aus privaten Gründen ist Entnahme. Das Vorstehende gilt entspr für einen beschr haftenden Ges'ter **(K'tist),** soweit dessen KapKto durch rückzahlungspflichtige Entnahmen negativ geworden ist (vgl BFH IV R 64/93 BStBl II 96, 642 zu III).

466 bb) **Beschränkte Haftung.** Zu den **AK** des Erwerbers aus der ggf zusätzl zu einem Barentgelt vereinbarten Übernahme eines negativen KapKto, das durch ausgleichsfähige und/oder nur nach § 15a verrechenbare Verluste entstanden ist, deren Ausweis in **Ergänzungsbilanzen** sowie der Bildung von **Ausgleichsposten** zur Vermeidung eines Erwerbsverlusts, wenn das negative KapKto durch stillen Reserven nicht gedeckt ist, s iEinz § 15a Rz 155 ff (ausgleichsfähige Verluste), § 15a Rz 161 f (verrechenbare Verluste). Zur unentgeltl Übertragung bei negativem KapKto s Rz 423.

470 **4. Barentgelt unter Buchwert. – a) Veräußerer.** Zum Veräußerungs*verlust* iSv bei *vollentgeltl* (= fremdüblich/kfm abgewogener; einschließl negativem Kaufpreis) sowie betriebl veranlasster Übertragung des MUeranteils und der Abgrenzung ggü teilentgeltl Rechtsgeschäften aus privaten Gründen (*Folge:* Buchwertfortführung gem Einheitstheorie; § 6 III) s Rz 421.

471 **b) Erwerber.** Bei voll entgeltl Übertragung (s Rz 470) entstehen dem Erwerber auch dann AK (Kaufpreis; Abfindung), wenn sie unter dem Buchwert des MUeranteils liegen. Die Buchwerte der bilanzierten WG des GesVermögens sind anteilig herabzusetzen (zB BFH IV R 3/01 BStBl II 03, 112; zur abw HB/Verteilungsmethoden s *Ley* KÖSDI 18, 20750, 20755; *dies* KÖSDI 01, 12982, 12987) und in einer **negativen Ergänzungsbilanz** des Erwerbers (neuer oder bisheriger Ges'ter) anzusetzen (BFH IV R 3/01 BStBl II 03, 112). Es ist nicht zulässig, die Buchwerte der bilanzierten WG fortzuführen und die Differenz zum niedrigeren Erwerbspreis durch Passivierung eines **negativen Geschäftswerts** auszugleichen (BFH IV R 70/92 BStBl II 94, 745; *Groh* FS F. Klein, 1994 S 815; str; § 5 Rz 226, § 6 Rz 320). Ist die Differenz zw den (Netto-)Buchwerten und dem niedrigen Entgelt größer als der Betrag, um den sich die Buchwerte der aktivierten WG ggf bis auf 1,– € abstocken lassen – eine solche Abstockung verbietet sich bei **Bargeld/Buchgeld** (BFH IV R 77/93 BStBl II 98, 180 zu 2.c; iEinz *Strahl* DStR 98, 515) –, führt auch dies weder zur Passivierung eines negativen Geschäftswerts noch zu einem sofort zu versteuernden (Erwerbs-)Gewinn des Erwerbers (**aA** *Groh* aaO S 815 hinsichtl Bar- und Buchgeld der Ges: stpfl Ertragszuschuss wie Zuzahlung des Veräußerers; *Anm* HFR 98, 104); vielmehr ist in der Ergänzungsbilanz des Erwerbers erfolgsneutral ein **Ausgleichsposten** zu passivieren, der gewinnerhöhend gegen spätere Verlustanteile oder bei Beendigung der Beteiligung aufzulösen ist (BFH IV R 77/93 BStBl II 98, 180 zu 2.d; BFH I R 49, 50/04 BStBl II 06, 656; *Kahle* FR 13, 873). Einschr jedoch bei zwischenzeitl Gewinnen FG Ddorf EFG 11, 794 (*Scheunemann ua* DB 11, 674; mE unzutr); abl zur Einbeziehung von Sonderbetriebsverlusten *Kempf ua* DB 98, 545; zu § 27 DMBilG s BFH IV R 13/06 BFH/NV 10, 1483). Gleiches gilt bei einem sog **negativem Kaufpreis** (Rz 421, 470; iEinz *Rapp* FR 18, 170 einschließl § 5 VII betr übernommener Verbindlichkeiten). Ist der Wert des MUeranteils gleich dem

Buchwert oder höher und hat der Erwerber nur deshalb weniger als den Buchwert zu leisten, weil der Ausgeschiedene dem Erwerber aus **betriebl** Gründen den Mehrwert ("unentgeltl") **zuwenden** will, entsteht beim Erwerber iHd Differenz zw den dann fortzuführenden Buchwerten und dem Erwerbspreis ein lfd Gewinn (BFH I R 126/71 BStBl II 74, 50; offen in BFH IV R 90/94 BStBl II 97, 241), der jedoch nicht der GewSt unterliegt (FG Ddorf EFG 01, 585). Hat der Erwerber aus **privaten** Gründen ein Entgelt unter Buchwert (und Verkehrswert) zu leisten (teilentgeltl), ist der Erwerb voll unentgeltl (Buchwertfortführung gem § 6 III iVm Einheitstheorie; Rz 66; iEinz auch zu verdeckter Einlage BFH VIII R 36/93 BStBl II 95, 770); Ansatz von Anschaffungsnebenkosten s Rz 67.

5. Tausch von Mitunternehmeranteilen; Veräußerung gegen Sachwerte. 475
Gewinnrealisierende Veräußerung ist nach Maßgabe der vorstehenden Grundsätze nicht nur allgemein die Übertragung von MUeranteilen gegen andere Werte als Geld, dh **Sachwerte** (Tausch gem § 480 BGB oder tauschähnl Vorgang; Rz 284; § 5 Rz 631). Gleiches gilt für den **Tausch von MUeranteilen** (BFH IV R 33/11 BStBl II 15, 717; zur Einbringung/Bewertungswahl gem § 24 UmwStG s oben Rz 397), und zwar selbst dann, wenn MUeranteile an gesellschafteridentischen PersGes (SchwesterGes) getauscht werden. Bereits vor Geltung von § 6 VI waren die Grundsätze des sog Tauschgutachtens nicht anwendbar (BFH XI R 51/89 BStBl II 92, 946; *BMF* BStBl I 98, 163 Rz 2). Ein zusätzl Barausgleich erhöht (Empfänger) und vermindert den Gewinn (Leistender). *Ausnahme:* Gewinnneutral können MUeranteile iRd **Realteilung** einer (Ober)PersGes getauscht werden (Rz 535). *Beispiel:* Vor Realteilung Gründung einer neuen gesellschafteridentischen PersGes; Übertragung der Alt-MUeranteile auf diese, danach Tausch der Anteile (s Rz 539: kein § 42 AO; mE fragl). Str ist, ob Anteile an zwei gesellschafteridentischen zweigliedrigen PersGes auch zwecks **Fortführung** je eines **Einzelunternehmens** gewinnneutral getauscht werden können (bej BFH I 256/61U BStBl III 62, 513; offen BFH XI R 51/89 BStBl II 92, 946). Lehnt man dies ab (BFH III R 34/01, BStBl II 03, 700; *Wacker* BB 99, Beil 5, 12), kann die Einbringung der MUeranteile (§ 24 UmwStG) iVm zeitnaher Realteilung eine „verdeckte Veräußerung" sein (*BMF* BStBl I 11, 1314 Tz 24.07; s aber Beispiel oben). **Abgrenzungen:** zur gewinnneutralen **formwechselnden Umwandlung** einer MUerschafts Rz 401 f; § 15 Rz 174; zu § 24 UmwStG bei **Verschmelzung** von **PersGes** s Rz 397.

III. Ausscheiden aus der Mitunternehmerschaft gegen Abfindung

Verwaltung: *BMF* BStBl I 06, 253 Tz 51–52 (Ausscheiden von Miterben aus Erbengemeinschaft); *BMF* BStBl I 19, 6 (Realteilung); *FB Bln* DB 10, 927 (Mandantenstamm).

1. Gesellschaftsrecht; ertragsteuerrechtliche Einordnung; Kommentierungshinweis. – *(1) Zivilrecht.* Scheidet ein Ges'ter aus einer PersGes aus, sodass sein GesAnteil allen verbleibenden MitGes'tern anteilig anwächst, erlangt der Ausgeschiedene einen **Abfindungsanspruch** auf Zahlung **(Geld),** der sich gegen die fortbestehende Ges (§ 738 I 2 BGB) oder bei Geschäftsübernahme gegen den übernehmenden Ges'ter richtet (§ 140 I 2 HGB; iEinz Rz 395). Die Beteiligten können vereinbaren, dass der Ausgeschiedene nicht Geld, sondern materielle oder immaterielle WG/**Sachwerte** (*FB Bln* DB 12, 545; Mandantenstamm) aus dem GesVermögen (BV) erhält. Zur *HB* s IDWLIFE 18, 258 Tz 58 a ff. – *(2) EStG; KStG.* Obgleich hierin bei entgeltl Vereinbarungen (s auch Rz 503) nach dem Transparenzprinzip (Rz 380) *ertragsrechtl* die **Veräußerung** des MUeranteils iSv § 16 des Ausscheiden*san* die verbleibenden/den übernehmenden Ges'ter zu sehen ist (zB BFH IV R 19/12 BStBl II 15, 954), gehen **Rspr/FinVerw** bei Abfindung mit **Sachwerten** in das **BV** das Ausgeschieden von einer sog **unechten Realteilung = Aufgabe** des MUeranteils gem § 16 III aus.

§ 16 481–484 Veräußerung des Betriebs

Hinweis: Diese Sicht ist mE zwar unzutr (iEinz Rz 530); gleichwohl wird sie mit Rücksicht auf die Bedürfnisse der Rechtspraxis dem Folgenden zugrunde gelegt.

481 **2. Ausscheiden gegen Geld. – a) Besteuerung des Ausscheidenden. – aa) Veräußerungstatbestand.** S Rz 480. Zu Mischabfindung (Geld/Sachwerte des GesVermögens)/unechte Realteilung s aber Rz 531.

482 **bb) Veräußerungspreis; Veräußerungskosten; Buchwert.** Die Höhe des **Abfindungsanspruchs** (Rz 480; zur evtl Haftungsfreistellung s Rz 483) richtet sich entweder nach HGB/BGB (Abschichtungsbilanz; § 738 BGB) *oder* nach Bestimmungen im GesVertrag, den sog Abfindungsklauseln, zB **Buchwertklauseln** (zB *Carlé* KÖSDI 18, 20949; BGH II ZR 295/04 DStR 06, 1005: Ertragswert; BGH II ZR 173/04 BGHZ 164, 98: „Managermodell"; *Hamminger* NWB 16, 3169: Stuttgarter Verfahren, s aber Rz 294; *Fleischer ua* DB 10, 2713: Shoot-Out-Klauseln; beachte auch § 7 VII ErbStG) *oder* ggü dem GesVertrag vorrangigen **Austrittsvereinbarungen.** Zur Teilentgeltlichkeit bei familiären Gründen s Rz 424. Auch die Verpflichtung der Ges, **Darlehensansprüche** des Ausscheidenden Ges'ters gegen die Ges als bald zu tilgen, gehört zum Veräußerungspreis (BFH X R 128/92 BStBl II 95, 465; s Rz 487). Zur Abfindung eines **lästigen Ges'ters** s Rz 444, 463. Zum **SBV,** rückwirkenden **Wegfall** der Abfindung, den **Veräußerungskosten** sowie Buchwert der MUeranteils s Rz 445 ff, 300.

483 **cc) Schulden der Gesamthand; Haftung. –** *(1)* Das Ausscheiden eines Ges'ters zB aus einer OHG oder KG beseitigt seine Haftung im Außenverhältnis für *Verbindlichkeiten der PersGes* nicht (§§ 159 f HGB), es sei denn, die Haftung des K'tisten war ohne Wiederaufleben (§ 171 IV HGB) bereits durch Leistung der Einlage ausgeschlossen (§ 171 I HS 2 HGB). Der Ausgeschiedene erwirbt aber idR im Innenverhältnis einen **Freistellungsanspruch** gegen den Erwerber des Ges-Anteils oder die Ges (§ 738 I 2 BGB). Sieht man diesen als Teil des Veräußerungspreises an, bleibt der Anteil des Ausgeschiedenen an den GesSchulden beim Buchwert unberücksichtigt; nach aA ist (ohne Einfluss auf das rechnerische Ergebnis) nur der Nettobuchwert anzusetzen (s iEinz Rz 272, 444). – *(2)* Muss der Ausgeschiedene aber zB wegen der schlechten wirtschaftl Lage der Ges mit einer **Inanspruchnahme** durch die GesGläubiger **rechnen,** mindert dies den Veräußerungsgewinn (BFH VIII R 214/85 BStBl II 91, 633: phGes'ter; BFH IV B 22/97 BFH/NV 98, 1484: K'tist); mE ist iHd wahrscheinl Haftung gegenläufig zum Freistellungsanspruch (s zu (1)) eine Rückstellung in der für den Ausgeschiedenen fortzuführenden Sonderbilanz auszuweisen. Weicht die **tatsächl Haftungsinanspruchnahme** hiervon ab, ist der Veräußerungsgewinn rückwirkend zu ändern (§ 175 I 1 Nr 2 AO; oben Rz 313, 343), es sei denn, es bestehen werthaltige Ausgleichsforderungen gegen die des oder MitGes'ter (BFH IV B 81/96 BFH/NV 98, 317; *OFD Mchn* FR 04, 731 Tz 3.2). Zur Inanspruchnahme nach Einbringung des GesAnteils in eine KapGes gem § 20 UmwStG s BFH IV R 335/84 BStBl II 86, 623: Erhöhung der Anteils-AK. – *(3)* Werden (unbestrittene) **GesSchulden** vom Ausscheidenden/Veräußerer mit befreiender Wirkung ggü der PersGes **„zurückbehalten",** bleiben sie beim Buchwert außer Ansatz; der höheren Abfindung/Geldleistung steht ein entspr höherer Buchwert ggü (Rz 312). Diese Verbindlichkeiten werden nach BFH I R 234/78 BStBl II 81, 464 PV (*Folge:* Zinsen sind keine BA); mE unzutr, soweit die zurückbehaltenen Schulden den Veräußerungspreis überschreiten. Dazu wohl zu ungewissen Schulden s Rz 109, 341, 369. – *(4)* Das Vorstehende gilt sinngemäß für Ges'ter/K'tisten, die als **Bürge** für Verbindlichkeiten der KG haften (s § 15a Rz 154). – Zu Schulden im **SBV** s. Rz 452, 455.

484 **dd) Negatives Kapitalkonto. – aaa) Unbeschränkte Haftung.** Ein solches bringt für den unbeschr haftenden Ges'ters gesellschaftsrechtl idR zum Ausdruck, bis zu welchem Betrage er bei GesAuflösung vorbehaltl des Anteils am Abwicklungsgewinn ausgleichs-/nachschusspflichtig wäre. Scheidet der Ges'ter **ohne** einen **Ausgleich** aus, weil sein Anteil an den stillen Reserven höher oder gleich dem negativen KapKto ist (Übernahme des negativen KapKtos), müssen entweder der Abfindung/Geldleistung das negative KapKto hinzugerechnet (BFH XI R 34/92 BStBl II 93, 436) oder (rechnerisch gleichwertig) auch die übernommenen Betriebsschulden als Veräußerungserlös (iVm einer entspr Buchwerterhöhung) erfasst werden. Ebenso unabhängig von stillen Reserven usw, wenn der Ges'ter ohne Gegenleistung von GesSchulden freigestellt wird (BFH VIII R 214/85 BStBl II 91, 633). Muss der Ges'ter eine **Ausgleichszahlung** leisten, ist dies die erfolgsneutrale Tilgung einer betriebl Schuld und mindert das negative KapKto (BFH I R 27/75 BStBl II 78, 149); bei vollem Ausgleich entsteht weder Gewinn noch Verlust (BFH IV B 94/09 BFH/NV 10, 1272). Der **Erlass** eines geschuldeten Ausgleichs aus **betriebl** Gründen (§ 397 BGB) ist Teil des Veräußerungspreises, auch wenn die Schuld uneinbringl war (BFH IV B 79/92 BFH/NV 93, 658). Bei einem Schulderlass aus privaten Gründen wird der MUeranteil idR unentgeltl übertragen (BFH I R 143/76 BStBl II 80, 96; Rz 423). Der Erlassvertrag kann auch konkludent abgeschlossen werden; die Nichtgeltendmachung einer uneinbringl Forderung reicht dafür nicht aus (BFH VIII R 26/94 BStBl II 00, 300).

bbb) Beschränkte Haftung. – *(1)* Ist das KapKto des beschr haftenden **485** Ges'ters (**K'tist,** atypischer stiller Ges'ter oder Unterbeteiligter) durch rückzahlungspflichtige **Entnahme** negativ geworden, gelten die Grundsätze zu Rz 484 entspr, weil das negative KapKto gesellschaftsrechtl eine Ausgleichspflicht ausdrückt (BFH IV R 17/07 BStBl II 10, 631; *OFD Mchn* FR 04, 731 Tz 1.2). – *(2)* Besteht hingegen **keine Rückzahlungspflicht** und droht auch keine Haftungsinanspruchnahme, erhöht das negative KapKto den Veräußerungsgewinn (BFH IV R 19/12 BStBl II 15, 954: Liquiditätsentnahme). – *(3)* Zu negativen Kapkto mit (nur) gem § 15a **verrechenbaren Verlusten** s § 15a Rz 160, 168, 184. – *(4)* Bei negativen Kapkto mit **ausgleichsfähigen Verlusten** (zB § 15a I 2, 3: Außenhaftung) ist dessen „Wegfall" durch Veräußerung des MUeranteils grds Teil des Veräußerungspreises des Ausgeschiedenen. S iEinz § 15a Rz 152 ff; zu nicht abziehbaren BA s Rz 311. – *(5) Anders* aber, soweit der K't ist sich für Schulden der KG **verbürgt** hat oder für diese nach §§ 171, 172 HGB **haftet** *und* er ernstl mit einer **Inanspruchnahme** rechnen muss (BFH IV B 22/97 BFH/NV 98, 1484), unabhängig davon, ob er zahlungsfähig ist (BFH VIII R 29/91 BStBl II 93, 747: Rückstellung in Sonderbilanz; s § 15a Rz 23, 154; **aA** zu § 17 BFH VIII R 21/94 BStBl II 98, 660). Zur Rückwirkung späterer höherer/geringerer Zahlungen s Rz 341, 345. – *(6)* Zur Tilgung von **Darlehensforderungen** des Ges'ters durch Ges s Rz 482.

ee) Ereignisse nach Ausscheiden. S zunächst Rz 455 mit Beispielen. **Nach- 487 trägl gewerbl Einkünfte** (iEinz Rz 348 ff) fallen zB auch bei Beteiligung an schwebenden Geschäften iSv § 740 BGB an, sofern diese nicht bereits pauschal in den Abfindungsanspruch einbezogen, sondern gesondert abgerechnet werden. Zu veruntreuten BE s BFH IV R 39/99 BStBl II 00, 670. Der **Veräußerungsgewinn** ist hingegen zB **rückwirkend zu ändern** bei späterer Inanspruchnahme eines ausgeschiedenen Ges'ters für Schulden der Ges, einem Ausfall der Abfindungsforderung des Ges'ters (BFH X R 128/92 BStBl II 95, 465; *Ley* KÖSDI 02, 13459, 13465). Zum nachträgl Schuldenerlass s Rz 455, 342.

ff) Ausscheiden unter Buchwert. S zum Veräußerungsverlust iSv § 16 bei **488** vollentgeltl Übertragung/Ausscheiden mit positivem KapKto sowie negativem Kaufpreis s Rz 470, 421. Zu Buchwertklauseln s Rz 482.

b) Besteuerung der Mitgesellschafter/Erwerber. – aa) Anschaffungskos- 490 ten; Wertansätze; Gesamtaufstockung. AK entstehen den verbleibenden Mit-Ges'tern, denen die Mitgliedschaftsrechte des Ausgeschiedenen anteilig anwachsen (Rz 395). Entspr gilt bei Geschäftsüberahme durch einen MitGes'ter (§ 140 I 2 HGB; *OFD Bln* FR 02, 1151; oben Rz 480). Gegenstand der Anschaffung sind auch hier die ideellen Anteile des Ausgeschiedenen an den einzelnen WG des

GesVermögens (Rz 443). S zu Einzelfragen zB SBV Rz 460. Die **Mehr-AK** sind jedoch nicht wie bei MUeranteilsübertragung in Ergänzungsbilanzen (s Rz 461), sondern in der **StB der Ges** zu aktivieren (BFH VIII R 67/92 BStBl II 94, 449, 450; **aA** *Groh* FS FAfStR 1999, 243: Ergänzungsbilanzen; zu § 8 Nr 1 GewStG aF s BFH VIII R 52/98 BFH/NV 00, 80). Allerdings werden die für Ergänzungsbilanzen maßgebl Grundsätze in der StB der Ges „integriert", gelten mithin entspr (*Ley* KÖSDI 92, 9159; *Groh* BB 94, 540). S deshalb zur Verteilung der Mehr-AK gem modifizierter **Stufentheorie** (Aufstockung/Ansatz auch eines Geschäftswerts) und der Abfindung **lästiger Ges'ter** Rz 462 f. Zur **HB** (bisher *FN-IdW* 12, 189, 198; *FN-IdW* 12, 370, 377: Aktivierung der stillen Reserven auch bei Anwachsung) s nunmehr IDW RS HFA 7 nF Rz 58a (keine Aufstockung, nur Minderung des Eigenkapitals; glA *Groh* aaO, 251; abl *Ley* KÖSDI 18, 20750, 20761). Die Anschaffung der bisherigen Ges'ter beschränkt sich auf die Anteile des Veräußerers an den WG des GesVermögens; die Buchwerte der **bisherigen Anteile** der Mit-Ges'ter/ Erwerber an den WG des GesVermögens sind **fortzuführen** (BFH IV B 133/06 BFH/NV 07, 888; *OFD Bln* FR 02, 1151: keine Betriebsaufgabe; zutr). *Ausnahme:* Eintritt eines *weiteren* Ges'ters, der eine Einlage in das GesVermögen leistet, sodass die Ges zwar nach § 24 **UmwStG** die gemeinen Werte ansetzen kann (Rz 511; *BMF* BStBl I 11, 1314 Tz 01.47); allerdings entsteht nach § 24 III 3 UmwStG lfd Gewinn, *soweit* er auf die bisherigen Ges'ter entfällt (Rz 331 f).

491 **bb) Geschäftswert; Vermutungen.** S. hierzu zB BFH IV R 107/88 BFH/ NV 90, 496 (bej ber negatives KapKto); BFH IV R 56/75 BStBl II 79, 302: indirekte/direkte Methode; Berücksichtigung des Unternehmerlohns). Auch die Abfindung für **„vorzeitiges" Ausscheiden** ist grds Entgelt für anteilige stille Reserven (iEinz BFH I R 226/70 BStBl II 75, 236). Zur Ausnahme bei Übernahmerecht ohne Verpflichtung zur Geschäftswertabfindung s BFH IV R 79/82 BStBl II 84, 584: keine AK für Geschäftswert.

492 **cc) Übernahme eines negativen Kapitalkontos.** Zu den AK bei Übernahme eines negativen KapKto mit oder ohne Weiteres Barentgelt, etwaigen Ausgleichsforderungen gegen den Ausscheidenden, deren Verlust und Erlass sowie zum Übergang negativer KapKto bei Haftungsbeschränkung (zB KG-Anteil) einschließl verrechenbarer Verluste (§ 15a) und etwaiger Ausgleichsposten s Rz 465 f; § 15a Rz 155 ff, 161 f. Zur unentgeltl Übertragung s Rz 423.

493 **dd) Ausscheiden unter Buchwert.** Die Ausführungen zu Rz 470 f betr Abstockungen/Ausgleichsposten bei vollentgeltl Erwerb (etc) gelten mit der Maßgabe entspr, dass diese nicht in Ergänzungsbilanzen, sondern bei Fortbestand der Ges in deren StB vorzunehmen sind. S Rz 470 f auch zu negativen Kaufpreisen sowie zu Abfindungs-/Preisabschlägen aus betriebl/privaten Gründen.

495 **c) Innengesellschaften.** Bei Auflösung einer atypischen stillen Ges (oder einer anderen gewerbl InnenGes) durch Ausscheiden des stillen Ges'ters erwirbt der Inhaber des Handelsgeschäfts *estrechtl* die schuldrechtl wertmäßigen Anteile des stillen Ges'ters am BV, obwohl er sachenrechtl bereits vorher Alleineigentümer war. Wird umgekehrt das Handelsgeschäft auf den stillen Ges'ter übertragen und findet dieser den Geschäftsinhaber ab, erwirbt der stille Ges'ter *estrechtl* – wiederum abw vom Zivilrecht – nur die wertmäßig auf den Inhaber des Handelsgeschäfts entfallenden Anteile des BV (iEinz Rz 399). Die zu Rz 481 ff dargelegten Grundsätze gelten mithin entsprechend.

498 **3. Sachwertabfindung ins Privatvermögen.** Sie fällt im Gegensatz zur Abfindung ins BV *nicht* unter § 16 III 2 (unechte Realteilung = Aufgabe des MUeranteils; Rz 480, 531) und ist deshalb bei vollentgeltl/teilentgeltl Ausscheiden des Ges'ters *Veräußerung* des gesamten MUeranteils (§ 16 I 1 Nr 2) und Erwerb durch die verbleibenden Ges'ter, gleichgültig, ob die Sachwertabfindung nach, beim oder vor dem Ausscheiden vereinbart wird (BFH IV R 67/86 BStBl II 90, 132; anders aber – lfd Gewinn gem § 16 I 2 – bei *Minderung* der GesRechte). Veräußerungspreis ist der Nennwert des auf Geld gerichteten Abfindungsanspruchs, wenn die Sachwertabfindung an Erfüllungsstatt geleistet wird (§ 364 BGB), andernfalls der gemeine Wert des Sachwerts (*Ley* KÖSDI 18, 20750, 20761). Auf die Gewinnrealisierung durch Veräußerung des MUeranteils iVm der anteiligen Aufstockung sämtl WG des GesVermögen (einschließl Abfindungsgut) bei den verbleibenden Ges'tern *(Stufe 1)*, folgt die Abfindung mit den Sachwerten iVm mit einem – lfd (gewstpfl) Gewinn iHd Differenz zw dem Wert (s oben) der Abfindungsschuld und dem anteilig aufgestockten Buchwert des Abfindungsguts *(Stufe 2)*, der uU nach § 6b neutralisiert werden kann. Zum Barausgleich s *Märkle* BB 84, Beil 10, 8.

Beispiel (s auch das Beispiel in *BMF* BStBl I 06, 253 Tz 51 betr Miterben):

ABC-OHG: Bilanz vor Ausscheiden des A

	Buchwert	(Verkehrswert)		Buchwert	(Verkehrswert)
Grundstück 1	40	(100)	Kapital A	60	(100)
Grundstück 2	20	(40)	Kapital B	30	(50)
Sonstige WG	60	(60)	Kapital C	30	(50)
	120	(200)		120	(200)

A scheidet aus; er erhält als Abfindung das Grundstück 1. *Stufe 1:* Gewinn des A aus der Veräußerung eines MUeranteils 100 ./. 60 = 40 ($^1/_2$ stiller Reserven Grundstück 1 und 2), sodass der Buchwert von Grundstück 1 um 30 (= ¾ von 40) von bisher 40 auf 70 aufgestockt wird. *Stufe 2:* lfd Gewinn iHv von 30 = 100 (Abfindungsschuld) – 70 (aufgestockter Buchwert von Grundstück 1 = Sachabfindungsgut).

4. Sachwertabfindung ins Betriebsvermögen. – a) Grundsätze. Zu den **500** Rechtslagen vor 2000 s *Schmidt* 39. Aufl § 16 Rz 522. Sieht man mit **BFH/FinVerw** (*BMF* BStBl I 19, 6 Rz 2, 32 einschließl Übergangsregelung) in der (bloßen) Erfüllung von Sachwertabfindungsansprüchen in das **BV** des Ausscheidenden **nach** dem **31.12.00** (Rz 523) eine sog **(unechte) Realteilung** (§ 16 III 2 = *Aufgabe des MUeranteils* iVm grds zwingender Buchwertfortführung; nicht Veräußerung), sind die (Schluss-)Kapkonten der Ges'ter an die Buchwerte der zu übereignenden und im GesVermögen verbleibenden WG erfolgsneutral anzupassen (BFH IV B 102/06 BeckRS 2007, 25012442: KapKto-Anpassungsmethode), sodass ggf **stille Reserven „überspringen"** und die Abfindungsschuld **erfolgsneutral** erfüllt wird.

Beispiel:

ABC-OHG: Bilanz vor Ausscheiden des A

	Buchwert	(Verkehrswert)		Buchwert	(Verkehrswert)
Grundstück	40	(100)	Kapital A	20	(100)
Übrige WG	20	(200)	Kapital B	20	(100)
			Kapital C	20	(100)
	60	(300)		60	(300)

A scheidet gegen Grundstücksabfindung aus und führt dessen Buchwert (40) in seinem Einzelunternehmen fort. Sein KapKto bei der OHG wird erfolgsneutral um 20 auf 40 „aufgestockt"; die Kapkten von B und C werden zusammen um 20 auf je 10 „abgestockt". Der Anteil des A an den stillen Reserven der übrigen WG ($^1/_3$ von 180) ist erfolgsneutral auf B und C, der Anteil von B und C an den stillen Reserven des Grundstücks ($^2/_3$ von 60) ist erfolgsneutral auf A „übergesprungen".

b) Zweifelsfälle. Die Grundsätze zu Rz 500 gelten mE **nicht** bei „reinen" **501 Geldabfindungen** ggf iVm Schuldübernahmen/negativen Kapkto. Fragl ist aber die Behandlung *gemischter* Abfindungen bzw B (geringe Sachwerte iVm hohem Barentgelt; Rz 531 f, 536), der Abfindungen in das PV *und* BV (Rz 531), das Zusammentreffen mit Leistungen *aus künftigen Erträgen* der Ges (Rz 537, 544) und/

oder mit einem *Spitzenausgleich* aus dem PV/anderen BV der verbleibenden Ges'ter (Rz 542), die Entnahme von WG gegen *Minderung* von GesRechten (Rz 531; § 6 Rz 797).

503 **5. Ausscheiden ohne Abfindung; „Anwachsungsmodell". – a) Komplementär-GmbH.** Ist sie an Vermögen/Gewinn der PersGes nicht beteiligt, wird durch ihr entschädigungsloses Ausscheiden kein Gewinn realisiert (*OFD Bln* FR 02, 1151; mE § 6 III analog bzw Realteilung; BFH IV R 31/14 BStBl II 19, 24 Rz 31, 41).

505 **b) Kommanditist; „Anwachungsmodell"; verdeckte Einlage.** Während das Ausscheiden eines K'tisten gegen Entgelt aus dem PV/*anderen* BV des Erwerbers/Mit-Ges'ters unter § 16 I 1 Nr 2 (Veräußerung des MUeranteils; Rz 442; zu Mischnachlass s aber Rz 636 ff, 660 ff) und das unentgeltl Ausscheiden idR unter § 6 III fällt (Rz 421; uU iVm einem Entnahmegewinn der verbleibenden Ges'ter), kann dies anders sein, wenn der K'tist einer GmbH & Co KG zugleich Anteilseigner der Komplementär-GmbH ist (*Folge:* GmbH-Anteile sind idR SBV; § 15 Rz 517, 714). Scheiden sämtl K'tisten aus der KG aus, geht das GesVermögen (nicht die GmbH-Anteile) im Wege der Gesamtrechtsnachfolge (Rz 395; *BH* HGB § 131 Rz 35) auf die GmbH über (ungenaue Bezeichnung: Anwachsung). Die GmbH führt das Unternehmen allein fort (zu *deren* MUeranteil s Rz 503; *CGd* GmbHR 02, 1019). Erhalten die K'tisten keine Abfindung oder ist diese niedriger als der Verkehrswert der KG-Anteile, hat das Ausscheiden den Charakter einer **verdeckten Einlage** bei der GmbH. **§§ 20 ff UmwStG** sind **nicht** anwendbar, weil die K'tisten keine neuen GesAnteile erhalten (*BMF* BStBl I 11, 1314 Tz E 20.10). Die verdeckte Einlage ist **Aufgabe** des **MUeranteils** (Rz 216, 435; OFD Ddorf DB 88, 1524; *Wacker* BB 98, Beil 8, 17; BFH I R 202/83 BStBl II 87, 705). Bei der Ermittlung des Aufgabepreises ist auch der gemeine Wert der GmbH-Anteile anzusetzen, die SBV waren (*OFD Brem* FR 03, 48; Teileinkünfteverfahren; ebenso zu atypisch stiller Ges FG Nbg EFG 01, 566); fragl, ob der Buchwert des aufgegebenen MUeranteils ab 2001 rückwirkend auf Grund der Körperschaftsklausel des § 6 V 6 zu erhöhen ist (*Rödder ua* DStR 01, 1634, 1637). Zu abw Ansichten (keine Gewinnrealisierung) s *Schmidt* 39. Aufl § 16 Rz 513. **Ausweg:** Werden die KG-Anteile durch *Kapitalerhöhung* in die Komplementär-GmbH eingebracht (sog **erweitertes „Anwachsungsmodell"**), tritt nach Maßgabe der §§ 20 ff UmwStG keine Gewinnrealisierung ein (BFH I R 98/06 BStBl II 08, 916; *Orth* DStR 09, 192); § 1 III Nr 4 UmwStG (Einzelrechtsnachfolge; *hier* bezügl KG-Anteil) steht dem nicht entgegen (*BMF* BStBl I 11, 1314 Tz 01.44; *Ege ua* DStR 10, 2463, 2468). Auch der ursprüngl GmbH-Anteil gilt als nach § 22 I, VII UmwStG, § 17 I, VI steuerverstrickt (*BMF* BStBl I 11, 1314 Rz 20.09, 20.10, BFH VIII R 25/98 BStBl II 01, 321; BFH I R 88/10 BStBl II 13, 94). Zum *anschließenden* **Ausscheiden** der **GmbH** aus der KG (bei Vorhandensein weiterer Ges'ter) s BFH I R 124/91 BStBl II 93, 889: kein Missbrauch. Zum KG-Verschmelzungsmodell s *Ege ua* DStR 10, 2463; zum Treuhandmodell (§ 15 Rz 170) s *Stegemann* DStR 15, 2577. Zur GrEStG s *SHS* UmwStG E Rz 59 ff.

IV. Einbringung; Gesellschafterbeitritt; Änderung der Beteiligungsverhältnisse

510 **1. Einbringung; Abgrenzungen.** – Zur Einbringung von MUeranteilen in PersGes/KapGes (§§ 20, 24 UmwStG), Abspaltung von MUeranteilen (§ 15 UmwStG) und der Verschmelzung von PersGes s Rz 397. Zum Anteilstausch s Rz 475; zum zivilrechtl/estrechtl Formwechsel von PersGes s Rz 401 f.

2. Gesellschafterbeitritt; Gesellschaftsgründung

Verwaltung: *BMF* BStBl I 95, 14 (AfA auf Praxiswert); *BMF* BStBl I 11, 1314 (UmwSt-Erlass); *BMF* BStBl I 17, 34 (Ergänzungsbilanz); *LfSt Bay* DB 14, 2681 (WahlR).

Einbringung; Gesellschafterbeitritt 511–514 § 16

a) **Eintritt in Personengesellschaft. – aa) Einlage des Hinzutretenden.** 511
Tritt ein weiterer Ges'ter in eine PersGes gegen Geld oder sonstige Einlage ein, bringen die bisherigen Ges'ter wirtschaftl und iSv § 24 UmwStG auch rechtl betrachtet ihre MUeranteile in eine neue erweiterte MUerschaft ein (*Ausnahme:* Beitritt ohne Vermögensbeteiligung; BFH IV R 70/05 BStBl II 08, 265; *BMF* BStBl I 11, 1314 Tz 1.47; abl zB *Bauschatz* GmbHR 21, 359). *Folge:* Wahlrechte gem § 24 II Buchwertfortführung etc; zur Bilanzierung (Ergänzungsbilanz iZm Netto- oder Bruttomethode) s § 15 Rz 472; zur Ausübung des Wahlrechts s *LfSt Bay* DB 14, 2681. Bei Ansatz des gemeinen Werts ist der Gewinn grds nach § 16 IV, § 34 begünstigt (Rz 397); § 24 III 2 UmwStG (*Teilanteilseinbringung*) ist nicht einschlägig; allerdings gilt der Einbringungsgewinn im Umfang der „MUeridentität" auf Veräußerungs- und Erwerberseite nach § 24 III 3 UmwStG iVm § 16 II 3 als lfd und ggf gewstpfl Gewinn (Rz 331 f; BFH VIII R 7/01 BStBl II 04, 754; *BMF* BStBl I 11, 1314 Tz 24.16 f; BR-Drs 612/93, 82; krit *Wacker* StBJb 05/06, 67, 83; *Keuthen* Ubg 13, 480). Fragl, ob *nur* diese *lfd* Gewinnanteile durch negative Ergänzungsbilanzen neutralisiert werden können (bej *Breidenbach* DB 95, 296).

bb) Zuzahlungen an bisherige Gesellschafter. Leistet der neue Ges'ter (nur) 512
eine Zahlung an die Alt-Ges'ter, ist dies **Veräußerung**/Erwerb des **Teils** eines **MUeranteils**; *Folge (ab 2002): lfd* und grds gewstpfl Gewinn an (s Rz 415; *BMF* BStBl I 11, 1314 Tz 24.10) = „**Rechtsakt 1**". Eine solche Zahlung ist auch in der Leistung ins GesVermögen iVm der Tilgung **privater Schulden** der Ges (zB gemischtes Kontokorrent!) oder in einer sonstigen **zeitnahen Entnahme** durch die bisherigen Ges'ter (*BMF* BStBl I 11, 1314 Tz 24.09, 24.11) zu sehen. Gleiches gilt für das sog **Gewinnvorabmodell** (BFH VIII R 47/12 BStBl II 16, 600: Gewinnvorzug der Alt-Ges'ter unabhängig von Fixbeträgen; zutr; s auch Rz 250; § 15 Rz 443) sowie für Zuzahlungen in ein **anderes BV** des bisherigen Ges'ters (BFH IV R 33/11 BStBl II 15, 717; BFH IV R 38/15 BStBl II 18, 587: betr atypisch stille Ges; § 15 Rz 350). Nach bisheriger Rspr ist der Gewinn gem der sog Trennungstheorie (= *anteilige* Buchwertgegenrechnung) zu ermitteln (iEinz BFH X R 28/12 BStBl II 16, 81; BFH GrS 1/16 BStBl II 19, 70: zwischenzeitl erledigte Vorlage; Rz 514; allg einschr *Wacker* BB 98, Beil 8, 30; zum Schuldzinsenabzug s BFH XI R 26/98 BFH/NV 00, 11); eine Neutralisierung durch negativen Ergänzungsbilanzen ist ausgeschlossen (BFH IV R 28/97 BFH/NV 98, 836/8). IÜ („**Rechtsakt 2**") ist aber wirtschaftl und iSv **§ 24 UmwStG** rechtl von der Einbringung aller (bisheriger und nach Rechtsakt 1 erworbener) MUeranteile in eine neue erweiterte PersGes gegen Gewährung von GesRechten auszugehen (*BMF* BStBl I 11, 1314 Tz 24.08, 24.10). *Folgen:* Wahlrecht zur Buchwertfortführung; § 6 V 3 ist nicht anwendbar (Rz 397). Bei Ansatz des gemeinen Werts ist für die bisherigen Ges'ter die Umqualifikation in lfd Gewinne gem § 24 III 3 UmwStG iVm § 16 II 3 zu beachten (Rz 331 f, 511; *BMF* BStBl I 11, 1314 Tz 24.12; BFH IV R 54/99 BStBl II 01, 178).

cc) Einlage und Zuzahlung. Sinngemäß gelten die Grundsätze zu Rz 511, 513
512, wenn der neue Ges'ter eine Einlage in das GesVermögen *und* eine Zahlung an die bisherigen Ges'ter leistet (*Wacker* BB 98, Beil 8, 30 f).

b) **Einbringung eines Einzelunternehmens.** Wird ein (gewerbl) Einzelun- 514
ternehmen zu Buchwerten/Zwischenwerten in eine PersGes eingebracht und erhält der Einbringende vom neu eintretenden Ges'ter (= MUer; zur Abgrenzung s BFH IV B 6/98 BFH/NV 99, 1080: betr bloße Praxisgemeinschaft) eine **Ausgleichszahlung ins PV**, entsteht – ebenso wie vor 2002 (dazu einschließl Zweistufenmodell *Schmidt* 34. Aufl § 16 Rz 565 und *Schmidt* 39. Aufl § 16 Rz 565) – *grds* (s unten) ein *nicht* von § 16 I 1 Nr 1 erfasster, dh **lfd** und gewstpfl **Gewinn** aus der entgeltl Veräußerung der Anteile an den WG des Einzelunternehmen („**Rechtsakt 1**", s Rz 512). Ein dem Einbringenden ggü der PersGes *zudem* („Mischentgelt") gewährter **Darlehensanspruch** war bei Buchwertansatz nach

BFH X R 42/10 BStBl II 16, 639 nur gewinnwirksam, soweit er zusammen mit der KapKto-Gutschrift den auf den Einbringenden entfallenden Schlussbilanzwert des Einzelunternehmens überschritten hatte (Einheitstheorie; zutr; *Kulosa* HFR 13, 1155; *Krüger* FR 15, 1108; 16, 11; **aA** *BMF* BStBl I 11, 1314 Tz 24.07; oben Rz 512). Ab **2015** ist diese Einheitsbetrachtung jedoch iSe „Freibetragslösung" auf Gegenleistungen (Barzahlung, Darlehen) begrenzt, die 25% des Buchwerts *und* 0,5 Mio € nicht überschreiten (§ 24 II 2 Nr 2); von der übersteigenden Gegenleistung ist nur der anteilige Buchwert abzusetzen (Trennungstheorie; BT-Drs 18/4902, 49 ff; BT-Drs 18/6094, 84 f). Wird das eingebrachte Vermögen mit dem **gemeinen Wert** angesetzt („**Rechtsakt 2**", s Rz 512), wird hingegen ein Veräußerungsgewinn auch iZm „Rechtsakt 1" nach §§ 16, 34 EStG iVm **§ 24 UmwStG** erzielt (BFH GrS 2/98 BStBl II 00, 123 zu C II 1; *BMF* BStBl I 11, 1314 Tz 24.12). Für diesen ist zwar § 24 III 2 UmwStG (betr MU*erteil*anteil) nicht einschlägig, da entweder das Einzelunternehmen (so BFH IV R 54/99 BStBl II 01, 178) oder der gesamte MUeranteil eingebracht wird; allerdings fällt, soweit der Einbringende an der PersGes beteiligt ist, nach § 24 III 3 UmwStG iVm § 16 II 3; BFH IV R 54/99 BStBl II 01, 178; oben Rz 331 f) ein lfd und grds gewstpfl Gewinn an. Zur **unentgeltl** Aufnahme s Rz 218.

515   c) **Doppelstöckige Personengesellschaft.** Diese entsteht ua, wenn eine (Ober-)PerGes ihren Betrieb (etc) nach § 24 UmwStG in eine (Unter)PerGes, einbringt (Rz 384). Gleiches gilt bei Begründung einer **atypisch stillen Beteiligung** am Betrieb der (Ober)PerGes (§ 15 Rz 350, 354), Zu **§ 11 GewStG** (Freibetrag) s BFH III R 68/18 BStBl II 21, 869; zu **§ 10a GewStG** s *GLE* BStBl I 21, 1074; zT **aA** BFH IV R 34/10 BStBl II 17,233; s auch Rz 366.

516   **3. Änderung der Beteiligungsverhältnisse.** Erhöht ein Ges'ter seine Beteiligung durch (angemessene) Einlagen (*nicht* bei bloßer Neuaufnahme einer Komplementär-GmbH; BFH IV R 70/05 BStBl II 08, 265), ist ebenso wie bei Eintritt eines weiteren Ges'ters gegen Einlagen in das GesVermögen (Rz 511) § 24 UmwStG anzuwenden (BFH VIII R 13/04 BStBl II 08, 545; *BMF* BStBl I 11, 1314 Tz 01.47); bei Buchwertfortführung wird kein Gewinn realisiert. Nach § 16 I 2 (ab 2002) nicht begünstigte Veräußerung des MU*erteil*anteils und keine Einbringung iSv § 24 UmStG ist hingegen die Übertragung von Teilen von Ges-Rechten (zB Gewinnbeteiligung) gegen ein den übrigen Ges'tern persönl zufließendes Entgelt (iEinz Rz 415 f). Die unentgeltl Änderung der Beteiligungsverhältnisse (zB Nichtteilnahme an einer Kapitalerhöhung) kann als unentgeltl Übertragung eines MU*erteil*anteils iVm der Buchwertfortführung zu werten sein (§ 6 III s oben Rz 11, 218, 420), ausgenommen, es geht zu Lasten einer KapGes (vGA; s § 15 Rz 729 oder zu deren zugunsten (verdeckte Einlage iVm lfd Gewinn).

V. Realteilung einer Mitunternehmerschaft, § 16 III 2, 3, V

Verwaltung: *BMF* BStBl I 19, 6; *BMF* BStBl I 19, 11. – **Schrifttum** (Auswahl): *Wacker*, Notizen zur Realteilung …, FS Priester, 819; *ders.* , Zur unechten Realteilung …, FS Kessler 2021, 385; *Wendt*, Realteilung …, FS Lang, 699; *ders*, Ausscheiden gegen Sachwertabfindung …, FR 16, 536; *Levedag*, Der Realteilungserlass …, GmbHR 17, 113; *Steiner ua*, Neudefinition …, Ubg 17, 448, 451; *Stenert*, Der „neue" Realteilungserlass ist überholt, DStR 17, 1785; *Pupeter*, Sachwertabfindung …, DB 17, 2122; *Riedel*, Zur fehlenden Systematik …, Ubg 18, 148; *Dorn ua*, Ungleichbehandlung …, DStR 19, 726; *Demuth*, Gestaltungsfeld …, KÖDSI 19, 21402; *Wübbelsmann*, Die Realteilung …, DStR 19, 2289; *Drüen*, Gewinnneutrale Realteilung …, DB 20, 1807, 1864; *Rombach ua*, Ertragsteuerl Aspekte …, FR 21, 868.

520   **1. Überblick. – a) Buchwertfortführung/Kapitalkontenanpassung.** § 16 III 2 ordnet (ggf iVm §§ 14 S 2, 18 III 2) für die „Realteilung einer MUerschaft" iVm der Übertragung von Teilbetrieben, MUeranteilen oder Einzel-WG in das jeweilige *BV* des *MUers* – vorbehaltl § 16 III 3: Behaltefrist, § 16 III 4 und V: KöKlausel I und II – bei Fortbestand des dt Besteuerungsrechts die **zwingende**

Buchwertführung und damit nicht selten den Übergang/**"Überspringen" der stillen Reserven** von einem Ges'ter auf einen anderen nach der sog KapKto-Anpassungsmethode an. IEinz Rz 541, 500.

Beispiel: A und B sind zu je 50% Ges'ter einer OHG. Das GesVermögen besteht aus dem WG I (Buchwert 80, Teilwert 100) und dem WG II (Buchwert 20, Teilwert 100); KapKten von A und B je 50. Die OHG wird real geteilt. A erhält WG I, B WG II; beide führen die Buchwerte fort. Demgemäß stockt A sein KapKto erfolgsneutral von 50 auf 80 auf. B setzt sein KapKto erfolgsneutral von 50 auf 20 herab. Nach der Realteilung hat A stille Reserven von 20, B solche von 80.

b) Ertragsteuerrechtliche Fallgruppen der Realteilung. Aus § 16 III 2–4 (Rz 520) ergeben sich nach Rspr/FinVerw folgende Unterscheidungen/Fallgruppen – *(1)* echte oder unechte Realteilung, dh Aufgabe des Betriebs der MUerschaft oder des MUeranteils (Rz 530); – *(2) zwingende* **gewinnneutrale** Realteilung (Buchwertfortführung) bei fortdauernder betriebl Steuerverhaftung der Realteilungsmasse einerseits und der gleichfalls *zwingenden* **gewinnrealisierenden** Realteilung (Ansatz des gemeinen Werts gem § 16 III 8) bei Übernahme der WG ins PV/Verstoß gegen Behaltefrist/KöKlauseln gem § 16 III 3f, V andererseits; – *(3)* eine **personendifferenzierende** Betrachtung (§ 16 III 2: Übertragung in das „jeweilige BV der einzelnen MUer"; A überführt WG ins BV, B hingegen in sein PV); – *(4)* eine **objektdifferenzierende** Betrachtung (C übernimmt die ihm zugewiesene WG zT in BV, zT ins PV; Verstoß gegen Behaltefrist (§ 16 III 3); glA BFH IV R 31/14 BStBl II 19, 24 Rz 42; einschr *BMF* BStBl I 19, 6 Rz 8: mindestens eine wesentl Betriebsgrundlage muss ins BV eines Realteilers gelangen (*Gragert* NWB F 3, 13887; **aA** zR BFH IV R 31/14 BStBl II 19, 24 Rz 37); – *(5)* Realteilung *ohne* oder *mit* **Wertausgleich** aus Vermögen (PV/BV) der Ges'ter in Geld oder Sachwerten (Rz 541 ff).

2. Rechtsentwicklung; Binnensystematik. § 16 III 2–4 wurde mit Wirkung ab dem **1.1.01** durch das **UntStFG** in das EStG eingefügt. Zu einzelnen Einzelfragen der zeitl Anwendung s *Schmidt* 39. Aufl§ 16 Rz 541. Die Regelungen führen zwar die Milderungen der bis 1998 geltenden **Realteilungs-Rspr** fort, die in Fällen der Betriebsaufgabe auf der Ebene der PersGes ein Wahlrecht zur Buchwertfortführung des real geteilten Vermögens in „sinngemäß reziproker" Anwendung des Rechtsgedankens des § 24 UmwStG gewährt hatte (BFH VIII R 69/86 BStBl II 92, 385; *BMF* BStBl I 98, 268 Tz 24.18; *Wacker* BB 99, Beil 5). Vgl. zur Rechtsentwicklung – einschließl die Rechtslage 1999/2000 (Buchwertfortführung nur bei Übertragung von Teilbetrieben/MUeranteilen) – iEinz *Schmidt* 39. Aufl § 16 Rz 530 ff. **Systematisch** ist § 16 III 2–4 aber nunmehr nicht durch die Einbindung in die Tatbestände der **Betriebsaufgabe** des § 16 III 1 (zum „weiten" Realteilungsbegriff s Rz 530), sondern vor allem durch die Angleichung an die überarbeiteten und wirtschaftl ähnl Bestimmungen des **§ 6 V 3 ff** zur Buchwertübertragung von Einzel-WG gegen Minderung von GesRechten (BReg-Bericht FR 01, Beil 11, 4) gekennzeichnet. Sie fußen deshalb – ebenso wie § 6 V 3 – auf der gesetzl Kodifikation der **finalen Entnahmelehre** sowie dem Rechtsgedanken der **Fortführung** des **unternehmerischen Engagements;** nur Letzteres kann den Buchwert*zwang* (Rz 520) trotz Betriebsaufgabe rechtfertigen (vgl BT-Drs 14/6882, 541). Demgemäß gelten dafür beide Normen gleichsinnige Restriktionen bezügl Behaltefrist (§ 6 V 4, § 16 III 3; unten Rz 549) und KöKlausel I (§ 6 V 5f, § 16 III 4; unten Rz 553) Zu § 16 V (idF SEStEG, BGBl I 06, 2782; KöKlausel II) s Rz 555. Zum **Nebeneinander** von § 16 III 2–4 und der vor 1999 entwickelten Rspr-Realteilungsregeln bei **Erbauseinandersetzung** zB über Mischnachlässe (BV/PV) s Rz 636 ff.

3. Verhältnis zu anderen Normen. – a) Zivilrecht. Der Begriff der Realteilung knüpft zwar an die zivilrechtl Naturalteilung (§ 731 BGB, § 145 I HGB) als eine „andere Art der Auseinandersetzung" des GesVermögens an, ist aber (ertrag-)steuerrechtl eigenständig zu bestimmen (s Rz 530). Realteilung (Naturalteilung) erfordert häufig die Einzelübertragung aller Vermögensgegenstände aus dem GesVermögen der PersGes in das Eigentum der Ges'ter. Die Vorschriften des **UmwG** über die Spaltung von „Rechtsträgern mit Sitz im Inl" (§ 1 iVm §§ 123–173 UmwG), die einen Übergang des Vermögens auf die Ges'ter im Wege der partiellen Gesamtrechtsnachfolge (Sonderrechtsnachfolge) ermöglichen, sind auf die Realteilung von PersGes grds nur anzuwenden, soweit die realzuteilende Ges eine Personen*handels*Ges ist (s § 124 iVm § 3 I Nr 1 UmwG: „übertragender Rechtsträger") und an dieser als Ges'ter KapGes oder Personen*handels*Ges beteiligt sind (s § 124 iVm § 3 I Nrn 1, 2 UmwG: „übernehmende Rechtsträger") oder eine Personen*handels*Ges auf zwei (oder mehrere) FolgeGes gleicher Rechtsform (Rz 539) aufgespalten wird. Die UmwG-Vorschriften sind hingegen nicht anzuwenden, soweit an einer realzuteilenden PersonenhandelsGes natürl Personen als übernehmende Ges'ter oder GbR beteiligt sind. Ab 2024 gehört nach § 3 I Nr 1 UmwStG idF MoPeG, BGBl I 21, 3436 auch die eingetragene GbR (§§ 706 ff BGB idF MoPeG) zu den verschmelzungs- und spaltungsfähigen Rechtsträgern (§ 124 UmwG).

526 **b) Steuerrecht.** Zu §§ 14 S 2, 18 III 2 (luf/freiberufl MUerschaft) s Rz 534; zu § 14 III nF (Sonderrecht) s § 14 Rz 38; **§ 4 IVa** s *BMF* BStBl I 05, 1019 Rz 10a; **§ 4h V** (Zinsvortrag) s § 4h Rz 32; zu **§ 6 IIa, § 6b, 7g** s unten Rz 541; **gewerbl Grundstückshandel** BFH X R 160/97 BFH/NV 03, 890; *BMF* BStBl I 04, 434 Rz 33; SonderAfA und FördG aF s *BMF* BStBl I 95, 374; **wiederkehrende Leistungen** *BMF* BStBl I 04, 922 Rz 32; **§ 15a** (beschr Verlustverrechnung) s § 15a Rz 177; **§ 34a** (Thesaurierungsprivileg) s § 34a Rz 87. Zu §§ 22, 24 **UmwStG** s *BMF* BStBl I 11, 1314 Tz 22.20, 22.41, 24.07; BFH IV R 11/15 BStBl II 19, 29 Rz 42: Kumulation unbedenkl; **GewSt** bei Spitzenausgleich s Rz 542 f, 548, 551, 553; zu § 18 III UmwStG s *BMF* BStBl I 98, 268 Tz 18.10; zum Verlustabzug s BFH X R 20/89 BStBl II 91, 25; GewStH 10a.2; GewStR 10a.3 III 9 Nr 7; *Wacker* NWB F 3, 10 669, 691; § 13a VI 1 Nr 1 **ErbStG** s ErbStR E13a.13 III 2; **GrESt** s *FM BaWü* DStR 98, 82; BFH II R 30/18 BStBl II 21, 322; **USt** s FG Nds EFG 21, 1509 Rev V R 3/21; *Sternert* DStR 18, 765. **§ 42 AO** (Missbrauch) s Rz 532, 536, 539, 543, 550.

527 **c) Spaltung von Kapitalgesellschaften.** Maßgebl sind die §§ 15, 16 UmwStG, die auch in der Neufassung durch das SEStEG (BGBl I 06, 2782) an der Teilbetriebsbedingung festhalten (s *BMF* BStBl I 11, 1314 Tz 15.01 ff). Gleiches gilt für **OptionsGes** gem **§ 1a KStG** (s § 15 Rz 160a; *BMF* BStBl I 21, 2212 Rz 100).

530 **4. Gewinnneutrale Realteilung. – a) Realteilungsbegriff. – aa) Allgemeines.** Das Tatbestandsmerkmal der Realteilung ist trotz seiner Anlehnung an zivilrechtl Naturalteilung (§ 731 BGB, § 145 I HGB: „andere Art der Auseinandersetzung"; Rz 524) als normspezifischer Funktionsbegriff **ertragsteuerrechtl** eigenständig zu bestimmen. Im Anschluss an das Grundsatzurteil BFH III R 49/13 BStBl II 17, 37 unterscheidet der **BFH-Rspr** (BFH IV R 31/14 BStBl II 19, 24; BFH IV R 11/15 BStBl II 19, 29) aufgrund der Stellung iRd Aufgabetatbestände (§ 16 III 2 iVm 1): – **(1) Echte Realteilung,** verstanden entweder als *zivilrechtl Auflösung* der MUerschaft (Rz 534 = RealteilungsPersGes) oder als *Aufgabe des GewBetr der MUerschaft.* Beispiel: Jeder Ges'ter einer zwei- oder mehrgliedrigen PersGes übernimmt im Zuge der Beendigung der PersGes einen Teil des GesVermögens. Hierzu gehört mE auch die Aufteilung des BV einer beendeten MUerschaft auf zwei (oder mehrere) *FolgePersGes* (BFH XI R 51/89 BStBl II 92, 946; *BMF* BStBl I 98, 268 Tz 24.19 zu UmwStG 1995; s aber ab 2001 Rz 539). – **(2) Unechte Realteilung,** gekennzeichnet durch das Ausscheiden zumindest eines Ges'ters (MUers) unter Mitnahme von mitunternehmerischem Vermögen aus der fortbestehenden PersGes (MUerschaft) und damit durch die (ggf gewinnneutrale)

Aufgabe des MUeranteils. BFH III R 49/13 (BStBl II 17, 37) hatte dies zunächst nur für das Ausscheiden gegen Übernahme von **Teilbetrieben** (MUeranteilen) entschieden (ebenso mit Übergangsregelung *BMF* BStBl I 17, 36 zu II, X). Die BFH-Urteile IV R 31/14 BStBl II 19, 24; BFH IV R 11/15 BStBl II 19, 29 haben dies auf die Übernahme von **EinzelWG** unabhängig davon ausgedehnt, ob es sich hierbei um wesentliche oder **unwesentliche** Betriebsgrundlagen handelt (glA FG Nbg EFG 18, 1969, rkr). Dem hat sich nunmehr auch die **FinVerw angeschlossen** (*BMF* BStBl I 19, 6 Rz 2, 32 mit **Übergangsregelung** auf einvernehml Antrag für unechte Realteilungen, die vor 2019 „stattgefunden haben"; mE Übergang des wirtschaftl Eigentums maßgebl). – *(3) Einzelheiten.* – *(a)* Nach BFH IV R 31/14 BStBl II 19, 24 Rz 46 untersteht **SBV**, das vom MUer in das *eigene* (Sonder-)BV übernommen wird, mangels „Übertragung" (iSv § 16 III 2) *nicht* den Realteilungsregeln, sondern § 6 V 2 (glA *BMF* BStBl I 19, 6 Rz 5; unten Rz 538). – *(b)* Bei unechter und echter Realteilung sind für die Gewinnneutralität die **personen- und objektbezogenen** Merkmale (Rz 521; zB fortdauernde StVerstrickung der zugeteilten WG; Behaltefrist; KöKlausel) zu beachten (glA BFH IV R 31/14 BStBl II 19, 24; BFH VIII R 28/08 BStBl II 14, 299). – *(c)* Zum Verhältnis zu den Einbringungen gem **§§ 20, 24 UmwStG** s BFH IV R 11/15 BStBl II 19, 29: Kumulation unbedenkl; Rz 526. – *(d)* Zu vorgelagertem Buchwerttransfer nach § 6 V und anschließender Realteilung (§ 16 III 2 ff) s BFH IV R 11/15 BStBl II 19, 29 Rz 44 ff: unschädl; Rz 541). – *(4) Kritik.* Die Rspr ist mE trotz Zustimmung des Schrifttums (zB *Steiner ua* Ubg 17, 448; *Pupeter* DB 17, 2122; *Stenert* DStR 17, 1785; *Levedag* GmbHR 16, 377; *Drüen* DB 20, 1807 mwN) nicht (s *Wacker* FS Kessler, 2021, 385). Abgesehen davon, dass – entgegen der Ansicht des *BMF* (BStBl I 19, 6 Rz 1: Betriebsfortführung durch einen MUer = BetrAufgabe) – keinesfalls jede (zivilrechtl) Auflösung einer PersGes zur BetrAufgabe führt (vgl Rz 152, 220, 639; BFH GrS 4–6/89 BStBl II 90, 847 Rz 85; BFH GrS 2/89 BStBl II 90, 837 Rz 95: Auskehrung analog § 7 I EStDV aF = § 6 III), und die Abgrenzung von echter/unechter Realteilung bei Ausscheiden eines Ges'ters aus eine zweigliedrigen PersGes „verschwimmt" (zB *Steiner ua* Ubg 17, 448, 452), ist nicht ersichtl, dass bei unechter Realteilung der Veräußerungstatbestand (Sachwertabfindung; Rz 480) durch die von der Rspr angenommenen Aufgabetatbestände verdrängt werden könnte (ähnl *Görgen* DStZ 17, 279; *Wübbelsmann* DStR 19, 2290). Zum einen kann die Realteilung Teil einer Veräußerung (s Rz 544: zukünftige Leistungen) und/oder mit einem Spitzenausgleich verbunden sein (Rz 542); auch kann die Abfindung teils in das PV (= Veräußerung der MUeranteils), teils in das BV des Realteilers gelangen (s dazu Rz 498, 501, 531). Zum anderen ist selbst das Ausscheiden gegen Übernahme von Teilbetrieben etc nach allg Grundsätzen als vorrangige (Rz 435, 152) Veräußerung des MUeranteils zu qualifizieren (Rz 480), jedoch mit Rücksicht auf die *Wertungen* des § 6 III zur Buchwertfortführung den insoweit zweckidentischen Buchwert-Realteilungsregeln (§ 16 III 2 ff analog) zu unterstellen. Dies entspricht zudem der Beurteilung von Erbauseinandersetzungen über sog Mischvermögen (BV/PV; s dazu Rz 605 ff, 647). Ferner ist nicht einsichtig, weshalb SBV nur dann Teil der Realteilung sein soll, wenn es entweder in das Gesamthandsvermögen des Ausscheidenden oder in das (Sonder)BV der anderen Realteiler „übertragen" wird (s Rz 535). – *(5) Kommentierungshinweis:* Trotz dieser Kritik wird angesichts der auf die Bedürfnisse der Rechtspraxis zugeschnittenen Zielsetzung dieses Kommentars im Folgenden von der nunmehr grds einvernehmlichen Ansicht von **BFH** und **FinVerw** ausgegangen.

bb) Abgrenzung zur Sachwertabfindung; Zweifelsfragen. – *(1)* Nach Ansicht von BFH und *BMF* zur sog **unechten Realteilung** (Rz 530) untersteht auch das Ausscheiden aus einer fortbestehenden MUerschaft (RealteilungsGes) gegen Sachwertabfindung in ein anderes **(Sonder-)BV** der Realteilung gem § 16 III 2 ff (Aufgabe des MUeranteils). Unerhebl ist, ob Teilbetriebe, MUer(-Teil-)

anteile; 100%iger KapGes-Beteiligung oder EinzelWG übertragen werden (*BMF* BStBl I 19, 6 Rz 2). *Ausnahme:* Übernahme von SBV in anderes (Sonder-)BV des MUers (*BMF* BStBl I 19, 6 Rz 5; s einschließl Kritik Rz 530, 535). – **(2) Zweifelhaft** (unklar auch *BMF* BStBl I 19, 6) ist, ob Gleiches für die Entnahme von WG gegen **Minderung von GesRechten** gilt, oder ob § 6 V 3 (Veräußerung eines MUerteilanteils) mit der Folge zu beachten ist (Rz 501; § 6 Rz 797), dass – *(a)* vorbehaltl KöKlausel (§ 6 V 5) die Buchwerte zwingend fortzuführen (*FB Bln* GmbHR12, 544: auch bezügl Mandantenstamm; Sperrfrist gem § 6 V 4) und – *(b)* die Übernahme von **Schulden** der MUerschaft nach *BMF* BStBl I 13, 1164 zur anteiligen Gewinnrealisierung gem Trennungstheorie führt (mE fragl; vgl BFH IV R 11/12 DStR 12, 2051; BFH I R 80/12 BStBl II 13, 1004: Buchwertverrechnung). – *(3)* Gelangt die Abfindung insgesamt (*BMF* BStBl I 19, 6 Rz 2: „vollständig") in das **PV** des Ausscheidenden, fällt kein Aufgabegewinn (§ 16 III 2, 8), sondern (zweifacher) Veräußerungsgewinn an (Rz 498; aA *Steiner ua* Ubg 17, 448, 451; *Rombach ua* FR 21, 868: Realteilung; unzutr). – *(4)* Bei **Mischabfindung** in PV *und* in BV des Ausscheidenden bindet *BMF* (BStBl I 19, 6 Rz 10) die Realteilung in die *Veräußerung* des MUeranteils (§ 16 *II*) ein. Gewinn = Veräußerungspreis (gemeiner Wert der Abfindung in PV und Buchwert des BV) abzügl KapKto (ohne Anpassung an Buchwerte des BV) und Veräußerungskosten (s auch Rz 544). *Weitere Folge:* lfd Gewinn der verbleibenden MUer aus Veräußerung der Abfindung in PV iVm anteiliger Aufstockung der verbleibendenden WG (s auch zur GewSt Rz 498). – *(5)* Gleiches soll nach *BMF* BStBl I 19, 6 Rz 31) bei unechter Realteilung im Falle der Verletzung der **Behaltefrist** (§ 16 III 3) bezügl der zunächst ins BV überführten WG gelten (Rz 551). – *(6)* Unklar ist ferner, ob das Ausscheiden gegen Übernahme **liquider Mittel** in eigenes (Sonder)**BV** noch Realteilung oder gewinnrealisierende Veräußerung ist. Letzteres nimmt *BMF* BStBl I 19, 6 Rz 3 bei „Abfindung in Geld" an (zutr; Rz 480), ohne sich allerdings zu geldnahen WG (Forderungen etc) sowie zu Mischabfindungen (zB Geld und AV; s Rz 536) zu äußern (ausführl *Stenert* DStR 17, 1785, 1790; *Demuth* KÖSDI 19, 21402, 21423 ff: Realteilung). – *(7)* Zum Ausscheiden der **Komplementär-GmbH** s Rz 503.

532 cc) **Keine Realteilung; Missbrauch.** Auch nach BFH/FinVerw (s Rz 530 f) umfasst die Realteilung (§ 16 III 2) bei *Fortführung des Betriebs* weder die unentgeltl Übertragung (Rz 420 ff) eines MUeranteils noch dessen Veräußerung gegen ein **vom Erwerber** zu leistendes **Entgelt** (Rz 441 ff). Ebenso bei Übernahme **liquider Mittel** der MUerschaft in das **PV** des MUers. Zur gleichzeitigen Realteilung mehrerer PersGes durch Anteilstausch s Rz 475. Zu mögl „Missbräuchen" (**§ 42 AO**) s Rz 536, 539, 543, 550; *BMF* BStBl I 11, 1314 Tz 24.07; *Menner ua* DB 03, 1075, 1079: Realteilung nach Umwandlung KapGes in PersGes; *Tiedtke ua* DB 02, 652, 654: gewerbl Grundstückshandel.

534 b) **Mitunternehmerschaft.** § 16 III 2–4 gelten nicht nur bei AußenGes mit betriebl Gesamthandsvermögen, sondern auch für InnenGes, zB **atypische stille Ges** oder Unterbeteiligung sinngemäß (str; *Groh* FS Kruse, 417, 429; *Crezelius* FS Schaumburg, 239, 247; offen *BMF* BStBl I 19, 6; *Neumann* EStB 06, 143). Ebenso bei Güter-/Erbengemeinschaft mit BV/PV (Rz 615, 625; vgl auch *BMF* BStBl I 92, 542 Rz 21; unklar FG BBg EFG 09, 745).Fragl bei Bruchteilsgemeinschaften (zu PV nach Rechtslage bis 1998 s aber BFH IV R 74/95 BStBl II 96, 599; bei Tausch evtl § 6 VI) sowie bei Bürogemeinschaften. Zur Einbeziehung **ausl PersGes** s *OFD Bln* DB 97, 450; Überführung in **ausl Betriebsstätten** s Rz 548. Die Art der (betriebl) Einkünfte ist unerhebl (§§ 14 S 2, 18 III 2 iVm § 16 III 2; zur **Freiberufler**-Sozietät s zB BFH IV R 131/91 BStBl II 93, 509; zu **luf** PersGes BFH IV B 113/06 BFH/NV 07, 2257); zum Qualifikationswechsel bei der Realteilung s Rz 538. § 16 III 2–4 gelten hingegen **nicht** für Zugewinngemeinschaften (BFH IV R 1/01 BStBl II 02, 519: kein gemeinschaftl Vermögen, zutr; EStH 16 IV;

krit *Götz* FR 03, 127) und nicht für **KapGes** einschl **OptionsGes** gem § 1a KStG (s Rz 527; § 15 Rz 160a: Trennungsprinzip).

c) Realteilungsgegenstände. – aa) Grundsätze. Hierzu gehören nach § 16 III 2 **Teilbetriebe** (*BMF* BStBl I 19, 6 Rn 5 f: einschließl 100%ige Beteiligung an KapGes; zu mehreren Betrieben bei Erbauseinandersetzung s Rz 617), **MUeranteilen** und **EinzelWG**; ungeachtet dessen, ob diese funktional für den einem anderen Ges'ter (Realteiler) zugewiesenen Teilbetrieb oder MUeranteil wesentl waren (zum Teilbetrieb tei bei Behaltefrist/KöKlausel nach § 16 III 3, 4 nF unten Rz 550, 556); zu Anteilen an *RealteilerKapGes* s *Drüen* DB 20, 1807, 1864. Demgemäß gilt Gleiches für EinzelWG des **SBV** selbst dann, wenn es sich hierbei um die wesentl Betriebsgrundlage der MUerschaft handelt (*BMF* BStBl I 19, 6 Rz 12); zur Überführung von SBV in *eigenes* (Sonder)BV des Realteilers aber Rz 530. Die Buchwertfortführung erfasst des Weiteren die **Spaltung** von **MUeranteilen** (mE auch bei disquotaler Zuweisung des SBV; vgl zu § 6 III 2 auch oben Rz 420) sowie von **KapGes-Anteilen**; unerhebl ist hierbei, ob die Anteile zu den funktional wesentl Betriebsgrundlagen des (Teil-)Betriebs oder MUeranteils der RealteilungsGes gehören. Nach Sinn und Zweck greift § 16 III 2 ferner über den Wortlaut hinaus, wenn bei Realteilung der A/B-OHG Ges'ter A den **gesamten Betrieb** der OHG, Ges'ter B hingegen den MUeranteil der OHG (OberGes) an der U-KG (UnterGes) übernimmt (*BMF* BStBl I 19, 6 Rz 1; *Rödder ua* DStR 01, 1634, 1649).

bb) Liquidität; Schulden. Zu den positiven/negativen EinzelWG des § 16 III 2 gehören grds nicht nur liquide Mittel, sondern auch Schulden der MUerschaft, ausgenommen solche, die erst durch die Realteilung entstehenden wie zB eine Wertausgleichsschuld (Rz 542). Unerhebl ist, ob die Schulden im wirtschaftl Zusammenhang mit den vom Realteiler (Ges'ter) übernommenen WG (EinzelWG, Teilbetrieb) stehen (BFH VIII R 57/90 BStBl II 94, 607; *BMF* BStBl I 06, 253 Tz 18 betr Miterben; s aber Rz 630, 641 zur Rspr des IX. BFH-Senats) oder ob sie dem rechnerischen Anteil des Ges'ters am GesVermögen entsprechen. Die (inkongruente) Übernahme/Aufteilung der Schulden/liquiden Mittel der MUerschaft ist grds kein Entgelt iSe Wertausgleichs (BFH III R 49/13 BStBl II 17, 37; zu § 42 AO s Rz 543). Keine Realteilung, sondern entgeltl Veräußerung eines MUeranteils gegen Geld lag nach der Rechtslage bis 1998 (s Rz 523) aber vor, wenn ein Ges'ter nur oder fast nur liquide Mittel erhält (BFH III R 34/01 BStBl II 03, 700). Hieran ist mE auch ab 2001 festzuhalten (str; s Rz 531 f).

cc) Abgrenzungen. *Nicht* Gegenstand der Realteilung sind zB **Renten**, die der ausscheidende Ges'ter zB neben einem Teilbetrieb aus **künftigen Erträgen** der Ges erhält (BFH III R 49/13 BStBl II 17, 37: insgesamt Veräußerung; Übergang zur Bilanzierung zwingend, *Görke* BFH/PR 16, 136; zum Veräußerungsgewinn s Rz 544). Ebenso nicht (Einzel-)WG, die der Ges'ter der OberGes unmittelbar der **UnterGes** überlässt (Rz 384); ob sie zum Buchwert in ein anderes BV des Ges'ter der OberGes überführt werden können, richtet sich nach § 6 V 3. Zum Tausch von MUeranteilen s Rz 475; zu Nachfolge*Ges* s Rz 539.

d) Betriebliches Zielvermögen. – aa) Grundsätze. § 16 III 2 erfordert die Übertragung der Realteilungsgestände (Rz 535 ff) in das **jeweilige BV** des einzelnen MUers (zur personenbezogenen Beurteilung s Rz 521, 548; zur unschädl Überführung von gewerbl *in* luf oder freiberufl BV s *Wacker* NWB F 3, 10669, 10685; zu Verpachtungsbetrieb s BFH IV R 93/93 BStBl II 95, 700; *BMF* BStBl I 19, 6 zu IV 2; § 14 III nF = SonderR) unter **Sicherstellung der Besteuerung** der stillen Reserven (dazu Rz 548). Nach BFH IV R 11/15 BStBl II 19, 29 (s Rz 530) soll **SBV** nur im Falle eines Rechtsträgerwechsels iSv § 16 III 2 „übertragen" werden, nicht also, wenn Realteiler das SBV iSv § 6 V 2 in sein *eigenes* BV lediglich „überführt" (*Folge:* § 16 III 2 ff und § 6 V 2 sind kumulativ anwendbar; Rz 530; *Pupeter* DB 17, 2122, 2126; glA nunmehr *BMF* BStBl I 19, 6 Rz 5; mE

§ 16 539, 541   Veräußerung des Betriebs

unzutr; ähnl *Heß* BB 19, 239, 241). Unerhebl ist, ob der **Betrieb** des Realteilers erst im Zuge der Realteilung **entsteht** (*BMF* BStBl I 19, 6 Rz 12; vgl auch BFH VIII R 21/00 BStBl II 03, 194). Entgegen dem Wortlaut sind (Teil-)**MUeranteile** – da Anteil an einem BV – nicht in ein weiteres (Sonder)BV des Realteilers (MUers) zu überführen (teleologische Reduktion; glA *BMF* BStBl I 19, 6 Rz 13). Zur **Behaltefrist** (S 3) sowie zu den **KöKlauseln** (S 4; Abs 5) s Rz 549, 553 ff.

539   **bb) Schwester-Personengesellschaft.** Eine Realteilung war nach der Rechtslage bis 1998 auch anzunehmen, wenn die Realteilungsgegenstände **unmittelbar** in zwei/mehrere betriebl tätige und geprägte (§ 15 III Nr 2) SchwesterPersGes/ NachfolgePersGes überführt wurden (BFH VIII R 33/13 BStBl II 16, 596), und zwar selbst bei teilweise geänderten Beteiligungsverhältnissen. Die Aufgabe der Bilanzbündeltheorie durch BFH GrS 7/89 BStBl II 91, 691 zu C III 2 stand dem nicht entgegen. Nach *BMF* BStBl I 19, 6 Rz 12 sind hingegen ab **2001** die übertragenen EinzelWG der Gesamthand selbst im Falle der Beteiligungsidentität mit dem gemeinen Wert anzusetzen, weil § 16 III 2 ausdrückl die Übertragung in das *jeweilige BV* der *einzelnen MUer* fordert *und* die wertungsgleiche Bestimmung des § 6 V 3 die Übertragung in das GesVermögen einer SchwesterPersGes nicht begünstigt (*Gragert* NWB F 3, 13887, 13890, 13893: kein allg Vertrauensschutz bzgl aufgehobener Verfügung der OFD Bln NWB F 1, 248). **Auswege:** – *(1)* Übertragung in eigenes (Sonder-)BV und Einbringung in SchwesterPersGes gem § 6 V 3 nach Ablauf der Behaltefrist (Rz 549); zur USt s aber EuGH C-204/13 DB 14, 815; – *(2)* zunächst Einbringung der MUeranteile an der RealteilungsGes in zwei (oder mehrere) NachfolgeGes (§ 24 UmwStG; zur fragl MUerstellung s § 15 Rz 259), dann Realteilung auf NachfolgeGes. Der **BFH** hat dies akzeptiert (BFH IV R 8/12 BStBl II 17, 766; BFH IV R 11/15 BStBl II 19, 29: kein § 42 AO, kein schädl Gesamtplan; glA nunmehr bei MUerstellung der NachfolgeGes auch *BMF* BStBl I 19, 6 Rz 7; zur Kritik s *Schmidt* 38. Aufl § 16 Rz 546). Darüber hinaus hat BFH IV R 24/15 BFH/NV 19, 516 mE zutr auch die unmittelbare Buchwertübertragung in Realteiler-NachfolgeGes gebilligt (**aA** aber BFH VIII R 24/15 BStBl II 20, 251).

     Stellungnahme: Abgesehen davon, dass die Restriktionen nicht greifen, wenn Teilbetriebe, MUeranteile der RealteilungsGes (arg § 6 III) oder EinzelWG des SBV (arg § 6 V 3 Nr 2) übertragen werden, ist die Ansicht der FinVerw abzulehnen, da § 6 V nach hM auch die Übertragung von EinzelWG in SchwesterPersGes erfasst (BFH IV B 105/09 DStR 10, 1070: AdV; § 6 Rz 805; **aA BFH**I R 72/08 BStBl II 10, 471; unzutr; s jetzt BFH I R 80/12 BStBl II 13, 1004: **BVerfG-Vorlage**) und damit auch die in § 16 III 2 tolerierte Verlagerung stiller Reserven nicht einzuschränken vermag (zu Behaltefrist und KöKlausel gem § 16 III 3, 4 s Rz 549, 553 ff). Werden (Teil-)Betriebe oder MUeranteile in die SchwesterPersGes eingebracht, ist str, ob insoweit die Wahlrechte nach **§ 24 UmwStG** besteht (abl zur Rechtslage bis 1998 s *BMF* BStBl I 98, 268 Tz 24.19; dazu *Wacker* BB 98, Beil 8, 27 f; **aA** BFH XI R 7/03 BStBl II 04, 893; *Ahmann* HFR 04, 1101).

541   **e) Rechtsfolgen.** – **aa) Realteilung ohne Wertausgleich.** Nach § 16 III 2 *HS 1* werden vorbehaltl eines Verstoßes gegen Behaltefrist oder KöKlauseln (III 3, 4; V) die Regelfolgen einer Betriebsaufgabe/Aufgabe des MUeranteils (Rz 530) in der Weise verdrängt, dh idR gemildert, dass die bei der MUerschaft stets iRd lfd Gewinnermittlung ergebenden Schlussbilanzwerte anzusetzen sind (vgl BFH VIII R 57/90 BStBl II 94, 607) und **Übergangsgewinne**/-verluste **nur** zu ermitteln sind, wenn es zumindest bei einem MUer zum Ansatz eines Aufgabegewinnanteils kommt (glA BFH III R 32/12 BStBl II 14, 242; BFH III R 49/13 BStBl II 17, 37; OFD *Nds* DStR 17, 985; s auch BFH IV R 13/01 BStBl II 02, 287). Zum anderen ist nach S 2 *HS 2* der übernehmende MUer an diese Werte gebunden. Dies bedeutet *Zwang* zur Buchwertfortführung (kein Wahlrecht, kein Zwischenwertansatz; krit *Engl* DStR 01, 1725, 1728) sowie **Anpassung der KapKten** des Realteilers an die Buchwerte der übernommenen WG; (Rz 520; *BMF* BStBl I 19, 6 Rz 22 mit Beispiel; FG Hess EFG 14, 339; FG Mster EFG 15, 915; **aA** *Engl* DStR 02, 119: Buchwertanpassung; *Siegel* Ubg 19, 288; s auch BFH VIII R 69/86 BStBl II 92, 385) mit der nicht seltenen Folge der personellen Verlagerung der stillen Reserven (**keine Ergänzungsbilanz;** vgl auch das Fehlen eines § 6 V 4 nF entspr Vorbehalts in § 16 III 4, dazu Rz 551; **aA** *Niehus* FR 05, 278). Demgemäß tritt der Realteiler in vollem Umfang in die Rechtsstellung der PersGes ein (AfA; zu Sammelposten nach § 6 IIa s *BMF* BStBl I 10, 755 Rz 17; zu § 6b s EStR 6b.2 IX 3; *Niehus* FR 05, 278; zu § 7g aF s BFH VIII R 28/08 BStBl II 14, 299); ebenso bezügl des formellen Bilanzzusammenhangs (BFH VIII R 33/13 BStBl II 16, 596: negative Ergänzungsbilanz). Der Gewinnneutralität der Realteilung wird nach BFH IV R 11/15 BStBl II 19, 29 (s dazu auch Rz 530) weder durch die vorherige Buchwerteinbringung von EinzelWG (**§ 6 V**; s auch Rz 420 zur unentgeltl Übertragung von Teil-MUeranteilen auf PersGes iVm anschließender Realteilung) noch auf der Basis aufgestockter Werte durch Verstoß gegen die Behaltefrist gem § 6 V 4 in Frage gestellt.

bb) Realteilung mit Wertausgleich. – aaa) Grundsätze. – *(1)* Trifft die 542 Buchwertfortführung nach § 16 III 2 mit einer Ausgleichsleistung der **Ges'ter in bar oder Sachwerten** aus dessen PV oder (Sonder-)BV eines anderen Betriebs zusammen, weil zB die Verkehrswerte der übernommenen WG höher oder niedriger sind als die Verkehrswerte der untergegangen GesAnteile, steht dies zwar der nach § 16 III 2 zwingenden (Rz 541) Buchwertfortführung nicht entgegen. Jedoch hat der Wertausgleich das Entstehen eines **Gewinns** zur Folge (*BMF* BStBl I 19, 6 Rz 17). Dieser ist grds nicht gewstpfl (BFH VIII R 13/94 BStBl II 94, 809; *BMF* BStBl I 19, 6 Rz 18). *Ausnahmen:* § 7 S 2 GewStG; bei unechter Realteilung Aufstockungsgewinnanteil der verbleibenden MUer bezügl in PV übernommener WG (*BMF* BStBl I 19, 6 Rz 19; dazu Rz 531, 551). Wird der Ausgleich vereinbart, weil Quantum und Art der stillen Reserven unterschiedl sind (zukünftige **Steuerbelastungsdivergenzen;** vgl BFH VIII R 57/90 BStBl II 94, 607), gilt mE Gleiches (*Blumers ua* BB 99, 1786, 1787; **aA** BFH IV 317/65 BStBl II 72, 419: keine Gewinnrealisierung iVm Abzugsverbot gem § 12 Nr 3). – *(2)* **Str** ist die **Höhe** des Gewinns sowie die Begünstigung nach **§§ 16, 34** iVm der partiellen Buchwertfortführung aufgrund Realteilung. – *(a)* Der **BFH** hatte bereits zur Rechtslage bis 1998 angenommen, dass ein lfd Gewinn „iHd Ausgleichsbetrags" entstehe; der Ausgleichsverpflichtete habe in dieser Höhe AK (BFH VIII R 57/90 BStBl II 94, 607; offen BFH III R 49/13 BStBl II 17, 37). Er hat dies nunmehr für § 16 III idF UntStFG bestätigt (BFH IV R 24/15 BFH/NV 19, 516). – *(b)* Nach **FinVerw** (*BMF* BStBl I 94, 601: Nichtanwendung) wurde hingegen nur im Verhältnis der Ausgleichszahlung zum Wert der übernommenen WG entgeltl angeschafft und veräußert und nur insoweit Gewinn realisiert („Trennungstheorie"); dieser sollte allerdings bei Zuteilung von *Teilbetrieben* gem § 16 IV, 34 begünstigt sein (*BMF* BStBl I 94, 601). – *(c)* Im **Schrifttum** (*Strahl* KÖSDI 13, 18528, 18533) wird im Anschluss an BFH IV R 11/12 DStR 12, 2051; BFH I R 80/12 BStBl II 13, 1004 („Einheitstheorie"; s auch Rz 512, 514, **aA** *BMF* BStBl I 13, 1164; *BMF* BStBl I 19, 6 Rz 17 ff) erwogen, auch einen Veräußerungsgewinn nur iHd Differenz von Ausgleichszahlung und Gesamtbuchwert anzunehmen. – *(d)* **ME** ist der FinVerw, da Gewinnrealisierung an das Vorliegen stiller Reserven gebunden, bezügl der Gegenrechnung *anteiliger* Buchwerte auch iRv § 16 III 2 zu folgen (zur näml Beurteilung bei Erbauseinandersetzung s Rz 619); der Spitzenausgleich verdrängt deshalb als gesonderter Realisationsakt (Veräußerung) teilweise die Buchwertfortführung nach Realteilungsgrundsätzen (glA betr Erwerber BFH IV R 51/07 BStBl II 09, 303; *Wacker* NWB F 3, 10669, 10679); dies schließt auch die Geltung der „Einheitstheorie" (s oben) aus. Zutr nimmt der BFH aber bei Buchwertfortführung und damit mangels Aufdeckung sämtl Reserven einen nur *lfd* Gewinn an (*Wacker* NWB F 3, 10669; insoweit glA *BMF* BStBl I 19, 6 Rz 17 ff; zu § 16 I 1 Nr 2, 3 S 2 s Rz 418; einschr für Ausgleich des Ausscheidenden iVm Übernahme von *Teil-*

betrieben BFH IV R 24/15 BFH/NV 19, 516). Ein **Wahlrecht,** die übernommenen WG mit dem gemeinen Wert anzusetzen und hierdurch sämtl stillen Reserven aufzudecken (so Rechtslage bis einschließl 1998), besteht nach § 16 III 2 nicht (zur Erbauseinandersetzung s Rz 618).

Beispiel: A und B sind zu 50% Ges'ter einer OHG; Buch/Verkehrswerte der KapKten jeweils 100/400. Das GesVermögen besteht aus WG I (Buch/Verkehrswert: 120/600) und WG II (80/200). A übernimmt WG I und leistet an B einen Barausgleich von 200; B erhält zudem WG II. – *(a) Lösung nach VIII. Senat: B* erzielt lfd Gewinn von 200; A stockt Buchwerte von WG I um 200 auf insgesamt 320 auf. – *(b) Lösung nach hL/FinVerw:* Gegenstand der Veräußerung ist ¹/₃ des Anteils von B an WG I (200 [Spitzenausgleich]/600 [Verkehrswert]); auf diesen „Mehrempfang" (s Rz 618) des A entfällt ein Buchwertanteil von ¹/₃ × 120 = 40. Demgemäß lfd Gewinn von B iHv 200 − 40 = 160, der iÜ die Buchwerte von WG II (80) fortführt. A stockt nach Abzug des entgeltl erworbenen Teils (40) den verbleibenden Buchwertansatz von WG I (80 = 120 − 40) um seine AK (200) auf; Gesamtansatz 280 (*BMF* BStBl I 19, 6). – *(c) Lösung nach Einheitstheorie:* Gewinn des B iHv 80 (200 − 120 [Buchwert von WG I]); A hat AK iHv 200.

543 **bbb) Vermeidung des Wertausgleichs.** Zur disquotalen Zuweisung neutraler WG (zB Geld, Verbindlichkeiten) s Rz 535 f. Im Schrifttum wird empfohlen, *vor* der Realteilung die liquiden Mittel des GesVermögens durch Kreditaufnahme oder Einlage aus Eigenvermögen der Ges'ter in der für den Wertausgleich erforderl Höhe aufzustocken (sog **Einlagenlösung;** zB *Groh* WPg 91, 620, 623). Auch der BFH nimmt offenbar an, dass damit eine Gewinnrealisierung vermieden wird (BFH VIII R 57/90 BStBl II 94, 607, 613). **ME** können Einlagen nichts an der Gewinnrealisierung ändern, weil nur Scheineinlagen (verdeckter Wertausgleich) vorliegen (glA *BMF* BStBl I 06, 253 Tz 25 zu Miterben-MUerschaft; *Gragert* NWB F 3, 13887, 13892; *Wacker* NWB F 3, 10669, 10681; **aA** *Groh* WPg 91, 620; ähnl *Winkemann* BB 04, 130, 135: Kein Missbrauch iSv § 42 AO; BFH III R 49/13 BStBl II 17, 3: offen). Zur früheren **Zweistufenlösung** (erst Teilanteilsveräußerung iVm §§ *16, 34,* dann Realteilung); s ab VZ 2002 aber § 16 I 1 Nr 2, 3 S 2: *lfd,* uU gewstpfl Gewinn.

544 **ccc) Abgrenzung.** *Kein* Spitzenausgleich und auch *nicht* Teil der gewinnneutralen Realteilung sind – *(a)* nach BFH III R 49/13 BStBl II 17, 37 (s Rz 537) Abfindungen, die der ausgeschiedene Ges'ter neben einem Teilbetrieb (= Realteilungsmasse) aus **zukünftigen Erträgen** der MUerschaft erhält (zB **Renten**). *Folgen:* Übergang zur Bilanzierung; *insgesamt* Veräußerung mit Gewinn (gem sog Einheitstheorie) iHv Rentenbarwert (ggf Wahlrecht bei ESt-Veranlagung) zuzügl Buchwert des übernommenen Teilbetriebs abzügl Buchwert des Kapkto und Veräußerungskosten (s auch Rz 531; iEinz *Levedag* GmbHR 16, 377); zu den verbleibenden Ges'tern s *Demuth* BeSt 16, 15, 16. – *(b)* ME **Tausch von SBV** zw Realteilern (**aA** aber BFH-Rspr und FinVerw, s Rz 530, 538).

548 **5. Gewinnrealisierende Realteilung.** – **a) Entstrickung.** Nach § 16 III 2 entsteht ein (nicht gewstpfl; *Ausnahme:* § 7 S 2 GewStG) Aufgabegewinn der PersGes, wenn (und soweit) die zugewiesenen WG nicht BV (also **PV**) des Realteilers werden (dazu einschließl Nachfolge-PersGes Rz 538 f) oder soweit die **Besteuerung** der stillen Reserven **nicht sichergestellt** ist. Bei Letzterem ist nach § 16 III 2 HS 3 auch § 4 I 4 zu beachten (Ansatz des gemeinen Werts bei ausl Betriebsstättenzuordnung; *BMF* BStBl I 19, 6 Rz 15; s zu Einzelfragen – zB Rückwirkung, EU-Konformität – § 4 Rz 240 ff; zu § 16 IIIa s § 16 Rz 197). Beide Merkmale (BV; fortdauerndes inl Besteuerungsrecht) erfordern eine **personen- und objektbezogene** Betrachtung (Rz 521, 530; BFH IV R 31/14 BStBl II 19, 24).

Beispiel 1: A/B-OHG wird in der Weise real geteilt, dass B die von ihm übernommenen WG ins PV, A aber in ein (weiteres) BV oder SBV überträgt. **Beispiel 2:** wie Beispiel 1, jedoch übernimmt B nur ein Teil der WG ins PV, iÜ bringt er sie in einen Betrieb ein. Die Rechtsfolgen sind in beiden Beispielen *zwingend* mit der Folge, dass A auf der Grundlage angepasster KapKten (vgl Rz 541) die Buchwerte fortzuführen *muss* (kein Wahlrecht; *BMF* BStBl I 19, 6 Rz 9 f; s auch § 6 V). B realisiert hingegen in beiden Beispielen – wiederum nach *vorheriger* KapKto-Anpassung – einen Anteil an dem Aufgabegewinn der OHG, dessen Höhe sich danach bestimmt, in welchem Umfang die WG bei B ins PV gelangen (Ansatz des gemeinen Werts nach § 16 III 8; *Stenert* DStR 17, 1785; **aA** BFH IV R 31/14 BStBl II 19, 24 Rz 42: allg GuV-Schlüssel; diff zw echter/unechter Realteilung (dazu Rz 530) *BMF* BStBl I 19, 6 Rz 9 f; mE ohne Geschäftswert, s aber zu S 3, 4 Rz 550, 553; zum Übergang von § 4 III zum Bestandsvergleich s Rz 541). Der so ermittelte Gewinn ist in *Beispiel 1* nach den **§§ 16, 34** begünstigt (insb ist § 16 III 5 nicht anwendbar; insoweit glA BFH VIII R 24/15 BStBl II 20, 251), nicht hingegen – mangels vollständiger Gewinnrealisierung (kein Wahlrecht) – in *Beispiel 2* (zur Rechtslage bis 1998 s BFH VIII R 57/90 BStBl II 94, 607, 614); Ausnahme mE: die in das *BV* des B überführten WG enthalten keine nennenswerten stillen Reserven. Keine Tarifbegünstigung nach BFH VIII R 24/15 BStBl II 20, 251 jedoch, bei **mehraktigem Ausscheiden** (zR krit *Wendt* FR 19, 771). Erhält B in Beispiel 1 zudem einen **Spitzenausgleich** von A, ist auch der verwirklichte Veräußerungsgewinn (s Rz 542) ohne Begrenzung durch § 16 III 5 tarifbegünstigt (zur Begründung s *Wacker* NWB F 3, 10669, 10683), nicht jedoch in Beispiel 2.

b) Behaltefrist, § 16 III 3. Abw von S 2 (Buchwertzwang) ordnet S 3 für den jeweiligen Übertragungsvorgang **rückwirkend** die **Gewinnrealisierung** an, *soweit* bei einer Realteilung bei der **einzelne WG** übertragen worden sind, bestimmte zum Buchwert übertragene WG (Grund und Boden, Gebäude, andere *wesentl* Betriebsgrundlagen) innerhalb einer *Sperrfrist*, die drei Jahre nach Abgabe der Steuererklärung der MUerschaft für den VZ der Realteilung endet, *veräußert* oder *entnommen* werden. Die Regelung will – gleichsinnig zu § 6 V 4 – verhindern, dass die Realteilung nicht der Umstrukturierung, sondern der Vorbereitung einer Veräußerung oder Entnahme dient (BT-Drs 14/6882, 34), also zB der Ausnutzung eines Steuersatzgefälles oder der Inanspruchnahme von §§ 16, 34 bei Überführung der Realteilungsmasse in NachfolgeGes. Zu gesellschaftsvertragl Zustimmungspflichten s *FN-IdW* Beih 11, 8 Tz 17.

aa) Tatbestand. – (1) Einzelwirtschaftsgüter. Dies ist zu **verneinen,** wenn Betriebe, **Teilbetriebe, 100 %ige KapGesAnteil** (**aA** *Heß* DStR 06, 777, 779; zu § 24 UmwStG s BFH I R 77/06 BStBl II 09, 464; *BMF* BStBl I 09, 671; *BMF* BStBl I 11, 1314 Tz 24.02; oben Rz 135) oder MUeranteile (zutr *BMF* BStBl I 19, 6 Rz 24: auch bei *Teil*MUeranteilen iVm *quotalem* wesentl SBV; weitergehend *FN-IdW* 02, 534, 544) zugewiesen werden (*Folge:* Sperrfrist nach S 4 greift nicht; auch § 6 III 2, V 3 Nr 1 iVm S 4 ist mE nicht anwendbar; uU bei engm Zusammenhang aber § 42 I 2, II AO). Die Lockerung der Begriffsanforderungen iRv § 6 III durch BFH und FinVerw (Rz 11) hat hieran bereits deshalb nichts geändert, weil auch WG mit erhebl stillen Reserven iSv § 16 III 3 „wesentl" sind (s zu *(2)*). Bei Mischfällen (zB Realteiler A erhält Teilbetrieb *und* weitere *Einzel-WG; B nur* EinzelWG, *C nur* MUeranteil) greift mE subjekt-/objektbezogene Beurteilung (*Folge:* bzgl erhaltener EinzelWG Sperrfristverletzung bei B und A; zust *Neumann* EStB 03, 143, 147). – **(2) Wesentlichkeit.** Übertragung (zu SBV s Rz 530; *Stahl* FR 06, 1071, 1073) wesentl Betriebsgrundlagen ist auch in ausdrückl genannten Fällen (Grund und Boden, Gebäude) zu fordern (**aA** *BMF* BStBl I 19, 6 Rz 24). Nach Gesetzeszweck (s Rz 523) und Regelungszusammenhang (Realteilung betr EinzelWG) ist die Wesentlichkeit nicht nur funktional, sondern auch **quantitativ** (stille Reserven) zu bestimmen (*BMF* BStBl I 19, 6 Rz 8; s auch Rz 553 betr S 4; **aA** *Demuth* KÖSDI 19, 21402 [9]). Sie kann demgemäß einen übergehenden **Geschäftswert** (vgl BFH VIII R 57/90 BStBl II 94, 607), aber auch **UV** erfassen (mE jedoch teleologische Reduktion bei Veräußerung im *lfd* Geschäftsbetrieb des Realteilers; glA mutmaßl *BMF* BStBl I 19, 6 Rz 24). Unschädl sind ferner Gewinne nach EStR 6.6 I ggf iVm *BMF* BStBl I 21, 2475 (zB höhere Gewalt). – **(3) Unechte Realteilung** (dazu Rz 530). Die Behaltefrist gilt nicht für die von der MUerschaft zurückbehaltenen WG (*BMF* BStBl I 19, 6 Rz 25). – **(4) Veräußerung; Entnahme.** Schädl ist jedoch nicht nur die Einzelveräußerung der betroffenen WG (insgesamt oder anteilig; vgl „insoweit"; zR aber abl bei Einziehung eigener Anteile durch RealteilerKapGes *Drüen* DB 20, 1864), sondern nach *BMF* BStBl I 19, 6 Rz 26 auch die Einbringung iZm einem Betrieb (etc) nach §§ 20, 24, 25 UmwStG (selbst bei Buchwertansatz) sowie nach § 6 V (gegen Gewährung von GesRechten). Dies soll die KöKlausel (S 4) und die Nichtbegünstigung der unmittelbaren Übertragung auf Nachfolge PersGes „absichern" (*Gragert* NWB F 3, 13 887, 13 892). Letzterem ist indes nicht zu folgen (Rz 539). Demgemäß sind auch Buchwertübertragungen gem § 6 V 3 EStG, § 24 UmwStG unschädl, nicht jedoch, wenn innerhalb der Sperrfrist die EinzelWG durch die NachfolgePersGes oder die MUeranteile an dieser Ges (insgesamt oder anteilig, s oben) entgeltl übertragen werden (vgl Rz 443; s aber zu § 6 V 4 BFH IV R 36/18 DStR 21, 2575; § 6 Rz 825). Keine *Entnahme* ist die unentgeltl Übertragung des Betriebs/Teilbetriebs oder MUeranteils an NachfolgePersGes durch den Realteiler (§ 6 III); jedoch Bindung des Rechtsnachfolgers. – **(5) Sperrfrist.** Für sie ist regelmäßig der Eingang der Feststellungserklärung der MUerschaft beim FA sowie der Übergang des wirtschaftl Eigentums bei Veräußerung/Entnahme (nicht schuldrechtl Abrede) maßgebl (*BMF* BStBl I 19, 6 Rz 24); Berechnung s §§ 187 I, 188 II BGB; § 193 BGB, § 108 III AO sind nicht anwendbar (vgl *TK* § 108 AO Rz 8).

551   **bb) Rechtsfolge.** Nur soweit eine schädl Verfügung bzgl der von der Sperrfrist betroffenen WG vorliegt (s zu Geschäftswert und UV Rz 550), wird rückwirkend (ggf § 175 I 1 Nr 2, II AO) nicht der Buchwert, sondern der gemeine Wert (*BMF* BStBl I 19, 6 Rz 28) angesetzt (s auch Rz 541: keine Ergänzungsbilanzen bei Realteilung; zur GewSt s Rz 542). Dies führt regelmäßig zu einem lfd Gewinn sowie uU zu entspr Gewinnänderungen in den Folgejahren einschließl Besteuerung des Veräußerungs-/Entnahmegewinns. Der Übertragungsgewinn ist nach dem **allg GuV-Schlüssel** (Rz 553; FG SachAnh EFG 20, 716, Rev VIII R 14/19) zu verteilen. *Dies* ist in der Realteilungsabrede zu bedenken; str aber, ob eine hiernach geschuldete nachträgl Ausgleichszahlung zu Gewinn führt (vgl Rz 542) und auf den Übertragungszeitpunkt zurückwirkt (mE zu bejahen). **AA** *BMF* BStBl I 19, 6 Rz 29: bei **echter Realteilung** (s Rz 530) ist schriftl Realteilungsabrede über *Zurechnung* des nur nach § 7 S 2 GewSt-pflichtigen Veräußerungs-/Entnahmegewinns auch bzgl SBV anzuerkennen. Die Ansicht ist zwar in der Beratung zu beachten (*Schell* BB 06, 1026, 1030; ein „Muss"); sie ist jedoch mit dem Sinn von S 3 (vgl Rz 549) nicht zu vereinbaren (*Paus* DStZ 06, 285, 288; *Wacker* FS Priester, 819, 833). Bei **unechter Realteilung** (s Rz 530) soll nach *BMF* BStBl I 19, 6 Rz 31 der Gewinn hingegen dem Ausgeschiedenen nach Sachwertabfindungsgrundsätzen (dazu Rz 531, 498) zugerechnet werden (**aA** *Dorn ua* DStR 19, 726).

553   **c) Körperschaftsklausel I, § 16 III 4.** Nach S 4 ist der **gemeine Wert** ansetzen – und damit S 2 (Buchwertzwang) trotz Überführung in BV nicht anzuwenden –, *soweit* **einzelne WG** unmittelbar oder mittelbar **auf eine Körperschaft**, Personenvereinigung oder Vermögensmasse *übertragen* (zu SBV s Rz 550) werden. Die in Anlehnung in § 6 V 5 aufgenommene KöKlausel will nach der Gesetzesbegründung (BT-Drs 14/6882) nicht nur das „Überspringen stiller Reserven auf KapGes, sondern generell die Nutzung des Teileinkünfteverfahrens beim Verfügen über WG ohne Teilwertansatz vermeiden". Dieses Anliegen ist, da eine *fremdübl* Realteilung nicht den Tatbestand der verdeckten Einlage der Ges'ter der KapGes erfüllt (**aA** *Engl* DStR 01, 1725, 1728), prinzipiell berechtigt. Nach *BMF* BStBl I 19, 6 Rz 11 auch, wenn an der RealteilungsGes nur KapGes beteiligt sind (zutr; **aA** *Schell* BB 06, 1026, 1030; zu § 6 V 5, 6 s BFH IV R 36/18 DStR 21, 2575; § 6 Rz 836); allerdings soll, § 16 III 4 – entgegen seinem Wortlaut, aber im Einklang § 6 V 5 (dazu *BMF* BStBl I 11, 1279 Rz 30) – nur greifen, soweit sich die Beteiligung der *einzelnen* MUer-KapGes an den WG *erhöht* (teleologische Reduktion); weitergehend *Drüen* DB 20, 1864 bei unechter Realteilung *nach Verschmelzung* der MUer-KapGes; mE unzutr). Damit entfällt S 4, wenn nur *eine* KapGes zu 100 % an

der RealteilungsGes beteiligt ist (ähnl zu § 6 V 5 *BMF* BStBl I 11, 1279 Rz 29). Anders als iRv S 2 (s Rz 541) sind mE die stillen Reserven des auf die KapGes übergehenden **Geschäftswerts** nach den Grundsätzen von BFH VIII R 57/90 BStBl II 94, 607 (betr Rechtslage bis 1998) zu erfassen. Zweifelhaft ist allerdings die in S 4 HS 1 nicht geregelte **Verteilung** des Aufgabegewinnanteils der Realteilungs-MUerschaft (nach Gesetzeszweck allg GuV-Schlüssel, nicht Realteilungsabrede oder S 8 nF analog; *Winkemann* BB 04, 130; s aber zur Behaltefrist nach S 3 Rz 551; *Rogall ua* FR 06, 345, 349). Zur GewStG s § 7 S 2 Nr 1 GewStG; *Sauter ua* FR 02, 1101, 1107. Eine schädl **mittelbare Übertragung** ist zB anzunehmen, wenn die Realteilungsmasse in das GesVermögen einer MUerschaft (zB PersGes oder atypische stille Ges) überführt wird, soweit an dieser die KapGes (Realteiler) als MUerin beteiligt ist (vgl auch Rz 539). S 4 erfordert die Übertragung *einzelner* WG und greift damit im Einklang mit der Grundwertung des § 20 UmwStG **nicht**, soweit die KapGes (etc) *Betriebe* (vgl Rz 535), **Teilbetriebe, MUeranteile** (*BMF* BStBl I 19, 6 Rz 24: auch Teile eines MUeranteils; mE nur bei Wahrung des Kongruenzgebots bzgl SBV), **100%ige KapGes-Anteile** (zu § 24 UmwStG s aber BFH I R 77/06 BStBl II 09, 464; *BMF* BStBl I 09, 671; *BMF* BStBl I 11, 1314 Tz. 24.01; oben Rz 550) zugewiesen erhält (*BMF* BStBl I 11, 1279 Rz 37: Vorrang von § 16 III 4 ggü § 6 V 5). Fragl ist indes, ob die somit gebotene Mitübertragung der jeweils wesentl Betriebsgrundlage (einschließl SBV) nur funktional oder auch quantitativ (dazu Rz 85 f) verstehen ist. Für Letzteres spricht die Gesetzesbegründung (s oben; glA zu S 3 *BMF* BStBl I 19, 6 Rz 8); deshalb dürfte auch die Lockerung der Begriffsanforderungen iRv § 6 III durch BFH und FinVerw (Rz 11) hieran nichts ändern (s auch Rz 550). Zu KöKlausel II s Rz 555.

d) Körperschaftsklausel II, § 16 V. – aa) Systematik. § 16 V **ergänzt** zum **555** einen § 16 III 4 (**KöKlausel I,** Rz 553) und steht zum anderen iZm **§ 22 II UmwStG 2006** (idF SEStEG, BGBl I 06, 2782) der für den „Grundfall", dass die von einem *Nicht-KSt-Subjekt* unterhalb des gemeinen Werts durch Sacheinlage oder Anteilstausch (§§ 20, 21 UmwStG) eingebrachten KapGesAnteile *von* der aufnehmenden *KapGes* innerhalb von 7 Jahren mit Einbringung weiterveräußert werden, den **Übergang** vom Teileinkünfteverfahren zur 95%igen Steuerfreiheit nach § 8b II KStG nur iRe abschmelzenden rückwirkenden Einbringungsbesteuerung nach der sog **Siebtelregelung** gestattet (sog Einbringungsgewinn II). Letzteres (schrittweise Stfreiheit) soll auch iZm **Realteilungen** sichergestellt werden. Zum einen durch **§ 24 V UmwStG,** der iVm § 22 I 6 Nr 1 UmwStG, wenn eine Realteilung innerhalb von 7 Jahren *nach* Buch- oder Zwischenwert*einbringung* der KapGesAnteile gem § 24 I UmwStG (Teilbetriebe; zu 100%igem KapGes-Anteil s Rz 553; zu EinzelWG vgl § 6 V 5) durch ein Nicht-KStSubjekt rückwirkend auf den Einbringungszeitpunkt den Ansatz des gemeinen Werts entspr der Beteiligungsquote der MUer-KapGes auslöst (BT-Drs 16/3369: anteilige Einbringungsgewinnbesteuerung gem Siebtelregelung iVm Aufstockung der KapGesAnteile = Realteilungsbuchwert; *BMF* BStBl I 11, 1314 Tz 24.18 ff). Zum anderen durch **§ 16 V (KöKlausel II),** der im Fall der *Weiterveräußerung* der KapGesAnteile der MUerKapGes innerhalb von 7 Jahren *nach* einer *Realteilung*, für die die **KöKlausel I** (§ 16 III 4) aufgrund der Zuweisung von Teilbetrieben **nicht** greift (Rz 553), rückwirkend auf den Realteilungszeitpunkt den Ansatz des gemeinen Anteilswerts anordnet, soweit dieser auf die Beteiligung natürl Personen an der RealteilungsPersGes entfällt (anteilige Realteilungsbesteuerung entspr Siebtelregelung). § 24 V UmwStG und § 16 V können mithin, wenn auch zeitversetzt, kumulativ anzuwenden sein. § 16 V ist **erstmals anzuwenden,** wenn die Übertragung der KapGesAnteile iRd Realteilung nach dem 12.12.06 „erfolgt" (§ 52 Abs 34 S 7 aF; mE Übergang des wirtschaftl Eigentums maßgebl). Für **Altfälle** gilt § 8b IV S 1 Nr 2 KStG aF fort (§ 34 VIIa KStG aF; BT-Drs 16/3369); dh volle Besteuerung bei Weiterveräußerung einer übernommenen KapGesBeteiligung durch die *MUerKapGes* innerhalb von 7 Jahren nach Realteilung (BT-Drs 16/3369; iEinz *Schmidt* 39. Aufl § 16 Rz 556).

556 **bb) Tatbestand.** – *(1)* Übertragung von *Teilbetrieben* einschließl KapGesAnteilen (Anteilen an KStSubjekten) als *wesentl* Betriebsgrundlagen des Teilbetriebs iRe Realteilung zu Buchwerten auf eine *MUer-KapGes* (KSt-Subjekt = Realteiler); dh keine Gewinnrealisierung gem KöKlausel *I* (Abs 3 S 4, s Rz 553; zu § 24 V UmwStG s Rz 555). Dem ist mE die Übertragung von (Teil-)MUeranteilen iVm KapGesAnteilen gleichzustellen (s iEinz Rz 553); ebenso die Zuweisung von 100 %-igen KapGesAnteilen (so BT-Drs 16/3369). Unerhebl ist, ob die anderen Realteiler Teilbetriebe (etc) übernehmen (personenbezogene Betrachtung). – *(2)* Unmittelbare Übertragung *von* einer *natürl Person* (Nicht-KSt-Subjekt iSv § 8b II KStG) *auf MUer-KapGes*. Gemeint sind hiermit (entgegen der Realteilungsdogmatik: Auskehrung = grds Betriebsaufgabe) auf der Stufe der PersGes) die unmittelbaren MUer der RealteilungsPersGes (Transparenzgedanke; zur Beteiligungshöhe Rz 557). Die *mittelbare* Übertragung stellt demgemäß auf die durch zwischengeschaltete PersGes vermittelte Beteiligung natürl Personen oder KapGes (als mittelbarer MUer der RealteilungsGes) ab (vgl auch § 8b VI KStG). Abs 5 greift somit nicht, wenn *nur* KapGes (unmittelbar oder mittelbar) an der RealteilungsGes beteiligt sind (vgl auch § 22 II 1 UmwStG). – *(3)* Übertragung der KapGesAnteile iRd Realteilung nach dem 12.12.06 (s einschließl Altfälle Rz 555). – *(4)* Unmittelbar oder mittelbare (s zu (2)) *Veräußerung* der erhaltenen KapGesAnteile durch MUer-KapGes innerhalb von 7 Jahren „nach Realteilung" (= Übertragung; s zu (3)). Dem sind schädl Vorgänge nach § 22 I 6 Nr 1–5 UmwStG (zB verdeckte Einlage) gleichgestellt.

557 **cc) Rechtsfolgen.** Abs 5 ordnet in HS 1 rückwirkend, dh auf den Zeitpunkt der Realteilung (Übertragung; § 175 I 1 Nr 2 AO), den Ansatz des gemeinen Werts der weiterveräußerten KapGesAnteile an; in HS 2 hingegen die entspr Anwendung von § 22 II 3 UmwStG (Einbringungsgewinn II). ME ist aus Letzterem abzuleiten, dass (nach Sinn und Zweck von Abs 5) nur der Teil der stillen Reserven anzusetzen ist, der der Beteiligungsquote *natürl Personen* als unmittelbare oder mittelbare MUer der RealteilungsGes entspricht (so wohl auch BT-Drs 16/3369; zu KöKlausel I s auch Rz 553; vgl auch *BMF* BStBl I 11, 1314 Tz 24.21). Der Gewinn ist deshalb auch nur von ihnen gem § 22 II 3 UmwStG (Siebtelregelung) zu versteuern; fragl allerdings, ob die rückwirkende Teilaufstockung der veräußerten KapGesAnteile an die Voraussetzungen des § 23 II 3 UmwStG gebunden ist (vgl *BMF* BStBl I 11, 1314 Tz 24.28 zu § 24 V UmwStG).

G. Veräußerung/Aufgabe des Anteils eines persönlich haftenden Gesellschafters einer KGaA, § 16 I 1 Nr 3

560 **I. Veräußerungsgewinn.** Gewinne, die bei der Veräußerung (oder Aufgabe, § 16 III 1, IIIb) des Anteils eines Komplementärs einer KGaA erzielt werden, sind gem § 16 I 1 Nr 3 Gewinnen aus der Veräußerung des ganzen GewBetr (Teilbetrieb, MUeranteil) gleichgestellt. Das Gesetz zieht damit die Konsequenzen aus der Regelung in § 15 I 1 Nr 3. Die *Teil*anteilsveräußerung führt nach § 16 I 1 Nr 3, 2 zu lfd Gewinn; Rz 415 f.

561 **II. Anteil des Komplementärs.** Anteil des Komplementärs ist nur seine Beteiligung als ph Ges'ter; nicht hierzu gehören seine Kommanditaktien (§ 15 Rz 891). Die Anteilsveräußerung (§ 16 I 1 Nr 3) unterliegt sinngemäß den für die Veräußerung eines MUeranteils iSv § 16 I 1 Nr 2 geltenden Grundsätzen. Zur Einbringung des Anteils nach §§ 20, 24 UmwStG s (einschließl KGaA als aufnehmender Rechtsträger) *SHS* § 20 UmwStG Rz 128, 178; *SHS* § 24 Rz 68. Zu Ergänzungsbilanzen des Erwerbers s § 15 Rz 891. Zum „Formwechsel" in Stellung als atypisch stiller Ges'ter s BFH IV B 94/09 BFH/NV 10, 1272; oben Rz 402.

H. Steuerbarkeit; Steuerfreiheit; Freibetrag § 16 IV

I. Steuerbarkeit; Steuerfreiheit. Auch iZm der Betriebsveräußerung/-aufgabe iSv § 16 können *nicht stbare* Erträge (keine BE) anfallen (BFH IV R 61/97 BStBl II 98, 621: Schadensersatz für zu hohe Tarif-/Belastung). Ebenso *stbefreite* Erträge; Beispiele: § 3 Nr 40 Buchst b (bei Veräußerung/Entnahme von Anteile an KapGes oder OptionsGes gem § 1a KStG (Rz 135; § 15 Rz 160a). S Rz 15, 135, 139; 140, 255, 263, 294, 582); § 6b (s Rz 91, 98, 309, 351, 410, 443, 577); § 6 I Nr 4 S 4, § 6 V, § 13 V, 15 I 3, 18 IV 1 (s Rz 77, 293, 405, 662).

II. Freibetrag, § 16 IV

Verwaltung: EStR 16 XIII; *BMF* BStBl I 06, 7 (Aufteilung; Teilentgelt; Altersgrenze); *BMF* BStBl I 16, 1326 (§ 16 IIIb); *OFD Kobl* DStR 07, 992; *OFD Ffm* DB 08, 265 (doppelstöckige PersGes); *OFD Nds* DB 12, 377 (Berufsunfähigkeit).

1. Rechtsentwicklung; Überblick. Zur Reform ab VZ 96 sowie den weiteren Gesetzesänderungen (StSenkG 2001, BGBl I 00, 1433/HBeglG 2004, BGBl I 03, 3076), deren erstmalige Anwendbarkeit und VerfMäßigkeit s ausführl *Schmidt* 39. Aufl § 16 Rz 575. Seit **VZ 2004** gilt, dass – *(1)* der Freibetrag/die Freibetragsgrenze stets 45 000 €/136 000 € beträgt, gleichgültig, ob ein ganzer GewBetr, Teilbetrieb oder MUeranteil veräußert/aufgegeben wird (§ 16 IV 1, 3), – *(2)* der Freibetrag nur gewährt wird, wenn – *(a)* der StPfl „das 55. Lebensjahr vollendet" hat oder – *(b)* „im sozialversicherungsrechtl Sinne dauernd berufsunfähig" ist (§ 16 IV 1), und dies zudem – *(3)* dem StPfl „nur einmal" (§ 16 IV 2) sowie – *(4)* nur „auf Antrag" (§ 16 IV 1). Gleiches gilt nach § 14 S 2 und § 18 III 2 für Einkünfte aus LuF und selbstständiger Arbeit.

2. Zweck. § 16 IV gewährt den Freibetrag ab VZ 96 nicht als sachl, sondern als **persönl StBefreiung,** die an das Alter bzw die Berufsunfähigkeit der **natürl Person** als Unternehmer/MUer anknüpft (BFH IV R 3/12 BStBl II 16, 553). Er mindert demnach nur die ESt-Bemessungsgrundlage, nicht aber diejenige von KSt (Rz 575) oder GewSt (glA zu § 18 III UmwStG BFH IV R 3/12 BStBl II 16, 553; **aA** – uU – *OFD Kobl* DStR 05, 194). Der *stfreie* Teil eines Veräußerungsgewinns wird zwar durch Verluste aus anderen Einkunftsquellen nichtaufgezehrt (BFH VIII R 147/71 BStBl II 76, 360); zum Ausgleich des *stpfl* Veräußerungsgewinns s aber BFH IV R 23/93 BStBl II 95, 467 betr § 15a.

3. Tatbestand. – **a) Begünstigungsausschluss.** Nicht zum „Veräußerungsgewinn" iSv § 16 IV 3 gehören **steuerbefreite** Gewinne (BFH X R 61/08 BStBl II 10, 1011; unten Rz 582); ebenso nicht der nach § 5a IV 3 Nr 2, 3 aF/nF **(Tonnagebesteuerung)** anzusetzende Unterschiedsbetrag (BFH IV R 40/08 BFH/NV 12, 393; *BMF* BStBl I 08, 956); zu **§ 6b** s unten Rz 577. Der Begriff umfasst jedoch **mE** auch den Teil des Gewinns, der gem § 16 II 3, III 5 als **lfd Gewinn** gilt, sodass der Freibetrag entfällt, wenn der gesamte Gewinn einschließl des als lfd Gewinn geltenden Teils die Freibetragsgrenze überschreitet (**aA EStR 16 XIII 9 HS 2;** *HHR* § 16 Rz 735). Der danach errechnete Freibetrag ist aber entspr seinem Zweck nur vom begünstigten Teil des gesamten Gewinns abzuziehen (EStR 16 XIII 9 HS 1).

Beispiel: A (60 Jahre alt) veräußert seinen GewBetr an die AB-KG, an der A als K'tist zu 50 % beteiligt ist. Veräußerungsgewinn 200 000 €, davon je 100 000 € lfd und begünstigter Gewinn. Der Freibetrag (45 000 €) entfällt mE, da gesamter Gewinn (200 000 €) höher ist als die Freigrenze (136 000 €) zuzügl Freibetrag (45 000 €). **AA** EStR 16 XIII 9: Da begünstigter Veräußerungsgewinn 100 000 €) die Freigrenze (136 000 €) nicht überschreitet, kürzt der volle Freibetrag (45 000 €) den stpfl Veräußerungsgewinn auf 55 000 €; daneben tritt ein lfd Gewinn iHv 100 000 €.

b) Persönliche Voraussetzungen. Erforderl ist, dass der unbeschr StPfl (§ 50 I 3; s § 50 Rz 14) entweder das – *(1)* **55. Lebensjahr** vollendet hat oder – *(2)* im sozialversicherungsrechtl Sinne dauernd **berufsunfähig** ist (§ 16 IV 1). Dabei ist nicht nur bei Variante *(1)* auf den Zeitpunkt des Erfüllungsgeschäfts bzw des Endes der Betriebsaufgabe abzustellen (glA BFH IV R 37/09 BFH/NV 12, 41; BMF BStBl I 06, 7; zur Lebensjahrberechnung s §§ 187 II 2; 188 BGB). Gleiches gilt mE für Variante *(2)*; **aA** aber BFH IV R 1/95 BStBl II 95, 893: bei Veräußerung infolge Berufsunfähigkeit ist der schuldrechtl Vertragsabschluss maßgebl. Aus diesen Kriterien folgt jedenfalls, dass § 16 IV **nur** für **natürl** Personen gilt (KStR 8.1 I Nr 1; Rz 573). Auch bei **Zusammenveranlagung** genügt es nicht, dass Ehegatte des Veräußerers das 55. Lebensjahr vollendet hat (vgl BFH IV R 124/77 BStBl II 80, 645). Bei Veräußerung des GewBetr einer MUerschaft steht der Freibetrag den einzelnen estpfl **MUern** nach ihren **persönl Verhältnissen** zu (EStR 16 XIII 3). Ob der StPfl dauernd **berufsunfähig** ist, bestimmt sich ausschließl nach **Sozialversicherungsrecht** (§ 240 II SGB VI). ME aber entgegen EStR 16 XIV 2 (amtsärztl Bescheinigung oder Leistungspflicht einer VersicherungsGes; FG RhPf EFG 08, 1954) keine verfahrensrechtl Bindung; glA FG MeVo EFG 21, 1534 Rev X R 10/21 (aber Rz 130 Friseur); zu nachträgl Bescheinigung s FG SachsAnh EFG 15, 45. Zudem sind die sog Verweisungsberufe (§ 240 II 2 SGB VI) nur dann zu berücksichtigen, wenn sie im bisherigen Betrieb ausgeübt werden können (*OFD NdsDB* 12, 377; FG Ddorf EFG 02, 823). Nicht ausreichend ist eine Arbeitsunfähigkeitsbescheinigung; andererseits muss die Berufsunfähigkeit für die Betriebsveräußerung/-aufgabe nicht kausal sein (*OFD Nds DB* 12, 377; EStR 16 IV 3). Auch ein **verpachteter** GewBetr kann wegen Berufsunfähigkeit veräußert werden (BFH IV R 176/84 BStBl II 86, 601 zu LuF). Berufsunfähigkeit aus Rechtsgründen (zB Berufsverbot) reicht nicht aus. Wird der Betrieb infolge des **Todes** des Unternehmers veräußert, ist dies keine Veräußerung wegen dauernder Berufsunfähigkeit (BFH IV R 116/79 BStBl II 85, 204); die Voraussetzungen des § 16 IV 1 müssen in der Person des *Erben*erfüllt sein (BFH X R 26/90 BFH/NV 91, 813); anders ist dies nur, wenn der Betrieb usw zwar erst nach dem Tod des Erblassers übertragen wird, dieser aber noch vor seinem Tod verkauft hatte (BFH IV R 1/95 BStBl II 95, 893; offen BFH X R 6/13 BStBl II 16, 216) oder die Aufgabeerklärung gem § 16 IIIb 1 Nr 1 des/der Erben auf den Erblasser zurückwirkt (*BMF* BStBl I 16, 1326).

576 **c) Veräußerungsgewinn; Aufgabegewinn iSv § 16. – a) Grundsätze.** Begünstigt ist nur der Gewinn aus der Veräußerung/Aufgabe des ganzen GewBetr, eines Teilbetriebs, eines MUanteils einschließl des Anteils eines MUers am Gewinn der MUerschaft aus der Veräußerung/Aufgabe ihres GewBetr/Teilbetriebs. Die Höhe des Veräußerungsgewinns wird auch durch Gewinne/Verluste des **SBV** (Rz 407) bestimmt. Die Gesamtplan-Rspr (Rz 4) ist hierbei zu beachten (**aA** *Förster ua* FR 16, 596). Bei einer **doppelstöckigen PersGes** ist ein Gewinn aus der Veräußerung eines Anteils an der OberGes bzw des Betriebs der OberGes begünstigt, aber nur dieser und nicht auch noch zusätzl die damit verbundene Veräußerung der mittelbaren Beteiligung an der UnterGes (nur *ein* Freibetrag!; Rz 384, § 15 Rz 471; **aA** *OFD Ffm* DStR 14, 2180; EStR 16 XIII 8; *Förster* DB 02, 1394/6; s auch *BMF* BStBl I 11, 1314 Tz 20.12, 24.03; offen BFH IV R 67/00 DStRE 04, 1327; vgl auch BFH I R 79/06 BFH/NV 08, 729). Dem OberGes'ter steht mE aber der Freibetrag auch zu, wenn entweder die OberGes ihren MUeranteil an der UnterGes (*OFD Ffm* BeckVerw 152284; s oben Rz 384) oder die UnterGes ihren Betrieb/Teilbetrieb veräußert (Rz 366).

577 **bb) Einzelfragen.** Wird bei Veräußerung/Aufgabe teilweise eine **§ 6b-Neu-Rücklage** gebildet, so ist der verbleibende Gewinn zwar nicht tarifbegünstigt (§ 34 I 4, III 6), aber auf Antrag der Freibetrag abzuziehen (*Dötsch* GS Knobbe-Keuk, 411, 428; enger *BMF* BStBl I 18, 309). Zur Fortführung sog Alt-Rücklagen s Rz 91). Wird bei Betriebs-/MUanteilsveräußerung (nur) gegen **wiederkehrende Bezüge** die **Zuflussbesteuerung** gewählt, kann zwar von den nachträgl Einkünften *kein* Freibetrag abgezogen werden (BFH III B 15/88 BStBl II 89, 409;

BFH X R 79/90 BFH/NV 91, 73). Anders hingegen bei wiederkehrenden Bezügen (iVm Wahl der Zuflussbesteuerung) *und* Einmalentgelt; übersteigt der gesamte Veräußerungspreis (einschließl Kapitalwert der wiederkehrenden Bezüge) nicht die Freibetragsgrenze (FG Mster EFG 01, 1275), ist der Freibetrag für einen Gewinn aus Einmalentgelt abzügl Buchwert zu gewähren; der nicht verbrauchte Teil des Freibetrags mindert indes auch hier nicht die wiederkehrenden Bezüge (BFH III B 15/88 BStBl II 89, 409). Wird der Veräußerungs-/Aufgabegewinn in **verschiedenen VZ** erzielt, zB Veräußerung wesentl Betriebsgrundlagen sowohl in 01 als auch in 02, fällt insgesamt nur ein Freibetrag an (BFH GrS 2/92 BStBl II 93, 897). Nach hL ist der Freibetrag vom im ersten VZ verwirklichten Gewinn voll und ein verbleibender Rest vom Gewinn des folgenden VZ abzuziehen (*HHR* § 16 Rz 725; zutr); nach *BMF* BStBl I 06, 7 ist hingegen im Verhältnis der in den VZ erzielten Teile des Gesamtgewinns aufzuteilen (diff *Kanzler* DStR 09, 400: antragsgemäß). Entsteht im ersten VZ ein Gewinn und im zweiten VZ ein höherer Verlust, entfällt der Freibetrag rückwirkend (*BMF* BStBl I 06, 7: ggf Korrektur nach § 175 AO).

d) Objektbeschränkung. Der Freibetrag steht jedem StPfl (natürl Person) in seinem Leben **nur einmal** zu (§ 16 IV 2), stets aber in *voller Höhe* (FG SchlHol EFG 08, 1294). Dabei ist unerhebl, ob der StPfl einen ganzen GewBetr, Teilbetrieb, MUeranteil veräußert oder aufgibt (BFH IV R 18/02 BStBl II 03, 838). Ebenso wenig kommt es darauf an, ob vollentgeltl veräußert oder nur teilentgeltl (*BMF* BStBl I 06, 7) wird, sofern das Entgelt höher als der Buchwert ist. Veräußerungen/Aufgaben *vor 1996* (vgl Rz 572) werden auf die Objektgrenze nicht angerechnet (§ 52 Abs 34 S 5 aF). Der (beantragte) Freibetrag ist auch dann voll „verbraucht", wenn der Veräußerungs-(Aufgabe-)gewinn den Freibetrag nicht ausgeschöpft (EStR 16 XIII 4). **Unerhebl** ist ferner – vorbehaltl Treu und Glauben –, ob der Freibetrag **zR** gewährt wurde (iEinz BFH VIII R 2/19 DStR 22, 38). Auch wenn der StPfl **mehrere** selbständige GewBetr hat und/oder mehrere MUeranteile (zB zwei PersGes) hält, kann er den Freibetrag nur einmal beanspruchen (EStR 16 XIII 6, 7; BFH X R 12/14 BFH/NV 17, 1485; zur nachträgl Änderung dieses Wahlrechts s BFH X R 44/13 BStBl II 16, 278). Gleiches gilt im Verhältnis zu weiteren **luf** oder **freiberufl** Betrieben/MUeranteilen des StPfl (§ 16 IV ggf iVm § 14 S 2 oder § 18 III 2; BFH X R 2/09 BStBl II 09, 963; EStR 16 XIII 5). Zur MUer-bezogenen Prüfung bei Veräußerung/Aufgabe eines gewerbl (luf oder freiberufl) Betriebs einer PersGes s Rz 575.

e) Antrag. Der Freibetrag wird nur gewährt, wenn der StPfl dies beim FA beantragt (§ 16 IV 1). Der Antrag ist weder form- und fristgebunden, noch vom Antrag auf Tarifermäßigung (§ 34) abhängig. Er kann bis zur Bestandskraft des entspr StBescheids zB während des FG-Verfahrens nachgeholt und zurückgenommen werden.

4. Ermäßigungsbetrag; Freibetragsgrenze. – a) Grundsatz. Der Freibetrag ermäßigt sich um den Betrag, um den der „Veräußerungsgewinn" – zu § 16 II 3, III 5 s Rz 574 mit Beispiel. – 136 000 € übersteigt.

Beispiel: Veräußerungsgewinn im VZ 04: 160 000 €; Ermäßigungsbetrag: 160 000 ./. 136 000 = 24 000 €; Freibetrag: 45 000 ./. 24 000 = 21 000 €. Der Freibetrag entfällt, wenn der „Veräußerungsgewinn" 181 000 € oder mehr beträgt (Freibetragsgrenze).

b) Einzelfragen. Zur Veräußerung/Aufgabe über **zwei** VZ, gegen Einmalentgelt und **wiederkehrende Bezüge** iVm Wahl der Zuflussbesteuerung sowie zu Neu-/Altrücklagen nach **§ 6b** s oben Rz 577. Bleibt ein Teil des Veräußerungsgewinns zB gem § 13 IV, V iVm §§ 15 I 3, 18 IV 1 **„außer Ansatz"** (betr selbstgenutzte Wohnung; Rz 570), ist ohne Kürzung der Freibetragsgrenze nur der stpfl Teil des Gewinns maßgebl (*Meyer-Sievers* DStR 86, 820). Gleiches gilt für Gewinnteile, die dem **Teileinkünfteverfahren** (§ 3 Nr 40; s einschl OptionsGes gem § 1a KStG Rz 570) unterliegen (EStH 16.13; *BMF* BStBl I 06, 7); zur Aufteilung des Freibetrags s BFH X R 61/08 BStBl II 10, 1011: vorrangiger Abzug vom stpfl Einkunftsteil nach § 3 Nr 40 (zutr); *Stahl* KÖSDI 01, 12838, 12842: Wahlrecht.

583 **5. Verfahrensrecht.** Wird der (Teil-)Betrieb einer MUerschaft oder ein MUeranteil veräußert (aufgegeben), ist über Höhe des Gewinnanteils des MUers im Feststellungsverfahren (§ 180 AO), über die Gewährung des Freibetrags iRd EStVeranlagung des MUers zu entscheiden, weil Alter und Berufsunfähigkeit persönl Steuermerkmale sind (BFH IV R 39/12 BFH/NV 16, 30; FG Köln EFG 16, 1148; EStR 16 XIII 1, 2).

I. Erbfall und Erbauseinandersetzung

I. Tod eines Einzelunternehmers

Verwaltungsanweisungen: *BMF* BStBl I 06, 253; *BMF* BStBl I 19, 11: Erbengemeinschaft/Auseinandersetzung; *BMF* BStBl I 94, 603: Schuldzinsen; *BMF* BStBl I 04, 922 Rz 40: Versorgungsleistungen; *FM SachsAnh* DStR 18, 2029: Fiskuserbrecht, Scheinerbe; *OFD Mbg* BB 01, 1398: Zuständigkeit; *BMF* BStBl I 02, 1329: Rückwirkung; *BMF* BStBl I 06, 306: Schuldübernahme; *OFD Mster* DStR 06, 1415: Pflichtteilserfüllung; *FM SchlHol* DStR 11, 1427 (Verluste); *FM SchlHol* DStR 16, 1474 (Gemeinnützigkeit).

590 **1. Alleinerbe. – a) Erbfall, § 1922 BGB.** Er begründet, auch wenn der Betrieb mit dem Tode des Unternehmers zum Stillstand kommt (BFH IV R 5/06 BStBl II 08, 113), idR keine Betriebsaufgabe, sondern führt zur unentgeltl Betriebsübertragung iSv § 6 III 1, 3 mit Buchwertfortführung (s Rz 40; zu BE s. u.). Anders als Vergütungen für einen vermögensverwaltenden Vormund/Testamentsvollstrecker (BFH IX R 32/16 BStBl II 18, 191: uU Aufwandsaufteilung; zutr.) sind Kosten des Rechtsstreits über Erbenstellung keine BA (BFH III R 37/98 BStBl II 99, 600; **aA** BFH IX R 43/11 BStBl II 14, 878; oben Rz 67). Dem **Erblasser** ist der bis zum Todestag entstandene lfd Gewinn gem Zwischenbilanz oder Schätzung zuzurechnen (BFH I R 100/71 BStBl II 73, 544). Der **Erbe** tritt mit dem Erbfall auch erbstrechtl grds in die Rechtsstellung des Erblassers ein (BFH GrS 2/89 BStBl II 90, 837; BFH VIII R 32/15 BStBl II 18, 223; zu § 4 IVa s *BMF* BStBl I 05, 1019 Rz 10a; *FM SchlHol* DStR 11, 1427), *nicht* jedoch nach geänderter Rspr – vorbehaltl Vertrauensschutz – bezügl Verlustabzug gem § 10d (BFH GrS 2/04 BStBl II 08, 608; BFH IX R 9/16 BFH/NV 17, 567). Ebenso nicht in den Verlustabzug nach § 10a GewStG (BFH VIII R 160/86 BStBl II 94, 331); anders aber bei § 15a (s § 15a Rz 168; § 15b s *BMF* DStR I 07, 542 Rz 25). Er kann den Betrieb fortführen, aber auch sofort aufgeben/veräußern und erzielt hierdurch in eigener Person einen Veräußerungs-/Aufgabegewinn (BFH IV R 97/89 BStBl II 92, 392) selbst dann, wenn der Erblasser die Veräußerung/Aufgabe angeordnet hatte (ähnl BFH IV R 1/95 BStBl II 95, 893). Diese Grundsätze gelten in gleicher Weise für **Vorerben** und **Nacherben** (§§ 2100 ff BGB). Gleichfalls keine Betriebsaufgabe ist der Übergang eines Betriebs durch Erbanfall auf eine **KapGes** (BFH I R 131/90 BStBl II 93, 799; ebenso zu Stiftung BFH I R 76/99 BStBl II 02, 487; krit *Groh* GS Knobbe-Keuk, 433); anders bei nicht kstpflichtiger Körperschaft (BFH IV R 38/97 BStBl II 98, 509: luf Betrieb einer Kirchengemeinde; *FM SchlHol* DStR 16, 1474: § 15 III Nr 2 iVm Gemeinnützigkeit); s auch Rz 11. Die für einen GewBetr bestimmte Erbschaft ist **BE** (BFH I R 50/16 BStBl II 17, 324; BFH VIII R 41/14 BFH/NV 17, 1180; BVerfG 1 BvR 1432/10 HFR 15, 695: Kumulation mit ErbSt); s auch § 35b.

591 **b) Ausschlagung; Scheinerbe.** Schlägt der Erbe die Erbschaft aus (§§ 1942 ff BGB), ist der endgültige Erbe vom Erbfall an, dh ex tunc Unternehmer. Die vorläufige Unternehmereigenschaft des ausschlagenden Erben entfällt rückwirkend (§ 175 I 1 Nr 2 AO; ebenso zu *Fiskalerbe* BFH IV R 50/16 BStBl II 20, 57; § 15 Rz 251). Gleichwohl ist eine Abfindung als Veräußerungserlös des ausschlagenden Erben (Durchgangsunternehmer) und als AK des endgültigen Erben zu werten

(*Wacker ua* BB 93, Beil 5, 93, 16; *BMF* BStBl I 06, 253 Rz 37; *BMF* BStBl I 98, 914 Rz 39; BFH IX R 59/94 BStBl II 98, 431). Anders aber bei Geltendmachung des Pflichtteils (*Flick* DStR 00, 1816); zu Ausschlagung gegen lebenslängl Versorgungsleistungen s BFH X R 160/94 BStBl II 97, 32 (SA gem § 10 Ia Nr 2) sowie gegen Nießbrauchsvorbehalt s BFH IX R 59/94 BStBl II 98, 431; *BMF* BStBl I 98, 914 Rz 39: AfA). Gleiches gilt, wenn ein Erbrechtsstreit in der Weise beigelegt wird, dass der **Scheinerbe** den GewBetr einschließl Nutzungen ab Erbfall an den Erben (= Unternehmer ex tunc) herausgeben muss (*Groh* DB 92, 1312; *Grube* DStZ 99, 313, 319: Prozesskosten; **aA** zur ErbSt BFH II R 24/15 BStBl II 17, 128: nur § 10 V Nr 3 ErbStG); zum angebl **Miterben** s aber Rz 609. Zum formunwirksamen **Vermächtnis** s BFH XI R 18/06 BStBl II 09, 957; zum **Verzicht** auf Erbteil/Pflichtteil oder Anspruch gem § 2287 BGB s Rz 61.

c) Erbfallschulden. – aa) Grundsätze. Ist der Erbe mit Geldvermächtnissen (§§ 1939; 2147 BGB), Pflichtteils- (§ 2303 BGB), Erbersatzansprüchen (§ 1934a BGB aF), Abfindungsschulden nach HöfeO oder iRe qualifizierten Nachfolge-/ Eintrittsklausel (s Rz 673, 678) belastet (Erbfallschulden), begründen diese – gleich Erblasserschulden (Rz 41) – **keine AK** für das im Erbwege erlangte BV; der Erbe muss die Buchwerte fortführen.

BFH IV R 97/89 BStBl II 92, 392: § 1934a BGB aF; BFH VIII R 6/87 BStBl II 93, 275; BFH XI B 147/99 BFH/NV 00, 952: Vermächtnis/ Pflichtteil; BFH IV R 66/93 BStBl II 94, 623: Höferecht; BFH VIII R 72/90 BStBl II 94, 625: qualifizierte Nachfolgeklausel; *BMF* BStBl I 06, 253 Tz 35, 60, 63, 72, 77; **aA** – AK der Erben – evtl BFH X R 54/92 BStBl II 94, 633 für Untervermächtnis (s Rz 593); s auch BFH IX R 43/11 BStBl II 14, 878; Rz 590, 614, 667.

Demgemäß ist auch die Erfüllung derartiger Ansprüche kein „Veräußerungserlös" und nicht estpfl (BFH VIII R 6/87 BStBl II 93, 275). Entsprechendes gilt, wenn sich der Erbe in einem **Erbvertrag** zu Geldvermächtnissen „verpflichtet" hat oder an den Erblasser zu dessen Lebzeiten ein Entgelt für eine erbvertragl Erbeinsetzung gezahlt hat (Entgelt wie Erbfallschulden; zur ErbSt BFH II R 105/82 BStBl II 84, 37) oder ein Vermächtnisnehmer mit **Untervermächtnis** belastet ist (unklar BFH X R 54/92 BStBl II 94, 633). Zur **Ablösung** „erbrechtl Ansprüche" wie zB Pflichtteilsanspruch durch lebenslängl wiederkehrende Leistungen s BFH X R 85/94 BStBl II 97, 284.

bb) Notwendiges Privatvermögen. Erbfallschulden (s Rz 592) wertet der BFH unter Aufgabe der früheren sog Sekundärfolgen-Rspr mE zutr auch insoweit als notwendige Privatschulden, als sie aus BV im Nachlass herrühren, sodass Stundungs- und Verzugszinsen selbst dann keine BA sind, wenn sie aus dem BV gezahlt werden (BFH VIII R 18/93 BStBl II 95, 714 aE; **aA** evtl BFH I R 131/90 BStBl II 93, 799 zu KapGes als Erbin; oben Rz 590). Demgemäß sind auch Kredite zur Tilgung einer Erbfallschuld sowie Darlehens-/Rentenschulden aus deren Umwandlung (Novation)/Ablösung Privatschulden und Zinsen keine BA (zB BFH X R 85/94 BStBl II 97, 284 zu 4). Zur Kritik vgl *Schmidt* 34. Aufl § 16 Rz 593. **Betriebsschulden** sind aber: – *(1)* ein Kredit zur Finanzierung *betriebl Aufwendungen* nach vorausgegangener Entnahme liquider Mittel zur Tilgung einer Erbfallschuld (BFH GrS 2–3/88 BStBl II 90, 817; beachte aber § 4 IVa); – *(2)* eine durch vermächtnisweise oder Novation von Erbfallschulden begründete typische stille Beteiligung (BFH VIII R 47/90 BStBl II 94, 619; mE fragl).

d) Sachvermächtnis. Sind einem Dritten vermächtnisweise *einzelne WG des BV* zum Nachlass gehörigen GewBetr zugewendet (Sachvermächtnis; zur Zuwendung des *ganzen GewBetr* s Rz 42 f), geht zivilrechtl der Betrieb auf den Erben und die auszukehrenden WG erst mit der Erfüllung des Vermächtnisses vom Erben auf den Vermächtnisnehmer über. Die Vermächtniserfüllung führt mithin zu **Entnahme** und Entnahmegewinn des **Erben** (BFH GrS 2/89 BStBl II 90, 837; BFH IV R 42/93 BStBl II 94, 385; *BMF* BStBl I 06, 253 Rz 60) und zwar auch dann, wenn das WG **eigenes BV** des Vermächtnisnehmers wird (*BMF* BStBl I 06, 253). *Ausnahme*: Vermächtnisnehmer ist zugleich Mit-/Erbe (**Vorausvermächtnis**, § 2150 BGB); die Buchwertfortführung wurde zunächst wahlweise gewährt (*BMF* BStBl I 06, 253 Rz 74), nunmehr ordnet § 6 V 3 Nr 1 bei Übertragung des wirtschaftl Eigentums vorbehaltl Sperrfrist und Körperschaftsklausel (S 4–6) die Buchwertfortführung *zwingend* an (*BMF* BStBl I 06, 253 Tz 65, 83). Zur Unterscheidung Vorausvermächtnis/Teilungsanordnung s BFH II R 76/99 BStBl II 01, 605; *BMF* BStBl I 06, 253Rz 68; *Wacker/Franz* BB 93, Beil 5, 22.

598   **aa) Kaufrechtsvermächtnis.** Soweit der Vermächtnisnehmer eine Gegenleistung zu erbringen hat (Kaufrechtsvermächtnis), entsteht uU ein Veräußerungsgewinn des Erben und AK des Vermächtnisnehmers (*BMF* BStBl I 06, 253 Tz 63; *Groh* DB 92, 1312; zu PV s BFH IX R 63/10 BStBl II 11, 873; zur ErbSt s BFH II R 7/07 BStBl II 08, 982).

599   **bb) Erfüllungssurrogat.** Die Übereignung von WG des BV an Erfüllungsstatt (§ 364 BGB) zwecks Tilgung einer auf Geld gerichteten Vermächtnis-/Pflichtteils ist mE keine Entnahme iVm unentgeltl Erwerb (so aber BFH VIII R 2/94 BStBl II 96, 60), sondern entgeltl Veräußerung der WG (unmittelbar aus dem BV; § 6b!) durch den Erben und entgeltl Anschaffung durch den Berechtigten (Rz 55; *BMF* BStBl I 06, 253 Rz 35; *Lohr* ua DStR 11, 1890; **aA** FG Ddorf EFG 03, 519). Gleiches gilt bei Einräumung eines **MUeranteils** (BFH III R 38/00 BStBl II 05, 554; *Hübner* ZEV 05, 319; **aA** *Tiedtke* ua FR 07, 368).

600   **e) Rentenvermächtnis/Nießbrauch.** Die vermächtnisweise Zuwendung wiederkehrender Leistungen (Rentenvermächtnis) beurteilt der X. Senat des **BFH** und die **FinVerw** (*BMF* BStBl I 04, 922) dahin, dass – *(1)* diese beim belasteten Erben – bei einem Untervermächtnis nicht belasteten (Haupt-)Vermächtnisnehmer – grds *nicht* als SA abzugsfähig und demgemäß beim Begünstigten nicht estpfl sind (zB BFH X B 162/94 BFH/NV 95, 18) – *(2)* ebenso wie das Vermächtnis eines Einmalbetrags keine AK des belasteten Erben begründet (s Rz 592) und – *(3)* ein etwaiger Zins- oder Ertragsanteil – ebenso wie zB Zinsen für gestundete Pflichtteilsschuld (s Rz 593) – auch nicht als BA oder WK abgezogen werden kann (**aA** für Untervermächtnis uU BFH X R 54/92 BStBl II 94, 633). – **Ausnahmsweise** sind wiederkehrende Leistungen aber – *(1)* beim belasteten Erben in voller Höhe als **SA** für Versorgungsleistungen (Voraussetzung: *keine* Verrentung erbrechtl Ansprüche) gem § 10 Ia Nr 2 abzugsfähig (BFH X R 34/11 BStBl II 14, 665) oder – *(2)* beim begünstigten Vermächtnisnehmer mit dem **Zins-/Ertragsanteil** estpfl (BFH X B 162/94 BFH/NV 95, 18) ungeachtet des privaten Schuldcharakters (kein BA-Abzug) beim belasteten Erben (s Rz 593). Wird vermächtnisweise ein **Unternehmensnießbrauch** am GewBetr im Nachlass eingeräumt (s § 15 Rz 143), verbleibt dem Erben ein ruhender GewBetr (BFH IV R 19/94 BFH/NV 96, 600) wie bei Betriebsverpachtung (s Rz 166, 175); der Vermächtnisnehmer hat ebenfalls Einkünfte aus GewBetr, ist aber hinsichtl der AK (HK) des Erblassers nicht AfA-befugt (BFH IV R 7/94 BStBl II 96, 440). Zur vermächtnisweisen Belastung einzelner WG des Nachlasses mit Nießbrauch s § 5 Rz 655. Zu Ausschlagung der Erbschaft unter Nießbrauchsvorbehalt s Rz 591.

601   **2. Erbengemeinschaft.** Wird ein Einzelunternehmer von mehreren Personen beerbt (Miterben), geht zivilrechtl der Nachlass einschließl GewBetr als Ganzes auf die Miterben zur gesamten Hand über (§§ 1922, 2032 ff BGB; zu § 6 III s Rz 590). Diese können den GewBetr – *(1)* auf Dauer in ungeteilter Erbengemeinschaft fortführen (sog fortgesetzte Erbengemeinschaft; für Rz 602) oder – *(2)* an einen Dritten veräußern oder – *(3)* vorübergehend fortführen (sog schlichte Erbengemeinschaft) bis zu einer Gesamt-/Teileinandersetzung des Nachlasses iVm der Übertragung des GewBetr auf einen/einige der Miterben oder bis zur Aufgabe/Drittveräußerung des GewBetr (Rz 606). Auch bei sofortiger Veräußerung des GewBetr durch die Erbengemeinschaft wird der Veräußerungsgewinn idR

Tod eines Einzelunternehmers 602–607 § 16

(Rz 590) nicht vom Erblasser, sondern von den Miterben erzielt (BFH XI R 36/99 BFH/NV 00, 1196; *BMF* BStBl I 06, 253 Rz 54). Zu PersGes (einschließl GbR) als Erbin s *Scherer* ZEV 03, 341.

3. Fortgesetzte Erbengemeinschaft. – a) Zivilrecht. Anders als die Erwerber sämtl Miterbenanteile (KG 1 W 4007/97 DB 98, 2591) können die Erben den GewBetr ohne zeitl Begrenzung in ungeteilter Erbengemeinschaft als Unternehmensträgerin fortführen (§§ 22, 27 HGB; § 15 Rz 383). Die Gründung einer PersGes und Übertragung des GewBetr auf diese ist nicht erforderl, aber mögl (BFH IV R 95/85 BStBl II 88, 245). 602

b) Einkommensteuerrecht. Die ungeteilte Erbengemeinschaft ist, soweit sie den GewBetr fortführt, iSv § 15 I 1 Nr 2 eine mit einer PersGes wirtschaftl vergleichbare Gemeinschaft und als solche MUerschaft (§ 15 Rz 171, 383). Die Miterben beziehen Einkünfte aus GewBetr, die ihnen idR erbanteilig zuzurechnen sind (BFH IV B 27/99 BFH/NV 00, 702; *BMF* BStBl I 06, 253 Rz 3). Das gewerbl BV der MUer-Miterben umfasst neben ihrem SBV die WG des Nachlass-GewBetr einschließl gewillkürtem BV. § 15 III Nr 1 **(Abfärbetheorie)** gilt **nicht** für die Erbengemeinschaft (BFH GrS 2/89 BStBl II 90, 837. 845; *BMF* BStBl I 06, 253 Rz 4, 47). Soweit zum ungeteilten Nachlass nichtgewerbl BV (zB LuF) oder **PV** gehört, beziehen die Miterben anteilig auch Einkünfte zB aus LuF, KapVerm oder VuV (vgl zu PersGes mit PV auch § 15 Rz 484; *BMF* BStBl I 06, 253 Rz 3–6). Zu freiberufl Praxis s Rz 607. Die Einkünfte sind grds nach §§ 179, 180 AO festzustellen (*Ruban* DStR 91, 65, 66). Veräußert ein Miterbe später **seinen Erbanteil** an einen Dritten oder Miterben (§§ 2033 ff BGB), ist dies Veräußerung eines MUeranteils (§ 16 I 1 Nr 2), soweit das Entgelt auf den GewBetr entfällt, iÜ Veräußerung von PV (BFH IV B 27/99 BFH/NV 00, 702; *BMF* BStBl I 06, 253 Rz 46 iVm 37 ff). Zu **Erbfallschulden** s Rz 592 f. Zu **Sachvermächtnis** s Rz 597, 42 f. 603

4. Schlichte Erbengemeinschaft. Abw von der sog Gleichstellungsthese (dh Gleichbehandlung von Allein-/Miterbe; s *Schmidt* 29. Aufl § 16 Rz 605) hat der Große Senat des BFH (BFH GrS 2/89 BStBl II 90, 837) erkannt, dass die Erbauseinandersetzung nicht nur zivilrechtl, sondern auch estrechtl dem „Erbfall als **selbstständigem Rechtsvorgang**" nachfolgt und mit diesem keine rechtl Einheit bildet". Die **FinVerw** hat dies nachvollzogen (*BMF* BStBl I 93, 62 einschließl Übergangsregelung). 605

a) Geborene Mitunternehmerschaft. Danach ist eine Erbengemeinschaft auch bei sofortiger Auseinandersetzung eine mit PersGes wirtschaftl vergleichbare Gemeinschaft (Rz 603) und deshalb, soweit zum Nachlass ein GewBetr gehört, „geborene MUerschaft" (§ 15 Rz 171, 383). Die Miterben werden mit dem Erbfall („im Erbwege") MUer und bleiben dies, bis die Auseinandersetzung über den GewBetr vollzogen ist, unabhängig von der Länge des Zeitraums zw Erbfall und Auseinandersetzung (*BMF* BStBl I 06, 253 Rz 3; Gleichbehandlung schlichter und fortgesetzter Erbengemeinschaft). Zur Teilungsanordnung des Erblassers sowie deren Rückbeziehung auf Erbfall s Rz 610, 623. Soweit die Miterben auch Einkünfte aus PV des Nachlasses erzielen, treten diese neben die gewerbl Einkünfte (keine Abfärbung; s Rz 603). 606

b) Land- und Forstwirtschaft; freiberufliche Praxis. Umfasst der Nachlass (auch oder nur) luf BV, werden die Miterben mit dem Erbfall insoweit MUer einer LuF. Gehört zum Nachlass eine freiberufl Praxis, verwandelt sich diese mit dem Erbfall (dh Strukturwandel ohne Gewinnrealisierung; Rz 154) in einen GewBetr, sofern nicht alle Miterben eine gleichartige freiberufl Qualifikation (nicht notwendig dieselbe) besitzen (s § 18 Rz 45, 43; *BMF* BStBl I 06, 253 Rz 5); *Ausnahmen:* – *(1)* die Erben realisieren ledigl die noch vom Erblasser geschaffenen Werte (BFH VIII R 13/93 BStBl. II 94, 922; einschr FG Köln EFG 15, 1923); – 607

(2) rückwirkende Einkünftezurechnung bei Übernahme durch freiberufl qualifizierten Miterbe innerhalb von 6 Monaten ab Erbfall gem *BMF* BStBl I 06, 253 Tz 8–9 (iEinz Rz 623).

608 **5. Erbauseinandersetzung; Überblick. – a) Fallgruppen.** Bei der estrechtl Beurteilung der Erbauseinandersetzung ist zweckmäßig zu **unterscheiden:** – *(1)* zw einem Nachlass nur aus BV (Rz 610), nur aus PV (Rz 625) und sowohl aus BV als PV (Mischnachlass; Rz 636); – *(2)* zw Gesamt- und Teilauseinandersetzung und bei dieser zw gegenständl und personeller Teilauseinandersetzung (= Ausscheiden eines von mehreren Miterben); – *(3)* zw Übernahme des gesamten Nachlasses durch einen Miterben gegen Barabfindung der übrigen und Realteilung des Nachlasses ohne oder mit Ausgleichsleistung.

609 **b) Grundsätze; angeblicher Miterbe.** Nach hL (s Rz 610) gilt stets, dass – *(1)* ein Miterbe, der bei der Auseinandersetzung Teile des Nachlasses erlangt, nur insoweit **entgeltl** erwirbt und die weichenden Miterben entgeltl veräußern, als der Wert der erlangten Gegenstände den **Wert seines Erbanteils übersteigt** und er dafür einen Ausgleich leistet, und – *(2)* iÜ **unentgeltl** erworben/veräußert wird (Einheitstheorie; BFH GrS 2/89 BStBl II 90, 837, 844). Dies gilt auch, wenn die Auseinandersetzung in einen **„Kauf"** zB des GewBetr von der Erbengemeinschaft gekleidet wird (BFH XI R 5/85 BFH/NV 92, 24) oder WG im Wege der **Teilungsversteigerung** erworben werden; der „Kaufpreis" führt nur insoweit zu AK und zu Veräußerungserlös, als er den nach der Erbquote zu bestimmenden Anteil des Übernehmers am „Kaufpreis"/Versteigerungserlös übersteigt (BFH XI R 3/85 BStBl II 92, 727; *BMF* BStBl I 06, 253 Rz 15). Die verstehenden Erbauseinandersetzungsgrundsätze gelten für einen **angebl Miterben** (Erbprätendent) sinngemäß (iEinz BFH IV R 15/10 BStBl II 13, 858; *BMF* BStBl I 06, 253 Rz 1; **aA** zur ErbSt BFH II R 34/09 BStBl II 11, 725; BFH II R 24/15 BStBl II 17, 128: nur § 10 V Nr 3 ErbStG); zu Prozesskosten s *Grube* DStZ 99, 313. Zu Auslegungsverträgen s *Hübner* ErbStB 03, 231; *Proff* ZEV 10, 348; zum Schein-Alleinerben s Rz 591.

610 **6. Erbauseinandersetzung über Betriebsvermögen. – a) Gesamtauseinandersetzung/Geldabfindung.** Wird ein Nachlass, der nur aus einem (oder mehreren) **GewBetr** besteht, in der Weise auseinandergesetzt, dass entweder alle Miterben bis auf einen aus der Erbengemeinschaft gegen eine Geldabfindung ausscheiden und der verbleibende Miterbe den GewBetr allein fortführt oder die Erbengemeinschaft den GewBetr auf einen (oder einige) der Miterben überträgt und dieser die anderen in Geld abfindet, hat dies ebenso wie das Ausscheiden eines Ges'ters aus einer gewerbl PersGes gegen Barentgelt (s Rz 481 ff) zur Folge, dass die weichenden Miterben entgeltl ihre **MUeranteile veräußern** und ggf einen begünstigtem Veräußerungsgewinn erzielen. Der übernehmende Miterbe hat **AK** iHd Abfindung und erwirbt iÜ (in Höhe seiner Erbquote) unentgeltl (BFH GrS 2/89 BStBl II 90, 837, 843f). Dabei ist grds unerhebl, ob der übernehmende Miterbe die Geldabfindung aus Eigenvermögen oder durch Verwertung von Nachlass-WG finanziert, welcher Zeitraum zw Erbfall und Auseinandersetzung verstrichen ist (s aber Rz 623) und ob zwischen zeitl einer der Miterben seinen Erbteil entgeltl oder unentgeltl auf einen Dritten übertragen hat (dazu *BMF* BStBl I 06, 253 Rz 37 ff). ME liegt auch dann eine entgeltl Veräußerung und keine unechte Realteilung vor, wenn die liquiden Mittel des Nachlass-GewBetr *in ein eigenes* **BV/SBV** *übernommen* werden (str; s Rz 531, 480, 616, 629, 642); zur Höhe der AK s BFH IV R 9/95 BStBl II 96, 310; *Anm* DStR 96, 918. Ebenso ist es unerhebl, ob die Auseinandersetzung auf einer **Teilungsanordnung** (§ 2048 BGB) beruht (*BMF* BStBl I 06, 253 Rz 56; BFH IV R 10/99 BStBl II 02, 850: auch bei Testamentsvollstreckung; *Groh* DB 92, 1312; zu abw Ansichten im Schrifttum s *Schmidt* 34. Aufl § 16 Rz 610). Zu wiederkehrenden Zahlungen s Rz 600. Zur Teilungsanordnung **ohne Abfindung** s BFH IV R 10/99 BStBl II 02, 850;

zum Vorausvermächtnis s Rz 597. Zur **Umgestaltung** eines „Nur-BV-Nachlasses" in **Mischnachlass** s Rz 639.

Beispiel: S und T sind Miterben zu je $^1/_2$. Der Nachlass besteht nur aus einem GewBetr (Verkehrswert 700, Buchwert 400). S übernimmt diesen und zahlt an T 350. T erzielt einen Gewinn aus der Veräußerung seines MUeranteils iHv 150 (350 ./. $^1/_2$ Buchwert von 400 = 200). S hat den GewBetr zu $^1/_2$ unentgeltl und zu $^1/_2$ entgeltl mit AK von 350 erworben; er kann die Buchwerte um 150 aufstocken.

b) Personelle Teilauseinandersetzung. Die zu a) dargestellten Grundsätze gelten sinngemäß, wenn nur einer(oder einige) der Miterben gegen Abfindung in **Geld ausscheidet** und die übrigen den GewBetr in Erbengemeinschaft fortführen (BFH IV R 9/95 BStBl II 96, 310; BGH IV ZR 346/96BGHZ 138, 8) oder einer von mehreren Miterben seinen **Erbteil** (vgl § 2033 BGB) entgeltl an andere Miterben oder einen Dritten **veräußert** (vgl *BMF* BStBl I 06, 253 Rz 37, 39).

c) Sachwertabfindung. Zur Abfindung des oder der weichenden Miterben mit WG aus dem BV des GewBetr s Rz 646 ff.

d) Realteilung ohne Ausgleichszahlung. – aa) Grundsätze. Wird die Erbengemeinschaft in der Weise auseinandergesetzt, dass das (aktive und passive) BV eines GewBetr auf die Miterben nach Erbquoten verteilt wird, ist dies – ungeachtet des Zeitraums zw Erbfall und Auseinandersetzung und etwaiger Veränderungen des BV (*BMF* BStBl I 06, 253 Rz 32) – weder Tausch von Anteilen an den einzelnen WG des Nachlasses noch Tausch eines MUeranteils gegen die jeweilig zugeteilten WG, sondern die Erfüllung des durch Vereinbarung konkretisierten gesetzl Auseinandersetzungsanspruchs und estrechtl **keine Veräußerung** oder Anschaffung (BFH GrS 2/89 BStBl II 90, 837; BFH XI R 2/87 BStBl II 92, 381; *BMF* BStBl I 06, 253 Rz 10). Jeder Miterbe erwirbt die ihm zugeteilten WG unentgeltl (s Rz 609). Gleichwohl sollen Erwerbsnebenkosten (zB Notar, Grundbuch) anzusetzen sein (BFH IX R 43/11 BStBl II 14, 878: AfA; s Rz 590, 592, 67). Zu § 34a s § 34a Rz 87.

bb) Buchwertfortführung. Für Erbauseinandersetzungen ab 1.1.01 gelten die Regelungen zur Realteilung von MUerschaften gem § 16 III 2–4, mit dh vorbehaltl Behaltefrist und KöKlausel *Buchwertzwang* bei WG-Zuweisung *in* eigenes SBV/**BV** (*BMF* BStBl I 06, 253 Rz 11 f). Die Übernahme (aller oder einzelner) betriebl WG ins **PV** der Miterben ist entweder Betriebsaufgabe (*BMF* BStBl I 06, 253Rz 13: Gewinnverteilung ggf entspr *schriftl* Abrede; mE gilt § 16 III 8) oder Aufgabe des MUeranteils und kann zu einem nur lfd Gewinn führen (Rz 548; ausführl *Röhrig ua DStR* 06, 969; Rz 619).

cc) Liquide Mittel. S allg Rz 531, 480. Umstr ist, ob Realteilung ohne Ausgleich (*BMF* BStBl I 06, 253 Tz 30 zu *PV*, anders wohl Tz 33 zu *Mischnachlass*) oder entgeltl Veräußerung eines MUeranteils anzunehmen ist (BFH IV R 15/10 BStBl II 13, 858), wenn die einen Miterben den Betrieb und die anderen Miterben *nur* die liquiden Mittel des Betriebs übernehmen. S Rz 610; Rz 629: PV; Rz 642: Mischnachlass.

dd) Mehrere Betriebe. Buchwertfortführung ist auch geboten, wenn zum Nachlass mehrere selbstständige Betriebe (GewBetr, LuF usw) gehören und nur diese im Zuge der Realteilung von einzelnen Miterben übernommen werden (*BMF* BStBl I 06, 253 Tz 12, 17; *Wacker/Franz* BB 93, Beil 5, 6). Dabei ist iErg unerhebl, ob man dies auf § 6 III 1 HS 1 (s auch Rz 622) oder auf eine analoge Anwendung von § 16 III 2 stützt (s Rz 535), da in letzterem Falle die Restriktionen der Behaltefrist und Körperschaftsklausel betr *Einzel*-WG (§ 16 III 3f) nicht greifen.

e) Realteilung mit Ausgleichszahlung. – aa) Grundsatz. Erhält einer der Miterben iRd Realteilung (s Rz 614) mehr als seiner Erbquote entspricht und zahlt er deshalb an den/die anderen Miterben einen Ausgleich, führt die Zahlung für das „Mehr" beim weichenden Miterben zu Veräußerungserlös und beim übernehmenden Miterben zu AK; iÜ haben die Miterben, soweit die übernommenen WG (Betriebe/Teilbetriebe) *BV* bleiben, nach Maßgabe von § 16 III 2–4 *zwingend* die Buchwerte fortzuführen (*BMF* BStBl I 06, 253 Tz 19). Zu wiederkehrenden Zahlungen sowie zur Teilungsanordnung s Rz 610, 600.

619 **bb) Gewinnrealisierung.** Str ist, in welcher Höhe beim Zusammentreffen von Realteilung des Nachlasses und Abfindungszahlung Gewinn realisiert wird und AK entstehen, ob der Gewinn tarifbegünstigt und wie Veräußerungserlös/AK den einzelnen WG zuzuordnen ist. Die Lösung hat mE derjenigen der Realteilung einer gewerbl PersGes zu entsprechen; hiernach ist auch bei Auseinandersetzung einer Miterben-MUerschaft iSd **„Trennungstheorie"** ein entgeltl Anschaffungs- und Veräußerungsvorgang im Verhältnis der Ausgleichszahlung zum Wert der übernommenen WG anzunehmen und diesem Erwerbsteil sind die Buchwerte anteilig zuzuordnen; iÜ führt der Erwerber die Buchwertanteile fort (*BMF* BStBl I 06, 253 Tz 14, 16–17; BStBl I 94, 601 Tz 1; *Ruban* DStR 91, 65; *Wacker/Franz* BB 93, Beil 5). GlA BFH IV R 51/07 BStBl II 09, 303 betr AK des Erwerbers, **aA** aber BFH IV R 24/15 BFH/NV 19, 516: Veräußerung iZm unechter Realteilung). Dazu iEinz mit Beispiel auch zu abw Lösungen Rz 542. Die hiermit verbundene Teilgewinnrealisierung entspricht nicht nur dem Subjektprinzip; die Trennungstheorie gilt vielmehr auch bei Erbauseinandersetzung über PV (Rz 626 mit Beispiel) sowie bei Mischnachlässen (s Rz 640 mit Beispiel). Auch bei Zuteilung von Betrieben/Teilbetrieben geht die FinVerw zR von einem **lfd Gewinn** aus, der jedoch grds nicht der GewSt unterliegt (*Ausnahme:* § 7 S 2 GewStG); nach **§§ 16, 34** begünstigt ist der Gewinn aber, wenn der Ausgleichsberechtigte sämtl erhaltenen WG ins **PV** überführt (*BMF* BStBl I 06, 253 Tz 14, 17; einschr *Röhrig ua* DStR 06, 969).

620 **cc) Unentgeltlicher Erwerbsteil.** *Soweit* der übernehmende Miterbe anteilig unentgeltl unter Buchwertfortführung erwirbt, tritt er hinsichtl degressiver/erhöhter AfA, Vorbesitzzeit (§ 6b IV 1 Nr 2) in die Rechtsstellung des Erblassers ein (*BMF* I 06, 253 Tz 20, 21); zu § 34a s § 34a Rz 87. Zur Verteilung von Veräußerungserlös und AK auf die einzelnen WG s *Wacker/Franz* BB 93, Beil 5, 7 (mE gleichmäßig aufzustocken im Verhältnis der realisierten zu den insgesamt vorhandenen stillen Reserven; glA *Geck* KÖSDI 11, 17352, 17357).

621 **dd) Betriebsschulden.** Keine Ausgleichszahlung ist nach hM darin zu sehen, dass einer der Miterben von den Betriebsschuldenmehr übernimmt als seiner Erbquote entspricht (*BMF* BStBl I 06, 253 Tz 18; s aber Rz 630, 641).

622 **f) Gegenständliche Teilauseinandersetzung.** Die Grundsätze zu Rz 614 ff gelten sinngemäß für eine sog gegenständl Teilauseinandersetzung etwa in der Form, dass einer der Miterben aus einem Nachlass, der einen GewBetr und LuF umfasst, zunächst unter Fortbestand der personell unveränderten Erbengemeinschaft nur den **GewBetr** übernimmt. Geschieht dies zu Lasten der Beteiligung am Restnachlass, sind die Regeln der Realteilung ohne Ausgleichszahlung anzuwenden (§ 16 III 2 iVm 6 III 1 HS 1; Rz 614 ff). Bei **Einzel-WG** (Rz 647) ist nach *BMF* BStBl I 06, 253 Tz 57§ 6 V 3 Nr 1 (*grds* Buchwertzwang bei Überführung in BV) anwendbar; nach der jüngsten BFH-Rspr ist eine „unechten" Realteilung ist dies hingegen fragl (einschließl Kritik Rz 530). Wird an die übrigen Miterben ein **Ausgleich** entspr ihres rechnerischen Anteils am GewBetr gezahlt (Rz 618), ist dieser auch insoweit Entgelt, als er durch den Wert des Anteils des zahlenden Miterben am Restnachlass gedeckt ist (BFH GrS 2/89 BStBl II 90, 837; *BMF* BStBl I 06, 253 Tz 56). Zu **umgekehrten** Ausgleichszahlungen bei späteren Auseinandersetzungsschritten s Rz 632; *BMF* BStBl I 06, 253 Tz 58–59. Zur **Fremdfinanzierung** von Ausgleichszahlungen s *Märkle* FS L. Schmidt, S 809, 832; zur Wirkung einer späteren umgekehrten Ausgleichszahlung hierauf s *Meyer* FR 97, 8, 13.

g) Auseinandersetzungszeitpunkt. Vollzogen ist eine Auseinandersetzung mit 623 der Übertragung des **wirtschaftl Eigentum** an den zugeteilten WG (BFH XI R 36/99 BFH/NV 00, 1196 betr konkludente Auseinandersetzung). Vereinbaren die Miterben aber eine schuldrechtl **Rückbeziehung** auf den Erbfall, erkannte die *FinVerw* an, dass die **lfd Einkünfte** nur dem- oder denjenigen Miterben zugerechnet werden, die den GewBetr übernehmen, sofern die Auseinandersetzung innerhalb von 6 Monaten seit dem Erbfall klar und rechtsverbindl (ausgenommen nur die Wertfindung) vereinbart und durchgeführt wird (*BMF* BStBl I 93, 62 Rz 8, 9). *Weitergehend* BFH IV R 10/99 BStBl II 02, 850: bei Verhalten entspr Teilungsanordnung/Vorausvermächtnis (keine Gewinnbeteiligung oder Ausgleichszahlung) kann auch Auseinandersetzungsvereinbarung mit $2^1/_4$-jähriger Rückwirkung anzuerkennen sein (glA BFH IV R 15/10 BStBl II 13, 858; *BMF* BStBl I 02, 1392; *BMF* BStBl I 06, 253 Tz 8, 9; s auch BFH IX R 26/99 BFH/NV 04, 476; Rz 43). Trotz Rückbeziehung sind alle Miterben mit dem Erbfall **MUer** geworden; Ausgleichszahlungen führen deshalb einerseits zu AK, andererseits zu Veräußerungserlösen (BFH GrS 2/89 BStBl II 90, 837; BFH IV R 15/10 BStBl II 13, 858; *BMF* BStBl I 06, 253 Tz 3, 8; *Groh* DB 92, 1312: „Durchgangsunternehmer").

7. Erbauseinandersetzung über Privatvermögen. – a) Realteilung ohne 625 **Ausgleich.** Wird ein Nachlass, der nur aus PV (zB Grundstücke, Aktien) besteht, in der Weise aufgeteilt, dass jeder der Miterben WG im Gesamtwert seiner Erbquote zu Alleineigentum und somit ohne Ausgleichsleistungen erhält, ist dies kein Tausch (s Rz 614). Vielmehr erwirbt jeder Miterbe die ihm zugeteilten WG estrechtl (von der Erbengemeinschaft und über diese vom Erblasser) voll unentgeltl iSv **§ 11d I EStDV** (BFH GrS 2/04 BStBl II 08, 608; BFH GrS 2/89; BStBl II 90, 837; *BMF* BStBl I 06, 253 Tz 22). Gleiches gilt für die einheitl Auseinandersetzung zivilrechtl gespaltener Nachlassvermögen (BFH IX R 1/17 BStBl II 19, 170 betr BGB/ZGB-DDR). Da § 16 III 2–4 ledigl die personelle Verlagerung stiller Reserven des *BV* beschränkt, hat sich hier an nichts geändert, wenn einzelne WG zB gem §§ 17, 23 oder 22 UmwStG steuerverhaftet sind (Rz 626; s zur unentgeltl Nachfolge auch § 17 I 4, II 5,§ 23 I 3; § 22 VI UmwStG).

Beispiel: Miterben sind S und T zu je $^1/_2$. Der Nachlass (Gesamtwert 1600) umfasst ein Mietwohngrundstück (800), ein Einfamilienhaus (500) und Aktien (300). S übernimmt das Mietwohngrundstück, T das Einfamilienhaus und die Aktien. – *Lösung:* S und T erwerben jeweils voll unentgeltl (keine Anschaffung zB iSv § 23). S *muss* den StWert des Mietwohngrundstücks (§ 11d I EStDV) fortführen. Zu Erwerbsnebenkosten s Rz 614.

Dabei bleibt es auch – *(1)* bei **Umwandlung** der (Gesamthands-)Erbteile in **Bruchteilseigentum** an den einzelnen WG des Nachlasses und Tausch dieser Bruchteilsanteile (*BMF* BStBl I 06, 253 Tz 22), wenn beides in sachl Zusammenhang steht (*Wacker/Franz* BB 93, Beil 5, 9; FG RhPf EFG 00, 1273). – *(2)* bei **Teilungsversteigerung** (BFH XI R 3/85 BStBl II 92, 727), – *(3)* wenn die Erbengemeinschaft formal die einzelnen WG an die Miterben „**verkauft**" und den Barerlös verteilt (verschleierte Realteilung; s Rz 609; *Wacker/Franz* BB 93, Beil 5, 9).

b) Realteilung mit Ausgleich. Soweit einer der Miterben einen Ausgleich *aus* 626 *eigenem Vermögen* leistet (Abfindung), weil der Wert der ihm zugeteilten WG höher ist als seine Erbquote, ist die Auseinandersetzung entgeltl Veräußerung und Anschaffung (BFH IX B 121/99 BFH/NV 00, 713). Der zahlende Miterbe erwirbt (nur) das „Mehr", dh die ihm zugeteilten WG im Verhältnis der Ausgleichszahlung zum Wert dieser WG entgeltl (zuzügl Ausgleichsleistung zuzügl etwaiger Kosten (Notar usw; BFH X R 66/95 BStBl II 00, 61) und im Verhältnis seines Wertanteils am Gesamtnachlass zum Wert der zugeteilten WG unentgeltl (BFH GrS 2/89 BStBl II 90, 837; *BMF* BStBl I 06, 253 Tz 26; str, s oben Rz 610). Für die Empfänger des Ausgleichs ist die damit korrespondierende entgeltl Veräußerung unter den Voraussetzungen der §§ 17, 20 II, 23 EStG oder des § 22 UmwStG estpfl (*BMF*

§ 16 627–630 Veräußerung des Betriebs

BStBl I 06, 253 Tz 27; *BMF* BStBl I 00, 1383 Rz 30). Zinslos gestundete Ausgleichszahlungen sind mit dem Barwert (AK, Veräußerungspreis) anzusetzen (BFH XI R 1/85 BFH/NV 91, 382).

Beispiel: Miterben sind S und T zu je $1/2$. Der Nachlass (Gesamtwert 600) umfasst zwei Mietwohngrundstücke. S übernimmt Grundstück I (Verkehrswert 400; § 11d-Wert 160), T Grundstück II (Verkehrswert 200; § 11d-Wert 80); S zahlt an T 100. *Lösung:* S hat Grundstück I im Verhältnis des Ausgleichs (100) zum Grundstückswert (400), also zu $1/4$ entgeltl, und im Verhältnis seines Nachlassanteils ($1/2$ von 600 = 300) zum Grundstückswert (400), also zu $3/4$ unentgeltl erworben. Das künftige AfA-Volumen beträgt 120 ($3/4$ des § 11d-Werts von 160) zuzügl 100 (Ausgleich). T hat Grundstück II voll unentgeltl erworben und für $1/4$ entgeltl Veräußerung des Grundstücks I einen uU gem § 23 stbaren Veräußerungserlös von 100 erzielt.

627 **c) Nutzungsrecht.** Keine Ausgleichsleistung, sondern eine „besondere Erscheinungsform der Realteilung" ohne Ausgleich (s Rz 625) liegt vor, wenn der Miterbe entspr dem Wert seiner Erbquote ein zeitl begrenztes Nutzungsrecht (zB Wohnrecht) an einem WG erhält, das dem anderen Miterben zu Eigentum übertragen wird; eine spätere Ablösezahlung führt aber zu nachträgl AK (BFH XI R 2/87 BStBl II 92, 381; *BMF* BStBl I 06, 253 Tz 22).

628 **d) Aufteilung der Abfindung; Anschaffungskosten.** Zu Einzelheiten bei Übernahme mehrerer WG, s *BMF* BStBl I 06, 253 Tz 28, 29, 42: Zuordnung der AK grds entspr Vereinbarung der Miterben (§ 6 Rz 118; zR einschr BFH IX R 26/19 DStR 20, 2658); zu AfA *BMF* BStBl I 06, 253 Tz 31; *Wacker/Franz* BB 93, Beil 5, 12; *Zimmermann* DB 06, 1392.

629 **e) Liquide Mittel.** Befinden sich im Nachlass (PV) auch liquide Mittel (zB Bankguthaben), liegt nach Rspr/FinVerw eine Realteilung ohne Ausgleich vor (Rz 625), wenn der eine Miterbe die Sachwerte und der andere die liquiden Mittel erhält. Werden diese nach Erbquoten aufgeteilt, ist eine Ausgleichszahlung für anderes WG nur insoweit Entgelt (AK), als sie den dem Zahlenden zugeteilten liquiden Mittel des Nachlasses übersteigt (*BMF* BStBl I 06, 253 Tz 30 mit Beispiel; BFH IV R 9/95 BStBl II 96, 310, 312). S aber Rz 616 zu *BV*; Rz 642 zu *Mischnachlass*. Ebenso, wenn als Ausgleich ein WG hingegeben wird, das der Ausgleichspflichtige vorher aus dem Nachlass erhalten hat (*Märkle* WPg 90, 674, 679).

Beispiel: Miterben sind S und T zu je $1/2$. Der Nachlass (Gesamtwert 800) umfasst ein Mietwohngrundstück (600) und ein Bankguthaben (200). S übernimmt das Grundstück und $1/2$ des Bankguthabens, T $1/2$ des Bankguthabens; S zahlt an T 300. – *Lösung:* Das von S an T gezahlte Entgelt für den Grundstücksanteil (AK!) beträgt 200 (300 ./. halbes Bankguthaben 100 = 200). Das Ergebnis entspricht einer Realteilung, bei der S das Grundstück und T das ganze Bankguthaben und eine Ausgleichszahlung von 200 erhält. S erwirbt das Grundstück zu $1/3$ entgeltl und zu $2/3$ unentgeltl.

630 **f) Nachlassverbindlichkeiten.** Werden sie iRd Auseinandersetzung übernommen, sollen nach *bisheriger* Ansicht des **IX.** BFH-Senats **AK** vorliegen, soweit die übernommenen Verbindlichkeiten die Erbquote überschreiten (BFH IX R 23/02 BStBl II 06, 296; BFH IX R 48/08 BFH/NV 09, 1808); darüber soll die Schuldübernahme bei **vorzeitiger** Erbauseinandersetzung Gegenleistung sein (BFH IX R 44/04 BStBl II 08, 216; das ist mE kaum praktikabel; krit auch *kk* KÖSDI 07, 15542). Demgegenüber ging die **hM** davon aus, dass ein Miterbe, der im Saldo von zugeteilten aktiven WG und übernommenen Schulden nicht mehr erhält als seinem aus der Erbquote errechneten Anteil am Nettowert des Nachlasses entspricht, unentgeltl erwirbt (sog **Saldothese**); ein „überschießender Wert der übernommenen aktiven WG" kann deshalb durch überschießende Schuldübernahme ausgeglichen werden (so BFH GrS 2/89; BStBl II 90, 837; BFH IV R 74/95 BStBl II 96, 599; *BMF* BStBl I 93, 62 Rz 25). Hieran hat die **FinVerw** zR **festgehalten** (*BMF* BStBl I 06, 253 Tz 23, 18, 34; *BMF* BStBl I 06, 306; FG Mster EFG 14, 39; *Wacker* DStR 05, 2014; StbJb 06/07, 55; *Röhrig ua* DStR 06, 969, 973); **glA** nunmehr BFH IXR 1/17 BStBl II 19, 170. Zum Schuldzinsenabzug s zB *B. Meyer* FR 97, 8.

Beispiel: Miterben sind S und T zu je $^1/_2$. Der Nachlass (Gesamtwert 600) umfasst ein Mietwohngrundstück I (Wert 600), ein Mietwohngrundstück II (Wert 300) und Schulden von 300. S übernimmt das Grundstück I und alle Schulden, also netto 300, T übernimmt das Grundstück II (300). *Lösung (hM):* S und T erwerben jeweils unentgeltl.

Nach FinVerw gilt dies auch, soweit durch die Verteilung der Nachlassverbindlichkeiten zusätzl **Abfindungsbedarf geschaffen** wird; die (Mehr-)Abfindung ist kein Entgelt/keine AK (*BMF* BStBl I 06, 253 Tz 24). Nachlassverbindlichkeiten sind nicht nur Erblasser-/Erbfallschulden, sondern auch solche, die im Zuge der Verwaltung des Nachlasses (zB Kreditaufnahme) entstanden sind, es sei denn, die Schulden werden im engen zeitl Zusammenhang mit der Auseinandersetzung begründet (*BMF* BStBl I 06, 253 Tz 25). Zur Tilgung von Nachlassschulden vor Auseinandersetzung s *Söffing* DB 91, 828, 833.

g) Personelle Teilauseinandersetzung. Wird der Nachlass (PV) dadurch teilweise auseinandergesetzt, dass einzelne Miterben gegen Abfindung mit Nachlassvermögen (Geldwerte/Sachwerte) ausscheiden, die Erbengemeinschaft aber unter den restl Miterben fortbesteht (BGH IV ZR 346/96 BGHZ 138, 8: grds formfrei), oder dass einer der Miterben seinen Erbanteil (§ 2033 BGB) entgeltl auf einen anderen Miterben überträgt, gelten die für die Gesamtauseinandersetzung maßgebl Grundsätze (Rz 625–630) sinngemäß (*BMF* BStBl I 06, 253 Tz 40–43, 48–50 Ausscheiden = Veräußerung des Erbanteils; BFH IX R 5/02 BStBl II 04, 987; *Wacker* DStR 05, 2014; krit *Groh* DB 90, 2135). Zur Aufteilung der Abfindung s *BMF* BStBl I 06, 253 Tz 42; vgl dazu Rz 628, 637.

h) Gegenständliche Teilauseinandersetzung. Wird die Erbengemeinschaft in mehreren Schritten in der Weise auseinandergesetzt, dass einzelne Miterben bestimmte WG des PV gegen Ausgleichszahlung übernehmen, aber am Restnachlass iHd Erbquote beteiligt bleiben, ist eine Ausgleichszahlung gleichwohl – ebenso wie bei Gesamtauseinandersetzung – in voller Höhe Entgelt (Veräußerungserlös, AK; BFH GrS 2/89 BStBl II 90, 837; BFH X R 66/95 BStBl II 00, 61; *BMF* BStBl I 06, 253 Tz 56). Kommt es später zu **umgekehrten Ausgleichszahlungen,** ist darin eine Rückzahlung zu sehen, die den ursprüngl Veräußerungserlös und die AK rückwirkend mindert, wenn die Miterben eine entspr weitere Auseinandersetzung von vornherein „im Auge hatten" (BFH GrS 2/89 BStBl II 90, 837; BFH XI R 5/85 BFH/NV 92, 24; *BMF* BStBl I 06, 253 Tz 58–59; zB *Wacker/ Franz* BB 93, Beil 5, 19; s auch Rz 26, 35); davon ist nach Ansicht der FinVerw auszugehen, wenn seit der vorangegangenen Teilauseinandersetzung nicht mehr als 5 Jahre verstrichen sind (*BMF* BStBl I 06, 253; mE widerlegbar; abl iZm Vermögensübergaben BFH X R 104/94 BStBl II 02, 646). Spätere Teil- oder Endauseinandersetzungen sind selbstständig zu beurteilen (*BMF* BStBl I 06, 253: keine Minderung von AK). Zum **Schuldzinsenabzug** bei fremdfinanzierten Ausgleichszahlungen s *B. Meyer* FR 97, 8, 13. Teilauseinandersetzung unter **Minderung** der **Beteiligung** am Restnachlass ist Realteilung ohne Ausgleich (zu BV s auch Rz 622).

i) Rückbeziehung der Auseinandersetzung. S hierzu einschließlich ihrer Wirkung auf die Einkunftszurechnung Rz 623.

8. Erbauseinandersetzung über Mischnachlass. Umfasst der Nachlass sowohl BV (zB GewBetr) als auch PV (zB Mietwohngrundstück), sind auch bei Teilungsanordnung auf Auseinandersetzung zum einen die für BV (Rz 610ff) und zum anderen die für PV (Rz 625ff) maßgebl Grundsätze anzuwenden und daher zB Veräußerungsvorgänge beiden Bereichen zuzuordnen (BFH GrS 2/89 BStBl II 90, 837).

a) Gesamtauseinandersetzung. Scheiden alle Miterben bis auf einen gegen **Geldabfindung** aus der Erbengemeinschaft aus, sind die Zahlungen des verbliebenen Miterben Entgelt (Veräußerungserlös und AK), das im Verhältnis des Verkehrswerts des übernommenen GewBetr zum Verkehrswert der übernommen (aktiven) WG des PV aufzuteilen ist (BFH IV R 9/95 BStBl II 96, 310; **aA** uU *BMF* BStBl I 06, 253 Tz 50 iVm 46, 42: Aufteilung grds entspr Vereinbarung; unzutr; s Rz 628, 631); sodann sind die beiden Nachlassteile (BV und PV) getrennt zu betrachten (BFH IV R 9/95 BStBl II 96, 310). Soweit die Abfindung auf den GewBetr entfällt, führt dies beim übernehmenden Miterben zu AK für den Erwerb – zu liquiden Mitteln des *GewBetr* s Rz 616; BFH IV R 9/95 BStBl II 96, 310 – und bei den weichenden Miterben zu einem Erlös für die Veräußerung eines MUeranteils. Soweit sie auf *PV* entfällt, hat der übernehmende Miterbe AK, die weichenden Miterben aber grds keinen estpfl Veräußerungserlös (*Ausnahmen:* § 22 UmwStG; §§ 17, 20 II, 23; s Rz 626, 629).

638 **b) Personelle Teilauseinandersetzung.** Entsprechendes gilt, wenn nur einer von mehreren Miterben ausscheidet (Rz 612, 631; *BMF* BStBl I 06, 253).

639 **c) Realteilung ohne Ausgleich.** Wird der Nachlass real geteilt, sodass einer (oder einige) der Miterben das BV (zB den **GewBetr**) und der/die anderen das PV aufgrund Wertgleichheit ohne Ausgleich übernehmen, erwirbt jeder Miterbe in vollem Umfang unentgeltl. Die Erbquote des Miterben kann sowohl mit BV als auch mit PV aufgefüllt werden. Demnach *müssen* die Miterben auch die Buchwerte des GewBetr fortführen (§ 6 III 1 HS 1; § 16 III 2; oben Rz 617; zu § 34a s § 34a Rz 87). Eine wahlweise Gewinnrealisierung ist mangels Betriebsaufgabe ausgeschlossen. Gleiches gilt vorbehaltl von Behaltefrist/Körperschaftsklausel (§ 16 III 3–4) bei Zuweisung von **betriebl Einzel-WG** in das BV des Miterben (*BMF* BStBl I 06, 253 Tz 32). Ebenso ist der Miterbe bezügl des übernommenen **PV** (Mietwohngrundstück) an den vom Erblasser auf die Erbengemeinschaft übergegangenen und von dieser dort fortgeführten Steuerwert (§ 11d I EStDV) gebunden (BFH GrS 2/04 BStBl II 08, 608; BFH 2/89 BStBl II 90, 837, 845; *BMF* BStBl I 06, 253 Tz 32). Unerhebl hierfür ist nicht nur der Zeitraum zw Erbfall und Erbauseinandersetzung sowie etwaige Änderungen im Umfang des BV/PV (*BMF* BStBl I 06, 253 Tz 32); mE greift der Zwang zur Fortführung von Buch-/Steuerwerten auch bei formalem Verkauf von BV/PV an die jeweiligen Miterben und anschließender Erlösteilung (Rz 609). Unerhebl ist auch, ob der Mischnachlass bereits im Zeitpunkt des Erbfalls bestand oder erst während der Nachlassverwaltung zB durch Entnahmen aus dem BV entstanden ist (*BMF* BStBl I 06, 253 Rz 33; zu Einzelheiten krit *Wacker/Franz* BB 93, Beil 5, 12; zur Kreditaufnahme vor Realteilung s Rz 642). Zu Erwerbsnebenkosten s Rz 614.

640 **d) Realteilung mit Ausgleich.** Hat iRe Realteilung (Rz 639) einer der Miterben an den/die anderen einen Geldausgleich zu leisten, weil die Nettowerte des übernommenen Vermögens ungleich sind, führt dies zu einem (ggf estpfl) Veräußerungserlös einerseits und zu AK andererseits, aber nur im Verhältnis des Ausgleichs zum Wert des erlangten Vermögens (Rz 609; *BMF* BStBl I 06, 253 Tz 36 mit Beispiel; hL). Zur str Zuordnung des Ausgleichs auf BV und PV s Rz 637. Zur Fremdfinanzierung des Ausgleichs s *Märkle* FS L. Schmidt, 1993 S 809, 832. Zu § 34a s §34a Rz 87.

Beispiel: Miterben sind S und T zu je $^1/_2$. Der Nachlass (Gesamtwert 1200) umfasst einen GewBetr (Verkehrswert 800, Nettobuchwert 300) und ein Mietwohngrundstück (Verkehrswert 400, § 11d-Wert 200). S übernimmt den GewBetr, T das Grundstück; S zahlt an T 200. *Lösung:* S hat den GewBetr im Verhältnis seiner Zahlung (200) zum Verkehrswert des GewBetr (800), also zu $^1/_4$ entgeltl und iÜ unentgeltl erworben; im gleichen Verhältnis hat T einen MUeranteil teilweise entgeltl veräußert. S muss $^3/_4$ der Buchwerte (225) fortführen und $^1/_4$ der Buchwerte um 125 (200 ./. 75) aufstocken. T hat das Grundstück voll unentgeltl erworben; ihr Gewinn aus der Veräußerung des gesamten MUeranteils iHv 125 (200 ./. 75, näml $^1/_4$ des Buchwerts des GewBetr) ist mE nach § 34 I, III begünstigt (zur Abgrenzung s Rz 619; **aA** *BMF* BStBl I 06, 253 Tz 36: lfd Gewinn).

641 **e) Nachlassschulden.** Ausgleichszahlungen und damit Gewinnrealisierungen können nach hM ggf durch **überproportionale Übernahme** von Nachlassschulden des BV/PV vermieden werden (*BMF* BStBl I 06, 253 Tz 34; s *aber* Rz 630).

Zusätzl zum GewBetr übernommene private Nachlassschulden werden Betriebsschulden (*BMF* BStBl I 06, 253; *BMF* BStBl I 94, 603; fragl; s auch BFH VIII R 72/90 BStBl II 94, 625 aE). Zum (str) Schuldzinsenabzug nach Verteilung s *Wacker/Franz* BB 93, Beil 5, 29; *Meyer* FR 97, 8.

f) Liquide Mittel. Ebenso können Ausgleichszahlungen vermieden werden durch **überproportionale Zuteilung** liquider Mittel, insb Veränderungen zw BV und PV (s auch Rz 639). Nach FinVerw ist aber Realteilung mit Ausgleichszahlung anzunehmen, wenn „durch Entnahme liquider Mittel (aus BV) im engen zeitl Zusammenhang mit der Auseinandersetzung PV geschaffen" wird (*BMF* BStBl I 06, 253 Tz 33: § 42 AO; krit *Wacker/Franz* BB 93, Beil 5, 13; mE § 42 AO, wenn die liquiden Mittel erst durch Kreditaufnahme beschafft werden; s auch zB *Söffing* DB 91, 828; *Spiegelberger* DStR 92, 584; *Seeger* DB 92, 1010). Zu betriebl Geldbeständen s allg Rz 531. 642

g) Verweise. Zur **gegenständl Teilauseinandersetzung** s Rz 622, 632; zur **Rückbeziehung** der Auseinandersetzung auf den Erbfall s Rz 623, 634. Zu **Testamentsgestaltungen** zur Vermeidung jegl Gewinnrealisierung s *Schmidt* 39. Aufl § 16 Rz 644. 643

9. Abfindung mit Wirtschaftsgütern des Nachlasses. – a) Gesamtauseinandersetzung. Übernimmt ein Miterbe sämtl Erbanteile und findet er die weichenden Miterben mit WG des Nachlasses (BV, PV) ab, ist dies nach der jüngeren Ansicht von Rspr/FinVerw (s einschließl Kritik Rz 530) nicht nur in dem Fall, dass bei einem Mischnachlass der übernehmende Miterbe den GewBetr fortführt und die weichenden Miterben das PV erhalten (s *Wacker/Franz* BB 93, Beil 5, 18), sondern jedenfalls auch dann **Realteilung** (dh Aufgabe von Betrieb/MUerantcil) mit Sachwertabfindung (Veräußerung des Anteils an Erbengemeinschaft iVm § 6 V; zu PersGes s Rz 531), wenn der weichende Miterbe mit **Einzel-WG** des BV abgefunden wird *und* diese in sein **eigenes BV/ SBV** übernimmt. 646

b) Personelle Teilauseinandersetzung. Erhält ein Miterbe beim Ausscheiden aus der iÜ fortbestehenden Erbengemeinschaft ein WG, das zum BV des von den anderen Miterben fortgeführten GewBetr gehört (dazu BFH GrS 2/89 BStBl II 90, 837: Sachwertabfindung), wird man nach der **jüngeren Rspr** und Verwaltung zur Realteilung (Rz 530 f) danach zu unterscheiden haben, ob das WG beim abgefundenen Miterben **PV** wird mit der Folge, dass neben dem begünstigten Gewinn des weichenden Miterben aus der Veräußerung seines MUerantcils (Rz 610, 637) ein nicht begünstigter *Veräußerungs*gewinn der verbliebenen Miterben anfällt (*BMF* BStBl I 06, 253 Tz 51; *Ruban* DStR 91, 65; **aA** *Röhrig ua* DStR 06, 969, 976: nur Entnahmegewinn der den Betrieb fortführenden Miterben; *Knobbe-Keuk* § 22 VI 4h: bei Teilungsanordnung Entnahmegewinn des Erblassers). Wird das betriebl WG der Erbengemeinschaft hingegen in das (gewerbl, luf, freiberufl) **BV** des weichenden Erben übertragen, gelten auch bei Abfindung mit nicht wesentl Betriebsgrundlagen Realteilungsgrundsätze (§ 16 III 2 analog; zur früheren Rechtslage s *Schmidt* 36. Aufl § 16 Rz 647) mit der Folge, dass die Buchwerte ohne Gewinnrealisierung bei den weichenden/verbleibenden Miterben fortzuführen sind (glA jetzt *BMF* BStBl I 19, 11 iVm *BMF* BStBl I 06, 253 Rz 52). Zu Sachabfindung zuzügl Geldzahlung s *Wacker/Franz* BB 93, Beil 5, 17. Zu Ausgleichsleistungen des *weichenden* Miterben, wenn die Sachabfindung den Wert seines Erbteils übersteigt, s *Groh* StuW 88, 210, 212. 647

c) Gegenständliche Teilauseinandersetzung. S Rz 622, 632. Erhält ein Miterbe ein einzelnes WG aus dem BV des Nachlasses (ohne Ausgleichszahlung, aber unter rechnerischer Minderung seines Anteils am Restnachlass), entsteht in allen Miterben anteilig zuzurechnender Entnahmegewinn, wenn das WG **PV** wird (*BMF* BStBl I 06, 253 Tz 57). Überführt er das WG in ein eigenes **BV** greift 648 entweder mE zutr § 6 V 3 Nr 1 oder nach BFH/FinVerw (Rz 646f) § 16 III 2 (unechte Realteilung); *Folge:* grds Buchwertzwang (*BMF* BStBl I 19, 11 iVm *BMF* BStBl I 06, 253 Tz 52). Zu **Vorausvermächtnis** s Rz 597.

II. Tod eines Mitunternehmers

Verwaltung: *BMF* BStBl I 06, 253 (Einführungsschreiben).

660   1. Zivilrechtliche Grundlagen. – (1) Gesetzliche Rechtslage. Vorbehaltl abweichender Vertragsklauseln (s zu *(2)*) hat der Tod des **OHG-Ges'ters** oder **Komplementärs** einer KG das **Ausscheiden** aus der Ges iVm der Abfindung der Erben zur Folge (= **gesetzl Fortsetzungsklausel**; Rz 661; §§ 131 III 1 Nr 1, 161 II HGB iVm § 738 I 2 BGB, §§ 105 III, 161 II HGB; ebenso ab 2024 §§ 130 I Nr 1, 161 II HGB idF **MoPeG** (BGBl I 21, 3436), zur abweichenden Rechtslage bis 30.6.98 s *Schmidt* 40. Aufl § 16 Rz 660). Gleiches gilt nach gem **§ 9 I PartGG** iVm § 131 III 1 Nr 1 HGB (= § 9 II PartGG aF) sowie ab 2024 gem § 9 I PartGG idF **MoPeG** (BGBl I 21, 3436) iVm § 130 I Nr 1 HGB idF **MoPeG.** *Folge ua:* die zweigliedrige OHG/KG erlischt bei Tod eines Ges'ters/des Komplementärs (BT-Drs 13/8444, 66; *Ausweg:* GmbH & Co KG). Auch bei Tod des **K'tisten** oder **stillen Ges'ters** wird die Ges nicht aufgelöst, die Erben aber Ges'ter (§ 177 HGB; § 234 II HGB; **gesetzl Nachfolge;** Rz 665). Anders hingegen nach § 727 I BGB bei Tod des Ges'ters einer **GbR** sowie des **Geschäftsinhabers** einer atypisch stillen Ges: **Auflösung** der Ges und deren Abwicklung (§§ 730 ff BGB; § 235 HGB), sofern nicht die Erben des verstorbenen Ges'ters und die übrigen Ges'ter die Fortsetzung der Ges beschließen. **Ab 2024** wird der Ges'ter einer rechtsfähigen GbR hingegen nach §§ 723 I Nr 1, 728 II BGB idF **MoPeG** (BGBl I 21, 3436) – vorbehaltl § 61 EGBGB idF MoPeG – ausscheiden; zur nichtrechtsfähigen GbR s indes §§ 740a I Nr 3, 740c BGB idF **MoPeG.** – **(2)** Im GesVertrag kann mit estrechtl unterschiedl Folgen von den jeweiligen gesetzl Vorgaben (s zu *(1)*) abgewichen werden. **Typische Vertragsklauseln** (zB *K. Schmidt* GesRecht, § 45 V): – *(a)* Fortsetzungsklausel (Rz 661), – *(b)* Übernahmeklausel (Rz 664), – *(c)* einfache Nachfolgeklausel (Rz 665), – *(d)* qualifizierte Nachfolgeklausel (Rz 672), – *(e)* Teilnachfolgeklausel (Rz 676) und – *(f)* Eintrittsklausel (Rz 677). Zur Partnerschafts-Ges s § 18 Rz 244 ff.

661   2. Fortsetzungsklausel; Ausschließungsklausel. – a) Ausscheiden des Erblassers. Wird beim Tode eines Ges'ters die Ges nach GesVertrag oder nach §§ 131 III 1 Nr 1, 161 II HGB, § 9 PartGG gesetzl (s Rz 660) von den übrigen Ges'tern fortgesetzt oder das Unternehmen bei einer zweigliedrigen Ges vom überlebenden Ges'ter allein fortgeführt, erwerben die Erben einen schuldrechtl Abfindungsanspruch gegen die Ges/Übernehmer, dessen Höhe sich nach dem Wert des GesVermögens richtet, sofern vertragl nichts anderes bestimmt ist (zB Buchwertabfindung; s Rz 482; zur Vererbung von *Forderungs*konten s aber *Wälzholz* DStR 11, 1861, 1862). Estrechtl ist dies idR entgeltl **Veräußerung des MUeranteils** des verstorbenen Ges'ters an die übrigen Ges'ter auf den Todesfall (§ 16 I 1 Nr 2). Der begünstigster Veräußerungsgewinn idH Differenz zw dem Wert des Abfindungsanspruchs und dem Buchwert des MUeranteils im Todeszeitpunkt (BFH IV R 67/98 BStBl II 00, 179: lfd Übergangsgewinne grds gem GuV-Schlüssel; *BMF* BStBl I 06, 253 Tz 6; BFH IV R 59/98 BStBl II 00, 1709: Rumpf-Wj bei zweigliedriger PersGes) entsteht noch in der Person des **Erblassers,** auch wenn zu den Erben einer der Ges'ter nicht gehört oder der Erblasser den Anteil am Abfindungsanspruch einem Dritten vermacht hat (BFH IV R 66/92 BStBl II 94, 227; BGH II ZR 52/99DStR 01, 494). Die Vereinnahmung der Abfindungszahlung durch die Erben ist nicht estpfl; zur Verzinsung s aber betr § 8 Nr 1 GewStG aF BFHVIII R 52/98 BFH/NV 00, 80. Ein im Wj des Erbfalls erzielter Gewinn/Verlust ist dem Erben nicht zuzurechnen, wenn sich die Höhe des vertragl Abfindungsanspruchs ausschließl nach dem Wert (Buch-, Verkehrs-, Zwischenwert) des GesAnteils am vorangegangenen Bilanzstichtag richtet. Die **MitGes'ter**/Übernehmer erwerben entgeltl die Anteile des verstorbenen Ges'ters am GesVermögen, auch soweit sie Miterbe sind. *Folge:* AK iHd Abfindungsschuld (BFH VIII R 12/16 BStBl II 20, 378); diese ist Betriebsschuld der Ges, ebenso ein zu ihrer Tilgung aufgenommener Kredit.

b) Sonderbetriebsvermögen. Solche WG des verstorbenen Ges'ters werden, wenn die Erben nicht ebenfalls Ges'ter der PersGes sind, zwar grds notwendig PV; ihr gemeiner Wert ist analog § 16 III 7 dem Wert des Abfindungsanspruchs hinzuzurechnen und erhöht den begünstigten Veräußerungsgewinn des Erblassers (*Märkle* DStR 93, 1616). Keine Gewinnrealisierung für SBV tritt mE aber ein, wenn Abfindungsanspruch und SBV des Erblassers subsidiär BV eines Einzelunternehmens des Erblassers waren; ebenso § 6 V 2. Gleiches gilt bei Buchwertentnahme des SBV nach § 6 I Nr 4 S 4 (BFH VIII R 53/99 BStBl II 03, 237: Aufgabe des MUeranteils; s Rz 77, 435). Zu (formunwirksamem) Vermächtnis betr SBV s BFH XI R 18/06 BStBl II 09, 957.

c) Abfindungsausschluss. Ist vertragl jegl Abfindungsanspruch ausgeschlossen, liegt eine unentgeltl Übertragung des MUeranteils auf den Todesfall vor, wenn die Bestimmung auf *familiären* Gründen beruht (BFH IV B 105/97 BFH/NV 99, 165; BGH IV ZR 16/19DStR 20, 1582). Ist sie *betriebl* veranlasst, zB weil sie zw Fremden getroffen ist und für alle Ges'ter mit annähernd gleicher Lebenserwartung in gleicher Weise gilt, entsteht beim verstorbenen Ges'ters ein Veräußerungsverlust (*Bolk* DStZ 86, 547); die erwerbenden Ges'ter haben entspr dem Wert des GesVermögens entweder die Anteile des Erblassers am GesVermögen abzustocken oder die Buchwerte fortzuführen und in deren Höhe einen lfd Gewinn (s auch Rz 421). Beachte auch § 3 I Nr 2 ErbStG.

d) Übernahmeklausel. Enthält der GesVertrag nur ein Recht der verbleibenden Ges'ter, innerhalb bestimmter Frist die Übernahme des GesAnteils des verstorbenen Ges'ters zu erklären (FG Mchn EFG 04, 956), ist im Hinblick auf BFH GrS 2/89 BStBl II 90, 837 (Rz 605) die Ausübung des Rechts, auch bei Rückbeziehung, als (im GesVertrag nur vorbereitete) Veräußerung des MUeranteils durch an die Stelle des Erblassers vorübergehend in die PersGes eingetretenen Erben zu werten (*Esskandari* ZEV 12, 249; ähnl *Wacker/Franz* BB 93, Beil 5, 27 zu LuF).

3. Einfache Nachfolgeklausel. – a) Übergang des Gesellschaftsanteils. – aa) Grundsätze. Stirbt ein Ges'ter und wird die Ges kraft Gesetzes (zB § 177 HGB) oder gesellschaftsvertragl Bestimmung (Rz 660) mit den Erben fortgesetzt, wird nicht nur der Alleinerbe, sondern auch jeder **Miterbe** mit dem Erbfall zivilrechtl iSe gesplitteten/unmittelbaren Direkterwerbs nach Maßgabe seiner Erbquote **Ges'ter** (hL) und damit estrechtl **MUer** (BFH IV R 73/05 BStBl II 08, 965), auch wenn er den GesAnteil auf Grund Teilungsanordnung (BFH IV R 10/99 BStBl II 02, 850) oder Vermächtnis herauszugeben hat (s Rz 668). Ebenso ab 2024 § 711 II BGB idF **MoPeG** (BGBl I 21, 3436; Sondererbfolge). Anders als der GesAnteil fällt das **SBV** zivilrechtl in das Gesamthandsvermögen (Erbengemeinschaft); auch dies wird aber estrechtl von den Miterben (quotenkongruent) unentgeltl erworben (BFH IV R 15/96 BStBl II 97, 535; s auch § 6 III 1, HS 2; zu § 34a § 34a Rz 87). Demgemäß haben sie (ohne Anfall eines Veräußerungsgewinn beim Erblasser) die anteiligen Buchwerte einschließl SBV fortzuführen (BFH VIII R 18/93 BFH II 95, 714). Der GesAnteil kann trotz des Direkterwerbs der Miterben (s oben) in die Erbauseinandersetzung einbezogen werden (s Rz 670), da sein **Wert** ebenso wie die übertragbaren Vermögensrechte zum **Nachlass** gehören (BGH IVa ZR 155/84 BGHZ 98, 48; ähnl BFH IV R 107/89 BStBl II 92, 510). Zur Freigabe bei **Nachlassinsolvenz** s § 15 Rz 645.

bb) Einzelfragen. – (1) Umwandlung. Diese Grundsätze gelten auch, soweit ein Erbe phGes'ters gem § 139 HGB oder gem vertragl Bestimmung (Umwandlungsklausel) die Rechtsstellung eines K'tisten erlangt.

667 **(2) Erbfallschulden.** Sind der oder die Erben mit Geldvermächtnissen (§§ 1939; 2147 BGB) oder Pflichtteilsansprüchen (§§ 2303 ff BGB; s Rz 592) belastet, sind diese Erbfallschulden ebenso wie beim Tod eines Einzelunternehmers (Rz 41, 592) keine anteiligen AK für den im Erbwege erlangten MUeranteil (s Rz 593).

668 **(3) Sachvermächtnis.** Haben die Erben aufgrund eines Vermächtnisses den **GesAnteil** im Einvernehmen mit den übrigen Ges'tern einem Dritten zu übertragen oder eine Unterbeteiligung daran einzuräumen, wird kein Gewinn realisiert; vielmehr erwirbt – jeweils unentgeltl (§ 6 III 1) – der Erbe vom Erblasser und der Vermächtnisnehmer wiederum vom Erben (s Rz 42; BFH VIII R 18/93 BStBl II 95, 714; zur Einkunftszurechnung vgl Rz 43; zu Ausgleichszahlungen des Vermächtnisnehmers s Rz 598).

669 **(4) Sonderbetriebsvermögen.** Ist einem Dritten vermächtnisweise (nur) ein WG des SBV zugewendet, gelten estrechtl und gewstrechtl die Grundsätze für Sachvermächtnisse betr die Übereignung von BV eines zum Nachlass gehörigen Einzelunternehmens (Rz 597).

670 **b) Auseinandersetzung.** Einigen sich die Miterben und die übrigen Ges'ter nach dem Erbfall dahin, dass zB nur **einer** der Miterben **Ges'ter** bleibt und die anderen Miterben gegen Abfindung ausscheiden, lässt dies die „geborene" MUerstellung kraft Erbfalls bis zur Auseinandersetzung grds unberührt (BFH IV R 10/99 BStBl II 02, 850; *Groh* DB 91, 724), so dass die weichenden Miterben ihre **MUeranteile** ganz – uU auch nur teilweise (dazu Rz 415) – entgeltl **veräußern.** Zur Zurechnung lfd Einkünftes BFH IV R 10/99 BStBl II 02, 850 sowie Rz 623. Beachte auch §§ 7 VII, 10 X ErbStG. **Anders** ist dies, wenn zum Nachlass weiteres (Sonder-)BV oder PV gehört *und* die Miterben den GesAnteil oder mehrere GesAnteile (*Röhrig ua* DStR 06, 969) rechnerisch in die Erbauseinandersetzung einbeziehen (FG Mster EFG 08, 200: Gesamtplan), so dass hier für die Rechtsgrundsätze zur **Nachlass-Realteilung** zu beachten sind (BFH IV R 107/89 BStBl II 92, 510; BFH VIII R 51/84 BStBl II 92, 512; *BMF* BStBl I 06, 253 Tz 71; **aA** *Dötsch* FSL. Schmidt, 867). S einschließl zwingen der Buchwertfortführung nach § 6 III, V 3, 16 III 2–4 Rz 614 (Realteilung BV), Rz 639 (Mischnachlass) sowie Rz 646 (uU Sachwertabfindung). Beachte auch § 13a VErbStG; ErbStR l13a. 11.

671 **c) Ausscheiden aller Erben.** Geschieht dies gegen Abfindung, entsteht ein Gewinn der Erben (Ausscheidenden) aus der Veräußerung ihrer MUeranteile (§ 16 I 1 Nr 2); die übrigen Ges'ter haben iHd Abfindung AK für die Anteile der Erben an den WG des GesVermögens.

672 **4. Qualifizierte Nachfolgeklausel. – a) Mitunternehmerstellung.** Ist im GesVertrag bestimmt, dass beim Tode eines Ges'ters die Ges nur mit **einem Miterben** (oder nur einigen, aber nicht allen) fortgeführt wird, geht der GesAnteil **zivilrechtl** im Wege des Direkterwerbs (s Rz 665 einschl § 711 II BGB idF MoPeG, BGBl I 21, 3436) auf den/die qualifizierten Nachfolger-Miterben über. Die anderen Miterben werden nicht Ges'ter und erlangen, da nur der **Wert** des GesAnteils zum Nachlass gehört (Rz 665), einen auf Erbrecht beruhenden schuldrechtl Wertausgleichsanspruch *gegen* den *Nachfolger-Miterben* (BGH II ZR 120/75 BGHZ 68, 225). Zu PartnerschaftsGes s § 18 Rz 245. **EStrechtl** erwirbt der **qualifizierte Miterbe** den GesAnteil unentgeltl und hat als **MUer** die Buchwerte fortzuführen (§ 6 III). Dem steht mE nicht entgegen, dass der Begriff des MUeranteils grds vorhandenes SBV umfasst und dieses evtl nur zu einem Bruchteil auf den qualifizierten Miterben übergeht (glA FG BaWü EFG 98, 1403; s Rz 674); zu § 34a s § 34a Rz 87. Die **anderen Miterben** werden mangels Ges'terstellung und damit mangels unternehmerischer Initiativrechte **nicht MUer,** auch nicht aufgrund einer atypisch Unterbeteiligung am Anteil des Qualifizierten. Demgemäß ist dessen

Wertausgleichsschuld weder als AK für den Nachfolger-Miterben noch als Veräußerungspreis der übrigen Miterben oder des Erblassers zu werten. Die fehlende Ges'ter-/MUerstellung unterscheidet den Nichtqualifizierten auch von den Miterben eines Einzelunternehmers, die mit dem Erbfall stets MUer werden (s Rz 606); der Wertausgleichanspruch steht nach der Rspr einem Vermächtnis näher der Abfindung iRd Auseinandersetzung des Nachlasses (BFH VIII R 72/90 BStBl II 94, 625; *BMF* BStBl I 06, 253 Rz 72–74; hL, zB *Wacker/Franz* BB 93, Beil 5, 24; *Hübner* DStR 95, 197, 199; **aA** FG Saarl EFG 04, 1038: nichtqualifizierte Miterben wie bei Teilungsanordnung „Durchgangs-MUer"; *Groh* DStR 94, 413; vgl auch *GLE* BStBl I 09, 713). Zur Erbfolge nach **Höferecht** (zB §§ 4, 12 HöfeO) s BFH IV R 66/93 BStBl II 94, 623: nur Hoferbe erwirbt unentgeltl unmittelbar vom Erblasser; *BMF* BStBl I 06, 253 Tz 77. Zur **ErbSt** s ErbStR 13b.1 II.

b) Wertausgleichsschuld. Diese sowie ihre Refinanzierung ist nach Rspr/ 673
FinVerw (Rz 672) – ebenso wie sonstige Erbfallschulden (s Rz 593) – Privatschuld; Stundungs-/Refinanzierungszinsen sind keine BA (BFH VIII R 72/90 BStBl II 94, 625). Zur Übergangsregelung (bis 31.12.94)/Kritik betr die frühere sog Sekundärfolgen-Rspr s *Schmidt* 39. Aufl § 16 Rz 673.

c) Sonderbetriebsvermögen. Es wird zivilrechtl Gesamthandsvermögen der 674
Erbengemeinschaft und estrechtl iHd Erbquote des qualifizierten Miterbens (§ 39 II Nr 2 AO; zu §§ 705, 713 BGB idF MoPeG (BGBl I 21, 3436) ab 2024 s § 15 Rz 166) zu dessen SBV und iHd **Erbquoten** der **nichtqualifizierten** Miterben, wenn man diesen mit Rspr/FinVerw (Rz 672) die MUerstellung abspricht, zu **PV** mit der Folge, dass *insoweit* ein nichtbegünstigter Entnahmegewinn des Erblassers entsteht (BFH VIII B 9/97 BFH/NV 98, 959; *BMF* BStBl I 06, 253 Tz 73 f; zB *Wacker/Franz* BB Beil 5/93 S 24/25; **aA** *Dötsch* FS L. Schmidt, 867, 881: SBV bleibt bis zur Entnahme insgesamt BV). Soweit aus BFH IV R 51/98 BStBl II 05, 173 (betr früheres Kongruenzgebot bei Teil-MUeranteilen) die Entnahme *auch* bezügl des „überschießenden" GesAnteils abgeleitet wurde (*Geck* DStR 00, 2031), ist dies von der Rspr (BFH VIII R 51/98 BStBl II 00, 316) angesichts der gravierenden strechtl Folgen nicht aufgegriffen worden (glA *BMF* BStBl I 06, 253 Tz 73). ME geht diese **Billigkeits-Rspr** über die Grundsätze von BFH und FinVerw zu § 6 III hinaus (s dazu Rz 11; **aA** bis *Schmidt* 40. Aufl § 16 Rz 674); fragl, ob mit Legalitätsprinzip vereinbar (dazu allg BFH GrS 1/15 BStBl II 17, 393). Der lfd Gewinn (betr SBV) unterliegt nicht der **GewSt** (BFH VIII R 51/98 BStBl II 00, 316; zu § 18 III UmwStG s *Patt* FR 00, 1115). Zu § 13a ErbStG vgl *Hübner* ZErb 04, 34; *Wälzholz* DStZ 09, 591.

d) Gestaltungen. – *(1)* Eine erbfallbedingten Entnahme des SBV (Rz 674) 675
kann durch eine **Buchwerteinbringung** (§ 6 V) zu Lebzeiten des Erblassers in das Gesamthandsvermögen einer gewerbl geprägten GmbH&Co KG (Schwester-PersGes) vermieden werden. Nach hL (s § 15 Rz 536) wird es trotz unveränderter Nutzung bereits mit der Übertragung eigenes BV der KG und behält diese Qualität beim Tod des Erblassers. Aber auch wenn man trotz Übertragung von fortbestehendem SBV ausginge, würde dieses jedenfalls beim Tod des Erblassers nichtanteilig entnommen, sondern BV der KG; ein Entnahmegewinn kann aber uU bezügl der Anteile des Erblasser an der Komplementär-GmbH realisiert werden (BFH VIII R 51/98 BStBl II 00, 316). – *(2)* Als **andere Maßnahmen** kommen in Betracht (s zB *IdW*, Erbfolge, 2. Aufl Rz 506): – *(a)* Einsetzung des qualifizierten Miterben zum Alleinerben (*Reimann* ZEV 02, 487; zur ErbSt bei Grundstücksvermächtnissen zugunsten Nichtqualifizierter s aber BFH II R 9/02 BStBl II 04, 1039); – *(b)* Übertragung des GesAnteils mit SBV in vorweggenommener Erbfolge auf den qualifizierten Miterben; Gleichstellungsgeld ggü Geschwistern führt aber zu Veräußerung und AK; – *(c)* uU einfache Nachfolgeklausel iVm Teilungsanordnung (Rz 670); – *(d)* uU widerrufl Schenkung des SBV *zu Lebzeiten* (s *Daragan ua* DStR 99, 89: „Schenkungsmodell"; abl *Fleischer* DStZ 99, 972). – *(3)* **Wahrscheinl**

untaugl sind folgende Maßnahmen (vgl *Wacker/Franz* BB 93, Beil 5, 93): **(a)** Teilungsanordnung oder Vorausvermächtnis (*Knobbe-Keuk* § 22 VI 4f: unmittelbarer Übergang des wirtschaftl Eigentums; glA *Daragan ua* DStR 99, 89: „Miterbenmodell"; **aA** BFH VIII B 9/97 BFH/NV 98, 959; *BMF* BStBl I 06, 253 Tz 73 f); – **(b)** Schenkung des SBV auf den Todesfall (Rechtslage wie bei Vermächtnis, zB *Wacker/Franz* BB 93, Beil 5; **aA** *Knebel ua* DB 00, 169, 173).

676 **5. Teilnachfolgeklausel.** Ist im GesVertrag bestimmt, dass beim Tode eines Ges'ters, der von mehreren Miterben beerbt wird, bestimmte Miterben mit dem ihrer Erbquote entspr Bruchteil der Mitgliedschaft des Erblassers in die Ges eintreten und die übrigen von der Ges abzufinden sind, **spaltet** sich der **GesAnteil:** Ein Bruchteil geht wie bei einer Nachfolgeklausel auf die zu Ges'tern berufenen Miterben über; die estrechtl Folgen entsprechen insoweit denen der einfachen Nachfolgeklausel (BFH IV R 130/77 BStBl II 81, 614, 617; *Dötsch* FS L. Schmidt, 1993 S 867). Mit dem restl Bruchteil scheidet der verstorbene Ges'ter in der Weise aus, dass die Miterben einen Abfindungsanspruch gegen die Ges erlangen, der allein den nicht zu Ges'tern berufenen Miterben gebührt; die estrechtl Folgen entsprechen insoweit denen der Fortsetzungsklausel (BFH IV R 130/77 BStBl II 81, 614; *Tiedtke/Hils* ZEV 04, 441: ab 2002 lfd Gewinn; zutr s Rz 415).

677 **6. Eintrittsklausel. – a) Alleinerbe.** Ist dieser nach GesVertrag berechtigt, nach dem Tode eines Ges'ters in die Ges nach Maßgabe der Mitgliedschaft des Erblassers einzutreten und er bei Nichteintritt von der unter den übrigen Ges'tern fortgesetzten Ges abgefunden wird, entsprechen die estrechtl Folgendenen der Fortsetzungsklausel, wenn der Erbe sein Eintrittsrecht nicht ausübt (*BMF* BStBl I 06, 253 Tz 70; zur Auslegung einer Eintrittsklausel als Nachfolgeklausels *Wacker/Franz* BB 93, Beil 5, 26; BFH VIII R 72/90 BStBl II 94, 625). Übt der Erbe sein Eintrittsrecht aus, kommt es mE (*Wacker/Franz* BB 93, Beil 5, 26; offen in BFH VIII R 72/90 BStBl II 94, 625) darauf an, ob die Eintrittsklausel zivilrechtl dahin zu verstehen ist, dass die verbleibenden Ges'ter den ihnen an gewachsenen GesAnteil des Erblassers vorübergehend als Treuhänder halten **(Treuhandlösung),** oder dahin, dass der Erbe einen Abfindungsanspruch erwirbt und mit diesem seine Einlagepflicht erfüllt (erbrechtl **Abfindungslösung**). Ist Treuhand vereinbart, treten estrechtl die Wirkungen der einfachen Nachfolgeklausel ein (mE auch bei Ausübung des Eintrittsrechts erst 6 Monate nach Erbfall); bei der Abfindungslösung entsprechen die estrechtl Folgen hingegen denen der Fortsetzungsklausel (Veräußerungsgewinn des Erblassers) iVm anschließendem entgeltl Erwerb des GesAnteils. Die **FinVerw** geht indes davon aus, dass *unabhängig* von der zivilrechtl Beurteilung der Eintrittsklausel die Wirkungen der einfachen Nachfolgeklausel eintreten, wenn *(und nur wenn)* das Eintrittsrecht innerhalb von 6 Monaten nach dem Erbfall ausgeübt wird (*BMF* BStBl I 06, 253; ähnl BFH IV R 130/77 BStBl II 81, 614 zu 4.). Zu § 7 VII ErbStGs *Hübner ua* ZEV 09, 361, 364.

678 **b) Miterben.** Diese Grundsätze gelten entspr, wenn alle Miterben alle eintrittsberechtigt sind. Üben nur einige das Eintrittsrecht aus, während die übrigen von der Ges abgefunden werden, entsprechen die estrechtl Folgen denen einer Teilnachfolgeklausel. Sind nur einige der Miterben eintrittsberechtigt, aber in der Weise, dass sie in vollem Umfange in die Ges'terstellung des Erblassers eintreten, treten jedenfalls bei Treuhand die estrechtl Folgen einer qualifizierten Nachfolgeklausel ein (teilweise aA *BMF* BStBl I 06, 253: nur bei Eintritt innerhalb von 6 Monaten ab Erbfall; Rz 677).

679 **7. Eintrittsklausel zugunsten von Nichterben.** Ist im GesVertrag bestimmt, dass beim Tode eines Ges'ters eine bestimmte Person gegen eine Einlage iHd Abfindungsanspruchs des verstorbenen Ges'ter rückbezügl auf dessen Tod eintrittsberechtigt ist, und gehört diese Person zwar nicht zu den Erben, ist ihr aber der Abfindungsanspruch gegen die Ges vermächtnisweise zugewandt, entsprechen die estrechtl Folgen jedenfalls bei Treuhandlösung (s Rz 677) denen einer Nachfolgeklausel (teilweise aA *BMF* BStBl I 06, 253: nur bei Eintritt innerhalb von 6 Monaten nach Erbfall). Wird das Eintrittsrecht nicht ausgeübt, treten die Rechtsfolgen einer Fortsetzungsklausel ein. Zur ErbSt s ErbStR13b.1 II.

8. Auflösung der Gesellschaft. – a) Aufgabe. Wird die Ges durch den Tod **680** eines Ges'ters aufgelöst (s Rz 660), tritt zivilrechtl anstelle des verstorbenen Ges'ters dessen Alleinerbe oder bei mehreren Erben die Erbengemeinschaft in die LiquidationsGes ein (BFH VIII R 35/92 BStBl II 95, 241 zu II 2a; § 15 Rz 613); estrechtl werden der Alleinerbe bzw die Erbengemeinschaft und mittelbar die Mitglieder der Erbengemeinschaft MUer (BFH VIII R 35/92 BStBl II 95, 241). Wird der GewBetr veräußert (aufgegeben), entsteht ein Veräußerungs-/Aufgabegewinn oder -verlust, der den verbliebenen Ges'tern und der Erbengemeinschaft (und über diese den Miterben) anteilig zuzurechnen ist (*BMF* BStBl I 06, 253 Tz 69).

b) Fortführung. – *(1)* Wird die Ges aufgrund einer Einigung der übrigen **681** Ges'ter und der **Erben/Miterben** fortgeführt wird und treten Letztere in die **Rechtsstellung** des verstorbenen Ges'ters ein, entsprechen die estrechtl Folgen iErg denen einer einfachen Nachfolgeklausel (BFH VIII R 35/92 BStBl II 95, 241 unter III 3a: aus der mittelbaren Beteiligung der Miterben wird eine unmittelbare; *BMF* BStBl I 06, 253 Tz 69 aE). Zur zweigliedrigen OHG/KG s aber Rz 660. – *(2)* Wird die Ges vereinbarungsgemäß nur mit **einem der Miterben** in der Weise fortgeführt wird, dass dieser iVm der Abfindung der weichen Miterben voll in die Rechtsstellung des verstorbenen Ges'ters eintritt, ist dies unabhängig vom Zeitraum zw Erbfall und Einigung entgeltl **Veräußerung** eines (mittelbaren) MUeranteils der weichenden Miterben iRe gegenständl Erbauseinandersetzung (*Groh* DB 90, 2135); *Ausnahme:* Buchwertfortführung, wenn der Nachlass, zu dem zB noch ein GewBetr oder PV gehört, in Form einer **Realteilung** einschließl des GesAnteils auseinandergesetzt wird (Rz 670). Unabhängig hiervon erkennt die FinVerw an, dass die lfd Einkünfte rückwirkend nur dem übernehmenden Miterben zugerechnet werden, wenn dies die Miterben innerhalb von 6 Monaten nach dem Erbfall vereinbaren und tatsächl durchführen (*BMF* BStBl I 06, 253 Tz 8 f); vgl auch Rz 623, 670. – *(3)* Scheidet die **Erbengemeinschaft** gegen **Abfindung** aus der von den übrigen Ges'tern fortgeführten Ges aus, ist dies entweder Veräußerung der MUeranteile (Erbengemeinschaft/Miterben; *Groh* StuW 88, 210) oder es gelten die Grundsätze zur Realteilung (Rz 530 f).

§ 17 Veräußerung von Anteilen an Kapitalgesellschaften

(1) ¹**Zu den Einkünften aus Gewerbebetrieb gehört auch der Gewinn aus der Veräußerung von Anteilen an einer Kapitalgesellschaft, wenn der Veräußerer innerhalb der letzten fünf Jahre am Kapital der Gesellschaft unmittelbar oder mittelbar zu mindestens 1 Prozent beteiligt war.** ²**Die verdeckte Einlage von Anteilen an einer Kapitalgesellschaft in eine Kapitalgesellschaft steht der Veräußerung der Anteile gleich.** ³**Anteile an einer Kapitalgesellschaft sind Aktien, Anteile an einer Gesellschaft mit beschränkter Haftung, Genussscheine oder ähnliche Beteiligungen und Anwartschaften auf solche Beteiligungen sowie Anteile an einer optierenden Gesellschaft im Sinne des § 1a des Körperschaftsteuergesetzes.** ⁴**Hat der Veräußerer den veräußerten Anteil innerhalb der letzten fünf Jahre vor der Veräußerung unentgeltlich erworben, so gilt Satz 1 entsprechend, wenn der Veräußerer zwar nicht selbst, aber der Rechtsvorgänger oder, sofern der Anteil nacheinander unentgeltlich übertragen worden ist, einer der Rechtsvorgänger innerhalb der letzten fünf Jahre im Sinne von Satz 1 beteiligt war.**

(2) ¹Veräußerungsgewinn im Sinne des Absatzes 1 ist der Betrag, um den der Veräußerungspreis nach Abzug der Veräußerungskosten die Anschaffungskosten übersteigt. ²In den Fällen des Absatzes 1 Satz 2 tritt an die Stelle des Veräußerungspreises der Anteile ihr gemeiner Wert. ³Weist der Veräußerer nach, dass ihm die Anteile bereits im Zeitpunkt der Begründung der unbeschränkten Steuerpflicht nach § 1 Absatz 1 zuzurechnen waren und dass der bis zu diesem Zeitpunkt entstandene Vermögenszuwachs auf Grund gesetzlicher Bestimmungen des Wegzugsstaats im Wegzugsstaat einer der Steuer nach § 6 des Außensteuergesetzes vergleichbaren Steuer unterlegen hat, tritt an die Stelle der Anschaffungskosten der Wert, den der Wegzugsstaat bei der Berechnung der der Steuer nach § 6 des Außensteuergesetzes vergleichbaren Steuer angesetzt hat, höchstens jedoch der gemeine Wert. ⁴Satz 3 ist in den Fällen des § 6 Absatz 3 des Außensteuergesetzes nicht anzuwenden. ⁵Hat der Veräußerer den veräußerten Anteil unentgeltlich erworben, so sind als Anschaffungskosten des Anteils die Anschaffungskosten des Rechtsvorgängers maßgebend, der den Anteil zuletzt entgeltlich erworben hat. ⁶Ein Veräußerungsverlust ist nicht zu berücksichtigen, soweit er auf Anteile entfällt,

a) die der Steuerpflichtige innerhalb der letzten fünf Jahre unentgeltlich erworben hatte. ²Dies gilt nicht, soweit der Rechtsvorgänger anstelle des Steuerpflichtigen den Veräußerungsverlust hätte geltend machen können;

b) die entgeltlich erworben worden sind und nicht innerhalb der gesamten letzten fünf Jahre zu einer Beteiligung des Steuerpflichtigen im Sinne von Absatz 1 Satz 1 gehört haben. ²Dies gilt nicht für innerhalb der letzten fünf Jahre erworbene Anteile, deren Erwerb zur Begründung einer Beteiligung des Steuerpflichtigen im Sinne von Absatz 1 Satz 1 geführt hat oder die nach Begründung der Beteiligung im Sinne von Absatz 1 Satz 1 erworben worden sind.

(2a) ¹Anschaffungskosten sind die Aufwendungen, die geleistet werden, um die Anteile im Sinne des Absatzes 1 zu erwerben. ²Zu den Anschaffungskosten gehören auch die Nebenkosten sowie die nachträglichen Anschaffungskosten. ³Zu den nachträglichen Anschaffungskosten im Sinne des Satzes 2 gehören insbesondere

1. offene oder verdeckte Einlagen,
2. Darlehensverluste, soweit die Gewährung des Darlehens oder das Stehenlassen des Darlehens in der Krise der Gesellschaft gesellschaftsrechtlich veranlasst war, und
3. Ausfälle von Bürgschaftsregressforderungen und vergleichbaren Forderungen, soweit die Hingabe oder das Stehenlassen der betreffenden Sicherheit gesellschaftsrechtlich veranlasst war.

⁴Eine gesellschaftsrechtliche Veranlassung liegt regelmäßig vor, wenn ein fremder Dritter das Darlehen oder Sicherungsmittel im Sinne der Nummern 2 oder 3 bei sonst gleichen Umständen zurückgefordert oder nicht gewährt hätte. ⁵Leistet der Steuerpflichtige über den Nennbetrag seiner Anteile hinaus Einzahlungen in das Kapital der Gesellschaft, sind die Einzahlungen bei der Ermittlung der Anschaffungskosten gleichmäßig auf seine gesamten Anteile einschließlich seiner im Rahmen von Kapitalerhöhungen erhaltenen neuen Anteile aufzuteilen.

(3) ¹Der Veräußerungsgewinn wird zur Einkommensteuer nur herangezogen, soweit er den Teil von 9060 Euro übersteigt, der dem veräußerten Anteil an der Kapitalgesellschaft entspricht. ²Der Freibetrag ermäßigt sich um den Betrag, um den der Veräußerungsgewinn den Teil von 36 100 Euro übersteigt, der dem veräußerten Anteil an der Kapitalgesellschaft entspricht.

(4) ¹Als Veräußerung im Sinne des Absatzes 1 gilt auch die Auflösung einer Kapitalgesellschaft, die Kapitalherabsetzung, wenn das Kapital zurückgezahlt wird, und die Ausschüttung oder Zurückzahlung von Beträgen aus dem steuerlichen Einlagenkonto im Sinne des § 27 des Körperschaftsteuergesetzes. ²In diesen Fällen ist als Veräußerungspreis der gemeine Wert des dem Steuerpflichtigen zugeteilten oder zurückgezahlten Vermögens der Kapitalgesellschaft anzusehen. ³Satz 1 gilt nicht, soweit die Bezüge nach § 20 Absatz 1 Nummer 1 oder 2 zu den Einnahmen aus Kapitalvermögen gehören.

(5) ¹Die Beschränkung oder der Ausschluss des Besteuerungsrechts der Bundesrepublik Deutschland hinsichtlich des Gewinns aus der Veräußerung der Anteile an einer Kapitalgesellschaft im Fall der Verlegung des Sitzes oder des Orts der Geschäftsleitung der Kapitalgesellschaft in einen anderen Staat stehen der Veräußerung der Anteile zum gemeinen Wert gleich. ²Dies gilt nicht in den Fällen der Sitzverlegung einer Europäischen Gesellschaft nach Artikel 8 der Verordnung (EG) Nr. 2157/2001 und der Sitzverlegung einer anderen Kapitalgesellschaft in einen anderen Mitgliedstaat der Europäischen Union. ³In diesen Fällen ist der Gewinn aus einer späteren Veräußerung der Anteile ungeachtet der Bestimmungen eines Abkommens zur Vermeidung der Doppelbesteuerung in der gleichen Art und Weise zu besteuern, wie die Veräußerung dieser Anteile zu besteuern gewesen wäre, wenn keine Sitzverlegung stattgefunden hätte. ⁴§ 15 Absatz 1a Satz 2 ist entsprechend anzuwenden.

(6) Als Anteile im Sinne des Absatzes 1 Satz 1 gelten auch Anteile an Kapitalgesellschaften, an denen der Veräußerer innerhalb der letzten fünf Jahre am Kapital der Gesellschaft nicht unmittelbar oder mittelbar zu mindestens 1 Prozent beteiligt war, wenn

1. die Anteile auf Grund eines Einbringungsvorgangs im Sinne des Umwandlungssteuergesetzes, bei dem nicht der gemeine Wert zum Ansatz kam, erworben wurden und
2. zum Einbringungszeitpunkt für die eingebrachten Anteile die Voraussetzungen von Absatz 1 Satz 1 erfüllt waren oder die Anteile auf einer Sacheinlage im Sinne von § 20 Absatz 1 des Umwandlungssteuergesetzes vom 7. Dezember 2006 (BGBl. I S. 2782, 2791) in der jeweils geltenden Fassung beruhen.

(7) Als Anteile im Sinne des Absatzes 1 Satz 1 gelten auch Anteile an einer Genossenschaft einschließlich der Europäischen Genossenschaft.

Einkommensteuer-Durchführungsverordnung:

§ 53 *EStDV Anschaffungskosten bestimmter Anteile an Kapitalgesellschaften*

¹Bei Anteilen an einer Kapitalgesellschaft, die vor dem 21. Juni 1948 erworben worden sind, sind als Anschaffungskosten im Sinne des § 17 Abs. 2 des Gesetzes die endgültigen Höchstwerte zugrunde zu legen, mit denen die Anteile in eine steuerliche Eröffnungsbilanz in Deutscher Mark auf den 21. Juni 1948 hätten eingestellt werden können; bei Anteilen, die am 21. Juni 1948 als Auslandsvermögen beschlagnahmt waren, ist bei Veräußerung vor der Rückgabe der Veräußerungserlös und bei Veräußerung nach der Rückgabe der Wert im Zeitpunkt der Rückgabe als Anschaffungskosten maßgebend. ²Im Land Berlin tritt an die Stelle des 21. Juni 1948 jeweils der 1. April 1949; im Saarland tritt an die Stelle des 21. Juni 1948 für die in § 43 Abs. 1 Ziff. 1 des Gesetzes über die Einführung des deutschen Rechts auf dem Gebiete der Steuern, Zölle und Finanzmonopole im Saarland vom 30. Juni 1959 (BGBl. I S. 339) bezeichneten Personen jeweils der 6. Juli 1959.

§ 17 Veräußerung von Anteilen an Kapitalgesellschaften

§ 54 EStDV *Übersendung von Urkunden durch die Notare*

(1) ¹Die Notare übersenden dem in § 20 der Abgabenordnung bezeichneten Finanzamt eine beglaubigte Abschrift aller auf Grund gesetzlicher Vorschrift aufgenommenen oder beglaubigten Urkunden, die die Gründung, Kapitalerhöhung oder -herabsetzung, Umwandlung oder Auflösung von Kapitalgesellschaften oder die Verfügung über Anteile an Kapitalgesellschaften zum Gegenstand haben. ²Gleiches gilt für Dokumente, die im Rahmen einer Anmeldung einer inländischen Zweigniederlassung einer Kapitalgesellschaft mit Sitz im Ausland zur Eintragung in das Handelsregister diesem zu übersenden sind.

(2) ¹Die Abschrift ist binnen zwei Wochen, von der Aufnahme oder Beglaubigung der Urkunde ab gerechnet, einzureichen. ²Sie soll mit der Steuernummer gekennzeichnet sein, mit der die Kapitalgesellschaft bei dem Finanzamt geführt wird. ³Die Absendung der Urkunde ist auf der zurückbehaltenen Urschrift der Urkunde beziehungsweise auf einer zurückbehaltenen Abschrift zu vermerken.

(3) Den Beteiligten dürfen die Urschrift, eine Ausfertigung oder beglaubigte Abschrift der Urkunde erst ausgehändigt werden, wenn die Abschrift der Urkunde an das Finanzamt abgesandt ist.

(4) Im Fall der Verfügung über Anteile an Kapitalgesellschaften durch einen Anteilseigner, der nicht nach § 1 Abs. 1 des Gesetzes unbeschränkt steuerpflichtig ist, ist zusätzlich bei dem Finanzamt Anzeige zu erstatten, das bei Beendigung einer zuvor bestehenden unbeschränkten Steuerpflicht des Anteilseigners oder bei unentgeltlichem Erwerb dessen Rechtsvorgängers nach § 19 der Abgabenordnung für die Besteuerung des Anteilseigners zuständig war.

Einkommensteuer-Richtlinien: EStR 17/EStH 17 − *Verwaltungsanweisungen: BMF BStBl* I 10, 832 (Auswirkung des MoMiG auf nachträgl AK); *BMF BStBl* I 20, 298 (Positivliste der geltenden Anweisungen); *OFD Nds DStR* 14, 532 (VZ-bezogener Beteiligungsbegriff); *BMF BStBl* I 19, 257 (Auswirkung des MoMiG auf nachträgl AK; Anwendung von ua BFH IX R 36/15 *BStBl* II 19, 208); *BMF BStBl* I 21, 2212 (Option zur KSt nach § 1a KStG).

Übersicht

	Rz
I. Grundaussage	
1. Inhalt	1
2. Rechtssystematische Bedeutung	2
3. Normzweck	3, 4
4. Persönlicher Anwendungsbereich	6–8
5. Sachlicher Anwendungsbereich	10–13
6. Umwandlungen	14
7. Ermittlung der Einkünfte	16–19
II. Veräußerung von Anteilen als gewerblicher Gewinn, § 17 I	
1. Veräußerung, § 17 I 1	21–44
2. Rechtsfolgen der Anteilsveräußerung	48, 49
3. Relevante Beteiligung, § 17 I 1	51–74
4. Subjektive Zurechnung	76–80
5. Anteilige Zurechnung	82–94
6. Verdeckte Einlage, § 17 I 2	96–98
7. Anteile iSd § 17, § 17 I 3	101–112
8. Erweiterte Steuerpflicht bei unentgeltlichem Anteilserwerb, § 17 I 4	114–125

Grundaussage **1 § 17**

Rz

III. Veräußerungsgewinn, § 17 II
1. Veräußerungsgewinn, § 17 II 1 131–150
2. Verdeckte Einlage der Beteiligung, § 17 II 2 151
3. Anschaffungskosten bei Zuzug, § 17 II 3 152
4. Wiederherstellung der unbeschränkten Steuerpflicht, § 17 II 4 153
5. Unentgeltlicher Erwerb, § 17 II 5 154
6. Veräußerungsverluste, 17 II 6 156–160
7. Veräußerungsgewinn/Veräußerungsverlust bei wiederkehrenden Bezügen 162–164
8. Carried Interest 165

IV. Anschaffungskosten, § 17 IIa
1. Anschaffungskosten, § 17 IIa 1 171–178
2. Anschaffungsnebenkosten, § 17 IIa 2 179
3. Nachträgliche Anschaffungskosten, § 17 IIa 2, 3 181–194
4. Gesellschaftsrechtliche Veranlassung, § 17 IIa 4 196
5. Nachträgliche Einzahlungen, § 17 IIa 5 197
6. Aufwendungen nach Abwicklung/Veräußerung 198
7. Anwendung 199

V. Freibetrag, § 17 III 201–203
1. Höhe 201
2. Abschmelzung 202
3. Keine Tarifvorschrift 203

VI. Auflösung einer Kapitalgesellschaft; Kapitalherabsetzung; Ausschüttung/Rückzahlung von Einlagen, § 17 IV
1. Veräußerungsgleiche Tatbestände, 17 IV 1, 2 211
2. Auflösung 212–226
3. Herabsetzung/Rückzahlung des Kapitals 230–233
4. Rückgewähr von Einlagen 234
5. Unterscheidung Kapitalrückzahlung/Gewinnausschüttung, § 17 IV 3 .... 235, 236

VII. Sitzverlegung als Veräußerungsvorgang, § 17 V
1. Grundsatz 240
2. Ausnahme 241

VIII. Besteuerung nach Einbringung, § 17 VI 245

IX. Anteile an Genossenschaft, § 17 VII 247

I. Grundaussage

1. Inhalt. Der Tatbestand (iSv § 38 AO) setzt die Veräußerung eines KapGesAnteils voraus, der innerhalb der letzten 5 Jahre vor Veräußerung relevant („wesentl") war; iEinz: – *(1)* eine Veräußerung – *(2)* von zum PV gehörenden Anteilen an einer KapGes und – *(3)* eine Beteiligung zu mindestens 1 % (bis 31.12.00: zu mindestens 10 %; bis 31.12.98: zu mehr als einem Viertel), die irgendwann innerhalb der letzten 5 Jahre bestanden hat (§ 17 I 1; Rz 51). Den Begriff **„wesentl Beteiligung"** hat § 17 zu Recht aufgegeben (vgl § 271 I HGB; *BH* HGB § 271 Rz 1, 2). – Einer Veräußerung gleichgestellt sind – *(1)* verdeckte Einlagen in eine KapGes (§ 17 I 2) und – *(2)* die Auflösung oder Kapitalherabsetzung der Ges (§ 17 IV). Gegenstand des § 17 ist der **einzelne Anteil** (Rz 21). – **Rechtsfolge** ist – *(1)* die StPfl als Einkünfte aus GewBetr mit Freibetrag (§ 17 III) und – *(2)* die (beschr) Ausgleichs- und Abziehbarkeit von Verlusten (§ 17 II 6). – **Bemessungsgrundlage** ist – mE aber nicht ausschließl (s Rz 137) – die Differenz zw Veräußerungspreis abzügl Veräußerungskosten und AK (§ 17 II, IV 2). § 17 idF **StSenkG 2001** (BGBl I 00, 1433) nimmt nach § 3 Nr 40 S 1 Buchst c am **Halb-/Teileinkünfteverfahren** teil (s § 3 Rz 141; § 3c Rz 11, 13; iEinz Rz 48); die (begrenzte) Tarifbegünstigung nach § 34 ist entfallen (zur **zeitl Anwendung** s Rz 11). Gewinne und Verluste

1

aus § 17 EStG werden nicht von der AbgeltungSt (§ 43 V) erfasst; auch ist insoweit kein KapEStAbzug vorzunehmen; die Einkünfte aus § 17 sind gewerbl und keine KapEinkünfte iSd §§ 20, 43 (§ 20 Rz 3, 5). – § 17 ist verfkonform (BVerfG 2 BvR 748/05 ua BStBl II 11, 86; Rz 51; *HHR* § 17 Rz 9).

2   2. Rechtssystematische Bedeutung. Die Veräußerung von PV war estrechtl grds irrelevant (Dualismus der Einkünfteermittlung; krit zR *Tipke* LB § 9 Rz 181 f mwN; *Niestegge* Dualismus der Einkunftsarten …, Diss, 2018). Ausnahmen – *(1)* in § 17 I, – *(2)* in § 17 VI für einbringungsverbundene Anteile (s Rz 245), – *(3)* in § 23, – *(4)* (ab 2009) in § 20 II. – § 17 hat zwar seine eigentl Bedeutung, eine dem § 16 entspr tarifl Besteuerung von Veräußerungsgewinnen aus „unternehmerischen Beteiligungen" an KapGes zu gewährleisten (Rz 3) durch die Einfügung des § 20 II Nr 1 nicht verloren; es fehlt aber eine Abstimmung mit § 32d II Nr 3 (*Jachmann-Michel* BB 20, 727; *Weber-Grellet* DB 21, 81 zum neuen Koordinatensystem des § 17; zum Konkurrenzverhältnis s § 20 Rz 258; s § 23 Rz 23).

3   3. Normzweck. – a) Rechtfertigung. Früher wurde die Norm mit der Ähnlichkeit zu MUern gerechtfertigt (BFH VIII R 69/88 BStBl II 94, 648). Wegen der Herabsetzung der Beteiligungsgrenze auf 1 % (Wegfall der wesentl Beteiligung) erfasst § 17 nunmehr den in der Ges **realisierten Substanzzuwachs** (BFH IX R 62/10 BStBl II 12, 564) und sichert – angesichts der Transformationsmöglichkeiten – die Gleichbehandlung von Veräußerungsgewinn und lfd Einkünften (*Schüppen/Sanna* BB 01, 2397). Nach Einfügung der § 20 II Nr 1, § 32d II Nr 3 steht § 17 unabgestimmt daneben (Rz 2, 194). – Die Auslegung des § 17 ist nach strechtl Aspekten vorzunehmen; es gibt keine Maßgeblichkeit des GesRechts.

4   b) Missbrauch. – *(1)* Verlustrealisierung durch Veräußerung an „eigene" GmbH (nach BFH IX R 77/06 BStBl II 08, 789 kein Missbrauch, obwohl allein aus steuerl Gründen veräußert wurde);– *(2)* Bei Beteiligung von Angehörigen sind die Fremdvergleichsgrundsätze (BFH IX R 4/09 BFH/NV 10, 623; § 2 Rz 56) und ggf auch § 42 AO heranzuziehen, zB Schenkung an Kinder zur Verminderung der ESt-Belastung bei von vornherein geplanter Zwischenschaltung (BFH IX R 19/17 BFH/NV 18, 1081). – *(3)* Missbrauch bei vor Insolvenzantrag erfolgter Aufstockung (FG Ddorf EFG 98, 113, rkr; FG Nds DStRE 02, 784, rkr). – *(4)* Ringweise Veräußerung im Ges'terkreis soll grds nicht missbräuchl sein (BFH IX R 40/09 BStBl II 11, 427; s FG Sachs EFG 21, 2063, Rev IX R 18/21). – *(5)* Kein Missbrauch bei getrenntem Anteilserwerb von Eheleuten (FG BaWü EFG 17, 1880, rkr). – *(6)* Bei einem „Gesamtplan" können die Einzelakte maßgebl sein, dann kein Missbrauch (BFH X R 14/11 BStBl II 14, 158). – *(7)* Die künstl Generierung von AK kann missbräuchl sein (BFH IX R 5/16 BStBl II 17, 930). – *(8)* Aktiengeschäfte um den Dividendenstichtag sind missbrauchsgefährdet (iEinz § 20 Rz 231). – *(9)* Nach Absenkung der Relevanzschwelle auf 1 % ist die **Anteilsrotation** (dazu zB (BFH VIII R 10/96 BStBl II 99, 729) eher bedeutungslos geworden (wN *Schmidt* 39. Aufl § 17 Rz 5).

6   4. Persönlicher Anwendungsbereich. – a) Natürliche Person. Veräußerer muss grds eine natürl Person sein. Ist der Veräußerer unbeschr estpfl, ist unerhebl, ob die KapGes, deren Anteile veräußert werden, eine inl oder ausl KapGes (s Rz 104) ist und ob sie unbeschr kstpfl ist (BFH I R 11/85 BStBl II 89, 794; BFH I B 34/00 BStBl II 02, 490; *Littmann* § 17 Rz 46). Ist der Veräußerer **nur beschr estpfl**, erfasst § 17 nur Anteile an einer KapGes, die Sitz oder Geschäftsleitung im Inl hat (§ 49 I Nr 2e; *Dötsch* § 17 Rz 116); dabei sind die Anteile PV (Rz 10), wenn sie nicht zum BV einer inl Betriebstätte des Veräußerers gehören. Unerhebl ist, ob sie BV einer ausl Betriebstätte sind; nach **isolierender Betrachtungsweise** greift § 17 iVm § 49 I Nr 2e auch in diesem Falle ein (§ 49 Rz 48 ff). Im Einzelfall kann das Besteuerungsrecht der BRD durch ein DBA ausgeschlossen sein (vgl BFH I R 40/87 BStBl II 90, 381 zu DBA-Kanada). Zu § 2a I 1 Nr 4 s § 2a Rz 29. Zum Wegzug ins Ausl s Rz 13.

Grundaussage 7–14 § 17

b) Körperschaft. Ist der Veräußerer **kstpfl Rechtssubjekt** (zB Stiftung iSv § 1 **7** I Nr 4 KStG), ist § 17 über § 8 I KStG anwendbar, sofern die Anteile nicht BV sind (s auch § 8 X KStG); KapGes haben stets BV (§ 8 II KStG). Bei einer persönl stbefreiten, zB gemeinnützigen Körperschaft (§ 5 I Nr 9 S 1 KStG) ist die Veräußerung nicht kstpfl, weil die Beteiligung als solche kein wirtschaftl Geschäftsbetrieb ist (*Gosch* § 5 KStG Rz 41a, 234). S auch Rz 13.

c) Personengesellschaft. Veräußert eine PersGes Anteile des Gesamthands- **8** vermögens, die nicht über ein BV verfügt (zB weil die PersGes weder luf noch gewerbl noch freiberufl tätig und auch keine gewerbl geprägte PersGes iSv § 15 III Nr 2 ist), sind die Anteile und ihre Veräußerung anteilig (§ 39 II Nr 2 AO) den Ges'tern zuzurechnen (str; s Rz 82).

5. Sachlicher Anwendungsbereich. – a) Anteile im Privatvermögen. § 17 **10** erfasst nur Anteile im PV (zB BFH BFH IX R 7/19 BFH/NV 20, 675; EStR 17 I), auch **100%ige Beteiligungen** im PV. – **Anteile im BV** unterliegen den vorrangigen §§ 4, 5, sind aber bei Prüfung, ob der Veräußerer zu mindestens 1 % (Rz 51) beteiligt war, den Anteilen im PV hinzuzurechnen (zB BFH VIII R 40/89 BStBl II 94, 222; EStH 17 II), denn StPfl, die über BV verfügen und deshalb durch die Bildung gewillkürten BV eine relevante Beteiligung zB von 1,5 % auf PV (0,9 %) und BV (0,6 %) aufteilen können, dürfen hinsichtl der im PV verbleibenden Anteile nicht günstiger, als StPfl gestellt werden, die kein BV haben (vgl BFH I B 39/81 BStBl II 82, 392).

b) Einbringungsverbundene Anteile. § 17 erfasst nunmehr in Abs 6 auch **11** einbringungsverbundene Anteile (Rz 245). – Zum Übergang in das UmwStG 2006 s iEinz *Dötsch/Pung* DB 06, 2763.

c) Konkurrenz. § 17 ist ggü § 20 II Nr 1 und § 23 I Nr 2 vorrangig (§ 20 VIII; **12** § 23 II), gilt nicht für die Veräußerung von Investmentanteilen (§ 20 I Nr 3 EStG iVm § 16 I Nr 3 InvStG; § 20 Rz 80) und in den Fällen des § 20 II Nr 8.

d) Ergänzende Regelungen. Ergänzt wird § 17 durch § 2a I Nr 4, Nr 7, § 3 **13** Nr 40 S 1 Buchst c, § 3c II, § 13 VI KStG, § 6 I AStG.

(1) § 3 Nr 40 S 1 Buchst c und § 3c II idF StSenkG 2001 (BGBl I 00, 1433) vermindern die Bemessungsgrundlagen nach Maßgabe des sog Teileinkünfteverfahrens auf 60 % (Rz 131). – § 2a I Nr 4, 7 Buchst c verhindert den Abzug ausl Veräußerungsverluste. – § 50c XI aF sollte die Umwandlung von stpfl Erträgen in stfreie Veräußerungsgewinne verhindern. – *(2)* Nach § 13 VI KStG freigestellte Wertzuwächse können für bisher kstpfl Körperschaft § 17 grds auch ohne Veräußerung anzuwenden (*Gosch* § 13 KStG Rz 77). – *(3)* Zu § 6 AStG idF SEStEG (BGBl I 06, 2782) s *Schmidt* 40. Aufl § 17 Rz 13. Durch das ATADUmsGes (BGBl I 21, 2035) wurde § 6 AStG für unbeschr StPfl (Begriff § 6 II AStG) mit Wirkung ab dem VZ 2022 (§ 21 I Nr 1, III AStG, dazu *Salzmann* IStR 21, 759) umfassend geändert. Die Regelung dient der Besteuerung des inl Vermögenszuwachses der Beteiligung (§ 6 I Nr 1–3 AStG). Der Wegzug (Abs 1 Nr 1), die unentgeltl Übertragung an eine nicht unbeschr stpfl Empfänger (Abs 1 Nr 2) sowie der Ausschluss und die Beschr des inl Besteuerungsrechts (Abs 1 Nr 3) lösen eine **fiktive Veräußerung zum gemeinen Wert** aus. Zur Rückkehr in Wegzugsfällen § 6 III; zu Stundung, Ratenzahlung und zum Verfahren s § 6 IV, V AStG. Zum Überblick *Weiss* EStB 20, 230; *Binnewies* ua GmbHR 21, 1293, 1299; zu Einzelfragen s *Jesic/Leucht* DStR 21, 1913; *Schönfeld/Erdem* IStR 21, 527.

6. Umwandlungen. – (1) Verschmelzung; Formwechsel. Für die Ver- **14** schmelzung einer KapGes, an der die Beteiligung besteht, auf ein Einzelunternehmen, eine PersGes mit BV (§§ 3 ff UmwStG; Ausnahme: § 8 UmwStG) und den Formwechsel der KapGes in eine PersGes gilt: Die Anteile gelten mit den AK als in den Übernehmer eingelegt (§ 5 II UmwStG, zur PersGes als Übernehmerin BFH IV R 1/17 BStBl II 19, 501; zum Einzelunternehmer BFH X R 36/18 BStBl II 21, 359; *BMF* BStBl I 11, 1314 Tz 05.05; *SH* § 5 UmwStG Rz 22 f; s auch § 18 II UmwStG). Entsteht für den Ges'ter ein stbarer Übernahmeverlust (§ 4 VI 6 UmwStG iVm § 17 II 6), ist dieser ggf mit den ausgeschütteten Rücklagen (§ 7 UmwStG) verrechenbar und bleibt ansonsten außer Ansatz (§ 4 VI 4, 5 UmwStG).

Dies führt zur „Vernichtung von AK" des Ges'ters (dazu BFH IV R 37/13 BStBl II 16, 919: trotz Schlechterstellung ggü Liquidation verfgem). Dies gilt auch für die Rückoption einer OptionsGes gem § 1a IV KStG. – *(2)* Wenn eine KapGes, an der eine Beteiligung besteht, auf eine andere KapGes übertragen wird (Verschmelzung; Spaltung), gilt die Beteiligung als veräußert (§ 13 I UmwStG); es können auf Antrag die AK der alten auf die neu empfangenen Anteile übergehen (§ 13 II 3 UmwStG). S *SH* § 13 UmwStG Rz 21, 24, 48, 56. – *(3)* Beim **Formwechsel und der Verschmelzung** einer PersGes (MUerschaft) in/auf eine KapGes (§ 25, §§ 20–23 UmwStG), unterliegen die neu erhaltenen Anteile an der KapGes der siebenjährigen Sperrfrist des § 22 I UmwStG iVm § 16 EStG (*SH* § 22 UmwStG Rz 49, 58 f), danach fallen sie unter § 17. Gleiches gilt bei Ausübung der **KSt-Option gem § 1a KStG** (§ 15 Rz 160b; *BMF* BStBl I 21, 2212 Rz 65, 66). – Bei der Sacheinlage von Anteilen iZm einem Betrieb, Teilbetrieb, MUeranteil (§ 20 I UmwStG) unterliegen die eingebrachten Anteile der Sperrfrist des § 22 II UmwStG; ein Verstoß gilt rückwirkend als Veräußerung iSd § 17 zum steuerl Übertragungsstichtag (s zB FG Hess EFG 21, 794, Rev I R 18/20). – *(4)* Zur Einbringung von Anteilen in eine KapGes **(Anteilstausch)** s § 21 I 1 und 2, II 5, III UmwStG: Besteuerung beim Ges'ter zum gemeinen Wert, ggf mit Freibetrag; auf Antrag bei qualifizierter Beteiligung Zwischen- oder Buchwertansatz bei der aufnehmenden KapGes mit Übergang der AK der eingebrachten auf die erhaltenen Anteile (*SH* § 21 UmwStG Rz 101, 111, 112, 126, 133, 135). § 22 II UmwStG greift als Sperrfristregelung.

16 7. **Ermittlung der Einkünfte.** – a) **Gewerbliche Einkünfte.** Gewinne und Verluste (§ 17 II 6; s Rz 156) aus der Veräußerung von Anteilen an KapGes bei relevanter Beteiligung im PV gehören zu den Einkünften aus GewBetr (§ 2 I Nr 2), unterliegen aber nicht der GewSt (GewStR 7.1 [3]). – Trotz der Gewerblichkeit der Anteilsveräußerung sind die Anteile Pv, uU deshalb keine TW-AfA nach § 6 I Nr 2 S 2 (anders für BV-Anteile § 6 Rz 278 ff). Die Erträge aus den Anteilen (§ 20 I Nr 1) sind grds Einkünfte aus KapVerm (Ausnahme: Einlagenrückgewähr). Seit 1.1.09 sind WK (insb auch Schuldzinsen) nicht mehr abziehbar (§ 20 IX), es bedarf eines Antrags gem § 32d II Nr 3 (§ 20 Rz 268; § 32d Rz 20).

17 b) **Gewinnerzielungsabsicht.** Die dem Veräußerer zuzurechnenden Anteile muss dieser in der Absicht, positive Einkünfte (aus KapVerm und/oder § 17) zu erzielen (also keine Liebhaberei), erworben und – wenn auch evtl nur kurzfristig (s Rz 70) – gehalten haben (BFH VIII R 32/00 BStBl II 01, 668; FG Ddorf EFG 15, 1608, rkr; *Weber-Grellet* FR 01, 705: Gesamtbetrachtung erforderl; *Dötsch* § 17 Rz 51; *HHR* § 17 Rz 60; § 2 Rz 23; **aA** *Falkner* DStR 10, 788); nur dann fällt die Veräußerung (s Rz 21 ff) unter § 17 (BFH VIII R 68/93 BStBl II 95, 722; s auch Rz 156 zu Veräußerungsverlusten); idR ist von einer Gewinnerzielungsabsicht auszugehen (BFH VIII R 68/93 BStBl II 95, 722).

18 c) **Verfahren.** Veräußerungsgewinne aus Anteilen, die eine vermögensverwaltende PersGes hält, sind wegen der gebotenen Bruchteilsbetrachtung (Rz 82 f) nicht einheitl und gesondert festzustellen (BFH VIII R 41/99 BStBl II 00, 686; *OFD Ffm* DStR 15, 2554). Die Feststellung, dass Unterbeteiligte wirtschaftl Eigentum besitzen, kann uU einer Erfassung der Anteile beim Hauptbeteiligten entgegenstehen (BFH VIII R 11/02 BStBl II 06, 253).

19 d) **Anzeigepflicht.** Gem § 54 EStDV haben (dt) Notare dem nach § 20 AO zuständigen FA Abschriften der Urkunden zu übersenden, die für die Anwendung des § 17 bedeutsam sein können (*HHR* § 17 Rz 55), zusätzl (ab 2007) bei nicht unbeschr stpfl Anteilseignern im Fall zuvor bestehender unbeschr StPfl an das nach § 19 AO zuständige FA (§ 54 IV EStDV; *Littmann* § 17 Rz 58). Für die strechtl Wirksamkeit ist § 54 EStDV bedeutungslos (FG Köln EFG 07, 1765, rkr).

II. Veräußerung von Anteilen als gewerblicher Gewinn, § 17 I

1. Veräußerung, § 17 I 1. – a) Tatbestand; Begriff. Eine Veräußerung iSv 21
§ 17 I 1 ist die Übertragung des (zumindest) *wirtschaftl* Eigentums (Rz 76) an den
Anteilen von einer Person auf eine andere gegen Entgelt (zB BFH VIII R 32/04
BStBl II 07, 296; BFH IX R 4/09 BFH/NV 10, 623; *Littmann* § 17 Rz 163); hier
Rz 9, 68, 24. Zu verwirkl sind das entgeltl Kausalgeschäft und das Erfüllungsgeschäft (BFH VIII R 56/93 BStBl II 98, 152). Abs 1 S 1 erfasst unmittelbare Beteiligungen (BFH VI R 58/13 BStBl II 16, 305; zur Relevanz mittelbarer Beteiligungen s Rz 90). Gegenstand der Veräußerung ist der einzelne Anteil, nicht die (gesamte) Beteiligung (§ 271 HGB); unten Rz 112). Der Gewinn entsteht mit der Veräußerung (Rz 133); nachträgl Korrekturen sind (verfahrensrechtl gem § 175 I Nr 2 AO; BFH IX R 30/14 BStBl II 17, 94) auf diesen Zeitpunkt zurückzubeziehen; eine Besserungsoption (neues Ereignis) bewirkt kein rückwirkendes Ereignis (BFH IX R 32/11 BStBl II 12, 675). – Eine Veräußerung iSd § 17 setzt das Vorhandensein von (angeschafften oder auf andere Weise erworbenen) Anteilen des PV (Rz 10, 171 ff) voraus, die (zumindest) im wirtschaftl Eigentum des Veräußerers stehen. § 41 AO ist anwendbar (BFH VIII R 28/02 BStBl II 05, 46).– Die Wertpapierleihe ist keine Veräußerung (FG SchlHol EFG 20, 37, Rev I R 52/19; § 5 Rz 270), auch nicht die gescheiterte Veräußerung (s § 20 Rz 145); zu fehlgeschlagener Gründung s Rz 173.

aa) Eigenständigkeit. Der Begriff der Veräußerung ist weder mit dem zivil- 22
rechtl Begriff der Veräußerung (vgl §§ 932, 929; 135–137 BGB) noch mit dem an
anderen Stellen des EStG verwendeten gleichlautenden Begriff (zB §§ 6b, 16, 23)
identisch (BFH IX R 47/04 BStBl II 07, 162; s aber BFH VIII R 69/88 BStBl II
94, 648: § 16 und § 17 sind insoweit inhaltsgleich).

bb) Wirksamkeit. Ist zur Übertragung der Anteile zB die Genehmigung der 23
KapGes erforderl, wird die Veräußerung idR erst mit der Genehmigung wirksam
(BFH IV R 3/07 DStR 09, 2304; *Fischer* jurisPR-StR 4/10 Anm 2). Eine Rückbeziehung des Kausalgeschäfts ist estrechtl unbeachtl (BFH VIII B 21/94 BStBl II 95,
97). Ist die Rückabwicklung im ursprüngl Kaufvertrag angelegt (FG Mster EFG
15, 1242, rkr), macht der Erwerber von einem vorbehaltenen Rücktrittsrecht
Gebrauch (BFH VIII R 69/88 BStBl II 94, 648), entfällt eine Veräußerung durch
(vergleichsweise bestätigten) Eintritt einer auflösenden Bedingung (BFH VIII
R 67/02 BStBl II 04, 107) oder fällt die Geschäftsgrundlage weg (BFH IX R
17/09 BStBl II 10, 539), wirkt dies (gem **§ 175 I 1 Nr 2 AO**) auf den Zeitpunkt
der Veräußerung zurück (zur Wirkung von Bedingungen § 5 Rz 270 „Forderungen", 314, 616). Die **Rückübertragung** nach Wandlung führt zum rückwirkenden Wegfall des entstandenen Veräußerungsgewinns (BFH IX R 49/15 BStBl II 17,
673; *Hils* DStR 17, 2157); ein neuer Vorgang ist der Wiederkauf (FG Mchn EFG
09, 1030, rkr). Die Einräumung eines Rückerwerbsrechts steht einer Veräußerung nicht entgegen (BFH I R 88, 89/07 BStBl II 16, 438). – § 23 I 1 Nr 2 (Fifo-Methode) ist nicht (entspr) anwendbar (*OFD Mbg* DStR 06, 1281, 1891; unten
Rz 112).

cc) Typische Fälle. Das ist die Anteilsübertragung auf Grund **Kaufvertrags** 24
(§ 433 BGB) oder eines **Vergleichs** (FG Mster EFG 00, 1000), auf Grund
Tauschvertrags iSv § 480 BGB nF (BFH VIII R 54/88 BStBl II 93, 331; BFH IX
R 43/15 BStBl II 16, 212: Aktientausch); zur Realisierung beim Anteilstausch
Blumers/Elicker BB 09, 1156. Beim Tausch sind die Wertverhältnisse zum Übergang
des wirtschaftl Eigentums maßgebl (BFH IX R 41/08 BeckRS 2009, 25015906).
Nach § 6 VI 1 führt der Tausch generell zur Gewinnrealisierung; die Grundsätze
des sog Tauschgutachtens (BFH I D 1/57 S BStBl III 59, 30) sind überholt (BT-Drs 14/23, 172). – Im Zuge der **Unternehmensnachfolge** kann eine Veräußerung gegen Leibrente oder eine Übertragung unter Nießbrauchsvorbehalt steuerl
günstiger sein (iEinz *Förster* FR 19, 500, s auch Rz 33).

25 **dd) Weitere Veräußerungstatbestände.** – *(1)* Die **verdeckte Einlage** (§ 17 I 2; Rz 96) sowie der Untergang von Anteilen an einer KapGes durch **Kapitalherabsetzung** oder **Auflösung** und **Abwicklung** (§ 17 IV; Rz 211) sind einer Veräußerung ausdrückl gleichgestellt. – *(2)* Erfasst sind ferner die Veräußerung von Bezugsrechten (Rz 32) und der **Bezugsrechtsverzicht** der Altaktionäre im Zuge einer Kapitalerhöhung (BFH VIII R 68/05 BStBl II 07, 937; Rz 108). – *(3)* **Noch keine** Veräußerung ist die einfache Einräumung einer **(Ver-)Kaufoption** (BFH VIII R 68/05 BStBl II 07, 937; *Seibt* DStR 00, 2061, auch zum sog Kapital-Erhöhungsmodell; *Tschesche* WPg 02, 965), schon eher die Doppeloption (BFH VIII R 32/04 BStBl II 07, 296), nur bei typischem Ablauf (FG Ddorf EFG 12, 998, rkr). – Auch eine inkongruente Gewinnverteilung führt nicht zu einer Veräußerung (BFH IV R 28/11 BFH/NV 15, 495). – *(4)* Abgabe zu Null (s Rz 28); die Aufgabe eines Anteils (Dereliktion; zB §§ 928, 959 BGB) ist, wenn überhaupt mögl, keine Veräußerung, anders bei § 20 VI 6.

27 **b) Veräußerung gegen Entgelt. – aa) Gegenleistung.** Eine Veräußerung verlangt ein Entgelt; eine **Schenkung** (Übertragung ohne jede Gegenleistung) ist keine Veräußerung (BFH X R 14/11 BStBl II 14, 158; *HHR* Rz 80). Die Entgeltart ist grds ohne Bedeutung (§ 5 Rz 192).

28 **bb) Wertlose Anteile.** Werden obj wertlose Anteile ohne Gegenleistung *zw Fremden* übertragen, ist dies idR entgeltl Veräußerung (zB BFH IX R 6/20 BFH/NV 21, 1172: Abtretung iRe Sanierung; BFH IX R 61/10 BStBl II 12, 8; BFH VIII R 13/90 BStBl II 93, 34; BFH IX R 13/13 BFH/NV 15, 198; FG Hbg BeckRS 2018, 8011 „bad Leaver"). Übertragen **nahe stehende Personen** einen Anteil ohne bzw nur gegen eine symbol Gegenleistung, muss für eine Veräußerung feststehen, dass der Anteil in den Augen der Vertragsparteien und objektiv wertlos ist (BFH IX R 23/15 BFH/NV 17, 289; BFH IX R 5/15 BStBl II 19, 194).

29 **cc) Einziehung.** – *(1)* **GmbH-Anteile.** Die Einziehung von *GmbH-Anteilen* (ohne vorausgegangenen Erwerb durch die Ges) gegen Entgelt ist rechtl nur zul, soweit das buchmäßige Eigenkapital der GmbH höher ist als das auch nach Einziehung unveränderte Stammkapital, also das Entgelt aus Rücklagen (§ 272 II, III HGB) gezahlt werden kann (§§ 34 III, 30 GmbHG); das Einziehungsentgelt vermindert das tatsächl und buchmäßige Reinvermögen (Eigenkapital), denn die KapGes erwirbt keinen Vermögensgegenstand (vgl BFH II R 20/90 BStBl II 92, 912 zur ErbSt; § 34 GmbHG, vgl *Altmeppen* GmbHG § 34 Rz 18, 89 ff). Auf der Ebene der KapGes ist die Einziehung erfolgsneutral (BFH I R 31/91 BStBl II 93, 369). Gleichwohl wertet die *hL* estrechtl die Einziehung, soweit das Entgelt nicht überhöht ist (darüber hinaus vGA), als entgeltl Anteilsveräußerung des Ges'ters iSv § 17 (FG RhPf EFG 16, 288, rkr; *HHR* § 17 Rz 89; str zur **aA**: Behandlung als wirtschaftl Teilliquidation gem § 17 IV und ggf Ausschüttung iSd § 20 I Nr 2, s *BeckOK EStG* § 17 Rz 351; *Dorn* DB 20, 142 (143)). – Die Einziehung führt erst mit zivilrechtl Wirksamkeit (zB mit „zugestelltem" Einziehungsbeschluss) zur Tatbestandsverwirklichung (BFH IX R 15/08 BStBl II 08, 927; FG Mchn EFG 16, 715, rkr). Zur evtl Auswirkung auf die verbleibenden Anteilseigner s Rz 58. – Zur Einziehung auf Grund erbfallbezogener Einziehungsklausel im GmbH-Vertrag zB *Ott* GmbHR 95, 567; *Altmeppen* GmbHG § 15 Rz 119. – *(2)* **Aktien.** Die Einziehung von Aktien (§ 237 I, III–V AktG) muss nach der Satzung zul sein, der Aktionär muss zustimmen und die Aktien der AG unentgeltl zur Verfügung stellen (§ 237 III Nr 1 AktG) oder die Einziehung muss zu Lasten des Bilanzgewinns/einer Rücklage verbucht werden (§ 237 III Nr 2 AktG); ferner bedarf es der Einziehungserklärung der AG (§ 238 S 3 AktG). Es handelt sich nach zutr hM ebenfalls um eine Veräußerung iSd § 17 (offen BFH VIII R 182/77, nv; *HHR* § 17 Rz 89; **aA** *BeckOK EStG* § 17 Rz 351). Der Umstand, dass das Entgelt des Ges'ters aus einer KapHerabsetzung stammt und der rechtl Untergang der Aktien schließen dies nicht aus (s auch Rz 30).

dd) Eigene Anteile. Die Veräußerung von Anteilen an die eigene Ges ist Veräußerung iSd § 17 (*BMF* BStBl I 13, 1615, unter B II.; BFH IX R 7/17 BStBl II 19, 213; FG Mster DStRE 18, 385, rkr; *HHR* § 17 Rz 91). Erwirbt eine KapGes eigene Anteile (Rz 57), führt dies wirtschaftl betrachtet zu einer Minderung des KapGes-Vermögens, denn in den Händen der KapGes sind eigene Anteile wertlos (*BMF* BStBl I 13, 1615; **aA** FG Mster DStRE 18, 385, rkr – iZm § 8b KStG). Auch handelsbilanzrechtl gelten die Anteile nicht mehr als Vermögensgegenstände (§ 272 Ia HGB idF BilMoG, BGBl I 09, 1102); vgl auch § 5 Rz 270 ‚Eigene Anteile'). Die eigenen Anteile sind daher bei der Bemessung der Beteiligungsquote nach Abs 1 außer Acht zu lassen (FG Mchn EFG 21, 653, rkr). Bei Veräußerung unter Preis nur Teilentgelt (Rz 33); ggf Schenkung an MitGes'ter, ggf auch verdeckte Einlage (Rz 183), soweit nur teilweise Veräußerung. S zum Ganzen *Obser* FS Kessler, 2021, 355 ff.

ee) Ausscheiden aus Gesellschaft. Entsprechendes muss mE gelten für den „**Ausschluss**" (durch Kündigung) oder „**Austritt**" **eines GmbH-Ges'ters** aus wichtigem Grund (*NSH* GmbHG Anhang nach § 34 Rz 3, 10, 15a, 15b zum Ausschluss; *NSH* GmbHG § 60 Rz 18, 24–26); dh je nachdem, ob der Ausschluss (Austritt) durch Einziehung oder Erwerb eigener Anteile durch die KapGes oder Verwertung des Anteils vollzogen wird, sind die dafür maßgebl Grundsätze anzuwenden; die Unterschiede in den steuerl Konsequenzen für den Ges'ter trotz wirtschaftl Vergleichbarkeit sind Folge einer uU unzutr Wertung des Erwerbs eigener Anteile (s Rz 30). Die hL nimmt Veräußerung an (zB *Littmann* § 17 Rz 148 mwN; *HHR* § 17 Rz 85; s auch FG Thür 1 K 89/16 BeckRS 2021, 44017, Rev IX R 19/21).

ff) Bezugsrecht. Veräußerung ist auch die **entgeltl Übertragung** eines konkreten, durch Kapitalerhöhungsbeschluss entstandenen Bezugsrechts (*OFD Nds* BeckVerw 276599; *Dötsch* § 17 Rz 81; *HHR* § 17 Rz 95). Es liegt die Veräußerung einer „Anwartschaft" iSv § 17 vor, wenn der StPfl iRe Kapitalerhöhung von dem Bezugsrecht zugunsten eines Dritten gegen Entgelt keinen Gebrauch macht („Verzicht") bzw durch Ges'terbeschluss einem Dritten ein Bezugsrecht einräumt (s Rz 108). Die Ausübung eines Bezugsrechts ist keine Veräußerung (*OFD Nds* BeckVerw 276599). **Entgeltl** ist diese Verfügung über die „Anwartschaft" nicht nur bei unmittelbarer Zahlung des NeuGes'ters an den AltGes'ter, sondern auch, soweit der NeuGes'ter ein Aufgeld an die KapGes zahlt und dieses in engem zeitl Zusammenhang an den AltGes'ter wieder ausgezahlt wird (BFH VIII R 3/89 BStBl II 93, 477: § 42 AO) oder bei Beteiligung am Übergewinn nach Börseneinführung (BFH VIII R 68/04 BStBl II 05, 762). – Zur **unentgeltl/teilentgeltl Teilnahme an einer Kapitalerhöhung** s Rz 120: Anwendung des § 17 I 4 auf die jungen Anteile. – Beim Verzicht auf den Erwerb junger Aktien und der Veräußerung von Altaktien ist die **zivrechtl Kaufpreisvereinbarung** nur dann maßgebl, wenn die Zuordnung nach den tatsächl Umständen des Einzelfalls bei obj Betrachtung als wirtschaftl vernünftig nachvollziehbar ist (BFH VIII R 68/05 BStBl II 07, 937; EStH 17 VII).

c) Teilentgeltliche Veräußerung. Diese ist bei § 17 (anders bei § 16; s § 16 Rz 35 ff) nach dem Verhältnis des Verkehrswerts der übertragenen Anteile zur Gegenleistung „wertmäßig" (str, s Rz 117) in eine voll entgeltl Veräußerung iSv § 17 I 1 und eine voll unentgeltl Übertragung (iSv § 17 I 4, II 5) aufzuteilen (**Trennungstheorie,** BFH IV R 15/76 BStBl II 81, 11; *BMF* BStBl I 93, 80 Rz 24; ähnl BFH IX R 149/83 BStBl II 88, 942 zu § 23; *Dötsch* § 17 Rz 77); s dazu BFH X R 28/12 BStBl II 14, 629; *Weber-Grellet* BB 15, 43.

Beispiel: V überträgt seine relevante Beteiligung (AK 100, Verkehrswert 200) auf S gegen Zahlung von 40 ($^1/_5$ entgeltl, $^4/_5$ unentgeltl). Ein Fünftel der Anteile (40 von 200; AK 20) ist zum Preis von 40 veräußert (Gewinn 20); vier Fünftel (Verkehrswert 160; AK 80) sind voll unentgeltl übertragen.

Teilentgeltl Veräußerung ist zB eine **gemischte Schenkung,** aber auch eine Veräußerung in **vorweggenommener Erbfolge** gegen Gleichstellungsgeld, Abstandszahlung oder Schuldübernahme (s Rz 118); teilentgeltl auch bei krassem Missverhältnis von Leistung/Gegenleistung (FG Köln EFG 11, 1764, rkr). Voll unentgeltl (entgeltlos) ist die Übertragung unter Nießbrauchsvorbehalt oder iRd Vermögensübertragung gegen Versorgungsleistungen (für § 17-Anteile nur eingeschr mögl, s § 10 Ia Nr 2 Buchst c; § 10 Rz 115). Die **entgeltl Ablösung** eines unentgeltl bestellten Nießbrauchs ist keine Veräußerung iSd § 17, sofern die Ablösung auf neuen Verhältnissen beruht (BFH VIII R 14/04 BStBl II 06, 15: Ablehnung des Surrogationsprinzips; krit *Paus* DStZ 06, 112); sonst gestreckter Tatbestand. – Bei Übertragungen zw Fremden spricht eine widerlegbare Vermutung für eine voll entgeltl Veräußerung, wenn Leistung/Gegenleistung nicht obj in einem Missverhältnis stehen (BFH VIII R 29/93 BStBl II 95, 693; s § 16 Rz 35). – Zu **teilentgeltl Übertragung** s auch Rz 117. Zur gegenständl **Identifikation des veräußerten Anteils** bei mehreren Anteilen des Veräußerers s Rz 112; zur (wertmäßigen) Aufteilung teilentgeltl erworbener Anteile s Rz 117.

35 **d) Erbauseinandersetzung. – aa) Realteilung. –** *(1)* **Erbschaft.** Erhält jeder Miterbe WG im Gesamtwert seiner Erbquote zu Alleineigentum (Realteilung ohne Abfindung), ist dies keine entgeltl Veräußerung und Anschaffung der einzelnen WG. Soweit aber einer der Miterben an den oder die anderen aus seinem Eigenvermögen eine Abfindung zahlt, weil der Wert der von ihm übernommenen WG höher ist als seine Erbquote **(Realteilung mit Abfindung),** erwirbt er die von ihm übernommenen WG teilweise entgeltl (im Verhältnis der Abfindung zum Wert der WG) und teilweise unentgeltl (im Verhältnis seines Anteils am Nachlass zum Wert der WG); korrespondierend hiermit veräußert der die Abfindung empfangende Miterbe im gleichen Verhältnis entgeltl und überträgt iÜ unentgeltl (s iEinz § 16 Rz 605 ff; *BMF* BStBl I 06, 253 Tz 23 ff, insb Tz 27 zu § 17 und zum Erbteilsverkauf Tz 43; s auch unten Rz 82; *Littmann* § 17 Rz 151 ff). Zur Zurechnung bei Vermächtniserfüllung s BFH X R 36/18 BStBl II 21, 359. – *(2)* **Zugewinn.** Beendigung der Zugewinngemeinschaft ist mE wie Realteilung zu behandeln (Rz 35; *Schwedhelm ua* GmbHR 04, 1489, 1502; **aA** *OFD Mchn* DB 01, 1533); Veräußerung liegt auch bei Erfüllung eines Ausgleichanspruchs vor (BFH IX B 114/10 BFH/NV 11, 1323).

36 **bb) Anschaffungskosten bei Entstehen einer relevanten Beteiligung.** Entsteht erst durch den Erbfall oder die Auseinandersetzung eine relevante Beteiligung, weil der die Anteile des Erblassers übernehmende (Mit-)Erbe seinerseits bereits an derselben KapGes beteiligt war, sind nach hL die tatsächl AK maßgebl, nach **aA** gilt der gemeine Wert der Anteile bei Entstehung der relevanten Beteiligung als AK (s dazu Rz 178; *Crezelius* DB 97, 195).

38 **e) Einlage. – aa) Einfache Einlage. –** *(1)* Keine Veräußerung ist die „einfache (verdeckte) Einlage" iSv § 4 I 8, § 6 I Nr 5 (Überführung von Anteilen aus PV ins BV) desselben StPfl, gleichgültig, ob ins BV eines Einzelunternehmers oder SonderBV eines MUers (§ 6 Rz 616). – *(2)* Wird eine relevante Beteiligung, deren TW niedriger als die AK ist, in das BV eingelegt, ist die Einlage nach BFH entgegen dem Wortlaut des § 6 I Nr 5 S 1 Buchst b im BV nicht mit dem TW, sondern mit den ursprüngl (höheren) AK anzusetzen (BFH X R 23/16 BStBl II 19, 483; § 6 Rz 618); das gilt für wertgeminderte Forderungen entspr (BFH X R 8/16 BStBl II 18, 426). – *(3)* Ansatz des Buchwerts (AK), wenn im Zeitpunkt der Einlage eine „wesentl" Beteiligung besteht, ohne dass der eingelegte Anteil selbst eine wesentl Beteiligung ist (BFH IV R 73/05 BStBl II 08, 965; s § 6 Rz 618); erfasst wird im BV der gesamte Wertzuwachs zw Anschaffung und Veräußerung; auf die Dauer des Bestehens der relevanten Beteiligung vor der Einlage kommt es nicht an. S auch FG Thür EFG 18, 2013, Rev IV R 19/18 zur Verrechnung der ursprüngl AK bei Einlagenrückgewähr; mE nicht unproblematisch. – *(4)* Keine TW-AfA nach

Einlage bereits wertgeminderter Anteile (BFH X R 48/02 BStBl II 10, 162; Rz 160). – **(5)** Bei Einlage nach Auflösung und Fortsetzung ist der TW anzusetzen (BFH XI R 39/99 BFH/NV 01, 302). – **(6)** Die in Rz 52 dargestellten Grundsätze (VZ-bezogene Relevanzschwelle) sind auch im Fall der Einlage anzuwenden (*Söffing/Bron* DB 12, 1585, mit zutr Hinweis auf BFH X R 48/02 BStBl II 10, 162).

bb) Offene Sacheinlage. Die Übertragung von Anteilen auf eine andere KapGes gegen Gewährung neuer GesAnteile oder gegen anderes Entgelt ist Veräußerung iSv § 17 und wird uU vorrangig von § 21 UmwStG (oben Rz 14) erfasst. Nach allg Grundsätzen ist die Einbringung **tauschähnl** (§ 6 VI 1 wird iRd § 21 UmwStG von diesem verdrängt, s § 6 Rz 853, ansonsten ist § 6 VI iRd § 17 II anwendbar, s BFH IX B 204/08 BFH/NV 09, 1262;) und führt zu einem Gewinn oder Verlust iHd Differenz zw dem gemeinen Wert der erlangten neuen Anteile und den AK (BFH VIII R 54/88 BStBl II 93, 331; BFH VIII R 28/04 BStBl II 07, 699). Zur Veräußerung eingebrachter Anteile s § 22 II UmwStG. S zur **verdeckten Einlage** von Anteilen § 17 I 2 (Rz 96). **39**

f) Übertragung durch Personengesellschaft. – aa) Gesamthandsgemeinschaft ohne Betriebsvermögen (vermögensverwaltende PersGes). Die entgeltl Übertragung eines Gesamthandsanteils (zB Miterbenanteils iSv § 2033 BGB, s Rz 35) an einen Dritten ist eine Veräußerung des auf den Mitberechtigten entfallenden Anteils der zum Gesamthandsvermögen gehörenden Beteiligung (BFH VIII R 41/99 BStBl II 00, 686: **Bruchteilsbetrachtung;** *HHR* § 17 Rz 102; *OFD Ffm* DStR 15, 2554; ähnl § 23 I 4, § 20 II 3). Gleiches gilt für die Veräußerung gemeinschaftl Anteile *durch die Gesamthand* (BFH VIII R 21/17 BStBl II 21, 609). Zu Venture Capital und Private Equity Fonds als vermögensverwaltenden PersGes s *Weber-Grellet* DStR 18, 992; unten Rz 165; bei Veräußerung einer Portfoliobeteiligung < 1% s aber § 20 Rz 153, 257 mwN; bei disquotaler Verteilung des gemeinschaftl erzielten Gewinns greift ggf insoweit uU § 18 I Nr 4). **41**

bb) Gesamthandsgemeinschaft mit Betriebsvermögen. – (1) Veräußerungsformen. Gehören die Anteile an einer KapGes einer Gesamthand mit BV/ einem MUer mit SonderBV, wird weder die Veräußerung der Anteile durch die Gesamthand noch die Veräußerung des MUer-Anteils noch eines Anteils im SonderBV von § 17 erfasst, weil nicht PV, sondern BV veräußert wird (§ 15 Rz 480 ff, Rz 518). S auch BFH VIII R 21/17 BStBl II 21, 609 zur Abgrenzung § 17/§ 18. – **(2) Beteiligung als Teilbetrieb.** Zur 100%-Beteiligung als Teilbetrieb iSd § 16 III 2 s *BMF* BStBl I 19, 6 Rz 6; zu § 16 allg s § 16 Rz 135 ff; zu § 24 UmwStG s *BMF* BStBl I 11, 1314 Tz 24.02 (**aA** BFH I R 77/06 BStBl II 09, 464). **42**

g) Übertragung auf Personengesellschaft. – aa) Mit Betriebsvermögen. Werden Anteile in das GesVermögen einer PersGes mit BV übertragen, an der der StPfl beteiligt ist, ist dies Veräußerung iSv § 17 I 1, sofern der StPfl eine nach dem Verkehrswert der Anteile bemessene Bar- oder Sachvergütung erhält (BFH IV R 210/72 BStBl II 77, 145). Ebenso ist dies, wenn die Anteile gegen Gewährung neuer MUer-Anteile in das betriebl Gesamthandsvermögen übertragen werden (Gewinnrealisierung bei Gutschrift auf Kapitalkonto mit Eigenkapitalcharakter, § 15a Rz 41; BFH VIII R 69/95 BStBl II 00, 230: offene Einlage als tauschähnl Anschaffungsgeschäft – Ansatz des gemeinen ("angemessenen") Wertes, BFH IV R 37/06 BStBl II 11, 617; BFH I R 77/06 BStBl II 09, 464; *BMF* BStBl I 11, 713; zur Gutschrift auf einem variablen Kapitalkonto und Mischfällen BFH IV R 15/14 BStBl II 16, 593; *BMF* BStBl I 16, 684). – Keine Veräußerung, sondern entgeltlos ist eine Übertragung in die Gesamthand durch eine schlichte (verdeckte) Einlage (*BMF* BStBl I 11, 713); für die PersGes bleiben die AK des Einbringenden maßgebl (§ 6 I Nr 5 S 1 Buchst b; Rz 38 mwN). **43**

§ 17 44–52 Veräußerung von Anteilen an Kapitalgesellschaften

44 **bb) Ohne Betriebsvermögen.** Werden Anteile in das Gesamthandsvermögen einer PersGes ohne BV übertragen oder eingebracht, gleichgültig, ob gegen Gewährung von GesRechten, Bar- oder Sachvergütung, liegt (nur) insoweit anteilig eine Veräußerung vor (arg § 39 II Nr 2 AO), als der Übertragende *nicht* an der PersGes beteiligt ist; *soweit* dem Übertragenden die Beteiligung auch nach der Übertragung gem § 39 II Nr 2 AO zuzurechnen ist, fehlt es an einer Veräußerung (vgl BFH IX R 10/15 BFH/NV 16, 523 zu § 23); dies gilt entspr für „Ausbringungen" von der Gesamthand auf ein Mitglied (zu Erbauseinandersetzung s Rz 35).

48 **2. Rechtsfolgen der Anteilsveräußerung. – a) Teileinkünfte.** Ab VZ 2009 sind gem § 3 Nr 40 Buchst c S 1; stpfl 60% des Veräußerungsentgelts; davon dürfen nur 60% der AK und der Veräußerungskosten abgezogen werden (s § 3 II; § 3c Rz 13). – Entspr kann ein Veräußerungs-/Auflösungsverlust ebenfalls nur zu 60% berücksichtigt werden (BFH IX R 40/10 BStBl II 11, 785; *Moritz* DStR 14, 1636); das gilt auch für Einbringungsverluste (BFH IX R 1/11 BFH/NV 12, 937). Der nur anteilige Abzug bedeutet nach der Rspr keinen Verstoß gegen die gesetzgeberische Konzeption und gegen das Nettoprinzip (BFH VIII R 37/13 BStBl II 16, 273, § 3c Rz 11).

49 **b) Ausnahmsweise Vollabzug.** Nach der Rspr durfte der Abzug der AK und Veräußerungskosten bei vollständig ausgebliebenen Einnahmen nicht begrenzt werden. Diese Rspr ist ab VZ 2011 überholt (BFH IX R 43/13 BStBl II 15, 257; § 3c Rz 11); nunmehr verhindert bereits die Gewinnerzielungsabsicht einen Vollabzug (BFH IX R 40/17 BFH/NV 18, 944; *Trossen* HFR 14, 766); zur früheren Rechtslage s *Schmidt* 39. Aufl Rz 191.

51 **3. Relevante Beteiligung, § 17 I 1. – a) Voraussetzungen.** Nach § 17 I 1 muss der Veräußerer innerhalb (nicht: während) der letzten fünf Jahre am **Kapital der Ges** (S 1) **zu mindestens 1%** (bis 31.12.98: zu mehr als einem Viertel; bis 31.12.01 zu mindestens 10%) unmittelbar oder mittelbar beteiligt gewesen sein (Rz 16). – Beteiligungsbesitz zum Zwecke der Aufstockung ist noch nicht maßgebl (BFH IX R 23/10 BStBl II 12, 3; *Bode* FR 12, 84). In den **Fällen des § 17 VI** (Sacheinlage; Einbringung/Tausch von Anteilen) führt auch Beteiligung von weniger als 1% zur Anwendung des § 17 (EStR 17 II 2). – Die Herabsetzungen (zunächst auf 10%, dann auf 1%) sind nicht verfwidrig (BFH IX R 36/11 BStBl II 13, 164 (VerfBeschw BVerfG 2 BvR 364/13; *OFD Nds* DStR 14, 532; *Schweyer/Dannecker* BB 99, 2375; *Heuermann* DB 13, 718).

52 **b) Relevanzschwelle.** Das Tatbestandsmerkmal der „relevanten Beteiligung innerhalb der letzten 5 Jahre" in § 17 I 1 ist – nach Maßgabe von BVerfG 2 BvR 748/05 ua BStBl II 11, 86 – für jeden abgeschlossenen VZ nach der in diesem VZ jeweils geltenden Beteiligungsgrenze zu bestimmen; auch der BFH hat sich der VZ-bezogenen Betrachtung angeschlossen (BFH IX R 7/12 BStBl II 13, 372; BFH IX R 34/11 BFH/NV 13, 539 [*Heuermann* DB 13, 718; krit *Dornheim* FR 13, 599]; BFH IX R 47/12 BFH/NV 13, 1915; **aA** FG Nds EFG 12, 1337, Rev IX R 19/12, ausgesetzt wegen BVerfG 2 BvR 364/13: kein VZ-bezogener Beteiligungsbegriff); einschr *BMF* BStBl I 13, 721 (ebenso *OFD Nds* DStR 14, 532): nur für die Herabsetzung von 25% auf 10% (dagegen FG Hbg EFG 17, 493, rkr: Geltung auch für Beteiligungen, die seinerzeit unter 10% lagen; weitere Nachweise s *Schmidt* 27. Aufl § 17 Rz 35). – Abzuziehen sind vom erzielten Veräußerungspreis seit 2009 nur 60% der ursprüngl historischen AK und nicht fiktive AK iHd gemeinen Werts zum Stichtag der Absenkung der Wesentlichkeitsgrenze (FG Mster EFG 13, 1835, rkr; FG Kln EFG 21, 641, Rev IX R 19/20); auch sind keine fiktiven AK iHd gemeinen Werts der Anteile bei Übergang vom Halbeinkünfte- zum Teileinkünfteverfahren abzuziehen (FG Mchn EFG 21, 573, rkr; BFH IX B 45/20 BFH/NV 21, 767).

Die Absenkung der Relevanzschwelle ist demnach **doppelt** zu berücksichtigen: beim Veräußerungstatbestand (Rz 1) und bei der Erfassung der realisierten stillen Reserven. **Beispiele:**

(1) (nach *BMF* BStBl I 11, 16, II.1): A ist seit 90 zu 10% an A-GmbH beteiligt (AK 100 T€); er veräußert die Beteiligung am 2.8.10 für 1 Mio €; der Wert der Beteiligung betrug zum 31.3.99 500 T€. – Die realisierten stillen Reserven dürfen nur insoweit besteuert werden, als sie nach dem 31.3.99 entstanden sind, also iHv 500 T€; der stpfl Gewinn beträgt demnach 500 T€ × 60% = 300 T€ (entspr Anwendung bei Einlage; *BMF* 21.12.11 BStBl I 12, 42; *Dornheim* DStR 12, 61); für die Herabsetzung auf 1% gilt Entsprechendes (Bewertungszeitpunkt 26.10.00); zu zwischenzeitl Wertveränderungen *Trossen* HFR 14, 883.

(2) Veräußerung 12/99; Beteiligungshöhe in 97 14%, ab 98 9%: mE nicht stbar, da in keinem Zeitraum relevant beteiligt (so auch BFH IX R 7/12 BStBl II 13, 372).

(3) War A seit November 96 mit 25% beteiligt und veräußert er zum 30.6.99 einen Anteil von 7%, kann nur die zw 31.3. und 30.6.99 entstandene Wertsteigerung erfasst werden (BFH IX R 30/13 BFH/NV 15, 489).

Die Beweislast für den Eintritt des Wertzuwachses nach dem 31.3.99 trägt das FA (BFH IX R 47/10 DStR 11, 620; *Söffing/Bron* DB 12, 1585). – Kein Vertrauensschutz beim Scheitern einer rechtzeitigen Veräußerung (BFH IX R 73/06 BStBl II 09, 140). – Zu Einzelheiten im Hinblick auf BVerfG 2 BvR 748/05 BStBl II 11, 86 (Auswirkungen der gesenkten Relevanzschwellen) s *Schmidt* 37. Aufl § 17 Rz 34.

c) Unentgeltlicher Anteilserwerb, § 17 I 4. Auch solche Beteiligungen gelten als relevant, die zwar weniger als 1% (bzw 10% bzw 25%) betragen, aber unentgeltl von einem Rechtsvorgänger erworben wurden, der innerhalb der letzten 5 Jahre relevant (dh zu mindestens 1%) beteiligt war (s iEinz Rz 114f).

d) Berechnung. – aa) Mindestbeteiligung. Der Veräußerer muss **zu mindestens 1%** (bis 31.12.98: zu mehr als einem Viertel; genau ein Viertel genügte nicht; bis zum 31.12.01 zu mindestens 10%) am Kapital der Ges, deren Anteile veräußert werden, beteiligt gewesen sein (§ 17 I 1).

bb) Maßgeblichkeit des nominellen Anteils am Grund- oder Stammkapital (§§ 6, 7 AktG; § 5 GmbHG; BFH VIII R 29/94 BStBl II 98, 257 ausschließl; BFH VIII R 73/03 BStBl II 05, 861; *Littmann* § 17 Rz 105). Unerhebl ist, welcher Teil davon eingezahlt ist (FG Mster EFG 17, 129, rkr; anders mE, wenn sich nach dem GesVertrag einer GmbH die Ges'terrechte nach dem Verhältnis der *eingezahlten* Beträge bestimmen) und wie hoch das Eigenkapital der KapGes ist. – Die Höhe der Stimmrechte, Vetorechte oder Stimmbindungsvereinbarungen sind ohne Bedeutung (*BH/Vogt* § 17 Rz 234; *BeckOK EStG* § 17 Rz 239f). – Frühere eigenkapitalersetzende Ges'terdarlehen und -sicherheiten beeinflussten die Beteiligungsquote nicht, sie sind gem § 17 IIa uU nachträgl AK. – Zu AuslandsGes (Rz 106) s FG Nbg 5 K 1490/20, nv, Rev IX R 23/21. – Die Beteiligungshöhe an *einer OptionsGes* iSd § 1a KStG ist grds nach den Kapitalkonten I der zivilrechtl fortbestehenden PersGes zu bestimmen (s iEinz *BMF* BStBl I 21, 2212 Rz 61, 62; *Wacker/Krüger ua* DStR-Beih 21, 3, 19, 27 auch zu den AK und zu § 17).

cc) Gewinnbeteiligung unerheblich. Keine relevante Beteiligung liegt vor, wenn der GmbH-Ges'ter zwar am Stammkapital nominell zu nicht mehr als 1% (Rz 10, 52) beteiligt ist (§§ 5, 14 GmbHG), ihm aber abw von § 29 II GmbHG und § 72 GmbHG durch die Satzung ein Recht auf mehr als 1% des Reingewinns *und* des Liquidationserlöses eingeräumt ist (so BFH VIII R 29/94 BStBl II 98, 257, der allein auf den Wortlaut und die einfache Handhabung abstellt; zust *Gosch* StBp 98, 165; vgl EStH 17 II „Missbrauch"); dies gilt auch, wenn abw von § 47 II GmbHG diesem Ges'ter auch noch mehr als 1% der Stimmrechte zustehen (BFH VIII R 29/94 BStBl II 98, 257; BFH VIII R 36/96 BFH/NV 98, 691: nomineller Anteil maßgebl); besondere zusätzl Einflussmöglichkeiten allein genügen nicht (BFH VIII R 49/96 BFH/NV 98, 694).

57 e) Eigene Anteile. – aa) Abzug vom Kapital. Besitzt die KapGes eigene Anteile (vgl §§ 71, 16 II 2 AktG; § 33 GmbHG; § 272 Ia HGB), ist deren Nennwert vom Grund-/Stammkapital abzuziehen (FG Mchn EFG 21, 653, rkr BFH VIII R 329/84 BFH/NV 90, 27; **aA** FG Mster DStRE 18, 385, rkr; das maßgebl Kapital verringert sich, s Rz 30).

Beispiel: A, B und C sind mit je 2500 € am Stammkapital der X-GmbH von 250 000 € beteiligt. Geschäftsanteile von 25 000 € besitzt die GmbH als eigene. Am Stammkapital von 225 000 € sind A, B und C zu je mehr als 1 % beteiligt.

58 bb) Einziehung. Zieht eine GmbH Geschäftsanteile ein (§ 34 GmbHG; s Rz 29 mwN), bleibt das Stammkapital unverändert; die Einziehung führt aber dazu, dass die Summe der Geschäftsanteile nicht mehr dem Stammkapital entspricht (*Altmeppen* § 34 GewStG Rz 90 ff). Die Einziehung verändert das Beteiligungsverhältnis der verbleibenden Geschäftsanteile; der Nennwert des eingezogenen Geschäftsanteils muss vom Stammkapital abgezogen werden (BFH VIII R 329/84 BFH/NV 90, 27; FG Mchn EFG 04, 801, rkr) – in gleicher Weise wie bei eigenen Anteilen; dadurch kann eine relevante Beteiligung entstehen (s auch Rz 178). – Entsprechendes gilt für den „Ausschluss", „Austritt" eines GmbH-Ges'ters (s Rz 31).

61 f) Auswirkung von Sonderrechten. Str ist, wie bei der Veräußerung von Genussscheinen, Bezugsrechten und Wandlungs- oder Optionsrechten (Rz 103, 108 f) zu bestimmen ist, ob eine Beteiligung zu mindestens 1 % (Rz 10, 52) am Kapital der Ges vorliegt und ob und ggf wie bei der Veräußerung von Anteilen derartige Genussscheine und „Anwartschaften" bei Prüfung, ob der Veräußerer relevant beteiligt ist, mitzurechnen sind.

62 aa) Bezugsrechte. Sie sind dem Grund- oder Stammkapital nicht hinzuzurechnen (keine „Verdoppelung"), ihre Veräußerung ist aber nach § 17 estpfl, wenn derjenige, dem das Bezugsrecht zusteht bzw zustehen würde, am Grund- oder Stammkapital vor Kapitalerhöhung zu mindestens 1 % (Rz 32, 52) beteiligt war (BFH VIII R 49/04 BStBl II 06, 746; *Littmann* § 17 Rz 81; diff *OFD Nds* Beck-Verw 276599; **aA** *Frotscher/Geurts* § 17 Rz 74). – Entsprechendes dürfte für Wandlungs- oder Optionsrechte gelten (*Dötsch* § 17 Rz 176 f).

63 bb) Genussscheine. Gewähren sie auch eine Beteiligung am Liquidationserlös (Rz 23), kommt es darauf an, in welchem Verhältnis Ges'ter und Genussscheininhaber am Gewinn *und* am Liquidationserlös teilhaben (*Littmann* § 17 Rz 72).

66 g) Relevante Beteiligung innerhalb der letzten fünf Jahre. – aa) Zeitliche Voraussetzung. Eine relevante Beteiligung des Veräußerers muss „innerhalb der letzten fünf Jahre" vor der Anteilsveräußerung bestanden haben (§ 17 I 1), und zwar **zu irgendeinem Zeitpunkt** (s Rz 69) innerhalb dieses Zeitraums, nicht notwendig noch bei Veräußerung. Maßgebl ist die jeweilige Relevanzgrenze (BFH IX R 57/10 BStBl II 12, 318; *Littmann* § 17 Rz 104; *Frotscher/Geurts* § 17 Rz 103; *KSM* § 17 Rz B 157; Rz 52); wer vor dem 1.1.99 eine Beteiligung von 15 % besaß und sie zB im Dezember 98 auf 9 % und im Dezember 01 auf 0,9 % herabgesetzt hat, war nicht innerhalb der letzten fünf Jahre relevant beteiligt (EStR Anhang 6 II). Eine noch so kurze relevante Beteiligung innerhalb der letzten 5 Jahre verstrickt alle Anteilsveräußerungen.

Beispiel: A erwirbt am 1.12.00 Geschäftsanteile im Nennwert von 0,8 % der X-GmbH und am 1.12.02 weitere Geschäftsanteile im Nennwert von 0,3 %. Diese überträgt A am 1.6.04 schenkweise auf seinen Sohn. Am 1.7.07 veräußert A seine restl Geschäftsanteile von 0,8 %. – Die Veräußerung ist gem § 17 estpfl, da A innerhalb von 5 Jahren vor der Veräußerung (1.7.02 bis 1.7.07) 1.12.02 bis 1.6.04 zu mehr als 1 % beteiligt war. Zweifelhaft ist aber uU die Höhe des Veräußerungsgewinns (s Rz 178).

67 bb) Berechnung der Fünfjahresfrist. Maßgebl ist § 108 AO iVm §§ 187–193 BGB; es kommt nicht etwa auf die letzten fünf VZ an. Bei Veräußerung zB am 15.8.20 ist also maßgebl, ob ab 15.8.15 eine relevante Beteiligung zu irgendeinem Zeitpunkt (s Rz 69) bestanden hat.

cc) Zeitpunkt der Beendigung der relevanten Beteiligung. Hat ein StPfl **68** seine Beteiligung ganz oder teilweise veräußert, ist für die Frage, von wann an der StPfl nicht mehr (relevant) beteiligt ist, der Übergang des wirtschaftl Eigentums maßgebl (Rz 76 f); dieser setzt idR ein zivilrechtl wirksames Kausalgeschäft voraus, zB Kauf oder Schenkung. Der Zeitpunkt der Übertragung des wirtschaftl Eigentums ist auch bei schuldrechtl Rückbeziehung maßgebl (BFH VIII R 119/81 BStBl II 85, 55). Zur nachträgl Genehmigung eines schwebend unwirksamen Vertrages vgl BFH IV R 150/76 BStBl II 81, 435 (grds keine estrechtl Rückwirkung); zur Aufrechterhaltung eines unwirksam gewordenen Geschäfts BFH VIII R 28/02 BStBl II 05, 46. – Die Anteilsveränderung durch Kapitalerhöhung wird erst mit Eintragung ins HR wirksam (BFH VIII R 49/04 BStBl II 06, 746; zu eigenen Anteilen s FG Mchn EFG 21, 653, rkr).

dd) Veräußerungszeitpunkt. Str ist, ob als Zeitpunkt, von dem an die Fünf- **69** jahresfrist zurückzurechnen ist („letzten fünf Jahre"), ähnl wie bei § 23 der Abschluss des schuldrechtl Verpflichtungsgeschäfts, zB des Kaufvertrags (§ 23 Rz 32), oder die Übertragung des wirtschaftl Eigentums gilt; mE meint das Gesetz die fünf Jahre vor der Veräußerung (s § 17 I 4) und stellt damit auf die Übertragung des wirtschaftl Eigentums ab (BFH GrS 2/92 BStBl II 93, 897, 902; FG Mchn EFG 04, 801, rkr; *HHR* § 17 Rz 70, 163; *Littmann* § 17 Rz 112). UU enthält der Abschluss eines (zivilrechtl wirksamen) Kaufvertrags bereits die Übertragung des wirtschaftl Eigentums, wenn dem Erwerber die Ausübung aller Rechte aus den Anteilen zugestanden wird (BFH IV R 226/85 BStBl II 88, 832). – Veräußerung „mit Ablauf des 31.12.18" gehört zum VZ 18 (FG Nbg EFG 18, 1035, rkr).

ee) Beteiligungsdauer. Wie lange der Veräußerer innerhalb des Fünfjahres- **70** zeitraums relevant beteiligt war (s Rz 51), ist unerhebl; es genügt irgendein **Zeitpunkt** innerhalb der letzten fünf Jahre (BFH IX B 10/16 BFH/NV 16, 1448; *Carlé* KÖSDI 06, 15096).

ff) Erwerbsreihenfolge; Erwerbsgrund. Ohne rechtl Bedeutung für § 17 I 1 **71** (zu § 17 II 6 s Rz 156 f) ist, – *(1)* ob der Veräußerer eine relevante Beteiligung als Einheit oder erst **nacheinander mehrere Anteile erworben** hat, die zusammengerechnet eine relevante Beteiligung ergeben (**gestaffelter Erwerb**; zB BFH VIII R 56/88 BFH/NV 93, 25; *Herzig/Förster* DB 97, 594), – *(2)* welchen Rechtsgrund der jeweilige Anteilserwerb, zB Kauf, Schenkung usw hatte, – *(3)* der Eintritt in die unbeschr StPfl (BFH VIII R 15/94 BStBl II 96, 312), – *(4)* ob die Beteiligung iSv BFH GrS 1/00 BStBl II 04, 95 existenzsichernd ist; – *(5)* der Ges'ter muss nicht bis zur Veräußerung der Beteiligung relevant beteiligt bleiben (BFH VIII R 23/93 BStBl II 99, 342). – Zur (str) **Höhe der AK,** wenn aus einer nichtrelevanten durch Hinzuerwerb weiterer Anteile (oder durch Erbanfall) eine relevante Beteiligung wird, s Rz 36, 178.

gg) Zwischenzeitliche „Nichtbeteiligung". Str ist, ob § 17 voraussetzt, dass **72** der Veräußerer gerade mit den veräußerten Anteilen innerhalb der Fünfjahresfrist zu mindestens 1% (Rz 10, 52) beteiligt war und demgemäß keine StPfl besteht, wenn zB der Veräußerer in 01 relevant beteiligt war, nach Veräußerung dieser Beteiligung in 02 eine neue nicht relevante Beteiligung an derselben Ges erwirbt und diese in 04 erneut veräußert. Der Zweck der Fünfjahresfrist spricht gegen eine StPfl (teleologische Reduktion; *WG* FR 99, 760; *Vogt* DStR 99, 1596; *HHR* § 17 Rz 110; **aA** BFH VIII R 58/97 BStBl II 99, 650; *Dötsch* § 17 Rz 201). – § 17 erfasst aber **junge Anteile,** die ein relevant beteiligter StPfl auf Grund dieser Beteiligung zwar nach deren Absinken zu einer nichtrelevanten, aber noch innerhalb der Fünfjahresfrist im Zuge einer Kapitalerhöhung erworben und sodann veräußert hat (BFH VIII R 40/89 BStBl II 94, 222; **aA** *Kröner* StbJb 97/98, 193); s auch Rz 11.

hh) Nichtbeteiligung an Kapitalerhöhung. In diesem Fall kann aus einer re- **73** levanten eine nicht relevante Beteiligung werden, die der StPfl nach Ablauf von fünf Jahren stfrei veräußern kann (zu entgeltl oder unentgeltl Nichtausübung eines Bezugsrechts s Rz 32, 108, 120). Die Kapitalerhöhung muss wirkl gewollt sein; andernfalls Rechtsmissbrauch (§ 42 AO) mögl (BFH IV R 46/76 BStBl II 77, 754; krit zB *Littmann* § 17 Rz 114).

74   **ii) Sonderfälle.** War der Veräußerer selbst innerhalb der Fünfjahresfrist nicht zu mindestens 1 % (Rz 10, 52) beteiligt, ist § 17 I 1 gleichwohl anwendbar, wenn – *(1)* ein Rechtsvorgänger des Veräußerers innerhalb der letzten fünf Jahre vor der Veräußerung relevant beteiligt war und der Veräußerer den veräußerten Anteil unentgeltl erworben hat (§ 17 I 4; s Rz 114), oder – *(2)* bei einer Sitzverlegung nach § 17 V 1 oder – *(3)* wenn die Voraussetzungen des § 13 I UmwStG vorliegen (zu § 13 UmwStG aF FG Köln EFG 15, 1362, rkr).

76   **4. Subjektive Zurechnung. – a) Rechtliches oder wirtschaftliches Eigentum.** Dem **Veräußerer** sind Anteile zuzurechnen, deren zivilrechtl oder zumindest *wirtschaftl* **Eigentümer** er ist (§ 39 II Nr 1 S 1 AO; BFH IX R 6/11 BFH/NV 13, 9; *Binnewies* GmbHR 11, 1163; Rz 21; § 5 Rz 152), also idR Eigenbesitz, Gefahr, Nutzen und Lasten der Sache, konkret: – *(1)* unentziehbare Rechtsposition, – *(2)* wesentl (Verwaltungs- und Vermögens-)Rechte, – *(3)* Risiko der Wertentwicklung (BFH IX R 57/10 BStBl II 12, 318: **Gesamtbildbetrachtung**). Eine Pflicht zur Weiterveräußerung, eine bedingte Rückübertragungspflicht gegen Abfindung oder ein Rücktrittsrecht hindern nicht den Erwerb wirtschaftl Eigentums (BFH VIII R 34/01 BStBl II 05, 857); grds keine genehmigungsbedingte Rückwirkung (Rz 68). Auch bei nur kurzfristiger Beteiligung kann rechtl und wirtschaftl Eigentum übertragen sein (zB BFH VIII R 33/94 BStBl II 95, 870 zu „**Durchgangserwerb**"). Eigentum für logische Sekunde reicht nicht (BFH IX R 7/09 BStBl II 11, 540); Beteiligungsbesitz zum Zwecke der Aufstockung ist noch nicht maßgebl (BFH IX R 23/10 BStBl II 12, 3; *Bode* FR 12, 84). – BFH IX R 74/06 BStBl II 09, 124, stellt auf die vollständige Kaufpreiszahlung ab; das ist nicht der entscheidende Aspekt. – Ein an einem KapGesAnteil (atypisch) **Unterbeteiligter** (Rz 82) ist nur dann wirtschaftl Eigentümer, wenn er nach dem Inhalt der getroffenen Abrede alle mit der Beteiligung verbundenen wesentl Rechte (Vermögens- und Verwaltungsrechte) ausüben und im Konfliktfall effektiv durchsetzen kann (BFH IX R 61/05 BFH/NV 08, 2004). – Bei Verträgen zw nahen Angehörigen können **Formmangel** und **fehlende Durchführung** (verstärkte Indizwirkung) der Anerkennung einer Unterbeteiligung entgegenstehen (BFH IX R 19/09 BStBl II 10, 823), unter Fremden nicht (BFH IX R 69/10 BFH/NV 12, 1099, zu § 15 III, IV GmbHG). – **Vorbehaltsnießbraucher,** der alle wesentl Beteiligungsrechte behält, verliert nicht das wirtschaftl Eigentum (BFH IX R 51/10 BStBl II 12, 308; BFH IX R 49/13 BStBl II 15, 224; EStH 17 IV).

77   **b) Treuhand.** Bei Treuhandverhältnissen sind die Anteile dem **Treugeber** zuzurechnen (§ 39 II Nr 1 2 AO; BFH IX R 13/15 BFH/NV 16, 1556; BFH VIII R 56/93 BStBl II 98, 152; s auch § 5 Rz 154), sofern die Treuhand nachgewiesen (§ 159 AO) und durchgeführt ist (BFH VIII R 14/05 BFH/NV 08, 745: Nachholung der Form ist mögl; BFH IX R 37/11 BStBl II 12, 487; *Heuermann* DB 13, 718). Jedes Beweismittel ist grds taugl; es ist ein strenger Maßstab anzulegen (BFH IX R 13/15 BFH/NV 16, 1556). Zum notariellen Beurkundungszwang für entstandene Anteile gem § 15 IV GmbHG s BFH IX R 19/09 BStBl II 10, 823; auch eine formunwirksame Abrede kann estl zu beachten sein (BFH VIII R 14/05 BFH/NV 08, 745; BGH I StR 140/12 DStRE 13, 38); zum zivilrechtl wirksamen Treuhandvertrag für noch nicht existente Anteile s FG Köln DStRE 08, 872, rkr; zum Entgelt für die Aufgabe einer str Treugeberstellung s FG Nds EFG 21, 1443, rkr; – § 159 AO enthält eine klare „Beweisregel" (BFH IX R 14/08 BStBl II 10, 460); Feststellungslast trägt der, der sich auf Treuhand beruft. Eine Quotentreuhand ist mögl (BFH IX R 14/08 BStBl II 10, 460). – Sicherungsübereignete Anteile sind dem **Sicherungsgeber** zuzurechnen (§ 39 II Nr 1 S 2 AO). – S auch § 20 V (§ 20 Rz 236).

c) Unterbeteiligung. Der (atypisch) Unterbeteiligte (BFH VIII R 34/01 BStBl II 05, 857: Teilhabe an Gewinn *und* Substanz; Wahrnehmung der Verwaltungsrechte; Kündigungsrecht unschädl) ist wirtschaftl Eigentümer an einem Bruchteil der Anteile. Die entgeltl Einräumung ist daher Veräußerung eines Bruchteils der Anteile; bei unentgeltl Begründung greift § 17 I 4, II 5 ein. S iEinz *Blaurock* Rz 31.52 ff. **78**

d) Pfandrechte. Sie begründen kein wirtschaftl Eigentum am belasteten Gegenstand. Entsprechendes gilt für einen **Nießbrauch** (s zur Rspr Rz 76; *Dötsch* § 17 Rz 189, 190), es sei denn, der Nießbraucher ist ermächtigt, auf *eigene* Rechnung über die belasteten Anteile zu verfügen (§ 185 BGB; Dispositionsnießbrauch). Zu Pensionsgeschäften s § 5 Rz 270. **79**

e) Zurechnung geschenkter Anteile. Diese sind grds dem Beschenkten zuzurechnen, auch wenn er **Angehöriger** ist, es sei denn, der Schenker ist wirtschaftl Eigentümer der Anteile geblieben oder die Schenkung ist frei widerrufl (vgl BFH VIII R 196/84 BStBl II 89, 877 zu 15) oder nur befristet (§ 5 Rz 270). Eine **Scheidungsklausel** allein begründet noch kein wirtschaftl Eigentum des Schenkers (BFH XI R 35/97 BStBl II 98, 542). Somit kann idR durch *rechtswirksame* schenkweise Übertragung von Teilen einer Beteiligung auf (voll- oder minderjährige) Angehörige eine relevante in mehrere nicht relevante Beteiligungen zerlegt werden, die nach Ablauf von fünf Jahren (§ 17 I 4) stfrei veräußert werden können (idR kein Rechtsmissbrauch iSv § 42 AO; wN *Schmidt* 36. Aufl § 17 Rz 54). **80**

5. Anteilige Zurechnung (zur Veräußerung s Rz 41 f). – **a) Bruchteile.** Steht ein Anteil an einer KapGes zivilrechtl mehreren Personen nach Bruchteilen zu (§§ 741 ff BGB; vgl auch § 69 AktG, § 18 GmbHG), ist jeder Bruchteil dem jeweils Berechtigten estrechtl zuzurechnen und wie ein Anteil, der ihm allein gehört, zu behandeln, zB mit Anteilen im Alleineigentum zusammenzurechnen. **82**

b) Gesamthandsgemeinschaft ohne Betriebsvermögen (vermögensverwaltende Personengesellschaft). – **(1) Bruchteilsbetrachtung.** Anteile an einer KapGes, die zu einem Gesamthandsvermögen gehören (zB Erbengemeinschaft, GbR, vermögensverwaltende KG), sind den Mitgliedern gem § 39 II Nr 2 AO insoweit anteilig wie bei einer Mitberechtigung nach Bruchteilen zuzurechnen, als die Gesamthandsgemeinschaft keine betriebl Einkünfte und demgemäß kein BV hat (BFH VIII R 32/04 BStBl II 07, 296; s Rz 44). **83**

Beispiel: Zum Gesamthandsvermögen einer aus zwei Miterben zu je $^1/_2$ bestehenden Erbengemeinschaft gehört eine 1,8 %ige Beteiligung an einer KapGes. Diese ist jedem der Miterben zu $^1/_2$ zuzurechnen. Keiner der beiden Miterben ist somit zu mindestens 1 % an der KapGes beteiligt (s aber § 17 I 4; dazu Rz 114).

(2) Zusammenrechnung. Bei Prüfung, ob ein StPfl relevant beteiligt ist, sind ihm allein gehörende und ihm zuzurechnende Anteile im Gesamthandsvermögen zusammenzurechnen (BFH VIII R 15/94 BStBl II 96, 312). **84**

(3) Zebragesellschaft. Soweit die Beteiligung an einer Gesamthand ohne BV bei einem der Gemeinschafter zu einem BV gehört (§ 15 Rz 201 ff), sind die Anteile, soweit sie dem Ges'ter zuzurechnen sind (§ 39 II Nr 2 AO), BV; ihre Veräußerung wird nicht von § 17 erfasst (*Littmann* § 17 Rz 100; s aber Rz 88). **85**

(4) Beteiligungsquote. Maßgebl für die Höhe der anteiligen Zurechnung im Verhältnis der Ges'ter nach § 39 II Nr 2 AO ist der dem Ges'ter rechnerisch zustehende Anteil an der Gesamthand (die Beteiligungsquote); wie der Anteil zuzurechnen ist, wenn Gewinnverteilungs-, Liquidations- und Abfindungsschlüssel auf Grund des GesVertrags divergieren, ist mE nicht abschließend geklärt; mE sind diese gesellschaftsvertragl Regelungen einzubeziehen (*Gosch AO* § 39 AO Rz 218 *TK* § 39 AO Tz 96 f; *HHSp* § 39 AO Rz 296, 315). Zu Private Equity-Fonds Rz 165. Zum **MoPeG** (BGBl I 21, 3436) s § 15 Rz 165. **86**

87 **c) Gesamthand mit Betriebsvermögen.** Gehören die Anteile an einer KapGes einer Gesamthand mit BV (zB gewerbl tätigen oder geprägten PersGes), sind die Anteile der Gesamthand (Ges) selbst zuzuordnen (sog **Einheitsbetrachtung**), s § 15 Rz 408, 438). Der gemeinschaftl Veräußerungsgewinn wird den MUern quotal zugewiesen.

88 **d) Zusammenrechnung.** Bei Prüfung, ob eine Beteiligung, – *(1)* die einem Mitglied der Gesamthand allein gehört und bei diesem PV ist, oder – *(2)* die diesem als Mitglied einer nichtbetriebl Gesamthand (zB Erbengemeinschaft) anteilig zuzurechnen ist, iSv § 17 I 1 relevant ist, sind dieser Beteiligung die KapGesAnteile in einem betriebl Gesamthandsvermögen anteilig hinzuzurechnen (FG Mchn EFG 05, 1342, rkr; s Rz 94).

90 **e) Unmittelbare/mittelbare Beteiligung.** Der Veräußerer muss an der KapGes (insgesamt zu mindestens 1%; Rz 10, 52) „unmittelbar oder mittelbar" (§ 17 I 1) beteiligt gewesen sein.

91 **aa) Unmittelbare Beteiligung.** Unmittelbar ist der Veräußerer beteiligt, soweit ihm Anteile an der KapGes gem § 39 AO zuzurechnen sind; daher ist zB eine Beteiligung über Treuhänder eine unmittelbare Beteiligung (FG Köln DStRE 08, 872, rkr; oben Rz 77).

92 **bb) Mittelbare Beteiligung. – (1) Definition.** Mittelbar ist der Veräußerer beteiligt, soweit eine andere *KapGes* (zu PersGes s Rz 94), an der der Veräußerer seinerseits unmittelbar (oder wiederum nur mittelbar) beteiligt ist, Anteilseigner ist; auch bei mittelbarer Beteiligung ist (zumindest) wirtschaftl Eigentum notwendig (BFH IX R 4/09 BFH/NV 10, 623). Der einstufigen mittelbaren Beteiligung steht eine mehrstufige grds gleich.

Beispiel: A ist zu 5% an der X-GmbH beteiligt; dieser gehört eine 30%ige Beteiligung an der Y-GmbH. A ist „durchgerechnet" mittelbar zu 1,5% an der Y-GmbH beteiligt.

Rechtl Relevanz nach § 17 erlangt eine mittelbare Beteiligung nur, soweit auch eine unmittelbare besteht, diese veräußert wird und zu prüfen ist, ob der Veräußerer insgesamt zu mindestens 1% (Rz 52) beteiligt war; unmittelbare und mittelbare Beteiligung sind zusammenzurechnen (*BeckOK EStG* § 17 Rz 279, 284 mwN).

Beispiel: A ist zu 0,5% an der Y-GmbH und 2,5% an der X-GmbH beteiligt; diese ist zu 50% an der Y-GmbH beteiligt. A ist an der Y-GmbH *unmittelbar* zu 0,5% und *mittelbar* zu 1,25%, insgesamt also zu 1,75% beteiligt. Veräußert A seine unmittelbare 0,5%ige Beteiligung an der Y-GmbH, ist dies nach § 17 estpfl. Gleiches gilt bei Veräußerung der 2,5%igen Beteiligung an der X-GmbH, da insoweit eine unmittelbare relevante Beteiligung an der X-GmbH vorliegt.

93 **(2) Schlichte Addition.** Nach hM ist bei dieser Zusammenrechnung eine mittelbare Beteiligung unabhängig davon einzubeziehen, ob der Anteilseigner die KapGes wirtschaftl beherrscht, die die Beteiligung vermittelt (im Beispiel die X-GmbH); maßgebl ist allein, dass die Zusammenrechnung rein rechnerisch eine kapitalmäßige Beteiligung von mindestens 1% (Rz 52) ergibt (BFH IV R 128/77 BStBl II 80, 646; *BeckOK* EStG § 17 Rz 284.1; *KSM* § 17 Rz B 138; *HHR* § 17 Rz 121); auch Zverganteile sind zu berücksichtigen (BFH VIII R 22/02 BFH/NV 04, 620).

94 **(3) Beteiligung an betrieblicher Gesamthand.** Keine anteilige unmittelbare (§ 39 II Nr 2 AO), sondern eine mittelbare Beteiligung ist nach hM auch eine Beteiligung, die durch eine MUerschaft *mit BV* vermittelt wird (BFH I B 39/81 BStBl II 82, 392; *Littmann* § 17 Rz 102; EStH 17 II; *Dötsch* § 17 Rz 197).

Beispiel: A ist zu 0,5% an der Y-GmbH und zu 2% an der X-KG beteiligt; zum GesVermögen der KG gehört eine 50%ige Beteiligung an der Y-GmbH. A ist insgesamt zu mehr als 1% an der Y-GmbH beteiligt.

Veräußerung von Anteilen als gewerblicher Gewinn **96–102 § 17**

6. Verdeckte Einlage, § 17 I 2. – a) Definition. Werden Anteile auf die näml **96** KapGes (= eigene Anteile; FG Mster EFG 01, 127) oder eine andere KapGes übertragen, an der der StPfl (oder eine nahe stehende Person) bereits beteiligt ist, und erhält der StPfl keine neuen GesAnteile und auch keine nach dem Wert der übertragenen Anteile bemessene Bar- oder Sachvergütung, ist dies eine verdeckte Einlage (BFH IX R 6/09 BFH/NV 10, 397; *HHR* § 17 Rz 140; dazu allg *Weber-Grellet* DB 98, 1532; auch § 6 VI 2; § 23 I 5 Nr 2; ferner Rz 151, 183 f), und zwar entweder **reine verdeckte Einlage,** wenn überhaupt keine Vergütung gewährt wird, oder (bei Teilentgeltlichkeit; Rz 33); **gemischte verdeckte Einlage,** wenn die Bar- oder Sachvergütung hinter dem Wert der Anteile zurückbleibt (BFH IX R 77/06 BStBl II 08, 789; BFH IX R 7/16 BFH/NV 17, 724); kein Fall des § 7 I Nr 1, VII ErbStG (BFH II R 40/14 BStBl II 18, 284; BFH II B 146/14 BFH/NV 15, 1586; *Dräger/Dorn* DStR 16, 1852); s aber auch § 7 VIII ErbStG (bej FG Sachs EFG 21, 2019, Rev II R 22/21; ErbStR 7.5 X–XIII). Verdeckte Einlage liegt auch vor bei „Verkauf" und Nichtumsetzung von Darlehensverträgen (FG Sachs GmbHR 10, 325, rkr). Bei einer nicht verhältniswahrenden (disquotalen) Verschmelzung überträgt der Anteilseigner A einen Teil seines Geschäftsanteils an der übernehmenden KapGes im Wege der verdeckten Einlage dem anderen Anteilseigner B (BFH IX R 24/09 BStBl II 11, 799; *Heuermann* DB 11, 551); ein Teil des alten Geschäftsanteils des A geht unmittelbar und direkt auf den durch die Verschmelzung entstandenen neuen Geschäftsanteil des B über. Keine verdeckte Einlage, wenn der Kaufpreis im gewöhnl Geschäftsverkehr zustande gekommen ist, ggf auch bei Kauf- und Verkaufspreis von 1 DM; BFH IX R 6/09 BFH/NV 10, 397).

b) Gleichstellung mit Veräußerung. Eine verdeckte Einlage in eine KapGes **97** ist ausdrückl einer **entgeltl Veräußerung** unter Ansatz des **gemeinen Werts** (§ 9 II BewG) der eingebrachten Anteile als Veräußerungspreis gleichgestellt (§ 17 I 2, II 2). Dabei geschieht dreierlei: *(a)* Der Ges'ter „veräußert" seinen Anteil an Ges A an Ges B (die aufnehmende Ges); „Veräußerungspreis" ist der gemeine Wert (§ 17 II 2); – *(b)* für den Anteil an B (!) entstehen dem Ges'ter nachträgl AK iHd TW (§ 6 VI 2); – *(c)* bei B ist der Anteil an A mit dem TW anzusetzen (teleologische Reduktion des § 6 I Nr 5 S 1 Buchst b; BFH I R 32/08 BStBl II 12, 341; *BMF* BStBl I 98, 1227; *Weber-Grellet* DB 98, 1532).

c) Übertragung auf Arbeitnehmer. S zur Einräumung als ArbLohn § 19a **98** Rz 4. – Zu Mitarbeiterbeteiligungen s auch BFH VIII R 40/18 DStR 21, 1218; FG Ddorf EFG 21, 206, rkr; FG BaWü EFG 20, 1424, Rev VI R 1/21. – Zum „Exit-Bonus" eines Ges'ter-Geschäftsführers als separate Vergütung s FG Mster EFG 15, 385, rkr und Rz 139.

7. Anteile iSd § 17, § 17 I 3. – a) Begriff. Der Begriff der Anteile an einer **101** „KapGes" knüpft an § 1 I Nr 1 KStG an und ist in § 17 I 3 abschließend definiert: Er umfasst – *(1)* Aktien, – *(2)* Anteile an einer GmbH, – *(3)* Genussscheine, – *(4)* „ähnliche Beteiligungen", – *(5)* „Anwartschaften auf solche Beteiligungen" und – *(6)* Anteile an (europäischen) Genossenschaften (SCE; Abs VII). – *(7)* Anteile an OptionsGes iSd § 1a KStG.

b) Aktien und Anteile an inländischen Gesellschaften. Aktien sind Anteile **102** am Grundkapital einer dem dt AktG unterliegenden AG (§§ 1, 6, 8 AktG) oder KGaA (§ 278 AktG), auch Vorzugsaktien ohne Stimmrecht (§§ 11, 12 I AktG) und Zwischenscheine (§ 8 VI AktG); eine formale Unrichtigkeit (unzutr Kennzeichnung) ist unschädl (BFH IX R 2/10 BStBl II 12, 20). – **GmbH-Anteile** sind Geschäftsanteile an einer dem dt GmbHG unterliegenden GmbH (vgl § 3 I Nr 4; §§ 5, 14 GmbHG; BFH VIII R 16/88 BStBl II 92, 902), gleichgültig, ob sich die GesRechte (Mitverwaltungs-/Vermögensrechte) nach der Stammeinlage bestimmen (§ 14 GmbHG) oder ob in der GmbH-Satzung etwas anderes vorgesehen ist (s aber Rz 56). – Zu Anteilen an ausl KapGes s Rz 104. – **Genossenschaftsanteile** sind Geschäftsanteile an einer Genossenschaft (vgl § 7a GenG), die den Erwerb oder die Wirtschaft ihrer Mitglieder oder deren soziale oder kulturelle Belange durch gemeinschaftl Geschäftsbetrieb fördert (§ 1 GenG); Grund für die Erweiterung durch das SEStEG ist die SCE, die „investierende Genossen" kennt (Nähe zu gewöhnl KapGes). – **Anteile an inl OptionsGes** iSd § 1a KStG, die zum PV des Anteilseigners gehören, fallen nach Abs 1 S 3 und § 1 I Nr 1 KStG, jeweils idF des KöMoG (BGBl I 21, 2050) unter § 17 (*BMF* BStBl I 21, 2212 Rz 61, 62). Zur Beteiligungshöhe s Rz 55. Zur Rückoption gem §§ 3 ff UmwStG s Rz 14; *BMF* BStBl I 21, 2212 Rz 95, 98.

103 **c) Genussscheine.** Das sind Forderungsrechte gegen eine KapGes, die eine Beteiligung am Gewinn und/oder Liquidationserlös, evtl zusätzl Rechte (zB feste Verzinsung usw) gewähren. Sie sind gesrechtl nicht definiert, aber in § 221 III AktG als „Genussrechte" (verbrieft oder nichtverbrieft) erwähnt. Kstrechtl werden sie wie Nennkapital behandelt, sofern mit ihnen das Recht auf Beteiligung am Gewinn *und* Liquidationserlös der KapGes verbunden ist (§ 8 III 2 KStG; § 20 I Nr 1 (§ 20 Rz 32); BFH I R 44/17 DStR 20, 1307). – § 17 gilt nur für Genussrechte, die ein Recht auf Beteiligung am Liquidationserlös gewähren (BFH VIII R 73/03 BStBl II 05, 861; *Eilers/Roderburg* GmbHR 05, 1622); die bloße Beteiligung am Gewinn genügt nicht, da das Gesetz eine Beteiligung „am Kapital" der Ges fordert. Vgl auch § 5 Rz 550 ‚Genussrechte'.

104 **d) Ähnliche Beteiligungen.** Die Ähnlichkeit kann sich sowohl auf die „KapGes iSv § 17 I 3" als auch auf die dort genannten „Anteile" beziehen (BFH VIII R 16/88 BStBl II 92, 902). – **aa) Ähnliche Beteiligungen.** Das sind: – *(1)* **Anteile an einer VorGes**, die nach Abschluss eines GmbH-Vertrags vor Eintragung in das HR besteht, soweit diese Ges kstrechtl als KapGes beurteilt wird (§ 15 Rz 169; BFH X R 17/05 BStBl II 08, 579); – *(2)* **Keine ähnlichen Beteiligungen** sind Anteile an VVaG (§§ 15–53 VAG), persönl haftende Ges'ter-Anteile an einer KGaA (§ 15 I Nr 3) oder **typische stille Beteiligungen** (BFH VIII R 25/96 BStBl II 97, 724; EStH 17 II). Bei einer **atypisch stillen Beteiligung an einer KapGes** gehören die Anteile an der GmbH zum SonderBV des Stillen (§ 15 Rz 358; kein § 17); eine (atypische) **Unterbeteiligung** am Anteil vermittelt entweder wirtschaftl Eigentum am Anteil (Rz 78) oder ist nicht ähnl (BFH IX R 6/11 BFH/NV 13, 9; FG Mster EFG 19, 1410, Rev I R 36/19). – *(3)* **Eigenkapitalersetzende Gesellschafterdarlehen** (auch nach einem Rangrücktritt) **und -sicherheiten** waren **keine ähnl Beteiligungen** (BFH VIII R 16/88 BStBl II 92, 902; BFH IV R 57/91 BStBl II 93, 502). S Rz 55.

105 **bb) Beteiligungen an ausländischen Gesellschaften. – (aa) Doppelansässigkeit. –** *(1)* **EU/EWR**. Anteile an Ges, die gesrechtl aufgrund ihres Registersitzes ausl Recht unterliegen, im „Typenvergleich" einer dt KapGes iSd § 1 I Nr 1 KStG entsprechen (zur Methodik BFH I R 12/18 BStBl II 21, 875), einen inl Ort der Geschäftsleitung haben und rechtsfähig sind, sind ähnl Anteile an KapGes (zur engl Limited vor dem Brexit s FG Mster EFG 14, 341, rkr) – *(2)* **DrittstaatenGes** mit ausl Register- und inl Verwaltungssitz sind auf Grundlage des Rechtstypenvergleichs KapGes iSd § 1 I Nr 1 KStG, auch, wenn es sich aus inl zivilrechtl Sicht um nicht rechtsfähige Gebilde handelt. Dies bestätigt § 8 I 4 KStG idF StAbwG, BGBl I 21, 2056 (dazu *Binnewies ua* GmbHR 21, 1293, 1300).

106 **(bb) Sonstige Auslandsgesellschaften.** Sonstige ausl Gesellschaften können nach dem Rechtstypenvergleich ähnl KapGes iSd § 17 I 3 sein (vgl BFH I R 43, 44/98 BFH/NV 00, 639; BFH IX B 45/20 BFH/NV 21, 767; FG Mster DStRE 18, 461; zur US-LLC BFH I B 75/20 (AdV), BFH/NV 21, 1489; BFH IX R 13/20 DStR 22, 86: niederl BV). – Anteile an ausl OptionsGes iSd § 1a KStG sind auch ähnl Anteile (s § 50d XIV 2, dazu § 50d Rz 76; *BMF* BStBl I 21, 221 Rz 3, 4, 54, 63, 64; dazu auch *Wacker/Krüger ua* DStR-Beih 21, 35).

f) Anwartschaften auf solche Beteiligungen. – aa) Bezugsrechte. Dies **108** sind grds alle schuldrechtl oder dingl Rechte auf Erwerb eines Anteils an einer KapGes, zB *konkrete* Bezugsrechte, die kraft Gesetzes bei Kapitalerhöhung einer AG (§ 186 AktG) und bei einer GmbH (*NSH* GmbHG § 55 Rz 20), jedenfalls kraft Satzung oder Kapitalerhöhungsbeschlusses einen **Anspruch auf Abschluss eines Zeichnungsvertrags** begründen (vgl BFH IX R 15/05 BStBl II 06, 171; EStR 17 III; *Littmann* § 17 Rz 80; *Crezelius* FS Priester, 2007, 55; **aA** wohl BFH I R 101/06 BStBl II 08, 719 iZm § 8b II KStG). Das Anwartschaftsrecht entsteht mit Beschluss über die Kapitalerhöhung (wohl BFH I R 55/14 BFH/NV 17, 1588), die im HR eingetragen sein muss (BFH VIII R 49/04 BStBl II 06, 746). Einem Bezugsrecht gleichwertig ist die tatsächl und rechtl Möglichkeit, sich ein solches zu verschaffen (*Eppler* DStR 88, 64; ähnl BFH VIII R 63/87 BStBl II 91, 832: Anwartschaft auf Teilnahme an Kapitalerhöhung). Eine Anwartschaft, die Gegenstand einer § 17-Veräußerung sein kann (§ 17 I 3), soll keinen Einfluss auf die Beteiligungshöhe haben (BFH VIII R 49/04 BStBl II 06, 746; BFH IX R 35/12 BStBl II 13, 578; *Heuermann* StBp 06, 329); mE ist das Problem unter dem Aspekt der „Vermeidung der Verdoppelung" zu lösen (s Rz 62). Eine Veräußerung einer „Anwartschaft" iSv § 17 ist auch gegeben, soweit ein StPfl iRe einer Kapitalerhöhung von dieser Möglichkeit zugunsten eines Dritten gegen Entgelt keinen Gebrauch macht bzw durch Ges'terBeschluss diesem ein Bezugsrecht einräumt (BFH VIII R 68/05 BStBl II 07, 937; s auch Rz 32, 120, 139). Zur Übertragung von Anwartschaften durch Erlangung einer hinlängl gesicherten Rechtsposition (trotz noch fehlender HR-Eintragung) s BFH X R 17/05 BStBl II 08, 579.

bb) Schuldrechtliche Ansprüche. Ansprüche gegen Ges'ter auf Übertragung **109** von Anteilen sind „Anwartschaften auf solche Beteiligungen"; ihre entgeltl Veräußerung ist stpfl (BFH VIII R 14/06 BStBl II 08, 475, für die Veräußerung des Optionsrechts aus einer „Call-Option" [Kaufrecht]; BFH IX R 35/12 BStBl II 13, 578); maßgebend ist nur, ob der Berechtigte sich den Vermögenszuwachs der Anteile verschaffen und ob er bereits (wie ein wirtschaftl Eigentümer; Rz 76) auf die Anteile einwirken kann. Gleiches muss für das Recht aus bindendem Angebot auf Abschluss eines Übertragungsvertrages gelten. Ohne Bedeutung sind Anwartschaften für die Beurteilung der Beteiligungshöhe (BFH IX R 35/12 BStBl II 13, 578).

cc) Optionsrechte. Anwartschaften sind auch Wandlungs- oder Optionsrechte **110** aus Schuldverschreibungen (§ 221 I 1 AktG; § 272 II Nr 2 HGB; dazu § 5 Rz 550); ihre Veräußerung (vor Ausübung) fällt unter § 17, sofern eine relevante Beteiligung vorliegt (vgl BFH IV R 209/74 BStBl II 76, 288). – Keine Anwartschaft ist ein unter Vorbehalt stehendes Optionsrecht (FG Mchn EFG 14, 344, rkr).

f) Selbstständigkeit der Anteile. Hat der StPfl die Anteile zu unterschiedl **112** Zeiten und AK erworben, behalten die Anteile anders als MUer-Anteile grds ihre Selbstständigkeit (BFH VIII R 52/02 BStBl II 04, 556; *OFD Mbg* DStR 06, 1281; *Kraft* BB 04, 595). Bei einer Teilveräußerung sind deshalb dem Veräußerungspreis die AK der veräußerten Anteile gegenüberzustellen, soweit eine Identifizierung der Anteile mögl ist (BFH IX R 18/19 BFH/NV 20, 867), nicht bei Sammelverwahrung (ggf dann § 17 nicht anwendbar; FG Köln EFG 15, 1604, rkr; unten Rz 172). Dies kann zB durch Bezugnahme auf den notariellen Erwerbsakt, aber auch auf andere Weise geschehen (zB Aktiennummern im Sammeldepot; BFH IX R 45/12 BStBl II 14, 578); das eröffnet dem Veräußerer Gestaltungsmöglichkeiten (*Kraft* BB 03, 2391). Zur (wertmäßigen) Aufteilung bei teilentgeltl Erwerb Rz 117.

8. Erweiterte Steuerpflicht bei unentgeltlichem Anteilserwerb, § 17 I 4. 114 War der Veräußerer innerhalb der Fünfjahresfrist des § 17 I 1 nicht zu mindestens 1 % (Rz 52) beteiligt, besteht gem § 17 I 4 eine (erweiterte) StPfl, wenn – **(1)** der Veräußerer den veräußerten Anteil „innerhalb der letzten fünf Jahre vor der Veräußerung" **unentgeltl** erworben hat, – **(2)** sein unmittelbarer **Rechtsvorgän-**

ger oder bei mehrfacher unentgeltl Übertragung (zB Kettenschenkung) einer der Rechtsvorgänger „innerhalb der letzten fünf Jahre" relevant beteiligt war, wobei mE unerhebl ist, ob bei diesem der Anteile PV oder BV waren (zur Rechtsnachfolgeplanung *Söffing* BB 11, 917) und – *(3)* der Rechtsvorgänger bereits im Zeitpunkt der unentgeltl Übertragung wesentl/relevant beteiligt war (BFH IX R 8/10 BStBl II 13, 363). Die Regelung soll die StEntstrickung durch unengeltl Anteilsübertragungen verhindern. Die „entspr Geltung von S 1" ist eine Rechtsfolgenverweisung (BFH VIII R 80/94 BStBl II 97, 727); für die Relevanz der Rechtsvorgängerbeteiligung ist die Rechtslage im Veräußerungszeitpunkt maßgebl (FG Köln EFG 11, 1764, rkr). – S auch § 17 II 5 (Rz 154), § 17 II 6 (Rz 156 ff).

116 **a) Unentgeltlicher Erwerb.** Das ist sowohl ein Erwerb unter Lebenden durch (reine) Schenkung (§§ 516 ff BGB) als auch ein Erwerb von Todes wegen durch Erbanfall (§§ 1922, 1942 BGB) oder Vermächtnis (§§ 1939, 2147 ff BGB); *Dötsch* § 17 Rz 70 f. Unentgeltl ist nach der BFH-Rspr auch der Erwerb durch **vGA** (vgl BFH I R 150/82 BStBl II 87, 455; FG Mster DStRE 20, 144, Rev I R 47/19), **Kapitalherabsetzung** oder **Liquidation** einer KapGes oder PersGes (BFH VIII R 23/75 BStBl II 77, 712 für KapGes; BFH VIII R 21/77 BStBl II 82, 456 für KG).

117 **b) Teilentgelt.** Der Erwerb ist nach dem Verhältnis des Verkehrswerts der Anteile in einen voll entgeltl und einen voll unentgeltl Teil aufzuspalten (s Rz 33); § 17 I 4 erfasst nur den Teil der Anteile, der als unentgeltl übertragen gilt (BFH IV R 15/76 BStBl II 81, 11; BFH VIII R 37/03 BFH/NV 05, 2161; HHR § 17 Rz 80; *Littmann* § 17 Rz 117), wobei str ist, ob zB bei Weiterveräußerung nach Wahl des StPfl (ähnl wie bei entgeltl oder unentgeltl Erwerb mehrerer Anteile, s Rz 112, 123) gegenständl (*Littmann* § 17 Rz 117) oder „wertmäßig" (so zR *Groh* StuW 84, 217; *Widmann* StKongRep 94, 83) aufzuteilen ist.

118 **c) Einzelheiten. – aa) Definition.** Teilentgeltl ist ein Erwerb durch **gemischte Schenkung**, aber ebenso – unabhängig von der zivilrechtl Wertung als gemischte oder Auflagenschenkung – ein Erwerb in **vorweggenommener Erbfolge** gegen Gleichstellungsgeld, Abstandszahlung oder Schuldübernahme, nicht aber gegen Versorgungsleistungen (BFH GrS 4–6/89 BStBl II 90, 847; s iEinz § 16 Rz 35 ff; *BMF* BStBl I 06, 253 Rz 27; *Ott* GmbHR 94, 524); dabei ist auch die Übernahme des zum Erwerb der Anteile aufgenommenen Kredits (fremdfinanzierte relevante Beteiligung) ein Teilentgelt (*Paus* DStZ 92, 309).

119 **bb) Erwerb durch Erbfall.** Anteile, die der Veräußerer durch Erbfall erworben hat, sind auch insoweit voll **unentgeltl** erworben, als der Erbe mit Vermächtnissen, Auflagen, Pflichtteils- oder Erbersatzansprüchen belastet ist (s § 16 Rz 592). Zur Erbauseinandersetzung s Rz 35. Zu erbfallbezogener Einziehungs- oder Abtretungsklausel im GmbH-Vertrag s Rz 29, 58; *Ott* GmbHR 95, 567.

120 **cc) Kapitalerhöhung.** Teilentgeltl ist auch ein Anteilserwerb bei Kapitalerhöhung, soweit Ges'ter ihr Bezugsrecht zugunsten von Angehörigen nicht ausüben und diese weniger einlegen als die jungen Anteile wert sind (vgl BFH VIII R 63/87 BStBl II 91, 832; BFH III R 35/04 BFH/NV 06, 1262: bei BV [BetrAufsp] Entnahme); § 5 Rz 639. Die jungen Anteile werden teilweise von § 17 I 4 erfasst (EStR 17 III; EStH 17 III „unentgeltl Anwartschaftserwerb"; *Wassermeyer* FR 93, 532; vgl BFH VIII R 40/89 BStBl II 94, 222; *Meyer* BB 94, 516). – Infiziert (über Abs 1 S 4) sind auch durch Kapitalerhöhung erworbene Anteile nach zunächst unentgeltl Erwerb (BFH IX R 26/08 BStBl II 09, 658).

121 **dd) Wertlose Anteile.** Zur Übertragung als entgeltl Veräußerung s Rz 28.

122 **ee) Fristberechnung.** Bei Prüfung der Frage, ob „innerhalb der letzten fünf Jahre" eine relevante Beteiligung bestand, ist vom Zeitpunkt der Veräußerung (nicht der unentgelt Übertragung) an zurückzurechnen.

Beispiel: A war 2011 noch relevant beteiligt, 2012 nur noch unwesentl. 2014 schenkt er diese unwesentl Beteiligung seiner Tochter, die 2017 veräußert. Veräußerung ist nicht stpfl.

ff) Steuerpflicht nacheinander unentgeltlich erworbener Anteile. Die erweiterte StPfl des § 17 I 4 erfasst nur die unentgeltl erworbenen Anteile; mehrere nacheinander erworbene Anteile bleiben jeweils selbstständig (s Rz 112). War der Veräußerer bereits vorher, zB auf Grund eines entgeltl Erwerbs, nicht relevant beteiligt (zB 0,4%) und entsteht durch den zusätzl unentgeltl Erwerb (zB weitere 0,4%) vom relevant beteiligten Rechtsvorgänger auch insgesamt *keine* relevante Beteiligung, ist die Veräußerung der Anteile, die dem Veräußerer bereits *vor* dem unentgeltl Erwerb gehörten, nicht stpfl (*Herzig/Förster* DB 97, 594). Entsprechendes gilt bei einem auf den unentgeltl Erwerb folgenden entgeltl Erwerb eines weiteren Anteils (BFH VIII R 80/94 BStBl II 97, 727; *Crezelius* ZEV 04, 45). **123**

d) Sacheinlage. Werden Anteile auf eine andere KapGes gegen Gewährung von GesRechten übertragen, ist dies tauschähnl, dh *entgeltl Erwerb* der KapGes (BFH I R 96/06 BStBl II 08, 953; ähnl *Groh* FR 90, 528: stets TW-Ansatz; s auch Rz 14, 39). **124**

e) Verdeckte Einlage. Die Übertragung von Anteilen (auch Anwartschaftsrecht; FG Mster DStRE 20, 144, Rev I R 47/19) auf eine andere KapGes ist wie eine entgeltl Veräußerung unter Ansatz des gemeinen Werts der übertragenen Anteile als Veräußerungspreis zu behandeln (§ 17 I 2, II 2; s auch Rz 96). **125**

III. Veräußerungsgewinn, § 17 II

1. Veräußerungsgewinn, § 17 II 1. Das ist (grds, s Rz 137) der Betrag, um den der Veräußerungspreis – oder gemeine Wert verdeckt eingelegter Anteile (§ 17 II 2) – die Veräußerungskosten (Rz 148) und die AK (Rz 171 f) übersteigt (§ 17 II 1). Dieser Betrag kann positiv (Veräußerungsgewinn ieS) oder negativ (Verlust, s Rz 156) sein. Nach dem Teileinkünfteverfahren sind (ab 2009) jeweils nur 60% des Veräußerungspreises (bzw des gemeinen Werts, der AK) und der Kosten anzusetzen (§ 3 Nr 40 Buchst c S 1, § 3c II; iEinz Rz 48). **131**

a) Ermittlung des Veräußerungsgewinns. – aa) Bestandteile. § 17 II 1 ist eine **„Gewinnermittlungsvorschrift eigener Art"** (BFH VIII R 140/79 BStBl II 83, 289 zur Veräußerung; BFH IX R 7/19 BFH/NV 20, 675 zu Auflösung mwN); den den Einkünften aus GewBetr zuzuordnende Veräußerungsgewinn(-verlust) ist stichtagsbezogen zu ermitteln (BFH VIII R 69/93 BStBl II 95, 725, unter II.2.). Entspr ist für den **Zeitpunkt der Besteuerung** und die **Höhe des Gewinns** (Verlusts) – ebenso wie bei § 16 – grds nicht auf den Zufluss (§ 11 I 1) des Entgelts abzustellen (BFH IX R 30/14 BStBl II 17, 94; s unten, aber auch Rz 143), so wie umgekehrt für (zusätzl) AK und Veräußerungskosten nicht der Abfluss, sondern das Bestehen der Schuld maßgebl (BFH VIII R 81/91 BStBl II 94, 162). **132**

Gewinn ist die positive Differenz zw Veräußerungspreis und den (ursprüngl und nachträgl) AK (einschließl Veräußerungskosten); übersteigen die AK den Veräußerungspreis, entsteht ein **Verlust**. – Bei **Auflösung** (Liquidation) tritt an die Stelle des Veräußerungspreises das ausgekehrte Vermögen. Bei **Kapitalrückzahlung** ieS umfasst der „Veräußerungspreis" *(a)* das Nennkapital und *(b)* die Beträge des Einlagekontos iSd § 27 I KStG (s Rz 230; *OFD Ffm* DStR 14, 903); die Auskehrung thesaurierter Gewinne (sonstige Rücklagen) ist wie eine Gewinnausschüttung zu werten (§ 17 IV 3 iVm § 20 I Nr 2). Bei **Kapitalherabsetzung** ist das zurückzahlte Kapital maßgebl; die nur nominelle Herabsetzung ist kein Fall des § 17 IV (Rz 233 f).

bb) Entstehung. Der Gewinn (Verlust) entsteht grds – ausgenommen Veräußerung gegen bestimmte wiederkehrende Bezüge (Wahlrecht; s Rz 146) – im Zeitpunkt der Veräußerung (nicht mit Abschluss des entgeltl Verpflichtungsgeschäfts), also idR (entspr dem Realisationsprinzip; s § 5 Rz 78 ff, 601 ff), wenn bei einer *Anteilsübertragung* das wirtschaftl Eigentum an den veräußerten Anteilen auf den Erwerber übergeht (BFH VIII R 28/02 BStBl II 05, 46; BFH IX R 30/13 **133**

BFH/NV 15, 489; s Rz 21). Dies bestimmt sich jeweils nach dem zugrunde liegenden Vorgang. Bei *Umwandlungen* kommt es auf den steuerl Übertragungsstichtag an. Beim *Entzug von Anteilen* durch einen Rechtsvorgang (zB die Einziehung) auf deren zivilrechtl Wirksamkeit.

137 b) Systematik der Gewinnermittlung. Aufwendungen des Veräußerers, die weder Veräußerungskosten noch (nachträgl) **AK** sind, können nach der Rspr des BFH iRd Gewinnermittlung nach § 17 II nicht abgezogen werden (BFH VIII B 16/95 BFH/NV 96, 406); die Rspr beschränkt den Abzug auf die Kosten, die durch das **GesVerhältnis** zu der KapGes (nicht zu einer KG, an der die KapGes beteiligt ist) veranlasst sind (BFH VIII B 71/96 BStBl II 97, 290). Nach BFH IX R 36/15 BStBl II 19, 208 kann der Ausfallverlust eigenkapitalersetzende Finanzierungshilfen nicht mehr als nachträgl AK abgezogen werden (iEinz Rz 171 ff; Rz 196).

In Betracht kam (vor AbgeltungSt) danach *vorrangig* ein Abzug als **WK** bei Einkünften aus KapVerm (zB BFH VIII R 234/84 BStBl II 86, 596 für Schuldzinsen; BFH VIII R 32/00 BStBl II 01, 668 für Reisekosten; s Rz 16, 150; § 20 Rz 265 f) oder beim Ges'tergeschäftsführer als WK bei Einkünften nach § 19 (vgl BFH VI R 77/14 BStBl II 16, 60; BFH VI R 58/13 BStBl II 16, 305); zu WK-Abzug bei disquotalem Ges'terbeitrag s BFH VIII R 68/96 BFHE 191, 505; BFH VIII R 35/99 BFHE 193, 264.

Str ist, ob aus der Qualifizierung des § 17 II als Gewinnermittlungsvorschrift und aus dem Zusammenhang mit § 20 folgt, dass (im Wege der gesetzesergänzenden Lückenfüllung) auch Aufwendungen des Veräußerers, die durch die relevante Beteiligung veranlasst sind (vgl § 4 IV), aber weder Veräußerungskosten noch AK noch WK bei Einkünften aus KapVerm sind, den Veräußerungsgewinn als **Beteiligungskosten** mindern (bzw einen Veräußerungs-/Liquidationsverlust erhöhen), weil bei relevanten Beteiligungen ähnl wie bei WG des BV grds Ertrag und Substanz steuerbefangen sind (*Musil* DStJG 34 (2011), 237; *HHR* § 17 Rz 190).

138 c) Fremdwährung. Bei in Fremdwährung angeschafften oder veräußerten zB ausl Beteiligungen sind Veräußerungspreis, AK und Veräußerungskosten je zum Zeitpunkt ihrer Entstehung zum Geld- bzw Briefkurs in € umzurechnen (BFH IX R 73/04 BFH/NV 08, 1658; BFH IX R 30/13 BFH/NV 15, 489), nicht nur der Veräußerungsgewinn (BFH IX R 62/10 BStBl II 12, 564; EStR 17 VII).

139 d) Veräußerungspreis. – aa) Bestandteile. Der Veräußerungspreis umfasst alles (zB Zahlung; Übertragung von Sachen oder Rechten; Forderung hierauf), was der Veräußerer (oder auf dessen Veranlassung ein Dritter, zB § 328 BGB) für die Anteile vom Erwerber oder auf dessen Veranlassung von einem Dritten, evtl der KapGes selbst aus dem Veräußerungsgeschäft als Gegenleistung erhält (BFH VIII R 29/93 BStBl II 95, 693). Dabei sind Gegenleistung und Bewertung (Betrag; Stichtag) zu unterscheiden (Stichtagsbewertung, s Rz 140 ff); der Verzicht auf ein (noch nicht entstandenes) Gewinnbezugsrecht mindert weder den Veräußerungspreis noch erhöht er die AK (BFH IX R 15/10 BStBl II 11, 684; Vergleichsfall: realisierter Gewinn und entspr niedriger Veräußerungspreis).

Zum Veräußerungspreis gehören auch – *(1)* das Entgelt, das der Erwerber dafür zahlt, dass bei Erwerb während des Wj am Gewinn bereits vom Beginn des Wj beteiligt sein soll (BFH I R 199/84 BStBl II 86, 794); – *(2)* eine abw von § 101 BGB getroffene Gewinnverteilung (BFH I R 111/00 BFH/NV 02, 628), – *(3)* auch die Dividenden, die bereits der Erwerber (§ 20 V) bezieht, aber noch an den Veräußerer weiterleitet; s zur Vermeidung § 20 Rz 233; § 17 Rz 174 zur Erwerberseite), – *(4)* die Freistellung von einer noch ausstehenden Einlageverpflichtung (BFH IX R 98/07 BFH/NV 09, 1248), – *(5)* Vorteil aus verbilligtem Verkauf eines Grundstücks einer GmbH an veräußernden Ges'ter (BFH II R 44/13 BStBl II 15, 249), – *(6)* Mittel zur Ablösung von Besserungsscheinen ('indirekte Zahlung'; BFH IX R 31/17 BFH/NV 19, 253), – *(7)* iZm Veräußerung gewährte Option (BFH IX R 7/18 BFH/NV 20, 864), – *(8)* ggf auch Zahlung eines Dritten (BFH IX R 97/07 BFH/NV 09, 9). – Wird ein Wettbewerbsverbot mit eigener wirtschaftl Bedeutung vereinbart, gehört die Entschädigung nicht zum Veräußerungspreis iSv § 17 II 1 (BFH VIII R 140/79 BStBl II 83, 289: § 22 Nr 3; FG Nds EFG 00, 492; vgl § 16 Rz 276), auch nicht Schadenersatzleistung eines Dritten (BFH IX R 8/15 BStBl II 17, 316). – Mittelbare Vergünstigungen gehören nicht zum Veräußerungspreis (*Micker* FR 13, 1029; zu mittelbaren AK s Rz 187, 177), ebenso uU ein sog Exit-Bonus

Veräußerungsgewinn **140–142 § 17**

(FG Mster EFG 15, 385, rkr: Tätigkeitsvergütung; *Frey/Schmid* DStR 15, 1094; krit *Hentschel* BB 15, 807). – zu Zahlungen des Erwerbers in die KapRücklage BFH I R 44/04 BStBl II 05, 522; dazu *Geils* GmbHR 21, 804 (s auch Rz 108 zum Bezugsrechtsverzicht).

bb) Geldzahlung. – (1) Vereinbarter Betrag. Der Veräußerungspreis ist evi- **140** dent, wenn dieser in Zug um Zug geleisteten Zahlungen besteht; zu Fremdwährung s Rz 138. Bei Veräußerung durch Zwangsversteigerung ist Veräußerungspreis der Versteigerungserlös (BFH I R 43/67 BStBl II 70, 310). Besteht die Gegenleistung in einer erst nach dem Zeitpunkt der Veräußerung fälligen **Geldforderung,** ist Veräußerungspreis der gemeine Wert dieser Forderung am Stichtag, wobei *grds* der Nennwert in Euro anzusetzen ist. Zinsen auf eine gestundete Kaufpreisforderung sind Einkünfte aus KapVerm, nicht Teil des Veräußerungspreises; ebenso Verzugszinsen wegen verspäteter Kaufpreiszahlung (FG Mchn EFG 08, 1611; iErg bestätigt durch BFH IX R 41/08 BeckRS 2009, 25015906). Ist die Forderung zinslos gestundet oder ratenweise zu erfüllen, ist Veräußerungspreis ggf der abgezinste Wert (vgl § 12 III BewG); die spätere Zahlung des vollen Nennwertes enthält dann iHd Differenz zum Barwert Zinsen (s iEinz § 20 Rz 119; s aber auch BFH VIII R 41/82 BStBl II 84, 550). Vereinbarter Veräußerungspreis ist auch dann maßgebl, wenn Teil in Aktien zu erfüllen ist (BFH IX R 41/08 BeckRS 2009, 25015906). Eine (privat veranlasste) Weiterleitung bewirkt keine Minderung des Veräußerungspreises (BFH IX R 40/15 BFH/NV 17, 572).

(2) Forderungsausfall; rückwirkende Änderung. Ist zum (hier) maßgebl **141** Zeitpunkt der Erfüllung (Zufluss; BFH IX R 43/14 BStBl II 16, 212; BFH IX R 7/16 BFH/NV 17, 724) ernstl mit einem teilweisen Ausfall der Kaufpreisforderung (oder bei gestundeter Fremdwährungsforderung mit ungünstiger Wechselkursänderung) zu rechnen, rechtfertigt dies einen Abschlag vom Nennwert (FG Mchn EFG 98, 461; BFH IV R 61/73 BStBl II 78, 295 zu § 16). Wertveränderungen nach (vollständiger) Erfüllung sind irrelevant (BFH IX R 7/16 BFH/NV 17, 724). – Fällt eine mit dem Nennwert angesetzte Kaufpreisforderung ganz oder teilweise aus oder wird sie herabgesetzt, führt dies zur rückwirkenden Änderung des Veräußerungspreises (BFH IX R 28/14 BFH/NV 15, 1679; BFH IX R 7/16 BFH/NV 17, 724), der verfahrensrechtl ggf nach § 175 I 1 Nr 2 AO Rechnung zu tragen ist (BFH I R 3/09 BStBl II 10, 249; BFH GrS 2/92 BStBl II 93, 897 zu § 16; *Musil* DStJG 34 (2011), 237; *FM NRW* DB 94, 960); nachträgl vertragl Änderungen wirken nur zurück, wenn ihr Rechtsgrund bereits im ursprüngl Rechtsgeschäft gründet (BFH IX R 32/11 BStBl II 12, 675; BFH IX R 7/18 BFH/NV 20, 864); auch bei sog Übergewinnzahlungen (BFH VIII R 68/04 BStBl II 05, 762). Irrelevant ist spätere Wechselkursänderung (FG Ddorf EFG 10, 1603, rkr; krit *Hoffmann* StuB 10, 801).

cc) Sachleistung. Besteht die Gegenleistung in Sachen oder Rechten **142** **(Tausch),** ist Veräußerungspreis der (gemeine) Wert der empfangenen WG (BFH VIII R 54/88 BStBl II 93, 331; FG RhPf DStRE 03, 1454, rkr; § 5 Rz 633) bzw der Forderung hierauf, zB der Börsenkurs der als Gegenleistung erlangten Wertpapiere am Bewertungsstichtag, auch bei Sperrfrist (FG SchlHol EFG 05, 1538, rkr); maßgebl ist nach § 6 VI 1 (entspr anwendbar; BFH IX B 204/08 BFH/NV 09, 1262) der gemeine Wert (§ 9 II BewG), auch bei Anteilen (BFH IX R 96/07 DStR 08, 2413; BFH I R 32/08 BStBl II 12, 341). Maßgebl ist der Zeitpunkt der Erfüllung, nicht der der Entstehung (BFH IX R 43/14 BStBl II 16, 212 zu Aktientausch; *Hils* DStR 16, 1345). Eine „dingl" Veräußerungsbeschränkung kann einen Abschlag vom Börsenkurs rechtfertigen (BFH IX R 96/07 DStR 08, 2413), anders bei der Fall einer persönl nicht-Veräußerungsverpflichtung (BFH IV R 223/72 BStBl II 75, 58. Zur Gegenleistung gehört auch der wirtschaftl Vorteil eines bedingten Rückübertragungsanspruchs (BFH VIII R 29/93 BStBl II 95, 693). – Besteht die Gegenleistung in neuen GesAnteilen an einer KapGes, ist Veräußerungspreis der Wert dieser GesAnteile (BFH VIII R 54/88 BStBl II 93, 331; s zu § 21 UmwStG Rz 14).

143 **dd) Nachträgliche Änderungen.** S zum Ausfall Rz 141. Wird die Gegenleistung nachträgl, zB auf Grund geltend gemachter Rechts- oder Sachmängel oder einer Anfechtung (§§ 119, 123 BGB), durch gerichtl oder außergerichtl Vergleich oder durch Urteil herabgesetzt *und* der bereits entrichtete Kaufpreis zurückgezahlt, ermäßigt sich der Veräußerungspreis und damit der -gewinn im Jahr der Veräußerung (BFH I R 3/09 BStBl II 10, 249; BFH GrS 1/92 BStBl II 93, 894 zu § 16); eine etwaige ESt-Veranlagung für das Jahr der Veräußerung ist zu ändern (§ 175 I 1 Nr 2 AO; Rz 141), auch im Fall der Ratenanpassung (s Rz 162; BFH IX R 34/12 BStBl II 13, 378); ggf auch gem § 165 II AO (BFH VIII R 1/01 BFH/NV 02, 465). – Für eine später vereinbarte **Nachzahlung** gilt Entsprechendes (evtl einschr BFH VIII B 21/94 DStR 95, 97).

144 **ee) Umfang der Gegenleistung.** – *(1) Nebenleistungen.* Zum Veräußerungspreis gehören grds auch Leistungen, die der Veräußerer **über den Wert der Anteile** hinaus erlangt (zB Zahlungen an einen Ges'ter), nicht hingegen Entgelte für zusätzl selbstständige Leistungen (zB BFH VIII R 140/79 BStBl II 83, 289) oder unentgeltl Zuwendungen des Erwerbers an den Veräußerer. Erwirbt die KapGes *eigene* Anteile (s Rz 30), ist jedenfalls der überhöhte Teil der Gegenleistung idR vGA *beim Veräußerer,* oder, wenn die anderen Ges'ter den Veräußerer als lästig empfanden und die KapGes zum Erwerb veranlassten, *bei den anderen Ges'tern* (vgl BFH I R 163/75 BStBl II 77, 572; *Littmann* § 17 Rz 170f; *HHR* § 17 Rz 170). – *(2)* **Niedrige Gegenleistung.** Bei unangemessen niedriger Gegenleistung kann teilentgeltl Veräußerung vorliegen (dazu Rz 33), ggf Fremdvergleich und Anpassung (Rz 80), ggf auch § 42 AO (zB bei von Kapitalquoten abw Gewinnverteilung in Familien-GmbH; BFH VIII B 185/02 BFH/NV 05, 1258; zum „Überkreuzverlustverkauf" außerhalb von § 17 II 6 s FG Sachs EFG 21, 2063, Rev IX R 18/21; fragwürdig, s auch Rz 6 und § 20 Rz 146).

146 **ff) Wiederkehrende Bezüge.** – (1) **Barwert.** Werden die Anteile (voll) entgeltl gegen wiederkehrende Bezüge veräußert, ist Veräußerungspreis – in gleicher Weise wie bei § 16 – der ggf zu schätzende gemeine Wert (Barwert) des Rechts auf die wiederkehrenden Bezüge im Zeitpunkt der Veräußerung (zB BFH VIII R 80/87 BStBl II 93, 15; *HHR* § 17 Rz 182); Veräußerungsgewinn ist der um Veräußerungskosten und Buchwert verminderte Barwert (**Sofortbesteuerung**; Rz 162). – Ein Veräußerungsgewinn entsteht auch, wenn der Kapitalanteil der wiederkehrenden Leistungen die AK zzgl etwaiger Veräußerungskosten übersteigt (**Zuflussbesteuerung,** Rz 163).

Nach EStR 17 VII 2 iVm EStR 16 XI; *BMF* BStBl I 04, 922 Rz 56 besteht ein **Wahlrecht** zw beiden Alternativen, und zwar nicht nur bei Veräußerung gegen auf Lebenszeit des Veräußerers zu zahlenden Bezügen (Leibrente, dauernde Last), sondern auch bei (entgeltl) Veräußerung „gegen einen in Raten zu zahlenden Kaufpreis" (FG Mchn EFG 09, 1030, rkr); enger BFH IX R 45/09 BStBl II 10, 969: nur bei wiederkehrenden Zahlungen mit Versorgungscharakter (ähnl BFH III R 12/17 DStRE 18, 1385); *BMF* BStBl I 10, 227 Rz 74, 75 . – Zu den **Rechtsfolgen** bei Ausübung des Wahlrechts s Rz 162ff.

147 (2) **Vermögensübertragungen in vorweggenommener Erbfolge oder gegen Versorgungsleistungen.** – *(1)* **Veräußerungsleibrenten.** S zum Entgelt und Ertrags-/Zinsanteil Rz 146; Rz 162; § 22 Rz 71ff; *BMF* BStBl I 10, 227 Rz 74, 75; *Förster* FR 19, 500. – *(2)* **Veräußerungszeitrenten.** S *BMF* BStBl I 10, 227 Rz 77ff; § 22 Rz 72; *Förster* FR 19, 500; Übersteigt der Barwert der Rente den Wert der Anteile, ist die Übertragung iHd angemessenen Preises **voll entgeltl,** darüber eine Zuwendung (*BMF* BStBl I 10, 227 Rz 66). Übertragungen sind **teilentgeltl,** sofern der vereinbarte Barwert geringer ist als der Wert der Anteile (s Rz 33; auch BFH VIII R 3/17 BStBl II 20, 813); das Wahlrecht (Rz 146) besteht dann hinsichtl des entgeltl Teils (iÜ Zinsanteil). Ist der Barwert des Vermögens mehr als doppelt so hoch wie der Wert der übertragenen Anteile, ist *insgesamt* eine Unterhaltsrente iSv § 12 Nr 2 (*BMF* BStBl I 10, 227 Rz 66) gegeben. – *(3)* **Ver-**

Veräußerungsgewinn 148–152 § 17

sorgungsleistungen. S § 10 I Nr 1a S 2 Buchst c, § 10 Rz 115 ff; BFH X R 35/16 BStBl II 17, 985; *BMF* BStBl I 10, 227.

e) Veräußerungskosten. Diese (bzw bei § 17 IV Auflösungs- oder Kapitalher- **148** absetzungsaufwand) sind vom Veräußerungspreis abzuziehen. – **aa) Definition.** Der in § 17 II und § 16 II verwendete Begriff soll nach der BFH-Rspr inhaltsgleich sein. Veräußerungskosten sind danach nur solche Aufwendungen, „die in unmittelbarer sachl Beziehung zu dem Veräußerungsgeschäft stehen"; zeitl Zusammenhang genügt nicht (BFH IX R 25/12 BStBl II 14, 102; BFH I R 45/13 BStBl II 14, 719; *HHR* § 17 Rz 185; EStR 17 VI). Für den Ansatz der Veräußerungskosten gelten die in Rz 52 dargestellten BVerfG-Grundsätze nicht (keine Aufteilung; *Bron* DStR 14, 987; so jetzt auch *BMF* BStBl I 16, 10).

Bei § 16 hat diese Rspr das für den StPfl günstige Ergebnis, dass Kosten, die keine Veräußerungskosten, aber BA sind, den lfd Gewinn mindern. Bei § 17 führt die BFH-Rspr uU dazu, dass die Aufwendungen, wenn auch keine AK und WK bei den Einkünften aus KapVerm vorliegen, nicht abziehbar sind (s aber Rz 137). Im Hinblick auf die unterschiedl Normstrukturen ist die Gleichsetzung bedenkl (*HHR* § 17 Rz 185; **aA** *Frotscher/Geurts* § 17 Rz 200a).

bb) Einzelfälle. Veräußerungskosten sind zB Anwalts- und Notarkosten, Kosten eines Ver- **149** ständigungsverfahrens (BFH IX R 25/12 BStBl II 14, 102), Provisionen (zB BFH VIII R 13/90 BStBl II 93, 34), soweit diese vom Veräußerer getragen werden, auch Zuzahlungen auf Grund übernommener Verlustausgleichsverpflichtungen, Vorfälligkeitsentschädigungen (BFH VIII R 55/97 BFH/NV 00, 1028), nicht hingegen der Verlust von Ges'terdarlehen (BFH VIII R 100/87 BStBl II 92, 234; s Rz 171 ff). – **Keine Veräußerungskosten** sind – *(a)* die Kosten der Weiterveräußerung als Entgelt erhaltener Aktien (BFH VIII R 43/90 BFH/NV 93, 520), – *(b)* Zahlungen in Erfüllung einer „Nachschusspflicht" (vgl BFH VIII R 13/90 BStBl II 93, 34: AK) oder zur Freistellung von einer Bürgschaftsverpflichtung (BFH VIII R 36/83 BStBl II 85, 320: evtl AK), – *(c)* der Verzicht auf eine Pensionszusage (evtl AK), – *(d)* kein Abzug von Kosten aus fehlgeschlagenem Verkauf (FG BaWü EFG 11, 953, rkr; auch nicht als WK bei KapVerm: BFH VIII R 47/95 BStBl II 98, 102; s aber Rz 122); – *(e)* Verluste aus Kurssicherungsgeschäften (BFH IX R 73/04 BFH/NV 08, 1658: Kurssicherung selbständiges Geschäft; **aA** BFH I R 20/16 BStBl II 20, 674; dazu *Vetter ua* DStR 20, 2223; *BMF* BStBl I 20, 1033).

cc) Zinsen für Kredite zum Erwerb der veräußerten Anteile oder zur Finanzie- **150** rung zusätzl AK (BFH VIII R 2/02 BStBl II 04, 551) oder auf eine Einlageverpflichtung (BFH VIII R 59/97 BStBl II 01, 226) sind grds weder zusätzl AK noch Veräußerungskosten (BFH I R 14/12 BFH/NV 13, 1768), sondern (ihrer Art nach) WK bei § 20 (FG Mster EFG 13, 204, rkr). **(Nachträgl) Zinsen nach Veräußerung** waren als WK nach § 20 bei Wegfall der Beteiligung iSv § 17 (BFH VIII R 20/08 BStBl II 10, 787; BFH IX B 67/20 BFH/NV 21, 1198) abziehbar; nunmehr § 20 IX, aber ggf § 32d II Nr 3 (§ 20 Rz 264, § 32d Rz 20). – Zinsen iZm mittelbar beherrschter GmbH sind nach BFH VIII R 28/04 BStBl II 07, 699 keine WK.

2. Verdeckte Einlage der Beteiligung, § 17 II 2. Sie ist (evtl iVm einer **151** unentgeltl Zuwendung an nahe stehende Personen) einer entgeltl Veräußerung gleichgestellt (§ 17 I 2; s oben Rz 96). An die Stelle des – hier fehlenden oder geringen – Veräußerungspreises tritt der **gemeine Wert** der übertragenen Anteile **(§ 17 II 2)** im Zeitpunkt der Einlage (BFH IX R 7/16 BFH/NV 17, 724. Zum Verhältnis zu § 7 VIII ErbStG nF s FG Sachs EFG 21, 2019, Rev II R 22/21. Der gemeine Wert ist nach § 11 BewG zu ermitteln (*HHR* § 17 Rz 230); ist dieser steuerl Wert niedriger als das für die Einlage gewährte (zu geringe) Entgelt, bleibt es mE beim Ansatz dieses Entgelts als Veräußerungspreis.

3. Anschaffungskosten bei Zuzug (Verstrickung, § 17 II 3). Diese Rege- **152** lung ordnet für den Fall des Zuzugs eines StPfl aus einem EU-, EWR-, Drittstaat an, dass bei einer späteren Veräußerung von verstrickten Anteilen nicht die ursprüngl AK, sondern der Wert, den der Wegzugsstaat einer § 6 AStG vergleichbaren Wegzugsbesteuerung unterworfen hat, ansetzt (**Wertverknüpfung;** BT-Drs 16/

2710, 29; zuvor anders BFH VIII R 44/90 BFH/NV 93, 597; BFH VIII R 15/94 BStBl II 96, 312). Das gilt mE auch, wenn der Wert unter den AK liegt (aA *Benecke/Schnitger* IStR 06, 765). „Einer Steuer unterlegen" hat der im Ausland erzielte Vermögenszuwachs, wenn die ausl Steuer im Wegzugsstaat festgesetzt worden ist (BFH IX R 13/20 DStR 22, 86).

153 **4. Wiederherstellung der unbeschränkten Steuerpflicht, § 17 II 4.** Wird die unbeschr StPfl innerhalb von 7 Jahren wiederhergestellt (iEinz § 6 III AStG idF ATADUmsG BGBl I 21, 2035), gilt § 17 II 3 nicht (§ 17 II 4; *HHR* § 17 Rz 234).

154 **5. Unentgeltlicher Erwerb, § 17 II 5.** Für Anteile, die der Veräußerer unentgeltl erworben hat (bei teilentgeltl Erwerb für den unentgeltl erworbenen Teil; s Rz 33, 116), sind die AK des Rechtsvorgängers maßgebl, der den Anteil zuletzt entgeltl erworben hat (BFH VIII B 80/98 BStBl II 99, 486; *HHR* § 17 Rz 236). Erwerb wertloser Anteile (für 1 €) kann entgeltl sein (FG Köln EFG 97, 1508). Die ErbSt gehört nicht zu den (nachträgl) AK. – Statt dieser AK könnte entgegen dem BFH der Wert der Anteile maßgebl sein, wenn erst beim Erwerber eine relevante Beteiligung entstanden ist (s Rz 178). – Keine unentgeltl Übertragung liegt bei Vorbehaltsnießbrauch vor (BFH IX R 51/10 BStBl II 12, 308); zur Kürzung der AK bei unentgeltl erworbenen, aber mit Vorbehaltsnießbrauch belasteten Anteil s BFH IX R 49/13 BStBl II 15, 224. Die bei Verträgen unter fremden Dritten bestehende Vermutung für das Vorliegen eines entgeltl Geschäfts ist im Fall der Übertragung eines KapGes-Anteils, für den der Zuwendende hohe AK getragen hat, nicht allein wegen eines Freundschaftsverhältnisses zw dem Zuwendenden und dem Empfänger als widerlegt anzusehen (BFH IX R 1/16 BStBl II 18, 94; 2. Rechtsgang FG Hbg DStRE 19, 1).

156 **6. Veräußerungsverluste, § 17 II 6. – a) Verlustabzug.** Verluste sind prinzipiell abziehbar und verrechenbar (*Korn/Strahl* KÖSDI 09, 16726); zur Berechnung Rz 132. § 17 II 6 (eingefügt durch das StEntlG 1999 ff, BGBl I 99, 402) beschränkt das **Abzugsverbot** auf die eigentl **Missbrauchsfälle**; § 17 II 6 ist nicht verfwidrig (BFH VIII R 20/04 BFH/NV 05, 2202). – Die Regelung unterscheidet die Fälle des **unentgeltl** und des **entgeltl Erwerbs**. Bei **teilentgeltl Erwerb** sind die Anteile wertmäßig in voll entgeltl und voll unentgeltl erworbene Anteile aufzuteilen (s Rz 33). Ein Veräußerungsverlust ist anteilig nach den insoweit maßgebl Grundsätzen zu berücksichtigen; jeder Anteil ist gesondert zu beurteilen (*Dötsch/Pung* BB 99, 1352; oben Rz 1, 112). Der Verlust ist nur abziehbar, wenn im Veräußerungszeitpunkt eine relevante Beteiligung besteht (*Strahl* KÖSDI 00, 12260; Einschränkung ggü der Altregelung). – Auch für Verluste (AK und Veräußerungskosten höher als Veräußerungspreis) gilt das **Teileinkünfteverfahren** (Rz 48, § 3c Rz 11); ein Verlust ist iErg nur zu 60% zu berücksichtigen. – Nach § 4 VI 6 UmwStG wird der ohnehin beschr Abzug eines Übernahmeverlusts ausgeschlossen (Rz 14, *BMF* BStBl I 11, 1314).

157 **b) Nichtabzug bei unentgeltlich erworbenen Anteilen, § 17 II 6 Buchst a. – (1) Grundsatz.** Ein Verlust ist nicht abziehbar, soweit er auf Anteile entfällt, die innerhalb der letzten fünf Jahre vor Veräußerung (Rz 51) unentgeltl (Rz 116) erworben worden waren. Bei längerer Besitzdauer ist der unentgeltl Erwerb unschädl. Im Zeitpunkt der Veräußerung muss eine Steuerverhaftung bestehen; unerhebl ist deren Dauer (*Herzig/Förster* DB 99, 711). Mit der Regelung soll ein Verlustabzug für den Fall verhindert werden, dass ein nicht relevant Beteiligter seine Verlustbeteiligung einem relevant Beteiligten schenkt (BT-Drs 14/23, 179). – **(2) Ausnahme.** Von der Nichtabziehbarkeit zR ausgenommen ist dem Regelungszweck entspr nach Buchst a S 2 ein Verlust, wenn der (oder einer der) **Rechtsvorgänger** (also der unentgeltl Übertragende) den Veräußerungsverlust (fiktiv, also unter „Hinwegdenken" der unentgeltl Übertragung; *Dötsch/Pung* BB 99, 1352) hätte geltend machen können (FG Mchn EFG 10, 715, rkr); dieser Anteil ist infiziert, auf die (Vor-)Verhältnisse beim Veräußerer kommt es nicht an (s § 17 I 4; oben Rz 114 f). Maßgebend ist der Zeitpunkt der unentgeltl Übertragung („anstelle des StPfl"; *KSM* § 17 Rz C 402; **aA** *Strahl* KÖSDI 00, 12260; *Ewald* DB 07, 1159; *HHR* § 17 Rz 246; *Frotscher/Geurts* § 17 Rz 303). – Die Veräußerung einer schenkweise erworbenen wertgeminderten Beteiligung (an einer Ein-Mann-GmbH) zum Zwecke der Verlustnutzung ist nicht per se zu beanstanden (BFH IX R 1/16 BStBl II 18, 94); zu prüfen ist aber, ob Übertragung (unter Fremden) tatsächl unentgeltl war (verdecktes Entgelt).

> **Beispiele:** A erhält am 1.4.13 eine relevante Beteiligung von S geschenkt, die dieser erst am 1.3.13 erworben hatte. A veräußert die Beteiligung am 10.5.15 mit Verlust: kein Verlustabzug. – *1. Abwandlung:* S hatte die Beteiligung bereits am 1.3.10 erworben: kein Abzug, da im Zeitpunkt der unentgeltl Übertragung (1.4.13) der 5-Jahres-Zeitraum noch nicht erfüllt war. – *2. Abwandlung:* S hatte die relevante Beteiligung bereits am 1.3.08 erworben; er überträgt nur Anteile iHv 0,7 %: Abzug mögl (Infektion). – *3. Abwandlung:* A veräußert die relevante Beteiligung am 1.5.18: Abzug mögl; der Umstand des unentgeltl Erwerbs ist unerhebl.

c) Nichtabzug bei entgeltlich erworbenen Anteilen, § 17 II 6 Buchst b. 158
– aa) Grundsatz. Bei vorherigem entgeltl Erwerb ist ein Verlustabzug nach S 1 grds nur zulässig, wenn die veräußerten Anteile fünf Jahre lang Teil einer relevanten Beteiligung waren, also in jedem der Jahre, und zwar nach Maßgabe der Grenzen des jeweiligen VZ (BFH IX R 39/10 BFH/NV 13, 11). Der Veräußerer muss mehr als 5 Jahre (vor der Veräußerung) und „während" dieses Zeitraums relevant am Kapital der Ges beteiligt gewesen sein, dh die relevante Beteiligung muss **ununterbrochen** mehr als 5 Jahre bestanden haben, und nicht etwa nur, wie in § 17 I 1 verlangt, vorübergehend innerhalb des Fünfjahreszeitraums (BFH IX R 62/05 BStBl II 08, 856 zu II 4 aF; BFH IX R 165/09 BFH/NV 10, 882: „VZ-bezogene Betrachtung"; *Littmann* § 17 Rz 281; *HHR* § 17 Rz 247; *Frotscher/Geurts* § 17 Rz 305; *Ott* FS Korn, 2005, 105). Erforderl ist, dass noch unmittelbar vor der Veräußerung („innerhalb der gesamten letzten fünf Jahre") eine relevante Beteiligung gegeben war. Im Einzelfall soll in atypischen Fällen der Verlustabzug aus Billigkeitsgründen mögl sein (BFH IX R 39/10 BFH/NV 13, 11); mE (wenn überhaupt) teleologische Reduktion. – Nach BFH IX R 22/08 BStBl II 09, 527 (ähnl Ansatz) soll es für den Verlustabzug idF § 17 II 4 Buchst b idF UntStFG (BGBl I 01, 3858) genügen, wenn die Beteiligung innerhalb der letzten fünf Jahre zu einer Beteiligung gehört hat, mindestens 1 % betrug; auf eine VZ-bezogene Bestimmung soll es nicht mehr ankommen (so auch *Frotscher/Geurts* § 17 Rz 305); das Gesetz knüpfte bisher an eine wesentl Beteiligung an, nunmehr an eine iSv § 17 I 1. ME rechtfertigt die Änderung nicht die abw Beurteilung.

> **Beispiel:** A erwirbt jeweils am 1.1.06 und am 1.6.06 einen 5 %igen Anteil; am 1.7.10 veräußert er den am 1.6.06 erworbenen Anteil und am 1.10.10 den am 1.1.06 erworbenen Anteil jeweils mit Verlust. – Beide Anteile gehörten fünf Jahre lang zu einer relevanten Beteiligung; ein Verlustabzug kommt nach S 1 nicht in Betracht (krit *Herzig/Förster* DB 99, 711 mit Beisp). – Wohl unzutr BFH IX R 22/08 BStBl II 09, 527, da dort nur zweijähriger Beteiligungsbesitz.

Entgeltl erworben ist die relevante Beteiligung bei gleichwertiger Barzahlung oder Sacheinlage (zB *Siepmann* FR 97, 845); auch der Erwerb iRd **Gründung** ist nach Buchst b zu beurteilen.

bb) Ausnahmen. Eingeschränkt wird das Verlustabzugsverbot durch § 17 II 6 159
Buchst b S 2 für die Fälle der entgeltl Aufstockung zur Begründung einer relevanten Beteiligung **(Alt 1)** und für Anteile, die nach Begründung einer relevanten Beteiligung erworben wurden **(Alt 2).** Durch Aufstockung der Beteiligung kann kein Verlustabzug für den bisherigen irrelevanten Teil erreicht werden (*Carlé* KÖSDI 06, 15096). Maßgebl ist die neue Relevanzschwelle (*Herzig/Förster* DB 99, 711); zur Selbstständigkeit der Anteile s *Dötsch* § 17 Rz 408. § 17 II 6 Buchst b S 2 be-

günstigt (nur) die Fälle der entgeltl Aufstockung (BT-Drs 14/265, 180; BFH IX R 62/05 BStBl II 08, 856); indes soll nach BFH IX R 31/08 BStBl II 09, 810 Buchst b S 2 nicht nur den Hinzuerwerb umfassen.

§ 17 II 6 Buchst b S 2 setzt voraus, – *(1)* dass Anteile (egal in welcher Höhe) über einen Zeitraum von 5 Jahren gehalten worden sind und regelt – *(2)*, dass nur die Verluste aus solchen Anteilen abziehbar sind, die iRd Aufstockung zu einer relevanten Beteiligung (oder darüber hinaus) geführt haben. Ist kein einziger Anteil (wie in BFH IX R 22/08 BStBl II 09, 527) 5 Jahre lang gehalten worden, kommt mE ein Verlustabzug nicht in Betracht (str; **aA** *Jachmann* jurisPR-SteuerR 39/2009 Anm. 3). Jede andere Auslegung würde mE die „Grundregel" des § 17 II Buchst b S 1 aus den Angeln heben. Ein Verstoß gegen das obj Nettoprinzip dürfte im Hinblick auf den Regelungszweck und auf § 20 nicht vorliegen; insoweit ist mE der begrenzte WK-Abzug (Rz 137) fragl.

Beispiele: – *(1)* Hatte ein Ges'ter bereits 0,8% (auch iRd Gründung) erworben und erwarb er 0,2% der Anteile hinzu, konnte er (nach Ablauf der einjährigen) Spekulationsfrist einen innerhalb der kommenden 5 Jahre erlittenen Veräußerungsverlust (nur) zu 2/10 steuerl abziehen. – Verluste aus der Veräußerung von Anteilen, die iRd Gründung zu einer wesentl Beteiligung geführt haben, sind stets voll abziehbar. – *(2)* A erwirbt am 20.11.12 eine relevante Beteiligung am Stammkapital der X-GmbH. Er veräußert sie (Fall a) am 20.11.13 bzw (Fall b) am 21.11.13 mit Verlust. Im *Fall a)* gilt der erzielte Verlust nach § 23 II 2 aF als Spekulationsverlust, der nur in den Grenzen des § 23 III ausgleichs- und vortragsfähig war; im *Fall b)* liegt ein Veräußerungsverlust nach § 17 vor, der – anders als nach § 17 II 6 aF – wegen der Begründung einer wesentl Beteiligung zu berücksichtigen ist. – *(3)* A hält seit Jahren eine relevante Beteiligung; er erwirbt 3% hinzu und veräußert nach 3 Jahren die gesamte Beteiligung mit Verlust. § 17 II 6 Buchst b S 2 Alt 2 idF StEntlG 1999 ff (BGBl I 99, 402) stellt sicher, dass der Verlust insgesamt zu berücksichtigen ist (bisher str bezügl der hinzuerworbenen 3%). – *(4)* A besaß eine relevante Beteiligung, die durch den Verkauf einzelner Anteile innerhalb der letzten 5 Jahre unter die Relevanz-Grenze abgesunken war. Erwirbt A nun neue Anteile, ohne die Relevanz-Grenze wieder zu erreichen, kommt mE ein Verlustabzug bei Veräußerung dieser Anteile nicht in Betracht, da die relevante Beteiligung nicht mehr bestand (**aA** *Herzig/Förster* DB 99, 711; Rz 72 ist nicht vergleichbar).

160 **d) Keine Umgehung durch Einlage.** Da bei Einlage einer relevanten Beteiligung in ein BV diese, auch wenn ihr TW niedriger ist, nach Ansicht des BFH zutr mit den ursprüngl AK anzusetzen ist (s Rz 38; § 6 Rz 615), könnten die Beschränkungen des § 17 II 6 durch eine solche Einlage mit nachfolgender TW-AfA oder Veräußerung unterlaufen werden. ME ist in diesen Fällen eine Gewinnminderung im BV nur anzuerkennen, soweit der Verlust auch ohne die Einlage gem § 17 II 6 ausgleichs- und abziehbar gewesen wäre.

162 **7. Veräußerungsgewinn/Veräußerungsverlust bei wiederkehrenden Bezügen. – a) Sofortbesteuerung.** Besteht der Veräußerungspreis in wiederkehrenden Bezügen, gelten die Grundsätze der Rz 48 ff sinngemäß, wenn sich der Veräußer für eine Besteuerung mit dem **gemeinen Wert (Barwert)** der wiederkehrenden Bezüge **im Zeitpunkt der Veräußerung** entscheidet (zum Wahlrecht s Rz 146); dieser Barwert ist gleich dem Betrag, den der Veräußerer für den Erwerb einer gleichartigen Rente hätte aufwenden müssen (ähnl EStR 16 XI 10). Ein Gewinn ist freibetragsbegünstigt. Daneben sind die lfd Bezüge im Jahr des Zuflusses mit dem Ertragsanteil nach § 22 Nr 1 S 3 Buchst a Doppelbuchst bb (vgl BFH VIII R 80/87 BStBl II 93, 15) oder mit dem darin enthaltenen Zinsanteil nach § 20 I Nr 7 estpfl (EStR 17 VII). Zu umsatz-/gewinnabhängigen Bezügen und zu Wertsicherungsklauseln s BFH I R 71/16 BStBl II 19, 493; § 16 Rz 257 f. Grds ist hinsichtl des maßgebl Rechts auf den Veräußerungszeitpunkt abzustellen (*BMF* BStBl I 04, 1187; EStH 17 VII); zur Zuflussbesteuerung s aber Rz 163.

163 **b) Zuflussbesteuerung.** Wählt der Veräußerer (zulässigerweise) bei Veräußerung gegen eine **Leibrente** eine Besteuerung nach tatsächl zufließenden Beträgen (Rz 146; dazu BFH IX R 45/09 BStBl II 10, 969), sind die Rentenzahlungen in einen Zins- und einen Tilgungsanteil aufzuteilen (*BMF* BStBl I 10, 227 Rz 69, 73, 74; iVm *BMF* BStBl I 04, 1187; offen gelassen in BFH IX R 4/14 BStBl II 15,

526). Der Ertragsanteil unterfällt (in voller Höhe) § 22 Nr 1 S 3 Buchst a, der Tilgungsanteil ist nach Verrechnung mit den AK und Veräußerungskosten gem § 17 iVm § 24 Nr 2 stpfl (*Weber-Grellet* FR 15, 809; § 22 Rz 71 ff); nur auf den Tilgungsanteil ist § 3 Nr 40 S 1 Buchst c anzuwenden (*BMF* BStBl I 04, 1187; BFH X R 91/89 BStBl II 96, 666). Bei Veräußerung gegen **Raten** gilt Entsprechendes; der Zinsanteil unterliegt § 20 I Nr 7 (*BMF* BStBl I 04, 1187). Bei Veräußerung vor dem 1.1.04 sollen die Renten- bzw Ratenzahlungen erst nach vollständiger Verrechnung in einen Zins- und Tilgungsanteil aufzuteilen sein (*BMF* BStBl I 04, 1187); zum Forderungsausfall s *Neu/Stamm* DStR 05, 141. Ein Freibetrag kann nicht gewährt werden (vgl BFH III B 15/88 BStBl II 89, 409 zu § 16; **aA** *KSM* § 17 Rz D 55). Ein **Verlust** entsteht erst, wenn feststeht, dass die Summe der zugeflossenen Bezüge (bzw der darin enthaltenen Tilgungsanteile) niedriger als die AK ist. – Bei Wahl der Zuflussbesteuerung soll das im Zuflusszeitpunkt geltende Recht maßgebl sein, auch bei Anwendung des § 3 Nr 40 S 1 Buchst c (BFH IX R 4/14 BStBl II 15, 526; EStH 17 VII; krit *Weber-Grellet* FR 15, 809).

164 c) **Erwerberseite.** Der Erwerber hat AK iHd Barwerts der Bezüge (s Rz 174; § 16 Rz 53, 264).

165 **8. Carried Interest.** Ein Carried Interest (inkongruenter Gewinnanteil aus vermögensverwaltendem Fonds; s *Weber-Grellet* DStR 18, 992) führt bei gemeinschaftl erzielten Veräußerungsgewinnen aus Anteilen gem § 20 II Nr 1 uU zu Einkünften nach § 18 I Nr 4 iVm § 3 Nr 40a (BFH VIII R 11/16 DStR 19, 1136; FG Mchn EFG 21, 755, Rev VIII R 3/21; *BeckOK EStG* § 18 Rz 511 ff). § 18 I Nr 4 greift nicht, wenn der Veräußerungsgewinn für den Carry Holder gem § 39 II 2 AO iVm § 17 zuzurechnen ist, da es an einem Bezug der Einkünfte iRe Gewinnzuweisung fehlt (s auch BFH VIII R 21/17 BStBl II 21, 609; § 18 Rz 288). Die Zurechnung bestimmt sich nach den gesellschaftsvertragl Regeln, was auch eine disquotale Zurechnung bedeuten kann (Rz 86).

IV. Anschaffungskosten, § 17 IIa

Schrifttum (vor 2020 s zuletzt *Schmidt* 38. Aufl § 17 Rz 170): *Ott*, Ausgefallene Finanzierungshilfen …, DStR 20, 313; *Krumm*, Ges'terdarlehen und §§ 17, 20…, FR 20, 197; *Förster* ua, Ausfall von Ges'terdarlehen, DB 20, 353; *Ott*, Verlust von Ges'terdarlehen, StuB 20, 85; *Ott*, Ausgefallene Finanzierungshilfen…, DStR 20, 313; *Förster* ua, Ausfall von Ges'terdarlehen, DB 20, 353; *Graw*, Ges'terdarlehen und andere Finanzierungshilfen…., DB 20, 690; *Jachmann-Michel*, § 17 IIa und § 20 VI 5, 6…, BB 20, 727; *Graw*, Ges'terDarlehen… nach der Neuregelung…, DB 20, 690; *Ratschow*, Nachträgl AK….., GmbHR 20, 569; *Demuth*, Steuerl Leitlinien für Krisenmaßnahmen …, KÖSDI 20, 21771; *Kubik/Münch*, Neuregelung der nachträgl AK …, BB 20, 1003; *Werth*, Ausfall von Ges'terdarlehen…, FR 20, 530; *Levedag*, Substanzverluste aus privaten Ges'terdarlehen…., GmbHR 21, 14 und 637; *Weber-Grellet*, § 17 EStG – Ein Abgesang, DB 21, 81.

Verwaltung: *BMF* BStBl I 19, 257 (zu BFH IX R 36/15 BStBl II 19, 208; IX R 7/17 BStBl II 19, 213; IX R 5/15 BStBl II 19, 194); *BMF* BStBl I 10, 832; *OFD Ffm* BeckVerw 560943.

171 **1. Anschaffungskosten, § 17 IIa 1.** – a) **Zweck und Hintergrund des § 17 IIa** (dazu *Weber-Grellet* DB 21, 81). § 17 IIa definiert (erstmals) die AK von Anteilen an KapGes iSv § 17 und intendiert die Rückkehr zur steuerl Berücksichtigung des Ausfalls von Darlehen und von Ges'tersicherheiten vor der Rspr-Änderung (s Rz 182; BT-Drs 19/13436, 111). Nach dem Wegfall des gesellschaftsrechtl Eigenkapitalersatzrechts (durch das MoMiG, BGBl I 08, 2026) entwickelte der BFH eine originär handelsrechtl Lösung, die zu einer Abzugsbeschränkung führte (BFH IX R 36/15, BStBl II 19, 508; BFH IX R 9/18 BStBl II 20, 490).

172 b) **Begriff.** AK (die den Veräußerungsgewinn mindern; Rz 131) sind die Aufwendungen, die geleistet werden, um die Anteile zu erwerben (§ 17 IIa 1 idF „JStG 2019" (BGBl I 19, 2451); *Ratschow* GmbHR 20, 569; zur alten Rechtslage

BFH VIII R 4/02 BStBl II 04, 597; BFH IX R 5/18 BStBl II 21, 335) und zu behalten (vgl auch § 255 I HGB). – Zu den AK gehören – *(1)* der **Anschaffungspreis** in Euro (zu Fremdwährung s Rz 138), – *(2)* die **Anschaffungsnebenkosten** (Rz 179); – *(3)* auch **vorweggenommene/vergebl AK** (FG Mster EFG 10, 957, rkr; FG Ddorf EFG 12, 1839, rkr: Ausfall eines vor Beteiligungserwerb hingegebenen Darlehens), – *(4)* die **nachträgl Aufwendungen** auf die Beteiligung, wenn sie gesellschaftsrechtl veranlasst und weder WK bei Einkünften aus KapVerm noch Veräußerungskosten sind (iEinz s Rz 181 f); – *(5)* die **negativen AK** (Kapitalrückzahlungen; BFH VIII R 44/96 BStBl II 99, 698; FG Sachs GmbHR 10, 325; Rz 188). – *(6)* Nicht zu den AK gehören **Finanzierungsaufwendungen,** insb Schuldzinsen (zum Abzug nach § 20; s BFH VIII R 20/08 BStBl II 10, 787; zu § 20 IX s § 20 Rz 268). – Zur Ermittlung des Veräußerungsgewinns sind die AK der veräußerten Anteile von dem – um die Veräußerungskosten geminderten – Veräußerungspreis abzuziehen; bei Girosammelverwahrung von Aktien ist der durchschnittl Wert anzusetzen (EStR 17 V 3). – Die künstl Generierung von AK kann missbräuchl sein (BFH IX R 5/16 BStBl II 17, 930).

173   c) **Anschaffungskosten bei Gründung; Kapitalerhöhung.** Werden die Anteile bei Gründung der KapGes erworben, ist Anschaffungspreis die Einlageverpflichtung (Nennwert bei Bareinlage, gemeiner Wert bei Sacheinlage); unklar ist, ob sie erfüllt sein muss (arg § 46 I 3 AktG, § 19 II 1 GmbHG; str). Zum Nachweis der Zahlung sind alle Umstände zu berücksichtigen (BFH IX R 44/10 BStBl II 11, 718). Entsprechendes gilt für **Kapitalerhöhung** (vgl BFH VIII R 36/83 BStBl II 85, 320); werden die jungen Anteile in Ausübung eines aus relevanter Beteiligung abgeleiteten Bezugsrechts erworben, ist Anschaffungspreis der Einzahlungsbetrag *zuzügl* der nach der Gesamtwertmethode ermittelten *AK* des Bezugsrechts (dazu Rz 176); die AK der Alt-Anteile mindern sich entspr. Bei **Kapitalerhöhung aus GesMitteln** sind die AK für die Alt-Anteile auf diese und die Frei-Anteile aufzuteilen (§ 3 KapErhStG; EStR 17V; *Dötsch* § 17 Rz 353; krit *Kraft* FS Siegel, 2005, 439); wird das Kapital wieder herabgesetzt, sind die bisherigen unveränderten AK auf die verbliebenen Anteile im Verhältnis ihrer Anteile am Nennkapital aufzuteilen (s Rz 233).

Beispiel: bei Gründung 100 Anteile; Nennkapital 1000; AK 1000 (1 Anteil = 10 AK); Kapitalerhöhung auf 150 Anteile und 1500 Nennkapital (1 Anteil = 6,6 AK); Kapitalherabsetzung auf 120 Anteile und 1200 Nennkapital (1 Anteil = 8,3 AK).

Aufwendungen (zB Beratungs-, Bürgschaftskosten) bei **fehlgeschlagener Gründung** sind nicht abziehbar (BFH VI R 77/14 BStBl II 16, 60). – Niedrigere AK entstehen bei Verzicht auf Ausgabeaufgeld bei Kapitalerhöhung (*OFD Ffm* DStR 08, 202). – Die Meistergründungsprämie NRW zur KapGes-Gründung mindert die AK (*OFD NRW* BeckVerw 269824). S auch bei § 3 Nr 71.

174   d) **Anschaffungskosten bei Erwerb.** Werden Anteile durch Kauf oder Tausch erworben, ist Anschaffungspreis der **Kaufpreis** (vgl Rz 139) bzw der gemeine Wert der in Tausch gegebenen WG (s aber Rz 24, 39; § 6 VI 1), bei Erwerb gegen **wiederkehrende Bezüge** deren Barwert (*BMF* BStBl I 10, 227 Rz 69 [Leibrente] und Rz 77 [Veräußerungs(zeit)rente], dh nach §§ 12–14 BewG oder versicherungsmathematisch; *Förster* FR 19, 500; s auch Rz 162 f); keine höheren AK bei tatsächl längerer Lebensdauer (FG BaWü DStRE 11, 1187). – Wurden Anteile iSv § 17 entgeltl gegen wiederkehrende Bezüge (auch dauernde Last) erworben, ist der **Ertrags- oder Zinsanteil** (nur dieser) iRd WK iRd § 20 I Nr 1 abziehbar; es ist ein Antrag zu § 32d II Nr 3 zu stellen (vgl Rz 146, 162 f; *BMF* BStBl I 10, 227 Rz 72, 79); – Wird eine gegen Leibrente erworbene Beteiligung veräußert, ist (mE zumindest bei noch lfd Rente) als AK der Barwert anzusetzen. Offen ist der Abzug der den Barwert übersteigenden Zahlungen (FG BaWü EFG 10, 2009); mE muss Abzug mögl sein, am ehesten wohl als nachträgl AK (über § 175 AO). – Zum Anschaffungspreis gehört auch ein Entgelt, das der Erwerber dafür zahlt, dass er beim

Erwerb während des Wj der KapGes am Gewinn vom Beginn des Wj an beteiligt wird (BFH I R 190/81 BStBl II 86, 815). Nicht Teil der AK ist aber ein Entgelt für einen bereits entstandenen Gewinnanspruch für frühere Wj (s Rz 139). Aufwendungen der KapGes für den Erwerb *eigener* Anteile begründen keine (zusätzl) AK für die Anteile der verbleibenden Ges'ter, auch wenn erst durch diesen Erwerb aus einer nicht relevanten eine relevante Beteiligung wird (BFH VIII R 329/84 BFH/NV 90, 27); ebenso ist dies mE bei Einziehung gegen Abfindung (s Rz 29).

e) Anschaffungskosten in Sonderfällen. – aa) Gesellschaftsrechtliche Vorgänge. Hat 175 der Veräußerer (oder bei unentgeltl Erwerb ein Rechtsvorgänger) die Anteile aus einem BV **entnommen** (Gewinnrealisierung; zB nach beendeter BetrAufsp; zur Einlage in BV s Rz 38; FG Thür EFG 18, 2013, Rev IV R 19/18), ist dies als **Anschaffung** iSv § 17 zu werten (vgl BFH XI R 5/90 BStBl II 92, 969 mwN); die AK sind gleich dem Entnahmewert (§ 6 I Nr 4: TW; *HHR* § 17 Rz 207), allerdings nicht (zur Vermeidung einer Doppelbegünstigung), wenn die Entnahme nicht steuerl erfasst wurde (BFH IX R 22/09 BStBl II 10, 790: weiterhin historische AK maßgebl; ähnl BFH I R 55/14 BFH/NV 17, 1588). – **bb) Anteile,** die der Veräußerer **bei Liquidation einer KapGes** oder durch **vGA** erworben hat, sind „unentgeltl" erworben (s Rz 116; BFH I 331/62 U BStBl III 65, 665); gleichwohl ist mE der bei der KapGes angesetzte Wert (wie bei Entnahme) als AK zu werten (ähnl *HHR* § 17 Rz 207: AK iHd Werts der untergehenden Anteile). – **Umwandlungen.** S zu §§ 20 I, 25 UmwStG: § 20 III 1–3 UmwStG, dh grds Wertverknüpfung mit Ansatz des eingebrachten BV bei der KapGes; aber bei Zwischenwertansatz gem § 20 II Nr 2 UmwStG Bildung eines Ausgleichspostens, der nicht die AK erhöht (*BMF* BStBl I 11, 1314 Tz 20.20, 20.23, 20.25; bei grenzüberschreitenden Fällen Tz 20.34); bei zusätzl Gegenleistungen § 20 II Nr 4 UmwStG gehört die diese nicht zu den AK (*SH* § 20 UmwStG Rz 375, 383, 394, 396). Zudem erhöht die Besteuerung von Sperrfristverstößen iSd § 22 I 4/§ 22 II 4 UmwStG die AK nachträgl (*SH* § 20 UmwStG Rz 380). Zum Anteilstausch s § 21 II 1–6 UmwStG (*SH* § 21 UmwStG Rz 88, 112, 113). – Entnahmen im Rückwirkungszeitraum mindern gem § 20 V 2, 3 die AK (BFH I R 12/16 DStR 18, 1506: ggf negative ÄK).

f) Bezugsrechte. Bei Veräußerung von Bezugsrechten sind deren AK nach der 176 Gesamtwertmethode (BFH IV R 174/67 BStBl II 69, 105; *HHR* § 17 Rz 207; krit *Bareis* DB 06, 1637) aus den AK der Alt-Anteile zu ermitteln (BFH I R 218/81 nv; *Eppler* DStR 88, 64; **aA** *Gerlach* BB 98, 1506); die (historischen) AK der Alt-Anteile mindern sich entspr (BFH IX R 100/97 BStBl II 01, 345 zu § 23; *Kraft* BB 04, 595 mit Bsp). Zu AK der in Ausübung von Bezugsrechten erworbenen jungen Anteile s Rz 173.

Beispiel: Börsenkurs Bezugsrecht = (Börsenkurs Altaktie [600] . /. Bezugskurs neue Aktie [300]): (Bezugsverhältnis [2 : 1 = 2] + 1) = 100; **AK Bezugsrecht** = AK Altaktie [150] × Börsenkurs Bezugsrecht [100]: Börsenkurs Altaktie [600] = 25.

g) Drittaufwand. Dieser führt nicht zu (nachträgl) AK; der BFH verneint grds 177 die Abziehbarkeit von Drittaufwand (zB BFH GrS 1–5/97 BStBl II 99, 774 ff; s auch *BMF* BStBl I 96, 1257; § 5 Rz 100; *Dötsch* § 17 Rz 291; *HHR* Rz 191). Aufwendungen eines Dritten können mittelbare verdeckte Einlage des Ges'ters nur sein, wenn die unmittelbare Leistung des Dritten zugleich eine Zuwendung an den Ges'ter ist, also idR nur den Zahlungsweg abkürzt; nach BFH VIII R 52/93 BStBl II 01, 286 sind Leistungen sog gleichgestellter Personen Eigenleistung. Leistungen eines Dritten aus eigenwirtschaftl Interesse sind Drittaufwand (FG Mster EFG 04, 262, rkr). – Aufwendungen für eine GmbH, an der nur **mittelbare Beteiligung** besteht, führen nicht zu AK (BFH IX R 28/08 BFH/NV 09, 1416; BFH X R 9/17 BStBl II 21, 418; krit *Weber-Grellet* NWB 08, 3829).

h) Weitere Maßgeblichkeit der tatsächlichen (historischen) Anschaf- 178 **fungskosten.** Das ist der Fall, – **(1)** wenn aus einer ursprüngl nicht relevanten Beteiligung **durch Hinzuerwerb** (zB auch Erbanfall; BFH VIII B 80/98 BStBl II 99, 486) eine **relevante Beteiligung** entsteht (BFH IV R 73/05 BStBl II 08, 965; verfrechtl unbedenkl, BVerfG 2 BvR 736/03 HFR 05, 780; zur Kritik s *Schmidt* 37. Aufl § 17 Rz 159); – **(2)** bei Gesetzesänderung (Absenken der Relevanzschwelle auf 1 %; Rz 10, 52); – **(3)** Ansatz der tatsächl AK, wenn eine Beteiligung, die ursprüngl relevant war, nach **Absinken unter 1 %** (Rz 10, 52) noch innerhalb der Fünfjahresfrist des § 17 I veräußert wird (BFH VIII R 40/89 BStBl II 94, 222).

179 **2. Anschaffungsnebenkosten, § 17 IIa 2.** Das sind die „Begleitkosten" der Anschaffung, zB vom Erwerber getragene Beurkundungs-, Beratungskosten, Gutachtenkosten, Provisionen (BFH VIII R 62/05 BStBl II 10, 159), Maklerkosten (BFH IV R 16/95 BStBl II 97, 808). Sie sind Teil der AK iwS und (auch bei gescheitertem Erwerb) nicht als WK absetzbar (FG Hbg GmbHR 14, 1109, rkr).

181 **3. Nachträgliche Anschaffungskosten, § 17 IIa 2, 3. – a) Allgemeines.** Nachträgl AK iSd § 17 IIa 3 (*Schrifttum* vor Rz 171) sind insb (dh nicht abschließend *Kubik/Münch* BB 20, 1003, 1006; *Weber-Grellet* DB 21, 81; s auch Rz 184, 193) offene und verdeckte Einlagen (Nr 1; Rz 183); Darlehenausfallsverluste (Nr 2; Rz 189) und Ausfall von Bürgschaftsregressforderungen (Nr 3; Rz 191). Nr 2 und 3 korrigieren die neuere BFH-Rspr (Rz 171). – Eine Berücksichtigung von nachträgl AK iSv § 17 IIa 3 ist unabhängig von der Beteiligungshöhe des Ges'ters. Auch Kleinanleger (Beteiligungshöhe unter 10 %) können nunmehr gesrechtl Darlehensverluste und Verluste aus sonstigen Sicherheiten als nachträgl AK geltend machen (BT-Drs 19/13436, 111; *OFD Ffm* BeckVerw 560943 I.3).

182 **b) Entwicklung.** Der BFH hatte sich in der Vergangenheit an das zivilrechtl Eigenkapitalersatzrecht angelehnt (sog normspezifischer AK-Begriff; iEinz *Weber-Grellet* DB 21, 81). Mit der Aufhebung des Eigenkapitalersatzrechts (§ 32a GmbHG aF) durch das MoMiG und Ersatz durch eine insolvenzrechtl Lösung (§ 39 I Nr 5 InsO) entfiel die dogmatische Grundlage für die bisherige Rspr zur Berücksichtigung von Aufwendungen des Ges'ters aus eigenkapitalersetzenden Finanzierungshilfen als nachträgl AK (BFH IX R 36/15 BStBl II 19, 208). Ein Darlehen ist noch nach MoMiG zu behandeln, wenn das Insolvenzverfahren nach dem 31.10.08 eröffnet wurde oder bei anfechtbarer Rechtshandlung nach dem 31.10.08 (*OFD Ffm* BeckVerw 560943, I.); iÜ gilt der neue handelsrechtl AK-Begriff aus BFH IX R 36/15 BStBl II 19, 208. Mangels einer abw Definition im EStG ist der handelsrechtl Begriff der **(nachträgl) AK** auch der Beurteilung nach § 17 II, IV zugrunde zu legen (BFH IX R 36/15 BStBl II 19, 208; zur Übertragung der Rspr iEinz vgl *Schmidt* 39. Aufl § 17 Rz 171f; *Weber-Grellet* DB 21, 81. – Übergangsweise (aus Vertrauensschutzgründen) ist *BMF* BStBl I 10, 832 (also die alte Rechtslage) weiterhin bei bis zum 27.9.17 gewährten (oder dazu gewordenen) eigenkapitalersetzenden Finanzierungshilfen anzuwenden (BFH IX R 13/18 BStBl II 20, 89; *BMF* BStBl I 19, 257; iEinz *Levedag* GmbHR 21, 637, 640 ff).

183 **c) (Offene und verdeckte) Einlagen, § 17 IIa 3 Nr 1. – (1) Einlagen.** Als nachträgl AK kommen offene Einlagen (Rz 38) und verdeckte Einlagen (Rz 96; § 5 Rz 203 f; *Ott* StuB 19, 649, 650; *Ott* DStR 313, 315) in Betracht Diese sind stets gesrechtl veranlasst und führen idR zu **nachträgl AK** jedenfalls dann, wenn sie auf der Ebene der KapGes als (verdeckte) Einlagen iSv § 4 I 8 zu werten sind (BFH X R 14/11 BStBl II 14, 158; wN *Schmidt* 39. Aufl § 17 Rz 165). Gegenstand **verdeckter Einlagen** können alle materiellen und immateriellen WG sein (BFH GrS 2/86 BStBl II 88, 348); notwendig ist ein einlagefähiger Vermögensvorteil (BFH IX R 4/16 BFH/NV 17, 1309). Im Hinblick auf die AK besteht kein Unterschied zw offenen und verdeckten Einlagen. – Bei Beteiligung von nahen Angehörigen entfallen (disquotale) verdeckte Einlagen nur anteilig auf den Ges'ter (FG Nds EFG 12, 1927, rkr; *Schulze-Osterloh* BB 18, 427). Ob disquotale Einlagen unter Fremden allein dem Leistenden zuzuordnen sind, ist str (s *Ott* DStR 21, 897, 899, auch zu § 7 VIII ErbStG; BFH IX R 5/15 BStBl II 19, 194).

184 **(2) Einlageähnliche Vorgänge.** Nachträgl AK können auch vorliegen, wenn die Fremdkapitalhilfe mit einer Einlage wirtschaftl vergleichbar ist (BFH IX R 36/15 BStBl II 19, 208), zB Verzicht (Rz 187), Rangrücktritt iSd § 5 IIa, nicht die Umgliederung einer freien Gewinnrücklage (*BMF* BStBl I 19, 257: maßgebl ist die Funktion von zusätzl Eigenkapital).

185 **(3) Nutzungsvorteile**, zB Zinslosigkeit eines Darlehens, und die dadurch veranlassten Aufwendungen können nicht Gegenstand einer verdeckten Einlage sein und begründen daher keine zusätzl AK (vgl BFH GrS 2/86 BStBl II 88, 348);

ebenso ist dies mE, wenn ein unentgeltl erworbenes **Nutzungsrecht** verdeckt eingelegt wird (s § 5 Rz 176 ff).

(4) Bewertung der offenen Einlage. S § 6 Rz 591 f; verdeckte Einlage s § 6 **186** Rz 605, 861 f; maßgebl ist der TW der Leistung an die KapGes im Zeitpunkt der Einlage (§ 6 VI 2; iEinz Rz 96). – Nachträgl AK, die *nach* Begründung der relevanten Beteilung entstehen, sind in voller Höhe zu berücksichtigen, auch wenn nicht alle Anteile verstrickt sind, vor Begründung übernommene nur insoweit, als die Wertminderung danach eingetreten ist (BFH VIII R 41/03 BFH/NV 05, 1518).

(5) Einzelfälle. Verdeckte Einlagen, die die AK erhöhen, sind zB: – *(1)* **Nachschüsse** iSv **187** §§ 26–28 GmbHG und sonstige **verlorene Zuschüsse** (zB BFH VI R 3/92 BStBl II 94, 242; s auch Rz 234). – *(2)* Der **Verzicht auf** (wertgeminderte) **Ges'terforderung** führt iHd gemeinen Werts (werthaltiger Teil) zu verdeckter Einlage (BFH GrS 1/94 BStBl II 98, 307; BFH VIII R 18/16 BStBl II 20, 833; BFH IX R 9/18 BStBl II 20, 490; *BMF* BStBl I 21, 723 Rz 61; *Förster* ua DB 20, 353 (358); *Levedag* GmbHR 21, 637 (641)). – **Behandlung:** *(a)* werthaltiger Teil: bei Ges'ter nachträgl AK (verdeckte Einlage); bei Ges: per Darlehensverbindlichkeit an Einlage; – *(b)* wertloser Teil: bei Ges'ter-Ausfall, aber stbar gem § 20 II Nr 7 (BFH VIII R 18/16 BStBl II 20, 833; *BMF* BStBl I 21, 723 Rz 61; *Weber-Grellet* DB 21, 81); bei Ges Ertrag (per Darlehensverbindlichkeit an Ertrag); § 5 Rz 671. – *(3)* **(Freiwillige oder zwangsweise) Erfüllung einer GmbH-Verbindlichkeit** (offen in BFH XI R 52/01 BStBl II 03, 658), zB die Übernahme von StSchulden; – *(4)* **Rückzahlung einer offenen (Vorab-)Gewinnausschüttung** jedenfalls dann, wenn diese nicht auf einer rechtl oder tatsächl Verpflichtung beruht (BFH VIII R 82/91 BStBl II 94, 561); – *(5)* **Rückzahlung einer vGA** auf Grund §§ 30, 31 GmbHG oder Satzungsklausel (zB BFH VIII R 7/99 BStBl II 01, 173 mwN; *Dötsch* § 17 Rz 362). – *(6)* **Verdeckte Einlage eines Dritten** kann uU zu nachträgl AK führen (*van Lishaut/Ebber/Schmitz* Ubg 12, 1791). – *(7)* Nicht zu den AK sollen Zahlungen auf offene Stammeinlage eines Mitges'ters gehören (FG Thür EFG 08, 536); mE „Drittaufwand". – *(8)* Einlagen gegen „Sicherheitsablösung" sind nachträgl AK (BFH IX R 6/15 BFH/NV 19, 19; s auch BFH IX R 7/15 BFH/NV 19, 22). – *(9)* Ersetzung von Darlehen durch Einlage oder neues Darlehen (*OFD Ffm* DStR 19, 1820 mwN; kein § 42 AO). – *(10)* Mittelbare Einlage über GbR reicht nicht (FG BBg EFG 13, 1589, rkr). – *(11)* Ein bloßes Stehenlassen von Gewinnen stellt keine die AK erhöhende Einlage des veräußernden Ges'ters in das GesVermögen dar (BFH IX R 7/17 BStBl II 19, 213).

(6) Rückgewähr. Werden Einlagen außerhalb einer Liquidation zurückgewährt **188** (vgl § 27 KStG) und gehören diese **Bezüge** nicht zu den Einkünften aus KapVerm (§ 20 I Nr 1 S 3), werden die **AK gemindert** (BFH VIII R 58/92 BStBl II 95, 362; *Gschwendtner* DStZ 95, 293; BFH I R 70/92 BStBl II 94, 527 zu Anteilen im BV; *Dötsch* § 17 Rz 302); s auch Rz 234.

d) Anschaffungskosten durch Darlehensverlust, § 17 IIa 3 Nr 2. – aa) Vor- 189 aussetzungen. Der Verlustabzug setzt voraus, dass das Darlehen bei Gewährung gesrechtl veranlasst war oder in der Krise so veranlasst stehen gelassen wird (Rz 196). Ein **Darlehensverlust** ist bei vollständigem oder teilweisem Ausfall der Forderung gegeben. Ein Wertloswerden genügt; ein ausdrückl Verzicht ist nicht erforderl, eine Abtretung unschädl (BFH VIII B 68/99 BFH/NV 00, 41). Zu Rangrücktritt und Nicht-Verfügungs-Erklärung s BFH IX R 79/06 BStBl II 09, 227; BFH XI R 32/18 BStBl II 21, 279; *Krumm* FR 20, 197, 201). Der Zeitpunkt der Darlehenshingabe ist mE unerhebl; Darlehensverluste können auch vor Veräußerung entstehen (*Ratschow* GmbHR 20, 569, 571). – Eine **Krise** liegt vor, wenn ein fremder Dritter keinen Kredit mehr zu marktübl Bedingungen gewähren würde und ohne Kapitalzufuhr das Unternehmen liquidiert werden müsste; eine Krise verlangt keine Insolvenzreife (*Kubik* BB 20, 1266; BFH IX R 9/18 BStBl II 20, 490; *Levedag* GmbHR 21, 14). – Auch bei Anteilen an ausl KapGes ist ein entspr Verlust mögl (*LfSt Nds* DB 20, 2607). – Zur zeitl Anwendung (§ 52 Abs 25a) s Rz 194, 199.

bb) Höhe der Anschaffungskosten. § 17 IIa enthält insoweit keine Regelung. **190** Vor Abs. 2a wurde differenziert: War bereits die Darlehenshingabe gesrechtl veranlasst (Krisendarlehen, krisenbestimmtes Darlehen, Finanzplandarlehen, s Rz 196), war der Nennwert maßgebl (BFH VIII R 6/96 BStBl II 99, 348; *Levedag* GmbHR

21, 637, 640; zum Sanierungsprivileg gem § 39 IV 2 InsO s *OFD Ffm* BeckVerw 560943, II.2); wurde das Darlehen erst durch Stehenlassen in der Krise gesrechtl veranlasst, war der gemeine Wert (= TW) zum Zeitpunkt des Eintritts der Krise entscheidend (BFH VIII R 47/98 BFH/NV 01, 589; zu § 17 IIa FG BBg 5 K 5188/19, nv, Rev IX R 21/21; *Förster* ua DB 20, 353, 356; *Kubik/Münch* BB 20, 1003, 1006; *Jachmann-Michel* BB 20, 727, 733; *Werth* FR 20, 530, 540; *Weber-Grellet* DB 21, 81). Nach der überwiegenden Auffassung ist iRd Abs 2a daran festzuhalten; im Fall des stehengelassenen Darlehens ist der niedrigere gemeine Wert bei Krisenbeginn maßgebl; der nicht berücksichtigte Teil ist nach § 20 II Nr 7 stbar (s Rz 194). Nach der gegenteiligen Auffassung führt der Ausfall eines stehen gelassenen Darlehen zum Nennwert zu nachträgl AK (s *Demuth* KÖSDI 20, 21771, 21777; *Ott* StuB 20, 85, 93; *Levedag* GmbHR 21, 14; § 20 Rz 259).

191   **e) Anschaffungskosten durch Ausfall von Bürgschaftsregressforderungen, § 17 IIa 3 Nr 3. – aa) Ausfall von Regressforderungen.** Dieser führt zu nachträgl AK, soweit die Gewährung oder das Stehenlassen (in der Krise) gesrechtl veranlasst war (*Ott* StuB 19, 649, 652; Rz 196). Die Bürgschafts*verpflichtung* (idR des Ges'ters zugunsten einer Bank für GesKredite) als solche erhöht die AK noch nicht, auch nicht die Inanspruchnahme. Erst die Wertlosigkeit des Ersatzanspruchs nach § 774 BGB gegen die Ges führt zu nachträgl AK (BFH IX R 80/06 BStBl II 08, 577; zur Ermäßigung der Inanspruchnahme BFH IX R 34/12 BStBl II 13, 378).

192   **bb) Sonstige Sicherheitsleistungen.** Hier gilt Entsprechendes, zB bei Verpfändung (FG Ddorf EFG 96, 228, rkr), Grundschuld (BFH VIII B 186/04 BFH/ NV 06, 1472) oder Inanspruchnahme für Schulden der KapGes zB nach §§ 69, 34 AO (FG Ddorf EFG 88, 168 rkr) oder aus Konzernhaftung (BGH II ZR 275/84 BGHZ 95, 330), harte Patronatserklärung (OLG Celle 9 U 14/08 GmbHR 08, 1096).

193   **f) Ausfall von Drittleistungen.** Da die BFH-Rspr den sog Drittaufwand nicht anerkennt (s Rz 177), stehen das Darlehen (BFH VIII R 52/93 BStBl II 01, 286) oder die Bürgschaft eines Dritten (BFH VIII R 3/99 BFH/NV 01, 23) der Leistung des Ges'ters *nicht* gleich. Indes ist (über eine unentgeltl Zuwendung) eine **mittelbare verdeckte Einlage** mögl (BFH VIII R 62/93 BStBl II 01, 234; FG RhPf DStRE 04, 132: Zahlung der Ehefrau; *Wacker* StbJb 01/02, 119), also bei Leistung ohne eigenwirtschaftl Interessen des Ges'ters zugunsten des Ges'ters für dessen (wirtschaftl) Rechnung (zB bei Ausgleichspflicht im Innenverhältnis; FG RhPf EFG 04, 255; *OFD Ddorf* FR 02, 112). Erforderl ist die endgültige Zuwendung eines WG; ein Darlehen genügt nicht (BFH VIII B 7/90 BFH/NV 01, 1553). Eine im Innenverhältnis bestehende Ersatzverpflichtung ggü dem Dritten (Ehemann) kann (bei tatsächl Durchführung) zu nachträgl AK führen (BFH IX R 37/11 BStBl II 12, 487). – Finanzierungshilfen **an Dritte** (Bürgschaft) im Interesse der Ges und bei abgekürztem Zahlungsweg sind nachträgl AK (BFH IX R 80/06 BStBl II 08, 577). – Nicht (auch nicht teilweise) abziehbar sind Verluste aus einer Bürgschaft für eine GbR, an der die Ges'ter-GmbH zu $^{1}/_{2}$ beteiligt ist (BFH IX R 102/07 BFH/NV 09, 737).

194   **g) Konkurrenz zu § 20 II Nr 7. – *(1)* Nach altem Recht (Beteiligungsuntergang und Ausfallverlust bis 31.7.19):** Ausfallverluste aus nach dem 31.12. 08 begründeten Forderungen werden vor Geltung des § 17 IIa grds von § 20 II Nr 7 iVm § 32d II Nr 1 Buchst b aF erfasst (BFH IX R 5/20 BStBl II 21, 600; *BMF* BStBl I 21, 723, I.4; zur Einkünfteerzielungsabsicht s § 20 Rz 20 und § 32d Rz 12). Die Vertrauensschutzregelung in BFH IX R 36/15 BStBl II 19, 208 (Rz 171) und *BMF* BStBl I 19, 257 zwingt nicht zum Vorrang (§ 20 VIII) des § 17 aF iVm § 3c II, sondern ist nach hM verzichtbar (*Werth* FR 20, 530, 534; *Ott* StuB 20, 85, 93; s iEinz *Levedag* FR 21, 637, 642). – Ist der TW eines stehen gelassenen Darlehens und der nachträgl AK = 0, fehlt es gänzl an einer Berücksichtigung iRd

Anschaffungskosten **196–199 § 17**

§ 17 und gilt nur § 20 II. Nachteile und Unsicherheiten können durch einen Antrag, § 17 IIa vor Geltung anzuwenden, umgangen werden (§ 52 Abs 25a S 2: unbefristetes Wahlrecht, iEinz *Levedag* FR 21, 645). – **(2) Nach neuem Recht (Ausfall nach dem 31.7.19):** Vorrang von § 17 IIa (iEinz § 20 Rz 259).

4. Gesellschaftsrechtliche Veranlassung (IIa 4). Eine **gesrechtl Veranlas-** 196
sung ist nach S 4 „regelmäßig" gegeben, wenn ein fremder Dritter das Darlehen oder Sicherungsmittel bei sonst gleichen Umständen zurückgefordert oder nicht gewährt hätte (BT-Drs 19/13436, 111). An die Stelle des (ordentl Kaufmanns des) Eigenkapitalersatzrechts (Rz 106) ist der „negative" Fremdvergleich getreten (*Ratschow* GmbHR 20, 569, 572). – Der Fremdvergleich ist reine Rechtsanwendung (§ 2 Rz 23, 34). – Das Merkmal der **Krise** hat Bedeutung – *(1)* für den Zeitpunkt, von dem an ein stehengelassenes Darlehen gesellschaftsrechtl veranlasst ist und – *(2)* auch iRd Fremdvergleichs. So würde etwa ein fremder Dritter (von vornherein) kein Darlehen in der Krise gewähren (**„Krisendarlehen"**) oder ein gewährtes Darlehen in der Krise stehen lassen (*Ott* StuB 19, 649, 651; *Levedag* GmbHR 21, 14; FG Ddorf EFG 20, 444, aus anderen Gründen von BFH IX R 5/20 BStBl II 21, 600 aufgehoben); die Finanzierungshilfe verlangt außerhalb dessen eine „Krisenbestimmung" (BFH IX R 9/18 BStBl II 20, 490). Auch sog **Finanzplandarlehen** („gesplittete Einlage"; „Einlage in der Form von Fremdkapital") sind gesrechtl veranlasst (so auch *Kubik/Münch* BB 20, 1003, /1006; wN *Schmidt* 31. Aufl § 17 Rz 171). – Der Verlust von Darlehen und sonstigen Sicherheiten, die nicht aus beteiligungsspezifischen Gründen gewährt wurden, ist weiterhin nicht als nachträgl AK zu berücksichtigen (BT-Drs 19/13 436, 111). S zum Ganzen auch § 20 Rz 259.

Kritik: – Der **Begriff „gesellschaftsrechtl Veranlassung"** ist falsch gewählt; richtig wäre die „gesellschaftl Veranlassung", gemeint ist die Veranlassung durch das GesVerhältnis („societatis causa"), durch die Stellung als Ges'ter (s *Weber-Grellet* DB 21, 81).

5. Nachträgliche Einzahlungen, § 17 IIa 5. § 17 IIa 5 regelt, dass geleistete 197
Einzahlungen des Anteilseigners über der Nennbetrag seiner Anteile hinaus gleichmäßig auf seine gesamten Anteile an der KapGes (einschließl etwaiger iRe Kapitaleinzahlung geschaffener neuer Anteile) zu verteilen sind (*Ott* DStR 20, 313, 317; Anlass der Regelung waren Fälle, in denen die Zahlung eines Aufgeldes iRe Kapitalerhöhung bzw die Zahlung eines Nachschusses auf einen konkret bezeichneten Geschäftsanteil zur gezielten Generierung eines Veräußerungsverlustes genutzt wurden (BT-Drs 19/13436, 111).

6. Aufwendungen nach Abwicklung/Veräußerung. Auch Aufwendungen 198
nach Auflösungsbeschluss zum Zweck der Liquidation und ohne Aussicht auf einen Liquidationserlös sollen nach der bisherigen Rspr (BFH VIII B 2/97 BFH/NV 98, 955) nachträgl AK (!) sein; Aufwendungen nach Vollbeendigung sind nicht abziehbar (BFH IX R 52/09 BStBl II 10, 1102; *Bode* FR 11, 85; einschr für vor Vollbeendigung rechtl begründete Aufwendungen). – AK sind ferner Aufwendungen nach Veräußerung einer relevanten Beteiligung oder Auflösung der KapGes, zB Zahlungen für insolvenzfreie Abwicklung (BFH VIII R 52/93 BStBl II 01, 286), für Bürgschaft (BFH VIII B 86/99 BFH/NV 00, 1199); für Haftung nach §§ 69, 34 AO (BFH VIII R 8/02 BFH/NV 04, 947). Anders soll eine nach Auflösung der KapGes *übernommener* Bürgschaft sein (*OFD Ddorf* DStR 89, 291). Liegen nachträgl entstehenden AK vor, ändert sich rückwirkend der im Zeitpunkt der Veräußerung entstandene Veräußerungsgewinn/-verlust; eine ESt-Veranlagung für das Jahr der Veräußerung ist nach § 175 I 1 Nr 2 AO zu ändern (BFH VIII R 71/02 GmbHR 03, 1378; BFH IX R 30/14 BStBl II 17, 94; s auch Rz 143). Das gilt auch für eine (nachträgl) Teilzahlungsvereinbarung (BFH IX R 34/12 BStBl II 13, 378).

7. Anwendung. Nach § 52 Abs 25a ist § 17 IIa erstmals für Veräußerungen, 199
Auflösungen iSv § 17 I, IV oder V nach dem 31.7.19 anzuwenden; auf Antrag ist § 17 IIa 1 – 4 auch davor anzuwenden; dies ist ein unbefristetes Wahlrecht (*Ott*

StuB 20, 85; *Kubik/Münch* BB 20, 1003, 1005; *Ratschow* GmbHR 20, 569, 573 f; FG BBg 9 U 14/08 nv, Rev IX R 21/21). Zu den verschiedenen Konstellationen nach Einführung der AbgeltungSt s *Ott* DStR 20, 313, 319; *Förster ua* DB 20, 353, 357; *Levedag* GmbHR 21, 637.

V. Freibetrag, § 17 III

201 **1. Höhe.** Zur Berechnung des Veräußerungsgewinns s Rz 48; der Freibetrag bezieht sich auf den stpfl Gewinn; der nach § 3 Nr 40 S 1 Buchst c stfrei bleibende Teil ist nicht zu berücksichtigen (EStR 17 IX; *HHR* § 3 Nr 40 Rz 141, § 17 Rz 251; *Frotscher/Geurts* § 17 Rz 318). Ob und in welcher Höhe ein Freibetrag abziehbar ist, bestimmt sich nach dem Verhältnis des Nennwerts der veräußerten Anteile zum Nennkapital der KapGes. Werden sämtl Anteile (100%) veräußert, beträgt der Freibetrag 9060 € (s aber § 16 I Nr 1, 2); wird nur ein Teil veräußert, zB eine 50%ige Beteiligung, beläuft er sich auf den entspr Teil von 9060 €, also zB 4530 €. Wird die Hälfte einer 30%igen Beteiligung veräußert, beträgt der Freibetrag 15% von 9060 €. Eigene Anteile der KapGes sind vom Nennkapital abzuziehen.

Beispiel: Stammkapital 30 000 €, eigene Anteile 10 000 €. A veräußert Anteile im Nennwert von 15 000 €. Der Freibetrag beträgt (maximal) $^3/_4$ von 9060 € = 6795 €.

Veräußert der StPfl im selben VZ Anteile *verschiedener* KapGes (zB der X-GmbH und der Y-GmbH), ist der Freibetrag für jede dieser Veräußerungen gesondert nach entspr Verhältnisrechnungen zu gewähren. – Der Freibetrag ist – anders als nach § 16 IV – unabhängig vom Lebensalter (bzw der Berufsunfähigkeit) des Veräußerers von Amts wegen zu gewähren.

202 **2. Abschmelzung.** Der **Freibetrag** von 9060 € bzw des entspr Teils hiervon verringert sich „um den Betrag, um den der Veräußerungsgewinn den Teil von 36 100 € übersteigt, der dem veräußerten Anteil an der KapGes entspricht (§ 17 III 2 idF HBeglG 2004, BGBl I 03, 3076; *Korezkij* BB 00, 1273).

Beispiele: Bei einer 100%-Veräußerung verringert sich der Freibetrag von 9060 € bei einem Gewinn zw 36 100 € und 45 160 € kontinuierlich um den 36 100 € übersteigenden Betrag; bei 40 000 € Gewinn beträgt der Freibetrag nur noch 5160 €. – Beläuft sich der (stpfl) Gewinn auf 30 000 € (65 000 € Veräußerungspreis abzügl 15 000 € AK; davon 60%), verringert sich der Freibetrag von 6795 € aus dem Beispiel zu Rz 201 wie folgt: Der Nennwert der veräußerten Anteile macht $^3/_4$ des um die eigenen Anteile gekürzten Stammkapitals aus; maßgebl ist daher, um wie viel der Veräußerungsgewinn den $^3/_4$-Teil von 36 100 €, also 27 075 € übersteigt; der Freibetrag von 6795 € verringert sich also auf 6795 – (30 000 ./. 27 075) = 3870 €. Ab 33 870 € Gewinn ($^3/_4$ von 45 160) entfällt er insgesamt.

Veräußert der StPfl im selben VZ mehrmals Anteile *derselben* KapGes, werden diese Veräußerungen und die erzielten Gewinne (anders als Veräußerungen in verschiedenen VZ) zusammengerechnet (*HHR* § 17 Rz 251; aA *Littmann* § 17 Rz 288); der Freibetrag und seine Verringerung bestimmen sich nach der Summe des Nennwerts der veräußerten Anteile und der Veräußerungsgewinne.

203 **3. Keine Tarifvorschrift.** § 17 III ist eine sachl StBefreiung (BFH VIII R 147/71 BStBl II 76, 360 zu § 16 IV; auf § 17 III sinngemäß anzuwenden). Der stfreie Gewinn gehört nicht zu den Einkünften iSv § 2 I und gleicht daher Verluste zB aus anderen Einkunftsarten nicht aus. Die StBefreiung ist über § 8 I KStG für Körperschaften mit PV anwendbar (s auch § 20 Rz 4).

VI. Auflösung einer Kapitalgesellschaft und Kapitalherabsetzung; Ausschüttung oder Rückzahlung von Einlagen, § 17 IV

Schrifttum: *Arens,* Die Löschung der GmbH …, DB 17, 2913.
Verwaltung: *OFD Ffm* BeckVerw 512817.

211 **1. Veräußerungsgleiche Tatbestände, § 17 IV 1, 2.** Einer Veräußerung gleichgestellt ist gem § 17 IV 1 – **(1)** die Auflösung einer KapGes (Rz 212–225), –

(2) die Herabsetzung und Rückzahlung ihres Nennkapitals (Rz 230–233) und – *(3)* die Ausschüttung oder Zurückzahlung von Beträgen aus dem steuerl Einlagekonto iSd § 27 KStG (Rz 234); Klarstellung durch IV 1 idF SEStEG (BFH IX R 19/13 BStBl II 14, 682; *Schmidt ua* FR 07, 1). Dies ist gerechtfertigt, weil auch bei einer Auflösung oder Kapitalherabsetzung unter Auskehrung des Vermögens der Ges ebenso wie bei Übertragung der Anteile auf einen Dritten die Vermögensmehrung oder -minderung der KapGes auf der Ebene der Anteilseigner **realisiert** wird.
– Zur Anwendung des Halb-/Teileinkünfteverfahrens s Rz 13, 48, 131.

2. Auflösung. – a) Gesellschaftsrecht. Wesentl Tatbestandsmerkmal eines Auflösungsgewinns/-verlusts iSv § 17 IV ist die Auflösung der KapGes (BFH IX R 38/16 BFH/NV 18, 721; *OFD Ffm* BeckVerw 512817), die zB mit dem (formlosen) Auflösungsbeschluss bewirkt wird (BFH VIII R 18/94 BStBl II 99, 344).

b) Einzelfälle. Für **inl KapGes** ergeben sich die Auflösungsgründe aus § 262 AktG, §§ 60–62 GmbHG (zB Eröffnung des Insolvenzverfahrens, BFH VIII R 46/91 BFH/NV 94, 364) und §§ 1, 2 LöschG (Ablehnung eines Insolvenzantrags mangels Masse; Löschung im HR mangels Vermögen; BFH I R 318–319/83 BStBl II 87, 310; FG Köln EFG 13, 1323, rkr). Unzul Änderung des Satzungssitzes ins Ausl führt ggf zur Amtslöschung; die Verlegung des Verwaltungssitzes in das Ausl ist zul (*NSH* GmbHG § 4a Rz 9, 11 mwN); s auch § 1 UmwStG idF des KöMoG (BGBl I 21, 2050) für grenzüberschreitende Umwandlungen. § 17 IV greift, wenn die Sitzverlegung zur Auflösung führt. Ist dies nicht der Fall, greift bei Verlust, Beschr des dt Besteuerungsrechts für die Anteile t § 17 V (Rz 240). – An die Auflösung schließt sich idR die Abwicklung **(Liquidation)** an (§ 264 AktG; §§ 60, 70 GmbHG; dazu FG RhPf EFG 02, 1166, rkr); diese endet mit der Verteilung des Vermögens an die Ges'ter (§ 271 AktG; § 72 GmbHG). Damit „stirbt" die KapGes als juristische Person, ihre Firma erlischt (Beendigung). Auflösung und Erlöschen der Firma sind (deklaratorisch) in das HR einzutragen (§ 263 AktG; § 65 GmbHG; § 31 HGB). Noch keine Auflösung iSv § 17 IV ist die bloße Betriebseinstellung (BFH VIII R 328/84 BFH/NV 90, 361).

c) Umwandlungsvorgänge. Gesrechtl Auflösung einer KapGes – aber „Auflösung ohne Abwicklung" mit Vermögensübergang in Gesamtrechtsnachfolge und Erlöschen der KapGes – sind die **Verschmelzung einer KapGes** auf eine andere KapGes, auf eine bestehende oder in eine neugegründete PersGes und die **Aufspaltung einer KapGes** (vgl § 123 I iVm § 131 UmwG; *HHR* § 17 Rz 290). Auf diese Vorgänge sind primär die Vorschriften des UmwStG anzuwenden dh *(1)* bei einem Vermögensübergang auf oder in eine PersGes oder auf eine natürl Person *mit BV* wird § 17 IV durch die §§ 4, 5 UmwStG verdrängt (s Rz 14); *(2)* bei einem Vermögensübergang auf oder in eine PersGes oder auf eine natürl Person *ohne BV* wird § 17 IV durch § 8 II UmwStG modifiziert (keine Anwendung des § 17 III); *(3)* bei einem Vermögensübergang durch Verschmelzung/Aufspaltung auf andere Körperschaften wird § 17 durch § 13 II bzw § 15 I UmwStG ergänzt (s auch Rz 14). – Zu Umwandlungen ausl KapGes vor (§ 12 II, III KStG aF) und nach dem 31.12.21 Streichung und „Globalisierung des UmwStG" s *Schwedhelm ua* GmbHR 21, 1293 (1295); dazu *Prinz* FR 21, 561, 562; *Holle/Krüger/Weiss* IStR 21, 489.

d) Einziehung. Zur (str) Wertung der Einziehung von Geschäftsanteilen und des Erwerbs eigener Anteile als wirtschaftl Teilliquidation vgl Rz 29. – § 17 IV erfasst auch die (gesrechtl) Auflösung und Abwicklung einer **ausl KapGes** (BFH VIII R 44/90 BFH/NV 93, 597) und vergleichbare ausl Vorgänge (BFH I R 11/85 BStBl II 89, 794; *BMF* BStBl I 11, 1314; diff *HHR* § 17 Rz 295).

e) Ermittlung des Auflösungsgewinns (zur Berechnung s Rz 132). Die Auflösung verlangt die Liquidation (§ 66 I, V GmbHG); der Auflösungs-(Liquidations-)gewinn oder -verlust iSv § 17 IV ist nach **§ 17 II** zu ermitteln (BFH VIII R 81/91 BStBl II 94, 162; Differenz zw ausgekehrtem Vermögen und AK nebst Veräußerungskosten; Rz 171 ff) und nur **anteilig** anzusetzen (§ 3 Nr 40 Buchst c S 2, § 3c II), auch im Verlustfall [auch bei Rückzahlung von Stammkapital] (BFH IX R 19/13 BStBl II 14, 682; *Bode* FR 14, 989; *HHR* § 3 Nr 40 Rz 142; oben Rz 48; § 3c Rz 11). Die Einbeziehung von Kapitalrückzahlungen in das Teileinkünfteverfahren ist – im Hinblick auf dessen Systematik – nicht unproblematisch (so *Bareis* FR 15, 1). Der Verlust nach § 17 IV ist ggf nach § 10d rück- oder vorzutragen (s zum Verfahrensrecht § 10d Rz 24, 43 ff).

221 aa) „**Veräußerungspreis**". Das ist bei Auflösung einer KapGes „der gemeine Wert des dem StPfl zugeteilten ... Vermögens" (§ 17 IV 2; § 3 Nr 40 Buchst c S 2). Dieses kann aus Geld oder sonstigen WG bestehen, auch selbst geschaffene immaterielle WG und (tatsächl) Befreiung von einer Verbindlichkeit (BFH I R 11/85 BStBl II 89, 794; BFH IX R 28/14 DStR 15, 2489; *Arens* DB 17, 2913). Maßgebl für die *Bewertung* dieser WG mit dem gemeinen Wert (§ 9 BewG; BFH IX R 28/14 DStR 15, 2489; *HHR* § 17 Rz 330; s auch Rz 151) ist der Zeitpunkt, zu dem der Veräußerungsgewinn bzw -verlust entsteht (s Rz 223). Nicht zu diesem Vermögen, sondern zu den Gewinnanteilen iSv § 20 I Nr 1 gehören erst nach der Auflösung beschlossene Ausschüttungen von Bilanzgewinnen der Wj vor der Auflösung (vgl BFH I R 9/72 BStBl II 74, 14). Gewinne während des Liquidationszeitraums sind Teil des bei Beendigung der Liquidation zu verteilenden Vermögens.

222 bb) **Anschaffungskosten/Auflösungskosten.** Abzuziehen vom gemeinen Wert des dem StPfl zugeteilten Vermögens ist – neben evtl vom Anteilseigner persönl getragenen **Auflösungskosten** (BFH VIII R 23/92 BFH/NV 94, 459; FG RhPf EFG 02, 1166, rkr; s oben Rz 149 f) und den **AK** einschließl nachträgl AK der Anteile iSd § 17 IIa der Betrag, der beim Ges'ter nach § 20 I Nr 1 oder Nr 2 zu den **Einkünften aus KapVerm** gehört (Rz 235).

223 cc) **Zeitpunkt.** – (1) **Auflösungsgewinn.** Er entsteht grds (stets gesrechtl Auflösung vorausgesetzt; s Rz 212, sobald nach GoB ein Gewinn realisiert wäre (BFH VIII R 23/92 BFH/NV 94, 459; BFH IX R 28/14 DStR 15, 2489; *OFD Ffm* 21.5.08 Karte 10; so auch für BV-Anteile BFH VIII R 7/03 DStR 06, 2168). Allg ist dies der Zeitpunkt, zu dem gesrechtl der Anspruch auf Auszahlung eines Abwicklungsguthabens entsteht (ähnl BFH VIII R 87/89 BStBl II 93, 340; *Neu* GmbHR 00, 57; IV 2: zugeteiltes oder zurückgezahltes Vermögen); es muss feststehen, ob und wie hoch mit einer Zuteilung von GesVermögen zu rechnen ist (also auch Tilgung/Sicherstellung der Schulden), dh welche nachträgl AK und welche Aufgabekosten anfallen (**Beendigung der Abwicklung;** BFH VIII R 46/98 BFH/NV 00, 561; *Ott* FS Korn, 2005, 105).

Der Gewinn entsteht zw Auflösung (frühester Zeitpunkt) und Löschung im HR (spätester Zeitpunkt; *Bäumker* GStB 14, 382). Der Zeitpunkt der Zuteilung wird idR identisch sein mit dem Zeitpunkt der Auskehrung des Vermögens (**Abschluss der Liquidation**) und Übergang des wirtschaftl Eigentums auf die Ges'ter; BFH VIII R 36/00 BStBl II 02, 731; BFH VIII R 7/03 DStR 06, 2168). Er kann davor liegen, wenn die Auskehrung hinausgezögert wird, obwohl sie durchführbar ist; das Vermögen ist hier bereits „zugeteilt". Abschlagszahlungen (Liquidationsraten) sind als Teile des „Veräußerungspreises" zu dem Zeitpunkt zu erfassen, in dem der Veräußerungsgewinn entsteht, nicht bereits im Zuflussjahr. Auch im Fall einer **Nachtragsliquidation** ist der maßgebende Realisierungszeitpunkt derjenige, in dem mit einer Auskehrung von GesVermögen an den Ges'ter und mit einer wesentl Änderung der durch die Beteiligung veranlassten Aufwendungen nicht mehr zu rechnen ist (BFH IX R 47/13 BStBl II 14, 786; *OFD Ffm* DStR 15, 758). Nachträgl AK sind ggf gem § 175 I 1 Nr 2 AO auf den Zeitpunkt der Auflösung zurückzubeziehen.

224 (2) **Auflösungsverlust.** Für den **(zeitl) Ansatz** eines Auflösungsverlustes gelten folgende Grundsätze (zur Prüfung *Noack* Stbg 15, 348): – *(a) Regelfall.* Ein – nach § 17 II 6 zu berücksichtigender (s Rz 156) – **Auflösungsverlust** entsteht, wenn Auskehrungen abgewickelt sind und nachträgl AK feststehen (BFH VIII R 48/12 BStBl II 15, 270), regelmäßig **mit dem Abschluss der Liquidation,** nicht zum

Zeitpunkt des Antrags auf Eröffnung des Insolvenzverfahrens (BFH IX R 38/16 BFH/NV 18, 721). Ein Auflösungsverlust ist dann zu berücksichtigen, wenn der iSd § 17 I 1 beteiligte Ges'ter nicht mehr mit Zuteilungen und Rückzahlungen aus dem GesVermögen rechnen kann und feststeht, ob und in welchem Umfang noch nachträgl AK oder sonstige iRd § 17 II zu berücksichtigende Aufgabe- oder Veräußerungskosten anfallen werden (BFH IX B 6/15 BFH/NV 16, 1014). – *(b)* **Ausnahmen.** Der Verlust ist (kein Wahlrecht!) – gesrechtl Auflösung vorausgesetzt (s Rz 212) – **vor** dem Abschluss der Liquidation auszuweisen, wenn *(aa)* mit Zuteilungen aus dem GesVermögen nicht mehr zu rechnen ist, dh sobald und soweit feststeht, dass kein Vermögen an die Ges'ter (!) verteilt wird (BFH IX R 41/14 BFH/NV 16, 385) und *(bb)* wenn mit einer wesentl Änderung des bereits feststehenden Verlustes nicht mehr zu rechnen ist (BFH IX R 100/07 BFH/NV 09, 561; BFH X B 141/08 BFH/NV 09, 581), wenn also feststeht, dass keine (weiteren wesentl) bzw welche AK oder Auflösungskosten (noch) anfallen (Prüfung auf Gesund Ges'ter-Ebene; BFH VIII B 11/04 BFH/NV 05, 1810), ggf nach Zwischenstatus (FG Hbg EFG 05, 1434, rkr). Indizien sind keine aktive Geschäftstätigkeit, entspr Angaben in Bilanz, kein AV, keine Vorräte (BFH IX R 100/07 BFH/NV 09, 561). – *(c)* **Faustformel:** Die Höhe der nachträgl AK muss feststehen (BFH IX R 9/14 BFH/NV 15, 666); s auch *OFD Ffm* BeckVerw 512817.

(3) Insolvenzverfahren. Bei **Eröffnung** ist der Auflösungsverlust idR erst mit Abschluss des Verfahrens realisiert (BFH IX R 24/15 BStBl II 17, 1155), ausnahmsweise früher, wenn der Verlust sicher feststeht (BFH IX R 37/11 BStBl II 12, 487; BFH IX R 7/19 BFH/NV 20, 675;). – Bei **Ablehnung der Eröffnung** ist der Verlust mit dem entspr Beschluss realisiert (BFH IX R 38/16 BFH/NV 18, 721), es sei denn, dass die Höhe der nachträgl AK noch nicht feststeht (BFH IX B 90/14 BFH/NV 15, 493; FG Mster BeckRS 2021, 38620 zu schwebendem Bürgschaftsprozess). S auch *OFD Ffm* BeckVerw 512817.

Einzelfälle: Ausweis iZm Abschluss des Insolvenzverfahrens (BFH VIII R 63/98 BStBl II 00, 343), nicht vor Schlussverteilung, sofern Vermögen noch vorhanden ist (FG Köln EFG 97, 407, rkr), nicht bei lfd Steuerprüfung (BFH VIII R 36/00 BStBl II 02, 731), nicht bei mögl Zwangsvergleich (BFH VIII B 199/03 BFH/NV 05, 1772), spätestens mit Löschung im HR (BFH VIII R 20/84 BStBl II 85, 428; FG Hbg EFG 01, 1445, rkr).

Stellungnahme: Wegen der Schwierigkeiten, den zutr Zeitpunkt zu ermitteln, sollte der Verlust möglichst frühzeitig geltend gemacht werden (so auch *Graw* jurisPR-StR 26/20 Anm 3); sonst ggf Änderung über § 174 III, IV, § 175 I 1 Nr 2 AO (FG Nds EFG 15, 876, rkr; *Völlmeke* DStR 05, 2024).

(4) Sonstige Zahlungen. Freiwillige, nicht durch das GesVerhältnis veranlasste Tilgungszahlungen sind keine nachträgl AK (BFH IX R 52/09 BStBl II 10, 1102). Aufwendungen, die unerwartet nach dem maßgebl Zeitpunkt anfallen, aber durch das GesVerhältnis veranlasst sind (vgl BFH VIII R 87/89 BStBl II 93, 340), können **nachträgl AK** sein, die den Gewinn oder Verlust rückwirkend beeinflussen; in diesem Fall ist die ESt-Veranlagung für das Jahr der „Auflösung" nach § 175 I 1 Nr 2 AO zu ändern (BFH VIII R 99/90 BFH/NV 93, 654; FG Köln EFG 02, 18, rkr; zu Zinsen Rz 150).

3. Herabsetzung/Rückzahlung des Kapitals. – a) Regelungsbereich. – *(1)* § 17 IV 1 erfasst die gesrechtl Herabsetzung des Nennkapitals (§§ 222, 228 AktG; § 58 GmbHG) iVm der **Auskehrung** des Teils des GesVermögens, der den Ges'tern auf Grund der Kapitalherabsetzung nach Maßgabe ihrer Anteile gesrechtl gebührt (BFH I R 31/91 BStBl II 93, 369; HHR § 17 Rz 320). Ein Herabsetzungsgewinn/-verlust entsteht, soweit der StPfl die Anteile zu einem vom Nennbetrag abw Preis erworben hat. Zu einem „Veräußerungspreis" iSv § 17 I–III kann dies aber nur führen, soweit das ausgekehrte GesVermögen nicht „nach § 20 I Nr 1 oder 2" zu den Einnahmen aus KapVerm gehört (§ 17 IV 3; Spaltung in Veräußerungspreis und ausgeschüttete Gewinne, s Rz 235). – *(2)* § 28 KStG idF StSenkG, BGBl I 00, 1433 (iVm § 20 II Nr 2 idF StSenkG) sieht vor, dass die in Nennkapital umgewandelten Beträge, die aus der Gewinnrücklage stammen, bei einer Kapitalherabsetzung als Einkünfte aus KapVerm erfasst werden; insoweit greift § 17 nicht ein (§ 17 IV 3). – *(3)* Eine nominelle Kapitalherabsetzung zum Ausgleich einer Unterbilanz ohne Auskehrung von GesVermögen (zB §§ 58a ff GmbHG) wird von § 17 IV 1 nicht erfasst (zB *Maser/Sommer* GmbHR 96, 22).

231 **c) Zeitpunkt.** Der Veräußerungs-(Herabsetzungs-)gewinn oder -verlust entsteht mit Eintragung der Kapitalherabsetzung ins HR (*HHR* § 17 Rz 320) oder *vorheriger* Auskehrung des GesVermögens (BFH VIII R 72/70 BStBl II 76, 341).

233 **d) Ermittlung des Herabsetzungsgewinns. –** *(1)* **Veräußerungspreis bei Kapitalherabsetzung.** Das ist „der gemeine Wert des dem StPfl ... zurückgezahlten Vermögens der KapGes" (Rz 221). Bei einer *gesrechtl* Kapitalherabsetzung dürfen nur Teile des bisherigen Grund- oder Stammkapitals zurückgezahlt werden, also keine Rücklagen. Ein Rückzahlungsbetrag, der gesrechtl auf **eigene Anteile der Ges** entfällt, aber an die Ges'ter ausgezahlt wird, gehört nicht zum „Veräußerungspreis", sondern ist sonstiger Bezug iSv § 20 I Nr 1 (BFH I R 31/91 BStBl II 93, 369). Wird **vor handelsrechtl Wirksamkeit der Kapitalherabsetzung** zurückgezahlt, ist eine vGA gegeben, es sei denn, die Beteiligten haben bereits alles unternommen, was zur Herbeiführung der Wirksamkeit erforderl ist (BFH VIII R 69/93 BStBl II 95, 725). – *(2)* **Abzug der Anschaffungskosten.** Dem Veräußerungspreis sind – nach Abzug evtl Herabsetzungskosten (s Rz 148 f) – abzügl des als Einkünfte aus KapVerm geltenden Betrags (Rz 235) ggf die **AK** der durch Kapitalherabsetzung untergegangenen Anteile gegenüberzustellen; zum **anteiligen** Ansatz s Rz 48, 156. Der an die Anteilseigner ausgezahlte Betrag ist von den bisherigen AK abzuziehen, mit dieser also erfolgsneutral zu verrechnen, und ein evtl Mehrbetrag Veräußerungsgewinn (BFH VIII R 69/93 BStBl II 95, 725).

234 **4. Rückgewähr von Einlagen.** § 17 I–III sind (seit dem 1.1.97) auch anzuwenden, wenn Einlagen iSd 27 KStG (Beträge aus dem steuerl Einlagekonto) ausgeschüttet oder zurückgezahlt werden (§ 17 IV 1). Soweit Einlagen **iRe Liquidation oder Kapitalherabsetzung** ausgekehrt werden, ist dies kein stbarer Beteiligungsbezug (§ 20 I Nr 1 S 3), sondern Teil des Veräußerungspreises (FG Nds EFG 12, 1326, rkr; BFH IX R 19/13 BStBl II 14, 682; *Karl* GmbHR 14, 166). – § 17 IV 1 greift auch ein, soweit **Einlagen außerhalb einer Liquidation oder Kapitalherabsetzung** ausgeschüttet oder zurückgezahlt werden; es entsteht zunächst eine Minderung der AK und soweit die Ausschüttung oder Rückzahlung von Einlagen die AK der Anteile übersteigt, ein nach § 17 stpfl Gewinn (BFH IX R 24/12 BStBl II 13, 484; FG BaWü DStRE 16, 321; *OFD Ffm* DStR 14, 903; *Ott* DStR 14, 673; *HHR* § 17 Rz 325). In der Praxis sollte daher die Höhe der AK in Form einer Nebenrechnung festgehalten und fortgeschrieben werden, um bei einer späteren Veräußerung oder bei Liquidation die (ggf auf 0 geminderten) AK nachweisen zu können (vgl § 27 II KStG zur gesonderten Feststellung des Einlagenkontos). – Anwendungsfälle sind zB die Einziehung von GmbH-Anteilen gegen Entgelt (= Veräußerung, s Rz 29) oder Vorgänge, bei denen keine Anteile übertragen werden oder untergehen, zB die Rückzahlung von Nachschüssen iSv § 26 GmbHG.

235 **5. Unterscheidung Kapitalrückzahlung/Gewinnausschüttung, § 17 IV 3. – a) Begrenzte Gleichstellung.** Einer Anteilsveräußerung gleichgestellt ist die Auflösung und die Kapitalherabsetzung nur, soweit die Auskehrung des Vermögens der KapGes bei den Ges'tern nicht zu Einnahmen aus KapVerm führt: **Kapitalrückzahlung ieS** (Auskehrung des Nennkapitals [Grund- oder Stammkapital; zB BFH IX R 19/13 BStBl II 14, 682] und der Beträge des Einlagekontos iSd § 27 I KStG) ist **Anteilsveräußerung, Auskehrung thesaurierter Gewinne** (sonstige Rücklagen) ist **Gewinnausschüttung** und führt zu „Einnahmen aus KapVerm" (BFH IX R 28/14 DStR 15, 2489). – Ausnahmsweise gehören Teile des Nennkapitals zu den sonstigen Rücklagen und die ihnen entspr Teile des Liquidationserlöses deshalb zu den Einnahmen aus KapVerm, soweit das **Nennkapital aus sonstigen Rücklagen erhöht** wurde (§ 28 KStG; § 20 I Nr 2).

b) Sinn dieser Unterscheidung. Erforderl ist die Unterscheidung nach Einführung der AbgeltungSt im Hinblick auf Systematik, Einkünfteermittlung, 1 %-Grenze (Rz 51) und Freibeträge (*Dötsch* § 17 Rz 485; *Ott* FS Korn, 2005, 105). **236**

Beispiel: A und B sind zu je 50 % Ges'ter der X-GmbH; Rücklagen 500 000; Stammkapital 100 000. A hat seinen Geschäftsanteil für 150 000, B für 40 000 erworben, und zwar jeweils vor mehr als 5 Jahren (s Rz 156). Die GmbH wird liquidiert. A und B erhalten je 300 000. Davon gehören nach § 17 IV 3 iVm § 20 I Nr 2 je 250 000 zu den Einnahmen aus KapVerm und unterliegen der AbgeltungSt. Daneben erzielen A einen Veräußerungsverlust von 60 000 ([50 000 Veräußerungspreis ./. AK 150 000] × 60 5) und B einen Veräußerungsgewinn von 6 000 ([50 000 Veräußerungspreis ./. AK 40 000] × 60 %). Wäre die GmbH nicht liquidiert worden, sondern hätten A und B ihre Geschäftsanteile an Dritte zum Preise von je 300 000 veräußert, wäre bei A ein Gewinn von 90.000 ([300 000 Veräußerungspreis ./. AK 150 000] × 60 %) und bei B ein Gewinn von 156 000 [300 000 Veräußerungspreis ./. AK 40 000] × 60 %) entstanden. – Die Vorteilhaftigkeit wird durch die individuellen Verhältnisse bestimmt.

VII. Sitzverlegung als Veräußerungsvorgang, § 17 V

Schrifttum: *Weber-Grellet,* § 17 EStG bei Einbringung, Umwandlung, Wegzug und Zuzug, DB 09, 304; *Eickmann/Mönvald,* Steuerrechtl Auswirkungen eines Wegzugs ..., DStZ 09, 422; *Kessler/Philipp,* Hat sich die Entstrickung endgültig „verstrickt"?, DStR 11, 1888.

1. Grundsatz. § 17 V 1 idF SEStEG (BGBl I 06, 2782) behandelt zur Sicherung des dt Besteuerungsrechts (BT-Drs 16/2710, 29; *Schmidt ua* FR 07, 1) die (identitätswahrende) Verlegung des Sitzes oder des Orts der Geschäftsleitung in einen anderen Staat (*HHR* § 17 Rz 350; *BeckOK EStG* § 17 Rz 587 f) wie eine Veräußerung, sofern diese zu einer Beschränkung oder zu einem Ausschluss des Besteuerungsrechts für die Anteile führt. – Geltung ab 13.12.06 (*Förster* DB 07, 72). Zur geringen praktischen Bedeutung (wegen DBA-Regelungen) *Eickmann/Mönvald* DStZ 09, 422. – Als „Veräußerungspreis" ist der gemeine Wert anzusetzen (*Förster* DB 07, 72). **240**

Beispiel: Ein beschr StPfl hält in einem Nicht-DBA-Staat Anteile an einer inl KapGes, die ihren Sitz ins Ausl verlegt. – Bei unbeschr StPfl bleibt nach Art 13 V OECD-MA das Besteuerungsrecht in Deutschland (*Benecke/Schnitger* IStR 06, 765). – Eine Beschränkung des Besteuerungsrechts ergibt sich zB bei einem Gebot zur Anrechnung ausl St. – Weitere Beispiele bei *Förster* DB 07, 72, 78; *Frotscher* Internationalisierung Rz 158.

2. Ausnahme. Keine Veräußerung ist (nach § 17 V 2) die Sitzverlegung in einen anderen EU-Mitgliedstaat *(1)* von einer Europäischen Ges nach Art 8 VO EG Nr. 2157/2001 und *(2)* von jeder anderen KapGes (*HHR* § 17 Rz 352; *BeckOK EStG* § 17 Rz 593). – Bei späterer Veräußerung ist der Gewinn aber in der gleichen Art und Weise zu besteuern, wie die Veräußerung dieser Anteile zu besteuern gewesen wäre, wenn keine Sitzverlegung stattgefunden hätte (§ 17 V 3); DBA sind unbeachtl (treaty override, § 15 Rz 155). Gem § 17 V 4 ist § 15 Ia 2 (§ 15 Rz 156) entspr anzuwenden (*Schmidt* ua FR 07, 1); dessen Veräußerungsersatztatbestände gelten auch hier. **241**

VIII. Besteuerung nach Einbringung, § 17 VI

Die Funktion des § 17 VI besteht darin, die Besteuerung erhaltener Anteile bei späterer Veräußerung nach Einbringung sicherzustellen. Über § 17 I 1 hinaus erfasst Abs 6 auch die auf Grund eines Einbringungsvorgangs iSd UmwStG erhaltenen Anteile, bei dem nicht der gemeine Wert zum Ansatz kam, wenn *(1)* zum Einbringungszeitpunkt für die eingebrachten (bereits bestehenden) Anteile (in ihrer bisherigen „Umgebung") die Voraussetzungen von § 17 I 1 erfüllt waren (**Anteilstausch;** § 21 UmwStG oder wenn *(2)* die Anteile auf einer **Sacheinlage** iSv **245**

§ 20 I UmwStG idF SEStEG (BGBl I 06, 2782) beruhen (*BMF* BStBl I 11, 1314 Tz 22.06; *Dötsch* § 17 Rz 561), wenn die erhaltenen Anteile die Beteiligungsschwelle von 1% nicht erreichen. **§ 17 VI** erstreckt mithin die ursprüngl StVerstrickung auf die im Zuge der Einbringung (§§ 20, 21 UmwStG) als Gegenleistung erhaltenen (auch nicht relevanten) Anteile (BT-Drs 16/2710, 29). – Geltung ab 13.12.06 (§ 27 I UmwStG) – § 17 VI betrifft den Verkauf der erhaltenen Anteile, sind diese sperrfristbehaftet, ist daneben § 22 UmwStG iVm § 16 I anzuwenden.

Beispiel: A bringt einen Anteil an der X-GmbH (10%) in die B-GmbH zu Buchwerten ein (§ 21 UmwStG). Als Gegenleistung erhält A einen Anteil an der B-GmbH iHv 0,5%. Die B-GmbH-Anteile (0,5%) sind nach § 17 VI Anteile iSd § 17 I, obwohl sie die Mindestbeteiligungsquote von 1% nicht erreichen. – **Konstellationen:**
– B-GmbH veräußert X-GmbH-Anteil: Einbringungsgewinn II bei A und Veräußerungsgewinn bei B-GmbH, aber stfrei nach § 8b II KStG.
– A **veräußert** B-GmbH-Anteil: § 17 I, VI; daneben ggf Besteuerung des Einbringungsgewinns I (§ 22 I UmwStG iVm § 16 I mit Erhöhung der AK, vgl *BMF* BStBl I 11, 1314, Tz 22.04–22.06).

IX. Anteile an Genossenschaft, § 17 VII

247 Gem § 17 VII gelten als Anteile iSd § 17 I 1 auch Anteile an einer Genossenschaft *BeckOK EStG* § 17 Rz 609 einschließlich der Europäischen Genossenschaft.

c) Selbständige Arbeit (§ 2 Absatz 1 Satz 1 Nummer 3)

§ 18 [Einkünfte aus selbständiger Arbeit]

(1) Einkünfte aus selbständiger Arbeit sind
1. **Einkünfte aus freiberuflicher Tätigkeit.** ²Zu der freiberuflichen Tätigkeit gehören die selbständig ausgeübte wissenschaftliche, künstlerische, schriftstellerische, unterrichtende oder erzieherische Tätigkeit, die selbständige Berufstätigkeit der Ärzte, Zahnärzte, Tierärzte, Rechtsanwälte, Notare, Patentanwälte, Vermessungsingenieure, Ingenieure, Architekten, Handelschemiker, Wirtschaftsprüfer, Steuerberater, beratenden Volks- und Betriebswirte, vereidigten Buchprüfer, Steuerbevollmächtigten, Heilpraktiker, Dentisten, Krankengymnasten, Journalisten, Bildberichterstatter, Dolmetscher, Übersetzer, Lotsen und ähnlicher Berufe. ³Ein Angehöriger eines freien Berufs im Sinne der Sätze 1 und 2 ist auch dann freiberuflich tätig, wenn er sich der Mithilfe fachlich vorgebildeter Arbeitskräfte bedient; Voraussetzung ist, dass er auf Grund eigener Fachkenntnisse leitend und eigenverantwortlich tätig wird. ⁴Eine Vertretung im Fall vorübergehender Verhinderung steht der Annahme einer leitenden und eigenverantwortlichen Tätigkeit nicht entgegen;
2. Einkünfte der Einnehmer einer staatlichen Lotterie, wenn sie nicht Einkünfte aus Gewerbebetrieb sind;
3. Einkünfte aus sonstiger selbständiger Arbeit, z. B. Vergütungen für die Vollstreckung von Testamenten, für Vermögensverwaltung und für die Tätigkeit als Aufsichtsratsmitglied;
4. Einkünfte, die ein Beteiligter an einer vermögensverwaltenden Gesellschaft oder Gemeinschaft, deren Zweck im Erwerb, Halten und in der Veräußerung von Anteilen an Kapitalgesellschaften besteht, als Vergütung für Leistungen zur Förderung des Gesellschafts- oder Gemeinschaftszwecks erzielt, wenn der Anspruch auf die Vergütung unter der Voraussetzung eingeräumt worden ist, dass die Gesellschafter oder Gemeinschafter ihr eingezahltes Kapital vollständig zurückerhalten haben; § 15 Absatz 3 ist nicht anzuwenden.

Übersicht **§ 18**

(2) **Einkünfte nach Absatz 1 sind auch dann steuerpflichtig, wenn es sich nur um eine vorübergehende Tätigkeit handelt.**

(3) ¹**Zu den Einkünften aus selbständiger Arbeit gehört auch der Gewinn, der bei der Veräußerung des Vermögens oder eines selbständigen Teils des Vermögens oder eines Anteils am Vermögen erzielt wird, das der selbständigen Arbeit dient.** ²§ 16 Absatz 1 Satz 1 Nummer 1 und 2 und Absatz 1 Satz 2 sowie Absatz 2 bis 4 gilt entsprechend.

(4) ¹§ 13 Absatz 5 gilt entsprechend, sofern das Grundstück im Veranlagungszeitraum 1986 zu einem der selbständigen Arbeit dienenden Betriebsvermögen gehört hat. ²§ 15 Absatz 1 Satz 1 Nummer 2, Absatz 1a, Absatz 2 Satz 2 und 3, §§ 15a und 15b sind entsprechend anzuwenden.

Einkommensteuer-Richtlinien: EStR 18.1–18.3/EStH 18.1–18.3.

Übersicht

	Rz
I. Allgemeines	
1. Inhalt; Systematik; Rechtsentwicklung	1
2. Bedeutung; Rechtsfolgen der Einkunftsart	3
3. Verfassungsfragen	4
II. Selbstständige Arbeit, § 18 I, II, IV	
1. Begriff der selbstständigen Arbeit	
a) Merkmale des Gewerbebetriebs	5
b) Abgrenzung zu Gewerbebetrieb	6
2. Selbstständigkeit	7–11
a) Festentgelt	8
b) Nebentätigkeit	9
c) Einzelfälle	11
3. Persönliche qualifizierte Arbeitsleistung	15–18
a) Ähnlichkeit	16
b) Gemischte Tätigkeit	17
c) Gewerblichkeit	18
4. Mithilfe anderer Personen	
a) Freiberufliche Tätigkeit	23–29
b) Sonstige selbständige Tätigkeit	30–32
5. Vertretung	35
6. Personenzusammenschlüsse, § 18 IV	
a) Allgemeines	39
b) Bürogemeinschaften; Laborgemeinschaften; Apparategemeinschaften	40
c) Gesellschaftsverhältnisse; vergleichbare Gemeinschaftsverhältnisse	41
d) Mitunternehmerstellung der Gesellschafter/Gemeinschafter	42
e) Abfärbung	43, 44
f) Erbengemeinschaft; Erbenabfindung	45–47
g) Gemischte Tätigkeiten	50, 51
h) *Exkurs:* Freiberufler-Kapitalgesellschaft	52
i) Zusammenarbeit mit gewerblichen Unternehmen	54
j) Betriebsaufspaltung	55
III. Freie Berufe, § 18 I Nr 1	
1. Einkünfte aus freiberuflicher Tätigkeit	60
2. Wissenschaftliche Tätigkeit	62–64
a) Berufsausübung	63
b) Erfinder	64
3. Künstlerische Tätigkeit	
a) Kunstbegriff	66–74
b) Gewinnerzielungsabsicht	75
4. Schriftstellerische Tätigkeit	
a) Grundsätze	77
b) Einzelfragen	78

		Rz
5.	Unterrichtende Tätigkeit; erzieherische Tätigkeit	
	a) Unterricht	83
	b) Erziehung	84, 85
6.	Heilberufe	
	a) Ärzte; Fachärzte; Zahnärzte; Tierärzte	87–92
	b) Dentisten; Heilpraktiker; Krankengymnasten	95
7.	Rechtsberatende Berufe; wirtschaftsberatende Berufe	
	a) Rechtsanwälte; Patentanwälte; Notare	97–100
	b) Wirtschaftsprüfer; Steuerberater; vereidigte Buchprüfer	105
	c) Beratender Betriebswirt; Volkswirt	107
8.	Technische Berufe; Ingenieure; Architekten	108–114
	a) Ausbildung	109
	b) Architekten	110
	c) Tatsächliche Tätigkeiten	111
	d) Gemischte Tätigkeiten	112
	e) Handelschemiker	113
	f) Lotsen	114
9.	Medienberufe	
	a) Journalist	120
	b) Bildberichterstattung	122
	c) Dolmetscher	123
10.	Ähnliche Berufe	125–132
	a) Vergleichbarkeit	126
	b) Ausbildung	127–129
	c) Erlaubnisberufe	130
	d) Sportler	132

IV. Sonstige selbstständige Tätigkeit, § 18 I Nrn 2, 3
1. Staatliche Lotterieeinnehmer ... 135
2. Sonstige selbstständige Arbeit
   - a) Begriff ... 140, 141
   - b) Ehrenamt ... 144
   - c) Mitarbeit ... 147
3. Aufsichtsratsmitglieder
   - a) Begriff ... 150
   - b) Arbeitnehmer-Aufsichtsräte ... 151
   - c) Beamte ... 152
   - d) Mitunternehmer ... 153
4. ABC der selbstständigen Arbeit ... 155

V. Ermittlung der Einkünfte; laufender Gewinn
1. Gewinnermittlung ... 156
2. Betriebsvermögen ... 157–166
   - a) Gewillkürtes Betriebsvermögen ... 159
   - b) Grundstücke, Gebäude ... 161
   - c) Gold ... 162
   - d) Standesrecht ... 163
   - e) Beteiligung an Kapitalgesellschaft ... 164, 165
   - f) Bilanzierung ... 166
3. Betriebseinnahmen ... 170–179
4. Betriebsausgaben ... 185, 190
5. Praxiswert
   - a) Wesensmerkmale ... 200
   - b) Abschreibbarkeit; Nutzungsdauer ... 202, 203
6. Einzelfälle
   - a) Sozietätspraxiswert ... 208
   - b) Anteilsveräußerung ... 209, 210
   - d) Einbringung einer Einzelpraxis in GmbH ... 213
   - e) Erwerb von Anteilen ... 214
   - f) Verpachtung einer Praxis ... 215
7. Pauschbeträge für Betriebsausgaben ... 216
8. Gewinnverteilung bei Personengesellschaften ... 217

Allgemeines 1–3 § 18

VI. Veräußerungsgewinne, § 18 III
1. Verhältnis zu anderen Vorschriften 220
2. Veräußerung
   a) Grundsatz 221
   b) Wesentliche Grundlagen 223, 224
   c) Zeitweilige Einstellung der Berufstätigkeit 225–229
   d) Sozietätsgründung/Sozietätserweiterung; Einbringung in eine Personengesellschaft 230–234
   e) Einbringung in eine Kapitalgesellschaft 235
   f) Erbengemeinschaft; Erbauseinandersetzung 240–246
3. Selbstständiger Teil des der selbstständigen Arbeit dienenden Vermögen 250, 251
4. Anteil des der selbstständigen Arbeit dienenden Vermögens 252
5. Aufgabe 253–260
6. Berechnung von Veräußerungsgewinn/Aufgabegewinn/Freibeträgen 264–272

VII. Wagniskapital-Gesellschaften; Gewinnvorzug, § 18 I Nr 4
1. Beteiligte; Begriffe 280
2. Ertragsteuerrechtliche Grundfragen
   a) Einkunftsart des Fonds 281
   b) MoRaKG 282
   c) Gewinnvorzug 284
   d) § 18 I Nr 4 285–289

I. Allgemeines

1. Inhalt; Systematik; Rechtsentwicklung. § 18 regelt drei Arten selbstständiger, **nicht** der **GewSt** unterliegender Einkünfte: – *(1)* die **freiberufl Tätigkeit** (§ 18 I Nr 1), – *(2)* die Tätigkeit als **Einnehmer einer staatl Lotterie** (§ 18 I Nr 2) und – *(3)* **sonstige selbstständige Tätigkeit** (§ 18 I Nr 3). – § 18 ist Teil der Vorschriften, die die Erzielung von Einkünften auf Grund einer Tätigkeit erfassen (§§ 13–19). Mit den Einkünften aus LuF und GewBetr (§§ 13–17) stimmt sie darin überein, dass eine selbstständige und für eigene Rechnung ausgeübte Tätigkeit vorausgesetzt wird und dass die Einkünfte als Gewinn ermittelt werden. Wie bei den Einkünften aus nichtselbstständiger Arbeit (§ 19) kommt es für die Einkünfte aus selbstständiger Arbeit vor allem auf die **persönl Arbeitsleistung** und weniger auf den Einsatz von BV an. Von den Einkünften aus **gelegentl Arbeit** nach § 22 Nr 3 unterscheidet sich die selbstständige Tätigkeit dadurch, dass bei ihr wenigstens eine gem § 18 II eine **vorübergehende** – wenn auch nach Wiederholung gerichtete – **Tätigkeit** ausreicht. – **Rechtsentwicklung** bis 2003 s *Schmidt* 23. Aufl § 18 Rz 2; Zu WagnisKapGes (§ 18 I Nr 4) s Rz 280 ff; zu StStundungsmodellen (§ 18 IV 2) s § 15b; zur Sitzverlegung einer SE/SCE (§ 18 IV 2 nF) s § 15 Ia. 1

2. Bedeutung; Rechtsfolgen der Einkunftsart. – **ESt:** Buchführungserleichterung (s Rz 156); kein StAbzug wie bei § 19; keine StFreiheit nach § 3b für Sonntags-, Feiertags- und Nachtarbeitszuschläge (BFH IV R 339/84 BStBl II 87, 625; § 3b Rz 1) oder nach § 3 Nr 45 für private PC-Nutzung (BFH XI R 50/05 BStBl II 06, 715); AfA auf derivativen Praxiswert (Rz 200). – **Inl/Ausl:** zu internationalen Sozietäten s Rz 43; **beschr StPfl:** StAbzug/Veranlagungswahlrecht/StFreistellung gem § 49 I Nr 3, 50, 50a (s dort); zu § 32b (Progressionsvorbehalt) s BFH I R 66/15 BFH/NV 17, 726; **DBA/OECD-MA:** Art 7, 14 aF, 16 f OECD-MA; BFH I R 50/14 BStBl II 17, 247 (LLP-Anwälte); BFH I R 62/16 IStR 19, 32 (Chorsänger); BFH I R 44/16 DStR 18, 2681 (Lichtdesigner); *BMF* BStBl I 14, 1258; SBV/Sondervergütung gem § 50d X 7 Nr 2 nF; Einkunftsberichtigung gem § 1 IV AStG. – Keine **GewSt**-Pflicht (Ausnahme § 18 III 3

UmwStG; *BMF* BStBl I 11, 1314 Tz 18.11). – **USt:** ermäßigter StSatz nach § 12 II Nr 5 UStG aF; § 12 II Nr 7a nF (Künstler); zur StFreiheit für Heilberufe gem § 4 Nr 14 UStG aF/nF s z 87, 130; Antragsberechtigung nach § 20 UStG. – **ErbSt-/ Bewertungs-Recht:** § 12 ErbStG, §§ 96, 109 BewG: gemeiner Wert; uU Begünstigung gem §§ 13a, 13b, 19a, 28a ErbStG. – **AO:** § 180 I AO. – **FGO:** §§ 40 II, 48 FGO (gesonderte Einkünftefeststellung; isoliert anfechtbar; BFH VIII R 77/05 BFH/NV 08, 53; Rz 114); – **KStG:** s KStR 8.1 I; *Dötsch ua* DB 05, 125, 128.

4 3. Verfassungsfragen. Das BVerfG hat mehrfach die VerfMäßigkeit der unterschiedl Belastung mit **GewSt** mangels Verstoß gegen das Willkürverbot bejaht und hieran festgehalten: BVerfG 2 BvR 1488/93 FR 01, 367 zu Dispacheur/ Rundfunkbeauftragter; BVerfG 1 BvR 1916/99, juris zu Kenntnisse/Selbststudium eines EDV-Beraters (Rz 155); BVerfG 1 BvR 806/00 StEd 01, 166 zu Eigenverantwortlichkeit eines Laborarztes (Rz 23 ff). Ebenso – einschließl EU-Konformität – BFH X R 2/00 BStBl II 04, 17; BFH IV R 34/03 BStBl II 05, 576. Zur Begrenzung auf bestimmte Berufsbilder und (grds) Irrelevanz sog Gruppenähnlichkeit (Rz 125 f) s BFH VIII R 27/17 BStBl II 20, 222; BFH VIII R 2/16 BStBl II 19, 528; zu Sachverständigengutachten bei ähnl Berufen s BFH III B 244/11 BFH/ NV 12, 1119. Zu **KapGes** s Rz 52. – BVerfG und BFH erachten nicht nur die GewStPflicht **geprägter PersGes** (§ 15 III Nr 2; s § 15 Rz 212), sondern auch die **Abfärberegelung** des § 15 III Nr 1 selbst bei geringfügigen gewerbl Tätigkeiten für verfgemäß (s einschließl Bagatellgrenze § 15 Rz 185 ff 193); zur Einkünftetrennung bei Einzelunternehmen s BFH VIII R 6/12 BStBl II 15, 1002; BVerfG 2 BvR 1488/93 FR 01, 367. Zu **§ 3b** s Rz 170.

II. Selbstständige Arbeit, § 18 I, II, IV

5 1. Begriff der selbstständigen Arbeit. – a) Merkmale des Gewerbebetriebs. § 18 definiert die selbstständige Arbeit nicht, sondern zählt die dazugehörigen Tätigkeiten auf. Einen Oberbegriff für die in § 18 I Nr 1 genannten freien Berufe gibt es nicht (BVerfG 1 BvR 15/75 BStBl II 78, 125), ebenso wenig für die anderen in § 18 aufgezählten Arten selbstständiger Arbeit. – Auch der Begriff der selbstständigen Arbeit erfordert grds die vier positiven Merkmale eines **GewBetr** (§ 15 II; BFH I R 54/93 BStBl II 94, 864): – *(1)* **Selbstständigkeit** (s Rz 7–11, § 15 Rz 11–15); – *(2)* **Nachhaltigkeit** (s § 15 Rz 17–19), die zwar auch bei vorübergehender (§ 18 II; BFH IV R 131/92 BFH/NV 94, 93), nicht jedoch bei nur gelegentl Tätigkeit vorliegt (BFH XI R 26/02 BStBl II 04, 218; *MK* DStRE 98, 749); – *(3)* **Teilnahme am** allg wirtschaftl **Verkehr** (s § 15 Rz 20; BFH I R 62/93 BStBl II 94, 352: innerbetriebl Organisationseinheit; IV R 10/00 BStBl II 02, 338: Leistungen ggü Angehörigen; BFH IV R 94/99 BStBl II 02, 565: Pilot mit nur einem Auftraggeber ohne Sozialleistungen; einschr *BH/Hutter* § 18 Rz 20); – *(4)* **Gewinnerzielungsabsicht** (s Rz 6, 75, § 15 Rz 24 ff). Die Erzielung von Einkünften iSd § 18 setzt eine auf Vermögensmehrung gerichtete Tätigkeit voraus, dh die Tätigkeit muss auf die Erzielung positiver Einkünfte gerichtet und von einer entspr Absicht begleitet sein; für die Abgrenzung von einer nicht auf die Erzielung von Einkünften gerichteten Tätigkeit, insb der **Liebhaberei,** gelten die allg Grundsätze (BFH GrS 4/82 BStBl II 84, 751; XI R 47/06 BStBl II 08, 106; Einzelfälle s Rz 64, 75, 78, 83, 91, 95, 99, 110; § 15 Rz 24 ff). Bei künstlerischen Tätigkeiten können sich besonders lange Anlaufphasen ergeben (s Rz 75, 766).

6 b) Abgrenzung zu Gewerbebetrieb. Die Ausübung einer selbstständigen Tätigkeit **unterscheidet** sich vom **gewerbl** oder luf **Betrieb** idR dadurch, dass der Einsatz von **Kapital** ggü der geistigen Arbeit und der eigenen Arbeitskraft in den **Hintergrund** tritt (BFH IV R 49/00 BStBl II 01, 828). Der Begriff des Betriebes erhält insofern einen anderen Inhalt, als die Ausübung einer auf Ausbildung und Können beruhenden Tätigkeit das beherrschende Moment bildet. Das

Selbstständigkeit   7–9 § 18

gilt auch dort, wo die Tätigkeit ein nicht unerhebl BV erfordert (BFH IV 198/62 S BStBl III 64, 120). Charakteristisch und erforderl ist die *persönl Arbeitsleistung des Berufsträgers* (BFH III B 246/11 BFH/NV 12, 1959), statt der Erbringung einer Betriebsleistung, die bei GewBetr ausreichend ist. Da einerseits ein Überwiegen geistiger Arbeit ggü dem Kapitaleinsatz auch in GewBetr vorkommt und andererseits großer technischer Aufwand mit erhebl Kapitaleinsatz wie in der LuF und im gewerbl Bereich auch bei freien Berufen anzutreffen ist (zB Rechenanlagen, Laboreinrichtungen bei Ärzten), kann die „selbstständige Arbeit" begriffl auch nicht eindeutig anhand des Merkmals der persönl Arbeitsleistung von der gewerbl Tätigkeit (s iEinz Rz 15) und von der LuF abgegrenzt werden. Als **zusätzl** Abgrenzungsmerkmal ist daher erforderl, dass die Tätigkeit bzw der Beruf in **§ 18 ausdrückl aufgeführt** ist oder, soweit § 18 I Nr 1 und Nr 3 keine abschließenden Aufzählungen enthalten, den genannten **Tätigkeiten** ähnl ist (s Rz 3, 125; vgl auch § 15 Rz 95 ff). – Sind die Voraussetzungen des § 18 gegeben, wird hierdurch grds die Anwendbarkeit des § 15 (Einkünfte aus GewBetr; BFH I R 140/66 BStBl II 70, 428; BFH I R 41/70 BStBl II 71, 771) und damit eine Artzurechnung nach § 20 III, § 21 III, § 22 Nr 3 ausgeschlossen. Ausnahmen: Abfärbung gem § 15 III 1 (s Rz 4, 44) und gemischte Tätigkeiten (Rz 50, 51).

2. Selbstständigkeit. Selbstständig tätig ist (s auch § 15 Rz 11 ff), wer den Wei- 7
sungen eines Dritten nicht zu folgen verpflichtet ist und auf eigene Rechnung und Gefahr arbeitet (Pilot; BFH V R 37/08 BFH/NV 09, 1749: Rundfunkjournalist). **Nichtselbstständig** tätig ist, wer seine Arbeitskraft schuldet, dh in der Betätigung seines geschäftl Willens unter der Leitung des ArbG steht oder im geschäftl Organismus des ArbG dessen Weisungen zu folgen verpflichtet ist (§ 1 II LStDV; BFH IV R 75/97 BStBl II 98, 732 zu 5.). Dies ist iRe Gesamtbildbetrachtung zu beurteilen (§ 19 Rz 21; *FB Brem* DB 07, 2287: Chefarzthonorar). Eine Bindung an das Ar-beits-/Sozialrecht besteht nicht (BFH VI R 59/91 BStBl II 93, 303: nur indizielle Bedeutung); Gleiches gilt für **Scheinselbständige** (§ 19 Rz 35, 21; bis *Schmidt* 35. Aufl § 18 Rz 7). Wer zwar (weitgehende) Entschließungsfreiheit besitzt, diese aber im Interesse und für Rechnung eines anderen auszuüben hat, ist ebenfalls (idR) nicht selbstständig tätig (zB Geschäftsführer einer GmbH, Vorstand einer AG; § 19 Rz 35 „Gesetzl Vertreter"), auch wenn er **arbeitsrechtl** eine **arbeitgeberähnl Stellung** hat. Beim Zusammentreffen verschiedener Haupttätigkeiten und/oder Nebentätigkeiten sind die Abgrenzungsmerkmale jeweils gesondert zu prüfen (BFH IV R 37/76 BStBl II 80, 321).

a) Festentgelt. Wird ein RA in eine **Sozietät** aufgenommen und erhält er 8
(zunächst) einen **festbestimmten Betrag als Gewinnanteil,** so ist er gleichwohl selbstständig tätig und nicht ArbN (RFH RStBl 35, 1206; zum „Partner auf Probe" s FG Saarl EFG 98, 323; zu bloßen „Außensozietäten" s Rz 42). Gleiches gilt, wenn sich Angehörige freier Berufe gegen festes Entgelt, zB im Urlaub, **vertreten** (s Rz 35, 98) oder ein **Gerichtsreferendar** bei einem RA gegen Festentgelt tätig ist (BFH VI R 228/67 BStBl II 68, 455). Zu freiberufl *Einzel*-Einkünften eines RA aufgrund „Partnerschaftsvertrag" mit einer GmbH bei Umsatzbeteiligung s FG Mchn EFG 02, 1550, rkr.

b) Nebentätigkeit. Zur selbstständigen freiberufl Nebentätigkeit s LStR 19.2; 9
EStR 18.1 I. **Gutachtertätigkeit** von Ärzten, die neben einer nichtselbstständigen Tätigkeit ausgeübt wird, ist selbstständige ärztl Berufstätigkeit (BFH IV R 102/83 BStBl II 85, 293; diff *FM SchlHol* DStR 13, 529); ebenso **Erfindertätigkeit** eines Hochschullehrers (BFH IV R 14/00 BStBl II 01, 798). Ist eine Nebentätigkeit von nichtselbstständigen Haupttätigkeit abhängig, liegt insgesamt eine nichtselbstständige Tätigkeit vor (vgl § 2 II Nr 8 LStDV; BFH XI R 32/00 BStBl II 01, 496), zB **Prüfungstätigkeit von Hochschullehrern** iRd Hochschulausbildung (*FinVerw* DStR 89, 716). Die Prüfungstätigkeit bei Staatsprüfungen, die nicht den Abschluss einer Hochschulausbildung darstellen, ist idR freiberufl (BFH IV R 189/

§ 18 11–23 Selbständige Arbeit

85 BStBl II 87, 783). Zur nebenberufl **Lehrtätigkeit** s § 19 Rz 35; zur nebenamtl **Prüfungstätigkeit** sowie zum **Übungsleiter, Ausbilder** und **Erzieher** s § 3.

11 **c) Einzelfälle.** **Musiker** (*Wolf* FR 02, 202) sind nichtselbstständig bei Eingliederung in einen anderen Betrieb (FG BBg EFG 20, 486: AdV bei Chefdirigent; FG Hbg EFG 95, 772; 95, 1079 Orchester/Teilzeitvertrag; BFH VI R 102/67 BStBl II 68, 726: Gaststättenauftritt), selbstständig aber, wenn eine Gruppe von Musikern (GbR) engagiert wird (BFH VI R 80/74 BStBl II 77, 178). Bei **Rundfunk-/ Schallplattenaufnahmen** selbständig (BFH IV R 126/70 BStBl II 72, 212); ebenso **Aushilfsmusiker** (FG Köln EFG 82, 345) . Zu Leistungsschutzrechten von Orchestermusikern s BFH VI R 63/94 BStBl II 95, 471: § 18. Zu **Fotoreporter** s BAG 5 AZN 154/98 BB 98, 1590; zu **(Rundfunk-)Journalist/Mitarbeiter** s Rz 7, 120; zu **Pilot** BFH IV R 94/99 BStBl II 02, 565. **Syndikusanwalt** (§ 46a BRAO) s Rz 98, § 19 Rz 35. **Krankenhaus-Honorararzt** (BSG B 12 R 11/ 18 R DStR 19, 2429: nichtselbständig); zu ArbVerh mit **Medizinischem Versorgungszentrum** s *Janson* DStR 20, 475: § 19 Tätigkeit in **Corona-Impfzentren** (*OFD Ffm* DStR 21, 870: § 19 iVm § 3 Nr 26, 26a). Weitere Einzelfälle s Rz 155.

15 **3. Persönliche qualifizierte Arbeitsleistung.** Zum Verhältnis zu § 15 s allg Rz 5, 6; zu § 1 HGB s Rz 41. Einkünfte iSd § 18 werden erzielt, wenn eine der in der Vorschrift aufgezählten Tätigkeiten berufsmäßig (mit Gewinnabsicht) ausgeübt wird, ferner, wenn eine der in § 18 I Nr 1 und Nr 3 aufgezählten Tätigkeiten ähnl (Berufs-)Tätigkeit gegeben ist (s Rz 5, 6).

16 **a) Ähnlichkeit.** Sie liegt vor, wenn die ausgeübte Tätigkeit einem der sog Katalogberufe in allen seinen **berufstypischen Merkmalen** vergleichbar und nach einer ggf erforderl **wissenschaftl Ausbildung** vorhanden ist (s Rz 125 ff). Dabei setzt die Einordnung als selbstständige Tätigkeit grds die Erbringung der Arbeitsleistung durch den StPfl selbst voraus, soweit nicht die Mitwirkung anderer Personen nach dem Gesetz unschädl ist (s § 18 I Nr 1 S 3 und 4; s dazu Rz 23 ff).

17 **b) Gemischte Tätigkeit.** Übt eine **natürl Person** sowohl eine gewerbl als auch eine freiberufl Tätigkeit aus, sind diese steuerl getrennt zu beurteilen, wenn zw beiden Tätigkeiten kein Zusammenhang besteht. Besteht zw den Tätigkeiten ein sachl und wirtschaftl Zusammenhang, kann eine einheitl Beurteilung, dh die Annahme eines die gesamte Tätigkeit umfassenden GewBetr geboten sein (Rz 50 f); üben **PersGes** eine gemischte Tätigkeit aus, erzielen sie grds in vollem Umfange Einkünfte aus GewBetr (Rz 44).

18 **c) Gewerblichkeit.** Die Qualifizierung einer Tätigkeit als gewerbl statt als selbstständig, insb freiberufl, kann auf verschiedenen Gründen beruhen: *– (1)* der StPfl (im Falle gemeinschaftl Tätigkeit: einer von ihnen) erfüllt nicht die erforderl **persönl Voraussetzungen** für die Berufsausübung (sog Berufsfremder wegen fehlender wissenschaftl Ausbildung oder Kenntnisse oder fehlender Berufszulassung; Rz 43, 125); *– (2)* die Tätigkeit wird unter Mithilfe von Arbeitskräften (Verlust der Eigenverantwortlichkeit) ausgeübt (vgl § 18 I Nr 1 S 3 und 4; s Rz 23 ff); *– (3)* es wird eine **gemischte** (teils selbstständige, teils gewerbl) **Tätigkeit** ausgeübt (Rz 17, 50, 51); *– (4)* die als ähnl behauptete Tätigkeit weist nicht dieselben charakteristischen Merkmale auf wie die im Gesetz genannte Tätigkeit (Rz 125 ff); *– (5)* gewerbl **Abfärbung** (§ 15 III Nr 1) bei PersGes (Rz 44); zur **BetrAufsp** s Rz 55; *– (6)* **missglückte Auslagerung** (Rz 27).

23 **4. Mithilfe anderer Personen. – a) Freiberufliche Tätigkeit.** Einkünfte aus selbstständiger Arbeit unterscheiden sich von der gewerbl Einkunftserzielung vor allem dadurch, dass die persönl Arbeitsleistung des StPfl im Vordergrund steht (Rz 5 f, 15 f). Für die Angehörigen **freier Berufe** führt seit der Einführung des **S 3** in den **§ 18 I Nr 1** durch das StÄndG 1960 (BGBl I 60, 616) die **Mithilfe fachl vorgebildeter Arbeitskräfte** nicht zur Gewerblichkeit der Einkünfte, wenn der (qualifizierte) Berufsträger weiterhin persönl die freiberufl Tätigkeit ausübt und dabei auf Grund eigener Fachkenntnisse leitend und eigenverantwortl tätig ist (BFH III R 118/85 BStBl II 88, 782). Diese Regelung gilt nach *geänderter Rspr* nunmehr auch iRd **sonstigen selbständigen Einkünfte** (Nr 3; s – einschließl Aufgabe der sog Vervielfältigungstheorie – Rz 30 ff).

aa) Fachlich vorgebildete Arbeitskräfte. Hierzu gehören neben ArbN auch 24 *Subunternehmer (freie Mitarbeiter;* BFH XI R 59/05 BFH/NV 07, 1319), nicht aber (koordinierte) *Außenaufträge* für eigene Rechnung (ohne „kick-back") sowie die gleichberechtigte Kooperation (zB interprofessionelle GbR, s Rz 27, 41/3). *Hilfstätigkeiten* des für den ausgeübten Beruf nicht fachl vorgebildeten Personals bleiben für die Bestimmung des Umfangs der erforderl Mitarbeit des Berufsträgers außer Betracht (*HHR* § 18 Rz 224). Die hiervon abzugrenzende Mithilfe fachl vorgebildeter Arbeitskräfte ist nach BFH XI R 85/93 BStBl II 95, 732; BFH XI R 8/00 BStBl II 02, 478 nicht daran gebunden, dass die Ausbildung/Tätigkeit derjenigen des Berufsträgers entspricht; maßgebend ist nur, dass die Mithilfe die Arbeit des Berufsträgers in **Teilbereichen ersetzt** und **nicht von untergeordneter** Bedeutung ist (jew bj BFH XI R 59/05 BFH/NV 07, 1319: Laboratoriumsassistentin; BFH VIII B 154/17 BFH/NV 18, 945: Krebsvorsorge/Zytologie; überholt damit BFH III R 118/85 BStBl II 88, 782).

bb) Leitende Tätigkeit. Sie liegt bei Zuhilfenahme fachl vorgebildeter Mit- 25 arbeiter nur vor, wenn der Berufsträger die Grundzüge für die Organisation des Tätigkeitsbereichs und für die Durchführung der Tätigkeiten festlegt sowie deren Ausführung überwacht und zudem grds Fragen selbst entscheidet.

cc) Eigenverantwortlichkeit. Sie ist zu bejahen, wenn der Berufsträger seine 26 Arbeitskraft in einer Weise einsetzt, die ihm tatsächl ermöglicht, uneingeschränkt die fachl Verantwortung auch für die von seinen Mitarbeitern erbrachten Leistungen zu übernehmen; seine persönl Teilnahme an der **praktischen** Arbeit (geschaffene Werke, erbrachte Einzelleistungen) muss in ausreichendem Umfang gewährleistet sein (BFH XI R 59/05 BFH/NV 07, 1319: „Stempel der Persönlichkeit"). Gelegentl Stichproben oder Tätigkeit nach Vorscreening genügen nicht (BFH XI R 8/00 BStBl II 02, 478; BFH VIII B 154/17 BFH/NV 18, 945). Zur Differenzierung nach der Art der Tätigkeit s unten; zur VerfMäßigkeit s Rz 4. Für die Annahme eigenverantwortl Berufsausübung genügt die berufsrechtl Verantwortung ggü dem Auftraggeber nicht, zB eines angestellten StBer (§§ 58, 60 StBerG oder RA FG Hbg EFG 04, 1646). S aber zu § 18 Nr 3 unten Rz 31 f.

(1) Personengesellschaften. Auch bei interprofessionellen Personenzusam- 27 menschlüssen (s dazu Rz 41, 43) – genügt es, dass der einzelne MUer auf dem ihm – auftragsbezogen *oder* generell – *zugewiesenen* Gebiet leitend und eigenverantwortl auf Grund eigener Fachkenntnisse tätig ist (BFH IV R 48/99 BStBl II 01, 241). Werden freiberufl Leistungen auf selbstständige PersGes **ausgegliedert** (s Rz 44, 55), ist die leitende und eigenverantwortl Tätigkeit grds für jede Ges eigenständig zu prüfen (BFH IV R 120/87 BFH/NV 91, 319). Hiernach freiberufl Einkünfte können jedoch auf Grund der Abfärbung gem § 15 III Nr 1 aF/nF zu **gewerbl** Einkünften werden (s Rz 44). Gleichfalls gewerbl Einkünfte sind mE gegeben, wenn zB die von einer Labor-/Apparate-GbR, in der die Ges'ter A und B *nicht* leitend und eigenverantwortl tätig sind, ggü der beteiligungsidentischen Praxis-GbR erbrachten Leistungen Teil der **einheitl** Heilbehandlung sind (*arg:* Teilhabe an der Wertschöpfung der Gesamtleistung; s auch BFH IV R 11/97 BStBl II 98, 603/4; EStH 15.6 „Heilberufe"; *BMF* BStBl I 09, 398); dabei ist mE auch unerhebl, ob die Labor-/Geräte-GbR MUerschaft oder mangels Gewinnerzielungsabsicht lediglich HilfsGes ist (s Rz 40).

(2) Berufsspezifika. Der Begriff der eigenverantwortl Tätigkeit kann für 28 die verschiedenen Berufsgruppen unterschiedl Inhalt haben (BFH XI B 227/03

BFH/NV 06, 55). Die hohe Anzahl fachl vorgebildeter Mitarbeiter und damit die für den Berufsträger je Auftrag zur Verfügung stehende Zeit ist *Indiz* eines GewBetr (BFH IV B 12/99 BFH/NV 00, 837). Bei **technischen/naturwissenschaftl Berufen** ist zwar infolge des technischen Fortschritts der Anteil der „individuell freiberuflichen" Arbeitsleistung kleiner geworden und deshalb über den Umfang unschädl Arbeitsdelegierung anhand der Umstände des Einzelfalles zu entscheiden, hierdurch wird jedoch der Berufsangehörige, will er freiberufl tätig sein, nicht von der persönl Teilnahme an der praktischen Arbeit entbunden (BFH III R 35/16 BStBl II 19, 580: Kfz-Prüfingenieur; *Kempermann* FR 96, 514, 515; krit *Geyer ua* DStR 19, 1285; *Krüger* FR 96, 613, 618 insb zu Architekten).

29 **(3) Einzelfälle. – (a) Medizinische Tätigkeiten.** Nach der Rspr ist diese Grenze zwar nicht exakt bestimmbar (BFH IV B 29/01 BStBl II 02, 581), jedoch in folgenden Fällen überschritten: Ein **Facharzt** mit Arztpraxis, **Unfallklinik** und **Zweiganstalt**, bei dem insgesamt sieben Ärzte angestellt waren (BFH IV 373/60 U BStBl III 63, 595); **anästhesiologischen Praxis** mit mehreren angestellten Ärzten (FG SachsAnh EFG 06, 1916; **aA** bei Anstellung *eines* approbierten Zahnarztes/Arztes BFH VIII R 41/12 BStBl II 15, 216; bedenkl; s auch *Urbach* BeSt 15, 16; zu BFH VIII R 62/13 BStBl II 16, 381: Nullbeteiligung einer GbR-Ges'terin/Ärztin s Rz 42); ein **Institut für Laboratoriumsdiagnostik** eines Arztes mit drei angestellten Ärzten und 63 weiteren Mitarbeitern, vorwiegend Laboranten (BFH X B 54/87 BStBl II 88, 17); einem einzelnen Arzt für Laboratoriumsmedizin, in dessen Praxis tägl zw 277 und 345 Aufträge mit 692 bis 862 Untersuchungen durchgeführt wurden (BFH IV R 140/88 BStBl II 90, 507; ebenso BFH IV B 12/99 BFH/NV 00, 837; zur Abgrenzung vgl FG BaWü EFG 02, 554). Krebsvorsorge/Zytologie s BFH VIII B 154/17 BFH/NV 18, 945; zu Mammographie-Einheiten s *Gragert ua* NWB F 3, 15083. Zu Laborgemeinschaften s *BMF* BStBl I 09, 398. **Ambulanter Pflegedienst** (BFH XI B 1/07 BFH/NV 07, 2280); Masseur mit zwei Betriebsstätten (BFH IV R 11/95 BFH/NV 96, 464; FG Nds DStRE 08, 337, rkr); Krankengymnast (BFH IV B 205/03 BFH/NV 06, 48; Kinderheim/Wohngruppen (FG Nds EFG 06, 1772); Kinder-/Jugendhilfe (FG Köln EGF 19, 1989 rkr); Vermessungsingenieur (BFH XI B 227/03 BFH/NV 06, 55). – **(b) Sonstige Tätigkeiten.** Eigenverantwortlichkeit **verneint** von StB mit 53 Mitarbeitern in einer **Buchstelle** (BFH IV 61/65 U BStBl III 65, 557; **aA** aber bei StBevollmächtigter mit 25 Mitarbeitern BFH IV 75/59 DB 63, 1276; mE unzutr), **Steuerbevollmächtigten** mit 20 fachl Hilfskräften zur Bearbeitung von Steuererklärungen (FG Ddorf EFG 93, 512), **Privatschule** mit 30 Lehrkräften (BFH IV R 125/66 BStBl II 69, 165), jährl 300 **Seminarveranstaltungen** (FG BaWü EFG 08, 795), **Fahrschule** mit 8 voll- und 6 teilbeschäftigten Fahrlehrern (BFH V R 87/85 BFH/NV 91, 848), beratendem (Prüfungs)**Ingenieur** für Baustatik mit 12 fachl qualifizierten Angestellten (BFH I R 173/66 BStBl II 68, 820); 3 angestellte Kfz-Prüfingenieure (BFH VIII R 35/16 BStBl II 19, 580); **Übersetzungsbüro** bei erhebl Zukauf von Fremdarbeiten (BFH VIII R 45/13 DStRE 17, 961), **Bildberichterstatter**, der Subunternehmer ohne Prüfung des Filmmaterials beauftragt (BFH XI R 8/00 BStBl II 02, 478), **Theaterproduzenten** (FG Mchn EFG 09, 953). **Freiberufl** ist dagegen Leitung einer **Sportschule** mit 3 fremden Lehrkräften (BFH IV R 130/79 BStBl II 82, 589; s aber auch BFH IV R 11/95 BFH/NV 96, 464), ebenso **Tanz-/Fitness-Studio** mit 24 Mitarbeitern (FG Ddorf EFG 07, 689; bedenkl). Zu **Legal Tech-Dienstleistungen** von **RA** s *Levedag* DStR 18, 2094.

30 **b) Sonstige selbständige Tätigkeit.** – Hierfür hat der BFH zunächst trotz der Regelung in Nr 1 Satz 3 (s Rz 23 ff) an der sog **Vervielfältigungstheorie** festgehalten, nach der bei der Beschäftigung von mehr als einem qualifizierten Mitarbeiter (je Berufsträger) keine selbständige Arbeit mehr vorliegt (BFH IV R 126/91 BStBl II 94, 936: Nähe zur kfm Betätigung).

aa) **Rechtsprechungsänderung.** Mit BFH VIII R 50/09 BStBl II 11, 506 **31** (betr RA/GbR mit **Insolvenzverwaltungen** und 5–14 qualifizierten Mitarbeitern) hat der BFH diese Rspr jedoch **aufgegeben** und entschieden, dass die großzügigeren Kriterien der **leitenden** (s Rz 25) und **eigenverantwortl** Tätigkeit (Nr 1 S 3) entspr **auch** für die Tätigkeiten gem Nr 3 gelten. Letzteres erfordere zwar eine ausreichende Teilnahme an der praktischen Arbeit („Stempel der Persönlichkeit"; s Rz 26). Der kfm Einschlag der Insolvenzverwaltertätigkeit lasse jedoch nach Maßgabe der Regelungen der InsO bei einfacheren Arbeiten einen größeren Delegationsspielraum. Maßgebend sei deshalb, dass der Berufsträger das „Ob" der einzelnen Abwicklungsentscheidungen selbst treffe (zust *OFD Kobl* DB 11, 2631); nicht entscheidend sei hingegen – für sich genommen – die Zahl der Mitarbeiter/Insolvenzfälle oder die Höhe der Einnahmen (zust zB *Siemon* BB 11, 873; s auch *Pezzer* FS Lang, 491, 510). Der VIII. Senat bejahte hiernach die Eigenverantwortlichkeit bei bis zu 9 Mitarbeitern je Berufsträger (BFH VIII R 13/10 BFH/NV 11, 1309; BFH VIII R 29/08 BFH/NV 11, 1314; offen bei 89 neuen Verfahren in 15 AG-Bezirken BFH VIII R 37/09 BFH/NV 11, 1303; überholt mE BFH XI R 56/00 BStBl II 02, 202 betr Gesamtvollstreckungsverwalter); er verneinte sie aber bei einem angestellten RA/Insolvenzverwalter (BFH VIII R 6/12 BStBl II 15, 1002; zutr).

bb) **Stellungnahme.** Nach der (mE bedenkl) Rspr-Korrektur ist fragl, ob die Anforderun- **32** gen an die Eigenverantwortlichkeit iRv Nr 1 gelockert werden (zB Rückgriff auf das jeweilige Berufsrecht; s Rz 26 aE). Zudem werden die Anforderungen auch für die weiteren Berufsgruppen gem Nr 3 präzisiert werden müssen (zB Hausverwalter; Rz 141).

5. Vertretung. Nach § 18 I Nr 1 S 4 führt die Vertretung im Falle *vorüberge-* **35** *hender* Verhinderung nicht dazu, dass die Einkünfte als solche aus GewBetr anzusehen sind. Erfasst werden zB Vertretung bei **Urlaub**, berufl Reisen, Mitarbeit in Standesorganisationen (EStH 15.6 „Mithilfe anderer Personen"). Auch bei **Krankheit** kommt es darauf an, ob damit gerechnet werden kann, dass der Berufsträger die Arbeit wieder aufnehmen kann (*BH/Hutter* § 18 Rz 63). Der (qualifizierte) **Vertreter** erzielt idR freiberufl Einkünfte (BFH IV 429/52 U BStBl III 53, 142; unten Rz 88). § 18 I Nr 1 S 4 ist **nicht** einschlägig, wenn eine freiberufl Praxis bei fehlender Berufsqualifikation des **Erben** für eine Übergangszeit bis zum Verkauf oder Erwerb der Berufsqualifikation seitens eines (qualifizierten) **Treuhänder** verwaltet wird (BFH VIII R 143/78 BStBl II 81, 665). Der Erwägung in BFH I 149/60 U BStBl III 63, 189 (Ausnahme bei Erbenbeteiligung für kurze Übergangszeit) ist mE – trotz der Lockerung der Rspr zur Abfärbung gem § 15 III 1 (s Rz 44) – nicht zu folgen; dass das Berufsrecht/Standesrichtlinien in Todesfällen die kurzfristige Fortführung der freiberufl Praxis (Treuhänder; Verpachtung; s auch Rz 215) gestatten, kann allenfalls den GewSt-Erlass wegen sachl Unbilligkeit rechtfertigen.

6. Personenzusammenschlüsse, § 18 IV. (Schrifttum: *Korn* KÖSDI 17, 20357). **39** – **a) Allgemeines.** Ein Personenzusammenschluss (PersGes oder vergleichbares Gemeinschaftsverhältnis, s Rz 41) erzielt Einkünfte nach § 18 I Nr 1, wenn die Ges'ter (Gemeinschafter) einen freien **Beruf ausüben** (BFH VIII R 45/13 BStBl II 18, 4; BFH VIII R 73/06 BStBl II 09, 647: nicht bei Holding) und *alle* Ges'ter, die als MUer zu qualifizieren sind (vgl Rz 42; § 15 Rz 257 ff), auch die **persönl** Voraussetzungen einer **freiberufl Tätigkeit** erfüllen (BFH VIII R 69/06 BStBl II 09, 642; zur Beteiligung „Berufsfremder" und interprofessioneller Zusammenarbeit s Rz 43; zur leitenden und eigenverantwortl Tätigkeit s Rz 23 ff). Bei einer PersGes ist zudem erforderl, dass diese **nicht** als **OptionsGes** der KSt unterliegt (§ 1a KStG; dazu § 15 Rz 160a) und **nicht** der **Abfärbewirkung** des § 15 III Nr 1 unterfällt (vgl Rz 44). Sie hat auch bei mehrere selbständigen Tätigkeiten nur **einen „Betrieb"** (BFH VIII R 56/13 BStBl II 16, 936 (s auch § 15 Rz 194); zu mehreren PersGes s Rz 54 f: Ausgliederung. Zur Gewinnfeststellung/ -verteilung s Rz 3, 217.

40 b) Bürogemeinschaften; Laborgemeinschaften; Apparategemeinschaften. Mangels (gemeinschaftl) Gewinnerzielungsabsicht begründen **Bürogemeinschaften** (bloße Organisations-GbR = HilfsGes: gemeinsame Beschäftigung von Personal und Nutzung von Einrichtungsgegenständen; vgl § 56 StBerG aF/§ 55h StBerG nF, § 59a III BRAO aF/§ 59q BRAO nF; § 52a III PatAO aF/§ 52p PatAO nF) keine MUerschaft (BFH XI R 82/03 BStBl II 05, 752). Zur „Scheinsozietät" s Rz 42; zur InvZul vgl BFH III R 5/00 BStBl II 03, 947). Die BA sind aber gesondert festzustellen (§ 1 I 1 Nr 1 VO zu § 180 II AO; BFH IV R 25/98 BStBl II 99, 545; zur unechten Bürogemeinschaft s Rz 44). Gleiches gilt für **Labor- und Apparategemeinschaften**, wenn diese keinen (Gesamt-)Gewinn erstreben, sondern die Kosten auf die beteiligten Berufsangehörigen umlegen (BFH IV R 232/02 BFH/NV 05, 352; *BMF* BStBl I 09, 398; *OFD Nds* DB 11, 1723; § 15 Rz 327; zur Überlassung mit Gewinnaufschlag s Rz 44). Zur eigenverantwortl Tätigkeit der Ges'ter s Rz 27; *BMF* BStBl I 09, 398.

41 c) Gesellschaftsverhältnisse; vergleichbare Gemeinschaftsverhältnisse. Vgl hierzu allg § 15 Rz 262/-75. – **(1) GbR (Sozietät).** Vgl einschl **MoPeG-Reform** (BGBl I 21, 3436) ab 2024 § 15 Rz 324, 326, 166. Zu sog Berufsrechtsvorbehalten bei interprofessionellen Zusammenarbeit anwaltlicher/stberatender Berufe s *Schmidt* 40. Aufl § 18 Rz 41. Zur Rechtslage ab 1.8.22 (BGBl I 21, 2363) – **BerAusübGes** einschl EU-/EWR-Ges und DrittstaatenGes gem §§ 59b ff, 207a BRAO; §§ 52b ff, 159 PatAO; §§ 49 ff StBerG; § 27 WPO; § 9 BNotO – s iEinz *Stöber* DStR 21, 2137; *Ruppert* DStR 21, 2090. Zu Arzt/Dokumentar-GbR s BFH IV R 48/99 BStBl II 01, 241; s Rz 43, 27; *OFD Ffm* DStR 16, 2591: Teilgemeinschaftspraxis. Wird ein Projekt auf gemeinsame Rechnung durchgeführt (BFH IV R 53/00 BFH/NV 01, 1547: Erfinder-GbR) oder werden die freiberufl Arbeitsleistungen in etwa gleichem Umfang von **Ehegatten** erbracht, ist idR vom Vorliegen eines **konkludenten** GesVertrags auszugehen (RFH RStBl 37, 924 betr Vater/Sohn; *HHR* § 18 Rz 435). IÜ begründet weder die Überlassung von WG (zB Miteigentum an Bürogrundstück) noch das Vorliegen einer Gütergemeinschaft ein dem GesVertrag **vergleichbares Gemeinschaftsverhältnis**, da bei § 18 die persönl Arbeitsleistung im Vordergrund steht (BFH VIII R 18/95 BStBl II 99, 384; vgl § 15 Rz 171, 376); bei MUerinitiative/-risiko des Berufsfremden ist jedoch eine gewerbl MUerschaft **(InnenGes)** gegeben (Rz 43); – **(2) Partnerschaft** (BFH VIII R 56/13 BStBl II 16, 936; BGH AnwZ (Brfg) 33/16 DB 17, 1020). Sie ist eine besondere, der OHG ähnl GesForm zur freiberufl Berufsausübung unter ausschließl Beteiligung natürl Personen (s §§ 1 I, 9 III PartGG; § 15 Rz 334; zum Erbfall s Rz 240 ff). Die **Typusbeschreibung** des freien Berufs nach **§ 1 II 1 PartGG** verdeutlicht zwar die Grenze zum Gewerbe (§ 1 II HGB), maßgebl für das PartGG bleibt aber der Katalog in § 1 II 2 PartGG (BT-Drs 13/10955, 13). Dieser wiederum lehnt sich an § 18 I Nr 1 S 2 an, ohne jedoch mit ihm durchgängig übereinzustimmen; deshalb vermag weder die Zugehörigkeit zu einem (freien) Beruf iSv § 1 II 2 PartGG noch die Registereintragung der Partnerschaft ein Präjudiz für § 18 I Nr 1 zu erzeugen (BT-Drs 12/6152, 10; BFH IV B 18/97 BFH/NV 98, 1206, 1207: Grundstückssachverständiger). Interprofessionelle Partnerschaften unterliegen dem sog Berufsrechtsvorbehalt (§ 1 III PartGG); zur bisherigen Rechtslage s *Schmidt* 40. Aufl § 18 Rz 41; zu anwaltl/stberatenden BerAusübGes s *Stöber* DStR 21, 2137; *Ruppert* DStR 21, 2090. Partnerschaften sind vor dem BFH vertretungsbefugt (s § 62 II 1, IV FGO). Zur MUerstellung s Rz 42. – **(3) OHG (KG)**, zB Ingenieur- oder Massage-KG (BFH IV 60/65; IV R 17/90 BStBl II 71, 249; 93, 324). Zur bisherigen HReg-Eintragung von StB/WP-Ges s *Schmidt* 40. Aufl § 18 Rz 41; zur Eintragungsfähigkeit anwaltlich/stberatender BerAusübGes – einschl GmbH & Co KG – ab 1.8.22 (vgl zu (1)) – s gem § 49 ff StBerG s *Stöber* DStR 21, 2137; *Ruppert* DStR 21, 2090. Eine HReg-Eintragung begründet zwar grds eine widerlegbare Vermutung für das Vorliegen eines GewBetr

Personenzusammenschlüsse **42, 43 § 18**

(BFH IV R 17/90 BStBl II 93, 324; EStH 5.1), nicht jedoch bei WP/StB-OHG (BFH IV R 26/99 BStBl II 00, 498; s auch § 15 Rz 181). Zur gewerbl Abfärbung s aber Rz 43. – **(4) Erbengemeinschaft,** s Rz 43, 45. – **(5) Evtl ausl Gesellschaften** (*BMF* BStBl I 10, 354 Rz 1; *Schnittker ua* BB 10, 2971: dt Anwalts-LLP).

d) Mitunternehmerstellung der Gesellschafter/Gemeinschafter. Das 42 Merkmal ist einkünfteübergreifend nach MUerrisiko/-initiative zu bestimmen (BFH VIII R 73/05 BStBl II 08, 681; § 15 Rz 262 ff; **aA** *Demuth* DStZ 05, 112). Zu § 18 vgl BFH/NV 91, 319 (Sozietät von Anwälten und Fachkaufmann); **aA** BFH VIII R 63/13 BStBl II 16, 383 (unzutr; s § 15 Rz 321; *Schreiber* FS Crezelius, 2018, 207); BFH IV R 235/84 BStBl II 87, 124 (gewerbl InnenGes); FG Saarl EFG 98, 323 (Partner auf Probe idR ArbN; dazu BGH II ZR 165/02 NJW 04, 2013). Die Haftungsbeschränkungen nach § 8 II, IV PartGG stehen der MUerstellung des Partners nicht entgegen (*OFD Nds* DB 15, 2667; zu § 15a s § 15a Rz 131). Zu wirtschaftl Eigentum zB bei Rückfallklauseln s § 15 Rz 272, 300; zum Ausschließungsrecht s BGH II ZR 281/05 DStR 07, 1216. Nicht MUerin ist die **Witwe** des durch Tod ausgeschiedenen Ges'ters, die als Abfindung befristet einen Gewinnanteil erhält (Rz 47). Ebenfalls nicht der nicht an GuV beteiligte sog Außensozius (**„Briefkopfpartner"/„Scheinsozius";** vgl BGH IV ZR 168/09 DB 11, 1443; *Heyers* DStR 13, 813; *Roth* FS K. Schmidt, 1375; BFH III R 49/13 BStBl II 17, 37; FG BaWü EFG 05, 1539; § 15 Rz 264); er ist entweder freier Mitarbeiter (FG Mchn EFG 12, 1550: Umsatzbeteiligung) oder ArbN (BFH VI R 12/18 BStBl II 21, 356; BFH VI R 58/14 BStBl II 16, 621; zur Eigenverantwortlichkeit s Rz 23 ff; zur USt s *OFD Hann* DB 99, 179) oder bei überörtl Kooperation (s BGH AnwZ (Brfg) 37/11 DB 12, 2217) MUer der einzelnen Sozietät.

e) Abfärbung. Sind die Ges'ter einer **PersGes** (also nicht bei Erbengemein- 43 schaft; s Rz 45) in ihrer Verbundenheit **auch gewerbl** tätig (zB nicht eigenverantwortl; s BFH VIII R 35/16 BStBl II 19, 580), hat dies – sofern die Tätigkeiten nicht untrennbar verflochten und deshalb insgesamt entweder als freiberufl oder gewerbl zu qualifizieren sind – nach § 15 III Nr 1 grds (Ausnahme: Bagatellgrenze) die Gewerblichkeit sämtl Einkünfte zur Folge (§ 15 Rz 186 ff; zur Verfmäßigkeit s Rz 4). – **aa) Berufsfremde.** Ist er, dh ein Nicht-Freiberufler (s hierzu BFH XI B 137/05 BFH/NV 07, 452: Erbengemeinschaft; BFH VIII R 44/07 BFH/NV 11, 20: fehlerhafte Ges, zutr; zu § 18 I Nr 3 s BFH XI R 56/00 BStBl II 02, 202), **MUer,** führt dies gem § 15 III Nr 1 zu gewerbl Einkünften *aller* Ges'ter (BFH IV R 33/95 BFH/NV 97, 751; *Kempermann* FR 07, 577; *Wacker* FS Goette, 561; **aA** *Hild* DB 05, 1875; *Sarrazin* FS Raupach, 515). Eine Geringfügigkeitsgrenze gibt es nicht (BFH VIII R 42/10 BStBl II 13, 79; krit *Neugebauer* DB 15, 2041). – **(1) Gleichgestellte Fälle.** – **(a)** *Mitunternehmerische* Beteiligung einer **KapGes,** unabhängig von der Qualifikation der anderen Ges'ter und ohne Rücksicht auf die Voraussetzungen des § 15 III Nr 2 (BFH IV R 73/06 BStBl II 10, 40; s auch Rz 54); Gleiches gilt nicht nur bisher für WP/StB-**GmbH & Co KG** gem § 28 WPO, § 50 I StBerG (*arg*: selbst bei Nullbeteiligung der GmbH ist ihr Haftungsrisiko stets gewerbl; glA BFH VIII R 42/10 BStBl II 13, 79; FG Ddorf EFG 21, 204 Rev VIII R 31/20; § 15 Rz 709; ähnl BT-Drs 16/7250; *Pezzer* FS Lang, 491, 503; **aA** *Karl* GmbHR 13, 163; krit *Kubata ua* DStR 14, 1949), sondern auch für **Ber-AusübGes** ab 1.8.22 (gem BGBl I 21, 2363; dazu Rz 41 (1)/(4)). Zu GmbH/GbR als MVZ-Träger s *Janzen* DStR 20, 475. – **(b)** die **mitunternehmerische Innen-Ges** des Berufsfremden bezüglich einer freiberufl Einzel- oder Gemeinschaftspraxis (BFH I R 133/93 BStBl II 95, 171; oben Rz 42) oder am GesAnteil eines Freiberuflers (*Korn* DStR 95, 1249, 1256; § 15 Rz 215: *arg* § 15 I (1) Nr 2 S 2), – **(c)** Lediglich **kapitalistische** (mitunternehmerische) **Beteiligung** eines Berufsangehörigen oder die Ausübung **nicht freiberufl Tätigkeiten** durch diesen Personenkreis (BFH VIII B 216/08 BFH/NV 09, 1264; FG Saarl EFG 98, 1583: Vorwegvergütung unschädl; *OFD Hann* DStR 07, 1628; *OFD Kobl* DB 06, 73; *OFD Hbg* StEK EStG

§ 18 Nr 64: Beschaffung nur von Aufträgen idR schädl; glA BFH VIII R 73/05 BStBl II 08, 681; **aA** *Demuth* DStZ 05, 112). Ebenso ist bei **doppelstöckigen PersGes** auch bzgl der *jeweiligen* UnterPerGes auf die *Tätigkeit/Merkmale* der Ober-*Ges'ter* abzustellen (BFH VIII R 24/17; DStR 20, 2526; *Wacker* FS Goette, 561, 580; OFD Rhl DB 13, 906); zu Aus-/Umgliederungen s *Korn* BeSt 21, 6. – **(2) Interprofessionen.** Keine Gewerblichkeit liegt vor allein auf Grund der interprofessionellen Zusammenarbeit (Rz 41) von jeweils freiberufl, dh eigenverantwortl und leitend (Rz 23 ff) tätigen Ges'tern (BFH VIII R 69/06 BStBl II 09, 642: *Kempermann* FR 07, 577, 580, 581; FG Ddorf EFG 21, 204 Rev VIII R 31/20: auch bei *nicht* „berufsfeldbezogener" Gewinnverteilung; einschr OFD *Hann* DStR 07, 1628; *FN-IdW* 03, 397, 619: „extreme Abweichungen"); Gleiches gilt, wenn der an einer Ingenieur-GbR beteiligte Dipl-Volkswirt SchwesterPersGes in Bilanzfragen berät (insoweit zutr BFH IV S 16/06 BFH/NV 07, 445; dazu *Kempermann* FR 07, 577, 580, 581). Ebenfalls nicht auf Grund der bloßen **Standeswidrigkeit** (*Potsch* KÖSDI 12, 18177, 18178; zu GbR/Partnerschaft s Rz 41) des Personenzusammenschlusses (FG Ddorf EFG 21, 204 Rev VIII R 31/20; *Kempermann* FS Wassermeyer, 333, 335; *ders* FR 07, 577, 580; OFD Kobl DB 06, 73; unten Rz 100). – **(3) Internationale Sozietäten.** Für sie ist maßgebl, ob auch die ausl Socii der Kontrolle/Erlaubnis durch Staat oder Berufsorganisation unterliegen (*Kempermann* FS Wassermeyer, 333) Zu Anwälten aus EU-/WHO-Staaten nach bisherigem Recht s *Schmidt* 40. Aufl § 18 Rz 43; zur Rechtslage ab 1.8.22 gem BGBl I 21, 2363 s Rz 41 (1)/(4). Zum Belastingadviseur (s Rz 155). Zur str Ergebnisabgrenzung und -verteilung s *Kempermann* FS Wassermeyer, 336 einschließl der Aufhebung von Art 14 OECD-MA und § 49 I Nr 3 nF; zu Sondervergütungen s § 50d X 7 Nr 2. – Zur **kurzfristigen Beteiligung** von Berufsfremden (insb bei Erbfall) s Rz 35, 46.

44 **bb) Sonstige Fälle.** Trotz *geänderter Rspr* zu vermögensverwaltenden OberPersGes galt bereits die Abfärbung gem § 15 III Nr 1 *aF* für *freiberufl* (oder luf) tätige *OberPersGes,* wenn zu deren Gesamthandsvermögen eine **Beteiligung** an einer **gewerbl** tätigen oder geprägten (§ 15 III Nr 2) **UnterPersGes** gehörte (s § 15 Rz 189; BMF BStBl I 96, 621: Übergangsregelung; **aA** *Niehus* FR 02, 977); dies ist nunmehr durch **§ 15 III Nr 1 nF** rückwirkend klargestellt worden (§ 15 Rz 189). *Keine* Abfärbung hingegen bei Halten von Anteilen an KapGes oder bei bloßer Nutzungsüberlassung von medizinischen Großgeräten einer Gemeinschafts- (oder Einzel-)praxis an Krankenhäuser oder nichtbeteiligte Ärzte (OFD Rhl DB 06, 304; anders aber bei zusätzl Dienstleistungen, zB Personalgestellung). Gleichfalls freiberufl BE sind die Kostenumlagen für die Mitbenutzung der eigenen Büroorganisation durch einen anderen Berufsangehörigen (s – einschließl Laborgemeinschaften – Rz 40; BMF BStBl I 09, 398). Zu weiteren Einzelfällen (zB Medikamentenabgabe) s Rz 50, 51, 142. Nach der Rspr ist § 15 III Nr 1 auch bei nur **geringfügigen** gewerbl Tätigkeiten anzuwenden (BFH IV R 67/96 BStBl II 98, 254). Hiervon ist BFH XI R 12/98 BStBl II 00, 229 für den Fall eines „äußerst geringen" originär gewerbl Anteils (Umsatz/-anteil: 6481 DM; 1,25%) unter Hinweis auf den Verhältnismäßigkeitsgrds abgerückt. Letzteres greift mE allenfalls für „reine Bagatellfälle" (s § 15 Rz 188); zudem gibt es bzgl der Tätigkeitsmerkmale berufsfremder MUer keine Geringfügigkeitsgrenze (Rz 43). Zu weiteren Implikationen s Rz 47. – Zum Zusammentreffen von freiberufl und **gewstbefreiten** Einkünfte vgl BFH IV R 43/00 BStBl II 02, 152: trotz Abfärbung GewStBefreiung im Ganzen, zutr. – Ist § 15 III Nr 1 nur **zeitweise** erfüllt, muss das Wj grds aufgeteilt werden (§ 15 Rz 192; zur bloßen Betriebsunterbrechung vgl BFH IV R 56/97 BStBl II 98, 735). Zur **Ausgliederung** der gewerbl Tätigkeit auf eine personenidentische SchwesterPersGes s Rz 55; BFH IV R 120/87 BFH/NV 91, 319; BFH XI R 19/05 BFH/NV 07, 1315 (RA/StB; Massage-/Saunabetrieb); BFH IV R 67/96 BStBl II 98, 254; BFH IV R 11/97 BStBl II 98, 603; BMF

BStBl I 97, 566 (Verkauf von Kontaktlinsen, Tierarzneimittel etc) sowie § 15 Rz 193. Zu § 6 V 3 s dort, BMF BStBl I 11, 1279 Rz 18 ff.

f) Erbengemeinschaft; Erbenabfindung. – aa) Mitunternehmer. Wird ein 45 Freiberufler von mehreren Personen beerbt, sind die Miterben – entspr den allg Grundsätzen (§ 16 Rz 605 ff) – idR MUer der zum Nachlass gehören den Praxis. Gehören zu den Miterben Personen, die **nicht** die erforderl **Berufsqualifikation** besitzen oder diese nicht iRd Erbengemeinschaft ausüben, liegt eine gewerbl MUerschaft vor (Rz 43), es sei denn, die Miterben realisieren nur die vom Erblasser geschaffenen Werte (§ 16 Rz 607). Entsprechendes gilt bei Nachfolge in einen GesAnteil des Erblassers (s Rz 244 ff). – **Ausnahme:** Vereinbaren die Miterben **zeitnah** (idR 6 Monate) nach dem Erbfall die (teilweise) **Erbauseinandersetzung,** können nach BMF BStBl I 06, 253 Tz 8, 9 die lfd Einkünfte als freiberufl **rückwirkend** auf den Erbfall dem/den die Praxis (bzw den Praxisanteil) übernehmenden Miterben zugerechnet werden, die MUerstellung des/der anderen Miterben bleibt hierdurch unberührt (s § 16 Rz 623; zum Praxiswert s § 18 Rz 200, 210).

An dieser Rspr wird **Kritik** geübt: – *(1)* im Hinblick auf die MUerstellung der berufsfrem- 46 den Erben (MUerinitiative nur bei Mitarbeit des Berufsfremden; vgl jedoch § 16 Rz 606: „geborene MUerschaft"); – *(2)* mit Rücksicht darauf, dass der Zeitraum von 6 Monaten (Rz 46) unangemessen kuRz sei (*Hörger* DStR 93, 37, 39: 3 Jahre in Anlehnung an § 71 StBerG); zur *Teilungsanordnung* s aber weitergehend BFH IV R 10/99 BStBl II 02, 850 (dazu § 16 Rz 623).

bb) Erbenabfindung. Keine MUerschaft (zB atypische InnenGes; § 15 47 Rz 340 ff) liegt – mangels persönl Haftungsrisiko, Teilhabe an stillen Reserven und MUerinitiative – vor, wenn die Abfindungsansprüche der Erben durch (sog partiarische) Gewinnbeteiligungen abgegolten werden; es fehlt auch an dem einem Ges-Verhältnis vergleichbaren Gemeinschaftsverhältnis (vgl § 15 Rz 171; BFH VIII R 154/85 BStBl II 86, 896) selbst dann, wenn den Erben zur Überprüfung ihrer Gewinnanteile Einsichts-/Kontrollrechte zustehen (s zB BFH IV R 52/08 BStBl II 11, 261 zu II.1.b).

g) Gemischte Tätigkeiten. Übt ein **Einzelfreiberufler** eine gemischte Tätig- 50 keit aus, sind die freiberufl und die gewerbl Einkünfte ungeachtet sachl und wirtschaftl Bezugspunkte grds getrennt zu ermitteln, sofern dies nach der Verkehrsauffassung mögl ist (BFH XI R 41/00 BFH/NV 01, 204). Einheitl – dh je nach „Gepräge" gewerbl oder freiberufl (BFH IV R 63/02 BStBl II 05, 362: Feststellungslast des StPfl) – Einkünfte liegen deshalb nur vor, wenn die Tätigkeiten derart miteinander verbunden sind, dass sie sich gegenseitig unauflösbar bedingen (§ 15 Rz 97 ff). **Trennbarkeit** ist zB **nicht** gegeben, wenn Software implementiert zusammen mit zugekaufter Hardware vertrieben (BFH XI R 57/05 BFH/NV 07, 1854), Filmmaterial mit Originalton hergestellt (BFH XI R 8/00 BStBl II 02, 478: Bildberichterstatter), ein Architekt als Bauunternehmer tätig wird (BFH XI R 10/06 BStBl II 08, 54), ein Ingenieur erfolgsabhängig Geschäftsabschlüsse vermittelt (BFH XI B 57/06 BFH/NV 07, 687), Erziehung u Verköstigung in Kindertagesstätte (FG Hbg 15, 912, rkr); zu ärztlichen Hilfsmitteln s Rz 51; hingegen zu **bejahen,** wenn Schriftsteller für PC-Lernprogramme fremde Programme anderer Firmen testet (BFH IV R 16/97 BStBl II 99, 215), ein RA PC-Programme entwickelt (BFH IV B 35/98 BFH/NV 99, 1328), ein beratender Betriebswirt auch Personal vermittelt (BFH IV R 70/00 BStBl II 03, 25; zT **aA** BFH/VII R 101/04 BFH/NV 08, 1824), ein StB steuersparende Anlagemodelle vermittelt (FG Hess EFG 01, 1211; unten Rz 100) oder Mandantenstamm verpachtet/BetrAufsp (BFH VIII R 17/15 BFH/NV 18, 522), ein Hochschullehrer publiziert (FG Ddorf EFG 02, 1227), ein RA als Datenschutzbeauftragter tätig ist (BFH VIII R 27/17 BStBl II 20, 222; dazu *FM SchlHol* DStR 21, 802), ein Kinderheim externe Wohngruppen unterhält (FG Nds EFG 06, 1772), ein Arzt eine Heilfasten-Klinik betreibt

(BFH XI R 58/04 BFH/NV 07, 434), ein Statiker, der einen Teil seiner Aufträge eigenverantwortl (Rz 23 ff) betreut (BFH VIII R 53/07 BStBl II 09, 143; bedenkl), ein Erfinder patentierte Produkte herstellt (BFH VIII B 153/07 BFH/NV 09, 758). Zu elektronischem Handbuch einschließl Layout s *Trachte ua* BB 01, 909 (insgesamt Schriftsteller; mE unzutr, vgl Rz 77, 155 „Layouter"); zu Fachartikel eines gewerbl Beraters BFH IV R 74/00 BStBl II 03, 27. Zu Klinikbetrieb, Krankenpflege s Rz 92, 155; zu medizinischem Gerätetraining s *OFD Ffm* DStR 15, 1175. – Sind die Ges'ter einer **PersGes** (also nicht bei Erbengemeinschaft) in ihrer Verbundenheit **auch gewerbl** tätig, hat dies – sofern die Tätigkeiten nicht untrennbar verflochten und deshalb insgesamt als freiberufl oder gewerbl zu qualifizieren sind (BFH IV R 60/95 BStBl II 97, 567) – nach § 15 III Nr 1 aF/nF grds die Gewerblichkeit sämtl Einkünfte zur Folge (zu Ausnahmen und weiteren Einzelheiten s Rz 4, 44).

51 **Weitere Einzelfälle: WirtschaftsprüfungsGes** erzielt gewerbl Gewinn, wenn sie neben Wirtschaftsprüfungen und Steuerberatungen gewerbl **treuhänderische Verwaltungen** durchgeführt hat (BFH IV 427/62 U BStBl III 64, 530); ebenso eine **Steuerberatersozietät** bei Treuhandaufgaben iRe **Bauherrenmodells** (BFH I R 133/93 BStBl II 95, 171; s Rz 155 „Treuhänder"). Dasselbe gilt, wenn zwar nur ein Sozius eine gewerbl Treuhandtätigkeit (Baubetreuung) ausübt, aber das wirtschaftl Risiko dieser Tätigkeit von der Sozietät getragen wird (BFH IV R 43/88 BStBl II 89, 797). Unschädl ist mE die treuhänderische Verwahrung von Geld (**Anderkonto**), weil keine gesonderte wirtschaftl Tätigkeit iRd Geschäftsverkehrs ausgeübt wird. Gewerbl Einkünfte werden grds auch bei entgeltl **Abgabe** von **Medikamenten**, medizinischen **Hilfsmitteln** oder **Impfstoffen** (*BMF* DStR 99, 1814; *BMF* DStR 00, 730) durch (Tier-)Ärzte erzielt, sofern es sich nicht um Praxisbedarf, stationäre Aufnahme oder Notfallbehandlung handelt (BFH IV R 113/76 BStBl II 79, 574). Ebenso bei Fallpauschale iRd **integrierten Versorgung** nach §§ 140a ff SGB V (FG Ddorf EFG 19, 607, rkr; *OFD Ffm* DStR 16, 2591; Ausnahme bei Abgabe behandlungsnotwendiger Hilfsmittel, zB Implantate). Vgl auch *BMF* BStBl I 97, 566: *Vertrieb* von **Kontaktlinsen,** Artikeln zur Mundhygiene und Mundpflege sowie von Tierarzneimitteln gewerbl, aber *Auslagerung* auf SchwesterPersGes mögl (s Rz 44, 55, auch zu § 6 V 3).

52 h) *Exkurs:* **Freiberufler-Kapitalgesellschaft.** – **(1)** Zivil- und berufsrechtl Zulässigkeit: Zu WP-/StB-GmbH (-KGaA/-AG), RA-GmbH, Patentanwalts-GmbH nach bisherigem Recht s *Schmidt* 40. Aufl § 18 Rz 52; zur Rechtslage ab 1.8.22 (gem BGBl I 21, 2363) – **BerAusübGes** – *Stöber* DStR 21, 2137; *Ruppert* DStR 21, 2090. Weitere Bsp: Zahnheilkunde-GmbH (BGH I ZR 281/91 NJW 94, 786; zu Ärzte-KapGes ab 2004 s *Klose* BB 03, 2702); Architekten- oder Ingenieur-GmbH (OLG Ffm 20 W 411/98 GmbHR 00, 623); Künstler-GmbH (*Groh* DB 00, 1433, 1434). Zu PersGes s Rz 41. – **(2) Ertragsrechtl** erzielt die Freiberufler-KapGes gewerbl Einkünfte (§ 2 II 1 GewStG; BVerfG 1 BvR 2130/09 HFR 10, 756) und unterliegt der KSt (§§ 1 I Nr 1, 8 II KStG). Die Ges'ter haben neben Einkünften aus KapVerm (§ 20 I Nr 1 iVm §§ 3 Nr 40, 3c) infolge ihrer Geschäftsführertätigkeit auch solche gem § 19 (s Rz 7, 98; § 19 Rz 15 „Gesetzl Vertreter einer KapGes"); die hierdurch bedingten Aufwendungen der KapGes (uU auch Pensionsrückstellungen) mindern deren Gewerbeertrag. Zu vGA (Tätigkeitsvergütungen, Tantiemen, Wettbewerbsverbote) vgl § 20 Rz 60 ff. – Zur Einbringung der Praxis in KapGes und (Rück-)Umwandlung in PersGes s Rz 213, 232 ff.

54 i) **Zusammenarbeit mit gewerblichen Unternehmen.** Schließen sich Freiberufler zu einer **KapGes** zusammen, erzielt diese stets gewerbl Einkünfte (Rz 52/3). Beteiligt sich eine **KapGes** gesellschaftsrechtl an einer iÜ aus Freiberuflern bestehenden PersGes, liegt die Beteiligung eines „Berufsfremden" vor (Rz 43). – Zur getrennten Einkünfteerzielung von **PersGes** mit teilweise übereinstimmenden Ges'tern s BFH IV R 120/87 BFH/NV 91, 319; oben Rz 26. – Ist ein **freiberufl Sozius** an einer gewerbl PersGes beteiligt und erhält er für freiberufl Dienst-/Werkleistungen zugunsten der gewerbl PersGes Vergütungen, wird die Erzielung freiberufl Einkünfte durch die Sozietät dadurch nicht berührt (vgl BFH IV

R 86/80 BStBl II 84, 152), dies unabhängig davon, ob die **Tätigkeitsvergütungen** iRd freiberufl Sozietät oder iRd gewerbl PersGes erfasst werden. Letzteres ist jedenfalls dann anzunehmen, wenn die Erteilung des Auftrages an den freiberufl MUer durch das GesVerhältnis veranlasst ist und sich demgemäß als Beitrag zur Verwirklichung des GesZwecks darstellt; dies wird idR zu bejahen sein (vgl zB BFH I R 163/77 BStBl II 79, 757: Autorenhonorare; weitergehend uU IV R 154–155/77 BStBl II 80, 269: Beratungshonorare; Ausnahme nur bei zufälligem Zusammentreffen von Auftrag und MUerstellung eines geringfügig beteiligten Ges'ters). Zu weiteren Einzelheiten s § 15 Rz 561, 563. – Nach BFH I R 56/77 BStBl II 79, 763 (zu I 1c, betr Architektenhonorar) soll dies auch gelten, wenn die Ges'ter der gewerbl PersGes ihre Leistung als Beteiligte einer **weiteren** (freiberufl) **PersGes** erbringen; dies mit Rücksicht auf die jüngere Rspr zur mitunternehmerischen BetrAufsp zweifelhaft (s hierzu Rz 55 sowie § 15 Rz 602). Zu **Nutzungsvergütungen** im Verhältnis gewerbl PersGes I und freiberufl PerGes II s § 15 Rz 858 aE. – **Beteiligung freiberufl PersGes** an gewerbl PersGes (Abfärbung gem § 15 III Nr 1 aF/nF) s Rz 44; zu Anteilen an KapGes s Rz 164, 165.

j) Betriebsaufspaltung. S allg § 15 Rz 800 ff. Für § 18 I Nr 1 ist zu unterscheiden zw der *Vermietung* (Verpachtung) *durch* und der Vermietung *an* eine originär freiberufl PersGes. – *(1)* Vermietung wesentl Betriebsgrundlagen (s § 15 Rz 808, 819). – *(a)* **durch originär freiberufl** tätige **PersGes** (Besitzunternehmen, zB Ärzte-GbR) an personell verflochtene (s § 15 Rz 820, 851) **Betriebs-KapGes** (zB Labor-GmbH): Besitzunternehmen erzielt auf Grund Abfärbung gem § 15 III Nr 1 grds insgesamt gewerbl Einkünfte (s Rz 44 sowie BFH IV R 67/96 BStBl II 98, 254: betr Grundstücksüberlassung); beachte aber BFH IV R 11/97 BStBl II 98, 603: keine sachl Verflechtung von Kontaktlinsen-GbR Räume und Einrichtung der Augenärzte-GbR unter Kostenteilung mitbenutzt. Zur Zuordnung der WG zum BV der Augenärzte-GbR s § 15 Rz 533; zur Behandlung von Bürogebäuden vgl § 15 Rz 813. Zu Lizenzeinnahmen, die auch dann zu gewerbl Einkünften des (Einzel-)Besitzunternehmens führen können, wenn die Patente zwar nicht zu den wesentl Betriebsgrundlagen des Betriebsunternehmens gehören, jedoch der Beteiligung hieran dienen s BFH XI R 72/97 BStBl II 99, 281. Zu Dienstleistungen s § 15 Rz 816. Zur Verpachtung des Mandantenstammes s Rz 200. Der **Wegfall** der Voraussetzungen der BetrAufsp hat grds die Betriebsaufgabe des Besitzunternehmens zur Folge; Ausnahme: Strukturwandel des Besitzunternehmens in freiberufl Unternehmen (*Paus* DStZ 90, 193 betr Lizenzvergabe; § 15 Rz 865). – *(b)* Ebenso ist grds BetrAufsp zu bejahen, wenn **Betriebs**unternehmen als **PersGes** originär gewerbl tätig oder geprägt (§ 15 III Nr 2) ist (sog **mitunternehmerische BetrAufsp;** s § 15 Rz 858). Dies gilt mE auch, wenn WG der BetriebsPersGes **unentgeltl** überlassen werden, vorausgesetzt, Gewinnerzielungsabsicht ist bei originär freiberufl tätiger BesitzPersGes zu bejahen (*BMF* BStBl I 98, 583 zu 1); Rechtsfolge: gewerbl Einkünfte beider PersGes unter Ansatz von Nutzungsentnahmen/-einlagen. **Ausweichgestaltung:** Auslagerung der wesentl Betriebsgrundlage(n) auf weitere PersGes III, die ggf sowohl an freiberufl tätige PersGes I als auch an gewerbl tätige oder geprägte PersGes II vermieten kann (**Ausgliederungsmodell;** *Schlegel ua* DStZ 10, 55); **Rechtsfolgen:** – *(aa)* Betr-Aufsp nur zw PersGes III (Besitzunternehmen) und PersGes II (gewerbl Betriebsunternehmen); – *(bb)* zu den gewerbl Einkünften von PersGes III gehören zwar auch die von PersGes I erhaltenen Nutzungsvergütungen; – *(cc)* die Freiberuflichkeit der Einkünfte von PersGes I bleibt jedoch erhalten (zur Begründung s unten). – *(dd)* Überlässt eine freiberufl tätige PersGes I, **ohne** dass die Voraussetzungen einer mu'erischen **BetrAufsp** vorliegen, WG zur Nutzung an teilweise personenidentische gewerbl SchwesterPersGes II, ist fragl, ob an der bisherigen Rspr (anteiliges SBV bei PersGes II) festgehalten werden kann (s § 15 Rz 604). – *(2)* Vermietung wesentl Betriebsgrundlagen **an originär freiberufl** tätige **PersGes II** durch – *(a)* eine **gewerbl tätige** oder geprägte (§ 15 III Nr 2) PersGes I. Rechtsfolgen: die personelle Verflechtung beider PersGes berührt ihre ertragstrechtl Selbstständigkeit nicht, insb gehören Anteile an PersGes II nicht zum SBV der Ges'ter bei PersGes I (vgl § 15 Rz 508; keine Abfärbung auf Grund von SonderBE s § 15 Rz 190); die Freiberuflichkeit der Einkünfte von PersGes II wird *nicht* durch das Rechtsinstitut **BetrAufsp** in Frage gestellt (BFH X R 59/00 BStBl II 04, 607 zu B IV 5.b; BFH IV R 29/04 BStBl II 06, 173; § 15 Rz 858). – *(b)* Ist PersGes I nur **vermögensverwaltend** tätig, begründet die Nutzungsüberlassung an PersGes II *keine* BetrAufsp, da diese Ges kein gewerbl Unternehmen betreibt und damit auch nicht Betriebsunternehmen iRe BetrAufsp sein kann (§ 15 Rz 856; BFH IV R 125/92 BStBl II 96, 5: WG von PersGes I = anteiliges freiberufl SBV der Ges'ter bei PersGes II; *Kempermann* FR 07, 577, 578; aA *Rasche* DStZ 99, 127, 132). Zur Gewerblichkeit, wenn die von einer beteiligungsidentischen gewerbl SchwesterPersGes (Labor-GbR) erbrachten Leistung zB Teil der *einheitl* Heilbehandlung sind, s Rz 26.

III. Freie Berufe, § 18 I Nr 1

60 **1. Einkünfte aus freiberuflicher Tätigkeit.** § 18 I Nr 1 führt dreierlei freiberufl Tätigkeiten auf: – *(1)* die wissenschaftl, künstlerische, schriftstellerische, unterrichtende oder erzieherische Tätigkeit; – *(2)* die selbstständige Berufstätigkeit der Ärzte, Zahnärzte, Tierärzte, Rechtsanwälte usw, also der sog Katalogberufe und – *(3)* selbstständige Berufstätigkeit der den Katalogberufen ähnl Berufe. Da das Gesetz die freiberufl Tätigkeit nur durch diese Aufzählung der „ähnlichen Berufe" charakterisiert, lässt sich ihm ein für die Entscheidung von Grenzfällen brauchbarer Begriff der freiberufl Tätigkeit nicht entnehmen. Einen **einheitl Oberbegriff der freien Berufe** gibt es nicht (BVerfG 1 BvR 15/75 BStBl II 78, 125; s Rz 5, 125; zu § 1 II PartGG vgl Rz 41; zu EWG-RL 77/388 s EuGH C-267/99 BFH/ NV 02, 21; beachte auch Aufhebung von Art 14 OECD-MA). § 18 kann auch ein allg Grundsatz für die Bestimmung der unter die Vorschrift fallenden Tätigkeiten und Berufe nicht entnommen werden (BFH IV R 127/70 BStBl II 71, 319), sodass **ähnl Berufe** nur in Betracht kommen, wenn sie entweder einem oder mehreren der Katalogberufe in den typischen, wichtigen oder wesentl Merkmalen entsprechen (Rz 125). Für die freie Berufstätigkeit ist charakteristisch, dass sie für ein wert-/tätigkeitsbezogenes Entgelt (zB **Gebührenordnung**) und grds nicht für ein **Erfolgshonorar** ausgeübt wird (BVerfG 1 BvR 15/75 BStBl II 78, 125; BFH IV R 86–88/91 BFH/NV 92, 811; zur Absatzförderung s Rz 111). Ausnahmen im Anschluss an BVerfG 1 BvR 2576/04 BB 07, 617, nunmehr idF BGBl I 21, 3415: § 4a RVG; § 43b PatAnwO; § 9a StBerG; § 55a WPO; s auch Rz 165 aE. – Allg fällt unter § 18 I Nr 1 eine Berufstätigkeit, deren Ausübung wissenschaftl oder künstlerische Ausbildung voraussetzt. Auch dieses Merkmal ist jedoch nicht bei allen in § 18 I Nr 1 genannten Berufen vorhanden.

62 **2. Wissenschaftliche Tätigkeit.** Wissenschaft ist die Erarbeitung von Erkenntnissen anhand obj Maßstäbe unter Anwendung rationaler Methoden (zur Begriffsentwicklung/-differenzierung s *Hüttemann* FS Kessler, 2021, 521). Wissenschaftl Tätigkeit idS ist besonders qualifiziert dadurch, dass sie geeignet ist, eine schwierige Aufgabe nach wissenschaftl Grundsätzen, dh nach streng sachl und obj Gesichtspunkten anhand einer überprüfbaren Methodik zu lösen (BFH VIII R 74/05 BStBl II 09, 238: abl für Promotionsberater); dies setzt nicht notwendigerweise, aber doch zumeist ein Hochschulstudium voraus (BFH IV R 48/99 BStBl II 01, 241; *Kempermann* FR 01, 305). Wissenschaftl tätig ist nicht nur, wer schöpferische oder forschende Arbeit leistet **(reine Wissenschaft),** sondern auch, wer die Anwendbarkeit wissenschaftl Forschungsergebnisse auf konkrete Vorgänge untersucht **(angewandte Wissenschaft).** Stets ist erforderl, dass grds Fragen oder konkrete Vorgänge methodisch nach streng sachl Gesichtspunkten in ihren Ursachen erforscht und in einen Verständniszusammenhang gebracht werden. Dazu gehört, dass die Tätigkeit von der fachspezifischen Methodik her nachprüfbar und nachvollziehbar ist (BFH VIII R 24/14 BStBl II 17, 908 mwN).

a) Berufsausübung. Die Ausübung eines Berufes, der eine wissenschaftl Vorbildung erfordert, ist nur dann wissenschaftl Tätigkeit, wenn auch die Berufsausübung als solche auf wissenschaftl Grundsätzen beruht. Daher ist die Berufsausübung der Ärzte, RA, WP oder Wirtschaftsberater nicht ohne Weiteres wissenschaftl Tätigkeit (BFH IV B 133/99 BFH/NV 00, 1460; einschr für „wissenschaftl 2 A-Mitarbeiter" BFH I B 176/09 BFH/NV 11, 255). Die Erstellung **einzelner Gutachten** auf wissenschaftl Grundlage durch den Angehörigen eines Katalogberufes gehört nicht zu dessen lfd praktischer Berufsausübung, sondern ist davon getrennt zu beurteilende wissenschaftl Tätigkeit (BFH IV R 48/99 BStBl II 01, 241; BFH IV R 64/91 BFH/NV 93, 360; s auch Rz 87, 155 unter „Sachverständiger"). Nebenberufl selbstständige wissenschaftl Tätigkeit wird häufig ausgeübt als Gutachter-, Prüfungs- und Lehrtätigkeit (s Rz 10); zu Einzelfällen s Rz 155. Bei kfm Ausrichtung kann eine wissenschaftl Tätigkeit nicht von der gewerbl getrennt werden (s Rz 155 „Ärztepropagandist"). – Die **wirtschaftl Verwertung** der wissenschaftl Tätigkeit (zB Produktion auf Grund eines Forschungsergebnisses) gehört nicht mehr zur wissenschaftl Tätigkeit (BFH IV R 152/73 BStBl II 78, 545).

63

b) Erfinder. Sie sind idR wissenschaftl tätig (BFH IV R 152/73 BStBl II 78, 545; iEinz *Bleschick* EFG 17, 290). Zur Abgrenzung von sog Zufallserfindungen (sofort verwertungsreife Idee) s BFH IV R 29/97 BStBl II 98, 567; BFH XI R 26/02 BStBl II 04, 218; FG Mster EFG 11, 1877 rkr (Geschmacksmuster); FG D'dorf EFG 17, 288, rkr (nachhaltige Erfindertätigkeit aufgrund Verbesserungen im Patentanmeldeverfahren; zutr; *Marx* ua DB 17, 2313). Zur Gewinnerzielungsabsicht s BFH XI S 7/04 BFH/NV 05, 1556; zu gemeinschaftl Erfindung s BFH IV R 53/00 BFH/NV 01, 1547: GbR-Vermögen. Die wissenschaftl Erfindertätigkeit umfasst grds auch die Lizenzvergabe (BFH IV R 14/00 BStBl II 01, 798) und den Patentverkauf (FG Mster BB 11, 623); gewerbl ist jedoch die Herstellung/Veräußerung des Erfindungsgegenstandes (s auch Rz 50) oder dessen Zugehörigkeit zum notwendigen/gewillkürten BV eines GewBetr (BFH IV R 80/94 BStBl II 95, 776) sowie die Überlassung von Patenten/ungeschützten Erfindungen iRe BetrAufsp (§ 15 Rz 808). Liegt *keine* BetrAufsp vor, ist die Beteiligung an der „verwertenden" GmbH freiberufl BV (BFH IV R 14/00 BStBl II 01, 798). Die steuerl Vergünstigungen freier Erfinder sind ab 1989 weggefallen (s *Schmidt* 29. Aufl § 18 Rz 275).

64

3. Künstlerische Tätigkeit. – a) Kunstbegriff. Einen allg Begriff des Kunst gibt es nicht (BFH IV R 64/79 BStBl II 83, 7). Das Wesentliche der künstlerischen Betätigung ist die freie, schöpferische Gestaltung, in der Eindrücke, Erfahrungen und Erlebnisse durch das Medium einer bestimmten Formensprache zu unmittelbarer Anschauung gebracht werden (BVerfG 1 BvR 816/82 BVerfGE 67, 213, 226). Die künstlerische Tätigkeit – formal gliedert in Musik, Literatur, darstellende und bildende Kunst – ist nicht nur durch das Ineinandergreifen bewusster und unbewusster Vorgänge (vgl BFH IX B 4/98 BFH/NV 98, 957 mit Abgrenzung zur Naturwissenschaft), sondern auch durch das Vollbringen einer **eigenschöpferischen Leistung** gekennzeichnet, in der die **individuelle** Anschauungsweise und **Gestaltungskraft** zum Ausdruck kommt und die über eine hinreichende Beherrschung der Technik hinaus grds eine künstlerische **Gestaltungshöhe** erreicht (BFH XI R 71/97 BFH/NV 99, 460; VerfBeschwerde BVerfG 2 BvR 2262/98 StEd 02, 760: Nichtannahme ohne Begr; *Gerstenberg* FR 15, 984); zur Kritik s Rz 67. Dabei ist zw **zweckfreier Kunst** und **Gebrauchskunst** zu unterscheiden. Haben die Arbeitsergebnisse der Berufstätigkeit keinen Gebrauchszweck **(freie Kunst),** wie diejenigen der Maler, Musiker oder Komponisten, so kann auf die

66

Feststellung der ausreichenden künstlerischen Gestaltungshöhe verzichtet werden, wenn den Werken nach der allg Verkehrsauffassung das Prädikat des Künstlerischen nicht abgesprochen werden kann und die Arbeiten ausschließl auf die Hervorbringung einer ästhetischen Wirkung gerichtet sind (bej bei Schiffsminiaturen FG Hbg EFG 01, 1452); die Bestätigung als Kunst kann auch daraus abgeleitet werden, dass die Arbeitsergebnisse (Bilder, Schlager) bei einem nicht nur kleinen Käuferkreis Anklang gefunden haben (BFH IV R 9/77 BStBl II 81, 21). Auch **reproduzierende** Tätigkeit (Musiker) kann künstlerisch sein (vgl RFH RStBl 39, 963; *OFD Ffm* DStR 00, 1143: Organist), ebenso ein „Tanz-/Unterhaltungsorchester" (BFH IV R 64/79 BStBl II 83, 7; ausführl *Wolf* FR 02, 202), Karnevalskapelle (*Joisten ua* FR 13, 57) oder Statist (BFH XI R 21/06 BStBl II 07, 702 zu § 3 Nr 26). Weitere Einzelfälle s Rz 155.

67 **aa) Abgrenzung.** Andere künstlerische Tätigkeiten, deren Arbeitsergebnisse einen **praktischen Nützlichkeits-(Gebrauchs-)Zweck** haben (zB Gebrauchs-/Modegraphiker, Werbefotografen, Redner), fallen dann unter § 18 I Nr 1, wenn sie auf einer eigenschöpferischen Leistung beruhen, dh auf Leistungen, in denen sich eine individuelle Anschauungsweise/besondere Gestaltungsweise widerspiegeln und die Arbeitsergebnisse eine gewisse künstlerische **Gestaltungshöhe** erreichen (BFH IV R 9/77 BStBl II 81, 21; glA *Osterloh-Konrad* Kunst und Recht 16, 189). **AA** *Heuer* (DStR 83, 638) mit der zutr Erwägung, es sei wertungswidersprüchl, bei einem Teil der künstlerischen Tätigkeit die Zuordnung zur freiberufl Tätigkeit an die Erfüllung bestimmter Qualitätsanforderungen zu binden; dies geschehe insb bei schriftstellerischer Tätigkeit nicht; ebenso *Kempermann* (FR 92, 250, 252): eigenschöpferische Leistung erforderl und ausreichend (**aA** BFH IV B 200/04 BStBl II 06, 709; FG Ddorf EFG 07, 197). Ein **gewerbl Verwendungszweck** und bestimmungsgemäße Verwendung schließen die Annahme einer künstlerischen Tätigkeit nicht aus, wenn der **Kunstwert den Gebrauchswert übersteigt** (BFH VIII R 76/75 BStBl II 77, 474: Werbefotograf; BFH I R 1/66 BStBl II 69, 138: Entwürfe von Modellkleidern; FG Hbg EFG 91, 124: Fachbuch-Illustrator). Bei der Beurteilung ist auf die Tätigkeit im ganzen VZ abzustellen (BFH IV 560/56 U BStBl III 58, 182); beim Übergang zu einer gewerbl Tätigkeit ist auch eine sich über mehrere VZ erstreckende Entwicklungstendenz zu berücksichtigen (BFH IV R 92/67 BStBl II 70, 86). Eine einheitl zu beurteilende gewerbl Tätigkeit liegt vor bei **Serienprodukten des Künstlers** oder eigenem Vertrieb der Serienprodukte. Eine getrennte Beurteilung der künstlerischen und gewerbl Tätigkeit ist nicht mögl (vgl BFH IV R 15/73 BStBl II 79, 236; s auch § 15 Rz 97 ff).

70 **bb) Gutachten; Sachverständige.** Ob Gebrauchskunst, Kunsthandwerk, Kunstgewerbe noch Kunst ist, kann nur anhand besonderer Sachkunde beurteilt werden. Dazu ist regelmäßig die Einholung von Sachverständigengutachten erforderl. Dafür sind bei den OFD Gutachterausschüsse eingerichtet (*OFD Erf* DStR 99, 1989), deren gutachterl Äußerungen das FG bei Beantwortung der Frage, ob eine künstlerische Tätigkeit vorliegt, aber nicht binden (BFH VIII R 76/75 BStBl II 77, 474; krit BSG DStR 99, 1413; zur Vorlage von Gutachten durch den StPfl vgl *FB Brem* DStR 02, 544). Das FG kann auch andere Sachverständige hören (BFH XI B 61/98 BFH/NV 00, 446). Die Gutachten haben allein die Aufgabe, dem Gericht zu einer eigenen Überzeugung zu verhelfen (§ 96 FGO; BFH IV R 15/90 BStBl II 91, 889). Dabei darf es zwar auch eigene Sachkenntnis verwerten; will das FG in Grenzfällen aber ohne Sachverständigengutachten entscheiden, muss dies für die Beteiligten erkennbar sein und die eigene Sachkunde im Urt dargelegt werden (BFH IV B 200/04 BStBl II 06, 709; FG Ddorf EFG 07, 197). Zum ggf erforderl Beweisantrag s BFH VIII B 30/20 BFH/NV 21, 789.

71 **cc) Mitarbeiter.** Auch die künstlerische Tätigkeit setzt bei der Beschäftigung qualifizierter Mitarbeiter **leitende** und **eigenverantwortl** Tätigkeit voraus (Rz 23 ff). Da aber darüber hinaus eine **eigenschöpferische** Leistung vorausge-

Freie Berufe 72–77 § 18

setzt ist (Rz 66, 677), ist es erforderl, dass der StPfl an allen künstlerisch relevanten Tätigkeiten bei der Herstellung des Werkes selbst mitwirkt und entscheidenden Einfluss auf die Gestaltung ausübt (vern BFH VIII R 32/75 BStBl II 81, 170: Filmherstellung; FG RhPf EFG 08, 1292: Radio-Werbespot; bej FG Köln DStRE 07, 1312: EDV-gestützte *Werbegraphik-Druck*).

dd) Verkauf. Teil der einheitl künstlerischen Tätigkeit ist auch der Verkauf 72 der Kunstwerke; zum „Marktauftritt des Künstlers" kann auch der Rückkauf von Bildern gehören (zutr FG Mchn EFG 10, 2087, rkr: Reputationserhalt).

ee) Schauspieler. Setzen sie ihre Bekanntheit zur **Produktwerbung** ein, er- 73 zielen insoweit gewerbl Einkünfte (BFH IV R 102/90 BStBl II 92, 413; BFH IV R 1/97 BFH/NV 99, 465; BFH I B 99/98 BFH/NV 99, 1280). Zur Abgrenzung zu **nichtselbstständiger Arbeit** s § 19 Rz 35 „Filmschauspieler", „Künstler". Wegen weiterer künstlerischer Tätigkeiten s ABC Rz 155.

ff) Tod des Künstlers. S Rz 256 ff (keine Betriebsaufgabe, Kunstwerke bleiben 74 BV, Verwertungsentgelte sind freiberufl BE).

b) Gewinnerzielungsabsicht. Die Abgrenzung ggü der **Liebhaberei** unter- 75 liegt zwar den allg Merkmalen (Rz 5; BFH GrS 4/82 BStBl II 84, 751; FG Thür EFG 14, 264; fehlende Vermarktung); gleichwohl ist sie bei künstlerischen Tätigkeiten schwierig, weil Neigung und Berufsausübung sich besonders eng berühren, andere Tätigkeiten idR einen erhebl Kapitaleinsatz verlangen und häufig positive Einkünfte erst nach längerer Anlaufzeit erzielt werden (uU mehr als 10 Jahre; BFH IV R 84/82 BStBl II 85, 515; FG Nds EFG 04, 111). Zu den Indizien der Gewinnerzielungsabsicht s BFH XI R 46/01 BStBl II 03, 602; *OFD Köln* FR 84, 561 *Kußmaul ua* BB 19, 2007; krit *Gommers* DB 19, 270. Erzielt der Künstler aus seiner Tätigkeit steigende Einnahmen, kann nicht davon ausgegangen werden, ein Totalgewinn sei nicht erzielbar (BFH XI R 46/01 BStBl II 03, 602); zum Wechsel von Gewinn- und Verlustphasen s BFH VI R 104/86 BFH/NV 89, 696. Gewinnerzielungsabsicht kann auch aufgrund des Zusammentreffens von selbständiger und nichtselbständiger künstlerischer Arbeit vorliegen (BFH IV B 157/04 BFH/NV 06, 1459). Steht fest, dass ein **Totalgewinn** nicht zu erzielen ist, sind von dieser Feststellung an Verluste keine negativen Einkünfte mehr, es sei denn, der StPfl geht trotz einer gewinnbringenden Tätigkeit über oder stellt die verlustbringende Tätigkeit ein (BFH IV R 139/81 BStBl II 85, 205; FG Mchn EFG 04, 802; § 15 Rz 29 ff). Verluste aus künstlerischer Tätigkeit können WK sein, sofern sie das berufl Fortkommen in der nichtselbstständigen Tätigkeit fördern (BFH VI R 122/92 BStBl II 94, 510; zur Abgrenzung s FG Ddorf EFG 94, 514).

4. Schriftstellerische Tätigkeit. – a) Grundsätze. Sie liegt vor, wenn in 77 selbstständiger Gestaltung *eigene Gedanken* schriftl (RFH RStBl 43, 421) für die Öffentlichkeit niedergelegt werden (BFH I R 183/79 BStBl II 82, 22); es ist nicht erforderl, dass das Geschriebene wissenschaftl oder künstlerischen Inhalt hat (s Rz 155 zu Werbeschriftsteller; BFH IV R 16/97 BStBl II 99, 215: PC-Lernprogramm; BFH IV R 6/01 BStBl II 02, 475; FG Brem EFG 03, 1384: Anleitung technischer Geräte; FG Nds EFG 04, 567 zu *analytischem* Parlamentsstenograph; FG SchlHol EFG 07, 524, rkr: Internet-Börsenbrief; *Trachte ua* BB 01, 909: E-Handbuch; zur Trennbarkeit s aber Rz 50; BFH IV R 74/00 BStBl II 03, 27). „Schriftl" bedeutet im Gegensatz zu mündl Vortrag oder Rede – abruf- und lesbare – Fixierung auf körperl Medium (Papier; Diskette etc); Bestimmung für die „Öffentlichkeit" erfordert keinen bestimmten Vertriebsweg (zB Buchhandel), sondern lediglich die Verfügbarkeit für zahlenmäßig nicht bestimmbaren Personenkreis (BFH IV R 16/97 BStBl II 99, 215: bei für Firmenangehörige; *MK* DStR 99, 107). Das Vorliegen schriftstellerischer Tätigkeit ist bei Auftragsarbeiten für einen anderen Schriftsteller umstritten (vgl *HHR* § 18 Rz 113). ME kommt es nicht darauf an, ob die Auftragsarbeiten vom Auftraggeber vor der Veröffentlichung überarbeitet werden, sofern die darin niedergelegten Gedanken wenigstens teilweise in den veröffentlichten Text übernommen werden (glA FG Hbg EFG 01, 907: Überarbeiten von Drehbüchern); anders wenn ledigl vorbereitende Arbeit geleistet wird, zB Sammeln von Material, Lesen von Korrekturen.

78 **b) Einzelfragen.** Schriftsteller im **Selbstverlag** ist Gewerbetreibender (BFH IV B 15/00 BFH/NV 01, 1280). Zweifelhaft ist aber, ob schriftstellerische Einkünfte auch erzielt, wer ein ihm *übertragenes* Urheberrecht durch entgeltl **Überlassung** an einen Verlag zur Veröffentlichung nutzt (so *Schmidt* 17. Aufl § 18 Rz 78, arg BFH IV R 93/62 U BStBl III 64, 206; abl zR *BH/Hutter* § 18 Rz 102: § 21 I Nr 3), oder wer **Handschriften eines Schriftstellers ohne** das dazugehörige **Urheberrecht** veräußert (abl RFH RStBl 42, 1073 sowie *Schmidt* 17. Aufl § 18 Rz 18; **aA** *BH/Hutter* § 18 Rz 102: BV, Veräußerung oder Entnahme). – Zur **Gewinnerzielungsabsicht** s BFH IV R 84/82 BStBl II 85, 515: auch bei nebenberufl Schriftstellern sind zwar längere Anlaufphasen unschädl; nicht jedoch, wenn von Anfang an keine Ertragsaussicht besteht (FG RhPf DStRE 14, 1296; anders mE, wenn Schriftsteller vermögenslos und ohne nennenswerte weitere Einkünfte; glA *BH/Hutter* § 18 Rz 42, 45) oder ein „Erwerbswille" fehlt (FG RhPf DStRE 20, 391, rkr). Zu gescheitertem Buchprojekt s BFH IV B 200/02 BFH/NV 03, 625; zu schriftstellerischen Verlusten als WK bei § 19 s Rz 110 „Liebhaberei".

83 **5. Unterrichtende Tätigkeit; erzieherische Tätigkeit. – a) Unterricht.** Dies ist die Vermittlung von Wissen, Fähigkeiten, Fertigkeiten und Einstellungen durch Lehrer an Schüler in organisierter und institutionalisierter Form (BFH VIII R 10/87 DStRE 21, 480 mwN; FG Mchn EFG 00, 130: bej für Koreferent). Zur Wissensvermittlung durch PC-Programme s *Wendt* FR 99, 128, 130. Auf den **Gegenstand** des Unterrichts kommt es nicht an (BFH IV R 130/79 BStBl II 82, 589): zB Reiten, Tanzen (FG Ddorf EFG 07, 689: incl individuelles Fitnesstraining; s auch Rz 29), Gymnastik, Fußball (BFH IV R 131/92 BFH/NV 94, 93), Kfz-Fahren (zur USt s BFH V R 7/19 DStR 19, 1748); „Unternehmensführung" (FG Nbg DStRE 03, 586, fragl); nicht aber Unterricht an Tieren (RStBl 41, 678; BFH VIII R 11/15 BStBl II 17, 911). Der Unterrichtscharakter muss durchgängig gewahrt sein, punktuelle Anleitung genügt nicht (BFH IV R 35/95 BStBl II 96, 573: Fitnessstudio). Erforderlich ist ein schulmäßiges (allgemeingültiges) Programm eines bestimmten Fachgebiets; dies schließt Individualunterricht nicht aus, Vermittlung eines „Know-how-Mix" ist jedoch nicht unterrichtend, sondern beratend (BFH XI R 2/95 BStBl II 97, 687); anders uU bei Sprachheilpädagoge (BFH IV R 49/01 BStBl II 03, 721; s Rz 130, 155 „Logopäde"). Unterricht kann auch untrennbarer Teil einer gewerbl Tätigkeit sein (BFH I R 114/85 BStBl II 89, 965 zu II 4; BFH VIII B 44/18 BFH/NV 19, 108: Produktschulung; s auch Rz 107).

84 **b) Erziehung. – aa) Grundsätze.** Sie ist die planmäßige Tätigkeit zur körperl, geistigen und sittl Formung junger Menschen zu tüchtigen und mündigen Menschen (BFH VIII R 11/15 BStBl II 17, 911). Dabei wird unter Mündigkeit die Fähigkeit verstanden, selbstständig und verantwortl die Aufgaben des Lebens zu bewältigen (BFH II R 107/68 BStBl II 75, 389); erforderl ist die **Formung der gesamten Persönlichkeit** (FG Köln EFG 19, 1989, rkr: therapeutische Kinder-/Jugendhilfe), nicht nur die Schulung in Teilbereichen zwischenmenschl Beziehungen (BFH XI R 2/95 BStBl II 97, 687: Managementberatung; BFH VIII R 10/17 BStBl II 21, 387: Wiedereingliederung von Erwachsenen). Vorbildung oder staatl vorgeschriebene Prüfung ist für erzieherische Tätigkeit nicht vorausgesetzt (BFH VIII R 166/73 BStBl II 74, 642); ebenso zu Kindertagespflege FG Nds DStRE 07, 832 (s auch Rz 155). Zur Eigenverantwortlichkeit s Rz 29; zur **Gewinnerzielungsabsicht** s BFH XI S 10/00 BFH/NV 01, 1024. Zu **§ 3 Nr 26** s § 3 Rz 92.

85 **bb) Einzelfragen.** Der Betrieb einer Unterrichtsanstalt **(Schule)** ist eine freiberufl Tätigkeit, wenn der Inhaber über entspr Fachkenntnisse verfügt und in der

Schule leitend und eigenverantwortl tätig wird (BFH IV R 130/79 BStBl II 82, 589; s auch Rz 23 ff). Ist der Schule ein **Internat** angeschlossen und wird aus der Beherbergung und Beköstigung der Schüler besonderer Gewinn erstrebt, liegt gewerbl Tätigkeit vor (BFH VI 301/62 U BStBl III 64, 630; s auch Rz 155 „Kinderheim"). Einen GewBetr bildet auch ein **Kindererholungsheim,** wenn die Unterbringung, Verköstigung und allg Betreuung der Kinder nicht nur als Hilfsmittel einer erzieherischen Tätigkeit (dazu BFH IV R 4/02 BStBl II 04, 129 betr häusl Erziehungshilfe; FG Hbg EFG 15, 912: Kindertagesstätte; zutr; s auch Rz 50), sondern als Haupttätigkeiten des Heiminhabers anzusehen sind (BFH III R 198/81 BFH/NV 86, 358).

6. Heilberufe. – a) Ärzte; Fachärzte; Zahnärzte; Tierärzte. – aa) Grund- 87
sätze. Einkünfte aus freiberufl Tätigkeit erzielt der Arzt durch die selbstständige Ausübung der **Heilkunde.** Grds ist jede Handlung, die der Prophylaxe, (Labor-)Diagnose (*OFD Hann* DB 99, 1981; zu Mammographie s *Gragert ua* NWB F 3, 15083; s auch Rz 29), Heilung oder Linderung einer Erkrankung zu dienen bestimmt ist, ärztl Tätigkeit (*BMF* DStR 00, 730: Abgabe von Impfstoffen). Dies erfasst zwar nicht die wirtschaftl Krankenhausberatung (BFH XI B 63/98 BFH/NV 00, 424) oder Arbeitssicherheit (BFH IV B 106/03 BFH/NV 05, 1544), wohl aber gutachtl Stellungnahmen über den Gesundheitszustand untersuchter Personen (BFH V R 95/76 BStBl II 77, 879; BFH IV R 187/79 BStBl II 82, 253; zur Abgrenzung s BFH V R 7/05 BStBl II 07, 412; vgl auch Rz 130, 155) und bei medizinischer/therapeutischer Indikation auch ästhetische („Schönheits"-)Operationen (BFH V R 16/12 DStR 15, 420 zu USt) sowie die Zahnaufhellung („Bleaching"; BFH V R 60/14 BStBl II 15, 946). Weitergehend *Neugebauer* DB 15, 2041 für *Nicht*-Heilbehandlungen. Zur Selbständigkeit s Rz 9, 11. Gutachten ohne unmittelbares therapeutisches Ziel (zB Alkohol-/Erwerbsminderungsgutachten) sind nicht USt-befreit (§ 4 Nr 14 UStG nF; UStR 4.14.1 V), gleichwohl aber idR freiberufl (wissenschaftl; s Rz 63) iSv § 18 (*kk* KÖSDI 01, 12800). Zu neuen **Organisationsformen** (zB integrierte Versorgung) s Rz 51.

bb) Einzelfragen. – (1) Nebentätigkeit. Freiberufl ärztl Tätigkeit kann auch 88 als Nebentätigkeit ausgeübt werden, die zu der Berufsausübung als nichtselbstständig tätiger Arzt hinzutritt (s Rz 7, 9). Auf die Einrichtung einer eigenen Arztpraxis kommt es nicht an (BFH IV R 20/76 BStBl II 77, 31).

(2) Vertretung. Bei **vorübergehender** Vertretung eines freiberufl tätigen Arz- 89 tes ist auch dessen Vertreter grds freiberufl tätig, auch wenn er eine feste Vergütung erhält und sonst nicht selbstständig tätig ist (s Rz 8, 35, 36).

(3) Honorarverteilung. Zahlungen iRd erweiterten Honorarverteilung oder 90 eines Honorarsonderfonds der kassenärztl Vereinigung sind Einnahmen aus selbstständiger Arbeit, auch wenn sie nachträgl an die Witwe des Arztes geleistet werden (BFH IV R 112/71 BStBl II 77, 29; unten Rz 177; § 24 Rz 58).

(4) Status; Art der Tätigkeit. Beamtete Ärzte (Medizinalräte, Stabsärzte) 91 oder **Krankenhausärzte** (BFH IV R 241/70 BStBl II 72, 213) erzielen Einkünfte nach § 19 EStG (ArbVerh), sog **Vertragsärzte** hingegen idR freiberufl Einkünfte (EStR 18.1 I); zu **Honorarnotärzten** s *Reiserer ua* DStR 16, 2535 (SGB). Wegen der gemeinschaftl Praxisausübung **(Sozietät)** sowie **Labor- und Apparategemeinschaften** vgl Rz 40; zur entgeltl **Medikamentenabgabe** s Rz 17, 51. Zur **Liebhaberei** BFH IV R 43/02 BStBl II 04, 455; BFH III B 69/12 BFH/NV 13, 1573; FG Ddorf EFG 04, 259.

(5) Klinik. Betreibt ein Arzt eine Klinik, werden freiberufl Einkünfte aus ärztl 92 Tätigkeit nicht nur erzielt, wenn aus der Beherbergung/Beköstigung der Patienten kein zusätzl Gewinn erstrebt wird (BFH IV R 43/00 BStBl II 02, 152); darüber hinaus sind bei getrennter Abrechnung nach BFH IV R 48/01 BStBl II 04, 363 auch beide Bereiche zu trennen (mE fragl; **aA** BFH IV 153/64 U BStBl III 65, 90;

vgl auch Rz 50; § 15 Rz 150 „Klinik"; zur USt s BVerfG 2 BvR 2861/93 BB 00, 183); § 4 Nr 14 UStG nF; *BMF* BStBl I 09, 756. Zur **Eigenverantwortlichkeit** s Rz 23 ff.

95 **b) Dentisten; Heilpraktiker; Krankengymnasten.** Sie werden auf Grund von Prüfungen, die die Berufsausübung gestatten, tätig (vgl BGBl I 87, 1225: ZahnheilkundeG; RGBl 39, 251: HeilpraktikerG (BGBl I 39, 1084): Masseur- und PhysiotherapeutenG; *OFD Mbg* FR 00, 284). Sie bedürfen der Berufszulassung (Erlaubnis) und unterliegen gesundheitsbehördl Aufsicht (s dazu Rz 130); vgl auch EU-Anerkennung (BGBl I 07, 2686). Sie werden auf **bestimmten Teilgebieten der Heilkunde** tätig; nicht aber bei sog medizinischem Gerätetraining (*OFD Ffm* DStR 15, 1175). Zur Gewinnerzielungsabsicht s FG Köln EFG 02, 274 (Tierheilpraktiker); zur Eigenverantwortlichkeit s Rz 29. Zu § 4 Nr. 14 UStG nF s *BMF* BStBl I 09, 756; *BMF* BStBl I 12, 682. **Sofern Waren** oder **Erzeugnisse** (zB Massageöl, Zahnprothesen, Kontaktlinsen, Pflegemittel) über den Rahmen der eigenen Heilbehandlung hinaus an Patienten oder Dritte entgeltl abgegeben werden, liegt gewerbl Tätigkeit vor. Ist diese von der Heilbehandlung nicht trennbar, sind die aus der gesamten Tätigkeit erzielten Einkünfte grds gewerbl Gewinn (vgl Rz 44, 51; § 15 Rz 97).

97 **7. Rechtsberatende Berufe; wirtschaftsberatende Berufe.** – **a) Rechtsanwälte; Patentanwälte; Notare.** Sie sind Organe der Rechtspflege (vgl § 1 BRAO, § 1 BNotO). Dies trifft auch für EU-Anwälte gem EuRAG (§ 4 BRAO, § 3 Nr 1 StBerG) zu (*Kempermann* FR 04, 227: zumindest ähnl Beruf; BVerfG 1 BvR 1922/05 StEd 05, 655; s auch Rz 130; zu anderen Anwälten s *Kempermann*, FS Wassermeyer, 333/5); zur Rechtslage ab 1.8.22 betr BerAusübGes gem BGBl I 21, 2363 s Rz 41 *(1)/(4)*. Der **Rechtsanwalt** berät in Rechtssachen, insb bei Vertragsgestaltungen, und vertritt seine Mandanten vor Gericht. Zu seinen **freiberufl** Aufgaben (§ 18 I Nr 1) gehören auch die Erstattung von Rechtsgutachten (BFH IV R 111/69 BStBl II 71, 132), die Übernahme eines Schiedsrichteramts (BFH IV 135/58 U BStBl III 61, 60). Fragl ist, ob dies auch für die in **§ 18 I Nr 3** genannten Tätigkeiten zutrifft. **Bej** RFH RStBl 32, 731: Aufsichtsrat; BFH IV R 125/89 BStBl II 90, 1028: RA/WP/StB als Testamentsvollstrecker (zur USt BFH V R 25/02 BStBl II 03, 734); zR **einschr** jedoch BFH V R 63/86 BFH/NV 91, 632 für RA als **Berufsvormund;** sowie nunmehr **vern** BFH VIII R 50/09 BStBl II 11, 506; VIII R 3/10 BStBl II 11, 498 für StB/RA, der als **Insolvenzverwalter** oder **Zwangsverwalter** tätig wird (Grund: primär kfm ausgerichtete Tätigkeit; ebenso für RA als **Vollstreckungsverwalter** bereits BFH XI R 56/00 BStBl II 02, 202; BVerfG 1 BvR 437/02, juris). Zur Aufgabe der Vervielfältigungstheorie/**Eigenverantwortlichkeitsprüfung** s Rz 30 ff, 147; *Levedag* DStR 18, 2094: Legal Tech-Dienstleistungen). Zur Baubetreuung (GewBetr) s Rz 141, 155 „Treuhänder"; zur Inkassotätigkeit s Rz 155. Soweit hiernach gewerbl Einkünfte vorliegen, wird allg empfohlen, diese in eigenständige PerGes/KapGes auszugliedern (Rz 44, 55, 50). – Zu (interprofessionellen) **Personenzusammenschlüssen** sowie den Rechtsfolgen etwaiger Standeswidrigkeit vgl Rz 41, 43. – Zur **Anwalts-GmbH/AG** s Rz 52 f. – Der **Patentanwalt** übt Rechtsberatung und Prozessvertretung vor dem Bundespatentamt/-gericht auf dem Gebiet des gewerbl Rechtsschutzes aus (zum Patentberichterstatter s BFH I R 23/67 BStBl II 71, 233). – Der **Notar** dient der vorsorgenden Rechtspflege. Er hat ein öffentl Amt inne. Seine Amtshandlungen sind mit öffentl Glauben ausgestattet. RA, Notare und Patentanwälte bedürfen zur Ausübung ihrer Tätigkeit der Zulassung bzw Bestellung (zu EU-Ausländern s EuGH C-47/08 BB 11, 1409). Notare, und zwar sowohl die Nur-Notare als auch die Anwaltsnotare, sind selbstständig (freiberufl) tätig.

98 **aa) Arbeitsverhältnis; Syndikusanwalt.** Soweit RA anderweitig auf Grund eines ArbVerh, zB für Banken oder Versicherungen, tätig werden, üben sie keine freiberufl Tätigkeit aus (Rz 11; § 19 Rz 35). Dasselbe gilt, soweit sie auf Grund eines ArbVerh für berufsständische Vereinigungen oder für Gewerkschaften tätig sind. Wird ihnen jedoch von ihrem ArbG für einzelne Rechtsangelegenheiten ein besonderer Geschäftsbesorgungs-/Vertretungsauftrag erteilt, der gesondert, wenn auch uU pauschal honoriert wird, liegt freiberufl anwaltl Tätigkeit vor (vgl BFH V R 104/79 BStBl II 81, 545).

bb) Gewinnerzielungsabsicht (vgl allg Rz 5). Sie ist nach BFH XI R 10/97 BStBl II 98, 663 bei einem **hauptberufl RA** trotz Verluste (rd 1 Mio DM) über 20 Jahre und Vorliegens erhebl sonstiger positiver Einkünfte zu bejahen (zR abl *Alber* FS W. Müller, 2001, 263; vgl BFH X R 62/01 BStBl II 05, 336). Anders aber, wenn Architekt/RA mit geringen freiberufl Einnahmen über weiteres Vermögen/Einkommen verfügt *oder* bei langjährigen Verlusten keine Maßnahmen zur Rentabilitätssteigerung ergreift (BFH VIII B 135/12 BFH/NV 13, 1556; FG Köln EFG 13, 212, rkr; FG Mster EFG 12, 1842, rkr mit Anm *Wüllenkemper;* EFG 12, 2115). Überholt dürfte damit BFH XI R 10/97 (BStBl II 98, 663) jedenfalls insoweit sein, als danach bei „unwirtschaftl Betriebsführung" ledigl (Rz 75) eine BA-Kürzung gem § 4 Nr 7 in Betracht komme (s aber § 15 Rz 33). Zur Liebhaberei bei selbstständiger **Nebentätigkeit** s BFH IV R 81/99 BStBl II 02, 276: Verlustinnahme auf Grund Praxisübergabeabsicht an Sohn (*Anm* HFR 01, 979); BFH III B 37/14 BFH/NV 15, 857: Einzelfallprüfung. Weitergehend *Stöber* FR 17, 801.

cc) Art der Tätigkeit. Zur Berufstätigkeit der Notare gehört zwar auch Mittelverwendungskontrolle nach § 23 BNotO (FG Ddorf EFG 06, 963); nicht zur Berufstätigkeit der RA, Notare und anderer freier Berufe (zB StB; *Fehrenbacher* DStR 02, 1017) gehören aber Geschäfte, die die **Vermittlung von Vermögensanlagen** (zB Immobilien, AbschreibungsGes-Anteile) zum Gegenstand haben (BFH IV R 208/85 BFH/NV 91, 435; FG Hess EFG 01, 1211, vgl auch Rz 50) und **standeswidrige Geldgeschäfte** (zB Darlehens- und Bürgschaftsgewährungen gegen Entgelt; vgl BFH IV R 77/76 BStBl II 82, 340; BFH IV R 80/88 BStBl II 90, 17), da „Geldgeschäfte" entweder zu Einkünften aus KapVerm oder GewBetr (BFH XI R 34/99 BFH/NV 01, 1545; BVerfG 2 BvR 1572/01 DStRE 05, 698: gewerbl Grundstückshandel) führen oder keiner Einkunftsart zugeordnet werden können. Verluste aus derartigen Geschäften mindern daher den Gewinn aus freiberufl Tätigkeit nicht (zu Einzelheiten s Rz 163). Anders bei Geldgeschäften (zB Darlehen, Bürgschaft) zur Rettung einer aus der Berufstätigkeit entstandenen Forderung (BFH VIII R 236/77 BStBl II 80, 571) oder ohne Entgelt zur Rettung eines Mandats (BFH IV R 80/88 BStBl II 90, 17). Wegen Zugehörigkeit von Beteiligungsrechten zum BV s Rz 164. – Auch ein **standeswidriges,** aber seiner Art nach berufstypisches Geschäft gehört zur freien Berufstätigkeit (BFH IX R 48/05 BFH/NV 07, 886; *OFD Kobl* DB 06, 73; oben Rz 43). *Beispiele:* Strafverteidigung gegen **Erfolgshonorar** (s dazu aber Rz 60); rechtswidrige Nötigung des Prozessgegners. – Beteiligt sich der Freiberufler darüber hinaus am Risiko der gerichtl Geltendmachung einer Forderung, kommt es für die Zugehörigkeit des Vorgangs zur freien Berufstätigkeit darauf an, ob überwiegend ein Kreditgeschäft oder typische Berufstätigkeit vorliegt (BFH IV R 77/76 BStBl II 82, 340 mit Anm *Schick* StRK § 4 EStG R 13). Zur **treuhänderischen Tätigkeit** und zur Tätigkeit als Testamentsvollstrecker, Konkursverwalter s Rz 97, 140, 141 und Rz 155 *Treuhänder.*

b) Wirtschaftsprüfer; Steuerberater; vereidigte Buchprüfer. Art und Umfang der **typischen** und weiteren berufsrechtl nicht zu beanstandender **Tätigkeiten** sind in der WPO (s zB BVerwG 10 C 24.14 DStR 16, 1629) und im StBerG geregelt. Zur Abgrenzung von wirtschaftsberatender Tätigkeit s BFH V R 120/73 BStBl II 81, 189; V R 103/74 BStBl II 81, 196. Zu EU-**ausl StBerGes** s BFH II R 44/12 IStR 17, 29; BFH VII R 14/20 DStR 21, 943; oben Rz 97); zur Rechtslage ab 1.8.22 betr BerAusübGes gem BGBl I 21, 2363 s oben Rz 41 *(1)/(4).* Zum „Belastingadviseur" s Rz 155; zu internationalen Sozietäten s Rz 43. Zur Berufstätigkeit der **steuerberatenden Berufe** (Wirtschaftsprüfer, vereidigte Buchprüfer, Steuerberater, Steuerbevollmächtigte) kann auch die Prüfung der lfd Eintragungen in die Geschäftsbücher, die Prüfung der Inventur, die Durchführung des Hauptabschlusses und die Aufstellung der StErklärungen sowie die **Buchführung für andere Personen** gehören (BFH IV 200/51 U BStBl III 51, 197). Zur Verwaltung fremden Vermögens s BGH I ZR 182/02 DStR 05, 573; *Feiter* DStR 06, 484 (Testamentsvollstreckung) sowie Rz 97, 155. Die nach **Wegfall des Buchführungsprivilegs** der steuerberatenden Berufe (BVerfG 1 BvR 697/77 BStBl II 80, 706) zugelassene selbstständige Ausführung der lfd Buchführungsarbeiten durch Personen, die nicht den steuerberatenden Berufen angehören (s *FM NRW* BB 81, 659), ist – mangels § 18 I Nr 3 (s Rz 140) – jedoch gewerbl (BFH IV R 10/00 BStBl II 02, 338).

107   c) **Beratender Betriebswirt; Volkswirt.** Das Berufsrecht ist gesetzl nicht geregelt; ein typisches Berufsbild gibt es nicht. Die Bezeichnungen können frei geführt werden. Der Beruf des beratenden Volks- und Betriebswirts ist daher grds anhand des Lehrinhaltes beim Studium der Volks- und Betriebswirtschaftslehre an einer Hochschule zu bestimmen. Der beratende Volks- und Betriebswirt muss **Kenntnisse** auf den hauptsächl Bereichen der Betriebswirtschaftslehre erworben haben (Unternehmensführung, Leistungserstellung, Materialwirtschaft, Finanzierung, Vertrieb, Verwaltungs-, Rechnungs- und Personalwesen) und in der Lage sein, diese fachl Breite auch in seiner praktischen Tätigkeit einzusetzen (BFH IV R 70/00 BStBl II 03, 25). **Ausnahme: Dipl-Wirtschaftsingenieur** (Kombination zweier bestimmter Katalogberufe mit entspr technisch-betriebswirtschaftl Ausbildung; BFH IV R 21/02 BStBl II 03, 919; ebenso zu DDR-Studium BFH XI R 3/06 BStBl II 07, 118). Es kommt nicht darauf an, ob die Kenntnisse durch ein abgeschlossenes Hochschulstudium (Diplom; graduierter oder staatl geprüfter Betriebswirt; vgl BFH IV R 51/99 BStBl II 00, 616; BVerfG 1 BvR 2102/00 StEd 01, 307) erworben wurden oder auf Selbststudium beruhen (BFH IV B 68/99; BFH/NV 00, 705). Zum *Nachweis* der autodidaktischen Ausbildung durch praktische Arbeiten oder Wissensprüfung BFH IV R 51/99 BStBl II 00, 616; BFH III B 134/12 BFH/NV 13, 930; unten Rz 129. Eine gewisse Spezialisierung in der **Beratungstätigkeit** ist unschädl, solange diese sich wenigstens auf einen **betriebl Hauptbereich** (s oben) erstreckt (BFH IV B 133/99 BFH/NV 00, 1460; zu ArbN-Beratung s – abl – BFH IV R 59/97 BStBl II 99, 167; s auch Rz 155 „Personalberater"). Dies gilt auch für Dipl-Wirtschaftsingenieur (BFH IV R 21/02 BStBl II 03, 919; zweifelhaft insoweit BFH XI R 3/06 BStBl II 07, 118; s *Kempermann* FR 07, 184). Bei weitergehender Spezialisierung, zB auf Werbeberatung, liegt gewerbl Tätigkeit vor (BFH VIII R 149/74 BStBl II 78, 565). Überhaupt **keine Beratung** ist die (Konzern-)Geschäftsleitung durch eine HoldingGes (BFH VIII R 73/06 BStBl II 09, 647; FG Ddorf EFG 18, 1287, rkr). Weitere **Rspr-Beispiele für gewerbl Einkünfte:** *Marktforscherberater* (BFH V R 73/83 BStBl II 89, 212; zur wissenschaftl Tätigkeit s BFH IV R 61/92 BFH/NV 94, 89); *Anlage-/Finanz-/Kreditberater* (BFH XI B 28/07 BFH/NV 07, 1883), *Grundstücks-/Mietpreisgutachter* (BFH IV B 18/97 BFH/NV 98, 1206); *Berater für Dienstleistungsproduktion* (BFH IV B 121/98 BFH/NV 00, 457); *Datenschutzbeauftragter* (BFH VIII R 27/17 BStBl II 20, 222); *Personalüberlassung* (BFH VIII R 101/04 BFH/NV 08, 1824); zu *Marketing-/Planungsberater, „Outplacement-Berater", Projektmanager, Politik-, Rundfunk-, Umwelt-* und *Versicherungsberater* s Rz 155. Die **EDV-Entwicklung** ist eigenständiger Beruf und damit auch bei Dipl-Kfm nicht der Tätigkeit eines beratenden Betriebswirts ähnl (BFH IV R 60–61/94 BStBl II 95, 888; **aA** FG Mchn EFG 06, 41); dies schließt jedoch nicht aus, dass ein EDV-Berater auch als beratender Betriebwirt tätig wird (BFH IV B 56/96 BFH/NV 97, 399; zu PC-Lernprogramm s Rz 77). Zur ingenieurähnl Tätigkeit s Rz 155 (EDV-Entwickler).

8. Technische Berufe; Ingenieure; Architekten. Ingenieur ist, wer durch **108**
seine Ausbildung in der Lage ist, in einer gewissen fachl Breite und Tiefe technische Werke zu planen und zu konstruieren und die Ausführung des Geplanten leitend anzuordnen und zu überwachen (vgl auch BFH IV R 53/00 BFH/NV 01, 1547: Siedlungswasserwirtschaft). Die **Fachkenntnisse** werden regelmäßig durch ein Hoch- oder Fachschulstudium erworben (BFH VIII R 31/07 BStBl II 10, 467: Berufsakademie). Deshalb ist Ingenieur iSd § 18 I Nr 1, wer nach den landesrechtl Ingenieurgesetzen *auf Grund seiner Ausbildung* berechtigt ist, diese Berufsbezeichnung zu führen. Wer die **Berufsbezeichnung** als „Ingenieur" nach den landesrechtl Ingenieurgesetzen kraft Verleihung oder nach einer Übergangsregelung *ohne* die an sich erforderl Ausbildung führt, ist nicht Ingenieur iSd § 18 I Nr 1 (BFH IV R 156/86 BFH/NV 91, 359).

a) Ausbildung. Die erforderl Fachkenntnisse in den Kernbereichen des Inge- **109**
nieurberufs (dazu BFH IV R 156/86 BFH/NV 91, 359) können auch im **Selbststudium** erworben sein; dann ergibt sich die Notwendigkeit, das Vorhandensein von theoretischen und praktischen Kenntnissen, die denen eines Hoch- oder Fachschulabsolventen entsprechen, festzustellen (BFH IV B 156/99 BFH/NV 01, 593); die **Feststellungslast** trifft den StPfl. In solchen Fällen kann auch ein „ähnl ‚Beruf" gegeben sein (s dazu Rz 125 ff). Auch die Aneignung der Kenntnisse durch praktische Berufstätigkeit ist mögl (BFH IV R 73/90 BStBl II 91, 878). Zu beachten ist ferner, dass die Ingenieurgesetze Landesrecht sind und deshalb zur Auslegung des zum Bundesrecht gehörenden § 18 I Nr 1 nur begrenzt herangezogen werden können (vgl dazu auch BFH IV R 65/00 BStBl II 02, 149 betr Fußpfleger).

b) Architekten. Die Berufsbezeichnung Architekt ist durch die landesrechtl Ar- **110**
chitektengesetze weitgehend geschützt (vgl BFH VIII R 121/80 BStBl II 82, 492; zur Gewinnerzielungsabsicht s BFH IV R 60/01 BStBl II 03, 85; oben Rz 5, 99). Aufgabe des Architekten ist die gestaltende, technische und wirtschaftl Planung von Bauwerken, ferner die Beratung, Betreuung und Vertretung des Bauherrn in den mit der Planung und Durchführung eines Vorhabens zusammenhängenden Fragen sowie die Überwachung der Ausführung (BFH XI R 3/06 BStBl II 07, 118: Bauleitung durch Wirtschaftsingenieur (s dazu Rz 107). Auch Aufgaben der Innenraumgestaltung sowie der Garten-, Landes-, Regional- und Bauleitplanung sind architektentypische Tätigkeiten (BFH IV R 86–88/91 BFH/NV 92, 811; s auch Rz 155).

c) Tatsächliche Tätigkeiten. Zusätzl ist erforderl, dass sich die tatsächl ausge- **111**
übte Tätigkeit wenigstens auf einen der Hauptbereiche der Ingenieurs-/Architektentätigkeit erstreckt (Planen, Gestalten, Konstruieren und Projektieren von technischen Werken; BFH VIII R 27/17 BStBl II 20, 222: abl bei Datenschutzbeauftragtem). Dies umfasst auch die Überwachung der Herstellung der geplanten Gegenstände (BFH XI R 3/06 BStBl II 07, 118; s aber Rz 107) sowie Kfz-Prüfungen (BFH VIII R 35/16 BStBl II 19, 580), *nicht* aber die Tätigkeit als Bauunternehmer (BFH XI R 10/06 BStBl II 08, 54) oder Leistungen zur Absatzförderung (Kostenersparnis) des Auftraggebers (BFH IV B 152/96 BFH/NV 98, 312; BFH XI B 57/06 BFH/NV 07, 687); eine erfolgsabhängige Vergütung ist hierfür zwar Indiz, jedoch nicht allein entscheidend (BFH IV B 20/01 BFH/NV 01, 1400 „Stundenhonorar"). Zur Kombination mit technisch/wirtschaftl Beratung s FG RhPf DStRE 01, 1339. Zur Rspr bei IT-Ingenieuren s Rz 155 „EDV-Entwickler".

d) Gemischte Tätigkeiten. Werden WG auf eigene Rechnung und Gefahr **112**
hergestellt (zB Veräußerung schlüsselfertiger Bauten), ist die gesamte Tätigkeit gewerbl (sog gemischte Tätigkeit; Rz 50; § 15 Rz 97 ff). – Dagegen sind Grundstückshandel und -vermittlung idR von der freiberufl Tätigkeit getrennt zu beurteilende gewerbl Tätigkeiten (BFH VIII R 60/70 BStBl II 76, 152: selbst bei Architektenbindung; s auch Rz 100, 155 „Innenarchitekt", § 15 Rz 97 ff).

113 e) **Handelschemiker.** Sie erstellen auf wissenschaftl Grundlage Analysen und erforschen Stoffe aller Art und ihr Verhalten (BFH VIII R 18/67 BStBl II 73, 183). Ein Berufsrecht gibt es für Handelschemiker nicht (s auch BFH XI R 5/06 BStBl II 07, 519; unten Rz 127). Probenabnahme und deren Analyse sind nach BFH VIII R 314/82 BFH/NV 87, 156 trennbare Tätigkeiten.

114 f) **Lotsen.** Sie sind rechtsbegründend in § 18 I Nr 1 als freiberufl aufgeführt (BFH IV R 339/84 BStBl II 87, 625).

120 9. **Medienberufe.** a) **Journalist.** Diesen Beruf übt aus, wer eine in erster Linie auf Information über gegenwartsbezogene Geschehnisse gerichtete Tätigkeit ausübt, bei der die Sammlung und Verarbeitung von Informationen des Tagesgeschehens, die krit Auseinandersetzung mit diesen und die Stellungnahme zu den Ereignissen auf politischem, gesellschaftl, wirtschaftl oder kulturellem Gebiet das Berufsbild ausmachen (BFH VIII R 149/74 BStBl II 78, 565). Gleichgültig ist, ob der Journalist sich mündl oder schriftl äußert oder welcher Medien (Zeitung, Rundfunk, Film etc) er sich dabei bedient. Seine Arbeit muss sich an die Öffentlichkeit wenden. In der Literatur (*HHR* § 18 Rz 203) wird zu Recht die Begriffsbegrenzung auf zeitbezogene Themen kritisiert (offen in BFH IV R 16/98 BFH/NV 99, 602 betr PR-Berater). **Selbstständigkeit** ist jedenfalls zu bejahen, wenn **Urheberrechte** übertragen werden (FG Hess EFG 90, 310); zum „freien Mitarbeiter" s BFH V R 37/08 BFH/NV 09, 1749.

122 b) **Bildberichterstattung.** Sie ist journalistische Nachrichtenübermittlung oder -vertiefung durch Bilder oder Filme, die dem Publikum durch Zeitungen, Zeitschriften, Filme oder Fernsehen vermittelt werden (BFH IV R 50/96 BStBl II 98, 441; BFH IV R 1/97 BFH/NV 99, 465; jeweils auch zur gewerbl Fotografie). Dies trifft auch auf Kameramann/Tontechniker zu, wenn das Bildmotiv entspr seinem Nachrichtenwert *eigenverantwortl* ausgewählt wird (BFH XI R 8/00 BStBl II 02, 478). Zur bloßen Zuarbeit s FG Bln EFG 99, 1082.

123 c) **Dolmetscher.** Er vermittelt die sprachl Verständigung zw Menschen, die verschiedene Sprachen sprechen. Der **Übersetzer** überträgt schriftl Gedankenäußerungen von einer in eine andere Sprache. Wegen der Abgrenzung zur schriftstellerischen Tätigkeit s BFH IV R 142/72 BStBl II 76, 192, die nach dem Wegfall des § 34 IV nur noch geringe Bedeutung hat (s Pauschbeträge, Rz 216).

125 10. **Ähnliche Berufe.** Da eine sprachl (begriffl) Umschreibung der „freiberuflichen Tätigkeit" und der **Katalogberufe** nicht mögl ist (s Rz 5, 60), kann für den Ähnlichkeitsvergleich auch nicht auf die Ähnlichkeit einer Berufstätigkeit mit einer beliebigen Auswahl von Katalogberufen als Gruppe abgestellt werden (**keine Gruppenähnlichkeit;** BFH VIII R 24/14 BStBl II 17, 908; *Pfirrmann* FR 14, 162; zur Verfassungsmäßigkeit s Rz 4); die Aufzählung ungleichartiger Berufe in § 18 I Nr 1 gebietet vielmehr, einen Ähnlichkeitsvergleich mit einem bestimmten Katalogberuf; der zu vergleichende Beruf kann sich mit mehreren Katalogberufen als ähnl erweisen (ausführl BFH VIII R 2/16 BStBl II 19, 528).

126 a) **Vergleichbarkeit.** Der „ähnliche" Beruf muss dem Katalogberuf in wesentl Punkten, dh in Ausbildung und berufl Tätigkeit vergleichbar sein (BFH VIII R 24/14 BStBl II 17, 908). Dabei ist ein wertender Vergleich der einzelnen Berufsmerkmale des Katalogberufes und des als ähnl behaupteten Berufes vorzunehmen, und zwar unter Berücksichtigung des Gesamtbildes der berufl Tätigkeiten (BFH IV R 156/86 BFH/NV 91, 359). Die die Ähnlichkeit begründenden Tätigkeiten müssen iSe *Schwerpunkts* andere den Ähnlichkeitsvergleich nicht begründende Tätigkeit überwiegen (BFH IV R 74/00 BStBl II 03, 27). Zu **Ausnahmen** bei Dipl-Wirtschaftsingenieur (Kombination zweier bestimmter Katalogberufe) s BFH IV R 21/02 BStBl II 03, 919; BFH XI R 3/06 BStBl II 07, 118: DDR-Studium; s aber Rz 107. Sofern für den Katalogberuf eine bestimmte **Ausbildung nicht vorgeschrieben** ist, stellt der BFH allein auf die Berufstätigkeit ab, ohne in den Ähnlich-

Freie Berufe 127–130 § 18

keitsvergleich weitere Merkmale der Gesamtberufsbilder einzubeziehen (BFH I 415/62 U BStBl III 65, 692).

b) Ausbildung. Wird für den Katalogberuf eine bestimmte Ausbildung verlangt, 127 muss die Ausbildung für den ähnl Beruf der für den Katalogberuf vergleichbar sein (BFH VIII R 2/16 BStBl II 19, 528; zu Pilot/Ingenieur BFH IV R 94/99 BStBl II 02, 565; zum Hoch-Bautechniker als architektenähnl s BFH IV R 118–119/87 BStBl II 90, 64, einschr BFH XI R 47/98 BStBl II 00, 31; FG Saarl EFG 01, 746: organisatorische Arbeiten für den architektenähnl; FG SachsAnh EFG 07, 1448: Blitzschutz-Sachverständiger nicht ingenieurähnl; BFH XI R 5/06 BStBl II 07, 519: Umwelt-Auditor dem Handelchemiker ähnl) und der ähnl Beruf muss auf wissenschaftl/künstlerischer Grundlage ausgeübt werden (BFH IV R 75/74 BStBl II 75, 558). Zum Datenschutzbeauftragten s Rz 155.

aa) Art der Ausbildung. Eine wissenschaftl Ausbildung oder wissenschaftl 128 Kenntnisse setzen nicht unbedingt ein *Studium* an Hochschule, Fachhochschule oder Fachschule voraus. Sie können auch durch Teilnahme an *Fortbildungen*, im *Selbststudium* oder durch die *Berufstätigkeit* erworben werden (BFH VIII R 2/14 BStBl II 17, 882). Die wissenschaftl-theoretischen Kenntnisse müssen aber dem Niveau eines Hochschulabsolventen des Vergleichsberufs entsprechen (zB BFH III R 3/14 BFH/NV 17, 732: Mathematik, Statistik etc bei EDV-Ingenieur).

bb) Beweisanforderungen. Ein Autodidakt, der geltend macht, eine einem 129 Katalogberuf ähnl Tätigkeit mit vergleichbaren Kenntnissen auszuüben, hat die ausgeübte Tätigkeit (BFH VIII B 77/12 BFH/NV 13, 217), die Art und Weise des Selbststudiums und der Anwendung des Fachwissens darzulegen (BFH IV B 107/95 BFH/NV 97, 116). Zu deren Beurteilung muss das FG ggf **Sachverständigengutachten** einholen (BFH III B 244/11 BFH/NV 12, 1119: verfgemäß; Rz 8). Zur **Wissensprüfung** s BFH VIII R 27/07 HFR 09, 898; zur Ermittlung der Berufscharakteristika s *OFD Mster* DB 02, 1026); ob aufgrund einer erfolgreichen Prüfung der Nachweis hinreichender Kenntnisse in den (früheren) Streitjahren erlaubt ist, muss das FG (als Tatsachengericht) würdigen (BFH VIII R 2/14 BStBl II 17, 882). Nur wenn nach der Art der Tätigkeit ihre Ausübung ohne solche Kenntnisse nicht vorstellbar ist, kann auf weitere Nachweise verzichtet werden (BFH VIII B 264/09 BFH/NV 10, 1300). Zur Würdigung vorgelegter Arbeitsproben s BFH VIII R 4/13 BFH/NV 16, 1275; *Levedag* HFR 16, 1076.

c) Erlaubnisberufe. Nach durch BFH VIII R 24/14 BStBl II 17, 908 be- 130 stätigter Rspr ist bei „vorbehaltenen" Tätigkeiten, deren Ausübung ohne staatl Erlaubnis berufsrechtl unzulässig oder mit Strafe bedroht ist, die Annahme eines ähnl Berufes ohne entspr Erlaubnis ausgeschlossen (BFH IV R 43/96 BStBl II 97, 681; FG Köln EFG 06, 511: RA ohne Zulassung; zur behördl Aufsicht vgl BFH IV R 94/99 BStBl II 02, 565: Pilot nicht dem Lotsen ähnl). Zudem liegt ein ähnl Beruf nur bei **staatl Prüfung** oder Anerkennung vor, falls eine solche für den Katalogberuf erforderl ist (BFH IV R 65/00 BStBl II 02, 149: medizinischer Fußpfleger; s dazu aber Rz 155). Hiervon ist der BFH jedoch im Anschluss an die geänderte Rspr zu § 4 Nr 14 UStG aF (Entlastung des Sozialversicherungsträgers; vgl BVerfG 2 BvR 1264/90 BStBl II 00, 155; BFH VIII R 26/15 BStBl II 19, 776. Heileurythmie/medizinischer Fußpfleger; *BMF* BStBl I 00, 433) für sog **Heilhilfs-/Gesundheitsfachberufe abgerückt.** Da bei Krankengymnasten/Physiotherapeuten (Rz 95) ledigl die Berufs*bezeichnung* geschützt sei, genüge für die Ähnlichkeit des Vergleichsberufs, wenn mit der Erlaubnis der jeweiligen berufl Organisation Kenntnisse bescheinigt würden, die mit den staatl geregelten Heilhilfsberufen vergleichbar seien; ein ausreichendes Indiz hierfür sei die Kassenzulassung (§ 124 SGB V), iÜ seien deren Erfordernisse mit dem Einzelfall zu vergleichen (BFH IV R 69/00 BStBl II 04, 954; FG Hbg EFG 16, 1119, rkr: jeweils Audio-Psycho-Phonologe/Tomatis-Methode; BFH VIII R 26/15 BStBl II 19, 776: Heileurythmist iVm Integrierter Versorgung; glA EStH 15.6; *BMF* BStBl I 19,

1298. *Überholt* (vgl *MK* DStR 03, 1433) damit BFH IV R 65/00 BStBl II 02, 149; BFH IV R 45/00 BStBl II 03, 21: Fußpfleger/Reflexzonenmasseur; *BMF* IV R 49/01 BStBl II 03, 720: Sprachheilpädagoge). Zu § 4 Nr 14 UStG s *BMF* BStBl I 14, 217. Weitere Einzelfälle/Einzelheiten s Rz 155. – Schon bisher hat der BFH die Eintragung in die **Architektenliste** für die Ausübung des Architektenberufes nicht verlangt (BFH IV R 75/74 BStBl II 75, 558). – Der Rspr (zu § 18) ist zu folgen, denn für den ähnl Beruf müssen dieselben Schranken wie für das als Maßstab dienende Berufsbild des Katalogberufs gelten. Wegen weiterer Einzelfälle s Rz 155.

132 **d) Sportler.** Nehmen sie mit einer gewissen Regelmäßigkeit an Sportveranstaltungen (zB Wettkämpfen) teil, erzielen sie durch Sportpreise, Startgelder, Erfolgsprämien und Werbeeinnahmen gewerbl Einkünfte, da ihre Tätigkeit sich nicht unter § 18 I Nr 1 oder Nr 3 subsumieren lässt. Vgl § 15 Rz 150 *Berufssportler;* BFH I R 44–51/99 BStBl II 02, 271; zu Art 17 OECD-MA s BFH I R 98/15 DStR 18, 449 (Schiedsrichter).

IV. Sonstige selbstständige Tätigkeit, § 18 I Nrn 2, 3

135 **1. Staatliche Lotterieeinnehmer.** Sie beziehen Einkünfte nach § 18 I Nr 2, wenn ihre Tätigkeit nicht als GewBetr aufzufassen ist. Eine **staatl Lotterie** liegt vor, wenn sie *(1)* vom Staat selbst betrieben wird (Regiebetrieb), *(2)* in Form einer rechtsfähigen Anstalt oder *(3)* in Form einer KapGes (BFH I R 158/81 BStBl II 85, 223). Wird die Lotterie durch eine **KapGes** betrieben, liegt ein GewBetr auch dann vor, wenn sich alle Anteile in der Hand des Staates befinden (BFH GrS 1/62 S BStBl III 64, 190). Ein **GewBetr** des Lotterieeinnehmers ist zu bejahen, wenn er zum Absatz der Lose einen kfm eingerichteten Geschäftsbetrieb unterhält oder wenn er die Lose iRe anderen von ihm geführten GewBetr absetzt (vgl BFH VIII R 310/83 BStBl II 86, 719; FG Nds EFG 85, 78: Tabak-/Zeitschriftenhandel; **aA** FG Mster EFG 81, 191: Trennung von Fotofachgeschäft und Lottoannahme; mE fragl). Zu **§ 13 GewStDV** s BFH I R 158/81 BStBl II 85, 223; BFH IV R 205/75 BStBl II 76, 576: Lagerlose. – Die Einkünfte der **Bezirksvertreter** einer staatl Lotterie fallen nicht unter § 18 I Nr 2, sondern unterliegen der GewSt, da die Bezirksvertreter keine Lotterieeinnehmer sind (BFH IV R 81/66 BStBl II 72, 801).

140 **2. Sonstige selbstständige Arbeit. – a) Begriff.** Das Gesetz erläutert den Begriff nur durch die beispielhafte Aufzählung der Vergütungen für die *Vollstreckung von Testamenten* (s auch § 15 Rz 141, 301; § 5 II Nr 1 RDG), für *Vermögensverwaltung* und für die *Tätigkeit als Aufsichtsratsmitglied*. Obgleich die Aufzählung keinen abschließenden Charakter hat, waren von § 18 I Nr 3 nach *bisheriger* Rspr (Grundsatz der sog Gruppenähnlichkeit) nur Tätigkeiten iZm **fremden *Vermögens*interesse** erfasst (BFH IV R 1/03 BStBl II 04, 112), zu denen der StPfl unmittelbar berechtigt und verpflichtet ist (BFH IV R 41/03 BStBl II 05, 611: nicht Subunternehmer). Nach **geänderter Rspr** untersteht auch eine Tätigkeit in einem „**fremden Geschäftskreis"** – dh auch die Wahrnehmung fremder *Nichtvermögens*interessen – § 18 I Nr 3 (BFH VIII R 10/09 BStBl II 10, 906; BFH VIII R 14/09 BStBl II 10, 909: betr Betreuer; Rz 141; krit *Kempermann* FR 10, 1048). Letzteres birgt mE die Gefahr tatbestandl Konturlosigkeit (s auch Rz 141), der der BFH nunmehr durch Ausgrenzung „**rein beratender** Tätigkeiten" zu begegnen sucht (ua BFH VIII R 2/16 BStBl II 19, 528 zu Rentenberater).

141 **Beispiele. –** *(a)* **Vergleichbar** (§ 18 I Nr 3) sind: **Treuhänder** (s Rz 155, 97; BFH IV S 7/03 BFH/NV 04, 183: offen bei Abwicklung von Treuhandunternehmen); Beteiligungs-Entscheidungen (WagnisKapGes) s Rz 280ff; **Nachlass-, Insolvenz-,** Vergleichs-, Zwangs- oder **Gesamtvollstreckungsverwalter** (BFH VIII R 50/09 BStBl II 11, 506; BFH VIII R 3/10 BStBl II 11, 498; auch bei RA/StB etc; s Rz 147); **Sachverständige** iSd § 75 KO/§ 5 InsO (BFH IV 404/60 U BStBl III 61, 306; unten Rz 155); **Verwaltung privater Wagniskapitalfonds** (FG Ddorf EFG 18, 1548: Sondervergütung; mE § 15 I 1 Nr Nr 1; Rz 288);

Sonstige selbstständige Tätigkeit   144–150 § 18

Schiedsrichter (*Jesch ua* DStZ 10, 252; fragl; s aber Rz 97, 155); **Hausverwalter** (RFH RStBl 38, 842; BFH I R 123/69 BStBl II 71, 239; **aA** BFH VIII R 67/92 BStBl II 94, 449: GewBetr bei großem Wohnungsbestand und Maklertätigkeit (s aber Rz 32; zur Trennung von gewerbl Tätigkeiten s BFH IV R 5/98 BFH/NV 99, 1456); **Vormund** und **Pfleger** (s auch Rz 155 „Familienhelferin"); **Betreuer** gem § 1896 BGB/**Verfahrenspfleger** gem FamFG (BFH VIII R 10/09 BStBl II 10, 906; BFH VIII R 14/09 BStBl II 10, 909: *Rspr-Änderung;* s Rz 140; *Schmidt* 29. Aufl § 18 Rz 141; zu § 3 s dort; BFH VIII R 57/09 BStBl II 13, 799); zu § 14 GewO, s BVerwG NJW 13, 2214; zu § 4 Nr 16 aF/nF UStG s *BMF* DStR 13, 2703). – **(b) Nicht vergleichbar:** Nach bisheriger Rspr (s Rz 140) Stunden-/**Buchhalter** (BFH IV R 10/00 BStBl II 02, 338; BFH VIII B 46/07 BFH/NV 08, 785; s Rz 105), **Buchmacher** (RFH RStBl 39, 576), **Makler** (RFH RStBl 38, 842, 843), selbstständige **Versicherungsvertreter** (BFH I R 110/76 BStBl II 78, 137), **Bevollmächtigte** eines Testamentsvollstreckers (BFH IV R 155/86 BFH/NV 90, 372), **Rentenberater** (s Rz 140 aE), **Datenschutzbeauftragter** (BFH VIII R 27/17 BStBl II 20, 222).

b) Ehrenamt. Anders als die in § 22 Nr 4 genannten Parlamentsabgeordneten (Bund/Länder/EU, s dort Rz 161) üben ehrenamtl Mandatsträger (zB **Kreistagsabgeordnete, Stadt-/Gemeinderäte**) eine selbstständige Tätigkeit nach § 18 I Nr 3 aus (BFH VIII R 58/06 BStBl II 09, 405; BFH III B 156/12 BFH/NV 13, 1420); nicht aber ehrenamtl Richter (BFH IX R 10/16 DStR 17, 711; dazu *OFD Ffm,* DStR 18, 2481; **aA** mis *Schmidt* 36. Aufl § 18 Rz 144; s auch § 24 Rz 27). Ehrenamtl **Bürgermeister** mit *Exekutivaufgaben* sind aber ArbN (iEinz § 19 Rz 35; FG SchlHol EFG 16, 815). Zu den Einnahmen gehören **Sitzungsgelder** und andere Tätigkeitsvergütungen, sofern sie nicht entstandenen Aufwand abzugelten bestimmt; ebenso der Wert von Sachleistungen (Gestellung eines Kfz; BFH IV R 41/85 BStBl II 88, 266; zum BA-Abzug s § 19 Rz 50 „Kraftfahrzeugestellung"; offen BFH IV R 41/85 BStBl II 88, 266). **Wahlkampfkosten** sind vorweggenommene BA (BFH IV R 15/95 BStBl II 96, 431); sie sind abziehbar, soweit sie zusammen mit den anderen BA erweisl die (zB nach § 3 Nr 12 aF/nF gezahlte) Aufwandsentschädigung übersteigen (*FM BaWü* DStR 96, 1732).   144

c) Mitarbeit. Auch eine nach § 18 I Nr 3 zu erfassende Tätigkeit wird (vorwiegend) durch die persönl Arbeitsleistung des StPfl bestimmt. Der BFH hat hierzu seine Rspr dahin geändert, dass die für die freie Berufstätigkeit zugelassene unschädl Mitarbeit qualifizierter Hilfskräfte (§ 18 I Nr 1 S 3) auch iRv Einkünften aus sonstiger selbstständiger Arbeit entspr gilt; die sog *Vervielfältigungstheorie* ist damit auch für die Berufe gem § 18 I Nr 3 *aufgegeben;* zu Einzelheiten s Rz 30 ff.   147

3. Aufsichtsratsmitglieder. – a) Begriff. Aufsichtsratsmitglieder iSd § 18 I Nr 3 sind Mitglieder von Organen einer Körperschaft wie Aufsichtsrat, Verwaltungsrat sowie andere Personen, die mit der **Überwachung der Geschäftsführung** beauftragt sind. Letzteres ist weit auszulegen und umfasst zB auch die Aufsicht über die öffentl-rechtl Rundfunk-/Fernsehanstalten, einen Versicherungsträger (FG Nbg EFG 21, 1717 rkr: ehrenamtl Vorstand gem SGB IV) oder eine Berufsgenossenschaft (BFH VI 167/63 U BStBl III 66, 153) *nicht* jedoch die bloße Repräsentation (BFH VIII R 159/73 BStBl II 78, 352), die Wahrnehmung der Geschäftsführung oder deren Beratung (BFH IV R 1/03 BStBl II 04, 112; zu RA s *Happ* FS Priester, 175). Die geänderte Rspr zum **Unternehmer** iSv § 2 UStG (BFH V R 23/19 BStBl II 21, 542; UStR 2.2 IIIa: ArbN bei Festvergütung; dazu *Wäger* FS Kessler, 2021, 399) ist auch angesichts der gesetzl Qualifikation in § 18 I Nr 3 ertragsteuerrechtl nicht maßgebl. Zur **Vergütung** gehören alle fixen/variablen Vergütungen für die Aufsichtsratstätigkeit (einschließl Sitzungsgelder, Aufwandsentschädigungen, Reisekostenerstattungen) sowie Sachleistungen, zB Kfz-Überlassung, Zurverfügungstellung von Räumen und Personal, soweit diese nicht lediglich zur Ausübung der Aufsichtsratstätigkeit dienen (*OFD Mbg* DStR 08, 405; *OFD Mgb* DB 11, 2118), Aktienoption (BFH VIII R 19/11 BStBl II 13, 689; zu BE/BA bei „Poolung" s *HHR* § 18 Rz 274; zu „D&O"-Versicherungen s *FM Nds* DStR 02, 678; *Loritz ua* DStR 12, 2205), nicht hingegen Zahlungen für außerhalb der Überwachungstätigkeit erbrachte gesonderte Leistungen (BFH IV R 1/03 BStBl II   150

04, 112). Zu § 50a s § 50a Rz 14 ff; zum EU-Informationsaustausch s § 7 I Nr 2 EUAHiG.

151 **b) Arbeitnehmer-Aufsichtsräte.** Sie haben Einkünfte aus sonstiger selbstständiger Tätigkeit (BFH V R 136/71 BStBl II 72, 810). Soweit sie sich vor ihrer Wahl zur Teilabführung der Vergütung für soziale Zwecke der Belegschaft (BFH IV R 81/76 BStBl II 81, 29) oder gewerkschaftl Einrichtungen (FG BBg EFG 09, 1286) verpflichten, sind die entspr Beträge BA.

152 **c) Beamte.** Wenn sie von ihrem Dienstherrn in den Aufsichtsrat entsandt werden, erzielen nach BFH VI 84/55 U BStBl III 57, 226 ArbLohn (Einzelheiten s *OFD Ffm* DB 13, 2771). Die Beamten haben aber bei ihrer Tätigkeit die Interessen der Ges wahrzunehmen; die Vergütungen sind daher Einkünfte iSv § 18 I Nr 3 (vgl § 19 Rz 35 „Aufsichtsratmitglied").

153 **d) Mitunternehmer.** MUer gewerbl PersGes erzielen Sonderbetriebseinnahmen nach § 15 I 1 Nr 2 HS 2 auch bei rückwirkender Umwandlung (*BMF* BStBl I 11, 1314 Tz 02.37).

155 **4. ABC der selbstständigen Arbeit.** S auch ABC der gewerbl Unternehmen § 15 Rz 150)

Abfallwirtschaftsberater uU ingenieurähnl (BFH IV R 27/05 BFH/NV 06, 1270).

Altenpflege s „Krankenpflege".

Anlageberater, gewerbl tätig (BFH VIII B 54/12 BFH/NV 13, 1098).

Apotheker, gewerbl tätig (s § 15 Rz 150). Zur Verfmäßigkeit ausführl BFH IV B 48/97 BFH/NV 98, 706; Nichtannahmebeschluss BVerfG 5.5.98, 1 BvR 450/98 nv. Zu § 4 Nr 14 UStG (Heilberufsähnlichkeit bei Impfung/Substitutionsmittelabgabe) s *BMF* BStBl I 21, 380.

Architekt s Rz 108, 113; § 15 Rz 97 ff. Gutachter als Sachverständiger für Gebäude ist freiberufl (BFH IV 6/53 U BStBl III 54, 147; BFH IV 45/58 U BStBl III 59, 267). Bau von Architekturmodellen ist weder dem Architekten vergleichbar noch künstlerisch (BFH IV 15/60 U BStBl III 63, 598); s auch Innenarchitekt.

Ärztepropagandist. Gewerbetreibender, sofern nicht angestellt (BFH IV 329/58 U BStBl III 61, 315; BFH I R 204/81 BStBl II 85, 15/7).

Arztvertreter. IdR selbstständige (freiberufl) Arbeit (BFH IV 429/52 U BStBl III 53, 142; oben Rz 35).

Audiopsychophonologe s Rz 130.

Auditor gewerbl (FG Hess DStRE 05, 943, rkr).

Aufsichtsratsmitglied s Rz 150.

Auktionator. Gewerbetreibender (BFH IV 696/54 U BStBl III 57, 106).

Aushilfsmusiker eines Symphonieorchesters ohne feste vertragl Bindung ist selbstständig und künstlerisch tätig (FG Köln EFG 82, 345).Vgl auch Rz 11.

Badeanstalt, medizinische. Regelmäßig GewBetr, wenn nicht Hilfsmittel bei freiem Beruf (BFH IV 60/65 BStBl II 71, 249; *BMF* BStBl I 19, 1298).

Bauingenieur beratender. Grds freiberufl, zur Abgrenzung vom GewBetr s BFH I R 173/66 BStBl II 68, 820.

Bauleiter. Nicht Architekten/Ingenieur ähnl, wenn keine wissenschaftl Ausbildung (BFH VIII R 121/80 BStBl II 82, 492; FG BBg EFG 14, 456). S auch „Hochbautechniker".

Bauschätzer (Schadensschätzer), Freiberufl Tätigkeit, da dem Architekten ähnl (BFH IV 45/58 U BStBl III 59, 267).

Bausparkassen-„Aktionsleiter", der Absatz von Bausparverträgen fördert, ist gewerbl tätig (BFH I R 114/85 BStBl II 89, 965; FG Ddorf DStRE 02, 420).

Baustatiker. Freiberufl Tätigkeit, der des Architekten ähnl (BFH IV R 185/71 BStBl II 76, 380; BFH IV R 146/75 BStBl II 79, 109).

Belastingadviseur (-NL) mangels Kontrolle/Erlaubnis durch Berufsorganisation grds gewerbl (*BMF* DB 98, 1207; Rz 43); hieran hat § 3 Nr 4 StBerG (jetzt § 3a) nichts geändert (s § 37a StBerG; BFH X B 92/17 BFH/NV 17, 1463; *OFD Hann* StEd 05, 522; BVerfG 1 BvR 1922/05 StEd 05, 655; zu RA s aber Rz 97). Offen iRv § 32b BFH I R 66/15 BFH/NV 17, 726.

Beleuchtungskörper. Deren Einzelanfertigung kann künstlerisch sein (BFH IV 43/64 BStBl II 69, 70; s auch Rz 67).

Beratender Betriebswirt s Rz 107.

Berater von (Berufs-)**Sportlern,** gewerbl (BFH IV R 59/97 BStBl II 99, 167).

Bergführer, gewerbl (*HHR* § 18 Rz 600; **aA** *MäRz* DStR 94, 1177).

Betreuer (§ 1896 BGB) s Rz 141.

Bezirksschornsteinfegermeister gewerbl (BFH XI R 53/95 BStBl II 97, 295).

Bezirksvertreter einer staatl Lotterie, s Rz 135.

Bibliothekar s „Dokumentation".

Bildberichterstatter s Rz 122 und „Fotograf".

Bildhauer. Künstl Tätigkeit, auch wenn er Modelle und Entwürfe für Serienproduktion herstellt (BFH VII R 16/89 BeckRS 1991, 6496).

Biologe. Auch Bestandsaufnahmen können wissenschaftl sein (BFH IV R 64/91 BFH/NV 93, 360).

Blutgruppengutachter, freiberufl – dem Katalogberuf des Arztes ähnl – (BFH IV R 231/82 BFH/NV 87, 367).

Briefmarkenrestaurator. Gewerbetreibender (OFH IV 74/49 StRK § 2 I GewStG R 12).

Büttenredner übt keine künstlerische Tätigkeit aus (BFH IV R 105/85 BStBl II 87, 376; **aA** FG Ddorf EFG 04, 1628; diff *Joisten ua* FR 13, 57, 63). Zur Darlegung der eigenen Sachkunde s BFH IV B 200/04 BStBl II 06, 709.

Buchhalter (Stundenbuchhalter), gewerbl (Rz 105, 141).

Buchmacher, GewBetr, s Rz 141.

Bühnenarbeiter nicht künstlerisch (BFH XI R 21/06 BStBl II 07, 702).

Castingdirektor ist uU künstlerisch tätig (FG Mchn EFG 12, 159, rkr, mit Anm *Neu*).

Choreograph, künstlerisch (FG Ddorf DStR 11, 565 betr USt).

Cutter s „Werbefotographie".

Datenschutzbeauftragter, keinem Katalogberuf ähnl (BFH VIII R 27/17 BStBl II 20, 222; s auch Rz 107, 111, 125, 50).

Designer. Kann freiberufl sein (BFH XI B 118/95 BFH/NV 96, 806); evtl künstlerisch (BFH IV R 61/89 BStBl II 91, 20; FG Köln EFG 07, 1312, rkr; FG Mster EFG 08, 1975, rkr: Webdesigner; fragl). S auch „Saucen-Designer".

Diätassistent dem Heilberuf ähnl (*BMF* BStBl I 19, 1298); vgl auch EU-Anerkennung gem BGBl I 07, 2686. Zur USt s *BMF* BStBl I 09, 756.

Diplom-Informatiker/Diplom-Mathematiker s „EDV-Entwickler".

Dirigent s „Musiker".

Disability Manager gewerbl (BFH III B 67/12 BFH/NV 13, 920).
Discjockey idR gewerbl; uU aber künstlerisch (FG Ddorf EFG 21, 1727 rkr; *Grams* FR 99, 747).
Dispacheur. Schadensprüfung keine freiberufl Tätigkeit (BFH IV R 109/90 BStBl II 93, 235; BVerfG 2 BvR 460/93 HFR 01, 496). S auch „Sachverständiger".
Dokumentar (Dipl) ist regelmäßig nicht wissenschaftl tätig, anders nur bei fachwissenschaftl Dokumentation (BFH IV R 48/99 BStBl II 01, 241).
Drehbuch-(Co-)Autor („executive producer") kann Schriftsteller sein (FG Hbg EFG 01, 907) s auch „Filmhersteller".
EDV-Entwickler übt eigenständigen und damit keinen dem beratenden Betriebswirt ähnl Beruf aus (Rz 107). Zur *Selbstständigkeit* s BFH IV R 60–61/94 BStBl II 95, 888. – Die Entwicklung von **Systemsoftware** ist jedoch **ingenieurähnl** (*Pfirrmann* FR 14, 162; einschr BFH VIII R 17/12 EStB 15, 240: bei leichten/mittelschweren Tätigkeiten). Dies gilt sowohl für den Hochschulabsolventen (Dipl-Informatiker oder vergleichbare Ausbildung; weitergehend FG BBg EFG 13, 1060 rkr: Holztechnik-Ingenieur; fragl) als auch für den Autodidakten, der den Nachweis entspr theoretischer Kenntnisse anhand eigener praktischer Arbeiten (BFH XI R 29/06 BStBl II 07, 781; *Kempermann* FR 90, 535, 538: „Kerninformatiker" als Maßstab) oder durch eine Wissensprüfung/Sachverständigengutachten erbringt (Rz 129; BFH III R 3/14 BFH/NV 17, 732). – Nach durch BFH XI R 9/03 BStBl II 04, 989 **geänderter Rspr** (*Kempermann* FR 04, 1290; *Graf* INF 05, 298) gilt *ab VZ 1990* Gleiches für ingenieur-gerecht entwickelte (Planung, Konstruktion, Überwachung), qualifizierte **Anwendersoftware** (keine Trivialprogramme, dazu *OFD Hann* DStR 05, 68; EStR 5.5 I; BFH X R 26/09 BFH/NV 11, 1755), ebenso für IT-**Systemadministration** (BFH VIII R 31/07 BStBl II 10, 467), IT-**Betreuung/Projektleitung** (BFH VIII R 63/06; VIII R 79/06 BStBl II 10, 466; 404), *nicht* jedoch für auf Absatzförderung gerichtete bloße EDV-Beratung (BFH XI R 57/05 BFH/NV 07, 1854; zur Abgrenzung s FG BBg EFG 13, 1060; *Pfirrmann* FR 14, 162) oder Software-Implementierung (FG Hbg EFG 16, 206, rkr). Zur theoretischen Ausbildung s BFH XI B 153/05 BFH/NV 06, 2255: Roboterprogramme; BFH III R 3/14 DStRE 17, 1031: Mathematik, Statistik etc. Zur früheren Rspr einschließl Trennung der Tätigkeitsbereiche s *Schmidt* 23. Aufl § 18 Rz 155 mwN. – Zu ingenieur-mäßiger Software s BFH IV B 49/96 BFH/NV 99, 462; FG BaWü EFG 01, 1449; FG RhPf EFG 02, 1046; zur schriftstellerischen Tätigkeit vgl Rz 77. – Zu § 12 UStG s BFHV R 25/04 BStBl II 05, 419.
Eichaufnehmer s „Schiffssachverständiger".
Elektroanlagenplaner/-techniker. Keine freiberufl Tätigkeit, wenn die für Vergleichbarkeit mit Ingenieur erforderlichen mathematisch-technischen Kenntnisse nicht nachgewiesen sind und keine ausreichende Berufsbreite gegeben ist (BFH I R 113/78; I R 66/78 BStBl II 81, 121; FG Nds EFG 99, 975, rkr).
Energieberater jedenfalls bei erfolgsabhängiger Absatzberatung gewerbl (BFH IV B 20/01 BFH/NV 01, 1400; s auch Rz 111).
Erbensucher (Genealoge), gewerbl tätig (BFH I 349/61 U BStBl III 65, 263); s auch zu § 5 I RDG BT-Drs 16/3655, 53.
Ergotherapeut freiberufl (*BMF* BStBl I 19, 1298); vgl auch EU-Anerkennung (BGBl I 07, 2686). Zur USt s *BMF* BStBl I 09, 756.
Erhebungsbeauftragter für StatistikG, s *OFD Nds* BeckVerw 246794.
Ernährungsberater gewerbl (*BMF* BeckVerw 027116: keine Kassenzulassung; s auch Rz 130); teilweise **aA** zur USt BFHV R 23/04 BFH/NV 05, 2142; *BMF* BStBl I 09, 756.

Erziehungshelferin s „Kindertagespflege; Kindervollzeitpflege".

Fahrlehrer; Fahrschule (grds) unterrichtende Tätigkeit (BFH IV R 18/02 BStBl II 03, 838; Rz 83), *wenn* eigenverantwortl (dazu Rz 29). Zur USt-Befreiung s BFH V R 38/16 BStBl II 17, 1017 (EuGH C-449/17 DStR 19, 620).

Fakir nicht freiberufl (künstlerisch), sondern gewerbl tätig (BFH I R 96/92 BFH/NV 93, 716).

Familienhelferin s „Kindertagespflege; Kindervollzeitpflege".

Fernsehen. Ansagerin kann künstlerisch tätig sein (FG Bln EFG 67, 432). Kameramann s dort. Ausarbeitung von Quizfragen keine künstlerische Tätigkeit, auch nicht Werbesendungssprecher (BFH IV R 112/72 BStBl II 77, 459).

Filmhersteller; Filmproducer. Nur dann künstlerisch tätig, wenn er an allen Tätigkeiten (zB Drehbuch, Regie, Kameraführung, Schnitte, Vertonung) selbst mitwirkt (BFH VIII R 32/75 BStBl II 81, 170; FG Köln EFG 18, 1212, rkr: Werbefilmproducer). S auch „Drehbuch-(Co-)-Autor", „Pornographie".

Finanzanalyst s „Anlageberater".

Finanzberater, gewerbl tätig (BFH I R 300/83 BStBl II 88, 666).

Fitnessstudio, idR gewerbl, nicht freiberufl-unterrichtend (BFH IV R 79/92; BFH IV R 35/95 BStBl II 94, 362; 96, 573); s auch Rz 83.

Fleischbeschauer. Gewerbetreibender RFH RStBl 38, 429.

Fotograf; Fotoarrangeur. IdR GewBetr; insb Fotodesign kann jedoch künstlerisch tätig sein (BFH VIII R 76/75 BStBl II 77, 474; zu Gemäldefotograf vgl BSG DStR 99, 1329). Diese Abgrenzung ist verfgemäß (BVerfG 1 BvR 242/78 DB 78, 1862). Zu Bildberichterstatter s Rz 122. Vgl auch „Werbefotographie"; „Pornographie".

Frachtenprüfer. Bei Ähnlichkeit mit Rechtsanwaltstätigkeit freiberufl tätig (FG Bln EFG 70, 343, rkr); mE zweifelhaft, s auch „Dispacheur".

Frauenbeauftragte einer Gemeinde, § 18 I Nr 3 (s *OFD Hann* StEK EStG § 18 Nr 211).

Fremdenführer gewerbl (BFH I R 85/83 BStBl II 86, 851).

Friseur s „Werbefotographie".

Fußpfleger s „Medizinischer Fußpfleger", „Fußreflexzonenmasseur".

Fußreflexzonenmasseur nach BFH IV R 45/00 BStBl II 03, 21 (dazu BVerfG StEd 03, 530) gewerbl; uU jedoch überholt (s Rz 130; unklar *BMF* BStBl I 19, 1298). Zur USt s BFH V R 18/02 BStBl II 05, 227; *BMF* BStBl I 09, 756.

Gartenarchitekt. Freiberufl tätig; führt er die geplante Arbeit mit eigenen Arbeitskräften aus, ist er gewerbl tätig (BFH IV 318/59 U BStBl III 62, 302; BFH VI 304/62 U BStBl III 63, 537).

Gärtner gewerbl (*Jahn* DB 07, 2613, 2615).

Geigenbaumeister handwerkl (iErg zutr FG BaWü EFG 05, 870).

Genealoge s „Erbensucher".

Geschäftsführer einer GmbH ohne Anstellungsvertrag erzielt gewerbl Einkünfte; er ist kein „beratender Betriebswirt" (FG Saarl EFG 92, 70, rkr).

Graphiker (Gebrauchsgraphiker). Kann freiberufl Einkünfte aus künstlerischer Tätigkeit erzielen (BFH V 96/59 S BStBl III 60, 453; FG Köln DStRE 07, 1312, rkr: Werbegraphiker); zur Illustration von Fachbüchern vgl – weitgehend – FG Hbg EFG 91, 124. Perspektivgraphiker kein Freiberufler (FG Nbg EFG 78, 33, rkr), ebenso Retuscheur und Graphiker (BFH V R 130/84 BFH/NV 90, 232; FG Ddorf EFG 07, 197, rkr); s auch „Layouter", „Textilentwerfer".

Gutachter s „Sachverständiger".

Handaufleger. Gewerbetreibender, nicht den Heilberufen ähnl, da fehlende Ausbildung, vgl Rz 18 sowie Rz 87 ff, 125 ff.

Handelsvertreter. Gewerbl, auch wenn die Tätigkeit inhaltl teilweise der eines Ingenieurs entspricht, s Rz 11 mwN.

Hausverwalter. Sonstige selbstständige Tätigkeit, sofern nicht wegen umfangreichen Geschäftsbetriebs gewerbl (s Rz 141, 32).

Hebamme. Dem Heilberuf ähnl (*BMF* BStBl I 19, 1298; BFH I R 96/66 BStBl III 66, 677; oben Rz 141). Vgl auch EU-Anerkennung gem BGBl I 07, 2686 sowie Rz 216 (BA). Zur USt s BMF BStBl 09, 756.

Heileurythmie. Dem Krankengymnasten iSv § 18 I Nr 1 Satz 2 ähnl bei kassenärztl Zulassung *oder* Einbindung in Integrierten Versorgungsvertrag gem §§ 140a ff SGB V (BFH VIII R 26/15 BStBl II 19, 776; glA zu § 4 Nr 14 UStG BFH XI R 3/15 BStBl II 18, 793).

Heilmasseur. Vgl „Masseur".

Hellseher s „Parapsychologe".

Hochbautechniker übt architektenähnl Tätigkeit aus, wenn die erforderl theoretischen Kenntnisse durch langjährige Berufsausübung erworben wurden (BFH IV R 118–119/87 BStBl II 90, 64, vgl auch BFH IV R 116/90 BStBl II 93, 100; einschr BFH XI R 47/98 BStBl II 00, 31).

Hippotherapie s „Physiotherapeutische Leistungen".

Hufbeschlagschmied gewerbl (FG Hbg EFG 19, 1383).

Hypnosetherapeut s „Psychotherapeut; Psychologe".

Influencer idR gewerbl (*Schmidt ua* DStR 21, 765).

Informationsdienst. Herausgabe eines juristischen Informationsdienstes gewerbl, s auch § 15 Rz 100; s ferner „Nachschlagewerke".

Inkassotätigkeit eines Rechtsbeistand (dazu BVerfG 1 BvR 423/99 ua BB 02, 744; §§ 2 II, 10 I 1 Nr 1, 11 RDG iVm § 1 RDG-EG) kann gewerbl sein (BFH III B 246/11 BFH/NV 12, 1959: vollautomatisches „Mengeninkasso"); ebenso bei StBer-Ges (s BVerfG 1 BvR 2884/13 DStRE 14, 890; BFH VII R 26/10 BStBl II 14, 593; je zu Berufsrecht).

Innenarchitekt. Freiberufl tätig; (RFH RStBl 39, 159); gewerbl ist jedoch die Möbelabsatzförderung (BFH I R 204/81 BStBl II 85, 15; s Rz 111 mwN).

Insolvenzverwalter § 18 I Nr 3, s Rz 97, 141; zur Eigenverantwortlichkeit s Rz 31 f, 147; zu Vorschüssen s Rz 166.

Instrumentenbauer s „Geigenbaumeister".

Internat s Rz 84 sowie § 15 Rz 150 „Schule".

Interviewer. Bei statistischen Erhebungen sonstige selbstständige Tätigkeit (*FM Nds* StEK LStDV § 4 Nr 172); s auch „Erhebungsbeauftragter".

Inventurbüro. GewBetr (BFH IV R 153/73 BStBl II 74, 515).

Journalist. Vgl Rz 77, 120. Selbstständig (freiberufl), wenn er Urheberrechte an seinen Werken erlangt und diese verwertet (FG Hess EFG 90, 310).

Kameramann. Ist bei *eigenverantwortl* Erstellung des Bildmaterials Bildberichterstatter (BFH XI R 8/00 BStBl II 02, 478), s auch Rz 122. Beim Film mitwirkender Kameramann kann künstlerisch tätig sein (BFH IV R 196/72 BStBl II 74, 383). Zur Selbstständigkeit s BFH VI R 19/07 BFH/NV 08, 1485.

Kartograph. Freiberufl (ähnl Dipl-Ing für Kartographie), wenn er Reliefkarten nach einem selbst entwickelten Verfahren aus Vorlagen herstellt und daran Lizenzen vergibt (BFH IV R 80/94 BStBl II 95, 776). Gewerbl tätig, wenn er auch Herstellung und Vertrieb der Karten übernimmt (FG Hbg EFG 71, 39).

Kfz-Sachverständiger als Gutachter für Unfallschäden ist freiberufl tätig, sofern Ingenieur, sonst gewerbl (BFH I R 109/77 BStBl II 81, 118). Das gilt auch für Übergangsingenieure (BFH IV R 156/86 BFH/NV 91, 359), die ohne die erforderl wissenschaftl Ausbildung tätig werden; s dazu auch Rz 108 ff. Ein von der IHK bestellter oder anerkannter vereidigter Kfz-Sachverständiger ohne Ingenieurstudium ist bei Erstellung von Schadensgutachten gewerbl tätig, bei Erstellung von Gutachten über **Schadensursachen** hingegen freiberufl (ingenieurähnl) tätig, wenn er über die von einem Ingenieur geforderten Fachkenntnisse besitzt und die Ermittlung der Schadensursachen seiner Berufstätigkeit das Gepräge gibt (BFH IV R 116/90 BStBl II 93, 100; *Kempermann* FR 90, 535, 537). Die erforderl theoretischen Kenntnisse können auch durch praktische Tätigkeit erworben sein (BFH IV R 63/86 BStBl II 89, 198; BFH IV R 73/90 BStBl II 91, 878, 880).

Kinderheim. Gewerbl, wenn aus Nebenleistungen zur erzieherischen Tätigkeit ebenfalls Gewinn gezogen wird (Rz 84) oder die erzieherische Tätigkeit nicht eigenverantwortl ausgeübt wird (FG Nds EFG 06, 1772).

Kindertagespflege; Kindervollzeitpflege („Familienhelferin, Tagesmutter"). Nicht dem Heilberuf ähnl (BFH V R 7/99 BFH/NV 01, 651 betr § 4 Nr 14 UStG; dazu Rz 130), aber erzieherische Tätigkeit (§ 18 I Nr 1) S iEinz *BMF* BStBl I 16, 1236 (Abgrenzung ggü nichtselbständiger Arbeit; BA-Pauschalen); *BMF* BStBl I 21, 1802 (weitere Betreuungsformen); *Gragert* NWB 16, 3850; *Thönnes ua* NWB 19, 3081; FG Hbg EFG 15, 912 Rz 85; *Schmidt* 35. Aufl § 18 Rz 155). Zur StFreiheit gem § 3 Nr 9, 11, 26 s § 3 Rz 35, 43. Zur USt s *OFD Mster* DB 09, 1964.

Klavierstimmer gewerbl, da nicht künstlerisch (BFH IV R 145/88 BStBl II 90, 643).

Klinischer Chemiker. Freiberufl, wenn selbstständig; vgl *BMF* BStBl I 80, 768. Zur USt s *BMF* BStBl I 09, 756.

Klinische Arzneimittelprüfung durch Krankenschwester ist gewerbl (BFH VIII R 24/14 BFH/NV 17, 1121).

Kompasskompensierer. Freiberufl tätig (BFH IV 84/57 U BStBl III 58, 3).

Kommunikationsberatung s „Marketingberater".

Konstrukteur *(qualifizierter Bauzeichner),* gewerbl tätig (FG BaWü EFG 88, 306, rkr). – **Konstrukteur von Bewehrungsplänen** übt keine ingenieurähnl Tätigkeit aus (BFH IV R 154/86 BStBl II 90, 73).

Kosmetikerin. Gewerbl tätig (BFH V R 47/09 BStBl II 11, 195: betr USt).

Krankengymnast s Rz 95.

Krankenhausberater gewerbl (BFH XI B 63/98 BFH/NV 00, 424: betr Arzt; FG Mchn EFG 05, 382: klinischer Monitor).

Krankenhaushygieneberater s „Krankenpflege".

Krankenpflege (vgl auch KrPflG, BGBl I 03, 1442; AltPflG, BGBl I 00, 1513; BGBl I 03, 1455; BGBl I 07, 2686: EU-Anerkennung). Nach *Maßgabe* der geänderten Rspr zu Heilhilfsberufen (s Rz 130) ist häusl Kranken-/Altenpflege freiberufl (*einschließl zusätzl* Grundpflege und hauswirtschaftl Versorgung; § 37 SGB V; **aA** insoweit *BMF* BStBl I 19, 1298), die häusl Pflegehilfe (§ 36 SGB XI) aber – ggf zu trennen (dazu *OFD Kobl* DStR 04, 1339) – gewerbl (BFH VIII B 135/10 BFH/NV 11, 2062; BFH IV R 51/01 BStBl II 04, 509 auch zur Eigenverantwortlichkeit, Rz 29; zur USt s aber BFH XI R 61/07 BStBl II 09, 68: Haushaltshilfe iSv § 38 SGB V; zu § 4 Nr. 14 UStG nF s *BMF* BStBl I 09, 756; zu § 4 Nr. 16 UStG nF s *BMF* BStBl I 09, 774). Zur Selbstständigkeit s BFH V B 22/99 BFH/NV 99,

1391. **Krankenhaushygieneberatung** durch Kranken(fach)pfleger ist zwar freiberufl (BFH XI R 64/05 BStBl II 07, 177), *nicht* aber von ihm erstellte Pflegeversicherungsgutachten (BFH XI R 30/20 DB 21, 1513 mwN). Pflege durch Nachbarn ist gewerbl (BFH X R 15/11 BFH/NV 13, 1548).

Kreditberater gewerbl tätig (BFH I R 300/83 BStBl II 88, 666).

Küchenplaner. Ähnl Innenarchitekten/Ingenieuren (FG Hbg EFG 81, 154).

Kükensortierer. Gewerbl tätig (BFH I 237/54 U BStBl III 55, 295).

Kulturwissenschaftler je nach Tätigkeit freiberufl oder gewerbl *OFD Mbg* DStR 06, 1891).

Kunstgewerbler und Kunsthandwerker s Rz 70.

Kurberater gewerbl (BFH VIII B 23/10 BFH/NV 11, 46).

Kursmakler; Kursstellvertreter gewerbl (BFH IV B 102/03 BStBl II 05, 864).

Ladungssachverständiger s „Schiffssachverständiger".

Layouter kann künstlerisch tätig sein (FG Hbg EFG 93, 386).

Leichenfrau. Sonstige selbstständige Tätigkeit, soweit nicht Vermittlungsleistungen (FG Nbg EFG 59, 54).

Logopäde. Dem Heilberuf ähnl, wenn mit Erlaubnis nach dem LogopädenG (BGBl I 80, 529; BGBl I 07, 2686; EU-Anerkennung) ausgeübt (*BMF* BStBl I 19, 1298). Nach BFH IV R 49/01 BStBl II 03, 721 (BVerfG 1 BvR 2341/95 DStZ 98, 478; *OFD Nds* DB 03, 800 einschließl Rechtslage in Nds ab 1998) ist **Sprachheilpädagoge** aber (vorbehaltl Unterricht) gewerbl tätig; dies dürfte aber durch die geänderte Rspr zu Heilhilfsberufen überholt sein (s Rz 130; *MK* DStR 03, 1433; *FG Ddorf* EFG 05, 958, rkr; zu § 27 Ia UStG nF *Widmann* DB 99, 925, 930).

Logotherapie s BFH V R 38/04 BStBl II 08, 37. Zur USt s *BMF* BStBl I 09, 756.

Lohnsteuerhilfeverein. Ortsstellenleiter, der als freier Mitarbeiter tätig ist, übt gewerbl Tätigkeit aus (BFH X R 13/86 BFH/NV 89, 498).

Lotse, freiberufl Katalogberuf (§ 18 I Nr 1), bis 1959 gewerbl; Zuschläge für Sonntags-, Feiertags- und Nachtarbeit sind nicht stfrei nach § 3b (BFH IV R 339/84 BStBl II 87, 625; s § 3b Rz 1).

Lotterieeinnehmer s Rz 135.

Magier (Zauberkünstler). IdR künstlerisch (FG RhPf EFG 85, 128).

Maler (Kunstmaler). Grds künstlerisch tätig, s Rz 66 (vgl BFH IV R 9/77 BStBl II 81, 21).

Managementtrainer sowie Marketing- und Unternehmensberater (s auch „Psychologische Beratung") mit einer Ausbildung als Industriekaufmann ist dem beratenden Betriebswirt nicht ähnl (BFH XI B 205/95 BFH/NV 97, 559); vgl aber zu Unterricht Rz 84.

Manager eines Künstlers, gewerbl tätig (BFH IV B 2/90 BFH/NV 92, 372).

Marketingberater. Ob er als beratender Betriebswirt (Rz 107) tätig ist, ist Frage des Einzelfalls (BFH IV B 68/99 BFH/NV 00, 705; FG Mster EFG 00, 744). Abl für Kommunikationsberater FG BBg EFG 07, 1520, rkr.

Marktforscher. Ist zwar nicht dem beratenden Betriebswirt ähnl (BFH V R 73/83 BStBl II 89, 212; ausführl BFH IV R 27/90 BStBl II 92, 826), jedoch uU wissenschaftl tätig (BFH IV R 61/92 BFH/NV 94, 89); krit *List* BB 93, 1488/9. Zur USt s *BMF* BStBl I 09, 756.

Markscheider freiberufl tätig (BFH IV R 155/71 BStBl II 75, 290).

Maschinenbautechniker gewerbl, wenn selbstständig (FG Hess EFG 89, 346).

Masseur. Freiberufl tätig (BFH IV 60/65 BStBl II 71, 249; *BMF* BStBl I 19, 1298; oben Rz 95), sofern nicht Schönheitsmassagen (FG Ddorf EFG 65, 567;

ABC der selbstständigen Arbeit 155 § 18

s auch „Fußreflexzonenmasseur"). Zu mehreren Betriebsstätten s BFH IV R 11/95 BFH/NV 96, 464 sowie Rz 29; s auch „Badeanstalt, medizinische". Zur USt s *BMF* BStBl I 09, 756.

Medikamentenabgabe s „Hausapotheke" sowie Rz 51.

Medikamentenerprobung. Gehört zur ärztl Tätigkeit (BFH IV R 202/79 BStBl II 82, 118; FG Brem EFG 77, 18).

Medizinischer Bademeister s „Badeanstalt, medizinische".

Medizinisch-, technische-, diagnostische Assistentin. Freiberufl tätig (BFH IV 459/52 U BStBl III 53, 269; *BMF* BStBl I 19, 1298; *BMF* BStBl I 09, 756 zu USt).

Medizinischer Fußpfleger. Nach PodG (BGBl I 01, 3320) dem Heilberuf ähnl (*BMF* BStBl I 19, 1298; BGBl I 07, 2686: EU-Anerkennung); Berufsqualifikation bei staatl Prüfung (BFH V R 22/12 BFH/NV 13, 880; *BMF* BStBl I 14, 217); zur uU entbehrl ärztl Verordnung s BFH XI R 13/14 DStRE 15, 422 (USt). Frühere abl Rspr (BFH IV R 65/00 BStBl II 02, 149; BVerfG 1 BvR 408/76 HFR 77, 96) ist überholt (s Rz 130; FG BBg EFG 04, 937). Fußreflexzonenmasseur s dort.

Meinungsforscher s „Marktforscher".

Moderator. Gewerbl (BFH VIII R 5/12 BStBl II 15, 217) oder künstlerisch/journalistisch (BFH I R 26/10 BFH/NV 11, 2001 FG Köln EFG 03, 1013). S auch „Schauspieler".

Modeschöpfer uU künstlerisch (BFH I R 1/66 BStBl II 69, 138).

Motopädagoge s physiotherapeutische Leistungen.

Musiker. Zu reproduzierenden Musikern s Rz 66; zur Abgrenzung von nichtselbstständiger Arbeit s Rz 11. Verluste, die durch Konzertreisen eines angestellten Pianisten entstehen, sind WK, wenn die Konzerte zur Verbesserung der Bewerbungschancen um eine Professorenstelle unternommen werden; deshalb scheidet *Liebhaberei* aus (BFH VI R 122/92 BStBl II 94, 510).

Musiktherapeut. Nach BFH V B 78/98 BFH/NV 99, 528; FG Nds DStRE 00, 312 nicht den Heilberufen ähnl (zu § 4 Nr 14 UStG aF); s aber Rz 130.

Nachschlagewerk. Aufstellen eines Vorschriftensuchregisters ist schriftstellerische Tätigkeit. Hierzu kann zwar auch ein kleinerer Verwertungsbetrieb gehören, nicht jedoch die umfangreiche Organisation (BFH VIII R 111/71 BStBl II 76, 641: einheitl GewBetr); deshalb betraf BFH IV 270/60 U BStBl III 62, 131 (Trennung bei Selbstverlag) einen Sonderfall. S auch Rz 77, 78.

Netzplantechniker. IdR dem Ingenieur ähnl Beruf (FG Ddorf EFG 87, 368).

Notenschreiber. Gewerbl tätig (FG Hbg EFG 67, 613).

Organist s Rz 66 aE.

Orgelbauer gewerbl, nicht künstlerisch tätig (FG Mster EFG 93, 679, rkr).

Orthoptist ist freiberufl (*BMF* BStBl I 19, 1298; *BMF* BStBl I 09, 756 zur USt); vgl auch EU-Anerkennung gem BGBl I 07, 2686.

Outplacementberater idR gewerbl (*OFD Ffm* DB 04, 2073).

Parapsychologe, Hellseher. Gewerbl (BFH VIII R 137/75 BStBl II 76, 464; FG Ddorf DStRE 05, 824, rkr); s auch „Rutengänger" und Rz 62.

Parlamentsstenograph uU freiberufl (s Rz 77).

Patentberichterstatter s BFH I R 23/67 BStBl II 71, 233.

Personalberater; Personenvermittler, jedenfalls bei erfolgsabhängiger Vergütung kein beratender Betriebswirt (BFH IV R 12/02 BFH/NV 04, 168; FG Köln EFG 17, 1681, rkr; s auch Rz 50). Zum Nachweis von Kenntnissen s Rz 107.

Personalsachbearbeitung. Selbstständig iRv Konkursverfahren ausgeübt, ist gewerbl (BFH IV R 152/86 BStBl II 89, 729).

Pfleger. Sonstige selbststständige Tätigkeit, s Rz 141. S auch *Krankenpflege*.

Pharma-Cosmetologe. Kein Heilberuf (FG Nds EFG 78, 50).

Physiotherapeutische Leistungen freiberufl bei Masseur, medizinischer Bademeister, Krankengymnast (Rz 95), Physiotherapeut (*OFD Mbg* FR 00, 284), Hippotherapeut (BFH XI R 53/06 BStBl II 08, 647) oder Motopädagoge (BFH V R 64/05 BFH/NV 07, 1203). Zu § 4 Nr 14 UStG nF s *BMF* BStBl I 09, 756; *BMF* BStBl I 12, 682; *OFD NRW* DB 14, 2443: ärztl Verordnung.

Pilot, nicht dem Ingenieur/Lotsen ähnl (BFH IV R 94/99 BStBl II 02, 565).

Planungsberater ohne wirtschaftswissenschaftl Studium idR kein beratender Betriebswirt (BFH IV R 51/99 BStBl II 00, 616; BVerfG 1 BvR 2102/00 StEd 01, 307; Rz 107).

Podologe s „Medizinischer Fußpfleger".

Politikberater. IdR gewerbl (BFH VIII R 18/11 BStBl II 15, 128; Rz 107).

Pornographie. Herstellen pornographischer Filme oder Bilder keine künstlerische, sondern gewerbl Tätigkeit (FG Hess EFG 84, 296).

Probennehmer für Erze, Metalle und Hüttenerzeugnisse. Nicht dem Handelschemiker vergleichbar und daher gewerbl (BFH VIII R 18/67 BStBl II 73, 183; FG Ddorf EFG 92, 744, rkr). Ebenso BFH VIII R 314/82 BFH/NV 87, 156 für eine GbR, die Proben nimmt und wissenschaftl Analysen erstellt; trotz Trennbarkeit beider Tätigkeiten insgesamt gewerbl, § 2 II Nr 1 GewStG. Anders für Analysenerstellung, wenn Tätigkeit in einer weiteren GbR ausgeübt wird.

Produzent von Theaterstücken idR gewerbl (FG Mchn EFG 09, 953).

Projektierer s „Elektroanlagenplaner".

Projektmanager gewerbl (FG Nds EFG 01, 1146; s auch Rz 107).

Promotionsberater gewerbl (BFH VIII R 74/05 BStBl II 09, 238).

Prüfungstätigkeit. Bei staatl Prüfungen Einkünfte aus freiberufl (wissenschaftl) Tätigkeit; s Rz 18; bei akademischen Prüfungen Einkünfte aus nichtselbstständiger Arbeit (BFH VI R 83/66 BStBl II 68, 309; *OFD Nds* DB 78, 2341).

Psychotherapeut; Psychologe, mit ärztl Ausbildung ist freiberufl tätig (BFH IV R 19/81 BStBl II 82, 254). Bei nichtärztl Psychotherapeuten nur, wenn Tätigkeit entweder wissenschaftl, schriftstellerisch, unterrichtend oder erzieherisch oder einem Katalog-Heilberuf (Arzt, Heilpraktiker) ähnl (BFH VIII R 137/75 BStBl II 76, 464 betr Hellseherin); demnach nicht bei Gerichtsgutachten (FG Mster EFG 79, 548), Unternehmensberatung (BFH XI B 2/06 BFH/NV 06, 1831) oder bei Hypnosetherapeut ohne wissenschaftl Ausbildung (BFH XI R 38/98 BFH/NV 00, 839; mE trotz geänderter Rspr zu Heilhilfsberufen zutr). Nach *BMF* liegen freiberufl Einkünfte vor, wenn StPfl Psychologiestudium und Zusatzausbildung eines anerkannten therapeutischen Ausbildungsinstituts abgeschlossen hat (*BMF* StEK § 18 Nr 100); nach UStR 90 III 96 (betr § 4 Nr 14 UStG aF) war es ausreichend, wenn die Patienten von einem weiterhin verantwortl Arzt zugewiesen werden (abl BFH XI R 2/95 BStBl II 97, 687; BFH XI R 38/98 BFH/NV 00, 839; zutr, s oben). Zum PsychThG (BGBl I 98, 1311; BVerfG 1 BvR 1453/99 NJW 00, 1779) s *BMF* BStBl I 19, 1298: Psychologischer und Kinder-/Jugendlichen Psychotherapeut ab VZ 98 dem Heilberuf ähnl; zur EU-Anerkennung s BGBl I 07, 2686; BGBl I 19, 1604. Zur USt s Rz 130; *BMF* BStBl I 09, 756.

Psychologische Beratung von Managern ist, selbstständig ausgeübt, weder unterrichtende (s aber Rz 84) noch erzieherische freiberufl Tätigkeit, sondern gewerbl (BFH XI R 2/95 BStBl II 97, 687; BFH IV R 59/97 BStBl II 99, 167). Ebenso bei Supervision (zu § 4 Nr 14 UStG aF/nF BFH V R 1/02 BStBl II 05,

675; *BMF* BStBl I 09, 756); **aA** FG Mster EFG 98, 808, rkr. S auch „Managementtrainer"; „Kindertagespflege; Kindervollzeitpflege".

Rätselhersteller schriftstellerisch tätig (FG Ddorf EFG 71, 229, rkr).

Raumgestalter. Wenn Architekten ähnl Tätigkeit, dann freiberufl tätig (FG Hbg EFG 77, 15, rkr).

Rechtsbeistand. Kann freiberufl tätig sein (BFH IV R 19/97 BStBl II 98, 139), nicht jedoch bei Anfertigung von Aktenauszügen für Versicherungsgesellschaften l (BFH I R 147/67 BStBl II 70, 455); zu Inkasso s „Inkassotätigkeit".

Redakteur, technischer, kann Schriftsteller (Rz 77) oder ingenieurähnl sein (BFH IV R 4/01 BStBl II 02, 475).

Regieassistent. Vgl – zum KSVG – BSG B 3 KR 2/98 R DStR 99, 1328.

Regisseur, ist ausübender Künstler (BFH XI R 44/08 BStBl II 14, 200 betr USt) zur Selbstständigkeit s BFH VI R 19/07 BFH/NV 08, 1485.

Reiseleiter. Gewerbl (FG Nbg EFG 63, 63, rkr; **aA** FG Hbg DStRE 05, 1442) s auch „Fremdenführer".

Rentenberater s „Versicherungsberater".

Restaurator. Wissenschaftl, wenn er an Hochschule ausgebildet ist und soweit sich seine Tätigkeit auf das Erstellen von Gutachten oder Veröffentlichungen beschränkt; künstlerisch nur dann, wenn er ein teilweise *lückenhaftes Kunstwerk eigenschöpferisch* wiederherstellt (s einschließl Zusammentreffen mit handwerkl/gewerbl Leistungen BFH IV R 63/02 BStBl II 05, 362; VIII B 204/06 BFH/NV 07, 2264; *Kempermann* FR 05, 497). Zur gewerbl Gebäuderestauration bei Mithilfe angestellter Handwerker (FG Hess EFG 84, 260).

Rettungsassistent ist freiberufl (*BMF* BStBl I 19, 1298; *BMF* BStBl I 09, 756 zu USt); vgl auch EU-Anerkennung gem BGBl I 07, 2686.

Rundfunkbeauftragter gewerbl (BVerfG 2 BvR 460/93 FR 01, 367).

Rundfunkberater idR gewerbl (BFH VIII B 103/10; BFH/NV 11, 1133; Rz 107).

Rutengänger gewerbl (FG Mchn EFG 06, 1920). S auch „Parapsychologe".

Sachverständiger. Gewerbl, wenn er an seine Marktkenntnisse oder gewerbl oder handwerkl Erfahrungen anknüpft oder wenn kommerzielle Gesichtspunkte in den Vordergrund treten (BFH IV B 18/97 BFH/NV 98, 1206 betr Grundstückswerte/Mietpreise); das gilt selbst dann, wenn einzelne Gutachten dieser Sachverständigen wissenschaftl oder künstlerisch vertiefte Sachkenntnisse aufweisen (BFH IV 6/53 U BStBl III 54, 147; IV 696, 697/54 U BStBl III 57, 106; BFH VIII 23/65 BStBl II 71, 749). – Gutachter ist freiberufl tätig, wenn er auf der Grundlage von Disziplinen, die an Hochschulen gelehrt werden, und nach sachl und obj Gesichtspunkten eine qualifizierte Tätigkeit ausübt (BFH IV 6/53 U BStBl III 54, 147; IV B 95/96 BFH/NV 98, 456 betr Betriebsunterbrechungsschäden); s zur Abgrenzung auch „Kfz-Sachverständiger". Sachverständige zur Ermittlung des Finanzbedarfs der Rundfunkanstalten erzielen Einkünfte nach § 18 I Nr 3 (*OFD Mgb* BeckVerw 231459). Ebenso Grundstücksgutachter nach BauGB-AV (*OFD Ffm* DStR 18, 1719).

Saucendesigner, nicht künstlerisch (BFH IV B 45/96 BFH/NV 98, 956).

Säuglingsheim s Rz 84.

Schauspieler. IdR nichtselbstständig tätig für Fernsehfilm- und Filmproduktion (§ 19 Rz 35 „Filmschauspieler", „Künstler"), bei **Werbespots** freiberufl, wenn eine eigenschöpferische Leistung erbracht wird; „Verwendung" der Bekanntheit (BFH IV R 102/90 BStBl II 92, 413) oder das Sprechen von Werbetexten (BFH IV

359/61 U BStBl III 62, 385) reicht hierfür idR nicht aus (FG Mchn DStRE 04, 754; Rz 71). S auch „Moderator".

Schiedsrichter (Sport) gewerbl (BFH I R 98/15 DStR 18, 449).

Schiffsminiaturenherstellung kann künstlerisch sein (FG Hbg EFG 01, 1452).

Schiffssachverständiger, Schiffseichaufnehmer, Ladungssachverständiger. Nach BFH IV R 127/70 BStBl II 71, 319 idR auf Grund Tätigkeit ingenieurähnl. Diese Rspr ist nach Inkrafttreten der Ingenieurgesetze überholt (BFH XI R 82/94 BStBl II 96, 518/22; vgl auch BFH I 381/60 U BStBl III 64, 273); hiernach sind Schiffssachverständige freiberufl tätig, soweit sie einem Schiffsbauingenieur vergleichbare Fachkenntnisse besitzen (s Rz 126) und überwiegend eine diese Kenntnisse erfordernde Tätigkeit (Gutachten, Interventionsberichte, Besichtigungsberichte) ausüben; überwiegt die Erstellung von Schadens- und Werttaxen sowie Dispachen, ist die Tätigkeit gewerbl.

Schnittmuster. Deren Erstellung ist idR nicht künstlerisch (FG Mchn EFG 12, 2282, rkr).

Schule s Rz 84 sowie § 15 Rz 150.

Selbstverlag s „Nachschlagewerk" sowie § 15 Rz 99.

Spielerberater s „Berater von (Berufs-)Sportlern".

Sportler; Sportschule s Rz 132, 29; zu „Berater von (Berufs-)Sportlern" vgl Rz 155.

Sprachheilpädagoge s „Logopäde".

Statist s Rz 66.

Stipendiat. Zu StBarkeit/StBefreiung von Stipendien s § 3 Rz 154; *Heigl* FR 20, 724.

Stundenbuchhalter s „Buchhalter".

Stuntman idR nicht freiberufl (FG Mchn EFG 04, 333 mwN, rkr).

Supervisor s „Psychologische Beratung".

Synchronsprecher ist freiberufl tätig (BFH IV R 1/77 BStBl II 81, 706; *BMF* BStBl I 81, 634; EStH 15.6).

Tagesmutter. S „Kindertagespflege; Kindervollzeitpflege".

Talkshow. Teilnahme nicht künstlerisch (BFH I B 99/98 BStBl II 00, 254).

Tanz- und Unterhaltungsmusiker s Rz 66 aE, Tanzlehrer s Rz 83.

Telekommunikationsberater, gewerbl (FG Nds EFG 03, 1800).

Textilentwerfer. Kann freiberufl tätig sein (FG Ddorf EFG 67, 287), vgl BFH IV 352/60 U BStBl III 64, 45: Entwerfen von Stilmustern wegen fehlender künstlerischer Gestaltungshöhe als nicht freiberufl angesehen.

Tonstudio. Betreiben eines Tonstudios ist Liebhaberei, wenn daneben ertragbringende Tätigkeit ausgeübt wird, sofern mit Verringerung der Verluste nicht zu rechnen ist (FG SchlHol EGF 89, 456, rkr).

Tontechniker. Wer aus musikalischen Darbietungen bestimmtes Klangbild herstellt, ist nach FG Bln EFG 87, 244 künstlerisch tätig; Bildberichterstatter s Rz 122.

Trainer. Grds – sofern nicht angestellt – unterrichtende Tätigkeit (s Rz 83; BFH IV R 131/92 BFH/NV 94, 93); GewBetr aber bei Unterricht an Tieren (RStBl 41, 678: Trabertrainer).

Trauerredner gewerbl bei Verwendung von Redeschablonen; anders bei eigenschöpferischer Gestaltung (BFH V R 61/14 HFR 16, 390, Anm *Nieuwenhuis*).

Treuhänder. Grds sonstige selbstständige Arbeit (§ 18 I Nr 3; oben Rz 141, 147). Zu RA, WP, StB als freiberufl Treuhänder s Rz 97. Treuhandtätigkeit als **Bau-**

ABC der selbstständigen Arbeit **155 § 18**

betreuer ist aber gewerbl (BFH XI R 19/05 BFH/NV 07, 1315; BVerfG 2 BVR 768/90 HFR 92, 23: verfgemäß), weil keine Rechts- oder Steuerberatung stattfindet (s auch Rz 50). Ist ein StB (RA/WP) für eine Bauherrengemeinschaft als **Treuhänder** tätig, sollen typischen StB-Tätigkeiten uU abgrenzbar sein (BFH IV R 99/93 BStBl II 94, 650). Verwaltet Treuhänder auf Grund eigener Fachkenntnis freiberufl Praxis, dann freiberufl tätig (s Rz 36).

Tutor. Sonstige Einkünfte nach § 22 Nr 1 S 3 Buchst b (BFH VIII R 116/75 BStBl II 78, 387; **aA** *Weber-Grellet* DStZ 78, 453: selbstständige Arbeit).

Umweltberater nur dann einem beratenden Betriebswirt ähnl, wenn bei ausreichender Vorbildung (Rz 126–129) zumindest ein Hauptbereich der BWL (zB Marketing) den Schwerpunkt der Gesamttätigkeit bildet (BFH XI R 62/04 BFH/NV 06, 505; vgl auch zu schriftstellerischer/wissenschaftl Tätigkeit BFH IV R 74/00 BStBl II 03, 27). Weitergehend BFH XI R 5/06 BStBl II 07, 519: Umwelt-Auditor dem Handelschemiker ähnl (Rz 127); FG RhPf EFG 04, 1835: Umweltmanagement.

Unternehmensberater. Freiberufl wenn beratender Betriebs- oder Volkswirt auf Grund Ausbildung oder Selbststudium (s Rz 107, 127). Soweit FG Ddorf (EFG 73, 492) für letzteres eine Marketing-Tätigkeit genügen lässt, ist dies zR auf Kritik gestoßen (*HHR* § 18 Rz 600); zutr deshalb FG Nds EFG 91, 388, rkr (REFA-Technikerausbildung iVm Meisterprüfung nicht ausreichend). Zum Nachweis der Vorbildung – Gutachten/Wissenprüfung – s BFH X B 29/98 BFH/NV 99, 607; BFH IV R 56/00 BStBl II 02, 768; oben Rz 129. S auch „Marketingberater", „Marktforscher", „Planungsberater".

Verbandsgeschäftsführer. Rechtsanwalt als Verbandsgeschäftsführer s Rz 98.

Versicherungsberater. Nach BFH IV R 19/97 BStBl II 98, 139 gewerbl; ebenso der Rentenberater (ausführl BFH VIII R 2/16 BStBl II 19, 528; BFH VIII R 26/16 BStBl II 19, 532; *FM SchlHol* DStR 16, 2045; s auch Rz 140 f).

Versicherungsmathematiker. Wissenschaftl Tätigkeit, nicht einem Katalogberuf ähnl (BFH IV 196/62 HFR 65, 265).

Versteigerer gewerbl tätig (BFH IV 317/52 U BStBl III 53, 175; IV 696/54 U BStBl III 57, 106) s auch „Auktionator".

Viehkastrierer. Nicht Tierarzt ähnl (BFH I 203/54 U BStBl III 56, 90).

Viehklauenpfleger. Nicht tierarztähnl (BFH IV 246/63 BStBl II 68, 77).

Visagist kann künstlerische Tätigkeit ausüben (FG Hbg EFG 93, 306).

Vitalogie gewerbl (BFH V R 58/09 BFH/NV 12, 1186).

Webdesigner s „Designer".

Weinlabor gewerbl, kein Handelschemiker (FG RhPf EFG 92, 89).

Werbeberater (PR-Berater). Die Tätigkeit ist idR weder künstlerisch (BFH IV 560/56 U BStBl III 58, 182) noch diejenige eines beratenden Betriebswirts oder diesem Beruf ähnl (BFH VIII R 149/74 BStBl II 78, 565; Rz 107). Umfasst sie neben journalistischen Elementen (dazu Rz 120) auch organisatorische Aufgaben, ist dies gleichfalls GewBetr (BFH IV R 16/98 BFH/NV 99, 602); vgl aber „Werbeschriftsteller".

Werbedamen. Sie können selbstständig tätig sein (GewBetr), wenn sie gelegentl beschäftigt werden (BFH VI R 150–152/82 BStBl II 85, 661).

Werbefotographie. IdR gewerbl (s „Fotograf"; BFH VIII B 96/07 BFH/NV 08, 1472); zur gewerbl Mitwirkung s BFH IV R 1/97 BFH/NV 99, 465; BFH XI R 71/97 BFH/NV 99, 460 (Schauspieler/Friseur; BVerfG 2 BvR 2262/98 juris; 2 BvR 1310/00 StEd 02, 760: verfgemäß); Cutter (FG Hbg EFG 05, 697 rkr).

Werbeschriftsteller(-texter). Schriftsteller, wenn Text Produkt origineller (eigener) Gedankenarbeit (BFH IV 278/56 U BStBl III 58, 316; FG Nbg EFG 80, 599, rkr; FG RhPf EFG 98, 1584, rkr).

Werbespot. Sprecher idR gewerbl (s „Schauspieler"; Rz 71).

Werbeveranstaltung. Mitwirkung eines ehemaligen bekannten Berufssportlers daran ist gewerbl (BFH I R 39/80 BStBl II 83, 182); s auch „Schauspieler".

Wirtschaftsingenieur (Dipl) kann beratender Betriebswirt sein (BFH IV R 21/02 BStBl II 03, 919; oben Rz 107, 126).

Wohnungsverwalter s Rz 141.

Yogaschule gewerbl (OVG NRW NWB F 1, 269).

Zahnpraktiker. Dentisten ähnl (BFH I 415/62 U BStBl III 65, 692; *BMF* BStBl I 19, 1298).

Zahntechniker gewerbl (BFH IV B 232/02 BFH/NV 05, 352).

Zollberater. Bei Zulassung als Steuerberater/RA freiberufl (BFH IV R 33/95 BFH/NV 97, 751).

Zolldeklarant gewerbl (BFH IV R 117/87 BStBl II 90, 153).

V. Ermittlung der Einkünfte; laufender Gewinn

156 **1. Gewinnermittlung.** Als Einkünfte aus selbstständiger Arbeit ist nach § 2 II Nr 1 der Gewinn anzusetzen, der nach § 4 I unter Beachtung der handelsrechtl GoB (EStR 4.1 V; kein abw Wj, s § 4a Rz 13; BFH IV R 26/99 BStBl II 00, 498) oder nach § 4 III zu ermitteln ist (zu SBV s § 15 Rz 641). Das gilt auch für Partnerschaften iSd PartGG (s Rz 41). Dabei ist § 15 I 1 Nr 2 entspr anzuwenden (§ 18 IV 2; oben Rz 39). Die Buchführungsgrenzen des § 141 AO gelten auch dann nicht, wenn ein Laborarzt nur nach EStG Gewerbetreibender ist, nicht aber nach § 1 HGB (FG BaWü EFG 01, 807). Selbständig Tätige iSv § 18 ermitteln idR den Gewinn nach § 4 III (zum Wahlrecht s BFH IV R 57/07 BStBl II 09, 659; *OFD Nds* DStR 10, 544). Zu Einzelaufzeichnungspflichten s § 4 Rz 374/5; EStH 18.2; zu § 22 UStG s UStAE 22). Ein **Wechsel** der Gewinnermittlung (§ 4 III zu § 4 I oder umgekehrt) ist nur zu Beginn eines Wj mögl (BFH XI R 4/04 BStBl II 06, 509). Zudem ist der StPfl grds daran gehindert (vgl zB Rz 232), innerhalb von 3 Jahren *erneut* die Gewinnermittlungsart zu ändern (BFH IV R 18/00 BStBl II 01, 102; BFH IV R 39/13 BStBl II 17, 154: zu LuF); dies ist auch bei Schätzung (Rz 170) zu beachten (*Kanzler* FR 01, 205). Keine 3-jährige Bindung besteht hingegen für den Fall des *erstmaligen* Wechsels (*Haep* HFR 01, 324). Zum *Qualifikationsirrtum* s BFH VIII R 74/05 BStBl II 09, 238; BFH IV R 39/13 BStBl II 17, 154).

157 **2. Betriebsvermögen.** Dasjenige Vermögen, das der Erzielung betriebl (zB freiberufl) Einkünfte dient, ist BV. Auch Gewinnermittlung durch betriebl Überschussrechnung nach § 4 III ändert an der BV-Eigenschaft der zur Erzielung von Einkünften iSd § 18 eingesetzten WG nichts (*Groh* FR 86, 393, 396). – Werden die Einkünfte von einer **PersGes** (s Rz 39 ff) erwirtschaftet, gehört zum BV sowohl das GesVermögen als auch das im Eigentum eines Ges'ters (MUers) stehende Vermögen (**SBV;** s auch § 50d X 7 Nr 2 nF). Zu SBV II (§ 15 Rz 517, 518) s BFH VIII B 218/08 BFH/NV 10, 1422.

159 **a) Gewillkürtes Betriebsvermögen.** Nach geänderter **Rspr** kann – unter Berücksichtigung der Eigenart der Einkunftsart (BFH IV R 58/90 BStBl II 91, 798) – nicht nur bei Gewinnermittlung nach § 4 I, sondern auch bei Überschussrechnung nach **§ 4 III** gewillkürtes (Sonder-)BV gebildet werden, *wenn* das WG zu mindestens 10 % betriebl genutzt und dessen Zuordnung unmissverständl, zeitnah und unumkehrbar zB im betriebl Bestandsverzeichnis dokumentiert wird (BFH

VIII R 11/11 BStBl II 13, 117; *BMF* BStBl I 04, 1064; *Drüen* FR 04, 94; zur privaten Pkw-Nutzung s § 6 I Nr 4 nF). Schon bisher schied gewillkürtes BV bei Übergang zur Gewinnermittlung nach § 4 III oder bei Nutzungsänderung (zB Verpachtung) nicht aus dem BV aus (§ 4 I 3, 4; s § 4 Rz 651, 322, 360 „Nutzung").

b) Grundstück; Gebäude. Es kann notwendiges (Sonder)BV eines Freiberuflers sein (zB BFH X B 129/11 BFH/NV 13, 37: „Ärztehaus" eines Apothekers) oder – selbst bei Gewinnermittlung nach § 4 III (s Rz 159) – zu dessen gewillkürtem (Sonder)BV gehören (zB BFH IV 305/59 U BStBl III 61, 154; IV R 129/78 BStBl II 81, 618: Praxisverlegung/Betriebserweiterung; zum FördG aF s aber BFH IV R 15/00 BStBl II 02, 429). Zur **stfreien Entnahme** von GuB für die Wohnung des Betriebsinhabers nach § 18 IV 1 iVm § 13 V s dort Rz 220 ff. – **LV-Ansprüche,** wenn das Leben eines MUers (Sozius, Partners) versichert wird, sind nicht BV; anders aber, wenn ArbN, Geschäftspartner oder Angehörige versichert werden (s § 4 Rz 183 ff; § 15 Rz 431, 493). Zu Praxis-AusfallVers s Rz 190.

c) Gold. Altgold (auch Dentalgold) eines Zahnarztes kann zum notwendigen BV eines Zahnarztes gehören (BFH IV R 29/91 BStBl II 93, 36); Voraussetzung ist, dass bei Erwerb davon ausgegangen werden kann, dass es innerhalb eines überschaubaren Zeitraums (maximal 7 Jahre) im eigenen oder durch Beistellung in einem fremden Labor verarbeitet wird (BFH IV R 101/93 BStBl II 94, 750). PV ist hingegen das in Zahnprothetik nicht verwendete Feingold (BFH IV R 115/84 BStBl II 86, 607/8). Zum Umtausch von Goldarten s Rz 171.

d) Standesrecht. Verstößt ein Geschäft gegen das freiberufl Berufs-/Standesrecht, folgt daraus noch nicht, dass es in die Gewinnermittlung nicht einzubeziehen ist, solange sich nicht der Charakter der Tätigkeit insgesamt verändert (Rz 100); sog standeswidrige berufsfremde Geldgeschäfte gehören aber nicht zur freiberufl Tätigkeit (BFH IV R 80/88 BStBl II 90, 17). **Darlehen,** Beteiligungserwerb, Bürgschaften (freiberufl, wenn ohne Entgelt zur Erhaltung des Mandats BFH XI B 184/06 BFH/NV 07, 1880), Wertpapiergeschäfte usw betreffen daher idR – Ausnahme: Geschäfte zur Rettung (FG Mchn EFG 88, 295) oder zur Erfüllung von Honorarforderungen (BFH IV R 57/99 BStBl II 01, 546) – **notwendiges PV** (Rz 100; zu PV von PersGes s § 15 Rz 484). Ausnahmen Rz 164.

e) Beteiligung an Kapitalgesellschaft. Sie gehört zum **notwendigen BV,** wenn sie entweder der Erlangung von Mandaten (FG Mster DStRE 06, 961) oder der Sicherung oder Erfüllung von **Honorareinnahmen** dient (Rz 163) oder wenn der Geschäftsgegenstand der Ges der freiberufl Tätigkeit **nicht wesensfremd** und die Beteiligung eine bestimmbare freiberufl Aktivität ermöglichen oder ergänzen soll (BFH IV R 80/88 BStBl II 90, 17; BFH VIII B 122/07 BFH/NV 08, 1317; zur GmbH-Holding s *CGD* GmbHR 01, 23). Letzteres bestimmt sich danach, ob der Beteiligungserwerb als solcher kein **wirtschaftl Eigengewicht** hat, dh ob er iSe Hilfsgeschäfts ohne Aussicht auf freiberufl Aufträge nicht zustande gekommen wäre und deren Volumen in einem „vernünftigen Verhältnis" zum Kapitaleinsatz steht (BFH IV R 49/00 BStBl II 01, 828; VIII R 19/08 BFH/NV 11, 1311). Wirtschaftl Eigengewicht *abl* BFH VIII R 21/17 BStBl II 21, 609 bei Vorzugserwerb der Managementbeteiligung („sweet/sweat equity"; *Koch-Schulte ua* BB 21, 2839) eines freiberufl Beraters (mE fragl; s auch Rz 287 f). **Gewillkürtes BV** kann vorliegen, wenn die **Wertpapiere** über Darlehenssicherung hinaus untrennbarer Bestandteil eines Finanzierungskonzepts sind (vgl einschließl zeitnaher Widmung BFH VIII R 1/08 BStBl II 11, 862; BFH VIII R 18/09 BFH/NV 11, 1847; weitergehend FG Hbg EFG 07, 1414; *von Schönberg* HFR 00, 561); nicht jedoch bei bloßer Liquiditätsreserve, auch nicht bei Gesamthandvermögen (zutr FG Nds BB 15, 1520, rkr).

Weitere Beispiele: BFH IV 109/59 U BStBl III 60, 172: **Kapitalansammlungsvertrag** eines WP und StB ist notwendiges PV; BFH IV R 6/99 BStBl II 00, 297: **Wertpapiere** eines

Freiberuflers sind grds notwendiges PV, anders nur, wenn ausschließl Hilfsgeschäft der freiberufl Tätigkeit; BFH I 53/63 BStBl III 66, 218: **Darlehen** eines Wirtschaftsberaters ist notwendiges PV (FG Mchn EFG 12, 1550, rkr: anders, wenn Voraussetzung der freiberufl Tätigkeit); BFH IV R 80/88 BStBl II 90, 17: **Bürgschaft** ist BV nur bei Nachweis der ausschl betriebl Veranlassung der Zusage; BFH IV R 185/71 BStBl II 76, 380: **Beteiligung** eines **Baustatikers an GmbH,** deren Tätigkeitsgebiet der freiberufl Tätigkeit nicht wesensfremd ist, kann notwendiges BV sein; BFH IV R 146/75 BStBl II 79, 109: Beteiligung eines freiberufl Baustatikers an WohnungsbauAG ist notwendiges BV; BFH IV R 168/78 BStBl II 82, 345: Beteiligung eines **Architekten** an ausl AG notwendiges BV, wenn sie zur Mitwirkung an der Bebauung eines bestimmten Grundstücks erworben wurde; BFH IV R 14/00 BStBl II 01, 798: Beteiligung eines **Erfinders** (Arzt) an „verwertender" GmbH notwendiges BV (vgl auch Rz 64); einschr BFH VIII R 34/07 BStBl II 10, 612: Beteiligung eines **Bildjournalisten** an auch für andere Autoren tätige Vermarktungs-GmbH kein notwendiges BV (mE unzutr; vgl FG BaWü EFG 08, 784 rkr); BFH IV R 198/83 BStBl II 85, 517: **Beteiligung eines StB** an einer GmbH, die Autowaschstraßen betreut, mit Anteilen von gewillkürtes BV; BFH IV R 57/99 BStBl II 01, 546: Honorarerfüllung durch Anteilserwerb eines StB; BFH IV R 49/00 BStBl II 01, 828: Beteiligung eines Bauingenieurs an MessehotelAG; BFH VIII R 19/08 BFH/NV 11, 1311: Beteiligung eines RA an IT-AG als notwendiges BV/Mandatssicherung; BFH IV R 77/76 BStBl II 82, 340: **Standeswidrig** vereinbartes **Erfolgshonorar** führt zu BE (s auch Rz 60).

166 f) **Bilanzierung.** Forderungen aus freiberufl Tätigkeit sind bei Gewinnermittlung nach § 4 I zu dem Zeitpunkt zu aktivieren, in dem die Leistung des Freiberuflers erbracht ist (zu § 9 InsVV s *OFD Rhl* DB 11, 847); vor diesem Zeitpunkt empfangene **Vorschüsse** sind zu passivieren (BFH IV R 260/64 BStBl II 71, 167). **Urheberrechte** sind BV, wenn sie den Gegenstand der Berufstätigkeit betreffen (BFH IV B 129/91 BFH/NV 93, 471, FG Ddorf EFG 14, 266, rkr); sie sind zu aktivieren, wenn sie entgeltl erworben wurden; zu nachträgl Einkünften aus ihrer Überlassung durch den Erben s Rz 254, 257. Zu **Erfindungen** s Rz 64. Ein Aktivierungsverbot besteht für **Versorgungsanwartschaftsrechte,** die ein Freiberufler gem § 17 I 2 BetrAVG erworben hat (s Rz 175); zu **Pensionszusagen** an MUer vgl § 15 Rz 585, 590.

170 3. **Betriebseinnahmen.** Zu den BE (s allg § 4 Rz 420, 452: ggf Schätzung; dazu BFH IV B 221/02 BFH/NV 04, 1367) gehören auch das teilweise auf privater Veranlassung beruhende und deshalb **überhöhte Testamentsvollstreckerhonorar** (BFH IV R 125/89 BStBl II 90, 1028; BFH II R 18/03 BStBl II, 05, 489: § 12 Nr 1 gilt nicht für BE), **Tantiemen** aus Zweitverwertungen (*VG Wort;* zu § 27a VGG s *FB Hbg* DStR 19, 1154), **Wohnungserwerb** anstelle nicht mehr realisierbarer Honorarforderungen (FG BaWü EFG 81, 75; s auch Rz 163 ff), Entgelte aus **Hilfs-/Nebengeschäften,** sofern diese im Betrieb stehen (BFH VI B 85/99 BFH/NV 02, 784: nebenberufl Notarztätigkeit, kein § 3 Nr 26), **Geschenke** eines Patienten/Mandanten (RFH RStBl 36, 139; BFH VIII R 41/14 BFH/NV 17, 1180: SonderBE; § 15 Rz 648), **Trinkgelder** (zB an Musiker; kein § 3 Nr 51), **Sicherheitszahlungen** bei überfälliger Abrechnung (FG Hess EFG 91, 67), **Entschädigungen** für Mitarbeit in Berufskammern, sofern nicht stfrei (*FB Bln* DStR 07, 1728), **Versicherungsleistungen** für spezifische berufl Risiken (vgl Rz 161, 190), **Corona-Überbrückungshilfen** (s § 4 Rz 460). Zur Veräußerung von betriebl **Pkw** s BFH IV R 90/99 BFH/NV 01, 904. Zu sog **durchlaufenden Posten** (Verklammerung): keine BE/BA) s § 4 Rz 404; BFH VIII R 14/17 BStBl II 21, 431 (Wegfall der Verklammerung: BE).

171 a) **Metalle. Silber,** das ein Arzt anlässl der Entwicklung von Röntgenfilmen gewinnt, ist BV (zu § 4 III s BFH IV R 50/86 BStBl II 86, 907). – **Altgold,** das beim Zahnarzt verbleibt, ist BE (Bewertung zum gemeinen Wert; § 6 IV), jedoch bei Gewinnermittlung nach § 4 III in gleicher Höhe BA (BFH IV R 115/84 BStBl II 86, 607). **Tauscht** der Zahnarzt das Altgold gegen **Feingold** (s Rz 162), erzielt er erneut eine BE (BFH IV R 115/84, BStBl II 86, 607; *Groh* FR 86, 393); grds keine Gewinnerhöhung jedoch, wenn das Altgold für betriebl Zwecke gegen

Dentalgold (UV) getauscht wird (s BFH IV R 101/93 BStBl II 94, 750; § 4 III 4 nF).

b) Preise. Keine BE ist der **Geldpreis,** mit dem Lebenswerk, Gesamtschaffen oder eine bestimmte Grundhaltung der journalistischen Tätigkeit geehrt werden, da wirtschaftl kein Leistungsentgelt erzielt wird (BFH IV R 184/82 BStBl II 85, 427; § 4 Rz 460 „Preise"; mE unzutr). BE ist aber der bei einem **Wettbewerb** gewonnene Preis, da er wirtschaftl den Charakter eines leistungsbezogenen Entgelts hat (BFH IV R 75/74 BStBl II 75, 558; BFH I R 83/85 BStBl II 89, 650: Förderpreis für gute Meisterprüfung; ebenso Architekten-/Filmpreis: FG Mster EFG 10, 27; FG Bln EFG 85, 335). Der Rspr folgend *BMF* BStBl I 96, 1150. **174**

c) Renten. Zahlungen, die einem Freiberufler auf Grund einer Vereinbarung von seinem Mandanten gezahlt werden, sind nach § 18 und nicht nach § 22 Nr 1a zu versteuern (BFH IV R 61/85 BStBl II 87, 597). – **Anwartschaften auf eine Betriebsrente** (§ 1 I, § 17 I 2 BetrAVG), die einem Selbständigen zugesagt worden sind, sind nicht zu aktivieren (BFH I R 44/83 BStBl II 89, 323); die späteren Rentenzahlungen sind Einkünfte iSd § 24 Nr 2 (Rz 270). Zuschüsse zur Altersversorgung selbstständiger Journalisten seitens **VG Wort** sind BE im Zuflussjahr (BFH IV R 13/89 BStBl II 90, 621); nicht aber **ArbGAnteile** zur SozialVers (FG Hbg EFG 10, 139; fragl). **175**

d) Kassenärztliche Vereinigung. Die Dezember-**Abschlagzahlungen** die im Januar des Folgejahres zufließen, sind nach § 11 I 2 den Einnahmen des Vorjahres zuzurechnen (BFH IV R 309/84 BStBl II 87, 16). Zur **Praxisgebühr** (BE) s *BMF* BStBl I 04, 526. – Die Auszahlungskürzungen der kassenärztl Vereinigungen um die Beiträge für **Sozialfonds** gehören nicht zu den BE (BFH IV 4/61 U BStBl III 64, 329). Die Leistungen aus dem Sozialfonds sind aber BE des Empfängers (BFH I R 112/71 BStBl II 77, 29; s auch Rz 90, 254). Zu Rückstellungen wegen Richtgrößenüberschreitung s BFH VIII R 13/12 BStBl II 15, 523. **177**

e) Vorschüsse. Bei RA, die den Gewinn nach § 4 III ermitteln, gehören Vorschüsse zu den BE, auch wenn sie an andere weitergegeben (BFH IV 179/59 U BStBl III 63, 132) oder später zurückgezahlt werden müssen (BFH IV R 95/79 BStBl II 82, 15). Ebenso nicht rückzahlbare Autoren-Vorschüsse für GEMA-Zahlungen (BFH VIII R 4/14 BStBl II 17, 310); zu **Vergütungsvorschüssen** des Insolvenzverwalters s *OFD Mster* BB 11, 3058. Zu „Darlehen" bei Musikverlagsvertrag s FG Ddorf EFG 11, 313 (mE fragl). **Honorarrückzahlungen** sind bei Gewinnermittlung nach § 4 III im Jahr der Rückzahlung BA (FG RhPf EFG 88, 421); zu Rückstellungen eines Kassenarztes s BFH XI R 64/04 BStBl II 06, 371. Zu **Entschädigungen** s § 24 Rz 14f. Zu **§ 34 II Nr 4** s § 34 Rz 15. **179**

4. Betriebsausgaben. – **a) Grundsätze.** Auch für § 18 gilt der allg Begriff der BA gem § 4 IV (s § 4 Rz 470ff); zu BA-**Pauschbeträgen** s Rz 216; zur BA-**Schätzung** s BFH VIII R 76/05 BStBl II 08, 937. **185**

b) Einzelfälle. Kosten für **Arbeitsmittel** sind BA (zu Afa/AfaA betr Meistergeige BFH VI R 185/97 BStBl II 04, 491). **Bücher allgemeinbildenden Inhalts** sind auch bei berufl Verwendung wg gemischte Aufwendungen nicht abzugsfähig (BFH IV R 70/91 BStBl II 92, 1015). **Beiträge zu Berufskammern und Berufsverbänden** (zB *CDU-Wirtschaftsrat,* BFH XI R 108/92 BFH/NV 96, 300) sind BA, nicht aber Beiträge zu einer **Krankentagegeldversicherung** ungeachtet dessen, ob eine gesellschaftsvertragl Versicherungspflicht besteht (BFH IV R 32/80 BStBl II 83, 101; FG SachsAnh EFG 08, 31 rkr); ebenso nicht Prämien für **Praxisausfallversicherung,** soweit krankheitsbedingte Arbeitsunfähigkeit versichert wird (BFH VIII R 36/09 StuB 12, 642: BA-Abzug nur bei betriebl Unterbrechungsrisiken; zust *Alvermann ua* DStR 10, 91; **aA** *Beiser* DB 09, 2237). Gleiches gilt grds für **LV-Prämien;** s Rz 161. Zu Zahngoldvorräten vgl Rz 162, 171. **Umzugskosten** sind BA, wenn zB durch die größere Nähe zur Praxis die Betreuung der Pati- **190**

enten erleichtert wird (BFH IV R 42/86 BStBl II 88, 777); zu **Maklergebühren** und **Möbeleinlagerung** s jedoch BFH IV R 78/99 BStBl II 01, 70. – Zu **Aus- und Fortbildungskosten** s *BMF* BStBl I 10, 721, § 10 Rz 120 ff; § 12 Rz 32; § 19 Rz 60 „Ausbildungskosten"; zur Facharztausbildung des Sohnes s BFH VIII R 49/10 BStBl II 13, 309. Zum BA-Abzug bei (in/ausl) **Informations-** und **Kongressreisen** s § 4 Rz 520 „Informationsreisen"; § 12 Rz 8 ff. – Nicht nur Umzugskosten (s Rz 190), sondern auch **Mietausfallentschädigungen** einschließl **Prozesskosten** können bei berufl veranlasster Wohnsitzverlegung BA sein (BFH I R 61/93 BStBl II 94, 323). – **Reisekosten** einer Malerin sind BA, wenn eine private Veranlassung der Reise ausgeschlossen erscheint (BFH IV R 138/83 BStBl II 87, 208); weitergehend für Sylt-Aufenthalt eines Schriftstellers FG Nds EFG 03, 597. Zum **Ausfall** (privater) **Darlehen** s FG Mster DStRE 19, 1117, rkr. Zur privaten/berufl **Kfz-Nutzung/Fahrtenbuch** (§ 6 I Nr 4) s § 6 Rz 419 ff; zu Fahrten zw **Wohnung** und **Betriebsstätte** (§ 4 V 1 Nr 6) s § 4 Rz 580 ff; zu § 4 V 1 Nr 7 (Ferrari im BV) s BFH VIII R 20/12 BStBl II 14, 679; zum RA-**Blindenhund** BFH VIII B 86/20 BFH/NV 21, 1068; zu **Übernachtungskosten/Verpflegungsmehraufwand** vgl BFH XI R 59/97 BFH/NV 98, 1216; zum **häusl Arbeitszimmer** (§ 4 V 1 Nr 6b) s § 4 Rz 590 ff. – Aufwendungen eines Chefarztes mit freiberufl Einkünften für **Weihnachtsgeschenke** an das Krankenhauspersonal sind nur in den Grenzen des § 4 V 1 Nr 1 als BA abziehbar, wenn die Empfänger nicht in einem ArbVerh zu dem Arzt stehen (BFH IV R 186/82 BStBl II 85, 286). Zu „Buchpräsenten" eines Schriftstellers vgl FG Ddorf EFG 02, 1227. **Bewirtungsspesen** unterliegen § 4 V 1 Nr 2 (vgl § 4 Rz 540/-57; BFH IV R 50/01 BStBl II 04, 502 betr RA). Die Kosten für die **Eröffnung** einer **Arztpraxis** sind BA (FG Mchn DStRE 00, 452); ebenso uU für **Sponsoring** (BFH VIII R 28/17 DStR 20, 2410) und nach FG SchlHol EFG 19, 681 für ärztl **Gastprofessur** (fragl). Nicht aber die Kosten für einen **Geburtstagsempfang** (BFH IV R 58/88 BStBl II 92, 524). Zu „**Kanzlei-Herrenabend**" s BFH VIII R 26/14 BStBl II 17, 161.

200   **5. Praxiswert** (*FinVerw:* BMF BStBl I 95, 14; *OFD NRW* DB 15, 2603: kassenärztl Zulassung). – **a) Wesensmerkmale.** Zum BV gehört unabhängig von der Gewinnermittlungsart (§ 4 I oder § 4 III) auch der selbst geschaffene und entgeltl erworbene) Praxiswert. Nach BFH I R 52/93 BStBl II 94, 903 zu II 2b ist der Praxiswert als verkehrsfähiges immaterielles WG von der nicht übertragbaren persönl Schaffenskraft (Ruf etc) des Praxisinhabers zu unterscheiden (BFH VIII B 42/10 BFH/NV 11, 1345); er umfasst neben Lage, Qualität der Mitarbeiter und Organisation der Praxis auch den **Mandantenstamm**. Dieser kann jedoch – im Gegensatz zum Praxis- oder Geschäftswert (BFH VIII R 13/93 BStBl II 94, 922/5) – unabhängig von den anderen WG des BV übertragen (BFH IV R 33/95 BFH/NV 97, 751; FG Mster EFG 19, 362 rkr) oder auch selbstständig verpachtet werden (BFH VIII B 116/10 BFH/NV 11, 1335). Die **Vertragsarztzulassung** (zur AfA s Rz 202) ist nach BFH VIII R 13/08 BStBl II 11, 875; BFH VIII R 7/14 BStBl II 17, 689 idR untrennbarer Teil der „Praxis als Chancenpaket" und damit des abschreibaren Praxiswerts; zur Einbringung in Medizinisches Versorgungszentrum-GmbH s *Ketteler-Eising ua* DStR 20, 2469. In „Sonderfällen" (zB Verlegung des Vertragsarztsitzes; *Schmidt* 36. Aufl § 18 Rz 200) kann die nicht abnutzbare Vertragsarztzulassung (Rz 202) auch isoliert übertragen worden sein (BFH VIII R 56/14 BStBl II 17, 694; BFH VIII R 24/16 BFH/NV 17, 899: Gesamtwürdigung maßgebl; Einzelheiten *Levedag* NWB 17, 2584). Praxis- und Geschäftswert können **nicht negativ** sein (BFH IV R 70/92 BStBl II 94, 745 zu 4.a; § 5 Rz 226). Der Praxiswert bildet häufig die **wesentl Betriebsgrundlage** (BFH I R 109/93 BStBl II 94, 925); ebenso die Vertragsarztzulassung (*Janzen* DStR 20, 475). S auch Rz 223 f. Nur der **entgeltl erworbene (derivative) Praxiswert** ist in der Bilanz mit den AK anzusetzen und nur darauf sind AfA vorzunehmen (§ 5 II analog;

BFH VIII R 74/77 BStBl II 80, 244; vgl auch § 248 II HGB, § 141 I 2 AO; zur Einlage s jedoch BFH I R 52/93 BStBl II 94, 903). – **Geschäftswert** ist die über den Substanzwert hinausgehende Gewinnaussicht eines Unternehmens, die, **losgelöst** von der **Person** des Unternehmers, auf Grund besonderer Vorteile des Unternehmens (Ruf des Unternehmens, Organisation usw) höher oder gesicherter als bei anderen Unternehmen gleicher Kapitalausstattung erscheint (BFH IV R 21/75 BStBl II 79, 369; § 5 Rz 221). **Praxiswert** ist demggü die über den Substanzwert einer freiberufl Praxis hinausgehende Gewinnaussicht, die sich aus dem Vertrauen der Mandanten/Patienten in die Tüchtigkeit und Leistungsfähigkeit des/der Praxisinhaber(s) ergibt (BFH IV R 33/93 BStBl II 94, 590). Zwar folgt die Abgrenzung der **jeweiligen** gewerbl/freiberufl **Einkunftsart** (FG Mster EFG 15, 15); auch werden die Ertragsaussichten eines2 erworbenen GewBetr stärker durch die Leistungsfähigkeit der betriebl Organisation (zB Vertriebswege) und (übertragbares) Know-how bestimmt (einschr BFH III R 40/07 BStBl II 10, 609). Gleichwohl sind Geschäfts- und Praxiswert insofern einander ähnl, als sie Aussichten und Chancen widerspiegeln (BFH IV R 29/91 BStBl II 93, 36; unten Rz 256). Dies zeigt sich zB bei Veräußerung von **personenbezogenen GewBetr** (BFH III R 40/07 BStBl II 10, 609; *L. Schmidt* FR 82, 100) und daran, dass sich bei Fortführung einer freiberufl Praxis durch eine nicht (nur) aus Berufsträgern bestehende Erbengemeinschaft der Praxiswert **in einen Geschäftswert verwandelt** (BFH VIII R 13/93 BStBl II 94, 922; FG Mster EFG 15, 15).

b) Abschreibbarkeit; Nutzungsdauer. Für Wj, die nach 1986 beginnen, gehört der (derivative) Geschäfts- oder **Firmenwert**, zu den abnutzbaren WG (§ 6 I Nr 1) mit einer Nutzungsdauer von 15 Jahren (§ 7 I 3; § 5 Rz 227). Schon vor der gesetzl Anerkennung der Abnutzbarkeit hat die Rspr AfA auf derivative Praxiswerte zugelassen (BFH IV R 2–3/79 BStBl II 82, 620), seit BFH IV R 33/93 BStBl II 94, 590 auch für den derivativen Sozietätspraxiswert (s Rz 208, 2099). Die AfA auf den **Praxiswert** umfassen auch die **Vertragsarztzulassung** (Rz 200; aA früher *FinVerw*); wird diese jedoch ausnahmsweise isoliert erworben (Vertragssitzverlegung), sind AfA ausgeschlossen (BFH VIII R 56/14 BStBl II 17, 694; *Levedag* NWB 17, 2584; *Haunhorst* HFR 17, 582; *OFD NRW* DB 15, 2603: Ausnahme für Zahnärzte ab 1.4.07). Da die gesetzl Fiktion der **Nutzungsdauer** (15 Jahre) nur für Geschäfts- oder Firmenwerte von GewBetr und luf Betrieben (Wortlaut des § 7 I 3) gilt (*BMF* BStBl I 86, 532), ist die Nutzungsdauer derivativer Praxiswerte im Einzelfall zu schätzen. Sie beträgt regelmäßig 3–5 Jahre für den derivativen **Einzelpraxiswert** (BFH VIII R 7/14 BStBl II 93, 590, Rz 53: 3 Jahre untere Grenze) und 6–10 Jahre für den derivativen **Sozietätspraxiswert** (BFH IV R 33/93 BStBl II 94, 590/1; BFH VIII R 33/13 BStBl II 16, 596; *BMF* BStBl I 95, 14; BGH VIII ZR 172/05 DStRE 06, 1488). Praxiswertberechnung s *Wehmeier* NWB 11, 726.

Soweit der **Teilwert** eines entgeltl erworbenen Praxiswerts niedriger ist als die AK (vermindert um die jährl AfA), kann dieser angesetzt werden, wenn der StPfl den Gewinn durch Bestandsvergleich (§ 4 I) ermittelt (str, vgl BFH VI R 57/88 BStBl II 92, 401; *BMF* BStBl I 95; 14). Nach der sog **Einheitstheorie** kann bei der TW-Ermittlung der Praxiswert nicht in einen originären und einen derivativen Teil zerlegt werden (vgl zum Geschäftswert § 6 Rz 311 ff; § 5 Rz 230 f); diese Rspr ist jedoch vom **BFH** mit dem BiRiLiG (BGBl I 85, 2355; s Rz 202) **aufgegeben** worden (BFH IV R 48/97 BStBl II 98, 775). Demgemäß kann auch bei **Einbringung** einer Praxis in eine **Sozietät** der aufgedeckte Praxiswert ungeachtet dessen abgeschrieben werden, ob es dem hinzutretenden Sozius gelingt, ein eigenes Vertrauensverhältnis zu den Mandanten zu begründen (vgl BFH IV R 33/93 BStBl II 94, 590; unten Rz 208, 2099). Ebenso ist die Einbringung eines **Mandantenstammes** zu behandeln (BFH IV R 33/95 BFH/NV 97, 751; oben Rz 200).

208 **6. Einzelfälle. – a) Sozietätspraxiswert.** Bei **Erweiterung** einer Einzelpraxis zur Sozietät oder Aufnahme neuer Partner in eine bereits bestehende Sozietät (dh weitere Mitarbeit der Altsozien) ist der derivative (Sozietäts-)Praxiswert nach der durch BFH IV R 33/93 BStBl II 94, 590 geänderten Rspr grds auf 6–10 Jahre abzuschreiben (s Rz 202). Die erweiterte Sozietät darf den **vollen Teilwert** ansetzen, dh auch soweit dieser auf den Veräußernden entfällt (BFH IV R 33/93 BStBl II 94, 590); davon zu unterscheiden ist die Begrenzung des Veräußerungsgewinns nach § 16 II 3 iVm § 18 III 2; s Rz 264.

209 **b) Anteilsveräußerung.** Der AfA-Zeitraum ist mE dann nach den Grundsätzen zum Sozietätspraxiswert zu bestimmen, wenn mit Rücksicht auf die verbleibenden Sozien das „bisherige persönl Vertrauensverhältnis" (BFH IV R 33/93 BStBl II 94, 590) im Kern fortbesteht (str).

210 Führt der berufsfremde **Erbe** die Praxis allein oder mit anderen Ges'tern fort, wird sie zum GewBetr. Scheidet der Erbe entgeltl aus dem Unternehmen aus und wird die Praxis von den verbleibenden Freiberuflern fortgeführt, verwandelt sich der Geschäftswert zu einem Praxiswert zurück (BFH VIII R 13/93 BStBl II 94, 922), für dessen Abschreibung dann die allg Grundsätze gelten (s Rz 202).

213 **c) Einbringung einer Einzelpraxis in GmbH.** Schon vor der Änderung des § 6 I (vgl Rz 202) wurde entgeltl Erwerb eines Praxiswertes durch die GmbH angenommen und AfA darauf zugelassen (*BMF* BStBl I 79, 481); ebenso BFH I R 52/93 BStBl II 94, 903. Nach BFH VIII R 13/93 BStBl II 94, 922 wandelt sich der Praxiswert in einen **Geschäftswert,** wenn er auf ein gewerbl Unternehmen übergeht; der AfA-Zeitraum müsste sich daher nach § 7 I 3 auf 15 Jahre bestimmen. In BFH I R 52/93 BStBl II 94, 903 wird aber im Hinblick auf die herausgehobene Stellung des übertragenden Ges'ters davon ausgegangen, die Nutzungsdauer sei nach § 7 I 2 zu schätzen. Entspr ist nach *BMF* BStBl I 95, 14 von den für den Erwerb eines Praxiswertes geltenden Grundsätzen auszugehen (s Rz 202).

214 **d) Erwerb von Anteilen.** Erwerb von Anteilen an einer der Art nach freiberufl tätigen KapGes durch einen Freiberufler: Von den AK sind keine AfA zulässig, auch wenn sich im Kaufpreis für die Anteile ein Praxiswert der KapGes niedergeschlagen hat (BFH IV R 144/84 BStBl II 86, 142).

215 **e) Verpachtung einer Praxis.** Die Geltung der allg Grundsätze zur Verpachtung gewerbl/luf Betriebe (s § 16 Rz 166 ff) setzt bei **freiberufl Praxen** voraus, dass der Betrieb verpachtet werden kann (zu StB-Praxis s *Wehmeier* Stbg 11, 272); dies ist zB bei Notaren, Künstlern, Schriftstellern (Rz 260; *HHR* § 18 Rz 22) zu verneinen. Ausgeschlossen ist Betriebsverpachtung ferner bei **Veräußerung** wesentl Betriebsgrundlagen (FG Mster EFG 19, 362 rkr: Praxiswert/Patientenstamm, *Folge:* Betriebsaufgabe; dazu allg BFH I R 42/00 BStBl II 01, 771 betr Geschäftswert). IÜ erkennt die Rspr eine Praxisverpachtung jedenfalls bei **vorübergehender** Überlassung an (BFH IV R 29/91 BStBl II 93, 36; Zahnarztpraxis, 3 Jahre bis zum Erwerb der freiberufl Qualifikation; VIII R 13/93 BStBl II 94, 922; FG Mster BB 21, 2543: StB-Praxis; ebenso EStH 18.3; **aA** *Tiedchen* FR 92, 705: Veräußerung; diff *Zugmaier* FR 98, 597, 600). **Fragl** ist allerdings, ob dies mit Rücksicht auf die gewöhnl Nutzungsdauer von Praxiswerten (3–5/6–10 Jahre; s Rz 202) auch für **längerfristige** Verpachtungen gilt (*Korn* KÖSDI 99, 12091, 12102). Abl FG Saarl EFG 97, 654; *Führer* DStR 95, 785, 792 (verdeckte Veräußerung); bei *HHR* § 18 Rz 22, 390: fortdauernde betriebl Verhaftung der stillen Reserven; ähnlich bei (personenbezogenen) GewBetr (s *Schmidt* 17. Aufl § 18 Rz 258; § 16 Rz 166). Für Letzteres spricht der Hinweis in BFH IV R 29/91 BStBl II 93, 36, dass die pachtweise Nutzung des Klientenstamms in ähnl Weise mögl sei wie bei (personenbezogenen) gewerbl Betrieben (s Rz 200); glA BFH I R 134/94 BFH/NV 97, 438 (betr § 8 Nr 7 GewStG aF): Pachtvertrag auf unbestimmte Zeit mit jährl Kündigungsrecht anzuerkennen. Zur **Überlagerung** der Betriebsverpachtung durch

Veräußerungsgewinne **216–223 § 18**

BetrAufsp s Rz 55; § 16 Rz 183; *Folgen:* kein Wahlrecht zur Betriebsaufgabe; GewSt-Pflicht (iVm § 35).

7. Pauschbeträge für Betriebsausgaben. Die *FinVerw* hat – auch ab VZ 2000, **216** trotz Wegfall von LStR 47 – für eine Reihe von Fällen Pauschbeträge für BA zugelassen, die auch von Steuergerichten als Vereinfachungsregelungen zu beachten sind, solange sie nicht im Einzelfall zu einer **offensichtl unrichtigen Besteuerung** führen (BFH IV R 11/76 BStBl II 80, 455); Erstattung durch den Auftraggeber schließt BA-Abzug aus (BFH VI R 23–24/85 BStBl II 90, 1065). Freiberufler können auch bei eintägigen Geschäftsreisen Verpflegungsaufwendungen nach den dafür geltenden Verwaltungsregelungen abziehen (BFH III R 222/84 BStBl II 88, 428; zur Rechtslage ab 1996 s § 4 Rz 570). **Hauptberufl** selbständig schriftstellerisch oder journalistisch Tätige können ohne Nachweis 30% der BE, höchstens 2455 €, jährl als BA abziehen; zu Übersetzern s Rz 123. Für **nebenberufl** wissenschaftl, schriftstellerische, künstlerische oder erzieherische Tätigkeit (einschließl der Prüfungstätigkeit) kann ein Pauschbetrag von 25% der BE, höchstens 614 €, als BA abgezogen werden; werden höhere BA geltend gemacht, ist deren tatsächl Entstehung nachzuweisen (EStH 18.2; *LfSt Bay* DStR 05, 2079). Ehrenamtl Mitglieder **kommunaler Vertretungen** (s Rz 144) können bestimmte Sätze als **Aufwandsentschädigung** absetzen (vgl § 3); zum Mitglied einer **BT-Enquete-Kommission** s *OFD Bln* FR 99, 829. Zu **Kindertages-/-vollzeitpflege** („Tagesmutter") s Rz 155.

8. Gewinnverteilung bei Personengesellschaften. Zur Nichtanerkennung **217** **rückwirkender Änderungen** gelten die allg Grundsätze (BFH IV B 35/99 BFH/NV 00, 1185; vgl § 15 Rz 452 ff); zu interprofessioneller Zusammenarbeit s Rz 43. Zu Sonderabreden s *Korn* § 18 Rz 160. Zu „unberechtigten" Entnahmen des Ges'ters einer PersGes s § 15 Rz 649.

VI. Veräußerungsgewinne, § 18 III

1. Verhältnis zu anderen Vorschriften. Nach § 18 III gehört auch der Ver- **220** äußerungsgewinn zu den Einkünften aus selbstständiger Arbeit. Wie bei den Einkünften aus GewBetr ist die Abgrenzung des Veräußerungsgewinns vom lfd Gewinn insb bedeutsam für **Freibetrag** (s Rz 264; § 16 Rz 572 ff) und für die Tarifmäßigung nach § 34. Die Einschränkung des Tarifprivilegs (§ 16 II 3, III 5; vgl § 16 Rz 331 f) gilt gem § 18 III 2 entspr auch für selbstständige Einkünfte; auch § 24 III 3 UmwStG ist zu beachten. Zum Feststellungsverfahren s Rz 268.

2. Veräußerung. – **a) Grundsatz.** § 18 III wird nach hM als lediglich klarstel- **221** lend verstanden (§ 16 Rz 3). Veräußerung freiberufl Vermögens ist dessen entgeltl Übertragung auf einen anderen Rechtsträger. Zum Ausscheiden aus PersGes gegen **Sachwertabfindung** s § 16 Rz 498 ff; *FB Bln* DB 10, 927 (Mandantenstamm); *Potsch* KÖSDI 13, 18225. Nicht § 18 III, sondern § 6 III ist anwendbar, wenn das BV unentgeltl durch **Schenkung** (zB **vorweggenommene Erbfolge**) oder **Erbfall** (§ 1922 BGB) auf eine oder mehrere andere Personen übergeht. Bei vorweggenommener Erbfolge gelten für die freien Berufe die allg Grundsätze (s dazu § 16 Rz 10 f, 35 ff). Zu Erbfolge/Erbauseinandersetzung s § 16 Rz 40 ff, 590 ff. Wird der vom Erblasser geschlossene Verkaufsvertrag von den Erben erfüllt, erzielen diese den Veräußerungsgewinn (BFH IV R 1/95 BStBl II 95, 893). Zur sog Fortsetzungsklausel s Rz 245; § 16 Rz 661: Veräußerungsgewinn des Erblassers. Zum **Zeitpunkt** der Veräußerung s § 16 Rz 231, 435; BFH VIII B 166/07 BFH/NV 08, 1478: Übertragung aller wesentl Grundlagen einschl Patienten-/Mandantenstamm.

b) Wesentliche Grundlagen. Diese müssen auf den Erwerber übergehen, da- **223** mit eine begünstigungsfähige Veräußerung iSd § 18 III angenommen werden kann (s auch § 16 Rz 86). Die wesentl Grundlagen insb der freien Berufstätigkeit bestehen oft nicht in körperl WG (zu Praxisräumen s *OFD Kobl* DB 07, 314; zu Schulungs-Kfz s BFH IV R 18/02 BStBl II 03, 838), sondern in immateriellen WG (**Mandanten-/Patientenstamm, Praxiswert**; BFH I R 109/93 BStBl II 94, 925; oben Rz 200 f). Nur wenn diese immateriellen WG „**definitiv**" mitübertragen werden, liegt eine Veräußerung des gesamten der Tätigkeit dienenden Vermögens vor (zutr BFH VIII R 2/15 BStBl II 19, 64). Der Rückbehalt weniger unwesentl Mandate ist unschädl (BFH VIII R 2/15 BStBl II 19, 64; BFH XI R 47/06 BStBl II 08, 106; EStH 18.3 „Veräußerung": **Geringfügigkeitsgrenze**, dh Anteil der zurückbehaltenen Mandate in den letzten 3 Jahren nicht größer als **10 %** der Gesamteinnahmen dieser Jahre). ME sind hierbei auch *neu* gewonnene Mandate zu berücksichtigen (glA BFH VIII B 131/19 DStR 20, 486; glA nunmehr *FM SchlHol* DStR 20, 1739).

224 **SBV** von MUern einer freiberufl PersGes (zB Praxisgrundstück) kann zu den wesentl Grundlagen gehören (vgl § 16 Rz 407), sodass das SBV grds mitveräußert oder in das PV überführt werden muss, damit eine begünstigungsfähige Veräußerung oder Betriebsaufgabe angenommen werden kann (BFH VIII R 76/87 BStBl II 91, 635); nur bei Aufdeckung aller stiller Reserven durch die Veräußerung kommen die steuerl Ermäßigungen gem § 18 III, § 34 in Betracht (BFH VIII R 57/90 BStBl II 94, 607). Bei Veräußerung ab 1.1.02 (mE auch vor § 18 III 2 idF StBeamAusbG (BGBl I 02, 2715; glA BFH VIII B 172/08 BFH/NV 09, 1258; **aA** *Böttner* DB 02, 1798) sind Gewinne aus der Veräußerung von **Teilen von MUeranteilen** auch bei kongruenter Übertragung des SBV *lfd Gewinne* (§ 16 I 1 Nr 2, S 2; s § 16 Rz 415). Zur Ausgliederung von SBV vor Veräußerung des MUeranteils s § 16 Rz 410.

225 **c) Zeitweilige Einstellung der Berufstätigkeit.** Eine „definitive" Übertragung der wesentl immateriellen Grundlagen der selbständigen Arbeit im ganzen (s Rz 223) erfordert grds, dass die Tätigkeit selbst – wenigstens für eine gewisse Zeit am Ort der bisherigen Tätigkeit (*OFD Kobl* DB 07, 314) – ihr Ende findet. Die Wiederaufnahme der Tätigkeit vor Ablauf einer angemessenen Wartefrist ist auch dann schädl, wenn sie zunächst nicht geplant war (BFH VIII R 2/15 BStBl II 19, 64: Wiedereröffnung nach 22 Monaten; BFH VIII B 131/19 DStR 20, 486: 2–3 Jahre können ausreichen; Rz 229). Das gilt auch bei Veräußerung von Teilbetrieben (BFH VIII R 22/09 BStBl II 12, 777) und Sozietätsanteilen (s Rz 250, 252). Die BFH-Rspr ist sachgerecht, da die Überleitung der Mandate die wesentl Voraussetzung für die entgeltl Übertragung einer Freiberuflerpraxis ist; zur Einbringung in eine freiberufl PersGes s Rz 230 ff.

227 **aa) Weitere Berufstätigkeit.** Die Fortsetzung der Berufstätigkeit als **ArbN** oder **freier Mitarbeiter** (BFH VIII R 2/15 BStBl II 19, 64; ebenso zu § 15 BFH X R 40/07 BStBl II 09, 43; § 16 Rz 80 ff) des Praxiserwerbers steht einer begünstigten Praxisveräußerung nicht entgegen, weil die Berufstätigkeit des Veräußerers nunmehr für Rechnung des Erwerbers ausgeübt wird und dieser somit über Praxiswert/Mandantenstamm verfügt. Zur Abgrenzung ggü ArbN-Stellung s *Stahl* KÖSDI 21, 22328 [11].

229 **bb) Einzelfragen.** Zur Gleichartigkeit der Berufstätigkeit (zB bei Wechsel von Allgemein- zu Facharztpraxis), Umfang des örtl Wirkungsbereichs, Wartefrist, vorübergehende Wiederaufnahme nach kurzfristiger Tätigkeitseinstellung s BFH VIII B 131/19 DStR 20, 486; BFH VIII R 2/15 BStBl II 19, 64; BFH IV B 69/04 BFH/NV 06, 298; ausführl *Richter* FS Korn, 131; *Wendt* FR 99, 1120). Zur **Ausnahme** bei geringfügiger Fortsetzung der Berufstätigkeit vgl Rz 223. Zur Betriebsaufgabe s Rz 254.

230 **d) Sozietätsgründung; Sozietätserweiterung; Einbringung in Personengesellschaft.** Wird der **freiberufl Betrieb** (oder selbstständiger Vermögensteil; s Rz 250) in eine PersGes eingebracht, ist **§ 24 UmwStG** anwendbar (s iEinz § 16 Rz 511 ff).

aa) Wahlrechte. Die Beteiligten können wählen: – *(1)* Fortführung der **Buch-** 231
werte durch die PersGes, kein Einbringungsgewinn beim Einbringenden; zu
Gewinnvorabmodell s § 16 Rz 511, 515; § 15 Rz 443; – *(2)* Ansatz der **Teilwerte/**
gemeinen Werte durch die PersGes, Realisierung der stillen Reserven durch
den Einbringenden und Versteuerung gem § 16 IV, § 34 (zum Zusammentreffen
mit Zuzahlungen s Rz 233; zum Wegfall von Tarifprivileg und Freibetrag bei Einbringung von *Teilen von MUeranteilen* ab 2002 vgl § 24 III UmwStG). **Ab VZ 94**
gilt dies mit der Einschränkung, dass der Veräußerungsgewinn als lfd Gewinn gilt,
soweit Einbringender an PersGes beteiligt ist (§ 24 III 3 UmwStG; Rz 264; § 16
Rz 511); – *(3)* Einbringungsgewinn als lfd Gewinn zu versteuern (BFH IV R 98/
79 BStBl II 81, 568).

bb) Überschussrechnung, § 4 III. Die Wahlrechte gelten auch, wenn der 232
Gewinn für den eingebrachten Betrieb (oder Sozietät) nach § 4 III ermittelt
wurde. Nach BFH IV R 18/00 BStBl II 01, 102 ist dann aber ein Übergang zur
Gewinnermittlung nach § 4 I erforderl (Folge: lfd Übergangsgewinn gem EStR/
EStH 4.6; § 16 Rz 306), sodass bei der nach der Einbringung mögl Rückkehr zur
Gewinnermittlung nach § 4 III Abschläge vorzunehmen sind. Bei Buchwertfortführung kann auf eine Übergangsbilanz indes verzichtet werden (BFH IV R 13/01
BStBl II 02, 287; *FM SchlHol* DStR 18, 354; **aA** (noch) EStR 4.5 VI; krit *Urban*
DStR 17, 1248). Honorarforderungen können als eigenes RestBV zurückbehalten
(§ 16 Rz 106) und sowohl bei Buchwertfortführung (BFH XI R 32/06 BFH/NV
08, 385) als auch bei TW-Ansatz (BFH VIII R 41/09 BStBl II 14, 288: nach § 16
begünstigt) gem Zufluss (§ 4 III) als lfd Gewinn versteuert werden (glA *OFD Nds*
DStR 17, 985; zT überholt *BMF* BStBl I 11, 1314 Tz 24.03, 20.08). Zur *unentgeltl*
Aufnahme von Angehörigen s *OFD Ddorf* DStR 99, 1946; § 16 Rz 218.

cc) Ausgleichsleistungen. Hat der neue Ges'ter hingegen Ausgleichsleistungen 233
zu erbringen, unterfällt der hiermit verbundene Veräußerungsgewinn *nicht* den
Wahlrechten des *§ 24 UmwStG,* sondern führt ab 1.1.02 durchgängig zum Entstehen eines lfd Veräußerungsgewinns (s § 16 Rz 512, 515). Zur Ergänzungsbilanz/
-rechnung des Erwerbers s BFH VIII R 13/07 BStBl II 09, 993.

dd) Mitunternehmeranteile. Zum lfd Gewinn gem §§ 16 I 1 Nr 2, S 2 iVm 234
§ 18 III 2 s Rz 224; § 16 Rz 331, 511, 515.

e) Einbringung in eine Kapitalgesellschaft. Freiberufl BV (Einzelpraxis 235
oder Sozietät) kann im Wege der Sacheinlage gegen Gewährung von Gesellschaftsrechten gem § 20 UmwStG in eine KapGes eingebracht werden (zum Übergang
§ 4 III, I s *Ehlers* NWB F 3, 12201, 12226). Die (Freiberufler-)KapGes (s dazu
Rz 52, 53) kann die Buchwerte fortführen oder bis zur Grenze der Teilwerte/
gemeinen Werte höhere Werte ansetzen (zum Praxiswert s Rz 213). Werden die
Buchwerte nicht fortgeführt, war der sich durch die Sacheinlage ergebende Veräußerungsgewinn nach § 34 I, III ermäßigt zu besteuern, also auch bei Zwischenwerten (vorbehaltl Teileinkünfteverfahren); der Freibetrag nach § 16 IV
konnte hingegen nur gewährt werden, wenn die KapGes Teilwerte ansetzt (§ 20
V 2 UmwStG aF). Zur geänderten Rechtslage bei Einbringung ab 1.1.02 (§ 20
V, IV UmwSt aF/SEStEG (BGBl I 06, 2782): § 16 IV, § 34 I, III nur bei Ansatz
von TW/gemeinem Wert, nicht bei Einbringung von MU*erteil*anteilen) s § 16
Rz 29.

f) Erbengemeinschaft; Erbauseinandersetzung. – aa) Allgemeines. Beim 240
Rechtsübergang infolge Erbfalls ordnet § 6 III die Fortführung der Buchwerte
durch den Erblasser sowie § 45 AO die strechtl Gesamtrechtsnachfolge an (s § 16
Rz 590). Das gilt grds auch beim Tod eines Freiberuflers (BFH IV B 69/90 BFH/
NV 92, 512; s Rz 221, 256). Anders als die Erbauseinandersetzung mit Spitzenausgleich (Rz 243) sind Erbfallschulden (zB Pflichtteils-, Vermächtnisansprüche) als
privat veranlasst zu qualifizieren (§ 16 Rz 593).

242 **bb) Einkünftequalifikation.** Der Erbe/die Miterben eines Freiberuflers wird/werden Unternehmer/MUer der Praxis. Bei fehlender Berufsqualifikation des Erben/der Miterben werden gewerbl Einkünfte erzielt; Ausnahme: zeitnahe Erbauseinandersetzung iVm lfd freiberufl Einkünften der übernehmenden (qualifizierten) Miterben. Die Abfärberegelung des § 15 III Nr 1 ist allerdings auf Erbengemeinschaften nicht anwendbar. S zu allem Rz 45 f.

243 **cc) Erbauseinandersetzung.** Sie ist ertragsteuerrechtl als ein auf Erfüllung gesetzl Ansprüche gerichtetes „unentgeltliches" Rechtsgeschäft aufzufassen, das grds den **Realteilungsregeln** (einschließl § 16 III 2 ff) untersteht (*BMF* BStBl I 06, 253 Tz 10). Auch für Realteilung mit **Spitzenausgleich** (insoweit Anschaffungs-/Veräußerungsgeschäfte) ergeben sich keine Besonderheiten; s deshalb zu allem einschließl Abgrenzung ggü Sachwertabfindung § 16 Rz 520 ff, 481 ff.

244 **dd) Gesellschaftsanteile. – (1) Fortsetzungsklausel.** Wird die Sozietät kraft einer Fortsetzungsklausel von den verbliebenen Sozien fortgeführt, erzielt der Erblasser einen Gewinn aus der Veräußerung seines MUeranteils (Abfindungsanspruch ./. KapKto; BFH IV R 67/98 BStBl II 00, 179: einschließl Übergangsgewinn § 4 III zu § 4 I; § 16 Rz 661 ff).

245 **(2) Qualifizierte Nachfolgeklausel.** Wird die Sozietät auf Grund einer qualifizierten Nachfolgeklausel mit einem oder mehreren Miterben fortgeführt (zur PartnerschaftsGes s § 9 IV PartGG; oben Rz 41 zu *(2)*), erzielen diese – sofern berufsqualifiziert (s Rz 242) – von Anfang an freiberufl Einkünfte; etwaiges **SBV** des Erblassers gilt jedoch (anteilig) als von diesem mit dem Tode entnommen (str, s § 16 Rz 674). Zu Ausweichgestaltungen s § 16 Rz 675.

246 **(3) Einfache Nachfolgeklausel.** Werden alle Miterben zufolge einer einfachen Nachfolgeklausel (gewerbl) MUer, gilt das SBV nicht mit dem Erbfall als entnommen. – Zu sog **Eintrittsklauseln** s § 16 Rz 677 ff.

250 **3. Selbstständiger Teil des der selbstständigen Arbeit dienenden Vermögens. – a) Allgemeine Grundsätze.** Es ist nach der Rspr (BFH GrS 2/98 BStBl II 00, 123) unter entspr Heranziehung der Voraussetzungen des (gewerbl) **Teilbetriebs** (vgl § 16 I 1 Nr 1) zu bestimmen, sodass er nur vorliegen kann, wenn eine Organisationseinheit gegeben ist, mit deren Hilfe von der übrigen freiberufl Tätigkeit abgrenzbare freiberufl Leistungen am Markt angeboten (und erbracht) werden (BFH I R 62/93 BStBl II 94, 352; zur Einstellung der Tätigkeit s Rz 225). Die Personenbezogenheit der selbstständigen Arbeit (vgl Rz 5) führt dazu, dass Teilbetriebe von der Rspr grds nur anerkannt werden, wenn entweder **(1)** es sich um **verschiedenartige Tätigkeiten** mit **verschiedenen Mandantenkreisen** handelt: RA/Repetitor; RA/StB, *wenn* beide Praxen organisatorisch und hinsichtl der Mandantschaft getrennt sind; FG Ddorf EFG 02, 1174, rkr (RA/Notar); BFH IV R 17/03 BStBl II 05, 208 (Allgemein-/Arbeitsmedizin); FG SchlHol EFG 07, 37, rkr (Radiologie/Akupunktur); zu *verneinen* bei Zahnarztpraxis mit Dentallabor (BFH IV R 3/03 BFH/NV 05, 879); Behandlung von Groß- und Kleintieren (BFH IV R 16/91 BStBl II 93, 182); kassenärztl und privaten Patienten/Naturheilverfahren (BFH IV R 28/96 BStBl II 97, 746; FG Mchn EFG 03, 1012; FG Saarl EFG 06, 887), Schulmedizin und Psychotherapie/Chinesische Medizin (FG Mster EFG 02, 327), Tanzlehrer/Tanzsportlehrer (BFH IV R 32/02 BFH/NV 05, 31), Übertragung von technischem Spezialwissen (BFH XI R 86/94 BStBl II 96, 4), Teil des Mandantenstammes (FG SchlHol EFG 98, 741; *Furhmann* FR 05, 422) oder **(2)** bei **gleichartiger** Tätigkeit die Teilbereiche mit jeweils eigenem Kundenkreis **organisatorisch** und **räuml getrennt** sind – zB Fahrschulniederlassungen in *zwei* Orten – (BFH IV R 18/02 BStBl II 03, 838; VIII B 202/06 BFH/NV 08, 559; FG Mster EFG 15, 915, rkr: StB-Büros in derselben Stadt sind keine Teilpraxen; s auch Rz 229). – **(3)** Über diese beiden Fallgruppen hinaus hat der BFH mit Urteil VIII R 22/09 BStBl II 12, 777 eine Teilbetriebsveräußerung auch dann bejaht, wenn ein StB-Praxis als **völlig selbständiger Betrieb erworben** und bis zu ihrem Verkauf im Wesentlichen **unverändert** (keine organisatorische Eingliederung) **fortgeführt** wird; einer räuml Tätigkeitsabgrenzung ggü den anderen Büros des StB bedürfe es dann nicht (umfassende Gesamtwürdigung; *Fuhrmann* NWB 12, 3600; zR krit *Kempermann* FR 13, 80).

b) Beteiligung an Kapitalgesellschaft. Nach § 18 III 2 gilt als Teilbetrieb 251 auch die Beteiligung an einer KapGes, wenn die Beteiligung das gesamte Nennkapital der Gesellschaft umfasst (§ 16 I Nr 1 letzter HS). Voraussetzung ist, dass die gesamte Beteiligung zum BV eines StPfl oder einer PersGes gehört und die Beteiligung im Laufe eines Wj veräußert wird; weitergehend *HHR* § 18 Rz 366: Tätigkeit der KapGes muss zudem Voraussetzungen des § 18 erfüllen.

4. Anteil des der selbstständigen Arbeit dienenden Vermögens. Die Vor- 252 schrift über die Veräußerung eines Anteils am Vermögen ist dem § 16 I 1 Nr 2 nachgebildet; sie betrifft Beteiligungen an PersGes selbstständig Tätiger (BFH IV R 88/80 BStBl II 84, 518). – Das Erfordernis *zeitweiliger örtl Tätigkeitseinstellung* (vgl BFH IV R 44/83 BStBl II 86, 335) als Voraussetzung zur Gewährung des Freibetrags (§ 18 III iVm § 16 IV) und des ermäßigten Steuersatzes nach § 34 bei Veräußerung des Anteils (s Rz 225, 229) ist auch bei Veräußerung des **gesamten Praxisanteils** (= MUeranteils) zu beachten (BFH IV B 69/04 BFH/NV 06, 298; *Richter* FS Korn, 131, 142). Wurde hingegen der **Praxisanteil teilweise** veräußert (vgl Rz 224, 233), hatte der BFH auf dieses Erfordernis verzichtet (BFH I R 12/94 BStBl II 95, 407; zur geänderten Rechtslage ab **2002** s aber Rz 224, 233, 234). Der Gewinn aus der Veräußerung eines Anteils des Vermögens ist einheitl und gesondert festzustellen (BFH IV R 107/92 BStBl II 93, 666; s auch Rz 268).

5. Aufgabe. Sie ist der Aufgabe des gewerbl Betriebes gleichgestellt (§ 16 III 253 iVm § 18 III 2; BFH I R 99/08 BStBl II 11, 1019). Die Betriebsaufgabe muss binnen eines „kurzen" Zeitraums (s § 16 Rz 211) durchgeführt werden. Zur **Realteilung** s § 16 Rz 520 ff, 590 ff (Erbauseinandersetzung) sowie § 18 Rz 243.

a) Tätigkeitsbeendigung. Der Aufgabetatbestand erfordert, dass der Freibe- 254 rufler seine (freiberufl) Tätigkeit in dem örtl begrenzten Wirkungskreis der bisherigen Tätigkeit wenigstens für eine gewisse Zeit einstellt (BFH IV R 78/71 BStBl II 75, 661; EStR 18.III; oben Rz 223 ff). Zum relevanten Einzugsgebiet s Rz 229. Zur **Verlegung** einer selbstständigen Tätigkeit **ins Ausl** s – einschl § 4 I 4 idF JStG 2010 (BGBl I 10, 1768) – § 16 Rz 197. Zur Abgrenzung von (Teil-)Betriebsaufgabe und allmähl Abwicklung bei einem Erfinder s BFH IV R 14/00 BStBl II 01, 798. – Auch **nach** der **Einstellung** der berufl Tätigkeit (= Betriebsaufgabe) können einzelne WG (Forderungen, Verbindlichkeiten) BV bleiben (vgl Rz 232), sodass Aufwendungen (Tilgungsleistungen, Zinszahlungen) als BA und Einnahmen (Forderungseingänge auf abgeschriebene Forderungen, Wegfall von Rückstellungen) als BE zu **nachträgl Einkünften iSd § 24 Nr 2** führen (Rz 177: kassenärztl Vereinigung; § 24 Rz 69; § 16 Rz 348 ff). Betreffen die nachträgl Änderungen den Veräußerungserlös oder die Veräußerungskosten, ergeben sich rückwirkende Änderungen des Veräußerungsgewinns, s Rz 265, 266; § 16 Rz 335 ff.

b) Tod eines Freiberuflers. Er führt grds nicht zur Betriebsaufgabe (BFH 256 II R 3/09 BStBl II 10, 749; BFH II R 5/09 BFH/NV 11, 1147), sodass die Erben (Rz 221, 240) lfd betriebl (uU gewerbl) Einkünfte erzielen (BFH VIII R 13/93 BStBl II 94, 922; BFH XI R 86/94 BStBl II 96, 4; zur Fortsetzungsklausel aber Rz 244, § 16 Rz 661: Veräußerungsgewinn des Erblassers). Keine Betriebsaufgabe ist auch die krankheitsbedingte Weitergabe von Know-how an den einzigen Kunden (BFH XI R 86/94 BStBl II 96, 4: lfd Erbeneinkünfte; krit *Kanzler* FR 96, 35). Zur Erbengemeinschaft/-auseinandersetzung s Rz 45 ff, 240 ff. – Stirbt ein **Schriftsteller** (Wissenschaftler, Künstler), dessen Betrieb von den Erben nicht fortgeführt werden kann, liegt darin gleichfalls keine Betriebsaufgabe (BFH II R 53/07 BStBl II 09, 852; diff BFH XI R 6/06 BFH/NV 07, 436; **aA** FG SchlHol EFG 93, 329); die Erben brauchen deshalb nicht zur Gewinnermittlung nach § 4 I überzugehen (unten Rz 266). Zu nachträgl zufließenden Honoraren/Verwertungsentgelten *(GEMA, VG-Wort)* s § 16 Rz 607; § 24 Rz 69. Zu Testamentsgestaltungen (zB anteilige Rechteübertragung nach §§ 29, 31 ff UrhG auf Vermächtnisnehmer; Kürzung um latente Steueranteile) s *Bordewin* FR 96, 583. – Lässt der Erbe die Praxis durch einen qualifizierten Freiberufler **verwalten**, erzielt er Einkünfte aus GewBetr (BFH VIII R 13/93 BStBl II 94, 922); ebenso bei Praxisfortführung durch Berufsträger bis Erbe die Berufsqualifikation erlangt (BFH IV R 29/91 BStBl II 93, 36: keine Betriebsaufgabe; EStR 4.3 II 2; s auch Rz 35, 45 ff). Zu *längerfristigen* Verpachtungen s Rz 215. Zum **Strukturwandel** (Malernachlass in gewerbl Galerie/Museum) s BFH II R 53/07 BStBl II 09, 852.

260 **c) Notare.** Da Notare ein öffentl Amt inne haben, das ua durch Tod erlischt (§ 47 BNotO), und Amtsnachfolger von der Landesjustizverwaltung bestellt werden, besteht zwar grds keine Möglichkeit, über den Praxiswert durch Veräußerung (s dazu Rz 220 ff) zu verfügen. Gleichwohl will der Amtsnachfolger idR die Berufstätigkeit in den Räumen (Übernahme von Büroorganisation, Standort etc) des Vorgängers fortzusetzen. Die Veräußerung der Büroeinrichtung und des übrigen BV ist deshalb als **Betriebsaufgabe** zu behandeln. Die Frist, binnen derer eine Betriebsaufgabe durchgeführt werden muss (s § 16 Rz 211), beginnt erst mit der Bestellung des Amtsnachfolgers zu laufen (FG Köln EFG 82, 346). Zum „Teilbetrieb" (RA/Notar) s Rz 250.

264 **6. Berechnung von Veräußerungsgewinn/Aufgabegewinn/Freibeträgen.** Sie ist durch Verweisung auf § 16 II–IV geregelt. Nach § 16 IV (idF des JStG 96) wird unabhängig davon, ob das gesamte § 18 dienende Vermögen, ein selbstständiger Teil hiervon (Rz 250) oder ein MUeranteil veräußert/aufgegeben wird – nur noch einmal (im Leben, EStR 16 XIII 5: nicht je Einkunftsart; vgl § 16 Rz 581) ein **Freibetrag** (45 000 €; vgl § 16 Rz 572) auf widerrufl Antrag (vgl § 16 Rz 579) gewährt, der sich um den Betrag ermäßigt, um den der Veräußerungsgewinn 136 000 € übersteigt. Voraussetzung ist, dass der StPfl das 55. Lebensjahr erreicht hat oder im sozialversicherungsrechtl Sinne dauernd berufsunfähig ist (vgl § 16 Rz 575). Zur **Fünftelregelung** (§ 34 I) sowie zur **Wiedereinführung eines ermäßigten StSatzes** ab 2001 (§ 34 III) s dort sowie § 16 Rz 4. Der **Veräußerungsgewinn** ergibt sich rechnerisch dadurch, dass vom Entgelt das KapKto und die Veräußerungskosten abgezogen werden, der **Betriebsaufgabegewinn** dadurch, dass vom gemeinen Wert der in das PV überführten WG und von den Einzelveräußerungspreisen das KapKto und die Veräußerungskosten abgezogen werden. Zur Berechnung des **Veräußerungsgewinnanteils**, der bei Beteiligung des Veräußernden auf der Erwerberseite gem § 16 II 3, III 5 und § 24 III 3 UmwStG als **lfd Gewinn** gilt, s § 16 Rz 331 f.

265 **a) Kaufpreisänderung.** Wird der Kaufpreis **nachträgl herabgesetzt,** liegt ein rückwirkendes Ereignis vor, das zu einer Ermäßigung der Besteuerung des Veräußerungsgewinns führt (§ 16 Rz 335 ff). Ist der Kaufvertrag **nichtig** – zB auf Grund der Abrede über eine Pflicht die Mandanten nicht konsentierte Aktenüberlassung (vgl BGH VIII ZR 94/94 NJW 95, 2026) – und wird er **rückabgewickelt,** entfallen rückwirkend Veräußerung und Gewinnverwirklichung; der bis dahin erzielte Gewinn ist jedoch vom Erwerber zu versteuern (s § 16 Rz 145). Ergibt sich nachträgl eine **Erhöhung** des Kaufpreises (zB durch gerichtl Urteil oder Vergleich), so erhöht der Mehrbetrag rückwirkend für das Veräußerungsjahr den Veräußerungsgewinn (BFH IV 311/65 BStBl II 73, 11). Entstehen **Veräußerungskosten** bereits vor dem Jahr der Veräußerung (zB für Rechtsberatung), sind sie im Jahr der Veräußerung bei der Ermittlung des Veräußerungsgewinns abzuziehen (BFH I R 97/92 BStBl II 94, 287). Einzelheiten s § 16 Rz 335 ff.

b) Überschussrechnung, § 4 III. Ist der lfd Gewinn nach § 4 III ermittelt **266** worden, muss der StPfl zwecks Ermittlung des Betriebsveräußerungs- bzw Aufgabegewinns zur Gewinnermittlung nach § 4 I übergehen (vgl BFH VIII B 42/10 BFH/NV 11, 1345; FG Mchn EFG 03, 1522; EStR 4.5 VI; einschr FG Sachs KÖSDI 11, 17458, rkr; zur Einbringung in eine PersGes s Rz 232; zum Erbfall s Rz 245); ein Gewinn, der sich durch den Übergang zur Gewinnermittlung nach § 4 I − etwa durch die Erfassung der Buchwerte des BV − ergibt, gehört nicht zum begünstigungsfähigen Gewinn iSd § 18 III (BFH IV R 151/85 BFH/NV 87, 759); er ist als Einmalbetrag zu erfassen (BFH IV B 69/90 BFH/NV 92, 512: kein Verteilungswahlrecht). Diese Grundsätze gelten bei voll- und teilentgeltl Veräußerungen des ganzen der freiberufl Tätigkeit dienenden Vermögens wie auch bei Anteilsveräußerungen (BFH IV R 12/81 BStBl II 86, 811).

c) Gemischte Schenkungen. Auch hier ist ein Veräußerungsgewinn nach **267** § 34 tarifbegünstigt (BFH IV R 12/81 BStBl II 86, 811; beachte aber § 16 I 1 Nr 2, S 2; Rz 224, 234). Der Freibetrag gem § 16 IV ist stets − entspr Höhe des Veräußerungsgewinns vorausgesetzt − in vollem Umfang zu gewähren (s § 16 Rz 572).

d) Verfahren. Bei Veräußerung von MUeranteilen an freiberufl Vermögen wird **268** über Art und die Höhe des Veräußerungsgewinns im **Feststellungsverfahren**, über die Altersgrenze 55 Jahre oder das Vorliegen von Berufsunfähigkeit im sozialversicherungsrechtl Sinne sowie die Frage der Einmalgewährung (s Rz 264) im EStVeranlagungsverfahren entschieden (§ 16 Rz 583).

e) Rente. Bei Zahlung des Kaufpreises − für den Betrieb oder ein einzelnes im **270** Zusammenhang mit der Aufgabe des Betriebes veräußertes WG (BFH I R 191/79 BStBl II 84, 664) − in der Form einer Rente kann der Veräußer wählen zw der sofortigen Versteuerung des Kapitalwertes der Rente als Veräußerungsgewinn (die laufenden Rentenzahlungen unterliegen dann nur mit dem Ertragsanteil der Besteuerung, § 22 Nr 1a) oder der Versteuerung der lfd Zahlungen als nachträgl Einkünfte aus selbstständiger Arbeit nach Maßgabe des § 24 Nr 2 (§ 16 Rz 240 ff). Zu **Betriebsrentenanwartschaften** s Rz 175.

f) Nachträgliche Einkünfte. IZm Praxisveräußerung sind sie auch dann im **271** Inl stpfl, wenn der Veräußerer seinen **Wohnsitz** inzwischen **ins Ausl** (Schweiz) verlegt hat (BFH I R 191/79 BStBl II 84, 664).

g) Freibetrag, § 16 IV. Dauernde Berufsunfähigkeit hat die Rspr auch noch als **272** mögl erachtet, wenn nach der Veräußerung eine wesentl andere Tätigkeit ausgeübt wird, nicht aber wenn an anderem Ort eine ggü der bisherigen Tätigkeit spezielle Tätigkeit desselben Berufs aufgenommen wird (BFH IV R 17/96 BFH/NV 97, 224: Allgemeinmediziner veräußert Praxis wegen Berufsunfähigkeit und eröffnet nach 18 Monaten eine Facharztpraxis; s dazu auch Rz 229).

VII. Wagniskapital-Gesellschaften; Gewinnvorzug, § 18 I Nr 4

Literatur (Auswahl). *Weber-Grellet,* Gelöste ... Fragen, DStR 18, 992; *Buge,* Die Besteuerung ..., Ubg 19, 432; *Thöben ua,* Besteuerung des Carried Interest (Teil I), DStR 19, 526; *dies,* Besteuerung des Carried Interest (Teil II), DStR 19, 573 *Baumgartner,* Der Carried ..., DStR 21, 1858.

Verwaltung: *BMF* BStBl I 04, 40; *BMF* DB 07, 771 (§ 7 S 4 GewStG); *FM Bay* DB 04, 1642; *OFD Mchn/Nbg* DB 05, 77; *OFD Mbg* DStR 06, 1505; *OFD Ffm* DB 07, 22; *OFD Ffm* GmbHR 07, 671; *OFD Rhl* DB 07, 135; *LfSt Bay* DB 08, 2166.

1. Beteiligte; Begriffe. (Einzelheiten *BMF* BStBl I 04, 40 Rz 1–5; *Ruthe* StBp **280** 10, 301). Im Regelfall erwerben Wagniskapital-GmbH & Co KG (sog Venture Capital/Private Equity Fonds = *Fonds-KG;* Laufzeit 8–12 Jahre) aus Eigenmitteln Anteile an nicht börsennotierten KapGes (PortfolioGes = zumeist Unternehmen mit junger Technologie oder mit Umstrukturierungs-/Nachfolgebedarf), sind in deren Aufsichtsorganen vertreten und veräußern die Anteile nach ca 3–5 Jahren (zB über Börsengang). An der Fonds-KG sind neben der Komplementär-GmbH (Quote idR 0%; lfd entgeltl Geschäftsführung) ganz überwiegend private oder institutionelle Kapitalanleger sowie in geringem Umfang die Initiatoren (sog Sponsoren) entweder unmittelbar oder mittelbar über eine Management-GmbH oder Initiatoren-KG (zB BFH VIII R 11/16 DStR 19, 1136) beteiligt, denen jedoch an den Fonds-Erträgen (Dividenden, Zinsen, Veräußerungsgewinne) als Entgelt für die ihnen vorbehaltenen Anlageentscheidungen und sonstigen Beiträge (Erfahrungen, Branchenwissen, Kontakte = wirtschaftl Basis des Fonds) eine ggü ihrer Fondsquote erhöhte (kapitaldisproportionale) *erfolgsabhängige* Vergütung zusteht (zB 20% *nach* Rückzahlung des Anlagekapitals zuzügl Mindestverzinsung; *Gewinnvorzug* = sog Carried Interest/„Carry", s BT-Drs 15/3336; § 1 XIX Nr 7 KAGB). Zu den **Regulierungen** (Transparenz) der Private Equity Fonds/-verwalter (AIF/AIFM) durch das **KAGB** (§§ 287 ff, § 261 VII, § 2 IV KAGB) s *Viciano-Gofferje* BB 13, 2506. Frühere WKB s Rz 282.

281   **2. Ertragsteuerrechtliche Grundfragen. – a) Einkunftsart des Fonds.** Die Fonds-Beteiligung (GesZweck: Erzielung von Veräußerungsgewinnen; s Rz 280, 286) fällt nicht unter § 15b nF (BT-Drs 16/107; BT-Drs 16/254 *BMF* BStBl I 07, 542 Tz 12; beachte **ab VZ 2009** AbgeltungsSt, § 32d). Str ist jedoch, ob der **Fonds gewerbl** oder **private Einkünfte** erzielt (s allg § 15 Rz 90). – *BMF* BStBl I 04, 40; *BMF* BStBl I 14, 1258, 1260 hat hierzu einen *Kriterienkatalog* entwickelt (Rz 6 ff; zur gewerbl Geschäftsführung/unternehmerischen Einflussnahme des Fonds/der Initiatoren in/auf PortfolioGes s Rz 150; BT-Drs 740/13, 59 zu § 11 InvStG 2004; *Seer ua* FS Herzig, 45, 48; *Anzinger ua* FR 09, 1089; *OFD Mgb* DStR 06, 1505; zu Fonds-Bürgschaften s *OFD Ffm* GmbHR 07, 671; zu Verträgen der ZielKapGes und Kreditvergabe s *Elser ua* FR 10, 817; unten Rz 282; zur Abfärbewirkung bei Beteiligung an gewerbl PersGes gem § 15 III Nr 1 aF/nF s *Plewka ua* DB 05, 1076; *Ernst* BB 05, 2213; § 15 Rz 189). Der **BFH** hat – ohne Stellungnahme zu den Katalogkriterien – Gewerblichkeit jedenfalls dann angenommen, wenn der Fonds primär auf fremdfinanzierte Vermögensumschichtung gerichtet ist (BFH I R 46/10 BStBl II 14, 764; zutr; § 15 Rz 90).

282   **b) MoRaKG** (BGBl I 08, 1672). Mit Art 1 WKBG (BStBl I 08, 854) sollte ua die bezeichnungsgeschützte WagniskapitalbeteiligungsGes eingeführt und in § 19 WKBG die Anforderung an deren estrechtl vermögensverwaltende Qualifikation geregelt werden. Die Sondervorschrift ist jedoch mangels Genehmigung durch die EU-Kommission **nie in Kraft getreten** (K (2009)7387, ABl EU 2010 L 6, 32: Verstoß gegen Beihilferecht). Durch das AIFM-StAnpG (BGBl I 13, 4318) wurde das WKBG wegen praktischer Irrelevanz sowie mit Rücksicht auf die Regulierung gem § 337 KAGB mWv 24.12.13 **aufgehoben.** Zu weiteren Einzelheiten des WKBG s deshalb bis *Schmidt* 32. Aufl § 18 Rz 282; zu § 3 Nr 40a, 3c II s Rz 287.

284   **c) Gewinnvorzug.** Str ist ferner, ob der Gewinnvorzug der Initiatoren (Ges) als **gesondertes** betriebl **Leistungsentgelt** (§ 15 oder § 18 I Nr 3) auf (verdeckt) schuldrechtl Grundlage (so *BMF* BStBl I 04, 40 Rz 24 ff, BStBl I 06, 632: „Umqualifikation" (jedenfalls) bei privaten Fonds; volle Besteuerung iVm *Übergangsregelung*, dazu Rz 289; mE bezügl Veräußerungsgewinne iErg zutr, s – auch zu Bruchteilsbetrachtung und Verteilungsschlüssel – § 17 Rz 55, 60) oder entspr der gesellschaftsrechtl Abrede als **Anteil** an den (privaten oder gewerbl) **Einkünften des Fonds** zu erfassen ist (zB *Weber-Grellet* DStR 18, 992; *Schnittker ua* IStR 15, 760, 763; *Friederichs ua* DB 06, 1396). Letzteres ist mE zutr bei *gewerbl* Fonds (unklar insoweit *BMF* BStBl I 04, 40) sowie bezügl Dividenden/Zinsen *privater* Fonds (FG Mchn EFG 21, 755 Rev VIII R 3/21; *Baumgartner* DStR 21, 1858). – **Zu Fonds-KapGes** s *LfSt Bay* 08, 2166.

285   **d) § 18 I Nr 4. – aa) Allgemeines.** Die Vorschrift kodifiziert die Verwaltungsansicht zur Umqualifikation des Gewinnvorzugs (Rz 284), allerdings nur unter *einschr* Voraussetzungen (BT-Drs 15/3336; zR krit zur Systematik *Bauer ua* DStR

04, 1470; *Altfelder* FR 05, 6, 15; zur Verfmäßigkeit s *HHR* § 18 Rz 279); § 3 Nr 40a gewährt hierfür (als wirtschaftl Kompromiss; rechtspolitisch fragwürdig) in Anlehnung an das Teileinkünfteverfahren eine 40 %ige StBefreiung.

bb) Tatbestand. – *(1) Vermögensverwaltende PersGes* oder (Bruchteils-)Gemeinschaft; schädl damit auch gewerbl Infektion oder Prägung des Fonds (§ 15 III Nr 1 und 2 BFH VIII R 11/16 DStR 19, 1136; *Weber-Grellet* DStR 18, 992; s auch unten *(6)*). – *(2) Gesellschaftszweck.* Erwerb, Halten und Veräußerung von (einem oder mehreren, auch ausl) KapGes/-Anteilen als Förderkriterium der WagniskapitalG und des Gewinnvorzugs (BT-Drs 15/3336); maßgebl ist GesVertrag und tatsächl Vollzug. Weitergehende Tätigkeiten – auch soweit § 15 III Nr 1 (s § 15 Rz 188 f) *nicht* greift – müssen sich auf Hilfsgeschäfte der Beteiligungsverwaltung beschränken (zB Aufsichtsratmandate, kurzfristige Zinsanlage des Einlagekapitals; **aA** *Elser ua* FR 10, 817; *Friedrichs ua* DB 04, 1638; zu Beratungsleistungen der Initiatoren s zu *(6)*). – *(3) Bezieher des Gewinnvorzugs* (uU InitiatorenGes iVm Beitrag der Initiatoren, s Rz 280) muss zumindest mittelbar (BFH VIII R 11/16 DStR 19, 1136) als *Ges'ter/Gemeinschafter* am Fonds kapitalmäßig (aber keine Mindestquote; Geschäftsführung in Komplementär-GmbH unschädl) beteiligt sein (**aA** *Behrens* FR 04, 1211, 1213, 1217). – *(4) Gesellschaftsvertragl* (= Regelfall) *oder schuldrechtl Leistungsvergütungen* für die Förderung des Gesetzeszwecks des Fonds (nicht der PortfolioKapGes). – *(5) Auskehr der Vergütung* erst *nach* vollständiger Kapitalrückzahlung an Anleger (BT-Drs 15/3336: tragend für steuerl Begünstigung des *Gewinn*vorzugs) erfordert zwar keine Mindestverzinsung, schließt aber jeden vorherigen Abschlag aus (vgl „zurückerhalten *haben*"; **aA** § 3 Rz 145); demggü dürften Darlehen an Initiatoren unschädl sein. – *(6) Nichtanwendung von § 15 III* gem § 18 Nr 4 HS 2 erfasst nur die gewerbl oder gewerbl infizierte oder geprägte Initiatoren-PersGes (MUerschaft) als *Empfängerin* des Gewinnvorzugs (Rz 280; BT-Drs 15/3336: stets Isolierung als Einkünfte nach § 18 I Nr 4; BFH VIII R 11/16 DStR 19, 1136; diff *Geerling* DStR 05, 1596), nicht hingegen den gewerbl Einzelbetrieb des Initiators (zB aufgrund von Beratungsleistungen der PortfolioKapGes, Einwerben von Anlegern), zu dessen BV der Fondsanteil gehört (**aA** *Friedrichs ua* DB 04, 1638, 1639); zur FondsGes selbst s zu (1).

cc) Rechtsfolgen nach § 18 I Nr 4. Der **Gewinnvorzug** erfasst Anteile an allen – auch nicht stbaren oder stbefreiten – Einnahmen des Fonds (Veräußerungserlöse, Dividenden, uU auch Zinsen, s Rz 286 zu *(2)*); eine liquiditätsmäßige Zuordnung ist deshalb grds entbehrl (BT-Drs 15/3336). Er ist auch bei gewerbl (geprägten oder infizierten) Initiatoren-KG stets als Einkunft nach § 18 I Nr 4 isoliert (keine GewSt) und zu 50 % sowie für nach 2008 gegründete Fonds zu **40 % stbefreit** (§§ 3 Nr 40a aF/nF; s § 3 Rz 145). Letzteres auch bei Initiatoren-KapGes (§ 3 Nr 40a; s dort; KStR 8.1. I; zu § 8b VII KStG aF s FG Mchn EFG 15, 1470, rkr). **Auszugrenzen** sind nach BFH VIII R 21/17 BStBl 21, 609 indes „beteiligungskongruente" Veräußerungsgewinne der Fonds-Initiatoren (fragl bei Vorzugserwerb; s auch Rz 164). Für **BA** des Vorzugsempfängers gilt § 3c I bzw. § 3c II (s § 3c Rz 11 einschließl fehlender Abstimmung mit § 52 IV; zu BFH IX R 42/08 DStR 09, 1843 s *Bron ua* DStZ 09, 589, 564); zu seinem **BV** gehört auch der Fonds-Anteil (*Folge:* Fonds-KG = ZebraGes; dazu, einschließl Verfahrensfragen, § 15 Rz 200 ff; Gewinnermittlung § 4 I oder III). Die übrigen Fonds-Ges'ter (Kapitalanleger) erzielen um den Gewinnvorzug geminderte (überholt mE *BMF* BStBl I 04, 40 Rz 24; str) Einkünfte (im PV ab VZ 09 AbgeltungsSt für Dividenden/Veräußerungsgewinne etc). Zusammengefasst (auch zu Dachfonds/betriebl Anlegern) s OFD *Ffm* DB 07, 22; OFD *Rhl* DB 07, 135. Zu **internationalen** Sachverhalten (ausl Beteiligte inl Fonds oder umgekehrt) s zB *Töben* ISR 13, 314, 350; *Schnittker ua* IStR 15, 760, 765. *BMF* BStBl I 04, 40 Rz 19, 23. Zum **Länderbericht** s *Jesch ua* Rechtshandbuch Private Equity, 777 ff. – Zum **INVEST-Erwerbs-/Exitzuschuss** (§ 3 Nr 71 nF) s § 3 Rz 235.

288 **dd) Rechtsfolgen** *außerhalb* **§ 18 I Nr 4.** – *(1)* Zu beteiligungskongruenten Veräußerungsgewinnen der Fonds-Initiatoren s Rz 287. – *(2)* Bei *gewerbl/gewerbl* geprägten Fonds ist der Gewinnvorzug als disquotaler Gewinnanteil (iVm § 3 Nr 40 Buchst a; § 8b I, II KStG) zu erfassen (BFH VIII R 11/16 DStR 19, 1136; *BMF* BStBl I 19, 40 Rz 18; BT-Drs 15/3189, 3). – *(3)* Erfüllt der *vermögensverwaltende* Fonds *nicht* § 18 I Nr 4 oder gehören die Fonds-Anteile zum BV eines gewerbl Einzelbetriebs des Initiators (s Rz 286 zu *(6)*), werden Veräußerungsgewinne (§ 17, § 20 II) mE beteiligungskongruent erzielt (arg § 39 II Nr 2 AO; Rz 284), der überquotale Gewinnvorzug ist hingegen nach § 15 I 1 Nr 1 (Rz 141; BFH VIII R 11/16 DStR 19, 1136; **aA** FG Ddorf EFG 18, 1848, rkr: § 18 I Nr 3) voll stpfl. Gleiches gilt für gewinnunabhängige Tätigkeitsvergütungen (dazu FG Ddorf EFG 18, 1848, rkr).

289 **ee) Zeitliche Anwendung.** Während § 18 I Nr 4 (insb Umqualifikation des Gewinnvorzugs) nach § 52 I aF durchgängig ab VZ 04 zu beachten ist, schränkt § 52 IV 8, 9 die Anwendbarkeit von **§ 3 Nr 40a aF** (50%ige StBefreiung; s Rz 287) auf Neu-Fonds (Gründung ab 1.4.02) *oder* auf Vergütungen iZm Neu-KapGesAnteilen ein (Erwerb ab 8.11.03; „soweit", dh Aufteilung bei gemischten Portfolios). Beachte: uU Rückwirkung für die VZ 2002/03; mE verfrechtl bedenkl, wenn man *BMF* BStBl I 04, 40 Rz 24 *nicht* folgt; s Rz 281. Da diese Stichtage jedoch an den **Vertrauensschutz** des *BMF* BStBl I 04, 40 Rz 26 anknüpfen, soll dessen Wirkung nach *FM Bay* DB 04, 1642; *OFD Mbg* DStR 06, 1505 erhalten bleiben (dh Nichtbesteuerung des Gewinnvorzugs entspr Praxis im *jeweiligen* Bundesland vor *BMF* BStBl I 04, 40; dazu zB *OFD Ffm* GmbHR 07, 671; *Watrin* BB 04, 1889). Zu **§ 3 Nr 40a nF** (40%ige StBefreiung) s Rz 287.

d) Nichtselbständige Arbeit (§ 2 Absatz 1 Satz 1 Nummer 4)

§ 19 [Einkünfte aus nichtselbständiger Arbeit]

(1) ¹Zu den Einkünften aus nichtselbständiger Arbeit gehören
1. Gehälter, Löhne, Gratifikationen, Tantiemen und andere Bezüge und Vorteile für eine Beschäftigung im öffentlichen oder privaten Dienst;
1a. Zuwendungen des Arbeitgebers an seinen Arbeitnehmer und dessen Begleitpersonen anlässlich von Veranstaltungen auf betrieblicher Ebene mit gesellschaftlichem Charakter (Betriebsveranstaltung). ²Zuwendungen im Sinne des Satzes 1 sind alle Aufwendungen des Arbeitgebers einschließlich Umsatzsteuer unabhängig davon, ob sie einzelnen Arbeitnehmern individuell zurechenbar sind oder ob es sich um einen rechnerischen Anteil an den Kosten der Betriebsveranstaltung handelt, die der Arbeitgeber gegenüber Dritten für den äußeren Rahmen der Betriebsveranstaltung aufwendet. ³Soweit solche Zuwendungen den Betrag von 110 Euro je Betriebsveranstaltung und teilnehmenden Arbeitnehmer nicht übersteigen, gehören sie nicht zu den Einkünften aus nichtselbständiger Arbeit, wenn die Teilnahme an der Betriebsveranstaltung allen Angehörigen des Betriebs oder eines Betriebsteils offensteht. ⁴Satz 3 gilt für bis zu zwei Betriebsveranstaltungen jährlich. ⁵Die Zuwendungen im Sinne des Satzes 1 sind abweichend von § 8 Absatz 2 mit den anteilig auf den Arbeitnehmer und dessen Begleitpersonen entfallenden Aufwendungen des Arbeitgebers im Sinne des Satzes 2 anzusetzen;
2. Wartegelder, Ruhegelder, Witwen- und Waisengelder und andere Bezüge und Vorteile aus früheren Dienstleistungen, auch soweit sie von Arbeitgebern ausgleichspflichtiger Personen an ausgleichsberechtigte Personen infolge einer nach § 10 oder § 14 des Versorgungsausgleichsgesetzes durchgeführten Teilung geleistet werden;

3. laufende Beiträge und laufende Zuwendungen des Arbeitgebers aus einem bestehenden Dienstverhältnis an einen Pensionsfonds, eine Pensionskasse oder für eine Direktversicherung für eine betriebliche Altersversorgung. ²Zu den Einkünften aus nichtselbständiger Arbeit gehören auch Sonderzahlungen, die der Arbeitgeber neben den laufenden Beiträgen und Zuwendungen an eine solche Versorgungseinrichtung leistet, mit Ausnahme der Zahlungen des Arbeitgebers
   a) zur erstmaligen Bereitstellung der Kapitalausstattung zur Erfüllung der Solvabilitätskapitalanforderung nach den §§ 89, 213, 234g oder 238 des Versicherungsaufsichtsgesetzes,
   b) zur Wiederherstellung einer angemessenen Kapitalausstattung nach unvorhersehbaren Verlusten oder zur Finanzierung der Verstärkung der Rechnungsgrundlagen auf Grund einer unvorhersehbaren und nicht nur vorübergehenden Änderung der Verhältnisse, wobei die Sonderzahlungen nicht zu einer Absenkung des laufenden Beitrags führen oder durch die Absenkung des laufenden Beitrags Sonderzahlungen ausgelöst werden dürfen,
   c) in der Rentenbezugszeit nach § 236 Absatz 2 des Versicherungsaufsichtsgesetzes oder
   d) in Form von Sanierungsgeldern;
Sonderzahlungen des Arbeitgebers sind insbesondere Zahlungen an eine Pensionskasse anlässlich
   a) seines Ausscheidens aus einer nicht im Wege der Kapitaldeckung finanzierten betrieblichen Altersversorgung oder
   b) des Wechsels von einer nicht im Wege der Kapitaldeckung zu einer anderen nicht im Wege der Kapitaldeckung finanzierten betrieblichen Altersversorgung.
³Von Sonderzahlungen im Sinne des Satzes 2 zweiter Halbsatz Buchstabe b ist bei laufenden und wiederkehrenden Zahlungen entsprechend dem periodischen Bedarf nur auszugehen, soweit die Bemessung der Zahlungsverpflichtungen des Arbeitgebers in das Versorgungssystem nach dem Wechsel die Bemessung der Zahlungsverpflichtung zum Zeitpunkt des Wechsels übersteigt. ⁴Sanierungsgelder sind Sonderzahlungen des Arbeitgebers an eine Pensionskasse anlässlich der Systemumstellung einer nicht im Wege der Kapitaldeckung finanzierten betrieblichen Altersversorgung auf der Finanzierungs- oder Leistungsseite, die der Finanzierung der zum Zeitpunkt der Umstellung bestehenden Versorgungsverpflichtungen oder Versorgungsanwartschaften dienen; bei laufenden und wiederkehrenden Zahlungen entsprechend dem periodischen Bedarf ist nur von Sanierungsgeldern auszugehen, soweit die Bemessung der Zahlungsverpflichtungen des Arbeitgebers in das Versorgungssystem nach der Systemumstellung die Bemessung der Zahlungsverpflichtung zum Zeitpunkt der Systemumstellung übersteigt.
²Es ist gleichgültig, ob es sich um laufende oder um einmalige Bezüge handelt und ob ein Rechtsanspruch auf sie besteht.

(2) ¹Von Versorgungsbezügen bleiben ein nach einem Prozentsatz ermittelter, auf einen Höchstbetrag begrenzter Betrag (Versorgungsfreibetrag) und ein Zuschlag zum Versorgungsfreibetrag steuerfrei. ²Versorgungsbezüge sind
1. das Ruhegehalt, Witwen- oder Waisengeld, der Unterhaltsbeitrag oder ein gleichartiger Bezug
   a) auf Grund beamtenrechtlicher oder entsprechender gesetzlicher Vorschriften,
   b) nach beamtenrechtlichen Grundsätzen von Körperschaften, Anstalten oder Stiftungen des öffentlichen Rechts oder öffentlich-rechtlichen Verbänden von Körperschaften
   oder

§ 19

2. in anderen Fällen Bezüge und Vorteile aus früheren Dienstleistungen wegen Erreichens einer Altersgrenze, verminderter Erwerbsfähigkeit oder Hinterbliebenenbezüge; Bezüge wegen Erreichens einer Altersgrenze gelten erst dann als Versorgungsbezüge, wenn der Steuerpflichtige das 63. Lebensjahr oder, wenn er schwerbehindert ist, das 60. Lebensjahr vollendet hat.

[3]Der maßgebende Prozentsatz, der Höchstbetrag des Versorgungsfreibetrags und der Zuschlag zum Versorgungsfreibetrag sind der nachstehenden Tabelle zu entnehmen:

Jahr des Versorgungs- beginns	Versorgungsfreibetrag		Zuschlag zum Versorgungs- freibetrag in Euro
	in % der Ver- sorgungsbezüge	Höchstbetrag in Euro	
bis 2005	40,0	3000	900
ab 2006	38,4	2880	864
2007	36,8	2760	828
2008	35,2	2640	792
2009	33,6	2520	756
2010	32,0	2400	720
2011	30,4	2280	684
2012	28,8	2160	648
2013	27,2	2040	612
2014	25,6	1920	576
2015	24,0	1800	540
2016	22,4	1680	504
2017	20,8	1560	468
2018	19,2	1440	432
2019	17,6	1320	396
2020	16,0	1200	360
2021	15,2	1140	342
2022	14,4	1080	324
2023	13,6	1020	306
2024	12,8	960	288
2025	12,0	900	270
2026	11,2	840	252
2027	10,4	780	234
2028	9,6	720	216
2029	8,8	660	198
2030	8,0	600	180
2031	7,2	540	162
2032	6,4	480	144
2033	5,6	420	126
2034	4,8	360	108
2035	4,0	300	90
2036	3,2	240	72
2037	2,4	180	54
2038	1,6	120	36
2039	0,8	60	18
2040	0,0	0	0

[4]Bemessungsgrundlage für den Versorgungsfreibetrag ist
a) bei Versorgungsbeginn vor 2005
   das Zwölffache des Versorgungsbezugs für Januar 2005,
b) bei Versorgungsbeginn ab 2005
   das Zwölffache des Versorgungsbezugs für den ersten vollen Monat,

jeweils zuzüglich voraussichtlicher Sonderzahlungen im Kalenderjahr, auf die zu diesem Zeitpunkt ein Rechtsanspruch besteht. [5]Der Zuschlag zum Versorgungsfreibetrag darf nur bis zur Höhe der um den Versorgungsfreibetrag geminderten Bemessungsgrundlage berücksichtigt werden. [6]Bei mehreren Versorgungsbezügen mit unterschiedlichem Bezugsbeginn bestimmen sich der insgesamt berücksichtigungsfähige Höchstbetrag des Versorgungsfreibetrags und der Zuschlag zum Versorgungsfreibetrag nach dem Jahr des Beginns des ersten Versorgungsbezugs. [7]Folgt ein Hinterbliebenenbezug einem Versorgungsbezug, bestimmen sich der Prozentsatz, der Höchstbetrag des Versorgungsfreibetrags und der Zuschlag zum Versorgungsfreibetrag für den Hinterbliebenenbezug nach dem Jahr des Beginns des Versorgungsbezugs. [8]Der nach den Sätzen 3 bis 7 berechnete Versorgungsfreibetrag und Zuschlag zum Versorgungsfreibetrag gelten für die gesamte Laufzeit des Versorgungsbezugs. [9]Regelmäßige Anpassungen des Versorgungsbezugs führen nicht zu einer Neuberechnung. [10]Abweichend hiervon sind der Versorgungsfreibetrag und der Zuschlag zum Versorgungsfreibetrag neu zu berechnen, wenn sich der Versorgungsbezug wegen Anwendung von Anrechnungs-, Ruhens-, Erhöhungs- oder Kürzungsregelungen erhöht oder vermindert. [11]In diesen Fällen sind die Sätze 3 bis 7 mit dem geänderten Versorgungsbezug als Bemessungsgrundlage im Sinne des Satzes 4 anzuwenden; im Kalenderjahr der Änderung sind der höchste Versorgungsfreibetrag und Zuschlag zum Versorgungsfreibetrag maßgebend. [12]Für jeden vollen Kalendermonat, für den keine Versorgungsbezüge gezahlt werden, ermäßigen sich der Versorgungsfreibetrag und der Zuschlag zum Versorgungsfreibetrag in diesem Kalenderjahr um je ein Zwölftel.

Lohnsteuer-Durchführungsverordnung:

§ 1 *LStDV Arbeitnehmer, Arbeitgeber*

(1) [1]Arbeitnehmer sind Personen, die in öffentlichem oder privatem Dienst angestellt oder beschäftigt sind oder waren und die aus diesem Dienstverhältnis oder einem früheren Dienstverhältnis Arbeitslohn beziehen. [2]Arbeitnehmer sind auch die Rechtsnachfolger dieser Personen, soweit sie Arbeitslohn aus dem früheren Dienstverhältnis ihres Rechtsvorgängers beziehen.

(2) [1]Ein Dienstverhältnis (Absatz 1) liegt vor, wenn der Angestellte (Beschäftigte) dem Arbeitgeber (öffentliche Körperschaft, Unternehmer, Haushaltsvorstand) seine Arbeitskraft schuldet. [2]Dies ist der Fall, wenn die tätige Person in der Betätigung ihres geschäftlichen Willens unter der Leitung des Arbeitgebers steht oder im geschäftlichen Organismus des Arbeitgebers dessen Weisungen zu folgen verpflichtet ist.

(3) Arbeitnehmer ist nicht, wer Lieferungen und sonstige Leistungen innerhalb der von ihm selbständig ausgeübten gewerblichen oder beruflichen Tätigkeit im Inland gegen Entgelt ausführt, soweit es sich um die Entgelte für diese Lieferungen und sonstigen Leistungen handelt.

§ 2 *LStDV Arbeitslohn*

(1) [1]Arbeitslohn sind alle Einnahmen, die dem Arbeitnehmer aus dem Dienstverhältnis zufließen. [2]Es ist unerheblich, unter welcher Bezeichnung oder in welcher Form die Einnahmen gewährt werden.

(2) Zum Arbeitslohn gehören auch
1. Einnahmen im Hinblick auf ein künftiges Dienstverhältnis;
2. Einnahmen aus einem früheren Dienstverhältnis, unabhängig davon, ob sie dem zunächst Bezugsberechtigten oder seinem Rechtsnachfolger zufließen.

§ 19 Nichtselbständige Arbeit

²Bezüge, die ganz oder teilweise auf früheren Beitragsleistungen des Bezugsberechtigten oder seines Rechtsvorgängers beruhen, gehören nicht zum Arbeitslohn, es sei denn, daß die Beitragsleistungen Werbungskosten gewesen sind;

3. Ausgaben, die ein Arbeitgeber leistet, um einen Arbeitnehmer oder diesem nahestehende Personen für den Fall der Krankheit, des Unfalls, der Invalidität, des Alters oder des Todes abzusichern (Zukunftssicherung). ²Voraussetzung ist, daß der Arbeitnehmer der Zukunftssicherung ausdrücklich oder stillschweigend zustimmt. ³Ist bei einer Zukunftssicherung für mehrere Arbeitnehmer oder diesen nahestehende Personen in Form einer Gruppenversicherung oder Pauschalversicherung der für den einzelnen Arbeitnehmer geleistete Teil der Ausgaben nicht in anderer Weise zu ermitteln, so sind die Ausgaben nach der Zahl der gesicherten Arbeitnehmer auf diese aufzuteilen. ⁴Nicht zum Arbeitslohn gehören Ausgaben, die nur dazu dienen, dem Arbeitgeber die Mittel zur Leistung einer dem Arbeitnehmer zugesagten Versorgung zu verschaffen;
4. Entschädigungen, die dem Arbeitnehmer oder seinem Rechtsnachfolger als Ersatz für entgangenen oder entgehenden Arbeitslohn oder für die Aufgabe oder Nichtausübung einer Tätigkeit gewährt werden;
5. besondere Zuwendungen, die auf Grund des Dienstverhältnisses oder eines früheren Dienstverhältnisses gewährt werden, zum Beispiel Zuschüsse im Krankheitsfall;
6. besondere Entlohnungen für Dienste, die über die regelmäßige Arbeitszeit hinaus geleistet werden, wie Entlohnung für Überstunden, Überschichten, Sonntagsarbeit;
7. Lohnzuschläge, die wegen der Besonderheit der Arbeit gewährt werden;
8. Entschädigungen für Nebenämter und Nebenbeschäftigungen im Rahmen eines Dienstverhältnisses.

Lohnsteuer-Richtlinien/-Hinweise: LStR 19.1–19.9 LStH 19.0–19.9

Übersicht

	Rz
I. Allgemeines	
1. Regelungsinhalt	1
2. Persönlicher Anwendungsbereich	2
3. Verhältnis zu anderen Steuern, Einkunftsarten und §§ 38 ff ..	3–5
4. Zurechnung der Einkünfte aus nichtselbstständiger Arbeit ...	7
5. Ermittlung der Einkünfte aus nichtselbstständiger Arbeit	8
II. Tatbestand, § 19 I 1 Nr 1	
1. Arbeitslohnbegriff	10
2. Dienstverhältnis; Arbeitsverhältnis	11–14
a) Entstehung des Dienstverhältnisses	12
b) Abgrenzung zu anderen Beschäftigungsformen	14
3. Arbeitnehmerbegriff	20–29
a) Arbeitnehmerbegriff als Typusbegriff	21
b) Einzelmerkmale zum Arbeitnehmertypus	22, 23
c) Unternehmerrisiko; Unternehmerinitiative	24
d) Schulden der Arbeitskraft	25
e) Weisungsgebundenheit; Eingliederung	26
f) Gesamtbild der Verhältnisse; tatrichterliche Würdigung	27
g) Gemischte Tätigkeit; Nebentätigkeit; Mehrfacharbeitsverträge	28
h) Mehrere Leistungen für einen Arbeitgeber	29
4. Arbeitgeberbegriff	32
5. ABC der Arbeitnehmereigenschaft	35
6. Arbeitslohn	40–76
a) Allgemeines	40

Allgemeines 1–3 § 19

	Rz
b) Einnahme	41–43
c) Veranlassung durch das Dienstverhältnis	45–52
d) Überwiegendes eigenbetriebliches Interesse	55–57
e) Zukunftssicherungsleistungen	60–64
f) Auslagenersatz	65
g) Werbungskostenersatz	66–69
h) Leistungen durch Dritte (§ 38 I 3) und an Dritte	70–73
i) Bewertung der Einnahme	75
j) Zufluss	76
III. Betriebsveranstaltungen, § 19 I 1 Nr 1a	
1. Begriff	77–80
2. Höhe der Zuwendung	81–83
3. Bewertung	84
IV. Bezüge aus früheren Dienstleistungen, § 19 I 1 Nr 2	
1. Begriff Dienstverhältnis	86
2. Wartegelder; Ruhegelder	87
3. Witwengelder; Waisengelder	88
4. Versorgungsausgleich	89
V. Beiträge zur betrieblichen Altersvorsorge, § 19 I 1 Nr 3	
1. Laufende Vorsorgebeiträge	91
2. Sonderzahlungen an Vorsorgeeinrichtungen	92–94
VI. Versorgungsfreibetrag, § 19 II	
1. Abschaffung des Freibetrags bis 2040	95
2. Versorgungsbezüge, § 19 II 2	96
3. Bemessungsgrundlage, § 19 II 4	97
VII. ABC der Einnahmen	100
VIII. ABC der Werbungskosten	110

I. Allgemeines

1. Regelungsinhalt. § 19 I regelt, welche Einnahmen zu den Einkünften aus 1 nichtselbstständiger Arbeit gehören. Die Vorschrift enthält keine geschlossene Definition der Einkünfte aus nichtselbstständiger Arbeit, sondern eine Aufzählung von Einnahmen, die zu Einkünften aus nichtselbstständiger Arbeit führen. Dies darf indes nicht darüber hinwegtäuschen, dass § 19 I 1 Nr 1 darauf angelegt ist, grds sämtl „Bezüge und Vorteile, die für eine Beschäftigung" in einem DienstVerh erzielt werden, bei den Einkünften aus nichtselbständiger Arbeit zu erfassen (*KSM* § 19 Rz B 9). § 19 I 1 Nr 2 ordnet (auch) die Einnahmen aus einem früheren DienstVerh den Einkünften aus nichtselbständiger Arbeit zu. § 19 I 1 Nr 3 S 1 stellt klar, dass bestimmte Zukunftssicherungsleistungen ebenfalls ArbLohn sind. § 19 I 1 Nr 3 S 2 ff ist demggü ein Fremdkörper im EStG, weil durch diese Vorschriften Einnahmen als Einkünfte aus nichtselbständiger Arbeit ledigl fingiert werden, ohne dass dem stpfl ArbN ein Vorteil zufließt. § 19 II regelt den Versorgungsfreibetrag.

2. Persönlicher Anwendungsbereich. § 19 gilt für natürl Personen mit 2 Wohnsitz (§ 8 AO) oder gewöhnl Aufenthalt (§ 9 AO) im Inl (§ 1 I) sowie für Personen, die nach § 1 II oder § 1 III unbeschr stpfl sind. Die beschränkt stpfl Einkünfte aus nichtselbständiger Arbeit sind in § 49 I Nr 4 geregelt (s § 49 Rz 85 ff).

3. Verhältnis zu anderen Steuern, Einkunftsarten und §§ 38 ff. – a) Ab- 3 grenzung. Für die Abgrenzung zw § 19 und den *betriebl* Einkunftsarten der §§ 13, 15 und 18 kommt es maßgebl darauf an, ob der StPfl nichtselbständig oder selbständig (am Markt) tätig wird und Einkünfte erzielt. Die betriebl Einkunftsarten erfordern die Selbständigkeit, während die Einkünfte aus § 19 eine nichtselbständige Tätigkeit voraussetzen. Auch Sondervergütungen, die ein (Mit-)Unternehmer aus einem mit der MUerschaft bestehenden DienstVerh bezieht, gehören nach § 15 I 1 Nr 2 S 1 HS 2 (iVm § 13 VII bzw § 18 IV 2) zu den betriebl Einkunftsarten (s § 15 Rz 580 ff; BFH IV R 30/06 BFH/NV 08, 546; BFH IV R 14/06 BStBl II 07, 942). Bei Ausübung der Option zur KSt können die Ges'ter der OptionsGes jedoch auch Einkünfte aus § 19 erzielen (s § 15 Rz 160b; *Wacker/Krüger* ua DStR-Beih 21, 29 ff).

4 **b) Sonstige Rechtsbeziehungen.** Zw ArbN und ArbG können neben dem DienstVerh auch weitere Rechtsbeziehungen bestehen (s *Schneider* DB 06, Beil 6, S 51 ff; *Küttner* „Arbeitsentgelt" Rz 61 ff). Diese können beim ArbN zB zu Einkünften auf KapVerm, aus VuV oder zu sonstigen Einkünften führen bzw dem nicht stbaren Bereich zuzurechnen sein. Es kommt darauf an, welche Einkunftsart im Vordergrund steht und dadurch die andere Einkunftsart verdrängt (BFH IX R 111/00 BStBl II 06, 654; BFH VIII R 210/83 BStBl II 90, 532). Maßgebl ist die tatsächl Würdigung aller Umstände des Einzelfalls (BFH VI R 12/08 BStBl II 10, 1069; BFH VI R 69/06 BStBl II 10, 69; BFH VI R 23/07 BFH/NV 07, 1870). Die Subsidiaritätsnorm des § 20 VIII gilt nicht zw den Einkünften aus nichtselbstständiger Arbeit und KapVerm. Ein typischer stiller Ges'ter, der vom Inhaber des Handelsgewerbes Vergütungen für eine Arbeitsleistung bezieht, erzielt Einkünfte aus § 19 und nicht aus § 20 I Nr 4, sofern die Arbeitsleistung keine Einlage darstellt (BFH I R 144/79 BStBl II 84, 373; *BH/Geserich* § 19 Rz 19). Eine kapitalmäßige Beteiligung des ArbN an seinem ArbG kann eine eigenständige Erwerbsgrundlage sein (BFH IX R 111/00 BStBl II 06, 654). So führt der Veräußerungsgewinn aus einer Kapitalbeteiligung nicht allein deshalb zu ArbLohn, weil die Beteiligung von einem ArbN des Beteiligungsunternehmens gehalten und auch nur dessen ArbN angeboten worden war (BFH VI R 69/06 BStBl II 10, 69; BFH VI R 80/10 BStBl II 11, 948; BFH IX R 43/15 BStBl II 17, 790; BFH VIII R 40/18 DStR 21, 1218; FG BaWü EFG 17, 1880, rkr; FG Ddorf EFG 21, 206, rkr). Die Beteiligung des ArbN an einem (künftigen) Erlös aus der Veräußerung des Unternehmens des ArbG kann sich aber auch als ArbLohn darstellen (BFH VI R 12/16 BFH/NV 20, 12). Leistet der ArbG Zahlungen für ein im Haus oder in der Wohnung des ArbN gelegenes Büro, das der ArbN für seine Arbeit nutzt, ist die Unterscheidung zw ArbLohn und Einkünften aus VuV danach vorzunehmen, in wessen vorrangigem Interesse die Nutzung des Büros erfolgt. Liegt die Nutzung vorrangig im Interesse des ArbN, sind die Einnahmen als ArbLohn zu erfassen. Indiz hierfür kann zB sein, dass der ArbN noch über einen weiteren Arbeitsplatz im Betrieb verfügt. Wird der Raum jedoch obj nachvollziehbar vor allem im betriebl, über die Entlohnung des ArbN bzw die Erbringung der Arbeitsleistung hinausgehenden Interesse des ArbG genutzt, ist anzunehmen, dass die betr Zahlungen auf einer neben dem DienstVerh gesondert bestehenden Rechtsbeziehung beruhen und damit zu Einkünften aus VuV führen (BFH VI R 25/02 BStBl II 06, 10; BFH VI B 102/07 BFH/NV 09, 148). Darauf kann zB das Bestehen gleichartiger Vertragsverhältnisse mit fremden Dritten hindeuten (BFH VI R 131/00 BStBl II 02, 300). § 22 Nr 1 und Nr 3 sind ggü § 19 subsidiär (s § 22 Rz 51, 131).

5 **c) Lohnsteuerabzug.** §§ 38 ff betreffen keine eigene Steuerart, sondern die Vorauszahlungen auf die mit Ablauf des Kj entstehende, auf die Einkünfte aus nichtselbstständiger Arbeit entfallende EStSchuld (BFH VI R 208/82 BStBl II 86, 152; BFH VI R 61/09 BStBl II 11, 479; BFH VI R 64/09 BFH/NV 11, 753). Ob überhaupt ArbLohn vorliegt, bestimmt sich nach § 19 und nicht nach §§ 38 ff.

7 **4. Zurechnung der Einkünfte aus nichtselbstständiger Arbeit.** Einkünfte aus § 19 I Nr 1 und Nr 3 erzielt derjenige, der seine Arbeitskraft iRe abhängigen Beschäftigungsverhältnisses zur Verfügung stellt. Der Tatbestand der Einkunftserzielung wird wesentl durch die Rechtsbeziehungen zw ArbN und ArbG bestimmt. Da die Beteiligung des ArbN am Marktgeschehen höchstpersönl ist, scheidet eine **Verfügung über die „Einkunftsquelle nichtselbstständige Arbeit"** in der Weise aus, dass die Arbeit als für einen Dritten geleistet gelten und diesem strechtl das Ergebnis der Tätigkeit zustehen soll (s auch BFH IV R 173/74 BStBl II 76, 643; BFH I

R 64/81 BStBl II 85, 330). Treuhandverhältnisse kommen daher iRd § 19 nicht in Betracht (*Lang/Seer* FR 92, 637, 640). § 19 I Nr 2 erweitert die persönl Zurechnung der Einkünfte aus nichtselbständiger Arbeit auf Rechtsnachfolger (s Rz 86 ff).

5. Ermittlung der Einkünfte aus nichtselbstständiger Arbeit. Nach § 2 II **8** Nr 2 werden die Einkünfte aus § 19 als Überschuss der Einnahmen (§ 8) über die WK (§ 9) ermittelt. In zeitl Hinsicht erfolgt die Einkünfteermittlung nach dem Zu- und Abflussprinzip (§ 11), wobei gem § 11 I 4 für lfd ArbLohn und für die auf den ArbN abgewälzte pauschale LSt Sonderregelungen gelten (s § 11 Rz 32). – Die **Einkunftserzielungsabsicht** kann auch bei den Einkünften aus § 19 fehlen. Dies wird aber nur in extrem gelagerten Sonderfällen der Fall sein (zB vergebl Investition in eine lukrative Arbeitsstelle, BFH VI R 50/06 BStBl II 09, 243, mit Einzelheiten zur Totalüberschussprognose).

II. Tatbestand, § 19 I 1 Nr 1

1. Arbeitslohnbegriff. Zu den Einnahmen aus nichtselbständiger Arbeit gehö- **10** ren Gehälter, Löhne, Gratifikationen, Tantiemen und andere Bezüge und Vorteile für eine Beschäftigung im öffentl oder privaten Dienst. Die Einnahmen bei den Einkünften aus nichtselbständiger Arbeit müssen hiernach für eine Beschäftigung in einem **DienstVerh** geleistet werden. Beteiligte dieses DienstVerh sind **ArbN** und **ArbG.** Der Kreis der stbaren Einnahmen, der **ArbLohn,** ist nach dem Gesetzeswortlaut weit gefasst. Er umfasst grds alle Vorteile, die für die Beschäftigung gewährt werden. Damit sind die wesentl Begriffe angesprochen, die die Einkünfte aus nichtselbständiger Arbeit prägen. Die vielfach geäußerte Kritik an der Gesetzesformulierung (zB *KSM* § 19 Rz B 12 ff; *Albert/Strohner* DB 02, 2504) ist iErg nicht berechtigt (ebenso *KS* § 19 Rz 12).

2. Dienstverhältnis; Arbeitsverhältnis. Die Begriffe DienstVerh und ArbVerh **11** sind gleichbedeutend (BFH VI R 58/69 BStBl II 72, 643; *BH/Geserich* § 19 Rz 56). Eine Definition findet sich in § 1 II LStDV, die nach stRspr eine zutr Auslegung des Gesetzes enthält (zB BFH VI R 81/06 BFH/NV 09, 1311; BFH VI R 4/06 BStBl II 09, 374; BFH VI R 51/05 BStBl II 08, 981). Dies gilt indes ledigl für den Begriffskern, soweit in § 1 II 1 LStDV das Schulden der Arbeitskraft und in § 1 II 2 LStDV die Weisungsgebundenheit des ArbN sowie dessen Eingliederung in den „geschäftl Organismus" des ArbG angesprochen sind (*Lang* DStJG, Bd 9, 25); iÜ löst sich auch der BFH (zu Recht) von der Definition in § 1 II LStDV. Denn der Begriff des DienstVerh lässt sich nicht durch einen abschließenden Katalog notwendiger, aber auch hinreichender Tatbestandsmerkmale bestimmen. Er ist ebenso wie der Begriff des ArbN (s Rz 21) ein **Typusbegriff.** Ob ein DienstVerh vorliegt, bestimmt sich danach, ob die dafür als typisch angesehenen, nicht abschließend bestimmten Merkmale in solcher Zahl und Intensität vorhanden sind, dass der Sachverhalt in seinem Gesamtbild dem Typus entspricht. Diese Kriterien gelten ab VZ 22 auch für die Ges'ter einer OptionsGes (s iEinz *Wacker/Krüger* ua DStR-Beih 21, 29 ff). Die Würdigung des Gesamtbilds bedeutet, dass die für und gegen ein DienstVerh sprechenden Merkmale gegeneinander abgewogen werden müssen (BFH VI R 59/91 BStBl II 93, 303; BFH VI R 50/05 BStBl II 08, 868; *HHR* § 19 Rz 53). Nicht ausschlaggebend ist die sozial- und arbeitsrechtl Einordnung. IRd steuerl Beurteilung kann es ledigl als Indiz iRd Gesamtwürdigung gewertet werden, wenn das Arbeits- oder das Sozialrecht ein nichtselbständiges Beschäftigungsverhältnis annimmt (BFH X R 83/96 BStBl II 99, 534; BFH VI R 50/05 BStBl II 08, 868).

a) Entstehung des Dienstverhältnisses. Ein estl DienstVerh muss durch keinen **12** schriftl Vertrag, sondern kann auch durch Hoheitsakt, mündl Vereinbarungen oder konkludentes Verhalten begründet werden. Die rückwirkende Begründung eines DienstVerh mit steuerl Wirkung ist indes nicht mögl (BFH VI R 50/05 BStBl II 08, 868; *HHR* § 19 Rz 53). Allerdings muss das DienstVerh im Zeitpunkt der Einkünfteerzielung nicht schon oder immer noch bestehen. Es macht keinen Unterschied, ob es sich um ein zukünftiges, gegenwärtiges oder früheres DienstVerh handelt. Selbst wenn der ArbN seine Arbeitskraft nicht mehr schuldet, zB weil er von der Arbeit freigestellt ist, kann ein estl beachtl DienstVerh (noch) vorliegen (*KSM* § 19 Rz B 64). Unerhebl ist ferner, ob das DienstVerh gegen gesetzl Verbote oder gute Sitten verstößt (§ 40 AO; BFH VI B 86/04 BFH/NV 05, 1061). Für die Besteuerung kommt es auch nicht auf die (zivilrechtl) Wirksamkeit des DienstVerh an, solange die Beteiligten das wirtschaftl Ergebnis eintreten und bestehen lassen (§ 41 I AO; BFH VI R 34/79 BStBl II 82, 502). Der estl DienstVerh setzt **keine Freiwilligkeit** voraus (*BH/Geserich* § 19 Rz 59; *KS* § 19 Rz 18; *Küttner* „Arbeitnehmer (Begriff)" Rz 40, mwN; s auch FG RhPf EFG 98, 1313, rkr, Freigänger; **aA** *HHR* § 19 Rz 73, mwN). Auch Zwangsverpflichtete können in abhängiger Stellung gegen Entgelt tätig werden. Sie nehmen am Marktgeschehen (wenn auch zwangsweise) teil und erzielen durch Einsatz der Arbeitskraft Einnahmen. Deshalb liegt ein strechtl ArbVerh auch dann vor, wenn die Verpflichtung zur Arbeitsleistung – wie Wehrdienstleistende/Strafgefangene – auf hoheitl Zwang beruht. Zahlungen an ehemalige Zwangsarbeiter fließen aber außerhalb der Einkünftetatbestände des EStG zu (*FM Bay* DB 00, 398). Auch wenn der Einsatz der Arbeitskraft (in abhängiger Stellung) von sozialen Motiven mitbeeinflusst ist, schließt dies die Annahme eines ArbVerh nicht aus.

14 **b) Abgrenzung zu anderen Beschäftigungsformen.** Bloße Gefälligkeiten, die auf persönl Verbundenheit beruhen (zB im Bereich der Nachbarschaftshilfe) begründen aber noch kein steuerl DienstVerh (*KS* § 19 Rz 19). Ähnl Gesichtspunkte greifen in Fällen familiärer Hilfeleistung gegen geringe Belohnung. Hier fehlt es an einer Teilnahme am Marktgeschehen (BFH IX R 88/95 BStBl II 99, 776). Eine ehrenamtl Tätigkeit schließt die Annahme eines DienstVerh nicht allg aus (s Rz 35 „Ehrenamtliche Tätigkeit").

20 **3. Arbeitnehmerbegriff.** § 1 I 1 LStDV beschreibt ArbN als in öffentl oder privatem Dienst angestellte oder beschäftigte Personen, die aus diesem oder einem früheren DienstVerh ArbLohn beziehen. ArbN im strechtl Sinne ist auch der Rechtsnachfolger eines ArbN (§ 1 I 2 LStDV). Als ArbN kommen nur natürl Personen in Betracht. Auf ihre Geschäftsfähigkeit kommt es nicht an.

21 **a) Arbeitnehmerbegriff als Typusbegriff.** Der eigenständige, strechtl ArbN-Begriff ist ebenso wie der des DienstVerh ein Typusbegriff, der sich nicht durch Aufzählung feststehender Merkmale abschließend bestimmen lässt (stR.spr, zB BFH VI R 51/05 BStBl II 08, 981; BFH VI R 4/06 BStBl II 09, 374; BFH VIII R 34/08 BFH/NV 11, 585; BFH VI B 150/03 BFH/NV 05, 347; BFH VI B 46/08 BFH/NV 09, 1814; vgl iEinz auch § 15 Rz 11 ff mwN). Die Abgrenzung zw selbständiger und nichtselbständiger Arbeit im strechtl Sinn kann nicht generell nach dem Inhalt der geleisteten Tätigkeit oder nach Berufsgruppen vorgenommen werden, sondern erfordert eine einzelfallbezogene Würdigung nach dem **Gesamtbild der Verhältnisse,** wobei die für und gegen ein DienstVerh sprechenden Merkmale gegeneinander abgewogen werden müssen (BFH VI R 77/12 BStBl II 15, 903; BFH VI R 11/07 BStBl II 08, 933; BFH VI R 81/02 BFH/NV 07, 426; zur Bedeutung der tatsächl Verhältnisse bei der Bestimmung der ArbN-Eigenschaft im SV-Recht, *von Medem* DStR 13, 1436, und BSG B 12 KR 25/10 R DStR 13, 770). Dies gilt ab VZ 22 auch für die Ges'ter einer **OptionsGes** (*Wacker/Krüger ua* DStR-Beih 21, 29 ff). Da es auf das Gesamtbild der Verhältnisse ankommt, kann nicht mit Rücksicht auf das Vorliegen oder Fehlen bestimmter Merkmale die ArbN-Eigenschaft im Einzelfall eindeutig bejaht oder verneint werden. Die Einzelmerkmale sind weder zwingend gleich noch zwingend unterschiedl zu gewichten (BFH XI B 205/07 BFH/NV 08, 1210). Ebenso ist nicht maßgebl, wie die Tätigkeit oder die tätige Person bezeichnet wird (BFH VI R 150–152/82 BStBl II 85, 661). Der arbeits- und sozialversicherungsrechtl Behandlung kommt ebenfalls nur eine Indizwirkung zu (BFH X R 83/96 BStBl II 99, 534; BFH IV R 180/72 BStBl II 76, 292; BFH I R 159/76 BStBl II 79, 182; s auch

Rz 11); der strechtl ArbN-Begriff deckt sich nicht mit dem des Arbeits- oder Sozialrechts (zB BFH VI R 50/05 BStBl II 08, 868; BFH I R 121/76 BStBl II 79, 188; BFH VI R 29/72 BStBl II 75, 520; BFH IV R 329/58 U BStBl III 61, 315; *Lang* DStJG 9, 24 ff; *Bergkemper* FR 09, 42; *von Bornhaupt* BB 08, 1888; krit *Kloubert* FR 99, 1108). Entscheidungen der SV-Träger zur ArbN-Eigenschaft kommt im Besteuerungsverfahren allenfalls in Bezug auf sozialversicherungsrechtl (Vor)Fragen Bindungswirkung zu (BFH VI B 38/12 BFH/NV 12, 1968). – Zur **Statusfeststellung nach § 7a SGB IV.** Die Tatbestandswirkung von Entscheidungen der Sozialversicherungsträger beschränkt sich auf die sozialversicherungsrechtl Fragestellung (BFH VI B 110/11 BFH/NV 12, 946; BFH VI R 52/08 BStBl II 10, 703).

b) Einzelmerkmale zum Arbeitnehmertypus. BFH VI R 150–152/82 BStBl II 85, 661 nennt beispielhaft 19 Kriterien zur Beurteilung des Gesamtbildes der Verhältnisse. – *(1)* **Arbeitnehmereigenschaft.** Hierfür können insb folgende Merkmale sprechen: kein Unternehmerrisiko, keine Unternehmerinitiative, persönl Abhängigkeit, Weisungsgebundenheit hinsichtl Ort, Zeit und Inhalt der Tätigkeit, Eingliederung in den Betrieb, feste Bezüge, kein Kapitaleinsatz, keine Pflicht zur Beschaffung von Arbeitsmitteln, Schulden der Arbeitskraft und nicht eines Arbeitserfolges, Eingliederung in den Betrieb, Unselbständigkeit in Organisation und Durchführung der Tätigkeit, Notwendigkeit der engen ständigen Zusammenarbeit mit anderen Mitarbeitern, Ausführung von einfachen Tätigkeiten, bei denen eine Weisungsabhängigkeit die Regel ist, feste Arbeitszeiten, zeitl Umfang der Dienstleistungen, Ausübung der Tätigkeit gleichbleibend an einem bestimmten Ort, Urlaubsanspruch, Fortzahlung der Bezüge im Krankheitsfall, Anspruch auf sonstige Sozialleistungen, Überstundenvergütung. Im Einzelfall kann neben den genannten Abgrenzungsmerkmalen für die ArbN-Stellung auch sprechen, wenn das Rechtsverhältnis auf längere Dauer angelegt ist oder wenn bei zeitl nur kurzer Berührung mit dem Betrieb des Auftraggebers wegen der Eigenart der Tätigkeit regelmäßig eine Eingliederung erfolgt (BFH VI R 56/67 BStBl II 69, 71; *HHR* § 19 Rz 72). Die Gestellung von Arbeitskleidung durch den ArbG kann ebenso für nichtselbstständige Tätigkeit sprechen wie die persönl Verrichtung der Arbeitsleistung. Fehlt einer Person ein gesetzl Qualifikationsmerkmal für ein selbstständiges Tätigwerden, kann hieraus ArbN-Eigenschaft abzuleiten sein (*OFD Ffm* DStR 91, 383; s aber BFH V R 63/94 BStBl II 97, 188). – *(2)* **Selbstständigkeit.** Hierfür sprechen demggü Unternehmerrisiko, Unternehmerinitiative (BFH V R 2/95 BStBl II 96, 493; BFH X R 14/10 BStBl II 12, 511), Selbständigkeit in Organisation und Durchführung der Tätigkeit, eigene Kostentragung, Beschäftigung eigener Arbeitskräfte (BAG 5 AZR 253/00 DB 02, 1610; BAG 5 AZR 770/98 DB 00, 1028; BFH I R 17/78 BStBl II 80, 303), Unterhalten eines eigenen Büros (BFH I 200/59 S BStBl III 61, 567), geschäftl Kontakt zu mehreren Auftraggebern (BFH V R 115/85 UR 91, 138; BFH VI 87/60 U BStBl III 62, 69; BFH VI 127/65 BStBl III 68, 430), freie Erledigung der Arbeiten im Verhältnis zum Vertragspartner (OLG Köln DStR 03, 1505), Fehlen einer Urlaubsregelung und einer festen Arbeitszeit (BFH IV R 34/80 BStBl II 84, 654; BFH IV R 131/82 BStBl II 85, 51), nur kurzfristige Berührung mit dem Betrieb des Auftraggebers ohne Eingliederung in den Betrieb oder (im Ausnahmefall) die Art der Tätigkeit (gehobene Tätigkeit), wenn sich daraus ableiten lässt, dass der Erfolg der Tätigkeit wichtiger ist als der Umfang der Arbeitsleistung (BFH IV R 231/69 BStBl II 73, 458; BFH VI 87/60 U BStBl III 62, 69).

(3) **Wille der Vertragsparteien.** Er kann als Indiz für oder gegen das Bestehen eines DienstVerh herangezogen werden, wenn er tatsächl durchgeführt worden ist (BFH VIII R 52/77 BStBl II 79, 414; BFH VI R 71/69 BStBl II 72, 617). Sprechen aber gewichtige Gründe zB gegen die Selbstständigkeit, ist ein gegenteiliger Wille der Parteien unbeachtl (FG Hbg EFG 84, 47, sog „selbstständiger" Kraftfahrer als ArbN). Entscheidend ist das Gesamtbild der vertragl Vereinbarung und deren Durchführung (BFH I R 207/66 BStBl II 72, 88; BFH I R 121/76 BStBl II 79,

188; BFH VI R 80/74 BStBl II 77, 178; *HHR* § 19 Rz 75). Dabei kommt es nicht auf das Auftreten nach außen, sondern auf das Innenverhältnis (Verhältnis zum Auftraggeber) an (BFH VIII R 52/77 BStBl II 79, 414; s aber BFH I R 121/76 BStBl II 79, 188). Auch die **Vergütungsart** kann bedeutsam sein (*HHR* § 19 Rz 78). Für die ArbN-Eigenschaft kann eine Vergütung nach Arbeitszeit (zB fester Monats- oder Stundenlohn), für die Selbständigkeit eine Vergütung nach dem Erfolg bzw dem Ergebnis der Leistung sprechen. ArbN-Eigenschaft kann fehlen, wenn die Vergütung die mit der Tätigkeit zusammenhängenden Aufwendungen nur ganz unwesentl übersteigt (BFH VI R 59/91 BStBl II 93, 303, betr Amateursportler; stets Einzelfallentscheidung s *MIT* DStR 93, 509; BFH VI R 94/93 BStBl II 94, 944, betr Sanitätshelfer des DRK; BFH VI R 28/73 BStBl II 76, 134, betr ehrenamtl Helfer von Wohlfahrtsverbänden; FG Hbg EFG 00, 13, betr Umzugshilfe) oder wenn **freiwillige Dienste zur Erfüllung von Satzungszielen** eines Vereins erbracht werden (*OFD Mbg* DB 00, 1202 Rettungsschwimmer). Ähnl Gesichtspunkte greifen in Fällen **familiärer Hilfeleistung gegen geringe Belohnung.** Hier fehlt es an einer Teilnahme am Marktgeschehen (BFH IX R 88/95 BStBl II 99, 776).

24 **c) Unternehmerrisiko; Unternehmerinitiative.** Bei der Würdigung des Gesamtbilds der Verhältnisse ist insb das Vorliegen bzw Fehlen der Unternehmerinitiative und des Unternehmerrisikos von Bedeutung (BFH X R 14/10 BStBl II 12, 511; BFH VI R 152/01 BStBl II 06, 94; *KSM* § 19 Rz B 88 ff). Unternehmerrisiko trägt, wer sich auf eigene Rechnung und Gefahr betätigt und die Höhe der Einnahmen wesentl durch eine Steigerung seiner Arbeitsleistung oder durch die Herbeiführung eines besonderen Erfolges beeinflussen kann (BFH VIII R 52/77 BStBl II 79, 414; BFH VIII R 2/92 BFH/NV 96, 325). Allein die Vereinbarung einer erfolgsbezogenen Entlohnung bedeutet aber noch nicht die Übernahme eines Unternehmerrisikos, solange sich dies lediglich als ArbN-Risiko besonderer Art darstellt (BFH IX B 183/03 BFH/NV 05, 1058; BFH I R 159/76 BStBl II 79, 182; BFH VI R 126/88 BStBl II 93, 155; FG Hbg EFG 92, 279, rkr; s aber BFH I R 121/76 BStBl II 79, 188; BFH X R 83/96 BStBl II 99, 534, Rundfunkermittler). Kennzeichnend für das Unternehmerrisiko ist, dass sich der Erfolg oder Misserfolg unmittelbar im Vermögen des StPfl niederschlägt (BFH VIII R 349/83 BStBl II 92, 330). Dieses Risiko wird idR durch Beteiligung am Gewinn und Verlust sowie an den stillen Reserven des BV einschließl des Geschäftswerts vermittelt (BFH III R 21/02 BStBl II 05, 168; BFH IV R 100/06 BFH/NV 10, 2056). Unternehmerinitiative bedeutet vor allem Teilnahme an unternehmerischen Entscheidungen, wie sie zB Ges'tern oder diesen vergleichbaren Personen als Geschäftsführern, Prokuristen oder anderen leitenden Angestellten obliegen, oder die Möglichkeit zur Ausübung von Ges'terrechten, die den Stimm-, Kontroll- und Widerspruchsrechten eines Kommanditisten angenähert sind, oder die den Kontrollrechten nach § 716 I BGB entsprechen (BFH IV R 63/07 BFH/NV 11, 214).

25 **d) Schulden der Arbeitskraft.** Es gehört nach § 1 II 1 LStDV zum Begriffskern des DienstVerh (s Rz 11) und damit auch des estl ArbN-Begriffs. Das Schulden der Arbeitskraft ist vom Schulden des Arbeitserfolges abzugrenzen. Steht das Ableisten einer bestimmten Arbeitszeit, nicht aber die Erzielung eines bestimmten Arbeitserfolges im Vordergrund, spricht dies für die ArbN-Eigenschaft des StPfl (BFH IV R 60–61/94 BStBl II 95, 888). Diese Abgrenzung führt indes nicht immer zu eindeutigen Ergebnissen. Selbständige schulden häufig ebenfalls nur eine Dienstleistung; auch von Selbständigen erwartet der Auftraggeber oftmals eine ganztägige Tätigkeit (s BFH X R 83/96 BStBl II 99, 534), während auch bei ArbN eine Vergütung nach ihrem Arbeitserfolg in Betracht kommt (zB bei Stücklohn). Unerhebl ist, auf welcher Rechtsgrundlage die Arbeitskraft geschuldet wird. Es kommt darauf an, dass die Arbeitsleistung tatsächl erbracht werden soll (*KS* § 19 Rz 23). Verzichtet der ArbG auf die Arbeitsleistung (zB im Fall der Freistellung), steht dies der ArbN-Eigenschaft des StPfl nicht entgegen (*BH/Geserich* § 19 Rz 65). Die Arbeitsleistung kann ausnahmsweise auch in einem Unterlassen bestehen (BFH I R 254/75 BStBl II 78, 195, BFH VI R 230/83 BStBl II 87, 386); sie muss nicht zwingend ggü dem ArbG zu erbringen sein (zB bei ArbN-Überlassung).

e) Weisungsgebundenheit; Eingliederung. Der ArbN steht „unter der Leitung" des ArbG, er hat „dessen Weisungen zu folgen" (§ 1 II 2 LStDV). Der ArbG kann grds Ort, Zeit, Umfang, Art und Weise der Arbeitsleistung bestimmen. Vertragl Vorgaben können für die Bejahung der Weisungsgebundenheit ausreichen (BFH VI R 4/06 BStBl II 09, 374). Die Weisungsgebundenheit kann im Einzelfall unterschiedl ausgeprägt sein; sie kann sich auf den äußeren Rahmen beschränken (zB bei höheren Diensten) oder auch (fast) vollständig fehlen (zB bei Geschäftsführern, Vorständen). Von Bedeutung ist in diesem Zusammenhang insb, ob der Handlungsspielraum dem StPfl vom Dienstberechtigten lediql eingeräumt ist (Indiz für ArbN-Stellung) oder ob sich der StPfl den Handlungsspielraum selbst verschaffen kann. Auch StPfl, die allein Ges'ter-Geschäftsführer einer KapGes sind, können hiernach ArbN sein (instruktiv EuGH C-355/06 BFH/NV 08, Beil 1, 48; s aber auch BFH VIII R 34/08 BFH/NV 11, 585; BFH VI R 16/03 BFH/NV 06, 544, Beteiligungsquote von mindestens 50% als Indiz für Selbständigkeit; BFH XI R 70/07 BStBl II 08, 912; BFH V R 29/03 BStBl II 05, 730; *BMF* BStBl I 07, 503; *KS* § 19 Rz 27). Die Eingliederung in den geschäftl Organismus des ArbG betrifft die Integration des ArbN in die Arbeitsabläufe des Dienstberechtigten. Kennzeichen sind ua der Umfang der Zusammenarbeit mit anderen ArbN, die Beschäftigung zu festen Arbeitszeiten (BFH X R 83/96 BStBl II 99, 534; BFH VIII R 52/77 BStBl II 79, 414), die Dauer der Einbindung in den Betrieb (s BFH V R 2/95 BStBl II 96, 493; BFH VI 183/59 S BStBl III 62, 37), die Erbringung der Arbeitsleistung an vorgegebenen Tätigkeitsorten und ggf die Beteiligung an betriebl Sozialeinrichtungen.

f) Gesamtbild der Verhältnisse; tatrichterliche Würdigung. Die Elemente des ArbN-Typus treten im Einzelfall mehr oder weniger deutl in Erscheinung; einzelne Merkmale können auch ganz fehlen. Die Merkmale sind im Einzelfall zu gewichten und gegeneinander abzuwägen. Diese Aufgabe obliegt in erster Linie dem FG als Tatsacheninstanz (BFH VI R 4/06 BStBl II 09, 374). Die im Wesentlichen auf tatrichterl Gebiet liegende Beurteilung des FG ist revisionsrechtl nur begrenzt überprüfbar (zur Überprüfung des Gesamtbildes durch das Revisionsgericht, s BFH VI R 152/01 BStBl II 06, 94; BFH VI B 46/08 BFH/NV 09, 1814). Bei sorgfältiger Durchführung der Gesamtwürdigung wird eine Revision kaum Erfolg haben. Deshalb kommt dem sorgfältigen und umfassenden Vortrag der Beteiligten vor dem FG besondere Bedeutung zu.

g) Gemischte Tätigkeit; Nebentätigkeit; Mehrfacharbeitsverträge. Übt ein StPfl mehrere Tätigkeiten aus, so ist für die steuerl Einordnung jede dieser Tätigkeiten für sich und nach ihren jeweiligen Merkmalen zu beurteilen (BFH VI R 60/73 BStBl II 75, 513; BFH IV R 162/72 BStBl II 76, 291; BFH VIII R 52/77 BStBl II 79, 414; *HHR* § 19 Rz 91 ff). Ist ein ArbN nicht nur für seinen ArbG, sondern auch noch **für einen Dritten tätig**, ergeben sich für die steuerl Beurteilung des Rechtsverhältnisses des ArbN zu dem Dritten keine besonderen Probleme; der ArbN kann insoweit entweder als Gewerbetreibender, freiberufl oder als ArbN tätig werden (BFH VI R 60/73 BStBl II 75, 513). Ob die iRd einen Tätigkeit erworbenen Kenntnisse auch bei der anderen Tätigkeit ausgenutzt werden, ist für die steuerl Qualifizierung der anderen Tätigkeit ohne Belang. Insb bei **Mehrfacharbeitsverträgen** in Konzernen ist sorgfältig zu prüfen, ob nicht ein einheitl ArbVerh vorliegt (s *Forchhammer* DStZ 99, 153). Ein einheitl ArbVerh kann auch vorliegen, wenn eine einheitl Beschäftigung lediql formal in eine Hauptbeschäftigung und eine geringfügige Nebenbeschäftigung (§ 40a) aufgespalten wird.

29 h) Mehrere Leistungen für einen Arbeitgeber. Erbringt der ArbN für seinen ArbG noch *weitere Leistungen* gegen Entgelt, ist die Frage, zu welcher Einkunftsart die Einkünfte des ArbN aus dieser Nebentätigkeit gehören, so unabhängig von der Haupttätigkeit zu beurteilen (BFH VI R 81/02 BFH/NV 07, 426). Die zutr Einordnung der Nebentätigkeit ist insb für den LStAbzug von Bedeutung; nur wenn die Nebentätigkeit nichtselbstständig erbracht wird, ist der ArbG zum LStAbzug verpflichtet (zu ELStAM bei verschiedenen Lohnarten s *BMF* BStBl I 18, 1137 Rz 111 ff). Auch eine für den ArbG ausgeführte Nebentätigkeit kann von dem ArbN selbstständig und ohne Zusammenhang mit dem ArbVerh erbracht werden (BFH IV R 126/70 BStBl II 72, 212; BFH VI R 7/69 BStBl II 72, 460; BFH VI R 59/96 BStBl II 97, 254; BFH IX R 1/06 BFH/NV 07, 2263). Hängt die für den ArbG erbrachte Nebentätigkeit aber mit der Ausübung der Haupttätigkeit unmittelbar zusammen (zB Gleichwertigkeit der Tätigkeiten und der organisatorischen Bedingungen, BFH IV R 189/85 BStBl II 87, 783), ist auch die Nebentätigkeit als Teil der nichtselbstständigen Haupttätigkeit anzusehen (BFH VI B 75/17 BFH/NV 18, 337). Dies kann selbst dann der Fall sein, wenn die Nebentätigkeit zwar nicht im Arbeitsvertrag ausdrückl vereinbart ist, aber vom ArbG erwartet werden kann, auch wenn sie zusätzl vergütet werden muss (BFH VI R 81/02 BFH/NV 07, 426, Vermittlungstätigkeit von Bankangestellten; s aber auch BFH IX R 1/06 BFH/NV 07, 2263). Ob der ArbN beim ArbG bereits ausgeschieden ist, ist dabei ohne Belang (BFH XI R 32/00 BStBl II 01, 496). Auch eine **freiwillig erbrachte Nebentätigkeit** ist unselbstständig, wenn sie mit der Haupttätigkeit so eng zusammenhängt, dass sie als deren Hilfstätigkeit erscheint (BFH IV R 241/70 BStBl II 72, 213) oder sich von der Haupttätigkeit nicht unterscheidet (BFH IV R 162/72 BStBl II 76, 291, Lehrkraft übernimmt neben dem Pflichtunterricht an derselben oder einer benachbarten Schule gleichen Typs freiwillig weitere Unterrichtsstunden). Eine ggü dem ArbG erbrachte Nebentätigkeit kann aber dann als **selbstständige Tätigkeit** mit der Folge angesehen werden, dass der ArbN insoweit zB Einkünfte iSd § 18 erzielt, wenn der ArbG dem ArbN ledigl die Möglichkeit bietet, die während der nichtselbstständigen Arbeit erworbenen oder die der nichtselbstständigen Arbeit dienenden Fähigkeiten außerhalb der vereinbarten Dienstzeit ohne aus dem Arbeitsvertrag sich ergebende Weisungen und Kontrollbefugnisse des ArbG zu verwerten (zB BFH IV R 37/76 BStBl II 80, 321; BFH VI R 7/69 BStBl II 72, 460; BFH IV R 126/70 BStBl II 72, 212; BFH VI 36/55 U BStBl III 58, 255; *Becker/Figura* BB 12, 3046, 3051 zu Gestaltungsmöglichkeiten im Profisport).

32 4. Arbeitgeberbegriff. Die Stellung als (inl) ArbG ist insb für das LSt-Abzugsverfahren von Bedeutung (zum ArbG-Begriff iEinz s § 38 Rz 2 ff). Der ArbG-Begriff ergibt sich mittelbar aus § 1 II LStDV. ArbG ist hiernach derjenige, dem der ArbN die Arbeitsleistung schuldet, unter dessen Leitung er tätig wird oder dessen Weisung er zu befolgen hat (BFH VI R 84/10 BStBl II 11, 986). Dies ist idR der Vertragspartner des ArbN aus dem Dienstvertrag (BFH VII R 46/02 BStBl II 03, 556), im Fall der ArbN-Überlassung derjenige, der dem ArbN den ArbLohn im eigenen Namen und für eigene Rechnung auszahlt (BFH VI R 84/10 BStBl II 11, 986). IÜ ist für den ArbG-Begriff unerhebl, ob der ArbG den Lohn selbst zahlt (§ 38 I 3). ArbG kann eine natürl oder jur Person des privaten oder öffentl Rechts sowie eine PersGes sein (BFH VI R 41/92 BStBl II 95, 390; BAG 8 AZR 397/07 DStRE 09, 1284; Anm *Arens* DStR 09, 1498, jeweils zur GbR). Der lstrechtl ArbG-Begriff muss nicht dem des Abkommensrechts entsprechen (BFH I R 46/03 BStBl II 05, 547; s aber § 38 Rz 4). Zur ArbG-Eigenschaft bei Organgesellschaften, innerhalb des Konzerns (BFH VI R 64/98 BStBl II 00, 41; BFH VI R 122/00 BStBl II 04, 620; BFH XI B 27/01 BFH/NV 01, 1551) und iRv Leiharbeitsverhältnissen s § 38 Rz 4 ff. Auch ein ArbN kann seinerseits ArbG sein (s Rz 35 „Arzt"; FG Nds EFG 82, 616, rkr; zum mittelbaren ArbVerh s *BH/Geserich* § 19 Rz 134).

5. ABC der Arbeitnehmereigenschaft. *Vorbemerkung:* Die Frage, ob StPfl 35 selbständig, gewerbl oder nichtselbständig tätig sind, ist nicht nach Berufsgruppen, sondern nach dem Gesamtbild der jeweiligen Verhältnisse zu beurteilen (s Rz 21; BFH IX B 183/03 BFH/NV 05, 1058). Die nachfolgende Zusammenstellung kann deshalb nur Hinweise für die Gesamtwürdigung im Einzelfall enthalten.

Amateursportler s BFH VI R 59/91 BStBl II 93, 303; FG Brem EFG 99, 1125; FG Ddorf EFG 01, 136, rkr (Zuwendung durch Vereinsvorstand als Lohn); s auch „Sportler".

Angehörige. Zur Anerkennung von ArbVerh zw nahen Angehörigen s § 4 Rz 520 „Angehörige"; BFH VI R 28/18 BStBl II 21, 450; BFH X R 44-45/17 BStBl II 19, 203, zur fremdunübl PKW-Überlassung bei geringfügigem ArbVerh; BFH X R 1/19 BStBl II 21, 283, zu Wertguthabenvereinbarung. Nicht vereinbarte Mehrarbeit steht der Anerkennung des ArbVerh nicht entgegen (BFH X R 31/12 BFH/NV 13, 1968, BFH VI R 28/18 BStBl II 21, 450 auch zu Nachweiserfordernissen), ebenso wenig ein unangemessen hoher ArbLohn (FG Nds EFG 14, 822, rkr), wohl aber fehlende Festlegung der ArbZeit (FG Mster DStRE 19, 793, rkr, zutr). Bei Teilzeitbeschäftigung sind Unklarheiten hinsichtl der Arbeitszeit für die Anerkennung des ArbVerh aber unschädl, wenn die konkrete Arbeitszeit von den berufl Erfordernissen des StPfl abhängt und Unklarheiten deshalb auf die Eigenart des ArbVerh und nicht auf eine unübl Gestaltung zurückzuführen sind (BFH VI R 28/18 BStBl II 21, 450). Üblicherweise iRe ehel Lebensgemeinschaft miterledigte Aufgaben können nicht Gegenstand eines Ehegattenarbeitsverhältnisses sein (FG Nds EFG 01, 1181, rkr; LAG RhPf DB 02, 2050, rkr; s aber BFH IV R 15/98 BFH/NV 99, 919 zu ArbVerh in der LuF). Dies gilt bei einem UnterArbVerh auch, wenn der ArbG zugestimmt hat (FG BaWü EFG 91, 378, rkr). Die Hauptpflicht aus dem Arbeitsvertrag kann nicht auf Ehegatten übertragen werden (FG Mster EFG 91, 246, rkr); ebenfalls keine Anerkennung, wenn berufl Geheimhaltungspflichten verletzt würden (FG Köln EFG 00, 994, rkr), wenn ein Dritter zu diesen Bedingungen nicht arbeiten würde (FG Nbg DStRE 04, 243, rkr) oder die Entlohnung für einfache Büroarbeiten hauptsächl in der Überlassung eines Pkw zur freien Verfügung besteht (BFH X B 181/13 BFH/NV 14, 523). Zusätzl Leistungen neben der Zahlung des ArbLohns sind gesondert nach Fremdvergleichsgrundsätzen zu prüfen (BFH X R 1/19 BStBl II 21, 283). Bei **Überkreuzarbeitsverhältnissen** (BFH X B 59/97 BFH/NV 98, 448; BFH III B 136/01 juris; FG Nds EFG 95, 62, rkr; FG BaWü EFG 04, 484, rkr; FG Thür EFG 14, 2123, rkr, Ehegatten; FG Mster EFG 01, 1541, rkr, Brüder; FG RhPf EFG 96, 743, rkr, zw nichtehel Lebensgefährten) oder **Unterarbeitsverhältnis zw ArbN und Kind** (BFH VI R 86/94 BStBl II 95, 394) ist die Entscheidung über die Anerkennung unter Würdigung aller Umstände des Einzelfalls zu treffen; idR wird aber die Fremdüblichkeit fehlen. Geringfügige Hilfeleistungen, die üblicherweise nicht auf arbeitsvertragl Grundlage erbracht werden, können gegen Arbeitsvertrag sprechen (BFH IV R 14/92 BStBl II 94, 298; BFH I R 133/93 BFH/NV 94, 861). Ansonsten kann ein ArbVerh aber nach den allg Grundsätzen anerkannt werden (ausführl BFH VI R 59/06 BStBl II 09, 200; BFH VI R 28/18 BStBl II 21, 450). Die Feststellungslast liegt beim StPfl, wenn er sich auf das Vorliegen eines ArbVerh beruft. Zur Überweisung des Lohns auf ein **Oderkonto** s BVerfG 2 BvR 802/90 BStBl II 96, 34; BVerfG 2 BvR 3027/95 DB 96, 2470; *Pezzer* StbJb 1996/97, 25.

Anwaltsvertreter. Amtl bestellte Vertreter eines RA oder Notars sind idR selbstständig (*HHR* § 19 Rz 600 „Anwaltsvertreter"; BFH V 174/65 BStBl II 68, 811, Notariatsverweser). Entscheidend sind die Umstände des Einzelfalles (BAG 5 Sa 326/96 DB 98, 2274). S auch „Urlaubsvertretung". Zu Assessoren, die bei RA mitarbeiten, s „Referendar".

Arzt. Ein Arzt kann seine Leistungen als ArbN oder selbständig erbringen (Gesamtwürdigung maßgebl). Der niedergelassene Arzt in eigener Praxis wird selbstständig (§ 18), der angestellte oder beamtete Arzt idR unselbstständig tätig. Auch ein angestellter Arzt kann aber neben Einkünften aus § 19 solche aus § 18 erzielen, zB Chefarzt mit eigenem Liquidationsrecht. Bei der Gesamtwürdigung ist ua von Bedeutung, ob die Erbringung der wahlärztl Leistungen zu den ggü dem ArbG vertragl geschuldeten Dienstaufgaben gehört, ob der Arzt hinsichtl der (ambulanten oder stationären) Leistungen in den geschäftl Organismus des ArbG eingebunden ist und inwieweit Unternehmerinitiative und Unternehmerrisiko vorliegen (BFH VI R 152/01 BStBl II 06, 94; BFH VI B 46/08 BFH/NV 09, 1814; FG Mster DStRE 13, 1234, rkr; Prüfungsmerkmale bei der Gesamtwürdigung s FG RhPf DStRE 09, 585, rkr und *OFD Ka* DStR 06, 1041). Zur Einstufung von Betriebsärzten uä s auch LAG Köln DB 99, 2648; zu Notärzten *Brenner/Porten/Rieck* DB 17, 2058. Honorar-ärzte in Krankenhäusern sind idR ArbN (BSG B 12 R 11/18 R DStR 19, 2429). Die Erstellung ärztl Gutachten ist idR eine selbstständige Tätigkeit. Werden die Gutachten allerdings iRe ArbVerh erstellt und gelten als solche des ArbG, liegen Einkünfte aus § 19 vor (s BFH IV 88/56 U BStBl III 56, 187). Behandelt ein angestellter Oberarzt Privatpatienten des Chefarztes in dessen Vertretung, wird er insoweit nichtselbstständig in Bezug zum Chefarzt tätig (BFH IV R 241/70 BStBl II 72, 213). ArbG ist insoweit der Chefarzt (aA FG BaWü EFG 78, 462, AdV); er hat also eine Doppelrolle als ArbN und als ArbG (s auch BFH IV R 186/82 BStBl II 85, 286 und „Urlaubsvertretung").

AStA-Mitglieder sind ArbN der Studentenschaft (BFH VI R 51/05 BStBl II 08, 981).

Aufsichtsratsmitglied ist selbstständig tätig. Das gilt auch für Beamte und Minister, die in dienstl Eigenschaft dem Aufsichtsrat einer Ges angehören (*BH/Geserich* § 19 Rz 120 „Aufsichtsratsmitglieder") sowie für ArbN-Vertreter im Aufsichtsrat (BFH V R 136/71 BStBl II 72, 810; BFH IV R 81/76 BStBl II 81, 29). S auch Rz 100 „Aufsichtsratvergütung". Die geänderte Rspr zur USt ist ertragsteuerrechtl nicht maßgebl (s § 18 Rz 150).

Aushilfstätigkeit. Es gelten die gleichen Abgrenzungskriterien (s Rz 28, 29; und BFH VI 183/59 S BStBl III 62, 37). Ein **DienstVerh bejaht** wurde: Schulkinder bei der Erntearbeit (BFH VI 73/58 U BStBl III 59, 354); Aushilfskräfte im Gaststättengewerbe (BFH VI 34/60 DB 62, 259), im Gartenbau (BFH VI R 83/04 BStBl II 09, 703) und zur Bewachung (BFH VI 43/61 HFR 62, 137); Verladearbeiter (BFH VI R 221/69 BStBl II 74, 301); Servicekräfte zum Einsortieren im Supermarkt (BFH VI R 4/06 BStBl II 09, 374). Ein **Dienstverhältnis verneint** wurde: Sargträger (FG Saarl EFG 96, 98, rkr). IdR überwiegt die Bindung der Aushelfenden an Zeit und Ort der Arbeitsleistung sowie die Tatsache, dass sie nur einfache Arbeiten verrichten und lfd Kontrolle unterliegen, die gegen die Eingliederung sprechende Kürze der jeweiligen Tätigkeit. Gefälligkeitsleistung kann gegen DienstVerh sprechen.

Auszubildende sind ArbN.

Beamtenanwärter sind ArbN (BFH VI R 337/70 BStBl II 72, 261).

Bürgermeister sind ArbN, auch wenn sie ehrenamtl tätig sind (BFH VI R 82/68 BStBl II 71, 353). Entscheidend ist, ob der Bürgermeister nach der Gemeindeordnung (auch) Verwaltungsaufgaben wahrnimmt (dann ArbN; FG SchlHol DStRE 16, 1225, rkr) oder (wie nach der GemeindeO NRW aF) nur die politische Spitze der Gemeinde ist (kein ArbN; BFH VI 27/64 U BStBl III 66, 130; BFH IV R 41/85 BStBl II 88, 266).

Ehrenamtliche Tätigkeit schließt ein DienstVerh nicht aus; Gleiches gilt für die Geringfügigkeit der Entschädigung, wenn sie über die pauschale Erstattung der Selbstkosten hinausgeht, und die kurze Dauer der Tätigkeit (BFH VI R 28/73 BStBl II 76, 134, ehrenamtl Helfer von Wohlfahrtsverbänden; BFH VI R 94/93 BStBl II 94, 944, Sanitätshelfer des DRK; Überblick s *Myssen* INF 00, 129 f). Zur

Einkunftserzielungsabsicht s *FM MeVo* DB 97, 404. Es ist auch zu prüfen, ob die für ein DienstVerh wesentl Eingliederung vorliegt; daran kann das DienstVerh scheitern (FG Bbg EFG 01, 1280, rkr, Deichläufer im Katastrophenschutz, zweifelhaft). Ehrenamtl Wahlhelfer s *FM Thür* DStR 99, 1317 (ArbN). Ansonsten als ArbN tätige ehrenamtl Richter erzielen mit den Dienstausfallentschädigungen Einkünfte aus §§ 19 I 1 Nr 1, 24 Nr. 1 lit a), die Entschädigungen für Zeitversäumnis sollen demgü nicht stbar sein (BFH IX R 10/16 BFH/NV 17, 680). Zum Ehrenamt bei SV-Trägern s *OFD Ffm* DB 97, 301; Schulweghelfer/Schulbusbegleiter s *FM Bay* DB 00, 952; DLRG-Rettungsschwimmer s *OFD Mbg* FR 00, 790.

Filmbranche. Schauspieler, die an Spielfilmen, Fernsehproduktionen oder am Theater mitwirken, sind idR als ArbN tätig (BFH I R 207/66 BStBl II 72, 88; BFH IV R 1/69 BStBl II 72, 214; BMF BStBl I 90, 638; Zweifel bei FG BaWü DStRE 99, 371, rkr; s auch „Künstler", „Fotomodell"; eine abw Gesamtwürdigung ist mögl; s auch BFH XI B 250/07 BFH/NV 09, 394). Zur Beurteilung sog Ausschließlichkeitsverträge zw Schauspieler und ArbG, der sein Recht auf Dienstleistung des Schauspielers anderen Filmherstellern übertragen kann, s BFH I R 94/69 BStBl II 72, 697; BFH I R 202/67 BStBl II 72, 281). Regisseure und Kameramänner können auch selbstständig tätig sein (BFH VI R 19/07 BFH/NV 08, 1485; tatrichterl Gesamtwertung, s FG Hbg EFG 07, 1437).

Fotomodell. Berufsfotomodell ist, insb wenn es kurzfristig zur Produktion von Werbefilmen eingesetzt wird, regelmäßig selbstständig (gewerbl) tätig (BFH VI R 5/06 BStBl II 09, 931).

Frachtführer wird idR kein ArbN sein, wenn er Aufträge mit eigenem Fahrzeug auch für eigene Rechnung für Dritte durchführen darf (BAG 5 AZR 563/97 DB 99, 436; BGH VIII ZB 54/97 DB 99, 151; s hierzu *Linnenkohl* BB 02, 622; s auch „Franchise-Nehmer"). Ein auf dem Fahrzeug des Auftraggebers fahrender und im Tourenplan eingegliederter Fahrer ist demgü regelmäßig ArbN (FG Mster EFG 99, 1046, rkr; BFH V B 129/99 BFH/NV 00, 997).

Franchisenehmer. Zur ArbN-Eigenschaft s *Flohr* DStR 03, 1622; BGH VIII ZB 12/98 DStR 98, 2020, Anm *Eckert* – „Eismann-Fall"; BAG 5 AZB 29/96 DB 97, 2127. Entscheidend sind die Umstände des Einzelfalles: Einschränkungen bei der Gestaltung der Tätigkeit (Arbeitsort, Arbeitszeit, fachl Kontrolle) und unternehmerische Risiken.

GEMA-Außendienstermittler sollen ArbN sein (*OFD Hann* DB 00, 549). Entscheidend ist, ob die Verträge denen der Rundfunkermittler (s dort) vergleichbar sind oder nicht.

Gepäckträger auf Bahnhöfen der Deutschen Bahn sind von FG Mster (EFG 71, 596, rkr) als ArbN (Fehlen eines Unternehmerrisikos) beurteilt worden (**aA** *BH/Geserich* § 19 Rz 120 „Gepäckträger", mwN).

Gesellschafter einer Kapitalgesellschaft kann als *ArbN,* als *Ges'ter* oder *selbstständig* für die Ges tätig werden (zB BFH I R 138/70 BStBl II 72, 949, mwN; BFH VI R 16/03 BFH/NV 06, 544; BFH VI R 52/08 BStBl II 10, 703; vgl auch BAG 5 AZR 612/97 DStR 98, 1645; zur sozialversicherungsrechtl Beurteilung s BSG B 12 KR 13/17 R NJW 18, 2662; *Uckermann/Drees* DStR 19, 561). Entscheidend ist das Gesamtbild der Verhältnisse (BFH VIII R 34/08 BFH/NV 11, 585). Dies gilt ab VZ 22 auch für die Ges'ter einer **OptionsGes** (*Wacker/Krüger ua* DStR-Beih 21, 29 ff). Die Beteiligungsquote von mindestens 50 % kann auch iRd steuerl Beurteilung als Indiz für die Selbständigkeit herangezogen werden (BFH VI R 81/06 BStBl II 12, 262). Es besteht aber keine Bindung an das SV-Recht und Arbeitsrecht, wonach ein Ges'tergeschäftsführer, der mehr als 50% des Stammkapitals innehat, sozialvers und arbeitsrechtl nicht als ArbN gilt (BFH I R 48/16 BFH/NV 17, 1316; BAG 10 AZB 43/14 NZA 14, 1293). Wohl aber sind Entscheidungen des Sozialversicherungsträgers im Besteuerungsverfahren iRd § 3 Nr 62 zu beachten, soweit sie nicht offensichtl rechtswidrig sind (BFH VI R 52/08 BStBl II 10, 703; s auch BFH VI R 16/03 BFH/NV 06, 544; ausführl BFH VI R 81/06 BFH/NV 09, 1311; *Geserich* HFR 09, 867, mit Abgrenzung zum UStRecht; *Bergkemper* FR 09, 1072). Diese Rspr ist str (vgl *Seer* FS Joachim Lang, 2011 S 655, 669 ff und GmbHR 11, 225; s auch EuGH C-355/06 DStR 07, 1958; *Küffner/Zugmair* DStR 07, 1241; *Titgemeyer* BB 07, 189 zur USt).

Gesetzlicher Vertreter einer Kapitalgesellschaft ist in den Organismus der Ges eingegliedert. Er ist regelmäßig ArbN. Dies gilt auch, wenn der frühere Geschäftsführer „ehrenamtl" seine Erfahrungen gegen „Aufwandsvergütung" zur Verfügung stellt (FG RhPf EFG 95, 29, rkr). Dennoch ist zw der Organstellung und dem Anstellungsverhältnis zu unterscheiden (ausführl BFH VIII R 34/08 BFH/NV 11, 585 mwN). S ferner „Ges'ter einer KapGes".

Gutachterausschuss. Mitglieder von Umlegungs- und Gutachterausschüssen sind idR keine ArbN; etwas anderes kann für entsandte oder dort (hauptamtl) beschäftigte Beamte gelten (*FM NRW* DB 87, 2285).

Gutachtertätigkeit von Klinikärzten s *FM SchlHol* DStR 13, 529.

Handelsvertreter. BFH V R 150/66 BStBl II 70, 474 enthält Abgrenzungsmerkmale, anhand derer die Selbstständigkeit oder Unselbstständigkeit des Handelsvertreters beurteilt werden kann. Halten sich die Merkmale für und gegen die Selbstständigkeit die Waage, ist der Wille der Vertragspartner zu berücksichtigen, sofern die tatsächl Handhabung dem entspricht (BFH VI 88/60 HFR 62, 312; s auch Rz 23). Der Handelsvertreter kann ggü dem einen Auftraggeber selbstständig, ggü dem anderen Auftraggeber nichtselbstständig sein.

Haushaltshilfe kann ArbN oder selbständig sein (s auch BFH VI R 28/77 BStBl II 79, 326; FG Thür EFG 99, 235, rkr; FG BaWü EFG 79, 238, rkr). *Au-pair* soll kein ArbN sein (FG Hbg EFG 83, 21, rkr, Einzelfall).

Hausmeister; Hausverwalter kann ArbN sein; nebenberufl tätige Hauswarte können auch selbständig sein (BFH VI 320/63 HFR 65, 373).

Heimarbeiter. *Hausgewerbetreibende* (§ 1 I HAG) und *Zwischenmeister* (§ 2 III HAG) sind selbständig tätig (§ 11 III 1 GewStG). Auch Heimarbeiter werden idR nicht als ArbN anzusehen sein (BFH VI 183/59 S BStBl III 62, 37, unter I 3), es sei denn, sie tragen kein Unternehmerrisiko und müssen ihre Arbeit persönl verrichten (BFH I R 17/78 BStBl II 80, 303). S auch „Telearbeit".

Journalist kann je nach dem Grad seiner Eingliederung als ArbN oder selbstständig tätig sein (s auch BAG 5 AZN 154/98 HFR 00, 1023, Fotoreporter; FG Hess EFG 90, 310, rkr, freier Mitarbeiter; FG Mchn BeckRS 2012, 94189, rkr, Moderator; FG Hbg EFG 10, 139, rkr, Rundfunkjournalist).

Kindertagespflege s § 18 Rz 155 „Kindertagespflege; Kindervollzeitpflege".

Kirche. Pfarrer sind ArbN. Zur strechtl Behandlung von Ordensangehörigen vgl BFH VI 205/64 U BStBl III 65, 525; BFH VI 174/63 U BStBl III 65, 522; BFH IV 93/62 U BStBl III 64, 206; BFH VI 55/61 U BStBl III 62, 310; *HHR* § 19 Rz 600 „Ordensangehörige". Mitglieder von DRK-Schwesternschaften sind ArbN (BFH VI R 115/92 BStBl II 94, 424); Pfarrhaushälterin s FG Mchn EFG 98, 937, rkr (ArbN).

Künstler s „Filmbranche". Bei den zu Gastspielen verpflichteten Künstlern kann für die Selbstständigkeit sprechen, wenn sie eine fertig einstudierte Rolle mitbringen und bei Proben maßgebl Einfluss auf die Art der künstlerischen Darbietung nehmen können (BFH IV R 118/72 BStBl II 73, 636; FG Köln EFG 91, 354, rkr, s aber BFH VI 385/65 BStBl II 71, 22, Sängerin als ArbN).

Lehrtätigkeit wird insb bei Vollzeittätigkeit in ArbN-Stellung ausgeübt, wenn der Schulträger Unterrichtsgegenstand, Zeit und Ort der Tätigkeit bestimmt (BAG HFR 99, 405). Für die Bewertung nebenberufl Lehrtätigkeit kommt es auf die

Umstände des Einzelfalls an (zB Tarifverträge, Urlaubsregelung, Lohnfortzahlung im Krankheitsfall, feste Einbindung in den Lehrplan; s auch BAG 5 AZR 1066/94 DB 97, 47 und BAG 5 AZR 104/95 DB 97, 1037). Als ArbN-Tätigkeit ist die nebenberufl Lehrtätigkeit an Abend- oder Ingenieurschulen bewertet worden (BFH IV R 180/72 BStBl II 76, 292; BFH IV R 35/69 BStBl II 72, 618; BFH VI R 71/69 BStBl II 72, 617). S demggü BFH VI R 90/73 BStBl II 76, 3, hier wurde nur die einzelne Stunde honoriert, kein Anspruch auf Urlaub oder Feiertagsvergütung. Ausführl zum Lehrbeauftragten an einer Fachhochschule als selbstständig Tätiger BFH IV R 131/82 BStBl II 85, 51; s auch FG Hess EFG 84, 175, rkr. Grund- und Hauptschullehrer mit Nebentätigkeit an einer anderen Grund- und Hauptschule ist auch insoweit ArbN (BFH IV R 162/72 BStBl II 76, 291). Selbstständig ausgeübt wird die Leitung von Referendararbeitsgemeinschaften (BFH IV R 37/76 BStBl II 80, 321) und die Tätigkeit in Prüfungskommissionen (BFH VI 36/55 U BStBl III 58, 255). Zur Prüfungstätigkeit im Hochschulbereich s BFH IV R 189/85 BStBl II 87, 783 (Unterscheidung danach, ob Staats- oder Hochschulprüfung). Ausführl *HHR* § 19 Rz 600 „Lehrtätigkeit ..." und „Prüfungstätigkeit".

Mannequin kann je nach den Umständen des Einzelfalls selbstständig oder nichtselbstständig tätig sein (BFH VI R 56/67 BStBl II 69, 71).

Minister sind ArbN (*Stöcker* NJW 00, 609, 611 f).

Musiker, die nebenberufl in einer Gaststätte spielen, können ArbN des Gastwirts oder des Kapellenleiters sein (BFH VI R 80/74 BStBl II 77, 178, mwN auf die umfangreiche Rspr zur Tätigkeit von Musikern). Spielen die Musiker nur gelegentl (etwa für einen Abend oder ein Wochenende; s FG Hess EFG 81, 245, rkr), spricht das für Selbständigkeit. Haben sich die Musiker untereinander zu einer Gesellschaft zusammengeschlossen, fehlt es an der vertragl Beziehung zw Wirt und Musiker und damit an der ArbN-Eigenschaft der Musiker. Spielen Musiker auf Feiern von Privatpersonen, so sind sie idR nicht ArbN dieser Personen. Vgl auch FG Köln EFG 82, 345, rkr; zur zweiten Besetzung von Orchestermusikern s FG Hbg EFG 95, 1079. Ausführl *HHR* § 19 Rz 600 „Musiker"; *Wolf* FR 02, 202.

Nebentätigkeit s Rz 28, 29. Zur Nebentätigkeit eines Gemeindedirektors als Mitglied einer Schätzungskommission s BFH VI R 7/69 BStBl II 72, 460; zur Nebentätigkeit eines Orchestermusikers s BFH IV R 126/70 BStBl II 72, 212 und von Vertrauensleuten einer Buchgemeinschaft s BFH VI 186/58 U BStBl III 60, 215.

Pflegetätigkeit. Pflegende Verwandte oder Nachbarn sind keine ArbN. Es liegt allenfalls eine Tätigkeit iSd § 22 Nr 3 (BFH IX R 88/95 BStBl II 99, 776, regelmäßig nicht stbar) oder eine selbstständige Tätigkeit vor (FG Nds DStRE 07, 832, rkr; s auch § 18 Rz 155 „Kindertagespflege; Kindervollzeitpflege").

Privatunterricht durch Lehrer (Nachhilfestunden) ist regelmäßig selbstständige Tätigkeit; anders aber bei Abschluss eines auf längere Dauer ausgelegten Vertragsverhältnisses (BFH VI R 224/66 BStBl II 68, 362, stillschweigend). Angestellte Hauslehrer sind ArbN.

Prospektverteiler s „Zeitungsausträger".

Prostituierte in Bar, Bordell oder Call-Center sowie Darsteller in einer Peep-Show sind regelmäßig ArbN (FG Mchn EFG 08, 687, NZB unbegründet BFH VI B 8/08 BFH/NV 09, 1454; FG Mchn EFG 11, 56, rkr). Sie können je nach Gestaltung des Einzelfalls aber auch selbständig sein (FG Mchn EFG 10, 50, rkr); entscheidend ist die dem FG obliegende Gesamtwürdigung der Verhältnisse. Die Rechtslage ist geklärt (BFH VI B 111/06 BFH/NV 08, 949).

Prüfungstätigkeit s „Lehrtätigkeit".

Rechtsanwalt s „Urlaubsvertreter". Ein Anwalt ist ArbN, wenn er bei Verbänden oder Unternehmen gegen festes Gehalt tätig ist. Ob ein in einer RA-Kanzlei beschäftigter RA selbständiger Unternehmer oder ArbN ist, bestimmt sich nach allg Grundsätzen; die Bezeichnung als „freier Mitarbeiter" ist nicht maßgebl (FG Nbg EFG 94, 544, rkr). Ein angestellter RA kann neben den Einkünften als ArbN auch Einkünfte aus selbständiger Arbeit erzielen (FG Mchn DStRE 13, 340, rkr).

Redakteur in Anstellung kann beim gleichen ArbG durch freiwillige schriftstellerische Tätigkeit Einnahmen aus selbstständiger Arbeit beziehen (s Rz 29); allg zur Abgrenzung zw ArbVerh und selbständiger Arbeit bei Redakteuren FG Nds DStRE 14, 178, rkr.

Referendar im juristischen Vorbereitungsdienst ist ArbN (BFH VI R 155/80 BStBl II 83, 718, mwN). Wird der Referendar (Assessor) für einen RA von Fall zu Fall (nicht als Stationsreferendar) tätig, so steht er idR insoweit nicht in einem DienstVerh (BFH VI R 228/67 BStBl II 68, 455). Handelt es sich dagegen um eine länger andauernde regelmäßige Tätigkeit, spricht dies für die ArbN-Eigenschaft des Referendars, zB wenn er den RA während dessen Urlaub vertritt (entspr BFH VIII R 52/77 BStBl II 79, 414, Urlaubsvertretung eines Apothekers).

Reinigungsarbeiten werden regelmäßig iRe eines ArbVerh erbracht.

Reiseleiter wird regelmäßig ArbN sein (FG Hbg EFG 88, 120, rkr). Er kann aber auch selbständig tätig sein, insb wenn ihm ein Gestaltungsspielraum bei der Ausgestaltung der Reise eingeräumt ist und ein gewisses Vergütungsrisiko besteht (FG Hbg DStRE 05, 1442).

Rundfunkanstalt. Ob Mitarbeiter von Rundfunkanstalten als ArbN zu qualifizieren sind, richtet sich (unabhängig von Häufigkeit und Dauer des Arbeitseinsatzes, BAG 5 AZR 522/96 BB 98, 1265) nach dem Grad ihrer Eingliederung. Steht zB ein Rundfunksprecher der Anstalt regelmäßig zur Verfügung, ist er auch dann als ArbN zu beurteilen, wenn er von der Anstalt für jeden Einzelfall seiner Mitwirkung als „freier Mitarbeiter" verpflichtet wird (BFH V R 137/73 BStBl II 77, 50; FG RhPf EFG 89, 22, rkr; BAG 5 AZR 92/97 BB 98, 2211). Maßgebl ist aber stets die Gesamtwürdigung im Einzelfall. Diese kann auch zu selbständiger Tätigkeit führen (BAG 5 AZR 191/97 vDB 98, 2276). Hierfür kann sprechen, wenn ein freier Mitarbeiter nur für eine Produktion herangezogen wird. Wiederholungshonorare und Erlösbeteiligungen sind kein Lohn (BFH VI R 49/02 BStBl II 06, 917). S auch „Künstler", „Filmbranche", BAG 5 AZR 644/98 DB 00, 1520 und BAG 5 AZR 61/99 BB 01, 888.

Rundfunkermittler ist regelmäßig selbstständig tätig (BFH X R 83/96 BStBl II 99, 534; BFH V R 73/01 BStBl II 03, 217, s auch BAG 5 AZR 469/99 BB 99, 1876).

Sargträger können je nach den Umständen des Einzelfalles ArbN des Bestattungsunternehmens oder selbstständig sein (s FG Saarl EFG 96, 98, rkr).

Schiedsrichter im Profifussball ist selbständig (BFH I R 98/15 DStR 18, 449).

Schüler. Werden sie iRe eintägigen Schulprojekts entgeltl für einen „guten Zweck" tätig, kann vom LStAbzug abgesehen werden (*FM SachsAnh* DStR 20, 1130). ME liegt hier idR schon kein ArbVerh vor.

Schwarzarbeiter s BFH VI R 60/73 BStBl II 75, 513; FG Ddorf EFG 97, 1117, rkr. Entscheidend sind die Einzelfallumstände (*HHR* § 19 Rz 600 „Schwarzarbeiter"). Zur Frage des Brutto-/Nettolohns bei „schwarzen Lohnzahlungen" s § 39b Rz 13.

Sportler. Stellt ein Sportler seine Arbeitskraft für eine bestimmte Zeit zur Verfügung, ist er idR nichtselbstständig (zB Rennfahrer, Fußballspieler). Die Selbstständigkeit fehlt, wenn der Sportler kein Unternehmerrisiko trägt. Maßgebl sind hier die Gesamtumstände des Einzelfalls. *Beispiele:* Berufsringer (BFH IV 197/50 U BStBl III 51, 97); Berufsboxer (BFH IV 77/53 S BStBl III 55, 100; BFH V 182/58 U BStBl III 60, 376; BFH I 398/60 U BStBl III 64, 207; FG SachsAnh

DStRE 13, 138, rkr); Sechstagerennfahrer (BFH VI 13/54 BeckRS 1957, 21008973); Catcher (BFH I R 159/76 BStBl II 79, 182); Werks-Motocross-Fahrer (FG Ddorf EFG 91, 192, rkr). Für seine Selbstständigkeit spricht, wenn der Sportler sich nur zum Auftreten bei einzelnen Veranstaltungen verpflichtet. Ebenso, wenn ein Spitzensportler sein Abschiedsspiel mit Unternehmerrisiko selbst organisiert (FG Köln EFG 03, 80, rkr). Auch Trainer sind regelmäßig ArbN des Vereins, es sei denn, sie haben eigene Vertragsbeziehungen zu den zu Trainierenden (ArbG Kempten BB 98, 1007). Einnahmen aus Werbung gehören zu den gewerbl Einnahmen, wenn der Sportler die Werbetätigkeit selbstständig ausübt (BFH X R 14/10 BStBl II 12, 511; BFH I R 39/80 BStBl II 83, 182; BFH VIII R 104/85 BStBl II 86, 424; *Becker/Figura* BB 12, 3046; s aber FG Saarl EFG 94, 751; BGH II ZR 298/05 HFR 07, 597; *BMF* DStR 95, 1508; *FM Hess* DStR 96, 1328, 1567; Ausrüsterverträge s FG Hess EFG 01, 683, rkr). Zu Jahresvergütungen aus im Ausl erbrachter sportl werbender Tätigkeit inl Sportler s FG Mster EFG 06, 1177, rkr.

Stromableser können ArbN sein (BFH VI R 126/88 BStBl II 93, 155; FG Mchn EFG 04, 1050, rkr; s aber FG Bbg EFG 04, 34, rkr).

Subunternehmer. Monteur, auch wenn er auf Provisionsbasis für einen Auftraggeber tätig ist, ist ArbN, wenn typische Merkmale einer selbstständigen Tätigkeit fehlen (FG Hbg EFG 92, 279, rkr); ebenso FG Nds EFG 05, 20, rkr, für Kfz-Mechaniker; FG Hess EFG 05, 573, rkr, für Auslieferungsfahrer. Ein (zum Schein) angestellter Kolonnenführer kann aber auch selbständig tätig sein, wenn er Unternehmerrisiko trägt und Unternehmerinitiative entwickeln kann (FG Saarl BeckRS 2005, 26022200, rkr).

Synchronsprecher ist idR selbstständig; BFH VI R 212/75 BStBl II 79, 131.

Telearbeit. Bei neuen Heimarbeitskonzepten kann die Eingliederung in den Betrieb gelockert sein. ArbN-Eigenschaft kann aber bejaht werden, wenn eigenes Unternehmerrisiko fehlt.

Telefoninterviewer sind idR ArbN (BFH VI R 11/07 BStBl II 08, 933; BFH VI R 77/12 BStBl II 15, 903; FG Hess EFG 18, 1294, rkr), aber maßgebl ist die Gestaltung im Einzelfall.

Trainer in einem Sportverein ist regelmäßig ArbN. Dies kann auch gelten, wenn die Tätigkeit nebenberufl und für nicht mehr als sechs Wochenstunden ausgeübt wird (**aA** FG Hess EFG 94, 396, rkr). Der zeitl Umfang der Beschäftigung ist für die Abgrenzung zw selbständiger und unselbständiger Tätigkeit nur ein Indiz unter vielen (Rz 22). S auch „Sportler" und „Lehrtätigkeit".

Treppenhausreinigung durch einen Mieter führt idR nicht zu einem ArbVerh zum Hauseigentümer; gleiches gilt für Grundstückspflege.

Urlaubsvertreter. Weitgehende Entscheidungsbefugnis im fachl Bereich steht der Annahme eines DienstVerh nicht entgegen (BFH IV R 241/70 BStBl II 72, 213). Maßgebend ist das Innenverhältnis zw Vertreter und Vertretenem. Da die Verantwortung für wirtschaftl Belange nicht beim Urlaubsvertreter liegt, dieser auch kein Unternehmerrisiko trägt und er regelmäßig während der Arbeitszeiten anwesend sein muss, ist ein selbstständiger Apotheker, der als Urlaubsvertreter eines anderen selbstständigen Apothekers gegen Entgelt tätig geworden ist, insoweit als ArbN angesehen worden (BFH VIII R 52/77 BStBl II 79, 414). Diese Grundsätze müssen konsequenterweise auch auf Urlaubsvertretung durch selbstständige Ärzte, RA usw angewendet werden (**aA** *Bowitz* StB 15, 185).

Vermittlungstätigkeit von Bankangestellten beim Wertpapierkauf kann zur Haupttätigkeit gehören (*HHR* § 19 Rz 600 „Vermittlungstätigkeit"). Gleiches gilt bei Angestellten eines Reisebüros für den Abschluss von Reisegepäckversicherungen (BFH VI 120/61 U BStBl III 62, 490). Vermittlung von Sparanlagen durch Sparkassenangestellte s FG RhPf EFG 72, 584, rkr; FG Nbg EFG 78, 591, rkr. Vermitteln Bankangestellte im Interesse und unter Einschaltung der Bank (zB bei der Provisionsabrechnung) auch Versicherungen, so handelt es sich um eine zur Haupttätigkeit gehörende Leistung (Lohnzahlung durch Dritte; *FSen Brem* DStR 99, 1318, sog *Remunerationen*). Etwas anderes kann gelten, wenn die Vermittlungstätigkeit außerhalb der Arbeitszeit erfolgt und der ArbG nicht in die Rechtsbeziehungen des ArbN zur Versicherungsgesellschaft eingeschaltet ist (s auch LStR 19.4 II und „Nebentätigkeiten", Rz 100 „Provisionsnachlass", Rz 28, 29). Zu Bausparkassenvertretern s FG Ddorf DStRE 02, 420, rkr.

Wahlbeamte. Hauptberufl kommunale Wahlbeamte sind ArbN; ehrenamtl Wahlbeamte erzielen hingegen Einkünfte iSd § 18 I 3 (BFH IV R 15/95 BStBl II 96, 431).

Zeitungsausträger. Entscheidend ist die tatrichterl Würdigung (BFH VI R 29/68 BStBl II 69, 103 mwN; BFH V B 150/03 BFH/NV 05, 347), regelmäßig aber ArbN (FG Nds EFG 99, 1015, rkr, einerseits; FG Mster EFG 01, 1200, rkr, andererseits, für Zusteller von Anzeigenblättern). Gleiches gilt für Prospektverteiler (BFH VI B 53/03 BFH/NV 04, 42; BGH 1 StR 478/09 HFR 10, 415). Abonnentenwerbung durch Zeitungsausträger kann selbstständige Tätigkeit sein; entscheidend sind die Einzelfallumstände (BFH VI R 59/96 BStBl II 97, 254).

6. Arbeitslohn.

40 **a) Allgemeines.** Nach § 19 I Nr 1 gehören zu den Einnahmen aus nichtselbständiger Arbeit Gehälter, Löhne, Gratifikationen, Tantiemen und andere Bezüge, die für eine Beschäftigung im öffentl oder privaten Dienst gezahlt werden. Nach **stRspr** des BFH rechnen hiernach zum ArbLohn alle Güter in Geld oder Geldeswert, die dem ArbN aus dem DienstVerh für das Zurverfügungstellen seiner individuellen Arbeitskraft zufließen. Vorteile werden „für" eine Beschäftigung gewährt, wenn sie durch das individuelle DienstVerh des ArbN veranlasst sind. Das ist der Fall, wenn der Vorteil mit Rücksicht auf das DienstVerh eingeräumt wird und sich die Leistung iwS als Gegenleistung für das Zurverfügungstellen der individuellen Arbeitskraft des ArbN erweist (grundlegend BFH VI R 75/79 BStBl II 83, 39; BFH VI R 164/79 BStBl II 85, 164, BFH VI R 170/82 BStBl II 85, 529, BFH R 82/83 BStBl II 85, 532; BFH VI R 26/82 BStBl II 85, 641; aus neuer Zeit zB BFH X R 29/05 BStBl II 07, 402; BFH VI R 12/08 BStBl 10, 1069; BFH VI R 80/10 BStBl II 11, 948; BFH VI R 10/17 BStBl II 19, 404). Schrifttum und FinVerw haben sich der stRspr angeschlossen. Grundlegend abw dogmatische Ansatzpunkte (s *Schmidt* 31. Aufl § 19 Rz 16) werden heute praktisch nicht mehr vertreten.

41 **b) Einnahme.** Eine Einnahme ist jeder einmalige oder lfd erlangte Vorteil, der in Geld oder Geldeswert besteht. Wesensmerkmal einer Einnahme ist, dass es zu einer Bereicherung des ArbN kommt. Denn nur dann ist dessen steuerl Leistungsfähigkeit gesteigert. Der **Umfang der Bereicherung** ist für die Beurteilung als Einnahme nicht ausschlaggebend. Daher kann eine Einnahme nicht im Hinblick auf die Geringfügigkeit der Bereicherung verneint werden (*BH/Geserich* § 19 Rz 164; *Küttner* „Arbeitsentgelt" Rz 39; str). Erhält der ArbN einen **Geldbetrag**, bereitet die Annahme einer Einnahme keine Schwierigkeiten. Anders kann es bei **sonstigen erlangten Vorteilen** sein. Solche Vorteile sind von vornherein keine Einnahmen, wenn sie nicht in Geldeswert ausgedrückt werden können. Dies gilt zB für die **Ausgestaltung des Arbeitsplatzes** durch Gestellung moderner Maschinen, Büroeinrichtungen, Pausen- und Kantinenräume (sog ideelle Vorteile BFH VI R 75/79 BStBl II 83, 39; *Offerhaus* BB 82, 1061, 1062; s auch Rz 49). Zu den vorgenannten Einrichtungen zählen aber nicht zB firmeneigene Schwimmbäder, Sportanlagen (zB Tennisplatz, FG Mster EFG 90, 178, rkr; BFH VI R 74/96 BFH/NV 97, 473), Kindergärten (BFH VI R 203/83 BStBl II 86, 868; s aber § 3 Nr 33) usw. Die sich aus der kostenlosen oder verbilligten Benutzung dieser Anlagen ergebenden Vorteile sind in Geldeswert messbar. Es handelt sich um Vorteile, für deren Erhalt am Markt ein Entgelt gezahlt wird; sie stellen damit eine Einnahme aus dem DienstVerh dar.

aa) Ersparnis eigener Aufwendungen. Ein ArbN ist auch dann bereichert, 42 wenn er über den in seinen Konsumbereich gelangten Vorteil nicht weiterverfügen, ihn also nicht in Geld umsetzen kann (*BH/Geserich* § 19 Rz 163; **aA** *HHR* § 19 Rz 114). Dies gilt auch für sog Luxuskostenanteile bei Sachzuwendungen (BFH VI R 48/87 BStBl II 90, 711; *von Bornhaupt* FR 90, 621; **aA** *Albert* FR 90, 413). Die Leistungsfähigkeit des ArbN ist dadurch gesteigert, da entspr eigene Ausgaben erspart hat (FG Köln EFG 04, 1622, rkr, Raucherentwöhnung). Eine Einnahme kann daher auch im Verzicht des ArbG auf einen ihm gegen den ArbN zustehenden Schadensersatzanspruch bestehen (BFH VI R 145/89 BStBl II 92, 837; BFH VI R 73/05 BStBl II 07, 766; BFH VI R 1/17 DStR 20, 2417; zum Lohnzufluss durch Regressverzicht nach LStHaftung s BFH VI B 41/06 BFH/NV 07, 1122). Unerhebl ist, ob der ArbN die Ausgaben auch getätigt hätte, wenn er den Vorteil nicht kostenlos oder verbilligt hätte in Anspruch nehmen können (BFH VI R 48/87 BStBl II 90, 711, Incentive-Reise). Etwas anderes kann in Ausnahmefällen dann angenommen werden, wenn der ArbN sich einem unerwünschten Vorteil nicht entziehen kann (**aufgedrängte Bereicherung**; BFH VI R 75/79 BStBl II 83, 39, Vorsorgeuntersuchungsfall; nicht aber bei Belohnungen, BFH VI R 48/87 BStBl II 90, 711). Eine Bereicherung kann auch dann fehlen, wenn der ArbN für das Empfangene selbst nichts hätte aufwenden müssen (zB Medikamentengestellung bei bestehender KV, die die Medikamente gezahlt hätte; s auch *Offerhaus* BB 82, 1061, 1062; FG Hbg EFG 89, 575, rkr; FG Ddorf EFG 10, 137, rkr). Erst recht liegt keine Einnahme vor, wenn der ArbN die angebotene Sachzuwendung nicht ausnutzt (BFH VI R 23/17 BStBl II 20, 162; BFH VI R 19/05 BStBl II 07, 116; BFH VI R 57/09 BStBl II 11, 359).

bb) Keine Korrespondenz zwischen Einnahme und Ausgabe; durchlau- 43 **fende Gelder.** Für die Frage, ob der ArbN eine Einnahme erlangt hat, kommt es nicht darauf an, ob der ArbG selbst Aufwendungen hatte oder ob er entreichert ist (FG Hbg EFG 93, 155, rkr). Ein Korrespondenzprinzip dahin, dass die Einnahme des ArbN der Aufwendung des ArbG entsprechen muss, gibt es nicht (*Thomas* DStR 96, 1678, 1680). Ebenso ist unerhebl, ob die Einnahme des ArbN vom ArbG selbst stammt (§ 38 I 3). Auch eine Leistung des ArbG an einen Dritten kann dem ArbN als Einnahme zuzurechnen sein, wenn ein Zusammenhang zw dieser Leistung und dem DienstVerh besteht. – Durchlaufende Gelder, die der ArbN vom ArbG erhält, um sie für ihn auszugeben, führen beim ArbN aber nicht zu einer Bereicherung und stellen keine Einnahme dar. Zum Auslagen- und WK-Ersatz s Rz 65 ff. – Eine Gewinnchance (zB bei einer betriebl Verlosung) stellt für sich ebenfalls noch keine Einnahme dar, wohl aber ein sich aus dieser Chance ergebender Gewinn (s Rz 46).

c) Veranlassung durch das Dienstverhältnis. Das für die WK geltende Ver- 45 anlassungsprinzip ist auch auf den ArbLohn anzuwenden. Nach dem Veranlassungsprinzip ist zu bestimmen, ob eine Einnahme „für" die Beschäftigung gewährt wird. ArbLohn setzt deshalb voraus, dass die Einnahme durch das ArbVerh veranlasst ist (zB *HHR* § 19 Rz 154; *BH/Geserich* § 19 Rz 190; *Lang* DStJG 9, 50 ff, 59 ff; und Rz 40; krit *Crezelius* DStJG 9, 95 ff). Es muss ein obj Zusammenhang zw Einnahme und DienstVerh bestehen, dh die Zuwendung muss mit Rücksicht auf das DienstVerh (wegen des DienstVerh) eingeräumt sein. Der obj Zusammenhang wird durch die subj Vorstellungen des ArbN und vor allem des ArbG erhellt (*Offerhaus* BB 82, 1061, 1063; *HHR* § 19 Rz 155, mit zutr Aufzählung unmaßgebl Beurteilungskriterien). Der ArbG (oder ein Dritter) muss die Zuwendung (subj) iwS als Gegenleistung für das Zurverfügungstellen der individuellen Arbeitskraft des ArbN erbringen. Ob dies zutrifft, kann nur unter Berücksichtigung aller wesentl Umstände des Einzelfalls beurteilt werden. Hierbei sind insb Zweck der Zuwendung und äußere Umstände wie Anlass, Zuwendungsgegenstand und Begleitumstände eingehend zu würdigen (BFH VI R 170/82 BStBl II 85, 529; BFH VI R 25/05 BStBl II 09, 382; BFH VI R 80/10 BStBl II 11, 948; BFH VI R 67/14 BStBl II 17, 69). Nicht entscheidend ist, dass die Leistung des ArbG für eine konkrete (einzelne) Dienstleistung des ArbN erbracht wird (BFH VI R 164/79 BStBl II 85, 164). Der ArbG kann auch ganz auf die Arbeitsleistung des ArbN verzichten, ohne dass dies dem Vorliegen von ArbLohn entgegenstehen muss, sofern die Zahlung durch das ArbVerh veranlasst ist (BFH IX R 44/17 BStBl II 19, 574). Auch dass der ArbG mit der Zuwendung gleichzeitig soziale oder sonstige Ziele verfolgt, lässt die Veranlassung durch das individuelle DienstVerh unberührt (s aber Rz 50 zum ganz überwiegenden eigenbetriebl Interesse).

46 **aa) Arbeitslohn auch ohne Anspruch auf die Leistung gegen Arbeitgeber.** Für das Vorliegen von ArbLohn kommt es grds nicht darauf an, ob der ArbG aufgrund gesetzl oder (tarif)vertragl Verpflichtung oder sogar freiwillig ohne Rechtspflicht leistet (§ 19 I 2). Besteht ein arbeitsrechtl Anspruch auf die Zuwendung, so ist deren Veranlassung durch das DienstVerh regelmäßig gegeben. Gleiches gilt, wenn die Beteiligten irrig von einem Anspruch ausgehen (entspr BFH VIII R 68/90 BStBl II 93, 825; BFH VIII B 47/01 BFH/NV 02, 780). Ein Rechtsanspruch des ArbN auf die Zuwendung ist aber nicht Voraussetzung für die Annahme von ArbLohn (BFH VI R 58/11 BStBl II 13, 642; FG Köln EFG 14, 843, rkr; *Kruse* StuW 01, 366). Unerhebl ist auch, ob die an der Zuwendung Beteiligten der Auffassung sind, die Zahlung sei eine nicht durch das ArbVerh veranlasste Schenkung. Maßgebl ist vielmehr, ob die Zuwendung obj durch das DienstVerh veranlasst ist (BFH VI B 89/13 BFH/NV 14, 511 und Rz 45). Die bei Gelegenheit der Dienstleistung erzielten geldwerten Vorteile sind ebenfalls Einnahmen iSd § 19 (FG RhPf DStZ 92, 55, rkr, Fundgelder in Spielbank, mit abl Anm *Gräfe*). Der Zusammenhang einer Einnahme mit dem DienstVerh kann aber kraft Gesetzes ohne Bedeutung sein, zB im Fall des **ArbN-K'tisten** (s § 15 Rz 580 ff). Auch bei versehentl oder rechtsgrundloser Lohnüberzahlung ist die Veranlassung durch das DienstVerh gegeben (BFH VI R 17/03 BStBl II 06, 830; BFH VI R 19/03 BStBl II 06, 832; BFH VI R 13/14 BFH/NV 16, 1368; zur Rückzahlung der Überzahlung in späteren VZ s § 9 Rz 108). Ebenso ist unerhebl, ob sich die Vorteile auf Haupt- oder Nebenleistungen des ArbN beziehen (BFH VI R 106/84 BStBl II 88, 726, Prämien aus Sicherheitswettbewerben). Auch freiwillige Sonderzuwendungen des ArbG an einzelne ArbN sind Ertrag der Arbeit und damit Lohn. Maßgebl Grund für wegen persönl Ereignisse des ArbN gewährte freiwillige Zusatzvergütungen bleibt das individuelle DienstVerh (s BFH VI R 81/82 BStBl II 86, 95, Kommunion eines Kindes des ArbN). Dies gilt sowohl für Geld- als auch für Sachgeschenke (BFH VI R 26/82 BStBl II 85, 641; BFH VI R 39/08 BStBl II 09, 668), ebenso für **Preisgelder** aus einem Ideenwettbewerb (FG Köln EFG 13, 1405, rkr), einem Wissenschaftspreis (FG Hbg EFG 14, 1790, rkr) oder für eine Dissertation (FG Köln EFG 20, 1237, rkr; krit *Grotherr* DStZ 21, 577). **Prämienzahlungen** des ArbG für Versicherungen zugunsten des ArbN sind aber nur dann Lohn, wenn der ArbN gegen den Versicherer einen eigenen Anspruch erlangt (BFH VI R 42/92 BStBl II 93, 519; BFH VI R 9/05 BStBl II 09, 385; FG Mchn EFG 02, 1524, rkr; s weiter Rz 55 und Rz 100 „Unfallversicherung"). Lohn kann indes ausscheiden, wenn die Versicherungsprämien eine private Zuwendung darstellen (FG RhPf EFG 99, 230, rkr, Ehegatten-DirektVers). Die Veranlassung durch das DienstVerh fehlt in Fällen der **Unterschlagung,** des **Diebstahls** (s Rz 100 „Diebstahl") oder wenn sich der ArbN unter Fälschung von Lohndaten Beträge als Gehalt selbst auszahlt (BFH VI R 38/11 BFH/NV 13, 647). Auch Bestechungsgelder von dritter Seite sind nicht durch die Zurverfügungstellung der individuellen Arbeitskraft veranlasst (BFH IX R 87/95 BStBl II 00, 396; BFH IX R 73/96 BFH/NV 01, 25; BFH IX R 26/14

DStR 15, 2321, Einnahmen iSd § 22 Nr 3). Diese Handlungen sind vielmehr gegen das ArbVerh gerichtet (grds a**A** *Lang* DStJG 9, 52 f).

bb) Verlosung. Der Zusammenhang zw Vorteilsgewährung und DienstVerh ist nicht unterbrochen, wenn der **geldwerte Vorteil** die Folge eines Gewinns bei **einer betriebl Verlosung** ist (ausführl BFH VI R 45/93 BStBl II 94, 254; FG Mster EFG 05, 687, rkr; BFH VI R 69/04 BFH/NV 05, 2016, Verlosung durch einen Kunden des ArbG; s auch BFH X R 25/07 BStBl II 10, 550). Dies gilt auch dann, wenn die Verlosung, an der nur ArbN mit besonderer Zielerfüllung teilnehmen können, gelegentl einer Betriebsveranstaltung durchgeführt wird (BFH VI R 5/94 BFH/NV 94, 857; BFH VI R 88/92 BFH/NV 94, 861). Anders ist die Rechtslage, wenn der ArbG dem ArbN ein *Lotterielos* überlässt (*FM Saarl* DStR 04, 865, Lohn iHd Entgelts für das Los; Losgewinn kein Lohn) oder wenn der ArbN das Los bei einer Betriebsverlosung zu Bedingungen wie bei einer allg Verlosung selbst gekauft hat (BFH X R 8/06 BStBl II 10, 548; zutr Anm *Förster* DStR 09, 249; krit *Wendt* FR 09, 391). 47

cc) Leistungen des Arbeitgebers kraft öffentlich-rechtlicher Verpflichtung. Bei solchen Leistungen ist sorgfältig zu prüfen, ob sie „für eine Beschäftigung" gewährt werden (s *Offerhaus* BB 90, 2017, 2018). Eine Veranlassung durch das DienstVerh fehlt, wenn der ArbG als Erfüllungsgehilfe des Staates bei den von diesem mit eigenen Mitteln geförderten Zielen erscheint (BFH VI R 18/90 BStBl II 93, 45, Übereignung eines mit Kohleabgabe geförderten Hauses unter Verkehrswert; BFH VI R 159/99 BStBl II 01, 815, Bundeszuschuss an Bahnversicherung; *Pust* HFR 01, 860); ebenso zB bei gesetzl Mietpreisbeschränkungen (LStR 8.1 (6) 8); nicht hingegen bei gesetzl angeordneter verbilligter Überlassung von Belegschaftsaktien nach Privatisierung eines Staatsunternehmens (BFH VI R 19/96 BFH/NV 97, 179) oder bei beamtenrechtl Ausgleichsanspruch für rechtswidrig geleistete Mehrarbeit (BFH IX R 2/16 BStBl II 16, 901). Kein ArbLohn sind ferner Leistungen des ArbG oder Dritter, die sozialpolitischen Zwecken dienen und subventionsartigen Charakter haben (BFH VI R 134/01 BStBl II 05, 569; BFH VI R 74/01 BFH/NV 05, 1301, Leistungen nach dem FELEG; dazu *Bergkemper* FR 05, 899). Auch die Bereicherung des ArbN infolge gesetzl **Beitragslastenverschiebung im SV-Recht,** wonach der ArbN nach einer bestimmten Zeit nicht mehr mit ArbN-Anteilen rückbelastet werden darf, ist nicht „für eine Beschäftigung" erfolgt und daher kein Lohn (BFH VI R 4/87 BStBl II 94, 194 gilt insoweit fort; vgl BFH VI R 54/03 BStBl II 08, 58 betr Nachentrichtung hinterzogener ArbN-Anteile zur Gesamtsozialversicherung bei Schwarzlohnzahlungen als ArbLohn). Zukunftssicherungsleistungen, die der ArbG zugunsten des ArbN erbringt, sind allerdings ArbLohn unabhängig davon, ob der ArbG mit der Zahlung eine eigene gesetzl Verpflichtung erfüllt (BFH VI R 20/17, BStBl II 21, 311, zu Beiträgen nach dem österr BMSVG; FG BaWü EFG 21, 358, zu Beiträgen zur Schweizer FAR-Stiftung). 48

dd) Ausgestaltung des Arbeitsplatzes. Sie ist keine Gegenleistung für die Zurverfügungstellung der individuellen Arbeitskraft (sofern man nicht schon eine Einnahme verneint, s Rz 41; zum überwiegenden eigenbetrieblen Interesse s Rz 55). Gleiches gilt für Vorteile, die aus besonderen Arbeitsbedingungen erwachsen, zB aus der dienstl Anwesenheit des Polizisten bei einer Sportveranstaltung (s auch HHR § 19 Rz 600 „Eintrittskarten"), aus der Gestellung von Arbeitsgeräten (zB Gestellung eines Dienstwagens für eine Dienstreise, s *Giloy* BB 86, 40) oder aus einfachen Speisen und (Heiß-)Getränken mit sofortigem Verzehr (BFH VI R 36/17 DStR 19, 1961). Ein etwaiger Vorteil stellt sich lediglich als Reflex aus der Arbeitserbringung dar (BFH VI R 112/98 BStBl II 03, 886, Erwerb des Führerscheins Klasse III iRd Polizeiausbildung; *FM Bay* DStR 04, 1217, Feuerwehrleute). Vorsorge für die Unterbringung von an wechselnden auswärtigen Arbeitsstätten tätigen ArbN kann ebenfalls als eine Art Gestaltung der Arbeitsbedingungen angesehen 49 werden (s für die USt BFH V R 21/92 BStBl II 94, 881; BFH V R 6/04 BFH/NV 06, 2136; *Jacobs* BB 08, 1545).

50 **ee) Keine Konnexität Werbungskosten/Arbeitslohn.** Dass Aufwendungen des ArbN als WK abzugsfähig sind, muss nicht zwangsläufig bedeuten, dass **spätere Einnahmen aus den dem WK-Abzug zugrunde liegenden Rechtsbeziehungen** als Lohn zu qualifizieren sind (BFH X R 161/88 BStBl II 91, 337).

51 **ff) Aufteilung gemischt veranlasster Einnahmen.** Sind die Einnahmen durch mehrere Umstände (berufl/privat) veranlasst, so kommt – falls ein obj Aufteilungsmaßstab gegeben ist – eine Aufteilung in Betracht. **§ 12 Nr 1** gilt auf der **Einnahmeseite** nicht (gefestigte Rspr s BFH VI R 32/03 BStBl II 06, 30; BFH VI R 48/99 BStBl II 03, 724; BFH VI B 14/10 BFH/NV 11, 24). Nachdem der GrS des BFH das Aufteilungsverbot aufgegeben hat (s § 12 Rz 1 ff), können auf der Einnahmen- und Ausgabenseite gleiche Grundsätze zur Anwendung kommen. Fehlt ein Aufteilungsmaßstab oder greifen die jeweilige Veranlassungsbeiträge so ineinander, dass eine Trennung nicht mögl ist, muss die Zuwendung einheitl beurteilt werden. Es kommt dann auf den wesentl Veranlassungsfaktor an (BFH VI R 7/08 BStBl II 10, 763; *BH/Geserich* § 19 Rz 194; *Tipke* FR 83, 581). So kann die berufl Veranlassung zB fehlen, wenn der auch zum privaten Bekanntenkreis des ArbG gehörende ArbN ein Geburtstagsgeschenk erhält und andere ArbN derartige Geschenke nicht erhalten. Sind **mehrere Einkunftsarten berührt,** ist die im Vordergrund stehende Einkunftsart maßgebend (BFH VIII R 210/83 BStBl II 90, 532, § 19 zu KapVerm; BFH VI R 25/02 BStBl II 06, 10, § 19 zu VuV). Entscheidend ist die tatrichterl Gesamtwürdigung dazu, welche Einkunftsart im Vordergrund steht (BFH B 23/07 BFH/NV 07, 1870; BFH VI B 67/03 BFH/NV 05, 702) bzw ob ein Leistungsaustausch dem stbaren Bereich zuzurechnen ist (BFH VI R 80/10 BStBl II 11, 948).

52 **gg) Abgrenzung zu Leistungen aufgrund sonstiger Rechtsbeziehungen.** Aus den vorstehenden Ausführungen folgt, dass kein ArbLohn vorliegt, wenn eine Zuwendung wegen anderer, nicht auf dem DienstVerh beruhender (Rechts) Beziehungen zw ArbN und ArbG gewährt wird (zB Zinsen aus in Darlehen umgewandelten, stehen gelassenen Lohn; später fällig werdende verzinsl Gratifikation, BFH VIII R 210/83 BStBl II 90, 532; zur Vermietung von Garagen oder Büroräumen an den ArbG, BFH VI R 131/00 BStBl II 02, 300; zur Anbringung von ArbG-Werbung am ArbN-Kfz, FG Mster DStRE 20, 597, Rev VI R 20/20, mE zutr; zur Einräumung eines Wohnrechts, BFH V R 33/97 BStBl II 04, 1076; zu Zinsen aus Mitarbeiterbeteiligungsmodell, BFH VI B 23/07 BFH/NV 07, 1870; zu Aktienoptionen, BFH VI R 80/10 BStBl II 11, 948, insb kein Lohn bei Erwerb zum Marktpreis (FG Köln EFG 17, 1646, rkr); zum Erwerb von Aktien, BFH VI R 73/12 BFH/NV 14, 1291, mit Anm *ge* DStR 14, 1330; FG Nbg EFG 15, 917, rkr; zum Veräußerungsgewinn aus einer Beteiligung, BFH VI R 69/06 BStBl II 10, 69; zu Genussrechtsausschüttungen BFH VIII R 44/11 BStBl II 15, 593; zum Rückverkauf von Genussrechten BFH VIII R 20/11 BFH/NV 14, 415; zu Exit-Boni FG Mster EFG 15, 385; *Frey/Schmid* DStR 15, 1094; zur Übertragung originärer urheberrechtl Verwertungsrechte, BFH VI R 49/02 BStBl II 06, 917). Umfassend *Schneider* DB 06, Beilage 6 S 51. Die Beteiligung des ArbN an einem (künftigen) Veräußerungserlös des ArbG-Unternehmens kann sich aber auch als ArbLohn darstellen (BFH VI R 12/16 BFH/NV 20, 12).

55 **d) Überwiegendes eigenbetriebliches Interesse.** ArbLohn ist auch nicht gegeben, wenn und soweit die Zuwendung im ganz überwiegenden eigenbetriebl Interesse des ArbG erfolgt (BFH VI R 75/79 BStBl II 83, 39, Vorsorgeuntersuchung; BFH VI R 94/10 BFH/NV 13, 1846, Betriebsveranstaltungen; zum Begriff „eigenbetriebl Interesse" s auch *Krüger* DStR 13, 2029; *Heger* DB 14, 1277; *Kirchhof* FR 15, 773; BFH VI R 95/92 BStBl II 93, 687, Jahreswagen; BFH VI R 51/08 BStBl II 10, 700, FG Ddorf EFG 21, 1130, rkr, unentgelt Verpflegung; BFH VI R

10/17 BStBl II 20, 404, Sensibilisierungswoche). Das ganz überwiegende eigenbetriebl Interesse des ArbG ist kein negatives Tatbestandsmerkmal des ArbLohn-Begriffs (*BH/Geserich* § 19 Rz 201; *HHR* § 19 Rz 185). Es grenzt vielmehr Vorteile mit Entlohnungscharakter von solchen Vorteilen ab, die sich ledigl als notwendige Begleiterscheinung betriebsfunktionaler Zielsetzungen erweisen. In seiner neueren Rspr stellt der BFH besonders darauf ab, ob es für die Zuwendung beachtl betriebsfunktionale Gründe gibt. Fehlen sie, liegt ArbLohn nahe (zB BFH VI R 36/12 BStBl II 14, 278, mit Anm *Schneider* HFR 14, 218). IÜ muss sich aufgrund einer Gesamtwürdigung der für die Zuwendung maßgebl Umstände (zB Anlass, Art und Höhe des Vorteils, Auswahl der Begünstigten, freie oder gebundene Verfügbarkeit, Freiwilligkeit oder Zwang zur Annahme, besondere Geeignetheit des Vorteils zur Erreichung des betriebl Zwecks) ergeben, dass der betriebl Zweck ganz im Vordergrund steht und ein damit einhergehendes eigenes Interesse des ArbN, den Vorteil zu erlangen, vernachlässigt werden kann. Folgl besteht eine Wechselwirkung zw der Intensität des eigenbetriebl Interesses des ArbG und dem Ausmaß der Bereicherung des ArbN. Je größer der Vorteil für den ArbN ist, desto geringer wiegt das eigenbetriebl Interesse des ArbG (BFH VI R 106/84 BStBl II 88, 726; BFH VI R 51/08 BStBl II 10, 700). Nach BFH VI R 97/86 BStBl II 91, 262 soll dem eigenbetriebl Interesse des ArbG umso größere Bedeutung zukommen, je geringer die Bereicherung des ArbN ist. Dies ist zweifelhaft, zu Recht krit *Gosch* DStR 91, 149, Nichtanwendungserlass *BMF* BStBl I 91, 388). Für die Annahme eines ganz überwiegenden eigenbetriebl Interesses des ArbG reichen weder ein betriebl Anlass noch eine allg Vorteilhaftigkeit der Zuwendung für den Betrieb des ArbG aus. Zu beachten ist ferner, dass das Veranlassungsprinzip und damit auch die Formel vom ganz überwiegenden eigenbetriebl Interesse dazu dienen, zur Verwirklichung des obj Nettoprinzips stbare Vorteile, die ArbLohn darstellen, vom nicht-stbaren Bereich abzugrenzen (*KSM* § 19 Rz B 326). Es dürfen nur solche Vorteile als ArbLohn erfasst werden, die in die private Konsumsphäre fließen (*Krüger* DStR 13, 2029; *Kirchhof* FR 15, 773; *Lang* FS Offerhaus S 444; so auch BFH VI R 10/17 BStBl II 20, 404; **aA** *Heger* DB 14, 1277). Dies beachtet die BFH-Rspr teilweise aber nicht hinreichend, soweit die Formel vom überwiegend eigenbetriebl Interesse auch bei Zuwendungen des ArbG in die berufl Sphäre des ArbN verwendet wird. Damit verfehlt sie das Ziel, Zuwendungen in die Berufssphäre von Zuwendungen in die private Konsumsphäre entspr dem Belastungsgrund der ESt sachgerecht abzugrenzen (*Drenseck* FS Lang S 482, zum Merkmal des überwiegenden eigenbetriebl Interesses; s ferner Rz 66 ff zur Problematik des WK-Ersatzes).

aa) Fallgruppen. Ein ganz überwiegendes eigenbetriebl Interesse des ArbG **56** kommt insb in folgenden **Fallgestaltungen** in Betracht (s auch *HHR* § 19 Rz 186): – **(1) Vorteil für die Belegschaft als Gesamtheit (Beispiele).** Ausgestaltung der Arbeitsplätze, der Sozial- und Kantinenräume, Betriebsveranstaltungen zur Förderung des Betriebsklimas, nicht hingegen die verbilligte Gewährung von Mahlzeiten (BFH VI R 164/79 BStBl II 85, 164). – **(2) Aufgedrängter Vorteil.** Der Vorteil wird dem ArbN aufgedrängt (zB Rz 100 „Vorsorgeuntersuchung") und besitzt auch keine Marktgängigkeit (BFH VI R 120/82 BStBl II 85, 718, Erstattung von Mitgliedsbeiträgen für die Mitgliedschaft in einem Industrieclub, wenn der ArbG durch die Mitgliedschaft des ArbN Zugang zu den Räumlichkeiten für betriebl Belange erhält; FG Nds DStRE 08, 564, rkr, Übernahme des Mitgliedsbeitrags in einem Wirtschaftsclub; Lohn hingegen, wenn dem ArbN Vereinsbeiträge erstattet werden und mit der Zuwendung eine Arbeitsleistung entlohnt werden soll, FG Mster EFG 91, 323, rkr; BFH VI R 31/10 BStBl II 13, 700 zu II.4; BFH VI R 69/13 BFH/NV 14, 1834, jeweils Beiträge zu Golfclub). – **(3) Vorteil als von der Entlohnung losgelöste betriebl Maßnahme.** S BFH VI R 65/09 BFH/NV 11, 1938; BFH VI R 78/12 BFH/NV 14, 401; BFH VI R 58/14 BStBl II 16, 621, eigene Haftpflichtversicherung des ArbG; BFH VI R 28/17 BStBl II 19, 785, Übernahme von StB-Kosten bei Nettolohnvereinbarung und Abtretung des Erstattungsanspruchs, s dazu auch *BMF* BStBl I 20, 483, *OFD NRW* DStR 20, 599; nicht aber unentgeltl Verpflegung von Profisportlern, FG Mchn EFG 13, 1407, rkr; **aA** *Seifert* StuB 13, 665; s auch Rz 100 „Bewirtung"). – **(4) Fortbildung.** Im nahezu ausschließl eigenbetriebl Interesse des ArbG liegen ferner häufig Maßnahmen, die zur Fortbildung der Mitarbeiter ergriffen werden.

57   bb) Personalrabatt. Ein überwiegend eigenbetriebl Interesse des ArbG an der Gewährung eines Personalrabatts besteht idR nicht (BFH VI R 178/87 BStBl II 92, 840; BFH VI R 95/92 BStBl II 93, 687). Dies gilt auch für den Belegschaftshandel innerhalb eines Konzerns (BFH IX R 82/98 BStBl II 06, 669). Der Vorteil aus der Gewährung eines Personalrabatts dient vorwiegend der Befriedigung von Konsumbedürfnissen des ArbN und ist damit ArbLohn (*Offerhaus* DStJG 9, 132 ff; *Giloy* DStZ 86, 367); es werden die aus der Berufssphäre in die private Konsumsphäre fließenden Vorteile besteuert (*Lang* FS Offerhaus S 443 f). Daher führt die verbilligte Überlassung hochwertiger Markenkleidung zum Lohnzufluss (BFH VI R 60/02 BStBl II 06, 691; anders BFH VI R 21/05 BStBl II 06, 915, für während der Arbeit zu tragende bürgerl Einheitskleidung, oder wenn Kleidungsstücke mit Firmenkennzeichen getragen werden müssen, jeweils Einzelfallwürdigung). Die verbilligte Überlassung von Jahreswagen ist ein Unterfall des Personalrabatts (ausführl BFH VI R 95/92 BStBl II 93, 687; s Rz 100 „Jahreswagen"). Es kommt nicht darauf an, ob der ArbG dem ArbN bewusst einen Vorteil zukommen lassen will (BFH VI R 249/71 BStBl II 75, 182). Der Veranlassungszusammenhang zw Personalrabatt und DienstVerh ist nur dann zu verneinen, wenn der Rabatt im normalen Geschäftsverkehr auch jedem anderen Kunden des ArbG eingeräumt wird (BFH VI R 15/86 BStBl II 90, 472; BFH VI R 18/07 BStBl II 10, 67; BFH VI R 62/11 BFH/NV 14, 1431; FG Mster EFG 97, 1511, rkr) oder wenn der ArbN auch an anderer Stelle keinen höheren Preis für die gleichen Waren *des ArbG* zahlen müsste (s auch FG Mchn EFG 02, 617, rkr; und § 8 Rz 65 ff). Lohn kann im Einzelfall zu verneinen sein, wenn Waren zu Testzwecken an ArbN überlassen werden (*Albert/Heitmann* DB 85, 2524, 2527; FG Saarl EFG 94, 962, rkr) oder wenn mit dem Erwerb wertmindernde Nachteile in Kauf genommen werden müssen. Hierzu zählen aber weder eine Veräußerungssperre, zB bei Jahreswagen (s Rz 100 „Jahreswagen"), noch eine Haltefrist bei Aktien (BFH VI R 67/05 BStBl II 09, 282). ArbLohn liegt auch vor, wenn der ArbG einen ihm eingeräumten Firmen- oder Behördenrabatt an seine ArbN weitergibt (FG Hess EFG 98, 465, rkr) oder es sich um Güter handelt, die zum Betriebssortiment des ArbG gehören. Dabei wird ArbLohn auch dann gegeben sein, wenn der ArbN direkt beim Zulieferer des ArbG einkauft und die Vergünstigung die Folge der Beschäftigung bei dem ArbG ist (*Birk* FR 90, 237, 238; **aA** *Albert* DB 92, 1954; FG Nds DStR 90, 82, rkr, Arzneimittelverkauf an Krankenhauspersonal durch Krankenhausapotheke, dagegen zutr BFH VI R 63/97 BStBl II 02, 881, nur Gewährung des Rabattfreibetrags). Zu beachten ist stets, welche Interessen der ArbG mit den rechtl oder wirtschaftl Beziehungen zu dem Dritten verfolgt (ausführl *Lang* FS Offerhaus S 437–443) und ob der ArbG an der Verschaffung des Vorteils durch den Dritten aktiv mitwirkt. Ein starkes eigenwirtschaftl Interesse des Dritten an der Vorteilsgewährung schließt die Annahme von ArbLohn idR aus. Die bloße Mitwirkung des ArbG an der Vorteilsgewährung durch den Dritten reicht für die Annahme von ArbLohn allein noch nicht aus. Die Abgrenzung im Einzelfall kann schwierig sein. Zur **Rabattgewährung durch Dritte** s auch *BMF* BStBl I 15, 143; *Geserich* NWB 15, 1610; *Wangerofsky* DStR 15, 806; FG Hbg DStRE 18, 772, rkr, mE zweifelhafter Grenzfall; FG Köln EFG 19, 119, Rev VI R 53/18, mE unzutr, zustimmend aber *Strohner* DB 19, 925). S auch Rz 100 „Rabatte", „Provisionsnachlass" und Rz 110 „Personalrabatt"; § 38 Rz 5 ff. Zur Vorteilsbesteuerung im

Arbeitslohn 60, 61 § 19

Belegschaftsgeschäft von Versicherungen s *Lang* StuW 04, 227. – Zur **Bewertung der Personalrabatte** s § 8 III Rz 71.

e) Zukunftssicherungsleistungen. Zum ArbLohn können auch Ausgaben gehören, die ein ArbG leistet, um einen ArbN oder diesem nahe stehende Personen für den Fall der Krankheit, des Unfalls, der Invalidität, des Alters oder des Todes abzusichern (s auch § 19 11 Nr 3 S 1, Rz 91). Dies gilt auch für Zuschüsse des ArbG zu einer privaten Zusatzkrankenversicherung des ArbN (BFH VI R 16/17 DStR 18, 1910). Die betriebl Altersversor-gung kann durch DirektVers, Pensionskasse, Pensionsfonds, Unterstützungskasse oder Direktzusage (zu den unterschiedl Durchführungswegen s *Küttner* „Betriebl Altersversorgung" Rz 24 ff) mit unterschiedl Rechtsfolgen im Hinblick auf den Zeitpunkt der Lohnbesteuerung der vom ArbG gezahlten Beiträge bzw auf die Besteuerung der späteren Versorgungsleistungen erfolgen (s *HHR* § 19 Rz 385 ff; *Portner* FR 14, 91). Der stbegünstigte Aufbau einer eigenen Altersversorgung wird durch verschiedene Regelungen gefördert (s §§ 3 Nr 63, 4e, 10a, 22 Nr 5, 40b, 79 ff; s auch BFH VI R 57/08 BFH/NV 11, 890; *BMF* BStBl I 11, 1250; *Bergkemper* FR 11, 481; *Niermann* DB 01, 1380). Die ArbLohnqualität von Leistungen, die der ArbG zur Zukunftssicherung des ArbN an einen Dritten (Versicherer) erbringt, hängt davon ab, ob sich der Vorgang wirtschaftl betrachtet so darstellt, als ob der ArbG dem ArbN Mittel zur Verfügung gestellt und der ArbN sie zum Zweck seiner Zukunftssicherung verwendet hat (BFH VI R 36/09 BFH/NV 12, 201). Davon ist auszugehen, wenn dem ArbN gegen die Versorgungseinrichtung, an die der ArbG die Beiträge geleistet hat, ein unentziehbarer Rechtsanspruch auf die Leistung zusteht (BFH VI R 60/96 BStBl II 00, 406; BFH VI R 165/01 BStBl II 05, 890; BFH VI R 9/05 BStBl II 09, 385; s auch *Bergkemper* FR 11, 1043). Erlangt der ArbN einen solchen eigenen Rechtsanspruch, fließt mit der Beitragsleistung ArbLohn grds unabhängig davon zu, ob und in welcher Höhe der ArbN später Versicherungsleistungen erlangt. Die (noch) fehlende Unverfallbarkeit des Leistungsanspruchs nach Wartezeit steht dem Zufluss nicht entgegen (BFH VI R 47/02 BFH/NV 07, 1876, ArbG-Beiträge an Pensionsfonds; verloren gegangene Beiträge sind als negative Einnahmen/WK anzusetzen, s *Paetsch* HFR 07, 984). Die Beitragszahlung muss auch nicht auf dem Arbeitsvertrag beruhen, eine gesetzl Verpflichtung des ArbG zur Beitragszahlung reicht aus (BFH VI R 20/17 DStR 20, 1428, zu Beiträgen nach dem österreichischen BMSVG). Der ArbN kann einen eigenen Anspruch auf die Versicherungsleistung auch dadurch erhalten, dass der ArbG ihm den Anspruch (zB aus einer Rückdeckungsversicherung) abtritt. Spätere Beitragszahlungen des ArbG sind dann Arbslohn (BFH VI R 10/11 BFH/NV 13, 350). Der Zufluss von ArbLohn setzt nicht voraus, dass feststeht, ob der Risikofall überhaupt eintritt und der Versicherer eine Leistung zu erbringen hat. Auch die Art des angewandten Deckungssystems ist für die Qualifizierung der Beiträge als ArbLohn grds nicht von Bedeutung (BFH VI R 8/07 BStBl II 10, 194). Rückdeckung oder Absicherung des ArbG ohne Anspruch des ArbN gegen den Versicherer/die Unterstützungskasse führt hingegen noch nicht zum Lohnzufluss beim ArbN (BFH VI B 155/98 BFH/NV 99, 457; BFH VI R 39/09 BFH/NV 10, 2296). ArbLohn fließt in einem solchen Fall erst im Zeitpunkt der Leistung durch die Versorgungseinrichtung zu (s aber Rz 88). Freiwillige Zuschüsse des ArbG zur Zukunftssicherung des ArbN sind stpfl Lohn (BFH VI B 237/01 BFH/NV 02, 1029).

aa) Fallgruppen. Auf dieser Grundlage sieht der BFH (lfd) Beiträge, die vom ArbG aus einer Versorgungseinrichtung im sog umlagefinanzierten gleitenden Abschnittdeckungsverfahren erbracht werden, idR im Zahlungszeitpunkt als ArbLohn an (BFH VI R 8/07 BStBl II 10, 194). Kein ArbLohn nach § 19 I 1 Nr 1 liegt hingegen vor bei **Sonderzahlungen (Sanierungsgeldern)** iZm der Schließung eines Umlagesystems (BFH VI R 32/04 BStBl II 06, 500; *Bergkemper* HFR 05, 1168 und *ders* FR 05, 1209) oder zur Verbesserung der Kapitalausstattung, wenn die Sonderzahlung wirtschaftl nicht an die Stelle eines eigenen ArbN-Beitrags tritt (BFH VI R 1/11 BFH/NV 13, 1564), bei **Wechsel zu einer anderen Zusatzversorgungskasse** (BFH VI R 148/98 BStBl II 06, 532; BFH VI R 64/05 BFH/NV 06, 1272; *Berkemper* FR 05, 1252), zur langfristigen Kapitalvorsorge (BFH VI R 1/11 BFH/NV 13, 1564), bei **Gegenwertzahlungen** aus Anlass des Ausscheidens aus einem Versorgungssystem (BFH VI R 92/04 BStBl II 06, 528; *Bergkemper* HFR 06, 452; *Scheid* DStZ 05, 372; *Seeger* DB 05, 2771), bei Zuführungen zur Bildung der gesetzl vorgeschriebenen **Solvabilitätsspanne** (BFH VI R 154/99 BStBl II 02, 22) oder bei **VBL-Zuschlägen** wegen Ges'terwechsels (FG Bln EFG 06, 1247, rkr). Diese Zahlungen kann der ArbN nicht als Frucht seiner Arbeitsleistungen betrachten, weil ihm nichts zugewendet wird, was er sich zuvor nicht schon erdient hatte und für dessen Sicherstellung der ArbG die *eigenbetriebl Verantwortung* trägt (*Heuermann* StBP 05, 369). S auch Rz 100 „Kirchenbeamte" und zu § 19 I 1 Nr 3 S 2–4 Rz 92. Zu Änderungsmöglichkeiten eines EStBescheids, in dem lt vorgenannter Rspr die Sonderumlage beim Wechsel der Versorgungskasse als Lohn angesetzt wurde, s BFH VI R 40/08 BStBl II 10, 951.

62   **bb) Austritt des Arbeitgebers aus der Versorgungsanstalt VBL.** Eine Lohnzuwendung liegt auch dann nicht vor, wenn ein aus der VBL ausgetretener ArbG dem ArbN die mit dem Austritt aus der VBL entstandenen rechtl Nachteile ausgleicht (**aA** BFH VI R 16/07 BStBl II 10, 130, entgegen der überzeugenden Entscheidung FG BaWü EFG 07, 682). Die Rspr des BFH führt dazu, dass die vom ArbN als Anwartschaft bereits erdienten (und versteuerten) Vorteile ein weiteres Mal der Steuer unterliegen. Daran ändert auch die Erwägung nichts, dass bei einer Umstellung des Versorgungswegs ein Finanzierungszusammenhang nur innerhalb des jeweiligen Versorgungswegs gegeben sei. Der Ausgleich des Nachteils wird nicht für eine Arbeitsleistung, sondern (wie in den Fällen der Gegenwertzahlung) „für" den Austritt des ArbG aus der VBL (also aus eigenbetriebl Veranlassung) gezahlt. Nachteile, die ein ArbN infolge Ausscheidens des ArbG aus der VBL dadurch erleidet, dass er Versorgungsansprüche wegen Nichterfüllung der Wartezeit nicht mehr erdienen kann (BFH VI R 5/08 BStBl II 10, 133) oder dass er bei Eintritt des Versicherungsfalles von einem Anspruch auf Versorgungsrente auf einen niedrigeren Anspruch auf Versicherungsrente zurückfällt (BFH VI R 37/08 BStBl II 10, 135), sollen nach der Rspr des BFH strechtl irrelevant sein (zu dieser Rspr *Bergkemper* DB 09, 1797 und *ders* FR 09, 1161). In beiden Fällen haben die früheren Umlagezahlungen indes zu Lohn geführt; die Nachteile, die aus einem eigenbetriebl Verhalten des ArbG erwachsen, sollen nun aber nichts mehr mit der vorgelagerten Besteuerung der früheren Umlagezahlungen zu tun haben.

63   **cc) Besteuerung der Umlagezahlungen und der Übertragung von Versorgungszusagen.** BFH VI R 5/08 BStBl II 10, 133 und BFH VI R 37/08 BStBl II 10, 135 verdeutlichen, dass Bedenken angebracht sind, ob die Umlagezahlungen zu Recht vorgelagert besteuert wurden (s auch FG Nds EFG 07, 1073). Die vor allem historisch zu begründende und aus Rspr-Kontinuität fortgeführte Rspr (BFH VI R 8/07 BStBl II 10, 194; BFH VI R 54/08 BFH/NV 10, 30) vermag allerdings kaum zu überzeugen (ebenso *Bergkemper* FR 11, 1043; *Seeger* DB 05, 1588). Denn die Umlagezahlungen werden dazu eingesetzt, die Rentenansprüche gegü den sich im Ruhestand befindl Bediensteten zu befriedigen (diese sind nachgelagert bereichert). Die aktiven ArbN erhalten demggü nur eine Anwartschaft auf spätere Versorgung. Sie haben im Zeitpunkt der Umlagezahlung keine individualisierbaren Lohnzuwendungen, was sich auch dann zeigen wird, wenn ein ArbG bei Einwendungen gegen einen Haftungsbescheid die Zuordnung der Vorteile aus der Umlagezahlung auf die einzelnen ArbN verlangt (überzeugend *Bergkemper* FR 09, 963). Die Umlagen sind „systemnützig" wie ArbG-Beiträge zur gesetzl RV (*Hölzer* FR 10, 501; s auch Rz 100 „Beiträge zur Gesamtsozialversicherung"). – Kein ArbLohn, jedenfalls aber kein Zufluss liegt vor, wenn eine Pensionszusage

Arbeitslohn 64–66 § 19

(hier hat der ArbN noch nichts erdient) vom ArbG abgelöst und *auf Verlangen des ArbN* zur Übernahme der Pensionsverpflichtung an einen Dritten gezahlt wird (BFH VI R 6/02 BStBl II 07, 581; BFH VI R 18/13 BStBl II 17, 730; *Becker/ Brunner/Kräh* DStR 16, 1648; *Geserich* NWB 16, 3586; *Ott* DStZ 17, 435; *Oenings/ Altenburg* DStR 17, 538; zu praktischen Folgefragen auch iZm einer vGA *Ott* StuB 17, 795). ArbLohn ist aber gegeben, wenn der ArbG bei Wechsel des Durchführungswegs der betriebl Altersvorsorge an einen Dritten Leistungen erbringt und sich der Vorgang wirtschaftl so darstellt, als ob der ArbG dem ArbN die Mittel zur Verfügung stellt und der ArbN sie für seine Zukunftssicherung verwendet (BFH VI R 45/18 BStBl II 21, 775 auch zu den Voraussetzungen der StFreiheit nach § 3 Nr 66 iVm § 4e III; *BMF* BStBl I 17, 883).

dd) Eigene Beitragsleistungen des Arbeitnehmers. Kein Zusammenhang 64 zw DienstVerh und Bezügen besteht, wenn die Bezüge ganz oder teilweise auf **früheren Beitragsleistungen des ArbN** beruhen (§ 2 II Nr 2 S 2 LStDV; s auch FG Hess EFG 88, 75, rkr). Dies gilt auch, wenn der ArbG in die Auszahlung zB von Versicherungsleistungen eingeschaltet ist (BFH VI R 9/96 BStBl II 98, 581; FG BaWü DStRE 20, 257, rkr). Denn die ertragbringende Nutzung eigenen Vermögens in Form späterer verzinsl Rückzahlungen fällt nicht unter den Tatbestand des § 19. Daher sind Renten (auch Betriebsrenten) kein ArbLohn, die der ArbN auf Grund eigener Beitragsleistung bezieht (BFH X R 105/95 BStBl II 96, 650, Zusatzrenten der Bahnversicherungsanstalt; ebenso FG Mchn EFG 96, 1221, rkr; aber Versteuerung nach § 22). Eine eigene Beitragsleistung des ArbN liegt auch vor, wenn der ArbG den Betrag geleistet hat und diese Beitragszuwendung durch den ArbG ArbLohn darstellt. Waren die Beitragsleistungen des ArbN aber WK, so zählen die daraus resultierenden Einnahmen zum ArbLohn (§ 2 II Nr 2 LStDV). Dies gilt indes nicht, wenn die Beitragsleistungen ledigl rechtsfehlerhaft als WK abgezogen worden sind. Denn ein fehlerhafter WK-Abzug kann nicht den Tatbestand der Einkünfteerzielung erfüllen. Zum Einkauf eines ArbN in eine Pensionsregelung seines ArbG s BFH X R 36/86 BStBl II 90, 1062; BFH VI R 46/96 BStBl II 97, 127.

f) Auslagenersatz. Auslagenersatz sind Beträge, durch die Auslagen des ArbN 65 für den ArbG ersetzt werden (§ 3 Nr 50). Es handelt sich nicht um ArbLohn, da der Entlohnungscharakter fehlt (s auch § 3 Rz 167). Auslagenersatz liegt vor, wenn der ArbN im ganz überwiegenden Interesse des ArbG Aufwendungen tätigt, die der Arbeitsausführung dienen und die nicht zu einer Bereicherung des ArbN führen (BFH VI R 24/03 BStBl II 06, 473, Kostenersatz aufgrund tarifvertragl Regelung; krit *Thomas* DStR 06, 889; BFH VI R 30/95 BStBl II 95, 906; FG Saarl EFG 14, 1821, rkr, Kostenersatz für ständig verschleißende Hilfsmittel; glA *Bergkemper* FR 96, 139; FG Nbg EFG 99, 1007, rkr, Telefonanschluss des ArbN). Ob der ArbN auf Rechnung des ArbG die Aufwendungen im eigenen oder im fremden Namen tätigt, ist ohne Bedeutung (*Küttner* „Aufwendungsersatz" Rz 25). Entscheidend für das Vorliegen von Aufwendungsersatz ist, dass das Geschäft, für das der ArbN die Aufwendungen tätigt, so eng mit den betriebl Interessen, dem betriebl Risiko oder dem betriebl Verantwortungsbereich des ArbG verknüpft ist, dass er dem ArbN zum Ersatz verpflichtet ist. Eine solche Verpflichtung kann sich insb aus allg arbeitsrechtl (auch tarifvertragl) oder auftragsrechtl Regeln (§ 670 BGB) ergeben; eine einzelvertragl Regelung wird demgü idR nicht ausreichen. Diese Grundsätze gelten auch für den Reisekostenersatz über die Regelung des § 3 Nr 16 hinaus; der analogen Anwendung des § 3 Nr 16 bedarf es gar nicht erst (so aber *Hagen ua* DB 07, 249). Auch ein *pauschaler Auslagenersatz* ist anzuerkennen, wenn die vereinbarten Beträge nicht wesentl höher als die tatsächl Aufwendungen sind (BFH VI R 30/95 BStBl II 95, 906).

g) Werbungskostenersatz. Er liegt vor, wenn der ArbG dem ArbN Aufwen- 66 dungen ersetzt, die ihrer Natur nach WK sind. Die ersetzten Aufwendungen sind anders als beim Auslagenersatz im eigenen Interesse des ArbN angefallen (ausführl *Offerhaus* BB 90, 2017, 2019). Leistet der ArbG WK-Ersatz, führt dies nach der BFH-Rspr zu stbarem und stpfl ArbLohn, dem in gleicher Höhe ein fiktiver WK-Abzug gegenübersteht (BFH VI R 145/89 BStBl II 92, 837; BFH VI R 73/05 BStBl II 07, 766; BFH VI R 5/18 BStBl II 21, 725). Aus Vereinfachungsgründen wird eine Saldierung der als ArbLohn steuerbaren Ersatzleistungen des ArbG mit den WK des ArbN vorgenommen. Diese Rechtsfolge tritt auch bei *pauschalem Auslagenersatz* ein, wenn nicht nachgewiesen wird, dass die Ersatzleistung im Großen und Ganzen den tatsächl Aufwendungen entspricht (BFH IV R 4/02 BStBl II 04, 129, geschätzte Aufwendungen sind dann ggf WK).

67   **aa) Steuerfreier Werbungskostenersatz.** Dieser ist nach hM nur noch in den im Gesetz angeordneten Fällen mögl (§ 3 Nr 13, 16, 30, 31, 32; BFH VI R 53/04 BStBl II 07, 536; *BH/Gesrich* § 19 Rz 217; *Küttner* „Werbungskostenersatz" Rz 6; *Offerhaus* BB 88, 1796; *Drenseck* FR 89, 264; *von Bornhaupt* StuW 00, 46; krit *Albert* FR 09, 460, 464). Die hM ist insoweit zutreffend, als „gesetzlose" Steuerbefreiungen zB durch Verwaltungsregelungen unzulässig sind (s auch BT-Drs 11/2157, 137). Eine andere Frage ist es aber, ob Leistungen des ArbG, die WK des ArbN ersetzen, stets als ArbLohn stbar sind. Mit *Lang* (FS Offerhaus S 44) ist davon auszugehen, dass die steuerl Einordnung von *Sachbezügen als ArbLohn* den Zweck hat, in die private Konsumsphäre fließenden Vorteile zu besteuern (s auch Rz 55). **WK-Ersatz** kommt als **Barzuwendung** oder als **Sachzuwendung** in Betracht. Bei einer *Barzuwendung* sind zwei Fallgestaltungen zu unterscheiden: *(1)* Der ArbN trägt zunächst berufl veranlasste Aufwendungen, was bei ihm zu WK führt; diese Aufwendungen werden ihm später vom ArbG ersetzt. Der Geldersatz durch den ArbG gleicht die WK aus und ist ArbLohn. – *(2)* Der ArbN erhält von seinem ArbG einen Geldbetrag, mit dem er später anfallende Ausgaben, die zu WK führen, begleichen kann. Auch wenn das hingegebene Geld zur Bezahlung von berufl Ausgaben dienen soll, gehört es zum Vermögen des ArbN und ist zunächst für ihn frei verfügbar; es handelt sich daher um ArbLohn. Die spätere Veraussagung für berufl Zwecke führt zum WK-Abzug. In beiden Fällen der Barzuwendungen ist ArbLohn gegeben. – Erhält der ArbN Sachbezüge, die zu einem privat konsumierbaren Vorteil führen, liegt ebenfalls ArbLohn vor. Dies ist allg Meinung. Fließen die Sachbezüge hingegen in die Berufssphäre und verbrauchen sie sich für die Berufstätigkeit, ergibt sich für den ArbN kein privat konsumierbarer Vorteil, sodass die Annahme von stbarem ArbLohn ausscheidet. Eine Ausnahme ist nur dann gerechtfertigt, wenn sich die Sachzuwendung im berufl Bereich nicht sofort verbraucht, wie es bei der kostenlosen Überlassung eines berufl genutzten WG durch den ArbG an den ArbN der Fall ist. Hier ist die Sachzuwendung als ArbLohn zu erfassen, der im Wege der AfA zum WK-Abzug führt (s Rz 69); iEinz *Drenseck* FS Lang S 477.

68   **bb) Werbungskostenersatz für Beitragsleistungen.** Pflichtbeiträge zu einer **Berufskammer,** die vom ArbG für den ArbN gezahlt werden, sind nach der Rspr als Lohn zu qualifizieren und unterliegen dem LStAbzug (BFH VI R 26/06 BStBl II 08, 378; ebenso für verpflichtende **Berufshaftpflichtversicherung** BFH VI R 64/06 BStBl 07, 892; BFH VI B 4/09 BFH/NV 09, 1431; BFH VI B 31/11 BFH/NV 11, 1322; *Heger* DB 14, 1277; krit *Peetz* DStZ 11, 413), soweit die Prämienanteile auf die gesetzl Mindestversicherungssumme entfallen (BFH VI R 12/18 BStBl II 21, 356; weitergehend FG RhPf EFG 21, 103, Rev VI R 42/20, mE unzutr). Gleiches gilt für Zahlungen des ArbG für einen angestellten RA an den **Anwaltsverein** (BFH VI R 32/08 BStBl II 09, 462; BFH VI R 11/18 BStBl II 21, 352). Demggü liegt kein Lohnzufluss vor, wenn der ArbN durch die Berufshaftpflichtversicherung des ArbG mitversichert ist (BFH VI R 47/14 BStBl II 16, 301; BFH VI R 74/14 BStBl II 16, 303; BFH VI R 58/14 BStBl II 16, 621; *FB Bln* DStR 16, 1266; *Mayer/Gries* NWB 15, 1699; *Schneider* NWB 16, 842). Soweit die Rspr das Vorliegen von ArbLohn für Beitragsleistungen des ArbG an eine Berufs-

Arbeitslohn 69, 70 § 19

haftpflichtversicherung des ArbN bejaht, überzeugt dies iErg nicht (s auch *Bergkemper* FR 08, 678; FG Nds DStRE 08, 564, rkr; krit auch *Englert* DStR 09, 1010; s dazu *FB Bln* DB 16, 2267). Es wird zu wenig danach gefragt, ob das eigene Interesse des ArbN ein rein berufl – weil der Arbeitsausführung dienend und nicht zur privaten Bereicherung führend – oder ein privates ist (wie zB in BFH IX R 109/00 BStBl II 06, 541, Baumaßnahmen am Haus des ArbN; s *Bergkemper* FR 06, 738). Der BFH wendet den Gedanken des überwiegend eigenbetriebl Interesses insoweit in unzutreffendem Zusammenhang an (s Rz 55).

cc) Werbungskostenersatz für Arbeitsmittel. Aus § 9 I 3 Nr 6, der den 69 Abzug von Kosten für Arbeitsmittel oder typische Berufskleidung regelt, folgt nicht, dass der Ersatz dieser WK durch den ArbG als WK-Ersatz zu qualifizieren wäre. Die Bestimmung stellt nur klar, dass die Kosten für den ArbN als WK abzugsfähig sind, falls der ArbG diese WG nicht zur Verfügung stellt oder keinen Ersatz leistet (*Offerhaus* BB 90, 2017, 2020). Die Saldierung ist auf jeden Fall dann ausgeschlossen, wenn der ArbG dem ArbN Arbeitsmittel zu Eigentum überlässt, bei denen die Nutzungsdauer mehr als ein Jahr beträgt. Hier ist der Wert des Arbeitsmittels als Einnahme zu erfassen, von diesem Wert sind die AfA vorzunehmen (BFH VI R 30/95 BStBl II 95, 906 mwN, Instrumentengeld für die Abnutzung der Instrumente; *Giloy* BB 86, 38, 40; *KSM* § 19 B 234; s auch § 3 Nr 30). Bei Hingabe eines zinslosen verbilligten Darlehens an ArbN zum Kauf eines Arbeitsmittels ist ebenfalls eine Einnahme in Form der Zinsersparnis anzusetzen, der in gleicher Höhe aber ein (fiktiver) WK-Betrag gegenübersteht. Der vom ArbG gewährte Sachbezug kann sich auch als WK iRe anderen Einkunftsart auswirken (s Rz 100 „Dienstwohnung"; *Giloy* BB 86, 41).

h) Leistungen durch Dritte (§ 38 I 3) und an Dritte. Zuwendungen durch 70 Dritte sind ArbLohn, wenn sie ein Entgelt „für" eine Leistung bilden, die der ArbN iRd DienstVerh für seinen ArbG erbringt, erbracht hat oder erbringen soll, sie sich für den ArbN als Ertrag seiner individuellen Arbeit für den ArbG darstellen und iZm dem DienstVerh stehen (BFH VI R 41/09 BStBl II 10, 1022; BFH VI R 58/11 BStBl II 13, 642; BFH VI R 67/14 BFH/NV 17, 106; BMF BStBl I 15, 143; zum sozialrechtl Arbeitsentgelt s BSG DStR 18, 1626). Dies ist zB der Fall, wenn der Dritte Verpflichtungen des früheren ArbG erfüllt (BFH VI R 74/00 BStBl II 03, 496, Zahlungen der Urlaubs- und Lohnausgleichskasse des Baugewerbes; *Pust* HFR 03, 672), ebenso bei Zuwendungen eines Mehrheitsaktionärs an ein Vorstandsmitglied für die erfolgreiche Sanierung des Unternehmens (BFH VIII R 109/76 BStBl II 81, 707), verbilligte Überlassung eines GmbH-Anteils durch einen Ges'ter des ArbG (BFH VI R 8/16 BStBl II 18, 550), bei Zuwendung einer Reise durch den Geschäftspartner des ArbG (BFH VI R 10/96 BStBl II 96, 545), bei unentgeltl Wohnungsüberlassung durch Dritte, wenn sich diese als Ertrag der Arbeit erweist (BFH VI R 33/97 BStBl II 04, 1076), bei Preisnachlässen für ArbN von SchwesterGes oder TochterGes (BFH IX R 82/98 BStBl II 06, 669; BFH VI R 32/92 BStBl II 93, 356), bei von Drittem verliehenen, leistungsbezogenen Nachwuchsförderpreis (BFH VI R 39/08 BStBl II 09, 668), oder bei Rabatt für Profifußballspieler beim Neuwagenkauf (FG Mchn EFG 05, 1865, rkr, nicht zweifelsfrei). Lohn ist auch zu bejahen, falls ein ArbN Gutschriften einer Fluggesellschaft aus vom ArbG bezahlten dienstl Flügen zu Privatflügen verwendet (zur Rechtslage bei **Miles & More-Programmen** s § 37a Rz 5). Unerhebl ist, ob der ArbG von der Vorteilsgewährung durch den Dritten an den ArbN Kenntnis hat (*BH/Geserich* § 19 Rz 232; *HHR* § 19 Rz 172; *aA* FG Mchn EFG 14, 142, rkr; *Albert/Hahn* FR 95, 336). Denn § 38 I 3 hat nur für den LStAbzug Bedeutung, nicht jedoch für die ESt des ArbN. Ein Veranlassungszusammenhang zw ArbVerh und Vorteil kann aber fehlen, wenn der ArbN mit der Annahme des Vorteils gegen seine Dienstpflichten verstößt (zB Annahme von Bestechungsgeld, BFH IX R 87/95 BStBl II 00, 396; oder von Schmiergeld; s Rz 100 „Schmiergeld", *aA Lang* DStJG 9, 50, 52 ff, 71) oder er arbeitsvertragl nicht zur Ausübung der vergüteten Leistung verpflichtet ist (FG Mster EFG 15, 989, rkr). **Trinkgelder** erfüllen den Lohnbegriff, weil sie wirtschaftl als Frucht der Dienstleistung für den ArbG betrachtet werden. Freiwillige Trinkgelder sind aber stfrei (§ 3 Nr 51). Keine Trinkgelder sind freiwillige Sonderzahlungen der Konzernmutter an ArbN der Konzerntochter; solche Zahlungen stellen vielmehr regulären Lohn dar (BFH VI R 37/05 BStBl II 07, 712; *Bergkemper* FR 07, 977). Gleiches gilt für freiwillige Zahlungen an Krankenhausärzte und Klinikpersonal (FG BaWü EFG 09, 1286, rkr; FG Hbg EFG 09, 1367, rkr).

71 aa) **Unechte Lohnzahlung eines Dritten.** Eine solche ist anzunehmen, wenn der Dritte ledigl als Leistungsmittler fungiert. Der ArbG muss den von dem Dritten iZm dem DienstVerh geleisteten ArbLohn dann selbst dem LStAbzug unterwerfen. Der den Dritten als Leistungsmittler einsetzende ArbG bleibt der den ArbLohn Zahlende (BFH VI R 123/00 BStBl II 02, 230; BFH VI R 11/03 BStBl II 06, 668; s auch § 38 Rz 5). Das ist zB der Fall, wenn der Dritte die Stellung einer Kasse des ArbG innehat oder wenn der Dritte im Auftrag des ArbG leistet.

72 bb) **Zuwendungen außerhalb des Dienstverhältnisses.** ArbLohn liegt nicht vor, wenn die Zuwendung wegen anderer Rechtsbeziehungen oder wegen sonstiger, nicht auf dem DienstVerh beruhender Beziehungen zw ArbN und Drittem gewährt wird (BFH VI R 41/09 BStBl II 10, 1022, Gebührenverzicht zugunsten von ArbN eines Vertriebspartners, dazu Rz 100 „Provisionsnachlass"; BFH VI R 74/01 BFH/NV 05, 1301, Leistungen des Bundes nach dem FELEG; BFH VI 165/61 U BStBl III 63, 306, Belohnung durch Berufsgenossenschaft für Verdienste bei der Unfallverhütung; BFH VI R 64/11 DStR 12, 2433, verbilligter Warenbezug von Lieferanten des ArbG). Dies gilt auch bei **Streik- und Aussperrungsunterstützungen** durch die Gewerkschaft (BFH X R 161/88 BStBl II 91, 337, Änderung der Rspr im Hinblick auf § 24; s auch § 22 Rz 50). Der Umstand, dass der Dritte den Vorteil nur ArbN bestimmter ArbG zuwendet, bedeutet noch nicht automatisch, dass eine Veranlassung des Vorteils durch das DienstVerh gegeben ist (FG Ddorf DStRE 18, 400, rkr, verbilligte Kreuzfahrt für Reisebüromitarbeiter). Auch die Mitwirkung des ArbG bei der Drittzuwendung ist ledigl ein Indiz für das Vorliegen von ArbLohn. Entscheidend ist der Rechtsgrund für die Zuwendung des Dritten und die Frage, ob der Dritte den Vorteil dem ArbN aus eigenwirtschaftl Interessen oder im Interesse des ArbG gewährt (BFH VI R 62/11 BStBl II 15, 191, FG RhPf EFG 21, 100, rkr); die Zuwendung des Dritten muss für den ArbN als Prämie oder Belohnung iRd DienstVerh zu seinem ArbG erscheinen (s auch *Geserich* NWB 12, 4140).

73 cc) **Zahlung an Dritte.** Auch die Zahlung des ArbG an Dritte kann bei Lohnverwendungsabrede, Abtretung des Lohnanspruchs oder sonstigem Forderungsübergang als Einnahme des ArbN beurteilt werden (allg Meinung), so zB bei Zahlung auf ausdrückl oder stillschweigende Anweisung durch den ArbN (BFH I R 5/88 BStBl II 91, 308 zu II 2; s auch Rz 100 „Abtretung einer Gehaltsforderung", „Früheres Dienstverhältnis und „Gehaltsverzicht"). Ist der ArbG zur Auszahlung des Barlohns wegen Illiquidität nicht fähig und wird stattdessen eine Sache zugewendet, handelt es sich indes nicht um eine Lohnverwendung. Nur wenn zw ArbG und ArbN ein normales Verkaufsgeschäft abgeschlossen wird und der Lohnanspruch des ArbN gegen den ArbG-Anspruch aufgerechnet wird, liegt eine Lohnverwendung vor (s § 8 Rz 4, 19).

75 i) **Bewertung der Einnahme.** S § 8 Rz 2, 16 ff, 70 ff.

76 j) **Zufluss.** ArbLohn setzt den Zufluss eines Vorteils voraus (s § 11 Rz 15 ff; BFH VI R 60/96 BStBl II 00, 406; *Anm* HFR 99, 716). Das Innehaben eines Anspruchs gegen den ArbG ist noch kein Zufluss (BFH VI R 165/01 BStBl II 05, 890; BFH VI R 124/99 BStBl II 05, 766; BFH X R 29/05 BStBl II 07, 402; BFH VIII

R 20/11 BFH/NV 14, 415; *Thomas* DStR 15, 263). Zivilrechtl Verfügungsbeschränkungen stehen dem Zufluss nicht entgegen (s auch § 11 Rz 19). Zu Vereinbarungen zw ArbG und ArbN über den Auszahlungszeitpunkt s § 11 Rz 10; *Offerhaus* StuW 06, 317.

III. Betriebsveranstaltungen, § 19 I 1 Nr 1a

1. Begriff. Der Gesetzgeber hat ab VZ 2015 eine gesetzl Regelung zur Be- 77
steuerung der Vorteile geschaffen, die ArbN anlässl von Betriebsveranstaltungen
gewährt werden (s *BMF* BStBl I 15, 832). Bis einschließl VZ 2014 verbleibt es
insoweit bei der durch LStR und Richterrecht geprägten Rechtslage (s Rz 100
„Betriebsveranstaltungen"). Der Gesetzgeber reagierte mit § 19 I 1 Nr 1a auf die
Rspr, mit der der BFH seine frühere, von der *FinVerw* gebilligte Auffassung zu
Umfang und Zurechnung der bei Betriebsveranstaltungen gewährten Vorteile modifiziert hatte (BFH VI R 94/10 BStBl II 15, 186; BFH VI R 7/11 BStBl II 15,
189; BFH VI R 79/10 BFH/NV 13, 637). Die bisherigen Verwaltungsgrundsätze
sollen gesetzl festgeschrieben werden. Sie gelten auch insoweit fort, als sie die
gesetzl Regelung präzisieren (BT-Drs 18/3017, 47). Die *FinVerw* wendet die BFH-Rspr für Betriebsveranstaltungen bis VZ 2014 an (*BMF* BStBl I 15, 186; *Plenker* DB
15, 2530). Zur Gegenüberstellung der bisherigen Rechtslage und § 19 I 1 Nr 1a
s *Eismann* DStR 15, 1429; zu weitergehenden Reformüberlegungen s *Albert* FR 17,
329. Liegen die Voraussetzungen des § 19 I 1 Nr 1a nicht vor, steht dies der Besteuerung des Vorteils nach den allg Grundsätzen des § 19 I 1 Nr 1 nicht entgegen;
die Vorschrift ist insoweit ein Spezialtatbestand, wie ihre Voraussetzungen erfüllt
sind (aA *Bleschick* DStR 18, 2322).

a) Definition. Betriebsveranstaltungen sind nach § 19 I 1 Nr 1a S 1 Veran- 78
staltungen auf betriebl Ebene mit gesellschaftlichem Charakter (zu Einzelheiten
Geserich NWB 13, 1477; *BMF* BStBl I 15, 832). Sie zielen darauf ab, den Kontakt
der ArbN untereinander und damit das Betriebsklima zu fördern. Hierzu gehören
zB Betriebsausflüge, Weihnachts-, Tanz-, Jubiläumsveranstaltungen, Pensionärstreffen, Besichtigungen, Gaststättenbesuch mit Kegelbahnbenutzung, Fahrt mit einem
Tanzschiff oder Tanzzug, gemeinsamer Theater- oder Zirkusbesuch mit anschließendem Beisammensein (BFH VI R 21/84 BStBl II 86, 406). Der bloße Besuch
einer kulturellen oder sportl Veranstaltung ist indes keine Betriebsveranstaltung
(BFH VI R 21/84 BStBl II 86, 406; *Krudewig* GmbH-Steuerpraxis 17, 102). Ein
Firmenjubiläum muss nicht unbedingt eine Betriebsveranstaltung, sondern kann
allg betriebl sein; dies hängt vom Kreis der Eingeladenen ab (BFH VI R 68/00
BStBl II 06, 440; zur Abgrenzung s auch FG BaWü EFG 15, 2167; *Weber* NWB 15,
3532). Liegt keine Betriebsveranstaltung vor, besteht auch keine Pauschalierungsmöglichkeit nach § 40 II 1 Nr 2 (BFH VI R 22/06 BStBl II 09, 476).

b) Teilnehmerkreis. Eine Betriebsveranstaltung ist nur gegeben, wenn die Teil- 79
nahme allen Betriebsangehörigen offensteht (§ 19 I 1 Nr 1a S 3; *LfSt Bay* DB 18,
286; **aA** *Seifert* NWB 17, 18; *Bleschick* DStR 18, 2322); die Teilnahme von Leih-ArbN und ArbN konzernangehöriger Unternehmen ist zulässig (*BMF* BStBl I 15,
832). Die Teilnahme einzelner Geschäftsfreunde des ArbG soll dem Charakter der
Veranstaltung als Betriebsveranstaltung nicht entgegenstehen (*Plenker* DB 15, 2530).
Wie bisher ist eine abteilungsweise durchgeführte Veranstaltung zulässig (BFH VI R
22/06 BStBl II 09, 476; BFH VI R 21/84 BStBl II 86, 406), wie § 19 I 1 Nr 1a S 3
ausdrückl klarstellt; ebenso eine Veranstaltung für den Innendienst eines überregionalen ArbG (FG BaWü EFG 93, 610, rkr). Das Recht zur Teilnahme darf aber nicht
von der Stellung des ArbN, von der Gehaltsgruppe, von der Dauer der Betriebszugehörigkeit oder von besonderen Leistungen abhängig sein (keine „vertikale" Beteiligung, s auch *Seifert* DStZ 16, 104). Daher ist eine sog Incentive-Veranstaltung
keine Betriebsveranstaltung (BFH VI R 22/06 BStBl II 09, 476). Die Teilnahme
von Angehörigen, Lebensgefährten oder sonstigen Gästen des ArbN ist unschädl

(BFH VI R 85/90 BStBl II 92, 655). Pensionärstreffen und Jubilarfeiern sind übl Betriebsveranstaltungen.

80 **c) Häufigkeit; Dauer.** Für zwei Betriebsveranstaltungen im Jahr kann der Freibetrag nach S 3 in Anspruch genommen werden (§ 19 I 1 Nr 1a S 4). Dies gilt unabhängig davon, ob die ArbN auch an beiden Veranstaltungen teilnehmen (BFH VI R 68/00 BStBl II 06, 440). Bei mehr als zwei Betriebsveranstaltungen jährl kann der ArbG auswählen, welche Veranstaltungen als Lohnzuwendung ausscheiden sollen (*BMF* BStBl I 15, 832). Auch zweitägige Betriebsausflüge können als Betriebsveranstaltung begünstigt sein, wenn die Voraussetzungen iÜ vorliegen (BFH VI R 151/99 BStBl II 06, 439).

81 **2. Höhe der Zuwendung.** Der Gesetzgeber hat die bisher von der FinVerw mit Billigung der Rspr auf 110 € festgelegte Freigrenze **ab VZ 2015** in einen *Freibetrag* umgestaltet, um die Streitanfälligkeit zu reduzieren. Der Anregung des BFH, die Freigrenze auf der Grundlage von Erfahrungswissen neu zu bemessen (BFH VI R 79/10 BFH/NV 13, 637), ist der Gesetzgeber nicht gefolgt. Der Freibetrag gilt je Veranstaltung und teilnehmendem ArbN (§ 19 I 1 Nr 1a S 3).

82 **a) Berechnung des Freibetrags.** In den Freibetrag sind gem § 19 I 1 Nr 1a S 2 alle Aufwendungen des ArbG für den ArbN und dessen Begleitperson (zB Familienangehörige und Gäste des ArbN, s § 19 I 1 Nr 1a S 5) einzurechnen, ohne dass es darauf ankommt, ob sie einzelnen ArbN individuell zurechenbar sind. Unerhebl ist auch, ob es sich um einen rechnerischen Anteil an den Kosten der Veranstaltung handelt, die der ArbG *ggü Dritten* für den äußeren Rahmen der Veranstaltung aufwendet (*BMF* BStBl I 15, 832). Damit ist der Gesetzgeber der BFH-Rspr entgegengetreten, nach der einerseits Kosten für die Ausgestaltung der Betriebsveranstaltung nicht zu berücksichtigen waren (s BFH VI R 94/10 BStBl II 15, 186; BFH VI R 41/17 BStBl II 20, 531) und andererseits den ArbN der auf Familienangehörige entfallende Aufwand nicht zuzurechnen war (s BFH VI R 7/11 BStBl II 15, 189). Diese BFH-Rspr gilt aber über den VZ 2014 hinaus weiterhin für betriebl Veranstaltungen, die keine Betriebsveranstaltungen sind (BFH VI R 13/18 BStBl II 21, 395). Stfreie Reisekostenvergütungen sind nicht in die Zuwendungen der Betriebsveranstaltung einzubeziehen (*BMF* BStBl I 15, 832; FG Ddorf EFG 18, 966, rkr).

83 **b) Gestaltungsmöglichkeiten.** Der ArbG kann einer Überschreitung des Freibetrags dadurch begegnen, dass die über 110 € hinausgehenden Kosten von den ArbN selbst getragen werden. Der ArbG kann für eine Betriebsveranstaltung auch einen Zuschuss in die Gemeinschaftskasse leisten, der nicht zu ArbLohn führt, sofern der Freibetrag nicht überschritten ist (BFH VI R 157/98 BStBl II 06, 437). Bei einer zweitägigen Betriebsveranstaltung ist unschädl, wenn der ArbG nur für einen Tag die Kosten übernimmt und die Kosten für Übernachtung von den ArbN getragen werden. Die Kombination von Betriebsveranstaltung und -besichtigung beim Hauptkunden des ArbG kann zur Aufteilung der Kosten und damit zur Einhaltung des Freibetrags führen (BFH VI R 118/01 BStBl II 06, 444). Zur Aufteilung der Kosten bei gemischt veranlasster Veranstaltung s BFH VI R 55/07 BStBl II 09, 726; *Bergkemper* HFR 09, 885; *Schneider* BFH/PR 09, 329. Geschenke von bleibendem Wert (= Gesamtwert von mehr als 60 €), die lediglich *bei Gelegenheit* der Betriebsveranstaltung überreicht werden, sind aber wie andere Sonderzuwendungen ArbLohn (BFH VI R 85/90 BStBl II 92, 655); sie sind nicht in die Berechnung der Gesamtkosten aufzunehmen (*BMF* BStBl I 15, 832). Werden Präsente im Wert von bis zu 60 € je ArbN, die aus zwingenden Gründen nicht an der Veranstaltung teilnehmen konnten, nachträgl überreicht, wird man auch insoweit keinen Lohn annehmen müssen; Geldersatz ist aber stets Lohn.

84 **3. Bewertung.** Bis VZ 2014 war der Wert der dem ArbN durch den ArbG zugewandten Leistungen auch bei Betriebsveranstaltungen nach § 8 II 1 zu bestimmen. Er konnte anhand der Kosten geschätzt werden, die dem ArbG dafür erwachsen waren. Ab VZ 2015 sind gem § 19 I 1 Nr 1a S 5 die Zuwendungen des ArbG bei Betriebsveranstaltungen zwingend mit den anteilig auf den ArbN und dessen Begleitperson entfallenden Aufwendungen des ArbG anzusetzen. In der Praxis wird sich hierdurch idR keine Änderung ergeben, da die Bewertung des Vorteils anhand der Kosten bereits bisher übl war. Die SvEV findet keine Anwendung (BFH VI R 24/84 BStBl II 87, 355; § 8 Rz 61). Die Aufwendungen des ArbG sind auf die anwesenden ArbN, nicht hingegen auf die angemeldeten ArbN aufzuteilen (BFH VI R 31/18 BStBl II 21, 606, VerfBeschw BVerfG 2 BvR 1443/21; *BMF* BStBl I 15, 832; **aA** *Seifert* DStZ 16,104; *Bleschick* DStR 18, 2322). Auch dies entspricht der bisherigen Rspr. Nach der *FinVerw* ist die 44 €-Freigrenze des § 8 II 11 (50 € ab VZ 22) auf Zuwendungen anlässl von Betriebsveranstaltungen ebenfalls nicht anwendbar (*BMF* BStBl I 15, 832; ebenso *Plenker* DB 15, 2530; *Seifert* DStZ 16, 104). Gleiches gilt für die Beschränkung des BA-Abzugs in § 4 V 1 Nr 2, da keine Bewirtung aus geschäftl, sondern aus betriebl Anlass vorliegt (*FM SchlHol* DB 15, 2845, zutr).

IV. Bezüge aus früheren Dienstleistungen, § 19 I 1 Nr 2

1. Begriff Dienstverhältnis. Zu den Einkünften aus nichtselbständiger Arbeit gehören auch Bezüge und Vorteile aus früheren Dienstleistungen. Die in § 19 I 1 Nr 2 aufgeführten Wartegelder, Ruhegelder usw sind nur eine beispielhafte Aufzählung solcher Bezüge (*HHR* § 19 Rz 318). § 19 I 1 Nr 2 setzt ebenso wie Nr 1 voraus, dass die Bezüge durch ein DienstVerh veranlasst sind (s Rz 45 ff). Ob es sich um Bezüge aus früheren Dienstleistungen oder um Leibrenten handelt, bestimmt sich danach, ob der ArbN zur Erlangung der Bezüge eigenes Vermögen eingesetzt hatte oder nicht (BFH X R 24/15 BStBl II 17, 636, zu Versorgungsleistungen des Europäischen Patentamts; BFH X R 29/05 BStBl II 07, 402 und FG RhPf EFG 18, 106, rkr, zu Ruhegehaltszahlungen der NATO; s auch Rz 64). Durch als WK abzugsfähige Versorgungszuschläge, die ein Beamter aufwendet, um die Anerkennung ruhegehaltsfähiger Dienstzeiten zu erlangen, erwirbt der Beamte aber kein Rentenrecht; die Versorgungsbezüge sind insgesamt nach § 19 I 1 Nr 2 zu versteuern (BFH X R 39/14 BFH/NV 17, 888). Soweit die Bezüge dem ArbN selbst zufließen, hat § 19 I 1 Nr 2 lediglich klarstellende Bedeutung. Konstitutiv ist die Vorschrift dagegen für den Rechtsnachfolger des ArbN, der, soweit er ArbLohn aus einen früheren DienstVerh seines Rechtsvorgängers bezieht, steuerrechtl ebenfalls als ArbN anzusehen ist (§ 1 I 2 LStDV; s auch Rz 7). *Rechtsnachfolger* iSd § 1 I 2 LStDV ist jeder Gesamt- oder Einzelrechtsnachfolger (s § 24 Rz 66). Einnahmen aus dem ArbVerh des Erblassers, die den Erben zufließen, sind bei diesen als Einkünfte aus nichtselbständiger Arbeit zu versteuern (BFH VI R 157/72 BStBl II 76, 322; BFH VI R 8/19 BFH/NV 21, 1253 zu Sterbegeld nach dem BeamtVG). Die Erben sind insoweit ArbN iSd LStRechts (LStH 19.9). Die Besteuerung der Einnahmen aus früheren DienstVerh richtet sich nach den Merkmalen der Personen, denen sie nun zufließen (ArbN oder Rechtsnachfolger, BFH VI 265/58 U BStBl III 60, 404; BFH VI R 157/72 BStBl II 76, 322). Der Rechtsgrund für die Leistung kann auch erst nach Beendigung des DienstVerh (auch freiwillig) eintreten (BFH VI 285/64 U BStBl III 65, 444; BFH X R 7/80 BFH/NV 86, 654).

2. Wartegelder; Ruhegelder. Hierbei handelt es sich um Einnahmen, die durch das DienstVerh veranlasst sind, dem ArbN aber nicht für eine gegenwärtige Tätigkeit zufließen. Zu den Ruhegeldern gehören auch solche, die erst im Zeitpunkt der vertragl vorgesehenen Beendigung des ArbVerh vereinbart oder erhöht werden (BFH XI R 51/00 BStBl II 02, 516).

3. Witwengelder; Waisengelder. Diese werden auf Grund einer dem verstorbenen ArbN zu Lebzeiten gewährten Versorgungszusage gezahlt. Witwen- und Waisengelder sind ArbLohn der Witwe bzw des Waisen. Zum Witwengeld zählen auch etwaige Kinderzuschläge. Der Witwe noch nicht zugeflossene Witwengelder sind nach ihrem Tode ihren Erben als eigene Einnahme aus nichtselbständiger Arbeit (Rechtsnachfolge des Rechtsnachfolgers des ArbN) entspr den bei ihnen gegebenen Besteuerungsmerkmalen zu erfassen (BFH VI 265/58 U BStBl III 60, 404; s auch *Giloy* BB 86, 566, 568).

89 4. Versorgungsausgleich. Nach § 19 I 1 Nr 2 sind auch Leistungen iRe Versorgungsausgleichs, die die ausgleichsberechtigte Person aufgrund der Teilung nach § 10 oder § 14 VersAusglG später aus einer Direktzusage oder von einer Unterstützungskasse erhält, Einnahmen iSd § 19. Die ausgleichsverpflichtete Person hat Einnahmen iSd § 19 nur hinsichtl der verbleibenden Leistungen (s auch § 3 Nr 55a und § 3 Nr 55b).

V. Beiträge zur betrieblichen Altersvorsorge, § 19 I 1 Nr 3

91 1. Laufende Vorsorgebeiträge. § 19 I 1 Nr 3 S 1 stellt klar, dass lfd Beiträge und lfd Zuwendungen des ArbG aus einem bestehenden DienstVerh an einen Pensionsfonds (§ 1b III BetrAVG, § 236 VAG), eine Pensionskasse (s LStR 40b.1 (4)) oder eine DirektVers (s LStR 40b.1 (1)) für eine betriebl Altersversorgung ArbLohn darstellen. Die Vorschrift ist deklaratorisch, da die genannten Zuwendungen schon nach § 19 I 1 Nr 1 zum ArbLohn gehören (s Rz 60). Dies gilt unter Zugrundelegung der von der BFH-Rspr vertretenen Auffassung auch für Umlagen, die der ArbG an eine im Umlageverfahren finanzierte Versorgungseinrichtung leistet (zB BFH VI R 8/07 BStBl II 10, 194; zur Kritik s Rz 63 aE). § 19 I 1 Nr 3 S 1 ordnet solche Umlagezahlungen an eine Pensionskasse dem ArbLohn zu (*BH/Geserich* § 19 Rz 296; *Birk/Specker* DB 08, 488; s auch BT-Drs 16/2712, 45; *BMF* BStBl I 21, 1050 Tz 14).

92 2. Sonderzahlungen an Vorsorgeeinrichtungen. § 19 I 1 Nr 3 S 2 wurde durch das ZK-AnpG (BGBl I 14, 241) geändert. Die Neufassung gilt nach § 52 Abs 26a für alle Zahlungen des ArbG nach dem 30.12.14. Weitere Änderungen erfolgten durch Art 2 VII Nr 4 des Gesetzes zur Modernisierung der Finanzaufsicht über Versicherungen (BGBl I 15, 434) und Art 13 des StÄndG 2015 (BGBl I 15, 1834). Zu § 19 I 1 Nr 3 S 2 aF s *Schmidt* 33. Aufl § 19 Rz 86. Mit § 19 I 1 Nr 3 S 2–4 will der Gesetzgeber der unter Rz 61 dargestellten BFH-Rspr entgegenwirken (s BT-Drs 16/2712, 46). Nach § 19 I 1 Nr 3 S 2 sind alle Sonderzahlungen mit Ausnahme der in HS 1 Buchst a–d genannten Zahlungen, die der ArbG neben den lfd Beiträgen an eine Versorgungseinrichtung (Pensionsfonds, Pensionskasse, DirektVers) leistet, ArbLohn (*BMF* BStBl I 21, 1050 Tz 15 ff). Dies gilt nach den gesetzl Regelbeispielen insb für Sonderzahlungen des ArbG an eine Pensionskasse anlässl des Ausscheidens aus einer nicht kapitalgedeckten betriebl Altersversorgung (Nr 3 S 2 HS 2 Buchst a) und für Sonderzahlungen des ArbG iZm dem Wechsel von einer umlagefinanzierten Versorgungseinrichtung in eine andere umlagefinanzierte Versorgungseinrichtung (Nr 3 S 2 HS 2 Buchst b). Da in diesen Fallgestaltungen nach dem allg Lohnbegriff kein ArbLohn gegeben ist, handelt es sich um eine **gesetzl ArbLohnfiktion** (glA *Birk/Specker* DB 08, 488; *Bergkemper* FR 11, 1043, 1050; **aA** *HHR* § 19 Rz 331 Erweiterung des ArbLohnbegriffs). Von der ArbLohnfiktion ausgenommen sind Zahlungen des ArbG zur *erstmaligen* Erfüllung von Solvabilitätsvorschriften (Nr 3 S 2 HS 1 Buchst a, BFH VI R 154/99 BStBl II 02, 22 gilt insoweit fort), zur Wiederherstellung einer angemessenen Kapitalausstattung nach unvorhersehbaren Verlusten oder zur Verstärkung der Rechnungsgrundlagen aufgrund einer unvorhersehbaren, nicht nur vorübergehenden Änderung der Verhältnisse, wobei die Sonderzahlungen nicht zur Absenkung der lfd Beiträge führen dürfen (Nr 3 S 2 HS 1 Buchst b), in der Rentenbezugszeit nach § 236 II VAG (Nr 3 S 2 HS 1 Buchst c) und in Form von *Sanierungsgeldern* (Nr 3 S 2 HS 1 Buchst d) anlässl der Systemumstellung von einer umlagefinanzierten auf eine kapitalgedeckte betriebl Altersversorgung (BFH VI R 32/04 BStBl II 06, 500 gilt fort; s auch *BMF* BStBl I 21, 1050 Tz 19). Zur erstmaligen Erfüllung der Solvabilitätsvorschriften gehört auch die auf Neugeschäften oder vertragl vereinbarten lfd Beiträgen beruhende Erhöhung der Solvaliltiätsspanne, um eine angemessene Kapitalausstattung zw 100%–115% Bedeckungsgrad zu erreichen (BT-Drs 18/3017, 39). Unvorhersehbare Verluste iSv Nr 3 S 2 Halbsatz 1 Buchst b sind in Anlehnung an § 140 VAG (bis 31.12.15: § 56b I 2 VAG aF) zu verstehen (zB Abschreibungen wegen Einbruch des Kapitalmarkts oder Niedrigzinsumfeld, dazu *OFD NRW* DStR 17, 1212). Gleichgestellt sind vom Unternehmen nicht zu vertretende Finanzierungslücken, die zB auf gestiegener Lebenserwartung oder dem Zinsumfeld beruhen. Abzustellen ist jeweils auf den Zeitpunkt, zu dem die Sonderzahlung des ArbG begründet wird.

a) Abgrenzung laufender Zahlungen von Sonderzahlungen. § 19 I Nr 3 **93** S 3, 4 sollen sicherstellen, dass bei lfd Zahlungen, die ArbLohn darstellen (Pauschalierungswahlrecht gem § 40b I; 20%), und bei Sonderzahlungen, die ArbLohnfiktion bedeuten (Pauschalsteuerpflicht mit 15%, § 40b IV), eine Abgrenzung der beiden unterschiedl zu besteuernden Zahlungen des ArbG mögl ist. Damit ist von Sonderzahlungen (Lohnfiktion) nur auszugehen, soweit die neue Bemessung der Zahlungspflichten des ArbG nach dem Wechsel bzw nach der Systemumstellung die frühere Bemessung übersteigt: Lag der vom ArbG zum Umstellungszeitpunkt zu tragende Umlagesatz zB bei 6% und beträgt er nun 7,5%, so ist nur der über die ursprüngl Umlage von 6% hinausgehende Teil von 1,5% des Arbeitsentgelts mit 15% zu besteuern.

b) Verfassungswidrigkeit der Arbeitslohnfiktion. Die ArbLohnfiktion ist **94** verfwidrig (*Glaser* BB 06, 2217; *Birk/Specker* DB 08, 488; s auch *Heger* BB 06, 1598; **aA** FG BaWü EFG 12, 2006 (Vorlagebeschluss BFH VI R 49/12 BFH/NV 14, 418; VerfBeschw BVerfG 2 BvL 7/14); *HHR* § 19 Rz 331; *KSM* § 19 Rz B 778 ff); dies gilt ebenso für die sachl nicht gerechtfertigte Ausnahmeregelung zugunsten der Sanierungsgelder (*Birk/Specker* DB 08, 488; *KSM* § 19 Rz 775; s auch BT-Drs 16/2712, 46). Bei § 19 I 1 Nr 3 S 2 handelt es sich materiell-rechtl nicht um eine Besteuerung des Einkommens. Denn die Besteuerung erfolgt unabhängig von der Steigerung der Leistungsfähigkeit des ArbN (*KS* § 19 Rz 76). Die Auffassung, ArbLohn liege im Hinblick darauf vor, dass Ansprüche auf Zukunftssicherungsleistungen zwar nicht erworben, aber gesichert würden (so BT-Drs 16/2712, 45; Vorlagebeschluss BFH VI R 49/12 BFH/NV 14, 418; BVerfG 2 BvL 7/14; *KSM* § 19 Rz B 778), überzeugt nicht (ebenso *Sonnleitner/Engels/Winkelhog* BB 14, 791). Es ist für die Besteuerung von ArbLohn näml grds bedeutungslos, wie sich der ArbG die Mittel zur Finanzierung des ArbLohns verschafft. Die Rechtbeziehungen, aus denen die Mittel für den ArbLohn stammen, berühren die Besteuerung des ArbLohns nicht (*Seeger* DB 05, 1588). Die Abkopplung der ArbLohnfiktion in § 19 I 1 Nr 3 S 2 von der Steigerung der wirtschaftl Leistungsfähigkeit des ArbN, die mit § 19 eigentl besteuert werden soll, wird durch die in § 40b IV angeordnete **Pflichtsteuerschuld des ArbG** verdeutlicht. Diese ist ebenso wie die ArbLohnfiktion verfwidrig (insoweit zutr BFH VI R 49/12 BFH/NV 14, 418; BVerfG 2 BvL 7/14; s auch § 40b Rz 12). Der ArbG wird als Pflicht-StSchuldner in Anspruch genommen, weil er die Sonderzahlungen letztl ausgelöst hat (BT-Drs 16/2712, 57). Es handelt sich materiell-rechtl um eine **verdeckte Verkehrsteuer** von 15%, die als pauschale ESt getarnt wird. – Die Neuregelung gilt erstmals für Sonderzahlungen, die nach dem Tag des Kabinettsbeschlusses (24.8.06) geleistet werden. Für frühere Zahlungen gelten damit die Grundsätze der BFH-Rspr (also kein ArbLohn). War die Umstellung bereits vor dem Stichtag vereinbart, bedeutet die Besteuerung der nach dem Stichtag geleisteten Sonderzahlungen (s *Hartmann* INF 07, 20, 1.4 aE) eine verfwidrige steuerverschärfende Rückwirkung, da hierdurch eine konkret verfestigte Vermögensposition ohne sachl Rechtfertigung nachträgl entwertet wird.

VI. Versorgungsfreibetrag, § 19 II

1. Abschaffung des Freibetrags bis 2040. Durch das AltEinkG (BGBl I 04, 1427) hat der Gesetzgeber ab 1.1.05 einen Systemwechsel hin zur nachgelagerten Besteuerung vollzogen (s § 22 Rz 125 ff). Hiervon ist auch § 19 II betroffen. Der Versorgungsfreibetrag wird bis 2040 schrittweise abgeschafft. Er wird nach den Verhältnissen des Jahres des Versorgungsbeginns ermittelt und wird in dieser Höhe für den ArbN zeitlebens berücksichtigt (sog **Kohortenprinzip**). Hinterbliebene werden in dieselbe Kohorte eingereiht wie der ursprüngl Versorgungsempfänger (§ 19 II 7) Für im Jahre 2040 in den Ruhestand tretende ArbN gibt es den Versorgungsfreibetrag nicht mehr. Bis dahin verringert er sich nach dem Jahr des Versorgungseintritts, wie der Tabelle des § 19 II 3 zu entnehmen ist. Der Versorgungsfreibetrag kann nur im Jahr des Zuflusses der Versorgungsbezüge gewährt werden (BFH VI R 116/72 BStBl II 74, 680). Zu beachten ist der Versorgungsfreibetrag iRd §§ 9a, 10c II 4, 22 Nr 5 S 11, 24a S 2, 39b II, III, 46 II Nr 3. Auf pauschal versteuerten ArbLohn (§§ 40–40b) wird der Versorgungsfreibetrag nicht angewendet.

2. Versorgungsbezüge, § 19 II 2. Die Besteuerung beamtenrechtl Versorgungsbezüge ist als Übergangsrecht verfgemäß (BFH VI R 67/12 BFH/NV 14, 37). Versorgungsbezüge sind Bezüge und sonstige Vorteile, die auf einem früheren DienstVerh beruhen (also nicht bei anderen Einkunftsarten, BFH XI R 45/05 BFH/NV 07, 880; iEinz LStR 19.8 I). Maßgebl ist, dass der StPfl wegen Erreichens einer Altersgrenze iSv § 19 II 2 von der Verpflichtung zu Dienstleistungen entbunden ist, so dass das Entgelt keine Gegenleistung für Dienste des StPfl darstellt, die im gleichen Zeitraum geschuldet und erbracht werden (BFH VI R 28/11 BStBl II 13, 572; BFH VI R 26/18 BFH/NV 20, 971). Hieran fehlt es bei Bezügen während der Freistellungsphase der Altersteilzeit im Blockmodell (BFH VI R 5/12 BStBl II 13, 611) und bei Leistungen aus einer Direktzusage vor Erreichen der Altersgrenzen in § 19 II 2 Nr 2 (BFH VI R 12/11 BStBl II 13, 576). Fahrvergünstigungen von Ruhestandsbeamten der Bahn sind dagegen Versorgungsbezüge (BFH VI R 26/18 BFH/NV 20, 971). Versorgungsbezüge können auch als Sachbezüge gewährt werden (*BMF* BStBl I 10, 665 Tz 14a); dies hat Auswirkung auf den ArbN-Pauschbetrag (dazu *Gunsenheimer* NWB 10, 3910). Zu den Versorgungsbezügen zählen auch Bezüge vom Dienst freigestellten Beamten (BFH VI R 50/07 BStBl II 09, 460, 58er-Regelung; *Bergkemper* FR 09, 822; BFH VI R 37/70 BStBl II 75, 23, emeritierter Professor; oder eines Angestellten einer öffentl-rechtl Körperschaft, FG Nds EFG 15, 1366, rkr). Zum Versorgungsfreibetrag für Vorruhestandsbeamte s FG Nds EFG 05, 299, rkr. Versorgungsbezüge „nach beamtenrechtl Grundsätzen" iS § 19 II 2 Nr 1b liegen vor, wenn dem ArbN nach einer Ruhelohnordnung, Satzung, Dienstordnung, (Tarif-)Vertrag o.Ä. eine lebenslängl Alters- oder Dienstunfähigkeits- und Hinterbliebenenversorgung auf der Grundlage seines Arbeitsentgelts und der Dauer seiner Dienstzeit gewährt wird (BFH VI R 29/18 DStRE 21, 468). Die Versorgung muss einer Beamtenversorgung in wesentl Grundzügen entsprechen. Die Altersgrenze in § 19 II 2 Nr 2 ist **ab VZ 2000** von 62 auf 63 Jahre hochgesetzt worden (Gleichstellung zum öffentl Dienst durch StBereinG 1999 (BGBl I 99, 2601); s BFH VI B 45/07 BFH/NV 08, 60; BFH VI R 12/11 BStBl II 13, 576, verfgemäß). Sie ist auf Versorgungsbezüge nach § 19 II 2 Nr 1a und Nr 1b nicht entspr anwendbar (BFH VI R 29/18 BStBl II 21, 399).

3. Bemessungsgrundlage, § 19 II 4. Der Versorgungsfreibetrag bemisst sich nach den Bruttobezügen, also ohne Kürzung um etwaige Freibeträge (*HHR* § 19 Rz 521). Zur Berechnung s *Risthaus* DB 04, 1337 f; LStH 19.8. Da der ArbN-Pauschbetrag für Versorgungsbezüge ab 2005 gesenkt worden ist (s § 9a), wird zum Ausgleich neben dem Versorgungsfreibetrag ein Zuschlag gewährt, der ebenfalls je nach dem Zeitpunkt des Versorgungseintritts abgeschmolzen wird (s Tabelle in § 19 II 3). Der Versorgungsfreibetrag und der Zuschlag zum Versorgungsfreibetrag gelten grds für die gesamte Laufzeit des Versorgungsbezugs (§ 19 II 8, II 9). Bezieht der StPfl Versorgungsbezüge aus unterschiedl Quellen, ist der Freibetrag quotal aufzuteilen; dies hat auch Bedeutung für den SA-Abzug (FG Köln EFG 20, 440, rkr, s auch § 10 Rz 132). Zu einer Neuberechnung führen nur Änderungen des Versorgungsbezugs, die ihre Ursache in der Anwendung von Anrechnungs-, Ruhens-, Erhöhungs- oder Kürzungsregelungen haben (§ 19 II 10; s *BMF* BStBl I 13, 1087 Rz 173). Höhe und Berechnung des Versorgungsfreibetrags sowie des Zuschlages sind als Übergangsrecht verfgemäß (BFH VI R 83/10 BStBl II 13, 573; BFH VI R 12/11 BStBl II 13, 576).

VII. ABC der Einnahmen

Abfindungen (Entschädigungen) für vorzeitige Räumung einer Werkswohnung können ArbLohn darstellen (BFH VI R 371/70 BStBl II 74, 512). Abfindungen zur Ablösung eines Wohnrechts (BFH XI R 7/93 BStBl II 94, 185) oder einer Wiedereinstellungszusage (*E. Schmidt* FR 93, 359) sind Lohn. Entschädigungen wegen unfallbedingten Einkommensverlustes s FG Hess EFG 88, 573, rkr. Ablösezahlung bei Transfer eines Fußballspielers als dessen Lohn s FG Köln EFG 98, 1586, rkr, s auch „Ausgleichsgelder".

Abtretung einer Gehaltsforderung. Die Abtretung bewirkt nicht, dass nunmehr der Abtretungsempfänger den Tatbestand der Einkunftserzielung verwirklicht (BFH I R 64/81 BStBl II 85, 330). Das Abtretungsentgelt wird idR nicht als Einnahme aus nichtselbständiger Arbeit anzusehen sein (*Giloy* BB 86, 566, 569; *Crezelius* DStJG 9, 105, 106 auch zur Problematik der Lohnzahlung iRe Vertrages zu Gunsten Dritter).

Aktien. Die unentgeltl oder verbilligte Überlassung von Aktien oder GmbH-Anteilen durch den ArbG an den ArbN oder die unentgeltl Einräumung von Bezugsrechten für junge Aktien stellt ArbLohn iHd Differenz zw dem vom ArbN zu zahlenden Entgelt und dem Börsenkurs der Aktie bzw dem gemeinen Wert der GmbH-Anteile dar, wenn die Zuwendung durch das DienstVerh veranlasst ist (BFH VI R 94/13 BFH/NV 14, 1649; BFH VI R 67/14 BStBl II 17, 69; BFH VI R 8/16 BStBl II 18, 550 ausführl auch zur Bewertung des Vorteils; *Gesserich* DStR 18, 2304). Dies gilt auch, wenn eine inl KapGes ihren ArbN Aktien ihrer ausl MutterGes zuwendet (BFH VI R 132/78 BStBl II 81, 577; BFH VI R 19/96 BFH/NV 97, 179; BFH VI R 124/99 BStBl II 05, 766). Überlassung von Gratisaktien als Sachbezug s FG Ddorf EFG 10, 1316; BFH VI R 35/10 BFH/NV 11, 1683; unentgeltl Übertragung von Aktien nach erfolgreicher Sanierung durch früheren Ges'ter als ArbLohn s FG Mchn DStRE 12, 1306; Rückverkauf von Genussrechten als ArbLohn s BFH VIII R 20/11 BFH/NV 14, 415. Ein zeitweiliges Veräußerungsverbot, eine Haltefrist oder eine Aktienverschaffung unter der auflösenden Bedingung einer Rückzahlungsverpflichtung schiebt weder den Zuflusszeitpunkt hinaus (BFH VI R 67/05 BStBl II 09, 282; BFH VI R 47/88 BStBl II 89, 608, mwN; das Gleiche gilt für nicht verbriefte Genussrechte, BFH VI R 73/86 BStBl II 89, 927), noch rechtfertigt dies die Bewertung der Aktien unter dem Börsenkurs. Nachzahlungen des ArbN wegen Veräußerung während eines Veräußerungsverbots bedeutet Rückzahlung von ArbLohn. S auch „Ankaufsrecht".

Altersteilzeit. Zu Besteuerungsrecht für Bezüge nach dem sog Blockmodell s BFH I R 49/10 BStBl II 11, 446. S auch „Arbeitszeitkonten", „Versorgungszusage".

Ankaufsrecht. S „Aktien"; § 11 Rz 50 „Option"; *Gesserich* DStR-Beih 14, 53; *ders* DStR 18, 2304; *Stenzel* DStR 18, 82; *ders* DStR 18, 139. – **(1) Sachzuwendung.** Wird dem ArbN iRd DienstVerh ein Recht auf den *späteren* Erwerb von Gegenständen (Aktien, Grundstücken usw) zu einem feststehenden Preis eingeräumt, kommt eine vermögenswerte Sachzuwendung weder bei Einräumung des

§ 19 100

Ankaufsrechts noch im Zeitpunkt der erstmaligen Ausübbarkeit der Option (BFH VI R 105/99 BStBl II 01, 689), sondern erst im Zeitpunkt der Ausübung des Ankaufsrechts in Betracht, und zwar insoweit, als der Verkehrswert des Gegenstandes den dann feststehenden Preis übersteigt (stRspr seit BFH VI R 278/68 BStBl II 72, 596; BFH VI R 55/73 BStBl II 75, 690). Diese Rspr hat der BFH sowohl für **nicht handelbare Aktienoptionen** (BFH I R 100/98 BStBl II 01, 509; BFH I R 119/98 BStBl II 01, 512; mit Anm *Deutschmann* DStR 01, 938) als auch für **handelbare Optionsrechte** (BFH VI R 25/05 BStBl II 09, 382) bestätigt (s aber *Portner* DStR 10, 1316 für den Fall, dass dem ArbN vom ArbG ein unmittelbarer, unentziehbarer Anspruch gegen einen Dritten eingeräumt wird, zB Überlassung von Optionsrechten, die vom ArbG erworben wurden). Gleiches gilt für **Wandelschuldverschreibungen** (BFH VI R 124/99 BStBl II 05, 766; Anm *Lochmann* DB 05, 1721; FG Ddorf EFG 06, 1157, rkr) und **Wandeldarlehen** (BFH VI R 10/03 BStBl II 05, 770; BFH VI R 12/08 BStBl II 10, 1069). Es ist aber sorgfältig zu prüfen, ob das Wandeldarlehen/Ankaufsrecht auf der ArbN-Stellung oder einer Sonderrechtsbeziehung beruht (*Schneider* BFH/PR 10, 472). Gleiches gilt für die Beteiligung an Veräußerungserlösen des Arb-Unternehmens (BFH VI R 12/16 BFH/NV 20, 12), für sog **Wertsteigerungsbeteiligungen** (FG Bbg EFG 07, 1874, rkr; zu sog Virtual Stock Options s *Schiemzik* NWB 11, 798. Ob **Veräußerungsgewinne aus Economic Value Added-Zertifikaten** (besondere Form von Schuldverschreibungen) zu Lohneinkünften führen, hängt davon ab, ob der Leistungsaustausch den Einkünften aus nichtselbständiger Arbeit zugerechnet werden kann (wofür mE mehr spricht; s auch *Bergkemper* FR 10, 138) oder auf Sonderrechtsbeziehungen beruht (dann Einkünfte aus KapVerm). Dies hängt von der Gesamtwürdigung durch das FG ab (BFH VI R 69/06 BStBl II 10, 69; *Schneider* BFH/PR 09, 459; ebenso bei Wandeldarlehen, s BFH VI R 12/08 BStBl II 10, 1069, BFH VI R 80/10 BStBl II 11, 948, und beim Erwerb von Aktien, BFH VI R 73/12 BFH/NV 14, 1291, mit Anm *ge* DStR 14, 1330 sowie bei sog **Managementbeteiligungen**, BFH IX R 43/15 BStBl II 17, 790; FG Ddorf EFG 21, 206, rkr). Für ArbLohn können insb Klauseln sprechen, die die Beteiligung vom Fortbestand des ArbVerh abhängig machen oder ein Verlustrisiko ausschließen. Zur Behandlung lfd Erträge und realisierter Wertveränderungen bei Mitarbeiterbeteiligung s *Marquart* FR 13, 980, 983. – **(2) Zuflusszeitpunkt.** Der **geldwerte Vorteil** fließt mit Erlangung des wirtschaftl Eigentums an den Aktien iHd Differenz zw Börsenpreis dieses Tages und den Erwerbsaufwendungen zu (BFH VI R 67/14 BStBl II 17, 69; zum Übergang des wirtschaftl Eigentums an Anteilen von KapGes s BFH VI R 6/18 BFH/NV 21, 311; zur Bewertung nicht börsennotierten Aktien s BFH VI R 30/07 BStBl II 11, 68; Bewertung einer GmbH-Beteiligung s BFH VI R 8/16 BStBl II 18, 550; zur Unbeachtlichkeit späterer Wertminderungen s BFH VI B 160/10 BFH/NV 11, 1869) Nach BFH VI R 73/12 BFH/NV 14, 1291 soll es für die Bewertung auf den Zeitpunkt des schuldrechtl Veräußerungsgeschäfts ankommen, da spätere Wertveränderungen nicht mehr durch den ArbG vermittelt würden (ebenso *Geserich* NWB 14, 2156). Dem kann nicht gefolgt werden (ebenso zutr *Thomas* DStR 15, 263). Es ist vielmehr aus systematischen Gründen daran festzuhalten, dass der maßgebl Bewertungszeitpunkt der Zuflusszeitpunkt ist (s § 8 Rz 26; ebenso *Wendt* EFG 14, 1889; s auch *Portner* BB 14, 2523). Die gegenteilige Auffassung lässt zudem den Charakter der Aktienüberlassung als Anreizlohn außer Betracht. Zuflusszeitpunkt ist der Tag der Erfüllung des Anspruchs durch den ArbG; dies ist der Tag der Einbuchung in das Depot des ArbN (BFH VI R 25/05 BStBl II 09, 382, unter II. 4.). Verfügungsbeschränkungen können dem Zufluss entgegenstehen, wenn sie die Annahme rechtfertigen, dass der ArbN über die Aktien noch keine Verfügungsmacht erlangt hat (BFH VI R 37/09 BFH/NV 11, 1949, restricted shares; s auch *Heurung ua* DStR 11, 2436; *Weidmann/Curdt* BB 12, 809; *Käshammer/Ramirez* DStR 14, 1419). Sperr-/Haltefristen stehen dem Zufluss aber ebenso wenig entgegen wie die Verschaffung der Verfügungsmacht unter der auflösenden Bedingung einer Rückzahlungsverpflichtung (BFH VI R 67/05 BStBl II 09, 282). – Zur Rechtslage bei Überlassung von vom ArbG am Markt erworbenen Optionsrechten s § 11 Rz 50 „Option". – Basispreis und die Lohnzuwendung sind bei einer Veräußerung der Aktien iRd § 23 als AK zu werten (BFH VI R 105/99 BStBl II 01, 689). – Zum LStAbzug bei Gewährung der Option durch einen Dritten (zB Konzernmutter) s § 38 Rz 6. Zur Ausübung einer Option ggü der ausl Konzernmutter durch einen ArbN einer inl Konzerntochter s LAG Hess DB 02, 794 (inl ArbG hat keine zivilrechtl Mitwirkungspflichten). – *(3)* **Sonstige Vorteilsrealisierung.** Veräußert der ArbN das Optionsrecht/das Wandeldarlehen oder verzichtet er gegen Entgelt auf die Ausübung des Optionsrechts (zB bei fehlgeschlagenem Mitarbeiterbeteiligungsprogramm, FG SchlHol EFG 06, 113, rkr; s auch „Verzicht"), kommt es in diesem Zeitpunkt zum Lohnzufluss (BFH VI R 4/05 BStBl II 08, 826; Anm *Schneider* HFR 08, 921; BFH VI R 12/08 BStBl II 10, 1069; FG Hbg DStRE 17, 395, rkr), denn die Veräußerung des Optionsrechts steht der Ausübung des Rechts gleich. Die spätere Ausübung der Option durch den Erwerber ist dem ArbN nicht zuzurechnen. – Kann der ArbN iRe Mitarbeiterbeteiligungsprogramms erworbene Anteile an den ArbG innerhalb einer bestimmten Frist zum Ausgabekurs zurückgeben, obwohl der Wert der Anteile zwischenzeitl unter den Ausgabekurs gefallen ist, fließt dem ArbN im Zeitpunkt der Rückgabe der Anteile ArbLohn iHd der Kursdifferenz zu (BFH VIII R 19/11 BStBl II 13, 689). – Beim Verfall eines Optionsrechts sind die Optionskosten im Verfallsjahr als vergebl WK abziehbar (BFH VI R 36/05 BStBl II 07, 647; *Bergkemper* FR 07, 979). Darf der ArbN trotz Verfallklausel bei Beendigung des ArbVerh Aktien aus einem Optionsprogramm behalten, führt dies nicht zu einem (erneuten) Lohnzufluss (BFH VI R 67/05 BStBl II 09, 282zu II.1.b). – Die Veräußerung der durch die Ausübung der Option erworbenen Aktien führt zu Einnahmen aus Kap-Verm (§ 20 II). – **Tarifvergünstigung** s § 34 Rz 40.

Arbeitgeberanteil zur Gesamtsozialversicherung erfüllt nicht den Lohnbegriff. § 3 Nr 62 hat nur deklaratorische Bedeutung (BFH VI R 178/97 BStBl II 03, 34; BFH VI R 52/08 BStBl II 10, 703; s auch FG Hbg EFG 10, 139, rkr, zum ArbG-Anteil zur SV eines freien Journalisten), weil es sich um eine drittnützige Abgabenlast auf Grund einer eigenen, dem ArbG aus sozialen Gründen auferlegten öffentl Verpflichtung handelt (anders als beim ArbG-Anteil zur SV eines MUers, BFH IV R 14/06 BStBl II 07, 942). Soweit Zuschüsse des ArbG die Beträge des § 3 Nr 62 übersteigen, liegt hingegen stpfl Lohn vor (FG Hbg EFG 93, 56, rkr). **Freiwillige Beiträge** des ArbG zur gesetzl RV sind ebenfalls stpfl ArbLohn; gleiches gilt für Zuschüsse zur Altersversorgung eines nicht zu den versicherungspflichtigen Personen (zB Vorstand einer AG) gehörenden ArbN (BFH VI R 8/11 BStBl II 14, 124, mit Anm *Bergkemper* FR 14, 76; BFH VI R 47/91 BStBl II 93, 169; FG Ddorf EFG 94, 283, rkr; s auch BFH VI B 237/01 BFH/NV 02, 1029); nicht hingegen rechtsirrtüml geleistete „ArbG-Anteile" (BFH VI R 35/89 BStBl II 92, 663; zur Rechtslage bei Rückabwicklung irrtüml erfolgter Zahlungen s *OFD Hann* FR 00, 578). Die Entscheidung des SV-Trägers über sozialversicherungsrechtl Fragestellungen ist im Besteuerungsverfahren zu beachten, soweit sie nicht offensichtl rechtswidrig ist (BFH VI R 52/08 BStBl II 10, 703; *Bergkemper* FR 10, 765; *Schneider* BFH/PR 10, 299). Bei rückwirkender Entlassung des ArbN aus der SV-Pflicht sind die bisher vom ArbG geleisteten Zuschüsse zur KV nachträgl der LSt zu unterwerfen (FG Köln EFG 09, 117, rkr).

Arbeitnehmeranteil zur Gesamtsozialversicherung ist Teil des Bruttolohns (BFH IX R 69/04 BStBl II 07, 579; BFH VI B 146/05 BFH/NV 07, 2283).

Arbeitsmittel. Die Überlassung von Arbeitsmitteln durch den ArbG zu Eigentum des ArbN oder die Bezuschussung der Anschaffung von Arbeitsmitteln führt regelmäßig nicht zu Lohn. Etwas anderes kann gelten bei WG mit einer Nutzungsdauer von mehr als 1 Jahr (s Rz 69).

Arbeitszeitkonten. Bei Zeitwertkonten (Wertguthabenvereinbarungen iSv § 7b SGB IV) vereinbaren ArbG und ArbN, dass künftig fällig werdender ArbLohn (auch Einmal- oder Sonderverdienste) der Arbeitszeitphase nicht sofort, sondern später in der Freistellungsphase ausgezahlt wird (*BMF* BStBl I 09, 1286; *BMF* BStBl I 19, 874; zu Flexi-/Gleitzeitkonten s *FM NRW* DB 11, 1833). Strechtl geht es um die Frage des **Zuflusses:** Der zunächst nicht ausgezahlte Lohn fließt erst später bei der Auszahlung in der Freistellungsphase zu und ist dann zu versteuern (BFH VI R 17/16 BStBl II 19, 496). Dies gilt auch bei **Organen von Körperschaften,** die estl als ArbN zu behandeln sind (BFH VI R 17/16 BStBl II 19, 496; BFH VI R 39/17; *BMF* BStBl I 19, 874; FG BBg DStRE 19, 353, rkr, zu MinderheitsGes'ter; *Graefe* DStR 17, 2199; **aA** *Sterzinger* BB 12, 2728; *Harder-Buschner* NWB 09, 2132). Ist der StPfl nicht beherrschender Ges'ter, kann (nach allg Grds) auch eine vGA in Betracht kommen; beim beherrschenden Ges'ter soll stets eine vGA vorliegen (*BMF* BStBl I 19, 874; s auch BFH I R 26/15 BStBl II 16, 489, mE zweifelhaft; FG Mster EFG 18, 1799, rkr: keine LSt-Haftung, insoweit zutr). Die FinVerw will auch bei **befristeten DienstVerh** (wenn das Lohnguthaben innerhalb der vertragl vereinbarten Befristung nicht durch Freistellung ausgeglichen werden kann) einen Zufluss trotz fehlender Auszahlung bereits bei Fälligkeit des ArbLohns unterstellen (*BMF* BStBl I 09, 1286, A.IV.2.a). Dies ist mit dem Zuflussprinzip des § 11 ebenso wenig vereinbar wie die Auffassung, dass bei einer **planwidrigen Verwendung des Zeitwertguthabens** (zB bei vorzeitigem teilweisen Zugriff auf das Zeitwertkonto) das *gesamte* Guthaben zufließen soll (*BMF* BStBl I 09, 1286, C.I, Ausnahme nur bei existenzbedrohender Notlage). Nicht ausgezahlte Gehaltsbestandteile fließen auch nicht allein deshalb zu, weil eine Zeitwertkontengarantie fehlt (FG Thür EFG 22, 120, Rev VI R 28/21, mE zutr). Zweifelhaft ist daher auch die Auffassung, dass Abfindungen anlässl der Beendigung des ArbVerh würden dem ArbN trotz Zuführung zu einem auf die DRV übertragenen Zeitwertkonto bereits mit der Gutschrift zufließen (so aber FG BBg EFG 21, 1932, Rev IX R 25/21). – Der ArbN kann, ohne dass lohnsteuerl Folgen ausgelöst werden, sein Zeit-/Wertguthaben zu einem neuen ArbG mitnehmen (*BMF* BStBl I 09, 1286) oder ab 1.1.09 auf die DRV Bund überführen (§ 3 Nr 53; dazu *Niermann* DB 09, 139). Das Guthaben auf dem Arbeitszeitkonto kann auch in eine betriebl Altersversorgung umgewandelt werden (zu Vorteilen daraus s *Wellisch/ua* BB 06, 1100; *Wellisch/Machill* StuW 07, 30). Wird bei der Umwandlung die (individuelle, nicht pauschale) LSt erhoben, steht dem ArbN der SA-Abzug/die Altersvorsorgezulage zu (*OFD Bln* DB 02, 973; *Niermann* DB 09, 139 mit Beispielen). Der Einsatz von Guthaben auf dem Arbeitszeitkonto für betriebl Weiterbildung führt aber nicht zu WK (*OFD NRW* DStR 14, 1286). Wird an den ArbN, der in der Arbeitsphase aufgrund des reduzierten Lohns wirtschaftl vorgeleistet hat, bei vorzeitiger Beendigung des ArbVerh ein Ausgleich für das in der Arbeitsphase angesammelte Wertguthaben gezahlt, fließt der Ausgleich dem ArbN als sonstiger Bezug im Zeitpunkt der Zahlung zu (BFH VI R 26/11 BStBl II 12, 415).

Aufmerksamkeiten sind kein Lohn, wenn sie auch im gesellschaftl Verkehr ausgetauscht zu werden pflegen und von ganz geringem Wert sind (*Offerhaus* BB 90, 2019). Zur 60 €-Grenze in LStR 19.6 I s *Seifert* DStZ 15, 199, 200. – Nach LStR 19.6 II sollen Getränke und Genussmittel, die der ArbG den ArbN im Betrieb unentgeltl oder verbilligt überlässt, nicht zum Lohn gehören.

Aufsichtsratsvergütungen, die der ArbN-Vertreter an seine Arbeitskollegen weitergibt, sind bei diesen kein ArbLohn (BFH VI R 53/84 BStBl II 87, 822).

Aufstockungszahlungen zum Transferkurzarbeitergeld sind lfd ArbLohn und keine Entschädigung iSd § 24 Nr. 1a (BFH IX R 44/17 BStBl II 19, 574).

Ausgleichsgelder nach dem FELEG sind kein Lohn (BFH VI R 134/01 BStBl II 05, 569; BFH VI R 74/01 BFH/NV 05, 1301).

Auslandsreise, die nicht nur untergeordnete touristische Aspekte aufweist, kann zu Lohn führen (BFH VI R 6/89 BStBl II 93, 640; BFH VI R 32/03 BStBl II 06,

30; BFH VI R 69/02 BFH/NV 07, 708). Dies kann bei sog **Händler-Incentive-Reisen** für die zur Betreuung abgestellten ArbN anders sein, wenn die Betreuung einer Arbeitsleistung gleichkommt, wozu iEinz darzulegen und zu beweisen ist, worin die Betreuungsleistung bestand und welchen zeitl Umfang sie einnahm (ausführl BFH VI R 65/03 BStBl II 07, 312; BFH VI R 69/02 BFH/NV 07, 708). Auch die dienstl Verpflichtung zur Teilnahme an der Reise muss der ArbN substantiiert darlegen (BFH VI R 53/93 BFH/NV 94, 708; FG BaWü EFG 05, 1692, rkr, Bankmitarbeiter als Urlaubsbegleiter, Zusammenstellung von Kriterien). Die Mitnahme von Ehegatten kann für den belohnenden Charakter der Reise sprechen (BFH VI R 53/93 BFH/NV 94, 708); dies ist iRd tatrichterl Gesamtwürdigung zu bewerten. Stellt die Reise für den ArbN keine Lohnzuwendung dar, kann der auf den mitreisenden Ehepartner entfallende Teil der Kosten zu Lohn führen. Ist von einer Lohnzuwendung auszugehen, wirken sich die vom ArbN anlässl der Vorteilsgewährung tatsächl erbrachten Betreuungsleistungen nicht wertmindernd aus (BFH VI R 24/94 BStBl II 94, 954; offen gelassen in BFH X R 36/03 BFH/NV 05, 682). Es kann aber zu prüfen sein, ob nicht eine *gemischte* Veranlassung der Reise die Aufteilung in Lohn und Nichtlohn rechtfertigt (BFH VI R 32/03 BStBl II 06, 30; BFH VI R 65/03 BStBl II 07, 312; BFH VI B 14/10 BFH/NV 11, 24; *Albert* FR 18, 257); Aufteilungsmaßstab kann sein, in welchem zeitl Umfang die mitreisenden ArbN, gemessen an der normalen Tagesarbeitszeit, tatsächl Betreuungsaufgaben wahrgenommen haben (*Krüger* HFR 07, 332).

BahnCard. Bei Einsatz für Dienstreisen fehlt es am Lohncharakter oder es liegt stfreier Reisekostenersatz bis zu der Höhe vor, bis zu der der ArbG auch ohne BahnCard die Reisekosten ersetzt hätte (*BMF* BStBl I 19, 875; *OFD Ffm* DStR 20, 229; *Plenker* DB 19, 2092 mit vielen Beispielen). Soweit die *FinVerw* bei Prognose einer Teilamortisation oder bei Fehlen einer Amortisationsprognose den Wert der BahnCard zunächst voll als ArbLohn erfassen will (*BMF* BStBl I 19, 875 Rz 19, 22), ist dem mE nicht zu folgen (krit auch *Hermes* NWB 19, 1838). Zu mögl Steuerbefreiungen nach § 3 Nr 15 ab VZ 2019 s § 3 Rz 63.

Beihilfen und Unterstützungen s § 3 Rz 41 ff. Krankheitsbeihilfen erfüllen den Lohnbegriff (§ 2 II Nr 5 LStDV). Dies gilt auch, wenn eine KV ihren ArbN anstelle der Beihilfen Beitragsermäßigungen gewährt (BFH VI R 76/91 BStBl II 96, 239; BFH VI B 176/01 BFH/NV 05, 205); es sei denn, die Ermäßigung wird auch im normalen Geschäftsverkehr gewährt (FG Mster EFG 97, 1182, rkr). Die Kürzung von Beihilfeleistungen durch die **Kostendämpfungspauschale** führt nicht zu negativem ArbLohn.

Bergmannsprämien s § 3 Nr 46 und BFH VI R 18/08 BStBl II 10, 1072.

Berufskleidung s § 9 Rz 266 ff und § 3 Nr 31. Die unentgeltl Überlassung typischer Berufskleidung stellt keinen stpfl Sachbezug dar (FG BaWü EFG 00, 1113, rkr, Messebekleidung; FG Hess EFG 93, 648, rkr, uniformähnl Kleidung des Flugpersonals). Ähnl kann gelten bei Überlassung von Einheitskleidung mit geringem Wert im Einzelhandel (BFH VI R 21/05 BStBl II 06, 915). Die Überlassung bürgerl Kleidung als Arbeitskleidung stellt aber einen stpfl Sachbezug dar (*Offerhaus* DStJG 9, 129). Dies gilt erst recht bei Überlassung hochwertiger Markenbekleidung (BFH VI R 60/02 BStBl II 06, 691). Gleiches gilt für Barablösungen (*HHR* § 19 Rz 600 „Barablösungen").

Bestechungsgeld. Kein ArbLohn, sondern sonstige Einkünfte (§ 22 Nr 3), wenn ein ArbN Geschäfte seines ArbG ohne dessen Wissen zu dessen Nachteil ausführt und hierfür Bestechungsgelder von Dritten erhält (BFH XI B 193/06 BFH/NV 07, 1887; BFH IX R 26/14 BStBl II 15, 1019).

Betriebliche Weiterbildung. Leistungen des ArbG für die betriebl Weiterbildung des ArbN oder für Qualifikations- und Trennungsmaßnahmen iZm Kündigungsvereinbarungen stellen keinen Lohn dar. Dabei ist es gleichgültig, wo die

Bildungsmaßnahme stattfindet (LStR 19.7 I 2; s aber auch *FM NRW* BB 08, 1608). Selbst wenn die Maßnahme in der Freizeit des ArbN stattfindet, muss dies nicht dafür sprechen, dass der ArbN ein gewichtiges eigenes Interesse an der Maßnahme hat und damit ein ganz überwiegendes betriebl Interesse des ArbG zu verneinen ist. Das stets vorhandene Interesse des ArbN an der Verbesserung seiner berufl Fähigkeiten kann allein ein überwiegend betriebl Interesse des ArbG nicht beeinträchtigen (FG Mster EFG 16, 1795, rkr). Denn Vorteile, die einem ArbN aus der betriebl Berufsausbildung erwachsen, führen nicht zu Lohn. BAG 3 AZR 192/07 DB 09, 853 geht ebenfalls davon aus, dass vom ArbG gezahlte Aus- oder Fortbildungskosten der Sache nach eine Investition im Interesse des ArbG sein können. Dem entspricht, dass nach LStR 19.7 I 3, 4 (dazu *Hartmann* DStR 10, 2550, 2556) bei berufl Fort- und Weiterbildungsmaßnahmen, die für Rechnung des ArbG erfolgen, eine Lohnzuwendung ausscheidet (*BMF* BStBl I 12, 531; FG Mster DStR 18, 266, rkr; einschränkend aber *OFD NRW* DB 17, 2774: ArbLohn bei Kostenübernahme für bestandene Fortbildung, mE unzutr). Auch bei arbeitsvertragl Übernahme der auf Rechnung des ArbN angefallenen Studiengebühren durch den ArbG und Rückzahlungsverpflichtung des ArbN, wenn dieser innerhalb von zwei Jahren nach Studienabschluss das Unternehmen verlässt, verneint *FinVerw* einen Lohnzufluss (*BMF* BStBl I 12, 531). Die Übernahme der Studiengebühren durch den neuen ArbG im Falle eines Arbeitsplatzwechsels soll aber zu ArbLohn führen (*FB Bln* DStR 15, 699). ME scheidet ArbLohn bereits deshalb aus, weil hier kein Wertetransfer in den privaten, sondern in den berufl Bereich des ArbN erfolgt (s Rz 55, 67). – Bei Maßnahmen, die der Verbesserung der Allgemeinbildung des ArbN dienen, wird idR das überwiegend betriebl Interesse des ArbG zu verneinen sein; die Kosten der Zuwendung stellen in diesem Fall Lohn dar; (s aber FG Mchn EFG 02, 617, rkr, nicht zweifelsfrei). S auch „Outplacement-Beratung".

Betriebsrenten führen zu Lohn (BFH VI B 72/04 BFH/NV 05, 1998).

Betriebssport s Rz 41; *Offerhaus* DStJG 9, 128; *Lang* DStJG 9, 67; *Kuhn* BB 16, 1951. Die Anmietung und Überlassung von Tennisplätzen (Einzelsportart) durch den ArbG an seine ArbN führt zu ArbLohn (BFH VI R 44/96 BStBl II 97, 146; krit *von Bornhaupt* DStZ 97, 102). Gleiches gilt, wenn der ArbG mit einem Fitnessstudio vereinbart, dass seine ArbN dort für einen verbilligten Beitrag trainieren können (BFH VI R 14/18 BStBl II 21, 232, auch zur Bewertung des Vorteils). Für Mannschaftssportarten hat *OFD Ffm* (FR 96, 649) einen Lohnzufluss verneint (zweifelhaft s *Anm* HFR 97, 164).

Betriebsveranstaltungen s Rz 77 ff. Zur Rechtslage bis einschließl VZ 2014 s *Schmidt* 33. Aufl § 19 Rz 100 „Betriebsveranstaltungen"; *Lohse/Zanziger* DStR 14, 921; *Heger* DB 14, 1277; *OFD NRW* DStR 14, 2462; LStH 19.5.

Betriebsversammlung. Ersatzleistungen des ArbG nach § 44 BetrVG gehören zum stpfl ArbLohn. Bei Betriebsversammlungen *außerhalb* des Betriebes können für Pkw-Fahrten der ArbN die Kosten iRd LStH 9.5 „Pauschale Km-Sätze" stfrei ersetzt werden.

Bewirtung. Nimmt der ArbN an einer betriebl veranlassten Bewirtung von *Geschäftsfreunden* des ArbG teil, ist der auf den ArbN entfallende Bewirtungsaufwand kein ArbLohn. Eine Bewirtung im Betrieb anlässl unvorhergesehener Überstunden oder anderer außergewöhnl Arbeitseinsätze ist kein Lohn (LStR 19.6 II, 60 €). Voraussetzung ist aber, dass die unentgeltl Überlassung des Essens der Beschleunigung des Arbeitsablaufs dient, in den Arbeitsablauf integriert ist, dies für den ArbG von erhebl Wichtigkeit ist und aus der Art des Essens und der Gaststätte (statt Nutzung der vorhandenen Kantine) nicht auf eine Belohnungsabsicht geschlossen werden kann (BFH VI R 51/08 BStBl II 10, 700, mwN, unentgeltl Verpflegung auf einem Flusskreuzfahrtschiff; dazu auch *Schneider* BFH/PR 10, 208; FG Nds DStRE 10, 1162, rkr, gemeinsame Mahlzeiten von Kindern und Betreuern im Kindergarten als

Teil der Betreuungsaufgaben; ebenso FG SchlHol DStRE 12, 918, rkr; *FM MeVo* DB 19, 2379, freie Kost und Logis bei 24h-Pflege; FG Hbg EFG 16, 36, rkr, zur Mahlzeitengestellung auf Offshore-Plattform; FG Ddorf EFG 21, 1130, rkr, Verpflegung des Flugpersonals auf Flügen von mehr als 6 Stunden bei kurzen Turn-Around-Zeiten). – Bewirtungskosten aus Anlass der Ehrung eines *einzelnen* Jubilars oder eines ausscheidenden ArbN liegen im überwiegend eigenbetriebl Interesse des ArbG und führen daher nicht zu Lohn (110 €-Grenze, LStR 19.3 II Nr 3; s aber FG Hess EFG 96, 274, rkr, Dienstjubiläum eines Bürgermeisters). Richtet der ArbG für ArbN Feiern oder festl Veranstaltungen aus, kommt es dann nicht zum Lohnzufluss, wenn es sich um ein Fest des ArbG (= betriebl Veranstaltung) handelt; die Tragung der Kosten für Privatfeiern des ArbN führt aber zu Lohn (instruktiv FG Hbg EFG 04, 193, rkr). S auch „Geburtstag", „Mahlzeiten".

Büro des Arbeitgebers in der Wohnung des Arbeitnehmers; Kostenbeteiligung des ArbG. Ob die Vermietung eines im Wohnbereich des ArbN gelegenen Zimmers **an den ArbG** mit Rücküberlassung an den ArbN zu ArbLohn oder zu Einkünften aus VuV führt, richtet sich danach, ob sie im vorrangigen Interesse des ArbN (dann ArbLohn) oder des ArbG (dann VuV) liegt (*BMF* BStBl I 19, 461 mit Beisp). Entscheidend ist die Intensität der betriebl Bedürfnisse für die Anmietung des Raumes durch den ArbG (BFH VI R 25/02 BStBl II 06, 10; BFH VI R 82/04 BFH/NV 06, 1076; BFH IX R 72/01 BFH/NV 05, 882; BFH IX R 4/05 BFH/NV 05, 2180; FG BaWü EFG 06, 1413, rkr). Diese Voraussetzung ist bei **Heimarbeitern** und **Telearbeitsplätzen** zu bejahen. Die Abzugsbeschränkung des § 4 V 1 Nr 6b gilt nicht, wenn der ArbG die auswärtige Betriebsstätte benötigt, zu der er auch Zutritt hat (*BMF* BStBl I 19, 461). In einem solchen Fall handelt es sich um ein Büro des ArbG und nicht um ein häusl Arbeitszimmer des ArbN (BFH VI R 131/00 BStBl II 02, 300; BFH VI R 147/00 BStBl II 03, 519; *Pust* HFR 03, 660, zu weiteren Zweifelsfragen). Hingegen wird bei **pauschalem Bürokostenzuschuss** idR ArbLohn anzunehmen sein. Dies gilt insb für Mietentschädigungen (§ 17 BundesbesoldungsG; BFH VI R 3/04 BStBl II 07, 308). Anders ist die Rechtslage, wenn der ArbG in den Geschäftsräumen keinen oder nur einen eingeschränkten Arbeitsplatz zur Verfügung stellt, sodass der ArbN zu Hause arbeiten muss (**ausgelagerter Arbeitsplatz des ArbG**, s *BMF* BStBl I 19, 461). Die Überschusserzielungsabsicht wird in einem solchen Fall bei den Einkünften aus VuV aber nicht typisierend unterstellt, sondern ist im Einzelfall festzustellen (Änderung der Rspr: BFH IX R 9/17 BStBl II 19, 219). Entgegen BFH IX R 76/01 BFH/NV 06, 1810 ist hier ein ausdrückl Mietvertrag nicht erforderl (zutr *von Bornhaupt* HFR 06, 1082); sein Fehlen ist aber ein Indiz gegen die Erzielung von VuV-Einkünften (s *BMF* BStBl I 19, 461).

Darlehen. Lohnstrechtl Folgen werden erst ausgelöst, wenn der ArbG das Darlehen unverzinsl oder unter dem marktübl Zinssatz an den ArbN gibt (BFH VI R 28/05 BStBl II 06, 781; zur Berechnung des geldwerten Vorteils s *BMF* BStBl I 15, 484; *LfSt Bay* DStR 15, 2020; *Plenker* DB 15, 1310; *Rolfes* StuB 15, 627). *Zinszuschuss* des ArbG zu einem marktübl Darlehen ist stets Lohn (BFH VI R 67/03 BStBl II 06, 914). Nach der *FinVerw* sind Zinsersparnisse bei einer Darlehenssumme bis zu 2600 € kein Lohn (*BMF* BStBl I 15, 484 Tz 4; mE rechtswidrig). Dies hat für Bankangestellte den Vorteil, dass insoweit den Freibetrag nach § 8 III nicht verbraucht wird; das Gleiche gilt für die Freigrenze des § 8 II 11 (*Hartmann* DStR 09, 79, 81). – Der Erlass der Darlehensforderung führt regelmäßig zu ArbLohn iHd erlassenen Betrages. – Die Verzinsung rückständigen ArbLohns führt zu Einnahmen aus KapVerm. – Das Darlehen ist vom Vorschuss (ArbLohn) abzugrenzen (*BMF* BStBl I 15, 484 Tz 2, s auch § 11 Rz 50 „Darlehen").

Diebstahl durch den ArbN führt nicht zu Einnahmen aus nichtselbstständiger Arbeit (*Offerhaus* BB 82, 1064); ebenso nicht bei Veruntreuung (FG Mchn EFG 85, 71, rkr; FG Mster EFG 01, 1291, rkr, BFH X R 163–164/87 BStBl II 91, 802, gewerbl Einkünfte). Wohl aber uU der Regressverzicht des ArbG; es sei denn, ArbN ist vermögenslos.

Diebstahlsersatz durch den ArbG für abhandengekommene Gegenstände bei Auswärtstätigkeiten führt nicht zu Lohn, wenn die Gegenstände bei der Auswärtstätigkeit verwendet werden mussten und der Schaden sich als Konkretisierung einer reisespezifischen Gefahr erweist (BFH VI R 21/92 BStBl II 94, 256; s auch § 9 Rz 80 und *Richter* DStR 94, 1799).

Dienstreiseversicherung. Prämienzahlungen des ArbG sind kein ArbLohn (BFH VI R 3/87 BStBl II 92, 365; *BMF* BStBl I 15, 734).

Dienstwagen s „Kraftfahrzeuggestellung".

Dienstwohnung. Sind Zuwendungen des ArbG oder eines Dritten (BFH VI R 70/02 BFH/NV 07, 425) iZm mit der Beschaffung, Unterhaltung usw einer Wohnung oder eines Hauses (zB unentgeltl oder verbilligte Nutzungsüberlassung, Herrichtung oder Übereignung) durch das DienstVerh veranlasst, gehören sie iHd dem ArbN (oder in dessen Interesse einem Dritten) zufließenden wirtschaftl Vorteils zum stpfl ArbLohn. Auch verbilligte Überlassung einer *Werksdienstwohnung* führt zu ArbLohn (FG RhPf EFG 88, 123, rkr), soweit die Räume nicht im überwiegenden betriebl Interesse des ArbG genutzt werden müssen (Einzelheiten *OFD Köln* DB 90, 2448) oder wenn in erhebl Umfang auch an Nicht-ArbN vergleichbar vermietet wird (BFH VI R 65/09 BFH/NV 11, 1938). Der Zufluss erfolgt bei Überlassung eines Grundstücks mit Erlangung des wirtschaftl Eigentums (BFH VI R 65/84 BFH/NV 88, 86). Nutzt der ArbN eine Wohnung auf Grund eines vom ArbG bestellten Wohn- oder Nießbrauchsrechts, so fließt der geldwerte Vorteil aber nicht bereits bei Bestellung des Rechts, sondern erst im Zeitpunkt der monatl Wohnungsnutzung zu (BFH VI R 33/97 BStBl II 04, 1076, mwN). Gleiches gilt bei verbilligter Vermietung (Bewertung s § 8 Rz 61). Beachte die Steuerfreiheit des § 3 Nr 59 für besondere Fallgestaltungen. Die Zuwendungen iZm der Wohnungsüberlassung können iRe anderen Einkunftsart des ArbN als HK/AK oder sofort abzugfähige WK zu qualifizieren sein, wenn die Zahlung des vollen Entgelts durch den ArbN zu HK/AK oder sofort abzugfähigen WK geführt hätte.

Directors & Officers (D&O)-Versicherungen, die der ArbG für Vorstandsmitglieder abgeschlossen hat, führen mE nicht zur Lohnzuwendung (*Geserich* DStR 16, 441, 445; *Dreher* DB 01, 996; *Küppers ua* DStR 02, 199; **aA** *Kästner* DStR 01, 195, 422; s auch Rz 55, 68). *FM Nds* (DStR 02, 678) verneint demggü Lohnzuwendung nur dann (überwiegend eigenbetriebl Interesse), wenn das Management *als Ganzes* versichert ist, die Versicherung Schäden des Unternehmens abdeckt, die Ansprüche aus der Versicherung dem Unternehmen zustehen (dazu BGH IV ZR 304/13 DB 16, 1127; BGH IV ZR 360/15 DB 17, 1079) und der Prämienkalkulation Betriebsdaten des Unternehmens zugrunde liegen. Liegen diese Voraussetzungen nicht vor, so führt die Prämienzahlung nach Ansicht der FinVerw (FM Nds DStR 02, 678) zu Lohn (WK-Ersatz mit der Verpflichtung zum LStEinbehalt), der bei der Veranlagung der ArbN in gleicher Höhe zum WK-Abzug führt. Zu Praxisfragen der D&O-Versicherung s *Bosse/Queisser* NWB 16, 2881; *Hohenstatt/Naber* DB 10, 2321; *Schüler/Grewe* NWB 10, 2630; *Harzenetter* DStR 10, 653, zum gesetzl Selbstbehalt. – S auch „Vermögenschadenshaftpflichtversicherung".

Erbbaurecht. Bei Bestellung eines Erbbaurechts zu einem unangemessen niedrigen Erbbauzins fließt dem ArbN im Jahr der Bestellung des Erbbaurechts zu (BFH VI R 15/80 BStBl II 83, 642; s auch *Giloy* BB 84, 2181, zugleich zur Frage der Gegenrechnung von WK aus VuV). Dies gilt aber nicht beim Nießbrauch an einer Wohnung (BFH VI R 118/92 BStBl II 93, 686) und auch nicht beim obligatorischen Wohnrecht (BFH VI R 135/84 BStBl II 88, 525, monatl Zufluss; zugleich zur wertmäßigen Berücksichtigung des Wohnrechts bei verbilligter Überlassung des Hauses; s auch „Dienstwohnung"). Die Ablösung eines Wohnrechts durch den ArbG kann zu Lohn führen (BFH XI R 7/93 BStBl II 94, 185). – Üben erst die **Erben des ArbN** das Ankaufsrecht aus, ist ihnen der geldwerte Vorteil zuzurechnen. Tritt der ArbN das Ankaufsrecht ab und übt der Abtretungsempfänger das Ankaufsrecht aus, ist dem ArbN (oder dessen Erben) der geldwerte Zuschuss zuzurechnen; denn der ArbN hat den Tatbestand der Einkunftserzielung erfüllt (nicht zweifelfrei; s aber auch BFH I R 64/81 BStBl II 85, 330; ferner „Abtretung ..." und „Ankaufsrecht").

Erfindervergütung aus Dienstenfindung ist Lohn (BFH I R 70/08 BFH/NV 10, 350), auch wenn sie erst nach Beendigung des ArbVerh für eine Zufallserfindung gezahlt wird (FG Mchen EFG 15, 1527, rkr).

Erlass einer Forderung, die dem ArbG gegen den ArbN zusteht, s „Darlehen" und „Forderungsverzicht".

Erschwerniszuschläge sind stpfl ArbLohn; s LStR 19.3 I Nr 1.

Essensfreibetrag. Die verbilligte oder kostenlose Essensgewährung im Betrieb führt zu ArbLohn (BFH VI R 167/81 BStBl II 86, 303); s aber „Bewirtung". – Gibt der ArbG Kantinenessen auch an NichtArbN zu gleichen Bedingungen ab, kann eine Lohnzuwendung an die ArbN in Form verbilligten Essens zu verneinen sein (*E. Schmidt* BB 85, 1709). Dies gilt aber dann nicht, wenn die NichtArbN nur einen nicht ins Gewicht fallenden Anteil der Essensteilnehmer ausmachen; denn dies ist ein Indiz dafür, dass der ArbG die NichtArbN nur deshalb zum Essen zulässt, um auf diese Weise seinen ArbN stfreie Zuwendungen zukommen zu lassen. – Zur Bewertung s § 8 Rz 61.

Fahrtkostenerstattung für Fahrten zw Wohnung und erster Tätigkeitsstätte ist Lohnzuwendung (LStR 19.3 III 2 Nr 2). Erstattet der ArbG dem ArbN die Prämien für eine Kaskoversicherung, führt dies zu Lohn, soweit die Prämien auf Privatfahrten und Fahrten zw Wohnung und Tätigkeitsstätte entfällt (BFH VI R 191/87 BStBl II 92, 204). Werden berufl Fahrten nach Pauschbeträgen abgerechnet, kann daneben nicht noch die Vollkaskoprämie stfrei erstattet werden (BFH VI R 178/88 BStBl II 91, 814; BFH VI B 18/00 BFH/NV 00, 1343). Eine vom ArbG abgeschlossene Dienstreise-Kaskoversicherung führt nicht zu Lohn; bei pauschaler Fahrtkostenerstattung sind die Km-Pauschbeträge aber um die anteiligen Kaskoprämien zu kürzen (BFH VI R 3/87 BStBl II 92, 365; Nichtanwendungserlass *BMF* BStBl I 92, 270; H 9.5 LStH 2011 „Pauschale Kilometersätze"; s auch *von Bornhaupt* BB 91, 2138 und – teilweise Ablehnung der Rspr – *Thomas* DStR 91, 1369).

Familienpflegezeit. ArbLohn liegt vor iHd verringerten (regulären) Arbeitsentgelts und der Entgeltaufstockung des ArbG nach § 3 I Nr 1b FPfZG. Erstattungen des ArbN nach §§ 7, 8 III oder § 9 II, IV FPfZG führen zu negativem ArbLohn. Soweit eine Aufrechnung erfolgt, unterliegt nur der Differenzbetrag der LSt. Andernfalls ist der negative ArbLohn erst bei der Veranlagung des ArbN zu berücksichtigen (*BMF* BStBl I 12, 617).

Fehlgeldentschädigung. Legt der ArbN Fehlgeldbeträge vor, ist die Erstattung durch den ArbG stfreier Auslagenersatz (§ 3 Nr 50); Fehlgeldbeträge müssen dann aber einzeln abgerechnet werden (BFH VI 68/65 BStBl II 70, 69). – Zur StFreiheit pauschaler Fehlgeldentschädigungen (bis zu 16 € im Monat) im Kassen- und Zähldienst s LStR 19.3 I 2 Nr 4.

Forderungsübergang auf Sozialleistungsträger. Zahlt der frühere ArbG auf Grund des gesetzl Forderungsübergangs gem § 115 I SGB X an den Sozialleistungsträger, so liegt darin ein Lohnzufluss an den ArbN, der nicht nach § 3 Nr 2 stfrei ist (BFH VI R 66/03 BStBl II 08, 375, ausführl; *Bergkemper* FR 08, 431; *Paetsch* HFR 08, 336). Anders ist die Rechtslage, wenn der Insolvenzverwalter an die Bundesagentur für Arbeit leistet; hier fließen dem ArbN nur Leistungen zu, die von § 3 Nr 2 erfasst werden (*OFD Kobl* DStR 08, 2266).

Forderungsverzicht des ArbG ggü ArbN kann im Zeitpunkt des Erlasses ArbLohn sein (BFH VI R 145/89 BStBl II 92, 837; BFH VI R 1/17 BStBl II 21, 103). Dies ist noch nicht der Fall, wenn der ArbG es unterlässt, mit Gegenforderungen ganz oder teilweise aufzurechnen (BFH VI R 173/80 BStBl II 85, 437).

Führerschein. Die Übernahme der Kosten für eine im privaten Alltagsleben nicht übl Fahrzeugklasse kann stfrei ersetzt werden (*LfSt Bay* DB 09, 1902).

Geburtstag. Richtet der ArbG für einen ArbN die Feier zu dessen rundem Geburtstag in den Betriebsräumen aus und lädt der ArbG dazu Kunden, Repräsentanten des öffentl Lebens und Mitarbeiter ein, führt dies nicht zum Lohnzufluss, wenn die Gesamtumstände auf eine betriebl Veranstaltung schließen lassen (ausführl BFH VI R 48/99 BStBl II 03, 724); auch die Teilnahme engster Familienmitglieder des ArbN führt nicht zum Lohn (*Pust* HFR 03, 574, mwN; s auch *Bergkemper* FR 03, 517). Werden zu dieser Feier auch Freunde des ArbN eingeladen, kommt insoweit eine Lohnzuwendung in Betracht (*Pust* HFR 03, 574). Soweit LStR 19.3 II Nr 4 dabei erst Lohn bei Überschreiten der Betragsgrenze von 110 € (einschließl USt) annimmt, ist dies zwar großzügig, aber mit dem Lohnbegriff nicht vereinbar (Gestaltungsberechnungen s *Niermann/Plenker* DB 04, 2118, 2122; *Hartmann* INF 04, 945). Handelt es sich hingegen um eine Geburtstagsfeier des ArbN (zB im Privathaus des ArbN überwiegend mit Freunden; s auch FG Hbg EFG 04, 193, rkr), deren Finanzierung der ArbG übernimmt, so handelt es sich um eine Lohnzuwendung (s auch *Pust* HFR 03, 574). – S auch § 12 Rz 15.

Gehaltskürzung nach Dienststrafverfahren mindert den stpfl Lohn; ebenso verwirkter und daher nicht zugeflossener Lohn (BFH VI R 2/66 BStBl II 68, 545). Nur das gekürzte Gehalt ist ArbLohn (BFH VI 55/64 U BStBl III 65, 68). Bei Einbehalt eines Teils des Lohns zur Zuführung in eine Versorgungsrückstellung fließt noch kein Lohn zu (BFH VI R 165/01 BStBl II 05, 890; BFH X R 29/05 BStBl II 07, 402).

Gehaltsverzicht führt nicht zu Lohn, wenn er bedingungsfrei ohne Verwendungsauflagen vereinbart worden ist und nicht als Umgehung des beschr Spendenabzugs zu werten ist (BFH VI R 87/92 BStBl II 93, 884; BFH VI R 115/92 BStBl II 94, 424; Anm HFR 94, 394; ferner FG Ddorf EFG 94, 282, rkr und FG Hbg EFG 93, 223, rkr). Letzteres ist dann nicht anzunehmen, wenn der ArbG als Spender auftritt und die Spendenbescheinigung für eigene Zwecke einsetzt (BFH XI R 18/98 BStBl II 99, 98; *Koss* DB 05, 414). Die FinVerw lässt ArbLohn-Spenden aus humanitären Gründen in bestimmten Einzelfällen stfrei (zB *BMF* BStBl I 14, 889, Flutopfer; *BMF* BStBl I 15, 466, Erdbebenopfer; *BMF* BStBl I 15, 745, Flüchtlinge, verlängert für bis zum 31.12.18 durchgeführte Maßnahmen, *BMF* BStBl I 16, 1425). Eine dem ArbG wegen dessen *Liquiditätsschwierigkeiten* gestundete Gehaltsforderung führt noch nicht zum Lohnzufluss; daher ist ein späterer Verzicht auf diese Forderung ein steuerneutraler Vorgang (BFH VI R 35/94 BFH/NV 95, 208; FG Bln DStRE 02, 1004, rkr). Gehaltsverzicht zugunsten von Zahlungen in eine Rückdeckungsversicherung des ArbG führt nicht zu Lohn (FG Hbg EFG 03, 1000, rkr). Zum Gehaltsverzicht zugunsten betriebl Altersversorgung ohne eigenen Rechtsanspruch des ArbN s „Versorgungszusage"; zum Verzicht auf Pensionszusagen durch GmbH-Ges'ter s BFH VI R 4/16 DStR 17, 2534, Lohnzufluss bei verdeckter Einlage, wenn auf erdienten und werthaltigen Pensionsanspruch verzichtet wird; *BMF* BStBl I 12, 874. – S auch § 11 Rz 50 „Verzicht".

Geldbuße; Geldstrafe; Geldauflage, die der ArbG für den ArbN übernimmt, führt idR zu Lohn (BFH VI R 47/06 BStBl II 09, 151; BFH VI R 36/12 BStBl II 14, 278; FG Köln DStRE 12, 791, rkr; s auch *Englert* DStR 09, 1010). Die Rspr, nach der die Übernahme von Verwarnungsgeldern aus ganz überwiegend eigenbetriebl Interesse (BFH VI R 29/00 BStBl II 05, 367) des ArbG erfolgen kann, hat der BFH aufgegeben (BFH VI R 36/12 BStBl II 14, 278; krit *Prinz* FR 15, 785).

ArbN hat keinen zivil-rechtl Anspruch auf Erstattung von Bußgeldern (BAG 8 AZR 465/00 BB 01, 1154). Kein ArbLohn liegt aber vor, wenn die Verwarnungsgelder wegen Falschparkens unmittelbar ggü dem ArbG festgesetzt werden; in diesem Fall kann jedoch der Verzicht des ArbG auf einen Erstattungsanspruch gegen den ArbN zu ArbLohn führen (BFH VI R 1/17 BStBl II 21, 103; *OFD Ffm* DB 21, 1777).

Gelegenheitsgeschenke, die der ArbG dem ArbN zuwendet, sind ArbLohn, wenn sie durch das DienstVerh veranlasst sind (BFH VI R 26/82 BStBl II 85, 641, Lehrabschlussprämie; BFH VI R 81/82 BFH/NV 86, 187, Sonderzuwendung bei Kommunion; BFH VI R 49/87 BFH/NV 91, 22, Zuwendung wegen erfolgreichen Besuchs einer Verwaltungsakademie; zusammenfassend *Offerhaus* DStJG 9, 121 ff). Eine berufl Veranlassung liegt idR nicht vor, wenn die Zuwendung vor allem eine Ehrung der Persönlichkeit darstellt (BFH IV R 184/82 BStBl II 85, 427; BFH VI R 39/08 BStBl II 09, 668). Die *FinVerw* rechnet kleine Aufmerksamkeiten (Blumen, Pralinen, Buch), die den Wert von 60 € nicht überschreiten, nicht zum ArbLohn, wenn sie im gesellschaftl Verkehr üblicherweise aus besonderem Anlass (Geburtstag, Konfirmation des Kindes des ArbN usw) hingegeben werden (LStR 19.6 I).

Gesundheitsfürsorge s „Medikamente"; „Vorsorgeuntersuchung"; Rz 56 und LStR 3.11. Übernahme von Kurkosten durch den ArbG ist, sofern die Kur nicht durch eine typische Berufskrankheit veranlasst ist, regelmäßig ArbLohn (BFH VI R 73/83 BStBl II 87, 142; BFH VI R 56/93 BFH/NV 94, 313; BFH VI R 7/08 BStBl II 10, 763). Soweit BFH VI R 7/08 BStBl II 10, 763 meint, eine Kur könne stets nur einheitl beurteilt werden und deshalb eine Aufteilung ablehnt, kann dem nicht gefolgt werden. Maßnahmen zur Vermeidung berufsbedingter Krankheiten müssen nicht zu Lohn führen (BFH VI R 177/99 BStBl II 01, 671; *Pust* HFR 01, 1060; BFH VI B 78/06 BFH/NV 07, 1874, Gesundheitsprogramm bei Bildschirmarbeitsplätzen); anders aber bei Raucherentwöhnung (FG Köln EFG 04, 1622, rkr) und bei allg präventiven Gesundheitsvorsorgemaßnahmen des ArbG (sog Sensibilisierungswoche, BFH VI R 10/17 BStBl II 19, 404). Zur tatrichterl Überzeugungsbildung s BFH VI B 106/08 BFH/NV 09, 1122. S auch § 3 Nr 34.

Grundstück s „Dienstwohnung"; FG Mster EFG 97, 1511, rkr; FG Hess EFG 98, 463, rkr. Verbilligte Überlassung eines Fertighauses gegen Erfüllung von Auflagen s FG RhPf EFG 79, 122, rkr. Zum Zuflusszeitpunkt s BFH VI R 155/85 BFH/NV 90, 290; FG BaWü EFG 03, 1223, wirtschaftl Verfügungsmacht. S auch „Ankaufsrecht".

Haustrunk, der unentgeltl oder verbilligt gewährt wird, führt zu Lohn (BFH VI R 126/87 BStBl II 91, 720).

Homeoffice *s* „Büro des Arbeitgebers ...".

Incentivereisen führen grds zu ArbLohn. Bei Incentive-Reisen mit **Dienstreiseelementen** kann eine Aufteilung der Kostenteile in Lohn und Nichtlohn nach obj Gesichtspunkten erfolgen (BFH VI R 32/03 BStBl II 06, 30; BFH VI R 49/05 BFH/NV 07, 217). Dies gilt auch bei sog Händlerincentivereisen (BFH VI B 14/10 BFH/NV 11, 24): *(1)* Zunächst sind Kostenbestandteile, die eindeutig betriebsfunktional sind (zB Kosten für Referenten, Tagungsräume und Tagungsunterlagen; insoweit von vornherein kein Lohn) und Kostenteile, die eindeutig Entlohnungscharakter haben (zB touristisches Programm, Sportprogramm; insoweit von vornherein Lohn), vorab den Bereichen des Nichtlohns bzw des Lohns zuzuordnen. – *(2)* Sodann sind restl gemischte Kostenbestandteile (zB für An- und Abreise, Hotel, Verpflegung, allg Betreuung, Organisation) im Wege sachgerechter Schätzung aufzuteilen – regelmäßig gilt das Verhältnis der Zeitanteile für Dienstreise- bzw Incentiveteile. – *(3)* Schließl sind bei Verpflegungsaufwendungen zur Vermeidung von Wertungswidersprüchen die Höchst- und Pauschbeträge des § 4 V

Nr 5 zu beachten. Berufl veranlasste Verpflegungsmehraufwendungen kann der ArbG nur iRd vorgenannten Vorschrift stfrei erstatten (§ 3 Nr 13 und Nr 16). Das bedeutet, dass Verpflegungsaufwendungen des ArbG, die über die Pauschbeträge des § 4 V Nr 5 hinausgehen, insoweit auf jeden Fall Lohn sein müssen. IÜ ist dem Umstand, dass die Reise gemischt veranlasst war, dadurch Rechnung zu tragen, dass die Verpflegungspauschbeträge nur mit dem Prozentsatz berücksichtigt werden (also keine Lohnzuwendung), der nach dem (regelmäßig zeitl bedingten) Aufteilungsmaßstab für die gemischten Kostenbestandteile gilt; dh, bei einem Aufteilungsmaßstab von zB 50% scheidet iHv 50% der Verpflegungspauschbeträge eine Lohnzuwendung aus. Die darüber hinausgehenden vom ArbG getragenen Verpflegungskosten führen zu einer Lohnzuwendung. – Zur krankheitsbedingten Nichtteilnahme am Incentiveprogramm s BFH VI R 7/03 BFH/NV 06, 271. – Die **Bewertung der Einnahmen** kann regelmäßig mit den Kosten des ArbG vorgenommen werden; begehrt ein Beteiligter eine abw Wertbestimmung, hat er konkret darzulegen, welches der übl Endpreis am Abgabeort ist (s auch *Albert* DStR 05, 2150). Der tatrichterl Würdigung kommt entscheidende Bedeutung zu; es sind sämtl maßgebl Gesichtspunkte eingehend zu bewerten und zu gewichten (BFH VI R 49/05 BFH/NV 07, 217; *Krüger* HFR 07, 120). Aufwendungen des ArbG bei kurzfristiger Absage einiger ArbN (zB Stornokosten) sind nicht in die Lohnbewertung für die teilnehmenden ArbN einzubeziehen (*Albert* FR 10, 1032, 1036).

Insolvenz. Zum Charakter der ESt-Schuld aufgrund nach der Insolvenzeröffnung erzielter Einkünfte s BFH VI R 21/10 BStBl II 11, 520, Anm *Schneider* BFH/PR 11, 292. Zur Vorfinanzierung des Insolvenzgeldes und zum Zuflusszeitpunkt s BFH VI R 4/11 BStBl II 12, 596, Anm *Bleschick* HFR 12, 732. Zum WK-Abzug bei Bezug von stfreiem Insolvenzgeld s BFH VI R 93/98 BStBl II 01, 199. Zum LStErstattungsanspruch als Teil der Insolvenzmasse s BFH VII B 188/09 BFH/NV 10, 1243. Die Insolvenzsicherung von Direktzusagen durch Contractual Trust Agreements ist nach § 3 Nr 65 stfrei (ausführl *Niermann* DB 06, 2595; *Ditz/ Tcherveniachki* DB 10, 632).

Instrumentengeld ist stpfl ArbLohn, s BFH VI R 30/95 BStBl II 95, 906, auch zur Abgrenzung zum Saitengeld; LStR 3.30; Rz 69.

Internetnutzung; Telekommunikation. Die private Nutzung betriebl Internetsysteme (Personalcomputer, Telekommunikationsgeräte wie Handy, Autotelefon, „normale" Telefone, Faxgeräte) durch ArbN führt zwar zum Lohnzufluss, der aber gem § 3 Nr 45 stfrei gestellt ist. Die Steuerfreiheit gilt ohne Rücksicht auf das Verhältnis von privater und berufl Nutzung; die Privatnutzung muss nicht im Betrieb, sie kann auch in der Wohnung des ArbN erfolgen. Die Steuerfreistellung ist weder der Höhe nach begrenzt. Voraussetzung ist aber, dass es sich um *Geräte des ArbG* handelt, selbst wenn das Gerät auf den Namen des ArbN angemeldet ist (s auch *Niermann* DB 01, 2415, 2416; *Hartmann* INF 01, 737, 738). Der Vorteil muss nicht zusätzl zum ohnehin geschuldeten Lohn gewährt werden; auch *Entgeltumwandlungen* sind zulässig (*OFD NRW* DB 15, 2179). Autotelefon im arbeitgebereigenen Kfz s *OFD Ffm* DB 03, 1085. – Schenkweise oder verbilligte Überlassung des Geräte durch den ArbG *zum Eigentum des ArbN* führt zum Lohnzufluss, der gem § 40 II 1 Nr 5 (s § 40 Rz 17) pauschal besteuert werden kann. – Nutzt der ArbN *eigene Geräte* auch berufl, kann der berufl Anteil der Gesamtkosten mit 20%, höchstens 20 € monatl vom ArbG als Auslagenersatz stfrei gesetzt werden (LStR 3.50 II 4). S auch Rz 110 „Telekommunikationsaufwendungen".

Investivlohn. Zur Lohnbesteuerung bei Investivlohnmodellen mit und ohne Barlohnumwandlung s *Wagner* BB 98, Beil 11, 6, *Heckschen/Glombik* GmbHR 13, 841. Zu weiteren Formen der Mitarbeiterbeteiligung s *von Braunschweig* DB 98, 1831. Allerdings führt nicht jeder Vorteil aus einer Mitarbeiterbeteiligung automatisch zu ArbLohn. Besteht zw ArbG und ArbN ein Sonderrechtsverhältnis, das nicht seinerseits aus dem ArbVerh resultiert, sondern unabhängig von diesem besteht und

ABC der Einnahmen

den gesamten Leistungsaustausch der Parteien abbildet, liegt idR kein ArbLohn vor (BFH IX R 43/15 BStBl II 17, 790; FG Ddorf EFG 21, 206, rkr; dazu auch *Koch-Schulte* DB 15, 2166; *Rödding* DStR 17, 437).

Jahreswagen. Der geldwerte Vorteil aus der verbilligten Überlassung von Jahreswagen ist stpfl Lohn (BFH VI R 95/92 BStBl II 93, 687; BFH VI R 61/93 BFH/NV 94, 855; BFH VI R 18/07 BStBl II 10, 67). Dies gilt auch bei verbilligtem Erwerb im Konzernverbund. Dabei führt die einjährige Veräußerungssperre nicht zum Wertabschlag (BFH VI R 15/86 BStBl II 90, 472). Überlässt der Autohändler einen vom Werk verbilligt gelieferten PKW seinem ArbN zum gleichen Preis, liegt auch darin eine Lohnzuwendung (BFH VI R 43/89 BFH/NV 92, 651).

Jobticket. S „BahnCard"; § 3 Rz 63 und zum Zufluss bei Ausgabe von Job-Tickets als Jahreskarte BFH VI R 56/11 BStBl II 13, 382. Kein ArbLohn soll aber vorliegen, wenn die Überlassung des Job-Tickets in erster Linie auf die Beseitigung der Parkplatznot gerichtet ist (FG Hess EFG 21, 485, rkr, mE zweifelhaft).

Kassenfehlbeträge, die der ArbG übernimmt, müssen auch bei Überschreiten von 16 €/Monat (s LStR 19.3 I Nr 4) nicht zum Lohn führen (FG Mster EFG 00, 556, rkr).

Kindergarten. Die Zurverfügungstellung von *Betriebskindergärten* und die Gewährung von Zuschüssen zu betriebsfremden Kindergärten sind stbarer ArbLohn (BFH VI R 203/83 BStBl II 86, 868; **aA** OFD *Mster* DB 90, 1212). Dies wirkt sich gem § 3 Nr 33 aber dann nicht aus, wenn die Leistungen zusätzl zum ohnehin geschuldeten Lohn erbracht werden; s § 3 Rz 112).

Kirchenbeamten wird kein Lohn zugewendet, wenn der ArbG freiwillige Beiträge gem § 171 SGB VI zur gesetzl Rentenversicherung leistet, damit die späteren RV auf die Pensionsverpflichtung angerechnet werden. Die freiwilligen Beiträge erfolgen allein im Interesse des ArbG und sind wirtschaftl wie eine Rückdeckung zu qualifizieren (BFH VI R 38/04 BStBl II 07, 181; Nichtanwendungserlass *BMF* BStBl I 07, 270; s auch Rz 60 ff). Die späteren Rentenleistungen sind aber wie die Pension vom ArbG der LSt zu unterwerfen.

Kontogebühren. Kostenfreie Kontoführung für Bank-ArbN (FG Mster EFG 97, 608, rkr) führt zu stpfl ArbLohn, sofern bei anderen Kunden des Bank-ArbG Kontoführungsgebühren erhoben werden. Gleiches gilt für Kontoeröffnungsgebühren, die der ArbG ersetzt (LStR 19.3 III 2 Nr 1) und für die Erstattung der Buchungsgebühr für den Lohneingang auf dem Konto des ArbN.

Kraftfahrzeuggestellung. – (1) Unentgeltliche Kfz-Überlassung. Erfolgt sie durch den ArbG an den ArbN für dessen Privatfahrten führt dies zum Lohnzufluss. Private Nutzung zu privaten Fahrten (§ 8 II 2) ist jede Nutzung außer betriebl Nutzung für den ArbG (weitergehend FG Nds EFG 12, 1919, mE unzutr, aber bestätigt durch BFH VI R 23/12 BStBl II 13, 920). *Betriebsfunktionale Einsätze* sind keine Privatnutzung durch den ArbN und führen nicht zum Lohn, zB wenn ein Werksdienstwagen zur Heimfahrt als notwendige Nebenfolge sofortiger Einsatzbereitschaft überlassen wird (BFH VI R 195/98 BStBl II 00, 690, vorübergehende Rufbereitschaft; *Pust* HFR 00, 880; FG Nds EFG 07, 1938, rkr, Rettungsdienst *BMF* BStBl I 18, 592 Rz 5; anders bei ständiger Überlassung, FG BaWü EFG 98, 811, rkr) oder bei Außendienstmonteuren zur Erhöhung der Nettoarbeitszeit (FG BBg DStRE 08, 346, rkr). Bei zur „Sammelbeförderung" überlassenen Kfz s dort. Keine Privatnutzung ist auch die Nutzung für Fahrten zw Wohnung und erster Tätigkeitsstätte (BFH VI R 56/10 BStBl II 12, 362; **aA** *Bilsdorfer* DStR 12, 1477). Eine Privatnutzung liegt aber vor bei (mittägl) Zwischenheimfahrten zw Wohnung und Tätigkeitsstätte (FG BaWü EFG 12, 604, rkr). – Zur **Bewertung** des geldwerten Vorteils s § 8 Rz 31 ff. – Wird das Kfz auch iRe anderen Einkunftsart des ArbN (zB VuV oder weiteres ArbVerh) eingesetzt, führt dies nicht neben dem 1%-Wert zu zusätzl Lohn. Auch diese Fahrten sind durch die 1%-Regelung typisierend erfasst (LStR 8.1 IX Nr 1 S 8). Die für die andere Einkunftsart durchgeführten Fahrten führen zu einem WK-Abzug bei dieser Einkunftsart (zB Entfernungspauschale bei einem anderen ArbVerh oder zu schätzende Fahrtkosten bei VuV; s auch *OFD Erf* DStR 99, 593). Die zu Gewinneinkünften ergangene anders lautende Rspr (BFH X R 35/05 BStBl II 07, 445; BFH IV R 59/06 BFH/NV 09, 1617, Entnahmetatbestand) findet zutr keine Anwendung (zur Kritik an dieser Rspr s *Schmidt* 29. Aufl § 19 Rz 100 „Kraftfahrzeuggestellung"). – Führt die 1%-Methode beim LStAbzug zu einem zu hohen Lohn (geringe Fahrleistung), kann bei der Veranlagung im Wege des Einzelnachweises mit Fahrtenbuch zugunsten des ArbN korrigiert werden. – **(2) Parkplatzgestellung.** Sie führt nicht zu Lohn, wenn sie betriebsfunktional bedingt ist (FG Köln EFG 04, 356, rkr, zutr; andere Tendenz FG Köln EFG 06, 1516, rkr, stpfl ArbLohn, Ausnahme nur bei behinderten ArbN; zust *Apitz* StBP 07, 87; dagegen zu Recht *Zinnkann/Adrian* DB 06, 2256; *OFD Mster* DStR 07, 1677 verneint Lohn bei Parkplatzgestellung und wendet FG Köln EFG 06, 1516 zu Recht nicht an). – Erstattung der Parkkosten an ArbN wird aber wohl zu Lohn führen. Auch Erstattung von Parkplatzkosten für ein arbeitnehmereigenes Kfz am Wohnsitz des ArbN führt zu Lohn (*OFD Ffm* DStR 03, 1207). – **(3) Fahrergestellung.** Stellt der ArbG dem ArbN für Dienstfahrten und für Fahrten zw Wohnung und erster Tätigkeitsstätte einen Fahrer zur Verfügung, ist dies trotz der damit verbundenen Personalüberlassung Arbeitsbedingung und folgl kein Lohn, da der ArbN während der Fahrt bereits Arbeitsleistungen (zB Aktenstudium, Terminvorbereitungen) erbringen soll (glA *Lang* FS Offerhaus 444; *Hilbert/Sperandio* DStR 11, 1121; **aA** BFH VI R 84/95 BStBl II 97, 147; BFH VI R 44/11 BStBl II 14, 589; BMF BStBl I 18, 592 Rz 39). Wenn man demggü Lohn bejaht, führt dies zu einer Erhöhung der Einkünfte, da ein gegenzurechnender WK-Abzug seit Einführung der Entfernungspauschale ausscheidet. Zur Bewertung des Vorteils s BFH VI R 44/11 BStBl II 14, 589; *BMF* BStBl I 18, 592 Rz 39 ff). Bei Privatnutzung des Kfz führt der Wert der Fahrergestellung aber zu Lohn. – **Sicherheitsausrüstung** des PKW mit Fahrer führt nicht zum Ansatz von Lohn (LStR 8.1 X Nr 4). – ArbG-Aufwendungen für **Kfz-Sicherheitstraining** führen bei Berufskraftfahrern und Außendienstmitarbeitern idR nicht zu Lohn (*OFD Kobl* DB 03, 2570). – **(4) Privatnutzungsverbot.** Wenn der ArbN das Kfz nicht für Privatfahrten nutzen darf, scheidet eine Lohnzuwendung aus; es kann dann auch nicht zur Anwendung der 1%-Regelung kommen (s § 8 Rz 33, 34). Ob das Kfz privat genutzt werden darf oder nicht (FA trifft insoweit die Feststellungslast), hat das FG aufgrund umfassender Beweiswürdigung zu entscheiden. Dafür gibt es keine Vermutungen, also auch keinen Anscheinsbeweis (BFH VI R 46/08 BStBl II 10, 848). Ist die Privatnutzung gestattet, ist die 1%-Regelung als dann anwendbar, wenn das Kfz tatsächl nicht privat nutzt (s § 8 Rz 33). – Nutzt der ArbN ein DienstKfz unerlaubt, liegt darin kein Lohn, da der ArbG insoweit nichts zugewendet hat. Allerdings hat der ArbG einen zivilrechtl Schadensersatzanspruch; macht er diesen Anspruch gegen den ArbN nicht geltend, kann darin eine Lohnzuwendung iHd eingetretenen Schadens (also nicht etwa Anwendung der 1%-Regelung) liegen. – **(5) Abgrenzung Arbeitslohn/verdeckte Gewinnausschüttung.** Nutzt ein **Ges'tergeschäftsführer** ein Fahrzeug privat aufgrund einer im Anstellungsvertrag ausdrückl zugelassenen Nutzungsgestattung, liegt eine Lohnzuwendung und keine vGA vor (BFH VI B 118/08 BStBl II 10, 234; FG Mster EFG 20, 96, rkr). Von einer vGA kann (muss aber nicht stets) im Falle der Überschreitung eines ausdrückl Nutzungsverbots ausgegangen werden (BFH VI R 43/09 BFH/NV 10, 1016; *Schneider* HFR 09, 779; s auch *Gebel/MeRz* DStZ 11, 145). Allerdings kann bei einer nachhaltigen „vertragswidrigen" privaten Nutzung des betriebl Kfz der Schluss nahe liegen, dass die Nutzungsbeschränkung oder das Nutzungsverbot nicht ernstl gemeint sind bzw die Kfz-Nutzung auf einer mündl oder konkludent getroffenen Nutzungsvereinbarung beruht. Entscheidend sind die gesamten Umstände des Einzelfalles (BFH VI R 43/09 BFH/NV 10, 1016; BFH VI R 81/06 BFH/NV 09, 1311; *Schneider* BFH/PR 10, 209; *Geserich* HFR 10, 464). Demggü führt die Firmenwagennutzung ohne entspr Gestattung nach der **Rspr des I. Senats** *stets* zu einer vGA (BFH I R 8/06 BFH/NV 08, 1057; BFH I R 83/07 BFH/NV 09, 417; ebenso FG BBg DStRE 14, 667, rkr). ME ist die ohne Nutzungsvereinbarung erfolgende ebenso wie die vertragswidrige Nutzung eines Kfz durch den *beherrschenden* Ges'tergeschäftsführer idR durch das Beteiligungs- und nicht durch das ArbVerh veranlasst und führt damit zu einer vGA (ebenso *BMF* BStBl I 12, 478; *Krudewig* BB 13, 220, 224; *aA* FG Köln EFG 08, 1204, Rev unzulässig). In allen anderen Fällen (also zB auch bei einem nicht ernstl gemeinten Nutzungsverbot) sollte die Lösung unter ArbLohngesichtspunkten (s oben) gesucht werden. – Liegt eine vGA vor, ist der Vorteil auf der *Ebene der KapGes* nach Fremdvergleichsgrundsätzen und nicht nach der 1 %-Regelung zu berechnen (BFH I R 8/06 BFH/NV 08, 1057, einheitl Rspr). Auf der *Ebene des Ges'ters* kommt aber eine inkongruente Bewertung nach der 1 %-Regelung in Betracht (FG Bbg EFG 06, 115; *Kohlhepp* DB 08, 1523, 1527; *Zimmermann* EFG 08, 1205; s auch *Pezzer* FR 08, 964; offen gelassen in BFH I R 70/04 BStBl II 05, 882; für den Ansatz identischer Werte auf der Ebene der KapGes und des Ges'ters, FG Saarl EFG 08, 390).

Kreditkarten. Gebühren, die der ArbG dem ArbN erstattet, sind in voller Höhe estfreier Reisekostenersatz (§ 3 Nr 16), wenn die Kreditkarte ausschließl für dienstl Belange verwendet wird. Andernfalls kommt anteilige stfreie Erstattung in Betracht (*BMF* DStR 98, 1794; s auch FG Mchn EFG 02, 617, rkr).

Kuren s „Gesundheitsvorsorge".

Lohnersatzleistungen; Lohnnebenkosten sind weitgehend nach § 3 stfrei. Sie sind im Wege des Progressionsvorbehalts zu berücksichtigen (s § 32b und oben „Forderungsübergang ..."). Zur Aufbringung dieser Mittel (zB für Urlaubsgeld, Urlaubsabgeltungsansprüche, Winterhilfe usw) haben ArbG in der Baubranche einen bestimmten Teil des Bruttolohns an Sozialkassen abzuführen; dieser Beitragsanteil ist kein Lohn. Erst Zahlungen der Sozialkasse an die ArbN sind Lohnzahlungen Dritter (s § 38 IIIa 1; § 38 Rz 16). Zahlungen durch den (letzten) ArbG sind ebenfalls Lohn (*OFD Ffm* DB 04, 407).

Lohnfortzahlung im Krankheitsfall führt zu Lohn und LSt-Abzug.

Lohnnachzahlung. Zur strechtl Behandlung von Nachzahlungen für frühere Jahre s § 38a Rz 2. Zur Lohnnachzahlung an die Arbeitsverwaltung bei gesetzl Forderungsübergang gem § 115 SGB X s BFH VI R 66/03 BStBl II 08, 375.

Lohnsteuer, die der ArbG zu Unrecht an das FA abführt, weil kein Lohn gezahlt wurde, ist kein Lohn. Die **aA** in BFH VI R 46/07 BStBl II 10, 72 ist unzutr. BFH VI B 1/20 BFH/NV 21, 13 hat offen gelassen, ob an der in BFH VI R 46/07 vertretenen Ansicht festgehalten werden kann. Sie führt dazu, dass die zu Unrecht abgeführte LSt ihrerseits der ESt unterliegt. Die Rechnung des BFH, die zu Unrecht vom ArbG abgeführte LSt als Lohn anzusetzen, um damit zur Anrechnung der LSt zu kommen, geht nicht auf. Dass der BFH einem Fehler erlegen ist, zeigt auch *Geserich* HFR 09, 1202: „Voraussetzung ist allerdings, dass die LSt auf tatsächl bei der EStVeranlagung erfasste Einnahmen entfällt". Die anzurechnende LSt entfällt aber gerade nicht auf die als Lohn angesetzte LSt. Dann hätte der BFH schon den ursprüngl nicht zugeflossenen Lohn bei der Veranlagung ansetzen müssen; denn mit diesem hängt die zu Unrecht abgeführte und nun angerechnete LSt zusammen. Bei der Veranlagung etwas als Lohn anzusetzen, das der ArbN nicht erhalten hat (Folge: Nichtlohn = Lohn), widerspricht §§ 11, 19 (insoweit ist gar keine ESt entstanden) und kann auch nicht auf § 41c III gestützt werden. Die Rspr BFH VI 88/61 U BStBl III 62, 93 ist zu Unrecht aufgegeben worden. S auch § 36 Rz 11.

Lohnsteuernachforderung; Lohnsteuerhaftung. Übernimmt der ArbG nachgeforderte LStBeträge, liegt hierin stpfl ArbLohn. Dies gilt unabhängig davon, ob nachträgl lohnversteuerte Einkünfte tatsächl stpfl waren oder nicht (BFH I R 102/99 BStBl II 01, 195). ArbLohn liegt auch vor, wenn der ArbG den Regressanspruch gegen den ArbN nicht durchsetzt, der sich daraus ergibt, dass der ArbG einen gegen ihn ergangenen LSt-Haftungsbescheid erfüllt, soweit die LSt auf den betreffenden ArbN entfällt (BFH VI B 41/06 BFH/NV 07, 1122). Zur Rechtslage bei sog schwarzen Lohnzahlungen und Übernahme der LSt nach LStAußenprüfung s § 39b Rz 13.

Lohnverzicht s „Gehaltsverzicht".

Managementinvestments. Einkünftequalifizierung s *Michel/Hernler* BB 09, 193.

Medikamente. Medikamentengestellung kann im Einzelfall im überwiegend eigenbetriebl Interesse erfolgen (s auch BFH VI R 242/71 BStBl II 75, 340).

Meisterbonus, der von der öffentl Hand für eine bestandene Meisterprüfung gezahlt wird, ist kein stbarer ArbLohn (FG Mchen DStRE 17, 1160, rkr).

Metergeld im Möbeltransportgewerbe ist stpfl ArbLohn; BFH VI 109/62 U BStBl III 65, 426.

Mietkostenzuschuss ist stets ArbLohn; s auch „Dienstwohnung".

Mobilitätsbeihilfen s § 3 Nr 2.

Optionsrecht s „Ankaufsrecht".

Outplacement-Beratung umfasst Beratungs- und Betreuungsleistungen zur berufl Neuorientierung der zur Entlassung anstehenden ArbN. Die Beratung wird idR nicht im ganz überwiegend eigenbetriebl Interesse des ArbG geleistet (FG BaWü EFG 07, 832, rkr; FG Ddorf EFG 00, 740, rkr; grds ablehnend *OFD NRW* DB 20, 1878 auch zu § 3 Nr 19; **aA** *Grote/Kellersmann* DStR 02, 741). Liegt ArbLohn vor, ist er ab VZ 20 nach § 3 Nr 19 S 3 stfrei, sofern die Leistung keinen überwiegenden Belohnungscharakter hat. IÜ wird oftmals von WK-Ersatz auszugehen sein. Der ArbLohn kann auch als Bestandteil einer Abfindungsvereinbarung der ermäßigten Besteuerung nach § 34 unterliegen (s aber FG Ddorf EFG 00, 740, rkr; *Hartmann* INF 01, 1, 5). Entsprechen die Maßnahmen dem SGB III, führt der geldwerte Vorteil nicht zu Lohn (LStR 19.7 II 5).

Parkplatzgestellung s „Kraftfahrzeuggestellung".

Prämien, zB in Form kostenloser Reisen bei Verkaufswettbewerben, sind ArbLohn (s „Incentive-Reisen"). Auch die Zuwendung einer Urlaubsreise durch den Geschäftspartner des ArbG an den ArbN kann zu Lohn führen (BFH VI R 10/96 BStBl II 96, 545; s auch BFH VIII R 35/93 BStBl II 96, 273, vom Geschäftspartner veranstaltete Auslandsreise als BE).

Preise sind kein ArbLohn, wenn sie keine Berufsleistungen belohnen, sondern eine Ehrung der Persönlichkeit darstellen (BFH IV R 184/82 BStBl II 85, 427 zu freiberufl Journalisten; s aber FG Bln EFG 85, 335, rkr, Filmpreis). Sie zählen jedoch zum Lohn, wenn sie leistungsbezogen und Folge der berufl Tätigkeit des ArbN sind (zB Nachwuchsförderpreis BFH VI R 39/08 BStBl II 09, 668; Lehrlingsabschlussprämie BFH VI R 26/82 BStBl II 85, 641; Preis für Meisterprüfung BFH I R 83/85 BStBl II 89, 650; Preis für Habilitation FG SchlHol EFG 00, 787, rkr; Preis für Dissertation FG Köln EFG 20, 1237, rkr, krit *Grotherr* DStZ 21, 577; Ideenwettbewerb FG Köln EFG 13, 1405, rkr; Wissenschaftspreis FG Hbg EFG 14, 1790, rkr; s aber FG Nürnberg EFG 14, 1187, rkr, Preis für medizinische Forschung eines Arztes soll kein ArbLohn sein, mE unzutr). Zusammenfassend BMF BStBl I 96, 1150; BMF BStBl I 03, 76; s auch *Theisen/Raßhofer,* FS Spindler, 819; *Grotheer/Hardeck* StuW 14, 3; *Krumm* FR 15, 639).

Provisionsnachlass s Rz 57. Bei Eigengeschäften des ArbN ist ein als Vermittlungsprovision bezeichneter Preisnachlass, der gewöhnl Kunden nicht eingeräumt wird, Lohn (BFH VI R 178/87 BStBl II 92, 840; FG Köln EFG 00, 177, rkr). Zu Rabatten bei Gruppen- und Sammelversicherungen s *BMF* DStR 96, 625. S ferner *HHR* § 19 Rz 600 „Provision". Abschlussprovisionen an Bankangestellte bei Eigenversicherungen s *OFD Mster* DB 90, 1212. Verzichtet eine Bausparkasse sowohl bei ArbN ihrer Partnerbanken als auch bei ihren freien Handelsvertretern und deren ArbN sowie den ArbN anderer genossenschaftl organisierter Unternehmen auf die Erhebung von Abschlussgebühren, muss dieser Gebührenvorteil kein ArbLohn sein (genereller Preisnachlass, s BFH VI R 41/09 BStBl II 10, 1022).

Rabatte s „Provisionsnachlass" und § 8 Rz 70 ff. Zu Rabatten in der Reisebranche, *Wolf* DStR 15, 1727; FG Ddorf DStRE 18, 400, rkr).

Reisegepäckversicherung. Zur Aufteilung einer vom ArbG für den ArbN abgeschlossenen Versicherung in einen berufl und privaten Anteil s BFH VI R 42/92 BStBl II 93, 519.

Reisekostenerstattung. Der Gesetzgeber geht in § 3 Nr 13, Nr 16 davon aus, dass die Übernahme der Reisekosten durch den ArbG stfreier WK-Ersatz ist, soweit die erstatteten Kosten als WK abziehbar wären (Beweislast beim ArbN, BFH VI B 72/00 BFH/NV 01, 36). Zu Reisekosten kurzfristig in das Inl entsandter ArbN s *Strohner/Rindelaub* DB 11, 1296. – Zu den stfrei erstattungsfähigen Beträgen s § 3 Rz 54 ff, Rz 66 ff. Stfreie Erstattungen stehen dem Abzug von Verpflegungsmehraufwand als WK nur insoweit entgegen, als sie dem StPfl tatsächl ausgezahlt wurden (BFH VI R 11/10 BStBl II 11, 829). Über die gesetzl Pauschbeträge hinaus erstattete Verpflegungsbeträge sind der Lohnbesteuerung zu unterwerfen; es besteht aber die Pauschalierungsmöglichkeit des § 40 II 1 Nr 4 (s § 40 Rz 16).

Repräsentation. Übernahme der Kosten für eine im eigenbetriebl Interesse liegende Repräsentation muss nicht zu Lohn führen; entscheidend sind die Verhältnisse des Einzelfalles (BFH VI B 18/99 BFH/NV 01, 1549; FG Hbg EFG 87, 286, rkr und FG Hbg 88, 471, rkr). Der Ersatz von Mitgliedsbeiträgen zu geselligen Vereinen (auch Sportvereinen) durch den ArbG führt idR zu Lohn (BFH VI R 106/88 BStBl II 93, 840; zT **aA** *Lück* DStZ 93, 81).

Rückzahlung von Arbeitslohn. Sie führt zu WK/negativen Einnahmen (s dazu § 9 Rz 108), wenn die früher empfangene Leistung an den ArbG oder an den lohnzahlenden Dritten zurückfließt (BFH VI R 1/08 BStBl II 10, 1074; BFH VI R 13/14 BFH/NV 16, 1368, auch bei beherrschendem Ges'ter). Dies kann entgegen der BFH-Rspr auch angenommen werden, wenn der ArbG anstelle des geschuldeten Barlohns eine Sachzuwendung leistet, diese der Besteuerung unterworfen wird und der ArbN die Sachzuwendung im Folgejahr wieder herausgeben muss (dazu auch *Schwenke* HFR 10, 1165; *Schneider* BFH/PR 10, 473); eine Lohnverwendung liegt dann nicht vor (s Rz 73). Die BFH-Rspr verneint auch eine Rückzahlung von ArbLohn, wenn der ArbG aus der VBL austritt und der ArbN dadurch Versorgungsansprüche nicht mehr erdienen kann oder ihm nur noch niedrigere Ansprüche zustehen (BFH VI R 5/08 BStBl II 10, 133; BFH VI R 37/08 BStBl II 10, 135). Zwar trifft es zu, dass die ArbLohnqualität der Umlagezahlungen nicht von den Rückflüssen aus der Versicherung abhängt (s Rz 60). Das BFH berücksichtigt aber nicht hinreichend, dass die Umlagezahlungen vorgelagert besteuert wurden und sich wirtschaftl Ausfälle innerhalb des Versicherungsverhältnisses damit nicht nur auf die private Vermögenshäre des ArbN beziehen (s auch Rz 62).

Ruhegelder. Der ArbN-Beitrag nach dem RuhegeldG, der vom ArbG einbehalten und abgeführt wird, ist nicht Teil des ArbLohns (BFH VI R 165/01 BStBl II 05, 890).

Sammelbeförderung zur ersten Tätigkeitsstätte oder Baustelle ist Ausgestaltung des Arbeitsplatzes iSe Arbeitsbedingung und führt nicht zu Lohn; § 3 Nr 32 hat nur deklaratorische Bedeutung. Sammelbeförderung liegt aber nicht vor, wenn der ArbG einem ArbN ein Kfz unentgeltl auch zur Privatnutzung mit der Verpflichtung zur Verfügung stellt, andere ArbN zur regelmäßigen Arbeitsstätte mit zu befördern, sofern es an einer Vereinbarung zw ArbG und den anderen ArbN über den arbeitstägl Transport zur Arbeitsstätte fehlt (BFH VI R 56/07 BStBl II 10, 1067; FG MeVo EFG 21, 2081); Folge: für den Fahrzeuglenker Lohn, bewertet nach § 8 II 3; Entfernungspauschale als WK für sämtl beförderten ArbN.

Schadensersatz durch den ArbG führt insoweit nicht zu ArbLohn, als er iHd zivilrechtl Schadensersatzanspruchs des ArbN geleistet wird. Dies gilt auch für Entschädigungszahlungen nach § 15 II AGG (*FB Hbg* DStR 16, 479). Darüber hinausgehende Beträge erfüllen demggü den Lohnbegriff (BFH VI R 57/95 BStBl II 97, 144; krit *Biebelheimer* BB 97, 1446; s aber FG Hbg DStRE 11, 793, rkr, Schadensersatz für zugesagte, aber unterbliebene Beteiligung als ArbLohn, Einzelfall, zweifelhaft). Dies gilt auch, wenn der ArbG auf einen vermeintl Anspruch des ArbN zahlt, sofern dieser tatsächl nicht besteht (BFH VI R 34/16 BStBl II 18, 600). Daher ist in diesen Fällen ein Mitverschulden des ArbN zu beachten. – Der Ersatz für entgehenden/entgangenen ArbLohn durch den ArbG oder durch Dritte (zB Verkehrsunfall) zählt stets zum ArbLohn (§ 24; BFH IX R 33/15 DStR 16, 2706). S auch „Unfallkosten" und § 9 Rz 80. Ersatz von Vermögensschäden iZm der Versetzung des ArbN s FG Hess EFG 81, 629, rkr; Begr zweifelhaft, iErg aber wohl zutr. Ersatz von am Arbeitsplatz gestohlener Kleidung durch den ArbG als Lohn s FG Köln EFG 91, 193, rkr, unzutr; Entschädigungszahlungen für rechtswidrig geleistete Mehrarbeit s BFH IX R 2/16 BStBl II 16, 901. Keinesfalls zum ArbLohn zählen Einnahmen aus sog Mehrbedarfsrenten (§ 843 I BGB), die nicht estbar sind (zuletzt BFH X R 31/07 BStBl II 09, 651). Verzicht des ArbG auf einen ihm zustehenden Schadensersatzanspruch kann zur Lohnzuwendung führen (BFH VI R 1/17 DStR 20, 2417; BFH VI R 73/05 BStBl II 07, 766). Schadensersatz wegen Nichterfüllung einer Wiedereinstellungsverpflichtung ist (tarifbegünstigte) Einnahme iSd § 24 Nr 1a (BFH XI R 46/04 BStBl II 06, 55).

Schätzung von Arbeitslohn kann zur Anrechnung von (geschätzten) LSt-Abzugsbeträgen führen (BFH X B 303/95 BFH/NV 96, 606; BFH VII B 205/99 BFH/NV 00, 1080 stets Einzelfall).

Scheckkarte. Die kostenlose oder verbilligte Abgabe von *Scheckkarten* ist ArbLohn (FG Hbg EFG 86, 495, aufgehoben durch BFH VI R 97/86 BStBl II 91, 262 mE unzutr, daher zu Recht Nichtanwendungserlass, *BMF* BStBl I 91, 388).

Schmerzensgeld nach einem Berufsunfall zählt nicht zum stpfl ArbLohn (BFH IV 235/58 U BStBl III 60, 87). Wegen berufl Rufschädigung soll es ArbLohn sein (FG BaWü DStRE 00, 123, rkr, mE unzutr).

Schmiergeld ist nicht durch das DienstVerh veranlasst; daher kein stbarer ArbLohn, wohl aber Einnahme iSd § 22 Nr 3 (ebenso *HHR* § 19 Rz 600 „Schmiergeld"). Bei späterer Schadensersatzleistung ggü dem ArbG kommen WK iSd § 22 in Betracht (FG BaWü EFG 07, 1137, aufgehoben aus anderen Gründen, BFH IX R 14/07 BStBl II 09, 309).

Sicherheitsmaßnahmen des ArbG für abstrakt oder konkret gefährdete ArbN führen idR nicht zum Lohn (*BMF* BStBl I 97, 696, ledigl Billigkeitsregelung); s auch § 12 Rz 32 „persönl Sicherheit"); anders, wenn das eigenbetriebl Interesse des ArbG nicht im Vordergrund steht (BFH IX R 109/00 BStBl II 06, 541, Sicherheitsmaßnahmen am Haus des ArbN mit erhebl Vorteilen für den ArbN).

Sozialplan. Zahlungen auf Grund eines Sozialplans sind grds ArbLohn (BFH IX R 23/09 BStBl II 11, 218; FG BaWü EFG 89, 574, rkr).

Sozialversicherungsbeiträge, die für Aushilfskräfte pauschal entrichtet werden, sind nach FG Hbg (EFG 82, 100, rkr) kein stpfl ArbLohn (zweifelnd FG Köln DB 89, 2105, AdV; **aA** FG Nbg EFG 88, 21, rkr; FG Mchn EFG 90, 621, rkr; *Offerhaus* StBp 91, 18). ME kann Lohn iSd § 40a nur der tatsächl ausgezahlte Betrag ohne Berücksichtigung irgendwelcher gesetzl Abzüge (LSt, SV) sein. Andernfalls müsste, da in der Praxis regelmäßig der ArbG die gesetzl Abzüge übernimmt, zur Prüfung, ob die Lohngrenzen auch eingehalten sind, auf einen Bruttolohn hochgerechnet werden. Dies kann der Gesetzgeber nicht gewollt haben (**aA** aber wohl FG Hess EFG 94, 394, rkr). Irrt der ArbG über eine Lohnzuwendung, kürzt er deshalb den Barlohn nicht um den gesetzl ArbN-Anteil zur SV und kann er den ArbN wegen des Eintritts der gesetzl Lastenverschiebung nicht mehr in Anspruch nehmen, so liegt darin eine weitere Lohnzuwendung (BFH VI R 4/87 BStBl II 94, 194; Anm HFR 94, 229; anders aber bei Schwarzlohnzahlung, s § 39b Rz 13; BFH VI R 54/03 BStBl II 08, 58). ArbLohn liegt auch dann nicht vor, wenn die Nachentrichtung von ArbN-Anteilen zur SV durch Summenbescheid nach § 28f II SBG IV erfolgt, da dies nicht zu einem wirtschaftl Vorteil für den ArbN führt (FG Köln EFG 20, 728, Rev VI R 27/20, mE zutr). S auch „ArbG-Anteil ...", „Lohnsteuernachforderung" und Rz 48. Zur Rückzahlung von Sozialversicherungsbeiträgen s *OFD Erf* DStR 97, 580.

Sprachkurs. Die Finanzierung von Sprachkursen für ausl ArbN durch ArbG soll nicht zum Lohn führen (FG Mchn EFG 02, 617, rkr). Dies gilt auch für Deutschkurse für Flüchtlinge, wenn der ArbG Deutschkenntnisse in dem vorgesehenen Aufgabengebiet verlangt (*BMF* BStBl I 17, 882). S auch § 12 Rz 32 „Sprachkurs".

Stipendien an Studenten, die sich verpflichtet haben, nach Abschluss des Studiums mindestens für einen bestimmten Zeitraum in den öffentl Dienst zu treten, sind nach § 3 Nr 11 stfrei (BFH VI R 295/69 BStBl II 73, 734; BFH VI R 267/69 BStBl II 73, 736). Dies gilt nicht für Zahlungen während eines bestehenden DienstVerh und für Zahlungen nach Ausbildungsabschluss (BFH VI R 100/71 BStBl II 73, 819).

Stock Options s „Ankaufsrecht".

Streikgelder s Rz 72.

Studiengebühren. Die Übernahme der Gebühren für ein berufsbegleitendes Studium des ArbN kann im ganz überwiegenden eigenbetriebl Interesse des ArbG liegen, sodass ArbLohn ausscheidet (*BMF* BStBl I 12, 531).

Tantiemen sind steuerpflichtiger ArbLohn.

Teambildungsmaßnahmen. Ob diese zu einer Lohnzuwendung führen, hängt von dem eigenbetriebl Interesse des ArbG und dem Freizeitwert der Maßnahmen für die ArbN ab (Überblick *Albert* FR 03, 1153).

Telefonanschluss s „Internetnutzung Telekommunikation".

Trennungsgeld für Auslandsbeamte zum Ausgleich der durch die Beibehaltung des Familienhaushalts im Inl entstehenden Kosten ist (ggf stfreier) ArbLohn (FG Ddorf EFG 80, 585; s auch BFH VI R 226/80 BStBl II 87, 385).

Umzugskostenerstattung stellt keinen Lohn dar, wenn der Umzug die Folge einer angeordneten Versetzung war. Etwas anderes kann gelten, wenn der Umzug die Folge der auswärtigen Arbeitsaufnahme bei einem *neuen* ArbG ist (Lohn, der aber nach § 3 Nr 13, Nr 16 stfrei gestellt ist).

Unfallkosten. Ersatzleistungen des ArbG zur Beseitigung von Unfallschäden am eigenen Kfz des ArbN können, wenn sich der Unfall auf einer dienstl veranlassten Fahrt ereignet hat, als Auslagenersatz schon nicht stbar bzw als Reisekosten iSd § 3 Nr 13, Nr 16 stfrei sein.

Unfallverhütung. Prämien hierfür sind ArbLohn (BFH VI R 106/84 BStBl II 88, 726).

Unfallversicherung. – (1) Vom Arbeitnehmer abgeschlossene Versicherungen. Leistungen, die der ArbN aus einer von ihm selbst abgeschlossenen Unfallversicherung erhält, sind Einnahmen aus nichtselbstständiger Arbeit, soweit sie dazu dienen, Einnahmeausfälle auszugleichen (*v Bornhaupt* BB 09, 763; s aber BFH VI R 9/96 BStBl II 98, 581; BFH VI B 113/05 BFH/NV 06, 1093). Insoweit können auch die Versicherungsbeiträge als WK abgezogen werden (s Rz 110 „Versicherungsbeiträge"). – **(2) Vom Arbeitgeber abgeschlossene Versicherungen.** Beiträge des ArbG zu einer Unfallversicherung zum Schutz seiner ArbN bei Produktionsgefahren und bei Kfz-Unfällen auf betriebsbedingten Fahrten sind kein ArbLohn, wenn den ArbN aus den Versicherungen keine eigenen unentziehbaren Rechtsansprüche erwachsen (BFH VI R 9/05 BStBl II 09, 385; BFH VI R 60/96 BStBl II 00, 406, **Gruppenunfallversicherung;** BFH VI R 66/97 BStBl II 00, 408; BFH VI R 24/10 BFH/NV 11, 1418; BFH VI B 125/06 BFH/NV 07, 2099 zu **Gruppenkrankenversicherung;** zur Umsetzung dieser Rspr s *BMF* BStBl I 09, 1275). Haben die ArbN einen *eigenen* durchsetzbaren Anspruch gegen den Versicherer (also Lohn: BFH X R 31/08 BFH/NV 09, 1625, Schweizer KV; BFH VI R 15/08 BFH/NV 11, 39, Schweizer Invalidenversicherung; FG BaWü EFG 21, 358, ArbG-Beiträge zur Schweizer FAR-Stiftung), so liegt Lohn nur hinsichtl der Absicherung des privaten, nicht auch hinsichtl des berufl Risikos vor (*OFD Erf* DStR 93, 1449 und *BMF* BStBl I 09, 1275 auch zum Aufteilungsmaßstab; FG Mster EFG 96, 275, rkr, Gruppenunfallversicherung). – Die im **Schadensfall** aufgrund des Versicherungsverhältnisses an den ArbN gezahlten Leistungen (sei es direkt durch die Versicherung oder über den ArbG) führen nicht zum Lohn, da diese Leistungen nicht für die Beschäftigung, sondern als Ausgleich für eine Minderung wirtschaftl Leistungsfähigkeit (Invalidität, Körperschäden, Schmerzensgeld, Todesfallentschädigung, Krankheitskosten) gewährt werden. Die Erlangung von Versicherungsleistungen aus dem Schadensfall bedeutet wirtschaftl die Verfügung über den in den Beitragszahlungen durch den ArbG liegenden Vorteil. Die früher seit Beginn des DienstVerh durch den ArbG geleisteten Versicherungsbeiträge fließen im Zeitpunkt der Versicherungsleistung dem ArbN als Lohn zu, wobei der Vorteil in den zugewendeten Beiträgen, allerdings der Höhe nach begrenzt auf die an den ArbN erbrachten Versicherungsleistungen, zu sehen ist. Der auf das Risiko berufl Unfälle entfallende Teil der Versicherungsprämien wird vom BFH als stpfl WK-Ersatz angesehen, dem insoweit aber ein fiktiver WK-Abzug ggü steht. Dabei kann idR davon ausgegangen werden, dass die Beiträge hälftig auf das Risiko privater und berufl Unfälle entfallen (ausführl BFH VI R 9/05 BStBl II 09, 385; *Bode* FR 09, 771, für Sachlohn; *Bergkemper* FR 09, 676, für Barlohn; die Rspr abl *Thomas* DStR 09, 2349; krit *Breinersdorfer* DB 09, 1264, wegen mögl Auswirkungen auf die betriebl Altersversorgung; s auch *Otto* DStR 09, 1022). Die FinVerw wendet die Rspr an (*BMF* BStBl I 09, 1275; dazu *Niermann* DB 09, 2516; *Harder-Buschner* NWB 10, 262). ME führt der WK-Ersatz nicht zu Lohn; Lohn ist nur gegeben, soweit die Beiträge *private* Risiken abdecken (s auch Rz 67). – Ist bei einer früheren Versicherungsleistung ArbLohn angenommen worden, sind die bis dahin vom ArbG geleisteten und zu verrechnenden Versicherungsprämien nicht erneut bei einem weiteren Versicherungsfall als Lohn zu erfassen; bei einer späteren Versicherungsleistung sind nur die seit dem vergangenen Versicherungsfall vom ArbG entrichteten Prämien zu berücksichtigen (BFH VI R 3/08 BFH/NV 09, 907; *BMF* BStBl I 09, 1275 Tz 2.1.2 mit Beisp). – Falls die als Lohn anzusetzenden Prämien mehr als 12 Monate abdecken, stellt sich die Frage der Tarifbegünstigung des § 34. – **(3) Einzelfälle. Tagegelder** sind nach BFH VI R 216/72 BStBl II 76, 694 stpfl ArbLohn, da sie Einnahmeausfälle ausgleichen sollen. Ob daran festgehalten werden kann, ist angesichts von BFH VI R 9/05 BStBl II 09, 385 fragl; s auch BFH VI R 30/04 BFH/NV 08, 550, Krankentagegeld aus Schweizer Betriebskrankenkasse; *Schneider* HFR 08, 687). Kein ArbLohn und keine Entschädigung iSv § 24 Nr 1 Buchst a sind Leistungen aus einer betriebl **Autoinsassen-Todesfall-Versiche-**

ABC der Einnahmen 100 § 19

rung (BFH III R 135/79 BStBl II 82, 496; krit HFR 82, 410). Ob eine Leistung der Versicherung an den ArbN allein deshalb als Lohn zu qualifizieren ist, weil die Versicherungsprämien als WK abgezogen worden sind, ist noch offen (s aber § 2 II Nr 2 Satz 2 LStDV); die Rspr sieht hier zutr keinen allg Grundsatz (BFH IX R 333/87 BStBl II 94, 12, zu VuV; BFH IV R 61/97 BStBl II 98, 621 zu § 18; BFH X R 161/88 BStBl II 91, 337, Streikgelder; s auch *Drenseck* FR 93, 505).

Unterhaltszuschüsse an Beamtenanwärter sind stpfl ArbLohn (BFH VI R 337/70 BStBl II 72, 261, Finanzanwärter; BFH VI R 58/69 BStBl II 72, 643, Referendare). Das Gleiche gilt für Vergütungen in einem privatrechtl Ausbildungsdienstverhältnis (BFH VI R 93/80 BStBl II 85, 644).

Unterschlagung s „Diebstahl".

Urheberrechtliche Entschädigungen führen idR nicht zu ArbLohn (BFH VI R 49/02 BStBl II 06, 917 mwN zu Wiederholungshonoraren/Erlösbeteiligungen für Hörfunk- und Fernsehproduktionen).

Urlaubsgelder und Entschädigungen für nicht genommenen Urlaub sind stets stpfl ArbLohn (BFH VI R 74/00 BStBl II 03, 496; FG Hbg DStRE 19, 1071, rkr); s auch „Lohnersatzleistung".

Verbesserungsvorschläge. Prämien für Verbesserungsvorschläge sind ArbLohn, da eine vom ArbG erwünschte Leistung des ArbN honoriert wird (FG BaWü EFG 93, 446, rkr).

Vermächtnis. Zahlungen auf Grund Vermächtnis des verstorbenen ArbG an langjährig bei ihm beschäftigte ArbN sind nicht durch das individuelle DienstVerh veranlasst und damit kein ArbLohn (BFH IV R 119/84 BStBl II 86, 609).

Vermögensbeteiligung der ArbN s § 19a und § 3 Nr 39.

Vermögensschadenhaftpflichtversicherung des ArbG zugunsten des Schadensersatzrisikos von Führungskräften liegt mE im eigenbetriebl Interesse und führt nicht zu ArbLohn (glA FG Mchn EFG 02, 1524, rkr). S auch „D&O-Versicherungen" und Rz 55.

Versicherung. Erstattung der Vollkaskoprämie s „Kfz-Gestellung". S auch „Dienstreiseversicherung", „Unfallversicherung", „Vermögensschadenhaftpflichtversicherung", „Reisegepäckversicherung", und Rz 60 ff.

Versorgungszusage. Wird statt eines lfd Gehalts eine Versorgungszusage vereinbart, kann es am gegenwärtigen Zufluss fehlen. Dies gilt bei **ArbN-finanzierter Altersvorsorge** durch Herabsetzung des gegenwärtigen Gehalts zugunsten einer wertgleichen Pensionszusage (s auch BFH VI R 39/09 BFH/NV 10, 2296; BFH X R 29/05 BStBl II 07, 402 zu II.2.c, ee; FG Ddorf EFG 08, 1290, rkr; sog Deferred Compensation = aufgeschobene Vergütung). Der Vorteil liegt in der Senkung der gegenwärtigen Spitzenbesteuerung und der späteren Versteuerung der Versorgungsbezüge bei niedrigerem Steuersatz. Die FinVerw erkennt Verzicht auf noch nicht entstandene Lohnansprüche (künftiger Lohn, für den noch keine Arbeit geleistet worden ist) zugunsten einer betriebl Altersversorgung iSd BetrAVG an (*BMF* BStBl I 13, 1087; *Kirschenmann* BB 11, 1687; *Niermann* DB 09, 347; *Pröpper* DB 03, 174). Bei Verzicht auf Gehalt zugunsten von Zahlungen des ArbG an eine Unterstützungskasse, die dem ArbN keinen Rechtsanspruch einräumt, liegt noch kein Lohnzufluss vor (BFH VI B 155/98 BFH/NV 99, 457). Die späteren Zahlungen aus der Zusage sind dann erst in voller Höhe Lohn. Ob eine zum Zufluss von ArbLohn führende Lohnverwendungsabrede oder ein ArbLohnverzicht zugunsten künftiger Versorgungsleistungen vorliegt, richtet sich iÜ nach den vertragl Vereinbarungen und deren Durchführung im Einzelfall. Maßgebl ist, ob der ArbG dem ArbN bei wirtschaftl Betrachtung Beträge zur Verfügung stellt, die der ArbN zum Erwerb einer Zukunftssicherung verwendet, die dem ArbN eigene Ansprüche einräumt (s FG Mster EFG 15, 2073, rkr). S auch „Arbeitszeitkonten", „Gehaltsverzicht" und Rz 60 ff.

Verwarnungsgelder des ArbN, die der ArbG übernimmt (zB bei Verkehrsübertretung), sind grds Lohn (BFH VI R 36/12 BStBl II 14, 278; *Schneider* NWB 14, 441; aA noch BFH VI R 29/00 BStBl II 05, 367).

Verzicht eines ArbN auf Rechte aus dem ArbVerh gegen Entschädigung führt zu ArbLohn (BFH VI R 4/05 BStBl II 08, 826).

VIP-Logen. ArbN-Überlassung führt zu Lohn (*BMF* BStBl I 15, 468). S § 37b.

Vorsorgeuntersuchung. BFH VI R 75/79 BStBl II 83, 39; Lohn wird verneint auch bei anonymisierter Auswertung der Untersuchungsergebnisse von FG Ddorf EFG 10, 137, zutr; s auch Rz 55, 56. Allg gesundheitspräventive Maßnahmen des ArbG sind aber grds ArbLohn (FG Ddorf DStRE 14, 656, rkr; BFH VI R 10/17 BStBl II 19, 404).

Wohnungsüberlassung s „Dienstwohnung".

Zeugengebühr ist stpfl ArbLohn, soweit durch sie Verdienstausfall ausgeglichen werden soll (§ 24).

Zinsen auf stehen gelassenen ArbLohn oder nicht ausgezahlte Tantiemen zählen zu Einnahmen aus KapVerm (BFH VIII R 39/79 BStBl II 82, 113; BFH VIII R 210/83 BStBl II 90, 532). Einnahmen iSd § 19 können vorliegen, wenn das ArbVerh ggü dem Darlehen im Vordergrund steht (BFH VI B 23/07 BFH/NV 07, 1870, Zinsen aus ArbN-Beteiligungsmodell; FG Köln EFG 04, 654, rkr, mwN, Verzinsung von Arbeitszeitkonten). Gleiches muss auch für Verzugszinsen gelten. – Gewährt ein Kreditinstitut seinen ArbN *Vorzugszinsen* auf (Spar)Einlagen, die betriebsfremde Bankkunden nicht erhalten, fallen iHd Normalzinses Einnahmen aus KapVerm und iHd Überzinses solche aus nichtselbstständiger Arbeit an.

Zinsersparnisse s „Darlehen".

VIII. ABC der Werbungskosten

110 Arbeitnehmervertreter. Aufwendungen eines ArbN iZm seiner ehrenamtl Tätigkeit für die Gewerkschaft können WK sein (BFH VI R 193/77 BStBl II 81, 368). Dies gilt jedenfalls dann, wenn die Aktivitäten geeignet sind, die berufl oder sozialen Rahmenbedingungen der Mitglieder zu sichern (ausführl FG Hess EFG 94, 919, rkr), und gewerkschaftl Richtlinien entsprechen (vgl FG BBg EFG 09, 1286, rkr, insoweit nicht zwingend). Zu den als WK abzugsfähigen Aufwendungen können auch Fahrtkosten und Verpflegungsmehraufwendungen gehören; ebenso Werbegeschenke vor Personalratswahl (FG Bbg EFG 07, 1323, rkr). Zu Aufwendungen eines ArbN-Vertreters im Aufsichtsrat als BA bei Verpflichtungserklärung vor der Wahl s BFH IV R 81/76 BStBl II 81, 29 (krit *Felix* BB 82, 2171); diese Rspr gilt auch für nichtselbstständige Organmitglieder (*OFD* Ffm DB 95, 1310). Kein WK-Abzug bei streikbedingten Aufwendungen (BFH X R 161/88 BStBl II 91, 337).

Arbeitsplatzsicherung. Zinsaufwendungen für den (erzwungenen) Kauf von ArbG-Aktien sind idR keine WK aus § 19 (BFH IX R 111/00 BStBl II 06, 654; BFH IX R 80/01 BFH/NV 06, 1817). Gleiches gilt für Aufwendungen für einen fehlgeschlagenen Beteiligungserwerb (BFH VI R 1/16 BFH/NV 17, 1496). Ein WK-Abzug bei § 19 ist nur möglich, wenn der Aufwand/Beteiligungsverlust nicht auf der Nutzung der Beteiligung zur Erzielung von Einkünften aus KapVerm oder auf sonstigen Gewinnerwartungen beruht, sondern ausnahmsweise berufl veranlasst ist (FG Nds DStR 12, 729, rkr). S auch „Bürgschaft", „Darlehen", „Stammkapital".

Berufskrankheit. Aufwendungen zur Beseitigung der durch eine typische Berufskrankheit (§ 9 SGB VII) erwachsenen Gesundheitsschäden können WK sein

ABC der Werbungskosten **110 § 19**

(zB BFH VI 150/64 U BStBl III 65, 358; FG Köln EFG 04, 1622, rkr). Herzinfarkt ist keine typische Berufskrankheit (BFH IV R 59/68 BStBl II 69, 179); ebenso nicht Gelenkarthrose (FG Bln EFG 92, 322, rkr). Eine Berufskrankheit wird auch bei psychischen Erkrankungen (burn-out) idR verneint (s BFH VI R 36/13 BFH/NV 16, 194). Krankheitskosten, die auf Mobbing von Vorgesetzten beruhen, sollen aber als WK abziehbar sein (FG RhPf DStRE 14, 1217). Aufwendungen einer Berufsmusikerin für Dispokinesesitzungen zur Behandlung motorischer und psychosomatischer Spielprobleme können WK sein (BFH VI R 37/12 BStBl II 13, 815). Kurkosten müssen der Heilung, Linderung oder Vorbeugung einer typischen Berufskrankheit dienen (BFH VI R 96/88 BFH/NV 93, 19). Unfallkosten auf Fahrt zum Arzt wegen Berufskrankheit s FG Hess EFG 88, 556, rkr, zutr anerkannt. S auch „Unfallkosten" und Rz 100 „Gesundheitsfürsorge".
Berufsverband. Beiträge hierzu s § 9 I 3 Nr 3. Sonstige nicht unter § 9 I 3 Nr 3 fallende Aufwendungen können nach § 9 I 1 als WK abzugsfähig sein, wenn sie der Förderung berufl Interessen dienen. S auch „Arbeitnehmervertreter".
Betriebsausflug. Aufwendungen des ArbN für einen Betriebsausflug sollen nicht als WK abzugsfähig sein (FG Ddorf EFG 04, 645, rkr; anders für den organisierenden ArbN).
Betriebssport ist freiwillig, kein WK-Abzug; anders für den im Auftrag des ArbG organisierenden ArbN (*OFD Ddorf* DStR 88, 685). Tennis als Dienstsport eines Polizeibeamten, WK anerkannt von FG Saarl EFG 91, 377, rkr (zweifelhaft, s *Richter* DStR 91, 1519; **aA** FG Mster EFG 94, 238, rkr). S auch Rz 100 „Betriebssport".
Bewirtung. Eigene Aufwendungen des ArbN für die Bewirtung von **Geschäftsfreunden des ArbG** sind regelmäßig WK (bei Erstattung der Kosten durch den ArbG s § 3 Nr 50). Erfolgsabhängige Entlohnung spricht als Indiz für die berufl Veranlassung der Bewirtung (BFH VI R 33/07 BStBl II 09, 11); aber auch bei festen Bezügen kann sich der berufl Charakter der Bewirtung aus anderen Umständen (zB Arbeitsplatzsicherung durch Kundenbindung) ergeben (BFH VI R 78/04 BStBl II 07, 721; BFH VI R 68/06 BFH/NV 08, 1316; *Bergkemper* HFR 08, 929). Die berufl Umstände sind nachzuweisen (BFH VI R 77/04 BFH/NV 07, 1643). – Kosten für die **Abschiedsfeier aus dem aktiven Beruf** können ebenfalls WK sein (BFH VI R 52/03 BStBl II 07, 317; BFH VI B 95/09 BFH/NV 10, 875; FG Hbg EFG 09, 1633; FG Mchn DStRE 10, 719, rkr; s § 12 Rz 16). Gleiches gilt für die Bewirtung von Kollegen anlässl der **Entlassung aus dem DienstVerh** (FG Hess EFG 13, 1583, rkr), eines **ArbG-Wechsels** (FG Mster EFG 15, 1522, rkr), für **Jubiläumsfeiern** mit Mitarbeitern (BFH VI R 25/03 BStBl II 07, 459, Gartenfest mit 300 Mitarbeitern; **Dienstjubiläum** (BFH VI R 24/15 BStBl II 16, 744; anders zum 25-jährigen Priesterjubiläum, BFH VI R 35/11 BFH/NV 14, 500), für **Weihnachtsfeiern** (BFH VI R 12/07 BFH/NV 08, 1997), für **Jahresabschlussfeiern** (BFH VI R 7/07 BFH/NV 09, 11; FG RhPf DStRE 09, 1042, rkr), für **Versetzungsfeier** (FG Mchn DStRE 10, 719, rkr) für **Habilitationsfeier** (BFH VI R 52/15 BFH/NV 17, 151). Diese Bewirtungen und sonstigen Betriebsfeste haben regelmäßig berufl Charakter (Dank an die Mitarbeiter für geleistete Arbeit, Motivationsförderung, betriebl Zusammenhalt usw). Ob die Aufwendungen berufl oder privat veranlasst sind, ist stets das Ergebnis tatrichterl Würdigung der gesamten Umstände des Einzelfalls (*Geserich* NWB 16, 2500). Aufwendungen für eine **Geburtstagsfeier** sind idR nicht als WK abziehbar; die Gesamtwürdigung kann ausnahmsweise auch zu einem anderen Ergebnis führen, insb wenn die Feier nicht in erster Linie der Ehrung des Jubilars, sondern der Pflege des Betriebsklimas dient und sämtl Kollegen eingeladen sind (BFH VI R 7/16 BStBl II 17, 409; *Niermann* DB 17, 577). Berufl Veranlassung verneint: FG Köln EFG 12, 590, rkr, für Feier anlässl der Überreichung einer Festschrift an Hochschullehrer; berufl Veranlassung bejaht: FG Thür EFG 14, 1290, rkr, für Mitarbeitermotivationsskifreizeit

eines angestellten Chefarztes). Bei einer **gemischt berufl und privat veranlassten Feier** sind die Aufwendungen aufzuteilen. Soweit sie auf Gäste aus dem berufl Umfeld entfallen, können sie als WK abgezogen werden, wenn die Einladung dieser Gäste berufl veranlasst ist. Hiervon kann insb auszugehen sein, wenn die Einladung nach abstrakten berufsbezogenen Kriterien erfolgt (BFH VI R 46/14 BFH/NV 15, 1720; *Krüger* DStR 15, 2820; s auch *Renner* DStZ 16, 121; krit *Holzner* SteuK 16, 197). Bei Bewirtung von Kunden (nicht aber bei Bewirtung von Kollegen) ist § 4 V 1 Nr 2 zu beachten (zB BFH VI R 33/07 BStBl II 09, 11; s auch § 9 Rz 323).

Bücher können ebenso wie Zeitschriften Arbeitsmittel sein. Die Aufwendungen sind als WK abziehbar, wenn die Literatur ausschließl oder weitaus überwiegend berufl genutzt wird; bei gemischter Nutzung kommt Aufteilung in Betracht (BFH VI R 53/09 BStBl II 11, 723).

Bürgerliche Kleidung. Aufwendungen hierfür sind auch nach Aufgabe des Aufteilungs- und Abzugsverbots nicht (teilweise) als WK abziehbar (BFH VI B 40/13 BFH/NV 14, 335; FG Hbg EFG 14, 1377, rkr; FG Mchen DStRE 15, 1482, rkr). Dies gilt auch für Sportbekleidung eines Profisportlers (FG RhPf DStRE 15, 1100, rkr).

Bürgschaft. Die Inanspruchnahme aus einer Bürgschaft, die der ArbN für seinen ArbG zur Erhaltung des DienstVerh übernommen hat (entscheidend ist der Zeitpunkt der Bürgschaftsübernahme, BFH IV R 42/96 BFH/NV 97, 837), kann zu WK führen (s auch *Schneider* NWB 16, 480; *Bruschke* DStZ 16, 623). Das Gleiche gilt, wenn sich ein ArbN im Hinblick auf seine künftige berufl Tätigkeit verbürgt (BFH VI R 165/78 BStBl II 80, 395), ein GmbH-Geschäftsführer sich für einen Auftraggeber seines ArbG verbürgt (FG Mchn EFG 16, 282, rkr) oder Lieferantenforderungen begleicht (FG Mster EFG 82, 291, rkr). Die Inanspruchnahme des ArbN aus der Bürgschaft führt auch dann zu WK, wenn Bürgschaftsprovisionen vereinbart waren (*KSM* § 9 Rz B 402a; aA *Giloy* DStZ 89, 471, 472). – Bei einem Ges'tergeschäftsführer einer GmbH stellt sich stets die Frage, ob die Sicherheitsgestellung nicht gesellschaftsrechtl veranlasst ist und zu nachträgl AK der Beteiligung führt (BFH VIII R 9/98 BStBl II 99, 817; BFH IX R 16/10 BFH/NV 11, 778), wofür eine Beteiligung in nicht nur unbedeutendem Umfang spricht (BFH VI B 65/16 BFH/NV 17, 734; BFH VI B 44/07 BFH/NV 07, 1655, mwN); eine mittelbare Beteiligung kann ausnahmsweise ausreichen (BFH VI R 58/13 BStBl II 16, 305). Die Beteiligungshöhe ist neben anderen Umständen ein – wesentl – Indiz für den maßgebl Veranlassungszusammenhang (BFH IX B 169/03 BFH/NV 05, 1057; BFH VI R 77/14 BStBl II 16, 60). Inanspruchnahme aus Bürgschaft, die im Hinblick auf geplante aber nicht verwirklichte wesentl Beteiligung eingegangen wurde, führt mE zu fehlgeschlagenen AK, die wie vergebl WK abziehbar sind (**aA** FG Mchn EFG 09, 565; BFH IX B 221/08 BFH/NV 09, 1265 zu Darlehensverlust). Nach der BFH-Rspr kommt in einem solchen Fall ein Abzug bei § 17 nicht in Betracht, wohl aber bei § 19 (BFH VI R 97/10 BStBl II 12, 343).

Darlehen. Der Verlust einer normalverzinsl Darlehensforderung ggü dem ArbG kann WK sein, wenn das Darlehen zur Arbeitsplatzsicherung hingegeben worden ist und der ArbN das Risiko eines Darlehensverlustes bewusst auf sich genommen hat, was dann angenommen werden kann, wenn ein Außenstehender (Bank) das Darlehen unter diesen Bedingungen nicht mehr gewährt (BFH VI R 38/91 BStBl II 93, 663; BFH VI R 75/06 BStBl II 10, 48; BFH VI R 57/13 DStR 14, 1658) oder nicht weiter belassen hätte (*Söffing* FR 93, 605). Auch Darlehensverzicht kann zum WK-Abzug führen; dies kann auch bei einer gesellschaftsrechtl Beteiligung der Fall sein (BFH VI R 34/08 BFH/NV 11, 680; *Schneider* NWB 11, 604; *Demuth* BB 11, 677). Risiko des Forderungsverlusts und zukünftige Verdienstmöglichkeiten müssen in einem angemessenen Verhältnis zueinander stehen (BFH VI R 33/96 BFH/NV 97, 400; Anm *MIT* DStR 97, 1160; s auch *Bruschke* DStZ 16, 623); dabei sind mE die

ArbVerh zu verbundenen Unternehmen oder zum Ges'tergeschäftsführer in die Gesamtbetrachtung einzubeziehen (s BFH VI R 75/06 BStBl II 10, 48; *Bode* FR 08, 777). Vor Darlehensgewährung sollte sich der ArbN Nachweismittel dafür beschaffen, dass zB eine Bank dieses Darlehen nicht gegeben hätte, da der ArbN für der berufl Veranlassung der Darlehenshingabe die Feststellungslast trägt (BFH VI R 75/06 BStBl II 10, 48; Anm HFR 93, 506). Die Nichtgewährung des Darlehens durch Dritte ist aber nicht notwendige Voraussetzung für den WK-Abzug, sondern (nur) Indiz für die berufl Veranlassung (BFH VI R 57/13 BFH/NV 14, 1614) Der Abzug erfolgt in dem Jahr, in dem die Wertlosigkeit der Forderung erkennbar wird (BFH VI R 51/85 BStBl II 89, 382, aE). Gehen später wider Erwarten auf die „abgeschriebene" Forderung Zahlungen ein, handelt es sich um Einnahmen iSd § 19 (s § 9 Rz 112; *Degen* DStR 96, 1749, 1754). Zum Verlust eines partiarischen Darlehens s FG RhPf EFG 97, 1384, rkr; zum Verlust einer stillen Beteiligung s „stille Gesellschaft"; zum Verlust von Genussrechtskapital s BFH VI R 57/13 BFH/NV 14, 1614. – Beim Ges'tergeschäftsführer sind Darlehensverluste grds keine WK bei § 19 (BFH VIII R 16/88 BStBl II 92, 902; FG SchlHol EFG 05, 1535, rkr, mwN; zu Darlehensverlust bei beabsichtigter KG-Beteiligung s BFH III R 38/03 BFH/NV 05, 202); ebenso bei Darlehensverlusten eines angestellten Angehörigen eines Alleinges'ters (FG Mchn EFG 09, 565; BFH IX B 221/08 BFH/NV 09, 1265). Dies gilt auch nach Aufhebung des Eigenkapitalersatzrechts, sodass ein WK-Abzug bei § 19 grds ausscheiden wird (s BFH VI R 1/16 BFH/NV 17, 1496). Ein gesellschaftsrechtl oder privates Näheverhältnis verdrängt den berufl Veranlassungszusammenhang indes nicht, soweit das Einstehen des Geschäftsführers für Verbindlichkeiten des ArbG auf seiner berufl Tätigkeit und nicht auf der Ges'terstellung bzw. der privaten Beziehung zum ArbG beruht (BFH VI R 55/14 BFH/NV 15, 1556). – S auch „Arbeitsplatzsicherung", „Bürgschaft", „Kaution" und „Stammkapital". – Die Rückzahlung eines (**BAföG**)-**Darlehens** führt nicht zum WK-Abzug (BFH VI R 41/05 BFH/NV 08, 1136) und zwar unabhängig vom Zeitpunkt der Rückzahlung (insoweit unzutr Formulierung des BFH).

Deutschkurs s § 12 Rz 32 „Sprachkurs".

Diebstahlsverluste s § 9 Rz 80.

Dienststrafverfahren. Aufwendungen für Gerichts- und Anwaltskosten können WK sein, wenn der strafrechtl Vorwurf durch ein berufl Verhalten veranlasst ist und nicht auf privaten Umständen beruht (BFH VIII R 34/93 BStBl II 95, 457; BFH VI R 75/10 BFH/NV 11, 2040; FG Köln EFG 21, 1983, Rev VI R 16/21, zu Disziplinarverfahren wegen strafbarem Facebook-Kommentar, mE zutr; FG Mster EFG 11, 2059, rkr, auch zum Abzug von Strafverteidigerkosten als agB).

Doktortitel. Kosten eines Promotionsstudiums können berufl veranlasst und damit als WK abziehbar sein (BFH VI R 96/01 BStBl II 04, 891; *BMF* BStBl I 10, 721 Rz 26). Ein WK-Abzug scheidet aber beim Kauf eines Doktortitels aus (BFH VI B 158/03 BFH/NV 04, 1406) oder wenn die entgeltl Vermittlung einer Promotionsmöglichkeit (nach Landesrecht) strafbar ist (FG Mchn EFG 20, 1495).

Ehrenamt. Steht eine ehrenamtl Tätigkeit mit dem Beruf in enger Beziehung und fördert sie das berufl Fortkommen, ist WK-Abzug gegeben (FG BaWü EFG 93, 712, rkr; s auch § 9 Rz 174).

Einbürgerungskosten s § 12 Rz 25.

Einsatzwechseltätigkeit. Das Reisekostenrecht ist ab VZ 2014 grundlegend neu konzipiert worden. Zum neuen Reisekostenrecht s § 9 Rz 180 ff und Rz 302 ff. Zur Rechtslage bis einschließl VZ 2013 s *Schmidt* 38. Aufl § 19 Rz 110 „Einsatzwechseltätigkeit".

Emeritierter Hochschulprofessor hat regelmäßig keinen WK-Abzug iRd ohne Entgelt ausgeübten weiteren Forschungstätigkeit. Übt er aber auf Ersuchen der Universität die Lehrtätigkeit weiter aus, können die damit zusammenhängenden Aufwendungen jedenfalls im Erlasswege berücksichtigt werden (BFH VI R 24/93 BStBl II 94, 238). S auch § 9 Rz 99.

EU-Bedienstete können keine WK für von der ESt freigestellte Bezüge abziehen (FG Hess EFG 11, 647, rkr).

Fahrtätigkeit. Zur Rechtslage vor der Reform des Reisekostenrechts bis VZ 2013 s *Schmidt* 38. Aufl § 19 Rz 110 „Fahrtätigkeit".

Fehlgelder. Wird der ArbN mit Fehlgeldern belastet, entstehen für ihn in dieser Höhe WK.

Fernsprechgebühren s „Telekommunikationskosten".

Freigänger. Haftkosten sind keine WK (FG Bln EFG 89, 170, rkr).

Führerschein. Aufwendungen zur Erlangung des Führerscheins können nur WK sein, wenn der Erwerb des Führerscheins unmittelbare Voraussetzung zur Berufsausübung ist, wie zB für einen LKW- oder Taxi-Fahrer (BFH VI 251/63 U BStBl III 64, 431; BFH IV R 119/66 BStBl II 69, 433; FG Mster EFG 98, 941, rkr; ausnahmsweise auch Klasse III s FG SchlHol EFG 92, 511, rkr) oder bei einem Busführerschein (FG BaWü EFG 07, 179, rkr), sonst nicht (BFH VI B 188/04 BFH/NV 05, 890; BFH VI B 29/05 BFH/NV 05, 1801).

Geburtstag s „Bewirtung".

Geschenke an Arbeitskollegen berühren grds die private Lebensführung; Aufwendungen hierfür sind idR nicht als WK abzugsfähig (BFH VI R 182/81 BStBl II 84, 557). Etwas anders kann gelten bei Geschenken von Personalratsvorsitzenden bei besonderen Anlässen (BFH VI R 91/04 BFH/NV 08, 767) oder von Vorgesetzten anlässl von Jubiläen, Verabschiedungen, Krankenbesuchen (**aA** aber BFH IV R 186/82 BStBl II 85, 286, Geschenke eines Chefarztes an Krankenhauspersonal, zweifelhaft; FG Brem EFG 08, 1281, rkr, zweifelhaft, Geschenke durch Schulleiter; s auch „Bewirtung"). Geschenke an Geschäftsfreunde oder an deren Mitarbeiter s § 9 Rz 322. Geschenke an den ArbG können WK sein, nicht aber bei Geschenken unter Behördenleitern (BFH VI R 67/93 BStBl II 95, 273). Bei Geschenken an Kollegen gilt § 4 V 1 Nr 1 nicht.

Gewerkschaft s „ArbN-Vertreter".

Habilitationskosten eines wissenschaftl Assistenten sind WK (BFH VI R 25/67 BStBl III 67, 778; FG Hess DStZ 88, 75, rkr; **aA** FG Brem EFG 95, 11, rkr, unzutr). S auch „Promotionskosten".

Haftung eines GmbH-Geschäftsführers nach § 69 AO für Steuerschulden kann zu WK führen (ebenso FG SachsAnh EFG 13, 1651, rkr, zur Haftung des Geschäftsführers einer Ltd). Dies gilt auch soweit für eigene LSt oder für KSt, die eigene KapEinkünfte betrifft, gehaftet wird (FG Hess EFG 20, 346, Revr VI R 19/20. mE zutr; FG Köln EFG 93, 509, rkr; FG Nds EFG 93, 713, rkr, **aA** für KSt FG Mster EFG 00, 481, rkr, noch zum Anrechnungsverfahren). S auch „Bürgschaft", „Stammkapital" und „Schadensersatz".

Haushälterin. Aufwendungen hierfür sind keine WK, BFH VIII R 198/81 BStBl II 83, 297.

Heimarbeiter s LStR 9.13.

Hörgerät. Aufwendungen für einen Hörapparat können nur dann als WK abzugsfähig sein, wenn die Hörschwäche die Folge einer typischen Berufskrankheit oder die Folge eines betriebl Unfalls ist. IÜ kommt nur ein Abzug als agB in Betracht (s BFH IV 345/53 U BStBl III 54, 174; BFH VI B 275/00 BFH/NV 03, 1052).

Insolvenzverfahren. Verfahrenskosten können, soweit sie anteilig auf Schulden aus der ArbN-Tätigkeit entfallen, als WK abziehbar sein (**aA** *Rößler* FR 99, 1357; s auch *Müller* DStZ 99, 645).

Jagdschein. Eine Jägerprüfung führt nur dann zu WK, wenn der Jagdschein unmittelbare Voraussetzung für die berufl Tätigeit ist (FG Mster EFG 19, 338, rkr).

Kaution. Hat der ArbN dem ArbG zur Erlangung des Arbeitsplatzes eine zinslose Kaution gegeben, führt der Verlust dieser Kaution zu WK (BFH VI R 51/85 BStBl II 89, 382; s auch BFH VI R 75/06 BStBl II 10, 48). Gleiches kann für ein Schuldanerkenntnis gelten, wenn die anerkannte Schuld in wirtschaftl Zusammenhang mit dem Beruf steht (BFH VI R 36/01 BFH/NV 06, 33). S auch „Arbeitsplatzsicherung".

Klassenfahrt. Aufwendungen des Lehrers sind WK (FG Köln EFG 82, 560, rkr); auch bei Auslandsfahrt (FG BaWü EFG 85, 16, rkr) und Schüleraustausch. Nicht aber Aufwendungen für seine Ehefrau als Begleitperson (FG Saarl EFG 92, 442, rkr, mwN). Ebenso nicht bei Vorbereitung der Klassenfahrt auf allgemeintouristischer Reise (BFH VI R 81/00 BFH/NV 05, 42). S auch „Studienreisen".

Kontogebühren sind insoweit WK, als sie auf dienstl Kontobewegungen entfallen (BFH VI R 63/80 BStBl II 84, 560); dies gilt bei Auslandsbediensteten auch für Auslandsüberweisungen (BFH VI R 77/94 BFH/NV 96, 541, auch zu § 3c).

Konzertbesuche einer Musiklehrerin sind idR auch privat veranlasst; Aufwendungen hierfür können allenfalls in besonderen Ausnahmefällen als WK abzugsfähig sein (BFH VI R 76/68 BStBl II 71, 368; ebenso FG BaWü EFG 16, 627, rkr, zu Aufwendungen einer Kunstlehrerin für Ausstellungsbesuche).

Kraftfahrzeugkosten. Fahrten zw Wohnung und erster Tätigkeitsstätte, zw verschiedenen Betriebsstätten des ArbG, bei sonstigen berufl veranlassten Fahrten und bei doppelter Haushaltsführung s § 9 Rz 180 ff, 210 ff, 248 ff. Zur Rechtslage bis einschl VZ 2013 s *Schmidt* 39. Aufl § 19 Rz 110 „Kraftfahrzeugkosten".

Kreditkarten. Gebühren können entspr dem berufl Einsatz der Kreditkarte als WK abziehbar sein.

Kundschaftstrinken. Aufwendungen hierfür können WK sein (entspr FG RhPf EFG 01, 420, rkr; BFH I B 157/02 BFH/NV 03, 1314).

Neurolinguistisches Programmieren (NLP). Aufwendungen für NLP-Kurse können berufl veranlasst sein; private Anwendungsmöglichkeiten der in den Kursen vermittelten Lehrinhalte sind unbeachtl, wenn sie sich zwangsläufig aus den im berufl Interesse gewonnenen Kenntnissen/Fähigkeiten ergeben (BFH VI R 44/04 BStBl II 09, 106; FG Mchn EFG 04, 488, rkr; FG Nbg DStRE 01, 1334, rkr).

Pay-TV-Aufwendungen können bei Profisportlern WK sein, wenn die Berichterstattung für die berufl Tätigkeit verwendet wird (Tatfrage), BFH VI R 24/16 BStBl II 19, 376, FG Ddorf EFG 20, 90, rkr, zum Torwarttrainer.

Personalrabatt. Der Umstand, dass die Einräumung eines Personalrabatts als Lohn zu beurteilen ist, führt nicht zum Abzug der Finanzierungskosten (Zinsen) für die Anschaffung des WG (zB Jahreswagen) als WK; denn die Zinsen sind nicht zur Erlangung des stpfl Vorteils aufgewendet worden (FG RhPf EFG 96, 913, rkr).

Pfarrer im Ruhestand. WK-Abzug s FG RhPf DStRE 07, 1147, rkr (abgel).

Promotionskosten s „Doktortitel".

Prozesskosten s § 4 Rz 520 „Rechtsverfolgungskosten". WK-Abzug von Strafverteidigerkosten setzt voraus, dass die dem ArbN vorgeworfene Tat berufl veranlasst war (BFH XI R 35/01 BFH/NV 02, 1441; BFH VI R 42/04 BStBl II 08, 223; BFH VI R 75/10 BFH/NV 11, 2040; *Bergkemper* FR 08, 235). Eine berufl Veranlassung liegt vor, wenn die Tat in Ausübung und nicht nur gelegentl der Berufstätigkeit begangen wird; die Handlung muss iRd berufl Aufgabenerfüllung liegen (BFH VIII R 43/14 BFH/NV 17, 569) was aber nicht der Fall ist bei bewusster Schädigung des ArbG (FG RhPf EFG 10, 1491, rkr, Verurteilung wegen Vorteilsannahme) oder bei fahrlässiger Tötung wegen überhöhter Geschwindigkeit auf einer Dienstreise (FG RhPf DStRE 17, 905, rkr). Zu den berufl Tätigkeiten kann auch die Abgabe von StErklärungen gehören, zB LSt-Anmeldung durch Vorstand einer AG, nicht aber private ESt-Erklärung (FG Hess EFG 14, 984, rkr). Handelt es sich um eine allg Straftat, scheidet ein WK-Abzug selbst dann aus, wenn der StPfl letztl das Ziel verfolgt, die Entfernung aus dem Dienst rückgängig zu machen, Gehaltskürzungen zu vermeiden (BFH VI B 109/03 BFH/NV 04, 42) oder eine dienstrechtl vorgeschriebene Zuverlässigkeitsprüfung zu verhindern (FG Hbg DStRE 12, 271, rkr). Bei einer Verurteilung scheidet ein WK-Abzug aus; bei einem Freispruch sind die den StPfl treffenden Verteidigungskosten als WK abziehbar (*Degel/Haase* DStR 05, 1260). Reisekosten zum Prozess s FG Köln EFG 85, 342, rkr (zutr, aber Einzelfall). Aufwendungen im Disziplinarverfahren s FG Saarl EFG 93, 648, rkr. Nach BFH VI R 23/10 BStBl II 12, 829 soll idR eine Vermutung dafür sprechen, dass Aufwendungen bei bürgerl-rechtl oder arbeitsrechtl Streitigkeiten, die das ArbVerh betreffen, berufl veranlasst sind. Entsprechendes soll für Zahlungen auf einen in einem solchen Verfahren geschlossenen Vergleich gelten. Diese Rspr ist zweifelhaft, soweit der BFH eine Vermutung für die berufl Veranlassung der Aufwendungen postuliert. Maßgebl für die berufl Veranlassung ist stets die Würdigung aller Umstände des Einzelfalls.

Psycho-Physiognomik. Aufwendungen für den Seminarbesuch über Psycho-Physiognomik sind idR nicht berufl veranlasst (FG RhPf DStRE 14, 457, rkr).

Reisekosten. Das Reisekostenrecht ist ab VZ 2014 grundlegend neu konzipiert worden. Zum neuen Reisekostenrecht s § 9 Rz 210 ff und 302 ff. Zur Rechtslage bis einschließl VZ 2013 s *Schmidt* 39. Aufl Rz 110 „Reisekosten".

Reisepass. Kosten für Reisepass/Passbilder sind WK, wenn sie für berufl Reisen erforderl sind und keine private Verwendung erfolgt (FG Saarl EFG 14, 828, rkr).

Repräsentationsaufwendungen sind regelmäßig Kosten der privaten Lebensführung. S auch „Bewirtung", „Geschenke". Zur Abkommandierung von Soldaten zu gesellschaftl Veranstaltungen s FG RhPf EFG 88, 115, rkr.

Schadensersatz. Ist die Ersatzpflicht durch das DienstVerh veranlasst, sind die Schadenersatzleistungen als WK abzugsfähig (zB Beschädigung einer Maschine, Verkehrsunfall auf betriebl veranlasster Fahrt). Entscheidend ist, ob die den Schadensersatz verursachende Handlung im Rd berufl Aufgabenerfüllung liegt oder auf privaten Gründen beruht (BFH VI R 27/15 DStRE 17, 207). Entspr BFH GrS 2–3/77 BStBl II 78, 105 ist in Fällen, in denen ein Verstoß gegen Dienstvorschriften zu einem Schaden führt, zu beachten, ob das zu dem Schaden führende Verhalten des ArbN in nicht unbedeutendem Maße von privaten Gründen (mit)getragen wurde. Wollte sich der ArbN zu Unrecht auf Kosten des ArbG bereichern (zB Unterschlagung), wollte er ihn bewusst schädigen (zB vorsätzl Beschädigung oder Betrug) oder wollte er einem Bekannten oder Familienangehörigen pflichtwidrig auf Kosten des ArbG einen Vorteil verschaffen, sind die Aufwendungen zur Beseitigung des beim ArbG entstandenen Schadens keine WK (BFH VI R 121/84 BFH/NV 88, 353; s aber BFH VI R 23/10 BStBl II 12, 829, Bestechlichkeit und Geheimnisverrat, zweifelhaft, s „Prozesskosten"). Anders aber, wenn der ArbN Schmiergelder an Kunden des ArbG gezahlt hat und später vom ArbG auf Schadensersatz in Anspruch genommen wird; iÜ kommt es auf die Schwere des Verschuldens des ArbN nicht an (BFH VI R 30/77 BStBl II 81, 362). Zum Abzugsverbot für Unfallkosten, die durch die private Mitveranlassung einer Berufsreise ausgelöst werden, s BFH IV R 26/04 BStBl II 06, 182. Schadensersatz des GmbH-Geschäftsführers wegen Nichtabführung von Krankenkassenbeiträgen s BFH VI 45/60 U BStBl III 61, 20; wegen Verletzung eines Konkurrenzverbots s FG Hess EFG 96, 363, rkr. S auch „Haftung".

Schmiergelder s BFH VI R 67/86 BFH/NV 91, 151; „Geschenke"; § 4 Rz 520.

Schuldanerkenntnis. Ein WK-Abzug hängt davon ab, ob die anerkannte Schuld mit dem Beruf oder der Einkunftserzielung zusammenhängt (BFH VI R 36/01 BFH/NV 06, 33).

Sozialversicherungspflicht. Kosten für Anfrageverfahren (sog Statusfeststellungsverfahren) nach § 7a SBG IV sind WK (BFH VI R 25/09 BStBl II 10, 851).

Stammkapital. Aufwendungen eines Ges'tergeschäftsführers zur Erhöhung des Stammkapitals und dessen Verlust können kaum WK aus nichtselbstständiger Arbeit sein (BFH VI R 3/92 BStBl II 94, 242; BFH VI R 99/06 BFH/NV 07, 1297; Aktienbeteiligung an Start-up-Unternehmen s FG BBg EFG 09, 327 iVm BFH VI B 126/08 BFH/NV 09, 1267); auch nicht, wenn die Beteiligung an der GmbH Voraussetzung für die Anstellung als Geschäftsführer gewesen ist (BFH VI R 1/16 BFH/NV 17, 1496; BFH VI R 64/94 BStBl II 95, 644; s *Anm* HFR 95, 505) oder die Beteiligung bei Ausscheiden als Partner und damit wegen Beendigung des Arb-Verh veräußert werden musste (BFH VI R 24/08 BStBl II 10, 198; *Geserich* HFR 10, 120, gesellschaftsrechtl veranlasster Verlust); es sei denn, der Veräußerungspreis lag wegen besonderer Bedingungen des ArbVertrags unter dem Verkehrswert (*Bergkemper* FR 10, 242). Ein Veräußerungsverlust aus einer ArbG-Beteiligung führt grds aber nicht zu WK (BFH VI B 132/15 BFH/NV 16, 926). Zur Beurteilung der Verlustübernahme eines zu 20% beteiligten Ges'tergeschäftsführers s BFH VI R 125/88 BStBl II 93, 111. Zur Übernahme sonstiger Verbindlichkeiten (Hinterziehungszinsen) s BFH VIII R 83/91 BFH/NV 93, 644; s aber auch „Bürgschaft" und „Darlehen".

Steuerberaterkosten s § 4 Rz 520 „Rechtsverfolgungskosten" und *Darmstadt* DStR 21, 2496. StBKosten (auch Unfallkosten auf der Fahrt zum StB, s BFH X R 35/86 BStBl II 89, 967) sind WK, soweit sie mit der Ermittlung der Einkünfte zusammenhängen (*BMF* BStBl I 08, 256 zur Aufteilung in abziehbare/nicht abziehbare StB-Kosten). Soweit Kosten nicht mit der Einkunftsermittlung zusammenhängen (SA, agB, Tariffragen usw), gehören sie zu den nicht abziehbaren Kosten der Lebensführung.

Stille Gesellschaft. Der Verlust der iRd Begründung einer stillen Beteiligung an den ArbG geleisteten Einlagezahlung ist als WK abzugsfähig, wenn er durch das DienstVerh veranlasst ist und nicht auf der Nutzung der Beteiligung als Kapitalertragsquelle oder auf etwaigen Gewinnerwartungen beruht (FG Nds EFG 11, 1148, rkr, zutr, mit Anm *Wagner* EFG 11, 1153; *Hoffmann* GmbH-StB 11, 287).

Strafen s „Prozesskosten"; s § 4 Rz 520 „Strafen", „Rechtsverfolgungskosten".

Studienreisen s § 4 Rz 520 „Informationsreisen"; § 12 Rz 32 „Sprachkurs ..." und „Studienreisen"; *OFD Ffm* DStR 01, 1073 (zum berufl Anlass bei Fachtagungen und Studienreisen). Es ist zu beachten, dass das Aufteilungsverbot nicht mehr gilt (BFH GrS 1/06 BStBl II 10, 672). Daher kommt auch ein teilweiser WK-Abzug in Betracht (*Schwenke* FR 11, 1051). – *(1)* **Berufl Veranlassung.** Ob und inwieweit Aufwendungen für eine Reise berufl veranlasst sind, hängt von den Gründen ab, aus denen der StPfl die Reise oder verschiedene Teile der Reise unternimmt. Die Gründe für die Reise sind anhand der Gesamtumstände des Einzelfalls zu ermitteln. Lassen sich keine Gründe feststellen, die eine berufl Veranlassung belegen, gehen entspr Zweifel zu Lasten des StPfl. Für die berufl Veranlassung genügt es idR nicht, dass die Reise der allg wirtschaftl Bildung dient. Berufl (mit)veranlasst ist eine Reise erst, wenn das Programm auf die **besonderen berufl Bedürfnisse** der Teilnehmer zugeschnitten ist (BFH GrS 8/77 BStBl II 79, 213 zu C.II.1; daran hat BFH GrS 1/06 BStBl II 10, 672 grds festgehalten; ebenso BFH VI R 3/11 BStBl II 12, 416). Ein berufl Anlass kann auch vorliegen, wenn die Organi-

§ 19 110

sation und Durchführung der Reise zu den **Dienstaufgaben** der ArbN gehört (BFH VI R 37/15 BStBl II 17, 526; BFH VI R 22/01 BStBl II 03, 369, Anm *Pust* HFR 03, 126; BFH VI R 63/01 BFH/NV 06, 728) oder der StPfl als Referent auftritt (BFH VIII R 296/81 BStBl II 85, 325, *Anm* HFR 85, 312; FG Ddorf FG 93, 11, rkr), sofern nicht andere Umstände wiederum auf eine private Mitveranlassung schließen lassen (BFH IV R 39/96 BStBl II 97, 357; *Anm* HFR 97, 476; zust *MK* DStR 97, 607; krit *Gosch* StBp 97, 190; BFH VI R 10/97 BFH/NV 98, 157). Gleiches kann für **Reiseleiter** gelten (BFH VI R 94/90 BStBl II 93, 674; BFH VI B 292/99 BFH/NV 01, 903; FG BaWü EFG 05, 859, rkr); auch bei Vorbesichtigungen (FG Mster EFG 93, 142, rkr); ebenso für den die Klassenfahrt vorbereitenden Lehrer, aber nicht, wenn dies auf einer allgemein-touristisch geprägten Reise geschieht (BFH VI R 81/00 BFH/NV 05, 42). Die Mitnahme des Ehegatten muss der berufl Anerkennung der Reise nicht entgegenstehen (FG Hbg EFG 93, 506, rkr, stets Einzelfallprüfung; Anm *Rößler* DStZ 94, 159). – Die Gewährung eines Zuschusses oder von Sonderurlaub durch den ArbG beweist nicht, dass die Reise ganz überwiegend berufl veranlasst war (BFH VI B 197/04 BFH/NV 05, 1231). **Teilnahmezwang** bei Fortbildungsmaßnahmen kann aber zum WK-Abzug führen (BFH VI R 93/00 BFH/NV 02, 1444; angeordnete Studienfahrt mit Teilnahmezwang iRe Ausbildungsarbeitsverhältnisses s BFH VI R 93/90 BStBl II 92, 531; BFH VI R 9/90 BFH/NV 92, 514; FG Saarl EFG 97, 61, rkr; anders außerhalb eines Ausbildungsdienstverhältnisses s FG Hess EFG 92, 734, rkr). Von Bedeutung kann auch sein, ob Reisetage wie Arbeitstage mit berufl Tätigkeit ausgefüllt sind (BFH IV R 72/89 BStBl II 91, 92; BFH VI B 104/96 BFH/NV 97, 108; *OFD Bln* FR 96, 429 f, 6–8 Stunden-Tag). – **(2) Beispiele.** Japanreise von Richtern (BFH VI R 64/91 BStBl II 93, 612, abgelehnt); Saharareise eines Geographie-Professors (BFH VI R 71/78 BStBl II 82, 69, *Anm* HFR 82, 54, abgelehnt); Ungarn-Reise eines Geographie-Professors ohne entspr Forschungsauftrag, anschließende Semestervorlesungen bzw Fachveröffentlichungen (BFH VI R 51/88 BStBl II 91, 575, abgelehnt); Canada- oder Amerikagruppenreise von Lehrern (BFH VI R 72/95 BFH/NV 97, 476; FG MeVo EFG 95, 1049, rkr, jeweils abgelehnt); Auslandsgruppenreise eines Rechtsreferendars in EU-Nachbarstaat (BFH VI R 29/92 BFH/NV 93, 653, abgelehnt); Studienreise eines wissenschaftl Mitarbeiters beim BGH nach Budapest und in die Schweiz (FG Nds EFG 02, 1586, rkr, abgelehnt); Reise eines Studienrats für Geographie und Biologie nach Ostafrika (BFH VI R 289/66 BStBl III 67, 776, abgelehnt); Reise einer Geographielehrerin nach Peru (FG Bln EFG 86, 228, rkr, anerkannt) oder nach China (BFH VI R 62/86 BFH/NV 90, 28, abgelehnt); Kunstreise eines Kunsterziehers (FG Nbg EFG 88, 357, rkr, abgelehnt); Sprachkurs im Ausl (BFH VI R 12/10 BStBl II 11, 796, Aufteilung der Reisekosten); Gruppenreise eines Religionslehrers zu den biblischen Stätten des Vorderen Orients (BFH VI B 110/04 BFH/NV 05, 339, abgelehnt); Romreise eines Pfarrers (BFH VI R 42/09 BFH/NV 11, 893, anerkannt, wenn Reise zu den Dienstaufgaben gehört; FG Mster EFG 91, 724, rkr, abgelehnt); Indienreise einer Pastorin (BFH VI R 39/96 BFH/NV 97, 469, abgelehnt); Türkeireise einer Lehrerin (BFH VI R 9/89 BFH/NV 92, 730, abgelehnt); Biologielehrer in Naturschutzgebiet (FG Hbg EFG 92, 324, rkr, anerkannt); Reisen von ArbN, bei denen verwandtschaftl Beziehungen zum ArbG hineinspielen (BFH VIII R 187/71 BStBl II 74, 200, abgelehnt); Auslandsreisen (Forschungsaufenthalt) eines Hochschulprofessors (FG Brem EFG 94, 650, rkr; FG Nds EFG 80, 595, rkr, anerkannt); Auslandsreise zur Erholung und Lehrbücheranfertigung (BFH VIII R 51/10 BStBl II 13, 808, abgelehnt). Ärztekurs in Wintersportort s § 12 Rz 32 „Sportmedizin".

Telekommunikationsaufwendungen (Internet, Telefon, Handy), die berufl veranlasst sind, können als WK abgezogen werden. Bei Nachweis für einen repräsentativen Zeitraum von drei Monaten können die Werte für den gesamten VZ zugrunde gelegt werden. Fallen solche berufl Aufwendungen erfahrungsgemäß an, kann ohne Einzelnachweis monatl bis zu 20% der Rechnung des Telekommunikationsvertragspartners, höchstens 20 € als WK anerkannt werden (LStR 9.1 V).

Umzugskosten. – (1) Berufliche Veranlassung. Umzugskosten können nur dann als WK abgezogen werden, wenn feststeht, dass der Umzug nahezu ausschließl berufl veranlasst war und private Gründe keine oder nur eine ganz untergeordnete Rolle gespielt haben (iEinz s *Pondelik* SteuK 16, 224). Eine berufl Veranlassung ist gegeben, wenn der Umzug aus Anlass der **erstmaligen Aufnahme einer berufl Tätigkeit** erfolgt (s aber Sonderfall FG Ddorf EFG 00, 485, rkr) oder die Folge eines **Arbeitsplatzwechsels** ist (Wechsel des ArbG oder Wechsel der Betriebsstätte desselben ArbG; auch wenn der Umzug dabei in das neu gebaute eigene Haus erfolgt, FG RhPf EFG 83, 111, rkr; FG BaWü EFG 85, 444, rkr; **aA** FG Ddorf EFG 83, 166, rkr; auch bei Rückversetzung auf Wunsch des ArbN, FG Nds EFG 94, 786, rkr) *und* die Zeitspanne für die tägl Fahrten zw Wohnung und Arbeitsstätte (ab VZ 2014 erster Tätigkeitsstätte) erhebl vermindert wird (BFH VI R 72/72 BStBl II 75, 327; BFH VI R 162/74 BStBl II 77, 117). Dabei kommt es nicht entscheidend darauf an, ob der Umzug in einen anderen Ort erfolgt. Entscheidend ist die erhebl Verminderung der Fahrzeit; dies ist eine Frage tatrichterl Würdigung (BFH VI B 28/03 BFH/NV 03, 1183; BFH VI B 22/12 BFH/NV 13, 198). Umzugskosten eines StPfl, der zur Wiederaufnahme seiner Berufstätigkeit aus dem **Ausl** in das Inl zurückzieht, sind ebenfalls berufl veranlasst (FG Nds EFG 12, 1634, rkr). Unabhängig von der Verkürzung der Fahrzeit ist ein Umzug berufl veranlasst, wenn eine Dienstwohnung bezogen (zB bei Bereitschaftsdienst, Hausmeister, Pförtner) oder geräumt werden musste (s BFH VI R 162/74 BStBl II 77, 117; zB anlässl Beendigung des Dienstes, FG Saarl EFG 87, 347, rkr; s aber FG Saarl EFG 89, 281, rkr; FG Ddorf EFG 79, 383, rkr). Allein der Bezug einer Dienstwohnung ohne Weisung des ArbG reicht für die Annahme einer berufl Veranlassung indes nicht aus; ebenso nicht bei Umzug aus privaten Gründen und voraussichtl späterer Versetzung (FG BaWü EFG 06, 178, rkr). – Der Umzug kann auch **ohne Arbeitsplatzwechsel** berufl veranlasst sein, wenn er unmittelbar erfolgt, um die Fahrzeit zur Arbeitsstätte wesentl zu verkürzen oder die Fahrt sonst wesentl zu erleichtern (BFH VI R 95/81 BStBl II 83, 16), zB weil die bisherige Fahrt zur Arbeitsstätte zu beschwerl geworden ist, die Fahrt oder die Arbeitsbedingungen durch den Umzug wesentl verbessert werden (s Anm HFR 83, 11; BFH IV R 42/86 BStBl II 88, 777; FG RhPf EFG 95, 515, rkr) oder Umsteigen auf öffentl Verkehrsmittel Zeitersparnis (FG BaWü EFG 93, 715, rkr) oder den Fußweg ermöglicht (FG RhPf EFG 95, 1048, rkr; FG Köln EFG 16, 991, rkr). Dies hängt von der tatrichterl Würdigung im Einzelfall ab (BFH X B 80/99 BFH/NV 00, 945; FG Hbg DStRE 09, 783, rkr, Berechnung mittels Routenplaner). – Wenn infolge des Umzugs eine arbeitstägl **Fahrzeitverkürzung von mindestens einer Stunde** eintritt, treten mit dem Umzug verbundene private Begleitumstände idR in den Hintergrund (BFH VI B 85/08 BFH/NV 09, 171). Unschädl ist dann auch, dass der Umzug aus Anlass der Eheschließung von getrennten Wohnorten oder aus Anlass der Scheidung oder Trennung der Eheleute erfolgte (BFH VI R 175/99 BStBl II 01, 585; *Fröschl* HFR 01, 965, mit zahlreichen Hinw). Unschädl ist ferner der gemeinsame Umzug von Eheleuten aus Anlass der Geburt eines Kindes (BFH VI R 189/97 BStBl II 02, 56). Beim Umzug nach Eheschließung von getrennten Wohnungen aus ist die Wegezeitverkürzung für jeden Ehegatten gesondert zu ermitteln (BFH VI R 175/99 BStBl II 01, 585, Subjektbezogenheit der Einkünfteermittlung). Umzugsbedingte Veränderungen der Fahrzeiten beiderseits berufstätiger Ehegatten sind weder zu addieren noch zu saldieren; ist die Fahrzeitverkürzung für einen Ehegatten erreicht, ist der Umzug *insgesamt* als berufsbedingt anzusehen; daher sind die gesamten Umzugskosten der Eheleute abziehbar (BFH IX R 79/01 BStBl II 06, 598; BFH VI R 56/02 BFH/NV 06, 1650; krit *Paus* DStZ 06, 518). – Allein der Umstand, dass die neue Wohnung die Einrichtung eines Arbeitszimmers ermöglicht, macht den Umzug aber nicht berufl veranlasst (BFH VI R 132/88 BStBl II 93, 610). Bei **Wegverlegung** des Wohnsitzes vom Arbeitsort ist der Umzug privat veranlasst (BFH IX R 108/00 BFH/NV 06, 1273). Zur Anerkennung eines Umzugs an den Arbeitsort nach vorausgegangenem Wegzug oder eines Umzugs erst viele Jahre nach der Arbeitsaufnahme s BFH VI R 129/86 BStBl II 89, 917 (krit *Rößler* DStZ 90, 284). – Bei einem privat veranlassten Umzug sind die durch die Beförderung der Arbeitszimmereinrichtung entstandenen Mehraufwendungen nicht als WK abzugsfähig (BFH VI R 102/88 BStBl II 89, 972; BFH VI B 190/00 BFH/NV 01, 1025). – Bei einem **Umzug in Etappen** endet die berufl Veranlassung des Umzugs grds mit dem Einzug in die erste Wohnung am neuen Arbeitsort; der weitere Umzug in die endgültige Bleibe (eigenes Haus) ist privat veranlasst, sodass Kosten für diesen zweiten Umzug und für Zwischenlagerung der Möbel nicht als WK abziehbar sind (BFH IV R 78/99 BStBl II 01, 70; FG RhPf EFG 01, 432, rkr). Ausnahmen sind nur in besonders gelagerten Fällen unfreiwilligen Bezuges einer ausgesprochenen Behelfsunterkunft denkbar. – Zum Abzug der bei Begründung oder Beendigung einer **doppelten Haushaltsführung** anfallenden Umzugskosten s § 9 Rz 255. – Auch der **Rückumzug** eines ausl ArbN ins Heimatland nach Beendigung der *befristeten* inl Tätigkeit ist berufl veranlasst (BFH VI R 11/92 BStBl II 93, 722; krit *MIT* DStR 97, 323). Dies gilt aber nicht bei Rückumzug nach Eintritt in den Ruhestand (BFH VI R 65/94 BStBl II 97, 207) oder bei Beendigung der Erwerbstätigkeit (FG Ddorf EFG 98, 642, rkr) bzw politischer Aktivitäten (BFH XI B 42/98 BFH/NV 00, 37); ebenfalls nicht bei Umzug ins Ausl wegen dortiger Arbeitsaufnahme (BFH I R 59/05 BStBl II 07, 756). Zum Inl-Umzug eines *vorübergehend* im Inl tätigen ausl ArbN s *OFD Kobl* DStR 96, 1286 und FG Hbg EFG 98, 1387, rkr.

(2) Kosten. Ist der Umzug berufl veranlasst, werden nach LStR 9.9 (2) die Kosten bis zur Höhe der Beträge anerkannt, die ein vergleichbarer Bundesbeamter nach dem BUKG erhalten würde (für Umzüge ab 1.3.18, 1.4.19 und 1.3.20 BStBl I 18, 1027, ab 1.6.20 BStBl I 20, 544, ab 1.4.21 und 1.4.22 BStBl I 21, 1021; Vorjahre s *Schmidt* 40.Aufl § 19 Rz 110 „Umzugskosten"). Einzelnachweis verdrängt die Pauschalbeträge (LStR 9.9 II 3, 4). Eine Prüfung der einzelnen Umzugskosten unter dem Gesichtspunkt des § 12 Nr 1 soll nur bei Geltendmachung höherer tatsächl Kosten erfolgen (LStR 9.9 II 3); der allg WK-Begriff muss aber stets erfüllt sein (BFH VI R 198/00 BFH/NV 01, 778). Die Umzugskostenpauschale nach § 10 I, II BUKG kann unabhängig von der Höhe der tatsächl Umzugskosten abgezogen werden; die tatsächl Kosten können dann aber nicht zusätzl geltend gemacht werden (FG MeVo EFG 20, 1491, rkr). Zu den Umzugskosten können auch umzugsbedingt geleistete **doppelte Mietzahlungen** gehören (BFH VI R 2/11 BStBl II 12, 104). **Maklerkosten** für den Verkauf eines Hauses sind als Veräußerungskosten keine als Umzugskosten abziehbare WK (BFH VI R 147/99 BStBl II 00, 476); auch nicht als sog Mietentschädigung (FG Köln EFG 09, 460, rkr); sie können sich allenfalls iRd § 23 auswirken. Maklerkosten für den Erwerb einer Wohnung sind AK und zählen damit nicht zu den WK (BFH IV R 27/94 BStBl II 95, 895; BFH VI R 188/97 BStBl II 00, 586; Anm *MIT* DStR 00, 1727 zur VerfWidrigkeit des § 3 Nr 13 EStG iVm § 9 I BUKG). Anderes gilt aber bei Maklerkosten für die *Anmietung* einer Wohnung, auch bei erfolgloser Wohnungssuche (FG Ddorf EFG 94, 652, rkr). Aufwendungen für Einrichtungsgegenstände oder Renovierung der neuen Wohnung sind nicht abzugsfähig (BFH VI R 188/98 BStBl II 03, 314); daran hat sich auch nach dem Beschluss BFH GrS 1/06 BStBl II 10, 672 nichts geändert (BFH X B 153/11 BFH/NV 12, 1956). Gleiches gilt für Überführung von Freizeitgegenständen (FG BaWü EFG 99, 768, rkr). – Bei Umzug eines Ausländers in die Bundesrepublik können die Umzugsauslagen iHd sich aus § 10 AUV ergebenden Pauschbeträge geschätzt werden; der Ausstattungsbetrag nach § 12 AUV kann nicht als WK berücksichtigt werden (BFH VI R 53/04 BStBl II 07, 536); ebenso nicht Schulgeldzahlungen (s § 12 Rz 25 „Kinderbetreuung"). Kosten für Sonderbekleidung infolge des mit

ABC der Werbungskosten

dem Umzug verbundenen Klimawechsels sind nicht abzugsfähig (BFH VI R 55/89 BStBl II 93, 192; BFH VI R 67/92 BStBl II 95, 17; ab 2001 ebenso *OFD Nds* DB 01, 304). – Bei **Rückgängigmachung der Versetzung** sind die dem ArbN durch die Aufgabe der Umzugsabsicht entstandenen vergebl Aufwendungen als WK abziehbar (BFH VI R 17/96 BStBl II 00, 584; *Fröschl* HFR 01, 19); gleiches gilt bei Rückgängigmachung eines Auslandseinsatzes (BFH VI R 139/00 BFH/NV 01, 1379). Abziehbar sind auch die Zahlungen zur vorzeitigen Auflösung des bisherigen Mietvertrages (BFH I R 61/93 BStBl II 94, 323, Mietausfallentschädigung und Prozesskosten). Eine Vertragsstrafe wegen Aufgabe eines Bauvorhabens in Hinblick auf die Versetzung dürfte hiernach ebenfalls als WK abzugsfähig sein (**aA** noch FG RhPf EFG 96, 646, rkr). Ein WK-Abzug bei den Einkünften aus § 19 ist aber ausgeschlossen, wenn Verluste beim (Wieder-)Verkauf des Hauses entstehen (BFH VI R 28/97 BStBl II 00, 474); auch soweit sie anteilig auf ein häusl Arbeitszimmer entfallen (FG Hbg EFG 06, 1571, BFH XI B 83/06 BFH/NV 07, 896); Abzug aber ggf im Rahmen des § 23 (BFH IX R 35/01 BStBl II 05, 26). Nicht abziehbar sind die mietvertragl Aufwendungen für die neue Wohnung (FG BaWü EFG 81, 231, rkr). Dies gilt auch bei einem Umzug in Etappen (FG Thür DStRE 17, 519, rkr, zutr). Mietwert der eigenen früheren Wohnung kann ebenfalls nicht als WK abgezogen werden (FG BaWü EFG 91, 20, rkr); wohl aber lfd Kosten einer leer stehenden Eigentumswohnung am früheren Wohnort, solange die Wohnung nicht verkauft werden kann (FG RhPf EFG 96, 975, rkr, nicht zweifelsfrei, sofern der Verkauf an den Preisvorstellungen des StPfl scheitert). – S auch § 12 Rz 25 „Wohnungskosten". – Waren Umzugskosten nicht als WK geltend gemacht worden, weil mit Erstattung durch den ArbG zu rechnen war, bleibt die Erstattung aber aus, so soll bestandskräftiger Bescheid nicht mehr geändert werden dürfen (FG Mchn EFG 93, 236, rkr). – Erstattungen des ArbG für ArbN im öffentl Dienst s § 3 Nr 13, für private ArbN s § 3 Nr 16; dazu Rz 100 „Aufwendungsentschädigung". Aus Gleichbehandlungsgründen sind die aus privaten Kassen gezahlten Umzugskostenvergütungen im gleichen Umfang stfrei wie die aus öffentl Kassen gezahlten Vergütungen (BFH VI R 162/78 BStBl II 82, 595).

Unfallkosten. – (1) Beruflich veranlasste Fahrten. Kosten, die dem ArbN als Folge eines auf einer beruflich veranlassten Fahrt verursachten Unfalls entstehen (Eigen- oder Fremdschaden), sind als WK abzugsfähig (BFH VI R 254/68 BStBl II 70, 662). Zu der Frage, welchen Einfluss das Verschulden oder ein etwaiger Alkoholgenuss des ArbN auf die Abzugsfähigkeit der Aufwendungen hat, s § 9 Rz 92. Zu Unfällen auf Fahrten zw Wohnung und erster Tätigkeitsstätte s § 9 Rz 291. Ein Unfall ist nicht berufl veranlasst, wenn es sich auf einer vor Antritt einer Dienstreise zur Überprüfung der Verkehrssicherheit des Kfz durchgeführten Inspektionsfahrt ereignet (BFH VI R 133/76 BStBl II 78, 457); wohl aber dann, wenn sich der Unfall auf der Fahrt zw Wohnung und Arbeitsstätte während eines Abstechers zur Tankstelle ereignet (BFH VI R 48/81 BStBl II 85, 10); das Tanken muss aber der einzige Grund für den Umweg gewesen sein (ebenso Tanken als Vorbereitung für berufl Fahrt am nächsten Morgen, *Söffing* FR 85, 165; dagegen *Kalmes* FR 86, 89). Ein Unfall auf einer **privat veranlassten Umwegstrecke** ist nicht berufl veranlasst (BFH IV R 353/84 BFH/NV 91, 512; FG Saarl EFG 90, 303, rkr; BFH VI R 94/95 BStBl II 96, 375, Umweg zum Kindergarten; BFH VI R 69/95 BFH/NV 96, 538, Umweg zum Einkaufen); auch nicht bei Mitnahme eines Kollegen aus reiner Gefälligkeit. Nach FG Hbg EFG 84, 25, rkr, keine WK bei Unfall auf der Heimfahrt von einer Betriebsfeier (nicht zweifelsfrei; *Seitrich* DStZ 85, 350; s FG Mchn EFG 84, 451, rkr, Fahrt eines Soldaten von einem Regimentsball) oder bei einem Unfall auf der Fahrt zur Betriebssportveranstaltung (FG Bln EFG 87, 400, rkr). Ein Unfall auf der Fahrt zu einer Betriebsveranstaltung ist aber berufl veranlasst (BFH VI R 54/94 BFH/NV 95, 668). Wesentl ist stets der Anlass der unfallträchtigen Fahrt (*Seitrich* DStZ 85, 354; krit zur BFH-Rspr *Richter* DStR 86, 24 und *Richter* DStR 97, 229, Fallgruppen). – **(2) Abzugsfähige Kosten.** Dies sind die für die Beseitigung des Schadens aufgewendeten Beträge in vollem Umfang. Es ist also keine Aufteilung der Aufwendungen im Verhältnis der privaten und dienstl Nutzung vorzunehmen (BFH VI R 156/77 BStBl II 80, 71; BFH VI R 25/80 BStBl II 82, 442). Ersatzleistungen Dritter (auch aus der Kaskoversicherung) sind anzurechnen (FG RhPf DStRE 08, 1498; s § 9 Rz 112). Zur steuerl Behandlung von Unfallkostenersatz durch den ArbG s *Offerhaus* BB 91, 257. Zur Frage der Anrechnung eines Wiederbeschaffungszuschlags auf die Kasko-Selbstbeteiligung s FG Nbg EFG 85, 445, rkr. Auch Aufwendungen zur Beseitigung eines Schadens an der Garage des ArbN können WK sein (BFH VI R 239/74 BStBl II 78, 381). Zur Übernahme eines Schadens, um den Schadensfreiheitsrabatt nicht zu verlieren, s § 9 Rz 116. Zum Kausalzusammenhang zw Unfall und -folgekosten s *Seitrich* FR 84, 141. – Lässt der ArbN das bei einer berufl Fahrt beschädigte Kfz reparieren, so kann die durch den Unfall herbeigeführte AfaA als WK berücksichtigt werden. Sie bemisst sich iHd Differenz zw steuerl „Buchwert" (AK abzügl fiktiver AfA) und dem Wert des Kfz nach dem Unfall (BFH IV R 25/94 BStBl II 95, 318); dieses zu Gewinneinkünften ergangene Urt gilt allg (BFH VIII R 33/09 DStR 12, 2423; *Flies* DStR 96, 89, 92 f). Neben Reparaturkosten können AfaA als WK abzugsfähig sein, sofern die Reparatur den Schaden nur teilweise behebt und eine Wertminderung auf Grund technischer Mängel fortbesteht (BFH VI R 7/92 BStBl II 94, 235), und dem Buchwert kein höherer Verkaufspreis des Kfz ggü steht (BFH VIII R 33/09 DStR 12, 2423). Nach Ablauf der Nutzungsdauer scheidet eine AfaA aus (BFH VIII R 33/09 DStR 12, 2423; FG Mchn EFG 98, 1083, rkr). Bei einem reparierten Kfz kann ein sog **merkantiler Minderwert** nicht als WK abgesetzt werden (BFH VI R 57/88 BStBl II 92, 401). Kreditzinsen für private Pkw-Neuanschaffung nach Unfall auf einer Betriebsfahrt sind keine WK (BFH VI R 192/79 BStBl II 83, 17); wohl aber für Reparaturdarlehen.

Urlaub. Die Verwendung der Urlaubszeit für den Beruf ist kein als WK abzugsfähiger Aufwand (FG Mchn EFG 81, 622, rkr).

Vermögensverluste sind (nur) dann als WK zu berücksichtigen, wenn die Gründe hierfür in der Berufssphäre liegen (BFH VI B 7/13 BFH/NV 13, 1922; BFH VI B 132/15 BFH/NV 16, 926, dazu auch *Kramer* DStR 17, 366). S auch „Darlehen"; „Unfallkosten"; § 9 Rz 79 ff. Verlust eines Reisekostenzuschusses als WK s FG Köln EFG 81, 128, rkr. Verlust eines Arbeitsmittels durch Diebstahl als WK s BFH VI R 185/97 BStBl II 04, 491.

Verpflegungsmehraufwendungen. S § 9 Rz 310 ff.

Versicherungsbeiträge. Wird durch eine Versicherung nicht nur ein berufsbedingtes Risiko abgesichert, sondern erstreckt sich der Versicherungsschutz auch auf Risiken des privaten Lebensbereichs, sind die Versicherungsbeiträge insoweit nicht als WK abzugsfähig (BFH VI B 64/04 BFH/NV 05, 1796, Berufsunfähigkeitsversicherung); iÜ kommt Abzug in Betracht, soweit die Prämie aufteilbar ist. Dies ist bei einer Berufsunfähigkeitsversicherung indes nicht der Fall, weil sie nur das private Risiko der Sicherung des Lebensunterhalts abdeckt (BFH VI B 20/13 BFH/NV 14, 327; FG Ddorf EFG 21, 446, rkr, Sportunfähigkeitsversicherung). Beschränkt sich die Versicherung auf Risiken, die ihre Ursache in der Berufstätigkeit des ArbN haben, können die Beiträge in voller Höhe als WK abzugsfähig sein (BFH VI R 87/73 BStBl II 76, 599; s auch BFH IV R 32/80 BStBl II 83, 101, Krankentagegeldversicherung; BFH VI B 176/86 BFH/NV 88, 640, kombinierte Berufs-/Privatunfallversicherung; dazu *BMF* BStBl I 09, 1275; BFH X R 21/07 BFH/NV 10, 192, Praxisausfallversicherung). Auch Beiträge zur *Arbeits-Rechtsschutzversicherung* können als WK abzugsfähig sein (BFH VI R 97/94 BFH/NV 97, 346, zur Aufteilung der Prämie bei kombinierter Rechtsschutzversicherung s *BMF* DStR 98, 1357). Es gelten insoweit die gleichen Grundsätze wie beim Abzug von Prämien für eine Reisegepäckversicherung (BFH VI R 42/92 BStBl II 93, 519).

Sondervorschrift für Einkünfte aus nichtselbständiger Arbeit **§ 19a**

Vertragsstrafen, zB aus der Verletzung eines Konkurrenzverbotes, können WK sein, ebenso, wenn der ArbN eine Vertragsstrafe zu zahlen hat, weil er ein vereinbartes ArbVerh nicht angetreten hat, um zB ein anderweitiges günstigeres Angebot anzunehmen (BFH I R 34/05 BFH/NV 06, 1068; *Dendl* DStR 00, 1253, Rückzahlung von Studienkosten). Gleiches gilt, wenn der ArbN Lohnteile an den früheren ArbG zurückzahlen muss, die dieser während der Ausbildung des ArbN iRe Ausbildungsverhältnisses getragen hatte. Übernimmt der neue ArbG diese Kosten, liegt insoweit Lohn vor (weitere Einzelheiten *Loy* DB 92, 2109). Wenn dem ArbN eine Ausbildung gegen die Verpflichtung ermöglicht wird, nach Abschluss der Ausbildung in die Dienste des Leistenden zu treten und bei Verletzung dieser Verpflichtung neben der Rückzahlung eines Ausbildungsdarlehens auch ein Zuschlag zu leisten ist, mit dem nicht überwiegend ein Druck zur Einhaltung der vorvertragl Pflichten ausgeübt werden soll, sondern am dem Vorteile abgegolten werden sollen, die der ArbN iRd Ausbildung in Anspruch genommen hatte (zB Studienplatz aus Kontingent des zukünftigen ArbG), ist auch diese Zahlung als WK abziehbar (BFH VI R 5/03 BStBl II 07, 4), soweit nicht das Abzugsverbot in § 9 VI eingreift.

Wahlkampfkosten (auch vergebl) für die Wahl in ein kommunales Amt können WK sein (BFH VI R 198/71 BStBl II 74, 407; BFH IV R 15/95 BStBl II 96, 431; *Anm* HFR 96, 651; *OFD Mchn* DB 96, 2309; zum WK-Abzug bei ehrenamtl Stadtratsmandat). Die Verwendung der Urlaubszeit zur Führung eines Wahlkampfes ist aber kein als WK abzugsfähiger Aufwand (FG Mchn EFG 81, 622, rkr). Aufwendungen für den Erwerb eines BT-Mandats führen auch dann nicht zu WK aus nichtselbstständiger Arbeit, wenn die Kandidatur auf Verlangen des ArbG erfolgte (FG Köln EFG 89, 170, rkr; § 22 Rz 163). Aufwendungen für ein Wahlprüfungsverfahren eines LT-Abgeordneten sollen aber als WK abzugsfähig sein (FG Bbg DStRE 13, 65, rkr).

Winterbeschäftigungsumlage führt bei Beteiligung der ArbN zu WK (*OFD Mster* DB 07, 1613).

Zweitwohnungssteuer auf die Innehabung einer iRd berufsbedingten doppelten Haushaltsführung gehaltenen Wohnung eines verheirateten StPfl ist verfwidrig (BVerfG 1 BvR 1232/00 ua HFR 06, 80; *Meier* DStR 06, 14; einschr FG Hbg EFG 14, 1054, rkr, zweifelhaft). Soweit Alleinstehende herangezogen werden (verfgemäß BVerfG 1 BvR 529/09 HFR 10, 648, 651; BFH II R 5/08 BStBl II 10, 889; BFH II R 67/08 BFH/NV 11, 1463; s auch *Kanzler* NWB 11, 1459), kann die Steuer als WK abgezogen werden (zB bei Studenten den Berufsausbildungskosten oder bei doppelter Haushaltsführung).

§ 19a Sondervorschrift für Einkünfte aus nichtselbständiger Arbeit bei Vermögensbeteiligungen

(1) ¹**Werden einem Arbeitnehmer von seinem Arbeitgeber zusätzlich zum ohnehin geschuldeten Arbeitslohn Vermögensbeteiligungen im Sinne des § 2 Absatz 1 Nummer 1 Buchstabe a, b und f bis l und Absatz 2 Satz 5 des Fünften Vermögensbildungsgesetzes an dem Unternehmen des Arbeitgebers unentgeltlich oder verbilligt übertragen, so unterliegt der Vorteil im Sinne des § 19 Absatz 1 Satz 1 Nummer 1 im Kalenderjahr der Übertragung nicht der Besteuerung.** ²**Dies gilt auch, wenn die Vermögensbeteiligungen mittelbar über Personengesellschaften gehalten werden.** ³**Bei der Ermittlung des Vorteils im Sinne des Satzes 1 ist der Freibetrag nach § 3 Nummer 39 abzuziehen, wenn die Voraussetzungen vorliegen.** ⁴**Ein nicht besteuerter Vorteil im Sinne des Satzes 1 ist bei der Berechnung der Vorsorgepauschale (§ 39b Absatz 2 Satz 5 Nummer 3) einzubeziehen.** ⁵**Die Anschaffungskosten sind mit dem gemeinen Wert der Vermögensbeteiligung anzusetzen.**

(2) ¹Die vorläufige Nichtbesteuerung nach Absatz 1 kann im Lohnsteuerabzugsverfahren nur mit Zustimmung des Arbeitnehmers angewendet werden. ²Eine Nachholung der vorläufigen Nichtbesteuerung im Rahmen der Veranlagung zur Einkommensteuer ist ausgeschlossen.

(3) Absatz 1 ist nur anzuwenden, wenn das Unternehmen des Arbeitgebers im Zeitpunkt der Übertragung der Vermögensbeteiligung die in Artikel 2 Absatz 1 des Anhangs der Empfehlung der Kommission vom 6. Mai 2003 betreffend die Definition der Kleinstunternehmen sowie der kleinen und mittleren Unternehmen (ABl. L 124 vom 20.5.2003, S. 36) in der jeweils geltenden Fassung genannten Schwellenwerte nicht überschreitet oder im vorangegangenen Kalenderjahr nicht überschritten hat und seine Gründung nicht mehr als zwölf Jahre zurückliegt.

(4) ¹Der nach Absatz 1 nicht besteuerte Arbeitslohn unterliegt erst dann der Besteuerung nach § 19 und dem Lohnsteuerabzug als sonstiger Bezug, wenn

1. die Vermögensbeteiligung ganz oder teilweise entgeltlich oder unentgeltlich übertragen wird, insbesondere auch in den Fällen des § 17 Absatz 4 und des § 20 Absatz 2 Satz 2 oder bei Einlagen in ein Betriebsvermögen,
2. seit der Übertragung der Vermögensbeteiligung zwölf Jahre vergangen sind oder
3. das Dienstverhältnis zu dem bisherigen Arbeitgeber beendet wird.

²Übernimmt der Arbeitgeber in diesem Fall die Lohnsteuer, ist der übernommene Abzugsbetrag nicht Teil des zu besteuernden Arbeitslohns.

²In den Fällen des Satzes 1 sind für die zu besteuernden Arbeitslöhne § 34 Absatz 1 und § 39b Absatz 3 Satz 9 und 10 entsprechend anzuwenden, wenn seit der Übertragung der Vermögensbeteiligung mindestens drei Jahre vergangen sind. ³Die nach Satz 1 zu besteuernden Arbeitslöhne sind bei der Berechnung der Vorsorgepauschale (§ 39b Absatz 2 Satz 5 Nummer 3) nicht einzubeziehen. ⁴Ist in den Fällen des Satzes 1 der gemeine Wert der Vermögensbeteiligung abzüglich geleisteter Zuzahlungen des Arbeitnehmers bei der verbilligten Übertragung niedriger als der nach Absatz 1 nicht besteuerte Arbeitslohn, so unterliegt nur der gemeine Wert der Vermögensbeteiligung abzüglich geleisteter Zuzahlungen der Besteuerung. ⁵In den Fällen des Satzes 4 gilt neben den geleisteten Zuzahlungen nur der tatsächlich besteuerte Arbeitslohn als Anschaffungskosten im Sinne der §§ 17 und 20. ⁶Die Sätze 4 und 5 sind nicht anzuwenden, soweit die Wertminderung nicht betrieblich veranlasst ist oder diese auf einer gesellschaftsrechtlichen Maßnahme, insbesondere einer Ausschüttung oder Einlagerückgewähr, beruht.

(5) Das Betriebsstättenfinanzamt hat nach der Übertragung einer Vermögensbeteiligung im Rahmen einer Anrufungsauskunft (§ 42e) den vom Arbeitgeber nicht besteuerten Vorteil im Sinne des Absatzes 1 zu bestätigen.

(6) ¹Der nach Absatz 1 nicht besteuerte gemeine Wert der Vermögensbeteiligung und die übrigen Angaben des nach den vorstehenden Absätzen durchgeführten Besteuerungsverfahrens sind vom Arbeitgeber im Lohnkonto aufzuzeichnen. ²Die Aufbewahrungsfrist nach § 41 Absatz 1 Satz 9 endet insoweit nicht vor Ablauf von sechs Jahren nach der Besteuerung im Sinne des Absatzes 4 Satz 1.

Verwaltungsanweisungen: BMF BStBl I 21, 2308.

Übersicht

	Rz
1. Überblick	1
2. Besteuerungsaufschub, § 19a I	3–7
a) Begünstigte Arbeitnehmer	3
b) Übertragung einer begünstigten Vermögensbeteiligung	4
c) Freibetrag und Vorsorgepauschale, § 19a I 3, 4	5
d) Bewertung, § 19a I 5	6
e) Rechtsfolgen	7
3. Zustimmung des Arbeitnehmers beim Lohnsteuerabzug, § 19a II	9
4. Anforderungen an das Arbeitgeberunternehmen, § 19a III	11
5. Nachholung der Besteuerung	13–17
a) Allgemeines, § 19a IV 1–3	13
b) Übertragung der Beteiligung, § 19a IV 1 Nr 1	14
c) Besteuerung durch Zeitablauf, § 19a IV 1 Nr 2	15
d) Beendigung des Dienstverhältnisses, § 19a IV 1 Nr 3	16
e) Wertminderungen, § 19a IV 4–6	17
6. Anrufungsauskunft, § 19a V	19
7. Aufzeichnung im Lohnkonto, § 19a VI	21

1. Überblick. § 19a aF wurde für VZ ab 2009 aufgehoben. Zur Rechtsentwicklung des § 19a aF bis 2008 s *Schmidt* 27. Aufl § 19a Rz 1 und zuletzt *Schmidt* 40. Aufl § 19 Rz 1. **Seit 1.1.09** erfolgte die Förderung der Vermögensbeteiligung von ArbN nur durch **§ 3 Nr 39** (s § 3 Rz 132). Mit dem FoStoG (BGBl I 21, 1498) wurde § 19a zum 1.7.21 **wieder neu eingeführt.** Hierdurch will der Gesetzgeber die Mitarbeiterbeteiligung bei sog Startup-Unternehmen, Kleinstunternehmen sowie kleinen und mittleren Unternehmen fördern (BT-Drs 19/27631, 109). Zur Vermeidung eines sog „dry income" soll es nicht bereits im Zeitpunkt der Übertragung der Beteiligung zur Versteuerung von ArbLohn kommen. Diese erfolgt erst idR nach der Veräußerung der Beteiligung, spätestens nach 12 Jahren oder bei einem ArbG-Wechsel. IÜ gelten die allg Grundsätze. Mit Übertragung der Beteiligung geht diese in das PV des ArbN über. Die Besteuerung von Ausschüttungen, Zinsen usw sowie von Veräußerungsgewinnen und -verlusten richtet sich dann nach § 20 bzw bei wesentl Beteiligungen nach § 17. Angesichts der engen Fördervoraussetzungen darf bezweifelt werden, ob § 19a große praktische Bedeutung erlangen wird (s dazu auch *Kuntz/Engelhardt* ZGR 21, 348, 354 ff). 1

2. Besteuerungsaufschub, § 19a I 1. – a) Begünstigte Arbeitnehmer. § 19a gilt für alle beschr und unbeschr stpfl ArbN (s § 19 Rz 21 ff). Diese müssen in einem gegenwärtigen ArbVerh (s § 19 Rz 11) stehen, da die Beteiligung dem ArbN von „seinem" ArbG übertragen werden muss. Dies kann auch iRd Abwicklung eines ArbVerh für eine tatsächlich erbrachte Arbeitsleistung geschehen. Unschädl ist ferner, wenn das ArbVerh zB wegen Mutterschutz, Elternzeit, Abordnung ins Ausl oder in der Freistellungsphase der Altersteilzeit ledigl ruht (*BMF* BStBl I 21, 2308 Rz 2). Der Bezug von Versorgungsbezügen aus einem ehemaligen ArbVerh reicht indessen nicht aus. 3

b) Übertragung einer begünstigten Vermögensbeteiligung. Begünstigt sind die in § 19a I 1 abschließend aufgezählten Beteiligungen iSv § 2 I Nr 1 Buchst a, b und f bis l und II–V 5. VermBG (s iEinz *BH/Treiber* § 2 5.VermBG Rz 35 ff; *BMF* BStBl I 17, 1626 Tz 4). Sonstige Vermögensbeteiligungen und Anlageformen werden nicht gefördert. Das gilt auch für sog „virtuelle" Beteiligungen. Begünstigt sind die in § 19a I 1 genannten Beteiligungen nur dann, wenn sie am Unternehmen des lstrechtl ArbG bestehen. Die Begünstigung tritt nach § 19a I 2 allerdings auch ein, wenn die Beteiligung mittelbar über eine PersGes gehalten wird. Die Beteiligung an einer Konzerngesellschaft steht einer Beteiligung am ArbG-Unternehmen hingegen nicht gleich, da § 19a trotz des Verweises auf § 2 II 5.VermBG keine Konzernklausel wie § 3 Nr 39 S 3 enthält (ebenso *BMF* BStBl I 21, 2308 Rz 34; BT-Drs 19/26361, 5; *Fahsel/Bergan* FR 21, 729; *Hamacher/Jeuckens* 4

§ 19a 5–11 Sondervorschrift für Einkünfte aus nichtselbständiger Arbeit

NWB 21, 964; **aA** *BH/Baldauf* § 19a Rz 45; *BeckOK EStG* § 19a Rz 133; *Möllmann/Zantopp* DStR 20, 2817; *Westermann/Thor* FR 21, 198). Die Beteiligung muss dem ArbN ferner von dessen ArbG übertragen werden. Hierzu kann sich der ArbG auch Dritter bedienen, die in seinem Auftrag tätig werden (**aA** *Fahsel/Bergan* FR 21, 729). Übertragung ist der Erwerb wirtschaftl Eigentums. Der Vermögensvorteil muss dem ArbN außerdem zusätzl zum ohnehin geschuldeten ArbLohn (§ 8 IV, s § 8 Rz 80 ff) durch das DienstVerh veranlasst (s § 19 Rz 40 ff) zugewandt werden.

5 **c) Freibetrag und Vorsorgepauschale, § 19a I 3, 4.** Liegen die Voraussetzungen der Steuerbefreiung nach § 3 Nr 39 vor (s § 3 Rz 132), ist der Freibetrag bei der Ermittlung des Vorteils abzuziehen (§ 19a I 3). § 19a betrifft somit nur den über den Freibetrag nach § 3 Nr 39 hinausgehenden Vorteil. –Die gem § 19a I 1 zunächst nicht besteuerten Vorteile unterliegen der SV-Pflicht (§ 1 I 1 Nr 1 Hs 2 SvEV). Nach § 19a I 4 sind sie daher bei der Berechnung der Vorsorgepauschale zu berücksichtigen. Im Zeitpunkt der Besteuerung nach § 19a IV fallen demgü keine SV-Beiträge mehr an; der dann zu besteuernde Vorteil ist dementsprechend nicht (nochmals) in die Vorsorgepauschale einzubeziehen (§ 19a IV 3, s Rz 13).

6 **d) Bewertung, § 19a I 5.** Die AK der Beteiligung sind mit dem gemeinen Wert (§ 9 II BewG; § 11 BewG für Wertpapiere und Anteile an KapGes) anzusetzen (s § 6 Rz 235; BFH VI R 8/16, BStBl II 18, 550; *BMF* BStBl I 21, 2308 Rz 18 ff). Die Bewertung hat zum Zeitpunkt der Übertragung der Vermögensbeteiligung, also beim Zufluss des Vorteils zu erfolgen (BFH VI R 67/14 BStBl II 17, 69, s auch § 19 Rz 100 „Ankaufsrecht" – Zuflusszeitpunkt). Zuzahlungen des ArbN sind vorteilsmindernd zu berücksichtigen. Trotz der scheinbar eindeutigen gesetzl Vorgaben wird gerade die Bewertung der Beteiligung in der Praxis besondere Probleme aufwerfen und zu Streitigkeiten mit der *FinVerw* führen, die sich auch iRe Anrufungsauskunft nach § 19a V (s Rz 19) nicht leicht lösen lassen. So kann bei Startup-Unternehmen das vereinfachte Ertragswertverfahren nach § 11 II 2 BewG iVm §§ 199–203 BewG mangels Finanzhistorie oft nicht angewendet werden. Gleiches gilt für andere übl Bewertungsmethoden (s *Westermann/Thor* FR 21, 198).

7 **e) Rechtsfolgen.** Der geltwerte Vorteil aus der unentgeltl oder verbilligten Übertragung unterliegt im Kj der Übertragung nicht der Besteuerung. Der Vorteil besteht nicht in der übertragenen Beteiligung selbst, sondern in der Verbilligung, dem Preisnachlass (BFH VI R 8/16 BStBl II 18, 550). Die StFreistellung ist nicht endgültig. Der Vorteil unterliegt in den abschließend aufgeführten Fällen des § 19a IV der nachträgl Besteuerung (s § 19a Rz 13 ff).

9 **3. Zustimmung des Arbeitnehmers beim Lohnsteuerabzug, § 19a II.** Der ArbN muss im LStAbzugsverfahren zustimmen, dh spätestens bis zur Übermittlung oder Ausschreibung des LStBescheinigung (§ 41c III 1). Eine Nachholung im Veranlagungsverfahren ist ausdrückl ausgeschlossen (§ 19a II 2). Die Zustimmung ist ggü der ArbG zu erklären. Eine bestimmte Form ist nicht vorgeschrieben, Textform aber empfehlenswert. In den Grenzen des § 41c III 1 kann der ArbN die einmal erteilte Zustimmung auch widerrufen (ebenso *Fahsel/Bergan* FR 21, 729).

11 **4. Anforderungen an das Arbeitgeberunternehmen, § 19a III.** Das Unternehmen des lstrechtl ArbG darf im Zeitpunkt der Übertragung (s Rz 4) der Vermögensbeteiligung oder (alternativ) im vorangegangenen Kj die Schwellenwerte für Kleinstunternehmen bzw für kleine und mittlere Unternehmen (KMU) nicht überschritten haben (§ 19a III 1). Für KMU gelten folgende Werte: weniger als 250 ArbN, Jahresumsatz höchstens 50 Mio €, Jahresbilanzsumme höchstens 43 Mio €. Der Status eines KMU geht erst verloren (oder wird erworben), wenn es in zwei aufeinanderfolgenden Geschäftsjahren zu einer Über- oder Unterschreitung kommt (*BMF* BStBl I 21, 2308 Rz 42). – Die Gründung des Unternehmens darf außerdem nicht mehr als zwölf Jahre vor der Übertragung der Vermögensbeteiligung erfolgt sein (§ 19a III 2). Der Zeitpunkt der Unternehmensgründung richtet sich nach der jeweiligen Rechtsform. Im Hinblick auf den Förderzweck setzt die Gründung ferner die Ingangsetzung des Geschäftsbetriebs voraus (ebenso *BH/Baldauf* § 19a Rz 93; *Fahsel/Bergan* FR 21, 729; *Ostermann* DStR 21, 689). Andernfalls würden sich bei den von Startup-Unternehmen häufig verwendeten Vorrats- oder Mantelgesellschaften erhebl Nachteile bei der Förderung von Mitarbeiterbeteiligungen ergeben.

5. Nachholung der Besteuerung. – a) Allgemeines, § 19a IV 1–3. Die Vorschrift regelt abschließend den Besteuerungszeitpunkt (*BMF* BStBl I 21, 2308 Rz 43). Der ArbG muss bei Vorliegen eines der in § 19a IV 1 Nr 1–3 genannten Fälle den LStAbzug vornehmen. Der ArbLohn ist aber nicht bei der Vorsorgepauschale zu berücksichtigen (§ 19a IV 2, s Rz 5). Sind seit der Übertragung der Vermögensbeteiligung mindestens drei Jahre vergangen, ist der als sonstiger Bezug zu erfassende ArbLohn nach der sog Fünftelregelung ermäßigt zu besteuern (§ 19a IV 2). Auf die weiteren Voraussetzungen der Fünftelregelung in § 34 I und § 39b III 9 und 10 kommt es insoweit nicht an (*BMF* BStBl I 21, 2308 Rz 43). Aus dem abschließenden Charakter der Regelung des § 19a IV folgt, dass sonstige Umstände (zB Beendigung der unbeschr StPfl, fiktive Veräußerung iRd Wegzugbesteuerung) allein nicht zur Nachholung der Besteuerung führen. 13

b) Übertragung der Beteiligung, § 19a IV 1 Nr 1. Die Besteuerung tritt ein, wenn die Vermögensbeteiligung ganz oder teilweise entgeltlich oder unentgeltlich übertragen wird, der StPfl also das wirtschaftl Eigentum an der Beteiligung überträgt. Die Vorschrift nennt hierzu Beispiele. Die Aufzählung ist nicht abschließend (*BeckOK EStG* § 19a Rz 232). Auch die Einlage in ein BV (s § 4 Rz 220 ff) löst die Besteuerung aus. Gleiches gilt bei einer Verschmelzung oder Umwandlung, wenn sich diese ertragsteuerrechtl als Veräußerung darstellt, zB § 13 UmwStG (*Fahsel/Bergan* FR 21, 729). Abzustellen ist dabei auf die einzelne Vermögensbeteiligung (zB Aktie, GmbH-Anteil). Anders als es der Gesetzeswortlaut nahelegen könnte, führt die teilweise Übertragung der Beteiligung nur insoweit zur Nachholung der Besteuerung, als die Beteiligung übertragen wurde (*BMF* BStBl I 21, 2308 Rz 45, 46). Nur insoweit unterliegt der nach § 19a I zunächst nicht versteuerte ArbLohn dann der Besteuerung. Ob dem StPfl aus der Übertragung liquide Mittel zufließen, ist für die Nachholung der Besteuerung unerhebl (*Westermann/Thor* FR 21, 198). Die Übertragung der Beteiligung kann neben der Besteuerung nach § 19a IV auch eine Besteuerung nach § 17 oder § 20 auslösen. 14

c) Besteuerung durch Zeitablauf, § 19a IV 1 Nr 2. Der Besteuerungsaufschub endet, wenn seit der Übertragung der Vermögensbeteiligung auf den ArbN zwölf Jahre vergangen sind. An weitere Voraussetzungen ist die Nachholung der Besteuerung nicht geknüpft. Der LStAbzug ist in dem Voranmeldungszeitraum vorzunehmen, in den der Fristablauf fällt. Auch insoweit ist auf die einzelne Beteiligung abzustellen. 15

d) Beendigung des Dienstverhältnisses, § 19a IV 1 Nr 3. Sie löst ebenfalls die Nachversteuerung aus. Ein Betriebsübergang iSv § 613a BGB reicht hierfür aber nicht (*BMF* BStBl I 21, 2308 Rz 47), da er zu keiner Beendigung des DienstVerh führt (BFH XI R 85/96 BStBl II 97, 666; allg zur Beendigung des DienstVerh BFH IX R 23/09 BStBl II 11, 218). § 19a IV 1 Nr 3 erschwert den ArbG-Wechsel (*Möllmann/Zantopp* DStR 20, 2817). Einen gewissen Ausgleich schafft § 19a IV 1 Nr 3 S 2, der den Vorteil des ArbN aus der Übernahme der LSt (und der Annexsteuern) durch den ArbG stfrei stellt. Aus der Regelung, die nur für die Nachversteuerung gem § 19a IV 1 Nr 3 gilt, ergibt sich aber keine Verpflichtung des ArbG zur Übernahme der LSt (BT-Drs 19/28868, 127; *Fahsel/Bergan* FR 21, 729). 16

17 **e) Wertminderungen, § 19a IV 4–6.** Es soll verhindern, dass der ArbN einen Vorteil versteuern muss, der im Zeitpunkt der Nachholung der Besteuerung nicht mehr vorhanden ist. Die Bewertung der Vermögensbeteiligung nach § 19a I erfolgt zum Übertragungszeitpunkt (s Rz 6). Ist der gemeine Wert der Beteiligung abzügl geleisteter Zuzahlungen bei Nachholung der Besteuerung unter den nach § 19a I nicht besteuerten ArbLohn gesunken (Verlustfall), wird gem § 19a IV 4 nur der niedrigere gemeine Wert abzügl der Zuzahlungen bei der Nachversteuerung angesetzt (*BMF* BStBl I 21, 2308 Rz 51 Beispiele C–F). Die Vorschrift ist systemfremd, da Wertminderungen im PV beim ArbLohn iRd § 19a berücksichtigt werden. Ist bei Nachholung der Besteuerung der gemeine Wert der Beteiligung abzügl geleisteter Zuzahlungen allerdings negativ, soll der Verlust nicht als negativer ArbLohn, sondern ausschließl bei § 17 bzw § 20 berücksichtigt werden (*BMF* BStBl I 21, 2308 Rz 51 Beispiel F; *BeckOK EStG* § 19a Rz 269; *Fahsel/Bergan* FR 21, 729). Dementsprechend ist im Verlustfall nach § 19a IV 5 neben den vom ArbN bei der Übertragung geleisteten Zuzahlungen nur der tatsächl besteuerte ArbLohn als AK iSv § 17 und § 20 anzusetzen (*BMF* BStBl I 21, 2308 Rz 51 Beispiele C und E; *BH/Baldauf* § 19a Rz 180). – § 19a IV 4–5 sind nicht anzuwenden, soweit die Wertminderung nicht betriebl veranlasst ist oder auf einer gesellschaftsrechtl Maßnahme, insbesondere einer (offenen oder verdeckten) Ausschüttung oder Einlagerückgewähr, beruht (§ 19a IV 6). Hierdurch soll Wertminderungen, die bewusst zur Steuerersparnis herbeigeführt wurden, der Boden entzogen werden. Eine nicht betrieblich veranlasste Wertminderung iSv § 19a IV 6 wird idR aus der Sphäre der ArbG herrühren; sie kann aber auch auf einem Verhalten des ArbN beruhen und auch dann vorliegen, wenn der ArbN zu der Wertminderung keinen Beitrag geleistet hat (ebenso *BeckOK EStG* § 19a Rz 272; **aA** *Hefner/Ostermann* DStR 21, 689).

19 **6. Anrufungsauskunft, § 19a V.** ArbG und ArbN können durch Einholung einer Anrufungsauskunft gem § 42e Rechtssicherheit über die Höhe des nach § 19a I nicht besteuerten Vorteils erhalten. Ein solches Vorgehen ist sinnvoll, um zeitnah mögl Streitigkeiten iZm der Vorteilsbewertung zu klären. Denn diese ist iRd bei der ggf erst zwölf Jahre später durchzuführenden Besteuerung mit noch größeren Unsicherheiten und Schwierigkeiten behaftet, als sie bei Startup-Unternehmen ohnehin zu bewältigen sind (s Rz 6). Rechtswirkungen entfaltet die Anrufungsauskunft aber nur im LStAbzugsverfahren (s § 42e Rz 8 ff). Bei der Veranlagung sind weder ArbN noch Wohnsitz-FA an die Auskunft gebunden. Die Auskunft nach § 19a V ist abweichend von § 42e erst nach der Übertragung der Vermögensbeteiligung zulässig. Sie beschränkt sich zudem auf die Bestätigung der Vorteilshöhe durch das Betriebsstätten-FA. Der Antragstellende hat dem FA hierzu einen bestimmten Wert und die Grundlagen der Wertermittlung darzulegen (*BMF* BStBl I 21, 2308 Rz 52; *Fahsel/Bergan* FR 21, 729). Eine eigene Wertermittlung muss das Betriebsstätten-FA gem § 19a V nicht vornehmen. Die Vorschrift schließt einen Rückgriff auf eine Anrufungsauskunft nach allg Grundsätzen gem § 42e aber nicht aus (*BeckOK EStG* § 19a Rz 281).

21 **7. Aufzeichnung im Lohnkonto, § 19a VI.** Wird von der vorläufigen Nichtbesteuerung des Vorteils nach § 19a I Gebrauch gemacht, ist der nicht besteuerte gemeine Wert der Vermögensbeteiligung im Lohnkonto aufzuzeichnen. Gleiches gilt für die übrigen Angaben des nach § 19a I–V durchgeführten Besteuerungsverfahrens. Dies betrifft insbesondere die Art der Vermögensbeteiligung, den Übertragungszeitpunkt, eine etwaige Zuzahlung und die Steuerfreistellung nach § 3 Nr 39. Außerdem verlängert sich die im LSt-Abzugsverfahren maßgebl Aufbewahrungsfrist. Sie endet nicht vor Ablauf von sechs Jahren nach der Besteuerung des Vorteils gem § 19a IV 1 Nr 1–3. Hierdurch soll dem Betriebsstätten-FA ausreichend Zeit verschafft werden, die zutreffende steuerl Behandlung zu prüfen (BT-Drs. 19/27631, 111).

e) Kapitalvermögen (§ 2 Absatz 1 Satz 1 Nummer 5)

§ 20 [Einkünfte aus Kapitalvermögen]

(1) Zu den Einkünften aus Kapitalvermögen gehören
1. Gewinnanteile (Dividenden) und sonstige Bezüge aus Aktien, Genussrechten, mit denen das Recht am Gewinn und Liquidationserlös einer Kapitalgesellschaft verbunden ist, aus Anteilen an Gesellschaften mit beschränkter Haftung, an Genossenschaften sowie an einer optierenden Gesellschaft im Sinne des § 1a des Körperschaftsteuergesetzes. ²Zu den sonstigen Bezügen gehören auch verdeckte Gewinnausschüttungen. ³Die Bezüge gehören nicht zu den Einnahmen, soweit sie aus Ausschüttungen einer Körperschaft stammen, für die Beträge aus dem steuerlichen Einlagekonto im Sinne des § 27 des Körperschaftsteuergesetzes als verwendet gelten. ⁴Als sonstige Bezüge gelten auch Einnahmen, die anstelle der Bezüge im Sinne des Satzes 1 von einem anderen als dem Anteilseigner nach Absatz 5 bezogen werden, wenn die Aktien mit Dividendenberechtigung erworben, aber ohne Dividendenanspruch geliefert werden;
2. Bezüge, die nach der Auflösung einer Körperschaft oder Personenvereinigung im Sinne der Nummer 1 anfallen und die nicht in der Rückzahlung von Nennkapital bestehen; Nummer 1 Satz 3 gilt entsprechend. ²Gleiches gilt für Bezüge, die auf Grund einer Kapitalherabsetzung oder nach der Auflösung einer unbeschränkt steuerpflichtigen Körperschaft oder Personenvereinigung im Sinne der Nummer 1 anfallen und die als Gewinnausschüttung im Sinne des § 28 Absatz 2 Satz 2 und 4 des Körperschaftsteuergesetzes gelten;
3. Investmenterträge nach § 16 des Investmentsteuergesetzes;
3a. Spezial-Investmenterträge nach § 34 des Investmentsteuergesetzes;
4. Einnahmen aus der Beteiligung an einem Handelsgewerbe als stiller Gesellschafter und aus partiarischen Darlehen, es sei denn, dass der Gesellschafter oder Darlehensgeber als Mitunternehmer anzusehen ist. ²Auf Anteile des stillen Gesellschafters am Verlust des Betriebes sind § 15 Absatz 4 Satz 6 bis 8 und § 15a sinngemäß anzuwenden;
5. Zinsen aus Hypotheken und Grundschulden und Renten aus Rentenschulden. ²Bei Tilgungshypotheken und Tilgungsgrundschulden ist nur der Teil der Zahlungen anzusetzen, der als Zins auf den jeweiligen Kapitalrest entfällt;
6. der Unterschiedsbetrag zwischen der Versicherungsleistung und der Summe der auf sie entrichteten Beiträge (Erträge) im Erlebensfall oder bei Rückkauf des Vertrags bei Rentenversicherungen mit Kapitalwahlrecht, soweit nicht die lebenslange Rentenzahlung gewählt und erbracht wird, und bei Kapitalversicherungen mit Sparanteil, wenn der Vertrag nach dem 31. Dezember 2004 abgeschlossen worden ist. ²Wird die Versicherungsleistung nach Vollendung des 60. Lebensjahres des Steuerpflichtigen und nach Ablauf von zwölf Jahren seit dem Vertragsabschluss ausgezahlt, ist die Hälfte des Unterschiedsbetrags anzusetzen. ³Bei entgeltlichem Erwerb des Anspruchs auf die Versicherungsleistung treten die Anschaffungskosten an die Stelle der vor dem Erwerb entrichteten Beiträge. ⁴Die Sätze 1 bis 3 sind auf Erträge aus fondsgebundenen Lebensversicherungen, auf Erträge im Erlebensfall bei Rentenversicherungen ohne Kapitalwahlrecht, soweit keine lebenslange Rentenzahlung vereinbart und erbracht wird, und auf Erträge bei Rückkauf des Vertrages bei Rentenversicherungen ohne Kapitalwahlrecht entsprechend anzuwenden. ⁵Ist in einem Versicherungsvertrag eine gesonderte Verwaltung von speziell für diesen Vertrag zusammen-

gestellten Kapitalanlagen vereinbart, die nicht auf öffentlich vertriebene Investmentfondsanteile oder Anlagen, die die Entwicklung eines veröffentlichten Indexes abbilden, beschränkt ist, und kann der wirtschaftlich Berechtigte unmittelbar oder mittelbar über die Veräußerung der Vermögensgegenstände und die Wiederanlage der Erlöse bestimmen (vermögensverwaltender Versicherungsvertrag), sind die dem Versicherungsunternehmen zufließenden Erträge dem wirtschaftlich Berechtigten aus dem Versicherungsvertrag zuzurechnen; Sätze 1 bis 4 sind nicht anzuwenden. [6] Satz 2 ist nicht anzuwenden, wenn

    a) in einem Kapitallebensversicherungsvertrag mit vereinbarter laufender Beitragszahlung in mindestens gleichbleibender Höhe bis zum Zeitpunkt des Erlebensfalls die vereinbarte Leistung bei Eintritt des versicherten Risikos weniger als 50 Prozent der Summe der für die gesamte Vertragsdauer zu zahlenden Beiträge beträgt und

    b) bei einem Kapitallebensversicherungsvertrag die vereinbarte Leistung bei Eintritt des versicherten Risikos das Deckungskapital oder den Zeitwert der Versicherung spätestens fünf Jahre nach Vertragsabschluss nicht um mindestens 10 Prozent des Deckungskapitals, des Zeitwerts oder der Summe der gezahlten Beiträge übersteigt. [2] Dieser Prozentsatz darf bis zum Ende der Vertragslaufzeit in jährlich gleichen Schritten auf Null sinken.

[7] Hat der Steuerpflichtige Ansprüche aus einem von einer anderen Person abgeschlossenen Vertrag entgeltlich erworben, gehört zu den Einkünften aus Kapitalvermögen auch der Unterschiedsbetrag zwischen der Versicherungsleistung bei Eintritt des versicherten Risikos und den Aufwendungen für den Erwerb und Erhalt des Versicherungsanspruches; insoweit findet Satz 2 keine Anwendung. [8] Satz 7 gilt nicht, wenn die versicherte Person den Versicherungsanspruch von einem Dritten erwirbt oder aus anderen Rechtsverhältnissen entstandene Abfindungs- und Ausgleichsansprüche arbeitsrechtlicher, erbrechtlicher oder familienrechtlicher Art durch Übertragung von Ansprüchen aus Versicherungsverträgen erfüllt werden. [9] Bei fondsgebundenen Lebensversicherungen sind 15 Prozent des Unterschiedsbetrages steuerfrei oder dürfen nicht bei der Ermittlung der Einkünfte abgezogen werden, soweit der Unterschiedsbetrag aus Investmenterträgen stammt;

7. Erträge aus sonstigen Kapitalforderungen jeder Art, wenn die Rückzahlung des Kapitalvermögens oder ein Entgelt für die Überlassung des Kapitalvermögens zur Nutzung zugesagt oder geleistet worden ist, auch wenn die Höhe der Rückzahlung oder des Entgelts von einem ungewissen Ereignis abhängt. [2] Dies gilt unabhängig von der Bezeichnung und der zivilrechtlichen Ausgestaltung der Kapitalanlage. [3] Erstattungszinsen im Sinne des § 233a der Abgabenordnung sind Erträge im Sinne des Satzes 1;

8. Diskontbeträge von Wechseln und Anweisungen einschließlich der Schatzwechsel;

9. Einnahmen aus Leistungen einer nicht von der Körperschaftsteuer befreiten Körperschaft, Personenvereinigung oder Vermögensmasse im Sinne des § 1 Absatz 1 Nummer 3 bis 5 des Körperschaftsteuergesetzes, die Gewinnausschüttungen im Sinne der Nummer 1 wirtschaftlich vergleichbar sind, soweit sie nicht bereits zu den Einnahmen im Sinne der Nummer 1 gehören; Nummer 1 Satz 2, 3 und Nummer 2 gelten entsprechend. [2] Satz 1 ist auf Leistungen von vergleichbaren Körperschaften, Personenvereinigungen oder Vermögensmassen, die weder Sitz noch Geschäftsleitung im Inland haben, entsprechend anzuwenden;

10. a) Leistungen eines nicht von der Körperschaftsteuer befreiten Betriebs gewerblicher Art im Sinne des § 4 des Körperschaftsteuergesetzes mit

Kapitalvermögen § 20

eigener Rechtspersönlichkeit, die zu mit Gewinnausschüttungen im Sinne der Nummer 1 Satz 1 wirtschaftlich vergleichbaren Einnahmen führen; Nummer 1 Satz 2, 3 und Nummer 2 gelten entsprechend;
b) der nicht den Rücklagen zugeführte Gewinn und verdeckte Gewinnausschüttungen eines nicht von der Körperschaftsteuer befreiten Betriebs gewerblicher Art im Sinne des § 4 des Körperschaftsteuergesetzes ohne eigene Rechtspersönlichkeit, der den Gewinn durch Betriebsvermögensvergleich ermittelt oder Umsätze einschließlich der steuerfreien Umsätze, ausgenommen die Umsätze nach § 4 Nummer 8 bis 10 des Umsatzsteuergesetzes, von mehr als 350 000 Euro im Kalenderjahr oder einen Gewinn von mehr als 30 000 Euro im Wirtschaftsjahr hat, sowie der Gewinn im Sinne des § 22 Absatz 4 des Umwandlungssteuergesetzes. ²Die Auflösung der Rücklagen zu Zwecken außerhalb des Betriebs gewerblicher Art führt zu einem Gewinn im Sinne des Satzes 1; in Fällen der Einbringung nach dem Sechsten und des Formwechsels nach dem Achten Teil des Umwandlungssteuergesetzes gelten die Rücklagen als aufgelöst. ³Bei dem Geschäft der Veranstaltung von Werbesendungen der inländischen öffentlich-rechtlichen Rundfunkanstalten gelten drei Viertel des Einkommens im Sinne des § 8 Absatz 1 Satz 3 des Körperschaftsteuergesetzes als Gewinn im Sinne des Satzes 1. ⁴Die Sätze 1 und 2 sind bei wirtschaftlichen Geschäftsbetrieben der von der Körperschaftsteuer befreiten Körperschaften, Personenvereinigungen oder Vermögensmassen entsprechend anzuwenden. ⁵Nummer 1 Satz 3 gilt entsprechend. ⁶Satz 1 in der am 12. Dezember 2006 geltenden Fassung ist für Anteile, die einbringungsgeboren im Sinne des § 21 des Umwandlungssteuergesetzes in der am 12. Dezember 2006 geltenden Fassung sind, weiter anzuwenden;
11. Stillhalterprämien, die für die Einräumung von Optionen vereinnahmt werden; schließt der Stillhalter ein Glattstellungsgeschäft ab, mindern sich die Einnahmen aus den Stillhalterprämien um die im Glattstellungsgeschäft gezahlten Prämien.

(2) ¹Zu den Einkünften aus Kapitalvermögen gehören auch
1. der Gewinn aus der Veräußerung von Anteilen an einer Körperschaft im Sinne des Absatzes 1 Nummer 1. ²Anteile an einer Körperschaft sind auch Genussrechte im Sinne des Absatzes 1 Nummer 1, den Anteilen im Sinne des Absatzes 1 Nummer 1 ähnliche Beteiligungen und Anwartschaften auf Anteile im Sinne des Absatzes 1 Nummer 1;
2. der Gewinn aus der Veräußerung
   a) von Dividendenscheinen und sonstigen Ansprüchen durch den Inhaber des Stammrechts, wenn die dazugehörigen Aktien oder sonstigen Anteile nicht mitveräußert werden. ²Soweit eine Besteuerung nach Satz 1 erfolgt ist, tritt diese insoweit an die Stelle der Besteuerung nach Absatz 1;
   b) von Zinsscheinen und Zinsforderungen durch den Inhaber oder ehemaligen Inhaber der Schuldverschreibung, wenn die dazugehörigen Schuldverschreibungen nicht mitveräußert werden. ²Entsprechendes gilt für die Einlösung von Zinsscheinen und Zinsforderungen durch den ehemaligen Inhaber der Schuldverschreibung.

²Satz 1 gilt sinngemäß für die Einnahmen aus der Abtretung von Dividenden- oder Zinsansprüchen oder sonstigen Ansprüchen im Sinne des Satzes 1, wenn die dazugehörigen Anteilsrechte oder Schuldverschreibungen nicht in einzelnen Wertpapieren verbrieft sind. ³Satz 2 gilt auch bei der Abtretung von Zinsansprüchen aus Schuldbuchforderungen, die in ein öffentliches Schuldbuch eingetragen sind;

Levedag

§ 20

3. der Gewinn
   a) bei Termingeschäften, durch die der Steuerpflichtige einen Differenzausgleich oder einen durch den Wert einer veränderlichen Bezugsgröße bestimmten Geldbetrag oder Vorteil erlangt;
   b) aus der Veräußerung eines als Termingeschäft ausgestalteten Finanzinstruments;
4. der Gewinn aus der Veräußerung von Wirtschaftsgütern, die Erträge im Sinne des Absatzes 1 Nummer 4 erzielen;
5. der Gewinn aus der Übertragung von Rechten im Sinne des Absatzes 1 Nummer 5;
6. der Gewinn aus der Veräußerung von Ansprüchen auf eine Versicherungsleistung im Sinne des Absatzes 1 Nummer 6. ²Das Versicherungsunternehmen hat nach Kenntniserlangung von einer Veräußerung unverzüglich Mitteilung an das für den Steuerpflichtigen zuständige Finanzamt zu machen und auf Verlangen des Steuerpflichtigen eine Bescheinigung über die Höhe der entrichteten Beiträge im Zeitpunkt der Veräußerung zu erteilen;
7. der Gewinn aus der Veräußerung von sonstigen Kapitalforderungen jeder Art im Sinne des Absatzes 1 Nummer 7;
8. der Gewinn aus der Übertragung oder Aufgabe einer die Einnahmen im Sinne des Absatzes 1 Nummer 9 vermittelnden Rechtsposition.

²Als Veräußerung im Sinne des Satzes 1 gilt auch die Einlösung, Rückzahlung, Abtretung oder verdeckte Einlage in eine Kapitalgesellschaft; in den Fällen von Satz 1 Nummer 4 gilt auch die Vereinnahmung eines Auseinandersetzungsguthabens als Veräußerung. ³Die Anschaffung oder Veräußerung einer unmittelbaren oder mittelbaren Beteiligung an einer Personengesellschaft gilt als Anschaffung oder Veräußerung der anteiligen Wirtschaftsgüter. ⁴Wird ein Zinsschein oder eine Zinsforderung vom Stammrecht abgetrennt, gilt dies als Veräußerung der Schuldverschreibung und als Anschaffung der durch die Trennung entstandenen Wirtschaftsgüter. ⁵Eine Trennung gilt als vollzogen, wenn dem Inhaber der Schuldverschreibung die Wertpapierkennnummern für die durch die Trennung entstandenen Wirtschaftsgüter zugehen.

(3) Zu den Einkünften aus Kapitalvermögen gehören auch besondere Entgelte oder Vorteile, die neben den in den Absätzen 1 und 2 bezeichneten Einnahmen oder an deren Stelle gewährt werden.

(3a) ¹Korrekturen im Sinne des § 43a Absatz 3 Satz 7 sind erst zu dem dort genannten Zeitpunkt zu berücksichtigen. ²Weist der Steuerpflichtige durch eine Bescheinigung der auszahlenden Stelle nach, dass sie die Korrektur nicht vorgenommen hat und nicht vornehmen wird, kann der Steuerpflichtige die Korrektur nach § 32d Absatz 4 und 6 geltend machen.

(4) ¹Gewinn im Sinne des Absatzes 2 ist der Unterschied zwischen den Einnahmen aus der Veräußerung nach Abzug der Aufwendungen, die im unmittelbaren sachlichen Zusammenhang mit dem Veräußerungsgeschäft stehen, und den Anschaffungskosten; bei nicht in Euro getätigten Geschäften sind die Einnahmen im Zeitpunkt der Veräußerung und die Anschaffungskosten im Zeitpunkt der Anschaffung in Euro umzurechnen. ²In den Fällen der verdeckten Einlage tritt an die Stelle der Einnahmen aus der Veräußerung der Wirtschaftsgüter ihr gemeiner Wert; der Gewinn ist für das Kalenderjahr der verdeckten Einlage anzusetzen. ³Ist ein Wirtschaftsgut im Sinne des Absatzes 2 in das Privatvermögen durch Entnahme oder Betriebsaufgabe überführt worden, tritt an die Stelle der Anschaffungskosten der nach § 6 Absatz 1 Nummer 4 oder § 16 Absatz 3 angesetzte Wert. ⁴In den Fällen des Absatzes 2 Satz 1 Nummer 6 gelten die entrichteten Beiträge im Sinne des Absatzes 1 Nummer 6 Satz 1 als Anschaffungskosten; ist ein entgeltlicher Erwerb vorausge-

Kapitalvermögen § 20

gangen, gelten auch die nach dem Erwerb entrichteten Beiträge als Anschaffungskosten. ⁵ Gewinn bei einem Termingeschäft ist der Differenzausgleich oder der durch den Wert einer veränderlichen Bezugsgröße bestimmte Geldbetrag oder Vorteil abzüglich der Aufwendungen, die im unmittelbaren sachlichen Zusammenhang mit dem Termingeschäft stehen. ⁶ Bei unentgeltlichem Erwerb sind dem Einzelrechtsnachfolger für Zwecke dieser Vorschrift die Anschaffung, die Überführung des Wirtschaftsguts in das Privatvermögen, der Erwerb eines Rechts im Termingeschäften oder die Beiträge im Sinne des Absatzes 1 Nummer 6 Satz 1 durch den Rechtsvorgänger zuzurechnen. ⁷ Bei vertretbaren Wertpapieren, die einem Verwahrer zur Sammelverwahrung im Sinne des § 5 des Depotgesetzes in der Fassung der Bekanntmachung vom 11. Januar 1995 (BGBl. I S. 34), das zuletzt durch Artikel 4 des Gesetzes vom 5. April 2004 (BGBl. I S. 502) geändert worden ist, in der jeweils geltenden Fassung anvertraut worden sind, ist zu unterstellen, dass die zuerst angeschafften Wertpapiere zuerst veräußert wurden. ⁸ Ist ein Zinsschein oder eine Zinsforderung vom Stammrecht abgetrennt worden, gilt als Veräußerungserlös der Schuldverschreibung deren gemeiner Wert zum Zeitpunkt der Trennung. ⁹ Für die Ermittlung der Anschaffungskosten ist der Wert nach Satz 8 entsprechend dem gemeinen Wert der neuen Wirtschaftsgüter aufzuteilen.

(4a) ¹ Werden Anteile an einer Körperschaft, Vermögensmasse oder Personenvereinigung gegen Anteile an einer anderen Körperschaft, Vermögensmasse oder Personenvereinigung getauscht und wird der Tausch auf Grund gesellschaftsrechtlicher Maßnahmen vollzogen, die von den beteiligten Unternehmen ausgehen, treten abweichend von Absatz 2 Satz 1 und den §§ 13 und 21 des Umwandlungssteuergesetzes die übernommenen Anteile steuerlich an die Stelle der bisherigen Anteile, wenn das Recht der Bundesrepublik Deutschland hinsichtlich der Besteuerung des Gewinns aus der Veräußerung der erhaltenen Anteile nicht ausgeschlossen oder beschränkt ist oder die Mitgliedstaaten der Europäischen Union bei einer Verschmelzung Artikel 8 der Richtlinie 2009/133/EG des Rates vom 19. Oktober 2009 über das gemeinsame Steuersystem für Fusionen, Spaltungen, Abspaltungen, die Einbringung von Unternehmensteilen und den Austausch von Anteilen, die Gesellschaften verschiedener Mitgliedstaaten betreffen, sowie für die Verlegung des Sitzes einer Europäischen Gesellschaft oder einer Europäischen Genossenschaft von einem Mitgliedstaat in einen anderen Mitgliedstaat (ABl. L 310 vom 25.11.2009, S. 34) in der jeweils geltenden Fassung anzuwenden haben; in diesem Fall ist der Gewinn aus einer späteren Veräußerung der erworbenen Anteile ungeachtet der Bestimmungen eines Abkommens zur Vermeidung der Doppelbesteuerung in der gleichen Art und Weise zu besteuern, wie die Veräußerung der Anteile an der übertragenden Körperschaft zu besteuern wäre, und § 15 Absatz 1a Satz 2 entsprechend anzuwenden. ² Erhält der Steuerpflichtige in den Fällen des Satzes 1 zusätzlich zu den Anteilen eine Gegenleistung, gilt diese als Ertrag im Sinne des Absatzes 1 Nummer 1. ³ Besitzt bei sonstigen Kapitalforderungen im Sinne des Absatzes 1 Nummer 7 der Inhaber das Recht, bei Fälligkeit anstelle der Zahlung eines Geldbetrags vom Emittenten die Lieferung von Wertpapieren im Sinne des Absatzes 1 Nummer 1 zu verlangen oder besitzt der Emittent das Recht, bei Fälligkeit dem Inhaber anstelle der Zahlung eines Geldbetrags solche Wertpapiere anzudienen und macht der Inhaber der Forderung oder der Emittent von diesem Recht Gebrauch, ist abweichend von Absatz 4 Satz 1 das Entgelt für den Erwerb der Forderung als Veräußerungspreis der Forderung und als Anschaffungskosten der erhaltenen Wertpapiere anzusetzen; Satz 2 gilt entsprechend. ⁴ Werden Bezugsrechte veräußert oder ausgeübt, die nach § 186 des Aktiengesetzes, § 55 des Gesetzes betreffend die Gesellschaften mit beschränkter Haftung oder eines vergleichbaren aus-

§ 20

ländischen Rechts einen Anspruch auf Abschluss eines Zeichnungsvertrags begründen, wird der Teil der Anschaffungskosten der Altanteile, der auf das Bezugsrecht entfällt, bei der Ermittlung des Gewinns nach Absatz 4 Satz 1 mit 0 Euro angesetzt. [5] Werden einem Steuerpflichtigen von einer Körperschaft, Personenvereinigung oder Vermögensmasse, die weder Geschäftsleitung noch Sitz im Inland hat, Anteile zugeteilt, ohne dass der Steuerpflichtige eine Gegenleistung zu erbringen hat, sind sowohl der Ertrag als auch die Anschaffungskosten der erhaltenen Anteile mit 0 Euro anzusetzen, wenn die Voraussetzungen der Sätze 3, 4 und 7 nicht vorliegen; die Anschaffungskosten der die Zuteilung begründenden Anteile bleiben unverändert. [6] Soweit es auf die steuerliche Wirksamkeit einer Kapitalmaßnahme im Sinne der vorstehenden Sätze 1 bis 5 ankommt, ist auf den Zeitpunkt der Einbuchung in das Depot des Steuerpflichtigen abzustellen. [7] Geht Vermögen einer Körperschaft durch Abspaltung auf andere Körperschaften über, gelten abweichend von Satz 5 und § 15 des Umwandlungssteuergesetzes die Sätze 1 und 2 entsprechend.

(5) [1] Einkünfte aus Kapitalvermögen im Sinne des Absatzes 1 Nummer 1 und 2 erzielt der Anteilseigner. [2] Anteilseigner ist derjenige, dem nach § 39 der Abgabenordnung die Anteile an dem Kapitalvermögen im Sinne des Absatzes 1 Nummer 1 im Zeitpunkt des Gewinnverteilungsbeschlusses zuzurechnen sind. [3] Sind einem Nießbraucher oder Pfandgläubiger die Einnahmen im Sinne des Absatzes 1 Nummer 1 oder 2 zuzurechnen, gilt er als Anteilseigner.

(6) [1] Verluste aus Kapitalvermögen dürfen nicht mit Einkünften aus anderen Einkunftsarten ausgeglichen werden; sie dürfen auch nicht nach § 10d abgezogen werden. [2] Die Verluste mindern jedoch die Einkünfte, die der Steuerpflichtige in den folgenden Veranlagungszeiträumen aus Kapitalvermögen erzielt. [3] § 10d Absatz 4 ist sinngemäß anzuwenden. [4] Verluste aus Kapitalvermögen im Sinne des Absatzes 2 Satz 1 Nummer 1 Satz 1, die aus der Veräußerung von Aktien entstehen, dürfen nur mit Gewinnen aus Kapitalvermögen im Sinne des Absatzes 2 Satz 1 Nummer 1 Satz 1, die aus der Veräußerung von Aktien entstehen, ausgeglichen werden; die Sätze 2 und 3 gelten sinngemäß. [5] Verluste aus Kapitalvermögen im Sinne des Absatzes 2 Satz 1 Nummer 3 dürfen nur in Höhe von 20 000 Euro mit Gewinnen im Sinne des Absatzes 2 Satz 1 Nummer 3 und mit Einkünften im Sinne des § 20 Absatz 1 Nummer 11 ausgeglichen werden; die Sätze 2 und 3 gelten sinngemäß mit der Maßgabe, dass nicht verrechnete Verluste je Folgejahr nur bis zur Höhe von 20 000 Euro mit Gewinnen im Sinne des Absatzes 2 Satz 1 Nummer 3 und mit Einkünften im Sinne des § 20 Absatz 1 Nummer 11 verrechnet werden dürfen. [6] Verluste aus Kapitalvermögen aus der ganzen oder teilweisen Uneinbringlichkeit einer Kapitalforderung, aus der Ausbuchung wertloser Wirtschaftsgüter im Sinne des Absatzes 1, aus der Übertragung wertloser Wirtschaftsgüter im Sinne des Absatzes 1 auf einen Dritten oder aus einem sonstigen Ausfall von Wirtschaftsgütern im Sinne des Absatzes 1 dürfen nur in Höhe von 20 000 Euro mit Einkünften aus Kapitalvermögen ausgeglichen werden; die Sätze 2 und 3 gelten sinngemäß mit der Maßgabe, dass nicht verrechnete Verluste je Folgejahr nur bis zur Höhe von 20 000 Euro mit Einkünften aus Kapitalvermögen verrechnet werden dürfen. [7] Verluste aus Kapitalvermögen, die der Kapitalertragsteuer unterliegen, dürfen nur verrechnet werden oder mindern die Einkünfte, die der Steuerpflichtige in den folgenden Veranlagungszeiträumen aus Kapitalvermögen erzielt, wenn eine Bescheinigung im Sinne des § 43a Absatz 3 Satz 4 vorliegt.

(7) [1] § 15b ist sinngemäß anzuwenden. [2] Ein vorgefertigtes Konzept im Sinne des § 15b Absatz 2 Satz 2 liegt auch vor, wenn die positiven Einkünfte nicht der tariflichen Einkommensteuer unterliegen.

Übersicht **§ 20**

(8) ¹Soweit Einkünfte der in den Absätzen 1, 2 und 3 bezeichneten Art zu den Einkünften aus Land- und Forstwirtschaft, aus Gewerbebetrieb, aus selbständiger Arbeit oder aus Vermietung und Verpachtung gehören, sind sie diesen Einkünften zuzurechnen. ²Absatz 4a findet insoweit keine Anwendung.

(9) ¹Bei der Ermittlung der Einkünfte aus Kapitalvermögen ist als Werbungskosten ein Betrag von 801 Euro abzuziehen (Sparer-Pauschbetrag); der Abzug der tatsächlichen Werbungskosten ist ausgeschlossen. ²Ehegatten, die zusammen veranlagt werden, wird ein gemeinsamer Sparer-Pauschbetrag von 1602 Euro gewährt. ³Der gemeinsame Sparer-Pauschbetrag ist bei der Einkunftsermittlung bei jedem Ehegatten je zur Hälfte abzuziehen; sind die Kapitalerträge eines Ehegatten niedriger als 801 Euro, so ist der anteilige Sparer-Pauschbetrag insoweit, als er die Kapitalerträge dieses Ehegatten übersteigt, bei dem anderen Ehegatten abzuziehen. ⁴Der Sparer-Pauschbetrag und der gemeinsame Sparer-Pauschbetrag dürfen nicht höher sein als die nach Maßgabe des Absatzes 6 verrechneten Kapitalerträge.

Einkommensteuer-Richtlinien: EStR 20.1, 20.2; EStH 20.1, 20.2; *Verwaltungsanweisungen: BMF* BStBl I 16, 85 (Anwendungsschreiben AbgeltungSt; mit fortlaufenden Änderungen, *zuletzt* BMF BStBl I 21, 723); *BMF* BStBl I 19, 97 (Betriebe gewerbl Art); *BMF* BStBl I 19, 527 (InvStG; mit Ergänzung BStBl I 21, 156); *BMF* BStBl I 21, 2212 (Option gem § 1a KStG; *BMF* BStBl I 21, 995 (Cum/Cum); *BMF* BStBl I 21, 1002 (Wertpapierleihe).

Übersicht

	Rz
I. Anwendungsbereich und Grundlagen	
1. Überblick	1
2. Persönlicher Geltungsbereich des § 20	2–6
3. Besteuerung der Kapitaleinkünfte im System der Abgeltungsteuer	8–12
4. Einkünfteerzielung; Einkünfteerzielungsabsicht	14–20
5. Besteuerungszeitpunkt	22, 23
II. Laufende Kapitalerträge, § 20 I	
1. Beteiligungsbezüge, § 20 I Nr 1 S 1	28–35
2. Verdeckte Gewinnausschüttungen, § 20 I Nr 1 S 2	37–61
3. Verwendung des Einlagekontos iSd § 27 KStG, § 20 I Nr 1 S 3	65–67
4. Dividendenkompensationszahlungen, § 20 I Nr 1 S 4	70
5. Bezüge bei Auflösung und Kapitalherabsetzung, § 20 I Nr 2	72–74
6. Investmenterträge aus Publikumsfonds, § 20 I Nr 3	77–83
7. Investmenterträge aus Spezialfonds, § 20 I Nr 3a	85, 86
8. Stille Gesellschaft; partiarisches Darlehen, § 20 I Nr 4	90–96
9. Zinsen aus Grundpfandrechten, § 20 I Nr 5	99
10. Erträge aus Lebens- und Rentenversicherungen, § 20 I Nr 6	102–110
11. Erträge aus sonstigen Kapitalforderungen, § 20 I Nr 7	114–120
12. Diskontbeträge von Wechseln uÄ, § 20 I Nr 8	125
13. Vergleichbare Bezüge von Körperschaftsteuersubjekten iSv § 1 I Nr 3–5 KStG, § 20 I Nr 9	129–132
14. Gewinntransfer von Betrieben gewerblicher Art, § 20 I Nr 10	135–138
15. Stillhalterprämien, § 20 I Nr 11	141, 142
III. Substanzgewinne und Substanzverluste, § 20 II	
1. Steuerbarkeit; Überblick	145
2. Realisationstatbestände, § 20 II 1, 2, § 20 VI 6	146–150
3. Erzielen von Kapitalerträgen durch eine vermögensverwaltende Personengesellschaft § 20 II 3	153
4. Gewinne aus der Veräußerung von Anteilen an einer Körperschaft iSd Abs 1 Nr 1, § 20 II 1 Nr 1	156, 157

	Rz
5. Isolierte Veräußerung von Dividenden- und Zinsscheinen, § 20 II 1 Nr 2 Buchst a, b	160–162
6. Gewinn aus Termingeschäften, § 20 II 1 Nr 3	165–169
7. Veräußerung von Wirtschaftsgütern, die Erträge iSd § 20 I Nr 4 erzielen, § 20 II 1 Nr 4	172, 173
8. Gewinn aus der Übertragung von Grundpfandrechten iSd I 1 Nr 5, § 20 II 1 Nr 5	175
9. Gewinn aus Veräußerung von Versicherungsansprüchen iSv I 1 Nr 6, § 20 II 1 Nr 6	177–180
10. Gewinn aus der Veräußerung sonstiger Kapitalforderungen jeder Art iSd § 20 I Nr 7, § 20 II 1 Nr 7	182–184
11. Gewinn aus der Übertragung oder Aufgabe einer Einnahmen iSd § 20 I Nr 9 vermittelnden Rechtsposition, § 20 II 1 Nr 8	187

IV. Besondere Entgelte oder Vorteile, § 20 III ... 190

V. Vorrangige Korrektur nach § 43a III 7, § 20 IIIa
1. Regelungszweck ... 193
2. Überprüfbarkeit eines korrigierten Steuerabzugs in der Veranlagung (S 1) ... 194–198
3. Absehen der auszahlenden Stelle von der Korrektur nach Kenntnisnahme, § 20 IIIa 2 ... 199, 200

VI. Ermittlung eines Gewinns oder Verlusts, § 20 IV
1. Gewinnbegriff, § 20 IV 1 ... 203, 204
2. Einzelregelungen in Abs 4 S 2–9 ... 205

VII. Inländische und ausländische Kapitalmaßnahmen, § 20 IVa
1. Allgemeines ... 209–211
2. Anteilstausch und bestimmte Umwandlungen, § 20 IVa 1 ... 212, 213
3. Barkomponente bei Anteilstausch; Umwandlungen, § 20 IVa 2 ... 215
4. Wandlung in Wertpapiere bei sonstigen Kapitalforderungen, § 20 IVa 3 ... 217
5. Ausübung;Veräußerung von Bezugsrechten, § 20 IVa 4 ... 219–221
6. Zuteilung von Anteilen, § 20 IVa 5 ... 223
7. Abspaltungen und andere Vorgänge, § 20 IVa 7 ... 225, 226

VIII. Zurechnung bei Ausschüttungen, § 20 V
1. Zurechnung von Beteiligungserträgen beim Anteilseigner, § 20 V 1, 2 ... 230–235
2. Zurechnung beim Nießbraucher und Pfandgläubiger, § 20 V 3 ... 236

IX. Verrechnung von Kapitalvermögensverlusten, § 20 VI
1. Verlustverrechnungsverbote inner- und außerhalb der Schedule ... 239, 240
2. Vertikales Verrechnungsverbot, § 20 VI 1 ... 241
3. Verlustkategorien und Verrechnungsmöglichkeiten (§ 20 VI 1–6) in der Schedule ... 242
4. Allgemeine Verluste;Verlustvortrag, § 20 VI 2, 3 ... 243
5. Sinngemäße Anwendung von § 10d IV, § 20 VI 3, 4–6 ... 244
6. Aktienveräußerungsverluste, § 20 VI 4 ... 245
7. Verluste aus Termingeschäften, § 20 VI 5 ... 246
8. Ausfallverluste und Ausbuchungsverluste ua, § 20 VI ... 247, 248
9. Bescheinigungspflicht, § 20 VI 7; Steuerbescheinigung, § 45a ... 249

X. Eingeschränkte Verlustberücksichtigung gem § 15b, § 20 VII
1. Sinngemäße Anwendung der §§ 15b, 20 VII 1 ... 250
2. Ausnutzung der Tarifspreizung, § 20 VII 2 ... 251

Anwendungsbereich und Grundlagen 1–4 § 20

Rz
XI. Subsidiarität, § 20 VIII
1. Vorrangige Zuordnung von Kapitalerträgen zu anderen Einkunftsarten, § 20 VIII 1 .... 253, 254
2. Nichtgeltung des § 20 IVa, § 20 VIII 2 255
3. Rechtsfolgen 256
4. Ausgewählte Einzelfragen 257–259
5. Konkurrenz zu nicht in § 20 VIII 1 genannten Einkünften 260, 261

XII. Sparer-Pauschbetrag, § 20 IX
1. Umsetzung der Bruttobesteuerung 264
2. Gesetzlicher Ausschluss des § 20 IX 265
3. Abzug nur eines Sparer-Pauschbetrags, § 20 IX 1–3 266–268
4. Abzug nur von positiven Kapitalerträgen, § 20 IX 4 269

I. Anwendungsbereich und Grundlagen

1. Überblick. Zu den KapEinkünften (§ 2 I Nr 5) gehören gem § 20 I–III lfd **1** KapErträge (§ 20 I) sowie Gewinne aus Veräußerungen und gleichgestellten Vorgängen (§ 20 II 1, 2). Für KapErträge aus Veräußerungen iSd § 20 II 1, 2 ist der Gewinn/Verlust nach § 20 IV zu ermitteln. § 20 IVa enthält § 20 II, IV ergänzende Regelungen für bestimmte gesellschaftsrechtl Kapitalmaßnahmen. Zu den lfd KapEinkünften (§ 20 I) und Gewinnen iSd § 20 II, IV gehören auch besondere Entgelte/Vorteile iSd § 20 III. § 20 V regelt die Zurechnung von KapitalErträgen aus § 20 I Nr 1, Nr 2. § 20 VI beschränkt die Verlustverrechnung für negative KapErträge mit positiven Einkünften anderer Einkunftsarten und innerhalb der KapEinkünfte. § 20 IX setzt § 2 II 2 um. Von abgeltend besteuerten KapErträgen gibt es keinen WK-Abzug (§ 9) zul, sondern ist nur der Sparer-Pauschbetrag abzugsfähig (Ausnahmen: § 20 I Nr 11 HS 2; Veräußerungskosten gem § 20 IV). § 20 IIIa regelt das Rangverhältnis zw einer Korrektur des abgeltenden KapESt-Abzugs und der Veranlagung der Einkünfte. Gem § 20 VII ist § 15b für KapEinkünfte, die iRe StStundungsmodells erzielt werden, entspr anzuwenden. § 20 VIII regelt die Subsidiarität von KapErträgen § 20 I–III ggü anderen Einkünften. § 56 VI InvStG gewährt einen Freibetrag iHv 100 000 € für die Veräußerung von Altinvestmentanteilen.

2. Persönlicher Geltungsbereich des § 20. – a) Natürliche Personen. § 20 **2** gilt für KapEinkünfte, die von *unbeschr stpfl* natürl Personen mit Beteiligungen/Kapitalanlagen *im PV* erzielt werden. Zur *vermögensverwaltenden PersGes* s § 20 II 3. Für *beschr StPfl* bestimmt sich die StBarkeit inl KapErträge nach § 49 I Nr 5 (§ 49 Rz 96 ff). Zur Subsidiarität von KapErträgen ggü anderen Einkünften gem Abs 8 s Rz 253 ff.

b) Körperschaften. – aa) Inländische Körperschaftsteuersubjekte iSd § 1 I **3** **Nr 1–3, Nr 6; §1a KStG.** Diese *unbeschr stpfl KSt-Subjekte* (inl Sitz oder Geschäftsleitung)/Betriebe gewerbl Art erzielen gem § 8 II KStG ausschließl Einkünfte iSd § 15 II (s zu Abs 8 R 253). Hierzu gehören auch OptionsGes (§ 1a KStG idF KöMoG, BGBl I 21, 2050; *BMF* BStBl I 21, 2212 Rz 50 ff).

bb) Inländische Körperschaftsteuersubjekte iSd § 1 I Nr 4, 5 KStG. – **4** *(1)* **Nicht gem § 5 KStG steuerbefreite Körperschaftsteuersubjekte. –** *(aa)* **Steuerpflicht der Kapitalerträge.** Diese unbeschr stpfl KSt-Subjekte können KapEinkünfte gem § 20 I–III erzielen (zB inl Stiftungen, s R 8.2 KStR). Die KapErträge gehen in das KSt-Einkommen ein (Nichtgeltung des § 2 Vb, § 8 X 1 KStG), auf das der allg KSt-Tarif (23 I KStG) angewendet wird. Der StAbzug hat keine Abgeltungswirkung (*Ausnahmen:* § 32 I Nr 2 KStG für beschr stpfl KSt-Subjekte; 32 III KStG bei der Wertpapierleihe uä).– *(bb)* **§ 8 X 2, Alt 1 KStG.** Das Verlustverrechnungsverbot (§ 20 VI) und das WK-Abzugsverbot (§ 20 IX) sind iRd kstl Einkommensermittlung zwar grds anzuwenden (§ 8 I 1 KStG). Sind aber für KapErträge iSd § 20 I Nr 4, Nr 7 und § 20 II Nr 4, Nr 7die Voraussetzungen

Levedag 1587

des § 32d II Nr 1 Buchst a–c erfüllt (§ 32d Rz 6 ff), sind §§ 20 VI, IX nicht anzuwenden (Rückausnahme, s § 8 X 2, HS 2), dh iRd kstl Einkommensermittlung volle Verrechenbarkeit mit den anderen kstpfl Einkünften und voller WK-Abzug. – *(cc)* **Beteiligungserträge; Beteiligungsaufwendungen, § 8 X 2, Alt 2**. Wird vom empfangenden KSt-Subjekt für Beteiligungserträge (§ 20 I Nr 1, Nr 2, Nr 9, s § 32d Rz 17) der *Antrag gem § 32d II Nr 3 gestellt* (nur bei unmittelbarer Beteiligung iHv mindestens 25 % denkbar; zur Antragstellung s § 32d Rz 19), sind bei der kstl Einkommensermittlung (s § 8 X 2 HS 2 KStG) § 20 VI und § 20 IX nicht zu beachten. Die Beteiligungsbezüge sind dann außer Ansatz zu lassen (§ 8b I KStG), § 8b V KStG fingiert iHv 5 % des Bezugs nicht abzugsfähige WK. Die tatsächl Beteiligungsaufwendungen (WK) sind abzugsfähig; negative Beteiligungseinkünfte aufgrund eines WK-Überschusses sind mit den anderen kstpfl Einkünften verrechenbar. Kann der *Antrag gem § 32d II Nr 3 nicht gestellt werden* (zB Streubesitz, § 8b IV KStG), schließt § 20 IX (Nichtgeltung de § 8b V KStG, s § 8b IV 7 KStG) für die Beteiligungsaufwendungen den WK-Abzug aus (s iÜ zu § 8b V KStG FG Ddorf EFG 18, 1474, Rev I R 19/18). – *(dd)* **Veräußerungsverluste**. Wird eine Beteiligung < 1 % (Streubesitz) mit Verlust veräußert (§ 20 II Nr 1, IV), schließt § 8b III 3 KStG den Abzug des Verlusts iRd Einkommensermittlung grds aus und verdrängt die Verrechnungsverbote aus § 20 VI 2, 4, 6 iVm § 8 I 1 KStG . – *(2)* **Nach § 5 KStG steuerbefreite Körperschaftsteuersubjekte** iSd § 1 I Nr 4, Nr 5 KStG (insb gemeinnützige iSd § 1 I Nr 9 I KStG) erzielen außerhalb eines wirtschaftl Geschäftsbetriebs KapErträge iSd § 20. Diese sind, soweit sie dem StAbzug (§ 43 I) unterliegen, partiell stpfl und werden abgeltend besteuert (§§ 5 II Nr 1, 32 II Nr 1 KStG). S §§ 44a IV Nr 1, VII Nr 1, VIII; X und § 44b zur teilw und vollständigen Abstandnahme/Erstattung vom StAbzug.

5   **cc) Beschränkt steuerpflichtige Körperschaftsteuersubjekte iSd § 1 I Nr 1–6 KStG** ohne inl Sitz und Geschäftsleitung (§ 2 Nr 2 KStG) können gem § 49 I Nr 5 iVm § 20 stpfl inl KapEinkünfte erzielen, da § 8 II KStG für sie nicht gilt. Der KapEStAbzug ist abgeltend (§ 32 I Nr 2 KStG iVm § 50 V 1); zu Beteiligungserträgen s § 43b Rz 1, 3.

6   **c) Investmentfonds.** KapErträge iSd § 20 auf der Fondseingangsseite können gem § 6 III–V InvStG stpfl sein und auf der Fondsebene einer Vorbelastung mit KSt/SolZ unterliegen (Rz 79). Fehlt diese Vorbelastung, können sie bis zur Ausschüttung unbelastet thesauriert werden (sog Fondsprivileg); thesaurierte Erträge sind beim Anleger mit der Vorabpauschale (§ 18 InvStG) belastet. S zum KapESt-Abzug ggü Fonds § 43 Rz 36; zu ausl Fonds § 43b Rz 3.

8   **3. Besteuerung der Kapitaleinkünfte im System der Abgeltungsteuer. – a) Abgeltende Besteuerung; Schedulenbesteuerung. –** § 2 Vb nimmt *KapErträge* iSd § 20 I–III gem „§ 32d I *und* § 43 V", die unter die Abgeltungswirkung des KapESt-Abzugs fallen (s iEinz § 43 Rz 30 ff), materiell aus den Größen gem § 2 II–V, aus dem zu versteuernden Einkommen und aus der tarifl Besteuerung (§ 32a) heraus (s auch § 2 Rz 64). Für abgeltend besteuerte KapErträge gilt der gesonderte Tarif des § 32d I mit einer besonderen Brutto-Einkünfteermittlung (s § 2 II 2 iVm § 20 IX: kein WK-Abzug, nur Abzug des Sparerpauschbetrags; § 20 VI: Verlustverrechnungsverbote); die KapErträge müssen gem § 25 I HS 2 auch nicht in der Anlage KAP erklärt werden. Diese schedulare Endbesteuerung der KapErträge im Wege des inl KapESt-Abzugs ohne Veranlagung des StPfl stellt konzeptionell die Grundform der Besteuerung dar. Nach § 43a III sind iRd StAbzugs bereits die § 20 VI (aber ohne § 20 VI 5, 6!), § 20 IX, die KiSt und die Anrechnung ausl Steuern zu berücksichtigen; zudem kommt außerhalb der Veranlagung die Abstandnahme (§ 44a) und Erstattung der KapESt (§ 44b) in Betracht. Zur Korrektur des abgeltenden StAbzugs s § 43a III 7 (§ 43 Rz 9 f) und § 20 IIIa (§ 20 Rz 193). Soweit der KapESt-Einbehalt in § 43 *nicht oder nicht vollständig* stattfindet, sind die

Anwendungsbereich und Grundlagen   9–16 § 20

KapErträge gem § 32d III 1 zu erklären und zum gesonderten Tarif gem § 32d I zu veranlagen (§ 32d Rz 23).

b) Gesetzlicher Ausschluss von Kapitaleinkünften aus der Schedule; An- 9
tragsveranlagung von Kapitaleinkünften. – aa) Veranlagung zum Regelsteuersatz. KapEinkünfte des PV, die gem § 32d II Nr 1–4 kraft Gesetzes oder auf Antrag aus dem gesonderten Tarif (§ 32d I) ausgeschlossen sind, sind gem § 25 I HS 2 zu erklären, zu ermitteln (s § 32d II 2: Nichtgeltung der § 20 VI, IX) und als tarifl Einkünfte (§ 32a) zu veranlagen. Der KapESt-Abzug ist nicht abgeltend (§ 43 V 2); die KapESt ist anzurechnen (§ 36 II Nr 2 iVm § 45a). Gleiches (keine Abgeltungswirkung des KapESt-Abzugs gem § 43 IV, V 2 und Anrechnung § 36 II Nr 2) gilt für KapErträge, die nach § 20 VIII zu anderen Einkunftsarten gehören.

bb) Antragsveranlagung von Kapitaleinkünften. Die Veranlagung abgeltend 10
besteuerter KapErträge zum gesonderten Tarif gem § 32d I kann gem § 32d IV (Überprüfung des StEinbehalts) und zum Tarif gem § 32a nach § 32d VI (Günstigerprüfung) beantragt werden. S iEinz bei § 32d.

c) Zuschlagsteuern; Verschiedenes. Zur Erhebung von SolZ und KiSt iRd 11
KapESt-Abzugs s § 43 Rz 2, § 43a Rz 1 und iRe Veranlagung gem § 32d III, IV s § 32d Rz 2–4. Der Ausschluss abgeltend besteuerter *inl KapEinkünfte* aus dem zu versteuernden Einkommen (§ 2 Vb) gilt innerhalb iRd Wesentlichkeitsgrenzen des § 1 III 1, 3 (BFH I R 18/14 BStBl II 16, 201; § 1 Rz 55). Für Zwecke außersteuerl Normen sind abgeltend besteuerte KapErträge zu berücksichtigen (§ 2 Va). Zu § 147a I 1 AO s BFH VIII B 67/17 DStR 18, 522.

d) Grenzüberschreitende Kapitalerträge. Ausl KapErträge eines inl StPfl 12
sind bei fehlendem abgeltenden KapESt-Abzug gem § 32d III 1 zu erklären (Anlage AUS) und gem § 32d III 2 zum gesonderten Tarif (§ 32d I) zu veranlagen. Die ausl QuellenSt wird dann nach § 32d V angerechnet; ansonsten Besteuerung und Anrechnung iRd StAbzugs (§ 43a III 1). Zur abgeltenden Besteuerung inl KapErträge beschr StPfl s § 50 II (§ 50 II 1, § 50 Rz 26, s aber § 50 II 2 Nr 6).

4. Einkünfteerzielung; Einkünfteerzielungsabsicht. – a) Einkünfteerzie- 14
lungstatbestand. – aa) Kapitalerträge. *Lfd KapErträge* iSd § 2 I „erzielt" derjenige, der KapVerm gegen Entgelt zur Nutzung überlässt. KapErträge iRd *§ 20 I* sind alle vom Vertragspartner oder einem Dritten vereinnahmten Vermögensmehrungen iSd § 8 I (§ 20 III), die bei wirtschaftl Betrachtung Entgelt für die Kapitalüberlassung sind (*Jachmann-Michel* DStJG 30 (2007), 153, 159). KapErträge iSd *§ 20 II* sind Substanzgewinne/-verluste aus den im Katalog der Regelung genannten KapAnlagen (umfassende Substanzbesteuerung, s Rz 145). – Gegenstand der Einkünfteerzielung gem § 20 I, II (das jeweilige „KapVermögen") ist *innerhalb und außerhalb der abgeltend besteuerten KapErträge* jede einzelne KapAnlage (hM; BFH VIII R 8/98 BFH/NV 00, 825; BFH VIII R 37/12 BFH/NV 14, 1883). Mehrere KapAnlagen können *im PV* idR nicht als wirtschaftl Einheit und zu „einer" KapAnlage zusammengefasst werden; im umgekehrten Fall sind einheitl KapAnlagen auch nicht zu zerlegen (s zutr *Haisch/Helios* Rechtshandbuch Finanzinstrumente § 6 Rz 11 ff; BFH IX R 2/02 BStBl II 03, 752; BFH IX R 38/11 BStBl II 13, 1021, BFH VIII R 28/11 BStBl II 15, 276; FG Mchn EFG 21, 198, rkr zu gegenläufigen Hebelprodukten). § 20 II Nr 11 bezieht allerdings das Glattstellungsgeschäft in die Einkünfteermittlung des Stillhalters ein (Rz 142). – Zu § 20 IV s Rz 204. – Zu **§ 42 AO** bei gegenläufigen Geschäften s *Jachmann-Michel* BB 21, 3031, 3035 mwN und bei § 20 V, § 36a, § 50j sowie zum Fremdvergleich Rz 19 *(3)*.

bb) Zurechnung. – (1) Spezielle Zurechnungsregeln enthalten § 20 I Nr 6 16
S 5 für KapErträge, die iRe LV-Mantels erzielt werden, § 20 II 3 für KapErträge iZm einer vermögensverwaltenden PersGes und *§ 20 V* für Bezüge/vGA aus Beteiligungen (§ 20 Rz 110, 230). Zur erforderl Überzeugungsbildung bei der

Zurechnung eines KapStamms iRe Schätzung gem § 162 AO s BFH VIII R 51/14 BFH/NV 18, 5; BFH VIII R 23/16 BFH/NV 20, 853. – **(2) § 20 I.** *Lfd KapErträge* sind idR demjenigen zuzurechnen, der nach dem zugrundeliegenden Rechtsverhältnis im Entstehungszeitpunkt der Erträge zivilrechtl Gläubiger der KapAnlage ist. Fallen zivilrechtl und wirtschaftl Eigentum auseinander, sind die lfd KapErträge vorrangig dem wirtschaftl Eigentümer zuzurechnen (§ 39 II 2 Nr 1 S 1 AO). *Wirtschaftl Eigentum* ist idR anzunehmen, wenn Besitz und Gefahr, Nutzen und Lasten, insb die Chancen auf eine Wertsteigerung und das Risiko einer Wertminderung der KapAnlage nicht beim zivilrechtl Eigentümer, sondern bei einer anderen Person liegen, die die rechtl und tatsächl Dispositionsbefugnis über das zugrunde liegende Rechtsverhältnis hat und in der Lage ist, das Vermögen zu verwalten, die Modalitäten der KapAnlage zu verändern oder die Leistungen durch Zurückziehen des KapVerm zu verweigern (s zum Ganzen BFH I R 69/89 BStBl II 91, 38; BFH VIII R 14/10 BFH/NV 11, 1512; BFH IX R 11/10 BFH/NV 11, 2023, jeweils zur Zurechnung von Zinsen auf Eigenkonten kraft widerlegbarer Vermutung; zum Sperrkonto s BFH VIII R 10/08 BStBl II 12, 315). Die Gläubigerstellung aufgrund einer *Abtretung* der Einnahmen ohne Übergang der Dispositionsbefugnis genügt für das wirtschaftl Eigentum nicht (BFH IV R 71/99 BFH/NV 01, 1251; § 8 Rz 11). – Bei wirtschaftl Verfügungsmacht des *Stifters* über die von der Stiftung gehaltenen KapAnlagen sind deren KapErträge gem § 39 II AO unmittelbar dem Stifter zuzurechnen (BFH I R 84/09 BStBl II 14, 361; BFH I R 2/16 BSBl II 18, 567); ansonsten wird ihm das Einkommen einer ausl Familienstiftung nach § 15 AStG hinzugerechnet. – **(2) § 20 II.** KapErträge aus der Veräußerung der KapAnlage gem § 20 II 1, II 2 werden vom rechtl und wirtschaftl Eigentümer, bei Auseinanderfallen vom wirtschaftl Eigentümer der KapAnlage erzielt.

17 cc) **Einzelfragen.** – *(1)* **Treuhand.** Ein Treugeber kann als wirtschaftl Eigentümer KapErträge erzielen, wenn nach der Treuhandvereinbarung die mit der rechtl Inhaberstellung verbundene Verfügungsmacht des Treuhänders über die KapAnlage im Innenverhältnis zugunsten des Treugebers derart eingeschränkt ist, dass das rechtl Eigentum bzw die Inhaberschaft als „leere Hülle" erscheint (BFH I R 69/97 BStBl II 99, 514). S auch § 159 AO. Zur Sicherungsabtretung s BFH I R 112/97 BStBl II 99, 123. – *(2)* **Nießbrauch.** Der Nießbraucher ist zwar zivilrechtl Inhaber des KapVerm, dennoch ist idR nicht derjenige, der es zur Nutzung überlässt und die Einkünfte „erzielt", da er eher mit jemandem vergleichbar ist, der nur aufgrund einer Vorausabtretung Einnahmen bezieht. Die Einkünfte sind bei typischer Ausgestaltung des Nießbrauchs dem Nießbrauchsbesteller zuzurechnen, wenn dem Nießbraucher keine Dispositionsbefugnis über das KapVerm zusteht (BFH VIII R 146/73 BStBl II 77, 115; BFH I R 69/89 BStBl II 91, 38, BFH IV R 71/99 BFH/NV 01, 1251; BFH I R 97/00 DStR 02, 78; FG Mster EFG 14, 270, rkr). Zu **Beteiligungsbezügen** s § 20 V 3 (Rz 236).

18 dd) **Rechtsnachfolge.** Zur Zurechnung von *Beteiligungserträgen* gem § 20 I Nr 1, Nr 2 iZm einer Anteilsübertragung s § 20 V (Rz 236). – *(1)* **Entgeltliche Übertragung der Einkunftsquelle.** KapErträge, die als Entgelt für eine KapÜberlassung auf Zeit gewährt werden, sind bei *entgeltl Übertragung* der KapAnlage grds besitzzeitanteilig aufzuteilen. Dem Veräußerer/Übertragenden steht der KapErtrag grds bis zur Übergabe zu und ist idR Teil des Veräußerungspreises (s BFH VIII R 31/15 BStBl II 19, 577 zu Stückzinsen); der Erwerber erzielt insoweit negative Einnahmen (zum Erwerber s BFH VIII R 36/98 BStBl II 99, 769). Zum Zwischengewinn nach dem InvStG 2004 s BFH VIII R 13/17 BStBl II 21. 148. Anders ist dies beim Erwerb von LV-Ansprüchen: s § 20 I Nr 6 S 3, S 7, S 8 (zur früheren Rechtslage BFH VIII R 46/09 BStBl II 11, 920). – *(2)* **Unentgeltliche Übertragung der Einkunftsquelle.** Bei Übertragung von KapVermögen durch eine Schenkung *(Einzelrechtsnachfolge)* sind dem Beschenkten als neuem Gläubiger die KapErträge estl nur zuzurechnen, wenn ihm die Dispositionsbefugnis über die

Anwendungsbereich und Grundlagen 19, 20 § 20

KapAnlage iSd Rz 16 übertragen wird (BFH VIII R 14/10 BFH/NV 11, 1512). Bei der *Gesamtrechtsnachfolge* wird dem Erben entspr § 24 Nr 2 EStG; § 45 AO die Verwirklichung des Einkünfteerzielungstatbestandes durch den Rechtsvorgänger zugerechnet (BFH VIII R 76/70 BStBl II 72, 55; § 8 Rz 12).

ee) Angehörigenfälle. – *(1)* Angehörigenverträge. S zu den allg Voraussetzungen der steuerl Anerkennung bei § 12 Rz 20 ff. – *(2)* **Übertragung der Einkunftsquelle.** Erforderl ist die Übertragung der Tätigkeit (s § 2 Rz 54; § 8 Rz 11), dh der Angehörige muss die Dispositionsbefugnis über die KapAnlage wie in Rz 16, 18 und die Verfügungsmacht über die KapErträge erlangen; sonst sind diese weiterhin dem Übertragenden (zB Eltern) als wirtschaftl Eigentümern zuzurechnen (s BFH VIII R 170/83 BStBl II 90, 539; BFH VIII R 170/74 BStBl II 77, 206; BFH VIII R 19/98 BFH/NV 99, 1325; BFH VIII B 25/14 BFH/NV 16, 1021; zum Nießbrauch s Rz 17). – *(3)* **Formale Vermögensverschiebungen.** Wird Geld geschenkt und anschließend gegenläufig (zB als Darlehen/Einlage iRe typisch stillen Beteiligung mit Verlustbeteiligung) an den Schenker (oder eine PersGes, an der er als MU'er beteiligt ist) zurückgewährt, kann der KapÜberlassung die Anerkennung zu versagen sein (s zu den Kriterien *BMF* BStBl I 11, 37 Tz 11–13, 15; BFH IV R 58/99 BStBl II 01, 393; BFH VIII R 46/00 BStBl II 02, 685). Ohne steuerl Anerkennung erzielt der Schenker der Mittel die KapErträge (BFH VIII R 65/93 BStBl II 95, 264). 19

b) Einkünfteerzielungsabsicht. – *(1)* Einzelbetrachtung. Die Einkünfteerzielungsabsicht ist weiterhin Voraussetzung für die StBarkeit negativer KapErträge und im Wege einer Einzelbetrachtung der jeweiligen KapAnlage nach deren Typik (zB unbefristete Laufzeit) zu ermitteln. Sie erfordert die aus obj Umständen abzuleitende Absicht, während der voraussichtl Haltedauer der KapAnlage einen (Total-)Überschuss der (stpfl) KapErträge über die WK zu erzielen; die Haltedauer eines Rechtsnachfolgers ist nur einzubeziehen, wenn dies wirtschaftl geboten ist (s zum Ganzen BFH VIII R 37/12, BFH/NV 2014, 1883; BFH I R 2/16 BStBl II 18, 567, jeweils mwN). – *(2)* **Vermutung.** Da KapErträge gem § 20 I–III einem WK-Abzugsverbot (§ 2 II 2 iVm § 20 IX) und der beschr Verlustverrechnung (§ 20 VI) unterliegen, wird die Einkünfteerzielungsabsicht grds vermutet (BFH VIII R 38/15 BStBl II 17, 1040; BFH VIII R 25/14 BStBl II 17, 1038; *BMF* BStBl I 18, 624 Rz 125; FG Mchn EFG 21, 198, rkr). Die Vermutung ist nur widerlegt, wenn ein positives Ergebnis aus der KapAnlage in Form lfd KapErträge (§ 20 I) oder Gewinne gem § 20 II, IV von vornherein ausgeschlossen erscheint (*Jachmann-Michel* Besteuerung der Kapitaleinkünfte, 2. Aufl, S. 55; § 2 Rz 23). Dies gilt grds auch für gem § 32d II tarifl zu besteuernde negative KapErträge, für die § 20 VI, § 20 IX nicht gelten. – *(3)* **Veräußerungsverluste.** Bei § 20 II fehlt die im Zeitpunkt der Veräußerung zu prüfende Absicht nicht allein deshalb, weil ein Verlust als letzter Akt der Einkünfteerzielung realisiert wird. Liegt der Veräußerung ein nach der KapÜberlassung gefasster Beschluss zugrunde, zB eine geänderte Investitionsplanung, die Verlustminimierung („Ausstieg"), ist die Einkünfteerzielungsabsicht gegeben (BFH VIII R 38/15 BStBl II 17, 1040). – Bei gezielter Aufspaltung einer einheitl KapAnlage *(Bondstripping),* um lfd scheduläre KapErträge und tarifl Verluste zu erzielen, kann die Vermutung aber widerlegt sein (so FG Mster EFG 19, 1774, Rev VIII R 36/19; s auch *Jachmann-Michel* BB 21, 3031, 3036). – Bei verzinsl *Ges'terdarlehen* ist die Einkünfteerzielungsabsicht für einen Ausfall- und Abtretungsverlust (§ 20 II Nr 7, Rz 183) bei *vor der Krise* ausgefallenen Darlehen zu vermuten (BFH IX R 5/20 BStBl II 21, 600). Wenn das Darlehen vom Ges'ter erst *in der Krise* gewährt wird, um die Beteiligung zu stützen, dh um künftige KapErträge gem § 20 I Nr 1 und stbare Wertsteigerungen (§ 20 II Nr 1) zu erzielen, ist sie ebenfalls vorhanden (glA *Jachmann-Michel* BB 20, 727, 734; iEinz *Levedag* GmbHR 21, 637, 639). Gleiches gilt bei ausgefallenen *Ges'ter-Rückgriffsansprüchen,* zB aus einer Bürgschaft (*Jachmann-Michel* BB 18, 2329, 2330; *Kahlert* DStR 18, 229, 232). 20

22 **5. Besteuerungszeitpunkt. – a) Zufluss; Abfluss. – *(1)* Grundsatz.** Der KapErtrag (§ 20 I, II) muss zufließen (§ 11 I). Der Zufluss tritt mit Erlangung der wirtschaftl Verfügungsmacht über die Bar- oder Sacheinnahme, auch durch Gutschrift oder Novation ein (BFH VIII R 10/08 BStBl II 12, 315; BFH VIII R 25/12 BStBl II 14, 461); die wiederangelegten KapErträge erhöhen die AK der (Einlage)Forderung. – Zur *Vorausverfügung* s BFH VIII R 15/13 BStBl II 15, 468. – Das Nichtgeltendmachen eines fälligen Anspruchs oder dessen Stundung begründen uU keinen Zufluss (BFH VIII R 40/13 BStBl II 16, 342). S iEinz § 11 Rz 50 „Gutschrift", „Schuldumwandlung", „Schneeballsysteme", „Überweisungen", „Verzicht". – Bei *Verlusten gem § 20 II, IV* ist der Realisationszeitpunkt maßgebl. – ***(2)* Beherrschende Gesellschafter.** (Nur) für diesen tritt der Zufluss schuldrechtl Vergütungen ohne Auszahlung bei *Fälligkeit* ein, wenn die KapGes zahlungsfähig ist, ihr kein Leistungsverweigerungsrecht zusteht und die Vergütung deren Einkommen gemindert hat. Die verspätete Feststellung des Jahresabschlusses löst bei einer davon abhängigen Fälligkeit der Vergütung keinen Zufluss zu einem fiktiven Fälligkeitszeitpunkt aus (s iEinz BFH VI R 44/17 BStBl II 21, 392 mwN). – *Zinsen* (§ 20 I Nr 7) fließen danach bei Fälligkeit zu (BFH VIII R 13/06 BFH/NV 07, 2249; EStH 20.2). – Gleiches gilt (ohne Einkommensminderung bei der KapGes gem § 8 III 1, 2 KStG) für *vGA gem § 20 I Nr 1 S 2*, die auf Leistungsentgelten beruhen (BFH VIII R 9/03 BFH/NV 05, 526; BFH VIII B 46/12 BFH/NV 12, 597; zu anderen vGA s Rz 47). – *Bezüge gem § 20 I S 1* fließen mit dem Entstehen des Ausschüttungsanspruchs, dh bei Beschlussfassung über die Gewinnverwendung unabhängig von der Fälligkeitsbestimmung im Beschluss zu, es sei denn, die *Satzung* regelt keine andere Fälligkeit (BFH VIII R 24/98 BStBl II 99, 223; BFH VIII R 2/12 BFH/NV 15, 567; zur KapESt s § 44 Rz 6; § 11 Rz 50 „Ausschüttungen einer KapGes"). Zum Zufluss von Ausschüttungen ausl KapGes s BFH I R 22/14 BStBl II 17, 336; FG BaWü EFG 20, 1513, Rev VIII R 32/19; FG Mster EFG 20, 525, rkr). – *(3)* **§ 20 I Nr 4.** S Rz 93; – *(4)* **InvStG.** S § 18 III.

23 b) Rückzahlung von Einnahmen und Werbungskosten. Die (von vornherein/später) geschuldete Rückzahlung der KapErträge steht deren Zufluss nicht entgegen (s § 11 Rz 18, 19 mwN). – Deren Rückzahlung ist erst bei Abfluss eine negative Einnahme (s § 8 Rz 9; § 9 Rz 108; § 4 Rz 475). – Zur Rückgewähr von vGA s Rz 48. – Die *Erstattung von WK* beseitigt nicht rückwirkend den Abfluss, sondern ist stpfl Einnahme (s § 11 Rz 38; zu rückvergüteten Bearbeitungsgebühren und Bestandsprovisionen s *BMF* BStBl I 16, 624 Rz 8c, 8b; *BMF* BStBl I 19, 51; § 20 s Rz 115).

II. Laufende Kapitalerträge, § 20 I

28 1. Beteiligungsbezüge, § 20 I Nr 1 S 1. – a) Veranlassung des Bezugs durch die Gesellschafterstellung. – *(1)* Gesellschaften; Beteiligungen. Der neu gefasste und erweiterte § 20 I Nr 1 idF KöMoG (BGBl I 21, 2050) enthält eine Aufzählung der in Betracht kommenden leistenden inl Körperschaften und Beteiligungsrechte, auf denen der Bezug beruhen muss. Es zählen hierzu zivilrechtl *KapGes* iSd § 1 I Nr 1 (ua AG, KGaA, GmbH), *OptionsGes* iSd § 1a KStG und *Genossenschaften* iSd § 1 I Nr 2 KStG. Die Bezüge müssen nach der gesetzl Aufzählung beruhen auf *(1)* Aktien, *(2)* „eigenkapitalähnl" Genussrechten, *(3)* Anteilen an GmbH/UG, und *(4)* Beteiligungen an OptionsGes iSd § 1a KStG. Diese Umschreibung der nach Nr 1 stbaren Bezüge ist nicht abschließend (BFH VIII R 74/93 BStBl II 95, 315; str). – *(2)* **Andere Gesellschaften; Beteiligungen.** Entscheidend für die StBarkeit eines Bezugs nach Abs. 1 S 1 Nr 1 ist, ob das leistende StSubjekt eine körperschaftl Struktur hat, die Beteiligung des Ges'ters/Berechtigten das Recht umfasst, an Leistungen und an der Auskehrung des Liquidationsvermögens beteiligt zu sein sowie ob die Leistung durch das MitgliedschaftsVerh veranlasst ist (s BFH I R 73/94 BStBl II 95, 552; BFH VIII R 72/79 BStBl II 83, 128,

Laufende Kapitalerträge 29–31 **§ 20**

BFH VIII R 70/02 BStBl II 05, 468); Einnahmen aus OptionsGes müssen durch das Gesellschaftsverh veranlasst sein, s § 1a III 2 Nr 1 KStG). – *(3)* **Ausländische Gesellschaften.** S Rz 30.

b) Steuerbare Bezüge aus Kapitalgesellschaften. – aa) Inländische Kapi- 29
talgesellschaft. Nach § 20 I Nr 1 stbare Bezüge aus *inl KapGes* sind Gewinnanteile und sonstige Bezüge aufgrund der genannten Beteiligungsrechte. Gleichgestellte Beteiligungen sind Hinterlegungsscheine über inl Aktien in Form von ADRs; EDRs, IDRs, GDRs; RPS (FG Ddorf DStRE 14, 924 stehen grds gleich; *BMF* BStBl I 13, 718; *BMF* BStBl I 18, 1400) und künftig Mitgliedschaftsrechte in Form von Security-Token (tokenisierten Aktien, zur Ausgestaltung s *Richter ua* beck.digitax 21, 86). Bezüge aus Beteiligungen an inl OptionsGes (§ 1a III 2 Nr 1 KStG), die zivilrechtl PershandelsGes, Partnerschaften sind, hat der Gesetzgeber in Abs 1 Nr 1 gleichgestellt (*Wacker/Krüger ua* DStR-Beih 21, 19).

bb) Ausländische Kapitalgesellschaft. – *(1)* **Auslandsfall.** Die ausl Ges und 30
das zum Bezug führende *ausl Beteiligungsrecht* müssen hinsichtl ihrer Struktur einer unter § 1 I Nr 1, Nr 2 KStG fallenden inl KapGes und inl Beteiligung im Wesentlichen entsprechen. Dies gilt insb für die dort genannte SE, SCE. Für andere Ges (EU, EWR, Drittstaaten) ist dies nach dem sog Typenvergleich festzustellen (zu den Vergleichskriterien BFH I R 12/18 BStBl II 21, 875; BFH I R 34/08 BStBl II 09, 263). S zur hybriden S-Corporation s BFH I R 42/15 IStR 18, 388; ebenso *BMF* BStBl I 16, 85 Tz 2, 3; zur US-LLC BFH I B 76/20 (AdV), DStR 21, 2389; zur französischen SICAV BFH I R 52/11 BStBl II 14, 240; zur luxemburgischen SICAV BFH I R 61/17 BFH/NV 21, 1387). Auch Bezüge aus *ausl OptionsGes* (§ 1a III 2 Nr 1 KStG) sind stbar (iEinz *Wacker/Krüger ua* DStR-Beih 21, 35 ff). – *(2)* **Doppelansässigkeit.** Vergleichbare (unbeschr kstpfl) ausl Ges, die über einen ausl Register- und inl Verwaltungssitz verfügen, fallen ebenfalls unter Abs 1 S 1 Nr 1 (BFH I R 138/97 BStBl II 99, 437). Dies gilt für im Inland zivilrechtl rechtsfähige und gem § 8 I 4 KStG idF StAbwG (BGBl I 21, 2056) für VZ vor 2021 (§ 34 IIIc KStG) auch für nicht rechtsfähige Ges (BFH I B 31/21 BeckRS 2021, 44484).

cc) Gewinnanteile und sonstige Bezüge. – *(1)* **Grundlagen.** Nach Abs 1 31
Nr 1 S 1 sind stbar ausgeschüttete Gewinnanteile und sonstige Bezüge (in Geld und Sachausschüttungen, zu Wahldividenden s *Schmidtmann* DB 17, 2695) der KapGes, also weder thesaurierte Gewinnanteile noch Leistungen, die zu einer AK-Minderung der Beteiligung führen (zur Einlagenrückgewähr s Rz 65 ff). Unerhebl ist, ob die von der Ges ausgeschütteten Bezüge zu Lasten des Gewinns (als lfd Gewinn einschließl Gewinnvortrag, gesetzl und anderer Gewinnrücklagen, §§ 58 ff, §§ 148 ff AktG; § 29, § 46 Nr 1 GmbHG; § 270, § 272 HGB) oder zu Lasten der Vermögenssubstanz der Ges (als Substanzausschüttung) geleistet werden; im Zweifel liegt ein KapErtrag iSd Abs 1 S 1 Nr 1 vor (BFH I R 117/08 BFH/NV 11, 669; BFH VIII R 47/13 DStR 16, 2395; *BMF* BStBl I 16, 85 Tz 1 zu Nachzahlung). Es darf sich nicht um bei der KapGes abziehbare BA handeln (§ 8 III 1 KStG). In *zeitl Hinsicht* müssen die Bezüge vor der Auflösung der KapGes gewährt werden, sonst ggf StBarkeit gem Nr 2 (Rz 72). – *(2)* **Offene Gewinnausschüttungen** erfordern einen Gewinnverwendungsbeschluss iZm der Feststellung des Jahresabschlusses, damit ein Ausschüttungsanspruch des Ges'ters entsteht (§ 58, § 174 AktG; §§ 29, 46 Nr 1 GmbHG). Gewinne können ‚**disquotal**' (abw von den Beteiligungsverhältnissen) *verwendet* werden (Teilthesaurierung einzelner Ges'ter), dann entstehen nur insoweit Ausschüttungen und dem folgend stbare Ausschüttungsansprüche und stbare Gewinnanteile iSd Abs 1 S 1 Nr 1 (unzutr BFH VIII R 25/19 DStR 22, 140). – Ausgeschüttete Gewinne können *disquotal verteilt* werden, wenn dem ein zivilrechtl wirksamer *Gewinnverteilungsbeschluss* zugrunde liegt (s zB BFH IV R 28/11 BFH/NV 15, 495; *BMF* BStBl I 14, 63). Dann sind die Gewinnanteile iSd Nr 1 nur den begünstigten Ges'tern als Einnahmen zuzurechnen (Abs 5 S 2; Rz 233). Der Beschluss ist unstr wirksam idS, wenn die abw Verteilung nach der

Levedag 1593

Satzung beschlossen werden darf oder diese Verteilung in der Satzung enthalten ist (§ 29 III 2 GmbHG; § 60 I, III AktG). Str ist, unter welchen Voraussetzungen satzungswidrige Beschlüsse zivilrechtl wirksam sind und iRd Abs 5 beachtl sind (s bei Rz 232 mwN). Zum *Gestaltungsmissbrauch* s BFH VIII B 174/11 BFH/NV 12, 1330; *BMF* BStBl I 14, 63 und zum SchenkungStRecht *Förster* DB 15, 331, 334; *Fuhrmann* KÖSDI 17, 20550, 20567 f. – **(3) Vorabausschüttungen; ergebnisunabhängige Ausschüttungen.** Ausschüttungen auf den erwarteten, aber noch nicht festgestellten Gewinn sind als Vorabausschüttungen zul (zu den Voraussetzungen s BFH VIII R 44/01 BFH/NV 04, 925; BFH VIII R 2/12 BStBl II 15, 333) und fallen unter Nr 1, eine spätere Beschlussänderung und Rückzahlungspflicht des Ges'ters stellt die StBarkeit und Zufluss nicht in Frage (Rz 23). Auch eine zivilrechtl wirksam beschlossene ergebnisunabhängige Ausschüttung fällt unter Abs 1 S 1 Nr 1. Die Zurechnung richtet sich jeweils nach § 20 V 2 (Rz 231). – **(4) Bezüge aus OptionsGes, § 1a II 3 Nr 1 KStG.** Stbar sind als Gewinnanteile Entnahmen und nach der Gewinnverteilung der Ges entnahmefähig gestellte Beträge (Gutschrift auf schuldrechtl Kapitalkonto, s § 1a III 5 KStG). Hierzu gehören auch Tätigkeitsvergütungen, die durch einen Gewinnvorab vergütet werden (iEinz *BMF* BStBl I 21, 2212 Rz 72–78). S zu den zahlreichen Zweifelsfragen *Wacker/Krüger* ua DStR-Beih 21, 23 ff.

32 **c) Bezüge aus Genussrechten.** Genussrechte iSd Nr 1 sind schuldrechtl Forderungen (§ 221 III AktG), die abstrakt nach den Vertragsbedingungen *kumulativ* eine Beteiligung am Gewinn [zB Anknüpfung an Jahresüberschuss oder Gewinn; eine Verlustbeteiligung ist unerhebl] *und* am Liquidations(mehr)erlös (sog Genussrechtstest gem § 8 III 2 HS 2 KStG), aber keine Mitverwaltungsrechte gewähren (BFH VIII R 3/05 BStBl II 08, 852). Die Beteiligung am Liquidations(mehr)erlös verlangt grds eine Beteiligung an den stillen Reserven, *nicht* maßgebl sind daher die Gewinnabhängigkeit der Ausschüttung, die Stellung des Inhabers als Alleinges'ter, eine lange Laufzeit des Genussrechts oder ein Wandlungsrecht des Inhabers zum Erwerb von Anteilen, selbst wenn dessen Ausübung wahrscheinl ist oder der Nachrang der Rückzahlung des Genussrechtskapitals (BFH I R 44/17 DStR 20, 1307 mwN; BFH VIII R 73/03 BStBl II 05, 861; gegen *BMF* BB 87, 667). – Die Ausschüttungen auf beteiligungsähnl (verbriefte und unverbriefte) Genussrechte dürfen das Einkommen der KapGes nicht mindern (§ 8 III 2 KStG, s dazu *Hennrichs/ Schlotter* DB 16, 2072, 2072) und fallen beim Empfänger unter § 20 I Nr 1 (BFH VIII R 73/03 BStBl II 05, 861; BFH VIII R 3/05 BStBl II 08, 852; BFH I R 27/12 BStBl II 13, 682). Zinsen aus obligatorischen Genussrechten fallen unter § 20 I Nr 7, § 43 I Nr 2, § 49 I Nr 5 Buchst c Doppelbuchst bb.

33 **d) Weitere steuerbare Bezüge.** Stbar gem § 20 I Nr 1 sind auch durch das Mitgliedschaftsverhältnis veranlasste offene und verdeckte Ausschüttungen (zu einer solchen s BFH I R 10/13 BStBl II 16, 298) aus **Genossenschaften,** aber nicht Rückvergütungen (BA nach § 22 KStG). Die persönl StBefreiung der Genossenschaft nach § 5 I Nr 14 KStG ist für den Genossen ohne Bedeutung.

34 **e) Rechtsfolgen; Sonstiges. – aa) Einnahmen.** Bezüge iSd § 20 I Nr 1 sind alle Zuwendungen in Geld oder Sacheinnahmen in Geldeswert (§ 8 I) sowie Vorteile (§ 20 III), die dem Ges'ter von der Körperschaft selbst oder von einem Dritten zufließen, soweit keine Einlagenrückgewähr iSd § 20 I Nr 1 S 3 vorliegt, die die StBarkeit ausschließt. – Zur Bewertung einer **Sachausschüttung** s BFH I R 34/15 BFH/NV 19, 77: grds gemeiner Wert; zu Ausnahmen s bei § 20 IVa 2–7. – Im *PV* unterliegen Bezüge gem Abs 1 S 1 Nr 1 grds dem gesonderten Tarif (§ 32d I), es sei denn, sie sind kraft Antrags (§ 32d II Nr 3) oder kraft Gesetzes (§ 32d II Nr 4) tarifl KapErträge. S zum WK-Abzug bei Abs 9 und bei § 32d II 2. – *Im BV* werden gem Abs 8 S 1 betriebl Erträge erzielt, die bei natürl Personen gem § 3 Nr 40 S 1 Buchst d (s § 3 Rz 142, auch zur GewSt) und bei KapGes gem § 8b I, V KStG (Fiktion nichtabzugsfähiger BA iHv 5%, ggf mit Rückausnahmen gem

§ 8b VII, VIII KStG) iErg anteilig stfrei sind. Die tatsächl BA sind bei natürl Personen zu 60% (§ 3c II 1) und bei KapGes voll abzugsfähig. – Bezüge iSd Nr 1 unterliegen gem § 43 I 1 Nr 1, Nr 1a iVm § 20 III, § 43a I Nr 1 dem KapESt-Abzug. Zu Bezügen bei beschr StPfl s § 43b, § 44a. – *Abkommensrecht*l gilt nach den DBA idR ein eigenständiger Dividendenbegriff. Es steht idR dem Wohnsitz- und dem Quellenstaat ein Besteuerungsrecht zu (s Art 10 I–III OECD MA; zum Schachtelprivileg s Art 10 V OECD-MA).

bb) Speziellere Regelungen. – *(1)* § 20. Einnahmen aus Leistungen aus inl, ausl *KSt-Subjekten* iSd § 1 I Nr 4, Nr 5 KStG sind nach Abs 1 Nr 9 stpfl; Leistungen von Investmentfonds fallen unter Abs 1 Nr 3, Nr 3a. Der Gewinntransfer eines Betriebs gewerbl Art/eines wirtschaftl Geschäftsbetriebs (§ 1 I Nr 6 KStG) an die Trägerkörperschaft ist als „fiktive Ausschüttung" nach § 20 I Nr 10 stbar. – *(2)* § 7 **UmwStG.** Bei Umwandlungen von KapGes in PersGes (Verschmelzung/Formwechsel) gem §§ 3 ff UmwStG sind offene Rücklagen gem § 7 UmwStG zum steuerl Übertragungsstichtag (§ 2 UmwStG) als Einnahmen der § 20 I Nr 1 zu erfassen (auch bei Rückoption einer OptionsGes gem § 1a IV KStG). Für Ges'ter, auf die die Einlagefiktion des § 5 UmwStG anzuwenden ist, beziehen diese gem § *20 VIII 1* bei der PersGes als betriebl Bezüge (BFH IV R 1/17 BStBl II 19, 501; *BMF* BStBl I 11, 1314, Tz 07.07). Str ist, ob für gem § 5 III UmwStG fiktiv eingelegte Anteile das gewstl Schachtelprivileg gem § 9 Nr 2a, Nr 7 GewStG bei unterjähriger Umwandlung zur Aufnahme greift (abl *BMF* BStBl I 11, 1314, Tz 18.04); zur gewerbesteuerl Kürzung des Ges'tern iSd § 17 EStG s § 5 II iVm § 18 II 2 UmwStG. – *(3)* **REITG.** S § 19 REITG. – *(4)* **AStG.** Der Hinzurechnungsbetrag (§ 10 II AStG) wird im PV den Einkünften gem Abs 1 Nr 1 gesetzl zugewiesen und tarifl besteuert (§ 32d Rz 22). S auch § 3 Rz 147. – *(5)* **Organschaft.** Ausgleichszahlungen der OrganGes (§ 16 KStG) gehören zu den Bezügen gem § 20 I Nr 1 (s auch *Rogall/Dreßler* DStR 15, 449, 450 f).

2. Verdeckte Gewinnausschüttungen, § 20 I Nr 1 S 2

Verwaltung: *BMF* BStBl I 02, 603 (Korrektur von vGA); *BMF* BStBl I 02, 972 (Angemessenheit von Ges'tergeschäftsführervergütungen, durch BFH I R 46/01 BStBl II 04, 132 und BFH I R 24/02 BStBl II 04, 136 zT überholt), *BMF* BStBl I 04, 1045 (Überversorgung); *BMF* BStBl I 17, 1293 (Versorgungsleistungen); *BMF* BStBl I 12, 478 (private Pkw-Nutzung); KStR §§ 5–8.8.

a) Grundlagen. – **aa) Regelungsinhalt.** Gem Abs 1 Nr 1 S 2 sind KapErträge aus vGA auf Ebene des Ges'ters stbar. Eine vGA iSd Vorschrift liegt nach ständiger BFH-Rspr beim Ges'ter vor, wenn die KapGes ihm außerhalb der gesellschaftsrechtl Gewinnverteilung einen Vorteil zuwendet, diese Zuwendung ihren Anlass im GesVerhältnis hat und die Einnahme zugeflossen ist (vgl zB BFH VIII R 54/05 BStBl II 07, 830; BFH III R 9/03 BStBl II 05, 160; BFH VIII R 54/10 BFH/NV 14, 1501; BFH VIII R 38/14 BFH/NV 18, 1141). vGA sind auch iRd § 20 I Nr 9 und § 20 I Nr 10 Buchst a und b stbar.

bb) Verdeckte Gewinnausschüttungen auf Ebene des Körperschaftsteuersubjekts. Die vGA iSd § 8 III 2 KStG ist nicht gesetzl definiert, sondern nur hinsichtl der Rechtsfolgen geregelt. Wesen der vGA ist, Vermögensvorteile, die dem Ges'tern „verdeckt" in einer Form zugeführt werden, die nicht als Ausschüttung erscheinen, als solche zu erfassen. Entscheidend ist, ob Leistungen an den Ges'ter aus betriebl Gründen oder mit Rücksicht auf das GesVerhältnis (societatis causa) gewährt werden (BFH I R 247/81 BStBl II 86, 195; BFH II R 6/12 BStBl II 13, 930). Sie liegt auf Ebene des leistenden KSt-Subjekts danach vor, wenn durch einen bestimmten Geschäftsvorfall eine Vermögensminderung oder verhinderte Vermögensmehrung eintritt, die durch das GesVerhältnis veranlasst ist, sich (erfolgswirksam) auf die Höhe des Unterschiedsbetrags iSd § 4 I 1 auswirkt (bei nicht buchführungspflichtigen KSt-Subjekten ist auf die Einkünfte abzustellen) und nicht auf einem den gesellschaftsrechtl Vorschriften entspr Gewinnverteilungsbeschluss beruht; die Minderung des Unterschiedsbetrags muss zudem obj geeignet sein (sog Vorteilsgeneigtheit), beim Ges'ter einen Bezug iSd § 20 I Nr 1 S 2 auszulösen (allg Ansicht, s BFH I R 2/02 BStBl II 04, 131; BFH I R 6/09 BStBl II 13, 186; BFH I R 45/11 BStBl II 13, 771; BFH I R 12/15 BStBl II 17, 217; KStR 8.5). (Sach)Spenden an gemeinnützige Empfänger sind vorteilsgeneigt, wenn sie durch ein besonderes Näheverh zwischen dem Empfänger und dem Ges'ter der spendenden KapGes veranlasst sind und der Empfänger hieraus einen Vorteil zieht (BFH I R 16/18 DStR 21, 2779). Zur Vorteilsgeneigtheit iRd verhinderten Vermögensmehrung außerhalb der Kostenverlagerung auf die KapGes s FG SchlHol EFG 21, 578, Rev I R 2/21. – Rechtsfolge der vGA iRd KSt ist die *Gewinnerhöhung außerhalb der Bilanz* und damit eine Korrektur des kstl Einkommens (BFH I R 137/93 BStBl II 02, 366; zur erforderl zweistufigen Prüfung der Minderung des Unterschiedsbetrags s BFH I R 21/03 BStBl II 05, 841; zur Technik *BMF* BStBl I 02, 603).

39 cc) **Verhältnis von § 8 III 2 KStG und § 20 I Nr 1 S 2.** – *(1)* **Keine tatbestandliche Korrespondenz.** Eine Korrespondenz zw beiden Tatbeständen idS, dass der Nachteil iRd Einkommenskorrektur auf Ebene des KSt-Subjekts eine materielle Voraussetzung für die StBarkeit der Einnahme beim Ges'ter darstellt, besteht nicht. Es handelt sich bei der vGA auf Ebene des KSt-Subjekts und des Ges'ters um voneinander unabhängige Beurteilungsebenen: Der obj vorteilsgeneigte Betrag iSd § 8 III 2 KStG muss sich beim Ges'ter weder zeitl noch betragsmäßig korrespondierend in einem konkreten Vorteilszufluss auswirken, um beim KSt-Subjekt das Einkommen erhöhen zu dürfen; auf Ebene des Ges'ters genügt für die StBarkeit der Einnahme, dass ihm ein messbarer Vorteil (§ 8 I) in Geld oder Geldeswert zufließt (s zur Entwicklung BFH VIII R 4/01 BFH/NV 05, 105; *Gosch* § 8 KStG Rz 170; *BH/Rengers* § 8 KStG Rz 230 ff). Bei Hinzuschätzung von BE auf Ebene der KapGes muss es zB überhaupt nicht zur vGA beim Ges'ter kommen (BFH VIII R 38/14 BFH/NV 16, 1141 mwN). Übereinstimmendes Merkmal beider Regelungen ist die erforderl *Veranlassung* (nicht Verursachung) durch das Gesellschaftsverh, welche in den verschiedenen Ausprägungen für beherrschende, nicht beherrschende Ges'ter (s Rz 44, 45) nach denselben Kriterien zu beurteilen ist (BFH VIII R 4/01 BFH/NV 05, 105). Über Grund und Höhe einer vGA haben das KSt-FA und ESt-FA somit jeweils selbständig zu entscheiden. – *(2)* **Einkommenskorrektur.** Für die begünstigte Besteuerung der Einnahme aus der vGA nur iHv 60% im Teileinkünfteverfahen gem § 3 Nr 40 S 1 Buchst d S 1, 2 (§ 3 Rz 143), iRd gesonderten Tarifs gem § 32d I iVm II Nr 4 (s § 32d Rz 21) sowie für die Freistellung gem § 8b I 2–4 KStG beim Ges'ter darf die vGA das Einkommen des leistenden KSt-Subjekts nicht gemindert haben (s iEinz *Gosch* § 8 KStG Rz 194a; *ders* § 8b KStG Rz 144–149 f; *BH/Rengers* § 8b KStG Rz 140-145; *Brühl/Weiss* Ubg 17, 510, 513); *Ausnahmen* bestehen bei mittelbaren vGA, wenn die Veranlagung des Dritten nicht mehr änderbar ist (§ 3 Nr 40 S 1 Buchst d S 3, § 32d II Nr 4 EStG; § 8b I 4 KStG). – *(3)* **Verfahrensrechtliche Korrespondenz, § 32a KStG.** § 32a KStG ist eine eigenständige Änderungsnorm. Der KSt- und der ESt-Bescheid stehen nicht im Verh von Grundlagen- und Folgebescheid iSd § 171 X, § 175 I 1 Nr 1 AO (s iEinz BFH VIII R 55/10 BFH/NV 12, 269; BFH VIII R 30/12 BStBl II 15, 858); s aber zur Heilung bei unzutr Korrekturreihenfolge BFH VIII R 2/17 BStBl II 20, 679 und zur Ablaufhemmung gem § 32a I 2 KStG BFH VIII R 38/14 BFH/NV 18, 1141). – *(4)* **§ 166 AO.** Unzutr ist die Entscheidung des FG RhPf EFG 20, 423, rkr, nach dem die Nichtanfechtung eines KSt-Bescheids, in dem vGA einkommenserhöhend erfasst sind, für einen Ges'ter-Geschäftsführer gem § 166 AO zum Einwendungsausschluss iRd ESt-Festsetzung führt. Die fehlende tatbestandl Korrespondenz iRd vGA (s oben *(1)*) steht dem entgegen (zutr *Binnewies* GmbHR 20, 721).

41 b) **Persönlicher Anwendungsbereich.** Leistende KSt-Subjekte können wie bei § 20 Nr 1 S 1 inl, ausl KapGes, auch OptionsGes iSd § 1a KStG *(BMF* BStBl I

Laufende Kapitalerträge   42, 43   § 20

21, 2212 Rz 53, 69) und andere KSt-Subjekte sein (s Rz 29). Beim Empfänger können inl und ausl natürl Personen, MUerschaften oder KSt-Subjekte stehen. Es muss grds ein GesVerhältnis oder ein mitgliedschaftl, mitgliedschaftsähnl Verhältnis zum KSt-Subjekt bestehen (KStH 8.5 mwN).

c) Voraussetzungen der verdeckten Gewinnausschüttungen beim Ge- 42 **sellschafter im Einzelnen. – aa) Vorteil.** In der Grundform wird dem Ges'ter der Vorteil selbst gewährt. Dieser muss eine Einnahme iSd § 8 I (Geld/Geldeswert) in seinem Verfügungsbereich erhalten (Zufluss).

bb) Vorteilsgewährung an eine nahe stehende Person. – (1) Mittelbare 43 **Vorteilszuwendung.** Eine vGA kann bewirkt werden, indem von der KapGes einer dem Ges'ter nahestehenden Person ein Vorteil gewährt wird; ein eigenes vermögensmäßiges Ges'terInteresse an der Zuwendung ist unerhebl; die stbare Einnahme erzielt der Ges'ter (zu § 8 III 2 KStG s BFH I R 139/94 BStBl II 97, 301 und KStH 8.5 III; zu § 20 I Nr 1 S 2 BFH VIII R 4/01 BFH/NV 05, 105; BFH VIII R 24/03 BFH/NV 05, 1266; BFH VIII R 54/05 BStBl II 07, 830; BFH VIII R 19/07 BFH/NV 11, 449; BFH VIII R 32/14 BFH/NV 17, 1174). Die Verausgabung der Einnahme kann beim Ges'ter in der weiteren Folge estl unbeachtl Einkommensverwendung sein (s die zitierte Rspr) oder zu einem sog Vorteilsverbrauch in Form von WK/BA (BFH GrS 2/86 BStBl II 88, 348) bei anderen Einkünften oder zu Einlagen führen. Problematisch ist die Tatbestandsverwirklichung und (quotale) Einkünfteerzielung, wenn auch die nahe stehende Person Ges'ter der KapGes ist; allerdings ist die volle Einkünfteerzielung eines Ges'ters mögl, wenn der Dritte mehreren Ges'tern nahe steht (BFH VIII R 32/14 BFH/NV 17, 1174). Beim *Dritten* können die Zuwendungen nach dem zugrundeliegenden Rechtsverhältnis zum Ges'ter zu einer Schenkung führen (Rz 52 zur SchenkungSt). – **(2) Begriff des Nahestehens.** Nahe stehend sind nicht nur Angehörige iSv § 15 AO; es genügen Beziehungen jeder Art, die auf die außerbetriebl Veranlassung der Zuwendung durch die KapGes schließen lassen; sie können familienrechtl, schuldrechtl, gesellschaftsrechtl, wirtschaftl oder tatsächl Art sein (BFH I R 139/94 BStBl II 97, 301; BFH VIII R 70/04 BFH/NV 06, 722; zur Tante FG Mster DStRK 20, 185, rkr), zB auch nichtehel Partner (BFH I B 2/15 BFH/NV 16, 424), Schwester-GmbH (FG Nbg EFG 10, 641, rkr), eine Stiftung der Ges'ter (BFH I R 16/18 DStR 21, 2779), mittelbare Anteilseignerstellung (BFH VIII R 22/11 BStBl II 15, 687; BFH IV R 7/13 BStBl II 16, 219). Bei Leistungen der KapGes an Personen, die einem beherrschenden Ges'ter nahe stehen, müssen die strengen Voraussetzungen des formellen Fremdvergleichs zw dem Dritten und der KapGes (Rz 45) eingehalten werden, sonst vGA (KStH 8.5 mwN). – **(3) Anscheinsbeweis.** Der *„Anschein des Nahe-Stehens"* und die hierzu von der Rspr anerkannte *widerlegbare Vermutung* der Veranlassung der Vorteilsgewährung durch das GesVerhältnis kann erschüttert werden, zB durch den Umstand, dass die Zuwendung an den Dritten auf einer vom Ges-Verhältnis unabhängigen Ursache beruht (zB BFH VIII R 24/03 BFH/NV 05, 1266; BFH VIII R 54/05 BStBl II 07, 830; BFH VIII R 19/07 BFH/NV 11, 449): Keine vGA (iSd § 20 I Nr 1 S 2) liegt daher vor, wenn ein Geschäftsführer, der mit Ges'ter verwandt ist, widerrechtl und ohne dessen Wissen Geld entnimmt (BFH VIII R 34/06 BFH/NV 07, 2291). – **(4) Ketten-vGA; Dreieckssachverhalte.** Zum Nahestehen aufgrund einer gesellschaftsrechtl Beziehung s BFH I R 61/07 BStBl II 11, 62; BFH I R 45/11 BStBl II 13, 771; KStH 8.5 III mwN. Bei Gewährung eines Vorteils der Enkel-KapGes nicht an die unmittelbare Mutter-KapGes, sondern an eine KapGes, die in der Beteiligungskette darüber steht, ist eine vGA an eine dem Ges'ter nahestehende Person. Die vGA wandert durch die Kette nach oben [auf den Zwischenebenen gedankl jeweils Vereinnahmung der vGA samt Freistellung gem § 8b I KStG und aufgrund der „Weitergabe" BA mit Korrektur gem § 8b III 2 KStG] bis zum letzten Ges'ter (BFH I R 247/81 BStBl II 86, 195; zur vGA in einer Organschaftskette s BFH I R 32/06 BStBl II 07, 961). S krit zur hM *Kohlhepp* DStR 08, 1859, *Wassermeyer* DStJG 30, 257, 259, 268: zur Vermeidung von Kaskadeneffekten gem § 8b V KStG nur „eine" vGA der Enkel-KapGes an die empfangende KapGes; zur hM s *Gosch* § 8 KStG Rz 239–243. Zu sog *Dreieckssachverhalten* [Zuwendungen an SchwesterGes] s BFH GrS 2/86 BStBl II 88, 348: Gewährt eine TochterKapGes ihrer SchwesterGes einen Nutzungsvorteil oder einen Vorteil durch Zuwendung eines WG, fließt der gemeinsamen MutterGes eine vGA zu, der jedoch ein gleich hoher Aufwand in Form von WK/BA oder einer verdeckten Einlage in die begünstigte TochterGes gegenüberstehen kann, s zum Nutzungsvorteil *Gosch* § 8 KStG Rz 125 (ABC der verdeckten Einlagen „Dreiecksverhältnis"); *Gosch* § 8 KStG Rz 235–239). Zum Verh der vGA zu § 1 AStG s BFH I R 40/19 DStR 20, 2012.

44 **cc) Veranlassung durch das Gesellschaftsverhältnis beim nicht beherrschenden Gesellschafter. – *(1)* Fremdvergleich.** Entscheidendes Merkmal der vGA und Bindeglied zw § 8 III 2 KStG und § 20 I Nr 1 S 2 ist die gesellschaftl (nicht gesellschaftsrechtl) *Veranlassung* der Vermögensminderung/verhinderten Vermögensmehrung. Gesellschaftl veranlasst ist auf Grundlage des erforderl *Fremdvergleichs* (ausführl *Gosch* § 8 KStG Rz 284 ff) *bei beiden Regelungen* ein Vorteil, den ein ordentl und gewissenhafter Geschäftsleiter einem Nicht-Ges'ter unter sonst gleichen Umständen nicht zugewendet hätte (BFH VIII R 31/05 BStBl II 07, 393, BFH I R 12/07 BStBl II 15, 409; BFH X R 52/06 BFH/NV 10, 1246; BFH IV R 7/13 BStBl II 16, 219). Es ist aber nicht nur auf den – die Interessen der Ges im Auge behaltenden – ordentl und gewissenhaften Geschäftsleiter, sondern auch auf die Interessenlage eines obj und gedachten Vertragspartners und darauf abzustellen, ob auch dieser den Vertrag abgeschlossen hätte (BFH I R 28/13 BStBl II 14, 726: sog doppelter Fremdvergleich). Dies ist anhand der Verhältnisse *im Zeitpunkt des Vertragsabschlusses* zu beurteilen (s auch Rz 47 zum früheren/künftigen Ges'ter); der Maßstab des Verhaltens eines ordentl und gewissenhaften Geschäftsführers wird durch die Kriterien der *Angemessenheit, Üblichkeit, Ernstlichkeit* der Vereinbarung ergänzt (*Gosch* § 8 KStG Rz 300 ff, 345 ff, 370). Zur str Einordnung der Fremdvergleichsprüfung als Tatsachen- oder Rechtsprüfung iRd § 118 FGO s zutr § 2 Rz 23; *Gosch* § 8 KStG Rz 289. – *(2)* **Angemessenheit.** Sie verlangt, dass sich Leistung und Gegenleistung entsprechen; der Maßstab ist normativ (wertend), nicht faktisch, zB der ordentl und gewissenhafte Geschäftsleiter, der sich an das Gesetz und die GoB hält; es können aber auch ökonomische und betriebswirtschaftl Erwägungen angestellt werden. Zur Angemessenheit der Ausstattung eines Ges'tergeschäftsführers s Rz 56. Auch die Einhaltung des dispositiven Rechts unter Beachtung von dessen Leitbildfunktion können herangezogen werden. In die Prüfung iRd Fremdvergleichs ist stets neben den Einzelbestandteilen der Vereinbarung auch die Gesamtheit der Gegenleistungen einzubeziehen (zB BFH I B 158/93 BFH/NV 94, 740, *BMF* BStBl I 02, 972 mit Beispielen, auch zu Ober- und Nichtaufgriffsgrenzen). Die Anforderungen steigen mit dem Grad der Einflussmöglichkeit des Ges'ters, da bei nicht beherrschenden Ges'tern der natürl Interessengegensatz zur Ges bzw zu den übrigen Ges'ter die Angemessenheit idR sicherstellt. – *(3)* **Üblichkeit.** Sie stellt auf die *faktischen* Verhältnisse bei der KapGes ab (BFH I B 96/13 BFH/NV 15, 237). Hauptkriterium ist der (interne und externe) Betriebsvergleich. – *(4)* **Ernstlichkeit.** Die Beteiligten müssen das, was sie vereinbart haben, auch tatsächl wollen und durchführen. – *(5)* **Gemischte Veranlassung.** S Rz 61.

45 **dd) Veranlassung durch das Gesellschaftsverhältnis beim beherrschenden Gesellschafter. – *(1)* Beherrschung.** Sie liegt jedenfalls dann vor, wenn der Ges'ter über die einfache Stimmenmehrheit in der Ges'terversammlung auf Grund einer Beteiligung von mehr als 50 % verfügt (BFH VIII R 9/03 BFH/NV 05, 526; s auch KStR 8.5 II). GesAnteile bei MinderheitsGes'tern/Angehörigen werden zusammengerechnet, wenn gleichgelagerte Interessen bestehen (BFH I R 52/96

Laufende Kapitalerträge **46 § 20**

BFH/NV 97, 808, BFH I B 12/09 BFH/NV 10, 66; FG Hbg DStRE 15, 597, rkr). Zur **AG** s BFH I R 93/01 BFH/NV 03, 946; FG BBg DStRE 12, 1133, rkr. Maßgebend ist die Beteiligung im Zeitpunkt der Vereinbarung bzw ohne Vereinbarung im Zeitpunkt der tatsächl Zuwendung (BFH I R 139/94 BStBl II 97, 301; zur nachträgl vGA an einen früheren Ges'ter FG Mchn EFG 17, 1815). – *(2)* **Fremdvergleich.** Die allg Indizien für den Fremdvergleich bei Angehörigenverträgen (zivilrechtl Wirksamkeit, Fremdüblichkeit dem Inhalt und der Durchführung nach, s Rz 23, 45 und § 2 Rz 56) sind auch hier anzuwenden; ein Defizit muss danach nicht stets zur Annahme einer vGA führen, ist aber als Indiz in die Einzelfall-Gesamtwürdigung einzubeziehen (vgl BFH I R 89/04 BStBl II 08, 523; BFH I B 68/11 BFH/NV 12, 612; FG Hbg EFG 14, 577, rkr). Der formelle Fremdvergleich ist ebenfalls anhand der Verhältnisse *im Zeitpunkt des Vertragsabschlusses* vorzunehmen (*Gosch* § 8 KStG Rz 370 f mwN).

(3) **Einzelfragen:** – *(a)* **Vorherige klare und eindeutige Vereinbarung** in der bürgerlrechtl vorgeschriebenen Form (BFH VIII R 9/03 BFH/NV 05, 526). Entscheidend ist letztl, dass der Vereinbarungsinhalt (ohne Berechnungsspielräume) unveränderbar feststeht; es gilt ein grds **Nachzahlungs- und Rückwirkungsverbot** (s KStH 8.5 III mwN und zB BFH I R 74/15 BFH/NV 18, 836). Dieses Rückwirkungsverbot (s § 2 Rz 41 f) gilt auch bei – verzichtbarem – Rechtsanspruch (BFH I R 63/82 BStBl 88, 590) und bei Leistung an eine nahe stehende Person. Es genügt als Rechtsgrundlage ein gesellschaftsrechtl Anspruch des Ges'ters auf die Vergütung (BFH I R 65/96 BStBl II 98, 402; BFH VIII R 11/12 BStBl II 15, 638), nicht aber eine unverbindl Gewohnheitsrechtsübung (FG Hbg EFG 00, 146, rkr). Da keine Spielräume bei der Berechnung einer Vergütung bestehen dürfen, kann eine Umsatzpacht uU schädl sein (FG BBg EFG 14, 784, rkr), ebenso ein Entscheidungsvorbehalt der Ges'terversammlung (BFH I R 21/90 BStBl II 92, 851; FG BBg DStRE 15, 1296, rkr zur nachträgl Tantiememinderung). Zu **mündl Vereinbarung** bei übl Reisekostenerstattung s FG Nds EFG 00, 235, rkr; zur Abänderbarkeit bei gewillkürter Schriftform s BFH I R 115/95 BStBl II 97, 138. Zum **Mindestregelungsinhalt** vgl BFH I R 142–143/85 BStBl II 89, 636. Zu **fehlenden Nebenabreden** s BFH I R 74/15 BFH/NV 18, 836. Zur **Auslegungsmöglichkeit** und Beseitigung einer Unklarheit ex nunc BFH I R 90/85 BStBl II 89, 800; BFH I R 96/97 BFH/NV 98, 1375; BFH I R 20/98 BStBl II 01, 612 und *BMF* BStBl I 01, 594. – *(b)* **Tatsächliche Durchführung** der Vereinbarung ist erforderl (BFH I R 32/04 BFH/NV 05, 1374); bei teilweiser Durchführung ggf teilweise Anerkennung (BFH I R 44/00 BFH/NV 02, 543). Ein **Forderungsverzicht** muss Vereinbarungen nicht in Frage stellen (s BFH I R 11/94 BStBl II 94, 952). **Monatl Gehaltsverzichte** können aber zur vGA führen (FG Hbg EFG 16, 753, rkr). S zur Durchführung von Dauerschuldverhältnissen BFH I R 18/91 BStBl II 93, 139, FG Nds EFG 95, 284, rkr. – *(c)* **Zivilrechtliche Wirksamkeit.** Zur **GmbH-Zuständigkeit** für Vertragsänderungen s BGH II ZR 452/17 DStR 18, 1929 und KStH 8.5 I. Zum **Selbstkontrahierungsverbot** s BFH I R 189/93 BFH/NV 94, 661; BFH I R 64/94 BStBl II 96, 246, BFH I R 71/95 BStBl II 99, 35 (Eintragung in HR ist notwendig) und KStH 8.5. Der Vertragsschluss vor notarieller Beurkundung der Gründung einer UG geht ins Leere (FG Mchn EFG 17, 1826, rkr).

ee) Rechtshandlung der Gesellschaftsorgane. – *(1)* **Beruhen auf Handlung.** Eine Willensbildung der Organe der KapGes über die Zuwendung des Vorteils ist nicht erforderl. Eine vGA erfordert aber, dass die Vermögensminderung, verhinderte Vermögensmehrung auf die Handlung eines Organs der KapGes zurückgeführt werden kann (BFH I R 41/86 BStBl II 89, 1029; BFH I R 32/88 BStBl II 91, 484: auch kompetenzwidrige Handlungen). Widerrechtl (strafbare) Handlungen sowohl des Ges'tergeschäftsführers als auch der nicht beherrschenden Ges'ter können die vGA auslösen (BFH I R 41/86 BStBl II 89, 1029; BFH I R 14/92 BStBl II 93, 351; BFH I R 17/92 BStBl II 93, 352 zu Unterschlagungen durch MinderheitsGes'ter bzw Treugeber; zu eigenmächtigen Geldentnahmen nahestehender Personen s BFH VIII R 22/11 BStBl II 15, 687; FG BBg EFG 15, 1643, rkr). Die private Einlösung von GmbH-Schecks durch Ges'ter und die unterlassene Weiterleitung vereinnahmter Kundengelder der KapGes vom Privatkonto des Ges'ters kann eine vGA sein (BFH VIII R 45/11 BFH/NV 15, 683; BFH VIII R 11/12 GmbHR 15, 996). – *(2)* **Handlungswillen.** Die Handlung des Organs setzt aber dessen Willen voraus, eine Vermögensminderung, verhinderte Vermö- **46**

Levedag 1599

gensmehrung zu bewirken. Dieser fehlt zB beim reinen Buchungsfehler zugunsten eines Ges'ters (BFH III R 43/00 BStBl II 03, 149; FG Mster DStRE 17, 1504).

47 **ff) Zufluss. – (1) Allgemeines.** Der Zuflusszeitpunkt muss nicht dem Zeitpunkt der Einkommenskorrektur bei der KapGes entsprechen (s zu den Anwendungsfällen iEinz Rz 56 ff). Die vGA ist *im PV* beim Ges'ter zu erfassen, wenn ihm die Einnahme gem § 11 nach allg Grundsätzen zufließt. Bei „gewerbl vGA" (s Rz 52) sind Gewinnermittlungsgrundsätze (nach Maßgabe der jeweiligen Gewinnermittlungsart) maßgebl (zum aufschiebend bedingten Anspruch als vGA s BFH X R 42/08 BStBl II 12, 188). Bei *ratenweiser Tilgung eines überhöhten Kaufpreises* tritt der Zufluss der vGA erst nach Überschreiten des fremdübl Kaufpreises ein (BFH I R 32/98 BStBl II 99, 369). Diese Tilgungsreihenfolge wendet FG Mster EFG 18, 976 zutr auch auf den in den Raten enthaltenen Zinsanteil an, dh vGA-Zins erst ab vollständiger „Tilgung" des fremdübl Kaufpreises. S zum Erlass bei unbilliger Häufung in einem Jahr BFH VIII R 290/84 BFH/NV 91, 191; FG Nbg EFG 17, 1440, rkr. – *(2) Beherrschender Gesellschafter.* S zu den besonderen Zuflussgrundsätzen Rz 23 und BFH VIII B 46/11 BFH/NV 12, 597; BFH VI B 3/19 BFH/NV 22, 9: Zufluss bei Fälligkeit der unangemessenen Forderung gegen die KapGes, Gutschrift auf dem Verrechnungskonto. – *(3)* **Noch-nicht-Gesellschafter; Nicht-mehr-Gesellschafter.** Die Veranlassung durch das GesVerhältnis setzt grds eine Ges'terstellung zum Zeitpunkt des Vertragsabschlusses voraus; auch der Fremdvergleich ist anhand der Verhältnisse zu diesem Zeitpunkt zu prüfen. Es sind aber auch vGA stbar, die bei entspr Veranlassung der Vereinbarung durch das GesVerhältnis einem *Nichtmehr-Ges'ter* zufließen, wenn es sich um eine reine Erfüllung handelt; gleichermaßen kann eine Veranlassung durch ein künftiges GesVerhältnis bei einem *Noch-Nicht-Ges'ter* gegeben und die vGA bei diesem stbar sein (BFH VIII R 74/84 BStBl II 89, 419); außerhalb dieser Fallgruppe ist der Nicht-Ges'ter allenfalls eine nahe stehende Person (vertiefend *Gosch* § 8 KStG Rz 211); mE unzutr FG Mchn EFG 17, 1815, rkr zu einem Darlehensverzicht der Ges nach Ausscheiden des Ges'ters.

48 **gg) Keine Rückgängigmachung.** Durch eine Schadenersatzverpflichtung des Ges'ters oder satzungsmäßige Rückgewähransprüche (BFH VIII R 4/01 BFH/NV 05, 105; BFH VIII R 59/97 BStBl II 01, 226), einen anderweitigen Ausgleichsanspruch (BFH VIII R 45/11 BFH/NV 15, 683), die Aufhebung des Geschäftsvorfalls (s zur Tantiememinderung BFH I R 51/92 BStBl II 93, 635; zur Rückabwicklung einer Anteilsübertragung FG Nbg EFG 17, 1440, rkr) oder durch den Verzicht des Ges'ters (BFH I R 38/05 BFH/NV 06, 1515) sowie eine Rückzahlung des Vorteils an die Ges wird die vGA nicht beseitigt. Die entspr Zuführung ist ggf (verdeckte) Einlage, aber keine negative Einnahme (BFH VIII R 10/07 BFH/NV 09, 1815; zu einer Ausnahme FG Mchn DStRE 13, 147, rkr). Dies gilt iRd § 8 III 2 KStG und des § 20 I Nr 1 S 2 (BFH VIII R 59/97 BStBl II 01, 226). Ein Vorteilsausgleich bei der KapGes zur Abwendung der Vermögensminderung, verhinderten Vermögensmehrung iSd § 8 III 2 KStG auf schuldrechtl Grundlage kommt nur unter engen Voraussetzungen in Betracht (s iEinz *Gosch* § 8 KStG Rz 260 ff; *BH/Rengers* § 8 KStG Rz 282 ff).

49 **hh) Feststellungslast (objektive Beweislast).** Das FA trägt auf Ebene des Ges'ters die Darlegungs- und Feststellungslast für die vGA – Voraussetzungen (s BFH VIII R 54/10 BFH/NV 14, 1501). Beim Ges'ter besteht in Schätzungsfällen eine Pflicht des Ges'ters zur Mitwirkung am Verbleib der hinzugeschätzten BE, dh er trägt das Risiko der Nichtaufklärbarkeit (BFH III R 25/05 BFH/NV 06, 1747; BFH VIII R 38/14 BFH/NV 18, 1141). Der beherrschende Ges'ter hat die erforderl im Vorhinein abgeschlossene fremdübl Vereinbarung nachzuweisen (KStH 8.6). Zum Anscheinsbeweis bei mittelbaren vGA s Rz 43.

50 **d) Bewertung der verdeckten Gewinnausschüttung.** Auf Ebene der *Ges* ist die Vermögensminderung, verhinderte Vermögensmehrung aus dem Blickwinkel

Laufende Kapitalerträge **51, 52 § 20**

des Ges gem § 9 BewG iHd gemeinen Werts oder der erzielbaren Vergütung (übl Endpreis einschließl USt, s KStR 8.6) anzusetzen. Beim *Ges'ter* als natürl Person ist die Höhe der Einnahme aus § 8 I, II abzuleiten. Zw der Bewertung der vGA gem § 20 I Nr 1 S 2 und der vGA gem § 8 III 2 KStG besteht keine Wertverknüpfung (ausführl *Brühl/Weiss* Ubg 17, 510, 514 ff; BFH VIII B 50/17 (AdV) BeckRS 2017, 162079).

e) Rechtsfolgen. – aa) Umsetzung. Wird für die vGA das Einlagekonto iSd 51 § 27 KStG iVm Abs 1 Nr 1 S 3 verwendet, sind die Einnahmen nicht stbar (Rz 66 f). Die Einnahmen aus der vGA (nicht notwendigerweise den Vorteil, Rz 42) erzielt gem Abs 5 der (unmittelbare) Anteilseigner (Rz 234). – Bei *Verneinung* einer vGA treten die Rechtsfolgen für die vereinbarte schuldrechtl Vergütung ein (zB BA bei der Ges, Einkünfte nach § 15, § 18, § 19, § 20 I Nr 4, Nr 7, § 21 des Ges'ters). – Bei *Bejahung* der vGA ist idR das Einkommen bei der KapGes zu korrigieren und die Einnahme beim Ges'ter bei Zufluss zu besteuern. Die frühere Umdeutung nach der Fiktionstheorie in ein „angemessenes" Rechtsverhältnis mit höherer Vermögensmehrung bei der KapGes und einer Ausschüttung des vGA-Betrags an den Ges'ter hat BFH GrS 2/86 BStBl II 88, 348 aufgegeben. – **Verfahrensrechtl** sind beim Ges'ter und ggf einem den Vorteil empfangenden Dritten gem § 32a I KStG die entspr Folgerungen zu ziehen (s Rz 39).

bb) Besteuerungsfolgen iEinz. – *(1)* Privatvermögen (natürliche Perso- 52 **nen).** VGA sind idR mangels abgeltenden StAbzugs gem § 32d III in der Anlage KAP zu erklären (zum Strafrecht s unten *(8)*). Stellt der Ges'ter rechtzeitig einen zumindest vorsorgl Antrag gem § 32d II Nr 3 (BFH VIII R 20/16 BStBl II 19, 586; § 32d Rz 19), erfasst dieser auch vGA und führt zur tarifl Besteuerung, ggf iRd Teileinkünfteverfahrens (s § 3 Nr 40 S 1 Buchst d). Ein Antrag auf Günstigerprüfung (§ 32d VI) kann dies wegen § 3 Nr 40 S 2 nicht bewirken (s § 32d Rz 30). S jeweils auch zur erforderl Einkommenskorrektur bei der KapGes bei § 32d II Nr 4 und bei Rz 39. S zur vermögensverwaltenden PersGes als Anteilseigner BFH VIII R 22/11 BStBl II 15, 687. – *(2)* **Betriebsvermögen (natürliche Personen).** VGA, die im BV/SonderBV natürl Personen, MUerschaften erzielt werden, sind gem § 20 VIII 1 betriebl KapErträge, die nach § 3 Nr 40 S 1 Buchst d anteilig (40%) stfrei sind, wenn das Einkommen der KapGes nicht gemindert ist (§ 3 Rz 143). Zu vGA iZm GmbH & Co KG, GmbH & atypisch Still s BFH I R 78/80/05 GmbHR 07, 608; BFH IV R 5/12 BStBl II 15, 935; BFH IV R 7/13 BStBl II 16, 219; BFH IV R 11/18 BStBl II 20, 641; FG Sachs EFG 21, 268, rkr; *Briese* DStR 15, 1945). Die vGA ist in die Gewinnfeststellung einzubeziehen (BFH I R 51/14 BStBl II 17, 185); VGA sind mit dem stpfl Teil (zum stfreien Teil s § 7 S 4 GewStG iVm § 3 Nr 40) unter den Voraussetzungen des § 9 Nr 2a GewStG aus dem Gewerbeertrag der MUerschaft zu kürzen (BFH I R 16/04 BStBl II 05, 297). – *(3)* **Kapitalgesellschaft.** VGA, die von KapGes erzielt werden, fallen unter § 8b I, V KStG (s Rz 39 zur erforderl Einkommenskorrektur). Zu vGA im Konzern und in Dreiecksverhältnissen s Rz 43, *Hausmann* StuW 14, 305, *ders* StuW 15, 195; *SchwaRz* StuW 15, 191. – Kreditzahlungen für SchwesterGes (BFH I R 61/07 BStBl II 11, 62) und eben solche Mietzahlungen (BFH I R 19/07 BStBl II 11, 60) können vGA sein, auch die Verschonung der SchwesterGes (FG Köln EFG 13, 231, rkr). S zur Angemessenheit von Darlehenszinsen im Konzern BFH I R 4/17 DStR 21, 2506 und zum Ausgleich iRe Abspaltung BFH IV R 29/15 BFH/NV 17, 1466. – *(4)* **Umsatzsteuer.** Löst eine vGA als stbare ustl Leistung der KapGes an den Ges'ter oder Dritten USt (ggf Ansatz der Mindestbemessungsgrundlage gem § 10 V UStG) aus oder hat sie eine nicht abziehbare Vorsteuer zur Folge, ist diese iRd Gewinnermittlung der KapGes nicht gem § 10 Nr 2 KStG hinzuzurechnen (KStR 8.6); s zum Ganzen *Sterzinger* Ubg 18, 220. – *(5)* **Kapitalertragsteuer.** S zur StPflicht § 43 I Nr 1 iVm I 3; zur Entstehung § 44 I 2; zur Übernahme, Haftung § 44 Rz 20. Die KapGes (Schuldnerin) muss die vGA anmelden und bescheinigen

(§ 45a). – **(6) Schenkungsteuer.** Weder Zuwendungen eines Vermögensvorteils der KapGes an den Ges'ter (BFH II R 6/12 BStBl II 13, 930; *GLE* DStR 18, 1178 Rz 2.6.1, ErbStR E 7.5) noch an einen nahe stehenden Dritten sind Zuwendungen der Ges an den Ges'ter gem § 7 I, § 15 IV ErbStG; allenfalls können schenkungstbare Zuwendungen des Ges'ters an den Dritten vorliegen (BFH II R 54/15 BStBl II 18, 292, BFH II R 42/16 BStBl II 18, 299; BFH II R 32/16 BStBl II 18, 296; *Loose* DB 18, 2327, 2328; abw *GLE* DStR 18, 1178, Rz 2.6.2: „idR" Zuwendung des Ges an Dritten). Zu verbleibenden Fragen s *Kotzenberg/Lorenz* DStR 18, 1346, 1349 ff. S auch BFH II R 44/13 BStBl II 15, 249 zum verbilligten Verkauf an Gester. – **(7) Gemeinnützigkeit.** Aberkennung aufgrund von vGA s BFH I R 59/09 BStBl II 12, 226; BFH V R 5/17, BStBl II 21, 55. – **(8) Strafrecht.** Vorteilszuwendungen an den Ges'ter iSd vGA sind nicht immer strafbar (Ausnahme: Unterschlagung/Untreue). Die ststrafrechtl Folgen einer vGA hängen damit idR davon ab, ob in der StErklärung zur vGA unrichtige, unvollständige Angaben gemacht oder pflichtwidrig unterlassen werden (s *Beyer* NWB 16, 1894, 1895; *Heuel/Matthey* AO-StB 18, 54 ff, 89 ff). Bei Nichtangabe können sowohl auf Ebene des KSt-Subjekts (KSt, GewSt, USt, KapESt) als auch auf Ebene des Ges'ters (ESt/KSt) StHinterziehungen vorliegen (s BGH 5 StR 72/07 DStRE 08, 169 zu Scheingeschäften; BGH 1 StR 240/12 BFH/NV 13, 174; BGH 1 StR 273/15 NJW 16, 1747 zur Dienstwagennutzung).

56 **f) Anwendungsfälle der verdeckten Gewinnausschüttung.** Zu vGA-ABC auf Ebene der KapGes s unter KSt H 8.5 V sowie bei *Gosch* § 8 KStG Rz 550; *BH/Rengers* § 8 KStG Rz 480 ff; *RHN* § 8 KStG Rz 407 ff und die folgenden Anwendungsfälle. – **aa) Geschäftsführervergütungen.** – *(1)* **Angemessenheit der Gesamtausstattung.** S *BMF* BStBl I 02, 972. Die Angemessenheit sämtl Vergütungskomponenten bestimmt sich nach Art und Umfang der Tätigkeit, den Ertragsaussichten/der Eigenkapitalverzinsung und einem internen/externen Fremdvergleich. Nach der ständigen Rspr (vgl BFH I R 38/02 BStBl II 04, 139; BFH I R 5/10 GmbHR 12, 223) gibt es keine festen Regeln und ist iRe Einzelfallschätzung eine Bandbreite festzulegen, dh vGA bei Überschreiten des oberen Rahmens (im Wesentlichen Tatfrage gem § 118 FGO); bei zwei Geschäftsführern Verdoppelung des angemessenen Betrags und 25 %-Abschlag; 30 %-Abschlag bei drei Geschäftsführern (FG Saarl EFG 11, 1541, rkr; ferner BFH I B 111/10 BFH/NV 11, 1396). Zu Gehaltsstrukturuntersuchungen s BFH I B 34/01 BFH/NV 02, 1174 mwN. Zum formellen Fremdvergleich bei *einer ausl KapGes* s BFH I R 48/16 BFH/NV 17, 1316. S auch *Wacker/Krüger ua* DStR-Beih 21 31 zu OptionsGes. – *(2)* **Durchführung.** Zum fortlaufenden Gehaltsverzicht s FG Mbg EFG 16, 272, rkr. – *(3)* **Gehaltskomponenten.** Die einzelnen Gehaltskomponenten sind im ersten Schritt isoliert auf ihre Veranlassung durch das GesVerhältnis hin zu prüfen und danach die Gesamtausstattung (s zur Vorgehensweise *BMF* BStBl I 02, 972, Tz 5 ff). – *(4)* **Entgeltkomponenten iEinz.** Bei *Überstundenvergütungen* (BFH I R 111/03 BFH/NV 04, 1605) und Zuschlägen für **Sonn- und Feiertagsarbeit** iSd § 3b (s § 3b Rz 1) grds vGA; Ausnahmen bei besonderen Umständen. Zur Gutschrift auf *Arbeitszeitkonto* als vGA s § 3 Rz 175. Zur *Urlaubsabgeltung* s KStH 8.5 IV. Die Weiterleitung erstatteter *ArbG-Beiträge* an Ehegatten-ArbN muss keine vGA sein (BFH VIII R 21/12 BStBl II 15, 638; § 3 Rz 201). – *(5)* **Pkw-Überlassung/andere Verkehrsmittel.** S *BMF* BStBl I 12, 478. VGA sind die *(1)* nicht gesetzlich/verbotswidrige private Pkw-Nutzung (BFH I R 83/07 BFH/NV 09, 417; BFH I R 8/06 BStBl II 12, 260; BFH VI R 43/09 DStR 10, 643), die *(2)* Überlassung zu 100 %-Privatnutzung und die *(3)* nicht ausdrückl geregelte private **Pkw-Mitbenutzung** durch den beherrschenden Ges'tergeschäftsführer (FG Mster EFG 20, 96, nrkr), die *(4)* private Flugzeugnutzung (BFH I R 47/10 BFH/NV 11, 1019). Die Feststellungslast für die vGA (auch für die tatsächl Nutzung des Pkw) trägt das FA (zum Anscheinsbeweis s FG Mchn EFG 18, 1366); die zum Arblohn entwickelten Grundsätze (§ 8 Rz 33, 35) gelten nicht. Die Einnahme ist auf der Ges'terEbene mit dem gemeinen Wert der Nutzungsüberlassung (iHd erzielbaren Vergütung zuzügl eines angemessenen Gewinnaufschlags) zu bewerten, nicht nach 1 %-Regelung (BFH I R 8/06 BStBl II 12, 260; FG Saarl EFG 15, 800, rkr).

57 **bb) Tantiemen** (s KStH 8.8; *BMF* BStBl I 02, 219) sind gesellschafts- und gesellschafterbezogen zu prüfen. – *(1)* **Gesellschafterbetrachtung.** Tantiemen (variable Gehaltsbestandteile) dürfen „idR" nicht mehr als *25 % der Gesamtbezüge* eines Ges'terGeschäftsführers betragen; bei höherem Anteil Einzelfallwürdigung (BFH I R 46/01 BStBl II 04, 132: vGA nicht schon deshalb, weil die Vergütung zu mehr als 25 %. aus variablen Anteilen besteht; auch Beachtung "besonderer Umstände", ebenso BFH I R 24/02 BStBl II 04, 136); sog Festtantiemen sind einzubeziehen (BFH I R 72/05 BFH/NV 06, 1711). Die Branchenüblichkeit kann nur als Indiz gewertet werden (BFH I R 38/02 BStBl II 04, 139); absolute Planungssicherheit gibt es nicht. Zur Abschätzung der zu erwartenden Gesamtvergütung bei Festlegung einer Gewinntantieme sollte eine Ergebnisprognose vorgenommen werden; entscheidend sind die Aussichten im Zeitpunkt der Vereinbarung, spätere Erkenntnisse sind nicht maßgebend. Bei absehbaren Gewinnsprüngen kann die Begrenzung der gewinnabhängigen Vergütung auf einen Höchstbetrag geboten sein. – *(2)* **Gesellschaftsbetrachtung.** Die insgesamt gezahlte Jahrestantieme darf *50% des Bruttojahresgewinns* der Ges vor Abzug der Steuern und der Tantieme nicht überschreiten (BFH I R 24/02 BStBl II 04, 136; FG Mchn DStRE 15, 1236, rkr); Sonder-AfA dürfen sich nicht nachteilig auswirken (BFH I R 72/05 BFH/NV 06, 1711). – *(3)* **Verlustvorträge** der Ges mindern bei Gewinntantiemen des Ges'ters den angemessenen Betrag (BFH I R 73/06 BStBl II 08, 314); eine sog *Negativtantieme* ist zul (FG BaWü EFG 15, 2215, rkr). – *(4)* **Nur Tantieme.** Sie bildet ein Indiz für eine gesellschaftl Veranlassung; besondere Umstände (zB Tätigkeitsantritt von nur 10%) können sie aber rechtfertigen (BFH I R 27/99 BStBl II 02,111; *BMF* BStBl I 02, 219: ausnahmsweise Anerkennung). – *(5)* **Umsatztantiemen** sind idR zulässig (BFH I R 10/04 BFH/NV 05, 2058; BFH I R 108/05 BFH/NV 07, 107; **aA** FG BaWü EFG 15, 2213, rkr); aber Ausnahmen sind mögl (FG BBg EFG 14, 1332, rkr; *Bruschke* DStZ 14, 856). – *(6)* Die **verspätete Auszahlung** muss nicht zur vGA führen (FG Köln EFG 14, 1610, rkr).

cc) **Pensionszusagen; Versorgungszusagen.** – *(1)* **Betriebliche Veranlassung** der Zuführung zur Rückstellung; Betriebsausgabe für Altersvorsorgebeiträge der Kapitalgesellschaft. Die Abgrenzung zw den bilanzsteuerl Voraussetzungen des BA-Abzugs gem § 4d, § 6a (Geltung für sämtl ArbN) und außerbilanziellen vGA-Korrekturen, die erst in Betracht kommen, wenn ein bilanzieller BA-Abzug zul ist, sind zu beachten (*Zweistufigkeit,* s *BMF* BStBl I 02, 603). – Zu *Pensionszusagen* s für die Rückstellungsbildung gem § 6a s § 6a Rz 17 ff. IRd vGA sind je nach Beteiligungsquote die Voraussetzungen des Fremdvergleichs (Angemessenheit, dh Überversorgung, Gesamtausstattung), Ernsthaftigkeit (Versorgungseintrittsalter und Erdienbarkeit: mindestens 10 Jahre, Probezeit), Durchführung) und ggf der formale Fremdvergleich zu beachten (KStR/KStH 8.5 und 8.7; *BMF* BStBl I 05, 875; *BMF* BStBl I 16, 1427 zum Versorgungseintrittsalter); zur Eindeutigkeit s BFH XI R 48/17 BStBl II 19, 763. – Zur *Unterstützungskassenzusage* iSd § 4d für den Ges'terGeschäftsführer s BFH I R 33/15 BStBl II 17, 66. - Beiträge zu einer *Rückdeckungsversicherung* sind für die VGA-Prüfung der Ges eigenständig zu beurteilen (BFH I R 2/02 BStBl I 04, 131; KStH 8.7). – *(2)* **Überversorgung.** Versorgungsanwartschaften (Zusage iHd fiktiven Jahresnettoprämie *und* gesetzl Rentenanwartschaft) in Form von *Festzusagen* dürfen am Bilanzstichtag grds 75% der Aktivbezüge (tatsächl Arbeitsentgelt des Wj) nicht übersteigen (BFH I R 56/11 BStBl II 12, 665; *BMF* BStBl I 04, 1045; BFH I R 4/15 BStBl II 17, 678); keine Anknüpfung an künftige gewinnabhängige Bezüge (BFH I R 31/09 DStR 10, 691; zur BetrAufsp s BFH I R 78/08 BStBl II 13, 41). Die dauerhafte Gehaltsabsenkung kann nach der zitierten Rspr für die auf den „future service" entfallende Anwartschaft schädl sein; zur Teilzeit samt Erhöhung der Anwartschaft s FG SchlHol EFG 17, 1457, nachgehend BFH I R 56/17 DStR 716 und zur Ausnahme bei nur vorübergehender Herabsetzung der Aktivbezüge (BFH I R 56/11 BStBl II 12, 665). Die Überversorgungsgrundsätze gelten *nicht bei endgehaltsabhängigen Zusagen* (BFH I R 91/15 BFH/NV 18, 16). – *(3)* **Nur-Pensionszusage.** Sie ist idR gesellschaftl veranlasst (BFH I R 78/08 BStBl II 13, 41; *BMF* BStBl I 13, 35 (Aufgabe von *BMF* BStBl I 08, 681; § 6a Rz 21). – *(4)* **Erdienbarkeit.** Bei Erteilung einer Zusage, Änderung einer Zusage muss der Erdienungszeitraum zw Zusagezeitpunkt und Leistungsbeginn iHv 10 Jahren idR eingehalten werden, s BFH I R 17/14 BStBl II 15, 1022, *BMF* BStBl I 13, 58 und *BMF* BStBl I 16, 1427. S auch FG Köln EFG 17, 1537, rkr zur barwerterhaltenden Anpassung der Zusage bei Weiterarbeit sowie BFH I R 89/15 DStR 18, 1359: keine Erdienbarkeitsprüfung bei Barlohnumwandlung und Wechsel des Durchführungswegs für den future service (dazu auch § 3 Rz 210). Ein mögl Pensionseintritt ab dem 60. Lebensjahr indiziert die vGA (FG Ddorf EFG 21, 1576, Rev I R 29/21). – *(5)* **Weiterarbeit.** Eine Zusage, nach der das Ausscheiden aus dem ArbVerh keine Voraussetzung für den Bezug der Leistung ist, ist in der Anwartschaftsphase keine vGA. Bei fortgeführter Tätigkeit als Geschäftsführer nach Erreichen des Versorgungseintrittsalters muss das Gehalt auf eine bezogene Pension angerechnet werden; nicht bei Beratervertrag ohne Geschäftsführertätigkeit (BFH I R 12/07 BStBl II 15, 409; BFH I R 60/12 BStBl II 15, 413; *BMF* BStBl I 17, 1293, dazu *Otto* DStR 18, 55; *Stöckler* DStR 18, 223). S auch FG Mster EFG 19, 1620, Rev I R 41/19. – *(6)* **Verzicht, Übertragung der Zusage.** – *(a) Verzicht.* Diese kann zum Zufluss von ArbLohn samt verdeckter Einlage beim Ges'terGeschäftsführer führen (BFH VI R 4/16 BStBl II 18, 208; § 11 Rz 50 „Verzicht"; § 19 Rz 100 „Gehaltsverzicht". – *(b) Übertragung.* S zum Zufluss von ArbLohn und zur vGA bei § 3 Nr 55 (§ 3 Rz 180); FG Hess EFG 19, 1926, rkr. – *(7) Korrekturtechnik.* S *BMF* BStBl I 02, 603, Rz 22 ff zur vGA in der Anwartschaftsphase [außerbilanzielle Hinzurechnung der RSt] und Rz 30 ff zu vGA in der Leistungsphase [Umqualifizierung der Versorgungsleistung in vGA; Abfluss gem § 27 KStG].

59 dd) Darlehen. – *(1)* **Darlehensgewährung/Darlehensausfall als vGA.** *Schrifttum: Briese* DStR 16, 2817. Die vGA kann bei Darlehensgewährung an einen nicht solventen Ges'ter oder später bei Wegfall der Rückzahlungsverpflichtung, Ausfall entstehen (BFH IX R 28/14 DStR 15, 2489). Die Rückzahlungs- und Zinsforderung sind iRd geschäftsvorfallbezogenen Betrachtung getrennt zu betrachten (BFH I R 5/14 BStBl II 16, 491). Ist schon die Darlehensgewährung durch das GesVerhältnis veranlasst, bildet die Valuta den Vorteil; ist nur die verbilligte Nutzung des Kapitals so veranlasst, ist der entgangene Zins vGA. Zum Fremdvergleich ist auf die Vereinbarungen zum Inhalt, insb den bankübl Soll-Zinssatz (bei Refinanzierung mindestens in dieser Höhe; bei vorhandener Liquidität Mittelwert zw Soll-, Habenzinsen) und auf einen angemessenem Risikoaufschlag, die Besicherung, die Konditionen einer alternativen Geldanlage sowie auf die tatsächl Durchführung abzustellen (BFH X R 26/11 BStBl II 14, 374; BFH I R 93/93 BStBl II 94, 725; zum unentgeltl Darlehen s BFH VI R 62/15 BStBl II 18, 15, zum verbilligten Darlehen FG SchlHol EFG 21, 223, Rev I R 27/20). Ein unangemessenes Darlehen an eine nahe stehende Person kann auch vGA sein (FG BaWü EFG 15, 841, rkr; FG Mchn BeckRS 2018, 17790 zu Darlehen der Ges der Ehefrau an KG des Ehemanns; FG Mster EFG 19, 1328, rkr). – *(2)* **Verzicht der Kapitalgesellschaft auf Rückzahlung, Uneinbringlichkeit, Teilwert-AfA.** Verzichtet die Ges ggü dem zahlungsunfähigen Ges'ter auf den Rückzahlungsanspruch (statt zu stunden), kann dies zur vGA führen; ebenso der Darlehensausfall oder die TW-AfA (BFH I R 6/89 BStBl II 90, 795; I R 45/06 BFH/NV 07, 1710; BFH I R 60/07 BStBl II 11, 62; FG Mchn EFG 17, 1815, rkr). S auch *Haase/Geils* DStR 18, 445. – *(3)* **VGA durch Forderungsverzicht gegen Besserungsschein; Tilgung nach Forderungs- und Anteilskauf.** Die BA aufgrund der Wiedereinbuchung der Schuld im Besserungsfall kann auf Ebene *der Ges ausnahmsweise* zur vGA-Korrektur führen (zB wenn der Besserungsfall durch eine Verschmelzung unverbundener Ges gezielt ausgelöst wird, s BFH I R 46/16 BFH/NV 18, 893); grds führt nach BFH I R 23/11 DStR 12, 2058 ein solcher Forderungsverzicht iZm späterer Anteilsübertragung, Umstrukturierung nicht zum Wegfall der betriebl Veranlassung der Schuld. Zur vGA *beim Ges'ter* bei Erwerb einer wertgeminderten Forderung iZm einem Anteils-/Unternehmenskauf und anschließender Tilgung aufgrund § 42 AO s BFH IV R 3/00 BStBl II 01, 520; BFH VIII R 21/15; BFH/NV 19, 542. Zu § 42 AO s auch BFH I R 2/18 BStBl II 21, 580.

60 ee) Veräußerung; Anschaffung. – *(1)* **Veräußerung eines Wirtschaftsguts des Anlagevermögens an Gesellschafter** *unter* **Wert.** Die verhinderte Vermögensmehrung führt bei KapGes zur vGA gem § 8 III 2 KStG iHd Differenz zw vereinbartem und angemessenen Kaufpreis; beim Ges'ter gem § 20 I Nr 1 S 2 Zufluss iHd Vorteils mit AK iHd geleisteten Kaufpreises. – *(2)* **Veräußerung von Anlagevermögen an Gesellschaft** *über* **Wert.** Der Anschaffungsvorgang ist eigentl erfolgsneutral, dh keine Minderung des Unterschiedsbetrags gem § 4 I, diese tritt erst aufgrund überhöhter AfA auf. Gleichwohl entfaltet die vGA bei der KapGes ausnahmsweise eine innerbilanzielle Vorwirkung: Ansatz der AK der Ges nur in angemessener Höhe; diese ist zugleich AfA-Bemessungsgrundlage und iHd unangemessenen Teils des Kaufpreises BA, die außerbilanziell als vGA hinzuzurechnen ist. Daneben erzielt der Ges'ter iHd überhöhten Kaufpreises eine vGA. Diese Behandlung ist str (s BFH I R 9/81 BFH/NV 86, 116; *BMF* BStBl I 02, 603, Tz 42; *Kohlhepp* DB 18, 2521, 2527). – *(3)* **Erwerb einer Sachgesamtheit.** Bei Erwerb eines Betriebs vom Ges'ter durch die KapGes ist der gemeine Wert iSd § 9, § 11 BewG nach einem fremdübl Ertragswertverfahren (zB IDW S 1) iRe einer Bandbreite zu ermitteln (FG Mster EFG 18, 976, rkr). – *(4)* **Sonstiges.** Zum Erwerb von UV s KStH 8.5; zur USt s Rz 52.

61 ff) Unterhalt von Wirtschaftsgütern; Übernahme von Aufwendungen durch die Kapitalgesellschaft im Gesellschafterinteresse. – *(1)* **Liebhaberei.** Das Unterhalten eines Betriebs ohne Gewinnerzielungsabsicht (BFH I R 32/06 BStBl II 07, 961; *Gosch* § 8 KStG Rz 1040 zu Dauerverlustbetrieben; § 20 I Nr 10), der Unterhalt eines verlustbringenden WG aufgrund des Ges'terinteresses durch die KapGes führen wegen der fehlenden außerbetriebl Sphäre der Ges zu BA bei dieser und bei Veranlassung durch das GesVerhältnis zur vGA (BFH I R 54/95 DStR 97, 492 zu WG: vGA iHd unterbliebenen Verlustausgleichs zzgl eines Gewinnaufschlags). Die WG gehören trotz gesellschaftl (mit)veranlasster Anschaffung zum BV der Ges (s zB FG Mchn EFG 18, 1388 zu PKW). – *(2)* **Gemischte Veranlassung von Aufwendungen.** Bei gemischter Veranlassung von Aufwendungen iSd § 12 Nr 1 S 2 durch das Ges-

Verhältnis (privater Anlass) und betriebl Umstände ist auch im VGA-Bereich aufzuteilen (*FM SchlHol* DStR 11, 314: Übertragung von BFH GrS 1/06 BStBl II 10, 672 unter Bezugnahme auf BFH I R 86/04 BStBl II 05, 666); zu Geburtstagsfeier s FG BBg EFG 11, 2012, rkr. Zur Übernahme von *Privatreise-Kosten* s FG Mchn DStRE 16, 347, rkr; FG Nbg DStRE 21, 927, rkr: Ausschluss von § 37b. Zum eV s BFH I R 48/13 BStBl II 15, 713. – *(3)* **Verhältnis zu § 4 V.** Bei gleichen Rechtsfolgen besteht zw einer Korrektur des Einkommens der KapGes gem § 4 V EStG und § 8 III 2 KStG kein Rangverhältnis, dh der Rechtsanwender kann auf Ebene der KapGes wählen, welche Vorschrift er für die Gewinnkorrektur heranzieht (BFH I R 27–29/05 BFH/NV 07, 1230); dies schließt wegen der Eigenständigkeit des § 20 I Nr 1 S 2 (Rz 39) eine vGA beim Ges'ter aber nicht aus. – **(4) Wohnhausüberlassung; Vermietung** zu nicht kostendeckendem Preis an den Ges'ter ist vGA (zur Ges s BFH I R 8/15 BStBl II 17, 214; BFH I R 12/15 BStBl II 17, 217; BFH I R 71/15 BFH/NV 17, 60; zum Ges'ter FG BBg EFG 17, 1087: Bewertung der vGA bei Ges und Ges'ter mit der Kostenmiete nach der II. BerechnungsVO; krit dazu *Brühl/Weiss* Ubg 17, 510, 515 ff). Die unentgeltl Ges'terNutzung der Immobilie einer ausl LiebhabereiGes ist vGA (BFH I R 109/10 BStBl II 13, 1024 zu genutztem spanischen Ferienhaus; zu leerstehendem Ferienhaus FG Hess EFG 21, 377, Rev VIII R 4/21: vGA iHd entgangenen marktübl Miete; *Spatschek/Spilker* DStR 22, 183; *Olfen ua* DStR 16, 355 zur strafrechtl Seite). – **(5) Gästehäuser; Segelyachten.** vGA kommt auch bei Einkommenskorrektur auf Ebene der KapGes gem § 4 V; zu Gästehäusern s FG Ddorf EFG 17, 886, Rev I R 31/17; zur Segelyachtüberlassung *Schönfeld/Bergmann* IStR 16, 935. – **(6) Risikogeschäfte.** S BFH I R 106/99 BStBl II 03, 487 und *Herkens* GmbH-StB 18, 148: nur ausnahmsweise vGA (BFH I R 60/16 BStBl II 18, 637 zu § 15 IV 3).

3. Verwendung des Einlagekontos iSd § 27 KStG, § 20 I Nr 1 S 3. – **65 a) Funktion.** Das steuerl Einlagekonto unbeschr stpfl KapGes (§ 27 I KStG) dient auf der Ges'ter-Ebene dazu, die Auskehrung von Einlagen zu identifizieren und von stpfl Gewinnausschüttungen/vGA zu separieren. Hierzu werden die *nicht in das Nennkapital geleisteten (verdeckten) Einlagen* auf einem besonderen, jährl um Zu- und Abgänge fortzuschreibenden Konto erfasst, gem § 27 II KStG gesondert festgestellt und bei Rückgewähr gem § 27 III KStG bescheinigt (BFH I R 24/08 BFH/NV 10, 248; *BMF* BStBl I 03, 366; KStH 27). Die Bezüge iSd § 20 I Nr 1 S 3 sind beim Ges'ter (im BV und PV) nicht stbar, sondern sind mit den AK der Anteile zu verrechnen (Rz 67). – Auch OptionsGes iSd § 1a KStG (zivilrechtl PersGes ohne Stammkapital) haben gem § 27 I KStG ein Einlagekonto zu bilden und zu führen (*BMF* BStBl I 21, 2212 Tz 41 ff, 71 zu ausl OptionsGes und Tz 78 zum Ges'ter; s iEinz *Wacker/Krüger* ua DStR-Beih 21, 20, 24). – Zur Einlagenrückgewähr iRd § 20 I Nr 9, Nr 10 s Rz 131, 137.

b) Verwendung von Beträgen des Einlagekontos. – **aa) Voraussetzungen. 66** – *(1)* **Bezüge.** Nr 1 S 3 erfasst Bezüge gem Nr 1 S 1, 2 in Form von Ausschüttungen/vGA in das PV/BV der. – *(2)* **Einlagenrückgewähr.** – *(a) Begriff.* Nr 1 S 3 knüpft tatbestandl an die im Bescheid nach § 27 II KStG ausgewiesenen Bestände des steuerl Einlagekontos an (BFH I R 51/09 BStBl II 14 II, 937; BFH VIII R 50/11 BFH/NV 15, 1603; BFH I R 70/13 BStBl II 17, 101). Die Verwendung von Beträgen aus dem Einlagekonto bestimmt sich auf Grundlage der Verwendungsfiktion des § 27 I 3 KStG nach den Verhältnissen bei der KapGes. Eine *Verwendung* des Einlagekontos liegt vor, soweit die Leistungen der KapGes im Wj das Nennkapital und den im Vorjahr festgestellten ausschüttbaren Gewinn iSd § 27 I 5, 6 KStG (*BMF* BStBl I 03, 366 Rz 14; BFH I R 67/07 BStBl II 10, 57) übersteigen. Aufgrund der gesetzl Verwendungsreihenfolge gilt der ausschüttbare Gewinn zum Ende des Vorjahres (positiver Bestand) als zuerst ausgeschüttet; erst diesen übersteigende Leistungen der KapGes werden aus dem Einlagekonto finanziert. Leistungen eines Wj können bei nicht ausreichendem ausschüttbarem Gewinn nicht durch Einlagen desselben Wj finanziert werden (s BFH I R 35/11 BStBl II 13, 560: stpfl Ausschüttung einer Einlage liegt vor, wenn eine Nullfeststellung des Einlagekontos zum Ende des Vorjahres vorliegt; es ist kein Direktzugriff auf das Einlagekonto zulässig). Zur Zuordnung der Rückgewähr bei disquotalen Einlagen s *Ott* DStR 21, 897 ff). – *(b) Nennkapitalrückzahlung.* Zu nicht stbaren Bezügen aufgrund einer *Nennkapitalherabsetzung* s BFH I R 31/13 BStBl II 16, 411 und § 20 I Nr 2. Ob bei einer ausl KapGes eine Rückzahlung des Nennkapitals vorliegt, bestimmt sich nach dem ausl GesRecht (BFH I R 1/91 BStBl II 93, 189; FG Ddorf DStRE 19, 809, rkr). Str ist aber, ob bei EU-KapGes § 27 VIII 9 KStG stpfl KapErträge fingiert (so *BMF* BStBl I 16, 468). – **(3) Bescheid gem § 27 II KStG; Bescheinigung gem § 27 III KStG; Fiktion des § 27 V KStG.** Die im Feststellungsbescheid ggü der KapGes festgestellte Verwendung des ausschüttbaren Gewinns oder Einlagekontos ist für den Ges'ter iRd Nr 1 S 3 materiell-rechtl bindend. Er kann iRd Veranlagung nicht einwenden, das steuerl Einlagekonto sei im Feststellungsbescheid gem § 27 II KStG unzutr ausgewiesen (BFH I R 51/09 BStBl II 14, 937; BFH I R 70/13 BStBl II 17, 101). Sind Leistungen der KapGes als Abgang beim steuerl Einlagekonto zu berücksichtigen, hat die KapGes dies den Ges'tern gem § 27 III KStG zu bescheinigen. Bei *zu niedriger Bescheinigung* der Einlagenrückgewähr ist eine Korrektur mögl (§ 27 V 1, 3 KStG; BFH I R 10/09 BStBl II 09, 974; BFH I R 3/14 BStBl II 15, 816). Wird die Bescheinigung bis zum Tag der Bekanntgabe der erstmaligen Feststellung des steuerl Einlagekontos zum Schluss des Wj der Leistung *nicht* oder *verspätet erteilt*, gilt der Betrag der Einlagenrückgewähr als mit 0 € bescheinigt (§ 27 V 2 KStG). Eine Berichtigung des Bescheids gem § 27 II KStG oder die erstmalige Erteilung einer StBescheinigung iSd § 27 III KStG ist ab dem Bekanntgabetag gem § 27 V 3 KStG unzulässig (s BFH I R 3/14 BStBl II 15, 816; BFH I R 30/16 BStBl II 19, 283). – Ob die *Drittanfechtung* der Feststellung durch den Ges'ter zul ist, lässt BFH I B 35/19 (AdV) DStR 20, 1183 offen, jedenfalls muss sich der Ges'ter die Nichtanfechtung durch die KapGes gem § 166 AO entgegenhalten lassen (s iÜ FG SchlHol EFG 19, 1920, Rev XI R 28/19). – **(4) Auslandsgesellschaften.** Bei KapGes *aus Drittstaaten,* für die kein Einlagekonto geführt werden kann (§ 27 VIII KStG), kann der Ges'ter eine Einlagenrückgewähr iR seiner Veranlagung nachweisen (BFH I R 15/16 DStR 19, 1917; BFH VIII R 47/13 DStR 16, 2395). Die *Höhe* des ausschüttbaren Gewinns ist nach dem jeweiligen ausl Handels- und Gesellschaftsrecht zu ermitteln; seine *Verwendung* und damit auch die (nachrangige) Rückgewähr von Einlagen unterliegt der gesetzl Verwendungsrechnung des § 27 I 3, 5 KStG (zu Folgefragen s *Wacker* FR 19, 979; *Oppel* IStR 20, 46). – Bei *EU-KapGes* gilt § 27 VIII KStG und verlangt eine punktuelle Feststellung der Einlagenrückgewähr; ohne diese fingiert § 27 VIII 9 KStG stpfl KapErträge des Ges'ters. BFH VIII R 18/17 DStR 21, 279 hat gegen die Fiktion keine unionsrechtl Bedenken, wenn auf Grundlage der § 27 I 3-5 KStG kein Anhaltspunkt für eine Einlagenrückgewähr erkennbar ist. Bestehen solche Anhaltspunkte, ist die Fiktion stpfl Einkünfte ohne Nachweismöglichkeit einer Einlagenrückgewähr für den Ges'ter in seiner Veranlagung unionsrechtl bedenkl (BFH VIII R 14/20 DStR 21, 2396).

67 bb) Rechtsfolgen. – (1) Keine Einnahme. Bei einer Einlagenrückgewähr erzielt der Ges'ter keine stbare Einnahme gem § 20 I Nr 1, Nr 2; es sind aber die AK der Anteile zu mindern (s BFH I R 24/12 BStBl II 13, 484). Übersteigt die Einlagenrückgewähr die AK der Beteiligung, begründet dies iRd § 20 II Nr 1 keine Veräußerung (*BMF* BStBl I 16, 85 Rz 92; BFH VIII R 44/96 BStBl II 99, 698: ggf negative AK). Anders ist dies gem § 17 IV 1 (s § 17 Rz 234; ebenso gem § 22 I 6 Nr 3 UmwStG). S auch § 3 Rz 139. – **(2) Nachträglich erkannte vGA.** S BFH I B 3/20 BFH/NV 21, 468: Eine iRd BP festgestellte vGA ist bei fehlender Bescheinigung wegen § 27 V 2 KStG nicht aus dem Einlagekonto finanziert, selbst wenn dieses einen ausreichenden Bestand ausweist und kein ausschüttbarer Gewinn vorhanden ist (zu Recht krit *Ott* DStR 17, 1505, 1506; *Jauch* DStR 18, 506). ME kann aber nur der Gesetzgeber diese überschießende Rechtsfolge beseitigen. Dem kann nur abgeholfen werden, wenn der Gesetzgeber eine nachträgl Bescheinigung zulässt. – **(3) Kapitalertragsteuer.** Wird KapESt für einen nicht stbaren Bezug einbehalten, ist eine Erstattung an den StEntrichtungspflichtigen gem § 44b V 1 oder beim Anteilseigner die Anrechnung iRd Veranlagung iVm § 32d IV mögl; zur

Laufende Kapitalerträge 70–74 **§ 20**

KapESt-Haftung bei überhöht bescheinigter Einlagenrückgewähr s § 27 V KStG (§ 44 Rz 15). Gilt wegen einer nicht erteilten Bescheinigung ab dem Tag der Bekanntgabe des Feststellungsbescheids (Rz 66) für eine Ausschüttung gem § 27 V 2 KStG die Verwendung des Einlagekontos iHv 0 € als bescheinigt, überlagert dies die tatsächl Verwendung des Einlagekontos. Die KapESt für die Ausschüttung entsteht gem § 44 I 2, II mit dem Zufluss (FG BaWü EFG 16, 1994; RevVIII R 14/18).

4. Dividendenkompensationszahlungen, § 20 I Nr 1 S 4. Der Leerkäufer, 70 der eine börsl gehandelte Aktie mit Ausschüttungsberechtigung („cum") erwirbt, aber zum Dividendenstichtag nicht im Depot hat und nach dem Stichtag ohne die Berechtigung („ex") erhält, bekommt durch die Wertpapiersammelbank iRd Dividendenregulierung eine Gutschrift iHd Nettodividende, die dem Leerverkäufer belastet wird. Die Gutschrift ist gem Abs 1 Nr 1 S 4 als eigenständiger Bezug stbar. Für die Anrechnung sind der tatsächl KapESt-Einbehalt (§ 44 I 4 Nr 3, Ia) und die StBescheinigung (§ 45a) erforderl (BGH 1 StR 519/20 DStR 21, 2453; FG Hess EFG 21, 1400 (AdV), rkr). Die eigentl Dividende iSd Abs 1 Nr 1 S 1 ist dem Aktieninhaber zuzurechnen (§ 20 V, unten Rz 231). Str ist, ob der KapErtrag gem 20 I Nr 1 S 4 dem Leerkäufer nach Abs 5 nur zuzurechnen ist, wenn er am Stichtag (auch) wirtschaftl Eigentümer der Aktien ist (BFH I B 57/18 IStR 20, 769); mE ist nur der Aktionär wirtschaftl Eigentümer und genügt für die Zurechnung iRd Abs 1 Nr 1 S 4 iVm Abs 5 beim Leerkäufer dessen Kompensationsanspruch (FG Hess EFG 17, 656, rkr; *Schön* RdF 15, 115, 123; iErg glA BGH 1 StR 519/20 DStR 21, 2453).

5. Bezüge bei Auflösung und Kapitalherabsetzung, § 20 I Nr 2. – 72 **a) Zivilrechtliche Anknüpfung.** Die *Auflösung* der Ges iSd Abs 1 Nr 2 S 1 meint deren Abwicklung und ggf Vermögensverteilung (§§ 262 ff, 271 AktG; §§ 60 ff, 72 GmbHG) samt der Rückzahlung des *Nennkapitals*. Nennkapital ist das gesellschaftsrechtl gebundene Eigenkapital der Ges, das Stammkapital einer GmbH (§ 5 GmbHG), das Grundkapital einer AG (§ 6 AktG) und einer KGaA (hinsichtl der Anteile der Kommanditaktionäre). Eine *KapHerabsetzung* iSd Abs 1 Nr 2 S 2 meint die Herabsetzung des *Nennkapitals,* dh der gezeichneten Kapitals (§§ 222 ff AktG, §§ 58 ff GmbHG).

b) Bezüge bei Auflösung, § 20 I Nr 2 S 1. – Nr 2 steht iZm Nr 1 S 1, Nr 1 S 3 73 und § 17 IV 1, 3. Stbar sind Bezüge nach der Auflösung, die über das Nennkapital hinausgehen. Dies sind im Kern Ausschüttungen aus Gewinnrücklagen iRd Abwicklungsgewinns. Die zeitl Voraussetzung („nach" Auflösung) grenzt die Bezüge gem Nr 2 von denen gem Nr 1 ab. Soweit für die Leistung der KapGes das Einlagekonto als verwendet gilt (Abs 1 Nr 1 S 3), sind die Bezüge nicht stbar und liegt keine Anteilsveräußerung iSd Abs 2 Nr 1 vor (s Rz 67). – § 17 IV 3 weist die Ausschüttung von Rücklagen den Bezügen gem Nr 2 und die Auskehr des Nennkapitals sowie die Einlagekontos der Sphäre des § 17 zu (§ 17 Rz 235; BFH IX R 24/12 BStBl II 13, 484). – Abs 1 Nr 2 gilt iRd § 20 I Nr 9 und § 20 I Nr 10. S auch § 3 Rz 139.

c) Bezüge aufgrund einer Kapitalherabsetzung, § 20 I Nr 2 S 2, Alt 1, 2. 74 – *(1)* **Tatbestände.** – *(a)* Die *Kapitalherabsetzung* iSd Nr 2 S 2 muss zur tatsächl Auskehrung des Herabsetzungsbetrags an den Ges'ter führen und gem § 28 II 2, 4 KStG als Gewinnausschüttung gelten. Dies betrifft den sog Sonderausweis (s *BMF* BStBl I 03, 366 Tz 31: Summe der Beträge, die dem Nennkapital durch Umwandlung von Rücklagen zugeführt wurden; s Tz 31 ff zur Verrechnung mit dem Einlagekonto). Die Umwandlung von Vorzugs- in Stammaktien ist eine KapHerabsetzung mit anschließender KapErhöhung gegen Sacheinlage (BFH VIII R 64/69 BStBl II 75, 230). – *(b)* Nr 2 S 2, Alt 2 betrifft die Auszahlung von in Nennkapital umgewandelten *Gewinnrücklagen,* die im Sonderausweis gem § 28 II 2, 4 KStG erfasst sind, und iZm der Auflösung der Körperschaft ausgekehrt werden. – *(2)* **Rechtsfolgen.** Sie entsprechen denen zu Nr 2 S 1; s dort auch zur entspr Geltung iRd Nr 9 und Nr 10. Die KapHerabsetzung ist keine Veräußerung iSd § 20 II Nr 1; ohne Auskehrung auch keine Kürzung der AK (*BMF* BStBl I 16, 85 Rz 92).

77 **6. Investmenterträge aus Publikumsfonds, § 20 I Nr 3.** *BMF* BStBl I 19, 527 mit Fortschreibungen. – **a) Investmentfonds.** § 1 I 1 InvStG knüpft an die aufsichtsrechtl rechtsformübergreifende Definition in § 1 I KAGB an; § 1 II 2 InvStG fingiert weitere Rechtsgebilde als „steuerliche" Investmentfonds. PersGes/REITs sind ausgenommen (§ 1 III InvStG). Spezial-Investmentfonds (§ 26 InvStG; nur maximal 100 Anleger; keine natürl Personen mit Anteil im PV, grds auch nicht über eine PersGes gem § 26 Nr. 8 InvStG) unterliegen innerhalb des InvStG besonderen Regeln. Den Statuswechsel eines (Publikums-)Investmentfonds in einen Spezialfonds schließt § 24 InvStG grds aus.

78 **b) Intransparenz des Fonds. – aa) Steuerpflicht des Fonds.** Unter dem InvStG 2018 sind *inl Investmentfonds* gem § 6 I InvStG Zweckvermögen iSd § 1 I Nr 5 KStG und gelten *ausl Investmentfonds* als KSt-Subjekte (Vermögensmassen) mit beschr stpfl mit Einkünften iSd § 2 I Nr 1 KStG. Inl Fonds sind damit ohne selbst kstpfl; idR aber von der GewSt befreit (§ 15 InvStG). Zur Veranlagung des Fonds s § 4 InvStG. KapErträge des Anlegers auf der *Fondsausgangsseite* unterliegen § 20 I Nr 3, Nr 3a unabhängig davon, ob die Erträge auf der *Fondseingangsseite* aus den stpfl Einnahmen gem § 6 III–V InvStG oder den nicht stpfl sonstigen ausl/inl Einnahmen gespeist werden.

79 **bb) Besteuerung der Fondseingangsseite bei Publikumsfonds.** Es besteht auf der Fondsebene eine beschr (selektive) sachl StPfl nur für die in § 6 III–V InvStG abschließend genannten inl Beteiligungseinnahmen, inl Immobilienerträge (VuV-Erträge/Veräußerungsgewinne) und sonstigen inl Einkünfte iSd § 49 I. Diese unterliegen wegen der eigenen StPflicht des Fonds einer Vorbelastung mit KSt/SolZ von idR 15 % bei inl Beteiligungseinnahmen (s § 43 Rz 36) und 15,825 % bei inl Immobilienerträgen/sonstigen inl Einkünften. Andere inl Erträge und sämtl ausl Erträge gehen nicht in das Fonds-Einkommen ein und sind nicht mit KSt vorbelastet (s zu einer Übersicht *Schmidt* 38. Aufl § 20 Rz 79).

80 **c) Besteuerung des inländischen Anlegers eines Publikumsfonds, § 20 I Nr 3. – aa) Bezüge gem § 16 InvStG. – (1) Formen.** Die stpfl Erträge aus inl/ausl Publikums-Investmentfonds umfassen tatsächl Ausschüttungen gem § 2 XI iVm § 16 I Nr 1 InvStG (Auszahlungen, Gutschrift mit Wiederanlage, Substanzausschüttungen), sog Vorabpauschalen gem § 16 I Nr 2 iVm § 18 InvStG und Veräußerungsgewinne aus Investmentanteilen gem § 2 XIII, § 16 I Nr 3 iVm § 19 InvStG sowie gem § 17 InvStG Liquidationserträge. Investmenterträge iSd § 20 I Nr 3 unterliegen im PV dem gesonderten Tarif des § 32d I sowie grds der abgeltenden Besteuerung (s § 43 I Nr 5, Nr 9, § 44 I 4 Nr 4, Ib). Zu beschr stpfl Anlegern eines inl Fonds s Rz 83. – **(2) Vorabpauschale, § 18 InvStG.** Es handelt sich um eine fiktive Mindestausschüttung (kein Liquidätszufluss) bei thesaurierenden Fonds (grds Ermittlung gem § 18 I InvStG: tatsächl Ausschüttungen des Fonds < Basisertrag im jeweiligen Wj; Basisertrag = Rücknahmepreis zu Beginn des Wj × 70 % des Basiszinses); für VZ 2021 und VZ 2022 ist der Basiszins negativ, daher jeweils keine Vorabpauschale (*BMF* DStR 21, 111; *BMF* DStR 22, 51). Den Zufluss fingiert § 18 III InvStG zum ersten Werktag des Folgejahres; bei unterjährigem Anteilserwerb Zwölftelung; im Veräußerungsjahr unterbleibt der Ansatz. IdR werden inl Fonds tatsächl Ausschüttungen iHd Vorabpauschale vornehmen, um deren Besteuerung beim Anleger zu vermeiden (s auch § 43a Rz 3; § 44 Rz 12). – **(3) Anteilsveräußerung, § 19 InvStG.** Umfasst sind Veräußerung, Rückgabe, Abtretung, die Entnahme aus dem BV und die verdeckte Einlage in eine KapGes und gem § 2 XIV InvStG auch der Verlust (einschließl negativer Zwischengewinne beim Anteilserwerb). Die Gewinnermittlung folgt gem § 19 I InvStG bei Anteilen im PV gem § 20 IV (Entgelt ./. Veräußerungskosten ./. AK und FIFO-Methode gem § 20 IV 7), aber ohne die Regelungen des § 20 IVa. Bei Anteilen *im BV* folgt die Ermittlung den allg Regeln, aber gem § 16 III InvStG ohne Kürzung gem § 3 Nr 40 EStG; § 8b KStG. Der Gewinn ist anschließend gem § 19 I 3, 4 InvStG um die ungekürzten Vorabpauschalen während der Besitzzeit zu mindern.

Laufende Kapitalerträge 81, 82 § 20

bb) Teilfreistellung, § 20 InvStG. – (1) Pauschalierende Entlastung. Der 81
KSt/SolZ-Vorbelastung und Nichtanrechenbarkeit ausl QuellenSt beim inl Anleger
eines *inl/ausl Investmentfonds* und der Nichtanwendung der § 3 Nr 40 EStG/§ 8b
KStG auf die Fondserträge beim betriebl inl Anleger wird durch pauschalierende
Teilfreistellungen der KapErträge iSd § 20 I Nr 3, Nr 3a Rechnung getragen. Entlastet werden auch die auf der Fondseingangsseite nicht mit KSt/SolZ vorbelasteten Fondserträge und Substanzausschüttungen (zu Renditeauswirkungen im PV *Michalowski* ErbStB 18, 89, 91 ff; *Delp* DB 17, 447, 455). – **(2) Höhe der Teilfreistellung.** Diese knüpft an den Status des inl/ausl Fonds als *Aktien-* (§ 2 VI InvStG), *Immobilien-* (§ 2 IX InvStG), *Mischfonds* (§ 2 VII InvStG) oder *sonstige Fonds* (keine Teilfreistellung) an. Das Gesetz verlangt jeweils eine fortlaufende Investition der Anlagesumme laut Anlagebedingungen zu mindestens 51 % bzw bei Mischfonds iHv 25 % in die jeweilige WG. Bei *Aktienfonds* werden Teilfreistellungen der Investmenterträge für natürl Person im PV zu 30 %/natürl Person im BV zu 60 %; für KSt-Subjekt zu 80 %, bei *Mischfonds* iHv 15 %/30 %/40 %, bei *inl Immobilienfonds* einheitl Teilfreistellungen von 60 % und bei *ausl Immobilienfonds* einheitl Teilfreistellungen zu 80 % gewährt. § 3 Nr 40 EStG, § 8b KStG sind gem § 16 III InvStG beim Anleger für betriebl Investmentanteile nicht zusätzl anwendbar. S auch § 22 InvStG: fiktive Anteilsveräußerung bei Kategorienwechsel des Fonds; die Anwendung von § 32d I auf den fiktiven Gewinn ist gem Abs 3 mögl (JStG 2020, BGBl I 20, 3096). – **(3) Aufwendungen.** § 21 InvStG ist eine Sonderregelung zu § 3c I. Aufwendungen im wirtschaftl Zusammenhang mit teilfreigestellten Investmenterträgen sind *im BV* anteilig nicht abziehbar, soweit die Erträge der Teilfreistellung unterliegen (*Technik:* außerbilanzielle Hinzurechnung). *Im PV* verdrängt § 21 InvStG das Abzugsverbot gem § 20 IX nicht. IErg sind WK iZm mit teilfreigestellten Investmenterträgen daher nur iRd Sparerpauschbetrags berücksichtigt. Veräußerungskosten des Anlegers gem § 19 I 1 InvStG iVm § 20 IV unterliegen nicht § 20 IX, sind im PV aber gem § 21 InvStG zu kürzen. – **(4) Veranlagung; Kapitalertragsteuerabzug.** Die Teilfreistellung ist iRd KapESt-Abzugs (§ 43a II 1) und der Veranlagung anzuwenden. S aber § 43a II 1 HS 2 und II 2 Nr 1: die KapESt-Bemessungsgrundlage berücksichtigt nur die Teilfreistellung des privaten Anlegers (§ 43a Rz 3). Bei *privaten Anlegern* ist daher uU (§ 43 V 1) keine Veranlagung erforderl, aber gem § 32d IV (zB Nachweis einer höheren Teilfreistellung) oder § 32d VI mögl; § 32d III 1 ist bei Erträgen aus ausl Fonds zu beachten. Bei *betriebl Erträgen* ist bei Anleger gem § 43 V 2 ohnehin zu veranlagen. Zur Anlage KAP Inv 2020 s *Anemüller* ErbStB 21, 156, 160 ff. – **(5) Andere Entlastungen.** Für nach dem 31.12.04 abgeschlossene *fondsgebundene LV/RV* gewährt § 20 I Nr 6 S 9 eine 15 %-StBefreiung des stpfl Unterschiedsbetrags, soweit dieser auf nach dem 1.1.18 zu mit KSt/SolZ vorbelasteten Investmenterträgen beruht (s iEinz *BMF* BStBl I 17, 1314 und § 22 Nr 5 S 15). S iÜ §§ 8–14 InvStG für *stbegünstige Anleger* (zB gem § 5 KStG persönl körperschaftsteuerbefreite Anleger).

cc) Übergang; InvStG aF. *Schrifttum: Ebner* NWB 18, 564: *Delp* DB 17, 447 – **(1) Aus-** 82
schüttungsfiktion. S § 56 III, IV InvStG: Fiktion ausschüttungsgleicher Erträge alten Rechts
für thesaurierte ordentl Fondserträge zum 31.12.17; keine Fiktion für thesaurierte ao Erträge.
Ausschüttungen ab VZ 18 unterliegen § 20 I Nr 3, Nr 3a. – **(2) Fiktive Anteilsveräußerung.**
Die Fondsanteile im PV/BV gelten zum 31.12.17 zum letzten Rücknahmepreis des Kj 17 als
veräußert und Anteile an einem Fonds iSd InvStG 2018 zu diesem Preis als angeschafft; Besteuerung des Gewinns aber erst bei tatsächl Veräußerung (§ 56 II, III InvStG). Ermittlung des stpfl Gewinns durch Depotbank zum 31.12.20 und Pflicht des betriebl Anlegers zur Abgabe einer Feststellungserklärung spätestens zum 31.12.22 (§ 56 V InvStG). –
(3) Altanteile. S zu vor dem 1.1.09 erworbenen *Altanteilen* § 56 VI 1 InvStG: positive/negative Wertveränderungen für den Zeitraum vom 1.1.09 bis 31.12.17 sind iRe Veräußerung nicht stbar (Nr 1), ab dem 1.1.18 eintretende Wertveränderungen sind stpfl (Nr 2, aber nach Teilfreistellung (Rz 81) noch Freibetrag iHv 100 000 €). S vertiefend *Delp* DB 17, 447, 452 ff; *Denker/Gummels* GStB 21, 145. – Der verbleibende Freibetrag ist gesondert festzustellen (§ 56 VI 3 ff InvStG). – **(4) Alterträge.** Zu ausschüttungsgleichen Erträgen aus ausl thesaurierenden

Levedag 1609

§ 20   83–91   Kapitalvermögen

Fonds unter dem InvStG 2004 bei Anteisveräußerung ab 2018 s *Mandler* FR 20, 977; zur Anrechnung s FG RhPf EFG 21, 107, RevVII R 56/20.

83   **d) Beschränkt steuerpflichtige Anleger.** Investmenterträge des *ausl Anlegers* eines inl Fonds sind nicht gem § 49 I Nr 5 S 1 Buchst b stbar. Er erhält keine Teilfreistellung; die KSt/SolZ-Vorbelastung und aus ausl QuellenSt auf der Fondseingangsseite wirkt definitiv.

85   **7. Investmenterträge aus Spezialfonds, § 20 I Nr 3a.** S *BMF* BStBl I 21, 156. – **a) Besteuerung von Spezial-Investmentfonds.** Inl/ausl Spezialfonds sind nach dem InvStG 2018 Zweckvermögen gem § 1 I Nr 5 KStG/beschr stpfl KSt-Subjekte gem § 2 I Nr 1 KStG; sie sind aber von der GewSt befreit (§ 29 IV InvStG). In das stpfl Einkommen gehen grds die in § 6 II–V InvStG genannten inl Einnahmen ein (§ 29 I InvStG). Spezial-Investmentfonds werden idR für inl Beteiligungseinnahmen iSd § 6 III InvStG/inl sonstige Einkünfte (§ 6 V InvStG) gem § 30 InvStG und für inl Immobilienerträge iSd § 6 IV InvStG gem § 33 InvStG die sog *Transparenzoption* (§§ 30 I, § 33 InvStG) ausüben, um die KSt-Vorbelastung des Fonds auszuschließen. Inl Beteiligungseinnahmen/sonstige inl Einkünfte gem § 6 III, V InvStG sind in diesem Fall unmittelbar den Anlegern „am Fonds vorbei" materiell-rechtl iHd Bruttoeinnahmen zuzurechnen (§ 30 I 2 InvStG; der Anleger ist auch Schuldner der KapESt, S § 43 Rz 36; Bescheinigungspflicht des Fonds). Inl Immobilienerträge kann der Fonds, soweit sie in die Ausschüttungen/ausschüttungsgleichen Erträge (§ 35, § 36 InvStG) eingehen, dem KapESt-Abzug unterwerfen, der aber nicht abgeltend ist (§ 33 I, II 3 InvStG). Bei *Nichtausübung* der Transparenzoptionen bleibt es bei der KSt-Pflicht des Fonds mit Vorbelastung der inl Erträge gem § 6 III–V InvStG auf der Fondsebene.

86   **b) Besteuerung der Anleger. – *(1)* Inländer.** Erträge aus einem inl/ausl Spezial-Investmentfonds sind gem § 20 I Nr 3a EStG iVm § 34 InvStG (mit oder ohne Ausübung der Transparenzoption) in Form von *Ausschüttungen* (§ 35 InvStG), *ausschüttungsgleichen Erträgen* (§ 36 InvStG) und als *Anteilsveräußerungsgewinne* (§ 49 InvStG) **ohne Abzug der Teilfreistellung** stpfl. IdR wird es sich um betriebl Erträge des Anlegers (§ 20 VIII) handeln. – **(2) Beschränkt steuerpflichtige Anleger.** Deren Erträge iSd § 20 I Nr 3a aus *inl Spezialfonds* sind grds nicht stbar (Ausnahmen: zur Ausübung der Transparenzoption für sonstige inl Einkünfte ohne StAbzug s § 33 V 2 InvStG und für Immobilienerträge s § 33 II 4 Nr 1, III InvStG).

90   **8. Stille Gesellschaft; partiarisches Darlehen, § 20 I Nr 4.** *Schrifttum: Blaurock* §§ 20–22. – **a) Stille Gesellschaft, § 20 I Nr 4 S 1, Alt 1. – aa) Voraussetzungen.** Hierunter fällt der „**typische**" stille Ges'ter iSv § 230 HGB. Dieser beteiligt sich mit seiner Einlage kapitalmäßig am Handelsgewerbe eines Dritten (des Geschäftsinhabers, zB Einzelunternehmen, PersGes, KapGes), wodurch aufgrund der gemeinschaftl Zweckverfolgung eine InnenGes entsteht, an deren Gewinn und Verlust er beteiligt ist (BFH IV R 3/05 BStBl II 08, 852; BFH IV R 83/06 BStBl II 09, 798; BFH I R 78/09 BFH/NV 11, 12; EStH 20.2). Die BFH-Rspr qualifiziert auch Kapitalanlagen idF inl und ausl Schneeballsysteme immer wieder als typisch stille Beteiligung (s zB BFH VIII R 41/13 BFH/NV 15, 187; BFH VIII R 13/14 BFH/NV 18, 27 mwN). – § 20 I Nr 4 S 1 gilt nicht für den atypisch stillen Ges'ter („es sei denn"). Zu den Anforderungen an die MUer stellung iEinz s *Levedag* GmbHR 19, 699; iÜ § 15 Rz 341 ff und 365 ff; zum Verfahrensrecht BFH VIII R 46/18 BStBl II 21, 614.

91   **bb) Anerkennungsfragen. – *(1)* Stille Familiengesellschaft.** S zur steuerl Anerkennung BFH IV R 83/06 BStBl II 09, 798. Vgl auch § 12 Rz 20 ff; *Blaurock* § 21 Rz 21.27 ff. – **(2) GmbH & typisch still.** Die typisch stille Beteiligung eines *nicht beherrschenden KapGes'ter* an der Ges wird grds anerkannt. Für den *beherrschenden Ges'ter* ist die steuerl Anerkennung besonders zu prüfen (*Kriterien*: vor Beginn abgeschlossene inhaltl klare und fremdübl Vereinbarung, die zivilrechtl wirksam ist und durchgeführt wird, s *Blaurock* § 21 Rz 21.87 ff). Beim *beherrschendem Ges'ter-Geschäftsführer* wird regelmäßig eine atypisch stille Beteiligung begründet (BFH VIII R 237/80 BStBl II 83, 563; BFH VIII R 62/97 BFH/NV 99, 773: sog Gesamtbildbetrachtung; s aber auch BFH IV R 41/14 BStBl II 17, 1133; FG Mchn EFG 14, 848, rkr).

cc) Geschäftsinhaber. Einlagen des typisch Stillen und partiarische Darlehen 92
sind Fremdkapital. Der Gewinnanteil des Stillen zählt zu den BA; ggf Hinzurechnung zum Gewerbeertrag gem § 8 Nr 1 Buchst c GewStG.
dd) Gewinnanteile des Stillen. – *(1)* Gewinnanteile. Ein auszuzahlender 93
Gewinnanteil gem § 232 I HGB ist idR mit Aufstellung des Jahresabschlusses fällig.
Im *PV* kommt es auf die wirtschaftl Verfügungsmacht iSd § 11 an (zB durch *Gutschrift* auf dem Einlagekonto – BFH VIII R 57/95 BStBl II 97, 755; – *Novation*: Erhöhung der Einlage entgegen § 232 III HGB oder Stehen lassen als Darlehen). Schuldzinsen zur Einlagenfinanzierung sind WK (BFH VIII B 105/06 BFH/NV 07, 1118); für sie greift grds § 20 IX. Die Erträge gem Abs 1 Nr 4 unterliegen grds § 32d I, es sei denn, § 32d II Nr 1 Buchst b greift (§ 32d Rz 10 ff). Zum grds abgeltenden KapEStAbzug s § 43 I Nr 3; § 44 III zum Zeitpunkt). Im *BV* sind die Gewinne BE (zur Realisation s BFH I R 62/08 BStBl II 12, 745; § 5 Rz 270 „Stille Beteiligung": phasengleiche Aktivierung zum Gj-Ende des Geschäftsinhabers).

ee) Verluste des Stillen, § 20 I Nr 4 S 2. *Schrifttum: Urban* Ubg 18, 199. – 94
(1) **HGB.** Verlustanteile sind dem Stillen idR bis zur Höhe der Einlage (§ 232 II 1 HGB) zuzuweisen und mindern diese; ihn trifft grds keine Nachschusspflicht. Zum negativen Einlagekonto s Rz 95. – *(2)* **Abfluss, § 11.** Die Verluste fließen *im PV* erst ab, wenn der Verlustanteil des stillen Ges'ters berechnet und der Jahresabschluss des Geschäftsinhabers festgestellt worden ist (BFH VIII R 21/06 BStBl II 08, 126 mwN; BFH VIII R 5/11 BFH/NV 14, 1193). Hinzukommen muss idR, dass die Verlustanteile von der Einlage des stillen Ges'ters abgebucht worden sind (BFH VIII R 36/01 BStBl II 02, 858), grds auch bei Auflösung der Ges und im Insolvenzfall (Bilanz des Verwalters, vgl BFH VIII R 73/95 BFH/NV 98, 300); eine Schätzung durch das FA ist aber mögl (BFH VIII R 25/96 BStBl II 97, 724). – *(3)* **Negative Einnahme.** Die Verluste sind dem Grunde nach WK. Nach hM ist der Verlustanteil aber aufgrund einer teleologischen Reduktion des § 20 IX eine negative Einnahme (s *BMF* BStBl I 16, 85 Rz 4; aA *Urban* Ubg 18, 199, 202, 206 f); dies gilt mE aber nicht gelten, wenn es sich um tarifl Verluste handelt (§ 32d Nr 1 Buchst b iVm § 32d II 2) – *(4)* **Betriebsvermögen.** Im *BV* sind die Verlustanteile wie die Gewinne ggf phasengleich als BA zu erfassen und von der aktivierten Einlageforderung abzusetzen (BFH I R 62/08 BStBl II 12, 745); ggf TW-AfA (§ 5 Rz 270 „Stille Beteiligung").

bb) Sinngemäße Anwendung der § 15a, § 15 IV 6. *Schrifttum*: krit *Urban* 95
Ubg 18, 199, 200; s auch § 15a Rz 132; § 21 Rz 151. – *(1)* **HGB.** Nimmt der Stille entgegen § 232 II 1 HGB über seine Einlage hinaus am Verlust teil, entsteht für ihn ein negatives Einlagekonto (Merkposten), das durch künftige Gewinne wieder auszugleichen ist (§ 232 II 2 HS 2 HGB); diese werden dem Stillen nicht ausgezahlt. Dieses Konto ist kein echtes negatives KapKto, wird einem solchen steuerl aber gleichgestellt (BFH VIII R 36/01 BStBl II 02, 358 *Groh* DB 04, 668). Das Einlagekonto des Stillen kann iRe Einkonten- oder Mehrkontenmodells ausgestaltet sein (s BFH VIII R 5/11 BFH/NV 14, 1193; sog variables Einlagekonto, s *Blaurock* § 7 Rz 7.78). – *(2)* **Negatives Einlagekonto im Privatvermögen.** Das Einlagekonto ist um spätere Einlagen sowie um positive Einkünfte der Vorjahre zu erhöhen und um Entnahmen und negative Einkünfte der Vorjahres zu vermindern (BFH VIII R 21/06 BStBl II 08, 126, auch zur Einlagenerhöhung). Verlustanteile, die die Einlage übersteigen, belasten den Stillen mangels Nachschusspflicht nicht, er kann sie daher nicht als negative Einnahmen abziehen. Während der *Auszahlungssperre* für künftige Gewinne (§ 232 II 2 HS 2 HGB) sind diese mit dem negativen Einlagekonto zu verrechnen und nicht stbar (BFH VIII R 36/01 BStBl II 02, 358; *BH/Ratschow* § 20 Rz 233 f). – *(3)* **Negatives Einlagekonto im Betriebsvermögen.** Abs 4 S 2 iVm § 15a sind aufgrund der sinngemäßen Anwendung auch für gem Abs 8 S 1 im BV zu erfassende Verlustanteile (BA) zu beachten, dh kein weiterer BA-Abzug nach vollständiger Minderung des Buchwerts

der Einlageforderung auf Null (*Kessler/Reitsam* DStR 03, 315, 316); **aA** *Urban* Ubg 18, 199, 208: fehlende Rechtsgrundlage). – **(4) Gesonderte Feststellung.** Lediglich verrechenbare Verluste iSd § 15a I sind gesondert festzustellen (§ 15a IV, s BFH VIII R 36/01 BStBl II 02, 358 zur Bindungswirkung). § 15a III findet in der Variante der Einlagenminderung entspr Anwendung: Die „Entnahme" iSv § 15a III, dh die Rückzahlung der Einlage des Stillen, ist iHd verrechenbaren Verlustanteile zu versteuern (iEinz *Blaurock* § 22 Rz 22.239 ff). – **(5) Sinngemäße Anwendung des § 15 IV 6.** S BFH I R 62/08 BStBl II 12, 745; § 15 Rz 906 ff.

96 **b) Partiarisches Darlehen, § 20 I Nr 4 S 1, Alt 2.** Als Gegenleistung für die KapÜberlassung wird dem Geber eine Erfolgsbeteiligung (gewinn, umsatzabhängig) am Unternehmen oder aus einem bestimmten Geschäft eingeräumt; erforderl ist auch ein KapRückzahlungsanspruch. Es fehlt im Vergleich zur typisch stillen Beteiligung an der gemeinschaftl Zweckverfolgung, daher ist auch keine Verlustzuweisung mögl (BFH IV R 25/12 BStBl II 15, 772; BFH X R 10/16 BStBl II 18, 630; zur KapESt BFH I R 61/99 BStBl II 01, 67; BFH I R 78/09 BFH/NV 11, 12). S zum Zufluss im Privatvermögen Rz 93.

99 **9. Zinsen aus Grundpfandrechten, § 20 I Nr 5.** § 20 I Nr 5 betrifft die Besteuerung beim Zinsempfänger, der zumeist gewerbl Einkünfte bezieht (§ 20 VIII). – *(1)* Nach S 1 sind Zinsen aus Hypothek (nach hM nur Verkehrshypothek) gem § 1113 BGB, Grundschuld gem § 1191 BGB, Renten aus Rentenschuld gem § 1199 BGB, uU auch aus Verwertung einer Grundschuld im Zeitpunkt des Zuschlags (BFH VIII R 28/09 BStBl II 12, 496; EStH 20.2) stbar. Die dingl Sicherung steht dem Charakter als Nutzungsentgelt nicht entgegen. – *(2)* S 2 erfasst bei Tilgungshypotheken/-grundschulden den Zins.

10. Erträge aus Lebens- und Rentenversicherungen, § 20 I Nr 6

Verwaltung: EStH 20.2; *BMF* BStBl I 79, 592; *BMF* BStBl I 02, 827 zu SA-Abzug; *BMF* BStBl I 04, 1096 (AltEinkG); *BMF* BStBl I 06, 92 (für Neuverträge); *BMF* BStBl I 09, 1172 (Neufassung und Ergänzung); *BMF* DStR 11, 2001 (Anhebung der Altersgrenzen); *BMF* BStBl I 16, 85 Tz 5; *BMF* BStBl I 17, 1314 (§ 20 I Nr 6 S 9).

102 **a) Altversicherungen. – aa) Fortgeltung von § 20 I Nr 6 aF.** Für vor dem 1.1.05 abgeschlossene Verträge (s zum Abschlusszeitpunkt *BMF* BStBl I 09, 1172 Rz 88 f) gilt die Altregelung des § 20 I Nr 6 zum 31.12.04 fort, wenn auch noch vor diesem Zeitpunkt Beiträge gezahlt wurden (§ 52 Abs 28 S 5). Dies gilt sowohl hinsichtl der tatbestandl Anforderungen als auch der hälftigen Freistellung des Unterschiedsbetrags gem § 20 I Nr 6 S 2 aF.

103 **bb) Steuerbare Kapitalerträge. – (1) Laufende Kapitalerträge.** Dies sind gem Nr 6 S 1 die rechnungsmäßigen Zinsen (Verzinsung des Deckungskapitals) und außerrechnungsmäßigen Zinsen (Mehrertrag aus Anlagen) aus den Sparanteilen (zu den Begriffen s *BMF* BStBl I 79, 592), die iRd Versicherungsleistung ausgezahlt werden. Gleichgestellt sind KapErträge aus den Sparanteilen bei fondsgebundenen Versicherungen (§ 20 I Nr 6 S 5 aF, *BMF* BStBl I 79, Tz 11; *BMF* BStBl I 09, 1172, Tz 31); Wertveränderungen, Kursverluste des Anlagestocks sind iRe Rückkaufs aber nicht stbar (BFH VIII R 25/16 BStBl II 19, 698). Zum **Zufluss** s BFH VIII R 66/13 BStBl II 17, 626 bei Neubestimmung der Fälligkeit; zum Verzicht auf Teilzahlungsansprüche s BFH VIII R 15/13 BStBl II 15, 468.– **(2) Veräußerungsgewinne; Veräußerungsverluste.** Die Vermögenssubstanz eines Altvertrags kann beim *Veräußerer* nur ab dem VZ 2009 bei der Veräußerung der Ansprüche gem § 20 II Nr 6 iVm § 52 X 5 HS 2 zu stbaren Gewinnen und Verlusten führen (s Rz 178; BFH VIII R 38/15 BStBl II 17, 1040 zu einem Verlustfall; BFH VIII R 4/13 BFH/NV 14, 40). Gem § 20 I Nr 6 S 3 ist auf Ebene *des Erwerbers* idR die StBefreiung gem S 2 ausgeschlossen (s Rz 104). – **(3) Versicherungen auf den Erlebens- oder Todesfall.** § 20 I Nr 6 S 1 und 2 unterscheiden zw Versicherungen mit stbaren und stpfl KapErträgen und dem jeweiligen Auszahlungsereignis. – **(aa) Versicherungen.** Zum Begriff s BFH VI R 164/86 BStBl II 91, 189. Die StBefreiung des S 2 knüpft an „Versicherungen iSd § 10 I Nr. 2 Buchst b aF" mit *lfd Beiträgen* und einer mindestens fünfjährigen

Beitragszahlung an, die als SA abziehbar sind (s zu den Anforderungen *BMF* BStBl I 02, 827; BFH VIII R 4/18 DStR 21, 2341). Diese Versicherungen sind durch die Absicherung eines biometrischen Risikos gekennzeichnet; ausreichend war zur Risikotragung, wenn ein Mindestodesfallschutz iHv 60 % der eingezahlten Beitragssumme vereinbart wurde (*BMF* BStBl I 02, 827 Tz. 23, 29; zu den wechselnden Anforderungen FG Köln EFG 16, 26, nachgehend BFH VIII R 36/15 BStBl II 19, 399). Zur Auslegung des Verweises iRd Nr 6 S 2 auf § 10 I Nr 2 Buchst b iS einer Typusanknüpfung s iÜ BFH VIII R 7/09 BFH/NV 12, 564; BFH VIII R 31/10 BStBl II 16, 653; zur StBefreiung *für fondsgebundene LV* bei einer Mindestlaufzeit von 12 Jahren und bei *ausl Versicherungen* s BFH VIII R 47/01 BStBl II 06, 365; BFH VIII R 31/10 BStBl II 16, 653. Klassisch erfasst die StBefreiung damit ua *RV ohne Kapitalwahlrecht, RV mit Kapitalwahlrecht gegen lfd Beitragszahlung*, wenn das Kapitalwahlrecht vor Ablauf von 12 Jahren seit Vertragsabschluss ausgeübt werden kann, sowie *Kapitalversicherungen gegen lfd Beitragszahlung mit Sparanteil* mit einer Mindestlaufzeit von 12 Jahren (*BMF* BStBl I 79, 592, Tz 1.2). – *(bb)* **Auszahlungsereignis.** Auszahlungen im Versicherungsfall (versichertes Hauptrisiko) und bei Verrechnung von Zinsen mit Beiträgen desselben Vertrags sind ohne Beachtung der Mindestaufzeit stfrei. Auszahlungen von Zinsen aufgrund eines Rückkaufs oder einer Vertragsauflösung sind nur stfrei, wenn die Mindestlaufzeit von 12 Jahren eingehalten ist (*BMF* BStBl I 79, 592, Tz 1.3).

cc) Einschränkungen der Steuerbefreiung nach Satz 2. – *(1)* **Vertragsanpassung.** Die StBefreiung gem Satz 2 greift nicht, wenn ein Altvertrag wegen einer schädl Vertragsanpassung vor Ablauf der Zwölfjahresfrist als Neuvertrag zu behandeln ist; Folge: partiellen StPflicht der Erträge (s BFH VIII R 66/13 BStBl II 17, 626: Änderung bei den prägenden Merkmalen, dh Laufzeit, Versicherungssumme, Versicherungsprämie und Prämienzahlungsdauer erforderl, s iEinz *BMF* BStBl I 09, 1172 Tz 92 ff und *BMF* BStBl I 02, 827 Tz 34 ff). – *(2)* **Rückausnahmen nach Nr 6 S 3.** Der Erwerb einer Alt-LV führt für den Erwerber idR zur Versagung des SA-Abzugs gem § 10 I Nr 2 Buchst b S 5 aF und zum Ausfall der StBefreiung gem Nr 6 S 2 (*BMF* BStBl I 02, 827 Tz 2; *BMF* BStBl I 09, 1172 Tz 64b. – *(3)* **Rückausnahme nach Nr 6 S 4 aF ("Finanzierungsversicherungen").** Zur schädl Sicherungsabtretung von Ansprüchen s *Welker* NWB 18, 1247, 1251 ff; *BMF* BStBl I 00, 1118; BFH VIII R 3/15 BStBl II 19, 235: unschädl Gewährung eines zinslosen Darlehens. Zur Umschuldung s BFH VIII R 30/09 BStBl II 14, 153; BFH VIII R 49/09 BStBl II 14, 156; BFH VIII R 6/18 BStBl II 21, 764. – *(4)* **Gesonderte Feststellung der Zinsen.** S § 9 VO zu § 180 II AO.

dd) Auszahlung. – *(1)* **Steuerfreie Auszahlung.** Zinsen aus begünstigten Altverträgen sind bei Einhaltung der 12-jährigen Haltedauer im Erlebensfall und bei Rückkauf gem § 20 I Nr 6 S 2 aF stfrei (sog Kapitallebensversicherungsprivileg). Rentenzahlungen aus einer *begünstigten RV mit lfd Beitragszahlung* fallen auch mit dem Zinsanteil unter § 20 I Nr 6 (BFH VIII R 4/18 DStR 21, 2341; **aA** *BMF* BStBl I 79, 592 Tz 10.1: nur § 22 Nr 1). Zu Auszahlungen aus dem sog Überobligatorium privater schweizer Pensionskassen s BFH X R 43/11 BStBl II 16, 685 mwN; *BMF* BStBl I 16, 759 Rz 29, 30; zu § 22 Nr 5 iZm betriebl DirektVers s BFH X R 44/18 BFH/NV 21, 1175; § 20 Rz 261). – *(2)* **Steuerpflicht der Zinsen.** S auch § 43 I 1 Nr 4. Zinsen aus *LV mit Kapitalwahlrecht* gegen *Einmalbetrag* sowie aus Versicherungen gegen *lfd Beitragsleistungen*, bei denen im Fall des Rückkaufs, Erlebensfalls die vertragl Mindestaufzeit nicht eingehalten wurde oder die Fälle des S 3, 4 vorliegen, in VZ ab 2009 gem Nr 6 S 1 aF stpfl KapErträge, die unter § 32d I fallen; dann gilt auch § 20 IX für Refinanzierungsaufwand (BFH VIII R 7/15 BStBl II 19, 231; BFH VIII R 30/17 BSBl II 21, 927). Erträge *aus nicht begünstigten Alt-RV* (mit Kapitalwahlrecht gegen Einmalbetrag) unterfallen nur § 22 Nr 1 (BFH VIII R 29/00 BStBl II 06, 223; BFH X R 64/01 BStBl II 06, 245; BFH X R 18/11 BStBl II 14, 15).

106 **b) Neuverträge. – aa) Versicherungen iSd Regelung. – *(1)* Versicherungscharakter.** Bei Neuverträgen muss ein biometrisches Risiko gegen Beitragszahlungen mit Sparanteil (Abgrenzung zu Kapitalisierungsgeschäften und zu reinen Risikoversicherungen, s *BMF* BStBl I 09, 1172 Rz 4, 7: Besteuerung der Leistungen gem § 20 I Nr 7, § 22 Nr 1) abgesichert werden und eine nennenswerte Risikotragung des Versicherungsunternehmens vorliegen. Letztere soll fehlen, wenn im Versicherungsfall nur eine Leistung der angesammelten und verzinsten Sparanteile zuzügl einer Überschussbeteiligung vereinbart ist; ausreichend ist eine garantierte Beitragsrückzahlung iSd Versicherungsaufsichtsrechts (*BMF* BStBl I 09, 1172 Rz 3; FG Köln EFG 16, 26, nachgehend BFH VIII R 36/15 BStBl II 19, 399). § 20 I Nr 6 S 6 definiert weitere Voraussetzungen zum Mindesttodesfallschutz für die hälftige Befreiung des Unterschiedsbetrags. – *(2)* **Erfasste Formen.** § 20 I Nr 6 umfasst KapErträge aus – *(aa)* **Rentenversicherung mit Kapitalwahlrecht** („Rentenfaktor" erforderl; *BMF* BStBl I 09, 1172 Rz 3a–3c), soweit *nicht* die *lebenslange Rentenzahlung* gewählt, sondern die Auszahlung gewählt wird (sonst § 22 Nr 1 S 3 Buchst a Doppelbuchst bb, dh Ertragsanteil, s § 22 Rz 91; *BMF* BStBl I 09, 1172 Rz 19). Zu RV mit anderen Laufzeiten s *BMF* BStBl I 09, 1172 Rz 20. – *(bb)* **Rentenversicherung ohne Kapitalwahlrecht** iSd Abs 1 Nr 6 S 4 unterliegen Abs 1 Nr 6, wenn im *Erlebensfall* keine lebenslange Rentenzahlung vereinbart/erbracht wird sowie bei Auszahlung iZm einem Rückkauf. – *(cc)* Zur nach dem 31.12.04 abgeschlossenen gemischten **Kapitalversicherung mit Sparanteil** s *BMF* BStBl I 09, 1172 Rz 24, 28, 29 (bei Ausübung eines Rentenwahlrechts greift § 22 Nr 1 S 3), auch zB *Sterbegeldversicherung* mit Sparanteil (BFH VIII R 25/14 BStBl II 17, 1038) Zur Kapitalauszahlung bei Eintritt eines versicherten Nebenrisikos s *BMF* BStBl I 09, 1172 Rz 36, 37): § 20 I Nr 6. – *(dd)* **Erträge aus Unfallversicherungen** mit garantierter Beitragsrückzahlung (*BMF* BStBl I 09, 1172 Rz 1, 27). – *(ee)* **Erträge auf fondsgebundenen Lebensversicherung** iSd § 20 I Nr 6 S 4 (Neuverträge, Anlage typischerweise in Investmentanteilen; *BMF* BStBl I 09, 1172 Rz 31 f); der Wechsel der Anlagestrategie (Shiften, Switchen) führt nicht als Disposition zum Zufluss (s aber S 5 und zu Abgrenzungsfragen bei ausl fondsgebundenen Versicherungen *Welker* ErbStB 15, 15 ff). – *(3)* **Ausländische Versicherungen.** Diese müssen inl Neuverträgen vergleichbar sein (BFH VIII R 47/01 BStBl II 06, 365; BFH VIII R 15/13 BStBl II 15, 468).

107 **bb) Auszahlungsereignis.** Bei Eintritt des versicherten (biometrischen) Hauptrisikos (Langlebigkeit/Tod), dh *im Versicherungsfall*, ist die Versicherungssumme nicht stbar (*BMF* BStBl I 09, 1172 Rz 40). Die Auszahlung im **Erlebensfall** oder bei **Rückkauf/Vertragsauflösung** ist stpfl, s BFH VIII R 25/14 BStBl II 17, 1038; *BMF* BStBl I 09, 1172 Rz 41 ff.

108 **cc) Bemessungsgrundlage. – *(1)* Voller Unterschiedsbetrag.** Es wird bei Neuverträgen im Erlebensfall/bei Rückkauf statt der Zinsen aus Sparanteilen der **Unterschiedsbetrag** zw der Versicherungsleistung (Summe der Sparanteile, Verzinsung, Überschüsse) und den geleisteten Beiträgen (alle Zahlungen iZm dem Versicherungsvertrag) als Ertrag besteuert: Abschaffung des LV-Steuerprivilegs; iEinz s *BMF* BStBl I 09, 1172 Tz 54 ff sowie Tz 61, 64 zur *(Teil-)Auszahlung* zum Ende der Ansparphase. Der Unterschiedsbetrag kann auch negativ sein (zB bei frühzeitigem Rückkauf); zur Einkünfteerzielungsabsicht s Rz 20. – *(2)* **Hälftiger Unterschiedsbetrag, § 20 I Nr 6 S 2, 6.** – *(aa)* **Steuerfreistellung.** Nach § 20 I Nr 6 S 2 ist bei stpfl Kapitalerträgen gem § 20 I Nr 6 S 1 uU nur die Hälfte des Unterschiedsbetrags anzusetzen (keine echte, sondern technische StBefreiung laut *BMF* BStBl I 09, 1172 Tz 81). Dies gilt für sog Altersvorsorgeverträge, wenn die Versicherungsleistung nach *Vollendung des 60. Lebensjahres* und *nach Ablauf von 12 Jahren* nach Vertragsabschluss ausgezahlt wird (also für Auszahlungen ab 2017). – Für Vertragsabschlüsse ab 2012 ist das *62. Lebensjahr* maßgebl (§ 52 Abs 28 S 7, *BMF* BStBl I 09, 1172 Tz 65 f; *BMF* DStR 11, 2001; *BMF* BStBl I 12, 238). – *(bb)* **Min-**

Laufende Kapitalerträge

destvertragsdauer. S zu Unterbrechungen (zB wegen „Elternzeit" *BMF* BStBl I 09, 1172 Tz 72 ff) und zu (wesentl) *Vertragsänderungen BMF* BStBl I 09, 1172 Tz 67: Neubeginn der Mindestvertragsdauer von 12 Jahren; das gilt nicht bei Tarifumstellung (*OFD NRW* DB 16, 2267). S auch *Welker* EStB 17, 412. − *(cc)* **Mindesttodesfallschutz.** Gem § 20 I Nr 6 S 6 *Buchst a* muss bei Kapital-LV mit vereinbarter *lfd Beitragsleistung* die Todesfallsumme mindestens 50 % der Beiträge betragen (50 %-Regel); bei sonstigen Kapital-LV (auch Einmalbeitrag) verlangt *Abs 1 S 6 Buchst b* eine Todesfallsumme iHv 110 % des Deckungskapitals/Zeitwerts/der geleisteten Beiträge (10 %-Regel); Geltung für nach dem 31.3.09 abgeschlossene LV-Verträge (§ 52 Abs 28 S 8; zum Ganzen s *BMF* BStBl I 09, 1172 Tz 78a ff).

c) Besteuerungsfolgen bei Neuverträgen. − **aa) Geltungsbereich von § 32d I.** Erfolgt keine hälftige Besteuerung der Erträge gem S 2, unterliegt der Ertrag dem gesonderten Tarif gem § 32d I. WK fallen unter § 20 IX (*BMF* BStBl I 09, 1172 Tz 81, 81a). Bei Befreiung des hälftigen Unterschiedsbetrags ist der stpfl Teil gem § 32d II Nr 2 ein tarifl KapErtrag (s § 32d Rz 16). Zur *Abtretung* des Anspruchs bei Auszahlung s *Welker* NWB 17, 1247, 1252. − **Subsidiarität:** Zu DirektVers iRd betriebl Altersvorsorge ggü § 22 Nr 5 s § 22 Rz 173; § 20 Rz 261; BFH X R 21/16 BStBl II 19, 157; BFH X R 44/18 BFH/NV 21, 1175). Bei Verrechnung des Anspruchs gem § 89b HGB mit LV-Ansprüchen hat § 20 I Nr 6 Vorrang (BFH III R 41/14 BStBl II 17, 630). 109

bb) Sonderfragen. − **(1) Erwerb von Lebensversicherungen** § 20 I Nr 6 S 3, S 7, 8 verhindert eine Übermaßbesteuerung beim entgeltl Erwerber von Versicherungsansprüchen. Dessen AK übersteigen idR die bis zum Erwerbszeitpunkt entrichteten Beiträge. Nach S 3 hat der Erwerber nur die Erträge zu versteuern, die in der Zeit entstanden sind, in der er Inhaber des Versicherungsanspruchs war (*BMF* BStBl I 09, 1172 Tz 64a und Tz 64b zu vor dem 1.1.05 abgeschlossenen Verträgen). Die beim Veräußerer des Anspruchs aufgelaufenen Erträge werden durch die Neuregelung in Abs 2 Nr 6 erfasst (Rz 177). − **§ 20 I Nr 6 S 7** (zur Geltung § 52 Abs 28 S 7) schließt die hälftige Befreiung des Unterschiedsbetrags beim Erwerber von LV, RV und Risikoversicherungen generell aus. Der (volle) Unterschiedsbetrag ist auch *im Versicherungsfall* (sonst nicht stbar!; s Rz 107) stpfl (zur Begr BT-Drs 18/1529, 52 f; *Paintner* DStR 14, 1621). Eine Rückausnahme gilt nach S 8, wenn die versicherte Person selbst den Anspruch erwirbt sowie bei Erfüllung bestimmter Abfindungs- und Ausgleichsansprüche. − **(2) Entlastung fondsgebundener Lebensversicherungen,** § 20 I Nr 6 S 9. S bei Rz 81 *(5)* und § 22 Nr 5 S 15. − **(3) Vermögensverwaltende Versicherungsverträge.** Nach § 20 I Nr 6 S 5 werden nach dem 31.12.08 zufließende KapErträge aus KapAnlagen, die iRe vermögensverwaltenden Versicherungsvertrags dienen, dem Versicherungsnehmer im Entstehungsjahr auch ohne Liquiditätszufluss (!) unmittelbar zugerechnet; der LV-Mantel wird durchbrochen, auch die Befreiung nach Nr 6 S 2 greift nicht mehr. S 5 verlangt für den Vertrag speziell zusammengestellte KapAnlagen, die nicht auf öffentl vertriebene Investmentfondsanteile beschr sind und die Befugnis des StPfl, über die Wiederanlage bestimmen zu können; die Wahlmöglichkeit zw verschiedenen Anlagestrategien genügt nicht (BFH VIII R 36/15 BStBl II 19, 399; s auch FG Ddorf EFG 19, 1291, rkr). 110

11. Erträge aus sonstigen Kapitalforderungen, § 20 I Nr 7. − a) Anwendungsbereich. § 20 I Nr 7 regelt als Grund- und Auffangtatbestand die StPfl von lfd inl und ausl KapErträgen *im PV*, die *iZm einer KapÜberlassung* erzielt werden und deren StBarkeit sich nicht aus einem anderen Tatbestand iSd § 20 I Nr 1 bis Nr 6 oder Nr 8 und Nr 9 ergibt (BFH VIII R 35/14 BStBl II 15, 834). Gem § 20 II Nr 7 iVm § 20 II 1, 2 sind auch Substanzgewinne/-verluste aus der Veräußerung, Abtretung, Einlösung oder Rückzahlung stbar. S zur Einkünfteerzielungsabsicht Rz 20. Lfd KapErträge gem Abs 1 Nr 7 können dem gesonderten Tarif gem § 32d I oder bei Ausschluss gem § 32d II Nr 1 Buchst a–c der tarifl Besteuerung gem § 32a unterliegen. Zur Subsidiarität s Abs 8 (Rz 257 ff). 114

b) Sonstige Kapitalforderungen jeder Art, § 20 I Nr 7 S 1, 2. − aa) Begriff. Hierunter fallen alle *auf eine Geldleistung* gerichteten Forderungen ohne Rücksicht auf die Dauer der KapÜberlassung oder den Rechtsgrund des Anspruchs (vertragl oder gesetzl, öffentl- oder privatrechtl; s auch BFH VIII R 40/13 115

BStBl II 16, 342 zur testamentarisch angeordneten Verzinsung). *Nicht darunter fallen* Ansprüche auf die Lieferung anderer WG, insb auf *Sachleistungen* gerichtete Forderungen (zu verbrieften Liefer- oder Herausgabeansprüchen auf Gold s BFH VIII R 35/14 BStBl II 15, 834; BFH VIII R 7/17 DStR 20, 2293 mwN; zum Gold-ETF-Anteil VIII R 15/18 BStBl II 21, 913; zum Edelmetall-Pensionsgeschäft BFH IX R 20/19 BStBl II 21, 687). – S zur Kombination mit einem Andienungsrecht für Aktien § 20 IVa 3 (Rz 217). – Nr 7 umfasst freiwillige und rechtl erzwungene KapÜberlassungen (s Nr 7 S 3 zu *Erstattungszinsen* gem § 233a AO; zu *Verzugszinsen* BFH VIII R 3/09 BStBl II 12, 254; zu zivilrechtl *Prozesszinsen* BFH VIII R 79/91 BStBl II 95, 121; zu § 236 AO-Zinsen BFH VIII B 88/20 BFH/NV 21, 1353; zu Zinsen auf Rentennachzahlung BFH VIII R 18/12 BStBl II 16, 523; EStH 20.2 und zu EntschG-Zinsen FG SchlHol EFG 18, 1884, rkr).

116 **bb) Rückzahlung; Entgelt zugesagt oder geleistet, § 20 I Nr 7 Satz 1.** – *(1)* **Kapitalrückzahlung.** Die Rückzahlung betrifft zwar die Substanz des KapStamms (§ 20 II 2), dennoch sind Erträge iZm mit der sonstigen KapForderung stbar, wenn allein die Rückzahlung des KapVerm (teilweise) *zugesagt* ist oder die Rückzahlung bei fehlender Zusage *tatsächl geleistet* wird. – *(2)* **Entgeltzahlung.** Auch diese muss nur zugesagt oder tatsächl geleistet sein. – *(3)* **Ungewisses Ereignis.** Unerhebl ist, ob die *Höhe* der Rückzahlung oder des Entgelts von einem ungewissen Ereignis abhängt. – *(4)* **Tatsächliche Zahlung.** Sind nach den Ausgabebedingungen eines Finanzprodukts die KapRückzahlung und ein Entgelt dem Grunde und der Höhe nach unsicher, werden aber Zahlungen *tatsächl geleistet*, fällt der Ertrag unter Abs 1 Nr 7 (s aber BFH VIII R 7/16 BStBl II 19, 610: keine StBarkeit lfd Erträge bei Erwerb vor dem 15.3.07; *BMF* BStBl I 21, 723 Rz 8a; *BMF* BStBl I 16, 85 Rz 48, 105).

117 **cc) Einzelne Kapitalforderungen. – Schuldverschreibungen** (Pfandbriefe, Industrieobligationen; Bundesschatzbrief A); – **Anleihen** mit schwankenden Zinsen (Kombizins-, step-up-, Gleitzins-Index-, Options-, Floater, Warrants, Stufenzinsanleihen); – **Festverzinsl Forderungen; Ges'terdarlehen** (*BMF* BStBl I 16, 85 Rz 58); – Schuldrechtl **Genussrechte** (zu eigenkapitalähnl Genussrechten s bei Abs 1 Nr 1, Rz 32) – **Gewinnobligationen; Optionsanleihen:** getrennte Betrachtung **von** Anleihe (§ 20 I Nr 7) und Optionsschein (§ 20 II Nr 7): kein Fall des § 20 IVa 4 (*BMF* BStBl I 22, 742 Rz 6, 7). – **Optionsscheine** sind KapForderungen, *nicht Termingeschäfte* (offen nach BFH VIII R 1/17 DStR 20, 2589 für Optionsschein mit Knock-Out-Schwelle; nunmehr *BMF* BStBl I 21, 723 Rz 8); Gleiches gilt für **Zertifikate** als Geldforderungen bei Anbindung an einen Basiswert (ungeachtet ihrer Hebelwirkung, auch bei unendl Laufzeit; auflösenden Bedingung, zB KnockOut-Schwelle; kein Termingeschäft), da es an der herausgeschobenen Erfüllung fehlt (BFH IV R 54/11 BStBl II 15 483 zu Indexzertifikat; BFH VIII R 79/03 DStR 07, 286; *Cornelius/Hoffmann* ErbStB 20, 225, 227; *BMF* BStBl I 21, 723 Rz 8a).

118 **c) Kapitalerträge. – aa) Nutzungsentgelt.** Nr 7 besteuert das *Entgelt für die KapÜberlassung*, das lfd oder einmalig (zB beim Disagio) zu entrichten sein kann (nicht die Vergütung bei Rückzahlung/Einlösung, s dazu § 20 II 2); zur Zurechnung s Rz 16 und zum Zufluss gem § 11 s Rz 22. Gem Nr 7 S 2 ist jedes wirtschaftl Nutzungsentgelt unabhängig von Bezeichnung, Ausgestaltung, Zahlungsart und Berechnungsgrundlage (Vorwegzahlung, rechnerische Einbeziehung in KapRückzahlung, Berechnung nach ungewissem Ereignis) und unabhängig von der zivilrechtl Wirksamkeit des Vertrages stbar.

Einzelfälle. – **Zinsen** als laufzeitabhängige Nutzungsvergütungen für die KapÜberlassung (s BFH VIII R 14/93 BFH/NV 95, 377) sind der Grundfall. Zu negativen Einlagenzinsen s Rz 267. Guthabenzinsen aus Bausparverträgen sind gem *BMF* BStBl I 16, 85 Rz 126 uU nicht stbar; zum Zufluss bei Bonuszinsen s FG Nds EFG 21, 941, Rev VIII R 18/20. –

Scheinerträge aus einem Schneeballsystem können KapErträge iSd Nr 7 sein (s BFH VIII R 38/13 BStBl II 14, 698; BFH VIII R 13/16 BFH/NV 18, 189; BFH VIII R 7/17 BStBl II 21, 468; zum Zufluss oben Rz 22). – Bei Auszahlungen auf ein **Vollrisiko-Zertifikat** sind lfde Auszahlungen iSd § 20 I Nr 7 anhand der Emissionsbedingungen von Teilrückzahlungen gem § 20 II Nr 7 abzugrenzen (BFH VIII R 16/16 BStBl II 20, 254, auch zum Übergangsrecht; *BMF* BStBl I 16, 85 Rz 8a) – *Nutzungsersatz:* BMF BStBl I 18, 624 Rz 8b, 8c sieht den Nutzungsersatz des Kreditinstituts, erstattete Gebühren, Prozess- und Verzugszinsen iRd Rückabwicklung von Darlehensverträgen als KapErträge iSd Nr 7 an, die auch dem StAbzug iSd § 43 I (s auch § 43 Rz 6) unterliegen. Die FG-Rspr stimmt dem in Altfällen (vor § 357a BGB) mehrheitl zu (FG Köln EFG 20, 101, Rev VIII R 30/19; FG BaWü EFG 22, 103, nrkr; FG BaWü EFG 21, 656, Rev VIII R 5/21; FG BaWü EFG 21, 1979, rkr; FG Nbg EFG 21, 1720, Rev VIII R 11/21; FG RhPf EFG 21, 1025, rkr; FG Kln EFG 21, 759, Rev VIII R 7/21; FG Hess BeckRS 2018, 41273, rkr; s auch *Urban* NWB 20, 161; *Jachmann-Michel* BB 21, 3031, 3032; *Jooß* DStR 21, 1025, *ders* WM 21, 1212).

bb) Steuerpflichtige Zinsanteile im Privatvermögen. – *(1)* **Wiederkehrende und ähnliche Leistungen.** S zu Zinsanteilen iSd § 20 I Nr 7 in RV-Leistungen Rz 106. – „*Gegenleistungsrenten*" (§ 22 Rz 72, 76, 84) sind beim Veräußerer/Käufer ab der ersten Zahlung über die gesamte Laufzeit hinweg in einen Zinsanteil (Abs. 1 Nr 7) und einen Tilgungsanteil (s § 13, § 14 BewG) zu zerlegen (zu privaten *Veräußerungszeitrenten* s BFH VIII R 3/17 BStBl II 20, 813 mwN; zu solchen betriebl Renten BFH X R 12/17 BStBl II 20, 262; zu *Veräußerungsleibrenten* s BFH X R 39/98 BStBl II 02, 246). – *Versorgungsleistungen* iRd Vermögensübergabe gem § 22 Nr 1a (§ 22 Rz 105) enthalten keinen Zinsanteil; andere Leibrenten einen Ertragsanteil iSd § 22 Nr 1 S 3 s BFH X R 32-33/01 BStBl II 11, 675; BFH IX R 11/19 DStR 22, 28; § 22 Rz 77, 90 f; § 23 Rz 94. – *(2)* **Kaufpreisraten.** Diese sind ab der ersten Rate in einen Zins- und Tilgungsanteil (den Kaufpreis) zu zerlegen (BFH VIII B 115/13 BFH/NV 15, 200 mwN), da bei wirtschaftl Betrachtungsweise davon auszugehen ist, dass der Schuldner bei alsbaldiger Zahlung einen geringeren Kaufpreis als bei späterer Zahlung hätte entrichten müssen Dies gilt nicht, wenn die Vertragsparteien den Zeitpunkt der Kaufpreiszahlung weitgehend offengelassen haben (BFH VIII R 41/82 BStBl II 84, 550). – *(3)* **Gestundete Kapitalforderungen.** Auch diese sind bei Stundung von mehr als einem Jahr gem § 12 III BewG (Abzinsungszinssatz 5,5%) in einen Tilgungs- und Zinsanteil aufzuteilen, da die Gestattung der späteren Zahlung eine KapÜberlassung darstellt (BFH VIII R 67/95 BFH/NV 97, 175 mwN). Auch ein vertragl (freiwilliger) Ausschluss der Verzinsung hindert die Annahme eines Zinsanteils nicht (BFH VIII R 163/71 BStBl II 75, 431). Anders kann dies bei Verzicht auf eine Verzinsung iRe schiedsgerichtl Vergleichs sein (BFH VIII R 39/13 BFH/NV 16, 1430). – *(4)* **Erbrechtliche Ansprüche.** Auch gestundete erbrechtl Forderungen enthalten grds Zinsanteile (Ausnahme: vor dem Erbfall erklärter Erb- und Pflichtteilsverzicht gegen wiederkehrende Leistungen – BFH VIII R 57/10 BStBl II 14, 56 mwN). Ein vom Berechtigten verzinsl gestundeter Pflichtteilsausgleichsanspruch führt zu stpfl Zinseinkünften (BFH VIII R 22/17 BStBl II 20, 92); ebenso ein testamentarischer verzinsl gestundeter Vermächtnisanspruch (BFH VIII R 40/13 BStBl II 16, 342). – Zur mögl Doppelbelastung mit ErbSt s *Meßbacher-Hönsch* ZEV 18, 182; BFH VIII B 70/09 BFH/NV 12, 229 und bei § 35b.

d) Erstattungszinsen, § 20 I Nr 7 S 3. Diese (§ 233a, § 236 AO iZm mit nicht abziehbaren Steuern) sind nach S 3 (entgegen BFH VIII R 33/07 BStBl II 11, 503) stpfl (zur Nichtanwendbarkeit von § 233a AO für Zinszeiträume ab 2019 BVerfG 1 BvR 2237/14, 1 BvR 2422/17 DStR 21,1934; *BMF* BStBl I 21, 1759). Auch Erstattungszinsen zur KSt sind stpfl (BFH I B 97/11 BStBl II 12, 697). Zur echten Rückwirkung bei Einführung s zB BFH VIII R 1/11 BFH/NV 14, 830: verfgemäß (VerfBeschw BVerfG 2 BvR 482/14); zustimmend BFH I R 34/13 BFH/NV 15, 167. Zum WK – Abzug bei Refinanzierung einer später herabgesetzten ESt-Nachforderung s BFH VIII R 53/14 BStBl II 18, 687, **ab VZ 2009** ist aber § 20 IX anzuwenden. – Zu negativen Einnahmen bei Änderung der Zinsen

(§ 233a V AO) s FG Mster BeckRS 2020, 48724, Rev VIII R 8/21; zum Ansatz bei Kürzung um Nachzahlungszinsen zust FG Mchn DStRE 21, 1224, rkr.

125 **12. Diskontbeträge von Wechseln uÄ, § 20 I Nr 8.** Zu den Begriffen s Art 1 WechselG und § 783 BGB. Der Diskontierung von Wechseln liegt ein Kreditgeschäft zugrunde; als Diskontgeber treten idR Banken auf. § 20 I Nr 8 erfasst Diskontabschläge *vor* Fälligkeit. Zinsen iSv Art 5 WechselG fallen unter § 20 I Nr 7; Bilanzierung s BFH I R 92/94 BStBl II 95, 594. Keine KapESt (idR gewerbl Einkünfte).

129 **13. Vergleichbare Bezüge von Körperschaftsteuersubjekten iSv § 1 I Nr 3–5 KStG, § 20 I Nr 9. – a) Steuerbarkeit; Abgrenzung.** § 20 I Nr 9 enthält anders als Abs 1 Nr 10 keine Fiktion von Ausschüttungen an den „Als-ob-Anteilseigner", sondern verlangt einen wirtschaftl Vergleich der Leistungen („Als-ob-Ausschüttungen") mit Gewinnausschüttungen (s iEinz Rz 131). Zudem ist der Gewinn aus der Übertragung der Rechtsposition gem § 20 II Nr 8 stpfl. Zur KapESt s § 43 I Nr 7a, § 44 I 3.

130 **b) Leistungen inländischer Körperschaftsteuersubjekte, § 20 I Nr 9 S 1. – aa) Vorrang von § 22.** § 22 Nr 1 S 2 HS 2 Buchst a enthält eine vorrangige Regelung für wiederkehrende Zuwendungen gem § 5 KStG stbefreiter *gemeinnütziger* Stiftungen (zu Leibrenten s BFH X R 41/12 DStR 14, 2115: Ertragsanteil; zu ungleichmäßigen gedeckelten Leistungen BFH X B 153/19 BFH/NV 20, 1257, dazu krit *Orth* ZStV 21, 60, 63). Gem Abs 1 Nr 9 S 1 sind ausschüttungsähnl („Gewinnausschüttungen wirtschaftl vergleichbare", Rz 131) Leistungen (Destinatszahlungen) von *nicht stbefreiten* KSt-Subjekten iSv § 1 I Nr 3–5 KStG stpfl; § 22 Nr 1 ist ggü Abs 1 Nr 9 bei wiederkehrenden Destinatszahlungen subsidiär (§ 22 Rz 68). S auch § 3 Nr 40 Buchst i.

131 **bb) Inländische Stiftungen; Familienstiftungen.** *Schrifttum: Orth* ZStV 21, 60; zum ErbStR *Wachter* FR 17, 69 ff; 130 ff. – **(1) Vermögensmassen.** Sie sind als rechtsfähige (§ 1 I Nr 4 KStG) und nichtrechtsfähige Stiftungen (§ 1 I Nr 5 KStG) Vermögensmassen iSd Abs 1 Nr 9 (s BFH I R 102/10 BStBl II 14, 484). – **(2) Vergleichbare Einnahmen aus Leistungen.** KapErträge gem Nr 9 S 1 können alle einmaligen und wiederkehrenden Leistungen sein, die an den Stifter, die Destinatäre (zB Angehörigen/Abkömmlinge) und die Anfallberechtigten ausgekehrt werden. Str ist, welche Anforderungen an die Vergleichbarkeit mit Ausschüttungen zu stellen sind (s zutr BFH I R 98/09 BStBl II 11, 417: bei Einflussnahmemöglichkeit der Empfänger auf Ausschüttungsverhalten der Stiftung, ebenso FG Nbg EFG 20, 1610, rkr, s auch BFH VIII R 30/15 BFH/NV 18, 857; FG SchlHol EFG 09, 1558, rkr: gesellschafterähnl Stellung notwendig; anders FG Hbg ErbStB 21, 363, Rev VIII R 25/21; *BMF* BStBl I 06, 417; EStH 20.2 „Stiftung": alle Leistungen aus den Erträgen der Stiftung, die von den beschlussfassenden Stiftungsgremien an Stifter, Angehörige, Abkömmlinge ausgekehrt werden; ähnl *Fischer* FR 17, 897, 901: alle satzungsmäßigen Auskehrungen unabhängig von der Einflussnahme der Empfänger). – **(3) Einlagenrückgewähr bei Stiftungen.** Str ist, ob für inl Stiftungen ein Einlagekonto gem § 27 VII KStG zu führen ist, da „Vermögensmassen" dort nicht erwähnt werden (bej FG Mster EFG 19, 1010, rkr; FG RhPf EFG 19, 1604, Rev I R 42/19 und FG Nbg EFG 20, 1610, rkr: Einlagenrückgewähr mögl bei Leistungen aus dem Grundstockvermögen sowie FG Sachs EFG 21, 1584, Rev I R 46/20; wohl vern *BMF* BStBl I 03, 366; *BMF* BStBl I 06, 417; *Fischer* FR 17, 897, 899). ME dürfen auch Stiftungen ein Einlagekonto führen und geht die Verweisung in Abs 1 S 9 auf Abs 1 Nr 1 S 3 insoweit nicht ins Leere (glA *Orth* ZStV 20, 14). – **(4) Erträge aus Teilauflösungen, Auflösungen; Abs 1 Nr 9 iVm Nr 2.** Abs 1 Nr 2 vergleichbare Bezüge iRd der Stiftungsauflösung (thesaurierte Erträge aus dem Liquidationsendvermögen) sind den VZ von 2007 stpfl (s *BMF* BStBl I 06, 417; *Orth* ZStV 19, 182; BFH VIII R 30/15 BFH/NV 18, 857 zur Zeit davor). – **(5) Doppelbelastung mit Einkommen-, Erbschaftsteuer.** Ungeklärt ist, ob und ggf in welchem Umfang es wegen § 7 I Nr 1 und Nr 9 S 1 ErbStG zu einer

Doppelbelastung mit ESt, ErbSt kommt. Für *satzungsmäßige lfd Zuwendungen* greift § 7 I Nr 1 ErbStG nicht (BFH II B 40/14 BFH/NV 14, 1554), hier gilt nur § 20 I Nr 9. Str ist die Behandlung *nicht satzungsmäßiger Zuwendungen* (mE entweder nur vGA gem § 20 I Nr 9 iVm I Nr 1 S 2 EStG oder nur § 7 I Nr 1 ErbStG); s ausführl *Fischer* FR 17, 897, 899 f.

d) Leistungen ausländischer Körperschaftsteuersubjekte, § 20 I Nr 9 S 2. 132 – Bei *ausl Familienstiftungen/intransparenten Trusts* (zu letzteren *Kraft* ZEV 20, 608) werden die Einkünfte der Stiftung unter den Voraussetzungen des § 15 AStG dem Stifter ua hinzugerechnet und gesetzl als Leistungen iSd Abs 1 Nr 9 qualifiziert, die tarifl zu besteuern sind (§ 32d Rz 22). Ausschüttungsähnl Zuwendungen, nicht satzungsmäßige Zuwendungen fallen unter Abs 1 Nr 9 S 2 (dazu FG Hess EFG 21, 1540, rkr). Die Möglichkeit der Einlagenrückgewähr aus dem Grundstockvermögen ist ungeklärt (Rz 131); s auch § 15 X AStG. Zuwendungen einer ausl *Stiftung* sind *auch* gem § 7 I 1 Nr 1 ErbStG stbar, wenn sie eindeutig gegen den Satzungszweck verstoßen; ein Zwischenberechtigter iSd § 7 I Nr 9 S 2 ErbStG benötigt einen rechtl verfestigten Titel (BFH II R 6/16 BStBl II 20, 61). Zu den str Folgefragen für Leistungen eines *Trusts* s FG Mchn EFG 19, 1233, Rev II R 31/19 mwN; BFH II R 40/18 BeckRS 2021, 45224; *Haag/Tischendorf* IStR 20, 794; *Werner* IStR 20, 130. – IRd *Auflösung* des ausl Gebildes sind Ausschüttungen thesaurierter KapErträge gem Abs 1 Nr 9 S 2 iVm Abs 1 Nr 2 stpfl (zu mögl Doppelbelastung mit ErbSt gem § 7 I Nr 9 S 2 HS 2 ErbStG s *Fischer* FR 17, 897 ff).

14. Gewinntransfer von Betrieben gewerblicher Art, § 20 I Nr 10. *BMF* 135 BStBl I 19, 97; *BMF* BStBl I 16, 685 (wirtschaftl Geschäftsbetrieb). – **a) Ausschüttungsbelastung.** Durch die KSt-Besteuerung des Betriebs gewerbl Art gem § 1 I Nr 6 iVm § 4 KStG/der wirtschaftl Geschäftsbetriebe und die Nachbelastung der Leistungen/des Gewinntransfers bei der Trägerkörperschaft soll eine ähnl kumulierte Belastung wie bei einem Anteilseigner und dessen KapGes erreicht werden (BFH I R 105/05 BStBl II 07, 841; BFH I R 18/07 BStBl II 08, 573; BFH I R 52/13 BStBl II 16, 172). KSt-Subjekt ist die Trägerkörperschaft (BFH I R 7/71 BStBl II 74, 391); der abgeltende KapESt-Abzug für die „Ausschüttung" gem § 20 I Nr 10 iVm § 2 Nr 2, § 32 I Nr 2 KStG iHv 15 % trifft sie ebenfalls (s § 43 Rz 11; zu § 44 VI § 44 Rz 22 ff; bei wirtschaftl Geschäftsbetrieben gemeinnütziger KSt-Subjekte volle Abstandnahme, § 44a VII I Nr 1). S zum Unionsrecht BFH I R 18/19 DStR 19, 2296.

b) Betriebe gewerblicher Art mit Rechtspersönlichkeit, § 20 I Nr 10 136 **Buchst a.** S iEinz *BMF* BStBl I 19, 97 Rz 5 ff; KStR 4.1 I. Sachl erfasst Nr 10 Buchst a alle Einnahmen aus Leistungen der stpfl Betriebe gewerbl Art (von juristischen Personen döR) *mit eigener Rechtspersönlichkeit* (idR Eigengesellschaften) an ihre (nicht stpfl) Trägerkörperschaften, die wie bei § 20 I Nr 9 ausschüttungsähnl Leistungen und keine Rückzahlungen aus dem Einlagenkonto iSv § 27 KStG iVm § 20 I Nr 1 S 3 EStG sind (*BMF* BStBl I 19, 97 Rz 8). Abs 1 Nr 1 S 2 (vGA), und Nr 2 (Auflösung) gelten ebenfalls entspr. S auch § 8 VIII KStG (keine KapESt auf vGA bei dauerdefizitärem Betrieb BFH VIII R 44/15 BStBl II 21, 321).

c) § 20 I Nr 10 Buchst b. – aa) Betriebe gewerblicher Art ohne eigene 137 **Rechtspersönlichkeit; wirtschaftliche Geschäftsbetriebe. – (1) Begriff.** Dies sind Eigenbetriebe und Regiebetriebe (s iEinz BFH I R 108/09 BStBl II 13, 328; BFH I R 18/07 BStBl II 08, 573; *BMF* BStBl I 19, 97 Rz 17). Die Beteiligung einer juristischen Person döR an einer PersGes ist ein Regiebetrieb (BFH VIII R 43/15 BFH/NV 19, 1414). Gleichgestellt werden gem S 5 die wirtschaftl Geschäftsbetriebe (§ 14 AO) der gem § 5 KStG stbefreiten Körperschaften, Personenvereinigungen oder Vermögensmassen (*BMF* BStBl I 19, 97 Rz 16 f; *BMF* BStBl I 16, 200 und *BMF* BStBl I 16, 685). Betriebe gewerbl Art und Geschäftsbetriebe müssen die in Nr 10 Buchst b S 1 genannten Anforderungen (Gewinnermittlung durch BV-Vergleich oder EÜR, bei letzterer mit den gesetzl Gewinn- und Umsatzgrenzen) erfüllen (s iEinz *BMF* BStBl I 19, 97 Rz 16 ff; zu Geschäftsbetrieben s Buchst b S 4 und *BMF* BStBl I 16, 685). – **(2) Umfang der steuerpflichtigen Leistungen.** Nr 10 Buchst b S 1 enthält für **nicht den Rücklagen zugeführte Gewinne** (Rz 138) eine *Ausschüttungsfiktion* (BFH I R 108/09 BStBl II 13, 328). Stpfl sind auch **vGA** (insb aufgrund dauerdefizitärer Betriebe), **Gewinne gem § 22 IV UmwStG** und **Gewinne aus der Auflösung von Rücklagen** für Zwecke *außerhalb* des Betrieb gewerbl Art (S 2 HS 1); bei Einbringung und Formwechsel gelten die Rücklagen als aufgelöst **(Buchst b S 2 HS 2)**. – Bei Verwendung des steuerl **Einlagekontos (Buchst b S 5** iVm § 20 I Nr 1 S 3 und § 27 VII KStG) ist die Leistung nicht stbar. Zur fortlaufenden Führung des Einlagekontos s BFH I R 12/17 DStR 21, 468 (dazu *Deckers* DStZ 21, 720); zum Ansatz sog Neurücklagen statt des ausschüttbaren Gewinns iSd § 27 I 3 KStG s *BMF* BStBl I 19, 97 Rz 42; zur phasenkongruenten Einlage iHd Verlusts eines Regiebetriebs s BFH I R 77/11 BStBl II 15, 161; BFH I R 18/07 BStBl 08, 573. – FG Ddorf EFG 20, 1340, Rev VIII R 22/20 sieht § 27 V 2 KStG (Nullbescheinigung) wegen § 44 VI als anwendbar an (str!); zur Feststellungslast einer Einlagenrückgewähr s FG Ddorf EFG 21, 1027, rkr. – *(3)* **Zeitpunkt der Ausschüttung.** Die Ausschüttungsfiktion greift *für Regiebetriebe* mit dem Entstehen des Gewinns des Betriebs gewerbl Art phasenkongruent am Ende desselben Wj, da Einnahmen und Ausgaben unmittelbar durch den Haushalt der Trägerkörperschaft fließen (BFH I R 105/05 BStBl II 07, 841). Für *Eigenbetriebe* kommt es zur Ausschüttung des Gewinns idR im Folgejahr, da das zuständige Gremium dessen Vereinnahmung im Haushalt beschließen muss (BFH I R 108/09 BStBl II 13, 328; BFH I R 18/07 BStBl II 08, 573). Zum Entstehen der KapESt-Schuld s § 44 VI 2. – **(4) Gewinnbegriff.** Gewinn gem Nr 10 Buchst b ist der Betrag, der dem handelsrechtl Jahresüberschuss (§ 275 HGB) einer gedachten KapGes entspricht (BFH I R 77/11 BStBl II 15, 161; *BMF* BStBl I 19, 87 Rz 25 ff und Rz 31). – Sondervergütungen sind einzubeziehen (BFH I R 52/13 BStBl II 16, 172); zur Höhe des Gewinns bei dauerdefizitären Tätigkeiten bei Beteiligung an Querverbund-KG s BFH VIII R 43/15 BFH/NV 19, 1414; *Levedag* HFR 20, 30). – Eine Verrechnung des Gewinns mit Verlusten des Betriebs gewerbl Art ist ausgeschlossen (BFH I R 18/07 BStBl 08, 573; zutr FG BBg EFG 18, 850, aber aus verfahrensrechtl Gründen gegenstandslos, vgl BFH VIII R 1/18 BStBl II 21, 655). – Für **Rundfunk-Werbesendungen** wird der Gewinn bei Überschreiten bestimmter Grenzen (S 1) fingiert ($^{3}/_{4}$ des Einkommens iSv § 8 I 2 KStG; **Buchst b S 3**).

138 bb) **Einstellung des Gewinns in eine Rücklage.** Ausgenommen sind bei *Regiebetrieben* und *wirtschaftl Geschäftsbetrieben* gem Nr 10 Buchst b S 1 Gewinne, die Rücklagen für betriebl Zwecke zul zugeführt werden sowie die Auflösung solcher Rücklagen zu außerbetriebl Zwecken (Umkehrschluss aus **Buchst b S 2**; s iEinz BFH VIII R 15/16, BStBl I 19, 101; BFH VIII R 42/15 BStBl II 19, 96; *BMF* BStBl I 19, 97 Rz 35). Es reicht für die Zuführung jedes „Stehenlassen" der handelsrechtl Gewinne als Eigenkapital aus, sofern anhand obj Umstände nachvollzogen werden kann, dass die entspr Mittel weiterhin als Eigenkapital zur Verfügung stehen sollen (iEinz *Bott/Gastl* DStZ 18, 491; FG MeVo EFG 21, 1640, rkr: Beschluss Gemeindevertretung).

141 15. **Stillhalterprämien, § 20 I Nr 11** (*BMF* BStBl I 16, 85 Rz 9–47; *Dahm/Hamacher* DStR 14, 455, 461). – **a) Begriff, § 20 I Nr 11 HS 1.** Inhalt eines Optionsgeschäftes ist Erwerb oder Veräußerung des Rechts, die bestimmte Menge eines Basiswertes (insb Aktien, Indizes oder festverzinsl Wertpapieren) nach den Bedingungen der Option zu einem im voraus vereinbarten Preis (Basispreis) entweder vom Stillhalter zu kaufen oder an ihn zu verkaufen oder stattdessen die Auszahlung der Kursdifferenz (Barausgleich) verlangen zu können. Es handelt sich um die Gegenleistung des Optionsinhabers für die vom Stillhalter vertragl eingegange-

Substanzgewinne und Substanzverluste 142–146 § 20

ne Bindung und dessen Risiko, aus der Option in Anspruch genommen zu werden (BFH IX R 46/12 BFH/NV 14, 1025; BFH VIII R 55/13 BStBl II 17, 264). Nr 11 besteuert die Stillhalterprämien.

b) Glattstellung, § 20 I Nr 11 HS 2. Die *Glattstellung* liegt vor, wenn der Stillhalter iRe „Gegengeschäfts" eine Option der gleichen Serie (an der EUREX) unter *Closing*-Vermerk kauft, wie er sie zuvor verkauft hat; zivilrechtl erlöschen hierdurch die wechselseitigen Pflichten. Einnahmen aus der Stillhalterprämie mindern sich um die im Glattstellungsgeschäft vom Stillhalter gezahlten Prämien (§ 20 I Nr 11 Hs 2; *Aigner/Balbinot* DStR 15, 198); mE keine Beschränkung nur bis auf 0 (str). Das **WK-Abzugsverbot** des § 20 IX gilt insoweit nicht (ausnahmsweise Geltung des Nettoprinzips!); § 11 II ist nicht anwendbar (BFH I R 38/12 BFH/NV 16, 378; **aA** FG Mchn EFG 21, 2060, rkr für VZ ab 2009, str). Ein vom Stillhalter zu leistender *Barausgleich* [Kursdifferenz] fällt nicht unter Abs 1 Nr 11, HS 2, sondern als Verlust aus einem Termingeschäft unter § 20 II 1 Nr 3, § 20 VI 5 (BFH VIII R 55/13 BStBl II 17, 264; *Hahne/Philipp* DB 17, 457; *Philipowski* DStR 17, 1362). Ab VZ 21 können die Prämien mit Verlusten aus Termingeschäften iSd § 20 VI 5 verrechnet werden (s Rz 169, 245). 142

III. Substanzgewinne und Substanzverluste, § 20 II

1. Steuerbarkeit; Überblick. Zu den Einkünften aus KapVerm gehören seit dem VZ 2009 gem Abs 2 S 1, 2, Abs 4 (mit Vorrang ggü § 23) auch Substanzgewinne und -verluste aus nach dem 31.12.08 erworbenen/begründeten KapAnlagen im PV. § 20 II 1, 2 warfen zahlreiche Auslegungsfragen insb zum Umfang der Stbarkeit von Substanzverlusten auf. Durch Einfügung der Regelungen in Abs 6 S 6 (idF BGBl I 19, 2875) und die Anhebung der verrechenbaren Sockelbeträge in Abs 6 S 5, 6 (JStG 2020 BGBl I 20, 3096) hat der Gesetzgeber die jüngere BFH-Rspr zur umfassenden StBarkeit von Substanzverlusten BFH VIII R 13/15 BStBl II 20, 831; BFH VIII R 34/16 BStBl II 20, 836; BFH VIII R 37/15 BStBl II 19, 507; BFH VIII R 20/18 BStBl II 21, 378) aufgrund der erforderl gleichheitsgerechten Ausgestaltung des Besteuerungstatbestands auf der *Tatbestandsseite* anerkannt und nachvollzogen. Er begrenzt aber die Folgen aber durch die genannten *Verlustverrechnungsbeschränkungen.* Die FinVerw folgt der Rspr mittlerweile (*BMF* BStBl I 21, 723 Rz 59 ff). – Auch Abs 2 erfordert eine Einkünfteerzielungsabsicht (s Rz 20). – KapErträge gem Abs 2 S 1, 2 iVm Abs 6 S 6 fallen grds unter den gesonderten Tarif gem § 32d I, zu den Ausnahmen s § 32d II Nr 1 Buchst a–c; zur Veranlagung von Gewinnen, Verlusten iSd § 20 gem § 32d III, IV, VI s auch dort. – Zum KapESt-Abzug s § 43 Rz 11; § 43a Rz 6. Unentgeltl *Depotübertragungen mit Gläubigerwechsel* werden iRd StAbzugs gem § 43 I 4 als Veräußerungen fingiert (s § 43 Rz 15, 16). 145

2. Realisationstatbestände, § 20 II 1, 2, § 20 VI 6. – a) Veräußerung, § 20 II 1; Abtretung, § 20 II 2 Eine *Veräußerung* ist die Übertragung des (zumindest) wirtschaftl Eigentums einer KapAnlage auf eine andere Person (Rechtsträgerwechsel erforderl) gegen Entgelt (BFH VIII R 32/16 BStBl II 19, 221; *BMF* BStBl I 21, 723 Rz 59, 64–66). Veräußerungen sind aber auch die Übertragung einer obj wertlosen KapAnlage ohne Entgelt (jetzt ausdrückl Abs 6 S 6, Alt 2) sowie der Tausch und die Enteignung (FG Ddorf DStR 19, 153, rkr), der Entzug von KapAnlagen. – Eine *Veräußerung* darf zielgerichtet zur Verlustrealisation („Ausstieg") eingesetzt werden (BFH VIII R 32/16 BStBl II 19, 221 zum Entgelt iHd Transaktionskosten). – *BMF* BStBl I 21, 723 Rz 63 behandelt die KapAnlage dann als wertlos iSd Abs 6 S 6; zum Überkreuzverkauf s BFH VIII R 9/17 BStBl II 21, 385; jeweils kein Missbrauch gem § 42 AO. – *Abtretungen* gem Abs 2 S 2 erfassen die entgeltl Übertragung von Forderungen und Rechten (spezieller § 20 II Nr 2 Buchst a und b). Die Höhe des Gewinns/Verlusts ergibt sich idR aus § 20 IV 1. 146

147 **b) Weitere Realisationstatbestände, § 20 II 2.** – Der Veräußerung gleichgestellt werden die *Einlösung, Rückzahlung* von KapVerm und dessen *verdeckte Einlage in eine KapGes*. – **aa) Rückzahlung; Ausfall.** Stbar sind Gewinne aus *Rückzahlungen* auf KapForderungen iSd Abs 1 Nr 7, die den Nennwert übersteigen. Dies gilt zB für Auf- und Abzinzungspapiere (*BMF* BStBl I 16, 85 Rz 55 zu Zero Bonds). – Auch „Verluste aus der ganzen oder teilweisen Uneinbringlichkeit" einer nicht verbrieften KapForderung sind stbar (Abs 2 Nr 7, Abs 2 S 2 iVm Abs 6 S 6, Alt 1; s BFH VIII R 13/15 BStBl II 20, 831; *BMF* BStBl I 21, 723 Rz 60, 118). S iEinz bei § 20 II Nr 7 (Rz 183). – Zur *Einziehung* einer unter dem Nennwert erworbenen Forderung als Veräußerung s FG Ddorf EFG 19, 129, Rev VIII R 1/19 (zur vGA durch den Erwerb s Rz 59).

149 **bb) Einlösung.** Die Endeinlösung einer iRe Wertpapiers verbrieften KapForderung iSd Abs 1 Nr 7 ist gem Abs 2 S 2 stbar. Hierbei wird die Forderung des Gläubigers (vorzeitig/verspätet/wie vereinbart) zum Endtermin Zug um Zug gegen Rückgabe der Urkunde an den Schuldner erfüllt. Der Verfall eines Wertpapiers aufgrund einer auflösenden Bedingung (zB Kock Out-Schwelle), dessen Ausbuchung aus dem Depot oder sonstiger Ausfall sind ebenfalls stbar (Abs 6 S 6, Alt 3 und Alt 4, s iEinz Rz 184).

150 **cc) Verdeckte Einlage von Kapitalanlagen in eine Kapitalgesellschaft.** – *(1) Einlage in Kapitalgesellschaft.* Es handelt sich um eine gesetzl fingierte Veräußerung der eingelegten KapAnlage, die grds zu nachträgl AK auf die Beteiligung führt (s § 6 Rz 861, 871, auch § 17 I 2). – Bei der *KapGes* ist das eingelegte WG mit der AK anzusetzen (§ 6 Rz 877). – Zum *Forderungsverzicht* als Einlage s Rz 183. – *(2) Einlage in ein anderes Betriebsvermögen.* S zur Abgrenzung von Einlagen von KapAnlagen iSv § 20 II in das BV eines Einzelunternehmens § 6 I Nr 5 (§ 6 Rz 591, 618, 621; zu wertgeminderten Forderungen insbes BFH X R 8/16 BStBl II 18, 426) und zur Abgrenzung von Einlagen, Veräußerungen in das Gesamthandsvermögen einer MUerschaft (je nach Gutschrift auf einem echten/schuldrechtl KapKonto) *BMF* BStBl I 11, 713; *BMF* BStBl I 16, 684. – *(3)* **Bruchteilsbetrachtung.** Keine Veräußerung ist die Einlage einer KapAnlage des PV in das Gesamthandsvermögen einer vermögensverwaltende PersGes, soweit der Übertragende an dieser beteiligt ist (*BMF* BStBl I 16, 85 Rz 82; zu Darlehen s FG Mster EFG 21, 1712, rkr).

153 **3. Erzielen von Kapitalerträgen durch eine vermögensverwaltende Personengesellschaft, § 20 II 3.** Abs 2 S 3 gilt für KapErträge gem § 20 I und II. – Lfd KapErträge iSd § 20 I werden durch die PersGes als Einkünfteerzielungssubjekt (gemeinschaftl) erzielt, wenn diese die KapAnlage gesamthänderisch erworben hat. Zur disquotalen Zurechnung s FG Mchn EFG 21, 755, Rev VIII R 3/21. – Veräußerungsgewinne iSd § 20 II werden durch die PersGes erzielt, wenn diese gemeinschaftl erworbene KapAnlage veräußert (kein Fall des § 20 II 3). – Die Anschaffung/Veräußerung eines Anteils an der PersGes gilt nach Abs 2 S 3 als Anschaffung/Veräußerung der anteiligen KapAnlage im Gesamthandsvermögen der PersGes, dh stbar sind nur *Mischfälle* (gemeinschaftl Erwerb und Anteilsveräußerung) und rein *gesellschafterbezogene* Anteilserwerbe und -veräußerungen). S dazu iEinz *BMF* BStBl I 16, 85 (dort Tz 75 zum Eintritt, Tz 82 zum Austritt, Tz 287 zur gemeinschaftl Einkünfteerzielung) und zu Anteilen gem § 17 BFH VIII R 41/99 BStBl II 00, 686 (§ 17 Rz 41, 83). – KapErträge können in Mischfällen und bei gesellschafterbezogener Tatbestandsverwirklichung nicht gesondert/einheitl nach § 180 I Nr 2 Buchst a AO festgestellt werden (BFH VIII R 39/15 BStBl II 19, 239; *Folge:* nachrichtl Feststellung der KapErträge, Erklärungspflicht gem § 32d III und Beurteilung nur im ESt-Bescheid des Ges'ters), anders ist dies bei gemeinschaftl Einkünfteerzielung (BFH VIII R 34/16 BStBl II 20, 836). Zur Anlage KAP-BET s *Anemüller* ErbStB 21, 156.

Substanzgewinne und Substanzverluste 156–160 § 20

4. Gewinne aus der Veräußerung von Anteilen an einer Körperschaft 156
iSd Abs 1 Nr 1, § 20 II 1 Nr 1. – **a) Anwendungsbereich.** Nr 1 ist auf Gewinne aus der Veräußerung von Anteilen, die nach dem 31.12.08 erworben werden, anzuwenden (§ 52 Abs 28 S 11). Erfasst sind Anteile an inl und ausl KapGes iSd § 20 I Nr 1 (zu REIT-Anteilen s § 19 II REITG; zu OptionsGes s *BMF* BStBl I 21, 2212 Rz 62) und eigenkapitalähnl Genussrechte (s Rz 32). – § 17 hat gem Abs 8 S 1 Vorrang (Rz 258). Abs 2 Nr 1 hat damit hauptsächl Bedeutung für Aktien sog Kleinanleger (zu Veräußerungsverlusten s § 20 VI 4). § 20 IVa enthält Sonderregelungen.

b) Veräußerungen im Einzelnen. – S zum Veräußerungsbegriff Rz 146. Ver- 157
äußerungen sind unstr auch der Squeeze Out von Minderheitsaktionären, der Anteiltausch, die Einziehung von Aktien durch die KapGes (s BFH IX R 57/13 BFH/NV 15, 1364 zu US-Fall) und der Erwerb *eigener Anteile* durch die KapGes für den Aktionär (BFH IX R 7/17 DStR 18, 516). S iEinz *BMF* BStBl I 16, 85 Rz 64–71. – Keine Veräußerungen sind die *Aktiensplit*, die *Aktienzusammenfassung*, der *Gattungswechsel* von Aktien und der *Umtausch von Hinterlegungsscheinen* in Aktien (*BMF* BStBl I 16, 85 Tz 68, 88, 89). – Veräußerungen iRe analogen Anwendung des Abs 2 Nr 1 (kein Rechtsträgerwechsel!) sind auch - die Einziehung von Aktien gem § 237 III Nr 2 AktG, deren Entzug durch eine KapHerabsetzung auf Null gem § 225a InsO (BFH VIII R 34/16 BStBl II 20, 836) und die Ausbuchung aus dem Depot (BFH VIII R 20/18 BStBl II 21, 378). Erforderl sind das Innehaben eines inl (vgl § 1 DepotG) oder ausl Depots, die Ausbuchung der KapAnlage daraus und die objektive Wertlosigkeit der KapAnlage. Wertpapiere sind nach den einschlägigen AGB zur Depotführung idR bei Erlöschen der den Wertpapier zugrundeliegenden Forderung bzw des Mitgliedschaftsrechts des Aktionärs (vor allem iRd Girosammelverwahrung) auszubuchen (s *Hopt* AGB-WPGeschäfte Abs. 18 Rn 1). Mit der Ausbuchung verliert der StPfl den Zugriff auf die KapAnlage. Abs 6 S 6, Alt 2 erfasst nur Ausbuchungen aufgrund der Wertlosigkeit/ des Erlöschens, daher nicht die unentgelt Depotübertragung mit Gläubigerwechsel (§ 43 Rz 15) und die Ausbuchung, um einen Verkauf zu erfüllen. Verluste fallen ab dem VZ 20 unter § 20 VI 6 (Ausbuchungstatbestand, Abs 6 S 6, Alt 2 und Verfall, S 6 Alt 3; s Rz 246, 247). Der Anteilsuntergang iRe **Liquidation/ Insolvenz einer KapGes** ist jedenfalls iRe Ausbuchung ebenfalls stbar. S zur weitgehend zustimmenden Verwaltungsauffassung *BMF* BStBl I 21, 723 Tz 63, 118, 324.

5. Isolierte Veräußerung von Dividenden- und Zinsscheinen, § 20 II 1 160
Nr 2 Buchst a, b. – **a) Veräußerung von Dividendenscheinen, § 20 II 1**
Nr 2 Buchst a 1. Veräußert der Inhaber des Stammrechts einen Dividendenschein oder -anspruch (ohne Verbriefung), veräußert die Beteiligung (zB Aktie) aber nicht mit, kann dies gem *Abs 2 S 2 Buchst a* zu einem stpfl KapErtrag führen; die Abtrennung (Stripping) ist nicht stbar. Abs 2 S 1 Nr 2 Buchst a S 1 besteuert den Gewinn aus der Übertragung *für den Veräußerer*. Dies bewirkt eine Einmalbesteuerung: Der künftige Dividendenertrag ist in das Entgelt eingepreist und wird als Veräußerungsgewinn erfasst, nach Satz 2 wird die spätere Ausschüttung iSd § 20 I Nr 1 beim Veräußerer nicht besteuert (**gesetzl Surrogation**). Diese gilt aber nur für die Übertragung eines *vor dem Gewinnverwendungsbeschluss der KapGes* veräußerten künftigen Ausschüttungsanspruchs. *Abs 2 S 1 Nr 2 Buchst a S 2* sperrt zudem die Besteuerung der nachfolgenden Ausschüttung gem Abs 1 Nr 1 nur, wenn die Besteuerung des Veräußerungsgewinns tatsächl „erfolgt ist". – Wird der Dividendenanspruch **erst nach dem Gewinnverwendungsbeschluss** abgetreten, wird die Dividende gem § 20 I Nr 1 iVm § 20 V zwingend dem Veräußerer als Stammrechtsinhaber zugerechnet; § 20 II 1 Nr 2 Buchst a kommt dann nicht zusätzl zur Anwendung (keine Doppelbesteuerung). – Bei Veräußerung des Dividendenanspruchs nach Gewinnverwendungsbeschluss, aber vor Zufluss des KapErtrags, ist die

Veräußerung nicht stbar und ebenfalls nur der Bezug gem Abs 1 Nr 1 stpfl. Zum Erwerb durch beschr StPl s FG Hess EFG 19, 1593, Rev VIII R 21/19. S auch § 43 Rz 11 zum KapESt-Einbehalt und bei § 45 S 1, 2 zur Beschränkung der KapESt-Anrechnung.

162 **b) Veräußerung von Zinsansprüchen, § 20 II Nr 2 Buchst b, § 20 II 4, 5, § 20 IV 8, 9.** *Schrifttum* Becker-Pennrich FR 17, 7; *Strothenke* DStR 16, 2893; *Ronig* NWB 15, 2223; *Heist* DB 21, 1089. – *(1)* **Anwendungsbereich.** *Abs 2 S 1 Nr 2 Buchst b S 1* besteuert seit VZ 17 die isolierte Veräußerung von Zinsscheinen- und -forderungen durch den derzeitigen oder ehemaligen Inhaber *vor Fälligkeit*, wenn die zugrunde liegenden Schuldverschreibungen (das Stammrecht) nicht mitveräußert werden. Bei Veräußerung *nach Fälligkeit* ist bereits vorher dem Stammrechtsinhaber ein Zinsertrag nach § 20 I Nr 7 zuzurechnen. Entsprechendes gilt für die **Endeinlösung** durch den ehemaligen Inhaber (S 2) und bei der Abtretung von Zinsansprüchen aus in einem öffentl Schuldbuch eingetragen Forderungen (S 3). – *(2)* **Vorgelagerte Trennung von Schuldverschreibung und Zinsansprüchen.** § 20 II 4 iVm § 20 IV 8 fingiert bei Trennung eine Veräußerung der Schuldverschreibung gem § 20 II Nr 7 zum gemeinen Wert (zur Wertbestimmung s *BMF* BStBl I 16, 1245; krit *Mandler* RdF 17, 243). Die Trennung gilt zugleich als fiktive Anschaffung der Schuldverschreibung und der Zinsansprüche zum Veräußerungspreis. Die AK sind gem § 20 IV 8 entspr des Verhältnisses der gemeinen Werte der Schuldverschreibung und der Zinsansprüche aufzuteilen Zum Besteuerungszeitpunkt bei der Trennung s § 20 II 5. Zur früheren Praxis s FG Ddorf EFG 19, 1389, Rev VIII R 15/19; FG Mster EFG 19, 1774, Rev VIII R 36/19. – *(3)* **Veräußerung der Zinsansprüche.** Diese ist gem § 20 II Nr 2 Buchst b S 1 stbar. Zur Ermittlung des Gewinns ist gem § 20 IV 1 auf die bei Trennung ermittelten AK abzustellen. Nach hM bewirkt die Veräußerung bei Einhaltung der Voraussetzungen in Buchst b eine vorgelagerte Einmalbesteuerung des Zinsertrags, dh die anschließende Einziehung des Zinses ist weder beim Veräußerer noch beim Erwerber stbar (*Moritz/Strohm* Besteuerung privater Kapitalanlagen, 2017, Kap A Rz 195–197). S auch § 45 S 1, 3.

165 **6. Gewinn aus Termingeschäften, § 20 II 1 Nr 3**

a) Allgemeines. *Schrifttum*: *Drüen* BB 21, 1175. – **Nr 3** umfasst zwei Tatbestände der Besteuerung des Gewinns und des Verlusts aus einem Termingeschäft (BFH VIII R 55/13 BStBl II 17, 264). *Buchst a* besteuert den Differenzausgleich oder Vorteil/Geldbetrag, der durch die Wertveränderung einer Bezugsgröße erlangt wird und *Buchst b* den Gewinn aus der Veräußerung eines als Termingeschäft ausgestalteten Finanzinstruments. Nach Abs 4 S 5 können bei Ermittlung des Gewinns Aufwendungen im unmittelbaren Zm dem Termingeschäft abgezogen werden. Dazu gehören die AK der entspr Schuldverschreibung, aber auch ein vom StPfl gezahlter Differenzausgleich. Für negative KapErträge gem § 20 II Nr 3 gilt mit Wirkung ab VZ 21 die Verlustverrechnungsbeschränkung in § 20 VI 5 (Rz 246).

166 **b) Termingeschäfte nach § 20 II Nr 3 Buchst a.** Termingeschäfte sind anknüpfend an die Definition in § 2 III Nr 1 WpHG Geschäfte, die anders als *Kassageschäfte* (Abschluss und Erfüllung sofort; innerhalb von zwei Bankarbeitstagen, s BFH IV R 53/11 BStBl II 15, 483; BFH I R 60/16 BStBl II 18, 637) zeitl verzögert zu erfüllen sind und deren Wert sich unmittelbar oder mittelbar vom Preis oder Maß eines Basiswertes ableitet, dessen Veräußerung oder Erwerb zum Termin zugesagt wird; entweder in Gestalt eines Fest- oder Optionsgeschäfts (BFH VIII R 4/15 BStBl II 15, 835; BFH IX R 13/14 BStBl II 15, 827; BFH I R 60/16 BStBl II 18, 637; ebenso *BMF* BStBl I 21, 723 Rz 9). – Termingeschäfte sind von der Einziehung, dem Verfall sonstiger KapForderungen iSd Abs 1 Nr 7 nach dem äußeren Merkmal der „verzögerten Erfüllung" abzugrenzen; die Risiken aus

Substanzgewinne und Substanzverluste **167–170 § 20**

Hebelwirkung und Totalverlust sind keine konstitutiven Merkmale (glA *Cornelius/ Hoffmann* ErbStB 20, 225, 229; s i*Einz Drüen* BB 21 1175, 1177 ff). – *BMF* BStBl I 21, 723 Tz 8, 8a, 9 ordnet auf dieser Grundlage zutr Optionsscheine und Zertifikate als verbriefte KapForderungen ein. BFH VIII R 1/17 BStBl II 21, 144; BFH VIII R 37/15 BStBl II 19, 507 haben dies offen gelassen. – Ein unter *Buchst a* fallendes Termingeschäft idS muss zudem auf einen *Differenzausgleich*, aber nicht auf die physische Lieferung des Basiswerts gerichtet sein (s BFH VIII R 35/15 BStBl II 18, 189). *Differenzausgleich/Barausgleich* bezeichnen den Ausgleich zw dem vereinbarten Basispreis und dem Kurswert/Marktpreis des Basiswerts zum Stichtag; dieser muss von vornherein vereinbart worden sein (s zum wirtschaftl Verständnis des Differenzausgleichs bei Abschluss eines Eröffnungs- (Leerverkaufs) und eines Gegengeschäfts BFH VIII R 35/15 BStBl II 18, 189; *BMF* BStBl I 19, 51 Rz 38; zur Abgrenzung von der *Glattstellung* § 20 Rz 142). – Ein *Geldbetrag/ Vorteil* iSd Buchst a, Alt 2 ist eine zusätzl, zum Differenzausgleich oder anstelle dessen gewährte Leistung. – Mit dem Merkmal, dass der Gewinn „bei" Termingeschäften und weil der Differenzbetrag ledigl aufgrund des Geschäfts *erlangt* worden sein muss, erfasst Buchst a auch Verluste aus dem *Verfall der Rechtsposition* oder iZm dem Eintritt einer auflösenden Bedingung (zB *Knock Out-Produkt)*, wenn die übrigen Voraussetzungen des Termingeschäfts erfüllt sind (BFH VIII R 37/15 BStBl II 19, 507; zu Optionen s BFH IX R 48/14 BStBl II 16, 456, BFH VIII R 55/13 BStBl II 17, 264).

c) Termingeschäfte nach § 20 II Nr 3 Buchst b. Buchst b erfasst weitergehend sämtl als Termingeschäfte ausgestalteten Finanzinstrumente (zB Termingeschäfte mit tatsächl Glattstellung, dh eine Partei wartet die Fälligkeit des Termingeschäfts nicht ab, sondern schließt vorher ein gegenläufiges identisches Geschäft ab, das die Position neutralisiert; s dazu auch zu § 20 I Nr 11 HS 2). Dies erfasst auch Optionen, die auf die physische Lieferung des Basiswerts gerichtet sind. – Stbar sind die Veräußerung, Glattstellung des Finanzinstruments. – Neben dem Gewinn „aus der Veräußerung" eines Finanzinstruments fällt unter *Buchst b* auch dessen vom Wortlaut nicht erfasster Verfall (s Rz 166). **Ab VZ 21** gilt auch für diese Verluste § 20 VI 5. **167**

d) Anwendungsfälle der Buchst a, b. S den Überblick in *BMF* BStBl I 21, 723 Rz 9 ff. Zu den Termingeschäften gehören danach insb *(1)* **Swaps/Forwards** (Austausch unterschiedl Zahlungsmodalitäten, zB in Bezug auf Zinsen, Währungen; BFH IV R 20/13 BStBl II 16, 739 [zu § 15 IV 3]; BFH I R 25/14 BStBl II 18, 124 [zu § 15 IV 3]; *BMF* BStBl I 16, 85 Rz 40 f; *Frey/Schober* DStR 21, 2674, 2677), – *(2)* **Devisentermingeschäfte, Futures** (standardisierte Geschäfte über den Kauf, Verkauf unterschiedl Basisgüter; zB Finanz- und Warenterminkontrakte); s *BMF* BStBl I 16, 85 Rz 36; *BMF* BStBl I 19, 51 Rz 38; *Dahm/Hamacher* DStR 14, 455, 456; – *(3)* **Hebelzertifikate**: sind mangels zeitl verzögerter Erfüllung keine Termingeschäfte (s auch zur früheren Rechtslage BFH IX B 154/10 BStBl II 12, 454), ebenso nicht – *(4)* **Optionsscheine** (s Rz 166, 184). **168**

e) Optionen. – *(1)* **Begriff.** Die Option ist ein bedingtes Termingeschäft. Bei Optionsanleihen kommt es zum Erwerb von Schuldverschreibung und Option s BFH I R 102/00 BStBl II 01, 710; BFH VIII R 9/02 BStBl II 03, 883 – *(2)* **Grundfälle.** – *(a)* Kauf einer Kaufoption („long call"); – *(b)* Kauf einer Verkaufsoption („long put"); – *(c)* Verkauf einer Kaufoption („short-call"); – *(d)* Verkauf einer Verkaufsoption („short put"). **169**

(3) **Übersicht.** S *BMF* BStBl I 21, 723 Rz 24 ff; *Moritz/Strohm*, Besteuerung privater Kapitalanlagen, 2017, Kap A Rz 177: **170**

Verkauf-/ Kaufoption (Put/Call)	Steuerliche Behandlung beim Optionsinhaber	Steuerliche Behandlung beim Stillhalter
Optionsprämie	Anschaffungskosten für das WG (Ver-)Kaufoption	StPfl Einnahme nach § 20 I Nr 11 (Rz 141; *BMF* BStBl I 16, 85 Rz 25).
Ausübung (Lieferung des Basiswerts)	*Kaufoption:* Die gezahlte Optionsprämie und die Nebenkosten erhöhen die AK für den erworbenen Basiswert (BFH XI R 44/17 DStR 19, 1905). Bei Veräußerung des Basiswerts innerhalb eines Jahres nach Ausübung liegt ein stpfl privates Veräußerungsgeschäft nach § 23 I 1 Nr 2 vor (*BMF* BStBl I 16, 85 Rz 21). *Verkaufsoption:* Optionsinhaber verwirklicht § 20 II 1 Nr 3 Buchst a; die gezahlte Optionsprämie und Veräußerungsnebenkosten sind abziehbar (*BMF* BStBl I 16, 85 Rz 29).	Bei Kaufoption Lieferung des Basiswerts gegen Entgelt, bei Verkaufsoption Erwerb des Basiswerts (AK). S dazu iRd § 8b KStG *Schmid* DStR 19, 2674 (str)
Veräußerung/ Glattstellung	Veräußerung, rechtl Glattstellung mit zivilrechtl Erlöschen sind stpfl nach § 20 II 1 Nr 3 Buchst b (*BMF* BStBl I 21, 723 Rz 24, 31); gezahlte Stillhalterprämie gehört zu den AK (§ 20 IV 1); bei Verlust § 20 VI 5.	Minderung der Stillhalterprämie (§ 20 I Nr 11 HS 2).
Verfall	Der Verfall einer Verkaufs-; Kaufoption ist stbar (Rz 133; BFH IX R 48/14 BStBl II 16, 456; s iEinz *BMF* BStBl I 21, 723, Rz 27, 32); bei Verlust § 20 VI 5.	Der Verfall der Option hat beim Stillhalter keine (weitere) Auswirkung.
Barausgleich (Cash-Settlement)	Stpfl Termingeschäft nach § 20 II 1 Nr 3 Buchst a; gezahlte Optionsprämie und AK -Nebenkosten sind gem § 20 IV 5 abziehbar (*BMF* BStBl I 16, 85 Rz 30).	Gezahlter Barausgleich führt zu Verlust gem § 20 II 1 Nr 3 Buchst. a (BFH VIII R 55/13 BStBl II 17, 264; *BMF* BStBl I 21, 723 Rz 34). Anwendung von § 20 VI 5.

172 **7. Veräußerung von Wirtschaftsgütern, die Erträge iSd § 20 I Nr 4 erzielen, § 20 II 1 Nr 4. – a) Überblick.** Nr 4 iVm II 1 erfasst bei *nach dem 31.12.08 begründeten* (§ 52 Abs 28 S 13) partiarischen Darlehen, typisch stillen Beteiligungen die Gewinne aus der *Veräußerung* der Forderung/Beteiligung. – Zur Veräußerung/Beendigung der **atypisch stillen Beteiligung** s § 16 Rz 420 ff. Stbar sind Erträge: – *(1)* die aus der entgeltl Abtretung von Forderungen aus einem partiarischen Darlehen oder bei Beendigung der Laufzeit des Darlehens erzielt werden, und – *(2)* die Veräußerung einer typischen stillen Beteiligung an GesFremde sowie kraft gesetzl Fiktion die Vereinnahmung des Auseinandersetzungsguthabens (§ 20 II 2 HS 2), das dem typisch stillen Ges'ter bei der Auflösung der Ges zufließt. Ein Veräußerungsgewinn/-verlust iSd Abs 2 Nr 4 unterliegt grds § 32d I, ist aber in den Fällen der § 32d II Nr 1 Buchst b tarifl zu besteuern (§ 32d Rz 10). – Ein KapESt-Abzug findet nicht statt, dh Erklärungspflicht gem § 32d III 1/§ 25.

173 **b) Stille Beteiligung.** Thesaurierte und nach Abs 1 Nr 4 versteuerte Gewinne, die iRe Veräußerung vom Erwerber „mitbezahlt" werden, sind iRd Abs 2 Nr 4 nicht als Entgelt anzusetzen (*Blaurock* § 22 Rn 22.222); Gleiches gilt für die lfd Erträge des Wj der Veräußerung (BFH I R 98/76 BStBl II 81, 465; *BH/Ratschow* § 20 Rz 214). – Wurden einem Stillen mit Einkünften *im PV* Verluste zugewiesen, die handelsrechtl von der Einlage abgebucht und steuerl als negative Einnahmen behandelt wurden (Rz 94), ist dies iRd Gewinnermittlung gem Abs 2 Nr 4 zu korrigieren. Die lfd Verluste dürfen sich nicht bei Abfluss stmindernd auswirken und zugleich die AK iSd Abs 4 verringern. *BMF* BStBl I 16, 85 Rz 4 trägt dem Rechnung, indem die Verluste der Vorjahre dem Entgelt/Auseinandersetzungsguthaben hinzuzurechnen und der geleisteten Einlage als AK ggü zu stellen sind. – Stbar ist gem Abs 2 S 2 HS 2 iVm Abs 6 S 6, Alt 1 (s Rz 183, auch in VZ vor 2020) ebenso die fehlgeschlagene Vereinnahmung des Auseinandersetzungsguthabens iRd Auflösung, weil die Einlage teilw oder ganz uneinbringl ist (s FG Mster DStRE 19, 1317, rkr). – In den Veräußerungsgewinn ist, wenn der Stille sich zum Nachschuss verpflichtet hat, auch ein nicht ausgleichspflichtiges negatives Einlagekonto einzubeziehen (*Blaurock* § 22 Rz 22.245).

8. Gewinn aus der Übertragung von Grundpfandrechten iSd I 1 Nr 5, § 20 II 1 Nr 5. Der Gewinn aus der Übertragung von Hypotheken, Grundschulden sowie Rentenschulden (Rechte iSd I Nr 5) ist stbar. – Zur zeitl Anwendung s § 52 Abs 28 S 13 (nach dem 31.12.08 erworbene Rechte).

9. Gewinn aus der Veräußerung von Versicherungsansprüchen iSv I 1 Nr 6, § 20 II 1 Nr 6.

Veräußerung ab 1.1.09	**Neuvertrag** (Abschluss ab 2005) Gewinn grds stpfl, Anwendung von § 32d I (nicht II Nr 2!¹), § 20 VI	**Altvertrag** (Abschluss vor 2005) Gewinn nur stpfl, sofern Rückkauf durch VersGes stpfl wäre; dann Anwendung von § 32d I, § 20 VI
Schrifttum: Graßl/Früchtl BB 20, 2646 ff.		

a) Altverträge. Gem § 52 Abs 28 S 14 HS 2 sind die Gewinne aus der Veräußerung von Ansprüchen aus vor dem 1.1.05 abgeschlossenen Altverträgen (Rz 102) gem Abs 2 Nr 6 stpfl, wenn die Erträge nach § 20 I Nr 6 in der am 31.12.04 geltenden Fassung zum Veräußerungszeitpunkt bei einem hypothetischen Rückkauf (zB bei Nichteinhaltung der 12-Jahresfrist) stpfl wären (s Rz 105). Gem Abs 4 S 1, 4 ist der volle Gewinn/Verlust aus der Veräußerung stpfl, dh nicht nur die Zinsen gem Abs 1 Nr 6 S 1 aF, die im Fall des Rückkaufs stpfl wären (BFH VIII R 38/15 BStBl II 17, 1040 zu einem Verlustfall; FG Mster EFG 16, 30 – aus verfahrensrechtl Gründen vom BFH VIII R 39/15 BStBl II 19, 239 aufgehoben, zu einem Gewinnfall). Ob die volle StPflicht des Gewinns eine verfrechtl unzulässige Rückwirkung bewirkt, ist str (vern FG Mster EFG 19, 1307, rkr) – Zur Einkünfteerzielungsabsicht des Verkäufers s Rz 20. S ferner Rz 177 zu den Rechtsfolgen.

b) Neuverträge. Gem Abs 2 Nr 6 S 1 ist der Gewinn aus der Veräußerung von Ansprüchen auf eine Versicherungsleistung iSd I Nr 6 bei nach dem 31.12.04 abgeschlossenen Neuverträgen (Rz 106) stets stpfl (§ 52 Abs 28 S 14, HS 1). Er ist nach Abs 4 S 1, S 4 zu ermitteln. Die vom Veräußerer entrichteten Beiträge gelten als AK; übersteigen sie das Entgelt, entsteht ein Verlust. Zu den Rechtsfolgen s Rz 177. – Beim Zweiterwerber bestehen die AK aus dem gezahlten Veräußerungspreis und den *von ihm* entrichteten AK (§ 20 IV HS 2). Zu weiteren Folgen beim Erwerber s § 20 I Nr 6 S 3, 7 und S 8 (Rz 110).

c) Benachrichtigung. Abs 2 Nr 6 S 2 regelt für Neu- und Altverträge Informationspflichten der Versicherung ggü der zuständigen Finanzbehörde und eine Bescheinigungspflicht ggü dem StPfl über die Höhe der entrichteten Beiträge (s BT-Drs 16/5491, 18).

182 **10. Gewinn aus der Veräußerung sonstiger Kapitalforderungen jeder Art iSd § 20 I Nr 7, § 20 II 1 Nr 7. – a) Auffangtatbestand.** Stbar sind gem Abs 2 Nr 7 – die *Veräußerung/Abtretung* (Rz 146) einer sonstigen KapForderung iSd Abs 1 Nr 7 (Rz 115), – gem Abs 2 S 2 iVm Abs 6 S 6 KapErträge iZm deren *Rückzahlung* und *Uneinbringlichkeit* sowie – bei verbrieften Forderungen deren *Einlösung* und *Ausbuchung* (Rz 147) und schließl gem Abs 2 S 2 deren verdeckte Einlage in eine KapGes. – Sonderregelungen enthält Abs 4a S 3 (Rz 217). – KapErträge gem Abs 2 Nr 7 unterliegen grds dem gesonderten Tarif (§ 32d I) und Verluste den Verrechnungsregeln des § 20 VI. Bei tarifl Besteuerung der KapErträge gem § 32d II Nr 1 Buchst a–c ist auch Abs 6 insges nicht anwendbar (§ 32d Rz 14).

183 **b) Anwendungsfälle. – aa) Private Kapitalforderungen; Gesellschafterdarlehen. –** *(1)* **Private Kapitalforderungen.** Die Veräußerung (s Rz 146) und der Ausfall einer nach dem 31.12.08 begründeten privaten KapForderung sind gem Abs 2 Nr 7, Abs 2 S 2 (BFH VIII R 13/15 BStBl II 20, 831; *BMF* BStBl I 21, 723 Rz 60,) stbar (s zu Verlusten bei Abs 5 6 Alt 1, Rz 247). – Ungeklärt ist der maßgebl Zeitpunkt für die *ganze/teilweise Uneinbringlichkeit*: BFH VIII R 13/15 BStBl II 20, 831 stellt auf den endgültigen Ausfall ab (s auch BT-Drs 19/15876, 69;); nach BFH VIII R 28/18 BStBl II 21, 911 genügt es, wenn das Insolvenzverfahren des Schuldners mangels Masse erst eröffnet wird oder die Masseunzulänglichkeit angezeigt wird. Zu eng und unbestimmt ist *BMF* BStBl I 21, 723 Rz 60, nach dem dem Gläubiger „keine gesetzl gebilligte Durchsetzungsmöglichkeit verbleiben darf". – Der *Forderungsverzicht* (außerhalb der verdeckten Einlage) bewirkt den Forderungsausfall und ist iHd wertlosen Teils stbar (s Abs 6 S 6 Alt 4; *BMF* BStBl I 21, 723 Rz 60; *Cornelius/Hoffmann* ErbStB 225, 230). – *(2)* **Gesellschafterdarlehen an eine Kapitalgesellschaft.** Ein *Forderungsausfall* ist für nach dem 31.12.08 ausgereichte Darlehen (BFH X R 9/17 BStBl II 21, 418; BFH IX R 5/20 BStBl II 21, 600) bei Uneinbringlichkeit als Rückzahlungsverlust stbar, ggf gem § 32d II als tarifl Verlust zu behandeln (§ 32d Rz 10–14) und bei iSd § 17 wesentl beteiligten Ges'tern ggf nach Abs 8 iVm § 17 IIa S 3 Nr 2 vorrangig den nachträgl AK der Beteiligung zuzuordnen (s iEinz Rz 259). Nach BFH IX R 5/20 BStBl II 21, 600 muss für den Ausfall endgültig feststehen, dass der Schuldner keine (weiteren) Zahlungen mehr leisten wird, dh bei insolvenzfreier Auflösung einer KapGes als Schuldnerin idR erst bei Liquidationsabschluss (Ausnahme: besondere Umstände).- Bei *Verzicht* ggü einer KapGes auf eine nach dem 31.12.08 begründete Forderung (BFH IX R 9/18 BStBl II 20, 490) iRe verdeckte Einlage gem Abs 2 S 2 sind nach BFH VIII R 18/16 BStBl II 20, 833; *BMF* BStBl I 21, 723 Rz 61 der werthaltige und der nicht werthaltige Teil im Verzichtszeitpunkt zu unterscheiden. Die verdeckte Einlage erfasst (nur) den werthaltigen Teil; iRd Ermittlung des Einlagegewinns gem Abs 4 S 2 sind diesem die AK für den werthaltigen Teil ggü zu stellen. Hat der Ges'ter das Darlehen selbst ausgereicht, ergibt sich ein Einlagegewinn von Null; daneben entstehen nachträgl (idR subsidiäre) AK auf die Beteiligung (§ 17 IIa S 3 Nr 1; s Rz 259). Der nicht werthaltige Teil der Forderung fällt aus. Es entsteht ein stbarer Abtretungsverlust iHd nicht werthaltigen Teils, wenn der Ges'ter das Darlehen ausgereicht hat (Abs 2 S 2, Abs 4 S 1). Dieser fällt grds unter Abs 6 S 6 Alt 1 (*BMF* BStBl I 21, 723 Rz 61, 118; zur Subsidiarität ggü § 17 IIa s Rz 259; zur tarifl Besteuerung § 32d Rz 12 sowie zum Teilverzicht BFH VIII R 18/16 BStBl II 20, 833).

184 **bb) Finanzprodukte. –** *(1)* **Übergangsrecht.** S § 52 Abs. 28 S 15, 16 zu KapErträgen aus vor dem 1.1.09 erworbenen Finanzinnovationen (zu Einzelfragen BFH VIII R 7/16 BStBl II 19, 610; BFH VIII R 16/16 BStBl II 20, 254; FG Kln EFG 21, 366, Rev VIII R 23/20). – *(2)* **Zertifikate.** Abs 2 S 1 Nr 7erfasst insb die Gewinne/Verluste aus der Veräußerung/Einlösung von Zertifikaten, auch aus Hebel-, Vollrisiko- und KnockOut -Produkten (s Rz 117; Rz 168) einschließl des Totalausfalls bei Beendigung/Ausbuchung (s bei Abs 6 S 6 Alt 3 zum Verfall, bei

Alt 4; *BMF* BStBl I 21, 723 Rz 8a, 63, 118 zur Einlösung zu Null, gegen einen Kleinstbetrag sowie BFH VIII R 37/15 BStBl II 19, 507; FG Mchn EFG 21, 198, rkr). Bei Vollrisikozertifikaten ist abzugrenzen, ob Zahlungen Laufzeitentgelt iSd Abs 1 Nr 7 oder Teilrückzahlungen iSd Abs 2 Nr 7 sind (*BMF* BStBl I 21, 723 Rz 8a). – *(3)* **Optionsscheine.** Diese sind nach *BMF* BStBl I 21, 723 Rz 8a idR verbriefte Kapforderungen iSd § 20 I Nr 7 (s auch Rz 166). Ihr Verfall fällt dann unter § 20 II Nr 7 und Abs 6 S 6, noch offen zum Optionsschein mit Stopp-Loss-Schwelle s BFH VIII R 1/17 BStBl II 21, 144. – *(4)* **Umtausch von Kapitalanlagen.** Stbar kann auch der Tausch von Finanzprodukten sein, zB von gegen Argentinien-Anleihen eingetauschten „Par-Schuldverschreibungen" (BFH VIII R 54/12 BStBl II 15, 693; BFH VIII R 7/16 BStBl II 19, 610) sowie bei Griechenland-Anleihen (FG RhPf EFG 21, 1292, rkr). – *(5)* **Stückzinsen.** Dies sind bis zum Zeitraum der Veräußerung aufgelaufene Zinsen (Definition § 20 I 1 Nr 3 aF), die der Käufer einer Anleihe an den Verkäufer auszahlt. Sie sind beim *Verkäufer* Bestandteil des Veräußerungsentgelts gem Abs 2 Nr 7, Abs 4; ob sie gesondert ausgewiesen sind, ist unerhebl. Beim *Erwerber* sind sie bei gesondertem Ausweis im VZ des Abflusses negative Einnahme iSd Abs 1 Nr 7 (und in den Verlustverrechnungstopf einzustellen); ohne gesonderten Ausweis („flat") gehören sie zu den AK der Forderung (s *BMF* BStBl I 16, 85 Rz 49–54; BFH VIII R 31/15 BStBl II 19, 577).

11. Gewinn aus der Übertragung oder Aufgabe von Einnahmen iSd § 20 I Nr 9 vermittelnden Rechtsposition, § 20 II 1 Nr 8. Vermögensmehrungen/-minderungen, die einem StPfl durch sein Ausscheiden als Mitglied oder Ges'ter einer Körperschaft iSd § 1 I Nr 3–5 KStG (zB VVaG, Verein, Stiftung) oder durch Übertragung der Mitglieds- oder Ges'terstellung auf Dritte zufließen, sind stbar. Die Regelung soll eine „Lücke" bei Veräußerungsgewinnen iZm den in § 1 I Nr 3–5 KStG genannten Körperschaften verhindern (BR-Drs 220/07, 90); zur Anwendung § 52 Abs 28 S 13.

IV. Besondere Entgelte oder Vorteile, § 20 III

§ 20 III enthält keinen selbstständigen Besteuerungstatbestand, sondern nur eine Klarstellung des Umfangs der Einnahmen nach § 20 I, II. Unabhängig von der Bezeichnung wird jede zugeflossene Gegenleistung (*Entgelte und Vorteile*) iZm dem KapVerm erfasst, die Einnahmencharakter gem § 8 I, II hat und an die Stelle oder neben die regulärel Einnahmen gem § 20 tritt. Auch reine *Drittleistungen* fallen hierunter (BFH VIII R 70/02 BStBl 05 468; BFH VIII B 29/07 BFH/NV 09, 574). Voraussetzung ist aber stets, dass die Vorteilsgewährung durch die Einkünfteerzielung iRd § 20 veranlasst ist. *BMF* BStBl I 19, 51 Rz 83, 84 fassen auch Entschädigungszahlungen für Beratungsfehler (glA FG Hess EFG 21, 1987, rkr) und weitergegebene Bestandsprovisionen von Investmentfonds hierunter (str, s FG Hbg 19, 1119, Rev VIII R 8/20). IRd § 20 II sind ohnehin sämtl Einnahmen iZm der Veräußerung einzubeziehen (§ 20 IV 1). Angesichts der Ersatztatbestände des § 20 II 2 und des weiten Begriffs des Veräußerungsentgelts hat § 20 III heute vor allem für KapErträge iSd § 20 I Bedeutung.

V. Vorrangige Korrektur nach § 43a III 7, § 20 IIIa

1. Regelungszweck. *Schrifttum: Anemüller* EStB 17, 121 ff, 158 ff. § 20 IIIa ergänzt das Korrekturverfahren in § 43a III 7, dem die auszahlenden Stellen unterliegen (§ 43a III, IV; § 43a Rz 9). Sie haben den KapESt-Abzug *nach Maßgabe der Verwaltungsauffassung* durchzuführen (§ 44 I 3; § 44 Rz 4, 16) und Fehler ab Kenntnisnahme *nur mit Wirkung für die Zukunft* zu korrigieren (§ 43a III 7), dh die ursprüngl KapESt-Anmeldung wird grds nicht geändert; eine rückwirkende Korrektur des StAbzugs kommt nur ausnahmsweise in Betracht (s auch bei § 44b V 1;

BMF BStBl I 16, 85 Rz 241). § 20 IIIa 1, 2 sollen anknüpfend daran unabgestimmte (doppelte) Korrekturen iRd StAbzugs und der Veranlagung verhindern.

194 **2. Überprüfbarkeit eines korrigierten Steuerabzugs in der Veranlagung (S 1). – a) Korrekturen iSd § 43a III 7.** Dies sind Korrekturen bei *Änderung der Bemessungsgrundlage* des KapErtrags und *des zu erhebenden Abzugsbetrags* (auch iZm *Anrechnungsbeträgen* iSd § 32d V) ggü den dem ursprüngl StAbzug zugrundeliegenden Annahmen. Sie können auf einer *geänderten rechtl Verwaltungsauffassung* zur Behandlung eines KapErtrags (Aufhebung/Änderung eines BMF-Schreibens) und auf *nachträgl erkannten tatsächl Änderungen* (zB der Höhe des KapErtrags) beruhen (s *Delp* DB 15, 1919, 1923; *Anemüller* EStB 17, 158, 161 ff). S auch Rz 200.

197 **b) Korrekturumfang; Korrekturtechnik.** Zu korrigieren sind nach § 43a III 7 nur Fehler, die im Zeitpunkt der Kenntnisnahme materiell-rechtl noch relevant sind (sog *Deltakorrekturen*). Technisch wird die Korrektur gem S 7 *punktuell* für den jeweiligen KapErtrag iRd StAbzugs durch den Ansatz – gegenläufiger negativer Beträge (zB Einbuchung in Verlustverrechnungstopf), – positiver Beträge iHd der jeweiligen Fehlerdifferenz iRd künftigen StAbzugs, – im Wege des Vortrags überzahlter KapESt; der Nacherhebung von KapESt, – ggf einer Korrektur der AK (zB iRd §§ 20 II, IV, IVa) – oder durch den Ansatz negativer anrechenbarer; negativer angerechneter ausl QuellenSt umgesetzt (*BMF* BStBl I 16, 85 Rz 241 ff mit Beispielen; zur StBescheinigung nach Muster I zB *BMF* BStBl I 18, 13 Rz 38; *Anemüller* EStB 17, 158, 161 ff).

198 **c) Veranlagung.** Gem § 20 IIIa 1 kann eine durchgeführte Korrektur des StAbzugs durch einen Antrag gem §§ 32d IV, VI in der Veranlagung *des VZ der Korrektur* überprüft werden. Für den VZ, in dem der Fehler iRd StAbzugs eingetreten ist (zB VZ *des Zu-/Abflusses* des KapErtrags) kann der Fehler in der Veranlagung nicht korrigiert werden, da S 1 die korrigierte Besteuerungsgrundlage materiell-rechtl dem VZ der Kenntnisnahme zuordnet.

199 **3. Absehen der auszahlenden Stelle von der Korrektur nach Kenntnisnahme, § 20 IIIa 2. – a) Bescheinigungspflicht.** – Korrigiert die auszahlende Stelle einen der Deltakorrektur zugängl fehlerhaften KapESt-Abzug (Rz 194) nach Kennisnahme *nicht* und erteilt sie dem StPfl darüber eine Bescheinigung gem Satz 2, kann der Fehler durch einen Antrag des StPfl gem § 32d IV, § 32d VI iRd Veranlagung korrigiert werden. Der Antrag ist aber *für den VZ des Zu-/Abflusses* des KapErtrags zu stellen, da dessen materielle Zuordnung zum VZ der Kenntnisnahme gem S 1 in diesem Fall nicht greift (*Anemüller* EStB 17, 158, 159; **aA** FG RhPf EFG 21, 1797, rkr). Der StPfl sollte auch ohne die Bescheinigung nach S 2 zur Wahrung seiner Rechtsposition iRd ESt-Erklärung fristwahrend Anträge nach § 32d IV stellen. Ohne die Bescheinigung iSd Satz 2 kommt es zu einem Schwebezustand, weil der KapESt-Abzug iRd EStVeranlagung erst überprüft werden darf, sobald die auszahlende Stelle zu erkennen gibt, dass sie nicht korrigieren wird; ggf kann § 163 AO für nicht mehr änderbare ESt-Bescheide anzuwenden sein (*BMF* BStBl I 16, 1000).

200 **b) Ausnahmen.** Ist für den Fehler iRd StAbzugs eine Deltakorrektur gem § 43a III 7 **nicht zulässig** (Rz 194), kann der KapESt-Abzug iRd Veranlagung nach § 32d IV, III 2 für den VZ des Zu-/Abflusses ohne eine Bescheinigung nach S 2 überprüft werden. Hierunter fallen zB die Korrektur einer unrichtigen Ersatzbemessungsgrundlage gem § 43a III (außer bei Leerverkäufen) oder ein *EuGH-/BVerfG-/BFH*-Urteil, das der iRd KapEStAbzugs gem § 44 I 3 angewandten Verwaltungsauffassung widerspricht (s *BMF* BStBl I 16, 85 Rz 241a, 241b; *Anemüller* EStB 17, 121, 126; FG RhPf EFG 21, 1297, rkr). – **Verlustberücksichtigung.** Ist ein Verlust iRd des KapESt-Abzugs aufgrund der BMF-Auffassung gem § 44 I 3 mangels StBarkeit nicht angesetzt worden und der Deltakorrektur zugängl, bedarf es iRd Veranlagung gem § 32d IV iVm III 2 zwar idR keiner Bescheinigung iSd § 20 VI 7 (s Rz 249), unklar ist aber, wann eine Bescheinigung nach Abs 3a S 2 erforderl ist. Nach zutr hM (wohl auch des *BMF)* ist die Bescheinigung nach Abs 3a S 2 für die Veranlagung des Verlusts im Entstehungsjahr entbehrl, wenn die Verlustberücksichtigung eine StErstattung bewirkt und das Einstellen des Verlusts in einen Verlusttopf (s § 43a Rz 7) im Zeitpunkt der Kenntnisnahme iRd StAbzugs (zB gem § 20 VI 4) keine solche Wirkung hätte *(Jachmann-Michel* DB 18, 2777, 2781).

VI. Ermittlung eines Gewinns oder Verlusts, § 20 IV

1. Gewinnbegriff, § 20 IV 1. – a) Grundregel, § 20 IV 1. Abs 4 regelt die 203 Gewinnermittlung für die Veräußerungsfälle des Abs 2. **§ 20 IV 1 HS 1** definiert in **Anlehnung an § 17, § 23** als Gewinn grds als die Differenz zw den *Einnahmen,* den *AK* und den *Veräußerungskosten.* Der Unterschiedsbetrag kann positiv oder negativ sein. Maßgebl ist der Abschlusszeitpunkt des schuldrechtl Vertrags *(BMF* BStBl I 16, 85 Rz 85 f, insb bei Fremdwährungen).

b) Abzugsposten. Der Begriff der **AK** ist grds für alle Einkunftsarten einheitl 204 zu bestimmen (BFH IX R 36/15 BStBl II 19, 208). Über dem Nennwert eines Wertpapieres liegende Aufwendungen können ebenfalls AK sein (BFH VIII B 5/14 BFH/NV 15, 1387). Zum Tausch schuldrechtl Genussrecht s FG Mster BeckRS 2021, 18592; zu Griechenlandanleihen FG RhPf EFG 21, 1292, rkr. Bei Ausübung von Verkaufsoptionen mit Andienung des Basiswertes durch den Optionsnehmer sind bereits geleistete Optionsprämien abziehbar. Zu AK bei ausgeübten Optionsanleihen/ArbN-Stock Options s *BMF* BStBl I 16, 85 Rz 86 f: die AK des Optionsscheins/der Ausübungspreis der Option sind einzubeziehen; s auch bei § 19a IV idF FoStoG (BGBl I 21, 1498). Bei **unentgeltl Erwerb** von WG im Wege der Einzelrechtsnachfolge sind dem Erwerber bei der Ermittlung des Gewinns die Aufwendungen des Rechtsvorgängers zuzurechnen **(IV 6).** Zu den **Veräußerungskosten** s § 17 Rz 148 ff; zu Kopplungsgeschäften *Tran* StB 21, 325 und zur Aufteilung einer All-In-Fee auf WK und Veräußerungskosten s *BMF* BStBl I 16, 85 Rz 93 ff. Gem **IV 1 HS 2** sind bei **Fremdwährungsgeschäften** die Einnahmen und die AK jeweils in Euro anzusetzen (nach dem Devisenbriefkurs; *BMF* 13.6.08 DStR 08, 1236; Zeitbezugsverfahren). Damit sind auch die sich aus den Währungsschwankungen ergebenden Gewinne stbar (krit *Dinkelbach* DB 09, 870, 872). – Bei Depotübertragung ist Umrechnung in Euro erforderl *(BMF* DStR 08, 1236).

2. Einzelregelungen in Abs 4 S 2–9. Nach **IV 2** ist bei einer **verdeckten** 205 **Einlage** anstelle der Einnahmen der gemeine Wert anzusetzen (wie bei § 17 II 2). – Bei der Veräußerung eines WG, das aus einem BV/SonderBV entnommen und durch eine Betriebsaufgabe in das PV überführt wird, tritt an die Stelle der AK der bei der Entnahme oder bei der Betriebsaufgabe angesetzte Wert, so dass § 20 ledigl die im PV entstanden Wertzuwächse erfasst **(IV 3);** allerdings ist dies keine Anschaffung idS, wenn es sich vor dem 1.1.09 im BV erworbene Aktien handelt (FG Mster EFG 20, 927, rkr s auch § 32d Rz 12). – Bei Veräußerung eines Leistungsanspruchs aus einer **LV/RV iSd § 20 I Nr 6** sind die vor der Veräußerung entrichteten Beiträge die AK. Wurde der Anspruch entgeltl erworben (§ 20 I Nr 6 S 3, s Rz 110), gelten das Entgelt und die nach dem Erwerb entrichteten Beiträge als AK, sodass nur der in der Zeit im Besitzzeit des Veräußerers entstandenen Erträge und nicht die Beitragsleistung besteuert wird **(IV 4).** – Bei einem **Termingeschäft** iSd § 20 II 1 Nr 3 Buchst a mindern zur Wahrung des Nettoprinzips (Ausnahme von der Bruttobesteuerung!) die im unmittelbaren sachl Zusammenhang mit dem Termin-geschäft anfallenden Aufwendungen den Gewinn, zB bei Optionsgeschäften mit Barausgleich die Aufwendungen für das Optionsrecht **(IV 5,** s BFH IX R 48/14 BStBl II 16, 456; BFH VIII R 55/13 BStBl II 17, 264). S 5 erfasst aber nicht

Veräußerungsgeschäfte iSd § 20 II 1 Nr 3 Buchst b, zB Glattstellungsgeschäfte bei Optionsgeschäften an der EUREX (Gewinnermittlung nach Abs 4 S 1). Bei Wertpapieren in der Girosammelverwahrung findet die **Fifo-Methode** Anwendung **(IV 7)**, s *BMF* BStBl I 16, 85 Rz 98 zur sog Streifbandverwahrung und Bildung von Unterkonten im Depot (zB zur Abgrenzung vor dem 1.1.09 erworbener Aktien). **IV 8, 9** ergänzen § 20 II Nr 2 Buchst b; § 20 II 4, 5 (s iEinz Rz 162).

VII. Inländische und ausländische Kapitalmaßnahmen, § 20 IVa

209   **1. Allgemeines. – a) Regelungszusammenhang.** § 20 IVa steht iZm § 43a. *Inl und ausl Kapitalmaßnahmen*, die in Abs 4a geregelt und grds als Veräußerungen gem § 20 II 1, 2 stbar und sind, sollen iRd KapESt-Abzugs *von Kleinanlegern* ohne aufwändige Ermittlungen abgewickelt werden können; insb bei unbaren Transaktionen soll die Anforderungen der Mittel für den KapESt-Abzug gem § 44 I 7,9 beim StPfl vermieden werden (BFH VIII R 54/14 BStBl II 18, 262). § 20 IVa enthält zu diesem Zweck materiell-rechtl (auch für das Veranlagungsverfahren!) wirkende Vereinfachungsregelungen, zB werden KapMaßnahmen als nicht stbar (§ 20 IVa 1) oder Barkomponenten statt als Veräußerungsentgelt als fiktive Barausschüttung (§ 20 IVa 2) behandelt. In der Praxis gibt das *BMF* für bedeutende Fälle idR die Behandlung für den KapESt-Abzug vor, an die das depotführende Institut gem § 44 I 3 gebunden ist; bei später geänderter VerwAuffassung ist eine sog Deltakorrektur gem § 43a III 7 mit Wirkung nur für die Zukunft durchzuführen (zB *BMF* BStBl I 16, 457; *BMF* BStBl I 16, 1000; *BMF* BStBl I 17, 431). Hieran knüpft auch die besondere Bescheinigungspflicht des § 20 IIIa an (s Rz 193 ff).

210   **b) Persönlicher Anwendungsbereich.** § 20 IVa gilt für StPfl mit Anteilen an inl oder ausl Körperschaften iSd § 20 II Nr 1 (Kleinanleger) im PV (nicht für Anteile an Investmentfonds, s *BMF* BStBl I 16, 85 Rz 101). StPfl mit Anteilen gem § 17 sind gem § 20 VIII 2 aus dem Anwendungsbereich der Vorschrift ausgeschlossen (Rz 255).

211   **c) Besteuerungszeitpunkt.** § 20 IVa 6 enthält eine Vereinfachungsregel zum steuerl relevanten Zeitpunkt für sämtl KapMaßnahmen iSd § 20 IVa 1–5. Für die steuerl Wirksamkeit der Maßnahme (Tatbestandsverwirklichung) ist stets auf den Zeitpunkt der Einbuchung neuer Anteile im Depot des StPfl abzustellen.

212   **2. Anteilstausch und bestimmte Umwandlungen, § 20 IVa 1. – a) Anteilstausch.** Abs 4 S 1 gilt für sämtl Fälle des Anteilstauschs, wenn dieser durch *gesellschaftsrechtl Maßnahmen der beteiligten Unternehmen* (zB ein Übernahmeangebot) veranlasst ist (Einbringung der Anteile an einer KapGes durch den StPfl in eine andere KapGes gegen Gewährung neuer Anteile). Die Voraussetzungen gem § 21 UmwStG müssen nicht erfüllt sein und der Wertansatz der eingebrachten Anteile bei der aufnehmenden KapGes ist unerhebl, da § 20 IVa den Tausch abschließend regelt (*BMF* BStBl I 11, 1314 Tz 21.02; *BMF* BStBl I 16, 85 Rz 100); auch § 22 UmwStG gilt nicht für Kleinanleger (*Beinert* GmbHR 12, 294, 295). Für die Veräußerung der erhaltenen Anteile muss bei Einbuchung in das Depot (§ 20 IVa 6) ein *inl Besteuerungsrecht* für den KapErtrag bestehen; hiervon dürfen die auszahlenden Stellen iRd KapESt-Abzugs ausgehen (*BMF* BStBl I 16, 85 Rz 102), nicht aber der StPfl (ggf Erklärungspflicht für einen stpfl Tausch gem § 32d III 1!). *Rechtsfolge* des S 1 ist, dass der Tausch für *die hingegebenen Anteile* nicht zu einem stbaren KapErtrag iSd § 20 I Nr 1, II Nr 1 führt und die *erhaltenen Anteile* hinsichtlich der AK in deren Fußstapfen treten. Hierdurch soll der Status eingebrachter *Altanteile*, vor dem 1.1.09 erworben zu sein, auf die erhaltenen Anteile über (*BMF* BStBl I 16, 85 Rz 100; offen gelassen in BFH VIII R 10/13 BStBl II 17, 262). Aufgrund von Transaktionskosten kann kein Veräußerungsverlust entstehen; diese sind nachträgl AK auf die erhaltenen Anteile (s *BMF* BStBl I 16, 85 Rz 100). Bei Veräußerung der erhaltenen Anteile ist der Gewinn ungeachtet eines entgegenstehenden DBAs im

Inl nach § 20 II Nr 1 stpfl. – Nach BFH VIII R 7/20 DStR 21, 2962 kann S 1 bis Ende VZ 12 auf Drittstaatenabspaltungen iSd S 7 analog Anwendung finden. In Inlands- und EU-Fällen galt hierfür § 13 I, UmwStG. – Zum Tausch außerhalb gesellschaftsrechtl Maßnahmen s § 20 Rz 146, 157.

b) Umwandlungen. § 20 IVa 1 regelt für Kleinanleger auch die Folgen inl und 213 ausl *Verschmelzungen* (*BMF* BStBl I 11, 1314 Tz 13.01) und von *Aufspaltungen* (tauschähnl Vorgang) iSd § 15 UmwStG (*BMF* BStBl I 11, 1311 Tz 15.12; zur Abspaltung s Abs 4a S 7) von KapGes. Die Vorgaben für stneutrale Umwandlungen (das Teilbetriebserfordernis gem § 15 I UmwStG) müssen nicht eingehalten werden; die Rechtsfolgen der § 13 I, II UmwStG (Veräußerungs- und Anschaffungsfiktion der Anteile an der übertragenden/übernehmenden KapGes sowie Ansatz des Buchwerts für die Anteile an der übernehmenden KapGes auf Antrag) werden zT verdrängt. Es gelten die *Anforderungen* des § 20 IVa 1 (gesellschaftsrechtl Veranlassung/Vermutung von Besteuerungsrechts im Einbeziehungszeitpunkt für die KapESt-Abzug) und ohne Antrag dessen *Rechtsfolgen* (keine Veräußerung; Fußstapfentheorie für die AK der Anteile an der übernehmenden KapGes und Statusübergang als Altanteil; Besteuerung bei späterer Veräußerung ungeachtet eines DBA).

3. Barkomponente bei Anteilstausch; Umwandlungen, § 20 IVa 2. Abs 215 4a S 2 findet auf inl und ausl Maßnahmen Anwendung. Beim Anteilstausch und bei Umwandlungen iSd § 20 IVa 1 mit zusätzl Barkomponente wird letztere als Einnahme iSd § 20 I Nr 1 S 1 fingiert, obwohl es sich aus Sicht des StPfl um eine Veräußerung der hingegebenen Anteile gegen ein Mischentgelt handelt. Daneben treten beim StPfl die Rechtsfolgen des § 20 IVa 1 ein: Die AK der hingegeben Anteile bilden die AK der erhaltenen Anteile; bei späterer Veräußerung ist der gesamte Gewinn gem § 20 IV stpfl. Abs 4a S 2 verlangt für eine vergleichbare ausl Umwandlung, dass diese nach inl Maßstäben unter § 1 I Nr 1 iVm § 13 UmwStG fiele (zweifelhaft FG Mster EFG 19, 42, Rev VIII R 44/18: Barzuzahlung iHv 250 % des Werts der erhaltenen Anteile). – § 20 IVa 2 ist aber nicht bei einem Tausch von Altanteilen anzuwenden, die bereits zum 1.1.09 stentstrickt waren (BFH VIII R 10/13 BStBl II 17 262: keine erneute Verstrickung stiller Reserven iHd Barkomponente; *BMF* BStBl I 18, 624 Rz 100a). Greift Abs 4a S 2 und § 13 II UmwStG nicht, ist ein Veräußerungsgewinn iSd § 20 II Nr 1 (Mischentgelt aus Anteilen + Zuzahlung ./. AK) zu besteuern.

4. Wandlung in Wertpapiere bei sonstigen Kapitalforderungen, § 20 IVa 217 **3.** Nach den Änderungen im **JStG 20 (BGBl I 20, 3096)** gelten die Rechtsfolgen des S 3 ab VZ 21 (§ 52 Abs 28 S 19) nur noch für Anteile gem § 20 I Nr 1, nicht mehr für sämtl Wertpapiere. Erfasst werden mithin sonstige KapForderungen gem § 20 I Nr 7, mit denen ein Umtauschrecht des Gläubigers (StPfl) in Anteile iSd § 20 I Nr 1 (zB Aktien; s auch *BMF* BStBl I 16, 85 Tz 104 ff) verbunden ist oder wenn bei Fälligkeit an Stelle der Rückzahlung des Anleihebetrags vom Emittenten die Lieferung einer vorher festgelegten Anzahl solcher Anteile verlangen werden kann oder der Emittent das Recht hat, solche Anteile anzudienen. Dies sind zB Wandelanleihen iSv § 221 AktG, Umtauschanleihen oder Hochzinsanleihen, nicht jedoch Optionsanleihen (bei letzterer ist das Wandlungsrecht nicht mit der Anleihe verbunden). Die **Ausübung des Wandlungs-, Umtauschs- oder Andienungsrechts** durch den StPfl oder den Emittenten ist erforderl. Abw von § 20 IV 1 sind als **Rechtsfolge** des S 3 die AK der sonstigen KapForderung als deren Veräußerungspreis anzusetzen (Gewinn gem § 20 II Nr 7; § 20 IV = 0), liegt in der Rechtsausübung zugleich eine Anschaffung der Anteile iSd Abs 1 Nr 1 und gelten die AK der KapForderung als AK der erhaltenen Anteile. Bei einer Barkomponente (zB zur Abgeltung von Aktienbruchteilen durch den Emittenten) wird diese gem Abs 4a S 3, HS 2 iVm S 2 („entspr Anwendung") beim StPfl als KapErtrag iSd § 20 I Nr 7 fingiert (*BMF* BStBl I 16, 85 Rz 106).

219 **5. Ausübung; Veräußerung von Bezugsrechten, § 20 IVa 4. – a) Begriff und Entstehung.** Die Bezugsrechte müssen solche iSd § 186 AktG, § 55 GmbHG (aufgrund einer KapErhöhung) oder vergleichbare ausl Rechte sein. Das Bezugsrecht entsteht durch den KapErhöhungsbeschluss und des verbundenen Anspruchs auf Abschluss eines Zeichnungsvertrags. Es wird aus dem Altanteil stneutral abgespalten, dh die AK der Altanteile sind grds nach der Gesamtwertmethode um die AK der Bezugsrechte zu kürzen (BFH IX R 100/97 BStBl II 01, 345; BFH IX R 9/00 BStBl II 03, 712; BFH IX R 5/16 BStBl II 17, 930; die Gewährung des Bezugsrechts ist keine Sachausschüttung iSd Abs 1 Nr 1). Übt der StPfl das Bezugsrecht aus, schafft er nach allg Regeln die junge Aktie angeschafft und gehen die AK des Bezugsrechts auf die neuen Anteile über (BFH IX R 36/01 BStBl II 06, 12).

220 **b) Regelung des S 4. – aa) Erfasste Vorgänge. – (1) Entstehung des Bezugsrechts.** Abs 4a S 4 regelt abw von Rz 219, dass der Wert des Bezugsrechts bei *Entstehung* Null ist, dh aus den AK der Altanteile keine Abspaltung auf die AK der Bezugsrechte stattfindet. – *(2) Ausübung des Bezugsrechts.* Abw von der Grundregel (Rz 219) ist die Ausübung des Bezugsrechts nach S 4 nicht als stbarer Tausch des Bezugsrechts gegen die junge Aktie anzusehen, sondern dieses geht stneutral in den neuen Anteilen auf (BFH VIII R 54/14 BStBl II 18, 262; *BMF* BStBl I 19, 51 Rz 110). – *(aa) AK bei steuerverstrickten Altanteilen.* Der Wert des Bezugsrechts ist bei der Berechnung der AK der jungen Aktien nach S 4 mit 0 € zu berücksichtigen, wenn das Bezugsrecht auf Anteilen beruht, *die nach dem 31.12.08 erworben wurden.* Die AK der Altanteile bleiben also von der KapErhöhung unberührt. Die AK der Altanteile und die AK der neuen Aktien wirken sich jeweils erst bei Veräußerung der Anteile aus (*BMF* BStBl I 19, 51 Rz 110 mit Beispiel). – *(bb) AK bei steuerentstrickten Altanteilen.* S 4 gilt nicht bei Ermittlung des Veräußerungsgewinns einer Aktie (§ 20 IV 1), die durch die Ausübung eines Bezugsrechts erworben wurde, das von einer vor dem 1.1.09 erworbenen und bereits stentstrickten Aktie abgespalten wurde. Hier sind die AK des Bezugsrechts bei Entstehung zu ermitteln und in der tatsächl Höhe anzusetzen, um iHd der AK des Bezugsrechts eine rückwirkende StVerstrickung zu vermeiden (BFH VIII R 54/14 BStBl II 18, 262; *Jachmann-Michel* StuW 18, 9, 21); ebenso *BMF* BStBl I 19, 51 Rz 110: AK iHd Kurswerts des Bezugsrechts bei Einbuchung gehen auf die neue Aktie über. – *(3) Veräußerung des Bezugsrechts.* Bei Entstehung des Bezugsrechts ergeben sich nach S 4 dieselben Folgen, dh die AK des Bezugsrechts betragen Null und die gesamte Differenz zum Veräußerungsentgelt ist nach § 20 II Nr 1 2 iVm Abs 4 S 1 stpfl. Das Anschaffungsdatum der Altanteile geht auf das Bezugsrecht über, sodass nur Bezugsrechte aus nach dem 31.12.08 erworbenen Altanteilen nach Ablauf der Jahresfrist des § 23 aF stpfl veräußert werden (zutr *BMF* BStBl I 19, 51 Rz 110).

221 **bb) Kapitalerhöhung aus Gesellschaftsmitteln.** Hierunter fallen die Erhöhung (Aufstockung) des Nennbetrags der Altanteile und die Ausgabe neuer Geschäftsanteile aus GesMitteln. Der aus den Rücklagen der Ges stammende Kap-Erhöhungsbetrag steht den Ges'tern zwingend beteiligungsproportional zu (§ 212 AktG; § 57j GmbHG) und neue Anteile werden ohne ein vorgeschaltetes Bezugsrecht zugeteilt. Die Zuteilung führt gem § 1 KapErhG nicht zu einem stbaren KapErtrag; zudem werden in Inlandsfällen weder das Zuteilungsrecht noch die neuen Anteile angeschafft (Geltung des Anschaffungszeitpunkts der Altanteile für die Neuanteile); die AK der Altanteile sind gem § 3 KapErhG aufzuteilen (BFH IX R 26/08 BStBl II 09, 658; *BMF* BStBl I 16, 85 Rz 90). S 4 findet daher keine Anwendung. Ein späterer Veräußerungsgewinn ist nach Abs 4 S 1 zu ermitteln (*BMF* BStBl I 16, 85 Rz 90, 91).

223 **6. Zuteilung von Anteilen, § 20 IVa 5.** Die Einbuchung (§ 20 IVa 6) zugeteilter Anteile (zB Freiaktien), die aufgrund einer bestehenden Beteiligung gewährt werden, ist grds eine stpfl Sachausschüttung gem § 20 I Nr 1 1 (BFH VIII R 70/02 BStBl II 05, 468). Nach den Änderungen durch das **JStG 2020** (BGBl I 20, 3096) mit Wirkung für Zuteilungen ab dem VZ 21 führt nach S 5 die Zuteilung abw davon zu keinem KapErtrag und zu AK der erhaltenen Anteile iHv 0 €, wenn – *(1)* die Anteile von einem ausl KSt-Subjekt (EU-/EWR-/Drittstaat), – *(2)* ohne Gegenleistung (auch nicht aufgrund KapErhöhung aus GesMitteln gem § 1, § 7 KapErhG) gewährt werden,– *(3)* kein Fall des Abs 4a S 3, 4, 7 vorliegt (S 5 ist ggü diesen subsidiär; s ferner *BMF* BStBl I 16, 85 Rz 113f; 116f zu Wahlrechten bei sog *redemption shares*) und – *(4)* die die Zuteilung begründenden Anteile nach dem 31.12.08 angeschafft wurden (§ 52 Abs 28 S 9); deren AK bleiben gem S 5 HS 2 unverändert. S 5 wird damit auf *Auslandsfälle* beschränkt. Die bisherige Voraussetzung, dass für die erhaltenen Anteile eine „Wertermittlung nicht mögl" sein darf, wurde *gestrichen*. – **Einzelfragen**. S 5 erfasst auch den sog *Spin Off* in Form der Ausschüttung von Anteilen an einer ausl TochterKapGes an den inl Aktionär der ausl Mutter-AG, da die zugeteilten Anteile nicht solche des ausschüttenden ausl KSt-Subjekts sein müssen. Zur Abgrenzung ausl Anteilszuteilungen und Abspaltungen s Rz 226.- Über den Antrag gem § 32d IV könnte uU eine Einlagenrückgewähr iSd Abs 1 Nr 1 S 3 nachgewiesen werden; die Sachausschüttung wäre dann bereits nicht stbar (s Rz 66). Wenn *Abs 4a S 5 erfüllt ist,* könnte dieser Nachweis aber grds ausgeschlossen sein, weil *S 5 HS 2* vorrangig anordnet (s Rz 209), dass die AK der zugrundeliegenden Anteile unverändert bleiben, diese wären iRd Einlagenrückgewähr näml zu kürzen (s auch *Maetz* jM 22, 33).- In Inlandsfällen ist die Zuteilung als Sachausschüttung iHd Börsenwerts (gemeinen Werts) am Zuteilungstag stpfl; dem entspr die AK der zugeteilten Anteile.

Rechtslage 2009 bis 2020. In Auslands- und in Inlandsfällen musste für S 5 aF die Wertermittlung tatsächl unmögl sein (BFH VIII R 14/20 DStR 21, 2396; BFH VIII R 7/18, BFH/NV 21, 1579 zu EU-Fall; zum unionsrechtl erforderl Nachweis einer Einlagenrückgewähr wegen der Fiktion des § 27 VIII 9 KStG s Rz 66).

7. Abspaltungen und andere Vorgänge, § 20 IVa 7. – a) Abspaltungsbegriff; Rechtsfolgen. – *(1)* Begriff. Das Merkmal *Abspaltung* (zur Aufnahme; Neugründung; auch als Aufwärts-; Abwärtsabspaltung) kann bei inl Abspaltungen iSd § 123 II UmwG und vergleichbaren ausl Vorgängen (EU- und Drittstaatenfälle) erfüllt sein. Es ist im *Inlandsfall* erfüllt, wenn Vermögen eines Rechtsträgers ganz oder teilw auf einen oder mehrere übernehmende Rechtsräher übertragen wird und die Anteilsinhaber des übertragenden Rechtsträgers als Gegenleistung Anteile am übernehmenden Rechtsträger erhalten. – Im *Auslandsfall* liegt ein vergleichbarer Vorgang vor, wenn die Vermögenswerte in einem „einheitl zeitl und sachl Zusammenhang" mit der und gegen die Übertragung von Anteilen an der übernehmenden Gesellschaft übertragen werden; auf den Übergang des Vermögens iRe partiellen Gesamtrechtsnachfolge kommt es jedenfalls iZm Drittstaaten nicht an (zur Abwärtsabspaltung s BFH VIII R 9/19 DStR 21, 2392). Der BFH legt den Tatbestand abw von *BMF* BStBl I 16, 85 Rz 115 aus. – *(2)* **Rechtsfolgen.** Nach Abs 4a S 7 gelten für Abspaltungen *abw von Abs 4a S 5 und § 15 UmwStG* die S 1, 2 entspr (zur Anwendung des S 1 bis Ende VZ 2012 s Rz 212). Greift S 7, treten unabhängig davon, – *(1)* ob nach § 13 I UmwStG oder den allg Regeln die Anteile an der übertragenden Ges zum gemeinen Wert des erhaltenen Anteile als veräußert und die Anteile an der übernehmenden KapGes zu diesem Wert als angeschafft gelten, und – *(2)* ob die Voraussetzungen des § 15 UmwStG erfüllt sind, – die Anteile an der übernehmenden KapGes an die Stelle der Anteile an der übertragenden KapGes (Fußstapfentheorie, auch bei Statusübergang für vor dem 1.1.09 erworbene Altanteile). Ein stpfl KapErtrag (§ 20 I Nr 1; § 20 II Nr 1) entsteht nicht. Die AK der bereits gehaltenen Anteile an der übertragenden KapGes sind auf diese und die erhaltenen Anteile aufzuteilen (*BMF* BStBl I 16, 85 Tz 101, 114 ff; zum Spaltungsmaßstab als Aufteilungsmaßstab s *Bron* DStR 14, 353, 354).

226 **b) Abgrenzung zur Anteilszuteilung.** Der maßgebl Unterschied der Abspaltung nach S 7 zur Anteilszuteilung nach S 5 (Rz 223) liegt nach BFH VIII R 9/19 DStR 21, 2392 darin, dass bei der Abspaltung die Anteilsgewährung „gegen" die Vermögensübertragung und in engem einheitl zeitl und sachl Zusammenhang damit stattfinden muss (ähnl *BMF* BStBl I 11, 1314 Tz 01.36, 01.38).

VIII. Zurechnung bei Ausschüttungen, § 20 V

230 **1. Zurechnung von Beteiligungserträgen beim Anteilseigner, § 20 V 1, 2. – a) Regelungsinhalt.** § 20 V 1 regelt die Zurechnung nur für Bezüge iSd § 20 I Nr 1 1–4 und iSd Nr 2. Bezüge gem § 20 I Nr 9 iVm Nr 1 S 1, 2 unterfallen § 20 V nicht. Gem § 20 V 3 gelten auch Nießbraucher/Pfandgläubiger der Beteiligung als Anteilseigner. Zur Zurechnung anderer KapErträge s Rz 16.

231 **b) Anteilseignerbegriff, § 20 V 2.** Anteilseigner ist derjenige, dem die Beteiligung an einem unter Abs 1 Nr 1 fallenden KSt-Subjekt (Rz 29, 30) im Zeitpunkt des Gewinnverteilungsbeschlusses entweder *zivilrechtl und wirtschaftl* (§ 39 I AO) oder *wirtschaftl* (§ 39 II Nr 1 1 AO) zuzurechnen ist. – **Fallgruppen:** – *(1)* **Kapitalgesellschaft.** Zum wirtschaftl Eigentum an KapGes-Anteilen s § 17 Rz 76 ff. Der atypisch Unterbeteiligte ist wirtschaftl Eigentümer des Anteils (BFH VIII R 34/01 BStBl II 05, 857; *Blaurock* § 31 Rz 31.61; hier § 17 Rz 78). – *(2)* **Treuhand.** Bei *treuhänderisch* gehaltenen Beteiligungen ist idR der Treugeber als wirtschaftl Eigentümer der Beteiligung Anteilseigner (BFH I R 69/97 BStBl II 99, 514; § 17 Rz 51 mwN). S auch § 159 AO. – *(3)* **Aktientransaktionen um den Dividendenstichtag.** – *(a) Wertpapierleihe:* Das wirtschaftl Eigentum an Anteilen bleibt (ausnahmsweise) beim Verleiher, wenn auf den Entleiher nur eine formale zivilrechtl Rechtsposition übergeht (BFH I R 88/13 BStBl II 16, 961; *BMF* BStBl I 16, 1324; *BMF* BStBl I 17, 986 zur strukturierten Wertpapierleihe); ebenso bei wechselseitiger Wertpapierüberlassung (FG Hess EFG 20, 1160, rkr). *BMF* BStBl I 21, 995 und *BMF* BStBl I 21, 1002 nehmen nach geänderter Auffassung bei der strukturierten Leihe nunmehr idR kein wirtschaftl Eigentum des Entleihers an (s FG Mchn EFG 21, 723, Rev I R 3/21; § 36a Rz 4 mwN). – *(b) Inhaberaktien*: Das wirtschaftl Eigentum an börsennotierten Aktien geht bei Veräußerung durch einen Bestandsverkäufer auf den Erwerber grds zu dem Zeitpunkt über, zu dem ihm nach den Börsenregeln aufgrund des Kaufvertragsabschlusses die Gewinnansprüche nicht mehr entzogen werden können, das Eigentum zu verschaffen ist und ein Besitzkonstitut begründet wird (BFH I R 29/97 BStBl II 00, 527); dem Käufer sind ab dann die KapErträge gem Abs 1 Nr 1 iVm Abs 5 S 1 zuzurechnen. Es liegt aber nur ein Durchgangserwerb ohne Übergang des wirtschaftl Eigentums auf den Erwerber vor, wenn die Aktien iRe modellhaften Gesamtvertragskonzepts erworben werden und rückzuübertragen sind (BFH I R 2/12 DStR 14, 2012, *Schön* RdF 15, 115, 118 ff). – *(c) Leerverkäufe.* Nach der str FG-Rspr erhält ein *Leerkäufer* beim *außerbörsl* Erwerb notierter Aktien wirtschaftl Eigentum erst im Zeitpunkt der tatsächl Belieferung mit den Aktien (der Depoteinbuchung) nach dem Stichtag (FG Hess EFG 17, 761, rkr; FG Hess EFG 21, 1400 (AdV), rkr zur Bedeutung der Sicherungsgeschäfte). Gleiches gilt nach FG Köln EFG 20, 367, Rev I R 22/20 für den *börsl Erwerb* über den sog Zentralen Kontrahenten, dh die KapErträge iSd *Abs 1 Nr 1 S 1* sind gem Abs 5 nur dem Aktieninhaber und nicht dem Leerkäufer zuzurechnen (str, s *Loritz* BB 17, 2327 ff; 2394 ff). – Str ist ferner, ob dem Leerkäufer gutgeschriebene KapErträge iSd *Abs 1 Nr 1 S 4* nur zuzurechnen sind, wenn er (auch) wirtschaftl Eigentümer der Aktien ist (s Rz 70).

232 **c) Gewinnverteilungsbeschluss; Rechtsfolgen.** Der KapErtrag ist nach S 2 den Anteilseignern im Zeitpunkt der Beschlussfassung zuzurechnen. Wird nur ein Gewinnverwendungsbeschluss gefasst, weil der Gewinn gesetzl quotal verteilt wird; ist dieser für S 2 maßgebl. – Wird eine inkongruente *Gewinnverwendung* zivilrechtl wirksam beschlossen, erzielen nur die begünstigten Ges'ter überhaupt Gewinnanteile, dh kein Fall des Abs 5 S 2 (BFH VIII R 25/19 DStR 22, 140; § 20 Rz 31). – Wird eine inkongruente *Verteilung* zivilrechtl wirksam beschlossen (dazu BFH I R 11/01 BFH/NV 02, 540 Rz 31) ist die Ausschüttung nach Abs 5 S 2 nur den im Beschluss genannten Ges'tern zuzurechnen (BFH IV R 28/11 BFH/NV 15, 495; s auch Rz 233).

d) Einzelfragen bei offenen Gewinnausschüttungen, § 20 I Nr 1 S 1. – 233
(1) **Anteilsübertragung.** Wird eine Beteiligung *unentgelt* oder *entgeltl* übertragen und *danach eine Ausschüttung beschlossen*, sind die KapErträge gem V 2 zwingend den *im Zeitpunkt des Gewinnverteilungsbeschlusses* beteiligten Anteilseignern zuzurechnen. Die Norm verdrängt sowohl § 101 I Nr 2 BGB, der Gewinnanteile für ein abgelaufenes Geschäftsjahr unabhängig davon, wann der Gewinnverteilungsbeschluss gefasst wird, noch dem ausgeschiedenen Ges'ter zuordnet (BGH II ZR 45/94 DStR 95, 537) als auch eine anlässl der Übertragung getroffene Vereinbarung über die Zuordnung der Ausschüttung zw Veräußerer/Schenker und Erwerber/Beschenktem (s BFH VIII R 49/98 BStBl II 00, 341; BFH VIII R 24/99 BFH/NV 00, 707; zur abw Vereinbarung BFH I R 111/00 BFH/NV 02, 628). Ist die Zurechnung von Ausschüttungen für vorherige Wj *beim Übertragenden* gewollt, wird idR vor der Anteilsübertragung eine Vorabausschüttung beschlossen (*Demuth* BeSt 18, 39 f). Der BFH sieht unter engen Voraussetzungen (Einstimmigkeit, kein Missbrauch) auch einen „Vorab-Gewinnverteilungsbeschluss", der vor Ablauf des Geschäftsjahrs und vor Feststellung des Jahresgewinns (auch iRd Anteilsübertragungsvertrags) gefasst werden darf und nach dem Anteilsübergang vollzogen wird, für die Zurechnung gem V 2 als maßgeblich an (BFH IX R 35/16 BFH/NV 18, 936; *Demuth* BeSt 18, 39 f; *Schießl* jurisPR-SteuerR 34/2018 Anm. 3). Zur inkongruenten Ausschüttung s *(2)*. – Sind nach V 2 die Beteiligungserträge dem *Erwerber, Übernehmer* zuzurechnen und hat er diese nach dem Übertragungsvertrag an den Veräußerer/Schenker weiterzuleiten, wird dies estl als Kaufpreisvereinbarung beurteilt: Beim Veräußerer erhöht der empfangene Betrag den Entgelt iSd § 17 II; beim Erwerber führt die „weitergeleitete Dividende" zu nachträgl AK auf die Beteiligung (*Demuth* BeSt 18, 39 f: schädl „Doppeleffekt"); gewollte unentgeltl Anteilsübertragungen werden hierdurch zu teilentgeltl Übertragungen (s § 17 Rz 139, 174). Weder Entgelt gem § 17 II noch Gegenleistung des Beschenkten sind hingegen KapErträge, die dem Übertragenden aufgrund einer Vorabgewinnverteilung gem V 2 zuzurechnen sind (BFH IX R 35/16 BFH/NV 18, 936). – *(2)* **Inkongruente Ausschüttungen.** Der Verteilungsbeschluss ist für die Zurechnung gem V 2 unstr maßgebl, wenn die disquotale Verteilung in der Satzung geregelt oder aufgrund einer Öffnungsklausel zul ist. Bei satzungswidriger disquotaler Verteilung ist der Verteilungsbeschluss *rechtswidrig*, wenn die Ausschüttung nur punktuell wirkt, und *nichtig*, wenn sie ähnl einer Satzungsänderung Dauerwirkung entfaltet. Ein einstimmiger satzungswidriger Verteilungsbeschluss, der punktuelle Wirkung hat und von keinem Ges'ter anfechtbar ist, ist ein wirksamer Beschluss iSd Rz 232: Zurechnung nur bei den Ausschüttungsempfängern (zur disquotalen Ausschüttung vor Anteilsveräußerung zutr FG Köln EFG 16, 1675, rkr; Revisionsrücknahme FA s BFH VIII R 28/16 BFH/NV 21, 932; FG Mster EFG 20, 1603, Rev VIII R 20/20; **aA** *BMF* BStBl I 14, 63).

e) Zurechnung bei verdeckten Gewinnausschüttungen, § 20 I Nr 1 S 2. 234
§ 20 V 2 gilt auch für Bezüge aus einer vGA. Die Einnahmen sind dem unmittelbaren Ges'ter iSd § 39 I AO (nicht einem mittelbaren Ges'ter, s BFH VIII R 22/11 BStBl II 15, 687) oder dem wirtschaftl Inhaber der Beteiligung iSd § 39 II AO zuzurechnen (BFH VIII R 10/10 BStBl II 13, 862 zum Treugeber). Dies gilt auch, wenn die vGA auf einer Vorteilszuwendung an eine dem Anteilseigner nahe stehende Person beruht (BFH VIII R 54/05 BStBl II 07, 830).

f) Zurechnung bei Bezügen nach § 20 I Nr 2. Für diese (Rz 72 ff) kommt 235 es darauf an, wer im Zeitpunkt des maßgebl Beschlusses zivilrechtl oder wirtschaftl Eigentümer ist (glA *BeckOK EStG* § 20 Rz 402 f).

Levedag

236 **2. Zurechnung beim Nießbraucher und Pfandgläubiger, § 20 V 3.** § 20 V 3 stellt durch eine Fiktion den Nießbraucher und Pfandgläubiger dem Anteilseigner gm S 2 gleich, wenn ihnen die Einnahmen zuzurechnen sind. – *Der Nießbraucher* ist nicht zivilrechtl Ges'ter. Er hat gem §§ 1068 II, § 1030 I BGB iVm. §§ 99 II, § 100, § 101 Nr 2 BGB jedoch Anspruch auf den mit der Beteiligung verbundenen Gewinnanteil, der mit dem Gewinnverwendungsbeschluss entsteht und auf die Dauer des Nießbrauchs entfällt (*Frank* MittBayNot 10, 96, 101). Ist der Nießbraucher nicht nur zur Einziehung des Anspruchs berechtigt, sondern aufgrund einer „starken" Ausgestaltung seiner Rechtsposition dem zivilrechtl Ges'ter gleichzustellen oder wirtschaftl Eigentümer der Beteiligung, ist er gem V 3 der Einkünfteerzieler (zum *Vorbehaltsnießbrauch* s BFH IX R 51/10 BStBl II 12, 308; BFH IX R 49/13 BStBl II 15, 224; zur vGA BFH VIII R 207/85 BStBl II 92, 605; zum *Quotennießbrauch* s FG Hess EFG 18, 2035, Rev VIII R 29/18). – Gleiches gilt sinngemäß für den *Pfandgläubiger* (§ 1277 BGB), wenn er wirtschaftl Eigentümer ist. Das Pfandrecht erstreckt sich zwar nicht auf Mitgliedschafts- und Gewinnbezugsrechte; diese müssen ausdrückl mitverpfändet werden (*Bruhns* GmbHR 06, 587, 588 f); die Rechtsposition des Pfandgläubigers kann aber atypisch stark ausgestaltet werden (BGH II ZR 251/91 DStR 92, 1480).

IX. Verrechnung von Kapitalvermögensverlusten, § 20 VI

239 **1. Verlustverrechnungsverbote inner- und außerhalb der Schedule. – a) Überblick.** § 20 VI ist wie § 20 IX ein Kernbestandteil der Bruttobesteuerung der abgeltend zu besteuernden KapErträge. Er enthält ein allgemeines (Abs 6 S 1) Verlustverrechnungsverbot und spezielle Verrechnungsregeln (Abs 6 S 2, S 4–6) für Verluste aus § 20 I und II, die gem § 2 Vb schedulär besteuert werden. Diese sind für den VZ der Entstehung und iRd Verlustvortrags („sinngemäße" Anwendung von § 10d, Abs 6 S 3) zu beachten. Ein *Verlustrücktrag* ist in Abs 6 für keinen Verrechnungskreis vorgesehen. – Abs 6 S 1–6 sind nicht anzuwenden, wenn die Verluste gem § 32d II 2, § 32d II Nr 3 2 negative tarifl KapErträge sind oder gem Abs 8 S 1 einer anderen Einkunftsart zuzuordnen sind. Für tarifl Verluste aus § 20 gilt iRd Vor- und Rücktrags § 10d direkt (BFH IX R 5/20 BStBl II 21, 600). – § 20 VI 2, 4 sind ist iRd StAbzugs (§ 43a III 3, § 43a Rz 7) anzuwenden, nicht aber Abs 6 S 5, S 6. Die Verrechnung iRd StAbzugs ist nur zeitl vorrangig und nicht endgültig (BFH VIII R 23/15 BStBl II 19, 54; *BMF* BStBl I 21, 723 Rz 118; iEinz unten Rz 243 ff).

240 **b) Verfassungsmäßigkeit.** § 20 VI 4–6 unterliegen im Hinblick auf Art 3 I GG erhebl verfrechtl Bedenken, weil sie die Binnenfolgerichtigkeit der Schedulenbesteuerung verletzen. Zu Abs 6 S 4 (Aktienveräußerungsverluste) s BFH VIII R 11/18 BStBl II 21, 562 [Vorlage], BVerfG 2 BvL 3/21; zu den verfahrensrechtl Folgefragen s zutr *Mertes* ua NWB 21, 2967). – § 20 VI 6 verstärkt ab dem VZ 20 die Ungleichbehandlung von Aktienverlusten, da Veräußerungs- und Ausbuchungsverluste ohne tragende Begründung unterschiedl verrechnet werden. – § 20 VI 5, 6 sind ferner nicht folgerichtig, weil positive KapErträge voll besteuert und die entspr negativen KapErträge nur beschr verrechnet werden können (s iEinz zutr *Drüen* FR 20, 663, 668 ff).

241 **2. Vertikales Verrechnungsverbot, § 20 VI 1.** Verluste gem § 20 I, II dürfen gem Abs 6 S 1 HS 1 im Verlustentstehungsjahr nicht mit positiven Einkünften aus *anderen Einkunftsarten* (vertikal) ausgeglichen werden. Sie können auch iRd Vortrags gem § 10d im Folgejahr nicht mit solchen Einkünften verrechnet werden (Abs 6 S 1 HS 2). – § 20 VI ist auch iRd Günstigerprüfung gem § 32d VI zu beachten, dh eine Hinzurechnung negativer KapErträge zu den übrigen Einkünften ist nicht mögl. Abs 6 S 1 sperrt aber nicht *(1)* die Verrechnung tarifl *Verluste* aus anderen Einkünften mit *positiven KapEinkünften* iSd § 32d I; auch nicht iRd Verlustvortrags

Verrechnung von Kapitalvermögensverlusten   242–244   § 20

(BFH VIII R 5/15 BStBl II 18, 66) – und *(2)* von Verlusten aus KapVerm gem § 20 I, II iVm § 32d I (ohne die Verluste gem § 20 VI 4–6) mit gem § 32d II tarifl zu besteuernden positiven KapEinkünften aus § 20 I, II (BFH VIII R 11/14 BStBl II 17, 443; *BMF* BStBl I 18, 624 Rz 119a; zur erforderl Antragstellung gem § 32d VI s § 32d Rz 29). – S auch *BMF* BStBl I 20, 919 zur Verrechnung iRe vermögensverwaltenden PersGes. – Zur Verrechnung von Altverlusten aus § 23 bis Ende VZ 13 (§ 23 III 9, 10 aF) s BFH VIII R 8/16 BStBl II 20, 383; BFH VIII B 138/20 BFH/NV 22, 111; *Schmidt* 39. Aufl § 20 Rz 242; *Schmidt* 37. Aufl § 20 Rz 187.

3. Verlustkategorien und Verrechnungsmöglichkeiten (§ 20 VI 1–6) in der Schedule   242

Abs 6 S 4	**Aktienveräußerungsverluste** sind bei Verlustentstehung und Vortrag nur mit Aktienveräußerungsgewinnen verrechenbar; Verluste aus der Übertragung wertloser Aktien ohne Entgelt unterfallen mE Abs 6 S 4 und nicht S 6 Alt 3; Ausbuchungs-, Ausfallverluste von Aktien (Insolvenz; Liquidation) fallen ab VZ 20 unter Abs 6 S 6 Rz 247.
Abs 6 S 5	**Verluste aus Termingeschäften** können ab VZ 21 im VZ der Entstehung bis zur Höhe von 20 000 € nur mit Gewinnen aus Termingeschäften und Stillhaltererträgen ausgeglichen werden; bei Verlustvortrag ist auch der Abzug im Folgejahr auf diese Erträge und iHv 20 000 € begrenzt. S Rz 246.
Abs 6 S 6	**Ausfallverluste** aus uneinbringl KapForderungen, sonstigen KapAnlagen iSd § 20 I und **Übertragungs- und Ausbuchungsverluste** iZm wertlosen KapAnlagen iSd § 20 I können mit sämtl positiven KapErträgen gem § 20 I, II (s Rz 247) im VZ der Entstehung bis zur Höhe von 20 000 € verrechnet werden; bei Verlustvortrag ist auch der Abzug im Folgejahr auf 20 000 € begrenzt. S Rz 248.
Abs 6 S 2	Lfd Verluste gem § 20 I und Verluste gem § 20 II aus **einer nicht wertlosen KapAnlage** sind im VZ der Verlustentstehung und iRd Verlustvortrags ohne Begrenzung auf den Sockelbetrag mit sämtl KapErträgen. S Rz 243.

4. Allgemeine Verluste; Verlustvortrag, § 20 VI 2, 3. – *(1)* **Allgemeines.**   243
Verluste gem § 20 I, II können *nach Anwendung der spezielleren Verrechnungsverbote* in § 20 VI *4, 5, 6* gem **Abs 6 S 2** mit sämtl verbleibenden positiven Erträgen gem § 20 I, II (auch mit *Gewinnen* aus Termingeschäften/Aktienveräußerungen) im VZ der Entstehung und in Folgejahren verrechnet werden. – Der Verlustvortrag und -abzug nach Abs 6 S 2 ist nicht durch die allg Sockelbeträge des § 10d II beschr. – *(2)* **Entstehungsjahr.** Zur Reihenfolge in der Veranlagung s *BMF* BStBl I 21, 723 Rz 118: zunächst Verrechnung neu entstandener Verluste nach Abs 6 S 4, 5, 6 mit den jeweils erlaubten KapErträgen im Entstehungsjahr, dann Verrechnung der allg Verluste aus Abs 6 S 2 mit den verbleibenden positiven KapErträgen. Erst danach ist ein Verlustabzug unter sinngemäßer Anwendung des § 10d zul (s Rz 244). – IRd StAbzugs kann es wegen Nichtanwendung der Abs 6 S 5, 6 zunächst zur Verrechnung mit Verlusten nach S 2 kommen, der iRd Veranlagung ggf zu korrigieren ist (s *BMF* BStBl I 21, 723 Rz 118 mit Beisp; unten Rz 246, 247, 249).

5. Sinngemäße Anwendung von § 10d IV, § 20 VI 3, 4–6. – *(1)* **Bindung,**   244
§ 10d IV. Für die Verlustfeststellung von schedulären KapVerlusten in der Veranlagung ist iRd jeweiligen Verlustkategorie auch § 10d (insb Abs 4 S 4) *sinngemäß*

anzuwenden (zur unmittelbaren Anwendung s Rz 239). Wird der Verlust dem Grunde nach nicht im ESt-Bescheid berücksichtigt, entfaltet der ESt-Bescheid eine negative Bindungswirkung für die Verlustfeststellung und ist zwingend anzufechten; ist die Besteuerungsgrundlage im ESt-Bescheid berücksichtigt und nur deren Höhe str, entfaltet der ESt-Bescheid positive Bindungswirkung und ist die Verlustfeststellung anzufechten (BFH IX R 3/19 BStBl II 21, 859). Ist die Anfechtung des ESt-Bescheids unterblieben, muss bei fehlender Berücksichtigung des Verlusts der bestandskräftige ESt-Bescheid nach der AO änderbar sein. Greift § 10d IV 5 in sinngem Anwendung, ist der Verlust unmittelbar iRd Verlustfeststellung zu berücksichtigen (BFH VIII R 40/15 BStBl II 17, 1049, auch zur Beschwer; FG RhPf EFG 21, 1297, rkr; iEinz § 10d Rz 43–46). – **Einzelfragen:** Über die StBarkeit eines iRd StAbzugs nicht berücksichtigten Aktienverlusts ist zwingend mittels eines Antrags gem § 32d IV iRd StFestsetzung nach § 32d III 2 zu entscheiden (s § 32d Rz 24). Ist der Verlust stbar, kann er sich aber mangels gleichartiger Gewinne im VZ der Entstehung wegen Abs 6 S 4 nicht stmindernd auswirken, ist es für die sinngemäße Berücksichtigung iSd § 10d IV 4 HS 1 ausreichend, dass der Verlust im EStBescheid als Bezugsgröße ausgewiesen wird (ähnl BFH IX R 29/19 BFH/NV 22, 62 zu § 23; iErg zutr FG Nds EFG 20, 569, rkr zu § 129 AO). Dies gilt entspr für die nur iRd Veranlagung zu berücksichtigenden Verluste gem § 20 VI 5, 6. – *(2)* **Verlustabzug.** Nach Ausschöpfung aller Verrechnungsmöglichkeiten des *Entstehungsjahrs* dürfen von verbleibenden positiven Erträgen der jeweiligen Kategorie die entspr Vorträge (Abs 6 S 3 iVm S 4, 5, 6) abgezogen werden (*BMF* BStBl I 21, 723 Rz 118). Vorgetragene Aktienveräußerungsverluste *(Abs 6 S 4)* können ohne Höchstgrenze von gleichartigen Gewinnen, vorgetragene Verluste gem *Abs 6 S 5* können bis zu 20 000 € von gleichartigen Gewinnen und Stillhaltererträgen, vorgetragene Verluste *gem Abs 6 S 6* können bis zu 20 000 € von verbleibenden positiven KapErträgen gem § 20 I, II und vorgetragene allg Verluste *(Abs 6 S 2)* können ohne Sockelbetrag von den verbleibenden positiven KapErträgen gem § 20 I, II abgezogen werden.

245 **6. Aktienveräußerungsverluste, § 20 VI 4.** S zum Veräußerungsbegriff gem Abs 2 Nr 1 Rz 157; zum Verhältnis zum Ausbuchungsverlust gem Abs 6 S 6 s Rz 248. Gem **Abs 6 S 4, HS 1** dürfen Aktienverluste im VZ der *Entstehung* iRd Veranlagung und iRd KapESt-Abzugs gem § 43a III 2 (spezieller Aktien-Verlustverrechnungstopf) ledigl mit gleichartigen Gewinnen verrechnet werden. Das Verrechnungsverbot gilt auch iRd *Verlustvortrags* (§ 10d iVm § 20 VI 4 HS 2) für die Veranlagung und iRd KapESt-Abzugs (§ 43a III 2). – ADRs (ua, s Rz 31) werden wie Aktien behandelt (*BMF* BStBl I 16, 85 Rz 68, 123; *BMF* BStBl I 13, 718). Veräußerungsgewinne aus Teil- und Bezugsrechten dürfen nicht mit Aktienverlusten verrechnet werden (*BMF* BStBl I 16, 85 Rz 228). S zur Auslegung auch BFH VIII R 11/18 BStBl II 21, 562.

246 **7. Verluste aus Termingeschäften, § 20 VI 5.** Abs 6 S 5 gilt erstmals für den VZ 21. Bis Ende VZ 20 entstandene Verluste aus Termingeschäften, die in die allg Verluste gem Abs 6 S 2 iRd StAbzugs oder eine Feststellung iSd § 10d eingegangen sind, bleiben unberührt (*BMF* BStBl I 21, 723 Rz 324). Ab VZ 21 (§ 52 Abs 28 S 23) entstehende Verluste aus Termingeschäften (s § 20 II Nr 3 Buchst a/ b, zum Begriffsinhalt s Rz 166: Zertifikate und Optionsscheine sind ausgenommen) dürfen nur noch mit Gewinnen aus ebensolchen Geschäften und mit Stillhaltererträgen nach Abs 1 Nr 11 ausgeglichen werden. Die Verrechnung ist im Entstehungs- und Folgejahr auf jeweils 20 000 Euro beschr. Abs 6 S 5 findet iRd KapESt-Abzugs keine Anwendung, da ein Verweis auf die Norm in § 43a III 2 HS 1 fehlt. Verluste nach S 5 bleiben dort unberücksichtigt. Wird iRd StAbzugs zu niedrig verrechnet oder soll die Verrechnungsreihenfolge auf der Depotebene geändert werden, ist ein Antrag gem § 32d IV, bei zu hoher Verrechnung eine Erklärung/Veranlagung (§ 32d III) erforderl (*BMF* BStBl I 21, 723 Rz 118 mit Beisp; § 32d Rz 23). S auch Rz 249.

8. Ausfallverluste und Ausbuchungsverluste ua, § 20 VI 6. – a) Regelungsinhalt. S 6 regelt in vier Alternativen Verrechnungsverbote für „Ausfall-", „Ausbuchungs-" und „Übertragungsverluste" (s iEinz Rz 145, 157). Verluste gem S 6 können ab dem VZ 20 (§ 52 Abs 24) im Entstehungsjahr mit sämtl positiven Erträgen gem § 20 I, II (auch mit Gewinnen aus Termingeschäften, Aktienveräußerungen) bis zur Höhe von 20 000 Euro ausgeglichen werden. Zuvor handelte es sich nach der BFH-Rspr idR um allg Verluste nach Abs 6 S 2; iRd StAbzugs wurden diese idR nicht anerkannt (§ 44 I 3). Abs 6 S 6 ist mangels Verweises in § 43a III 2 iRd KapESt-Abzugs nicht anzuwenden (*BMF BStBl I 21, 723 Tz 118* und Tz 324 zur Überleitung). Zur erforderl Antragstellung nach § 32d IV; Pflichtveranlagung nach § 32d III s Rz 246, 249 entspr. Nicht verrechnete Verluste iSd S 6 sind gem § 10d iVm Abs 6 S 3 vortragbar und in Folgejahren bis zu 20 000 € von KapErträgen gem § 20 I, II abziehbar (Rz 244).

b) Einzelfragen. – *(1)* Wertlosigkeit der Kapitalanlage. Sie ist erforderl für **Alternative 2** *(Ausbuchung)* und **Alternative 3** *(Übertragung)*. Bei nicht gänzl obj wertlosen KapAnlagen ist *S 6* für Verluste iSd § 20 II, IV nicht erfüllt, sondern gelten Abs 6 S 1, 2 (s Rz 243). Die KapAnlage muss zum Realisationszeitpunkt (vollständig) wertlos sein, dh eine realisierte Wertminderung ist keine „teilweise Wertlosigkeit" iSd Abs 6 S 6 (glA *Cornelius/Hoffmann* ErbStB 20, 225, 230). Erwirbt ein fremder Dritter das WG noch gegen ein Entgelt, ist es nicht wertlos iSd S 6 Alt 3. Dies gilt nach dem *BMF* nicht, wenn die Gegenleistung die Transaktionskosten nicht übersteigt (**aA** BFH VIII R 32/16 BStBl II 19, 221). Wertlosigkeit liegt nach dem BMF stets bei Verfall der KapAnlage (iRe Knockouts, aber bei geringer Mindestrückzahlung; Einlösung zu Null) vor (s *BMF BStBl I 21, 723* Rz 8, 59, 63). – *(2)* **Verhältnis zu § 20 VI 4.** S auch Rz 240. Der Verlust aus der Übertragung einer obj wertlosen Aktie auf einen Dritten ohne Entgelt ist ein Veräußerungsverlust iSd § 20 II Nr 1, IV. Bei *Aktien* wird Abs 6 S 6 Alt 3 daher von der speziellen Beschränkung des Abs 6 S 4 verdrängt. – Ausbuchungsverluste aus dem Depot (S 6 Alt 2) bei *Aktien* sind bis zum VZ 19 Veräußerungsverluste iSd Abs 6 S 4 (BFH VIII R 20/18 BStBl II 21, 378; Rz 157), ab VZ 20 verrechenbare Verluste iSd S 6 Alt 2. Verluste aus der entschädigungslosen Einziehung einer Aktie; deren Untergangs iRe KapHerabsetzung fallen unter S 6 Alt 3 (*BMF BStBl I 21, 723* Rz 63, 118).

9. Bescheinigungspflicht, § 20 VI 7; Steuerbescheinigung, § 45a. – *(1)* Verlustbescheinigung. Verluste iSd § 20 I, II (auch aus Aktienveräußerungen), die *tatsächl* dem inl KapESt-Abzug unterlegen haben (s § 43 Rz 32), dürfen nach Abs 6 S 1, 2, 4 iRd Veranlagung nur verrechnet und vorgetragen werden, wenn der StPfl eine **fristgerecht zu beantragende Bescheinigung** (15.12. des Kj) gem § 43a III 4 vorlegt. Bei deren Ausstellung schließt die auszahlende Steller den entspr Verrechnungstopf für den StAbzug (§ 43a III 2), um zu verhindern, dass die Verluste iRd StAbzugs und der Veranlagung (doppelt) berücksichtigt werden können. Für Verluste iSd Abs 6 S 5 und S 6, die iRd StAbzugs nicht berücksichtigt werden (Rz 246, 247), wird keine Bescheinigung benötigt. Die Bescheinigung ist entbehrl, wenn die Gefahr einer doppelten Verlustberücksichtigung ausgeschlossen ist (BFH VIII R 55/13 BStBl II 17, 264; BFH VIII R 23/15 BStBl II 19, 54; zu Aktien BFH VIII R 32/16 BStBl II 19, 221; zur einheitl und gesonderten Feststellung von Aktienverlusten BFH VIII R 34/16 BStBl II 20, 836). Zu § 20 IIIa s Rz 199. – *(2)* **Steuerbescheinigung.** Zum Ausweis der Einkünfte nach Abs 6 S 5, S 6 in der StBescheinigung lt Muster I s *Anemüller* ErbStB 21, 224 ff. Zur Nichtbeanstandung im VZ 21 für StAbzug; StBescheinigung s *BMF BStBl I 21, 723* Rz 324.

X. Eingeschränkte Verlustberücksichtigung gem § 15b, § 20 VII

250 **1. Sinngemäße Anwendung der §§ 15b, 20 VII 1.** Abs 7 S 1 enthält eine **Rechtsgrundverweisung** auf das Merkmal „Steuerstundungsmodell" in § 15b und soll über § 20 VI hinaus den Abzug modellhafter negativer Einkünfte aus § 20 unterbinden (BFH VIII R 57/14 BStBl II 17, 1144; FG Hess EFG 19, 1761, Rev VIII R 10/19). S iÜ (auch zur verfahrensrechtl Vorgreiflichkeit der Verlustfeststellung gem § 15b IV) BFH VIII R 74/13 BStBl II 16, 388; BFH VIII R 7/13 BStBl II 17, 700 und § 15b Rz 21. Wegen § 20 IX, der die Verlustentstehung durch den WK-Abzug ausschließt, hat S 1 für schedulär zu besteuernde KapErträge geringe praktische Bedeutung. S 1 gilt aber auch für modellhafte, gem § 32d II tarifl zu besteuernde negative KapErträge (zB WK iZm tarifl KapErträgen gem § 20 I Nr 6, s zB BFH VIII R 7/15 BStBl II 19, 231). Zur Rückwirkung bei Einführung s BFH VIII R 16/18 BStBl II 21, 814.

251 **2. Ausnutzung der Tarifspreizung, § 20 VII 2.** Ein vorgefertigtes Konzept liegt gem S 2 auch vor, wenn positive Einkünfte aus KapV *nicht der tarifl ESt* unterliegen. Die Regelung sollte Modelle unterbinden, die „um den 31.12.08 herum" den WK-Abzug in den tarifl Bereich (§ 32a) und positive Einkünfte aus der KapAnlage in den gesonderten Tarif gem § 32d verlagerten. S 2 fingiert in diesem Fall ein vorgefertigtes Konzept iSd § 15b II 2 (str, vern BFH VIII R 57/14 BStBl II 17, 1144 für negative Zwischengewinne bei gleichzeitig erzielten positiven Investmenterträgen). S 2 dürfte heute kaum noch einen Anwendungsbereich haben.

XI. Subsidiarität, § 20 VIII

253 **1. Vorrangige Zuordnung von Kapitalerträgen zu anderen Einkunftsarten, § 20 VIII 1. – a) Kollisionsnorm.** Gehören KapErträge gem § 20 I–III zu den Einkünften gem § 13, §§ 15–17, § 18 oder § 21, sind die KapErträge gem Abs 8 S 1 Bestandteil der anderen Einkunftsart. Dies gilt auch für gem § 32d II tarifl zu besteuernde KapErträge. Zur Konkurrenz zu § 19 s Rz 260. § 22 und § 23 I sind ggü § 20 I–III grds subsidiär (Rz 261).

254 **b) Voraussetzungen.** Es müssen positive/negative KapErträge gem § 20 I–III erzielt worden sein, anschließend ist deren Subsidiarität zu prüfen. § 20 VIII 1 hat für die Tatbestandsverwirklichung iRd anderen Einkunftsart keine Bedeutung. Bei dieser müssen stbare Einkünfte entstehen, die nach deren Ermittlungsregeln die positiven, negativen KapErträge (auch BA/WK-Überhänge) umfassen. Das gilt zB für die Prüfung der maßgebl Veranlassung von (gemischten) Aufwendungen (s § 9 Rz 120: idR Aufteilung; s auch § 9 Rz 147 ff zu Schuldzinsen). – Im Verhältnis zu den Gewinneinkünften beruht die Subsidiarität entweder darauf, dass die KapAnlagen Bestandteil des BV und deshalb die KapErträge BE sind (s Rz 257) oder die KapErträge kraft Gesetzes in Gewinneinkünfte umqualifiziert werden (s zu PersGes § 15 III Nr 1, Nr 2; zur KapGes s § 8 II KStG, Rz 4). – § 17 ist für Anteilsverkäufe uä die ggü § 20 II Nr 1 speziellere Norm; für Substanzverluste aus Ges'terforderungen enthält § 17 IIa eine gesetzl Zuweisung zu den AK der Beteiligung (Rz 258 f). – Im Verhältnis zu § 21 ist entscheidend, ob die Einnahmen/WK ihren wirtschaftl Schwerpunkt iRd Tatbestandsverwirklichung des § 20 I–III oder des § 21 haben (BFH VIII R 260/82 BStBl II 86, 557 mwN; iEinz § 21 Rz 165).

255 **2. Nichtgeltung des § 20 IVa, § 20 VIII 2.** § 20 IVa ist nur bei PV-Anteilen an einer KapGes anzuwenden, wenn kein Fall des § 17 vorliegt (FinA BT-Drs 16/11 108, 21). Gem S 2 ist bei vorrangiger Zuordnung der KapErträge zu einer anderen Einkunftsart § 20 IVa iRd Einkünfteermittlung der anderen Einkunftsart nicht anzuwenden.

256 **3. Rechtsfolgen.** Bei vorrangiger Zuordnung der positiven, negativen KapErträge zu einer anderen Einkunftsart sind die Einkünfte nach deren Regeln (zB der maßgebl Gewinnermittlungsart; ohne § 20 VI, § 20 IX) zu ermitteln und tarifl zu besteuern. Zum KapEStAbzug s § 43 IV, V 2.

257 **4. Ausgewählte Einzelfragen. – a) Konkurrenz zu § 15 und § 18. – *(1) Wertpapierhandel; Forderungskauf; Lebensversicherungskauf.*** Zum

Subsidiarität **258, 259 § 20**

Handel mit KapAnlagen als Gewerbebetrieb s § 15 Rz 46, iEinz zum *An- und Verkauf von Wertpapieren* § 15 Rz 91; zum Forderungserwerb, -einzug und „gebrauchten LV" § 15 Rz 92. Zur Beteiligungsentwicklung und -veräußerung durch *Private Equity Fonds* s BFH I R 46/10 BStBl II 14, 746; zT abw *BMF* BStBl I 04, 40; zum Ganzen *Schnittker/Steinbiß* FR 16, 1069. – **(2) Beteiligungen; Darlehen im Betriebsvermögen.** Zu Beteiligungen an KapGes als notwendiges/gewillkürtes BV s § 4 Rz 162ff; zu Beteiligungen an KapGes im BV/SonderBV einer PersGes § 15 Rz 517f, 714. – Die *Darlehensfinanzierung* von KapGes ist auch in erhebl Umfang nicht gewerbl (BFH X R 9/17 BStBl II 21, 418). S auch § 4 Rz 134ff, § 15 Rz 873 (BetrAufsp) und zu MU'erdarlehen § 15 Rz 540ff. Zu Finanzgeschäften im BV s § 4 Rz 170, bei einer PersGes § 15 Rz 492 und § 15 IV. – **(3) § 18.** S BFH VIII R 21/17 BStBl 21, 609 zur Abgrenzung von Honoraren und Veräußerungsgewinnen sowie § 18 Rz 163, 164.

b) Konkurrenz zu § 17. – aa) Veräußerungstatbestände. § 17 I (auch § 17 I **258** 2), IV, V haben bei wesentl Beteiligung für Anteilsveräußerungen und die verdeckte Einlage von Anteilen in KapGes Vorrang ggü § 20 II 1 Nr 1 und § 20 II 2. Zum Vorrang von § 20 I Nr 2 gem § 17 IV 3 s § 17 Rz 235 und § 20 Rz 73.

bb) Substanzverluste gem § 20 II Nr 7. *Schrifttum*: s bei § 17 Rz 171; **259** *Förster/v Cöln* DB 21, 525; *Levedag* GmbHR 21, 14, 637. – *(1)* **Gesetzliche Zuweisung zu den AK, § 17 IIa.** Durch Einfügung von § 17 IIa weist der Gesetzgeber gesellschaftsrechtl veranlasste *Darlehensverluste* (§ 17 IIa 3 Nr 2 iVm S 4) und *verdeckte Einlagen* (§ 17 IIa 3 Nr 1) den nachträgl AK der Beteiligung *gesetzl* zu. Die Regelung gilt für alle Ges'ter iSd § 17, wenn der Gewinn aus der Veräußerung, Auflösung gem § 17 II, IV nach dem 31.7.19 realisiert wird, auf Antrag auch davor (§ 52 Abs 25a). Die richterl Vertrauensschutzregelung in BFH IX R 36/15 BStBl II 19, 208 (anerkannt in *BMF* BStBl I 19, 257) wird hierdurch verdrängt. Zur Rechtslage vor Einfügung von § 17 IIa s § 17 Rz 182, 194, 199; *Levedag* GmbHR 21, 637; *Förster* ua DB 21, 525; BFH IX R 5/20 BStBl II 21, 600. Vor dem 1.1.09 ausgereichte Altdarlehen, die nach dem 31.7.19 ausfallen, werden nur iRd § 17 IIa erfasst, da § 20 II Nr 7 nicht anwendbar ist (BFH X R 9/17 BStBl II 21, 418). – *(2)* **Ausfall des Gesellschafterdarlehens.** – *(aa) Steuerbarkeit gem § 20 II Nr 7.* Zur StBarkeit des Ausfallverlusts gem § 20 II Nr 7, § 20 IV, § 20 VI 6, Alt 1 s § 20 Rz 183; zur Einkünfteerzielungsabsicht Rz 22; zur ggf tarifl Besteuerung gem § 32d II Nr 1 Buchst b s § 32d Rz 10f. – *(bb) Vorrang der Zuordnung zu § 17.* Sind die Voraussetzungen gem § 17 IIa S 3 Nr 2 iVm S 4 zeitl und sachl erfüllt, wird § 20 II Nr 7 grds verdrängt (s iEinz unter *cc*). Dies gilt sowohl für *vor dem Inkrafttreten der Norm* ausgereichte Darlehen, die im Realisationszeitpunkt gem § 17 II, IV als gesellschaftsrechtl veranlasst hingegebene/stehen gelassene Darlehen iSd § 17 IIa S 4 zu beurteilen sind, als auch *VZ-übergreifend*, wenn der Verlust gem § 20 II Nr 7, § 20 IV ausnahmsweise von dem Verlust iSd § 17 II, IV realisiert wird (s iEinz *Levedag* GmbHR 21, 14, 20f; zur Rückwirkungsfragen *Werth* FR 20, 530). – *(cc) Folgerungen. In der Krise gewährte Darlehen*, vor der Krise qua Vereinbarung *krisenbestimmte Darlehen* und *Finanzplandarlehen* sind idR iSd § 17 IIa 3 Nr 2 iVm S 4 gesellschaftsrechtl veranlasst hingegebene Darlehen; bei einem entstehen iHd Ausfallsbetrags nachträgl AK der Beteiligung; § 20 II Nr 7 wird verdrängt (s iEinz *Levedag*, GmbHR 21, 14, 18–20; *Förster* ua DB 21, 525, 530). – Darlehen, die vor der Krise (auch während des Anfechtungszeitraums gem § 135 InsO) nicht gesellschaftsrechtl veranlasst hingegeben, aber so veranlasst in der Krise *stehen gelassen werden* (auch solche gem § 2 I CovInsAG, BGBl I 20, 569), führen nach hM nicht zu Darlehensverlusten/nachträgl AK gem § 17 IIa 3 Nr 2, wenn die Forderung bei Krisenbeginn wertlos (Teilwert Null) ist; der Wertverlust bis zum Kriseneintritt ist dann im Ausfallzeitpunkt nur gem § 20 II Nr 7 stbar (s § 17 Rz 190 mwN). ME wird bei Stehenlassen des Darlehens ab der Krise die Verstrickung des Darlehens zu § 20 gelöst und der Kapitalstamm iHd ursprüngl AK nur noch der Sphäre des § 17 zugewiesen, dh gem § 17 IIa 3 Nr 2 entstehen entgegen der hM nachträgl AK iHd Ausfallbetrags und § 20 II Nr 7 wird verdrängt (s iEinz *Levedag* GmbHR 21, 14, 19 f). – **Nur § 20 II Nr 7 ist anzuwenden**, wenn eine gesellschaftsrechtl Veranlassung der Darlehenshingabe, des Stehenlassens iSd § 17 IIa 4 fehlt oder ein Ges'ter zu weniger als 1% beteiligt ist oder ein Nichtges'ter das Darlehen ausgereicht hat oder die Beteiligung veräußert wird, bevor der Verlust gem § 20 II Nr 7 entsteht. – *(dd) Qualifizierter Rangrücktritt.* Die Ausbuchung einer Schuld bei der KapGes gem § 5 IIa führt mE wegen des Fortbestands der Ges'ter-Forderung nicht zu einer Einlage gem § 20 II 2 iHd werthaltigen Teils. Erst beim Ausfall der Forderung entstehen ein Verlust gem § 20 II Nr 7, § 20 IV und ggf vorrangig nachträgl AK nach § 17 IIa S 3 Nr 2 iVm S 4 (str!, s *Levedag* GmbHR 21, 14, 19 mwN). – *(3) Verzicht auf das Gesellschafterdarlehen.* – *(aa) Werthaltiger Teil.* Hat der Ges'ter das Darlehen ausgereicht, bewirkt der Verzicht eine verdeckte Einlage gem § 20 II 2, § 20 II Nr 7 iHd werthaltigen Teils der Forderung, gem § 20 IV 2 beträgt der Einlagegewinn aber Null (BFH VIII R 18/16 BStBl II 20, 833; s Rz 183). Gem § 17 IIa 3 Nr 1 entstehen iHd werthaltigen Teils der Forderung nachträgl AK der Beteiligung. – *(bb) Nicht werthaltiger Teil.* Zur StBarkeit des Ausfalls des nicht werthaltigen Teils der Forderung als sog *Abtretungsverlust* gem § 20 II Nr 7 s BFH VIII R 18/16 BStBl II 20, 833 (Rz 183). ME kann der Abtretungsverlust ein Darlehensverlust iSd § 17 IIa 3 Nr 2 iVm S 4 und den nachträgl AK der Beteiligung zuzuordnen sein; nach der wohl hM fällt er unter § 20 II Nr 7 (s *Levedag* GmbHR 21, 14, 21; **aA** die hM, s § 17 Rz 187 mwN). – **(4) Rückgriffsansprüche, § 17 IIa 3 Nr 3.** Bei Ausfall der Rückgriffsforderung eines Ges'ter-Bürgen entsteht ein gem § 20 II Nr 7, § 20 IV stbarer Verlust iHd Ausfallbetrags (zur Einkünfteerzielungsabsicht s Rz 22). Greift § 17 IIa 3 Nr 3 iVm S 4 (s § 17 Rz 191), entstehen nachträgl AK iHd Ausfallbetrags. § 20 II Nr 7 wird verdrängt. – *(5)* **Verrechenbarkeit.** Zur Einordnung eines nicht subsidiären Verlusts iSd § 20 II Nr 7 (nach hM insb eines Ausfallverlusts aus stehengelassenem Darlehen) als tarifl Verlust/Verlust iRd § 20 VI s § 32d Rz 12; § 20 Rz 183.

260   **5. Konkurrenz zu nicht in § 20 VIII 1 genannten Einkünften. – a) Einkünfte nach § 19.** Im Verhältnis zu den Einkünften gem § 19 ist die Abgrenzung nach der Wesensart der Einkunftsarten zu treffen. Maßgebend ist die Einkunftsart, die im Vordergrund steht (BFH VIII R 210/83 BStBl II 90, 532). § 19 hat Vorrang, wenn die verbilligte, unentgeltl Überlassung der Beteiligung die Arbeitsleistung vergüten sollen; § 20 I–III sind vorrangig, wenn die Gewährung auf einem neben dem ArbVerh beruhenden Sonderrechtsverhältnis beruht. – **Einzelfälle:** – *(1) Beteiligung des ArbN am ArbG:* S bei § 19a idF FoStoG (BGBl I 21, 1498), zu § 3 Nr 39 bei § 3 Rz 132 und § 19 Rz 100 „Aktien", „Ankaufsrecht" sowie zu den Abgrenzungskriterien BFH VIII R 40/18 DStR 21, 1218 bei Sweet Equity; zur Abhängigkeit der Ges'terstellung des ArbN vom Bestand des ArbVerh BFH IX R 43/15 BStBl II 17, 790. – ArbLohn wird bei verbilligter, unentgeltl Beteiligungseinräumung aufgeschoben besteuert (iEinz § 19a IV 1 Nr 1–3, *BMF* DStR 21, 735 Rz 30 ff). Bei *positiver* Wertentwicklung nach der Einräumung ist ArbLohn der gemeine Wert bei Einräumung, wird aber erst bei der Veräußerung besteuert, zugleich bildet der gemeine Wert die AK iSd § 20 IV, sodass § 20 II Nr 1 nur die Differenz zw Einräumung und Veräußerung erfasst. Bei *negativer* Wertentwicklung nach der Einräumung gilt § 19a IV 5, dh die AK iRd § 20 IV bildet der tatsächl besteuerte gemeine Wert (*BMF* BStBl I 21, 723 Rz 51). – *(2) Darlehen des ArbN an den ArbG.* Zur Abgrenzung zum ArbLohn s BFH VIII R 5/17 BStBl II 20, 807; zum Ausfallverlust als WK § 19 Rz 110 „Bürgschaft", „Darlehen".

261   **b) Sonstige Einkünfte.** Einkünfte gem § 23 I sind nachrangig (§ 23 II). Nur § 23 I gilt zB für die Veräußerung von Kryptowährungen (§ 23 Rz 26) und verbrieften Gold-Sachlieferungsansprüchen (nicht aber bei Anteilen an ETF-Goldfonds, s zum Ganzen BFH VIII R 7/17, BStBl II 21, 9; BFH VIII R 15/18 BStBl II

21, 913; *BMF* BStBl I 21, 296 Rz 57; § 23 Rn 25 mwN). – Zum Verhältnis von § *20 I Nr 6* zu **§ 22 Nr 1** s Rz 106; § 22 Rz 8 sowie BFH VIII R 4/18 DStR 21, 2341 (Vorrang des § 20 I Nr 6 bei stfreien Alt-LV, wenn die Kapitalsumme verrentet wird) und zu **§ 22 Nr 5** s § 22 Rz 173 sowie BFH X R 44/18 BFH/NV 21, 1175; – von § *20 I Nr 7* zu § 22 Nr 1 s § 20 Rz 115, 119; EStR 20.2; – von § *20 I Nr 9* zu § 22 Nr 1 s § 20 Rz 131.

XII. Sparer-Pauschbetrag, § 20 IX

1. Umsetzung der Bruttobesteuerung. § 20 IX HS 2 iVm § 2 II 2 schließen 264 den Abzug der tatsächl WK von KapErträgen aus, die gem § 2 Vb schedulär besteuert werden, stattdessen ist der Sparer-Pauschbetrag abzuziehen. § 20 IX ist ein zentraler Bestandteil der abgeltenden Bruttobesteuerung der KapErträge; die Einkünfteerzielungsabsicht ist aufgrund des Abzugsverbots idR zu vermuten (Rz 20). – § 20 IX ist verfgemäß (BFH VIII R 53/12 BStBl II 14, 975; BFH VIII R 34/13 BStBl II 15, 387; BFH IX B 67/20 BFH/NV 21, 1198; BVerfG 2 BvR 878/15 StEd 16, 246). Zur **stichtagsbezogenen** Anwendung auf sämtl nach dem 31.12. 08 abgeflossenen WK s BFH VIII R 12/14 BStBl II 16, 199; *BMF* BStBl I 16, 85 Rz 322; FG Köln EFG 21, 839, rkr). – § 20 IX ist sowohl iRd Günstigerprüfung gem § 32d VI (BFH VIII R 34/13 BStBl II 15, 387) als auch iRe Veranlagung gem § 32d III, IV anzuwenden. Zum Abzug iRd KapEStAbzugs s § 43a Rz 7; § 44a Rz 3.

2. Gesetzlicher Ausschluss des § 20 IX. § 32d II 2 sperrt die Anwendung des 265 Abs 9 bei Ausschluss von KapErträgen iSd § 20 I Nr 4, Nr 7 und § 20 II Nr 4, Nr 7 von der Abgeltungswirkung (§ 32d II Nr 1 Buchst a–c, s § 32d Rz 9, 14). Werden diese KapErträge tarifl besteuert, sind WK nach allg Grundsätzen abzugsfähig (§ 9); bei fehlenden tatsächl WK kann kein Sparer-Pauschbetrag abgezogen werden (BFH VIII R 11/14 BStBl II 17, 443). Bei KapErträgen iSd § 20 I Nr 1 S 1, 2 ist Abs 9 bei Option zum Teileinkünfteverfahren (§ 32d II Nr 3 2, s § 32d Rz 20) nicht anzuwenden. Hat der StPfl KapErträge, für die § 32d I gilt und tarifl zu besteuernde LV-Leistungen (§ 32d II Nr 2, § 32d Rz 16) erzielt, ist der Sparer-Pauschbetrag vorrangig von letzteren abzuziehen (*BMF* BStBl I 16, 85 Rz 129). – S auch Rz 4 zu § 8 X 2 KStG.

3. Abzug nur eines Sparer-Pauschbetrags, § 20 IX 1–3. – **a) Begriff.** Bei 266 Ermittlung der KapEinkünfte ist der Sparer-Pauschbetrag iHv 801 €, bei Ehegatten iHv 1602 € „als WK" abzuziehen. IRd Zusammenveranlagung von Ehegatten kann der die KapErträge übersteigende Sparer-Pauschbetrag bei dem anderen Ehegatten abgezogen werden (§ 20 IX 2, 3).

b) Abzugsverbot für Werbungskosten. § 20 IX 1 sperrt nur den Abzug von 267 Aufwendungen, die WK sind. Hierunter fallen nicht AK und Veräußerungskosten (s zu diesen § 20 IV 1 – zB Transaktionskosten; bei „all-in-fee" bis zu 50%; *BMF* BStBl I 16, 85 Rz 93). S auch die Sonderregelungen in § 20 Nr 11 (Rz 142) und § 20 IV 5 (Rz 205). – Zudem modifiziert § 20 IX die Veranlassungsprüfung nicht (zur Aufteilung von WK BFH VIII R 7/15 BStBl II 19, 231; BFH VIII R 30/17 BStBl II 21, 917; § 9 Rz 11, 40 ff, 54). *BMF* BStBl I 21, 296, Tz 129a stellt negative Einlagenzinsen unzutr den WK iSd Abs 9 gleich, s aber zur Saldierung bei Staffelzinsen. Bei wirtschaftl Betrachtung liegt ein Zinstransfer des Schuldners (Sparers) an den Gläubiger (Bank) vor, der negative Einnahme iSd § 20 I Nr 7 ist (glA *Jachmann-Michel* StuW 18, 9, 20).

c) Einzelfälle. – *(1)* **Verlustzuweisung an den typisch still Beteiligten.** 268 Trotz des WK-Charakters wendet *BMF* BStBl I 16, 85 Rz 4 Abs 9 nicht an, sondern erfasst den Verlust (in den Grenzen des § 15a) als negative Einnahme iRd § 20 I Nr 4 (s Rz 94). – *(2)* **Beteiligungsaufwendungen.** WK iZm KapErträgen gem

§ 20 I Nr 1 S 1 oder Nr 2 fallen unter Abs 9. Dies betrifft idR Schuldzinsen (auch *nachträgl*, vgl BFH VIII R 53/12 BStBl II 14, 975, BFH VIII R 41/15 BStBl II 18, 478) iRv Finanzierungsdarlehen für originäre oder nachträgl AK der Beteiligung. Bei Option zum Teileinkünfteverfahren gem § 32d II Nr 3 können WK iHv 60% abgezogen werden (§ 32d II 2, § 3c II 1, BFH VIII R 19/16 BStBl II 19, 34; BFH VIII R 1/15 BStBl II 19, 56; *BMF* BStBl I 16, 85 Rz 143). Der angestrebte Bezug von Beteiligungserträgen genügt zwar grds, deren Zufluss ist nicht erforderl; bei vorweggenommenen WK vor Zurechnung der Beteiligung greift aber nur Abs 9 (§ 32d Rz 20; FG BBg EFG 21, 1797, rkr). S auch Rz 4 zu KapGes. –
(3) Aufwendungen bei Gesellschafterdarlehen. WK (zB Refinanzierungszinsen) iZm Ges'terdarlehen an eine KapGes sind grds durch die erstrebten Zinsen (§ 20 I Nr 7) veranlasst (zu Ausnahmen s BFH VIII R 35/99 BStBl II 01, 698). Sind die Zinsen tarifl KapErträge (§ 32d II Nr 1 Buchst b iVm § 20 I Nr 7), ist Abs 9 nicht anzuwenden, auch wenn die Zinsen von der KapGes nicht gezahlt werden (§ 32d Rz 12 mwN). Der Veranlassungszusammenhang der Refinanzierungszinsen für ein Darlehen kann sich zu den Beteiligungserträgen verlagern; zum Option gilt für diese Abs 9, wenn kein Antrag gem § 32d II Nr 3 gestellt wird (BFH VIII R 19/16 BStBl II 19, 34: Forderungsverzicht gegen Besserungsschein – bei Wiedereinbuchung der Schuld lebt die ursprüngl Veranlassung zum Zins auf, glA iErg *Jachmann-Michel* StuW 18, 9, 19; BFH X R 9/17 BStBl II 21, 418).

269 **4. Abzug nur von positiven Kapitalerträgen, § 20 IX 4.** Der Sparer-Pauschbetrag kann nur abgezogen werden, wenn nach Anwendung der § 20 VI 4–6 positive KapErträge verbleiben (s auch FG Nbg BeckRS 2019, 22793). Durch ihn können weder negative KapEinkünfte entstehen noch sich erhöhen (BFH VIII R 11/14 BStBl II 17, 443; *BMF* BStBl I 16, 85 Rz 119b). Greift eine *Verlustverrechnungsbeschränkung* gem § 20 VI 4–6, kann der Sparer-Pauschbetrag im VZ der Verlustentstehung nur von daneben erzielten positiven KapErträgen gem § 20 I, II iVm § 32d I abgezogen werden (BT-Drs 16/5491, 18 mit Beisp zu § 20 VI 4).

f) Vermietung und Verpachtung (§ 2 Absatz 1 Satz 1 Nummer 6)

§ 21 [Einkünfte aus Vermietung und Verpachtung]

(1) ¹Einkünfte aus Vermietung und Verpachtung sind
1. Einkünfte aus Vermietung und Verpachtung von unbeweglichem Vermögen, insbesondere von Grundstücken, Gebäuden, Gebäudeteilen, Schiffen, die in ein Schiffsregister eingetragen sind, und Rechten, die den Vorschriften des bürgerlichen Rechts über Grundstücke unterliegen (z. B. Erbbaurecht, Mineralgewinnungsrecht);
2. Einkünfte aus Vermietung und Verpachtung von Sachinbegriffen, insbesondere von beweglichem Betriebsvermögen;
3. Einkünfte aus zeitlich begrenzter Überlassung von Rechten, insbesondere von schriftstellerischen, künstlerischen und gewerblichen Urheberrechten, von gewerblichen Erfahrungen und von Gerechtigkeiten und Gefällen;
4. Einkünfte aus der Veräußerung von Miet- und Pachtzinsforderungen, auch dann, wenn die Einkünfte im Veräußerungspreis von Grundstücken enthalten sind und die Miet- oder Pachtzinsen sich auf einen Zeitraum beziehen, in dem der Veräußerer noch Besitzer war.

²§§ 15a und 15b sind sinngemäß anzuwenden.

(2) ¹Beträgt das Entgelt für die Überlassung einer Wohnung zu Wohnzwecken weniger als 50 Prozent der ortsüblichen Marktmiete, so ist die Nutzungsüberlassung in einen entgeltlichen und einen unentgeltlichen Teil aufzuteilen. ²Beträgt das Entgelt bei auf Dauer angelegter Wohnungsvermietung mindestens 66 Prozent der ortsüblichen Miete, gilt die Wohnungsvermietung als entgeltlich.

(3) Einkünfte der in den Absätzen 1 und 2 bezeichneten Art sind Einkünften aus anderen Einkunftsarten zuzurechnen, soweit sie zu diesen gehören.

Einkommensteuer-Durchführungsverordnung:

§ 82b EStDV Behandlung größeren Erhaltungsaufwands bei Wohngebäuden

(1) ¹Der Steuerpflichtige kann größere Aufwendungen für die Erhaltung von Gebäuden, die im Zeitpunkt der Leistung des Erhaltungsaufwands nicht zu einem Betriebsvermögen gehören und überwiegend Wohnzwecken dienen, abweichend von § 11 Abs. 2 des Gesetzes auf zwei bis fünf Jahre gleichmäßig verteilen. ²Ein Gebäude dient überwiegend Wohnzwecken, wenn die Grundfläche der Wohnzwecken dienenden Räume des Gebäudes mehr als die Hälfte der gesamten Nutzfläche beträgt. ³Zum Gebäude gehörende Garagen sind ohne Rücksicht auf ihre tatsächliche Nutzung als Wohnzwecken dienend zu behandeln, soweit in ihnen nicht mehr als ein Personenkraftwagen für jede in dem Gebäude befindliche Wohnung untergestellt werden kann. ⁴Räume für die Unterstellung weiterer Kraftwagen sind stets als nicht Wohnzwecken dienend zu behandeln.

(2) ¹Wird das Gebäude während des Verteilungszeitraums veräußert, ist der noch nicht berücksichtigte Teil des Erhaltungsaufwands im Jahr der Veräußerung als Werbungskosten abzusetzen. ²Das Gleiche gilt, wenn ein Gebäude in ein Betriebsvermögen eingebracht oder nicht mehr zur Einkunftserzielung genutzt wird.

(3) Steht das Gebäude im Eigentum mehrerer Personen, so ist der in Absatz 1 bezeichnete Erhaltungsaufwand von allen Eigentümern auf den gleichen Zeitraum zu verteilen.

Einkommensteuer-Richtlinien: EStR 21.1–21.7 / EStH 21.1–21.7

Übersicht

	Rz
I. Gemeinsame Voraussetzungen	
1. Allgemeines	1
2. Ausland	2
3. Begriff Vermietung und Verpachtung	4–20
a) Nutzungsüberlassung	5–14
b) Zeitliche Begrenzung der Nutzungsüberlassung	16
c) Besonderheiten bei Ausbeute von Bodenschätzen	18–20
4. Einkunftserzielungsabsicht (Liebhaberei)	24–57
5. Zurechnung der Einkünfte	
a) Grundsatz: Auftreten als Vermieter nach außen	61
b) Treuhand	62
c) Treuhandähnliche Rechtsverhältnisse	63
d) Personenmehrheiten	64–69
e) Nießbrauch und andere Nutzungsrechte	71–78
6. Mietverträge zwischen Angehörigen	81–97
II. Einkünftetatbestände, § 21 I 1 Nr 1–4	
1. Vermietung und Verpachtung von unbeweglichem Vermögen, § 21 I 1 Nr 1	101
2. Vermietung und Verpachtung von Sachinbegriffen, § 21 I 1 Nr 2	102

	Rz
3. Zeitlich begrenzte Überlassung von Rechten, § 21 I 1 Nr 3	103–106
4. Veräußerung von Miet-/Pachtzinsforderungen, § 21 I 1 Nr 4	107
III. Einnahmen und Werbungskosten	
1. Einnahmen aus Vermietung und Verpachtung (mit ABC der Einnahmen)	111–117
2. Werbungskosten	
a) Verweise	121
b) Anschaffungskosten; Herstellungskosten	122
c) Verteilung größeren Erhaltungsaufwands, § 82b EStDV	124, 126
d) Vorab entstandene Werbungskosten bei leerstehenden Objekten	128–137
e) Nachträgliche Werbungskosten	141–146
f) ABC der Werbungskosten	148
IV. Ergänzende Regelungen, § 21 I 2, II, III	
1. Sinngemäße Anwendung des § 15a (§ 21 I 2)	151, 152
2. Sinngemäße Anwendung des § 15b	155
3. Verbilligte Überlassung zu Wohnzwecken, § 21 II	158–160
4. Subsidiarität der Einkunftsart, § 21 III	162–165

I. Gemeinsame Voraussetzungen

1 **1. Allgemeines.** Die Einkünfte aus VuV werden als Überschuss der Einnahmen über die WK ermittelt (§ 2 II 1 Nr 2). Für den zeitl Ansatz der Einnahmen und WK gilt das Zu- und Abflussprinzip (§ 11).

2 **2. Ausland.** Beschr StPfl erzielen Einkünfte aus VuV, wenn das zur Nutzung überlassene WG im Inl belegen, in ein inl Register eingetragen oder in einer inl Betriebsstätte oder Einrichtung verwertet wird (§ 49 I Nr 6; s § 49 Rz 109ff). – **Ausl Grundbesitz.** Das Besteuerungsrecht wird durch DBA idR dem **Belegenheitsstaat** zugewiesen; diese Einkünfte sind dann in Deutschland stfrei (Freistellungsmethode, ggf Progressionsvorbehalt, s BFH IX R 143/83 BStBl II 86, 287: Großbritannien; FG RhPf EFG 10, 1614, rkr: Frankreich; BFH I B 83/14 BFH/NV 16, 375: Österreich). Einige DBA sehen auch lediglich **Anrechnung** der ausl Steuer auf die ESt vor (Becker/Urbahns INF 99, 427, 429), zB **Spanien** (BFH IX R 72/85 BFH/NV 91, 369; OFD *Ffm* DStR 12, 1345), **Schweiz** (BFH I R 63/88 BFH/NV 90, 705).

4 **3. Begriff Vermietung und Verpachtung.** Im Kern setzt die VuV iSd § 21 eine **Nutzungsüberlassung** voraus (Rz 5ff), die grds **zeitl beschränkt** sein muss (Rz 16). Zu Besonderheiten bei **Bodenschätzen** s Rz 18.

5 **a) Nutzungsüberlassung. – aa) Schuldrechtlicher Vertrag.** Grundlage der Nutzungsüberlassung ist typischerweise ein Miet- oder Pachtvertrag. Auch Leasingverträge sind denkbar; idR werden Leasingeinnahmen aber zu anderen Einkunftsarten gehören (die meisten Leasinggeber sind gewerbl tätig; das Verleasen *bewegl* Gegenstände des PV fällt unter § 22 Nr 3). Zwar sind die §§ 535 ff, 581 ff BGB Ausgangspunkt für die Zuordnung zur Einkunftsart VuV. In Grenzfällen ist für die Rspr aber nicht die zivilrechtl Bezeichnung, sondern der **wirtschaftl Gehalt der Verträge** maßgebl. Daher ist der estl Begriff der VuV weiter als der zivilrechtl (BFH VIII R 78/70 BStBl II 74, 130: VuV trotz zivilrechtl Übereignung, zwischenzeitl Bodenschatzausbeute und anschließender Rückübereignung des GuB, s ausführl Rz 19; BFH VI R 145/99 BStBl II 02, 829: Zahlung des ArbG an den ArbN für die Unterstellung seines auch privat genutzten Dienstwagens in der Garage des ArbN; BFH IX R 43/03 BStBl II 04, 507: Gestattung der Anbringung von Veran-

Gemeinsame Voraussetzungen   7–13 § 21

kerungen zwecks Bebauung eines Nachbargrundstücks). Dies ist verfrechtl unbedenkl (BVerfG 1 BvR 883/86 DB 87, 2287).

bb) Dingliche Rechtsverhältnisse. – (1) Erbbaurecht. Der Erbbauzins ist 7
beim Erbbaurechtsbesteller als Entgelt für die Nutzungsüberlassung des Grundstücks Einnahme aus VuV (BFH IX R 17/04 BStBl II 07, 112). Soweit der GuB allerdings bereits bebaut war und das Gebäude in das Eigentum des Erbbauberechtigten übergeht, wird idR ein Teil des Erbbauzinses als (nichtsteuerbares) Veräußerungsentgelt für das Gebäude anzusehen sein (BFH VIII R 102/78 BStBl II 82, 533 zu I.2.). Zur Behandlung von Vorauszahlungen auf den Erbbauzins (insb Übernahme von Erschließungskosten) sowie zu zahlreichen weiteren Einzelfragen iZm Erbbaurechten s § 6 Rz 89. – **(2) Nießbrauch.** Das Entgelt für die Bestellung fällt ebenfalls unter § 21 (BFH VIII R 54/74 BStBl II 79, 332; s Rz 71 ff). Gleiches gilt für **dingl Wohnrechte** oder Grunddienstbarkeiten.

cc) Zwangsweise Nutzungsüberlassungen. Zwang steht der Erfassung der 8
Entschädigung bei den Einkünften aus VuV nicht entgegen (BFH VI 216/61 U BStBl III 63, 380: Beschlagnahme für die Wohnungseinweisung von Obdachlosen; BFH IX R 19/90 BStBl II 94, 640: öffentl-rechtl Besitzeinweisung).

dd) Selbstnutzung einer Wohnung. Dies erfüllt nicht den Tatbestand der 10
Einkunftserzielung. – **(1) Gemeinschaftliche Nutzung durch den Steuerpflichtigen und eine andere haushaltszugehörige Person.** Dies steht der Selbstnutzung gleich. Auch wenn der StPfl hierfür Zahlungen erhält, führen diese nicht zu Einkünften aus VuV (für die „Vermietung" an den **Ehegatten** BFH IV B 53/98 BFH/NV 99, 1078; für die „Vermietung" an die **Lebensgefährtin** BFH IX R 122/86 BStBl II 91, 171; BFH IX R 100/93 BStBl II 96, 359; BFH IX B 55/01 BFH/NV 02, 345; BFH IX B 115/04 BFH/NV 05, 703: auch bei zwei abgeschlossenen Wohnungen im selben Haus; für die „Vermietung" an ein **haushaltszugehöriges Kind** BFH IX R 39/99 BStBl II 00, 224 zu 4.; BFH IX R 16/04 BFH/NV 05, 1008 zu II.2.; für die „Vermietung" einzelner Räume im selbstbewohnten Haus an die **Eltern** BFH IX B 112/03 BFH/NV 04, 1262; für die „Vermietung" eines nicht abgeschlossenen Raums an den **pflegebedürftigen Vater** BFH IX B 50/07 BFH/NV 07, 1875). Dabei stellt ein gemeinsamer Wohnungszugang in Zweifelsfällen ein bedeutsames (aber nicht zwingendes) Beweisanzeichen für das Bestehen einer Haushaltsgemeinschaft dar (BFH IX B 90/11 BFH/NV 12, 234 Rz 8 mwN). Gleiches gilt für die fehlende Abgeschlossenheit der „vermieteten" Wohnung (BFH IX B 172/02 BStBl II 03, 301: die an die Kinder überlassenen Räume haben keine Kochgelegenheit) oder die Mitbenutzung von Durchgängen (BFH IX R 25/02 BFH/NV 04, 38: Zugang zur vermieteten Wohnung nur über Küche der Vermieterwohnung mögl; BFH IX R 7/98 BFH/NV 04, 1270 zu II.3.: Zugang nur über den Flur im Wohnbereich der Vermieterwohnung).

(2) Vermietung einzelner Räume an Haushaltsfremde. Werden einzelne 11
Räume der iÜ selbstgenutzten Wohnung an *nicht* haushaltszugehörige Personen zur *alleinigen* Benutzung vermietet, fallen die Einnahmen unter § 21 (zB BFH IX R 11/07 BFH/NV 08, 1462 zu II.2.b: Messezimmer; *Kußmaul/Kloster* DStR 16, 1280: **„Airbnb"** und ähnl Vermittlungsplattformen). Bei Einnahmen (nicht: Einkünften) von höchstens 520 € im VZ sieht die *FinVerw* hier aber von der Besteuerung ab (EStR 21.2 I, Bagatell-Freigrenze). Stehen derartige Räume zw zwei Vermietungen vorübergehend leer und werden sie in dieser Zeit *nicht* selbstgenutzt, bleiben die auf diese Räume entfallenden WK abziehbar (BFH IX R 19/11 BStBl II 13, 376). Aufwendungen für gemeinschaftl genutzte Räume sind nach Köpfen aufzuteilen (BFH IX R 49/08 BStBl II 10, 122; BFH IX R 19/11 BStBl II 13, 376 Rz 13).

ee) Wohnungsüberlassung zwischen geschiedenen Ehegatten bei Unter- 13
haltsvereinbarung. Dies fällt nicht unter § 21 (BFH IX R 264/87 BStBl II 92,

1009; ebenso BFH IX B 165/05 BFH/NV 06, 738 für unentgeltl Überlassung an ein unterhaltsberechtigtes Kind). Es gibt aber verschiedene Möglichkeiten, gleichwohl iErg den idR gewünschten WK-Abzug zu erreichen: Zum einen kommt der SA-Abzug nach § 10 Ia Nr 1 (Realsplitting) in Betracht. Ferner haben die geschiedenen Ehegatten die Möglichkeit, einen ausdrückl Mietvertrag abzuschließen (BFH IX R 13/92 BStBl II 96, 214: kein § 42 AO). Außerdem können sie in einer Zugewinnausgleichsvereinbarung einen bestimmten Ausgleichsbetrag festlegen, der aber nicht ausgezahlt, sondern „abgewohnt" wird. Der Zugewinnausgleichsverpflichtete (Eigentümer der Wohnung) erzielt dann Einkünfte aus VuV (BFH IX R 34/04 BFH/NV 06, 1280; ausführl *BH/Schallmoser* § 21 Rz 102).

14 **ff) Einnahmen ohne Nutzungsüberlassung.** Einnahmen fallen trotz bestehenden Zusammenhangs mit einem Grundstück nicht unter § 21, wenn sie nicht für eine Nutzungsüberlassung (zumindest im wirtschaftl Sinne) gezahlt werden. Allerdings kann § 22 Nr 3 erfüllt sein, wenn es sich nicht um einen veräußerungsähnl Vorgang handelt (s § 22 Rz 130 ff).

Keine Einnahmen aus VuV (s auch die Beispiele in Rz 16): Entschädigung für die Erlaubnis der Mitbenutzung einer **Giebelmauer** (*HHR* § 21 Rz 300 „Giebelmauer" mwN); Entschädigung für faktische **Bausperre** durch eine Gemeinde (BFH VIII R 306/81 BStBl II 86, 252; BFH IX R 116/82 BFH/NV 88, 433); Entgelt für die Verpflichtung, das Grundstück nicht in einer bestimmten Weise zu nutzen (BFH VI 82/63 U BStBl III 65, 361: Warenhaus; allerdings § 22 Nr 3); Entgelt für **Verzicht auf Einwendungen** gegen Nachbarbebauung (BFH VIII R 83/79 BStBl II 83, 404; BFH X R 42/91 BStBl II 95, 57; BFH IX B 85/03 BFH/NV 04, 41; BFH IX R 36/07 BFH/NV 08, 1657; allerdings § 22 Nr 3); ähnl bei Verzicht auf ein ding Recht, das die Bebaubarkeit des Nachbargrundstücks einschränkt (BFH IX R 96/97 BStBl II 01, 391: nicht stbar); Entgelt für **Vorkaufsrecht** (BFH X R 42/91 BStBl II 95, 57: § 22 Nr 3; s auch § 22 Rz 150 „Vorkaufsrecht"; das Entgelt für ein Vormietrecht wäre aber dauerhafte Nutzung aus VuV); Entgelt für die *dauerhafte* Überspannung eines Grundstücks mit **Hochspannungsleitung**, und zwar sowohl bei direkter Überspannung des Grundstücks (BFH IX R 31/16 BStBl II 18, 759: als veräußerungsähnl Vorgang auch kein § 22 Nr 3) als auch dann, wenn das Grundstück nur im Schutzstreifen einer benachbarten Leitung liegt (BFH X R 64/92 BStBl II 95, 640: Entgelt nicht für eine Nutzungsüberlassung, sondern für die Hinnahme eines teilweisen Nutzungsverbots); jedoch VuV, wenn das Überspannungsrecht zeitl befristet ist (BFH IX R 19/90 BStBl II 94, 640). – **Entschädigungen** fallen nur unter § 21, wenn sie für eine (ggf entgehende) Nutzungsüberlassung gezahlt werden (zB Entschädigung bei verspäteter Rückgabe der Mietsache nach § 546a BGB, Zahlung einer Mietausfallversicherung), nicht aber bei Vermögenseinbußen (zB BFH IX R 333/87 BStBl II 94, 12; BFH IX R 36/86 BFH/NV 93, 472 und BFH IX R 1/14 BStBl II 15, 493: Zahlung einer Feuerversicherung nur insoweit stbar, als sie WK (AfaA, Abrisskosten) ersetzt, sonst nicht; FG Mchn EFG 04, 1120, rkr: Entschädigung für Lärm-/Abgaseinwirkungen einer neuen Straße).

Einnahmen aus VuV. Duldung von Verankerungen auf dem eigenen Grundstück für Bauarbeiten auf dem Nachbargrundstück (BFH IX R 43/03 BStBl II 04, 507).

16 **b) Zeitliche Begrenzung der Nutzungsüberlassung.** Für Miet- und Pachtverträge ist eine solche zeitl Begrenzung typisch. Sie ist im Regelfall erforderl, damit die Einnahmen aus dem Rechtsverhältnis von § 21 erfasst werden (Abgrenzung zur endgültigen Veräußerung, die im PV grds nicht steuerbar ist bzw ausnahmsweise unter § 23 fällt). In Grenzfällen zieht die Rspr aber weniger das Kriterium der vertragl Befristung der Nutzungsüberlassung heran, sondern unterscheidet danach, ob bei wirtschaftl Betrachtung noch **kein endgültiger Verlust der Herrschaftsgewalt über das überlassene WG** eintritt.

Beispiele: Trotz einer gewissen Nähe zur (Teil-)Veräußerung hat die Rspr einen endgültigen Verlust der Herrschaftsgewalt verneint (dh **VuV bejaht**) bei dauerhafter Übernahme der Verpflichtung samt Baulast, dem Nachbarn einen Kfz-Stellplatz zu überlassen (BFH VIII R 167/71 BStBl II 76, 62); Baulast oder Dienstbarkeit zur Duldung einer Ferngasleitung samt Nutzungsüberlassung (BFH IV R 96/78 BStBl II 82, 643: Aufteilung in Bodenwertentschädigung und Nutzungsvergütung, auch LuF), Kanalleitung (BFH XI R 20/96 BFH/NV 97, 336), Deichanlage (FG BBg EFG 14, 1674, rkr); Überlassung unterirdischer Hohlräume zur Einlagerung von Öl, Gas usw, wenn ein Rückübertragungsanspruch für den Fall der Nichtausübung des Rechts besteht (BFH IV R 19/79 BStBl II 83, 203); anders bei dauerhafter Über-

Gemeinsame Voraussetzungen 18–24 § 21

tragung des Hohlraums ohne Rückübertragungsanspruch (BFH IX R 25/13 BStBl II 14, 566); Überbaurente nach § 912 BGB (s *HHR* § 21 Rz 300 „Überbaurente"). Diese Rspr ist trotz der neuen, zu einer Hochspannungsleitung ergangenen Entscheidung (BFH IX R 31/16 BStBl II 18, 759) nicht überholt, zumal der IX. Senat bei den anderen Senaten, die die früheren Entscheidungen getroffen haben, weder wegen einer RsprÄnderung angefragt hat, noch sich von dieser Rspr abgrenzt. Auch die Einmalzahlung für die Zurverfügungstellung eines Grundstücks als **Ausgleichsfläche** nach dem BNatSchG für die (begrenzte) Zeit des Betriebs einer Windenergieanlage fällt unter § 21, selbst wenn der Eigentümer die Fläche zugleich an einen Dritten zur eingeschränkten luf Nutzung verpachten darf (BFH IX R 3/18 BFH/NV 18, 1266; s auch § 13 Rz 251; allg zu Entschädigungen für naturschutzrechtl Ausgleichsflächen *Fuchs/Lieber* FR 05, 285).

VuV verneint. Hingegen wurde endgültiger Herrschaftsverlust angenommen bei Einräumung einer Dienstbarkeit zur Errichtung massiver U-Bahn-Bauwerke unter dem Grundstück (BFH VIII R 7/74 BStBl II 77, 796).

c) Besonderheiten bei Ausbeute von Bodenschätzen. Die folgenden Erläut **18** beziehen sich auf Bodenschätze, die zum **PV** gehören. Dies ist allerdings (abgesehen von gewerbl Abbauunternehmern) in der Praxis der Regelfall, und zwar auch dann, wenn der GuB iÜ zu einem luf BV gehört (s § 5 Rz 270 „Bodenschätze" (2) mwN). Zur **AfA/AfS** s § 7 Rz 221 ff. Dabei gilt die folgende **Differenzierung zw Vermögens- und Nutzungsebene:** Die **Nutzungsüberlassung** eines Grundstücks zum Bodenschatzabbau führt zu Einkünften aus VuV (Rz 19), die (endgültige) **Veräußerung** des Grundstücks zu nichtsteuerbarem Veräußerungserlös (Rz 20). Zu beiden Rechtssätzen gibt es aber Ausnahmen.

aa) Ausbeutevertrag. Die zeitl begrenzte Überlassung eines bodenschatzfüh- **19** renden Grundstücks gegen Entgelt an einen Dritten, der den Bodenschatz auf eigene Rechnung ausbeuten darf, führt zu Einkünften aus VuV (BFH IX R 60/82 BFH/NV 85, 74; BFH IX R 45/91 BStBl II 94, 840; BFH GrS 1/05 BStBl II 07, 508 zu C. II.2.c dd mwN). Dies gilt auch, soweit das Entgelt in einer Einmalzahlung besteht (RFH RStBl 38, 870) oder sich nicht nach der Vertragslaufzeit, sondern der Ausbeutemenge richtet (BFH IV 159/58 U BStBl III 59, 294). Das StRecht folgt damit dem Zivilrecht, das derartige Verträge als Pachtverträge ansieht (BGH V ZR 189/83 BGHZ 93, 142; BGH V ZR 444/98 WM 00, 536). Dies ist verfgem (BVerfG 1 BvR 114/75 HFR 78, 251; BVerfG 1 BvR 482/86 HFR 88, 178; BVerfG 1 BvR 583/86 NJW 93, 1189). – **Ausnahmsweise** kann ein Ausbeutevertrag aber als **Kaufvertrag über die Bodensubstanz** angesehen werden (Folge: keine Steuerbarkeit des Entgelts). Dies setzt voraus, dass Gegenstand des Vertrags somit wirtschaftl Gehalt die Übertragung einer fest begrenzten Menge an Bodensubstanz ist (BFH IX R 64/98 BFH/NV 03, 1175 mwN). Trotz formaler Vereinbarung einer solchen (Kauf-)Vertragsklausel kann die Würdigung des wirtschaftl Gehalts der Vereinbarung aber zur Einordnung als Nutzungsüberlassung führen (zutr BFH IX R 6/12 BFH/NV 13, 907 iVm Vorinstanz FG SchlHol EFG 12, 840: umfangreiche Rekultivierungspflicht und weitere kaufvertragsuntypische Nebenpflichten des „Bodenschatzkäufers").

bb) Kaufvertrag über das Grundstück. Die hierfür erhaltene Gegenleistung **20** ist grds nicht stbar (BFH X R 10/07 BFH/NV 10, 184 zu II.2.; ebenso für einen Kaufvertrag über eine Salzabbaugerechtigkeit BFH IX R 25/13 BStBl II 14, 566). Ist der Kaufvertrag jedoch mit einer **Rückübertragungspflicht** nach Beendigung der Ausbeute gekoppelt, muss das Vertragswerk bei wirtschaftl Betrachtung als zeitl begrenzter Pachtvertrag beurteilt werden (mE zutr BFH VIII R 78/70 BStBl II 74, 130; BFH IX R 60/82 BFH/NV 85, 74).

4. Einkunftserzielungsabsicht (Liebhaberei). – a) Prüfungssystematik. 24 Abw von den allg Grundsätzen zur Einkunftserzielungsabsicht (s § 2 Rz 23), die eine einzelfallbezogene Betrachtung erfordern, typisiert der BFH bei VuV sehr stark. So ist die Einkunftserzielungsabsicht bei einer **auf Dauer angelegten Vermietung einer Wohnung** unwiderlegl zu **vermuten** (s Rz 27). – Damit darf eine

Prüfung der Einkunftserzielungsabsicht nur dann noch überhaupt vorgenommen werden, wenn die unter § 21 fallende Betätigung entweder **keine auf Dauer angelegte Wohnungsvermietung** ist (Fallgruppe 1) oder es sich um eine **atypische Fallkonstellation** handelt, bei der trotz einer auf Dauer angelegten Wohnungsvermietung die Vermutung nicht anwendbar ist (Fallgruppe 2). Zur Fallgruppe 1 (keine auf Dauer angelegte Wohnungsvermietung) gehört die Vermietung in Kenntnis einer baldigen Selbstnutzung oder Veräußerung (s Rz 31 ff), aber auch die Vermietung von Objekten, die keine Wohnungen sind (zB Gewerbeobjekte, unbebaute Grundstücke; s Rz 30). Die Fallgruppe 2 (zwar dauerhafte Wohnungsvermietung, aber atypische Fallkonstellation) gilt zB bei teilweise selbstgenutzten Ferienwohnungen (s Rz 37 ff), verbilligter Überlassung (s Rz 46) oder Vermietung besonders aufwändiger Wohnungen (s Rz 47). Hier rechtfertigt sich die Prüfung der Einkunftserzielungsabsicht durch die Berührung der Privatsphäre (zutr *Wüllenkemper* EFG 07, 517; vollständig gegen die Prüfung von Einkunftserzielungsabsicht aber *Leisner-Egensperger* DStZ 10, 790; hiergegen wiederum zutr Heuermann DStZ 10, 825). – Sofern danach ausnahmsweise die Einkunftserzielungsabsicht zu prüfen ist, gelten auch bei der **Aufstellung der Überschussprognose** Besonderheiten im Vergleich zu den allg Grundsätzen (s Rz 51 ff). – **Gewerbl Vermietung.** Bei § 15 gelten die allg Regeln zur Feststellung der Einkunftserzielungsabsicht (BFH III R 27/12 BStBl II 14, 372 Rz 14; zu vermieteten Ferienwohnungen des BV s auch Rz 44). Die dargestellte typisierende Rspr gilt nur, wenn eine Vermietungstätigkeit zu Einkünften aus VuV führt. – Zum WK-Abzug bei **leerstehenden Objekten** s Rz 128 ff.

25 **b) Objektbezogenheit der Prüfung.** Sowohl die Prüfung, ob die Vermutungswirkung eingreift, als auch eine ggf durchzuführende Überschussprognose ist objektbezogen (dh für jedes einzelne Vermietungsobjekt gesondert) vorzunehmen (BFH IX B 97/03 BFH/NV 04, 196 zu II.1.b: eine Doppelhaushälfte wird unbefristet vermietet, die andere kurz nach Erwerb selbstgenutzt; BFH IX R 67/07 BStBl II 09, 370: getrennte Betrachtung trotz eines einheitl Mietvertrags über ein bebautes und ein unbebautes Grundstück; BFH IX R 39/08 BStBl II 09, 776: nur ein *Teil* eines Grundstücks wird vermietet; BFH IX R 12/07 BFH/NV 08, 1484 zu II.2.d und BFH IX R 37/17 BFH/NV 19, 390 Rz 16: mehrere Ferienwohnungen im selben Gebäude; BFH IX R 54/08 BStBl II 10, 124, Anm *Kanzler* FR 10, 173: Differenzierung nach den einzelnen Etagen eines Wohn- und Geschäftshauses; BFH IX R 37/12 BStBl II 15, 631 Rz 12: Grundstück mit verpachteter Gaststätte einerseits und Ferienwohnungen andererseits).

26 **c) Änderung der Vermietungsform.** Hier ist grds eine neue Betrachtung nach Maßgabe der neuen Vermietungsform vorzunehmen (BFH IX R 37/17 BFH/NV 19, 390 Rz 23). Geht der StPfl wegen der Höhe der WK-Überschüsse, die in der teilweise selbstgenutzten Ferienwohnung entstehen, bereits nach wenigen Jahren zur Dauervermietung über, ist die Einkunftserzielungsabsicht allerdings auch für die Vorjahre *nicht* zu prüfen (BFH IX R 63/01 BFH/NV 03, 454 zu II.2.b; s aber auch Rz 54).

27 **d) Grundsatz bei auf Dauer angelegter Vermietung einer Wohnung.** Hier ist die Einkunftserzielungsabsicht zu vermuten (stRspr seit BFH IX R 80/94 BStBl II 98, 771). Der BFH leitet dies daraus ab, dass der Gesetzgeber Wohnungsvermietungen trotz Kenntnis davon, dass damit allenfalls erst nach sehr langer Zeit eine lfd Rendite zu erwirtschaften ist, uneingeschränkt unter § 21 I 1 Nr 1 fallen lässt. Es handelt sich (sofern kein atypischer Fall vorliegt) um eine **unwiderlegl Vermutung:** Nach der Rspr ist „ohne Prüfung" von der Einkunftserzielungsabsicht auszugehen (BFH IX R 97/00 BStBl II 02, 726 zu II.1.b; BFH IX R 33/19 BStBl II 20, 548 Rz 31); dem hat sich auch die *FinVerw* angeschlossen (BMF BStBl I 04, 933 Rz 1). Es bleibt auch dann bei der unwiderlegl Vermutung der Einkunftserzielungsabsicht, wenn die Wohnung an Angehörige vermietet wird (zu

Gemeinsame Voraussetzungen 29–31 § 21

verbilligten Vermietungen s aber Rz 46), Mietverträge mündl geschlossen werden (BFH IX R 35/05 BFH/NV 06, 1648), die Mieteinnahmen selbst bei Herausrechnung von AfA und Schuldzinsen nicht einmal die lfd Aufwendungen decken (BFH IX R 57/02 BStBl II 05, 388; vgl hierzu die Sachverhaltsdarstellung der Vorinstanz FG Köln EFG 03, 91), oder die Finanzierung durch LV erfolgt, mit denen zunächst tilgungsfreie Darlehen abgelöst werden sollen, sodass bis zur Tilgung hohe Schuldzinsen anfallen und rechnerisch kein Überschuss erzielbar ist (BFH IX R 10/04 BStBl II 05, 692 zu II.1.b: marktgängige Finanzierung; BFH IX R 18/18 BFH/NV 20, 9 Rz 22; hierzu ausführl *Credo* DStR 05, 741; zu Finanzierungen, bei denen der Schuldenstand planmäßig ansteigt, s aber Rz 49). – Damit gibt es **im Normalfall der Wohnraumvermietung keine Liebhaberei.** In den letzten Jahren ist die praktische Bedeutung dieser Problematik angesichts des äußerst niedrigen Zinsniveaus allerdings stark zurückgegangen.

Stellungnahme. Zwar darf die Rspr keine (echten) unwiderlegl Vermutungen aufstellen; dies ist allein dem Gesetzgeber vorbehalten (BFH IV R 58/99 BStBl II 01, 393 zu 3.; BFH IX R 39/97 BStBl II 03, 569 zu II.3.b cc). Die dargestellte Rspr des IX. Senats des BFH wahrt iErg aber diese Grenze, indem sie atypische Fälle von der Vermutungswirkung ausnimmt (s Rz 36 ff). Die Vermutung gilt also nur für den *Regelfall*. Damit hält sich diese Rspr noch im Rahmen zulässiger Typisierung (krit allerdings *Credo* BB 05, 1819; *Stein* DStZ 09, 768; *Stein* DStZ 11, 442, 448 ff; *Stein* DStZ 13, 33). Sie ist zwar relativ großzügig, führt aber zu einer deutl Vereinfachung und zu einem Gewinn an Rechtssicherheit. Dies zeigt schon die stark zurückgegangene Zahl der Streitverfahren in diesem Bereich. Mittlerweile hat sich auch der Gesetzgeber die dargestellte Rspr ausdrückl zu eigen gemacht (BT-Drs 17/5125, 38, zur Änderung des Abs 2; so auch *Heuermann* DStR 11, 2082, 2084).

e) Einzelfallprüfung der Einkunftserzielungsabsicht. Dies ist immer dann   29
erforderl, wenn nicht der (Regel-)Fall einer auf Dauer angelegten Wohnungsvermietung gegeben ist.

aa) Vermietung anderer Objekte als Wohnungen. – (1) Unbebaute   30
Grundstücke. Hier ist eine Überschussprognose vorzunehmen (BFH IX B 2/03 BStBl II 03, 479; BFH IX R 67/07 BStBl II 09, 370; *Günther* EStB 16, 186; zum Abzug vorweggenommener WK s Rz 129 (2)). – **(2) Gewerbeobjekte.** Hierunter fallen alle Immobilien, die nicht Wohnzwecken dienen (BFH IX R 18/18 BFH/NV 20, 9 Rz 14). Die Einkunftserzielungsabsicht ist festzustellen (BFH IX R 49/09 BStBl II 10, 1038 Rz 19 f; BFH IX R 31/14 BFH/NV 16, 188: Vermietung eines landwirtschaftl Anwesens zur Pensionspferdehaltung; BFH IX R 9/17 BStBl II 19, 219 Rz 15: Vermietung von Räumen der iÜ selbstgenutzten Wohnung an den ArbG als Homeoffice [s auch Rz 164]; anders jedoch BFH IX R 39/08 BStBl II 09, 776: keine Prognose erforderl bei Vermietung von Scheunen zum Unterstellen von Pferden und Wohnmobilen, mE unzutr). – Diese Rspr gilt zugunsten des *Vermieters* eines Wohnobjekts auch dann, wenn der *Mieter* es nicht zu Wohnzwecken nutzt (BFH IX R 49/09 BStBl II 10, 1038), zB bei Vermietung eines Appartements an ein Hotel zur gewerbl Weitervermietung (unklar BFH IX R 18/18 BFH/NV 20, 9). Wenn demggü ein ganzer Hotelkomplex verpachtet wird, handelt es sich um ein Gewerbeobjekt (BFH IX R 16/18 BFH/NV 19, 804 Rz 22). – **(3) Sachinbegriffe iSd § 21 I 1 Nr 2.** S BFH IX R 51/07 BFH/NV 09, 157 (bewegl Anlagevermögen einer Arztpraxis).

bb) Nicht auf Dauer angelegte Wohnungsvermietung. Hier kann die Ein-   31
kunftserzielungsabsicht ebenfalls nicht vermutet werden. Entscheidend ist, dass der StPfl schon bei Vermietungsbeginn deren baldige Beendigung ernsthaft in Betracht gezogen hat. Hingegen ist es unschädl, wenn der StPfl aufgrund eines nachträgl Entschlusses auf die zwischenzeitl erkannte Unwirtschaftlichkeit der Vermietung reagiert (BFH IX B 100/13 BFH/NV 14, 516 Rz 7). – Ist die Überschussprognose für die Dauer des begrenzten Vermietungszeitraums zwar positiv, können die Mieteinnahmen aber tatsächl nicht realisiert werden, bleiben die WK abziehbar (zutr FG Mster EFG 12, 1147, rkr: Mietbetrug).

§ 21 Vermietung und Verpachtung

32 **(1) Fallgruppen. – (a) Veräußerungsabsicht bei Mietvertragsschluss.** Die Einkunftserzielungsabsicht ist zu prüfen, wenn bei Abschluss des Mietvertrags über ein gerade erst errichtetes oder erworbenes Objekt die Absicht besteht, es anschließend zu veräußern (BFH IX R 70/98 BFH/NV 02, 635: ausdrückl Klausel im Mietvertrag; BFH IX B 180/09 BFH/NV 10, 883: auch wenn die Mietdauer bis zum Verkauf immerhin 12 Jahre betragen soll; BFH IX B 46/08 BStBl II 08, 815: Immobilienfonds, der das Objekt ausweisl der von Beginn an bestehenden Verträge nach 20 Jahren veräußern will; nicht jedoch, wenn der Fonds unbefristet vermieten will und nach 20 Jahren lediglich dessen Liquidation vertragl mögl ist, s FG Hbg EFG 10, 842, rkr). Unschädl ist aber der allg Vorbehalt, das Grundstück bei geänderten äußeren Umständen zu veräußern (BFH IX R 11/02 BFH/NV 03, 155 zu II.2.b). – **(b) Selbstnutzungsabsicht.** Hier gilt dasselbe (BFH IX R 57/00 BStBl II 03, 695; BFH IX R 7/06 BFH/NV 07, 1847: jeweils ausdrückl Mietvertragsklauseln; BFH IX R 55/02 BFH/NV 04, 484: der StPfl erklärt, die Wohnung ab seiner Pensionierung in neun Jahren selbst nutzen zu wollen). Lediglich „indifferente" Überlegungen zu einer evtl späteren Selbstnutzung schaden aber nicht, wenn der Mietvertrag dazu nichts enthält (BFH IX R 63/07 BFH/NV 08, 1323 zu II.2.a; BFH IX R 54/07 BFH/NV 09, 150 zu II.2.b). Die Prüfung ist auch dann vorzunehmen, wenn der StPfl vereinbart, die Wohnung seinen Eltern zunächst 10 Jahre entgeltl und anschließend auf deren Lebenszeit (statistische Lebenserwartung noch 25 Jahre) unentgeltl zu überlassen, weil dies der Selbstnutzung gleichsteht (zutr BFH IX R 8/17 BFH/NV 19, 386). – **(c) Objekt mit zeitlich begrenzter Verfügbarkeit.** Dies ist zB gegeben, wenn der StPfl ein Gebäude, an dem ihm nur für 10 Jahre ein Erbbaurecht bestellt ist, vermietet (BFH IX R 24/07 BStBl II 10, 127 zu II.2.a) oder im Fall einer Untervermietung, wenn der Hauptmietvertrag jederzeit gekündigt werden kann (FG BBg EFG 10, 1128, rkr). – **(d) Rechtsnachfolge.** Der WK-Abzug entfällt auch dann, wenn der StPfl als Erwerber in einen vom Veräußerer wegen Selbstnutzungsabsicht befristeten Mietvertrag eintritt und in dem kurzen Zeitraum bis zur Selbstnutzung nur WK-Überschüsse erzielt (BFH IX R 13/12 BStBl II 13, 533).

33 **(2) Indiz für fehlende Dauervermietungsabsicht. – (a) Fünf-Jahres-Frist.** Auch wenn beim Abschluss des Mietvertrags noch keine derartigen Beweisanzeichen für eine von Anfang an bestehende zeitl Begrenzung der Vermietungsabsicht erkennbar sind, ist die für Einkunftserzielungsabsicht sprechende Regelvermutung gleichwohl nicht anzuwenden, wenn der StPfl das Objekt in engem zeitl Zusammenhang mit der Anschaffung/Herstellung (idR **bis fünf Jahre**) tatsächl veräußert oder **zur Selbstnutzung übergeht** (BFH IX R 47/99 BStBl II 03, 580; BFH IX R 99/00 BFH/NV 02, 1563; BFH IX R 18/04 BFH/NV 06, 1078; *BMF* BStBl I 04, 933 Rz 7–10; die Fünf-Jahres-Frist ist der Rspr zum gewerbl Grundstückshandel entlehnt). Dies soll auch dann gelten, wenn der StPfl an eine gewerbl PersGes veräußert, an der er mehrheitl beteiligt ist (BFH IX R 50/10 BStBl II 11, 704); mE unzutr, weil die Merkmale einer gewerbl PersGes dem Ges'ter zugerechnet werden und die Einkunftsartübergreifend so zu beurteilen ist (s Rz 57; **aA** *Heuermann* StBP 11, 207). Für vermögensverwaltende PersGes wäre ohnehin anders zu entscheiden. Eine **unentgeltl Übertragung** innerhalb der Fünf-Jahres-Frist spricht mE ebenfalls gegen die Dauervermietungsabsicht (FG Ddorf EFG 08, 377, rkr: Beteiligung an Immobilienfonds-KG; FG Nds EFG 20, 1077, rkr; anders für die sofortige Übertragung des soeben fertiggestellten Objekts unter Vorbehalt eines auf fünf Jahre befristeten Nießbrauchs jedoch FG Mster EFG 17, 407, rkr, mE zweifelhaft). – **(b) Widerlegung der Indizwirkung.** Dies ist mögl (BFH IX R 33/01 BFH/NV 02, 1565: Nachweis, dass der Verkaufsentschluss erst nach dem Mietvertrag gefasst wurde; BFH IX R 18/00 BFH/NV 03, 749 zu II.2.b: Verkauf nach knapp vier Jahren wegen Trennung der Eheleute; BFH IX R 54/07 BFH/NV 09, 150 zu II.2.c: Selbstnutzung aufgrund nachträgl

Gemeinsame Voraussetzungen   34–39 § 21

eingetretener schwerer Erkrankung des Ehegatten). Umgekehrt kann aber im Einzelfall auch eine kurz *nach* Ablauf der Fünf-Jahres-Frist durchgeführte Veräußerung Indizwirkung entfalten (BFH IX R 48/02 BFH/NV 04, 170: 5 Jahre 8 Monate; BFH IX R 139/05 BFH/NV 07, 1084). Ein Zwischenraum von 12 Jahren begründet aber keine Indizwirkung mehr (BFH IX R 74/00 BFH/NV 03, 752 zu II.3.). Je kürzer der Zeitabstand, desto stärker die Indizwirkung (BFH IX B 161/06 BFH/NV 07, 1477). Allein der Abschluss eines befristeten Mietvertrags (BFH IX R 1/04 BStBl II 05, 211, der Mietvertrag wurde hier allerdings nach Fristablauf fortgesetzt; BFH IX R 63/07 BFH/NV 08, 1323 zu II.2.a) oder eine nur kuRz lfd Fremdfinanzierung stellen aber keine Indizien gegen eine auf Dauer angelegte Vermietung dar (**aA** *BMF* BStBl I 04, 933 Rz 6).

(3) Mietkaufmodelle. In der älteren Rspr sind vor allem Mietkaufmodelle (BFH IX R **34**
111/86 BStBl II 87, 668) sowie **Rückkauf- oder Weiterverkaufsgarantien** (BFH IX R 71/93 BStBl II 95, 116; zu Immobilienfonds BFH IX R 19/04 BFH/NV 06, 1637) zum Anlass genommen worden, eine genaue Überschussprognose vorzunehmen. Diese Modelle haben wegen der vorstehend dargestellten Rspr heute in der Praxis allerdings keine Bedeutung mehr (glA *Spindler* DB 07, 185, 187).

f) Atypische Fallkonstellationen trotz dauerhafter Wohnungsvermietung. Hier spricht selbst dann keine Vermutung für die Einkunftserzielungsabsicht, **36**
wenn es sich um eine dauerhafte Wohnungsvermietung handelt, da Typisierungen, die von der Rspr (nicht vom Gesetzgeber) vorgenommen werden, immer nur für den typischen Fall gelten (zutr *Heuermann* DStR 11, 2082, 2083). Neben den nachfolgend dargestellten Fallgruppen kommt zB die Vermietung durch eine PersGes ausschließ an Ges'ter und deren nahe Angehörige zu Selbstkosten in Betracht (mE zutr FG Nbg EFG 20, 843, NZB IX B 1/20 unbegr).

aa) Ferienwohnungen. Ausführl *FM Nds* DStR 10, 1842; *Ritzrow* EStB 10, 19, **37**
64; *Thiele* FR 17, 904; *M. Neufang* StB 17, 248. Es ist zu unterscheiden zw selbstgenutzten (Rz 38 ff) und ausschließ vermieteten Ferienwohnungen (Rz 42 ff). Die zu Ferienwohnungen entwickelten Grundsätze gelten auch für die Zwischenvermietung eines Appartements an eine BetreiberGes zu einer erfolgsabhängigen Miete (BFH IX R 18/18 BFH/NV 20, 9 Rz 15).

(1) Zugleich selbstgenutzte und vermietete Ferienwohnungen. Die Einkunftserzielungsabsicht ist konkret zu prüfen, weil eine derartige gemischte Nutzung **38**
nicht den typischen unter § 21 fallenden Sachverhalt darstellt (BFH IX R 97/00 BStBl II 02, 726 zu II.1.c) und die WK-Überschüsse hier auch aus privaten Gründen in Kauf genommen werden. Diese Grundsätze gelten daher auch für kurzfristig vermietete **Messezimmer** in der selbstgenutzten Wohnung (zutr BFH IX R 11/07 BFH/NV 08, 1462 zu II.2.b).

(a) Selbstnutzung. Umfasst ist die Nutzung der Wohnung zu eigenen Wohn-/ **39**
Ferienzwecken, aber auch ihre *unentgeltl* Überlassung an Dritte (BFH IX R 2/99 BFH/NV 02, 771). Es genügt, dass der StPfl sich im Vertrag mit einer Vermietungsorganisation eine Selbstnutzung *vorbehält;* eine tatsächl Selbstnutzung ist nicht erforderl (BFH IX B 15/02 BFH/NV 02, 1300; BFH IX B 140/03 BFH/NV 04, 957; BFH IX R 143/05 BFH/NV 06, 1281). Auch kommt es nicht darauf an, ob eine Selbstnutzung nach dem Vermittlungsvertrag nur zu unattraktiven Zeiten zulässig ist (BFH IX R 26/11 BStBl II 13, 613). – Kurzfristige Aufenthalte zur Vornahme von **Reparaturen** oder anlässl eines Mieterwechsels sind keine Selbstnutzung (BFH IX R 97/00 BStBl II 02, 726 zu II.1.b). Hält der StPfl sich zu solchen Zwecken aber mehrere Tage in der Ferienwohnung auf oder wird er durch Familienangehörige begleitet, ist dies aber zumindest erläuterungsbedürftig (*BMF* BStBl I 04, 933 Rz 19). – **Feststellungslast für das Fehlen einer Selbstnutzung.** Sie liegt beim StPfl (BFH IX R 97/00 BStBl II 02, 726 zu II.1.b; zu Indizien *gegen* Selbstnutzung s *BMF* BStBl I 04, 933 Rz 17); widersprüchl Einlassungen gehen zu seinen Lasten (BFH IX R 12/07 BFH/NV 08, 1484 zu II.2.b). Die Festsetzung

oder Nichtfestsetzung von ZweitwohnungSt ist zwar Indiz, allein aber kein Beweis für oder gegen Selbstnutzung (BFH IX R 85/00 BFH/NV 02, 767 zu II.2.; BFH IX R 26/02 BFH/NV 05, 688 zu II.4.a).

40 **(b) Abziehbare Werbungskosten.** In voller Höhe abziehbar sind die ausschließl durch die Vermietung veranlassten Aufwendungen (zB Reinigung nach Vermietung, Werbung). Die übrigen Aufwendungen sind nach dem Verhältnis zw Vermietungs- und Selbstnutzungstagen aufzuteilen (ausführl BFH IX R 97/00 BStBl II 02, 726 zu II.1.e aa, bb; BFH IX R 26/11 BStBl II 13, 613 Rz 13); dieser Aufteilungsmaßstab behandelt **Leerstandszeiten** daher als „neutral". Aufteilbar soll neben AfA, Schuldzinsen und lfd Kosten auch die ZweitwohnungSt sein (BFH IX R 58/01 BStBl II 03, 287; mE unzutr, weil diese ausschließl durch die Selbstnutzung veranlasst ist). Kann der konkrete Umfang der (als solcher feststehenden) Selbstnutzung nicht festgestellt werden, sind die Aufwendungen für Leerstandszeiten zu 50% als WK abziehbar (BFH IX R 97/00 BStBl II 02, 726 zu II.1.e bb (4)).

42 **(2) Ausschließlich zur Vermietung bereitgehaltene Ferienwohnungen.** − **(a) Grundsatz bei Wohnungen im Privatvermögen.** Hier gilt die Vermutung der Einkunftserzielungsabsicht (BFH IX R 37/98 BStBl II 01, 705 zu II.3.; BFH IX R 97/00 BStBl II 02, 726; BFH IX R 18/02 BStBl II 03, 914; *BMF* BStBl I 04, 933 Rz 16); und zwar auch bei jahrelangen hohen WK-Überschüssen (BFH IX R 15/06 BStBl II 07, 256 zu II.1.). Es kommt nicht darauf an, ob die Wohnung in Eigenregie oder durch eine Organisation vermietet wird.

43 **(b) Ausnahme bei nicht selbstgenutzten Ferienwohnungen des Privatvermögens.** Hier ist die Einkunftserzielungsabsicht gleichwohl zu prüfen, wenn über einen längeren Zeitraum (BFH IX R 33/19 BStBl II 20, 548 Rz 26) die **ortsübl Vermietungszeit um mindestens 25% unterschritten** wird, ohne dass Vermietungshindernisse (BFH IX B 109/05 BFH/NV 06, 719: zB Renovierung, höhere Gewalt) gegeben sind (BFH IX R 57/02 BStBl II 05, 388 zu II.2.c). Denn in einem solchen (nicht marktübl) Verhalten liegt wieder ein atypischer Sachverhalt, der die Typisierung (Vermutung der Einkunftserzielungsabsicht) ausschließt. Hintergrund dieser Ausnahme dürfte auch sein, dass in derartigen Fällen eine Selbstnutzung eben doch naheliegt, nicht nachgewiesen werden kann (*Hoffmann* EFG 07, 125). Maßgebl sind repräsentative statistische Daten für den jeweiligen Ort (ggf Zusammenfassung mehrerer Feriengemeinden), nicht aber Vergleichswohnungen im selben Gebäude (BFH IX R 12/07 BFH/NV 08, 1484 zu II.2.c) oder einzelne andere Wohnungen (BFH IX R 39/07 BStBl II 09, 138 zu II.1.c). Statistische Daten zur Bettenauslastung können genügen (BFH IX R 33/19 BStBl II 20, 548 Rz 29; Einzelfragen s FG Nds EFG 21, 545, rkr). Die Feststellungslast für die ortsübl Vermietungszeiten liegt beim StPfl (BFH IX R 39/07 BStBl II 09, 138 zu II.1.b). Eine Überschussprognose ist ebenfalls erforderl, wenn ortsübl Vermietungszeiten nicht festgestellt werden können (BFH IX R 23/16 BFH/NV 17, 897 Rz 20; BFH IX R 37/17 BFH/NV 19, 390 Rz 25) oder eine **Vermietung nur während eines Teils des Jahres** vorgesehen ist (BFH IX R 30/08 BFH/NV 10, 850: es fehle hier an einer auf Dauer angelegten Vermietung; mE anders, sofern ein derartiges Vermieterverhalten ortsübl ist).

44 **(c) Ferienwohnung im Betriebsvermögen.** Bei gewerbl Vermietung gelten diese Grundsätze nicht (BFH VIII B 67, 68/04 BFH/NV 05, 2181; BFH X B 146/05 BFH/NV 07, 1125 zu 3.b; BFH IV R 6/05 BFH/NV 07, 1492 zu II.1.c). Die Einkunftserzielungsabsicht ist dann nach den für § 15 geltenden Regeln (s § 15 Rz 24 ff) im Einzelfall zu prüfen. Deshalb ist die Klärung der Einkunftsart stets vorrangig. − Systematisch ist diese Differenzierung wenig überzeugend und kann nur damit erklärt werden, dass andere BFH-Senate Bedenken gegen die sehr stark typisierende Rspr des IX. Senats haben.

bb) Verbilligte Überlassung einer Wohnung. Dies stellt ebenfalls einen Umstand dar, der vom übl Verhalten der Marktteilnehmer abweicht. Aufgrund § 21 II 2 wird bei einer auf Dauer angelegten Wohnungsvermietung die Einkunftserzielungsabsicht unterstellt („gilt als entgeltl"), wenn das **Entgelt mindestens 66 % der ortsübl Miete** beträgt (ausführl s Rz 158 ff). Eine Kürzung des WK-Abzugs unterbleibt. – Liegt das Entgelt unterhalb von 50 % der ortsübl Miete, ist zwar (bei vollem Ansatz der tatsächl Einnahmen) der WK-Abzug anteilig zu kürzen (§ 21 II 1). Auch in diesen Fällen ist aber die Einkunftserzielungsabsicht bei Dauervermietung unwiderlegl zu vermuten. Hierfür hat sich der Gesetzgeber die bisherige Rspr ausdrückl zu eigen gemacht (s BT-Drs 17/5125, 38).

cc) Vermietung besonders aufwändig gestalteter Objekte. Dies erfordert 47 eine Überschussprognose, wenn die Marktmiete den Wohnwert eines solchen Objekts offensichtl nicht angemessen widerspiegelt (BFH IX R 30/03 BStBl II 05, 386 zu II.2.b). Denn derartige Objekte werden **üblicherweise nicht fremdvermietet**. Ob ein solches Objekt gegeben ist, richtet sich nach den Kriterien, die für den Ansatz der Kostenmiete iRd früheren Nutzungswertbesteuerung selbstgenutzter Wohnungen entwickelt worden sind (BFH IX R 30/03 BStBl II 05, 386 zu II.2.b unter Verweis auf BFH IX R 35/92 BStBl II 95, 98 und *BMF* BStBl I 95, 150: zB Wohnfläche über 250 m² [so auch BFH IX B 36/07 BFH/NV 08, 1149 zu 2.c], Schwimmhalle, ao Grundstücksgröße in hochpreisigen Gebieten, aufwändige Gestaltung der Außenanlagen; s auch *OFD Mchn/Nbg* DStR 05, 1645; *OFD Ddorf/Mstr* FR 05, 958). – Allein der Umstand, dass es sich um **historische Bau-substanz** handelt, soll zur Widerlegung der Vermutung der Einkunftserzielungsabsicht aber nicht ausreichen (BFH IX R 10/04 BStBl II 05, 692 zu II.1.c: alte Mühle als „typisches Liebhaberobjekt"; BFH IX R 3/05 BFH/NV 06, 525 zu II.1.b: historisches Gutshaus mit Park), weil sonst ein Wertungswiderspruch zu § 7i einträte (ausdrückl gesetzgeberische Entscheidung, derartige Vermietungen durch hohe Denkmal-AfA zu fördern). ME ist dies nicht zwingend, da die erhöhte AfA bei der Überschussprognose ohnehin außer Betracht bleibt (s Rz 55) und § 10g ausdrückl vorsieht, dass die Vermietung von Baudenkmalen auch ohne Einkunftserzielungsabsicht estl subventioniert wird (s § 10g Rz 1).

dd) Finanzierungskonzepte, die steigende Schuldenstände vorsehen. 49 Solche Konzepte sind unübl, sodass die Vermutung der Einkunftserzielungsabsicht nicht gilt (BFH IX R 7/07 BStBl II 07, 873, Anm *Thürmer* DStR 07, 1764: die Schuldzinsen werden ebenfalls fremdfinanziert, zudem besteht keinerlei erkennbares Finanzierungskonzept). Eine Finanzierung, die auf einem Darlehen basiert, das bis zur späteren Ablösung durch eine LV tilgungsfrei ist, ist hingegen kein außergewöhnl Umstand (s Rz 27). Dies soll selbst dann gelten, wenn bis zur (planmäßigen) Ablösung durch die LV auch die Schuldzinsen den Darlehensstand erhöhen (BFH IX R 15/04 BStBl II 05, 754; mE nur dann zutr, wenn die Ablösung deutl früher als das Laufzeitende übl Immobilienfinanzierungen geplant ist und auch tatsächl erfolgt); die Schuldzinsen für die Finanzierung der LV-Beiträge sind ebenfalls abziehbar (BFH IX R 62/07 BStBl II 09, 459).

g) Vornahme der Überschussprognose. Falls die in Rz 27 dargestellte, für 51 den typischen Fall der Wohnungsvermietung geltende unwiderlegl Vermutung der Einkunftserzielungsabsicht ausnahmsweise nicht anwendbar ist, ist die Überschussprognose nach den folgenden Grundsätzen vorzunehmen: – **aa) Rein objektive Prognose.** Die Überschussprognose ist bei VuV rein obj. Die Einkunftserzielungsabsicht fehlt bereits dann, wenn im maßgebl Zeitraum kein Totalüberschuss zu erwarten ist. Hingegen ist (anders als bei der Gewinnerzielungsabsicht iSd § 15) nicht zusätzl erforderl, dass der StPfl die WK-Überschüsse aus Gründen der Lebensführung in Kauf nimmt (BFH IX R 24/07 BStBl II 10, 127 zu II.1.a; BFH IX R 23/16 BFH/NV 17, 897 Rz 21 f).

52 **bb) Prognosezeitraum.** Dieser beträgt **grds 30 Jahre** (BFH IX R 97/00 BStBl II 02, 726 zu II.1.e cc; BMF BStBl I 04, 933 Rz 34), was der übl Gesamtdauer von Immobilienfinanzierungen entspricht. Der 30-Jahres-Zeitraum gilt auch bei unbebauten Grundstücken (BFH IX R 9/06 BStBl II 08, 515). – Ist jedoch eine Überschussprognose vorzunehmen, weil die **Vermietung nicht auf Dauer angelegt** ist (s Rz 31 ff), umfasst der Prognosezeitraum nur die Zeit zw Anschaffung/Herstellung einerseits und Beendigung der Einkunftserzielung (zB Veräußerung/Selbstnutzung) andererseits (BFH IX R 84/97 BFH/NV 02, 769 zu II.2.; BFH IX R 57/00 BStBl II 03, 695 zu II.3.a; BFH IX R 8/17 BFH/NV 19, 386 Rz 15). Aufgrund der in den ersten Jahren übl WK-Überschüsse dürfte daher die Einkunftserzielungsabsicht in dieser Fallgruppe idR zu verneinen sein. Zur subjektübergreifenden Prognose s *Stöber* FR 17, 801.

54 **cc) Maßgaben für die anzusetzenden Einnahmen und Werbungskosten.** – **(1) Höhe der künftigen Einnahmen/Werbungskosten.** Sie sind grds nach dem **Durchschnitt der letzten fünf VZ** zu schätzen (BFH IX R 97/00 BStBl II 02, 726 zu II.1.e dd). Obj Umstände für künftige Änderungen können aber berücksichtigt werden (zB planmäßiges Sinken der Zinsbelastung; Umfinanzierung); dabei ist die Sicht des Schlusses des jeweiligen streitigen VZ maßgebend (BFH IX B 114/17 BFH/NV 18, 1088 Rz 7). Künftige inflationsbedingte Erhöhungen sind nicht zu berücksichtigen (so ausdrückl BFH IX R 97/00 BStBl II 02, 726 zu II.1.e dd); bei „hinreichenden Anhaltspunkten" für künftige Einnahmensteigerungen soll aber eine Anpassung an die „allgemeine Preisentwicklung" mögl sein (so in einem obiter dictum BFH IX R 26/11 BStBl II 13, 613 Rz 13) Letzteres ist mE nur dann zutr, wenn *konkrete* Anhaltspunkte für eine künftige Mietsteigerung gegeben sind (ähnl nunmehr BFH IX R 31/14 BFH/NV 16, 188 Rz 18), wofür aber die vom BFH hier zugelassene Anknüpfung an die „Entwicklung in der Vergangenheit" gerade nicht ausreicht, zumal dies eine Kumulation mit dem 10%-Sicherheitszuschlag zu den Einnahmen darstellen würde. Umgekehrt sind (wie bei jeder Überschussprognose) Überschüsse, die erst in ferner Zukunft anfallen, nicht abzuzinsen. – Aus den tatsächl Kosten der ersten fünf Jahre sind **unvorhergesehene Mehrkosten** zwar nicht auszuscheiden (BFH IX B 162/05 BFH/NV 07, 878: historisches Gebäude); der StPfl kann aber darlegen, wie er auf die Mehrkosten reagiert hat. Hat der StPfl auf zu hohe WK-Überschüsse reagiert, ist ein Fünf-Jahres-Zeitraum maßgebl, der mit dem ersten Jahr der Umstellung der Bewirtschaftung beginnt (BFH IX R 97/00 BStBl II 02, 726 zu II.1.g; BFH IX R 34/97 BFH/NV 02, 768 zu II.2.). Ist der StPfl allerdings als Reaktion auf die Verluste noch in zeitl Zusammenhang zum Erwerb des Objekts zur typischen Dauervermietung einer Wohnung übergegangen, kann die Notwendigkeit einer Überschussprognose *von Beginn an* entfallen (s Rz 26). – Ob es zu einem Totalüberschuss kommt, hängt in der Praxis (bei Darlehensverträgen, die vor der gegenwärtigen Niedrigzinsphase geschlossen wurden) im Wesentl von der Höhe der **Schuldzinsen** ab. Hier besteht daher die Möglichkeit, über eine schnellere Tilgung die Überschussprognose zu beeinflussen. – **Instandhaltungsaufwendungen** können iHd Höchstbeträge nach § 28 der II. BerechnungsVO geschätzt werden (BFH IX R 97/00 BStBl II 02, 726 zu II.1.e ee).

55 **(2) AfA.** Gebäude-AfA sind in der Prognoserechnung grds nach § 7 IV anzusetzen. AfA für Einrichtungsgegenstände richten sich nach der amtl AfA-Tabelle für das Gastgewerbe (BFH IX R 97/00 BStBl II 02, 726 zu II.1.e ee). – **Sonder-AfA** bleiben ebenso wie erhöhte und degressive AfA grds auch dann außer Betracht, wenn der StPfl sie tatsächl in Anspruch nimmt (BFH IX R 80/94 BStBl II 98, 771 zu II.2.e; BMF BStBl I 04, 933 Rz 34). – **Ausnahme für Sonder-AfA.** Bei einer wegen **befristeter Vermietungstätigkeit** erforderl Prognose (Rz 31) ist wie folgt zu differenzieren: Die Sonder-AfA ist nicht in die Prognose einzubeziehen (was zugunsten des StPfl wirkt), wenn die begünstigten Aufwendungen (einschließl der

RestwertAfA!) innerhalb der begrenzten Mietdauer *vollständig* abgeschrieben werden können (BFH IX R 24/07 BStBl II 10, 127 zu II.1.c: Zweck des FördG). Kommt es hingegen innerhalb des begrenzten Prognosehorizonts nicht zu einem vollständigen Verbrauch der Bemessungsgrundlage, ist die SonderAfA einzubeziehen (BFH IX R 57/00 BStBl II 03, 695 zu II.3.a; BFH IX B 172/04 BFH/NV 06, 720).

(3) Sicherheitszuschläge, Sicherheitsabschläge. Der IX. Senat will hier bei den Einnahmen einen Sicherheitszuschlag von 10% und bei den WK einen Sicherheitsabschlag von ebenfalls 10% vornehmen (BFH IX R 97/00 BStBl II 02, 726 zu II.1.f; *BMF* BStBl I 04, 933 Rz 34). Dies ist mE nicht gerechtfertigt und weicht von den Grundsätzen ab, die für sonstige Überschuss- und Totalgewinnprognosen im EStRecht gelten. Der Satz von 2 × 10% ist zudem deutl zu hoch und verkehrt daher die meisten negativen Prognosen in ihr Gegenteil (krit auch *Wüllenkemper* EFG 10, 1045). Die übrigen Senate des BFH lehnen eine Übernahme dieser Grundsätze für die anderen Einkunftsarten daher zR ab (für die – strukturell vergleichbare – Überschussprognose bei Leibrenten zB BFH X R 25/01 BStBl II 06, 228, Anm *Kulosa* HFR 05, 103).

(4) Nichtsteuerbare Veräußerungsgewinne. Diese bleiben für die Prognose außer Betracht (BFH GrS 4/82 BStBl II 84, 751 zu C. IV.3.c aa (2); BFH IX R 80/94 BStBl II 98, 771 zu II.2.a). Sollte jedoch im Einzelfall ein stpfl Gewinn nach § 23 (Zehn-Jahres-Frist) anfallen, ist dieser mE einzubeziehen (glA *KS* § 21 Rz 18; *BH/Schallmoser* § 21 Rz 168; *Pezzer* StuW 00, 457, 466; *Thürmer* DB 02, 444, 449; *Heuermann* StuW 03, 101, 112 und *ders* DStZ 04, 9, 13; **aA** *BMF* BStBl I 04, 933 Rz 34). Denn allein die Aufspaltung eines Vorgangs in verschiedene Einkunftsarten darf die Überschussprognose nicht beeinflussen (glA zu § 18/§ 19 BFH XI R 46/01 BStBl II 03, 602 zu II.3.).

5. Zurechnung der Einkünfte. – a) Grundsatz: Auftreten als Vermieter nach außen. Einkünfte aus VuV sind demjenigen zuzurechnen, der den Tatbestand der Einkunftserzielung erfüllt. Dies ist derjenige, der die rechtl oder tatsächl Macht hat, eines der in § 21 genannten WG anderen entgeltl auf Zeit zur Nutzung zu überlassen und **Träger der Rechte und Pflichten eines Vermieters** (Verpächters) aus dem Rechtsverhältnis ist (BFH IX R 52/83 BStBl II 86, 605; BFH IX R 83/00 BStBl II 04, 898 zu II.2.a aa). Entscheidend ist für die Rspr das **Außenverhältnis** zum Mieter/Pächter (zB BFH IX R 22/04 BFH/NV 06, 2046). Nicht maßgebl ist hingegen, wer Eigentümer des überlassenen WG ist (BFH IX R 17/18 BFH/NV 93, 227; BFH IX R 10/13 BFH/NV 14, 836; zB bei Untervermietung/Nießbrauch) oder ob der Vermieter zu seinem Handeln überhaupt berechtigt ist.

b) Treuhand. Wegen der Maßgeblichkeit des Auftretens nach außen stellt die Rspr hohe Anforderungen für eine Zurechnung an den Treugeber (BFH IX R 269/87 BStBl II 94, 615 zu I.2.b; großzügiger aber *BMF* BStBl I 94, 604). Die treuhänderische Vermietung einer Ferienwohnung durch eine vom Eigentümer gegründete, allein als Vermieter auftretende GmbH ist jedoch dem Eigentümer zuzurechnen (BFH IX R 21/15 BFH/NV 16, 1695). Ist nach einem Erbfall anfängl unklar, wer Erbe ist, und kehrt der zunächst als Vermieter Auftretende die vereinnahmten Mieten nach Klärung der Lage an den wahren Berechtigten aus, sind die Einkünfte von Beginn an dem wahren Berechtigten zuzurechnen (BFH IX R 26/99 BFH/NV 04, 476 zu II.4.a: Behandlung wie Treuhand).

c) Treuhandähnliche Rechtsverhältnisse. – (1) Zwangsverwaltung. Die Einkünfte sind nicht dem Verwalter, sondern dem Eigentümer zuzurechnen (BFH IX R 53/98 BFH/NV 02, 1152; BFH IX R 23/14 BStBl II 17, 367 Rz 15). Die anteilige ESt auf die Mieteinkünfte muss aber der Zwangsverwalter entrichten (BFH IX R 23/14 BStBl II 17, 367 Rz 20 ff; Einzelregelungen in *BMF* BStBl I 17,

718). Auch bei **Insolvenzverwaltung** (BFH IX R 21/17 BStBl II 19, 481 Rz 14), **Testamentsvollstreckung** (zu § 15 BFH IV R 76/05 BStBl II 08, 858) und **Nachlasspflegschaft** sind die Einkünfte dem Eigentümer zuzurechnen. – **(2) Unterbeteiligungen an Personengesellschaftsanteilen.** Für die Zurechnung ist das Auftreten nach außen maßgebl (BFH IX R 155/89 BStBl II 92, 459; BFH IX R 30/94 BStBl II 97, 406). Daher können Einkünfte aus VuV durch Unterbeteiligungen nur verlagert werden, wenn der Unterbeteiligte nach außen in Erscheinung tritt (was idR aber nicht gewollt sein wird). – **(3) Wohnrecht.** Mieteinkünfte sind grds dem Wohnberechtigten zuzurechnen, sofern dieser vermietet. Vermietet jedoch der Eigentümer trotz bestehenden Wohnrechts im eigenen Namen, steht es der Zurechnung an ihn nicht entgegen, wenn das Wohnrecht nicht ausgeübt wird und nur noch der Sicherung dienen soll (BFH IX R 13/05 BFH/NV 07, 406).

64 d) **Personenmehrheiten. – aa) Voraussetzungen für eine gemeinsame Einkunftserzielung.** Auch hier müssen die Ges'ter (Gemeinschafter) *gemeinsam* Träger der Rechte und Pflichten aus dem Mietverhältnis sein (BFH IX R 17/95 BStBl II 99, 360; BFH IX R 83/95 BFHE 190, 82). Allein die Stellung als Miteigentümer führt daher noch nicht zur Zurechnung anteiliger Einkünfte, wenn nach außen nur ein *anderer* Miteigentümer auftritt (BFH IX R 17/99 BFH/NV 03, 1045; BFH IX R 55/08 BFH/NV 10, 863). Auch ein internes Einverständnis mit dem Alleinhandeln des anderen reicht nicht aus; wohl aber ein Handeln als mittelbarer oder verdeckter Stellvertreter, sofern der Handelnde die Mietverträge mit Wissen und Wollen des Nichthandelnden abschließt und auf gemeinsame Rechnung tätig wird (BFH IX R 55/99 BFH/NV 02, 1556; zu einem solchen Fall FG Mchn EFG 06, 1887, best BFH IX B 137/06 BeckRS 2007, 25011541; mE sind die Abgrenzungskriterien hier aber unklar, weil der Nichthandelnde gerade *nicht* nach außen auftritt). – Fehlt es an diesen Merkmalen, sind die Einkünfte allein demjenigen zuzurechnen, der nach außen auftritt. Sofern dieser nicht auch die gesamten AK/HK getragen hat (s zu diesem Kriterium § 7 Rz 56), kann dadurch die auf andere Ges'ter entfallende AfA steuerl verloren gehen (hierauf ist vor allem iZm der Trennung von Eheleuten zu achten)! Handelt nach außen hin eine KG, sind die Einkünfte auch dann allen Ges'tern zuzurechnen, wenn der Komplementär weder eine Einlage geleistet hat noch am Vermögen beteiligt ist (BFH IX R 103/85 BStBl II 87, 707). – Eine **Eigentümergemeinschaft nach dem WEG** ist nicht Einkunftserzielerin; vielmehr sind dies die einzelnen Wohnungseigentümer jeweils für sich (BFH IX R 56/08 BStBl II 10, 202). Zu **Mietpools** s *Kranenberg* EStB 17, 238.

65 bb) **Einkünfteermittlung.** Die Einkünfte werden auf der Ebene der Personenmehrheit (PersGes, Bruchteilsgemeinschaft) ermittelt (gesonderte und einheitl Feststellung). Bei PersGes muss die **Einkunftserzielungsabsicht** (sofern diese nicht zu vermuten ist, s dazu Rz 24 ff) sowohl auf der Ebene der PersGes als auch beim einzelnen Ges'ter gegeben sein (BFH IX R 76/07 BFH/NV 09, 1268 zu II.1. mwN).

66 **(1) Verteilung gemeinschaftlich erzielter Einkünfte.** Grds sind §§ 743, 748 BGB maßgebl, also die zivilrechtl Eigentumsverhältnisse. Die Ges'ter bzw Miteigentümer können aber abw Vereinbarungen treffen, die steuerl zugrunde zu legen sind, wenn sie ihren Grund im Gemeinschaftsverhältnis haben, dh nicht privat veranlasst sind (zum Ganzen BFH IX R 245/87 BStBl II 92, 890; BFH IX R 83/95 BFHE 190, 82 zu 2.; BFH IX R 18/07 BFH/NV 09, 1247). Die **AfA** kann aber nicht abw von der Tragung der AK/HK zugerechnet werden (BFH VIII R 168/73 BStBl II 78, 674 zu 2.). Eine **ungeteilte Erbengemeinschaft** kann ebenfalls Einkünfte aus VuV erzielen, die nach dem Verhältnis der Erbteile auf die Miterben verteilt werden (*BMF* BStBl I 06, 253 Rz 6). Zur Erbauseinandersetzung s § 16 Rz 625.

67 **(2) Persönlich durch einen Gesellschafter getragene Aufwendungen.** Sie können als **SonderWK** festzustellen sein. Trägt ein Ges'ter ohne bes Vereinbarung

Aufwendungen über seinen Anteil hinaus, steht ihm grds ein Ausgleichsanspruch zu; an der steuerl Zurechnung nach Maßgabe des Miteigentumsanteils ändert sich daher nichts (BFH IX B 61/04 BFH/NV 05, 41). Derartige Aufwendungen sind aber ausnahmsweise dem sie tragenden Ges'ter allein zuzurechnen, wenn er weder eine Zuwendung an die MitGes'ter beabsichtigt noch ein durchsetzbarer Ausgleichsanspruch besteht (BFH IX R 59/01 BStBl II 05, 454: gilt auch zw nahen Angehörigen). Wenn er die Aufwendungen aus privaten Gründen trägt, sind sie nicht abziehbar (BFH IX R 19/14 BFH/NV 16, 380 Rz 14; *Böwing-Schmalenbrock* NWB 19, 3370). Bei Aufwendungen anlässl der Beendigung der gemeinsamen Einkunftserzielung ist abzugrenzen, ob es sich um nachträgl SonderWK iRd der Gemeinschaft oder aber um vorweggenommene WK für eine künftige Einkunftserzielung in eigener Person handelt (BFH IX R 25/08 BFH/NV 09, 748).

cc) Rechtsverhältnisse Gesellschafter/Personengesellschaft. – **(1) Nutzungsüberlassung an Personengesellschaft.** Anders als bei § 15 I 1 Nr 2 gibt es bei VuV **kein „SBV".** Vermietet der Ges'ter der PersGes (Gemeinschaft) ein Grundstück, sind ihm diese Einkünfte daher *persönl* zuzurechnen, dh nicht in die Feststellungserklärung der PersGes einzubeziehen (BFH VIII R 194/78 BStBl II 81, 510 zu 1.d). Gleiches gilt für Darlehen, die der Ges'ter der PersGes gewährt. – **(2) Nutzungsüberlassung an einen Gesellschafter.** Vermietet eine PersGes/Gemeinschaft eine Wohnung (entgeltl) an einen Ges'ter/Miteigentümer und die übrigen Wohnungen an Dritte, erzielt der die Wohnung selbst nutzende Ges'ter daraus keine Einkünfte aus VuV; lediglich die anderen Ges'ter erzielen (anteilig) Einkünfte. In jedem Fall lässt die Überlassung dieser Wohnung an einen der Ges'ter die Zurechnung der Einkünfte aus den *übrigen* Wohnungen nach dem Verhältnis der Beteiligungen unberührt (zum Ganzen BFH IX R 49/02 BStBl II 04, 929; BFH IX R 42/01 BFH/NV 05, 168; BFH IX R 14/04 BFH/NV 06, 2053; *OFD Ddorf* DB 05, 581; ausführl und mit Beispielen *LfSt Bay* DStR 06, 2212 sowie *Paus* EStB 07, 298; *Paus* INF 07, 68). Zivilrechtl wird auf eine solche Nutzungsüberlassung hingegen Mietrecht angewendet (BGH VIII ZR 176/17 NJW 18, 2472 Rz 21 ff). – Beschränkt sich eine Zwei-Personen-GbR auf die Nutzungsüberlassung an einen ihrer Ges'ter (ohne Vermietung an Dritte), ist keine einheitl und gesonderte Feststellung vorzunehmen, weil nur der andere Ges'ter überhaupt Einkünfte erzielt (BFH IX R 83/00 BStBl II 04, 898; BFH IX B 37/21 BFH/NV 22, 115 Rz 5). Anders ist dies aber, wenn Mieter ihrerseits eine *PersGes* ist, der einer der Ges'ter angehört (BFH IX R 72/07 BStBl II 09, 231). – **(3) „Verkauf" von Wirtschaftsgütern des Gesellschafters an eine vermögensverwaltende PersGes.** Im Umfang der eigenen Beteiligung handelt es sich nicht um ein Veräußerungsgeschäft (Bruchteilsbetrachtung); der PersGes entstehen insoweit also keine AK (BFH IX R 18/06 BStBl II 08, 679; s auch § 6 Rz 31).

e) Zurechnung bei Nießbrauch und anderen Nutzungsrechten. Ausführl *Meyer/Hartmann* INF 06, 789. Die praktische Bedeutung von Nießbrauchsgestaltungen ist in letzter Zeit allerdings tendenziell zurückgegangen. – **aa) Überblick.** Auch hier sind die Einkünfte demjenigen zuzurechnen, der den Tatbestand der Einkunftsart VuV verwirklicht, also im Außenverhältnis Träger der Rechte und Pflichten eines Vermieters ist (allg hierzu s Rz 61; ausführl zum Ganzen Nießbrauchserlass *BMF* BStBl I 13, 1184). Eine lediglich rein rechnungsmäßige Beteiligung des Nießbrauchers an den Erträgen des Mietobjekts genügt daher nicht (BFH IX B 56/12 BFH/NV 12, 1959). – Bei *Wohnraum*miete tritt der Nießbraucher kraft Gesetzes in einen bestehenden Mietvertrag ein (§ 567 iVm § 566 BGB), sodass ein rechtsgeschäftl Übergang der Vermieterstellung nicht erforderl ist; der Übergang muss dem Mieter aber mitgeteilt werden. Bei Bestellung eines **Nießbrauchs an einem PersGesAnteil** setzt eine Zurechnung der Einkünfte an den Nießbraucher voraus, dass diesem kraft des Nießbrauchs eine Stellung eingeräumt ist, die der eines Ges'ters entspricht; allein der Nießbrauch an einem „Gewinnstammrecht" genügt dafür jedenfalls nicht (BFH IX R 78/88 BStBl II 91, 809). – Zu unterscheiden ist der **entgeltl bestellte Nießbrauch** (Rz 73), der unentgeltl **Zuwendungsnießbrauch** (Rz 74) und der **Vorbehaltsnießbrauch** (Rz 75). Dem (dingl) Nießbrauch gleichgestellt sind **schuldrechtl Nutzungsrechte** (Rz 77).

72 **bb) Nießbrauch zugunsten naher Angehöriger.** Bei diesem in der Praxis häufigen Fall sind die für Angehörigenverträge geltenden besonderen steuerl Anforderungen zu beachten (s Rz 81 ff und § 12 Rz 20 ff). Will ein Eigentümer durch Bestellung eines Nießbrauchs (oder eines schuldrechtl Nutzungsrechts) die Einkünfte aus dem WG auf ein Familienmitglied mit geringerem Steuersatz verlagern, beachtet er aber die hierfür geltenden Voraussetzungen nicht (zB zivilrechtl Wirksamkeit, Fremdvergleich, tatsächl Durchführung), sind die Einkünfte weiterhin ihm zuzurechnen (zB BFH IX R 11/97 BFH/NV 01, 586: bis zur Volljährigkeit befristete leihweise Nutzungsüberlassung einer vermieteten Wohnung an den gerade geborenen Sohn). Der BFH will es aber auch zw Eltern und Kindern zulassen, dass ein ausdrückl bis zur Volljährigkeit befristeter Nießbrauch konkludent verlängert wird (BFH IX R 69/04 BStBl II 07, 579 zu II.1.a; mE zweifelhaft).

73 **cc) Entgeltlich bestellter Nießbrauch.** Der Eigentümer des WG erzielt Einkünfte aus der Nießbrauchsbestellung und kann (weiterhin) AfA von den AK/HK des WG vornehmen. Der Nießbraucher erzielt Einkünfte aus der Verwendung des WG und kann AfA auf die AK des Nießbrauchsrechts vornehmen (ausführl § 7 Rz 69 ff).

74 **dd) Unentgeltlich bestellter Zuwendungsnießbrauch.** Hier erzielt allein der Nießbraucher Einkünfte. Eine freie Widerrufsmöglichkeit des Nießbrauchs steht auch zw Eltern und ihren minderjährigen Kindern der steuerl Anerkennung der Einkünfteverlagerung nicht entgegen, sofern sorgfältig darauf geachtet wird, dass nach außen im Namen der Kinder gehandelt wird (BFH IX R 54/00 BFH/NV 04, 1079). Die frühere Rspr hatte Gestaltungsmissbrauch angenommen, wenn das minderjährige Kind als Zuwendungsnießbraucher das Grundstück sogleich wieder an die Eltern zurückvermietet (BFH IV R 36/90 BStBl II 91, 205); dies dürfte aber angesichts der später ergangenen Rspr zur estl Anerkennung der Übertragung von Grundstücken gegen Versorgungsleistungen mit anschließender Rückvermietung (BFH IX R 12/01 BStBl II 04, 643) überholt sein. Wenn das dem einen Elternteil gehörende Objekt bereits an den anderen Elternteil vermietet war, bevor der Nießbrauch zugunsten des Kindes begründet wurde, steht dies der Anerkennung jedenfalls nicht entgegen (zutr FG BaWü EFG 17, 965, rkr). – **AfA** stehen allerdings weder dem Eigentümer des WG (mangels Einkunftserzielung) noch dem Zuwendungsnießbraucher (mangels Tragung der AK/HK) zu (s § 7 Rz 102), sodass der Zuwendungsnießbrauch aus steuerl Sicht idR nicht empfehlenswert ist. Er kann allerdings für die befristete Übertragung einer Einkunftsquelle (etwa für die Zeit eines Studiums des Kindes) sinnvoll sein. – Für einen durch **Vermächtnis** zugewendeten Nießbrauch gelten dieselben Regeln.

75 **ee) Vorbehaltsnießbrauch.** S auch *Paus* EStB 19, 387. – **(1) Nießbraucher.** Hat sich der frühere Eigentümer des WG bei dessen unentgeltl Übertragung den Nießbrauch vorbehalten, erzielt er weiterhin die Einkünfte; auch stehen ihm unverändert die AfA zu (hierzu ausführl § 7 Rz 60). – **(2) Neuer Eigentümer.** Er erzielt während des Bestehens des Nießbrauchs keine Einkünfte. Ausnahmsweise kann er aber Aufwendungen als vorab entstandene WK abziehen, wenn er diese im eigenen Interesse als zukünftiger Nutzer des WG getätigt hat und der Nießbrauch in naher Zukunft aufgehoben werden soll (BFH IX R 3/07 BFH/NV 09, 1251); nicht aber, wenn das Ende der Nießbrauchsbelastung nicht absehbar ist (BFH IX R 51/06 BeckRS 2007, 25013682; BFH IX R 20/17 BFH/NV 19, 540 Rz 13).

ff) Schuldrechtliche Nutzungsrechte. – (1) Grundsätzlich Gleichbehandlung mit Nießbrauch. Die Zurechnung von Einkünften an einen Nutzungsberechtigten setzt nicht zwingend ein *dingl* Nutzungsrecht (Eintragung eines Nießbrauchs in das Grundbuch) voraus. Vielmehr kann durch rein schuldrechtl Nutzungsrechte grds dasselbe steuerl Ergebnis erzielt werden (*BMF* BStBl I 13, 1184 Rz 6 ff). Dies gilt auch im Verhältnis zw Eltern und ihren minderjährigen Kindern (BFH IX R 52/83 BStBl II 86, 605). – **(2) Ausdrückliche Mietvertragsübernahme erforderl.** § 567 BGB (Eintritt des Nießbrauchers in bestehende Wohnraummietverträge; s Rz 71) ist bei schuldrechtl Berechtigtemwechsel nicht anwendbar. Daher tritt ein schuldrechtl Berechtigter nur durch rechtsgeschäftl Vertragsübernahme (dh unter Mitwirkung des Mieters) in die Stellung des Vermieters ein (BFH IX R 22/04 BFH/NV 06, 2046: nicht eingetragener Nießbrauch; BFH IX R 24/11 BFH/NV 13, 1228 Rz 10). – **(3) Zuwendung eines schuldrechtlichen Nutzungsrechts an Angehörige.** Ob bei unentgeltl zugewendeten Nutzungsrechten zw Angehörigen – entspr der Rspr zu § 21 II in der bis 1986 geltenden Fassung – eine „gesicherte Rechtsposition" erforderl ist, hat der BFH ausdrückl offen gelassen (BFH IX R 24/11 BFH/NV 13, 1228 Rz 12). Die von der *FinVerw* in diesen Fällen bisher geforderte vertragl Mindestlaufzeit des Nutzungsrechts von einem Jahr (so noch *BMF* BStBl I 98, 914 Rz 7, offener nunmehr *BMF* BStBl I 13, 1184 Rz 7) hat jedenfalls keine Rechtsgrundlage (zutr BFH IX R 24/11 BFH/NV 13, 1228 Rz 12). ME ist ohnehin entscheidend, dass sich aus den Gesamtumständen die Ernsthaftigkeit der Zuwendung des Nutzungsrechts entnehmen lässt. Dies eröffnet Gestaltungsmöglichkeiten zur (ggf zeitl begrenzten) Einkünfteverlagerung.

gg) Ablösung von Nutzungsrechten. S ausführl § 6 Rz 140 „Abfindungen"; *BMF* BStBl I 13, 1184 Rz 55–67 mwN auf die Rspr. Zur Ermittlung der AfA-Reihen s *LfSt Bay* DStR 11, 312 (dagegen ausführl *Meyer/Ball* DStR 11, 1211).

6. Mietverträge zwischen Angehörigen. Allg zu Angehörigenverträgen s ausführl § 12 Rz 20 ff; zu Angehörigen-Mietverträgen *Krauß* DStZ 17, 476; *M. Neufang* StB 18, 261; zu Besonderheiten beim Nießbrauch s Rz 71 ff. – Die stRspr legt Verträge zw nahen Angehörigen (zum Begriff s § 12 Rz 23) der Besteuerung grds nur dann zugrunde, wenn sie zivilrechtl wirksam abgeschlossen sind (s Rz 84), der Vertragsinhalt dem zw Fremden Üblichen entspricht (Rz 86 ff) und auch tatsächl durchgeführt wird (Rz 95). Diese Kriterien haben nur indizielle Bedeutung; es handelt sich nicht etwa um starre Tatbestandsmerkmale. Entscheidend ist immer die Gesamtwürdigung der Umstände des Einzelfalls, sodass nicht jede Abweichung vom Üblichen die steuerl Anerkennung ausschließt und Defizite in dem einen Bereich durch Erfüllung des Fremdvergleichs in anderen Bereichen kompensiert werden können (ausführl zur Gesamtwürdigung § 12 Rz 22).

a) Zivilrechtliche Wirksamkeit. Ein Formmangel stellt vor allem bei klarer Zivilrechtslage ein starkes Indiz gegen die steuerl Anerkennung dar (BFH IX R 45/06 BStBl II 11, 20; *BMF* BStBl I 11, 37 Rz 2; jeweils betr Darlehensvertrag). Zwingend ist dies aber nicht (zu Darlehensverträgen BFH IX R 4/04 BStBl II 07, 294: zügige Heilung der Formmangels nach dessen Erkennen ist positiv zu würdigen). – **(1) Schriftform.** Nach Auffassung des IX. Senats soll es nicht schaden, wenn ein Angehörigen-Mietvertrag nur mündl abgeschlossen wird, da die Schriftform zivilrechtl nicht erforderl sei (BFH IX R 80/97 BFH/NV 00, 429; BFH IX R 8/07 BFH/NV 08, 350 zu II.2.). ME ist dies nicht ganz zweifelsfrei, da aus § 550 BGB folgt, dass der Gesetzgeber die Schriftform als Regelfall ansieht und an ihre Nichtbeachtung nicht unerhebl besondere Rechtsfolgen knüpft (s *Grüneberg* § 550 BGB Rz 1). Jedenfalls aus Beweisgründen empfiehlt sich in der Praxis dringend die Schriftform (so auch BFH IX R 68/97 BFH/NV 01, 1551). – **(2) Notarielle Beurkundung.** In Einzelfällen kann selbst ihr Fehlen (sofern eine Beurkundung iZm Mietverträgen ausnahmsweise erforderl ist) unschädl sein (BFH IX R 57/96 BStBl II 98, 108:

ein nach DDR-Recht vereinbartes Wohnungsrecht kann nach dem komplexen Übergangsrecht des Einigungsvertrags nur durch notarielle Beurkundung aufgehoben werden, was die Parteien übersehen). – **(3) Ergänzungspfleger.** Er ist zivilrechtl erforderl, wenn minderjährige Kinder beim Vertragsschluss durch ihre Eltern vertreten werden und der andere Vertragspartner ebenfalls ein Elternteil (§ 181 BGB), dessen Ehegatte oder ein Verwandter in gerader Linie ist (§§ 1629 II, 1795 I BGB). Ist das Erfordernis eines Ergänzungspflegers bereits zivilrechtl zweifelhaft, kann dem StPfl ein etwaiger Formmangel jedenfalls dann nicht angelastet werden, wenn er den Mangel unverzügl nach Kenntnisnahme nachträgl heilt und der Mietvertrag iÜ ernstl vereinbart und durchgeführt wird (BFH VIII R 29/97 BStBl II 00, 386 zu 2.: Vertrag mit FamilienPersGes). – **(4) Mieterschutzvorschriften.** Eine (zivilrechtl unwirksame) Mieterhöhung über die Kappungsgrenze des § 558 III BGB hinaus (20/15%) steht auch zw nahen Angehörigen der Anerkennung des Mietverhältnisses nicht entgegen (*OFD Mster* DStR 04, 957).

86 **b) Fremdvergleich hinsichtlich des Vertragsinhalts. – aa) Klarheit und Eindeutigkeit der Vereinbarung. – (1) Hauptpflichten.** Die mietvertragl Hauptpflichten (Nutzungsüberlassung einer konkret bestimmten Mietsache/Höhe der Miete) müssen eindeutig geregelt sein (BFH IX R 38/97 BStBl II 98, 106 zu 2.). Daran fehlt es, wenn unklar bleibt, ob die im Vertrag genannte Miete die Nebenkosten enthält oder nicht (BFH IX B 50/04 BFH/NV 04, 1531; FG Mchn EFG 98, 1127, rkr; in beiden Fällen sprachen allerdings noch weitere Umstände gegen die Fremdüblichkeit), oder wenn als „Miete" die Überlassung eines „Geschäftswagens" vereinbart ist, ohne dessen Typ zu bezeichnen (BFH VIII R 33/11 BFH/NV 14, 151). – **(2) Nebenpflichten.** Das Fehlen einer Umlagevereinbarung über die Nebenkosten steht der Anerkennung allein noch nicht entgegen, weil dann die gesetzl Regelung gilt, wonach der Vermieter die Nebenkosten trägt, und diese Regelung für sich genommen klar (wenn auch eher unübl) ist; dieser Umstand ist aber iRd Gesamtwürdigung zu berücksichtigen (BFH IX R 30/96 BStBl II 98, 349; BFH IX R 6/97 BFH/NV 01, 305 zu II.2.a). Allerdings können **mehrere Unklarheiten bei Nebenpflichten,** die für sich allein noch nicht zur Versagung der Anerkennung führen würden, in ihrer Summe den Schluss zulassen, dass keine ernsthafte Vereinbarung gewollt war (BFH IX R 68/97 BFH/NV 01, 1551). – **(3) Konkretisierung unklarer Vereinbarungen durch spätere eindeutige tatsächliche Übung.** War die Vereinbarung ursprüngl unklar, schadet es nicht, wenn ihr Inhalt durch die spätere eindeutige tatsächl Übung konkretisiert wird (BFH IX R 68/99 BStBl II 02, 699 zu II.1.c unter Bezug auf gleichlautende Rspr zur vGA; BFH IX R 8/07 BFH/NV 08, 350 zu II.1.b).

87 **bb) Ernstlichkeit der Vereinbarung.** Daran fehlt es, wenn ein Scheingeschäft vorliegt (Rz 87) oder gegenläufige Zahlungspflichten begründet werden (Rz 88, zu Ausnahmen s Rz 91 f). – **(1) Scheingeschäft (§ 41 II AO).** Dies ist der Fall, wenn der Vermieter dem Mieter die Miete im Vorhinein zur Verfügung stellt oder sie alsbald zurückzahlt, ohne dazu rechtl (zB wegen Unterhaltsbedürftigkeit; dazu Rz 91) verpflichtet zu sein (BFH IX R 23/94 BStBl II 97, 655; BFH IX R 7/98 BFH/NV 04, 1270 zu II.1. mwN; FG Ddorf EFG 10, 1415, rkr: Vermietung von Praxisräumen zw Ehegatten, wobei der Vermieter-Ehegatte dem einkommenslosen Mieter-Ehegatten die erforderl Geldbeträge zur Verfügung stellt). Eine solche Rückzahlung darf auch ohne förml Nachweis unterstellt werden, wenn der Angehörigen-Mieter seine Hauptwohnung an einem weit entfernten Ort unterhält, vom Vermieter nur eine Zweitwohnung anmietet und ihm nach Abzug der Miete kaum das Existenzminimum für seinen Lebensunterhalt verbleiben würde (BFH IX R 23/94 BStBl II 97, 655 zu 2.b).

88 **(2) Gestaltungsmissbrauch, § 42 AO.** Ausführl auch *BH/Schallmoser* § 21 Rz 136 ff; *Günther* EStB 19, 64. – Es ist rechtsmissbräuchl, wenn die Parteien durch zivilrechtl mögl Gestaltungen zwar **wechselseitige Zahlungspflichten begrün-**

Gemeinsame Voraussetzungen 89–92 § 21

den, damit ihre jeweilige Position aber weder tatsächl noch wirtschaftl verändern (BFH IX R 97, 98/90 BStBl II 94, 738: Ehegatten vermieten einander zur Erlangung des VorStAbzugs wechselseitig ihre Arztpraxen unmittelbar nach deren Errichtung; BFH IX R 17/07 BStBl II 08, 502 zu II.1.a: wechselseitige Darlehensgewährung; BFH IX B 43/07 BFH/NV 08, 811: **Überkreuzvermietung** zur Erlangung von SonderAfA nach dem FördG; FG Mster DStRE 11, 213, rkr: Eltern und deren Kind übertragen einander nach Ablauf der § 10e-Frist die jeweils selbstgenutzte Eigentumswohnung, anschließend die Objekte wechselseitig vermietet; BFH IX R 18/12 BFH/NV 13, 1094: Eltern vermieten zwei Wohnungen eines 8-Familien-Hauses an ihre Kinder; eine dritte Wohnung in diesem Haus vermieten die Kinder an ihre Eltern; ausführl *Hofheinz* HFR 13, 785; BFH IX R 2/13 BStBl II 14, 527: die beiden Ges'ter einer Grundstücks-GbR vermieten die ihnen zur Alleinnutzung zugewiesenen Grundstücksteile jeweils an den anderen Ges'ter).

(3) Weitere Fälle fehlender Ernstlichkeit. Vermietung einer Einliegerwohnung an die im selben Ort wohnenden Eltern des StPfl, die dort dessen Kinder betreuen sollen (BFH IX R 33/89 BStBl II 92, 549); ggf anders aber bei Vermietung an die Eltern für Besuchsaufenthalte, wenn auf eine Trennung der Wohnsphären geachtet wird (BFH IX R 121/92 BFH/NV 95, 112). 89

(4) Ausnahmen von der Nichtanerkennung gegenläufiger Zahlungen. In den nachfolgend (Rz 91–93) dargestellten Ausnahmefällen sind gegenläufige Zahlungen ausnahmsweise unschädl. Allerdings müssen die sonstigen Voraussetzungen für die Anerkennung von Angehörigenverträgen sowie die Einkunftserzielungsabsicht stets noch geprüft werden (zutr *OFD Ffm* DB 01, 2629). 90

(a) Unterhaltsleistungen. Nicht als Hin- und Herzahlen ist es anzusehen, wenn der Angehörige die Miete aus Unterhaltsleistungen zahlt, die er vom Vermieter erhalten hat (BFH IX R 13/92 BStBl II 96, 214: Vermietung an unterhaltsberechtigten geschiedenen Ehegatten; BFH IX R 85/93 BStBl II 97, 52 zu 1.b: unterhaltsberechtigter Elternteil; BFH IX R 8/07 BFH/NV 08, 350 zu II.1.b: unterhaltsberechtigtes Kind). Dies gilt selbst dann, wenn der unterhaltspflichtige Vermieter die Miete von vornherein von seinen Unterhaltsleistungen einbehält (BFH IX R 30/98 BStBl II 00, 223; BFH IX R 39/99 BStBl II 00, 224 zu 2.; krit Anm *P. Fischer* FR 00, 206 und *Gosch* StBP 00, 94) oder dem unterhaltsberechtigten Mieter zuvor einen Geldbetrag geschenkt hat, aus dem dieser dann die Miete begleicht (BFH IX R 26/01 BFH/NV 04, 1378); ausführl zu diesen Modellen *Thürmer* DB 03, 1012. Es muss aber ein eindeutiger Mietvertrag abgeschlossen werden; die ausdrückl *unentgeltl* Überlassung führt nicht zum Abzug von WK aus VuV (BFH IX B 165/05 BFH/NV 06, 738). Auch darf der unterhaltsberechtigte Mieter nicht zum Haushalt des Vermieters gehören (s Rz 10). 91

(b) Stuttgarter Modell. Vereinbarungen sind nach der Rspr (BFH IX R 12/01 BStBl II 04, 643; dem folgend *OFD Mster* DB 04, 2242) nicht schon deshalb missbräuchl, weil der bisherige Eigentümer das Objekt gegen wiederkehrende Leistungen auf sein Kind überträgt (bei Vertragsschluss vor 2008 Abziehbarkeit der wiederkehrenden Leistungen beim Kind nach § 10 I Nr 1a aF) und dann rückanmietet (Abziehbarkeit der WK-Überschüsse aus der Vermietung beim Kind). Dies eröffnet bei Notwendigkeit größerer Erhaltungsaufwendungen lukrative Gestaltungsmöglichkeiten (s *Busch/Trompeter* FR 05, 633; *Mayer/Geck* DStR 05, 1425, 1471; zu den damit verbundenen zivilrechtl Risiken aber *P. Fischer* FR 04, 716 mwN). Begründet wird dies damit, dass hier nur eines der Geschäfte auf der Nutzungsebene stattfindet, das andere aber auf der Vermögensebene (*Heuermann* StuW 04, 124). In diesen Fällen steht der Mietvertragsanerkennung auch nicht die parallele Existenz eines Wohnungsrechts entgegen (BFH IX R 44/98 BFH/NV 04, 1265), das aber nicht ausgeübt sein darf. Missbräuchl ist es, wenn ein unentgeltl Wohnrecht gegen dauernde Last aufgehoben wird und in Höhe desselben Betrags eine Miete vereinbart wird (BFH IX R 56/03 BStBl II 04, 648). – Weil für ab 2008 geschlossene Verträge kein SA-Abzug mehr mögl ist, hat die Bedeutung dieser Gestaltungen abgenommen. 92

Kulosa 1665

93 **(c) Weitere zulässige Gestaltungen.** Der StPfl vermietet ein Haus an seine Eltern; zugleich überlassen diese ihm das Nachbarhaus *unentgeltl* (BFH IX R 5/00 BStBl II 03, 509: keine gegenseitigen Zahlungspflichten; dazu *Heuermann* BB 03, 1465). Gleiches gilt, wenn einer der Mietverträge bereits seit längerer Zeit besteht und erst später der Vermieter eine andere, in seinem Eigentum stehende Wohnung an den StPfl überträgt und rückanmietet (BFH IX R 54/93 BStBl II 96, 158), oder wenn der StPfl das Objekt von einem Angehörigen erwirbt, an diesen zurückvermietet, der Kaufpreis als Darlehen gewährt wird und Miet-/Zinszahlungen dieselbe Höhe haben (FG BaWü EFG 05, 1943, rkr: keine wechselseitige Vermietung).

94 **cc) Fremdüblichkeit des Vertragsinhalts.** Auch der Vertragsinhalt muss im Wesentlichen dem zw Fremden Üblichen entsprechen. Je mehr Unüblichkeiten zusammentreffen, desto eher spricht dies gegen die Anerkennung. Ist ein abgrenzbarer Teil des Entgelts unübl, ist nur dieser Teil der Besteuerung nicht zugrunde zu legen; iÜ bleibt der Vertrag aber steuerl zu beachten (BFH VIII R 29/97 BStBl II 00, 386 zu 3.: Pachtvertrag zw Kind und FamilienPersGes, wobei das lfd Entgelt angemessen ist, nicht jedoch der Verzicht der PersGes auf einen Wertausgleich für vorgenommene Einbauten). – **(1) Einzelfälle unübl Inhalte.** Den Eltern wird eine Wohnung im ansonsten vom Vermieter selbstgenutzten Zweifamilienhaus auf Lebenszeit vermietet; zugleich wird der Vater als Hausmeister für das Zweifamilienhaus angestellt (BFH IX R 30/01 BFH/NV 03, 465). Die Miete soll nicht ausbezahlt, sondern durch Verrechnung mit ratenweisen Rückforderungsansprüchen aus einer (als frei widerrufl ausgestalteten) Schenkung des Mieters entrichtet werden (BFH IX R 8/16 BStBl II 17, 273). – **(2) Einzelfälle nicht zu beanstandende Inhalte.** Die Vereinbarung einer „Warmmiete" (Verzicht auf Abrechnung von Nebenkosten) ist jedenfalls bei der Zimmervermietung an Studierende nicht unübl (BFH IX R 39/99 BStBl II 00, 224 zu 1.). Eine zugunsten des Angehörigen verbilligte Miete ist in den Fremdvergleich nicht einzubeziehen, sondern iRd Einkunftserzielungsabsicht (s Rz 46) zu prüfen (BFH IX R 8/07 BFH/NV 08, 350 zu II.1.b).

95 **c) Tatsächliche Durchführung gemäß der Vereinbarung.** Auch bei tatsächl Durchführung ist entscheidend auf die **Hauptpflichten** (Nutzungsüberlassung/Mietzahlung) abzustellen. Am Fehlen der erforderl **Nutzungsüberlassung** scheitern zB Gestaltungen, in denen Vermieter und Mieter eine Haushaltsgemeinschaft bilden (s Rz 10 mwN).

96 **aa) Mietzahlung. – (1) Nichtzahlung.** Ein Mietverhältnis ist nicht anzuerkennen, wenn Mietzahlungen gar nicht feststellbar sind (BFH IX R 26/12 BFH/NV 14, 529) oder die erste Miete 10 Monate nach Mietbeginn geleistet wird (BFH IX R 306/87 BStBl II 92, 75), die Mietzahlungen schon in den ersten Monaten des Mietverhältnisses verspätet erfolgen und dann ganz eingestellt werden (BFH IX R 70/10 BFH/NV 11, 1067 Rz 17) oder wenn erst nach mehrjähriger Nichtzahlung der Miete geltend gemacht wird, eine frühere Kaufpreisminderung solle als Mietvorauszahlung gelten (BFH IX B 152/01 BFH/NV 02, 1157). Problematisch sind auch Mietzahlungen, die in ihrer Höhe stark schwanken und von den Vereinbarungen abweichen, selbst wenn dies mit Zahlungsschwierigkeiten des Mieters begründet wird (BFH IX R 38/97 BStBl II 98, 106 zu 3.). Sind die Mieter die Eltern des StPfl, werden diese in ein Pflegeheim eingewiesen und können infolgedessen die Miete nicht mehr zahlen, muss der StPfl nach einem langjährigen beanstandungsfreien Mietverhältnis nicht zwingend die erste Möglichkeit zur fristlosen Kündigung wahrnehmen; vielmehr würde auch ein fremder Vermieter die Möglichkeit einer einvernehml Abwicklung des Mietverhältnisses suchen (zutr BFH IX R 42/15 BFH/NV 17, 1422 Rz 21 ff: Abwicklungszeitraum etwa 6 Monate).

(2) Barzahlungen. Zweifel an der tatsächl Durchführung der Mietzahlungspflicht können sich bei angebl Barzahlung trotz größerer räuml Entfernung zw den Wohnsitzen von Mieter

Einkünftetatbestände

und Vermieter ergeben (BFH IX B 94/02 BFH/NV 03, 617). Eine unregelmäßige Bargeld-Mietzahlung kann iRe Gesamtwürdigung aber dann als unschädl angesehen werden, wenn der nur zeitweilig in der Wohnung anwesende Angehörigen-Mieter die Zahlungen *vorschüssig* leistet (BFH IX R 69/94 BStBl II 97, 196 zu 2.b); auf nachschüssige Zahlungen ist diese Großzügigkeit mE nicht übertragbar. Leistet der Mieter (in Ausbildung befindl Sohn der Vermieter) die als Miete vereinbarten Barzahlungen nicht, führt auch eine zwei Jahre später erklärte rückwirkende Aufrechnung mit Unterhaltsansprüchen nicht zur Anerkennung des Mietverhältnisses (FG Mchn DStRE 12, 826, rkr). Sind regelmäßige Barzahlungen tatsächl nachgewiesen, steht das Fehlen von Quittungen der Anerkennung nicht entgegen (FG Ddorf EFG 98, 1012, rkr). – **(3) Unüblichkeiten bei Bankzahlungen.** Allein der Umstand, dass der Mieter die Miete auf ein *eigenes* Bankkonto (mit Verfügungsbefugnis des Vermieters), auf ein Oder-Konto oder auf ein Konto des Vermieters, über das auch der Mieter verfügungsbefugt ist, überweist, schließt die tatsächl Durchführung zwar nicht aus (zu ArbVerh BVerfG 2 BvR 802/90 BStBl II 96, 34); dies darf aber iRd Gesamtwürdigung berücksichtigt werden (BFH IX B 186/01 BFH/NV 02, 1155). Wird Banküberweisung vereinbart, aber nicht durchgeführt, sondern nachträgl eine Verrechnung der Miete mit Barunterhalt behauptet, ist das Mietverhältnis nicht anzuerkennen (BFH IX R 28/15 BFH/NV 16, 1006). – **(4) Mieterhöhungen.** Wird eine Wertsicherungsklausel vereinbart, aber fast 19 Jahre lang nicht durchgeführt, ist ihre rückwirkende Vollziehung nicht anzuerkennen (BFH III R 70/05 BFH/NV 08, 1139).

bb) Abweichungen vom Vertrag bei den Nebenkosten. Sie stehen der Anerkennung für sich genommen nicht entgegen, sind aber iRd Gesamtwürdigung zu berücksichtigen (BFH IX R 30/96 BStBl II 98, 349; BFH IX R 73/97 BFH/NV 01, 594; hier zusätzl noch Barzahlung statt der vereinbarten Banküberweisung). Werden die Hauptpflichten aber vertragsgemäß erfüllt, spricht dies für die Anerkennung. Zudem ist zu berücksichtigen, dass es im Bereich der Nebenkosten bei privaten Vermietern auch ggü Fremden häufig zu Ungenauigkeiten kommt.

II. Einkünftetatbestände, § 21 I 1 Nr 1–4

1. Vermietung und Verpachtung von unbeweglichem Vermögen, § 21 I 1 Nr 1. – **Begriff der VuV.** Erforderl ist grds eine zeitl begrenzte Nutzungsüberlassung (ausführl s Rz 4 ff; zu Besonderheiten bei der Ausbeutung von Bodenschätzen s Rz 18). – **Unbewegl Vermögen.** Hierauf beschränkt sich Nr 1. Die VuV von bewegl WG fällt im PV unter § 22 Nr 3, bei gewerbl Vermietung unter § 15. Die VuV von Sachinbegriffen (bewegl WG) wird allerdings von § 21 I 1 Nr 2 erfasst (s Rz 102). Unter den Begriff des unbewegl Vermögens fallen laut der *beispielhaften* Aufzählung in Nr 1 vor allem (unbebaute) **Grundstücke, Gebäude** und **Gebäudeteile** (zB einzelne Wohnungen); auch die Vermietung von Fassaden- oder Dachteilen (zB für die Erzeugung von Solarstrom durch *Dritte* oder für Werbezwecke) sowie die Vermietung von Dachflächen für **Mobilfunkstationen** (zutr FG Saarl EFG 10, 140, rkr: es handelt sich nicht um eine Entschädigung für angebl Strahlenbelastung, die nicht stbar wäre). – **Im Schiffsregister eingetragene Schiffe.** Sie sind ebenfalls in Nr 1 genannt (BFH X B 82/99 BFH/NV 00, 1186; BFH X B 118/99 BFH/NV 00, 1333: bei Segelyachten aber häufig Liebhaberei). Die VuV *nicht* eingetragener Schiffe fällt hingegen unter § 22 Nr 3. – Den eingetragenen Schiffen gleichgestellt sind **Flugzeuge**, die in die Luftfahrzeugrolle eingetragen sind (BFH IX R 71/96 BStBl II 00, 467). Ihre Vermietung fällt jedoch unter § 15, wenn sie mit der späteren Veräußerung aufgrund eines einheitl Geschäftskonzepts verklammert ist (BFH IV R 49/04 BStBl II 09, 289). – **Grundstücksgleiche Rechte.** Ihre VuV führt ebenfalls zu Einnahmen iSd Nr 1. Neben den im Gesetz ausdrückl genannten Rechten (Erbbau-/Mineralgewinnungsrecht) fallen hierunter zB Berg-, Fischerei-, Apothekenrechte, soweit sie nicht iRe GewBetr verpachtet werden.

2. Vermietung und Verpachtung von Sachinbegriffen, § 21 I 1 Nr 2. Ein Sachinbegriff ist gegeben, wenn **mehrere WG** funktionell und technisch so aufeinander abgestimmt sind, dass sie eine wirtschaftl Einheit bilden (aber ihre zivilrechtl und steuerl Selbständigkeit behalten, auch zB für die AfA). – **Beispiele.** Das bewegl BV bei Verpachtung eines aufgegebenen GewBetr; die Möbel einer möbliert vermieteten Wohnung (BFH IX R 73/01 BFH/NV 05, 192 zu II.1.); Großrechenanlagen (*Kantenwein/Melcher* FR 85, 233, 235); das gesamte Inventar einer Bibliothek, eines Archivs (BGH VI ZR 53/79 BGHZ 76, 219 zu B. II.3.) oder einer anderen Sammlung. Ein (ggf zusammengesetztes) WG, das nach der Verkehrsanschauung eine *einheitl Sache* bildet, ist hingegen kein Sachinbegriff (zB FG Nbg EFG 94, 970, rkr: Heißluftballon). – **Andere Einkunftsarten.** Die VuV *einzelner* bewegl WG (zB Wohnmobil, Segelboot) fällt unter § 22 Nr 3 (s § 22 Rz 130 ff). Häufig wird die Vermietung bewegl WG (einzelner WG oder Sachgesamtheiten) aber iRe GewBetr erfolgen.

103 **3. Zeitlich begrenzte Überlassung von Rechten, § 21 I 1 Nr 3.** – **a) Anwendungsbereich.** Der Tatbestand erfasst ua schriftstellerische, künstlerische und gewerbl **Urheberrechte** (zum Begriff s auch § 73a II EStDV), **gewerbl Erfahrungen** (Spezialwissen, das gesetzl nicht geschützt ist) sowie **Gerechtigkeiten** (zB Gewerbeberechtigungen wie Apothekenrechte) und **Gefälle** (Art 164 EGBGB: vor allem Rechte zum Sammeln von Naturalien). Da die gesetzl Aufzählung nur beispielhaft ist, ist auch eine Schadensersatzzahlung für die Verletzung eines **Gebrauchsmusters** erfasst (FG Mster EFG 14, 356, rkr). Darüber hinaus fällt die Überlassung von eigenen **Persönlichkeitsrechten** (Recht am eigenen Bild oder Namen; zB bei Werbeverträgen von Prominenten) unter Nr 3 (BFH I R 19/06 BStBl II 10, 398 zu II.1.b cc aaa), nicht aber die Erbringung von Dienstleistungen (zB Promotionauftritte, Pflicht zum Tragen von Kleidungsstücken mit Werbeaufdrucken, Erstellung von Gastkolumnen; s BFH I R 19/06 BStBl II 10, 398 zu II.1.b cc bbb), auch nicht das „Ausleihen" von Fußballspielern (BFH I R 86/07 BStBl II 10, 120; BMF BStBl I 10, 617). Erfasst sind sowohl schuldrechtl als auch dingl Nutzungsrechte (BFH I B 11/82 BStBl II 83, 367 zu 3.).

104 **b) Zeitlich begrenzte Überlassung.** Die endgültige Übertragung des Rechts fällt nicht unter Nr 3 (es handelt sich um ein Veräußerungsentgelt, das im PV nicht stbar ist). Für eine zeitl Begrenzung genügt es aber bereits, wenn bei Vertragsschluss noch ungewiss ist, ob und wann die Überlassung endet (BFH I R 54/75 BStBl II 78, 355; BFH IX R 57/99 BFH/NV 03, 1311 zu II.1.a aa). Dies kann bereits bei Vereinbarung einer auflösenden Bedingung oder bei Anwendbarkeit eines gesetzl Rückrufsrechts der Fall sein (BFH I B 11/82 BStBl II 83, 367 zu 3.), und zwar selbst dann, wenn nur der Nutzungsberechtigte die Voraussetzungen für den Rückfall herbeiführen kann (BFH IX R 57/99 BFH/NV 03, 1311 zu II.1.a aa).

106 **c) Bedeutung.** Bei **unbeschr StPfl** ist die Bedeutung der Nr 3 begrenzt, weil idR andere Einkunftsarten vorrangig sein werden (§§ 15, 18 bei Überlassung der Rechte an *eigenen* Erfindungen bzw geistigen Leistungen). Nr 3 ist hier hauptsächl bei Überlassung solcher Rechte anwendbar, die der StPfl ihrerseits von einem *Dritten* erworben hat und dann weiter überlässt (zu einem solchen Fall BFH I R 41/92 BStBl II 93, 407 zu II.B.2.c). – Bei **beschr StPfl** hat Nr 3 hingegen größere Bedeutung, weil § 49 I Nr 6 der Verwertung von Rechten in einer inl Betriebsstätte den inl Einkünften zurechnet und wegen § 49 II der Vorrang der betriebl Einkunftsarten insoweit nicht gilt (ausführl, auch zur Abgrenzung zur Veräußerung, s § 49 Rz 109 ff mwN).

107 **4. Veräußerung von Mietzinsforderungen/Pachtzinsforderungen, § 21 I 1 Nr 4.** Der Tatbestand erfasst solche Forderungen, die in einer Vermietungs-/Verpachtungstätigkeit iSd Nr 1–3 entstanden sind, aber mangels Zuflusses noch nicht zu stpfl Einnahmen geführt haben. Er dient der Vermeidung von Umgehungen und gilt ausdrückl auch dann, wenn die Einkünfte aus dem Forderungsverkauf mit im Veräußerungspreis für ein Grundstück enthalten sind. Voraussetzung ist, dass die Forderung im Zeitpunkt der Veräußerung bereits entstanden ist (BFH I R 199/84 BStBl II 86, 794 zu 1.8).

III. Einnahmen und Werbungskosten
1. Einnahmen aus Vermietung und Verpachtung. – a) Verweise. Zur Behandlung von **Zuschüssen** s § 6 Rz 71 ff, zu erstatteter **USt** s Rz 117 „Umsatzsteuer". **Einmalzahlungen,** die für eine Nutzungsüberlassung von mehr als fünf Jahren im Voraus geleistet werden, können (Wahlrecht) gleichmäßig auf den Zeitraum verteilt werden, für den sie geleistet werden (§ 11 I 3; s § 11 Rz 30).

b) Einnahmen aus Betriebskosten. Zahlt der Mieter Betriebskosten (zB Heizung, Strom, Wasser, Müllabfuhr) an den Vermieter (dh nicht direkt an einen Versorgungsbetrieb), gehören sie zu den Mieteinnahmen (BFH IX R 69/98 BStBl II 00, 197; BFH IX R 9/03 BStBl II 04, 225). Entspr Vermieteraufwendungen sind im Abflusszeitpunkt WK. Für Betriebskosten gilt daher das **Bruttoprinzip.**

c) Übernahme sonstiger Kosten. Ist vereinbart, dass der Mieter anstelle oder neben der Miete Kosten *unmittelbar* zu tragen hat, die mit dem Objekt zusammenhängen (zB Reparaturen, Schuldzinsen), sind entspr Zahlungen des Mieters Einnahmen des Vermieters aus VuV, die bei ihm zugleich wieder als WK abfließen (BFH IX R 20/84 BFH/NV 89, 160; ebenso zur Kostenbeteiligung eines Pächters an Großreparaturen BFH IV B 22/94 BFH/NV 95, 591; zu fiktiven Einnahmen und WK aus einem zinslosen Mieterdarlehen BFH IX R 47/89 BFH/NV 95, 294). Die Übernahme von Erhaltungsaufwand durch den Mieter braucht aus Vereinfachungsgründen nicht berücksichtigt zu werden (EStR 21.5 III 6).

d) Mietereinbauten; Gebäude auf fremdem Grund und Boden. Ist der Mieter zur Vornahme werterhöhender Aufwendungen/Einbauten verpflichtet oder berechtigt, spricht zunächst eine tatsächl Vermutung dafür, dass er daran wirtschaftl Eigentum erwirbt (BFH IX R 54/99 BFH/NV 04, 1088). Dann erzielt der Vermieter erst im Zeitpunkt der Rückgabe der Sache Einnahmen aus VuV iHd dann noch vorhandenen Werts der Einbauten; anschließend kann der Vermieter AfA von den nachträgl HK vornehmen (BFH VI 244/60 HFR 62, 161; BFH IX R 170/85 BStBl II 90, 310). Hat der Mieter seine Einbaupflicht nicht erfüllt, stellt eine entspr Ersatzzahlung an den Vermieter ebenfalls eine Einnahme dar (BFH VI R 316/66 BStBl II 69, 184). Wird der Vermieter hingegen sofort auch wirtschaftl Eigentümer der Einbauten, fließt ihm deren Wert bereits mit der Errichtung zu (ausführl BFH VIII R 30/82 BStBl II 83, 755).

e) ABC der Einnahmen.

Abstandszahlung des Mieters. Bei vorzeitiger Entlassung aus dem Mietverhältnis oder Nichtantritt eines Mietverhältnisses wird sie zwar nicht für eine Nutzungsüberlassung gezahlt, gehört beim Vermieter aber als „Entschädigung für entgehende Einnahmen" (§ 24 Nr 1 Buchst a) zu den VuV-Einkünften und kann nach § 34 tarifbegünstigt sein (BFH VIII R 17/86 BStBl II 91, 76; BFH IX R 67/02 BFH/NV 05, 1044). – Die Abstandszahlung des Eigentümers an einen Wohnrechtsberechtigten für die vorzeitige Aufgabe des Wohnrechts führt beim Empfänger auch dann nicht zu VuV-Einnahmen, wenn sie sich nach dem Mietwert der Wohnung bemisst (BFH X R 140/88 BStBl II 90, 1026), wohl aber die Abstandszahlung des Eigentümers an den Hauptmieter für die vorzeitige Auflösung des Hauptmietverhältnisses, die für den Hauptmieter zum Verlust des (wirtschaftl günstigen) Untermietverhältnisses führt (BFH IX R 10/03 BFH/NV 05, 843). Zu weiteren Abstandszahlungen des Vermieters s § 6 Rz 140 „Abfindungen".

Angehörige s Rz 81 ff.

Arbeitnehmer-Wohnung. Überlässt ein ArbG dem ArbN neben dem Barlohn auch eine Wohnung seines PV ohne gesondert berechnetes Entgelt, erzielt er gleichwohl Einkünfte aus VuV. Die Höhe der Mieteinnahme entspricht dem anteiligen Wert der Arbeitsleistung des ArbN (BFH VIII R 3/97 BStBl II 99, 213), der wiederum aus dem ortsübl Mietwert abzuleiten ist. Für Wohnungen des BV des ArbG gilt diese Fiktion hingegen nicht.

Baukostenzuschüsse s § 6 Rz 71 ff.
Bausparguthabenzinsen s Rz 165.
Bausperre s Rz 14.
Beschlagnahme s Rz 8.
Dienstbarkeit s Rz 14.
Disagio. Die Übernahme von Verbindlichkeiten durch den Käufer eines Objekts führt beim Veräußerer auch hinsichtl des noch nicht „verbrauchten" Disagios nicht zu Einnahmen aus VuV (BFH IX R 44/01 BFH/NV 05, 188: keine Erstattung von Aufwendungen, sondern Veräußerungsentgelt).

Entschädigungen s Rz 14.
Erbbaurecht. Zur Behandlung der Einnahmen s Rz 7; zu zahlreichen weiteren Problemen s § 6 Rz 89 mwN.

Erstattung von WK s Rz 121 und § 9 Rz 112 ff.
Grunddienstbarkeit s Rz 14.
Instandhaltungsrücklage. Zu Guthabenzinsen s Rz 165; zum WK-Abzug der Zuführungsbeträge s Rz 148.

Kaufpreisminderung wegen eines unentgeltl Nutzungsrechts, das noch bis einige Zeit nach Erwerb des Grundstücks läuft, ist keine Einnahme aus VuV (BFH IX R 72/88 BFH/NV 94, 163).

Kaufpreisraten. Langfristige *zinslose* Stundung eines Kaufpreises führt beim Erwerber zur Abzinsung des Kaufpreises und damit zu geringeren AK (s § 7 Rz 106 mwN). Beim Veräußerer sind die Zinsanteile Einnahmen aus KapVerm (BFH VIII R 163/71 BStBl II 75, 431; BFH VIII B 74/92 BFH/NV 93, 521); dies ist verfgemäß (BVerfG 2 BvR 335/93 HFR 93, 542).

Kaution. Auch wenn der Vermieter die Mietkaution (entgegen § 551 III 3 BGB) nicht von seinem eigenen Vermögen getrennt anlegt, stellt sie zunächst keine Einnahme aus VuV dar (zutr FG Mster EFG 20, 1230 zu 1., insoweit nachgehend von BFH IX R 11/20 BFH/NV 22, 104 nicht beanstandet). Auch die Zinsen sind estl dem Mieter zuzurechnen. Erst soweit der Vermieter die Kaution nach Ende des Mietverhältnisses wegen eines Schadensersatzanspruchs einbehält, handelt es sich um Einnahmen aus VuV; die damit finanzierten Reparaturkosten sind WK.

Kostenübernahme/Mietereinbauten s Rz 113 f.
Nebenkosten s Rz 112.
Nießbrauch s Rz 71 ff.
Restitution nach § 7 VermG s *Schmidt* 35. Aufl § 21 Rz 62.
Rückabwicklung eines Kaufvertrages nach Erzielung von VuV-Einkünften s *LfSt Bay* DB 08, 2110: Rückerstattung Kaufpreis = estrechtl neutral, Erstattung der WK = Einnahmen aus VuV, Gegenrechnung mit vereinnahmten Mieten = negative Einnahmen aus VuV, Verzinsung Kaufpreis = Einnahmen aus KapVerm.

Sachleistungen anstelle von Barmiete sind VuV-Einnahmen (Bewertung s § 8 II), sofern sie ihre Grundlage im Nutzungsverhältnis haben. Dies gilt zB, wenn das Entgelt für Nutzungsüberlassung in der Gewährung eines zinslosen Darlehens durch den Mieter besteht (BFH IX R 47/20 BFH/NV 95, 294: Mieteinnahmen iHd übl Zinsen, korrespondierend Abfluss fiktiver Schuldzinsen als WK).

Schadensersatzzahlungen können Einnahmen aus VuV sein (ausführl *HHR* § 21 Rz 85). Dies gilt vor allem dann, wenn sie durch das Nutzungsverhältnis ver-

Einnahmen und Werbungskosten 117 § 21

anlasst sind (zB BFH VI 264/65 BStBl III 66, 395: Entgelt wegen übermäßiger Beanspruchung der Mietsache; BFH VI R 119/66 BStBl II 68, 309: Zahlung des Mieters für unterlassene Schönheitsreparaturen; BFH VI R 316/66 BStBl II 69, 184: Pächter zahlt für die Nichterfüllung seiner vertragl Pflicht zur Unterhaltung des Pachtgegenstands). Gleiches gilt, wenn die Zahlung WK ersetzen soll (BFH I R 166/69 BStBl II 71, 624: Erstattung von Bereitstellungszinsen, die anfallen, weil der Mieter verspätet auszieht; BFH IX R 189/85 BStBl II 94, 11: Zahlung einer Feuerversicherung, die AfaA oder Abbruchkosten ersetzen soll). Keine Einnahmen sind hingegen Zahlungen für Substanzschäden, sofern sie keine AfaA ausgleichen (zB FG Ddorf EFG 92, 338, rkr: Schäden durch Bauarbeiten auf dem Nachbargrundstück; FG Mchn EFG 04, 1120. rkr: Entschädigung für Lärm- und Abgasimmissionen einer neugebauten Straße).

Umlagen s Rz 112.

Umsatzsteuer. Bei ustpfl Vermietung gehört die in den Mietzahlungen enthaltene USt zu den estpfl Einnahmen. Gezahlte VorStBeträge auf Eingangsleistungen sind WK; dies gilt auch dann, wenn die Eingangsleistungen AK/HK darstellen (§ 9b I). Diese WK sind estl stets im Zeitpunkt des *Abflusses* der VorStBeträge geltend zu machen, und zwar auch dann, wenn die ustl Voraussetzungen für den VorStAbzug (zB Erhalt einer ordnungsgemäßen Rechnung, Ausübung der Option) erst später erfüllt werden. Abziehbare VorSt aus AK/HK, die entgegen § 9b I nicht im Jahr ihres Abflusses als WK abgezogen worden ist, kann nicht in einem späteren Jahr estl geltend gemacht werden (BFH XI R 49/05 BStBl II 06, 712). – Die an das FA abgeführte USt-Zahllast ist WK, und zwar auch, soweit sie auf einer Berichtigung des VorStAbzugs (§ 15a UStG) infolge der *Veräußerung* des Grundstücks beruht (BFH IX R 55/90 BStBl II 93, 17; BFH IX R 105/89 BStBl II 93, 656: es handelt sich nicht etwa um estl unbeachtl Veräußerungskosten). USt-Erstattungen des FA sind im Zuflusszeitpunkt Einnahmen (BFH VIII R 6/79 BStBl II 82, 755); dies gilt im mE auch dann, wenn der Erstattung später ein an das FA zurückzuzahlen ist (glA *HHR* § 21 Rz 300 „Umsatzsteuer"; **aA** BFH IX R 12/89 BStBl II 91, 759: AdV-Gewährung; *OFD Köln* FR 93, 66). – Ist die VorSt aus AK/HK ustl nicht abziehbar (gleich aus welchem Grund), gehört sie zu den AK/HK (BFH VIII R 60/14 BFH/NV 16, 1455).

Versicherungsentschädigung s Rz 14.

Vertragsstrafe eines Architekten/Bauunternehmers wegen verspäteter Fertigstellung eines Mietwohngebäudes ist nicht etwa AK-Minderung, sondern VuV-Einnahme, weil dadurch entgangene Mieteinnahmen ausgeglichen werden sollen.

Verzicht auf Mieteinnahmen oder Mieterhöhung kann nicht als Einnahme aus VuV fingiert werden (BFH IX B 24/12 BFH/NV 12, 1970: bei der Prüfung der Einkunftserzielungsabsicht sind keine fiktiven höheren Einnahmen zu berücksichtigen, wenn diese zwar erzielt werden *könnten*, wegen einer verbilligten Vermietung an Angehörige aber tatsächl nicht erzielt werden).

Verzugszinsen gehören zu Einnahmen aus VuV (s Rz 165).

Wohnrecht. Entgelt für Einräumung ist Einnahme aus VuV (s zum entgeltl eingeräumten Nießbrauch auch Rz 73). Verpflichtet sich der Erwerber eines unbebauten Grundstücks, hierauf ein Gebäude zu errichten und dem Veräußerer an einer der neuen Wohnungen ein unentgeltl lebenslanges dingl Wohnrecht zu bestellen, ist der Wert des Grundstücks allerdings nicht als Einnahme anzusetzen; vielmehr handelt es sich um einen Anschaffungsvorgang (BFH IX R 265/87 BStBl II 92, 718; BFH IX R 63/98 BFH/NV 01, 1257; *BMF* BStBl I 06, 392; *BMF* BStBl I 13, 1184 Rz 33).

Zuschüsse (s auch § 6 Rz 71 ff). Eine Zahlung, die eine Immobilienfonds-KG von einem zur Initiatorengruppe gehörenden Bauunternehmen zur Überbrückung von Mietausfällen erhält, ist auch dann sofort als Einnahme zu behandeln, wenn sie bei Erzielung künftiger Mieten, die die Prospekt-Prognose übersteigen, rückzahlbar ist (BFH IX R 56/13 BStBl II 17, 253; s auch § 6 Rz 76 mwN).

121 **2. Werbungskosten. – a) Verweise.** Allgemeines zu WK s Erläut zu § 9. Zu Schuldzinsen (§ 9 I 3 Nr 1) s ausführl § 9 Rz 131 ff; zu öffentl Abgaben (§ 9 I 3 Nr 2) s § 9 Rz 170 ff. – Die spätere **Erstattung von WK** führt zu stpfl Einnahmen im Erstattungsjahr (BFH IX R 41/93 BStBl II 95, 704; BFH IX R 23/99 BFH/NV 00, 831 zu 1.a; s auch § 9 Rz 112 mwN). Eine Ersatzzahlung für Bergbauschäden am Gebäude soll nur dann zu berücksichtigen sein, wenn sie ganz bestimmten Reparaturkosten als WK zuzuordnen ist (BFH IX R 11/20 BFH/NV 22, 104 Rz 33 ff; mE unzutr, weil die Ersatzzahlung nichts anderes als Kostenersatz sein kann und die Reparatur auch später vorgenommen werden kann).

122 **b) Anschaffungskosten/Herstellungskosten.** Diese wirken sich bei den Einkünften aus VuV im Wege der AfA (§ 9 I 3 Nr 7) aus. Ausführl zu **AK** s § 6 Rz 31 ff (mit ABC in § 6 Rz 140); ausführl zu **HK** s § 6 Rz 151 ff (zu Gebäude-HK § 6 Rz 161–189, 211–217 mit ABC in § 6 Rz 220); dort auch die Abgrenzung zum **Erhaltungsaufwand.** Zu **anschaffungsnahen HK** (§ 6 I Nr 1a) s § 6 Rz 381 ff.

124 **c) Verteilung größeren Erhaltungsaufwands, § 82b EStDV. – aa) Voraussetzungen.** Zum Begriff des **Erhaltungsaufwands** s § 6 Rz 188 mwN. Welche Aufwendungen als „größer" anzusehen sein sollen, wird im Gesetz nicht konkretisiert. Die Rspr ist hier großzügig (BFH IX R 66/91 BStBl II 93, 591: bejaht beim Einbau von zwei Fenstern für insgesamt 1440 DM). Mehrere kleinere Erhaltungsaufwendungen können zu einem größeren Betrag zusammengefasst werden. – Ferner darf das betroffene Gebäude **nicht zu einem BV gehören** und muss **überwiegend Wohnzwecken dienen.** Dies ist der Fall, wenn die Grundfläche der Wohnzwecken dienenden Räume mehr als die Hälfte der gesamten Nutzfläche beträgt (Abs 1 S 2; zur Zuordnung von Garagen s Abs 1 S 3, 4; näher zum Begriff der Wohnzwecke s *Schmidt* 27. Aufl § 7 Rz 171). Die Rspr verlangt eine *dauerhafte* Wohnnutzung, woran es bei Vermietung an wechselnde Feriengäste fehlt (BFH IX R 75/99 BFH/NV 01, 429; mE nicht zwingend). – Der weitere Abzug bleibt auch dann mögl, wenn das Gebäude in späteren Jahren des Verteilungszeitraums nicht mehr überwiegend Wohnzwecken dient.

126 **bb) Rechtsfolgen. – (1) Wahlrecht.** Der StPfl kann die größeren Erhaltungsaufwendungen abw vom Abflussprinzip auf 2–5 Jahre *gleichmäßig* (BFH IX B 64/19 BFH/NV 20, 224 Rz 8) verteilen. Dies dient der besseren Ausnutzung der Tarifprogression. Maßgebl ist der Zeitpunkt der Zahlung der Aufwendungen; für größere Aufwendungen, die in Teilbeträgen vor wie nach dem Jahreswechsel bezahlt werden, gelten daher zwei Verteilungszeiträume. – **(2) Rechtsnachfolge.** Bei **Gesamtrechtsnachfolge** lässt der BFH in seiner neuen Rspr keine Fortführung des Abzugs durch den Erben zu, sondern wendet § 82b II EStDV analog an. Danach ist der noch nicht berücksichtigte Teil des Erhaltungsaufwands im Todesjahr in voller Höhe beim Erblasser abzuziehen (BFH IX R 31/19 BStBl II 21, 474; ebenso schon in einem obiter dictum BFH IX S 17/17 BFH/NV 17, 1603 Rz 32 f). Die *FinVerw* hatte zuvor die Gegenauffassung vertreten (EStR 21.1 VI 2), wendet die neue BFH-Rspr aber an. Bei **unentgeltl Übertragung** während des Verteilungszeitraums gibt es noch keine BFH-Rspr; mE wird man aber auch hier § 82b II EStDV analog anwenden können. Die *FinVerw* hält hier noch daran fest, dass der unentgeltl Einzelrechtsnachfolger die Abzugsbeträge fortführen kann (EStR 21.1 VI 2). – Wenn ein **Vorbehaltsnießbraucher** die Aufwendungen getragen hat und der Nießbrauch während des Verteilungszeitraums endet, sodass die künftigen Nutzungen vom Eigentümer gezogen werden, kann dieser den noch nicht verteilten Betrag nicht abziehen; allerdings ist dieser Restbetrag dann beim Nießbraucher in einer Summe abzuziehen (zur Beendigung durch den Tod des Nießbrauchers

BFH IX S 17/17 BFH/NV 17, 1603 Rz 21 ff; BFH IX R 22/17 BFH/NV 18, 824; zur vorzeitigen vertragl Beendigung des Nießbrauchs FG Mster EFG 16, 896, rkr; krit *Paus* EStB 18, 104). – **(3) Veräußerung des Gebäudes während des Verteilungszeitraums.** Der noch nicht berücksichtigte Teil des Erhaltungsaufwands ist in diesem Jahr in voller Höhe als WK abzuziehen (§ 82b II EStDV). Gleiches gilt bei Einlage in ein BV oder Beendigung der Einkunftserzielung. – **(4) Nachholung von Abzugsbeträgen.** Über den Zweck der Progressionsglättung hinaus räumt die Rspr den StPfl die Möglichkeit ein, durch § 82b EStDV den Abzug von Erhaltungsaufwendungen, die im Entstehungsjahr versehentl nicht geltend gemacht worden waren, in den Folgejahren noch anteilig nachzuholen (BFH IX R 152/89 BStBl II 93, 589: Bestandskraft des Vorjahrs; BFH IX R 99/89 BStBl II 93, 593: Festsetzungsverjährung des Vorjahrs; BFH IX B 64/19 BFH/NV 20, 224 Rz 6 f: nur *anteilige* Nachholung mögl). Bei bestandskräftiger *Schätzung* des Entstehungsjahrs gilt dies aber nicht (BFH IX B 43/97 BFH/NV 97, 843). Die Vorschrift ermöglicht zudem (sowohl für den StPfl als auch für das FA) hinsichtl der noch nicht berücksichtigten Teilbeträge eine nachträgl Änderung der Entscheidung, ob bestimmte Aufwendungen HK oder Erhaltungsaufwand sind (BFH IX R 49/94 BFH/NV 97, 390). Nach bestandskräftigem *vollem* WK-Abzug im Entstehungsjahr ist eine Wahlrechtsausübung aber nicht mehr mögl (BFH IX B 50/06 BFH/NV 07, 1135).

128 **d) Vorab entstandene Werbungskosten bei leerstehenden Objekten.** Ausführl *Stein* DStR 09, 1079; *Günther* EStB 09, 318; *Schallmoser* DStR 13, 501; *Schallmoser* SteuK 13, 353; *Sterzinger* EStB 19, 146. – **aa) Endgültiger Entschluss zur Einkunftserzielung im Zeitpunkt des Entstehens der Aufwendungen.** Dies ist Hauptvoraussetzung für den Abzug vorab entstandener WK (allg dazu s § 9 Rz 94 ff). Bei Personenmehrheiten kommt es auf den Entschluss der PersGes/Gemeinschaft an (BFH IX R 45/15 BFH/NV 17, 1036 Rz 19). Es bleibt auch dann beim WK-Abzug, wenn dieser Entschluss später aufgegeben wird (BFH IX R 55/02 BFH/NV 04, 484). Die Entscheidung hängt sehr von den Umständen des Einzelfalls, den vorhandenen Beweismitteln und dem Sachvortrag des StPfl ab; die Rspr ist tendenziell großzügig und berücksichtigt auch die tatsächl Entwicklung nach dem VZ (BFH IX R 89/00 BFH/NV 04, 1381). – **Prüfungssystematik.** Grundlegend für den Maßstab, der an das Vorbringen des StPfl anzulegen ist, ist die Unterscheidung zw Objekten, die noch niemals vermietet wurden (dann gelten strengere Anforderungen, weil die Einkunftserzielungsabsicht erst noch vom StPfl darzulegen ist, s Rz 129), und solchen Objekten, die zuvor bereits vermietet worden sind, aber aktuell leerstehen (dann ist die Betrachtung großzügiger, weil der Entschluss zur Einkunftserzielung festssteht; es ist nur noch zu prüfen, ob dieser Entschluss später weggefallen ist; zu dieser Fallgruppe s ausführl Rz 134 ff). – Auch diese Prüfung ist **objektbezogen** vorzunehmen (BFH IX R 18/08 BFH/NV 09, 1627: differenzierte Beurteilung bei drei Wohnungen im selben Haus geboten; s auch Rz 25).

129 **bb) Objekte, die zuvor niemals vermietet waren. – (1) Fehlende Einkunftserzielungsabsicht.** Dies gilt bei **Selbstnutzungsabsicht** (BFH IX R 106/94 BStBl II 98, 15 zu II.2.b), **Veräußerungsabsicht** (BFH IX R 56/01 BFH/NV 05, 37: auch wenn der Verkauf später nicht vollzogen wird; zu Veräußerungskosten *nach* vorangegangener Vermietung s Rz 141 ff) und beim jahrelangen **Leerstehenlassen** einer *neu errichteten* oder *zuvor selbstgenutzten* Wohnung ohne ernsthafte und nachhaltige Vermietungsbemühungen (BFH IX R 5/86 BStBl II 90, 1030). Anders als beim Leerstand nach vorangegangener Vermietung, wo eine daneben bestehende Veräußerungsabsicht nicht schadet (s Rz 135), steht eine solche Veräußerungsabsicht hier dem WK-Abzug entgegen, weil dies zeigt, dass der StPfl noch nicht *endgültig* zur Vermietung entschlossen ist (BFH IX R 1/07 BStBl II 09, 848; BFH IX R 7/10 BStBl II 13, 436 Rz 17). Erst recht gilt dies, wenn das Objekt im maßgebl Zeitraum „behelfsmäßig und zur Gewährleistung der Sicherheit" selbstgenutzt wird (BFH IX R 21/12 BFH/NV 13, 1778). Wandelt sich die ursprüngl Selbstnutzungsabsicht des StPfl während der Bauphase in eine Vermietungsabsicht, können die WK ab diesem Zeitpunkt abgezogen werden (**aA** FG Köln EFG 13, 355, rkr: Rückwirkung auf den Baubeginn). Dies gilt jedoch nicht, wenn zu diesem Zeitpunkt nahezu sicher ist, dass die Investition scheitern wird (zutr BFH IX R 1/15 BFH/NV 16, 1261). – **(2) Unbebaute Grundstücke.** Für neu erworbenen GuB, der mit einem zu vermietenden Gebäude bebaut werden soll, gelten dieselben Grundsätze (BFH IX R 30/89 BStBl II 91, 761: WK-Abzug bei brachliegendem Bauerwartungsland auch dann, wenn das Verfahren der Baureifmachung acht Jahre dauert; FG Mchn DStRE 10, 1233, rkr: kein WK-Abzug, wenn über sechs Jahre keine konkreten Planungen, sondern nur gelegentl Sondierungen für eine mögl Vermietung oder Bebauung vorgenommen werden). WK sind abziehbar, wenn der StPfl sich endgültig entschlossen hat, Einkünfte (zB durch Bebauung und Vermietung) zu erzielen (BFH IX R 9/15 BStBl II 16, 335 Rz 20 ff; dort auch zu entspr Indizien). – **(3) Nachlasspflegschaft.** Hier kommt es auf die Einkunftserzielungsabsicht desjenigen an, der sich im Nachhinein als der Erbe (und damit Einkunftserzieler) erweist, nicht aber auf die Absicht des Nachlasspflegers (BFH IX R 46/06 BFH/NV 08, 1479). – **(4) Vergebliche Aufwendungen.** S § 6 Rz 207 ff mwN (insb verlorene Vorauszahlungen während der Herstellungsphase, Schadensersatzzahlungen wegen Nichterfüllung des Kaufvertrags nach Scheitern der Finanzierung). Leitgedanke hierfür ist, dass der durch die ursprüngl Absicht zur Einkunftserzielung begründete Veranlassungszusammenhang fortwirkt, solange er nicht durch eine der Vermögenssphäre zuzuordnende neue Veranlassung (zB Selbstnutzung, nicht stbare Veräußerung) überlagert wird (BFH IX R 45/05 BStBl II 06, 803). Vergebl Aufwendungen auf den GuB sind allerdings nicht abziehbar (BFH IX R 37/09 BFH/NV 11, 36). – **(5) Instandsetzungskosten während einer Selbstnutzung.** Entstehen diese Kosten im Hinblick auf eine demnächst beabsichtigte Vermietung, typisiert die Rspr ebenso wie beim umgekehrten Fall der Instandsetzung *nach* Vermietung (s dazu Rz 146): Kosten, die noch während der Selbstnutzung entstehen, sind keine WK (BFH IX R 51/08 BFH/NV 09, 1259; *Pezzer* DStR 10, 93, 95).

(6) Einzelfälle kein Werbungskostenabzug bei Leerstand vor erstmaliger Vermietung: Bei fünfjährigem Leerstand nach vorangegangener Selbstnutzung reichen ein einziges Inserat und eine einzige Besichtigung im Jahr für einen WK-Abzug auch dann nicht aus, wenn das Objekt im Folgejahr tatsächl vermietet wird (BFH IX R 1/07 BStBl II 09, 848). Dies gilt erst recht, wenn die langjährig renovierte Wohnung nach Schaltung einiger weniger Inserate nicht vermietet, sondern selbstgenutzt wird (BFH IX R 27/14 BStBl II 16, 144 Rz 47; FG Thür EFG 11, 796, rkr). Weitere Einzelfälle: Nach Erwerb 8 Jahre Leerstand wegen Renovierung, danach sollen Vermietungen nur im Bekanntenkreis erfolgen (BFH IX B 102/05 BFH/NV 07, 32); nach Erwerb 11 Jahre Leerstand wegen langsamer Renovierung in Eigenleistung, danach Vermietung an den Sohn (FG Nds EFG 10, 1199, rkr); nach Erwerb 12 Jahre Leerstand wegen Renovierung (BFH IX B 117/10 BFH/NV 11, 598); bei einem Leerstand von 20 Jahren nach Erwerb ist auch ohne Verkaufsbemühungen von fehlender Einkunftserzielungsabsicht auszugehen (BFH X R 30/07 BFH/NV 11, 215 zu B. I.2); zu Nachweisproblemen s *Stein* DStR 09, 1079. – **Ausreichend** ist allerdings eine Kontaktaufnahme auf nahezu sämtl Mietgesuche in einem lokalen Anzeigenblatt, wenn die Wohnung nach 3 1/2 Jahren tatsächl vermietet wird (BFH IX R 68/10 BStBl II 13, 367).

134 **cc) Objekte, die nach vorangegangener Vermietung leerstehen.** Es gelten im Ausgangspunkt zwar dieselben rechtl Grundsätze; das Regel-Ausnahme-Verhältnis stellt sich im Vergleich zu noch niemals vermieteten Objekten aber gerade umgekehrt dar: Der Entschluss zur Erzielung von VuV-Einkünften muss endgültig gefasst sein (was in diesen Fällen aufgrund vorangegangener Vermietung feststeht, sodass eine Indizwirkung zugunsten des StPfl besteht, s BFH IX R 3/10 BStBl II 11, 166 Rz 17) und darf später nicht weggefallen sein (BFH XI R 8/02 BFH/NV 03, 1315; BFH IX R 14/12 BStBl II 13, 279 Rz 12).

Einnahmen und Werbungskosten

(1) Ernsthafte und nachhaltige Vermietungsbemühungen. Dies stellt das 135 entscheidende Indiz dar (zB Werbemaßnahmen; nach Erfolglosigkeit von Eigenbemühungen ggf auch Einschaltung eines Maklers; s BFH IX R 14/12 BStBl II 13, 279 Rz 13 f; *BMF* BStBl I 04, 933 Rz 26; weitere Einzelheiten s Rz 137 (e)). Für die Ernsthaftigkeit der Bemühungen trägt der StPfl die **Feststellungslast** (BFH IX R 102/00 BStBl II 03, 940; BFH IX R 14/12 BStBl II 13, 279 Rz 16); Beweisvorsorge ist also dringend anzuraten (s die Empfehlungen bei *Stein* DStR 09, 1079). Die Absicht, das leerstehende Gebäude abzureißen und das Grundstück neu zu bebauen, steht dem WK-Abzug nicht entgegen (BFH IX R 50/07 BFH/NV 08, 1111 zu II.2.). Der WK-Abzug bleibt in dieser Fallgruppe (s aber Rz 129 (1) zu vorher nicht vermieteten Objekten) auch dann bestehen, wenn der StPfl *neben* der Vermietungsabsicht **auch mit Veräußerungsabsicht handelt** (BFH IX R 102/00 BStBl II 03, 940; BFH IX R 30/00 BFH/NV 04, 1382; betr Immobilienfonds BFH IX R 47/05 BFH/NV 07, 658), sofern die Veräußerungsabsicht nicht vorrangig ist (zu einem solchen Fall zutr BFH IX R 9/12 BFH/NV 13, 718). Abziehbar sollen auch WK für Wohnungen sein, die zuvor vermietet waren, aber wegen einer behördl Nutzungsuntersagung dauerhaft leerstehen müssen (FG BBg EFG 08, 1371, rkr: der StPfl erwirbt ein Objekt mit fünf Wohnungen, von denen drei nicht genehmigt sind; mE zweifelhaft, wenn die dauerhaft fehlende Vermietbarkeit feststeht).

(2) Grenzen des Werbungskostenabzugs. Besteht für das Objekt aufgrund 136 seiner ungünstigen baul Gestaltung kein Markt, sodass es nicht vermietbar ist, muss der StPfl zielgerichtet darauf hinwirken, uU auch durch **baul Umgestaltungen** einen vermietbaren Zustand zu erreichen. Bleibt er untätig, spricht dies für den Wegfall der Einkunftserzielungsabsicht (BFH IX R 54/08 BStBl II 10, 124; BFH IX R 49/09 BStBl II 10, 1038 zu II.1.a). Wird eine früher vermietete Wohnung mit einer noch nie vermieteten Wohnung zusammengefasst und steht das Gesamtobjekt leer, entfällt die Indizwirkung der früheren Vermietung (BFH IX R 3/10 BStBl II 11, 166 Rz 21); es gelten dann die Grundsätze lt Rz 129. Gleiches gilt, wenn zuvor vermietete Kleinwohnungen durch Entkernung zu größeren Einheiten zusammengelegt werden und dann jahrelang leerstehen (BFH IX R 46/13 BFH/NV 15, 668 Rz 22). Mit zunehmendem Zeitablauf verliert die Indizwirkung der früheren Vermietung zudem an Gewicht (zutr *Heine* HFR 11, 15). – Ist der **Vermietungsentschluss endgültig aufgegeben** (was sich spätestens am Abschluss eines bindenden Verkaufsvertrages dokumentiert), setzt ein erneuter WK-Abzug (zB nach Scheitern des Verkaufs) die Erfüllung der strengen Anforderungen lt Rz 129 voraus, dh die Fassung eines endgültigen Entschlusses zur Vermietung (BFH IX R 56/01 BFH/NV 05, 37; BFH IX R 48/04 BFH/NV 05, 1299). Nach Wegfall der Einkunftserzielungsabsicht ist auch ein Abzug von Schuldzinsen (anders als im BV) nicht mehr mögl (BFH IX R 37/12 BStBl II 15, 631 Rz 20).

(3) Einzelfälle: kein Werbungskostenabzug bei Leerstand nach vorangegangener 137 **Vermietung.** – **(a) Unrealistische Vermietungswünsche.** Der StPfl will eine in einem reinen Wohngebiet liegende Wohnung ausschließl als GewBetr vermieten, obwohl der Bebauungsplan dies ausschließt (FG Hess DStRE 10, 1485, rkr); 30-jähriger Teil-Leerstand eines Gewerbeobjekts, das ohne Einbau eines bisher fehlenden Aufzugs nicht vermietbar ist (BFH IX R 54/08 BStBl II 10, 124). – **(b) Langdauernde Renovierung in Eigenleistung.** Der StPfl darf das Tempo von Renovierungsarbeiten zwar selbst bestimmen und diese auch dann in Eigenleistung vornehmen, wenn dies die Dauer der Arbeiten erhebl verlängert (BFH IX R 30/05 BFH/NV 08, 202 zu II.2.a). Bei einer Renovierungsdauer von mehr als 10 Jahren ist der WK-Abzug aber idR zu versagen (BFH IX R 3/10 BStBl II 11, 166 Rz 24; BFH IX R 27/14 BStBl II 16, 144 Rz 47, ausführl Anm *Heuermann* StBp 11, 27); ebenso bei neunjähriger völliger Untätigkeit nach Renovierungsbeginn (BFH IX R 46/13 BFH/NV 15, 668 Rz 25). – **(c) Wohnung im ansonsten selbstgenutzten Haus.** Bei 10-jährigem Leerstand einer Wohnung in einem iÜ selbstgenutzten Zweifamilienhaus ist das FA selbst bei Vorlage (geringfügiger) Inserate nicht zur Berücksichtigung der WK-Überschüsse verpflichtet, wenn angesichts der starken Wohnungsnachfrage am Ort der Wohnung die Vermutung besteht, dass

Kulosa

der StPfl die Inserate nur zum Schein geschaltet hat (BFH VIII R 51/09 BFH/NV 13, 365). Wird nach längerem Leerstand ein Teil der leerstehenden Wohnung für eigene gewerbl Zwecke des im selben Gebäude wohnenden StPfl mitgenutzt, kann dies negative Indizwirkung für die Einkunftserzielungsabsicht bei VuV haben (BFH IX R 38/12 BStBl II 13, 1013). Ohne derartige konkrete Feststellungen misst der BFH aber allein dem Umstand, dass sich die Wohnung im ansonsten selbstgenutzten Haus befindet, keine negative Indizwirkung bei (BFH IX R 68/10 BStBl II 13, 367 Rz 18). – **(d) Selbstnutzung nach hochpreisiger Modernisierung.** Auch wenn eine Wohnung zunächst vermietet worden ist, kann die Vermietungsabsicht sofort mit Auszug des letzten Mieters entfallen, wenn die Wohnung anschließend sehr hochwertig modernisiert und danach selbstgenutzt wird. Sofern der StPfl für die Zwischenzeit Vermietungsbemühungen nachweist, dürfen diese allerdings nur dann unberücksichtigt bleiben, wenn sie obj zum Schein unternommen wurden (BFH IX R 15/12 BFH/NV 13, 720: Indizien sind auch Art, Umfang und Abfolge der Renovierungsarbeiten; FG Hbg EFG 11, 2076, rkr: Grenzfall, aber mE zutr entschieden; FG Hbg DStRE 12, 1305, rkr: keine Scheinhandlung bei Beauftragung eines Maklers, Aufstellung eines Vermietungsschildes und Durchführung von Besichtigungsterminen). Eine solche Gestaltung kann sehr lukrativ sein, weil die hohen Modernisierungskosten als WK abgezogen werden können. – **(e) Zu geringe Vermietungsbemühungen.** Zwar steht es dem StPfl frei, die Art und Weise der Werbung selbst zu bestimmen, sodass die ausschließl Kontaktaufnahme auf Mietinserate und ergänzende „Mundpropaganda" ausreichen kann (BFH IX R 68/10 BStBl II 13, 367 Rz 17: tatsächl Vermietungserfolg in strukturschwachem Gebiet nach 3 1/2 Jahren). Nach 7-jährigem Leerstand reicht aber allein die Vorlage einer großen Zahl an Inseraten nicht aus; der StPfl muss in einem derartigen Fall auch andere Vermietungsversuche unternehmen (zB Einschaltung eines Maklers, Zugeständnisse bei der Höhe der geforderten Miete, Abstriche bei den als Mieter akzeptablen Personen; BFH IX R 14/12 BStBl II 13, 279 Rz 21, allerdings bei Wohnung im ansonsten selbstgenutzten Haus und damit mE ohnehin Nähe zur Privatsphäre). Sind so gut wie keine ernsthaften Vermietungsbemühungen feststellbar und steht die Wohnung tatsächl mehrere Jahre leer, kann der WK-Abzug bereits im ersten Jahr nach Auszug des letzten Mieters entfallen (BFH IX R 39/11 BFH/NV 13, 540: Inserate werden erst nach bereits 6-jährigem Leerstand geschaltet, für die Zeit davor werden nur mündl Vermietungsversuche behauptet, auch hier allerdings Wohnung im ansonsten selbstgenutzten Haus; FG Nds EFG 07, 1770, rkr: eine Wohnung wird nach dreijährigem Leerstand ohne konsequente Vermietungsbemühungen an den GewBetr des Ehegatten vermietet; FG BaWü EFG 11, 2073, rkr: Wohnung im selbstgenutzten Haus, die nach Auszug des letzten Mieters saniert und anschließend ohne anzuerkennendes Mietverhältnis an ein Kind überlassen wird). Bei 10-jährigem Leerstand reichen zwei Inserate pro Jahr auch ohne eine Nähe zur Privatsphäre nicht aus (zutr FG Mchn EFG 09, 250, rkr). – **(f) Besonders lang andauernder Leerstand.** Ausnahmsweise kann auch allein die Länge des Leerstandszeitraums (ohne Zutun oder Verschulden des StPfl) zum Wegfall der Einkunftserzielungsabsicht führen. Voraussetzung ist, dass das betriebsbereite Objekt wegen fehlender Marktgängigkeit oder struktureller Vermietungshindernisse in absehbarer Zeit nicht wieder vermietet werden kann (BFH IX R 14/12 BStBl II 13, 279 Rz 22; BFH IX R 48/12 BStBl II 13, 693: 18-jähriger Leerstand einer sanierungsbedürftigen Stadtvilla in einem Ort in den neuen Bundesländern mit 50% Leerstandsquote; BFH IX R 17/16 BStBl II 17, 633, Anm *Trossen* HFR 17, 505: 14-jähriger Leerstand einer unbewohnbaren Wohnung in einer Wohnlage mit sanierungsunwilligen Eigentümern, hier Verneinung der Einkunftserzielungsabsicht ab dem 7. Jahr; zutr anders aber bei neunjährigem Leerstand und umfassenden Sanierungsbemühungen des Eigentümers FG Ddorf EFG 16, 1879, rkr). In der neueren Rspr nimmt der BFH hierfür wohl typisierend einen Zeitraum von **mindestens 10 Jahren** an (BFH IX R 9/15 BStBl II 16, 335 Rz 32 mwN). – **(g) Unbewohnbares Objekt.** Ist das Gebäude wegen seines desolaten Zustands unvermietbar und unternimmt der StPfl nichts zur Beseitigung dieses Zustands, fehlt es ebenfalls an der Einkunftserzielungsabsicht (FG Mster EFG 14, 635, rkr).

141 **e) Nachträgliche Werbungskosten.** Durch die Veräußerung des Objekts veranlasste Kosten können nicht abgezogen werden (BFH IX R 13/87 BStBl II 90, 775), und zwar auch dann nicht, wenn die Veräußerung letztl scheitert (BFH IX R 8/12 BStBl II 12, 781). Dies gilt insb für Aufwendungen, die der Rückabwicklung einer Beteiligung dienen sollen (mE zutr FG Hess EFG 17, 1165, von BFH IX R 13/17 BFH/NV 19, 397 aus verfahrensrechtl Gründen aufgehoben), sowie für die GrESt, die bei Übertragung des Grundstücks unter Nießbrauchsvorbehalt entsteht (FG BaWü EFG 20, 1406, rkr). – Die **lfd Kosten während des bestehenden Mietverhältnisses** können hingegen trotz des Veräußerungsentschlusses weiterhin

Einnahmen und Werbungskosten

abgezogen werden, und zwar auch dann, wenn der Mieter keine Miete mehr zahlt (BFH IX R 42/15 BFH/NV 17, 1422 Rz 14; hier waren die Mieter zwar nahe Angehörige; diese standen aber unter Betreuung, sodass ihre Geldmittel fremdverwaltet wurden). – Zu **Abrisskosten** und **AfaA** bei fehlender Vermietbarkeit des Gebäudes s § 7 Rz 188.

aa) Vorfälligkeitsentschädigung. Sie ist nicht abziehbar (BFH IX R 8/85 BStBl II 90, 464; BFH IX B 136/03 BFH/NV 05, 43; BFH IX B 166/07 BFH/NV 08, 567; s auch § 9 Rz 137). Dies gilt auch dann, wenn der Resterlös aus der Veräußerung zur Finanzierung eines neuen VuV-Objekts verwendet wird (BFH IX R 42/13 BStBl II 15, 633; dazu *Trossen* NWB 14, 2316; ebenso zu § 20 BFH VIII R 34/04 BStBl II 06, 265). Die anderslautende frühere Rspr (BFH IX R 34/01 BFH/NV 04, 1091) ist ausdrückl aufgegeben, wird von der FinVerw bei Veräußerungen vor dem 27.7.15 aber noch angewendet (*BMF* BStBl I 15, 581 Tz 2). – Demggü sollen Kosten für den **Veräußerungsmakler** insoweit WK sein, als der Veräußerungserlös zur Finanzierung eines anderen VuV-Objekts eingesetzt wird (BFH IX R 22/13 BFH/NV 14, 1195; mE nicht zwingend); dies gilt aber natürl nicht, wenn das veräußerte Objekt gar nicht zur Einkunftserzielung genutzt wurde (BFH IX R 22/18 BFH/NV 20, 194). Eine **Zahlung für die Entlassung aus der Darlehenshaftung** soll abziehbar sein, wenn ein Ges'ter einer Immobilien-GbR sie im Vorfeld der Veräußerung einer notleidenden Immobilie leistet (BFH IX R 12/12 BFH/NV 14, 834; mE unzutr, da es sich wirtschaftl um eine teilweise Darlehenstilgung handelt). **142**

bb) Räumungskosten. Sie gehören zu den nicht abziehbaren Veräußerungskosten, wenn das Grundstück geräumt übergeben werden soll (BFH IX R 151/86 BFH/NV 89, 485: Abfindung an Mieter; BFH IX R 16/11 BFH/NV 12, 1108: Beseitigung eines Öltanks; BFH IX R 21/11 BFH/NV 13, 22: Schadensersatz wegen einer Zwangsversteigerung, die mutwillig herbeigeführt wird, um einen für den Mieter günstigen Mietvertrag beenden zu können; FG Hess DStRE 07, 24, rkr: Zwangsräumung eines Mieters). Kosten einer **Teilungsversteigerung** werden nicht deshalb zu WK, weil der betreibende StPfl das Objekt hypothetisch auch selbst erwerben könnte (BFH IX R 41/12 BStBl II 13, 536). **143**

cc) Schuldzinsen. Sie sind auch nach Veräußerung des Objekts insoweit weiterhin abziehbar, als der Veräußerungserlös nicht ausreicht, um das Darlehen zu tilgen (zu Veräußerungen innerhalb der 10-Jahres-Frist des § 23 BFH IX R 67/10 BStBl II 13, 275; zu Veräußerungen außerhalb der 10-Jahres-Frist BFH IX R 45/13 BStBl II 15, 635; BFH IX R 40/14 BStBl II 16, 78; *BMF* BStBl I 15, 581 Tz 1; ausführl § 9 Rz 147 ff und *BH/Schallmoser* § 21 Rz 276 ff). **144**

dd) Renovierungskosten. Fallen in der Übergangszeit zw einem Mietverhältnis und einer anschließenden Veräußerung oder Selbstnutzung Renovierungskosten (auch Erhaltungsaufwendungen) an, typisiert die Rspr stark. Maßgebl ist der **Zeitpunkt der Entstehung der Kosten:** Renovierungskosten, die noch während der Laufzeit des letzten Mietverhältnisses anfallen, sind grds WK, auch wenn bereits Selbstnutzungs- oder Veräußerungsabsicht bestand (BFH IX R 15/96 BStBl II 01, 787; ebenso für Kosten eines Gutachtens über den Umfang einer durch Mieter verursachten Schadstoffbelastung BFH IX R 2/05 BStBl II 07, 941; anders jedoch BFH IX R 34/03 BStBl II 05, 343 und BFH IX R 80/07 BFH/NV 09, 1414 für Fälle, in denen die Instandsetzung Vertragspflicht des Veräußerers aus dem Verkaufsvertrag war). Kosten, die nach dem Auszug der letzten Mieter anfallen, werden hingegen typisierend der Privatsphäre zugerechnet (BFH IX R 81/93 BFH/NV 96, 533; BFH IX R 16/99 BFH/NV 03, 1043). Eine Ausnahme gilt hier nur für die Beseitigung mutwilliger Beschädigungen, die der Mieter verursacht hat, sowie für Kosten, die aus einer einbehaltenen Mietkaution finanziert werden (BFH IX R 48/96 BStBl II 01, 784 zu II.2.b). – Für **Abfindungen an Mieter** im Vorfeld einer **Selbstnutzung** gilt diese Typisierung nicht. Diese sind daher auch dann **146**

keine WK, wenn sie noch während der Laufzeit des Mietvertrags gezahlt werden (zutr BFH IX R 38/03 BStBl II 05, 760).

148 f) **ABC der Werbungskosten.** S auch die Ausführungen zu AK und HK in § 6 Rz 35 ff.

Abbruchkosten s § 6 Rz 214 ff.

Ablösezahlungen für eine Stellplatzverpflichtung zählen zu den HK eines zu errichtenden Gebäudes (s § 6 Rz 212 mwN).

Abstandszahlungen des Eigentümers für die vorzeitige Räumung des Objekts durch Mieter oder andere Nutzungsberechtigte sowie Abfindungen für Nachbarrechte können AK, HK oder sofort WK sein (s ausführl § 6 Rz 140 „Abfindungen" mwN).

Angehörige s Rz 81 ff.

Ankaufrecht. Eine Zahlung für die mehrjährige Bindung des Verkäufers an sein Angebot zum Verkauf eines Grundstücks soll zu sofort abziehbaren BA/WK beim Erwerber führen (BFH X R 136/87 BStBl II 92, 70). ME liegt darin ein Widerspruch zur Behandlung von Optionen (s § 6 Rz 140 „Optionen").

Arbeitszimmer. Über § 9 V 1 gelten die Beschränkungen des § 4 V 1 Nr 6b entspr (FG Mster EFG 01, 739, rkr; s ausführl § 4 Rz 590 ff).

Ausgleichsbeiträge nach § 154 BauGB (Sanierungsgebiete) und § 8 BNatSchG s § 6 Rz 60.

Außenanlagen s § 6 Rz 213; zur AfA s § 7 Rz 39.

Bausparvertrag. Abschlussgebühren sind WK bei VuV, wenn der Abschluss des Bausparvertrages in einem engen wirtschaftl (nicht zwingend auch zeitl, s BFH VIII R 130/79 BStBl II 83, 554) Zusammenhang mit dem Erwerb oder der Errichtung eines VuV-Objekts (BFH VIII R 80/73 BStBl II 1975, 699; BFH VIII R 163/81 BStBl II 83, 355) oder der Ablösung eines Herstellungs-/Anschaffungsdarlehens steht (BFH IX R 12/00 BStBl II 03, 398). Zur Behandlung der Guthabenzinsen s Rz 165.

Beiträge zur Errichtung öffentl Anlagen (Straßen, Kanalisation, Versorgungsanschlüsse) s ausführl § 6 Rz 59 ff.

Betriebskosten (zB Heizung, Wasser, Müllabfuhr, Kanalisation, Straßenreinigung, Schornsteinfeger usw) sind beim Vermietungsobjekt WK. Werden diese Kosten umgelegt, so zählen die Umlagen zu den Einnahmen aus VuV (s Rz 112).

Dingl Belastung. Zahlungen zur Befreiung eines Grundstücks von einer dingl Belastung sind AK (s § 6 Rz 86 mwN).

Einbauküche. Es handelt sich grds um ein selbständiges WG mit einer Nutzungsdauer von 10 Jahren. Die vollständige Erneuerung einer Einbauküche führt zu HK, nicht zu Erhaltungsaufwand (s § 6 Rz 213 mwN und BFH IX R 14/15 BStBl II 17, 437).

Entfernungspauschale s „Reisekosten".

Erbauseinandersetzung. Hier können AK anfallen (s Übbl § 6 Rz 130 ff; ausführl § 16 Rz 605 ff); sämtl mit diesen AK zusammenhängenden Schuldzinsen sind damit als WK abzugsfähig. Soweit Zinsen aber mit der Finanzierung von Verbindlichkeiten zusammenhängen, die nicht zu AK führen (zB Pflichtteilsverbindlichkeiten, Vermächtnisschulden), scheidet ein WK-Abzug aus.

Erbbaurecht s ausführl § 5 Rz 270 „Erbbaurecht" und § 6 Rz 89 ff.

Erschließungskosten s § 6 Rz 59 ff.

Fremdwährungsdarlehen. Höhere Tilgungsleistungen infolge einer Wechselkursänderung (zB bei Darlehen in Schweizer Franken) sind keine WK, sondern betreffen die Vermögensebene (BFH IX B 85/15 BFH/NV 16, 917; BFH IX B

42/16 BFH/NV 17, 287). Auch Schuldzinsen für ein Darlehen zur Finanzierung des Kursverlusts sind keine WK (BFH IX R 36/17 BStBl II 19, 606).

Gartenanlage ist ein selbständiges WG mit eigener AfA (s § 6 Rz 213 mwN).

Gutachten zur Feststellung der vom Mieter verursachten Beschädigungen des Gebäudes oder des Bodens führt zu WK (BFH IX R 2/05 BStBl II 07, 941).

Inserate, um Mieter (nicht aber Käufer) zu finden, führen zu WK.

Instandhaltungsrücklage bei Eigentümergemeinschaften nach dem WEG (seit 1.12.20 „Erhaltungsrücklage"). – **(1) Zeitpunkt der Berücksichtigung.** Zwar sind die Beiträge beim Eigentümer bereits mit der Zahlung in die Rücklage abgeflossen. Ein WK-Abzug ist aber erst mögl, wenn der Verwalter Beträge aus der Rücklage tatsächl zur Bezahlung von Aufwendungen zur Einkunftserzielung verwendet (BFH IX R 119/83 BStBl II 88, 577: bei Verwendung für HK nur Abzug von AfA; BFH IX B 144/05 BFH/NV 06, 291; *Neufang/Eckhardt* StB 14, 186). Diese Grundsätze gelten auch im BV (BFH I R 94/10 BStBl II 12, 244). War die Zuführung zur Rücklage unzutr als WK abgezogen worden, kommt ein erneuter WK-Abzug bei Begleichung der Reparaturkosten nicht in Betracht, da der Aufwand steuerl bereits verbraucht ist. Bei Veruntreuung der Rücklage durch den Verwalter sind WK im Zeitpunkt der Kenntnisnahme von diesem Vorgang abgeflossen (FG RhPf EFG 13, 609, rkr; mE nicht zwingend, aber aus Vereinfachungsgründen vertretbar). – **Rechtslage ab 2005.** Zwischenzeitl wurde der Eigentümergemeinschaft durch die BGH-Rspr und § 10 VI, VII WEG aF eine Teilrechtsfähigkeit zuerkannt. Dies hat aber nichts an der estl Behandlung der Abflussproblematik geändert (BFH IX B 124/08 BFH/NV 09, 571; BFH IX B 131/12 BFH/NV 13, 32; krit *Sauren* DStR 06, 2161, *Grürmann* DStR 09, 2087). – **Rechtslage ab 1.12.20.** Seitdem ist die Eigentümergemeinschaft voll rechtsfähig (§ 9a WEG). Die Argumente des BFH zur Rechtslage ab 2005 (der estl Abzug sei unabhängig von der zivilrechtl Ausgestaltung der Gemeinschaft; Unklarheit, ob die Zuführung zur Rücklage später für Erhaltungsaufwand oder nachträgl HK verwendet wird) lassen sich aber auch auf die aktuelle Rechtslage übertragen, sodass mE Vieles für eine unveränderte estl Behandlung spricht (**aA** *Hefner/Ostermann* DStR 21, 2052). Gleichwohl herrscht bis zu einer erneuten BFH-Entscheidung *Rechtsunsicherheit;* im Falle einer RsprÄnderung käme es zu erhebl Übergangsproblemen. – **(2) Eigentümerwechsel.** Der neue Eigentümer kann aus der Rücklage verausgabte Beträge als WK abziehen, obwohl nicht er, sondern der Voreigentümer die Rücklage gespeist hatte. Wirtschaftl ist dieses Ergebnis zutr, weil der Käufer das in der Rücklage vorhandene Guthaben durch Zahlung eines höheren (nicht als WK abziehbaren) Kaufpreises abgegolten hat (so auch BFH IX B 124/08 BFH/NV 09, 571). – **(3) Verfahren.** Die Einkünfte aus dem gemeinschaftl Eigentum können nach der VO zu § 180 II AO gesondert und einheitl festgestellt werden, was aber im Ermessen des FA liegt (BFH IX R 119/83 BStBl II 88, 577 zu 1.).

Katastrophenschäden. Die FinVerw gewährt bei katastrophenbedingter Neuerrichtung von VuV-Objekten auf Antrag Sonder-AfA im Jahr der Fertigstellung und in den beiden Folgejahren bis zu 30 % der HK neben der Normal-AfA (zB FM Bay DStR 13, 1288 Tz 4.3; zu agB s § 33 Rz 35 „Katastrophenschaden").

Kontoführungsgebühren sind als WK abzugsfähig, soweit sie auf mit dem Objekt zusammenhängende Kontobewegungen entfallen (Mieten, Rechnungsbegleichung; zu ArbN s BFH VI R 63/80 BStBl II 84, 560).

Maklerprovisionen für Vermittlung eines Mieters sind WK; Käuferprovisionen sind AK.

Mietausfallversicherung. Beiträge dazu sind WK.

Notbedarf für einen Schenker führt für den mit einem VuV-Objekt Beschenkten nicht zum WK-Abzug (BFH IX R 13/97 BStBl II 01, 342; offen gelassen, ob eine Zahlung zur Abwendung der Rückgabe des Grundstücks nachträgl AK darstellen kann, was mE zu bejahen ist).

Prozesskosten teilen stets das Schicksal der Beträge, um die gestritten wird. – **(1) WK.** Prozesse wegen Aufwendungen, die WK sind, zB Erhaltungsaufwendungen oder Finanzierungskosten (BFH IV 385/58 BStBl III 66, 541; BFH IX R 47/08 BFH/NV 10, 396). Klagt der Vermieter Mieten ein, sind die Prozesskosten ebenfalls WK. Dies gilt auch für einen Räumungsprozess bei beabsichtigter Wiedervermietung; allerdings nicht, wenn dieser der mieterfreien Veräußerung des Objekts dienen soll (BFH IX R 151/86 BFH/NV 89, 485). – **(2) AK.** Prozesskosten, die durch die Anschaffung des Objekts veranlasst sind, stellen AK dar (BFH IX R 7/14 BFH/NV 15, 327: Kosten für die Abwehr der Inanspruchnahme eines unbebauten Grundstücks für den Straßenbau sind keine WK; FG RhPf EFG 95, 564, rkr: Prozesskosten wegen des Bebauungsplans für ein unbebautes Grundstück als AK des GuB). – **(3) HK.** Dies erfordert einen Zusammenhang mit der Herstellung des Objekts (s näher § 6 Rz 210 mwN). Ausnahmsweise können allerdings Prozesskosten zur Abwehr nachträgl HK (Abwehrkosten) sofort WK sein (zutr FG RhPf EFG 91, 466: Kosten zur Abwehr eines vom Nachbarn ausgesprochenen Verbots der Nutzung seiner Entwässerungsleitung, obwohl die Errichtung einer eigenen Versorgungsleitung zu HK führen würde). – **(4) Kein Abzug.** Aufwendungen auf der Vermögensebene, zB Prozesskosten für die erfolglose Abwehr eines auf groben Undank gestützten Rückforderungsanspruchs des Schenkers des Objekts (BFH IX R 19/19 BStBl II 20, 452: kein Zusammenhang mit der Einkunftserzielung, sondern mit dem Vermögen), oder eines Grundbuchberichtigungsanspruchs (FG Mster EFG 21, 1295, rkr) sowie für das Begehren auf Rückabwicklung einer wirtschaftl enttäuschenden Beteiligung an einem Immobilienfonds (FG Hess EFG 21, 1012, Rev IX R 18/20); Abwehr eines Überbaus (BFH VIII B 157/19 BFH/NV 21, 10 Rz 9). – **(5) Sonstiges.** Kosten eines Folgeprozesses um die Anwaltskosten eines ersten Rechtsstreits teilen das Schicksal der Kosten des Erstprozesses (BFH VIII R 102/79 BStBl II 84, 314 zu 4.).

Ratenkauf. Zur Ermittlung der AK und Finanzierungskosten (Aufteilung in Tilgungs- und Zinsanteil) s § 6 Rz 81 f.

Räumungskosten zur Freimachung eines Gebäudes oder Grundstücks sind wie Abfindungen zu behandeln (s § 6 Rz 140 „Abfindungen").

Reisekosten (Fahrtkosten, Mehraufwand für Verpflegung, Übernachtungskosten, sonstige Kosten) können als WK bei den Einkünften aus VuV abgezogen werden. Für Fahrten zw der eigenen Wohnung und einem vermieteten Objekt gilt die Entfernungspauschale, wenn sich an dem Objekt der ortsgebundene Mittelpunkt der Vermietungstätigkeit befindet. Dies ist zB der Fall, wenn der StPfl das Objekt an 165 Tagen im Jahr aufsucht, um dort Arbeiten vorzunehmen (BFH IX R 18/15 BStBl II 16, 532). – Reisekosten, die iRd Anschaffung/Herstellung eines Objekts anfallen, sind allerdings AK/HK (s § 6 Rz 54 (5), § 6 Rz 212); wird das Objekt nicht erworben, handelt es sich wiederum um WK.

Risikolebensversicherung. Beiträge sind keine WK, und zwar auch dann nicht, wenn die finanzierende Bank auf der Absicherung bestanden hat (BFH IX R 35/14 BStBl II 16, 210).

Schönheitsreparaturen, die der Vermieter in der vermieteten Wohnung durchführen lässt, führen zu WK (BFH VI R 119/66 BStBl II 68, 309).

Schuldzinsen s ausführl § 9 Rz 131 ff; zu Zinsswap s Rz 165.

Selbstgenutzte Wohnung. Mietzahlungen für die zu eigenen Wohnzwecken genutzte Wohnung sind auch dann keine WK, wenn sie anfallen, weil ein im Eigentum des StPfl stehendes, zuvor selbstgenutztes Objekt nunmehr vermietet wird (zutr BFH IX R 24/13 BFH/NV 14, 1197).

Ergänzende Regelungen

Stellplatzverpflichtung s § 6 Rz 212.
Steuerberaterkosten für die Ermittlung der Einkünfte aus VuV sind WK (BFH VI 207/62 S BStBl III 65, 410).
Testamentsvollstrecker. Seine Vergütung sind WK, wenn ein VuV-Objekt von ihm dauerhaft verwaltet wird; nicht jedoch, wenn die Testamentsvollstreckung auf Auseinandersetzung angelegt ist. Befinden sich neben Immobilien auch andere WG im Nachlass und richtet sich die Verwaltervergütung nach dem Nachlasswert, ist sie auf VuV und andere Einkunftsarten nach dem Verhältnis der aktuellen Verkehrswerte des Vermögens aufzuteilen (zum Ganzen BFH IX R 32/16 BStBl II 18, 191).
Umsatzsteuer s Rz 117 „Umsatzsteuer".
Versicherungsbeiträge s § 9 Rz 173.
Vorsteuer s Rz 117 „Umsatzsteuer".
Zinsswap s Rz 165.
Zweitwohnungsteuer bei gemischt genutzter Ferienwohnung s Rz 40 mwN.

IV. Ergänzende Regelungen, § 21 I 2, II, III

1. Sinngemäße Anwendung des § 15a (§ 21 I 2). Ausführl *BMF* BStBl I 20, 919; *Holste genannt Göcke* DStR 16, 1246. – **a) Zweck des Verweises.** Er soll sicherstellen, dass WK-Überschüsse aus einer Beteiligung an einer vermögensverwaltenden KG (Einkünfte aus VuV) hinsichtl ihrer Ausgleichs- und Abzugsfähigkeit (§ 2 III, § 10d) ebenso behandelt werden wie Verluste aus einer Beteiligung an einer gewerbl KG (BT-Drs 8/4157 und 8/3648). § 15a bewirkt, dass über die tatsächl geleistete Einlage hinausgehende Verluste nur mit künftig anfallenden Überschüssen verrechnet werden dürfen. Ein Verlustanteil kann daher erst in dem VZ berücksichtigt werden, in dem er den Ges'ter bei wieder anfallenden Gewinnen wirtschaftl belastet, also nicht während des Bestehens eines negativen KapKto. Fehlt der KG die Überschusserzielungsabsicht, scheitert ein Abzug von WK-Überschüssen schon aus diesem Grund (*Groh* DB 84, 2428).

b) Anwendungsfragen. Unklarheiten folgen daraus, dass § 21 für eine Überschusseinkunftsart auf eine Regelung verweist, die die Ermittlung der Einkünfte durch Betriebsvermögensvergleich voraussetzt, und demgemäß viele der in § 15a verwendeten zentralen Begriffe (zB Entnahme, Einlage, KapKto, SBV) nicht ohne Weiteres auf VuV übertragbar sind. Daher ist es geboten, (nur) für Zwecke der Ermittlung der Grenze, von der ab das Verlustausgleichsverbot eingreift, ein **fiktives steuerl Kapitalkonto** zu führen (*Herrmann* StuW 89, 106 f). Begriff und Umfang dieses KapKtos müssen so weit wie mögl den zu § 15a entwickelten Grundsätzen entsprechen (s dazu § 15a Rz 41 ff). Das KapKto jedes Ges'ters ist selbständig zu ermitteln. Ausgangspunkt sind die von ihm geleisteten Einlagen, die um spätere Einlagen sowie um positive Einkünfte der Vorjahre zu erhöhen und um die Entnahmen und negativen Einkünfte der Vorjahre zu vermindern sind (ausführl BFH IX R 72/92 BStBl II 97, 250 mwN; BFH IX R 52/13 BStBl II 15, 263 Rz 13). Für einen Anteilserwerber bewirkt allein die Übernahme eines negativen KapKto des veräußernden Ges'ters keine Erhöhung des Verlustausgleichsvolumens; AK entstehen ihm hieraus erst dann, wenn er das negative KapKto mit künftigen Überschussanteilen auffüllt (BFH IX R 16/16 BFH/NV 17, 1306). – **Einkunftsartenübergreifende Betrachtung.** Bei einer Ges, die auch Einkünfte aus KapVerm erzielt, sind diese Einkünfte zur Berechnung des Ausgleichsvolumens einzubeziehen. Ebenso ist ein festgestellter verrechenbarer Verlust, der aus den VuV-Einkünften einer Immobilien-KG stammt, mit späteren positiven Einkünften der KG aus einer stpfl Veräußerung des Grundstücks (§ 23) zu verrechnen. Dies verwirklicht die vom Gesetzgeber beabsichtigte Gleichstellung der vermögensverwaltenden KG mit der gewerbl KG, die stets nur eine einzige Einkunftsart kennt (zutr

BFH IX R 52/13 BStBl II 15, 263). Nicht steuerbare Veräußerungsgewinne sind zwar nicht als Einkünfte zu berücksichtigen (FG RhPf EFG 20, 1309, rkr); es kann sich mE aber um eine Einlage handeln, die das KapKto erhöht. – § 15a ist **keine Gewinnermittlungsvorschrift,** sondern trifft nur eine Regelung bezügl der Abzugs- und Ausgleichsfähigkeit von Verlusten (FG RhPf EFG 05, 1038, NZB VIII B 87/05 unzul). Es bleibt daher dabei, dass auch eine KG, die Einkünfte aus § 21 erzielt, diese als Überschuss der Einnahmen über die WK ermitteln muss, selbst wenn sie eine HB aufstellt.

155   2. Sinngemäße Anwendung des § 15b. S § 15b Rz 1 ff und *BMF* BStBl I 07, 542. – Erfasst werden nur **modellhafte Gestaltungen.** Ein Bauherr, der unter Inanspruchnahme eines Architekten und von Bauhandwerkern ein Mietobjekt erstellt, ist daher im Ausgleich seiner Verluste nicht beschränkt. Gleiches gilt grds für den Erwerb einer Immobilie mit **Modernisierungszusage.** Denn die Übereignung eines nach einem bestimmten Plan modernisierten Gebäudes ist nur *eine* einheitl Leistung (*Beck* DStR 06, 63). Bei umfangreichem Nebenleistungskatalog, der wegen der hierfür in Rechnung gestellten „weichen Kosten" zu hohem sofortigen WK-Abzug führen soll, kann jedoch eine modellhafte Gestaltung gegeben sein (*BMF* BStBl I 07, 542 Rz 8, 9). – **Mietenpools** sind unschädl, da diese nicht die Investitionsphase, sondern die anschließende Vermietungsphase betreffen; daher ist auch die Vereinbarung späterer Hausverwaltung nicht schädl (*Beck* DStR 06, 63).

158   3. Verbilligte Überlassung zu Wohnzwecken, § 21 II. Grundlegend *Müller* Einnahmeverzicht im EStRecht – insb durch verbilligte Wohnungsüberlassung an nahe Angehörige, Diss Mster/Ffm, 2009. – **a) Überblick.** Die Nutzungsüberlassung einer *Wohnung* zu *Wohnzwecken* (s Rz 159) ist in einen entgeltl und unentgeltl Teil aufzuteilen, wenn das Entgelt weniger als 50% (bis VZ 2020: 66%) der ortsübl Marktmiete (Rz 160) beträgt. – **Miethöhe weniger als 50% der Marktmiete.** Hier ist zwar einerseits die Einkunftserzielungsabsicht zu unterstellen (dies beruht auf der bisherigen Rspr, die der Gesetzgeber ausdrückl in seinen Willen aufgenommen hat, vgl BT-Drs 17/5125, 38), andererseits aber der WK-Abzug anteilig zu kürzen. Die (unübl niedrigen) Einnahmen sind in voller Höhe anzusetzen, die WK aber nur iHd Teils abzuziehen, der dem Verhältnis zw Entgelt und ortsübl Miete entspricht. Dies gilt auch für vorab entstandene WK (zutr FG Nbg EFG 17, 568, rkr). – **Miethöhe mindestens 66% der Marktmiete.** Handelt es sich um eine auf Dauer angelegte Wohnungsvermietung, ist sowohl die Einkunftserzielungsabsicht zu unterstellen (dies folgt ausdrückl aus Abs 2 S 2; dieser Schwellenwert ist auch mit Wirkung ab VZ 2021 nicht verändert worden) als auch der ungekürzte WK-Abzug zu gewähren (dies folgt aus Abs 2 S 1). Gerade bei Vermietungen an Angehörige eröffnet dies gesicherte StSparmöglichkeiten (*Stein* DStZ 12, 19, 23: zusätzl Freibetrag iHv $^{1}/_{3}$ der Marktmiete), insb wenn umfassende Renovierungen anstehen. – **Miethöhe mindestens 50%, aber weniger als 66% der Marktmiete.** Hier ist zwar (anders als bis VZ 2020) der WK-Abzug nicht zu kürzen, wohl aber die Einkunftserzielungsabsicht zu prüfen. Bei positiver Überschussprognose sind sämtl WK abziehbar. Bei negativer Prognose ist entspr der zur Rechtslage bis VZ 2011 geltenden Rspr (BFH IX R 48/01 BStBl II 03, 646) eine Aufteilung vorzunehmen: Die auf den unentgeltl Teil der Nutzungsüberlassung entfallenden WK sind nicht abziehbar; für den entgeltl Teil ist hingegen die Einkunftserzielungsabsicht zu unterstellen (zum Ganzen ausführl BT-Drs 19/22850, 89). – **Verfassungsmäßigkeit dieser Begünstigung.** Sie widerspricht dem Rechtsgedanken des § 3c und wird in der Rspr der für § 21 nicht zuständigen BFH-Senate krit gesehen (BFH IV R 49/97 BStBl II 99, 652 zu 3.b). Der zuständige IX. Senat hält die Vorschrift aber für verfgemäß (BFH IX R 48/01 BStBl II 03, 646 zu II.1.a cc; BFH IX B 102/08 BFH/NV 09, 146 zu 1.b; glA *Heidner* DStZ 21, 454).

Ergänzende Regelungen

b) Voraussetzungen. – aa) Überlassung von Wohnungen zu Wohnzwecken. Hierauf ist die begünstigende Wirkung des Abs 2 beschränkt. Sie gilt allerdings tatbestandl nicht nur für **Mietverhältnisse zw nahen Angehörigen**, sondern auch zw fremden Dritten (BFH IX R 88/94 BStBl II 97, 605 zu 1.a). – **Vermietung anderer Objekte als Wohnungen.** Hier ist Abs 2 nicht anwendbar (BFH IX R 30/17 BStBl II 19, 200 Rz 15: Gewerbeobjekt). Der BFH geht typisierend von einem Schwellenwert von 75% der ortsübl Marktmiete aus (BFH IX R 30/17 BStBl II 19, 200 Rz 14). Anders als bei Wohnungen (s dazu Rz 160 *(1)*) sind hier nicht die Bruttomieten, sondern die Nettokaltmieten miteinander zu vergleichen (BFH IX R 30/17 BStBl II 19, 200 Rz 15). Dabei kann die Marktmiete nicht anhand der ertragsorientierten Pachtwertermittlung (EOP) festgestellt werden. Maßgebl sind die konkreten örtl Verhältnisse (BFH IX R 30/17 BStBl II 19, 200 Rz 19). – **Vermietung iRd Gewinneinkünfte.** Auch hier ist § 21 II nicht anwendbar; der Ansatz einer Nutzungsentnahme erfordert aber auch private Gründe für die Verbilligung (BFH X R 57/93 BFHE 185, 230 zu B.II.6.; BFH IV R 49/97 BStBl II 99, 652 zu 3.b).

bb) Ortsübliche Marktmiete. S ausführl *Söffing* DStZ 05, 369. – **(1) Betriebskosten.** Die Marktmiete umfasst bei Wohnungen nach Auffassung von Rspr und *FinVerw* auch die nach der BetriebskostenVO umlagefähigen Betriebskosten (EStR 21.3; BFH IX R 44/15 BStBl II 16, 835). Dies soll dann gelten, wenn Teile dieser Kosten nicht an den Vermieter, sondern direkt an ein Versorgungsunternehmen gezahlt werden (BFH IX R 7/20 BStBl II 21, 479 Rz 21; mE sehr großzügig). Für die StPfl ist dies günstig, weil diese Kosten im Verhältnis zur Nettomiete durchaus hoch sein können, aber auch bei verbilligter Vermietung idR voll vom Mieter gezahlt werden. Zwingend ist diese Auslegung allerdings nicht, da der Begriff der „ortsübl Vergleichsmiete" (§ 558 BGB) nur die Kaltmiete meint. – **(2) Mietspiegel.** Dieser ist (sofern vorhanden) für die Ermittlung der Marktmiete maßgebl, und zwar auch dann, wenn der StPfl eine Vergleichswohnung im selben Gebäude zu einem höheren Preis an einen fremden Dritten vermietet (BFH IX R 7/20 BStBl II 21, 479, Anm *Schießl* HFR 21, 565: gilt für qualifizierte und einfache Mietspiegel). Dabei kann zugunsten des StPfl der untere Rand einer ausgewiesenen **Preisspanne** angesetzt werden (BFH IX R 10/05 BStBl II 06, 71; BFH IX R 7/20 BStBl II 21, 479 Rz 14; *LfSt Bay* DStR 08, 406; *Heuermann* DStR 11, 2082, 2085). Bei einem **Einfamilienhaus** kommt ein Zuschlag zu dem auf Mehrfamilienhäuser zugeschnittenen Mietspiegelwert in Betracht (BFH IX R 7/20 BStBl II 21, 479 Rz 15; zutr FG BBg EFG 16, 1858 mwN, dies war im anschließenden RevVerf VI R 33/16 nicht mehr str). Bei **Möblierung** (insb Einbauküche) ist ein Zuschlag vorzunehmen, dessen Höhe aus den Verhältnissen am örtl Mietmarkt (ggf im Mietspiegel ausgewiesener Zuschlag) abzuleiten ist, nicht aber aus der AfA des Vermieters (BFH IX R 14/17 BStBl II 18, 522). – **(3) Kein Mietspiegel vorhanden.** Hier will die *FinVerw* vom „ortsübl Mittelwert einer vergleichbaren Wohnung" ausgehen (*LfSt Bay* DStR 08, 406). Abgesehen davon, dass dies bereits sprachl schief ist, weil die Heranziehung nur *einer* Wohnung nicht zu einem „Mittelwert" führen kann, muss es der StPfl aufgrund seines Anspruchs auf rechtl Gehör im Einzelfall überprüfen können, wenn die *FinVerw* sich auf eigene Listen mit Vergleichswohnungen beruft. Die Rspr zieht hier (entspr der Regelung in § 558a BGB) mindestens drei Vergleichswohnungen oder ein (teures) Sachverständigengutachten heran (BFH IX R 7/20 BStBl II 21, 479 Rz 16). – **(4) Vergleich mit der vereinbarten Miete.** Der Marktmiete ist das vereinbarte Entgelt für die Wohnraummiete ggü zu stellen; die *tatsächl gezahlte* Miete ist grds nicht maßgebl (BFH IX R 88/94 BStBl II 97, 605 zu 1.a); mE aber anders, wenn die Nichtzahlung auf dem privaten Verhältnis zw Mieter und Vermieter beruht. Ein befristeter Mieterlass aufgrund einer Notlage des Mieters infolge der Covid-19-Pandemie ist unschädl und stellt auch die Einkunftserzielungsabsicht nicht in Frage (*OFD NRW*

DStR 21, 292; *Nacke* NWB 21, 907). – **(5) Mieterhöhung.** Eine rückwirkende Erhöhung kann die Anwendung des Abs 2 für die Vergangenheit nicht ausschließen (FG Bbg EFG 97, 1514, rkr; FG Hbg EFG 99, 27, rkr). Eine Vereinbarung, wonach die Miete immer 66 % der ortsübl Miete betragen soll, wäre zivilrechtl unwirksam, weil § 557b BGB Indexmieten ausschließl bei Anknüpfung an den Lebenshaltungspreisindex zulässt. Damit wäre eine solche Vereinbarung jedenfalls zw Angehörigen auch der Besteuerung nicht zugrunde zu legen.

162 **4. Subsidiarität der Einkunftsart, § 21 III.** § 21 ist ggü anderen Einkunftsarten nachrangig. Dies gilt jedoch nicht im Verhältnis zu § 20 (s § 20 VIII und Rz 165) und § 22 Nr 1, 3, die speziellere Subsidiaritätsklauseln enthalten.

163 **a) Verhältnis zu Gewinneinkunftsarten.** In der Konkurrenz zu § 13 geht es vor allem um die Ausbeute von Bodenschätzen, die grds im PV stattfindet und daher zu § 21 gehört (s Rz 18). – Für das Verhältnis zu § 15 ist entscheidend, ob das vermietete Objekt zu einem gewerbl BV gehört (dann § 15, sonst § 21; ausführl zur Abgrenzung s § 15 Rz 46 ff).

164 **b) Verhältnis zu § 19.** Hier geht es vor allem um die **Vermietung eines Raums der Privatwohnung des ArbN an den ArbG.** Das hierfür vom ArbG zu entrichtende Entgelt stellt ArbLohn dar, wenn die Nutzung der Räume in erster Linie den Interessen des ArbN dient (zB Nutzung eines zusätzl häusl Arbeitsplatzes/**„Homeoffice"**). Hingegen fallen die Einnahmen unter § 21, wenn der Raum vor allem im Interesse des ArbG genutzt wird und dieses Interesse obj erkennbar über die Entlohnung des ArbN hinausgeht (BFH VI R 25/02 BStBl II 06, 10; BFH IX R 4/05 BFH/NV 05, 2180; BFH IX R 9/17 BStBl II 19, 219 Rz 17). Die FinVerw sieht Letzteres (beispielhaft, nicht abschließend) als gegeben, wenn dem ArbN keine Räume im Betrieb zur Verfügung stehen, der ArbG für die Unterbringung von ArbN auch Räume von fremden Dritten anmietet und über die Nutzungsbedingungen eine ausdrückl schriftl Vereinbarung besteht (*BMF* BStBl I 19, 461). Auch der IX. Senat fordert eine solche ausdrückl Nutzungsvereinbarung, weil es sonst an der erforderl Schaffung eines vom Arb-Verh unabhängigen Rechtsverhältnisses fehle (BFH IX R 76/01 BFH/NV 06, 1810); ob der VI. Senat dem folgen würde, ist bisher unklar (s auch *v Bornhaupt* HFR 06, 1082). – **Folge der Zuordnung zu § 21** ist, dass die Abzugsbeschränkung für **häusl ArbZimmer** nicht gilt; der StPfl kann die gesamten Aufwendungen für das vermieteten Raum als WK bei VuV abziehen (so auch *BMF* BStBl I 19, 461; zu Einzelheiten *Ballof* EStB 06, 301). In welchem Umfang auch die Kosten für die „Gemeinschaftsflächen" geltend gemacht werden können, ist noch nicht geklärt (s BFH IX B 131/11 BFH/NV 12, 415: jedenfalls eindeutige vertragl Regelung erforderl). Da die Räume vom Mieter allerdings zu gewerbl Zwecken genutzt werden, kann die Einkunftserzielungsabsicht nicht vermutet werden, sondern ist positiv festzustellen (BFH IX R 9/17 BStBl II 19, 219; *BMF* BStBl I 19, 461 mit Übergangsregelung für vor 2019 abgeschlossene Mietverträge; s ausführl Rz 30); die bisher gegenteilige Rspr des VI. Senats wurde aufgegeben. – Auf die Vermietung eines Raums in der **Privatwohnung eines Gewerbetreibenden** an seinen Auftraggeber sind diese Grundsätze nicht übertragbar; die „Mieteinnahmen" fallen dann stets unter § 15 (BFH X R 18/12 BStBl II 17, 450 Rz 22 ff).

165 **c) Verhältnis zu § 20.** Hier stellt sich das Problem, dass sowohl § 20 (in Abs 8) als auch § 21 (in Abs 3) jeweils Subsidiaritätsklauseln enthalten. Auch wenn sich in der Rspr vereinzelt die Aussage findet, die (konkretere) Klausel des § 20 VIII setze sich ggü der allgemeinen des § 21 III durch, sodass die Zuweisung zu § 21 vorrangig sei (BFH IX R 57/89 BFH/NV 95, 106), entscheidet die Rspr letztl danach, wo im Einzelfall der Schwerpunkt der wirtschaftl Veranlassung liegt (grundlegend *Stuhldreier* Zuordnung von Zinseinnahmen zu Einkünften, Diss 1996).

Arten der sonstigen Einkünfte § 22

Einzelfälle Zuordnung zu § 21. Verzugszinsen, zB bei verspäteter Mietzahlung, da sie wirtschaftl mit den Mieteinnahmen in Zusammenhang stehen. – **Bausparguthabenzinsen** sind bei engem Zusammenhang mit der Erzielung von Mieteinnahmen Einnahmen aus VuV (BFH VIII R 188/79 BStBl II 83, 172: Guthabenzinsen während der Zwischenfinanzierung eines Bausparvertrags, die die Zuteilung des für die Immobilienfinanzierung einzusetzenden Bauspardarlehens beschleunigen soll; BFH VIII R 198/81 BStBl II 83, 297; krit *KSM* § 21 Rz D 18). Dies soll stets gelten, wenn die Abschlussgebühr wegen des engen Zusammenhangs zur Finanzierung von Mietobjekten als WK bei § 21 abziehbar ist (BFH VIII R 163/81 BStBl II 83, 355), umgekehrt jedoch nicht, wenn eine Ehegatte die VuV-Einkünfte erzielt und der andere den Bausparvertrag bespart (BFH VIII B 41/95 BFH/NV 96, 745). – Dies gilt ebenso für Zinsen aus der **zwischenzeitl Anlage eines VuV-Darlehens** (zB für baldige Reparaturen, bevorstehende Ablösung eines höher verzinsl Darlehens) bzw einer Liquiditätsreserve (FG BBg EFG 15, 815, rkr).. – **Zinsswaps** (Finanztermingeschäfte) fielen zwar bis 2008 auch dann unter § 23 aF, wenn sie in Zusammenhang mit einer VuV-Finanzierung standen (BFH IX R 13/14 BStBl II 15, 827). Für die Rechtslage ab 2009 ist hingegen str, ob sich der Zusammenhang mit VuV durchsetzt (mE zutr; Folge: Verluste sind WK; so FG Köln EFG 19, 602, Rev IV R 5/19; FG RhPf EFG 19, 901, rkr; FG Hess DStRE 21, 916, rkr; FG Köln EFG 21, 1473, Rev IX R 15/21: gleichwohl kein Abzug, soweit der Swap Mehrkosten infolge einer Währungsaufwertung verursacht; FG Ddorf EFG 21, 2048, Rev VIII R 26/21) oder sie unter § 20 II fallen (Folge: Verlustausgleichsverbot; so FG Mster EFG 19, 703, rkr, allerdings für den Fall, dass das Swapgeschäft unabhängig von dem Zustandekommen des Immobilienkaufs durchgeführt werden sollte und die Aufwendungen aus dem Swap erst nach Veräußerung der Immobilie anfielen).

Einzelfälle Zuordnung zu § 20. Zinsen aus einer **Instandhaltungsrücklage.** – Einkünfte aus **Optionsgeschäften** fallen auch dann unter § 20, wenn die für diese Geschäfte eingesetzten Mittel aus Mieteinnahmen stammen und die Erlöse in Mietobjekte reinvestiert werden sollen (BFH IX R 42/05 BStBl II 08, 26: Begründung einer neuen Einkunftsquelle, mit Abgrenzung zur Rspr zu Bausparzinsen).

g) Sonstige Einkünfte (§ 2 Absatz 1 Satz 1 Nummer 7)

§ 22 Arten der sonstigen Einkünfte

Sonstige Einkünfte sind

1. Einkünfte aus wiederkehrenden Bezügen, soweit sie nicht zu den in § 2 Absatz 1 Nummer 1 bis 6 bezeichneten Einkunftsarten gehören; § 15b ist sinngemäß anzuwenden. ²Werden die Bezüge freiwillig oder auf Grund einer freiwillig begründeten Rechtspflicht oder einer gesetzlich unterhaltsberechtigten Person gewährt, so sind sie nicht dem Empfänger zuzurechnen; dem Empfänger sind dagegen zuzurechnen
   a) Bezüge, die von einer Körperschaft, Personenvereinigung oder Vermögensmasse außerhalb der Erfüllung steuerbegünstigter Zwecke im Sinne der §§ 52 bis 54 der Abgabenordnung gewährt werden, und
   b) Bezüge im Sinne des § 1 der Verordnung über die Steuerbegünstigung von Stiftungen, die an die Stelle von Familienfideikommissen getreten sind, in der im Bundesgesetzblatt Teil III, Gliederungsnummer 611-4-3, veröffentlichten bereinigten Fassung.
   ³Zu den in Satz 1 bezeichneten Einkünften gehören auch
   a) Leibrenten und andere Leistungen,
      aa) die aus den gesetzlichen Rentenversicherungen, der landwirtschaftlichen Alterskasse, den berufsständischen Versorgungseinrichtungen und aus Rentenversicherungen im Sinne des § 10 Absatz 1 Nummer 2 Buchstabe b erbracht werden, soweit sie jeweils der Besteuerung unterliegen. ²Bemessungsgrundlage für den der Besteuerung unterliegenden Anteil ist der Jahresbetrag der Rente. ³Der der Besteuerung unterliegende Anteil ist nach dem Jahr des Rentenbeginns

und dem in diesem Jahr maßgebenden Prozentsatz aus der nachstehenden Tabelle zu entnehmen:

Jahr des Rentenbeginns	Besteuerungsanteil in %
bis 2005	50
ab 2006	52
2007	54
2008	56
2009	58
2010	60
2011	62
2012	64
2013	66
2014	68
2015	70
2016	72
2017	74
2018	76
2019	78
2020	80
2021	81
2022	82
2023	83
2024	84
2025	85
2026	86
2027	87
2028	88
2029	89
2030	90
2031	91
2032	92
2033	93
2034	94
2035	95
2036	96
2037	97
2038	98
2039	99
2040	100

[4] Der Unterschiedsbetrag zwischen dem Jahresbetrag der Rente und dem der Besteuerung unterliegenden Anteil der Rente ist der steuerfreie Teil der Rente. [5] Dieser gilt ab dem Jahr, das dem Jahr des Rentenbeginns folgt, für die gesamte Laufzeit des Rentenbezugs. [6] Abweichend hiervon ist der steuerfreie Teil der Rente bei einer Veränderung des Jahresbetrags der Rente in dem Verhältnis anzupassen, in dem der veränderte Jahresbetrag der Rente zum Jahresbetrag der Rente steht, der der Ermittlung des steuerfreien Teils der Rente zugrunde liegt. [7] Regelmäßige Anpassungen des Jahresbetrags der Rente führen nicht zu einer Neuberechnung und bleiben bei einer Neuberechnung außer Betracht. [8] Folgen nach dem 31. Dezember 2004 Renten aus derselben Versicherung einander nach, gilt für die spätere Rente Satz 3 mit der Maßgabe, dass sich der Prozentsatz nach dem Jahr richtet, das sich ergibt, wenn die

Laufzeit der vorhergehenden Renten von dem Jahr des Beginns der späteren Rente abgezogen wird; der Prozentsatz kann jedoch nicht niedriger bemessen werden als der für das Jahr 2005. ⁹ Verstirbt der Rentenempfänger, ist ihm die Rente für den Sterbemonat noch zuzurechnen;

bb) die nicht solche im Sinne des Doppelbuchstaben aa sind und bei denen in den einzelnen Bezügen Einkünfte aus Erträgen des Rentenrechts enthalten sind. ²Dies gilt auf Antrag auch für Leibrenten und andere Leistungen, soweit diese auf bis zum 31. Dezember 2004 geleisteten Beiträgen beruhen, welche oberhalb des Betrags des Höchstbeitrags zur gesetzlichen Rentenversicherung gezahlt wurden; der Steuerpflichtige muss nachweisen, dass der Betrag des Höchstbeitrags mindestens zehn Jahre überschritten wurde; soweit hiervon im Versorgungsausgleich übertragene Rentenanwartschaften betroffen sind, gilt § 4 Absatz 1 und 2 des Versorgungsausgleichsgesetzes entsprechend. ³Als Ertrag des Rentenrechts gilt für die gesamte Dauer des Rentenbezugs der Unterschiedsbetrag zwischen dem Jahresbetrag der Rente und dem Betrag, der sich bei gleichmäßiger Verteilung des Kapitalwerts der Rente auf ihre voraussichtliche Laufzeit ergibt; dabei ist der Kapitalwert nach dieser Laufzeit zu berechnen. ⁴Der Ertrag des Rentenrechts (Ertragsanteil) ist aus der nachstehenden Tabelle zu entnehmen:

Bei Beginn der Rente vollendetes Lebensjahr des Rentenberechtigten	Ertragsanteil in %	Bei Beginn der Rente vollendetes Lebensjahr des Rentenberechtigten	Ertragsanteil in %
0 bis 1	59	48	32
2 bis 3	58	49	31
4 bis 5	57	50	30
6 bis 8	56	51 bis 52	29
9 bis 10	55	53	28
11 bis 12	54	54	27
13 bis 14	53	55 bis 56	26
15 bis 16	52	57	25
17 bis 18	51	58	24
19 bis 20	50	59	23
21 bis 22	49	60 bis 61	22
23 bis 24	48	62	21
25 bis 26	47	63	20
27	46	64	19
28 bis 29	45	65 bis 66	18
30 bis 31	44	67	17
32	43	68	16
33 bis 34	42	69 bis 70	15
35	41	71	14
36 bis 37	40	72 bis 73	13
38	39	74	12
39 bis 40	38	75	11
41	37	76 bis 77	10
42	36	78 bis 79	9
43 bis 44	35	80	8
45	34	81 bis 82	7
46 bis 47	33	83 bis 84	6

§ 22

Bei Beginn der Rente vollendetes Lebensjahr des Rentenberechtigten	Ertragsanteil in %	Bei Beginn der Rente vollendetes Lebensjahr des Rentenberechtigten	Ertragsanteil in %
85 bis 87	5	94 bis 96	2
88 bis 91	4	ab 97	1
92 bis 93	3		

⁵Die Ermittlung des Ertrags aus Leibrenten, die vor dem 1. Januar 1955 zu laufen begonnen haben, und aus Renten, deren Dauer von der Lebenszeit mehrerer Personen oder einer anderen Person als des Rentenberechtigten abhängt, sowie aus Leibrenten, die auf eine bestimmte Zeit beschränkt sind, wird durch eine Rechtsverordnung bestimmt. ⁶Doppelbuchstabe aa Satz 9 gilt entsprechend;
  b) Einkünfte aus Zuschüssen und sonstigen Vorteilen, die als wiederkehrende Bezüge gewährt werden;
1a. Einkünfte aus Leistungen und Zahlungen nach § 10 Absatz 1a, soweit für diese die Voraussetzungen für den Sonderausgabenabzug beim Leistungs- oder Zahlungsverpflichteten nach § 10 Absatz 1a erfüllt sind;
1b., 1c. *(aufgehoben)*
2. Einkünfte aus privaten Veräußerungsgeschäften im Sinne des § 23;
3. Einkünfte aus Leistungen, soweit sie weder zu anderen Einkunftsarten (§ 2 Absatz 1 Satz 1 Nummer 1 bis 6) noch zu den Einkünften im Sinne der Nummern 1, 1a, 2 oder 4 gehören, z. B. Einkünfte aus gelegentlichen Vermittlungen und aus der Vermietung beweglicher Gegenstände. ²Solche Einkünfte sind nicht einkommensteuerpflichtig, wenn sie weniger als 256 Euro im Kalenderjahr betragen haben. ³Übersteigen die Werbungskosten die Einnahmen, so darf der übersteigende Betrag bei Ermittlung des Einkommens nicht ausgeglichen werden; er darf auch nicht nach § 10d abgezogen werden. ⁴Die Verluste mindern jedoch nach Maßgabe des § 10d die Einkünfte, die der Steuerpflichtige in dem unmittelbar vorangegangenen Veranlagungszeitraum oder in den folgenden Veranlagungszeiträumen aus Leistungen im Sinne des Satzes 1 erzielt hat oder erzielt; § 10d Absatz 4 gilt entsprechend;
4. Entschädigungen, Amtszulagen, Zuschüsse zu Kranken- und Pflegeversicherungsbeiträgen, Übergangsgelder, Überbrückungsgelder, Sterbegelder, Versorgungsabfindungen, Versorgungsbezüge, die auf Grund des Abgeordnetengesetzes oder des Europaabgeordnetengesetzes, sowie vergleichbare Bezüge, die auf Grund der entsprechenden Gesetze der Länder gezahlt werden, und die Entschädigungen, das Übergangsgeld, das Ruhegehalt und die Hinterbliebenenversorgung, die auf Grund des Abgeordnetenstatuts des Europäischen Parlaments von der Europäischen Union gezahlt werden. ²Werden zur Abgeltung des durch das Mandat veranlassten Aufwandes Aufwandsentschädigungen gezahlt, so dürfen die durch das Mandat veranlassten Aufwendungen nicht als Werbungskosten abgezogen werden. ³Wahlkampfkosten zur Erlangung eines Mandats im Bundestag, im Europäischen Parlament oder im Parlament eines Landes dürfen nicht als Werbungskosten abgezogen werden. ⁴Es gelten entsprechend
  a) für Nachversicherungsbeiträge auf Grund gesetzlicher Verpflichtung nach den Abgeordnetengesetzen im Sinne des Satzes 1 und für Zuschüsse zu Kranken- und Pflegeversicherungsbeiträgen § 3 Nummer 62,
  b) für Versorgungsbezüge § 19 Absatz 2 nur bezüglich des Versorgungsfreibetrags; beim Zusammentreffen mit Versorgungsbezügen im Sinne des § 19 Absatz 2 Satz 2 bleibt jedoch insgesamt höchstens ein Betrag

Arten der sonstigen Einkünfte § 22

in Höhe des Versorgungsfreibetrags nach § 19 Absatz 2 Satz 3 im Veranlagungszeitraum steuerfrei,
c) für das Übergangsgeld, das in einer Summe gezahlt wird, und für die Versorgungsabfindung § 34 Absatz 1,
d) für die Gemeinschaftssteuer, die auf die Entschädigungen, das Übergangsgeld, das Ruhegehalt und die Hinterbliebenenversorgung auf Grund des Abgeordnetenstatuts des Europäischen Parlaments von der Europäischen Union erhoben wird, § 34c Absatz 1; dabei sind die im ersten Halbsatz genannten Einkünfte für die entsprechende Anwendung des § 34c Absatz 1 wie ausländische Einkünfte und die Gemeinschaftssteuer wie eine der deutschen Einkommensteuer entsprechende ausländische Steuer zu behandeln;
5. Leistungen aus Altersvorsorgeverträgen, Pensionsfonds, Pensionskassen und Direktversicherungen. ²Soweit die Leistungen nicht auf Beiträgen, auf die § 3 Nummer 63, 63a, § 10a, Abschnitt XI oder Abschnitt XII angewendet wurden, nicht auf Zulagen im Sinne des Abschnitts XI, nicht auf Zahlungen im Sinne des § 92a Absatz 2 Satz 4 Nummer 1 und des § 92a Absatz 3 Satz 9 Nummer 2, nicht auf steuerfreien Leistungen nach § 3 Nummer 66 und nicht auf Ansprüchen beruhen, die durch steuerfreie Zuwendungen nach § 3 Nummer 56 oder die durch die nach § 3 Nummer 55b Satz 1 oder § 3 Nummer 55c steuerfreie Leistung aus einem neu begründeten Anrecht erworben wurden,
a) ist bei lebenslangen Renten sowie bei Berufsunfähigkeits-, Erwerbsminderungs- und Hinterbliebenenrenten Nummer 1 Satz 3 Buchstabe a entsprechend anzuwenden,
b) ist bei Leistungen aus Versicherungsverträgen, Pensionsfonds, Pensionskassen und Direktversicherungen, die nicht solche nach Buchstabe a sind, § 20 Absatz 1 Nummer 6 in der jeweils für den Vertrag geltenden Fassung entsprechend anzuwenden,
c) unterliegt bei anderen Leistungen der Unterschiedsbetrag zwischen der Leistung und der Summe der auf sie entrichteten Beiträge der Besteuerung; § 20 Absatz 1 Nummer 6 Satz 2 gilt entsprechend.
³In den Fällen des § 93 Absatz 1 Satz 1 und 2 gilt das ausgezahlte geförderte Altersvorsorgevermögen nach Abzug der Zulagen im Sinne des Abschnitts XI als Leistung im Sinne des Satzes 2. ⁴Als Leistung im Sinne des Satzes 1 gilt auch der Verminderungsbetrag nach § 92a Absatz 2 Satz 5 und der Auflösungsbetrag nach § 92a Absatz 3 Satz 5. ⁵Der Auflösungsbetrag nach § 92a Absatz 2 Satz 6 wird zu 70 Prozent als Leistung nach Satz 1 erfasst. ⁶Tritt nach dem Beginn der Auszahlungsphase zu Lebzeiten des Zulageberechtigten der Fall des § 92a Absatz 3 Satz 1 ein, dann ist
a) innerhalb eines Zeitraums bis zum zehnten Jahr nach dem Beginn der Auszahlungsphase das Eineinhalbfache,
b) innerhalb eines Zeitraums zwischen dem zehnten und 20. Jahr nach dem Beginn der Auszahlungsphase das Einfache
des nach Satz 5 noch nicht erfassten Auflösungsbetrags als Leistung nach Satz 1 zu erfassen; § 92a Absatz 3 Satz 9 gilt entsprechend mit der Maßgabe, dass als noch nicht zurückgeführter Betrag im Wohnförderkonto der noch nicht erfasste Auflösungsbetrag gilt. ⁷Bei erstmaligem Bezug von Leistungen, in den Fällen des § 93 Absatz 1 sowie bei Änderung der im Kalenderjahr auszuzahlenden Leistung hat der Anbieter (§ 80) nach Ablauf des Kalenderjahres dem Steuerpflichtigen nach amtlich vorgeschriebenem Muster den Betrag der im abgelaufenen Kalenderjahr zugeflossenen Leistungen im Sinne der Sätze 1 bis 3 je gesondert mitzuteilen; mit Einverständnis des Steuerpflichtigen kann die Mitteilung elektronisch bereitgestellt werden. ⁸Werden dem Steuerpflichtigen Abschluss- und Vertriebs-

Weber-Grellet 1689

kosten eines Altersvorsorgevertrages erstattet, gilt der Erstattungsbetrag als Leistung im Sinne des Satzes 1. [9]In den Fällen des § 3 Nummer 55a richtet sich die Zuordnung zu Satz 1 oder Satz 2 bei der ausgleichsberechtigten Person danach, wie eine nur auf die Ehezeit bezogene Zuordnung der sich aus dem übertragenen Anrecht ergebenden Leistung zu Satz 1 oder Satz 2 bei der ausgleichspflichtigen Person im Zeitpunkt der Übertragung ohne die Teilung vorzunehmen gewesen wäre. [10]Dies gilt sinngemäß in den Fällen des § 3 Nummer 55 und 55e. [11]Wird eine Versorgungsverpflichtung nach § 3 Nummer 66 auf einen Pensionsfonds übertragen und hat der Steuerpflichtige bereits vor dieser Übertragung Leistungen auf Grund dieser Versorgungsverpflichtung erhalten, so sind insoweit auf die Leistungen aus dem Pensionsfonds im Sinne des Satzes 1 die Beträge nach § 9a Satz 1 Nummer 1 und § 19 Absatz 2 entsprechend anzuwenden; § 9a Satz 1 Nummer 3 ist nicht anzuwenden. [12]Wird auf Grund einer internen Teilung nach § 10 des Versorgungsausgleichsgesetzes oder einer externen Teilung nach § 14 des Versorgungsausgleichsgesetzes ein Anrecht zugunsten der ausgleichsberechtigten Person begründet, so gilt dieser Vertrag insoweit zu dem gleichen Zeitpunkt als abgeschlossen wie der Vertrag der ausgleichspflichtigen Person, wenn die aus dem Vertrag der ausgleichspflichtigen Person ausgezahlten Leistungen zu einer Besteuerung nach Satz 2 führen. [13]Für Leistungen aus Altersvorsorgeverträgen nach § 93 Absatz 3 ist § 34 Absatz 1 entsprechend anzuwenden. [14]Soweit Begünstigungen, die mit denen in Satz 2 vergleichbar sind, bei der deutschen Besteuerung gewährt wurden, gelten die darauf beruhenden Leistungen ebenfalls als Leistung nach Satz 1. [15]§ 20 Absatz 1 Nummer 6 Satz 9 in der ab dem 27. Juli 2016 geltenden Fassung findet keine Anwendung. [16]Nummer 1 Satz 3 Buchstabe a Doppelbuchstabe aa Satz 9 gilt entsprechend.

Einkommensteuer-Durchführungsverordnung:

§ 55 *EStDV Ermittlung des Ertrags aus Leibrenten in besonderen Fällen*

(1) Der Ertrag des Rentenrechts ist in den folgenden Fällen auf Grund der in § 22 Nr. 1 Satz 3 Buchstabe a Doppelbuchstabe bb des Gesetzes aufgeführten Tabelle zu ermitteln:
1. bei Leibrenten, die vor dem 1. Januar 1955 zu laufen begonnen haben. [2]Dabei ist das vor dem 1. Januar 1955 vollendete Lebensjahr des Rentenberechtigten maßgebend;
2. bei Leibrenten, deren Dauer von der Lebenszeit einer anderen Person als des Rentenberechtigten abhängt. [2]Dabei ist das bei Beginn der Rente, im Fall der Nummer 1 das vor dem 1. Januar 1955 vollendete Lebensjahr dieser Person maßgebend;
3. bei Leibrenten, deren Dauer von der Lebenszeit mehrerer Personen abhängt. [2]Dabei ist das bei Beginn der Rente, im Fall der Nummer 1 das vor dem 1. Januar 1955 vollendete Lebensjahr der ältesten Person maßgebend, wenn das Rentenrecht mit dem Tod des zuerst Sterbenden erlischt, und das Lebensjahr der jüngsten Person, wenn das Rentenrecht mit dem Tod des zuletzt Sterbenden erlischt.

(2) [1]Der Ertrag der Leibrenten, die auf eine bestimmte Zeit beschränkt sind (abgekürzte Leibrenten), ist nach der Lebenserwartung unter Berücksichtigung der zeitlichen Begrenzung zu ermitteln. [2]Der Ertragsanteil ist aus der nachstehenden Tabelle zu entnehmen. [3]Absatz 1 ist entsprechend anzuwenden.

Arten der sonstigen Einkünfte §22

Beschränkung der Laufzeit der Rente auf … Jahre ab Beginn des Rentenbezugs (ab 1. Januar 1955, falls die Rente vor diesem Zeitpunkt zu laufen begonnen hat)	Der Ertragsanteil beträgt vorbehaltlich der Spalte 3 … Prozent	Der Ertragsanteil ist der Tabelle in § 22 Nr. 1 Satz 3 Buchstabe a Doppelbuchstabe bb des Gesetzes zu entnehmen, wenn der Rentenberechtigte zu Beginn des Rentenbezugs (vor dem 1. Januar 1955, falls die Rente vor diesem Zeitpunkt zu laufen begonnen hat) das … te Lebensjahr vollendet hatte
1	2	3
1	0	entfällt
2	1	entfällt
3	2	97
4	4	92
5	5	88
6	7	83
7	8	81
8	9	80
9	10	78
10	12	75
11	13	74
12	14	72
13	15	71
14–15	16	69
16–17	18	67
18	19	65
19	20	64
20	21	63
21	22	62
22	23	60
23	24	59
24	25	58
25	26	57
26	27	55
27	28	54
28	29	53
29–30	30	51
31	31	50
32	32	49
33	33	48
34	34	46
35–36	35	45
37	36	43
38	37	42
39	38	41
40–41	39	39
42	40	38
43–44	41	36
45	42	35
46–47	43	33
48	44	32
49–50	45	30
51–52	46	28
53	47	27
54–55	48	25

§ 22 Arten der sonstigen Einkünfte

Beschränkung der Laufzeit der Rente auf ... Jahre ab Beginn des Rentenbezugs (ab 1. Januar 1955, falls die Rente vor diesem Zeitpunkt zu laufen begonnen hat)	Der Ertragsanteil beträgt vorbehaltlich der Spalte 3 ... Prozent	Der Ertragsanteil ist der Tabelle in § 22 Nr. 1 Satz 3 Buchstabe a Doppelbuchstabe bb des Gesetzes zu entnehmen, wenn der Rentenberechtigte zu Beginn des Rentenbezugs (vor dem 1. Januar 1955, falls die Rente vor diesem Zeitpunkt zu laufen begonnen hat) das ... te Lebensjahr vollendet hatte
1	2	3
56–57	49	23
58–59	50	21
60–61	51	19
62–63	52	17
64–65	53	15
66–67	54	13
68–69	55	11
70–71	56	9
72–74	57	6
75–76	58	4
77–79	59	2
ab 80		Der Ertragsanteil ist immer der Tabelle in § 22 Nr. 1 Satz 3 Buchstabe a Doppelbuchstabe bb des Gesetzes zu entnehmen.

Einkommensteuer-Richtlinien: EStR 22.1–22.10/EStH 22.1–22.10. – *Verwaltungsanweisungen:* BMF BStBl I 13, 1087 (zu Vorsorgeaufwendungen und Altersbezügen; Tz 190–269; zu § 22 Nr 1 S 3 Buchst a), ua geändert durch *BMF* BStBl I 14, 70 und *BMF* BStBl I 21, 1831. – *BMF* BStBl I 18, 147; ersetzt durch *BMF* BStBl I 21, 1050 (Förderung der betriebl Altersversorgung); *BMF* BStBl I 18, 93 (zur steuerl Förderung der privaten Altersvorsorge und betriebl Altersversorgung; auch § 22 Nr 5; Aufhebung von *BMF* BStBl I 13, 1022 und *BMF* BStBl I 14, 97).

Übersicht

	Rz
I. Grundaussage	
1. Besteuerungsgegenstand	1, 2
2. Übersicht über die Rentenbesteuerung	3–7
3. Subsidiarität	8
4. Abschließende Aufzählung	9
5. Verfassungsmäßigkeit	10
II. Private wiederkehrende Bezüge; Arten und Begriffe	
1. Wiederkehrende Bezüge (Oberbegriff)	11–15
2. Renten	20–30
3. Zeitrente	40
4. Leibrente	41, 42
5. Abgekürzte Leibrente, § 22 Nr 1 S 3 Buchst a/bb; § 55 II EStDV	43
6. Verlängerte Leibrente	46
7. Dauernde Lasten (Bezüge)	47, 48
III. Besteuerung privater wiederkehrender Bezüge, § 22 Nr 1, Nr 1a	
1. Grundsätze	50–60
2. Bezüge nach § 22 Nr 1 S 1 und S 2	65–68
3. Veräußerungsrente	70–77
4. Besteuerung dauernder Lasten	81
5. Besteuerung von Zeitrenten	84–87
6. Besteuerung von Leibrenten und Altersbezügen, § 22 Nr 1 S 3 Buchst a Doppelbuchst aa	88–93

Grundaussage **1 § 22**

	Rz
7. Andere Renteneinkünfte, § 22 Nr 1 S 3 Buchst a Doppelbuchst bb	94–99
8. Abgekürzte und verlängerte Leibrenten	100, 102
9. Realsplitting, § 22 Nr 1a iVm § 10 Ia Nr 1	103
10. Vermögensübergabe gegen Versorgungsleistungen, § 22 Nr 1a iVm § 10 Ia Nr 2	105
11. Ausgleichszahlungen bei Versorgungsausgleich, § 22 Nr 1a iVm § 10 Ia Nr 3, 4	115
12. Werbungskosten; Freibeträge	123–125

IV. Einkünfte aus Leistungen, § 22 Nr 3
1. Funktion	130
2. Leistung	131–134
3. Abgrenzung Vermögensbereich/Nutzungsbereich	136–140
4. Art des Leistungsentgelts	142
5. Zeitpunkt der Versteuerung	143
6. Werbungskosten	145
7. Verlustausgleich, § 22 Nr 3 S 3, 4	146
8. Freigrenze, § 22 Nr 3 S 2	147
9. ABC der sonstigen Leistungen	150

V. Abgeordnetenbezüge, § 22 Nr 4
1. Ursprung	160
2. Persönlicher Geltungsbereich	161
3. Sachlicher Geltungsbereich	162
4. Werbungskosten	163
5. Anwendbare Vorschriften	164

VI. Leistungen aus Altersvorsorgeverträgen und betrieblicher Altersversorgung, § 22 Nr 5
1. Allgemeines	170
2. Einzelheiten, § 22 Nr 5 S 1–15	171–173
3. Werbungskosten; Werbungskosten-Pauschbetrag, § 9a I 1 Nr 3	174

Schrifttum (Aufsätze vor 2019 s Vorauflagen): *Myßen/Adam/Gragert/Voigt/Wißborn*, Renten, Raten, Dauernde Lasten, 17. Aufl, 2021 (zit *Myßen/Adam ua*); *Weber-Grellet*, Besteuerung wiederkehrender Bezüge (einschl Altereinkünfte), 2014, LdR 6/153; *KSM/Wernsmann/Neudenberger*, § 22 Rz 1 ff. – *Weber-Grellet*, Rentenbesteuerung im Lichte der neueren BFH-Rspr, DStR 12, 1253; *Dommermuth*, Doppelbesteuerung von Renten der Schicht I, FR 20, 385, 439; *Rügamer*, Die Definition der doppelten Besteuerung ..., FR 20, 399; *Musil*, Reform der Besteuerung ..., DStR 20, 1881.

I. Grundaussage

1. Besteuerungsgegenstand. – a) Tatbestände und Steuerbarkeit. Die 1
§§ 22, 23 enthalten eine abschließende Aufzählung weiterer – subsidiärer – Besteuerungstatbestände und zwar: – *(1)* **Wiederkehrende Bezüge,** insb Leibrenten aus AltersRV (§ 22 Nr 1 S 3 Buchst a Doppelbuchst aa), Erträge aus (nicht begünstigten) Rentenrechten (§ 22 Nr 1 S 3 Buchst a Doppelbuchst bb) mit dem Ertragsanteil, Erträge aus Realsplitting (§ 22 Nr 1a iVm § 10 Ia Nr 1), Einkünfte aus Versorgungsleistungen (Vermögensübergabe; § 22 Nr 1a iVm § 10 Ia Nr 2), Einkünfte aus Zahlungen aus dem Versorgungsausgleich (§ 22 Nr 1a iVm § 10 Ia Nr 3, 4). – *(2)* **Einkünfte aus privaten Veräußerungsgeschäften** iSd § 23 (§ 22 Nr 2). – *(3)* **Einkünfte aus sonstigen Leistungen,** zB Einkünfte aus gelegentl Vermittlungen und aus der Vermietung bewegl Gegenstände (§ 22 Nr 3). – *(4)* **Abgeordnetenbezüge** (§ 22 Nr 4). – *(5)* **Leistungen aus Altersvorsorgeverträgen** und aus betriebl Altersversorgung (§ 22 Nr 5). – Zusammengefasst werden also von § 22 erfasst: Rentenbezüge, Transferbezüge (nach Maßgabe des Korrespondenzprinzips) und Leistungsbezüge (Veräußerungserlöse, sonstige Leistungen; Abgeordnetentätigkeit).

§ 22 2–4 Arten der sonstigen Einkünfte

Das **gemeinsame Band** (und die Besteuerungslegitimation) aller Einkunftstatbestände des EStG ist die **Leistung**; das EStG besteuert (entgeltl) Leistungen. Diese Aussage gilt für alle Einkunftsarten, auch für Renten und für „sonstige Leistungen". Renteneinkünfte sind daher (nur) **stbar**, wenn sie auf **Leistungen** beruhen; die äußere Form der Wiederholung ist nicht maßgebl (*Weber-Grellet* FR 15, 48; BFH X R 6/19 BStBl II 21, 557 Rz 19 [teleologische Reduktion]).

2   **b) Einkunftserzielungsabsicht.** Auch § 22 verlangt (bei WK-Überschuss) nach der BFH-Rspr eine Einkunftserzielungsabsicht in Gestalt eines Total-Überschusses (BFH X R 18/11 BStBl II 14, 15; *KSM* § 22 Rz B 85); voraussichtl Einnahmen des überlebenden Ehegatten sind einzubeziehen (BFH X R 29/02 DStR 05, 326); Kündigungsmöglichkeit des Rentenversicherers allein nicht schädl (BFH X R 2/07 BFH/NV 10, 1251); zu fremdfinanzierter Rente s Rz 91. Ein weiteres subj Element wie bei der Liebhaberei (§ 15 Rz 24 f) wird nicht verlangt (*Weber-Grellet* DStR 12, 1253).

3   **2. Übersicht über die Rentenbesteuerung. – a) Neuregelung.** Die Besteuerung der Renten ist durch das AltEinkG (BGBl I 04, 1427) neu geregelt worden (*Weber-Grellet* LdR 6/153 A III); die Neuregelung ist seit dem 1.1.2005 in Kraft. Anlass waren Entscheidungen des BVerfG, die die ungleichmäßige Besteuerung von Alterseinkünften gerügt hatten. Zugrunde liegt dem AltEinkG das **„Drei-Schichten-Modell"** (auch „Drei-Säulen-Modell" der Rürup-Kommission (*KSM* § 22 Rz B 156): – *1. Schicht:* Basisversorgung (Versorgung durch gesetzl RV, durch die landwirtschaftl Alterskassen, die berufsständischen Versorgungseinrichtungen und die kapitalgedeckte Altersversorgung in Gestalt einer privaten Basis-Rente, die sog. Rürup-Rente) – im Grundsatz Vollbesteuerung. – *2. Schicht:* Zusatzversorgung (betriebl Altersvorsorge und Riester-Rente) – im Grundsatz Vollbesteuerung. – *3. Schicht:* Kapitalanlageprodukte (können, müssen aber nicht der Alterssicherung dienen) – im Grundsatz Ertragsanteilsbesteuerung. – Neuerdings wird – zR – wieder die gesetzl RV präferiert (*Fachinger* Sozialer Fortschritt 67 (2018), 929, 946); iEinz s *Schmidt* 39. Aufl § 22 Rz 3.

Ab 2005 wurde – bei steuerl begünstigten Renten – der Besteuerungsanteil zunächst auf 50% festgesetzt (Erfassung der Rückzahlung des stfreien ArbG-Anteils). Bis zum Jahr 2020 wurde der Besteuerungsanteil jährlich um 2% erhöht, ab 2021 um 1%, so dass die volle Steuerbarkeit erst im Jahr 2041 erreicht wird. Der Besteuerungsanteil bleibt nach dem sog. Kohortenprinzip unverändert (*KSM* § 22 Rz B 196). Der stfreie Anteil wird festgeschrieben, Erhöhungen entfallen auf den steuerbaren Anteil (§ 22 Nr 1 S 3 Buchst a Doppelbuchst aa S 3 und 5). Erfasst werden grds alle Zahlungen aus der jeweiligen Versicherung, soweit sie nicht ausdrückl stfrei gestellt worden sind (dazu *BMF* BStBl I 21, 1831 Rz 197). Der Abzug der entspr Aufwendungen ist beschränkt (§ 10 III 1), ab 2005 zunächst 60%, jedes Jahr steigt dieser Anteil um 2%, sodass 2025 der volle Abzug von 100% erfolgen wird; 2015 betrug der Höchstbetrag 80% von 22 172 €. – **Rentenbeiträge** sind SA, keine WK (Rz 89). – Entspr wird der Vorwegabzug von Vorsorgeaufwendungen durch Selbständige ab 2011 sukzessive abgebaut.

4   **b) Grundsätze der Rentenbesteuerung nach dem AltEinkG. – aa) Grundsatz der nachgelagerten Vollbesteuerung.** Das AltEinkG (BGBl I 04, 1427) beruht auf dem Prinzip der nachgelagerten Besteuerung, dem die Annahme einer „intertemporalen Korrespondenz" zugrunde liegt. Die Einzahlungen in die Rente sind sofort abziehbar, die Auszahlungen werden später bei Zufluss besteuert; steuerl wird also – entspr der Funktion von Altersrenten – die Einzahlungsphase und die Auszahlungsphase getrennt. – Dem Grundsatz nach ordnet der Gesetzgeber die Rentenbezüge als „normale" Einkunftsart ein (Grundsatz der vollen nachgelagerten Besteuerung). Prinzipiell sind alle „Erwerbsaufwendungen" vorab abzuziehen (s aber § 10 III; unten Rz 89); die „Rentenerwerbsaufwendungen" („Doppelnatur"; ähnl bei Ausbildungskosten, BVerfG 2 BvL 22/14 DStR 20,

Grundaussage 5–7 § 22

93) hat der Gesetzgeber als SA eingeordnet und der Höhe nach begrenzt. Alle Auszahlungen auf die Rente sind als Einnahmen zu erfassen, auch einmalige Kapitalauszahlungen als „andere Leistungen" (§ 22 Nr 1 S 3 Buchst a; s *KSM* § 22 Rz B 167). Dementspr lässt die **Kapitalisierung von Rentenansprüchen** deren Stbarkeit nicht entfallen (BFH X R 3/12 BStBl II 14, 58; BFH X R 24/18 BFH/NV 19, 1337; *Myßen/Adam ua* Rn 1275; unten Rz 6, 41, 92, 94, 172); **Beispiel:** (Vergleichsweise) Ablösung einer Berufsunfähigkeitsrente: Ertragsanteil (Rz 51, 94), evtl § 34 (s § 34 Rz 45); die früheren LV-Privilegierungen und die Sonderregelungen des § 22 Nr 5 sind nicht (entspr) anwendbar.

bb) Grundsatz der Besteuerung nach Maßgabe der Vorbelastung. Vollbesteuerung erfolgt nur, wenn die entspr Aufwendungen in der Aufbauphase steuerl entlastet wurden; in der Aufbauphase nicht steuerl begünstigte (also aus dem versteuerten Einkommen finanzierte) Renten, die auf ungeförderten Beiträgen beruhen, werden weiterhin nur mit dem **Ertragsanteil** erfasst, also keine nachgelagerte Vollbesteuerung, sondern Besteuerung nur des Ertragsanteils (Verbot der doppelten Besteuerung; BFH X R 20/19 DStRE 21, 773). Die Ertragsanteilsbesteuerung nach § 22 Nr 1 S 3 Buchst a Doppelbuchst bb kommt insb für Renten in Betracht, deren Beiträge nicht nach § 10 I Nr 2 S 1 Buchst b abgezogen werden konnten, zB Leistungen aus umlagefinanzierten Versorgungseinrichtungen. 5

cc) Altersvorsorge; betriebliche Altersversorgung. In zu § 22 Nr 1 S 3 Buchst a vergleichbarer Weise regelt § 22 Nr 5 die Besteuerung von Leistungen aus Altersvorsorgeverträgen und aus betriebl Altersversorgung: Beruhen die Leistungen (zB in Zusammenhang mit einer Riesterrente oder mit Leistungen iRd betriebl Altersvorsorge) auf entlasteten bzw geförderten Beiträgen, werden die Renten nach § 22 Nr 5 S 1 voll besteuert (Rz 170 ff). – Beruhen die Leistungen hingegen auf nicht geförderten Beiträgen, ist nach § 22 Nr 5 S 2 die Besteuerung abw vom Grundsatz der nachgelagerten Besteuerung nach der Art der Leistung vorzunehmen. Soweit die Leistungen nicht auf Beiträgen nach § 3 Nr 55b, Nr 55c, Nr 63, § 10a oder Abschnitt XI beruhen, ist – *(1)* gem § 22 Nr 5 S 2 Buchst a bei lebenslangen Renten sowie bei Berufsunfähigkeits-, Erwerbsminderungs- und Hinterbliebenenrenten Nr 1 S 3 Buchst a [wohl Doppelbuchst bb; BFH X R 43/11 DStRE 16, 79 Rz 41] entspr anzuwenden, ist – *(2)* gem § 22 Nr 5 S 2 Buchst b bei Leistungen aus Versicherungsverträgen, Pensionsfonds, Pensionskassen und Direktversicherungen, die nicht solche nach Buchst a sind (also Kapitalauszahlungen), § 20 I Nr 6 entspr (in vollem Umfang, auch S 2) anzuwenden (BFH X R 39/15 BStBl II 18, 579), und unterliegt – *(3)* gem § 22 Nr 5 S 2 Buchst c bei anderen Leistungen (wohl variable Leistungen, Teilauszahlungen, zB Überschussbeteiligung), der Unterschiedsbetrag zw der Leistung und der Summe der auf sie entrichteten Beiträge der Besteuerung (§ 20 I Nr 6 S 2 gilt entspr). In welchem Umfang die Leistungen in der Auszahlungsphase besteuert werden, richtet sich demnach danach, ob die in der Ansparphase eingezahlten Beiträge in vollem Umfang, teilweise oder gar nicht gefördert worden sind; ggf sind die entspr Leistungen aufzuteilen. 6

dd) Systematisch unterschiedlicher Ansatz. Während Nr 5 an die konkrete Vorbelastung (Beitragsent- bzw -belastung) anknüpft und ggf eine Aufteilung verlangt, stellt Nr 1 typisierend auf die Art der Rente ab; nur für 10 Jahre lang geleistete Überbeiträge erlaubt § 22 Nr 1 S 3 Buchst a Doppelbuchst bb (ausnahmsweise) die Differenzierung nach ent- und belasteten Beiträgen: Im Bereich der Basisversorgung wird die Entlastung unterstellt, sodass die generelle Vollbesteuerung legitimiert ist; im Bereich der Zusatzversorgung wird hingegen konkret darauf abgestellt, ob die Zuflüsse auf entlasteten Beiträgen beruhen. – Das bedeutet, dass alle Renten, die die Voraussetzungen des § 22 Nr 1 S 3 Buchst a Doppelbuchst aa erfüllen, unabhängig von ihrer Vorbelastung voll (und nicht nur mit dem Ertragsanteil) zu besteuern sind; eine übermäßige Besteuerung ist ggf nach den „Doppelbe- 7 steuerungsgrundsätzen" zu prüfen (Rz 89); stellt sich dabei heraus, dass die nicht entlasteten Beiträge die stfreien Rentenzuflüsse übersteigen, ist die stbare Rente iHd Differenzbetrags nur mit dem Ertragsanteil zu erfassen (*Weber-Grellet* FR 16, 85; *ders* FR 17, 399; *Briese/Horlemann* Staatl Förderung der Altersvorsorge, Kennzahl 341 Rz 304), mE keine Herausnahme aus der Besteuerung (so aber *Reddig* DB 21, 1596, 1601); eine VerfWidrigkeit ist definitiv ausgeschlossen.

8   **3. Subsidiarität.** Bestimmte wiederkehrende Einnahmen werden vorrangig nach § 2 I Nr 1–6 besteuert (BFH VIII R 4/18 DStR 21, 2341), zB alle betriebl wiederkehrenden Bezüge (vgl § 4 Rz 75, 410; § 16 Rz 244; *Weber-Grellet* LdR 6/153 C). § 22 tritt hinter alle anderen Einkunftsarten zurück, so Nr 1 S 1 (Rz 50 ff), Nr 3 S 1 (Rz 131), Nr 2 iVm § 23 (§ 23 Rz 1), auch bei Besteuerung über § 24 Nr 2 (FG SchlHol EFG 14, 1191).

9   **4. Abschließende Aufzählung.** § 22 enthält eine abschließende Aufzählung der „sonstigen" Besteuerungstatbestände, die jedoch ihrerseits nur beispielhaft ausgefüllt sind (vgl Gesetzeswortlaut § 22 Nr 1 S 3 „auch", Nr 3 „zB").

10   **5. Verfassungsmäßigkeit.** Der BFH hat in zahlreichen Entscheidungen die Verfassungsmäßigkeit der Regelungen bejaht; weder die Altregelung, die Übergangsregelung noch die Neuregelung sind angreifbar (vgl statt vieler BFH X R 2/15 BStBl II 16, 733; BFH X R 151/16 BFH/NV 17, 1434; BFH X R 84/19 BFH/NV 21, 1199; *Weber-Grellet* DStR 12, 1253; *KSM* § 22 Rz B 210); das BVerfG hat entspr VerfBeschw zurückgewiesen (ua BVerfG 2 BvR 2683/11 BStBl II 16, 310). Zu beachten ist aber das Verbot der doppelten Besteuerung (iEinz Rz 89).

II. Private wiederkehrende Bezüge; Arten und Begriffe

Schrifttum: vor Rz 1.

11   **1. Wiederkehrende Bezüge (Oberbegriff). – a) Bezüge.** Das sind Einnahmen in Geld oder Geldeswert einschließl Zuschüssen und sonstigen Vorteilen (§ 22 Nr 1 S 3 Buchst b; unten Rz 99; EStH 22.1). Zu unterscheiden sind Renten (Rz 20), dauernde Lasten (Rz 47) und (Kaufpreis-)Raten (Rz 14). Die Steuerbarkeit wiederkehrender Bezüge folgt nicht aus ihrer äußeren Form (Rz 1); die regelmäßige Wiederkehr von Bezügen (etwa von Ehegatten-Unterhaltszahlungen) als solche reicht nicht aus (BFH X R 18/03 BStBl II 04, 1047).

12   **b) Vermögenswerte Zuflüsse.** Solche sind zB: Geld, freie Kost und Wohnung (dazu Rz 48), Strom, Wasser, Heizung, Kleidung, Übernahme der KV, der Steuern und sonstiger Aufwendungen. Zu Altenteilsleistungen s Rz 105; zu Grabpflegekosten s BFH XI R 10/85 BFH/NV 92, 295; zu Wohnungsinstandhaltung BFH X B 198/97 BFH/NV 98, 1467: abl zur Übernahme öffentl Lasten, die der Übernehmer als Eigentümer schuldet. Zu Schuldzinsen s – zR abl – BFH X R 120/98 DStR 02, 77. Die **eigene Arbeitsleistung** zählt mangels Aufwendungen nicht dazu, sodass wiederkehrende persönl Dienstleistungen des Verpflichteten nicht erfasst werden (BFH XI R 9/84 BStBl II 91, 794: kapitalisierte Pflegeverpflichtung keine AK). Anders aber bei Gestellung einer fremden Arbeitskraft (glA BFH X R 35/89 BStBl II 92, 552). – Die **Bewertung** der Sachbezüge erfolgt grds durch Schätzung der tatsächl Werte (§ 8 II; vgl auch § 10 Rz 119; ältere Rspr s *Schmidt* 34. Aufl § 22 Rz 12).

13   **c) Wiederkehrend.** Das sind Bezüge, die auf Grund eines einheitl Entschlusses oder eines einheitl Rechtsgrundes wiederholt (dh wohl entspr § 11 Rz 25 mehr als einmal, str) mit einer gewissen Regelmäßigkeit erbracht werden (zB BFH VIII R 79/91 BStBl II 95, 121; *Myßen/Adam ua* Rn 56 f). Auch einmalige Zahlungen (iRe Rente) können erfasst werden (BFH VIII R 38/10 BStBl II 16, 657 – „Schweizer Vorbezug"; Rz 92). – Weitere Voraussetzungen bestehen nicht (*HHR* § 22 Rz 100 f), also nicht: *(1)* Mindestdauer (BFH IX R 35/13 BStBl II 15, 795; *Myßen/Adam ua* Rn 18), *(2)* Leistungsverpflichtung (Einschränkung: § 22 Nr 1 S 2,

§ 12 Nr 2, s unten Rz 66, und § 9 I Nr 1, § 10 Ia Nr 2), *(3)* Gleichmäßigkeit der Leistungen (Ausnahme: Renten, Rz 23), *(4)* Stammrecht.

d) Nicht wiederkehrend sind einmalige Leistungen (wie Liquidationszahlungen; BFH VIII R 30/15 BFH/NV 18, 857). Ebenso sind Kaufpreisraten (bei fest vereinbartem, aber gestundeten Kaufpreis; EStR 22.1 I; Rz 71; § 10 Rz 120) und andere (berechenbare) Kapitalzahlungen/-rückzahlungen im „Vermögensbereich", die in wiederkehrende Leistungen zerlegt („gestreckt") werden, *keine* wiederkehrenden Bezüge in diesem Sinne (Rz 71 ff, BFH X R 39/98 BStBl II 02, 246; *Myßen/Adam ua* Rz 46; *HHR* § 22 Rz 172), also nicht nach § 22 stbar, der Zinsanteil ggf nach § 20 I Nr 7.

Beispiele: – *(1) Raten- oder rentenweise Auszahlung einer Erbschaft oder sonstiger Vermögensansprüche* (BFH X R 187/87 BStBl II 93, 298) oder Verzicht auf Erb-, Pflichtteils- oder Vermächtnisansprüche gegen Ratenzahlung (BFH VIII R 43/06 BStBl II 10, 818). – *(2) LV-Leistungen* s Rz 51. – *(3) Entgeltl Wohnrechtserwerb* s BFH X R 11/84 BStBl II 90, 13. – *(4) Stipendien* führen nicht zu wiederkehrenden Bezügen (s auch Rz 51, 133, 150). – Weitere Beispiele s *Schmidt* 39. Aufl § 22 Rz 14.

e) Übertragung/Veräußerung von Wirtschaftsgütern und Vermögen. Bei der entgeltl Übertragung von PV sind die wiederkehrenden Leistungen von Beginn an in eine Vermögensumschichtung (Tilgungsanteil, Barwert) und in einen Zinsanteil aufzuteilen (*HHR* § 22 Rz 172; unten Rz 70; zu Raten-/Rentenverkauf in § 23-Fällen s § 23 Rz 93, 94). Bei Veräußerung von (stbarem) BV ist Sofort- oder Zuflussbesteuerung mögl (BFH X R 12/17 DStR 20, 435; EStH 11 XVI; *HHR* § 22 Rz 173). Zur Vermögensübergabe gegen Versorgungsleistungen s Rz 105.

2. Renten. – a) Begriff. Renten sind wiederkehrende gleichmäßige aleatorische Leistungen, die Geld oder vertretbare Sachen zum Gegenstand haben und sich auf einen „besonderen Verpflichtungsgrund" (§ 9 I Nr 1, § 10 Ia Nr 2) bzw auf ein „Rentenrecht" (§ 22 Nr 1 S 3 Buchst a Doppelbuchst bb) zurückführen lassen (*Meyering* StuB 08, 675; zB Gesetz, VA, Vertrag, letztwillige Anordnung. – Bei Renten steht – im Unterschied zu Raten (Teilzahlungen eines gestundeten Kaufpreises) – wegen ihres **aleatorischen Charakters** (ganz bei der Leibrente, partiell bei der Zeitrente) der insgesamt zu entrichtende Betrag nicht fest. Nach hM müssen Renten eine bestimmte Mindestlaufzeit aufweisen (mE zweifelhaft, da das Zeitmoment irrelevant ist); diese liegt, soweit nicht eine Leibrente auf Lebenszeit läuft, idR bei 10 Jahren (vgl zu sog Zeitrenten BFH VI 12/62 U BStBl III 63, 563; s aber auch Rz 40; zu dauernden Lasten nach § 10 Ia Nr 2 BFH VI 102/64 HFR 65, 504). Ob entgeltl oder unentgeltl, sollte unerhebl sein (BFH VI 284/58 U BStBl III 59, 463); mE ist das (heute) nicht der Fall (s Rz 1, 50). Zur Abkürzung einer Leibrente s Rz 43, zur Verlängerung Rz 46. – **Schriftform** nach § 761 BGB (Leibrente) oder notarielle Beurkundung nach § 518 BGB (Schenkung) sind für das StRecht unbeachtl (§ 41 AO; **aA** BFH VI 12/62 U BStBl III 63, 563). – Renten iSd § 22 sind in erster Linie (auch abgekürzte und verlängerte; Rz 100, 102) **Leibrenten**. Bei (veräußerungs- oder darlehensähnl sog **„Veräußerungsrenten/Gegenleistungsrenten"** (auch Veräußerungszeitrenten) wie auch bei anderen wiederkehrenden Leistungen (*Myßen/Adam ua* Rz 588 f) ist ggf ein stbarer Zinsanteil herauszurechnen (BFH VIII R 3/17 BStBl II 20 813). Renteneinkünfte auch bei Finanzierung der Rente durch Dritte; keine mittelbare Rentenschenkung (FG BBg EFG 09, 749). Versehentl (ohne Rechtsgrund) erhaltene Leistungen (zB vor/über Laufzeit) sind kein Fall einer freiwilligen Leistung (Rz 66) und daher stbar (BFH X B 140/20 BFHNV 21, 1347).

Die zivilrechtl Voraussetzung eines einheitl **Rentenstammrechts** (*Grüneberg* § 759 BGB Rz 7) ist strechtl eher unbedeutend (BFH X R 15/85 BFH/NV 90, 227). Die unterschiedl Behandlung von Renten und dauernden Lasten beruht vorrangig auf dem Umstand, dass bei ungleichmäßigen Leistungen ein einheitl Zinsanteil nicht berechnet werden kann und damit auch eine Ausgrenzung des vermögensumschichtenden Teils nicht mögl ist.

Beispiele: Vertragl Rentenansprüche (Hausverkauf, LV, schenkweise eingeräumter Versorgungsanspruch). – Einheitl **private Berufsunfähigkeitsrente** trotz fortlaufender Gesundheitsprüfung (BFH X R 17/04 BFH/NV 05, 1259). – **Testamentarische** Ansprüche (BFH VI R 168/73 BStBl II 75, 882). – **Gesetzl** Ansprüche können nach neuerer Rspr unabhängig von der Begründung eines Rentenstammrechts unter § 22 fallen, wenn sie ihren Rechtsgrund in Leistungen des StPfl haben (wie etwa **Sozialversicherungsrenten mit Hinterbliebenenrenten;** s Rz 42); vgl BFH X R 1/99 BFH/NV 02, 1436.

21   **b) Rentenarten.** Ab 2005 sind **drei Gruppen** zu unterscheiden: – *(1)* **Leibrenten aus gesetzl RV,** aus luf Alterskassen, aus berufsständischen Versorgungseinrichtungen und Leistungen aus kapitalgedeckter betriebl Altersversorgung (sog Rürup-Rente), Rz 91; – *(2)* **Leistungen aus Altersvorsorgeverträgen,** zB Riester-Rente; zertifizierter Altersvorsorgevertrag (LV, Investmentfonds-, Banksparpläne), Rz 170; – *(3)* **sonstige Leibrenten,** insb Leibrenten, zB umlagefinanzierte VBL-Renten; private RV; Rz 94. – **Schadenersatzrenten** zum Ausgleich vermehrter Bedürfnisse (BFH X R 31/07 BStBl II 09, 651) und **Schmerzensgeldrenten** sind nicht stbar (Rz 52; *Myßen/Adam ua* Rn 2361 f). Renten aus der gesetzl Unfallversicherung (zB Berufsgenossenschaftsrente), Kriegs- und Schwerbeschädigtenrenten, Wiedergutmachungsrenten sind stfrei. – Zur **Betriebsveräußerungsrente** s Rz 72, zu **betriebl Versorgungsrenten** s Rz 52. Zur Problematik **grenzüberschreitender betriebl Alterseinkünfte** *Richter* IStR 08, 546; *Weber-Grellet* LdR 6/153 A III 3 f; *Förster* IStR 17, 461.

22   **c) Inhalt der Verpflichtung.** Rentenerträge müssen fortlaufend in Gestalt gleichmäßiger Leistungen von Geld oder vertretbaren Sachen wiederkehren (zB BFH X R 1/00 BFH/NV 02, 1438); Wohnrecht kann daher keine Rente sein.

23   **d) Gleichmäßigkeit der Leistungen. – aa) Grundsatz.** Nur der Höhe nach gleich bleibende und in gleichmäßigen Zeitabständen zu erbringende Leistungen sind Renten. Maßgebl ist nicht die tatsächl Zahlung, sondern die Fälligkeit nach dem zugrunde liegenden Rechtsverhältnis, das zB Monatsraten von gleichbleibend 100 € vorsehen muss, die auch später keiner grundlegenden Änderung unterliegen dürfen. Das wird idR bei Geldleistungen und weniger bei Naturalleistungen in Betracht kommen; auch nicht der Höhe nach schwankenden fondsgebundenen „Renten" (so *Goverts/Schubert* DB 06, 1978). Die Rente kann für die Zukunft in eine dauernde Last umgewandelt werden (BFH X R 135/98 BStBl II 04, 824).

24   **bb) Unschädliche Änderungsmöglichkeiten.** Die Entstehung oder der Fortbestand der Rente kann – im Gegensatz zu den Einzelleistungen – von besonderen Bedingungen abhängig gemacht werden (ältere Rspr s *Schmidt* 34. Aufl § 22 Rz 24).

25   **cc) Wertsicherungsklauseln.** Der Rentencharakter und die Gleichmäßigkeit des inneren Wertes der Rente werden nicht in Frage gestellt (BFH VI R 375/69 BStBl II 73, 680; *BMF* BStBl I 04, 922 Rz 48); so können die einzelnen Zahlungen an die Entwicklung der allg Lebenshaltungskosten (BFH VIII R 69/78 BStBl II 80, 501), an die Gehaltsentwicklung bestimmter Berufsgruppen oder Personen (zB BFH X R 85/94 BStBl II 97, 284) oder an die Anpassung der Sozialversicherungsrenten (BFH VI R 118/79 BStBl II 81, 265) geknüpft werden.

Preisklauseln in Verträgen über wiederkehrende Zahlungen sind unter bestimmten Voraussetzungen zul (iEinz § 3 PreisklauselVO). Die Anpassung von SV-R ist ebenfalls unschädl (BFH VI R 118/79 BStBl II 81, 265). Unvorhergesehene Unregelmäßigkeiten in der Zahlweise müssen den Rentencharakter nicht in Frage stellen (zB bei Nachzahlungen; BFH VIII R 184/72 BStBl II 76, 452; unten Rz 90).

26   **dd) Schädliche Änderungsmöglichkeiten.** Keine Rente (sondern dauernde Last; Rz 47, 81) liegt vor bei *(1)* Abhängigkeit der Leistungen von variablen Bemessungsgrößen wie Umsatz oder Gewinn, Pacht- oder Mieteinnahmen (BFH IX R 46/88 BStBl II 95, 169; BFH X B 153/19 BFH/NV 20, 1257 – zu Destinatszahlungen), *(2)* bei sonstigen bedingten Einzelleistungen, die von außerhalb des

Rentenvertrages liegenden Umständen abhängen (ältere Rspr s *Schmidt* 34. Aufl § 22 Rz 26).

ee) Abänderungsmöglichkeit nach § 323 ZPO. Nach BFH GrS 1/00 **27** BStBl II 04, 95 reicht die Bezugnahme auf § 323 ZPO aus (BFH X B 162/06 BFH/NV 07, 1501). Die Änderungsmöglichkeit kann sich auch aus dem Vertragsinhalt, zB der **Rechtsnatur eines Versorgungsvertrages nach Vermögensübergabe** ergeben (BFH X B 75/12 BFH/NV 13, 1574; dazu Rz 105). Eine Leibrente ist (auch) gegeben, wenn die Abänderbarkeit nur einer Wertsicherungsklausel entspricht oder wenn die Abänderbarkeit der gesamten Versorgungsleistungen bei wesentl veränderten Lebensbedürfnissen (Heimunterbringung, Pflegebedürftigkeit) ausgeschlossen wird (BFH X R 8/14 BStBl II 17, 512). Die wiederkehrenden Leistungen sind aber als dauernde Last anzusehen, wenn zwar die Abänderbarkeit der Barleistungen ausgeschlossen wird, der Vermögensübernehmer sich jedoch in nennenswertem Umfang verpflichtet, selbst Pflege- und Betreuungsleistungen zu erbringen (BFH X R 16/14 BStBl II 17, 517; BFH X R 31/20 DStR 21, 2884).

e) Möglichkeit der Aufspaltung wiederkehrender Bezüge. Geldleistungen **30** können unter die Rentenbegriff fallen, während Naturalleistungen idR dauernde Lasten darstellen (zB BFH VI R 108/77 BStBl II 80, 573). Selbst auf Geld beschr Leistungen können in Ausnahmefällen aufzuteilen sein (BFH VIII R 69/78 BStBl II 80, 501). Voraussetzung ist, dass es sich nach der Art der Vereinbarung nicht um eine – schwankende – Gesamtleistung, sondern um trennbare Einzelleistungen handelt (zB BFH IX R 16/83 BFH/NV 88, 294). Nur **geringfügige Taschengeldnebenleistungen** bis 50 € monatl zieht die Rspr zu den dauernden Lasten (BFH GrS 1/90 BStBl II 92, 78 zu C I 4c). Die Aufteilung einer Versorgungsrente in eine Veräußerungs- und eine Unterhaltsrente lehnt die Rspr dagegen grds ab (s Rz 70 ff). Bei Vermögensübergabe gegen Versorgungsleistungen (zB Altenteil) grds keine Aufspaltung – voller Abzug/Besteuerung als dauernde Last, auch iHd Geldanteils, bei **teilentgeltl Vermögensübertragungen** ist Aufteilung mögl (*BMF* BStBl I 04, 922 Rz 50).

3. Zeitrente. IdR keine Rente, da der Wagnischarakter fehlt (BFH VIII R 3/17 **40** BStBl II 20 813); es handelt sich um wiederkehrende Bezüge, die nicht auf Lebenszeit, sondern auf festgelegte Dauer zu entrichten sind (*Meyering* StuB 08, 675/6); sie werden daher wie Kaufpreisraten besteuert (*Worgulla* ErbStB 07, 137; Rz 14). Zur Abgrenzung von abgekürzten Leibrenten s EStH 22.4; BFH VI 284/58 U BStBl III 59, 463; Rz 43, 100, von verlängerten Leibrenten Rz 46, zur Besteuerung s Rz 84f. – Wahlrecht zur Sofortbesteuerung nach EStR 16 XI (*Brandenberg* NWB 3, 14089).

4. Leibrente. – a) Allgemeines. Keine Definition im EStG oder BGB. Ihr be- **41** sonderer Charakter (Versorgung des Empfängers) liegt darin, dass sie auf die unbekannte Lebenszeit eines Menschen, meist des Empfängers (vgl aber § 55 I Nr 2, 3 EStDV), zugesagt wird (vgl BFH GrS 1/90 BStBl II 92, 78; EStR 22.3; *Myßen/ Adam* ua Rz 1418 f; KSM § 22 Rz B 140f); Mindestlaufzeit von 10 Jahren mE nicht geboten (zu den weiteren Voraussetzungen s Rz 20). Nebenbestimmungen zur Verkürzung oder Verlängerung der Laufzeit sind mögl (Rz 43–46); zur Bedeutung der „Gegenleistung" s Rz 70 f. – § 22 Nr 1 S 3 Buchst a erfasst auch **"andere Leistungen"** (auf Veranlassung des FinA, BT-Drs 15/3004, 19), Teilkapitalisierungen (BFH X R 3/12 BStBl II 14, 58, aber ggf § 34; BFH X R 11/12 BFH/NV 14, 328), Sterbegelder (BFH X R 13/14 BFH/NV 17, 445; s auch § 22 Nr 4), eine Erstattung von RV-Beiträgen, aber ggf stfrei gem § 3 Nr 3 Buchst b (BFH X R 35/18 BStBl II 21, 750). – Nicht erfasst werden Rentennachzahlungszinsen (Vorrang des § 20; BFH VIII R 18/12 BStBl II 16, 523; *BMF* BStBl I 16, 645; § 20 Rz 115), nicht zusätzl Auszahlung aus Kapitalversorgung, da nicht Teil der Basisversorgung (BFH X R 39/15 BStBl II 18, 579). § 34 ist nicht anzuwenden, wenn die ursprüngl Versorgungsregelung bereits ein Kapitalwahlrecht enthielt (BFH X R 23/15 BStBl II 17, 347; krit *Briese* DStR 17, 2347).

42 b) Einzelfälle. § 22 Nr 1 erfasst alle beim Empfänger in den privaten Bereich fallenden Leibrenten, entgeltl und unentgeltl erworbene, gesetzl, testamentarische und vertragl, öffentl-rechtl und privatrechtl Versorgungs- und Veräußerungsrenten sowie einzelne Schadensrenten (s Rz 51); Nr 1 erfasst auch **Erwerbsminderungsrenten** und Hinterbliebenenrenten, die bisher nach § 55 II EStDV besteuert wurden; Grund ist die steuerl Entlastung der Beiträge (BFH X B 48/11 BFH/NV 13, 532; BR-Drs 2/04, 68; *Weber-Grellet* DStR 12, 1253). – Die Leistung kann beim Geber auch in den Bereich anderer Einkünfte fallen.

Beispiele: Sozialversicherungsrenten (*OFD Hann* DStR 99, 236); rückwirkende Erfassung nach vorherigem Bezug von Krankengeld (BFH X R 30/14 BStBl II 16, 624; EStR 32b IV) oder von SGB II – Leistungen (BFH X R 18/16 DStRE 18, 1168; *Förster* HFR 18, 958); **Hinterbliebenenrenten** (BFH X R 16/85 BStBl II 89, 551, Anm *oV* HFR 89, 547). Unter § 22 fallen das **Altersruhegeld** (zu vorgezogenem – s BFH X R 56/90 BStBl II 91, 688) von Arbeitern und Angestellten, die eigene Beiträge geleistet haben (vgl BFH X R 105/95 BStBl II 96, 650 zu Bundesbahnrenten, Rz 53 zur Abgrenzung von § 19), **Rente aus privater LV** oder **Unfallversicherung** (BFH X B 132/10 BFH/NV 11, 1136; s aber Rz 51 mwN). Wiederkehrende Leistungen bei Vermögensübertragungen s Rz 105. Realsplitting s Rz 103. Versorgungsausgleich s Rz 115. Zu **DDR-Renten** s *Schmidt* 39. Aufl § 22 Rz 42.

43 5. Abgekürzte Leibrente, § 22 Nr 1 S 3 Buchst a/bb S 5; § 55 II EStDV. – **Begriff.** Rente auf Lebenszeit, höchstens aber auf eine bestimmte Zahl von Jahren (BFH X R 35/11 BStBl II 14, 557; EStR 22.4 V; *KSM* § 22 Rz B 256). Die Laufzeit muss nicht mindestens 10 Jahre betragen (BFH X R 97/89 BStBl II 91, 686). **Rechtsfolgen** Rz 100; Abgrenzung zu Zeitrente s Rz 40. – Die **Erwerbsunfähigkeitsrente/Erwerbsminderungsrente** (aus der gesetzl RV) wird von § 22 Nr 1 S 3 Buchst aa erfasst (BFH X R 18/16 DStRE 18, 1168); zur Fortsetzung (als Altersrente) *BMF* BStBl I 13, 1087 Rz 224; zur Nachzahlung Rz 90. – Beispiele s *Schmidt* 39. Aufl § 22 Rz 44.

46 6. Verlängerte Leibrente. Bei einer lebenslängl Rente mit Mindestlaufzeit ist die Rente an die Erben zu zahlen, wenn der Berechtigte vorher stirbt (*HHR* § 22 Rz 274; *KSM* § 22 Rz B 257). Diese häufig iVm Vermögensübertragungen gewählte Rentenform hat Ähnlichkeit mit Kaufpreisraten. Besteuerung s Rz 102.

47 7. Dauernde Lasten (Bezüge). – a) Ungleichmäßige Leistungen. Das sind (rentenähnl) wiederkehrende Leistungen, die sich auch auf einen besonderen Verpflichtungsgrund zurückführen lassen (im EStG nur noch in § 9 I Nr 1 erwähnt), die aber **ungleichmäßig** oder abänderbar sind (BFH X R 8/14 BStBl II 17, 512; FG RhPf EFG 21, 752, Rev X R 3/21; *Myßen/Adam ua* Rn 568; oben Rz 26) und/oder deren Leistungsinhalt nicht zwingend in Geld oder vertretbaren Sachen besteht, zB Altenteilsverpflichtung, Wohnrecht (Rz 48), Zuwendungsnießbrauch oder bei Schwankungen, wie zB Mieterträge; Wertsicherungsklausel genügt nicht (BFH X R 8/14 BStBl II 17, 512). Wegen der Unmöglichkeit, einen Zinsanteil herauszurechnen, werden dauernde Lasten in voller Höhe besteuert (Rz 81). Die bloße Wiederkehr begründet keine dauernde Last (FG BaWü EFG 14, 751; Rz 1, 11). – Dauernde Lasten sind traditionell auf bestimmte Versorgungsleistungen beschränkt; Verpflichtungen aus Dauerschuldverhältnissen, wie zB Zinszahlungen, Kaufpreisraten, Mieten werden mE nicht erfasst (zu Schuldzinsen BFH X R 120/98 BStBl II 02, 413); zur Besteuerung s Rz 81.

48 b) Wohnrecht. Eine unentgeltl Wohnungsüberlassung zur Nutzung kann grds Gegenstand einer dauernden Last sein (s auch BFH X R 50/98 BFH/NV 00, 1089; *OFD Nbg* DStR 98, 1427; *OFD Mster* DB 02, 177 zu Erhaltungsaufwand). Der Besteller muss dafür nach hM ein steuerl nicht dem Empfänger zuzurechnendes Nutzungsrecht wiederkehrend zuwenden (*Beispiel*: Altenteilslasten, s BFH X R 91/92 BStBl II 95, 836); zu beachten sind die Einschränkungen der §§ 12 Nr 2, 22 Nr 1 S 2 (dazu Rz 66, zB Überlassung an Kinder); zum Abzug s § 10 Rz 120.

III. Besteuerung privater wiederkehrender Bezüge, § 22 Nr 1, Nr 1a

1. Grundsätze. – a) Steuerbarkeit. Renten sind mE nur stbar, wenn sie auf Leistungen beruhen. Das gemeinsame Merkmal aller Einkunftstatbestände ist die Anknüpfung an bestimmte Leistungen (§ 2 Rz 3; oben Rz 1); diese Anknüpfung gilt auch für § 22 Nr 1 und Nr 5. Der Erfassungsumfang (Voll- oder Ertragsanteilsbesteuerung) ist abhängig von der Vorbelastung bzw Förderung während der Aufbauphase. Durch das AltEinkG (BGBl I 04, 1427) ist die Altersrentenbesteuerung neu geregelt worden; zugrunde liegt dem AltEinkG das „Drei-Schichten-Modell" der Rürup-Kommission (*Eichenhofer* Sozialer Fortschritt 67 (2018), 909). Das AltEinkG beruht auf dem Prinzip der nachgelagerten Besteuerung, dem die Annahme einer „intertemporalen Korrespondenz" zugrunde liegt. Zweites tragendes Prinzip ist die Besteuerung der Renten nach Maßgabe der Vorbelastung. Die Übergangs-Neuregelung verstößt nicht gegen VerfRecht, soweit das sog Verbot der doppelten Besteuerung beachtet wird (BFH VIII R 23/08 BFH/NV 12, 560; iEinz Rz 10, 89). 50

b) Systematisierung. Nur durch Leistungen erworbene Renten sind stbar (*Weber-Grellet* DStR 12, 1253, 1258; *Weber-Grellet* LdR 6/153 A II; oben Rz 50); die äußere Form der Wiederkehr ist nicht entscheidend. Der Umfang der Erfassung (Voll- oder Ertragsanteilsbesteuerung) ist abhängig von der Vorbelastung bzw. Förderung während der Aufbauphase. Danach gilt: *(1)* **Prototyp:** Rente aus gesetzl RV. – Auch der – in der Vergangenheit zeitlich begrenzt mögl – freiwillige Eintritt in die Pflichtversicherung bei der BfA führt zur Bewertung als Leibrente aus gesetzl RV mit dem entspr Besteuerungsanteil (Rz 3). – *(2)* **Rürup-Rente:** stbar, Besteuerungsanteil (§ 22 Nr 1 S 3 Buchst a Doppelbuchst aa). – *(3)* **Gegenleistungsrente** (Rente zB gegen Geld oder Grundstück): stbar, Ertragsanteil; – *(4)* **Private Unterhaltsrente:** nicht stbar (keine Leistung), nicht absetzbar. – *(5)* **Private Rente aus Versicherungsvertrag:** grds stbar, Ertragsanteil; ggf für Altverträge aber § 20 I Nr 6 aF (BFH VIII R 4/18 DStR 21, 2341; Einkünfte iSd § 22 Nr 1 S 1 Hs 1 sind insb ggü Einkünften aus KapVerm iSd § 20 I Nr 6 aF, die zu den Einkünften nach § 2 I Nr 5 zählen, subsidiär (BFH VIII R 4/18 DStR 21, 2341). – *(6)* **LV-Rente:** Renten aus LV sind, da sie auf vertragl Leistungen beruhen, stbar, werden aber nur mit dem Ertragsanteil erfasst; das ist systemgerecht, da in der SA-Abzug nur noch bei Risiko-Todesfallversicherungen mögl ist; das für bis 2004 abgeschlossene Verträge geltende LV-Privileg ist entfallen. Altverträge sind weiterhin nur nach § 20 I Nr 6 aF zu besteuern (BFH X R 39/15 BStBl II 18, 579). – *(7)* **Schadenersatzrente:** mE unabhängig vom Rechtsgrund. Rente aus einer privaten Unfallversicherung stbar; nicht stbar hingegen ist eine **Schadenersatzrente** wegen Tötung des Ehegatten. – *(8)* **Erziehungsrente** (der gesetzl RV): stbar, Besteuerungsanteil (BFH X R 35/11 BStBl II 14, 557; *Schuster* jurisPR-StR 47/13 Anm 3). – *(9)* **Mindestzeitrente:** Leibrente mit Mindestzeit: Leibrente oder Kaufpreisrate, abhängig von der Laufzeit, ggf Ertragsanteil (*HHR* § 22 Rz 172). – *(10)* Rente aus gesetzl RV wegen **verminderter Erwerbsfähigkeit:** stbar, Besteuerungsanteil. *(11)* **Hinterbliebenenrente** ist stbar. Besteuerungsanteil; § 46 SGB VI, trotz Unterhaltsersatzfunktion (BFH X B 91/16 BFH/NV 17, 287). – *(12)* **Private Berufsunfähigkeitsrente:** stbar, Ertragsanteil. Im Geltungsbereich des AltEinkG ab dem Jahr 2005 geleistete Leibrenten aus einer privaten Berufsunfähigkeitsversicherung sind nach § 22 Nr 1 S 3 Buchst a Doppelbuchst bb zu besteuern. Diese Zahlungen sind nicht deshalb stfrei, weil die Versicherung wegen der Berufsunfähigkeit als Bestandteil einer vor dem 1.1.2005 abgeschlossenen Kapital-LV mit einer Mindestlaufzeit von 12 Jahren abgeschlossen worden ist. – *(13)* **Mehrbedarfsrente,** die andere steuerbare Einkünfte ersetzt: stbar, mit Ertragsanteil. – *(14)* **Monatl gezahltes Stipendium:** nur stbar, wenn auf Leistung beruhend (so auch BFH X R 6/19 DStR 21, 557 Rz 19 51

[("Gastarztstipendium"]; zu § 22 Nr 3 s unten Rz 133, 150). – **(15)** Regelmäßige Zahlungen für **Erbteilsverzicht/Pflichtteilsverzicht** sind nicht stbar. – **(16) Versorgungsausgleich:** Nach der an das VersAusglG angepassten Fassung des § 22 Nr 1a sind Einkünfte aus Ausgleichszahlungen iRd Versorgungsausgleichs zu erfassen, soweit bei der ausgleichspflichtigen Person die Voraussetzungen für den SA-Abzug nach § 10 Ia Nr 3, 4 erfüllt sind (Rz 115).

52 c) **Einzelfälle aus der Rechtsprechung.** – **(1) Leibrenten** iSd § 22 Nr 1 S 3 Buchst a Doppelbuchst aa waren bis 2004 mit ihrem Ertragsanteil zu besteuern (korrespondierend mit WK/SA; BFH X B 57/10 BFH/NV 11, 1128), ab 2005 mit dem Besteuerungsanteil (Rz 90), der von 50 bis auf 100 % im Jahr 2040 steigt. – BMF BStBl I 08, 390 Rz 90 ff unterscheidet Leistungen aus **gesetzl RV**, aus **landwirtschaftl Alterskassen**, aus **berufsständischen Versorgungseinrichtungen** und aus RV iSd **§ 10 I Nr 2b** (zB Rürup-Rente; BMF BStBl I 08, 390 Rz 100 f). Zu stfreien Leistungen BMF BStBl I 08, 390 Rz 92 f, 99 f. dazu BMF BStBl I 21, 1831 Rz 197. – **(2)** Die Besteuerung von Leistungen aus **Altersvorsorgeverträgen** (§ 22 Nr 5) hängt von dem Umfang der Förderung ab (Rz 170 f). – **(3)** Sonstige Renten iSd § 22 Nr 1 S 3 Buchst a Doppelbuchst bb) (keine abzugsbegünstigte Altersvorsorge; Rz 94) und abgekürzte Leibrenten (§ 55 II EStDV) werden weiterhin mit ihrem Ertragsanteil erfasst (Rz 94; keine AbgeltungSt); der Kapitalanteil ist lediglich Vermögensrückzahlung; BMF BStBl I 08, 390 Rz 107 f; so auch LfSt Bay DStR 08, 2110 zu (Sofort-)Rente mit fondsgebundener Kapitalanlage. – Bei Versorgungsausgleich Auskunftsanspruch (BR-Drs 318/10, 80). – **(4) Versorgungsrente:** – **(a) Betriebl Versorgungsrente** (iRe Fürsorge wegen früherer betrieblicher Tätigkeit) werden (in voller Höhe) nach § 24 Nr 2 erfasst (BFH III R 49/13 BStBl II 17, 37; Myßen/Adam ua Rn 971; Weber-Grellet LdR 6/153 C III); – **(b) außerbetriebl/private Versorgungsrente** (dazu BFH VI R 43/16 BFH/NV 19, 1335; Myßen/Adam Rz 958; Rechtsfolge: Ansatz des Ertragsanteils (BFH IV R 71/82, nv). – **(5) Reine Unterhaltsrente** (Differenzierung zw Versorgung und Unterhalt; zB für behindertes Kind, auch bei Verzicht auf Pflichtteilsanspruch): nicht stbar (mangels wdkehr Ertrag noch Zins; BFH VIII R 43/06 BStBl II 10, 818); ebenso **Schmerzensgeldrenten**. – **(6) Erziehungsrente** (nach § 47 SGB VI) aus gesetzl RV stbar mit Besteuerungsanteil (BFH X R 35/11 BStBl II 14, 557); – **(7)** Rente für **Vermögensübertragung:** nach § 22 Nr 1 S 3a/aa, Rz 109. – **(8)** Zu Rz 109. – **(8) Veräußerungsrenten/Gegenleistungsrenten** auf Zeit ("Zeitrenten") als Veräußerungsleibrente (HHR § 22 Rz 172) oder als Kaufpreisraten (Rz 14, 20, 40, 70 f, 97): Der Empfänger der Bezüge (Veräußerer) besteuert den Zinsanteil nach § 22 Nr 1; der Zahler (Erwerber) kann ggf den Zinsanteil absetzen, als WK nach § 9 I Nr 1 S 2 oder als BA (im Umfang der Barwertminderung, EStR 4.5 IV 2, 3; BFH X R 32-33/01 BStBl II 11, 675); vgl Rz 77, 87; der Barwert (Gesamtwert dieser Raten abzügl Zinsanteil) bildet die AK. – Zur Betriebsveräußerungsrente Rz 72. – **(9) Dauernde Lasten** (nach Maßgabe des Korrespondenzprinzips) in voller Höhe (Rz 47, 81). – **(10)** Abfindungszahlung (Rz 60). – Zu WK Rz 124, 174; instruktiv BFH X R 2/06 BStBl II 08, 99.

53 d) **Geltungsbereich des § 22 Nr 1.** – **(1) Keine betrieblichen Bezüge.** Nur private Bezüge fallen unter § 22. Die Besteuerung betriebl wiederkehrender Bezüge richtet sich nach den allg Gewinnermittlungsvorschriften (§§ 4 ff und ggf nach § 16 (§ 16 Rz 240). – **(2) Verhältnis zu § 19.** Leistungen aus einer Versorgungseinrichtung sind dann kein ArbLohn, wenn die Beiträge als ArbLohn versteuert worden waren (BFH X R 105/95 BStBl II 96, 650).

58 e) **Stfreie Bezüge** (Beispiele). § 3 Nr 1 – Rente aus gesetzl Unfallversicherung; § 3 Nr 1a – Schweizer Geburtengeld (BFH X R 31/08 BFH/NV 09, 1625); § 3 Nr 7–9 – Versorgungs-, LAG- oder Wiedergutmachungsrente; § 3 Nr 11 – öffentl Ausbildungsbeihilfen (zB nach BAföG, AFG, AufstiegsfördG); § 3 Nr 24 – KiGeld; § 3 Nr 58 – Wohngeld; § 3 Nr 67 – Erziehungsgeld (dazu BMF BStBl I 21, 1831 Rz 197). Zur Frage der Stbarkeit s Rz 51.

59 f) **Zeitpunkt.** Maßgebl ist der **Zufluss** (§ 11 I; Einzelfälle § 11 Rz 50). § 11 I 2 kann einschlägig sein. – Zur Bemessung des Ertrags- bzw des stfreien Anteils (Rz 93) ist auf die Entstehung des Rentenanspruchs abzustellen (BFH VIII R 184/72 BStBl II 1976, 452).

60 g) **Ablösung wiederkehrender Bezüge.** Der Abfindungsbetrag fällt nicht – auch nicht über § 24 Nr 1a – unter § 22 Nr 1, wenn er bei ursprüngl einmaliger Zahlung nicht stbar gewesen wäre, vgl Rz 14, 51; § 3 Rz 23; evtl aber § 20 II 2

Besteuerung privater wiederkehrender Bezüge   65–71 § 22

(„Einlösung"); § 20 Rz 149. – Zur Ablösung einer Rentenverpflichtung BFH X R 2/06 BStBl II 08, 99.

Beispiel: Fällt eine LV-Rente unter § 22 (s oben Rz 51), ist ihre Ablösung in einem Betrag ggf nach § 20 zu erfassen (§ 20 Rz 105).

2. Bezüge nach § 22 Nr 1 S 1 und S 2. – a) Wiederkehrende Bezüge, 65 § 22 Nr 1 S 1. Besteuerung wiederkehrender Bezüge im Privatbereich beim Empfänger der Leistungen gem § 22 Nr 1 (Rz 88f); Abzug von Renten und dauernden Lasten beim Geber, je nach wirtschaftl Zusammenhang als BA (§ 4 IV), WK (§ 9 I Nr 1) oder SA (§ 10 Ia Nr 2).

b) Freiwillige und andere nicht steuerbare Bezüge, § 22 Nr 1 S 2 HS 1, 66 insb Unterhaltsbezüge iSv § 12 Nr 2 (*HHR* § 22 Rz 225f; *KSM* § 22 Rz B 110f; *RRDL* Rz 101f) sind nicht dem Empfänger zuzurechnen, wenn die Bezüge freiwillig oder auf Grund einer freiwillig begründeten Rechtspflicht gezahlt werden (BFH VIII R 57/10 BStBl II 14, 56 bei monatl Zahlungen für Verzicht auf Erb-/Pflichtteilsrechte; Rz 14, 51: keine Leistung); mE Korrespondenz zu § 12 Nr 2 (§ 12 Rz 34f). – Die **Vermächtnisrente** (auch nach Pflichtteilsverzicht) enthält keinen Zinsanteil und ist nicht stbar (BFH VIII R 35/07 BFH/NV 10, 1793; BFH X R 30/20 DStR 22, 88 betrifft § 22 Nr 1a; unten Rz 105, auf der anderen Seite kein SA-Abzug (FG Mchn EFG 12, 833). – Nicht stbar ist das Schweizer Geburtengeld, auch § 32b nicht anwendbar (BFH X R 31/08 BFH/NV 09, 1625).

c) Bezüge von Körperschaften, § 22 Nr 1 S 2 HS 2. Der Sache nach han- 68 delt es sich um Ausschüttungen bzw ausschüttungsähnl Vorgänge, nicht um Leibrenten (daher eher zu § 20 gehörig). Leistungen einer *kst-befreiten* Körperschaft werden voll als Bezüge des Empfängers erfasst (§ 3 Nr 40i greift insoweit nicht; *KSM* § 22 Rz B 125f; *Myßen/Adam ua* Rz 116f); für eine Anwendung des § 22 Nr 1 S 3 Buchst a/bb ist mE kein Raum (**aA** BFH X R 41/12 DStR 14, 2115; wN s *Schmidt* 39. Aufl § 22 Rz 68). – Entspr Leistungen einer *stpfl* Körperschaft (mE eigentl kein Fall des § 22 Nr 1 S 2 HS 2) unterliegen (bei dieser) der KSt; daher sind diese Bezüge beim Empfänger mE nur zu 60 % zu besteuern (§ 3 Nr 40i; *HHR* § 3 Rz 160; mE eher ein Fall des § 20 I Nr 9; § 20 Rz 129). – Zur Besteuerung sog *Destinatszahlungen* BFH X R 31/13 BStBl II 15, 540, BFH X B 153/19 BFH/NV 20, 1257; *Orth* ZStV 21, 60).

3. Veräußerungsrente. – a) Bedeutung. Der Tatbestand der Veräußerung ist 70 relevant für *(1)* die steuerl Beurteilung als Veräußerungs-, Versorgungs- bzw Unterhaltsleistungen, *(2)* die Zurechnung (Einschränkung der Abziehbarkeit nach § 10 Ia Nr 2 durch § 12 Nr 2 und der Besteuerung nach § 22 Nr 1 S 1 durch S 2; § 12 Rz 34) und *(3)* die Höhe (dauernde Last oder Leibrente, § 9 I Nr 1, § 10 Ia Nr 2, § 22 Nr 1a; s oben Rz 47).

b) Veräußerungen. – aa) Voraussetzungen. Veräußerungen sind entgeltl 71 Übertragungen und sind anzunehmen bei Ausgeglichenheit von Leistung und Gegenleistung, zB bei Abstandszahlungen oder Ratenzahlungen (s Rz 14) an den Vermögensübergeber, bei Ausgleichszahlungen oder Gleichstellungsgeldern an Dritte sowie bei Übernahme von Verbindlichkeiten (s § 16 Rz 57, § 6 Rz 140ff; *BMF* BStBl I 93, 80, *BMF* BStBl I 04, 922 Rz 50ff und BFH GrS 4–6/89 BStBl II 90, 847 zu C II 3 zur Abgrenzung zu BV), auch solche bei Verrentung eines Kaufpreises (BFH X R 12/01 BStBl II 04, 211) und bei Erbverzicht gegen feste wiederkehrende Leistungen (BFH X R 132/95 BStBl II 00, 82; oben Rz 14). – Die Rspr prüft in erster Linie nach den getroffenen Vereinbarungen, ob der Gedanke des **Leistungsaustauschs** (Veräußerung, Leistung um der Gegenleistung willen, Vermutung bei Fremden oder der private Versorgungs-/Unterhaltsgedanke im Vordergrund steht (BFH X R 2/06 BStBl II 08, 99).

§ 22   72–77   Arten der sonstigen Einkünfte

Versorgungsleistungen (s Rz 105) oder **Vorbehalt von Nutzungsrechten** auf Lebenszeit des Übergebers sind **kein Veräußerungsentgelt.** Umgekehrt liegt nach BFH X R 39/98 BStBl II 02, 246 bei Veräußerungsraten und Leibrenten mit Höchst- oder Mindestlaufzeit ohne Rücksicht auf Wertgleichheit grds Veräußerung vor (also keine wiederkehrenden Bezüge und kein SA-Abzug). **Ausnahme:** Versorgungsleistungen, wenn sich der Versorgungszweck aus besonderen Umständen ergibt, zB die Höchst- oder Mindestlaufzeit der Lebenserwartung entspricht.

Fall (BFH X R 55/99 BStBl II 04, 706): Erwirbt ein StPfl von seinem 85-jährigen Vater ein Grundstück und ist – neben typischen Altenteilsleistungen – „als Gegenleistung" ein „restl Kaufpreis" über 122 500 DM in monatl Raten von 500 DM zu zahlen, der beim Tode des Vaters dem StPfl als schenkweise zugewendet gilt, ist Unentgeltlichkeit und damit eine private Versorgungsrente zu vermuten.

72   **bb) Rechtsfolgen.** Beim **Veräußerer** entsteht uU ein Veräußerungsgewinn (im PV zB nach §§ 17, 23); Besteuerung eines Raten-Zinsanteils als KapEinkünfte (§ 20 I Nr 7, ggf § 20 III, s Rz 76 zur Höhe). Übersteigende wiederkehrende Bezüge sind weder SA noch wiederkehrende Bezüge nach § 22 Nr 1 (§ 12 Nr 2; BMF BStBl I 04, 922 Rz 50). – Der **Erwerber** hat AK iHd Baranteils seiner Zahlungen und kann nur noch einen Zinsanteil im Einkünftebereich als BA (§ 4 IV; EStR 4.5 IV 2, 3) bzw als WK (§ 9 I Nr 1 S 2) abziehen (s BMF BStBl I 04, 922 Rz 50 ff; zu Zerlegung einer dauernden Last iSv § 9 I Nr 1 ohne Wertverrechnung mit AK-Teil s BFH IX R 110/90 BStBl II 95, 47; im Privatbereich kein SA-Abzug (BFH X R 32–33/01 BStBl II 11, 675). – Die sog **Wertverrechnungslehre** (Steuerbarkeit nach Übersteigen des Werts der Gegenleistung) ist – was in Teilen des Schrifttums immer noch verkannt wird – aufgegeben (BFH X R 39/98 BStBl II 02, 246 zu II.5.c; *Weber-Grellet* Stbg 98, 14). Bei **Betriebsveräußerungsrente** hat der StPfl ein Wahlrecht (nachträgl Einkünfte nach Überschreiten des KapKtos oder Besteuerung des Veräußerungsgewinns und des Ertragsanteils hinsichtl der lfd Rentenzahlungen; BFH XI B 56/06 BFH/NV 07, 1306; *Myßen/Adam ua* Rn 635; unten Rz 85; EStR 16 XI; § 16 Rz 244 ff; zu § 17 s § 17 Rz 162 f). Keine nachträgl Änderung der AK (BFH IX R 46/88 BStBl II 95, 169).

76   **c) Zerlegung des Entgelts in Kapitalanteil und Zinsanteil.** Alle (entgeltl) Vermögensumschichtungen (auch in Leibrentenform vereinbarte wiederkehrende Leistungen; mit Ausnahme der Vermögensübergabe gegen Versorgungsleistungen iSv Rz 105) sind von Beginn an in einen steuerneutralen Kapitalanteil und einen Zinsanteil, der grds weder als SA abziehbar und noch als Zins abzugsfähig ist, aufzuteilen (BFH X R 39/98 BStBl II 02, 246; § 10 Rz 120 „Gegenleistung" mwN; *Myßen/Adam ua* Rn 556); Besteuerung nach § 20 I Nr 7, nicht nach § 22 Nr 1; ebenso wiederkehrende Pflichtteilsbezüge (BFH X R 132/95 BStBl II 00, 82). **Zinsanteil** grds 5,5 % (BFH X R 34/89 BStBl II 96, 663; uU vereinfachte Berechnung wie § 22 Nr 1 S 3 Buchst a, s BFH X R 1–2/90 BStBl II 96, 680). Damit entfällt die anschließende Besteuerung nach § 22 Nr 1.

Fall (BFH X R 39/98 BStBl II 02, 246): Erwerb eines Grundstücks; Gegenleistung Barzahlung iHv 440 000 sowie Leibrente iHv monatl 1500 DM: Der Ertragsanteil der Leibrente, die als Gegenleistung für den Erwerb eines nicht ertragbringenden WG gezahlt wird, ist als pauschalierter privater Zinsanteil keine SA iSd § 10. – Zu Bedenken gegen diese Einschränkung s § 10 Rz 120 „Gegenleistung", § 12 Rz 35. Die *FinVerw* hat sich der Rspr angeschlossen (BMF BStBl I 04, 922 Rz 57).

77   **d) Veräußerungen bei Vermögensnachfolge. – (1) Vorweggenommene Erbfolge** (BFH GrS 1/90 BStBl II 92, 78, BFH GrS 4–6/89 BStBl II 90, 847). Vom Vermögensübernehmer zugesagte Versorgungsleistungen sind **kein** Veräußerungsentgelt und **keine AK.** Hingegen führen sog Gleichstellungsgelder zu Veräußerungsentgelt und zu **AK** (BFH X B 24/13 BFH/NV 14, 845). Zum Veräußerungsentgelt und zu den AK gehören auch die Übernahme von Verbindlichkeiten und die Zusage einer Abstandszahlung. – **(2) Erbauseinandersetzung** (BFH GrS 2/89 BStBl II 90, 837). Abfindungszahlungen eines Erben iRd Erbauseinandersetzung und Aufwendungen für den Erwerb des Erbteils eines Miterben führen beim Leistenden grds zu AK und beim weichenden Miterben zu Veräußerserlös. – **(3) Vermächtniserfüllung** (BFH IX R 104/90 BFH/NV 95, 384): keine AK. – **(4) Schenkungsversprechen** (BFH X R 2/06 BStBl II 08, 99): wie erbrechtl Verpflichtungen; keine AK und auch keine Veräußerungskosten. – **(5) Hausübertragung gegen Rente** (BFH X R 32–33/01 BStBl II 11, 675; vom Ehemann auf -frau): Beim Mann § 22 Nr 1 S 3 Buchst a Doppelbuchst bb; bei

Frau: AK iHd Barwerts der Rente; Ertragsanteil der Leibrente insoweit BA, als er anteilig auf das Arbeitszimmer entfällt; kein SA Abzug.

4. Besteuerung dauernder Lasten. Sofern sie keine Renten sind (s Rz 20, 26, 81 47): Beim Geber BA, WK oder SA in voller Höhe. Beim Empfänger Besteuerung nach § 22 Nr 1 in voller Höhe. *Ausnahme:* § 12 Nr 2, § 22 Nr 1 S 2 (s Rz 66). Vgl auch ABC bei § 10 Rz 120, zu Veräußerungsgeschäften Rz 70 ff, zu Versorgungsleistungen gegen Vermögensübergabe Rz 105; zur Umwandlung einer dauernden Last in eine Leibrente BFH X B 69/10 BFH/NV 11, 1330.

Einzelfälle: – *(1)* Beerdigungs-/Grabkosten keine dauernde Last beim Alleinerben (BFH X R 32/09 BStBl II 11, 162). – *(2)* Beerdigungs-/Grabkosten sind dauernde Last beim Vermögensübernehmer, wenn ein Dritter Erbe ist (BFH X R 17/09 BStBl II 10, 544). – *(3)* Keine dauernde Last ist das Entgelt für Nutzungsüberlassung (BFH X R 32–33/01 BStBl II 11, 675). – *(4)* Aufwendungen für die Erneuerung eines Tanklagers kann der Vermögensübernehmer ggf als dauernde Last abziehen (BFH X R 32/02 BFH/NV 04, 1248), ebenso die Instandhaltungskosten der Wohnung (BFH X R 50/98 BFH/NV 00, 1089). – *(5)* Erfüllung von Pflichtteilsrechten keine dauernde Last (BFH X R 3/95 BFH/NV 00, 414).

5. Besteuerung von Zeitrenten (Begriff s Rz 40). – **a) Entgeltliche „Zeit-** 84 **renten".** Beispiel: feste Gegenleistung für die Hingabe eines WG. Die Rspr behandelt die Zeitrente im Privatbereich grds ohne Rücksicht auf die Laufzeit nicht als wiederkehrende Bezüge, sondern als **Kaufpreisraten** (BFH X R 44/93 BStBl II 96, 676; *BMF* BStBl I 04, 922 Rz 58 ff, s auch Rz 14, 71 ff). – **Mindestzeitrente** (Veräußerung eines Grundstücks zum Preis von 100 T + monatl Leibrente von 500, mindestens für 10 Jahre): Gleichstellung mit Leibrente („verlängerte Leibrente"), wenn die durchschnittl Lebensdauer die Mindestlaufdauer übersteigt (BFH IX R 56/07 BStBl II 10, 24: „Überwiegen der Wagniskomponente").

aa) Empfänger der Bezüge. Er besteuert als Veräußerer den Zinsanteil nach 85 § 20 I Nr 7 (BFH VIII R 3/17 BStBl II 20, 813; oben Rz 76; § 20 Rz 114 ff); daneben kann im PV ausgehend vom Barwert der Kapitalforderung ein Veräußerungsgewinn/-verlust nach §§ 17, 23 anfallen.

bb) Geber. Er kann im privaten Einkünftebereich (zB Hauskauf) den Zinsanteil 86 als WK absetzen (§ 9 I Nr 1); der Barwert (Gesamtwert der Raten abzügl Zinsanteil) bildet die AK, die sich uU über die AfA nach § 9 I Nr 7 steuerl auswirken können.

b) Unentgeltliche „Zeitrenten". Ob sie § 22 Nr 1 unterliegen (EStH 22.1, 87 22.3: in voller Höhe) und als SA nach § 10 Ia abziehbar sind, ist str (vgl Rz 1, 40; § 10 Rz 120).

6. Besteuerung von Leibrenten und Altersbezügen, § 22 Nr 1 S 3 Buchst a Doppelbuchst aa

Schrifttum [Auswahl; vor 2016 s Vorauflagen]: *Myßen/Adam ua* [vor Rz 1] Rn 1235 ff; *Dreher,* Das AltEinkG, Diss jur 2007. – *Schuster,* Aktuelle Besteuerung der Alterseinkünfte, BetrAV 16, 475; *Förster,* Besteuerung der Altersrenten im Lichte ... des BVerfG, FS Endres, 2016, 125; *Cirvi/Maiterth,* Doppelbesteuerung beim Übergang zur nachgelagerten Besteuerung ...?, StuW 19, 130; *Kulosa,* Unzul doppelte Besteuerung ...., jM 21, 337; *ders,* Anm zu BFH X R 33/19 ...., HFR 21, 657; *Reddig,* Die Rentenurteile des BFH ..., DB 21, 1496; *Ermel,* Konsequenzen der neuesten BFH-Rspr, DStR 21, 1729; *Kempny/Siegel,* Die erforderl Korrektur der Besteuerung der Altersrenten, DStZ 21, 588; *dies,* Die Reform der Rentenbesteuerung ..., StB 21, 361.

Verwaltung: EStR 22.3; *BMF* BStBl I 08, 390 Rz 88–159 (AltEinkG).

a) Nachgelagerte Besteuerung. – aa) Systematik. § 22 Nr 1 S 3 Buchst a 88 Doppelbuchst aa idF AltEinkG (BGBl I 04, 1427) erfasst Renten, die auf steuerl entlasteten Beiträgen beruhen, prinzipiell nach dem Prinzip der nachgelagerten Besteuerung **in voller Höhe** (Jahresbetrag; *BMF* BStBl I 13, 1087 Rz 217), andere Renten (Buchst bb) weiterhin mit dem (geänderten) **Ertragsanteil** (*BMF* BStBl I 13, 1087 Rz 212 f). Die Neuregelung beruht auf zwei Prinzipien, dem Grundsatz der nachgelagerten Vollbesteuerung (Abzug der Aufwendungen – der „AK" – in der Aufbauphase, Einnahmen in der Auszahlungsphase; Rz 4) und dem Grundsatz der Besteuerung nach Maßgabe der Vorbelastung (Rz 5). Altersrenten bilden einen selbständigen Steuertatbestand (nicht mehr nur besondere Form der KapEinkünfte).

Nach dem Prinzip der nachgelagerten Besteuerung, das die fragl Renten in den Einkunftsbereich überführt, sind Auszahlungen in voller Höhe Einnahmen; Einzahlungen (Versicherungsbeiträge) sind im Prinzip (vorweggenommene) WK, aber weiterhin dem SA-Bereich (zB § 10 III, § 10a) zugeordnet (*Weber-Grellet* DStR 04, 1721: Doppelnatur; BFH X B 94/11 BFH/NV 12, 220; unten Rz 124; *KSM* § 22 § 10 E 265, E 276 (eigentl WK). **Rentenbeiträge** können daher nicht als (vorweggenommene) WK abgezogen werden (BFH X B 51/11 BFH/NV 12, 1442); nach Ergehen von BVerfG 2 BvR 290/10 BStBl II 16, 801 Zurückweisung entspr Einsprüche durch AllgemeinVfg (*GLE* BStBl I 16, 1404). – Zur alten Rechtslage (bis 2004) BFH X R 45/02 BStBl II 07, 574; auch BFH X R 15/07 BStBl II 09, 710); zum WK-Abzug iEinz Rz 124.

§ 22 Nr 1 S 3 Buchst a Doppelbuchst aa erfasst alle Leistungen unabhängig davon, ob sie als Rente oder Teilrente (z. B. Altersrente, Erwerbsminderungsrente, Hinterbliebenenrente, Witwen- oder Witwerrente, Waisenrente oder Erziehungsrente) oder als einmalige Leistung (zB Sterbegeld oder Abfindung von Kleinbetragsrenten) ausgezahlt werden (*BMF* BStBl I 13, 1087 Rz 195; *BMF* BStBl I 14, 70 Rz 204); Steigerungsbeträge aus der Höherversicherung der gesetzl RV und Rentenanpassungen sind als akzessorische Leistungen voll (und nicht nur mit dem Ertragsanteil) zu besteuern (BFH X R 20/19 DStRE 21, 773). KV-Zuschüsse werden nicht erfasst (§ 3 Nr 14).

89 **bb) Verfassungsmäßigkeit. BVerfG** (2 BvR 2683/11 BStBl II 16, 310; BVerfG 2 BvR 323/10 DStR 16, 1731) und **BFH** (X B 168/14 BFH/NV 15, 1369; BFH X R 2/15 BStBl II 16, 733) halten die Neuregelung (auch die Übergangsregelung) unter Vermeidung einer mögl doppelten Besteuerung grds für verfgemäß (sa Rz 10; wN *Schmidt* 34. Aufl § 22 Rz 91); allerdings besteht im Hinblick auf den steigenden Besteuerungsanteil die Gefahr eines Hineinwachsens in die **„doppelte Besteuerung"** (BFH X R 33/19 DStR 21, 1291 [VerfBeschw BVerfG 2 BvR 1140/21]; *Reddig* DB 21, 1496). – Grds kommt es nicht zu einer doppelten Besteuerung, wenn die stfreien Einnahmen die nicht steuerl berücksichtigten Ausgaben decken (BFH X B 53/21 DStR 21, 2443); umgekehrt ist eine doppelte Besteuerung gegeben, wenn die stbaren Beträge die abziehbaren Aufwendungen übersteigen (für eine Verhältnisrechnung *Siegel/Kempny* StB 21, 361). Der Bundesfinanzhof hat in BFH X R 33/19 (DStR 21, 1291) und BFH X R 20/19 (DStRE 21, 773) die **Berechnungsparameter konkretisiert.** Die erforderl Vergleichs- und Prognoserechnung sei auf der Grundlage des Nominalwertprinzips vorzunehmen (BFH X R 33/19 DStR 21, 1291). Als stfrei bleibende Rentenzuflüsse sind in der Vergleichs- und Prognoserechnung die Rentenfreibeträge (§ 22 Nr 1 S 3 Buchst a Doppelbuchst aa S 4) anzusetzen, auch die kumulierten Rentenfreibeträge aus etwaigen Hinterbliebenenrenten, nicht aber andere Abzugstatbestände, zB Grundfreibetrag, SAabzug für die Beiträge zur Kranken- und Pflegeversicherung, Beitragsanteile des Rentenversicherungsträgers zur Krankenversicherung der Rentner, WK-Pauschbetrag, SA-Pauschbetrag (BFH X R 33/19 DStR 21, 1291; instruktiv *Kulosa* jM 21, 337, 340). – Bei der Ermittlung der bis 2004 abziehbaren Teile der Altersvorsorgeaufwendungen sind die Beiträge zu den verschiedenen Sparten der gesetzl Sozialversicherung (einschließlich der ihnen gleichgestellten Teile der Vorsorgeaufwendungen nicht gesetzl Versicherter) vorrangig (und untereinander gleichrangig) zu berücksichtigen (BFH X R 33/19 DStR 21, 1291). Für die in **VZ ab 2005** geleisteten Altersvorsorgeaufwendungen sind diejenigen Teile der Altersvorsorgeaufwendungen aus versteuertem Einkommen erbracht, die den – seitdem ausschließlich für Altersvorsorgeaufwendungen geltenden – Höchstbetrag nach § 10 III in den ab 2005 geltenden Fassungen überschritten

Besteuerung privater wiederkehrender Bezüge 90, 91 § 22

haben (BFH X R 33/19 DStR 21, 1291 Rz 104; zu noch offenen Fragen *Kulosa* HFR 21, 657). – Ein etwaig doppelt besteuerter Rentenbetrag ist ggf auf die einzelnen VZ zu verteilen (*Kulosa* jM 21, 337, 342); ein BMF-Schreiben ist in Vorbereitung, gesetzl Anpassungen sind zu erwarten (s IStR 21, Heft 20 S. III).

Beispiel: Gesamte abziehbare Vorsorgeaufwendungen 100 T €; zu erwartende Rentenbeträge von 180 T € (Besteuerungsanteil 70 % = 126 T €); doppelt besteuerter Rentenbezug 26 T €; voraussichtl Laufzeit der Rente 20 Jahre; pro Jahr 1300 Eur. Dieser Betrag ist mE nur mit dem Ertragsanteil zu erfassen (nicht stfrei; Rz 7).

Unklar sind mE weiterhin die **dogmatischen Grundlagen** des Verbots der doppelten Besteuerung (zweifelnd auch *Kulosa* HFR 21, 657). Der Topos der **doppelten Besteuerung** stammt noch aus der Vor-Reformzeit. Nach dem EStG 1955 (BGBl I 54, 441) stellte die Rentenzahlung ledigl eine Kapitalrückzahlung dar. Mit der Reform 2004 (BGBl I 04, 1427) wurde das System der Rentenbesteuerung grundlegend geändert; die Einnahmen sind nicht bloße Rückzahlungen der geleisteten Beiträge, sondern originäre Einnahmen, die mit den entsprechenden Aufwendungen in keinem (Rückzahlungs-) Zusammenhang stehen. Aufwendungen und Einnahmen stehen isoliert nebeneinander; die Aufwendungen sind prinzipiell voll abziehbar, die Einnahmen voll zu versteuern. Der beschränkte Abzug von Aufwendungen auf der Ausgabenseite führt nicht zu einer (anteiligen oder betragsmäßigen) Kürzung der Einnahmen oder zu deren doppelten Besteuerung; das objektive Nettoprinzip begründet keine Kongruenz zwischen Ausgaben und Einnahmen (iEinz *Weber-Grellet* FR 21,759).

cc) Besteuerungsanteil. Der Besteuerungsanteil beträgt bei Rentenbeginn bis zum Jahr 2005 50 % (BFH X R 1/09 BFH/NV 10, 1803; BFH X B 113/11 BFH/NV 13, 929), auch bei Erwerbsminderungsrente (BFH X R 19/09 BFH/NV 11, 1489); er steigt bis 2020 um 2 % jährl und ab 2020 um 1 %, sodass erst 2040 die volle Besteuerung erreicht wird (§ 22 Nr 1 S 3 Buchst a/aa **S 3**; BR-Drs 2/04, 69; *BMF* BStBl I 08, 390 Rz 114 f; für eine Verlängerung bis zum Jahr 2070 *Ermel* DStR 21, 1729). Die Rente beginnt mit Aufnahme der Zahlungen (FG SchlHol EFG 21, 41, Rev X R 29/20; s auch § 22a I 1 Nr 3). **90**

Beispiel: Bei Eintritt in den Ruhestand im Jahr 2018 beträgt der Besteuerungsanteil 76 % (§ 22 Nr 1 S 3 Buchst a Doppelbuchst aa S 3). – Nach § 10 III 4, 6 sind im Jahr 2018 max 86 % von 20 000 € (= 17 200 €) der Einzahlungen abziehbar (§ 10 Rz 158).

Nach 2004 ausgezahlte **Rentennachzahlungen,** die Zeiträume vor dem 1.1.05 betreffen, sind nach neuem Recht zu besteuern (BFH X R 17/10 BFH/NV 11, 1501); entscheidend ist der Auszahlungszeitpunkt (FG BBg EFG 19, 355, rkr; *OFD Ffm* BeckVerw 260073); Begrenzung des Abzugs gem § 10 III verstößt nicht gegen das obj Nettoprinzip (*Weber-Grellet* FR 16, 85).

b) Rentenarten. § 22 Nr 1 S 3 Buchst a/aa erfasst sämtl Renten – *(1)* aus gesetzl RV (*BMF* BStBl I 13, 1087 Rz 196-199; auch bei freiwilligen Beiträgen; BFH X R 52/08 BFH/NV 10, 1253), – *(2)* aus landwirtschaftl Alterskassen (BMF BStBl I 13, 1087 Rz 200, 201; zur Verfmäßigkeit (vor AltEinkG, BGBl I 04, 1427) BFH X R 29/07 BFH/NV 08, 1834), – *(3)* aus berufsständischen Versorgungseinrichtungen (zB Versorgungswerke der Apothekerkammern; *BMF* BStBl I 13, 1087 Rz 202–205, – *(4)* vergleichbare Renten aus privaten Versicherungen iSd § 10 I Nr 2 Buchst b) (kapitalgedeckte Altersversorgung; *BMF* BStBl I 13, 1087 Rz 206-211; sog **Rürup-Rente** [Basis-Rente; KSM § 22 Rz B 186 f]; dazu BFH X R 37/08 BStBl II 11, 628; keine Zulagen wie bei Riester-Rente, aber teilweise steuerl Absetzbarkeit der Beiträge), auch Renten wegen verminderter Erwerbsfähigkeit und Hinterbliebenenrenten (*BMF* BStBl I 13, 1087 Rz 195), auch unselbstständige Teile und einmalige Leistungen (*BMF* BStBl I 13, 1087 Rz 200; *BMF* BStBl I 14, 70 Rz 204). – Zu den Anforderungen an die **Rürup-Rente** (Basisrentenprodukt; insb für Selbstständige) iEinz *BMF* BStBl I 13, 1087 Rz 206 ff (insb eigene Beiträge, Rentenzahlungen, keine schädl Absicherungen – 50 %-Grenze). – Zur **fremdfinanzierten Leibrente** („Rüruprente auf Pump"; Problem: Einkunftserzielungsabsicht; Umfang des WK-Abzugs) vgl *Paus* DStZ 05, 554. **91**

§ 22 92, 93 Arten der sonstigen Einkünfte

92 **c) Ausländische Renten. – *(1)* Grundsatz.** Unbeschr StPfl haben Renten ausl RV im Inl zu versteuern; ob die Rente nach § 22 Nr 1 S 3 Buchst a Doppelbuchst aa oder bb zu erfassen ist, richtet sich nach allg Regeln (Rz 51; zur Rentenbesteuerung „mobiler ArbN" s *Janker/Kelwing* BetrAV 15, 33; *Förster* IStR 17, 461). **DBA** können Sonderregelungen vorsehen (zB Kassen-, Förderstaatsprinzip; *Portner* IStR 15, 633; *Förster* FS Wassermeyer 2015, 399; zum DBA-Türkei ausführ *BMF* IStR 15, 107; BFH I R 9/16 DStR 18, 1002 zu DBA-Kanada). Bei beschr StPfl richtet sich die Besteuerung nach § 49 I Nr 7. – *(2)* **Einzelheiten.** Auslandsrentner können zur Sicherung des Grundfreibetrags und zur Wahrung etwa der Riester-Vorteile ggf gem § 1 III einen Antrag auf unbeschr StPfl stellen. – Renten (an nicht im Inl ansässige StPfl) sollen im **Förderstaat** erfasst werden (§ 49 I Nr 7). Entspr haben auch beschr StPfl Renteneinkünfte zu versteuern, etwa ein StPfl mit Sitz in Liechtenstein (FG Köln EFG 12, 1675; aufgehoben durch BFH I R 43/12 BFH/NV 15, 306) oder ein in Brasilien wohnender Rentner bezieht dt SozVers-Rente (weitere Beispiele bei *Förster* FS Wendt 2015, 817). – Ruhegelder (aus Direktzusage) sind § 19-Einkünfte; keine beschr StPfl (*Portner* BB 15, 854). – Verlegt ein StPfl, der während seiner Erwerbsphase steuerbegünstigt Beiträge für eine Riester- oder Rürup-Rente geleistet hat, seinen Wohnsitz ins Ausl, kann Deutschland die Rentenbezüge während der Auszahlungsphase idR nicht mehr besteuern (*Wernsmann/Nippert* FR 05, 1123). § 95 II sieht für diesen Fall der Wegzugsbesteuerung eine Stundungsregelung vor (§ 95 Rz 2). – Unter § 22 Nr 1 S 3 Buchst a Doppelbuchst aa (entspr § 10 I Nr 3a) fällt auch niederländisches Arbeitslosengeld (BFH I R 18/13 DStRE 15, 257). – Auszahlungen aus **US-Altersversorgungsplan** können ihrer Art nach gem a/aa erfasst werden. – Die Erfassung einer dänischen Rente nach § 32b mit einem Anteil von 50 % ist – im Hinblick auf stfreie ArbG-Leistungen – gerechtfertigt (BFH X R 37/08 BStBl II 11, 628).

(3) **Besteuerung von Ruhestandszahlungen von internationalen Organisationen** (häufig Versorgungsbezüge iSd § 19 II; iEinz *BMF* BStBl I 13, 1087 Rz 168, 199 idF *BMF* BStBl I 22, 36): NATO (BFH X B 192/12 BFH/NV 14, 337); ESA (BFH X B 89/18 BFH/NV 20, 345; *Fischer* jurisPR-StR 50/15 Anm 3); Europäisches Patentamt (BFH I R 38/14 BFH/NV 16, 180; BFH X R 24/15 BStBl II 17, 636); UN (BFH X R 50/14 BStBl II 17, 1187); NATO/OECD pp (*BMF* BStBl I 15, 475; *OFD Ffm* IStR 15, 290); EUMETSAT (*BMF* BStBl I 16, 1433). – *(4)* **Schweizer Renten.** Schweizer Altersrente unterfällt (wegen eigener Beiträge) nicht dem Kassenstaatsprinzip (BFH I R 83/11 BFH/NV 16, 553; allg *Miessl* Besteuerung von Grenzgängern ... 2019, 126 f; *KSM* § 22 Rz B 170) und ist in Deutschland zu versteuern (BFH X R 10/15 BStBl II 17, 1251). Grds ist zw öffentl-rechtl und privatrechtl Kassen, zw obligatorischen und überobligatorischen Leistungen sowie zw laufenden und Einmalzahlungen zu unterscheiden (*Werth* IStR 15, 900). Das **BMF** unterscheidet zw staatl Vorsorge (Säule I), berufl Vorsorge (Säule II) und privater Vorsorge (Säule III). Säule I ist nach Buchst a Doppelbuchst aa zu besteuern, Säule III nach Buchst a Doppelbuchst bb, bei Säule II ist zw Obligatorium (= Buchst a Doppelbuchst aa; auch Kapitalabfindung) und Überobligatorium (= Buchst a Doppelbuchst bb; Kapitalabfindung nach § 20 I Nr 6) zu unterscheiden (*BMF* BStBl I 18, 270; BFH X R 10/15 BStBl II 17, 1251). Die Besteuerung lfd Rentenzahlungen ist mE unproblematisch; kapitalisierte Rentenansprüche (Abfindungen, Vorbezüge, Austrittsleistungen) werden als ‚andere Leistungen' iSd § 22 Nr 1 S 3 Buchst a (mE Doppelbuchst aa oder bb – je nach Rentenart) erfasst, es sei denn, so BFH VIII R 38/10 BStBl II 16, 657), dass es sich um eine Kapitalleistung aus dem Überobligatorium der Säule IIb einer privatrechtl organisierten Pensionskasse handelt, also nicht um Rentenansprüche, sondern um vermögensrechtl Ansprüche in Form von Einmalzahlungen bei Pensionierung (dann § 20 I Nr 6) iErg vollständige Erfassung. Allg ist mE die Einordnung von der Art der Zahlung abhängig (wie etwa auch bei § 22 Nr 5; unten Rz 172); bei der Einordnung der einzelnen BFH-Entscheidungen sind die konkreten Konstellationen von besonderer Bedeutung (etwa BFH X R 43/11 DStRE 16, 79; wN s *Schmidt* 39. Aufl § 22 Rz 92); auch der VIII. BFH-Senat hat über mehrere Varianten der **Einmalauszahlung** entschieden (BFH VIII R 31/10 DStRE 15, 844; weitere Nachweise s *Schmidt* 39. Aufl § 22 Rz 92).

93 **d) Steuerfreier Teil der Rente.** Dieser ergibt sich in der Übergangszeit als Unterschiedsbetrag zw dem Jahresbetrag der Rente und dem der Besteuerung unterliegenden Teil der Rente (Festschreibung ab 2006); er bleibt für die gesamte

Laufzeit der Rente unverändert; maßgebl ist das dem Rentenbeginn folgende Jahr (§ 22 Nr 1 S 3 Buchst a Doppelbuchst aa **S 4, 5**; BT-Drs 15/2150, 40, 41; BFH X R 53/13 BFH/NV 16, 549). Rentenerhöhungen sind daher voll stpfl; (FG BaWü EFG 12, 123); zur Berechnung auch *BMF* BStBl I 13, 1087 Rz 219 f.

Beispiel: A geht im September 2015 in Rente. Diese beträgt monatl 3000 €. Zum 1.1.16 wird die Rente auf 3100 € und zum 1.1.17 auf 3200 € erhöht. **Steuerlast 2015:** 4 × 3000 € = 12 000 € × 70 % Besteuerungsanteil = 8400 €; abzügl WK-Pauschale (§ 9a I Nr 3) 102 €; zu versteuern 8298 €. **Steuerlast 2016:** 12 × 3100 € = 37 200 € × 70 % Besteuerungsanteil = 26 040 € (konstant stfreier Teil für die Folgejahre 11 160; = 37 200 × 30 %); abzügl WK-Pauschale 102 €; zu versteuern 25 938 €. **Steuerlast 2017:** 12 × 3200 € = 38 400 €, abzügl konstant stfreier Teil 11 160 €, abzügl WK-Pauschale 102 €; zu versteuern 27 138 €.

Bei regelmäßigen Anpassungen bleibt der stfreie Anteil unverändert (§ 22 Nr 1 S 3 Buchst a/aa **S 7**; BFH X B 113/11 BFH/NV 13, 929; *BMF* BStBl I 13, 1087 Rz 217, 223), auch bei Anpassung von Ost- an Westrenten (BFH X R 12/18 BStBl II 20, 386). – Wird der Jahresbetrag aus anderen Gründen (zB Wechsel zw Teil- und Vollrente; Währungsschwankungen bei ausl Rente, schwankende Bemessungsgrundlage; nachträgl Gewährung der sog Mütterrente; Änderungen des anzurechnenden Einkommens) verändert (mE auch im Jahr des Wegfalls der Rente), ist eine entspr verhältnismäßige Anpassung vorzunehmen (§ 22 Nr 1 S 3 Buchst a Doppelbuchst aa **S 6;** *BMF* BStBl I 13, 1087 Rz 232; *FM SchlHol* DStR 15, 481, 1450; FG SchlHol EFG 18, 369; FG Köln DStRE 18, 908; *Kulosa* HFR 15, 523). Einzubeziehen ist auch der Steigerungsbetrag aus einer Höherversicherung (BFH X R 20/19 DStRE 21, 773).

Beispiel: Rentenbeginn 2006; Rente 2007 10 000 €; Besteuerungsanteil 5200 €; der stfreie Anteil der Rente beträgt 4800 €, der sich auch bei Rentenerhöhungen nicht verändert. Die Rente wird ab Dezember 2010 auf 15 000 € angehoben (Wechsel zur Vollrente). Der neue stfreie Anteil errechnet sich wie folgt: Neuer stfreier Anteil = alter stfreier Anteil × 15 000 €: 10 000; = 7200 €. Der neue stfreie Anteil ist ab 2011 maßgebl.

Folgen mehrere Renten aus derselben Versicherung nach, ist für die neue Rente der stfreie Teil neu zu berechnen; allerdings richtet sich der Prozentsatz nicht nach dem Jahr des Rentenbeginns, sondern ist um die Jahre der Laufzeit der früheren Rente (zB Erwerbsminderungsrente) zu vermindern (§ 22 Nr 1 S 3 Buchst a Doppelbuchst aa **S 8**; BT-Drs 15/2150, 41; *BMF* BStBl I 13, 1087 Rz 224 f).

Beispiel: wie zuvor; im Jahr 2011 folgt eine neue Rente mit einem Jahresbetrag von 10 000 €. Der Besteuerungsanteil beträgt nicht 62 %, sondern ergibt sich nach dem Anteil des Jahres 2006 (2011 ./. 5 Jahre Laufzeit von Rente 1).

Verstirbt der Rentenempfänger, ist ihm die Rente für den Sterbemonat noch zuzurechnen (§ 22 Nr 1 S 3 Buchst a Doppelbuchst aa S 9).

7. Andere Renteneinkünfte, § 22 I Nr 1 S 3 Buchst a Doppelbuchst bb. 94 – a) Renten aufgrund nicht entlasteter Beiträge, § 22 Nr 1 S 3 Buchst a Doppelbuchst bb. Die Vorschrift erfasst Renten, die nicht unter Buchst a Doppelbuchst aa fallen und die Erträge des Rentenrechts enthalten, typischerweise private RV, die die Voraussetzungen des § 10 I Nr 2 Buchst b nicht erfüllen (BFH X R 18/10 BStBl II 14, 25; BFH X R 20/19 DStRE 21, 773). – Erwerbsminderungsrenten der gesetzl RV werden daher von Buchst a Doppelbuchst bb nicht erfasst (BFH X R 54/09 BStBl II 11, 910). – Renten, die **nicht** der **abzugsbegünstigten Altersvorsorge** zuzuordnen sind (zB kapitalisierbare Leibrenten-, private RV; Rz 91), werden weiterhin nur mit dem (neuen) **Ertragsanteil** besteuert (§ 22 Nr 1 S 3 Buchst a Doppelbuchst bb; BFH X R 8/14 BStBl II 17, 512; *BMF* BStBl I 13, 1087 Rz 212 ff; EStR 22.4; *KSM* § 22 Rz B 240 f), da die entspr Rentenbeiträge aus versteuertem Einkommen zu leisten waren, die Beiträge zu ihrer Entstehung also nicht als Vorsorgeaufwendungen abgezogen werden konnten (BT-Drs 15/2150, 41; BR-Drs 2/04, 70 f), zB Renten aus vor 2005 abgeschlossenen privaten Verträgen, LV-Renten, die nicht § 10 I Nr 2 Buchst b erfüllen, entspr Berufsunfähigkeitsrenten (BFH X B 241/10 BFH/NV 12, 31), Veräußerungsleibrenten, Vermögensübergabe-Renten; **Betriebsrente** aus (lohn-)versteuerten Beiträgen, Garantierente (einschließl Überschussbeteiligung) aus privater RV (BFH X R 20/19 DStRE 21, 773; EStH 22.4). Die Ertragsanteilsbesteuerung kann nicht zu einer doppelten Besteuerung führen (BFH X R 20/19 DStRE 21, 773; *Weber-Grellet* FR 21, 802).

Einzelfälle: VdBS-Rente (BFH X R 18/10 BStBl II 14, 25); **VBL-Rente** (FG Nds DStRE 14, 650). – ME sind VBL-Renten und GRV-Renten zwei verschiedene Renten (nicht ganz eindeutig BFH X B 12/13 BFH/NV 14, 874). – Zu ausl Renten s Rz 92.

95   **b) Überbeiträge.** Mit dem Ertragsanteil sind – wegen der Gefahr der doppelten Besteuerung (BFH X R 52/08 BFH/NV 10, 1253) – auf Antrag auch solche Renten zu besteuern, für die in der Zeit bis zum 31.12.04 mehr als die Höchstbeträge zur gesetzl RV aufgewendet wurden („Luxusbestandsrenten"); § 22 Nr 1 S 3 Buchst a Doppelbuchst bb **S 2** („Escape-Klausel"; **Öffnungsklausel;** *BMF* BStBl I 13, 1087 Rz 238–269; *KSM* § 22 Rz B 260 f) ist verfgemäß (iEinz [auch zur Aufteilung – „soweit"] BFH X R 33/15 BStBl II 18, 62), zB bei sehr hohen Beiträgen an ein berufsständisches Versorgungswerk (FinA BT-Drs 15/3004, 13). Die Öffnungsklausel ist nur auf Antrag anzuwenden (BFH X R 20/19 DStRE 21, 773); zum Verfahren (Bescheinigung der Versorgungsträger) *BMF* BStBl I 08, 390 Rz 159; zur Zuordnung der Beiträge s BFH X R 40/13 BFH/NV 16, 388; FG BaWü EFG 21, 1181, Rev X R 24/20 (Vorrang der gesetzl RV); zur Berechnung bei Beiträgen an mehrere Versorgungsträger BFH X R 12/14 BFH/NV 17, 1485. – Für die (verfrechtl nicht zu beanstandende) **Zehn-Jahres-Frist** gilt nicht das sog In-Prinzip (BFH X R 58/08 BStBl II 11, 579; *BMF* BStBl I 13, 1087 Rz 238–269); maßgebl ist die sachl Zuordnung. Nachzahlung in Versorgungswerk kann ggf zu berücksichtigen sein (BFH X R 43/17 DStR 20, 207); auch mittelbar beitragsabhängige Zahlungen (FG Ddorf EFG 10, 793). Fiktive Beiträge (auf Grund einer Beamtenversorgung) sind nicht einzubeziehen (BFH X R 29/09 BStBl II 11, 591; FG SchlHol EFG 12, 695). Maßgebl Höchstbetrag ist der zur RV-West (*BMF* BStBl I 13, 1087 Rz 241); nach dem Wortlaut besteht keine Beschränkung auf die Zahlungen an die RV-West, evtl nach dem Zweck (FG SachsAnh EFG 08, 1707); als Ertragsanteil gilt der Unterschiedsbetrag zw dem Jahresbetrag der Rente und dem gleichmäßig verteilten Kapitalwert. Der niedrigere Diskontierungsfaktor unterstellt einen KapErtrag von 3 %/pa (*Nüssgens* INF 04, 535; BR-Drs 2/04, 71); der Ertragsanteil ist der Tabelle des § 22 Nr 1 S 3 Buchst a Doppelbuchst bb **S 3, 4** zu entnehmen.

Beispiel: Beginnt die Rente im 45. Lebensjahr des Berechtigten, beträgt der Ertragsanteil 34 %, beginnt die Rente erst im 80. Lebensjahr, beträgt der Ertragsanteil nur 8 %, da der rückzuzahlende Kapitalanteil ungleich höher ist.

96   **c) Ermittlung des Ertragsanteils.** Der Ertragsanteil wird *einmalig* zum Zeitpunkt des Beginns der jeweiligen Rente ermittelt und in den Folgejahren unverändert bis zum Ende der Zahlungen fortgeführt. – Erhöhungen der Rentenzahlungen bei geplanter Überschussbeteiligung (Bonusrente) sind Erträge dieser Rente (BFH X R 47/09 BStBl II 13, 158: kein neuer Ertragsanteil; EStR 22.4 I 2). – Geschiedene trifft eine Auskunftspflicht nach § 22 Nr 1 S 3 Buchs a Doppelbuchst bb S 2).

97   **d) Weitere Einzelheiten. – aa) Beim Geber.** Bei ihm ist gem § 9 I 3 Nr 1 S 2 die Leibrente nur mit dem Ertragsanteil (Zinsanteil) abziehbar (verfgemäß; s Rz 89).

98   **bb) Veräußerungsgewinn nach § 23.** Bei Veräußerung eines WG gegen Leibrente wird die Differenz zw Rentenzahlungen und Ertragsanteil als Veräußerungspreis angesetzt (s *BMF* BStBl I 04, 922 Rz 56 f).

99   **cc) Besteuerung von wiederkehrenden Zuschüssen und sonstigen Vorteilen, § 22 Nr 1 S 3 Buchst b.** Die Regelung soll lediglich den Anwendungsbereich der Nr 1 klarstellen (*KSM* § 22 Rz B 280). Da allein die äußere Form der

Wiederkehr zur Besteuerung nicht ausreicht, dürfte der Anwendungsbereich der Regelung eher gering sein; unentgeltl Studien- und Ausbildungsbeihilfen werden mE jedenfalls nicht erfasst.

8. Abgekürzte und verlängerte Leibrenten. – a) Abgekürzte Leibrenten. 100
Zu Begriff und Voraussetzungen s Rz 43; *BMF* BStBl I 13, 1087 Rz 214, 237; EStR 22.4 V). Bei Gegenleistung idR Veräußerungsvorgang (s Rz 71). IÜ Besteuerung nach § 22/§ 55 II EStDV, soweit keine Unterhaltsleistungen vorliegen (s auch Rz 51). Die neue **Tabelle** des **§ 55 II EStDV** (ab 1.1.05, auch für „Altrenten") stellt die nach der zeitl Begrenzung (Spalten 1, 2) und der Lebenserwartung (Spalte 3 und § 22 Nr 1 Buchst a) ermittelten Ertragsanteile ggü. Anzusetzen ist jeweils der niedrigere Prozentsatz (vgl Spalte 3).

Beispiel: Rente auf Lebenszeit, höchstens auf 15 Jahre. Ertragsanteil Spalte 2: 16%. Bei Lebensalter zu Rentenbeginn von 69 Jahren (oder älter) ergibt sich ein Ertragsanteil von 15% (oder weniger) nach Spalte 3 iVm § 22 Nr 1, maßgebl also 15%; bei Lebensalter von 64 Jahren (oder jünger) ein solcher von exakt 16% nach § 55 EStDV.

Beträgt die Laufzeit einer abgekürzten Leibrente nicht volle Jahre, ist sie nach EStR 22.4 IV aus Vereinfachungsgründen zugunsten des StPfl auf volle Jahre abzurunden. Zu **Laufzeitänderung/Gesamtlaufzeit** (zB bei Berufs-/Erwerbsunfähigkeitsrente) vgl BFH X R 97/89 BStBl II 91, 686; zu Überleitung von DDR-Invalidenrente s BFH X R 40/98 BStBl II 02, 6.

b) Verlängerte Leibrenten. Zu Begriff s Rz 46. Keine gesetzl Regelung. Aufteilung in eine Zeit- und eine Leibrente scheidet aus. Bei längerer Mindestdauer keine Leibrente (Rz 90), sondern Zeitrente bzw Kaufpreis in Raten (BFH X R 58/92 BStBl II 96, 672; *BMF* BStBl I 04, 922 Rz 59; oben Rz 71). Ebenso (Kaufpreis) nach BFH X R 75/97 BStBl II 02, 650 bei Mindestrente trotz höherer Lebenserwartung (zutr; glA *BMF* BStBl I 04, 922 Rz 59).

9. Realsplitting, § 22 Nr 1a iVm § 10 Ia Nr 1. Begriff und Einzelheiten 103
s § 10 Rz 102. Es handelt sich um eine betragsmäßig begrenzte Zurechnungsregelung für Unterhaltsleistungen geschiedener oder getrennt lebender Ehegatten (Ausnahme zu § 22 Nr 1 S 2, § 12 Nr 2), die wiederkehrend oder einmalig erbracht werden können. Die Regelungen des § 10 Ia Nr 1 und des § 22 Nr 1a beruhen auf dem sog **Korrespondenzprinzip** (FinA BT-Drs 18/3441, 56); verfahrensrechtl sind die Regelungen aber voneinander unabhängig; die Stbarkeit beim Empfänger hängt nicht davon ab, ob und inwieweit der SA-Abzug beim Geber tatsächl zu einer StMinderung geführt hat (BFH X R 49/07 BFH/NV 10, 1790; *OFD Kobl* DStR 03, 1396). Wegen Einzelheiten (auch zur Entstehung) wird auf § 10 Rz 102 ff und *Schmidt* 39. Aufl § 22 Rz 103 verwiesen.

10. Vermögensübergabe gegen (private) Versorgungsleistung, § 22 Nr 1a 105
iVm § 10 Ia Nr 2. Erfasst werden Einkünfte aus Versorgungsleistungen (zur Abgrenzung Rente/dauernde Last s Rz 27). Die am Modell der Hof- und Betriebsübergabe (Art 96 EGBGB: Altenteilsvertrag) entwickelte Übergabe sog existenzsichernden und zur generationenübergreifenden Nachfolge („Weiterführung im Nachfolgeverbund"; dazu FG Mchn EFG 14, 534: auch Onkel) geeigneten Vermögens gegen nicht kfm abgewogene Versorgungsleistungen führt neben den steuerl Wirkungen der Vermögensübergabe beim Übergeber in vollem Umfang zu wiederkehrenden Bezügen (§ 22 Nr 1) und korrespondierend beim Übernehmer zum SA-Abzug (§ 10 Ia Nr 2; *KSM* § 22 Rz C 42). Wegen der Einzelheiten wird auf § 10 Rz 111 ff verwiesen sowie auf *Schmidt* 33. Aufl § 22 Rz 105 f. – Die Versorgungsleistung, die von einem EU-beschr StPfl bezogen wird, soll nicht stpfl sein (*BMF* BStBl I 15, 1088, Reaktion auf EuGH C-559/13 DStR 15, 474 – *Grünewald*).

11. Ausgleichszahlungen bei Versorgungsausgleich, § 22 Nr 1a iVm § 10 115
Ia Nr 3, 4. Erfasst werden Versorgungsausgleichsleistungen (*KSM* § 22 Rz C 35 f).

Der Gesetzgeber hat die Regelungen zum Abzug von Ausgleichszahlungen iRe Versorgungsausgleichs neu geordnet (ab VZ 2015). Die steuerl Regelungen zur internen und externen Teilung sind inhaltl unverändert nunmehr in § 10 Ia Nr 4 enthalten; § 10 Ia Nr 3 ist ein neuer Abzugstatbestand für Ausgleichszahlungen zur Vermeidung des Versorgungsausgleichs nach einer Ehescheidung bzw der Auflösung einer Lebenspartnerschaft (§ 6 I 2 Nr 2 VersAusglG; §§ 1408 II, 1587 BGB), der eine steuerl Gleichbehandlung aller Ausgleichszahlungen bezweckt (FinA BT-Drs 18/3441, 56). – Wegen der Einzelheiten wird auf § 10 Rz 126 ff verwiesen sowie auf *Schmidt* 33. Aufl § 22 Rz 115 f.

12. Werbungskosten; Freibeträge. Zum WK-Begriff s § 9 Rz 10 ff.

123 *(1) Altes Recht (für VZ vor 2005).* Die Aufwendungen zum Erwerb der Rentenanwartschaft (Renteneinzahlungen) waren bis dato keine WK, da sie nicht zum Nutzungsbereich, sondern zum steuerl irrelevanten Vermögensbereich gehörten (iEinz *Schmidt* 31. Aufl § 22 Rz 124); auch **keine AfA** auf das – nicht abnutzbare – **Rentenstammrecht**.

124 *(2) Allgemeine Grundsätze.* Aufwendungen zum Erwerb und zur Finanzierung von wiederkehrenden Bezügen können, sofern das Gesetz keine besondere Regelung trifft (zB § 10 III, § 10a), WK sein. – *(3)* **Zuordnung zu Sonderausgaben.** Bei **nachgelagerter Besteuerung** (§ 22 Nr 1 S 3 Buchst a Doppelbuchst aa; § 22 Nr 5) sind die entspr Beiträge der Sache nach WK, die der Gesetzgeber aber nach wie vor dem SA-Bereich (zB § 10 III, § 10a) zugeordnet hat (BVerfG 2 BvR 290/10 BStBl II 16, 801; BFH X B 166/05 BStBl II 06, 420). – **RV-Beiträge** (einschließl Nach- und Sonderzahlungen) sind daher nicht als WK, sondern (begrenzt) als **SA** abziehbar (BFH X R 6/08 BStBl II 10, 282); zu Versorgungsausgleich vgl § 10 Rz 126 f. Zu § 10 III s BVerfG 2 BvL 1/06 DStR 08, 604: Auch Beiträge zu privaten Versicherungen für den Krankheits- und Pflegefall sind Teil des estrechtl zu verschonenden Existenzminimums (nach Maßgabe des sozialhilferechtl gewährleisteten Leistungsniveaus). – *(4)* **Nebenkosten.** Auch (Neben-)Kosten der **Begründung** des „Rentenstammrechts" sind entspr zuzuordnen, zB Eintragungskosten, Notarkosten, **Provisionen** (BFH VIII R 29/00 BStBl II 06, 223). – **Gebühren für Kombiprodukte** sind aufzuteilen (BFH X R 34/04 BFH/NV 07, 682; BFH VIII R 30/17 DStRE 21, 720). – *(5)* **Rechtsverfolgungskosten (Prozesskosten).** Diese können durch die Erwerbung von Einnahmen veranlasst sein (§ 9 I 1: WK), etwa die Kosten eines Zivilprozesses über eine Erhöhung nach § 323 ZPO oder Beratungskosten wegen der gesetzl RV (ohne Kürzung auf Ertragsanteil, *BMF* BStBl I 98, 126; FG Nds EFG 13, 1834) oder Gewerkschaftsbeiträge (*OFD Ffm* DB 02, 2409); vgl § 4 Rz 520 „Rechtsverfolgungskosten".

125 *(6)* **Finanzierungskosten.** Diese sind WK, soweit sie auf die eigene Rente entfallen (BFH X R 15/05 BStBl II 07, 390: kein Drittaufwand); ggf aufzuteilen (BFH VIII R 30/17 DStRE 21, 720). **Schuldzinsen** bei § 22 Nr 1 sind WK (keine AK; Sonderfall BFH X R 54/99 BFH/NV 05, 677 betr „Verbund-Renten-Plan"). BFH X R 37/86 BStBl II 91, 398 berücksichtigt Kreditzinsen zur Nachentrichtung freiwilliger Angestelltenversicherungsbeiträge in voller Höhe als vorweggenommene WK; ebenso bei Leibrenten *OFD Ffm* DB 02, 2409; BFH VIII R 29/00 BStBl II 06, 223. – Abzug bei Renten-Einmalbetrag für Ehefrau, wenn Verpflichtung zur Freistellung von Zinsaufwendungen im Innenverhältnis (BFH X R 36/05 DStR 08, 2204). Die später erzielbaren Einnahmen müssen die Zinsen nominal übersteigen (s BFH X R 151/97 BFH/NV 00, 1097). Zu weiteren Einzelheiten s Schmidt 39. Aufl § 22 Rz 125. – *(7)* **Werbungskosten-Pauschbetrag.** Dieser ist nach § 9a I 1 Nr 3 (102 € pro Person, auch bei Ehegatten) beschränkt auf Einkünfte iSv § 22 Nr 1, 1a, 1b, 1c und 5 (s § 9a Rz 6). Zur Nichtgewährung des **Sparer-Freibetrags** bei privaten Leibrenten s BFH X R 32–33/01 BStBl II 11, 675; KSM § 22 Rz B 307 (vgl zu § 22 Nr 5 auch Rz 171), bei SV-Renten ebenfalls nicht (BFH X R 1/00 BFH/NV 02, 1438).

IV. Einkünfte aus Leistungen, § 22 Nr 3

Schrifttum (Auswahl): *Krey*, Besteuerung sonstiger Leistungen, Diss 2011; *Kubicki*, Die Dogmatik des § 22 Nr 3 ..., Diss 2011; *Wenck*, Einkünfte nach § 22 Nr 3, 2016. – *Becker* StuW 1936 Sp 1669 ff; *Ismer* Glück im Spiel – Pech für die Dogmatik? FR 07, 235; *Marx*, Das Markteinkommenskonzept ... – Zur Steuerbarkeit von Preisgeldern ..., DStZ 14, 282; *Fischer*, Glück oder Leistung? ..., BB 19, 2071.

1. Funktion. § 22 Nr 3 ist die allgemeinste Einkunftsart und damit die "estrechtl Grundnorm" (s Rz 1). Prinzipiell werden – bis auf nicht stbare Veräußerungen – alle Leistungsentgelte erfasst. § 22 Nr 3 ist **verfgemäß** (BVerfG 1 BvR 587/86 DStZ/E 86, 334). ESt- und auch USt-rechtl werden Leistungen besteuert; § 22 Nr 3 falsifiziert die sog Markteinkommenstheorie. 130

2. Leistung. – **a) Begriff.** § 22 Nr 3 erfasst nach (zutr) BFH-Rspr entgeltl Leistungen im Privatbereich, die keine (§ 17, § 20 II, § 23 zugeordneten) Veräußerungen und auch nicht veräußerungsähnl sind (BFH IX R 65/10 BFH/NV 13, 1085; EStH 22.8; *KSM* § 22 Rz E 41 f); daher keine Erfassung der Ausgleichszahlung wegen der Entwertung einer zwischenzeitl veräußerten Kapitalbeteiligung und keine Erfassung des Entgelts für die endgültige Aufgabe der Substanz eines WG (BFH IX R 46/15 BFH/NV 17, 1030). Die Gegenleistung muss durch das Verhalten des StPfl "ausgelöst" sein (BFH IX R 35/13 BStBl II 15, 795); ein synallagmatisches Verhältnis iSe Austauschvertrags ist nicht erforderl (BFH IX R 35/13 BStBl II 15, 795). – § 22 Nr 3 ist subsidiär ggü anderen Einkunftsarten (Rz 1) und ggü den anderen Tatbeständen des § 22. – Einkunftserzielungsabsicht ist notwendig (Rz 2, 146; ferner *KSM* § 22 Rz E 93; abl *Falkner* DStR 10, 788). Nach den Beispielen in Nr 3 S 1 (gelegentl Vermittlung, Vermietung bewegl Sachen) und in Abgrenzung zu § 15 sind nachhaltige Tätigkeit und Beteiligung am allg wirtschaftl Verkehr nicht erforderl; eine entgeltl selbständige Betätigung kann genügen (so auch *Kubicki* Diss [vor Rz 130], 98); der Entgeltcharakter fehlt zB bei Kartenspiel mit eher symbolischem Geldeinsatz. – "Positiver Erwartungswert" und Erwerbswirtschaftlichkeit sind irrelevant (**aA** *Ismer* FR 07, 235, 240; *ders* FR 13, 66). – Leistung kann uU auch in Verzicht/Duldung bestehen. 131

b) Bestimmte Leistungen. Die Leistung selbst braucht nicht wirtschaftl Art zu sein (s Rz 150 "Prostitution"). Sie kann im Tätigkeitsbereich (s Rz 150 "Tätigkeitsvergütungen") oder im Bereich der Nutzung des Vermögens liegen (s Rz 136, 150); Leistungen, die – im Unterschied zum Nutzungs- und Tätigkeitsbereich (Rz 136) – den Vermögensbereich berühren, sind ausgenommen (zB BFH XI R 26/02 BStBl II 04, 218; s Rz 150 "Veräußerung"). Tatsächl Leistungserbringung oder gar Leistungserfolg sind nicht erforderl; es genügt das Versprechen bzw Inaussichtstellen einer Leistung derart, dass *dafür* (s Rz 133) ein Entgelt gezahlt wird, weil der *Zahlende* mit einer Leistung rechnet (zB Zahlung für fingierte oder absprachemäßig unterlassene Leistung, Erfolgszahlung für vorgespielte Leistung oder betrügerische Nichtleistung; BFH IX R 39/01 BStBl II 04, 1072). 132

c) Verhältnis Leistung/Entgelt. Die Zahlung muss als wirtschaftl Gegenleistung durch die Leistung veranlasst sein (BFH IX R 46/09 BStBl II 12, 310; zu nachträgl Zahlung für "Freundschaftsdienst" BFH IX R 13/02 BStBl II 05, 44), aber nicht unbedingt auf Grund eines gegenseitigen Vertrages (BFH IX R 74/98 BFH/NV 02, 643). § 22 Nr 3 erfasst auch Entgelt für **verbotene Leistung** (§ 40 AO; s Rz 150 "Schmier- und Bestechungsgeld"), nicht aber (mE einseitige Förderung ("altruistisches" Stipendium; BFH IX R 33/18 BStBl II 21, 488). Freiwilligkeit der Leistung ist nicht notwendig. *Beispiel:* Entschädigung für Beschlagnahme und Gebrauch eines WG (s BFH VI 216/61 U BStBl III 63, 380 mit Abgrenzung; BFH X R 45/91 BFH/NV 95, 387). 133

Entschädigungen für **hoheitl Eingriffe** in das Eigentumsrecht fallen demnach (auch bei Mitwirkung des StPfl) nicht unter § 22 Nr 3 (BFH X R 64/92 BStBl II 95, 640; FG

BBg EFG 14, 1674). Auch die mehr oder weniger zufällige Zahlung gelegentl einer aus rechtl, staatspolitischen, moralischen, sportl, spielerischen oder sonstigen nicht wirtschaftl Gründen erbrachten Leistung wird nicht besteuert (*Beispiel:* Entschädigung (für Zeitversäumnis) eines ehrenamtl Richters; BFH IX R 10/16 BStBl II 18, 571), ebenso nicht die **Aneignung ohne Wissen und Willen** des Berechtigten (Veruntreuung, Diebstahl, Unterschlagung oä, s BGH 3 StR 10/90 HFR 90, 521). – Stbar sind aber etwa Tagegeldzahlungen an ehrenamtl Verbandsmitglieder (*BMF* FR 96, 328) oder an Wasserwacht-Rettungsschwimmer (*OFD* Nds BeckVerw 287968), Pflegegeld bei familiärer Verpflichtung (s Rz 150), Erbeinsetzung für gelegentl Hilfeleistung, Spendensammeltätigkeit; s auch Rz 150 „Belohnungen", „Entschädigung", „Preise", „Risikogeschäfte", „Spielgewinne", „Vermittlung", „Verzicht".

134   **d) Zeitliche Voraussetzungen.** Dauer und Häufigkeit der Leistungen sind iRd § 22 Nr 3 EStG ohne Bedeutung. Erfasst wird nicht nur gelegentl oder auch nur einmaliges, sondern auch sich wiederholendes, regelmäßig erbrachtes oder auf (eine gewisse) Dauer oder Wiederholung angelegtes Verhalten (BFH IX R 35/13 BStBl II 15, 795).

136   **3. Abgrenzung Vermögensbereich/Nutzungsbereich. – a) Grundsatz.** Entscheidend ist, ob das Entgelt als Ausgleich für den endgültigen Verlust eines WG in seiner Substanz (§ 23) oder für die Gebrauchsüberlassung zur Nutzung, den Verzicht auf eine Nutzungsmöglichkeit oder deren Beschränkung etwa durch die „Belastung" (s Rz 150) gezahlt wird, während der Vermögenswert, aus dem die Nutzungen fließen, in seiner Substanz erhalten bleibt (§ 22 Nr 3 oder § 21), vgl BFH IX R 31/16 BStBl II 18, 759. Die Abgrenzung erfolgt nach der Art des WG und dem wirtschaftl Gehalt der Vereinbarung. Die zivilrechtl Form der Vereinbarung ist nicht entscheidend.

137   **b) Übertragung von Vermögenswerten.** Die Rspr geht davon aus, dass beim Eigentümer grds nur der Eigentumsverlust in den Vermögensbereich fällt (BFH VIII R 7/74 BStBl II 77, 796; zu U-Bahn), nicht dagegen sonstige Wertminderungen durch „Belastung", „Verzicht" auf eine Nutzung, Bestellung eines „Vorkaufsrechts" oder einer Lizenz (s Stichworte Rz 150, auch „Patente" unter b).

139   **c) Nutzungsüberlassung.** Diese verlangt begriffl eine zeitl Begrenzung (vgl zB § 21 I Nr 3; s auch § 49 Rz 113). Die Rspr dehnt Nutzungsverhältnisse allg aus auf langfristige, ja selbst zeitl unbegrenzte oder dauernde Gebrauchsüberlassungen, *soweit* deren tatsächl Dauer ungewiss ist und die Rückübertragung nicht aus rechtl (Vereinbarung) oder tatsächl Gründen (Wertverzehr) endgültig ausgeschlossen ist. Die zeitl Begrenzung des Rechts durch Gesetz (zB § 10 PatG) oder Vertrag steht der Annahme eines WG und damit der Weiterübertragung im Vermögensbereich nicht entgegen (str). Reine Verwertungsrechte sind selbstständige WG, deren Wertverzehr während der Nutzungsdauer die Annahme eines Nutzungsrechts ausschließt (Veräußerung); anders soll es bei Grundstücksausbeuteverträgen sein, bei denen der Wert des Grundstücks ohne Bodenschatz erhalten bleibt; s Beispiele Rz 150 „Belastung" b, „Mieterabfindung" und „Patente" unter b).

140   **d) Aufteilung; Änderung.** Wird ein Entgelt teils für Vermögensverluste, teils als Nutzungsentschädigung gezahlt, ist es – ggf im Schätzungswege – aufzuteilen (s Rz 150 „Mieterabfindung"; BFH IX R 65/10 BFH/NV 13, 1085). Die nachträgl Anrechnung eines Nutzungsentgelts auf Kaufpreis kann zu rückwirkendem Wegfall des § 22 Nr 3 führen (BFH X R 42/91 BStBl II 95, 57).

142   **4. Art des Leistungsentgelts.** Dieses kann in Geld oder Sachwerten bestehen. Höhe und wirtschaftl Zusammenhang mit der Leistung (vgl Rz 133) sind unabhängig von der Bezeichnung nach den Umständen des Einzelfalles zu ermitteln. Das Entgelt kann einmalig und wiederkehrend erbracht werden (soweit es nicht unter § 22 I Nr 1 fällt), vgl BFH X R 91/90 BStBl II 92, 1017.

143   **5. Zeitpunkt der Versteuerung.** Für Einnahmen und WK ist grds der Zeitpunkt der Zahlung maßgebend (§ 11). Das führt bei *einmaligen* Leistungen iZm dem Verlustausgleich nach § 22 Nr 3 S 3, 4 (Rz 146) zu einem nach dem Gesetz kaum lösbaren Konflikt, der durch die Freigrenze (Rz 147) noch verstärkt wird; der Abzug von in früheren oder späteren Jahren hierbei anfallenden WK darf daran nicht scheitern (BFH IX R 33/07 BFH/NV 09, 1253; BFH I R 38/12 BFH/NV 16, 378). – **Vorab entstandene WK** sind entgegen § 11 II nicht im Jahr der Zahlung abziehbar (zunächst Ausschluss durch § 22 Nr 3 S 3). Sie mindern nach zutr hM die im Zuflusszeitpunkt zu versteuernden Einnahmen für die einmalige Leistung iSv § 22 Nr 3 (*BH/Nacke* § 22 Rz 172). Dies soll nach BFH X S 22/96 BFH/NV 98, 703 auch für bereits jetzt feststehende, später zu leistende **negative Einnahmen** (Rückzahlungen) und **nachträgl WK** gelten (str wegen § 11 II), auch für unvorhergesehene spätere WK (kein Abzug im Zahlungsjahr – Berichtigung im Zuflussjahr nach § 175 I 1 Nr 2 AO). Anders aber BFH IX R 73/96 BFH/NV 01, 25 bei **nachträgl Rückzahlungsverpflichtung** für *regelmäßig erhaltene* Bestechungsgelder: Abzug gem § 11 II erst im Zahlungsjahr (zust *Fischer* FR 00, 775). Die Problematik ist durch die Verlustvortragsmöglichkeit in § 22 Nr 3 S 4 entschärft (Rz 146).

6. Werbungskosten. – **(1) Begriff Werbungskosten.** S § 9 Rz 2. Abziehbar **145** sind nur durch Einnahmen veranlasste Aufwendungen (vgl BFH X R 58/91 BStBl II 94, 516 mit fragl Aufteilung, s *Paus* FR 94, 741). Die Rückzahlung von Bestechungsgeldern (Rz 150) führt zu WK, nicht aber deren Weiterleitung an den Geschädigten zur Wiedergutmachung (BFH IX R 26/14 BStBl II 15, 1019; krit *Bode* FR 15, 1146). – **(2) Pauschbetrag** sieht das Gesetz nicht vor. – **(3) Vermögensverluste** im privaten Bereich sind grds keine WK (FG BaWü EFG 11, 513; Ausnahmen: § 9 I Nr 7 iVm § 7 – AfA – oder Verluste iZm der Erzielung von Einkünften, s § 9 Rz 56, § 11 Rz 50 „Verlust"). Dies gilt mE auch für „Risikogeschäfte" (str, s unter Rz 150).

7. Verlustausgleich, § 22 Nr 3 S 3, 4. Ab 1999 aus Leistungen entstandene **146** Verluste sind nur mit denselben Einkünften (auch aus anderen „Einkunftsquellen" iSv § 22 Nr 3; nicht mit Einkünften nach § 23 I 1 Nr 4 aF; BFH IX R 46/12 BFH/NV 14, 1025; *KSM* § 22 Rz E 126) im lfd VZ (S 3) oder nach Maßgabe des § 10d (S 4) ausgleichbar: § 10d IV idF JStG 2007 (gesonderte Feststellung) gilt entspr (soweit am 1.1.07 Feststellungsfrist noch nicht abgelaufen); die Regelung ist verfgemäß (BFH IX R 26/14 BStBl II 15, 1019). Im Einzelfall wird der Abzug jedoch oft daran scheitern, dass bei gelegentl Vermietung die **Einkünfteerzielungsabsicht** (Rz 131) fehlt (so auch BVerfG 2 BvR 1818/91 DStZ 98, 910; BFH X B 82/99 BFH/NV 00, 1186). Vgl zur Problematik auch § 23 Rz 97.

Altverluste aus **Stillhaltergeschäften** (bisher von § 22 Nr 3 erfasst) konnten (nach S 5, 6 idF JStG 2009, BGBl I 08, 2794) übergangsweise (letztmals bis VZ 2013) mit Einkünften aus § 20 I Nr 11 verrechnet werden; die Regelung ist durch das KroatAnpG (BGBl I 14, 1266) aufgehoben worden (BT-Drs 18/1529, 54); Einzelheiten s *Schmidt* 33. Aufl § 22 Rz 146.

8. Freigrenze, § 22 Nr 3 S 2. Erreichen oder übersteigen die Einkünfte den **147** Betrag von 256 €, sind sie voll zu versteuern. Nach wohl hM sind Einkünfte aus mehreren Leistungsgeschäften iSv § 22 Nr 3 zu addieren bzw zu saldieren (*KSM* § 22 Rz E 110).

9. ABC der sonstigen Leistungen (s auch EStH 22.8). **150**
Abtretung eines Anspruchs aus Mietverhältnis (BFH IX R 10/11 BFH/NV 13, 715).
Andienungsrecht wie Vorkaufsrecht (s dort; BFH VI R 4/05 BStBl II 08, 826).
Auskehrung bei Stiftungsauflösung kein Leistungsentgelt (BFH VIII R 30/15 BFH/NV 18, 857).
Auslobung s „Belohnungen".

Avalprovisionen (auch für Dritte) sind stbar, nach § 22 Nr 3 oder ggf nach § 22 Nr 1 (BFH IX R 35/13 BStBl II 15, 795; *Tauser/Keller* BB 15, 2135).

Belastungen. – *(1)* **Beispiele für von § 22 Nr 3 erfasste Belastungen im Nutzungsbereich** (s auch Rz 136, 137): „Veräußerung" einer Kiesgrube uä Bodenschätze (BFH GrS 1/05 BStBl II 07, 508); Ausbeutevertrag ausnahmsweise Kaufvertrag (BFH IX R 64/98 BFH/NV 03, 1175), Kaufvertrag über Quellengrundstück als unbefristetes *Wasserentnahmerecht* (BFH VI 331/64 BStBl II 68, 30); weitere Beispiele *Schmidt* 27. Aufl § 22 Rz 150. Sonstige Belastungen s „Patent", „Risikogeschäfte", „Verzicht" unter a), „Vorkaufsrecht". – *(2)* **Beispiele für (nicht stbare) Belastungen im Vermögensbereich** s „Veräußerung", „Verzicht". Kaufvertrag nur bei einmaliger Lieferung begrenzter Menge (BFH IV R 19/79 BStBl II 83, 203).

Belohnungen können unter § 22 Nr 3 fallen, wenn sie als Gegenleistung für eine Leistung (Rz 131 f) gezahlt werden. Nicht stbar sind Belohnungen für Hinweise zur Ergreifung eines Straftäters auf Grund zufälliger Wahrnehmungen, *Finderlohn* oä; Leistungen, bei denen die Leistungsverpflichtung unabhängig von der Gegenleistung besteht (§ 965 BGB). Anders kann es sein, wenn zeit- und kostenaufwändige Nachforschungen angestellt werden (Polizeispitzel, § 15 oder § 22 Nr 3). Ebenso im Falle der *Auslobung* (§ 657 BGB), da hier die Belohnung für eine bestimmte Handlung versprochen wird.

Berufsaktionär. Die iZm entspr Aktivitäten erzielten Einnahmen fallen zumindest unter § 22 Nr 3.

Beschlagnahme s Rz 133.

Bestechungsgelder s „Schmiergelder".

Bindungsentschädigung ist stbar (FG Hess EFG 10, 863); nicht veräußerungsähnl (Rz 131).

Break-Fee ist kein Leistungsentgelt, da keine Möglichkeit der Leistungsbeeinflussung besteht (BFH IX R 18/17 BStBl II 18, 531); mE reicht bereits Stillhalten (s Rz 131).

Bürgschaft s „Risikogeschäfte".

Darlehen. Vermittlungsgebühr und Entgelt für Sachdarlehen: uU § 22 Nr 3.

Diebstahlserträge s Rz 133 (kein § 22 Nr 3).

Differenzgeschäfte/Devisentermingeschäfte. Private Erträge waren bisher mangels Leistungsaustausch nicht stbar (BFH VIII R 5/02 BStBl II 05, 739); nunmehr § 20 Rz 165 ff.

Dirnenlohn s „Prostitution" und „Zuhälterei".

Duldung s „Belastung", „Verzicht" und Rz 131.

Enteignung/enteignungsgleiche Eingriffe. Sie fallen auch bei formaler Zustimmung nicht unter § 22 Nr 3 (Rz 133, BFH X R 64/92 BStBl II 95, 640).

Entschädigung/Schadenersatz für Eingriffe in das Eigentumsrecht fallen nicht unter § 22 Nr 3 (Rz 133; FG Mchn EFG 04, 1120 und FG Ddorf 7 K 3460/14 E, zu Entschädigung wegen Verkehrs-/Fluglärms: ,veräußerungsähnl', mE keine Leistung; Rz 131); wohl aber Entschädigung für naturschutzrechtl Ausgleichsflächen („Nicht-Nutzungsentschädigung" (FG Mster EFG 09, 577; **aA** *Fuchs/Lieber* FR 05, 285); ebenso Nutzungsentschädigung (Rz 140); s „Verzicht". – Ersatz für Wertverlust/Beschädigung durch angrenzende Bebauung ist mE nicht stbar (**aA** BFH IX R 36/07 BFH/NV 08, 1657); zum WK-Abzug s Rz 145. – Entschädigung an ehrenamtl Richter für Zeitverlust nicht stbar, anders für Verdienstausfall (BFH IX R 10/16 BStBl II 18, 571). – Eine einmalige Entschädigung für Gestattung der Überspannung eines Grundstücks soll nicht stbar sein, da nicht Nutzung (keine Leistung), sondern dingl Belastung vergütet wird (BFH IX R

Einkünfte aus Leistungen

31/16 BStBl II 18, 759; Rz 136). – Ebenso werden Entschädigungen für Heimerziehungsopfer (*OFD Rhl* BeckVerw 263747) oder für andere Verletzungen persönl Art nicht von § 22 Nr 3 erfasst. – Keine StBarkeit (nach § 24 Nr 1a) einer als „Verdienstausfall" bezeichneten Versicherungsleistung bei einem 12-jährigen Verkehrsunfallopfer (BFH IX R 15/19 DStR 20, 2368).

Erfolgsbeteiligung am Prozessausgang (BFH IX R 47/07 BFH/NV 08, 2001; FG Nds EFG 06, 272); mE mit Normzweck (Rz 131) vereinbar.

Erpressung. Das kassierte Lösegeld fällt unter § 22 Nr 3 (FG Mster EFG 66, 409). Rückzahlung s Rz 143.

Finderlohn s „Belohnungen".

Fussballschiedsrichter erbringen sonstige Leistungen (*OFD Ffm* BeckVerw 260180).

Grundschuldrealisierung durch Versteigerung nicht stbar (BFH VIII R 28/09 BStBl II 12, 496).

Informationsweitergabe fällt unter § 22 Nr 3 (BFH IX R 53/02 BStBl II 05, 167; FG Nbg EFG 16, 198); auch Whistleblower-Prämie (BFH IX B 22/16 BFH/NV 16, 1013).

Kaufvertrag als Nutzungsüberlassung s unter „Belastungen" unter b).

Kick-Back-Zahlungen (Provisions-Beteiligung) sind Bestechungsgelder (BGH 5 StR 299/03 BFH/NV-Beilage 05, 127; iEinz *Witte/Hillebrand* DStR 09, 1759).

Know-how s „Patente" und oben Rz 136, 137; § 49 Rz 125 (zu § 49 I Nr 9).

Leihgeschäfte sind bei Entgelt „Vermietung" oder „Darlehen".

Lösegeld s „Erpressung".

Lotteriegewinne s „Spielgewinne".

Meisterbriefüberlassung gegen Entgelt (FG Mster EFG 13, 1345).

Mieterabfindungen. Die Aufgabe des Mietrechts liegt beim Mieter grds im nicht stbaren Vermögensbereich (BFH IX R 89/95 BFH/NV 00, 423; oben Rz 137). Dadurch ist nicht ausgeschlossen, dass Mieter stpfl Abfindungen beziehen, zB für Weitervermittlung der Wohnung, Vorschlag eines Nach-Mieters oder Ausfall von Einnahmen (s „Verzicht").

Mitnahmevergütung. Die Vergütung für die Mitnahme im PKW fällt unter § 22 Nr 3 (BFH X R 58/91 BStBl II 94, 516 mit fragl WK-Aufteilung, s *Paus* FR 94, 741; *Schmidt-Liebig* FR 95, 100 zu gelegentl entgeltl Mitnahme).

Nachteilsausgleich muss ggf für Gegenleistung gezahlt worden sein (BFH IX R 28/16 BStBl II 18, 86).

Nießbrauch. Ablösungszahlungen liegen entgegen *BMF* BStBl I 84, 561 Rz 35, 43 im Vermögensbereich (s *BMF* BStBl I 13, 1184 Rz 58 und 64).

Option s „Risikogeschäfte", „Vorkaufsrecht", „Differenzgeschäfte"; § 20 Rz 165.

Patente (uä Schutzrechte). – **a) Veräußerung** (soweit rechtl mögl) liegt im Vermögensbereich (BFH XI R 26/02 BStBl II 04, 218). Jedes Patent ist ein selbstständig veräußerbares WG (BFH XI R 26/02 BStBl II 04, 218). Veräußerung durch den freiberufl Erfinder selbst fällt unter § 18 (vgl BFH IV 291/64 BStBl III 67, 310). Alleinvertriebsrecht s BFH I R 130/84 BStBl II 89, 101. – **b) Bestellung von Verwertungsrechten** liegt idR im Nutzungsbereich (s § 21 I Nr 3, § 49 I Nr 6, 9).

Beispiele: Lizenzen (BFH III B 9/87 BStBl II 88, 537 mwN), *Verlagsrechte* (BFH I R 163/77 BStBl II 79, 757), *Warenzeichenrechte* bzw ab 1995 Markenrechte (BGBl I 95, 3082). **Ausnahmen:** Vermögensübertragung mit Ausschluss der Rückübertragung (s Rz 139); Erschöpfung des wirtschaftl Werts während der Nutzungsdauer (vgl „Belastung" unter b) und Rz 136 f).

Pensionsgeschäfte im Privatbereich (zB mit Edelmetallen) führen als Sachdarlehen beim Pensionsgeber zu sonstigen (einaktig zu ermittelnden) Einkünften (BFH IX R 20/19 BStBl II 21, 687).

Pfandflaschen s „Tätigkeitsvergütungen".

Pflegegeld, das nicht nach § 3 Nr 1a, Nr 11 stfrei ist, kann nach § 15, § 18 oder § 19 stpfl sein. Gelegentl Pflegeleistungen werden idR nicht um des Entgelts willen, sondern aus sittl Verpflichtung erbracht und sind dann nicht nach § 22 Nr 3 stpfl (BFH IX R 88/95 BStBl II 99, 776; fragl ob mit BFH IX R 13/02 BStBl II 05, 44 vereinbar. S auch § 3 Nr 36 „Pflegeversicherung"); zu (Kinder-)Tagespflege *BMF* BStBl I 08, 17.

Pflichtteilsverzicht. Zahlungen der Eltern an Kind sind (wegen Veräußerungsähnlichkeit: Aufgabe einer Rechtsposition) nicht stbar (BFH VIII R 43/06 BStBl II 10, 818).

Preise (s auch „Belohnung" und Rz 133). – *(1)* **Grundsatz.** Preise können in den Einkünftebereich fallen, wenn sie nicht als persönl Ehrung in Anerkennung des Lebenswerkes oder einer bestimmten Forschungstätigkeit, sondern für eine konkrete Einzelleistung, wie zB die Herstellung eines Films, verliehen werden (*Marx* DStZ 14, 282, unter IV.1.: „marktmäßige Austauschbeziehung"). Selbst dann kann es an einem Synallagma fehlen. Vielfach hat das Entgelt Nähe zu einer anderen Einkunftsart (vgl § 4 Rz 460 „Preise"; FG Nbg EFG 14, 1187: § 19). – *(2)* **Sportliche Veranstaltungen.** Gewinnpreise sind bei Amateuren idR nicht stbar (vgl § 19 Rz 35, § 49 Rz 39; *Enneking/Denk* DStR 96, 450; Fußballer s BMF DStR 92, 682 und *FM SachsAnh* DStR 92, 822). Bei hohen Gewinnchancen und Wiederholungsabsicht kann eine wirtschaftl Leistung iSv Rz 132 anzunehmen sein. – *(3)* **Wissenschaftliche Preise** können ,vorweggenommene Einnahmen' sein (so *Krumm* FR 15, 639). – *(4)* **Gelegentliche Teilnahme an Rundfunk-/Fernsehquiz** ist keine Leistung iSv § 22 Nr 3 (*Moser* FR 19, 508; *Fischer* BB 19, 2071). Anders verhält es sich – *(a)* bei Entgelt für schauspielerische Leistung (BFH IX R 39/06 BStBl II 08, 469 – Fernseh-Preisgelder; einschr *BMF* BStBl I 08, 645); – *(b)* bei Dauerpräsenz (zB „Big Brother", „Die Farm"; BFH IX R 6/10 BStBl II 12, 581; BFH IX B 22/14 BFH/NV 14, 1540; Rz 131) oder – *(c)* bei „Helfer-Dokus" (Renovierungsleistungen iRd der Fernsehshow „Zuhause im Glück"; FG Köln EFG 19, 895). – *(5)* **Gewinne aus Preisausschreiben** sind idR kein Entgelt für eine Leistung. Ausnahme: Entwurf eines Markenzeichens, eines Werbeslogans, einer Filmmusik; zu (betriebl) Losgewinnen s BFH X R 25/07 BStBl II 10, 550. – *(6)* **Leistungen,** die ein **Schutzrecht** begründen, können unter § 22 Nr 3 fallen.

Probandenhonorare beruhen auf Leistungen (FG RhPf EFG 21, 1103, rkr).

Prostitution. Dirnenlohn fällt unter § 15 (BFH GrS 1/12 BStBl II 13, 441 (**aA** früher BFH VI R 164/68 BStBl II 70, 620). Das schließt unselbstständige Tätigkeit in Bordellen oÄ nicht aus. S auch § 15 Rz 45.

Provisionen s „Vermittlung".

Prozesskostenbeteiligung kann bei Prozesserfolg zum Empfang einer sonstigen Leistung führen (BFH IX R 33/07 BFH/NV 09, 1253).

Renovierungsleistungen s „Preise".

Rettungsdienste s Rz 133; *OFD Nds* BeckVerw 287968 (Wasserwacht: § 22 Nr 3).

Reugeld wegen Rücktritt vom Vertrag kein § 22 Nr 3 (BFH IX R 32/04 BStBl II 07, 44; s „Vorkaufsrecht"); bloße Folgevereinbarung eines nicht stbaren Grundstückskaufs.

Risikogeschäfte gegen Entgelt. – *(1)* **Besteuerung des Entgelts** ist umstritten. Die Verwaltung wendet § 22 Nr 3 an (zB BMF BStBl I 01, 986); die Rspr hat das zR bestätigt. *Beispiele:* Option aus Börsentermingeschäften (BFH IX R 46/12

BFH/NV 14, 1025; weitere Beispiele *Schmidt* 27. Aufl § 22 Rz 150 und *Schmidt* 36. Aufl § 22 Rz 150), Grundstücksbelastung mit Hypothek für fremde Schuld. Es handelt sich um eine Art der Vermögensnutzung. Der StPfl nimmt das Verlustrisiko um des Entgelts willen in Kauf (vgl auch BFH I R 61/96 BStBl II 98, 270). Hier liegt der Unterschied zum „Spiel-, Wett-, Lotteriegewinn". – *(2)* **Vermögensverluste** sind idR keine WK (s Rz 145). Dieser Grundsatz wird folgerichtig auf Risikogeschäfte angewandt (zu Optionsverlusten BFH X R 197/87 BStBl II 91, 300; *BMF* BStBl I 01, 986 Rz 25, 27; zu Bürgschaftsverlusten FG Bln EFG 01, 821). Ein erhöhtes Risiko mag sich in einer höheren Gegenleistung niederschlagen; es führt jedoch auch bei § 22 Nr 3 nicht dazu, dass der Vermögensverlust den Charakter von WK annimmt.

Schadenersatz s „Entschädigung".

Schenkungen iRe Schenkkreises können unter Nr 3 fallen (FG Mster EFG 10, 1691).

Schmiergelder/Bestechungsgelder (auch für illegales Tun oder Unterlassen) können unter § 22 Nr 3 fallen (BFH IX R 26/14 BStBl II 15, 1019 mwN; § 40 AO). Zu Rückzahlung s Rz 143, zu Weiterleitung an Geschädigten s Rz 145.

Schöffenentschädigung nicht stbar (*Pfab/Schießl* FR 11, 795).

Spielgewinne (auch Sport-, Wett-, Lotteriegewinne) werden grds nicht besteuert, da es am Verhältnis Leistung/Gegenleistung fehlt (Rz 133). Bei Berufs- und Falschspielern mE zweifelhaft (grds *Krey,* Besteuerung sonstiger Leistungen, Diss 2011: für Unterscheidung von Glücks-/Geschicklichkeitsspielen); zu (Turnier-) Pokerspiel BFH X R 34/16 BFH/NV 19, 686: gewerbl (dazu *Reddig* jurisPR-StR 24/19 Anm 2). – S „Preise", „Risikogeschäfte", „Differenzgeschäft".

Stillhalteprämien s § 20 Rz 141. – Zur Besteuerung nach altem Recht FG Hbg EFG 09, 34; BFH I R 38/12 BFH/NV 16, 378.

Stipendien sind grds nicht nach § 22 Nr 3 stbar (*Betz/Stiegler* IStR 16, 850; *Reddig* jurisPR-StR 9/21 Anm 3; oben Rz 133); so auch für das sog Thüringen-Stipendium (Verbesserung der ambulanten ärztlichen Versorgung) BFH IX R 33/18 BStBl II 21, 488; **aA** FG Nbg EFG 21, 25, Rev X R 21/20, für ein Promotionsstipendium).

Streikunterstützung ist nicht nach § 22 Nr 3 stbar (BFH X R 161/88 BStBl II 91, 337); zu § 22 Nr 1 s Rz 50.

Tätigkeitsvergütungen (Rz 132). § 22 Nr 3 erfasst zB das Entgelt für den gelegentl Auftritt eines *Amateurmusikers,* die Veröffentlichung eines *Reiseberichtes* oder von Memoiren, für ein Privatinterview (einschließl „Verzicht"), Tätigkeit als vermeintl Hoferbe (BFH VI R 50/05 BStBl II 08, 868); eine sonst nicht stpfl *Werbetätigkeit, die Beihilfe zu einer Straftat,* Abgeordnetenbezüge über § 22 Nr 4 hinaus (Rz 162), Schiedsrichterspesen (*OFD Bln* FR 96, 433), Turnierrichter (FG Nbg EFG 15, 1425), Testhonorare. ME keine Leistung ist die Teilnahme an einer Qualifizierungsmaßnahme (**aA** FG Thür EFG 06, 1493), die entspr Alimentation keine Vergütung. Vgl „Belohnung", „Erpressung", „Mitnahmevergütung", „Preise", „Prostitution"; „Schmiergelder", „Vermittlung", „Verzicht", „Weitergabe", „Zuhälterei". Zu *Betreuerentschädigung* gem § 1835a BGB s *OFD Nds* BeckVerw 252504; § 18 Rz 141.

Telefonsex s „Prostitution" (idR § 15).

Testamentsvollstreckung. Die nur gelegentl oder einmalige Testamentsvollstreckung, die nicht unter § 18 I Nr 3 fällt (§ 18 Rz 140), dürfte unter § 22 Nr 3 fallen (Rz 131, 134; BFH XI B 64/05 BFH/NV 06, 1331; *Feiter* DStR 06, 484).

Tipps s „Informationsweitergabe".

Unterlassung s „Belastung", „Verzicht" und Rz 131.

Unterschlagung; Untreue. Nicht § 22 Nr 3, s Rz 133.

Veräußerungsvorgänge. § 22 Nr 3 erfasst weder Veräußerungen noch veräußerungsähnl Vorgänge. Die entgeltl Übertragung eines WG auf eine dritte Person fällt unter § 22 Nr 2, 23 (BFH IX R 20/05 BFH/NV 06, 1079; s Rz 132, 136, § 23 Rz 12); **veräußerungsähnl Vorgänge** sind Vermögenseinbußen, die nicht im Nutzungsbereich liegen und bei denen kein WG auf Dritte übertragen wird (BFH IX R 46/15 BFH/NV 17, 1030).

Beispiele: Entschädigung für *Vermögensverluste* und lfd *Aufwendungen* (s „Mieterabfindung", „Verzicht" c); entgeltl Erbverzicht (s BFH X R 132/95 BStBl II 00, 82); Verzicht auf Anteilsübertragung (BFH IX R 35/12 BStBl II 13, 578). – Zustimmung eines GbR-Ges'ters zur Veräußerung keine sonstige Leistung (BFH IX R 19/07 BFH/NV 08, 1820).

Vermietung beweglicher Gegenstände fällt im PV grds nicht unter § 21, sondern unter § 22 Nr 3. *Beispiel:* Vermietung des Privat-PKW/Wohnwagens für Urlaubsfahrten (BFH XI R 44/95 BStBl II 98, 774); Wohnmobilvermietung (BFH IX R 60/03 BFH/NV 05, 327); „Container-Leasing" (FG BaWü EFG 10, 486; *OFD Ffm* BeckVerw 150296). *Ausnahmen* (außer § 15): § 21 I Nr 1 erfasst nicht nur im Schiffsregister erfasste Schiffe, sondern auch in Luftfahrzeugrolle eingetragene Flugzeuge (BFH IX R 71/96 BStBl II 00, 467; *Höhmann* DStR 97, 601: Abgrenzung zu § 15; zu nicht registrierten Seeschiffen s *Delp* Inf 93, 532).

Vermittlungsprovisionen fallen unter § 22 Nr 3, zB gelegentl Vermittlung einer Wohnung, eines Auftrags, einer Mitgliedschaft (BFH IX R 1/06 BFH/NV 07, 2263) oder eines „Darlehens", Grundstückskaufs, Anteilsveräußerung, abhängig von eigenständiger Bedeutung (BFH IX R 97/07 BFH/NV 09, 9). Auch Provisionen für **eigene Vertragsabschlüsse** als Versicherungsvertreter („Eigenprovision") werden von § 22 Nr 3 erfasst (BFH X R 94/96 BStBl II 98, 619). Nicht erfasst wird mangels Vermittlungstätigkeit die an den Versicherungsnehmer selbst „weitergeleitete Provision" (BFH IX R 23/03 BStBl II 06, 248) oder der (als Provision deklarierte) AK-Rückfluss (BFH IX R 46/03 BStBl II 04, 1046). – Zu kreuzweiser Vermittlung als sonstige Leistung BFH IX R 25/05 BFH/NV 07, 657; ähnl zu ringweiser Vermittlung BFH IX R 29/08 BFH/NV 10, 195 (kein WK-Abzug der weitergeleteten Provision; Einkommensverwendung). – Bei ringweiser **Vermittlung** von LV ist die vereinnahmte Provision um den weitergeleiteten Betrag als WK zu mindern (BFH IX R 29/08 BFH/NV 10, 195).

Vermögensverluste s „Risikogeschäfte" und oben Rz 145.

Verzicht. – *(1)* Nach **§ 22 Nr 3 steuerbare Einkünfte im Nutzungsbereich** bei Verzicht auf: – *Nachbarrechte* (BFH X R 124/94 BStBl II 98, 133; zur Abgrenzung vom Vermögensverlust s jedoch BFH IX R 96/97 BStBl II 01, 391: betr Verzicht auf altrechtl Dienstbarkeit; – *Mindestabstand des Nachbargebäudes von der Grundstücksgrenze* (BFH VIII R 97/73 BStBl II 77, 26), – *Widerspruch gegen Lärm-, Geruchs- und Sichtbelästigungen,* auch wenn der Unterlassungsanspruch str ist (BFH 14.12.76 VIII R 162/74, nv; zu Aufteilung Rz 140; FG Mster EFG 03, 1090), – Durchführung einer *Bürgerinitiative* (BFH IX R 183/84 BStBl II 86, 890), – *Widerspruchsrecht gegen die Eintragung eines ähnl Warenzeichens* (BFH VIII R 34/78 BStBl II 80, 114), – *Veräußerung eines WG oder eine bestimmte Art der Nutzung* (zB keine Bebauung, keine Nutzung für gewerbl Zwecke, BFH VIII R 167/71 BStBl II 76, 62), – *künftig entgehende Einnahmen* (§ 24 Nr 1a, BFH I R 151/78 BStBl II 82, 566, unter 2), – auf *Vorkaufsrecht* (BFH VI R 4/05 BStBl II 08, 826). – Der Verzicht auf Wohnnutzung soll veräußerungsähnl sein (FG Mchn EFG 07, 1603; mE nicht zwingend). – *(2)* Im **Tätigkeitsbereich** kann Verzichtsentgelt unter § 22 Nr 3 fallen, zB Verzicht auf Ausübung einer bestimmten Tätigkeit, eines Wettbewerbs oÄ (BFH IX R 65/10 BFH/NV 13, 1085: Verzicht auf *„Stören eines Börsengangs");* auf Energieeinspeisung (FG SchlHol EFG 20, 449, Rev VIII R 2/20), auf Fortführung einer Klage (FG Köln EFG 15, 1540 – „räuberischer Aktionär"; BFH IX R 44/14 BStBl II 18, 323 – Berufskläger); *Poolvereinbarung* (BFH IX R 46/15 BFH/NV 17,

1030). – *(3)* **Im Vermögensbereich** ist das Entgelt für den Verzicht nicht stbar. Beispiele: Verzicht auf *Wohnrecht* (BFH I 343/62 HFR 65, 539), auf Verkaufsrecht, auf *Rückkaufsanspruch* (BFH VIII R 72/76 BStBl II 79, 298), auf Darlehensrückzahlung (BFH IX R 32/19 DStR 21, 527), auf *Erbrecht* oder erbrechtl Zahlungsansprüche (BFH X R 132/95 BStBl II 00, 82), auf *Nachbarrechte* (BFH IX R 63/02 BStBl II 04, 874); auf „Vorkaufsrecht"; vgl auch BFH IX R 116/82 BFH/NV 88, 433 zu Bausperre; auf Ausübung eines Veräußerungs-Vetorechts.

Vorkaufsrecht. – *(1)* Entgelt **für Bestellung** ist Ausfluss des Eigentumsrechts im Nutzungsbereich; § 22 Nr 3 ist unabhängig davon anzuwenden, ob das Recht ausgeübt wird (BFH I R 290/81 BStBl II 85, 264; *Heuer* StuW 92, 313). Wird das Entgelt auf späteren Kaufpreis angerechnet, entfällt § 22 Nr 3 rückwirkend (BFH X R 42/91 BStBl II 95, 57: § 175 I 1 Nr 2 AO). – *(2)* **Verzicht auf Übertragung** des erworbenen Rechts gegen Entgelt liegt im Vermögensbereich, da sich der Vermögenswert auf das Vorkaufsrecht beschränkt (BFH VIII R 72/76 BStBl II 79, 298).

Wertpapierleihgebühren stellt der Verleiher in Rechnung (s § 5 Rz 270).

Wettbewerbsabrede kann (bei eigenständiger Bedeutung) sonstige Leistung sein (BFH X R 61/06 BFH/NV 08, 1491); Wettbewerbsverbot s „Verzicht" unter b) (uU § 22 Nr 3).

Wettgewinne s „Spielgewinne".

Zufallserfindung. Das entspr Entgelt beruht mE auf keiner Leistung iSd § 22 Nr 3 (s Rz 131). – Der Erlös aus der Veräußerung einer Zufallserfindung ist ebenfalls nicht nach § 22 Nr 2 oder Nr 3 stbar (BFH XI R 26/02 BStBl II 04, 218; ferner *Marx* DB 17, 2313).

Zusage zu weiterer Mitarbeit soll keine Leistung sein, zumindest wenn „unverbrieft" (BFH VIII B 26/06 BFH/NV 07, 1113).

V. Abgeordnetenbezüge, § 22 Nr 4

Schrifttum: *Stalbold* Die stfreie Kostenpauschale …, 2004. – *Drysch,* Die stfreie Kostenpauschale …, DStR 08, 1217; *Desens,* Steuerprivilegien für Abgeordnete verfassungsrechtl nicht angreifbar? DStR 09, 727.

1. Ursprung. Die Vorschrift geht auf das *„Diäten-Urt"* des BVerfG zurück (BVerfG 2 BvR 193/74 BVerfGE 40, 296; *KSM* § 22 Rz F 10).

2. Persönlicher Geltungsbereich. Erfasst werden **Bundestagsabgeordnete, Landtagsabgeordnete,** Abgeordnete des **Europaparlaments;** nicht hingegen **ehrenamtl Mitglieder kommunaler Vertretungen** (sie erzielen selbstständige Einkünfte iSv § 18 I Nr 3, vgl zu Bürgermeister in NRW BFH IV R 41/85 BStBl II 88, 266; s auch Rz 163) sowie **kommunale Wahlbeamte,** wie Landräte, Bürgermeister als Verwaltungsspitze, berufsmäßige Gemeinderatsmitglieder (ArbN). Steuerfreiheit von Aufwandsentschädigungen und Reisekostenvergütungen dieser Personen s § 3 Nr 12, 13.

3. Sachlicher Geltungsbereich. Nur die nach einem Abgeordnetengesetz iSv Rz 161 gezahlten Bezüge (iEinz Nr 4 S 1) sind Einkünfte iSv § 22 (FG Köln EFG 01, 497). Nach diesen Gesetzen gezahlte Aufwandsentschädigungen sind gem § 3 Nr 12 stfrei. Die Regelung ist verfassungswidrig (*KSM* § 22 Rz F 41); keine Übertragung auf andere StPfl (BVerfG 2 BvR 2227/08 DStRE 10, 1058; BFH X R 43/05 BFH/NV 11, 772; FG Nds EFG 19, 912, NZB VIII B 42/19). Die Besteuerung der übrigen Einkünfte eines Abgeordneten (als Beamter, Rechtsanwalt oÄ) ändert sich nicht. Sonstige iZm der parlamentarischen Tätigkeit gezahlte Bezüge können unter § 22 Nr 1 S 1, S 3 Buchst a oder Nr 3 fallen (allg *Lohr* DStR 97, 1230; glA FG Bln DStRE 02, 1168: zusätzl Funktionsentgelt; zur Abfindung beim Ausscheiden; *OFD Hann* FR 94, 376 – und BVerfG 1 BvR 224/89 HFR 93, 127 –

zu § 34 III; *BMF* DB 05, 1658 zu EU-Parlamentarier-Altersversorgung). Wahlkampfzuschüsse sind nicht stbar (glA *Bö* FR 83, 115). – Auf Versorgungsbezüge wird der Versorgungsfreibetrag gewährt (§ 19 II; § 22 Nr 4 S 4 Buchst b); weiterhin statuiert Nr 4 S 4 die entspr Geltung von § 3 Nr 62, § 34 I, § 34c I.

163 **4. Werbungskosten.** § 22 Nr 4 S 2 schließt – über § 3c hinausgehend – *alle* durch das Mandat veranlassten Aufwendungen vom Abzug als WK aus (BFH IV R 41/85 BStBl II 88, 266; FG Nds EFG 01, 1048). **Partei- und Fraktionsbeiträge** sind SA, § 10b II, keine WK (BFH IX R 255/87 BStBl II 88, 435; BVerfG 1 BvR 614/18 HFR 88, 532). **Wahlkampfkosten** sind gem S 3 nicht als WK absetzbar (BFH X B 212/92 BFH/NV 94, 175); das gilt auch für eine erfolglose Bewerbung oder für Nachrücker (BFH IX R 32/17 BStBl II 20, 389). Für hauptamtl kommunale Wahlbeamte (Rz 161) gilt BFH VI R 198/71 BStBl II 74, 407 weiter (WK/BA trotz § 12, so BFH IV R 15/95 BStBl II 96, 431). – Aufwendungen für Durchführung des Wahlprüfungsverfahrens sind WK (FG BBg EFG 12, 1725).

164 **5. Anwendbare Vorschriften.** § 22 Nr 4 S 4 soll die Besteuerung der Abgeordnetenbezüge der des ArbLohns anpassen: **Buchst a** lässt ab 1987 die gesamten gesetzl Sozialversicherungs-Nachversicherungsbeiträge, ab 1995 auch Pflegeversicherungszuschüsse stfrei (§ 3 Nr 62). Änderungen ab 1993 bei der Vorwegabzugskürzung. § 10c ist nicht anwendbar. – **Buchst b** stellt sicher, dass nur der Versorgungsfreibetrag nach Maßgabe des § 19 II 3 berücksichtigt wird (BT-Drs 15/2150, 42). – Nach **Buchst c** ist auf Übergangsgeld/Versorgungsabfindung § 34 I anwendbar. – **Buchst d** enthält die aufgrund des neuen Abgeordnetenstatuts des Europäischen Parlaments erforderl Regelungen für Bezüge aus dem Haushalt der EU und zur Anrechnung der von der EU auf diese Einkünfte erhobenen GemeinschaftsSt (FinA BT-Drs 16/11108, 21).

VI. Leistungen aus Altersvorsorgeverträgen und betriebliche Altersversorgung, § 22 Nr 5

Schrifttum (Auswahl; s Vorauflagen): *Myßen/Adam ua* [vor Rz 1] Rn 1621 ff. – *Dommermuth*, Die Eigenheimrente, DStR 10, 1816; *Weber-Grellet*, Rentenbesteuerung im Lichte der neueren BFH-Rspr, DStR 12, 1253; *Jörißen*, Die Besteuerung von Leistungen aus der privaten Altersvorsorge und der betriebl Altersversorgung nach § 22 Nr 5 EStG, StBW 15, 382.

Verwaltung (ältere Erlasse s Vorauflagen): *BMF* BStBl I 12, 238 (Anhebung der Altersgrenzen); *BMF* BStBl I 12, 311 (Aufteilung von Leistungen); *BMF* BStBl I 18, 93 Rz 126–194 (steuerl Förderung der privaten Altersvorsorge und der betriebl Altersversorgung; zu § 22 Nr 5; Aufhebung von *BMF* BStBl I 13, 1022 und *BMF* BStBl I 14, 97); *BMF* BStBl I 19, 978 (Mitteilung).

170 **1. Allgemeines. –** *(1)* **Überblick; Systematik.** Der (durch das JStG 2007, BGBl I 06, 2878 neu gefasste) **§ 22 Nr 5** bestimmt die volle **nachgelagerte Besteuerung** für Leistungen der sog **externen betriebl Altersversorgung** (*Weber-Grellet* LdR 6/153 A III 3 und IV 3/10; *KSM* § 22 Kz G 45), also *(a)* bei (begünstigten) Leistungen aus Altersvorsorgeverträgen iSd § 82 („Riester-Rente") und *(b)* bei Leistungen (Betriebsrenten) aus Pensionsfonds (§ 4e), Pensionskassen (§ 4c) und DirektVers (§ 4b); diese korrespondiert mit der **steuerl Abziehbarkeit** der Beiträge, Zahlungen, Erträge und Wertsteigerungen in der Ansparphase (zum Prinzip s Rz 1; *Niermann/Risthaus* DB Beil 4/08, 55 f), auch bei privater Fortführung (*BMF* BStBl I 18, 93 Rz 126 f); zum Aufbau der Regelung *Myßen/Adam ua* Rn 1646. Der Wortlaut des § 22 Nr 5 enthält keine Beschränkung auf Auszahlungen aus inl Pensionskassen (BFH X R 29/18 BStBl II 21, 675 für „401(k) pension plan"; zur Höhe *Reddig* HFR 21, 645). Auch für die Beurteilung von Auszahlungen muss eine ausl Pensionskasse nach ihrer Struktur und den von ihr im Versorgungsfall zu erbringenden Leistungen auf der Grundlage einer rechtsvergleichenden Qualifizierung mit der Absicherung über eine inl Pensionskasse vergleichbar sein, um unter § 22 Nr 5 zu fallen (BFH VIII R 38/10 BStBl II 16, 657; *Portner* BB 14, 1175). Die Leistungen werden nach Nr 5 S 1 (erst) in der Auszahlungsphase besteuert (BFH X R 41/13 BStBl II 16, 525; *BMF* BStBl I 18, 93 Rz 126; *Myßen* DB 15, 2967); es sei denn, das Altervorsorgevermögen wurde schädl verwendet (*BMF* BStBl I 18, 93 Rz 195). Der Umfang der Besteuerung der Leistungen in der Auszahlungsphase richtet sich danach, ob und inwieweit die Beiträge in der Ansparphase stfrei gestellt (§ 3 Nr 63 und 66), nach § 10a oder §§ 79 ff (SA-Abzug und Altersvorsorgezulage) gefördert worden sind oder durch stfreie Zuwendungen nach § 3 Nr 56 erworben wurden (*BMF* BStBl I 18, 93 Rz 23, 76). – Waren die Beiträge **nicht begünstigt,** gilt Nr 5 S 2 (Rz 172; *KSM* § 22 Rz G 52 und G 65 f). – Liegen den Leistungen geförderte und nicht geförderte Beiträge zugrunde, ist aufzuteilen (*BMF* BStBl I 12, 311; *Weber-Grellet* DStR 12, 1253). – Die Übertragung von Altersvorsorgevermögen auf einen anderen Altersvorsorgevertrag führt grds zu stpfl Zufluss (*BMF* BStBl I 18, 93 Rz 149 ff mit Ausnahmen). – **(2) Abschließende Regelung.** § 22 Nr 5 ist ggü anderen Vorschriften **lex specialis** für Leistungen aus Altersvorsorgeverträgen sowie für Leistungen aus Pensionsfonds, Pensionskassen und DirektVers; die AbgeltungSt findet keine Anwendung (*BMF* BStBl I 18, 93 Rz 126); die steuerrechtl Beurteilung dieser Produkte ist *abschließend* in § 22 Nr 5 geregelt, also Vorrang ggü § 20 I Nr 6, § 2 I InvStG. In der Ansparphase findet kein Zufluss statt (daher auch kein Sparer-Pauschbetrag, § 20 IX); lediglich der WK-Pauschbetrag nach § 9a I 1 Nr 3 kommt einmal zum Ansatz. – **Kein KapEStAbzug** nach §§ 43 ff: In der Ansparphase keine KapErträge, in der Auszahlungsphase Vorrang des § 22 Nr 5 (*BMF* BStBl I 18, 93 Rz 126). – **(3) Verfassungsmäßigkeit.** Die nachgelagerte Besteuerung basiert auf dem Grundsatz der Besteuerung nach der Leistungsfähigkeit (*Weber-Grellet* DStR 12, 1253). Der Leistungsempfänger erwirbt in der Ansparphase mit den geleisteten Altersvorsorgeaufwendungen einen Versicherungsschutz. Erst mit dem Renteneintritt werden die Beitragszahlungen zu einem strechtl relevanten „vermögenswerten Recht". Die späteren Altersbezüge sind zwar beitragsbezogen, enthalten jedoch keine Rückzahlungen von Beiträgen. – **(4) Verlustausgleich.** Negative Einkünfte nach § 22 Nr 5 können mit anderen Einkünften iSd § 22 und positiven Einkünften anderer Einkunftsarten verrechnet werden (*BMF* BStBl I 18, 93 Rz 129). – **(5) Einmalzahlungen.** Eine Kapitalabfindung für eine Kleinbetragsrente aus Altersvorsorgeverträgen fällt unter Nr 5 S 1 (BFH X R 39/17 BStBl II 20, 217). – Bei Leistungen in Form von Teil- bzw. Einmalkapitalauszahlungen handelt es sich um ao Einkünfte iSd § 34 II (vgl BFH X R 23/15 BStBl II 17, 347; FG Mster EFG 21, 214, rkr; FG BBg EFG 21, 275.rkr).

2. Einzelheiten, § 22 Nr 5 S 1–15. – a) Erfasste Leistungen (S 1). Satz 1 **171** erfasst die Leistungen aus Altersvorsorgeverträgen (iSd § 82), aus Pensionsfonds, Pensionskassen und DirektVers **in voller Höhe.** Erfasst werden auch Bonuszahlungen (*BMF* BStBl I 18, 93 Rz 191), gem § 3 Nr 56 geförderte Leistungen (*BMF* BStBl I 18, 93 Rz 76 f, 129), Sterbegeld (BFH X R 38/18 BFH/NV 20, 673); auch Auszahlung des Rückkaufwerts, ggf § 34 (bei außerordentl (atypischer) (Einmal-)Zahlung; BFH X R 24/19 BStBl II 21, 141; BFH X R 7/19 BFH/NV 21, 298). – Für die Einordnung nach § 22 Nr 5 ist unerhebl, ob es sich um Leistungen aus kapitalgedeckten oder umlagefinanzierten Versorgungseinrichtungen handelt (BT-Drs 16/2712, 50) oder ob der Vertrag ganz oder teilweise privat fortgeführt wurde (zB § 1b V 1 Nr 2, § 2 II BetrAVG). Entscheidend ist die tatsächl Freistellung der früheren Beitragsleistungen (BFH X R 23/15 BStBl II 17, 347: „Prinzip des genau einmaligen Steuerzugriffs"; dazu *Intemann* FR 17, 439). – Nicht erfasst werden Rückzahlungen an den ArbG (*LfSt Bay* DStZ 08, 194: BE).

b) Abweichungen vom Grundsatz der (vollen) nachgelagerten Besteue- 172 rung, § 22 Nr 5 S 2 Buchst a–c. *Soweit* die Leistungen auf **nicht geförder-**

ten Beiträgen (dazu *BMF* BStBl I 18, 93 Rz 134 f) beruhen, gilt Folgendes (s auch *HHR* § 22 Rz 497 f): – **(1) Renten.** Leistungen in Form einer lebenslangen Rente oder eine Berufsunfähigkeits-, Erwerbsminderungs- und Hinterbliebenenrente werden grds (nur) mit dem (neuen) Ertragsanteil (§ 22 Nr 1 S 3 Buchst a bb) erfasst (FG Thür EFG 17, 1784, rkr; *HHR* § 22 Rz 301 f; *Rürup/Myßen* vor § 10a Rz 1, 224; *Heubeck/Seybold* DB 07, 592); das gilt auch für eine Unfallrente (*BMF* BStBl I 09, 1275). – **(2) Kapitalauszahlungen.** Bei anderen Leistungen aus Versicherungsverträgen, Pensionsfonds, Pensionskassen und DirektVers treten die Rechtsfolgen des **§ 20 I Nr 6** in der jeweils bei Vertragsschluss geltenden Fassung ein (Rechtsfolgenverweisung; FG Mchn DStRE 17, 135). – **(3) Sonstige Fälle.** In allen anderen Fällen (Altersvorsorgeverträge ohne Versicherungsverträge; daher auch keine Anwendung von § 20 I Nr 6 S 1; zB Teilkapitalauszahlung aus Altersvorsorgevertrag in der Form eines zertifizierten Bank-/Fondssparplans oder Bausparvertrags) ist der Unterschiedsbetrag zw der Leistung und der Summe der Beiträge zu erfassen (FG RhPf EFG 21, 1911, NZB I B 61/21 zu pension plans iSv Sec 401 (k) IRC), ggf hälftig (§ 20 I Nr 6 S 2). – **(4) Altersvorsorgevermögen, § 22 Nr 5 S 3.** Die schädl Verwendung (auch bei Beendigung der Zulageberechtigung; *BMF* BStBl I 18, 93 Rz 195 f, 225) von gefördertem Altersvorsorgevermögen wird wie eine Leistung aus ungeförderten Beiträgen nach S 2 behandelt; daneben sind die Zulagen und die StErmäßigungen zurückzuzahlen (*BMF* BStBl I 18, 93 Rz 216 f). Vom ausgezahlten Vermögen sind die Eigenbeiträge und die Altersvorsorgezulagen abzuziehen (BT-Drs 16/2712, 51; *BMF* BStBl I 18, 93 Rz 225 f). – Bei nachträgl Änderungen der Vertragsbedingungen gilt das Altersvorsorgevermögen als zugeflossen (*BMF* BStBl I 18, 93 Rz 188).

173 Im Einzelnen (nach *BMF* BStBl I 18, 93 Rz 126 ff): der Umfang der Besteuerung in der Auszahlungsphase bestimmt sich danach, inwieweit die Beiträge in der Ansparphase tatsächl stfrei gestellt waren (nach § 3 Nr 56, 63, 66, nach § 10a, nach Abschn XI; zur Abgrenzung geförderter und nicht geförderter Beiträge *BMF* BStBl I 18, 93 Rz 131 f mit Erläut):

(1) **§ 22 Nr 5 S 1.** Leistungen aus Altersvorsorgevertrag iSd § 82, Pensionsfonds, Pensionskasse oder DirektVers, soweit die Leistungen auf gefördertem Kapital beruhen. Die bescheinigten Leistungen unterliegen in vollem Umfang der Besteuerung. Dazu gehören auch Zinsen aus Direktversicherungen (BFH X R 44/18 BFH/NV 21, 1175).

(2) **§ 22 Nr 5 S 1 iVm § 52 Abs 34c aF (in Nr 1 nicht enthalten).** Leistungen aus einem Pensionsfonds, wenn lfd Versorgungsleistungen auf Grund einer Versorgungszusage in Form einer Direktzusage oder aus einer Unterstützungskasse bezogen wurden und die Ansprüche stfrei nach § 3 Nr 66 auf einen Pensionsfonds übertragen wurden. Die bescheinigten Leistungen unterliegen in vollem Umfang der Besteuerung. Das FA gewährt jedoch einen Pauschbetrag für WK nach § 9a S 1 Nr 1 sowie ggf den Versorgungsfreibetrag und den Zuschlag zum Versorgungsfreibetrag nach § 19 II, soweit diese nicht anderweitig aufgebraucht sind (*BMF* BStBl I 18, 93 Rz 321, 345).

(3) **§ 22 Nr 5 S 2 Buchst a iVm § 22 Nr 1 S 3 Buchst aa.** Leistungen aus Pensionsfonds, Pensionskasse oder DirektVers, soweit sie auf nicht gefördertem Kapital beruhen. Der Leistung zu Grunde liegende Versorgungszusage wurde nach dem 31.12.04 erteilt (Neuzusage) und die Voraussetzungen des § 10 I Nr 2 Buchst b werden erfüllt. Die Besteuerung erfolgt nach § 22 Nr 5 S 2 Buchst a iVm § 22 Nr 1 S 3 Buchst a Doppelbuchst aa (Kohorte).

(4) **§ 22 Nr 5 S 2 Buchst a iVm § 22 Nr 1 S 3 Buchst a Doppelbuchst bb.** Lebenslange Leibrente aus einem Altersvorsorgevertrag iSd § 82, einem Pensionsfonds, einer Pensionskasse oder einer DirektVers, soweit sie auf nicht gefördertem Kapital beruht (*BMF* BStBl I 18, 93 Rz 148). Bei der betriebl Altersversorgung wurde die der Leibrente zu Grunde liegende Versorgungszusage vor dem 1.1.05 erteilt (Altzusage; § 10 I Nr 3 Buchst b) oder die Voraussetzungen des § 10 I Nr 2 Buchst b werden nicht erfüllt. Die Rente unterliegt der Besteuerung mit dem Ertragsanteil (§ 22 Nr 5 S 2 Buchst a iVm § 22 Nr 1 S 3 Buchst a Doppelbuchst bb); zur Änderung der Altersgrenze *BMF* BStBl I 21, 1050 Rz 3; *BMF* BStBl I 18, 93 Rz 23.

(5) **§ 22 Nr 5 S 2 Buchst a iVm § 22 Nr 1 S 3 Buchst a Doppelbuchst bb S 5 EStG iVm § 55 II EStDV.** Abgekürzte Leibrente (Berufsunfähigkeits-, Erwerbsminderungs-

und Hinterbliebenenrente; *BMF* BStBl I 21, 1050 Rz 55) aus einem Altersvorsorgevertrag iSd § 82, einem Pensionsfonds, einer Pensionskasse oder einer DirektVers, soweit sie auf nicht gefördertem Kapital beruht. Bei der betriebl Altersversorgung wurde die der abgekürzten Leibrente zu Grunde liegende Versorgungszusage vor dem 1.1.05 erteilt (Altzusage; § 10 I Nr 3 Buchst b) oder die Voraussetzungen des § 10 I Nr 2 Buchst b werden nicht erfüllt. Die abgekürzte Leibrente unterliegt der Besteuerung mit dem Ertragsanteil, der sich aus der Tabelle in § 55 II EStDV ergibt.

(6) § 22 Nr 5 S 2 Buchst b iVm § 20 I Nr 6 ggf iVm § 52 Abs 36 S 5 aF. Andere Leistungen (insb Kapitalauszahlungen) aus einem Altersvorsorgevertrag iSd § 82, einem Pensionsfonds, einer Pensionskasse oder einer DirektVers (Versicherungsvertrag), soweit sie (ausschließl) auf nicht gefördertem Kapital beruhen (BFH X R 29/18 BStBl II 21, 675; *BMF* BStBl I 18, 93 Rz 145; *Myßen/Adam* Rz 1906). Wenn der Versicherungsvertrag, die der Voraussetzungen des § 10 I Nr 2 Buchst b in der am 31.12.04 geltenden Fassung erfüllt, vor dem 1.1.05 abgeschlossen wurde und die Auszahlung vor Ablauf von 12 Jahren seit Vertragsabschluss erfolgt, ist eine stfreie Auszahlung mögl (BFH X R 21/16 BStBl 19, 157). Wenn der Versicherungsvertrag nach dem 31.12.04 abgeschlossen wurde, enthält die Mitteilung den Unterschiedsbetrag zw der Versicherungsleistung und der Summe der auf sie entrichteten Beiträge oder – wenn die Auszahlung erst nach Vollendung des 60. Lebensjahrs erfolgt und der Vertrag im Zeitpunkt der Auszahlung mindestens 12 Jahre bestanden hat – die Hälfte dieses Unterschiedsbetrags. Der bescheinigte Betrag unterliegt in diesem Umfang der Besteuerung.

(7) § 22 Nr 5 S 2 Buchst c. Bescheinigt werden die auf nicht gefördertem Kapital beruhenden Leistungen, die nicht bereits nach § 22 Nr 5 S 2 Buchst a oder b erfasst werden (zB Leistungen, die auf ungefördertem Kapital beruhen, aus zertifizierten Bank- oder Investmentfondssparplänen; *BMF* BStBl I 18, 93 Rz 146). Hierbei ist der Unterschiedsbetrag zw den Leistungen und der Summe der auf sie entrichteten Beiträge anzusetzen. Wenn älter als 60 Jahre und Bestand des Vertrags mehr als 12 Jahre, wie *(6)*.

(8) § 22 Nr 5 S 3 (Altersvorsorgevermögen). S *BMF* BStBl I 18, 93 Rz 225 f; *(a)* iVm S 2 Buchst a iVm § 22 Nr 1 S 3 Buchst a Doppelbuchst bb; *(b)* iVm S 2 Buchst a iVm § 22 Nr 1 S 3 Buchst a Doppelbuchst bb S 5 iVm § 55 II EStDV; *(c)* iVm S 2 Buchst b iVm § 20 I Nr 6 ggf iVm § 52 Abs 36 S 5 aF; *(d)* iVm S 2 Buchst c: Das ausgezahlte geförderte Altersvorsorgevermögen (Kapital, das auf nach § 10a oder Abschnitt XI geförderten Altersvorsorgebeiträgen und den gewährten Altersvorsorgezulagen beruht) wurde steuerschädl iSd § 93 I 1 und 2 verwendet. In welchem Umfang eine Besteuerung erfolgt, richtet sich in Anwendung des § 22 Nr 5 S 2 nach der Art der ausgezahlten Leistung; s oben (4)–(7). Als Leistung iSd § 22 Nr 5 S 2 gilt das ausgezahlte geförderte Altersvorsorgevermögen nach Abzug der Zulagen iSd Abschnitts XI.

(9) § 22 Nr 5 S 4. Wird beim sog **Zwischenentnahmemodell** (*BMF* BStBl I 18, 93 Rz 240 ff; *KSM* § 22 Rz G 80; *Myßen/Adam ua* Rn 1934) der Altersvorsorge-Eigenheimbetrag verspätet zurückgezahlt oder die eigene Wohnnutzung aufgegeben, liegt eine steuerschädl Verwendung nach § 92a III oder IV 1 und 2 vor, wenn die Nutzung zu eigenen Wohnzwecken vor der vollständigen Rückzahlung des Altersvorsorge-Eigenheimbetrags endet oder wenn ein Zahlungsrückstand von mehr als 12 Monaten eingetreten ist. Der bescheinigte Betrag setzt sich zusammen aus den Zuwächsen (zB Zinserträge und Kursgewinne), die in dem bei der stschädl Verwendung noch ausstehenden Rückzahlungsbetrag enthalten sind (§ 22 Nr 5 S 4 HS 1) und dem Vorteil, der sich durch die zinslose Nutzung des noch nicht zurückgezahlten Altersvorsorge-Eigenheimbetrags ergibt. Dieser Vorteil wird mit 5 % (Zins und Zinseszins) für jedes volle Kj der Nutzung berechnet (§ 22 Nr 5 S 4 HS 2). Der bescheinigte Betrag unterliegt in diesem Umfang der Besteuerung (lEinz *BMF* BStBl I 18, 93 Rz 176, 178, 240 ff).

(10) § 22 Nr 5 S 5, 6 (Wohn-Riester). Das ist ein staatl Kredit mit jährl Teilauszahlung und Rückzahlung durch Steuern (Förderung der selbstgenutzten Immobilie als Altersvorsorge; iEinz *Dommermuth* DStR 10, 1816); **Besteuerung des Wohnförderungskontos (§ 92a II)** nach **§ 22 Nr 5 S 5, 6** (zum „Wohn-Riester" *Myßen/Adam ua* Rn 1919 f). Das im Wohneigentum gebundene steuerl geförderte **Altersvorsorgekapital** wird nach § 22 Nr 5 nachgelagert besteuert und zu diesem Zweck in einem Wohnförderkonto erfasst (*BMF* BStBl I 18, 93 Rz 167 ff). Die Besteuerung (Entnahme) des geförderten Kapitals für Wohnung, *(a)* Der StPfl kann das Wohnförderkonto in der Auszahlungsphase planmäßig verteilt versteuern; *(b)* er hat auch die Möglichkeit einer einmaligen Besteuerung (§ 22 Nr 5 S 5; Ansatz des Werts des Wohnförderkontos nur zu 70% bei der Ermittlung des zvE; *BMF* BStBl I 18, 93 Rz 180). – *(c)* Falls die Begünstigungsvoraussetzungen (zB die Selbstnutzung) vorzeitig entfallen, ist der noch nicht erfasste Auflösungsbetrag *(aa)* mit dem 1½-fachen (bei Wegfall bis zum 10. Jahr; BT-Drs 16/9670, 6) oder *(bb)* mit dem 1-fachen (bei Wegfall zw dem 10 und dem 20. Jahr zu versteuern („Strafsteuer"); § 22 Nr 5 S 6 *(BMF* BStBl I 18, 93 Rz 181). – Keine Erfassung wegen Tod des Zulageberechtigten (JStG 2010; BR-Drs 318/10, 80).

Beispiel: Ein 42-jähriger Riester-Sparer entnimmt im Jahr 2020 20 000 €. Im Jahr 2040 (mit 62 Jahren) muss er das Geld zzgl 2 % Zinsen versteuern; das Wohngeldkonto beträgt 29 718. – *Lösung: (1)* in (23) Jahresraten (ab 2040 bis zum Alter von 85; § 92a II) à 1292 jährl oder – *(2)* Sofortversteuerung von 20 802 (70 % von 29 718 (= 20 000 Entnahme + 9718 Zinsen); weitere Beispiele *BMF* BStBl I 18, 93 Rz 172 ff).

(11) § 22 **Nr 5 S 7.** S 7 regelt Mitteilungspflichten des Anbieters über den erstmaligen Leistungsbezug nach S 1 und 2, über Änderungen des Leistungsbetrags im Vergleich zum Vorjahr, über den Bezug von Leistungen nach S 3 und 4. Die (ggf auch elektronische) Mitteilung muss (ab 2007) die zugeflossene Leistung den Sätzen 1 bis 3 zuteilen (IEinz *BMF* BStBl I 18, 93 Rz 193; *BMF* BStBl I 19, 978 – Muster). – *(12)* Zur bisherigen Mindestentnahmegrenze s Schmidt 33. Aufl § 22 Rz 128. – *(13)* § **22 Nr 5 S 8.** S 8 stellt (zur Vermeidung von Verwerfungen im Förderverfahren) die Besteuerung der **Provisionserstattung** (ab VZ 2009) beim Anleger als Einkunft nach § 22 Nr 5 sicher (BT-Drs 16/10189, 68/69; *HHR* § 22 Rz 509; *BMF* BStBl I 18, 93 Rz 190). – *(14)* **Einzelheiten.** § 22 Nr 5 S 9 (JStG 10, BR-Drs 318/10, 80) regelt den Verteilungsschlüssel bei VersAusgleich; entspr Anwendung bei § 3 Nr 55, 55e (S 10). § 22 Nr 5 S 11 regelt die Anwendung der §§ 9a, 19 II bei Übertragung auf Pensionsfonds *(BMF* BStBl I 21, 1050 Rz 160; allg s Rz 174), § 22 Nr 5 S 12 den Zeitpunkt des Vertragsabschlusses bei Teilung (zuvor § 52 Abs 34c, 38 S 4). – *(15)* Die S 13 zur Fünftel-Regelung auf § 93 III – Leistungen (Kleinbetragsrenten) anwendbar *(BMF* BStBl I 18, 93 Rz 129; *Plenker* DB 17, 1545; zur alten Rechtslage BFH X R 39/17 BStBl II 20, 217). – *(16)* § 22 Nr 5 S 14 stellt Leistungen ausl Vorsorgeeinrichtungen gleich (Plenker DB 17, 1545; *Myßen/Adam ua* Rn 1646). – *(17)* Mit Neuregelung des § 22 Nr 5 S 15 soll eine doppelte StFreistellung vermieden werden (Teilfreistellung nach § 20 I Nr 6 S 9 nur, wenn auf Fondsebene besteuert wurde; *Myßen/Adam ua* Rn 1646, 1988; *HHR* § 22 Rz J 17–5–7).

174 **3. Werbungskosten; Werbungskosten-Pauschbetrag, § 9a I 1 Nr 3.** Die Beiträge können (im Hinblick auf die anderweitige Förderung) in der Ansparphase nicht als WK abgezogen werden (Rz 170). Schuldzinsen zur Finanzierung der Beiträge können ggf WK sein (Rz 125). – Für als sonstige Bezüge zu versteuernden Leistungen nach § 22 Nr 5 wird ein WK-Pauschbetrag nach § 9a I 1 Nr 3 gewährt, *nicht* hingegen der Pauschbetrag gem § 9a I 1 Nr 1 oder der Versorgungsfreibetrag nach § 19 II. Dies gilt grds auch in Fällen der Übernahme von Direktzusagen/„Anspruch" gegen Unterstützungskassen gem § 3 Nr 66 durch Pensionsfonds.

§ 22a Rentenbezugsmitteilungen an die zentrale Stelle

(1) ¹**Nach Maßgabe des § 93c der Abgabenordnung haben die Träger der gesetzlichen Rentenversicherung, die landwirtschaftliche Alterskasse, die berufsständischen Versorgungseinrichtungen, die Pensionskassen, die Pensionsfonds, die Versicherungsunternehmen, die Unternehmen, die Verträge im Sinne des § 10 Absatz 1 Nummer 2 Buchstabe b anbieten, und die Anbieter im Sinne des § 80 als mitteilungspflichtige Stellen der zentralen Stelle (§ 81) unter Beachtung der im Bundessteuerblatt veröffentlichten Auslegungsvorschriften der Finanzverwaltung folgende Daten zu übermitteln (Rentenbezugsmitteilung):**
1. **die in § 93c Absatz 1 Nummer 2 Buchstabe c der Abgabenordnung genannten Daten mit der Maßgabe, dass der Leistungsempfänger als Steuerpflichtiger gilt.** ²**Eine inländische Anschrift des Leistungsempfängers ist nicht zu übermitteln.** ³**Ist der mitteilungspflichtigen Stelle eine ausländische Anschrift des Leistungsempfängers bekannt, ist diese anzugeben.** ⁴**In diesen Fällen ist auch die Staatsangehörigkeit des Leistungsempfängers, soweit bekannt, mitzuteilen.**
2. **je gesondert den Betrag der Leibrenten und anderen Leistungen im Sinne des § 22 Nummer 1 Satz 3 Buchstabe a Doppelbuchstabe aa und bb Satz 4**

sowie Doppelbuchstabe bb Satz 5 in Verbindung mit § 55 Absatz 2 der Einkommensteuer-Durchführungsverordnung sowie im Sinne des § 22 Nummer 5 Satz 1 bis 3. ²Der im Betrag der Rente enthaltene Teil, der ausschließlich auf einer Anpassung der Rente beruht, ist gesondert mitzuteilen;
3. Zeitpunkt des Beginns und des Endes des jeweiligen Leistungsbezugs; folgen nach dem 31. Dezember 2004 Renten aus derselben Versicherung einander nach, so ist auch die Laufzeit der vorhergehenden Renten mitzuteilen;
4. die Beiträge im Sinne des § 10 Absatz 1 Nummer 3 Buchstabe a Satz 1 und 2 und Buchstabe b, soweit diese von der mitteilungspflichtigen Stelle an die Träger der gesetzlichen Kranken- und Pflegeversicherung abgeführt werden;
5. die dem Leistungsempfänger zustehenden Beitragszuschüsse nach § 106 des Sechsten Buches Sozialgesetzbuch;
6. ab dem 1. Januar 2017 ein gesondertes Merkmal und ab dem 1. Januar 2019 zwei gesonderte Merkmale für Verträge, auf denen gefördertes Altersvorsorgevermögen gebildet wurde; die zentrale Stelle ist in diesen Fällen berechtigt, die Daten dieser Rentenbezugsmitteilung im Zulagekonto zu speichern und zu verarbeiten;
7. ab dem 1. Januar 2019 die gesonderte Kennzeichnung einer Leistung aus einem Altersvorsorgevertrag nach § 93 Absatz 3;
8. ab dem 1. Januar 2022 die durch Steuerabzug gemäß § 50a Absatz 7 einbehaltenen Beträge.
²§ 72a Absatz 4 und § 93c Absatz 1 Nummer 3 der Abgabenordnung finden keine Anwendung.

(2) ¹Der Leistungsempfänger hat der mitteilungspflichtigen Stelle seine Identifikationsnummer sowie den Tag seiner Geburt mitzuteilen. ²Teilt der Leistungsempfänger die Identifikationsnummer der mitteilungspflichtigen Stelle trotz Aufforderung nicht mit, übermittelt das Bundeszentralamt für Steuern der mitteilungspflichtigen Stelle auf deren Anfrage die Identifikationsnummer des Leistungsempfängers sowie, falls es sich bei der mitteilungspflichtigen Stelle um einen Träger der gesetzlichen Sozialversicherung handelt, auch den beim Bundeszentralamt für Steuern gespeicherten Tag der Geburt des Leistungsempfängers (§ 139b Absatz 3 Nummer 8 der Abgabenordnung), wenn dieser von dem in der Anfrage übermittelten Tag der Geburt abweicht und für die weitere Datenübermittlung benötigt wird; weitere Daten dürfen nicht übermittelt werden. ³In der Anfrage dürfen nur die in § 139b Absatz 3 der Abgabenordnung genannten Daten des Leistungsempfängers angegeben werden, soweit sie der mitteilungspflichtigen Stelle bekannt sind. ⁴Die Anfrage der mitteilungspflichtigen Stelle und die Antwort des Bundeszentralamtes für Steuern sind nach amtlich vorgeschriebenem Datensatz durch Datenfernübertragung über die zentrale Stelle zu übermitteln. ⁵Die zentrale Stelle führt eine ausschließlich automatisierte Prüfung der ihr übermittelten Daten daraufhin durch, ob sie vollständig und schlüssig sind und ob das vorgeschriebene Datenformat verwendet worden ist. ⁶Sie speichert die Daten des Leistungsempfängers nur für Zwecke dieser Prüfung und bis zur Übermittlung an das Bundeszentralamt für Steuern oder an die mitteilungspflichtige Stelle. ⁷Die Daten sind für die Übermittlung zwischen der zentralen Stelle und dem Bundeszentralamt für Steuern zu verschlüsseln. ⁸Die mitteilungspflichtige Stelle darf die Identifikationsnummer sowie einen nach Satz 2 mitgeteilten Tag der Geburt nur verarbeiten, soweit dies für die Erfüllung der Mitteilungspflicht nach Absatz 1 Satz 1 erforderlich ist. ⁹§ 93c der Abgabenordnung ist für das Verfahren nach den Sätzen 1 bis 8 nicht anzuwenden. [ab

1.10.2023: [10]Die Sätze 1 bis 9 gelten ab dem Stichtag, der in der Rechtsverordnung nach § 13 Absatz 3 des Rentenübersichtsgesetzes festgelegt wird, für die Träger der gesetzlichen Rentenversicherung, für die landwirtschaftliche Alterskasse und für die berufsständischen Versorgungseinrichtungen mit der Maßgabe, dass diese die Identifikationsnummer ihrer Versicherten zur Durchführung des Rentenübersichtsgesetzes bereits vor dem Leistungsbezug erheben können; in diesen Fällen teilt das Bundeszentralamt für Steuern der mitteilungspflichtigen Stelle auf deren Anfrage die Identifikationsnummer der Versicherten nur mit, wenn die von der anfragenden Stelle übermittelten Daten mit den nach § 139b Absatz 3 der Abgabenordnung beim Bundeszentralamt für Steuern gespeicherten Daten im maschinellen Datenabgleich übereinstimmen. [11]Wird im Rahmen einer Registermodernisierung ein gesondertes Erhebungsverfahren für die Erhebung der Identifikationsnummer eingerichtet, ist abweichend von Satz 10 das neu eingerichtete Erhebungsverfahren zu nutzen.]

(3) **Die mitteilungspflichtige Stelle hat den Leistungsempfänger jeweils darüber zu unterrichten, dass die Leistung der zentralen Stelle mitgeteilt wird.**

(4) *(aufgehoben)*

(5) [1]**Wird eine Rentenbezugsmitteilung nicht innerhalb der in § 93c Absatz 1 Nummer 1 der Abgabenordnung genannten Frist übermittelt, so ist für jeden angefangenen Monat, in dem die Rentenbezugsmitteilung noch aussteht, ein Betrag in Höhe von 10 Euro für jede ausstehende Rentenbezugsmitteilung an die zentrale Stelle zu entrichten (Verspätungsgeld).** [2]**Die Erhebung erfolgt durch die zentrale Stelle im Rahmen ihrer Prüfung nach § 93c Absatz 4 der Abgabenordnung.** [3]**Von der Erhebung ist abzusehen, soweit die Fristüberschreitung auf Gründen beruht, die die mitteilungspflichtige Stelle nicht zu vertreten hat.** [4]**Das Handeln eines gesetzlichen Vertreters oder eines Erfüllungsgehilfen steht dem eigenen Handeln gleich.** [5]**Das von einer mitteilungspflichtigen Stelle zu entrichtende Verspätungsgeld darf 50 000 Euro für alle für einen Veranlagungszeitraum zu übermittelnden Rentenbezugsmitteilungen nicht übersteigen.**

(6) **Die zentrale Stelle ist berechtigt, in den in § 151b Absatz 3 Satz 2 des Sechsten Buches Sozialgesetzbuch genannten Fällen die Rentenbezugsmitteilung an die Träger der gesetzlichen Rentenversicherung zu übermitteln.**

Einkommensteuer-Richtlinien: EStH 22a

Schrifttum: *Risthaus* DB 05, Beil 2, 30; *Stahl* KÖSDI 05, 14707; *Stosberg,* BetrAV 06, 117; *Killat-Risthaus* DB 10, 2304. – **Verwaltungsanweisungen:** (ältere Erlasse s Vorauflagen) *BMF* BStBl I 11, 1223 (Rentenbezugsmitteilungsverfahren); *BMF* BStBl I 18, 93 Rz 193.

1. Überblick. § 22a wurde durch das AltEinkG (BGBl I 04, 1427) in das EStG eingefügt und durch BGBl I 16, 1679 und BGBl I 17, 3214 an § 93c AO angepasst. Beteiligte des Meldeverfahrens sind die Versorgungsträger (mitteilungspflichtige Stellen), die zentrale Stelle (als Empfänger der Mitteilung; § 81: DRV Bund) und der Leistungsempfänger (der Rentner).

2. Meldung durch Versorgungsträger, § 22a I. Die Träger der jeweiligen Einrichtung haben der zentralen Stelle (**§ 81;** DRV Bund) eine förml Rentenbezugsmittlung zu übermitteln (BT-Drs 15/2150, 42), deren Inhalt sich aus den einzelnen Nr des Abs 1 ergibt (IEinz *BMF* BStBl I 11, 1223, 1240; *BMF* BStBl I 18, 93 Rz 193; *HHR* § 22a Rz 7). Die bisher nach § 22a I 1 Nr 1 als zu übermittelnde Angaben aufgeführte steuerl IdNr sowie der Familienname, der Vorname und das Geburtsdatum werden durch § 93c I Nr 2 Buchst c AO „vor die Klammer" gezogen (BT-Drs 18/7457, 103 f). Die *zentrale Stelle* ihrerseits ist (ab 1.1.21) berechtigt, in den in § 151b III 2 SGB VI genannten Fällen die Mitteilung an die Träger der gesetzl RV zu übermitteln.

3. Mitteilungen des Leistungsempfängers, § 22a II. Der Leistungsempfänger hat der mitteilungspflichtigen Stelle seine **Identifikations-Nr** sowie den Tag seiner Geburt mitzuteilen. Die weiteren Sätze des Abs 2 regeln das Verfahren, wenn der Leistungsempfänger seiner Verpflichtung nicht nachkommt.

4. Unterrichtung des Leistungsempfängers, § 22a III. Die mitteilungspflichtige Stelle hat den Leistungsempfänger über die Mitteilung an die zentrale Stelle zu unterrichten.

5. Verspätungsgeld, § 22a V. Bei nicht fristgerechter Meldung (§ 93c I Nr 1 AO) kann für jede ausstehende Mitteilung ein Verspätungsgeld iHv 10 € festgesetzt werden. Die Regelung ist verfgemäß (BFH X R 32/17 BStBl II 19, 438 ua). Der Verschuldensmaßstab ist objektiv-abstrakt (BFH X R 29/16 BStBl II 19, 425; *Förster* HFR 19, 785). Von der Erhebung des Verspätungsgeldes ist – ggf anteilig – abzusehen, soweit ein Mitteilungspflichtiger erst durch einen Hinweis der zentralen Stelle (§ 81) von seiner Pflichtverletzung Kenntnis erlangt hat (BFH X R 10/19 BStBl II 22, 45). Die fristgerechte, aber inhaltl fehlerhafte Übermittlung von Rentenbezugsmitteilungen an die zentrale Stelle rechtfertigt nicht die Festsetzung eines Verspätungsgeldes, sofern die Mitteilungen für die *FinVerw* zum Zwecke der Besteuerung der Alterseinkünfte verarbeitungsfähig sind (BFH X R 8/19 BStBl II 21, 521).

§ 23 Private Veräußerungsgeschäfte

(1) ¹**Private Veräußerungsgeschäfte (§ 22 Nummer 2) sind**
1. **Veräußerungsgeschäfte bei Grundstücken und Rechten, die den Vorschriften des bürgerlichen Rechts über Grundstücke unterliegen (z. B. Erbbaurecht, Mineralgewinnungsrecht), bei denen der Zeitraum zwischen Anschaffung und Veräußerung nicht mehr als zehn Jahre beträgt.** ²**Gebäude und Außenanlagen sind einzubeziehen, soweit sie innerhalb dieses Zeitraums errichtet, ausgebaut oder erweitert werden; dies gilt entsprechend für Gebäudeteile, die selbständige unbewegliche Wirtschaftsgüter sind, sowie für Eigentumswohnungen und im Teileigentum stehende Räume.** ³**Ausgenommen sind Wirtschaftsgüter, die im Zeitraum zwischen Anschaffung oder Fertigstellung und Veräußerung ausschließlich zu eigenen Wohnzwecken oder im Jahr der Veräußerung und in den beiden vorangegangenen Jahren zu eigenen Wohnzwecken genutzt wurden;**
2. **Veräußerungsgeschäfte bei anderen Wirtschaftsgütern, bei denen der Zeitraum zwischen Anschaffung und Veräußerung nicht mehr als ein Jahr beträgt.** ²**Ausgenommen sind Veräußerungen von Gegenständen des täglichen Gebrauchs.** ³**Bei Anschaffung und Veräußerung mehrerer gleichartiger Fremdwährungsbeträge ist zu unterstellen, dass die zuerst angeschafften Beträge zuerst veräußert wurden.** ⁴**Bei Wirtschaftsgütern im Sinne von Satz 1, aus deren Nutzung als Einkunftsquelle zumindest in einem Kalenderjahr Einkünfte erzielt werden, erhöht sich der Zeitraum auf zehn Jahre;**
3. **Veräußerungsgeschäfte, bei denen die Veräußerung der Wirtschaftsgüter früher erfolgt als der Erwerb.**

²**Als Anschaffung gilt auch die Überführung eines Wirtschaftsguts in das Privatvermögen des Steuerpflichtigen durch Entnahme oder Betriebsaufgabe.** ³**Bei unentgeltlichem Erwerb ist dem Einzelrechtsnachfolger für Zwecke dieser Vorschrift die Anschaffung oder die Überführung des Wirtschaftsguts in das Privatvermögen durch den Rechtsvorgänger zuzurechnen.** ⁴**Die Anschaffung oder Veräußerung einer unmittelbaren oder mittelbaren Beteiligung an**

einer Personengesellschaft gilt als Anschaffung oder Veräußerung der anteiligen Wirtschaftsgüter. [5] Als Veräußerung im Sinne des Satzes 1 Nummer 1 gilt auch

1. die Einlage eines Wirtschaftsguts in das Betriebsvermögen, wenn die Veräußerung aus dem Betriebsvermögen innerhalb eines Zeitraums von zehn Jahren seit Anschaffung des Wirtschaftsguts erfolgt, und
2. die verdeckte Einlage in eine Kapitalgesellschaft.

(2) Einkünfte aus privaten Veräußerungsgeschäften der in Absatz 1 bezeichneten Art sind den Einkünften aus anderen Einkunftsarten zuzurechnen, soweit sie zu diesen gehören.

(3) [1] Gewinn oder Verlust aus Veräußerungsgeschäften nach Absatz 1 ist der Unterschied zwischen Veräußerungspreis einerseits und den Anschaffungs- oder Herstellungskosten und den Werbungskosten andererseits. [2] In den Fällen des Absatzes 1 Satz 5 Nummer 1 tritt an die Stelle des Veräußerungspreises der für den Zeitpunkt der Einlage nach § 6 Absatz 1 Nummer 5 angesetzte Wert, in den Fällen des Absatzes 1 Satz 5 Nummer 2 der gemeine Wert. [3] In den Fällen des Absatzes 1 Satz 2 tritt an die Stelle der Anschaffungs- oder Herstellungskosten der nach § 6 Absatz 1 Nummer 4 oder § 16 Absatz 3 angesetzte Wert. [4] Die Anschaffungs- oder Herstellungskosten mindern sich um Absetzungen für Abnutzung, erhöhte Absetzungen und Sonderabschreibungen, soweit sie bei der Ermittlung der Einkünfte im Sinne des § 2 Absatz 1 Satz 1 Nummer 4 bis 7 abgezogen worden sind. [5] Gewinne bleiben steuerfrei, wenn der aus den privaten Veräußerungsgeschäften erzielte Gesamtgewinn im Kalenderjahr weniger als 600 Euro betragen hat. [6] In den Fällen des Absatzes 1 Satz 5 Nummer 1 sind Gewinne oder Verluste für das Kalenderjahr, in dem der Preis für die Veräußerung aus dem Betriebsvermögen zugeflossen ist, in den Fällen des Absatzes 1 Satz 5 Nummer 2 für das Kalenderjahr der verdeckten Einlage anzusetzen. [7] Verluste dürfen nur bis zur Höhe des Gewinns, den der Steuerpflichtige im gleichen Kalenderjahr aus privaten Veräußerungsgeschäften erzielt hat, ausgeglichen werden; sie dürfen nicht nach § 10d abgezogen werden. [8] Die Verluste mindern jedoch nach Maßgabe des § 10d die Einkünfte, die der Steuerpflichtige in dem unmittelbar vorangegangenen Veranlagungszeitraum oder in den folgenden Veranlagungszeiträumen aus privaten Veräußerungsgeschäften nach Absatz 1 erzielt hat oder erzielt; § 10d Absatz 4 gilt entsprechend.

Einkommensteuer-Richtlinien: EStH 23 − *Verwaltungsanweisungen:* BMF BStBl I 00, 1382 geändert durch *BMF* BStBl I 19, 888 (Anwendungsschreiben); *BMF* BStBl I 20, 576 (eigene Wohnzwecke); *BMF* BStBl I 11, 713 (Einlage in Gesamthand); *BMF* BStBl I 21, 481 (AbgeltungSt); *BMF* BStBl I 15, 581 (nachträgl Schuldzinsen); *BMF* BStBl I 11, 14 und *BMF* BStBl I 15, 464 (Umsetzung BVerfG); OFD *Ffm* DStR 15, 2554 (vermögensverwaltende PersGes).

Übersicht

Rz

I. Allgemeines
1. Grundaussage 1–3
2. Gesetzesänderungen 4
3. Persönlicher Geltungsbereich 8
4. Verlängerung der Veräußerungsfristen 9
5. Verfassungsmäßigkeit 10

II. Besteuerungsgegenstände, § 23 I
1. Veräußerungsgeschäfte, § 23 I 12–15
2. Einzelne Tatbestände, § 23 I 1 Nr 1–3 16–30
3. Anschaffung und gleichgestellte Vorgänge, § 23 I 2–4 31–49

Private Veräußerungsgeschäfte 1–8 § 23

	Rz
4. Veräußerung, § 23 I 5	50–54
5. Subjektive Voraussetzungen	55–57
III. Subsidiarität, § 23 II	65
IV. Gewinnermittlung, § 23 III	
1. Höhe der Einkünfte, § 23 III 1–5; Werbungskosten	70–84
2. Freigrenze, § 23 III 5	90
3. Zeitpunkt der Versteuerung, § 23 III 6	92–95
4. Verlustausgleich, § 23 III 7, 8	97, 98

I. Allgemeines

1. Grundaussage. – a) Private Veräußerungsgewinne. Zweck des § 23 ist **1** es, die durch innerhalb der sog Spekulationsfrist erfolgte Veräußerung eines WG des PV realisierten Werterhöhungen der ESt zu unterwerfen (BFH IX R 36/09 BStBl II 10, 792). § 23 I definiert den gestreckten Besteuerungsgegenstand: die Anschaffung als fristauslösenden Tatbestand und die Veräußerung bestimmter identischer WG des PV als Realisationsakt, die innerhalb bestimmter Fristen liegen muss (BFH IX R 24/18 BStBl II 20, 225), § 23 II enthält eine Subsidiaritätsklausel, § 23 III regelt die Gewinn-/Verlustermittlung. Im Unterschied zum betriebl Bereich werden private Veräußerungsgewinne nur ausnahmsweise besteuert (s zur unterschiedl Verstrickung BFH VIII R 9/18 BStBl II 20, 845; BFH VIII R 15/17 BStBl II 20, 841). Anteile an KSt-Subjekten fallen hinsichtl der Substanz unter § 17 und § 20 II Nr 1; KapAnlagen unter § 20 II, jeweils ohne Haltefristen (§ 20 Rz 145), die Fruchtziehung unter § 20–§ 23 ist vollumfängl ggü diesen Veräußerungsgewinnen im PV subsidiär.

b) Nämlichkeit. Das erworbene WG muss mit dem veräußerten WG identisch **2** sein (BFH IX R 41/10 BFH/NV 11, 1850); der Tatbestand erfasst die Veräußerung **des näml Objekts** nach vorausgegangener Anschaffung (BFH XI R 26/02 BStBl II 04, 218; partielle Nämlichkeit mögl – BFH IX R 31/12 BStBl II 13, 1011). Voraussetzung für die Besteuerung sind daher Anschaffung und gleichgestellte Vorgänge; s Rz 31 ff und die Veräußerung des WG innerhalb der relevanten Frist (Rz 9), grds im Inl wie im Ausl, also auch bei ‚ausl WG' (BFH IX B 54/15 BFH/NV 16, 194; unten Rz 84).

c) Einkünfteerzielungsabsicht. Diese ist (mangels „Typizität" der Betätigung) **3** nicht notwendig (*HHR* § 23 Rz 82; *Falkner* DStR 10, 788: Besteuerung von Einzelakten; BFH IX R 29/06 BStBl II 09, 296), jedenfalls aber durch die Veräußerung innerhalb der relevanten Haltefristen objektiviert zu bestimmen, dh die bei Anschaffung schon bestehende Veräußerungsabsicht wird vermutet (BFH IX R 8/12 BStBl II 12, 781; *BH/Ratschow* § 23 Rz 13: *BeckOK EStG* § 23 Rz 121, 122); Art und Motive der Veräußerung sowie eine Spekulationsabsicht irrelevant. Dass der Stpfl über die StBarkeit durch die Wahl des Veräußerungszeitpunkts disponieren kann, wird iRd Verlustverrechnung durch die Verlustverrechnungsbeschränkung des Abs 3 S 7, 8 kompensiert (Rz 97).

2. Gesetzesänderungen. Änderungen 1999 durch StEntlG 1999 ff (BGBl I 99, **4** 402), ab VZ 2000 durch StBereinG 1999 (BGBl I 99, 2601), ab VZ 2002 durch StSenkG (BGBl I 00, 1433), ab VZ 2009 durch UntStRefG (BGBl I 07, 1912; Einführung der AbgeltungSt); iEinz s *Schmidt* 34. Aufl § 23 Rz 4.

3. Persönlicher Geltungsbereich. Bei Veräußerung von Grundstücken und **8** grundstücksgleichen Rechten genügt die beschr StPfl (§ 49 I Nr 8). Bei anderen WG muss der Veräußerer im Zeitpunkt der Veräußerung unbeschr stpfl sein (BFH VI 67/58 U BStBl III 59, 346). Grds muss **Personenidentität** zw Erwerber und Veräußerer bestehen (Ehegatteneinkünfte sind getrennt zu prüfen, vgl BFH X R 88/95 BStBl II 98, 343; Rz 15, 90, 97; zum unentgeltl Erwerb s Rz 40 ff; zu Erbengemeinschaften s Rz 43; gesrechtl Vorgänge s Rz 46, 47). – § 6 IV 1 Nr 2 InvStG 2018 verweist für die StBarkeit inl Immobilienerträge inl Fonds Veräußerungsgewinnen aus auf § 23 I 1 Nr 1.

9 **4. Verlängerung der Veräußerungsfristen.** § 23 als gestreckter Tatbestand besteuert die Veräußerung innerhalb bestimmter Fristen seit der Anschaffung des WG; zur Berechnung der maßgebl Zeitpunkte s Rz 21. Die Fristeinhaltung muss feststehen (keine Fiktion, s BFH X R 49/90 BStBl II 94, 591; ggf Feststellungslast des FA). Die Fristen für einzelne Veräußerungsvorgänge sind unterschiedl lang und haben sich für Veräußerungen **ab 1.1.99** rückwirkend (unabhängig von ihrem vorherigen Ablauf) wesentl verlängert, auch für unentgeltl Rechtsnachfolger (s Rz 40, 43). Im Zusammenspiel mit § 17, § 20 II ist hierin eine weitergehende Verstrickung der Besteuerung privater Substanzgewinne zu sehen (*BH/Ratschow* § 23 Rz 11). Die zehnjährige Veräußerungsfrist (Rz 21) bei Grundstücken hält das BVerfG für verfgemäß (BVerfG 2 BvL 14/02 BStBl II 11, 76; *HHR* § 23 Rz 10); die **Verlängerung auf 10 Jahre** war in Fällen, in denen die Zwei-Jahres-Frist nicht abgelaufen war, nicht verfwidrig (BFH IX B 116/03 BStBl II 04, 1000), keine Irrtumsanfechtung (BFH IX B 72/09 BFH/NV 10, 932). **Fristenberechnung** s § 108 AO, §§ 187 I, 188 II, III BGB.

Nach BVerfG 2 BvL 14/02, 2 BvL 2/04, 2 BvL 13/05 BStBl II 11, 76 war § 23 I 1 Nr 1 iVm § 52 Abs 39 S 1 idF StEntlG 1999 verfwidrig, soweit im Veräußerungsgewinn Wertsteigerungen steuerl erfasst wurden, hinsichtl derer die Zweijahresfrist bereits abgelaufen war (dazu vgl BFH IX R 27/13 BStBl II 18, 380, BFH IX R 51/13 BFH/NV 14, 1533; *BMF* BStBl I 15, 464); wN s *Schmidt* 39. Aufl § 23 Rz 9. Ansonsten ist das Vertrauen, WG des PV stfrei innerhalb bestimmter Fristen veräußern zu können, ggü der Verlängerung dieser Fristen nicht verfrechtl geschützt (*BeckOK EStG* § 23 Rz 46; *BH/Ratschow* § 23 Rz 19). – Keine Anwendung des § 23 I 2 auf Entnahmen vor dem 1.1.99 (BFH IX R 5/06 BStBl II 07, 179; BFH IX R 27/06 BFH/NV 07, 227; *BMF* BStBl I 07, 262). – Die BVerfG-Grundsätze gelten auch im Hinblick auf die Fristverlängerung von 6 auf 12 Monate bei Wertpapieren nach § 23 I Nr 4 aF (FG Köln EFG 13, 781).

10 **5. Verfassungsmäßigkeit.** – **(1) Strukturelles Erhebungsdefizit.** Nach BVerfG 2 BvL 17/02 BStBl II 05, 56 entsprach die Besteuerung von Spekulationsgewinnen aus privaten Wertpapiergeschäften in den VZ 97 und 98 nicht den Anforderungen des Art 3 I GG. Ab 1999 ist die Regelung verfgemäß (BFH IX R 10/18 BStBl II 20, 258; iEinz *HHR* § 23 Rz 12; *BH/Ratschow* § 23 Rz 23; *BeckOK EStG* § 23 Rz 49). Zu Kryptowährungen glA FG BaWü EFG 22, 163, Rev IX R 27/21). – **(2) Gegenstand der Besteuerung; Verlustverrechnung.** § 23 ist hinsichtl des gegenwärtigen Besteuerungsumfangs, der nicht sämtl WG des PV umfasst, verfgemäß. Auch die Verlustverrechnungsbeschränkung des Abs 3 ist verfgem, da der StPfl über die StBarkeit disponieren kann (glA *BH/Ratschow* § 23 Rz 14, 24, 234; *BeckOK EStG* § 23 Rz 40-43, 50 ff).

II. Besteuerungsgegenstände, § 23 I

12 **1. Veräußerungsgeschäfte, § 23 I.** – **a) Grundsatz.** § 23 findet außerhalb des § 17 und des § 20 II (Rz 1) grds Anwendung auf **alle WG des PV** (abnutzbare wie nicht abnutzbare) inner- und außerhalb der Einkünfteerzielung, zB Kunstgegenstände, private Pkw, Antiquitäten, Münzen, Eintrittskarten (BFH IX R 10/18 BStBl II 20, 258); zu WG des tägl Gebrauchs s Rz 27. Der Begriff WG wird in § 23 im selben Sinne gebraucht wie bei den anderen Einkunftsarten (BFH VIII R 72/76 BStBl II 79, 298; § 5 Rz 94). Ausdrückl aufgeführt sind **Grundstücke,** Grundstücksrechte (Nr 1) und **andere WG** (Nr 2). Maßgebl für die Veräußerung (insb den Zeitpunkt) ist das schuldrechtl Geschäft (BFH IX R 18/13 BStBl II 14, 826); für Anschaffung s Rz 32 mwN. Der entgeltl **Verzicht auf Abwehrrechte** ist kein Fall des § 23 (BFH IX R 63/02 DStRE 04, 1211). Für die Veräußerung von WG gegen **Fremdwährung** gilt das (auch in § 20 IV 1 HS 2 normierte) Zeitbezugsverfahren (BFH IX B 54/15 BFH/NV 16, 194).

b) Besonderheiten bei Grundstücken. – aa) Zivilrechtl Beurteilung (s 13 auch Rz 16 ff). **GuB** und **Gebäude** sind zwar verschiedene WG; § 23 behandelt Gebäude aber grds als wesentl Bestandteile des GuB (§ 94 BGB). Ausnahme: Erbbaurecht mit errichtetem Gebäude (§ 95 I 2 BGB). Daher läuft für die isolierte Gebäudeherstellung keine besondere Frist nach § 23 I Nr 1 S 1. Allerdings bezieht § 23 I Nr 1 S 2 hergestellte Gebäude seit 1999 in die Berechnung eines Bodenveräußerungsgewinns ein (Reaktion auf die RsprÄnderung seit BFH VIII R 202/72 BStBl II 77, 384). Bei Veräußerung unter Nießbrauchsvorbehalt wird das „WG der Nutzung" zurückbehalten (RFH RStBl 28, 330; *Kessler/Mirbach* DStR 15, 926).

bb) Ausnahmen. Ausgenommen sind nach **§ 23 I 1 Nr 1 S 3** selbst genutzte 14 Wohngebäude (s Rz 18).

cc) Nämlichkeit bei Grundstücken. Die Nämlichkeit (Rz 2) ist auch dann noch (zT) 15 gewahrt, wenn ein unbebautes Grundstück parzelliert und eine Parzelle innerhalb der Haltefrist veräußert wird (BFH VIII R 161/82 BStBl II 84, 26). Wirtschaftl Identität ist ausreichend (BFH IX R 70/96 BStBl II 00, 262); keine Identität bei Umwandlung (BFH X R 4/84 BStBl II 89, 652). **Restitutionanspruchs-Erwerb** und entspr Grundstückanschaffung sind gleichzustellen (BFH IX R 41/09 BFH/NV 10, 1271). – **Patente** für verschiedene Länder sind unterschiedl WG (BFH I R 20/74 BStBl II 76, 666). Problematisch ist uU die **räuml Verlagerung** eines Nutzungsteils im Gebäude (s § 4 Rz 223): mE zu lösen über die „Nämlichkeit" (s auch *BMF* BStBl I 00, 1383; weitere Nachweise *Schmidt* 39. Aufl § 23 Rz 18, 19).

2. Einzelne Tatbestände, § 23 I 1 Nr 1–3. – a) Grundstücke. Erfasst wer- 16 den – *(1)* Grundstücke und **grundstücksgleiche Rechte** (zB Erbbaurechte; Bergrechte, § 4 VI BBergG, früher Mineralgewinnungsrecht), auch ausl Grundstücke (BFH IX B 54/15 BFH/NV 16, 194); nicht zB ein Kiesvorkommen (vgl BFH GrS 1/05 BStBl II 07, 508); – *(2)* während des Zeitraums erstellte Gebäude und Außenanlagen (§ 23 I Nr 1 S 2; Rz 17), – *(3)* auch Wohn-/Teileigentum (Bruchteilseigentum an Grundstück als grundstücksgleiches Recht iSd § 23; *HHR* § 23 Rz 89); – *(4)* offen gelassen für Verwertung einer Grundschuld (BFH VIII R 28/09 BStBl II 12, 496).

aa) Neu errichtete Gebäude(teile) und Außenanlagen, § 23 I 1 Nr 1 S 2. 17 Ab **VZ 1999** werden innerhalb der Veräußerungsfrist errichtete (selbst hergestellte) **Gebäude(teile)** grds auch ohne Gebäudeanschaffung in den Veräußerungsgewinn aus GuB einbezogen (zur Änderung s *BMF* BStBl I 00, 1383); Gebäude werden aber – selbst bei Anschaffung – nicht isoliert erfasst („sind einzubeziehen"); sie sind nur „Bewertungsfaktor" iRd Bemessungsgrundlage, nicht aber eigenständige Besteuerungsgegenstände (so auch *HHR* § 23 Rz 122; *BeckOK EStG* § 23 Rz 165; *BH/Ratschow* § 23 Rz 43: Abkehr vom Nämlichkeitsprinzip). Ist die Grundstücksveräußerung nicht stbar, entfällt die „Gebäudebesteuerung" (FG Nds EFG 21, 1820, Rev IX R 22/21 zu Mobilheim auf Campingplatz). Die (Neu-) Herstellung hat daher auch keinen Einfluss auf die Haltefristen (*Mirbach* DStR 19, 2341, 2347; *BeckOK EStG* § 23 Rz 170, 175; *BH/Ratschow* § 23 Rz 43, 46).

Str ist, ob die Gebäudeerstellung in die Berechnung eines Veräußerungsgewinns eines **Erbbaurechts** einzubeziehen ist (so *BMF* BStBl I 00, 1383 Rz 14 f mit Ausweichregelung; s Rz 20, *BH/Ratschow* § 23 Rz 49).

bb) Ausnahme bei selbst genutztem Wohneigentum, § 23 I 1 Nr 1 S 3. 18 Abw von § 23 I 1 und 2 liegt kein stbares Veräußerungsgeschäft vor, wenn (wegen Wohnsitzaufgabe; BT-Drs 14/23, 180) ein bebautes Grundstück (unbebautes Bauland dient auch bei Freizeitnutzung nicht Wohnzwecken) veräußert wird, soweit es (Alt 1) ausschließl zu eigenen Wohnzwecken (Zeitraum unerhebl) oder (Alt 2) – bei längerfristigem Besitz im Jahr der Veräußerung (unabdingbar) und in den beiden vorangegangenen (vollen) Kj zu eigenen Wohnzwecken genutzt wurde (s BFH IX R 27/19 BStBl II 21, 680; Rz 1: Freistellung als Rückausnahme von der Stbarkeit). Im 2. vorangegangenen Jahr reicht eine teilweise Eigennutzung aus, sodass iErg ein (zusammenhängender) Zeitraum von einem Jahr und 2 Tagen die Besteuerung verhindert (BFH IX R 37/16 BStBl II 17, 1192; BFH IX B 72/19 BFH/NV

20, 356); auch eine (teilweise, auch nachlaufende) Vermietung im Jahr der Veräußerung ist unschädl (BFH IX R 10/19 BStBl II 20, 310; *BMF* BStBl I 20, 576).

19 Eigene Wohnzwecke setzen die *persönl* Nutzung als (rechtl oder wirtschaftl) *Eigentümer* voraus (BFH IX R 18/03 BFH/NV 06, 936); die vorangegangene Nutzung als Mieter reicht dazu nicht aus (vgl auch zu Rechtslage vor 1999 BFH IX R 1/01 BFH/NV 03, 1171), auch nicht die gelegentl besuchsweise oder auf wenige Nächte beschr Nutzung (BFH IX R 6/18 BFH/NV 18, 1227). – Der StPfl muss bei einer entgeltl oder unentgeltl Überlassung an Dritte auch selbst nutzen (BFH IX R 37/16 BStBl II 17, 1192). – Die Überlassung *an ein Kind* iSd § 32 zur alleinigen Nutzung genügt (*BMF* BStBl I 00, 1383 Rz 23, nach hM nach Ablauf der Kindergeldberechtigung aber nicht mehr, s FG Nds EFG 10, 1133, FG Nds 9 K 16/02 nv, Rev IX R 28/21), wenn es als erwachsenes Kind den Haushalt führen kann. Die Überlassung an einen Ehegatten, Lebenspartner („Dritter") und an ein minderjähriges Kind iRd Getrenntlebens genügt nicht (FG Hess EFG 16, 201, rkr; FG Mchn EFG 21, 1625 mwN, Rev IX R 11/21).

20 *Sachl* muss das Objekt zum Bewohnen bestimmt und geeignet sein, dh Menschen auf Dauer Aufenthalt und Unterkunft ermöglichen. Eine zeitweilige Nutzung genügt, wenn die Wohnung iÜ zur Nutzung zur Verfügung steht. Ein StPfl kann daher grds mehrere Wohnungen gleichzeitig zu eigenen Wohnzwecken nutzen, wenn deren Nutzung auf Dauer angelegt ist, zB auch Zweitwohnungen oder nicht zur Vermietung bestimmte Ferienwohnungen (BFH IX R 6/18 BFH/NV 18, 1227; BFH IX R 37/16 BStBl II 17, 1192). Eine baurechtswidrige Dauernutzung ist iRd § 23 keiner solchen zeitweiligen Nutzung gleichzustellen, weil die Wohnung rechtl nicht stets zur Verfügung steht (FG Mchn EFG 21, 762, Rev IX R 5/21). – **Arbeitszimmer** dienen auch Wohnzwecken (BFH IX R 27/19 BStBl II 21, 680). Auch die gelegentl tageweise Vermietung von Zimmern an Dritte ist unschädl (mE zutr FG Nds EFG 22, 113, Rev IX R 20/21).

21 **dd) Bodenschätze ua.** Diese sind, soweit weder Teil des Bodens noch Mineralgewinnungsrecht (§ 23 I Nr 1; oben Rz 16), andere WG iSd § 23 I Nr 2 (BFH VIII R 148/78 BStBl II 81, 794; **aA** FG Mchn EFG 07, 188), etwa ein Kiesvorkommen (BFH GrS 1/05 BStBl II 07, 508), Salzabbaugerechtigkeit (BFH IX R 25/13 BStBl II 14, 566). – **Wohnrecht und Wohnungseigentum** s BFH VI R 67/66 BStBl III 67, 685. **Zweckgebundene Geldschenkung** als Grundstücksschenkung s Rz 44. – **Erbbaurechte** können Gegenstand einer Veräußerung iSv § 23 sein, nicht aber unentgeltl bestellte (BFH IX R 25/15 BStBl II 18, 518; *Weber-Grellet* FR 18, 612; s auch *BMF* BStBl I 00, 1383 Rz 14; *BH/Ratschow* § 23 Rz 49). Mit Erbbaurecht belastetes Grundstück ist teilweise identisch mit Grundstück nach Ablösung (BFH IX R 31/12 BStBl II 13, 1011), offen gelassen für Abbauanwartschaftsrecht (BFH IX R 20/05 BFH/NV 06, 1079). Zur Bestellung s Rz 36.

22 **ee) Veräußerungsfrist, § 23 I 1 Nr 1 und S 5.** Bei **Grundstücken** und Grundstücksrechten ist die StBarkeit nur gegeben, wenn die Frist zw Anschaffung im PV (oder Entnahme aus BV, s Rz 33) und Veräußerung im PV oder BV oder verdeckter Einlage in eine KapGes (s Rz 52) nicht mehr als *zehn* Jahre beträgt. Beispiel: Anschaffung 31.8.99, unschädl Veräußerung bzw Einlage in KapGes frühestens ab 1.9.09 (s aber zu Verfwidrigkeit bei Anschaffung vor 1999 Rz 9 mwN). Grds maßgebend sind die mit Bindungswirkung geschlossenen **obligatorischen Verträge** (stRspr; BFH IX R 23/13 BStBl II 15, 487; BFH IX R 10/20 BStBl II 21, 758), auch bei formunwirksamem, aber vollzogenem Vertrag (BFH X R 49/91 BStBl II 94, 687). Ein nach § 158 I BGB aufschiebend bedingtes Rechtsgeschäft ist bindend (was mE aber nichts über den Zeitpunkt des Eintritts der Wirksamkeit sagt; s auch § 5 Rz 314); der außerhalb der Veräußerungsfrist liegende Zeitpunkt des Eintritts der aufschiebenden Bedingung ist insoweit für § 23 I 1 Nr 1 unerhebl sein (BFH IX R 23/13 BStBl II 15, 487; *Schießl* HFR 15, 471; *Mirbach/Riedel* FR 15, 272); zur Genehmigung s Rz 48. – Beim befristeten Erwerberbenennungsrecht

Besteuerungsgegenstände 23–28 § 23

kommt es nach BFH IX R 12/20 DStR 22, 89 zu Anschaffung und Fristbeginn im Zeitpunkt der Selbstbenennung (dem Selbsteintritt). – Der Ablauf der Haltefrist steht der Verknüpfung mit gewerbl Tätigkeit nicht entgegen (BFH IV R 50/15 BStBl II 18, 89).

b) Andere Wirtschaftsgüter, § 23 I 1 Nr 2. In diesen Fällen ist die Veräuße- 23 rung stbar, wenn der Zeitraum zw Anschaffung und Veräußerung nicht mehr als ein Jahr beträgt (Ausnahme s Rz 28). – **aa) Altregelung.** Mit dem früheren S 1 der Nr 2 wurde insb die Veräußerung von **Wertpapieren** erfasst (*BMF* BStBl I 04, 1034; dazu *Schmidt* 40. Aufl § 23 Rz 22 mwN). Deren Besteuerung ist nunmehr (ab 2009; Rz 4) in § 20 II geregelt. **Investmentanteile** fallen nur noch unter § 20 I Nr 3 (§ 20 Rz 80 ff).

bb) Begriff. Andere WG sind alle sonstigen privaten **Wertgegenstände** wie 24 Schmuck, Gemälde, Briefmarken, Münzen uÄ, grds auch Internet-Domain (FG Köln EFG 10, 1216), aber **keine Stbarkeit von WG des tägl Gebrauchs** (§ 23 I Nr 2 S 2; BR-Drs 318/10, 81); das sind etwa (abnutzbare) Möbel, Wohnungsinventar, Hausrat, Fahrräder, Lebensmittel (FG Mster DStRE 21, 594; *Paus* FR 13, 498); auch Pkw (so BR-Drs 318/10, 81), nicht aber Eintrittskarten (BFH IX R 10/18 BStBl II 20, 258), da kein „tägl" Gebrauch (krit *Anzinger* FR 20, 518). – Der tatsächl Gebrauch ist mE unerhebl; entscheidend ist die (obj) Art des WG.

cc) Edelmetallbestände (BFH IX R 62/10 BStBl II 12, 564; *HHR* § 23 25 Rz 141) und verbriefte Sachlieferungsansprüche fallen unter § 23 I Nr 2. Letztere sind keine KapForderungen nach § 20 I Nr 7 (s § 20 Rz 186, 261; BFH VIII R 35/14 BStBl II 15, 834; BFH VIII R 7/17 BStBl II 21, 9). Nicht unter § 23 I Nr 2 fällt die Übertragung und Rückübertragung iRe Edelmetall-Pensionsgeschäfts (BFH IX R 20/19 BStBl II 21, 687).

dd) Kryptowährungen; Token. S Entwurf BMF 17.6.21, NWB BAAAH- 26 81639; *OFD NRW* DB 18, 1185; *FB Hbg* DStR 18, 527. Die FG-Rspr behandelt Einheiten einer Kryptowährung (Bitcoin; Ether) als immaterielle WG iSd Nr 2, obwohl es sich letztl um nicht fest zuordenbare Registerpositionen (Datenblöcke) iRe Blockchain handelt (krit FG Nbg EFG 20, 1074; **aA** FG BBg BB 20, 176; FG BaWü EFG 22, 163, Rev IX R 27/21). Dem ist zuzustimmen, weil der *public und private key* dem Inhaber eine Verfügungsmacht einräumen und die Bestände transferier- und handelbar sind. – Veräußerungen sind der Verkauf gegen eine gesetzl Währung oder der Tausch gegen andere Kryptowährungen. – Zur Abgrenzung von Anschaffung und Veräußerung gilt die Fifo- Methode. – Sehr str ist, ob das *Staking* (Ausübung von Kontrollfunktionen unter Hinterlegung von Kryptobeständen gegen Einräumung weiterer Einheiten) gem Nr 2 S 4 zur Verlängerung der Frist auf 10 Jahre führt; mE kommt dies allenfalls bei Betreiben eines Masternodes in Betracht. – S zum *Lending* als „Sachdarlehen" *Carlé/Winkler* DStZ 20, 882; bei Abspaltung neuer Einheiten im Fall des „Forking" sind die AK aufzuteilen. S zum Ganzen *Lohmar/Jeuckens* FR 19, 110; *Kortendick/Rettenmaier* FR 19, 412). Zu Utility- und Currency-Token als anderen WG s *Sixt* DStR 19, 1766; 20, 1871; s a § 5 Rz 270.

ee) Fremdwährungsguthaben werden von Nr 2 erfasst (BFH IX R 73/98 27 BStBl II 00, 614; *BMF* BStBl I 16, 85 Rz 39, 131; *Delp* DB 15, 1919). Zur Ermittlung des Veräußerungsgewinns bei Fremdwährungsbeträgen ist nach der **Fifo-Methode** (First in – first out) zu verfahren (§ 23 I 1 Nr 2 S 3; *Demuth/Ole* DStR 16, 204). Danach gilt, dass die zuerst angeschafften Fremdwährungsbeträge zuerst veräußert werden (aus Gründen der Vereinfachung; BT-Drs 18/1529, 54).

ff) Zur Einkünfteerzielung genutzte Wirtschaftsgüter, § 23 I 1 Nr 2 S 4. 28 Zur Vermeidung von Steuersparmodellen wurde für diese WG die Veräußerungsfrist auf zehn Jahre angehoben (zur Anwendung § 52 Abs 31 S 2: für Geschäfte nach 31.12.08; *HHR* § 23 Rz 165); keine Anwendung auf Fremdwährungsguthaben (*LfSt Bay* BeckVerw 332490);

Beispiel (für die Altkonstellation): Anschaffung von Containern, (moderate) Vermietung an eine Reederei für zB sieben Jahre und anschließende Veräußerung unter Erzielung eines stfreien Veräußerungsgewinns (FG BaWü EFG 10, 486).

29   **c) Veräußerung vor Erwerb, § 23 I 1 Nr 3.** Die frühere (bis einschließl VZ 2008) Regelung ist durch das BEPS-UmsG (BGBl I 16, 3000) erneut in das EStG aufgenommen worden, da § 20 II nicht sämtl Leerverkäufe erfasst (*BH/Ratschow* § 23 Rz 174). Nr 3 erfasst insb Baisse-Spekulationen mit Wertpapieren; erfasst werden sollen auch Fremdwährungsgeschäfte (Leerverkäufe), anders zu VZ 2011 BFH VIII R 35/15 BStBl II 18, 189), ebenso Leerverkäufe mit Edelmetallen (BT-Drs 18/9956, 10, mit Beisp; *HHR* § 23 Rz 170). Auf Haltefristen kommt es hier nicht an.

30   **d) Termingeschäfte** *(§ 23 I 1 Nr 4).* Nr 4 erfasste Gewinne aus Termingeschäften (zum Begriff s BFH I R 25/14 BStBl II 18, 124). Nr 4 ist entfallen, da die Besteuerung derartiger Geschäfte nunmehr von § 20 erfasst wird (§ 20 Rz 165 ff). – **Verfall** eines Knock-out-Terminkontrakts (durch Schwellenüberschreitung oder Zeitablauf) erfüllt nicht den Tatbestand des § 23 I 1 Nr 4 aF (BFH IX R 20/14 BStBl II 16, 159, BFH IX R 1/20 BFH/NV 21, 6; stRspr [fehlender Beendigungstatbestand]; zum (Nicht-)Abzug einer Barausgleichszahlung s FG Ddorf DStR 19, 2073, NZB IX B 23/19.

31   **3. Anschaffung und gleichgestellte Vorgänge, § 23 I 2–4. – a) Definition.** Die „**Anschaffung**" ist zentrale fristauslösendes Ereignis iRd gestreckten Tatbestands. Die Begriffe **Anschaffung/AK** sind iSd § 6 und § 255 I HGB auszulegen (BFH IX R 5/02 BStBl II 04, 987; Rz 75). *Entgeltl* Erwerb eines WG als (rechtl oder wirtschaftl) Eigentümer von einem Dritten, auch bei Rechtsnachfolge (s Rz 40 ff), auch Zuschlag gem § 90 ZVG (BFH IX B 101/15 BFH/NV 16, 400; FG Ddorf BeckRS 2021, 10719, rkr: Abgabe des Meistgebots); AK iHd Bargebots (§ 49 ZVG), auch Anwachsung eines GesAnteils bei den restl Ges'tern (BFH IX R 24/18 BStBl II 20, 225: Anwachsung gegen Abfindung bereits im GesVertrag vereinbart; anderenfalls ggf § 23 I 3). Der Vorgang der Anschaffung ist wirtschaftl zu verstehen (BFH IX R 5/02 BStBl II 04, 987, zB Durchgriff auf die im Erbanteil enthaltenen WG). Die Erwerbshandlung muss nach der Rspr „wesentl vom Willen des StPfl abhängen" (dazu Rz 56). Das Entgelt kann in einer geldwerten Gegenleistung bestehen (zB geldwerte Sachzuwendung als ArbLohn = Anschaffung, s *Herzig* DB 99, 1; EStH 23). – Zudem muss die Anschaffung iRe marktoffenen Vorgangs geschehen (BFH IX R 20/19 BStBl II 21, 687). – Die Aufnahme eines **Fremdwährungsdarlehens** ist keine Anschaffung iSd § 23 I 1 Nr 2 (BFH VIII R 58/07 BStBl II 11, 491; s auch Rz 29). Bei Wandelung nicht börsennotierter und nicht handelbarer Schuldverschreibungen in Aktien ist der Zeitpunkt der Wandelung maßgebl (BFH IX R 55/13 BStBl II 15, 265, *Schießl* HFR 15, 249; *Haisch* RdF 15, 165; nunmehr § 20 II).

32   **b) Maßgebender Zeitpunkt.** Die zivilrechtl Terminologie ist zu eng (BFH IX R 1/01 BFH/NV 03, 1171). Maßgebend ist der vorangehende Zeitpunkt des Verpflichtungsgeschäftes, der schuldrechtl Vereinbarung, nicht des dingl Rechtsgeschäftes; auch § 52 Abs 39 S 1 EStG 2006 stellt auf den obligatorischen Vertrag ab (Rz 21 mwN; *HHR* § 23 Rz 51; *BH/Ratschow* § 23 Rz 97).

33   **c) Entnahme als Anschaffung, § 23 I 2.** Entnahmen gelten als Anschaffung (*BMF* BStBl I 00, 1383 Rz 33); die Regelung dient der Erfassung von Wertsteigerungen bei Veräußerung nach einer Entnahme und ggf der Entnahmewertkorrektur; keine Anwendung iZm gewerbl Grundstückshandel (BFH X R 26/17 BFH/NV 18, 1255).

Anderenfalls könnte die Besteuerung eines Veräußerungsgewinns (und damit jegl Besteuerung) vermieden werden (vgl *OFD Kobl* DStR 03, 1880 zu Sonderfällen).

Als Anschaffung gilt auch die **Betriebsaufgabe** („Totalentnahme"). – Entnahmen (= Anschaffung) vor 1999 werden nicht erfasst (BFH IX R 27/06 BFH/NV 07, 227). Anzusetzen ist anstelle der AK/HK nach § 23 III 3 der nach § 6 I Nr 4 oder § 16 III angesetzte Wert (iEinz Rz 77).

Besteuerungsgegenstände 36–43 § 23

d) Keine Anschaffungsvorgänge. Das sind (vor und ab 1999): – *(1)* **Erwerb** **36** **kraft Gesetzes** oder eines entspr Hoheitsaktes (BFH IX R 36/09 BStBl II 10, 792; *BMF* BStBl I 04, 1034 Rz 35; zu **Enteignungsvorgängen** mit Zwangserwerb eines ErsatzWG s Rz 55 ff; zum Zuschlag nach ZVG Rz 31. – *(2)* **Kapitalherabsetzung** (*BMF* BStBl I 04, 1034 Rz 36); – *(3)* **unentgeltl Erwerb** (ab 1999 eigenes Besteuerungsmerkmal, § 23 I 3, s Rz 40 ff); – *(4)* **isolierte Herstellung** (BFH X R 55/01 BFH/NV 05, 517: keine „Nämlichkeit"; auch bei Gebäuden ab 1999 nur iZm angeschafftem GuB, § 23 I 1 Nr 1 S 2, s Rz 13, 16); – *(5)* **Wertpapierumtausch** (*BMF* BStBl I 04, 1034 Rz 37; – *(6)* erstmalige **Bestellung eines Erbbaurechts** ist keine Anschaffung (BFH IX R 25/15 BStBl II 18, 518; *Heyd* BB 18, 945; *Weber-Grellet* FR 18, 612; *BH/Ratschow* § 23 Rz 60); – *(7)* **Entstehung neuer WG** (Kalb, Fohlen; dazu BFH III R 143/93 BStBl II 97, 575; zur Abspaltung *Weber-Grellet* BB 11, 43; zum Mining s Rz 26).

e) Sonderfälle. Eine Anschaffung oder Veräußerung liegt auch vor, wenn die **37** Vertragspartner innerhalb der Frist Verhältnisse schaffen, die wirtschaftl einem Kaufvertrag gleichstehen, vor allem, wenn besondere Umstände hinzutreten, die wirtschaftl Eigentum verschaffen. Die dingl Übereignung – durch dieselbe Person, s zu Ehegatten Rz 8 – muss nachfolgen, hat nur keine Bedeutung für die Fristenberechnung (vgl BFH X R 88/95 BStBl II 98, 343).

Beispiele: Unvollständig beurkundeter *Grundstückskaufvertrag* (BFH X R 49/91 BStBl II 94, 687 (Genehmigung s Rz 48); *Vorvertrag* (FG Köln EFG 06, 499, rkr); weitere Beispiele s *Schmidt* 36. Aufl § 23 Rz 37.

f) Unentgeltlicher Erwerb mit Abgrenzungen, § 23 I 3. – aa) Grundsatz. **40** Für Veräußerungen ab 1999 wird dem unentgeltl Einzelrechtsnachfolger die Anschaffung (Entnahme, Anteilsentstrickung) des Rechtsvorgängers für die Fristberechnung zugerechnet. Es handelt sich um eine spezielle Missbrauchsvorschrift (BFH IX R 8/20 BStBl II 21, 743, auch zur Verdrängung des § 42 AO). Der unentgeltl Erwerb ist keine Anschaffung, auch nicht von Anteilen an vermögensverwaltender PersGes (*Escher/Weiten* DStR 20, 2478). Bei **gemischter Schenkung** liegt ein teilentgeltl Geschäft vor; es laufen zwei Fristen: für den entgelt Teil (ab Erwerb) und für den geschenkten Teil Zurechnung der Frist des Schenkers. Eine Abspaltung ist mE kein unentgeltl Erwerb, sondern eine partielle Fortsetzung der vorangegangenen Vollanschaffung (Rz 36).

bb) Vorweggenommene Erbfolge. Diese ist ein Sonderfall der Schenkung. **41** Unproblematisch ist die Schenkung ohne Auflagen (Rz 40). Gleiches gilt nach BFH GrS 4–6/89 BStBl II 90, 847 bei Vermögensübertragung (BV und PV) gegen lfd Versorgungsbezüge (vgl § 22 Rz 105). Darüber hinaus führen Abstandszahlungen an den Vermögensübergeber, Ausgleichszahlungen und Gleichstellungsgelder an Dritte ohne entspr Gegenleistungen sowie die Übernahme von Verbindlichkeiten nach BFH GrS 4-6/89 BStBl II 90, 847 grds zu entgeltl Anschaffungs- und Veräußerungsvorgängen (s Rz 44; § 22 Rz 71, § 16 Rz 50). Ein unentgeltl Erwerb iSd I 3 liegt auch vor, wenn dem Übergeber ein Wohnrecht eingeräumt wird und die durch Grundschulden auf dem Grundstück abgesicherten Darlehen des Rechtsvorgängers nicht übernommen werden (BFH IX R 8/18 BStBl II 20, 122). S iEinz Günther DStZ 21, 970 ff.

cc) Erbfall. Der Eintritt des Erben in die Position des Erblassers (§ 1 Rz 14) ist **42** kein entgeltl Erwerb und damit keine Anschaffung iSd EStG (§ 1922 BGB; vgl BFH GrS 2/89 BStBl II 90, 837 mwN). § 23 ist indes erfüllt, wenn zw Anschaffung durch den Erblasser und Veräußerung durch den oder die Erben die Veräußerungsfrist noch nicht abgelaufen ist (ab 1999 für Einzelrechtsnachfolger durch § 23 I 3 ausdrückl normiert).

dd) Erbauseinandersetzung. Die Rspr hatte früher ausnahmslos unentgeltl **43** Erwerb angenommen (sog Einheitsthese). BFH GrS 2/89 BStBl II 90, 837 unterscheidet zw Erbfall und Erbauseinandersetzung (im BV wie im PV). Bei Real-

Levedag 1737

teilung ohne Ausgleichszahlung erwirbt jeder Miterbe unentgeltl vom Erblasser. Soweit jedoch ein Miterbe dem anderen für die Zuteilung eines WG einen Ausgleich zahlt, weil er mehr erlangt als seinem Erbanteil entspricht, erwirbt er das WG entgeltl (Anschaffung bzw Veräußerung auch iSv § 23). Das gilt (über BFH IX R 49/83 BStBl II 85, 722 hinaus) unabhängig davon, ob er den Zuzahlungsbetrag aus dem Nachlassvermögen oder aus seinem sonstigen Vermögen oder durch Schuldübernahme erbringt (iEinz s § 16 Rz 590 ff mwN; *BMF* BStBl I 06, 253).

44 **ee) Weiterübertragungen nach anderen Vermögensauseinandersetzungen.** Anschaffung (und Veräußerung) iSv § 23 liegen vor: *(1)* bei gegen Abfindung *entgeltl weiterübertragene* WG nach **Schenkung** im Wege der vorweggenommenen Erbfolge (BFH VIII R 192/74 BStBl II 77, 382 mit Abgrenzung zur Höhe in BFH IX R 15/84 BStBl II 88, 250 – Realteilung mit Spitzenausgleich – unter 2; *Söffing* DB 91, 828; *Fellmeth* BB 91, 2184; zu BV § 16 Rz 542 ff) oder nach Scheidung und Auflösung einer **Zugewinngemeinschaft** (BFH X B 92/98 BFH/NV 99, 173, BFH X R 48/99 BStBl II 03, 282; *OFD Mchn* DB 01, 1533), – *(2)* bei Veräußerung eines entgeltl erworbenen Miterbenanteils (BFH IX R 5/02 BStBl II 04, 987), – *(3)* bei **Erwerb aus Erbschaftsmitteln** (BFH VI 82/61 U BStBl III 62, 387). Nur die iRd Vermögensauseinandersetzung übertragenen WG im Umfang der eigenen Miteigentumsanteile sind nicht angeschafft; – *(4)* bei (teilentgeltl) Anschaffung iRe Kaufrechtsvermächtnisses (BFH IX R 63/10 BStBl II 11, 873: strenge Trennungstheorie; dazu BFH X R 28/12 BStBl II 16, 81). Dagegen beruht die Erfüllung von **Vermächtnis-/Pflichtteils-/Erbersatz/Zugewinnausgleichsschulden** selbst auf einem unentgeltl Geschäft (zB BFH IV B 96/00 BFH/NV 01, 1113; *BMF* BStBl I 06, 253).

46 **g) Gesellschaftsrechtliche Vorgänge.** Diese schließen die Annahme einer Anschaffung nicht aus (vgl zur Veräußerung Rz 50, § 17 Rz 21 f). Soweit in der Praxis hierzu Fallgestaltungen entschieden wurden (*Steinlein* DStR 05, 456; *BMF* BStBl I 04, 1034 Rz 27 ff; § 17 Rz 175), betreffen diese überwiegend Vorgänge mit Wertpapieren (Aktien), die heute unter die vorrangigen § 20 IV, IVa fallen. Zur früheren Rspr s *Schmidt* 40. Aufl § 23 Rz 46. S auch die folgenden **Beispiele:** – *(1)* Die Verpflichtung zur Übernahme von Stamm- oder Grundkapital bei Gesellschaftsgründung ist eine Anschaffung (zur GmbH BFH VIII R 61/72 BStBl II 76, 64; str, s *Holler/Gold* DStR 01, 1 mwN); – *(2)* **Vermögensübertragungen** (Veräußerung) von der **KapGes** in das PV des G'ters; dabei sind vGA den AK hinzuzurechnen (*HHR* § 23 Rz 276). – *(3)* **Vermögensübertragungen** (Veräußerung) von der PerGes in das PV des G'ters (vgl BFH IV R 136/77 BStBl II 81, 84); umgekehrt s Rz 51. – *(4)* **Teilungsversteigerung.** Der Erwerb ist iHd eigenen GbR-Anteils keine Anschaffung (FG Köln EFG 04, 1181 – Bruchteilsbetrachtung; ähnl BFH XI R 47, 48/03 DStRE 05, 8).

47 **h) Gesellschaftsanteil an einer vermögensverwaltenden Personengesellschaft, § 23 I 4.** § 23 I 4 setzt (s § 20 II 3) die Beteiligung mit den jeweiligen WG gleich (bruchteilsmäßiger Durchgriff durch die vermögensverwaltende PersGes; dazu *Wacker* DStR 05, 2014; *OFD Ffm* DStR 15, 2554) und gilt grds bei jeder Anschaffung/Veräußerung einer nichtgewerbl unmittelbaren oder mittelbaren GesBeteiligung mit Wirkung für alle WG der Ges; eine schädl Veräußerungsfrist bemisst sich nach den einzelnen WG. Gemeinsam wird der Tatbestand nur erfüllt, wenn die Einheit der Ges handelt (BFH IX R 24/18 BStBl II 20, 225). ME erfasst der – nicht geglückte – Gesetzeswortlaut auch die **Mischfälle** (die eigentl Zielgruppe), näml die Anschaffung von WG durch die Ges und Veräußerung der GesBeteiligung (und umgekehrt; hierfür spricht BFH IX R 9/13 BStBl II 16, 515, BFH VIII R 39/15 BStBl II 19, 239, glA zB FG Ddorf EFG 15, 522; *Schallmoser* UR 20, 614, 616, s auch BFH X B 146/93 BFH/NV 94, 869). Zur überlagernden Zurechnung des Veräußerungsgewinns aus einem Mischfall aufgrund einer Gewinnverteilungsabrede s FG Kln EFG 21, 1480, rkr (mE zweifelhaft, da unzul Disposition über einen entstandenen StAnspruch). Auch nach § 23 I 4 liegt bei Erwerb eines Gesamtobjekts durch einen Miteigentümer in Höhe seines eigenen Miteigentumsanteils keine Neuan-

Besteuerungsgegenstände 48–51 § 23

schaffung vor. Fragl ist, ob bei Erwerb/Veräußerung von **GesAnteilsbruchteilen** die Grundsätze des § 16 gelten (abl *Peter* DStR 99, 1337). Bei **Erbanteilsveräußerung** ist § 23 I 4 entspr anzuwenden (iE BFH IX R 5/02 BStBl II 04, 987; s Rz 43).
– Der Gewinn ist **einheitl und gesondert festzustellen**, wenn Ges/Gemeinschaft anschafft *und* veräußert (BFH IX R 44/14 BStBl II 18, 323); nicht aber, wenn die Einkünfte nicht von der Ges/Gemeinschaft erzielt werden, zB wenn nur bei einem Ges'ter die Haltefrist noch nicht abgelaufen war (Bruchteilsbetrachtung; BFH IX R 9/13 BStBl II 16, 515; BFH IX R 10/15 BFH/NV 16, 529).

i) Genehmigungsbedürftigkeit des Rechtsgeschäfts. Nach BFH-Ansicht ist bei einer **48** Genehmigung nach § 184 I BGB auf den Zeitpunkt der Genehmigung abzustellen (BFH IX B 154/05 BFH/NV 07, 31); zurück wirkt allerdings die Genehmigung eines Dritten, zB behördl Genehmigung nach § 144 BBauG (vgl etwa FG Bbg EFG 98, 1683; BFH IX R 10/20 BStBl II 758).

j) Rücktritt; Rückabwicklung. Rückübertragung kann Rückabwicklung sein **49** (BFH IX R 21/14 BFH/NV 15, 1567; BGH III ZR 57/14 DStR 15, 2787; *Podewils* jurisPR-StR 49/15 Anm 3), aber auch neues (Veräußerungs-)Geschäft (Rückkauf; BFH IX R 27/15 BStBl II 18, 335; *Trossen* HFR 17, 606 mwN zu ‚Schrottimmobilien'); Rückabwicklung kann zu „negativen WK" führen (BFH IX R 26/16 BStBl II 18, 341; *Schulz* Die Rückabwicklung im Ertragsteuerrecht, 2019, 240). Bei Rücktritt vom Ankaufvertrag oder Rückabwicklung wegen irreparabler Vertragsstörungen sind der Erwerb und die anschließende Herausgabe keine (vollendete) Veräußerung (BFH IX R 47/04 BStBl II 07, 162), ebenso bei gescheiterter Veräußerung (BFH IX R 8/12 BStBl II 12, 781; EStH 23); zu Wiederkauf/Rückkauf FG Mster EFG 13, 356. Das schließt nicht aus, dass bei Vertragswiederholung nach Fristablauf uU der erste Vertrag maßgebend ist (vgl BFH X R 88/95 BStBl II 98, 343), aber nur bei Personengleichheit. – Werden bei **Rückabwicklung** auch die StVorteile rückabgewickelt, kann der Schädiger diese nicht schadensmindernd anrechnen (BGH XI ZR 495/12 DB 14, 530; *Weber-Grellet* DB 07, 2740; *Jooß* DStR 14, 6; *Berninghaus* DStR 14, 624). – Ebenso ist der Fall der „Rück-Anschaffung" zu beurteilen, wenn zwischenzeitl das WG veräußert (verschenkt) wird, diese Veräußerung (Schenkung) aber (zB aufgrund eines vorbehaltenen Rücktrittsrechts) rückabgewickelt wird; maßgebl ist in diesen Fällen allein die frühere Anschaffung.

4. Veräußerung, § 23 I 5. Diese ist (neben der Anschaffung; Rz 31) weiteres **50** unentbehrl Besteuerungsmerkmal des zweiaktigen Tatbestands in § 23. – **a) Begriff.** Entgeltl Übertragung des angeschafften WG auf einen Dritten (BFH IX R 7/04 DStR 06, 2206); entgeltl Geschäfte beim Anschaffenden sind idR auch solche beim Veräußernden; EStH 23. Die *Einlösung* einer (Xetra-Gold-)Inhaberschuldverschreibung ist kein entgeltl Geschäft, da bloße Erfüllung des Sachleistungsanspruchs (BFH IX R 33/17 BStBl II 18, 525; *Schießl* jurisPR-StR 13/18 Anm 4; offen gelassen, ob Veräußerung). Übertragung des wirtschaftl Eigentums genügt (BFH I R 42/12 BStBl II 15, 4; § 20 Rz 231); s auch § 22 Rz 150 „Belastung". – Subj Voraussetzungen s Rz 55. Die Begriffsbestimmung weicht ab vom Zivilrecht (vgl Rz 32 zur Bedeutung des Verpflichtungsgeschäftes), teilweise auch von § 17 (s dort Rz 96); das betrifft in erster Linie die Fristberechnung (s Rz 21 f). – Rückübertragung kann Veräußerung sein (Rz 49).

b) Beispiele. Kaufvertrag, Tausch, Verpflichtung zur Abtretung eines Rechts (BFH VIII **51** R 30/74 BStBl II 77, 827), Baulandumlegung (FG Hess EFG 09, 109); nicht aber Zwangsumlegung (s Rz 36, 56); zu Belastungen s § 22 Rz 150; zu Erbbaurecht s Rz 36; nicht bei Auseinandersetzung einer stillen Beteiligung (BFH IX R 7/04 DStR 06, 2206: keine vergleichb Übertragung), nicht bei gleichzeitigem Verkaufs- und Kaufauftrag ohne Kursrisiko (FG Hbg EFG 04, 1775: Missbrauch; ähnl FG SchlHol DStRE 06, 1462), anerkannt bei kurzfristigem Wiedererwerb (BFH IX R 55/07 BFH/NV 10, 387). Die **Einbringung von WG des PV** gegen Gewährung von GesRechten in eine **KapGes** oder **PersGes** ist nach hM eine Veräußerung; s auch zur Abgrenzung von Einlagen (vgl BFH VIII R 69/95 BStBl II 00, 230, *BMF* BStBl I 11, 723). **Einlagen** s Rz 52; Übertragung Ges – G'ter s Rz 46; Erbvorgänge s Rz 41 f. – Bei **teilentgelt Anschaffung** Aufteilung geboten (BFH IX R 63/10 BStBl II 11, 873 – sog Trennungstheorie, im Unterschied zur betriebl „Einheitstheorie"; dazu iEinz BFH X R 28/12 BStBl II 16, 81 – GrS-Vorlage: nachgehend BFH GrS 1/16 DStR 18, 2522 – Verfahren eingestellt).

52 **c) Veräußerungsfiktion für Einlagen, § 23 I 5.** Die Veräußerungsfiktionen gelten **nur** für WG iSv § 23 I 1 Nr 1, also insb für **Grundstücke;** die Einlage sonstiger WG wird ebenso wenig erfasst wie die Einlage hergestellter WG (s Rz 36). – Bei **Nr 1** ist die Besteuerung der zw Anschaffung und Einlage angesammelten stillen Reserven abhängig von einer späteren **Veräußerung** *dieses WG* aus dem BV; fragl bei sonstiger Entstrickung aus dem BV; vgl Einzelfälle *BMF* BStBl I 00, 1383 Tz 2–8 und Tz 35; zu Veräußerung nach Entnahme iPV *BH/Ratschow* § 23 Rz 140; s auch *OFD Kobl* DStR 03, 1880). – Die Fiktion gilt bei **Nr 2** (verdeckte Einlage; § 6 VI 2) ohne weitere (zusätzl) Voraussetzungen. Entscheidendes Merkmal für die Differenzierung von Nr 1 und Nr 2 ist der **Rechtsträgerwechsel.** – **Zwischenzeitl Einlage/Entnahme** wohl unerhebl für 10-Jahresfrist; Gewinnberechnung: Differenz zw Veräußerungserlös und AK abzügl Entnahme-/Einlagewert-Differenz (BFH IX R 66/10 BStBl II 13, 1002; *BMF* BStBl I 00, 1383 Rz 35, *OFD Kobl* DStR 03, 1880). – Zum Zeitpunkt der Versteuerung s § 23 III 6 (Rz 92).

54 **d) Keine Veräußerungen.** Das sind zB: Zerstörung oder Verlust eines WG, Verzicht auf Optionsrecht, Einziehung einer Forderung (BFH IX R 12/18 BStBl II 20, 94; aber ggf § 20 II 1 Nr 7; dazu *Siegel* DStR 20, 1481; § 20 Rz 183); offen zum Verbrauch BFH IX R 7/04 DStR 06, 2206. „Veräußerungsähnl Vorgänge" ohne Veräußerungsgeschäft iSv Rz 51 sind weder nach § 23 noch nach § 22 Nr 3 zu versteuern. Vorgänge im Nutzungsbereich fallen nicht unter § 23 (§ 22 Rz 136, 150 „Belastung"); Termingeschäfte s Rz 30. Vertragsrücktritt Rz 49; Genehmigung Rz 48.

55 **5. Subjektive Voraussetzungen. – a) Motiv einer Veräußerung.** Dieses ist nach dem Gesetzeswortlaut **unerhebl;** eine Veräußerungs- oder Spekulationsabsicht braucht nicht vorzuliegen (s Rz 2). Anschaffung und Veräußerung müssen Ausdruck einer wirtschaftl Betätigung sein (BFH IX R 24/18 BStBl II 20, 225); auch Veräußerungen aus **wirtschaftl Zwang** fallen grds unter § 23 (*BH/Ratschow* § 23 Rz 146); Ausnahmen s Rz 56, 57.

Beispiele: Zwangsversteigerung (vgl BFH I R 43/67 BStBl II 70, 310), Pfandveräußerung, Aktienzwangsverkauf (Squeeze Out von Minderheitsaktionären, s *BMF* BStBl I 04, 1034 Rz 40; *Strunk/Jahn* NWB F 3, 12157; **aA** *Waclawi* DStR 03, 447); Aktientausch wegen Verstaatlichung (FG Mster EFG 16, 486; ähnl FG Ddorf DStRK 19, 98); Veräußerungen wegen Krankheit (BFH VI R 319/67 BStBl II 69, 705), Zahlungsunfähigkeit, Trennung von Ehegatten, Versetzung oä (zur Veräußerung selbstgenutzten Wohneigentums s Rz 18).

56 **b) Ausnahme bei Zwangstausch.** Das Veräußerungsmotiv ist nur von Bedeutung, wenn der StPfl gezwungen ist, ein WG durch ein anderes zu ersetzen (teleologische Reduktion). Eine solche Ersatzbeschaffung behandelt die Rspr ausnahmsweise nicht als Veräußerung und nicht als Neuanschaffung iSv § 23 (dh die ursprüngl Veräußerungsfrist läuft weiter; die AK des *ersetzten* WG sind maßgebl), wenn ein zeitl und sachl Zusammenhang besteht. Zudem müssen die WG im Wesentl dieselbe oder eine entspr Aufgabe erfüllen (Art-/Wert-/Funktionsähnlichkeit; vgl BFH X R 3/92 DStR 95, 1301). Die Möglichkeit einer freien Willensentscheidung muss ausgeschlossen sein (Zwang zur Ersatzbeschaffung). Keine Anschaffung/Veräußerung idR auch bei Austausch im **Umlegungsverfahren** (BFH IX R 36/09 BStBl II 10, 792; *Jäschke* DStR 06, 1349) oder bei Landtausch nach FlurbG (BFH VI R 25/17 BFH/NV 20, 276).

57 **c) Ausnahme bei Enteignung.** Dieselben Erwägungen gelten bei Enteignung; auch hier fehlt ein Veräußerungsgeschäft (BFH IX R 28/18 BStBl II 19, 701; *Ratschow* BFH/PR 19, 322.

III. Subsidiarität, § 23 II

65 Einkünfte nach § 23 I sind den Einkünften aus anderen Einkunftsarten zuzurechnen, wenn sie zu diesen gehören; die Einkünfte aus § 23 sind **subsidiär** (§ 23

II). Die Veräußerung von BV unterliegt der Gewinnermittlung nach §§ 4ff; § 23 ist nicht anwendbar (BFH IX R 20/05 BFH/NV 06, 1079). Bei Zusammenhang mit mehreren Einkunftsarten ist uU **Aufteilung** geboten (offen nach BFH VIII R 29/01 BFH/NV 07, 689). Sämtl Gewinne aus der Veräußerung von Anteilen an KapGes, die nach dem 31.12.08 angeschafft wurden, unterliegen unabhängig von der Haltedauer allein der Besteuerung nach § 20 II 1 Nr 1 (§ 20 Rz 156). Zum Verhältnis zu § 17 s *Schmidt* 39. Aufl § 17 Rz 66. Zum Verhältnis zu § 22 s Rz 94.

IV. Gewinnermittlung, § 23 III

Schrifttum: *Musil,* Einkünfte aus Veräußerungsgeschäften, DStJG 34 (2011), 237.

1. Höhe der Einkünfte, § 23 III 1–5; Werbungskosten. – a) Grundsatz, § 23 III 1. Ausgangsgröße ist die Differenz zw Veräußerungspreis einerseits und AK/HK/WK (Rz 82) andererseits (§ 23 III 1); § 23 III 2–5 enthalten **Sondervorschriften.** Die Gewinnermittlung ist subjektbezogen; zur einheitl Feststellung s Rz 47.

b) Veräußerungspreis. – aa) Gegenleistung. Veräußerungspreis iSv § 23 III 1 ist jede Gegenleistung, die der Veräußerer in Geld oder Geldeswert für das WG erhält, auch nachträgl, jedenfalls bei vorheriger Begründung einer Erhöhung, Herabsetzung (BFH IX R 44/14 BStBl II 18, 323; § 17 Rz 139f). – Beim **Tausch** bemisst sich der *Veräußerungspreis* (abw vom Tausch im BV und abw von den AK) nach dem gemeinen Wert der *empfangenen* Gegenleistung und nicht des hingegebenen WG (*BMF* BStBl I 04, 1034 Rz 24f). – **Aufteilung** bei teilentgeltl erworbenem Grundstück (BFH IX R 63/10 BStBl II 11, 873); Gegenüberstellung des anteiligen Veräußerungserlöses zu den tatsächl AK (*BMF* BStBl I 00, 1383 Rz 30); Aufteilung ggf auch bei Rückkauf (Veräußerungspreis und Zahlung für Klagerücknahme; BFH IX R 44/14 BStBl II 18, 323; BFH IX R 27/16 BStBl II 18, 348). – Nicht zum Veräußerungspreis gehören erstattete Finanzierungsaufwendungen (BFH IX R 51/03 BFH/NV 05, 1262), auch nicht Schadenersatzleistungen eines Dritten (BFH IX R 8/15 BStBl II 17, 316).

bb) „Veräußerungspreis" bei Einlagen (§ 23 III 2). Bei Grundstückseinlagen in eigenes BV (§ 23 I 5 Nr 1; Rz 52) ist der im BV nach § 6 I Nr 5 tatsächl angesetzte Wert maßgebl (grds TW); bei verdeckten Einlagen in KapGes (§ 23 I 5 Nr 2; oben Rz 52) ist wie in § 17 II 2 der gemeine Wert anzusetzen.

c) Anschaffungskosten iSv § 23 III. – aa) Begriff (s auch Rz 31, § 255 HGB). AK sind zunächst alle Aufwendungen, die erforderl sind, um das WG zu erwerben und (in betriebsbereitem Zustand) in die eigene Verfügungsmacht zu überführen; vgl zur einheitl Begriffsbestimmung BFH IX R 100/97 BStBl II 01, 345 (zum Begriff Anschaffung s Rz 31, zu nachträgl AK BFH IX R 8/18 BStBl II 20, 122). – **Beispiele für AK:** Kosten für Beratung, Notar, Makler, Grundbuch, Besichtigungsfahrten hinsichtl des erworbenen WG (nicht anderer WG, vgl BFH VIII R 195/77 BStBl II 81, 470, auch keine WK iSv § 23), Börsenumsatzsteuer, Zeitungsannoncen uÄ. Schuldzinsen sind keine AK (vgl zu WK Rz 82). Erhält der Ges'ter einer KapGes aufgrund einer vGA ein WG, so liegt darin eine Anschaffung iSd § 23; als AK ist der tatsächl Wert (gemeiner Wert) anzusetzen (*HHR* § 23 Rz 93, 276). Bei nur teilweise entgeltl Erwerb bestehen nur insoweit AK und kann nur insoweit ein Veräußerungsgewinn entstehen (BFH IX R 5/02 BStBl II 04, 987); zu AK bei der Nießbrauchsablösung *LfSt Bay* DStR 11, 312 (krit *Meyer/Ball* DStR 11, 1211).

bb) Mieterzuschüsse. Sie mindern die AK, nicht aber Eigenheim- und Investitionszulage, § 9 InvZulG, § 16 EigZulG, sowie Abzugsbeträge nach §§ 10a, 10e, 10f, 10g, 10h EStG oder § 7 FördG (s *BMF* BStBl I 00, 1383 Rz 28, 40). Eine Fremdfinanzierung mit Grundstücksbelastung lässt die AK unberührt. Übernommene Nießbrauchslasten mindern die AK (vgl *Hartmann/Meyer* FR 01, 757). Beim **Tausch** (Rz 71) bemessen sich die *AK* wie im BV und abw vom Veräußerungspreis nach dem gemeinen Wert des *hingegebenen* WG. Maßgebend ist die Verpflichtung im Zeitpunkt der Anschaffung, nicht die Art der Zahlung. Die Erhöhung von unter Angehörigen vereinbarten AK auf eine bei **Fremdvergleich** übl Gegenleistung scheidet aus s BFH IX R 78/98 BStBl II 01, 756, Anm *Rätke* StuB 02, 174). Beim **unentgeltl Erwerb** iSv § 23 I 3 (s Rz 40) sind die AK des Rechtsvorgängers zugrunde zu legen. Wertermittlung von TeilAK s BFH IX R 130/90 BStBl II 96, 215.

77 **cc) Anschaffungskosten bei Entnahme oder Betriebsaufgabe, § 23 III 3** (s Rz 31 f; zu Besteuerungszeitpunkt Rz 92). An Stelle der AK ist grds der TW nach § 6 I Nr 4 bzw nach § 16 III 7 der gemeine Wert anzusetzen (s BFH IX R 13/19 BFH/NV 21, 116 zur Entprägung, FG RhPf EFG 20, 636, Rev VI R 22/20) Zum Ansatz des iRd Veranlagung tatsächl (auch fehlerhaft) angesetzten Werts s FG RhPf EFG 21, 1452, Rev IX R 3/21. Zu der durch Abwahl der Nutzungswertbesteuerung ausgelösten Entnahme nach § 13 IV s FG Nds EFG 19, 1283, rkr; jetzt auch *BMF* BStBl I 19, 888.

78 **d) Herstellungskosten iSv § 23 III.** Das sind nur nachträgl HK auf ein *angeschafftes* WG (§ 255 II HGB). Bei nach dem 31.12.98 veräußerten Gebäuden sind nach § 23 I Nr 1 S 2 iVm § 23 III 1 die HK eines innerhalb von 10 Jahren seit Anschaffung des Grundstücks neu hergestellten Gebäudes in die Berechnung des Grundstücksveräußerungsgewinns einzubeziehen (vgl Rz 17). HK sind den AK hinzuzuschlagen und um **AfA** zu mindern (s Rz 84). Als **WK bei VuV** abziehbarer **Erhaltungsaufwand** mindert den Veräußerungsgewinn ebenso wenig wie **eigene Arbeitsleistung** (glA *HHR* § 23 Rz 283; *BH/Ratschow* § 23 Rz 188).

82 **e) Werbungskosten** (ausdrückl erwähnt in § 23 III 1). WK iSd § 23 sind (neben den durch den Veräußerungsvorgang ausgelösten eigentl Veräußerungskosten auch alle zw Anschaffung und Veräußerung) angefallenen (hierdurch veranlassten) und abgeflossenen Aufwendungen, sofern sie nicht zu den AK/HK gehören (BFH IX R 8/18 BStBl II 20, 122; EStH 23; *BH/Ratschow* § 23 Rz 195).

Beispiele für WK (s auch EStH 23)**: Veräußerungskosten für Makler, Notar, Grundbucheintragungen; Bauvertrags-Abstandszahlungen; WK zw Vermietung und Veräußerung, s auch § 17 Rz 148. **Schuldzinsen** (Finanzierungsaufwendungen) können WK darstellen (BFH VIII R 281/83 BStBl II 1989, 16; zum Abzug nachträgl Schuldzinsen nach Verkauf s § 21 Rz 144), ebenso **Vorfälligkeitsentschädigungen** (BFH IX R 42/13 BFH/NV 14, 1254). Zu werterhöhenden Abbruchkosten und Aufwendungen für ein Sanierungskonzept s FG Ddorf EFG 21, 743. – **Keine WK** sind Aufwendungen auf anderes WG/neues Gebäude ((BFH X R 65/95 BStBl II 97, 603, auch zu werterhöhenden Planungskosten) und Verluste an der Ablösung einer Finanzierungs-LV (FG BBg ErbStB 21, 330, rkr). – Zum **Zeitpunkt** des Abzugs s Rz 92, 95.

84 **f) Abschreibungen auf das Wirtschaftsgut, § 23 III 4.** Für nach dem 31.7. 1995 angeschaffte WG mindern sich die AK/HK um AfA jeder Art (Normalerhöhte AfA, SonderAfA) in dem Umfang, in dem sie tatsächl bei der Ermittlung anderer Einkünfte iSd § 2 I 1 Nr 4 bis 7 abgezogen wurden (*BMF* BStBl I 00, 1383 Rz 38; BT-Drs 16/10189, 52). Nachträgl HK auf nach dem 31.7.95 angeschaffte WG sind in die Berechnung des Veräußerungsgewinns und in die AfA-Kürzung einzubeziehen. Die AK/HK mindern sich auch um die auf ein häusl Arbeitszimmer entfallende AfA; anders wenn die Aufwendungen nach § 4 V Nr 6b, § 9 V nicht oder nur begrenzt abziehbar waren (*BMF* BStBl I 00, 1383 Rz 39; s auch BFH VIII R 9/18 BStBl II 20, 845; BFH IX R 15/17 BStBl II 20, 841: keine analoge Anwendung im BV). Keine Minderung der AK/HK um AfA bei Veräußerung einer ausl Immobilie, wenn sich die AfA iRd vor der Veräußerung erzielten nach DBA nicht stbaren ausl Einkünfte aus VuV nicht ausgewirkt hat (BFH VIII R 37/16 BStBl II 21, 95 zu Immobilienspezialfonds, dazu krit *Haug* IStR 21, 215), dies gilt jedoch nicht, wenn AfA bei der Ermittlung ausl VuV-Einkünfte gem § 32b I Nr 3 berücksichtigt wird (im Regelfall sind nach dem DBA ausl VuV- und § 23-Einkünfte nur im Ausl stpfl). Nicht rückgängig gemacht werden andere WK aus VuV (zB Erhaltungsaufwand, auch nicht bei Verteilung auf mehrere Jahre nach § 82b EStDV (bis 1998 und ab 2004) oder wie SA abziehbare Abzugsbeträge nach §§ 10e bis 10g oder andere Vergünstigungen (s § 4 Rz 520 „Steuervergünstigungen").

Gewinnermittlung 85–94 § 23

Beispiel. Anschaffung eines bebauten Grundstücks im Januar 02, Kaufpreis 150 000 €, **85**
Nebenkosten für Makler usw 10 000, nachträgl HK 40 000, Erhaltungsaufwand 20 000,
eigene Arbeitsleistung 15 000, AfA 3000 jährl. Veräußerung im Dezember 03 für 300 000 €,
Nebenkosten für Makler usw 1000. **Veräußerungsgewinn 03:** 105 000 € (Veräußerungspreis
300 000 ./. (AK/HK 200 000 ./. AfA Gebäude 6000) ./. Veräußerungskosten 1000).

2. Freigrenze, § 23 III 5. Einkünfte unter 600 € bleiben stfrei; ab diesem Be- **90**
trag sind sie voll zu versteuern. Gesamtgewinn iSv § 23 III 5 ist der Saldo aller
miteinander verrechneten Veräußerungsgewinne. Die Freigrenze ist nach dem eindeutigen Gesetzeswortlaut auf das Kj bezogen und wird für einen in Raten zufließenden Veräußerungsgewinn uU *mehrfach* gewährt (**aA** *BH/Ratschow* § 23 Rz 230).
Bei zusammenveranlagten **Ehegatten** steht die Freigrenze jedem nur für die eigenen Einkünfte zu; positive Einkünfte über die Freigrenze hinaus sind nicht mit
entspr Verlusten des anderen Ehegatten auszugleichen (so *BMF* BStBl I 00, 1383
Rz 41; *BH/Ratschow* § 23 Rz 229, str; **aA** *HHR* § 23 Rz 316). Die Freigrenze des
§ 23 III 5 ist *vor* Verlustrücktrag nach § 23 III 9, § 10d zu berücksichtigen; der Verlustrücktrag mindert also nicht den für die Bestimmung der Freigrenze maßgebl
Betrag (BFH IX R 27/04 BStBl II 05, 433; *BMF* BStBl I 04, 1034 Rz 52; *OFD
Mster* DB 07, 2565; *BH/Ratschow* § 23 Rz 228).

3. Zeitpunkt der Versteuerung, § 23 III 6. – **a) Zufluss-/Abflussprinzip.** **92**
– **(1)** Grds gilt § 11; für welchen VZ der Gewinn zu erfassen ist, ist nach dem Zu-
und Abfluss zu beurteilen (BFH VIII R 76/69 BStBl II 74, 540; *BMF* BStBl I 04,
1034 Rz 50). Die Veräußerung nach § 23 ist ein einmaliger, punktueller Besteuerungstatbestand, der erst abgeschlossen ist, wenn endgültig feststeht, dass der StPfl
den Erlös behalten darf und keine weiteren WK anfallen (BFH X R 91/90
BStBl II 92, 1017). – **(2) Ausnahmen (§ 23 III 6).** – *(a)* Bei **Einlage in BV** ist
die Besteuerung nach **§ 23 I 5 Nr 1** abhängig von der Veräußerung im BV, nur bei
Veräußerung von Grundstücken innerhalb von 10 Jahren (s Rz 52, 72). Daher Besteuerung im PV nach § 23 erst im Zeitpunkt des Zuflusses des Veräußerungspreises im BV, auch bei späterem Zufluss (Betriebsgewinn = Veräußerungserlös ./.
Einlagewert). – *(b)* Bei **verdeckter Einlage in KapGes (§ 23 I 5 Nr 2)** erfolgt
die Besteuerung im Einlagezeitpunkt unabhängig von einer Veräußerung. – *(c)* Vor
Veräußerung gewährter Schulderlass ggf unabhängig vom Zufluss des Veräußerungspreises zu berücksichtigen; Der geldwerte Vorteil aus dem Schuldenerlass ist
abw von § 11 iRd Besteuerung des Veräußerungsgewinns im Jahr des Grundstücksverkaufs zu erfassen (FG Hess EFG 11, 52).

b) Ratenverkauf; Stundung. S zur Aufteilung der Raten oder Forderung in **93**
einen Tilgungsanteil, Barwert und Zinsanteil bei § 20 Rz 119. Der Zinsanteil ist
auch stpfl, auch wenn die Veräußerung iÜ nach § 23 nicht stbar ist. – Bei „Ratenverkauf" ist ein Veräußerungsverlust pro-rata-temporis anzusetzen (BFH IX R 18/16
BStBl II 17, 676; *Schießl* HFR 17, 394).

c) Verkauf gegen Leibrente; Veräußerungsrente. Bei *Leibrenten* sind die ein- **94**
zelnen Zahlungen in einen Kapital- und einen Ertragsanteil zu zerlegen. Der nach
§ 22 ermittelte Ertragsanteil wird nach § 22 besteuert, der Kapitalanteil als Differenz zum Gesamtwert nach § 23 (*BMF* BStBl I 10, 227 Rz 73–75, § 22 Rz 71 ff
mwN). Beim Verkauf gegen eine *Veräußerungszeitrente* sind die Renten in den
unter § 23 fallenden Tilgungsanteil und ein Zinsanteil aufzuteilen (*BMF* BStBl I
10, 227 Rz 77–79, § 22 Rz 72 mwN); dies gilt auch bei teilentgeltl Veräußerung
(BFH VIII R 3/17 BStBl II 20, 813). – Veräußert ein StPfl ein Grundstück gegen
ein Sofortentgelt und eine Einmalbetragszahlung des Erwerbers in eine Sofort-RV
für den Veräußerer, ist Veräußerungsentgelt die Summe beider Zahlungen und
nicht die Summe aus Sofortentgelt und dem Barwert der Rentenzahlungen (FG
BaWü EFG 18, 1707, rkr). – Eine Übertragung gegen *Versorgungsleistungen* gibt es
nur noch in Altfällen (§ 10 Rz 115); bei Neufällen ist diese eine Leibrentenveräußerung (s iEinz BFH IX R 11/19 DStR 22, 28 zu Tilgungs- und Zinsanteil).

§ 24 Entschädigungen, Nutzungsvergütungen u. Ä.

95 **d) Werbungskostenabzug.** WK (Rz 82) sind abw von § 11 II im Zeitpunkt der Veräußerung abziehbar (BFH X R 6/91 BStBl II 91, 916; BFH IX B 207/07 BFH/NV 08, 2022; *Musil* DStJG 34 (2011), 237); das gilt auch, wenn sie vor dem VZ abfließen oder mit Sicherheit nach dem VZ anfallen (BFH X R 91/90 BStBl II 92, 1017), ggf Berichtigung nach § 175 I Nr 2 AO (s § 22 Rz 143).

4. Verlustausgleich, § 23 III 7, 8

Schrifttum: *Röder*, Das System der Verlustverrechnung im deutschen Steuerrecht, 2010, 43.

97 **a) Beschränkung.** Verluste aus privaten Veräußerungsgeschäften sind (ab VZ 99) *nur* mit entspr „Gewinnen" auszugleichen (FG Mster EFG 11, 1702) – im lfd VZ (III 7) oder nach Maßgabe des § 10d (III 8); Abzug von Gesamtbetrag der Einkünfte (FG BBg DStRE 12, 216; offen gelassen in BFH III R 66/11 BFH/NV 13, 529). – Verluste nach § 23, die ab 1.1.09 entstehen, können grds nicht mit § 20 II-Gewinnen verrechnet werden (Klarstellung durch JStG 2010, BGBl I 10, 1768; BR-Drs 318/10, 82; zur Übergangsfrist Rz 98). Kein Abzug von im EU-Ausland erzielten Verlusten (FG Ddorf EFG 12, 1150; fragl). – Ehegatten können ggfs Veräußerungsgewinne des einen mit Veräußerungsverlusten des anderen ausgleichen (FG Köln EFG 12, 1741, unter Hinweis auf § 26b; BFH VIII R 55/13 BStBl II 17, 264). – Gezielte Verlustrealisierung (mit Wiederkauf) ist grds kein Missbrauch (BFH IX R 40/09 BStBl II 11, 427; *Ebner* NWB 09, 534; *Fischer* FS Spindler, 2011, 619). – Der beschr Verlustausgleich ist verfgemäß (BFH IX R 11/14 BFH/NV 16, 1691; Rz 10). – Eine **gesonderte Verlustfeststellung** ist nach § 10d IV idF JStG 2007 (BGBl I 06, 2878; als Reaktion auf BFH IX R 21/04 BStBl II 07, 158) ab 2007 geboten in Fällen, in denen am 1.1.07 die Feststellungsfrist noch nicht abgelaufen ist (BFH X B 171/14 BFH/NV 15, 1243). Gem § 23 III 8 HS 2 gilt § 10d IV 4 entspr, dh die Veräußerungsverluste müssen dem ESt-Bescheid des Entstehungsjahrs zugrunde liegen und zwar auch, wenn keine positiven Erträge nach Abs 3 S 7 in demselben VZ verrechnet werden können (BFH IX R 29/19 DStR 21, 1486). – VuV-Verluste einer vermögensverwaltenden PersGes können entspr § 15a mit § 23-Gewinnen verrechnet werden (BFH IX R 52/13 BStBl II 15, 263).

98 **b) Altverluste aus privaten Veräußerungsgeschäften.** Diese konnten übergangsweise – für fünf Jahre bis **VZ 2013** – und nach Maßgabe des § 3c II (BFH VIII R 37/13 BStBl II 16, 273; BFH VIII R 27/14 BStBl II 17, 821; zur gezielten Verlustrealisation zutr FG Mster EFG 21, 198, rkr) gem § 23 III 9, 10 aF vorrangig mit Gewinnen aus privaten Veräußerungsgeschäften und iÜ mit Verlusten iSd § 20 II (ohne Aktienverluste) verrechnet werden (BFH VIII R 8/16 BStBl II 20, 383), auch depotübergreifend (BFH VIII R 23/15 BStBl II 19, 54); zur Anwendung des § 10d IV s BFH IX R 28/17 BFH/NV 19, 110. Die Frist von 5 Jahren ist (trotz partieller Entwertung der Verluste) verfgemäß (BFH IX R 48/15 BStBl II 17, 313; BFH VIII B 138/20 BFH/NV 22, 111). – Da § 23 III 9, III 10 aF letztmals für den VZ 2013 anzuwenden sind, sind diese Sätze durch KroatAnpG (BGBl I 14, 1266) aufgehoben worden; s auch *Schmidt* 33. Aufl Rz 98.

h) Gemeinsame Vorschriften

§ 24 Entschädigungen, Nutzungsvergütungen u. Ä.

Zu den Einkünften im Sinne des § 2 Absatz 1 gehören auch

1. **Entschädigungen, die gewährt worden sind**
    a) **als Ersatz für entgangene oder entgehende Einnahmen oder**
    b) **für die Aufgabe oder Nichtausübung einer Tätigkeit, für die Aufgabe einer Gewinnbeteiligung oder einer Anwartschaft auf eine solche;**
    c) **als Ausgleichszahlungen an Handelsvertreter nach § 89b des Handelsgesetzbuchs;**

Entschädigungen, Nutzungsvergütungen u. Ä. § 24

2. Einkünfte aus einer ehemaligen Tätigkeit im Sinne des § 2 Absatz 1 Satz 1 Nummer 1 bis 4 oder aus einem früheren Rechtsverhältnis im Sinne des § 2 Absatz 1 Satz 1 Nummer 5 bis 7, und zwar auch dann, wenn sie dem Steuerpflichtigen als Rechtsnachfolger zufließen;
3. Nutzungsvergütungen für die Inanspruchnahme von Grundstücken für öffentliche Zwecke sowie Zinsen auf solche Nutzungsvergütungen und auf Entschädigungen, die mit der Inanspruchnahme von Grundstücken für öffentliche Zwecke zusammenhängen.

Einkommensteuer-Richtlinien: EStR 24.1, 24.2; EStH 24.1, 24.2 – *Verwaltungsanweisungen:* BMF BStBl I 13, 1326; BMF BStBl I 16, 277.

Übersicht
Rz

I. Allgemeines
  1. Systematik 1
  2. Einkunftsart 2
  3. Außerordentliche Einkünfte 3

II. Entschädigungen, § 24 Nr 1
  1. Entschädigungsbegriff
     a) Allgemeines 4
     b) Unterschiedliche Anforderungen bei § 24 Nr 1 Buchst a, Nr 1 Buchst b 5
  2. Entschädigungen nach § 24 Nr 1 Buchst a
     a) Grundsätze 6
     b) Beendigung der alten Rechtsgrundlage; Abgrenzung .. 7
     c) Erfüllung; Ersatzleistung; Abgrenzung 8
     d) Neue Rechtsgrundlage 9
     e) Drittleistungen 10
  3. Höhe 11
  4. Zusammenballung 12
  5. Abzugsfähige Aufwendungen; Ermittlung 13
  6. Entschädigungen bei Gewinneinkünften, § 24 Nr 1 Buchst a
     a) Einkunftsarten 14
     b) ABC der Entschädigungen bei Gewinneinkünften 15
  7. Entschädigungen bei nichtselbstständiger Tätigkeit, § 24 Nr 1 Buchst a
     a) Entlassungsentschädigungen (Einzelfälle) 16–23
     b) Kapitalisierung von Altersversorgungsansprüchen 24–26
     c) ABC der Entschädigungsleistungen an Arbeitnehmer .. 27
  8. Entschädigungen bei anderen Einkunftsarten; § 24 Nr 1 Buchst a
     a) Kapitalvermögen 28, 29
     b) Vermietung und Verpachtung 31
     c) Renten; Altersvorsorgeverträge; Versorgungsausgleich 32
     d) Aufwandsentschädigung; Verdienstausfallentschädigung 34
  9. Entschädigungen nach § 24 Nr 1 Buchst b
     a) Gewinnbeteiligung; Anwartschaft 35
     b) Zweckrichtung 36
     c) Betriebsverlegung 38
     d) Wettbewerbsverbot 39
     e) Tätigkeitseinstellung des Arbeitnehmers 40
     f) Kapitalvermögen 41
     g) Abgrenzung von Veräußerungsgewinnen 42
     h) Übergangsgelder 43
  10. Ausgleichszahlungen an Handelsvertreter, § 24 Nr 1 Buchst c 44
     a) § 89 HGB – Anspruch 45
     b) Wettbewerbsverbot 47
     c) Betriebliche Altersversorgung 48

III. Nachträgliche Einkünfte, § 24 Nr 2

1. Zweck der Vorschrift 50
   a) Konstitutive Wirkung 51
   b) Ergänzungsfunktion 52
2. Einkünfte aus ehemaliger Tätigkeit 53
   a) Gewinnänderung 54
   b) Renten 55
   c) Art des Entgelts 57
   d) Erweiterte Honorarverteilung 58
   e) Arbeitnehmer 60
3. Einkünfte aus ehemaligem Rechtsverhältnis
   a) Grundsätze 63
   b) Einzelfälle 64
4. Zufluss beim Rechtsnachfolger 66
   a) Abgrenzung 67
   b) Rechtsfolge 68
   c) Einzelfälle 69
5. Nachträgliche Betriebsausgaben/Werbungskosten
   a) Grundsätze 72
   b) Einzelfragen 73
   c) Überschusseinkünfte 75

IV. Nutzungsvergütungen für Inanspruchnahme von Grundstücken zu öffentl Zwecken, § 24 Nr 3

1. Allgemeines 80
2. Inanspruchnahme 81

I. Allgemeines

1 **1. Systematik.** § 24 regelt die Besteuerung bestimmter Einnahmen beim Empfänger; für die Bilanzierung und steuerl Behandlung beim Verpflichteten bzw Leistenden ist die Vorschrift ohne Bedeutung. Wegen der unterschiedl Tarifermäßigungen nach § 34 I und III kann es auf die Abgrenzung Veräußerungsgewinne (§ 34 II Nr 1)/Entschädigungen (§ 34 II Nr 2) ankommen (vgl Rz 42).

2 **2. Einkunftsart.** § 24 stellt die StPfl der dort aufgezählten Entschädigungen positiv klar und bestimmt nach § 2 I 2 zugleich deren Zuordnung zur im Einzelfall einschlägigen Einkunftsart. Aus dem Wort „auch" in § 24 folgt, dass die in der Vorschrift genannten Einnahmen **keine neue selbstständige Einkunftsart** bilden (zu § 24 Nr 2 s Rz 50 ff). Demgemäß muss die Entschädigung nach § 24 Nr. 1a zu den stpflichtigen Einkünften des § 2 I gehören (iEinz BFH IX R 15/19 BStBl II 21, 901 BFH X R 48/14 BStBl II 17, 383); iRv Nr 1 Buchst b ist eine Zuordnung zu verschiedenen Einkunftsarten (einschließl § 22 Nr 3) ausreichend (BFH IX R 86/95 BStBl II 99, 590: Wettbewerbsverbot; Rz 39). Ersatzleistungen für den Verlust (zB aufgrund DBA) **nichtsteuerbarer Einkünfte** (BFH VIII R 79/91 BStBl II 95, 121: Mehrbedarfsrenten nach § 843 BGB) oder den „Verlust des Erwerbslebens" (BFH IX R 15/19 BStBl II 21, 901) fallen nicht unter den Entschädigungsbegriff.

3 **3. Außerordentliche Einkünfte.** Die Entschädigung soll nicht unter weitergehenderen Voraussetzungen den Einkünften zugerechnet werden als die entgangene oder entgehende Einnahme, an deren Stelle sie tritt (vgl BFH VIII R 306/81 BStBl II 86, 252 zur Enteignungsentschädigung für PV). Einkünfte, die unter § 24 fallen, bilden eine **besondere Art von Einkünften innerhalb der Einkunftsart,** zu der sie gehören (BFH IV 223/58 S BStBl III 60, 72). Dadurch fungiert § 24 als eine **Vorschaltbestimmung zu § 34 II,** die es ermöglicht, die in § 24 Nr 1, Nr 3 aufgeführten (ao) Einkünfte nach einem ermäßigten StSatz zu besteuern, sofern die weiteren Tatbestandsmerkmale des § 34 II Nr 2 (zusammengeballter Zufluss; Rz 12) und Nr 3 (Nachzahlung für mehr als drei Jahre) erfüllt sind.

II. Entschädigungen, § 24 Nr 1

1. Entschädigungsbegriff. – a) Allgemeines. Der Begriff der Entschädigung, 4
den § 24 Nr 1 für die Buchst a und b verwendet, ist im Gesetz nicht umschrieben.
Er ist dem allg Sprachgebrauch, dem Sinnzusammenhang der Norm und ihrem
Zweck zu entnehmen. Der Begriff der Entschädigung wird für alle Fälle des § 24
Nr 1 dahingehend aufgefasst, dass der StPfl die Ersatzleistung als *Ausgleich für einen
Schaden* in Gestalt des *Verlustes* oder der *Verringerung von Einnahmen* oder einer *Einnahmemöglichkeit* erhält, also für eine Beeinträchtigung seiner Rechtsgüter (BFH X
R 12/13 BFH/NV 16, 898 mwN). Allein darin liegt der Schaden; daher ist unerheblich, wenn das schädigende Ereignis zugleich anderweitige Vorteile für den StPfl
auslöst; ein Vorteilsausgleich ist nicht vorzunehmen (BFH IV R 12/06 DStR 09,
846). Für Nr 1 Buchst c ergibt sich die Rechtsfolge aus der Verweisung auf
§ 89b HGB. Entschädigung iSd § 24 Nr 1 ist **Schadenersatz** nur, wenn er wegen
Verletzung der Erwerbsgrundlage geleistet wird **(Kompensation für weggefallene oder verschlechterte Einnahmeposition);** Schadensersatz wegen anderer
Rechtsgüter (Gesundheit, Leben, Eigentum) ist nicht stbar; das gilt auch für Ersatzleistungen gem § 15 II AGG (*Cornelius ua* BB 07, 496).

b) Unterschiedliche Anforderungen § 24 Nr 1 Buchst a, Nr 1 Buchst b. 5
Die tatbestandl Differenzierung des Entschädigungsbegriffs beruht nach Rspr auf
dem unterschiedl Gesetzeswortlaut. Bei Nr 1 Buchst a muss nach *bisheriger* Rspr (s
Rz 6) Ersatz für **unfreiwillige Einnahmeverluste** erlangt sein, während es bei
Nr 1 Buchst b auf die Unfreiwilligkeit nicht ankommt, sondern allein auf einen
Ersatz für Einnahmeverluste wegen Aufgabe oder Nichtausübung einer Tätigkeit (BFH VI R 28/84 BStBl II 87, 106). Ein weiterer Unterschied ergibt sich
daraus, dass bei Nr 1 Buchst a – anders als bei Nr 1 Buchst b – für die Entschädigungsleistung eine **neue Rechts-/Billigkeitsgrundlage** begründet worden
sein muss (s Rz 6ff). Zur Zusammenballung s Rz 12.

2. Entschädigungen nach § 24 Nr 1 Buchst a. – a) Grundsätze. Nr 1 6
Buchst a ist auch bei Gewinneinkunftsarten anwendbar (zur Rechtsentwicklung s
Schmidt 36. Aufl § 24 Rz 6). Die Entschädigung muss den Ersatz von Einnahmen
ausgleichen; nicht erfasst wird der Ausgleich von Ausgaben (BFH IX R 58/10
BStBl II 12, 286; *Bode* FR 12, 371; *L. Fischer* HFR 12, 285: anders bei *pauschalem*
Einnahmenersatz; mE fragl; vgl Rz 17; s auch Rz 15, 31). Abl deshalb für **Corona-Hilfen** *FM SchlHol* DStR 21, 2909: Aufwandszuschuss; zweifelnd *Dellner* NWB 21,
3372: Bindung an Umsatzrückgang; s auch Rz 36; § 34 Rz 18 Nr 1 Buchst a. Der
Anwendung von § 24 Nr 1 Buchst a steht nicht entgegen, dass der StPfl insofern
an der Entstehung des Schadens in Gestalt des Einnahmeausfalls mitwirkt, als er
Vereinbarungen (zB Prozessvergleich) über eine Ausgleichsleistung und deren
Höhe trifft. Vorausgesetzt wird nach **bisheriger Rspr** aber, dass der StPfl dabei
unter einem nicht unerhebl rechtl, wirtschaftl oder tatsächl Druck handelt, sich also
in einer nicht von ihm, sondern vom Leistenden herbeigeführten **Zwangslage**
befindet (BFH X R 12/13 BFH/NV 16, 898; **aA** zB *Zeising* BB 21, 1239). Nunmehr ist der **X. BFH-Senat** nicht nur bei Abfindungen für den Versorgungsausgleich mit Rücksicht auf die Einheit der Rechtsordnung (verschuldens*un*abhängiges Scheidungsrecht) von dem Erfordernis der Zwangslage **abgerückt** (dazu
Rz 32), sondern hat zudem erwogen, auf dieses Merkmal iRv § 24 Nr 1 Buchst a
(anders als iRv § 34) generell zu verzichten (BFH X R 48/14 BStBl II 17, 383).
Der **IX. BFH-Senat** hat sich dem erkennbar geöffnet und zunächst angenommen,
bei gütlicher Einigung im ArbG reiche eine zuvor bestehende „konfligierende
Interessenlage" aus (BFH IX R 28/11 BStBl II 12, 569 betr Abfindung für Erfindervergütungen;
EStH 24.1). Hieran anschließend hat er iSe pragmatischen Lösung unterhalb der
Schwelle tatsächl Vermutungen (dazu *Ratschow* BFH/PR 18, 242) erkannt, dass bei
einvernehml Auflösung des ArbVerh Feststellungen zur ArbN-Zwangslage *aufgrund*
der erbrachten ArbG-*Abfindung* „regelmäßig entbehrlich" seien (BFH IX R 16/17

BStBl II 18, 709; s auch Rz 16). Unverzichtbar für den Entschädigungsbegriff ist aber, dass es sich um einen nicht zur lfd Einkünfteerzielung gehörenden **außergewöhnl Vorgang** handelt (vgl BFH XI R 51/00 BStBl II 02, 516; Rz 14; krit *Zeising* BB 21, 1303). Keine Entschädigung iSd Nr 1 Buchst a sind jedenfalls Leistungen, die als **Erfüllung** durch Aliud-Leistung oder **Schadenersatz wegen Nichterfüllung** eines schuldrechtl Vertrages erlangt werden (Rz 8; BFH XI R 51/00 BStBl II 02, 516: Auflösung des ArbVerh durch den ArbG wegen Übernahme eines politischen Amtes; BFH IV R 23/02 BStBl II 04, 876: Abfindung eines Drehbuchautors). Deshalb setzt eine Entschädigung nach Nr 1 Buchst a voraus, dass diese auf einer **neuen Rechts- und Billigkeitsgrundlage** beruht (s Rz 20; BFH IX R 67/02 BFH/NV 05, 1044). Zw Schadensentstehung und Entschädigung muss ein **unmittelbarer Zusammenhang** bestehen (BFH VIII R 17/86 BStBl II 91, 76; BFH XI R 10/92 BStBl II 93, 497); die Entschädigung muss dem (teilweisen) Ausgleich des Schadens (Einnahmeausfall) dienen; sie darf nicht aus anderen Gründen gezahlt werden (BFH IX R 45/91 BStBl II 94, 840). Ein unmittelbarer Zusammenhang ist aber auch dann zu bejahen, wenn der StB/RA aufgrund einer Falschberatung eine entgangene Mehrentschädigung auszugleichen hat (FG Nds EFG 12, 1666, rkr; s auch Rz 10). **Soziale Zusatzleistungen** ändern den Charakter der Hauptleistung als Entschädigung nicht (BFH XI R 11/04 BFH/NV 05, 1772; FG Mster EFG 14, 356, rkr). Wird teils eine Erfüllungsleistung (zB Gehalts- oder Tantiemenachzahlung) und teils Entschädigung als Gesamtleistung (zB **Pauschalabfindung** aller Ansprüche) erbracht, ist diese ggf im Schätzungswege **aufzuteilen** (Rz 17; BFH XI B 99/98 BFH/NV 00, 712).

7 **b) Beendigung der alten Rechtsgrundlage; Abgrenzung.** Die Begründung einer neuen Rechts- oder Billigkeitsgrundlage heißt, dass die bisherige „Einkunftsquelle" weggefallen sein muss (BFH XI R 54/00 BStBl II 02, 181: Ausgleichszahlung des bisherigen ArbG bei Fortsetzung des ArbVerh gem **§ 613a BGB**) mit einem anderen ArbG keine Entschädigung; vgl BFH XI R 18/05 BFH/NV 07, 2104). Das bedeutet aber nicht, dass zB ein zu Grunde liegendes ArbVerh in vollem Umfange beendet werden muss (ausführl BFH IX R 3/09 BStBl II 10, 1030; BFH IX R 12/17 BFH/NV 18, 715; Rz 27 „Änderung des Arbeitsvertrages"). Erfüllung bereits verdienter Ansprüche ist für den Empfänger keine Entschädigung. Leistungen, die vereinbart werden, weil ein Anstellungsvertrag nicht verlängert wird, sind keine Entschädigung (BFH IX R 84/07 BFH/NV 09, 130). Soweit noch nicht entstandene Ansprüche oder Anwartschaften abgegolten werden, liegt bei Beendigung des bisherigen Rechtsverhältnisses regelmäßig eine Entschädigung vor. Ebenso bei Schadensersatz an abberufenen Bankvorstand (BFH IX R 33/15 BStBl II 17, 158). Abfindungen für den Wegfall der zugesagten **betriebl Altersversorgung** sind deshalb grds Entschädigungen iSd § 24 Nr 1 Buchst a; ebenso Spezialeinlagen in ausl Pensionskasse iZm vorzeitigem Ruhestand (BFH X R 10/15 BStBl II 17, 1251). Keine Entschädigung iSd § 24 Nr 1 Buchst a ist dagegen die Zahlung des **Rückkaufswert** eines **Pensionsanspruchs** aufgrund Kündigung durch ArbN (BFH X R 7/19 BFH/NV 21, 298) oder die Abfindung des **(künftiges) Tantiemeanspruchs** bei uneingeschränkter Fortsetzung des ArbVerh (BFH XI R 50/99 BStBl II 02, 347), was aber nicht der Fall ist wenn der vormalige Ges'tergeschäftsführer noch als angestellter Berater tätig wird (BFH XI R 4/02 BStBl II 03, 748). Unschädl ist, dass die Entschädigung bereits – zB für den Teil ao Kündigung seitens des ArbG – **im Anstellungsvertrag** vereinbart ist (BFH XI R 9/02 BStBl II 04, 349; *BMF* BStBl I 13, 1326 zu I.3).

8 **c) Erfüllung; Ersatzleistung; Abgrenzung.** Ein Schaden tritt ein, wenn sich die wirtschaftl Lage des StPfl durch den Fortfall einer „Einkunftsquelle" (vgl § 2 Rz 3, 54) oder die anderweitige Beeinträchtigung der Ertragsgrundlage obj verschlechtert (BFH VI 381/65 BStBl III 67, 2; BFH IV R 43/74 BStBl II 79, 9

Entschädigungen 9–13 § 24

zu 1c/bb). Zahlungen in Erfüllung eines **fortbestehenden Anspruchs** sind also keine Entschädigung iSd § 24 Nr 1 Buchst a (BFH XI R 17/02 BStBl II 04, 264 mwN zu Arbeitslohn/Entschädigung; zu **Übergangszahlungen** s BFH IX R 55/05 BFH/NV 08, 1666). Um eine Entschädigung handelt es sich daher auch nicht, wenn sich nur die **Zahlungsmodalität** geändert hat, zB Ausgleichszahlung für Wegfall übertarifl Zulagen (BFH XI B 45/04 BFH/NV 05, 1812; s aber zur Abfindung für eine Umsetzung auf eine niedriger bezahlte Arbeitsstelle als Entschädigung nach § 24 Nr 1 Buchst b unter Rz 40), Kapitalisierung von Gehaltsansprüchen (BFH VI R 168/83 BFH/NV 87, 574). Ebenso nicht Zahlungen auf Grund eines Vergleichs über ein streitiges Rechtsverhältnis (BFH VIII R 183/73 BStBl II 75, 634); diff BFH I R 84/92 BFH/NV 94, 23 für Abfindung von **Lizenzansprüchen;** anders BFH III R 22/14 BFH/NV 16, 26 für Pacht*entschädigung;* BFH VIII R 2/13 DStR 15, 2375: Entschädigung für öffentl Förderansprüche; zutr).

d) Neue Rechtsgrundlage. Als solche kommen in Betracht: *Vertrag* (BFH VI **9** R 86/77 BStBl II 80, 393), insb *Prozessvergleich* (BFH III R 22/14 BFH/NV 16, 26, *Betriebsvereinbarungen* (Sozialpläne; s auch Rz 15, 39 *Wettbewerbsverbot*), *Rationalisierungsschutzabkommen* und arbeitsgerichtl *Urteile.* Als Billigkeitsgrundlage können eine sittl Verpflichtung, der Grundsatz von *Treu und Glauben* (§ 242 BGB) oder die arbeitsrechtl Fürsorgepflicht des ArbG dienen (*von Schilling* FR 78, 584).

e) Drittleistungen. Entschädigungen iSd § 24 Nr 1 können auch von Drit- **10** ten geleistet werden (BFH VI R 273/67 BStBl II 71, 138); **Streikunterstützung** durch Gewerkschaft (Rz 27); Abfindung der Pensionsansprüche des Ges'tergeschäftsführers durch Käufer der Anteile einer GmbH (BFH IX R 64/01 BFH/NV 05, 191); Zuwendungen eines Aktionärs an AG-Vorstandsmitglied (BFH VIII R 109/76 BStBl II 81, 707); **Aufwandsentschädigung** für Berufsverbandspräsidenten (BFH III R 241/84 BStBl II 88, 615); Ersatz des StB/RA für wegen Falschberatung entgangene Mehrentschädigung (FG Nds EFG 12, 1666, rkr; oben Rz 6).

3. Höhe. Die Entschädigung braucht nicht allein in Geld, sondern kann auch **11** in *Sachleistungen* bestehen (BFH IV R 12/06 DStR 09, 846). Der Höhe nach ist die Entschädigung nicht auf einen angemessenen oder billigen Betrag begrenzt (BFH VI R 67/74 BStBl II 76, 490); uU kann es gerechtfertigt sein, auch dann noch eine Entschädigung anzunehmen, wenn sie höher ist als die entspr entgehende oder entgangene Einnahme, zB wenn der Verlust sozialer Besitzstände mit abgegolten werden soll. Bei der Frage der Angemessenheit der Entschädigung kommt es nicht darauf an, inwieweit es dem entschädigten StPfl gelungen ist, zB bei vorzeitigem Ausscheiden aus dem ArbVerh, anderweitig Einnahmen zu erzielen. Es ist Sache des ArbG, im Wege des Vorteilsausgleichs diesem Umstand Rechnung zu tragen (BFH VI R 142/72 BStBl II 74, 714).

4. Zusammenballung. Für die Frage, ob die Entschädigungen iSd § 24 Nr 1 **12** dem **ermäßigten Steuersatz** unterliegen, kommt es nach § 34 entscheidend darauf an, dass es sich um eine Zusammenballung von Einnahmen handelt, die sich bei normalem Ablauf auf mehrere Jahre verteilt hätten. S § 34 Rz 15 ff.

5. Abzugsfähige Aufwendungen; Ermittlung. Aus der Zugehörigkeit zu den **13** Einkünften (Rz 2, 3) folgt, dass die um BA/WK geminderten Beträge anzusetzen sind (BFH III R 186/81 BFH/NV 86, 400). BA/WK sind im Jahr ihrer Entstehung (Abfluss/Passivierung) abzuziehen. In dem VZ, in dem die Einkünfte iSd § 24 versteuert werden, wird der besondere StSatz des § 34 I ledigl auf die um die früheren Abzüge verminderten Entschädigungen etc angewendet; der darüber hinausgehende Einkunftsbetrag unterliegt dem allg, nicht dem ermäßigten StSatz (BFH IV R 5/03 BStBl II 05, 215). Werden iZm der Begründung der Entschädigungsverpflichtung WG veräußert, gehören die **Veräußerungskosten** zu den abzuziehenden Aufwendungen (zB Maklerprovision, Grundbuch-/Notarkosten, GrESt). Dazu gehört aber nicht die rechnerisch auf die Entschädigung entfallende GewSt (BFH IV R 236/80 BStBl II 84, 347; mE fragl; **aA** *Schmidt* 30. Aufl § 24 Rz 13).

14 **6. Entschädigungen bei Gewinneinkünften; § 24 Nr 1 Buchst a.** – **a) Einkunftsarten.** Entschädigungen als Ersatz für entgangene/entgehende Einnahmen können grds bei allen Einkunftsarten, also auch bei den Gewinneinkünften des § 2 II in Betracht kommen (Rz 6). Nicht hierzu zählen aber Zuflüsse, die sich aus zur lfd Einkünfteerzielung gehörenden Geschäftsvorfällen ergeben, wie zB Schadenersatz wegen Nichterfüllung oder Erfüllung durch Aliud-Leistung (Rz 6). Welche *Hilfsgeschäfte* zur lfd Geschäftstätigkeit gehören, lässt sich nicht abstrakt, sondern nur nach den Umständen des Einzelfalles entscheiden (BFH III R 241/84 BStBl II 88, 615: abl für Verbandstätigkeit). Da Gewerbetreibende und Freiberufler – anders als nichtselbständig Tätige – eine Vielzahl einkunftsveranlasster Verträge (Geschäftsbeziehungen) unterhalten, gehört auch deren kündigungsbedingte Entschädigung idR zur lfd Geschäftstätigkeit (Einzelfälle s Rz 15). Entschädigungen iSv § 24 Nr 1 Buchst a sind deshalb bei Gewinneinkünften nur zu bejahen, wenn weitere außergewöhnl über die Vertragskündigung hinausgehende Umstände vorliegen. Letzteres hat der BFH VIII R 48/09 BStBl II 13, 155 (mE zutr) bei Entschädigung eines RA-Beratervertrag angenommen, der arbeitnehmerähnl ausgestaltet und für den RA eine wesentl Erwerbsquelle war (s auch Rz 15 „Beratervertrag"). – Die Leistung muss bestimmt sein, einen aus der Sphäre des Ersatzleistenden herrührenden Schaden auszugleichen (Rz 17). Das ist der Fall, wenn der StPfl für ein zum (luf) BV gehörendes Grundstück bei einem Sandausbeutevertrag neben dem Förderzins auch Ersatzleistungen für konkrete Schäden wie zB für Ertragsausfall oder Verletzung der Mutterbodenoberfläche (BFH IX R 45/91 BStBl II 94, 840) oder Aussolung von Salzstöcken (BFH IV R 19/79 BStBl II 83, 203) erhält. Ebenso bei Abgeltung zukünftiger Provisionskürzung (BFH X R 12/13 BFH/NV 16, 898; Rz 15 „Handelsvertreter"). Zur **lfd Geschäftstätigkeit** gehören: Einkommensergänzung für Notare (FG SachsAnh EFG 15, 31, rkr); Beendigung eines Sukzessivlieferungsvertrags (BFH IV R 19/96 BFH/NV 99, 308); Entgelt für Veräußerung eines Zuckerrübenlieferrechts (BFH IV R 64/00 BStBl II 02, 658); Ausgleichszahlung zur Abwicklung eines Werkvertrages (BFH IV B 31/01 BFH/NV 02, 776); Vertragsstrafe für Nichtaufnahme einer Bürogemeinschaft (FG Hess EFG 13, 37); Änderung eines Drehbuch-Autorenvertrags von Sendevergütung in „buy-out"-Vergütung (BFH IV R 23/02 BStBl II 04, 876). Zu **Coronahilfen** s Rz 6, 15; § 34 Rz 18).

15 **b) ABC der Entschädigungen bei Gewinneinkünften**
Architektenhonorar. Erhält ein Architekt anstelle seiner vertragl Honoraransprüche eine Ausgleichszahlung, weil ein von ihm geplantes Bauprojekt nicht durchgeführt wird, ist die Entschädigung keine Ersatzleistung für entgangene/entgehende Einnahmen. Die Abwicklung eines Architektenvertrages gehört unmittelbar zu den sich auf die Berufstätigkeit eines Architekten beziehenden Geschäften (BFH IV R 149/77 BStBl II 79, 66). Auch das um ersparte Aufwendungen gekürzte Honorar ist keine Entschädigung (BFH IV R 228/83 BStBl II 87, 25). Vgl FG Hbg EFG 71, 285, rkr: Abfindung einer Architektenbindung; FG Bln EFG 77, 371: Entschädigung für die Nicht-Ausübung oder Übertragung einer Baubetreuung; s auch *Beratervertrag* und *Rahmenvertrag*.

Aufwandsentschädigung s „Kammerpräsident".
Bauunternehmer. Abfindung für Nichtdurchführung eines Bauauftrags an Bauunternehmer ist keine Entschädigung (BFH IV R 153/77 BStBl II 79, 69).
Beförderungszuschuss für Schülerbeförderung durch einen Linienbusunternehmer: keine Entschädigung iSd Nr 1 Buchst a (BFH IV R 109/84 BStBl II 86, 806).

Entschädigungen　　　　　　　　　　　　　　　　　15　§ 24

Beratervertrag. Seine Beendigung gehört grds zur lfd Geschäftstätigkeit (Rz 14). Anders aber, wenn nach unberechtigter Kündigung durch Auftraggeber ein RA-Beratervertrag entschädigt wird, der *arbeitnehmerähnl* ausgestaltet (feste Vergütung, Kündigungsschutz etc) und für den RA eine (*nicht:* „die") *wesentl Erwerbsquelle* war; Letzteres setzt weder einen festen Umsatzanteil noch einen Umsatzeinbruch nach Kündigung voraus (BFH VIII R 48/09 BStBl II 13, 155; zutr). S auch „Rahmenvertrag"; „Architektenhonorar"; § 34 Rz 12–14.

Betriebsverlegung s Rz 38.

„**Buy-out**"-**Vergütungen,** die ein **Drehbuchautor** auf Druck seines Auftraggebers anstelle von Sendevergütungen erhält, sind Erfüllungsleistungen und keine Entschädigung (BFH IV R 23/02 BStBl II 04, 876; vgl Rz 6).

Corona-Hilfen s Rz 6, 36 und § 34 Rz 18.

Erstattung von Betriebsausgaben ist keine Entschädigung iSd § 24 Nr 1, da dies zu den lfd Geschäftsvorfällen gehört (Rz 14); glA BFH IV B 151/01 BFH/NV 03, 1040 für Erstattung zuviel gezahlter **Milchabgabe** nach der Milch-Garantiemengen-VO. S auch BFH IX R 55/10 BStBl II 12, 286 (oben Rz 6).

Ertragsausfall. Ersatz des Ertragsausfalls und anderer konkreter Schäden im (landwirtschaftl) BV ist Entschädigung iSd § 24 Nr 1 Buchst a (BFH IV R 19/79 BStBl II 83, 203, 208, s auch Rz 14 und „Land- und Forstwirtschaft").

Handelsvertreter. Ausgleichszahlungen nach § 89b HGB sind Teil des gewstpfl Gewinns (zu § 24 Nr 1 Buchst c s Rz 44). Eine Entschädigung aus dem Verlust der Rechte aus § 87 II HGB (Bezirksprovision, Kundenschutz) kann eine Entschädigung iSd § 24 Nr 1 Buchst a sein (BFH I 235/63 BStBl III 66, 624); ebenso Ausgleich für künftige Provisionskürzungen (BFH X R 12/13 BFH/NV 16, 898; s auch Rz 44); nicht aber Leistungen aus LV (BFH III R 41/14 BFH/NV 17, 803). Wird der **Bezirk,** in dem ein **Versicherungsvertreter** tätig werden darf, eingeschränkt und erhält er hierfür eine Entschädigung, ist diese gem § 24 Nr 1 Buchst b begünstigungsfähig, soweit sie für die Nicht-Ausübung der Tätigkeit außerhalb des verkleinerten Bezirks gezahlt wird (BFH XI R 7/00 BStBl II 01, 541).

Land- und Forstwirtschaft. Entschädigungen für die Inanspruchnahme von luf Grundbesitz für den Bau und Betrieb von **Hochspannungsleitungen** können als Entschädigungszahlungen für entgehende Einnahmen iSd Nr 1 Buchst a angesehen werden (*OFD Mster* StEK EStG § 24 Nr 36). Eine bergbaurechtl sog **Schieflagenentschädigung,** die als Ausgleich für die Wertminderung eines zum luf BV gehörenden Wohnhauses gezahlt wird, fällt nach BFH IV R 91/96 BFH/NV 99, 40 entgegen FG Mster EFG 97, 289 nicht unter § 24 Nr 1 Buchst a, weil kein Einnahmeausfall, sondern Wertverlust abgegolten werde; Ergebnis im Streitfall zutr, weil sich andernfalls eine Doppelbegünstigung wegen der Möglichkeit der **TW-AfA** gem § 6 I Nr 1 S 1 ergeben hätte (vgl Rz 42); s auch „Ertragsausfall"; „Lieferrecht"; § 13 Rz 165.

Lieferrecht s Rz 14.

Marken. Nach dem MarkenG sind die früheren Warenzeichen, jetzt Marken (vgl § 157 MarkenG). Erhält ein StPfl für den Verzicht auf seinen Widerspruch gegen die Eintragung eines seinem Warenzeichen ähnl Warenzeichens in die Warenzeichenrolle eine Zahlung, liegt keine Entschädigung iSd § 24 Nr 1 Buchst a oder b vor, sondern **sonstige Einkünfte (§ 22 Nr 3)** (BFH VIII R 34/78 BStBl II 80, 114). Auch nach der Änderung der Rspr durch BFH XI R 43/94 BStBl II 96, 516 (Rz 6) wäre nicht von einer Entschädigung auszugehen, weil die Zahlung Gegenleistung für die Zulassung von Wettbewerb und damit typische BE ist (s Rz 14).

Oberflächenentschädigung s Rz 14.

Omnibusunternehmer. Eine Entschädigung, die ein Omnibusunternehmer dafür erhält, dass er unter dem Druck wirtschaftl Verhältnisse den Betrieb von Omnibuslinien aufgibt, ist Entschädigung (BFH I 84/63 U BStBl III 65, 480).

Pachtabstandszahlungen, die als Ausgleich für die vorzeitige Aufhebung eines langfristigen Pachtvertrages erlangt werden, gehören zu den Entschädigungen nach § 24 Nr 1 Buchst a (BFH I R 151/78 BStBl II 82, 566).

Pensionsabfindung. Stimmt ein GmbH-Ges'ter, der auch Geschäftsführer ist, der Abfindung seiner Altersversorgungsansprüche zu, um dadurch dazu beizutragen, die Insolvenz der GmbH zu vermeiden, handelt er unter einem Druck, bei dem auch ein fremder ArbN die Abfindung vereinbaren würde, so dass eine Entschädigung iSd § 24 Nr 1 Buchst a vorliegt (FG Hbg III 222/04, BeckRS 2006, 26021844, rkr); s auch „Versorgungsrente" und Rz 20, 24–26.

Produktionseinstellung. Die für die freiwillige Einstellung eines nicht mehr rentablen Produktionszweigs von einem Konkurrenzunternehmen gezahlte Abfindung ist nach BFH IV 22/64 BStBl II 69, 69 keine Entschädigung. Nachdem BFH IV R 43/74 BStBl II 79, 9 (oben Rz 6) nicht mehr darauf abstellt, ob der Schaden gegen den Willen des StPfl eingetreten ist, erscheint eine andere Auffassung geboten, wenn die Vereinbarung unter erhebl Druck der Konkurrenz erfolgt ist.

Prozesszinsen s „Verzugszinsen".

Rahmenvertrag, durch den sich ein RA für die Zusage der Übertragung aller bei einem Mandanten anfallenden Beitreibungssachen seinerseits verpflichtet, nicht beitreibbare erstattungsfähige Honorarforderungen dem Mandanten ggü nicht geltend zu machen, gehört zu den die Berufstätigkeit des RA betr Geschäften. Kündigt der Mandant einen solchen Vertrag und fällt infolgedessen die Verpflichtung weg, die Gebühren nicht geltend zu machen, liegt in der Zahlung der Gebühren für alle bei Vertragsbeendigung noch lfd Beitreibungssachen innerhalb kurzer Zeit keine Entschädigung (BFH IV R 14/78 BStBl II 79, 71). S auch „Architektenhonorar"; „Beratervertrag".

Sukzessivlieferungsvertrag. Schadenersatz wegen Nichterfüllung keine Entschädigung iSd § 24 Nr 1 Buchst a (BFH IV R 126/85 BStBl II 90, 155).

Versicherungsvertreter s „Handelsvertreter".

Versorgungsrente. Die Ablösung einer Versorgungsrente der GmbH ggü dem Anteilseigner und vormaligen Geschäftsführer ist Entschädigung, wenn dieser unter dem Druck steht, die GmbH-Anteile andernfalls nicht verkaufen zu können (BFH XI R 55/04 BFH/NV 06, 2042); s auch „Pensionsabfindung" und Rz 6, 16–25.

Vertragsstrafe s Rz 7, 14, 36.

Verzugszinsen. Keine Entschädigung iSd § 24 Nr 1 Buchst a, da Entgelt für erzwungene Kapitalüberlassung (BFH VI R 88/91 BFH/NV 93, 165 mwN).

Warenzeichen s „Marken".

Wettbewerbsverbot. Das Entgelt für die selbstständige Verpflichtung zur Unterlassung von Wettbewerb ist Entschädigung, obwohl als Entgelt für eine vertragl Hauptleistung Einnahme nach § 22 Nr 3 (BFH XI R 43/94 BStBl II 96, 516; s auch Rz 39).

Zeitschriftengroßhändler. Eine Zahlung zum Ausgleich des unterschiedl Umsatzvolumens im Zuge einer sog Gebietsbereinigung zw zwei Zeitschriftengroßhändlern kann eine Entschädigung iSd § 24 Nr 1 Buchst a sein (BFH III R 186/81 BFH/NV 86, 400, vgl auch „Konkurrenzverzicht" und Rz 39).

7. Entschädigungen bei nichtselbstständiger Tätigkeit; § 24 Nr 1 Buchst a. – a) Entlassungsentschädigungen (Einzelfälle). *BMF* BStBl I 13, 1326, geändert durch *BMF* BStBl I 16, 277. Grds gelten die allg Voraussetzungen

Entschädigungen 17, 18 § 24

des § 24 (Rz 4–6). § 24 Nr 1 Buchst a setzt nicht die vollständige **Beendigung des ArbVerh** (s Rz 27 „Arbeitsvertragsänderung"), jedoch den **Zufluss** der Entschädigung voraus (BFH IX B 131/10 BFH/NV 11, 784; Umwandlung einer Versorgungszusage). Der ArbN darf an der Auflösung des ArbVerh mitwirken (zB durch Abschluss eines **Vergleichs;** Rz 9); erforderl ist aber, dass der ArbN bei der einverständl Auflösung des Dienst- oder ArbeitsVerh unter einem nicht unerhebl **rechtl, wirtschaftl oder tatsächl Druck** gestanden hat (Zwangslage; s aber Rz 6). Dies ist anzunehmen, wenn der ArbG die Auflösung oder Einschränkung des DienstVerh – zB durch Kündigung – „veranlasst" hat, auch wenn die Entschädigung für diesen Fall bereits im Anstellungsvertrag vereinbart war (Rz 7). Anderes gilt, wenn der ArbN das ArbVerh selbst beendet (FG Mchn DStR E 14, 1180; FG Nds EFG 18, 644 rkr) oder ihm ein **Wahlrecht** auf Barwertzahlung statt lfd Bezüge eingeräumt ist und bei der Entscheidung für die Abfindung vom ArbG kein erhebl Druck ausgeübt wird (BFH XI R 12/00 BFH/NV 03, 1630; oben Rz 6, 24, 25). Der ArbG muss also für die Auflösung oder Einschränkung des DienstVerh die entscheidenden Ursachen gesetzt haben, wobei dem ArbN im Hinblick auf dieses Verhalten eine weitere Zusammenarbeit mit dem ArbG nicht mehr zumutbar ist. Für eine Veranlassung durch den ArbG ist es nicht ausreichend, wenn der ArbN das ArbVerh kündigt, um zu erreichen, dass es als Teilzeit-ArbVerh fortgeführt wird, er aber nur eine Entschädigung erlangt (BFH XI R 7/90 BFH/NV 92, 305). Grds ist **zusammengeballter Zufluss** der Entschädigung erforderl (Rz 12; § 34 Rz 15 ff); zum Ausgleich von Verdienstausfall bei **Unfallschäden** s § 34 Rz 17. Sozial motivierte (zB auf einem **Sozialplan** beruhende) spätere Nachzahlungen sind unschädl (Rz 6, 7; § 34 Rz 19); ebenso Fehlerkorrekturen (BFH XI R 22/03 BFH/NV 04, 1226: nachträgl Berücksichtigung der Altersversorgung). Zur Vereinbarung **mehrerer Entschädigungen** anlässlich der Beendigung des ArbVerh s Rz 17.

aa) Schadenausgleich. Die Entschädigung muss dazu bestimmt sein, den Schaden auszugleichen, der durch den Wegfall erlittener oder zu erwartender Ausfälle an **stbaren und stpfl Einnahmen** eintritt (BFH IX R 28/16 BStBl II 18, 86). Hierzu fehlt es bei Ausgleich für stfreie Sozialleistungen/Arbeitslosengeld (BFH IX R 25/17 BStBl II 20, 186; oben Rz 2, 5); ebenso idR bei „Ausgleich für Verdienstausfall" im Kindesalter (BFH IX R 15/19 BStBl II 21, 901; s *Schmidt* 39. Aufl § 24 Rz 17). Keine Entschädigung iSd § 24 Nr 1 Buchst a ist ferner die **Erfüllung** von bis zur rechtswirksamen Auflösung des ArbVerh **entstandenen Ansprüchen** auf Gehalt, Tantieme, Weihnachts-/Urlaubsgeld (Rz 6, 7, 8), unabhängig davon, ob die Ansprüche fällig sind (BFH VI R 61/84 BFH/NV 87, 498). Enthält eine **Pauschalabfindung** Erfüllungsleistungen (zB Gehalt-/Tantiemenachzahlung) und Entschädigung als Gesamtleistung, ist sie im Schätzungswege aufzuteilen (BFH XI B 99/98 BFH/NV 00, 712). Werden anlässl der Beendigung eines ArbVerh **mehrere Entschädigungen** vereinbart, sind diese zwar grds einheitl zu beurteilen. Der Einheitlichkeitsgrundsatz wird jedoch durchbrochen (*Schießl* HFR 18, 34) und es ist auch hier eine uU schätzweise Aufteilung geboten, wenn die Ersatzleistungen nicht nur den Wegfall von Einnahmen, sondern auch **sonstige Nachteile** iZm der Auflösung des ArbVerh (Rufschädigung etc) ausgleichen (BFH IX R 28/16 BStBl II 18, 86). Ebenso bei Abfindung von Gesundheitsschäden eines Arbeitsunfalls und Schmerzensgeld, wofür als „indiziell" (Tatsachenwürdigung durch FG!) und Abgrenzung ggü **„Scheinabreden"** die Verdopplung der übl Entschädigung für entgangene Einnahmen spricht (BFH IX R 34/16 BStBl II 18, 582).

bb) Dauer des Arbeitsverhältnisses. Bedeutsam ist der **Zeitpunkt,** zu dem das ArbVerh zivilrechtl endet. Mit dem Wirksamwerden der Auflösung des ArbVerh endet das **Recht des ArbN auf Entlohnung,** so dass darüber hinaus gezahlte Beträge keine Abgeltung bereits vertragl erlangter Ansprüche sein können (BFH VI R 165/77 BStBl II 80, 205). Kann ein ArbVerh nur unter Einhaltung der gesetzl

Kündigungsfrist gekündigt werden, ist bei **vorzeitiger einvernehml Beendigung** des ArbVerh die Vereinbarung einer Entschädigung iSd § 24 Nr 1 Buchst a zum Ausgleich der Ansprüche des ArbN für die Zeit bis zum Ablauf der Kündigungsfrist mögl. – Bei **Fortsetzung des bisherigen ArbVerh,** wenn auch in veränderter Form zB gem § 613a BGB (s Rz 7), sind Abfindungen oder andere Zahlungen des ArbG grds keine Entschädigung iSd § 24 Nr 1 Buchst a (BFH XI B 23/07 BFH/NV 08, 376), so zB das Entgelt für die **Herabsetzung einer Pensionszusage,** während das ArbVerh fortbesteht (BFH X R 182/03 BFH/NV 05, 1283). Management-buy-out ist keine Fortsetzung des ArbVerh (s Rz 27).

20 cc) **Arbeitsplatzwechsel; Pensionsabfindung.** Wechselt ein ArbN sein ArbVerh und entschädigt ihn der neue ArbG für den Verlust seiner Pensionsanwartschaftsrechte aus dem früheren ArbVerh, fließt ihm der Entschädigungsbetrag als Einnahme aus dem neuen ArbVerh zu (BFH XI R 33/91 BStBl II 93, 447). Ähnl können **Aufstockungsbeträgen** für **Transferkurzarbeiter** als *lfd* Arblohn iZm dem TransferArbV zu qualifizieren sein (BFH IX R 44/17 BStBl II 19, 574). Kann eine ArbN nach **Eheschließung** das ArbVerh nicht fortsetzen, weil sie zur Herstellung der ehel Lebensgemeinschaft ihren Wohnsitz verlegt, ist die Kündigung durch die ArbN, nicht durch den ArbG veranlasst (BFH X R 46/86 BStBl II 90, 1020; BFH XI R 7/90 BFH/NV 92, 305).

22 dd) **Änderungskündigung.** Einmalige Leistungen des ArbG an einen ArbN aus Anlass einer Änderungskündigung können Entschädigungen iSd § 24 Nr 1 Buchst a sein. Zahlungen nach dem **Altersteilzeitgesetz** (§ 3 I Nr 1 Buchst a, b AFG) sind nach § 3 Nr 28 steuerfrei (*Offerhaus* FR 89, 138), aber keine Entschädigung iSd § 24; dasselbe gilt für die **Übergangsgeld** gem § 62 III Nr 2 Buchst b BAT (BFH X R 45/86 BFH/NV 91, 88). – Neben einer Entschädigung iSd § 24 Nr 1 Buchst a können in späteren VZ weitere Leistungen erbracht werden (zB aus Fürsorgegesichtspunkten), so dass die Zahlungen jeweils selbstständig zu beurteilen sein können (BFH XI B 108/97 BFH/NV 98, 1082; *BMF* BStBl I 13, 1326).

23 ee) **Grundstückserwerb.** Übernimmt der ArbN vom ArbG unter Verzicht auf Sachbezüge und Ruhegehalt ein Grundstück, erhält er keine Entschädigung iSd § 24 Nr 1 Buchst a. Die allg Erwägung, der (private) ArbG könne zahlungsunfähig werden, lässt den ArbN nicht unter einem „nicht unerhebl rechtl, wirtschaftl oder tatsächl Druck" handeln (FG Nds EFG 81, 129; FG Hbg EFG 93, 33).

24 b) **Kapitalisierung von Altersversorgungsansprüchen.** Sie kann Entschädigung iSd § 24 Nr 1 Buchst a bedeuten. Entspr der allg Voraussetzung für die Annahme einer Entschädigung (vgl Rz 5 ff) muss die Kapitalisierung auf einem **Wegfall der bisherigen Rechtsgrundlage** beruhen, denn nur dann handelt es sich um einen außergewöhnl Vorgang (BFH X R 7/19 BFH/NV 21, 298: abl bei bei Kündigung; Rz 6, 7). Der ArbN befindet sich regelmäßig in einer **Zwangslage** (Rz 6), die zur Annahme einer Entschädigung führt, wenn er wegen drohender Zahlungsunfähigkeit **(Insolvenz)** des ArbG oder Verlust seines Arbeitsplatzes der Abfindung von Ansprüchen auf **betriebl Altersversorgung** zustimmt.

25 aa) **Fallgruppen.** Es ist zu unterscheiden – *(1)* Die (auch nicht wahlweise vorgesehene) Kapitalisierung erfolgt **auf Wunsch des ArbG** wegen der bevorstehenden Liquidation des Unternehmens (BFH VI R 86/77 BStBl II 80, 393; FG RhPf EFG 76, 495). – *(2)* Der ArbG macht bei der **Liquidation** seines Unternehmens von dem im Versorgungsvertrag eingeräumten Recht Gebrauch, lfd Ruhegehaltsbezüge durch Kapitalisierung abzulösen (BFH VI R 63/75 BStBl II 78, 375). – *(3)* Ruhegehaltsbezüge werden auf **Wunsch** oder auf Grund eines **Wahlrechts des ArbN** kapitalisiert (BFH VI 256/60 U BStBl III 62, 87; BFH X R 7/19 BFH/NV 21, 298). – Eine Entschädigung iSd § 24 Nr 1 Buchst a liegt nur in der *Fallgruppe (1)* vor (so auch BFH XI R 21/88 BFH/NV 92, 646). Der Eintritt eines Schadens ist zu bejahen, da der ArbN durch die vom ArbG veranlasste Kapitalisierung mit der Unsicherheit belastet wurde, ob der Kapitalbetrag zum Lebensunterhalt ausreichen wird und ob künftige Rentenanpassungen entspr der in den Folgejahren eintretenden Steigerung des Lebenshaltungskostenindexes bei der Kapitalisierung hinreichend berücksichtigt wurden (vgl *von Bornhaupt* BB 80, Beil 7; Anm zu BFH VI R 63/75 BStBl II 78, 375). Zwar sprechen diese Erwägungen in der *Fallgruppe (2)* auch für eine Entschädigung; jedoch fehlt es in solchen Fällen an der Voraussetzung, dass die Entschädigung auf einer anderen Rechts- oder Billigkeitsgrundlage beruhen muss (Rz 6, 7). Sie beruht vielmehr auf dem vertragl Wahlrecht des ArbG. In *Fallgruppe (3)* scheitert eine Entschädigung daran, dass die Kapitalisierung nicht durch den ArbG veranlasst wurde (vgl BFH XI R 62/92 BFH/NV 93, 721; BFH IX R 3/20 BStBl II 21, 692; s aber § 34 Rz 45). Der Annahme einer Entschädigung steht aber nicht entgegen, wenn Eintritt des Schadens (vertragl Beendigung des ArbVerh auf Druck des ArbG und Begründung von Ausgleichsansprüchen) eine **Kapitalabfindung** anstelle von Einzelzahlungen vereinbart wird (BFH XI R 4/02 BStBl II 03, 748).

bb) Beispiele. Abfindung, die der **Pensionssicherungsverein** gem § 8 II BetrAVG bei **26 Konkurs** eines ArbG anstelle einer Betriebspension zahlt (BFH XI R 8/93 BStBl II 94, 167); Abfindung von Versorgungsansprüchen eines Ges'terGeschäftsführers bei **drohender Insolvenz** des ArbG (BFH IV B 55/95 BFH/NV 96, 737) oder bei Gelegenheit der **Veräußerung** von **GmbH-GesAnteilen**, wenn der Käufer es ablehnt, die Pensionsverpflichtung zu übernehmen (BFH XI R 53/01 BStBl II 03, 177; BFH XI R 4/02 BStBl II 03, 748; BFH IX R 64/01 BFH/NV 05, 191 mwN; zu Gestaltungen (zB Vereinbarung einer Rente) *Daragan* DStR 03, 1870); Abfindung, die der Betriebsleiter zahlt, wenn der ArbN, durch den Tod des bisherigen Ges'terGeschäftsführers MehrheitsGes'ter der ArbG-Ges geworden ist und der Betriebsleiter, der fachl allein in der Lage ist, den Betrieb fortzuführen, auf dem Ausscheiden des ArbN und Übernahme der Beteiligung besteht; **aA** FG Nds EFG 00, 917, weil die Beendigung des ArbVerh mit der Veräußerung der Beteiligung im Zusammenhang stehe; Abfindung einer **Pensionsanwartschaft** bei der vom ArbG veranlassten Beendigung des ArbVerh (BFH XI R 51/00 BStBl II 02, 516 mwN); eine nach Eintritt des Schadens (= vertragl Beendigung des ArbVerh auf Druck des ArbG und Begründung von Ausgleichsansprüchen) getroffene Vereinbarung einer **Kapitalabfindung** an Stelle von Einzelzahlungen steht der Annahme einer Entschädigung nicht entgegen (BFH XI R 12/00 BFH/NV 03, 1630); das gilt auch, wenn dem ArbG das Recht zur Abfindung von Pensionsansprüche im Falle **ao Kündigungen** schon nach dem Anstellungsvertrag zustand (**Kapitalwahlrecht;** s Rz 6 mwN); keine Entschädigung aber, wenn der ArbN anlässl der auf Kündigung des ArbG beruhenden Beendigung des ArbVerh eine zugesagte Pension kapitalisiert erhält (BFH XI R 21/88 BFH/NV 92, 646; BFH X R 7/19 BFH/NV 29, 298). Abgeltung von **Pensionsanwartschaften,** die durch die Aufhebung des DienstVerh wegfallen (BFH I R 198/72 BStBl II 74, 486; BFH VI R 86/77 BStBl II 80, 393; BFH IV B 55/95 BFH/NV 96, 737; *Niermann* DB 84, 1855; anders BFH VI R 4/85 BFH/NV 90, 429: Entschädigung verneint wegen fehlenden Drucks des ArbG bzw fehlender Gefährdung des Anspruchs). Eine vom ArbN nicht zu vertretende **Zwangslage** liegt auch vor, wenn der Arbeitsplatz aus **Rationalisierungsgründen** wegfällt und ein Umzug zu einem entfernt liegenden, vom ArbG angebotenen Arbeitsplatz unzumutbar ist (BFH VI R 161/76 BStBl II 77, 718; BFH VI R 135/84 BStBl II 88, 525).

c) ABC der Entschädigungsleistungen an Arbeitnehmer 27

Abfindung für Beendigung des Arbeitsverhältnisses. Übt eine Stewardess eine ihr nach dem Arbeitsvertrag zustehende Option, mit Erreichen eines bestimmten Lebensalters aus dem ArbVerh gegen Zahlung einer Abfindung auszuscheiden, bei Erreichen der Altersgrenze aus, fällt die Abfindung unter § 24 Nr 1 Buchst b (BFH VI R 28/84 BStBl II 87, 106; Rz 55 ff). Wird die Abfindung vom neuen ArbG geleistet, fällt sie nicht unter § 24 Nr 1 Buchst a (BFH XI R 33/91 BStBl II 93, 447). Wird eine Entschädigung für den Arbeitsplatzverlust gezahlt und zusätzl ein Zuschuss zum Arbeitslosengeld, ändern solche **sozialen Zusatzleistungen** nicht den Charakter der Hauptleistung als Entschädigung (BFH XI R 43/99 BFH/NV 02, 717; BFH XI R 22/03 BFH/NV 04, 1226; s auch *Zusatzleistungen*,

Urlaub und Rz 6); Zum Grundsatz einheitl Beurteilung und Durchbrechungen s Rz 17.

Abfindung von Ruhegehaltsansprüchen. Entspr den allg Grundsätzen (Rz 7) kann auch die Abfindung von Einzelansprüchen Entschädigung iSd § 24 Nr 1 Buchst a sein (BFH IX R 12/17 BFH/NV 18, 715. **Wechselprämie** bei Übergang von beamtenrechtl Altersversorgung zu beitragfinanzierter Rente; s auch „ArbVÄnderung"); aA zuvor BFH XI B 182/03 BFH/NV 05, 1283: nicht bei fortbestehendem ArbVerh.

Abgeltung von Arbeitnehmererfindervergütungen ist auch dann Entschädigung, wenn der ArbN dem Verlangen des ArbG auf Abfindung nachgibt (BFH IX R 28/11 BStBl II 12, 569; EStH 24.1; Rz 6).

Altersrente. Die Nachzahlung einer Altersrente aus der Bundesversicherungsanstalt für Angestellte ist keine Entschädigung iSd § 24 Nr 1 Buchst a (BFH VI R 177/68 BStBl II 70, 784).

Anteilsveräußerung, die freiwillig geschieht, schließt den Verlust der Geschäftsführerstellung auf Druck des Erwerbers nicht aus (Rz 26; BFH XI R 18/02 BFH/NV 04, 253).

Arbeitsvertragsänderung. Teilabfindung wegen unbefristeter Reduzierung der Wochenarbeitszeit ist eine Entschädigung iSv § 24 Nr 1 Buchst a, wenn der ArbN bei der Vertragsänderung unter rechtl, wirtschaftl oder tatsächl Druck gehandelt hat (BFH IX R 3/09 BStBl II 10, 1030; *Heuermann* HFR 10, 27); s auch „Abfindung von Ruhegehaltsansprüchen".

Ausgleichszahlungen. Wird eine Zahlung vom bisherigen ArbG für das Unterlassen der Abwerbung von ArbN versprochen, ist eine Ausgleichszahlung des neuen ArbG als Ersatz für die nicht erlangte Leistung des bisherigen ArbG keine Entschädigung (BFH B 40/04 BFH/NV 06, 274). Wird hingegen die vertragl Zusage auf Wiedereinstellung nicht eingehalten, ist die dafür erlangte Ausgleichszahlung Entschädigung iSd § 24 Nr 1 Buchst a (BFH XI R 46/04 BStBl II 06, 55).

Aussperrungsunterstützungen s „Streikunterstützungen".

Beförderung. Entschädigung eines Beamten wegen pflichtwidrig unterlassener Beförderung ist nach § 24 Nr 1 Buchst a zu beurteilen (FG Köln EFG 89, 640).

Betriebsveräußerung. Die erforderl Beendigung des bisherigen ArbVerh tritt nicht ein, wenn das ArbVerh gem § 613a BGB nach Betriebsveräußerung oder gesellschaftsrechtl Ausgliederung (Umwandlung, Spaltung) mit einem neuen ArbG fortgesetzt wird (BFH XI R 1/99 BFH/NV 00, 1195); vgl „Konzern".

Dienstwohnung. Die einmalige Zahlung eines Entgelts an einen ArbN für die Nicht-Gewährung einer ihm vertragl zustehenden Dienstwohnung kann eine Entschädigung sein (BFH VI 206/63, juris).

Ehrenamtl Richter erhalten keinen ArbLohn, aber eine Entschädigung, die – soweit sie auf den Verdienstausfall und nicht auf Zeitversäumnis entfällt – nach § 24 Nr 1 Buchst a steuerbar ist (BFH IX R 10/16 DStR 17, 711 zu § 19; **aA** *Schmidt* 36. Aufl § 24 Rz 27; s auch § 18 Rz 144).

Gehaltsnachzahlung an einen im Wiederaufnahmeverfahren freigesprochenen Beamten ist eine Entschädigung (FG Mchn EFG 73, 268, rkr). Dasselbe gilt für **Schadensersatz** wegen pflichtwidriger Nichtbeförderung eines Beamten (FG Köln EFG 89, 640, rkr). Keine Entschädigung ist die Lohnnachzahlung nach einem Arbeitsgerichtsprozess (BFH XI R 52/88 BStBl II 93, 507); s auch Rz 8. Wird anlässl der vertragl Beendigung eines ArbVerh eine „Entschädigung" vereinbart, ist diese nicht nach § 24 Nr 1 Buchst a begünstigt, wenn damit **bereits erdiente Tantiemeansprüche** abgegolten werden, auf die ein Erfüllungsanspruch bestand (BFH XI R 33/06 BFH/NV 08, 361).

Entschädigungen

Gesellschafter-Geschäftsführer. Vgl Rz 24–26. Ein Ges'tergeschäftsführer, dem eine Pensionszusage gem § 6a erteilt worden ist, wird idR keinen Käufer für die GesAnteile finden, der bereit ist, die Versorgungsverpflichtung zu übernehmen. Er befindet sich, wenn er die Anteile veräußern will oder muss in der Zwangslage, keinen – auch nach Verrechnung des TW der Verpflichtung – angemessenen Preis erzielen zu können. Deshalb wertet die Rspr den Verzicht auf die Versorgungsansprüche gegen Abfindung als Entschädigung iSd § 24 Nr 1 Buchst a (BFH XI R 4/02 BStBl II 03, 748). Die Steuerermäßigung ist nach der Fünftelregelung des § 34 I stark eingeschränkt; vorteilhafter mag deshalb die Abfindung durch einen **RV-Anspruch** mit „nachgelagerter" Besteuerung erscheinen, s dazu *Daragan* DStR 03, 1870. – Eine Abfindung für die Auflösung des Anstellungsvertrages mit einer Komplementär-GmbH kann eine Entschädigung iSd § 24 Nr 1 Buchst a auch dann sein, wenn die GmbH-Ges'terGeschäftsführerin einer **MUerschaft** ist, an der der Geschäftsführer minderheitsbeteiligt ist (BFH IV R 94/06 BFH/NV 09, 1877; mE unzutr; s § 15 Rz 584; *OFD Ffm* DStR 16, 2856); offen ist, wie der Fall eines unmittelbar bei der MUerschaft beschäftigten MUers zu beurteilen ist (*Wendt* BFH/PR 09, 462).

Insassenunfallversicherung. Zahlungen zum Ausgleich des Personenschadens, die auf Grund einer für einen betriebl Pkw abgeschlossenen Insassen-Unfallversicherung an die Erben eines tödl verunglückten ArbN geleistet werden, sind keine Entschädigung iSd § 24 Nr 1 Buchst a, sondern stfrei (BFH III R 135/79 BStBl II 82, 496); anders bei **Tagegeldern,** die Einnahmeausfälle ausgleichen sollen (BFH VI R 216/72 BStBl II 76, 694).

Konzern. Wird ein ArbN auf Veranlassung der KonzernmutterGes zu einer anderen KonzernGes versetzt und wird er ArbN dieser Ges, hängt die Frage, ob damit sein (bisheriges) ArbVerh endet (Rz 7) und Sonderzahlungen als Abfindungen iSd § 24 Nr 1 Buchst a zu qualifizieren sind, davon ab, ob die wesentl Arbeitsbedingungen unverändert geblieben sind (BFH XI R 1/99 BFH/NV 00, 1195; BFH XI B 27/01 BFH/NV 01, 1551); s auch Rz 18, 20, 26 mwN. Erhebl Druck auf den ArbN Rz 6) kann vorliegen, wenn der ArbN seiner **Versetzung im Betrieb** (uU nach Änderungskündigung oder deren Androhung) oder seiner **Umsetzung im Konzern** (unter formeller Beendigung seines ArbVerh und Begründung eines neuen ArbVerh zu der anderen KonzernGes) zustimmt, auch wenn nach den Umständen wirtschaftl von einer Fortsetzung des ArbVerh auszugehen ist (bej BFH XI R 1/99 BFH/NV 00, 1195; Umstände des Einzelfalles entscheidend: BFH XI B 27/01 BFH/NV 01, 1551; vgl *BdF* BB 86, 512; *Seitrich* BB 87, 378).

Kündigung. Abfindungsvereinbarung anlässl Kündigung des ArbVerh durch den ArbG, auf Grund derer dem ArbN der Kapitalwert eines Nutzungsrechts an einer Dienstwohnung als Entschädigung zufließt, die er vom ArbG kauft (BFH VI R 135/84 BStBl II 88, 525). Anders wenn nach Kündigung seitens ArbG durch Prozessvergleich vor dem **Arbeitsgericht** die Verpflichtung zur Zahlung einer früher zugesagten Rente bestätigt wird (FG Nds EFG 91, 453). Bei Kündigung durch den ArbN keine Entschädigung, auch nicht wenn der neue ArbG die Entschädigung mit der Verpflichtung zur Beteiligung an einer ArbN-GmbH verbindet, auch wenn Rechte aus § 616a BGB abgefunden werden sollen (BFH XI R 18/05 BFH/NV 07, 2104; s oben Rz 7, 24, 25, 26).

Management-buy-out. Ein in diesem Zusammenhang ausgesprochener Darlehnsverzicht des früheren ArbG ist Entschädigung iSd § 24 Nr 1 Buchst a, wenn der ArbN die Tätigkeit für den bisherigen ArbG einstellt und dessen Geschäftsbetrieb erwirbt (BFH XI R 52/05 BFH/NV 07, 1857).

Optionsfristverlängerung iRd Aufhebungsvertrages ist keine Entschädigung (FG Hbg DStRE 09, 912).

Pensionsabfindung ist bei Kündigung des ArbVerh durch den ArbN keine Entschädigung nach § 24 Nr 1 Buchst a, wenn die Kündigung auf der privat (durch die Eheschließung) veranlassten Wohnsitzverlegung beruht (BFH X R 46/86 BStBl II 90, 1020). Zur Abfindung von Pensionsansprüchen auf Veranlassung des ArbG s Rz 7, 24–26.

Streikunterstützungen unterliegen nach BFH X R 161/88 BStBl II 91, 337 nicht der ESt.

Unfallentschädigung des ArbN kann § 24 Nr 1 Buchst a sein (FG Nds EFG 12, 1666, rkr; dazu Rz 9, 10; s auch Rz 32).

Urlaub. Erhält der StPfl aus Anlass der Beendigung seines ArbVerh eine Abfindung, mit der auch Urlaubsansprüche abgegolten werden, ist nach FG Köln (EFG 00, 173) eine einheitl Entschädigung iSd § 24 Nr 1 Buchst a anzunehmen, wenn der StPfl dem zustimmt, um eine fristlose Kündigung zu vermeiden. Dem ist mE nicht zuzustimmen; vielmehr liegt, soweit die Abfindung rechnerisch auf die Urlaubsansprüche entfällt, lfd Arbeitsentgelt vor (s Rz 7 und unter „Abfindung").

Verkaufsprämie. Eine Ausgleichszahlung aus Anlass der – *vertragl zugelassenen* – Einschränkung der Verkaufsprämie eines Gebietsverkaufsleiters ist keine (begünstigungsfähige) Entschädigung iSd § 24 Nr 1 Buchst a (FG BaWü EFG 88, 177, rkr).

Vorzeitige Vertragsbeendigung gegen Entschädigung begünstigt, auch wenn weitere Leistungen vereinbart werden (FG Nds EFG 91, 85).

Wahlrecht des Leistungsempfängers schließt die Annahme einer Entschädigung iSd § 24 Nr 1 Buchst a aus; s Rz 26.

Zusatzleistungen, soziale (s auch Rz 6). Werden neben einer Entschädigung soziale Zusatzleistungen gewährt, ändert dies an dem Charakter der Hauptleistung als Entschädigung nichts (BFH XI R 23/02 BFH/NV 03, 1489: nachträgl **Jubiläumszuwendung;** BFH XI R 1/02 BFH/NV 03, 769: nachträgl PKW-Überlassung), sofern diese nicht die Entschädigung betragsmäßig annähernd erreichen (BFH XI R 2/01 BFH/NV 02, 715). Entschädigung, aber kein ermäßigter Steuersatz nach § 34 I, wenn **Vorruhestandsgelder** über mehr als einen VZ hinaus gezahlt werden (BFH XI R 55/03 BStBl II 04, 1055). Unschädl für Vorliegen einer Entschädigung ist die auf Grund **Sozialplans** sich ergebende spätere Erhöhung der Entschädigung (BFH XI R 33/02 BStBl II 04, 715) oder **Fehlerkorrekturen** (BFH XI R 22/03 BFH/NV 04, 1226; vgl auch Rz 16 mwN; § 34 Rz 19).

28 **8. Entschädigungen bei anderen Einkunftsarten; § 24 Nr 1 Buchst a. – a) Kapitalvermögen. – aa) Grundsatz.** Im Bereich des § 20 sind steuerbegünstigte Entschädigungen selten. Die Rspr hat sich im Wesentlichen mit der Frage befasst, ob die Nachzahlung unterlassener Zinszahlungen für einen längeren Zeitraum (BFH VIII R 64/78 BStBl II 81, 6) oder Verzugszinsen, soweit sie die gesetzl Verzugszinsen übersteigen (BFH VIII R 39/79 BStBl II 82, 113), als Entschädigungen iSd § 24 Nr 1 Buchst a zu behandeln sind. Beides hat der BFH verneint.

29 **bb) Einzelfälle.** Nach BFH VIII R 64/78 BStBl II 81, 6 handelt es sich bei der **Nachzahlung unterlassener Zinszahlungen** für einen längeren Zeitraum nicht um eine Entschädigung, da Zahlungen, die bürgerl-rechtl Erfüllungsleistungen eines Rechtsverhältnisses sind, nicht zu den Entschädigungen zu rechnen sind für entgehende oder entgangene Einnahmen rechnen. Das gilt auch für den Fall, dass die Hauptleistung stfrei ist (zB nach § 3 Nr 8). Gleiches gilt für **Verzugszinsen**, unabhängig davon, ob sie über die gesetzl Verzugszinsen (§ 288 I BGB; § 352 I HGB) hinausgehen (BFH VIII R 79/91 BStBl II 95, 121) und für **Prozesszinsen wegen StErstattungsforderung** (BFH VI R 88/91 BFH/NV 93, 165). Zahlt eine **GmbH** einem ihrer **Ges'ter** einen Betrag zur Abgeltung von der Höhe nach noch

Entschädigungen

nicht festgestellten Gewinnansprüchen, gehört der Betrag zu den Einnahmen aus KapVerm (RFH RStBl 29, 610). Scheidet ein (typischer) **stiller Ges'ter** unter erhebl wirtschaftl Druck des Unternehmers aus einer HandelsGes aus, kann ein über den Betrag der stillen Einlage hinausgehender Abfindungsbetrag Entschädigung iSd § 24 Nr 1 Buchst a sein; ebenso bei Kündigung von Genussrechten (BFH VIII R 4/12 BStBl II 15, 647). Kein erhebl wirtschaftl Druck, sondern Handeln aus eigenem Antrieb ist gegeben, wenn der stille Ges'ter ausscheidet, weil ihm die Geschäftsführung zu riskant erscheint (BFH VIII R 126/82 BStBl II 84, 580 zu 3/a. **Freiaktien** sind zwar Einkünfte aus KapVerm, aber keine Entschädigung für früher nicht ausgeschüttete Gewinnanteile (RFH RStBl 40, 570).

b) Vermietung und Verpachtung. Abstandszahlungen eines (künftigen) 31 Mieters für die Entlassung aus einem Mietvorvertrag sind Entschädigungen iSd § 24 Nr 1 Buchst a (BFH VIII R 17/86 BStBl II 91, 76; IX R 32/90 BFH/NV 94, 308); desgleichen Abfindungszahlungen des Eigentümers an den Mieter zwecks anderweitiger Vermietung (BFH IX R 10/03 BFH/NV 05, 843; IX R 67/02 BFH/NV 05, 1044) und **Versicherungsleistungen** für Mietausfall infolge Zerstörung eines Gebäudes durch Brand (BFH IX R 36/86 BFH/NV 93, 472). Die **Nachzahlung von Pacht** für mehrere Jahre ist keine Entschädigung iSd § 24 Nr 1 Buchst a (FG Hbg EFG 83, 235; s auch Rz 8). Ersatz für entgangene Mieteinnahmen, der nach dem **Vermögensgesetz** als Teil der Entschädigung für Vermögensverluste gewährt wird, ist Entschädigung iSd Nr 1 Buchst a (BFH IX R 66/03 BStBl II 05, 480; *OFD Chemnitz* StEK EStG § 21 Nr 294: Entschädigung iSd § 24 Nr 1 Buchst a); so auch bei Vermietung eines Grundstücks durch FinVerw bei unklarer Vermögenslage und Auskehrung der Mieterträge nach Klärung der Rechtslage (BFH IX B 5/07 BFH/NV 07, 1628). Keine Entschädigung bei Ausgleich von VorSt-Rückzahlung, BFH IX R 58/10 BStBl II 12, 286 (s auch Rz 6, 15 „Erstattung von BA").

c) Renten; Altersvorsorgeverträge; Versorgungsausgleich. Eine **Rente,** die 32 die **Witwe** oder die sonstigen Hinterbliebenen erhalten, stellt keinen Ersatz für das Einkommen des Mannes aus der Ausübung seines Berufes dar. Die Hinterbliebenen haben kein eigenes Einkommen aus berufl Tätigkeit gehabt, das zu ersetzen ist (BFH IV 335/65 BStBl II 66, 458). Werden die Hinterbliebenen dafür entschädigt, dass sie ihren Ernährer durch einen **Unfall** verloren haben, ist die Entschädigung stfrei, wenn sie in einer Summe oder als Abfindung für eine Rente gezahlt wird (RFH RStBl 37, 110). **Mehrbedarfsrenten** § 843 I BGB sind nicht stbar sind und fallen deshalb nicht unter § 24 (BFH VIII R 79/91 BStBl II 95, 121). Das gilt auch für Schadenersatzrenten nach § 844 II BGB. Dem steht auch nicht entgegen, dass der Verpflichtete berechtigt sein konnte, seine Zahlungen nach § 10 I Nr 1a (aF) als dauernde Last abzuziehen. Da § 24 Nr 1 Buchst a nur Einkünfte erfasst, die einen Ersatz für andere stpfl Einkünfte darstellen, muss auch die Ersatzleistung, selbst wenn sie in wiederkehrenden Leistungen erbracht wird, stfrei bleiben, wenn die Grundleistung nicht stpfl ist (BFH VIII R 79/91 BStBl II 95, 121 zu II 1c). Dasselbe dürfte für die nach § 845 BGB zu zahlenden Renten gelten, die nicht an die Stelle finanzieller Unterhaltsleistungen, sondern gesetzl geschuldeter Arbeitsleistungen treten. Abfindung von **Altervorsorgeverträgen** sind keine Entschädigungen, aber ab 2018 nach § 32 II Nr 4 begünstigt (iEinz § 93 Rz 4). Abfindungszahlungen zum Ausschluss des **Versorgungsausgleichs** können ab 2015 mit Rücksicht auf die StPfl gem § 22 Nr 1a (s § 22 Rz 115) zu Entschädigungen führen (*Förster* BFH/PR 17, 188); zur differenzierten Rechtslage bis 2014 (Splitting/Quasi-Splitting/ schuldrechtl Ausgleich) s iEinz BFH X R 48/14 BStBl II 17, 383; zum Merkmal der Zwangslage s Rz 6.

d) Aufwandsentschädigung; Verdienstausfallentschädigung. Im Gegensatz 34 zur Aufwandsentschädigung ist eine Verdienstausfallentschädigung, die einem ehrenamtl tätigen Gemeindebürger (Stadtrat) für die Nachteile gewährt wird, die durch

§ 24 35–40   Entschädigungen, Nutzungsvergütungen u. Ä.

die Teilnahme an Sitzungen usw entstehen und die entweder nur durch das Nachholen versäumter Arbeit oder durch das Heranziehen einer Hilfskraft ausgeglichen werden können, nicht stfrei. Sie ist der Einkunftsart zuzurechnen, bei der der Verdienstausfall eingetreten ist (FG Nbg EFG 81, 89). Sie fällt auch unter § 24 Nr 1 Buchst a; jedoch ist § 34 I nur anwendbar, wenn eine Zusammenballung vorliegt (s § 34 Rz 12–20). Zu weiteren Erläuterungen s § 3.

35   **9. Entschädigungen nach § 24 Nr 1 Buchst b.** – **a) Gewinnbeteiligung; Anwartschaft.** Nr 1 Buchst b setzt die Aufgabe bzw die Nicht-Ausübung einer Tätigkeit voraus. Eine Tätigkeit wird „aufgegeben", wenn sie endgültig nicht mehr ausgeübt wird, dh wenn sie (zeitweilig) ruht (BFH VI R 67/74 BStBl II 76, 490). Tatbestandsalternative ist die Aufgabe einer Gewinnbeteiligung bzw einer Anwartschaft auf eine Gewinnbeteiligung. In Betracht kommen ledigl gesellschaftsrechtl Gewinnbeteiligungen, nicht auch solche auf schuldrechtl Grundlage (BFH XI R 50/99 BStBl II 02, 347; unten Rz 41, 42); eine MUerschaft ist aber nicht erforderl (BFH XI R 50/99 BStBl II 02, 347).

36   **b) Zweckrichtung.** Für eine Entschädigung iSd Nr 1 Buchst b kommt es darauf an, dass die nach der Vorschrift **tatbestandl Einkünfteausfälle** (Rz 35: Tätigkeitsaufgabe etc) eintreten *und* **dafür**, also **zweckgerichtet** (*HHR* § 24 Rz 48: final) ein Ausgleich geleistet wird. Dies ist bei einer Vertragsstrafe für eine verhinderte Bürogemeinschaft zu verneinen (FG Hess EFG 13, 37). Abl für **Corona-Hilfen** *FM SchlHol* DStR. 21, 2909 (s auch Rz 6; § 34 Rz 18). Die Entschädigungspflicht beruht idR auf einem Vertrag zw StPfl und Zahlendem. Weil die Entschädigung nach Nr 1 Buchst b als Ersatz **„für"** entgehende oder entgangene Einnahmen geleistet werden müssen, gelten – anders als für Nr 1 Buchst a – die Erfordernisse unfreiwilliger oder erzwungener Entstehung des Entschädigungsanspruchs und einer *neuen* Rechts- oder Billigkeitsgrundlage (Rz 6 ff) nicht (BFH XI R 10/92 BStBl II 93, 497). Es kommt auch nicht darauf an, ob die Entschädigung sich derselben Einkunftsart zuordnen lässt, wie der früheren Einkünfte (zB für ein selbstständiges Wettbewerbsverbot s Rz 39). Für die **Abgrenzung** zw § 24 Nr 1 Buchst a und 1b besteht keine klare Trennungslinie (BFH IV R 43/74 BStBl II 79, 9); s *Gosch* StBp 96, 275; *Weber-Grellet* DStR 96, 1993, jeweils mwN.

38   **c) Betriebsverlegung.** Eine bloße Betriebsverlegung ist keine Einstellung der Tätigkeit (BFH IV 365/62 U BStBl III 65, 12); eine Zahlung wegen zeitweiliger Nichtnutzbarkeit des Kundenstamms kann aber Entschädigung iSd Nr 1 Buchst a sein (vgl BFH VIII R 159/83 BFH/NV 88, 227).

39   **d) Wettbewerbsverbot.** Eine Abfindung, die durch Ausübung einer im Arb-Vertrag begründeten Option zur Vertragsbeendigung entsteht und mit einem Wettbewerbsverbot verbunden ist, ist Entschädigung nach Nr 1 Buchst b (BFH VI R 28/84 BStBl II 87, 106); ebenso BFH VI R 230/83 BStBl II 87, 386 für ein im ArbVertrag begründetes Wettbewerbsverbot, für das nach Beendigung des ArbVerh eine **Karenzentschädigung** gezahlt wird. Auch Entgelte für vertragl begründete umfassende, also eine selbständige Unterlassungspflicht begründende Wettbewerbsverbote, die zu Einkünften iSd § 22 Nr 3 führen, sind Entschädigungen iSd Nr 1 Buchst b (BFH IX R 86/95 BStBl II 99, 590; BFH IX R 76/99 BFH/NV 03, 1161; *Weber-Grellet* DStR 96, 1993; *Hutter* DStZ 96, 641; *Gosch* StBp 96, 275); das Erfordernis zeitl Begrenzung des Wettbewerbsverbots, auf das der BFH mit abstellt, ist mE verfehlt. Zum Wettbewerbsverbot bei Betriebsveräußerung s Rz 42.

40   **e) Tätigkeitseinstellung des Arbeitnehmers** (vgl Rz 35). Der Leistende muss ein Interesse an der Unterlassung der (bisherigen) Einkünfteerzielungstätigkeit des Empfängers haben (BFH XI R 21/88 BFH/NV 92, 646). Eine Abfindung für die **Aufgabe einer Tätigkeit** liegt deshalb dann vor, wenn es dem ArbG nicht nur auf die Beendigung des ArbVerh (dazu FG Mchn DStRE 14, 1180, rkr),

sondern – zB aus Wettbewerbsgründen – darauf ankommt, dass der ArbN seine Tätigkeit überhaupt aufgibt; *Beispiel:* Abfindung nach dem Tarifvertrag für frühzeitiges Ausscheiden aus dem Dienst (BFH VI R 28/84 BStBl II 87, 106). Die Aufnahme einer Tätigkeit für einen anderen ArbG ist strechtl unschädl. – Abfindungen, die ArbN auf Grund **rationalisierungsbedingter Umsetzung** auf Arbeitsplätze mit geringer entlohnter Tätigkeit innerhalb des Betriebs gezahlt werden, können Entschädigungen iSd Nr 1 Buchst b sein (vgl auch Rz 26 aE).

f) Kapitalvermögen. Eine Zahlung für die **Aufgabe einer (typischen) stillen Beteiligung** ist Entschädigung iSd Nr 1 Buchst b, wenn dem Unternehmer ggü dem stillen Ges'ter kein Kündigungs- oder Auflösungsrecht zustand und die Zahlung nicht der Abgeltung anderer Forderungen des stillen Ges'ters galt (BFH VIII R 126/82 BStBl II 84, 580 zu 3. b); ebenso BFH VIII B 156/94 BFH/NV 96, 125 zur Abfindung einer ererbten stillen Beteiligung. **41**

g) Abgrenzung von Veräußerungsgewinnen. Bei den **unternehmerischen Einkünften** haben die Vorschriften der §§ 14, 16, 17 und 18 III Vorrang vor § 24 Nr 1 (BFH IV 360/60 U BStBl III 62, 220). Daher handelt es sich nicht um eine Entschädigung für die Aufgabe einer Tätigkeit, wenn ein ausscheidender Ges'ter einer PersGes eine sein KapKto übersteigende Abfindung mit der Maßgabe erhält, innerhalb eines bestimmten Zeitraums jeden Wettbewerb zu unterlassen (RFH RStBl 32, 681), weil insoweit idR § 16 eingreift (vgl § 16 Rz 276). Das Entgelt für **Konkurrenzverzicht** oder **Wettbewerbsverbot** kann aber dann als eine Entschädigung iSd § 24 Nr 1 Buchst b mit dem ermäßigten Steuersatz versteuert werden, wenn es dazu bestimmt ist, den Verlust zu erwartender Einnahmen auszugleichen (Rz 39; s auch BFH VIII R 38/72 BStBl II 77, 198). Dies kann wegen der unterschiedl Rechtsfolgen, die sich nach § 34 I, III ergeben können, bedeutsam sein. Keine Entschädigung ist das Entgelt für die Veräußerung eines **Milchlieferungsrechts** (BFH IV B 91/06 BFH/NV 07, 1853); anders mE die Milchaufgabevergütung, wenn die Milchproduktion aufgegeben wird (vgl BFH IV R 42/99 BStBl II 03, 67 zu 3). **42**

h) Übergangsgelder. Gelder, die dem Angehörigen eines freien Berufs bei Beendigung eines Ehrenamtes in einer Standesorganisation als Ausgleich für die (noch) fortwirkenden Beeinträchtigung seiner Praxis durch die ehrenamtl Tätigkeit gezahlt werden, fallen unter § 24 Nr 1 Buchst b (*Balmes* INF 85, 177). **43**

10. Ausgleichszahlungen an Handelsvertreter, § 24 Nr 1 Buchst c. Ausgleichszahlungen nach § 89b HGB aF/nF (dazu Rz 45) gehören beim Empfänger zum lfd, der GewSt unterliegenden Gewinn (nicht zum Veräußerungsgewinn iSd § 16), auch wenn ihre Gewährung mit der Aufgabe des Betriebs oder der Beendigung der Tätigkeit zusammenfällt BFH IV R 37/08 BFH/NV 11, 1120: Versicherungsvertreter; BFH X B 142/15 BFH/NV 16, 1030: § 89b HGB; s dazu Rz 45; § 16 Rz 310; **aA** zu § 89b HGB nF *Daragan* DStR 21, 1735); andere Abfindungen können Entschädigungen nach § 24 Nr 1 Buchst a oder b sein (vgl Rz 15 *Handelsvertreter*). § 24 Nr 1 Buchst c hat deshalb allein die Bedeutung, die Anwendbarkeit eines ermäßigten EStTarifs (§ 34 II Nr 2) zu ermöglichen. Vorabentschädigungen/Vorauszahlungen für Ausgleichsansprüche gem § 89b HGB (dazu *Hopt* HGB § 89b Rz 70) sind mangels zusammengeballten Zuflusses nicht nach § 34 tarifbegünstigt (BFH X R 12/13 BFH/NV 16, 898; s auch Rz 15). Auch die Entschädigung nach § 24 Nr 1 Buchst c unterfällt nur bei Zahlung in einem Betrag § 34 I (Rz 12; § 34 Rz 17 ff). Um eine Ausgleichszahlung iSv § 24 Nr 1 Buchst c handelt es sich nur dann, wenn die Zahlung ihre **Rechtsgrundlage** in § 89b HGB oder seiner analogen Anwendung (BFH VIII R 21/97 BStBl II 00, 220) hat. **44**

a) § 89 HGB – Anspruch. Er setzt voraus, dass der Unternehmer nach Ende des Vertretervertrages aus der Geschäftsverbindung mit vom Handelsvertreter ge- **45**

worbenen neuen Kunden erhebl Vorteile hat (§ 89 I 1 Nr 1 HGB). Nach der ausdrückl Regelung in § 89b I 1 Nr 2 HGB aF musste der Handelsvertreter infolge der Vertragsauflösung **Provisionen verlieren.** Aufgrund der Änderung des § 89b HGB (Anpassung an eine EU-Handelsvertreterrichtlinie) ist diese Voraussetzung (nur noch) ein hervorgehobener Aspekt der Billigkeitsprüfung gem § 89 I 1 Nr 2 HGB nF (s iEinz MünchKommHGB § 89b Rz 92 ff; ; *Daragan* DStR 21, 1735; Rz 44). Die (Vermittlungs-/Abschluss-)Provisionen müssen ihre Grundlage haben in älteren (in der Vertragszeit zustande gekommenen) Abschlüssen oder in künftigen Abschlüssen mit von dem Handelsvertreter geworbenen Kunden. Nicht dazu gehören Provisionen für andere Tätigkeiten, zB Inkasso, Bestandspflege und Verwaltung. – § 24 Nr 1 Buchst c greift auch bei **analoger Anwendung** des § 89b HGB ein (BFH VIII R 21/97 BStBl II 00, 220). Gem § 89b V HGB gilt dies auch für **Versicherungsvertreter** (BFH IV R 37/08 BFH/NV 11, 1120) und – wie aus § 92 V HGB ableitbar – auch für **Bausparkassenvertreter,** für Ausgleichszahlungen, die ein **Kommissionsagent** oder ein **Eigenhändler** erhält (BFH IV R 76/70 BStBl II 74, 295). Die Voraussetzungen des § 24 Nr 1 Buchst c sind auch gegeben, wenn der Ausgleichsanspruch auf einer dem § 89b HGB entspr Vorschrift **ausl Rechts** beruht (FG Ddorf EFG 97, 668) oder wenn **Kfz-Vertragshändler** analog § 89b HGB eine Ausgleichszahlung erhält (BFH VIII R 21/97 BStBl II 00, 220). Um eine begünstigte Ausgleichszahlung iSd § 89b HGB handelt es sich nicht, wenn ein Nachfolgevertreter auf Grund eines selbstständigen Vertrages mit seinem Vorgänger dessen Handelsvertretung oder Teile davon gegen Zahlung einer bestimmten Geldsumme erwirbt (BFH X R 86/91 BFH/NV 93, 412). Leistet ein Unternehmer dem ausscheidenden Handelsvertreter eine Zahlung, die der Entschädigung für den Verlust aus Rechten gem § 87 II HGB (Bezirksprovision, Kundenkreis) dient, dann ist das gleichfalls keine Ausgleichszahlung, kann aber nach § 24 Nr 1 Buchst a begünstigt sein (Rz 15 „Handelsvertreter").

47 **b) Wettbewerbsverbot.** Eine Ausgleichszahlung nach Nr 1 Buchst c liegt auch dann nicht vor, wenn der Unternehmer dem Handelsvertreter für ein Wettbewerbsverbot (§ 90a HGB) eine Entschädigung zahlt. Diese fällt allerdings unter § 24 Nr 1 Buchst b (Rz 39; BFH XI R 43/94 BStBl II 96, 516).

48 **c) Betriebliche Altersversorgung.** Wird einem Handelsvertreter betriebl Altersversorgung in Gestalt einer Betriebsrente gewährt (vgl § 17 I 2 BetrAVG), liegen insoweit grds nachträgl Einkünfte iSd § 24 Nr 2 vor, soweit dadurch der Ausgleichsanspruch entfällt (vgl § 89b I Nr 2 HGB); so BFH IV R 174/73 BStBl II 76, 487; s auch Rz 75; zweifelnd *Blencke* StRK Anm EStG § 24 Nr 2 R 11. Zur Ermittlung des Betrages einer Entschädigung iSd § 24 Nr 1 Buchst c sind die mit der Entschädigung in unmittelbarem Zusammenhang stehenden **BA/WK** abzuziehen; s dazu Rz 13.

III. Nachträgliche Einkünfte, § 24 Nr 2

50 **1. Zweck der Vorschrift.** § 24 Nr 2 schließt es aus, von der Besteuerung abzusehen, weil eine Einkünfteerzielungstätigkeit aufgegeben oder ein Rechtsverhältnis, das der Einkünfteerzielung diente, beendet ist und Einnahmen erst nachträgl eingehen; insofern grenzt die Vorschrift die sachl StPfl ab.

51 **a) Konstitutive Wirkung.** Für nachträgl Einkünfte begründet § 24 Nr 2 ferner die **subj StPfl des Rechtsnachfolgers** (s dazu Rz 66 ff). Zum Ausschluss der *Verlustverrechnung* s Rz 52. Grds schuldet ESt nur, wer den gesetzl Einkünfteerzielungstatbestand verwirklicht hat (§ 2 Rz 18, 19). Stirbt der StPfl, bevor ihm die Einnahmen, die mit einer Tätigkeit oder auf Grund eines Rechtsverhältnisses erzielt werden sollten, zugeflossen sind (§ 11 I 1, also in den Fällen des § 2 I Nr 4–7 und des § 2 I Nr 1–3 bei Gewinnermittlung nach § 4 III oder § 13a VI), hat er den Tatbestand (noch) nicht verwirklicht. Fließen die Einnahmen aus der ehem Tätig-

keit oder dem früheren Rechtsverhältnis dem Rechtsnachfolger (s Rz 68 ff) des Verstorbenen zu, hat auch er den Tatbestand der Einkünfteerzielung nicht verwirklicht. Diese **Besteuerungslücke** schließt § 24 Nr 2 dadurch, dass die Verwirklichung von Tatbestandsmerkmalen durch den Rechtsvorgänger dem Rechtsnachfolger zugerechnet wird (BFH GrS 2/04 BStBl II 08, 608: „Tatbestandsverklammerung"; *Heinicke* DStJG 10 [1987], 102; enger FG Köln EFG 15, 1923, rkr, s Rz 69); dadurch unterscheidet sich § 24 Nr 2 von § 45 AO, der Entstehung der StSchuld in der Person des Rechtsvorgängers voraussetzt. Fließt dem Erben der Veräußerungserlös aus der vom Erblasser als MUer durch Ges'terbeschluss mitveranlassten Anteilsveräußerung zu, ist der Erbe zwar StSchuldner iSd § 24 Nr 2, es handelt sich aber bei der darauf entfallenden Steuer um eine **Erbfallschuld** des Erblassers, so dass die Begrenzung der **Erbenhaftung** nicht ausgeschlossen ist (BFH VII R 118/95 BStBl II 1998, 705).

b) Ergänzungsfunktion. Sie bedeutet, dass § 24 Nr 2 **subsidiär** gilt im Verhältnis zu den allg Grundsätzen der Tatbestandsverwirklichung als Voraussetzung der Entstehung der ESt (vgl § 2 Rz 18), des Rückwirkungsverbots (§ 2 Rz 41) und der Unbeachtlichkeit der Einkommensverwendung für die Besteuerung (§ 12); vgl *Heinicke* DStJG 10 (1987), 108, 109. BFH GrS 2/04 BStBl II 08, 608 beschränkt § 24 Nr 2 auf Fälle der gespaltenen Tatbestandsverwirklichung (Rz 51) und **verneint** eine analoge Anwendung auch für den **Verlustübergang im Erbfall**. Dies ist mE vor allem wegen des Bruchs mit einer jahrzehntelangen Rspr, also deren Stetigkeit, zu kritisieren. Zu weiteren Kritikpunkten s § 10d Rz 14 sowie *Schmidt* 30. Aufl § 24 Rz 52 (indirekte Diskriminierung älterer Menschen in ihrer Berufswahl/-ausübung). Zu § 15a s aber § 15a Rz 168 und § 16 Rz 590.

2. Einkünfte aus ehemaliger Tätigkeit. Sie sind bzgl der in § 2 I Nr 1–4 genannten Einkunftsarten mögl. Es besteht Identität mit der Einkunftsart, zu der die aufgegebene Tätigkeit gehörte. Einkünfte aus einer ehem Tätigkeit liegen dann vor, wenn die Einkünfte in wirtschaftl Zusammenhang mit der ehem Tätigkeit stehen, insb ein Entgelt für die iRd ehem Tätigkeit von dem StPfl erbrachten Leistungen darstellen (BFH IV R 174/73 BStBl II 76, 487). Hierzu können als nachträgl BE auch nach BetrAufgabe/-veräußerung **zurückbehaltene** (Honorar-)**Forderungen** gehören (iEinz § 16 Rz 106, § 18 Rz 232). Nachträgl Zahlungen unter Ges'tern oder Rechtsnachfolgern für eine in vorangegangenen Jahren **unrichtige Gewinnverteilung** können auch dann Einkünfte aus ehem gewerbl Tätigkeit sein, wenn der StAnspruch für den ursprüngl Gewinnanteil verjährt ist (FG BaWü EFG 72, 171).

a) Gewinnänderung. Vermindert sich nach Betriebsaufgabe/-veräußerung eine **Verbindlichkeit**, für die während des Bestehens des Betriebs als Rückstellung bilanziert wurde, erhöht der Minderungsbetrag nachträgl den Veräußerungsgewinn (BFH GrS 2/92 BStBl II 93, 897). Entsprechendes gilt, wenn der **Veräußerungspreis** sich nachträgl ändert (Rz 56f). Der Veräußerungsgewinn ist neu zu ermitteln und ggf die Veranlagung des Jahres der Betriebsaufgabe/-veräußerung nach § 175 I 1 Nr 2 AO zu ändern. IEinz s § 16 Rz 335 ff. Wird allerdings für den Gewinn aus der Veräußerung eines Betriebes (Schiff) eine Rücklage nach **§ 6b** gebildet, führt die spätere Auflösung der Rücklage zu (nicht tarifbegünstigten) nachträgl Einkünften gem § 24 Nr 2 (BFH IV R 150/78 BStBl II 82, 348).

b) Renten. Erhält ein früherer RA eine **betriebl Versorgungsrente**, liegen insoweit nachträgl Einkünfte iSd § 18 vor (Rz 53; BFH XI R 60/03 BeckRS 2006, 25010407). Wird bei der Auflösung eines Handelsvertreterverhältnisses hinsichtl der bereits vermittelten, aber noch nicht ausgeführten Geschäfte vereinbart, dass der Provisionsanspruch geteilt wird und der **Handelsvertreter** seinen Anteil bei Ausführung des Geschäfts erhält, hat er den Betrag bei Zufluss als nachträgl lfd BE zu versteuern, also keine Aktivierung iVm Besteuerung nach §§ 16, 34 (FG SchlHol EFG 80, 394; Rz 69). **Versorgungsanwartschaftsrechte** (§ 17 I 2 BetrAVG) eines Handelsvertreters dürfen nicht aktiviert werden; die Versorgungsleistungen sind lfd nachträgl Einkünfte (BFH I R 44/83 BStBl II 89, 323; FG Thür DStRE 18, 1345, rkr; s auch Rz 69), nicht aber Leistungen aus LV (BFH III R 41/14 BFH/NV 17, 803). – Bezüge aus **betriebl Hinterbliebenenversorgung** (MUer einer PersGes) sind Sondervergütungen iSd § 15 I Nr 2 (s § 15 Rz 585). Scheidet ein Ges'ter aus einer **PersGes** gegen Abfindung aus und besteht Streit über die Höhe der Abfindung, führt auf vergleichsweiser Beilegung des Streits beruhende nachträgl **Erhöhung der Abfindung** nicht zu nachträgl Einkünften, sondern ist Teil des Veräußerungsgewinns (BFH GrS 2/92 BStBl II 93, 897; *Bordewin* FR 94, 555; Rz 54). – Wird einem RA für seine **Beratungstätigkeit** eine bis zu seinem bzw seiner Ehefrau Tod zu zahlende **Leibrente** zugesagt, gehören die einzelnen Zahlungen zu nachträgl freiberufl Einkünften (BFH IV R 61/85 BStBl II 87, 597).

57 c) **Art des Entgelts.** Wird ein Betrieb gegen **lfd Bezüge** veräußert, stellen diese lfd Bezüge nachträgl Einkünfte iSd § 24 Nr 2 dar. Wird dagegen ein Betrieb gegen **festen Kaufpreis** und **Leibrente** veräußert, wird für den durch den festen Kaufpreis realisierten Veräußerungsgewinn die Tarifvergünstigung des § 34 gewährt. Dem Veräußerer steht ein Wahlrecht hinsichtl der Besteuerung bei Veräußerung gegen lfd Bezüge zu (iEinz § 16 Rz 240ff).

58 d) **Erweiterte Honorarverteilung.** Bezüge eines **Kassenarztes** aus erweiterter Honorarverteilung der kassenärztl Vereinigung gehören zu den nachträgl Einkünften aus selbstständiger Arbeit, auch wenn der Arzt als Kassenarzt nicht mehr tätig ist (BFH IV R 112/71 BStBl II 77, 29; FG SchlHol EFG 14, 1191, rkr).

60 e) **Arbeitnehmer. Rechtsnachfolger** von ArbN gelten selbst als ArbN, soweit sie Bezüge aus dem früheren DienstVerh ihres Rechtsvorgängers erhalten (§ 19 I Nr 2, II). S auch § 19 Rz 50 „Früheres DienstVerh". Einkünfte aus einem **ehemaligen ArbVerh** liegen nicht vor, wenn der ArbG zur Abgeltung von Gehaltsansprüchen eine Forderung an Zahlung Statt (§ 364 BGB) mit der Folge des Erlöschens des Schuldverhältnisses an den ArbN abtritt. Wenn der ArbN später mehr als den für die abgetretene Forderung angesetzten Wert erhält, ist das auf die Höhe des ArbLohnes ohne Einfluss. Hierbei handelt es sich um einen Vorgang im Bereich des Vermögens des ArbN (BFH VI 137/65 BStBl III 66, 394). Wird dem ArbN von seinem ArbG ein **Optionsrecht** auf spätere Zahlungen eingeräumt, das beim Tode des ArbN auf seine **Witwe** übergehen soll, ist die Witwe Rechtsnachfolgerin hinsichtl der Optionsberechtigung, auch wenn sie nicht Erbin des ArbN wird; auch wenn sie das Optionsrecht den Erben zur Ausübung abtritt, hat sie den Zufluss gem § 24 Nr 2, § 19 I Nr 3 EStG, § 1 I 2 LStDV zu versteuern (*Heinicke* DStJG 10 [1987], unter III 5 Fn 43, 63).

63 3. **Einkünfte aus ehemaligem Rechtsverhältnis.** – a) **Grundsätze.** Sie betreffen die in § 2 I Nr 5–7 genannten Einkunftsarten, vor allem Einkünfte aus früheren Miet- oder Pachtverhältnissen oder einem früher vorhandenen KapVerm.

64 b) **Einzelfälle.** Die isolierte **Abtretung von Mietforderungen** ändert nichts daran, dass der Zedent (Abtretende) diese als Einkünfte bezieht, wenn sie dem Zessionar (Abtretungsempfänger) zufließen (s Rz 66; s auch § 21 I Nr 4 für im Veräußerungserlös enthaltene Mietzinsforderungen; BFH I R 190/81 BStBl II 86, 815). Anders kann dies zu beurteilen sein, wenn die Abtretung mit der Übertragung des zur Erzielung von Einkünften nach § 20 eingesetzten **KapVerm** einhergeht. Insoweit ist (zB bei Aktien) § 20 V zu beachten; hierzu sowie zur Frage, ob iÜ die KapEinkünfte besitzanteilig zuzurechnen sind s § 20 Rz 166ff.

66 4. **Zufluss beim Rechtsnachfolger.** § 24 Nr 2 findet auch Anwendung, wenn die unter Rz 53–64 genannten Einkünfte einem Rechtsnachfolger zufließen (Rz 51). Rechtsnachfolger ist jeder Gesamt- und Einzelrechtsnachfolger (Erbe,

Zessionar, Berechtigter aus einem Vertrag zu Gunsten Dritter, FG Hbg EFG 92, 265; BFH VIII B 111/93 BStBl II 94, 455; BFH X R 14/94 BStBl II 96, 287), dem die Einkünfte (Einnahmen) nach dem Tode des bisherigen StPfl zufließen (zum Zufluss s § 8 Rz 7, 8); Rechtsnachfolger isd § 24 Nr 2 ist nicht, wem Einnahmen kraft – entgeltl oder unentgeltl – Rechtsgeschäfts unter Lebenden während der Lebenszeit des früheren Rechtsinhabers zufließen. Weitergehend BFH IV R 174/73 BStBl II 76, 487; BFH VIII R 160/81 BStBl II 82, 540 zu 4b: Auch während der Lebenszeit des Veräußernden können einzelne Übertragungen (Abtretung, Vertrag zu Gunsten Dritter) für die Zeit vor Übertragung – gleichsam rückwirkend – Erträge dem Erwerber als Rechtsnachfolger zugerechnet werden; s Rz 64.

a) Abgrenzung. Die Einbeziehung des Zuflusses an den Rechtsnachfolger in § 24 Nr 2 (s Rz 51) ändert nichts daran, dass der StPfl sich zu seinen Lebzeiten nicht durch vertragl Gestaltungen seiner StPfl entziehen kann. Deshalb machen Rechtserwerbe unter Lebenden den Erwerber nicht zum Rechtsnachfolger des Veräußerers, soweit der Erwerb bereits vor dem Veräußerungsakt begründete StAnsprüche betrifft (s Rz 51, 52 sowie *Heinicke* DStJG 10 [1987], unter III 5, 6). 67

b) Rechtsfolge. Dem Rechtsnachfolger zufließende nachträgl Einkünfte sind ihm als **eigene Einkünfte** zuzurechnen, dh sie gehen in den Gesamtbetrag der von ihm erzielten Einkünfte ein; die vom Rechtsvorgänger (zB Erblasser) erzielten Einkünfte werden nicht nachträgl erhöht (*Stadie* Persönl Zurechnung, 75f mwN). Hinsichtl der Bestimmung der Einkunftsart ist auf die Verhältnisse des Rechtsvorgängers abzustellen (BFH X R 14/94 BStBl II 96, 287). Der Tod eines Unternehmers hat nicht zur Folge, dass das BV bei seinen Erben in das PV übergeht (s § 6 III; BFH IV R 29/91 BStBl II 93, 36). 68

c) Einzelfälle. Veräußert der Erbe die vom Erblasser als freiberufl Erfinder entwickelten **Patente** gegen Leibrente, ist die Rente, soweit sie den Buchwert der Patente übersteigt, als lfd Betriebseinnahme (§§ 18 I, 24 Nr 2), nicht aber als private Veräußerungsrente nur mit dem Ertragsanteil zu versteuern. Etwas anderes gilt nur, wenn die Patente durch Entnahme vor der Veräußerung aus dem PV überführt worden waren. Veräußert der Erbe WG des erebten BV, erzielt er gleichfalls Einkünfte der näml Einkunftsart, also bei Verkauf von **Bildern,** die ein künstlerisch tätiger Maler geschaffen hat, solche iSd §§ 18, 24 Nr 2 (BFH IV R 16/92 BStBl II 93, 716). Zu den nachträgl Einnahmen gehören auch die nach dem Tode eines Freiberuflers eingehenden **Honorare/Gewinnanteile** (RFH VI A 1862/29 RStBl 30, 269; RFH 1958/29 RStBl 30, 581; FG Ddorf EFG 14, 266 rkr: entgeltl Übertragung/Verzicht auf Urheberrechte); ebenso Verwertungsentgelte zB von der **GEMA** oder der **VG-Wort** (BFH IV R 62/93 BStBl II 95, 413). Insgesamt **aA** aber FG Köln EFG 15, 1923, rkr: § 18 nur, wenn Einkünfte lediglich nach Erbfall zufließen, § 15 hingegen bei eigener Erfüllungsleistung/Verwertungshandlung der Erben. 69

5. Nachträgliche Betriebsausgaben/Werbungskosten. – a) Grundsätze. Unter § 24 Nr 2 fallen nicht nur Einnahmen, sondern auch nachträgl anfallende BA/WK (s auch § 4 Rz 486 ff; § 9 Rz 40 ff). Nachträgl Veränderungen, die sich dadurch ergeben, dass der Veräußerungs-/Aufgabegewinn zu hoch oder zu niedrig ermittelt worden sind, werden als rückwirkende Ereignisse aufgefasst, die eine Änderung des Gewinns iSd § 16 und der diesbezügl Bescheide rechtfertigen (Rz 54 f; § 16 Rz 335 ff). Sind Verbindlichkeiten in die **Schätzung des Gewinns** eines früheren Wj eingegangen, ist ihr Abzug als BA nach Einstellung des Betriebs im Jahr der Zahlung ausgeschlossen (BFH X B 168/95 BFH/NV 97, 348). Zu „nachträgl" BV (Forderungen, Verbindlichkeiten, schwebende Geschäfte) nach Betriebsaufgabe s § 16 Rz 348 ff. Insb auf „zurückbehaltene", ehemals betriebl veranlasste Schulden gezahlte **Zinsen** können **als nachträgl BA** abzugsfähig sein (s auch Rz 73). Das gilt im Falle der **Betriebsaufgabe/-veräußerung,** soweit 72 die Schulden nicht aus dem Erlös des verwerteten BV und durch Einsatz zurückbehaltener WG getilgt werden konnten, weil dann der betriebl Zusammenhang zur Entstehung der Schuld (noch) nicht gelöst ist (BFH X R 15/04 BStBl II 07, 642). Das gilt für **SonderBV** nur soweit, als den MUer auch die Verbindlichkeiten (nur) persönl trafen (BFH X R 60/99 BFH/NV 03, 900). Wird ein WG des (ehemaligen) SonderBV nach Betriebsbeendigung durch Vermietung genutzt, sind Schuldzinsen aus vormaligen Betriebsschulden, für die der (ehemalige) MUer als **Bürge** haftet nachträgl BA iSd § 24 Nr 2, auch wenn eine Umschuldung vorgenommen wurde (BFH X R 60/99 BFH/NV 03, 900). Bei **Einbringung** eines **Einzelunternehmens** in eine PersGes ergeben sich aus § 24 Nr 2 keine Einschränkungen des Schuldzinsenabzugs, weil die Tätigkeit des bisherigen Einzelunternehmers nicht beendet wird (BFH XI R 26/98 BFH/NV 00, 11; unten Rz 73). Zu nachträgl Gewinn/Verlusten nach Übergang zu einem sog **Liebhabereibetrieb** s § 16 Rz 156, 356; hierzu gehören nach der Rspr auch Kreditzinsen, wenn die auf die Betriebszeit entfallenden Kredite aus Betriebsmitteln (einschließl evtl Veräußerungserlöse) nicht beglichen werden konnten (BFH XI R 58/04 BFH/NV 07, 434).

73 **b) Einzelfragen.** Bestehen hinsichtl des Verwertungserlöses **Auszahlungshindernisse** oder hinsichtl des zurückbehaltenen Aktivvermögens **Verwertungshindernisse**, gehören die wegen der deshalb **verzögerten Tilgung** der Schulden entstehenden **Zinsen** ebenfalls zu den nachträgl BA (BFH X R 15/04 BStBl II 07, 642: Unterbleibt bei Betriebsaufgabe Veräußerung des Wohnhauses zwecks Schuldentilgung für betriebl Räume, soll kein obj Verwertungshindernis vorliegen; mE fragl). Das gilt auch, wenn bei Betriebsveräußerung der Rentenberechtigte der Ablösung einer bei Betriebserwerb begründeten **Rentenverpflichtung** nicht zustimmt, so dass der Zinsanteil (= Rentenzahlungen minus Barwertminderung) BA bleibt (BFH XI R 46/98 BStBl II 00, 120). Auch im Falle der **Betriebsveräußerung** (BFH III R 87/96 BStBl II 99, 313), der **Veräußerung eines PersGes-Anteils** (BFH VII K 8/84 BStBl II 85, 323) oder der **Einbringung** eines Einzelunternehmens gegen Gewährung von GesRechten in eine GmbH unter Zurückbehaltung betriebl Verbindlichkeiten (BFH VIII R 5/96 BStBl II 99, 209) sind die Zinsen für die verbliebenen Verbindlichkeiten abzugsfähig. Zu weiteren Einzelfragen s § 16 Rz 349. Nachträgl WK aus **VuV** liegen auch vor, wenn das Besitzunternehmen nach **BetrAufsp** nach Betriebsaufgabe der BetriebsGes deren Verbindlichkeiten, zu deren Besicherung Grundpfandrechte auf Grundstücken des Besitzunternehmens eingetragen sind, nach **Umschuldung** iRe nunmehr aufgenommenen Vermietungstätigkeit Zins- und Tilgungsleistungen erbringt (BFH X R 104/98 BFH/NV 02, 163). Keine nachträgl BA sind nach BFH XI R 98/96 BStBl II 98, 144 **Schuldzinsen** für einen sich bei der **Übertragung eines Betriebes** ergebenden Ausgleichsbetrag zu Lasten des Übertragenden, weil die Verbindlichkeit nicht während der Inhaberzeit des Übertragenden begründet wurde, sondern anlässl der Veräußerung entstanden sei. Wird die Entstehung der Ausgleichsschuld in einem solchen Fall dadurch vermieden, dass bei der Zurückbehaltung des Grundstücks die für dessen Anschaffung eingegangenen Kreditverpflichtungen gleichfalls zurückbehalten werden und wird das Grundstück durch Vermietung genutzt, so bleiben die Schuldzinsen abzugsfähig, weil sich für den StPfl wirtschaftl nichts Wesentliches ändert (BFH X R 96/95 BStBl II 99, 353). Der (ehem) Ges'ter einer **liquidierten PersGes** kann Zinsen für Verbindlichkeiten der PersGes und solche, die mit seinem (ehem) **SonderBV** wirtschaftl zusammenhängen, als nachträgl BA abziehen, wenn und soweit die Zinsverbindlichkeiten in der Liquidationsbilanz nicht berücksichtigt sind; da ihm sein SonderBV bei der Liquidation der PersGes zurückzugeben ist, darf er die Zinsen für Ges-Verbindlichkeiten, deren Tilgung für den Ges'ter BA wären, auch abziehen, wenn er die WG seines SonderBV zur Tilgung der Schuld nicht einsetzt (BFH VIII R 18/92

BStBl II 96, 291). Zum BA-Abzug für Zinsen nach **Insolvenzeröffnung** s BFH X R 25/12 BStBl II 16, 391.

c) Überschusseinkünfte. Dazu, ob Aufwendungen, die nach Aufgabe der auf Einkunftserzielung gerichteten Tätigkeit entstehen, als **nachträgl WK** zu berücksichtigen sind, s § 9 Rz 99. Zu Einkünften aus **KapVerm** s § 20 Rz 26; § 32d Rz 9. Zur **Umwidmung** von Darlehen s § 9 Rz 147. 75

IV. Nutzungsvergütungen für Inanspruchnahme von Grundstücken zu öffentl Zwecken, § 24 Nr 3

1. Allgemeines. Die Vorschrift erweitert nicht die Steuerbarkeit (FG BBg DStR-E 15, 850 rkr, mwN), sondern grenzt die Entschädigungen und Vergütungen nebst zugehöriger Zinsen aus der entspr Einkunftsart aus, um insoweit die ermäßigte Besteuerung nach § 34 I zu ermöglichen. Nutzungsvergütung idS ist auch eine auf Grund eines Besitzeinweisungsbeschlusses zu leistende Entschädigung für Eigentumsbeschränkungen (BFH IX R 19/90 BStBl II 94, 640). 80

2. Inanspruchnahme. Der Begriff der Inanspruchnahme für öffentl Zwecke ist nicht eng auszulegen. Ein formelles **Enteignungsverfahren** ist nicht Voraussetzung. Grunderwerb kann sich auch durch einen Kaufvertrag vollziehen. Es muss nur feststehen, dass der **Erwerb öffentl Zwecken** dient (BFH VI 366/65 BStBl III 66, 460; IV R 143/82 BStBl II 85, 463: Nutzungsvergütung für die Abtretung von Straßenland) und für den Abschluss des Vertrages, dass einseitiges hoheitl Handeln oder zumindest hoheitl Druck maßgebl war (BFH VIII R 22/95 BStBl II 98, 560). Die vom Zeitpunkt der vorzeitigen Besitzeinweisung an zu zahlenden Zinsen für eine **Enteignungsentschädigung** gehören zu den KapVerm-Einkünften, wenn der Enteignungsberechtigte zu diesem Zeitpunkt wirtschaftl Eigentum am Grundstück erlangt (BFH VIII R 120/76 BStBl II 80, 570). 81

§ 24a Altersentlastungsbetrag

¹ **Der Altersentlastungsbetrag ist bis zu einem Höchstbetrag im Kalenderjahr ein nach einem Prozentsatz ermittelter Betrag des Arbeitslohns und der positiven Summe der Einkünfte, die nicht solche aus nichtselbständiger Arbeit sind.** ² **Bei der Bemessung des Betrags bleiben außer Betracht:**
1. **Versorgungsbezüge im Sinne des § 19 Absatz 2;**
2. **Einkünfte aus Leibrenten im Sinne des § 22 Nummer 1 Satz 3 Buchstabe a;**
3. **Einkünfte im Sinne des § 22 Nummer 4 Satz 4 Buchstabe b;**
4. **Einkünfte im Sinne des § 22 Nummer 5 Satz 1, soweit § 22 Nummer 5 Satz 11 anzuwenden ist;**
5. **Einkünfte im Sinne des § 22 Nummer 5 Satz 2 Buchstabe a.**

³ **Der Altersentlastungsbetrag wird einem Steuerpflichtigen gewährt, der vor dem Beginn des Kalenderjahres, in dem er sein Einkommen bezogen hat, das 64. Lebensjahr vollendet hatte.** ⁴ **Im Fall der Zusammenveranlagung von Ehegatten zur Einkommensteuer sind die Sätze 1 bis 3 für jeden Ehegatten gesondert anzuwenden.** ⁵ **Der maßgebende Prozentsatz und der Höchstbetrag des Altersentlastungsbetrags sind der nachstehenden Tabelle zu entnehmen:**

Das auf die Vollendung des 64. Lebensjahres folgende Kalenderjahr	Altersentlastungsbetrag	
	in % der Einkünfte	Höchstbetrag in Euro
2005	40,0	1900
2006	38,4	1824
2007	36,8	1748
2008	35,2	1672

§ 24a Altersentlastungsbetrag

Das auf die Vollendung des 64. Lebensjahres folgende Kalenderjahr	Altersentlastungsbetrag	
	in % der Einkünfte	Höchstbetrag in Euro
2009	33,6	1596
2010	32,0	1520
2011	30,4	1444
2012	28,8	1368
2013	27,2	1292
2014	25,6	1216
2015	24,0	1140
2016	22,4	1064
2017	20,8	988
2018	19,2	912
2019	17,6	836
2020	16,0	760
2021	15,2	722
2022	14,4	684
2023	13,6	646
2024	12,8	608
2025	12,0	570
2026	11,2	532
2027	10,4	494
2028	9,6	456
2029	8,8	418
2030	8,0	380
2031	7,2	342
2032	6,4	304
2033	5,6	266
2034	4,8	228
2035	4,0	190
2036	3,2	152
2037	2,4	114
2038	1,6	76
2039	0,8	38
2040	0,0	0

Einkommensteuer-/Lohnsteuer-Richtlinien: EStR 24a; EStH 24a/LStH 24a

1. Allgemeines. Der Altersentlastungsbetrag soll bei der Besteuerung solcher Einkünfte einen Ausgleich schaffen, die nicht wie zB Versorgungsbezüge (§ 19 II), Leibrenten (§ 22 Nr 1 S 3 Buchst a) und Versorgungsbezüge der Abgeordneten (§ 22 Nr 4 S 4 Buchst b) begünstigt sind. Daher sind die vorbezeichneten Bezüge, um sie nicht nochmals zu begünstigen, auch nicht in die Bemessungsgrundlage zur Berechnung des Altersentlastungsbetrages einzubeziehen (S 2). Zum Progressionsvorbehalt s BFH I R 179/86 BStBl II 90, 906. Trotz Kritik an der Berechtigung des Altersentlastungsbetrags (*Seer* StuW 96, 323, 332), ist er sowohl mit dem GG als auch mit EU-Recht vereinbar (BFH III B 74/17 BFH/NV 18, 1273). – Der Altersentlastungsbetrag wird in den Jahren 2005 bis 2040 abgeschmolzen. Im Gegensatz zur Abschmelzung des Vorsorgefreibetrages (§ 19 II) wird hier aber kein zeitlebens feststehender Betrag ermittelt, da die zu Grunde liegenden Einkünfte hier stärker schwanken. Der Vom-Hundert-Satz und der Höchstbetrag stehen aber zeitlebens fest, wobei auf das dem Jahr der Vollendung des 64. Lebensjahres folgende Jahr abgestellt wird. Die Werte sind der Tabelle des § 24a zu entnehmen.

Altersentlastungsbetrag 2–6 § 24a

2. Anwendungsbereich. § 24a gilt **ab VZ 2009** auch für **beschr StPfl** (§ 50 I 3). Ein am 1.1. geborener StPfl vollendet das Lebensjahr bereits mit Ablauf des 31.12. (§§ 187 II 2, 188 II BGB). Im Fall der **Zusammenveranlagung** ist der Altersentlastungsbetrag nur demjenigen Ehegatten für seine eigenen Einkünfte zu gewähren, der die Voraussetzungen hierfür erfüllt (S 4); Gleiches gilt für LPart (§ 2 VIII). Die Berechnung ist für jeden Ehegatten/LPart gesondert durchzuführen. Durch entspr ernstl gewollte und tatsächl durchgeführte Vereinbarungen können Ehegatten/LPart die volle Ausnutzung des Altersentlastungsbetrages erreichen (*Bockholt* DB 77, 1773; s FG Nbg EFG 80, 339: Kapitaleinkünften bei Zugewinngemeinschaft; BFH X R 48/92 BStBl II 94, 107: Hofübergabe gegen wiederkehrende Bezüge an beide Ehegatten). Bei **Insolvenz** des Stpfl ist der Altersentlastungsbetrag entspr den Einkünften der einzelnen Vermögensbereiche (einschl Masseverbindlichkeiten) zu berücksichtigen (iEinz BFH VIII R 19/18 BStBl II 21, 819).

3. Bemessungsgrundlage. Hierzu gehören der ArbLohn (außer § 19 II) zuzügl der positiven Summe der Einkünfte (außer § 22 Nr 1 S 3 Buchst a, § 22 Nr 4 S 4 Buchst b, § 22 Nr 5 S 1 iVm S 11) die nicht zu den Einkünften aus nichtselbständiger Arbeit zählen. Altersentlastungsbetrag betrug bis VZ 2004 40 % der Bemessungsgrundlage, höchstens 1908 € im Kj. Ab 2005 s Tabelle des § 24a.

a) Arbeitslohn. Es wird aus Vereinfachungsgründen nicht an die Einkünfte aus nicht selbständiger Arbeit, sondern an den ArbLohn angeknüpft (*Richter* FR 75, 189); dies ist der BruttoArbLohn ohne Abzug irgendwelcher WK oder Freibeträge. Bei der Nettolohnvereinbarung (§ 39b Rz 10 ff) ist daher auf den Bruttobetrag hochzurechnen. Nach zutr hM gehören stfreie Zuwendungen nicht zum ArbLohn iSd § 24a (*HHR* § 24a Rz 16). Auch pauschal versteuerter ArbLohn (§§ 40–40b) bleibt außer Ansatz (*HHR* § 24a Rz 16). Negative Einnahmen mindern den ArbLohn nur dann, wenn es sich um zurückgezahlten ArbLohn des lfd Kj handelt. Bezieht sich die Rückzahlung dagegen auf Einkünfte früherer Jahre, so wird die Bemessungsgrundlage nicht berührt (glA *HHR* § 24a Rz 16 mwN).

b) Andere Einkünfte. Die zweite Komponente der Bemessungsgrundlage ist die **positive Summe** der anderen Einkünfte. Es heißt im Gesetz nicht die Summe der positiven anderen Einkünfte; daher werden die positiven Einkünfte mit den negativen verrechnet (FG RhPf EFG 77, 426). Eine positive Summe erhöht die Komponente zu Rz 2; eine negative Summe bewirkt nicht etwa eine Minderung dieser Komponente. Es sind die Einkünfte (nicht der Gesamtbetrag der Einkünfte) zu ermitteln. Dies hat zur Folge, dass Freibeträge, die erst nach der Ermittlung der Einkünfte zu berücksichtigen sind (§ 13 III), die Bemessungsgrundlage nicht mindern (*HHR* § 24a Rz 20). Aus diesem Grund sind tarifbegünstigte Einkünfte iSd § 34 in die Bemessungsgrundlage einzubeziehen (BFH IV R 68/04 BFH/NV 06, 723). Zur Ermittlung der positiven Summe der anderen Einkünfte während der Geltung des § 2 III idF StEntlG 1999 ff (BGBl I 99, 402) s BFH III R 83/04 BStBl II 06, 511.

c) Abgrenzungen. Steuerfreie Veräußerungsgewinne sind bei der Ermittlung der Einkünfte abzuziehen (BFH VIII R 147/71 BStBl II 76, 360); sie mindern daher ebenso wie stfreier ArbLohn die Bemessungsgrundlage. Das Gleiche galt für den **Sparer-Freibetrag** (§ 20 IV; FG Hess EFG 85, 72) und muss für den Sparer-Pauschbetrag (§ 20 IX) gelten, soweit dieser sich bei in die Veranlagung einzubeziehende KapEinkünfte auswirkt. Letzteres ist für die nach den §§ 32d, 43 V abgegoltenen KapErträge zu verneinen (§ 2 Vb; BFH III B 51/16 BFH/NV 17, 1163 mwN; EStR 24a I 2). Zur Anrechnung des WK-Pauschbetrages bei Einkünften aus § 22 s EStR 24a I 3. Nicht zur Bemessungsgrundlage gehören Einkünfte, die nicht zur Veranlagung führen, weil sie **unter 410 €** liegen (§ 46 II Nr 1). Der **Verlustabzug** (§ 10d) berührt, da er sich nicht bei der Einkünfteermittlung auswirkt (§ 2 IV), die Bemessungsgrundlage nicht; anders jedoch bei

Verlustverrechnung nach § 23 III 8, § 15 IV 2, 7, § 15a II, § 15b I 2 (FG BBg EFG 11, 2164).

7 4. Verhältnis zu anderen Vorschriften. Zur Berücksichtigung des Altersentlastungsbetrages bei Anwendung anderer Vorschriften s EStR 24a II. Der Altersentlastungsbetrag wird bei der Ermittlung des Gesamtbetrages der Einkünfte von der Summe der Einkünfte abgezogen. Hat ein StPfl neben anderen auch tarifbegünstigte Einkünfte iSd § 34, wirkt der Abzug des Altersentlastungsbetrages sich nur soweit mindernd auf die tarifbegünstigten Einkünfte aus, als er die anderen Einkünfte übersteigt. Sind die anderen Einkünfte ausschließl nach § 24a S 2 außer Betracht bleibende Versorgungsbezüge oder Einkünfte, wirkt sich der Abzug des Altersentlastungsbetrages ebenfalls zunächst auf diese Einkünfte aus, so dass die Tarifbegünstigung soweit wie möglich zum Zuge kommt (*HHR* § 24a Rz 8). Zur Klagebefugnis iZm § 10d IV-Bescheiden BFH IX R 3/19 BStBl II 21, 859.

§ 24b Entlastungsbetrag für Alleinerziehende

(1) [1] Allein stehende Steuerpflichtige können einen Entlastungsbetrag von der Summe der Einkünfte abziehen, wenn zu ihrem Haushalt mindestens ein Kind gehört, für das ihnen ein Freibetrag nach § 32 Absatz 6 oder Kindergeld zusteht. [2] Die Zugehörigkeit zum Haushalt ist anzunehmen, wenn das Kind in der Wohnung des allein stehenden Steuerpflichtigen gemeldet ist. [3] Ist das Kind bei mehreren Steuerpflichtigen gemeldet, steht der Entlastungsbetrag nach Satz 1 demjenigen Alleinstehenden zu, der die Voraussetzungen auf Auszahlung des Kindergeldes nach § 64 Absatz 2 Satz 1 erfüllt oder erfüllen würde in Fällen, in denen nur ein Anspruch auf einen Freibetrag nach § 32 Absatz 6 besteht. [4] Voraussetzung für die Berücksichtigung ist die Identifizierung des Kindes durch die an dieses Kind vergebene Identifikationsnummer (§ 139b der Abgabenordnung). [5] Ist das Kind nicht nach einem Steuergesetz steuerpflichtig (§ 139a Absatz 2 der Abgabenordnung), ist es in anderer geeigneter Weise zu identifizieren. [6] Die nachträgliche Vergabe der Identifikationsnummer wirkt auf Monate zurück, in denen die Voraussetzungen der Sätze 1 bis 3 vorliegen.

(2) [1] Gehört zum Haushalt des allein stehenden Steuerpflichtigen ein Kind im Sinne des Absatzes 1, beträgt der Entlastungsbetrag im Kalenderjahr 4008 Euro. [2] Für jedes weitere Kind im Sinne des Absatzes 1 erhöht sich der Betrag nach Satz 1 um 240 Euro je weiterem Kind.

(3) [1] Allein stehend im Sinne des Absatzes 1 sind Steuerpflichtige, die nicht die Voraussetzungen für die Anwendung des Splitting-Verfahrens (§ 26 Absatz 1) erfüllen oder verwitwet sind und keine Haushaltsgemeinschaft mit einer anderen volljährigen Person bilden, es sei den, für diese steht ihnen ein Freibetrag nach § 32 Absatz 6 oder Kindergeld zu oder es handelt sich um ein Kind im Sinne des § 63 Absatz 1 Satz 1, das einen Dienst nach § 32 Absatz 5 Satz 1 Nummer 1 und 2 leistet oder eine Tätigkeit nach § 32 Absatz 5 Satz 1 Nummer 3 ausübt. [2] Ist die andere Person mit Haupt- oder Nebenwohnsitz in der Wohnung des Steuerpflichtigen gemeldet, wird vermutet, dass sie mit dem Steuerpflichtigen gemeinsam wirtschaftet (Haushaltsgemeinschaft). [3] Diese Vermutung ist widerlegbar, es sei denn, der Steuerpflichtige und die andere Person leben in einer eheähnlichen oder lebenspartnerschaftsähnlichen Gemeinschaft.

(4) Für jeden vollen Kalendermonat, in dem die Voraussetzungen des Absatzes 1 nicht vorgelegen haben, ermäßigt sich der Entlastungsbetrag nach Absatz 2 um ein Zwölftel.

Allgemeines 1–5 § 24b

Übersicht

	Rz
1. Allgemeines	1–5
2. Entlastungsbetrag, § 24b I	8–14
3. Höhe, § 24b II	15
4. Begriff „allein stehend", § 24b III	16–23
5. Ermäßigung des Entlastungsbetrags, § 24b IV	25
6. Verfahren	26

Einkommensteuer-/Lohnsteuer-Richtlinien: EStH 24b; LStH 24b – *Verwaltungsanweisungen:* BMF BStBl I 17, 1432 (Anwendungsschreiben).

1. Allgemeines. – a) Bedeutung; Aufbau. Der Entlastungsbetrag für Allein- **1** erziehende ist ein steuerl Freibetrag, der von der Summe der Einkünfte (§ 2 III) abgezogen wird. Er soll die typischerweise höheren Lebensführungskosten alleinstehender StPfl berücksichtigen, die einen gemeinsamen Haushalt *nur mit ihren Kindern* führen (BT-Drs 15/1751, 6). Es handelt sich um eine **Sozialzwecknorm** (Rz 3), die den abgeschafften Haushaltsfreibetrag (§ 32 VII aF) ersetzt. – **§ 24b I** enthält neben Tatbestand und Rechtsfolge des Entlastungsbetrags eine Fiktion für die Zuordnung von Kindern. **§ 24b II** legt die Höhe fest. **§ 24b III** definiert das Tatbestandsmerkmal „allein stehend". Gem **§ 24b IV** erfolgt die Berücksichtigung monatsweise. – Die Einordnung als Sozialzwecknorm ist insoweit problematisch, als der bewirkte StVorteil mit dem persönl StSatz steigt und somit besser Verdienende stärker entlastet.

b) Persönlicher Anwendungsbereich. § 24b gilt für unbeschr (§ 1 I, II) und **2** fiktiv unbeschr StPfl (§ 1 III), s § 50 I 3 (krit *Korn* § 24b Rz 15; *Paus* EStB 14, 100).

c) Neuere Rechtsentwicklung. Mit dem CoronaStHG II (BGBl I 20, 1512) **3** ist der Entlastungsbetrag in § 24b II 3 für die Kj 2020 und 2021 von 1908 € **auf 4008 € erhöht** worden (gilt auch für LStAbzug s § 39a I 1 Nr 4a). Mit dem JStG 2020 (BGBl I 20, 3096) ist diese Erhöhung mit Wirkung **ab VZ 2022** dauerhaft festgeschrieben worden; § 24b II 3 wurde gestrichen. – S iÜ *Schmidt* 39. Aufl § 24b Rz 3.

d) Verfassungsmäßigkeit. Die Regelung verstößt weder gegen Art 3 I GG **4** noch gegen Art 6 I GG (BVerfG 2 BvR 310/07 BStBl II 09, 884, mwN; BFH III R 4/05 BStBl II 07, 637; *BH/Selder* § 24b Rz 3; krit: *Kanzler* FR 20, 657, 661f; *Schulenburg* DStZ 07, 428). Soweit der BFH verfrechtl Zweifel geäußert hatte, wenn **Zusammenveranlagte** wie Alleinerziehende ein Kind betreuen, ist das BVerfG dem nicht gefolgt (BVerfG 2 BvR 310/07 BStBl II 09, 884 zu II.2.a.bb: Typisierungsbefugnis des Gesetzgebers – Beschwerde zum EGMR unzul).

Alleinstehende mit Kindern (Anteil: ca $^{1}/_{5}$ aller Haushalte) tragen statistisch ein besonders hohes Armutsrisiko (s *Statistisches Bundesamt* PM v 29.8.17). Es ist daher **dem Grunde nach** gerechtfertigt, sie stärker zu entlasten. Der Einwand, Alleinerziehende würden ohnehin wegen des Grund- und anderer Freibeträge nicht belastet, verfängt nicht; denn § 24b will nicht das Existenzminimum sichern, sondern Mehraufwand berücksichtigen (BT-Drs 15/3339, 11f). **Der Höhe nach** ist der Gesetzgeber nicht an die Vorgaben gebunden, die für das Existenzminimum und die entspr Freibeträge gelten. Es handelt sich um eine Stützungsmaßnahme *außerhalb des subj Nettoprinzips*, hinsichtlich derer der Gesetzgeber weitgehende **Gestaltungsfreiheit** hat (vgl § 31 Rz 8 mwN; BFH III B 68/12 BFH/NV 13, 362; s auch BFH III R 36/14 BFH/NV 16, 545: kein Anspruch auf höhere Entlastung; *Ross* DStZ 04, 437; **aA** *v Proff zu Irnich* DStR 04, 1904; *Broer* DStZ 12, 790).

e) Verhältnis zu anderen Vorschriften. Der Entlastungsbetrag wird neben **5** den Freibeträgen für Kinder (**§ 32**) bzw KiGeld (vgl zB BFH IX R 1/15 BFH/NV 16, 1261) oder anderen kinderbedingten Entlastungen wie **§ 33b V** (Pauschbetrag für behinderte Kinder) und **§ 10 I Nr 5, 8** gewährt. Zu **§ 10d** s § 10d Rz 18 *(2).* Zum Bezug von Elterngeld s **§ 4 VI 1 Nr 1 BEEG** und *Borth* FamRZ 15, 1079. Zum **LStAbzug** s Rz 26.

7 **2. Entlastungsbetrag, § 24b I.** An drei Tatbestandsmerkmale knüpft der Entlastungsbetrag an: **"Allein stehend"**, mindestens ein **Kind** und **Haushaltszugehörigkeit** des Kindes. Der Begriff „allein stehend" wird in § 24b III definiert (s Rz 16 ff). Der StPfl muss nicht erwerbstätig sein. Der Entlastungsbetrag wird auf **Antrag** gewährt (s § 24 I 1 „kann"; zutr *Kanzler* FR 20, 657, 660 f).

8 **a) Zu berücksichtigende Kinder.** Mindestens *ein* Kind muss der StPfl haben, für das ihm ein Freibetrag nach § 32 VI oder KiGeld (§ 63) zusteht. Es muss sich gem § 24b I 1 weder um ein Kind iSd § 32 I handeln, noch um ein Kind unter 18 Jahren. Daher können auch volljährige Kinder und neben leibl Kindern auch Stief-/Adoptiv-/Pflege-/Enkelkinder (wegen § 32 VI 7) berücksichtigt werden.

9 **b) Haushaltszugehörigkeit des Kindes.** Der StPfl muss einen **Haushalt** führen, dessen Kosten er (im Wesentlichen) trägt. Beiträge des Kindes sind grds unschädl (vgl FG Hbg EFG 07, 414, bestätigt durch BFH III R 104/06 BFH/NV 08, 545; s auch BT-Drs 15/3339, 11: Typisierung).

10 **aa) Obhut.** Das Kind muss sich in der Obhut des StPfl befinden (Versorgung, Pflege, Erziehung etc, vgl *BMF* BStBl I 17, 1432 Tz 18: Verantwortung für das materielle und immaterielle Wohl des Kindes). Sorgerecht wird nicht vorausgesetzt, ebenso wenig Meldung beim StPfl (s aber Rz 12). Auswärtige Unterbringung (zB Internat, Heim) schließt Haushaltszugehörigkeit *nicht* aus, solange das Kind nicht persönl und finanziell unabhängig auf Dauer einen *eigenen* Haushalt führt oder in Wohngemeinschaft mit anderen Personen lebt (vgl auch BFH X R 24/99 BStBl II 02, 244; *BMF* BStBl I 17, 1432).

11 **bb) Vermutungsregelung, § 24b I 2.** Die Haushaltszugehörigkeit ist gem § 24b I 2 (ohne weitere Prüfung durch das FA) anzunehmen, wenn das Kind beim StPfl gemeldet ist. Meldung mit dem Hauptwohnsitz wird nicht (mehr) verlangt; Nebenwohnsitz genügt (s auch FG BBg EFG 08, 1959, rkr). Es handelt sich um eine **unwiderlegbare Vermutung** zugunsten des StPfl (s BFH III R 9/13 BStBl I 15, 926 mwN: Typisierungsbefugnis des Gesetzgebers, Verstoß gegen Melderecht unbeachtl; zust *BMF* BStBl I 17, 1432 Tz 18).

12 **cc) Konkurrenzklausel, § 24b I 3.** Ist das Kind bei mehreren StPfl gemeldet, wird der Entlastungsbetrag gleichwohl nur einmal gewährt. Er steht gem § 24b I 3 dem Elternteil zu, der das Kind iSd § 64 II 1 in seinen Haushalt aufgenommen hat; dass der Betreffende KiGeld erhält, wird nicht vorausgesetzt (vgl BFH III R 79/08 BStBl II 11, 30). – Bei **mehrfacher** (Meldung *und*) **Haushaltsaufnahme** ist der Entlastungsbetrag grds dem Elternteil zu gewähren, der ihn beantragt hat (tatbestandl Voraussetzungen der §§ 24b I 3, 64 II 1 sind erfüllt; so iErg auch BFH III R 79/08 BStBl II 11, 30 mwN: Wahlrecht, allerdings mit Ausnahme der Berücksichtigung nach § 38b I 2 Nr 2; zust *BMF* BStBl I 17, 1432 Tz 19). Nur wenn *beide* Elternteile den Entlastungsbetrag beantragen, entsteht ein gesetzl Wertungswiderspruch (keine Mehrfachgewährung); nur in *diesem* Fall ist daher auf die **überwiegende Betreuung** und auf den Lebensmittelpunkt abzustellen (§ 63 Rz 5) und ggf § 64 II 2, 3 entspr heranzuziehen (BFH III R 79/08 BStBl II 11, 30: *keine* Aufteilung; aA *Mandla* DStR 11, 1642).

Wird das Kind nach dem sog **Wechselmodell** in annähernd gleichem Umfang von beiden Eltern betreut, können diese entspr § 64 II 2 untereinander bestimmen, wem der Entlastungsbetrag zustehen soll, es sei denn, ein Elternteil hat den Entlastungsbetrag in Anspruch genommen (BFH III R 79/08 BStBl II 11, 30 Rz 18 ff; krit *Greite* FR 10, 998: „Windhundprinzip").

13 **dd) Identifizierung des Kindes, § 24b I 4–6.** Der Entlastungsbetrag wird mit Wirkung ab VZ 2015 grds nur noch nach Identifizierung des Kindes durch Angabe der IdNr (§ 139b AO) gewährt (§ 24b I 4); es handelt sich um ein gesetzl Tatbestandsmerkmal, das Doppelberücksichtigung von Kindern ausschließen soll (vgl BT-Drs 18/5244, 29; krit *HHR* § 24b Rz 12: überflüssige Regelung). In Zweifelfällen muss das FA die IdNr beim BZSt abfragen (Untersuchungsgrundsatz, s §§ 85, 88 I AO; vgl auch *BH/Selder* § 63 Rz 37 ff; *HHR* § 24b Rz 12: keine materielle Anspruchsvoraussetzung). – Ist noch keine IdNr vergeben worden, erfolgt die Identifizierung gem § 24b I 5 auf andere Weise (ausl Geburtsurkunde, Ausweis oÄ). Wird die IdNr nachträgl vergeben, egal aus welchem Grund, wirkt dies auf Vormonate zurück (§ 24b I 6).

c) Rechtsfolge. Der Entlastungsbetrag wird von der Summe der Einkünfte abgezogen (§ 2 III) und kann nicht übertragen werden. Die Gewährung setzt *nicht* voraus, dass konkrete (Mehr-)Aufwendungen entstanden sind bzw nachgewiesen werden; denn es wird ein (nur) typisierter Mehraufwand abgegolten (s Rz 4). **14**

3. Höhe, § 24b II. Der Entlastungsbetrag beträgt bei einem Kind **4008 €** (s Rz 3; **bis VZ 2019**: 1908 €); er erhöht sich für jedes weitere Kind um 240 €. Es handelt sich um Jahresbeträge, die ggf ermäßigt werden (Rz 25). **15**

4. Begriff „allein stehend", § 24b III. Nach der Legaldefinition des § 24b III 1 ist ein StPfl „allein stehend", wenn er nicht die Voraussetzungen des Ehegatten-Splitting gem § 26 I erfüllt (Ausnahme: Verwitwete) *und* nicht in Haushaltsgemeinschaft mit einer anderen volljährigen Person lebt (Ausnahme: Personen, die bei ihm steuerl als Kind berücksichtigt werden). **16**

a) Kein Ehegatten-Splitting, § 24b III 1. Gem § 24b III 1 darf der StPfl die in § 26 I genannten *Voraussetzungen* für die Anwendung des Splitting-Verfahrens nicht erfüllen. Daraus folgt mE zweierlei: Es kommt nicht darauf an, ob der StPfl auch tatsächl nach dem Splitting-Tarif besteuert wird; und da es für die Anwendung des Splitting-Verfahrens genügt, dass die in § 26 I genannten Voraussetzungen zu einem beliebigen Zeitpunkt des VZ (sämtl) vorgelegen haben (s § 26 Rz 6), muss dies ebenso genügen, um die Anwendung des § 24b auszuschließen. **17**

aa) Begünstigte Steuerpflichtige. Somit kommt der Entlastungsbetrag grds nur StPfl zu, die – *(1)* unverheiratet/unverpartnert sind, – *(2)* zwar verheiratet/verpartnert sind, aber dauernd von ihrem Ehegatten/LPart getrennt leben, oder – *(3)* deren Ehegatte/LPart nicht unbeschr stpfl ist, wobei die jeweilige Voraussetzung für den **gesamten VZ** vorgelegen haben muss. Ausgeschlossen sind hingegen StPfl, die für den betr VZ nach dem Splitting-Verfahren veranlagt werden oder werden könnten. Das trifft grds auch StPfl, die (erst) im Laufe des VZ heiraten oder eine LPart begründen, und ebenso StPfl, denen nach einer **Scheidung** im Laufe des VZ die Veranlagungswahlrechte des § 26 I und damit der Splittingtarif (noch) zur Verfügung stehen (s § 32a Rz 15). Eine **Zwölftelung** nach § 24b IV (Rz 25) ist mE (nur) in diesem Fall wegen des systematischen Zusammenspiels der §§ 24b III 1, 26 I nicht mögl; die Voraussetzungen des § 26 I liegen entweder für den gesamten VZ vor oder überhaupt nicht (so wohl auch BFH III R 4/05 BStBl II 07, 637 unter II.2.d; glA *BMF* BStBl I 17, 1432 Tz 25; *Plenker/Schaffhausen* DB 04, 2440, 2442; **aA** FG Nds EFG 20, 1664, Rev III R 17/20; *v Proff zu Irnich* DStR 04, 1904). **18**

bb) Verwitwetensplitting. Bei dessen Anwendung (s § 32a Rz 14) ist der Entlastungsbetrag ebenfalls zu gewähren. Da dies in § 24b III 1 ausdrückl geregelt ist (ohne Anknüpfung an § 26 I), kommt für das Todesjahr des Ehegatten/LPart eine Zwölftelung (ab Todesmonat) nach § 24b IV in Betracht (s auch *BMF* BStBl I 17, 1432 Tz 25). Zum LStAbzug s Rz 26. **19**

b) Haushaltsgemeinschaft, § 24b III 2. Eine Haushaltsgemeinschaft mit anderen *volljährigen* Personen steht der Gewährung des Entlastungsbetrags grds entgegen. Definiert wird „Haushaltsgemeinschaft" in § 24b III 2 als **gemeinsames** **20**

Wirtschaften. Auf die Dauer des Zusammenlebens kommt es nicht an. Gleichwohl ist der nicht nur vorübergehende Aufenthalt in der Wohnung des StPfl (nur) ein Indiz für gemeinsames Wirtschaften. Vorübergehende außerhäusl Aufenthalte wegen Krankheit, Urlaub uÄ heben eine Haushaltsgemeinschaft nicht auf (vgl BMF BStBl I 17, 1432 Tz 10).

21 **aa) Finanzielle oder tatsächliche Beteiligung am Haushalt.** Vor allem **ehe- und lebenspartnerschaftsähnl Lebensgemeinschaften** sollen damit ausgeschlossen werden, da für diese eine finanzielle oder tatsächl Beteiligung des Partners am Haushalt typisch ist (s auch Rz 23). Schädl kann jedoch ebenso eine Wohngemeinschaft des StPfl **mit anderen Verwandten** (zB Eltern oder Geschwistern) oder **sonstigen Personen** sein. Obj unbillig ist es aber, wenn Alleinerziehenden der Entlastungsbetrag wegen Haushaltsgemeinschaft mit **pflegebedürftigen Angehörigen** versagt wird (s auch BFH III R 26/10 BStBl II 12, 815).

Dieser Auffassung ist grds auch die **FinVerw**, die jedoch voraussetzt, dass – *(1.)* der Angehörige aufgrund seiner Pflegebedürftigkeit (Pflegegrade 1-5 oder Blindheit) gehindert ist, sich *tatsächl* am Haushalt zu beteiligen, und – *(2.)* eine *finanzielle* Beteiligung am Haushalt daran scheitert, dass die Mittel des Angehörigen den Betrag des § 33a I 1 nicht übersteigen und kein oder nur geringes Vermögen iSv § 33a I vorhanden ist *(BMF BStBl I 17, 1432 Tz 13)*. Die FinVerw lässt damit mE den **pflegerischen Mehraufwand** außer Betracht, der dazu führen kann, dass selbst bei Überschreiten dieser Grenze eine ausgewogene Teilhabe am gemeinsamen Wirtschaften nicht mögl ist (vgl auch § 32 Rz 48 ff).

Nach der Begründung des Finanzausschusses (BT-Drs 15/3339, 12) sollen ferner **Wohngemeinschaften mit Studierenden** (WG) schädl sein. Dies setzt aber nach Sinn und Zweck des Entlastungsbetrags ein gemeinsames Wirtschaften in *allen* Bereichen voraus (Unterkunft und Verpflegung), also eine ausgewogene Beteiligung, nicht nur einen rechnerischen Abgleich (glA *Littmann* § 24b Rz 149 und *Korn* § 24b Rz 28). Nach *BMF BStBl I 17, 1432 Tz 9* genügt bereits ein gemeinsamer Teilbereich wie zB die gemeinsame Nutzung eines Kühlschranks (mE zu eng).

22 **bb) Volljährige Kinder.** Unschädl ist nach § 24b III 1 letzter HS eine Haushaltsgemeinschaft mit volljährigen Kindern, für die dem StPfl ein **Freibetrag** nach § 32 VI oder **KiGeld** zusteht; es genügt der Kinder- *oder* der Betreuungsfreibetrag (vgl § 32 Rz 83). Unschädl ist auch gewesen, wenn zum Haushalt Kinder iSd § 63 I 1 gehörten, die im maßgebl Zeitraum einen Dienst nach § 32 V 1 geleistet haben (Grundwehr-/Zivildienst etc, s *Schmidt* 38. Aufl § 32 Rz 68 ff). In allen anderen Fällen schließt eine Haushaltsgemeinschaft mit volljährigen Kindern den Entlastungsbetrag aus (verfgemäß, s BFH III R 104/06 BFH/NV 08, 545, VerfBeschw BVerfG 2 BvR 266/08 nicht angenommen).

23 **cc) Vermutungsregelung.** Gemeinsames Wirtschaften wird nach **§ 24b III 2** vermutet, wenn die andere Person mit Haupt- oder Nebenwohnsitz in der Wohnung des StPfl gemeldet ist (kann aber auch ohne Meldung aus anderen Gründen angenommen werden, s Rz 20). Es handelt sich um eine **widerlegbare Vermutung;** den Gesetzesmaterialien zufolge soll es idR genügen, wenn der StPfl glaubhaft macht oder versichert, dass keine Haushaltsgemeinschaft besteht (BT-Drs 15/3339, 12). Allerdings setzt gemeinsames Wirtschaften iSv § 24b III 2 nicht voraus, dass die andere volljährige Person zu den Kosten des gemeinsamen Haushalts beiträgt; eine Entlastung durch tatsächl Hilfe und Zusammenarbeit im Haushalt genügt (so BFH III R 26/10 BStBl II 12, 815; zur Kritik s *Schmidt* 39. Aufl § 24b Rz 23). – Leben der StPfl und die andere Person in einer **ehe- oder lebenspartnerschaftsähnl Gemeinschaft,** handelt es sich nach § 24b III 3 um eine *unwiderlegbare* Vermutung.

Eine ehe-/lebenspartnerschaftsähnl Gemeinschaft ist eine Lebensgemeinschaft zw zwei Personen, die auf Dauer angelegt ist, keine weitere Lebensgemeinschaft gleicher Art zulässt und sich durch innere Bindungen auszeichnet, die ein gegenseitiges Einstehen der Partner füreinander begründen und damit über die Beziehung in einer reinen Haushalts- und Wirtschaftsgemeinschaft hinausgehen (vgl BVerfG 1 BvL 8/87 NJW 93, 643). Als Indiz für eine solche Gemeinschaft gelten (ua): dauerhaftes Zusammenleben (mehr als ein Jahr), Versorgung gemeinsamer Kinder oder Angehöriger im selben Haushalt, gemeinsame Kontoführung, Antrag nach § 33a I für den Lebenspartner etc (s *BMF* BStBl I 17, 1432 Tz 12).

5. Ermäßigung des Entlastungsbetrags, § 24b IV. Der Entlastungsbetrag (§ 24b II) wird für jeden vollen Kalendermonat, in dem die Voraussetzungen des § 24b I (zB wegen einer schädl Haushaltsgemeinschaft) nicht vorgelegen haben, um ein Zwölftel gekürzt (Monatsprinzip). Kürzungsmonate sind nur Kalendermonate, in denen an *keinem* Tag die Voraussetzungen des § 24b I vorgelegen haben; „angebrochene" Kalendermonate lösen keine Kürzung aus.

Die Formulierung der Regelung ist nach Einführung einer Staffelung bei mehreren Kindern gem § 24b II etwas unpräzise. Gekürzt wird mE nicht in jedem Fall „der Entlastungsbetrag" iSv § 24b II 1, sondern ggf **nur der Erhöhungsbetrag** iSv § 24b II 2, etwa bei Haushaltszugehörigkeit eines Kindes während des gesamten Kj und eines zweiten Kindes für 6 Monate (dann: 4008 € + 120 €; s auch *BMF* BStBl I 17, 1432 Tz 24).

6. Verfahren. § 24b wird im **LStAbzug** durch Eintrag der **LStKlasse II** berücksichtigt (§ 38b I 2 Nr 2, § 39b II 5 Nr 4: automatisch für *ein* Kind; § 39a I 1 Nr 4a: auf Antrag für weitere Kinder, gem § 39a I 3 für jeweils 2 Kj; s auch *Seifert* Stbg 15, 389; *ders* DStZ 16, 36, 37f). Ändern sich die Verhältnisse, muss der StPfl auch die Eintragung umgehend ändern lassen (§ 39 V 1). Der ArbG darf den LStJA nicht durchführen, § 42b I 3 Nr 3. – Für **Verwitwete** (Rz 19) wird ein Freibetrag eingetragen (§ 39a I 1 Nr 8, II 4); s § 39a Rz 8. – Zur **nachträgl Berücksichtigung** nach § 173 I Nr 2 AO s BFH III R 12/12 BStBl II 16, 512. Zur **Nachforderung** von LSt s EStR 41c.3.

III. Veranlagung

§ 25 Veranlagungszeitraum, Steuererklärungspflicht

(1) **Die Einkommensteuer wird nach Ablauf des Kalenderjahres (Veranlagungszeitraum) nach dem Einkommen veranlagt, das der Steuerpflichtige in diesem Veranlagungszeitraum bezogen hat, soweit nicht nach § 43 Absatz 5 und § 46 eine Veranlagung unterbleibt.**

(2) *(weggefallen)*

(3) [1] **Die steuerpflichtige Person hat für den Veranlagungszeitraum eine eigenhändig unterschriebene Einkommensteuererklärung abzugeben.** [2] **Wählen Ehegatten die Zusammenveranlagung (§ 26b), haben sie eine gemeinsame Steuererklärung abzugeben, die von beiden eigenhändig zu unterschreiben ist.**

(4) [1] **Die Erklärung nach Absatz 3 ist nach amtlich vorgeschriebenem Datensatz durch Datenfernübertragung zu übermitteln, wenn Einkünfte nach § 2 Absatz 1 Satz 1 Nummer 1 bis 3 erzielt werden und es sich nicht um einen der Veranlagungsfälle gemäß § 46 Absatz 2 Nummer 2 bis 8 handelt.** [2] **Auf Antrag kann die Finanzbehörde zur Vermeidung unbilliger Härten auf eine Übermittlung durch Datenfernübertragung verzichten.**

Einkommensteuer-Durchführungsverordnung:

§ 56 EStDV *Steuererklärungspflicht*

[1] Unbeschränkt Steuerpflichtige haben eine jährliche Einkommensteuererklärung für das abgelaufene Kalenderjahr (Veranlagungszeitraum) in den folgenden Fällen abzugeben:

§ 25 Veranlagungszeitraum, Steuererklärungspflicht

1. Ehegatten, bei denen im Veranlagungszeitraum die Voraussetzungen des § 26 Abs. 1 des Gesetzes vorgelegen haben und von denen keiner die Einzelveranlagung nach § 26a des Gesetzes wählt,
    a) wenn keiner der Ehegatten Einkünfte aus nichtselbständiger Arbeit, von denen ein Steuerabzug vorgenommen worden ist, bezogen und der Gesamtbetrag der Einkünfte mehr als das Zweifache des Grundfreibetrages nach § 32a Absatz 1 Satz 2 Nummer 1 des Gesetzes in der jeweils geltenden Fassung betragen hat,
    b) wenn mindestens einer der Ehegatten Einkünfte aus nichtselbständiger Arbeit, von denen ein Steuerabzug vorgenommen worden ist, bezogen hat und eine Veranlagung nach § 46 Abs. 2 Nr. 1 bis 7 des Gesetzes in Betracht kommt;
    c) *(aufgehoben)*
2. Personen, bei denen im Veranlagungszeitraum die Voraussetzungen des § 26 Abs. 1 des Gesetzes nicht vorgelegen haben,
    a) wenn der Gesamtbetrag der Einkünfte den Grundfreibetrag nach § 32a Absatz 1 Satz 2 Nummer 1 des Gesetzes in der jeweils geltenden Fassung überstiegen hat und darin keine Einkünfte aus nichtselbständiger Arbeit, von denen ein Steuerabzug vorgenommen worden ist, enthalten sind,
    b) wenn in dem Gesamtbetrag der Einkünfte Einkünfte aus nichtselbständiger Arbeit, von denen ein Steuerabzug vorgenommen worden ist, enthalten sind und eine Veranlagung nach § 46 Abs. 2 Nr. 1 bis 6 und 7 Buchstabe b des Gesetzes in Betracht kommt.
    c) *(aufgehoben)*

²Eine Steuererklärung ist außerdem abzugeben, wenn zum Schluss des vorangegangenen Veranlagungszeitraums ein verbleibender Verlustabzug festgestellt worden ist.

§ 60 EStDV *Unterlagen zur Steuererklärung*

(1) ¹Der Steuererklärung ist eine Abschrift der Bilanz, die auf dem Zahlenwerk der Buchführung beruht, im Fall der Eröffnung des Betriebs auch eine Abschrift der Eröffnungsbilanz beizufügen, wenn der Gewinn nach § 4 Abs. 1, § 5 oder § 5a des Gesetzes ermittelt und auf eine elektronische Übermittlung nach § 5b Abs. 2 des Gesetzes verzichtet wird. ²Werden Bücher geführt, die den Grundsätzen der doppelten Buchführung entsprechen, ist eine Gewinn- und Verlustrechnung beizufügen.

(2) ¹Enthält die Bilanz Ansätze oder Beträge, die den steuerlichen Vorschriften nicht entsprechen, so sind diese Ansätze oder Beträge durch Zusätze oder Anmerkungen den steuerlichen Vorschriften anzupassen. ²Der Steuerpflichtige kann auch eine den steuerlichen Vorschriften entsprechende Bilanz (Steuerbilanz) beifügen.

(3) ¹Liegt ein Anhang, ein Lagebericht oder ein Prüfungsbericht vor, so ist eine Abschrift der Steuererklärung beizufügen. ²Bei der Gewinnermittlung nach § 5a des Gesetzes ist das besondere Verzeichnis nach § 5a Abs. 4 des Gesetzes der Steuererklärung beizufügen.

(4) ¹Wird der Gewinn nach § 4 Abs. 3 des Gesetzes durch den Überschuss der Betriebseinnahmen über die Betriebsausgaben ermittelt, ist die Einnahmenüberschussrechnung nach amtlich vorgeschriebenem Datensatz durch Datenfernübertragung zu übermitteln. ²Auf Antrag kann die Finanzbehörde zur Vermeidung unbilliger Härten auf eine elektronische Übermittlung verzichten; in diesem Fall ist der Steuererklärung eine Gewinnermittlung nach amtlich vorgeschriebenem Vordruck beizufügen. ³§ 150 Absatz 8 der Abgabenordnung gilt entsprechend.

Abschnittsbesteuerung 1, 2 § 25

Einkommensteuer-Richtlinien: EStR 25; EStH 25 – *Verwaltungsanweisungen:* BMF BStBl I 11, 855 betr Elektronische Übermittlung von Bilanzen sowie Gewinn- und Verlustrechnungen (E-Bilanz); Handbuch zur AO/FGO 2022; § 150 mit StDatenübermittlungsVO und Anwendungsschreiben *BMF* BStBl I 11, 1063; *LfSt Bayern* BeckVerw 287872.

Übersicht
Rz
I. Abschnittsbesteuerung, § 25 I
1. Überblick
   a) Rechtsentwicklung 1
   b) Abschnittsbesteuerung; Steuerschuldverhältnis; Dispositionsschutz 2
2. Einkunftsgrenzen, § 56 EStDV 3
3. Bemessungsgrundlage der Steuerfestsetzung 4

II. Steuererklärungspflicht, § 25 III, IV
1. Steuererklärungspflicht
   a) Mitwirkung; Datenfernübertragung 5
   b) Form der Erklärung; Datensatz 6
   c) Unterschrift 7
   d) Fristen 8
2. Folgen der Nichtabgabe der Steuererklärung 9

III. Veranlagungsverfahren
1. Verpflichtung zur Veranlagung 10
2. Verfahren des Finanzamts
   a) Prüfungspflicht 11, 12
   b) Grenzpendler 13
3. Veranlagungszeitraum
   a) Kalenderjahr; Ermittlungszeitraum 14
   b) Veranlagungszeitpunkt bei Ende der subjektiven Steuerpflicht 15
   c) Abweichendes Wirtschaftsjahr 16

Schrifttum (ab 2006): Bis 2005 s. *Schmidt* 40. Aufl § 25 vor Rz 1; *Bergan/Martin* Die getrennte Veranlagung als Steuersparmodell?, DStR 06, 645; *Bergan/Martin* Die elektronische Bilanz, DStR 10, 1755; *Geberth/Burlein* E-Bilanz – Das Einführungsschreiben, Taxonomie und der FAQ sind veröffentlicht, DStR 11, 2013; *SchwaRz* Rückwirkung von Gesetzen, JA 13, 683; *Wacker* Die elektronische StErklärung als Haftungs- und Gebührenfalle für den StBerater, DStR 13, 2025; *Siesenop,* Grundzüge der AO JuS 15, 411.

I. Abschnittsbesteuerung, § 25 I

1. Überblick. – a) Rechtsentwicklung. § 25 I geändert ab VZ 2009 (§ 52a 1
XIII EStG 2011). § 25 III neu gefasst ab VZ 2013 (§ 52 Abs 68 S 1 EStG 2013; BFH III R 20/17 DStR 18, 2269 Rz 11). § 25 IV gilt für StErklärungen, die für VZ ab 2011 abzugeben sind (§ 52 Abs 39 EStG 2011/2013). Auch §§ 26, 26a wurden ab VZ 2013 geändert (§ 52a XIII; s § 26 Rz 1).
b) Abschnittsbesteuerung; Steuerschuldverhältnis; Dispositionsschutz. 2
§§ 25 ff enthalten die Ausgestaltung der Abschnittsbesteuerung des § 2 VII und VIII (vgl BFH VI R 13/14 BStBl II 16, 778 Rz 19). Nach § 25 iVm § 43 V und § 46 II (vgl § 50 Rz 6) bestimmt sich, ob zu veranlagen ist, nach §§ 26 ff wie dies zu geschehen hat (*Bergan/Martin* DStR 06, 645). Ansprüche aus dem (jeweiligen) **Steuerschuldverhältnis** entstehen mit der Verwirklichung des gesetzl Tatbestandes (§§ 37, 38 AO). Die ESt wird nicht als lfd Anteil an einzelnen Geschäftsvorfällen – wie etwa bei der USt – erhoben, sondern – vor allem aus Gründen der Praktikabilität – in jährl Abschnitten nachträgl (§ 2 VII). Maßgebl sind die Realisierungsgrundsätze der jeweiligen Einkunftsart (BFH X R 1/10 BStBl II 11, 915 Rz 16). Die grds tatbestandl Anknüpfung an den einzelnen steuerrelevanten Geschäftsvorfall wird vom BVerfG nur zögernd zum Schutz **(Dispositionsschutz)** gegen

(unecht) zurückwirkende StÄndG herangezogen (*SchwaRz* JA 13, 683, 686; vgl § 2 Rz 41, 42; BVerfG 1 BvL 6/07 BStBl II 12, 932 Rz 64, 70 ff). Die ESt wird nicht als laufender Anteil an einzelnen Geschäftsvorfällen, sondern – ledigl aus Gründen der Praktikabilität – in jährl Abschnitten nachträgl (§ 2 VII) erhoben. Daraus folgt, dass § 36 I kein *Steuerentstehungsmerkmal* (Tatbestandsmerkmal) im materiell-rechtl Sinne enthält – wie auch § 2 VII zeigt –, sondern eine **Fristenregelung mit Organisationscharakter**; das hat die bisherige Rspr nicht erkannt; vgl Rspr seit BVerfG 1 BvL 44, 48/92 BVerfGE 95, 64; BVerfG 1 BvL 5/08 BVerfGE 135, 1 Rz 42. Zu Auswirkungen auf die Beurteilung von **StStundungsmodellen** vgl § 15b Rz 1. Bestand die StPfl nur während eines Teils des Kj, ist die ESt gleichwohl als JahresSt festzusetzen (§ 2 VII 1, 2); zum Ermittlungszeitraums Rz 13–15. Die Abschnittsbesteuerung bedeutet auch, dass es keinen Vertrauensschutz für den Fortbestand einer Rechtsauffassung gibt, die das FA der StFestsetzung eines früheren Jahres (VZ) zugrunde gelegt hat (Rz 11).

3   **2. Einkunftsgrenzen, § 56 EStDV.** StErklärungen sind von **unbeschr StPfl** (§ 1 I, III, § 1a EStG) insb abzugeben, sofern die Voraussetzungen des § 56 EStDV erfüllt sind; zu Grenzpendlern s Rz 12. Eine StErklärung ist auch abzugeben, wenn zum Schluss des vorangegangenen Jahres ein verbleibender Verlustabzug festgestellt wurde (§ 56 S 2 EStDV; BFH VI R 43/15 BStBl II 17, 1046). **Beschr StPfl** sind zur StErklärung verpflichtet, wenn die Steuer nicht durch den StAbzug als abgegolten gilt (§ 50 II). **Erweitert beschr StPfl** (§ 2 I AStG) haben ihre sämtl im abgelaufenen VZ erzielten Einkünfte zu erklären. Soweit dem QuellenSt-Abzug mit Abgeltungswirkung unterliegende KapEinkünfte erzielt wurden, kann ein Antrag auf Einbeziehung in die Veranlagung nach § 32d III oder VI gestellt werden (sog **Günstigerprüfung**).

4   **3. Bemessungsgrundlage der Steuerfestsetzung.** Das **bezogene Einkommen** (§ 2 IV, § 25 I) ergibt sich aus der Summe der von dem StPfl im VZ erzielten Einkünfte (vgl § 2 II) und der nach § 2 III–V vorzunehmenden Abzüge. Bezogen bedeutet nicht zugeflossen, sondern allgemein zeitl Zuordnung nach den Regeln der Einkunftsart, zB § 4a, § 11 (BFH IV R 5/11 , BStBl II 14, 972 Rz 21; BFH I R 48/11, DStR 14, 837 Rz 19; BFH VI R 13/14 BStBl II 16, 778 Rz 19 zur Rückzahlung von ArbLohn). Aus dem Einkommen (§ 2 IV) wird das zu versteuernde Einkommen (§ 2 V) und die tarifl ESt gem § 32a I, V abgeleitet. Die **festzusetzende ESt** ergibt sich nach Abzug bzw Hinzurechnung der in § 2 VI genannten Positionen; iEinz s EStR 2. Der EStBescheid enthält regelmäßig auch in Gestalt der Zahlungsaufforderung das **Leistungsgebot** (§ 254 I 1 AO; Ausnahme § 254 I 4 AO iVm § 41a). **Fällig** wird die (veranlagte) ESt einen Monat nach Erlass des StBescheides, soweit sie nicht durch Vorauszahlungen, QuellenSt-Abzüge (LSt, KapESt, §§ 38 ff, § 43, § 32d IV) und andere Verrechnungsbeträge getilgt ist (§ 36 IV 1).

II. Steuererklärungspflicht, § 25 III, IV

5   **1. Steuererklärungspflicht. – a) Mitwirkung; Datenfernübertragung.** Der StPfl ist verpflichtet, an einer durchzuführenden (vgl BFH VI R 43/15 BStBl II 17, 1046 Rz 31) Veranlagung durch StErklärung mitzuwirken (vgl § 90 AO), kann sich aber beraten/vertreten lassen (§ 150 AO, § 3 StBerG). Die Steuererklärungspflicht ist in §§ 149 bis 153 AO und in § 25 III, IV, §§ 56, 60 EStDV näher geregelt. Daneben ist zur Abgabe einer StErklärung auch verpflichtet, wen das FA dazu auffordert (§ 149 I 2 AO). Die Abgabe kann erzwungen werden (§§ 328 AO ff). Im **Strafverfahren** schränkt § 393 AO die Erzwingbarkeit von Erklärungspflichten ein (vgl BFH VII B 234/11 BFH/NV 12, 913 Rz 11; OLG Hbg DStR 97, 1273; BGH 1 StR 643/17 NSt-RR 18, 379). Die Erklärung muss für das FA so nachvollziehbar sein, dass es die Steuer berechnen kann (BFH I R 70/15 BStBl II 17, 780 Rz 16). § 25 III nF (s Rz 1) berücksichtigt den Wegfall des § 26c (ab 2013). Eine schriftl StErklärung ist vom StPfl zur **Wahrheitsversicherung** zu unterschreiben (§ 150 II AO); das FA darf die Unterschrift auch mehrfach (auf einzelnen Teilen der StErklärung) verlangen (FG Bln EFG 94, 4, rkr; **aA** FG Brem EFG 93, 560, rkr). Liegen die Voraussetzungen einer Veranlagung gem § 46 II Nr 2–8 vor, ist die StErklärung schriftl (auf amtl Vordruck), ggf durch Datenfernübertragung (§ 46 Rz 33) abzugeben. Erzielt der StPfl **Gewinneinkünfte** (§ 2 I Nr 1–3), ohne dass § 46 II Nr 2–8 eingreift, sind ab **VZ 2011** (§ 52 Abs 39 EStG 11) StErklärungen grds (§ 25 IV 2) mittels Datensatzes durch Datenfernübertragung abzugeben (§ 150 VI AO). Zur Datenfernübertragung von **Bilanzen** und GuV s § 5b. Die (elektronische) StErklärung ist mit einer „qualifizierten elektronischen Signatur" (an Stelle der Unterschrift) zu versehen (§ 150 VII AO; *Wacker* DStR 13, 2025). – Zur StErklärungspflicht bei gesonderten Feststellungen s § 181 AO. Zur Ausübung des Veranlagungswahlrechts im Todesfall s § 26 Rz 15, im Insolvenzverfahren/bei Pfändung s § 26 Rz 17. Zur Verschuldenszurechnung s § 26b Rz 17.

b) Form der Erklärung; Datensatz. StErklärungen waren **bis VZ 2010** nach amtl vorgeschriebenen **Vordruck,** also schriftl abzugeben (§ 150 I 1 AO); Kopien reichten aus (BFH VI R 15/02 BFH/NV 06, 1980). **Ab VZ 2011** (s Rz 1) sind StErklärungen und Bilanzen, wenn Einkünfte iSd § 2 I 1 Nr 1–3 erzielt werden, grds durch **Datenfernübertragung** zu übermitteln (§ 25 IV 1 EStG, § 5b iVm § 150 VII AO; oben Rz 4); Ausnahme, wenn die Veranlagungspflicht sich aus § 46 II Nr 2 bis 8 ergibt (BFH X R 36/19 DStR 21, 612, Anm *Kulosa* HFR 21, 376). § 25 IV 2 EStG iVm § 60 IV EStDV, § 150 VIII AO lassen Ausnahmen bei (wirtschaftl) **Unzumutbarkeit** zu (§ 25 IV 2 EStG, § 150 VIII AO; BFH VIII R 29/19 BStBl II 21, 290; BFH XI R 29/20 BFH/NV 21, 1275; BFH VIII R 29/17 BStBl II 21, 288. Sofern antragsgemäß (§ 25 IV 2) auf Datenfernübertragung gem § 150 VIII AO verzichtet wird, sind die Erklärungen wie bisher schriftl (nach amtl Muster) abzugeben (§ 60 I 1 EStDV; § 150 VII, VIII AO). – Ein **Antrag auf Veranlagung** (§ 46 II Nr 8) muss durch Abgabe einer StErklärung gestellt werden (§ 46 II Nr 8 S 2; FG BaWü EFG 15, 1815, rkr: bei fehlender Authentifizierung ist Übermittlung des unterschriebenen Ausdrucks der komprimierten Erklärung erfordl. **Ehegatten/LPart**, die Zusammenveranlagung wählen (§ 26 I 1, § 26b), haben beide zu unterschreiben (§ 25 III 2; § 26 Rz 23). Eine auf Zusammenveranlagung gerichtete Klage ist **Verpflichtungsklage** (BFH XI R 20/97 BFH/NV 98, 701).

c) Unterschrift. Die StErklärung musste **bis VZ 2010** grds vom StPfl unterschrieben werden (§ 25 III; Ausnahmen: § 150 III AO); s iEinz *Schmidt* 39. Aufl § 25 Rz 7. Ab **VZ 2011** ist StErklärung und Bilanzvorlage mittels **Datenfernübertragung** unter Verwendung einer qualifizierten **elektronischen Signatur** nach dem Signaturgesetz vorgeschrieben (Rz 5).

d) Fristen. Die Frist zur Abgabe der ESt-Erklärung beträgt seit 1.1.18 grds 7 Monate (davor: 5 Monate) nach Ablauf des Kj (§ 149 II 1 AO; Art 97 § 10a IV 1, 3 EGAO); bei Einkünften iSd §§ 13 ff, wenn der Gewinn nach einem abw Wj ermittelt wird (§ 4a), endet die Frist nicht vor Ablauf von 5 bzw 7 Monaten nach dem Ende des Wj (§ 149 II 2 AO; Art 97 § 10a III EGAO); für Berater iSd §§ 3, 4 StBerG gelten die Fristen gem § 149 III ff AO; die verlängerte Erklärungsfrist gilt nicht für steuerberatende Berufsträger in eigenen Angelegenheiten (BFH VIII B 36/21 BFH/NV 21, 1461). Die Frist für **Antragsveranlagung** ist ab 2008 weggefallen; zum Antrag s Rz 5. Der Antrag kann bis zum Ablauf der **Festsetzungsfrist** (§ 46 Rz 35; *Siesenop* JuS 15, 411, 413) gestellt werden, die sich ggf gem § 108 III AO verlängert (BFH VI R 14/15 BStBl II 16, 380). Der Ablauf der Festsetzungsfrist (Dauer: § 169 II Nr 2 S 2 und 3 AO; Beginn: § 170 I, II Nr 1 AO; § 37 I) ist bei der Antragsveranlagung nicht (analog) § 170 II 1 Nr 1 AO gehemmt (BFH VI R 16/11 BFH/NV 13, 340).

9   **2. Folgen der Nichtabgabe der Steuererklärung.** Das FA kann die Abgabe der StErklärung erzwingen (§§ 328 ff AO; zu Verspätungszuschlägen s § 152 AO). Es kann stattdessen einen StBescheid mit **geschätzten Besteuerungsgrundlagen** erlassen (§ 162 AO); dies ist idR der für das FA praktikablere Weg; es kann den Schätzungsbescheid im Einspruchsverfahren ändern (BFH VI R 15/05 BFH/NV 06, 1944). Die **Verpflichtung zur Steuererklärung** und ihre Erzwingbarkeit erlöschen nicht durch Erlass eines Schätzungsbescheids (§ 149 I 4 AO). Zur **Verschuldenszurechnung** bei Zusammenveranlagung s § 26b Rz 17 mwN.

III. Veranlagungsverfahren

10   **1. Verpflichtung zur Veranlagung.** Das zuständige FA (§ 19 AO) ist verpflichtet, eine Veranlagung durchzuführen; darauf hat der StPfl einen rechtl verfolgbaren **Anspruch** (§ 155 I 3, § 347 I 2 AO; § 25 I; BFH VI 52/65 U BStBl III 66, 46), soweit nicht nach anderen Vorschriften eine Veranlagung unterbleibt (§§ 43 V, 46). Ein **Antrag** auf Veranlagung ist in Form einer StErklärung vor Eintritt der Festsetzungsverjährung (zum Fristende s Rz 8) zu stellen (§ 46 II Nr 8 S 2; BFH VI R 53/10 BStBl II 11, 746; BFH VI R 86/10 BFH/NV 11, 1515). Ohne Antrag ist ein StPfl einzeln zu veranlagen, wenn dessen Ehegatte getrennte Veranlagung wählt, auch wenn die (übrigen) Zusammenveranlagungsvoraussetzungen (§ 26 I) vorliegen (BFH VI R 80/04 BStBl II 07, 11).

11   **2. Verfahren des Finanzamts. – a) Prüfungspflicht.** Das FA ist berechtigt und verpflichtet, die StErklärungen – auch zugunsten des StPfl – zu prüfen und eine Entscheidung über den Erlass eines StBescheids zu treffen (§§ 85 ff, 155 ff AO). Das FA kann, da die Besteuerungsgrundlagen bei jeder Veranlagung selbstständig zu ermitteln sind, auch jeder Veranlagung eine **gewandelte Rechtsauffassung** zu Grunde legen (Rz 2; BFH VIII R 11/11 BFH/NV 13, 117 Rz 41 ff, mwN; BFH GrS 1/10 BStBl II 13, 317 zum Verhältnis Abschnittsbesteuerung/Bilanzberichtigung), sofern es nicht durch verbindl Zusagen (§ 204 AO) oder verbindl Auskünfte (§ 89 II AO) gebunden ist, auf die freil auch nicht wirkl Verlass ist (vgl BFH IX R 28/98, BStBl II 02, 714 oder FG Mchn EFG 10, 1209, Beschwerde erfolglos BFH IV B 34/10 BFH/NV 11, 241). In gewissem Grad ergibt sich bei gewandelter Rechtsauffassung Vertrauensschutz aus § 176 AO.

12   Auch bei der Abgrenzung von **Liebhaberei** und Einkünfteerzielung, namentl bei der sog Totalgewinnprognose ist das Prinzip der Abschnittsbesteuerung zu beachten, dh spätere Erkenntnisse, die nicht § 173 I Nr 1 AO genügen, dürfen nicht zu einer nachträgl Änderung der StFestsetzung führen. Aus Gründen des **Bilanzenzusammenhangs** können sich aber in späteren Jahren (nachträgl) Korrekturen des Gewinns ergeben, die in diesen späteren Jahren zu steuerl Auswirkungen führen (BFH IV R 25/04 BStBl II 08, 171).

13   **b) Grenzpendler.** Bezieht ein **unbeschr StPfl** Einkünfte aus unselbstständiger Arbeit im Ausl, ist die *Veranlagung* (§ 25) davon abhängig, ob er in Deutschland aufgrund eines DBA (vgl DBA-MA Art 15–19) stpfl ist, etwa als sog Grenzpendler (vgl zB Art 15 DBA-Dänemark; s auch § 26 Rz 10). Nach § 2 II AO können dazu Konsultationsvereinbarungen mit Anliegerstaaten (zB für Grenzpendler) als RechtsVO ergehen, so dass sie auch für die Gerichte verbindl sind, sofern die Ermächtigungsgrundlage ausreicht. Der **Härteausgleich** ist analog § 46 III, V auch vorzunehmen, wenn der LSt-Abzug vom ArbG im Ausl (Schweiz) nicht vorgenommen worden ist (BFH I R 69/13 BStBl II 15, 793). Ein besonderer Grenzpendlerfall liegt vor, wenn Ehegatten ihre Einkünfte (nahezu) vollständig in Deutschland erzielen, sie aber in der Schweiz wohnen (§ 26 I 1, § 1 III, § 1a I Nr 2); der Freizügigkeitsgrundsatz (Art 11 I FZA EU-CH) und das aus Art 3 GG folgende **Diskriminierungsverbot** gebieten die beantragte Zusammenveranlagung nach §§ 26, 26b; so auch EuGH C-425/11 BStBl II 13, 896; zur **gemeinschaftskonformen Auslegung** des § 1a s § 26 Rz 10.

Veranlagung von Ehegatten § 26

3. Veranlagungszeitraum. – a) Kalenderjahr; Ermittlungszeitraum. Bei 14
während des **ganzen Kj** bestehender persönl StPfl ist grds das gesamte in dieser
Zeit bezogene Einkommen (Rz 1) der Veranlagung zu Grunde zu legen. Besteht
die StPfl (etwa wegen Geburt, Tod, Ein- oder Auswanderung) nur während eines
Teils des Kj ergibt sich ein abgekürzter Ermittlungszeitraum (BFH II R 15/11
BStBl II 12, 790 Rz 21). Das folgte bis 1995 aus § 2 VII 3 (aF), ergibt sich aber
auch aus dem Grundsatz der Tatbestandsmäßigkeit der Besteuerung (Rz 1, § 2
Rz 18 ff). Das Kj bleibt VZ (BFH VI R 162/81 BStBl II 84, 587, *Scholtz* DStZ 82,
486, 488). § 2 VII 3 schreibt vor, dass die während der **beschr StPfl** erzielten inl
Einkünfte den während der unbeschr StPfl erzielten Einkünften hinzuzurechnen
sind, so dass bei **Wechsel der Art der StPfl** ein einheitl (zusammengesetzter)
Ermittlungszeitraum entsteht (FG BaWü EFG 12, 1474); zu ausl Einkünften beschr
StPfl s § 26 Rz 26. Ist der Zeitraum der beschr und der unbeschr StPfl zusammen
kürzer als ein Jahr, findet – wie bisher – eine Umrechnung auf einen kalkulatorischen Jahresbetrag nicht statt. Zum Ausschluss bzw (teilweise) Abzug von Pauschbeträgen s § 50 Rz 13–22. Außerhalb des Ermittlungszeitraums liegende Tatsachen
können zur rechtl Würdigung herangezogen werden (vgl § 15 Rz 30; § 2 Rz 18).
Für **beschr StPfl** richtet sich die Erklärungspflicht nach § 50 I, soweit der Abgeltungsgrundsatz nicht eingreift (s § 50 Rz 26 ff, 34, 36).

b) Veranlagungszeitpunkt bei Ende der subjektiven Steuerpflicht. Die 15
Veranlagung kann sofort erfolgen, wenn die StPfl vor Ablauf des Kj endet, sofern
nicht Zusammenveranlagung (§ 26b) in Betracht kommt und die unbeschr StPfl
des anderen Ehegatten fortbesteht; s ferner Rz 14.

c) Abweichendes Wirtschaftsjahr. Endet die persönl StPfl im Falle der Er- 16
mittlung der Einkünfte durch Vermögensvergleich nach einem vom Kj abw Wj,
so ist ein RumpfWj zu bilden; auch wenn der StPfl verstorben ist, ist ihm der
Gewinn des im Kj abgelaufenen vollen Wj und des RumpfWj zuzurechnen, so dass
der Ermittlungszeitraum mehr als 12 Monate umfassen kann (BFH I R 64/68
BStBl II 70, 838; BFH I R 100/71 BStBl II 73, 544).

§ 26 Veranlagung von Ehegatten

(1) ¹**Ehegatten können zwischen der Einzelveranlagung (§ 26a) und der Zusammenveranlagung (§ 26b) wählen, wenn**

1. **beide unbeschränkt einkommensteuerpflichtig im Sinne des § 1 Absatz 1 oder 2 oder des § 1a sind,**
2. **sie nicht dauernd getrennt leben und**
3. **bei ihnen die Voraussetzungen aus den Nummern 1 und 2 zu Beginn des Veranlagungszeitraums vorgelegen haben oder im Laufe des Veranlagungszeitraums eingetreten sind.**

²**Hat ein Ehegatte in dem Veranlagungszeitraum, in dem seine zuvor bestehende Ehe aufgelöst worden ist, eine neue Ehe geschlossen und liegen bei ihm und dem neuen Ehegatten die Voraussetzungen des Satzes 1 vor, bleibt die zuvor bestehende Ehe für die Anwendung des Satzes 1 unberücksichtigt.**

(2) ¹Ehegatten werden einzeln veranlagt, wenn einer der Ehegatten die Einzelveranlagung wählt. ²Ehegatten werden zusammen veranlagt, wenn beide Ehegatten die Zusammenveranlagung wählen. ³Die Wahl wird für den betreffenden Veranlagungszeitraum durch Angabe in der Steuererklärung getroffen.
⁴**Die Wahl der Veranlagungsart innerhalb eines Veranlagungszeitraums kann nach Eintritt der Unanfechtbarkeit des Steuerbescheids nur noch geändert werden, wenn**

1. **ein Steuerbescheid, der die Ehegatten betrifft, aufgehoben, geändert oder berichtigt wird und**

§ 26 Veranlagung von Ehegatten

2. die Änderung der Wahl der Veranlagungsart der zuständigen Finanzbehörde bis zum Eintritt der Unanfechtbarkeit des Änderungs- oder Berichtigungsbescheids schriftlich oder elektronisch mitgeteilt oder zur Niederschrift erklärt worden ist und
3. der Unterschiedsbetrag aus der Differenz der festgesetzten Einkommensteuer entsprechend der bisher gewählten Veranlagungsart und der festzusetzenden Einkommensteuer, die sich bei einer geänderten Ausübung der Wahl der Veranlagungsarten ergeben würde, positiv ist. ²Die Einkommensteuer der einzeln veranlagten Ehegatten ist hierbei zusammenzurechnen.

(3) **Wird von dem Wahlrecht nach Absatz 2 nicht oder nicht wirksam Gebrauch gemacht, so ist eine Zusammenveranlagung durchzuführen.**

Einkommensteuer-Richtlinien: EStR 26; EStH 26 − *Verwaltungsanweisungen: OFD Ffm* DStR 12, 35 zum Wahlrecht der Ehegatten für Getrennt- oder Zusammenveranlagung innerhalb eines Insolvenzverfahrens; *BMF* BStBl I 15, 83 zu StErstattung nach § 37 II AO.

Übersicht

	Rz
I. Rechtsentwicklung	
1. Verfassungsmäßigkeit, Rechtsentwicklung	
a) Haushaltsbesteuerung	1
b) Splittingbesteuerung	2
2. Außergewöhnliche Belastungen	3
3. Alternativen zum Splitting	4
II. Veranlagungsarten, § 26 I	
1. Veranlagungsarten	5
2. Voraussetzungen der Gewährung des Splittingtarifs	6
a) Gültige Ehe/Lebenspartnerschaft	7–9
b) Unbeschränkte Steuerpflicht	10
c) Kein dauerndes Getrenntleben	11, 12
d) Feststellung von Amts wegen	13
III. Wahlrechte und Wahlrechtsausübung, § 26 II	
1. Wahlrechte ab VZ 2013	
a) Veranlagungsarten von Ehegatten/Lebenspartnern	14
b) Splittingbesteuerung aus Billigkeit	15
c) Wahl der Veranlagungsart im Todesfall	16
d) Wahlrechtsausübung bei Insolvenz oder Pfändung	17
2. Vorteilhaftigkeit	18
3. Vorauszahlungen	20
4. Erstattungsansprüche	21
5. Wahlausübung; Unwirksamkeit; Zustimmungsverpflichtung	22
6. Wahl der Veranlagungsart	
a) Ab VZ 2013	23
b) Keine Änderung im Revisionsverfahren	24
7. Einbeziehung der vor Ehe/Lebenspartnerschaft erzielten Einkünfte	26
8. Zusammentreffen beschränkter und unbeschränkter Steuerpflicht	27
9. Veranlagung von Ehegatten/Lebenspartnern als Einzelpersonen	28

Schrifttum (Schrifttum bis 2012 s *Schmidt* 32. Aufl § 26 vor Rz 1); *GeRz* Veranlagungsformen ab dem Veranlagungszeitraum 2013, SteuK 13, 5; *Schöler* Verlustvortrag und Zusammenveranlagung in der Insolvenz des Ehegatten, DStR 13, 1453; *Sanders* Ehegattensplitting vor dem BVerfG, NJW 13, 2236; *Neufang/Neufang* Veranlagung von Ehegatten ab 2013 und Steuerschuldnerschaft, StB 14, 145; *Sandweg* Der Splittingtarif nach § 32a Abs 5 – Relikt aus alten Zeiten oder ausgewogene Berücksichtigung der steuerl Leistungsfähigkeit, DStR 14, 2097; *Schöler* Noch einmal: Der Zugriff des Insolvenzverwaltes auf den Verlustvortrag des nichtinsolventen Ehegatten DStR 14, 2349; *Maiterth/Chirvi* Das Ehegattensplitting aus der Sicht der Steuerwissenschaft, StuW 15, 19; *GeRz* Splittingverfahren ein Auslaufmodell?, SteuK 16, 99; *Kallies/Müller* Vorteilhaftigkeitsanalyse der Veräußerungsgewinnbesteuerung gem § 34 EStG insb hinsichtl der Wahl der Veranlagungsart für Ehegatten, FR 19, 698; *Bernhardt/Eichfelder/Sell*, Wer profitiert vom Ehegattensplitting? DStR 20, 198; *Thomas Stein* Steuerliche Probleme durch Fehlbeurteilungen des Güterstandes im Inland lebender Ausländer, DStR 20, 368; *Becker* Das Ehegattensplitting in der wirtschaftlichen Realität der intakten Durchschnittsehe, StuW 21, 289.

I. Rechtsentwicklung

1. Verfassungsmäßigkeit; Rechtsentwicklung. – a) Haushaltsbesteuerung. 1
Das BVerfG (1 BvL 4/54 BVerfGE 6, 55) erklärte die **Haushaltsbesteuerung** 1957 für verfwidrig. 1958 wurden durch §§ 25 ff das **Ehegattensplitting** neben der **Einzelbesteuerung** eingeführt; sie ist verfgemäß (BVerfG BvR 620/78 BStBl II 82, 717). Zw 2001 und 2017 konnten LPart begründet werden; das Splittingverfahren wurde für sie rückwirkend eingeführt (§ 2 Rz 71–74). Der **Ehebegriff** des § 1353 I BGB wurde erweitert (BGBl I 17, 2787), so dass auch Personen gleichen Geschlechts heiraten können. Eine LPart kann in eine (gleichgeschlechtl) Ehe umgewandelt werden (§ 20a LPartG, § 17a PStG); für diese können bereits bestandskräftige Einzelveranlagungen zu einer Zusammenveranlagung geändert werden (FG Hbg EFG 18, 1518 m Anm *Tiemann*). – Das **StVereinfG 2011** (BGBl I 11, 2131) hat ab **VZ 2013** §§ 26, 26a, § 32a (s § 25 Rz 1) geändert (BFH III R 20/17 BStBl II 19, 694 Rz 11) und § 26c gestrichen. Seither kann der überlebende Ehegatte nach hM (vgl Rz 16) nach erneuter Eheschließung ledigl (anstelle der Einzelveranlagung) Zusammenveranlagung mit dem neuen Ehegatten wählen (§ 26 I Nr 3 S 2); die Erben des verstorbenen Ehegatten können Einzelveranlagung mit Splitting erreichen (§ 32a VI Nr 2). In **gültiger Ehe** lebende unbeschr StPfl (Rz 2, 6, 9) können ab **VZ 2013** nach § 26 II nur noch zw Einzel- oder Zusammenveranlagung wählen (Rz 14). Zu eheähnl Lebensgemeinschaften s Rz 7; Zu Alleinerziehenden s Rz 5 aE.

b) Splittingbesteuerung. Ehegatten (und LPart; s Rz 1) können unter den 2
Voraussetzungen des § 26 I die **Zusammenveranlagung** wählen. Diese ist mit der **Splittingbesteuerung** (§ 26b) verbunden; dabei werden die Einkünfte der beteiligten StPfl zusammengerechnet, ein gemeinsames Einkommen ermittelt (§ 26b Rz 8 ff) und die ESt (gem § 32a I, V) errechnet. Sind die Einkünfte der beteiligten StPfl unterschiedl hoch, ergibt sich infolge der Halbierung des gemeinsamen zu versteuernden Einkommens iVm der Verdopplung der sich für die Hälfte ergebenden ESt (§ 32 V) idR durch **Progressionsmilderung** eine niedrigere Steuer als bei Einzelveranlagung; s dazu § 26b Rz 2–10.

2. Außergewöhnliche Belastungen. Nach dem System des EStG verdrängen 3
die Vorschriften über die Ehegattenbesteuerung die allg Vorschriften über den Unterhaltsabzug als leges speciales, und zwar auch dann, wenn die Ehegatten die getrennte Veranlagung wählen (BFH GrS 1/87 BStBl II 89, 164). Ehegatten können deshalb Aufwendungen für den übl Lebensunterhalt des anderen nicht getrennt lebenden, unbeschr stpfl Ehegatten (s § 26a Rz 7 zu beschr StPfl) und ggü ihren Kindern nach § 33a als agB abziehen (BFH GrS 1/87 BStBl II 89, 164); das gilt wegen § 5 LPartG auch für LPart für die Zeit bis zur Einfügung von § 2 VIII, rückwirkend anwendbar für noch nicht bestandskräftige Vereinbarungen (§ 52 IIa idF des Gesetzes v 15.7.13, BGBl I 13, 2397).

3. Alternativen zum Splitting. S *Schmidt* 39. Aufl § 26 Rz 4. Vgl ferner *Sand-* 4
weg DStR 14, 2097; *Becker* StuW 21, 289.

II. Veranlagungsarten, § 26 I

1. Veranlagungsarten. Die Veranlagungsarten sind **ab VZ 2013** reduziert wor- 5
den (Rz 1). LPart können die Veranlagungsarten nach §§ 25, 26 aF/nF wie Ehegat-

ten wählen (Rz 2). Für die ab VZ 2013 gegebenen Wahlmöglichkeiten s Rz 14–17, auch zu Sonderfällen. Zu den Veranlagungsarten **bis VZ 2012** s zuletzt *Schmidt* 34. Aufl § 26 Rz 5. **Alleinerziehenden** wird der Splittingtarif nicht gewährt (BFH III B 20/16 BFH/NV 17, 740 Rz 33 mwN; BFH III R 62/13, BStBl II 17, 259, VerfBeschwerde BVerfG 2 BvR 221/17 StEd 18, 741 erfolglos.

6   **2. Voraussetzungen der Gewährung des Splittingtarifs.** Die drei Voraussetzungen des § 26 I 1 zur Besteuerung nach dem Splittingverfahren (§ 32a V):
– *(a)* Bestehen einer (zivilrechtl gültigen) **Ehe** (Rz 1, 7 ff) oder LPart (Rz 6 ff),
– *(b)* **unbeschr StPfl** (Rz 9) und – *(c)* **kein dauerndes Getrenntleben** (Rz 10–12) – müssen zu einem beliebigen Zeitpunkt des VZ sämtl gleichzeitig vorgelegen haben (§ 26 I 1).

7   a) **Gültige Ehe/Lebenspartnerschaft.** – **aa) Deutsches Recht.** Die §§ 26 bis 26b knüpfen für das Bestehen einer gültigen Ehe an das dt Zivilrecht einschließl des dt Internationalen Privatrechts (zB Art 13 EGBGB) an (BFH VI 115/55 U BStBl III 57, 300; BFH X R 163/94 BFH/NV 99, 24; *List* DStR 97, 1101/2). Die freien Ehen **rassisch und politisch Verfolgter** werden kraft BGBl I 50, 226, rückwirkend als rechtswirksam anerkannt. Gültigkeit und Bestehen einer LPart bestimmen sich nach §§ 1, 15 LPartG. Eine eheähnl (verschiedengeschlechtl) Lebensgemeinschaft ist keine Ehe (BFH III B 28/13 BFH/NV 14, 1741); für nichteingetragene LPart ist § 2 VIII nicht entspr anwendbar (BFH III R 14/05 BStBl II 14, 829; FG Mster EFG 16, 1501 Anm *Vasel*); analoge Anwendung der §§ 25 ff nicht zulässig (BFH III B 6/12, BFH/NV 12, 1144). LPart können (auch rückwirkend bis 1.8.01) nur in Fällen, in denen die ESt noch nicht bestandskräftig festgesetzt ist (Rz 3 mwN), die Veranlagungswahlrechte gem § 26 ausüben (BFH III R 14/05 BStBl II 14, 1538). Wird eine LPart in eine Ehe umgewandelt, können auch bestandskräftige Einzelveranlagungsbescheide rückwirkend in Zusammenveranlagungsbescheide geändert werden (FG Hbg EFG 18, 1518 m Anm *Tiemann*).

8   **bb) Staatsangehörigkeit. Deutsche** sind Ehegatten, wenn sie eine nach dt Zivilrecht wirksame Ehe geschlossen haben (§ 1310 BGB, Art 13 EGBGB), die weder aufgehoben (§ 1313 BGB) noch geschieden (§ 1564 BGB) worden ist; so auch BFH VI R 16/97 BStBl II 98, 473 mit eingehender Begründung für den Fall einer **Doppelstaatsangehörigkeit** (vgl Art 5 I 2 EGBGB). Für **Ausländer** ist deren Heimatrecht maßgebend, auch wenn sie im Inl heiraten (Art 13 EGBGB); für **Staatenlose** s Art 5 II EGBGB. Von Ausländern im Ausl geschlossene **zweite Ehen** sind für die §§ 26 ff jedenfalls dann ohne Verstoß gegen Art 30 EGBGB anzuerkennen, wenn der erste Ehegatte nicht ebenfalls unbeschr estpfl ist (BFH VI R 56/82 BStBl II 86, 390).

9   **cc) Ehescheidung; Aufhebung; Verschollenheit; Tod.** Eine **Ehe,** die nach §§ 1313, 1314 BGB aufgehoben werden kann, ist bis zur gerichtl Rechtskraft (§ 45 FamFG) der Aufhebungserklärung (§ 1313 BGB) gültig und für eine Zusammenveranlagung geeignet (so zum früheren § 23 EheG (FG Ddorf EFG 83, 504, rkr). Der Ehescheidung enspricht für LPart die Aufhebung (§ 15 LPartG). Ein **Scheidungsantrag** (§ 1564 BGB) kann idR nur nach Ablauf eines **Trennungsjahrs** (§ 1567 BGB, s aber § 1565 II BGB, § 15 II 1 Buchst a LPartG) gestellt werden. – Wird ein **Verschollener** für tot erklärt, so gilt strechtl als Todestag der Tag, an dem der Beschluss rechtskräftig wird (§ 49 AO; vgl BFH IV 305/53 U BStBl III 54, 78; BFH III 30/56 U BStBl III 56, 373). Wird ledigl der **Zeitpunkt des Todes** nach §§ 39, 45 VerschG festgestellt, ist dieser Zeitpunkt auch für das StRecht maßgebl (BFH III 127/53 S BStBl III 53, 237). Bis zu dem für die Toterklärung maßgebl Zeitpunkt bzw bis zur Feststellung des Zeitpunktes des Todes gilt die Ehe als fortbestehend; auch ist bis dahin (allein wegen der Verschollenheit) kein dauerndes Getrenntleben anzunehmen.

Veranlagungsarten 10–12 § 26

b) Unbeschränkte Steuerpflicht. Sie ist nach § 1 I-III, § 1a zu beurteilen 10 (BFH I R 78/07, BStBl II 09, 708) und muss bei beiden Ehegatten/LPart gegeben sein (BFH III B 145/07 BeckRS 2008, 25014191). Beruht die StPfl auf § 1 I, greift § 1 III 2–4 nicht ein (BFH I R 28/10 BFH/NV 11, 341). Ein im Inl tätiger beamteter Lehrer mit Wohnsitz in Frankreich kann die **Grenzgängerregelung** (Art 13 V DBA-Frankreich) nicht in Anspruch nehmen, sondern ist bei Antrag nach § 1 III gem Art 14 I DBA-Frankreich **(Kassenprinzip)** als unbeschr stpfl zu veranlagen (FG BaWü IStR 20, 349 m Anm *Clausnitzer*, Rev BFH I R 45/19). Die **Wesentlichkeitsgrenzen** des § 1 III 2–4 haben nur Bedeutung, wenn ein Ehegatte/LPart auf Antrag gem § 1 III 1 als unbeschr stpfl behandelt und Zusammenveranlagung gewählt wird (BFH I R 80/09 BFH/NV 11, 336; BFH I R 28/10, BFH/NV 11, 341); zur Ermittlung der Wesentlichkeitsgrenzen vgl FG Köln EFG 13, 763; FG Köln EFG 13, 1307). Zu den EU-/EWR-Staaten (s § 1a I 1) gehört nicht die **Türkei** (§ 1a Rz 3–6). Die Wesentlichkeitsgrenzen gelten auch für fiktiv unbeschr StPfl (§ 1a I Nr 2); ob die Einkunftsgrenzen des § 1 III überschritten sind, ergibt sich in Zusammenveranlagungsfällen aus der Zusammenrechnung der Grundfreibeträge (BFH I R 16/14 BStBl II 15, 957; *Schütz* SteuK 15, 487; vgl auch FG Bln-Bbg EFG 15, 104). Ehegatten/LPart, die in der Schweiz wohnen und allein in Deutschland stpfl Einkünfte erzielen, sind (im Wege **gemeinschaftkonformer Auslegung** des § 1a) als unbeschr StPfl zu behandeln (s zur EuGH-Rspr § 25 Rz 13). Zur Rückwirkung des § 1a I idF des JStG 2008 (BGBl I 07, 3150) s § 52 II. Zum **Wohnsitzbegriff** s BFH I R 89/06 BFH/NV 08, 351. **Konsulatsbeamte** eines ausl Staates sind zufolge Art 49 I des Wiener Übereinkommens über konsularische Beziehungen (WKÜ BGBl II 69, 1585; Inkrafttreten 7.10.71: BGBl I 71, 1285) beschr stpfl; sie können aber durch Mitteilung ihres Missionschefs ihre Exterritorialität insoweit aufgeben, dass sie als im Inl ansässig gelten und dann unbeschr stpfl sind (BFH I R 119/95 BFH/NV 97, 646).

c) Kein dauerndes Getrenntleben. Leben die Ehegatten nicht räuml getrennt, spricht eine **Vermutung** gegen dauerndes Getrenntleben (BFH VI R 206/68 BStBl II 72, 173; s aber BFH VI R 184/66 BStBl III 67, 110). Die **obj Beweislast** dafür, dass *Dauerndes-Getrennt-Leben* vorliegt, trägt das FA. Ehegatten/LPart leben *nicht* dauernd getrennt, wenn zw ihnen ehel/partnerschaftl Lebensgemeinschaft besteht (vgl §§ 1353, 1567 BGB, § 1 LPartG). Diese setzt wenigstens das (Fort-)Bestehen einer **Wirtschaftsgemeinschaft** (als Rest einer mögl weitergehenden Lebensgemeinschaft, die weiterhin angestrebt werden muss, § 1567 BGB) voraus (BFH I R 64/06 BFH/NV 07, 1893; FG Mster EFG 17, 573, rkr). Der Wille zur Fortsetzung der Wirtschaftsgemeinschaft muss bei beiden Ehegatten (noch) vorhanden sein (BFH III B 129/01 BFH/NV 02, 483). Wirtschaftsgemeinschaft besteht, wenn die Ehegatten die sie berührenden wirtschaftl Fragen gemeinsam erledigen und gemeinsam über die Verwendung des Familieneinkommens entscheiden (BFH VI R 206/68 BStBl II 72, 173). Ein Getrenntleben iSd § 1567 BGB indiziert nach hM auch dauerndes Getrenntleben iSd § 26 (BFH VI R 190/82 BStBl II 86, 486; **aA** *Traxel* BB 95, 1217). § 1567 II BGB gilt iRd § 26 nicht entspr; vielmehr kommt es allein auf die tatsächl Umstände des Einzelfalles an (BFH VI B 93/97 BFH/NV 98, 163).

Einzelfälle: Ob **dauerndes Getrenntleben** vorliegt, ist anhand äußerer, nachprüfbarer 12 Umstände zu entscheiden (BFH III R 71/07 BFH/NV 10, 2042; BFH III B 113/11 BFH/NV 13, 726 zum Umfang der gerichtl Überprüfungspflicht). Bei räuml Trennung ist der Fortbestand der Wirtschaftsgemeinschaft – an Hand äußerer Umstände – zu ermitteln (BFH VI 42/65 BStBl III 67, 84; BFH III R 71/07 BFH/NV 10, 2042) und zwar ohne Bindung an familiengerichtl Entscheidungen (BFH B 204/09, BFH/NV 11, 638). Haben die früher zusammenlebenden Ehegatten/LPart **getrennte Haushalte** begründet, wird durch längere Besuche und gemeinsame Urlaubsreisen keine ehel Lebensgemeinschaft begründet (FG Köln EFG 93, 379, rkr). Leben die Ehegatten räuml getrennt und fehlt der Wille, die häusl Gemeinschaft wiederherzustellen, reicht die gemeinschaftl Entscheidung beide Ehegatten berührender finanzieller Fragen, der Fortbestand der Gütergemeinschaft oder die fortlaufende Gewährung von Unterhalt für die Annahme eines nur vorübergehenden Getrenntlebens nicht aus (vgl § 1567 BGB; BFH VI R 184/66 BStBl III 67, 110; BFH VI R 150/69 BStBl II 73, 640). Ein (gescheiterter) **Versöhnungsversuch** unterbricht – entgegen § 1567 II BGB – das „dauernde" Getrenntleben (BFH III B 5/06 BFH/NV 07, 458; *Bergmann* BB 84, 590; *W. Müller* DStZ 97, 86); zum Nachweis ist grds der andere Ehegatte als Zeuge zu hören, auch wenn ein dahingehender Beweisantrag nicht gestellt worden ist (BFH III B 5/06 BFH/NV 07, 458). Der Wille, über die Wirtschaftsgemeinschaft hinausgehende Lebensgemeinschaft herzustellen, fehlt nicht deswegen, weil die Ehegatten für längere Zeit getrennt leben (zeitweise berufl **Tätigkeit im Ausland**; vgl FG BaWü EFG 93, 422, rkr; Verbüßung einer längeren **Freiheitsstrafe**, langjähriger **Krankenhausaufenthalt, Verschollenheit,** FG Köln EFG 84, 551, rkr); es kommt vielmehr nur darauf an, ob sie gewillt sind, die volle Lebensgemeinschaft wiederherzustellen (BFH VI 42/65 BStBl III 67, 84). Hat ein Ehegatte neben seinem Ehegatten einen weiteren Lebenspartner, mit dem gleichfalls ein gemeinsamer Haushalt besteht, so soll dies nach BFH IX B 47/97 BFH/NV 98, 585 die Annahme des Nicht-Dauernd-Getrenntlebens nicht ausschließen. Kein dauerndes Getrenntleben, wenn ein Ehegatte infolge Krankheit in einem **Pflegeheim** befindet und der andere mit einer neuen Lebensgefährtin zusammenlebt (FG Nds EFG 15, 1945, rkr).

13 **d) Feststellung von Amts wegen.** Die Feststellung, dass die Ehegatten/LPart nicht dauernd getrennt gelebt haben, ist von Amts wegen zu treffen (§ 88 I AO, § 76 I FGO). Auch bei unsubstantiiertem Vortrag über die Umstände, aus denen sich das *Nicht-Dauernd-Getrenntleben* ergibt, ist das FG seiner Amtsermittlungspflicht zufolge gehalten, den oder die Kläger durch gezielte Fragen, insb zur gemeinsamen Wirtschaftsführung und des persönl Umgangs zu näheren Darlegungen zu veranlassen; Anträge auf Vernehmung des/der Ehegatten darf es insoweit nicht übergehen (BFH V B 64/96 BFH/NV 97, 139). Zur Beweislast s Rz 11. Haben diese im **Ehescheidungs-/Aufhebungsverfahren** vorgetragen, in dem Kj getrennt gelebt zu haben, so liegt darin ein gewichtiges Indiz für dauerndes Getrenntleben iSd § 26. Verwertung des Inhaltes der Scheidungsakte ist verfahrensrechtl zulässig (BFH III B 112/02 BFH/NV 04, 210). Eine rechtl Bindung an die im Ehescheidungsverfahren abgegebenen Erklärungen besteht allerdings nicht (BFH VI R 190/82 BStBl II 86, 486; *OFD Mster* DStR 87, 629).

III. Wahlrechte und Wahlrechtsausübung, § 26 II

14 **1. Wahlrechte ab VZ 2013** (bis VZ 2012 s BFH III R 20/17 BStBl II 19, 694 Rz 11). – **a) Veranlagungsarten von Ehegatten/Lebenspartnern.** Das StVereinfG 2011 (BGBl I 11, 2131) hat die Zahl der Veranlagungsarten ab **VZ 2013** wie folgt vermindert (*GeRz* SteuK 13, 5): – *(1)* **Einzelveranlagung**. Mit Grundtarif (§§ 25, 32a I). – *(2)* Ehegatten/LPart-Veranlagung: *(a)* **Einzelveranlagung auf Antrag** mit Grundtarif (§§ 26 I 1, 26a, 32a I, § 2 VIII); *(b)* **Zusammenveranlagung** mit Splittingtarif (§§ 26 I 1, § 26b, 32a V, § 2 VIII). Wird die Wahl nicht (wirksam) erklärt, ist (bei Vorliegen der übrigen Voraussetzungen des § 26 I 1) für Ehegatten/LPart Zusammenveranlagung durchzuführen (§ 26 III); erfüllen diese die Voraussetzungen des § 26 I 1 nicht, werden sie einzeln nach § 25 veranlagt (Rz 27). – *(3)* **Verwitwete**. Veranlagung nach § 25 iVm § 32a VI 1 Nr 1. – *(4)* **Geschiedene/Verstorbene**. Veranlagungsart gem § 25 iVm § 32a VI 1 Nr 2; dies gilt mE auch für LPart, obwohl das BVerfG insoweit explizit keine Entscheidung getroffen hat; s aber § 2 Rz 71, 72. Zur Form der Wahlausübung auch für LPart s § 25 Rz 6-9, zur Verschuldenszurechnung auch für LPart s § 26b Rz 17.

15 **b) Splittingbesteuerung aus Billigkeit.** Daneben lässt § 32a V, VI aus Billigkeitsgründen in folgenden Fällen Besteuerung nach dem Splitting-Verfahren zu (*GeRz* SteuK 13, 5; *Ebner/Quinten/Kohl* NWB 13, 273/4): – *(1)* **Witwen-Splitting.** Ein verwitweter StPfl kann in dem **auf den Tod seines Ehegatten folgenden Jahr** (VZ), wenn beide **im Zeitpunkt des Todes** die Voraussetzungen des § 26 I 1 erfüllt haben (vgl BFH VI R 55/97 BStBl II 98, 350) mit seinem zu versteuernden Einkommen nach dem Splittingverfahren besteuert werden (§ 32a VI Nr 1). – **(2) Scheidungssplitting.** Der Ehegatte einer durch Scheidung aufgelösten ersten Ehe kann, wenn er seinerseits nicht nach § 26 I 1 einzeln veranlagt wird (§ 32a VI 2), mit seinen Einkünften nach dem Splittingverfahren besteuert werden (§ 25, § 32a VI Nr 2), wenn er mit seinem geschiedenen Ehegatten **im Jahr der Scheidung** (s Rz 5 ff) die Voraussetzungen des § 26 I 1 erfüllt hat (vgl Rz 6, 9, 10), insb also von diesem nicht während des ganzen Jahres dauernd getrennt gelebt hat (§ 32a VI Nr 2 Buchst a) und der bisherige Ehegatte mit seinem neuen Ehegatten die Voraussetzungen des § 26 I 1 erfüllt (§ 32a VI Nr 2 Bucht b und c). § 26c ist ab VZ 2013 weggefallen (Rz 1).

c) Wahl der Veranlagungsart im Todesfall. Nach der Rspr des BFH ist der Erbe bzw die nach Quoten ermittelte Mehrheit einer Erbengemeinschaft befugt, das Wahlrecht auch für zurückliegende Zeiten vor dem Tode des Erblasser-Ehegatten auszuüben (BFH VI 175/63 U BStBl III 65, 86; BFH III R 59/06 BStBl II 07, 770), da das Wahlrecht des § 26 I kein höchstpersönl, sondern ein vererbl Recht sei (BFH III R 59/06 BStBl II 07, 770 unter Berufung auf BGH IX ZR 8/06 NJW 07, 2556, 2557; *BH/Heuermann* § 26 Rz 78 mwN; **aA** *Frye* FR 07, 1109). Die Rspr überzeugt nicht: Das Recht, gemeinsam Zusammenveranlagung (§ 26b) wählen zu können, ist nach dem Wortlaut des Gesetzes allein den Ehegatten vorbehalten. Das Wahlrecht eines jeden Ehegatten auf Wahl der Veranlagungsart ist eine in einen abgelaufenen VZ zurückwirkende, die Besteuerung beeinflussende Gestaltungsmöglichkeit, dh sie wirkt in die Zeit zurück, in der die Ehe noch bestand. Deshalb erscheint es im Hinblick auf die Schutzfunktion des Art 6 sachgerecht, dem längerlebenden Ehegatten das Wahlrecht zuzusprechen (ausführl *Frye* FR 07, 1109 mwN; *Felix* FS Friauf 1996, 849). Der dem Urteil BFH III R 59/06 BStBl II 07, 770 zu Grunde liegende Sachverhalt hätte über § 226 BGB befriedigender gelöst werden können. **16**

d) Wahlrechtsausübung bei Insolvenz oder Pfändung. Im **Insolvenzverfahren** über das Vermögen eines Ehegatten/LPart verliert dieser das Recht zur Wahl der Veranlagungsart (Rz 14; § 25 Rz 6); das Wahlrecht – ein **Verwaltungsrecht mit vermögensrechtl Bezug** (BFH III R 12/16 BStBl II 18, 789) – geht auf den **Insolvenzverwalter** über (§ 80 I InsO; BFH III B 114/09 BFH/NV 11, 1142; BGH XII ZR 67/09 NJW 11, 2725, ferner OFD *Ffm* DStR 12, 35; *Harder* VIA 17, 81 mwN). – Wird je ein Insolvenzverfahren das Vermögen von Ehegatten eröffnet und erzielt ein Ehegatte während des Verfahrens Einkünfte iSd § 19, die als Neuerwerb zur Insolvenzmasse gehören, ist auch ein anteilig pfändbarer LSt-/ESt-Erstattungsanspruch der Insolvenzmasse zuzurechnen; der **Insolvenzverwalter** ist befugt, etwaige EStErstattungsansprüche, die die Zeit des Insolvenzverfahrens betreffen, unter Ausübung des **Veranlagungswahlrechts** geltend zu machen, auch wenn das Insolvenzverfahren ggü dem die Einkünfte erzielenden Ehegatten inzwischen aufgehoben ist (BFH III R 12/16 BStBl II 18, 789); zur Aufteilung von StVerbindlichkeiten im Insolvenzverfahren bei Zusammenveranlagung BFH VIII R 19/18 BStBl II 21, 819 Anm *Uhländer* BB 21, 1371. In *Widerspruch* zu den steuerl Pflichten des Insolvenzverwalters steht die Entscheidung des BFH über die ESt-Zahlungspflicht des **Zwangsverwalters** (vgl BFH IX R 23/14 DStR 15, 1307); denn die Befugnisse des Insolvenzverwalters können zu Konflikten mit den Aufgaben eines Zwangsverwalters führen; vgl Anm *Drasdo* NJW 15, 2528 zu BFH IX R 23/14 BStBl II 17, 367. – Der Insolvenzverwalter kann von dem (anderen) Ehegatten/LPart **Zustimmung zur Zusammenveranlagung** verlangen, ggf unter Freistellung von den damit für diesen verbundenen Vermögensnachteilen (Rz 22). Da der **Verlustvortrag** kein Vermögenswert ist (BGH IX ZR 240/07 DStR 11, 277, 278), gilt dies grds nicht, für den Verlustvortrag nach § 10d II des Ehegatten/LPart (OLG Schleswig NJW 14, 3523; *Schöler* DStR 13, 1453, 1457; *ders* DStR 14, 2349; *Perleberg-Kölbel* NZFam 14, 1080). – Bei **17**

Pfändung eines **StErstattungsanspruchs** ist der **Pfandgläubiger** nicht zur StErklärung (BFH VII R 114/97 BStBl II 99, 84) und nicht zur **Wahl der Veranlagungsart** berechtigt (BFH VII R 109/98 BStBl II 00, 573); vgl *Mork/Heß* ZInsO 07, 314.

18 2. **Vorteilhaftigkeit.** Die Wahl der **Zusammenveranlagung** nach § 26b ist idR vorteilhaft, wenn die Ehegatten/LPart unterschiedl hohe Einkünfte erzielen. **Einzelveranlagung** ist idR vorteilhafter, wenn die Besteuerung von ao Einkünften (§ 34 II) auf § 34 I beruht, ein Ehegatte stfreie Einkünfte erzielt oder ein positiver **Progressionsvorbehalt** (§ 32b) zu beachten ist (dazu BFH I R 18/14 BStBl II 16, 201) oder ein **Verlustrücktrag** (§ 10d) in Betracht kommt; zur optimalen Tarifwahl bei Beriebsveräußerung s *Kallies/Müller* FR 19, 698. Regelmäßig ist eine Vergleichsberechnung erforderl (s *Bernhardt/Eichfelder/Sell* DStR 20, 198).

20 3. **Vorauszahlungen.** Die Wahl der Veranlagungsart ist auch für die Vorauszahlungen gem § 37 III 2 bedeutsam; vgl BFH VII R 22/15 BFH/NV 17, 906. Der StPfl kann Anpassung, auch Herabsetzung der Vorauszahlungen beantragen, zB im Hinblick auf die beabsichtigte geänderte Wahl der Veranlagungsart, weil diese für jedes Jahr (erneut) zu wählen ist (§ 26 I; § 37 Rz 5, 17). Zur Wahl der **LSt-Klassen** s § 38b III und zum Faktorverfahren s § 39 f.

21 4. **Erstattungsansprüche.** Ein sich ergebender Erstattungsanspruch (§ 37 II AO; vgl. *BMF* DStR 15, 166) steht zusammen veranlagten Ehegatten/LPart nicht als Gesamtgläubigern zu, sondern dem Ehegatten/LPart, auf *dessen Rechnung* geleistet worden ist; bei **intakter Ehe/LPart** unterstellt die Rspr dem Zahlenden die Absicht (dazu § 26b Rz 21), auch auf die StSchuld des anderen Ehegatten/LPart zahlen zu wollen, so dass ein Erstattungsanspruch beiden Ehegatten/LPart zur Hälfte zustehen soll (BFH VII R 22/15 BFH/NV 17, 906; BFH VII R 18/08 BStBl II 09, 38; hierzu kritisch *Koenig* 2. Aufl § 37 AO Rz 33, 34). Soll für **StErstattungen** erreicht werden, dass sie an den zurückfließen, der gezahlt hat, ist – nach der Rspr – *vor* Zahlung ein Hinweis an das FA erforderl (dazu *Neufang* StB 14, 145, 146), dass (allein) die StSchuld des Zahlenden getilgt werden soll (BFH VII R 16/05 BStBl II 06, 453); die Leistung eines Ehegatten an das FA wirkt gleichwohl im Verhältnis zum FA auch zu Gunsten des anderen Ehegatten (vgl Rz 18; *Kaufmann* INF 94, 449 mwN). Wegen des Zusammentreffens von Erstattungsanspruch aus der Zusammenveranlagung mit anderweitigen StSchulden eines Ehegatten s § 26b Rz 21, 22.

22 5. **Wahlausübung; Unwirkamkeit; Zustimmungsverpflichtung.** Die Wahl der Veranlagungsart (Rz 14 ff) wird in der **StErklärung** ausgeübt (§ 25 Rz 6, 7) und kann bis zur **Unanfechtbarkeit** der StFestsetzung, bei gerichtl Anfechtung also bis zum Schluss der mündl Verhandlung vor dem FG, geändert werden (BFH III R 40/10 BFH/NV 13, 193; BFH III R 12/16 DStR 17, 10 Rz 12; BFH III R 20/17 BStBl II 19, 694; s auch Rz 23). Beantragt ein Ehegatte/LPart gegen den Willen des anderen, ohne dass sich für ihn eine steuerl oder wirtschaftl Auswirkung ergibt, getrennte Veranlagung, ist der Antrag unwirksam (BFH III R 103/87 BStBl II 92, 297; *OFD Ffm* DB 03, 852; vgl OLG Celle DStR 19, 1364; *Schöler* DStR 13, 145). Dies entspricht dem Rechtsgedanken des § 226 BGB **(Schikaneverbot).** Auch wenn eigene Vermögensinteressen eines Ehegatten betroffen sind, kann er zur **Zustimmung** zur Zusammenveranlagung gem § 1353 I BGB verpflichtet sein, wenn er von den mit der Zusammenveranlagung verbundenen Nachteilen (zB Verbrauch eines Verlustvortrages iSd § 10 II) freigestellt wird (OLG Celle DStR 19, 1364, rkr, Anm *Spieker* NZFam 19, 557; OLG Hbg DStR 19, 1990 Anm *Linderer* NZFam 19, 601; *Schöler* DStR 13, 1453, 1456 mwN). **Missbrauch** iSd § 42 AO und damit Unwirksamkeit der Wahl liegt vor, wenn die Wahl getrennter Veranlagung iZm zivilrechtl Gestaltungen dazu dient, die StErhebung auszuschließen oder zu erschweren (BFH III R 66/98 BFH/NV 05, 186; FG BaWü EFG 08, 1511). Die Zivilgerichte behandeln eine allein zwecks Benachteiligung des Vollstreckungsgläubigers geänderte Wahl der LSt-Klasse durch den Vollstreckungsschuldner als unwirksam (*Ernst* DStR 00, 1904 mwN). – Die **Wahl getrennter Veranlagung** ist jedenfalls gerechtfertigt, wenn sich für den StPfl dadurch eine höhere Erstattung als bei Zusammenveranlagung ergibt oder er durch die Wahl Auseinandersetzungen mit seinem (vormaligen) Ehegatten über die Verteilung des Erstattungsbetrages vermeiden will (BFH VI R 139/78 BStBl II 82, 156). Die Wahl getrennter Veranlagung ist nicht allein deshalb unwirksam, weil sich für den anderen Ehegatten eine niedrigere Erstattung oder eine Nachzahlung ergibt. Erscheint die Verweigerung der Zustimmung durch die Interessen des Weigernden nicht gedeckt, kann die **Zustimmung** durch Antrag beim **großen Familiengericht** gem § 266 I Nr 2 FamFG (früher: Klage gem § 894 ZPO) herbeigeführt werden; BGH XII ZR 288/00 NJW 02, 2319 für geschiedene Eheleute unter – (aufgrund konkludenten Rückforderungsverzichts) eingeschränkter – Übernahme der StLast (dazu BGH XII ZR 250/04 DStR 07, 1408) für den Ehegatten.

6. Wahl der Veranlagungsart. – a) Ab VZ 2013 (bis VZ 2012 s Rz 14). Die **23** Wahl der Veranlagungsart, die in der StErklärung zu treffen ist (§ 25 Rz 6, 7), wird für die VZ ab 2013 mit dem Eintritt der Unanfechtbarkeit des StBescheids grds bindend (§ 26 II 4 nF; *Neufang* StB 14, 145, 146). Das bedeutet, dass nach Ablauf der **Einspruchsfrist** oder – bei Anfechtung des StBescheids beim FG – nach Beendigung der **mündl Verhandlung** (Rz 24) die Veranlagungsart nicht mehr abweichend gewählt werden kann. Wahländerung ist also weiterhin in **Einspruchs- und Klageverfahren** mögl. Sie kommt aber auch nicht in Betracht, wenn der StBescheid vorläufig oder unter dem Vorbehalt der Nachprüfung ergangen ist, aber nicht angefochten wurde. Die Wahl der Veranlagungsart kann nach Eintritt der **Unanfechtbarkeit** nur noch geändert werden, wenn ein StBescheid, der die Ehegatten betrifft, **(a)** *geändert* (vgl § 26 II 4 Nr 1) wird, und **(b)** die geänderte Wahl bis zur Unanfechtbarkeit des neuen Bescheids schriftl, elektronisch oder zur Niederschrift mitgeteilt wird (§ 26 II Nr 2), und **(c)** „der Unterschiedsbetrag aus der Differenz" der (bislang) festgesetzten und der festzusetzenden ESt „positiv" ist (§ 26 II Nr 3), dh wenn sich infolge der Wahländerung eine niedrigere Steuer, als zuvor festgesetzt, ergibt, (so auch *BH/Ettlich* § 26 Rz 108; *KS* § 26 Rz 27a). – Die **nachträgl Änderung** der Veranlagungsart wirkt auf den Zeitpunkt der Entstehung der StSchuld zurück (BFH III R 22/02 BStBl II 05, 690) und setzt ein neues Veranlagungsverfahren in Gang (BFH X R 56/13 BStBl II 16, 967); die ursprüngl Bescheide werden nicht geändert, sondern gemäß § 175 I 1 Nr 2 AO aufgehoben (BFH VII B 47/15 BFH/NV 16, 1428 Rz 10 mwN). Auch bei **zulässiger Wahländerung,** bleibt das FA jenseits der Grenze des § 26 II Nr 3 an die bisherige (tatsächl und rechtl) Würdigung der von der Änderungsbefugnis nicht betroffenen Besteuerungsmerkmale gebunden (BFH III R 15/10 BFH/NV 13, 1071 Rz 17; BFH III R 60/03 BStBl II 05, 564). StErstattungen sind ggf zurückzuzahlen, StAnrechnungen neu zu berechnen (BFH VII B 47/15 BFH/NV 16, 1428 Rz 10–12), ebenso **Zinsen** (§ 233a V AO; FG Sachs EFG 11, 1046 rkr; BFH IV B 50/15 DStRE 15, 1391).

b) Keine Änderung im Revisionsverfahren. Die Wahl kann im außerge- **24** richtl Rechtsbehelfsverfahren und im finanzgerichtl Verfahren bis zum Schluss der mündl Verhandlung vor dem FG geändert werden; im Revisionsverfahren kann dies nicht mehr wirksam geschehen, da die Ermittlung des Erklärungsinhalts eine unter § 118 II FGO fallende, den BFH als Revisionsgericht bindende Tatsachenfeststellung des FG ist, die der BFH nicht treffen kann (BFH I R 18/14 BStBl II 16, 201; BFH VI 48/55 U BStBl III 57, 227). Eine Ausnahme ergibt sich uU nach § 26 II 4; vgl BFH III R 22/02 BStBl II 05, 690; BFH I R 18/14 BStBl II 16, 201 Rz 12.

§ 26a — Einzelveranlagung von Ehegatten

26 **7. Einbeziehung der vor Eheschließung/Lebenspartnerschaft erzielten Einkünfte.** Die erzielten Einkünfte werden auch dann in die gewählte Veranlagung einbezogen, wenn sie in dem VZ, aber vor der Schließung der Ehe/LPart oder nach deren Auflösung (zB Tod des anderen Ehegatten/LPart, Scheidung/Aufhebung) erzielt worden sind. Wegen des VZ bei Tod eines Ehegatten s § 25 Rz 14.

27 **8. Zusammentreffen beschränkter und unbeschränkter Steuerpflicht.** War ein Ehegatte/LPart im Kj zeitweise beschr stpfl, sind die während dieses Zeitraums erzielten *ausl* Einkünfte nicht in eine Veranlagung nach § 26a oder § 26b einzubeziehen. Daran hat die Änderung des § 2 VII 3 durch das JStG 1996 (BGBl I 95, 1250) nichts geändert. § 2 VII 3 schreibt lediglich die Zusammenrechnung der während der beschr StPfl erzielten *inl* Einkünfte mit den während der unbeschr StPfl erzielten *inl* Einkünften vor (s § 25 Rz 14).

28 **9. Veranlagung von Ehegatten/Lebenspartnern als Einzelpersonen.** Ehegatten/LPart (Rz 2, 14), die nicht unter § 26 I 1 fallen oder die besondere Veranlagung nach § 26c (bis VZ 2012) gewählt haben, werden wie Einzelpersonen (§ 25) nach dem Grundtarif (Rz 13), ggf nach § 32a VI (Rz 14, 15) und ohne die auch bei getrennter Veranlagung mögl Aufteilung von SA und agB (vgl § 26a II EStG , § 61 EStDV) veranlagt.

§ 26a Einzelveranlagung von Ehegatten

(1) ¹**Bei der Einzelveranlagung von Ehegatten sind jedem Ehegatten die von ihm bezogenen Einkünfte zuzurechnen.** ²**Einkünfte eines Ehegatten sind nicht allein deshalb zum Teil dem anderen Ehegatten zuzurechnen, weil dieser bei der Erzielung der Einkünfte mitgewirkt hat.**

(2) ¹**Sonderausgaben, außergewöhnliche Belastungen und die Steuerermäßigungen nach den §§ 35a und 35c werden demjenigen Ehegatten zugerechnet, der die Aufwendungen wirtschaftlich getragen hat.** ²**Auf übereinstimmenden Antrag der Ehegatten werden sie jeweils zur Hälfte abgezogen.** ³**Der Antrag des Ehegatten, der die Aufwendungen wirtschaftlich getragen hat, ist in begründeten Einzelfällen ausreichend.** ⁴**§ 26 Absatz 2 Satz 3 gilt entsprechend.**

(3) **Die Anwendung des § 10d für den Fall des Übergangs von der Einzelveranlagung zur Zusammenveranlagung und von der Zusammenveranlagung zur Einzelveranlagung zwischen zwei Veranlagungszeiträumen, wenn bei beiden Ehegatten nicht ausgeglichene Verluste vorliegen, wird durch Rechtsverordnung der Bundesregierung mit Zustimmung des Bundesrates geregelt.**

Einkommensteuer-Durchführungsverordnung

§ 61 *EStDV Antrag auf hälftige Verteilung von Abzugsbeträgen im Fall des § 26a des Gesetzes*

Können die Ehegatten den Antrag nach § 26a Absatz 2 des Gesetzes nicht gemeinsam stellen, weil einer der Ehegatten dazu aus zwingenden Gründen nicht in der Lage ist, kann das Finanzamt den Antrag des anderen Ehegatten als genügend ansehen.

§ 62d *EStDV Anwendung des § 10d des Gesetzes bei der Veranlagung von Ehegatten*

(abgedruckt bei § 10d)

Einkommensteuer-Richtlinien / Verwaltungsanweisungen: EStR 26a; EStH 26a; s auch bei § 26

Verhältnis zu § 1356 BGB aF   1–4   § 26a

Übersicht
Rz
1. Bedeutung der Einzelveranlagung, § 26a I 1
2. Verfassungsmäßigkeit 2
3. Wahl der Veranlagung 3
4. Verhältnis zu § 1356 BGB aF 4
5. Ehegatten/Lebenspartner: Arbeitsverträge; Gesellschaftsverträge ... 5
6. Eheliches/partnerschaftliches Güterrecht 6
7. Sonderausgaben; außergewöhnliche Belastungen, § 26a II 1 7
8. Verteilung, § 26a II 2 8

Schrifttum: s bei § 26.

1. Bedeutung der Einzelveranlagung, § 26a I. Bei der Einzelveranlagung **1** wird das Einkommen jedes Ehegatten/LPart nach dem Grundtarif (vgl § 32a I) und nicht wie bei der Zusammenveranlagung (§ 26b) nach dem „günstigeren" Splittingverfahren (vgl § 32a V) versteuert. In bestimmten Sonderfällen führt die getrennte Veranlagung zu einer niedrigeren Steuer (s dazu § 26 Rz 18). Urprüngl (1958), als die Vorschrift geschaffen wurde, schloss § 26a I 3 aF (BGBl I 58, 673, 689) Einkommensminderungen durch Vereinbarungen (Arbeitsverträge) unter Ehegatten aus; dieses Verbot wurde durch das BVerfG 1 BvL 32/57 NJW 62, 437; 1 BvR 232/60 NJW 62, 442 aufgehoben (zur Rechtsentwicklung s *Lademann* § 26a Rz 1–5i); zum Abschluss von Arbeits- und Gesellschaftsverträgen s Rz 5. Wegen der **Veranlagungswahlrechts** für **VZ ab 2013** s § 26 Rz 14–17, für **VZ bis 2012** s *Schmidt* 34. Aufl § 26 Rz 14. Die wichtigste Änderung der **Neufassung** des § 26a (s § 26 Rz 1, 14) liegt darin, dass die (freie) Verteilung nach § 26a II aF für Kinderbetreuungskosten und agB entfällt, aber hälftige Teilung gewählt werden kann (Rz 7); hinzu gekommen ist die Einbeziehung gleichgeschlechtl Paare in die Veranlagungswahlrechte, wenn sie verpartnert oder die Ehe eingegangen sind (§ 26 Rz 1 mwN).

2. Verfassungsmäßigkeit. Nach BVerfG 1 BvL 4/54 BVerfGE 6, 55 wird das **2** EStRecht vom Grundsatz der *Individualbesteuerung* beherrscht. Diesem Grundsatz wird § 26a gerecht; insb ist § 26a I 2 verfgemäß (BVerfG 1 BvL 34/57 BVerfGE 9, 237). Dasselbe folgt für § 26a II aus BVerfG 1 BvL 30/69 BStBl II 72, 325 (insb zu C I. 2b).

3. Wahl der Veranlagungsart. Zur Wahl der Veranlagungsart ab **VZ 2013** **3** s § 26 Rz 14–17, bis **VZ 2012** s § 26 Rz 14. Zur Form der Wahlrechtsausübung s § 25 Rz 5–8. Verweigert ein Ehegatte/LPart (nach Trennung oder Scheidung/Aufhebung) seine **Zustimmung** zur Zusammenveranlagung für ein zurückliegendes Jahr ohne eigenes steuerl Interesse an der getrennten Veranlagung, kann dies die **Unwirksamkeit** seiner abw Wahlerklärung zur Folge haben (vgl iEinz § 26 Rz 22; zur Wahländerung § 26 Rz 23, 24). In anderen Fällen muss die Zustimmung durch Antrag beim Großen Familiengericht (§ 266 I Nr 2 FamFG) herbeigeführt werden (§ 26 Rz 21; BGH XII ZR 288/00, NJW 02, 2319). Nachträgl bekannt werdende Tatsachen aus früherer Zusammenveranlagung können uU zur Änderung einer (bestandskräftigen) Einzelveranlagung führen (BFH IX R 30/19 BFH/NV 20, 1233, Anm *Möller* DStRK 20, 294).

4. Verhältnis zu § 1356 BGB aF. § 26a I 1 wiederholt die Regelungen des § 2 I 1 und **4** des § 25 I. § 26a I 2 war wegen § 1356 BGB aF erforderl; denn nach dieser (heute nicht mehr geltenden) Regelung war jeder Ehegatte verpflichtet, im Beruf oder Erwerbsgeschäft des anderen mitzuarbeiten, soweit dies nach den Verhältnissen, in denen die Ehegatten lebten, übl war; zu § 1356 BGB nF s *Grüneberg* § 1356 BGB Rz 6 ff. Daraus hätte gefolgert werden können, die Mitarbeit im Geschäft des Ehegatten lediglich in Erfüllung dieser Verpflichtung führe dazu, dass der mitarbeitende Ehegatte die Einkünfte – teilweise – erziele. Einer solchen Auslegung beugte § 26a I 2 vor. Das BVerfG entschied, dass trotz § 1356 BGB aF Ehegattenarbeitsverträge mit der Folge mögl sind, dass der als ArbN mitarbeitende Ehegatte *eigene* Einkünfte aus nichtselbstständiger Arbeit erzielt (BVerfG 1 BvL 32/57 NJW 62, 437; 1 BvR 232/60

NJW 62, 442). Entsprechendes gilt für Arbeitsverträge zw einem Ehegatten und einer PersGes, die von dem anderen Ehegatten beherrscht wird (vgl BFH VI R 140/66 BStBl II 68, 494).

5. Ehegatten-/Lebenspartner-Arbeits- und Gesellschaftsverträge. Seit der Beseitigung der Haushaltsbesteuerung im Jahre 1958 (§ 26 Rz 1) hat der Abschluss eines Arbeitsvertrages zur Regelung der Mitarbeit eines Ehegatten im Geschäft des anderen Ehegatten infolge der Möglichkeit, WK (zB § 9a) und in erweitertem Umfang SA geltend zu machen, über die Anwendung des Splittingtarifs hinaus zu Zusammenveranlagung hinaus steuermindernde Wirkung; Entsprechendes gilt für LPart. Darüber hinaus ist mit einem solchen ArbVerh auch Sozial-, insb RV-Pflicht und uU obligatorische (Ausnahme: Beschäftigung als leitender Angestellter, zB Geschäftsführer) KV-Pflicht verbunden; auch hierin kann eine Verbesserung der Rechtsstellung des ArbN-Ehegatten gesehen werden. Es ist auch mögl, MUerschaften zw Ehegatten/LPart zu begründen; dann ergibt sich – wenn keine weiteren Einkünfte erzielt werden – bei gleichmäßiger Gewinnverteilung auch bei getrennter Veranlagung eine StErsparnis iHd Auswirkung des Splittingtarifs. Hinzu kommt uU eine versorgungsrechtl und vermögensmäßige Absicherung des „mitarbeitenden" Ehegatten/LPart.

6. Eheliches/lebenspartnerschaftliches Güterrecht. Zum dt Güterrecht s §§ 1363, 1414, 1415, 1483 ff BGB. Das Güterrecht im Inl lebender verheirateter **Ausländer** entspricht oft einer Errungenschaftsgemeinschaft, die der allg Gütergemeinschaft ähnl ist (ausführl *Stein* DStR 20, 368 mwN). Für LPart gelten für den Güterstand §§ 6, 7 LPartG, die dem Güterrecht weitgehend entsprechen. Zur Fortgesetzten Gütergemeinschaft s § 28. Ob das **Güterrecht** für die Zurechnung der Einkünfte bei den Ehegatten/LPart bedeutsam wird, ist Frage des Einzelfalls s § 2 Rz 30.

7. Sonderausgaben; außergewöhnliche Belastungen, § 26a II 1. SA (§§ 10–10c) und agB (§§ 33–33b) können grds steuermindernd geltend gemacht werden. Der an den anderen getrennt lebenden Ehegatten/LPart geleistete Unterhalt ist keine agB (§ 26 Rz 3), anders wenn die Ehegatten/LPart nicht getrennt leben, der empfangende Ehegatte/LPart aber nicht unbeschr stpfl ist, weil ihnen die Zusammenveranlagung versagt bleibt (BFH GrS 1/87 BStBl II 89, 164). – Bis **VZ 2012** konnten SA und agB abw von der wirtschaftl Belastung (Zahlung) verteilt werden (Rz 8; § 26 Rz 3). Ab **VZ 2013** werden nach § 26a II nF (§ 52 Abs 68 S 1; § 25 Rz 1) SA, agB und Abzugsbeträge gem § 35a grds bei dem Ehegatten berücksichtigt, der sie wirtschaftl getragen hat; es kann aber **hälftiger Abzug** beantragt werden (Rz 8). Beim Abzug von agB wird bei **Einzelveranlagung** von Ehegatten/LPart die **zumutbare Eigenbelastung** (§ 33 III) nach dem **Gesamtbetrag der Einkünfte des jeweiligen Ehegatten/LPart** bestimmt und nicht (wie bisher) nach dem Gesamtbetrag der Einkünfte beider Ehegatten; das folgt aus Änderung des § 26a II 1 nF ggü § 26 II 1 aF. Die Steuerermäßigung für **haushaltsnahe Dienstleistungen** (§ 35a) können von Ehegatten/LPart unabhängig von der Veranlagungsart nur einmal in Anspruch genommen werden (BFH VI R 60/09 BFH/NV 10, 2183). – Der **Entlastungsbetrag für Alleinerziehende** nach § 24b kann in Anspruch genommen werden, wenn ein nach § 26 I (mögl) Zusammenveranlagungsantrag nicht gestellt wird; FG Nds EFG 20, 1664 Rev BFH III R 17/20; die FG-Entscheidung überzeugt, weil sie eine planwidrige Lücke in § 24b schließt.

8. Verteilung, § 26a II 2. Für SA, agB, Abzugsbeträge nach § 35a kann hälftige Zurechnung gem § 26a II 2, 3 nF (bis VZ 2012: § 26a II aF: betragsmäßig eine abw Verteilung) beantragt werden (BFH III R 2/17 BStBl II 18, 468 Rz 8 ff). Regelmäßig wird ein **gemeinsamer Antrag** der Ehegatten/LPart in der StErklärung vorausgesetzt. Bei Verhinderung aus zwingenden Gründen kann das FA den Antrag eines Ehegatten für ausreichend ansehen (§ 61 EStDV). Die ab **VZ 2013** nach § 26a II 2 (§ 25 Rz 1, 6–8) mögl hälftige Zurechnung (Rz 1, 7) der og Abzüge ist eine Abweichung von der Individualbesteuerung (BFH III R 11/18 BFH/NV 20, 626) und bedeutet uU erhebl Vereinfachung der StErklärung; es wird näml der **Nachweis** erspart, welcher der Ehegatten die Belastungen tatsächl *wirtschaftl* (hinsichtl Rechtsverpflichtung und Zahlung) getragen hat; so auch BFH III R 11/18 NJW 20, 1696 Rz 18. Beim Übergang zu getrennter Veranlagung ist der Behinderten-Pauschbetrag für ein gemeinsames Kind bei beiden Elternteilen stets hälftig abzuziehen (§ 3b V; BFH III R 1/11, BStBl II 12, 861).

§ 26b Zusammenveranlagung von Ehegatten

Bei der Zusammenveranlagung von Ehegatten werden die Einkünfte, die die Ehegatten erzielt haben, zusammengerechnet, den Ehegatten gemeinsam zugerechnet und, soweit nichts anderes vorgeschrieben ist, die Ehegatten sodann gemeinsam als Steuerpflichtiger behandelt.

Einkommensteuer-Richtlinien: EStR 26b; EStH 26b – *Verwaltungsanweisungen:* FM SchlHol DStR 11, 1427 zu Auswirkungen von BFH GrS 2/04 BStBl II 08, 608 auf Verlustausgleich und andere Verlustverrechnungskreise; *BMF* BStBl I 15, 83 zu StErstattung nach § 37 II AO.

Übersicht

	Rz
I. Zusammenrechnung der Einkünfte	
1. Geltungsbereich; Anwendungsvoraussetzungen	1
2. Zusammenrechnung/Zurechnung der Einkünfte	2
3. Gleichartigkeit von Einkünften	3
4. Verrechnung beschränkt ausgleichsfähiger Verluste	4
5. Altersentlastungsbetrag	5
6. Arbeitsverträge; Gesellschaftsverträge	6
7. Freibeträge; Pauschbeträge	7
8. Behandlung als *ein* Steuerpflichtiger	8
9. Einheit des Einkommens	9
10. Verlustausgleich; Verlustabzug	10
II. Steuerfestsetzung; Rechtsbehelfe	
1. Steuerfestsetzung	11–14
2. Rechtsbehelfsverfahren	15
3. Bevollmächtigung	16
4. Bescheidänderung; Verschuldenszurechnung	17
5. Aufteilung im Rechtsbehelfsverfahren	18
6. Gesamtschuld und Haftungsbeschränkung	19–22

Schrifttum: Bis 2013 s 32. Aufl § 26b vor Rz 1 – *Viefhues* Einkommensbestimmung des geschiedenen wiederverheirateten unterhaltspflichtigen Ehegatten FPR 08, 74; *Tischler* Übersicht zu den Problemen bei einer fiktiven Einkommensberechnung unter Außerachtlassung oder Hinzurechnung von Steuervergünstigungen aus steuerrechtl Sicht, FPR 08, 79; *Elden* Steuererstattungen oder -nachzahlungen bei Ehegatten, FamFR 10, 368.

I. Zusammenrechnung der Einkünfte

1. Geltungsbereich; Anwendungsvoraussetzungen. § 26b gilt seit dem 1.1.1975 (EStRG v 5.8.74 BStBl I, 530). Die **Voraussetzungen der Zusammenveranlagung** sind in § 26 geregelt (VerfMäßigkeit s § 26 Rz 1, StErklärungspflicht s § 25 Rz 5 ff, Wahl der Veranlagungsart s § 26 Rz 14–18). Sind die Voraussetzungen einer Zusammenveranlagung erfüllt, regelt § 26b die Zusammenrechnung und Zurechnung der erzielten Einkünfte, § 32a I, V – lediglg – die Berechnung der ESt. § 26b gilt für Ehegatten und **eingetragene LPart** (§ 26 Rz 2, 14 ff).

2. Zusammenrechnung/Zurechnung der Einkünfte. § 26b berührt weder die subj StPfl des einzelnen Ehegatten (§ 1 I bis III) noch die Einkünfteerzielung

(§ 26a Rz 4, 5) durch den jeweiligen Ehegatten (BFH IX R 14/00 BFH/NV 03, 468). Demgemäß sind die Einkünfte jedes Ehegatten vor der Zusammenrechnung getrennt zu ermitteln (EStR 26b I; BFH IX R 1/06 BFH/NV 07, 2264). Zu Kapitalverlusten nach § 17 und § 20 vgl BFH IX R 5/20 BFH/NV 21, 961 Anm *Schmittmann* NZI 21, 688, *Korn* NWB 21, 1778. Für gemeinsam erzielte Einkünfte ist grds eine Feststellung gem § 180 I Nr 2 AO durchzuführen, EStR 26b, Ausnahmen Rz 6. Die Zusammenrechnung gilt auch für positive und negative Einkünfte nach § 15 bei Anwendung des § 35 (BFH III R 69/10 BStBl II 13, 201). Der den Bereich der Einkünfteerzielung und -ermittlung betr Grundsatz der **Individualbesteuerung** wird durch § 26b insofern modifiziert, als **Einkünftezurechnung ohne Einkünfteerzielung,** also ohne Tatbestandsverwirklichung (§ 38 AO; § 2 Rz 18 ff) angeordnet wird, und zwar soweit ein Ehegatte geringere Einkünfte als der andere erzielt. Daraus ergeben sich mE aber keine verfrechtl Bedenken, da die StSchuldnerschaft (§ 44 AO) durch Wahl getrennter Veranlagung vermieden und weil die Inanspruchnahme gem §§ 268 ff AO beschränkt bzw ausgeschlossen werden kann. Ähnl Fragen – Einkünftezurechnung ohne Tatbestandsverwirklichung – stellen sich für § 24 Nr 2 für die Einkünftezurechnung beim Rechtsnachfolger.

3 **3. Gleichartigkeit von Einkünften.** Die Zusammenveranlagung wird vielfach als Zusammenfassung der *Einkommen* behandelt (vgl BFH IX R 13/81 BStBl II 87, 297, zu § 173 AO). BFH IV R 32/86 BStBl II 88, 827 hat dagegen das Gebot, den Freibetrag nach § 13 III der zusammenveranlagten Ehegatten bei der Ermittlung des Gesamtbetrags der Einkünfte zu berücksichtigen, dahin aufgefasst, dass vorhandene **Einkünfte** beider Ehegatten aus LuF vorher **zusammenzurechnen** und ggf zu saldieren sind (BFH III R 7/14 DStR 15, 2058 Rz 23). Nach diesem Verständnis der §§ 26b, 2 III bewirkt die Zusammenveranlagung, dass **gleichartige Einkünfte** der Ehegatten zusammengerechnet werden (Rz 8); anders bei § 35, vgl BFH III R 7/14 DStR 15, 2058 Rz 23–26; § 35 Rz 1.

4 **4. Verrechnung beschränkt ausgleichsfähiger Verluste.** Die (vorrangige) Zusammenrechnung gleichartiger Einkünfte der Ehegatten (Rz 3) gestattet auch die Verrechnung von nur beschr ausgleichsfähigen Verlusten des § 15 IV und des § 2a (s § 2a Rz 41; bezügl gewerbl Tierhaltung bei § 15 Rz 896; BFH IV R 116/87 BStBl II 89, 787. **Ab 11.11.05** ist § 15b zu beachten (§ 15b Rz 1, 18). Zum Verlustausgleich s Rz 10. Zur Verlustverrechnung nach Beseitigung der Vererblichkeit von Verlusten s BFH GrS 2/04 BStBl II 08, 608 s FM *Schl-Hol* DStR 11, 1427.

5 **5. Altersentlastungsbetrag.** Dieser ist für jeden Ehegatten (bis VZ 2039) gesondert zu berechnen (§ 24a S 4). Alle anderen Abzüge sind nach der Bildung des Gesamtbetrags der Einkünfte (§ 2 III) abzuziehen.

6 **6. Arbeitsverträge; Gesellschaftsverträge.** Verträge, die für die Erzielung von Einkünften bedeutsam sind, können unbeschadet der Zusammenveranlagung zw Ehegatten geschlossen und durchgeführt werden (vgl § 26a Rz 1, 4, 5; § 4 Rz 520 *Angehörige*). Insb können auch mit steuerl Wirkung (entgeltl) **Nutzungsrechte** zu Gunsten eines Ehegatten/LPart am WG des anderen Ehegatten/LPart begründet werden. Sofern Ehegatten/LPart zB **als MUer** eines Betriebes oder Miteigentümer gemeinsame Einkünfte erzielen, ist grds deren **gesonderte und einheitl Feststellung** durchzuführen; ebenso uU wenn die gemeinschaftl Einkünfteerzielung auf **Gütergemeinschaft** oder auf Errungenschaftsgemeinschaft beruht (BFH I B 16/71 BStBl II 71, 730; BFH IV R 50/72 BStBl II 77, 201). In **Fällen von geringer Bedeutung** kann die Feststellung unterbleiben (§ 180 III Nr 2 AO), zB Photovoltaikanlage auf dem selbstgenutzten Wohnhaus, BFH IV R 6/17 DStR 20, 1437; gemeinsame Mieteinkünfte von Ehegatten, bei gemeinsamem Betrieb einer kleinen LuF (BFH VIII R 253/71 BStBl II 76, 305; BFH IV R 136/83 BStBl II 85, 576). Ein Fall von geringer Bedeutung liegt aber nicht vor, wenn streitig ist, ob überhaupt Einkünfte erzielt worden sind, oder wenn ein für die Besteuerung wesentl Tatbestandsmerkmal streitig ist (BFH X R 64/92 BStBl II 95, 640/3). IÜ ist der **Güterstand** für die Zusammenveranlagung bedeutungslos.

7. Freibeträge; Pauschbeträge. Soweit sie die Einkünfteermittlung betreffen, 7 können sie – wie bei getrennter Veranlagung – von jedem Ehegatten in Anspruch genommen werden (zB § 9a, s Rz 8; vgl BFH IV 239/59 S BStBl III 61, 466). Zum Freibetrag für LuF und zum Altersentlastungsbetrag s Rz 4. Zu SA, agB sowie § 35a s § 26a Rz 7, 8.

8. Behandlung als *ein* Steuerpflichtiger. Erst nach der Zusammenrechnung 8 der Einkünfte setzt die Behandlung der Ehegatten als (**ein**) StPfl gem § 26b ein (BFH VIII B 49/07 BFH/NV 08, 1158). Das bedeutet, dass nur *ein* Gesamtbetrag der Einkünfte (§ 2 III), nur *ein* Einkommen (§ 2 IV) und nur *ein* zu versteuerndes Einkommen (§ 2 V) gebildet wird (BFH X R 6/17 BStBl II 19, 318 Rz 51, Anm *Kulosa* HFR 19, 358; BFH IV R 124/77 BStBl II 80, 645; BFH I R 121/79 BStBl II 83, 34; vgl auch BFH VI R 148/01 BFH/NV 04, 527 zur Auswirkung auf das Verfahrensrecht; BFH IX R 30/19 BFH/NV 20, 1233 Rz 22 zur Berichtigung gem §§ 129, 173 I Nr 2 AO). Die Zusammenrechnung der Einkünfte hat zur Folge, dass die positiven und negativen Einkünfte beider Ehegatten horizontal und vertikal addiert/saldiert werden (Rz 2, 10; § 2 Rz 57 ff; *BH/Heuermann* § 26b Rz 13). Die Behandlung als *ein* StPfl hat zur Folge, dass es für SA (zB Spenden) nicht darauf ankommt, welcher der Ehegatten dadurch die Zuwendung wirtschaftl belastet wird (BFH X R 6/17 BStBl II 19, 318 Rz 50, 52; BFH X R 191/87, BStBl II 91, 690); § 26b ist ggü § 10b lex specialis, ebenso ggü § 10 V Nr 2 ErbStG sowie § 29 I Nr 4 ErbStG (BFH X R 6/17 BStBl II 19, 318 Rz 55, 56).

9. Einheit des Einkommens. Diese sog „Einheit des Einkommens" der Ehe- 9 gatten/LPart hat zur Folge: – **(1) Spenden,** § 10b. Soweit sie wie SA vom Gesamtbetrag der Einkünfte abgezogen werden, sind sie nur abziehbar, wenn sie wirtschaftl nicht dem anderen Ehegatten zugute gekommen sind (BFH X R 191/87 BStBl II 91, 690); – **(2) Pausch-, Frei- und Höchstbeträge,** zB § 10c, § 32 VI, § 33b (Rz 28 f), wenn sie die Ermittlung der Einkünfte nicht berühren, können sie von den Ehegatten/LPart auch in Anspruch genommen werden, wenn nur einer von ihnen die Voraussetzungen dafür erfüllt und wenn nur einer (nicht notwendig derselbe) von ihnen Einkünfte erzielt (BFH VI R 300/66 BStBl III 67, 596). – **(3) Einmalbeanspruchung.** Die fragl Abzüge können nur einmal beiden Ehegatten/LPart insgesamt in Anspruch genommen werden (vgl BFH VI R 60/09 BFH/NV 10, 2183 zu § 35a bei mehreren Wohnungen), wenn nicht das Gesetz ausdrückl eine abw Regelung trifft (zB Verdoppelung für beide Ehegatten/LPart wie in § 10 III 2, § 10c 2, § 20 IX 2, § 32 VI 2); – **(4) Progressionsvorbehalt,** § 32b. Er greift auch ein, wenn nur ein Ehegatte/LPart im Inl stpfl Einkünfte erzielt hat (vgl § 32a V), während der andere Ehegatte/LPart im Inl zwar subj stpfl ist, aber seine Einkünfte auf Grund eines DBA oder des Statuts einer internationalen Einrichtung (zB Europäisches Patentamt) im Inl nicht der Besteuerung unterliegen (BFH I R 121/79 BStBl II 83, 34). Zur Vorteilhaftigkeit der Zusammenveranlagung bei Anwendung des § 32b s § 26 Rz 18.

10. Verlustausgleich; Verlustabzug. Durch **Zusammenrechnung der Ein-** 10 **künfte** werden negative Einkünfte (Verluste) des einen Ehegatten/LPart mit positiven Einkünften des anderen Ehegatten/LPart ausgeglichen; zur Reihenfolge der Zusammenrechnung vgl Rz 2–5, § 2 Rz 57 ff. Verlustabzug s § 10d Rz 15.

II. Steuerfestsetzung; Rechtsbehelfe

1. Steuerfestsetzung. – a) Bescheide. Grds ist seit 1986 (früheres Recht 11 s BFH IV R 82/84 BStBl II 86, 545; BFH III R 230/83 BStBl II 87, 836 unter II. 2 b, bb) die Bekanntgabe einer Ausfertigung des Zusammenveranlagungsbescheids an die gemeinsame Anschrift (Rz 17) ausreichend (§ 122 VII 1 AO). Es können aber auch **Einzelbescheide** ergehen (BFH IX R 57/98 BFH/NV 00, 678). **Festsetzungsverjährung** (vgl § 25 Rz 8) tritt für jeden Ehegatten/LPart gesondert ein (BFH X R 42/05 BStBl II 07, 220; BFH VIII B 49/07 BFH/NV 08, 1158; *BH/Heuermann* § 26b Rz 47), schließt also die Änderbarkeit dem anderen Ehegatten/LPart ggü nicht aus (BFH VI R 41/05 BFH/NV 08, 1136; vgl Rz 17 und § 25 Rz 9). Hat ein Ehegatte Antrag auf getrennte (oder besondere, § 26b aF) Veranlagung gestellt, darf kein Zusammenveranlagungsbescheid ergehen.

12   **b) Bekanntgabe.** Die Bekanntgabe einer Ausfertigung ist ausreichend, wenn die Ehegatten/LPart eine **gemeinsame Anschrift** haben. Beantragt einer von ihnen Einzelbekanntgabe oder ist dem FA bekannt, dass zw ihnen ernstl Meinungsverschiedenheiten bestehen (vgl § 122 VII 2 AO), kann auch ein zusammengefasster Bescheid nur wirksam bekannt gegeben werden, wenn jedem Ehegatten eine Ausfertigung des Bescheids übersandt wird. – Haben die Ehegatten/LPart **keine** gemeinsame Anschrift und sind sie mit der Bekanntgabe an einen von ihnen einverstanden, wirkt die Bekanntgabe an einen von ihnen für und gegen alle (§ 122 VI AO). Dafür wird angenommen, dass in der Unterzeichnung des StErklärungsvordrucks eine gegenseitige **Bevollmächtigung** zum Empfang von StBescheiden liegt (BFH III R 230/83 BStBl II 87, 836 zu II.2b, bb). Dieses Verfahren kommt vor allem in Betracht, wenn die Voraussetzungen des § 122 VII AO mangels gemeinsamer Anschrift nicht vorliegen. Dies hindert bei abw tatsächl Verhältnissen eine Wiedereinsetzung nach § 110 AO nicht (vgl BGH IV 6 ZB 102/84 VersR 85, 1185). Die Bekanntgabe nach § 122 VII AO (Rz 16–18), evtl § 122 VI AO (Rz 19) ist auch zulässig, wenn mit zusammengefassten Bescheiden auch **steuerl Nebenleistungen** (§ 3 IV AO) angefordert werden (§ 155 III AO).

13   **c) Schätzungsfälle.** Die Bekanntgabe gem § 122 VII AO ist auch in Schätzungsfällen zulässig.

14   **d) Bekanntgabeadressat in Erbfällen.** Bei einem zusammengefassten Bescheid, der an den überlebenden **Ehegatten/LPart** und dessen **Kind(er)** als Erbe(n) ergehen soll, sind diese Personen Bescheidadressaten, nicht der zusammenveranlagte **verstorbene Ehegatte/LPart** (BFH X R 47/88 BStBl II 93, 174 mwN; *BMF* BStBl I 86, 458 Tz 2.13), auch wenn die Rspr die Erwähnung des verstorbenen Ehegatten/LPart mit dem Zusatz zH „*des (Erben)* X" als ausreichend duldet (BFH IV R 204–205/82 BStBl II 84, 784).

15   **2. Rechtsbehelfsverfahren.** Jeder Ehegatte/LPart kann die StFestsetzung selbstständig (ohne Mitwirkung des anderen) **anfechten.** Die Voraussetzungen des Wirksamwerdens (§ 124 I, § 122 VII AO) und der Erhebung von Rechtsbehelfen ergeben sich für jeden Ehegatten/LPart gesondert (§§ 350, 355 I 1, 348 AO, § 45 FGO). Nach ständiger Rspr ist **Hinzuziehung** gem § 360 III AO bzw **Beiladung** nach § 60 III FGO trotz § 155 V AO nicht erforderl, da die Entscheidung über den Rechtsbehelf beiden Ehegatten/LPart ggü nicht einheitl zu ergehen brauche (BFH VI R 41/05 BFH/NV 08, 1136 unter II 3 mwN; *BH/Ettlich* § 26b Rz 45; **zweifelnd:** BFH III B 74/02 BFH/NV 03, 195), dh es können sich im Einspruchs- oder Klageverfahren **unterschiedl Steuerfestsetzungen** für die Ehegatten/LPart ergeben; *Beispiel:* FG Köln EFG 20, 1576; vgl dazu unten Rz 19. Eine Ausnahme macht der BFH, wenn Streit darüber besteht, ob eine getrennte oder eine Zusammenveranlagung durchzuführen ist (BFH III S 8/04 BFH/NV 05, 351; *BH/Ettlich* § 26 Rz 33). Wie verfehlt die Rspr ist, die die Beiladung des anderen Ehegatten/LPart für nicht notwendig hält, zeigt BFH X R 27/14 BFH/NV 14, 1494 und FG Köln EFG 20, 1576. Unterschiedl hohe StFestsetzungen von zusammenveranlagten Personen sollte es nach dem Sinn des § 26b nicht geben. Auch ein Aufteilungsantrag nach § 268 AO hilft oft nicht, weil er nur für noch offene StForderungen Bedeutung hat (Rz 18).

3. Bevollmächtigung. Die in der Unterzeichnung einer gemeinsamen StEr- 16
klärung liegende wechselseitige Bevollmächtigung der Ehegatten (Rz 12, vgl aber
Rz 18) berechtigt zum Empfang des Zusammenveranlagungsbescheids; ob sie auch
zur Einlegung von Rechtsmitteln berechtigt, ist streitig (bej *Koenig* 2.Aufl 350
AO Rz 16; BFH IV 48/65 BStBl II 70, 839; BFH VI R 149/84 BStBl II 87, 852:
Klage der Ehefrau, auf Minderung der Einkünfte des Ehemannes; a**A** BH/*Ettlich*
§ 26b Rz 44). Erhebt der eine Ehegatte (auch) für den anderen einen Rechtsbehelf,
kann der Vertretene dies jedenfalls genehmigen, zB durch nachträgl Erteilung der
Vollmacht.

4. Bescheidänderung; Verschuldenszurechnung. Werden sog **neue Tat-** 17
sachen bekannt, die eine Änderung der StFestsetzung rechtfertigen (§ 173 I AO),
kann der ursprüngl StBescheid auch insoweit geändert werden, als er sich gegen
den Ehegatten/LPart richtet, bezügl dessen neue Tatsachen nicht vorliegen, da
beide StPfl nur ein Einkommen beziehen (BFH IV R 121/68 BStBl II 69, 273;
BFH IV R 124/77 BStBl II 80, 645; s auch oben Rz 15. Bei der StErklärung (§ 25
Rz 5 ff) bezieht sich die **Erklärung jedes Ehegatten/LPart** nur auf die Tatsachen
seiner Wissenssphäre und seiner Einkünfteerzielung (BFH IX R 40/00 BStBl II 02,
501; vgl § 26b Rz 19). Ehegatten/LPart, die nach § 26b als *(ein)* **StPfl** (BFH VIII B
49/07 BFH/NV 08, 1158) behandelt werden, müssen sich aber grobes Verschulden
des anderen am nachträgl Bekanntwerden steuermindernder Tatsachen (§ 173 I
Nr 2 AO) als eigenes Verschulden anrechnen lassen (BFH I R 62/95 BStBl II 97,
115; BFH IX R 40/00 BStBl II 02, 501 zu II 1d: Abgrenzung zum **Strafrecht**;
dazu auch BGH 1 StR 242/18 NStZ 20, 488; BFH IV R 192/85 BStBl II 87, 540
und BFH X R 56/98 BStBl II 01, 60: **Verspätungszuschlag** auch gegen den
einkommenslosen Ehegatten; BFH VII R 32, 33/99 BStBl II 01, 133 zur **Zah-**
lungsverjährung; vgl auch § 26b Rz 11 mwN zur **Festsetzungsverjährung**).
Gleichwohl bezieht sich die **Erklärung jedes Ehegatten/LPart** nur auf die Tatsachen seiner Wissenssphäre und seiner Einkünfteerzielung, so dass die unrichtigen
Angaben eines Ehegatten/LPart dem anderen auch bei Kenntnis der Unrichtigkeit
nicht mit der Folge der Strafbarkeit wegen **Steuerhinterziehung** zugerechnet
werden, sofern er sich an der Tat nicht beteiligt (BFH IX R 40/00 BStBl II 02,
501; BFH IX B 41/10 BFH/NV 10, 2239).

5. Aufteilung im Rechtsbehelfsverfahren. Das gesetzl Gebot, bei der Zu- 18
sammenveranlagung nur einen Gesamtbetrag der Einkünfte, nur ein Einkommen
und nur ein zu versteuerndes Einkommen zu bilden (s Rz 8), gilt auch für das
Rechtsbehelfsverfahren. Im Aufteilungsverfahren (§§ 268 ff AO; zur Berechnung
Neufang StB 14, 145, 146) hält auch der BFH die **Beiladung** (§ 60 III FGO) des
nicht klagenden Ehegatten/LPart für notwendig (BFH III B 74/02 BFH/NV 03,
195). Das Aufteilungsverfahren ist verfrechtl geboten (BVerfG 1 BvL 29/57 NJW
61, 595 zur Vermögensaufteilung im Lastenausgleich). Ein Aufteilungsantrag nach
§ 268 AO kann erst nach Ergehen des Leistungsgebots, das regelmäßig mit dem
StBescheid verbunden ist, gestellt werden (§ 269 I 1 AO; BFH VII R 17/17 BFH/
NV 19, 4), aber vor Beginn der Vollstreckung (§ 276 V AO). Der Antrag bietet häufig keine Abhilfe gegen unterschiedl hohe StFestsetzungen ggü Ehegatten/
LPart(Rz 15, 19); denn aufzuteilen ist lediglich die (noch nicht getilgte) **rückständige**
Steuer (§ 269 II 2, § 270 AO; BFH VI S 4/04 BFH/NV 04, 1624; vgl auch BFH
VII R 42/10, BStBl II 11, 607). Hat der den Aufteilungsantrag stellende Ehe-
gatte/LPart „zu viel" bezahlt, geht der Aufteilungsantrag ins Leere; Erstattung
kann er wegen der nur wirkenden „zu hohen" StFestsetzung nicht erlangen.
Kein Anfechtungsrecht steht dem einen Ehegatten/LPart gegen einen **Feststel-**
lungsbescheid zu, der die Einkünfte des anderen Ehegatten/LPart betrifft, die
§ 180 I Nr 2a AO festgestellt werden (BFHVIII R 218/85 BFH/NV 89, 354);
anders, wenn der StPfl seinen verstorbenen Ehegatten/LPart beerbt hat und die
Erbschaft nicht ausgeschlagen hat (vgl BFH X B 117/04 BeckRS 2005, 25008046).

Seeger

19 **6. Gesamtschuld und Haftungsbeschränkung. – a) Gesamtschuldner.** Mit der gemeinsamen StErklärung übernimmt der Ehegatte/LPart grds (s aber Rz 17) keine Gewähr für die Richtigkeit der Angaben des anderen, so dass er nicht nach § 71 AO für den anderen haftet (BFH IX R 40/00 BStBl II 02, 501; vgl auch § 25 Rz 5); Verlängerung der Festsetzungsfrist wegen StHinterziehung ist aber mögl (BFH IX B 41/10 BFH/NV 10, 2239). Zusammenveranlagte Ehegatten/LPart sind wegen der gemeinsamen Veranlagung **Gesamtschuldner** (§ 44 I AO). Jeder von ihnen schuldet die gesamte festgesetzte Steuer, sofern ein die Steuer festsetzender Bescheid ihm ggü wirksam gegeben worden ist; zu Erstattungen s Rz 21 und § 26 Rz 21. Die Leistung eines Ehegatten/LPart an das FA wirkt im Verhältnis zum FA auch zu Gunsten des anderen Ehegatten/LPart (Rz 15; BFH VII B 311/05 BFH/NV 06, 1445). Das FG Köln (EFG 20, 1576) wies die – nach Tilgung der StSchuld – erhobene Klage des Ehemanns mangels Rechtsschutzinteresses ab, weil eine StErstattung gem § 44 I AO wegen Fortbestands der StFestsetzung ggü der Ehefrau ausgeschlossen sei. Die bei grammatischer Auslegung zutr Entscheidung (s Rz 15) überzeugt vor dem Hintergund von Art 19 IV GG nicht, und sie wirft die Frage auf, ob die Einschränkung des Grundsatzes der **Individualbesteuerung** in § 26b (tatbestandslose Einkünftezurechnung, s Rz 2, 15) verfrechtl haltbar ist.

20 **b) Ausgleichsansprüche.** Jeder Ehegatte/LPart kann seine **Haftung für die Steuerschuld** auf den auf ihn rechnerisch entfallenden Anteil durch einen Aufteilungsantrag begrenzen (§§ 268 ff AO), soweit die StSchuld noch nicht getilgt ist; der Antrag ist zulässig, auch wenn gegen den anderen Ehegatten bereits ein Leistungsgebot ergangen ist (BFH VII R 17/17 BFH/NV 19, 4 mit Anm *Köhler*). **Aufteilungsmaßstab** ist das Verhältnis der Beträge, die sich bei fiktiver getrennter Veranlagung für jeden Ehegatten unter Zugrundelegung der Besteuerungsgrundlagen ergäben. Aufgeteilt wird nur die **Schuld**, die **noch nicht** durch Vorauszahlungen) **getilgt** ist (§ 270 AO; BFH VI S 4/04 BFH/NV 04, 1624; *Koenig* AO § 268 Rz 11). Der Verspätungszuschlag zusammenveranlagter Ehegatten/LPart kann ebenfalls aufgeteilt werden (§ 276 IV AO; BFH VIII R 39/83 BStBl II 87, 590).

21 **c) Erstattung.** Zusammenveranlagte Ehegatten sind **Gesamtschuldner** (§ 44 AO, § 426 BGB). FinVerw und Rspr *unterstellen* (s dazu § 26 Rz 21) bei „intakter Ehe" dem zahlenden Ehegatten die Absicht, auch auf die StSchuld des anderen Ehegatten zahlen zu wollen. Dagegen spricht schon, dass es bei Tilgung durch Vollstreckung keine willentl Leistung und folgl keine Tilgungsbestimmung gibt (BFH VII R 26/13 BFH/NV 15, 946). Aus der (unterstellten) Absicht wird gefolgert, dass den Ehegatten ein **Erstattungsanspruch** zu gleichen Teilen zusteht (vgl BFH VII R 42/10 BStBl II 11, 607; BFH VII R 18/08 BStBl II 09, 38; BFH VII R 16/05 BStBl II 06, 453; BFH VII R 117/95 BFH/NV 97, 482; dagegen zutr *Koenig* 2. Aufl § 37 AO Rz 33, 34). Bei **Pfändung** von Erstattungsansprüchen ist der Pfändungspfandgläubiger erstattungsberechtigt (vgl § 26 Rz 17). Bei **Insolvenz** eines Ehegatten/LPart kann der Insolvenzverwalter einen Erstattungsanspruch geltend machen (vgl § 26 Rz 17). Die Höhe des **Erstattungsanspruchs** jedes Ehegatten/LPart bestimmt sich nach dem **Verhältnis der** von den Ehegatten geleisteten **Zahlungen** (BFH VII R 82/94 BStBl II 95, 492; BFH VII S 30/90 BFH/NV 92, 145; weitergehend – rechtsanaloge Anwendung der §§ 270, 273, 276 VI AO – *Stadie* BB 77, 979 mit Beispielen). Zur Inanspruchnahme für während der Ehe begründeter StSchulden nach Trennung/Scheidung s *Heimann* FPR 06, 487.

22 **d) Verrechnung mit anderweitigen Verbindlichkeiten.** Die Zusammenanlagung führt nicht zu einer Einschränkung einer bestehenden vermögensrechtl Trennung zw den Ehegatten/LPart, wie sie beim Güterstand der **Zugewinngemeinschaft** (§ 1363 II BGB) oder der **Gütertrennung** gegeben ist. Trifft ein Überschuss aus der Zusammenveranlagung mit anderweitig begründeten StSchulden eines Ehegatten/LPart zusammen, kann der andere Ehegatte/LPart den auf ihn entfallenden Teil des Überschusses, also den ihm zustehenden Erstattungsanspruch geltend machen. Das FA kann insoweit nicht mit den gegen den anderen Ehegatten/LPart bestehenden Forderungen **aufrechnen** (BFH VII R 55/80 BStBl II 83, 162; vgl auch BFH VII R 16/05 BStBl II 06, 453).

§§ 26c, 27 *(weggefallen)*

§ 28 **Besteuerung bei fortgesetzter Gütergemeinschaft**

Bei fortgesetzter Gütergemeinschaft gelten Einkünfte, die in das Gesamtgut fallen, als Einkünfte des überlebenden Ehegatten, wenn dieser unbeschränkt steuerpflichtig ist.

Schrifttum: *Stadie* Die persönl Zurechnung von Einkünften, 1983; *App* Die fortgesetzte Gütergemeinschaft im Einkommensteuerrecht und im Erbschaftsteuerrecht, BWNotZ 93, 11, *Kanzler* Die Besteuerung von Ehe und Familie, DStJG 24 (2001), 417.

1. Fortgesetzte Gütergemeinschaft. Die Ehegatten können durch Ehevertrag vereinbaren, dass die Gütergemeinschaft nach dem Tode eines Ehegatten zw dem überlebenden Ehegatten und den gemeinschaftl Abkömmlingen fortgesetzt wird (§ 1483 I 1 BGB). Die Anwendung des § 28 kommt auf LPart nicht in Betracht, weil die LPart keine gemeinsamen Abkömmlinge (§ 1483 I BGB) haben können. Hinsichtl des **Gesamtgutes** ist die fortgesetzte Gütergemeinschaft eine **Gesamthandsgemeinschaft;** daneben ist noch Sondergut und Vorbehaltsgut jedes Mannes und der Frau mögl. Lehnt der überlebende Ehegatte die Fortsetzung der Gütergemeinschaft nicht ab (§ 1484 BGB), wird sie mit den gemeinschaftl Abkömmlingen fortgesetzt, die bei gesetzl Erbfolge als Erben berufen wären. Der Anteil des verstorbenen Ehegatten am Gesamtgut gehört dann nicht zum Nachlass (§ 1483 I 3 BGB). Die gemeinschaftl Abkömmlinge treten an die Stelle des verstorbenen Ehegatten (§ 1487 BGB), so dass sich **zivilrechtl kein Erbfall** vollzieht. **Erbschaftstrechtl** ist dieser Rechtsübergang aber dem **Erwerb von Todes wegen** gleichgestellt (§ 4 II 2 ErbStG). Dem überlebenden Ehegatten steht das alleinige Verwaltungsrecht bezügl des Gesamtgutes zu, nicht dagegen das Recht der (alleinigen) Nutznießung (§ 1487 BGB). Die Erträgnisse des Gesamtgutes stehen vielmehr den an der fortgesetzten Gütergemeinschaft Beteiligten gemeinschaftl zu. Ausführl zur Fortgesetzten Gütergemeinschaft *Lademann* § 28 Rz 1 ff.

2. Steuerrechtliche Beurteilung. § 28 verstößt nicht gegen das GG (BFH IV R 177/69 BStBl II 73, 638; **aA** *Stadie* aaO S 125). Die Einkünfte, die unter Verwendung der zu dem Gesamtgut gehörenden WG erzielt werden, werden **dem überlebenden Ehegatten allein zugerechnet.** Insofern schreibt § 28 eine andere Zurechnung vor, als sie zivilrechtl und wirtschaftl an sich nahe läge, da sie dem verwaltungsberechtigten überlebenden Ehegatten nicht als eigene Vermögenswerte verbleiben, sondern in das Gesamtgut übergehen und dadurch von den beteiligten Abkömmlingen miterworben werden. Gehört zum Gesamtgut ein BV, so ist die Übertragung eines zu dem BV gehörenden WG auf einen der an der fortgesetzten Gütergemeinschaft beteiligten Abkömmlinge **keine Entnahme,** da dieser **MUer** ist (BFH VI R 238/64 BStBl III 66, 505). Vereinbaren die fortgesetzten Gütergemeinschafter im Innenverhältnis einen Verzicht auf das alleinige Verwaltungsrecht des überlebenden Ehegatten, so ist § 28 nicht anzuwenden, sondern die Einkünfte sind nach allg Grundsätzen zuzurechnen (RFH RStBl 37, 96). Das gilt auch, wenn ledigl Verteilung der Einkünfte auf die Mitglieder der Gemeinschaft vereinbart wird (BFH VI R 238/64 BStBl III 66, 505). Der sich bei Betriebsveräußerung oder Auseinandersetzung einer fortgesetzten Gütergemeinschaft ergebende Gewinn ist nicht dem überlebenden Ehegatten zuzurechnen, sondern allen an dem Gesamtgut Beteiligten (BFH IV R 41/91 BStBl II 93, 430). Ist der überlebende Ehegatte nicht unbeschränkt, sondern beschr stpfl, ist § 28 ebenfalls nicht anwendbar, und die aus dem Gesamtgut stammenden Einkünfte sind nach allg Grundsätzen zuzurechnen.

§§ 29, 30 *(weggefallen)*

IV. Tarif

§ 31 Familienleistungsausgleich

[1] **Die steuerliche Freistellung eines Einkommensbetrags in Höhe des Existenzminimums eines Kindes einschließlich der Bedarfe für Betreuung und Erziehung oder Ausbildung wird im gesamten Veranlagungszeitraum entweder durch die Freibeträge nach § 32 Absatz 6 oder durch Kindergeld nach Abschnitt X bewirkt.** [2] Soweit das Kindergeld dafür nicht erforderlich ist, dient es der Förderung der Familie. [3] Im laufenden Kalenderjahr wird Kindergeld als Steuervergütung monatlich gezahlt. [4] Bewirkt der Anspruch auf Kindergeld für den gesamten Veranlagungszeitraum die nach Satz 1 gebotene steuerliche Freistellung nicht vollständig und werden deshalb bei der Veranlagung zur Einkommensteuer die Freibeträge nach § 32 Absatz 6 vom Einkommen abgezogen, erhöht sich die unter Abzug dieser Freibeträge ermittelte tarifliche Einkommensteuer um den Anspruch auf Kindergeld für den gesamten Veranlagungszeitraum; bei nicht zusammenveranlagten Eltern wird der Kindergeldanspruch im Umfang des Kinderfreibetrags angesetzt. [5] Bei der Prüfung der Steuerfreistellung und der Hinzurechnung nach Satz 4 bleibt der Anspruch auf Kindergeld für Kalendermonate unberücksichtigt, in denen durch Bescheid der Familienkasse ein Anspruch auf Kindergeld festgesetzt, aber wegen § 70 Absatz 1 Satz 2 nicht ausgezahlt wurde. [6] Satz 4 gilt entsprechend für mit dem Kindergeld vergleichbare Leistungen nach § 65. [7] Besteht nach ausländischem Recht Anspruch auf Leistungen für Kinder, wird dieser insoweit nicht berücksichtigt, als er das inländische Kindergeld übersteigt.

Einkommensteuer-Richtlinien: EStR 31; EStH 31 – *Verwaltungsanweisungen:* BZSt BStBl I 21, 1598 (Dienstanweisung KiGeld – **DA-KG,** Stand 2021)

Übersicht

	Rz
1. Allgemeines	1–5
2. Freistellung des Existenzminimums, § 31 S 1	7
3. Förderung der Familie, § 31 S 2	8
4. Monatliche Steuervergütung, § 31 S 3	9
5. Günstigerprüfung, § 31 S 4 und 5	10–17
6. Vergleichbare Leistungen, § 31 S 6 und 7	18
7. Verfahren	19

1 1. Allgemeines. – a) Bedeutung; Aufbau. Die steuerl Freistellung des Familienexistenzminimums und zwangsläufiger kindbedingter Aufwendungen ist verfrechtl geboten (BVerfG 2 BvL 42/93 BVerfGE 99, 246 zu C.I.5.c.cc; BVerfG 2 BvR 167/02 BVerfGE 112, 164 zu B.I.2.; BVerfG 2 BvL 3/05 DStRE 10, 98). § 31 S 1 knüpft an dieses Gebot an und bestimmt, dass die Freistellung des Existenzminimums von Kindern auf zweierlei Art erfolgen kann: durch **Freibeträge** (§ 32 VI) oder durch **KiGeld** (§§ 62 ff). Wirtschaftl schlechter gestellte Familien sollen zudem durch das KiGeld gefördert werden; das KiGeld erfüllt daher eine Doppelfunktion, es ist familienfördernde **Sozialleistung** (§ 31 S 2) und monatl gezahlte **Steuervergütung** (§ 31 S 3). Bei der EStVeranlagung wird die für den StPfl günstigste Lösung von Amts wegen berücksichtigt (sog **Günstigerprüfung,** § 31 S 4 **und** 5). Ansprüche auf andere kindbedingte Leistungen nach § 65 oder auf ausl KiGeld werden in die Günstigerprüfung grds einbezogen (§ 31 S **6 und** 7).

b) Persönlicher Anwendungsbereich. § 31 gilt wie § 32 für unbeschr StPfl 2 (§ 1 I–III, s § 32 Rz 2). Bei Wechsel unbeschr/beschr StPfl während des Kj wird nur *eine* Veranlagung durchgeführt (§ 2 VII); deshalb ist für diesen VZ auch eine Günstigerprüfung nach § 31 S 4 durchzuführen (s auch *HHR* § 31 Rz 12). Zur Gleichstellung von **LPart** gem § 2 VIII s BFH VI R 76/12 BStBl II 14, 36.

c) Neuere Rechtsentwicklung. Mit G gegen illegale Beschäftigung und Sozi- 3 alleistungsmissbrauch (BGBl I 19, 1066) ist § 31 S 5 neu eingefügt worden (Rz 17). S iÜ § 32 Rz 3.

Zur Diskussion um die Ablösung des geltenden Systems durch ein sog **Familiensplitting** s *Leisner-Egensperger* FS P. Kirchhof, S 1903 (1909); ferner BFH III R 62/13 BStBl II 17, 259. S iÜ *Reimer* NJW 12, 1927, *BH/Selder* § 31 Rz 10 ff und *HHR* § 31 Rz 4.

d) Verfassungsmäßigkeit. Nach der Rspr werden weder Art 2 I GG noch 4 Art 3 I GG dadurch verletzt, dass die **Günstigerprüfung** nach § 31 S 4 idF ab VZ 2004 grds allein darauf abstellt, ob ein *Anspruch* auf KiGeld besteht (BFH III R 50/19 BStBl II 22, 58; s unten Rz 10 f), unabhängig davon, ob der StPfl tatsächl KiGeld erhalten hat (BFH V R 59/10 BStBl II 13, 228: Gestaltungsfreiheit des Gesetzgebers; BFH III R 29/12 BFH/NV 13, 723: Obliegenheit des StPfl). Ebenfalls verfgemäß ist, dass die **Vergleichsrechnung bei mehreren Kindern** für jedes Kind gesondert durchgeführt wird (s Rz 13), insb bei ao Einkünften nach § 34 I (BFH III R 50/08 BFH/NV 12, 1429). – Zur KiGeld-Berechtigung von **EU-/EWR-Ausländern** s § 62 Rz 8 f.

Problematisch an § 31 ist der Umstand, dass Familien mit Kindern zunächst so besteuert werden, als hätten sie keine Kinder, und dann **KiGeld als Sozialleistung** erhalten (so zutr *Tipke,* Steuerrechtsordnung II, 2. Aufl, S 809 f, 823 ff; *Tipke LB* § 8 Rz 94 ff; s auch *D. Felix* DStJG Bd 29, 152 ff; *Jachmann* BB 08, 591, 593; **aA** *HHR* § 31 Rz 10 mwN; s ferner § 62 Rz 2). Dabei genügen die einschlägigen gesetzl Bestimmungen immer weniger dem verfrechtl Grundsatz der **Normenklarheit** (s BVerfG 1 BvL 1/01, 1 BvR 1749/01 NJW 03, 2733). Gleichwohl halten BVerfG und BFH dieses System für **verfgemäß** (BVerfG 2 BvR 167/02 BVerfGE 112, 164; BVerfG 2 BvR 1375/03, DStRE 04, 1345; BFH III R 1/09 BStBl II 18, 96, mwN).

e) Verhältnis zu anderen Vorschriften. § 32 (Freibeträge) und §§ 62 ff (Ki- 5 Geld) werden durch § 31 zu *einem* System des Familienleistungsausgleichs verbunden; die Günstigerprüfung nach § 31 S 4 ist der Angelpunkt dieses Systems (BFH III R 50/19 BStBl II 22, 58). Sie bestimmt, welches der beiden Institute letztl zur Anwendung kommt. – Sonderberechnungen und StErmäßigungen nach §§ 32b II, 34 I, 34b, 34c, 34g und § 35a müssen ohne die Hinzurechnung von KiGeld nach § 31 S 4 HS 1 durchgeführt werden (BFH III R 34/19 BStBl II 21, 848); denn das KiGeld erhöht die tarifl ESt (s Rz 12). Zur **AbgeltungsSt** s § 32 Rz 12. Zu § 40 (pauschale LSt) s BFH VI R 48/03 BStBl II 07, 844. Zum **BKGG** s § 62 Rz 1 (BVerfG 1 BvR 1765/09 HFR 11, 812: unterschiedl Verfahrensregelungen verfgemäß). Zum **Barunterhalt** s § 1612b BGB und BGH XII ZB 565/15 NJW 17, 1676 Rz 47.

2. Freistellung des Existenzminimums, § 31 S 1. Die Regelung hat ne- 7 ben § 31 S 4 keinen eigenständigen Gehalt. Sie bekräftigt (nur) programmatisch, dass die Freistellung *entweder* durch den Abzug von Freibeträgen nach § 32 VI *oder* durch die Zahlung von KiGeld nach Abschnitt X (§§ 62 ff) erfolgt. **Vorgaben zur Höhe** des zu berücksichtigenden Existenzminimums enthält § 31 S 1 nicht; diese richtet sich allein nach § 32 (s auch BVerfG 2 BvL 5/00 BVerfGE 110, 412; § 32 Rz 3).

§ 31 8–12 Familienleistungsausgleich

8   **3. Förderung der Familie, § 31 S 2.** Ergibt die Günstigerprüfung (§ 31 S 4), dass die steuerl Wirkung des KiGelds die Wirkung der Freibeträge nach § 32 VI übersteigt, ist das KiGeld (nur) insoweit **Sozialleistung** (sog Förderanteil; vgl auch BFH III R 34/18 BStBl II 21, 20 Rz 30 mwN; zur Bedeutung s auch *BReg* BT-Drs 16/2213, 9). Es verbleibt dem StPfl zur „Minderung des Familienaufwands" (§ 6 SGB I) und wird *nicht* nach § 31 S 4 HS 1 der tarifl ESt hinzugerechnet. StPfl, die aufgrund niedrigen Einkommens auch ohne Berücksichtigung der Freibeträge keine ESt zahlen, erhalten KiGeld in voller Höhe als Sozialleistung.

Soweit das KiGeld **Sozialleistung** ist, unterliegt es *nicht* dem Gebot, das Existenzminimum zu sichern (BFH VIII R 92/98 BStBl II 02, 596); es muss weder in einer bestimmten Relation zu den Freibeträgen stehen (BVerfG 2 BvR 1375/03 DStRE 04, 1345) noch in einer bestimmten Höhe gezahlt werden (BVerfG 2 BvL 5/00 BVerfGE 110, 412; BFH III R 55/03 BStBl II 06, 291; FG Nds EFG 07, 1785 mit Anm *Siegers*).

9   **4. Monatliche Steuervergütung, § 31 S 3.** Das KiGeld wird als monatl Steuervergütung iSd § 37 I AO gezahlt (vgl zB XI R 42/11 BStBl II 14, 840; s auch § 62 Rz 4). Es ist Vorausleistung auf die Entlastung, die der Ansatz der Freibeträge nach § 32 bei der EStVeranlagung bewirken soll, und demzufolge selbst **nicht steuerbar**.

10   **5. Günstigerprüfung, § 31 S 4 und 5. – a) Überblick.** Ob der Anspruch auf KiGeld (Rz 11) die steuerl Freistellung iSd § 31 S 4 HS 1 vollständig bewirkt, ermittelt das FA von Amts wegen durch eine Vergleichsrechnung (Rz 12), bei mehreren Kindern für jedes Kind gesondert (Rz 13); zum **Prüfungszeitraum** s Rz 14. Bei Zusammenveranlagung gehen die Freibeträge beider Ehegatten/LPart und der (volle) Anspruch auf KiGeld in *eine* Vergleichsrechnung ein; bei nicht zusammenveranlagten Eltern und in Übertragungsfällen wird der Anspruch auf KiGeld nach der Verteilung der Kinderfreibeträge berücksichtigt (Rz 15).

Sind für ein Kind **Freibeträge** abzuziehen, ohne dass ein **Anspruch auf KiGeld** besteht, bleibt es bei der Rechtsfolge des § 32 VI; es wird *keine* Günstigerprüfung durchgeführt (zB: Auslandskinder, vgl BFH III B 209/08 BFH/NV 09, 1630). Entspr gilt im umgekehrten Fall für Eltern, die nicht unbeschr stpfl sind, daher keine Freibeträge erhalten (§ 32 Rz 2) und KiGeld nach BKGG beziehen (§ 62 Rz 1).

11   **b) Anspruch auf Kindergeld.** Maßgebl für die Günstigerprüfung ist seit VZ 2004 der Anspruch des StPfl auf KiGeld nach § 62 (s ausführl BFH III R 50/19 BStBl II 22, 58 Rz 13 ff: verfgemäß). Es kommt daher grds nicht darauf an, ob KiGeld beantragt wurde, in welcher Höhe, wann oder an wen es gezahlt worden ist, ob es zurückgefordert wird und ob der Anspruch verfahrensrechtl noch durchgesetzt werden kann (EStR 31 II; vgl auch BFH V R 59/10 BStBl II 13, 228; BFH III R 82/09 BStBl II 13, 226; zum Bezug von Differenz-KiGeld in nur geringer Höhe s FG BaWü EFG 11, 712, rkr). – Das gilt allerdings wegen der verfrechtl gebotenen Freistellung des Existenzminimums des Kindes nicht für Ansprüche, die unter die **Ausschlussfrist** des § 66 III fallen (BFH III R 50/19 BStBl II 22, 58 Rz 23 ff: „Null-Hinzurechnung"; s auch *Wendl* DStR 18, 2065, 2069 ff mwN; **aA** FG Köln BeckRS 2020, 20226 rkr). Die Ausschlussfrist gilt für Anträge ab 31.12.17 (s *Schmidt* 38. Aufl § 66 Rz 6), ist aber bereits wieder durch § 70 I 2 nF ersetzt worden; eine entspr Nichtberücksichtigung ist nunmehr in **§ 31 S 5 nF** ausdrückl geregelt (s Rz 17). Zur verfwidrig Erfassung von **Sozialversicherungsbeiträgen** s *Schmidt* 38. Aufl § 31 Rz 11 mwN.

KiGeld wird von den Familienkassen festgesetzt und gezahlt (§§ 70 ff), die Günstigerprüfung jedoch vom FA durchgeführt. Um widersprüchl Entscheidungen zu vermeiden, sieht EStR 31 IV ein **Abstimmungsverfahren** vor (s DA-KG O 4.3). Auch kann die ESt-Festsetzung ggf bis zur Klärung der Streitfrage unter Vorbehalt (§ 164 AO) erfolgen. Der Bescheid der Familienkasse (Festsetzung von KiGeld oder Ablehnung) entfaltet **keine Tatbestandswirkung** (BFH III R 82/09 BStBl II 13, 226).

12   **c) Vergleichsrechnung, § 31 S 4 HS 1.** Zunächst muss die tarifl ESt ermittelt werden, und zwar sowohl bezogen auf das zu versteuernde Einkommen des StPfl als auch bezogen auf das *um die zu berücksichtigenden Freibeträge geminderte* zu versteuernde Einkommen (BFH III R 34/19 BStBl II 21, 848 Rz 24 f). Die **Differenz** zw beiden StBeträgen ist die „steuerl Wirkung" der Freibeträge iSd § 31 S 4 HS 1 (s Rechenbeispiel *Schmidt* 39. Aufl § 31 Rz 13). – Ist der Differenzbetrag *höher* als der Anspruch des StPfl auf KiGeld, erfolgt die volle gebotene steuerl Freistellung des Existenzminimums (erst) mit der **Veranlagung;** dh die dem StPfl zustehenden Freibeträge werden nach § 32 VI vom Einkommen abgezogen und der Anspruch auf KiGeld wird der ermittelten tarifl ESt hinzugerechnet (§ 2 VI 3). Die Hinzurechnung ist notwendig, weil das jeweilige Kind sonst doppelt berücksichtigt würde. – Ist der Differenzbetrag hingegen *niedriger* als der Anspruch auf KiGeld oder *genauso hoch,* ist die gebotene steuerl Freistellung bereits vollständig **durch das KiGeld bewirkt.** Die Freibeträge nach § 32 VI werden bei der Veranlagung nicht mehr berücksichtigt; die tarifl ESt wird nicht um den Anspruch auf KiGeld erhöht. – In die Vergleichsrechnung für VZ 2020/2021 fließt auch der durch CoronaStHG II/III (BGBl I 20, 1512; BGBl I 21, 330) festgesetzte **Kinderbonus** iHv 300 € (2020) und 150 € (2021) mit ein (s § 66 I 4; *BZSt* BStBl I 20, 657; s auch *Kanzler* FR 20, 657, 660).

Kapitalerträge, die (ab VZ 2009) der **AbgeltungSt** (§ 32d I oder § 43 V) unterliegen, bleiben bei Günstigerprüfung unberücksichtigt (§ 2 Vb, s § 2 Rz 64). Ebenfalls nicht berücksichtigt werden **StErmäßigungen gem § 34c** (BFH III R 34/19 BStBl II 21, 848 Rz 26). – Zu den **Auswirkungen des 2. FamEntlG** (BGBl I 20, 2616) s *Stöwhase* FR 20, 1137.

d) Mehrere Kinder. Die Vergleichsrechnung wird für jedes Kind gesondert **13** durchgeführt, und zwar beginnend mit dem ältesten Kind (Wortlaut des § 32 VI 1: „für *jedes* ... Kind"; so auch BFH III R 86/07 BStBl II 11, 259; BFH III R 50/08 BFH/NV 12, 1429: verfgemäß, auch bei Besteuerung ao Einkünfte gem § 34 I; glA EStH 31; krit *Siegel* DStZ 10, 859). Für jedes weitere Kind muss das zu versteuernde Einkommen, das als Ausgangsgröße in die jeweilige Vergleichsrechnung eingeht, (nur dann) um die Freibeträge für das ältere Kind gemindert werden, wenn die vorherige Vergleichsrechnung zum Abzug von Freibeträgen geführt hat. – Berechnungsbeispiel s *Schmidt* 39. Aufl § 31 Rz 13.

e) Jahresprinzip. Seit VZ 2007 ist die Günstigerprüfung gem § 31 S 1 und S 4 **14** idF des JStG 2007 (BGBl I 06, 2878) **bezogen auf den gesamten VZ** durchzuführen (materielle Gesetzesänderung, nicht bloß „redaktionelle Klarstellung", s *Schmidt* 30. Aufl § 32 Rz 14, auch zur Rechtslage bis VZ 2006; zur praktischen Relevanz s BFH VIII R 65/99 BStBl II 03, 593).

f) Umfang des Kinderfreibetrags, § 31 S 4 HS 2. – aa) Keine Zusam- 15 menveranlagung. Werden Eltern nicht zusammenveranlagt, erfolgt die Vergleichsrechnung für jeden Elternteil gesondert. Die Freibeträge nach § 32 VI werden in dem Umfang berücksichtigt, in dem sie dem betr Elternteil zustehen; der KiGeld-Anspruch wird „im Umfang des Kinderfreibetrags" berücksichtigt, dh idR **jeweils zur Hälfte** (Halbteilungsgrundsatz als Grundprinzip des Familienleistungsausgleichs, BFH III R 45/06 BFH/NV 09, 556 mwN). Unerhebl ist, welcher Elternteil das KiGeld tatsächl erhalten hat (zumeist der Elternteil, der das Kind in seinen Haushalt aufgenommen hat, § 64 II 1; ggf das Kind selbst oder ein Sozialhilfeträger, § 74 I; s auch BFH III R 24/17 BStBl II 18, 721 Rz 20 mwN). Ein (zivilrechtl) **Verzicht** auf Anrechnung des hälftigen KiGelds auf den Kindesunterhalt wirkt sich auf die Günstigerprüfung nicht aus (BFH VIII R 86/98 BStBl II 05, 332).

bb) Übertragung von Freibeträgen. Hat ein Elternteil seinen Kinderfrei- **16** betrag auf den anderen Elternteil übertragen (§ 32 Rz 83 ff), wird dem anderen Elternteil das gesamte KiGeld für die betr Monate zugerechnet (s BFH VIII R 88/98 BStBl II 05, 594). Ist nur der Betreuungsfreibetrag übertragen worden (s § 32 Rz 92), bleibt es bei der jeweilig hälftigen Zurechnung (hA, s auch *HHR* § 32 Rz 35; *Kinne ua* DStR 17, 2463, 2465). Der gesamte Anspruch auf KiGeld wird einem Elternteil darüber hinaus in den Fällen des § 32 VI 3 Nr 1 zugerechnet, wenn der andere **Elternteil** verstorben oder **nicht unbeschr estpfl** ist (s BFH III B 26/05 BFH/NV 06, 1089). – Ist der Kinderfreibetrag auf **Stief- oder Großeltern** übertragen worden (§ 32 Rz 95), muss für diese eine Günstigerprüfung durchgeführt werden, in die der entspr Anteil des KiGeld-Anspruchs einbezogen wird (s EStR 31 III 1). Beim Übertragenden verbleibt kein Kinderfreibetrag, sodass auch kein Anspruch auf KiGeld verrechnet wird.

17 g) **Nicht ausgezahltes Kindergeld (§ 70 I 2), § 31 S 5.** Ist die rückwirkende Auszahlung von KiGeld gem § 70 I 2 nF (s § 70 Rz 3) auf sechs Monate begrenzt, wird bei der Günstigerprüfung nicht auf den Anspruch auf KiGeld (s Rz 11) abgestellt, sondern auf das tatsächl ausgezahlte KiGeld (s BT-Drs 19/10683, 51: Sicherung der vollständigen Freistellung des Existenzminimums; zur Problematik iZm § 66 III aF s auch Rz 11 mwN). Der StPfl, der sich auf diese Regelung beruft, muss dem FA den betr KiGeld-Bescheid oder eine Bescheinigung der Familienkasse nach § 68 III vorlegen.

18 6. **Vergleichbare Leistungen, § 31 S 6 und 7.** Kindergeldähnl Leistungen iSd § 65 einschließl **ausl KiGeld** fließen in die Günstigerprüfung mit ein. Ob eine Leistung kindergeldähnl ist, bestimmt sich nach ihrem Sinn und Zweck (vgl BFH III R 34/18 BStBl II 21, 20 Rz 27). – Maßgebl ist wiederum nur, ob der StPfl einen *Anspruch* auf die betr Leistung hat (vgl Rz 11). Es kommt nicht darauf an, ob ihm das ausl KiGeld zugeflossen ist oder ob es seine zivilrechtl Unterhaltspflicht gemindert hat (BFH III R 86/09 BStBl II 13, 855: Vermeidung einer Doppelberücksichtigung des Kinderexistenzminimums; BFH VIII R 95/02 BFH/NV 03, 1306, VerfBeschw nicht angenommen). – Berücksichtigt werden alle in § 65 I genannten und ggf nach § 65 II, 66 aufgestockten Leistungen (s iEinz § 65 Rz 2 ff). Das betrifft auch KiGeld, das nach zwischenstaatl Abkommen gezahlt wird, sog **Vertrags-KiGeld** (§§ 65 I Nr 3, 72 VIII). – Wird nach ausl Recht ein höheres als in § 66 vorgesehenes KiGeld gezahlt, beschränkt sich die Verrechnung auf die Höhe des § 66 (§ 31 S 7).

19 7. **Verfahren.** Zur Geltung der AO s § 62 Rz 4 (anstelle des SGB X; BFH III B 72/11 BFH/NV 12, 379: keine Anwendung sozialrechtl Vertrauensschutzregelungen; vgl auch BFH III R 45/10 BStBl II 13, 1028: Festsetzungsverjährung gem §§ 169 ff AO). Nachträgl Festsetzung und/oder Zahlung von KiGeld durch Familienkasse ist kein rückwirkendes Ereignis iSv § 175 I 1 Nr 2 AO (vgl BFH III R 90/07 BStBl II 11, 543 zu SolZ). – Eltern ohne KiGeldanspruch können KiFreibeträge auf der **LStKarte** eintragen lassen (§ 39a I 1 Nr 6, s § 39a Rz 6).

§ 32 Kinder, Freibeträge für Kinder

(1) **Kinder sind**

1. im ersten Grad mit dem Steuerpflichtigen verwandte Kinder,
2. Pflegekinder (Personen, mit denen der Steuerpflichtige durch ein familienähnliches, auf längere Dauer berechnetes Band verbunden ist, sofern er sie nicht zu Erwerbszwecken in seinen Haushalt aufgenommen hat und das Obhuts- und Pflegeverhältnis zu den Eltern nicht mehr besteht).

(2) [1]Besteht bei einem angenommenen Kind das Kindschaftsverhältnis zu den leiblichen Eltern weiter, ist es vorrangig als angenommenes Kind zu berücksichtigen. [2]Ist ein im ersten Grad mit dem Steuerpflichtigen verwandtes Kind zugleich ein Pflegekind, ist es vorrangig als Pflegekind zu berücksichtigen.

(3) Ein Kind wird in dem Kalendermonat, in dem es lebend geboren wurde, und in jedem folgenden Kalendermonat, zu dessen Beginn es das 18. Lebensjahr noch nicht vollendet hat, berücksichtigt.

Kinder, Freibeträge für Kinder § 32

(4) ¹Ein Kind, das das 18. Lebensjahr vollendet hat, wird berücksichtigt, wenn es
1. noch nicht das 21. Lebensjahr vollendet hat, nicht in einem Beschäftigungsverhältnis steht und bei einer Agentur für Arbeit im Inland als Arbeitsuchender gemeldet ist oder
2. noch nicht das 25. Lebensjahr vollendet hat und
   a) für einen Beruf ausgebildet wird oder
   b) sich in einer Übergangszeit von höchstens vier Monaten befindet, die zwischen zwei Ausbildungsabschnitten oder zwischen einem Ausbildungsabschnitt und der Ableistung des gesetzlichen Wehr- oder Zivildienstes, einer vom Wehr- oder Zivildienst befreienden Tätigkeit als Entwicklungshelfer oder als Dienstleistender im Ausland nach § 14b des Zivildienstgesetzes oder der Ableistung des freiwilligen Wehrdienstes nach § 58b des Soldatengesetzes oder der Ableistung eines freiwilligen Dienstes im Sinne des Buchstaben d liegt, oder
   c) eine Berufsausbildung mangels Ausbildungsplatzes nicht beginnen oder fortsetzen kann oder
   d) ein freiwilliges soziales Jahr oder ein freiwilliges ökologisches Jahr im Sinne des Jugendfreiwilligendienstegesetzes oder eine Freiwilligenaktivität im Rahmen des Europäischen Solidaritätskorps im Sinne der Verordnung (EU) Nr. 2018/1475 des Europäischen Parlaments und des Rates vom 2. Oktober 2018 zur Festlegung des rechtlichen Rahmens des Europäischen Solidaritätskorps sowie zur Änderung der Verordnung (EU) Nr. 1288/2013 und der Verordnung (EU) Nr. 1293/2013 sowie des Beschlusses Nr. 1313/2013/EU (ABl. L 250 vom 4.10.2018, S. 1) oder einen anderen Dienst im Ausland im Sinne von § 5 des Bundesfreiwilligendienstgesetzes oder einen entwicklungspolitischen Freiwilligendienst „weltwärts" im Sinne der Förderleitlinie des Bundesministeriums für wirtschaftliche Zusammenarbeit und Entwicklung vom 1. Januar 2016 oder einen Freiwilligendienst aller Generationen im Sinne von § 2 Absatz 1a des Siebten Buches Sozialgesetzbuch oder einen Internationalen Jugendfreiwilligendienst im Sinne der Richtlinie des Bundesministeriums für Familie, Senioren, Frauen und Jugend vom 25. Mai 2018 (GMBl S. 545) oder einen Bundesfreiwilligendienst im Sinne des Bundesfreiwilligendienstgesetzes leistet oder
3. wegen körperlicher, geistiger oder seelischer Behinderung außerstande ist, sich selbst zu unterhalten; Voraussetzung ist, dass die Behinderung vor Vollendung des 25. Lebensjahres eingetreten ist.
²Nach Abschluss einer erstmaligen Berufsausbildung oder eines Erststudiums wird ein Kind in den Fällen des Satzes 1 Nummer 2 nur berücksichtigt, wenn das Kind keiner Erwerbstätigkeit nachgeht. ³Eine Erwerbstätigkeit mit bis zu 20 Stunden regelmäßiger wöchentlicher Arbeitszeit, ein Ausbildungsdienstverhältnis oder ein geringfügiges Beschäftigungsverhältnis im Sinne der §§ 8 und 8a des Vierten Buches Sozialgesetzbuch sind unschädlich.

(5) ¹In den Fällen des Absatzes 4 Satz 1 Nummer 1 oder Nummer 2 Buchstabe a und b wird ein Kind, das
1. den gesetzlichen Grundwehrdienst oder Zivildienst geleistet hat oder
2. sich anstelle des gesetzlichen Grundwehrdienstes freiwillig für die Dauer von nicht mehr als drei Jahren zum Wehrdienst verpflichtet hat, oder
3. eine vom gesetzlichen Grundwehrdienst oder Zivildienst befreiende Tätigkeit als Entwicklungshelfer im Sinne des § 1 Absatz 1 des Entwicklungshelfer-Gesetzes ausgeübt hat,

für einen der Dauer dieser Dienste oder der Tätigkeit entsprechenden Zeitraum, höchstens für die Dauer des inländischen gesetzlichen Grundwehr-

§ 32 — Kinder, Freibeträge für Kinder

dienstes oder bei anerkannten Kriegsdienstverweigerern für die Dauer des inländischen gesetzlichen Zivildienstes über das 21. oder 25. Lebensjahr hinaus berücksichtigt. ²Wird der gesetzliche Grundwehrdienst oder Zivildienst in einem Mitgliedstaat der Europäischen Union oder einem Staat, auf das Abkommen über den Europäischen Wirtschaftsraum Anwendung findet, geleistet, so ist die Dauer dieses Dienstes maßgebend. ³Absatz 4 Satz 2 und 3 gilt entsprechend.

(6) ¹Bei der Veranlagung zur Einkommensteuer wird für jedes zu berücksichtigende Kind des Steuerpflichtigen ein Freibetrag von 2730 Euro für das sächliche Existenzminimum des Kindes (Kinderfreibetrag) sowie ein Freibetrag von 1464 Euro für den Betreuungs- und Erziehungs- oder Ausbildungsbedarf des Kindes vom Einkommen abgezogen. ²Bei Ehegatten, die nach den §§ 26, 26b zusammen zur Einkommensteuer veranlagt werden, verdoppeln sich die Beträge nach Satz 1, wenn das Kind zu beiden Ehegatten in einem Kindschaftsverhältnis steht. ³Die Beträge nach Satz 2 stehen dem Steuerpflichtigen auch dann zu, wenn

1. der andere Elternteil verstorben oder nicht unbeschränkt einkommensteuerpflichtig ist oder
2. der Steuerpflichtige allein das Kind angenommen hat oder das Kind nur zu ihm in einem Pflegekindschaftsverhältnis steht.

⁴Für ein nicht nach § 1 Absatz 1 oder 2 unbeschränkt einkommensteuerpflichtiges Kind können die Beträge nach den Sätzen 1 bis 3 nur abgezogen werden, soweit sie nach den Verhältnissen seines Wohnsitzstaates notwendig und angemessen sind. ⁵Für jeden Kalendermonat, in dem die Voraussetzungen für einen Freibetrag nach den Sätzen 1 bis 4 nicht vorliegen, ermäßigt sich die dort genannten Beträge um ein Zwölftel. ⁶Abweichend von Satz 1 wird bei einem unbeschränkt einkommensteuerpflichtigen Elternpaar, bei dem die Voraussetzungen des § 26 Absatz 1 Satz 1 nicht vorliegen, auf Antrag eines Elternteils der dem anderen Elternteil zustehende Kinderfreibetrag auf ihn übertragen, wenn er, nicht jedoch der andere Elternteil, seiner Unterhaltspflicht gegenüber dem Kind für das Kalenderjahr im Wesentlichen nachkommt oder der andere Elternteil mangels Leistungsfähigkeit nicht unterhaltspflichtig ist; die Übertragung des Kinderfreibetrags führt stets auch zur Übertragung des Freibetrags für den Betreuungs- und Erziehungs- oder Ausbildungsbedarf. ⁷Eine Übertragung nach Satz 6 scheidet für Zeiträume aus, für die Unterhaltsleistungen nach dem Unterhaltsvorschussgesetz gezahlt werden. ⁸Bei minderjährigen Kindern wird der dem Elternteil, in dessen Wohnung das Kind nicht gemeldet ist, zustehende Freibetrag für den Betreuungs- und Erziehungs- oder Ausbildungsbedarf auf Antrag des anderen Elternteils auf diesen übertragen, wenn bei dem Elternpaar die Voraussetzungen des § 26 Absatz 1 Satz 1 nicht vorliegen. ⁹Eine Übertragung nach Satz 8 scheidet aus, wenn der Übertragung widersprochen wird, weil der Elternteil, bei dem das Kind nicht gemeldet ist, Kinderbetreuungskosten trägt oder das Kind regelmäßig in einem nicht unwesentlichen Umfang betreut. ¹⁰Die den Eltern nach den Sätzen 1 bis 9 zustehenden Freibeträge können auf Antrag auch auf einen Stiefelternteil oder Großelternteil übertragen werden, wenn dieser das Kind in seinen Haushalt aufgenommen hat oder dieser einer Unterhaltspflicht gegenüber dem Kind unterliegt. ¹¹Die Übertragung nach Satz 10 kann auch mit Zustimmung des berechtigten Elternteils erfolgen, die nur für künftige Kalenderjahre widerrufen werden kann.

Einkommensteuer-Richtlinien: EStR 32.1–32.13; EStH 32.1–32.13; LStH 32 – *Verwaltungsanweisungen:* BZSt BStBl I 21, 1598 (Dienstanweisung KiGeld – DA-KG, Stand 2021); *BMF* BStBl I 10, 1346 (behinderte Kinder); *BMF* BStBl I 13, 845 (Übertragung der Freibeträge); *BMF* BStBl I 14, 109 (LPart und Freibeträge für Kinder).

Allgemeines **1 § 32**

Übersicht

Rz

I. Allgemeines
1. Bedeutung; Aufbau 1
2. Persönlicher Anwendungsbereich 2
3. Neuere Rechtsentwicklung 3
4. Verfassungsmäßigkeit 4
5. Verhältnis zu anderen Vorschriften 5

II. Tatbestände des Familienleistungsausgleichs, § 32 I–V
1. Begriff „Kind", § 32 I
   a) Eigene und angenommene Kinder, § 32 I Nr 1 8–11
   b) Pflegekinder, § 32 I Nr 2 12–17
2. Konkurrenzen, § 32 II 18
3. Kinder unter 18 Jahren; Monatsprinzip, § 32 III 19, 20
4. Kinder zwischen 18 und 25 Jahren, § 32 IV 1 Nr 1 und 2
   a) Überblick; Nachweise 21
   b) Arbeitssuche, § 32 IV 1 Nr 1 22–25
   c) Berufsausbildung, § 32 IV 1 Nr 2 Buchst a 26–33
   d) Übergangszeiten, § 32 IV 1 Nr 2 Buchst b 34, 35
   e) Kein Ausbildungsplatz, § 32 IV 1 Nr 2 Buchst c 36–39
   f) Freiwillige Dienste, § 32 IV 1 Nr 2 Buchst d 40
   g) Altersgrenze; Übergangsregelung 41
5. Kinder mit Behinderung, § 32 IV 1 Nr 3 45–57
6. Erwerbstätigkeit, § 32 IV 2, 3
   a) Bis zum Abschluss einer Erstausbildung 60
   b) Erwerbstätigkeit nach Abschluss einer Erstausbildung, § 32 IV 2 61–67
   c) Unschädliche Erwerbstätigkeit, § 32 IV 3 70
7. Grundwehrdienst; Zivildienst, § 32 V 74

III. Rechtsfolge: Freibeträge, § 32 VI
1. Freibeträge; Abzug vom Einkommen, § 32 VI 1–5 76
   a) Einfache Freibeträge, § 32 VI 1 77
   b) Verdoppelung bei Zusammenveranlagung, § 32 VI 2 .. 78
   c) Verdoppelung in sonstigen Fällen, § 32 VI 3 79
   d) Auslandskinder, § 32 VI 4 80
   e) Ermäßigung der Freibeträge, § 32 VI 5 81
2. Übertragung auf den anderen Elternteil, § 32 VI 6–9
   a) Überblick 83
   b) Kinderfreibetrag, § 32 VI 6, 7 84–91
   c) Betreuungsfreibetrag, § 32 VI 8, 9 92–94
3. Übertragung auf Stiefeltern/Großeltern, § 32 VI 10, 11 .. 95–98
4. Lohnsteuerabzug 100

I. Allgemeines

1. Bedeutung; Aufbau. § 32 knüpft an § 31 an (s § 31 Rz 1) und regelt die estl **1** Freistellung des Familienexistenzminimums durch Freibeträge. Die Vorschrift trägt der geminderten Leistungsfähigkeit von StPfl durch Kinder Rechnung. Sie geht von **typischen Unterhaltssituationen** aus, die tatbestandl abschließend umschrieben werden (minderjährige Kinder, behinderte Kinder, Kinder in der Berufsausbildung etc). – **§ 32 I** definiert den Begriff „Kind". **§ 32 II** gibt vor, wie die Konkurrenz mehrerer Kindschaftsverhältnisse aufzulösen ist. **§ 32 III** behandelt die Berücksichtigung von Kindern bis zur Vollendung des 18. Lebensjahrs. **§ 32 IV und V** benennen die Voraussetzungen, unter denen Kinder über diesen Zeitpunkt hinaus berücksichtigt werden. **§ 32 VI** legt die Höhe der Freibeträge fest und normiert die Möglichkeit ihrer Übertragung.

Die Regelungen zu den Kinderfreibeträgen (§§ 31, 32) und zum KiGeld (§§ 62 ff) sind **„Massenfallrecht"**. Auf eine Einzelfallprüfung, ob dem StPfl tatsächl Unterhaltsaufwendungen entstanden sind, verzichtet das Gesetz (s auch BFH III R 24/17 BStBl II 18, 721 Rz 26). Liegt eine der gesetzl definierten typischen Unterhaltssituationen vor, wird eine **Minderung der Leistungsfähigkeit** des StPfl iSd **subj** Nettoprinzips (s § 2 Rz 11) typi-

Loschelder 1807

sierend unterstellt mit der Folge, dass ein Anspruch auf estl Berücksichtigung des betr Kindes besteht.

2 **2. Persönlicher Anwendungsbereich.** § 32 gilt für **unbeschr StPfl** (§ 1 I, II) und für **fiktiv unbeschr StPfl**, die einen Antrag gem § 1 III gestellt haben (§ 1 Rz 41 ff). Bei **beschr StPfl** schließt § 50 I 3 die Anwendung des § 32 aus. Bei einem Wechsel zw unbeschr/beschr StPfl während des Kj (§ 2 VII 3) werden Freibeträge für die Monate gewährt, in denen zumindest teilweise unbeschr StPfl vorlag (Monatsprinzip, Rz 20; s auch BFH V R 43/11 BStBl II 13, 491; EStR 32.3), zB bei Wegzug während des Kj (BFH VIII R 111/01 BFH/NV 04, 331). Unbeschr StPfl des Kindes wird nicht vorausgesetzt (vgl § 32 VI 4, s Rz 80; BFH XI R 8/15 BStBl II 16, 952); zum KiGeld s § 63 I 6. – Zur Gleichstellung von **LPart** gem § 2 VIII s BFH VI R 76/12 BStBl II 14, 36 und *BMF* BStBl I 14, 109.

3 **3. Neuere Rechtsentwicklung.** Mit dem **AbzStEntModG** (BGBl I 21, 1259) ist § 32 VI 6 neu gefasst worden. Die Übertragung eines Kinderfreibetrags zieht jetzt zwingend die Übertragung des Betreuungsfreibetrags nach sich (s Rz 83). Mit dem **2. FamEntlastG** (BGBl I 20, 2616) sind die Freibeträge in § 32 VI 1 mit Wirkung ab VZ 2021 angehoben worden. S iÜ *Schmidt* 39. Aufl § 32 Rz 3 und *BH/Selder* § 32 Rz 4.

4 **4. Verfassungsmäßigkeit.** Bezugsgröße für die steuerl Freistellung des Existenzminimums von Kindern ist der im Sozialhilferecht anerkannte **Mindestbedarf**; dieser darf nicht unterschritten werden (BVerfG 2 BvL 5/91 BVerfGE 87, 153, 169; BVerfG 2 BvR 1057/91 BVerfGE 99, 216, 233; s auch BFH X R 20/04 BStBl II 06, 312). Aufgrund des **13. Existenzminimumberichts** (BT-Drs 19/22800, 10) ist der Kinderfreibetrag auf 2730 € angehoben worden. Ebenfalls angehoben wurde (erstmals seit 2010) der Betreuungsfreibetrag und zwar auf 1464 €.

Ob der **Kinderfreibetrag für VZ 2014** verfwidrig war, prüft das **BVerfG** (FG Nds EFG 17, 668, VerfBeschw BVerfG 2 BvL 3/17; **aA** FG Mchn EFG 17, 999: verfgemäß, Rev III R 13/17). Die FÄ veranlassen insoweit vorläufig (*BMF* DStR 22, 213); s iEinz *Schmidt* 38. Aufl § 32 Rz 4. – S iÜ zur VerfMäßigkeit des **Familienleistungsausgleichs ab VZ 2000**: BFH III R 1/09 BStBl II 18, 96 (VZ 2000-2004) und Nachweise in *Schmidt* 34. Aufl § 32 Rz 4; krit *Haupt/Becker* DStR 15, 1529: Vorgaben des BVerfG werden verfehlt. – Zu Defiziten bei der bisherigen **Erfassung des Barbedarfs** s *Schmidt* 39. Aufl § 32 Rz 4 mwN.

5 **5. Verhältnis zu anderen Vorschriften.** § 32 I definiert den Begriff „Kind" für das ESt-Recht einschließl des KiGeld-Rechts (§ 63 I 1 Nr 1). An die Rechtsfolgen des § 32 VI (Gewährung von Freibeträgen) knüpfen andere steuerl Vergünstigungen an (s *Schmidt* 39. Aufl § 32 Rz 5 aE). – Ob das Existenzminimum des Kindes durch Freibeträge (§ 32) oder durch KiGeld (§§ 62 ff) berücksichtigt wird, richtet sich nach **§ 31 S 4**; gleichwohl sind zunächst die Voraussetzungen für eine Berücksichtigung nach § 32 I bis V zu prüfen (wegen § 63 I 2; s iEinz § 31 Rz 12 ff). – Unterhaltsleistungen für Kinder, für die kein Kinderfreibetrag gewährt wird, können nach **§ 33a** zu berücksichtigen sein; § 33a I und § 32 schließen einander aus (§ 33a Rz 23). – Die Berücksichtigung von Freibeträgen bei den **ZuschlagSt** richtet sich nach **§ 51a II** (s auch BFH III R 90/07 BStBl II 11, 543). Zu KapErträgen, die (ab VZ 2009) der **AbgeltungSt** (§ 32d I oder § 43 V) unterliegen, s Rz 51 und § 2 Rz 65. – **DA-KG** und **DA-FamEStG** sind (ledigl) norminterpretierende VerwVorschriften, die die Gerichte nicht binden (vgl zB BFH XI R 7/12 BStBl II 14, 37, mwN).

II. Tatbestände des Familienleistungsausgleichs, § 32 I–V

8 **1. Begriff „Kind", § 32 I. – a) Eigene und angenommene Kinder, § 32 I Nr 1.** Im ersten Grad verwandte Kinder iSd § 32 I Nr 1 sind leibl Kinder (§§ 1589, 1591 ff BGB) und Adoptivkinder (§§ 1741 ff, 1754 BGB). Stiefkinder und Enkelkinder werden grds nicht berücksichtigt (vgl auch BFH III R 73/09 BStBl II 12, 463 Rz 20); s aber Rz 95 ff.

Tatbestände des Familienleistungsausgleichs   9–13   § 32

aa) Nachweis. Das Kindschaftsverhältnis muss durch **öffentl Urkunden** nach- 9
gewiesen werden (zB Lebensbescheinigung, Beleg über Bezug von KiGeld; s FG
Mchn EFG 98, 371, rkr; zu Mitwirkungspflichten s FG Mster EFG 08, 764, rkr).
Zw nicht-ehel und ehel Kindern wird seit 1.7.98 nicht mehr unterschieden
(s *Grüneberg* Einf v § 1591 BGB Rz 1). Dass der StPfl das Kind in seinen Haushalt
aufgenommen oder unterhalten hat, wird (anders als bei Pflegekindern, s aber
Rz 15) nicht vorausgesetzt. Zu Heirat des Kindes s Rz 24.

bb) Zuordnung nach Zivilrecht. Die Zivilrechtslage ist für die Kinder- 10
zuordnung maßgebl, der Rspr zufolge auch **rückwirkend.** Das gilt positiv bei
Anerkennung der Vaterschaft durch den wirkl Vater (BFH III R 68/04 BStBl II 08,
350) wie negativ bei erfolgreicher Anfechtung (rückwirkende Beseitigung der
kindbedingten Vergünstigungen, FG Nds EFG 04, 164, rkr). Da idR Ersatzansprüche gegen den wirkl Vater des Kindes bestehen (§ 1607 III 2, § 1613 II Nr 2
BGB; vgl BGH XII ZR 144/06 NJW 08, 2433), hat der Scheinvater der Rspr
zufolge nicht zwingend einen Anspruch auf Billigkeitsmaßnahmen nach §§ 163,
227 AO (BFH IX B 192/03 BFH/NV 05, 1490). – Zu **Kritik** s *Schmidt* 39. Aufl
§ 32 Rz 10 aE. Zur Alternative einer Berücksichtigung als Pflegekind s FG Mster
EFG 08, 764, rkr.

cc) Adoption. Mit der Annahme eines Minderjährigen erlischt das Verwandt- 11
schaftsverhältnis zu den leibl Eltern, bei Annahme des Kindes des Ehegatten/LPart
nur das Verwandtschaftsverhältnis zum anderen Elternteil (§§ 1754, 1755 BGB).
Wird ein **Volljähriger** adoptiert, bleibt er mit den leibl Eltern verwandt (§ 1770 II
BGB; Ausnahme § 1772 BGB). Eine Doppelberücksichtigung wird nach § 32 II
ausgeschlossen (Rz 18).

b) Pflegekinder, § 32 I Nr 2. Die Vorschrift enthält eine eigenständige Le- 12
galdefinition des Begriffs „Pflegekind", die von § 15 I Nr 8 AO abweicht. Die
einzelnen Merkmale bedingen sich zT gegenseitig und lassen sich nur schwer voneinander abgrenzen. Gleichwohl handelt es sich um **echte Tatbestandsmerkmale,** nicht nur um erläuternde, beispielhafte Attribute (vgl BFH III R 15/09
BStBl II 12, 739). – Zur Berücksichtigung von **Flüchtlingskindern** als Pflegekinder s Rz 13 und 14 aE.

aa) Familienähnliches Band. Das Pflegekind muss wie ein eigenes Kind ver- 13
sorgt und erzogen werden (BFH III R 14/94 BStBl II 95, 582 zu 1.). Es muss in
seiner Pflegefamilie eine „natürl Einheit von Versorgung, Erziehung und Heimat"
finden (BFH III R 9/19 BFH/NV 21, 4 Rz 12 mwN: Autoritätsverhältnis mit
Aufsichts-, Erziehungs- und Betreuungsmacht der Pflegeeltern, Einbindung in das
Familienleben). Pflegegeld ist unschädl (BFH VI R 53/82 BStBl II 86, 14). Aufnahme in **Adoptionsabsicht** genügt idR (EStR 32.2 I 3), ist aber nicht zwingend
(BFH III R 95/93 BStBl II 96, 63). Ein **Altersunterschied** wie zw leibl Eltern
und Kindern muss nicht bestehen (EStR 32.2 III; DA-KG A 11.3 V). Das Höchstalter des Pflegebefohlenen hängt von dem tatsächl Bedürfnis nach Personensorge
im Einzelfall ab (ähnl FG Mster EFG 02, 150, rkr; DA-KG A 11.3 III 1: auch
noch kuRz vor Eintritt der Volljährigkeit). – Zu **Volljährigen** kann ein Pflegekindschaftsverhältnis idR nur bei Hilflosigkeit oder Behinderung *begründet* werden
(BFH III R 15/09 BStBl II 12, 739: Unfähigkeit zur eigenen Lebensgestaltung,
Entwicklungsstand dem eines Minderjährigen vergleichbar; BFH III R 53/02
BFH/NV 05, 1547; FG Nds EFG 05, 1786, rkr; einschr – mit guten Gründen und
mE zutr – für ein *fast* volljähriges, „entwurzeltes und alleingelassenes" Kind: FG
Nds EFG 13, 1859, rkr); in der Regel greift die familiäre Beziehung erst auf früheste
Kindheit zurück (zB: Onkel und Tante, FG BaWü EFG 01, 1454, rkr; wohl **aA**:
DA-KG A 11.3 III 2). Trotz der Behinderung muss aber die Möglichkeit bestehen,
auf die zu pflegende Person erzieherisch einzuwirken (BFH III R 15/09 BStBl II
12, 739: sonst nur „Kostgänger"). Dagegen wird ein *bestehendes* Pflegekindschaftsverhältnis durch den Eintritt der Volljährigkeit nicht berührt (zutr FG Köln EFG

08, 1565, rkr). Zw **Geschwistern** ist ein Pflegekindschaftsverhältnis nicht grds ausgeschlossen (zB nach Tod der Eltern), etwa bei entspr Altersunterschied, Erwerbsunfähigkeit oder Behinderung bzw Hilflosigkeit des Pflegebefohlenen (BFH VI R 187/74 BStBl II 77, 832; BFH VIII R 50/03 BStBl II 10, 1052; s aber BFH III R 9/19 BFH/NV 21, 4) oder der Eltern (FG Köln EFG 03, 171, rkr). – **Partnerschaftl Beziehung** schließt mE Pflegekindschaftsverhältnis aus, da der StPfl den Partner nicht „wie ein eigenes Kind versorgt und erzieht" (daher zweifelhaft: FG Nds EFG 10, 225, aufgehoben durch BFH III R 70/09 BFH/NV 12, 1446). Zu **Flüchtlingskindern** s FG Nds NWB 16, 3507, rkr (mE zutr; s auch Rz 14 aE und DA-KG A 11.4 III). – Weitere Beispiele s *Schmidt* 39. Aufl § 32 Rz 13 aE und EStR 32.2 I 1.

14   bb) **Berechnung auf längere Dauer.** Die Beziehung muss auch zeitl darauf angelegt sein, familienähnl Bande entstehen zu lassen. Die **Absicht der Pflegeeltern** entscheidet (BFH III R 14/94 BStBl II 95, 582), nicht die tatsächl Dauer (BFH III R 25/15 BFH/NV 18, 546; DA-KG A 11.3 II 2). Unbegrenzte Aufnahme wird nicht verlangt, auch nicht Aufnahme bis zur Volljährigkeit; idR genügen **zwei Jahre** (BFH III R 15/09 BStBl II 12, 739; s auch FG Nds EFG 13, 1859, rkr: bis zum Abschluss der Ausbildung); doch können auch längere Zeiträume erforderl sein (s BFH XI B 120/13 BFH/NV 14, 686) bzw bei kleineren Kindern auch kürzere Zeiträume genügen (FG Berlin EFG 06, 1180, rkr; FG Köln EFG 02, 100, rkr – mE zutr; anders noch BFH VI 394/65 BStBl II 68, 674). Eine zwar nicht kalendarisch festgelegte, aber absehbare Beendigung der Pflegekindschaft auf Grund geänderter Verhältnisse ist unschädl (BFH III R 95/93 BStBl II 96, 63). Dagegen begründen kurzzeitige **Übergangslösungen** keine auf Dauer berechnete Beziehung (zB Ferienkinder, Pflege wegen Krankheit der Eltern oder auswärtigen Schulbesuchs). Zu **Bereitschaftspflege** s FG SachsAnh EFG 08, 1895, rkr.

Bei **Aufnahme durch Geschwister** wird eine *„familiäres* Band" (nicht nur ein „familienähnliches") idR bereits bestehen, sodass es auf die voraussichtl Dauer der Aufnahme in solchen Fällen mE nicht ankommen kann (iErg zutr daher FG Nds BeckRS 2016, 95688, rkr). Entscheidend ist in solchen Fällen der Frage, ob das Obhuts- und Pflegeverhältnis zu den Eltern noch besteht (Rz 16), was mE bei **minderjährigen Flüchtlingskindern**, die ohne ihre Eltern aus Krisen- und Kriegsgebieten geflohen sind, idR zu verneinen sein wird (s auch DA-KG A 11.4 III).

15   cc) **Aufnahme in den Haushalt der Pflegeeltern.** Das Tatbestandsmerkmal „familienähnl Band" soll dies noch nicht beinhalten (BFH GrS 6/70 BStBl II 71, 274). Der BFH-Rspr zufolge muss das Kind in die Familiengemeinschaft mit einem dort begründeten Betreuungs- und Erziehungsverhältnis aufgenommen worden sein (zB BFH III B 96/09 BFH/NV 11, 788 mwN: örtl gebundenes Zusammenleben). Daneben müssen Voraussetzungen materieller Art (Versorgung, Unterhaltsgewährung) und immaterieller Art (Fürsorge, Betreuung) erfüllt sein; diese drei Merkmale können zwar je nach Einzelfall unterschiedl ausgeprägt sein, müssen aber alle vorliegen (BFH III B 96/09 BFH/NV 11, 788). – Das gemeinsame Wohnen unter einem Dach tritt mE bei **Volljährigen,** zu denen ein Pflegekindschaftsverhältnis bereits besteht (vgl Rz 13), in den Hintergrund, wenn die Pflegeeltern das Kind weiterhin versorgen und betreuen. Denn auch für Pflegekinder gilt zB § 32 V Nr 3 (Entwicklungshelfer); und auch Pflegekinder können auswärtig untergebracht iSd § 33a II sein (daher mE problematisch: BFH XI R 1/16 BFH/NV 17, 298).

Dementspr steht auch **Heimunterbringung** einer Haushaltsaufnahme nicht entgegen (BFH VI R 67/12 BFH/NV 12, 2023, mwN); Internatsaufenthalt ist unschädl (BFH VI R 187/74 BStBl II 77, 832), ebenso mehrmonatiger Aufenthalt bei Großeltern (BFH VI B 13/12 ZSteu 12, R1161), uU auch **eigene Wohnung** in unmittelbarer Nähe bei Versorgung durch den StPfl (FG Thür EFG 08, 460, rkr; ebenso: FG Mchn EFG 13, 910, rkr: bis zur vollstationären Aufnahme des Kindes; Abgrenzung: FG Hess EFG 09, 416, rkr; vgl auch BFH III B 86/10 BFH/NV 11, 805; s aber FG Köln EFG 11, 1435, rkr: kein familienähnl Band nach Bezug eigener Wohnung), nicht aber dauerhafte Unterbringung in geschlossener Abteilung (FG Mster EFG 96, 922, rkr) oder einem Heim (FG Hbg EFG 06, 1849, rkr).

Tatbestände des Familienleistungsausgleichs 16, 17 § 32

dd) Personensorge. Es darf kein Obhuts- und Pflegeverhältnis mehr zu den 16 Eltern des Kindes bestehen. Das Personensorgerecht muss tatsächl und kontinuierl von den Pflegeeltern ausgeübt werden, nicht von den leibl Eltern bzw dem betr Elternteil. Daher kann ein **Stiefkind** des StPfl bei gemeinsamem Haushalt mit dem leibl Elternteil nicht als Pflegekind berücksichtigt werden (BFH III R 85/03 BFH/NV 07, 1855; BFH X R 60/91 BStBl II 94, 26); dasselbe gilt für **Kinder der Lebensgefährtin** (BFH III R 24/17 BStBl II 18, 721 Rz 15). – Endgültige Beendigung der Personensorge ohne Aussicht auf Wiederaufnahme wird nicht vorausgesetzt (BFH III R 14/94 BStBl II 95, 582; s auch FG Nds NWB 16, 3507, rkr: Flüchtlingskinder). **Gelegentl Besuche** und Kontakte der leibl Eltern sind unschädl, wenn unter Berücksichtigung des Kindesalters von den seltenen Besuchen auf die aufgegebene Personensorge geschlossen werden kann (BFH III R 108/89 BStBl II 92, 20; gem BFH III R 14/94 BStBl II 95, 582 ggf auch rückwirkende Beurteilung; mE nicht bei unvorhergesehener Entwicklung). Rechtl **Übertragung der elterl Sorge** ist nicht erforderl (BFH III R 14/94 BStBl II 95, 582), bei Familienpflege iSd §§ 33, 44 SGB VIII aber vielfach gegeben (§ 1630 III BGB); jedenfalls indiziert die Übertragung die tatsächl Ausübung. Dagegen sind Vereinbarungen über den Bezug des KiGelds insoweit ohne Bedeutung (BFH III B 176/11 BFH/NV 12, 1304).

Kein Obhuts- und Pflegeverhältnis zu den leibl Eltern: **dreijähriges Kind,** das von den Eltern weniger als einmal monatl besucht wird (BFH III R 14/94 BStBl II 95, 582); **nicht schulpflichtiges Kind,** wenn der Kontakt seit einem Jahr abgebrochen ist, **bei Schulpflicht** seit zwei Jahren (BFH III R 95/93 BStBl II 96, 63; BFH III B 176/11 BFH/NV 12, 1304: keine Überlagerung durch private Vereinbarung). Bei einem **fast volljährigen Kind** sollen gelegentl Kontakt (alle zwei Monate) mit dem Vater Pflegekindschaft ausschließen (BFH III R 44/05 HFR 07, 135 mit Anm *Grube;* vgl auch FG Mster EFG 07, 1180, rkr); das FG Nds hat diese Aussage mE zutr eingeschränkt: Obhuts- und Pflegeverhältnis ist mehr als nur Kontakt (s FG Nds EFG 13, 1859, rkr). – Leben die Eltern zusammen mit dem Kind **im Haushalt einer anderen Person** (Großeltern, Geschwister, Lebensgefährte), kann zu dieser Person kein Pflegekindschaftsverhältnis begründet werden, soweit die Eltern(-teile) sich regelmäßig, wenn auch in geringem Umfang, um das Kind kümmern (s BFH VI R 94/88 BStBl II 89, 680); das gilt auch bei fehlendem Einkommen und Schulausbildung der Mutter (BFH III R 45/91 BFH/NV 93, 535). Zur Möglichkeit, bei Aufnahme durch Stief- oder Großeltern die Freibeträge gem § 32 VI 10 zu übertragen, s Rz 79. – **Bejaht** wird Pflegekindschaft bei Unmöglichkeit der Pflege durch Eltern(teil) wegen **eigener Pflegebedürftigkeit** oder **schwerer Erkrankung** (BFH VI R 94/88 BStBl II 89, 680), evtl auch bei beschr Personensorgerecht (BFH VI R 49/88 BFH/NV 90, 95).

ee) Nicht zu Erwerbszwecken. § 32 I Nr 2 idF des StÄndG 03 (BGBl I 03, 17 2645) lässt es genügen, dass das Kind nicht zu Erwerbszwecken, dh nicht als sog Kostkind aufgenommen worden ist. Die Regelung war rückwirkend anzuwenden, auch auf Bescheide über KiGeld (BFH VIII R 50/03 BStBl II 10, 1052). **Kostkinder** werden idR bei mehr als 6 *aufgenommenen* Kindern angenommen (EStR 32.2 I 5). Kinder, die in **Einrichtungen** iSd § 34 SGB VIII untergebracht sind („Kinderhauskinder"), sind Kostkinder (BFH XI R 11/98 BStBl II 99, 133; BFH XI R 9/98 BFH/NV 99, 600). Dagegen sind Kinder, die in **Vollzeitpflege** (§§ 27, 33 SGB VIII) oder über Eingliederungshilfe (§ 35a SGB VIII) in eine Familie aufgenommen werden, Pflegekinder, wenn das Pflegeverhältnis auf Dauer angelegt ist (BFH III R 25/15 BFH/NV 18, 546: idR kein nach marktwirtschaftl Grundsätzen berechnetes Entgelt; Einzelfallprüfung). Der **sozialrechtl Einordnung** der Unterbringung kommt Tatbestandswirkung zu (BFH III R 25/15 BFH/NV 18, 546).

Pflegegeld/Erziehungsbeiträge sind unschädl, soweit sie die landesrechtl festgelegten pauschalen Sätze (§ 39 SGB VIII) nicht erhebl übersteigen (BFH VI R 106/98 BFH/NV 00, 448; BFH III R 92/06 BStBl II 10, 345, VerfBeschw nicht angenommen; FG Nds EFG 13, 1859, rkr). Eine darüber hinausgehende **Erstattung von Personal-/Sachkosten** ist schädl (BFH III R 92/06 BStBl II 10, 345, zu sog Fachfamilie), ebenso ein von leibl Eltern gezahltes höheres Entgelt, das zusätzl die Betreuungsdienste nach marktwirtschaftl Gesichtspunkten entlohnt (BFH III R 108/89 BStBl II 92, 20; ähnl BFH VIII R 77/99 BFH/NV 03, 1294).

18 **2. Konkurrenzen, § 32 II.** Eine Konkurrenz zw leibl Eltern und Adoptiveltern wird zu Gunsten der **Adoptiveltern,** zw leibl oder Adoptiveltern und Pflegeeltern zu Gunsten der **Pflegeeltern** aufgelöst. § 32 II 1 greift nur ein im Fall der Adoption Volljähriger (wegen § 1770 II BGB, s Rz 11). Vorrangig berücksichtigt wird auch eine Einzelperson, der ggü das Kind Adoptiv-/Pflegekind ist (FG Köln EFG 08, 1565, rkr). – Bei Adoption Minderjähriger (§ 1755 I BGB) kann es wegen des Monatsprinzips (Rz 20) zu einer **Doppelberücksichtigung** im Monat der Adoption kommen, wenn das Kind zu Beginn des Monats noch in einem Kindschaftsverhältnis zu den leibl Eltern und zum Ende des Monats zu den Adoptiveltern stand. Dies ist Folge der gesetzl Typisierung (s Rz 1); § 32 II 1 löst diesen Fall nicht und ist auch nicht entspr heranzuziehen (vgl *Littmann* § 32 Rz 282 f, mwN; *BH/Selder* § 32 Rz 24; s auch Rz 81). – Im **KiGeld-Recht** findet § 32 II 2 *keine* Anwendung, auch nicht analog (BFH III R 60/12 BStBl II 16, 889).

19 **3. Kinder unter 18 Jahren; Monatsprinzip, § 32 III.** – a) **Eigenständiger Tatbestand.** Kinder unter 18 Jahren, die lebend geboren wurden (EStH 32.3: Personenstandsregister der Standesämter), werden berücksichtigt, ohne dass weitere Voraussetzungen erfüllt sein müssen. Es handelt sich um einen eigenständigen Tatbestand. **Einkünfte und Bezüge** des Kindes sind bis zur Vollendung des 18. Lebensjahres ohne Bedeutung (BFH VI R 162/98 BStBl II 00, 459; krit *Kanzler* FR 01, 921/32). Ob das Kind einer Erwerbstätigkeit nachgeht, ist unerhebl; § 32 IV 2 und 3 gelten ausdrückl nur für die Fälle des § 32 IV 1 Nr 2. – **Vermisste Kinder** werden bis zum vollendeten 18. Lebensjahr berücksichtigt (EStR 32.3, DA-KG A 7 IV). Unbeschr StPfl des Kindes ist nicht erforderl (zu Auslandskindern: Rz 80). Zum **Altersnachweis** s BFH III R 62/07 BFH/NV 10, 616: tatsächl Alter maßgebl.

20 **b) Monatsprinzip.** Die Berücksichtigung erfolgt abw vom Jahressteuerprinzip (§ 2 VII 1) monatsweise, dh von dem Monat an, in dem das Kind geboren wurde, bis zu dem Monat (einschließl), zu dessen Beginn es das 18. Lebensjahr noch nicht vollendet hat. Ein am 1.5.05 geborenes Kind wird bis einschließl April 23 berücksichtigt; ein am 2.5.05 geborenes Kind bis einschließl Mai 23, da es zu Beginn des Monats Mai das 18. Lebensjahr noch nicht vollendet hat (§ 108 I AO iVm §§ 187 II 2, 188 II BGB; s auch BFH V B 147/16 BFH/NV 17, 1052; krit *Steck* NWB 13, 2639: verfwidrige Ungleichbehandlung). Ausdrückl geregelt ist das Monatsprinzip (nur) in § 32 III; es gilt aber **ebenso für § 32 IV und V** (s auch § 32 VI 5, § 66 II; BFH VIII R 65/99 BStBl II 03, 593). Sind die jeweiligen Voraussetzungen **nur an einem Tag des Monats** erfüllt, ist dieser als **Zählmonat** zu berücksichtigen (vgl BFH III R 51/08 BFH/NV 12, 1765). Bei mehrfachem Wechsel ist ggf Missbrauch zu prüfen.

21 **4. Kinder zwischen 18 und 25 Jahren, § 32 IV 1 Nr 1 und 2.** – a) **Überblick; Nachweise.** Kinder, die zu Beginn des jeweiligen Zählmonats das 18., aber noch nicht das 21. Lebensjahr vollendet haben, werden berücksichtigt, wenn sie zumindest an einem Tag des Monats (Rz 20) den Tatbestand des § 32 IV 1 Nr 1 *oder* einen der Tatbestände der Nr 2 erfüllen. Kinder, die das 21., aber noch nicht das 25. Lebensjahr vollendet haben, werden (nur) berücksichtigt, wenn sie zumindest an einem Tag des Monats einen der in § 32 IV 1 Nr 2 genannten Tatbestände erfüllen. Nach Vollendung des 25. Lebensjahrs ist eine Berücksichtigung nur noch iRd § 32 IV 1 Nr 3, V (Rz 45, 74) oder ggf nach § 33a I mögl. – Die anspruchsbegründenden Sachverhaltsumstände sind vom StPfl **vollständig und glaubhaft darzulegen** und in Zweifelsfällen **nachzuweisen**, spätestens bis zum Schluss der mündl Verhandlung vor dem FG. Die Auffassung der FinVerw, dass Erklärungen, die eine **Absicht** glaubhaft machen sollen, nur ab dem Zeitpunkt ihres (schriftl) Eingangs bei der Familienkasse gelten (s DA-KG V 6.1 I 8), hat die Rspr zutr unter Hinweis auf den Untersuchungsgrundsatz (§ 88 I, II AO; § 76 I, IV FGO) verworfen (s BFH III R 42/18 BStBl II 19, 769 Rz 23; BFH III R 17/18 BStBl II 19, 772 Rz 25).

Zur **Absenkung der Altersgrenze** (einschließl Übergangsrecht) s Rz 41; zur **Typisierungsbefugnis** des Gesetzgebers s BFH III R 41/07 BStBl II 12, 681 (keine verfrechtl Bedenken, keine Analogien). – Zur früheren Rspr, die als zusätzl Tatbestandsmerkmal eine „typische Unterhaltssituation" verlangte, s *Schmidt* 29. Aufl § 32 Rz 22 und BFH V R 27/14 BStBl II 16, 163 mwN.

b) Arbeitssuche, § 32 IV 1 Nr. 1. Die Regelung gilt für Kinder, die zu Beginn **22** des jeweiligen Zählmonats das 21. Lebensjahr noch nicht vollendet haben. Seit VZ 03 muss das Kind wenigstens an einem Tag des Zählmonats nicht in einem Beschäftigungsverhältnis gestanden haben (Rz 23) und bei einer Agentur für Arbeit im Inl als Arbeitsuchender gemeldet gewesen sein (Rz 24).

Zur Berücksichtigung bei **Erkrankung/Mutterschutz** s DA-KG A 14.2. Zur **fehlenden Arbeitsgenehmigung** eines Ausländers s BFH III R 24/08 BStBl II 12, 210. – Unterhaltsaufwendungen an arbeitslose Kinder *über* 21 können ggf **nach § 33a I** abgezogen werden.

aa) Beschäftigungsverhältnis. Der Begriff ist sozialrechtl zu verstehen (s auch **23** BFH III R 9/14 BStBl II 15, 653). Ein Kind steht nicht in einem Beschäftigungsverhältnis, wenn es arbeitslos iSd § 138 I Nr 1 iVm III SGB III ist. Unschädl ist eine Tätigkeit von weniger als 15 Stunden wöchentl, auch bei gelegentl Abweichung von geringer Dauer; ebenso eine geringfügige nichtselbständige Beschäftigung iSd §§ 8, 8a SGB IV (DA-KG A 14.1 I 2). Dem BFH zufolge gilt die Einkunftsgrenze von 450 € gem § 8 SGB IV (bis 2012: 400 €) nicht für selbständige Betätigungen (BFH III R 9/14 BStBl II 15, 653 Rz 17 f).

bb) Meldung. – (1) Beginn. Als Arbeitsuchender ist gemeldet, wer ggü der **24** zuständigen Agentur für Arbeit persönl die Tatsache einer künftigen oder gegenwärtigen Arbeitslosigkeit angezeigt hat (BFH III R 19/15 BStBl II 17, 124 mwN; BFH V R 22/15 BFH/NV 16, 914). Eine entspr Meldung bei einer nach dem SGB II für die Grundsicherung von Arbeitsuchenden zuständigen Stelle steht dem gleich; es ist Aufgabe der zuständigen Stelle, solche Meldungen an die Familienkasse weiterzuleiten (BFH VI R 98/10 BStBl II 13, 443: ARGE; s aber auch BFH III R 68/10 BStBl II 12, 686: kein sozialrechtl Herstellungs- oder Folgenbeseitigungsanspruch bei fehlendem Hinweis der Familienkasse). Entscheidend ist, ob sich das Kind **tatsächl gemeldet** hat (s BFH VI R 10/14 BStBl II 15, 940: keine positive oder negative Tatbestandswirkung der Registrierung, nur Indiz). Bei Kindern in EWR-Staaten oder der Schweiz gilt entspr Meldung dort. – Die übrigen Merkmale der Arbeitslosigkeit iSd § 119 I SGB III aF bzw § 138 I und III SGB III (Eigenbemühungen, Verfügbarkeit) müssen nicht mehr vorliegen (BFH III R 19/15 BStBl II 17, 124). Sie können wegen des geänderten Wortlauts der Vorschrift auch nicht (zB über § 15 SGB III) in das Tatbestandsmerkmal „als Arbeitsuchender gemeldet" hineingelesen werden, sondern werden ebenso wie Arbeitsfähigkeit, Arbeitsbereitschaft etc bei Vorliegen der in § 32 IV 1 Nr 1 genannten Voraussetzungen *typisierend* unterstellt (so auch BFH VI R 10/14 BStBl II 15, 940 mwN).

Gem DA-KG A 14.1 II 4 genügt für die Meldung der Nachweis der Arbeitslosigkeit oder des Bezugs von **Arbeitslosengeld** (vgl FG SachsAnh EFG 09, 1763; FG SachsAnh EFG 09, 1756; zu irrtüml erteilter Bescheinigung s FG Saarl EFG 09, 38, rkr); anders liegt es bei **Bezug von Arbeitslosengeld II** (BFH III R 78/08 BFH/NV 12, 204; BFH III B 187/10 BFH/NV 12, 1104: Betreuung des eigenen Kindes) oder **Verletztengeld** (BFH III R 19/15 BStBl II 17, 124: durch Arbeitsunfall verursachte Arbeitsunfähigkeit steht Meldung als Arbeitsuchender nicht entgegen); s **Erkrankung** s aber auch DA-KG A 14.2 I und Anm *Avvento* HFR 16, 1096. – Zu **privatem Arbeitsvermittler** s FG Bbg EFG 07, 201, rkr.

(2) Ende. Die Berücksichtigung nach § 32 IV 1 Nr 1 endet gem § 38 III, IV **25** SGB III grds dann, wenn die Agentur für Arbeit das Kind **aus der Vermittlung abmeldet** und dies bekannt gibt; die Bekanntgabe ist allerdings nicht konstitutiv (s BFH XI R 46/14 BFH/NV 15, 1242). Fehlt es an der Bekanntgabe bzw kann diese nicht nachgewiesen werden, muss geprüft werden, ob das arbeitsuchende

Kind eine **Pflichtverletzung** begangen hat, welche die Agentur für Arbeit zur Einstellung der Vermittlung *berechtigt*; liegt keine Pflichtverletzung vor, besteht der KiGeld-Anspruch fort, ggf bis zum Erreichen des 21. Lebensjahres (BFH III R 19/12 BStBl II 15, 29 mwN).

Zu den maßgebl Pflichten gem § 38 IV 2 SGB III s *BeckOK EStG* § 32 Rz 164. Zur früheren dreimonatl **Meldepflicht** (bis VZ 2008) s *Schmidt* 40. Aufl § 32 Rz 25.

26 **c) Berufsausbildung, § 32 IV 1 Nr 2 Buchst a. – aa) Begriff.** Berufsausbildung ist jede ernsthaft und nachhaltig betriebene Vorbereitung auf einen künftigen Beruf (stRspr, s BFH III R 25/18 BStBl II 19, 256 Rz 14 mwN). Es handelt sich um einen eigenständigen Begriff, der grds **weit auszulegen** ist (vgl BFH III R 20/15 BStBl II 17, 913 mwN). Auf die deutl engeren Begrifflichkeiten des § 32 IV 2 („erstmalige Berufsausbildung") darf hier nicht zurückgegriffen werden (BFH III R 52/13 BStBl II 15, 152; s auch Rz 61; ebenso *BMF* BStBl I 16, 226 Rz 21). Erfasst werden alle Maßnahmen, bei denen Kenntnisse, Fähigkeiten und Erfahrungen erworben werden, die als Grundlage für die Ausübung des angestrebten Berufs geeignet sind (stRspr, BFH III R 41/07 BStBl II 12, 681 mwN; BFH III R 26/06 BStBl II 10, 296: Ausbildungs-/Studienordnung nicht zwingend erforderl), unabhängig davon, ob es sich um eine **Erst- oder Zweitausbildung** handelt (BFH III R 52/13 BStBl II 15, 152). Ebenfalls erfasst werden Maßnahmen zur weiteren **Qualifizierung** im Anschluss an eine abgeschlossene Ausbildung (BFH III R 80/08 BFH/NV 10, 1431: strengere Anforderungen an den Nachweis), zur **Verbesserung** der berufl Stellung (BFH III R 23/08 BFH/NV 10, 1264 mwN) oder zur Ermöglichung eines **Berufswechsels** (BFH III R 3/08 BFH/NV 10, 1262). Die Abgrenzungskriterien WK/SA sind nicht maßgebl (BFH VIII B 151/03 BFH/NV 04, 929). Die einzelnen Bildungsmaßnahmen müssen weder angemessen noch notwendig sein (vgl auch *Grüneberg* § 1610 Rz 18 ff; krit *D. Felix* DStJG 29 [2006], 160 ff). Sie müssen aber einen **konkreten Bezug** zum angestrebten Beruf aufweisen, wobei der BFH einen solchen Bezug in bestimmten Fällen grds unterstellt (BFH III R 25/18 BStBl II 19, 256 Rz 16: Ausbildungen iRe öffentl-rechtl Ausbildungsgangs, also allgemeinbildende Schule und Studium, und Sprachunterricht; s Beispiele unter Rz 27). – Dagegen fällt eine **Beschäftigung** *ohne* **überwiegenden Ausbildungscharakter** nicht unter § 32 IV 1 Nr 2 Buchst a (BFH III R 18/17 BStBl II 18, 548: Feststellungen des FG maßgebl).

27 **(1) Berufsausbildung: Schule** (BFH III B 98/12 BFH/NV 13, 192, mwN), zB Grund-, Haupt-, Ober-, Fach- und Hochschule (BFH III R 40/19 DStR 21, 2234); selbständige Vorbereitung eines Nichtschülers auf ausl Externprüfung (BFH III B 98/12 BFH/NV 13, 192: strenge Anforderung an Nachweis) oder **Abitur** nach Ausbildung im Ausl (BFH III R 26/06 BStBl II 10, 296); **Berufsschule** zur Erfüllung der Schulpflicht (BFH III R 93/08 BStBl II 10, 1060: auch bei weniger als 10 Wochenstunden, ebenso DA-KG A 15.3 III; s auch FG Mchn EFG 10, 1234, rkr); **Praktika**, auch außerhalb eines fest umschriebenen Prüfungsgangs (BFH VI R 16/99 BStBl II 99, 713: Anwaltspraktikum eines Jurastudenten); nicht/gering entlohntes **Volontariat** (BFH VI R 50/98 BStBl II 99, 706; Abgrenzung FG Nds EFG 99, 901, rkr); **Referendariat** (BFH III R 20/02 BFH/NV 05, 36); **Promotion** (BFH III R 29/08 BFH/NV 10, 627), auch mit Doktorandenvertrag bei arbeitnehmertypischer Vergütung (BFH VIII R 30/03 BFH/NV 04, 1223); **Sprachkurse im Ausland** mit idR **mindestens 10 Wochenstunden** zB iRe Au-pair-Tätigkeit (BFH III R 143/98 BStBl II 99, 710; BFH VI R 102/10 BFH/NV 13, 366: Durchschnittsbetrachtung; s auch *Ritzrow* EStB 13, 346), ggf auch weniger bei übl Vorbereitung auf anerkannten Abschluss (BFH VI R 143/98 BStBl II 99, 710; BFH III R 132/15 BFH/NV 16, 1449 mwN; abl für 6 Stunden: BFH III R 58/08 BStBl II 12, 743; s auch BFH III R 82/10 BFH/NV 12, 1588), auch als allgemeinbildender fortlaufender theoretisch-systematischer Unterricht in fremder Sprache (BFH III R 3/16 BFH/NV 17, 1304); **Auslandsaufenthalt** mit Collegebesuch (BFH VI R 4/99 BFH/NV 00, 26; s auch BFH VI R 34/98 BStBl II 99, 705). – **Weitere Beispiele und Nachweise** s *Schmidt* 36. Aufl Rz 27 und DA-KG A 15.2 ff.

28 **(2) Keine Berufsausbildung:** nur **(formelle) Immatrikulation** ohne Teilnahme an erforderl Prüfungen (BFH III R 65/18 BFH/NV 20, 765); **Bewerbungstraining** (FG Mchn EFG 07, 1956, rkr, mwN); **Geschichtskurs** (BFH VIII R 83/00 BStBl II 02, 469); **freiwilli-**

Tatbestände des Familienleistungsausgleichs 29–32 § 32

ges soziales Jahr (BFH III R 3/03 BStBl II 06, 294; s aber Rz 40), auch dann nicht, wenn es für den Zugang zu einer Berufsausbildung förderl ist (BFH III R 11/09 BFH/NV 11, 1325); Besuch einer **Missionsschule** (BFH III R 25/18 BStBl II 19, 256) oder eines islamischen **Mädchenkollegs** (FG BaWü EFG 13, 1049: kein Abschluss, keine Berufsvorbereitung); Programme, die lediglich **allg soziale Kompetenz** fördern (zB „up the people", FG Mster EFG 03, 783, rkr); „Outback-Farmtraining" in Australien (BFH III B 74/08 BFH/NV 09, 909). – S iÜ auch DA-KG A 15.2.

bb) Mehraktige Ausbildung. Mehrere an sich selbständige Ausbildungsmaß- 29 nahmen können *eine* Berufsausbildung iSd Vorschrift sein, wenn sie zeitl und inhaltl so aufeinander abgestimmt sind, dass die Ausbildung nach Erreichen des ersten Abschlusses fortgesetzt werden soll und das Berufsziel erst über den weiterführenden Abschluss erreicht werden kann (vgl BFH VI R 9/15 BStBl II 16, 166: Masterstudium nach Bachelor-Abschluss). Maßgebl ist die Vorstellung des Kindes und der Eltern (wegen Art 12 GG); das Berufsziel muss aber im Zweifelsfall von den Eltern nachvollziehbar dargelegt werden (s BFH VI R 9/15 BStBl II 16, 166: obj Beweisanzeichen). Es kommt nicht darauf an, ob das Kind den Beruf später tatsächl auch dauerhaft ausüben will (BFH III R 41/13 BStBl II 14, 717: Reserveoffiziersanwärter). – Zur **Abgrenzung** s Rz 31.

cc) Ausbildung neben dem Beruf. Vollzeiterwerbstätigkeit neben einer ernst- 30 haft betriebenen Berufsausbildung ist (seit VZ 2012) nur noch unschädl, wenn es sich um eine **erstmalige Berufsausbildung** handelt (s iEinz Rz 60 ff). Ist das der Fall, muss die Ausbildung die ausgeübte Berufstätigkeit zeitl nicht überwiegen (BFH III R 3/08 BFH/NV 10, 1262; BFH VI R 33/98 BStBl II 99, 701); überhaupt gibt es **keinen zeitl Mindestumfang** von Ausbildungsmaßnahmen (zutr BFH III R 27/15 BStBl II 17, 278 mwN: berufsbegleitendes Studium mit 5 Semesterwochenstunden, aber ggf strenge Prüfung). – Ein Kind in der Berufsausbildung wird auch dann nach § 32 IV 1 Nr 2 Buchst a berücksichtigt, wenn es gleichzeitig **Zivildienst/Wehrdienst** oÄ leistet (BFH VIII R 61/01 BStBl II 02, 807; BFH VIII R 19/02 BStBl II 07, 247: Unteroffiziersanwärter; BFH III R 77/06 BFH/NV 10, 28: zusätzl freiwilliger Wehrdienst; zu der daraus uU resultierenden Berücksichtigung über das 25. Lebensjahr hinaus s BFH XI R 12/12 BStBl II 14, 39 und Rz 74).

dd) Ausbildung im Beruf. Findet die Ausbildung iRe Arbeits- oder Dienst- 31 Verh statt, liegt eine Berufsausbildung iSd s § 32 IV 1 Nr 2 Buchst a vor, wenn die **Erlangung berufl Qualifikationen** im Vordergrund steht, nicht die Erbringung von Arbeitsleistungen (BFH III R 20/15 BStBl II 17, 913 mwN: Gesamtwürdigung; zu den maßgebl Abgrenzungskriterien s auch BFH III R 6/15 BStBl II 16, 281). Bei einem **Ausbildungsdienstverhältnis** ist dies stets der Fall (BFH III R 20/15 BStBl II 17, 913). Dies kann bei Nachweis der weiteren Ausbildungsabsicht ua bei Gesellen, Volontären und ausbildungsdienl Praktika der Fall sein (BFH V R 60/10 BFH/NV 13, 531: keine festen zeitl Mindestanforderungen; abl für Lehrgänge eines langgedienten Soldaten BFH III R 24/19 BFH/NV 21, 1486; einschränkend für Praktikum *nach* Berufsausbildung: FG Mster EFG 11, 2169, rkr). Zu den **erforderl Feststellungen** s auch BFH III R 37/18 BFH/NV 19, 1103. – Übt dagegen das Kind zunächst den **bereits erlernten Beruf** aus, ohne dass Ausbildungsmaßnahmen im Vordergrund stehen, liegt eine Berufsausbildung auch dann nicht (mehr) vor, wenn die praktische Berufstätigkeit Voraussetzung für den weiteren Ausbildungsabschnitt und damit auch für das tatsächl angestrebte Berufsziel ist (BFH III R 3/18 BFH/NV 19, 1345). – **Beispiele** s *Schmidt* 39. Aufl § 32 Rz 31.

ee) Beginn; Unterbrechung. Berufsausbildung beginnt mit der tatsächl Auf- 32 nahme (BFH III R 40/19 DStR 21, 2234 Rz 17: nicht mit der Bewerbung, aber ggf Berücksichtigung nach § 32 IV 1 Nr 2 Buchst c). **Ferien** gehören zur Ausbildungszeit, ebenso **Erkrankung** (Ausnahme: schwerwiegende Krankheit, die ein Erreichen des Ausbildungsziels voraussichtl verhindert, BFH VIII R 47/02 BStBl II

Loschelder 1815

03, 848, oder zum Abbruch der Ausbildung führt, BFH III R 41/19 DStR 22, 251; s aber auch FG Mster BeckRS 2020, 17958: KiGeld-Anspruch bejaht bei 8-monatiger unfallbedingter Erkrankung, Rev III R 43/20). Zur Abgabe **schriftl Absichtserklärungen** und Bescheinigungen nach DA-KG A 17.2 I 4 bzw V 6.1 I 8 s Rz 21. – Durch **Mutterschaft** wird die Ausbildung bis zum Ablauf des Monats, in dem die Schutzfrist des § 6 MuSchG endet (ggf zuzügl 4-Monatsfrist, s Rz 34), nicht unterbrochen (BFH III R 69/04 BFH/NV 06, 2067; DA-KG A 15.11 III; mE zu eng: FG RhPf DStRE 06, 663, rkr). Vom Ende der Schutzfrist an kann eine Übergangszeit (Rz 30) bis zum Semesterbeginn gerechnet werden, wenn das Studium im folgenden Semester fortgesetzt wird (BFH VIII R 56/01 BStBl II 04, 123). Ein Kind befindet sich nicht in Berufsausbildung, wenn es sich wegen **Betreuung des eigenen Kindes** nicht um einen Ausbildungsplatz bemüht (EStR 32.7 IV; ähnl FG Köln EFG 02, 412, rkr) oder die Ausbildung nach **§§ 15, 20 I BErzGG** unterbricht (BFH VIII R 47/02 BStBl II 03, 848; BFH III R 79/06 BFH/NV 10, 614, VerfBeschw nicht angenommen). Ein wegen Mutterschaft beurlaubtes Kind muss nach Ablauf der Schutzfrist in den Beurlaubungssemestern seine Prüfungen/Prüfungsvorbereitungen fortsetzen (BFH VIII R 89/01 BFH/NV 02, 1150; BFH VIII R 77/02 BFH/NV 05, 525; Abgrenzung: BFH VIII R 23/02 BStBl II 04, 999). – **Untersuchungshaft** ist als nur vorübergehende Unterbrechung der Ausbildung grds unschädl (BFH III R 69/04 BFH/NV 06, 2067); anders aber uU bei (letztl) dauerhafter Inhaftierung (BFH XI R 50/10 BStBl II 13, 916) bzw wenn das Kind nach beendeter Untersuchungshaft die Ausbildung nicht fortsetzt (BFH III R 16/17 BStBl II 18, 402; s auch zu wiederholter Inhaftierung FG SachsAnh EFG 08, 1393, rkr: schädl).

33 **ff) Ende.** Die Berufsausbildung endet, wenn das Kind sein Berufsziel erreicht hat (BFH III R 37/14 BStBl II 16, 55: Abgrenzung bei mehraktiger Ausbildung) oder die Ausbildung nicht mehr ernsthaft betreibt (FG BaWü EFG 11, 1262: fristlose Kündigung durch ArbG). Erreicht ist das Berufsziel mit **Ablauf der Ausbildungszeit**, wenn diese durch Rechtsvorschrift festgelegt ist (BFH III R 19/16 BStBl II 18, 131), ansonsten mit der regulären **Bekanntgabe der Prüfungsergebnisse** (BFH III R 40/19 DStR 21, 2234 Rz 18: formlose Mitteilung genügt nicht; s auch DA-KG 15.10 III 3: offizielle schriftl Mitteilung), auch bei verspäteter Bekanntgabe (FG Nds EFG 01, 1299, rkr), bei Handwerksberufen mit bestandener Gesellenprüfung, bei anderen Lehrberufen mit der Gehilfenprüfung. Sind **Nachprüfungen** vorgesehen, kommt es auf diese an (offen gelassen von BFH VIII R 90/01 BFH/NV 02, 1023) bzw auf das endgültige Nichtbestehen (FG Hess DStRE 06, 1452), ebenso bei **Wiederholungsprüfung**, auch wenn sie außerhalb des Ausbildungsverhältnisses erfolgt (ernsthafte Prüfungsvorbereitung wird bei Bestehen der Prüfung unterstellt, s BFH III R 85/08 BStBl II 10, 298; BFH III R 70/07 BFH/NV 10, 617). Das Kind kann sich **erneut in Berufsausbildung** begeben, wenn ein gehobener/andersartiger Beruf angestrebt wird (BFH IV 329/64 BStBl II 70, 450) oder außerhalb eines fest umschriebenen Bildungsplans Zusatzkenntnisse erworben (BFH VI R 33/98 BStBl II 99, 701) bzw Fortbildungsmaßnahmen ergriffen werden (BFH VI R 121/98 BStBl II 01, 107; s aber auch FG Mster EFG 11, 2169, rkr: Praktikum nach Grafikdesign-Ausbildung nicht anerkannt). S iÜ auch DA-KG A 15.10 und zur Berufsausbildung **behinderter Kinder** A 15.4.

34 **d) Übergangszeiten, § 32 IV 1 Nr 2 Buchst b. – aa) Höchstdauer.** Die zeitl Beschränkung auf **vier Monate** ist verfgemäß (BFH III R 5/07 BStBl II 12, 678, mwN; BFH III R 41/07 BStBl II 12, 681). Die vier Monate können auch in **zwei VZ** fallen. Erfasst werden Zeiten zw zwei Ausbildungsabschnitten sowie Zeiten zw einem Ausbildungsabschnitt und der Ableistung des (bis 2011) gesetzl Wehr-, Zivil- bzw Ersatzdienstes oder eines freiwilligen Wehrdienstes nach § 58b SG (aufgrund der Änderung durch das ZK-AnpG jedenfalls ab VZ 2015; wegen § 58f SG aber wohl schon früher, s FG SchlHol EFG 15, 734, rkr; FG Mchn EFG 15, 823, rkr). Ob die Ausbildung nach dem Dienst fortgesetzt werden soll, ist unerhebl (BFH III R 23/06 BStBl II 08, 664; **aA** FG BaWü EFG 06, 56, rkr). – Es zählen nur volle zusammenhängende **Kalendermonate** (BFH VIII R 105/01 BStBl II 03, 847; BFH III R 40/18 BFH/NV 19, 1089 Rz 19); „angebrochene" Monate werden ohnehin berücksichtigt (Monatsprinzip, Rz 20; s DA-KG A 16 I 5: endet ein Ausbildungsabschnitt im Juli, muss der nächste spätestens im Dezember beginnen). Durch **Vollzeiterwerbstätigkeit** wird eine Berücksichtigung nicht ausgeschlossen (BFH III R 34/09 BStBl II 10, 982; s aber Rz 60 ff). – Die Übergangszeit beginnt dem BFH zufolge auch dann mit Abschluss des unmittelbar vorangegangenen Ausbildungsabschnitts, wenn das Kind zu diesem Zeitpunkt das **18. Lebensjahr noch nicht vollendet** hat (s BFH III R 54/13 BStBl II 16, 25; **aA** s *Schmidt* 34. Aufl § 32 Rz 30).

Wehrdienst beginnt mit Dienstantritt (BFH XI R 7/12 BStBl II 14, 37: bei Einberufung im Laufe eines Monats ist für diesen Monat noch KiGeld zu zahlen), Zivildienst mit der Tätigkeitsaufnahme, Berufsausbildung durch Studium mit dem offiziellen Semesterbeginn (FG Hess EFG 03, 1483, rkr). Die Ferienzeit zw zwei Ausbildungsabschnitten gehört zur Ausbildung (keine Übergangszeit, Rz 28). Zur Berechnung s EStH 32.6.

bb) Fristüberschreitung. Bei einer Übergangszeit von *mehr* als vier Monaten 35 entfällt die Berücksichtigung vollständig, dh auch für die ersten vier Monate (ausführl BFH III R 41/07 BStBl II 12, 681; ebenso BFH III R 18/17 BStBl II 18, 548; BFH III R 40/19 DStR 21, 2234 Rz 28). Es handelt sich um eine *stark typisierende Vorschrift* (BFH III R 57/10 BFH/NV 11, 1316: vereinfachende Auffangnorm), die bei längeren Unterbrechungen auch nicht analog angewendet werden kann (BFH III R 5/07 BStBl II 12, 678 Rz 18 ff: keine Regelungslücke). Unerhebl ist, ob der StPfl mit der Fristüberschreitung rechnen musste (FG Mster EFG 11, 1810, rkr) oder ob das Kind hieran eine Schuld trifft (FG Hess EFG 98, 104, rkr). Hat sich das Kind während einer Übergangszeit von mehr als vier Monaten **um einen Ausbildungsplatz bemüht** (Rz 31), kommt eine Berücksichtigung nach § 32 IV 1 Nr 2 Buchst c in Betracht.

e) Kein Ausbildungsplatz, § 32 IV 1 Nr 2 Buchst c. – aa) Ausbildungs- 36 **platzsuche.** Kinder, die erfolglos einen Ausbildungsplatz suchen, werden so behandelt wie Kinder, die einen Ausbildungsplatz gefunden haben; in beiden Fällen geht das Gesetz typisierend von einer vergleichbaren Unterhaltssituation aus (BT-Drs 10/2884, 102; BFH III R 49/18 DStRE 21, 334). Die Berücksichtigung ist (anders als bei § 32 IV 1 Nr 2 Buchst b) nicht auf vier Monate beschränkt (BFH III R 23/08 BFH/NV 10, 1264 mwN). – **Vollzeiterwerbstätigkeit** schließt eine Berücksichtigung nach § 32 IV 1 Nr 2 Buchst c grds nicht aus (BFH III R 34/09 BStBl II 10, 982, s Rz 22), und zwar auch dann nicht, wenn sich ein bereits erwerbstätiges Kind zu einer neuen Berufsausbildung entschließt (BFH III R 9/12 BFH/NV 13, 1079; ebenso für Ableistung eines gesetzl Pflichtdienstes BFH III R 70/11 BFH/NV 13, 128). Das gilt seit **VZ 2012** allerdings nur noch bis zum Abschluss einer Erstausbildung (s Rz 60 ff). – Vorausgesetzt wird, dass *(1.)* ein **Ausbildungsplatz fehlt** und dass sich das Kind *(2.)* um einen solchen **ernsthaft bemüht** (s BFH VI R 10/14 BStBl II 15, 940, mwN), ferner, dass der Ausbildungsplatz *(3.)* auch **tatsächl angetreten** werden kann (BFH III R 24/08 BStBl II 12, 210: ausländerrechtl Hindernisse). Letzteres ist auch dann nicht der Fall, wenn die weitere Ausbildung eine mehrjährige Berufstätigkeit voraussetzt (BFH III R 3/18 BFH/NV 19, 1345). – Kann eine Ausbildung nur zu bestimmten Zeiten begonnen werden (zB Studium), muss sich das Kind für den **nächstmögl Termin** bewerben (BFH III R 70/11 BFH/NV 13, 128; zur Wirkung der Nichtannahme eines angebotenen Ausbildungsplatzes s BFH XI R 14/12 BFH/NV 15, 322). Auf andere Tatbestände wie zB Wehr- oder Ersatzdienst ist § 32 IV 1 Nr 2 Buchst c nicht analog anwendbar (BFH III R 5/07 BStBl II 12, 678: keine planwidrige Unvollständigkeit des Gesetzes; BFH III R 41/07 BStBl II 12, 681).

37 bb) **Wartezeiten.** Ein Ausbildungsplatz fehlt auch dann, wenn er dem Kind bereits zugesagt worden ist, das Kind ihn aber aus schul-, studien- oder betriebsorganisatorischen Gründen erst später antreten kann (BFH III R 34/09 BStBl II 10, 982 mwN; BFH III R 50/10 BFH/NV 11, 1329), zB wenn es den Semesterbeginn abwarten muss (FG SachsAnh EFG 00, 797, rkr; ähnl FG Bln EFG 01, 1301, rkr). Eine während der Wartezeit aufgenommene Vollzeiterwerbstätigkeit ist unschädl (BFH V R 27/14 BStBl II 16, 163 mwN). Zu Studienplätzen, die durch die **ZVS/SfH** vergeben werden, s FG RhPf DStRE 07, 693 (bestätigt durch BFH III B 33/07 BFH/NV 08, 786).

38 cc) **Ernsthaftes Bemühen.** Das Bemühen um einen Ausbildungsplatz muss glaubhaft gemacht und ggf belegt werden (Rz 39); pauschale Angaben genügen nicht (BFH VI R 10/14 BStBl II 15, 940). Ernsthaftes Bemühen **beginnt** (jedenfalls) mit der Bewerbung (BFH III S 9/07 BFH/NV 10, 2114), uU auch schon früher (vgl FG Mchn 9 K 991/07 BeckRS 2007, 26024290). Es wird durch vorübergehende **Krankheit** nicht ausgeschlossen (FG Ddorf EFG 98, 105, rkr; ähnl FG Nds EFG 04, 1463, rkr; zu den erforderl Feststellungen s BFH XI R 14/12 BFH/NV 15, 322). Das Ende der Erkrankung muss aber absehbar sein (BFH III R 41/19 DStR 22, 251); bei **dauerhafter Erkrankung** ist ggf eine Berücksichtigung nach § 32 IV Nr 3 zu prüfen (wegen § 2 I SGB IX, s Rz 46; BFH III R 49/18 DStRE 21, 334: Behinderung idR zu bejahen). – Ein Bemühen ist unbeachtl, wenn das Kind obj die Voraussetzungen für den angestrebten Ausbildungsplatz nicht erfüllt (BFH III R 35/19 BFH/NV 21, 938; BFH III B 52/08 BFH/NV 10, 34: fehlende Arbeitserlaubnis); stellt sich dies erst nach Abschluss eines Beratungsprozesses heraus, entfällt das Bemühen nicht rückwirkend (FG Mster EFG 05, 1058, rkr). – Ernsthaftes Bemühen **endet,** wenn das Kind die Ausbildung verschiebt (BFH VIII R 79/99 BStBl II 03, 843; FG SchlHol EFG 04, 1701, rkr; einschr für zusätzl freiwilligen Wehrdienst: BFH III R 77/06 BFH/NV 10, 28; zum maßgebl Zeitpunkt s auch BFH XI R 38/11 BFH/NV 13, 1774) oder ein eigenes Kind zu betreuen hat (BFH III R 83/08 BFH/NV 10, 619, außerhalb des **Mutterschutzes;** während des Mutterschutzes wird das Kind weiterhin berücksichtigt, BFH III R 58/12 BStBl II 14, 834; s auch Rz 32).

39 dd) **Nachweise.** Eine Meldung als Ausbildungsplatzsuchender bei der **Agentur für Arbeit** ist Indiz für ernsthaftes Bemühen (BFH VI R 10/14 BStBl II 15, 940). Die Wirkung der Meldung ist nach § 38 IV SGB III nF nicht mehr auf drei Monate beschränkt; die zu § 38 SGB III aF ergangene Rspr ist überholt (BFH VI R 10/14 BStBl II 15, 940; s auch Rz 25). Die Bestätigung der Agentur ist kein Grundlagenbescheid, sondern aber eine öffentl Urkunde mit besonderem Beweiswert (BFH III R 30/08 BStBl II 12, 411: kann widerlegt werden). Die **Beweisvorsorgepflicht** trifft den StPfl (BFH III R 106/07 BFH/NV 09, 368). Eine Meldung als „ratsuchend" genügt nicht (BFH III R 68/10 BStBl II 12, 686); zum Beweiswert einer für den RV-Träger bestimmten Bescheinigung s BFH III R 58/09 BFH/NV 11, 1127. – Weitere Beispiele s *Schmidt* 39. Aufl § 32 Rz 39 aE.

40 f) **Freiwillige Dienste, § 32 IV 1 Nr 2 Buchst d.** Berücksichtigt werden auch Kinder, die einen der in § 32 IV 1 Nr 2 Buchst d ausdrückl genannten Freiwilligendienste ableisten (s iEinz auch DA-KG A 18). Auf andere Dienste ist die Regelung **nicht entspr anwendbar** (s BFH III R 53/13 BStBl II 15, 282: keine planwidrige Lücke, kein Verstoß gegen Art 3 I GG). Wird der Dienst wegen **Krankheit** beendet, endet damit auch der Anspruch auf KiGeld (BFH III R 15/20 BFH/NV 21, 544; Unterschied zu Rz 32). – Wer **Träger eines Dienstes** nach dem JFDG sein kann und welche Förmlichkeiten zu berücksichtigen sind, ist in §§ 10, 11 JFDG geregelt (s auch FG Köln EFG 09, 1238, rkr). Dienste iRd EU-Programms setzen eine Genehmigung durch die zuständige Stelle voraus (BFH III R 51/19 BStBl II 21, 23: „Erasmus+"). Zur Anerkennung von Diensten iRd BMZ-Programms „weltwärts" s www.weltwaerts.de. – Die Ableistung der genannten Dienste kann **nicht gleichzeitig als Berufsausbildung** iSd § 33a gewertet werden (BFH III R 3/03 BStBl II 06, 294). Ein Dienst, der die Voraussetzungen des § 32 IV 1 Nr 2 Buchst d nicht erfüllt, kann ggf als **Praktikum** nach § 32 IV 1 Nr 2 Buchst a berücksichtigt werden (DA-KG A 18.1 II 3; s auch BFH III R 78/09 BFH/NV 12, 940).

Kein freiwilliger Dienst iSd § 32 IV 1 Nr 2 Buchst d: ehrenamtl Dienst im **Katastrophenschutz** gem § 13a WPflG (BFH III R 8/17 BStBl II 18, 399); freiwilliger Wehrdienst (BFH III R 53/13 BStBl II 15, 282: kann aber Berufsausbildung iSd § 32 IV 1 Nr 2 Buchst a sein); weitere Beispiele s *Schmidt* 40. Aufl § 32 Rz 40. – Zu sozialen oder ökologischen Diensten nach dem **FSJG** und **FÖJG** s *Schmidt* 35. Aufl § 32 Rz 34 aE mwN.

g) Altersgrenze; Übergangsregelung. Für alle Kinder, die ab dem 2.1.1983 **41** einschließl geboren sind, gilt die geänderte Bezugsdauer von **25 Jahren**. Dies ist verfgemäß (BFH III R 35/09 BStBl II 11, 176, VerfBeschw nicht angenommen; BFH III R 83/09 BStBl II 14, 1010; s auch Rz 3). – Zur Übergangsregelung für vor dem 2.1.1983 geborene Kinder nach § 52 XL 4 aF s *Schmidt* 35. Aufl § 32 Rz 35.

5. Kinder mit Behinderung, § 32 IV 1 Nr 3. Unter bestimmten Voraussetzungen können Kinder mit Behinderung auch über das 25. Lebensjahr hinaus berücksichtigt werden, ggf bis an ihr Lebensende. S auch *BMF* BStBl I 10, 1346 und *BMF* BStBl I 16, 226 Tz 5.

a) Behinderung. – aa) Begriff. Ein Kind ist behindert, wenn es körperl, seeli- **46** sche, geistige oder Sinnesbeeinträchtigungen hat, die es in Wechselwirkung mit einstellungs- und umweltbedingten Barrieren an der gleichberechtigten Teilhabe an der Gesellschaft mit hoher Wahrscheinlichkeit **länger als sechs Monate** hindern können; eine **Beeinträchtigung** idS liegt vor, wenn der Körper- und Gesundheitszustand von dem für das Lebensalter typischen Zustand abweicht (vgl § 2 I SGB IX). Diese sozialrechtl Legaldefinition ist wegen der Verknüpfung von ESt und Sozialrecht (§ 33b II und III) auch iRd EStG maßgebl (ausführl BFH III R 44/17 BStBl II 20, 558 Rz 19 ff mwN). Es kommt nicht auf die festgestellte, sondern auf die zu erwartende Beeinträchtigung an (BFH VI R 31/14 BStBl II 16, 40 Rz 22). Erforderl ist eine umfassende Prüfung unter Berücksichtigung des sozialen Umfelds des betr Kindes (BFH III R 44/14 BFH/NV 17, 735). Erfasst werden körperl, geistige und seelische Behinderungen, angeborene und später zugezogene (zB durch Arbeitsunfall, BFH III R 5/08 BStBl II 12, 891), Suchtkrankheiten wie Drogenabhängigkeit und Alkoholismus (BFH VIII R 62/99 BStBl II 02, 738) sowie Neurosen und Persönlichkeitsstörungen (BFH III R 44/14 BFH/NV 17, 735).

bb) Nachweis. Der Nachweis wird idR durch Vorlage eines **Schwerbehin-** **47** **dertenausweises** oder einer entspr Bescheinigung geführt (s *BMF* BStBl I 10, 1346; DA-KG A 19.2). Die Bescheinigung bindet das FA. Fehlt ein Bescheid, zB weil das Kind verstorben ist, kann der Nachweis **in anderer Form** erbracht werden (s auch BFH V R 39/11 BFH/NV 12, 1584 mwN). DA-KG A 19.2 I 2 verzichtet auf den Schwerbehindertenausweis, wenn Zeugnisse des behandelnden Arztes oder Gutachten vorliegen; diese müssen nicht notwendig von einem Amtsarzt stammen, jedoch so aussagekräftig sein, dass sie ggf amtsärztl überprüft werden können (zu Drogenabhängigen s BFH VIII R 62/99 BStBl II 02, 738; zu einer – behaupteten – seelischen Behinderung s BFH III R 47/08 BFH/NV 12, 939: kein Anscheinsbeweis; s iÜ auch FG RhPf BeckRS 2011, 94444: „ärztl Befundbericht"). Das gilt auch für Kinder in Kranken- oder Pflegeanstalten; die Bestätigungen gelten jeweils für 5 Jahre. Die Verwertung eines im sozialgerichtl Verfahren eingeholten Gutachtens ist zulässig (BFH III S 35/11 BFH/NV 12, 1596; BFH III B 140/11 BFH/NV 13, 38: Zweitgutachten als Ermessensentscheidung). – Zur **nachträgl Berücksichtigung** einer zunächst **nicht erkannten Behinderung** s FG BBg EFG 17, 1515, rkr, Anm *Weinschütz*; das FG sieht eine Behinderung als

"Tatsache" iSd § 173 I Nr 1 AO an (mE zutr; **aA** BFH III R 44/14 BFH/NV 17, 735: Rechtsfrage).

48 b) Zum Selbstunterhalt außerstande. – aa) Existenzieller Lebensbedarf. Zum Selbstunterhalt außerstande ist das Kind, wenn seine eigenen finanziellen Mittel nicht genügen, den sog existenziellen Lebensbedarf zu decken (vgl BFH III R 105/07 BStBl II 10, 1057); nur dann erwächst den Eltern zusätzl Aufwand, der ihre Leistungsfähigkeit mindert, und nur dann ist ein Bezug von KiGeld bzw ein Ansatz der Freibeträge nach § 32 VI über das 25. Lebensjahr hinaus gerechtfertigt (BFH III R 28/15 BStBl II 16, 648). – Der von der Rspr entwickelte Vergleichsmaßstab "Lebensbedarf" umfasst einen (Jahres-)**Grundbedarf** iHd Grundfreibetrags (§ 32a I 2; s BFH III R 28/15 BStBl II 16, 648; DA-KG A 19.4 II; s auch BFH III R 31/13 BStBl II 15, 1017: Zwölftelung) und einen behinderungsbedingten **Mehrbedarf** (vgl BFH VI R 182/98 BStBl II 00, 79). Der Lebensbedarf wird durch Vergleichsrechnung den finanziellen Mitteln des Kindes ggü gestellt (s Rz 52).

49 bb) Mehrbedarf; Mehraufwand. Er umfasst alle mit der Behinderung unmittelbar und typischerweise zusammenhängenden agB (s § 33b Rz 8), also alle Aufwendungen, die gesunde Kinder nicht haben (BFH VI R 101/10 BStBl II 15, 651; s auch DA-KG A 19.4 IV). Dazu gehören auch eigene Betreuungsleistungen der Eltern (BFH III R 37/07 BStBl II 09, 928; DA-KG A 19.4 V 3), Kosten einer Begleitperson im Urlaub (BFH III R 58/98 BStBl II 02, 765) und angemessene Mehraufwendungen für Fahrten (BFH VIII R 59/01 BFH/NV 04, 1715). Der Stundensatz für eigene Betreuung beträgt aktuell 10 € (DA-KG A 19.4 V 4).

50 (1) Ermittlung; Schätzung. Werden Aufwendungen **nicht iEinz nachgewiesen**, ist von einem Mehrbedarf iHd **Behinderten-Pauschbetrags** (§ 33b III) auszugehen (BFH III R 105/07 BStBl II 10, 1057; BFH VIII R 17/02 BStBl II 03, 88). Der Ansatz weiterer Aufwendungen ist dann ausgeschlossen (BFH VIII R 50/03 BStBl II 10, 1052; Ausnahme: Fahrtkosten (s BFH VIII R 18/02 BFH/NV 05, 691). Leistungen Dritter sind ggf gegenzurechnen (DA-KG A 19.6; s aber BFH VI R 101/10 BStBl II 15, 651: nicht bei Rückgriff gegen die Eltern). Wird Blindengeld gezahlt, ist in dieser Höhe ein Mehraufwand anzunehmen, wenn das Blindengeld den Behinderten-Pauschbetrag übersteigt (BFH III R 71/05 BStBl II 2010, 1054). Alternativ kann ein Mehrbedarf, der dem Grunde nach feststeht, der Höhe nach **pauschal geschätzt** werden (BFH VI R 101/10 BStBl II 15, 651), zB durch Ansatz der Kosten fremder Dienstleister an Stelle der Hilfeleistungen der Eltern oder behinderungsbedingter Fahrtkosten mit Km-Pauschale (BFH VIII R 50/03 BStBl II 10, 1052; BFH VIII B 239/04 BFH/NV 05, 878). Der zusätzl Aufwand muss von den Eltern dargetan werden (s FG Nds EFG 04, 905, rkr: großzügiger Maßstab; FG Mchn EFG 12, 2029, rkr: kein Einzelnachweis, keine Aufzeichnungspflichten).

51 (2) Teilstationäre/vollstationäre Unterbringung. Bei **teilstationärer** Unterbringung besteht ein Mehrbedarf iHd aufgewendeten Heimkosten (Eingliederungshilfe abzgl Sachbezugswerte). Ein darüber hinaus gehender Mehrbedarf, zB für Pflegeleistungen im häusl Bereich, kann ebenfalls geschätzt werden und ist mindestens iHd gezahlten Pflegegeldes zu berücksichtigen (§ 37 SGB XI – BFH VIII R 50/03 BStBl II 10, 1052, s dort auch zu weiteren Aufwendungen für Arznei- und Stärkungsmittel, Wäsche, Erholung oder Fahrtkosten; BFH III R 53/10 BStBl II 14, 391 für hilfloses Kind mit eigenem Haushalt). Bei **vollstationärer** Unterbringung umfasst der Mehrbedarf ebenfalls Heim- und Werkstattkosten, idR die geleistete Eingliederungshilfe abzügl Sachbezug für Verpflegung, ohne Kürzung des Sachbezugs der Unterkunft (BFH VI R 89/99 BStBl II 00, 580). Bei voll- wie bei teilstationärer Unterbringung gelten die Ansätze der Heimkosten als Einzelnachweis der behinderungsbedingten Mehrkosten (BFH VI R 182/98 BStBl II 00,

Tatbestände des Familienleistungsausgleichs 52–54 § 32

79). In beiden Fällen ist der zusätzl Ansatz des Behinderten-Pauschbetrags unzul (BFH III R 53/10 BStBl II 14, 391, mwN).

cc) Finanzielle Mittel des Kindes. Die eigenen finanziellen Mittel setzen sich aus dem verfügbaren Nettoeinkommen des Kindes (s auch *BMF* BStBl I 16, 226 Rz 31) und sämtl Leistungen Dritter zusammen (DA-KG A 19.4 II 3 und A 19.6 I 2: nur tatsächl Leistungen), einschließl Unterhaltsleistungen des verheirateten oder geschiedenen Ehegatten oder Lebenspartners (vgl BFH III B 93/16 BFH/NV 17, 738). Das **Kindesvermögen** gehört nicht dazu (kein Erwerbsbezug: BFH VIII R 17/02 BStBl II 03, 88; BFH VIII R 51/01 BStBl II 03, 91). Ebenfalls *unberücksichtigt* bleiben **Unterhaltsleistungen des Kindergeldberechtigten** an das Kind und **weitergeleitetes KiGeld** (BFH III R 28/17 BStBl II 21, 807); ebenso für die Auszahlung einer von der Mutter des Kindes abgeschlossenen LV: FG Mchn BeckRS 2020, 26144, Rev III R 48/20). – Berücksichtigt werden neben allg Einkünften und Bezügen auch **behinderungsbedingte Bezüge** (abzügl Kostenpauschale), zB von Dritten ersetzte Heimkosten, Werkstattkosten, Erwerbsunfähigkeitsrente (teils Einkunft, teils Bezug), Taschengeld, Werkstattlohn, Krankentagegeld, Eingliederungshilfe und das dem Kind gezahlte Pflegegeld (§ 37 SGB XI) sowie der Fahrtkostenersatz, evtl nach Abzug der allg Unterhaltshilfe nach Maßgabe der **SvEV** (vgl BFH VI R 40/98 BStBl II 00, 75), ferner **Sozialhilfe**, soweit sie von den Eltern nicht zurückverlangt wird (BFH VI R 101/10 BStBl II 15, 651; BFH VIII R 32/02 BStBl II 04, 588, mit Einzelheiten zur Berechnung; s auch FG BBg EFG 11, 1264, rkr) und **Elterngeld** (BFH III R 31/13 BStBl II 15, 1017). Die *FinVerw* lässt von den stfreien Einnahmen den Abzug einer Kostenpauschale von 180 € im Kj zu (*BMF* BStBl I 16, 226 Rz 31). Eine **Schmerzensgeldrente** wird nicht erfasst (BFH III R 28/15 BStBl II 16, 648 mwN: andere Funktion). Zu **ALG II** und **Einstiegsgeld** nach § 16b SGB II s BFH III R 35/11 BStBl II 13, 1037. – Diese Grundsätze gelten auch in den Abzweigungsfällen des § 74 I (BFH VIII R 32/02 BStBl II 04, 588). Zum Zufluss nachgezahlter **Grundsicherung** s BFH XI R 51/10 BFH/NV 13, 1088.

IErg werden die behinderungsbedingten Bezüge wie Pflegegeld, Blindengeld und Leistungen nach dem SGB XII (früher: BSHG) *zweimal* **(gegenläufig) angesetzt:** einmal beim Lebensbedarf (als *typisierter* **Mehrbedarf**) und ein weiteres Mal bei den eigenen finanziellen Mitteln des Kindes (vgl zB im BFH VI R 101/10 BStBl II 15, 651 Rz 15). Das ist sachgerecht, weil diese Bezüge die Unfähigkeit des Kindes zum Selbstunterhalt nicht in Frage stellen, sondern im Gegenteil bestätigen. IdR werden den Eltern des behinderten Kindes auch bei einer Heimunterbringung finanzielle Belastungen verbleiben. Da somit viele behinderungsbedingte Bezüge **auf beiden Seiten der Vergleichsrechnung** berücksichtigt werden, wirken sich iErg vor allem Werkstattlohn, Verpflegung (SvEV), Erwerbsunfähigkeitsrente und Sozialhilfe auf die eigenen finanziellen Mittel aus.

dd) Vergleichsrechnung. Die Prüfung, ob das Kind zum Selbstunterhalt imstande ist, erfolgt monatsbezogen (**Monatsprinzip**, BFH III R 31/13 BStBl II 15, 1017; s auch DA-KG A 19.4 I 3; FG Mster BeckRS 2018, 46556: keine rückwirkende Berücksichtigung von Nachzahlungen, Rev III R 19/19). **Vereinfachend** gilt: Übersteigen die Einkünfte und Bezüge des Kindes (abzügl behinderungsbedingte Bezüge) nicht den Grundfreibetrag des § 32a I 2 (Grundbedarf, Rz 40), ist davon auszugehen, dass das Kind außerstande ist, sich selbst zu unterhalten (DA-KG A 19.4 III). – Zur **Ermittlung** s DA-KG A 19.4 mit Berechnungsbeispielen; zur Berücksichtigung verspätet zugeflossener **Nachzahlungen** s BFH III R 35/11 BStBl II 13, 1037.

c) Ursächlichkeit. – aa) Grad der Behinderung (GdB). Dass die Behinderung für die mangelnde Fähigkeit zum Selbstunterhalt ursächl ist, wird bei dem Merkmal „hilflos" (H) stets, bei einem **GdB von 50 oder mehr** grds nur bei Hinzutreten besonderer Umstände angenommen; allerdings steigt mit dem GdB die Vermutung für die Ursächlichkeit (vgl BFH III R 46/08 BFH/NV 12, 730). Ein **GdB von weniger als 50** spricht hingegen zunächst grds gegen die Annahme einer Ursächlichkeit (BFH III R 105/07 BStBl II 10, 1057: jeweils *widerlegbare* Vermutungen). Die besonderen Umstände können in der stationären Unterbringung oder in einem verzögerten Abschluss der Ausbildung zu sehen sein oder darin, dass das Kind durch die Behinderung bedingt keine Anstellung findet (BFH VIII R 10/03 BFH/NV 04, 784; FG Sachs EFG 05, 391, rkr). S auch DA-KG A 19.3.

Keine Ursächlichkeit liegt vor, wenn das behinderte Kind wegen einer strafrechtl Verurteilung in Untersuchungs- oder Strafhaft oder in einem psychiatrischen Krankenhaus untergebracht ist und schon aufgrund der **Freiheitsbeschränkung** keiner Erwerbstätigkeit nachgehen kann (BFH XI R 24/13 BStBl II 14, 1014; BFH III B 47/08 BFH/NV 09, 929; BFH VI B 86/12 BFH/NV 13, 371); ebenso für Maßregelvollzug: FG RhPf EFG 10, 658 (rkr).

55 **bb) Mitursächlichkeit.** Sie genügt, muss allerdings erhebl sein (BFH III R 105/07 BStBl II 10, 1057: konkrete Einzelfallbetrachtung; BFH III R 72/06 BFH/NV 09, 1975). Ist sie das nicht, wird das Kind gleichwohl berücksichtigt, wenn die Einkünfte den Lebensbedarf nicht decken (BFH III R 50/07 BStBl II 11, 38; BFH III R 29/09 BStBl II 12, 892). Unmaßgebl ist, ob das Kind trotz Behinderung eine normale Berufsausbildung erhalten hat (BFH VI B 178/01 BFH/NV 02, 843) oder tatsächl einer Erwerbstätigkeit nachgeht (allenfalls Indiz, vgl auch BFH III R 29/09 BStBl II 12, 892, mit Fallgruppenbildung; FG Köln EFG 09, 413, rkr; FG Saarl EFG 10, 657, rkr; zu Ausbildung in einem „Werkerberuf", der nur Tätigkeiten auf einem „Behindertenarbeitsmarkt" ermöglicht s FG Nbg EFG 12, 712, rkr). Dauerhaftes **erfolgloses Bewerben** spricht idR für eine erhebl Mitursächlichkeit (BFH III R 46/08 BFH/NV 12, 730); die (nur) **theoretische Möglichkeit,** eine Erwerbstätigkeit aufzunehmen, ist unschädl (BFH III R 16/07 BFH/NV 09, 1639).

56 **cc) Objektive Beweislast.** Die obj Beweislast trägt aber gleichwohl der StPfl (BFH III R 61/08 BStBl II 12, 141). Ein Anscheinsbeweis genügt nicht (BFH XI R 17/14 BFH/NV 16,190: Sachaufklärungspflicht des Gerichts und Mitwirkungspflicht des StPfl, VerfBeschw nicht angenommen). – Zum **Gutachtendienst** der Agentur für Arbeit s DA-KG A 19.3 III und *BMF* BStBl I 10, 1346.

57 **d) Altersgrenze.** Die Behinderung, nicht aber die Unfähigkeit, sich selbst zu unterhalten (s auch BFH III R 61/08 BStBl II 12, 141), muss vor Vollendung des 25. Lebensjahres (s Rz 2) eingetreten sein. Die Altersgrenze ist nicht verlängerbar, auch nicht durch einen abgeleisteten Wehrdienst (BFH III R 86/03 BStBl II 05, 756). Eine „nur" drohende Behinderung genügt nicht (BFH III R 44/17 BStBl II 20, 558: Gendefekt).

Übergangsregelung: Die Altersgrenze von 25 Jahren gilt für Kinder, bei denen die Behinderung nach dem 31.12.06 eingetreten ist. Für Kinder, bei denen die Behinderung vor dem 1.1.07 eingetreten ist, gilt gem § 52 Abs 32 S 1 weiterhin eine Altersgrenze von 27 Jahren.

60 **6. Erwerbstätigkeit, § 32 IV 2, 3. – a) Bis zum Abschluss einer Erstausbildung.** Soweit einer der Tatbestände des § 32 IV 1 Nr 2 Buchst a–d erfüllt ist, bekommt der StPfl für ein Kind, das das 25. Lebensjahr noch nicht vollendet und noch *keine* Erstausbildung abgeschlossen hat, Kinderfreibeträge bzw KiGeld. Ob und in welchem Umfang das Kind einer **Erwerbstätigkeit** nachgeht, ist **seit VZ 2012 unerhebl,** solange der Umfang der Erwerbstätigkeit nicht die Ernsthaftigkeit der Ausbildung oder der Ausbildungsplatzsuche in Frage stellt (vgl Rz 26 und 36). Ebenfalls unerhebl ist, in welcher Höhe dem Kind **Einkünfte und Bezüge** zufließen (s auch DA-KG A 20.2.1 ohne Beisp). Die streitanfälligen Bestimmungen in § 32 IV 2–10 aF (s *Schmidt* 32. Aufl § 32 Rz 51 ff; Nachträge: *Schmidt* 34. Aufl § 32 Rz 51) sind weggefallen. Steuerl begünstigt werden damit auch Ausbildungsgänge, die neben einer (Vollzeit-)Erwerbstätigkeit durchgeführt werden (BT-Drs 17/5125, 41: zB Abendschule oder Fernstudium; s auch BFH III R 42/27 BStBl II 19, 769 Rz 16). Das *BMF* hat ein ausführl **Anwendungsschreiben** erlassen (*BMF* BStBl I 16, 226; *Bering/Friedenberger* FR 16, 265).

S aber die **Kritik** von *Reiß* FR 11, 462, und *D. Felix* NJW 12, 22, 25: kein Bezug mehr zum gesetzl Ziel der Familienförderung und der Sicherung des Existenzminimums; **aA** *Wendl* FR 14, 167 (auch zu den Unterschieden zur früheren Regelung). S allg *Hey* FR 20, 578, 584.

b) Erwerbstätigkeit nach Abschluss einer Erstausbildung, § 32 IV 2. –
aa) Überblick. Kinder, die eine erste berufl Ausbildung abgeschlossen haben, werden gem § 32 IV 2 und 3 nur noch dann berücksichtigt, wenn sie entweder überhaupt keiner Erwerbstätigkeit nachgehen (S 2) oder wenn es sich um eine unschädl Tätigkeit handelt (S 3, s Rz 67). – Die Regelung in § 32 IV 2 knüpft an den **Abschluss** einer erstmaligen Berufsausbildung oder eines Erststudiums an. Die Begrifflichkeiten sind hier nach Wortlaut und Zielsetzung (zugunsten des StPfl) sehr viel enger auszulegen als etwa das Tatbestandsmerkmal „Berufsausbildung" in § 32 IV 1 Nr 2 Buchst a (Rz 26; s auch BFH V R 27/14 BStBl II 16, 163; ebenso: DA-KG A 20.2.1 I 3 ff; *BMF* BStBl I 16, 226 Rz 12d). – Während die Freigrenze in § 32 IV 2 aF ein Jahresgrenzbetrag war (s Rz 50), gilt für die § 32 IV 2 und 3 nF das **Monatsprinzip** (Rz 20): Es genügt, wenn die Voraussetzungen für die Berücksichtigung des Kindes an *einem* Tag des Monats erfüllt sind (so auch *BMF* BStBl I 16, 226 Rz 28).

Allgemeine Fortbildungs- und Qualifizierungsmaßnahmen wie Sprach- oder Computerkurs etc lassen den Anspruch auf Freibeträge bzw KiGeld *nicht* entfallen (keine abgeschlossene Berufsausbildung). – Von der Neuregelung *nicht* erfasst werden **Kinder ohne Beschäftigung** iSd § 32 IV 1 Nr 1 (die ohnehin in keinem Beschäftigungsverhältnis stehen dürfen, s Rz 25) und **behinderte Kinder** iSd § 32 IV 1 Nr 3 (für die auch § 32 IV 2–10 aF nicht galt).

bb) Erstmalige Berufsausbildung. Eine Berufsausbildung idS liegt nur vor, wenn es sich *(1.)* um einen öffentl-rechtl geordneten Ausbildungsgang handelt, der *(2.)* auf einen Abschluss in Form einer Prüfung ausgerichtet ist und *(3.)* dem Kind *alle* notwendigen fachl Fertigkeiten und Kenntnisse vermittelt, die es für die Ausübung des von ihm angestrebten Berufs benötigt (BFH III R 28/19 BStBl II 20, 562 Rz 12: Gesamtwürdigung). Allerdings müssen nicht sämtl Teilmaßnahmen einer einheitl Erstausbildung öffentl-rechtl geordnet sein (BFH III R 17/18 BStBl II 19, 772 Rz 27; BFH III R 14/19 BFH/NV 21, 936). – **Erstmalig** ist die Berufsausbildung, wenn ihr weder eine andere abgeschlossene Berufsausbildung noch ein Erststudium vorausgegangen sind. Eine vorherige berufl Tätigkeit *ohne* entspr Ausbildung ist unschädl (s *BMF* BStBl I 16, 226 Rz 6 f, auch zu Ausbildung im Ausl).

Der BFH hatte zunächst dem **Berufsziel des Kindes** („Gesamtplan") einen hohen Stellenwert eingeräumt (s BFH III R 27/15 BStBl II 17, 278 Rz 16: „weiter Entscheidungsspielraum"; ebenso BFH III R 52/13 BStBl II 15, 152 Rz 19) und dies verfrechtl begründet (mE zutr, s auch BFH VI R 33/98 BStBl II 99, 701). Diese Rspr ist vom BFH ausdrückl wieder aufgegeben (BFH III R 50/20 BStBl II 21, 866 Rz 19 mwN; s iEinz Rz 65 ff). – Das **„und"** zw den beiden Tatbestandsmerkmalen ist mit dem AhRLUmsG durch ein **„oder"** ersetzt worden, war aber auch bislang schon iSv „und ebenso" zu verstehen (s auch BFH III R 52/13 BStBl II 15, 152, mwN). – **Beispiele** s Rz 66 und *BMF* BStBl I 16, 226 Rz 4 f.

cc) Erststudium. Es handelt sich um einen Unterfall des Oberbegriffs „erstmalige Berufsausbildung" (BFH III R 26/18 BStBl II 19, 765; s allg § 9 Rz 343 und 346 und *BMF* BStBl I 16, 226 Rz 8 ff und 14 ff, auch zu Studienwechsel und -unterbrechung; ferner DA-KG A 20.2.3). Daher ist ein Studium ein Erststudium idS, wenn ihm weder eine andere abgeschlossene Berufsausbildung noch ein anderes abgeschlossenes Studium vorausgegangen sind. – Ein **duales Studium** endet idR erst mit Erreichen des angestrebten akademischen Grades; die integrierte Berufsausbildung ist keine *abgeschlossene* Ausbildung und daher unschädl (s BFH III R 52/13 BStBl II 15, 152). Dasselbe gilt für ein juristisches/pädagogisches Studium, an das sich zeitnah ein **Referendariat** anschließt, ebenso für ein **konsekutives Masterstudium** oder eine **Promotion** (s *BMF* BStBl I 16, 226 Rz 18 ff).

Loschelder

64 **dd) Begriff der Erwerbstätigkeit.** Erwerbstätigkeit ist eine entgeltl Tätigkeit, die den Lebensunterhalt des Kindes sicherstellen soll (vgl BFH VI R 143/73 BStBl II 75, 537) und den Einsatz der persönl Arbeitskraft voraussetzt (s auch FG RhPf EFG 14, 930, rkr). Es kann sich um eine luf, eine gewerbl, eine selbständige oder eine nichtselbständige Arbeit handeln. Dagegen ist Vermögensverwaltung (Einkünfte aus VuV, KapVerm oder Renten) keine Erwerbstätigkeit in diesem Sinne. Freiwillige Dienste iSd § 32 IV 1 Nr 2 Buchst d können schon aus systematischen Gründen keine Erwerbstätigkeit iSd § 32 IV 2 sein. S iÜ auch *BMF* BStBl I 16, 226 Rz 23.

65 **ee) Mehraktige Ausbildung. – (1) Enger sachlicher/zeitlicher Zusammenhang.** Auch eine Ausbildung, die nach Erreichen eines Abschlusses fortgesetzt wird und sich so in mehrere Abschnitte gliedert, kann *eine* Berufsausbildung iSd § 32 IV 2 sein (BFH V R 27/14 BStBl II 16, 163). Allerdings muss sich der erste Abschluss als integrativer Bestandteil einer *einheitl* Ausbildung darstellen (BFH III R 14/15 BStBl II 16, 615). Das ist der Fall, wenn ein enger **sachl Zusammenhang** zw den einzelnen Ausbildungsabschnitten besteht (zB selbe Berufsparte oder selber Fachbereich; s auch BFH III R 26/18 BStBl II 19, 765: Ausbildungsinhalte entscheidend, nicht Titel/Bezeichnung) und diese in einem engen **zeitl Zusammenhang** durchgeführt werden (BFH III R 18/17 BStBl II 18, 548: nächstmögl Termin, zeitnahe Anmeldung für späteren Termin genügt nicht). Maßgebl ist das vom Kind angestrebte Berufsziel (s auch *BMF* BStBl I 16, 226 Rz 12b), das aber anhand **obj Beweisanzeichen** nach außen hin in Erscheinung getreten sein muss (BFH III R 52/13 BStBl II 15, 152 Rz 30; s auch Rz 62). An einer einheitl Ausbildung fehlt es dagegen idR, wenn der zweite Ausbildungsabschnitt eine **berufspraktische Tätigkeit** voraussetzt (BFH III R 14/19 BFH/NV 21, 936; uU einschr: BFH III R 2/19 DStR 21, 615 Rz 20) oder das Kind nach Ende des ersten Ausbildungsabschnitts eine Berufstätigkeit aufnimmt, die nicht nur der zeitl Überbrückung bis zum nächstmögl Beginn des nächsten Ausbildungsabschnitts dient (BFH III R 17/18 BStBl II 19, 772 Rz 11; s auch Beispiele Rz 67).

66 **(2) Schwerpunkt (Gesamtwürdigung).** Übt das Kind zw den beiden Ausbildungsabschnitten oder parallel während des zweiten Ausbildungsabschnitts eine **Erwerbstätigkeit** aus, muss, ausgehend von den konkreten Umständen des Falls, iRe Gesamtwürdigung festgestellt werden, wo der Schwerpunkt der Tätigkeit liegt: ob es sich noch um eine **einheitl Erstausbildung** mit *daneben* ausgeübter Erwerbstätigkeit handelt oder ob die **Berufstätigkeit die Hauptsache** ist mit ergänzender, *nebensächl* Aus-/Weiterbildung (s BFH III R 26/18 BStBl II 19, 765; BFH III R 28/19 BStBl II 20, 562). Das gilt auch dann, wenn sich das Kind nach dem Ende des ersten Ausbildungsabschnitts **umorientiert** und seine Ausbildung anders als ursprüngl geplant fortsetzt (BFH III R 14/18 BStBl II 20, 785). – Gesichtspunkte, die den BFH zufolge in die **Gesamtwürdigung** einfließen (s BFH III R 17/18 BStBl II 19, 772 Rz 13 ff; BFH III R 26/18 BStBl II 19, 76 Rz 15 ff): *(a)* **längerfristige Bindung** an einen Arbeitgeber (tendenziell schädl, wenn unbefristet oder jedenfalls mehr als 26 Wochen; bei Befristung bis zum nächsten Ausbildungsabschnitt eher unschädl); – *(b)* Umfang der vereinbarten **Arbeitszeit** und zeitl **Verhältnis zur Ausbildung** (Erwerbstätigkeit mit 22 Wochenstunden neben Vollzeitstudium muss nicht schädl sein, auch nicht bei höherer Arbeitsbelastung in ausbildungsfreier Zeit, zB Semesterferien; weitere Ausbildung nur nach Feierabend und an Wochenenden ist im Zweifel eher schädl); – *(c)* berufl Tätigkeit auf der Grundlage der durch den ersten Ausbildungsabschnitt **bereits erlangten Qualifikation** (tendenziell schädl); – *(d)* und organisatorische **Unterordnung der Erwerbstätigkeit** unter die Ausbildungsmaßnahme (an den Ausbildungsplan „angepasste" Arbeitszeiten). – Soweit die **bisherige Rspr** eine einheitl Ausbildung nach *weniger strengen Kriterien* angenommen hat (s BFH III R 27/15 BStBl II 17, 278; BFH III R 52/13 BStBl II 15, 152; BFH VI R 9/15 BStBl II 16, 166), hat sich der

BFH davon ausdrückl distanziert (BFH III R 26/18 BStBl II 19, 765 Rz 21; BFH III R 29/19 BFH/NV 20, 881 Rz 21).

(3) Anwendungsfälle. Eine einheitl Ausbildung wird idR verneint, wenn der 67 weitere Ausbildungsabschnitt eine **Berufstätigkeit voraussetzt** (BFH III R 14/15 BStBl II 16, 615: VWA-Studium erst nach einjähriger berufl Tätigkeit; BFH III R 54/18 BFH/NV 19, 1347: dreijährige Berufstätigkeit als Ersatz für fehlende Fachhochschulreife), es sei denn, diese Voraussetzung kann auch durch eine bereits vor oder während des ersten Ausbildungsabschnitts durchgeführte Tätigkeit oder durch eine **untergeordnete Tätigkeit** von weniger als 20 Wochenstunden während des zweiten Ausbildungsabschnitts erfüllt werden (s BFH III R 42/18 BStBl II 19, 769 Rz 24; BFH III R 50/18 BFH/NV 19, 1092 Rz 25). Findet die Ausbildung *neben* einer berufl Tätigkeit nur **nach Feierabend und am Wochenende** statt, bildet sie im Zweifel nicht den Schwerpunkt der Tätigkeit (BFH III R 56/18 BFH/NV 19, 918, Klage im 2. Rechtsgang abgewiesen, s FG Ddorf BeckRS 2019, 29821, rkr). **Typische Aushilfs- und Nebenjobs** (zB in der Gastronomie) sind dagegen im Zweifel unschädl.

Die Rspr des BFH ist inzwischen eher restriktiv (vgl BFH III R 10/19 BFH/NV 21, 541). In zahlreichen weiteren Verfahren hat der BFH die erstinstanzl Urteile aufgehoben und die Sachen an das FG zurückverwiesen; s iEinz die **Rspr-Übersicht** im 3. Orientierungssatz zu BFH III R 26/18 BStBl II 19, 765 und *Köster* DStZ 19, 613. Besonders häufig betroffene Fallgruppen: Studium nach **Banklehre** und **Verwaltungs-/Steuerfachangestellten,** die eine Ausbildung zum Verwaltungs-/Steuerfachwirt machen (s BFH III R 32/17 BFH/ NV 19, 691; BFH III R 8/18, BFH/NV 19, 815; BFH III R 44/18, BFH/NV 19, 913; BFH III R 12/18, BFH/NV 19, 1082; BFH III R 43/17, BFH/NV 19, 1343); Studium nach **kaufmännischer Ausbildung** (BFH III R 52/18 BFH/NV 19, 829; BFH III R 62/18, BFH/NV 20, 879) oder **Meisterausbildung** (BFH III R 18/18 BFH/NV 19, 1087). – Beim BFH sind noch weitere Verfahren anhängig, zB zu **Diplom-Finanzwirtin** (FG Ddorf BeckRS 2021, 20447, Rev III R 22/21: „berufsbegleitendes" Jura-Studium, mE zweifelhaft).

c) Unschädliche Erwerbstätigkeit, § 32 IV 3. Der Anspruch auf Freibeträge 70 bzw KiGeld bleibt auch nach Abschluss einer berufl Erstausbildung bestehen, wenn die Erwerbstätigkeit eine regelmäßige **wöchentl Arbeitszeit von bis zu 20 Stunden** nicht überschreitet; maßgebl ist die *durchschnittl* wöchentl Arbeitszeit (zutr *BMF* BStBl I 16, 226 Rz 24 mit Beispiel; DA-KG A 20.3). Wird die 20-Stunden-Grenze auch nur geringfügig überschritten, kann das Kind nicht berücksichtigt werden (gesetzl Typisierung, kein Billigkeitsspielraum; s auch FG Ddorf EFG 13, 1939, rkr). – Unschädl ist auch ein **Ausbildungsdienstverhältnis,** wenn also die Ausbildung des Kindes Gegenstand und Ziel eines DienstVerh und mithin verpflichtender Gegenstand des ArbVertrags ist (s auch BFH III R 37/14 BStBl II 16, 55, mwN; BFH VI R 14/12 BStBl II 13, 449: DienstVerh muss durch den Ausbildungszweck geprägt sein). – Unschädl ist schließl auch eine **geringfügige Beschäftigung** iSd §§ 8, 8a SGB IV. Bei Erwerbstätigkeit in ausbildungsfreien Zeiten (zB Semesterferien etc) sollten die Grenzen einer sog kurzfristigen Beschäftigung eingehalten werden (§ 8 I Nr 2 SGB IV: Begrenzung auf längstens zwei Monate oder 50 Tage; s auch *BMF* BStBl I 16, 226 Rz 26: Einstufung des ArbG maßgebl); innerhalb dieser Grenzen bleibt der Anspruch auf Freibeträge bzw KiGeld auch für die Monate der kurzfristigen Beschäftigung bestehen.

Beispiele – Ausbildungsdienstverhältnis bejaht: Berufsausbildungsverhältnisse gem § 1 III und §§ 4–52 BBiG (DA-KG A 20.3.2 I 3); Finanzanwärter, Referendare, Lehramtskandidaten oder Zeitsoldaten während der militärischen Ausbildung oder eines Studiums, sofern dies Bestandteil der Ausbildung ist (vgl BFH VI R 144/83 BStBl III 85, 89 mwN; s auch LStH 9.2). Zu Praktikum und Volontariat s DA-KG A 20.3.2 I 3. – **Ausbildungsdienstverhältnis verneint:** Tätigkeit als wissenschaftl Mitarbeiter neben Promotion (FG Mster EFG 14, 2051, rkr: bloßes zeitl Nebeneinander von Ausbildung und DienstVerh genügt nicht; s aber auch *BMF* BStBl I 16, 226 Rz 20a).

74 7. **Grundwehrdienst; Zivildienst, § 32 V.** Kinder, die Grundwehrdienst, Zivildienst oÄ geleistet hatten, konnten in den Fällen des § 32 IV 1 Nr 1 und Nr 2 Buchst a und b über das 21./25. Lebensjahr hinaus berücksichtigt werden (s auch BFH III R 8/17 BStBl II 18, 399 mwN: abschließende Aufzählung, keine analoge Anwendung). Die Regelung gilt gem § 52 Abs 32 S 2 nur noch, wenn das Kind den Dienst oder die entspr Tätigkeit **vor dem 1.7.11** angetreten hat (FG Mster EFG 15, 574, rkr: keine Verlängerung bei später angetretenem freiwilligen Wehrdienst). Zu den Einzelheiten s *Schmidt* 38. Aufl § 32 Rz 68 ff und DA-KG A 21 (mit Beispiel).

III. Rechtsfolge: Freibeträge, § 32 VI

76 1. **Freibeträge; Abzug vom Einkommen, § 32 VI 1–5.** Die Unterscheidung von zwei Freibeträgen ist historisch bedingt (s *BH/Selder* § 32 Rz 8f). Der **Kinderfreibetrag** (ab VZ 2021: 2730 €; VZ 2020: 2586 €; VZ 2019: 2490 €) berücksichtigt das sächl Existenzminimum des Kindes, der sog **Betreuungsfreibetrag** (ab VZ 2021: 1464 €; bis VZ 2020: 1320 €) den darüber hinausgehenden Bedarf für Betreuung, Erziehung, Ausbildung. – Beide Freibeträge typisieren den gewöhnl kindbedingten Mehraufwand; auf die tatsächl Aufwendungen des StPfl kommt es nicht an (s Rz 1). Es sind **Jahresbeträge** (s aber Rz 81), die vom Einkommen (§ 2 V) des jeweiligen Elternteils abgezogen werden, wenn dies günstiger ist als der Anspruch auf KiGeld, § 31 S 4 (s § 31 Rz 10 ff). – **Atypischer Mehraufwand** (zB behinderungsbedingt) muss zusätzl berücksichtigt werden (vgl BFH VI R 16/10 BStBl II 11, 1012).

77 a) **Einfache Freibeträge, § 32 VI 1.** Grds werden sowohl Kinderfreibetrag als auch Betreuungsfreibetrag **jedem Elternteil für jedes Kind** gewährt, das nach § 32 I bis V zu berücksichtigen ist, unabhängig davon, bei welchem Elternteil das Kind lebt bzw gemeldet ist. IErg gilt dies jedoch nur für Eltern, die die Voraussetzungen der Ehegattenbesteuerung (§ 26 I 1) *nicht* erfüllen (dh nicht verheiratete, dauernd getrennt lebende oder geschiedene Eltern), und für Eltern, bei denen eine Zusammenveranlagung gem § 26a (oder § 26c aF) nicht durchgeführt wird.

78 b) **Verdoppelung bei Zusammenveranlagung, § 32 VI 2.** Bei Ehegatten/LPart, die nicht dauernd getrennt leben (§ 26 I 1) und zusammen zur ESt veranlagt werden (§ 26b), werden die Freibeträge zusammengefasst; der Ausdruck „verdoppeln" ist mE missverständl. Die Ehegatten/LPart erhalten zB im VZ 2021 – gemeinsam – *einen* Kinderfreibetrag von 5460 € und *einen* Betreuungsfreibetrag von 2928 €. Das Kind muss zu beiden Ehegatten/LPart in einem Kindschaftsverhältnis iSv § 32 I 1 Nr 1 oder 2 stehen (nicht notwendig in demselben; zu Adoption durch LPart s *BMF* BStBl I 14, 109).

79 c) **Verdoppelung in sonstigen Fällen, § 32 VI 3.** Ein *einzelner StPfl* erhält doppelte Freibeträge für Kinder iSv § 32 I 1 Nr 1 oder 2 zum einen dann, wenn der andere Elternteil verstorben oder nicht unbeschr stpfl ist (§ 32 VI 3 Nr 1; vgl BFH III R 86/09 BStBl II 13, 855: Mutter lebt in Norwegen). Die Regelung gilt nicht nur für Ehegatten/LPart, sondern allg für Elternteile (s BFH VIII R 110/01 BFH/NV 03, 31). Zum andern werden die Freibeträge verdoppelt, wenn ein StPfl allein das Kind angenommen (Rz 11) oder ein Pflegekindschaftsverhältnis (Rz 12 ff) begründet hat (§ 32 VI 3 Nr 2; s auch s *BMF* BStBl I 14, 109 zu LPart). Dem gleichgestellt sind nach EStR 32.12 Fälle, in denen der Aufenthalt des anderen Elternteils unbekannt ist oder der Vater eines Kindes nicht festgestellt werden kann (zB nach anonymer Samenspende, s *BMF* BStBl I 14, 109); dasselbe gilt mE, wenn der Vater von der Mutter nicht benannt wird (*OFD Hannover* DB 97, 2198; glA *BH/Selder* § 32 Rz 131; **aA** FG Thür EFG 98, 1414, rkr; *HHR* § 32 Rz 176). Zur Möglichkeit einer **Doppelberücksichtigung** s Rz 81.

Rechtsfolge: Freibeträge

d) Auslandskinder, § 32 VI 4. Die Freibeträge sind ggf zu kürzen, wenn das zu berücksichtigende Kind *nicht* nach § 1 I oder II unbeschr stpfl ist, dh wenn es insb weder Wohnsitz (§ 8 AO) noch gewöhnl Aufenthalt (§ 9 AO) im Inl hat. Kinder, die sich **zur Ausbildung ins Ausl** begeben, behalten den inl Wohnsitz in der Wohnung der Eltern bei, wenn sie dort den überwiegenden Teil ihrer ausbildungsfreien Zeit verbringen (BFH III R 10/14 BStBl II 15, 655, mwN; krit Anm *Dziadkowski* IStR 15, 144, 147). Nur gelegentl Besuche genügen zwar nicht (BFH III R 10/14 BStBl II 15, 655: 2–3 Wochen pro Jahr). Es wird aber auch nicht verlangt, dass das Kind den *weit* überwiegenden Teil der ausbildungsfreien Zeit im Inland verbringt (BFH III R 38/14 BStBl II 16, 102: Zusammenschau der tatsächl Umstände). Ob dem StPfl oder dem Kind entspr Heimreisen finanziell mögl sind, ist unerhebl (FG Köln EFG 07, 1174, rkr); insoweit iÜ kommt es nicht auf subj Momente oder Absichten an (BFH III R 10/14 BStBl II 15, 655). – Nach § 1 II unbeschr stpfl sind zB die mit ihren Eltern im Ausl lebenden Diplomatenkinder (§ 1 Rz 35). Zu Kindern, die **im Ausl geboren** werden, s DA-KG A 23.1 II 3. – Der **Nachweis** der unbeschr StPfl des Kindes obliegt dem StPfl, der die (ungekürzten) Freibeträge in Anspruch nehmen möchte. Die Existenz des Kindes kann durch eine Lebensbescheinigung der ausl Heimatbehörde nachgewiesen werden, bei Kindern über 18 Jahren in Ausbildung durch entspr Schul- oder Studienbescheinigungen oÄ. – Die Kürzung der Freibeträge gem den Verhältnissen des Wohnsitzstaates richtet sich nach der **Ländergruppeneinteilung des BMF** (VZ 2017-2020: *BMF* BStBl I 16, 1183; ab VZ 2021: *BMF* BStBl I 20, 1212). Verfrechtl Bedenken bestehen insoweit nicht (BVerfG 2 BvR 288/92 NJW 93, 3318 zum funktionsgleichen § 33a II aF). – Zu KiGeld (§ 63 I 6) s § 63 Rz 4; zum **LStAbzug** für Auslandskinder s Rz 100.

e) Ermäßigung der Freibeträge, § 32 VI 5. Obwohl es sich bei den Freibeträgen um Jahresbeträge handelt (s Rz 76), werden die Voraussetzungen für ihre Gewährung monatsweise geprüft und die Freibeträge ggf gekürzt, für jeden Monat um ein Zwölftel. Das ist zB der Fall, wenn ein zunächst unbeschr stpfl Elternteil im Laufe des VZ beschr stpfl wird (BFH VIII R 111/01 BFH/NV 04, 331) oder das Kind seine Ausbildung beendet und erwerbstätig wird. – Auch hier gilt das **Monatsprinzip** (s Rz 20); dh eine Kürzung darf nur dann erfolgen, wenn die in § 32 VI 1 bis 4 genannten Voraussetzungen an *keinem* Tag des Monats vorliegen.

Im Fall des § 32 VI 3 Nr 1 kann dies mE zu **Doppelberücksichtigungen** führen, da die Konkurrenzregelung des § 32 II nur für Adoption und Pflegekindschaft gilt, nicht aber für verstorbene oder beschr stpfl gewordene Elternteile (Folge der gesetzl Typisierung, s Rz 1 und Rz 18; str, glA *BeckOK EStG* § 32 Rz 613.1; **aA** *Heuermann* DStR 00, 1546, 1550). Leben zB die Eltern dauernd getrennt und ist der Vater vom 10.5. an nur noch beschr stpfl, wird das Kind für diesen Monat beim Vater nach § 32 VI 1 (noch) mit einem Zwölftel der *einfachen* Freibeträge berücksichtigt und bei der Mutter nach § 32 VI 3 Nr 1 (bereits) mit einem Zwölftel der *doppelten* Freibeträge.

2. Übertragung auf den anderen Elternteil, § 32 VI 6–9. – a) Überblick. Bis VZ 2020 konnte gem § 32 VI 6 der Kinderfreibetrag der Rspr zufolge isoliert übertragen werden, dh, ohne dass der Betreuungsfreibetrag mitübertragen werden musste (vgl BFH III R 61/18 BStBl II 22, 43; BFH III R 25/19 BFH/NV 21, 18; s auch BT-Drs 14/6160, 12; Folge: Verdoppelung der sog Kinderadditive bei § 33 III, s *Schmidt* 40. Aufl § 32 Rz 83); die FinVerw sah das anders (*BMF* BStBl I 13, 845 Rz 5). **Ab VZ 2021** führt die Übertragung des Kinderfreibetrags notwendig zur Übertragung des Betreuungsfreibetrags (§ 32 VI HS 2 nF). Bei minderjährigen Kindern kann zudem der Betreuungsfreibetrag isoliert übertragen werden (§ 32 VI 8). – Zum Behinderten-Pauschbetrag s § 33b Rz 29.

b) Kinderfreibetrag, § 32 VI 6, 7. Die Übertragung des Kinderfreibetrags setzt voraus, dass die Eltern unbeschr stpfl sind und den Tatbestand der Ehegattenbesteuerung (§ 26 I 1) *nicht* erfüllen. Erfasst werden damit getrennt lebende oder geschiedene Ehegatten/LPart sowie Eltern nichtehel Kinder, nicht jedoch Ehegatten/LPart, die nach § 26a (oder § 26c aF) veranlagt werden (da beide Vorschriften ihrerseits an die Voraussetzungen des § 26 I 1 anknüpfen; s auch BFH III R 10/05 BFH/NV 07, 662: verfgemäß). – Der Elternteil, der die Übertragung des (weiteren) Kinderfreibetrags beantragt, muss seiner **Unterhaltspflicht** für das Kj **im Wesentlichen nachgekommen** sein, nicht jedoch der andere Elternteil. Zustimmung des anderen Elternteils ist nicht erforderl. Eine einvernehml Übertragung, ohne Verletzung der Unterhaltspflicht, ist nicht mögl (s BFH III R 34/19 BStBl II 21, 848 Rz 16).

85 **aa) Unterhalt.** Unterschieden wird zw Betreuungs- und Barunterhalt (§ 1606 III BGB). Beide sind gleichwertig; denn sie mindern gleichermaßen die steuerl Leistungsfähigkeit des jeweiligen Elternteils (vgl BVerfG 2 BvR 1057/91 BStBl II 99, 182; BFH VI R 123/95 BFH/NV 98, 568; **aA** wohl *Paus* FR 16, 1130; s auch die Kritik von *Tipke* LB § 8 Rz 94 mwN). **Betreuungsunterhalt** wird durch Erziehung und tatsächl Versorgung des Kindes mit Nahrung, Kleidung, Wohnung, Pflege bei Krankheit etc erbracht, **Barunterhalt** durch Leistung der hierfür erforderl Geldmittel. Die Übertragung des Kinderfreibetrags wird idR wegen Verletzung der Barunterhaltspflicht beantragt. – **Unterhaltsbedürftigkeit des Kindes** wird vorausgesetzt (§ 1602 BGB; s auch BFH III R 57/00 BFH/NV 06, 1815); die Bedürftigkeit ist nicht nach dem Monatsprinzip, sondern für das Kj zu prüfen. Seit VZ 2012 steht nach **§ 32 VI 6** die mangelnde Leistungsfähigkeit des anderen Elternteils einer Übertragung des Kinderfreibetrags nicht mehr entgegen (BT-Drs 17/6146, 19: Entlastung nur desjenigen Elternteils, der allein für den Kindesunterhalt aufkommt). Steht die mangelnde Leistungsfähigkeit eines Elternteils gem § 1603 I BGB fest, kann dieser die Übertragung nicht durch freiwillige Leistungen verhindern (zutr *BMF* BStBl I 13, 845 Rz 4); denn es handelt sich um gleichwertige Tatbestandsalternativen. – Gem **§ 32 VI 7** scheidet eine Übertragung *für* Zeiträume aus, für die Leistungen nach dem UnterhVorschussG gezahlt werden (ohne Rücksicht auf die Höhe der Zahlungen).

86 **bb) Unterhaltspflicht.** Umfang und Dauer der Unterhaltspflicht bestimmen sich nach Zivilrecht (s dazu *Grüneberg* § 1610 Rz 1 ff). Ob die Eltern oder das Kind während des ganzen Kj unbeschr stpfl gewesen sind, ist insoweit ohne Belang (EStR 32.13 III 3). Der Umfang des **Betreuungsunterhalts** richtet sich nach den individuellen Lebensumständen. Die Höhe des **Barunterhalts** kann sich aus Vereinbarungen, Urteilen, Vergleichen etc ergeben (einschr FG Saarl EFG 90, 354, rkr), auch rückwirkend (FG Bbg EFG 01, 1049, rkr). Hilfsweise gelten die Richtsätze der Düsseldorfer Tabelle uä regionaler Tabellen (EStR 32.13 I 2; FG RhPf EFG 98, 1470, rkr).

87 **cc) Wesentlicher Unterhaltsbeitrag. – (1) Minderjährige Kinder.** Der Elternteil, in dessen Obhut sich das Kind befindet, leistet seinen Unterhalt zu 100 % **durch Betreuung** (§ 1606 III 2 BGB; BGH XII ZR 161/04 NJW 07, 1882). Es kommt nicht darauf an, ob dieser Elternteil finanziell leistungsfähig iSd § 1603 BGB ist; idR besteht daher kein Übertragungsrecht des zahlenden Elternteils, auch dann nicht, wenn der betreuende Elternteil Leistungen nach SGB II bezieht (BFH R 18/15 BStBl II 16, 893: kein verfassungsrechtl Anspruch auf steuerl Berücksichtigung von zwei Freibeträgen; FG Mster EFG 91, 128, rkr, für Heimunterbringung; s auch *Kanzler* DStR 90, 405; krit *Paus* FR 16, 1130). Zur Erfüllung der Unterhaltspflicht **durch Dritte** s *Grüneberg* § 1606 Rz 8. – Der andere Elternteil leistet den sog **Barunterhalt**, wenn er seiner Verpflichtung mindestens zu 75 % nachkommt (relative Grenze, s BFH VI R 148/97 BFH/NV 00, 1194; EStR 32.13 II). Unbeachtl ist, ob es sich um einen verhältnismäßig geringfügigen Beitrag handelt (BFH VI R 129/95 BStBl II 98, 435) oder um einen Beitrag, der niedriger als nach der Düsseldorfer Tabelle festgesetzt wurde (BFH VI R 21/97 BFH/NV 98, 437). **Nicht der Zeitpunkt** der Leistung ist maßgebl, sondern der Zeitraum, *für* den geleistet worden ist; § 11 II gilt nicht, sodass ggf auch Zahlungen nach Ablauf des VZ zu berücksichtigen sind (BFH III R 7/90 BStBl II 93, 397). Reicht die Unterhaltsleistung für mehrere minderjährige Kinder nicht aus, ist von einer gleichmäßigen Verteilung auszugehen (§§ 1603 II 1, 1609 I BGB). Dies gilt mE auch bei abw Tilgungsbestimmung (§ 362 I BGB), weil das nicht bedachte Kind einen Bereicherungsanspruch hätte. Bei Zahlung von Unterhalt für mehrere Jahre gelten die §§ 366, 367 BGB (s auch FG BaWü EFG 94, 839, rkr).

(2) Volljährige Kinder. Bei diesen scheidet eine Betreuungspflicht aus; beide Elternteile sind hier grds (entspr ihrer Leistungsfähigkeit) **barunterhaltspflichtig** (s BGH XII ZR 34/00 NJW 02, 2026; *Grüneberg* § 1606 Rz 11 f). Liegen keine gerichtl oder vertragl Regelungen vor, kann hinsichtl der Höhe aus Vereinfachungsgründen auf die **Düsseldorfer Tabelle** zurückgegriffen werden (vgl FG RhPf EFG 19, 5, bestätigt durch BFH III R 25/19 HFR 20, 1146). Die Unterhaltspflicht kann iÜ auch durch **Naturalunterhaltsleistungen** erbracht werden (§ 1612 I 2, II BGB; s BFH III R 34/19 BStBl II 21, 848). – Kommt der Elternteil, der das Kind bis zum Eintritt der Volljährigkeit betreut hat, seiner Barunterhaltspflicht nicht nach oder ist er nicht leistungsfähig iSd § 1603 BGB, kann der andere Elternteil die Übertragung des Freibetrags verlangen (anders noch zum alten Recht BFH VI R 124/95 BFH/NV 00, 553).

(3) Freistellung von der Unterhaltsverpflichtung. Wird ein Elternteil von dem anderen gegen Entgelt von seiner Unterhaltsverpflichtung freigestellt, leistet er seinen Unterhalt *durch* den anderen Elternteil. Entgeltlichkeit ist bereits dann anzunehmen, wenn sich die Elternteile in einer Scheidungsfolgenvereinbarung ggf unter Verzicht auf einen genauen Zugewinnausgleich vermögensrechtl auseinandersetzen und dabei auch den Wert der Unterhaltsverpflichtung einbeziehen (BFH III R 137/93 BStBl II 97, 21; BFH VI B 188/96 BFH/NV 99, 172). Der Wille, sich zu vergleichen, spricht für Entgeltlichkeit (BFH III R 57/00 BFH/NV 06, 1815; BFH VIII R 11/04 BFH/NV 05, 343; s auch FG Mster EFG 13, 1917, rkr, zu Vereinbarung über Trennungsunterhalt).

(4) Maßgeblicher Zeitraum. Ob ein Elternteil im Kj seiner Unterhaltspflicht im Wesentlichen nachgekommen ist, bemisst sich nach dem Zeitraum, für den Unterhalt tatsächl geschuldet wird (EStR 32.13 III 2). Endet die Unterhaltspflicht etwa dadurch, dass das Kind eine Erwerbstätigkeit aufnimmt und nicht mehr bedürftig ist, werden die verbleibenden Monate bei der Ermittlung der 75%-Grenze nicht berücksichtigt (Beispiele s EStH 32.13). Das gleiche gilt, wenn der Unterhaltspflichtige stirbt.

dd) Verfahren. Nur auf **Antrag** wird der Kinderfreibetrag übertragen. Antragsberechtigt ist der Ehegatte/LPart, der seiner Unterhaltspflicht nachkommt. Der Antrag ist an das WohnsitzFA zu richten, nicht an die Familienkasse, und kann bis zur Bestandskraft des EStBescheids gestellt und zurückgenommen werden (FG BaWü EFG 93, 32, rkr; s auch *Paus* DStZ 04, 875). **In strittigen Übertragungsfällen** soll der andere Elternteil gehört (EStR 32.13 IV 5) und ggf nach § 174 IV, V AO hinzugezogen werden (EStR 32.13 IV 9). Im Gerichtsverfahren ist der andere Elternteil nicht notwendig beizuladen (BFH VI B 301/98 BStBl II 01, 729; *Pust* HFR 01, 1084). Fehlerhafte Doppelberücksichtigung kann nach § 174 II AO bereinigt werden (FG Nds EFG 97, 1313, rkr). – Die Entscheidung des FA ist ein eigenständiger VA und muss grds beiden Eltern bekanntgegeben werden (FG Brem EFG 94, 879, rkr; str, **aA** *HHR* § 32 Rz 189; *BH/Selder* § 32 Rz 142; *ders* jurisPR-SteuerR 46/2016 Anm. 4, unter Berufung auf BFH III R 18/15 BStBl II 16, 893).

c) Betreuungsfreibetrag, § 32 VI 8, 9. – aa) Allgemeines. Die Übertragung des Betreuungsfreibetrags setzt gem **§ 32 VI 8** voraus, dass das Kind minderjährig (Rz 94) und nur in der Wohnung eines Elternteils gemeldet ist (Rz 93) und dass dieser Elternteil die Übertragung **beantragt** (zum Antrag s Rz 91 und FG BaWü EFG 11, 1703: rückwirkendes Ereignis iSv § 175 I 1 Nr 2 AO, bestätigt durch

BFH VI R 100/10, BFH/NV 13, 909), ferner dass die Eltern den **Tatbestand der Ehegattenbesteuerung** (§ 26 I 1) *nicht* erfüllen. Wie bei § 32 VI 6 HS 1 ist die Zustimmung des anderen Elternteils nicht erforderl und eine einvernehml Übertragung nicht mögl. – Gem **§ 32 VI 9** kann der andere Elternteil der Übertragung **widersprechen**, wenn er Kinderbetreuungskosten trägt oder das Kind regelmäßig in einem nicht unwesentl Umfang betreut (seit VZ 2012; s BT-Drs 17/6146, 19: hälftige Teilung der Freibeträge, wenn beide Elternteile sowohl den Betreuungs- und Erziehungsbedarf des Kindes sicherstellen; s auch BFH III R 42/07 BStBl II 13, 194: veränderte gesellschaftl Realitäten). Eine **regelmäßige Betreuung** liegt jedenfalls vor, wenn die Eltern eines minderjährigen Kindes einen gleichmäßigen Betreuungsrhythmus vereinbaren und diesen auch tatsächl einhalten; als **nicht unwesentl** sieht der BFH bereits einen zeitl Betreuungsanteil von jährl durchschnittl 10% an (BFH III R 2/16 BStBl II 18, 266; zur Berechnung s auch FG Nds EFG 20, 934 rkr). – **Widerspruch** iRd Einspruchsverfahrens genügt; im finanzgerichtl Verfahren ist der jeweils andere Elternteil nicht notwendig beizuladen (BFH III R 2/16 BStBl II 18, 266 Rz 18 f). Zur **Änderung** nach § 174 AO s BFH III R 25/19 BFH/NV 21, 80.

Die Gleichwertigkeit von Bar- und Betreuungsunterhalt (s Rz 85) gilt auch hier. Die Übernahme von **Kinderbetreuungskosten** (s *BMF* BStBl I 13, 845 Rz 8: alle Aufwendungen für Betreuung, Erziehung, Ausbildung des Kindes bis zur Vollendung des 18. Lebensjahres, weiter als § 10 I Nr 5) berechtigt im Zweifel aber nur dann zu einem Widerspruch nach § 32 VI 9, wenn sie eine Betreuung des Kindes in vergleichbarem Umfang ermöglichen.

93 **bb) Meldung.** Maßgebl ist das Melderegister, und zwar bezogen auf den Tag des Eingangs der melderechtl An- oder Ummeldung (BFH III R 42/07 BStBl II 13, 194: sachl gerechtfertigt); eine nach Ablauf des VZ vorgenommene, nachträgl Meldung wird nicht berücksichtigt (BFH III R 125/93 BStBl II 96, 91). Die Auskunft der Meldebehörde an das FA ist kein VA und damit auch kein Grundlagenbescheid iSv § 171 X AO, der eine Änderung nach § 175 I 1 Nr 1 AO ermöglichen würde (vgl BFH III R 55/01 BFH/NV 05, 1992 zu § 32 VII aF; glA *BeckOK EStG* § 32 Rz 658; *Littmann* § 32 Rz 931). Ist das Kind bei keinem Elternteil oder bei beiden gemeldet, scheidet eine Übertragung aus (s auch FG Nbg BeckRS 2019, 46992, Rev III R 24/20).

94 **cc) Minderjährigkeit.** Eine Übertragung kommt nur bei minderjährigen Kindern in Betracht (BFH III R 61/18 DStRE 20, 1425; BFH III R 25/19 BFH/NV 21, 80). Vollendet das Kind im VZ das 18. Lebensjahr, scheidet eine Übertragung für die Monate, in denen das Kind an keinem Tag minderjährig gewesen ist, nach EStR 32.13 IV 6 aus (krit *BeckOK EStG* § 32 Rz 657.1).

Soweit **§ 1603 II 2 BGB** volljährige, unverheiratete **Schulkinder unter 21 Jahren**, die im Haushalt des antragsberechtigten Elternteils leben, minderjährigen Kindern gleichstellt, sollte dies mE auch bei § 32 VI 8 berücksichtigt werden; denn die Unterhaltssituation verändert sich in diesem Fall mit Vollendung des 18. Lebensjahres typischerweise nicht.

95 **3. Übertragung auf Stiefeltern/Großeltern, § 32 VI 10, 11.** Die Aufnahme eines Kindes durch Stief- oder Großeltern mindert deren Leistungsfähigkeit. Daher können Freibeträge auch in diesem Fall übertragen werden (BT-Drs 13/1558, 156); zum Anspruch auf KiGeld s § 63 I 1 Nr 2 und 3, § 64 II. Das schließt die Übertragung auf einen LPart als Stiefelternteil nicht ein (§ 2 VIII, vgl auch die Antwort der BReg in BT-Drs 17/14343, 5 und *BMF* BStBl I 14, 109). Außerdem kommt mit Wirkung ab VZ 2012 eine Übertragung auch dann in Betracht, wenn Großeltern mit einer konkreten Unterhaltsverpflichtung belastet sind (s auch BT-Drs 17/6146, 19). Nachweise s *BMF* BStBl I 13, 845 Rz 14.

96 **a) Haushaltsaufnahme.** Zum Begriff s Rz 15. Es kann sich auch um einen gemeinsam mit dem leibl Elternteil geführten Haushalt handeln. Auf die Erfüllung der Unterhaltspflicht (§ 32 VI 6 HS 1) oder die Meldung des Kindes (§ 32 VI 6 HS 2) kommt es insoweit nicht an. Das gilt gleichermaßen für die Übertragung

von Kinder- und Betreuungsfreibeträgen. **Übertragbar** sind **alle Freibeträge,** die „den Eltern nach den Sätzen 1 bis 9" zustehen. Das schließt einerseits eine Übertragung zwischen Stief- und Großelternteilen aus. Andererseits ist die Übertragung nicht auf die Fälle des § 32 VI 6 beschränkt, sondern erfasst auch die (doppelten) Freibeträge nach § 32 VI 2 und 3 (glA *BH/Selder* § 32a Rz 157). Eine „Kettenübertragung" ist mE dergestalt mögl, dass der nach § 32 VI 6 empfangende Elternteil seinerseits die Freibeträge nach § 32 VI 10 auf Stiefelternteil oder Großeltern überträgt (glA *HHR* § 32 Rz 194). – Nicht erforderl ist eine Übertragung, wenn Stief- oder Großeltern mit der Aufnahme des Kindes **Pflegeeltern** iSd § 32 I Nr 2 werden (s Rz 16 aE); denn dann stehen ihnen die Freibeträge aus eigenem Recht zu. Entsprechendes gilt bei **Adoption** eines Kindes (Rz 11). Sollen Freibeträge für ein **Auslandskind** (Rz 80) übertragen werden, müssen Stief- oder Großeltern selbst unbeschr stpfl sein, ggf nach § 1 III. Das Kind der Partnerin einer **gleichgeschlechtl Lebensgemeinschaft** ist grds nicht Stiefkind der anderen Partnerin (BFH VIII R 88/00 BFH/NV 04, 1103, VerfBeschw nicht angenommen, s auch Rz 8); zur Gleichstellung von **LPart** gem § 2 VIII s aber BFH VI R 76/12 BStBl I 14, 36. Adoption ist mögl (§ 9 VII LPartG; s auch *Bültmann* StuW 04, 131). – Eine **konkrete Unterhaltsverpflichtung** ggü dem Enkelkind besteht nach §§ 1601, 1606 BGB vor allem dann, wenn die Eltern des Kindes selbst nicht leistungsfähig sind (*Grüneberg* § 1601 Rz 19, § 1606 Rz 1 ff).

b) Anspruch auf Übertragung. Mit oder ohne **Zustimmung** des berechtigten Elternteils kann die Übertragung erfolgen (s Wortlaut des § 32 VI 11: „auch"). Stief- oder Großeltern haben daher einen materiell-rechtl Anspruch auf Übertragung der Freibeträge, ggf auch gegen den Willen der Eltern (*HHR* § 32 Rz 194), wenn sie ein Kind aufgenommen haben oder für ein Kind unterhaltpflichtig sind. – Eine nach **§ 32 VI 11** erteilte Zustimmung bindet den berechtigten Elternteil und ist nur für die Zukunft widerrufbar. **97**

c) Antrag. Nur auf Antrag werden die Freibeträge übertragen. Antragsberechtigt ist der aufnehmende bzw unterhaltsleistende Stief- oder Großelternteil, der den Antrag bei dem für ihn zuständigen FA stellen muss. **98**

4. Lohnsteuerabzug. Kinder- und Betreuungsfreibetrag werden für den Abzug von LSt idR nicht mehr berücksichtigt (s auch § 38b Rz 2; ebenfalls nicht bei § 40, s BFH VI R 48/03 BStBl II 07, 844). Etwas anderes gilt ledigl für **Auslandskinder,** für die kein KiGeld gezahlt wird (§ 39a I Nr 6; s auch § 39a Rz 6; § 62 Rz 8). Darüber hinaus werden die Freibeträge nach § 51a für ZuschlagSt (**KiSt** und **SolZ**) angesetzt, und zwar unabhängig von der Dauer des Berücksichtigungszeitraums mit dem Jahresbetrag (*Plenker* DB 96, 2095). **100**

§ 32a Einkommensteuertarif

(1) ¹**Die tarifliche Einkommensteuer bemisst sich nach dem zu versteuernden Einkommen.** ²**Sie beträgt ab dem Veranlagungszeitraum 2022 vorbehaltlich der §§ 32b, 32d, 34, 34a, 34b und 34c jeweils in Euro für zu versteuernde Einkommen**

1. bis 9984 Euro (Grundfreibetrag):
0;
2. von 9985 Euro bis 14 926 Euro:
$(1008{,}70 \cdot y + 1400) \cdot y$;
3. von 14 927 Euro bis 58 596 Euro:
$(206{,}43 \cdot z + 2397) \cdot z + 938{,}24$;
4. von 58 597 Euro bis 277 825 Euro:
$0{,}42 \cdot x - 9267{,}53$;
5. von 277 826 Euro an:
$0{,}45 \cdot x - 17\,602{,}28.$

³Die Größe „y" ist ein Zehntausendstel des den Grundfreibetrag übersteigenden Teils des auf einen vollen Euro-Betrag abgerundeten zu versteuernden Einkommens. ⁴Die Größe „z" ist ein Zehntausendstel des 14 926 Euro übersteigenden Teils des auf einen vollen Euro-Betrag abgerundeten zu versteuernden Einkommens. ⁵Die Größe „x" ist das auf einen vollen Euro-Betrag abgerundete zu versteuernde Einkommen. ⁶Der sich ergebende Steuerbetrag ist auf den nächsten vollen Euro-Betrag abzurunden.

(2) bis (4) *(weggefallen)*

(5) **Bei Ehegatten**, die nach den §§ 26, 26b zusammen zur Einkommensteuer veranlagt werden, beträgt die tarifliche Einkommensteuer vorbehaltlich der §§ 32b, 32d, 34, 34a, 34b und 34c das Zweifache des Steuerbetrags, der sich für die Hälfte ihres gemeinsam zu versteuernden Einkommens nach Absatz 1 ergibt (Splitting-Verfahren).

(6) ¹Das Verfahren nach Absatz 5 ist auch anzuwenden zur Berechnung der tariflichen Einkommensteuer für das zu versteuernde Einkommen
1. bei einem verwitweten Steuerpflichtigen für den Veranlagungszeitraum, der dem Kalenderjahr folgt, in dem der Ehegatte verstorben ist, wenn der Steuerpflichtige und sein verstorbener Ehegatte im Zeitpunkt seines Todes die Voraussetzungen des § 26 Absatz 1 Satz 1 erfüllt haben,
2. bei einem Steuerpflichtigen, dessen Ehe in dem Kalenderjahr, in dem er sein Einkommen bezogen hat, aufgelöst worden ist, wenn in diesem Kalenderjahr
   a) der Steuerpflichtige und sein bisheriger Ehegatte die Voraussetzungen des § 26 Absatz 1 Satz 1 erfüllt haben,
   b) der bisherige Ehegatte wieder geheiratet hat und
   c) der bisherige Ehegatte und dessen neuer Ehegatte ebenfalls die Voraussetzungen des § 26 Absatz 1 Satz 1 erfüllen.

²Voraussetzung für die Anwendung des Satzes 1 ist, dass der Steuerpflichtige nicht nach den §§ 26, 26a einzeln zur Einkommensteuer veranlagt wird.

Einkommensteuer-Richtlinien: EStH 32a.

1 **1. Allgemeines. – a) Bedeutung; Aufbau.** § 32a legt die Höhe des **Grundfreibetrags** fest, mit dem das sächl Existenzminimum des StPfl von der ESt freigestellt wird, und regelt die **Ermittlung der tarifl ESt** ausgehend von der Bemessungsgrundlage des zu versteuernden Einkommens (§ 2 V 1). – **§ 32a I** enthält die Formeln zur Berechnung der tarifl ESt nach dem Grundtarif. **§ 32a V, VI** legen fest, wie und unter welchen Voraussetzungen die tarifl ESt nach dem Splitting-Tarif zu ermitteln ist.

2 **b) Persönlicher Anwendungsbereich.** Der Tarif des § 32a gilt uneingeschränkt nur für **unbeschr StPfl** (§ 1 I bis III, § 1a). Die Veranlagung **beschr StPfl** erfolgt ohne Berücksichtigung des Grundfreibetrags (s § 50 Rz 11; BVerfG 2 BvR 1178/07 IStR 10, 327; FG BaWü EStG 12, 1932, rkr, mwN: vereinbar mit Verfassungs- und Unionsrecht) und des Ehegattensplittings (§§ 26; 50 I 3; s aber EuGH C-425/11 BStBl II 13, 896: Splittingtarif auch für deutschen Grenzgänger mit Wohnsitz in der Schweiz, mit Anm *Sunde* IStR 13, 568; vgl auch § 25 Rz 12). Zur Steuerberechnung bei fiktiv unbeschr StPfl s § 1a Rz 15 ff und zur Ehegattenveranlagung § 1a Rz 20 ff mwN.

3 **c) Neuere Rechtsentwicklung; zeitlicher Anwendungsbereich.** Mit dem 2. FamEntlastG (BGBl I 20, 2616) ist der **Grundfreibetrag** für **VZ 2021** auf **9744 €** und für **VZ 2022** auf **9984 €** angehoben worden (VZ 2019: 9168 €); damit werden die Vorgaben des 13. Existenzminimumberichts weitgehend umgesetzt (Rz 4). Zum Ausgleich der „kalten Progression" sind die übrigen Tarifeck-

Aufbau des Tarifs; Bemessungsgrundlage 4–8 § 32a

werte für VZ 2021 und 2022 jeweils „nach rechts" verschoben worden (vgl BT-Drs 19/23795, 23).

Zu weiteren Aspekten der **„kalten Progression"** s *Djanani/Grossmann* StuW 15, 33; zur Debatte um den **Tarifverlauf** iEinz s *Hey* DStZ 17, 632, 634 (frühes Einsetzen des SpitzenStSatzes); *Tipke* LB § 8 Rz 800 ff; *Kube* FR 18, 408, 411. S iÜ *Schmidt* 35. Aufl § 32a und *BH/Wagner* § 32a Rz 7 ff.

d) Verfassungsmäßigkeit. § 32a ist verfgemäß: Die konkrete Ausgestaltung des 4 EStTarifs ist eine politische Entscheidung, die sich weitgehend richterl Kontrolle entzieht (BVerfG 2 BvL 2/99 BVerfGE 116, 164 mwN). Im Hinblick auf die Privatnützigkeit des Einkommens muss nur gewährleistet sein, dass auch im oberen Bereich des Tarifs dem StPfl „nach Abzug der Steuerbelastung ein (absolut und im Vergleich zu anderen Einkommensgruppen betrachtet) hohes, frei verfügbares Einkommen bleibt" (BVerfG 2 BvL 2/99 BVerfGE 116, 164). Dabei wird die Intensität der Steuerbelastung nicht allein durch die Höhe des Steuersatzes bestimmt, sondern durch das Zusammenspiel von **Steuersatz *und* Bemessungsgrundlage** (BVerfG 2 BvR 2194/99 BVerfGE 115, 97). Eine allg verbindl, absolute Belastungsobergrenze in der Nähe einer hälftigen Teilung lässt sich aus Art 14 I 1 GG nicht herleiten (**kein Halbteilungsgrundsatz**, BVerfG 2 BvR 2194/99 BVerfGE 115, 97; so bereits BFH XI R 77/97 BStBl II 99, 771; s auch *Leisner-Ebensperger* DStZ 18, 910, 912 ff; *HHR* § 32a Rz 9 mwN). Allerdings ist die **Privilegierung von Gewinneinkünften** durch die Tarifbegrenzung des § 32c aF verfwidrig gewesen (BVerfG 2 BvL 1/13 DStR 22, 19; s auch *Schmidt* 29. Aufl § 32c Rz 3). – Die **Grundfreibeträge** müssen das Existenzminimum des StPfl und seiner Familie abdecken (BVerfG 2 BvR 5, 8, 14/91 BStBl II 93, 413). Ihre Höhe richtet sich danach, was der Staat Bedürftigen an Sozialhilfe zur Verfügung stellt (s auch § 32 Rz 4). Eine Toleranzgrenze von 15 % ist *nicht* mehr gestattet (BVerfG 2 BvL 42/93 BStBl II 99, 174). Der **13. Existenzminimumbericht** der BReg (BT-Drs 19/22800, S. 10) kommt zu dem Ergebnis, dass das stfrei zu stellende sächl Existenzminimum eines alleinstehenden Erwachsenen 9744 € (2021) bzw 9888 € (2022) und das eines Ehepaares 13 320 € (für 2022) beträgt. Der für 2021 geltenden Grundfreibetrag entspricht damit den verfrechtl Anforderungen; hinsichtl des Grundfreibetrags für 2022 ergibt sich hingegen eine **Differenz von 4 €** zu Lasten des StPfl. – Zur Gleichstellung **eingetragener LPart** s Rz 9 und § 2 Rz 71 ff. Zur Verfassungsmäßigkeit früherer Grundfreibeträge s *Schmidt* 40. Aufl § 32a Rz 4 aE.

e) Verhältnis zu anderen Vorschriften. Da § 32a an das zu versteuernde 5 Einkommen anknüpft, müssen vor Ermittlung der tarifl ESt zunächst die Bestimmungen zur Ermittlung der Bemessungsgrundlage nach **§§ 32, 33 bis 33b** berücksichtigt werden (§ 2 IV, V); ab VZ 2009 ist § **2 Vb** zu beachten (s § 2 Rz 64). Durch die besonderen Steuersätze der **§§ 32b, 32d, 34, 34a, 34b, 34c V** wird § 32a verdrängt (§ 32a I 2), ebenso durch **§§ 50a II; durch § 50 I 2** wird § 32a modifiziert. Die **§§ 32c** (nur VZ 2007 und ab VZ 2016, s § 32c Rz 2), **34c I, 34g und 35** ermäßigen (ggf) die tarifl ESt, während **§ 31 S 4** sie erhöht; diese Regelungen knüpfen also ihrerseits an die Berechnung nach § 32a an. Zum Verhältnis der §§ 32a, 32b zu § 34 vgl auch BFH VI R 44/07 BStBl II 11, 21.

Zu **§ 10d** s BFH IX B 138/15 BFH/NV 16, 1017, mwN (Verlustvortrag bei Einkommen unterhalb des Grundfreibetrags). Zu **§§ 50, 50a aF** s BFH I R 87/03 BStBl II 08, 22 (VerfBeschw nicht angenommen) und BFH I B 90/08 BFH/NV 09, 393.

2. Aufbau des Tarifs; Bemessungsgrundlage, § 32a I. Seit VZ 2007 gilt ein 8 linear-progressiver EStTarif mit 5 Tarifzonen: einer **Nullzone** (§ 32a I 2 Nr 1) für Einkommen bis zur Höhe des Grundfreibetrags von 9984 €, zwei **Progressionszonen** mit linear ansteigendem Grenzsteuersatz für Einkommen von 9985 bis 14 926 Euro (§ 32a I 2 Nr 2) und von 14 927 bis 58 596 Euro (§ 32a I 2 Nr 3) sowie zwei **Proportionalzonen** mit einem konstanten Grenzsteuersatz von 42 % für Einkommen von 58 597 € bis 277 825 € (§ 32a I 2 Nr 4) und einem konstanten Grenzsteuersatz von 45% für Einkommen ab 277 826 € (§ 32a I 2 Nr 5). – Ausgangsgröße der Berechnung ist das auf den vollen Eurobetrag abgerundete **zu versteuernde Einkommen** nach § 2 V 1 (§ 32a I 3 bis 5). Der sich ergebende Steuerbetrag ist ebenfalls auf den nächsten vollen Eurobetrag abzurunden (§ 32a I 6). Die ESt Tabellen wurden ab VZ 2001 abgeschafft.

Berechnungsbeispiel s *Schmidt* 39. Aufl § 32a Rz 8. – Zu anderen **Tarifmodellen** s *BH/Wagner* § 32a Rz 4 ff; *Houben/Chirvi* ifst Nr 517, 2017 (Reformnotwendigkeit/Reformalternativen). Zum Anteil der **StPfl mit Grenzsteuersätzen von 42%/45%** am Gesamtsteueraufkommen s BT-Drs 19/16190, 5 und BT-Drs 19/16574, 3 f.

9   **3. Splittingverfahren, § 32a V. – a) Zusammenveranlagung.** Voraussetzung für die Anwendung des Splittingtarifs ist die Zusammenveranlagung nach §§ 26, 26b (s § 26 Rz 13 ff). Der Splittingtarif geht idealtypisch von einer intakten Ehe/Partnerschaft aus, in der beide Ehegatten/LPart an den Einkünften/Lasten des anderen zur Hälfte teilhaben. Die Sondertarifvorschriften der §§ 32b, 34, 34b und 34c sind auch hier vorrangig zu beachten. – Nach früher geltendem Recht konnten Partner eheähnl Lebensgemeinschaften nicht zusammenveranlagt werden. Das BVerfG hat den Ausschluss **eingetragener LPart** zutr für verfwidrig erklärt (BVerfG 2 BvR 909/06 DStR 13, 1228). Der Gesetzgeber hat daraufhin rückwirkend mit **§ 2 VIII** Lebenspartnerschaften mit der Ehe gleichgestellt (s § 2 Rz 71 ff); zur **Änderung bestandskräftiger StBescheide** nach § 175 I 1 Nr 2 AO, s FG Hbg EFG 18, 1518, rkr, Anm *Tiemann* (**aA** FG Köln EFG 16, 827, rkr) und nach Art 97 § 9 V EGAO für LPart, die bis zum 31.12.19 gem § 20a LPartG in eine Ehe umgewandelt wurden, bei **Antrag bis 31.12.20** s iEinz *Kanzler* FR 19, 457 mwN.

Für Partner eheähnl, **nicht eingetragener Lebensgemeinschaften** gibt es keine Gleichstellung (BFH III B 100/16 BStBl II 17, 903); und auch **Alleinerziehende** haben keinen Anspruch auf den Splittingtarif (BFH III R 62/13 BStBl II 17, 259, VerfBeschw nicht angenommen, krit Anm *Haupt* DStRE 17, 346; BFH III B 20/16 BFH/NV 17, 740 mwN; krit *Kanzler* NWB 14, 549, insb zu verwitweten Alleinerziehenden).

10   **b) Bedeutung.** Das BVerfG betrachtet Ehegatten und LPart als Erwerbsgemeinschaft (BVerfG 2 BvR 909/06 DStR 13, 1228 Rz 94 f) und das Ehegattensplitting dementspr nicht als Vergünstigung, sondern wegen der Teilhabe beider Ehegatten/LPart am Einkommen zutr als Ausformung des Leistungsfähigkeitsprinzips (*Homburg* StuW 00, 261; *Scherf* StuW 00, 269). Eine **Reform der Ehegattenbesteuerung** und insb eine **Abschaffung des Ehegattensplittings** sind bislang nicht geplant (BT-Drs 19/7611, 4). Nachweise zur Diskussion um Alternativen s *Schmidt* 39. Aufl § 32a Rz 10.

11   **c) Berechnung; Wirkung.** Im Splitting-Verfahren wird zunächst das gemeinsam zu versteuernde Einkommen der Ehegatten/LPart (§ 26b) halbiert. Sodann wird für diesen Betrag die tarifl ESt nach Maßgabe des § 32a I ermittelt und der sich daraus ergebende StBetrag verdoppelt. Sind die Einkommen beider Ehegatten/LPart gleich hoch, ergibt sich durch das Splitting-Verfahren kein Vorteil ggü dem regulären Tarif bei getrennter Veranlagung. Bei unterschiedl hohen Einkommen der Ehegatten/LPart tritt regelmäßig eine StEntlastung ein, die umso größer ist, je weiter die Einkommen beider Ehegatten/LPart voneinander differieren. IdR ist die Zusammenveranlagung günstiger als die getrennte (s § 26 Rz 18). – Berechnungsbeispiel s *Schmidt* 39. Aufl § 32a Rz 11. Zu § 35 s *Schmidt* 39. Aufl § 35 Rz 55.

14   **4. Erweiterte Anwendung des Splittingverfahrens, § 32a VI. – a) Verwitwetensplitting, § 32a VI 1 Nr 1.** Stirbt ein Ehegatte/LPart, sollen für das Todesjahr und das folgende Jahr die Härten gemildert werden, die in dem Übergang vom Splitting-Verfahren zur Besteuerung nach dem Grundtarif liegen („Gnadensplitting"; s auch § 26 Rz 14; krit *HHR* § 32a Rz 32 mwN). Im *Zeitpunkt des Todes* dürfen die Ehegatten/LPart **nicht getrennt gelebt** haben (s auch BFH VI R 55/97 BStBl II 98, 350). S auch EStH 32a.

Es kommt nach dem Wortlaut des § 32a VI 1 Nr 1 nicht darauf an, ob für das Todesjahr Zusammenveranlagung gewählt worden ist. Zu Heirat/Verpartnerung des überlebenden Ehegatte/LPart im Todesjahr und Scheidung im gleichen Jahr s EStH 32a: Verwitwetenstatus lebt wieder auf; BFH VI 78/62 U BStBl III 65, 590. – Zum Entlastungsbetrag für (verwitwete) **Alleinerziehende** s § 39a Rz 8.

b) Splitting nach Auflösung der Ehe/Lebenspartnerschaft, § 32a VI 1 Nr 2. Ist eine Ehe/LPart aufgelöst worden (Tod, Scheidung, Aufhebung, Nichtigkeitserklärung etc), ist das Splitting-Verfahren unter den in § 32a VI 1 Nr 2 genannten Voraussetzungen im Jahr der Auflösung ebenfalls anzuwenden. 15

c) Einzelveranlagung, § 32a VI 2. Wird der StPfl einzeln veranlagt, schließt das den Splittingvorteil aus; für eine Veranlagung nach § 26c II aF galt das nicht (s auch *Kübler* DStZ 92, 400). 16

§ 32b Progressionsvorbehalt

(1) ¹Hat ein zeitweise oder während des gesamten Veranlagungszeitraums unbeschränkt Steuerpflichtiger oder ein beschränkt Steuerpflichtiger, auf den § 50 Absatz 2 Satz 2 Nummer 4 Anwendung findet,

1. a) Arbeitslosengeld, Teilarbeitslosengeld, Zuschüsse zum Arbeitsentgelt, Kurzarbeitergeld, Insolvenzgeld, Übergangsgeld nach dem Dritten Buch Sozialgesetzbuch; Insolvenzgeld, das nach § 170 Absatz 1 des Dritten Buches Sozialgesetzbuch einem Dritten zusteht, ist dem Arbeitnehmer zuzurechnen,
   b) Krankengeld, Mutterschaftsgeld, Verletztengeld, Übergangsgeld oder vergleichbare Lohnersatzleistungen nach dem Fünften, Sechsten oder Siebten Buch Sozialgesetzbuch, der Reichsversicherungsordnung, dem Gesetz über die Krankenversicherung der Landwirte oder dem Zweiten Gesetz über die Krankenversicherung der Landwirte,
   c) Mutterschaftsgeld, Zuschuss zum Mutterschaftsgeld, die Sonderunterstützung nach dem Mutterschutzgesetz sowie den Zuschuss bei Beschäftigungsverboten für die Zeit vor oder nach einer Entbindung sowie für den Entbindungstag während einer Elternzeit nach beamtenrechtlichen Vorschriften,
   d) Arbeitslosenbeihilfe nach dem Soldatenversorgungsgesetz,
   e) Entschädigungen für Verdienstausfall nach dem Infektionsschutzgesetz vom 20. Juli 2000 (BGBl. I S. 1045),
   f)* Versorgungskrankengeld oder Übergangsgeld nach dem Bundesversorgungsgesetz,
   [Fassung für VZ 2024: f) Krankengeld der Sozialen Entschädigung oder Übergangsgeld nach dem Vierzehnten Buch Sozialgesetzbuch.]
   [Fassung ab VZ 2025: f) Krankengeld der Sozialen Entschädigung, Übergangsgeld nach dem Vierzehnten Buch Sozialgesetzbuch, Krankengeld der Soldatenentschädigung oder Übergangsgeld nach dem Soldatenentschädigungsgesetz,]
   g) nach § 3 Nummer 28 steuerfreie Aufstockungsbeträge oder Zuschläge sowie nach § 3 Nummer 28a steuerfreie Zuschüsse,
   h) Leistungen an Arbeitnehmerinnen und Arbeitnehmer nach § 5 des Unterhaltssicherungsgesetzes,
   i) nach § 3 Nummer 60 steuerfreie Anpassungsgelder,
   j) Elterngeld nach dem Bundeselterngeld- und Elternzeitgesetz,
   k) nach § 3 Nummer 2 Buchstabe e steuerfreie Leistungen, wenn vergleichbare Leistungen inländischer öffentlicher Kassen nach den Buchstaben a bis j dem Progressionsvorbehalt unterfallen, oder

---

* § 32b I Nr 1 Buchst f wird geändert für den VZ 2024 durch Gesetz vom 12.12.19 (BGBl I 19, 2652) und ab VZ 2025 nochmals durch Gesetz vom 20.8.2021 (BGBl. I 21, 3932).

2. ausländische Einkünfte, die im Veranlagungszeitraum nicht der deutschen Einkommensteuer unterlegen haben; dies gilt nur für Fälle der zeitweisen unbeschränkten Steuerpflicht einschließlich der in § 2 Absatz 7 Satz 3 geregelten Fälle; ausgenommen sind Einkünfte, die nach einem sonstigen zwischenstaatlichen Übereinkommen im Sinne der Nummer 4 steuerfrei sind und die nach diesem Übereinkommen nicht unter dem Vorbehalt der Einbeziehung bei der Berechnung der Einkommensteuer stehen,
3. Einkünfte, die nach einem Abkommen zur Vermeidung der Doppelbesteuerung steuerfrei sind,
4. Einkünfte, die nach einem sonstigen zwischenstaatlichen Übereinkommen unter dem Vorbehalt der Einbeziehung bei der Berechnung der Einkommensteuer steuerfrei sind,
5. Einkünfte, die bei Anwendung von § 1 Absatz 3 oder § 1a oder § 50 Absatz 2 Satz 2 Nummer 4 im Veranlagungszeitraum bei der Ermittlung des zu versteuernden Einkommens unberücksichtigt bleiben, weil sie nicht der deutschen Einkommensteuer oder einem Steuerabzug unterliegen; ausgenommen sind Einkünfte, die nach einem sonstigen zwischenstaatlichen Übereinkommen im Sinne der Nummer 4 steuerfrei sind und die nach diesem Übereinkommen nicht unter dem Vorbehalt der Einbeziehung bei der Berechnung der Einkommensteuer stehen,

bezogen, so ist auf das nach § 32a Absatz 1 zu versteuernde Einkommen ein besonderer Steuersatz anzuwenden. ²Satz 1 Nummer 3 gilt nicht für Einkünfte

1. aus einer anderen als in einem Drittstaat belegenen land- und forstwirtschaftlichen Betriebsstätte,
2. aus einer anderen als in einem Drittstaat belegenen gewerblichen Betriebsstätte, die nicht die Voraussetzungen des § 2a Absatz 2 Satz 1 erfüllt,
3. aus der Vermietung oder der Verpachtung von unbeweglichem Vermögen oder von Sachinbegriffen, wenn diese in einem anderen Staat als in einem Drittstaat belegen sind, oder
4. aus der entgeltlichen Überlassung von Schiffen, sofern diese ausschließlich oder fast ausschließlich in einem anderen als einem Drittstaat eingesetzt worden sind, es sei denn, es handelt sich um Handelsschiffe, die
    a) von einem Vercharterer ausgerüstet überlassen oder
    b) an in einem anderen als in einem Drittstaat ansässige Ausrüster, die die Voraussetzungen des § 510 Absatz 1 des Handelsgesetzbuchs erfüllen, überlassen oder
    c) insgesamt nur vorübergehend an in einem Drittstaat ansässige Ausrüster, die die Voraussetzungen des § 510 Absatz 1 des Handelsgesetzbuchs erfüllen, überlassen
    worden sind, oder
5. aus dem Ansatz des niedrigeren Teilwerts oder der Übertragung eines zu einem Betriebsvermögen gehörenden Wirtschaftsguts im Sinne der Nummern 3 und 4.

³§ 2a Absatz 2a und § 15b sind sinngemäß anzuwenden.

(1a) Als unmittelbar von einem unbeschränkt Steuerpflichtigen bezogene ausländische Einkünfte im Sinne des Absatzes 1 Nummer 3 gelten auch die ausländischen Einkünfte, die eine Organgesellschaft im Sinne des § 14 oder des § 17 des Körperschaftsteuergesetzes bezogen hat und die nach einem Abkommen zur Vermeidung der Doppelbesteuerung steuerfrei sind, in dem Verhältnis, in dem dem unbeschränkt Steuerpflichtigen das Einkommen der Organgesellschaft bezogen auf das gesamte Einkommen der Organgesellschaft im Veranlagungszeitraum zugerechnet wird.

§ 32b

(2) Der besondere Steuersatz nach Absatz 1 ist der Steuersatz, der sich ergibt, wenn bei der Berechnung der Einkommensteuer das nach § 32a Absatz 1 zu versteuernde Einkommen vermehrt oder vermindert wird um

1. im Fall des Absatzes 1 Nummer 1 die Summe der Leistungen nach Abzug des Arbeitnehmer-Pauschbetrags (§ 9a Satz 1 Nummer 1), soweit er nicht bei der Ermittlung der Einkünfte aus nichtselbständiger Arbeit abziehbar ist;
2. im Fall des Absatzes 1 Nummer 2 bis 5 die dort bezeichneten Einkünfte, wobei die darin enthaltenen außerordentlichen Einkünfte mit einem Fünftel zu berücksichtigen sind. ²Bei der Ermittlung der Einkünfte im Fall des Absatzes 1 Nummer 2 bis 5
    a) ist der Arbeitnehmer-Pauschbetrag (§ 9a Satz 1 Nummer 1 Buchstabe a) abzuziehen, soweit er nicht bei der Ermittlung der Einkünfte aus nichtselbständiger Arbeit abziehbar ist;
    b) sind Werbungskosten nur insoweit abzuziehen, als sie zusammen mit den bei der Ermittlung der Einkünfte aus nichtselbständiger Arbeit abziehbaren Werbungskosten den Arbeitnehmer-Pauschbetrag (§ 9a Satz 1 Nummer 1 Buchstabe a) übersteigen;
    c) sind bei Gewinnermittlung nach § 4 Absatz 3 die Anschaffungs- oder Herstellungskosten für Wirtschaftsgüter des Umlaufvermögens im Zeitpunkt des Zuflusses des Veräußerungserlöses oder bei Entnahme im Zeitpunkt der Entnahme als Betriebsausgaben zu berücksichtigen. ²§ 4 Absatz 3 Satz 5 gilt entsprechend.

(3) ¹Nach Maßgabe des § 93c der Abgabenordnung haben die Träger der Sozialleistungen im Sinne des Absatzes 1 Satz 1 Nummer 1 für jeden Leistungsempfänger der für seine Besteuerung nach dem Einkommen zuständigen Finanzbehörde neben den nach § 93c Abs 1 der Abgabenordnung erforderlichen Angaben die Dauer über die im Kalenderjahr gewährten Leistungen sowie die Dauer des Leistungszeitraums zu übermitteln, soweit die Leistungen nicht in der Lohnsteuerbescheinigung anzugeben sind (§ 41b Absatz 1 Satz 2 Nummer 5); § 41b Absatz 2 und § 22a Absatz 2 gelten entsprechend. ²Die mitteilungspflichtige Stelle hat den Empfänger der Leistungen auf die steuerliche Behandlung dieser Leistungen und eine Steuererklärungspflicht hinzuweisen. ³In den Fällen des § 170 Absatz 1 des Dritten Buches Sozialgesetzbuch gilt als Empfänger des an Dritte ausgezahlten Insolvenzgeldes der Arbeitnehmer, der seinen Arbeitsentgeltanspruch übertragen hat.

(4) ¹In den Fällen des Absatzes 3 ist für die Anwendung des § 72a Absatz 4 und des § 93c Absatz 4 Satz 1 der Abgabenordnung das Betriebsstättenfinanzamt des Trägers der jeweiligen Sozialleistungen zuständig. ²Sind für ihn mehrere Betriebsstättenfinanzämter zuständig oder hat er keine Betriebsstätte im Sinne des § 41 Absatz 2, so ist das Finanzamt zuständig, in dessen Bezirk sich seine Geschäftsleitung nach § 10 der Abgabenordnung im Inland befindet.

(5) Die nach Absatz 3 übermittelten Daten können durch das nach Absatz 4 zuständige Finanzamt und den für die Besteuerung der Leistungsempfänger nach dem Einkommen zuständigen Finanzbehörden abgerufen und zur Anwendung des § 72a Absatz 4 und des § 93c Absatz 4 Satz 1 der Abgabenordnung verarbeitet werden.

Einkommensteuer/Lohnsteuer-Richtlinien: EStR 32b; EStH 32b; LStH 32b.

Übersicht

	Rz
I. Allgemeines	
1. Sinn und Zweck von § 32b; Tarifprogression	1
2. Allgemeine Verfahrensfragen; Veranlagung	3
3. Anwendungsbereich	5,7

	Rz
II. Einzelne Tatbestände, § 32b I 1 Nr 1, 1a	
1. Steuerfreie Sozialleistungen, § 32b I 1 Nr 1	10–12
2. Wechselnde zeitlich begrenzte Steuerpflicht, § 32b I 1 Nr 2	14
3. Steuerfreiheit nach DBA, § 32b I 1 Nr 3 mit Einschränkungen in § 32b I 2, 3	16–18
4. Sonstige zwischenstaatl Übereinkommen, § 32b I 1 Nr 4	20
5. Steuerpflicht nach anderen Vorschriften, § 32b I 1 Nr 5	22–24
6. Steuerfreie Organerträge, § 32b Ia	26
III. Berechnung des besonderen Steuersatzes, § 32b II	
1. Allgemeine Berechnungsgrundsätze, § 32b II	30, 31
2. Berechnung der Progressionsleistungen, § 32b II Nr 1	33–35
3. Berechnung der Progessionseinkünfte, § 32b II Nr 2	37–42
IV. Datenfernübertragung von Sozialleistungen, § 32b III–V	
1. Bescheinigung der Sozialversicherungsträger, § 32b III	45
2. Zuständigkeit, § 32b IV	46
3. Abrufermächtigung, § 32b V	47

I. Allgemeines

1 **1. Sinn und Zweck von § 32b; Tarifprogression.** Die ESt bemisst sich ab einer bestimmten Höhe des zu versteuernden Einkommens (Proportionalzone) nach einem progressiven StTarif (s § 32a Rz 8). Bleiben daher bestimmte Einkünfte bei der Besteuerung außer Ansatz, bewirkt das nicht nur den StAusfall für *diese* Einkünfte, sondern darüber hinaus uU die Anwendung eines niedrigeren StSatzes auf die *übrigen* Einkünfte. Nur diese weitere Folge soll über § 32b ausgeschlossen werden, um die Besteuerung nach Leistungsfähigkeit sicherzustellen. Es erfolgt eine Veranlagung (nur) mit den stpfl Einkünften nach der fiktiven prozentualen St-Belastung, die sich unter Einbeziehung der stfreien Einkünfte ergäbe (BFH I R 151/78 BStBl II 82, 566 mwN). Das gilt auch für zu versteuernde Einkommen unter dem **Grundfreibetrag** des § 32a I 2 (keine sachl StBefreiung, BFH III R 50/00 BStBl II 01, 778) und für Verluste (s Rz 17).

3 **2. Allgemeine Verfahrensfragen; Veranlagung.** Während der Progressionsvorbehalt früher schon beim LStJA berücksichtigt werden konnte, geschieht dies nun auch bei ArbN ausschließl durch für diese Fälle (über 410 € hinaus) vorgeschriebene **Veranlagung gem § 46 II Nr 1** bzw bei negativem Vorbehalt über einen – nunmehr unbefristeten – Veranlagungsantrag nach **§ 46 II Nr 8.**

5 **3. Anwendungsbereich. – a) Persönlicher Anwendungsbereich, § 32b I 1.** Der Progressionsvorbehalt gilt für alle im VZ ganz oder zeitweise nach § 1 I–III bzw § 2 VII 3 **unbeschr StPfl** sowie für bestimmte im Inl nicht ansässige **beschr stpfl ArbN** iSv § 50 II Nr 4 (nicht jedoch für veranlagte beschr stpfl Gewerbetreibende nach § 50 II Nr 1, s Rz 22). Für **Inlandswohnsitz**, auch in einem Teil des VZ (§ 2 VII 3, Rz 14) genügt **Doppelwohnsitz;** Ansässigkeit ist unerhebl (BFH I R 63/00 BStBl II 03, 302). § 32b gilt grds nicht für **KSt-Pflichtige** (arg: fixer StTarif ohne Progression), wohl aber für inl **PersGes'ter** einer AuslandsGes vom Typ einer dt PersGes (BFH I R 110/05 BStBl II 07, 521).

7 **b) Sachlicher und zeitlicher Anwendungsbereich, § 32b I, Ia.** § 32b I enthält keinen allg Progressionsvorbehalt für alle stfreien Bezüge, sondern bildet nur für die Einbeziehung dort näher bezeichneter Leistungen/Einkünfte eine (deklaratorische oder konstitutive) Rechtsgrundlage. Die Vorschrift umfasst mehrere unsystematisch aufgebaute, sich zT überschneidende unterschiedl Fallgruppen: § 32b gilt für einzelne stfreie **Leistungen** iSv § 32b I 1 Nr 1 und für im Inl stfreie, theoretisch auch nicht stbare **Einkünfte** iSv § 32b I 1 Nr 2–5. Bei StFreiheit nach beiden Vorschriften gilt die weitergehende Befreiung (bei StFreiheit nach § 3 Nr 6 kein Progressionsvorbehalt nach § 32b I 1 Nr 1 oder Nr 2–5, s BFH I R 152/94 BStBl II 97, 358 Rz 38). Bei **Zusammenveranlagung** ist § 32b auf das Gesamteinkommen anzuwenden (BFH I R 121/79 BStBl II 83, 34). Die Berechnung gilt auch für **SolZ** (FG BBg EFG 16, 2004, rkr).

II. Einzelne Tatbestände, § 32b I 1 Nr 1, 1a

1. Steuerfreie Sozialleistungen, § 32b I 1 Nr 1. – a) Rechtsentwicklung. 10
Zur Sicherstellung der Besteuerung nach der Leistungsfähigkeit (s Rz 1) nimmt der Gesetzgeber zunehmend einzelne idR nach § 3 stfreie Sozialleistungen in die StSatzberechnung auf (verfgemäß, BFH VI B 199/04 BFH/NV 05, 2002).

b) Leistungen iSv § 32b I 1 Nr 1. § 32b I 1 Nr 1 betrifft nicht alle stfreien 11 Leistungen und ist *abschließend* für die aufgeführten Sozialgesetztatbestände, *sodass etwa Leistungen iSv § 3* Nr 6 oder nach BFH stfreie **Streikunterstützungen** nicht erfasst sind (bedenkl). Zur Einbeziehung stfreier *entspr* stfreier **ausl Leistungen** vgl BFH VI R 9/96 BStBl II 98, 581, FG BaWü EFG 19, 1903 mit Anm *Schwirze*, rkr zu Schweizer Krankentaggeld, § 32b I 1 Nr 1k (Rz 12), § 3 Rz 21; EStH 32b.

Einzelne stfreie Leistungen iSv § 32b I 1 (vgl Gesetzeswortlaut und § 3; *BeckOK* EStG 12 § 32b Rz 26 ff):
Buchstabe a
– **Arbeitslosengeld** s §§ 136 ff, 162 SGB III (fragl §§ 19 ff SGB II Arbeitslosengeld II an Bedürftige).VerfMäßigkeit s BFH VI B 96/07 BFH/NV 09, 166.
– **Kurzarbeitergeld** s § 3 Nr 2, Nicht einzubeziehen sind *tarifvertragl* Zuzahlungen zum Kurzarbeitergeld (stpfl) und stfreie **Coronazuschüsse** gem § 3 Nr 11a (s § 3 Rz 48; CoronaStHG I, BGBl I 20, 1385). Die vom BR vorgeschlagene Ausnahme stfeier Coronazuschüsse gem § 3 Nr 28a ist nicht umgesetzt worden (s unten Buchst g, § 3 Rz 103; *Heurung/Schmidt/Kollmann* DStR 20, 2753).
– **Insolvenzgeld** s §§ 165 ff SGB III, Rz 45, auch zu Umfang und Forderungsübergang.
– **Übergangsgeld** s §§ 119 ff SGB III; nach *FinVerw* auch solches iVw § 48 (EStR 32b I 2; vgl *HHR* § 32b Rz 70). Dagegen fallen **Gründungszuschüsse** (§§ 93 ff SGB III) wie vorher Existenzgründungszuschüsse und Überbrückungsgeld nicht unter § 32b.
Buchstaben b, c
– **Lohnersatzleistungen** nach SGB V (KV), SGB VI (RV), SGB VII (Unfallvers), nach RVO und KVLG, soweit nach § 3 stfrei. **Krankengeld** als Lohnersatz nur aus *gesetzl* KV, nicht aus privaten KV ua nicht stbaren KV-Leistungen s BFH III R 36/13 BStBl II 15, 563 mwN, EStR 32b I 3, *Schmidt* 38. Aufl § 32b Rz 12 mwN). **Vergleichbare Leistungen** müssen sich aus den zitierten Gesetzen ergeben und vorübergehend ArbLohn ersetzen (zB aus KSVG); vgl auch BFH VI R 109/00 BStBl II 06, 17. Zu entspr **ausl Leistungen** s Rz 11.
– **Mutterschaftsgeld** s § 3 Nr 1d, § 200 RVO, § 29 KVLG (Buchst b), §§ 13, 14 MuSchG.
Buchstaben d–f
– **Arbeitslosenbeihilfe** nach SVG fällt unter **Buchst d** (nicht Überbrückungsbeihilfen nach SVG/ZivildienstG), **Entschädigung für Verdienstausfall gem § 56 InfSG** unter **Buchst. e, Versorgungskrankengeld/Übergangsgeld** nach BVG unter **Buchst f** – Änderungen ab 2024 und 2025 s § 52 Abs. 54 und Fn zum Gesetzestext.
Buchstaben g–k
– **Buchst g** erfasst alle nach § 3 Nr 28 und Nr 28a (s oben Buchst a) stfreien **Aufstockungsbeträge** und **Zuschläge, Buchst h Reservedienst-Unterhaltssicherungsleistungen** nach §§ 5, 7, 8 USG (nicht nach § 6 USG – s § 3 Nr 48 – oder § 35 ZDG).
Buchst. i erfasst Anpassungsgelder iSv § 3 Nr 60. **Buchst. j:** Anders als vorher das Erziehungsgeld unterliegt nach § 3 Nr 67 Buchst b stfreies **Elterngeld** voll dem Progressionsvorbehalt (s *Schmidt* 39. Aufl § 32b Rz 13). **Buchst. k:** Folgevorschrift zur „klarstellenden" Einbeziehung von EU-/EWR- und Schweiz-Leistungen in die StFreiheit nach § 3 Nr 2 Buchst e (s Rz 11).

2. Wechselnde zeitlich begrenzte Steuerpflicht, § 32b I 1 Nr 2. Die Auf- 14 nahme dieses Personenkreises ist eine Folge von **§ 2 VII 3. Im VZ des Wechsels der StPfl** werden danach seit 1996 nicht mehr zwei, sondern nur noch eine Veranlagung durchgeführt. Die unbeschr stpfl und ggf die nach § 49 beschr stpfl **Inlandseinkünfte** dieses VZ werden zusammengerechnet und bilden die Bemessungsgrundlage für die EStVeranlagung als unbeschr StPfl. Die nicht im Inl stbaren positiven und negativen (s Rz 40) **Auslandseinkünfte** iSv § 34d *aus dem Zeitraum der beschr StPfl* bestimmen über den Progressionsvorbehalt den StSatz für die Inlandseinkünfte. BFH I R 63/00 BStBl II 03, 302 legt § 32b I 1 Nr 2 wörtl aus und erfasst alle Fälle der zeitweise unbeschr StPfl, unabhängig von der persönl StPfl in der restl Zeit und der Erzielung sonstiger im Inl stpfl Einkünfte in diesem VZ sowie unabhängig von **DBA-Regelungen,** soweit diese nicht die Anwendung von § 32b *ausdrückl ausschließen.* Die unbeschr und die beschr stpfl Einkünfte werden gesondert nach dt Recht berechnet (vgl Rz 37), beschr stpfl Einkünfte also nach §§ 49 ff. Unbeachtl sind die StPfl und die tatsächl Besteuerung im Ausl.

16   **3. Steuerfreiheit nach DBA, § 32b I 1 Nr 3 mit Einschränkungen in § 32b I 2, 3. – a) Anwendungsbereich.** § 32b I 1 Nr 3 betrifft nach DBA stfreie positive wie negative ausl Einkünfte iSv § 2 I, § 34d. Ohne DBA oder bei DBA-bestätigender weitergehender **innerstaatl StBefreiung,** die nicht unter § 32b fällt (s Rz 7). Ob das Ausl die Einkünfte besteuert oder nicht, ist für § 32b grds unerhebl (s auch BFH I R 14/02 BStBl II 04, 260; s aber § 50d IX). DBA-Ansässigkeit ist nicht erforderl (BFH I R 17/06 BFH/NV 07, 1638, *OFD Ffm* DB 12, 1955). Die Beschränkung von § 3 Nr 64 auf inl Kassen (stfrei ohne Progressionsvorbehalt) und die Erfassung solcher aus dem EU-Ausl gezahlten und dort stfreien Kaufkraftzuschläge gem § 32b ist nicht EUwidrig (EuGH C-240/10 DStRE 12, 688 – s aber Rz 17). **Ausl Einkünfte** sind welche iSv § 34d. Dabei ist für jede DBA-Einkunftsquelle auf die jeweilige Katalognummer abzustellen. Str ist, ob Einkünfte aus einzelnen DBA-Quellen weiter zerlegt und unterschiedl behandelt werden können (s § 34d Rz 4). **Sonderregelungen** s Auslandstätigkeitserlass *BMF* BStBl I 17, 473 Rz 27, § 47 II Nr 1 InvStG, *Schmidt* 39. Aufl § 32b Rz 16.

17   **b) EU/EWR-Einschränkung, § 32b I 2.** Schrifttum: S *Schmidt* 39. Aufl § 32b Rz 17; *BeckOK EStG* § 32b Rz 20.1 ff und Rz 72 ff. – **(1) Rechtsentwicklung.** § 32b I Nr 5 aF hatte (nur) *negative* Progressionsvorbehalte ausgeschlossen. Nach Beanstandung durch EuGH C-152/03 DStR 06, 362 – *Ritter-Coulais* im EU-Bereich wurde ab VZ 2008 für alle Einkünfte diese Beschränkung auf *positive* Progressionsvorbehalte gestrichen. **Rechtsfolge:** grds positiver und negativer Progressionsvorbehalt für alle stfreien Einkünfte und alle Fälle von § 32b I 1 Nr 1–5. – **(2) Ausnahmen, § 32b I 2, 3.** Die Vorschrift betrifft primär die Verlustberücksichtigung über § 32b, die bei **Drittstaaten** bereits als Folge von § 2a für nicht aktive Verluste ausgeschlossen ist (s § 2a Rz 2). Diese Rechtsfolge wird durch allg Streichung des Progressionsvorbehalts (nur) nach § 32b I 1 *Nr 3* entspr für *einzelne* negative wie positive, nach DBA stfreien Einkünfte auf den **EU/EWR-Bereich** übertragen (s § 32b I 3 iVm § 2a IIa; zum Verlustabzug im EU-Bereich s § 2a Rz 7–9). Damit wird § 32b I 1 Nr 3 sachl den Änderungen zum Verlustabzug in § 2a I, II, II a angepasst. Weitere Ausnahmen s Rz 40. – **(3) Betroffene Einkünfte** sind in **§ 32b I 2** abschließend aufgeführt und schließen den positiven und negativen Progressionsvorbehalt bei Erzielung *im EU/EWR-Raum* für DBA-Fälle § 32b I 1 *Nr 3* aus. Für *andere* EU/EWR-Einkünfte (vgl FG BaWü EFG 20, 582, Rev I R 45/19, Anm *Clausnitzer* IStR 20, 357) und für alle Drittstaateneinkünfte gilt der allg Progressionsvorbehalt nach § 32b I 1 Nr 3 fort (zweifelnd *Jesse* FR 20, 1075). Die EU-Beschränkung ist nicht EUwidrig (FG Hbg EFG 14, 1000, rkr; FG Mchn EFG 16, 703, rkr). **§ 32b I 2** beschränkt sich auf *einzelne* (eher verlustträchtige), nach § 2a I, II nicht abziehbare Einkünfte: – **Nr 1 (LuF)** entspr § 2a I Nr 1 (s § 2a Rz 11 mwN; BFH I R 68/12 BStBl II 14, 875). – **Nr 2 (gewerbl Betriebsstätten)** entspr § 2a I Nr 2, II 1 (s § 2a Rz 12 ff; zu österr Hotelverlusten FG Mchn EFG 16, 703, rkr). Den vom Wortlaut her miss- und überflüssige Verweis auf den nur für aktive Drittstaatenverluste geltenden § 2a II 1 in § 32b I 2 Nr 2 lässt jedoch folgende **Fragen** offen: – **(1.1)** Gilt die Ausnahme für Gewinne und Verluste? (wohl zutr, s Gesetzesbegründung BR-Drs 545/08, obwohl § 2a II 1 nur Verluste betrifft); – **(1.2)** gilt sie für passive und *aktive* Tätigkeiten iSv § 2a II 1? (auch dies zutr: § 2a II 1 nimmt der Art nach bestimmte aktive Tätigkeiten nur vom Ver-

Einzelne Tatbestände **18–23 § 32b**

lustabzug aus, behält aber darüber hinaus allg Aktivitätsanforderungen bei; die doppelte Negation in § 32b I 2 – „Satz 1 Nr 3 gilt nicht für Einkünfte ..." – und Nr 2 HS 2 – „nicht die Voraussetzungen des § 2a II 1 erfüllt" – soll daher als Rückausnahme den – negativen und positiven – Vorbehalt für alle die allg Aktivitätsanforderungen erfüllenden EU-Einkünfte beibehalten; so zutr BFH I R 66/15 BFH/NV 17, 726); – *(1.3)* gilt der negative Vorbehalt für Drittstaatenverluste und Verluste aus EU-Staaten ohne DBA-Aktivitätsklausel fort? (wohl ja, die Verweisung bezieht sich sicher nicht auf den Ausübungsort Drittstaat, sondern auf die dort aufgezählten Tätigkeiten; nach Wortlaut § 32b I 2 Nr 2 würden sonst aktive Drittstaatenverluste günstiger behandelt als EU-Verluste). – **Nr 3 (VuV)** entspr § 2a I Nr 6a (s § 2a Rz 33; FG Köln EFG 21, 1202, rkr mit Anm *Ruster*). – **Nr 4 (Schiffsüberlassung)** entspr § 2a I Nr 6b (s § 2a Rz 34). – **Nr 5 (TW-AfA uä Wertminderungen nach Nr 3, 4)** entspr § 2a I Nr 6c (s § 2a Rz 36).

c) **Progressionsvorbehalt bei Steuerstundungsmodellen, § 32b I 3.** Die 18 Ausdehnung von § 32b auf nach § 15b nicht abziehbare gewerbl Verluste beruht auf unterschiedl FG-Rspr zum Ausschluss eines negativen Progressionsvorbehalts bei StStundungsmodellen nach **§ 15b** und bei **„Goldgeschäften"** nach § 4 III/ § 32b (s Rz 42, Rspr *Schmidt* 38. Aufl § 32b Rz 42). Das sollen die Einfügungen von § 15b IIIa, § 32b I 3 sowie § 32b II Nr 2 Buchst c (Rz 42) sicherstellen. **Zeitl Anwendung:** § 52 Abs 33 Satz 2 (s *Schmidt* 39. Aufl § 32b Rz 18).

4. **Sonstige zwischenstaatliche Übereinkommen, § 32b I 1 Nr 4.** Das sind 20 vor allem Privilegienprotokolle und Sitzstaatabkommen mit internationalen Organisationen oder Übereinkommen über diplomatische oder konsularische Beziehungen (s Übersicht *BMF* BStBl I 13, 404). Die Trennung von Nr 3 und Nr 4 soll klarstellen, dass unterschiedl Vorbehalte bestehen. Anders als bei Nr 1 und 2 (s Rspr Rz 14, 16) führt die StFreiheit über Nr 4 nur dann zur Einbeziehung stfreier Einkünfte in den Progressionsvorbehalt, wenn das Abkommen dies *ausdrückl vorsieht*. Einzelfälle s *Schmidt* 39. Aufl § 32b Rz 20.

5. **Steuerpflicht nach anderen Vorschriften, § 32b I 1 Nr 5.** – a) **Be-** 22 **troffener Personenkreis, § 1 III/§ 1a/§ 50 II 2 Nr 4 S 7.** § 32b I 1 Nr 5 erfasst in erster Linie Personen, die keinen Wohnsitz oder gewöhnl Aufenthaltsort im Inl haben, aber mit ihren inl Einkünften als unbeschr stpfl behandelt (Grenzpendler, § 1 III, deren zusammen veranlagte Ehegatten, § 1a) oder als beschr StPfl auf Antrag mit Grundfreibetrag zur ESt veranlagt werden (§ 50 II 2 Nr 4), und die daneben im Inl nicht stpfl ausl Einkünfte erzielen. Dieser Personenkreis soll hinsichtl des StSatzes nicht besser gestellt werden als StInländer. Die isolierte Erstreckung auf EU/EWR-ArbN, die nicht unter § 1 III fallen, ist eine Folgereaktion des Gesetzgebers auf die Anordnung des EuGH im *Fall Schumacker* (EuGH C-279/93, DStR 95, 326). – **Nicht erfasst** werden dagegen nach wie vor *beschr stpfl Nicht-EU/EWR-ArbN* und alle *NichtArbN,* die nicht unter § 1 III/§ 50 II 2 Nr 4 S 7 fallen und ohne StAbzug nach § 50 I 1–3 veranlagt werden (zB Gewerbetreibende, Vermieter), sowie solche, die einem StAbzug nach § 50a unterliegen (zB Sportler, Künstler oder StPfl mit KapEinkünften iSv § 49 I Nr 5), auch bei Erstattungsanspruch nach § 50d. Grund: Objektsteuerartige Besteuerung (s § 49 Rz 1). Dazu hat sich der EuGH bisher nicht geäußert.

b) **Sachlicher Umfang.** § 32b I 1 Nr 5 erfasst primär die hier bezeichneten, 23 im Inl nicht stbaren bzw bei Ermittlung des hier zu versteuernden Einkommens nach DBA oder sonstigen zwischenstaatl Abkommen nicht zu berücksichtigenden **Auslandseinkünfte.** Nach § 32b I 1 Nr 5 gilt dies auch für nach DBA stfreie Inlandseinkünfte, die einem inl **StAbzug** unterliegen und nicht in eine Veranlagung einbezogen werden. Die missverständl Negation „nicht" bezieht sich offenbar nur auf „der deutschen Einkommensteuer unterliegen" und nicht auf „einem Steuerabzug unterliegen" (s auch BR-Drs 622/06, 18). **Sonstige stfreie Inlands-**

einkünfte (zB nach § 3) sind nur über § 32b I 1 Nr 1, II Nr 1 einzubeziehen (wie Rz 16). § 32b I 1 Nr 5 gilt für positive und negative Einkünfte.

24 **c) Nachweise.** Auslandseinkünfte der Grenzpendler (und deren Ehegatten/LPart, § 1a I Nr 2) sind über die vorzulegende Bescheinigung bekannt (§ 1 III 5, s § 1 Rz 57); bei veranlagten EU-ArbN wird idR die StErklärung genügen.

26 **6. Steuerfreie Organerträge, § 32b Ia.** Organerträge aus Betriebsstätten in DBA-Staaten rechnen nicht zum Gewinn der OrganGes iSv § 14 KStG und sind daher auch nicht dem Organträger als Einkommen zuzurechnen. Ein Anwendungsfall des § 15 Nr 2 KStG (internationales Schachtelprivileg) ist nicht gegeben, da die OrganGes Betriebsstätteneinkünfte und nicht Gewinnanteile aus der ausl Gesellschaftsbeteiligung bezieht. Hätte der Organträger diese stfreien Einkünfte als Einzelunternehmer oder PersGes in einer eigenen Betriebsstätte erzielt, wäre der Progressionsvorbehalt bei ihm zu beachten (bei KapGes als Organträger ohne progressiven StTarif grds nicht). Die Gesetzesänderung ab 1999 soll verhindern, dass diese Folge durch Einschaltung einer OrganGes umgangen wird. Nach § 32b Ia sind solche stfreien Beteiligungserträge der OrganGes einem unbeschr stpfl Organträger für Zwecke des Progressionsvorbehalts als unmittelbar bezogen zuzurechnen, bei PersGes ggf den unbeschr stpfl Ges'tern anteilig.

III. Berechnung des besonderen Steuersatzes, § 32b II

30 **1. Allgemeine Berechnungsgrundsätze, § 32b II. – a) Steuersatzberechnung.** Es erfolgt eine **2-Stufen-Berechnung** (zu versteuerndes Einkommen für die Veranlagung; Einbeziehung des stfreien Einkommens iSv § 32b I, Ia zur StSatz-Ermittlung). Die Auswirkungen beschränken sich auf die Veranlagung im jeweiligen VZ (frühere Schattenveranlagung ist entfallen). Der **Hinweis auf § 32a** in § 32b II soll klarstellen, dass die Berechnung des durchschnittl StSatzes nach der tarifl ESt ohne StErmäßigungen nach §§ 34c–35b erfolgt.

31 **b) Steuerfreie Einkünfte und Leistungen.** Nach § 32b II ist das zu versteuernde Einkommen zu vermehren oder zu vermindern um stfreie Leistungen (= *Einnahmen*) iSv § 32b I 1 Nr 1 und um (zusammengefasste) stfreie *Einkünfte* nach § 32b I Nr 2–5 (s Rz 37).

33 **2. Berechnung der Progressionsleistungen, § 32b II Nr 1. – a) Einnahmen.** Anders als § 32b I 1 Nr 2–5 stellt Nr 1 nicht auf Einkünfte ab, sondern auf einzelne im Kj zugeflossene **Brutto**-Leistungsbeträge (**§ 11 I**, auch bei Leistungen für in Vorjahren verwirklichte Sachverhalte). **Keine Kürzung** um an Dritte gezahlte Abtretungsbeträge oder Versichertenanteile (Insolvenzverfahren s Rz 45).

34 **b) Abzüge, § 32b II Nr 1.** Von der Summe dieser Bruttobeträge ist – *unabhängig von der Einkunftsart, also auch zB bei Einkünften iSv § 18* – (vgl BT-Drs 11/2157 S 150) der nicht bei der Ermittlung von Einkünften aus nichtselbstständiger Arbeit abziehbare Teil des **ArbN-Pauschbetrags** iSv § 9a S 1 Nr 1a abzusetzen, keine übersteigenden WK, BA oder sonstigen Abzüge (str, s *Heuermann* DStR 95, 1662, *Schmidt* 39. Aufl § 32b Rz 34; **aA** HHR § 32b Rz 181).

35 **c) Rückzahlung von Leistungen durch Steuerpflichtigen in späterem Veranlagungszeitraum.** Bezogene Leistungsbeträge iSv § 32b I 1 Nr 1 sind auch ohne Gleichartigkeit im Kj der Rückzahlung zu kürzen, ggf negativer Progressionsvorbehalt, selbst ohne positive Auswirkung in Vorjahren und ohne negative Auswirkung im Rückzahlungsjahr (EStR 32b III). Das ist nicht zwingend, jedoch bestätigt durch BFH I R 153/94 BStBl II 96, 201. Rückwirkende Rentenbewilligung s EStR 32b IV, BFH X R 46/01 BFH/NV 03, 99.

37 **3. Berechnung der Progressionseinkünfte, § 32b II Nr 2. – a) Einkünfte.** „Einkünfte" sind solche iSv § 2 II (BFH I B 73/01 BFH/NV 02, 1295), dh im Inl stbare Einnahmen/BE abzügl WK/BA (s Rz 41), ohne Abzug von SA (vgl BFH X R 15/09 BStBl II 12, 325; s auch BFH I R 19/19 BFH/NV 21, 1357) oder ausl

ESt (FG Mchn EFG 15, 131, rkr). Sie sind ohne ausdrückl abw DBA-Regelungen nach Art, Höhe, persönl und sachl Zurechnung nach **dt Recht** zu ermitteln (also ohne *ausl* StBefreiungen oder WK-Pauschbeträge; zB BFH I R 59/05 BStBl II 07, 756), bei beschr StPfl nach §§ 49 ff (vgl zur Gewinnermittlungsart BFH I R 32/90 BStBl II 92, 94). Gewinnaufteilung und BA-Zurechnung bei ausl Betriebsstätten erfolgt nach wirtschaftl Zusammenhang (entspr § 34d Rz 4, § 50 Rz 29 ff).

b) Steuerfreie Einkünfte. Die Progressionseinkünfte dürfen keinen Ansatz beim stpfl Einkommen finden (zB nach DBA nur bei Freistellung, nicht bei Anrechnung). Eine gleichzeitige *ausl* StBefreiung steht der Progression grds nicht entgegen (s aber § 50d IX). Es muss ein Fall des § 32b I 1 Nr 2–5 vorliegen, der nicht durch eine gleichzeitige weitergehende StBefreiung nach § 3 (über § 32b I 1 hinaus) oder sonstige inl Vorschriften überlagert sein darf (s Rz 7). Der *Abgeltungsteuer* unterliegende **KapEinkünfte** (§ 32d) sind nicht anzusetzen (§ 2 Vb, FG Mster EFG 17, 294, rkr mit Anm *Pichler;* FG DDorf EFG 18, 631, Rev I R 3/18; str, offen BFH I R 18/14 BStBl II 16, 201). WK s Rz 41. 38

c) Außerordentliche Einkünfte, § 32b II Nr 2 S 1. § 32b II Nr 2 S 1 zieht ao Einkünfte iSv § 32b I 1 Nr 2–5, § 34 in Anlehnung an die Verteilung nach § 34 I mit einem Fünftel in den Progressionsvorbehalt ein. Dafür sind iRe „integrierten Steuerberechnung" Progressionseinkünfte bei der StBerechnung nach § 34 I zunächst in voller Höhe anzusetzen (s § 34 Rz 56) und erst bei der StSatzberechnung nach § 32b nur zu 1/5 zu berücksichtigen (BFH IX R 93/07 BStBl II 10, 1032; zur Begrenzung bei Verlusten BFH IX R 2/11 BStBl II 13, 370, EStH 34.2, FG BBg DStRE 21, 396 mit Beisp; *Schmidt* 39. Aufl § 32b Rz 39). **Verluste** sind entspr § 34 nicht als ao Einkünfte zu fünfteln (BFH I R 34/11 BStBl II 12, 405, str). 39

d) Verluste; negativer Progressionsvorbehalt. Einkünfte iSv § 2 können positiv oder negativ sein. Verluste beeinflussen zwar nicht das Besteuerungsrecht des anderen Staates nicht das zu versteuernde Einkommen. Sie können jedoch im Verlustjahr den StSatz der inl Einkünfte mindern, der auf Grund des (hier negativen) Progressionsvorbehalts bis auf Null sinken kann. **§ 10d** ist nicht anwendbar. Soweit Verluste nicht abziehbar sind (zB § 2a) entfällt auch der negative Progressionsvorbehalt (Problematik zu § 23 III 7, 8 s *Lamprecht/Bischof* IStR 18, 794). **Missbrauchs-Abzugsbeschränkungen** gem § 32b: – § 32b I 3 (Stundungsmodelle, s Rz 18); – § 32b II Nr 2 Buchst c („Goldfälle", s Rz 42). 40

e) Arbeitnehmer-Pauschbetrag/Werbungskostenabzug, § 32b II Nr 2 S 2 Buchst a, b. Der Ansatz des ArbN-Pauschbetrags § 9a I Nr 1 a ersetzt grds den Abzug nachgewiesener oder sonstiger pauschalierter WK (zB nach § 20 IX), und zwar auch bei § 32b II Nr 2 wie bei § 32b II Nr 1 (s Rz 34) auf Grund desselben unbeschr Wortlauts *unabhängig von der Art der Einkünfte* (zB auch bei § 15), soweit er nicht daneben inl oder ausl Einkünfte iSv § 19 gemindert hat **(Buchst a)**, unabhängig von einem BA-Abzug. WK sind nur abziehbar, soweit sie *insgesamt* den ArbN-Pauschbetrag übersteigen **(Buchst b).** **§ 12** ist auch zu beachten; ebenso **§ 3c** (wobei allerdings der Ausgabenabzug nicht schon wegen der DBA-StFreiheit entfällt, die zum Gesetzestatbestand gehört). *Vorab entstandene BA/WK* für zukünftige Auslandstätigkeit mindern den StSatz nach § 32b II Nr 2, auch ohne spätere Einkünfte (BFH I R 59/05 BStBl II 07, 756). 41

f) Ausschluss einzelner Verluste, § 32b II Nr 2 S 2 Buchst c, § 4 III. Die Regelung soll StManipulationen durch einen „Goldfälle" nach § 4 III verhindern („double-dip-Effekt"). Das Modell funktionierte so: Im Inl unbeschr StPfl mit hohen Einkünften beteiligen sich an ausl gewerbl geprägter PersGes ohne inl Buchführungspflicht, deren Einkünfte nach DBA im Inl stfrei sind. Die Ges erwirbt WG des UV, die nicht unter die Abzugsbeschränkung des § 4 III 4 fallen und ohne körperl Übergabe übereignet werden (zB Gold, s BFH IV R 50/14 BStBl II 17, 456; zu Buchgold FG Mchn EFG 20, 1679, NZB I B 49/20). Damit konnten sich 42

Anschaffungsverluste über den negativen Progressionsvorbehalt nach § 11 II sofort voll auf die übrigen stpfl Einkünfte auswirken, anders als später anfallende Gewinne durch Veräußerung, Entnahme, soweit sich der StPfl bereits in der höchsten Progressionsstufe befand. Um dem zu begegnen erweitert § 32b II Nr 2 S 2 Buchst c den Anwendungsbereich des § 4 III 4, 5 für Zwecke des Progressionsvorbehalts, sodass Anschaffungsverluste auch bei § 32b zunächst nur aufzuzeichnen sind und sich erst bei Veräußerung/Entnahme durch Gewinnverrechnung auswirken. – **Zeitl Anwendung** s § 52 Abs 33 Satz 1.

IV. Datenfernübertragung von Sozialleistungen, § 32b III–V

45 **1. Bescheinigung der Sozialversicherungsträger, § 32b III.** – *(1)* **Datenfernübertragung, § 32b III 1.** Seit 2012 erfolgt eine allg Datenfernübertragung aller Angaben iSv § 32b I durch die Bundesagentur für Arbeit oder andere Träger von Sozialleistungen, sofern sich dit Daten nicht aus der LSt-Bescheinigung ergeben. *Ab 2018* gelten hierfür die Zentralerfassungsvorschriften des § 93c AO. – *(2)* **Hinweispflicht, § 32b III 2.** Die mitteilungspflichtige Stelle hat die Empfänger über die steuerl Behandlung und die StErklärungspflicht zu informieren. – *(3)* **Insolvenzgeldauszahlung an Dritte, § 32b III 3.** Nach § 170 SGB III (vor 1.4.2012 § 183) haben uni, durch Insolvenz des ArbG arbeitslos gewordene ArbN Anspruch auf Zahlung des offenen Nettoarbeitslohns (Einnahmen ./. gesetzl Abzüge) durch die Arbeitsverwaltung für einen Zeitraum von 3 Monaten (§§ 165, 166 SGB III). **Insolvenzgeld** wird stfrei gezahlt, unterliegt aber dem Progressionsvorbehalt (§ 32b I 1 Buchst a, EStR 32b I, LStR 3.2). Der ArbN kann den Anspruch vor Antragstellung an Dritte abtreten. Das Insolvenzgeld ist dann an den Dritten auszuzahlen, steuerl jedoch dem ArbN als stpfl Empfänger zuzurechnen **(§ 32b I 1 Buchst a HS 2, § 11 I, BFH VI R 4/11 BStBl II 12, 596)**.

46 **2. Zuständigkeit, § 32b IV.** § 32b IV regelt die FA-Zuständigkeit für die Meldung § 93c IV 1 AO und die Haftung für entgangene Steuer (§ 72a IV AO).

47 **3. Abrufermächtigung, § 32b V.** § 32b V berechtigt das nach Abs 4 zuständige FA, die übermittelten Daten beim VeranlagungsFA abzurufen und zu verarbeiten.

§ 32c Tarifermäßigung bei Einkünften aus Land- und Forstwirtschaft

(1) ¹**Auf Antrag des Steuerpflichtigen wird nach Ablauf von drei Veranlagungszeiträumen (Betrachtungszeitraum) unter den Voraussetzungen des Absatzes 5 für Einkünfte aus Land- und Forstwirtschaft im Sinne des § 13 eine Tarifermäßigung nach Satz 2 gewährt.** ²Ist die Summe der tariflichen Einkommensteuer, die innerhalb des Betrachtungszeitraums auf die steuerpflichtigen Einkünfte aus Land- und Forstwirtschaft im Sinne des § 13 entfällt, höher als die Summe der nach Absatz 2 ermittelten fiktiven tariflichen Einkommensteuer, die innerhalb des Betrachtungszeitraums auf die steuerpflichtigen Einkünfte aus Land- und Forstwirtschaft im Sinne des § 13 entfällt, wird bei der Steuerfestsetzung des letzten Veranlagungszeitraums im Betrachtungszeitraum die tarifliche Einkommensteuer um den Unterschiedsbetrag ermäßigt. ³Satz 1 gilt nicht, wenn nur in einem Veranlagungszeitraum des Betrachtungszeitraums Einkünfte aus Land- und Forstwirtschaft erzielt werden.

(2) ¹**Die fiktive tarifliche Einkommensteuer, die auf die steuerpflichtigen Einkünfte aus Land- und Forstwirtschaft im Sinne des § 13 entfällt, wird für jeden Veranlagungszeitraum des Betrachtungszeitraums gesondert ermittelt.** ²Dabei treten an die Stelle der tatsächlichen Einkünfte aus Land- und Forstwirtschaft im Sinne des § 13 die nach Satz 3 zu ermittelnden durchschnittlichen Einkünfte. ³Zur Ermittlung der durchschnittlichen Einkünfte aus Land-

und Forstwirtschaft wird die Summe der tatsächlichen Einkünfte aus Land- und Forstwirtschaft der Veranlagungszeiträume eines Betrachtungszeitraums gleichmäßig auf die Veranlagungszeiträume des Betrachtungszeitraums verteilt.

(3) ¹Die auf die steuerpflichtigen Einkünfte aus Land- und Forstwirtschaft im Sinne des § 13 entfallende tarifliche Einkommensteuer im Sinne des Absatzes 1 ermittelt sich aus dem Verhältnis der positiven steuerpflichtigen Einkünfte aus Land- und Forstwirtschaft zur Summe der positiven Einkünfte. ²Entsprechendes gilt bei der Ermittlung der fiktiven tariflichen Einkommensteuer. ³Bei Ehegatten, die nach den §§ 26, 26b zusammen zur Einkommensteuer veranlagt werden, werden für die Ermittlung der Einkünfte jeder Einkunftsart im Sinne des Satzes 1 die Einkünfte beider Ehegatten zusammengerechnet.

(4) Bei der Ermittlung der tatsächlichen und der durchschnittlichen Einkünfte aus Land- und Forstwirtschaft im Sinne der Absätze 2 und 3 bleiben außer Betracht:
1. außerordentliche Einkünfte nach § 34 Absatz 2,
2. nach § 34a begünstigte nicht entnommene Gewinne sowie
3. Einkünfte aus außerordentlichen Holznutzungen im Sinne des § 34b Absatz 1 und 2.

(5) ¹Die Inanspruchnahme der Tarifermäßigung ist nur zulässig, wenn
1. für negative Einkünfte, die im ersten Veranlagungszeitraum des Betrachtungszeitraums erzielt wurden, kein Verlustrücktrag nach § 10d Absatz 1 in den letzten Veranlagungszeitraum eines vorangegangenen Betrachtungszeitraums vorgenommen wurde,
2. für negative Einkünfte, die im zweiten und dritten Veranlagungszeitraum des Betrachtungszeitraums erzielt wurden, kein Antrag nach § 10d Absatz 1 Satz 5 gestellt wurde,
3. der Steuerpflichtige kein Unternehmer in Schwierigkeiten im Sinne der Rahmenregelung der Europäischen Union für staatliche Beihilfen im Agrar- und Forstsektor und in ländlichen Gebieten 2014–2020 (2014/C 204/01) (ABl. C 204 vom 1.7.2014, S. 1) ist,
4. ein Steuerpflichtiger, der zu einer Rückzahlung von Beihilfen auf Grund eines früheren Beschlusses der Europäischen Kommission zur Feststellung der Unzulässigkeit einer Beihilfe und ihrer Unvereinbarkeit mit dem Binnenmarkt verpflichtet worden ist, dieser Rückforderungsanordnung vollständig nachgekommen ist,
5. der Steuerpflichtige weder einen der in Artikel 10 Absatz 1 der Verordnung (EU) Nr. 508/2014 des Europäischen Parlaments und des Rates vom 15. Mai 2014 über den Europäischen Meeres- und Fischereifonds und zur Aufhebung der Verordnungen (EG) Nr. 2328/2003, (EG) Nr. 861/2006, (EG) Nr. 1198/2006 und (EG) Nr. 791/2007 des Rates und der Verordnung (EU) Nr. 1255/2011 des Europäischen Parlaments und des Rates (ABl. L 149 vom 20.5.2014, S. 1) genannten Verstöße oder Vergehen noch einen Betrug gemäß Artikel 10 Absatz 3 dieser Verordnung in dem Zeitraum begangen hat, der in den delegierten Rechtsakten auf der Grundlage von Artikel 10 Absatz 4 dieser Verordnung festgelegt ist, und
6. ein Steuerpflichtiger mit Einkünften aus Binnenfischerei, Teichwirtschaft oder Fischzucht für Binnenfischerei und Teichwirtschaft versichert, dass er für einen Zeitraum von fünf Jahren nach Bekanntgabe des Einkommensteuerbescheids, mit dem die Tarifermäßigung gewährt wird, die Bestimmungen der Gemeinsamen Fischereipolitik einhalten wird.

²Der Steuerpflichtige hat bei der Beantragung der Tarifermäßigung zu erklären, dass die in Satz 1 Nummer 3 bis 6 genannten Voraussetzungen bestehen.

³ Der Steuerpflichtige hat dem zuständigen Finanzamt nach Beantragung der Tarifermäßigung unverzüglich mitzuteilen, wenn eine der in Satz 1 Nummer 3 bis 6 genannten Voraussetzungen nicht mehr vorliegt.

(6) ¹ Ist für einen Veranlagungszeitraum, in dem eine Tarifermäßigung nach Absatz 1 gewährt wurde, bereits ein Einkommensteuerbescheid erlassen worden, ist dieser zu ändern, soweit sich in einem Einkommensteuerbescheid des Betrachtungszeitraums Besteuerungsgrundlagen ändern. ² Die Festsetzungsfrist endet insoweit nicht, bevor die Festsetzungsfrist für den Veranlagungszeitraum abgelaufen ist, in dem sich die Besteuerungsgrundlagen geändert haben. ³ Die Sätze 1 und 2 gelten in den Fällen des § 36 Absatz 2 Nummer 4 entsprechend für die Anrechnungsverfügung.

(7) ¹ Wird während eines Zeitraums von fünf Jahren nach Bekanntgabe des Einkommensteuerbescheids, mit dem die Tarifermäßigung für den jeweiligen Betrachtungszeitraum gewährt wird, einer der in Artikel 10 Absatz 1 der Verordnung (EU) Nr. 508/2014 genannten Verstöße durch die zuständige Behörde festgestellt, ist eine Tarifermäßigung im Sinne des Absatzes 1 Satz 2 rückgängig zu machen. ² Ein solcher Verstoß gilt als rückwirkendes Ereignis im Sinne von § 175 Absatz 1 Satz 1 Nummer 2 in Verbindung mit Absatz 2 der Abgabenordnung. ³ Der Steuerpflichtige hat einen Verstoß unverzüglich nach dessen Feststellung dem zuständigen Finanzamt anzuzeigen. ⁴ Die Festsetzungsfrist für die Steuer endet nicht vor Ablauf von vier Jahren nach Ablauf des Kalenderjahres, in dem die Finanzbehörde von dem Verstoß nach Satz 1 Kenntnis erlangt hat.

Verwaltungsanweisungen: BMF BStBl I 20, 952 geändert durch *BMF* BStBl I 20, 1217 *(umfangreiches Einführungsschreiben).*

1. Überblick. – a) Wirkungsweise. § 32c begünstigt die Einkünfte aus LuF durch eine Tarifermäßigung (Tarifglättung). Die ESt auf die Einkünfte aus LuF wird auf den Betrag ermäßigt, der sich ergäbe, wenn diese Einkünfte gleichmäßig auf einen Drei-Jahres-Zeitraum verteilt würden. Bei schwankenden Gewinnen wird so die Progressionswirkung abgemildert. **– Persönl Anwendungsbereich.** § 32c gilt zugunsten unbeschr und beschr StPfl.

b) Zeitlicher Anwendungsbereich. Die ursprüngl Fassung des § 32c (MarktOrdG, BGBl I 16, 3045) ist niemals in Kraft getreten, weil die EU-Kommission die erforderl beihilferechtl Genehmigung nicht erteilt hat. – Mit dem **„JStG 2019"** (BGBl I 19, 2451) ist § 32c überarbeitet worden und nach Genehmigung durch die EU-Kommission am 30.1.20 in Kraft getreten (BGBl I 20, 597). Gem § 52 Abs 33a S 1 ist § 32c erstmals für den VZ 2016 anzuwenden, begünstigt aber rückwirkend bereits die Gewinne der VZ 2014–2016 (§ 52 Abs 33a S 2). Die Änderung eines bereits bestandskräftigen ESt-Bescheids für 2016 setzt nach den allg Regeln eine Korrekturvorschrift voraus (zutr *BMF* BStBl I 20, 952 Rz 18). – **Ende der Anwendung.** Die Norm wird mit dem VZ 2022 auslaufen (§ 52 Abs 33a S 4), sofern es nicht zu einer Verlängerung kommt.

c) Verfassungsmäßigkeit. Die Begünstigung ist auf die Einkünfte aus LuF beschränkt, obwohl schwankende Einkünfte auch bei mehreren anderen Einkunftsarten übl sind. Diese Ungleichbehandlung bedürfte der Rechtfertigung (zur VerfWidrigkeit einer allein für gewerbl Einkünfte wirkenden Tarifbegrenzung s BVerfG 2 BvL 1/13 DStR 22, 19; s auch § 32a Rz 3). Der Gesetzgeber hat hierfür nur (sehr pauschal) den „Klimawandel" sowie eine „dramatische Verschlechterung der Ertragslage im Bereich der Tierhaltung" angeführt (BT-Drs 18/10237, 1, 7). Diese (in keiner Weise durch Fakten konkretisierten) Schlagworte reichen mE zur Rechtfertigung der Ungleichbehandlung nicht aus (glA *Kanzler* DStZ 17, 210, 211), zumal neuere Untersuchungen zeigen, dass gerade im Bereich der Tierhaltung die höchsten Erträge innerhalb der LuF zu erzielen sind (vgl die Analyse von *Ruß/Kinne/Hüsing* DStR 19, 1704, 1710: Milchviehhaltung). Die Begünstigung ist zudem tatbestandl nicht auf Folgen des Klimawandels und der Tierhaltung beschränkt, sondern erfasst zB auch Landwirte, die nur des-

Voraussetzungen 5–9 § 32c

halb schwankende Gewinne haben, weil sie aus ihrem BV in einem VZ hochpreisiges Bauland verkauft haben, einer Subventionierung aber nicht bedürften. Zudem ist der Gesetzesbegründung eine gewisse **Widersprüchlichkeit** eigen, da gerade die Tierhaltung zu den Hauptverursachern des Klimawandels gehört. § 32c ist daher **mE verfwidrig**. Dies wurde bereits im Gesetzgebungsverfahren zT so gesehen (BT-Drs 18/10 468, 9) und entspricht auch der ganz hM in der Literatur (zB *Wiegand* NWB 17, 649; *Lammers* DStR 17, 1576; *HHR* § 32c Rz 6; *KS* § 32c Rz 1; *KKB* § 32c Rz 16 ff; *Frotscher/Geurts* § 32c Rz 12; **aA** hingegen *BH/Nacke* § 32c Rz 39 ff: nur die Begünstigung von Forst- und Gartenbaubetrieben sei verfrechtl bedenkl). Die Subvention sollte schnellstmögl wieder gestrichen werden, zumal sie angesichts ihrer Komplexität einen **erhebl Verwaltungsaufwand** verursacht und die finanzielle Wirkung für die Begünstigten **nicht vorhersehbar** ist, sodass von ihnen auch nicht eingeplant werden kann. Darüber hinaus kann man auch an der Erforderlichkeit der Regelung zweifeln, da bereits § 4a eine Gewinnglättung für LuF bewirkt (zutr *Kanzler* DStZ 17, 210, 212).

2. Voraussetzungen. Ausführlich *Kanzler* NWB 20, 3879. – a) **Begünstigte** 5 **Einkünfte aus Land- und Forstwirtschaft.** § 32c I 1 benennt „Einkünfte aus LuF iSd § 13". Diese Formulierung lässt offen, ob auch **nach § 13a ermittelte Einkünfte** einzubeziehen sind (mE ja, weil § 13a nur eine Gewinnermittlungs-, aber keine Einkünftequalifizierungsvorschrift ist; glA *KKB* § 32c Rz 26; *Kanzler* DStZ 17, 210, 212; *HHR* § 32c Rz 15; *Frotscher/Geurts* § 32c Rz 20). Allerdings kann es bei § 13a aufgrund der Pauschalierung kaum zu Gewinnschwankungen kommen. Der Freibetrag nach § 13 III mindert die Einkünfte nicht, weil er erst von der Summe der Einkünfte abgezogen wird (zutr *BMF* BStBl I 20, 952 Rz 36). Die Ergebnisse mehrerer luf Einkunftsquellen sind zu saldieren. – **Nicht nach § 32c begünstigte Einkünfte aus LuF.** § 32c IV nimmt ao Einkünfte iSd § 34 II (zB Veräußerungs-/Aufgabegewinne, Entschädigungen) sowie luf Einkünfte, die bereits nach § 34a oder § 34b I, II begünstigt sind, ausdrückl von der Begünstigung aus. Grund hierfür ist, dass für diese Einkünfte bereits nach den genannten anderweitigen Vorschriften eine StErmäßigung gewährt wird (BT-Drs 19/13 436, 127).

b) Antrag. § 32c I 1 enthält nun ein Antragserfordernis. Dies war in der 6 ursprüngl Fassung der Norm noch nicht enthalten; seinerzeit hätte es in Ausnahmefällen sogar zu einer Mehrsteuer kommen können.

c) Einkünfte aus Land- und Forstwirtschaft in mehreren Veranlagungs- 7 **zeiträumen.** Nach § 32c I 3 wird die Begünstigung nicht gewährt, wenn Einkünfte aus LuF nur in *einem* VZ des dreijährigen Betrachtungszeitraums (s Rz 13) erzielt werden.

d) Verhältnis zum Verlustrücktrag, § 32c V 1 Nr 1, 2. Die StErmäßigung 8 setzt im Fall von Verlusten voraus, dass das Wahlrecht zum Verlustrücktrag (§ 10d I 5) für einen Verlust des *ersten* VZ des dreijährigen Begünstigungszeitraums *nicht* ausgeübt wird (§ 32c V 1 Nr 1), für einen Verlust im zweiten oder dritten VZ des Begünstigungszeitraums aber ausgeübt wird (§ 32c V 1 Nr 2). Dies soll bewirken, dass Gewinne und Verluste sich innerhalb des Begünstigungszeitraums vorrangig durch den Verlustrücktrag ausgleichen und § 32c erst danach zur Anwendung kommt. Weil Nr 1 nach seinem Wortlaut an einen Rücktrag in einen „vorangegangenen Betrachtungszeitraum" anknüpft, gilt er nicht für den Verlustrücktrag vom VZ 2014 in den VZ 2013 (*BMF* BStBl I 20, 952 Rz 24; BT-Drs 19/13 436, 127; *Kanzler* FR 20, 974, 976).

e) Einhaltung von EU-Recht, § 32c V 1 Nr 3–6. Nach diesen Regelungen, 9 die für die Erteilung der beihilferechtl Genehmigung durch die EU-Kommission erforderl waren (BT-Drs 19/13 436, 127), muss der StPfl bestimmte Wohlverhaltensanforderungen in Bezug auf das EU-Recht erfüllen: Er darf kein „Unternehmer in Schwierigkeiten" sein (Nr 3), muss unzulässige Beihilfen, die er früher erhalten hatte, vollständig zurückgezahlt haben (Nr 4), darf bestimmte Verstöße und Betrügereien gegen EU-Recht (Meeres- und Fischereifonds) nicht begangen haben (Nr 5) und muss erklären, die Bestimmungen der Gemeinsamen Fischereipolitik einhalten zu wollen (Nr 6).

§ 32d Gesonderter Steuertarif für Einkünfte aus Kapitalvermögen

Kritik: Wie das FA diese äußerst vielschichtigen Anforderungen des EU-Rechts prüfen und die hierfür erforderl Informationen erhalten soll, bleibt unklar. Der Gesetzgeber stellt sich vor, dass der StPfl selbst zu erklären hat, diese Voraussetzungen zu erfüllen (§ 32c V 2). Man darf gespannt sein, ob ein Betrüger (Nr 5) dem FA wirkl erklären wird, ein Betrüger zu sein. Diese Regelungen wirken in ihrer naiven Hilflosigkeit schon beinahe wieder rührend. Ein dem Gesetzgeber zuzurechnendes strukturelles Vollzugsdefizit liegt hier nicht fern (glA *Kanzler* FR 20, 974, 975). Jedenfalls ist aber der Grundsatz der Effektivität des Unionsrechts verletzt

12 **3. Höhe der Steuerermäßigung, § 32c I 2, 3, II, III. – a) Berechnungstechnik.** Die StErmäßigung entspricht der Differenz zw der tatsächl ESt, die im dreijährigen Betrachtungszeitraum (Rz 13) auf die begünstigten Einkünfte aus LuF (Rz 5) entfällt, und der geglätteten („fiktiven") ESt auf diese Einkünfte (§ 32c I 2). Diese fiktive ESt wird ermittelt, indem die tatsächl Einkünfte aus LuF gleichmäßig auf die drei VZ des Betrachtungszeitraums verteilt werden (§ 32c II); bei zusammenveranlagten Ehegatten werden zuvor die Einkünfte beider Ehegatten einkunftsartbezogen zusammengerechnet bzw saldiert (§ 32c III 3). Die Glättung soll eine ausgeglichene Besteuerung guter und schlechter Wj bewirken (BT-Drs 18/ 10237, 11); Berechnungsbeispiele bei *KKB* § 32c Rz 40 ff; *Kanzler* DStZ 17, 210, 213 und *Wiegand* NWB 17, 649. – **Negative Einkünfte aus LuF.** In die Vergleichsrechnung werden nur positive Einkünfte aus LuF einbezogen (§ 32c III). Eine Regelung für den Fall, dass die Einkünfte aus LuF in einem VZ des Betrachtungszeitraums negativ sind, fehlt. ME ist dann kein negativer EStBetrag anzusetzen, sondern eine ESt von 0 €. – Eine **Erhöhung der ESt** ist (anders als nach der ursprüngl, aber nicht in Kraft getretenen Fassung des § 32c) nicht mehr vorgesehen.

13 **b) Betrachtungszeitraum.** Die Einkünfteglättung ist stets für die festen Dreijahreszeiträume 2014–2016, 2017–2019 und 2020–2022 durchzuführen (§ 52 Abs 33a S 2, 3). Die komplizierten Sonderregelungen für den Betrachtungszeitraum, die in der ursprüngl Fassung der Norm noch für Fälle der Neueröffnung von Betrieben (§ 52 Abs 33a S 5–7 aF), der Betriebsveräußerung/Betriebsaufgabe (§ 32c V 1 aF) oder des Vorhandenseins mehrerer luf Betriebe oder MUeranteile (§ 32c V 2–4 aF) vorgesehen waren, sind in der aktuellen Fassung ersatzlos entfallen. Daher sind nun auch in diesen Sonderfällen die genannten festen Dreijahreszeiträume maßgebl.

14 **c) Steuervergütung.** Sollte der Betrag der StErmäßigung die tarifl ESt des letzten VZ des Betrachtungszeitraums übersteigen, wird der übersteigende Betrag auf die ESt angerechnet (§ 36 II Nr 4). Dadurch kommt es iErg zu einer negativen ESt (StVergütung). Bei den anderen StErmäßigungen (§§ 34c, 34g, 35, 35a) gibt es eine derart erweiterte Begünstigung nicht.

16 **4. Verfahrensrecht, § 32c VI, VII.** Werden Besteuerungsgrundlagen für ein früheres Jahr des Betrachtungszeitraums geändert, ist auch der Betrag der StErmäßigung im letzten Jahr des Betrachtungszeitraums zu ändern (§ 32c VI 1 mit Ablaufhemmung für die Festsetzungsfrist in § 32c VI 2). In Fällen der StVergütung (s Rz 14) ist die Anrechnungsverfügung zu ändern (§ 32c VI 3). – **Rückwirkendes Ereignis:** Nach § 32c VII gilt es als rückwirkendes Ereignis (mit entspr Korrekturmöglichkeit), wenn ohne Zutun des StPfl die zuständige Behörde innerhalb von fünf Jahren bestimmte Verstöße gegen eine EU-VO über den Meeres- und Fischereifonds (s § 32c V 1 Nr 5) feststellt. Bei Verstößen gegen andere Anforderungen des EU-Rechts (zB § 32c V 1 Nr 3, 4, 6) ist Abs 7 hingegen nicht anwendbar.

§ 32d Gesonderter Steuertarif für Einkünfte aus Kapitalvermögen

(1) ¹**Die Einkommensteuer für Einkünfte aus Kapitalvermögen, die nicht unter § 20 Absatz 8 fallen, beträgt 25 Prozent.** ²Die Steuer nach Satz 1 vermindert sich um die nach Maßgabe des Absatzes 5 anrechenbaren ausländischen Steuern. ³Im Fall der Kirchensteuerpflicht ermäßigt sich die Steuer

Gesonderter Steuertarif für Einkünfte aus Kapitalvermögen § 32d

nach den Sätzen 1 und 2 um 25 Prozent der auf die Kapitalerträge entfallenden Kirchensteuer. ⁴Die Einkommensteuer beträgt damit

$$\frac{e-4q}{4+k}.$$

⁵Dabei sind „e" die nach den Vorschriften des § 20 ermittelten Einkünfte, „q" die nach Maßgabe des Absatzes 5 anrechenbare ausländische Steuer und „k" der für die Kirchensteuer erhebende Religionsgesellschaft (Religionsgemeinschaft) geltende Kirchensteuersatz.

(2) ¹Absatz 1 gilt nicht
1. für Kapitalerträge im Sinne des § 20 Absatz 1 Nummer 4 und 7 sowie Absatz 2 Satz 1 Nummer 4 und 7,
   a) wenn Gläubiger und Schuldner einander nahe stehende Personen sind, soweit die den Kapitalerträgen entsprechenden Aufwendungen beim Schuldner Betriebsausgaben oder Werbungskosten im Zusammenhang mit Einkünften sind, die der inländischen Besteuerung unterliegen und § 20 Absatz 9 Satz 1 zweiter Halbsatz keine Anwendung findet,
   b) wenn sie von einer Kapitalgesellschaft oder Genossenschaft an einen Anteilseigner gezahlt werden, der zu mindestens 10 Prozent an der Gesellschaft oder Genossenschaft beteiligt ist, soweit die den Kapitalerträgen entsprechenden Aufwendungen beim Schuldner Betriebsausgaben oder Werbungskosten im Zusammenhang mit Einkünften sind, die der inländischen Besteuerung unterliegen und § 20 Absatz 9 Satz 1 zweiter Halbsatz keine Anwendung findet. ²Dies gilt auch, wenn der Gläubiger der Kapitalerträge eine dem Anteilseigner nahe stehende Person ist, oder
   c) soweit ein Dritter die Kapitalerträge schuldet und diese Kapitalanlage im Zusammenhang mit einer Kapitalüberlassung an einen Betrieb des Gläubigers steht. ²Dies gilt entsprechend, wenn Kapital überlassen wird
      aa) an eine dem Gläubiger der Kapitalerträge nahestehende Person oder
      bb) an eine Personengesellschaft, bei der der Gläubiger der Kapitalerträge oder eine diesem nahestehende Person als Mitunternehmer beteiligt ist oder
      cc) an eine Kapitalgesellschaft oder Genossenschaft, an der der Gläubiger der Kapitalerträge oder eine diesem nahestehende Person zu mindestens 10 Prozent beteiligt ist,
   sofern der Dritte auf den Gläubiger oder eine diesem nahestehende Person zurückgreifen kann. ³Ein Zusammenhang ist anzunehmen, wenn die Kapitalanlage und die Kapitalüberlassung auf einem einheitlichen Plan beruhen. ⁴Hiervon ist insbesondere dann auszugehen, wenn die Kapitalüberlassung in engem zeitlichen Zusammenhang mit einer Kapitalanlage steht oder die jeweiligen Zinsvereinbarungen miteinander verknüpft sind. ⁵Von einem Zusammenhang ist jedoch nicht auszugehen, wenn die Zinsvereinbarungen marktüblich sind oder die Anwendung des Absatzes 1 beim Steuerpflichtigen zu keinem Belastungsvorteil führt. ⁶Die Sätze 1 bis 5 gelten sinngemäß, wenn das überlassene Kapital vom Gläubiger der Kapitalerträge für die Erzielung von Einkünften im Sinne des § 2 Absatz 1 Satz 1 Nummer 4, 6 und 7 eingesetzt wird.
²Insoweit findet § 20 Absatz 6 und 9 keine Anwendung;
2. für Kapitalerträge im Sinne des § 20 Absatz 1 Nummer 6 Satz 2. ²Insoweit findet § 20 Absatz 6 keine Anwendung;
3. auf Antrag für Kapitalerträge im Sinne des § 20 Absatz 1 Nummer 1 und 2 aus einer Beteiligung an einer Kapitalgesellschaft, wenn der Steuerpflich-

Levedag 1849

§ 32d Gesonderter Steuertarif für Einkünfte aus Kapitalvermögen

tige im Veranlagungszeitraum, für den der Antrag erstmals gestellt wird, unmittelbar oder mittelbar
  a) zu mindestens 25 Prozent an der Kapitalgesellschaft beteiligt ist oder
  b) zu mindestens 1 Prozent an der Kapitalgesellschaft beteiligt ist und durch eine berufliche Tätigkeit für diese maßgeblichen unternehmerischen Einfluss auf deren wirtschaftliche Tätigkeit nehmen kann.

²Insoweit finden § 3 Nummer 40 Satz 2 und § 20 Absatz 6 und 9 keine Anwendung. ³Der Antrag gilt für die jeweilige Beteiligung erstmals für den Veranlagungszeitraum, für den er gestellt worden ist. ⁴Er ist spätestens zusammen mit der Einkommensteuererklärung für den jeweiligen Veranlagungszeitraum zu stellen und gilt, solange er nicht widerrufen wird, auch für die folgenden vier Veranlagungszeiträume, ohne dass die Antragsvoraussetzungen erneut zu belegen sind. ⁵Die Widerrufserklärung muss dem Finanzamt spätestens mit der Steuererklärung für den Veranlagungszeitraum zugehen, für den die Sätze 1 bis 4 erstmals nicht mehr angewandt werden sollen. ⁶Nach einem Widerruf ist ein erneuter Antrag des Steuerpflichtigen für diese Beteiligung an der Kapitalgesellschaft nicht mehr zulässig;

4. für Bezüge im Sinne des § 20 Absatz 1 Nummer 1 und für Einnahmen im Sinne des § 20 Absatz 1 Nummer 9, soweit sie das Einkommen der leistenden Körperschaft gemindert haben; dies gilt nicht, soweit eine verdeckte Gewinnausschüttung das Einkommen einer dem Steuerpflichtigen nahe stehenden Person erhöht hat und § 32a des Körperschaftsteuergesetzes auf die Veranlagung dieser nahe stehenden Person keine Anwendung findet.

(3) ¹Steuerpflichtige Kapitalerträge, die nicht der Kapitalertragsteuer unterlegen haben, hat der Steuerpflichtige in seiner Einkommensteuererklärung anzugeben. ²Für diese Kapitalerträge erhöht sich die tarifliche Einkommensteuer um den nach Absatz 1 ermittelten Betrag. ³Im Fall des Satzes 1 ist eine Veranlagung ungeachtet von § 46 Absatz 2 durchzuführen.

(4) Der Steuerpflichtige kann mit der Einkommensteuererklärung für Kapitalerträge, die der Kapitalertragsteuer unterlegen haben, eine Steuerfestsetzung entsprechend Absatz 3 Satz 2 insbesondere in Fällen eines nicht vollständig ausgeschöpften Sparer-Pauschbetrags, einer Anwendung der Ersatzbemessungsgrundlage nach § 43a Absatz 2 Satz 7, eines noch nicht im Rahmen des § 43a Absatz 3 berücksichtigten Verlusts, eines Verlustvortrags nach § 20 Absatz 6 und noch nicht berücksichtigter ausländischer Steuern, zur Überprüfung des Steuereinbehalts dem Grund oder der Höhe nach oder zur Anwendung von Absatz 1 Satz 3 beantragen.

(5) ¹In den Fällen der Absätze 3 und 4 ist bei unbeschränkt Steuerpflichtigen, die mit ausländischen Kapitalerträgen in dem Staat, aus dem die Kapitalerträge stammen, zu einer der deutschen Einkommensteuer entsprechenden Steuer herangezogen werden, die auf ausländische Kapitalerträge festgesetzte und gezahlte und um einen entstandenen Ermäßigungsanspruch gekürzte ausländische Steuer, jedoch höchstens 25 Prozent ausländische Steuer auf den einzelnen steuerpflichtigen Kapitalertrag, auf die deutsche Steuer anzurechnen. ²Soweit in einem Abkommen zur Vermeidung der Doppelbesteuerung die Anrechnung einer ausländischen Steuer einschließlich einer als gezahlt geltenden Steuer auf die deutsche Steuer vorgesehen ist, gilt Satz 1 entsprechend. ³Die ausländischen Steuern sind nur bis zur Höhe der auf die im jeweiligen Veranlagungszeitraum bezogenen Kapitalerträge im Sinne des Satzes 1 entfallenden deutschen Steuer anzurechnen.

(6) ¹Auf Antrag des Steuerpflichtigen werden anstelle der Anwendung der Absätze 1, 3 und 4 die nach § 20 ermittelten Kapitaleinkünfte den Einkünften im Sinne des § 2 hinzugerechnet und der tariflichen Einkommensteuer un-

terworfen, wenn dies zu einer niedrigeren Einkommensteuer einschließlich Zuschlagsteuern führt (Günstigerprüfung). ²Absatz 5 ist mit der Maßgabe anzuwenden, dass die nach dieser Vorschrift ermittelten ausländischen Steuern auf die zusätzliche tarifliche Einkommensteuer anzurechnen sind, die auf die hinzugerechneten Kapitaleinkünfte entfällt. ³Der Antrag kann für den jeweiligen Veranlagungszeitraum nur einheitlich für sämtliche Kapitalerträge gestellt werden. ⁴Bei zusammenveranlagten Ehegatten kann der Antrag nur für sämtliche Kapitalerträge beider Ehegatten gestellt werden.

Einkommensteuer-Richtlinien: EStR 32d; EStH 32d – *Verwaltungsanweisungen:* BMF BStBl I 16, 85 (Einzelfragen zur AbgeltungSt) Rz 132–151.

Übersicht

	Rz
1. Gesonderter Steuertarif für Kapitaleinkünfte/Kirchensteuer, § 32d I	1–4
2. Gesetzlicher Ausschluss der Kapitalerträge gem § 20 I, II Nr 4, Nr 7 aus dem gesonderten Tarif, § 32d II Nr 1 Buchst a–c	6–15
3. Gesetzlicher Ausschluss bestimmter Lebensversicherungsleistungen aus gesondertem Tarif, § 32d II Nr 2	16
4. Ausschluss von Beteiligungsbezügen aus dem gesonderten Tarif auf Antrag und kraft Gesetzes, § 32d II Nr 3; § 32d IV	17–21
5. Andere gesetzliche Ausschlüsse von Beteiligungsbezügen	22
6. Pflichtveranlagung, § 32d III	23
7. Antragsveranlagung, § 32d IV	24, 25
8. Anrechnung ausländischer Steuer, § 32d V	26, 27
9. Günstigerprüfung; § 32d VI	28–30

1. Gesonderter Steuertarif für Kapitaleinkünfte/Kirchensteuer, § 32d I. 1
– **a) Besonderer Tarif.** Abs 1 S 1 regelt mit dem gesonderten StSatz für KapEinkünfte ein Kernelement der AbgeltungSt. Sind KapEinkünfte schedulär (§ 2 II 2: Bruttobesteuerung; § 2 Vb: Ausschluss aus dem zu versteuernden Einkommen) und abgeltend durch den KapEStAbzug (§ 43 V, s § 43 Rz 29) zu besteuern, beträgt der StSatz 25%. Bei Veranlagung der KapEinkünfte gem § 32d III 2, § 32d IV ist die AbgeltungsESt iSd § 32d I bei der StFestsetzung gem § 2 VI 1 mit der tarifl ESt zusammenzurechnen. Der gesonderte StSatz gilt nicht für KapEinkünfte, die gem § 20 VIII vorrangig zu einer anderen Einkunftsart gehören oder KapEinkünfte, die gem § 32d II kraft Gesetzes oder gem § 32d II Nr 3, § 32 VI auf Antrag tarifl zu besteuern sind. Zu beschr StPfl s § 50 Rz 27, 39; § 43 Rz 1.

b) Berechnung der gesonderten Einkommensteuer, § 32d I 2–5. Die Ab- 2 geltungs-ESt ist bei Veranlagung der KapEinkünfte, dh in den Fällen des § 32d III und IV, gem Abs 1 S 2 um ausl QuellenSt iSd Abs 5 und um die pauschal zu berücksichtigende KiSt zu mindern (Abs 1 S 3). Sie ist nach der Formel in Abs 1 S 4, 5 zu ermitteln.

c) Kirchensteuer, § 32d I 3. Die KiSt wäre bei der Veranlagung der KapEin- 3 künfte gem § 32d III, IV grds als SA gem § 10 I Nr 4 abziehbar. Sie wird stattdessen bei Ermittlung der Abgeltungs-ESt pauschal iHv 25% der auf die KapErträge entfallenden KiSt abgezogen (s § 10 Rz 61). Dies sichert die Gleichbehandlung mit dem KiSt-Einbehalt gem § 43a I 2 iRd KapEStAbzugs (§ 43 Rz 1, 2). Abs 1 S 3 ist verfrechtl unbedenkl (glA *BH/Werth* § 32d Rz 103).

d) Steuerermäßigungen; Solidaritätszuschlag. S zur Nichtberücksichtigung 4 der festgesetzten Abgeltungs-ESt iSd § 32d I bei einzelnen **StErmäßigungen** § 35 Rz 5; zu § 35a BFH VI R 54/17 BStBl I 20, 544 (§ 35a Rz 30) und § 35b Rz 6, 22. – Der **SolZ** wird nicht nur auf die KapESt (s § 43 Rz 2; § 43a Rz 3: keine Freigrenze iRd StAbzugs ab VZ 2021), sondern auch auf gem § 32d III, IV festgesetzte Abgeltungs-ESt erhoben (§ 3 I Nr 1, § 3 II, § 3 III 2 iVm § 4 SolZG). KapEinkünfte unterliegen dem SolZ ab VZ 2021, aber nicht, wenn sie den tarifl

§ 32d 6–10 Gesonderter Steuertarif für Einkünfte aus Kapitalvermögen

besteuerten Einkünften hinzuzurechnen sind (§ 32d VI) und diese die SolZ-Freigrenze unterschreiten (s ieinz *Broer* DB 19, 2641).

6 **2. Gesetzlicher Ausschluss der Kapitalerträge gem § 20 I, II Nr 4, Nr 7 aus dem gesonderten Tarif, § 32d II Nr 1 Buchst a–c. – a) Kapitalerträge.** Lfd Vergütungen iRe typisch stillen Ges (§ 20 I Nr 4) und aus sonstigen KapForderungen (§ 20 I Nr 7) werden den tarifl zu besteuernden KapEinkünften zugewiesen. Gleiches gilt für Substanzgewinne aus der Veräußerung von Einlage- (§ 20 II Nr 4) und sonstigen Kapitalforderungen (§ 20 II Nr 7), zB Darlehensforderungen. Zu den Substanzverlusten iRd *Abs 2 Nr 1 Buchst b* gehören ua Ausfallverluste aus Ges'terdarlehen (§ 20 Rz 183), von Einlageforderungen des typisch stillen Ges'ters (§ 20 Rz 173) und Abtretungsverluste iRe Forderungsverzichts (§ 20 Rz 183). Dies gilt auch für entspr Bezüge (§ 1a III 2 Nr 3 KStG), von einer OptionsGes (iEinz *Wacker/Krüger ua* DStR-Beih 21, 26 f).

7 **b) Ausschluss bei nahe stehenden Personen, § 32d II Nr 1 Buchst a. – aa) Steuerbarkeit.** Bei KapErträgen aus Angehörigenverträgen ist nach dem Fremdvergleich (BFH X R 26/11 BStBl II 11, 374; BMF BStBl I 11, 37; § 12 Rz 20 ff; § 20 Rz 19) zu klären, ob der Empfänger stbare KapEinkünfte erzielt. Danach ist Abs 2 Nr 1 Buchst a zu prüfen (BFH VIII R 44/13 BStBl II 14, 992; BFH VIII R 35/13 BStBl II 14, 990; *Levedag* GmbHR 15, 57 ff).

8 **bb) Voraussetzungen. – *(1)* Näheverhältnis.** Ein Näheverhältnis liegt vor, wenn der Abschluss der stillen Ges/des Darlehens unvermeidbar ist, weil Gläubiger oder Schuldner unmittelbar oder mittelbar (auch faktisch) einem beherrschenden Einfluss des anderen ausgesetzt sind (sog „absolutes Abhängigkeitsverhältnis", vgl BFH VIII R 9/13 BStBl II 14, 986; BFH X R 9/17 BStBl II 21, 418; *BMF* BStBl I 16, 85 Rz 136; BT-Drs 16/4811, 61). – **Fallgruppen:** – *(1)* beherrschender Einfluss zw Gläubiger und Schuldner oder eines Dritten auf beide – *(2)* ein außerhalb der Geschäftsbeziehung begründeter Einfluss zw diesen Personen oder – *(3)* ein wirtschaftl Interesse der Vertragsparteien an der Einkünfteerzielung des jeweils anderen. – **Einzelfälle:** Auch bei Angehörigen iSd § 15 AO sind (zusammenveranlagten) Ehegatten nicht in einem Abhängigkeitsverhältnis erforderl (s BFH VIII R 8/14 BStBl II 15, 397 und die Rspr unter Rz 7). – Zum Näheverhältnis zw fremden Dritten s FG Mster EFG 13, 2007, rkr. – Zu Darlehen an/zw PersGes s *BMF* BStBl I 16, 85 Rz 134; FG BaWü 8 K 3000/13 nv, Rev VIII R 8/18; FG Mster EFG 19, 976, Rev VIII R 12/19 und FG Brem EFG 19, 1393, rkr. – ***(2)* Nutzung der Steuersatzspreizung.** Vergütungen des Gläubigers (zB Darlehenszinsen) werden nur dann nicht gem § 32d I, sondern tarifl besteuert, wenn die entspr Aufwendungen beim Schuldner (nur natürl Personen/PersGes) BA/WK im Rahmen tarifl zu besteuernder Einkünfte sind. Der Gesetzgeber begrenzt hierdurch zwar die Begünstigung gem § 32d I; die Finanzierung unter Freunden, in der Familie ist aber kein Gestaltungsmissbrauch und Buchst a keine spezielle Missbrauchsvorschrift iSd § 42 I 2 AO. Die erforderl Korrespondenz betrifft nur *lfd Erträge*. Bei *Substanzgewinnen/-verlusten* gem § 20 II Nr 4, Nr 7 kann sie nicht auftreten. Positive, negative KapErträge gem § 20 II Nr 4, Nr 7 sind nach dem eindeutigen Gesetzeswortlaut tarifl KapErträge.

9 **cc) Rechtsfolgen.** Greift Abs 1 Nr 2 Buchst a sind die positiven, negativen KapErträge gem § 20 I Nr 4, Nr 7, § 20 II Nr 4, Nr 7 zu erklären und tarifl zu besteuern. S zur Einkünfteermittlung § 32d II 2: statt § 20 IX und § 20 VI sind die allg Regeln (insb § 9) anzuwenden.

10 **c) Ausschluss für Kapitalerträge gem § 20 I, II Nr 4, 7 bei mindestens zu 10 % an der Körperschaft beteiligten Gesellschaftern, § 32d II Nr 1 Buchst b. – aa) Körperschaft; Beteiligungserfordernis, Buchst b 1.** Die Vergütungen müssen von einer (inl oder ausl) KapGes, OptionsGes, Genossenschaft

Gesetzlicher Ausschluss der Kapitalerträge   **11, 12** **§ 32d**

(§ 1 I Nr 1, Nr 2, § 1a KStG; bei AuslGes nach dem Rechtstypenvergleich) als Schuldnerin an den Ges'ter oder eine ihm nahe stehende Person gezahlt werden. Der Ges'ter muss iRd *Nr 2 Buchst b S 1* unmittelbar beteiligt sein, der mittelbare Ges'ter wird von S 1 nicht erfasst (BFH VIII R 27/15 BStBl II 17, 441; *BMF* BStBl I 18, 624, Rz 137). Maßgebl ist die Beteiligung bei Zufluss der KapErträge; bei fehlendem Zufluss der 31.12. des VZ (BFH X R 9/17 BStBl II 21, 418). In einer dreistufigen Struktur (Darlehen des Ges'ters der Ober-KapGes an die Enkel-KapGes) kann der Darlehensgeber nur im Verhältnis zum unmittelbaren Ges'ter der Enkel-KapGes (der ZwischenGes) nahe stehende Person iSd S 2 sein. Hierzu muss er die ZwischenGes beherrschen (BFH VIII R 27/15 BStBl II 17, 441; BFH X R 9/17 BStBl II 21, 418; zur ausl Ges FG Ddorf EFG 21, 1477, Rev VIII R 15/21), indem er die Mehrheit der Stimmrechte in deren Ges'terversammlung innehat. – Die Beteiligungsgrenze nach S 1, 2 von (nur) 10 % ist verfgemäß (BFH VIII R 23/13 BStBl II 14, 884).

bb) Steuerbarkeit. Die Vergütungen müssen zu stbaren lfd Einkünften gem § 20 I Nr 4, Nr 7 oder Substanzgewinnen/-verlusten gem § 20 II Nr 4, Nr 7 beim Ges'ter oder der nahe stehenden Person führen (s Rz 6). Der Fremdvergleich (s Rz 7) und die vGA-Grundsätze (Umqualifizierung in KapErträge des Ges'ters iSd § 20 I Nr 1 S 2) sind vorrangig (s iEinz *Levedag* GmbHR 15, 57, 61, 66).   **11**

cc) Zahlung; Abzug bei der Gesellschaft. – *(1)* **Zahlung.** Es genügt, wenn die KapErträge (Rz 6, Rz 11) dem Ges'ter von der KapGes zivilrechtl geschuldet werden. S 1 greift auch, wenn die geschuldeten Vergütungen, Entgelte nicht entrichtet werden (BFH VIII R 19/16 BStBl II 19, 34; BFH X R 9/17 BStBl II 21, 418). Die KapGes „zahlt" auch, wenn sie mit einer eigenen Forderung gegen eine Ges'ter-Forderung aufrechnet (FG BaWü EFG 2020, 1848, Rev VIII R 27/19). – *(2)* **Aufwandsabzug bei der Gesellschaft.** – *(a)* **Gesetzesänderung.** Der Gesetzgeber hatte durch Abs 2 Nr 1 Buchst b S 1 *lfd KapErträge* eines mindestens zu 10 % beteiligten Ges'ters ausschließl tarifl besteuert; ein korrespondierender WK/BA-Abzug bei der KapGes war hierfür nicht erforderl (BFH VIII R 23/13 BStBl II 14, 884; FG BaWü EFG 2020, 1848, Rev VIII R 27/19). Gleiches galt für KapErträge gem § 20 II Nr 4, Nr 7 (FG Mchn EFG 21, 111, Rev VIII R 28/20). Der Ausschluss der Ges'terfremdfinanzierung aus dem Tarif des § 32d I in *Buchst b* geschah nach der zitierten BFH-Rspr nicht zur Missbrauchsverhinderung, sondern iRe Bereichsausnahme vom gesonderten Tarif. – Nach Einfügung von **Abs 2 Nr 1 S 1 HS 2** durch das JStG 2020 (BGBl I 20, 3096) sind die in Rz 6, Rz 11 genannten KapErträge aus nach dem 31.12.20 begründeten *Neudarlehen* und aus allen typisch stillen Beteiligungen (unabhängig vom Begründungszeitpunkt) ab dem VZ 21 (§ 52 Abs 33b S 1) aus vom gesonderten Tarif ausgeschlossen und *tarifl* zu besteuern, soweit die *„den KapErträgen entspr Aufwendungen"* bei der KapGes abziehbare BA/WK sind. Für KapErträge aus *vor dem 1.1.21* gewährten *Altdarlehen* gilt dies erst ab dem VZ 24 (§ 52 Abs 33b S 2). Zur Einordnung von bestehenden Ges'terdarlehen bei OptGes (Entnahme aus dem SonderBV zum steuerl Einbringungsstichtag) unter § 52 Abs 33b s *Wacker/Krüger ua* DStR-Beih 21, 26 f. – *(b)* **Folgen.** *Lfd Kapitalerträge* des Ges'ters, die bei der KapGes als BA/WK abziehbar sind, sind tarifl zu besteuern; bei Einordnung als vGA hat Abs 2 Nr 4 Vorrang (Rz 21). – *Gewinne/Verluste aus der Veräußerung* einer Ges'terforderung an die KapGes gem § 20 II Nr 4; Nr 7 sind mangels eines BA/WK-Abzugs bei der KapGes für das Entgelt (AK) *keine* tarifl KapErträge mehr. Die Neuregelung soll verhindern, dass StPfl sich durch die Veräußerung von KapForderungen an die eigene KapGes (aber wohl nicht an Dritte) „in den Tarifausschluss hinein" gestalten (s zB zum Bondstripping BT-Drs 19/22850, 84, 87, FG Ddorf EFG 19, 1389, Rev VIII R 15/19; FG Mster EFG 19, 1774, Rev VIII R 36/19). – *Substanzverluste* wie der Ausfall- und ggf Abtretungsverlust nach Verzicht (Rz 6; § 20 Rz 183) sind nach hM gem S 1 HS 2 mangels BA/WK-Abzugs bei der KapGes ebenfalls keine   **12**

Levedag   1853

tarifl KapErträge mehr (*Ott* StBg 21, 103, 105 f). Folge ist nach hM insb für den Ausfallverlust bei stehengelassenen Darlehen mangels Anwendbarkeit des § 17 IIa S 3 Nr 2 (§ 17 Rz 190; § 20 Rz 259) iErg die begrenzte Verrechenbarkeit iRd § 20 VI 6. Abs 2 Nr 1 S 1 HS 2 nF greift mE aber nur, wenn ein BA/WK-Abzug wegen eines gezahlten Entgelts bei der KapGes abstrakt in Betracht kommt. Bei Ausfall- und Abtretungsverlusten aus Ges'terdarlehen ist dies nicht der Fall (s Rz 8). Für sie bleibt es mE beim bisherigen Ausschluss (s (2a)) des Verlusts aus dem gesonderten Tarif (str, iEinz *Levedag*, GmbHR 21, 14 (21 f); glA *Förster/von* Cöln DB 21, 525, 529 f).

13   **dd) Nahe stehende Person, § 32d II Nr 1 Buchst b 2.** Nach S 2 gilt der Ausschluss aus der tarifl Besteuerung auch für KapErträge gem § 20 I Nr 4/7, § 20 II Nr 4/7, die ein *Nichtges'ter* erzielt, der einem Ges'ter (Rz 10) nahe steht. Zum erforderl Abhängigkeitsverh oder wirtschaftl Eigeninteresse s Rz 8 und BFH VIII R 31/11 BStBl II 14, 995; BFH VIII R 5/17 BStBl II 20, 807. – Die Einfügung des **S 1 HS 2** mit den unter Rz 12 dargelegten Folgen betrifft auch KapErträge nahe stehender Personen (s *Levedag* HFR 21, 153).

14   **ee) Rechtsfolgen.** Sind negative/positive KapErträge gem § 20 I Nr 4, Nr 7 und § 20 II Nr 4, Nr 7 nach den obigen Voraussetzungen tarifl zu besteuern, gilt § 32d II 2 (s Rz 9; zu den auch verfahrensrechtl Folgen iRd § 10d s BFH IX R 5/20 BStBl II 21, 600). Zur Subsidiarität eines tarifl Verlusts aus § 20 II Nr 7 ggü § 17 IIa s § 20 Rz 259. Fallen die KapErträge unter die AbgeltungSt, sind § 20 VI, IX und § 32d I anzuwenden. Greift Abs 1 Nr 2 Buchst b nicht, kann nicht auf Abs 1 Nr 2 Buchst a zurückgegriffen werden (BFH VIII R 5/17 BStBl II 20, 807).

15   **d) Ausschluss bei Back-to-Back-Finanzierungen, § 32d II Nr 1 Buchst c.** Die Regelung ist eine spezielle Missbrauchsvorschrift. Durch Back-to-Back-Finanzierungen sollen KapErträge nicht zu gem § 32d I besteuerten KapErträgen werden (*Schulz/Vogt* DStR 08, 2189, 2194; BT-Drs 16/7036, 18). Bislang sind keine gerichtl Verfahren iZm der Regelung bekannt geworden. Der Ausschluss greift, wenn bei dem StPfl (Gläubiger) und einem Dritten (zB Bank) KapAnlage und -überlassung (für betriebl Zwecke oder solche iSd § 2 I 1 Nr 4, 6 und 7) iSd S 3 im Zusammenhang stehen (*Strahl* KÖSDI 07, 15 830, 15 840). Das gilt nach S 2 auch, wenn Kapital überlassen wird – *(aa)* an eine dem StPfl nahe stehende Person, – *(bb)* an eine PersGes, bei der die StPfl (oder eine ihm nahe stehende Person) MUer ist (*Kollruss* GmbHR 07, 1133) und – *(cc)* an eine KapGes, bei der die StPfl (oder eine nahe stehende Person) zu mindestens 10% beteiligt ist. Ein **schädl Zusammenhang (Buchst c S 3)** besteht, wenn Aufnahme und KapAnlage auf einem **einheitl Plan** beruhen, aber nicht bei marktübl Vereinbarungen oder fehlendem Belastungsvorteil (BT-Drs 16/7036, 19). Zur tarifl Besteuerung der KapErträge s Rz 8.

16   **3. Gesetzlicher Ausschluss bestimmter Lebensversicherungsleistungen aus gesondertem Tarif, § 32d II Nr 2.** Leistungen aus *Neuverträgen* (sog Altersvorsorgeverträge), bei denen der KapErtrag gem § 20 I Nr 6 S 2 (sog Unterschiedsbetrag) anteilig stfrei ist (§ 20 Rz 108), werden gem *Abs 2 Nr 2 S 1* mit den stpfl Teil tarifl besteuert. Der KapErtrag unterliegt zunächst insgesamt dem KapEStAbzug (§ 43 I Nr 4 iVm I 3). Um die StBefreiung zu nutzen, muss der KapErtrag erklärt und ein Antrag gem § 32d IV gestellt werden (§ 43 Rz 9, 11). Der stpfl Teil des KapErtrags kann mit tarifl negativen Einkünften verrechnet werden, weil *Abs 2 Nr 2 S 2* die Anwendung des § 20 VI ausschließt. – KapErträge aus anderen *Neu-* und *Altverträgen* gem § 20 I Nr 6 aF (dazu BFH VIII R 7/15 BStBl II 19, 231) und *Veräußerungsgewinne/-verluste* gem § 20 II Nr 6, § 20 IV (§ 20 Rz 177 ff) aus Neu- und Altverträgen unterliegen § 32d I und § 20 VI. Ein Antrag gem § 32d VI ist aber mögl.

17   **4. Ausschluss von Beteiligungsbezügen aus dem gesonderten Tarif auf Antrag und kraft Gesetzes, § 32d II Nr 3, § 32d IV. – a) Bezüge.** Für Bezüge gem § 20 I Nr 1 (Ausschüttungen; vGA) kann gem **Abs 2 Nr 3** die tarifl Besteuerung iRd Teileinkünfteverfahrens (§ 3 Nr 40 Buchst d, § 3 Nr 40 S 2) *beantragt* werden. Dies gilt auch für Bezüge aus OptionsGes iSd § 1a III 2 Nr 2 KStG (Ausschüttungen; vGA, s *BMF* BStBl I 21, 2212 Rz 61, 69, 72). – Bezüge nach § 20 I Nr 1 S 1, 2 (dann ihd Bruttoeinnahme) sind unter den Voraussetzungen des **Abs 2 Nr 4** *gesetzl* aus dem gesonderten Tarif ausgeschlossen (Rz 21). Für Bezüge gem § 20 I Nr 2 kann ebenfalls das Teileinkünfteverfahren beantragt werden. Auch Bezüge gem § 20 I Nr 9 können gem Abs 2 Nr 4 tarifl zu besteuern sein.

b) Option zum Teileinkünfteverfahren, § 32d II Nr 3. – aa) Antragsberechtigung, § 32d II Nr 3 S 1. – *(1)* **Zweck.** S 1 Buchst a/b decken typisierend Sachverhalte ab, in denen eine Beteiligung aus unternehmerischen Interesse erworben wird, idR fremdfinanziert werden muss und § 20 IX zu nicht sachgerechten Ergebnissen führen würde (zB „management buy out"; Anteilserwerb an einer BerufsträgerKapGes, s BFH VIII R 1/15 BStBl II 19, 56; *Levedag* HFR 18, 807). Der Antrag kann aber auch unabhängig von der Fremdfinanzierung der Beteiligung gestellt werden. – *(2)* **Beteiligung.** Eine nur mittelbare Beteiligung an der KapGes genügt für Buchst a/b nicht. Mittelbare/unmittelbare Beteiligungen an derselben KapGes sind zur Ermittlung der Beteiligungshöhe aber zu addieren (BFH VIII R 1/15 BStBl II 19, 56; BFH VIII R 19/16 BStBl II 19, 34). Die Beteiligung muss in demjenigen VZ, für den ein erster/erneuter Antrag gestellt wird, zu irgendeinem Zeitpunkt steuerrechtl vorhanden und dem StPfl zuzurechnen (wirtschaftl Eigentum genügt) sein. Es genügt in Gründungsfällen das Entstehen der Vorgesellschaft, in Erwerbsfällen der Übergang des wirtschaftl Eigentums am Anteil (zutr FG BBg EFG 21, 1797, rkr). Zum Beteiligungsuntergang in Abwicklungsfällen s BFH VIII R 48/12 BStBl II 15, 270, s auch Rz 20). – *(3)* **Buchst a.** Die erforderl Beteiligungshöhe beträgt 25%. Sie muss zu irgendeinem Zeitpunkt im VZ vorliegen (*BMF* BStBl I 16, 85 Rz 139). Der Ges'ter muss nicht für die KapGes berufl tätig sein. Bei OptionsGes iSd § 1a KStG ist mangels eines Grund- und Stammkapitals für die Höhe grds der Stand des unveränderl Kapitalkontos I maßgebl (*BMF* BStBl I 21, 2212 Rz 61; *Wacker/Krüger ua* DStR-Beih 21, 19) – *(4)* **Buchst b.** Der Ges'ter muss im VZ zu irgendeinem Zeitpunkt zu mindestens 1% (wesentl iSd § 17) beteiligt sein und zusätzl durch eine berufl (selb- oder unselbständige) Tätigkeit für die KapGes einen maßgebl unternehmerischen Einfluss auf diese ausüben können (*BMF* BStBl I 18, 624 Rz 138; BFH VIII R 3/14 BStBl II 15, 892 ist überholt). Auch die Tätigkeit für eine andere KapGes kann uU genügen (s BFH VIII R 1/15 BStBl II 19, 56 zur Organschaft; *BMF* BStBl I 18, 624 Rz 138), nicht aber das Tätigwerden zugunsten der KapGes über eine Schwester-PersGes (FG Ddorf EFG 17, 990; FG Ddorf EFG 17, 1275 (beide rkr); *Weiss* GmbHR 18, 867, 872).

bb) Antragstellung, § 32d II Nr 3 3, 4; Widerruf, § 32d II Nr 3 5, 6. – *(1)* **Antragsinhalt.** Der Antrag auf Anwendung des Teileinkünfteverfahrens muss gem *S 3* für KapErträge aus einer bestimmten KapGes und für einen bestimmten VZ (Erstjahr) gestellt werden (zur Auslegung von Erklärungen s BFH VIII B 7/16 BFH/NV 17, 290). Der StPfl kann einen *vorsorgl* Antrag (keinen auflösend/aufschiebend bedingten) Antrag stellen, der greift, wenn KapErträge iSd § 20 I Nr 1, Nr 2 oder WK-Überschüsse tatsächl anfallen sollten. – *(2)* **Antragsfrist.** Er kann außer- und innerhalb der EStErklärung gestellt werden. Satz 4 bestimmt iRe Ausschlussfrist, dass der Antrag spätestens mit Abgabe der EStErklärung für den ersten VZ, für den er gelten soll, zu stellen ist (BFH VIII R 50/14 BStBl II 15, 894). Er ist nicht iRe Einspruchs/einer Klage nachholbar. Eine Wiedereinsetzung in die Frist gem § 110 AO ist nur bei StPfl mögl, die bei Erklärungsabgabe nicht fachkundig beraten waren (BFH VIII R 33/15 BStBl II 18, 69). Dies gilt auch bei erst nach Erklärungsabgabe erkannten vGA (BFH VIII R 20/16 BStBl II 19, 586; **aA** FG Mster EFG 19, 1680, Rev VIII R 18/19 zu nachträgl erkannten WK). Bei Beteiligung über eine vermögensverwaltende PersGes ist der Antrag iRd EStVeranlagung des Ges'ters zu stellen (*BMF* BStBl I 16, 85 Rz 142) – **(3) Geltungsdauer.** Das Teileinkünfteverfahren ist bei einem wirksamen Antrag gem S 4 für das Erstjahr und für die folgenden vier VZ anzuwenden, wenn der Antrag nicht gem S 5 widerrufen wird. Das Absinken, der Wegfall der Beteiligung während dieses Zeitraums sind unschädl, da S 4 die Voraussetzungen des S 1 ggf fingiert (FG Kln EFG 21, 1111, Rev VIII R 2/21; aA *BMF* BStBl I 16, 85 Rz 139: nur Nachweiserleichterung; s auch Rz 20). – **(4) Widerruf.** Die Widerrufserklärung muss dem FA gem S 5 spätestens mit der EStErklärung für den ersten VZ der Nichtgeltung zugehen. Sie ist auch für das Erstjahr mögl. Unzutr ist *BMF* BStBl I 18, 624 Rz 141, nach dem der Widerruf bis zur Bestandskraft des StBescheids erklärt werden kann, denn S 5 enthält wie S 4 eine Ausschlussfrist. Ein erneuter Antrag für dieselbe Beteiligung ist unzul (S 6).

20 **cc) Rechtsfolgen, § 32d II Nr 3 2, 3.** Die KapErträge gem § 20 I Nr 1, Nr 2 sind während der Geltung eines wirksamen Antrags gem Abs 2 Nr 3 S 2 iVm § 3 Nr 40 S 2 *tarifl*, dh gem § 3 Nr 40 Buchst d/e iHv 60% zu besteuern (Rechtsgrundverweisung, auch Buchst d S 2 muss erfüllt sein). WK iSd § 9 sind gem § 3c II 1 zu 60% abzugsfähig. § 20 VI, IX sind nicht anzuwenden. Der tatsächl Zufluss von Beteiligungserträgen ist nicht erforderl, dh § 3c II 1 gilt auch dann, wenn nur WK anfallen (BFH VIII R 19/16 BStBl II 19, 34; glA *BMF* BStBl I 16, 85 Rz 143). Es muss bei *vorweggenommenen* WK aber schon eine Beteiligung des StPfl bestehen (s Rz 18 *(2)*). *Nachträgl* Schuldzinsen sind während der Geltungsdauer des Antrags nach S 4 zu 60% abzugsfähig (§ 3c II 1), auch wenn die Beteiligung während der Laufzeit untergeht/veräußert wird (s Rz 19 *(3)*); *Levedag* HFR 15, 663).

21 **c) Gesetzlicher Ausschluss von Beteiligungsbezügen, § 32d II Nr 4.** Bezüge gem § 20 I Nr 1 (Ausschüttungen/VGA) und gem § 20 I Nr 9 sind gem *Abs 2 Nr 4 HS 1* aus dem gesonderten Tarif ausgeschlossen, soweit sie das Einkommen der leistenden Körperschaft (bei inl Gewinnausschüttung entgegen § 8 III 1 KStG) mindern (s auch FG Hess EFG 21). Greift der Ausschluss, sind die KapErträge tarifl ohne Anwendung des Teileinkünfteverfahrens iHd Bruttoeinnahme zu besteuern, da auch § 3 Nr 40 Buchst d S 2 (s § 3 Rz 143) nicht erfüllt ist. *vGA* unterliegen beim Ges'ter dem gesonderten Tarif, wenn das Einkommen der Körperschaft gem § 8 III 2 KStG tatsächl korrigiert wurde. Gem *Abs 2 Nr 4 HS 2* ist die Einkommenskorrektur bei der KapGes entbehrl und wird die vGA vom Ges'ter gem § 32d I versteuert, wenn die Einkünfte beim ihm und der nahe stehenden Person im veranlagten Einkommen enthalten sind und deren Veranlagung nicht mehr gem § 32a KStG änderbar ist (s auch § 20 Rz 39; § 3 Rz 143).

22 **5. Andere gesetzliche Ausschlüsse von Beteiligungsbezügen.** Hinzurechnungsbeträge sind tarifl zu besteuern (§ 10 II 4 AStG), für hinzugerechnete Einkünfte aus ausl Familienstiftungen iSd § 15 AStG gilt § 32d I nur eingeschränkt (§ 15 VIII 2 AStG). § 11 II StAbwG (BGBl I 21, 2056) schließt für Leistungen von Körperschaften aus nicht kooperativen StHoheitsgebieten den gesonderten Tarif aus (*Haun/Sauer* IStR 21, 917, 925).

23 **6. Pflichtveranlagung, § 32d III.** KapErträge iSd § 20, die aus rechtl, tatsächl Gründen nicht oder mit zu geringer Bemessungsgrundlage im KapEStAbzug (§§ 43 ff) unterlegen haben, sind zu erklären **(S 1)**; aber keine Erklärungsfrist bei Differenz bis 500 € (*BMF* BStBl I 16, 85 Rz 183). – **Einzelfälle:** ausl KapErträge; die in § 43 Rz 12; § 43a Rz 4 (*BMF* BStBl I 19, 51 Rz 144) genannten Fälle; eine zu hohe Verlustverrechnung iRd StAbzugs ohne § 20 IV 5, 6 (s § 20 Rz 246, 247); s ferner *Anemüller* ErbStB 20, 233, 235 f. – Gem **Satz 2** unterliegen die KapErträge auch iRd Veranlagung grds dem gesonderten Tarif (s § 2 VI und Rz 1–4); Ausnahme: § 32d II greift. – Bei ArbN ist bei fehlendem/zu geringem KapEStAbzug iSd S 1 gem **S 3** seit dem VZ 19 ungeachtet der 410-€-Grenze (§ 46 II Nr 1, zu anderen KapErträgen s § 46 Rz 10) eine Pflichtveranlagung durchzuführen (zur Festsetzungsverjährung s § 170 II 1 Nr 1 AO; zur Rechtslage bis Ende

VZ 18 FG BBg EFG 20, 532, rkr). Die Billigkeitsregelung in *BMF* BStBl I 16, 85 Rz 144 (500 €) greift hier nicht.

7. Antragsveranlagung, § 32d IV. – a) Voraussetzungen. Der StPfl kann **24** **(Wahlrecht)** für KapErträge, die dem abgeltenden KapESt-Abzug unterlegen haben (§ 43 V 1, § 43 Rz 29 ff), eine Veranlagung beantragen (auch nur punktuell **für bestimmte KapErträge**, s BFH VIII R 17/17 BStBl II 21, 468, anders bei Abs 6 S 3). – Die gesonderte/einheitl Feststellung von KapErträgen macht den Antrag in der EStVeranlagung des Ges'ters nicht entbehrl (BFH VIII R 34/16 BStBl II 20, 836). – Das Gesetz nennt als (nicht abschließende) Regelbeispiele: – *(1)* einen nicht ausgeschöpften Sparer-Pauschbetrag (s auch § 44a Rz 3), – *(2)* Depotübertragungen mit zu hoher Ersatzbemessungsgrundlage (§ 43a II 7, s § 43 Rz 15, 16, § 43a Rz 4), – *(3)* die vollständige Verlustberücksichtigung iRd § 20 VI (s zur depotübergreifenden Verrechnung s BFH VIII R 5/15 BStBl II 18, 66, § 43a Rz 7; zur Altverlusten gem § 23 aF BFH VIII R 8/16 BStBl II 20, 383, *BMF* BStBl I 16, 85 Rz 119), – *(4)* die Anrechnung ausl Steuer gem § 32d V, – *(5)* die Überprüfung des KapESt-Abzugs nach Grund/Höhe. Hierzu gehört ua, dass ein Verlust gem § 20 II iRd KapEStAbzugs als nicht stbar beurteilt und in der StBescheinigung (§ 45a) nicht ausgewiesen wird. Der StPfl muss den Verlust erklären und den Antrag gem Abs 4 stellen (BFH VIII R 43/18 BFH/NV 20, 687); zu den Bescheinigungen gem § 20 VI 7/§ 20 IIIa s § 20 Rz 200, 249; auch der Nachweis einer Einlagenrückgewähr durch den Ges'ter in Drittstaaten- und ggf EU-Fällen (§ 20 Rz 66 (4)) ist iRd Abs 4 geltend zu machen. – sowie *(6)* die Prüfung des KiSt-Abzugs gem I 3 (s Rz 3).

b) Rechtsfolgen. – (1) **Veranlagung.** Die KapErträge, für die der Antrag ge- **25** stellt wird, werden *entspr Abs 3 S 2 iVm § 32d I* zum gesonderten Tarif veranlagt; die erhobene KapESt wird angerechnet (§ 36 II Nr 2) und iRd § 36 IV 2 erstattet. Zur StBescheinigung s *BMF* BStBl I 16, 85, Rz 147. – **(2) Verfahrensrecht.** Das Wahlrecht ist nicht fristgebunden. Ist der EStBescheid des VZ formell bestandskräftig und greift § 164 II AO nicht, kann der Antrag nur bei einer angestrebten StMinderung nur wirken, wenn daneben eine Korrekturvorschrift gem § 172 ff, § 177 AO greift (s § 351 AO, *BMF* BStBl I 16, 85 Rz 145). Die Wahlrechtsausübung selbst ist keine neue Tatsache gem § 173 AO; die Frage, ob die KapErträge als neue Tatsache zu einer niedrigeren Steuer führen, ist mittels einer Gesamtbetrachtung von ESt/KapESt zu bestimmen (BFH X R 16/17 BStBl II 20, 99). – Durch die Veranlagung der KapErträge gem § 32d III 2 erledigt sich eine Gläubiger-Drittanfechtung der KapESt-Anmeldung (BFH VIII R 45/15 BStBl II 19, 306, § 45a Rz 2).

8. Anrechnung ausländischer Steuer, § 32d V. – a) Spezielle Regelung. **26** Abs 5 regelt als ggü § 34c (s § 34c I 1 HS 2, VI 2 HS 2) speziellere Vorschrift die Berücksichtigung ausl QuellenSt iRd Veranlagung von KapErträgen gem § 32d III oder IV (BFH VIII R 11/14 BStBl II 17, 443; zur Anrechnung iRd KapESt-Abzugs s § 43a III 2 und § 43a Rz 5). Bei Anrechnung aufgrund eines DBA (V 2) bestimmt vorrangig dieses über die Anrechnungsberechtigung und die anrechenbare ausl QuellenSt; Abs 5 S 1 ist (Rechtsfolgenverweis) entspr anzuwenden. Bei Konkurrenz ausl nationaler und DBA- Ermäßigungsansprüche ist nach S 2 iVm S 1 für den „entstandenen" Ermäßigungsanspruch nur das DBA maßgebl (zutr FG RhPf EFG 21, 1555, rkr). Zur abkommenswidrigen QuellenSt-Erhebung bei einer doppelt ansässigen KapGes s FG Mchn EFG 21, 421, rkr. Zur ZIV s *BMF* BStBl I 16, 85 Rz 148.

b) Technik, § 32d V 1, 3. Die nach Abs 5 anrechenbare ausl QuellenSt mindert **27** die (nach Verlustverrechnung gem § 20 VI, s zutr FG Köln EFG 19, 112, Rev VIII R 22/18) festzusetzende Abgeltungs-ESt (§ 32d I 2). Zur „entspr" ausl QuellenSt s § 34c Rz 7. Die QuellenSt muss im Ausl festgesetzt, gezahlt und darf nicht mehr um einen entstandenen Ermäßigungsanspruch zu mindern sein (Rz 26). **Höchstanrechnungsbetrag (Abs 5 S 1**, ähnl § 34c I 2) ist die auf den jeweiligen ausl KapErtrag entfallende inl Abgeltungs-ESt gem § 32d I 1 (per-item-limitation). **Anrechnungshöchstbetrag** ist der Betrag, der 25% der ausl QuellenSt auf den einzelnen *stpfl* ausl KapErtrag entspricht. Bei anteilig stfreien ausl KapErträgen ist die ausl QuellenSt nur iHv 25 % auf den stpfl Teil anrechenbar. Dies betrifft insb ausl Investmenterträge mit Teilfreistellung (ab VZ 2020 s iEinz *BMF* BStBl I 21, 723, Rz 148a). **Höchstbetragsgrenze** gem **Abs 5 S 3** (ähnl § 34c I 5) ist die festzusetzende ESt iSd § 32d I für die im VZ bezogenen KapErträge. Diese kann bis auf 0 gemindert werden (BFH VIII R 11/14 BStBl II 17, 443). Ein Anrechnungsüberhang verfällt.

28   **9. Günstigerprüfung, § 32d VI. – a) Voraussetzungen.** Die Hinzurechnung der nach § 20 ermittelten KapErträge zu den tarifl besteuerten Einkünften muss ggü einer StFestsetzung zum gesonderten Tarif gem § 32d I zu einer niedrigeren festzusetzenden ESt (§ 2 VI) einschließl Zuschlagsteuern führen. Von den hinzuzurechnenden KapErträgen darf nur der Sparer-Pauschbetrag gem § 20 IX 1 HS 2 abgezogen werden (BFH VIII R 13/13 BStBl II 15, 393). Auch die Verrechnungsverbote gem § 20 VI sind einzuhalten (s § 20 Rz 242 ff). Gem Abs 6 S 3 kann der Antrag vom StPfl nur einheitl für sämtl KapErträge eines VZ gestellt werden; bei Zusammenveranlagung nur für sämtl KapErträge beider Ehegatten (Abs 6 S 4).

29   **b) Rechtsfolgen. – (1) Veranlagung.** S *BMF* BStBl I 16, 85 Rz 150. Greift § 32d VI, sind die hinzugerechneten (Brutto-)KapErträge abw von Abs 1, 3, 4 Teil des tarifl zu versteuernden Einkommens. Die KiSt ist als SA abziehbar. Zum Altersentlastungsbetrag s BFH III B 51/16 BFH/NV 17, 1163. Zu § 32b s FG Mster EFG 17, 294, rkr. Die KapESt wird gem § 36 II Nr 2 angerechnet. Ausl QuellenSt kann bis zu der auf die ausl KapErträge entfallenden ESt angerechnet werden (VI 2). – *(2)* **Verfahrensrecht.** Das Wahlrecht ist nicht fristgebunden und kann bis zur formellen Unanfechtbarkeit des EStBescheids oder iRd § 164 II AO wirksam ausgeübt werden (s Rz 25 zu Abs 4). Bei Ausübung nach formeller Bestandskraft bedarf es wegen § 351 AO einer Korrekturvorschrift (§§ 172 ff AO, § 177 AO, ggf § 10d I 3). Zu § 173 I AO s BFH VIII R 14/13 BStBl II 15, 806 und BFH VIII R 7/18 DStR 21, 1654 (Antrag ist keine neue Tatsache; bei Prüfung einer niedrigeren Steuer Gesamtbetrachtung von ESt, KapESt, anrechenbarer ausl QuellenSt zu § 173 I Nr 1 2 AO s FG BBg EFg 20, 535, rkr). Der Erlass eines Änderungsbescheids kann ein rückwirkendes Ereignis sein (§ 175 I Nr 2, II 2 AO), wenn er erstmals eine erfolgreiche Günstigerprüfung ermöglicht (BFH VIII R 6/17 BStBl II 21, 92; **aA** FG Ddorf EFG 21, 1552, Rev VIII R 10/21); die Vorlage der StBescheinigung (§ 45a) genügt hierfür aber nicht.

30   **c) Anwendungsfälle.** Eine niedrigere Belastung kann durch die Hinzurechnung der KapErträge zB entstehen, wenn – *(1)* Grundfreibetrag, Altersentlastungsbetrag sich auswirken, – *(2)* negative KapEinkünfte iSd § 32d I mit positiven § 20er-Einkünften, die gem § 32d II tarifl zu besteuern sind, verrechnet werden können (BFH VIII R 11/14 BStBl II 17, 443), – *(3)* negative tarifl Einkünfte im tarifl Verlustvortrag gem § 10d mit positiven KapEinkünften, die § 32d I unterliegen, verrechnet werden können (BFH VIII R 5/15 BStBl II 18, 66, BFH VIII R 20/16 BStBl II 19, 586; § 20 Rz 241), – *(4)* ein Spendenvortrag (s § 10b Rz 28) besteht. – Der Antrag gem § 32d VI löst *nicht* die Anwendung des Teileinkünfteverfahrens aus (BFH VIII R 33/15 BStBl II 18, 69; zu Abs 2 Nr 3 s Rz 18 ff).

§ 33 Außergewöhnliche Belastungen

(1) Erwachsen einem Steuerpflichtigen zwangsläufig größere Aufwendungen als der überwiegenden Mehrzahl der Steuerpflichtigen gleicher Einkommensverhältnisse, gleicher Vermögensverhältnisse und gleichen Familienstands (außergewöhnliche Belastung), so wird auf Antrag die Einkommensteuer dadurch ermäßigt, dass der Teil der Aufwendungen, der die dem Steuerpflichtigen zumutbare Belastung (Absatz 3) übersteigt, vom Gesamtbetrag der Einkünfte abgezogen wird.

Außergewöhnliche Belastungen § 33

(2) ¹Aufwendungen erwachsen dem Steuerpflichtigen zwangsläufig, wenn er sich ihnen aus rechtlichen, tatsächlichen oder sittlichen Gründen nicht entziehen kann und soweit die Aufwendungen den Umständen nach notwendig sind und einen angemessenen Betrag nicht übersteigen. ²Aufwendungen, die zu den Betriebsausgaben, Werbungskosten oder Sonderausgaben gehören, bleiben dabei außer Betracht; das gilt für Aufwendungen im Sinne des § 10 Absatz 1 Nummer 7 und 9 nur insoweit, als sie als Sonderausgaben abgezogen werden können. ³Aufwendungen, die durch Diätverpflegung entstehen, können nicht als außergewöhnliche Belastung berücksichtigt werden. ⁴Aufwendungen für die Führung eines Rechtsstreits (Prozesskosten) sind vom Abzug ausgeschlossen, es sei denn, es handelt sich um Aufwendungen, ohne die der Steuerpflichtige Gefahr liefe, seine Existenzgrundlage zu verlieren und seine lebensnotwendigen Bedürfnisse in dem üblichen Rahmen nicht mehr befriedigen zu können.

(2a) ¹Abweichend von Absatz 1 wird für Aufwendungen für durch eine Behinderung veranlasste Fahrten nur eine Pauschale gewährt (behinderungsbedingte Fahrtkostenpauschale). ²Die Pauschale erhalten:
1. Menschen mit einem Grad der Behinderung von mindestens 80 oder mit einem Grad der Behinderung von mindestens 70 und dem Merkzeichen „G",
2. Menschen mit dem Merkzeichen „aG", mit dem Merkzeichen „Bl", mit dem Merkzeichen „TBl" oder mit dem Merkzeichen „H".

³Bei Erfüllung der Anspruchsvoraussetzungen nach Satz 2 Nummer 1 beträgt die Pauschale 900 Euro. ⁴Bei Erfüllung der Anspruchsvoraussetzungen nach Satz 2 Nummer 2 beträgt die Pauschale 4500 Euro. ⁵In diesem Fall kann die Pauschale nach Satz 3 nicht zusätzlich in Anspruch genommen werden. ⁶Über die Fahrtkostenpauschale nach Satz 1 hinaus sind keine weiteren behinderungsbedingten Fahrtkosten als außergewöhnliche Belastung nach Absatz 1 berücksichtigungsfähig. ⁷Die Pauschale ist bei der Ermittlung des Teils der Aufwendungen im Sinne des Absatzes 1, der die zumutbare Belastung übersteigt, einzubeziehen. ⁸Sie kann auch gewährt werden, wenn ein Behinderten-Pauschbetrag nach § 33b Absatz 5 übertragen wurde. ⁹§ 33b Absatz 5 ist entsprechend anzuwenden.

(3) ¹Die zumutbare Belastung beträgt

bei einem Gesamtbetrag der Einkünfte	bis 15 340 EUR	über 15 340 EUR bis 51 130 EUR	über 51 130 EUR
1. bei Steuerpflichtigen, die keine Kinder haben und bei denen die Einkommensteuer			
a) nach § 32a Absatz 1,	5	6	7
b) nach § 32a Absatz 5 oder 6 (Splitting-Verfahren) zu berechnen ist;	4	5	6
2. bei Steuerpflichtigen mit			
a) einem Kind oder zwei Kindern,	2	3	4
b) drei oder mehr Kindern	1	1	2
		Prozent des Gesamtbetrags der Einkünfte.	

²Als Kinder des Steuerpflichtigen zählen die, für die er Anspruch auf einen Freibetrag nach § 32 Absatz 6 oder auf Kindergeld hat.

§ 33 Außergewöhnliche Belastungen

(4) Die Bundesregierung wird ermächtigt, durch Rechtsverordnung mit Zustimmung des Bundesrates die Einzelheiten des Nachweises von Aufwendungen nach Absatz 1 und der Anspruchsvoraussetzungen nach Absatz 2a zu bestimmen.

Einkommensteuer-Durchführungsverordnung:

§ 64 *EStDV Nachweis von Krankheitskosten und der Voraussetzungen der behinderungsbedingten Fahrtkostenpauschale*

(1)Den Nachweis der Zwangsläufigkeit von Aufwendungen im Krankheitsfall hat der Steuerpflichtige zu erbringen:
1. durch eine Verordnung eines Arztes oder Heilpraktikers für Arznei-, Heil- und Hilfsmittel (§§ 2, 23, 31 bis 33 des Fünften Buches Sozialgesetzbuch);
2. durch ein amtsärztliches Gutachten oder eine ärztliche Bescheinigung eines Medizinischen Dienstes der Krankenversicherung (§ 275 des Fünften Buches Sozialgesetzbuch) für
   a) eine Bade- oder Heilkur; bei einer Vorsorgekur ist auch die Gefahr einer durch die Kur abzuwendenden Krankheit, bei einer Klimakur der medizinisch angezeigte Kurort und die voraussichtliche Kurdauer zu bescheinigen,
   b) eine psychotherapeutische Behandlung; die Fortführung einer Behandlung nach Ablauf der Bezuschussung durch die Krankenversicherung steht einem Behandlungsbeginn gleich,
   c) eine medizinisch erforderliche auswärtige Unterbringung eines an Legasthenie oder einer anderen Behinderung leidenden Kindes des Steuerpflichtigen,
   d) die Notwendigkeit der Betreuung des Steuerpflichtigen durch eine Begleitperson, sofern sich diese nicht bereits aus dem Nachweis der Behinderung nach § 65 Absatz 1 Nummer 1 ergibt,
   e) medizinische Hilfsmittel, die als allgemeine Gebrauchsgegenstände des täglichen Lebens im Sinne von § 33 Absatz 1 des Fünften Buches Sozialgesetzbuch anzusehen sind,
   f) wissenschaftlich nicht anerkannte Behandlungsmethoden, wie z. B. Frisch- und Trockenzellenbehandlungen, Sauerstoff-, Chelat- und Eigenbluttherapie.
[2] Der nach Satz 1 zu erbringende Nachweis muss vor Beginn der Heilmaßnahme oder dem Erwerb des medizinischen Hilfsmittels ausgestellt worden sein;
3. durch eine Bescheinigung des behandelnden Krankenhausarztes für Besuchsfahrten zu einem für längere Zeit in einem Krankenhaus liegenden Ehegatten oder Kind des Steuerpflichtigen, in dem bestätigt wird, dass der Besuch des Steuerpflichtigen zur Heilung oder Linderung einer Krankheit entscheidend beitragen kann.

(2) Die zuständigen Gesundheitsbehörden haben auf Verlangen des Steuerpflichtigen die für steuerliche Zwecke erforderlichen Gesundheitszeugnisse, Gutachten oder Bescheinigungen auszustellen.

(3) Für den Nachweis der Anspruchsvoraussetzungen zur behinderungsbedingten Fahrtkostenpauschale sind die Vorschriften des § 65 anzuwenden.

Einkommensteuer-/Lohnsteuer-Richtlinien: EStR 33.1–33.4; EStH 33.1–3.4; LStH 33.

Allgemeines § 33

Übersicht

Rz

I. Allgemeines
1. Bedeutung 1
2. Aufbau 2
3. Persönlicher Anwendungsbereich 3
4. Neuere Rechtsentwicklung 4
5. Verfassungsrecht; Europarecht 5
6. Verhältnis zu anderen Vorschriften 6

II. Berücksichtigung außergewöhnlicher Belastungen, § 33 I
1. Aufwendungen 8
2. Außergewöhnlichkeit 9–12
3. Belastung des Steuerpflichtigen 13–18
4. Rechtsfolge 19–23

III. Zwangsläufigkeit, § 33 II 1
1. Begriff 25
2. Nicht-Entziehen-Können 26–33
3. Rechtliche Gründe 34
4. Tatsächliche Gründe 35
5. Sittliche Gründe 36–38
6. Notwendigkeit; Angemessenheit 39
7. Sonderfall: Krankheit und Behinderung 40–59

IV. Ausgeschlossene Aufwendungen, § 33 II 2–4
1. Betriebsausgaben, Werbungskosten, Sonderausgaben, § 33 II 2 .. 60
2. Diätverpflegung, § 33 II 3 61
3. Prozesskosten, § 33 II 4 .... 62, 63

V. Behinderungsbedingte Fahrtkosten, § 33 IIa
1. Fahrtkostenpauschale, § 33 IIa 1 und 2 65
2. Höhe, § 33 IIa 3–5 66
3. Abgeltungswirkung, § 33 IIa 6 67
4. Zumutbare Belastung, § 33 IIa 7 68
5. Behinderten-Pauschbetrag, § 33 IIa 8 und 9 69

VI. Zumutbare Belastung, § 33 III
1. Beschränkung des Abzugs 70
2. Berechnung 71–73

VII. Nachweis von Aufwendungen, § 33 IV
1. Ermächtigungsgrundlage 75
2. Nachweise 76–86

VIII. ABC der außergewöhnlichen Belastungen 90

I. Allgemeines

1. Bedeutung. Während gewöhnl, normale Lebensaufwendungen nach dem EStG durch den Grundfreibetrag (§ 32a I Nr 1), den sog Familienleistungsausgleich (§ 31) und durch SA (§ 10) berücksichtigt werden (BFH VI R 85/13 BStBl II 15, 586), geht es bei § 33 um darüber hinausgehende **zwangsläufige und existenziell notwendige private Aufwendungen,** die sich wegen ihrer Außergewöhnlichkeit einer Typisierung entziehen (stRspr, vgl BFH VI R 31/14 BStBl II 16, 40 mwN). Damit sollen diejenigen Fälle erfasst werden, in denen das Existenzminimum des StPfl durch außergewöhnl Umstände im Bereich der privaten Lebensführung **höher als im Normalfall** liegt (*Tipke LB* Rz 8.717 ff; s auch BFH X R 43/14 BStBl II 17, 55: Krankheitskosten; BFH VI R 61/12 BStBl II 14, 458: Treppenlift bei Gehbehinderung). – § 33 ist trotz seiner Stellung im EStG unter „IV. Tarif" **keine Tarifvorschrift.** Die Regelung ist eher

1

mit den SA verwandt, da eine agB ebenso wie diese vom Gesamtbetrag der Einkünfte abgezogen wird (§ 2 IV). Bei § 33 geht es um die Erfassung der **subj Leistungsfähigkeit** (*Jakob/Jüptner* StuW 83, 206; s auch *Geserich* DStR 13, 1861) und letztl um die Frage, ab wann der Einzelne Anspruch auf die **Solidarität der staatl Gemeinschaft** hat (glA *Crezelius* LB § 9 Rz 31; anderer Ansatzpunkt *KSM* § 33 A 1 ff, B 44 ff: Trennung der disponiblen von der nicht disponiblen Einkommensverwendung). Ist das allg Lebensrisiko betroffen, hat der StPfl die damit zusammenhängenden Kosten selbst zu tragen (*Rasenack* DB 83, 1272, mit Anleihen an Gedankengänge aus dem zu Art 14 GG entwickelten Entschädigungsrecht). Eine **Einzelfall-Rspr** lässt sich nicht vermeiden (s Rz 12). – Zu **Reformüberlegungen** s *Steger,* Die agB im Steuerrecht (Diss 2007), S 54 ff; und *HHR* § 33 Rz 3. Zur Regelung der agB in anderen europäischen Staaten s *KSM* § 33 A 52 ff.

2 2. Aufbau. § 33 I definiert den Begriff „außergewöhnliche Belastung" und bestimmt die Rechtsfolge (Abzug vom Gesamtbetrag der Einkünfte). § 33 II 1 legt fest, wann Aufwendungen iSd § 33 I „zwangläufig" sind. § 33 II 2–4 schließt bestimmte Aufwendungen, die grds agB sein könnten, vom Abzug aus. § 33 IIa sieht eine Pauschale für behinderungsbedingte Fahrtkosten vor. § 33 III legt die Höhe der vom StPfl nach § 33 I selbst zu tragenden zumutbaren Belastung fest. § 33 IV enthält eine VO-Ermächtigung für Regelungen zum Nachweis von agB, von der der Gesetzgeber mit § 64 EStDV Gebrauch gemacht hat.

3 3. Persönlicher Anwendungsbereich. § 33 gilt für **unbeschr StPfl** (§ 1 I–III); beschr StPfl können keine agB geltend machen (§ 50 I 3). Zur Berücksichtigung von agB bei **Ehegatten** s Rz 19.

4 4. Neuere Rechtsentwicklung. Mit dem **BehPauschG** (BGBl I 20, 2770) ist in § 33 IIa eine Pauschale für behinderungsbedingte Fahrtkosten (Rz 69) geschaffen worden (ab VZ 2021, s § 52 Abs 33c); Regelungen über Nachweise enthalten § 33 IV und § 64 III EStDV. – S iÜ *HHR* § 33 Rz 2 und *BH/Heger* § 33 Rz 2 ff.

5 5. Verfassungsrecht; Europarecht. Die Regelung ist **verfgemäß** und verstößt insb nicht gegen **Art 3 GG**. Dies haben BVerfG und BFH wiederholt zu Einzelfragen festgestellt (vgl BFH VI R 63/08 BStBl II 10, 341: Studiengebühren; BFH VI R 74/10 BStBl II 12, 577: Nachweis von Krankheitskosten; s auch *HHR* § 33 Rz 9 mwN). Auch der Ansatz einer **zumutbaren Belastung** ist der BFH-Rspr zufolge dem Grunde nach verfrechtl nicht zu beanstanden (s Rz 70; zur Höhe s Rz 73). Ebenfalls verfgemäß ist schließl die neue Fahrtkostenpauschale in § 33 IIa (Sozialzwecknorm, so zutr *HHR* § 33 Rz 216). – Der Ausschluss beschr StPfl (§ 50 I 3) verstößt **nicht gegen Unionsrecht,** da die Berücksichtigung persönl Verhältnisse nach allg Verständnis grds Aufgabe des Wohnsitzstaates ist (s § 50 Rz 13 mwN).

6 6. Verhältnis zu anderen Vorschriften. Zu §§ 4, 9 und 10 s Rz 65. – § 10d gilt nicht für agB, was bei hohen Schäden (zB Flutkatastrophe), die über den Gesamtbetrag der Einkünfte hinausgehen, zum Verlust von Abzugsmöglichkeiten führt (s BFH IX B 191/09 BFH/NV 10, 1270); dies sollte vom Gesetzgeber oder im Einzelfall durch Billigkeitsmaßnahmen korrigiert werden (s aber Rz 22). – **§ 12** kann der Anwendung der §§ 33–33b nicht entgegenstehen (Wortlaut des § 12, s § 12 Rz 5). – In sachl Hinsicht ist § 33 durch **§ 33a IV** für typische Unterhaltsleistungen (dazu BFH III R 42/99 BStBl II 02, 473) **eingeschränkt** (s Rz 35 „Unterhalt" und § 33a Rz 56; BMF BStBl I 02, 1389 zur Abgrenzung von typischem Unterhalt und anderen agB). – Zum **Konkurrenzverhältnis** zw § 33 und **§ 33b** s § 33b Rz 4 und BFH VI R 7/09 BStBl II 10, 280. Zu **§ 35a** s § 35a Rz 25 und BFH VI R 46/18 BStBl II 21, 476 mit Anm *Kanzler* FR 21, 496, 498. – Sind die Voraussetzungen des § 33 nicht erfüllt, ist aber die Festsetzung oder Erhebung der ESt im Einzelfall unbillig (zB infolge reiner Vermögensverluste durch Diebstahl oder Zahlungsunfähigkeit des Schuldners, s Rz 8), können **Billigkeitsmaßnahme nach §§ 163, 227 AO** in Betracht kommen (BFH III R 191/90 BStBl II 92, 293; ausführl zu § 33 und Billigkeitsmaßnahmen s *KSM* § 33 Rz A 7 ff); s iÜ auch Rz 22.

II. Berücksichtigung außergewöhnlicher Belastungen, § 33 I

1. Aufwendungen. Aufwendungen sind grds alle **Ausgaben,** die in Geld oder Geldeswert bestehen und aus dem Vermögen des StPfl abfließen (vgl BFH GrS 1/89 BStBl II 90, 830). Ausgaben sind nur bewusste und gewollte Vermögensverwendungen (BFH III B 37/05 BFH/NV 06, 2057 mwN). Es kann sich um Geldausgaben oder um eine Zuwendung von Sachwerten handeln (BFH III R 26/89 BFH/NV 91, 669; Bewertung entspr § 8 II). – **Keine Ausgaben** sind **entgangene Einnahmen** (BFH III B 26/95 BFH/NV 96, 128: Verdienstausfall; BFH VI B 43/09 BFH/NV 10, 852: Mieteinnahmen), selbst erbrachte Pflegeleistungen (FG Mster EFG 15, 1198, rkr) oder reine **Vermögensverluste,** die ohne den Willen des StPfl eintreten (zB durch Diebstahl, Brand, Unfall; krit *Jakob/Jüptner* StuW 83, 208 Fn 28; **aA** *Seitrich* BB 90, 470: Einbeziehung unfreiwilliger Verluste). Von den Vermögensverlusten sind die **Schadensbeseitigungskosten** zu unterscheiden (BFH III R 27/92 BStBl II 95, 104: Wasserschaden im Haus; s Rz 15). – Weitere **Beispiele** s *Schmidt* 40. Aufl § 33 Rz 8 aE.

2. Außergewöhnlichkeit. – **a) Definition.** Gem § 33 I 1 liegt Außergewöhnlichkeit vor, wenn dem betroffenen StPfl „größere Aufwendungen als der überwiegenden Mehrzahl der StPfl gleicher Einkommens- und Vermögensverhältnisse und gleichen Familienstands" entstehen (zur verunglückten Legaldefinition s *KSM* § 33 Rz B 41). Es muss also ein Vergleich angestellt werden und das Ergebnis dieses Vergleichs muss sein, dass den StPfl höhere Aufwendungen treffen als bestimmte andere StPfl. – Einen Sonderfall bilden hier allerdings **Krankheitskosten;** bei diesen wird die Außergewöhnlichkeit ebenso wie die Zwangsläufigkeit unwiderlegl vermutet (stRspr, vgl etwa BFH VI R 11/16 BStBl II 18, 469 Rz 23; s iEinz Rz 40 ff).

aa) Vergleich. Aufwendungen sind außergewöhnl, wenn andere StPfl, die in Bezug auf Einkommen, Vermögen und Familie in ähnl Verhältnissen leben, nicht oder nicht in gleicher Höhe davon betroffen sind. Dabei sind Belastete mit Unbelasteten zu vergleichen, nicht Belastete mit anderen ähnl Belasteten (zutr *HHR* § 33 Rz 51). Aufwendungen die alle treffen, insb die **übl Aufwendungen der Lebensführung,** sind aus dem Anwendungsbereich des § 33 ausgeschlossen (BFH VI R 74/10 BStBl II 12, 577 Rz 13; BFH VI R 62/08 BStBl II 10, 965: existenzieller Wohnbedarf). Da **globale Katastrophen** (Pandemie, Klimawandel, Reaktorunfall etc) nahezu alle StPfl treffen, wird es auch insoweit idR an der Außergewöhnlichkeit fehlen (s *Kanzler* FR 93, 698).

bb) Keine bestimmte Höhe. Durch das Tatbestandsmerkmal „**größere**" soll nicht ausgedrückt werden, dass es auf eine bestimmte Höhe der Aufwendungen ankommt (zutr *Tipke* StuW 74, 340, 347). Es genügt vielmehr, dass die Aufwendungen des betroffenen StPfl über dem liegen, was die überwiegende Mehrzahl der in die Vergleichsgruppe einzubeziehenden StPfl tragen muss (s zB BFH III R 11/91 BStBl II 92, 821 mwN).

b) Auslösendes Ereignis. In der Rspr findet sich immer wieder die Formulierung, Aufwendungen seien außergewöhnl, wenn „nicht nur ihrer Höhe, sondern auch **ihrer Art und dem Grunde nach** außerhalb des Üblichen liegen" (zB BFH VI R 22/16 BStBl II 18, 179 Rz 10: Heimunterbringung; s auch BFH VI R 55/15 BFH/NV 17, 1028 Rz 10). Dieser Ansatz ist zutr; denn Aufwendungen sind stets die Folge eines Ereignisses, sodass es kaum denkbar ist, sie ohne Rückgriff auf das auslösende Ereignis als außergewöhnl zu charakterisieren (s auch BFH III R 56/04 BFH/NV 08, 937: dioxinbelastetes Grundstück; glA *KSM* § 33 B 42; *BH/Heger* § 33 Rz 83; **aA** *HHR* § 33 Rz 30). Es muss daher in jedem Einzelfall eine **soziale Wertung** dahingehend vorgenommen werden, ob die Aufwendungen und das sie auslösende Ereignis außerhalb der **normalen Lebensführung** liegen, sodass nach Sinn und Zweck des § 33 eine steuermindernde Berücksichtigung angemessen erscheint. Diese soziale Wertung muss sich den sich stets verändernden sozialen Verhältnissen anpassen. Eine **kasuistische Rspr** ist daher unvermeidbar (s auch Rz 90 „ABC").

13 **3. Belastung des Steuerpflichtigen. – a) „Erwachsen".** Die Aufwendungen müssen dem StPfl „erwachsen", dh er muss wirtschaftl mit ihnen belastet sein. Auf die **Herkunft** der Mittel kommt es nicht an. Die früher in Rspr und Literatur vertretene Auffassung, dass unter § 33 nur Aufwendungen fallen konnten, die aus dem Einkommen bestritten wurden, ist durch BFH III R 27/92 BStBl II 95, 104 zutr aufgegeben worden (s auch *Sunder-Plassmann* DStR 93, 1164 f; *Brockmeyer* DStZ 98, 216). Unerhebl ist auch, ob der Stpfl über eigenes Vermögen verfügt oder ob er Geld von einem Dritten geschenkt erhalten hat (*HHR* § 33 Rz 46). § 33 III ist mE in Bezug auf die finanziellen Verhältnisse des StPfl abschließend.

14 **b) Gegenwertlehre.** Umstr ist die Anwendung der sog Gegenwertlehre. Nach früher wohl hM und (jedenfalls bis 2012, s Rz 16) stRspr des BFH können Aufwendungen nicht als agB berücksichtigt werden, wenn der StPfl einen Gegenwert oder einen nicht nur vorübergehenden Vorteil erlangt hat (s BFH III R 10/04 BFH/NV 06, 931 mwN; *Brockmeyer* DStZ 98, 215). Das BVerfG hat dies ausdrückl gebilligt (BVerfG 1 BvR 512/65 BStBl III 67, 106). Allerdings lässt sich dem Gesetz eine solche Einschränkung nicht entnehmen (so die zutr Kritik von *HHR* § 33 Rz 39; s auch *KSM* § 33 B 34–38; *Eschenbach* DStZ 08, 133).

15 **aa) Ausnahmen.** Auf die Gegenwertlehre wird ohnehin nicht zurückgegriffen bei Aufwendungen für **anerkannte medizinische Hilfsmittel,** die nur dem Kranken dienen (BFH III R 54/90 BStBl 91, 920; Anm *Kanzler* FR 91, 727; nicht bei Gegenständen der allg Lebensführung, BFH III R 74/87 BStBl II 92, 290), ebenso bei der Wiederbeschaffung von **Hausrat und Kleidung,** wenn der Verlust auf einem unabwendbaren Ereignis beruht (gegen dieses Merkmal *HHR* § 33 Rz 74) und wenn Gegenstände angeschafft worden sind, die üblicherweise angemessen und notwendig sind (zuletzt BFH III R 8/95 BStBl II 99, 766 mwN; weitere Beispiele s *Schmidt* 36. Aufl § 33 Rz 11). – Eine weitere Ausnahme gilt für sog **verlorenen Aufwand,** bei dem der StPfl einen endgültigen Verlust aufgrund eines außergewöhnl Ereignisses in einem existenziell wichtigen Bereich ausgleichen muss (vgl BFH III R 27/92 BStBl II 95, 104: Wasserschaden am selbst bewohnten Einfamilienhaus). Es dürfen hier allerdings keine Anhaltspunkte für ein eigenes (ursächl) Verschulden (s Rz 28) des StPfl erkennbar sein und auch keine realisierbaren Ersatzansprüche gegen Dritte bestehen. Zudem sind bei Schäden an Vermögensgegenständen Wertverbesserungen im Wege des **Vorteilsausgleichs** anzurechnen (s BFH III R 27/92 BStBl II 95, 104, unter 4. der Gründe: Tapeten in einem elf Jahre alten Haus; s auch BFH VI R 16/09 BStBl II 11, 966: „Neu für Alt", Ermittlung durch FG). – Weitere **Beispiele** s *Schmidt* 40. Aufl § 33 Rz 15 aE.

16 **bb) Rechtsprechungswandel.** Zudem hat der seit 2009 für agB grds (wieder) allein zuständige VI. Senat des BFH die Gegenwertlehre zwar nicht ausdrückl aufgegeben, aber doch weiter in ihrer **Bedeutung stark eingeschränkt:** Auf die Erlangung eines Gegenwertes kommt es jedenfalls dann nicht mehr an, wenn die betroffenen Aufwendungen „stark unter dem Gebot der sich aus der Situation ergebenden Zwangsläufigkeit" stehen (BFH VI R 7/09 BStBl II 10, 280). So begründet etwa der **behindertengerechte Umbau** eines Hauses „keinen über den individuellen Nutzungsvorteil hinausgehenden Gegenwert" (BFH VI R 16/10 BStBl II 11, 1012 Rz 14f, ausdrückl in Abkehr von BFH III R 209/94 BStBl II 97, 491; s auch BFH VI B 35/11 BFH/NV 11, 1691). IÜ muss sich der StPfl nur einen „realen", also *bezifferbaren* Gegenwert anrechnen lassen, der ggf durch einen Sachverständigen festzustellen ist (BFH VI R 7/09 BStBl II 10, 280; s auch *Kanzler* NWB 10, 9). – **Seit 2012** taucht die Gegenwertlehre in der BFH-Rspr nicht mehr auf.

c) Ersatzleistungen. – aa) Veranlagungszeitraum der Verausgabung. Legt 17
der StPfl eine Ausgabe ledigl vor und erhält er sie von dritter Seite ersetzt (zB
Krankenversicherung, Beihilfe, Schadensersatz nach Unfall), ist er nur *vorübergehend*
belastet. Nach Sinn und Zweck des § 33 sind aber nur solche Aufwendungen abzugsfähig, die den StPfl *endgültig* belasten, sog **Belastungsprinzip.** Soweit der StPfl
von dritter Seite einen Aufwendungsersatz erhält, scheidet daher nach zutr hM ein
Abzug als agB aus (stRspr, s BFH VI B 106/17 BFH/NV 18, 716; BFH III R 8/95
BStBl II 99, 766 mwN; *HHR* § 33 Rz 42; *Brockmeyer* DStZ 98, 215 f). Das gilt
allerdings nur dann, wenn die Erstattung nicht zu stpfl Einnahmen führt (BFH VI
R 63/73 BStBl II 75, 632). Außerdem müssen Ersatzleistung und Aufwand **auf
dem näml Ereignis** beruhen; anzurechnen sind nur Vorteile in Geld oder Geldeswert, die der StPfl erhält, um die entstandenen außergewöhnl Aufwendungen
auszugleichen (BFH VI R 8/10 BStBl II 11, 701 mwN).

Beispiele: Pflegegeld aus einer ergänzenden Pflege-KV ist auf die als agB geltend gemachten Pflegekosten anzurechnen (BFH VI R 8/10 BStBl II 11, 701). Leistungen aus
einer **Krank*en*tagegeld-Versicherung** sind *nicht* auf die Krankheitskosten anzurechnen
(Ausgleich für Verdienstausfall); Leistungen aus einer **Krank*enhaus*tagegeld-Versicherung**
sind dagegen auf die Krankenhauskosten (aber nicht zB auf Kosten für eine ambulante Behandlung) anzurechnen (BFH VI R 242/69 BStBl II 72, 177). S iÜ *Schmidt* 40. Aufl § 33
Rz 17 aE.

bb) Vorangehende oder spätere Veranlagungszeiträume. Str ist, ob eine 18
Vorteilsanrechnung auch vorzunehmen ist, wenn der Ersatz von Aufwendungen bereits in einem vorangegangenen VZ geleistet worden ist bzw erst in
einem späteren VZ geleistet wird. Nach hM sind auch in diesen Fällen die zufließenden Ersatzleistungen auf die Aufwendungen anzurechnen, da das Abflussprinzip des § 11 II *insoweit* (s Rz 20) durch das für § 33 geltende Belastungsprinzip
überlagert wird (vgl BFH VI R 11/16 BStBl II 18, 469 Rz 53 ff: nachträgl Leistung der Krankenkasse, keine Minderung um Kosten des finanzgerichtl Verfahrens). Eine Abzinsung von Erstattungsleistungen oder Ausgabenrückflüssen kommt
nicht in Betracht (FG Mster EFG 87, 186, rkr). – Ist die Erstattung bei Durchführung der Veranlagung bereits erfolgt, bestehen bezügl der Vorteilsanrechnung
keine verfahrensmäßigen Schwierigkeiten. Steht die Erstattung noch aus und ist
sie der Höhe nach ungewiss, empfiehlt es sich, die Höhe der Erstattung zu
schätzen und den Steuerbescheid unter dem **Vorbehalt der Nachprüfung**
bzw vorläufig zu erlassen (§§ 164, 165 AO, s *Seitrich* FR 84, 525 f; FG Mster EFG
87, 186, rkr, Lösegeldrückfluss; **aA** *HHR* § 33 Rz 42: Berücksichtigung und Verrechnung im Jahr der Erstattung). – Ist der Steuerbescheid ohne Vorbehalt der
Nachprüfung ergangen und stellt sich später heraus, dass die Erstattung bei der
Besteuerung unzutr geschätzt worden ist, kann der Bescheid nach § 175 I 1 Nr 2
AO geändert werden (FG Köln EFG 88, 422 mwN, rkr; *BH/Heger* § 33 Rz 71).
Das Gleiche gilt, wenn der StPfl bei Erlass des Bescheids nicht mit einer Erstattung gerechnet hat und der volle Ausgabenbetrag als agB abgesetzt worden ist,
und ebenso, wenn eine agB im Hinblick auf eine sicher erwartete Erstattung
nicht abgesetzt worden ist, die Erstattung im Folgejahr aber ausbleibt. In all
diesen Fällen ist die Erstattung oder deren Ausbleiben ein Ereignis, das sich steuerl
auf die Belastung des früheren VZ auswirkt (ähnl Problematik bei der **KiSt im
SA-Bereich,** BFH XI R 10/04 BStBl II 04, 1058; BFH XI R 28/04 BFH/NV
05, 321).

4. Rechtsfolge. – a) Abzug. Der als agB zu berücksichtigende Betrag (Auf- 19
wand iSd § 33 I abzügl zumutbarer Belastung gem § 33 III) wird vom Gesamtbetrag der Einkünfte (§ 2 IV) abgezogen. Liegen die Voraussetzungen des § 33 vor,
hat der StPfl einen **Rechtsanspruch** auf die Steuerermäßigung („wird ... ermäßigt", keine Ermessensentscheidung; s auch *Kanzler* NWB 11, 249). Die Entscheidung des FA unterliegt in vollem Umfang der Überprüfung durch das FG.
– Bei zusammenveranlagten **Ehegatten** erfolgt der Abzug vom gemeinsamen Ge-

samtbetrag der Einkünfte (s § 26b Rz 8); zu getrennter Veranlagung s § 26a Rz 7f. – Zu ESt-Vorauszahlungen (§ 37 III 4) s § 37 Rz 8; zum LSt-Abzug (§ 39a II 4) s § 39a Rz 4.

20   **b) Zeitpunkt. – aa) Abflussprinzip.** Der Abzug der agB erfolgt im **VZ der Verausgabung;** auch § 33 fällt unter das Abflussprinzip, § 11 II (BFH VI R 36/15 BStBl II 17, 979). Das Belastungsprinzip (s Rz 17f) beeinflusst nur die Höhe des Abzugsbetrags, nicht den Abzugszeitpunkt (BFH VI R 67/79 BStBl II 82, 744). Das gilt auch dann, wenn die Aufwendungen aus einem **Darlehen** bestritten werden (BFH VI R 41/05 BFH/NV 08, 1136 mwN). – Konsequenterweise sind **Vorschüsse und Nachzahlungen** ebenfalls grds im VZ der Leistung zu berücksichtigen (Problem: zweimaliger Ansatz einer zumutbaren Belastung; s *HHR* § 33 Rz 56: grob unbillig; mE Korrektur über §§ 163, 227 AO). Werden aber Vorauszahlungen auf agB *freiwillig* geleistet, um die Steuerprogression zu mildern, kann dies **missbräuchl** sein (vgl FG Mchn EFG 14, 1683, rkr: Vorauszahlung von Krankheitskosten für mehrere Jahre zur Kompensation einer Abfindung).

21   **bb) Keine Verteilung auf mehrere Jahre.** Die von den FÄ zeitweise vertretene Auffassung, dass die Aufwendungen ggf über einen längeren Zeitraum (Nutzungsdauer) zu verteilen sind, hat der BFH abgelehnt (BFH VI R 7/09 BStBl II 10, 280). Das gilt allerdings zum Nachteil des StPfl auch dann, wenn sich die agB in dem VZ, in dem sie geleistet worden ist, nicht bzw nicht vollständig auswirkt, weil der **Gesamtbetrag der Einkünfte zu gering** ist. Es ist nicht mögl, die agB bzw den Restbetrag in einen anderen VZ zu übertragen oder auf mehrere VZ zu verteilen (BFH VI R 36/15 BStBl II 17, 979). Weder § 82b EStDV noch §§ 7 oder 10d sind anwendbar und können, da es an einer Gesetzeslücke fehlt, auch nicht analog herangezogen werden (BFH VI R 36/15 BStBl II 17, 979; eine Analogie für SA allerdings bejahend: BFH VI R 113/92 BStBl II 93, 676; s auch *HHR* § 33 Rz 56: verdeckte Regelungslücke; iErg wohl ebenso *Brandis* DStR 18, 2298).

22   **cc) Keine Billigkeitsmaßnahmen.** Ebenso hat der BFH eine abweichende Steuerfestsetzung aus Billigkeitsgründen gem **§ 163 AO** abgelehnt: Der Umstand, dass agB, die den Gesamtbetrag der Einkünfte überschreiten, unberücksichtigt blieben, sei der estl Systematik geschuldet, insb der Ermittlung des zu versteuernden Einkommens gem § 2 (BFH VI R 36/15 BStBl II 17, 979 Rz 24, VerfBeschw nicht angenommen).

Kritik: Gerade der Umstand, dass die estl Regelungen zu diesem Ergebnis führen und somit zwangsläufige Mehraufwendungen für den existenznotwendigen Grundbedarf entgegen der Wertung des § 33 iErg unberücksichtigt bleiben, spricht mE dafür, in solchen Fällen auf § 163 AO zurückzugreifen. Auch hat der BFH ursprüngl auch so gesehen (BFH VI R 7/09 BStBl II 10, 280 Rz 20: „Wahlrecht" der Verteilung" der Aufwendungen; ebenso: FG Saarl EFG 13, 1927, rkr: Verteilung auf bis zu 5 Jahre; s iÜ auch BFH III R 191/90 BStBl II 92, 293; **aA** *BeckOK EStG* § 33 Rz 57; *BH/Heger* § 33 Rz 44).

23   **d) Antrag.** Der Abzug erfolgt auf Antrag des StPfl (oder seines Erben). Der Antrag kann noch vor dem FG bis zum Schluss der mündl Verhandlung gestellt oder zurückgenommen werden, allerdings nicht mehr im Revisionsverfahren (BFH I R 120/91 BStBl II 93, 738). Erkennt das FA oder das FG, dass der StPfl eine agB beantragen könnte, hat es darauf hinzuweisen (Fürsorgepflicht, § 89 AO und § 76 II FGO; s allg BFH X B 16/02 BFH/NV 03, 1212). – Die **Nachholung** eines Antrags ist zunächst bloße Verfahrenshandlung, keine Tatsache iSd § 173 I Nr 2 AO, die zu einer Aufhebung oder Änderung eines bestandskräftigen, nicht unter dem Vorbehalt der Nachprüfung stehenden Bescheids führen kann. Wohl aber ist der dem Antrag zugrunde liegende Sachverhalt eine Tatsache iSd § 173 I Nr 2 AO (ausführl BFH III R 24/02 BStBl II 04, 394 mwN; s auch BFH VI R 58/07 BStBl II 10, 531: keine Änderung, wenn StB Krankheitskosten vergisst).

III. Zwangsläufigkeit, § 33 II 1

1. Begriff. Die außergewöhnl Aufwendungen müssen dem Grunde und der Höhe nach zwangsläufig sein. Dem **Grunde** nach sind sie zwangläufig, wenn der StPfl sich ihnen aus rechtl, tatsächl oder sittl Gründen nicht entziehen kann (Rz 26 ff). Der **Höhe** nach sind die Aufwendung zwangläufig, wenn sie notwendig und angemessen sind (Rz 39). Zu Besonderheiten bei **Krankheitskosten** s Rz 40 ff. Zu den unterschiedl Anforderungen an die Zwangsläufigkeit iSd § 33 II und des § **33b VI** s BFH III R 265/94 BStBl II 97, 558 und *Anm* HFR 97, 577.

2. Nicht-Entziehen-Können. – a) Maßstab. Die Gründe, die zu einer Belastung des StPfl geführt haben, müssen (so die in stRspr verwendete Formel) „von außen derart auf die Entschließung des Steuerpflichtigen einwirken, dass er ihnen nicht auszuweichen vermag" (BFH VI R 47/13 BStBl II 17, 276 Rz 16 mwN). Abzustellen ist auf die **obj Zwangsläufigkeit;** es genügt nicht, dass sich der StPfl subj verpflichtet gefühlt hat, obwohl er es nach der Verkehrsanschauung nicht gewesen ist (BFH III R 59/97 BStBl II 98, 605 mwN). Liegt aber ein **entschuldbarer Irrtum** vor und ist der StPfl von einem Sachverhalt ausgegangen, bei dessen Vorliegen Aufwendungen zwangsläufig gewesen wären, kann eine Anwendung des § 33 in Betracht kommen (*HHR* § 33 Rz 177; zur Anerkennung agB in einer „notstandsähnl Zwangslage" s auch BFH VI R 11/09 BStBl II 11, 119). – Bei Fällen mit **Auslandsbezug** wird sich die Frage, ob eine rechtl Verpflichtung vorliegt, nach deutschem IPR richten. Geht es um sittl Verpflichtungen, ist ggf darauf abzustellen, woran sich der ausl StPfl sittl gebunden fühlt, es sei denn, die Anschauung ist mit der inl Rechtsordnung nicht zu vereinbaren (s auch *Kanzler* FR 93, 694; *HHR* § 33 Rz 178; *KSM* § 33 Rz A 15, C 7). Ob hierbei auf § 33a I 6 HS 2 zurückgegriffen werden kann (so FG Mster EFG 95, 529, rkr; *BH/Heger* § 33 Rz 91), erscheint fragl (vgl BFH VI R 61/08 BStBl II 10, 621, Rz 14: kein Rückgriff auf die „Sondervorschrift" des § 33a I 3).

Letztl ist auch hier stets danach zu fragen, ob das **auslösende Ereignis**, dessen unmittelbare Folge die Aufwendungen oder die Verpflichtung zur Bestreitung der Aufwendungen sind, für den StPfl zwangsläufig war (vgl *Jakob/Jüptner* StuW 83, 209 ff, die auf die „wesentl Ursache", die zu den Aufwendungen führt; s auch BFH VI R 47/13 BStBl II 17, 276 Rz 17; BFH VI R 17/14 BStBl II 15, 800); grds aA *HHR* § 33 Rz 180 ff: Nur die Aufwendungen müssen zwangsläufig sein, nicht das zugrunde liegende Ereignis; dagegen wiederum *KSM* § 33 Rz C 14 (zugleich gegen eine Überbewertung von Kausalitätsfragen, s *KSM* § 33 Rz C 15–18): zu fragen sei stets, ob ein außergewöhnl, atypischer Sachverhalt die subj Leistungsfähigkeit mindere, ohne dass dem StPfl ein Vorwurf gemacht werden könne.

b) Verhalten des Steuerpflichtigen. – aa) Freie Entscheidung. An der Zwangsläufigkeit fehlt es, wenn sich der StPfl bewusst und auf Grund freier Entscheidung in eine bestimmte Situation begeben und damit die maßgebl Ursache für die geltend gemachten Aufwendungen selbst gesetzt hat (BFH III R 68/03 BStBl II 05, 566). Regelmäßig ist dies auch beim Abschluss von Verträgen und den damit uU verbundenen nachteiligen Folgen der Fall (vgl BFH VI R 47/13 BStBl II 17, 276). S auch Rz 35 „Baumangel", „Betrugsverluste" und „Insolvenz".

Beispiele: : Kosten einer **künstl Befruchtung** nach vorangegangener *freiwilliger* Sterilisation (BFH III R 68/03 BStBl II 05, 566); FG Mchn EFG 22, 43, rkr: Kosten einer **Geschlechtsumwandlung** in Thailand trotz Zusage der Kostenübernahme durch Krankenkasse.

bb) Verschulden. Des Weiteren ist Zwangsläufigkeit zu verneinen, wenn der StPfl durch **schuldhaftes sozial inadäquates Verhalten** selbst die Ursache für die Aufwendungen gesetzt hat und wenn sich diese bei sozial adäquatem Verhalten hätten vermeiden lassen (ähnl auch *Littmann* § 33 Rz 141; krit zur Sozialadäquanz und zur Berücksichtigung mögl Alternativverhaltens *Jakob/Jüptner* StuW 83, 210, 241 f; **aA** *HHR* § 33 Rz 184 ff, der danach fragt, ob die Inanspruchnahme des § 33 missbräuchl ist).

29 **(1) Vorsatz; Fahrlässigkeit.** Vorsätzl oder grobfahrlässiges Verhalten schließt Zwangsläufigkeit stets aus (BFH VI 272/61 S BStBl III 63, 499). Demgegenüber soll nach *Anm* HFR 86, 580 eine agB nicht von vornherein allein wegen des Grades der Fahrlässigkeit abzulehnen sein, da die Einschränkung der steuerl Leistungsfähigkeit unabhängig vom Fahrlässigkeitsgrad eintritt; es soll auch hier danach gefragt werden, ob sich die Inanspruchnahme einer agB als rechtsmissbräuchl erweist (glA *HHR* § 33 Rz 186, 300 „Schadensersatz"; mE wird durch diese Abgrenzung die Problematik nur verlagert, die Ergebnisse bleiben die Gleichen). – **Leichte Fahrlässigkeit** iSe auch bei gewissenhaften Menschen vorkommenden, nicht ins Gewicht fallenden Außerachtlassens der im Verkehr erforderlichen Sorgfalt schließt die Zwangsläufigkeit nicht aus (grds BFH VI R 41/79 BStBl II 82, 749; krit *Jakob/Jüptner* StuW 83, 211 Fn 44). ME kann auch auf die im Zivilrecht entwickelten Grundsätze „gefahrgeneigter Arbeit" zurückgegriffen werden (glA wohl *KSM* § 33 Rz C 21, 28; *Brockmeyer* DStZ 98, 218). Zu Nachweisfragen s *Sunder-Plassmann* DStZ 95, 194.

30 **(2) Straftat; Sittenwidrigkeit.** Strafbares oder sittenwidriges Tun ist nicht zwangsläufig; damit zusammenhängende Aufwendungen sind somit nicht abzugsfähig. Auch **Geldstrafen** und **Geldbußen** können nicht gem § 33 berücksichtigt werden. Eine Ausnahme wird man mit FG Brem (EFG 80, 183, rkr) zulassen können, wenn und soweit eine von einem ausl Gericht verhängte Geldstrafe nach deutschem Rechtsempfinden als offensichtl Unrecht erscheint.

31 **cc) Verzicht.** Verzichtet der StPfl auf die **Geltendmachung eines Ersatzanspruchs** (zB ggü der privaten KV wegen Beitragsrückerstattung, s zutr FG Nds EFG 19, 712 mwN, rkr), verlieren die Aufwendungen den Charakter der Zwangsläufigkeit, es sei denn, die Geltendmachung des Ersatzanspruchs ist unzumutbar. Ggü der Krankenkasse sind die Kosten schriftl geltend zu machen (BFH III R 91/89 BStBl II 92, 137, mE hätte zurückverwiesen werden müssen; zu Recht krit *Richter* DStR 92, 136; s auch BFH III R 48/93 BFH/NV 95, 24: Beihilfeanspruch muss geltend gemacht werden). Die Geltendmachung des Ersatzanspruchs kann unbillig sein, wenn nachteilige Auswirkungen auf das Fortkommen des StPfl zu befürchten sind; gerichtl Verfolgung des Anspruchs ist wegen des Prozessrisikos wohl nicht zu verlangen (s auch *Anm* HFR 92, 237).

32 **dd) Abschluss einer Versicherung.** Die Zwangsläufigkeit entfällt nicht schon dadurch, dass der StPfl die Aufwendungen durch den Abschluss einer Versicherung hätte abwälzen können. Der Verzicht auf den Abschluss einer Versicherung ist idR nicht sozial inadäquat. Etwas anderes gilt allerdings für Schäden an eigenen Vermögensgegenständen (Haus, Hausrat), wenn der StPfl eine **übl und zumutbare** Versicherung nicht abgeschlossen hat (stRspr, ausführl BFH III R 36/01 BStBl II 04, 47 mwN; ebenso *BMF* BStBl I 02, 960, nicht aber für Elementarversicherung). Übl sind jedenfalls Feuer-, Sturm- und Hausratversicherung (zu Reisegepäckversicherung s FG BaWü EFG 08, 379, rkr). Dieser Rspr ist zuzustimmen, da sie dem veränderten Verhalten der Mehrheit der StPfl gerecht wird (ausführl *Steinhauff* HFR 04, 122). Zu beachten ist, dass auch bei Unterversicherung die Zwangsläufigkeit ausscheiden kann. S auch Rz 35 „Schadensersatz".

33 **c) Aufwendungen zu Gunsten Dritter.** Bei Aufwendungen zu Gunsten Dritter muss geprüft werden, ob die unterstützte Person über eigenes, nicht nur geringfügiges Vermögen verfügt. Ist das der Fall, sind die Aufwendungen des StPfl idR nicht zwangsläufig (s BFH III R 25/01 BStBl II 03, 299 mwN). Volljährige Kinder sind grds verpflichtet, auch den **Vermögensstamm** einzusetzen (Umkehrschluss aus § 1602 BGB); doch kann dies im Einzelfall unzumutbar sein (s BFH VI R 61/08 BStBl II 10, 621: maßvolle Altersvorsorge eines volljährigen behinderten Kindes, kein Rückgriff auf § 33a I 3). – Allg ist auch zu fragen, ob der Dritte die Aufwendungen nicht durch **Kreditfinanzierung** selbst hätte aufbringen können (BFH III R 209/81 BStBl II 87, 432) oder durch **Beleihung** seines Vermögens

Zwangsläufigkeit 34–37 § 33

(FG Hbg EFG 98, 663, rkr; FG Hess EFG 02, 833, rkr; aber: keine Verpflichtung zur Beleihung einer „maßvollen" Unfallversicherung, s BFH III R 97/06 BFH/NV 09, 728). – Hat der Dritte die Aufwendungen durch **eigenes Verhalten** verursacht und stünde dies einer Anwendung des § 33 in seiner Person entgegen, soll die zwangsläufige Übernahme der Aufwendungen durch den StPfl gleichwohl mögl sein (BFH III R 145/85 BStBl II 90, 895, unter II, mwN).

Für den entschiedenen Fall mag dies iErg zutr sein; zu bedenken ist aber, dass das eigene Verhalten des Dritten derart **sozialwidrig** sein kann, dass eine Unterstützung durch den StPfl nicht mehr erwartet werden kann. Ist eine **frühere Vermögensübertragung** durch den Dritten an den StPfl ursächl für die Unterstützungsbedürftigkeit, ist die Unterstützung durch den StPfl schon aus diesem Grund nicht zwangsläufig (BFH VI B 146/08 BFH/NV 10, 637; ausführl BFH III R 38/95 BStBl II 97, 387, *Anm* HFR 97, 485; *Dürr* INF 97, 353; *Paus* BB 97, 2559).

3. Rechtliche Gründe. Rechtl Gründe können sich aus Gesetz, Verwaltungsakt **34** oder Vertrag ergeben. Es ist aber stets zu untersuchen, ob die rechtl Verpflichtung nicht die Folge eines vorhergehenden Verhaltens des StPfl ist. Die rechtl Gründe dürfen vom StPfl nicht selbst gesetzt sein (BFH III R 178/80 BStBl II 86, 745). Ist das vorhergehende Verhalten des StPfl selbst nicht zwangsläufig, kann die sich hieraus ergebende rechtl (gesetzl oder vertragl) Verpflichtung nicht zu einer agB des StPfl führen (zB BFH VI R 47/13 BStBl II 17, 276: Treuhändervergütung im Insolvenzverfahren; *KSM* § 33 Rz C 3; s auch oben Rz 17). Verpflichtungen auf Grund **rechtsgeschäftl Vereinbarung** können daher für sich allein eine Zwangsläufigkeit nicht begründen; es muss aus anderen Gründen eine Zwangsläufigkeit zu gerade dieser Verpflichtung hinzutreten (BFH III R 59/97 BStBl II 98, 605: abl für Kapitalabfindung von Unterhaltszahlungen nach Vergleich).

4. Tatsächliche Gründe. Zu den tatsächl Gründen gehören unabwendbare Ereignisse wie zB Katastrophen, Krieg, Vertreibung, nicht selbst verschuldeter Unfall, **35** Krankheit (Sonderfall, s Rz 40 ff), Tod und Erpressung. Es wird sich regelmäßig um Aufwendungen des StPfl **für sich selbst** handeln. Ob die Unterstützung dritter Personen aus tatsächl Gründen zwangsläufig sein kann, ist zweifelhaft; es kommt insoweit wohl nur eine Zwangsläufigkeit aus rechtl oder sittl Gründen in Betracht (offen gelassen in BFH III R 205/82 BStBl II 90, 294; **aA** BFH VI R 271/68 BStBl II 71, 628, Unterhalt und Berufsausbildung für Lebensretter; es handelte sich entgegen BFH nicht um tatsächl, sondern um sittl Gründe; krit auch *Jakob/Jüptner* StuW 83, 212; *KSM* § 33 Rz C 5).

5. Sittliche Gründe. – a) Vergleichbare Zwangslage. Eine Zwangsläufigkeit **36** aus sittl Gründen setzt voraus, dass sich der StPfl nach allgemeiner Anschauung („Urteil aller billig und gerecht denkenden Menschen") zu der fragl Leistung verpflichtet halten durfte (BFH VI R 51/09 BStBl II 10, 794 mwN). Dabei reicht es nicht aus, dass die Leistung menschl verständl ist; vielmehr muss die Sittenordnung das Handeln gebieten (BFH III R 23/02 BStBl II 04, 267 mwN). Allein das subj Gefühl, verpflichtet zu sein, genügt nicht (glA *HHR* § 33 Rz 190). – Die sittl Verpflichtung muss den StPfl individuell oder aber eine kleine Minderheit der StPfl treffen; sie muss einer Rechtspflicht gleichkommen oder zumindest ähnl sein (ausführl BFH III R 265/94 BStBl II 97, 558).

Die **allg sittl Verpflichtung,** in Not geratenen Mitbürgern zu helfen, begründet keine Zwangsläufigkeit iSd § 33 (BFH VI 320/65 BStBl III 66, 534; FG Köln EFG 85, 122, rkr, fremde Familie in Indien). Das Gleiche gilt für **Anstandspflichten, Übungen und Sitten** (BFH VI R 76/66 BStBl III 67, 364, Trauerkleidung; BFH VI 303/57 U BStBl III 58, 296, Kosten einer Hochzeitsfeier).

b) Angehörige; nahestehende Personen. Sittl Verpflichtungen sind insb zwi- **37** schen Familienangehörigen bedeutsam, die gegenseitig nicht gesetzl unterhaltsverpflichtet sind (zB Geschwister). Voraussetzung für eine sittl Verpflichtung ist aber, dass der Angehörige sich in einer **akuten Notlage** befindet (*Littmann* § 33 Rz 175). Solange der Angehörige gegen andere Personen Unterhaltsansprüche geltend machen kann, fehlt es an der Zwangsläufigkeit (FG Hess EFG 94, 526, rkr). Scheiden bei einem rechtl geregelten Unterhaltsverhältnis rechtl Gründe für die Zwangsläufigkeit aus, sollen regelmäßig auch sittl Gründe nicht in Betracht kommen (FG Hbg EFG 90, 634, rkr); dies ist nicht zweifelsfrei, denn BFH III R 145/85 BStBl II 90, 895 (zu II.) lässt die Frage der rechtl Gründe dahingestellt und bejaht sittl Gründe.

Beispiele: Unterhaltsleistungen an **Schwester** und deren Familie gem § 68 AufenthG (FG Köln EFG 20, 1133, Rev VI R 40/19 – s aber Rz 90 „Unterhalt"); Übernahme von Krankheitskosten für minderjähriges **Pflegekind** durch Pflegeeltern (FG Mster EFG 17, 576, rkr, mE zutr). – Weitere Beispiele s *Schmidt* 39. Aufl § 33 Rz 37.

38   **c) Dritte.** Auch ggü **Nicht-Angehörigen** kann sich eine sittl Verpflichtung zur Unterstützung ergeben. Da jedoch die allg sittl Verpflichtung zur Hilfe in Notfällen nicht ausreicht (*OFD Ffm* FR 95, 592, Aufnahme von Personen aus Katastrophen- oder Kriegsgebieten), muss zwischen dem StPfl und dem Nicht-Angehörigen ein besonderes Pflichtverhältnis vorliegen, auf Grund dessen die Notlage eine Hilfe gerade des StPfl erfordert (*HHR* § 33 Rz 190; BFH IV 342/53 U BStBl III 54, 188, langjährige arbeitsunfähige Hausgehilfin; s auch Rz 90 „Nachlassverbindlichkeiten"). Sind gesetzl unterhaltsverpflichtete Personen vorhanden, ist die Unterstützung durch einen nicht unterhaltsverpflichteten StPfl nur bei Vorliegen besonderer Umstände aus sittl Gründen zwangsläufig.

39   **6. Notwendigkeit; Angemessenheit.** Sind Aufwendungen dem Grunde nach zwangsläufig, kommt ein Abzug als agB nur insoweit in Betracht, als sie „den Umständen nach notwendig sind" und „einen angemessenen Betrag nicht übersteigen". Dh, sie müssen auch der **Art und Höhe** nach zwangsläufig sein. Zu **Krankheitskosten** s Rz 41. – **Notwendig** sind die Aufwendungen, wenn kein günstigeres bzw weniger aufwendiges Mittel zur Verfügung steht. Ob das der Fall ist, muss unter Berücksichtigung der Umstände des jeweiligen Falls beurteilt werden. So kann es zB bei der Unterstützung einer dritten Person unter dem Gesichtspunkt der Notwendigkeit ausreichen, ihr mit einem Darlehen über die Not zu helfen, anstatt ihr den Unterstützungsbetrag zu schenken (glA BFH III R 262/83 BStBl II 89, 280; s Rz 22). – Sind die Aufwendungen dem Grunde und der Art nach notwendig, dürfen sie einen **angemessenen Betrag** nicht übersteigen; ggf ist nur der angemessene Teil des Betrags abzugsfähig (vgl BFH VI R 16/10 BStBl II 11, 1012 Rz 16: behinderungsbedingter Umbau). Die Angemessenheit ist nach obj Merkmalen zu bestimmen (*HHR* § 33 Rz 197), und zwar für besserverdienende StPfl in gleicher Weise wie für Normalverdiener (FG Nbg EFG 84, 178, rkr).

Nach *KSM* § 33 C 32 f handelt es sich um deklaratorische Tatbestandsmerkmale. Grds aA *HHR* § 33 Rz 196: der Begriff „notwendig" soll sich nur auf die Bedürftigkeit Dritter beziehen, zu deren Gunsten Aufwendungen geleistet werden; mE fehlt es an der Zwangsläufigkeit, wenn ein unterstützter Dritter nicht der Unterstützung bedarf, weil er sich selbst helfen kann.

40   **7. Sonderfall: Krankheit und Behinderung. – a) Tatsächliche Zwangsläufigkeit.** Bei typischen und unmittelbaren Krankheitskosten wird nach stRspr nicht nur die Außergewöhnlichkeit der Aufwendungen unwiderlegl vermutet (s Rz 9), sondern auch deren **Zwangsläufigkeit aus tatsächl Gründen unterstellt** (vgl BFH VI R 11/16 BStBl II 18, 469 mwN; BFH VIII R 52/13 BStBl II 17, 949). Dadurch soll ein unzumutbares Eindringen in die Privatsphäre des StPfl vermieden werden (BFH VI R 27/13 BStBl II 14, 824 mwN; krit *BeckOK EStG* § 33 Rz 136.3). Auf Art und Ursache der Erkrankung kommt es nicht an (stRspr, s BFH VI R 47/15 BStBl II 18, 350). Das gilt für alle Aufwendungen, die der Heilung einer Krankheit dienen (zB Medikamente, Operation) oder eine Krankheit erträgl machen (BFH VIII R 52/13 BStBl II 17, 949 Rz 52) bzw einen körperl Mangel ausgleichen sollen (BFH VI R 34/15 BStBl II 18, 344: künstl Befruchtung). Ein **Verschulden** des StPfl ist unerhebl (BFH VI R 77/78 BStBl II 81, 711; s auch

Zwangsläufigkeit 41–44 § 33

Rz 28 f). Auf ErstattungsRL der Krankenkassen oder Beihilfevorschriften kommt es nicht an (zutr FG BBg EFG 08, 544, rkr). Zur Bedeutung des gewählten **Versicherungstarifs** s BFH X R 31/19 DStR 21, 1411 Rz 24 mwN. – Auch Aufwendungen, die infolge einer **Behinderung** entstehen, sind ähnl wie Krankheitskosten aus tatsächl Gründen zwangsläufig (vgl BFH VI R 7/09 BStBl II 10, 280 Rz 15); s iEinz Rz 56 ff. – Hinsichtlich der Anforderungen an den **förml Nachweis der Aufwendungen** gem § 64 EStDV s Rz 76 ff.

Abgrenzung: Bei Aufwendungen für typische **Berufskrankheiten** uä ist vorrangig ein Abzug als BA/WK zu prüfen (§ 33 II 2, BFH VI R 36/13 BFH/NV 16, 194); s auch § 4 Rz 520 „Krankheitskosten" und § 19 Rz 110 „Berufskrankheit". – Zur Anrechnung **Leistungen Dritter** s Rz 17 f; zum **Verzicht** auf Ersatzansprüche s Rz 31.

b) Notwendigkeit; Angemessenheit. Auch hinsichtl Notwendigkeit und An- **41** gemessenheit der Aufwendungen wird bei Krankheitskosten kein strenger Maßstab angelegt. Sie sind nach der Rspr nur dann nicht mehr gegeben, wenn ein für jedermann **offensichtl Missverhältnis** zw dem erforderl und dem tatsächl Aufwand vorliegt (BFH VI R 20/12 BStBl II 14, 456 mwN: Größe eines Appartements in einem Pflegeheim; s auch FG Ddorf EFG 16, 911, rkr: Ermittlung der „übl Heimunterbringungskosten"; ähnl FG BaWü EFG 16, 1258, rkr: häusl Pflege).

Fahrtkosten (zB zum Arzt, s Rz 44) sind mE idR auch dann **in voller Höhe** zu berücksichtigen, wenn bei Benutzung öffentl Verkehrsmittel geringere Kosten entstanden wären. Entscheidend ist die Zumutbarkeit der Benutzung öffentl Verkehrsmittel; dies gilt mE auch im Nahverkehrsbereich (tendenziell **aA** BFH III R 5/98 BStBl II 99, 227 zu II.2.c mwN).

c) Einzelne Fallgruppen. – aa) Heilbehandlung. Aufwendungen für die ei- **42** gentl Heilbehandlung werden ohne Weiteres als agB berücksichtigt (s BFH VI R 27/13 BStBl II 14, 824 mwN). Dass sie dem Grunde und der Höhe nach zwangsläufig sind, wird **typisierend unterstellt**, wenn sie nach allg Erkenntnis medizinisch indiziert sind (vgl BFH VI R 17/09 BStBl II 11, 969 mwN: nach „den Erkenntnissen und Erfahrungen der Heilkunde und nach den Grundsätzen eines gewissenhaften Arztes"; BFH VI R 20/12 BStBl II 14, 456: „adäquater Zusammenhang" und „nicht außerhalb des Üblichen").

(1) Abgrenzung. Eine Heilbehandlung idS liegt nicht nur dann vor, wenn die **43** ärztl Tätigkeit darauf gerichtet ist, die Ursachen der Erkrankung zu beseitigen; es genügt auch, dass die Krankheitsfolgen abgeschwächt (zB Linderung von Schmerzen und Beschwerde) oder körperl Mängel „umgangen" oder kompensiert werden (s BFH VI R 43/10 BStBl II 11, 414; BFH VI R 47/15 BStBl II 18, 350 Rz 15). Dagegen bleiben Aufwendungen für Maßnahmen, die typischerweise lediglich der Vorbeugung oder Erhaltung der Gesundheit dienen, als Kosten der allg Lebensführung (s Rz 10) grds unberücksichtigt; nur in besonders gelagerten Fällen können solche Aufwendungen zu agB führen.

(2) Aufwendungen. Zu berücksichtigen sind Aufwendungen für: **Arzt und** **44** **Heilpraktiker** (es besteht grds freie Arztwahl unabhängig davon, ob die Krankenkasse erstattet, FG Mchn EFG 00, 433, rkr; FG Mster EFG 05, 608, rkr; zur Angemessenheit der Kosten bei Heilpraktikerbehandlung s FG Köln EFG 05, 1938, rkr); **Arznei-, Heil- und Hilfsmittel** (Nachweis: § 64 Nr 1 EStDV und ggf Nr 2 Buchst e, s Rz 77 ff) wie zB Brillen, Bruchbänder, Krankenfahrstuhl, Zahnprothesen (unabhängig vom Material, FG Bln EFG 81, 293, rkr) und Zahnimplantate (FG BBg EFG 08, 544, rkr), sonstige Prothesen und Hörgeräte; **Fahrtkosten** zur Krankenbehandlung (ausführl BFH III R 5/98 BStBl II 99, 227, auch zu Leerfahrten); **Praxisgebühr** (offen gelassen in BFH X R 41/11 BStBl II 12, 821; s aber *OFD Ffm* DB 04, 2782;): Kosten der **eigenen häusl Pflege** (vgl FG BaWü EFG 16, 1258, rkr: Grundpflege voll abziehbar, hauswirtschaftl Versorgung nur begrenzt; zur Pflege eines nahen Angehörigen s *BMF* BStBl I 02, 1389). Der **Selbstbehalt** bei einer privaten KV kann nur dann als agB berücksichtigt werden, wenn die zumutbare Belastung (Rz 70 f) übersteigt (BFH X R 43/14 BStBl II 17, 55).

Loschelder 1871

Ob **Adipositas** (Fettleibigkeit) eine Krankheit ist und damit zusammenhängende Aufwendungen abgezogen werden können, ist Tatfrage (BFH III B 37/06 BFH/NV 07, 1865; s auch FG SchlHol EFG 13, 1846, rkr). Zu **Liposuktion ab VZ 2017** s FG Sachs EFG 21, 43: anerkannt (Rev VI R 39/20, Anm *Kanzler* NWB 20, 3374; **aA** für VZ 2016: FG Thür EFG 21, 211 Rev VI R 36/20; FG RhPf EFG 21, 1825, Rev VI R 18/21; s auch BFH VI R 51/13 BStBl II 15, 9: ggf Sachverständigen-Gutachten erforderl; FG RhPf EFG 16, 1704, rkr); **abl für frühere VZ**: FG Mchn EFG 21, 650, rkr (2016 noch keine wissenschaftl anerkannte Heilmethode, s Rz 46); FG Nbg EFG 21, 455, rkr (keine erforderl Heilbehandlung). – Zu **Geschlechtsumwandlung** nach entspr medizinischer Indikation s FG Mchn EFG 22, 43, rkr. – **Nicht anerkannt**: Aufwendungen zur *Vermeidung* einer seelischen Behinderung (BFH VI R 45/14 BFH/NV 16, 393: § 12 Nr 1); Aufwendungen für Lebensmittel bei Bulimie (FG Mster EFG 19, 623, rkr). – S iÜ auch *Schmidt* 36. Aufl § 33 Rz 35 „Krankheitskosten" unter *(2)* und *(3)*.

45 **(3) Therapie.** Aufwendungen zur Behandlung von **Legasthenie** (Lese- und Rechtschreibschwäche) können als Krankheitskosten abzugsfähig sein, wenn der Zustand krankheitsbedingt ist und die Aufwendungen zum Zweck der Heilung oder Linderung getätigt werden; das schließt ggf die Kosten einer auswärtigen Internatsunterbringung mit ein (BFH VI R 17/09 BStBl II 11, 969 mwN, mit Abgrenzung zu § 10 I Nr 9 und § 33a). Das Gleiche gilt für die Kosten einer **logopädischen Therapie** (BFH III R 118/95 BFH/NV 97, 337; s aber FG Köln EFG 12, 1754, rkr: abl für Besuch einer Logopädieschule *ohne* Therapie). – Zum **förml Nachweis** bei auswärtiger Unterbringung eines Kindes gem § 64 I Nr 2 Buchst c EStDV s Rz 81 (vgl auch FG Mster EFG 12, 702, rkr: andere Nachweise nicht anerkannt).

Physiotherapeutische Maßnahmen fallen unter § 64 I Nr 1 EStDV, nicht unter § 64 I Nr 2 Buchst b EStDV. Für Delfintherapie bei einem autistischen Kind (FG Ddorf EFG 06, 415, rkr; BFH III B 205/06 BFH/NV 08, 368) oÄ gilt § 64 I Nr 2 Buchst f EStDV.

46 **(4) Wissenschaftlich nicht anerkannte Heilmethoden.** Aufwendungen für wissenschaftl nicht anerkannte Heilmethoden können eine agB sein (BFH VI R 49/10 BFH/NV 12, 33: Sauerstofftherapie und Wasserionisierung). Auch hier ist ein qualifizierter Nachweis erforderl (§ 64 I Nr 2 Buchst f EStDV; s Rz 84), auch im Fall **notstandsähnl Zwangslagen** bei fortgeschrittener schwerer Erkrankung (vgl BFH VI R 11/16 BStBl II 18, 469: Reikibehandlung; BFH VI R 11/09 BStBl II 11, 119: immunbiologische Krebsabwehrtherapie; krit *Paus* DStZ 11, 150).

47 **bb) Heilkuren.** Aufwendungen für Heilkuren sind als agB zu berücksichtigen, wenn die Kur aufgrund einer **Erkrankung** medizinisch angezeigt ist (BFH VI R 88/10 BFH/NV 12, 35: heilklimatische Kur eines Kindes mit Asthma und Neurodermitis; BFH VI R 49/10 BFH/NV 12, 33: alternative Behandlungsmethoden). – **Nachweis** gem § 64 I Nr 2 Buchst a EStDV s Rz 79.

48 **(1) Abgrenzung.** Nicht mehr erforderl ist nach der Rspr, dass die Kur zur Heilung und Linderung einer Krankheit notwendig sein muss und eine andere Behandlung nicht oder kaum Erfolg versprechend erscheinen darf (BFH VI R 88/10 BFH/NV 12, 35). Dass auch **Badekuren** und ebenso **Vorsorge- und Klimakuren** bei entspr Indikation (und entspr Nachweis) zu einer agB führen können, folgt mE jetzt auch aus § 64 I Nr 2 Buchst a EStDV. Nach wie vor sind aber die Kosten abzugrenzen von Aufwendungen für Erholungsreisen, auch wenn diese der Gesundheit und der Erhaltung der Arbeitskraft dienen (vgl BFH VI R 96/88 BFH/NV 93, 19, Kneippkur). – Der StPfl muss am Kurort idR unter durchgehender (FG Brem EFG 93, 32, rkr) ärztl Aufsicht stehen (BFH III R 95/85 BStBl II 88, 275 mwN; Ausnahme uU bei Klimakuren, BFH VI R 64/85 BFH/NV 88, 149; s aber FG Ddorf EFG 92, 341, rkr, zutr).

Gegen die Heilkur und für einen **Erholungsurlaub** kann der *äußere Ablauf* der Reise sprechen, zB: gesamte Familie ist anwesend oder die Reise wird normalerweise von Reisebüros für Erholungssuchende vermittelt (abl BFH VI R 256/69 BStBl II 72, 534: Reise nach Mallorca bei Heuschnupfen; s auch FG BaWü EFG 96, 379, rkr). – Kosten einer **Kur im Ausl** sind idR nur iHd Kosten einer entspr Kur im Inl angemessen (vgl EStR 3.4 III 1); etwas anderes mag gelten, wenn es zwingende medizinische Gründe für eine Kur an einem bestimmten Ort gibt.

(2) Kinder. Die Kosten des Kuraufenthalts von Kindern werden nach der Rspr grds nur dann als agB anerkannt, wenn das Kind während der Kur in einer Kurklinik untergebracht wurde oder nachgewiesen wird, dass und warum der Kurerfolg ausnahmsweise auch bei einer anderweitigen Unterbringung erreicht werden kann; im letztgenannten Fall ist bei minderjährigen Kindern die Notwendigkeit einer Begleitperson offenkundig (BFH VI R 88/10 BFH/NV 12, 35). **49**

(3) Aufwendungen. Die Kosten von **Arzt- und Kurmitteln** sind in der tatsächl entstandenen Höhe, Unterkunftskosten bei Hotel oder Privatquartier in angemessener Höhe abzugsfähig. Abzugsfähig sind auch die Kosten der **Hin- und Rückfahrt** iHd Kosten für öffentl Verkehrsmittel (so BFH III R 102/89 BStBl II 91, 763, aE; s aber Rz 41 aE; FG Nds EFG 91, 194, rkr, Unfallkosten). **Verpflegungskosten** werden in tatsächl Höhe abzügl einer Haushaltsersparnis iHv $^1/_5$ anerkannt (EStR 33.4 III 2; BFH III R 102/89 BStBl II 91, 763, aE). Die Notwendigkeit einer **Begleitperson** war schon bislang durch ärztl Attest nachzuweisen, außer bei offenkundiger Notwendigkeit (BFH III R 35/97 BStBl II 98, 298; BFH VI R 88/10 BFH/NV 12, 35: bei minderjährigen Kindern idR zu bejahen); s jetzt § 64 I Nr 2 Buchst d EStDV (Rz 82) und für **Besuchsfahrten** § 64 I Nr 3 (Rz 85). Anrechnung von **Ersatzleistungen** und Geltendmachung von Ersatzansprüchen s Rz 31. – Keine agB sind Trinkgelder (s Rz 90 „Trinkgelder"). **50**

cc) Heimunterbringung. Aufwendungen für die **krankheitsbedingte** Unterbringung in einem Alten- oder Pflegeheim gehören zu den Krankheitskosten. Auch sie erwachsen dem StPfl aus tatsächl Gründen zwangsläufig und sind entspr als agB zu berücksichtigen (stRspr, s BFH VI R 22/16 BStBl II 18, 179 mwN; s ausführl auch *Kanzler* NWB 20, 1921). Für eine *altersbedingte* Heimunterbringung gilt das nicht (s Rz 90 „Altersheim"). – Zu **behinderungsbedingter** Heimunterbringung s Rz 58; zu Unterbringung hochbegabter Kinder s Rz 90 **„Internat".** **51**

Ein Heimaufenthalt kann auch dann krankheitsbedingt sein, wenn **keine zusätzl Pflegekosten** entstanden sind und **kein Merkzeichen „H"/„Bl"** im Schwerbehindertenausweis festgestellt ist (Rspr-Änderung, s BFH VI R 38/09 BStBl II 11, 1010; entgegen BFH III R 12/07 BFH/NV 09, 1102). Zu **Demenz** als Krankheit s FG Nds EFG 18, 124, rkr.

(1) Aufwendungen. Nur die ggü der normalen Lebensführung entstehenden Mehrkosten können als agB berücksichtigt werden. Bei nicht nur vorübergehender Unterbringung sind die Kosten daher regelmäßig um eine **Haushaltsersparnis** zu kürzen (BFH VI R 51/09 BStBl II 10, 794 mwN). Diese kann auf den jeweiligen **Höchstbetrag des § 33a I** geschätzt werden (BFH VI R 22/16 BStBl II 18, 179 mwN; keine zusätzl Gewährung des Pauschbetrags nach § 33a III 2 Nr 2 aF, s BFH VI R 20/12 BStBl II 14, 456). Der Abzug einer Haushaltsersparnis kann unterbleiben, wenn der StPfl seinen **Haushalt beibehält**, ohne dass ihm vorgeworfen werden kann (vgl BFH VI R 51/09 BStBl II 10, 794 mwN; s auch FG Mchn EFG 17, 1799, rkr: Berücksichtigung übl Kündigungsfristen; FG RhPf DStRE 13, 1429, rkr: kein Ansatz der Mietzahlungen als agB). Bei Heimunterbringung von **Ehegatten/Lebenspartnern** ist dem BFH zufolge auch dann ein *doppelter* Höchstbetrag gem § 33a I anzusetzen, wenn die Ehegatten/Lebenspartner bislang zusammengelebt haben (BFH VI R 22/16 BStBl II 18, 179; Kritik s *Schmidt* 36. Aufl § 33 Rz 35 „Altersheim"). – **Pflegegeld** aus einer ergänzenden Pflege-KV ist auf die geltend gemachten Pflegekosten anzurechnen (BFH VI R 8/10 BStBl II 11, 701; zur Pflegezulage nach § 35 BVG s BFH III R 15/00 BStBl II 03, 70, Anm *Hettler* HFR 02, 890). – Aufwendungen des **nicht pflegebedürftigen StPfl**, der mit seinem pflegebedürftigen Ehegatten/LPart in ein Heim zieht, sind nicht zwangsläufig (BFH VI R 51/09 BStBl II 10, 794 – mE zweifelhaft: nimmt man das Ehegelübde ernst, müsste man eigentl von Zwangsläufigkeit iSe sittl Verpflichtung ausgehen). **52**

53 **(2) Spätere Erkrankung.** Wird der StPfl (erst) **während einer altersbedingten Unterbringung** krank oder pflegebedürftig (auch Altersgebrechen), können jedenfalls die *dadurch* veranlassten Krankheits-/Pflegekosten agB sein, wenn sie gesondert in Rechnung gestellt werden und von den normalen Unterbringungskosten abgrenzbar sind (BFH III R 39/05 BStBl II 07, 764 mwN: Pflegesätze der Pflegestufe 0 [jetzt Pflegegrade], Anm *Dürr* BFH-PR 07, 377; BFH III R 64/06 BFH/NV 08, 200; BFH III R 12/07 BFH/NV 09, 1102). Nicht berücksichtigt worden sind zunächst die normalen Unterbringungskosten sowie von allen Heimbewohnern zu entrichtende Pauschalentgelte für Pflegeleistungen im Krankheitsfall (BFH III R 15/00 BStBl II 03, 70 mwN; s aber *BMF* BStBl I 03, 89: Berücksichtigung von Unterbringungskosten ab Feststellung mindestens der Pflegestufe I [jetzt Pflegegrad]; FG Mchn EFG 05, 442, rkr: ärztl Attest genügt). Allerdings hat der BFH später offengelassen, ob daran festzuhalten ist (s BFH VI R 51/09 BStBl II 10, 794 Rz 17). Zutr wäre es mE, diesen Fall ebenso zu behandeln wie unter (1) dargestellt; also: Ansatz der Unterbringungskosten abzügl der Haushaltsersparnis.

54 **(3) Angehörige.** Aufwendungen für die krankheitsbedingte Unterbringung eines Angehörigen in einem Pflegeheim sind agB (BFH III R 80/97 BStBl II 00, 294: auch Pflegekosten einschließl der Mehrkosten der krankheitsbedingten Unterbringung; s auch BFH VI R 14/10 BStBl II 12, 876; zum Ansatz einer Haushaltsersparnis: FG Köln EFG 17, 837, rkr). Altersbedingte Heimunterbringung eines Angehörigen wird grds nur § 33a I berücksichtigt (typische Unterhaltskosten, s § 33a Rz 9; BFH VI B 82/12 BFH/NV 13, 525, VerfBeschw nicht angenommen). Zur Berechnung der abziehbaren Aufwendungen s *BMF* BStBl I 02, 1389 (mit Berechnungsbeispielen zum Zusammenspiel zw § 33a I und § 33).

55 **dd) Künstliche Befruchtung.** Empfängnisunfähigkeit einer Frau und Zeugungsunfähigkeit eines Mannes sind Krankheiten (vgl BFH VI R 47/15 BStBl II 18, 350: Frau; BFH VI R 34/15 BStBl II 18, 344: Mann; einschr bei altersbedingter Unfruchtbarkeit: FG BBg EFG 19, 106, rkr). Aufwendungen für eine künstl Befruchtung werden daher als agB berücksichtigt, wenn die Befruchtung in Übereinstimmung mit **innerstaatl Recht** (insb EmbryonenschutzG) und mit den Richtlinien der **ärztl Berufsordnung** vorgenommen worden ist (BFH VI R 34/15 BStBl II 18, 344). Das gilt unabhängig vom Familienstand des StPfl und insb auch für Frauen, die in einer **gleichgeschlechtl Partnerschaft** leben (BFH VI R 47/15 BStBl II 18, 350; BFH VI R 2/17 BFH/NV 18, 194) oder **keine Angaben** zu ihrem Beziehungsstatus macht (FG Mster EFG 20, 1420, rkr, mE zutr; aA wohl FG Thür EFG 17, 1343, rkr, allerdings ist mE nicht festgestellt worden, dass eine Krankheit/Zwangsläufigkeit vorliegt). Berücksichtigt werden alle Aufwendungen, die der Beseitigung der Empfängnis- bzw Zeugungsunfähigkeit dienen (BFH VI R 47/15 BStBl II 18, 350 Rz 25: keine Aufteilung). Dass zunächst die KV auf Erstattung der Aufwendungen verklagt wird, verlangt die Rspr nicht (BFH III R 30/07 BFH/NV 08, 1309). – Zur Rspr-Entwicklung s auch *Teller* DStR 18, 2318.

Beispiele – agB (grds) anerkannt: heterologe künstl Befruchtung bei einer empfängnisunfähigen Frau (BFH VI R 47/15 BStBl II 18, 350: in Dänemark) und bei organisch bedingter Sterilität des Ehemannes (BFH VI R 43/10 BStBl II 11, 414); intrazytoplasmische Spermieninjektion in Österreich (ICSI, s BFH VI R 34/15 BStBl II 18, 344); Kosten für das Einfrieren des Spermas des Ehemanns (FG Mchn EFG 02, 1042, rkr). – **agB nicht anerkannt:** Eizellenspende von einer anderen Frau (FG BBg EFG 15, 925, rkr: im Inl verbotene Behandlung, mit Anm *V. Wendt*; ebenso: FG Mchn EFG 20, 50, Rev VI R 36/19 ua); nach vorangegangener *freiwilliger* Sterilisation (BFH III R 68/03 BStBl II 05, 566; s auch Rz 27); Kosten einer Leihmutter (FG Ddorf EFG 03, 1548, rkr).

56 **ee) Behinderung.** Für den Begriff „Behinderung" ist auch iRd EStG auf die Legaldefinition des § 2 I SGB IX abzustellen (s § 32 Rz 39; ausführl auch BFH VI R 31/14 BStBl II 16, 40 mwN).

(1) Baumaßnahmen; Umbaumaßnahmen. Der behindertengerechten **Um-** 57
bau einer Wohnung/eines Hauses kann zu agB führen, ohne dass sich der StPfl
eine Wertsteigerung als „Gegenwert" anrechnen lassen muss (s Rz 16; vgl auch
Loschelder EStB 10, 255). Das gilt auch bei **Neubau** (BFH VI R 16/10 BStBl II 11,
1012). Mehrkosten für ein größeres Grundstück sind hingegen keine agB (BFH VI
R 42/13 BStBl II 14, 931: keine Zwangsläufigkeit). Zum **Nachweis** der Zwangsläufigkeit der Aufwendungen s EStR 33.4 V. Zur **Verteilung des Aufwands** auf
mehrere Jahre s Rz 21 f (unzulässig). Berücksichtigung der Kosten einer **Haushaltshilfe** richtet sich nach § 35a (FG Nds EFG 13, 1341, rkr).

Beispiele – anerkannt: Rollstuhlrampe, Badvergrößerung, Umbau des Schlafzimmers und
Türverbreiterungen wegen Behinderung nach Schlaganfall (BFH VI R 7/09 BStBl II 10, 280);
Treppenlift bei Gehbehinderung (BFH VI R 14/11 BFH/NV 12, 39) oder nach unfallbedingter Querschnittslähmung des volljährigen Kindes (BFH III R 97/06 BFH/NV 09, 728).
– **Nicht anerkannt:** Umbau einer Motoryacht (BFH VI R 30/14 BStBl II 15, 775: frei gewähltes Konsumverhalten, Abgrenzung zur behinderungsgerechten Ausgestaltung des existenziell wichtigen Wohnumfelds); Gartenumbau (FG Mster EFG 20, 454, Rev VI R 25/20).

(2) Heimunterbringung. Kosten für die behinderungsbedingte Unterbrin- 58
gung in einem Heim können agB sein (BFH VI R 14/09 BStBl II 11, 1011:
sozialtherapeutische Einrichtung; BFH III R 24/01 BStBl II 02, 567: betreute
Wohngemeinschaft; FG Köln EFG 21, 764, Rev VI R 40/20: selbstverantwortete
Wohngruppe). IdR genügt ein **ärztl Gutachten** über die Notwendigkeit der Unterbringung (BFH VI R 14/09 BStBl II 11, 1011); das Erfordernis eines vorab erstellten **amtsärztl Attestes** gem § 64 I 1 Nr 2 Buchst c gilt nur bei auswärtiger
Unterbringung eines Kindes des StPfl (s Rz 81). Die Zwangsläufigkeit der Unterbringung gilt zudem bislang als nachgewiesen, wenn die Kosten vom Sozialhilfeträger übernommen wurden; dies wird im Zweifel auch weiterhin gelten. Zum
Ansatz einer **Haushaltsersparnis** s einerseits FG Hbg EFG 10, 1512 und andererseits FG Köln EFG 15, 1096 mwN (kein Ansatz bei nur vorübergehender Unterbringung). Daneben kommt der **Pauschbetrag nach § 33b III 3** *nicht* zum
Abzug (BFH III R 38/02 BStBl II 05, 271). Zum Abzug der Aufwendungen von
Eltern volljähriger behinderter Menschen in vollstationärer Heimunterbringung
nach § 33 oder (dh anstelle, nicht *neben*) nach § 33b V, VI s *BMF* BStBl I 03, 360.
Zu Unterbringung in einem **Internat** bei Hochbegabung s Rz 90 „Internat".

(3) Fahrtkosten. Die Berücksichtigung behinderungsbedingter Fahrtkosten er- 59
folgt mit Wirkung ab VZ 2021 durch eine gesetzl **Pauschale** (§ 33 IIa, s Rz 65 ff;
zu den Hintergründen s auch *Kanzler* FR 20, 808, 809). Zu den bislang geltenden
Regelungen s *Schmidt* 39. Aufl § 33 Rz 59 ff.

IV. Ausgeschlossene Aufwendungen, § 33 II 2–4

1. Betriebsausgaben, Werbungskosten, Sonderausgaben, § 33 II 2. Auf- 60
wendungen, die ihrer Natur nach BA, WK oder SA sind, können nicht als agB
berücksichtigt werden. Nach zutr hM bleiben diese Aufwendungen als agB auch
insoweit außer Betracht, als sie sich steuerl als BA, WK oder SA *nicht* auswirken (zB
wegen eines Abzugsverbots oder einer Abzugsbeschränkung; s BFH X R 5/17
BStBl II 18, 230 Rz 24: nicht als SA abziehbare KV-Beiträge, VerfBeschw nicht
angenommen). Hier kann allenfalls ein Erlass nach § 163 AO in Betracht kommen
(s BFH III R 191/90 BStBl II 92, 293; *Sunder-Plassmann* DStR 92, 1302). – § 33
II 2 soll auch bei Aufwendungen des einen **Ehegatten/LPart** für den anderen
gelten, in dessen Person die Verpflichtung betriebl/berufl veranlasst ist (BFH VIII R
12/66 BStBl II 72, 757 mwN; mE zutr die Kritik von *HHR* § 33 Rz 132: idR sittl
Verpflichtung ohne berufl/betriebl Veranlassung), nicht aber bei Aufwendungen
der Eltern für ihre Kinder (FG RhPf EFG 82, 28, rkr). Offen ist, ob § 33 II 2 auch
für Leistungen gilt, die der Art nach SA einer dritten Person sind, die der StPfl für
diese im abgekürzten Zahlungsweg leistet (BFH III R 42/99 BStBl II 02, 473,

Nachzahlungen zur RV; dazu *Hettler* HFR 02, 703). Durch Antrag auf Realsplitting (§ 10 Ia Nr 1) werden die gesamten Unterhaltsleistungen zu SA umqualifiziert und sind damit, auch soweit sie über den Höchstbetrag (13 805 €) hinausgehen, nicht als agB abziehbar (BFH III R 23/98 BStBl II 01, 338, auch bei Nachzahlungen für frühere Jahre; evtl aber auch hier Billigkeitsmaßnahmen; krit *Paus* DStZ 01, 591; s auch *Kanzler* FR 01, 435). – Für **Berufsausbildungskosten** (§ 10 I Nr 7) und für **Schulgeldzahlungen** (§ 10 I Nr 9; bedeutsam für krankheitsbedingte Internatsunterbringung, s Rz 45 und Rz 90 „Internat") gilt das Abzugsverbot *nur der Höhe nach.*

61 2. **Diätverpflegung, § 33 II 3.** Das Abzugsverbot für Diätverpflegung gilt ausnahmslos, auch dann, wenn die Aufwendungen mit einer Krankheit im Zusammenhang stehen und die Diätverpflegung eine medikamentöse Behandlung ersetzt (ausführl: BFH III R 48/04 BStBl II 07, 880 mwN zu Zöliakie, VerfBeschw nicht angenommen; BFH VI R 48/18 BFH/NV 22, 120); zur Abgrenzung Arzneimittel/Diätverpflegung s BFH VI R 89/13 BStBl II 15, 703.

62 3. **Prozesskosten, § 33 II 4.** – **a) Abzugsverbot.** Seit **VZ 2013** unterliegen Aufwendungen für die **Führung eines Rechtsstreits** einem generellen Abzugsverbot. Das Verbot gilt nicht nur für formale, kontradiktorische Verfahren zwischen Privatpersonen (Zivilprozess), sondern für **jedes gerichtliche Verfahren**, auch für Verfahren vor den Straf-, Verwaltungs- und Finanzgerichten und ebenso für Scheidungsverfahren (BFH VI R 9/16 BStBl II 17, 988 mwN; s Rz 90 „Ehescheidung"; **aA**: *Urban* FR 16, 217; s auch *Kanzler* FR 14, 209: Zweifel an VerfMäßigkeit). Erfasst werden **alle Aufwendungen**, die unmittelbar mit dem gerichtl Verfahren zusammenhängen, also Gerichtskosten nach dem GKG und außergerichtl Kosten (Anwaltsgebühren, Parteiauslagen, Reisekosten etc), aber auch alle weiteren Aufwendungen, die unmittelbar der Vorbereitung und Durchführung eines Rechtsstreits dienen (ausführl HHR § 33 Rz 210).

Prozesskosten, die **BA/WK** sind, fallen von vornherein nicht unter § 33 (s § 33 II 2) und damit auch nicht unter das Abzugsverbot. Dies ist also immer vorrangig zu prüfen, vor allem auch dann, wenn es um den Verlust der Erwerbsgrundlage geht (BFH VI R 14/13 BFH/NV 16, 1142 Rz 21). – Zur **Rechtslage bis einschließl VZ 2012** s *Schmidt* 36.Aufl § 33 Rz 35 „Prozesskosen" und BFH VIII R 43/14 BFH/NV 17, 569 (Strafverteidigungskosten, § 153a StPO), BFH VI R 63/14 BFH/NV 17, 14 (familienrechtl Streitigkeit, Ehescheidung), BFH VI R 11/16 BStBl II 18, 469 (finanzgerichtl Verfahren).

63 **b) Ausnahme.** Vom Abzugsverbot ausgenommen sind Aufwendungen für Rechtsstreitigkeiten, ohne die der StPfl Gefahr liefe, seine **Existenzgrundlage** zu verlieren *und* seine **lebensnotwendigen Bedürfnisse** im übl Rahmen nicht mehr befriedigen zu können. „Existenzgrundlage" idS ist dem BFH zufolge nur die materielle Lebensgrundlage des StPfl (BFH VI R 9/16 BStBl II 17, 988; *Kanzler* FR 14, 209, 216; s auch *Hettler* DStR 18, 2307); nicht darunter fallen sollen immaterielle, psychische/seelische oder ideelle „Existenzgrundlagen" (BFH VI R 9/16 BStBl II 17, 988; bestätigt durch BFH VI R 15/18 BStBl II 21, 83; mE zutr zur Kritik von *Klamet* DStR 20, 2278). – Sind Prozesskosten ausnahmsweise als agB abziehbar, aber **nur zum Teil,** ist der abziehbare Teil der Aufwendungen mit Hilfe der Streitwerte der Klageanträge zu ermitteln (BFH VI R 7/14 BStBl II 18, 742).

Beispiele – Ausnahme vom Abzugsverbot: Anwaltskosten eines **Unfallopfers** mit irreversiblen körperl und geistigen Schäden (BFH IX R 15/19 BStBl II 21, 901 Rz 20; s auch BFH VI R 14/13 BFH/NV 16, 1142 Rz 21: Abgrenzung zum WK-Abzug für Verdienstausfall); Verlust des **Wohnhauses** durch Hochwasserschaden (BFH VI R 40/13 BFH/NV 16, 908) oder durch Bergschaden (BFH VI R 62/13 BFH/NV 16, 1436). – **Keine Existenzgefährdung:** elterl **Umgangsrecht** mit Kind (BFH VI R 15/18 BStBl II 21, 83: Rückführung des Kindes aus dem Ausl; BFH VI R 27/18 BStBl II 21, 86); Übernahme der Kosten des **Strafverfahrens durch Eltern** (FG Hess EFG 20, 936, Rev NV R 29/20); Kosten eines **Scheidungsverfahrens** (BFH VI R 9/16 BStBl II 17, 988; zust Anm *Kanzler* FR 17, 1113; *Heim* DStZ 14, 165; **aA** *Bleschick* FR 13, 932, 936; *Nieuwenhuis* DStR 14, 1701; s auch Rz 90 „Ehescheidung"); Aufwendungen zur Geltendmachung von **Schmerzensgeldansprüchen**

(BFH VI R 7/14 BStBl II 18, 742); **Vaterschaftstest** (BFH III R 24/03 BStBl II 04, 726); **Erbstreitigkeit** (BFH IX R 45/15 BFH/NV 17, 1036). – Soweit es sich um ältere Entscheidungen handelt, hat der BFH in seinem Urteil zu § 33 II 4 (BFH VI R 9/16 BStBl II 17, 988) ausdrückl auf diese Bezug genommen.

V. Behinderungsbedingte Fahrtkosten, § 33 IIa

1. Fahrtkostenpauschale, § 33 IIa 1 und 2. Mit Wirkung ab VZ 2021 werden alle behinderungsbedingten Fahrtkosten nur noch (s Rz 67) durch eine Pauschale abgegolten (s BT-Drs 19/21985, 15 f: erleichterter Nachweis für den StPfl, Entlastung der FÄ). Nachgewiesen werden müssen der behördl festgestellte Grad der Behinderung (GdB, § 152 SGB IX) und/oder das jeweilige Merkzeichen (§ 3 SchwbAwV); der **Nachweis** richtet sich nach § 65 EStDV (§ 33 IV iVm §§ 64 III EStDV; s § 33b Rz 42 ff). Ist dieser Nachweis erbracht, werden mE Außergewöhnlichkeit (§ 33 I) und Zwangsläufigkeit (§ 33 II 1) von Fahrtkosten in der gesetzl vorgesehenen Höhe typisierend unterstellt; dh, es muss insb auch nicht nachgewiesen werden, dass bzw in welcher Höhe behinderungsbedingte Fahrtkosten tatsächl entstanden sind (vgl BT-Drs 19/21985, 16). – Wie bei § 33 I erfolgt die Berücksichtigung auf **Antrag** des StPfl (Rz 23) und ebenso besteht ein **Rechtsanspruch** auf die Berücksichtigung der Pauschale (Rz 19).

2. Höhe, § 33 IIa 3–5. Die Pauschale orientiert sich an den bislang geltenden Höchstbeträgen. Sie beträgt **900 €** bei einem GdB von mindestens 80 oder einem GdB von mindestens 70 *und* Merkzeichen „G" (§ 33 IIa 3) und **4500 €** für StPfl mit einer außergewöhnlichen Gehbehinderung sowie für Blinde, Taubblinde und Hilflose (Merkzeichen „aG", „Bl", „TBl" und „H", § 33 IIa 4). Erfüllt der StPfl die tatbestandl Voraussetzung von § 33 IIa 2 Nr 1 *und* 2, wird nur *ein* Pauschbetrag iHv 4500 € gewährt (§ 33 IIa 5); das gilt mE auch dann, wenn sich der festgestellte GdB bzw das Merkzeichen im Laufe des VZ ändert. – Es handelt sich jeweils um **Jahresbeträge**, da § 33 IIa weder eine Kürzungsregelung wie § 33a III 1 noch eine entspr Verweisung enthält; eine monatsweise Prüfung widerspräche auch dem Vereinfachungszweck der Regelung (Typisierung, s Rz 65). Daher erhält der StPfl auch dann die volle Pauschale, wenn der GdB bzw das Merkzeichen erst im Lauf des VZ festgestellt werden (wie bei § 33b, s § 33b Rz 13, auch zum **sozialrechtl Feststellungsverfahren**).

3. Abgeltungswirkung, § 33 IIa 6. Mit der Pauschalierung sind alle behinderungsbedingten Fahrtkosten abgegolten, unabhängig von dem verwendeten Transportmittel (eigenes Kfz, Taxi, ÖPNV, Bahn, Flugzeug); die Berücksichtigung darüber hinausgehender Aufwendungen ist damit ausgeschlossen (§ 33 IIa 6). Die Abgeltungswirkung erfasst aber nur **behinderungsbedingte Mehraufwendungen;** reguläre betriebl/berufl veranlasste Fahrtkosten sind unabhängig von der Pauschale des § 33 IIa als BA/WK zu berücksichtigen (§ 33 II 2). Die Abgeltungswirkung erfasst zudem **nur Fahrtkosten;** das schließt den Ansatz weiterer agB nicht aus (zB behinderungsrechte Kfz-Umrüstung, s *Kanzler* FR 20, 808, 811 mwN; zu Unfallkosten s *Kanzler* NWB 21, 898, 900). – Da Fahrtkosten nicht zum typischen Mehraufwand iSv § 33b I gehören (s § 33b Rz 9), kann die Pauschale nach § 33 IIa neben dem **Behinderten-Pauschbetrag** nach § 33b I–III geltend gemacht werden (s zu § 33b auch Rz 69). Zum Ansatz weiterer behinderungsbedingter Fahrtkosten der Eltern s *Kanzler* NWB 21, 898, 903.

4. Zumutbare Belastung, § 33 IIa 7. Die pauschalierten Fahrtkosten unterliegen gem § 33 IIa 7 zusammen mit allen übrigen agB dem Abzug einer zumutbaren Belastung gem § 33 III (s Rz 70f). Das wird in vielen Fällen iErg einem Abzugsverbot gleichkommen, insb auch im Zusammenspiel mit der Abgeltungswirkung des § 33 IIa 6 (krit *Kanzler* NWB 21, 898 f: ggfVerfBeschw, mwN).

5. Behinderten-Pauschbetrag, § 33 IIa 8 und 9. Der StPfl kann die Fahrtkostenpauschale gem § 33 IIa 8 auch geltend machen, wenn er den Behinderten-

Pauschbetrag nach § 33b I–III auf einen nach § 33b V Berechtigten übertragen hat (idR die Eltern, s iEinz § 33b Rz 24 ff); dh, die Fahrtkostenpauschale muss nicht zwingend zusammen mit dem Behinderten-Pauschbetrag übertragen werden. – Ungeachtet dessen kann gem § 33 IIa 9 auch die Fahrtkostenpauschale entspr § 33b V auf eine der dort genannten Personen übertragen werden (s iEinz § 33b Rz 26). Dass eine solche Übertragung ihrerseits eine Übertragung des Behinderten-Pauschbetrags voraussetzen würde, lässt sich der Regelung mE nicht entnehmen (so auch *Kanzler* FR 20, 808, 812: Rechtsgrundverweisung, auch zum Hintergrund der Regelung).

VI. Zumutbare Belastung, § 33 III

70   **1. Beschränkung des Abzugs.** Der StPfl muss entspr seiner steuerl Leistungsfähigkeit einen Teil der Belastung selbst tragen. Nur der Betrag der agB, der die nach § 33 III zu ermittelnde zumutbare Belastung übersteigt, darf gem § 33 I vom Gesamtbetrag der Einkünfte abgezogen werden (s Rz 17). Die Beschränkung ist **nach stRspr verfgemäß**, soweit es sich nicht um Aufwendungen für Leistungen handelt, die Sozialhilfeempfängern allgemein ohne weitere Gegenleistung gewährt werden, und sofern dem StPfl ein verfügbares Einkommen verbleibt, das über dem Regelsatz für das Existenzminimum liegt (BFH VI R 32/13 BStBl II 16, 151, ausführl und mwN, VerfBeschw nicht angenommen; BFH VIII R 52/13 BStBl II 17, 949 mwN, VerfBeschw nicht angenommen; glA *HHR* § 33 Rz 226 mwN). Auch die Nichtberücksichtigung von **Altersvorsorgeaufwendungen** bei der Ermittlung der zumutbaren Belastung ändert daran nichts (BFH VI R 75/14 BStBl II 17, 684: keine verfwidrige Benachteiligung von rentenversicherungspflichtigen ArbN, VerfBeschw nicht angenommen). Das gilt insb auch für eine Berücksichtigung der zumutbaren Belastung bei **Krankheitskosten** (stRspr, s BFH VI R 48/18 BFH/NV 22, 120 Rz 16 mwN); die FÄ veranlagen allerdings vorläufig (*BMF* BStBl I 21, 1042).

S auch BFH X R 43/14 BStBl II 17, 55: Selbstbehalt bei **privater KV**; BFH VI R 18/19 BFH/NV 22, 13: keine verfwidrige Benachteiligung **nicht beihilfeberechtigter StPfl**. – Allerdings ist die **BVerfG-Rspr**, auf die sich der BFH zur Begründung seiner Auffassung bezieht, ihrerseits **nicht konsistent** (s *Loschelder* StuW 18, 136, 143 ff: Verletzung des Gebots horizontaler StGerechtigkeit, mwN in Fn 77; krit auch *Karrenbrock/Petrak* DStR 16, 47; *Haupt* DStR 16, 902).

71   **2. Berechnung. – a) Bemessungsgrundlage.** Ausgangsgröße für die Ermittlung der zumutbaren Belastung ist der nach § 2 III zu ermittelnde (s § 2 Rz 58 f) **Gesamtbetrag der Einkünfte**. Stfreie Einnahmen und stfreie Veräußerungsgewinne erhöhen die Bemessungsgrundlage nicht (BFH VIII R 147/71 BStBl II 76, 360). Auch stfreie, aber dem Progressionsvorbehalt (§ 32b) unterliegende ausl Einkünfte bleiben außer Ansatz (BFH VI R 105/75 BStBl II 78, 9). Kapitalerträge, die (ab VZ 2009) der AbgeltungSt (§ 32d I oder § 43 V) unterliegen (s § 2 Rz 64), flossen bis VZ 2011 in die Bemessung mit ein (vor Wegfall des § 2Vb 2 aF).

Bei **Zusammenveranlagung** wird die zumutbare Belastung ausgehend vom Gesamtbetrag der Einkünfte beider Ehegatten ermittelt. Bei **getrennter Veranlagung** richtet sich die Ermittlung der zumutbaren Belastung nach § 26a II 1 (s § 26a Rz 7).

72   **b) Maßgeblicher Prozentsatz; Staffelung. – aa) Drei Einkünfte-Stufen.** Die zumutbare Belastung unterscheidet drei Einkünfte-Stufen: bis 15 340 €, bis 51 130 € und über 51 130 €. Sie beträgt abhängig von Familienstand und Kinderzahl **zw 1 % und 7 %** des Gesamtbetrags der Einkünfte. Die Zurechnung von **Kindern** knüpft an den Erhalt des Freibetrags nach § 32 VI an (§ 33 III 2).

73   **bb) Staffelung.** Der BFH legt die Regelung neuerdings so aus, dass nur der Teil des Gesamtbetrags der Einkünfte, der den jeweiligen in § 33 III 1 genannten Grenzbetrag übersteigt, mit dem jeweils höheren Prozentsatz belastet wird (BFH VI R 75/14 BStBl II 17, 684 Rz 15 ff, VerfBeschw nicht angenommen, Anm *Loschelder*

NJW 17, 1504; s auch BFH X R 33/15 BStBl II 18, 62). Auf diese Weise sollen Belastungssprünge vermieden werden, die sich bei der bislang übl Berechnung ergeben haben (s *Bareis* DStR 17, 823, 829; *Kosfeld* FR 13, 359). Für StPfl mit einem Gesamtbetrag der Einkünfte von mehr als 15 340 € führt das zu einer geringeren Belastung. – **Berechnungsbeispiel und Kritik** s *Schmidt* 39. Aufl § 33 Rz 74 (fehlende gesetzl Grundlage; glA *BeckOK EStG* § 33 Rz 243).

VII. Nachweis von Aufwendungen, § 33 IV

1. Ermächtigungsgrundlage. Mit StVerG 2011 (BGBl I 11, 2131) ist die 75 BReg ermächtigt worden, durch **Rechtsverordnung** die Einzelheiten des Nachweises von Aufwendungen nach § 33 I zu bestimmen. Entspr Regelungen finden sich (nur) für **Krankheitskosten** in **§ 64 EStDV,** der in allen noch offenen Fällen anzuwenden ist (§ 84 IIIf EStDV aF).

Zum **Hintergrund** der Regelung s *Schmidt* 36. Aufl § 33 Rz 30. – Zur **Kritik** in Bezug auf die **rückwirkende Anwendung** des § 64 EStDV in allen noch offenen Verfahren s *Kanzler* NWB 11, 2425, und *Schmidt* 31. Aufl § 33 Rz 34. Der BFH hat jedoch wiederholt entschieden, dass die rückwirkende Verordnung **hinreichend bestimmt und verfgemäß** ist (BFH VI R 11/16 BStBl II 18, 469 Rz 34 ff mwN; krit dagegen *Bilsdorfer* NJW 12, 3264; *Haupt* DStR 12, 1541). Dies wird im Zweifel auch für die Zeit zw Rspr-Änderung und Inkrafttreten der Regelung gelten (vgl BFH VIII R 52/13 BStBl II 17, 949, VerfBeschw nicht angenommen; s auch *HHR* § 33 Rz 232 aE; *Schmitz-Herscheidt* NWB 12, 2924).

2. Nachweise. – a) Bedeutung; Reichweite. Die Regelung stellt unterschiedl 76 Nachweiserfordernisse für Krankheitskosten auf. Der Nachweis muss **zwingend** in der jeweils vorgeschriebenen Form erbracht werden. Fehlt der Nachweis, können die Aufwendungen nicht berücksichtigt werden (vgl BFH VI R 74/10 BStBl II 12, 577: Kuraufenthalt, Medikamente etc; FG Hbg EFG 12, 1671, rkr: Badekur). Das gilt auch bei **schweren Krankheiten** mit nur noch begrenzter Lebenserwartung (BFH VI R 11/16 BStBl II 18, 469; BFH VIII R 52/13 BStBl II 17, 949, VerfBeschw nicht angenommen). – Die Regelung ist **abschließend** und kann auf Aufwendungen, die *nicht* durch Krankheit verursacht sind, nicht übertragen werden (vgl BFH VI R 21/11 BStBl II 12, 574, zu Gebäudesanierung wegen Schadstoffbelastung; s auch *Geserich* DStR 12, 1490, 1493). In diesen Fällen gelten die allg Grundsätze der **freien Beweiswürdigung** (BFH VI R 47/10 BStBl II 12, 570 Rz 16 f). Die **vereinfachenden Verwaltungsregelungen** in EStR 33.4 I für andauernde Erkrankungen, Sehhilfen und Augen-Laser-OP etc gelten aber auch weiterhin (s auch BT-Drs 17/6272, 10). – Die zuständigen **Gesundheitsbehörden** sind zur Ausstellung entspr Nachweise verpflichtet (§ 64 II EStDV; s auch Rz 78).

b) Arzneimittel/Heilmittel/Hilfsmittel, § 64 I Nr 1 EStDV. Für Arznei-, 77 Heil- und Hilfsmittel genügt die Verordnung eines Arztes oder Heilpraktikers iSd §§ 2, 23, 31–33 SGB V (wie bisher, s EStR 33.4 I 1). Verordnung idS ist ein formalisierter Nachweis, der für **jedes einzelne Präparat** geführt werden muss; eine ledigl pauschale Bescheinigung reicht nicht (BFH VIII R 52/13 BStBl II 17, 949: offengelassen, ob es sich um ein „Rezept" handeln muss; s auch FG Köln EFG 19, 1451, rkr: allg ärztl Empfehlung genügt nicht). Die Verordnung kann auch nachträgl ausgestellt worden sein; § 64 I Nr 2 S 2 EStDV gilt nicht für § 64 I Nr 1 EStDV. Allerdings muss sich auch eine nachträgl Verordnung konkret auf die einzelnen Medikamente beziehen (BFH VI R 11/16 BStBl II 18, 469 Rz 26).

c) Qualifizierter Nachweis, § 64 I Nr 2 EStDV. – aa) Form; Zeitpunkt. 78 Muss der Nachweis durch **amtsärztl Gutachten** oder durch eine ärztl Bescheinigung eines **Medizinischen Dienstes der KV** (§ 275 SGB V) erbracht werden, scheiden anderweitige Nachweise oder bloße Glaubhaftmachung aus (BFH VI R 85/13 BStBl II 15, 586; BFH VI R 45/14 BFH/NV 16, 393: Gutachten einer Diplom-Psychologin; s auch FG Mster EFG 12, 702, rkr, zu diversen Gutachten und Bescheinigungen; zu der Möglichkeit, den Beweiswert eines amtsärztl Gutachtens zu erschüttern und eine erneute Begutachtung vorzunehmen, s *Geserich* DStR 12, 1490, 1493). – Die jeweiligen Nachweise müssen **vorab erstellt** worden sein (§ 64 I Nr 2 S 2 EStDV). Soweit allerdings die zuständigen Gesundheitsbehörden aufgrund der **Corona-Pandemie** die nach § 64 EStDV erforderl Nachweise nicht bzw nicht rechtzeitig ausstellen, sollten mE auch nachträgl ausgestellte Nachweise berücksichtigt werden (ggf StBescheid nach § 164 I 1 AO). – Die Aufzählung in § 64 I Nr 2 EStDV ist ebenfalls **abschließend** (BFH VI R 61/12 BStBl II 14, 458: wortgetreue Auslegung, keine teleologische Extension; zu häusl Pflege s FG BaWü EFG 16, 1258, rkr; **aA** offenbar FG Ddorf EFG 17, 992, rkr).

79 **bb) Einzelne Fallgruppen.** – **(1) Badekuren/Heilkuren (Nr 1 Buchst a).** Eine Bescheinigung für eine Inlandkur reicht nicht für eine Kur im Ausland (FG BaWü EFG 97, 172, rkr). Die Nachweiserleichterung gem EStR 33.4 I 7 gilt nach wie vor. S iÜ Rz 47.

80 **(2) Psychotherapeutische Behandlung (Nr 1 Buchst b).** Beratungs-/Schulungskosten der (Pflege-)Eltern fallen nicht unter § 64 I Nr 2 Buchst b EStDV; es genügt eine nachträgl amtsärztl Bescheinigung über die medizinische Notwendigkeit einer entspr Schulung (FG Mster EFG 17, 576, rkr, mE zutr).

81 **(3) Legasthenie; Behinderung (Nr 1 Buchst c).** Die Regelung gilt nur für die auswärtige Unterbringung eines Kindes und kann nicht wegen Behinderung und Legasthenie. Sie kann mE **nicht allg auf Krankheiten** ausgedehnt werden (so aber FG Ddorf EFG 17, 992 Rz 37 ff, rkr; mE unter Missachtung von BFH VI R 61/12 BStBl II 14, 458). – Zum Begriff „Behinderung" s Rz 56. Zu Kindern/Jugendlichen, die Eingliederungshilfe nach § 35a I SGB VIII erhalten, und zur Feststellung einer seelischen Behinderung s BFH VI R 61/12 BStBl II 14, 458; zu ADHS s BFH VI R 85/13 BStBl II 15, 586. – S iÜ auch Rz 45.

82 **(4) Begleitperson (Nr 1 Buchst d).** Bei minderjährigen Kindern ist die Notwendigkeit einer Begleitperson offenkundig (BFH VI R 88/10 BFH/NV 12, 35); s iÜ Rz 50.

83 **(5) Hilfsmittel (Nr 1 Buchst e).** Zur Unterscheidung zw Hilfsmitteln im engeren und weiteren Sinne gem § 64 I Nr 2 Buchst e EStDV iVm § 33 I SGB V s BFH VI R 61/12 BStBl II 14, 458 (Treppenlift kein Gebrauchsgegenstand des tägl Lebens; **aA** FG BBg EFG 15, 923, rkr: Definition des BFH zu eng).

84 **(6) Wissenschaftlich nicht anerkannte Behandlungsmethoden (Nr 1 Buchst f).** Eine Behandlungsmethode ist wissenschaftl anerkannt, wenn sie von „der großen Mehrheit der einschlägigen Fachleute" befürwortet wird und wenn Konsens hinsichtl ihrer Zweckmäßigkeit besteht (BFH VI R 11/16 BStBl II 18, 469 Rz 31); maßgebl ist der **Zeitpunkt der Behandlung** (s BFH VI R 68/14 BStBl II 15, 803 mwN). Die Feststellung obliegt dem FG; es kann sich auf allg zugängl Fachgutachten stützen, auf von anderen Gerichten herangezogene Gutachten (Hinweispflicht; vgl auch FG BaWü EFG 17, 1954, rkr) und ggf auf Sachverständigengutachten (BFH VI R 68/14 BStBl II 15, 803 Rz 16). Diese Grundsätze gelten auch bei **schweren Krankheiten** (BFH VI B 120/17 BFH/NV 19, 109 mwN; s auch Rz 76).

Zu **Liposuktion** s Rz 44 aE; zu **Heileurythmie** s BFH VI R 27/13 BStBl II 14, 824 mwN (als „besondere Therapierichtung" iSd § 2 I 2 SGB V anerkannt; s aber auch FG RhPf EFG 14, 279, rkr: gilt nicht für Bioresonanztherapie; ebenso: FG Köln EFG 18, 1904, NZB VI B 71/18).

85 **d) Besuchsfahrten, § 64 I Nr 3 EStDV.** S zunächst Rz 90 „Besuchsreisen" und BFH VI R 20/11 BFH/NV 12, 38 (Abgrenzung). Die Bescheinigung kann auch nachträgl erstellt worden sein; § 64 I Nr 2 S 2 EStDV gilt nicht für § 64 I Nr 3 EStDV.

86 **e) Behinderungsbedingte Fahrtkostenpauschale, § 64 III.** Der Nachweis richtet sich nach § 65 EStDV (s § 33b Rz 42 ff).

VIII. ABC der außergewöhnlichen Belastungen

Abfindungen bei Vermögensauseinandersetzung (zB Erbauseinandersetzung oder nach Ehescheidung) sind keine agB (BFH X R 23/08 BFH/NV 10, 1807 mwN; BFH VI B 167/09 BStBl II 10, 747: unabhängig von den Vermögensverhältnissen; BFH III R 11/93 BStBl II 94, 240: keine Aufwendungen; BFH III R 59/97 BStBl II 98, 605: nicht zwangsläufig); zu Unterhaltsabstandszahlungen s „Versorgungsausgleich". – Abfindung an den Vormieter kann nur dann agB sein, wenn der **Wohnungswechsel** wegen Krankheit zwangsläufig war (BFH VI 102/65 U BStBl III 66, 113). Abfindungen Mieter durch Hauseigentümer, der die Wohnung selbst nutzen will, ist idR keine agB (s Rz 23).

Abgaben (öffentl-rechtl) treffen in der einen oder anderen Form nahezu jeden Bürger. Ihnen fehlt die Außergewöhnlichkeit.

Adoption. Der Entschluss, ein Kind zu adoptieren, beruht nach stRspr immer, auch bei sog primärer Sterilität, auf einer **freien Willensentscheidung** des StPfl. Aufwendungen, die damit zusammenhängen, sind daher nicht zwangsläufig und können, anders als die Kosten einer künstl Befruchtung (s Rz 55), auch nicht als Krankheitskosten berücksichtigt werden (BFH VI R 60/11 BStBl II 15, 695 mwN, VerfBeschw nicht angenommen; **aA** *Endert* DStR 15, 2472: Zwangsläufigkeit aus tatsächl Gründen; zur Kritik s auch *Schmidt* 39. Aufl § 33 Rz 90 „Adoption").

Allergiker. Kosten für ein Bettsystem können agB sein, Kosten eines Staubsaugers mit besonderem Filter nicht (FG Köln EFG 03, 1701, rkr). S auch „Umweltbeeinträchtigungen".

Altersheim. Aufwendungen des StPfl für seine **altersbedingte Unterbringung** in einem Alters-/Pflegeheim oÄ sind nicht außergewöhnl. Es handelt sich um typische Kosten der Lebensführung, die durch den Grundfreibetrag abgegolten sind (BFH VI R 51/09 BStBl II 10, 794 mwN). Zur Berücksichtigung als haushaltsnahe Dienstleistung s § 35a Rz 12; zur Berücksichtigung als Unterhaltsleistung s § 33a Rz 9. – Zu **krankheitsbedingter Heimunterbringung** s Rz 51.

Angehörige. Übl Unterhaltsleistungen unterliegen der Regelung des § 33a I. Andere Unterstützungsleistungen (insb Krankheitskosten) können unter § 33 fallen (s Rz 37 und Rz 54; vgl auch § 33a Rz 9; ferner „Ausbildung", „Besuchsreisen", „Ehegatten/LPart", „Kinder"). Nicht zwangsläufig ist Unterhalt an zukünftige Schwiegertochter (BFH III R 44/89 BFH/NV 92, 27).

Arbeitslosigkeit s „Schuldentilgung".

Asylberechtigter. Sog „Nachfluchtgründe" erwachsen nicht zwangsläufig (BFH III R 69/87 BStBl II 91, 755). S auch „Hausrat".

Ausbildung. S „Studium"; § 32 Rz 26 ff und § 33a Rz 11. – Die Berufsausbildung beruht regelmäßig auf der freien Entschließung des StPfl, sodass die Aufwendungen nicht zwangsläufig sind (BFH III R 126/86 BStBl II 90, 738 mwN), erst recht nicht, wenn die bisherige Ausbildung zur Existenzsicherung ausreicht (BFH VI R 345/69 BStBl II 73, 478). – Die Finanzierung der Ausbildung **eigener Kinder** ist idR nicht außergewöhnl (BFH X R 32/15 BFH/NV 18, 414: typischer Ausbildungsunterhalt iSv § 1610 BGB). Bei **anderen Personen** (zB Neffe, s FG Köln EFG 89, 61, rkr; Onkel, s FG BaWü DStRE 98, 589, rkr) fehlt es idR an der Zwangsläufigkeit. Weitere Beispiele s *Schmidt* 39. Aufl § 33 Rz 90 „Ausbildung".

Aussteuer. Aufwendungen hierfür sind weder aus rechtl noch aus sittl Gründen zwangsläufig, auch dann nicht, wenn die Eltern ihrer Tochter keine Berufsausbildung gewährt haben (BFH III R 141/86 BStBl II 87, 779; zu mögl Ausnahmen s *Anm* HFR 87, 613).

Auswanderung. Die durch eine Auswanderung verursachten Kosten sind grds nicht zwangsläufig. Das Gleiche gilt für Kosten für eine nachträgl Legalisierung einer nicht genehmigten Auswanderung (BFH VI R 42/75 BStBl II 78, 147; FG BaWü EFG 93, 656, rkr; Ausnahme FG Nbg EFG 82, 247, rkr). Ausnahmsweise können die Kosten zur Erlangung einer Ausreiserlaubnis dann zwangsläufig sein, wenn der Ausreisende unter erhebl Repressalien zu leiden hat (FG BaWü EFG 92, 271, rkr; FG RhPf EFG 94, 930, bestätigt). Vgl auch „Fluchthilfe", „Vertriebene".

Badekur s Rz 47 ff.

Baumangel. Keine agB, auch nicht bei Gesundheitsgefährdung und/oder Insolvenz des Bauunternehmers (stRspr, vgl BFH VI R 44/15 BFH/NV 17, 12; BFH VI R 80/14 BFH/NV 16, 1266 mwN; BFH VI R 38/14 BFH/NV 16, 902; FG BBg DStRK 21, 186; krit *Loschelder* EStB 09, 211; zur Abgrenzung vgl BFH VI R 21/11 BStBl II 12, 574 Rz 16). S auch „Umweltbeeinträchtigung".

Beerdigungskosten (Erwerb und Herrichtung der Grabstätte, Sarg, Kränze, Transport, Gebühren usw) können als agB nur abgezogen werden, soweit sie nicht aus dem Nachlass oder durch sonstige im Zusammenhang mit dem Tod zugeflossene Geldleistungen gedeckt sind (BFH VI R 11/16 BStBl II 18, 469: Nachlassverbindlichkeiten, § 1968 BGB; s auch FG Mster EFG 14, 44, rkr); das gilt auch bei vorweggenommener Erbfolge (s FG Mchn EFG 99, 703, rkr; FG Mster EFG 99, 608, rkr). Ist der **Nachlass überschuldet,** kann der Erbe die Erbschaft ausschlagen, sodass ihn keine rechtl Verpflichtung zur Begleichung der Beerdigungskosten trifft. Es kann allenfalls eine **sittl Verpflichtung** zu ihrer Übernahme (nicht auch der übrigen Verbindlichkeiten, s aber „Nachlassverbindlichkeiten") in Betracht kommen (s BFH III R 208/82 BStBl II 87, 715, ausführl), insb bei nahen Angehörigen; aber auch hier nur dann, wenn die Aufwendungen den Verkehrswert des Nachlasses übersteigen (BFH VI R 11/16 BStBl II 18, 469 Rz 46). Eine **rechtl Verpflichtung,** die Kosten der Beerdigung (also nur die unmittelbaren Bestattungskosten, s *Anm* HFR 88, 212) zu tragen, kann sich aus § 1615 II BGB für den Unterhaltspflichtigen ergeben. Soweit Beerdigungskosten durch Sterbegelder oder Versicherungen auf den Todesfall gedeckt werden, scheidet der Abzug als agB grds aus (ausführl BFH III R 93/87 BStBl II 91, 140; krit *Paus* FR 91, 262); Ausnahme: der Zufluss wird beim Empfänger als stpfl Einnahme erfasst (s Rz 17; FG Düss EFG 20, 1295, Rev VI R 33/20). Zu den (ggf) abziehbaren Beerdigungskosten gehören auch die **Überführungskosten** (FG Ddorf DStRE 00, 858, rkr, Mutter des StPfl). Aufwendungen für die behördl angeordnete **Instandsetzung eines Familiengrabs** sind ebenfalls keine agB (BFH VI R 48/17 BFH/NV 20, 190). – Wenn auch die Ausgestaltung der Beerdigung zu den höchstpersönl Angelegenheiten des Kostenträgers gehört, ist bezügl der Höhe der Aufwendungen stets nach der **Angemessenheit** zu fragen (BFH VI R 37/76 BStBl II 79, 558; FG Bln EFG 82, 467, rkr); die FinVerw geht ab VZ 1999 von einer Angemessenheitsgrenze für Beerdigungskosten von 7500 € aus (*OFD Berlin* ZEV 04, 459). – Den **Nicht-Erben** trifft idR keine sittl Pflicht, die Beerdigungskosten zu tragen (FG Köln EFG 92, 252, rkr; Ausnahmefall: FG Saarl EFG 97, 78, rkr, vermögenslose Schwester). – Weitere Beispiele s *Schmidt* 35. Aufl § 33 Rz 35 „Beerdigungskosten".

Behinderung s Rz 40 und 56 ff.

Berufsausbildung s „Ausbildung".

Besuchsreisen zu auswärts wohnenden Angehörigen sind grds durch Familienleistungsausgleich und Grundfreibetrag abgegolten (BFH III R 28/05 BStBl II 08, 287, Anm *Greite* FR 08, 240; BFH VI B 147/08 BFH/NV 09, 930). Sie können nur unter ganz besonderen Umständen als zwangsläufig und außergewöhnl angesehen werden, zB bei Fahrten, die über die Anzahl normaler Besuchsfahrten hinausgehen und **zur Krankenbetreuung** erforderl sind (s BFH VI R 20/11 BFH/NV 12, 38; BFH III R 60/88 BStBl II 90, 958; BFH III R 27/02 BFH/NV 05, 1248); bei der Gesamtbewertung sind ua der erforderl Umfang der Pflegeleistungen und die Höhe der Aufwendungen zu berücksichtigen (ausführl BFH III R 265/94 BStBl II

97, 558). – Zu **Nachweisen** gem § 64 I Nr 3 EStDV s Rz 85. Zur **Sachaufklärungspflicht** des FG bei nicht aussagekräftigem ärztl Attest: BFH VI B 97/10 BFH/NV 11, 640. S iÜ auch „Fahrtkosten"; *BMF* BStBl I 03, 360. – Weitere Beispiele s *Schmidt* 35. Aufl § 33 Rz 35 „Besuchsreisen".

Betreuungskosten. Es ist zu unterscheiden zw Personensorge (ggf agB) und Vermögenssorge (idR BA/WK, s *OFD Mchn* DB 97, 1205). Zur Vergütung für „Vormundschaft" s dort; s iÜ auch „Ehrenamt".

Betrugsverluste sind nicht zwangsläufig (Rz 27 und 34) und daher keine agB, zB beim Kauf eines Einfamilienhauses (BFH III R 12/92 BStBl II 95, 774; BFH VI B 120/15 BFH/NV 16, 1160) oder bei Veruntreuung durch RA (BFH VI B 18/09 BFH/NV 10, 206).

Bürgschaft. Aufwendungen aus der Inanspruchnahme einer Bürgschaft können nur dann als zwangsläufig angesehen werden, wenn die Übernahme der Bürgschaft selbst zwangsläufig (BFH IV 602/53 U BStBl III 54, 357; BFH VI 80/55 U BStBl III 57, 385) und nicht anfechtbar war (FG Hess EFG 88, 568, rkr). Leistungen aus freiwillig übernommenen Bürgschaften sind niemals zwangsläufig; auch nicht bei Bürgschaft für betriebl Schulden des Ehegatten (FG Mster EFG 76, 927, rkr; FG Köln EFG 95, 719, rkr). Dass die Übernahme der Bürgschaft menschl verständl ist, reicht zur Annahme einer sittl Verpflichtung nicht aus (BFH VI R 142/75 BStBl II 78, 147; BFH IV 287/60 U BStBl III 64, 299; BFH VI 306/60 U BStBl III 62, 63). S auch „Schuldentilgung".

Corona. Kosten, die aufgrund von **Reisebeschränkungen** oder iZm der **Rückholaktion** des Auswärtigen Amtes (Kostenersatz gem §§ 5 V, 6 II 1 KonsG) entstanden sind, können nur dann zu agB führen, wenn die Reise selbst zwangsläufig und notwendig iSv § 33 II 1gewesen ist (s auch „Urlaub"); bei berufl Dienstreise liegen dagegen BA/WK vor (§ 33 II 2: keine agB). Aufwendungen für **Masken und Tests** sind in der Pandemie nicht außergewöhnl (s Rz 10 aE; glA *Rüsch* FR 21, 377). – Zu den **nach § 64 EStDV erforderl Nachweisen** s Rz 78.

Darlehen. Zum Verzicht auf Darlehensforderung s Rz 8. Zum Abzugszeitpunkt bei Zahlung einer agB durch Darlehen s Rz 20. S auch „Schuldentilgung". – Darlehensverluste sind idR keine agB (FG BaWü EFG 97, 409, rkr; FG Nbg DStRE 07, 89, rkr, BAföG; Mchn EFG 08, 455, rkr, Schulden nach Arbeitslosigkeit). Das gilt auch für Umschuldung eines Erwerbsdarlehens (BFH III R 54/03 BFH/NV 05, 1529, freie Entscheidung zur Lebensführung und -gestaltung).

Denkmalschutz s §§ 10f und 10g.

Detektivkosten s „Personenschutz".

Diätkosten. § 33 II 3, s Rz 66.

Diebstahl s Rz 8. Aufwendungen zur Diebstahlsicherung sind nicht abziehbar (FG Hbg EFG 98, 1335, rkr).

Doktortitel. Kosten zur Erlangung des Titels sind keine agB (BFH VI R 297/66 BStBl III 67, 789), auch nicht bei nochmaliger Promotion eines Ausländers (FG Ddorf EFG 78, 422, rkr); diff *HHR* § 33 Rz 300 „Promotionskosten". S auch § 19 Rz 110 „Doktortitel".

Doppelte Haushaltsführung s zunächst § 33 II 2 (Rz 65). Müssen Ehegatten/LPart aus gesundheitl Gründen einen doppelten Haushalt führen, kann die Zwangsläufigkeit in Ausnahmefällen bejaht werden (*BH/Heger* § 33 Rz 280 „Doppelte Haushaltsführung"; s aber BFH VI R 167/79 BStBl II 82, 297 zu III 1; zweifelnd *Anm* HFR 88, 214). Leben Ehegatten/LPart dauernd getrennt, sind die Aufwendungen des StPfl für seinen eigenen Haushalt typische, nicht von § 33 erfasste Lebenshaltungskosten; Aufwendungen für den Haushalt des getrenntlebenden Ehegatten/LPart sind über § 33a I zu erfassen (s aber auch BFH VI

14/54 U BStBl III 58, 329). Kosten für den Unterhalt einer Zweitwohnung sind regelmäßig nicht zwangsläufig (FG Hbg EFG 74, 310, rkr), auch nicht wegen Krankheit des Kindes (FG Nbg EFG 92, 399, rkr).

Eheähnliche Lebensgemeinschaft s § 33a Rz 20 und „Lebensgemeinschaft".

Ehegatten; Lebenspartner. S auch „Ehescheidung" und „Hochzeit". Zur Berücksichtigung von agB bei Ehegatten s Rz 19; zur Ermittlung der zumutbaren Belastung s Rz 71; zu Unterhaltsleistungen s § 33a Rz 19.

Ehescheidung. Mit Wirkung **ab VZ 2013** sind Scheidungskosten **nicht mehr als agB** zu berücksichtigen (§ 33 II 4; s Rz 67); das gilt ausnahmslos für *alle* Kosten des Scheidungsverfahrens (BFH VI R 9/16 BStBl II 17, 988 mwN; Anm *Kanzler* FR 17, 1109; zu Hintergrund und Konsequenzen s auch *Urban* NJW 17, 3189; *Kanzler* FR 14, 209; *Heim* DStZ 14, 165; **aA** *Nieuwenhuis* DStR 14, 1701; *Gerauer* NWB 14, 2621). – Die **Anschaffung von Möbeln** nach einer Scheidung ist keine agB (BFH VI B 18/16 BFH/NV 16, 1708).

Zur Rechtslage **bis einschließl VZ 2012** s *Schmidt* 36. Aufl § 33 Rz 35 „Ehescheidung" und BFH VI R 63/14 BFH/NV 17, 14 (Zugewinnausgleich, Nutzungsentschädigung, Pfändung und Grundbucheintragung); BFH VI R 49/15 BFH/NV 17, 895 (Kinder- und nachehel Unterhalt).

Ehrenamt. Die Übernahme ist nie zwangsläufig (FG RhPf EFG 68, 66, rkr; zu ehrenamtl Betreuung eines Familienmitglieds s auch FG BBg EFG 08, 1380, rkr und FG Hess FamRZ 11, 1764).

Einbürgerungskosten erwachsen idR nicht zwangsläufig (FG BaWü EFG 83, 163, rkr). S auch „Auswanderung" und § 12 Rz 32 „Einbürgerungskosten".

Entbindungskosten s „Geburt".

Entführung s „Lösegeld".

Erholungsreise s Rz 48.

Erpressungsgeld kann als agB abziehbar sein, aber nicht, wenn der StPfl den Erpressungsgrund zurechenbar selbst gelegt hat (BFH III R 31/02 BStBl II 04, 867). S auch „Lösegeld" und „Personenschutz".

Fahrstuhl s Rz 44 und 57.

Fahrtkosten. Zu Fahrtkosten **Behinderter** s Rz 59 und Rz 65 ff. Im Allgemeinen sind Fahrtkosten (soweit sie nicht ohnehin zu BA oder WK gehören, § 33 II 2) nicht zwangsläufig; s auch „Besuchsreisen". – Zu **Mittagsheimfahrten** s BFH VI R 30/73 BStBl II 75, 738 mwN (nicht zwangsläufig; krit zu krankheitsbedingten Fahrten *KSM* § 33 Rz C 63 „Mittagsheimfahrten").

Fluchthilfe. Aufwendungen für die Flucht eines **Angehörigen** aus einem anderen Staat können nur dann zwangsläufig sein, wenn für den Angehörigen unmittelbare Gefahr für Leib, Freiheit und Leben droht (FG Hess EFG 78, 431, bestätigt, EFG 82, 593; FG Ddorf EFG 79, 335, rkr; FG Bln EFG 79, 180, rkr: Anerkennung als politischer Flüchtling). Die freigekaufte Person darf sich nicht leichtfertig in Gefahr begeben haben (FG Hess EFG 91, 195 rkr). Grds kann erwartet werden, dass der geflohene Angehörige nach Arbeitsaufnahme im Inl die Gelder zurückzahlt (§ 670 BGB; FG BaWü EFG 89, 350, rkr; FG Mster EFG 84, 287, bestätigt: Ansatz allenfalls der Zinsaufwendungen; *KSM* § 33 Rz C 63 „Fluchthilfe"; **aA** *HHR* § 33 Rz 72). Bei **Nicht-Angehörigen** sind Unterstützungsleistungen für eine aus einem Bürgerkriegsland geflohene befreundete Person idR nicht zwangsläufig (FG Nds EFG 96, 763, rkr). S auch „Auswanderung".

Geburt. Entbindungskosten (Arzt, Hebamme, Krankenhaus, Arznei) sind wie Krankheitskosten abzugsfähig. Sämtl sonstigen Kosten für Umstandskleidung oder für das Kind, zB Erstlingsausstattung für erstes oder weitere Kinder (BFH VI 168/63 U BStBl III 64, 302) oder Zwillinge (BFH VI R 125/69 BStBl II 70, 242), sind nicht abzugsfähig (Abgeltung durch Kindergeld und Freibeträge); dasselbe gilt für die Beschaffung einer größeren Wohnung. Die Einlagerung von Nabelschnurblut ist nicht zwangsläufig (BFH III B 112/06 BFH/NV 08, 355).

Geldstrafen/Geldbußen sind nicht abzugsfähig (ausführl *HHR* § 33 Rz 131 „Strafe"; s aber *KSM* § 33 Rz C 29). Ausnahmefall: FG Brem EFG 80, 183, rkr. S auch Rz 20 und „Prozesskosten".

Gesundheitsgefährdung s „Umweltbeeinträchtigung".

Haartransplantation. Kosten hierfür und für Haartoupet sind idR nicht abziehbar (FG BaWü EFG 98, 1589, rkr; FG Nds EFG 00, 496, rkr).

Haus. Abriss eines einsturzgefährdeten Hauses wegen Verletzung der Instandhaltungspflicht keine agB (FG Hbg EFG 20, 580, rkr); s auch „Baumangel" und „Umweltbeeinträchtigung".

Haushaltshilfe s § 35a Rz 7 und hier: „Kinder".

Häusliche Pflege s „Pflege".

Hausrat. Aufwendungen für die Anschaffung von Hausrat und Kleidung (BFH VI R 237/71 BStBl II 74, 745, Geschirrspülmaschine) sind idR nicht als agB abzugsfähig, auch nicht bei erstmaliger Einrichtung einer Wohnung (BFH IV 243/52 U BStBl III 53, 126; BFH VI 23/65 S BStBl III 65, 441; BVerfG in BStBl III 67, 106). Die Rspr ist iErg zutr, die Begründung (Gegenwertlehre) allerdings zweifelhaft (Rz 14 ff; *Jakob/Jüptner* StuW 83, 208 f). Wiederbeschaffung von Hausrat nach einer Scheidung ist ebenfalls nicht begünstigt (s „Ehescheidung"). – Ist notwendiger Hausrat infolge **unabwendbarer Ereignisse** (Krieg, Naturkatastrophe, Brand, politische Verfolgung uä) verloren gegangen, können die Kosten der Wiederbeschaffung eine agB begründen (BFH III R 248/83 BStBl II 88, 814, Spätaussiedler; BFH III R 69/87 BStBl II 91, 755 mwN; s auch Rz 10 und „Hochwasser"; weitere Beispiele s *Schmidt* 39. Aufl § 33 Rz 90 „Hausrat"). Zu den Obergrenzen für die Prüfung der Angemessenheit s FG Hess EFG 96, 762, rkr. Leistungen aus einer **Hausratsversicherung** sind gegenzurechnen (BFH III R 8/95 BStBl II 99, 766; s auch Rz 21 zum Abschluss von Versicherungen), ebenso Entschädigungen und Beihilfen aus öffentl Mitteln (FG BaWü EFG 98, 1334, rkr). – S auch „Asylberechtigter", „Auswanderung", „Katastrophenschaden", „Umweltbeeinträchtigungen" und „Vertriebene".

Heimunterbringung wegen Krankheit s Rz 51 ff, wegen Behinderung s Rz 58; zu altersbedingter Unterbringung s „Altersheim".

Heizkosten für Baudenkmal sind keine agB (FG Mster EFG 10, 703, rkr).

Hochwasser. Aufwendungen für die Wiederbeschaffung von Hausrat und Kleidung und die Beseitigung von Schäden an der eigenen Wohnung bzw dem eigenen Haus sind als agB zu berücksichtigen (s Rz 15; EStR 33.2; s auch „Hausrat" und „Kleidung"); das Fehlen einer sog Elementarschadensversicherung ist unschädl (keine allg zugängl und übl Versicherungsmöglichkeit iSv EStR 33.2 Nr. 7; *FM NRW* FR 21, 855 Rz 4.5; *BMF* BStBl I 13, 769, VI., zu Hochwasser 2013; s auch Rz 32; *Mirbach/Mirbach* DStZ 21, 838, 845).

Hochzeit. Aufwendungen für eine Hochzeitsfeier sind nicht abzugsfähig (BFH VI 303/57 U BStBl III 58, 296), auch nicht dann, wenn der Ehegatte/LPart aus dem Ausl stammt und zusätzl Kosten anfallen (BFH III R 11/91 BStBl II 92, 821: Reise nach Moskau; FG BBg EFG 12, 2287: Anreise aus Kanada), ebenso wenig Aufwendungen für Geschenke oder Reisen zur Feier eines Dritten. Das Gleiche gilt für Verlobungsgeschenke (BFH VI R 51/66 BStBl III 67, 758).

Insolvenz. Kosten eines Insolvenzverfahrens sind nicht zwangsläufig (Rz 16 ff), wenn der StPfl die maßgebl Ursache für seine Zahlungsschwierigkeiten selbst gesetzt hat (BFH VI R 47/13 BStBl II 17, 276: Treuhändervergütung; FG Mster EFG 18, 2044, Rev VI R 41/18: keine Aufwendungen bei Restschuldbefreiung; s auch *Rößler* FR 99, 1357; aA *Müller* DStZ 99, 645). Dasselbe gilt für **erneute Zahlung**

zur Abwendung eines Insolvenzverfahrens nach Veruntreuung der zunächst erbrachten Zahlung durch RA (BFH VI B 18/09 BFH/NV 10, 206). S iÜ § 19 Rz 110 „Insolvenzverfahren".

Integrationskurs s „Sprachkurse".

Internat. S auch § 33a II, IV. Kosten der Unterbringung eines körperl und geistig gesunden Kindes in einem Internat fallen nicht unter § 33 (BFH X R 48/09 BStBl II 12, 200). Das gilt auch für schwer erziehbares Kind, da soziale oder pädagogische Gründe für den Internatsbesuch nicht genügen (BFH IX R 52/03 BFH/NV 06, 281; BFH III B 169/03 BFH/NV 05, 699), ebenso bei Hochbegabung (BFH X R 48/09 BStBl II 12, 200; BFH X R 43/10 BFH/NV 12, 1947; FG Mster EFG 03, 1084, rkr) und auch dann, wenn es darum geht, ein Kind aus der heimischen Drogenszene zu entfernen (FG Brem EFG 94, 525, rkr – da Drogenabhängigkeit eine Behinderung darstellt [s § 33b Rz 13], wären die Aufwendungen bei Vorliegen eines entspr *vorab* erstellten amtsärztl Attestes im Zweifel zu berücksichtigen gewesen; s auch Rz 58). – Eine agB liegt allerdings vor, wenn die Internatsunterbringung wegen **Krankheit** des Kindes medizinisch indiziert ist (BFH VI R 37/10 BStBl II 13, 783). Zum **Nachweis** der medizinischen Indikation gem § 64 I 1 Nr 2 Buchst c EStDV s Rz 34. – Aufwendungen einer minderjährigen Halbwaise für die eigene Internatsunterbringung sind nicht zwangsläufig (BFH III R 126/86 BStBl II 90, 738; zu Internatsunterbringung eines Vollwaisen s *Anm* HFR 90, 628). S iÜ auch „Kinder" und „Therapie".

Kaskoversicherung s „Versicherung".

Katastrophenschaden s Rz 10 sowie „Hausrat", „Hochwasser", „Umweltbeeinträchtigung" und § 21 Rz 148 „Katastrophenschäden". Sturmschaden an Grundstücksmauer führt zu keiner agB (FG RhPf DStRE 08, 86). Umfassend *Grube* DStZ 00, 469.

Kinder. Zu Unterhalt, Berufsausbildung, Betreuung s § 10 I Nr 5 und 9 und § 33a I und II; s ferner Rz 45 (Therapie), Rz 49 (Heilkuren) und Rz 90 „Ausbildung", „Besuchsreisen" „Geburt", „Internat", „Privatschule". Neben den nach § 33a I bis III abzugsfähigen Aufwendungen werden Kosten der auswärtigen Unterbringung eines Kindes nach § 33 nur berücksichtigt, wenn die auswärtige Unterbringung (im Heim oder bei Verwandten) wegen Krankheit oder körperl bzw geistiger Gebrechen notwendig ist (BFH X R 48/09 BStBl II 12, 200; BFH VI R 125/74 BStBl II 75, 607; BFH VI 215/63 U BStBl III 65, 169). Aufwendungen für **Besuchsfahrten** zur Pflege des Eltern-Kind-Verhältnisses sind auch nach Wegfall des § 33a Ia mangels Außergewöhnlichkeit nicht abziehbar (BFH III R 208/94 BStBl II 97, 54; BFH VI R 115/96 BFH/NV 01, 1110, VerfBeschw nicht angenommen, NVwZ-RR 04, 2; s aber BFH III R 141/95 BFH/NV 04, 1635: offen gelassen, VerfBeschw nicht angenommen), auch nicht zur Ausübung der gesetzl **Umgangsverpflichtung gem § 1684 I BGB** (BFH VI B 111/11 BFH/NV 12, 1434: kein „Gleichklang" von Steuerrecht und Sozialhilferecht; BFH III R 28/05 BStBl II 08, 287: trotz besonders hoher Besuchsaufwendungen; BFH III R 30/06 BFH/NV 08, 539, Flugkosten nach Spanien; FG Nds EFG 19, 344, rkr: Übernahme der Kosten durch den anderen Elternteil) und auch nicht bei Verhaltensauffälligkeit des Kindes (FG Nds EFG 95, 122, rkr). Nachweis: § 64 I 1 Nr 3 EStDV.

Kleidung. Ausgaben für Neuanschaffung oder Änderung bürgerl Kleidung sind grds nicht außergewöhnl, da es sich idR nicht um unmittelbare Krankheits-, sondern um Folgekosten handelt (zB BFH VI 203/61 U BStBl III 63, 381, Mehraufwand wegen Körpergröße; FG Mchn EFG 00, 872, rkr, nach Geschlechtsumwandlung; FG Mchn EFG 06, 119, bestätigt durch BFH III R 63/06 BFH/NV 08, 544, Bekleidung, Schuhe und Perücke bei Transsexualität; BFH III B 63, 64/85 BFH/NV 88, 438, Aufwendungen nach Krebserkrankung). S aber „Hochwasser".

Kosmetische Operation ist nur dann zwangsläufig, wenn sie zB infolge psychischer Erkrankung unumgängl ist (FG BaWü EFG 79, 125, rkr; FG Köln EFG 97, 16, rkr); zum Nachweis s Rz 29 ff (vgl auch BFH III B 57/06 BFH/NV 07, 438, Fettabsaugung).
Kraftfahrzeugkosten s „Fahrtkosten" und „Unfall".
Krankenversicherungsbeiträge. § 33 II 2. Die vom StPfl an die geschiedene Ehefrau erstatteten Krankenversicherungsbeiträge sind Unterhaltsaufwendungen, dh keine agB (BFH VI R 206/70 BStBl II 74, 86).
Krankheitskosten s Rz 40 ff.
Kuren s Rz 47 ff.
Lärmschutz. Einbau von Schalldämmfenstern ist keine agB (BFH VI R 62/74 BStBl II 76, 194); s auch Rz 9 f, 14 f.
Lebensgemeinschaft. Zur gesetzl Gleichstellung von LPart s § 2 VIII. Allein das Bestehen einer nicht-ehel Lebensgemeinschaft (auch bei Verlobten, BFH III R 3/97 BFH/NV 00, 560) führt nicht zur Zwangsläufigkeit der Unterhaltsleistungen für den anderen Partner aus sittl Gründen; es müssen andere gewichtige Umstände (zB Pflegedienste, Betreuung gemeinsamer Kinder, Schwangerschaft) hinzutreten. Die Bedürftigkeit muss gemeinschaftsbedingt sein (BFH III R 102/87 BStBl II 90, 886 mwN; BFH III R 52/89 BFH/NV 91, 814; BFH III R 3/99 BFH/NV 01, 1233). Unterhaltsaufwendungen für den arbeitslosen Partner einer nicht-ehel Lebensgemeinschaft können dann als agB abzugsfähig sein, wenn wegen des anzurechnenden Einkommens des StPfl keine Arbeitslosenhilfe gezahlt wird (BFH III R 38/92 BStBl II 94, 442); soweit Kürzungen der Arbeitslosenhilfe ausgeglichen wird, sind Zahlungen idR nicht unangemessen (BFH III R 62/93 BStBl II 94, 897).
Lebensmittel s Rz 66 (Diätverpflegung, Zöliakie) und FG Mster EFG 19, 623, rkr (Bulimie).
Legasthenie s Rz 45.
Lernmittel. Aufwendungen sind nicht außergewöhnl und werden zudem durch Freibeträge nach § 32 VI und KiGeld bzw § 33a I, II (s § 33a IV) berücksichtigt.
Logopädische Therapie s Rz 45.
Lösegeld. Zahlungen sind weder als BA noch als WK, wohl aber als agB abzugsfähig (BFH III R 27/92 BStBl II 95, 104, 107), ohne dass § 160 AO der Anerkennung entgegensteht (glA *HHR* § 33 Rz 300 „Lösegeldzahlungen"; s auch § 4 Rz 520). Lösegeldrückflüsse in späteren Jahren mindern idR die agB des Jahres der Lösegeldzahlung (Belastungsprinzip, s Rz 12; FG Mster EFG 87, 186, rkr). S auch „Detektivkosten", „Erpressungsgeld" und „Personenschutz".
Makler. Gebühren für eine Wohnungsvermittlung können eine agB darstellen, wenn der Umzug zwangsläufig ist; s „Umzug".
Miete. Zusätzl Mietzahlungen nach Zwangsräumung des eigenen Hauses wegen Einsturzgefahr können als verlorener Aufwand zu einer agB führen (BFH VI R 62/08 BStBl II 10, 965, auch zur Dauer). Entgangene Mieteinnahmen sind hingegen keine Aufwendungen und daher keine agB (BFH VI B 43/09 BFH/NV 10, 852; s auch Rz 6).
Nachhilfestunden s § 10 Rz 94 und § 35a Rz 5; iRd § 33 kein Abzug, es sei denn, ausnahmsweise als Krankheitskosten.
Nachlassverbindlichkeiten s „Beerdigung" und „Erbausgleich". Ein Abzug als agB kommt grds nur in Betracht, wenn die Zahlungen nicht aus dem Nachlass geleistet werden können *und* Zwangsläufigkeit in der Person des Erben begründet ist (FG Nds EFG 82, 349, rkr). Dies kann der Fall sein, wenn der Sohn als Alleinerbe Nachlassverbindlichkeiten erfüllt, die auf existentiellen Bedürfnissen der in

Armut verstorbenen Eltern beruhen oder mit deren Tod zusammenhängen, zB Aufwendungen für Miete, Strom, Telefon, nicht aber für die Rückzahlung von Renten/Pensionen (BFH III R 208/82 BStBl II 87, 715). Eine in der Person des Erblassers begründete Zwangsläufigkeit reicht ansonsten nicht aus; anderes gilt auch nicht, wenn der Erbe der überlebende Ehegatte ist (BFH III R 86/95 BFH/NV 96, 807, Zinsen für kreditfinanzierte Krankheitskosten; grds aA *HHR* § 33 Rz 300 „Nachlassverbindlichkeiten"). Kosten für Ergänzungspfleger bei Erbauseinandersetzung sind nicht abziehbar (BFH III R 39/97 BStBl II 00, 69).

Partnerschaftsvertrag s „Lebensgemeinschaft" und § 33a Rz 20 f.

Persönlichkeitsentwicklung. Aufwendungen hierfür sind grds keine agB; ggf muss geprüft werden, ob Krankheitskosten vorliegen.

Personenschutz. Aufwendungen können als agB zu berücksichtigen sein (FG Mster EFG 18, 560, rkr; FG Hess EFG 89, 576, rkr: Detektiv); aber nicht, wenn der StPfl den Grund für die Notwendigkeit des Personenschutzes zurechenbar selbst gelegt hat (vgl BFH III R 31/02 BStBl II 04, 867, zu Erpressung).

Pflege s Rz 44 und 54.

Pflegeheim s Rz 51 und „Altersheim".

Pilgerfahrt ist nicht sittl zwangsläufig (s Rz 36).

Politische Tätigkeit ist nicht zwangsläufig.

Privatschule. Es handelt sich um typische Kosten der Berufsausbildung (§ 33a I, II), die nicht nach § 33 abzugsfähig sind (BFH III R 28/05 BStBl II 08, 287). Etwas anderes kann nur gelten, wenn es sich um unmittelbare Krankheitskosten handelt (ausführl und mwN BFH III B 216/96 BStBl II 97, 752; dazu auch FG Köln EFG 98, 318, rkr).Vgl auch „Internat", „Legasthenie" und EStR 33.4 II.

Promotion s „Doktortitel".

Prozesskosten. S Rz 67 und „Ehescheidung"; zur Rechtslage bis einschließl VZ 2012 s *Schmidt* 36. Aufl § 33 Rz 35 „Prozesskosten".

Reisekosten s „Besuchsreisen" und „Urlaub".

Rentenversicherung s zunächst § 33 II 2. Bei Nachzahlungen zur Rentenversicherung der Eltern scheidet eine sittl Verpflichtung jedenfalls dann aus, wenn der Elternteil bereits Rentenansprüche in einer Höhe besitzt, die den Unterhalt sowohl gegenwärtig als voraussichtl auch in Zukunft gesichert erscheinen lässt (BFH III R 42/99 BStBl II 02, 473; *Hettler* HFR 02, 703).

Sanierungsaufwand s „Umweltbeeinträchtigungen".

Schadensersatz s auch „Unfall" und Rz 18 (Verschuldensgrad). Die Ersatzleistungen aus einem vorsätzl oder grob fahrlässig (zB Trunkenheitsfahrt) verursachten Schaden (Delikthaftung) sind nicht zwangsläufig. In Fällen der *Gefährdungshaftung* wird mit *BH/Heger* (§ 33 Rz 98 f) gegen *HHR* (§ 33 Rz 188 „Gefährdungshaftung") auch bei schuldlosem Verhalten des StPfl die Zwangsläufigkeit zu verneinen sein. Der StPfl nimmt in diesen Fällen (zB Tierhalterhaftung) ein Risiko bewusst in Kauf; er hat die Folgen selbst zu tragen. IÜ wird man die Zwangsläufigkeit hier auch dann verneinen müssen, wenn der StPfl den Abschluss von Haftpflichtversicherungen unterlassen hat, selbst wenn der StPfl dem Gefährdungstatbestand nicht ausweichen konnte (ähnl *KSM* § 33 Rz C 63 „Schadensersatz"; zT **aA** FG Hess EFG 76, 338, rkr; zweifelnd *Sunder-Plassmann* DStR 93, 1165). Auch die Kosten der Reparatur eines vom Privatfahrer unverschuldet beschädigten geliehenen Pkw sind nicht abzugsfähig (BFH VI R 143/71 BStBl II 74, 105). Etwas anderes kann aber gelten, wenn die Fahrt selbst zwangsläufig war (FG Ddorf EFG 80, 284, rkr; s auch *Jakob/Jüptner* StuW 83, 212). Erfüllung von Schadensersatzansprüchen durch die Eltern für ihre Kinder führt nicht zum Abzug (FG Bbg EFG 98, 317, rkr). Schadensersatz nach Wirtshausgerangel s FG Hess EFG 01, 1051, rkr (iErg zutr.).

Schadstoffbelastung s „Umweltbeeinträchtigungen".
Schalldämmfenster s „Lärmschutz".
Scheidung s „Ehescheidung".
Schuldentilgung. Das Eingehen einer Schuld stellt noch keine agB dar (keine Aufwendungen, s Rz 6). Fremdfinanzierte Aufwendungen, die ihrer Art nach eine agB darstellen, sind nicht erst im Jahr der Tilgung der Schuld, sondern bereits **im VZ der Verausgabung** zu berücksichtigen (BFH III B 155/96 BFH/NV 98, 850; BFH III R 60/88 BStBl II 90, 958 mwN; s auch Rz 5). War dagegen schon die Schuldaufnahme nicht zwangsläufig, ist die Tilgung auch dann keine agB, wenn der StPfl infolge Verschlechterung seiner Vermögensverhältnisse durch die Tilgungsleistungen in Schwierigkeiten gerät (BFH VI 80/55 U BStBl III 57, 385); hier kann nur ein Erlass gem §§ 163, 227 AO geboten sein (in Ausnahmefällen: s *KSM* § 33 C 60). Gleiches gilt für Vorfälligkeitsentschädigungen (BFH III R 54/03 BFH/NV 05, 1529) und allg für Rückabwicklung von Verträgen (BFH III R 12/04 BFH/NV 05, 1287). Tilgungsleistungen auf betriebl oder berufl veranlasste Schulden können wegen § 33 II 2 nicht als agB abgezogen werden. – S iÜ auch „Bürgschaft", „Schuldzinsen", „Insolvenzverfahren". – Weitere Beispiele s *Schmidt* 35. Aufl § 33 Rz 35 „Schuldentilgung".

Schuldzinsen können eine agB darstellen, wenn die Schuldaufnahme (s oben, „Schuldentilgung") zwangsläufig war (BFH III R 60/88 BStBl II 90, 958).

Schule s „Internat" und „Privatschule".

Schwangerschaft. Aufwendungen für Schwangerschaftsverhütung sind nicht außergewöhnl (FG RhPf EFG 00, 434, rkr). Medizinische oder soziale Indikation, die eine Zwangslage voraussetzt, kann zur Anwendung des § 33 führen (enger wohl FG Bln EFG 91, 129, rkr).

Sprachkurse. Aufwendungen sind idR keine agB; etwas anderes kann für **Integrationskurse** bei entspr Nachweis gelten, s EStR 33.4 VI.

Steuerberatungskosten stellen keine agB (BFH X R 10/08 BStBl II 10, 617; BFH X R 10/10 BFH/NV 11, 977).

Strafen s Rz 20 und „Geldstrafe" sowie „Prozesskosten".

Strafgefangener. Unterstützungsleistung an einsitzenden Sohn kann als agB abgezogen werden (BFH III R 305/84 BStBl II 89, 233). S auch „Besuchsreisen".

Studium s auch „Ausbildung". Studiengebühren sind für die Eltern keine agB (BFH VI R 63/08 BStBl II 10, 341). Kosten eines Auslandsstudiums sind durch § 33a II abgegolten (FG Hess EFG 81, 294, rkr). IÜ sind Aufwendungen für ein Auslandsstudium auch bei numerus-clausus-Fächern nicht zwangsläufig (BFH III B 165/86 BFH/NV 87, 501). Prozesskosten zur Zulassung zum Studium s „Prozesskosten". Tilgung eines BAföG-Darlehens s Rz 5.

Sturmschaden s „Katastrophenschaden".

Therapie s Rz 45.

Tierhaltung ist idR nicht zwangsläufig (FG Ddorf EFG 98, 950, rkr mwN, Reitpferd). Schadensaufwendungen sind auch dann nicht abzugsfähig, wenn die Tierhaltung zwar zwangsläufig war, der StPfl aber keine Versicherung abgeschlossen hat (glA *BH/Heger* § 33 Rz 296 „Tierhalterhaftung"; aA FG Hess EFG 76, 338, rkr), oder wenn schon die Übernahme der Tieraufsicht nicht zwangsläufig war (FG Hess EFG 84, 402, rkr). S auch „Schadensersatz".

Todesfall s „Beerdigung".

Trinkgelder sind in keinem Fall abziehbar (BFH VI R 74/10 BStBl II 12, 577, Kuraufenthalt; BFH III R 32/01 BStBl I 04, 270; s auch *BMF* BStBl I 04, 527).

Umweltbeeinträchtigung. Kosten der **Beseitigung** sind *außergewöhnl,* wenn den StPfl *(1)* kein Verschulden an der Beeinträchtigung trifft, *(2)* die Beeinträchtigung im Falle eines Grundstückserwerbs zunächst nicht erkennbar war, *(3)* realisierbare Ersatzansprüche gegen Dritte nicht bestehen und es sich *(4)* nicht um übl Instandsetzungs- und Modernisierungsmaßnahmen oder dem gewöhnl Wertverzehr geschuldete Baumaßnahmen handelt (vgl BFH VI R 21/11 BStBl II 12, 574 Rz 15; s auch EStH 33.1–33.4). Die Aufwendungen sind *zwangsläufig,* wenn der StPfl entweder rechtl verpflichtet ist, die Beeinträchtigung zu beseitigen, oder eine Gesundheitsbeeinträchtigung konkret zu befürchten ist und eine Sanierung unerlässl erscheint (zur Feststellung einer konkreten Gesundheitsgefährdung durch Asbest s BFH VI R 47/10 BStBl II 12, 570 Rz 11 f). Hinsichtl des Nachweises gelten die allg Beweisregeln (BFH VI R 47/10 BStBl II 12, 570 Rz 16 f; s auch Rz 30). § 64 EStDV nF greift mE nicht ein (s auch BFH VI R 21/11 BStBl II 12, 574: Gebäudesanierung betrifft nicht allg Gebrauchsgegenstand des tägl Lebens iSd § 64 I Nr 2 S 1 Buchst e EStDV iVm § 33 I SGB V; *Geserich* DStR 12, 1490, 1493). Die Beweislast trifft den StPfl; ein vom ihm vorgelegtes Gutachten oder Attest ist als Privatgutachten zu behandeln (BFH VI R 21/11 BStBl II 12, 574). Zur Notwendigkeit, im finanzgerichtl Verfahren einen **Sachverständigen** hinzuzuziehen, s BFH VI R 47/10 BStBl II 12, 570 (Rz 19 f). Ggf sind auch Finanzierungskosten zu berücksichtigen (vgl *Kanzler* FR 12, 1133, auch zu der Möglichkeit, angefallene Aufwendungen auf mehrere Jahre zu verteilen; s dazu auch FG Saarl EFG 13, 1927, rkr). – Unerlässl ist die Beseitigung vor allem dann, wenn sie die Wohnung, das Wohnhaus oder auch das Hausgrundstück des StPfl betrifft (s iEinz BFH III R 56/04 BFH/NV 08, 937; s auch BFH VI R 40/13 BFH/NV 16, 908). Eine ordnungsgemäße Entsorgung ist nachzuweisen. Wertverbesserungen sind im Wege des Vorteilsausgleichs (Rz 10) anzurechnen. S iÜ auch **„Hochwasser"**. – An der Außergewöhnlichkeit kann es fehlen, wenn die Beeinträchtigung auf einen **Baumangel** zurückgeht (BFH III R 6/01 BStBl II 02, 240; zur Abgrenzung s BFH VI R 21/11 BStBl II 12, 574 Rz 16; vgl auch „Baumangel". – Vgl iÜ *Bleschick* NWB 12, 2294 (auch zum Nebeneinander von agB und haushaltsnahen Dienstleistungen gem § 35a); *Hettler* DB 02, 1848.

Beispiele: Dioxinbelastetes Grundstück (BFH III R 56/04 BFH/NV 08, 937: agB, auch wenn sich die Grenzwertüberschreitung erst nachträgl herausgestellt hat; **Asbestsanierung** (BFH III R 6/01 BStBl II 02, 240; s aber auch BFH VI R 47/10 BStBl II 12, 570 zum Nachweis einer *konkreten* Gesundheitsgefährdung) bzw **asbesthaltige Heizung** (BFH III B 11/06 BFH/NV 07, 1108); **„Echter Hausschwamm"** (BFH VI R 70/10 BStBl II 12, 572: abziehbar). – Weitere Beispiele s **„Wildtierschäden"** und *Schmidt* 39. Aufl § 33 Rz 90 „Umweltbeeinträchtigung".

Umzug. Privat veranlasste (§ 33 II 2) Umzugskosten sind typische Kosten der Lebensführung, die unabhängig von der Art der Wohnungskündigung nicht als agB abzugsfähig sind (BFH VI B 66/08 BFH/NV 09, 149 mwN); sie können ausnahmsweise als agB anerkannt werden, wenn der Umzug wegen einer **Krankheit** zwingend erforderl ist (BFH VI 102/65 U BStBl III 66, 113; FG Ddorf DStRE 00, 243, rkr; FG RhPf EFG 04, 319, rkr, aber nicht für Ausstattungskosten). S iÜ auch „Doppelte Haushaltsführung" und § 19 Rz 60 „Umzugskosten". Für Anerkennung einer agB iwS *HHR* § 33 Rz 300.

Unfall. Aufwendungen zur Beseitigung eigener gesundheitl Schäden sind als Krankheitskosten abzugsfähig (s Rz 40 ff). Schäden am Pkw begründen idR keine agB (stRspr, s BFH III B 164/05 BFZ/NV 06, 1468 mwN; *Ausnahme:* StPfl mit starker Gehbehinderung, s BFH III R 30/88 BStBl II 92, 179). Weitere Beispiele s *Schmidt* 39. Aufl § 33 Rz 90 „Unfall". S iÜ auch „Schadensersatz".

Unterhalt. Typische Unterhaltsleistungen sind jenseits des Ehegattensplittings (betragsmäßig begrenzt) grds nur iRd § 33a I und im Wege des Realsplittings gem § 10 Ia Nr 1 abzugsfähig (s § 33a Rz 56, § 10 Rz 131; vgl BFH VI B 120/11 BFH/NV 12, 1438), auch bei Nachzahlung für Vorjahre und Kapitalabfindungen (BFH III R 57/05 BStBl II 09, 365; BFH III B 73/06 BFH/NV 08, 22: kein Billigkeitserlass). Nach § 33a I sind Unterhaltsaufwendungen nur abziehbar, wenn der

Empfänger nach inl Recht gesetzl unterhaltsberechtigt ist; für Unterhalt an andere Personen kann ein Abzug nicht aus § 33 abgeleitet werden (BFH III R 53/98 BFH/NV 03, 20; BFH III R 57/99 BStBl II 03, 187; BFH VI S 14/03 BFH/NV 05, 1067, Geschwister, krit *Paus* DStZ 03, 461 – **aA** auch FG Köln EFG 20, 1133, Rev VI R 40/1919; BFH III B 28/07 BFH/NV 08, 1320). Vgl auch „Ablösung" und „Kinder"; s iÜ § 33a Rz 9, *Hettler* DB 03, 356.

Urlaub ist nicht zwangsläufig; ebenso nicht Mehrkosten für den Rückflug, weil der Veranstalter in Konkurs gefallen ist oder weil bestimmte Flugrouten ausfallen (FG Nds EFG 94, 248, rkr). Kosten des Urlaubs mit behinderten Kindern bzw Ehegatten/LPart sind keine agB, wenn sich der Urlaub im Wesentlichen nicht von einem übl Urlaub unterscheidet (BFH III R 22/04 BFH/NV 06, 1265: Campingurlaub).

Verlobung s „Hochzeit".

Vermögensverlust s „Darlehen", „Hausrat" sowie Rz 6, 10.

Verschuldung s „Schuldentilgung".

Versicherung. Versicherungsbeiträge sind grds nicht als agB abzugsfähig. Atypische Lebenssachverhalte können allenfalls über Billigkeitsmaßnahmen (§§ 163, 227 AO) berücksichtigt werden (BFH III R 191/90 BStBl II 92, 293). Zur Obliegenheit, agB durch Versicherungsabschluss zu vermeiden, s Rz 21, iÜ „Schadensersatz".

Versorgungsausgleich. Zahlungen zwecks Versorgungsausgleichs dienen der Vermögensauseinandersetzung (s „Abfindungen"), nicht der Abgeltung normaler Unterhaltsansprüche; sie sind nicht nach § 33 abzugsfähig (BFH X R 23/08 BFH/NV 10, 1807; **aA** *HHR* § 33 Rz 150 f). Das gilt auch für Zahlungen zur Begründung einer Rentenanwartschaft als Versorgungsausgleich (FG Köln EFG 96, 1153, rkr). S iÜ § 33a Rz 56.

Veruntreuung s „Betrugsverluste".

Vormundschaft. Kosten für Vormundschaft zur Vermögenssorge sind als BA/WK, nicht aber als agB abziehbar (BFH III R 39/97 BStBl II 00, 69).

Wehrdienst. Zahlungen zur Abgeltung des (ausl) Wehrdienstes sind nicht als agB abzugsfähig (BFH VI R 45/84 BStBl II 86, 459).

Wiederbeschaffung s „Hausrat".

Wildtierschäden sind bereits dem Grunde nach nicht außergewöhnl (BFH VI R 42/18 BStBl II 21, 146: „Biberschaden"; FG Hbg EFG 20, 837, rkr: Marderbefall).

Wohnungskosten s „Abfindung", „Hausrat", „Makler", „Miete", „Umzug". Eine Fehlbelegungsabgabe führt nicht zu agB (FG Köln EFG 02, 1446, rkr).

Zugewinnausgleich (§§ 1377 ff BGB) dient der Aufteilung des während der Ehe erworbenen Vermögens. Es handelt sich nicht um eine existentiell notwendige private Aufwendung (s Rz 1). Eine agB scheidet aus (FG Nbg EFG 65, 585, rkr), auch für Verzugszinsen (FG Hbg EFG 88, 368, rkr). S auch „Ehescheidung".

Zweitwohnung. Kosten sind keine agB (FG Hbg EFG 74, 310, rkr).

Zwilling s „Geburt".

§ 33a Außergewöhnliche Belastung in besonderen Fällen

(1) ¹**Erwachsen einem Steuerpflichtigen Aufwendungen für den Unterhalt und eine etwaige Berufsausbildung einer dem Steuerpflichtigen oder seinem Ehegatten gegenüber gesetzlich unterhaltsberechtigten Person, so wird auf Antrag die Einkommensteuer dadurch ermäßigt, dass die Aufwendungen bis zu 9984 Euro im Kalenderjahr vom Gesamtbetrag der Einkünfte abgezogen**

werden. ²Der Höchstbetrag nach Satz 1 erhöht sich um den Betrag der im jeweiligen Veranlagungszeitraum nach § 10 Absatz 1 Nummer 3 für die Absicherung der unterhaltsberechtigten Person aufgewandten Beiträge; dies gilt nicht für Kranken- und Pflegeversicherungsbeiträge, die bereits nach § 10 Absatz 1 Nummer 3 Satz 1 anzusetzen sind. ³Der gesetzlich unterhaltsberechtigten Person gleichgestellt ist eine Person, wenn bei ihr zum Unterhalt bestimmte inländische öffentliche Mittel mit Rücksicht auf die Unterhaltsleistungen des Steuerpflichtigen gekürzt werden. ⁴Voraussetzung ist, dass weder der Steuerpflichtige noch eine andere Person Anspruch auf einen Freibetrag nach § 32 Absatz 6 oder auf Kindergeld für die unterhaltene Person hat und die unterhaltene Person kein oder nur ein geringes Vermögen besitzt; ein angemessenes Hausgrundstück im Sinne von § 90 Absatz 2 Nummer 8 des Zwölften Buches Sozialgesetzbuch bleibt unberücksichtigt. ⁵Hat die unterhaltene Person andere Einkünfte oder Bezüge, so vermindert sich die Summe der nach Satz 1 und Satz 2 ermittelten Beträge um den Betrag, um den diese Einkünfte und Bezüge den Betrag von 624 Euro im Kalenderjahr übersteigen, sowie um die von der unterhaltenen Person als Ausbildungshilfe aus öffentlichen Mitteln oder von Förderungseinrichtungen, die hierfür öffentliche Mittel erhalten, bezogenen Zuschüsse; zu den Bezügen gehören auch steuerfreie Gewinne nach den §§ 14, 16 Absatz 4, § 17 Absatz 3 und § 18 Absatz 3, die nach § 19 Absatz 2 steuerfrei bleibenden Einkünfte sowie Sonderabschreibungen und erhöhte Absetzungen, soweit sie die höchstmöglichen Absetzungen für Abnutzung nach § 7 übersteigen. ⁶Ist die unterhaltene Person nicht unbeschränkt einkommensteuerpflichtig, so können die Aufwendungen nur abgezogen werden, soweit sie nach den Verhältnissen des Wohnsitzstaates der unterhaltenen Person notwendig und angemessen sind, höchstens jedoch der Betrag, der sich nach den Sätzen 1 bis 5 ergibt; ob der Steuerpflichtige zum Unterhalt gesetzlich verpflichtet ist, ist nach inländischen Maßstäben zu beurteilen. ⁷Werden die Aufwendungen für eine unterhaltene Person von mehreren Steuerpflichtigen getragen, so wird bei jedem der Teil des sich hiernach ergebenden Betrags abgezogen, der seinem Anteil am Gesamtbetrag der Leistungen entspricht. ⁸Nicht auf Euro lautende Beträge sind entsprechend dem für Ende September des Jahres vor dem Veranlagungszeitraum von der Europäischen Zentralbank bekannt gegebenen Referenzkurs umzurechnen. ⁹Voraussetzung für den Abzug der Aufwendungen ist die Angabe der erteilten Identifikationsnummer (§ 139b der Abgabenordnung) der unterhaltenen Person in der Steuererklärung des Unterhaltsleistenden, wenn die unterhaltene Person der unbeschränkten oder beschränkten Steuerpflicht unterliegt. ¹⁰Die unterhaltene Person ist für diese Zwecke verpflichtet, dem Unterhaltsleistenden ihre erteilte Identifikationsnummer (§ 139b der Abgabenordnung) mitzuteilen. ¹¹Kommt die unterhaltene Person dieser Verpflichtung nicht nach, ist der Unterhaltsleistende berechtigt, bei der für ihn zuständigen Finanzbehörde die Identifikationsnummer der unterhaltenen Person zu erfragen.

(2) ¹Zur Abgeltung des Sonderbedarfs eines sich in Berufsausbildung befindenden, auswärtig untergebrachten, volljährigen Kindes, für das Anspruch auf einen Freibetrag nach § 32 Absatz 6 oder Kindergeld besteht, kann der Steuerpflichtige einen Freibetrag in Höhe von 924 Euro je Kalenderjahr vom Gesamtbetrag der Einkünfte abziehen. ²Für ein nicht unbeschränkt einkommensteuerpflichtiges Kind mindert sich der vorstehende Betrag nach Maßgabe des Absatzes 1 Satz 6. ³Erfüllen mehrere Steuerpflichtige für dasselbe Kind die Voraussetzungen nach Satz 1, so kann der Freibetrag insgesamt nur einmal abgezogen werden. ⁴Jedem Elternteil steht grundsätzlich die Hälfte des Abzugsbetrags nach den Sätzen 1 und 2 zu. ⁵Auf gemeinsamen Antrag der Eltern ist eine andere Aufteilung möglich.

Allgemeines **1 § 33a**

(3) ¹Für jeden vollen Kalendermonat, in dem die in den Absätzen 1 und 2 bezeichneten Voraussetzungen nicht vorgelegen haben, ermäßigen sich die dort bezeichneten Beträge um je ein Zwölftel. ²Eigene Einkünfte und Bezüge der nach Absatz 1 unterhaltenen Person, die auf diese Kalendermonate entfallen, vermindern den nach Satz 1 ermäßigten Höchstbetrag nicht. ³Als Ausbildungshilfe bezogene Zuschüsse der nach Absatz 1 unterhaltenen Person mindern nur den zeitanteiligen Höchstbetrag der Kalendermonate, für die sie bestimmt sind.

(4) In den Fällen der Absätze 1 und 2 kann wegen der in diesen Vorschriften bezeichneten Aufwendungen der Steuerpflichtige eine Steuerermäßigung nach § 33 nicht in Anspruch nehmen.

Einkommensteuer-/Lohnsteuer-Richtlinien: EStR 33a.1–33a.3/EStH 33a.1–33a.3/LStH 33a.
– *Verwaltungsanweisungen:* BMF BStBl I 10, 582 (Allg Hinweise); BMF BStBl I 10, 588 (Unterhaltsaufwendungen für Personen im Ausl); beide ergänzt durch BMF BStBl I 15, 474.

Übersicht

	Rz
I. Allgemeines	
1. Bedeutung, Aufbau	1
2. Neuere Rechtsentwicklung	2
3. Verfassungsmäßigkeit	3
4. Verhältnis zu anderen Vorschriften	4
5. Verfahren	5
II. Unterhalt und Berufsausbildung, § 33a I	
1. Persönlicher Anwendungsbereich	6
2. Grundtatbestand; Höchstbetrag, § 33a I 1	7–18
3. Erhöhung durch Versicherungsbeiträge, § 33a I 2	19
4. Gleichgestellte Personen, § 33a I 3	20–22
5. Kein Anspruch auf Freibetrag oder Kindergeld, § 33a I 4 HS 1	23
6. Eigenes Vermögen des Unterstützten, § 33a I 4 HS 2	24
7. Anrechnung eigener Einkünfte und Bezüge, § 33a I 5	25–31
8. Im Ausland lebende Angehörige, § 33a I 6	32, 33
9. Mehrere Unterhaltsleistende, § 33a I 7	34
10. Mehrere Unterhaltene	35–37
11. Nachweis; Fremdwährungen, § 33a I 8–11	38–42
III. Auswärtig untergebrachte Kinder, § 33a II	
1. Persönlicher Anwendungsbereich	43
2. Volljähriges Kind in Berufsausbildung, § 33a II 1	44–48
3. Im Ausland lebende Kinder, § 33a II 2	51
4. Mehrere Unterstützende; Aufteilung, § 33a II 3–5	52
IV. Zeitanteilige Kürzung der Beträge, § 33a III	
1. Monatsprinzip, § 33a III 1	53
2. Eigene Einkünfte und Bezüge, § 33a III 2	54
3. Ausbildungshilfen, § 33a III 3	55
V. Abgrenzung zu § 33, § 33a IV	
1. Vorrang des § 33a	56
2. Ablösung künftiger Unterhaltsleistungen	57

I. Allgemeines

1. Bedeutung; Aufbau. § 33a regelt typisierend und abschließend die Berücksichtigung bestimmter, besonders häufig vorkommender Aufwendungen als agB. Dass es sich (gleichwohl) um *außergewöhnl* Aufwendungen handelt, wird vom Gesetz unterstellt. Die Vorschrift dient der Verwirklichung des **subj Nettoprinzips.** Sie behandelt Aufwendungen, die dem StPfl zwangsläufig zur Abdeckung des Existenzminimums anderer Personen erwachsen und weder über den Familien-

1

§ 33a 2–4   Außergewöhnliche Belastung in besonderen Fällen

leistungsausgleich noch über die Ehegattenveranlagung berücksichtigt werden, zutr als nicht verfügbares und daher nicht dem Steuerzugriff unterliegendes Einkommen. Die Aufwendungen werden, anders als nach § 33, ohne Anrechnung einer zumutbaren Eigenbelastung vom Gesamtbetrag der Einkünfte abgezogen (§ 2 IV).
– Die Vorschrift enthält zwei eigenständige Tatbestände: **§ 33a I** betrifft den Abzug von Aufwendungen für den **Unterhalt** und die **Berufsausbildung** eines Dritten, für den *kein* Anspruch auf Kinderfreibeträge oder KiGeld besteht (Höchstbetrag VZ 2022: 9984). **§ 33a II** berücksichtigt *zusätzl* zu Kinderfreibeträgen oder KiGeld den Sonderbedarf, der durch die **auswärtige Unterbringung** eines volljährigen, in der Berufsausbildung befindlichen Kindes entsteht (Freibetrag: 924 €). **§ 33a III** legt fest, dass das Vorliegen der tatbestandl Voraussetzungen in beiden Fällen monatsweise geprüft werden muss. **§ 33a IV** schließt eine Berücksichtigung der jeweiligen Aufwendungen nach § 33 aus.

§ 33a II ist ggü § 33a I lex specialis, soweit es um Aufwendungen für die Berufsausbildung eines Kindes geht (BFH III B 180/96 BFH/NV 98, 960 mwN). Dies gilt aber nur, sofern § 33a II tatbestandl erfüllt ist. Ansonsten ist der Abzug nach Maßgabe des § 33a I 1 mögl.

2   **2. Neuere Rechtsentwicklung.** Mit dem **BehPauschG** (BGBl I 20, 2770) ist der Höchstbetrag in § 33a I 1 entspr dem erhöhten Grundfreibetrag (s § 32a Rz 3) für VZ 2021 auf 9744 und für **VZ 2022 auf 9984 €** angehoben worden (Rz 18). S iÜ *Schmidt* 35. Aufl § 33a Rz 2 und *HHR* § 33a Rz 2.

3   **3. Verfassungsmäßigkeit.** Nach BVerfG 1 BvR 1474/88 (DStRE 97, 152) müssen zwangsläufige **Unterhaltsleistungen** mindestens iHd Existenzminimums berücksichtigt werden; dieser Anforderung wird § 33a I 1, der sich am Grundfreibetrag (§ 32a I) orientiert, grds gerecht. Zu den aktuellen Vorgaben des **13. Existenzminimumberichts** s allerdings § 32a Rz 4. – Dass Unterhalt für in Ausbildung befindl Kinder, die die Altersgrenze des § 32 IV 1 Nr 2 überschritten haben, nur nach § 33a I berücksichtigt wird, ist verfgemäß (BFH III R 35/09 BStBl II 11, 176 mwN, VerfBeschw nicht angenommen; krit *Horlemann* DStR 11, 503).

Aufwendungen für die **Berufsausbildung** von Kindern müssen dem BVerfG zufolge nicht iHd tatsächl Aufwands berücksichtigt werden (BVerfG 2 BvR 660/05 NJW 06, 1866 mwN; BFH III B 56/07 BFH/NV 08, 951); seit VZ 2002 erfolgt die Berücksichtigung vor allem durch den Betreuungsfreibetrag (s § 32 Rz 76). Dagegen deckt § 33a II nur den **Sonderbedarf** der auswärtigen Unterbringung eines volljährigen Kindes. Beide Vorschriften müssen *im Zusammenhang* gesehen werden (BFH VI R 63/08 BStBl II 10, 341: keine isolierte Betrachtung der Verfassungsmäßigkeit; s auch BFH III R 15/20 BFH/NV 21, 544 RZ 23 mwN; krit *Hölscheidt* NWB 11, 1782). Die **Beschränkung auf volljährige Kinder** ist ebenfalls verfgemäß (s FG RhPf EFG 18, 1269 mwN, rkr).

4   **4. Verhältnis zu anderen Vorschriften.** § 33a schließt § 33 aus (§ 33a IV, s Rz 56). – Bestehen für den Unterhaltenen Ansprüche auf Freibeträge nach **§ 32 VI** oder auf KiGeld **(§§ 62 ff)**, können die Aufwendungen nach § 33a I berücksichtigt werden (§ 33a I 4, Rz 23); dagegen kommt § 33a II (immer nur) *neben* diesen Vorschriften zur Anwendung (s Rz 45). – Aufwendungen, die **BA, WK** oder **SA** sind, bleiben außer Betracht; § 33 II 2 gilt auch für § 33a. – **Ehegattenveranlagung** nach §§ 25 ff, 32a V verdrängt § 33a I, auch bei Wahl der getrennten Veranlagung (Prinzip der Verbrauchergemeinschaft; BFH GrS 1/87 BStBl 89, 164; BFH III B 129/11 BFH/NV 12, 1452), auch im Jahr der Trennung (BFH III R 166/86 BStBl II 89, 658). – Unterhaltsleistungen an den **geschiedenen** oder **dauernd getrennt** lebenden Ehegatten/LPart können nach § 33a I berücksichtigt werden, wenn nicht der Abzug als SA (begrenztes Realsplitting, § 10 Ia Nr 1, s § 10 Rz 102 ff) beantragt wird oder aber der Ehegatte/LPart nicht zustimmt (vgl BFH X R 49/07 BFH/NV 10, 1790). Der Abzug als SA wirkt sich für den StPfl günstiger aus, da der Abzugsbetrag höher ist (13 805 €) und eine Anrechnung von Einkünften und Bezügen sowie eine Berücksichtigung von Vermögen des unterstützten Ehegatten/LPart unterbleiben. – Ist der unterstützte Ehegatte/LPart **nicht unbeschr stpfl** und greift auch die Fiktion des § 1a Nr 1 nicht ein, kommt nur

§ 33a I in Betracht (BFH IX R 4/83 BStBl II 86, 603); dies ist verfgemäß (BVerfG 1 BvR 840/86 HFR 88, 35).

5. Verfahren. Nur auf **Antrag** werden die Abzugsbeträge des § 33a gewährt (BFH III R 24/02 BStBl II 04, 394: ggf konkludent). Für § 33a I ist dies explizit in Satz 1 geregelt; für § 33a II („kann ... abziehen") ergibt sich das aus dem Regelungszusammenhang. Antragstellung ist auch nach Bestandskraft des Steuerbescheids mögl (BFH III R 24/87 BStBl II 92, 65), wenn der Bescheid noch geändert werden kann.

S aber BFH III R 107/06 BFH/NV 09, 545: keine Änderung nach § 173 I Nr 2 AO, wenn der StPfl rechtsirrtüml keine Angaben zu Unterhaltsaufwendungen macht; großzügiger FG Brem EFG 18, 1086, rkr. S ferner FG Köln EFG 07, 427, rkr: nachträgl Änderung der KiGeldfestsetzung ist kein rückwirkendes Ereignis iSd § 175 I 1 Nr 2 AO. – Zur LSt s LStR 39a.1 II Nr 4 und 39a.3 III.

II. Unterhalt und Berufsausbildung, § 33a I

1. Persönlicher Anwendungsbereich. § 33a I setzt **unbeschr StPfl** gem § 1 I, II oder III voraus; auf **beschr StPfl** ist die Regelung nicht anwendbar (§ 50 I 3).

2. Grundtatbestand; Höchstbetrag, § 33a I 1. – a) Überblick. Der sachl Anwendungsbereich des § 33a I erstreckt sich gleichermaßen auf Aufwendungen für den Unterhalt und solche für die Berufsausbildung eines Dritten; es genügt, wenn eine der beiden Alternativen gegeben ist („und" iSv „und ebenso"). Dass die Aufwendungen außergewöhnl sind, wird typisierend unterstellt (s Rz 1); ebenfalls unterstellt wird Zwangsläufigkeit (vgl § 33 II), wenn eine „gesetzl Unterhaltsberechtigung" besteht (s Rz 12 ff). – Zum Monatsprinzip s Rz 53.

b) Aufwendungsbegriff. Aufwendungen sind bewusste und gewollte Vermögensverwendungen in Form von Geld oder Sachwerten (Ausgaben, s § 33 Rz 8). Sachaufwendungen sind entspr § 15 II BewG mit den übl Mittelpreisen des Verbrauchsorts anzusetzen (zB ortsübl Mietzins bei unentgeltl Wohnungsüberlassung zu Unterhaltszwecken, s BFH IX R 74/90 BFH/NV 94, 474; vgl auch BFH VI R 29/09 BStBl II 11, 116). Bei Aufnahme des Dritten in den eigenen Haushalt unterstellt die FinVerw Leistungen iHd Höchstbetrags (EStR 33a.1 I 5). – Die Aufwendungen müssen dem StPfl **erwachsen,** dh er muss damit belastet sein. Daran fehlt es, wenn das Geld zurückgezahlt bzw der Sachwert zurückgegeben wird. Bestandskräftige Bescheide sind ggf nach **§ 175 I 1 Nr 2 AO** zu ändern (s § 33 Rz 18). – **Beispiele** s *Schmidt* 39. Aufl § 33a Rz 8.

c) Unterhalt. – aa) Typische Unterhaltsaufwendungen. Die Typisierung (Rz 1) erfasst nur die Mehrbelastung, die durch den *regelmäßigen* Grundbedarf eines Dritten entsteht. Daher fallen nur typische Unterhaltsaufwendungen unter § 33a I (BFH VI R 35/16 BStBl II 18, 643 Rz 15), insb Aufwendungen für Ernährung, Kleidung, Wohnung, Hausrat und notwendige Versicherungen (BFH III R 57/05 BStBl II 09, 365). Der Unterhaltsbegriff des § 33a I ist damit enger als der des § 1610 II BGB, der auch sonstige, besondere Unterhaltsaufwendungen wie Krankheits- und Pflegekosten einschließt (vgl BFH VI R 14/10 BStBl II 12, 876 mwN; *HHR* § 33a Rz 28: Parallele zur zivilrechtl Unterscheidung von lfd Unterhalt und Sonderbedarf, zB gem § 1613 II BGB). Diese (teleologische) Beschränkung des sachl Anwendungsbereichs ist für den StPfl von Vorteil; denn **atypische Unterhaltsaufwendungen** können so ggf *zusätzl* zu den typischen Aufwendungen nach § 33 als agB geltend gemacht werden (s BFH VI R 14/10 BStBl II 12, 876: keine Aufteilung). – Die **Abgrenzung** von typischen und atypischen Unterhaltsaufwendungen richtet sich nach Anlass und Zweck der jeweiligen Leistung. Unerhebl ist, ob der StPfl die Aufwendungen freiwillig oder unfreiwillig übernimmt und ob mit den Zuwendungen ein einfacher Lebensstil oder gehobene Ansprüche finanziert werden (vgl BFH III R 57/05 BStBl II 09, 365; BFH III B 209/90 BFH/NV 91, 308).

Beispiele – typische Unterhaltsaufwendungen: unentgeltl Wohnungsüberlassung als geldwerte Sachleistung (BFH XI R 42/04 BFH/NV 07, 1283); KV-Beiträge (stRspr, s BFH III B 5/98 BFH/NV 98, 1352 mwN); Kindergarten-/Schul-/Studiengebühren (BFH VI R 63/08 BStBl II 10, 341); altersbedingte Heimunterbringung (BFH VI R 14/10 BStBl II 12, 876 mwN). – **Keine typischen Unterhaltsaufwendungen:** Krankheitskosten (BFH III R 111/86 BStBl II 91, 62); Unterbringung in einem (Altenpflege-)Heim wegen Krankheit/Pflegebedürftigkeit (BFH VI R 14/10 BStBl II 12, 876). – Bei *Krankheit* (ggf neben Pflegebedürftigkeit) als Grund für die **Heimunterbringung** gibt die Rspr unter Ansatz einer Haushaltsersparnis der Berücksichtigung nach § 33 den Vorrang.

10 **bb) Zeitliche Zuordnung.** Typischer Unterhalt ist **laufender Unterhalt;** dh er muss dem Unterhaltenen grds in dem Zeitraum, für den er gezahlt wird, tatsächl zur Deckung seines Bedarfs zur Verfügung stehen. Es kommt zwar einerseits nicht darauf an, ob die Aufwendungen regelmäßig oder einmalig anfallen und ob sie für den aktuellen Bedarf oder zur Abgeltung eines künftigen Bedarfs bestimmt sind (BFH VI R 35/16 BStBl II 18, 643 Rz 14 mwN: ein- oder zweimalige Leistung im Jahr). Andererseits können Unterhaltsleistungen nach der Rspr idR nicht auf Monate *vor* **dem Zahlungsmonat** zurückbezogen werden (BFH VI R 40/09 BStBl II 11, 164; BFH III R 63/89 BFH/NV 92, 101), ausgenommen nachweisl fremdfinanzierter Unterhalt (BFH III R 49/03 BStBl II 05, 483; s auch BFH VI R 35/16 BStBl II 18, 643 Rz 16: Abtragung von Schulden). Wird zB erst im Laufe des Jahres eine Zahlung geleistet, die den Unterhalt für das gesamte Jahr abdecken soll, kommt es grds zu einer **Kürzung** des anrechenbaren Höchstbetrags gem § 33a III (BFH VI R 40/09 BStBl II 11, 164; s auch Rz 53 ff). Ansonsten können auch gelegentl Zahlungen begriffl als Unterhaltszahlungen angesehen werden (BFH VI R 140/80 BStBl II 81, 713). – Zahlungen, die auch **für das Folgejahr** geleistet werden, werden von der Rspr unter Berufung auf das Prinzip der Abschnittsbesteuerung im VZ der Leistung nur anteilig und im folgenden VZ überhaupt nicht berücksichtigt (stRspr, s BFH VI R 35/16 BStBl II 18, 643 mwN; BMF BStBl I 10, 588 Rz 25; mE unzutr, da das Prinzip der Abschnittsbesteuerung nur der zeitl Zuordnung des Aufwands beim StPfl dient, nicht aber beim Unterhaltsempfänger, s auch § 33 Rz 20; iErg glA *HHR* § 33a Rz 29; *BeckOK EStG* § 33a Rz 67). – Zu **Vereinfachungsregelungen** der FinVerw s *BMF* BStBl I 10, 588 Rz 26 (BFH VI R 16/09 BStBl II 11, 966 Rz 24: Selbstbindung der Verwaltung). – Zu Zahlungen ins Ausl bei gelegentl Familienheimfahrten s Rz 42.

11 **d) Berufsausbildung.** Jede ernstl betriebene Vorbereitung auf einen neuen Beruf ist Berufsausbildung (wie bei § 32 IV 1; s iEinz § 32 Rz 26 ff). Die Kosten können nicht in typische, nur von § 33a erfasste, und atypische aufgeteilt werden, die nach § 33 abzugsfähig wären (BFH III R 6/99 BStBl II 02, 198). Im Unterschied zu Unterhaltszahlungen können Ausbildungsaufwendungen im Kj auf Monate vor der Zahlung zurückbezogen werden (FG BaWü EFG 93, 658, rkr). – Aufwendungen für eine zweite Berufsausbildung sind (anders als bei der ersten) nicht ohne Weiteres zwangsläufig (FG Mster EFG 02, 1306, rkr mwN; FG RhPf DStRE 02, 11, rkr); anders uU aber bei Berufsausbildung nach Abbruch einer vorhergehenden Berufsausbildung (FG Hbg EFG 83, 127, rkr) oder mE dann, wenn ein bestimmtes Ausbildungsziel nachvollziehbar in mehreren Schritten angestrebt wird (s auch § 32 Rz 29). Die zeitweise Unterbrechung der Berufsausbildung ist unschädl (FG Nbg EFG 91, 686, rkr; s auch Rz 46 und § 32 Rz 32).

12 **e) Gesetzlich unterhaltsberechtigte Person.** – **aa) Maßgeblichkeit des Zivilrechts.** Ob eine Person ggü dem StPfl gesetzl unterhaltsberechtigt ist, richtet sich nach Zivilrecht (§§ 1601 ff BGB). Es genügt nicht, dass eine gesetzl Unterhaltsverpflichtung nur dem Grunde nach besteht (abstrakte Betrachtungsweise, so iErg noch BFH III R 26/05 BStBl II 07, 108; s iEinz *Schmidt* 29. Aufl § 33a Rz 19). Vielmehr muss zusätzl die **konkrete Bedürftigkeit** der unterhaltenen Person nachgewiesen werden (BFH VI R 29/09 BStBl II 11, 116; vgl dazu *Geserich* DStR 11, 294; *Loschelder* EStB 11, 151; s Rz 14 und 40; s aber EStR 33a.1 I 4: Verwaltungsvereinfachung); das gilt auch für inl Sachverhalte (BFH III R 48/08 BStBl II 11, 975). Weitere Voraussetzungen sind die eigene Leistungsfähigkeit des StPfl (Rz 16) und das Fehlen vorrangiger Unterhaltsverpflichtungen Dritter (Rz 17). Lediglich auf die konkrete Höhe des betr Unterhaltsanspruchs kommt es nicht an (BFH VI R 29/09 BStBl II 11, 116).

bb) Unterhaltspflichten. Unterhaltsverpflichtet müssen der StPfl *oder* sein 13 Ehegatte/LPart sein. Maßgebl ist der **zivilrechtl Bestand** eines Eheverhältnisses bzw einer LPart; die estl Voraussetzungen für eine Ehegattenveranlagung (vgl § 26 I 1) müssen nicht vorliegen (BFH VI R 13/10 BStBl II 11, 965: Unterhaltszahlung an Schwiegermutter bei Getrenntleben; Anm *Kanzler* FR 12, 92). – Unterhaltspflichten bestehen zw **Ehegatten/LPart** (§§ 1360 ff BGB und § 5 LPartG; s aber Rz 4: Vorrang der Ehegattenveranlagung) und ggü **Verwandten in gerader Linie** (zB Kinder, Enkelkinder, Eltern, Großeltern, §§ 1601, 1589 BGB), auch bei Adoption (§ 1754 I BGB). Eine Unterhaltspflicht des Kindsvaters ggü der Mutter des nicht-ehel Kindes und umgekehrt folgt aus § 1615l BGB (zur Rangfolge s BFH III R 30/02 BStBl II 04, 943). – **Keine Unterhaltspflichten** bestehen ggü Verwandten in der Seitenlinie (zB Geschwister, Tante, Onkel etc; vgl auch BFH VI B 79/11 BFH/NV 12, 235 mwN), Stiefkindern/-eltern und Verschwägerten (§ 1590 BGB). Unterhaltszahlungen aufgrund **tatsächl oder sittl Verpflichtung** berechtigen (abgesehen von § 33a I 3) nicht zum Abzug nach § 33a I (BFH VI R 2/19 BStBl II 21, 572 Rz 16 ff). – Zur Berücksichtigung gleichgestellter Personen: Rz 20 ff. Zur Bestimmung der Unterhaltspflicht nach inl Maßstäben: Rz 33.

cc) Bedürftigkeit des Unterhaltenen. – **(1) Konkrete Betrachtungsweise.** 14 Der Unterhaltene muss grds außerstande sein, sich selbst zu unterhalten (§ 1602 BGB). Zivilrechtl setzt das **Vermögenslosigkeit** und **fehlendes Einkommen** voraus. Spezielle Regelungen enthalten § 33a I 4 und 5 (s Rz 24 ff), die aber nach BFH-Rspr die zivilrechtl Bestimmungen nur ergänzen, nicht ersetzen (BFH VI R 29/09 BStBl II 11, 116). Daher ist zusätzl zu prüfen, ob eine sog **Erwerbsobliegenheit** besteht. IdR muss jeder Volljährige, der nicht in Ausbildung ist, für seinen Lebensbedarf selbst aufkommen (Prinzip der Eigenverantwortung, s BFH VI R 5/14 BStBl II 16, 148). Wer die *Möglichkeit* hat, Einkünfte zu erzielen, ist nicht bedürftig. **Ausnahmen** gelten bei besonderen Umständen wie Krankheit, Behinderung, Alter (ab vollendetem 65. Lebensjahr), Erziehung oder Betreuung von Kindern unter 6 Jahren, Studium und Berufsausbildung, Pflege behinderter Angehöriger (vgl *BMF* BStBl I 10, 588 Rz 9, auch zu Früh-Rentenbezug), mE auch bei Angehörigen in Kriegs- und Katastrophengebieten, schließl bei Arbeitslosigkeit trotz ernsthafter Bemühung um eine Beschäftigung (BFH VI R 29/09 BStBl II 11, 116 Rz 11). Die obj Beweislast trägt der StPfl (BFH VI R 42/15 BStBl II 18, 13). Es werden nur **tatsächl Hinderungsgründe** berücksichtigt; ein Bereitstehen für *eventuelle* Pflegeeinsätze bei behinderten Angehörigen („Pflege auf Abruf") genügt nicht (BFH VI R 5/14 BStBl II 16, 148). – Dagegen kommt es bei Unterhaltszahlungen an den (im Ausl) haushaltsführenden **Ehegatten/LPart** in einer intakten Ehe auf dessen Bedürftigkeit nicht an; insb besteht hier **keine Erwerbsobliegenheit** (ehel Rollenverteilung). Ausnahme: in Notfällen, wenn die Arbeitskraft des anderen Ehegatten/LPart zur Deckung des Familienunterhalts nicht ausreicht (s BFH VI R 5/09 BStBl II 11, 115 mwN).

(2) Arbeitslosigkeit; Landwirtschaft. Zivilrechtl müssen bei Arbeitslosigkeit 15 notfalls auch *berufsfremde* und *einfachste* Arbeiten angenommen werden, bei Ausbildung ggf auch Nebentätigkeiten; bei langanhaltender Arbeitslosigkeit ist einem Erwachsenen *jeder* Ortswechsel und *jedwede* Arbeit zumutbar (s iEinz *Grüneberg* § 1602 Rz 5). Das gilt auch für § 33a: Erwerbsbemühungen sind nachzuweisen; andernfalls sind die **erzielbaren Einkünfte** zu berücksichtigen, ggf im Schätzungswege (BFH VI R 5/14 BStBl II 16, 148 Rz 26 f). – Bei landwirtschaftl tätigen

§ 33a 16 Außergewöhnliche Belastung in besonderen Fällen

(ausl) Angehörigen wird zudem *widerlegbar* vermutet, dass diese (ggf einschließl ihrer Kinder etc) nicht bedürftig sind, soweit Landwirtschaft in einem für das jeweilige Land übl Umfang und Rahmen betrieben wird (BFH VI R 29/09 BStBl II 11, 116 Rz 16; BFH VI R 40/09 BStBl II 2011, 164; und BFH III R 206/82 BStBl II 87, 599). – **Kritik** s *Schmidt* 39. Aufl § 33a Rz 15.

16 **dd) Leistungsfähigkeit des Steuerpflichtigen.** Allg Voraussetzung jeder Unterhaltsverpflichtung ist die eigene Leistungsfähigkeit (§ 1603 BGB, s BFH III R 23/07 BStBl II 09, 363). Nur insoweit ist der StPfl unterhaltspflichtig, als ihm genügend Mittel zum Bestreiten des eigenen Lebensbedarfs (ggf einschließl seiner Familie) verbleiben, sog **Opfergrenze** (vgl BFH III R 26/05 BStBl II 07, 108; BFH III R 214/94 BStBl II 98, 292 mwN; ferner: *BMF* BStBl I 10, 582 Rz 11). Die Opfergrenze gilt wegen der vorrangigen Unterhaltsberechtigung **nicht für Leistungen an Ehegatten/LPart** und **minderjährige Kinder** (BFH VI R 21/15 BStBl II 16, 742; BFH 64/08 BStBl II 10, 343: sozialrechtl Bedarfsgemeinschaft, Aufteilung nach Köpfen), gleichermaßen nicht für Leistungen an die mit dem StPfl in Haushaltsgemeinschaft lebende **mittellose Lebenspartnerin** (BFH III R 23/07 BStBl II 09, 363) und an die durch § 1615l BGB gleichgestellte **nichtehel Kindesmutter** (BFH VI R 64/08 BStBl II 10, 343, auch zum Mindestunterhaltsbedarf eines zum Haushalt gehörenden unterhaltsberechtigten Kindes). – **Berechnung:** Die Opfergrenze ermittelt sich nach einem bestimmten %-Satz des **Nettoeinkommens** im Unterstützungszeitraum (BFH VI R 34/12 BStBl II 14, 619); sie beträgt dem BMF zufolge 1 % je volle 500 € Nettoeinkommen, höchstens 50 % (s *BMF* BStBl I 10, 582 Rz 11 mit Beispiel). Diese Höchstgrenze ist zu kürzen um je 5 Prozentpunkte für den Ehegatten/LPart und für jedes Kind, für das ein Kinderfreibetrag, KiGeld oÄ gewährt wird, höchstens um 25 Prozentpunkte. Die Rspr hat diese Vorgehensweise akzeptiert; allerdings ist auch insoweit das Monatsprinzip (Rz 53) zu berücksichtigen (BFH VI R 15/16 BStBl II 17, 454 Rz 13 f: ggf anteilige Verringerung des Kürzungsbetrags). Für Kinder den gleichen %-Satz anzuwenden wie für Erwachsene, entspricht BFH III R 39/92 BStBl II 94, 731. – Bei der Ermittlung des Nettoeinkommens sind **alle stpfl und stfreien Einnahmen** (zB KiGeld und vergleichbare Leistungen, ArbN-Zulagen nach § 13 5.VermBG) sowie etwaige Steuererstattungen anzusetzen (BFH VI R 34/12 BStBl II 14, 619). Davon abzuziehen sind die gesetzl Lohnabzüge (LSt, KiSt, Sozialabgaben) und WK (ggf einschließl Mehraufwendungen für doppelte Haushaltsführung). Das gilt auch für den Fall, dass **beide Ehegatten** Einkünfte bezogen haben und nicht dauernd getrennt leben (BFH III R 246/83 BStBl II 87, 130; s auch *BMF* BStBl I 10, 582 Rz 12 mit Beisp). – Bei **Selbständigen** ist auf der Grundlage eines Dreijahreszeitraums ein **Durchschnittseinkommen** zu ermitteln (BFH VI R 31/11 BStBl II 12, 769; ggf unter Berücksichtigung der drei dem Unterhaltszeitraum vorausgegangenen Kj, vgl Anm *Kanzler* FR 12, 967 unter Hinweis auf BGH XII ZR 217/01 NJW-RR 04, 1227). **Steuervoraus- und -nachzahlungen** sind grds in dem Jahr zu berücksichtigen, in dem sie geleistet wurden (BFH VI R 31/11 BStBl II 12, 769); bei erhebl Nachzahlungen für mehrere Jahre ist ein Durchschnittsbetrag zu ermitteln und vom Durchschnittseinkommen abzuziehen (BFH VI R 21/15 BStBl II 16, 742). Steuerrechtl **zulässige Gewinnminderungen** sind zu **korrigieren**, soweit tatsächl keine Mittel abgeflossen sind (BFH VI R 34/12 BStBl II 14, 619: Investitionsabzugsbetrag gem § 7g; entgegen *BMF* BStBl I 10, 582 Rz 10). – Der Saldo zw Sparbuchabhebungen und -einzahlungen sowie Mittel aus einer Kreditaufnahme erhöhen das Nettoeinkommen iSd Opfergrenze jedenfalls dann nicht, wenn es sich um StPfl mit nur geringem Vermögen handelt (BFH III R 19/85 BStBl II 87, 127; *Anm* HFR 87, 128). Der FinVerw folgend setzt BFH III R 214/94 BStBl II 98, 292 den **ArbN-Pauschbetrag** nach § 9a Nr 1 für die Opfergrenze auch dann an, wenn der StPfl tatsächl keine WK hat.

ee) Unterhaltsverpflichtungen Dritter. Sind andere Personen vorrangig unterhaltsverpflichtet (zB §§ 1606, 1608 BGB), entfällt die Unterhaltsverpflichtung des StPfl (s auch BFH VI R 29/09 BStBl II 11, 116). Im Falle anteiliger Mitverpflichtung (zB § 1606 III BGB) wird die Unterhaltspflicht des StPfl entspr reduziert; doch dürfte dies, da es auf die konkrete Höhe des jeweiligen Unterhaltsanspruchs nicht ankommen soll (s Rz 13), nur dann von Bedeutung sein, wenn der Mit-Verpflichtete auch tatsächl Unterhalt leistet (§ 33a I 7, s Rz 34). 17

f) Rechtsfolge. Die Unterhaltsleistungen werden auf Antrag (Rz 5) bis zu einem **Höchstbetrag** von 9984 € (VZ 2021: 9744 €; VZ 2020: 9408 €) vom Gesamtbetrag der Einkünfte abgezogen (§ 2 IV). Ein Verlustabzug nach § 10d ist vorrangig vorzunehmen (§ 10d I 1, s § 10d Rz 17). Eine zumutbare Belastung iSd § 33 III wird nicht angerechnet (BFH VI R 16/09 BStBl II 11, 966). Auf den Abzug besteht ein **Rechtsanspruch** („wird ... ermäßigt"). 18

3. Erhöhung durch Versicherungsbeiträge, § 33a I 2. Hat der StPfl für die unterhaltene Person **KV- und PflV-Beiträge iSv § 10 I Nr 3** aufgewandt, erhöht sich der Höchstbetrag entspr (vgl BVerfG 2 BvL 1/06 NJW 08, 1868). Ob der StPfl selbst die Beiträge zahlt (aufgrund eigener Verpflichtung oder im abgekürzten Zahlungsweg) oder ob er der unterstützten Person das Geld zur Zahlung eigener Beiträge überlässt, ist nach dem Gesetzeswortlaut unerhebl (so auch *Myßen/Wolter* NWB 09, 3900, 3904 mit Beispielen). Eine Erhöhung tritt nur dann ein, wenn die Beiträge beim StPfl nicht bereits als SA zu berücksichtigen sind (Satz 2 HS 2; keine Doppelberücksichtigung, vgl BT-Drs 16/12254, 26). 19

4. Gleichgestellte Personen, § 33a I 3. Unterhaltsleistungen an sonstige Personen können abgezogen werden, *wenn* aufgrund der Zahlungen zum Unterhalt bestimmte **öffentl Mittel gekürzt** werden (bis VZ 2000: „soweit"; s auch BFH III R 11/03 BStBl II 04, 1051). Nach geltendem Recht kommt es also nur noch auf die Kürzung als solche an, nicht auf die Höhe (einheitl Höchstbeträge für Leistungen an Unterhaltsberechtigte und Gleichgestellte). Es genügt, dass die unterhaltene Person **wegen der Unterhaltsleistungen** keinen Anspruch auf Sozialleistungen hat (BFH VI R 16/16 BStBl II 17, 890 mwN; BFH VI R 2/19 BStBl II 21, 572 Rz 15: Bezug von BAföG). – Erfasst werden insb Leistungen an Verwandte und Verschwägerte, die mit dem StPfl in Haushaltsgemeinschaft leben, oder an Partner einer ehe-/lebenspartnerschaftsähnl Gemeinschaft (vgl BFH VI R 16/16 BStBl II 17, 890 mwN). Die Frage, ob die einem gesetzl Unterhaltsberechtigten gleichgestellte Person im zivilrechtl Sinne bedürftig ist, stellt sich in solchen Fällen nicht (BFH VI R 16/16 BStBl II 17, 890 Rz 18: keine Anrechnung fiktiver Einkünfte; s auch Anm *Geserich* HFR 17, 725, 27). 20

Unterhaltsleistungen an Personen mit einer **Aufenthaltserlaubnis nach § 23 AufenthG** können dem BMF zufolge unabhängig von einer gesetzl Unterhaltsverpflichtung berücksichtigt werden, wenn der StPfl eine Verpflichtungserklärung nach § 68 AufenthG abgegeben hat und sämtl Unterhaltskosten übernimmt (s *BMF* BStBl I 15, 474). Zu anderen Aufenthaltstiteln gem § 4 AufenthG s FG Köln EFG 17, 1100, rkr (Schengen-Visum).

a) Gekürzte öffentliche Mittel. Zum Unterhalt bestimmte öffentl Mittel sind vor allem: Grundsicherung für Arbeitssuchende nach SGB II wie **Arbeitslosengeld II** und **Sozialgeld** und ebenso **Sozialhilfe**. Die Kürzung dieser Mittel nach Sozialrecht beruht auf der Vermutung, dass Hilfebedürftige auch jenseits gesetzl Unterhaltsverpflichtungen von Personen unterstützt werden, mit denen sie eine Bedarfsgemeinschaft bilden (§ 7 III SGB II), in Haushaltsgemeinschaft (vgl § 9 V SGB II) oder ehe-/lebenspartnerschaftsähnl Gemeinschaft leben (§ 20 SGB XII; s auch BFH VI R 16/16 BStBl II 17, 890 mwN). An diesen Umstand (Zwangslage) knüpft die Berücksichtigung der jeweiligen Unterhaltsleistungen als agB nach § 33a I 3 an (s auch *BMF* BStBl I 10, 582 Rz 2). – Erfasst werden auch Fälle, in denen wegen Drittleistungen kein Anspruch auf staatl Fürsorgeleistungen be- 21 steht und ein entspr **Antrag überhaupt nicht gestellt** worden ist (s BR-Drs 399/01, 44; BFH III R 23/07 BStBl II 09, 363), weil zB ein unterhaltener ausl Lebenspartner damit rechnen muss, bei Inanspruchnahme von Sozialhilfe keine Aufenthaltsgenehmigung zu erhalten und ausgewiesen zu werden (BFH III R 23/05 BStBl II 07, 41).

22 **b) Prüfung von Amts wegen.** Den Kürzungstatbestand haben die FÄ zu prüfen, und zwar nur dem Grunde nach (s Rz 20) und nach sozialrechtl Kriterien (*BMF* BStBl I 10, 582 Rz 3). Eine Kürzungsbescheinigung der zuständigen Behörde muss bei ehe-/lebenspartnerschaftsähnl Lebensgemeinschaften sowie bei Haushaltsgemeinschaft mit Verwandten/Verschwägerten nicht vorgelegt werden. Die unterstützte Person hat aber darzutun, dass sie in Lebens-/Haushaltsgemeinschaft mit dem StPfl lebt, über welche Einkünfte oder Bezüge und über welches Vermögen sie verfügt und ggf dass bzw warum sie keinen Antrag gestellt und keine zum Unterhalt bestimmten öffentl Mittel erhalten hat. Die Beweiserleichterung in EStR 33a.1 I 5 (Rz 38) und die sog Opfergrenze (Rz 16) gelten auch hier (vgl *BMF* BStBl I 10, 582 Rz 8).

23 **5. Kein Anspruch auf Freibetrag oder Kindergeld, § 33a I 4 HS 1.** Weder der unterstützende StPfl noch andere Personen dürfen für den Unterstützten Anspruch auf einen Freibetrag nach § 32 VI bzw KiGeld haben (Ausschluss einer doppelten estl Berücksichtigung des Grundbedarfs des Unterhaltenen; BFH VI B 120/11 BFH/NV 12, 1438 Rz 8 mwN: verfgemäß). Schädl sind auch nach ausl Recht gezahlte kindergeldähnl Leistungen iSd § 65 I (BFH III R 32/02 BStBl II 04, 275; vgl § 31 Rz 18). Da für KiGeld und Freibeträge § 32 VI das Monatsprinzip gilt (§ 32 Rz 20) und § 33a ebenfalls diesem folgt (§ 33a III), müssen diese Voraussetzungen ggf **monatsbezogen geprüft** werden, zB dann, wenn das Kind (erst) im Laufe des VZ die Altersgrenze von 18 Jahren überschreitet (s auch BFH III B 43/05 BFH/NV 06, 2056: Wehrdienst). Ob der Anspruch geltend gemacht wird bzw sich steuerl auswirkt, ist unerhebl (BFH III R 66/90 BStBl II 92, 900). – Auf § 33 ist § 33a I 4 HS 1 nicht anwendbar (BFH VI B 120/11 BFH/NV 12, 1438 Rz 10: Sonderbestimmung).

24 **6. Eigenes Vermögen des Unterstützten, § 33a I 4 HS 2.** Hat der Unterhaltene eigenes Vermögen, ist er nicht bedürftig (keine Zwangsläufigkeit, gesetzl Typisierung, s BFH VI R 65/08 BStBl II 10, 628 mwN). Unabhängig von der Anlageart kommt es auf den **Verkehrswert** des Vermögens an (BFH VI R 65/08 BStBl II 10, 628), auch bei Hausgrundstücken und Wohnraum etc (BFH VI R 35/09 BStBl II 11, 267 mwN). Entgegen diesem Urteil bleibt allerdings ein **angemessenes Hausgrundstück** iSv § 90 II Nr 8 SGB XII, das der Unterhaltsempfänger allein oder zusammen mit Angehörigen bewohnt, gem § 33a I 4 HS 2 unberücksichtigt (BR-Drs 302/12, S 36: Anwendung der im Sozialrecht geltenden Schonungsregelung; s EStR 33a.1 II). – Maßgebl ist das **Nettovermögen** des Unterhaltenen, dh Schulden mindern das Vermögen (BFH VI R 65/08 BStBl II 10, 628 mwN; zu Schulden des Unterstützten ggü den eigenen Eltern s FG Ddorf EFG 14, 2041, rkr: nicht anerkannt), ebenso Nießbrauchsvorbehalt und (wirksame) Verfügungsbeschränkungen/-verbote (BFH III R 48/05 BStBl II 09, 361; s auch BFH VI B 53/17 BFH/NV 18, 338 mwN). **Unschädl Vermögen** nimmt die FinVerw bis zu einem Verkehrswert von 15 500 € an (s EStR 33a.1 II).

Der BFH hat dies **wiederholt gebilligt,** auch wenn der Wert seit 1975 (damals: 30 000 DM) nicht erhöht worden ist (vgl BFH VI R 65/08 BStBl II 10, 628; BFH VI B 142/09 BFH/NV 10, 1441, unter Hinweis auf § 12 II SGB 2; für VZ 2012 s FG Mster EFG 15, 1534, rkr; für VZ 2019 s FG RhPf EFG 21, 1829, Rev VI R 21/21). Auch dieser Wert mindert sich ggf nach der Ländergruppeneinteilung (Rz 32; s BFH VI R 35/09 BStBl II 11, 267; BFH VI R 40/09 BStBl II 2011, 164). – **Ertragloses Vermögen** ist zu berücksichtigen, selbst wenn er es als Rücklage für künftigen Unterhalt gedacht ist (BFH III R 68/96 BStBl II 98, 241; s auch FG Hbg EFG 08, 686, rkr). Zur Bedeutung von **Bodenrichtwerten** s BFH VI R 65/08 BStBl II 10, 628.

Unterhalt und Berufsausbildung 25–30 § 33a

7. Anrechnung eigener Einkünfte und Bezüge, § 33a I 5. Der Höchstbetrag (s Rz 18; ggf zuzügl KV- und PflV-Beiträge, Rz 19) wird um den Betrag gekürzt, um den die eigenen Einkünfte und Bezüge des Unterhaltenen 624 € im Kj übersteigen, sog **anrechnungsfreier Betrag**. Dieser Betrag ist verfgemäß (BFH X R 61/01 BStBl II 08, 16). Beispielrechnung s EStH 33a.1. 25

a) Einkünfte. Der Begriff entspricht der Legaldefinition des § 2 II 1 (BFH VI R 45/13 BStBl II 15, 928, mwN: einheitl Auslegung, VerfBeschw nicht angenommen). Dh einerseits, Einkünfte können auch negativ sein (Folge: Verrechnung, s FG RhPf EFG 21, 768, Rev VI R 45/20); andererseits mindern Verlustabzüge nach § 10d, SA und agB die Einkünfte des Unterhaltsempfängers nicht. Seit VZ 2010 sind auch keine weiteren Abzüge vorzunehmen; dies gilt insb auch für Pflichtbeiträge des Unterhaltsempfängers zur gesetzl SV, also gesetzl geschuldete Beiträge zu RV und ArblV sowie für Beiträge zur gesetzl KV und PflV, soweit diese nicht über § 33a I 2 berücksichtigt werden (BFH VI R 66/13 BFH/NV 15, 1569 mwN). 26

b) Bezüge. – aa) Begriff. Erfasst werden alle Einnahmen in Geld oder Geldeswert, die nicht stbar oder (zB nach §§ 3, 3b) stfrei sind und daher iRd estrechtl Einkunftsermittlung nicht erfasst werden, sofern sie zur Bestreitung des Unterhalts bestimmt oder geeignet sind (vgl BFH VI R 60/08 BFH/NV 09, 1418 mwN). Die letztgenannte Voraussetzung wird man mE auch nach Streichung der Verweisung auf § 32 IV 2 aF ab VZ 2010 (s Rz 26) aus dem Sinn und Zweck der Regelung herauslesen können (glA *HHR* § 33a Rz 96; *BeckOK EStG* § 33a Rz 216; offen gelassen in BFH VI R 57/15 BStBl II 17, 194; **aA** wohl *KS* § 33a Rz 21). So sind etwa zweckgebundene Bezüge, die dem Unterhaltsberechtigten für seinen übl Lebensunterhalt tatsächl nicht zur Verfügung stehen und seine wirtschaftl Leistungsfähigkeit nicht erhöhen, nach wie vor nicht anzurechnen (vgl zum letzten Recht BFH III R 28/99 BStBl II 02, 753 mwN). – Die in § 33a I 5 HS 2 genannten Freibeträge, stfreien Einkünfte und Absetzungen sind gem § 33a I 5 HS 2 als Bezüge zu werten (s *Schmidt* 32. Aufl § 32 Rz 54). 27

(1) Bezüge iSd § 33a I. Elterngeld nach BEEG (BFH VI R 57/15 BStBl II 17, 194: vollumfängl; ebenso FG Mster EFG 16, 542); Vorrangige **Unterhaltsansprüche** gegen Dritte (BFH III R 48/05 BStBl II 09, 361 mwN); nach **DBA** stfreie Einkünfte; **Lohnersatzleistungen** (Arbeitslosengeld/-hilfe, Kranken-/Mutterschaftsgeld); pauschal versteuerter ArbLohn (BFH III R 131/85 BStBl 90, 885). – **Altersbezüge** (Rente, Pension) sind in vollem Umfang anzurechnen, der Ertragsanteil zählt zu den Einkünften, der Kapitalanteil zählt zu den Bezügen (BFH VI R 60/08 BFH/NV 09, 1418 mwN); ohne Kürzung durch Versorgungsfreibetrag des § 19 II, s BFH III R 175/86 BStBl II 88, 939). **Ausbildungsbeihilfen** aus öffentl Mitteln sind nach § 33a I 5 ohne Freibetrag anzurechnen. Das gilt für BAföG und mE auch für ausl Ausbildungsbeihilfen (**aA** FG RhPf EFG 99, 1284, rkr; *HHR* § 33a Rz 97). Wegen der gesonderten Anrechnung ist bei Ausbildungsbeihilfen keine Saldierung mit negativen Einkünften oder Bezügen mögl (BFH III R 22/01 BStBl II 02, 802). – Weitere Beispiele s *Schmidt* 39. Aufl § 33a Rz 28. 28

(2) Keine Bezüge iSd § 33a I. Tatsächl Aufwand abgeltende stfreie Einnahmen nach § 3 Nr 12, 13, 26 (*FM Nds* DB 90, 152) oder Sozialhilfeleistungen für Krankheit, Pflege und Mehrbedarf (BFH III R 253/83 BStBl II 88, 830) oder Telefonhilfe (BFH III R 175/86 BStBl II 88, 939) – letzteres allerdings ausdrückl offen gelassen von BFH VI R 60/08 BFH/NV 09, 1418; s auch EStH 33a.1; Erziehungsgeld nach dem BErzGG (BFH III R 37/93 BStBl II 95, 527; jetzt BEEG). 29

bb) Abzüge. Zu kürzen sind die Bezüge des § 33a I 5 aus Vereinfachungsgründen um 180 € pro Kj (vgl auch BMF BStBl I 10, 582 Rz 11 Beispiel 4), wenn nicht höhere Aufwendungen nachgewiesen oder glaubhaft gemacht werden, die in wirtschaftl Zusammenhang mit der Erzielung der Bezüge stehen (zB Rechtsstreitkosten oder Kontoführungskosten; s aber auch FG Hess EFG 94, 105, rkr). Pauschbeträge nach § 33b können nicht abgezogen werden (FG Mster EFG 89, 183, rkr); eine Kürzung der anrechenbaren Bezüge oder Einkünfte wegen zwangsläufiger Kosten der Lebensführung infolge Krankheit oder Behinderung des Empfängers 30 findet nicht statt (BFH III R 111/86 BStBl II 91, 62). Dagegen ist bei Kürzung von Sozialhilfe für die Haushaltsgemeinschaft wegen einer Rente eines ihrer Mitglieder bei den Einkünften des unterstützten Rentenempfängers nur die verminderte Rente anzusetzen (BFH III R 28/99 BStBl II 02, 753).

31 **c) Berechnung.** Bei der Ermittlung der gegenzurechnenden Einkünfte und Bezüge ist jede unterstützte Person für sich zu beurteilen. Für mittelbar unterstützte Kinder der unmittelbar unterstützten Person kann nicht zusätzlich ein Grenzbetrag von jeweils 624 € angesetzt werden (BFH III R 66/90 BStBl II 92, 900: keine „Mehrfachberücksichtigung"). Andererseits sind Einkünfte von berufstätigen Kindern nicht dem Elternteil zuzurechnen, mit dem sie in einem Haushalt leben (BFH VI 308/60 U BStBl III 61, 311). – Hat der Unterhaltsempfänger ein eigenes Kind, sind seine Einkünfte und Bezüge nur dann um **Unterhaltszahlungen** zu kürzen, wenn eine gesetzl Pflicht zu entspr Zahlungen besteht (Barunterhaltsverpflichtung, vgl BFH VI B 136/11 BFH/NV 12, 1429). – Ist der **Unterhaltsempfänger verheiratet/verpartnert,** sind bei der Berechnung seiner Einkünfte und Bezüge in intakter Ehe/LPart die Einkünfte der Ehegatten/LPart zusammenzuzählen und danach zu halbieren (BFH III R 28/02 BFH/NV 04, 1631; BFH VI B 18/11 BFH/NV 11, 2062). Dabei ist von einem Zufluss iHd Nettoeinkommens auszugehen (BFH III R 28/91 BFH/NV 93, 598; EStH 33a.1), und zwar auch dann, wenn die Unterhaltspflicht nur im Verhältnis zu einem der beiden Ehegatten/LPart besteht; der als agB abziehbare Betrag ergibt sich bei entspr hohen Zahlungen aus der Differenz zw den gegenzurechnenden Einkünften oder Bezügen und dem Höchstbetrag (vgl BFH III R 25/03 BFH/NV 05, 523; s auch *BMF* BStBl I 10, 582 Rz 12 mit Beispiel). – **Unerhebl** ist, ob der Unterstützte in der **Verfügungsbefugnis** über die Einkünfte oder die zur Bestreitung des Unterhalts bestimmten oder geeigneten Bezüge beschränkt ist (BFH III R 111/86 BStBl II 91, 62; einschr für altes Recht BFH III R 28/02 BFH/NV 04, 1631; s auch FG Ddorf EFG 09, 1116, rkr). Das gilt auch für Renteneinkünfte, die vom Sozialamt einbehalten werden (BFH VI R 60/08 BFH/NV 09, 1418).

32 **8. Im Ausland lebende Angehörige, § 33a I 6. – a) Ausländische Verhältnisse.** Für nicht unbeschr stpfl unterstützte Personen sind nach § 33a I 6 die Beträge des § 33a I 1 und 5 (ebenso § 33a II 3) nach den Verhältnissen des Wohnsitzstaates (Durchschnittslöhne) zu modifizieren; dies auch dann, wenn die betr Personen ihre Verwandten im Inl besuchen (BFH III R 10/02 BStBl II 03, 714). Diese Regeln gelten auch bei höherer Unterhaltsverpflichtung (relatives Existenzminimum, BFH III B 71/95 BFH/NV 97, 398). Die in S 1 und 5 genannten Beträge dürfen aber nicht überschritten werden (§ 33a I 6). S dazu die **Ländergruppeneinteilung** des *BMF* (ab VZ 2021: *BMF* BStBl I 20, 1212; VZ 2017–2020: *BMF* BStBl I 16, 1183; BFH III R 10/02 BStBl II 03, 714: verfgemäß, mwN). Auf die *konkreten* Lebenshaltungskosten am Wohnort des Unterhaltenen kommt es nicht an (BFH I R 60/05 BStBl II 07, 106; BFH VI R 28/10 BStBl II 11, 283). – Halten sich Angehörige besuchsweise beim StPfl im Inl auf, können Unterhaltsaufwendungen je Tag mit 1/30 des Monatsbetrags angesetzt werden (VZ 2021: 9984 €/12 Monate/30 Tage = 27,73 € /Tag, s BFH III R 10/02 BStBl II 03, 714; EStH 33a.1). – Zu **Nachweisen** s Rz 38 ff.

33 **b) Inländische Maßstäbe.** Die Unterhaltspflicht bestimmt sich der Rspr zufolge nach inl Maßstäben (BFH R 8/01 BStBl II 02, 760; BFH III R 53/98 BFH/NV 03, 20); nach ausl Recht bestehende Unterhaltspflichten begründen auch dann keine Zwangsläufigkeit iSv 33a I, wenn die Unterhaltspflicht nach internationalem Privatrecht im Inl verbindl ist (BFH VI R 13/10 BStBl II 11, 965; BFH VI S 14/03 BFH/NV 05, 1067: Unterhalt an im Ausl lebende Brüder). Dies soll verfgemäß und unionsrechtskonform sein (BVerfG 2 BvR 1683/02, HFR 05, 777; str, zutr **aA** *Paus* DStZ 03, 306; *Tipke* LB § 8 Rn 738; *KSM* § 33a Rz A 107 f, B 78 ff mwN; s dagegen auch BFH VI R 16/97 BStBl II 98, 473). Zu

Unterhalt und Berufsausbildung 34–38 § 33a

Mehr-Ehe s BFH VI R 56/82 BStBl II 86, 390 (offengelassen; aA FG Mster EFG 93, 380, rkr).

9. Mehrere Unterhaltsleistende, § 33a I 7. Werden die Aufwendungen für 34 die unterhaltene Person von mehreren StPfl getragen (Tatfrage), ist der Höchstbetrag entspr dem Anteil am Gesamtbetrag der Leistungen aufzuteilen. Die Verpflichtungen nach § 33a I 1 und 3 werden dabei gleichbehandelt. Zur Kürzung kommt es nach Sinn und Zweck der Regelung aber nur, wenn alle StPfl die Voraussetzungen für eine Berücksichtigung von Aufwendungen nach § 33a I erfüllen (BFH III R 212/81 BStBl II 86, 805); dh, auch in Bezug auf die weitere Person müssen die tatbestandl Voraussetzungen des § 33a I 1 oder 3 vorliegen (BFH VI R 43/17 BStBl II 21, 209 Rz 14 mwN). Ob auch alle Unterhaltsleistenden die getragenen Aufwendungen steuerl geltend machen, ist dagegen unerhebl (vgl FG Mster EFG 15, 453, rkr; *HHR* § 33a Rz 113). – Unterhaltsbeiträge von Personen, die die tatbestandl Voraussetzungen des § 33a I 1 oder 3 *nicht* erfüllten, sind gleichwohl nach § 33a I 5 zu berücksichtigen mit der Folge, dass der Unterhaltshöchstbetrag entspr zu mindern ist (BFH VI R 43/17 BStBl II 21, 209 Rz 15; s auch Rz 27 f).

10. Mehrere Unterhaltene. – a) Getrennt ermittelte Abzugsbeträge. Für 35 jeden Unterhaltenen, der die Voraussetzungen des § 33a I erfüllt, wird ein eigener Freibetrag gewährt. Der abzugsfähige Betrag und die anrechenbaren Einkünfte/Bezüge sind für jede unterhaltene Person getrennt zu ermitteln, auch dann, wenn mehrere vom StPfl unterhaltene Personen in einem **gemeinsamen Haushalt** wohnen (s aber für Ehegatten/LPart, Rz 31). Grds unerhebl ist, an welchen Angehörigen welche Teilbeträge überwiesen worden sind (BFH VI R 29/09 BStBl II 11, 116). Die Leistungen sind zusammenzurechnen und idR nach Köpfen aufzuteilen (vgl BFH III R 49/03 BStBl II 05, 483; BFH III R 39/92 BStBl II 94, 731; s *Geserich* DStR 11, 294); dabei sind ggf auch unterhaltene Personen einzubeziehen, die nicht unterhaltsberechtigt sind (BFH III R 28/99 BStBl II 02, 753).

b) Kindergeld. Gehören zu der Haushaltsgemeinschaft auch Kinder, für die 36 der StPfl KiGeld bezogen hat, können allg Unterhaltsleistungen für andere Personen der Hausgemeinschaft nur insoweit angenommen werden, als die Zahlungen des StPfl insgesamt den Betrag des empfangenen KiGelds übersteigen (BFH III R 261/83 BStBl II 89, 278).

c) Opfergrenze. Übersteigt der einer Haushaltsgemeinschaft einheitl zur Verfü-37 gung gestellte Betrag den nach der Opfergrenze für den eigenen bzw den Unterhalt der Kinder und des Ehegatten/LPart zurückzubehaltenden Betrag (Rz 23; BFH III R 149/85 BFH/NV 90, 225), ist nur der danach verwendbare Teil der Gesamtzahlung auf die nicht privilegierten Empfänger der Haushaltsgemeinschaft (zB Eltern) aufzuteilen (BFH III R 258/83 BStBl II 89, 1009).

11. Nachweise; Fremdwährungen, § 33a I 8–11. – a) Allgemeines. Die 38 Steuervergünstigungen des § 33a I können nur in Anspruch genommen werden, wenn ihre Voraussetzungen im Einzelfall nachgewiesen oder glaubhaft gemacht werden (Beweiserleichterung bei Haushaltszugehörigkeit s EStR 33a I 5: Aufwand = Höchstbetrag). Dabei trägt der StPfl die obj **Beweislast/Feststellungslast** für die die Steuermäßigung begründenden Tatsachen (BFH III R 49/03 BStBl II 05, 483). – Der Nachweis über die geleisteten Zahlungen ist grds durch **Überweisungsbelege** zu erbringen, die auf den Namen der unterstützten Person oder einer Person aus der unterstützten Haushaltsgemeinschaft lauten. Bei Überweisungen auf Konten Dritter ist durch Bankbescheinigung nachzuweisen, dass die unterstützte Person Kontovollmacht hatte und wann, in welcher Höhe und von wem Abhebungen vorgenommen worden sind. – Zum Referenzkurs für die Umrechnung **nicht auf Euro lautender Beträge** gem § 33a I 8 s *BMF* BStBl I 21, 1595 und *BMF* BStBl I 20, 941. – Die Regelungen zur Angabe der **Identifikationsnummer** (§ 139b AO) in **§ 33a I 9–11** dienen der Missbrauchsvermeidung

§ 33a 39–42 Außergewöhnliche Belastung in besonderen Fällen

(s BT-Drs 18/1529, 65). Sie gelten seit VZ 2015. Betroffen sind nur Unterhaltsleistungen an Personen, die selbst unbeschr oder beschr stpfl sind (§ 1). Für Unterhaltsempfänger, die nicht im Inl stpfl sind, gelten die allg Mitwirkungs- und Beweisvorsorgepflichten (Rz 39 ff).

39 **b) Zahlungen ins Ausland.** Verhältnisse außerhalb Deutschlands können vom FA idR ohne besondere Mitwirkung des StPfl entweder gar nicht oder nur unter unverhältnismäßigen Schwierigkeiten ermittelt werden. Daher besteht bei Unterhaltsleistungen ins Ausl gem § 90 II AO eine erhöhte **Mitwirkungs- und Beweisvorsorgepflicht** (BFH VI R 32/14 BFH/NV 15, 1248 mwN; *BMF* BStBl I 10, 588 Rz 3 ff).

40 **aa) Bedürftigkeitsnachweis.** Ausl StPfl, die Angehörige im Heimatland unterstützen, haben amtl, ins Deutsche übersetzte Bescheinigungen vorzulegen (FG Hess EFG 99, 1284, rkr). Diese sollen konkrete Angaben zur Unterstützungsbedürftigkeit des Unterhaltsempfängers enthalten: Name, Alter, Anschrift, Beruf, Verwandtschaftsverhältnis zum StPfl, Art und Umfang der eigenen Einnahmen und des eigenen Vermögens des Unterstützten, Unterhaltpflicht anderer Personen und Höhe ihrer Unterstützung bzw Gründe für die unterlassene Unterstützung, ab wann und aus welchen Gründen der Unterstützte nicht selbst für seinen Unterhalt aufkommen konnte (*BMF* BStBl I 10, 588 Rz 5; FG BaWü EFG 94, 106, rkr). Dem BFH zufolge hat das *BMF* damit den Rechtsbegriff der „erforderl Beweismittel" iSd § 90 II AO zutr, aber nicht abschließend konkretisiert (BFH III R 49/03 BStBl II 05, 483). Bei widersprüchl Angaben entfällt die Glaubwürdigkeit der Bescheinigung (BFH VI R 16/09 BStBl II 11, 966, auch zur Beweiswürdigung durch das FG, insb zur Verwertung statistischer Daten).

Zweisprachige Unterhaltserklärungen in den gängigsten Sprachen findet man im Internet als PDF-Datei: www.formulare-bfinv.de (unter: *Formularcenter, Formulare A–Z, U, Unterhaltserklärung*). Die Bescheinigungen sind vollständig und detailliert auszufüllen (vgl auch BFH III R 49/03 BStBl II 05, 483: zumutbare Anforderung). – Zu **Beispielen** aus der Rspr s *Schmidt* 39. Aufl § 33a Rz 40 aE.

41 **bb) Banküberweisungen.** Grds sind die entspr Belege vorzulegen. Bei Weiterleitung von inl Konten ausl Banken ins Ausl muss der **Zahlungsfluss lückenlos belegt** sein. Dazu genügt neben dem Einzahlungsnachweis auf das inl Konto anstelle der Weiterleitungsbescheinigung der ausl Bank auch deren Bestätigung, dass auftragsgemäß an den Empfänger überwiesen/ausbezahlt wurde (*BMF* BStBl I 10, 588 Rz 10; s auch FG BaWü EFG 96, 25, rkr). Nach BFH III R 21/88 BFH/NV 92, 375 genügt eine Bestätigung der ausl Bank, dass die Eltern des StPfl von dessen Devisenkonto monatl bestimmte Beträge abgehoben haben, allein nicht. Unzureichend ist auch eine Kreditaufnahme ohne nachgewiesenen Zusammenhang mit Unterstützungszahlungen (BFH III R 176/86 BFH/NV 91, 367).

42 **cc) Übergabe von Bargeld.** Bei der Bargeldübergabe an Angehörige oder einen Bekannten zur Überbringung an die unterstützte Person sind (insb im Ausl) wegen der oft schwer überschaubaren Verhältnisse an den Nachweis bzw die Glaubhaftmachung **erhöhte Anforderungen** zu stellen (BFH III R 50/70 BFH/NV 05, 1009). Die Rspr verlangt einen **lückenlosen Nachweis der „Zahlungskette"** von der Abhebung oder sonstigen Erlangung der übergebenen Beträge bis zur Übergabe an die unterstützte Person (BFH VI R 33/16 BFH/NV 17, 1042). Zeugenbeweis durch Vernehmung naher Angehöriger ist idR nicht ausreichend (BFH III R 49/03 BStBl II 05, 483); Bestätigung des Gemeindevorstehers genügt nicht (BFH VI R 266/80 BStBl II 82, 772), Bestätigungen der unterstützten Personen jedenfalls dann nicht, wenn sie im Widerspruch zu festgestellten Abhebungen stehen (BFH III B 97/99 BFH/NV 00, 1203). Die Anforderungen an die Aufklärung des Sachverhalts und an die Vorsorge und Beschaffung von Beweismitteln müssen aber im Rahmen dessen bleiben, was erforderl, mögl, zumutbar und verhältnismäßig ist (BFH VI R 33/16 BFH/NV 17, 1042 Rz 11). – Bei **Heimfahrten**

des StPfl zu seiner Familie (und nur dann: BFH III R 39/03 BStBl II 05, 24) wird auf einen Nachweis verzichtet, wenn für Unterhalt des Ehegatten/LPart, der Kinder oder anderer am Ort des Ehegattenhaushalts lebender Angehöriger ledigl die Mitnahme *eines* Nettomonatslohns geltend gemacht wird, jährl höchstens der vierfache Nettomonatslohn. Daneben können noch zusätzl nachgewiesene Zahlungen berücksichtigt werden, wobei der vierfache Nettolohn den (Gesamt-)Höchstbetrag bildet (BFH III R 22/93 BStBl II 95, 114; *BMF* BStBl I 10, 588 Rz 15 f).

III. Auswärtig untergebrachte Kinder, § 33a II

1. Persönlicher Anwendungsbereich. § 33a II setzt ebenfalls **unbeschr StPfl** 43 gem § 1 I bis III voraus und ist auf **beschr StPfl** nicht anwendbar (§ 50 I 3).

2. Volljähriges Kind in Berufsausbildung, § 33a II 1. – a) Ausbildungs- 44 **freibetrag.** Der sog Ausbildungsfreibetrag berücksichtigt einen *typisierten* Mehrbedarf: Ist ein volljähriges, in der Berufsausbildung befindl Kind auswärtig untergebracht, kommt es auf einen *tatsächl* (Mehr-)Aufwand nicht an (kein Aufwandsnachweis erforderl). Die Gründe der auswärtigen Unterbringung sind unerhebl; insb muss diese nicht durch die Berufsausbildung veranlasst sein. Zwangsläufigkeit der auswärtigen Unterbringung wird vom Gesetz ebenso unterstellt wie Zwangsläufigkeit der Berufsausbildung. – Für **jedes Kind,** das die Voraussetzungen des § 33a II 1 erfüllt, wird ein eigener Freibetrag gewährt. Zur Nicht-Berücksichtigung **minderjähriger Kinder** s Rz 3.

b) Berücksichtigungsfähige Kinder. Der StPfl muss Anspruch auf *einen* Frei- 45 betrag nach § 32 VI *oder* auf KiGeld für ein **volljähriges Kind** haben (s § 32 Rz 21 ff). Es muss sich weder um ein eigenes Kind des StPfl iSd § 32 I (§ 32 Rz 8) handeln, noch müssen die genannten Voraussetzungen kumulativ erfüllt sein. Es genügt, wenn dem StPfl entweder der Kinder- oder der Betreuungsfreibetrag zusteht (ggf auch ohne KiGeld); die Übertragung nur eines Freibetrags auf den anderen Elternteil ist insoweit unschädl (vgl § 32 Rz 83). Ferner begünstigt § 33a II auch Groß- und Stiefeltern, wenn auf sie ein Freibetrag gem § 32 VI 10 übertragen wurde oder ihnen gem § 63 I Nr 2 bzw 3 KiGeld zusteht (vgl *Ross* DStZ 97, 140). Ob sich der Freibetrag des § 32 VI auswirkt oder das KiGeld tatsächl gezahlt worden ist, ist unmaßgebl („Anspruch auf …", s auch § 31 Rz 11). Da sowohl für § 32 VI als auch für § 33a II das Monatsprinzip gilt, müssen diese Voraussetzungen monatsweise erfüllt sein (s Rz 55).

c) Berufsausbildung. Begriff: s Rz 11 und § 32 Rz 26 ff; auch hier gelten die- 46 selben Grundsätze wie bei § 32 IV 1 (BFH III R 3/03 BStBl II 06, 294; s § 32 Rz 26 ff); insb ist ein freiwilliges soziales Jahr keine Berufsausbildung (BFH VI B 1/14 BFH/NV 15, 332 mwN). Unterrichts- und vorlesungsfreie Zeiten rechnen zu den Ausbildungszeiten (BFH III R 7/93 BStBl II 97, 30), ebenso unvermeidl **Unterbrechungszeiten:** Urlaub, Krankheit, Zeiten zw aufeinander aufbauenden Ausbildungen wie zB Schulausbildung und Studium (FG Hess EFG 97, 889, rkr) und sonstige zwangsläufige Wartezeiten, die keine geänderten Ausbildungsplan schließen lassen (auch BFH III R 207/94 BStBl II 97, 430).

d) Auswärtige Unterbringung. Jede Unterbringung **außerhalb des elterl** 47 **Haushalts** ist eine „auswärtige Unterbringung", zB in einer Ganztagspflegestelle (BFH VI R 203/68 BStBl II 71, 627), in einer weiteren Wohnung des StPfl (BFH X R 94/91 BStBl II 94, 544) oder des Kindes, auch am selben Ort (FG Ddorf EFG 93, 663, rkr; BFH VI R 174/72 BStBl II 75, 488; vgl auch BFH X R 24/99 BStBl II 02, 244: engerer Haushaltsbegriff als bei § 34 f). Entscheidend ist für § 33a II, ob das Kind noch am hauswirtschaftl Leben des elterl Haushalts teilnimmt oder nicht, wie zB bei räuml Selbstständigkeit des Kindes (BFH VI R 47/79 BStBl II 83, 109) und hauswirtschaftl Ausgliederung (BFH III R 259/83 BStBl II 88, 138; FG Hbg EFG 82, 248, rkr). Leben die Eltern dauernd getrennt oder sind sie geschieden und lebt das Kind im Haushalt eines Elternteils, ist es auch aus Sicht des anderen Elternteils nicht auswärtig untergebracht (BFH III R 48/87 BFH/NV 88, 778). Dies gilt auch bei Aufenthalt in einem ausl Familienhaushalt (BFH III R 107/88 BStBl II 90, 898). – Die auswärtige Unterbringung erfordert eine **gewisse Dauer;** sie muss darauf angelegt sein, die räuml Selbstständigkeit des Kindes während der Ausbildung oder eines bestimmten Ausbildungsabschnitts zu gewährleisten (glA EStR 33a.2 III). – Der Freibetrag wird **ab dem Monat** gewährt, in dem eine auswärtige Unterbringung beginnt (FG BaWü EFG 88, 313, rkr). – Weitere **Beispiele** s *Schmidt* 39. Aufl § 33a Rz 47.

48 e) **Rechtsfolge.** Der **Freibetrag von 924 €** je **Kj** wird auf Antrag (Rz 5) vom Gesamtbetrag der Einkünfte abgezogen (§ 2 IV). Auf den Abzug besteht ein **Rechtsanspruch** („wird ... ermäßigt"). Ein Verlustabzug nach § 10d ist vorrangig vorzunehmen (§ 10d I 1, s § 10d Rz 17). – Der Freibetrag wird für alle Monate gewährt, in denen das auswärtig untergebrachte Kind bereits 18 Jahre alt ist (s Rz 53). Ein am 1. des Monats geborenes Kind vollendet das 18. Lebensjahr mit Ablauf des Vormonats (§§ 187 II, 188 II BGB; s *Grüneberg* § 187 Rz 3); für den Vormonat ist also gem § 33a III 1 ebenfalls der Freibetrag zu gewähren.

51 3. **Im Ausland lebende Kinder, § 33a II 2.** Ist das volljährige Kind nicht unbeschr estpfl, mindern sich die in § 33a II 1 und 2 genannten Beträge entspr § 33a I 6 gem der **Ländergruppeneinteilung** (s Rz 32). Verlegt ein Auslandskind im Laufe des Jahres seinen Wohnsitz ins Inl oder umgekehrt (BFH VI R 107/99 BStBl II 01, 294), so wird (nur) der Teil des Ausbildungsfreibetrags, der auf die Ausbildungszeit im Ausl entfällt, entspr gekürzt.

52 4. **Mehrere Unterstützende; Aufteilung, § 33a II 3–5.** Der Ausbildungsfreibetrag wird auch dann insgesamt **nur einmal** gewährt, wenn *mehrere* Personen für dasselbe Kind die Voraussetzungen des § 33a II 1 erfüllen. Verheiratete zusammenlebende Eltern (§ 26 I 1) erhalten den Freibetrag daher auch bei **Zusammenveranlagung** nur einmal (keine Verdoppelung wie bei § 32 VI 2). Bei **getrennter Veranlagung** gilt § 26a II (s § 26a Rz 7). Wegen dieser Spezialvorschrift regelt § 33a II 4 mE nur noch die Aufteilung des Freibetrags bei **geschiedenen/ dauernd getrennt lebenden Eltern** sowie **Eltern unehel Kinder:** Grundsatz ist die Halbteilung; einvernehml ist aber jede andere Aufteilung zulässig (§ 33a II 5; wie bei § 26a II 1). Eine solche kann auch zivilrechtl beansprucht werden, wenn der abgebende Elternteil dadurch keine steuerl Nachteile erleidet (s BFH III B 90/05 BFH/NV 07, 1119). Scheidet ein Elternteil wegen der Übertragung oder des Verlusts aller Freibeträge des § 32 VI und des KiGelds aus, erfüllt er nicht (mehr) die Voraussetzungen des § 33a II 1, sodass kein Fall des § 33a II 3 vorliegt; der andere Elternteil erhält den vollen Ausbildungsfreibetrag. – Befinden sich **mehrere Kinder** in Ausbildung, kann der Ausbildungsfreibetrag für jedes Kind gesondert übertragen oder beibehalten werden. – **Verfahrensrechtl** s § 61 EStDV und AEAO Vor §§ 172–177 Nr 8.

Durch den eigenständig übertragbaren Freibetrag für Betreuungs- und Erziehungs- oder Ausbildungsbedarf bestand bis VZ 2020 (s § 32 Rz 83) grds die Möglichkeit einer Mehrfachberücksichtigung. Die insoweit bestehende Regelungslücke ist mE wie nach altem Recht durch eine Quotelung zu schließen, wenn nicht sämtl Elternteile etwas anderes beantragen (glA *HHR* § 33a Rz 135).

IV. Zeitanteilige Kürzung der Beträge, § 33a III

53 1. **Monatsprinzip, § 33a III 1.** Für *alle* in § 33a I und II genannten Beträge gilt abweichend vom Jahressteuerprinzip (§ 2 VII 1) das Monatsprinzip (wie bei § 32; s § 32 Rz 20). Dies betrifft den Höchstbetrag gem § 33a I 1, den Freibetrag gem § 33a II 1 und die anrechnungsfreien Beträge gem § 33a I 5 und II 2 (vgl BFH III B 185/94 BFH/NV 95, 971). Eine Ermäßigung nach § 33a III 1 tritt nur für Monate ein, in denen **an keinem Tag** die Voraussetzungen des § 33a I bis III erfüllt gewesen sind; dh Wechselmonate sind keine Kürzungsmonate. Eine nach § 33a III 1 gebotene Kürzung kann nicht durch Antragsbeschränkung vermieden werden (FG Mster EFG 93, 662, rkr). – Das Monatsprinzip greift auch dann ein, wenn der StPfl nur für einen Teil des Kj unbeschr stpfl ist. Ändern sich die Verhältnisse während des Monats, sodass (zB wegen der Ländergruppeneinteilung, s Rz 32) für einen Monat unterschiedl hohe Beträge gelten, ist zugunsten des StPfl der jeweils höhere Betrag anzusetzen (EStR 33a.3 I).

2. Eigene Einkünfte und Bezüge, § 33a III 2. Kommt es zu einer zeitanteiligen Kürzung nach § 33a III 1, bleiben eigene Einkünfte/Bezüge des Unterhaltenen bzw des Kindes, die auf die Kürzungsmonate entfallen, bei der Minderung nach § 33a I 5 unberücksichtigt. „Entfallen" meint **wirtschaftl Zuordnung** (BFH III R 48/89 BStBl II 91, 716; s auch *Schmidt* 32. Aufl § 32 Rz 61, mit Beispielen). Die FinVerw rechnet eigene Einkünfte des Unterstützten nach § 19, § 22 und Bezüge nach dem Verhältnis der im jeweiligen Zeitraum zugeflossenen Beträge zu (unter entspr Berücksichtigung von Erwerbsaufwendungen); andere Einkünfte werden mit je $1/12$ pro Monat berücksichtigt (EStR 33a.3 II). Diese vereinfachende Regelung kommt aber nur dann zur Geltung, wenn bzw soweit der StPfl nicht eine anderweitige wirtschaftl Zuordnung nachweist (glA FG BaWü EFG 94, 1052, rkr). – Einkünfte/Bezüge, die **außerhalb des Ausbildungs-/Unterstützungszeitraums** anfallen, sind ohnehin unschädl und bleiben unberücksichtigt. Zum Begriff „Ausbildungszeitraum" Rz 46. 54

3. Ausbildungshilfen, § 33a III 3. Ausbildungshilfen gem § 33a I 5 mindern die zeitanteiligen Höchstbeträge nur bezogen auf diejenigen Kalendermonate, für die sie gezahlt worden sind. Diese Regelung wirkt sich zum einen dann zugunsten des StPfl aus, wenn ein zeitl begrenzter Ausbildungszuschuss erst im Laufe des Kj gewährt wird oder ausläuft. Zum andern greift sie ein, wenn der Unterstützte während des Kj unterschiedl hohe Zuschüsse erhält, zB weil er einen Teil seiner Ausbildungszeit im Ausl verbringt (s BFH III R 5/05 BStBl II 08, 354). 55

V. Abgrenzung zu § 33, § 33a IV

1. Vorrang des § 33a. Im Verhältnis zu § 33 regeln § 33a I und II den Abzug von typischen (übl) Unterhaltsaufwendungen und von Berufsausbildungskosten abschließend (vgl BFH VI R 63/08 BStBl II 10, 341). Für diese Aufwendungen kann daher weder anstelle noch über den Rahmen des § 33a hinaus eine Steuerermäßigung nach § 33 in Anspruch genommen werden (vgl BFH X R 48/09 BStBl II 12, 200). Dies ist verfgemäß (s BFH III R 8/91 BStBl II 93, 278). § 33a IV bedeutet also nicht, dass im Umkehrschluss die Aufwendungen für den Unterhalt oder die Berufsausbildung nach § 33 zu beurteilen sind, wenn sie für Nicht-Unterhaltsberechtigte erfolgen (glA BFH III R 8/01 BStBl II 02, 760) oder wenn Unterhaltsleistungen aus anderen Gründen nicht nach § 33a abziehbar sind. Ausnahmen gelten bei anderweitig verursachten (zB behinderungsbedingten) Mehrkosten (BFH III R 6/99 BStBl II 02, 198). – **§ 33a I 4** ist auf § 33 nicht anwendbar (BFH VI R 61/08 BStBl II 10, 621). 56

2. Ablösung künftiger Unterhaltsleistungen. Kapitalabfindungen zur freiwilligen Ablösung künftiger Unterhaltsleistungen sind grds übl Unterhaltszahlungen, die nicht nach § 33, sondern gem § 33a nur mit einem Jahresabzugsbetrag berücksichtigt werden (wegen fehlender Zusammenballung an der Zwangsläufigkeit fehlt (BFH VI R 47/69 BStBl II 71, 325). Das gilt der Rspr zufolge auch dann, wenn es sich um eine unfreiwillige Ablösung handelt (BFH III R 57/05 BStBl II 09, 365: Anspruch nach § 1585 II BGB). Für eine **Nachzahlung** soll es idR an der Zwangsläufigkeit der Höhe nach fehlen, wenn der Zahlende die Zusammenballung durch Zahlungseinstellung etc verursacht hat (BFH III R 59/97 BStBl II 98, 605; vgl auch BFH III B 73/06 BFH/NV 08, 22: kein Billigkeitserlass; s aber zur Ab- 57 grenzung zutr FG BaWü EFG 86, 124, rkr, betr BAföG-Rückzahlung). Wird für die Unterhalts(nach)zahlung Realsplitting nach § 10 Ia Nr 1 beantragt, werden die Zahlungen auch über den Höchstbetrag hinaus zu SA umqualifiziert, sodass §§ 33, 33a nicht anwendbar sind (BFH III R 23/98 BStBl II 01, 338). Keine Unterhaltsleistungen, sondern eine Vermögensumschichtung ist im Versorgungsausgleich zu sehen (BFH X R 128/90 BStBl II 93, 867).

§ 33b Pauschbeträge für Menschen mit Behinderungen, Hinterbliebene und Pflegepersonen

(1) [1] Wegen der Aufwendungen für die Hilfe bei den gewöhnlichen und regelmäßig wiederkehrenden Verrichtungen des täglichen Lebens, für die Pflege sowie für einen erhöhten Wäschebedarf können Menschen mit Behinderungen unter den Voraussetzungen des Absatzes 2 anstelle einer Steuerermäßigung nach § 33 einen Pauschbetrag nach Absatz 3 geltend machen (Behinderten-Pauschbetrag). [2] Das Wahlrecht kann für die genannten Aufwendungen im jeweiligen Veranlagungszeitraum nur einheitlich ausgeübt werden.

(2) Einen Pauschbetrag erhalten Menschen, deren Grad der Behinderung auf mindestens 20 festgestellt ist, sowie Menschen, die hilflos im Sinne des Absatzes 3 Satz 4 sind.

(3) [1] Die Höhe des Pauschbetrags nach Satz 2 richtet sich nach dem dauernden Grad der Behinderung. [2] Als Pauschbetrag werden gewährt bei einem Grad der Behinderung von mindestens:

20	384 Euro,
30	620 Euro,
40	860 Euro,
50	1140 Euro,
60	1440 Euro,
70	1780 Euro,
80	2120 Euro,
90	2460 Euro,
100	2840 Euro.

[3] Menschen, die hilflos im Sinne des Satzes 4 sind, Blinde und Taubblinde erhalten einen Pauschbetrag von 7400 Euro; in diesem Fall kann der Pauschbetrag nach Satz 2 nicht zusätzlich in Anspruch genommen werden. [4] Hilflos ist eine Person, wenn sie für eine Reihe von häufig und regelmäßig wiederkehrenden Verrichtungen zur Sicherung ihrer persönlichen Existenz im Ablauf eines jeden Tages fremder Hilfe dauernd bedarf. [5] Diese Voraussetzungen sind auch erfüllt, wenn die Hilfe in Form einer Überwachung oder einer Anleitung zu den in Satz 4 genannten Verrichtungen erforderlich ist oder wenn die Hilfe zwar nicht dauernd geleistet werden muss, jedoch eine ständige Bereitschaft zur Hilfeleistung erforderlich ist.

(4) [1] Personen, denen laufende Hinterbliebenenbezüge bewilligt worden sind, erhalten auf Antrag einen Pauschbetrag von 370 Euro (Hinterbliebenen-Pauschbetrag), wenn die Hinterbliebenenbezüge geleistet werden

1. nach dem *Bundesversorgungsgesetz oder einem anderen Gesetz, das die Vorschriften des Bundesversorgungsgesetzes [ab 1.1.2024:* Vierzehnten Buch Sozialgesetzbuch oder einem anderen Gesetz, das die Vorschriften des Vierzehnten Buches Sozialgesetzbuch] über Hinterbliebenenbezüge für entsprechend anwendbar erklärt, oder
2. nach den Vorschriften über die gesetzliche Unfallversicherung oder
3. nach den beamtenrechtlichen Vorschriften an Hinterbliebene eines an den Folgen eines Dienstunfalls verstorbenen Beamten oder

4. nach den Vorschriften des Bundesentschädigungsgesetzes über die Entschädigung für Schäden an Leben, Körper oder Gesundheit.
[ab 1.1.2025: oder
5. nach den Vorschriften den Soldatenentschädigungsgesetzes.]
²Der Pauschbetrag wird auch dann gewährt, wenn das Recht auf die Bezüge ruht oder der Anspruch auf die Bezüge durch Zahlung eines Kapitals abgefunden worden ist.

(5) ¹Steht der Behinderten-Pauschbetrag oder der Hinterbliebenen-Pauschbetrag einem Kind zu, für das der Steuerpflichtige Anspruch auf einen Freibetrag nach § 32 Absatz 6 oder auf Kindergeld hat, so wird der Pauschbetrag auf Antrag auf den Steuerpflichtigen übertragen, wenn ihn das Kind nicht in Anspruch nimmt. ²Dabei ist der Pauschbetrag grundsätzlich auf beide Elternteile je zur Hälfte aufzuteilen, es sei denn, der Kinderfreibetrag wurde auf den anderen Elternteil übertragen. ³Auf gemeinsamen Antrag der Eltern ist eine andere Aufteilung möglich. ⁴In diesen Fällen besteht für Aufwendungen, für die der Behinderten-Pauschbetrag gilt, kein Anspruch auf eine Steuerermäßigung nach § 33. ⁵Voraussetzung für die Übertragung nach Satz 1 ist die Angabe der erteilten Identifikationsnummer (§ 139b der Abgabenordnung) des Kindes in der Einkommensteuererklärung des Steuerpflichtigen.

(6) ¹Wegen der außergewöhnlichen Belastungen, die einem Steuerpflichtigen durch die Pflege einer Person erwachsen, kann er anstelle einer Steuerermäßigung nach § 33 einen Pauschbetrag geltend machen (Pflege-Pauschbetrag), wenn er dafür keine Einnahmen im Kalenderjahr erhält und der Steuerpflichtige die Pflege entweder in seiner Wohnung oder in der Wohnung des Pflegebedürftigen persönlich durchführt und diese Wohnung in einem Mitgliedstaat der Europäischen Union oder in einem Staat gelegen ist, auf den das Abkommen über den Europäischen Wirtschaftsraum anzuwenden ist. ²Zu den Einnahmen nach Satz 1 zählt unabhängig von der Verwendung nicht das von den Eltern eines Kindes mit Behinderungen für dieses Kind empfangene Pflegegeld. ³Als Pflege-Pauschbetrag wird gewährt:

1. bei Pflegegrad 2   600 Euro,
2. bei Pflegegrad 3   1100 Euro,
3. bei Pflegegrad 4 oder 5   1800 Euro.

⁴Ein Pflege-Pauschbetrag nach Satz 3 Nummer 3 wird auch gewährt, wenn die gepflegte Person hilflos im Sinne des § 33b Absatz 3 Satz 4 ist. ⁵Bei erstmaliger Feststellung, Änderung oder Wegfall des Pflegegrads im Laufe des Kalenderjahres ist der Pflege-Pauschbetrag nach dem höchsten Grad zu gewähren, der im Kalenderjahr festgestellt war. ⁶Gleiches gilt, wenn die Person die Voraussetzungen nach Satz 4 erfüllt. ⁷Sind die Voraussetzungen nach Satz 4 erfüllt, kann der Pauschbetrag nach Satz 3 Nummer 1 und 2 nicht zusätzlich in Anspruch genommen werden. ⁸Voraussetzung für die Gewährung des Pflege-Pauschbetrags ist die Angabe der erteilten Identifikationsnummer (§ 139b der Abgabenordnung) der gepflegten Person in der Einkommensteuererklärung des Steuerpflichtigen. ⁹Wird ein Pflegebedürftiger von mehreren Steuerpflichtigen im Veranlagungszeitraum gepflegt, wird der Pflege-Pauschbetrag nach der Zahl der Pflegepersonen, bei denen die Voraussetzungen der Sätze 1 bis 4 vorliegen, geteilt.

(7) Die Bundesregierung wird ermächtigt, durch Rechtsverordnung mit Zustimmung des Bundesrates zu bestimmen, wie nachzuweisen ist, dass die Voraussetzungen für die Inanspruchnahme der Pauschbeträge vorliegen.

(8) Die Vorschrift des § 33b Absatz 6 ist ab Ende des Kalenderjahres 2026 zu evaluieren.

Einkommensteuer-Durchführungsverordnung:

§ 65 *EStDV Nachweis der Behinderung und des Pflegegrads*

(1) Den Nachweis einer Behinderung hat der Steuerpflichtige zu erbringen:
1. bei einer Behinderung, deren Grad auf mindestens 50 festgestellt ist, durch Vorlage eines Ausweises nach dem Neunten Buch Sozialgesetzbuch oder eines Bescheides der nach § 152 Absatz 1 des Neunten Buches Sozialgesetzbuch zuständigen Behörde,
2. bei einer Behinderung, deren Grad auf weniger als 50, aber mindestens 20 festgestellt ist,
   a) durch eine Bescheinigung oder einen Bescheid der nach § 152 Absatz 1 des Neunten Buches Sozialgesetzbuch zuständigen Behörde oder,
   b) wenn ihm wegen seiner Behinderung nach den gesetzlichen Vorschriften Renten oder andere laufende Bezüge zustehen, durch den Rentenbescheid oder den die anderen laufenden Bezüge nachweisenden Bescheid.

(2) [1]Die gesundheitlichen Merkmale „blind" und „hilflos" hat der Steuerpflichtige durch einen Ausweis nach dem Neunten Buch Sozialgesetzbuch, der mit den Merkzeichen „Bl" oder „H" gekennzeichnet ist, oder durch einen Bescheid der nach § 152 Absatz 1 des Neunten Buches Sozialgesetzbuch zuständigen Behörde, der die entsprechenden Feststellungen enthält, nachzuweisen. [2]Dem Merkzeichen „H" steht die Einstufung als pflegebedürftige Person mit schwersten Beeinträchtigungen der Selbständigkeit oder der Fähigkeiten in die Pflegegrade 4 oder 5 nach dem Elften Buch Sozialgesetzbuch, dem Zwölften Buch Sozialgesetzbuch oder diesen entsprechenden gesetzlichen Bestimmungen gleich.

(2a) Den Nachweis der Einstufung in einen Pflegegrad nach dem Elften Buch Sozialgesetzbuch, dem Zwölften Buch Sozialgesetzbuch oder diesen entsprechenden gesetzlichen Bestimmungen hat der Steuerpflichtige durch Vorlage des entsprechenden Bescheides nachzuweisen.

(3) [1]Die Gewährung des Behinderten-Pauschbetrags setzt voraus, dass der Antragsteller Inhaber gültiger Unterlagen nach den Absätzen 1 und 2 ist. [2]Bei erstmaliger Geltendmachung des Pauschbetrags oder bei Änderung der Verhältnisse hat der Steuerpflichtige die Unterlagen nach den Absätzen 1 und 2 zusammen mit seiner Steuererklärung oder seinem Antrag auf Lohnsteuerermäßigung, ansonsten auf Anforderung des Finanzamts vorzulegen.

(3a)* [1]Die Gewährung des Behinderten-Pauschbetrags setzt voraus, dass die für die Feststellung einer Behinderung zuständige Stelle als mitteilungspflichtige Stelle ihre Feststellungen zur Behinderung nach den Absätzen 1 und 2 nach Maßgabe des § 93c der Abgabenordnung an die für die Besteuerung des Antragstellers zuständige Finanzbehörde übermittelt hat. [2]Die nach Satz 1 mitteilungspflichtige Stelle hat ihre Feststellungen auf schriftlichen oder elektronischen Antrag derjenigen Person, die diese Feststellungen begehrt, an die nach Satz 1 zuständige Finanzbehörde zu übermitteln. [3]Die Person hat der mitteilungspflichtigen Stelle zu diesem Zweck ihre Identifikationsnummer (§ 139b der Abgabenordnung) mitzuteilen. [4]Neben den nach § 93c Absatz 1 der Abgabenordnung zu übermittelnden Daten sind zusätzlich folgende Daten zu übermitteln:
1. der Grad der Behinderung,
2. die Feststellung weiterer gesundheitlicher Merkmale (Merkzeichen):
   a) G (erheblich gehbehindert),
   b) aG (außergewöhnlich gehbehindert),

---

* Zur Anwendbarkeit von § 65 IIIa EStDV s § 84 IIIg EStDV und Rz 42.

c) B (ständige Begleitung notwendig),
d) H (hilflos),
e) Bl (blind),
f) Gl (gehörlos),
3. die Feststellung, dass die Behinderung zu einer dauernden Einbuße der körperlichen Beweglichkeit geführt hat,
4. die Feststellung, dass die Behinderung auf einer typischen Berufskrankheit beruht,
5. die Einstufung als pflegebedürftige Person mit schwersten Beeinträchtigungen der Selbständigkeit oder der Fähigkeiten in den Pflegegraden 4 oder 5,
6. die Dauer der Gültigkeit der Feststellung.

[5] Die mitteilungspflichtige Stelle hat jede Änderung der Feststellungen nach Satz 4 abweichend von § 93c Absatz 1 Nummer 1 der Abgabenordnung unverzüglich zu übermitteln. [6] § 72a Absatz 4, § 93c Absatz 1 Nummer 3 und Absatz 4 sowie § 203a der Abgabenordnung finden keine Anwendung.

(4) [1] Ist der Mensch mit Behinderungen verstorben und kann sein Rechtsnachfolger die Unterlagen nach den Absätzen 1 und 2 nicht vorlegen, so genügt zum Nachweis eine gutachtliche Stellungnahme der nach § 152 Absatz 1 des Neunten Buches Sozialgesetzbuch zuständigen Behörde. [2] Diese Stellungnahme hat die Finanzbehörde einzuholen.

Einkommensteuer-/Lohnsteuer-Richtlinien: EStR 33b; EStH 33b; LStH 33b

Übersicht

Rz

I. Allgemeines
1. Bedeutung; Aufbau ... 1
2. Neuere Rechtsentwicklung ... 2
3. Verfassungsmäßigkeit ... 3
4. Verhältnis zu anderen Vorschriften ... 4
5. Persönlicher Anwendungsbereich ... 6

II. Zu berücksichtigende Pauschbeträge
1. Behinderten-Pauschbetrag
  a) Typischer Mehraufwand, § 33b I ... 8–11
  b) Anspruchsberechtigung, § 33b II ... 12, 13
  c) Anspruchshöhe, § 33b III ... 14–17
2. Hinterbliebenen-Pauschbetrag, § 33b IV ... 22
3. Übertragung der Pauschbeträge, § 33b V
  a) Pauschbetrag des Kindes, § 33b V 1 ... 24–27
  b) Konkurrenz mehrerer Elternteile, § 33b V 2–4 ... 28–30
  c) Identifikationsnummer, § 33b V 5 ... 31
  d) Verhältnis zu anderen Vorschriften ... 32
4. Pflege-Pauschbetrag, § 33b VI
  a) Bedeutung ... 33
  b) Versorgung Pflegebedürftiger, § 33b VI 1 und 2 ... 34–37
  c) Höhe des Pflege-Pauschbetrags, § 33b VI 3–7 ... 38
  d) Identifikationsnummer, § 33b VI 8 ... 39
  e) Mehrere Pflegepersonen, § 33b VI 9 ... 40
  f) Konkurrenz ... 41
5. Nachweise, § 33b VII
  a) Zwingende Vorgaben, § 65 EStDV ... 42
  b) Bindungswirkung ... 43
  c) Form des Nachweises ... 44
6. Evaluation, § 33b VIII ... 45

I. Allgemeines

1. Bedeutung; Aufbau. § 33b sieht für bestimmte agB Pauschbeträge vor, die das Besteuerungsverfahren **vereinfachen** sollen (zulässige Typisierung im Bereich des subj Nettoprinzips). Der Behindertenpauschbetrag (§ 33b III) wird inzwischen jährl von mehr als 4,5 Mio StPfl in Anspruch genommen (s BT-Drs 19/22675, 9 f). – **§ 33b I–III** regeln die pauschale Berücksichtigung lfd typischer Mehraufwendungen bei Behinderungen. **§ 33b IV** enthält einen Pauschbetrag für die Bezieher von Hinterbliebenenbezügen (Billigkeitsregelung). Gem **§ 33b V** können beide Pauschbeträge auf Dritte übertragen werden. **§ 33b VI** sieht einen weiteren Pauschbetrag für den Fall der persönl Pflege hilfloser Personen vor. **§ 33b VII** ermächtigt die BReg, die Voraussetzungen des Nachweises durch RechtsVO zu regeln; hiervon hat die BReg mit **§ 65 EStDV** Gebrauch gemacht. **§ 33b VIII** sieht eine Evaluation der Regelung vor. – Liegen die Voraussetzungen für **mehrere Pauschbeträge** vor (zB für Behinderung und für Hinterbliebene), sind diese nebeneinander zu gewähren (EStR 33b I).

2. Neuere Rechtsentwicklung. Mit **SoldVersNeuordG** (BGBl I 21, 3932) ist § 33b IV 1 um eine neue Nr 5 ergänzt worden, allerdings erst mit Wirkung **ab 1.1.2025**. Durch das **AbzStEntModG** (BGBl I 21, 1259) ist § 65 I Nr 2 mit Wirkung ab VZ 2021 neu gefasst worden (Rz 44).

Mit Wirkung ebenfalls ab VZ 21 sind durch das **BehPauschG** (BGBl I 20, 2770) § 33b II neu gefasst, die Pauschbeträge in § 33b III verdoppelt und der bislang einheitl Pflegepauschbetrag in § 33b VI durch einen in Abhängigkeit vom Pflegegrad (dreifach) gestaffelten Pauschbetrag ersetzt worden. S iÜ zur Rechtsentwicklung *BH/Heger* § 33b Rz 2.

3. Verfassungsmäßigkeit. Die Bestimmung ist verfgemäß, da StPfl mit Behinderungen, die die Voraussetzungen der Pauschalierung nicht erfüllen, ihre tatsächl Aufwendungen als agB nach § 33 geltend machen können (BFH VI R 27/18 BStBl II 21, 86 Rz 50). Dementsprechend hat das BVerfG hinsichtl der **Höhe des Behindertenpauschbetrags** keinen Anpassungsbedarf gesehen, obwohl der Betrag von 1975 bis 2020 unverändert geblieben ist (BVerfG 2 BvR 1372/95, DStZ 96, 112, betr 1988–1990; BFH III B 84/01 BFH/NV 03, 1164, betr 1998, Verf-Beschw nicht angenommen).

4. Verhältnis zu anderen Vorschriften. Der StPfl kann Aufwendungen, die von § 33b erfasst werden, einzeln nachweisen und, anstatt die Pauschalierung zu wählen, nach **§ 33** geltend machen (Wahlrecht); Aufwendungen, die nicht von der Pauschalierung erfasst werden (s Rz 8 f), können zusätzl, neben den Pauschbeträgen geltend gemacht werden. **§ 33a** ist neben § 33b mögl, ebenso **§ 35a II** neben § 33b VI (so zutr *Plenker* DB 10, 365; s auch § 35a Rz 11); § 33b I schließt § 35a II aus (keine Doppelberücksichtigung, § 35a Rz 25; s auch BFH VI R 12/12 BStBl II 14, 970; *BMF* BStBl I 16, 1213 Rz 33). IRd Verlustabzugs nach **§ 10d** werden die Pauschbeträge nicht berücksichtigt (vgl auch § 33 Rz 6). S iEinz auch Rz 8 ff, 31 und 39; zu Gestaltungsmöglichkeiten: *KSM* § 33b A 70 ff.

5. Persönlicher Anwendungsbereich. Die Pauschbeträge gelten für unbeschr StPfl (§ 1 I, II) und für Grenzpendler (§ 1 III), gem § 50 I 3 aber *nicht* für beschr StPfl (s auch BFH III R 15/04 BStBl II 05, 828). – Bei getrennter Veranlagung ist eine hälftige Übertragung gem § 26a II 2 zulässig (BFH III R 2/17 BStBl II 18, 468; s § 26a Rz 8).

II. Zu berücksichtigende Pauschbeträge

1. Behinderten-Pauschbetrag. – a) Typischer Mehraufwand, § 33b I. Mit dem Pauschbetrag sollen nur bestimmte, mit der Behinderung typischerweise zusammenhängende Mehraufwendungen des StPfl ohne die nach § 33 erforderl Einzelnachweise abgegolten werden. Entstehen daneben weitere Kosten, können diese unter den Voraussetzungen des § 33 *neben* dem Pauschbetrag geltend gemacherden (vgl auch BFH VI R 7/09 BStBl II 10, 280: behindertengerechter Hausumbau). – Der Mehraufwand wird bei Nachweis einer entspr Behinderung (Rz 12 ff) **typisierend unterstellt;** ein *tatsächl* entstandener Mehraufwand muss nicht nachgewiesen werden (BFH VI R 107/76 BStBl II 79, 260: Vereinfachungszweck der Regelung; s auch BT-Drs 19/21985, 16 f).

aa) Abgrenzung, § 33b I 1. – (1) Umfang. Die Pauschalierung deckt nur 9 Aufwendungen für die Hilfe bei den gewöhnl und regelmäßig wiederkehrenden Verrichtungen des tägl Lebens sowie für Pflege und für erhöhten Wäschebedarf ab. Sonstige Aufwendungen werden von der Typisierung nicht erfasst und sind durch § 33b nicht abgegolten, auch wenn sie mit der Behinderung zusammenhängen (vgl BR-Drs 544/07, 71: zB Aufwendungen für Heilbehandlungen, Kuren, Arzneimittel und bestimmte Kfz-Kosten etc; s auch EStR 33b I; krit *Best* DStZ 11, 719). Das gilt auch für behinderungsbedingte Fahrtkosten nach § 33 IIa (s § 33 Rz 67). – Beispiele s *Schmidt* 39. Aufl § 33b Rz 9 aE.

(2) Wahlrecht. Der StPfl kann auf die Anwendung des § 33b verzichten und 10 Aufwendungen im Rahmen des § 33 einzeln nachweisen oder glaubhaft machen (BFH III R 16/89 BStBl II 95, 408). Sinnvoll ist dies, wenn die unter § 33b I 1 fallenden Aufwendungen die Pauschalen des § 33b III übersteigen (Nachteil: Ansatz der zumutbaren Belastung, § 33 III). Das Wahlrecht gilt auch für den erhöhten Pauschbetrag nach § 33b I 3 (vgl BFH VI R 106/78 BStBl II 81, 130).

bb) Einheitliche Ausübung, § 33b I 2. Verzichtet der StPfl auf die Pauscha- 11 lierung, so gilt dies bezogen auf den jeweiligen VZ für alle mit dem Pauschbetrag abgegoltenen Aufwendungen (vgl BFH VI B 20/11 BFH/NV 11, 1863). Ein Teilverzicht ist nicht möglich. Der StPfl kann also nicht zB Pflegekosten iRd § 33 geltend machen und hinsichtl des erhöhten Wäschebedarfs den Pauschbetrag beanspruchen (vgl auch BR-Drs 544/07, 71). Allerdings kann das Wahlrecht in jedem VZ erneut ausgeübt werden.

b) Anspruchsberechtigung, § 33b II. – aa) Grad der Behinderung (GdB); 12 **Hilflosigkeit.** Die Pauschalierung knüpft mit Wirkung **ab VZ 2021** (s Rz 2) nur noch an den GdB des StPfl und an den Begriff der Hilflosigkeit (§ 33b III 3) bzw an weitere gesundheitl Merkmale an (s § 33b III 4). Was eine Behinderung ist, richtet sich nach der sozialrechtl Legaldefinition des § 2 I SGB IX (s iEinz § 32 Rz 46). Allerdings kommt es iRd § 33b allein auf die **festgestellten GdB** an (Rz 14; s auch FG Mchn EFG 18, 1960: nicht eine mögl zukünftige Beeinträchtigung, bestätigt durch BFH VI R 27/18 BStBl II 21, 86) bzw die **festgestellten gesundheitl Merkmale** (hilflos etc, s Rz 15). Mindestvoraussetzung ist ein GdB von 20. – Zum **Nachweis** s Rz 42 ff. Zu den bislang geltenden Regelungen s *Schmidt* 39. Aufl § 33b Rz 12 ff.

bb) Verfahren. Das sozialrechtl **Feststellungsverfahren** wird auf Antrag des 13 StPfl gem § 152 I 1 SGB IX von den nach dem BVG zuständigen Behörden durchgeführt (idR Versorgungsämter/Landesversorgungsämter, ggf Landkreise/ -kreisfreie Städte gem § 152 I 7 SGB IX). Die Feststellung umfasst auch die gesundheitl Merkmale iSv § 33b III (s § 152 IV SGB IX). Eine rückwirkende Feststellung setzt ein „besonderes Interesse" voraus (§ 152 I 2 SGB IX); die beabsichtigte Beanspruchung von StVorteilen kann ein solches Interesse begründen (BSG B 9 SB 1/11 R BeckRS 2012, 68057), solange die estl Festsetzungsfrist noch nicht abgelaufen ist (LSG BaWü L 6 SB 4715/17 BeckRS 2019, 2922). Für Rechtsstreitigkeiten sind (nur) insoweit die **Sozialgerichte** zuständig. S auch *Kainz* NZS 19, 921 mwN. – Wird der dauernde GdB nach **Bestandskraft des EStBescheids** mit Wirkung für die Vergangenheit geändert oder erstmals festgesetzt, ist der EStBescheid gem § 175 I 1 Nr 1 AO zu ändern. Denn der Bescheid, der den GdB festsetzt, ist Grundlagenbescheid iSv § 171 X AO (BFH III R 35/87 BStBl II 91, 717); § 175 II 2 AO ist nicht anwendbar (s auch *TK* § 175 AO Rz 48).

Die Änderung ist unabhängig davon vorzunehmen, ob der StPfl für das Jahr des bestandskräftigen EStBescheids bereits einen Antrag nach § 33b gestellt hatte oder ob bei StFestsetzung bereits ein Grundlagenbescheid vorlag. – Zum erforderl **Nachweis** s Rz 42 ff.

14 c) **Anspruchshöhe, § 33b III.** – aa) **Staffelung nach dem Grad der Behinderung (GdB), § 33b III 1 und 2.** Die Pauschbeträge sind nach dem dauernden GdB des StPfl gestaffelt; die Staffelung ist dem Grunde und der Höhe nach verfkonform (zu § 33b III aF: BFH VI R 158/90 BFH/NV 98, 441). Die Stufen sind mit Wirkung **ab VZ 2021** an das Sozialrecht angepasst worden (vgl § 152 I 5, 6 SGB IX: Zehnergrade, mindestens GdB von 20); die bislang geltenden Beträge sind verdoppelt worden. – **Dauernd** ist ein GdB, wenn er für mehr als sechs Monate bestanden hat (BFH VI R 164/80 BStBl II 85, 129). Das ergibt sich aber bereits aus § 2 I SGB IX und ist iRd Feststellungsverfahrens (Rz 13) zu berücksichtigen, so dass fragl erscheint, ob dem Begriff „dauernd" in § 33b III im Hinblick auf den Vereinfachungszweck der Pauschalierung (Rz 8 aE) eine eigenständige Bedeutung zukommt. – Es handelt sich um **Jahresbeträge,** die (anders als nach § 33a III) auch dann vollständig beansprucht werden können, wenn die Voraussetzungen nicht während des ganzen Kj vorgelegen haben (keine zeitanteilige Kürzung, vgl BFH VI R 107/76 BStBl II 79, 260). Ändert sich der GdB im Laufe des Kj, richtet sich der Pauschbetrag nach dem im Kj festgestellten höchsten Grad. Treffen bei einem StPfl mehrere Arten von Behinderung zusammen, ist gleichwohl **nur ein Pauschbetrag** zu gewähren, der sich ebenfalls **nach dem höchsten GdB** richtet.

15 bb) **Gesundheitliche Merkmale, § 33b III 3–5.** Einen **erhöhten Pauschbetrag iHv 7400 €** erhalten Hilflose, Blinde und Taubblinde gem § 33b III 3 HS 1 (zu den Merkmalen s auch § 3 SchwbAwV). Der erhöhte Pauschbetrag schließt gem § 33b III 3 HS 2 die Inanspruchnahme eines Pauschbetrags nach § 33b III 2 aus, auch wenn ein entspr GdB festgestellt worden ist.

16 (1) **Blind; Taubblind.** Blind iSd § 33b III 3 ist ein StPfl nicht nur dann, wenn er überhaupt nichts mehr sieht, sondern bei einer Sehschärfe von $1/_{50}$ oder weniger (§ 72 V SGB XII, § 3 I Nr 3 SchwbAwV). Taubblind ist, wer wegen Störung der Hörfunktion mindestens einen GdB von 70 und wegen Störung des Sehvermögens einen GdB von 100 hat (§ 3 I Nr 8 SchwbAwV). Gehörlose können den erhöhten Pauschbetrag nicht beanspruchen (FG Bln EFG 87, 248, rkr).

17 (2) **Hilflos.** Zu den **regelmäßig wiederkehrenden Verrichtungen** des tägl Lebens iSv **§ 33b III 4,** für die fremde Hilfe erforderl sein muss, gehören Körperpflege (Waschen, Duschen, Baden etc), Ernährung, Mobilität (Aufstehen und Zu-Bett-Gehen, An- und Auskleiden etc) und hauswirtschaftl Versorgung (Einkaufen, Kochen, Wohnungsreinigung etc; s iEinz BFH VI R 52/17 BStBl II 20, 97 Rz 15, unter Hinweis auf § 14 SGB XI), ferner Verrichtungen, die in den Bereichen der psychischen Erholung, geistigen Anregung und der Kommunikation anfallen (insb Sehen, Hören, Sprechen und Fähigkeit zu Interaktionen) (vgl LSG Nds BeckRS 2019, 9143 mwN: idR Betreuungsaufwand von mindestens **2 Stunden tägl** für mindestens **drei alltägl Verrichtungen;** krit *Kube* NZS 04, 458; s auch *KSM* § 33b E 16 ff). Behinderung bzw Feststellung eines GdB wird nicht vorausgesetzt (s auch BT-Drs 19/21985, 19 aE: Hilflosigkeit kann grds auch unterhalb der Pflegegrade 4 und 5 vorliegen). – Gem **§ 33b III 5** genügt auch die Notwendigkeit der Überwachung, der Anleitung oder ständigen Bereitschaft zur Hilfeleistung.

Ein **Kleinkind** ist nur dann hilflos iSd § 33b III, wenn eine *besondere* Pflegebedürftigkeit" vorliegt, die die bei Kindern derselben Altersstufe regelmäßig bestehende Hilflosigkeit dauernd wesentl übersteigt; dies muss nachgewiesen werden (BFH VI R 107/76 BStBl II 79, 260).

22 2. **Hinterbliebenen-Pauschbetrag, § 33b IV.** Begünstigt sind nur Hinterbliebene, denen auf Grund der in § 33b IV 1 genannten Gesetze (s auch EStH 33b)

Hinterbliebenenbezüge bewilligt worden sind; nach § 33b IV 2 genügen auch ruhende oder abgefundene Bezüge. Die Bezüge sind dem Grunde nach durch amtl Unterlagen (zB Rentenbescheid) nachzuweisen (§ 65 III EStDV). Der Pauschbetrag ist personenbezogen; Berücksichtigung bei Zusammenveranlagung s § 26b Rz 9.

3. Übertragung der Pauschbeträge, § 33b V. – a) Pauschbetrag des Kindes, § 33b V 1. Eine Übertragung der Pauschbeträge nach § 33b I–IV kommt in Betracht, wenn diese einem Kind zustehen und das Kind sie nicht selbst in Anspruch nimmt. Das Kind muss seinerseits *alle* Voraussetzungen für die Inanspruchnahme des jeweiligen Pauschbetrags erfüllen und insb selbst unbeschr stpfl bzw als unbeschr stpfl zu behandeln sein (s Rz 6; vgl BFH III R 15/04 BStBl II 05, 828 – zur mögl Kollision mit Europarecht s *KSM* § 33b Rz D 9).

aa) Übertragungsempfänger. Empfänger kann nur ein StPfl sein, der seinerseits unbeschr stpfl ist (gem § 1 I bis III, s Rz 6) und dem für das betr Kind ein Anspruch auf einen Freibetrag nach § 32 VI oder KiGeld zusteht. Demnach muss es sich nicht notwendig um die leibl Eltern oder Adoptiveltern des Kindes handeln; auch auf Groß- oder Stiefeltern(teile) können die Pauschbeträge übertragen werden (vgl § 32 VI 10, § 32 Rz 95 f; zur Folge der Übertragung (nur) des Kinderfreibetrags auf den anderen Elternteil s § 32 Rz 5 aE).

bb) Antragsrecht. Die Übertragung erfolgt auf Antrag. Dabei kann es sich nur um den Antrag des StPfl handeln; denn die Interessen des Kindes werden ausreichend dadurch geschützt, dass eine Übertragung tatbestandl nur zulässig ist, wenn das Kind die Pauschbeträge (tatsächl) selbst nicht in Anspruch nimmt. Macht das Kind die Aufwendungen als agB nach § 33 geltend, ist der Ansatz der Pauschbeträge bereits nach § 33b I 1 ausgeschlossen. Dem Anspruch des Kindes kommt also in jedem Fall Vorrang zu (so iErg auch *Kanzler* NWB 20, 2000, 2005). Ob das Kind einer Übertragung (ausdrückl/konkludent) zustimmt bzw nicht widerspricht, muss daher mE nicht zusätzl geprüft werden (**aA** *KSM* § 33b D 3; *BH/Baldauf* § 33b Rz 86; diff *HHR* § 33b Rz 72; zu einer entspr Anwendung von § 10 Ia Nr 1 S 4 und 5 s *Kanzler* NWB 21, 840, 845).

cc) Rechtsfolge. Der Pauschbetrag kann **nur vollständig,** nicht teilweise vom Kind auf eine andere Person übertragen werden. Er kann auch nicht von den Eltern auf ein Kind übertragen werden (FG Mster EFG 90, 111, rkr; ähnl auch BFH III B 43/87 HFR 89, 429, zu § 33b V aF). Die Regelung gilt zudem ausdrückl nur für den Behinderten- und den Hinterblieben-Pauschbetrag bzw (mit Wirkung ab VZ 2021) auch für die Fahrtkostenpauschale des § 33 IIa (s § 33 Rz 69). Auf andere Pauschbeträge bzw auf vergleichbare Fälle der Übernahme pauschal berücksichtigter Aufwendungen durch Dritte kann sie **nicht entspr angewendet** werden (BFH III R 15/04 BStBl II 05, 828).

b) Konkurrenz mehrerer Elternteile, § 33b V 2–4. Eine Konkurrenzsituation kann überhaupt nur dann entstehen, wenn die Eltern nicht zusammenveranlagt werden, da sie andernfalls *ein* StPfl behandelt werden (§ 26b). Betroffen sind somit grds Eltern, die nach § 26a veranlagt werden, sowie Eltern, die die Voraussetzungen des § 26 nicht erfüllen, weil sie getrennt leben, unverheiratet oder geschieden sind. Des Weiteren müssen beide Eltern einen Antrag auf Übertragung gestellt haben; denn grds kann jeder Elternteil (unabhängig vom anderen) anstelle des anteiligen Pauschbetrags den Abzug der ihm tatsächl entstandenen Aufwendungen nach § 33 wählen.

aa) Aufteilung. Grundregel ist die **hälftige Aufteilung** des Pauschbetrags auf beide Elternteile (§ 33b V 2). Das setzt allerdings voraus, dass der Kinderfreibetrag nicht auf den anderen Elternteil übertragen worden ist (so ausdrückl die Neufassung durch das StVereinfG 2011, BGBl I 11, 2131; s auch BT-Drs 17/6146, 19; *BMF* BStBl I 13, 845). – Seit VZ 2000 können die Eltern gem § 33b V 3 gemein-

§ 33b 30–34   Pauschbeträge für Menschen mit Behinderungen

sam eine **anderweitige Aufteilung** beantragen (verfahrensrechtl s AEAO Vor §§ 172–177, Nr 8; FG Saarl EFG 03, 1449, rkr). Bei getrennter Veranlagung (§ 26a aF) ist allerdings der Pauschbetrag auch dann, wenn er auf Antrag der Eltern vollständig einem von ihnen übertragen wurde, bei beiden Elternteilen je zur Hälfte abzuziehen; § 26a II geht als spezielle Zuordnungsregel dem § 33b V 2 vor (BFH III R 1/11 BStBl II 12, 861). Ob dies anders zu entscheiden wäre, wenn der getrennt lebende Ehegatte/LPart nicht der Elternteil des behinderten Kindes ist (vgl FG Nds DStRE 09, 1303, rkr), hat der BFH offen gelassen.

30 **bb) Rechtsfolge.** Auch bei abw Aufteilung nach § 33b V 3 besteht **keine Möglichkeit**, die Aufwendungen **nach § 33** geltend zu machen (§ 33b V 4). – Im LStErmäßigungsverfahren (§ 39a I Nr 4) und bei Festsetzung der ESt-Vorauszahlungen ist eine andere Aufteilung der Pauschbeträge zu berücksichtigen. Zur Veranlagung bei Bezug von Einkünften aus nichtselbständiger Arbeit s § 46 Rz 21. – Seit **VZ 2013** werden agB gem § 26a II nF bei dem Elternteil berücksichtigt, der sie wirtschaftl getragen hat; auf übereinstimmenden Antrag ist eine hälftige Aufteilung mögl (§ 26a Rz 8).

31 **c) Identifikationsnummer, § 33b V 5.** Die seit VZ 2021 erforderl Angabe der IdNr (§ 139b AO) dient der Vermeidung von Mehrfachberücksichtigungen (BT-Drs 19/21985, 17f). Bei Unkenntnis kann § 10 Ia 8 und 9 entspr herangezogen werden (s *Kanzler* NWB 21, 840, 845).

32 **d) Verhältnis zu anderen Vorschriften.** Aufwendungen des StPfl für das behinderte Kind, die nicht durch den Pauschbetrag abgegolten sind (Rz 8f), können gem §§ 33, 33a und 35a *neben* dem übertragenen Pauschbetrag geltend gemacht werden (BFH VI R 61/08 BStBl II 10, 621: Heimunterbringung; BFH VI R 158/72 BStBl II 75, 825: Kfz-Kosten; FG SchlHol EFG 81, 132, rkr, Freibetrag für auswärtige Unterbringung zur Berufsausbildung gem § 33a II 1; s auch *BMF* BStBl I 16, 1213 Rz 33; EStR 33b II). Wird der erhöhte Pauschbetrag für ein **hilfloses Kind** auf den StPfl übertragen, kann er daneben nicht mehr die Kosten für die Unterbringung in einer Heil- und Pflegeanstalt nach § 33 geltend machen (BFH VI R 291/67 BStBl II 68, 647).

33 **4. Pflege-Pauschbetrag, § 33b VI. – a) Bedeutung.** Der Pflege-Pauschbetrag soll die Versorgung Pflegebedürftiger in ihrer gewohnten Umgebung fördern. Zu diesem Zweck unterstellt das Gesetz Aufwendungen der Pflegeperson, die nicht nach § 33 iEinz nachgewiesen oder glaubhaft gemacht werden müssen (Wahlrecht, s Rz 39); dh, sie können ohne Aufzeichnungen und Belege (pauschal) geltend gemacht werden (BFH VI R 52/17 BStBl II 20, 97 Rz 14). Dies gilt mit Wirkung **ab VZ 2021** bereits ab dem Pflegegrad 2 (unabhängig von einer Einstufung als „hilflos", s BT-Drs 19/21985, 18); zur bislang geltenden Regelung s *Schmidt* 39. Aufl § 33b Rz 33ff. – Die Pflege-Pauschbeträge nach § 33b VI 3 sind **Jahresbeträge** (s Rz 14; aA FG BaWü EFG 98, 1334, rkr).

34 **b) Versorgung Pflegebedürftiger, § 33b VI 1 und 2. – aa) Persönliche Pflege.** Die Pflege muss durch den StPfl selbst erfolgen, der sich jedoch der Mithilfe anderer Personen bedienen darf (zB ambulante Pflegekraft); auch ist es unschädl, wenn der Pflegebedürftige zusätzl eine angestellte Hilfe hat (zu § 35a s Rz 4). Anleitende Unterstützungsleistungen gehören auch zur Pflege (s BT-Drs 19/21985, 148). – Eine **Mindestpflegedauer** bestimmt das Gesetz nicht. Aus dem Erfordernis der Pflege eines ständig auf fremde Hilfe angewiesenen Pflegebedürftigen folgt aber mE, dass die Pflegeperson insoweit planmäßig den Ersatz einer Dritthilfe (nicht Kosten) in nicht nur untergeordnetem Umfang bewirken soll. Ob es für den gesamten VZ dazu kommt, ist nicht entscheidend. Als nicht ledigl untergeordnet (**mehr als 10%** – s auch FG Ddorf EFG 18, 567, mit Anm *Kühnen*; allerdings offen gelassen im Folgeurteil BFH VI R 52/17 BStBl II 20, 97) ist zB die Pflege eines Kindes an den Wochenenden durch die Eltern anzusehen, auch wenn sich das Kind

während der Woche in einem Heim befindet (FG Mchn EFG 95, 722, rkr; *Kanzler* FR 92, 669, 674; **aa** *BH/Heger* § 33b Rz 126).

bb) Häusliche Pflege. Die Pflege muss entweder in der **Wohnung** des Pflege- 35 bedürftigen oder in der Wohnung des StPfl erfolgen, der den Pflege-Pauschbetrag geltend macht. Der Wohnungsbegriff ist dem Gesetzeszweck entspr grds weit aufzufassen (*Kanzler* FR 92, 669; zu Grenzfällen s *Kanzler* FR 20, 808, 815) iSe Bleibe, eines Zimmers in einer anderen Wohnung, auch einer „Wohnung" im Altenheim (s auch *KSM* § 33b Rz E 5 f; enger: *BH/Heger* § 33b Rz 122); es soll ledigl sichergestellt werden, dass die persönl (häusl) Pflege begünstigt wird, nicht der Krankenbesuch. Ob bei **Heimunterbringung** überhaupt ein Pflege-Pauschbetrag iSv § 33b VI EStG geltend gemacht werden kann, hat der BFH offengelassen (BFH VI R 52/17 BStBl II 20, 97). – Die Wohnung muss sich im Inl oder in einem **EU-/EWR-Mitgliedstaat** befinden.

cc) Keine Einnahmen. Nach § 33b VI 1 letzter HS darf der StPfl **für die** 36 **Pflege** keine Einnahmen (§ 8) im Kj erhalten. Einnahmen idS sind grds sämtl dem StPfl iZm der Pflege zufließenden Einnahmen, unabhängig von der Höhe und davon, ob es sich um eine (ggf stfreie, § 3 Nr 36) Pflegevergütung oder um Aufwendungsersatz handelt (BFH VI R 52/17 BStBl II 20, 97; BFH III R 42/00 BStBl II 02, 417; s auch *BMF* BStBl I 16, 1213 Rz 43, Beispiel 6). Ausnahme: Beiträge zu RV, KV und PflV des StPfl, die die Pflegekasse übernimmt (EStR 33b VII). Eine Aufwandsentschädigung gem **§ 1835a BGB** ist keine Einnahme idS, da sie nicht für die Pflege, sondern für die Betreuung (§§ 1896 ff BGB) geleistet wird (BFH VI R 52/17 BStBl II 20, 97 Rz 13). Unschädl ist eine Weiterleitung des Pflegegeldes an die Pflegeperson, wenn diese die Mittel ledigl treuhänderisch verwaltet und deren tatsächl Verwendung für den Pflegebedürftigen nachweist (BFH III R 98/06 BFH/NV 09, 131 mwN; s auch EStH 33b). Wird das **Pflegegeld** iSd § 3 Nr 36 an **Eltern eines behinderten Kindes** gezahlt, handelt es sich gem § 33b VI 2 idF des StÄndG 2003 (BGBl I, 2645) von vornherein nicht um schädl Einnahmen (s auch BT-Drs 15/1945, 9).

dd) Zwangsläufigkeit. Wegen der Einordnung des Aufwands als agB und der 37 Bezugnahme auf § 33 in § 33b VI 1 verlangt die Rspr, dass es sich um zwangsläufige Aufwendungen handeln muss (BFH III R 4/95 BStBl II 97, 199; krit *KSM* § 33b Rz E 7 f); jedoch werden hieran wegen der Zielsetzung der Pauschalierung (Rz 34) keine allzu hohen Anforderungen gestellt werden (BFH III B 85/04 BFH/NV 05, 1048). Zwangsläufigkeit ist bei **Angehörigen** in Form sittl Verpflichtung stets gegeben, wird aber auch indiziert, wenn Aufwendungen und **Pflege durch Dritte** geleistet werden, die zu Pflegebedürftigen in einer sonstigen *engen persönl Beziehung* stehen (BFH VI R 52/17 BStBl II 20, 97 Rz 21), zB bei Nachbarschaftshilfe.

Beispiele – Zwangsläufigkeit verneint: ehrenamtl Pflege eines Aids-Kranken (BFH III R 4/95 BStBl II 97, 199); Pflege durch amtl bestellten Betreuer (BFH VI R 52/17 BStBl II 20, 97: da Betreuung keine Pflege iSv § 33b VI sei und eine enge persönl Beziehung weder festgestellt noch behauptet wurde; krit dagegen die Kritik von *Kanzler* FR 20, 229, 231).

c) Höhe des Pflege-Pauschbetrags, § 33b VI 3–7. Der bisherige Pflege- 38 Pauschbetrag von 924 € ist mit Wirkung **ab VZ 2021** (§ 52 Abs 33c) durch einen dreifach gestuften Pauschbetrag (600 €/1100 €/1800 €) abgelöst worden. Die jeweilige Höhe ist abhängig von der Feststellung des Pflegegrades (§§ 14, 15 SGB XI); diese erfolgt auf Antrag (§ 33 I SGB XI) durch Bescheid der Pflegekassen nach Begutachtung der zu pflegenden Person durch den medizinischen Dienst der KV oder einen beauftragten Gutachter (§ 18 SGB XI; s auch *Richter* NJW 16, 598 mwN). – Die niedrigste Stufe wird bereits für den Pflegegrad 2 gewährt. **Hilflosigkeit** (jetzt: § 33b III 4, s Rz 17) wird nicht mehr vorausgesetzt, ist aber gem § 33b VI 4 den Pflegegraden 4 und 5 gleichgestellt und führt zum Ansatz des neuen **Höchstbetrags (1800 €)**. – Wie bei § 33b III (s Rz 14) wird nur *ein* Pauschbetrag gewährt, der sich nach dem jeweils höchsten im Kj festgestellten Pflegegrad bemisst, auch wenn dieser im Verlauf des Jahres wieder wegfällt (§ 33b VI 5). Bei Hilflosigkeit gilt das gleichermaßen (§ 33b VI 6 und 7). – Pflegt ein StPfl **mehrere Pflegebedürftige** persönl, kann er entspr mehrere Pauschbeträge geltend machen.

39 **d) Identifikationsnummer, § 33b VI 8.** Auch die Inanspruchnahme des Pflege-Pauschbetrags setzt ab VZ 2021 die Angabe der IdNr (§ 139b AO) des Pflegebedürftigen zur Vermeidung von Mehrfachberücksichtigungen voraus (vgl Rz 31, auch zu entspr Anwendung von § 10 Ia 8 und 9).

40 **e) Mehrere Pflegepersonen, § 33b VI 9.** Bei Pflege durch mehrere Personen (gleichzeitig oder nacheinander) ist der jeweilige Pauschbetrag **nach Köpfen aufzuteilen** (BFH III R 34/07 BFH/NV 08, 1827). Das gilt unabhängig davon, ob sich der (anteilige) Pauschbetrag bei den einzelnen Personen estl auswirkt (BFH III VI R 102/96 BStBl II 98, 20) bzw ob diese den Pauschbetrag geltend machen (BFH III R 34/07 BFH/NV 08, 1827). Weitergeleitetes Pflegegeld oder sonstige **Einnahmen** sind auch in diesem Fall schädl (Rz 36). Erhält jedoch nur *ein* StPfl schädl Einnahmen, steht der Pauschbetrag in voller Höhe der anderen Pflegeperson zu (vgl BFH III R 98/06 BFH/NV 09, 131); die Beweislast trifft den StPfl (BFH III B 89/07 BFH/NV 08, 1328).

41 **f) Konkurrenz.** Der Pauschbetrag soll Aufwendungen abgelten, die der Pflegeperson *infolge der Pflegetätigkeit* erwachsen; weitere Aufwendungen, die nicht infolge der Pflegetätigkeit erwachsen sind, können nach §§ 33 I, 33a neben § 33b VI abgezogen werden (zB Kosten der Unterbringung in einer Tagesstätte während der Arbeits-/Urlaubszeit der Pflegeperson; s auch BFH VI R 7/09 BStBl II 10, 280; BFH III R 16/10 BStBl II 11, 1012). – Bei Nachweis der von § 33b VI erfassten Aufwendungen kann anstelle des Pauschbetrags der Abzug nach § 33 I gewählt werden. Dabei gelten die regulären (im Verhältnis zu Rz 35 strengeren) Anforderungen an den Nachweis der Zwangsläufigkeit gem § 33 II (FG Brem EFG 05, 365, rkr). – Der Pauschbetrag nach § 33b VI kann neben einem gem § 33b V übertragenen Pauschbetrag nach § 33b III abgezogen werden (FG Nbg EFG 94, 333, rkr; EStR 33b VI); denn die Übertragung nach § 33b V hängt nicht davon ab, wer die Aufwendungen trägt. Der Abzug nach § 33b VI ist auch mögl, wenn ein **Ehegatte/LPart** den anderen pflegt und dieser den Behinderten-Pauschbetrag nach § 33b III in Anspruch nimmt. Die dem Pflegebedürftigen zustehenden Beträge (§§ 33 I, 33a III, 33b) werden nicht beeinträchtigt (**aA** zu § 33a III 2: *Kanzler* FR 92, 669). Zum Verhältnis § 33b VI/§ 33 s BFH III R 265/94 BStBl II 97, 558.

42 **5. Nachweise, § 33b VII. – a) Zwingende Vorgaben, § 65 EStDV.** Rechtsgrundlage: § 33b VII, § 65 EStDV (zur Reichweite s BFH VI B 143/14 BFH/NV 15, 975; s auch EStH 33b). Der Nachweis der Behinderung kann grds nur nach den Vorgaben des § 65 EStDV erbracht werden (vgl BFH III R 9/02 BStBl II 03, 476). Der StPfl muss sich den Nachweis selbst beschaffen; das FA muss ihn ggf unterstützen (FG Hbg EFG 82, 412, rkr). Zum **Nachweis nach dem Tod** des Behinderten s § 65 IV EStDV, FG Hbg EFG 02, 280, rkr. – Gem § 65 III EStDV hat der StPfl die Nachweise dem FA mit der Steuererklärung oder dem LStErmäßigungsantrag vorzulegen. Die zuständigen Behörden haben auf Verlangen des StPfl die für steuerl Zwecke erforderl Bescheinigungen auszustellen (s auch Rz 13). Eine **gutachterl Stellungnahme** ist ausreichend, wenn durch das förml Nachweisverfahren das Wohl des Kindes gefährdet würde (vgl auch § 32 Rz 47). – Mit dem StVerfModG (BGBl I 16, 1679) ist § 65 III EStDV geändert und ein neuer Abs 3a eingefügt worden. Die Nachweise müssen nur noch bei **erstmaliger Geltendmachung** des Pauschbetrags und ansonsten auf Anforderung vorgelegt werden. Die Regelungen zur **elektronischen Übermittlung** der erforderl Feststellungen, mit denen eine maschinelle Bearbeitung ermöglicht werden soll, treten erst nach Abschluss der erforderl Programmierarbeiten in Kraft (§ 84 IIIg EStDV).

Ein in einem **EU/EWR-Staat** ansässiges Kind (Rz 1) bzw sein Erziehungsberechtigter kann sich an das zuständige Auslandsversorgungsamt wenden und nach Vorlage von Befunden einen Feststellungsbescheid über den GdB erlangen (*BMF* BStBl I 97, 1016; EStH 33b). Zur Bedeutung der **„Anhaltspunkte für ärztl Gutachtertätigkeit"** als antizipiertes Sachverständigengutachten und ab 2009 den **„Versorgungsmedizinischen Grundsätzen"** s *KSM* § 33b Rz A 57.

b) Bindungswirkung. An den Inhalt der Bescheinigungen der zuständigen Behörden sind FA und FG gebunden (BFH III R 244/83 BStBl II 88, 436; AEAO zu § 175, 1.1; s auch BSG B 13 R 15/15 R BeckRS 2017, 116092 Rz 40: besondere Kompetenz der Versorgungsverwaltung, Schutz des Betroffenen; *BH/Heger* § 33b Rz 61; **aA** FG Bln EFG 84, 359: freie Beweiswürdigung, unzutr). Der durch bestandskräftige Neufeststellung herabgesetzte GdB auf den Neufeststellungszeitpunkt ist für die Besteuerung bindend, auch wenn der Schwerbehindertenausweis bis zur Bestandskraft fortgilt (s BFH III R 167/86 BStBl II 90, 60). 43

c) Form des Nachweises. – (1) Behinderung, § 65 I EStDV. Bei einem **GdB von mindestens 50** Nachweis durch Vorlage des Ausweises nach § 152 V iVm § 2 II SGB IX oder eines Bescheids der nach § 152 I SGB IX zuständigen Behörde (s Rz 13); bei einem **GdB von mindestens 20** durch Vorlage eines Bescheids nach § 152 I SGB IX oder einer entspr Bescheinigung (§ 152 II SGB IX); alternativ durch Rentenbescheid etc (§ 65 I Nr 2 Buchst b EStDV – entspr der bisherigen VerwPraxis, s auch *BMF* BStBl I 21, 300). Keine hinreichender Nachweis: auf Berufsunfähigkeit gestützter Rentenbescheid (BFH VI R 199/67 BStBl II 68, 606; FG Nds EFG 05, 1774, rkr). – **(2) Gesundheitliche Merkmale, § 65 II EStDV.** Zu den einzelnen Merkmalen s Rz 15 ff. Nachweis durch Vorlage eines Ausweises nach § 152 V SGB IX mit dem entspr Merkzeichen (§ 3 SchwbAwV) oder eines Bescheides der nach § 152 I SGB IX zuständigen Behörde (s auch BFH III B 109/00 BFH/NV 01, 1116); ggf gem § 65 II 2 EStDV Nachweis der Einstufung als Schwerstpflegebedürftiger in die Pflegegrade 4 und 5 (s *(3)*). – **(3) Pflegegrade, § 65 IIa EStDV.** Vorlage eines Bescheides über die Feststellung des jeweiligen Pflegegrades nach SGB XI, dem SGB XII oder entspr gesetzl Bestimmungen (s auch Rz 38). 44

6. Evaluation, § 33b VIII. Die vorgesehene Evaluation des § 33b VI **ab Ende 2026** soll den Gesetzesmaterialien zufolge durch das BMF unter Beteiligung des Bundesministeriums für Gesundheit möglichst bis zum 31.12.27 durchgeführt werden (s BT-Drs 19/21985, 18 f; krit *Hey* FR 21, 293). 45

§ 34 Außerordentliche Einkünfte

(1) ¹Sind in dem zu versteuernden Einkommen außerordentliche Einkünfte enthalten, so ist die auf alle im Veranlagungszeitraum bezogenen außerordentlichen Einkünfte entfallende Einkommensteuer nach den Sätzen 2 bis 4 zu berechnen. ²Die für die außerordentlichen Einkünfte anzusetzende Einkommensteuer beträgt das Fünffache des Unterschiedsbetrags zwischen der Einkommensteuer für das um diese Einkünfte verminderte zu versteuernde Einkommen (verbleibendes zu versteuerndes Einkommen) und der Einkommensteuer für das verbleibende zu versteuernde Einkommen zuzüglich eines Fünftels dieser Einkünfte. ³Ist das verbleibende zu versteuernde Einkommen negativ und das zu versteuernde Einkommen positiv, so beträgt die Einkommensteuer das Fünffache der auf ein Fünftel des zu versteuernden Einkommens entfallenden Einkommensteuer. ⁴Die Sätze 1 bis 3 gelten nicht für außerordentliche Einkünfte im Sinne des Absatzes 2 Nummer 1, wenn der Steuerpflichtige auf diese Einkünfte ganz oder teilweise § 6b oder § 6c anwendet.

§ 34 Außerordentliche Einkünfte

(2) Als außerordentliche Einkünfte kommen nur in Betracht:
1. Veräußerungsgewinne im Sinne der §§ 14, 14a Absatz 1, der §§ 16 und 18 Absatz 3 mit Ausnahme des steuerpflichtigen Teils der Veräußerungsgewinne, die nach § 3 Nummer 40 Buchstabe b in Verbindung mit § 3c Absatz 2 teilweise steuerbefreit sind;
2. Entschädigungen im Sinne des § 24 Nummer 1;
3. Nutzungsvergütungen und Zinsen im Sinne des § 24 Nummer 3, soweit sie für einen Zeitraum von mehr als drei Jahren nachgezahlt werden;
4. Vergütungen für mehrjährige Tätigkeiten; mehrjährig ist eine Tätigkeit, soweit sie sich über mindestens zwei Veranlagungszeiträume erstreckt und einen Zeitraum von mehr als zwölf Monaten umfasst.
5. (aufgehoben)

(3) ¹Sind in dem zu versteuernden Einkommen außerordentliche Einkünfte im Sinne des Absatzes 2 Nummer 1 enthalten, so kann auf Antrag abweichend von Absatz 1 die auf den Teil dieser außerordentlichen Einkünfte, der den Betrag von insgesamt 5 Millionen Euro nicht übersteigt, entfallende Einkommensteuer nach einem ermäßigten Steuersatz bemessen werden, wenn der Steuerpflichtige das 55. Lebensjahr vollendet hat oder wenn er im sozialversicherungsrechtlichen Sinne dauernd berufsunfähig ist. ²Der ermäßigte Steuersatz beträgt 56 Prozent des durchschnittlichen Steuersatzes, der sich ergäbe, wenn die tarifliche Einkommensteuer nach dem gesamten zu versteuernden Einkommen zuzüglich der dem Progressionsvorbehalt unterliegenden Einkünfte zu bemessen wäre, mindestens jedoch 14 Prozent. ³Auf das um die in Satz 1 genannten Einkünfte verminderte zu versteuernde Einkommen (verbleibendes zu versteuerndes Einkommen) sind vorbehaltlich des Absatzes 1 die allgemeinen Tarifvorschriften anzuwenden. ⁴Die Ermäßigung nach den Sätzen 1 bis 3 kann der Steuerpflichtige nur einmal im Leben in Anspruch nehmen. ⁵Erzielt der Steuerpflichtige in einem Veranlagungszeitraum mehr als einen Veräußerungs- oder Aufgabegewinn im Sinne des Satzes 1, kann er die Ermäßigung nach den Sätzen 1 bis 3 nur für einen Veräußerungs- oder Aufgabegewinn beantragen. ⁶Absatz 1 Satz 4 ist entsprechend anzuwenden.

Einkommensteuer-/Lohnsteuer-Richtlinien: EStR 34.1–34.5; EStH 34.1–34.5; LStH 34 – *Verwaltungsanweisungen:* BMF BStBl I 13, 1326 iVm BMF BStBl I 16, 277.

Schrifttum: S Vorauflagen; zuletzt bis 2007 *Schmidt* 29. Aufl § 34 vor Rz 1; *Siegel* Zur Konstruktion eines verfmäßigen § 34 EStG, DStR 07, 978; *ders* Verfwidrige Wirkungen der §§ 34 und 32b EStG, FR 10, 445; *Hechtner ua* Grenzsteuersätze im Tarifgeflecht der §§ 32a, 32b und 34 I EStG …, DStR 10, 1593.

Übersicht

	Rz
I. Zweck; Rechtsentwicklung; Verfassungsfragen	1–3
II. Außerordentliche Einkünfte; § 34 II	
1. Anwendungsbereich; Realisationszeitpunkt	4, 5
2. Bedeutung der Einkunftsart; Verluste	6
3. Abgrenzbarkeit außerordentliche/laufende Einkünfte	10
4. Außerordentlichkeit der begünstigten Einkünfte	12, 13
5. Zusammenballung von Einkünften	15
a) Abgrenzungen	16
b) Entschädigungen	17
c) Bilanzierung	18
d) Nachträgliche Änderungen	19
e) Wahlrecht	20
6. Veräußerungsgewinne, § 34 II Nr 1, III	
a) Zweck; Inkrafttreten auf Veräußerungsgewinne iSd § 17	25
b) Begünstigte Veräußerungsgewinne	26

	Rz
c) Gewinnübertragung nach §§ 6b, 6c	27
d) Ausschluss teilweise steuerbefreiter Gewinnbestandteile; Aufteilung, § 34 II Nr 1	28
e) Teileinkünfteverfahren	29
7. Einkünfte aus Land- und Forstwirtschaft	32
8. Begünstigte Entschädigungen, § 34 II Nr 2	35
9. Nutzungsvergütungen; Zinsen, § 34 II Nr 3	36
10. Vergütungen für mehrjährige Tätigkeit, § 34 II Nr 4	
a) Überblick	37
b) Einkunftsarten	38
c) Vergütung für mehrjährige Tätigkeit	40, 41
d) Zeitpunkt der Zahlung	42
e) Besonderheiten bei nichtselbstständiger Arbeit	44
f) Besonderheiten bei Renten; Abfindungen; Altersvorsorge	45
g) Besonderheiten bei Gewinneinkünften, insbesondere selbstständiger Arbeit	46
11. Ermittlung der begünstigten Einkünfte	
a) Freibeträge	50
b) Verlustausgleich	51
c) Sonderausgaben; außergewöhnliche Belastungen	52
III. Ermäßigter Steuersatz, § 34 I, III	
1. Alternative Tarifermäßigung; Wahlrecht; Antrag; Objektgrenze	55
2. Tarifglättung, § 34 I; Fünftelregelung	56
3. Ermäßigter Steuersatz für Veräußerungsgewinne/Aufgabegewinne, § 34 II Nr 1, III	58–61
a) Steuersätze	58
b) Wechselseitige Berücksichtigung der Tarifermäßigungen, § 34 I, III	59
c) Betragsgrenze	60
d) Altersgrenze; Berufsunfähigkeit	61
4. Verwaltungsverfahren	65, 66
a) Veranlagung; Gewinnfeststellung	65
b) Lohnsteuer	66

I. Zweck; Rechtsentwicklung; Verfassungsfragen

1. Zweck. Zur Einkommensbesteuerung werden lfd und einmalige Einkünfte zusammengerechnet und grds einem einheitl Steuersatz unterworfen. Dies kann zu Härten führen, wenn lfd bezogene Einkünfte (zB aus nicht selbstständiger Arbeit) mit ao, nicht regelmäßig erzielbaren Einkünften (zB Veräußerungsgewinne; Einkünfte oder Vergütungen für mehrere Jahre, die in einer Summe zufließen) in einem VZ zusammentreffen (§ 34 II; Veräußerungsgewinne) und dadurch auch die lfd Einkünfte von der durch die ao Einkünfte ausgelösten Progressionswirkung erfasst und entspr höher besteuert werden, ohne dass eine nachhaltige Erhöhung der Leistungsfähigkeit eingetreten ist (BFH X R 9/12 BFH/NV 13, 1918). Hinzu kommt, dass die Veräußerungsgewinne, die bei der Veräußerung oder Aufgabe eines (gewerbl, luf, freiberufl) Betriebes entstehen, häufig auf der Aufdeckung stiller Reserven beruhen, die während eines längeren Zeitraumes angesammelt worden sind (so insb der Geschäftswert). Es kann deshalb unbillig sein, einmalig auftretende ao Einkünfte einer erhöhten Steuerbelastung zu unterwerfen (vgl *Juchum* DB 00, 343). Um die **Progressionswirkung** zu mildern, gestattet § 34 die Besteuerung mit ermäßigtem Steuersatz. § 34 I, III sind daher **Tarifvorschriften,** die keine neue Einkunftsart schaffen, sondern voraussetzen, dass die ao Einkünfte unter eine der Einkunftsarten des § 2 I fallen.

2. Rechtsentwicklung. Zu den Änderungen ab VZ 1989, ab VZ 1990 und ab VZ 1999 s *Schmidt* 27. Aufl § 34 Rz 3, 4; Stichworte: Veränderte Höchstgrenzen für die Versteuerung ao Einkünfte (BFH IX R 81/06 BStBl II 12, 658; grds kein Vertrauensschutz); allg Einführung

§ 34 3–5 Außerordentliche Einkünfte

der Fünftel-Regelung; Wegfall der Besteuerung der Veräußerungsgewinne mit einem ermäßigten Steuersatz für die VZ 1999 und 2000 (*OFD Rhl* DStR 11, 1667: uU Vertrauensschutz); Wiedereinführung ab VZ 2001; Einführung eines unwiderrufl Antrages und dessen Wegfall. Die Aufzählung vermittelt ein Bild der Orientierungslosigkeit des Gesetzgebers. Die *jetzige* Regelung gilt ab 2001 mit weiter unten erläuterten Änderungen. Durch StVereinfG 2011 (BGBl I 11, 2131) wurde § 34 II Nr 5 (Holznutzungen) aufgehoben und die entspr Tarifbegünstigung ausschließl und abschließend in § 34b geregelt.

3   **3. Verfassungsfragen.** Der Wegfall des „halben" Steuersatzes zu Gunsten der sog Fünftelregelung durch das StEntlG 1999 ff (BGBl I 99, 402) war verfwidrig, soweit die Entschädigung noch vor Verkündung des Gesetzes am 31.3.99 zugeflossen war. Bei späterem Zufluss war das Vertrauen des StPfl dann nicht geschützt, wenn die Entschädigung nach Einbringung der Neuregelung in den BT (9.11.98) vereinbart (ebenso zu Kanzleiverkauf FG Hbg DStRE 12, 1440) *oder* aber die Vereinbarung bereits in 1997 oder früher getroffen worden war. IÜ stellt es keinen Rechtsmissbrauch dar, wenn StPfl darum bemüht sind, Vorteile geltenden Rechts mit Blick auf mögl Nachteile einer drohenden Gesetzesänderung noch schnell zu nutzen (ausführl BVerfG 2 BvL 1/03 ua DStR 10, 1736). Die Aussetzung der Besteuerungsmöglichkeit mit dem „halben" Steuersatz und deren Wiedereinführung ab VZ 2001 war hingegen nicht verfwidrig (BFH VIII R 109/03 BFH/NV 10, 1266; IV R 37/08 BFH/NV 11, 1120; FG Mster EFG 20, 273, Rev III R 9/20); Gleiches gilt für die Beschränkung auf Veräußerungsgewinne gem § 34 II Nr 1 (BFH IX B 83/12 BFH/NV 13, 31; BFH IX R 56/09 BStBl II 11, 409). Verfgemäß ist bei zutr Gesamtbetrachtung aller Einkünfte auch die Fünftelregelung selbst (BFH IX B 74/15 BFH/NV 16, 193; FG BaWü EFG 15. 415, rkr; **aA** *Bareis* FR 15, 577; *Siegel* DB 15, 1419).

II. Außerordentliche Einkünfte, § 34 II

4   **1. Anwendungsbereich; Realisationszeitpunkt. – a) Allgemeines.** Die Tarifvergünstigung des § 34 kann nicht nur von unbeschr StPfl, sondern auch von **beschr StPfl** in Anspruch genommen werden (s zur Rechtsentwicklung – einschließl § 52 Abs 47 aF betr EG-/EWR-Staatsangehörige – § 50 Rz 19 sowie *Schmidt* 30. Aufl § 34 Rz 4). – Die ermäßigten StSätze stehen jedem StPfl (§ 26a Rz 3; § 26b Rz 2) bis zur Begünstigungsgrenze zu, also auch für jeden der beiden **Ehegatten bei Zusammenveranlagung,** da § 34 an die von ihnen jeweiligen StPfl erzielten und gesondert zu ermittelnden Einkünfte anknüpft. – Auch den **Erben** steht die Vergünstigung des § 34 zu, wenn bei ihnen zB der Veräußerungsgewinn anfällt, wobei Erben die persönl Voraussetzungen des Erblassers zuzurechnen sind; dies gilt auch, wenn die Erben den Betrieb nicht fortführen, sondern ihn sofort abwickeln; denn dann erzielen die Erben den Veräußerungsgewinn aus einer ehemaligen Tätigkeit des Erblassers (*KSM* § 34 Rz C 54, 55, mwN). – § 34 ist auf **kstpfl** Personen **nicht** anwendbar (BFH IV R 93/89 BStBl II 91, 455), auch wenn der Sache nach ein Betriebsveräußerungs-/Betriebsaufgabegewinn vorliegt.

5   **b) Einzelfragen.** Die Steuersatzermäßigung gem § 34 III kann für Veräußerungsgewinne auf **Antrag** gewährt werden, die ab 1.1.01 realisiert werden (Rz 25); maßgebl ist der Zeitpunkt des Übergangs des **wirtschaftl Eigentums** auf den Erwerber; dafür ist das Zustandekommen des Verpflichtungsgeschäfts (zB Kaufvertrag) allein nicht maßgebend (vgl § 39 AO). Von jedem StPfl kann die Steuersatzermäßigung nach § 34 III 4 nur „einmal im Leben" in Anspruch genommen werden. Nach § 34 III 5 werden dabei mehrere in einem VZ erzielte Veräußerungsgewinne gesondert betrachtet, sodass § 34 III nur für einen von ihnen in Anspruch genommen werden kann (Rz 55). Steuerermäßigungen nach § 34 für VZ vor 2001 werden nicht angerechnet (§ 52 Abs 47 aF). Die **Tarifglättung** gem § 34 I kann in jedem VZ erneut in Anspruch genommen werden, in dem der StPfl ao Einkünfte iSd § 34 II erzielt hat.

2. Bedeutung der Einkunftsart; Verluste. Nur für die in § 34 II genannten 6
Einkünfte können die Tarifermäßigungen gem § 34 I oder gem § 34 III (2001)
angewendet werden; liegen keine solchen Einkünfte vor, ist die Anwendung eines
ermäßigten Tarifs ausgeschlossen (BFH VII B 114/91 BFH/NV 93, 165). **Verluste**
(zB Veräußerungsverluste; BFH I R 34/11 BStBl II 12, 405) unterliegen naturgemäß keiner begünstigten Besteuerung; sie sind aber iRd Verlustausgleichs zu berücksichtigen (s Rz 58). – § 34 gilt grds für sämtl Einkunftsarten (EStR 34.1. I); für
Vergütungen aus mehrjähriger Tätigkeit (§ 34 II Nr 4) bei Gewinneinkünften s
EStH 34.4. Allerdings kann § 34 nicht zur Anwendung kommen, sofern sich
andernfalls eine **Doppelbegünstigung** ergäbe, zB wenn § 24 Nr 1 mit der Möglichkeit der Teilwertabschreibung zusammentrifft (vgl § 24 Rz 15 LuF).

3. Abgrenzbarkeit außerordentliche/laufende Einkünfte. Werden Einkünfte erzielt, die als ao Einkünfte „in Betracht kommen", sind sie mit den lfd 10
(nicht ao) Einkünften zu ermitteln, sofern nicht, wie zB für Veräußerungsgewinne,
ihre gesonderte Ermittlung gesetzl vorgeschrieben ist (vgl § 16 II). Die Begünstigung ao Einkünfte erfordert daher ihre Abgrenzung von lfd erzielten Einkünften
derselben Einkunftsart, insb derselben „Einkunftsquelle". Insofern handelt es sich
bei ao Einkünften um eine **besondere Art von Einkünften iRe Einkunftsart**
(BFH IV R 23/93 BStBl II 95, 467). Die Abgrenzbarkeit ggü den aus lfd (übl) Vorgängen erzielten Einkünften ergibt sich daraus, dass die in § 34 II aufgezählten
(mögl) Arten ao Einkünfte jeweils nur unter besonderen Voraussetzungen angenommen werden können (BFH X R 52/90 BStBl II 94, 838, Veräußerung; Beendigung des ArbVerh s § 24 Rz 7, Rz 27 Kündigung; vgl iÜ § 24 Rz 3–10).

4. Außerordentlichkeit der begünstigten Einkünfte. – a) Grundsätze. 12
Nach § 34 II kommen als ao Einkünfte nur die in der Vorschrift genannten Veräußerungsgewinne (mithin nicht solche iSv § 17), Entschädigungen, Nutzungsvergütungen und Zinsen „in Betracht"; nicht hingegen nachträgl Einkünfte gem
§ 24 Nr 2. Deshalb ist im Einzelfall zu prüfen, ob die in § 34 II aufgeführten
Einkünfte als ao zu qualifizieren sind. Diese Prüfung bezieht sich allerdings nur,
ob die (Teil-)Einkünfte des § 34 II tatsächl in einem VZ zur ESt heranzuziehen
sind, ob also ein „zusammengeballter Zufluss" vorliegt, der geeignet ist, iZm der
Progressionswirkung des Tarifs eine höhere steuerl Belastung auszulösen. Unerhebl
ist allerdings, ob bei Verteilung der Einkünfte auf mehrere Jahre tatsächl eine
niedrigere StBelastung eingetreten wäre. (Rz 15). Str ist, ob (mE zutr) die Zusammenballung der Einkünfte auch zum Tatbestand des § 16 gehört (s § 16 Rz 4).
Zudem erwägt die Rspr den Entschädigungsbegriff des § 24 Nr 1a nur iRv § 34
an das Merkmal der Zwangslage zu binden (BFH X R 48/14 BStBl II 17, 383;
§ 24 Rz 6).

b) Abgrenzungen. Auch bei der **Einbringung** eines (Teil-)Betriebs oder eines 13
MUeranteils in eine PersGes nach § 24 I UmwStG ist Voraussetzung für die ermäßigte Besteuerung des Einbringungsgewinns, dass alle stillen Reserven aufgedeckt
worden sind (§ 24 III 2 UmwStG; BFH XI B 194/01 BFH/NV 03, 1420). Zutr
verneint BFH I R 183/94 BStBl II 96, 342 die Anwendbarkeit des § 34 I aF für
einen Veräußerungsgewinn iSd § 20 V 1 UmwStG 1977 bei Zurückbehaltung von
SBV im Rahmen einer **BetrAufsp**. Gleiches gilt, wenn zum **SBV gehörende
Grundstücke** anlässl der Veräußerung eines KG-Anteils vom Veräußernden unter
Fortführung der Buchwerte in einen anderen ihm gehörenden Betrieb überführt werden (BFH VIII R 76/87 BStBl II 91, 635; ebenso BFH VIII R 39/92
BStBl II 96, 409 zur Zurückbehaltung von Grundstücken).

5. Zusammenballung von Einkünften. S *BMF* BStBl I 13, 1326 iVm *BMF* 15
BStBl I 16, 277. § 34 I bezweckt, erhöhte StBelastungen infolge Zusammenballung
nur (BFH I R 57/79 BStBl II 83, 312) der in § 34 II genannten Arten von Einkünften abzumildern (BFH XI R 46/97 BStBl II 98, 787), ohne dass es allerdings
darauf ankommt, ob durch die zusammengeballte Erfassung von Einnahmen tat-

sächl ein höherer StSatz **(Progressionswirkung)** zur Anwendung kommen würde als bei verteilter Erfassung in mehreren VZ (BFH IX R 33/13 BFH/NV 14, 1358). Daher ist die Gewährung der Tarifermäßigung grds davon abhängig, ob die begünstigungsfähigen Einkünfte steuerl jeweils **in einem VZ** zu erfassen sind (sog **Zusammenballung**; Entlassungsentschädigung s BFH XI B 169/06 BFH/NV 07, 1648; Entschädigung zur Ablösung eines **Pacht-/Mietrechts** s BFH IX R 67/02 BFH/NV 05, 1044; Entschädigung für ein **Wettbewerbsverbot** s BFH XI R 43/94 BStBl II 96, 516; § 24 Rz 39; Genussrechtsabfindung: BFH IV R 4/12 BStBl II, 15, 647). Ausreichend ist, wenn die zunächst in Teilbeträgen zahlbare Entschädigung nachträgl, aber in dem VZ, in dem die ursprüngl Vereinbarung abgeschlossen wurde, vertragl zu einer einheitl Entschädigung zusammengefasst wird (BFH XI R 12/00 BStBl II 04, 449). Gleiches gilt, wenn Entschädigung und anzurechnender **Vorschuss** im selben VZ zufließen (BFH IX R 11/17 BStBl II 18, 706). Einer Zusammenballung steht nicht entgegen, wenn für die Folgejahre aufgrund eines eigenständigen Beratervertrages Zahlungen fließen, da diese die zukünftig Beratungsleistungen, nicht aber den Schaden aus der Aufhebung des Anstellungsvertrages ausgleichen (BFH IV R 94/06 DStRE 09, 1237). Bei einem zeitl Abstand der Entschädigungszahlungen von 6 Jahren (mE: mehr als 5 Jahren = Glättungszeitraum gem § 34 I; *Schießl* HFR 18, 220) liegen auch bei näml Schadensereignis **selbständig** zu beurteilende **Entschädigungen** vor (BFH IX R 11/17 BStBl II 18, 706).

16 **a) Abgrenzungen.** Bei der Frage, ob zusammengeballter **Zufluss in *einem* VZ** vorliegt, ist allein auf die stpfl Einkünfte abzustellen; nichtsteuerbare Einkünfte bleiben außer Betracht (BFH XI R 44/91 BStBl II 93, 52). Liegt zwar ein Zufluss in einem Kj vor, tritt aber infolge Verteilung auf zwei VZ (§ 4a II Nr 1) die Progressionswirkung nicht (in vollem Umfang) ein, kann die Tarifermäßigung nicht in Anspruch genommen werden (BFH IV 210/61 BStBl II 68, 411). Wird in einem Jahr ein Entschädigungsbetrag gezahlt, der dazu bestimmt ist, entgangene Einnahmen ledigl eines Jahres auszugleichen, so ist der ermäßigte Steuersatz nur anzuwenden, wenn die Entschädigung im Jahr ihrer steuerl Erfassung mit anderen erhebl lfd Einkünften des StPfl zusammentrifft (BFH XI R 71/94 BFH/NV 96, 204; FG SchlHol EFG 13, 688).

17 **b) Entschädigungen.** Wird eine Entschädigung iSd § 24 Nr 1a nach Beendigung eines ArbVerh zum einen durch **Fortzahlung der lfd Bezüge** für eine bestimmte Zeit des Beendigungsjahres gewährt und zum anderen im Folgejahr eine Entschädigung für den Verlust des Arbeitsplatzes geleistet, kommt die Tarifermäßigung nicht zum Zuge (BFH XI R 19/00 BFH/NV 01, 431); ebenso bei monatlichen Renten und Einmalabfindung für nachvertragl Geheimhaltung (FG Kln EFG 13, 865). Anders aber, wenn aufgrund des Zusammentreffens von ArbVerh-Abfindung und stpfl Rentenzahlungen in einem VZ der bisherige stpfl Lohn überschritten wird (BFH IX R 16/17 BStBl II 18, 709). Nicht tarifbegünstigt sind Vorabentschädigungen auf einen künftigen Abfindungsanspruch (BFH I R 250/83 BStBl II 88, 936). Wird eine **Entlassungsentschädigung** (dazu *Geserich* DB 16, 1953) für einen Teil des Jahres in diesem VZ geleistet und erzielt der StPfl im selben VZ aus einem neuen ArbVerh Einkünfte, sodass sich zusammen höhere Einkünfte als bei Fortsetzung des ursprüngl ArbVerh ergeben, liegt eine Zusammenballung von Einkünften vor (BFH XI R 13/97 BStBl II 97, 753); das ist aber nicht der Fall, wenn sich keine höheren Einkünfte als bei Fortsetzung des Vertragsverhältnisses ergeben (BFH IX R 46/97 BStBl II 98, 787; BFH IX R 33/13 BFH/NV 14, 1358); dabei kommt es idR nur auf die Lohneinkünfte des betr Jahres an und nicht des Vorjahres an (BFH IX R 85/07 BFH/NV 09, 558); insb, wenn die Einnahmesituation des Vorjahres durch besondere Verhältnisse geprägt war; FG können auch iRd tatrichterl Gesamtwürdigung die Verhältnisse mehrerer Vorjahre einbeziehen (BFH IX R 31/09 BStBl II 11, 28). Daher sind auch negative Einkünfte aus einem vom ArbN aufgenommenen GewBetr nicht in die Berechnung einzubeziehen (FG Thür EFG 10, 1789; s aber Beitrittsaufforderung BFH IX R 9/10 BFH/NV 11, 1320). S insgesamt mit Beispiel *BMF* BStBl I 13, 1326 Rz 9ff; FG Sachs EFG 13, 1992, rkr: Berücksichtigung von Arbeitslosengeld. Werden aus **sozialen** Gründen **Entschädigungszusatzleistungen** in späteren Jahren vom ArbG erbracht, verliert eine zuvor gezahlte Entlassungsentschädigung dadurch noch nicht ihren Charakter als Entschädigung iSd § 24 Nr 1a; dieser Milderung der gesetzl Abgrenzung leitet der BFH zutr aus dem verfrechtl **Verhältnismäßigkeitsgrundsatz** ab (Überbrückung der Arbeitslosigkeit BFH XI R 43/99 BFH/NV 02, 717; späterer günstigerer Sozialplan BFH XI R 33/02 BStBl II 04, 715; Zuzahlung zum Arbeitslosengeld BFH XI R 11/04 BFH/NV 05, 1772), zumal das Erfordernis der Zusammenballung kein gesetzl Tatbestandsmerkmal ist; s iEinz *BMF* BStBl I 13, 1326 Rz 14. Daher ist auch nicht schädl, wenn zu einer Hauptentschädigungsleistung eine in einem **anderen VZ** zufließende **minimale Teilleistung** hinzukommt (BFH IX R 11/09 BStBl II 11, 27). Hiervon geht *BMF* BStBl I 13, 1326 iVm *BMF* BStBl I 16, 277 Rz 8 nunmehr zwecks Vereinfachung bei Zahlungen bis **10%** der Hauptleistung oder (darüber hinaus) im Einklang mit BFH IX R 46/14 BStBl II 16, 214 dann aus, wenn die Teilleistung **geringer** als **StEntlastung** der Hauptleistung ist (dazu *Ratschow* BFH/PR 16, 36). Etwas anderes gilt, wenn eine Gesamtabfindung vertragsgemäß auf zwei VZ aufgeteilt wird (FG BaWü EFG 21, 1994 Rev IX R 10/21; FG Thür EFG 12, 1068; BFH IX R 29/14 BFH/NV 15, 1354: auch bei Insolvenz des ArbG), die Zusatzzahlungen annähernd die Höhe der Entschädigung erreichen (BFH XI R 2/01 BFH/NV 02, 715; vgl § 24 Rz 6), bei Abfindung zuzügl bis zum Ende des Folgejahrs gewährter Sachleistungen (BFH XI R 23/03 BFH/NV 04, 1227) oder bei Abfindungen in *drei* VZ (FG Nds DStRE 12, 466). Wird als Ersatz für die wegen **Unfalls** entgangenen Einnahmen für jeweils mehrere Jahre unterschiedl Zeiträume betr je eine Entschädigung vereinbart, steht der Anwendung des § 34 nicht entgegen, wenn die Zahlungen der Summe der Entschädigungen nicht in einem Jahr erfolgen (BFH XI R 40/02 BStBl II 04, 716). Gehen in die Entschädigung aus einem **Vergleich** in demselben Jahr vorab vereinnahmte **Abschlagzahlungen** ein, sind auch diese begünstigt (BFH IX R II/17 DB 18, 163). Ist die Zahlung einer Entschädigung iSd § 24 Nr 1 in einem bestimmten VZ vereinbart, gehen die Zahlungen aber aus Gründen, die der Empfänger nicht zu vertreten hat (Notlage; Zahlungsschwierigkeiten des Zahlungsverpflichteten), in verschiedenen VZ ein, ist ihm gleichwohl die Tarifermäßigung, und zwar in beiden VZ, zu gewähren (BFH VI 87/55 U BStBl III 57, 104; vgl auch BFH XI R 67/92 BFH/NV 94, 224; *BMF* BStBl I 13, 1326 iVm *BMF* BStBl I 16, 277). Der Annahme einer Zusammenballung steht auch nicht entgegen, wenn einem ArbN neben Entschädigung in Geld noch für drei Monate die weitere Benutzung seines bisherigen Dienstwagens gestattet wird, soweit der Wert der PKW-Nutzung im Verhältnis zur Abfindungssumme äußerst geringfügig ist. Diese ausnahmsweise Ausdehnung des Anwendungsbereiches des § 34 I ist durch den **Billigkeitscharakter** der Vorschrift gedeckt. Zu Berechnungsfehlern und Nachzahlungen aufgrund Rechtsstreits s *BMF* BStBl I 13, 1326 Rz 18f.

c) Bilanzierung. Werden Einkünfte iSd § 34 II wegen Gewinnermittlung nach **18** § 4 I, § 5 in einem Jahr versteuert, ist die Tarifermäßigung nach § 34 I auch zu gewähren, wenn sie in mehreren Jahren infolge Stundung (Ratenzahlung) zufließen (BFH XI B 56/06 BFH/NV 07, 1306; § 16 Rz 232), nicht aber bei **Einnahmeüberschussrechnung** des Empfängers (BFH XI B 93/00 BFH/NV 01, 1020; **aA** *Graf* FR 90, 324: partielle Bilanzierung und Gewinnfeststellung). Abl auch für **Corona-Hilfen** (s dazu zunächst § 24 Rz 6, 36) *FM SchlHol* DStR 21, 2909; *Dellner* NWB 21, 3372: uU Billigkeit.

d) Nachträgliche Änderungen. Die Tarifermäßigung ist zu gewähren, wenn **19** sich die Höhe des Veräußerungsgewinns **nachträgl erhöht** (zB nach Streit zw

Veräußerer und Erwerber über die Bewertung des veräußerten BV; § 24 Rz 54, 72). Nicht mehr zum begünstigten Veräußerungsgewinn gehören nachträgl Abfindungen, die für nach der Veräußerung eingetretene Wertsteigerungen des veräußerten BV gezahlt werden; es liegen vielmehr nachträgl Einkünfte iSd § 24 Nr 2 vor, die nicht unter § 34 II fallen (FG Mchn EFG 85, 299).

20 **e) Wahlrecht.** Bei Betriebsveräußerungen gegen Gewährung wiederkehrender Bezüge (zB **Leibrenten**) hat der StPfl ein Wahlrecht, ob er den Veräußerungsgewinn (Barwert der Leibrente abzügl Buchwert des KapKtos und Veräußerungskosten) sofort versteuert und dafür die Tarifbegünstigung nach § 34 I, III in Anspruch nimmt oder ob er die einzelnen Rentenzahlungen nach § 24 Nr 2, sobald und soweit diese insgesamt den Buchwert iSd § 16 II 2 zuzügl der Veräußerungskosten übersteigen, als nachträgl lfd Einkünfte versteuert (§ 16 Rz 240 ff).

25 **6. Veräußerungsgewinne, § 34 II Nr 1, III. – a) Zweck; Inkrafttreten; Veräußerungsgewinne iSd § 17.** Die Neufassung von § 34 II Nr 1, III gilt erstmals für Veräußerungen ab 2001 (§ 52 Abs 47 aF), geändert ab 2004 dahin, dass nicht mehr der halbe Durchschnittssteuersatz, sondern 56 % desselben maßgebend sind. § 34 ist zu einer **Sozialzwecknorm** umgestaltet worden (BFH X B 28/02 BFH/NV 03, 471). Der Umfang der begünstigungsfähigen Veräußerungsgewinne wurde durch § 34 II Nr 1 demgemäß eingeschränkt. Ausgenommen sind **Veräußerungsgewinne iSd § 17**, was weder europarechts- noch verfwidrig ist (BFH IX R 56/09 BStBl II 11, 409). Soweit Anteile an **KapGes** (einschl Anteile an **OptionsGes** iSv § 1a KStG; s Rz 26, § 15 Rz 160a) zum **BV** eines Personenunternehmens gehören, ist der auf sie entfallende Anteil am Veräußerungsgewinn des Personenunternehmens der Teil des begünstigungsfähigen Veräußerungsgewinns, wenn nicht die Ausnahmeregelung des § 34 II Nr 1 eingreift und die Gewinne dem **Halb-/Teileinkünfteverfahren** unterliegen (*Hagen/Schynol* DB 01, 397, 401). Ausgenommen ist hiernach der stpfl Teil von Veräußerungsgewinnen iSd §§ 14, 14a I, 16 und 18 III, die nach § 3 Nr 40 Buchst b iVm § 3c teilweise steuerbefreit sind (Rz 28). Hierdurch wird, da die Veräußerungsgewinne teilweise stfrei bleiben, eine doppelte Begünstigung vermieden. Ferner wurden zwecks Vermeidung von Missbräuchen weitere einschr Voraussetzungen in § 34 III eingefügt (Mindestalter; einmalige Inanspruchnahme; Betragsgrenze). § 34 II Nr 1 aF galt bei Veräußerung von Anteilen an KapGes, wenn die KapGes ein dem Kj entspr Wj hatte, noch für Veräußerungen im Jahr 2001. Hatte die KapGes ein abw Wj, galt § 34 II Nr 1 aF für Veräußerungen, die in das abw Wj 01/02 fielen (s *Schmidt* 34. Aufl § 34 Rz 25).

26 **b) Begünstigte Veräußerungsgewinne.** Begünstigt werden Gewinne aus der Veräußerung/Aufgabe (einschließl Realteilung einer PersGes vgl BFH IV B 102/05 BFH/NV 07, 902; einschr BFH VIII R 24/15 BStBl II 20, 251; dazu § 16 Rz 548) von **Betrieben, Teilbetrieben, MUeranteilen** gem §§ 14, 14a I, III (s Rz 32), §§ 16, 18 III (zur Veräußerung des Teils eines MUeranteils s § 16 Rz 415 f) sowie der Einbringung von BV und GesAnteilen (s Rz 28) und einbringungsgeborener Anteile (§ 21 I 2 UmwStG 1995). Nicht dazu gehört aber der nach § 2a III 3 hinzuzurechnende Gewinn aus der Veräußerung einer ausl **Betriebsstätte** (BFH IV R 128/86 BStBl II 89, 543; BFH III R 93/88 BFH/NV 90, 282). **Veräußerung eines MUeranteils** bezügl einer KG I ist auch dann tarifbegünstigt, wenn gleichzeitig MUeranteile der KG I an der OberGes KG II zu Buchwerten in das Gesamthandsvermögen einer KG III ausgegliedert werden (BFH IV R 49/08 BStBl II 10, 726; s dazu § 16 Rz 365). **Kein** begünstigungsfähiger Veräußerungsgewinn ist der Gewinn aus der Veräußerung von zum UV gehörenden Grundstücken eines gewerbl Grundstückshandels (s § 16 Rz 327); ebenso der Anteil an einer OptionsGes gem § 1a KStG (Rz 25; § 15 Rz 160a). **Verluste** sind iRd Verlustausgleichs zu berücksichtigen (s Rz 5, 58).

Begünstigte Entschädigungen 27–35 § 34

c) Gewinnübertragung nach §§ 6b, 6c. Wendet der StPfl auf einen Veräuße- 27
rungsgewinn – auch nur teilweise – § 6b oder § 6c an, sind die Ermäßigungen
nach § 34 I oder III nicht zu gewähren (§ 34 III 6 iVm I 4; BFH XI R 16/05
BFH/NV 07, 1293). Ausnahmen: – *(1)* Rücklage nach § 6b X für Gewinne aus
(KapGes-)Anteilsveräußerungen, die aufgrund des Teileinkünfteverfahrens ohnehin
nicht zu den ao Einkünften gehören (arg § 34 II Nr 1; zutr FG Mster EFG 16, 20);
– *(2)* Rücklage für stille Reserven nicht wesentl Betriebsgrundlagen (§ 16 Rz 91).

d) Ausschluss teilweise steuerbefreiter Gewinnbestandteile; Aufteilung, 28
§ 34 II Nr 1. Nach Nr 1 ist die Ermäßigung für den stpfl Teil von Veräußerungsgewinnen ausgeschlossen, *soweit* für diese die teilweise Steuerbefreiung nach § 3
Nr 40 Buchst b eingreift **(Teileinkünfteverfahren)**; wegen des Zwecks s Rz 25.
Von der aus § 3 Nr 40 Buchst b sich ergebenden Einschränkung sind zB folgende Veräußerungsgewinne betroffen: – *(1)* Soweit zu dem veräußerten BV Anteile an Körperschaften gehörten, deren Leistungen beim Empfänger zu Einnahmen
iSd § 20 I Nr 1 führen. – *(2)* Aus der Veräußerung einer 100 %igen Beteiligung an
einer KapGes (vgl § 16 I Nr 1 S 2). – *(3)* Veräußerung von einbringungsgeborenen
Anteilen an KapGes (vgl § 21 I UmwStG 1995); zweifelhaft ist, ob § 3 Nr 40
Buchst b und damit auch die Einschränkung des § 34 II Nr 1 in den Fällen des
§ 21 II UmwStG 1995 eingreift, weil § 3 Nr 40 Buchst b nur von Veräußerungen spricht. Wegen der Rechtsfolgenverweisung auf § 21 I UmwStG 1995 müssen
diese Fälle unter § 3 Nr 40 Buchst b gerechnet werden, sodass die Einschränkung
des § 34 II Nr 1 eingreift. – *(4)* Aus **Realteilungen,** soweit sich im BV Beteiligungen an KapGes befinden. – *(5)* Einbringungen eines Betriebs, Teilbetriebs,
MUeranteils gem §§ 20, 24 UmwStG, Verschmelzung oder Spaltung einer PersGes,
soweit sich im BV Anteile an KapGes befinden. – *(6)* Auch luf und freiberufl Veräußerungsgewinne können wegen der Verweisung in § 14, § 18 III auf § 16 und
der sich daraus ergebenden entsprechenden Anwendbarkeit des § 3 Nr 40 Buchst b
unter die Einschränkung des § 34 II Nr 1 fallen, soweit zu dem veräußerten BV
Anteile an KapGes gehörten.

e) Teileinkünfteverfahren. Bei eine Veräußerungsgewinn (§ 16), der sowohl 29
dem Teileinkünfteverfahren unterliegende als auch in voller Höhe zu besteuernde
Gewinne enthält, ist der Kaufpreis aufzuteilen (s dazu FG Köln EFG 12, 63; § 15
Rz 462) und der Freibetrag gem § 16 IV zur Ermittlung der nach § 34 I, III ermäßigt zu besteuernden Gewinne vorrangig mit den dem Teileinkünfteverfahren
unterliegenden Gewinnen zu verrechnen (Meistbegünstigung § 16 Rz 582).

7. Einkünfte aus Land- und Forstwirtschaft. IRd LuF werden auch Ge- 32
winne aus der Veräußerung oder Aufgabe eines (Teil-)Betriebs begünstigt, nicht
aber Einzelveräußerungsgewinne. Zu Einzelheiten s § 14. Wegen Veräußerungsgewinnen bei gewerbl Tierzucht und gewerbl Tierhaltung s Rz 51.

8. Begünstigte Entschädigungen, § 34 II Nr 2. Hierzu gehören – zusam- 35
mengeballten Zufluss vorausgesetzt – Ersatzleistungen für entgangene oder entgehende Einnahmen (§ 24 Nr 1a), für die Aufgabe oder Nicht-Ausübung einer
Tätigkeit (zB Wettbewerbsunterlassung), für die Aufgabe einer Gewinnbeteiligung
oder einer Anwartschaft auf eine solche (§ 24 Nr 1b) und Ausgleichszahlungen an
Handelsvertreter nach § 89b HGB (§ 24 Nr 1c), nicht aber nachträgl Einkünfte iSd
§ 24 Nr 2 (FG Mchn EFG 85, 299). Die Erfüllung der Tatbestände des § 24 Nr 1
ist Voraussetzung für die Anwendbarkeit des § 34 I. Wegen der Voraussetzungen,
unter denen Entschädigungen nach § 24 Nr 1a–c anzunehmen sind, s daher die
Erl zu § 24. Begünstigungsfähige Entschädigungen können sowohl im Bereich
der **Gewinneinkünfte** als auch der übrigen Einkünfte erzielt werden. Die **Höhe
einer Entschädigung** iSd § 24 Nr 1, auf die der ermäßigte Steuersatz des § 34 I
anzuwenden ist, ergibt sich durch Abzug der mit der Entschädigung im unmittelbaren Zusammenhang stehenden BA/WK von dem vereinbarten bzw geleisteten
Entschädigungsbetrag (BFH IV R 262/69 BStBl II 70, 421).

36 **9. Nutzungsvergütungen; Zinsen, § 34 II Nr 3.** Soweit sie für einen Zeitraum von **mehr als drei Jahren nachgezahlt** werden, gehören ebenfalls zu den begünstigungsfähigen ao Einkünften. Nachzahlungen sind in vollem Umfang begünstigt, also nicht nur, soweit sie auf den drei Jahre übersteigenden Zeitraum entfallen (BFH IV R 143/82 BStBl II 85, 463). Nutzungsvergütungen für künftige Nutzungen sind nicht begünstigt (BFH IX R 19/90 BStBl II 94, 640).

37 **10. Vergütungen für mehrjährige Tätigkeit, § 34 II Nr 4. – a) Überblick.** Zur Rechtsentwicklung s *Schmidt* 27. Aufl § 34 Rz 37; BFH X R 10/12 BStBl II 14, 668. – Die Vorschrift, die der bei geballtem Zufluss progressionsbedingten steuerl Mehrbelastung begegnen will, ist **verfgemäß** (BFH VI R 104/92 BStBl II 93, 795). Eine bewusste Vorteilszuwendung seitens des Leistenden ist nicht Voraussetzung für die Anwendung der Vorschrift (BFH VI R 176/80 BStBl II 83, 642: nicht erkannte Unter-Preislieferung). Auch ein Rechtsanspruch braucht nicht zu bestehen (BFH VI R 258/68 BStBl II 71, 802).

38 **b) Einkunftsarten.** Nach der jüngeren Rspr ist § 34 II Nr 4 auch für bilanzierende **Gewinnbetriebe** (§ 2 I Nr 1–3) anwendbar (s iEinz einschließl Kritik Rz 46). Hauptsächl Anwendungsgebiet des § 34 II Nr 4 sind jedoch die Einkünfte aus **nichtselbstständiger Arbeit** (EStR 34.4 II; unten Rz 44). Die Norm fand auf Einkünfte aus **VuV** bei Nachzahlung von Nutzungsvergütungen (BFH VI R 216/61 U BStBl III 63, 380; FG Saarl EFG 93, 236) und aus **KapVerm** bei nachträgl Eingang von Zinsen für mehrere Jahre (BFH VI 142/65 BStBl III 66, 462) **keine** Anwendung. Dies ist zwar insoweit fragl, als sich auch hier ein Progressionsanstieg ergeben kann (s BFH VI R 69/06 BStBl II 09, 769 für Zertifikate). Jedoch hat die Rspr § 34 II Nr 4 für Erstattungszinsen (§ 233a AO) abgelehnt (BFH VIII R 36/10 BStBl II 14, 168: kein atypischer Vorgang; zutr; s auch Rz 40), bei Abfindung von Kleinbetragsrenten (§ 93 III) aber auch vor Geltung von § 22 Nr 5 S 13 für mögl erachtet (BFH X R 7/18 BStBl II 19, 583; BFH X R 39/17 BStBl II 20, 217 iEinz § 93 Rz 4). Zur Nachzahlung von Leibrenten s Rz 44; zur Auszahlung des Rückkaufwerts von Pensionsansprüchen s Rz 45. Eine (nachträgl gezahlte) Vergütung für mehrjährige Tätigkeit unterscheidet sich von den Entschädigungen nach § 24 Nr 1a und 1b dadurch, dass letztere dazu dienen, einen eingetretenen oder drohenden Schaden an den Wegfall von Einkünften auszugleichen (zu Nr 1a: BFH VI R 107/77 BStBl II 79, 176 zu Nr 1b: BFH VI R 67/74 BStBl II 76, 490).

40 **c) Vergütung für mehrjährige Tätigkeit. – aa) Grundsätze.** Beides ist Voraussetzung der ermäßigten Besteuerung. Zur **Vergütung** gehören nach BFH X R 10/12 BStBl II 14, 668 (betr erstattete USt) nicht nur Leistungsentgelte, sondern alle iRd jeweiligen Einkunftsart erzielten wirtschaftl Vorteile (BFH VIII B 49/18 BFH/NV 19, 17; **aA** BFH VIII R 36/10 BStBl II 14, 168 betr Erstattungszinsen). Eine **mehrjährige Tätigkeit** liegt nach § 34 II Nr 4 HS 2 (anwendbar ab VZ 07) nur vor, wenn sie länger als zwölf Monate dauert (und sich über wenigstens zwei VZ erstreckt; **aA** aber überholt BFH VI R 46/99 BStBl II 05, 289); dem ist mE bei einem 13-monatigen Vergütungszeitraum genügt (**aA** FG Hess EFG 18, 1449, Rev VI R 10/18). Dabei muss der StPfl in den Jahren, auf die die Einkünfte verteilt werden, mit Einkünfteerzielungsabsicht tätig gewesen sein (BFH I R 98/92 BFH/NV 94, 775). Auch eine bloße **Nachzahlung** verdienter Vergütungen reicht deshalb zur Annahme einer Vergütung für mehrjährige Tätigkeit aus, wenn der Nachzahlungszeitraum sich auf zwei Kj (VZ) erstreckt und länger als zwölf Monate gedauert hat (BFH VIII R 37/14 BStBl II 17, 258: Honorarnachzahlung; glA *FB Hbg* DStR 17, 1765). Nicht ausreichend ist eine *allein* aus anderem Anlass gewährte Zuwendung nach mehrjähriger Tätigkeit (zB **Firmenjubiläum**); wird die Zuwendung aber auch nach der Dauer der Betriebszugehörigkeit bemessen, kann *insoweit* ein Entgelt für mehrjährige Tätigkeit gegeben sein (BFH VI R 43/86 BStBl II 87, 820). Keine Zahlung für mehrjährige Tätigkeit ist die Prämie für einen betriebl **Verbesserungsvorschlag,** wenn sie nach künftigen Vorteilen des ArbG bemessen ist (BFH VI R 53/14 BStBl II 17, 322). Wird eine Tantieme für ein **vom Kj abw Wj** gezahlt, soll die Ermäßigung nach BFH VI 211/65 BStBl III 66, 545 im Hinblick auf den Zweck des § 34 II Nr 4 nicht zum Zuge kommen; diese Einschränkung gilt jedenfalls dann nicht, wenn die Nachzahlung Entgelt für einen Zeitraum von mehr als zwölf Monaten ist (s jetzt § 34 II Nr 4 HS 2). Auch Wertzuflüsse auf Grund der Ausübung von **Optionen** (zB auf Bezug von **Aktien**) sind grds Vergütungen für mehrjährige Tätigkeit, wenn der Bezugszeitpunkt entspr aufgeschoben ist, weil mit der Option idR ein längerfristiger Leistungsanreiz ausgelöst werden soll (BFH I R 100/98 BStBl II 01, 509; BFH VI R 62/05 BStBl II 08, 294; FG Hbg EFG 09, 115). Dabei sind die Optionsrechte, wenn sie zB Jahr für Jahr neu eingeräumt werden, gesondert zu betrachten, sodass der Mindestzeitraum von zwölf Monaten für jede Optionsmöglichkeit gesondert erfüllt sein muss. Das ArbVerh muss nach Einräumung des Optionsrechts noch wenigstens zwölf Monate bestanden haben (BFH VI R 62/05 BStBl II 08, 294; BFH VI R 70/06 BFH/NV 08, 1828), es sei denn, die Rechte sind auch für frühere Arbeitsleistungen eingeräumt worden (BFH VI R 136/01 BStBl II 07, 456); es kommt aber nicht darauf an, ob das ArbVerh bei späterer Optionsausübung noch besteht (BFH I R 100/98 BStBl II 01, 509). Zur Frage der Zusammenballung bei Ausübung von Optionen s Rz 42. Auch ArbLohnzufluss im **Schadensfall** aus einer vom ArbG finanzierten **Unfallversicherung** kann als Vergütung für mehrjährige Tätigkeit anzusehen sein (BFH VI R 9/05 BStBl II 09, 385), sofern die als Lohn zufließenden Beiträge einen Zeitraum von mehr als 12 Monaten betreffen.

bb) Arbeitnehmer. Bei Einkünften aus nicht selbstständiger Arbeit muss die Zahlung auf einem ArbVerh beruhen und für mehrere Jahre geleistet werden (zB nachgezahlte **Überstundenvergütungen;** zutr FG Mster EFG 19, 1199, Rev VI R 23/19). Unerhebl ist ob der Empfänger tatsächl eine Arbeitsleistung erbringt (BFH VI R 66/67 BStBl II 70, 683: **Vorauszahlung** von ArbLohn bei Arbeitsvertragsauflösung). Begünstigt sind auch Gehaltsnachzahlungen in Fällen **unwirksamer Kündigung** des ArbVerh durch den ArbG (BFH VI R 104/92 BStBl II 93, 795) sowie Nachzahlungen aus der betriebl **Altersversorgung** (Betriebsrenten); Gleiches gilt wenn Versorgungskapital der Witwe des ArbN ausbezahlt wird (FG Mchn EFG 15, 1200). Unerhebl ist, ob der StPfl auf die Zahlungen einen Rechtsanspruch hat, sofern diese nur auf dem ArbVerh beruhen und für ihre Erbringung wirtschaftl vernünftige Gründe bestehen; diese können auch in der ArbG-Sphäre liegen (BFH VI R 44/13 BStBl II 15, 890). Deshalb sind auch Zahlungen auf freiwillig vereinbarter Abfindung von **Pensionsanwartschaften** begünstigt, selbst wenn sie an den neuen ArbG zwecks Übernahme der Pensionsverpflichtung geleistet werden (BFH VI R 6/02 BStBl II 07, 581). **41**

d) Zeitpunkt der Zahlung. Aus dem Zweck des § 34 II Nr 4, die Progressionswirkung des ESt Tarifs zu mildern (Rz 37), folgt, dass die Vorschrift grds nur anzuwenden ist, wenn die **Zahlung** für die mehrjährige Tätigkeit **in einem VZ** geleistet wird. Eine Gehaltszahlung für frühere Jahre ist nach § 38a I 3 im Zuflussjahr zu versteuern (BFH VI R 104/92 BStBl II 93, 795); zu Fälligkeitsabreden s BFH IX R 1/09 BStBl II 10, 746. Unschädl ist es, wenn Zahlungen *innerhalb eines VZ* in mehreren Teilbeträgen erbracht werden (BFH VI R 338/67 BStBl II 70, 639). Ausnahmsweise kann die Zahlung in zwei VZ eingehen, wenn der Betrag für die mehrjährige Tätigkeit zwar in einem Betrag versprochen wurde, aber aus wirtschaftl vernünftigen Gründen in zwei Kj ausgezahlt wird (BFH VI 381/65 BStBl III 67, 2). Wenn die Zahlung (zB eine jeweils nachträgl ausgezahlte Tantieme) in drei verschiedenen VZ zufließt, kann § 34 II Nr 4 nicht angewendet werden (vgl BFH VI R 55/73 BStBl II 75, 690); anders, wenn Tantiemen für mehrere Jahre in einem Jahr nachgezahlt werden (BFH VI R 338/67 BStBl II 70, 639). **Optionen** (zB auf Bezug von Aktien) sind nach BFH aber **Anreizlohn** und nicht lediglich Erfolgsvergütung (Tantieme), sodass auch bei nur teilweiser Optionsausübung jeweils **42**

ein im Voraus gezahltes Entgelt für mehrjährige Tätigkeit gegeben ist (BFH VI R 59/05 BFH/NV 08, 779); es steht aber der StVergünstigung nicht entgegen, dass das Optionsrecht nicht in vollem Umfang in einem VZ ausgeübt wird. Der BFH leitet die **notwendige Zusammenballung** allein aus dem Ablauf der Jahresfrist im Hinblick auf die **Laufzeit der Aktienoption** und die **Dauer der Beschäftigung** des ArbN beim ArbG ab (= Laufzeit der Optionen und Beschäftigung mehr als zwölf Monate; *Paetsch* HFR 08, 351); daher ist schädl, wenn der ArbN unmittelbar nach Einräumung der Option ausscheidet und das Optionsrecht bis zu seiner Ausübung fortbesteht, weil sich hier kein Anknüpfungspunkt mehr für eine mehrjährige Beschäftigung findet.

44 **e) Besonderheiten bei nichtselbstständiger Arbeit.** Die Anwendung des § 34 II Nr 4 setzt bei Einkünften aus nichtselbstständiger Arbeit **keine** an der Haupttätigkeit **abgrenzbare Sondertätigkeit** voraus (BFH VI R 258/68 BStBl II 71, 802; EStR 34.4 II). Begünstigt ist, wenn Arbeitslohn **VZ-übergreifend** für *mehr* als *12 Monate* geleistet (BFH VI R 44/13 BStBl II 15, 890) oder beim Ausscheiden aus dem ArbVerh vom ArbG ein Betrag gezahlt wird, dessen Höhe von der Dauer der Betriebszugehörigkeit abhängt (BFH VI R 106/79 BStBl II 83, 575). Auch auf **Nachzahlung** von **Ruhegehaltsbezügen** (BFH VI 155/56 U BStBl III 58, 169), **nachträgl** Zahlungen von **Leibrenten** iSd § 22 Nr 1 sowie auf die fiktiv zugeflossene **Pensionsanwartschaft** bei gesellschaftsvertragl veranlasstem (Teil-) **Verzicht** (BFH VI R 4/16 BStBl II 18, 208) ist § 34 II Nr 4 anwendbar. Nicht aber auf Abfindungen für vorzeitiges Ausscheiden aus dem Dienst, die aber nach § 24 Nr 1b, § 34 I, II Nr 2 begünstigt sein können (BFH VI R 28/84 BStBl II 87, 106). § 34 II Nr 4 ist auch auf sonstige Geschenke **(Sonderzuwendungen)** des ArbG (BFH VI R 176/80 BStBl II 83, 642) anzuwenden, sofern es sich dabei nicht um lfd Arbeitsentgelt handelt. Vergütungen eines ArbN, die wegen des Rechtsübergangs der **ArbN-Erfindung** nach § 7 I ArbNEerfG an den ArbN gezahlt werden (§ 9 ArbNEerfG), sind keine Vergütungen für mehrjährige Tätigkeit (BFH VI R 43/00 BFH/NV 05, 888; s aber § 24 Rz 6, 27). Zu **Bonusvereinbarung** s (abl) FG Nbg EFG 17, 1590, rkr.

45 **f) Besonderheiten bei Renten; Abfindungen; Altersvorsorge.** Grds sind auch nachträgl Zahlungen von Leibrenten iSd § 22 Nr 1 nach § 34 II Nr 4 begünstigt (EStH 34.4). Das gilt nach BFH X R 3/12 BStBl II 14, 58 auch für Kapitalabfindung betr das Deckungskapital einer berufsständischen Einrichtung aufgrund Beiträge *vor* dem 1.1.05 (Inkrafttreten AltEinkG, BGBl I 04, 1427; Arg: „atypische/auslaufende, dh eng begrenzte Ausnahme"), nicht jedoch bei Bezug in mehreren VZ (BFH X B 155/18 BFH/NV 20, 18). Zur Trennung mehrerer Versorgungsansprüche s BFH IX R 3/20 BStBl II 21, 692). An der „Außerordentlichkeit" (Atypik) fehlt es ferner, wenn das Deckungskapital *auch* Beiträge ab 2005 umfasst und das Kapitalwahlrecht von Anfang an bestand (BFH X R 23/15 BStBl II 17, 347; FG Mster EFG 21, 214 rkr; ähnl FG Nds EFG 17, 1444 rkr; zutr; s *Schmidt* 35. Aufl § 34 Rz 45 mwN; aA *Dommermuth* NWB 17, 1574). Zur Abfindung Kleinbetragsrenten nach § 93 III iVm § 22 Nr 5 S 13 s § 93 Rz 4; BFH X R 39/17 BStBl II 20, 217; zu kündigungsbedingten Auszahlung des Rückkaufswerts s BFH X R 24/19 BStBl II 21, 141; BFH X R 7/19 BFH/NV 21, 298.

46 **g) Besonderheiten bei Gewinneinkünften, insbesondere selbstständiger Arbeit.** Obgleich § 34 II Nr 4 nicht darauf zielt, allg die nachteiligen Folgen temporär schwankender Einkünfte auszugleichen, sind darauf lfd Gewinneinkünfte dem Regelsteuersatz zu unterwerfen sind (zutr BFH III R 84/11 BStBl II 18, 696), ist die Norm nach der jüngeren (nicht einheitl) Rspr fallgruppenbezogen anwendbar. Bei **Überschussrechnung** (§ 4 III; vgl BFH IV R 57/05 BStBl II 07, 180; *OFD NRW* DB 14, 2018), wenn *(1)* der StPfl sich während mehrerer Kj *ausschließl* einer bestimmten Aufgabe gewidmet und die Vergütung in einem VZ erhält oder *(2)* eine sich über mehrere Kj erstreckende *abgrenzbare Sondertätigkeit,* in einem VZ entlohnt wird oder *(3)* eine *mehrjährige Tätigkeit* nachträgl *nach Beilegung eines Rechtsstreits vergütet wird*. Zur Zuflussballung s BFH VIII R 37/14 BStBl II 17, 258 Rz 15 abl zur Pauschgebühr gem § 51 RVG: BFH VIII B 121/19 BFH/NV 20, 506. Darüber hinaus haben BFH X R 10/12 BStBl II 14, 668; BFH III R 5/12 BStBl II 15, 220 auch bei **Bilanzierenden** (§§ 4, 5) eine Vergütung für mehrjährige Tätigkeit im Fall der Nachaktivierung von USt-Erstattungsansprüchen bejaht, die auf einer grundlegenden EU-rechtl Neubeurteilung beruhten (**aA** *Schmidt* 33. Aufl § 34 Rz 46). Letzteres (Verzicht auf Sondertätigkeit) überschreitet mE nicht nur den Gesetzeszweck (s oben), sondern ist kaum praktikabel abgrenzbar. Gegenbeispiele: kein § 34 II Nr 4 s BFH III R 84/11 BStBl II 18, 696: Honorar für mehrjähriges Mandat; BFH VIII R 1/12 DStZ 15, 137: Erfolgshonorar iVm 12-jährigem Restitutionsverfahren; BFH B 49/18 BFH/NV 19, 17: Veräußerungsgewinn iZm betriebl „Alt"-Grundbesitz; ebenso mE bei Nachforderungen einer BP oder Erstattungszinsen iZm betriebl Einkünften (Rz 38), auch wenn hierüber rechtl Streit bestand.

11. Ermittlung der begünstigten Einkünfte. – a) Freibeträge. Veräußerungsgewinne iSd § 34 II Nr 1 gehen iHd des Freibetrags (§ 16 IV, § 14, § 18 III; dazu § 16 Rz 572f) nicht in den Verlustausgleich (s Rz 51) ein. Der Freibetrag nach § 13 III ist zunächst von lfd, nicht tarifbegünstigten Einkünften aus LuF abzuziehen, wenn neben diesen tarifbegünstigte Einkünfte aus LuF vorliegen. **50**

b) Verlustausgleich. Auch begünstigungsfähige ao Einkünfte unterliegen dem Verlustausgleich; soweit dieser stattfindet, entfällt die Möglichkeit der Anwendung des ermäßigten Steuersatzes (BFH IV B 120/95 BFH/NV 97, 223); es besteht also nicht die Möglichkeit den Verlustausgleich zu vermeiden; zur Berechnung s EStR 34.1. Nicht in den Verlustausgleich einzubeziehen sind die – ab 2009 – der **AbgeltungsSt** unterliegende KapEinkünfte, ferner für nicht mehr vererbbare Verluste BFH GrS 2/04 BStBl II 08, 608 sowie § 10d Rz 14. Von VZ 1999 bis VZ 2003 sind die sich aus § 2 III (§ 2 Rz 61), § 2b (bis 2005) und § 15b (ab 10./11.11.05 s § 15b Rz 1) ergebenden Verlustverrechnungsbeschränkungen zu beachten, sodass der horizontale Verlustausgleich auch die begünstigungsfähigen ao Einkünfte umfasst, aber mit ihnen erst nachrangig nach voll stpfl Einkünften vorzunehmen ist (BFH X B 53/05 BFH/NV 06, 1463 mwN; EStR 34.1 III; *Schynol* DStR 00, 1590; *Freyer/Schult* DStR 01, 71; **aA** *Jahndorf ua* FR 00, 433; vgl auch *Lemm* DStZ 02, 35; vgl *Korezkij* DStR 03, 319, 321 mwN). Vorrang haben § 2a I, § 2b, § 15 IV. Wenn beschr ausgleichsfähige Verluste zB aus **gewerbl Tierzucht/Tierhaltung** mit Veräußerungsgewinnen aus gewerbl Tierzucht/Tierhaltung zusammentreffen, kann gem § 15 IV nur der sich nach Ausgleich oder Verrechnung mit derartigen Verlusten ergebende Veräußerungsgewinn tarifbegünstigt versteuert werden. Ebenso ist dies, wenn Verluste, die gem § 15a nur eingeschränkt verrechenbar sind, mit zugehörigen Veräußerungsgewinnen zusammentreffen (BFH IV R 23/93 BStBl II 95, 467). Entsprechendes gilt für Verluste iSd § 15b. Treffen unterschiedl tarifbegünstigte Einkünfte zusammen, sind die Einkünfte, die einem höheren Steuersatz unterliegen, zuerst mit Verlusten auszugleichen. **51**

c) Sonderausgaben; außergewöhnliche Belastungen. Verbleiben nach dem Verlustausgleich positive voll stpfl Einkünfte neben den tarifbegünstigten Einkünften, sind SA grds (zuerst) von den dem vollen EStTarif unterliegenden Einkünften abzuziehen. Demgemäß sind der Altersentlastungsbetrag (§ 24a), die SA (§§ 10–10b), der Haushaltsfreibetrag (§ 32 VII aF – bis 2003), die agB (§§ 33–33b) und die sonstigen vom Einkommen abzuziehenden Beträge zunächst von den voll stpfl und sodann von den am höchsten zu besteuernden ao Einkünften abzuziehen (vgl EStR 34.1 I; *Korn* KÖSDI 88, 7433; **aA** *Puhl* DB 88, 1919). Nicht zulässig ist, das auf den VZ entfallende Fünftel um den Betrag beschr abziehbarer SA zu kürzen, der sich bei der Berechnung der ESt für das verbleibende zu versteuernde Einkommen nicht ausgewirkt hat (BFH X R 15/06 BFH/NV 09, 138). **52**

III. Ermäßigter Steuersatz, § 34 I, III

55 **1. Alternative Tarifermäßigung; Wahlrecht; Antrag; Objektgrenze.** Außerordentl Einkünfte iSd § 34 II werden gem § 34 I ermäßigt besteuert. Für ao Einkünfte iSd § 34 II Nr 1 wird gem § 34 III alternativ einmal im Leben (Objektgrenze) ab VZ 2004 **56 % des durchschnittl Steuersatzes** angewendet. Nur dafür ist ein Antrag erforderl (§ 34 III 1, 5; zur Rechtsentwicklung s Rz 2). Die Anträge nach § 34 III können nachgeholt, geändert oder zurückgenommen werden. Die Wahlmöglichkeit besteht bis zur Rechtskraft des Bescheids oder – im Falle der Anfechtung – bis zum Schluss der mündl Verhandlung vor dem FG; insofern gilt nichts anderes als für vergleichbare Gestaltungsrechte des materiellen Rechts wie zB das Veranlagungswahlrecht nach §§ 26 ff (BFH X R 56/13 BStBl II 16, 967). Da es sich bei § 34 III um eine sachl Steuerermäßigung handelt, kann auch der Erbe des StPfl den Antrag stellen. Der **Objektverbrauch** tritt allerdings – vorbehaltl Treu und Glauben – auch dann ein, wenn § 34 III zu Unrecht gewährt worden ist (§ 16 Rz 578; BFH VIII R 2/19 DStR 22, 38). Soweit die Voraussetzungen für die Anwendung des § 34 I, III nebeneinander vorliegen (Rz 6; also für § 34 III auch ein Antrag), führt das FA bei der Steuerberechnung eine Vorteilsberechnung durch (EStR 34.1 I 4); zur Veranlagungsart s *Müller ua* FR 19, 698. Sind mehrere Veräußerungsgewinne zu versteuern, so kommt nur für **einen** davon die Anwendung des § 34 III in Betracht (§ 34 III 5). Der StPfl hat ein **Wahlrecht,** auf welchen Veräußerungsgewinn § 34 III angewendet werden soll (§ 34 III 5).

56 **2. Tarifglättung, § 34 I; Fünftelregelung.** Soweit kein Antrag erforderl oder – soweit erforderl – gestellt ist, wird zunächst der Steuerbetrag für das um die nach § 34 I ermäßigt zu versteuernden Einkünfte verminderte zu versteuernde Einkommen ermittelt. Lfd negative Einkünfte sind vorrangig mit lfd positiven Einkünften zu verrechnen; erst danach ist eine Verrechnung mit den ermäßigt zu besteuernden Einkünften zulässig (BFH X B 53/05 BFH/NV 06, 1463; BFH X R 46/02 BFH/NV 04, 1643). Sodann wird der für ein Fünftel der ao Einkünfte, ohne Abzug des Altersentlastungsbetrags (BFH IV R 68/04 BFH/NV 06, 723) zusammen mit den übrigen zu versteuernden Einkommen der sich ergebende Steuerbetrag ermittelt. Die Differenz der Steuerbeträge wird verfünffacht und dem zuerst ermittelten Steuerbetrag hinzugerechnet. Dies ergibt die tarifl ESt. Zu Berechnungsbeispielen s EStH 34.2. § 34 I 3 stellt die ermäßigte Besteuerung ao Einkünfte auch für den Fall sicher, dass das **verbleibende** zu versteuernde **Einkommen negativ,** aber das zu versteuernde **Einkommen** positiv ist, letzteres also allein auf den ao Einkünften beruht. In diesem Falle ist die Steuerermäßigung nach § 34 I durch Verfünffachung der auf ein Fünftel des zu versteuernden Einkommens sich ergebenden ESt zu ermitteln (vgl EStH 34.2 *Beisp* 2). *Lemm* (DStZ 02, 35) weist darauf hin, dass sich gleichheitswidrige Ergebnisse ergeben, je nach dem, ob das gesamte zu versteuernde Einkommen höher (dann überhöhte Steuer) oder niedriger ist (dann teilweise Nicht-Besteuerung des Veräußerungsgewinns) als das „gesamte zu versteuernde Einkommen"; eingehend *Eggesiecker ua* DStR 07, 1281. § 34 I enthält – anders als § 34 III (Rz 58) – keine ausdrückl Regelung zur Anwendung von **Progressionsvorbehalten.** Der Progressionsanstieg gem § 32b ist in die Ermittlung des Steuersatzes nach § 34 I einzubeziehen (vgl BFH XI B 140/02 BFH/NV 03, 772); str ist, wie dabei vorzugehen ist. Nach BFH VI R 44/07 BStBl II 11, 21 ist bei Zusammentreffen von Vergütungen für mehrjährige Tätigkeit mit stfreien Einkünften iSd § 32b die Steuerberechnung für die **außerordentlichen Einkünfte** nach § 34 I 3 vorzunehmen. Der Progressionsvorbehalt nach § 32b ist grds neben der Tarifermäßigung des § 34 I anwendbar (BFH VI R 66/03 BStBl II 08, 375; nunmehr gefolgt von BFH IX R 93/07 BStBl II 10, 1032; *Jachmann* DB 10, 86). Der BFH kommt zu dem Ergebnis, dass in diesen Fällen eine **integrierte Steuerberechnung** vorzunehmen ist, und zwar dergestalt, dass die Progressionseinkünfte bei der Steuerberechnung nach § 34 I steuersatzerhöhend berücksichtigt werden (BFH IX R 23/11 BStBl II 13, 370). Übersteigen die der Tarifermäßigung unterliegenden ao Einkünfte das zu versteuernde Einkommen, so sind die Progressionseinkünfte hierbei nur insoweit zu berücksichtigen, als sich nach einer Verrechnung mit dem negativen verbleibenden zu versteuernden Einkommen ein positiver Differenzbetrag ergibt (so auch EStH 34.2 Beisp). Die Einwände von *Siegel/Korezkij* (DStR 05, 577, 578) berücksichtigt der BFH durch Heranziehung des **Meistbegünstigungsprinzips** (BFH VI R 66/03 BStBl II 08, 375; FG BBg DStRE 21, 396 rkr). S weiterhin *Siegel* FR 10, 445; *Hechtner/Siegel* DStR 10, 1593. Für VZ 2007 kann das Zusammenspiel der §§ 34 I und 32c zu einer höheren Steuerlast führen, als eine Berücksichtigung derselben Einkünfte als lfd Gewinneinkünfte ergibt (Korrektur durch *OFD Mster* DStR 10, 2517); § 32c (VZ 2007) wird hingegen durch § 34 III insgesamt ausgeschlossen (BFH X R 9/12 BFH/NV 13, 1918; *OFD Mster* DStR 10, 2517). Zur Verfassungsmäßigkeit s Rz 2. Zum **Billigkeitserlass** s BFH IX B 86/15 BFH/NV 16, 179: KiSt-Erstattung.

3. Ermäßigter Steuersatz für Veräußerungsgewinne/Aufgabegewinne, § 34 II Nr 1, III. – a) Steuersätze. Der ermäßigte StSatz kann auch bei einer **Betriebsaufgabe,** die sich über zwei VZ erstreckt, für beide Jahre zu gewähren sein (§ 16 Rz 236). Er beträgt ab VZ 2004 56 % des Durchschnittssteuersatzes unter Einbeziehung von **Progressionsvorbehalten** (§ 32a; § 32b; vgl BFH XI B 140/02 BFH/NV 03, 772). Die Einbeziehung aller dem Progressionsvorbehalt unterliegenden nicht stbaren Einkünfte (§ 32b) hat nur geringe praktische Bedeutung (*Herzig/Schiffers* DB 89, 2441). Ergeben sich neben Veräußerungsgewinnen auch Veräußerungsverluste in verschiedenen Betriebsteilen oder Teilbetrieben, sind diese vor Anwendung des ermäßigten Steuersatzes zu saldieren (BFH VIII B 90/00 BFH/NV 01, 1279; BFH I R 34/11 BStBl II 12, 405). Die fallenden StSätze der Jahre bis 2005 sind zu beachten (s § 32a). Zu dem ermäßigten Steuersatz kommt der SolZ hinzu, der sich wegen der Anknüpfung an die ESt ebenfalls ermäßigt. Auch die **GewStAnrechnung** gem § 35 EStG iVm § 7 I 2 GewStG ist einzubeziehen. Es ist ein **Mindeststeuersatz** zu beachten; dieser beträgt für 2001/ 2002/2003 19,9 %, für 2004 16 % (Art 29 I HBeglG 2004, BGBl I 03, 3076), ab 2005 15 % (§ 52 Abs 47 S 6 aF) sowie ab 2009: 14 % (zur rückwirkenden Anpassung des § 34 III 2 s § 52 Abs 47 S 7 idF JStG 2010, BGBl I 10, 1768). – Die Mindeststeuersätze sind systematisch verfehlt, weil sie nicht nur zu einer zeitl Verlagerung der Besteuerung bzw der Verlustverrechnung führen, sondern weil auch in Fällen, in denen nur der Veräußerungsgewinn zu versteuern ist, der Grundfreibetrag nicht in vollem Umfang gewährt wird (s *Hagen ua* DB 01, 397, 404).

b) Wechselseitige Berücksichtigung der Tarifermäßigungen, § 34 I, III. § 34 I, III beeinflussen wechselseitig den Steuersatz, der sich bei ihrer Anwendung für den jeweiligen Teilbetrag des zu versteuernden Einkommens ergibt. Deshalb ist eine komplizierte Verhältnisrechnung vorzunehmen. Die *FinVerw* nimmt hinsichtl der Frage, ob die Anwendung des § 34 I, III oder eine Kombination aus beiden zu dem günstigsten Ergebnis führt, programmgesteuerte Vergleichsberechnungen vor, wenn für die Anwendung des § 34 III ein entspr Antrag gestellt ist.

c) Betragsgrenze. Der ermäßigte Steuersatz wird nur bis zu einem Betrag des Veräußerungsgewinns von 5 Mio € (ab 2002) gewährt. Die Betragsgrenze gilt insgesamt auch, wenn der Betriebsaufgabegewinn in zwei VZ erzielt und besteuert wird (*BMF* DStR 06, 37). Ein darüber hinausgehender Gewinn unterliegt dem vollen Steuersatz, sofern nicht anderweitige Steuersatzermäßigungen (zB § 34b) oder Steuerbefreiungen (zB § 16 IV) eingreifen.

d) Altersgrenze; Berufsunfähigkeit. Erforderl ist, dass der StPfl entweder – *(1)* das **55. Lebensjahr** vollendet hat oder – *(2)* im *sozialversicherungsrechtl* Sinne **dauernd berufsunfähig** ist (§ 34 III 1). Ebenso wie iRv § 16 IV 1 bedeutet dies, dass die Merkmale – gleich der früheren Rechtslage – spätestens im Zeitpunkt der Veräußerung (Erfüllungsgeschäft) oder des Endes der Betriebsaufgabe erfüllt sein

§ 34a Begünstigung der nicht entnommenen Gewinne

müssen (BFH X R 12/07 BStBl II 08, 193; BMF BStBl I 06, 7; **aA** bis *Schmidt* 30. Aufl § 34 Rz 61: Ablauf des VZ/Kj maßgebl). Zu Einzelheiten s § 16 Rz 575.

65 **4. Verwaltungsverfahren. – a) Veranlagung; Gewinnfeststellung.** Über die Gewährung der Tarifermäßigungen ist grds im ESt-Veranlagungsverfahren zu entscheiden. Gehören Einkünfte zum Gewinn einer PersGes, ist im **Gewinnfeststellungsverfahren** (§§ 179, 180 AO) zu befinden, ob es sich um ao, nach § 34 I/III begünstigungsfähige Einkünfte handelt, wie hoch diese sind und welchem der MUer sie zuzurechnen sind (BFH VIII R 149/86 BStBl II 92, 817).

66 **b) Lohnsteuer.** § 39b III 9 enthält eine dem § 34 I 2 entspr Regelung. Statt dessen oder daneben kann ein **Antrag auf Veranlagung** zwecks Abrechnung der LSt nach § 46 II Nr 8 gestellt werden. Von Vergütungen aus **mehrjähriger Tätigkeit** (§ 34 II Nr 4) kann die LSt nach § 39b III 9 ermäßigt einbehalten werden. Der StPfl kann (§ 46 II Nr 8) wählen, ob er es bei der pauschalen Begünstigung beim LStAbzug bewenden lässt oder ob die Begünstigungsvorschrift des § 34 I im Veranlagungsverfahren angewendet wird.

§ 34a Begünstigung der nicht entnommenen Gewinne

(1) ¹Sind in dem zu versteuernden Einkommen nicht entnommene Gewinne aus Land- und Forstwirtschaft, Gewerbebetrieb oder selbständiger Arbeit (§ 2 Absatz 1 Satz 1 Nummer 1 bis 3) im Sinne des Absatzes 2 enthalten, ist die Einkommensteuer für diese Gewinne auf Antrag des Steuerpflichtigen ganz oder teilweise mit einem Steuersatz von 28,25 Prozent zu berechnen; dies gilt nicht, soweit für die Gewinne der Freibetrag nach § 16 Absatz 4 oder die Steuerermäßigung nach § 34 Absatz 3 in Anspruch genommen wird oder es sich um Gewinne im Sinne des § 18 Absatz 1 Nummer 4 handelt. ²Der Antrag nach Satz 1 ist für jeden Betrieb oder Mitunternehmeranteil für jeden Veranlagungszeitraum gesondert bei dem für die Einkommensbesteuerung zuständigen Finanzamt zu stellen. ³Bei Mitunternehmeranteilen kann der Steuerpflichtige den Antrag nur stellen, wenn sein Anteil am nach § 4 Absatz 1 Satz 1 oder § 5 ermittelten Gewinn mehr als 10 Prozent beträgt oder 10 000 Euro übersteigt. ⁴Der Antrag kann bis zur Unanfechtbarkeit des Einkommensteuerbescheids für den nächsten Veranlagungszeitraum vom Steuerpflichtigen ganz oder teilweise zurückgenommen werden; der Einkommensteuerbescheid ist entsprechend zu ändern. ⁵Die Festsetzungsfrist endet insoweit nicht, bevor die Festsetzungsfrist für den nächsten Veranlagungszeitraum abgelaufen ist.

(2) Der nicht entnommene Gewinn des Betriebs oder Mitunternehmeranteils ist der nach § 4 Absatz 1 Satz 1 oder § 5 ermittelte Gewinn vermindert um den positiven Saldo der Entnahmen und Einlagen des Wirtschaftsjahres.

(3) ¹Der Begünstigungsbetrag ist der im Veranlagungszeitraum nach Absatz 1 Satz 1 auf Antrag begünstigte Gewinn. ²Der Begünstigungsbetrag des Veranlagungszeitraums, vermindert um die darauf entfallende Steuerbelastung nach Absatz 1 und den darauf entfallenden Solidaritätszuschlag, vermehrt um den nachversteuerungspflichtigen Betrag des Vorjahres und den auf diesen Betrieb oder Mitunternehmeranteil nach Absatz 5 übertragenen nachversteuerungspflichtigen Betrag, vermindert um den Nachversteuerungsbetrag im Sinne des Absatzes 4 und den auf einen anderen Betrieb oder Mitunternehmeranteil nach Absatz 5 übertragenen nachversteuerungspflichtigen Betrag, ist der nachversteuerungspflichtige Betrag des Betriebs oder Mitunternehmeranteils zum Ende des Veranlagungszeitraums. ³Dieser ist für jeden Betrieb oder Mitunternehmeranteil jährlich gesondert festzustellen.

(4) ¹Übersteigt der positive Saldo der Entnahmen und Einlagen des Wirtschaftsjahres bei einem Betrieb oder Mitunternehmeranteil den nach § 4 Absatz 1 Satz 1 oder § 5 ermittelten Gewinn (Nachversteuerungsbetrag), ist vorbehaltlich Absatz 5 eine Nachversteuerung durchzuführen, soweit zum Ende des vorangegangenen Veranlagungszeitraums ein nachversteuerungspflichtiger Betrag nach Absatz 3 festgestellt wurde. ²Die Einkommensteuer auf den Nachversteuerungsbetrag beträgt 25 Prozent. ³Der Nachversteuerungsbetrag ist um die Beträge, die für die Erbschaftsteuer (Schenkungsteuer) anlässlich der Übertragung des Betriebs oder Mitunternehmeranteils entnommen wurden, zu vermindern.

(5) ¹Die Übertragung oder Überführung eines Wirtschaftsguts nach § 6 Absatz 5 Satz 1 bis 3 führt unter den Voraussetzungen des Absatzes 4 zur Nachversteuerung. ²Eine Nachversteuerung findet nicht statt, wenn der Steuerpflichtige beantragt, den nachversteuerungspflichtigen Betrag in Höhe des Buchwerts des übertragenen oder überführten Wirtschaftsguts, höchstens jedoch in Höhe des Nachversteuerungsbetrags, den die Übertragung oder Überführung des Wirtschaftsguts ausgelöst hätte, auf den anderen Betrieb oder Mitunternehmeranteil zu übertragen.

(6) ¹Eine Nachversteuerung des nachversteuerungspflichtigen Betrags nach Absatz 4 ist durchzuführen
1. in den Fällen der Betriebsveräußerung oder -aufgabe im Sinne der §§ 14, 16 Absatz 1 und 3 sowie des § 18 Absatz 3,
2. in den Fällen der Einbringung eines Betriebs oder Mitunternehmeranteils in eine Kapitalgesellschaft oder eine Genossenschaft sowie in den Fällen des Formwechsels einer Personengesellschaft in eine Kapitalgesellschaft oder Genossenschaft,
3. in den Fällen der unentgeltlichen Übertragung eines Betriebs oder Mitunternehmeranteils nach § 6 Absatz 3, wenn die Übertragung an eine Körperschaft, Personenvereinigung oder Vermögensmasse im Sinne des § 1 Absatz 1 des Körperschaftsteuergesetzes erfolgt. ²Dies gilt entsprechend für eine unentgeltliche Übertragung auf eine Mitunternehmerschaft, soweit der Betrieb oder der Mitunternehmeranteil einer Körperschaft, Personenvereinigung oder Vermögensmasse im Sinne des § 1 Absatz 1 des Körperschaftsteuergesetzes als Mitunternehmer zuzurechnen ist,
4. wenn der Gewinn nicht mehr nach § 4 Absatz 1 Satz 1 oder § 5 ermittelt wird oder
5. wenn der Steuerpflichtige dies beantragt.

²In den Fällen der Nummern 1 bis 3 ist die nach Absatz 4 geschuldete Einkommensteuer auf Antrag des Steuerpflichtigen oder seines Rechtsnachfolgers in regelmäßigen Teilbeträgen für einen Zeitraum von höchstens zehn Jahren seit Eintritt der ersten Fälligkeit zinslos zu stunden, wenn ihre alsbaldige Einziehung mit erheblichen Härten für den Steuerpflichtigen verbunden wäre.

(7) ¹In den Fällen der unentgeltlichen Übertragung eines Betriebs oder Mitunternehmeranteils nach § 6 Absatz 3 hat der Rechtsnachfolger den nachversteuerungspflichtigen Betrag fortzuführen; Absatz 6 Satz 1 Nummer 3 bleibt unberührt. ²In den Fällen der Einbringung eines Betriebs oder Mitunternehmeranteils zu Buchwerten nach § 24 des Umwandlungssteuergesetzes geht der für den eingebrachten Betrieb oder Mitunternehmeranteil festgestellte nachversteuerungspflichtige Betrag auf den neuen Mitunternehmeranteil über.

(8) Negative Einkünfte dürfen nicht mit ermäßigt besteuerten Gewinnen im Sinne von Absatz 1 Satz 1 ausgeglichen werden; sie dürfen insoweit auch nicht nach § 10d abgezogen werden.

§ 34a Begünstigung der nicht entnommenen Gewinne

(9) ¹Zuständig für den Erlass der Feststellungsbescheide über den nachversteuerungspflichtigen Betrag ist das für die Einkommensbesteuerung zuständige Finanzamt. ²Die Feststellungsbescheide können nur insoweit angegriffen werden, als sich der nachversteuerungspflichtige Betrag gegenüber dem nachversteuerungspflichtigen Betrag des Vorjahres verändert hat. ³Die gesonderten Feststellungen nach Satz 1 können mit dem Einkommensteuerbescheid verbunden werden.

(10) ¹Sind Einkünfte aus Land- und Forstwirtschaft, Gewerbebetrieb oder selbständiger Arbeit nach § 180 Absatz 1 Satz 1 Nummer 2 Buchstabe a oder b der Abgabenordnung gesondert festzustellen, können auch die Höhe der Entnahmen und Einlagen sowie weitere für die Tarifermittlung nach den Absätzen 1 bis 7 erforderliche Besteuerungsgrundlagen gesondert festgestellt werden. ²Zuständig für die gesonderten Feststellungen nach Satz 1 ist das Finanzamt, das für die gesonderte Feststellung nach § 180 Absatz 1 Satz 1 Nummer 2 der Abgabenordnung zuständig ist. ³Die gesonderten Feststellungen nach Satz 1 können mit der Feststellung nach § 180 Absatz 1 Satz 1 Nummer 2 der Abgabenordnung verbunden werden. ⁴Die Feststellungsfrist für die gesonderte Feststellung nach Satz 1 endet nicht vor Ablauf der Feststellungsfrist für die Feststellung nach § 180 Absatz 1 Satz 1 Nummer 2 der Abgabenordnung.

(11) ¹Der Bescheid über die gesonderte Feststellung des nachversteuerungspflichtigen Betrags ist zu erlassen, aufzuheben oder zu ändern, soweit der Steuerpflichtige einen Antrag nach Absatz 1 stellt oder diesen ganz oder teilweise zurücknimmt und sich die Besteuerungsgrundlagen im Einkommensteuerbescheid ändern. ²Dies gilt entsprechend, wenn der Erlass, die Aufhebung oder Änderung des Einkommensteuerbescheids mangels steuerlicher Auswirkung unterbleibt. ³Die Feststellungsfrist endet nicht, bevor die Festsetzungsfrist für den Veranlagungszeitraum abgelaufen ist, auf dessen Schluss der nachversteuerungspflichtige Betrag des Betriebs oder Mitunternehmeranteils gesondert festzustellen ist.

Einkommensteuer-Richtlinien: EStH 34a. – *Verwaltungsanweisungen:* BMF BStBl I 08, 838; OFD Ffm DStR 14, 803 (Erbfall).

Übersicht

	Rz
I. Allgemeines	
1. Zweck; Regelungszusammenhang	1–8
2. Überblick; Binnensystematik	10
3. Verhältnis zu anderen Vorschriften	11
4. Verfassungsfragen	12
5. Zeitlicher Anwendungsbereich	13
6. Reformvorschläge	14
II. Tatbestand der Begünstigung	
1. Gewinne im Sinne von §§ 4 I 1, § 5	20–28
a) Betriebsanteilsbezogene Betrachtung	21–23
b) Nach § 4 I 1 oder § 5 ermittelter Gewinn, § 34a I 1, II	24–26
c) Zeitliche Zuordnung; abweichendes Wirtschaftsjahr	28
2. Nicht entnommener Gewinn iSv § 34a II	30–33
3. Im zu versteuernden Einkommen enthaltener Gewinn, § 34a I 1;Verlustausgleich;Verlustabzug, § 34a VIII; § 10d I 2	35–37
a) Begünstigungsfähiger Gewinn	35
b) Verlustausgleich;Verlustabzug	36, 37
4. Steuerpflichtige, § 34a I 1	38
5. Wahlrecht, § 34a I, III 1	39–41
III. Rechtsfolgen	
1. Begünstigungsbetrag; Sondertarif, § 34a I 1, III 1	50
2. Nachversteuerungspflichtiger Betrag des Veranlagungszeitraums, § 34a III 2, 3	51–53

Allgemeines 1–3 § 34a

Rz
IV. Nachversteuerung
1. Allgemeines 60
2. Nachversteuerung aufgrund von Entnahmen, § 34a IV,V 61–71
3. Entnahmeunabhängige Nachversteuerungstatbestände, § 34a VI,VII 75–82
4. Fortführung des nachversteuerungspflichtigen Betrags; unentgeltliche Rechtsnachfolge, § 34a VII 1 85–87

V. Verfahrensfragen
1. Zuständigkeit; Einkommensteuerveranlagung 90
2. Feststellung des nachversteuerungspflichtigen Betrags, § 34a IX, XI 91–93
3. Gesonderte Feststellung der Besteuerungsgrundlagen, § 34a X 95–99

Schrifttum (ab 2008); *Ley,* Zur Thesaurierungsbesteuerung ..., FS Herzig, 469; *Wacker,* Notizen zur Thesaurierungsbegünstigung ..., FR 08, 605; *ders,* Aktuelle Überlegungen ..., DStR 19, 585; *Meyer ua,* Thesaurierung ..., Ubg 08, 733; *Kessler ua,* Internationale Aspekte ..., Ubg 08, 741; *Bodden,* Aktuelle Brennpunkte ..., FR 14, 920; *Brähler ua,* Gelungene Reform ... (?), StuW 12, 119; *Englisch,* Zur Ausübung des Wahlrechts ..., FR 15, 533; *Niehus ua,* Zur ... Meistbegünstigung, FR 16, 366; *Blöchle ua,* Die Thesaurierungsbegünstigung, DStR 16, 1974.

I. Allgemeines

1. Zweck; Regelungszusammenhang. Das UntStRefG 2008 (BGBl I 07, 1912), mit dem § 34a eingeführt wurde, hat einerseits daran festgehalten, dass die von Einzelbetrieben/MUerschaften erzielten Gewinne beim Einzelunternehmer/MUer estpfl sind (sog **Transparenz;** keine einheitl Unternehmenssteuer; dazu zB *Wacker* DStR 19, 585); andererseits hat es die Thesaurierungsbelastung bei **KapGes** im Interesse der „internationalen Wettbewerbsfähigkeit" und der „Signalwirkung für (ausl) Investoren" (BT-Drs 16/4841, 29f) deutl auf 29,83 % (s Rz 3) gesenkt.

a) Belastungsneutralität; Rechtsformneutralität. Da eine StBelastung von 2 29,83 % (Rz 1, 3) nach der **GesetzesBegr** (BT-Drs 16/4841, BT-Drs 31, 62) vom ganz überwiegenden Teil der Personenunternehmen/r nicht erreicht werde, bestehe zwar keine Notwendigkeit zu einer allg Senkung des ESt-Satzes; jedoch müsse **„ertragstarken" im internationalen Wettbewerb (stehenden) Personenunternehmen"** das Recht eingeräumt werden, die Belastung für **thesaurierte Gewinne** derjenigen von KapGes (29,83 %) anzunähern und hierdurch die EK-Basis sowie die Investitionsmöglichkeiten zu verbessern.

b) Thesaurierung; Regelbesteuerung. – Die Gewinne von **KapGes** unter- 3 liegen ab VZ 2008 – aufgrund der Absenkung der KSt auf 15 % (§ 23 I; früher: 25 %) sowie der GewSt-Messzahl auf 3,5 % (§ 11 II GewStG; früher 5 %) – bei einem GewSt-Hebesatz von 400 % einer **Thesaurierungsbelastung** von nur rund **29,83 %** (früher: 38,65 %). Gleiches gilt ab 2022 für **OptionsGes** gem § 1a KStG (§ 15 Rz 160a); s Rz 4, 8, 77. Wird der verbleibende Gewinn (70,17 %) ins **PV** ausgeschüttet, tritt – ohne Berücksichtigung von KiSt – auf Ges'terebene eine StBelastung von 18,5 % hinzu (= 70,17 % × 26,37 % [*AbgeltungsSt* + grds SolZ]; Rz 6); Gesamtbelastung (bei Ausschüttung) mithin: **48,33 %.** Werden die Anteile im **BV** gehalten (zB BetrAufsp), greift ab VZ 2009 das 60 %-*Teileinkünfteverfahren* (§§ 3 Nr 40, 3c II), sodass bei einem individuellen ESt-Satz von 45 % (42 %; jeweils zuzügl SolZ; Rz 6) und Geltung des gewstl Schachtelprivilegs (§ 8 Nr 5, § 9 Nr 2a GewStG) die Ausschüttungsbelastung 19,98 % (18,65 %) beträgt – und damit zusammen mit der Thesaurierungsbesteuerung (29,83 %) eine Gesamtbelastung von **49,81 %** (48,48 %) eintritt. – Die **Regelbelastung natürl Personen** beläuft sich – einschließlich SolZ, GewSt und voller GewSt-Anrechnung gem § 35 nF (s dort Rz 2) jedoch ohne KiSt – sowohl für thesaurierte als auch für entnommene Gewinne (Transparenz, s Rz 1) bei einem ESt-Satz von 45 % (42 %) ab VZ 2021 auf **46,71 %**

(43,54 %). Zu VZ bis 2020 s *Schmidt* 39. Aufl § 34a Rz 3. Dies liegt zwar unterhalb der StBelastung ausgeschütteter Dividenden, benachteiligt jedoch die Personenunternehmer ggü dem geminderten Thesaurierungssatz von KapGes (29,83 %) in signifikanter Weise.

4 **c) Tarifermäßigung für nicht entnommenen Gewinn.** Zur Beseitigung der unterschiedl Thesaurierungsbelastung (Regelbesteuerung bei PersGes und KapGes; s Rz 3) gewährt § 34a auf Antrag für den vom Unternehmer/MUer nicht entnommenen Gewinn eine Tarifermäßigung (proportionaler Sonder-EStSatz: 28,25 % zuzügl 5,5 % SolZ). **GesetzesBegr** (BT-Drs 16/4841, 32): Bei späterer Entnahme entfalle der Begünstigungsgrund, sodass auf den nachsteuerpflichtigen Betrag eine gleichfalls proportionale Nachsteuer iHv 25 % zuzügl 5,5 % SolZ erhoben wurde und die Gesamtbelastung derjenigen von KapGes (einschließl Dividenden; s Rz 3) entspreche. Der Gesetzgeber hat sich damit grds für das sog Tarif-Modell (sog **T-Modell;** dazu *Wissenschaftl Beirat* BB 05, 1653) entschieden, das einerseits durch eine *unternehmerbezogene* Begünstigung des ESt-Satzes gekennzeichnet ist, andererseits nicht sämtl betriebl Einkünfte zusammenfasst, sondern an den *einzelnen* Betrieb/MUeranteil anknüpft. Zum Verlustausgleich s aber Rz 36. Zur **Option gem § 1a KStG** s Rz 8.

5 **d) Kritik.** Abgesehen davon, dass jeder Belastungsvergleich die konkreten Einzelfallumstände zu berücksichtigen hat, sind auch gegen die typisierenden Prämissen des Gesetzgebers zR **Einwände** erhoben worden: – *(1)* Kein Sondertarif (29,8 %), sondern Regelbesteuerung (individueller ESt-Satz; zB 45 %) für den mit **GewSt** belasteten Teil des Gewinns (zutr; dazu Rz 25, sodass die Thesaurierungsbelastung diejenige von KapGes (29,83 %) überschreite. – *(2)* Nicht selten weiterer Anstieg der Belastung durch **Steuerentnahmen** (s auch § 37 III 5: Sondertarif bleibt bei ESt-Vorauszahlungen außer Ansatz; zB *Dörfler ua* DStR 07, 649; *Kleineidam ua* DB 07, 409) sowie **sonstigen Entnahmen** (privater Lebensbedarf; zu Entnahmen von stfreien Gewinnen und Altkapital s Rz 62 f). – *(3)* Ob hieraus allerdings (*Dörfler ua* DStR 07, 649: Verfehlung einer rechtsformneutralen Belastung thesaurierter Gewinne) ein tragfähies Argument für einen **Rechtsformwechsel** (Personenunternehmen in KapGes) bei langfristiger Thesaurierungsabsicht abzuleiten ist, erscheint fragl (zR zurückhaltend *Ley* KÖSDI 07, 15743).

6 **e) Schaubild/ab VZ 2021** (zu VZ bis 2020 s *Schmidt* 39. Aufl § 34a Rz 6). **Typisierende Annahmen** (ohne KiSt): **ESt-GrenzStS** von **30 %** entspricht zvE von rd 30.000/60.000 € (Grund-/Splittingtarif), SolZ 2021 mithin 0 €. Im Bereich des GrenzStSatzes von **42 %** (zvE: von rd 58.000/116.000 € bis 275.000/550.000 €) wird der **SolZ**-mit 5,5 % angesetzt, da die SolZ-Entlastung bereits ab einem zvE von rd 97.000/194.000 € entfällt (*Schneeloch ua* DB 21, 1). **GewSt**-Hebesatz: **400 %;** Folgen: GewSt mindert zwar § 34a-Gewinn (Rz 25), aber volle ESt-Anrechnung gem § 35 (bereits ab VZ 2020: vierfacher Hebesatz; s § 35 Rz 2) auch bezügl SolZ. **§ 34a-Thesaurierungsquote: 60 %** des Gewinns (= 100; arg: StEntnahmen betr GewSt/ESt/SolZ; Rz 5). Hiernach ergeben sich folgende **Prozentsätze** (ESt/KSt; SolZ):

	KapGes Abgeltungssteuer	KapGes 60 %-Teileinkünfteverfahren	PersGes Regelbesteuerung *unabhängig* von Entnahmen –	PersGes Sondertarif gem § 34a – *Thesaurierung: 60 % des Gewinns*
Thesaurierung ESt-GrenzStS:	29,83	29,83		
45 %			46,71	36,10
42 %			43,54	33,99
30 % – kein SolZ			30,00	28,95

Allgemeines 7–10 § 34a

	KapGes Abgeltungssteuer	KapGes 60%-Teileinkünfteverfahren	PersGes Regelbesteuerung *unabhängig* von Entnahmen –	PersGes Sondertarif gem § 34a – *Thesaurierung:* 60% des Gewinns
Ausschüttung/ Entnahme **ESt-GrenzStS:**				
45%	18,50	19,98		15,83
42%	18,50	18,65		15,83
30% – kein SolZ	17,54	12,63		15,00
Summe **ESt-GrenzStS:**				
45%	48,33	49,81	46,71	51,93
42%	48,33	48,48	43,54	49,82
30% – kein SolZ	47,37	42,46	30,00	43,95

f) Wahlrechtsparameter; § 34a versus Regelbesteuerung. Im Vergleich zur 7 Regelbesteuerung (s Rz 3) ist dem Vorteil des Sondertarifs der Nachteil der proportionalen Nachversteuerung bei späterer Entnahme gegenüberzustellen. Das Wahlrecht wird deshalb daran auszurichten sein, ob der **Zinsvorteil** aus der **vorübergehend ersparten Steuer** die Nachversteuerungsmehrbelastung kompensiert. Dies dürfte bei hohen ESt-Sätzen (bis ca 40%) häufig zu bejahen sein (*Förster* Ubg 08, 185, 192). Da aber mit sinkenden ESt-Sätzen der Thesaurierungsvorteil abnimmt und umgekehrt der Nachversteuerungsnachteil zunimmt, bedarf es iÜ einer sorgfältigen Einzelfallprüfung (*Ley* KÖSDI 07, 15743: Investitionsbedarf, Dauer des Thesaurierungszeitraums; *Schröder* WPg 08, 548: KapEinkünfte/AbgeltungsSt). Zu berücksichtigen sind hierbei aber auch das Recht zur Antragsrücknahme (§ 34a I 4; Rz 40) und der Umstand, dass die Bescheide nicht selten unter dem Vorbehalt der Nachprüfung (§ 164 AO) ergehen. Zu **gesellschaftsvertragl** Regelungen (zB Optionspflichtklauseln) s *Levedag* GmbHR 09, 13; zu **internationalen** Sachverhalten (Anrechnungsüberhänge) s zB *Kessler ua* Ubg 08, 741. Zur **praktischen Akzeptanz** von § 34a s *Wacker* DStR 19, 585, 590; *Brähler ua* StuW 12, 119.

g) Option gem § 1a KStG. S zunächst § 15 Rz 160a ff. Bei wirksamer Option 8 unterliegt die zivilrechtl fortbestehende PersGes (KG, OHG; PartGes) der KSt – einschl der auch ggü § 34a privilegierten Thesaurierungsbelastung (Rz 3) – und die Ges'ter der Ausschüttungsbelastung gem AbgeltungsSt oder Teileinkünfteverfahren (s Rz 3, 6). Angesichts des **Systemwechsels** bedarf die Option indes über den bloßen StSatzvergleich hinaus der sorgfältigen Rechtsfolgenabschätzung (s *Wacker/Krüger ua* DStR-Beih 21, 42; zur Nachversteuerung gem § 34a VI 1 Nr 2 s Rz 77). Zur „Kombination" von KSt-Option und § 34a s § 15 Rz 160a.

2. Überblick; Binnensystematik. Gegenstand des antragsabhängigen ESt- 10 Sondertarifs (BT-Drs 16/4841, 62: betriebs- und personenbezogene Vergünstigung) ist – ausgehend von der Gewinnermittlung nach § 4 I 1, § 5 – der vom StPfl nicht entnommene Gewinn des *einzelnen* Betriebs/MUanteils (zu doppelstöckigen PersGes s Rz 22), soweit er im zu versteuernden Einkommen enthalten ist (§ 34a I, II) mit der Folge der betriebs-/mitunternehmeranteilsbezogenen gesonderten Feststellung eines nachversteuerpflichtigen Betrags (§ 34a III, IX). Übersteigen in den Folgejahren die Entnahmen die Summe aus Gewinn und Einlagen, löst dies grds eine Nachversteuerung aus (Ausnahmen: § 34a IV 3, V: Entnahme für Zwecke der ErbSt/SchenkSt; Buchwertentnahme gem § 6 V iVm Übertragung des nachversteuerungspflichtigen Betrags). Unabhängig von Entnahmen ist eine Nachversteuerung zB bei Veräußerung/Aufgabe des Betriebs/MUanteils oder

Einbringung in KapGes durchzuführen (§ 34a VI; uU Stundung), nicht jedoch bei Buchwert-Einbringung in PersGes (§ 34a VII 2). – Bei unentgeltl Betriebs-/MUeranteils-Übertragung (§ 6 III) führt der Rechtsnachfolger den nachversteuerungspflichtigen Betrag fort (§ 34a VII 1).

11 **3. Verhältnis zu anderen Vorschriften.** – *(1)* Anspruchsberechtigt können auch **beschr StPfl** (Rz 38), Gegenstand der Begünstigung können auch nicht entnommene Gewinne *ausl* Betriebe, Betriebsstätten und MUeranteile sein (zu DBA-Qualifikationskonflikten bei ausl PersGes s *Goebel ua* IStR 07, 877; zu § 34c I 2 s Rz 50, 64). Zu Implikationen ausl steuerbefreiter Gewinne auf den nicht entnommenen Gewinn s Rz 25; zu Entnahmen/Einlagen s Rz 33. – *(2)* Der nach § 34a II begünstigungs*fähige* nicht entnommene Gewinn unterliegt dem vorrangigen **Verlustausgleich** (s einschließl Verlustabzug gem § 10d I 2 Rz 36); ausgeschlossen ist aber ein (Verlust-)Ausgleich von Nachversteuerungsbetrag und negativen Einkünften des Nachsteuerjahrs (Rz 64). – *(3)* § 34a I (Sondertarif) geht dem **Regeltarif** vor (§ 32a I 2, V). – *(4)* § 34a schließt **§ 35** (GewSt-Anrechnung) nicht aus (**aA** Vorschlag des *Wissenschaftl Beirats* BB 05, 1653, 1654), mindert jedoch die tarifl ESt gem § 35 I 1, 3 (*BMF* BStBl I 09, 440 Rz 15; § 35 Rz 5; zur Nachversteuerung s Rz 64). – *(5)* Die Steuerermäßigung nach § 34a – mutmaßl einschließl Nachsteuer – bleibt bei der Bemessung der **ESt-Vorauszahlungen** außer Ansatz (§ 37 III 5; BT-Drs 16/4841, 65: Begünstigungsumfang erst nach Ablauf des VZ bestimmbar; Antrag deshalb regelmäßig erst bei Abgabe der ESt; zutr *Thiel ua* DB 07, 1099, 1104: fiskalische Gründe); ebenso für den hierauf entfallenden SolZ (§ 1 IV, § 3 I Nr 2 SolZG). Zu den Einwirkungen (Steuerentnahmen) auf den nicht entnommenen Gewinn s Rz 5.

12 **4. Verfassungsfragen.** – Verfrechtl unbedenkl ist die Konzentration der Begünstigung auf **ertragstarke** Personenunternehmen (beachte auch § 7g). Dies gilt mit Rücksicht auf die angestrebte Annäherung zur Ertragsteuerbelastung der von KapGes thesaurierten Gewinnen (s Rz 3) auch, soweit die Personenunternehmen nicht im internationalen Wettbewerb stehen (Rz 2, 4); die zT gegenläufigen Wirkungen sind durch die Einschätzungsprärogative des Gesetzgebers (s BVerfG 2 BvL 2/99 BVerfGE 116, 164) gedeckt sein (zu vorsorgl Entnahmen/**zwingender Nachversteuerung** s zutr FG SchlHol EFG 20, 209, Rev VIII R 40/19; unten Rz 63; **aA** *Wilk* DStZ 07, 216: Verstoß gegen Leistungsfähigkeitsprinzip). Im Gegensatz zur Exemtion pauschaler Gewinnermittlungen (§§ 5a, 13a), entbehrt mE der vom Gesetzgeber (vgl BT-Drs 16/4841, 63) nicht begründete Ausschluss der nach **§ 4 III** ermittelten Gewinne eines hinreichenden sachl Grundsatz (arg.: § 4 IVa S 6 iVm allg Grundsätzen der Feststellungslast; *BH/Ratschow* § 34a Rz 8; *Dörfler ua* DStR 07, 645; **aA** *Gragert ua* NWB 14621; *Wissenschaftl Beirat* BB 05, 1653/5). Zweifelhaft ist ferner die Restriktion des **§ 34a I 3** (bei **MUern** Gewinnanteil von mehr als 10% oder mehr als 10 000 €; s Rz 39). Die hierfür gegebene Begründung (BT-Drs 16/4841, 63: Verwaltungsvereinfachung; Ausschluss von Minimalbeteiligungen an als nicht begünstigt zu klassifizierenden PublikumsGes; zust *Gragert ua* NWB F 3, 14621, 14624) ist kaum tragfähig, da es Einzelunternehmern freisteht, den Antrag gem § 34a I ohne Wahrung einer Bagatellgrenze zu beschränken (s Rz 39). Auch wird nicht erläutert, weshalb Ges'ter von PublikumsGes außerhalb des Gesetzeszwecks stehen sollen.

13 **5. Zeitlicher Anwendungsbereich.** § 34a ist erstmals für den VZ 2008 anzuwenden (§ 52 Abs 34) und damit bei Gewerbetreibenden mit vom Kj abw Wj bereits für den Gewinn des Wj 07/08 (s Rz 28). Die hiermit verbundene Rückwirkung ist begünstigend und deshalb unbedenkl. Zu Altkapital s Rz 63. Zur Nachversteuerung gem § 34a VI 1 Nr 3 iVm VII 1 (idF SchädlStPraktG, BGBl I 17, 2074) s Rz 5 ff. Rz 79. Zum Feststellungsverfahren § 34a X nF s Rz 95.

14 **6. Reformvorschläge.** *Wacker* DStR 19, 585; *Schiffers* DStZ 20, 885.

II. Tatbestand der Begünstigung

1. Gewinne iSv §§ 4 I 1, § 5.
Der Sondertarif wird nur denjenigen StPfl gewährt, die als Einzelunternehmer, MUer oder persönl haftende Ges'ter einer KGaA (§ 15 I 1 Nr 1–3; *BMF* BStBl I 08, 838 Tz 1, 2; *Gragert ua* NWB F 3, 14621/32) durch **BV-Vergleich** (§§ 4 I 1, 5) ermittelte Gewinne oder Gewinnanteile – nicht Verluste oder Verlustanteile (s auch Rz 62 betr Nachversteuerung) – erzielen (§ 34a I 1, 3, II). Erfasst werden hiernach **betriebl Einkünfte** (GewBetr, LuF, selbständige Arbeit; nicht jedoch Gewinne nach § 17, *BH/Ratschow* § 34a Rz 16), *ausgenommen* Gewinnermittlung nach §§ 5a, 13a oder nach § 4 III (s aber Rz 12). Bei betriebl Beteiligungen an UnterPersGes soll es nach *BMF* BStBl I 08, 838 Tz 15 ausreichen, dass in den Bestandsvergleich der OberPersGes auch die Gewinnanteile aus der UnterPersGes eingehen (*Gragert ua* NWF F 3, 15251, 15260; mE nur bei vermögensverwaltenden UnterPersGes zutr; s iÜ Rz 22). Zu den nach §§ 4 I 1, 5 ermittelten Gewinnen können bei unbeschr StPfl auch **ausl betriebl Einkünfte** gehören (iEinz *HHR* § 4 Rz 8; zu DBA-Freistellung sowie zu beschr StPfl s Rz 38; zur Anrechnung s Rz 50). Ebenso die in HB/StB des **Organträgers** (natürl Person; PersGes) ausgewiesene *zivilrechtl* Gewinnabführung der OrganGes (*BMF* BStBl I 08, 838 Tz 11; BFH I R 240/72 BStBl II 75, 126: *außerbilanzielle* Kürzung iVm mit Zurechnung nach § 14 KStG; KStR 14.6 I; *Pohl* DB 08, 84); zu Minderabführungen s Rz 25; zu § 19 KStG Rz 35.

a) Betriebsbezogene/anteilsbezogene Betrachtung. Anknüpfungspunkt ist (grds) der für den einzelnen Betrieb oder MUeranteil bestimmte Gewinn (BT-Drs 16/4841, 62). Dies entspricht bei Einzelunternehmen der Rspr zu § 4 IVa (BFH X R 6/18 DStR 20, 1300) mit der Folge, dass zwar ein Betrieb auch bei Vorliegen **mehrerer Teilbetriebe** die Beurteilungseinheit bildet. Nach dem s og engen Betriebsbegriff sind aber selbst **mehrere Einzelbetriebe** der näml Einkunftsart jeweils eigenständig zu beurteilen (s zu § 4 IVa *Wacker* HFR 07, 1091, 1094; *Niehus ua* DStZ 09, 14, 16). Demgemäß ist auch bei Beteiligung des StPfl an mehreren *(Schwester-)PersGes* der **einzelne MUeranteil** Gegenstand der § 34a-Begünstigung (vgl § 34a I 2); zu § 34a I 3 s Rz 39.

aa) Ausnahme bei doppelstöckigen/mehrstöckigen Personengesellschaften. Das *BMF* (BStBl I 08, 838 Tz 21 mit Beisp iVm Tz 12 f) geht von einem **einheitl begünstigten Gewinn des OberGes'ters** aus, der neben seinem Gewinnanteil an der OberPersGes *(einschließl* deren Beteiligung an der UnterPersGes) auch die Sonderbetriebsergebnisse nach § 15 I 1 Nr 2 S 2 (zB Darlehen OberGes'ter an UnterPersGes) umfasse, sodass Vermögenstransfers zw den PersGes das Begünstigungsvolumen nicht beeinflussen und zu den Entnahmen iSv § 34a nur solche aus dem Betrieb der OberPersGes sowie aus dem SBV des OberGes'ters einschließl § 15 I 1 Nr 2 S 2 gehören (glA *Gragert* NWB F 3, 14621, 14632; *Rogall* DStR 08, 429, 432; *Niehus ua* DStZ 09, 14, 23; **diff** *Thiel ua* DB 07, 1099, 1104; *Ley/Brandenberg* FR 07, 1085, 1089; *Ley* FS Herzig, S 469, 483: OberGes'ter hat MUeranteil **(1)** an OberPersGes einschließl deren Beteiligung an UnterPersGes *und* **(2)** an UnterPersGes gem § 15 I 1 Nr 2 S 2). Hierauf aufbauend müssen auch MUeranteile **im BV von Einzelbetrieben** wie Teilbetriebe behandelt werden (**aA** bezügl Veräußerung aber *OFD Kobl* DStR 07, 992; s auch *OFD Ffm* DB 08, 265; dazu § 16 Rz 384, 576). Zum Erfordernis der Gewinnermittlung durch Bestandsvergleich s *BMF* BStBl I 08, 838 Tz 15.

Stellungnahme: Trotz BFH IV R 23/93 BStBl II 95, 467 (Gewinn der UnterPersGes = Teil des StB-Gewinns der OberPersGes; s § 15 Rz 622, 613, 253) erfordert § 34a – ebenso wie zB § 4 IVa (*BMF* BStBl I 08, 1207 Rz 8; § 15 Rz 430) und § 15a (BFH IV R 67/00 BStBl II 10, 157; § 15a Rz 33, 169; s auch § 15 Rz 471 betr Ergänzungsbilanzen) – mE die **Trennung der Beteiligungsstufen** (OberPersGes ist MUerin der UnterPersGes; selbständige Feststellungsverfahren) und damit der **Gewinnermittlungskreise** (Gewinn der UnterPersGes einschließl Ergänzungs-/Sonderbilanzen der OberPersGes und § 15 I 1 Nr 2 S 2

§ 34a 23–25 Begünstigung der nicht entnommenen Gewinne

einerseits sowie „originärer" Gewinn der OberPersGes einschließl Ergänzungs-/Sonderbilanzen der OberPers*Ges'ter* andererseits); *arg.*: Wortlaut und mituntermehmer-anteilsbezogene Systematik; zweckentsprechende (vgl Rz 1 ff) kongruente Entlastung zum gedachten Parallelfall gestufter KapGes-Beteiligungen iVm § 8b KStG (bei OberKapGes 95 %ige Steuerfreiheit der Dividenden aus UnterKapGes; Ausnahme: § 8b IV KSt nF; grds kein Verlusttransfer); Gleichbehandlung mit SchwesterPersGes (s Rz 21). Demgemäß sind dem OberPersGes'ter zwei MUeranteile zuzurechnen (*MUeranteil 1*: über OberPersGes vermittelter MUeranteil an UnterPersGes einschließl § 15 I 1 Nr 2 S 2; *MUeranteil 2*: Anteil am originären Gewinn der OberPersGes einschließl SBV). Bei dreistöckigen Strukturen etc ist entspr zu vervielfachen.

23 **bb) Divergierende Folgen *(Auswahl)*. – *(1)* Zur Gewinnermittlung nach §§ 4 I, 5 (Bestandsvergleich) s Rz 20; *BMF* BStBl I 08, 838 Tz 15. – *(2)* § 34a I 3 (dazu Rz 39) ist auf beiden Stufen eigenständig – bei UnterPersGes einschließl § 15 I 1 Nr 2 S 2 – zu prüfen (aA mutmaßl *BMF* BStBl I 08, 838 Tz 21 iVm 9). – *(3)* Für beide Gewinnermittlungskreise/MUeranteile sind die nachversteuerpflichtigen Beträge selbständig festzustellen (§ 34a III; unten Rz 91). – *(4)* Sowohl ausgleichsfähige als auch nur verrechenbare **Verluste** aus der Beteiligung an der inl/ausl UnterPersGes (s auch Rz 25) mindern nicht den auf die OberPersG'ter entfallenden Anteil am originären Gewinn der OberPersGes iSv § 34a. *Beispiel*: § 15a-Verlust der UnterPersGes: 100; Gewinn der OberPersGes nach §§ 4 I 1, 5 *(a) ohne* Beteiligungsverlust: 200 (= mE Gewinn iSv § 34a), *(b) mit* Beteiligungsverlust: 100 ([= 200 – 100] = mutmaßl Gewinn iSv § 34a gem *BMF* BStBl I 08, 838 Tz 21; *Ley/Brandenberg* FR 07, 1085, 1092). – *(5)* **Gewinne** aus der UnterPersGes sind – soweit Teil des zu versteuernden Einkommens der OberPersGes-Ges'ter – auch dann nach § 34a begünstigt, wenn die OberPersGes originär Verluste erzielt (**aA** mutmaßl *BMF* BStBl I 08, 838 Tz 21). – *(6)* Umgekehrt sind zB nach DBA **steuerbefreite** Gewinne der UnterPersGes vom nicht entnommenen Gewinn der OberPerGes ausgenommen (unklar *BMF* BStBl I 08, 838; **aA** *Thiel ua* DB 07, 1099, 1105; *B. Fischer* FS Schaumburg, S 319, 330; *Ley/Brandenberg* FR 07, 1085, 1092). – *(7)* **Vermögenstransfers** von UnterPers zu OberPersGes führen auch iSv § 34a II zu Entnahmen(UnterPersGes)/Einlagen (OberPersGes); ggf ist der festgestellte nachversteuerungspflichtige Betrag auf den MUeranteil an der OberPersGes zu übertragen (§ 34a V iVm § 6 V; s – auch zu Geld – Rz 66 ff; *BMF* BStBl I 08, 838 Tz 21; s oben Rz 22; zu ausl PersGes s aber *BMF* BStBl I 08, 838 Tz 39; unten Rz 33). – *(8)* **Veräußerung** des Anteils an UnterPersGes (oder Einbringung in KapGes) löst – ohne § 34a V – Nachversteuerung aus (§ 34a VI Nr 1, 2; **aA** *BMF* BStBl I 08, 838 Tz 5; BT-Drs 16/4841, 63; *Ley* FS Schaumburg, S 423, 441; *Schaumburg/Rödder* UntStReform 2008, 441). – *(9)* Zur **Einbringung** von MUerAnteilen in **PersGes** s Rz 78.

24 **b) Nach § 4 I 1 oder § 5 ermittelter Gewinn, § 34a I 1, II.** Gewinn in diesem Sinne ist der Unterschiedsbetrag zw dem BV am Schluss des Wj und demjenigen am Ende des vorangegangenen Wj, vermehrt um den Wert der Entnahmen und vermindert um den Wert der Einlagen (glA BFH IV R 13/17 BStBl II 19, 754). – **aa) MUeranteile.** Es ist auf den Anteil am Gesamtgewinn der MUerschaft (glA BFH IV R 13/17 BStBl II 19, 754; dazu § 15 Rz 400 f, 475), dh auf den Anteil am Gesellschaftsgewinn einschließl Korrekturen durch positive/negative Ergänzungsbilanzen (zu deren Auswirkungen s *Ley* KÖSDI 07, 15737, 15752) zuzügl/abzügl Sonderbetriebsergebnisse zuzügl/abzügl Entnahmen und Einlagen beider Bereiche abzustellen (*BMF* BStBl I 08, 838 Tz 2, 12, 20). Zu Entnahmen/Einlagen s Rz 32.

25 **bb) Außerbilanzielle Korrekturen.** Sie sind nicht anzusetzen (iEinz BFH IV R 13/17 BStBl II 19, 754; zutr): Der Gewinn (iSv § 4 I 1 oder § 5) ist damit einerseits um betriebl veranlasste, jedoch **nicht** als **BA abziehbare** Aufwendungen **gemindert, sodass** diese – obgleich sie aufgrund der außerbilanziellen Hinzurechung Teil des im zu versteuernden Einkommen enthaltenen Gewinns sind – nicht in

Tatbestand der Begünstigung **26, 28 § 34a**

den begünstigungsfähigen Gewinn nach § 34a I, III eingehen (*BMF* BStBl I 08, 838 Tz 16 mit Beisp; BT-Drs 16/4841, 63: „tatsächlich verausgabt und damit nicht entnahme-/begünstigungsfähig"; FG Mster EFG 14, 1201: verfgemäß; zutr). **Beispiele** (*Grützner* StuB 07, 445, 446): § 3c I, II; § 4 IVa; § 4 Va; § 4 Vb nF (FG Mster EFG 14, 1201; zur Nachversteuerung s Rz 62; zur ausl GewSt s *Kollruss* BB 08, 1373), § 4h, § 15 IV EStG, §§ 1, 10 AStG (vgl *BMF* BStBl I 21, 1098 Tz 1.4, 4.4. – Verwaltungsgrundsätze Verrechnungspreise; BFH I R 118/04 BStBl II 06, 537). Teil des begünstigungsfähigen Gewinns ohne mE jedoch **organschaftl** (dazu Rz 20, 35) **Minderabführungen** (arg § 14 IV KStG „Ausgleichsposten in der Steuerbilanz"; dazu § 16 Rz 135; vgl auch KStR 14.8 I; *Wacker* FR 08, 605, 609; *von Freeden ua,* FR 09, 785; ohne Aussage BMF BStBl I 08, 838 Tz 11); dass der Ausgleichsposten das EK des Organträgers nicht erhöht (BFH I R 65/11 BStBl II 13, 555), ändert hieran nichts. Gleiches gilt für **Übernahmegewinne**, auch soweit sie nach § 4 V 2 UmwStG um Bezüge iSv § 7 UmwStG gemindert werden (BFH IV R 13/17 BStBl II 19, 754; *Ley* Ubg 08, 13, 17; zutr). – Zu § 4f aF und § 9c I aF (erwerbsbedingte Kinderbetreuungskosten) s *Schmidt* 35. Aufl § 34a Rz 25.

cc) Betriebsmehrungen. Der Gewinn (iSv § 4 I 1, § 5) umfasst andererseits **26** auch stfreie BV-Mehrungen. *Beispiele:* § 3 Nr 40; § 3 Nr 40a (s aber Rz 35), § 3 Nr 70; §§ 15 IV, 15a II (Verlustverrechnung); § 12 InvZulG. Gleiches gilt für steuerbefreite ausl **Betriebsstätteneinkünfte** (*BMF* BStBl I 08, 838 Tz 11, 18; BT-Drs 16/4841, 63; *Wissenschaftl Beirat* BB 05, 1653, 1656); sie sind Teil des BV-Vergleichs gem § 4 I 1, § 5 (BFH I R 117/87 BStBl II 90, 57; *BMF* BStBl I 99, 1076 zu 1.1.4.2; zu ausl PersGes s BFH I R 32/90 BStBl II 92, 94; *BMF* BStBl I 08, 838 Tz 11, 18, 35f, 38; **aA** *Thiel ua* DB 07, 1099, 1102), *nicht* jedoch bei Beteiligung *beschr* StPfl an ausl PersGes mit inl Betriebsstätten (*BMF* BStBl I 08, 838 Tz 3; *Schultes-Schnitzlein ua* NWB F 3, 14683, 14692; vgl auch BFH I R 95/96 BStBl II 98, 260: Einkünfteermittlung nur für stbare Einkünfte; zu inl PersGes s *Wassermeyer,* Betriebsstättenhandbuch, S 344, 361: Ermittlung des Gesamtgewinns nach dt Steuerrecht, wenn auch Steuerinländer beteiligt; zu Entnahmen/Einlagen s Rz 33). Zu EU-rechtl Bedenken s *Wacker* FR 08, 605, 609; *Kessler ua* Ubg 08, 741, 745; zu ausl/inl **UnterPersGes** s Rz 22. **Folgen** ua sind: – **(1)** Gleichen stfreie BV-Vermehrungen die nicht abziehbaren BA aus, kann – vorbehaltl eines positiven Entnahme-/Einlagen-Saldos – der gesamte im zu versteuernden Einkommen enthaltene Gewinn nach § 34a I begünstigt sein (Kompensationseffekt; *Ley* KÖSDI 07, 15737, 15746; *Meyer ua* Ubg 08, 733, 735). – **(2)** Bis zur Höhe stfreier BV-Mehrungen mindert ein positiver Saldo von Entnahmen/Einlagen zwar den nicht entnommenen Gewinn (§ 34a II; *BMF* BStBl I 08, 838 Tz 17 mit Beispiel: Fiktion der vorrangigen Entnahme), nicht jedoch den im zu versteuernden Einkommen enthaltenen (begünstigungsfähigen) Gewinn iSv § 34a I (s Rz 35). Zu Nachversteuerung s Rz 62 f.

c) Zeitliche Zuordnung; abweichendes Wirtschaftsjahr. Der Gewinn nach **28** § 4 I 1 (oder § 5) wird grds für das Kj ermittelt und veranlagt (§§ 2 VII 2, 25 I). Weicht bei einem Gewerbetreibenden (Einzelunternehmer; PersGes) das Wj vom Kj ab, gilt der Gewinn – und damit auch der hieraus abzuleitende nicht entnommene und im zu versteuernden Einkommen enthaltene begünstigungsfähige Gewinn (s Rz 35) – in dem Kj bezogen, in dem das **Wj** endet (§ 4a II Nr 2). Demgemäß kann § 34a auch bereits für den (gesamten) Gewinn des Wj 07/08 beansprucht werden (§ 52 Abs 34; Rz 13; *BMF* BStBl I 08, 838 Tz 19). Bei LuF mit abw Wj ist hingegen aufzuteilen (§ 4a II Nr 1; *BMF* BStBl I 08, 838 Tz 19: einschließl Entnahmen/Einlagen). Werden in einem VZ die Gewinne/Verluste **mehrerer (Rumpf-)Wj** erfasst (zB abw Wj: Wj 08/09; RumpfWj 09; § 4 Rz 23) und ergeben sich für beide Wj nicht entnommene Gewinne iSv § 34a II, sind diese – soweit im zu versteuernden Einkommen des VZ (Wj 09) enthalten – Gegenstand des beliebig begrenzbaren Antrags nach § 34a I (Begünstigungsbetrag) sowie des hieraus abzuleitenden – jedoch jährl gesondert festzustellenden – nachversteuerungspflichtigen Betrags (§ 34a III 1–3). Treffen hingegen nicht entnommener Gewinn = Begünstigungsbetrag (Wj 08/09) und Nachversteuerungsbetrag gem § 34a IV (Rumpf-Wj 09) zusammen, ist nach dem Gesetzeswortlaut (mE jedoch korrigierende Auslegung) der Anfall einer Nachsteuer daran gebunden, dass zum Ende des vorangegangenen VZ (31.12.08) ein nachversteuerungspflichtiger Betrag festgestellt wurde (§ 34a IV 1, letzter HS); fehlt es hieran, wäre gleichwohl – wiederum nach dem Gesetzeswortlaut (§ 34a III 2) – der nachversteuerungspflichtige Betrag um den (nicht belasteten) Nachversteuerungsbetrag zu kürzen (**aA** *Meyer ua* Ubg 08, 733, 736: Zusammenfassung beider Wj).

30 **2. Nicht entnommener Gewinn, § 34a II. – a) Differenzgröße.** Nicht entnommener Gewinn ist der um den positiven Saldo von Entnahmen und Einlagen verminderte Gewinn iSv § 4 I 1 oder § 5 (§ 34a II). Da der Gewinn iSv § 4 I 1 (oder § 5) bereits um die Entnahmen erhöht und um die Einlagen gemindert wurde (s Rz 23), ist zur Bestimmung des nicht entnommenen Gewinns nur ein positiver Saldo Entnahme/Einlage-Saldo abzusetzen (*BMF* BStBl I 08, 838 Tz 13: „maximaler Begünstigungsbetrag"; *Hölzerkopf ua* BB 07, 2769). Übersteigen oder erreichen hingegen die Einlagen die Entnahmen (negativer/ausgeglichener Saldo), bedarf es keiner Korrektur, dh der nicht entnommene Gewinn entspricht dem Gewinn iSv § 4 I 1 (= betriebl veranlasste BV-Mehrung des Wj; zu Einlagen iZm § 34a V s aber Rz 71 *(3)*). Der nicht entnommene Gewinn ist somit eine *rechnerische* Differenz, der die gesetzl Wertung zugrunde liegt, dass *(1)* Entnahmen und Einlage des Wj zu saldieren sind; *(2)* die *Gewinne des lfd Wj (a)* bei Entnahmen bis zur Höhe der Einlagen thesauriert und *(b)* bei einem positiven Entnahme/Einlage-Saldo ggü den Gewinnen der Vorjahre vorrangig entnommen werden (*Thiel ua* DB 07, 1099, 1100). Zu Altkapital s Rz 62 f.

31 **b) Betriebsbezogene Einlagen/Entnahmen.** Einlagen/Entnahmen sind bei Einzelunternehmen betriebsbezogen (Rz 21) zu erfassen (s zu § 4 IVa *BMF* BStBl I 18, 1207 Rz 10; irreführend *BMF* BStBl I 08, 838 Tz 37; dazu Rz 33; zu § 34a V s aber Rz 71) und – ebenso wie iRd BV-Vergleichs (§§ 4 I 1, 5) – nach § 6 I Nr 4, 5 zu bewerten (*BMF* BStBl I 08, 838 Tz 14); Gleiches gilt in Fällen der Buchwertfortführung nach § 6 V 1–3 (zur Nachversteuerung s aber Rz 66 ff). Auch Entnahmen zur Tilgung der ErbSt/SchenkSt (§ 12 Nr 3) sind **33, 35**zusetzen (*BMF* BStBl I 08, 838 Tz 31; zur Nachversteuerung s aber Rz 65).

32 **c) Mitunternehmeranteilsbezogene Einlagen/Entnahmen.** Bei MUern ist eine Entnahme mitunternehmer-anteilsbezogen (s Rz 21–23) zu bejahen, wenn WG (oder Nutzungen) aus dem Gesamthandsvermögen oder dem SBV entweder in das PV oder in ein anderes BV oder in ein SBV des MUers bei einer anderen MUerschaft übertragen oder überführt werden. *Beispiele*: Geld-Entnahme aus Ges zur ESt-Tilgung; Auszahlung von Sondervergütungen (Dienstleistungs-/Nutzungsentgelt) auf privates Bankkonto = Entnahme aus SBV (*BMF* BStBl I 08, 838 Tz 20; zur Willkürung des Guthabens s *Ley* KÖSDI 07, 15737, 15753; *dies* FR 07, 1085, 1096). – Die umgekehrten Vorgänge lösen eine Einlage aus (zB Ges'erdarlehen oder Vermietung eines Grundstücks an PersGes = Einlage in das SBV). Auch hier kommt es auf die Buchwertfortführung nach § 6 V 2, 3 nicht an (zur Nachversteuerung s aber Rz 66 ff, 71). – Gleiches gilt, wenn ein WG vom SBV der MUers 1 in das SBV des MUers 2 bei der näml MUerschaft unentgeltl übertragen wird (§ 6 V 3 Nr 3, Einlage des MUers 1; Einlage des MUers 2). – Werden hingegen WG zu Lasten des KapKtos von MUer 1 in dessen SBV bei der MUerschaft übertragen (§ 6 V 3 Nr 2), lässt dies die Höhe seines nicht entnommenen Gewinns unberührt (Entnahme und Einlage gleichen einander aus; ebenso zu § 4 IVa *BMF* BStBl I 18, 1207 Rz 36); Entsprechendes gilt für den umgekehrten Vorgang (Einbringung von SBV in das Gesamthandsvermögen), soweit die Einlage dem Kapital des Einbringenden gutgeschrieben wird (*Niehus ua* DStZ 09, 14/6); uU weitergehend *BMF* BStBl I 08, 838 Tz 20. – Zu MUeranteilen im BV (zB doppel-/mehrstöckigen PersGes) s Rz 22.

d) Entstrickungstatbestände. Nach dem Wortlaut von § 34a II gehören auch **33** die Entstrickungstatbestände nach § 4 I 3 iVm 4 (idF JStG 2010, BGBl I 10, 1768) zu den (gesetzl fingierten) **Entnahmen** (s oben Rz 31 f; § 16 Rz 197). Hiervon geht auch *BMF* BStBl I 08, 838 Tz 34, 37–40 bei Überführung/Übertragung von **WG zw inl und ausl Betrieben** oder **PersGes** aus (*Niehus ua* DStZ 09, 14, 18; zum WG-Transfer zw inl Betrieben/PersGes s Rz 31 f; zu doppelstöckigen PersGes s aber Rz 22). Abzugrenzen sind **ausl Betriebsstätten** inl Einzelbetriebe (oder PersGes). Da sie in die Gewinnermittlung nach § 4 I 1, § 5 einzubeziehen sind (s Rz 25), sieht *BMF* BStBl I 08, 838 Tz 35, 40 bei *unbeschr* StPfl von einem Entnahmeansatz ab (glA *Thiel ua* DB 07, 1099, 1105; *Kessler ua* Ubg 08, 741, 743; einschr *Schultes-Schnitzlein* NWB F 3, 14 683, 14 692 f: Kompensation von Entnahme/ Einlage iVm Gewinnrealisierung); *nicht* jedoch bei *beschr* StPfl (*BMF* BStBl I 08, 838 Tz 36, 40; oben Rz 25; zur Rücklage nach § 4g s *Ley/Brandenberg* FR 07, 1085, 1094; zu EU-rechtl Bedenken s *Wacker* FR 08, 605, 609). Dementsprechend löst die Überführung von WG aus einer ausl Betriebsstätten in das inl Stammhaus (Verstickungstatbestände gem § 4 I 7 iVm § 6 I Nr. 5a) bei unbeschr StPfl keine Einlage iSv § 34a aus. Entnahmen iSv § 34a II liegen aber vor, wenn das überführte WG aus der ausl Betriebsstätte entnommen wird.

3. Im zu versteuernden Einkommen enthaltener Gewinn, § 34a I 1; Ver- 35 lustausgleich/Verlustabzug, § 34a VIII; § 10d I 2. – a) Begünstigungsfähiger Gewinn. Die Tarifermäßigung kann höchstens iHd nicht entnommenen Gewinns (s Rz 30) beansprucht werden. Sie wird demgemäß grds nicht auf den Teil des betriebl Gewinns gewährt, der auf nicht abziehbare BA entfällt (s Rz 25). Darüber hinaus ist eine **doppelte Begrenzung** und zudem der vorrangige Verlustausgleich (s Rz 36) zu beachten. – *(1)* Der nicht entnommene Gewinn ist zum einen nur insoweit begünstigt, als er im **zu versteuernden Einkommen enthalten** ist (§ 34a I 1, HS 1), dh stfreie BV-Mehrungen (Teil des nicht entnommenen Gewinns) sind nicht Gegenstand der Begünstigung (s Rz 25 einschließl mögl Kompensationseffekte). – *(2)* Zum anderen sind aus dem im zu versteuernden Einkommen enthaltenen nicht entnommenen Gewinn bestimmte **Gewinnanteile** zur Verhinderung von **Doppelbegünstigungen** (BT-Drs 16/4841, 63) **herauszurechnen** (§ 34a I 1 HS 2). – *(a)* Nicht begünstigungsfähig sind nach dem Gesetzeswortlaut *(aa)* Gewinne iSd **§ 18 I 4** („carried interest"; vgl § 3 Nr 40a; krit *Gragert ua* NWB F 3, 14 621, 14 623) und *(bb)* „Gewinne, soweit … **§ 16 IV** oder die Steuerermäßigung nach **§ 34 III** in Anspruch genommen wird". – Nach ihrem Wortlaut („soweit") geht die Regelung zu *(bb)* zum einen insofern ins Leere, als der nach § 16 IV steuerbefreite Veräußerungsgewinn nicht Teil des zu versteuernden Einkommens ist; zum anderen vermag sie die Begünstigung eines Veräußerungsgewinns nicht auszuschließen, „soweit" er die Höchstgrenze des § 34 III (5 Mio €) überschreitet (*Ley* FS Herzig, 469, 476). Demggü schließt *BMF* BStBl I 08, 838 Tz 4, 6 (glA uU BT-Drs 16/4841, 29f) aus dem Teil des Veräußerungsgewinns von § 34a I aus und erstreckt die Ausschlusstatbestände darüber hinaus – gleichfalls ohne Rechtsgrundlage – auch auf *Veräußerungs*gewinne nach § 3 Nr 40 S 1 Buchst b (Teileinkünfteverfahren) sowie auf alle tarifermäßigten Gewinne (zB § 34b; insoweit glA *Ley* Ubg 08, 13, 14). – *(b)* Ungeachtet dieser nur vom Gesetzgeber (iRe *konzeptionellen* Ergänzung) zu legitimierenden Anliegen der FinVerw ist mE aber bereits *de le lata* zu beachten, dass die Steuersatz-Ermäßigung *betriebs- bzw mitunternehmer-anteilsbezogen* gewährt wird (dazu Rz 21) und damit grds jede Veräußerung eines Betriebs oder MUeranteils – ungeachtet der Verwendung des Erlöses und ungeachtet der Tarifbegünstigung des Veräußerungsgewinns – von § 34a ausgeschlossen ist (s Nachversteuerung gem § 34a VI 1 Nr 1; unten Rz 76; **aA** *BMF*

BStBl I 08, 838 Tz 5 betr Veräußerung von MUeranteilen im BV – zB bei doppelstöckiger PersGes; vgl dazu Rz 22): – *Ausnahmen* (mE): nicht nach § 16 IV, § 34 III begünstigte Veräußerung von Teilbetrieben (einschließl 100%iger KapGes-Beteiligung; **aA** *BMF* BStBl I 08, 838 Tz 4) oder von Teil-MUeranteilen, die zu einem BV gehören, jeweils ohne Entnahme des Erlöses aus dem Betrieb, dh iVm betriebs-/anteilbezogener Reinvestition (insoweit glA *BMF* BStBl I 08, 838 Tz 5, 42; BT-Drs 16/4841, 29f). – *(c)* Zu den begünstigten Gewinnanteilen gehören grds auch die dem **Organträger** (natürl Person einschließl Beteiligung an PersGes) zugerechneten Gewinne der OrganGes(§ 14 KStG; oben Rz 20; zu Minderabführungen s aber Rz 25). § 19 II KStG (gleichartige Tarifvorschriften; dazu BFH III R 19/02 BStBl II 04, 515) steht § 34a nicht entgegen (*Schaumburg/Rödder* UntStReform 2008, 419 Fn 24; *Pohl* DB 08, 84).

36 **b) Verlustausgleich; Verlustabzug. – aa) Verlustausgleich.** Trotz § 34a VIII HS 1 sind auch die begünstigungs*fähigen* Gewinne dem Verlustausgleich unterworfen (§ 2 III). Sie gehen insoweit nicht in das zu versteuernde Einkommen ein (§ 34a I 1 iVm § 2 V) und werden unter gleichzeitigem Ausschluss eines Verlustvortrags nicht besteuert (ausführl BFH X R 65/14 BStBl II 17, 958; *Wacker* FR 08, 605, 606; glA – wenn auch zT missverständl – *BMF* BStBl I 08, 838 Tz 1). Verbleibt nach Verlustausgleich und Abzug der weiteren Beträge gem § 2 III–V ein positiver Gesamtbetrag der Einkünfte, sind negative Einkünfte vorrangig mit den nicht nach § 34a begünstigten positiven Einkünften (zB entnommenen Gewinnen) zu verrechnen (vgl zB BFH X R 25/04 BStBl II 07, 694 zu § 35 aF: Meistbegünstigungsprinzip; glA *Niehus ua* FR 16, 366; **aA** *Wendt* DStR 09, 406).

37 **bb) Verlustabzug. – *(1)* Rücktrag.** Wurde in 01 (positiver Gesamtbetrag der Einkünfte) § 34a zB iHv 100 in Anspruch genommen, sperrt § 10d I 2 nF *insoweit* den Rücktrag eines in 02 erzielten Verlusts (negativer Gesamtbetrag der Einkünfte) mit der Folge eines entspr Verlustvortrags (so zutr BT-Drs 16/4841, 54, 64 trotz missverständl Wortlaut von § 34a VIII HS 2; s iEinz *Wacker* FR 08, 605 f; s auch BFH X R 65/14 BStBl II 17, 958; **aA** *BMF* BStBl I 08, 838 Tz 1); der StPfl kann jedoch den Antrag nach § 34a I 4 für 01 ganz oder teilweise zurücknehmen und hierdurch den Verlustrücktrag aus 02 erreichen (*Folge:* keine Besteuerung des nicht entnommenen Gewinns in 01). – *(2)* **Vortrag.** § 34a VIII HS 2 soll zum Erhalt von § 34a in 02 Verlustvortrag aus 01 ausschließen (*Wendt* DStR 09, 406; mE unzutr). – **cc)** Zu § 34a III (**Nachversteuerungsbetrag;** keln Verlustausgleich) s Rz 64.

38 **4. Steuerpflichtige, § 34a I 1.** StPfl iSv § 34a I 1 sind nur natürl Personen, die der ESt unterliegen. Demgemäß auch beschr ESt-Pflichtige (Umkehrschluss aus § 50 I), wenn und soweit in ihrem zu versteuernden Einkommen gem § 49 nicht entnommene Gewinne iSv § 4 I 1, § 5 enthalten sind (§ 34a I 1; *BMF* BStBl I 08, 838 Tz 1; *Schultes-Schnitzlein ua* NWB F 3, 14683, 14692; *Bäumer* DStR 07, 2089, 2093; vgl dazu auch Rz 11; zu Einlagen und Entnahmen s Rz 33).

39 **5. Wahlrecht, § 34a I, III 1. – a) Einzelbetrieb.** Das Wahlrecht ist vom StPfl (Rz 38) iRd Veranlagung zur ESt (Rz 90 ff) für jeden Einzelbetrieb (s Rz 21) und für jeden VZ gesondert auszuüben (§ 34a I 2, 4). Der zur Wahlrechtsausübung erforderl Antrag kann rechtl Wirkung nur bis zur Höhe des begünstigungsfähigen Gewinns (Rz 35) des jeweiligen Einzelbetriebs entfalten; der Antrag kann aber auch in beliebiger Weise begrenzt werden (§ 34a I 1: „ganz oder teilweise"; glA *BMF* BStBl I 08, 838 Tz 7, 8). Zu den Wahlrechtsparametern s Rz 7.

40 **b) Mitunternehmeranteil.** Gleiches gilt grds auch für MUer (§ 34a I 2, 4: gesondertes und betragsmäßig variables Wahlrecht jeweils bezogen auf den einzelnen MUeranteil iRd ESt-Veranlagung; also *nicht* im Feststellungsverfahren). Das Wahlrecht kann von den MUern jeweils eigenständig ausgeübt werden (*BMF* BStBl I 08, 838 Tz 9: keine „einheitl Antragstellung"; ebenso Vorschlag *Wissenschaftl Beirat* BB 05, 1653, 1659). Allerdings wird zusätzl gefordert, dass der Anteil des MUers an

Rechtsfolgen **41, 50 § 34a**

dem nach § 4 I 1 oder § 5 ermittelten Gewinn (vor außerbilanziellen Korrekturen; einschließl Vorabgewinne, Ergänzungs-/Sonderbilanzen) – also eine Größe, die mit dem einheitl und gesondert festgestellten Gewinnanteil nicht übereinstimmen muss – entweder **mehr als 10 %** beträgt oder **10 000 €** übersteigt (§ 34a I 3; *BMF* BStBl I 08, 838 Tz 7, 9 mit Beispiel; *Ley/Brandenberg* FR 07, 1085, 1088: Wj-bezogene Prüfung). Dies soll der Vereinfachung sowie dem Ausschluss der Beteiligung an PublikumsGes mit minimaler Ausprägung der MUerinitiative dienen (zB Medienfonds, Windkraftfonds; BT-Drs 16/4841, 63; zur Verfmäßigkeit s Rz 12). Zu MUeranteilen im BV (zB doppelstöckigen PersGes) s Rz 22.

c) Zeitliche Grenzen; Antragsänderung; Antragsrücknahme. – *(1)* Der **41** Antrag unterliegt keiner Frist. Er kann deshalb grds bis zur **Unanfechtbarkeit** des ESt-Bescheids gestellt werden (vgl § 172 I 1 Nr 2a, 2 AO; BFH X R 56/13 BStBl II 16, 967); bei Klagen bis zum Abschluss des FG-Verfahrens (zB BFH IV R 6/07 BFH/NV 09, 1989). Ist der nicht angefochtene ESt-Bescheid unter dem Vorbehalt der Nachprüfung ergangen (keine materielle Bestandskraft; s BFH II R 48/81 BStBl II 83, 164), kann er (zB zur Milderung eines BP-Mehrergebnisses) bis zum Ablauf der Festsetzungsfrist auch zur Berücksichtigung eines Antrags gem § 34a geändert werden (§ 164 II AO; *BMF* BStBl I 08, 838 Tz 10; *BH/Ratschow* § 34a Rz 22). Wird der ESt-Bescheid – außerhalb von § 164 AO – zB gem § 173 I Nr 1 AO geändert, sind §§ 177, 351 I AO zu beachten (*Bäumer* DStR 07, 2089, 2093; **aA** *Englisch* FR 15, 533). – *(2)* Die Grenzen zu a) gelten grds auch für die **Änderung** oder **Rücknahme** (vgl BFH IX R 72/06 BStBl II 09, 639; **aA** *Bäumer* DStR 07, 2089, 2093: arg § 175 I 1 Nr 2 AO) eines zunächst gestellten Antrags. Darüber hinaus gestattet § 34a I 4 HS 1 zur „Vermeidung unbilliger Härten" (zB bei unvorhergesehenen Verlusten; BT-Drs 6/4841, 63 krit *BH/Ratschow* § 34a Rz 23), dass der StPfl den Antrag (zB für VZ 01) bis zur Unanfechtbarkeit (= formelle Bestandskraft, s oben [1]; fragl bei eingeschränkter Anfechtbarkeit gem §§ 172ff, 351 AO; abl *BH/Ratschow* § 34a Rz 22 mwN) der *nächsten* ESt-Veranlagung (VZ 02) ganz oder teilweise zurücknimmt (nicht also: erstmaliger Antrag oder Antragserweiterung für 01; s Rz 39; *BMF* BStBl I 08, 838 Tz 10). Die Antragsrücknahme begründet ein rückwirkendes Ereignis (§ 175 I 1 Nr 2 AO) mit der Folge eines verzögerten Zinslaufs (§ 233a IIa AO; *Gragert* ua NWB F 3, 15251, 15257). Fragl ist, ob Letzterem durch § 34a I 4 HS 2 und I 5 (eigenständige Korrekturvorschrift iVm besonderer Ablaufhemmung; BT-Drs 16/11108; BT-Drs 16/10494, 9) begegnet wird (vgl zB *TK* § 233a AO Tz 64: materiell-rechtl Begriff des rückwirkenden Ereignisses).

III. Rechtsfolgen

1. Begünstigungsbetrag; Sondertarif, § 34a I 1, III 1. Begünstigungsbetrag **50** ist der Teil des begünstigungsfähigen Gewinns (Rz 35), für den der StPfl wirksam den Antrag (Rz 39f) auf Sondertarifierung gestellt hat. Er ist maW deren Bemessungsgrundlage (*BMF* BStBl I 08, 838 Tz 23). Der Sondertarif (§ 34a I 1 iVm § 32a I 2, V 2; BT-Drs 16/5491, 19) beläuft sich auf 28,25 % zuzügl 5,5 % SolZ (= 29,80 %; zum VZ 2021 s Rz 6). Zur Ermäßigung für ausl Steuern auf im Inl stpfl ausl Gewinne (zB ausl Betriebsstätten-Einkünfte) s § 34c I 2); zur Antragsbegrenzung s *Kessler ua* Ubg 08, 741, 742; zu DBA-Qualifikationskonflikten s *Goebel ua* IStR 07, 877; *B. Fischer* FS Schaumburg, S 319, 340. Der verbleibende Gewinn unterliegt dem Regeltarif (§ 32a I 2) oder eigenständigen Milderungen (zu Ausschlussstatbeständen s aber Rz 35). Der nach § 34a begünstigte Gewinn geht nicht in die Steuersatzbestimmung gem § 32a (betr die übrigen Gewinnanteile/Einkünfte) oder gem § 34 I (EStR 34.2 II 2) ein (zum Verhältnis § 34a/§ 34 I s *BMF* BStBl I 08, 838 Tz 6: Wahlrecht; str, s *Bäumer* DStR 07, 2089/92; *Ley/Brandenberg* FR 07, 1090). Sind für eine Veranlagung § 34 III (zB Veräußerung von Betrieb 1) *und* § 34a (betr Betrieb 2) anzuwenden, ist der Sondertarif (§ 34a) bei

51 **2. Nachversteuerungspflichtiger Betrag des Veranlagungszeitraums, § 34a III 2, 3.** Aus dem Begünstigungsbetrag ist – wiederum betriebs- bzw mitunternehmer-anteilsbezogen (§ 34 III 3) – der nachversteuerungspflichtige Betrag des *StPfl* abzuleiten (arg § 34a VII; missverständl insoweit § 34 III 2, 3 sowie *BMF* BStBl I 08, 838 Tz 24). Er ist jährl gesondert festzustellen (s Rz 91) und bildet zugleich die maximale Bemessungsgrundlage zur Bestimmung der späteren Nachsteuer iHv § 25% (zuzügl SolZ; s Rz 64). Bei mehreren Betrieben/MUeranteilen können somit mehrere – gesondert zu ermittelnde und fortzuentwickelnde – nachversteuerungspflichtige Beträge des StPfl festzustellen sein.

52 **a) Grundsatz.** Der nachversteuerungspflichtige Betrag ist – parallel zu KapGes (*Wissenschaftl Beirat* BB 05, 1653, 1655; *Thiel ua* DB 07, 1099, 1103) – die **Differenz** von Begünstigungsbetrag (= der auf Antrag begünstigte im zu versteuernden Einkommen enthaltene Gewinn; Rz 50) einerseits und ESt-Belastung nach § 34a I sowie *darauf* entfallendem SolZ (28,25% + 1,55% [5,5% × 28,25%]; insgesamt mithin 29,80%; zum VZ 2021 s Rz 6) andererseits. Angesetzt wird damit bei GewSt-Pflicht nicht der tatsächl (nach Abzug der GewSt-Anrechnung) erhobene, sondern ein fiktiv höherer SolZ (*Ley* KÖSDI 07, 15737, 15747). Nicht abgezogen werden jedoch die KiSt (*BMF* BStBl I 08, 838 Tz 24) sowie angefallene Nebenleistungen (zB Zinsen, Säumniszuschläge; BT-Drs 16/4841, 63f).

Beispiel: Gewinn: 100; GewSt: 14 [3,5 × 400%]; Maximale Begünstigungsbetrag (keine Steuerentnahme): 86; ESt-Belastung nach § 34a: 24,29 (= 86 × 28,25%); nachversteuerungspflichtiger Betrag: 86-24,29-1,34 [SolZ] = 60,37.

53 **b) Hinzurechnungen; Abrechnungen.** Der nachversteuerpflichtige Betrag ist nach § 34a III 2 (*BMF* BStBl I 08, 838 Tz 25) zum einen zu **erhöhen** um *(1)* den zum Ende des vorangegangenen VZ (Vorjahr) für den einzelnen Betrieb (MUeranteil) festgestellten nachversteuerungspflichtigen Betrag (zur Bindungswirkung s Rz 93) und *(2)* den auf den Betrieb (MUeranteil) nach § 34a V (Buchwertfortführung gem § 6 V 1–3; s Rz 66, 71) übertragenen nachversteuerpflichtigen Betrag; er ist zum anderen zu **mindern** um *(1)* den Nachversteuerungsbetrag gem § 34a IV (dazu Rz 61) und *(2)* den auf einen anderen Betrieb (MUeranteil) nach § 34a V (s Rz 66, 71) übertragenen nachversteuerpflichtigen Betrag.

IV. Nachversteuerung

60 **1. Allgemeines.** § 34a unterscheidet die Nachversteuerung aufgrund von – *(1)* Entnahmen (§ 34a IV; abgemildert für Entnahmen zur Tilgung von ErbSt/SchenkSt gem § 34a IV 3 und bei Buchwertübertragung von WG gem § 34a V) sowie – *(2)* sonstiger Nachversteuerungstatbestände (§ 34a VI; zB Betriebsveräußerung; ausgenommen: unentgeltl Buchwertübertragung von Betrieben/MUeranteilen oder deren Buchwerteinbringung in PersGes). Die hierdurch ausgelöste Nachsteuer, die *neben* die Besteuerung der im VZ der Nachversteuerung anzusetzenden Gewinne tritt, beträgt – entspr der ESt-Belastung privater Dividendenerträge ab 2009 (§ 32d) – gleichbleibend 26,37% (ESt: 25% + SolZ: 1,37; § 34a IV 2 EStG iVm § 1 II SolZG; BFH IX R 34/18 BStBl II 21, 455; zum VZ 2021 s Rz 6) ggf zuzügl KiSt (s auch *BMF* BStBl I 08, 838 Tz 27 mit Beisp).

61 **2. Nachversteuerung bei Entnahmen, § 34a IV, V. – a) Grundsatz, § 34a IV 1, 2.** Übersteigt bei betriebs-/mitunternehmeranteilsbezogener Betrachtung der positive Saldo von Entnahmen/Einlagen des Wj den nach § 4 I 1 oder § 5 ermittelten Gewinn (**Nachversteuerungsbetrag** = Bemessungsgrundlage der Nachsteuer, § 34a IV 2), ist vorbehaltl dessen Minderung um Entnahmen zur Begleichung von ErbSt/SchenkSt (§ 34a IV 3; s Rz 65) und vorbehaltl § 34a V (Übertragung der nachversteuerpflichtigen Betrags; dazu Rz 66ff) eine Nachversteuerung bis zur Höhe des zum Ende des vorangegangenen VZ festgestellten nachversteuerungspflichtigen Betrags (§ 34a III; s oben Rz 51) durchzuführen.

aa) Tatbestandsmerkmale. Die Tatbestände „nach § 4 I 1 oder § 5 ermittelter Gewinn", „Entnahmen" entsprechen denen des § 34a I, II (s deshalb Rz 31–33; glA *BH/Ratschow* § 34a Rz 41). – *(1)* **Einzelheiten.** Verluste (= entnahmeunabhängige EK-Minderung; vgl *Thiel ua* DB 07, 1099, 1101) gehören auch iRv § 34a IV nicht zu den Gewinnen (*BMF* BStBl I 08, 838 Tz 27; zu § 34a II s oben Rz 20); der Nachversteuerungsbetrag entspricht damit in Verlustjahren dem positiven Entnahme/Einlage-Saldo. – Nicht abziehbare BA mindern den Gewinn iSv § 4 I 1, § 5 (zu § 34a II s oben Rz 25) mit der Folge, dass sie – obwohl im zu versteuernden Einkommen enthalten – nicht mehr zur Vermeidung der Nachversteuerung aufgrund eines positiven Entnahme/Einlage-Saldos gegengerechnet werden können (zutr *BMF* BStBl I 08, 838 Tz 28 mit Beispiel); insb in Verlustjahren (s zu (1)) kann mithin erhebl sein (*Gragert ua* NWB F 3, 14621, 14636; *Bäumer* DStR 07, 2089, 2090), ob die GewSt als nicht abziehbare BA (Rz 25) oder als Privatschuld (iVm Entnahme) zu qualifizieren ist. – Umgekehrt erhöhen stfreie Gewinne, obwohl nicht Teil des zu versteuernden Einkommens, den Gewinn iSv § 4 I 1, § 5 I und vermindern damit den Nachversteuerungsbetrag („Entnahme-Puffer"; zu § 34a II s oben Rz 25). – Zu MUeranteilen im BV (zB doppelstöckige PersGes) s Rz 22. – Zu den Ent- und Verstrickungstatbeständen nach § 4 I 3 und 7 s oben Rz 33. – *(2)* **Entnahmezuordnung.** Damit liegt dem Gesetz im Hinblick auf die Zuordnung von Entnahmen zu den Bestandteilen des (nicht gegliederten) EK folgende (betriebs- bzw mitunternehmeranteilsbezogene) *gedankl* **Reihung** zugrunde (vgl auch *BMF* BStBl I 08, 838 Tz 29 „Verwendungs"reihenfolge): – *(aa)* Entnahmen sind mit den Einlagen des näml Wj zu saldieren; – *(bb)* ein hiernach sich ergebender Entnahmeüberhang (positiver Entnahme/Einlage-Saldo) ist zunächst (BT-Drs 16/4841, 63: „vorrangig") mit den im Wj erzielten stfreien BV-Mehrungen und erst dann – *(cc)* mit dem stpfl Gewinn (nicht Verlust, s oben) zu verrechnen; – *(dd)* anschließend Verrechnung mit dem auf das Ende der Vorjahres festgestellten nachversteuerungspflichtigen Betrag, der seinerseits aus dem Begünstigungsbetrag (Bemessungsgrundlage des Sondertarifs gem § 34a I, II) abgeleitet wurde; Schritt (dd) löst damit grds die Nachsteuer aus; – *(ee)* Verrechnung mit den stfreien oder stpfl, aber nicht nach § 34a I, II begünstigten BV-Mehrungen der Vorjahre.

bb) Konsequenzen. – *(1)* **Nachversteuerungsbetrag.** Da der Gewinn iSv § 4 I 1 (§ 5) durch Entnahmen erhöht und durch Einlagen gemindert wird (Hinzu-/Abrechnung zum/vom Unterschiedsbetrag), kann sich ein Nachversteuerungsbetrag (Entnahme/Einage-Saldo übersteigt den Gewinn; s Rz 61) nur ergeben, wenn der **Unterschiedsbetrag negativ** ist (dh das BV sich ggü demjenigen zum Ende der Vorperiode gemindert hat; *Thiel ua* DB 07, 1099, 1101). – *(2)* **Einschlusseffekt.** Da ein Überhang des positiven Entnahme-/Einlage-Saldos über den Gewinn iSv § 4 I 1 (einschließl steuerbefreiter Gewinne) **vorrangig** dem nachversteuerungspflichtigen Betrag zugeordnet wird, kann das übrige nicht nach § 34a begünstigte EK erst nach Durchführung der Nachversteuerung entnommen werden. Der hiermit verbundene Einschluss-Effekt ist zwar verfrechtl nicht zu bestanden (zutr FG SchHol EFG 20, 209 Rz 2, Rev VIII R 40/19); er ist aber nicht nur ein Übergangs-, sondern ein praktisches Dauerproblem des § 34a. Er betrifft nicht nur das in Wj vor erstmaliger Anwendung gebildete thesaurierte **Altkapital** (*Thiel* DB 07, 1099, 1100), sondern auch die in Wj der Inanspruchnahme von § 34a thesaurierten stpfl und stfreien Gewinne (*Hey* DStR 07, 925, 929: Auslandsgewinne), für die der **Sondertarif nicht** beantragt wird (bzw werden kann), sowie schließl auch die nicht entnommenen Gewinne in **Interimsperioden** (zB Wj 02–04) zw der Anwendung von § 34a (zB Wj 01) und einer späteren Entnahme mit Anfall des Nachversteuerungsbetrag (zB Wj 05), dh die Entscheidung zugunsten von § 34a löst – entgegen der Erwartung des Gesetzesgebers (BT-Drs 16/4841, 62: „nachhaltige Senkung der Fremdkapitalquote"; s Rz 2) – den Zwang aus, bis zur Grenze der Nachversteuerung das EK zu mindern (s auch Rz 14). – **(3) Gestaltungserwägungen.** S insb im Hinblick auf die Entnahme von Altkapital (Wj 2007 bzw Wj 2006/2007) einschließl ihrer steuerl (zB für § 4 IVa, § 15a EStG; § 13a ErbStG) und außersteuerl Folgewirkungen – zB Entnahme/spätere Wiedereinlage; Einlagen in SchwesterKapGes oder betriebl/vermögensverwaltende SchwesterPersGes; fremdübl Darlehensrückgewähr von betriebl SchwesterPersGes an UrsprungsGes; nicht fremdübl Darlehen an Ges'ter – *Thiel ua* DB 07, 1105; *Ley* KÖSDI 07, 15737, 15755.

64 **b) Rechtsfolgen, § 34a IV 2.** Der Nachversteuerungsbetrag ist – begrenzt auf den betriebs-/mitunternehmeranteilsbezogen festgestellten nachversteuerungspflichtigen Betrag (Rz 51; zu Rumpf-Wj s Rz 28) – Bemessungsgrundlage der gleichbleibenden (konstanten) **Nachsteuer** iHv 26,37 % (einschließl SolZ; oben Rz 60; zum SolZ/VZ 2021 s Rz 6). Er ist nicht Teil des Gewinns und kann damit auch nicht der GewSt unterliegen (§ 7 GewStG). Trotz fehlender gesetzl Regelung (vgl § 2 VI) ist angesichts des Wortlauts von § 34a IV 2 („ESt auf Nachversteuerungsbetrag") und des systematischen Zusammenhangs zur geminderten Thesaurierungsbelastung (§ 34a I) für im zu versteuernden Einkommen enthaltene und *nach* Durchführung eines Verlustausgleichs verbleibende Gewinne (s Rz 36) ein **(Verlust-)Ausgleich** mit negativen Einkünften *des Nachsteuerjahrs* – anders als nach § 32d IV – **ausgeschlossen** (*Thiel ua* DB 07, 1099, 1103; insoweit zutr *Bäumer* DStR 07, 2080, 2091; krit *Hey* DStR 07, 925, 929). Dh: der Nachversteuerungsbetrag ist **nicht Teil des zu versteuernden Einkommens** (*Kessler ua* Ubg 08, 741; unklar § 32a I 2; § 34a VIII – ohnehin missglückt (s Rz 36) – trifft hierzu keine Aussage). Deshalb scheidet auch eine Anrechnung nach § 34c I 2 (s oben Rz 50) aus (*Bäumer* DStR 07, 2089, 2092; aA *Ley/Brandenberg* FR 07, 1085, 1101; *Goebel ua* IStR 07, 877: DBA-Qualifikationskonflikt). Auch für Zwecke des § 35 (GewSt-Anrechnung) erhöht sich iSv § 35 I ledigl die tarifl ESt, nicht jedoch die im zu versteuernden Einkommen enthaltenen gewerbl Einkünfte (*BMF* BStBl I 09, 440 Rz 15; s § 35 Rz 5; nicht eindeutig *Ley/Brandenberg* FR 07, 1085, 1101; *Gragert* NWB F 3, 14621, 14649). – Treffen Nachsteuer und **§ 34 III** im VZ zusammen, ist der Nachversteuerungsbetrag nicht bei der Ermittlung des durchschnittl Steuersatzes zu berücksichtigen (insoweit glA *Schmidtmann* DStR 10, 2418; s auch Rz 50 aE). – Der Nachversteuerungsbetrag mindert den gesondert festzustellenden nachversteuerungspflichtigen Betrag (§ 34a III 2; Rz 53).

65 **c) Ausnahmen, § 34a IV 3, V. – aa) Erbschaft-/Schenkungsteuer, § 34a IV 3.** Der Nachversteuerungsbetrag ist nach § 34a IV 3 um die Beträge, die für die ErbSt/SchenkSt anlässl der Übertragung des Betriebs oder MUeranteils entnommen wurden, zu mindern (s auch *Wissenschaftl Beirat* BB 05, 1653, 1655). Nach dem Wortlaut („anlässlich") ist ein wirtschaftl Zusammenhang zw Entnahme und Steuertilgung ausreichend, eine unmittelbare Tilgungsverwendung der entnommenen Mittel mithin nicht erforderl (ohne Aussage *BMF* BStBl I 08, 838). – Die nachversteuerungsunschädl Entnahme ist auf ErbSt/SchenkSt anlässl der Übertragung „des Betriebs/MUeranteils" begrenzt (*BMF* BStBl I 08, 838 Tz 30: Aufteilung nach Bemessungsgrundlage, mE zweifelhaft; *Ley/Brandenberg* FR 07, 1085, 1101: nicht Teilbetriebe, Teil-MUeranteile). Bei Übertragung von zwei (oder mehreren) Betrieben (MUeranteilen) soll deshalb nach *BMF* BStBl I 08, 838 Tz 31 die Entnahme aus Betriebs 1 nicht begünstigt sein, soweit sie für die Tilgung der auf Betrieb 2 entfallenden ErbSt/SchenkSt verwendet wird (fragl; zur Vermeidung des Erfordernisses einer steuerkongruenten Verteilung des EK ist mE der Rechtsgedanke des § 34a V entspr anzuwenden; zu Geldentnahmen s aber Rz 67). Wird die ErbSt/SchenkSt aus Entnahmen und privaten Mitteln getilgt, gelten die entnommenen Beträge als vorrangig begünstigt verwendet (*BMF* BStBl I 08, 838

Tz 31 mit Beispiel; zutr: Meistbegünstigung). – Die **Rechtsfolge** beschränkt sich auf die Kürzung des Nachversteuerungsbetrags und damit die Vermeidung der Nachsteuer aufgrund der Entnahme für Zwecke der ErbSt/SchenkSt. Nicht gemindert wird hingegen der nachversteuerungspflichtige Betrag, dh nur Nachversteuerungsaufschub (*BMF* BStBl I 08, 838 Tz 31; *Gragert ua* NWB F 3, 14 621, 14 639; *BH/Ratschow* § 34a Rz 36, 42; nicht eindeutig BT-Drs 16/4841, 64. „Nachversteuerung nicht durchzuführen"). ErbSt/SchenkSt-Entnahmen sind ferner bei der Bestimmung des nicht entnommenen Gewinns anzusetzen (s Rz 31). Zu § 13a ErbStG aF s BFH II R 63/08 BStBl II 10, 305.

bb) Buchwertübertragung, § 34a V. § 34a V 1 stellt klar (glA *Niehus ua* DStZ **66** 09, 14, 16), dass eine Nachversteuerung unter den Voraussetzungen des § 34a IV auch durch die Buchwertübertragung/-überführung von WG nach § 6 V 1–3 ausgelöst werden kann. Nach § 34a V 2 findet aber eine Nachversteuerung nicht statt, wenn der StPfl beantragt, den nach versteuerungspflichtigen Betrag iHd Buchwerts der übertragenen oder überführten WG, höchstens jedoch iHd Nachversteuerungsbetrags, den die Übertragung oder Überführung ausgelöst hätte, auf den anderen Betrieb oder MUeranteil zu übertragen (BT-Drs 16/4841, 64: Nachversteuerung aufgrund weiterer betriebl Nutzung nicht gerechtfertigt; ledigl „buchungstechnische Behandlung als Entnahme").

(1) Tatbestand, § 34a V 2 iVm 1. – (a) Entnahme. Die Regelungen sind **67** angesichts ihrer Anbindung an § 34a *IV* nicht anwendbar, wenn der WG-Transfer **keine** Entnahme auslöst. Der Entnahmebegriff ist damit zwar auch iRv § 34a V aus der Sicht des abgebenden Betriebs/MUeranteils, dh betriebs-/mitunternehmeranteilsbezogen auszulegen (s Rz 21) und somit zB erfüllt, wenn SBV des MUers 1 nach § 6 V 3 Nr 3 unentgeltl in das SBV des MUers 2 bei der näml MUerschaft übertragen wird, nicht jedoch, soweit WG des SBV in das Gesamthandsvermögens der MUerschaft zugunsten des KapKtos des Einbringenden übertragen werden (oder umgekehrt; *Gragert ua* NWB F 3, 14 621, 14 641; *Ley* Ubg 08, 214, 215; s auch Rz 32). Der Frage, ob ein Übertragungsvorgang beim aufnehmenden Rechtsträger als Einlage (s Rz 71) oder tauschähnl Geschäft zu qualifizieren ist (zB Einbringung von WG des Betriebs 1 in das Gesamthandsvermögen bei MUerschaft 2 gegen Gewährung von GesRechten), kommt keine Bedeutung zu (glA *Niehus ua* DStZ 09, 14, 19). Entgegen der Ansicht der FinVerw (s *BMF* BStBl I 11, 1279 Rz 18 ff) fällt auch die Übertragung von WG zw den Gesamthandsvermögen von **SchwesterPersGes** unter § 6 V 3 (iVm § 34a V). Nach *BMF* BStBl I 08, 838 Tz 21 (s dazu aber Rz 22) sind MUeranteile, die zu einem BV gehören (bei **doppelstöckige PersGes**), nicht als selbstständige Einheiten zu behandeln mit der Folge, daß WG-Transfers *innerhalb* dieses einheitl Vermögenskreises (zB Gutschrift einer Einlage der OberPersGes auf *ihrem* KapKto bei der UnterPersGes) keine Entnahmen/Einlagen auslösen und damit auch nicht § 34a IV, V (Nachversteuerung) unterstehen können. Gleiches gilt grds bei Überführung eines WG in **ausl Betriebsstätten** (Rz 33). Entgegen *BMF* BStBl I 08, 838 Tz 32 („Geldbeträge"; Ausweg: Wertpapiere?) gehört auch (Bar-/Buch-)**Geld** zu den WG iSv § 34a I, IV, V 1 (iVm §§ 4, 6 V) und damit auch zu den nach § 34a V 2 übertrag-/überführbaren WG (glA *Niehus ua* DStZ 09, 14, 19; *Ley/Brandenberg* FR 07, 1085, 1103; vgl auch nicht umgesetzte BR-Initiative/JStG 2009 BT-Drs 16/10 494, 8); *allg* Ausnahme uU: nur kurzfristiger Verbleib im aufnehmenden Betrieb (vgl zB BFH XI R 48/00 BFH/NV 03, 895).

(b) Betrieb; Mitunternehmeranteil. Die Übertragung (§ 34a V 2) setzt nicht **68** voraus, dass ggü dem StPfl bereits für den **aufnehmenden** Betrieb/MUeranteil ein Nachversteuerungsbetrag festgestellt wurde. Erforderl ist aber, dass zum Ende des Wj der WG-Überführung/Übertragung ein abstrakt begünstigungsfähiger Betrieb/MUeranteil iSv § 34a I, II vorliegt (Gewinnermittlung nach § 4 I 1/§ 5; glA *BH/Ratschow* § 34a Rz 45).

(c) Buchwertfortführung. Vorausgesetzt ist nicht nur eine **Entnahme** nach § 34a IV ivm § 6 V 1–3 (s Rz 67), sondern auch eine solche zu Buchwerten (§ 34a V 1, 2). Letzteres ist nicht (mehr) gegeben, wenn in Fällen der WG-Übertragung (§ 6 V 3) gegen die *Sperrfristen* gem § 6 V 4, 6 verstoßen wird und deshalb rückwirkend der Teilwert anzusetzen ist (glA *BMF* BStBl I 08, 838 Tz 32; **aA** zB *Niehus ua* DStZ 09, 14, 21). Bereits ergangene Feststellungsbescheide (abgebender/ aufnehmender Betrieb/MUeranteil) – einschließl derjenigen für die VZ zw Entnahme und Sperrfristverletzung sind – ebenso wie bereits ergangene ESt-Bescheide – zu ändern (ggf nach § 175 I 1 Nr 2 AO).

(d) Nachversteuerung. Die WG-Übertragung/Überführung („§ 6 V-Entnehmen") muss zu einer Nachversteuerung gem § 34a IV führen (§ 34a V 1); nur dann kann sie nach Maßgabe der weiteren Voraussetzungen und Rechtsfolgen iSv § 34a V 2 „nicht stattfinden". Die Vorschrift ordnet keine Verwendungsreihenfolge für den Sachverhalt an, dass § 6 V-Entnahmen und sonstige Entnahmen zusammentreffen. Die Lücke ist iSd **Meistbegünstigungsprinzips** (s Rz 36) zu schließen (vgl die auch insoweit nicht umgesetzte BR-Initiative/JStG 2009 BT-Drs 16/10 494, § 8: Vorrang der sonstigen Einnahmen). Aus diesem kann allerdings keine allg gültige Reihung abgeleitet werden; vielmehr bedarf es einer **einzelfallbezogenen** Beurteilung, die sich mE in Fallgruppen gliedern lässt.

Fallgruppe 1: Ist der **Nachversteuerungsbetrag** (Entnahmen abzügl Einlagen und Gewinn [nicht Verluste, s Rz 62]) **Bemessungsgrundlage der Nachsteuer,** weil er den festgestellten nachversteuerungspflichtigen Betrag (§ 34a IV) *nicht* übersteigt, sind die **sonstigen Entnahmen vorrangig** mit den Gewinnen und Einlagen zu verrechnen (insoweit glA *BMF* BStBl I 08, 838 Tz 32 mit Beisp). Dies gilt unabhängig von dem Verhältnis der § 6 V-Entnahmen zu den sonstigen Entnahmen (nachfolgend Beisp 1). Auch kommt es nicht darauf an, ob die § 6 V-Entnahmen den Nachversteuerungsbetrag überschreiten (s Beisp 2).

Beispiel 1: Gewinn zuzügl Einlagen 50; § 6 V-Entnahme 60; sonstige Entnahmen 90; Nachversteuerungsbetrag somit 100 = nachversteuerpflichtiger Betrag am Ende des Vorjahrs. Die vorrangige Verrechnung der sonstigen Entnahmen (90) mit der Summe aus Gewinn und Einlagen (50) führt zu einem nachversteuerungspflichtigen Betrag (= nachversteuerungspflichtiger Betrag) iHv 40; der auf die § 6 V-Entnahmen entfallende Teil des Nachversteuerungsbetrags (= des nachversteuerungspflichtigen Betrags = 60) kann in *vollem* Umfang gem § 34a IV 2 übertragen und somit von der Nachsteuer ausgenommen werden. Würden hingegen – umgekehrt (dh entgegen dem Grundsatz der Meistbegünstigung) – vorrangig die § 6 V-Entnahmen angesetzt, entfielen die gesamten sonstigen und nicht nach § 34a IV 2 privilegierten Entnahmen (90) auf den Nachversteuerungsbetrag (= nachversteuerungspflichtigen Betrag).

Beispiel 2: Gewinn zuzügl Einlagen 210; § 6 V-Entnahme 150; sonstige Entnahmen 160; Nachversteuerungsbetrag somit 100 = nachversteuerpflichtiger Betrag am Ende des Vorjahrs. Wird der Gewinn zuzügl Einlagen (210) vorrangig mit den sonstigen Entnahmen (160) verrechnet, entfällt der (potentielle) Nachversteuerungsbetrag (100) in vollem Umfang auf die § 6 V-Entnahmen (150).

Hinweis: Lediglich für den mutmaßl nicht anzutreffenden Sachverhalt, dass im VZ der Nachversteuerung *nur Entnahmen* (also keine Einlagen, kein Gewinn; zur Nichtberücksichtigung von Verlusten s Rz 62) anfallen, ist unter der Prämisse von Fallgruppe 1 die gedankl Reihung von § 6 V-Entnahmen und sonstigen Entnahmen ohne Bedeutung.

Fallgruppe 2: Ist der **Nachversteuerungsbetrag** (Entnahmen abzügl Einlagen und Gewinn [nicht Verluste, s Rz 62]) **größer** als der festgestellte **nachversteuerungspflichtige Betrag** und somit letzterer Betrag **Bemessungsgrundlage der Nachsteuer,** erweist sich – im Gegensatz zu Fallgruppe 1 – die **vorrangige** Verrechnung der **§ 6 V-Entnahmen** als für Zwecke des § 34a V nicht dann als begünstigend, wenn im VZ der Nachsteuer keine Einlagen und keine Gewinne anfallen (dazu nachfolgend Beispiel 4). Gleiches gilt weitergehend, wenn der § 6 V-Buchwert (a) die Summe aus Gewinn und Einlagen überschreitet und (b) der hiernach auf den nachversteuerpflichtigen Betrag entfallende Teil des § 6 V-Buchwerts (= potentieller Übertrag nach § 34a V 2) die (positive) Differenz übersteigt, die sich ergäbe, wenn vom nachversteuerungspflichtigen Betrag zuzügl der Summe aus Gewinn und Einlagen die sonstigen Entnahmen vorrangig abgezogen würden. *Entgegen BMF* BStBl I 08, 838 Tz 33 mit Beispiel ist auch in dieser Konstellation nach dem Meistbegünstigungsprinzip zu verfahren.

Beispiel 3: Gewinn zzgl Einlagen 90; § 6 V-Entnahme 130; sonstige Entnahmen 120; Nachversteuerungsbetrag somit 160; nachversteuerungspflichtiger Betrag am Ende des Vorjahrs (aber nur) 50. Würde der Gewinn zuzügl Einlagen (90) vorrangig mit den sonstigen Entnahmen (120) verrechnet (so *BMF*), ergäbe sich eine NachSt auf 30 (120 – 90); der nachversteuerungspflichtige Betrag wäre nur noch iHv 20 (= 50 – 30) übertragbar. Geht man aber (zutr; s oben) von der vorrangigen Verrechnung von § 6 V-Entnahmen (130) und Gewinnen zzgl Einlagen (90) aus, ist der potentiell nachversteuerungspflichtige Betrag iHv 40 (= 130 – 90) auf Antrag zu übertragen und die NachSt auf nur 10 (= 50 – 40) zu erheben.

Beispiel 4 (nach *BMF* BStBl I 08, 838 Tz 33): Gewinn und Einlagen jeweils 0; § 6 V-Entnahme 130; sonstigen Entnahmen 120; nachversteuerpflichtiger Betrag am Ende des Vorjahrs 100. Nach dem Meistbegünstigungsprinzip muss bei Antrag gem § 34a V 2 die § 6 V – Entnahme (130) unter Ausschluss einer Nachsteuer vorrangig angesetzt werden (**aA** *BMF* BStBl I 08, 838 Tz 33). Weitere Folge: Übertragung des gesamten nachversteuerungspflichtigen Betrags iHv 50. Auch dies ergibt sich aber nicht aus § 34a V 2, der die Übertragung „in" Höhe des (gemeint: bis zur Grenze des) § 6 V-Buchwerts (130), beschränkt auf den durch § 6 V ausgelösten *Nachversteuerungsbetrag* (gleichfalls 130; vgl. § 34a IV 1 HS 1) anordnet (vgl die auch insoweit nicht umgesetzte BR-Initiative/JStG 2009 BT-Drs 16/10 494, 8).

(e) Antrag. Er kann nicht auf einen Teil des nach § 34a IV 2 übertragbaren **70** nachversteuerungspflichtigen Betrags beschränkt werden (*BH/Ratschow* § 34a Rz 47). Der Antrag ist weder formgebunden noch fristgebunden und kann deshalb bis zur Bestandskraft des ESt-Bescheids gestellt und zurückgenommen werden (§ 34a III 3; **aA** *BH/Ratschow* § 34a Rz 47), bei Einspruch und Klage bis zum Abschluss der FG-Verfahrens (s Rz 40). Zum Feststellungsverfahren s Rz 91.

(2) Rechtsfolgen. Übertragung des *nachversteuerungspflichtigen* Betrags (§ 34a **71** III 2, IV 1) bis zur Höhe des Buchwerts des/der nach § 6 V 1–3 zu Buchwerten übertragenen oder überführten WG, begrenzt auf die Höhe des Nachversteuerungsbetrags, den die Übertragung oder Überführung dieses/r WG ausgelöst hätte. Zu diesen Schranken sowie zur Bestimmung des nachversteuerungspflichtigen Betrags nach dem Grundsatz der Meistbegünstigung s Rz 68 mit Beispielen. – In der näml Höhe wird die Bemessungsgrundlage für die Nachsteuer betr den abgebenden Betrieb/MUanteil gemindert. – Der übertragene Betrag eröffnet zugleich den für den aufnehmenden Betrieb/MUanteil zum Ende des VZ festzustellenden nachversteuerungspflichtigen Betrag (§ 34a III 2, 3). Ggf ist erstmals ein solcher Feststellungsbescheid zu erlassen (Rz 68, 92). Fragl ist allerdings, ob beim aufnehmenden Betrieb *auch* iHd übertragenen nachversteuerungspflichtigen Betrags eine *Einlage* anzusetzen ist und damit jegl Nachversteuerung vermieden werden kann. ME ist dies nach Sinn und Zweck von § 34a V zu *verneinen* (**aA** offenbar nicht umgesetzte BR-Initiative/JStG 2009 BT-Drs 16/10494, 9; *Pohl* BB 08, 1536, 1537; *Niehus ua* DStZ 09, 14, 17).

3. Entnahmeunabhängige Nachversteuerungstatbestände, § 34a VI, VII. 75 – a) Allgemeines. Die – nicht an das Vorliegen von Entnahmen gebundene – Nachversteuerung des nachversteuerungspflichtigen Betrags gem § 34a VI 1 Nr 1, 2 findet ihre Rechtfertigung darin, dass die personellen Voraussetzungen des § 34a entfallen (BR-Drs 220/07, 13: Wechsel des Besteuerungssubjekts/-systems), dh der StPfl, der die Thesaurierungsbegünstigung in Anspruch genommen hat, entweder aufgrund der Betriebsveräußerung/-aufgabe (§ 34a VI 1 Nr 1) oder durch die Einbringung von Betrieben/MUanteilen in KapGes/Genossenschaft (§ 34a VI 1 Nr 2: einschließl Formwechsel) nicht mehr Inhaber des Betriebs ist. Dem ist nach § 34a VI 1 Nr 3 iVm § 52 Abs 34 S 2 (SchädlStPraktG, BGBl I 17, 2074) die unentgeltl Übertragung auf der KSt unterliegende StPfl gleichgestellt. § 34a VI 1 Nr 4 (= Nr 3 aF) sieht die Nachversteuerung ferner bei Übergang von der bisherigen Gewinnermittlung durch BV-Vergleich zu einer anderen Gewinnermittlungsart

(§ 13a, § 5a, § 4 III) vor. Des Weiteren kann gem § 34a VI 1 Nr 5 (= Nr 4 aF) der StPfl die Nachversteuerung beantragen. Nur für die Sachverhalte gem S 1 Nr 1 bis 3 trifft S 2 eine Anordnung zur Stundung (s aber Rz 82).

76 **b) Tatbestände. – aa) Veräußerung; Aufgabe, § 34a VI 1 Nr 1.** Zu den „Fällen der Betriebsveräußerung/-aufgabe" (§ 34a VI 1 Nr 1 iVm §§ 16 I, III, 14, 18 III) gehört – gem *BMF* BStBl I 08, 838 Tz 5 *vorbehaltl* seiner Zugehörigkeit zum BV (zB doppelstöckige PersGes; s aber Rz 22) – auch die Veräußerung/ Aufgabe des **gesamten MUeranteils** (§ 16 I 1 Nr 2, III 1; BT-Drs 16/4841, 64; BT-Drs 16/5491, 20; *BMF* BStBl I 08, 838 Tz 42; *aA Ley* KÖSDI 07, 15750) – ungeachtet dessen, ob ein Veräußerungs-/Aufgabegewinn nach §§ 16 IV, 34 III begünstigt ist (glA *Ley* KÖSDI 07, 15737, 15750) –, **nicht** jedoch nach *FinVerw* die Veräußerung von **Teil-MUeranteilen** (s § 16 I 2; *BMF* BStBl I 08, 838 Tz 42: Nachversteuerung beim StPfl weiterhin „möglich"; *Gragert ua* NWB F 3 14621, 14644; mE unzutr; s auch zu Nr 3 nF Rz 79); unberührt bleibt die Nachversteuerung aufgrund von Entnahmen (§ 34a IV). Aus den näml Gründen, aber entgegen dem Gesetzeswortlaut (§ 34a VI 1 Nr 1 iVm § 16 I 1 Nr 1, III 1; s auch § 16 Rz 220 f), soll – wiederum vorbehaltl § 34a IV – nach dem Willen des Gesetzgebers (vgl gescheiterter BR-Antrag; BR-Drs 220/07, 12 f) auch die Veräußerung/ Aufgabe von **Teilbetrieben** ausgenommen sein (*BMF* BStBl I 08, 838 Tz 42; Ausnahme: Realteilung). Dies mag der Vereinfachung dienen (*Gragert ua* NWB F 3, 14644), eröffnet jedoch erhebl Gestaltungsspielräume. Keine Veräußerung von Betrieben/MUeranteilen ist deren Übertragung gegen **Versorgungsleistungen** gem § 10 I Nr 1a nF sowie gegen Entgelt bis zur Höhe des KapKtos (**gemischte Schenkung;** *Einheitstheorie*). Aufgrund der Buchwertfortführung gem § 6 III (§ 16 Rz 66) untersteht der Vorgang § 34a VII (Übergang des nachversteuerungspflichtigen Betrags; zum Übergang auf juristische Personen; s Rz 79, 85). § 34a VI 1 Nr 1 ist hingegen zu bejahen, wenn der Betrieb/MUeranteil vollentgeltl und mit Verlust veräußert wird; auch kommt es bei **Realteilung** einer MUerschaft (Aufgabe des Betriebs/MUeranteils; § 16 Rz 530 f) grds nicht darauf an, ob sie zu Buchwerten vollzogen wird (§ 16 III 2; glA *BMF* BStBl I 08, 838 Tz 42; *aA Niehus ua* DStZ 09, 14, 23); zur Zuweisung von Teilbetrieben etc s aber (einschließl Erbauseinandersetzung) Rz 87.

77 **bb) Einbringung; Umwandlung (§ 34a VI 1 Nr 2) – (1) Einbringung; Umwandlung in KapGes/OptionsGes/Genossenschaft.** Aufgrund der personellen Zuordnung des nachversteuerpflichtigen Betrags löst der Wechsel des Besteuerungsregimes – dh die Einbringung des Betriebs oder gesamten MUeranteils in eine KapGes/Genossenschaft (§ 20 UmwStG) sowie der Formwechsel in solche Rechtsträger (§ 25 UmwStG) – die Nachversteuerung aus (vgl auch BT-Drs 16/ 5491, 20; krit *Niehus ua* DStZ 09, 14, 26; *Ley* KÖSDI 07, 15750: „Umwandlungsbremse"), ungeachtet dessen, ob die Umwandlung zu Buch-, Zwischen- oder gemeinen Werten vollzogen wird. Gleiches gilt bei **Option gem § 1a KStG** (§ 15 Rz 160a; *BMF* BStBl 21, 2212 Rz 48; *Wacker/Krüger ua* DStR-Beih 21, 3, 14). Einschr bei offener/verdeckter Einlage von MUeranteilen und Zugehörigkeit der KapGesAnteile zum bisherigen Betrieb *Bindl* DB 08, 949, 953; *Ley* Ubg 08, 214, 218; weitergehend *Schiffers* FS Herzig, 823, 828. Gleich der Behandlung von Veräußerungstatbeständen außerhalb des UmwStG soll aber die Einbringung von **Teilbetrieben** oder **Teilen von MUeranteilen** – gleichfalls unabhängig vom Wertansatz – nicht erfasst sein (*BMF* BStBl I 08, 838 Rz 43; s hierzu auch Rz 76); unberührt bleibt auch hier die Nachversteuerung nach § 34a IV (zB KapGes-Anteile werden PV).

78 **(2) Einbringung in Personengesellschaft. –** *(a)* Wird ein **Betrieb** oder **gesamter MUeranteil** in eine PersGes gem § 24 UmwStG zu **Buchwerten** eingebracht, geht der festgestellte nachversteuerungspflichtige Betrag auf den „neuen MUeranteil über" mit der Folge, dass der Feststellungsbescheid (§ 34a III 2, 3) bezügl des eingebrachten Betriebs/MUeranteils aufzuheben und bezügl des erhaltenen MUeranteils an der aufnehmenden PersGes ein Feststellungsbescheid zu erlassen ist. Die Regelung durchbricht damit die Nachversteuerung aufgrund Veräußerung (§ 34a VI 1 Nr 1) mit Rücksicht darauf, dass der nachversteuerungspflichtige Betrag dem näml StPfl zugeordnet bleibt und lediglich der Gegenstand der Begünstigung ausgetauscht wird. Dieser Befund ist einerseits (rechtspolitisch) kaum geeignet, die gesetzl erforderl Buchwertverknüpfung zu rechtfertigen (krit *Bindl* DB 08, 949, 953; *Niehus ua* DStZ 09, 14, 27; s auch nachfolgend zu *(c)*); andererseits kann durch § 34a VII 2 – außerhalb der Gesamtplan-Rspr – ein nicht unerhebl Entnahmepotential für die anderen MUer (betr aufnehmende PersGes) geschaffen werden. – *(b)* **Nicht** erfasst wird die Einbringung von Betrieben/MUeranteilen zum **gemeinen Wert** (oder Zwischenwert; *BMF* BStBl I 08, 838 Rz 47: Nachversteuerung aufgrund Einbringung = Veräußerung iSv § 34a VI 1 Nr 1; grds zutr, s aber zu *(c)*). Ebenso nach Ansicht der FinVerw nicht die Einbringung von **Teilbetrieben/MUer*teil*anteilen** (*BMF* BStBl I 08, 838 Rz 47: nachversteuerungspflichtiger Betrag verbleibt gleich der Veräußerung/unentgeltl Übertragung beim StPfl; s auch hierzu zu *(c)*). Gleichfalls kein Fall des § 34a VII 2 ist die unentgeltl Aufnahme von Angehörigen in ein bestehendes Einzelunternehmen (§ 6 III 1 HS 2 ggf iVm S 2; str, dazu § 16 Rz 218); mE Gleichstellung mit unentgeltl Übertragung von Teil-MUeranteilen (s dazu Rz 85). Zu Zuzahlungsfällen (andere MUer der aufnehmenden PersGes leisten Ausgleichszahlungen an den Einbringenden) s § 16 Rz 511 ff. – *(c)* Nicht angesprochen wird in *BMF* BStBl I 08, 838 Rz 47 die Konstellation, dass der Betrieb (oder MUeranteil) einer (Ober-)PersGes in eine **UnterPersGes** eingebracht wird (Entstehen einer doppel-/dreistöckigen PersGes). Folgt man den Grundsätzen von *BMF* BStBl I 08, 838 Rz 21, muss ein Übergang des nachversteuerungspflichtigen Betrags *ungeachtet* des Wertansatzes ausgeschlossen sein (fortdauernde Zuordnung des nachversteuerpflichtigen Betrags zum (einheitl) MUeranteil an der Ober-PersGes auch bei Ansatz des gemeinen Werts; ähnl *Ley* KÖSDI 07, 15 751). *ME* geht hingegen der nachversteuerungspflichtige Betrag – entspr der betriebs-/mueranteilsbezogenen Systematik (s iEinz Rz 22) und damit abw vom Wortlaut des § 34a VII 2 (teleologische Extension) – nicht nur bei Buchwerteinbringung, sondern auch bei Ansatz eines Zwischenwerts oder des gemeinen Werts auf den erlangten MUeranteil (betr UnterPersGes) über. Gleiches muss gelten, wenn der Teilbetrieb eines Einzelunternehmens in eine PersGes eingebracht wird *und* der erhaltene MUeranteil zum BV des Einzelbetriebs gehört (jeweils **aA** *BMF* BStBl I 08, 838 Rz 47; s zu *(b)*).

cc) Unentgeltlicher Übertragung an Körperschaftsteuerpflichtige (§ 34a VI 1 Nr 3 nF). Nach früherer Rechtslage unterfiel die unentgeltl Übertragung von Betrieben/MUeranteilen auf **juristische Personen** (zB Stiftungen) nicht der Nachversteuerung (BFH III R 49/17 BStBl II 19, 655: keine Analogie zu § 34a VI 1 Nr 2 aF; zutr; Nachversteuerung bei Stiftung aber ungeklärt; abl *OFD Ffm* DStR 19, 2085; s *Schmidt* 36. Aufl § 34a Rz 85 mwN). Mit der durch das **SchädlStPraktG** (BGBl I 17, 2074) für den Übergang des wirtschaftl Eigentums nach dem 5.7.17 eingeführten Nr 3 (iVm § 52 Abs 34 S 2) löst nun – über die Einbringungen nach Nr 2 hinaus – auch die *unentgeltl* Übertragung (s Rz 85) von Betrieben oder MUeranteilen (mE einschl MUer*teil*anteilen; zu Nr 1 s aber Rz 76) auf der KSt unterliegenden StPfl iSv § 1 I KStG (einschließlich Stiftungen) die Nachversteuerung aus (BT-Drs 18/12 128: Wechsel des Besteuerungsregimes). Gleiches gilt bei *unentgeltl* Übertragung auf eine MUerschaft (zB PersGes), *soweit* KSt-Pflichtige an der aufnehmenden MUerschaft beteiligt sind (Nr. 3 S 2 nF). *Weitere Folgen:* uU Stundung gem § 34a VI 2 nF; kein Übergang des nachversteuerungspflichtigen Betrags (§ 34a VII 1 HS 2 nF). Erfüllt die Übertragung § 6 III nicht, bleibt die Nachversteuerung nach Nr 1 unberührt (zB Übertragung des MUeranteils an gewerbl geprägter KG auf steuerbefreite Stiftung; dazu *BMF* BStBl I 19, 1291 Rz 5; **aA** *kk* KÖSDI 19, 21 305).

80 **dd) Kein Betriebsvermögensvergleich, § 34a VI 1 Nr 4 (= Nr 3 aF).** Die aufgrund des Übergangs vom BV-Vergleich (§ 4 I 1, § 5) zu einer anderen Gewinnermittlungsart (§ 13a, § 5a, § 4 III, s dazu auch Rz 20, 12) angeordnete Nachversteuerung dient nach der Gesetzesbegründung der „Verhinderung von Umgehungsgestaltungen" (BT-Drs 16/4841, 64; *Gragert ua* NWB F 3, 14 644: Entnahmeaufschub bis zum Wechsel der Gewinnermittlungsart). Nicht hierunter fällt die Schätzung des Gewinns (**aA** *Gützner* StuB 07, 445, 450).

81 **ee) Antrag (§ 34a VI 1 Nr 5 = Nr 4 aF).** Das Recht, die Nachversteuerung des nachversteuerungspflichtigen Betrags – oder eines Teils hiervon (*BMF* BStBl I 08, 838 Tz 47; zutr) – zu beantragen (S 1 Nr 5), soll nach BT-Drs 16/4841, 64 zB die Möglichkeit geben, bei unentgeltl Betriebsübertragung den Rechtsnachfolger (s auch Rz 79, 85) von der Nachsteuer zu entlasten. Der nicht formgebundene Antrag kann bis zur Bestandskraft des ESt-Bescheids (bei Klage bis zum Abschluss des FG-Verfahrens) und in Erbfällen auch von den Gesamtrechtsnachfolgern gestellt werden (§ 45 AO; unklar *BMF* BStBl I 08, 838 Tz 47 aE); *Folge:* Erhöhung der Nachlassverbindlichkeit (§ 10 V Nr 1, VI ErbStG; BFH II R 15/11 BStBl II 12, 790; *OFD Nds* DStR 12, 2440; *Gragert ua* NWB F 3, 14 646).

82 **c) Rechtsfolgen; Stundung, § 34a VI 1, 2.** – Die ESt erhöht sich um 25 % des zum Ende des Vorjahres festgestellten nachversteuerungspflichtigen Betrags (*Ley/Brandenberg* FR 07, 1085, 1106: uU erhöht um antragsgemäß begünstigte lfd Gewinne des Veräußerungsjahrs) und Aufhebung oder Änderung (s zu S 1 Nr 4 oben Rz 80) des Feststellungsbescheids gem Abs 3 S 2, 3 iVm Abs 4, 6 S 1 Nr 1–5. Auf Antrag des StPfl oder seines Rechtsnachfolgers (§ 45 AO) ist nach § 34a VI 2 in den Fällen von S 1 Nr 1 bis 3 nF die nach § 34a IV geschuldete ESt (nicht die ESt auf den Veräußerungs-/Einbringungs- oder Aufgabegewinn) in regelmäßigen (= gleichmäßigen?) Teilbeträgen zinslos für einen Zeitraum von höchstens 10 Jahren zu stunden, wenn ihre alsbaldige Einziehung mit erhebl Härten für den StPfl (= auch seines Rechtsnachfolgers?) verbunden wäre. Die mutmaßl in Anlehnung an § 6 IV, V AStG getroffene Regelung ist nicht nur bezügl der Frage der Sicherheitsleistung unbestimmt (ohne Aussage *BMF* BStBl I 08, 838 Rz 46); sie verweist zudem mit Rücksicht auf das Vorliegen einer erhebl (= nicht unerhebl) Härte auf § 222 AO (glA *BMF* BStBl I 08, 838 Rz 46) mit der Folge, dass die Ermessensentscheidung des FA auch insoweit nur eingeschränkt gerichtl überprüfbar ist (vgl § 102 FGO). Darüber hinaus schließt § 34a VI 2 die Stundung gem § 222 AO in den Fällen der Nachversteuerung nach § 34a VI Nr 4 und 5 nicht aus (*BMF* BStBl I 08, 838 Rz 46); gleiches gilt für den SolZ.

85 **4. Fortführung des nachversteuerungspflichtigen Betrags; unentgeltliche Rechtsnachfolge, § 34a VII 1. – a) Unentgeltliche Übertragung ganzer Betriebe.** Wird der der Betrieb oder (gesamte) MUeranteil unentgeltl nach § 6 III 1, 3 übertragen (Schenkung, Erbfall), hat (kein Wahlrecht) der Rechtsnachfolger den nachversteuerungspflichtigen Betrag fortzuführen (bei Miterben anteilig). Dh von einer Nachversteuerung beim Übertragenden ist abzusehen, der ihm ggü ergangene Feststellungsbescheid (§ 34a III 2, 3) ist aufzuheben; für den Übernehmer (bei mehreren Miterben jeweils einzeln) ist erstmals (bezügl des erhaltenen Betriebs/MUeranteils) ein Feststellungsbescheid zu erlassen (*Ausnahme:* Antrag nach § 34 a VI 1 Nr 5, s Rz 81). Voraussetzung hierfür ist die Übertragung auf eine ESt-Pflichtige Person; nicht begünstigt ist die nach § 34a VI Nr 3 nF der Übergang auf der KSt unterliegende StPfl (s Rz 79). Die Regelung durchbricht auch iR dieses eingeschränkten Anwendungsbereichs die personengebundene Konzeption des § 34a (*Gragert ua* NWB F 3, 14 646: „unsystematisch"); ob sie dadurch gerechtfertigt ist, dass der nicht entnommene Gewinn (§ 34a II) im Betrieb verbleibt, ist mit Rücksicht auf die Nachversteuerungstatbestände in § 34a VI (s Rz 75 ff) zweifelhaft. Die latente ESt-Last (Nachversteuerung) ist weder Betriebsschuld noch Nachlassverbindlichkeit (BFH VIII R 33/91 BStBl II 92, 781; *Ley* KÖSDI 07, 15 737, 15 751). Die Vorschrift kann auch die Übertragung von Betrieben/MUeranteilen gegen Versorgungsleistungen sowie gegen Teilentgelt erfassen (s Rz 76).

b) Unentgeltliche Übertragung von Teilbetrieben; Mitunternehmerteil- 86 **anteilen.** Nicht erfasst ist jedoch der unentgeltl Übergang von Teilbetrieben/MU*erteil*anteilen gem § 6 III 1, 2 (*BMF* BStBl I 08, 838 Rz 47: nachversteuerungspflichtiger Betrag bleibt beim Übertragendem; kein Wahlrecht; *Ley* KÖSDI 07, 15 751; **aA** *Cordes* WPg 07, 526, 529: analog § 34a V; mE nicht tragfähig: Buchwertübertragung gem § 6 III ist keine Entnahme). Zur unentgeltl Aufnahme von Angehörigen in Einzelunternehmen s Rz 78.

c) Realteilung; Erbauseinandersetzung. In diesen Fällen (zum Erbfall s 87 Rz 85) unter Zuweisung von *Betrieben, Teilbetrieben* oder *MUeranteilen* (vgl § 16 Rz 535, 614, 639) verdrängt mE § 34a VII einen etwaigen Aufgabetatbestand (§ 34a VI 1 Nr 1; s dazu Rz 76); *Folge:* (anteilige) Fortführung des nachversteuerungspflichtigen Betrags, soweit keine Ausgleichszahlungen geleistet werden (s dazu § 16 Rz 620, 639). Gleiches gilt bei einfacher **Nachfolgeklausel** (§ 16 Rz 665); bei qualifizierter Nachfolge geht der nachversteuerungspflichtige Betrag − vorbehaltl einer Entnahme des Erblassers (vgl § 16 Rz 672 ff) − insgesamt auf den Qualifizierten über. − **Einbringung nach § 24 UmwStG.** S dazu Rz 78.

V. Verfahrensfragen

1. Zuständigkeit; Einkommensteuerveranlagung. Der Antrag auf Sonderta- 90 rifierung ist (betriebs-/mitunternehmeranteilsbezogen) bei dem für ESt zuständigen FA (§ 19 AO; regelmäßig WohnsitzFA) zu stellen (§ 34a I 2; vgl auch *Wissenschaftl Beirat* BB 05, 1653, 1655; zur Antragsfrist einschließl Rücknahme s Rz 40). Dieses hat auch über die Nachversteuerung (§ 34a IV−VII; ggf iVm mit Übertragung des nachversteuerungspflichtigen Betrags; zu Einspruch/Klage s §§ 357 II 1, 367 AO; §§ 57 Nr 2, 63 FGO) sowie den Feststellungsbescheid nach § 34a III, IX, XI zu entscheiden (Rz 91), *nicht* jedoch über denjenigen nach § 34a X (s Rz 95; zur Aufteilung der Entscheidungskompetenzen/Bindungswirkungen s Rz 99).

2. Feststellung des nachversteuerungspflichtigen Betrags, § 34a IX, XI 91 **nF. − a) Gesonderte Feststellung.** Nach § 34a IX 1 hat das für die ESt zuständige FA (§ 19 AO; s Rz 90) − ähnl § 15a IV (*Wissenschaftl Beirat* BB 05, 1653, 1656) − den **nachversteuerungspflichtigen Betrag** jährl gesondert festzustellen (§ 34a III 3; zu RumpfWj s Rz 28). Bei mehreren Betrieben/MUeranteilen müssen mehrere gesonderte Feststellungsbescheide ergehen (zu MUeranteil im BV s aber Rz 22). Die in § 34a IX 3 vorgesehene förml **Verbindung** von Feststellungs- und ESt-Bescheid ändert nichts an der Selbständigkeit der VA (vgl zB BFH VIII R 29/98 BStBl II 99, 592 betr § 15a IV 5). Insb erlangt der Feststellungsbescheid nach § 34a III 3 für den EStBescheid **keine Grundlagenfunktion** (§§ 179 I, 182 AO; *Bodden* FR 11, 829, 835; zu § 34a IV 1 letzter HS s aber Rz 93).

b) Bescheidanfechtung. Beide Bescheide sind deshalb auch gesondert anzu- 92 fechten. − *(1)* Wird nur der ESt-Bescheid mit dem Ziel angefochten, den Sondertarif zu gewähren oder den Begünstigungsbetrag zu erhöhen, kann im Falle des Erfolgs der Bescheid zur Feststellung des nachversteuerungspflichtigen Betrags zwar nicht nach § 175 I AO, jedoch nach **§ 174 IV AO** erstmals erlassen oder geändert werden. Gleiches gilt, wenn zB auf Einspruch/Klage eine im ESt-Bescheid angesetzte Nachsteuer aufgrund der Buchwertübertragung/-Überführung von WG nach §§ 34a V, § 6 V gemindert wird oder unterbleibt (Änderung/erstmaliger Erlass der Feststellungsbescheide für abgebenden *und* aufnehmenden Betrieb). − *(2)* Darüber hinaus ist nach **§ 34a XI 1, 2 nF** (iVm § 52 Abs. 34) bei (erstmaligem) **Antrag** auf Sondertarif, Antragsänderung/-rücknahme (§ 34a I 4) der Feststellungsbescheid (§ 34a III 3) selbst dann anzupassen, wenn die Antragskorrektur keine Änderung des ESt-Bescheids auslöst. Zudem sieht **§ 34a XI 3 nF** eine gesonderte Ablaufhemmung (BT-Drs 16/11108) vor: Ablauf der Feststellungsfrist nicht vor Ablauf der ESt-Festsetzungsfrist des VZ (s auch § 34a I 5; dazu Rz 41), auf dessen Schluss der nachversteuerungspflichtige Betrag festzustellen ist.

93   **c) Anfechtungsumfang.** Nach § 34a IX 2 kann der Feststellungsbescheid gem § 34a III 3 nur insoweit angegriffen werden, als sich der nachversteuerungspflichtige Betrag ggü dem Vorjahr verändert hat (vgl hierzu § 34a III 2; oben Rz 53). Der Feststellungsbescheid zum 31.12.08 ist somit zum einen als Grundlagenbescheid für den Bescheid zum 31.12.09 bindend (§§ 182, 175 I 1 Nr 1 AO; zum str Verhältnis zu § 351 AO s (betr § 15a IV 4) *HHR* § 15a Rz 174). Zum anderen entfaltet er im Hinblick auf die Höchstgrenze der Nachversteuerung des Folgejahres (§ 34a IV 1 letzter HS) Bindungswirkung.

95   **3. Gesonderte Feststellung der Besteuerungsgrundlagen, § 34a X.** § 34a hatte *zunächst nur* eine Feststellung des nachversteuerungspflichtigen Betrags (§ 34a III 3) vorgesehen mit der Folge, dass das hierfür (sowie für die Gewährung des Sondertarifs) zuständige WohnsitzFA (s Rz 90f) „auf Antrag des StPfl" (so Entwurf BMF-Schr Tz 40) in Form eines unverbindl sog **Mitteilungsverfahrens** von den für die Einkünftefeststellung (§ 180 I Nr 2 AO) zuständigen FA über die für § 34a erforderl Besteuerungsgrundlagen unterrichtet werden sollte. Dies war insb wegen der mangelnden Sachnähe des WohnsitzFA sowie der fehlenden Bindungswirkung zu kritisieren (s iEinz *Schmidt* 27. Aufl § 34a Rz 91f).

96   **a) Gesonderte Feststellung.** Mit dem JStG 2009 (BGBl I 08, 2794) wurde deshalb – im Grundsatz zR – ein gesondertes Feststellungsverfahrens bzgl der für die „Tarifermittlung nach den Abs 1 bis 7 erforderl Besteuerungsgrundlagen" eingeführt (§ 34a X 1 iVm § 52 Abs 34). Zuständig hierfür ist nach § 34a X 2 nicht das WohnsitzFA (§ 19 AO s Rz 90), sondern das BetriebsFA/LageFA/TätigkeitsFA (§ 18 AO). § 34a X wurde mit ModBestVerfG (BGBl I 16, 1679) lediglich redaktionell an § 180 AO angepasst (BT-Drs 18/7457).

97   **b) Tatbestand.** Gesonderte Gewinnfeststellung nach § 180 I 1 Nr 2a AO (Einkünftebeteiligung *mehrerer* Personen) oder nach Nr 2b (Auseinanderfallen der Zuständigkeiten gem § 18 und § 19 AO). Es ist eine Kann-Vorschrift (vgl zB § 180 II, III AO), dh der Erlass des Feststellungsbescheids gem § 34a X steht im pflichtgemäßen Ermessen des nach § 18 AO zuständigen FA (zB BetriebsFA, s Rz 96). Er soll zur Vermeidung von unnötigem Bürokratieaufwand nur *anlassbezogen* ergehen, zB bei Antrag des StPfl (am WohnsitzFA) auf Sondertarif (BT-Drs 16/11108); ebenso mE, wenn für das Vorjahr ein nachversteuerungspflichtiger Betrag festgestellt wurde (BT-Drs 16/10494; *Bodden* FR 11, 829, 836).

98   **c) Rechtsfolgen.** Der Bescheid nach § 34a X zielt auf die (ledigl) *gesonderte* Feststellung der *individuellen* Voraussetzungen der Tarifermäßigung. Demgemäß ist auch *nur* der individuelle Adressat des Bescheids (StPfl/einzelne MUer) rechtsbehelfsbefugt; § 352 AO, § 48 FGO gelten mangels einheitl Feststellung nicht (BFH IV R 27/16 BStBl II 20, 11). – Gegenstand des Feststellungsbescheids sind die Entnahmen/Einlagen sowie die für die Tarifermittlung (§ 34a I bis VII) erforderl Besteuerungsgrundlagen (BFH IV R 13/17 BStBl II 19, 754: „Bruttofeststellung"; zutr). Nach BT-Drs 16/11108 gehören hierzu zB die stfreien Gewinne, nicht abziehbare BA; mE darüber hinaus auch die zunächst für das Mitteilungsverfahren (s Rz 95) vorgesehenen weiteren Merkmale (zB Gewinn/Verlustanteile; Entnahmen/Buchwerte gem § 34a IV 3; Nachversteuerungstatbestände gem § 34a VI, VII). S aber Rz 99. – Der Feststellungsbescheid gem § 34a X ist ggü dem (einheitl *oder* nur gesonderten) Feststellungsbescheid nach § 180 I 1 Nr 2a und Nr 2b AO ein eigenständiger Bescheid, der ledigl förml mit diesem verbunden werden (§ 34a X 3;

BFH IV R 27/16 BStBl II 20, 11). – Sein Erlass unterliegt aber einer besonderen Ablaufhemmung, die an die Feststellungsfrist für die Bescheide gem § 180 I 1 Nr 2a und Nr 2b AO gebunden ist. Dies schließt jedoch mE § 181 V AO (uU iVm § 179 III AO: Ergänzungsbescheid/Bescheid nach Ablauf der Feststellungsfrist) nicht aus.

d) Konkurrenzen. Ein Feststellungsbescheid gem **§ 180 I 1 Nr 2 AO** (zB festgestellter Gewinnanteil eines MUers) – *Stufe 1* – ist gem § 182 I AO bindender **Grundlagenbescheid** für den Feststellungsbescheid nach **§ 34a X** – *Stufe 2* – und dieser wiederum Grundlagenbescheid sowohl für die Festsetzung der ESt (Rz 90) als auch die Feststellung des nachversteuerungspflichtigen Betrags (§ 34a III 3; IX, XI; oben Rz 91 ff) – *Stufe 3* – (glA BFH IV R 27/16 BStBl II 20, 11). Bei erstmaligem Erlass oder Änderung der Bescheide auf den Stufen 1 oder 2 sind die jeweiligen Folgebescheide anzupassen (§ 175 I 1 Nr 1 AO). – **Kritik:** Die Trennung der Stufen 1 und 2 ist nicht recht verständl, weil auch iRd Bescheide nach § 180 I 1 Nr 2 AO (Stufe 1) individuelle (den einzelnen Beteiligten betreffende) Feststellungen zu treffen sind (s einschließl Nr 2b HHSp § 180 Rz 244, 407). – **De lege lata** (Trennung) entsteht damit die Frage, welcher Bescheid zur Entscheidung welcher Streitfragen angefochten werden muss. Zu berücksichtigen ist hierbei, dass nicht nur den ausdrückl Feststellungen gem § 180 I 1 Nr 2a und Nr 2b (zB Höhe des Gewinns; einschließl *Entnahme*gewinne) Bindungswirkung für den Bescheid nach § 34a X zukommt. Gleiches gilt nach der Rspr (s mit Abgrenzungen BFH VIII R 11/02 BStBl II 06, 253) für die den Feststellungen gem § 180 I 1 Nr 2a und Nr 2b AO *vorgreifl* (tatsächl und rechtl) *Umstände* (zB Höhe des Gewinnteils aufgrund nicht abziehbare BA, stfreie Gewinne), sodass auch hierauf gerichtete Streitigkeiten mE auf Stufe 1 (iVm einer etwaigen Folgeanpassung auf der Stufen 2 und 3) auszutragen sind. Bis zur richterl Klärung der Entscheidungskompetenzen dürfte es sich für die Praxis empfehlen, *beide* Stufen anzufechten; das Gericht wird dann ggf das Verfahren bezügl Stufe 2 (§ 34a X) bis zur Entscheidung über den Bescheid nach § 180 I 1 Nr 2a und Nr 2b AO (Stufe 1) aussetzen (§ 74 FGO; glA *Bodden* FR 11, 829, 834).

§ 34b Steuersätze bei Einkünften aus außerordentlichen Holznutzungen

(1) **Außerordentliche Holznutzungen sind**

1. **Holznutzungen, die aus volks- oder staatswirtschaftlichen Gründen erfolgt sind.** ²Sie liegen nur insoweit vor, als sie durch gesetzlichen oder behördlichen Zwang veranlasst sind;
2. **Holznutzungen infolge höherer Gewalt (Kalamitätsnutzungen).** ²Sie sind durch Eis-, Schnee-, Windbruch oder Windwurf, Erdbeben, Bergrutsch, Insektenfraß, Brand oder durch Naturereignisse mit vergleichbaren Folgen verursacht. ³Hierzu gehören nicht die Schäden, die in der Forstwirtschaft regelmäßig entstehen.

(2) ¹**Zur Ermittlung der Einkünfte aus außerordentlichen Holznutzungen sind von den Einnahmen sämtlicher Holznutzungen die damit in sachlichem Zusammenhang stehenden Betriebsausgaben abzuziehen.** ²Das nach Satz 1 ermittelte Ergebnis ist auf die ordentlichen und außerordentlichen Holznutzungsarten aufzuteilen, in dem *[Red. Anm richtig wohl: indem]* die außerordentlichen Holznutzungen zur gesamten Holznutzung ins Verhältnis gesetzt wird *[Red. Anm richtig wohl: werden]*. ³Bei einer Gewinnermittlung durch Betriebsvermögensvergleich sind die im Wirtschaftsjahr veräußerten Holzmengen maßgebend. ⁴Bei einer Gewinnermittlung nach den Grundsätzen des § 4 Absatz 3 ist von den Holzmengen auszugehen, die den im Wirtschaftsjahr zugeflossenen Einnahmen zugrunde liegen. ⁵Die Sätze 1 bis 4 gelten für entnommenes Holz entsprechend.

§ 34b Steuersätze bei Einkünften aus ao Holznutzungen

(3) Die Einkommensteuer bemisst sich für die Einkünfte aus außerordentlichen Holznutzungen im Sinne des Absatzes 1

1. nach der Hälfte des durchschnittlichen Steuersatzes, der sich ergäbe, wenn die tarifliche Einkommensteuer nach dem gesamten zu versteuernden Einkommen zuzüglich der dem Progressionsvorbehalt unterliegenden Einkünfte zu bemessen wäre;
2. nach dem halben Steuersatz der Nummer 1, soweit sie den Nutzungssatz (§ 68 der Einkommensteuer-Durchführungsverordnung) übersteigen.

(4) Einkünfte aus außerordentlichen Holznutzungen sind nur anzuerkennen, wenn

1. das im Wirtschaftsjahr veräußerte oder entnommene Holz mengenmäßig getrennt nach ordentlichen und außerordentlichen Holznutzungen nachgewiesen wird und
2. Schäden infolge höherer Gewalt unverzüglich nach Feststellung des Schadensfalls der zuständigen Finanzbehörde mitgeteilt und nach der Aufarbeitung mengenmäßig nachgewiesen werden.

(5) Die Bundesregierung wird ermächtigt, durch Rechtsverordnung mit Zustimmung des Bundesrates

1. die Steuersätze abweichend von Absatz 3 für ein Wirtschaftsjahr aus sachlichen Billigkeitsgründen zu regeln,
2. die Anwendung des § 4a des Forstschäden-Ausgleichsgesetzes für ein Wirtschaftsjahr aus sachlichen Billigkeitsgründen zu regeln,

wenn besondere Schadensereignisse nach Absatz 1 Nummer 2 vorliegen und eine Einschlagsbeschränkung (§ 1 Absatz 1 des Forstschäden-Ausgleichsgesetzes) nicht angeordnet wurde.

Einkommensteuer-Durchführungsverordnung:

§ 68 *EStDV Nutzungssatz, Betriebsgutachten, Betriebswerk*

(1) ¹Der Nutzungssatz muss periodisch für zehn Jahre durch die Finanzbehörde festgesetzt werden. ²Er muss den Holznutzungen entsprechen, die unter Berücksichtigung der vollen Ertragsfähigkeit des Waldes in Kubikmetern im Festmaß (Erntefestmeter Derbholz ohne Rinde) nachhaltig erzielbar sind.

(2) ¹Der Festsetzung des Nutzungssatzes ist ein amtlich anerkanntes Betriebsgutachten oder ein Betriebswerk zugrunde zu legen, das auf den Anfang des Wirtschaftsjahres aufzustellen ist, von dem an die Periode von zehn Jahren beginnt. ²Es soll innerhalb eines Jahres nach diesem Stichtag der Finanzbehörde übermittelt werden. ³Sofern der Zeitraum, für den es aufgestellt wurde, nicht unmittelbar an den vorherigen Zeitraum der Nutzungssatzfestsetzung anschließt, muss es spätestens auf den Anfang des Wirtschaftsjahrs des Schadensereignisses aufgestellt sein.

(3) ¹Ein Betriebsgutachten im Sinne des Absatzes 2 ist amtlich anerkannt, wenn die Anerkennung von einer Behörde oder einer Körperschaft des öffentlichen Rechts des Landes, in dem der forstwirtschaftliche Betrieb liegt, ausgesprochen wird. ²Die Länder bestimmen, welche Behörden oder Körperschaften des öffentlichen Rechts diese Anerkennung auszusprechen haben.

Einkommensteuer-Richtlinien: EStR 34b.1–34b.8; EStH 34b.1–34b.7.

Übersicht

	Rz
1. Anwendungsbereich	1
2. Außerordentliche Einkünfte aus Holznutzungen, § 34b I	3–9
a) Holznutzungen aus wirtschaftlichen Gründen, § 34b I Nr 1 ...	4
b) Holznutzungen infolge höherer Gewalt; Kalamitätsnutzungen, § 34b I Nr 2	6–9
3. Ermittlung der begünstigten Einkünfte, § 34b II	11
4. Steuersätze, § 34b III	15–17
5. Gemeinsame Voraussetzungen, § 34b IV	21–27
6. Zusätzliche Begünstigung durch Verordnung, § 34b V	29

1. Anwendungsbereich. § 34b dient (durch seine erhebl StSatzErmäßigung) **1** der Entlastung der Forstwirte von übermäßiger Progression auf die – in dieser Einkunftsart häufigen und nicht immer planbaren – zusammengeballten Nutzungen. Die Vorschrift gilt **unabhängig von der Einkunftsart**, ist also nicht auf Einkünfte aus LuF beschränkt, sondern kommt auch GewBetr zugute (zB gewerbl geprägte PersGes mit Forstbetrieb, s BFH IV 262/59 S BStBl III 60, 486). Auf **KStSubjekte** ist sie zwar nicht unmittelbar anwendbar; die *FinVerw* sieht bei Kalamitätsnutzungen in Härtefällen jedoch eine KStErmäßigung aus Billigkeitsgründen vor (KStR 23; zR krit *HHR* § 34b Rz 4; *BH/Nacke* § 34b Rz 5: keine Notwendigkeit wegen fehlender Progression im KStRecht). Zudem gilt § 34b **unabhängig von der Gewinnermittlungsart.** – Zu den **Besonderheiten der Gewinnermittlung bei Forstbetrieben** s ausführl § 13 Rz 14 ff; zum FSchAusglG s § 13 Rz 20 f. Das Wj der Holznutzung (Trennung vom GuB und Übergang des Holzes ins UV; bei Kalamitätsholz hingegen erst der Zeitpunkt der Aufarbeitung) kann vom Wj der Gewinnrealisierung (bei § 4 I Veräußerung des Holzes, bei § 4 III Zufluss des Veräußerungserlöses, s § 13 Rz 15 *(3)*) verschieden sein. Daher können die StErmäßigungen des § 34b für eine einzige ao Holznutzung ggf in mehreren VZ in Anspruch genommen werden (ebenso *HHR* § 34b Rz 9). – **Beschr StPfl** können die SonderStSätze im selben Umfang in Anspruch nehmen wie unbeschr StPfl (§ 50 I enthält keine Einschränkung).

2. Außerordentliche Einkünfte aus Holznutzungen, § 34b I. Die Vor- **3** schrift begünstigt nur Holznutzungen aus volks- oder staatswirtschaftl Gründen (Rz 4) und Holznutzungen infolge höherer Gewalt (Rz 6). Bis VZ 2011 waren auch Holznutzungen aus privatwirtschaftl Gründen begünstigt (Einzelheiten dazu s *Schmidt* 33. Aufl § 34b Rz 8).

a) Holznutzungen aus wirtschaftlichen Gründen, § 34b I Nr 1. Sie müs- **4** sen durch gesetzl oder behördl Zwang veranlasst sein (zB Enteignung, den Umständen nach drohende Enteignung, behördl angeordnete Überhiebe; vgl EStR 34b.2 III). Nutzungen infolge militärischer Übungen sind als Kalamitätsnutzungen nach Nr 2 (stärker) begünstigt (s Rz 6). – **Verkauf eines Waldgrundstücks.** Auch darin kann eine Holznutzung liegen (glA *HHR* § 34b Rz 8; *Frotscher/Geurts* § 34b Rz 20; **aA** aber EStR 34b.2 I 4 und BT-Drs 17/5125, 43; offen gelassen von BFH IV R 180/77 BStBl II 82, 158); dies ist insb bei Verkäufen zur Abwendung einer drohenden Enteignung von Bedeutung. Sofern dieses Grundstück einen Teilbetrieb darstellt (dazu § 14 Rz 7), konkurrieren die Steuerermäßigungen des § 34b mit denen des § 34; es ist die StPfl günstigere Regelung anzuwenden (glA *HHR* § 34b Rz 5).

b) Holznutzungen infolge höherer Gewalt; Kalamitätsnutzungen, § 34b 6 I Nr 2. – aa) Naturereignisse. Dies ist der Hauptanwendungsfall der Nr 2 (zB Bruch, Insektenfraß, Brand; vgl die (nicht abschließende) Aufzählung in § 34b I Nr 2 S 2). Weitere, im Gesetz nicht ausdrückl erwähnte Fälle höherer (Natur-) Gewalt sind zB Rotfäule (BFH IV 422/60 S BStBl III 64, 119), Schwamm (BFH IV 401/58 S BStBl III 62, 28) und andere infektiöse Holzkrankheiten, soweit sie das als übl anzusehende Maß übersteigen (s Rz 9), sowie Dürre. – Zur Anwendung der Begünstigungen des **Forstschäden-Ausgleichsgesetzes** (ForstschädAusglG, BGBl I 85, 1756) bei höherer Gewalt s § 13 Rz 20 f.

7 **bb) Schäden infolge menschlicher Einwirkung.** Sie gelten (über den Wortlaut des Gesetzes hinaus, aber in Übereinstimmung mit dem Gesetzeszweck) ebenfalls als höhere Gewalt. In Betracht kommen zB **Immissionsschäden** („saurer Regen", s *Schindler* StBP 85, 109, 111; *Voß* StBP 97, 187 mwN) oder Spätschäden aus Kriegsfolgen (*Schindler* StBP 85, 109, 110). Auch vorzeitige Nutzungen infolge militärischer Übungen gelten als Kalamitätsnutzungen; für Entschädigungen kann eine RfE gebildet werden (EStR 34b.2 V; Näheres s § 6 Rz 101 ff).

8 **cc) Kalamitätsfolgehiebe.** Dabei handelt es sich um Einschläge von Restbeständen, die zwar selbst nicht von der Kalamität betroffen sind, aber für sich allein nicht mehr langfristig überlebensfähig sind. Sie sind nur dann begünstigt, wenn sie nicht in die planmäßige Nutzung der Folgejahre einbezogen werden können (BFH I 138/60 S BStBl III 61, 276 unter IV.2.; s auch *Voß/Steinle* INF 94, 235).

9 **dd) In der Forstwirtschaft regelmäßig entstehende Schäden.** Sie sind vom Anwendungsbereich der Nr 2 ausgenommen (S 3). Hierzu gehören Schadensfälle an *einzelnen* Bäumen, zB durch Dürrholz oder Blitzschlag (EStR 34b.2 IV 4).

Rotfäule. Für diese recht häufige Pilzkrankheit an Fichten (die idR erst nach dem Fällen des Baumes feststellbar ist) hat die *FinVerw* typisierende Regelungen für die von der Rspr (BFH IV 422/60 S BStBl III 64, 119) geforderte Abgrenzung zw regelmäßigen und ao Schäden aufgestellt: Für Wj, die nach dem 31.12.18 beginnen, ist ein Rotfäuleanteil bis zu 50 % der eingeschlagenen Fichtenstämme noch als „regelmäßig" anzusehen; nur der übersteigende Teil gilt als ao Holznutzung (BMF BStBl I 18, 1214 mit weiteren Einzelheiten). Für die Zeit davor erkannte die *FinVerw* bereits einen Rotfäuleanteil von mehr als 30 % als ao Holznutzung an; bei Kahlschlag nicht hiebreifer Bestände mit einem Rotfäuleanteil von mehr als 2/3 galt sogar die gesamte Holznutzung als ao (GLE BStBl II 67, 197; Aufhebung durch GLE BStBl I 18, 1206).

11 **3. Ermittlung der begünstigten Einkünfte, § 34b II.** Zunächst sind die (Netto-)Einkünfte aus Holznutzungen zu ermitteln, indem von den Einnahmen aus sämtl Holznutzungen (unabhängig davon, ob es sich um ordentl oder ao Nutzungen handelt) alle BA, die mit den Holznutzungen in Zusammenhang stehen, abgezogen werden (§ 34b II 1). Diese Nettoeinkünfte sind dann auf die ao (tarifbegünstigten) und die ordentl (nicht begünstigten) Holznutzungen nach dem Verhältnis der iRd jeweiligen Nutzung im Wj veräußerten Holzmengen zu verteilen (§ 34b II 2, 3; s auch *Wiegand* NWB 11, 3606, 3608 mit Beisp). Bei Gewinnermittlung nach § 4 III sind nicht die im Wj veräußerten Holzmengen maßgebl, sondern diejenigen, denen die im Wj zugeflossenen Einnahmen entsprechen.

15 **4. Steuersätze, § 34b III.** Sämtl ao Holznutzungen sind tarifbegünstigt, auch soweit sie innerhalb des Nutzungssatzes liegen (zR krit zum erhebl Umfang der Begünstigung *Reimer* FR 11, 929, 934). Zu den begünstigten Einnahmen gehören auch Versicherungsleistungen für Naturkatastrophen (*FM NRW* DStR 21, 1762 Tz 4.2.3.1). Eine **Untergrenze für den StSatz** ist (anders als in § 34 III 2) nicht vorgesehen (krit dazu *BH/Nacke* § 34b Rz 2). Zum Umfang der begünstigten Einkünfte beim **Zusammentreffen mit anderen tarifbegünstigten Einkünften** s EStR 34b.5 II.

16 **a) Halber Steuersatz, § 34b III Nr 1.** Grds unterliegen die (nach Abs 2 ermittelten) ao Holznutzungen der Hälfte des durchschnittl StSatzes, der sich für das *gesamte* zvE (einschließl der ao Holznutzungen) ergeben würde. Die Ermittlung eines Nutzungssatzes bzw die Aufstellung eines Betriebswerks oder -gutachtens ist für die Inanspruchnahme dieser Begünstigung nicht erforderl.

17 **b) Viertelsteuersatz, § 34b III Nr 2.** Stellt der StPfl freiwillig ein **Betriebswerk oder -gutachten** auf, unterliegen die Einkünfte aus ao Holznutzungen nur einem Viertel des durchschnittl StSatzes, soweit sie den Nutzungssatz, der sich aus dem Betriebswerk/-gutachten ergibt (s Rz 24), übersteigen. Maßgebl ist der Nutzungssatz für den gesamten Betrieb, nicht nur für die Schadflächen (FG Nds EFG 21, 1644 zu I.2., rkr). Im Wj einer **Einschlagsbeschränkung** gilt dieser Viertelsteuersatz einheitl für *sämtl* Kalamitätsnutzungen, und zwar auch für solche *innerhalb* des Nutzungssatzes (§ 5 I ForstschädAusglG; ausführl § 13 Rz 21).

5. Gemeinsame Voraussetzungen, § 34b IV. Diese müssen für die Anerkennung ao Einkünfte aus Holznutzungen stets erfüllt sein. – **a) Mengenmäßiger Nachweis.** Die in einem Wj erzielten verschiedenen Nutzungen müssen – getrennt nach ordentl und ao Nutzungen – mengenmäßig nachgewiesen werden (§ 34b IV Nr 1). Nach EStR 34b.2 III genügt dabei eine Trennung zw den Kalamitätsnutzungen und den übrigen Nutzungen. Bei buchführenden Betrieben kann dies idR anhand der Aufzeichnungen geschehen. Bei nicht buchführenden Betrieben (Gewinnermittlung nach § 4 III oder § 13a VI 1 Nr 1) müssen für das Jahr, in dem begünstigte Holznutzungen eintreten, Aufzeichnungen über die Mengen der einzelnen Holznutzungsarten geführt werden. Sofern das Holz über staatl Forstämter verwertet wird, kann der Nachweis durch Vorlage der Abrechnungen des Forstamtes erbracht werden, wenn sie die erforderl Mengenangaben enthalten. 21

b) Unverzügliche Schadensmeldung an Finanzamt. Schäden infolge höherer Gewalt (dh nur Kalamitätsnutzungen, nicht auch ao Nutzungen aus wirtschaftl Gründen) müssen unverzügl nach ihrer Feststellung der zuständigen Finanzbehörde mitgeteilt werden (§ 34b IV Nr 2). Dies soll eine forstfachl Prüfung von Entstehung und Umfang der Schäden ermöglichen (BT-Drs 17/5125, 43). Die *FinVerw* sieht eine Meldung innerhalb von drei Monaten noch als „unverzügl" an, sofern sie bis zum Beginn der Aufarbeitung erfolgt (*OFD Mbg* BeckVerw 089537 ESt-Kartei ST § 34b Karte 1). Das Ausmaß des Schadens kann zu diesem Zeitpunkt idR nur geschätzt werden. Stellt sich später heraus, dass der Schaden erhebl größer ist (die *FinVerw* geht im amtl Vordruck von einer 20%-Grenze aus), ist unverzügl nachzumelden (FG Nds EFG 21, 1644, rkr). 22

c) Nutzungssatz, § 68 EStDV. Will der StPfl den Viertel-Steuersatz nach § 34b III Nr 2 erlangen, setzt dies die Festsetzung eines zehnjährigen Nutzungssatzes durch die FinVerw voraus (§ 68 I 1 EStDV). Grundlage hierfür ist ein amtl anerkanntes Betriebsgutachten oder ein Betriebswerk (§ 68 II EStDV; Einzelfragen s EStR 34b.6; ausführl *BMF* BStBl I 17, 783). Für die Anwendung des halben Steuersatzes nach § 34b III Nr 1 sind diese Nachweise hingegen nicht erforderl. – Der Nutzungssatz entspricht den bei voller Ertragsfähigkeit des Waldes nachhaltig erzielbaren Nutzungen (§ 68 I 2 EStDV; zu der dort verwendeten Definition s BR-Drs 201/16, 14), hingegen nicht unbedingt dem tatsächl Hiebsatz, den der StPfl anwenden will (zutr EStR 34b.4 IV 3). Eine Einschlagsbeschränkung nach § 1 ForstschädAusglG mindert den maßgebenden Nutzungssatz nicht (glA *HHR* § 34b Rz 26). – Das Betriebsgutachten/-werk ist auf den **Beginn einer Periode von zehn Jahren** aufzustellen (§ 68 II 1 EStDV). Es *soll* innerhalb eines Jahres nach diesem Stichtag der FinVerw übermittelt werden (§ 68 II 2 EStDV); für die bis VZ 2011 geltende Rechtslage hatte die Rspr zugelassen, dass das Gutachten bis zum Schluss der mündl Verhandlung vor dem FG nachgereicht werden kann (BFH IV 49/59 U BStBl III 62, 34). 24

aa) Betriebswerk. Es handelt sich um die Zusammenfassung aller Schriften und Karten, in denen das Ergebnis einer Forsteinrichtung hinsichtl Zustandserfassung und Planung wiedergegeben wird (Regelfall bei größeren Betrieben). Diese periodische forstl Betriebsplanung steuert die Nachhaltigkeit der Holznutzung (s *Wittwer* FR 08, 617, 618). 25

bb) Betriebsgutachten. Sie kommen eher bei kleineren Betrieben in Betracht (zu derartigen Gutachten s *Voß* StBP 03, 137). Zur **amtl Anerkennung** von Betriebsgutachten s § 68 III EStDV; Betriebs*werke* bedürfen der amtl Anerkennung 26 hingegen nicht. Trotz amtl Anerkennung ist das FA an die im Betriebsgutachten enthaltenen Feststellungen der Forstbehörde nicht gebunden (kein „Grundlagenbescheid"), sondern kann den Nutzungssatz selbst überprüfen (BFH IV 185/60 U BStBl III 64, 322; EStR 34b.4 IV 5). Dabei bleibt es auch nach der ab VZ 2012 geltenden Rechtslage.

27 cc) **Kleinbetriebe.** Betriebe mit weniger als 50 ha forstwirtschaftl Fläche können aus Vereinfachungsgründen auch ohne Betriebsgutachten/-werk einen Nutzungssatz von 5 fm ohne Rinde je ha anwenden (EStR 34b.6 III). Abgesehen von dieser Vereinfachungsregelung stellt § 68 EStDV an Nachhalts- und aussetzende Betriebe identische Anforderungen (so ausdrückl auch *BMF* BStBl I 12, 594).

29 **6. Zusätzliche Begünstigungen durch Verordnung, § 34b V.** Durch VO darf die BReg zusätzl Begünstigungen gewähren, wenn „besondere Schadensereignisse nach Abs 1 Nr 2" (dh höhere Gewalt) vorliegen, gleichwohl aber keine Einschlagsbeschränkung nach § 1 I ForstschädAusglG (s dazu § 13 Rz 20) angeordnet worden ist. In diesen Fällen können die StSätze für ein Wj aus sachl Billigkeitsgründen abw von Abs 3 geregelt werden; außerdem kann § 4a ForstschädAusglG (Absehen von der Aktivierung unverkauften Kalamitätsholzes; s § 13 Rz 21) für anwendbar erklärt werden. – Für die **Forstschäden des Kj 2018** hat das BMF abw von Abs 5 ledigl durch einfaches BMF-Schreiben (nicht durch VO) Erleichterungen angeordnet (s *BMF* BStBl I 19, 463: Aktivierungsverzicht, Viertel-StSatz).

Kritik. Ob für diese Sonderregelung wirkl eine Notwendigkeit besteht, ist mE sehr zweifelhaft, da bereits § 1 ForstschädAusglG eine Vorgehensweise ermöglicht, die den – bei Schadensereignissen übl – regionalen Unterschieden gerecht wird. Zudem dürfte Abs 5 nicht den **Anforderungen des Art 80 GG** genügen, da das Ausmaß der Ermächtigung (insb der Umfang der Begünstigung) nicht hinreichend bestimmt ist (glA *BH/Nacke* § 34b Rz 2). Erst recht bedenkl ist, wenn die in Abs 5 vorgesehenen Begünstigungen durch einfaches BMF-Schreiben angeordnet werden, da der Gesetzgeber hier ausdrückl eine VO vorgesehen hat.

V. Steuerermäßigungen

1. Steuerermäßigung bei ausländischen Einkünften

§ 34c [Steuerermäßigung bei ausländischen Einkünften]

(1) [1] **Bei unbeschränkt Steuerpflichtigen, die mit ausländischen Einkünften in dem Staat, aus dem die Einkünfte stammen, zu einer der deutschen Einkommensteuer entsprechenden Steuer herangezogen werden, ist die festgesetzte und gezahlte und um einen entstandenen Ermäßigungsanspruch gekürzte ausländische Steuer auf die deutsche Einkommensteuer anzurechnen, die auf die Einkünfte aus diesem Staat entfällt; das gilt nicht für Einkünfte aus Kapitalvermögen, auf die § 32d Absatz 3 und 5 anzuwenden ist.** [2] **Die auf die ausländischen Einkünfte nach Satz 1 erster Halbsatz entfallende deutsche Einkommensteuer ist in der Weise zu ermitteln, dass der sich bei der Veranlagung des zu versteuernden Einkommens, einschließlich der ausländischen Einkünfte, nach den §§ 32a, 32b, 34, 34a und 34b ergebende durchschnittliche Steuersatz auf die ausländischen Einkünfte anzuwenden ist.** [3] **Bei der Ermittlung des zu versteuernden Einkommens und der ausländischen Einkünfte sind die Einkünfte nach Satz 1 zweiter Halbsatz nicht zu berücksichtigen; bei der Ermittlung der ausländischen Einkünfte sind die ausländischen Einkünfte nicht zu berücksichtigen, die in dem Staat, aus dem sie stammen, nach dessen Recht nicht besteuert werden.** [4] **Gehören ausländische Einkünfte der in § 34d Nummer 3, 4, 6, 7 und 8 Buchstabe c genannten**

Art zum Gewinn eines inländischen Betriebes, sind bei ihrer Ermittlung Betriebsausgaben und Betriebsvermögensminderungen abzuziehen, die mit den diesen Einkünften zugrunde liegenden Einnahmen in wirtschaftlichem Zusammenhang stehen. ⁵Die ausländischen Steuern sind nur insoweit anzurechnen, als sie auf die im Veranlagungszeitraum bezogenen Einkünfte entfallen.

(2) Statt der Anrechnung (Absatz 1) ist die ausländische Steuer auf Antrag bei der Ermittlung der Einkünfte abzuziehen, soweit sie auf ausländische Einkünfte entfällt, die nicht steuerfrei sind.

(3) Bei unbeschränkt Steuerpflichtigen, bei denen eine ausländische Steuer vom Einkommen nach Absatz 1 nicht angerechnet werden kann, weil die Steuer nicht der deutschen Einkommensteuer entspricht oder nicht in dem Staat erhoben wird, aus dem die Einkünfte stammen, oder weil keine ausländischen Einkünfte vorliegen, ist die festgesetzte und gezahlte und um einen entstandenen Ermäßigungsanspruch gekürzte ausländische Steuer bei der Ermittlung der Einkünfte abzuziehen, soweit sie auf Einkünfte entfällt, die der deutschen Einkommensteuer unterliegen.

(4) *(weggefallen)*

(5) Die obersten Finanzbehörden der Länder oder die von ihnen beauftragten Finanzbehörden können mit Zustimmung des Bundesministeriums der Finanzen die auf ausländische Einkünfte entfallende deutsche Einkommensteuer ganz oder zum Teil erlassen oder in einem Pauschbetrag festsetzen, wenn es aus volkswirtschaftlichen Gründen zweckmäßig ist oder die Anwendung des Absatzes 1 besonders schwierig ist.

(6) ¹Die Absätze 1 bis 3 sind vorbehaltlich der Sätze 2 bis 6 nicht anzuwenden, wenn die Einkünfte aus einem ausländischen Staat stammen, mit dem ein Abkommen zur Vermeidung der Doppelbesteuerung besteht. ²Soweit in einem Abkommen zur Vermeidung der Doppelbesteuerung die Anrechnung einer ausländischen Steuer auf die deutsche Einkommensteuer vorgesehen ist, sind Absatz 1 Satz 2 bis 5 und Absatz 2 entsprechend auf die nach dem Abkommen anzurechnende und um einen entstandenen Ermäßigungsanspruch gekürzte ausländische Steuer anzuwenden; das gilt nicht für Einkünfte, auf die § 32d Absatz 1 und 3 bis 6 anzuwenden ist; bei nach dem Abkommen als gezahlt geltenden ausländischen Steuerbeträgen sind Absatz 1 Satz 3 und Absatz 2 nicht anzuwenden. ³Absatz 1 Satz 3 gilt auch dann entsprechend, wenn die Einkünfte in dem ausländischen Staat nach dem Abkommen zur Vermeidung der Doppelbesteuerung mit diesem Staat nicht besteuert werden können. ⁴Bezieht sich ein Abkommen zur Vermeidung der Doppelbesteuerung nicht auf eine Steuer vom Einkommen dieses Staates, so sind die Absätze 1 und 2 entsprechend anzuwenden. ⁵In den Fällen des § 50d Absatz 9 sind die Absätze 1 bis 3 und Satz 6 entsprechend anzuwenden. ⁶Absatz 3 ist anzuwenden, wenn der Staat, mit dem ein Abkommen zur Vermeidung der Doppelbesteuerung besteht, Einkünfte besteuert, die nicht aus diesem Staat stammen, es sei denn, die Besteuerung hat ihre Ursache in einer Gestaltung, für die wirtschaftliche oder sonst beachtliche Gründe fehlen, oder das Abkommen gestattet dem Staat die Besteuerung dieser Einkünfte.

(7) Durch Rechtsverordnung können Vorschriften erlassen werden über
1. die Anrechnung ausländischer Steuern, wenn die ausländischen Einkünfte aus mehreren fremden Staaten stammen,
2. den Nachweis über die Höhe der festgesetzten und gezahlten ausländischen Steuern,
3. die Berücksichtigung ausländischer Steuern, die nachträglich erhoben oder zurückgezahlt werden.

§ 34c 1–4 Steuerermäßigung bei ausländischen Einkünften

Einkommensteuer-Durchführungsverordnung:

§ 68a *EStDV Einkünfte aus mehreren ausländischen Staaten*

¹Die für die Einkünfte aus einem ausländischen Staat festgesetzte und gezahlte und um einen entstandenen Ermäßigungsanspruch gekürzte ausländische Steuer ist nur bis zur Höhe der deutschen Steuer anzurechnen, die auf die Einkünfte aus diesem ausländischen Staat entfällt. ²Stammen die Einkünfte aus mehreren ausländischen Staaten, so sind die Höchstbeträge der anrechenbaren ausländischen Steuern für jeden einzelnen ausländischen Staat gesondert zu berechnen.

§ 68b *EStDV Nachweis über die Höhe der ausländischen Einkünfte und Steuern*

¹Der Steuerpflichtige hat den Nachweis über die Höhe der ausländischen Einkünfte und über die Festsetzung und Zahlung der ausländischen Steuern durch Vorlage entsprechender Urkunden (z. B. Steuerbescheid, Quittung über die Zahlung) zu führen. ²Sind diese Urkunden in einer fremden Sprache abgefasst, so kann eine beglaubigte Übersetzung in die deutsche Sprache verlangt werden.

Einkommensteuer-Richtlinien: EStR 34c; EStH 34c.

Übersicht

	Rz
1. Zweck der Vorschrift	1
2. Zeitlicher Anwendungsbereich	2
3. Persönlicher Anwendungsbereich, § 34c I 1	3–5
4. Sachlicher Anwendungsbereich, § 34c I	6, 7
5. Anrechnungsverfahren, § 34c I	10–14
6. Wahlrecht, § 34c II	15–18
7. Abzugsverfahren, § 34c III	20
8. Steuererlass, § 34c V	23
9. Bedeutung von DBA, § 34c VI	25–30
10. Verfahrensfragen, § 34c VII EStG mit §§ 68a, 68b EStDV	31–35

1 **1. Zweck der Vorschrift.** § 34c ist eine Tarifvorschrift, die – wie § 36 II für inl Steuern – die Anrechnung bzw den Abzug *eigener* (ausl) ESt ermöglicht. Die unbeschr StPfl erfasst grds auch ausl Einkünfte (Welteinkommen, s § 1 Rz 2). Soweit dieselben Einkünfte *auch* im Ausl besteuert werden, wird die – ungewollte – Doppelbesteuerung idR durch DBA ausgeschlossen (s § 1 Rz 80). § 34c soll verbleibende Lücken schließen, wenn kein DBA besteht oder ein DBA zB wegen Begriffskollisionen diesen Zweck nicht erreicht. § 34c regelt des Weiteren die *Methode* der in DBA vorgesehenen Anrechnung (dazu *Kempf/Köllmann* IStR 14, 286). Da sich die normale Anrechnung nach § 34c I nur auswirkt, soweit überhaupt dt ESt anfällt, ermöglichen § 34c II, III andernfalls den Abzug bei der Ermittlung der *Einkünfte*, § 34c V uU den Erlass bzw die Pauschalierung dt ESt.

2 **2. Zeitlicher Anwendungsbereich.** S *Schmidt* 39. Aufl § 34c Rz 2 mwN.

3 **3. Persönlicher Anwendungsbereich, § 34c I 1.** – a) **Natürl Personen.** § 34c betrifft alle **unbeschr StPfl** iSv § 1 I, III und ist nicht auf einzelne Einkunftsarten begrenzt. Nach § 50 III, IV sind § 34c I–III eingeschränkt auch **beschr StPfl** iSv § 1 IV, 49 entspr anzuwenden. Sonstige Besteuerungsmerkmale wie Staatsangehörigkeit oder Gewährleistung der Gegenseitigkeit bestehen nicht mehr. **Ehegatten** s EStR 34c III VI, VII; **Rechtsmissbrauch** s Rz 5, 13, 30.

4 b) **Gesellschaften.** Bei **PersGes** ist nicht auf den Sitz der Ges, sondern auf die Wohnsitze der Ges'ter abzustellen. AuslGes sind als PersGes zu qualifizieren, wenn sie bei einem Typenvergleich nach dt Recht inl PersGes entsprechen. Vgl § 15 Rz 173; § 17 Rz 104; BMF BStBl I 14, 1258 (DBA und PersGes). **KapGes** s § 26

KStG. **EuGH** C-208/00 IStR 02, 809 – *NCC/Überseering* – hat bei Zuzug im EU-Bereich eine Abkehr von der **Sitztheorie** zu Gunsten der **Gründungstheorie** eingeleitet (vgl zum „Typenvergleich" BFH I B 76/20 DStR 21, 2389; *Martini* IStR 21, 37; *Schmidt* 38. Aufl § 34c Rz 4).

c) Personenidentität. § 34c setzt für die StPfl im Inl und im Ausl Subjektidentität voraus; hieran scheitert die Anrechnung bei einer nach § 42 AO im Inl rechtsmissbräuchl Gründung einer KapGes im Ausl (s Rz 13). Zur Zurechnung von **Betriebsstätteneinkünften** s § 50 Rz 29 ff.

4. Sachlicher Anwendungsbereich, § 34c I. – **a) Grundvoraussetzung: Doppelbelastung** *derselben* ausl Einkünfte mit dt ESt und entspr ausl Steuer. Dabei muss ESt auf die Anrechnungseinkünfte anfallen (s Wortlaut § 34c I 1 HS 1; grds nicht bei **inl StFreiheit**); Teilsteuerfreiheit nach **§ 3 Nr 40** s Rz 12. Eine Erhöhung des StSatzes auf *sonstige* Einkünfte auf Grund der Anrechnungseinkünfte über **§ 32b** führt nicht zu einer Besteuerung *dieser sonstigen* Einkünfte im Inl (s § 32b Rz 1), somit keine Anrechnung nach § 34c. Zum Begriff **Ausland** und zu den nach § 34c begünstigten Einkünften s Rz 11, § 34d Rz 2. **Sonderregelungen:** Einkünfte ohne Anrechnungsmöglichkeit können uU um ausl ESt ermäßigt werden (wahlweise zu Abs 1 nach § 34c II, Rz 15, oder ersatzweise nach § 34c III, Rz 20). Auf in *Investmentträgern* enthaltene ausl Einkünfte ist § 34c entspr anzuwenden (§ 47 InvStG 2018); ebenso Kürzung von Hinzurechnungsbeträgen nach § 3 Nr 41 EStG / § 12 AStG. Zur entspr Anwendung auf *Gemeinschaftssteuer der EU* und Sonderregelung für *KapEinkünfte mit AbgeltungSt* s Rz 12.

b) Entsprechende Steuern. Eine ausl Steuer entspricht der inl ESt, wenn sie – rechtmäßig – direkt auf die Besteuerung *dieser* Einkünfte gerichtet ist. Die Art der ausl StErhebung ist ohne Bedeutung (Veranlagung, StAbzug – keine Anrechnung bei inl Pauschalierung, § 34c V, s unten Rz 23). Die *BMF*-Aufstellung in **Anlage zu EStR 34c** ist nicht abschließend, nicht bindend und anfechtbar; nicht aufgeführte Steuern können anrechenbar sein, wenn nachgewiesen wird, dass sie wie die ESt dieselben Einkünfte bei demselben StPfl betreffen (zB *BMF* BStBl I 21, 2168). Bei sonstigen auf das Einkommen erhobenen Steuern ist der Abzug nach § 34c III zu prüfen. Die Einkünfte müssen in *dem* ausl Staat erzielt sein, in dem sie besteuert wurden (§ 34c I 1 EStG, § 68a EStDV zu Aufteilung bei mehreren Staaten); Einkünfte aus Drittstaaten sind uU nach § 34c III begünstigt (s Rz 20). Zu EU-Abgeordneten und KapEinkünften s Rz 12. **Zeitpunkt:** Die Anrechnung erfolgt unabhängig vom VZ der Zahlung im Ausl im VZ der Besteuerung im Inl (**§ 34c I 5**). Die ausl Steuern müssen im Zeitpunkt der inl Veranlagung festgesetzt (dazu BFH I R 9/90 BStBl II 92, 607; Nachweis s Rz 33) und gezahlt sein – egal für welchen VZ – und dürfen keinem Vergütungs-, Erstattungs- oä Ermäßigungs*anspruch* unterliegen (§ 34c I, III; vgl auch Rz 26; § 68a EStDV). Ggf ist die Veranlagung später zu ändern (§ 34c VII Nr 3, Rz 34). Zur fiktiven StAnrechnung s § 34c VI 2, Rz 26. Aufteilung ggf nach wirtschaftl Zusammenhang (s zu BA-Aufteilung **§ 34c I 4,** Rz 11). **Währungsschwankungen:** Kursumrechnung nach dem von der EZB tägl festgesetzten Kurs (EStR 34c I mit Vereinfachungsregelung – USt-Monatskurse). Betriebsstättengewinne s Rz 5.

5. Anrechnungsverfahren, § 34c I. – **a) Grundsatz, § 34c I 1.** Grundvoraussetzungen s Rz 2, 6. Ohne abw Antrag wird – höchstens, s Rz 14 – die ausl Tarif-ESt auf die inl ESt angerechnet, die – einzelstaatsbezogenen – auf *diese* Auslandseinkünfte entfällt. Zur Ermittlung der dt ESt auf die ausl Einkünfte sind diese ins Verhältnis zum zu versteuernden Einkommen zu setzen (s Rz 13).

b) Ermittlung der deutschen Einkommensteuer auf Auslandseinkünfte, § 34c I 2, 3, 4. – **aa) Ausländische Einkünfte.** Das sind solche iSv § 2 I/ § 34d und DBA. Dabei ist für jede DBA-Einkunftsquelle auf die jeweilige Katalognummer abzustellen. Str ist, ob Einkünfte aus einzelnen Quellen weiter zerlegt, atomisiert und unterschiedl behandelt werden können (s § 34d Rz 4; § 50d Rz 57). Sie müssen (auch) *nach EStG* stbar und stpfl sein (s Rz 6). Art und Höhe sind nach dt Recht zu ermitteln. Berechnungsarten auf Grund von im Ausl nicht maßgebl Besteuerungsgrundlagen (zB § 13a) sind nicht anwendbar (s BFH IX R 143/83 BStBl II 86, 287). § 2a und § 15a sind zu beachten. Für den **Abzug von BA/WK** gilt grds das Veranlassungsprinzip der § 4 IV, § 9. Abw von § 3c I war nach BFH I R 15/99 BStBl II 00, 577 – und ist jetzt bei nicht in § 34c I 4 aufgeführten Einkünften – ein *unmittelbarer* Zusammenhang mit den Auslandseinkünften erforderl. Seit 2003 erweitert **§ 34c I 4** den Abzug/die Anrechnungskürzung bei Einkünften iSv § 34d Nr 3, 4, 6, 7, 8c auf *mittelbar in wirtschaftl Zusammenhang* zu den Einnahmen stehenden **BA/BV-Minderungen** (zB Refinanzierungszinsen iZm ausl Portfolioanlagen, anteilige Gemeinkosten, TW-AfA usw; vgl BFH I R 61/14 BStBl II 17, 48, eing zur Aufteilung und Reduzierung und entspr § 4 IV durch ausl Einkünfte veranlasste Aufwendungen, auch zu EU-Rechtmäßigkeit; zu TW-AfA s BFH I R 37/16 BStBl II 19, 73; abl zu BA in anderen Wj FG Mster EFG 19, 547, Rev I R 14/19; *Schmidt* 40. Aufl § 34c Rz 11 mwN). Die Einkünfte sind nicht nach Einkunftsarten aufzuteilen (BFH I R 57/94 BStBl II 96, 261, s auch § 34d Rz 4).

12 bb) **Besonderheiten; Ausnahmen.** – *(1)* **Ausländische DBA-Einkünfte, § 34c I 3 HS 2.** Die tatsächl **Besteuerung im Ausland** war früher irrelevant (BFH I R 57/94 BStBl II 96, 261). Ab 2003 ist diese Besteuerungslücke durch § 34c I 3 HS 2 geschlossen: Können ausl Einkünfte nach dem Recht des ausl Staates, aus dem sie *stammen,* oder nach DBA (s § 34c VI 3) dort nicht besteuert werden, sind sie bei der Ermittlung der ausl Einkünfte nach § 34c I 2 nicht mehr anzusetzen. § 34c soll nur der Doppelbesteuerung vermeiden (s auch Rz 6 und BFH I R 76/09 BStBl II 12, 276 zu DBA-widriger Besteuerung in der Schweiz). Dies gilt nicht, wenn die Besteuerung im Ausl rechtl mögl ist, jedoch aus anderen Gründen im Einzelfall unterbleibt (zB fiktive Steuer, § 34c VI 2, unten Rz 26; vgl auch § 50d IX, s Rz 29). Nach Rz 33. Zusammenrechnung bei Zusammenveranlagung s EStR 34c III, VII. – *(2)* **Einbeziehung von EU-Gemeinschaftsteuer, § 22 Nr 4d.** EU-Einkünfte werden *wie* ausl Einkünfte behandelt, die Steuer wie ausl Steuer (vgl FG Mchn EFG 15, 131, rkr). – *(3)* **Ausländische Kapitaleinkünfte, § 34c I 1 HS 2, I 3 HS 1, VI 2 HS 2.** Unterliegen diese (ohne „percountry-limitation") der AbgeltungSt nach § 32d V, VI 2, sind sie nach § 34c nicht anzusetzen (und wie die darauf entfallende QuellenSt aus der Formelberechnung nach § 34c I 2 auszunehmen; *OFD Ffm* IStR 12, 440). Bei anteiliger StBefreiung nach **§ 3 Nr 40** keine Anrechnung ausl ESt nach § 34c I, VI, aber anteilige Kürzung nach § 34c II (vgl EStR 34c II, III 5, IV 8). Änderung der Anrechnung *spanischer* QuellenSt ab 2015 s *BMF* BStBl I 15, 253. Anrechnung ausl QuellenSt im **BV** s *Eberl* FR 14, 835. – *(4)* **Pauschaliert besteuerte Einkünfte, § 34c V.** Sie sind ebenso wie die darauf entfallende PauschalSt nicht anzurechnen (s Rz 23).

13 cc) **Ermittlung der deutschen Einkommensteuer, § 34c I 2.** Anzurechnen ist der Teil der auf ausl Einkünfte aus *einem* Staat in *einem* VZ ohne StAbzug entfallenden dt ESt. Der dafür maßgebl durchschnittl StSatz wird nicht mehr durch eine Verhältnisrechnung ermittelt. Vielmehr wird der Besteuerung/Anrechnung der ausl Einkünfte der unter Berücksichtigung von §§ 32a, 32b, 34, 34a, 34b für die *gesamten* inl und ausl Einkünfte aus einem Staat ermittelte StSatz zu Grunde gelegt. Die Gesetzesänderung ab 2015 geht auf EU-Widrigkeit der früheren Regelung zurück, die bei der Berechnung auf das Verhältnis der Auslandseinkünfte zur *Summe der Einkünfte* abgestellt und ohne Berücksichtigung der einkommensteuerrechtl abzugsfähiger personen-/familienbezogener Positionen (SA, agB und persönl Umstände, Grundfreibetrag, vgl § 2 III–V; zu Kindergeld BFH III R 34/19 BStBl II 21, 848), s EuGH C-168/11 BStBl II 15, 431; *Schmidt* 39. Aufl § 34c Rz 13 mwN, auch zu unvollständiger Gleichstellung. Bei § 34c I 2 sind alle (ausl) Einkünfte anzusetzen, die tatsächl der dt ESt unterliegen. **§ 2a** ist zu beachten (EStR 34c III 8). § 34c entfällt bei **Gestaltungsmissbrauch** über ausl BasisGes (BFH I R 73/14 BStBl II 16, 887; *Schmidt* 39. Aufl § 34c Rz 13). **Ehegatteneinkünfte** s Rz 18; **Körperschaften** s § 26 KStG. S auch § 47 InvStG.

    c) Begrenzung der Steueranrechnung, § 34c I 5. Die gezahlte ausl Steuer **14** muss sachl und zeitl auf die im VZ bezogenen und besteuerten Einkünfte entfallen. Die Zahlung kann auch vorher erfolgt sein (s Rz 7). Grds erfolgt keine Kürzung bei höherer ausl Bemessungsgrundlage (BFH I R 66/92 BStBl II 94, 727). **Höchstbetragsgrenze** ist die tarifl ESt (Anrechnung „*auf* die dt ESt"), also keine Anrechnung bei ESt 0 und keine inl StErstattung (s Rz 26). **Aufteilung** bei unterschiedl Besteuerung s FG Nbg EFG 20, 723, Rev I R 8/20.

    6. Wahlrecht, § 34c II. – a) Grundsatz. Ohne Antrag von Amts wegen An- **15** rechnung nach § 34c I bzw Abzug nach § 34c III, wenn die Voraussetzungen § 34c I nicht vorliegen. *Wahlweise* ist die ausl Steuer nach § 34c II bei der **Ermittlung der Einkünfte** abzuziehen, unabhängig von einer Anrechnungsmöglichkeit nach DBA (EStR 34c V). Dafür müssen die Voraussetzungen des § 34c I vorliegen (sonst nur § 34c III): Ausl Steuer kann nur angerechnet werden, wenn die entspr Einkünfte in die inl Besteuerungsgrundlage eingehen (ausdrückl Ausnahme stfreier Einkünfte). Anders als bei § 34c I vermindert sich nicht die Steuer, sondern deren Bemessungsgrundlage. Vor- und Nachteile s Rz 16.

    b) Unterschiedliche Auswirkungen von § 34c I, II. Der Abzugsmethode ist **16** vor allem bei geringer inl ESt (zB ESt 0 durch Inlandsverluste) oder hoher AuslandSt (zB bei hohen QuellenSt auf Bruttokapitalerträge) der Vorzug zu geben. Überhang der Auslandsteuern über die inl ESt kann nach § 34c I nicht ausgeglichen werden, wohl aber bei § 34c II iRd InlEinkünfte. Zur Bedeutung für fiktive StAnrechnung s § 34c VI 2, Rz 26.

    c) Höhe. Höchstgrenze bilden die inländischen stpfl Einkünfte. **17**

    d) Verfahren. Das Wahlrecht ist für jeden VZ einheitl für alle Einkünfte aus **18** *einem* Staat auszuüben (§ 34c I 1 EStG; EStR 34c IV 1, 6). Für mehrere Staaten bestehen unterschiedl Wahlmöglichkeiten (vgl § 34c VII EStG , § 68a EStDV). **Antrag** s Rz 31. **Ehegatten/LPart** und Beteiligte an einem **Feststellungsverfahren** haben unterschiedl Wahlrechte (EStR 34c III, IV).

    7. Abzugsverfahren, § 34c III. Wenn die Voraussetzungen der Abs 1 und 2 **20** *nicht vorliegen,* wird die ausl ESt auch ohne Antrag unter bestimmten Voraussetzungen bei der Einkünfteermittlung abgezogen. *Beispiele:* Einkünfte aus Drittstaaten bei mehrfachem Wohnsitz; Einkünfte, die nach dt Recht als inl, nach ausl Recht als ausl qualifiziert werden (zB Liefergewinne vom Inland zum Inland aus Ausl). Die Ausdehnung von § 34c III durch BFH I R 38/97 BStBl II 98, 471 auf **DBAwidrige Auslandsbesteuerung** von Drittstaateneinkünften ist ab VZ 2000 eingeschränkt durch § 34c VI 6 (s Rz 30); § 34c enthält keinen allg Grundsatz der Anrechnung jegl Doppelsteuer. S aber zum „stammen" von Drittstaateneinkünften BFH I R 76/09 BStBl II 12, 276 (DBA Schweiz). – **Höhe:** Abziehbar ist die tatsächl gezahlte, um entstandene Ermäßigungsansprüche gekürzte ausl Steuer auf auch im Inl stbare und stpfl Einkünfte als Höchstgrenze, ohne per-country-limitation.

    8. Steuererlass, § 34c V. § 34c V enthält eine Rechtsgrundlage für den StErlass **23** oder die Pauschalierung der dt ESt im Erlasswege (bestätigt durch BVerfG 2 BvL 2/75 BStBl II 78, 548) mit Zuständigkeitsregelung und Delegationsmöglichkeit (wie § 50 IV). Die Vorschrift gilt nicht für Doppelbesteuerung derselben Einkünfte, nicht bei Hinzurechnung gem § 12 AStG (BFH I R 197/84 BStBl II 88, 983) und nicht bei Freistellung in DBA (BFH I R 180/87 BFH/NV 92, 248). § 34c V trägt ua den *Auslandstätigkeitserlass* (*BMF* BStBl I 83, 470, *BMF* BStBl I 17, 473; s auch FG Hess DStRE 19, 1072, rkr – nur ArbN, s EuGH C-544/11 BStBl II 13, 847 – *Petersen*, FG Thür EFG 21, 855, Beschw I B 19/21 – Sanierung von Bauwerken jeder Art –, FG BBg DStRE 16, 193, rkr und FG Köln EFG 18, 2017, Rev I R

20/18 mit Vorlage an EuGH C-15/22 – Grenzen bei EU-Entwicklungshilfe –, BFH I R 7/18 BStBl II 21, 211 zu Antragsfrist; FG Köln EFG 20, 1621, rkr. zur Tatbestandsermessensentscheidung) und den *Pauschalierungserlass* (*BMF* BStBl I 84, 252 mit Beispielen BStBl I 94, 97), jeweils ohne abschließende Regelung der Pauschalierungsmöglichkeiten nach § 34c V (BFH VIII R 297/82 BStBl II 88, 139). Die pauschalierten Einkünfte sind im Inl stfrei; die Pauschalierung ersetzt die Anrechnung (Pauschalierungserlass *BMF* BStBl I 84, 252 Tz 8). Zu **EU-Bedenken** gegen die Beschränkung der StFreiheit nach Auslandstätigkeitserlass auf *inl ArbG* s EuGH C-544/11 BStBl II 13, 847 – *Petersen*; *Schmidt* 39. Aufl § 34c Rz 23; *BH-Wagner* § 34c Rz 14c mwN.

25 **9. Bedeutung von DBA, § 34c VI.** Regelungsmöglichkeiten eines DBA s § 1 Rz 80. – **a) Grundsatz, § 34c VI 1.** § 34c gilt nur dann *unmittelbar*, wenn **kein DBA** besteht. Bei DBA mit Zuteilung und *Freistellung* von ausl Einkünften ist § 34c I–III nicht anwendbar, wenn die Einkünfte tatsächl aus dem ausl DBA-Staat **stammen;** dafür Progressionsvorbehalt § 32b. § 2a ist zu beachten (s EStR 34c III 8). Einbeziehung von § 34c VI 6 s Rz 30. **Sonderfälle** s Rz 26 ff.

26 **b) DBA-Anrechnung, § 34c VI 2.** – **(1) Grundsatz, HS 1.** Bei DBA mit Anrechnung von Steuern ist § 34c I–III und § 34c II auf den anzurechnenden Teil entspr anzuwenden, soweit das DBA dies nicht ausschließt. **Abzugsbetragshöhe** und **Abzugszeitpunkt:** Anzurechnen ist – höchstens – die im VZ auf diese ausl Einkünfte erhobene Steuer (BFH I R 51/89 BStBl II 91, 922, FG Köln EFG 00, 567, rkr), grds ohne Kürzung bei niedriger Bemessung nach EStG (BFH I R 66/92 BStBl II 94, 727). **HS 1 idF JStG 2019** (BGBl I 19, 2451) stellt klar, dass entspr § 34c I 1; § 34c III auch in DBA-Fällen nur im Quellenstaat rechtmäßig erhobene und *keinem Ermäßigungsanspruch unterliegende* ausl Steuer auf die ESt angerechnet werden kann. – **Obergrenzen** sind die auf diese Einkünfte entfallende dt ESt (§ 34c I 3), entfällt bei im Inl stfreien Einkünften und der ESt 0, vgl BFH I S 10/03 BFH/NV 04, 525) sowie die nach DBA zulässige QuellenSt, unabhängig vom Bestehen eines ausl Erstattungsanspruchs (§ 34c I 3; BFH I R 75/08 BFH/NV 10, 1820; Rz 20; § 68a EStDV). – **(2) Ausnahmen.** – **HS 2** nimmt ausl **Kap-Einkünfte,** die der AbgeltungSt gem § 32d unterliegen, von der Anrechnung aus (vgl Rz 12). Dagegen keine Anrechnungsbeschränkung nach § 3 Nr 40 begünstigten Einkünften (Teileinkünfteverfahren, s Rz 12). – **HS 3** beschränkt den Abzug **fiktiver Steuern** auf die Anrechnung nach Abs 1 ohne Einschränkung durch § 34c I 3 (fiktive Anrechnung nicht voll erhobener QuellenSt ist idR in DBA mit sog Entwicklungsländern für Dividenden, Zinsen, Lizenzgebühren vorgesehen).

27 **c) Anrechnungsausschluss bei DBA-Freistellung, § 34c VI 3.** § 34c VI 3 erstreckt den Ausschluss nach § 34c I 3 ab 2003 auf DBA-Freistellungsfälle, auch wenn die Einkünfte im Ausl stpfl wären, aber nach DBA dort nicht besteuert werden dürfen. Diese Rechtsfolge ergibt sich idR bereits unmittelbar aus § 34c I 3.

28 **d) Anrechnung ohne DBA-Regelung, § 34c VI 4.** Bei DBA ohne Regelung für bestimmte Einkünfte sind § 34c I und II entspr anzuwenden (Ausnahme § 34c VI 6, s unten Rz 30). Voraussetzung ist jedoch eine Doppelbesteuerung nach DBA (s BFH I R 81/09 BStBl II 14, 754; *BMF* BStBl I 14, 1258).

29 **e) Unilaterale Switch-over-Klauseln, § 34c VI 5.** § 50d IX erlaubt bei DBA-widriger Freistellung oder Niedrigbesteuerung in der Ausl trotz ausl Besteuerungsrechts uU die Besteuerung im Inl trotz DBA-Freistellung (s § 50d Rz 56 ff; *BMF* BStBl I 14, 1258 Tz 4.1.3.3.2). § 34c VI 5 stellt folgerichtig sicher, dass dann etwaige AuslandSt gem § 34c I–III, VI 6 anzurechnen sind, um Doppelbesteuerungen zu vermeiden, wie § 50d IX rückwirkend.

30 **f) Drittstaateneinkünfte, § 34c VI 6.** Die Regelung war die Reaktion auf BFH I R 39/02 BStBl II 03, 869, s auch FG Hbg EFG 13, 1671, rkr. Die Anwendung des § 34c III (nicht § 34c I, II, s § 34c VI 1) auf Fälle, in denen der DBA-

Ausländische Einkünfte § 34d

Staat aus Drittstaaten (iSd DBA, einschließl der BRD) stammende Einkünfte besteuert, wird zwar grds bestätigt, jedoch in zweifacher Hinsicht eingeschränkt: **Abs 3 ist nicht anzuwenden**, wenn – *(1)* die Besteuerung ihre Ursache in einer rechtsmissbräuchl Gestaltung des StPfl hat (ähnl § 50d III, s § 50d Rz 45, zu „künstl" WS-Verlegung BFH I R 67/16 BFH/NV 19, 394) oder – *(2)* das DBA die Besteuerung gestattet (um Doppelanrechnungen auszuschließen).

10. Verfahrensfragen, § 34c VII EStG mit §§ 68a, 68b EStDV. – **31**
a) Antrag. Das Gesetz verlangt einen Antrag nur für Abs 2 (s Rz 15 ff). Der Antrag kann form- und fristlos bis zur Bestandskraft des StBescheids nachgeholt werden (EStR 34c IV 7).

b) Veranlagung. Grds erfolgen Anrechnung und Abzug im Veranlagungs- **32** bzw im Gewinnfeststellungsverfahren (BFH X R 35/88 BStBl II 92, 187; zu Feststellung EStR 34c IV). Keine Berücksichtigung ausl Steuern beim LStAbzug; ArbN müssen daher zur Anwendung des § 34c eine Veranlagung beantragen (§ 46 II Nr 8). Häufig wird jedoch für im Ausl erbrachte Tätigkeit im Inl keine LSt einbehalten (vgl DBA-Regelungen, Auslandstätigkeitserlass Rz 23). **Aufteilung** bei Einkünften aus mehreren ausl Staaten s **§ 34c VII Nr 1 EStG, § 68a EStDV**.

c) Nachweis, § 34c VII Nr 2 EStG, § 68b EStDV. Der StPfl hat Festsetzung **33** und Zahlung der ausl Steuern idR durch Vorlage deutschsprachiger Urkunden zu belegen (vgl FG BBg EFG 19, 250, Rev I R 10/18).

d) Berichtigung, § 34c VII Nr 3. Änderungen sind dem FA mitzuteilen **34** (§ 153 II AO). Bei nachträgl Festsetzung, Änderung oder Erstattung ausl Steuern ist der StBescheid zu berichtigen (§ 175 I 1 Nr 2, II AO; § 34c VII Nr 3 ist dadurch gegenstandslos, § 68c EStDV aF als überflüssig aufgehoben).

e) Rechtsbehelf. Einspruch gegen ESt- bzw Feststellungsbescheid (§ 347 AO). **35** Anrechnung und Abzug sind zwar Bestandteile der StFestsetzung. Änderung und Anfechtbarkeit des Änderungsbescheides sowie Wahlrechtsänderungen beschränken sich jedoch – iRv § 177 AO – auf die Folgeänderung (§ 351 I AO).

§ 34d Ausländische Einkünfte

Ausländische Einkünfte im Sinne des § 34c Absatz 1 bis 5 sind

1. **Einkünfte aus einer in einem ausländischen Staat betriebenen Land- und Forstwirtschaft (§§ 13 und 14) und Einkünfte der in den Nummern 3, 4, 6, 7 und 8 Buchstabe c genannten Art, soweit sie zu den Einkünften aus Land- und Forstwirtschaft gehören;**
2. **Einkünfte aus Gewerbebetrieb (§§ 15 und 16),**
    a) **die durch eine in einem ausländischen Staat belegene Betriebsstätte oder durch einen in einem ausländischen Staat tätigen ständigen Vertreter erzielt werden, und Einkünfte der in den Nummern 3, 4, 6, 7 und 8 Buchstabe c genannten Art, soweit sie zu den Einkünften aus Gewerbebetrieb gehören,**
    b) **die aus Bürgschafts- und Avalprovisionen erzielt werden, wenn der Schuldner Wohnsitz, Geschäftsleitung oder Sitz in einem ausländischen Staat hat, oder**
    c) **die aus dem Betrieb eigener oder gecharterter Seeschiffe oder Luftfahrzeuge aus Beförderungen zwischen ausländischen oder von ausländischen zu inländischen Häfen erzielt werden, einschließlich der Einkünfte aus anderen mit solchen Beförderungen zusammenhängenden, sich auf das Ausland erstreckenden Beförderungsleistungen;**
3. **Einkünfte aus selbständiger Arbeit (§ 18), die in einem ausländischen Staat ausgeübt oder verwertet wird oder worden ist, und Einkünfte der in den**

Nummern 4, 6, 7 und 8 Buchstabe c genannten Art, soweit sie zu den Einkünften aus selbständiger Arbeit gehören;
4. Einkünfte aus der Veräußerung von
   a) Wirtschaftsgütern, die zum Anlagevermögen eines Betriebs gehören, wenn die Wirtschaftsgüter in einem ausländischen Staat belegen sind,
   b) Anteilen an Kapitalgesellschaften,
      aa) wenn die Gesellschaft Geschäftsleitung oder Sitz in einem ausländischen Staat hat oder
      bb) deren Anteilswert zu irgendeinem Zeitpunkt während der 365 Tage vor der Veräußerung unmittelbar oder mittelbar zu mehr als 50 Prozent auf in einem ausländischen Staat belegenen unbeweglichen Vermögen beruhte und die Anteile dem Veräußerer zu diesem Zeitpunkt zuzurechnen waren; für die Ermittlung dieser Quote sind die aktiven Wirtschaftsgüter des Betriebsvermögens mit den Buchwerten, die zu diesem Zeitpunkt anzusetzen gewesen wären, zugrunde zu legen;
5. Einkünfte aus nichtselbständiger Arbeit (§ 19), die in einem ausländischen Staat ausgeübt oder, ohne im Inland ausgeübt zu werden oder worden zu sein, in einem ausländischen Staat verwertet wird oder worden ist, und Einkünfte, die von ausländischen öffentlichen Kassen mit Rücksicht auf ein gegenwärtiges oder früheres Dienstverhältnis gewährt werden. ²Einkünfte, die von inländischen öffentlichen Kassen einschließlich der Kassen der Deutschen Bundesbahn und der Deutschen Bundesbank mit Rücksicht auf ein gegenwärtiges oder früheres Dienstverhältnis gewährt werden, gelten auch dann als inländische Einkünfte, wenn die Tätigkeit in einem ausländischen Staat ausgeübt wird oder worden ist;
6. Einkünfte aus Kapitalvermögen (§ 20), wenn der Schuldner Wohnsitz, Geschäftsleitung oder Sitz in einem ausländischen Staat hat oder das Kapitalvermögen durch ausländischen Grundbesitz gesichert ist;
7. Einkünfte aus Vermietung und Verpachtung (§ 21), soweit das unbewegliche Vermögen oder die Sachinbegriffe in einem ausländischen Staat belegen oder die Rechte zur Nutzung in einem ausländischen Staat überlassen worden sind. 2Bei unbeweglichem Vermögen, das zum Anlagevermögen eines Betriebs gehört, gelten als Einkünfte im Sinne dieser Nummer auch Wertveränderungen von Wirtschaftsgütern, die mit diesem Vermögen in wirtschaftlichem Zusammenhang stehen;
8. sonstige Einkünfte im Sinne des § 22, wenn
   a) der zur Leistung der wiederkehrenden Bezüge Verpflichtete Wohnsitz, Geschäftsleitung oder Sitz in einem ausländischen Staat hat,
   b) bei privaten Veräußerungsgeschäften die veräußerten Wirtschaftsgüter in einem ausländischen Staat belegen sind,
   c) bei Einkünften aus Leistungen einschließlich der Einkünfte aus Leistungen im Sinne des § 49 Absatz 1 Nummer 9 der zur Vergütung der Leistung Verpflichtete Wohnsitz, Geschäftsleitung oder Sitz in einem ausländischen Staat hat.

Einkommensteuer-Richtlinien: EStH 34d.

1 **1. Gesetzeszweck.** § 34d bestimmt abschließend die ausl Einkünfte, die eine Tarifvergünstigung nach § 34c (und § 50 III EStG; § 26 VI KStG) begründen.

2 **2. Ausland** ist jedes Hoheitsgebiet, das nach dt EStRecht nicht zum Inl zählt (s zu Inl § 1 Rz 30). Hoheitsfreie Zonen liegen nicht in einem „ausl Staat" (s zu Antarktis/Auslandstätigkeitserlass BFH VI R 185/87 BStBl II 91, 926; das gilt auch für § 34d). Die Einkünfte müssen – isoliert gesehen – ausl iSv § 34d sein (BFH I R 178/94 BStBl II 97, 657; s umgekehrt § 49 Rz 10 ff sowie zur Auslandszuweisung weiterer BA und BV-Minderungen ab VZ 2003 über diese Rspr hinaus durch § **34c I 4** § 34c Rz 11). Nach § **34c I 3 HS 2** müssen sie auch dort der Besteuerung unterliegen (s § 34c Rz 12). Liegen keine ausl Einkünfte idS vor, kann ein Abzug nach § 34c III in Frage kommen (s § 34c Rz 20).

3. Steuertatbestände, § 34d Nr 1–8. § 34d knüpft – mit Abweichungen durch die Anpassung an ausl Besteuerungstatbestände – an die in §§ 13 ff und 49 aufgeführten Steuertatbestände an. Wegen der Grundbegriffe wird daher auf die dortigen Erläut verwiesen (§ 49 Rz 10 ff). **Änderungen durch „JStG 2018"** (BGBl I 18, 2338): **Nr 4 Buchst b Doppelbuchst bb** korrespondiert mit der Änderung von § 49 I Nr 2 Buchst e Doppelbuchst cc für Fälle der Anrechnung ausl Steuern, wenn kein DBA besteht (s § 49 Rz 51), **Nr 7 S 2** mit der Ausdehnung des Umfangs inl BV in § 49 I Nr 2 Buchst f S 4 auf damit in wirtschaftl Zusammenhang stehende WG (s § 49 Rz 60). Zu missbräuchl Gründung einer ausl KapGes (§ 42 AO) s § 34c Rz 30. Zu **EU-Abgeordnetenentschädigungen** s § 22 Nr 4 S 4; § 34c Rz 12.

4. Art und Höhe der Einkünfte richten sich nach dt StRecht. Vgl § 34c Rz 11. Grds ist auf die einzelnen DBA-Katalognummern abzustellen. Der Umfang einer **DBA-StFreiheit** ist primär nicht nach EStG, sondern eigenständig nach DBA auszulegen (vgl *Schulz-Trieglaff* IStR 18, 341). Danach ist auch zu entscheiden, ob Einkünfte aus einzelnen im Inl stfreien DBA-Quellen weiter zerlegt, atomisiert und unterschiedl behandelt werden können, ob zB im Ausl stfreie Einkunftsteile von grds dort stpfl „Betriebsstätteneinkünften" aufgrund von ausl Besteuerungsregeln/Subject-to-tax-Klauseln nach § 50d IX, X im Inl besteuert werden können (zB Ausklammerung einzelner im Ausl stfreier oder niedriger besteuerter KapEinkünfte einer dort stpfl Betriebsstätte oder im Ausl stfreier Arbeitslohnteile – so offenbar *BMF* BStBl I 13, 980 Tz 2b (unter Aufhebung älterer abw BMF-Schrb in Tz 5); **aA** wohl zutr zu DBA-Klauseln *Lüdicke* IStR 13, 721 mwN; BFH I R 127/95 BStBl II 98, 58; s auch BFH I R 64/14 BStBl II 17, 48 und BFH I R 68/14 BStBl II 16, 90, Anm *Loll* IStR 16, 540, *Sprang* NWB 16, 3012; FG Mchn EFG 17, 1244, rkr; § 50d Rz 57, auch zu Neuregelung ab 2017 in § 50d IX 4; bedenkl, wenn eine Betriebsstätte überwiegend oder gar ausschließl solche stfreien KapEinkünfte erzielt).

§ 34e *(aufgehoben)*

§ 34f *(gegenstandslos)*

2b. Steuerermäßigung bei Zuwendungen an politische Parteien und an unabhängige Wählervereinigungen

§ 34g [Steuerermäßigung bei Zuwendungen an politische Parteien und an unabhängige Wählervereinigungen]

¹**Die tarifliche Einkommensteuer, vermindert um die sonstigen Steuerermäßigungen mit Ausnahme des § 34f Absatz 3, ermäßigt sich bei Zuwendungen an**

1. **politische Parteien im Sinne des § 2 des Parteiengesetzes, sofern die jeweilige Partei nicht gemäß § 18 Absatz 7 des Parteiengesetzes von der staatlichen Teilfinanzierung ausgeschlossen ist, und**
2. **Vereine ohne Parteicharakter, wenn**
   a) **der Zweck des Vereins ausschließlich darauf gerichtet ist, durch Teilnahme mit eigenen Wahlvorschlägen an Wahlen auf Bundes-, Landes- oder Kommunalebene bei der politischen Willensbildung mitzuwirken, und**

§ 34g 1–3 Steuerermäßigung bei Zuwendungen an Parteien

b) der Verein auf Bundes-, Landes- oder Kommunalebene bei der jeweils letzten Wahl wenigstens ein Mandat errungen oder der zuständigen Wahlbehörde oder dem zuständigen Wahlorgan angezeigt hat, dass er mit eigenen Wahlvorschlägen auf Bundes-, Landes- oder Kommunalebene an der jeweils nächsten Wahl teilnehmen will. ²Nimmt der Verein an der jeweils nächsten Wahl nicht teil, wird die Ermäßigung nur für die bis zum Wahltag an ihn geleisteten Beiträge und Spenden gewährt. ³Die Ermäßigung für Beiträge und Spenden an den Verein wird erst wieder gewährt, wenn er sich mit eigenen Wahlvorschlägen an einer Wahl beteiligt hat. ⁴Die Ermäßigung wird in diesem Fall nur für Beiträge und Spenden gewährt, die nach Beginn des Jahres, in dem die Wahl stattfindet, geleistet werden.

²Die Ermäßigung beträgt 50 Prozent der Ausgaben, höchstens jeweils 825 Euro für Ausgaben nach den Nummern 1 und 2, im Fall der Zusammenveranlagung von Ehegatten höchstens jeweils 1650 Euro. ³ § 10b Absatz 3 und 4 gilt entsprechend.

Einkommensteuer-/Lohnsteuer-Richtlinien: EStH 34 g; LStH 34g.

1 **1. Allgemeines.** Die StErmäßigung des § 34g als Kürzung der tarifl ESt neben und vorrangig vor dem SA-Abzug entspricht der Tendenz, Abzüge bei den Besteuerungsgrundlagen wegen der unterschiedl StAuswirkung durch (einheitl) Tarifabzüge zu ersetzen. Sie gilt nur im Veranlagungsverfahren (vgl § 39a I). § 34g hat wohl grds die **Verfassungsmäßigkeit** des Parteispendenabzugs abgesichert; vgl BVerfG 2 BvR 1271/02 StEd 03, 574; BFH X R 190/87 BStBl II 90, 158 zu kommunaler Wählervereinigung (dazu § 10b Rz 18).

2 **2. Anwendungsbereich.** – *(1)* **Zuwendungen, § 34g S 1, 3.** Entspr § 10b I, II, III sind Mitgliedsbeiträge und Spenden begünstigt. Die Nichteinhaltung der Melde- und Abführungspflicht nach § 25 ParteiG stellt den Abzug nach § 10b, § 34g nicht in Frage. Der StPfl muss die Zahlung an begünstigte Empfänger jedoch glaubhaft machen, bis 300 € durch Zahlungsnachweis, darüber hinaus durch **Zuwendungsbestätigung** des Empfängers auf amtl Vordruck, s § 50 I, IV Nr 2c, VI EStDV. Ein ausdrückl **Antrag** ist nicht erforderl; es genügt zB, wenn der StPfl SA iSv § 10b geltend macht. – *(2)* **Begünstigte Zahlungsempfänger, § 34g S 1.** § 34g S 1 Nr 2 S 1 erweitert den Empfängerkreis von früher nur politischen Parteien und deren Gebietsverbänden iSv § 2 PartG (S 1 Nr 1) um bestimmte eingetragene oder nicht eingetragene Vereine ohne Parteicharakter iSv § 1 I Nr 4, 5 KStG. Darunter – nicht unter § 10b – fallen unabhängige, meist kommunale Wählervereinigungen, freie Wählergemeinschaften, Rathausparteien uä Vereine (s Rz 5 ff). Spenden an (über) Parteimitglieder sind nur bei Weiterleitung an die zuständigen Parteigremien abziehbar. § 51 III AO (Beschränkungen bei extremistischen Körperschaften) betrifft nur die Förderung nach §§ 51 ff AO, nicht die parteipolitische Förderung. **Ab 2017** können jedoch verfassungsfeindl Parteien von der staatl Teilfinanzierung ausgeschlossen werden (§ 34g Satz 1 Nr 1, § 10b II 1 EStG, § 50 IV 1 Nr 2 Buchst c EStDV; vgl § 10b Rz 37). – *(3)* **Begünstigte Wahlen.** Alle demokratischen Volkswahlen iSv Art 20 II, 28 GG zur Ausübung der Staatsgewalt (Bundestag, Landtage, Selbstverwaltungsgremien der Landkreise und Kommunen), nicht sonstige wie zB Ausländerbeiratswahlen.

3 **3. Besondere Voraussetzungen, § 34g S 1 Nr 2.** Der Abzug von Zuwendungen an *Vereine ohne Parteicharakter* (Rz 2) ist eingeschränkt. – *(1)* **Zweckbestimmung, § 34g 1 Nr 2 S 1 Buchst a.** Satzungsmäßiger Vereinszweck muss ausschließl die Mitwirkung bei der politischen Willensbildung sein (Ausschluss von Mischvereinen ua gemeinnützigen Vereinen mit anderen Zielen). Großzügig ist EStH 34g zu tatsächl gesellig en Veranstaltungen und bei nicht überwiegender wirtschaftl Betätigung (unschädl). – *(2)* **Wahlbeteiligung, § 34g 1 Nr 2 S 1**

Buchst b. Zusätzl Voraussetzung ist: – *(a)* **Erfolgreiche Wahlteilnahme** an der letzten Wahl (mindestens 1 Mandat; dann Ermäßigung ohne weitere Voraussetzungen bis zur nächsten Wahl dieser Art), oder – *(b)* **Anzeige der Beteiligung an der nächsten Wahl**, § 34g 1 Nr 2 S 2. Diese ermöglicht nach erfolgloser Wahlbeteiligung oder bei Neugründung die Ermäßigung bis zur Wahl, unabhängig von der tatsächl Teilnahme. Anzeige ohne Form und Frist bei der Wahlbehörde, ab Wahltag bis Meldefrist für nächste Wahl, spätestens Ende des Begünstigungsjahres. – *(c)* **Ausschlüsse**, § 34g S 1 Nr 2 S 3, 4. Nimmt der Verein anzeigewidrig nicht an der nächsten Wahl teil (*BMF* BStBl I 89, 239 Tz 4, 5), ist *dieser* Verein für die ganze folgende Wahlperiode bis zum Beginn des Jahres, in dem er sich tatsächl an einer Wahl beteiligt, von der Ermäßigung ausgeschlossen (uU Neugründung mögl).

4. Person des Zahlenden. § 34g betrifft wie § 10b unbeschr und beschr stpfl natürl Personen einschließl Ges'ter einer **PersGes** (Entscheidung bei deren Veranlagung, nicht im Gewinnfeststellungsverfahren), nicht KapGes (s § 9 Nr 3 KStG). Bei zusammenveranlagten **Ehegatten/LPart** Verdoppelung des Höchstbetrages; bei Einzelveranlagung Ermäßigung jeweils für eigene Ausgaben.

5. Höhe, § 34g S 1, 2, 3. Bis zum absoluten Höchstbetrag von 825 €, bei Zusammenveranlagung 1650 € sind – progressionsunabhängig – die tatsächl Ausgaben zur Hälfte von der tarifl ESt abziehbar, bei Zahlung an verschiedene Empfänger iSv § 34g S 1 Nr 1 und 2 ggf mehrfach („jeweils" in § 34g **S** 2). Weitere Obergrenze ist die tarifl ESt (§§ 2 V, 32a), abzügl sonstiger StErmäßigungen iSv §§ 34c–35b, mit Ausnahme von § 34f III (**S 1** Einleitungssatz). Für **Sachspenden** und **Aufwandsspenden** gilt § 10b III (**S 3**, ohne Nutzungen und Leistungen), s § 10b Rz 2 ff). – **Verhältnis zu § 10b:** SA iSv § 10b II sind nur Parteizuwendungen (nicht solche an sonstige Wählervereinigungen, s oben Rz 1 und § 10b Rz 18) über die **verdoppelten** in Anspruch genommenen Höchstbeträge des § 34g hinaus (*für* Ausgaben in dieser Höhe ist die Spende zuvor hM für die StErmäßigung nach § 34g **verbraucht iSv § 10b II 2**); s § 10b Rz 38.

6. Vertrauensschutz; Haftung, § 34g S 3. Bösgläubige Spender genießen keinen Vertrauensschutz. Für StAusfälle verantwortl Personen haften ggf entspr § 10b IV. Vgl iEinz § 10b Rz 53 ff.

7. Rechtsbehelfe. Die Ermäßigung ist als Teil des EStBescheides mit diesem durch Einspruch anfechtbar.

3. Steuerermäßigung bei Einkünften aus Gewerbebetrieb

§ 35 [Steuerermäßigung bei Einkünften aus Gewerbebetrieb]

(1) ¹**Die tarifliche Einkommensteuer, vermindert um die sonstigen Steuerermäßigungen mit Ausnahme der §§ 34f, 34g, 35a und 35c, ermäßigt sich, soweit sie anteilig auf im zu versteuernden Einkommen enthaltene gewerbliche Einkünfte entfällt (Ermäßigungshöchstbetrag),**
1. **bei Einkünften aus gewerblichen Unternehmen im Sinne des § 15 Absatz 1 Satz 1 Nummer 1**
   um das Vierfache des jeweils für den dem Veranlagungszeitraum entsprechenden Erhebungszeitraum nach § 14 des Gewerbesteuergesetzes für das Unternehmen festgesetzten Steuermessbetrags (Gewerbesteuer-Messbetrag); Absatz 2 Satz 5 ist entsprechend anzuwenden;
2. **bei Einkünften aus Gewerbebetrieb als Mitunternehmer im Sinne des § 15 Absatz 1 Satz 1 Nummer 2 oder als persönlich haftender Gesellschafter einer Kommanditgesellschaft auf Aktien im Sinne des § 15 Absatz 1 Satz 1 Nummer 3**

§ 35 Steuerermäßigung bei Einkünften aus Gewerbebetrieb

um das Vierfache des jeweils für den dem Veranlagungszeitraum entsprechenden Erhebungszeitraum festgesetzten anteiligen Gewerbesteuer-Messbetrags. ²Der Ermäßigungshöchstbetrag ist wie folgt zu ermitteln:

$$\frac{\text{Summe der positiven gewerblichen Einkünfte}}{\text{Summe aller positiven Einkünfte}} \cdot \text{geminderte tarifliche Steuer}$$

³Gewerbliche Einkünfte im Sinne der Sätze 1 und 2 sind die der Gewerbesteuer unterliegenden Gewinne und Gewinnanteile, soweit sie nicht nach anderen Vorschriften von der Steuerermäßigung nach § 35 ausgenommen sind. ⁴Geminderte tarifliche Steuer ist die tarifliche Steuer nach Abzug von Beträgen auf Grund der Anwendung zwischenstaatlicher Abkommen und nach Anrechnung der ausländischen Steuern nach § 32d Absatz 6 Satz 2, § 34c Absatz 1 und 6 dieses Gesetzes und § 12 des Außensteuergesetzes. ⁵Der Abzug des Steuerermäßigungsbetrags ist auf die tatsächlich zu zahlende Gewerbesteuer beschränkt.

(2) ¹Bei Mitunternehmerschaften im Sinne des § 15 Absatz 1 Satz 1 Nummer 2 oder bei Kommanditgesellschaften auf Aktien im Sinne des § 15 Absatz 1 Satz 1 Nummer 3 ist der Betrag des Gewerbesteuer-Messbetrags, die tatsächlich zu zahlende Gewerbesteuer und der auf die einzelnen Mitunternehmer oder auf die persönlich haftenden Gesellschafter entfallende Anteil gesondert und einheitlich festzustellen. ²Der Anteil eines Mitunternehmers am Gewerbesteuer-Messbetrag richtet sich nach seinem Anteil am Gewinn der Mitunternehmerschaft nach Maßgabe des allgemeinen Gewinnverteilungsschlüssels; Vorabgewinnanteile sind nicht zu berücksichtigen. ³Wenn auf Grund der Bestimmungen in einem Abkommen zur Vermeidung der Doppelbesteuerung bei der Festsetzung des Gewerbesteuer-Messbetrags für eine Mitunternehmerschaft nur der auf einen Teil die Mitunternehmer entfallende anteilige Gewerbeertrag berücksichtigt wird, ist der Gewerbesteuer-Messbetrag nach Maßgabe des allgemeinen Gewinnverteilungsschlüssels in voller Höhe auf diese Mitunternehmer entsprechend ihrer Anteile am Gewerbeertrag der Mitunternehmerschaft aufzuteilen. ⁴Der anteilige Gewerbesteuer-Messbetrag ist als Prozentsatz mit zwei Nachkommastellen gerundet zu ermitteln. ⁵Bei der Feststellung nach Satz 1 sind anteilige Gewerbesteuer-Messbeträge, die aus einer Beteiligung an einer Mitunternehmerschaft stammen, einzubeziehen.

(3) ¹Zuständig für die gesonderte Feststellung nach Absatz 2 ist das für die gesonderte Feststellung der Einkünfte zuständige Finanzamt. ²Für die Ermittlung der Steuerermäßigung nach Absatz 1 sind die Festsetzung des Gewerbesteuer-Messbetrags, die Feststellung des Anteils an dem festzusetzenden Gewerbesteuer-Messbetrag nach Absatz 2 Satz 1 und die Festsetzung der Gewerbesteuer Grundlagenbescheide. ³Für die Ermittlung des anteiligen Gewerbesteuer-Messbetrags nach Absatz 2 sind die Festsetzung des Gewerbesteuer-Messbetrags und die Festsetzung der anteiligen Gewerbesteuer-Messbetrags aus der Beteiligung an einer Mitunternehmerschaft Grundlagenbescheide.

(4) Für die Aufteilung und die Feststellung der tatsächlich zu zahlenden Gewerbesteuer bei Mitunternehmerschaften im Sinne des § 15 Absatz 1 Satz 1 Nummer 2 und bei Kommanditgesellschaften auf Aktien im Sinne des § 15 Absatz 1 Satz 1 Nummer 3 gelten die Absätze 2 und 3 entsprechend.

Einkommensteuer-Richtlinien: EStH 35 – *Verwaltungsanweisungen:* BMF BStBl I 16, 1187; BMF BStBl I 19, 459.

Schrifttum (Auswahl): *Schiffers,* Aktualisiertes BMF-Schreiben ..., DStZ 16, 956; *Gragert,* StErmäßigung gem § 35 EStG, NWB 16, 3924; *Dreßler ua,* Chancen ... bei

Allgemeines 1, 2 § 35

unterjährigem Ges'terwechsel, DStR 17, 625; *Schrade,* GewSt bei unterjähriger Veräußerung ..., FR 17, 862; *Böwing-Schmalenbrock,* Betriebsbezogene Höchstbetragsberechnung ..., DStZ 18, 83; *Richter ua,* Die GewSt-Anrechnung ..., DB 18, 2196; *Weiss,* Zur Anwendung ..., StuB 19, 507; *Dreßler,* Neues BMF-Schreiben –, DStR 19, 1078 *U. Förster,* Problembereiche..., DB 21, 303, *dies.,* Anrechnung..., FS Kessler, 2021, 267.

Übersicht

Rz

I. Allgemeines
1. Regelungsinhalt; Überblick 1
2. Zweck 2
3. Anwendungsbereich 3
4. Rechtsentwicklung 4
5. Regelungszusammenhang 5, 6
   a) Tarifvorschrift; Verhältnis zu anderen Ermäßigungen und Anrechnungen 5
   b) Verhältnis zu anderen Vorschriften und Steuern 6
6. Verfassungsmäßigkeit 7

II. Tatbestandsmerkmale
1. Gewerbliche Einkünfte 10
2. Entlastungssystematik 11
3. Potentielles Anrechnungsvolumen, § 35 I 1 Nr 1 und 2 Satz 3 ... 12
   a) Begünstigte Einkünfte iSv § 35 I 3 13–22
   b) Ausgenommene Gewinne; Gewinnanteile 23
   c) Festgesetzter GewSt-Messbetrag; Mindesthebesatz; abweichendes Wirtschaftsjahr 24
   d) Aufteilung des Gewerbesteuermessbetrags, § 35 I 1 Nr 2 iVm § 35 II 2 bis 4 25–32
4. Ermäßigungshöchstbetrag, § 35 I 1 bis 3
   a) Allgemeines; Systematik 35
   b) Minderung der Einkommensteuer 36–38
   c) Verhältnisrechnung 39
5. Tatsächlich zu zahlende Gewerbesteuer 41

III. Rechtsfolgen
1. Allgemeines 45
2. Anrechnungsüberhänge 46

IV. Sonderfälle
1. Anteilige Gewerbesteuermessbeträge; gewerbliche Einkünfte
   a) Partielle Begrenzungen der Gewerbesteuerpflicht 50
   b) Umwandlungen 51
   c) Ausscheiden eines Gesellschafters aus Personengesellschaft; Gesellschafterwechsel 52
2. Organschaft 54
3. Gestaltungen 55

V. Verfahren
1. Einzelunternehmer 60
2. Mitunternehmerschaften; KGaA 61, 62
3. Sonderfragen 63

I. Allgemeines

1. Regelungsinhalt; Überblick. Nach § 35 I wird die auf gewerbl Einkünfte entfallende **ESt** durch **pauschalierte Anrechnung** der GewSt **gemindert** (ab VZ 2020 das Vierfache GewSt-Messbetrags; Rz 2). Begünstigt sind damit Einzelunternehmer, persönl haftende Ges'ter von KGaA und MUer, nicht aber KapGes/OptionsGes gem § 1a KStG (Rz 3). Bei MUerschaften und KGaA ist ein für die ESt-Veranlagung bindendes Feststellungsverfahren durchzuführen (§ 35 II–IV).

2. Zweck. § 35 zielt zum einen auf eine Angleichung der Ertragsteuerbelastung gewerbl und nicht gewerbl Unternehmer. Die Doppelbelastung gewerbl Einkünfte (ESt/GewSt) wird aber nur **typisierend gemindert,** insb die GewSt nicht durchgängig in vollem Umfang auf die ESt angerechnet oder gar vergütet (BFH X R 32/06 BStBl II 09, 7). Zum anderen will die ESt-Entlastung gem § 35 einen Ausgleich für den geminderten KSt-Satz (aktuell: 15%) schaffen (BFH IV R 3/10 BStBl II 12, 14; BR-Drs 90/00; *Wacker* JbFfSt 12/13, 482f). Zu Verfassungsfragen s Rz 7. Nach der Reform durch das UntStRefG 2008 (BGBl I 07, 1912; dazu Rz 4) belief sich das **maximale Anrechnungsvolumen** (Rz 12) auf das 3,8-fache (= Anrechnungsfaktor) des GewSt-Messbetrags; damit entsprach die ESt-Ermäßigung (einschließl SolZ) einer GewSt-Belastung auf der Basis eines GewSt-Hebesatz von etwa 400% (iEinz s *Schmidt* 39.Aufl § 35 Rz 2; BFH II R 64/15 BStBl II 19, 289). Mit Rücksicht auf den Anstieg der durchschnittlichen GewSt-Hebesätze ist das potentielle Anrechnungsvolumen durch das **CoronaStHG II** (BGBl I 20, 1512) ab dem **VZ 2020** auf das **Vierfache des GewSt-Messbetrags** erhöht worden (§§ 35, 52 Abs 35a), so dass sich der neutrale GewSt-Hebesatz auf etwa 422% beläuft (BT-Drs 19/20058; *Hechtner* NWB 20, 2060; zum Einfluss des SolZ s *Lenz* DStR 21, 2857). Dies gilt zwar auch bei niedrigere Hebesätzen, zu beachten sind aber die **Anrechnungsbegrenzungen** (Ermäßigungshöchstbetrag; tatsächl GewSt; Rz 35, 41).

3 **3. Anwendungsbereich. – *(1) Persönlich.*** § 35 erfasst unbeschr und beschr (einschließl § 2 AStG; *Weiss* EStB 15, 365, 366) estpfl **natürl Personen,** die gewerbl Einkünfte erzielen (Rz 1), **nicht** aber KSt-Subjekte, zB KapGes (s Rz 1f; BFH IV R 5/08 BStBl II 10, 912; BVerfG 1 BvR 1236/11 BStBl II 18, 303 Rz 31; BT-Drs 14/2683, 116) einschl OptionsGes gem § 1a KStG (*BMF* BStBl I 21, 2212 Rz 85; § 15 Rz 160a), auch nicht als persönl haftende Ges'terin einer KGaA. Unbeschr estpfl Stifter/Bezugsberechtigte einer ausl Familienstiftung mit inl Gew-Betr/MUerstellung waren bisher nicht begünstigt (FG D'dorf EFG 15, 1374, rkr); ab VZ 2013 ist dies wegen § 15 VIII AStG (KapEinkünfte) fragl (s auch § 15 Rz 257). – *(2) Zeitlich.* § 35 war erstmals für den VZ 2001 anzuwenden, auch wenn ein ähnl Wj bestand und in 2001 endete (*BMF* BStBl I 16, 1187 Rz 1). Zur Rechtsentwicklung s Rz 4; zum Übergang von § 32c auf § 35 s *Schmidt* 24.Aufl § 35 Rz 3; BVerfG 2 BvL 1/13 DStR 22, 19.

4 **4. Rechtsentwicklung.** Die aktuelle Fassung geht auf das UntStRefG 2008 (BGBl I 07, 1912) zurück, nach dem ab **VZ 2008** zum Ausgleich für die Absenkung des KSt-Satzes auf 15% sowie das BA-Abzugverbot gem § 4 Vb (GewSt) der Anrechnungsfaktor auf 3,8 (§ 35 I 1; zuvor: 1,8) erhöht wurde (BFH VR 8/13 BStBl II 15, 1046; vgl auch § 52 Abs 50a S 2 idF JStG 2009: keine Anhebung für vor dem 1.1.08 endende EZ; *BMF* BStBl I 16, 1187 Rz 2; zu mehrstufigen PersGes s *BMF* BStBl I 09, 440 Rz 2, 3) und die ESt-Ermäßigung auf die tatsächl zu zahlende GewSt beschränkt wurde. Mit dem JStG 2008 (BGBl I 08, 2794) ist § 35 I um Regelungen zu den begünstigten gewerbl Einkünften sowie zum sog Ermäßigungshöchstbetrag ergänzt worden. Zu weiteren Änderungen (JStG 2009, BGBl I 08, 2794/AmtshilfeRLUmsG, BGBl I 13, 1809) s den lfd Text; zur **Anhebung** des Anrechnungsvolumens ab **VZ 2020** (**Vierfache** des GewSt-Messbetrags) durch das CoronaStHG II (BGBl I 20, 1512) s Rz 2.

5 **5. Regelungszusammenhang. – a) Tarifvorschrift; Verhältnis zu anderen Ermäßigungen; Anrechnungen.** § 35 gehört zu den StErmäßigungen des Abschnitts V des EStG und knüpft an die tarifl ESt (§§ 32a, 32b, 32c) an, die jedoch vor der GewSt-Anrechnung mit der Folge einer geringeren Ermäßigungshöchstbetrags (§ 35 I 1, 2; Rz 35) zunächst zu kürzen ist (Abs 1, 4: „geminderte tarifl (E)St"). Vorrang haben die Kürzungen gem §§ 34, 34a, 34b und 35b. Ein Kumulationsverbot im Verhältnis zu § 34 besteht aber nicht (glA *Korezkji* DStR 01, 1642, 1644; ähnl zu § 32c aF BFH XI R 15/03 BStBl II 04, 718). Gemäß § 35 I 1 sind nur die §§ 34f, 34g, 35a (iVm § 52 Abs 50a idF JStG 2009, BGBl I 08, 2794; BT-Drs 16/11 108: wegen § 35a I 1 nur klarstellend; **aA** *Schmidt* 27.Aufl § 35 Rz 4f; s auch BFH X R 1/07 BStBl II 08, 520) und § 35c (idF KlimaSG, BGBl I 19,

2886) nachrangig (*BMF* BStBl I 16, 1187 Rz 4). – Vorrang ggü § 35 haben ferner die StAnrechnungen bei **ausl Einkünften** gem § 34c I, VI sowie § 12 AStG (iVm § 35 I 4 idF JStG 2008, BGBl I 07, 3150; Rz 3; *BMF* BStBl I 16, 1187 Rz 4); zudem wurde durch das AmtshilfeRLUmsG (BGBl I 13, 1809) § 35 I 4 iSe Vorrangs der Anrechnungsbeträge nach § 32d VI 2 ab VZ 2013 (**aA** zuvor *OFD Mster* DB 11, 2407) ergänzt (BT-Drs 17/13 033: bisher unterbliebene Folgeänderung zur AbgeltungSt; allg Vorrang jedweder ausl StAnrechnung). – Ggü § 35 vorrangig sind (mE wie bisher) auch ausl Steuern, die nach zwischenstaatl Abkommen anzurechnen sind (zB Schlussprotokoll zu Art 23 DBA-Belgien, BGBl II 03, 1615; FinA, BT-Drs 16/7036, 21) – Der antragsgebundene Sonder-StSatz für nicht entnommene Gewinne (**§ 34a**) schließt § 35 nicht aus (glA *Förster* DB 07, 760; *Schiffers* DStR 08, 1805, 1806). Auch die nach § 34a begünstigungsfähigen Gewinne sind aber dem Verlustausgleich unterworfen (§ 34a Rz 36; zu § 35 I 2 s Rz 39). Der Nachversteuerungsbetrag nach Abs 4 ist kein Gewinnanteil, der nach § 7 GewStG der GewSt unterliegt (§ 34a Rz 64). Allerdings erhöht sich im Jahr der Nachversteuerung die tarifl ESt als Ausgangsgröße für den Ermäßigungshöchstbetrag (*BMF* BStBl I 16, 1187 Rz 15).

b) Verhältnis zu anderen Vorschriften und Steuern. Der Kürzungsbetrag (ab VZ 20 das Vierfache des anteiligen GewSt-Messbetrags) darf maximal in iHd ESt abgezogen werden, die auf die entspr gewerbl Einkünfte entfällt (Ermäßigungshöchstbetrag; Rz 35); deshalb wird das Entlastungspotential des § 35 durch den **Verlustausgleich** (BFH X R 32/06 BStBl II 09, 7), **SA,** Verlustabzug/-vorträge und **agB** gemindert (s Rz 35). Andererseits sind aber sowohl der *GewSt-Messbetrag* als auch die *gewerbl Einkünfte* iSv § 35 I 3) betriebs-/unternehmensbezogen zu ermitteln. Zum horizontalen Verlustausgleich s Rz 14 ff, 37 ff; der GewSt-Messbetrag wird durch den Verlustvortrag nach **§ 10a GewStG** beeinflusst (Rz 24). Der **Tonnagegewinn** ist gem § 5a V 2 nicht nach § 35 begünstigt; ebenso sind Veräußerungs-/Aufgabegewinne nach Umwandlung von KapGes/OptionsGes gem § 1a KStG (Rz 1, 3) in PersGes gem **§ 18 III 3 UmwStG** auszunehmen (s zu beidem Rz 23). § 35 wirkt nicht für die **KiSt** (§ 51a II 3), wohl aber für den **SolZ** (§ 3 II SolZG; *BMF* BStBl I 16, 1187 Rz 3; BFH II R 64/15 BStBl II 19, 289; BFH II R 63/15 BStBl II 21, 184; verfgemäß). 6

6. Verfassungsmäßigkeit. Finanzverfassungsrechtl Bedenken bestehen mE nicht: § 35 schafft weder die GewSt ab, noch wird sie ausgehöhlt. Die Ertragsverteilung des Art 106 GG verbietet nicht, den Anteil der Länder/Gemeinden an der ESt zu mindern (BR-Drs 90/00, 141; vgl auch BFH X R 32/06 BStBl II 09, 7). – Der **Mindesthebesatz** (§ 16 IV 2 GewStG: 200%) ist verfgemäß (Rz 24). – Auch der Grundsatz der **Widerspruchsfreiheit** der Rechtsordnung wird durch die Anrechnung nicht berührt (BVerfG 2 BvL 2/99 BVerfGE 116, 164 zu § 32c aF). – § 35 verletzt ferner nicht den **Gleichheitssatz.** Ggü nicht begünstigten Einkünften natürl Personen ist die Vorschrift durch das Ziel gerechtfertigt, die Doppelbelastung der gewerbl Einkünfte mit ESt und GewSt zu mindern (BVerfG 1 BvL 2/04 BVerfGE 120, 1 zu § 35 s BFH, II R 64/15 BStBl II 19, 289). Im Verhältnis zu KapGes (einschl **OptionsGes gem § 1a KStG;** vgl Rz 1, 3) schafft die Anrechnung einen Ausgleich zum niedrigen KSt-Thesaurierungssatz (BFH II R 52/10 BStBl II 12, 43; BFH X R 32/06 BStBl II 09, 7). Die Nichtbegünstigung von KapEinkünften eines KapGes'ters ist mit Rücksicht auf das Trennungsprinzip (Anteilseigner und KapGes sind verschiedene StSubjekte mit jeweils eigener steuerl Leistungsfähigkeit; dazu BFH X R 32/06 BStBl II 09, 7) nicht zu beanstanden (BFH I R 21/12 BStBl II 14, 531; BVerfG 2 BvL 2/99 BVerfGE 116, 164 zu § 32c aF). Soweit Bedenken wegen etwaiger **Wirkungsunschärfen** der Entlastung erhoben werden, liegen diese mE innerhalb der **Typisierungsbefugnis** des Gesetzgebers (BFH X R 32/06 BStBl II 09, 7; zu § 32c aF s BVerfG 2 BvL 2/99 BVerfGE 116, 164). Dies gilt für die fehlende Entlastung bei Hebesätzen über 400% 7

(Rz 2; BVerfG 1 BvL 2/04 BVerfGE 120, 1 auch zu § 35), für GewSt-Belastungen aufgrund der Hinzurechnungen nach § 8 GewStG (Rz 36, 55), die mangels gewerbl estl Einkünfte von § 35 nicht ausgeglichen werden, und ebenso für Abzugstatbestände (zB **Verlustabzug;** Rz 2, 6), die eine estl Belastung der gewerbl Einkünfte entfallen lassen (BFH X R 32/06 BStBl II 09, 7; BFH X R 55/06 BFH/NV 09, 379: keine Doppelbelastung; keine GewSt-Vollvergütung; kein Vortrag eines **Anrechnungsüberhangs;** BVerfG 2 BvR 2523/08, nv; BVerfG 2 BvR 1540/08, nv: Nichtannahme; Rz 36). Auch bestehen keine verfrechtl Bedenken, dass MUer nur nach Maßgabe des allg GuV-Schlüssels (keine Berücksichtigung von Vorabgewinnen/Sondervergütungen; Rz 25), dh gleichfalls nicht punktgenau entlastet werden (BFH IV B 114/11 BFH/NV 12, 1440). **Überentlastungen** sind jedenfalls ab VZ 08 (tatsächl GewSt-Last als Anrechnungsgrenze) grds ausgeschlossen; bis VZ 07 dürfte es sich um typisierend hinzunehmende Ausnahmefälle handeln (*HHR* § 35 Rz 9). Zum SolZ s BFH X R 64/15 BStBl II 19,289; BFH II R 63/15 BStBl II 21, 184.

II. Tatbestandsmerkmale

10 **1. Gewerbliche Einkünfte.** § 35 begünstigt Einkünfte (Gewinne) aus gewerbl Einzelunternehmen iSv § 15 I 1 Nr 1, darüber hinaus auch Einkünfte (Gewinnanteile) aus GewBetr als MUer iSv § 15 I 1 Nr 2. Aus dem Bezug auf § 15 folgt, dass sämtl dort zu erfassenden gewerbl Einkünfte iRv § 35 unter der weiteren Voraussetzung ihrer gewstl Belastung begünstigt sind. Dazu gehören neben originären gewerbl Einkünften (einschließl atypisch stille Ges, Unterbeteiligung, Erben- oder Bruchteilsgemeinschaft) zB auch Einkünfte aus Besitzunternehmen iRd BetrAufsp (auch soweit der Ges'ter der BesitzPerGes nicht an der BetriebsGes beteiligt ist; str), aus einer gewerbl Beteiligung an einer ZebraGes (s auch § 15 Rz 201, § 35 Rz 63), aus gewerbl Beteiligung kraft Abfärbung oder Prägung (§ 15 III Nr 1 und 2), idR jedoch nicht Einkünfte aus Verpachtungsbetrieb (Rz 18, § 15 Rz 709). Zum persönl haftenden Ges'ter einer KGaA s Rz 22.

11 **2. Entlastungssystematik.** Nach § 35 I ergibt sich ab VZ 2020 (s Rz 2) das sog *potentielle Anrechnungsvolumen* für Einzelunternehmern aus dem Vierfachen des GewSt-Messbetrags, für MUer und persönl haftende Ges'ter einer KGaA aus dem entspr Anteil am GewSt-Messbetrag (§ 35 I 1 Nr 1, 2). Dieser maximale Anrechnungsbetrag wird *begrenzt* **(1)** auf den Anteil der (ggf geminderten) tarifl ESt, der auf die gewerbl Einkünfte einfällt (§ 35 I 1; *Ermäßigungshöchstbetrag*), und **(2)** auf die *tatsächl zu zahlende GewSt* (§ 35 I 5).

12 **3. Potentielles Anrechnungsvolumen, § 35 I 1 Nr 1 und 2, Satz 3.** Der Begriff (BFH X R 32/06 BStBl II 09, 7) kennzeichnet das maximale Anrechnungsvolumen auf der Grundlage der GewSt-Messbeträge. Es wird für Einkünfte aus gewerbl Einzelunternehmen (§ 35 I 1 Nr 1 iVm § 15 I 1 Nr 1), aus GewBetr als MUer und als persönl haftenden Ges'ter einer KGaA (§ 35 I 1 Nr 2 iVm § 15 I 1 Nr 2, 3) ermittelt und setzt demnach gewerbl Einkünfte iSv § 35 I 1, 2 voraus. Für die Höhe des Anrechnungsvolumens ist der festgesetzte GewSt-Messbetrag bindender Grundlagenbescheid. Materiell stimmt der Messbetrag iSv § 35 I 1 Nr 1, 2 mit demjenigen des § 14 GewStG überein.

13 **a) Begünstigte Einkünfte iSv 35 I 3.** Nach § 35 I 3 idF JStG 2008 (BGBl I 08, 3150) sind gewerbl Einkünfte die der GewSt unterliegenden Gewinne/Gewinnanteile, soweit sie nicht nach anderen Vorschriften von der StErmäßigung des § 35 ausgenommen sind. Das Erfordernis der tatsächl GewSt-Belastung war auch nach altem Recht zu beachten (FG Ddorf EFG 07, 685, rkr; *Schmidt* 29. Aufl § 35 Rz 5 f, str). **Negative Einkünfte** s Rz 15.

14 **aa) Grundsätze. – (1) Unternehmensbezogene Ermittlung; Addition.** Da das potentielle Anrechnungsvolumen auf dem festgesetzten GewSt-Messbetrag fußt

Tatbestandsmerkmale 15–18 § 35

und dieser für das gewerbl Unternehmen betriebs-/unternehmensbezogen zu ermitteln ist, müssen **(Schritt 1)** auch die der GewSt unterliegenden Gewinne/Gewinnanteile (§ 35 I 3) für das **einzelne gewerbl Unternehmen** bestimmt werden (*BMF* BStBl I 16, 1187 Rz 9). Gleiches gilt für **mehrstöckige MUerschaften** (*BMF* BStBl I 16, 1187 Rz 25 f); s dazu auch Rz 26, 41. IRd ESt-Veranlagung werden die für die einzelnen Unternehmen ermittelten (positiven) Messbeträge/Messbetragsanteile addiert **(Schritt 2)**. Zu Verlusten Verluste s Rz 15; zum Ermäßigungshöchstbetrag s Rz 35, 37; zur tatsächl GewSt-Last s Rz 41.

(2) Verluste. Da nach Ansicht des BFH die positiven und negativen gewerbl Einkünfte zur Bestimmung des Ermäßigungshöchstbetrags personenbezogen zu verrechnen sind (horizontaler Verlustausgleich) und die Verwaltung sich dem angeschlossen hat (s einschließl Übergangregelung bis 2015 Rz 37 ff), sind nach *BMF* BStBl I 16, 1187 Rz 9 die (positiven) GewStMessbeträge zur Ermittlung des Anrechnungsvolumens auch dann zusammenzurechen (Rz 14: „Schritt 2"), soweit diese sich erst aufgrund gewstl Hinzurechnungen (§ 8 GewStG) ergeben, dh einen negativen Gewerbetrag (§ 7 GewStG) überkompensieren (*U. Förster* DB 16, 2866). Gleiches gilt bei mehrstöckigen PersGes (Rz 26). Zur Gegenansicht (Wortlaut; Zusammentreffen von gewst-belasteten und estpfl Gewinnen) s *Schmidt* 35.Aufl § 35 Rz 15 mwN. Zum Ermäßigungshöchstbetrag s Rz 39. Zur organschaftl Zurechnung s Rz 54. 15

(3) Unternehmensbezogene Reichweite. Ein Betrieb („Unternehmen") kann insgesamt nicht der GewSt unterliegen oder nur im Hinblick auf Teile des Gewinns von der GewSt befreit sein. In ersterem Fall ist die Anrechnung ausgeschlossen, im zweiten Fall ist nur der GewSt-Messbetrag gemindert und demgemäß iRd Ermäßigungshöchstbetrags nur der gewstpfl Gewinn anzusetzen (Rz 38). Zur Kürzung nach § 9 GewStG s Rz 18. Zum umgekehrten Fall (gewst-belastet, aber *estfreie* Einkunftsteile zB nach dem Teileinkünfteverfahren) s Rz 36. 16

(4) Steuerschuldnerschaft. Gewinne unterliegen grds auch dann der GewSt, wenn für die unmittelbar der natürl Person zugeordneten gewerbl Einkünfte die **GewSt** von einem **Dritten** getragen wird (BVerfG 2 BvL 2/99 DStR 06, 1316 Tz 97). Dies trifft für MUerschaften (PersGes), die als solche Schuldner der GewSt sind, ferner für die (§ 8 Nr 4 GewStG; zur KGaA s Rz 22). Zu der Organ-Ges nachgeordneten PersGes s aber Rz 54. 17

bb) Einzelfälle. – *(1) Laufende Gewinne.* In erster Linie handelt es sich bei den begünstigten Einkünften um solche nach **§ 15**, nicht jedoch, wenn sie außerhalb der werbenden Tätigkeit anfallen (zB Vorbereitungsphase, ruhende GewBetr, Verpachtungsbetriebe). Ebenso nicht Einkünfte aus **gewst-befreiten** Betrieben (§ 3 Nr 7, 13, 20 GewStG, § 13 GewStDV; zu § 32c BFH IV R 24/00 BStBl II 01, 486). Zur teilweisen GewSt-Freiheit s Rz 16. – *(2)* **Gewerbesteuerliche Kürzungen.** Gewinne können gewstl nach § 9 GewStG (§ 9 Nr 1 S 2 und 3, Nr 2a, Nr 3, 5, 7 und 8 GewStG) sowie nach § 9 Nr 2 GewStG, soweit sie auf ausl Betriebsstätten entfallen, zu kürzen sein, gleichwohl aber estl bei den Einkünften erfasst werden (nicht bei DBA-Freistellung). Nach § 35 I 3 müssen die Gewinne und Gewinnanteile der GewSt unterliegen. Dies entspricht den in § 32c II aF verwendeten Begriffen. Da aber – im Gegensatz zu § 32c aF – § 35 I 3 die Kürzungen nach § 9 GewStG nicht erwähnt und auch im JStG 2008 (BGBl I 08, 3150) keine Ergänzung vorgenommen worden ist, wird zT vertreten, dass die Kürzungen nach § 9 GewStG die gewerbl Einkünfte nicht mindern (*Levedag* GmbHR 19, 699; KS § 35 Rz 11 mwN; *Schmidt* 32. Aufl § 35 Rz 18). ME ist dies angesichts des Zwecks von § 35 I 3 (Begünstigung der tatsächl gewst-belasteten Einkünfte) zweifelhaft. Die FinVerw hat sich noch nicht ausdrückl geäußert; allerdings spricht *BMF* BStBl I 16, 1187 Rz 14 nicht mehr von dem Grunde nach gewstpfl, sondern schlicht von gewstpfl Einkünften (vgl auch *Korezkij* DStR 07, 2103). – *(3)* **Veräußerungsgewinne.** Keine gewerbl Einkünfte sind die nicht mit GewSt belasteten Gewinne aus der Veräußerung/Aufgabe von Betrieben/Teilbetrieben/MUer- 18 anteilen (§ 16). Gleiches gilt für Veräußerungsgewinne gem § 17 EStG sowie § 22 I, § 24 II **UmwStG** und für gewstfreie Übernahmegewinne nach § 18 II UmwStG; zu § 18 III UmwStG (Anrechnungsverbot s Rz 23). **Ausnahmen:** Gewpfl und damit begünstigt sind aber: – *(a)* die Veräußerung einer 100 %igen Beteiligung an KapGes (oder an OptionsGes gem § 1a KStG; Rz 1, 3), wenn sie nicht iZm einer Betriebsaufgabe/-veräußerung steht (*BMF* BStBl I 16, 1187 Rz 14). – *(b)* Teilanteilsveräußerungen gem § 16 I 2 EStG (*BMF* BStBl I 16, 1187 Rz 14). – *(c)* Gewinne aus Veräußerungen „an sich selbst" gem § 16 II 3 EStG und § 24 III 3 UmwStG (BFH VIII R 7/01 BStBl II 04, 754). – *(d)* Veräußerungsgewinne nach § 7 S 2 GewStG (Rz 20). – *(e)* Übernahmefolgegewinne (§§ 6, 18 I UmwStG; *BMF* BStBl I 11, 1314 Rz 6.02).

20 **cc) Besonderheiten bei Mitunternehmerschaften.** Nach § 7 I 2 GewStG unterliegen ab EZ 2002 auch die Gewinne aus der Veräußerung von betriebl Einheiten insoweit der GewSt, als sie nicht auf eine natürl Person als *unmittelbar* beteiligten MUer entfallen. Hieran fehlt es bei Veräußerung eines Anteils der Ober-PersGes an der UnterPersGes; der nur mittelbar beteiligte MUer soll nach § 35 entlastet werden, um dem BetriebsFA die Schwierigkeiten bei der Feststellung mittelbar Beteiligter zu ersparen (BFH IV R 29/07 BStBl II 11, 511; *BMF* BStBl I 16, 1187 Rz 14; BVerfG 1 BvR 1236/11 BStBl II 18, 303; BFH IV R 39/10 DB 18, 2477: verfgemäß). Zur Aufteilung des GewSt-Messbetrags nach allg GuV-Schlüssel der UnterGes (§ 35 II 2) s Rz 25 ff; *BMF* BStBl I 16, 1187 Rz 33.

22 **dd) KGaA, § 35 I 1 Nr 2.** Mit dem Hinweis auf den persönl haftenden Ges'ter einer KGaA isV § 15 I 1 Nr 3 lässt § 35 I 1 Nr 2 es genügen, dass die KGaA die GewSt für dessen Gewinnanteile und Geschäftsführervergütungen des persönl haftenden Ges'ters einer KGaA trägt (Einmalbelastung mit GewSt iVm personenübergreifender Entlastung; Rz 17). Der auf natürl Personen beschränkten Begünstigung (Rz 1, 2) liegt zugrunde, dass nach § 8 Nr 4 GewStG, der mit § 9 I Nr 1 KStG korrespondiert, die nicht auf das Kommanditkapital entfallenden Gewinnanteile und Geschäftsführervergütungen des persönl haftenden Ges'ters dem Gewerbeertrag der KGaA hinzuzurechnen sind (BFH I R 32/86 BStBl II 91, 253) und § 9 Nr 2b GewStG die mögl GewSt-Belastung eines gewerbl Geschäftsführers beseitigt. Allerdings erfasst § 15 I 1 Nr 3 auch sonstige Sondervergütungen (für Darlehensgewährung oder Nutzungsüberlassung von WG; § 15 Rz 891), die aber im Grundsatz nicht der GewSt bei der KGaA unterliegen. Sie gehören deshalb auch nicht zu gewerbl Einkünften iSv § 35 I 1 Nr 2 iVm S 3. Nach der Rspr zu § 32c aF ändert hieran auch die Hinzurechnung der Entgelte gem § 8 Nr 1 GewStG (zB Schuldzinsen) bei der KGaA nichts (BFH X R 6/05 BStBl II 08, 363). Ob dies auch iRv § 35 gilt (so *Schmidt* 32. Aufl § 35 Rz 22), erscheint aber mit Rücksicht auf die geänderte Gesetzeslage zweifelhaft (s auch *Ritzer ua* DStR 02, 1785, 1788). Zur Aufteilung des GewSt-Messbetrags s Rz 32.

23 **b) Ausgenommene Gewinne; Gewinnanteile.** Der **Tonnagegewinn** ist zwar mit GewSt belastet (§ 7 S 3 GewStG), jedoch nach § 5a V 2 nicht nach § 35 begünstigt. Zu Einzelheiten (Mischfälle) s *BMF* BStBl I 16, 1187 Rz 13; *U. Förster* DB 16, 2866; BFH IV R 27/11 BStBl II 15, 278: kein Meistbegünstigung durch Freibetrag § 11 GewStG (zutr). Ausgenommen sind ferner gewstpfl Veräußerungs-/Aufgabegewinne gem **§ 18 III UmwStG** innerhalb der fünfjährigen Sperrfrist nach Umwandlung einer KapGes (einschl OptionsGes gem § 1a KStG; Rz 1, 3). Bereits in dem Sinn dieser Sondernorm (Umgehungsschutz gegen gewstfreie Liquidation von KapGes) schließt die Anrechnung nach § 35 aus (BFH IV R 5/08 BStBl II 10, 912: § 18 III 3 UmwStG ist nur deklaratorisch). *Ausnahme:* Veräußerung nach Umwandlung einer OrganGes in PersGes iVm Organträger-PersGes (BFH IV R 27/12 BStBl II 15, 837; *Schießl* HFR 15, 859; *BMF* BStBl I 16, 1187 Rz 13, 14). § 18 III UmwStG geht nach hM § 7 S 2 GewStG im Range vor (*BMF* BStBl I 11, 1314 Rz 18.09; iErg glA BFH IV R 27/12 BStBl II 15, 837). GewSt wird unter den dort genannten Voraussetzungen nur nach § 18 III UmwStG ausgelöst. Für den Ausschluss des § 35 ist deshalb nicht danach zu differenzieren, ob eine natürl Person unmittelbar oder mittelbar beteiligt ist (*Füger* DStR 02, 1021); auch ist es unerhebl, ob die Anteilsveräußerung zugleich § 7 S 2 GewStG unterfällt (BFH IV R 27/12 BStBl II 15, 837). Teilanteilsveräußerungen werden zT als nach allg Grundsätzen gewstpfl (Rz 18) und als nach § 35 begünstigt angesehen; auch sei § 18 III UmwStG nicht anzuwenden (*WM* § 18 Rz 181; fragl; s *Schmidt* 26. Aufl § 35 Rz 34). § 18 III 3 UmwStG erfordert eine Kürzung des anrechnungsfähigen GewSt-Messbetrags und der gewerbl Einkünfte iRd Ermäßigungshöchstbetrages (Rz 37; *BMF* BStBl I 16, 1187; **aA** *Korezkij* BB 02, 2099) in dem Verhältnis, in dem der von § 18 III 1/2 UmwStG betroffene Gewinn-(Anteil) zum gesamten gewstpfl Gewinn steht (BFH IV R 27/12 BStBl II 15, 837). Bei MUerschaften ist das Kürzungspotential allen MUern nach dem Gewinnverteilungsschlüssel zuzurechnen. Zum Ansatz als Veräußerungskosten s § 16 Rz 302. Zu zivilrechtl Abreden s Rz 25. Zum Feststellungsverfahren s Rz 61.

c) Festgesetzter Gewerbesteuermessbetrag; Mindesthebesatz; abweichendes Wirtschaftsjahr. – (1) Verfahrensrechtliche Bindung. Der GewSt-Messbescheid ist bindender Grundlagenbescheid für das potentielle Anrechnungsvolumens (§ 35 III 2 iVm § 1 Nr 1 und 2 EStG; § 175 I 1 Nr 1 AO). Materiell stimmt der Messbetrag isv § 35 I 1 Nr 1, 2 mit demjenigen des § 14 GewStG überein; er wird durch den Verlustvortrag gem § 10a GewStG gemindert. – **(2) Gewstl Niedrigbesteuerung.** § 35 I wurde durch das StVergAbG für den VZ 03 dahin ergänzt (I 2, 3), dass die StErmäßigung nach § 35 I 1 bei niedrigen GewSt-Belastung nicht zu gewähren war (dazu *Schmidt* 22. Aufl § 35 Rz 56). *Ab VZ 04* wurde die Regelung als für Gestaltungen anfällig aufgehoben. Die Ertragsverlagerung in Niedrighebesatzgemeinden soll nun durch den Mindesthebesatz von 200% (§ 16 IV 2 GewStG; BVerfG DB 10, 542; verfgemäß) eingeschränkt werden. – **(3) Abweichendes Wj.** § 35 knüpft an das Kj an (§ 2 VII). Bei abw Wj gilt der gewerbl Gewinn nach § 4a II Nr 2 in dem Kj bezogen, in dem das Wj endet. Für die GewSt gilt nach § 10 II GewStG Entsprechendes (*BMF* BStBl I 16, 1187 Rz 7). Zum Wechsel der sachl GewSt-Pflicht s Rz 50 ff. Zur Sonderregelung nach § 52 Abs 50a idF JStG 2009 s Rz 45.

d) Aufteilung des Gewerbesteuermessbetrags, § 35 I 1 Nr 2 iVm § 35 II 2 bis 4. – aa) Personengesellschaften als Mitunternehmerschaften. Der GewSt-Messbetrag ist nach dem allg Gewinnverteilungsschlüssel aufzuteilen (§ 35 II 2 HS 1); der Anteil ist ggf nach dem auf 2 Kommastellen gerundeten Prozentsatz zu ermitteln (§ 35 II 4). Maßgebl ist grds die **handelsrechtl Gewinnverteilung** (§ 15 Rz 443 ff) und damit idR das Verhältnis der Festkapitalien (*Ritzer ua* DStR 02, 1785); hierbei sind fixe Begrenzungen des Gewinnanteils zu berücksichtigen (BFH IV R 43/11 BStBl II 14, 695; *Karl* BB 12, 368; zutr). Maßgebl ist die handelsrechtl Abrede jedoch nur in der Form, in der sie steuerl anerkannt wird (*BMF* BStBl I 16, 1187 Rz 20 f). Auf das Handelsrecht allein kann schon deshalb nicht abgestellt werden, weil ansonsten auch Ges berücksichtigt werden müssten, die als MUerschaften nicht anerkannt werden (zu FamilienGes s § 15 Rz 342 ff, 776; zum mitunternehmerischen Nießbraucher s *von Oertzen ua* Ubg 12, 285, 290). **Nicht** berücksichtigt werden **Vorabgewinnanteile** (§ 35 II 2 HS 2; *Korezkij* BB 01, 389, 390: auch wenn sie den estl Gewinn aufbrauchen), Sondervergütungen (§ 15 I 1 Nr 2 S 1; BFH IV B 136/07 BFH/NV 09, 597; *Groh* DStZ 01, 358; zur Abgrenzung s BFH VIII R 30/99 BStBl II 01, 621) und sonstige gewinnwirksame Vorgänge im Bereich des SBV (einschließl vGA) s § 15 Rz 724) oder der Ergänzungsbilanz. Gleiches für ausnahmsweise gewstpfl Veräußerungsgewinne (*BMF* BStBl I 16, 1187 Rz 23; s oben Rz 18, 20; zum Ausscheiden von Ges'tern s auch Rz 52). Grund: die allein maßgebl Gewinnverteilung bezieht sich nur auf die StB der MUerschaft (1. Stufe, § 15 Rz 401); Abhilfe soll die Ausgliederung von SBV in eine

24

25

§ 35 26, 27 Steuerermäßigung bei Einkünften aus Gewerbebetrieb

Auffang-PersGes schaffen (*Ritzer* ua DStR 02, 1785, 1786). Soweit nach *BMF* BStBl I 09, 440 Rz 23 **gewinnabhängige** Vorabgewinnanteile (zB Tantiemen) Bestandteil des Gewinnverteilungsschlüssels sein sollten, ist der BFH dem unter Hinweis auf Wortlaut/Entstehungsgeschichte (s *Söffing* DB 00, 688) zR nicht gefolgt (BFH IV B 109/08 BStBl II 10, 116; BFH IV B 114/11 BFH/NV 12, 1440: verfgemäß; ebenso *BMF* BStBl I 16, 1187 Rz 22; *BMF* BStBl I 10, 43: Übergangsregelung; zu vertragl Ausgleichsklauseln s FN-IdW Beil 8/11 Tz 20). In die Aufteilung nach dem Gewinnverteilungsschlüssel sind auch solche Anteile einzubeziehen wie **KapGes** (einschl OptionsGes gem § 1a KStG; Rz 1, 3), für die § 35 nicht in Betracht kommt (*BMF* BStBl I 16, 1187 Rz 24 zum Feststellungsverfahren s Rz 61 ff).

Ausnahme: Wird aufgrund eines DBA bei der Festsetzung des GewSt-Messbetrags nur der auf einen Teil der MUer entfallende Gewerbeertrag berücksichtigt, ist nach § 35 II 3 der GewSt-Messbetrag „nach Maßgabe des allg Gewinnverteilungsschlüssels in voller Höhe auf diese MUer entspr ihrer Anteile am Gewerbeertrag der MUerschaft aufzuteilen". Aufteilungsmaßstab ist demnach der individuelle Gewinnanteil des unbeschr stpfl MUers im Verhältnis zur Summe der Gewinnanteile aller unbeschr stpfl MUer. IdR sind im Ausl ansässige MUer einer inl MUerschaft aber beschr stpfl (BFH I R 5/82 BStBl II 83, 771).

26 **bb) Mehrstöckige Mitunternehmerschaften.** Ist eine PersGes an einer anderen beteiligt, werden nach BFH-Rspr der OberGes die Gewinnanteile als MUerin der UnterGes zugerechnet (mE OberGes = Verbund der OberGes'ter; s § 15 Rz 253, 612). Die Sondervergütungen des über die OberGes und damit mittelbar iSd § 15 I 1 Nr 2 S 2 an der UnterGes Beteiligten bleiben außer Ansatz (Rz 26); für den mittelbar Beteiligten ist bei der UnterGes kein anteiliger GewSt-Messbetrag festzustellen. Das Beteiligungsergebnis für die OberGes erhöht zunächst auch den Gewerbeertrag der OberGes, wird allerdings nach § 9 Nr 2 GewStG wieder gekürzt und gewstl bei der UnterGes erfasst. Für Zwecke des § 35 I 1 Nr 2 wird aber der anteilige GewSt-Messbetrag auf den mittelbar als natürl Person beteiligten MUer „durchgereicht". Dazu werden in die gesonderte Feststellung für die OberGes (§ 35 II 1) nach § 35 II 5 die bei der UnterPersGes getroffenen Feststellungen (GewSt-Messbetrag, Anteil der OberGes entspr dem Gewinnverteilungsschlüssel bei der UnterGes) einbezogen und dieser zusammen mit dem eigenen Messbetrag der OberGes nach deren Gewinnverteilungsschüssel auf die OberGes'ter verteilt. Da nach Ansicht des BFH die positiven und negativen gewerbl Einkünfte zur Bestimmung des Ermäßigungshöchstbetrags personenbezogen zu verrechnen sind (horizontaler Verlustausgleich) und die Verwaltung sich dem angeschlossen hat (s einschließl Übergangregelung bis 2015 Rz 37 ff), sind nach *BMF* BStBl I 16, 1187 Rz 25; *BMF* BStBl I 19, 459 Rz 25die (positiven) GewStMessbeträge zur Ermittlung des Anrechnungsvolumens aus Ober- und UnterGes auch dann zusammenzurechen (s Rz 14: „Schritt 2"), soweit diese sich erst aufgrund gewstl Hinzurechnungen (§ 8 GewStG) ergeben, dh einen negativen Gewerbeertrag (§ 7 GewStG) überkompensieren (*U. Förster* DB 16, 2866; § 35 Rz 15). Zur betriebsbezogenen Ermittlung der tatsächl GewStG (§ 35 I 5) s Rz 41, 62. Zur Veräußerung betriebl Einheiten bei s Rz 20, 28.

27 **cc) Inkongruente Entlastung; Anrechnungsüberhänge.** – **(1) Sonderbetriebsvermögen; Sondervergütungen.** Da die PersGes gewstl Steuerschuldnerin auch für Gewerbeerträge aus dem SBV (Tätigkeitsvergütungen etc) ist (§ 5 I 3 GewStG), die GewSt-Messbeträge jedoch nach dem Gewinnverteilungsschlüssel zugeordnet werden, erhält nicht immer der estl zB wegen der Vorgänge im SBV mehrbelastete MUer einen entspr Anteil am GewSt-Messbetrag zugewiesen.

Beispiel: AB-OHG erzielt einen gewerbl Gewinn von 50 000 €. Der Ges'ter A hat SonderBE iHv 10 000 €. Gewerbl Gewinn und Gewerbeertrag der MUerschaft beläuft sich auf 60 000 €. Der Gesellschaftsvertrag sieht hälftige Gewinnverteilung vor. Der GewSt-Messbetrag wird hälftig aufgeteilt, obwohl A gewerbl Einkünfte iHv insgesamt 35 000 € erzielt.

Tatbestandsmerkmale 28–32 § 35

Stellungnahme: ME können die Ges'ter die Rechtsfolge der anteiligen Zurechnung des anteiligen GewSt-Messbetrags nach dem allg Gewinnverteilungsschlüssel nicht abändern (glA *Brinkmann ua* DStR 03, 93; *BMF* BStBl I 16, 1187 Rz 22; krit *Schmidt* 28. Aufl § 35 Rz 23). Mit der typisierenden (vereinfachenden) Regelung in § 35 II 2 hat es der Gesetzgeber bewusst unterlassen, bei der Aufteilung des GewSt-Messbetrags zu berücksichtigen, wer von den MUern die jeweilige GewSt verursacht oder trägt (zur VerfMäßigkeit s Rz 2, 7). Die Ges'ter können aber die der UrsprungsGes überlassenen WG in **SchwesterPers** ausgliedern (*Herzig ua* DB 00, 1728; unten Rz 55) oder **zivilrechtl** die estl Mehrentlastung des anderen MUers als Vorteil gegenrechnen (zu Ausgleichsabreden s FN-IdW Beil 8/11 Tz 20), wie auch umgekehrt die internen Anteile an der GewSt-Schuld (iEinz *Schrade* FR 17, 862, 864). Dazu ist erforderl, dass der Anteil an der GewSt durch die dem Ges'ter zugeordneten positiven Gewerbeertragsanteile ermittelt wird, di unter Einschluss positiver Erträge des SBV. Die zivilrechtl Ausgleichsansprüche sind dann um die persönl StErmäßigung nach § 35 zu vermindern (zu Klauseln s *Ottersbach* DStR 02, 2023; *Dreßler ua* DStR 17, 625, 630).

(2) Veräußerungsgewinne nach § 7 I 2 GewStG. Da ab EZ 2002 auch die 28 Gewinne aus der Veräußerung von betriebl Einheiten (MUeranteilen etc) insoweit gewstpfl, als sie nicht auf eine *natürl* Person als *unmittelbar* beteiligten MUer entfallen, kann die StErmäßigung nach der allg Gewinnverteilungsabrede der UnterGes (§ 35 II 2), die den Veräußerungsgewinn nicht berücksichtigt (Rz 52: Gest'terwechsel), zu Anrechnungsdefiziten/-überhängen (*Ritzer ua* DStR 02, 1785, 1790), aber auch dazu führen, dass § 35 für die als natürl Personen beteiligten MUer selbst dann zum Tragen kommt, wenn eine KapGes (oder OptionsGes gem § 1a KStG; Rz 1, 3) ihren MUeranteil nach § 7 S 2 GewStG gewstpfl veräußert (s iEinz *BMF* BStBl I 16, 1187 Rz 33; *Schiffers* DStZ 16, 956, 961; *Gragert* NWB 16, 3924, 3928). Auch hier wird vertreten, dass von dem allg Gewinnverteilungsschlüssel abw Abreden iRv § 35 beachtl seien (*Bechler ua* DB 02, 2238, 2241); s dazu aber Rz 27, 52.

(3) Kapitalgesellschaftsanteil-Veräußerung. Bei einem aus dem Gesamthandsvermögen einer MUerschaft veräußerten Anteil an einer KapGes (oder OptionsGes gem § 1a KStG; Rz 1, 3) ergeben sich MUer-bezogene Gewerbeertragsminderungen nach § 7 I 4 GewStG iVm § 8b VI KStG für die beteiligten KapGes/OptionsGes, und § 8 Nr 5 GewStG auf Veräußerungserlöse nicht anzuwenden ist (so *Benz* DB 02, Beil, 22; BT-Drs 15/4050, 72). Auch hier wird mE zu Unrecht vertreten (s Rz 27), eine veranlassungsbezogene Gewinnvereinbarung als allg Gewinnverteilung iSv § 35 II 2 anzusehen (*Bechler ua* DB 02, 2238).

dd) Andere Mitunternehmerschaften. Solche Verbindungen – zB atypische 29 stille Ges, mitunternehmerische Bruchteils-/Erbengemeinschaft oder Unterbeteiligung – weisen zwar Besonderheiten hinsichtl der gewstl StSchuldnerschaft, der Gewinnverteilung und der Struktur des BV auf. Sie sind aber gleichwohl den Regeln des § 35 II zu unterwerfen; ebenso hinsichtl der gesonderten Feststellungen der GewSt-Messbeträge und ihrer Aufteilung (dazu Rz 61).

(1) Typisch stille Gesellschaft. Die Verhältnisse liegen ähnl wie bei einer KG 30 (s § 15 Rz 347). GewSt-Schuldner ist aber der Geschäftsinhaber. Zur Aufnahme eines Stillen s Rz 52. Zur Gewinnverteilung s allg § 15 Rz 449, 776; zu § 35 II 2 s BFH IV R 8/09 BStBl II 12, 183. Zu SBV s § 15 Rz 348.

(2) Weitere Einzelfälle. Der Gewinn der **Erbengemeinschaften,** mitunternehmerischer **Bruchteilsgemeinschaften** wird idR nach Maßgabe der Anteile 31 verteilt (§§ 743 I BGB, 2038 II BGB). Bei **Gütergemeinschaften** ist idR von hälftigen Gewinnzurechnung auszugehen (§ 15 Rz 377). Die Beteiligten sind gewstl Gesamtschuldner. Bei einer überquotalen Inanspruchnahme ist gleichwohl der anteilige GewSt-Messbetrag anzurechnen. Zu zivilrechtl Abreden s Rz 27.

ee) KGaA. S zunächst Rz 22. Maßgebl für den Anteil des persönl haftenden 32 Ges'ters am GewSt-Messbetrag der KGaA ist das Verhältnis seines aus dem Gewinnverteilungsschlüssel folgenden Gewinnanteils (ohne den auf die Kommanditaktien entfallenden Anteil) zum Gesamtgewinn der KGaA (*BMF* BStBl I 16, 1187 Rz 27). Unberücksichtigt bleiben auch hier neben SBV-Vorgängen nicht nur gewinnunabhängige, sondern auch gewinngebundene Tätigkeitsvergütungen (*BMF* BStBl I 16, 1187; FG Mster EFG 20, 720, Rev I R 54/20; s hier Rz 25).

35 **4. Ermäßigungshöchstbetrag, § 35 I 1 bis 3. – a) Allgemeines; Systematik.** Das aus dem GewSt-Messbetrag abgeleitete potentielle (maximale) Anrechungsvolumen (Rz 12) wird durch den sog Ermäßigungshöchstbetrag begrenzt, nach dem die Anrechnung auf den Teil der – ggf durch vorrangige Ermäßigungen/Anrechnungen geminderten (s Rz 5) – tarifl ESt beschränkt ist, der auf die im zu versteuernden Einkommen enthaltenen gewerbl Einkünfte entfällt (§ 35 I 1). Das Gesetz bringt damit zum Ausdruck, dass die typisierende EStErmäßigung nicht nur die gewstl, sondern auch die estl Belastung der gewerbl Einkünfte erfordert. Zur Verhältnisrechnung s Rz 39.

36 **b) Minderung der Einkommensteuer. – aa) Einkommensteuerbefreiungen; Teileinkünfteverfahren.** Die gewerbl Einkünfte und damit die anteilige ESt werden zB durch das auch gewerbl Betrieb geltende Teileinkünfteverfahren (§ 3 Nr 40) gemindert. Wird dies gewstl durch Hinzurechnung nach § 8 Nr 5 GewStG wieder neutralisiert, ist der (gewstl) Anrechnungsüberhang auch hier nicht zu beanstanden (s Rz 7; **aA** KS § 35 Rz 16). Ein Vor- oder Rücktrag ist nicht zulässig (s Rz 7). Auslandsdividenden, die ebenfalls vom Teileinkünfteverfahren betroffen sind, werden unter den Voraussetzungen des § 9 Nr 7 GewStG (iVm § 8 Nr 5 GewStG) gekürzt. Sind diese nicht erfüllt und kommt es im ersten Schritt zur Hinzurechnung nach § 8 Nr 5 GewStG, ist die Kürzung nach § 9 Nr 8 GewStG ‚zu prüfen (*Fischer* DStR 02, 610, 615).

37 **bb) Verluste; sonstige Minderungen des zu versteuernden Einkommens.** Zwar werden die positiven/negativen GewErträge verschiedener Unternehmen des StPfl iRd potentiellen Anrechnungsvolumens nicht saldiert (Rz 14, 15); gleichwohl entfällt nach den Regeln des Ermäßigungshöchstbetrags die StErmäßigung in dem Maße, in dem das zu versteuernde Einkommen und damit die ESt aufgrund negativer gewerbl oder negativer anderer Einkünfte gemindert wird. Gleiches gilt für sonstige Abzugsbeträge nach § 2 III–V (zB Verlustabzug, SA, agB; s Rz 6).

38 **cc) Begünstigte gewerbliche Einkünfte.** Der Begriff der nach § 35 I 1 iVm 3 begünstigten gewerbl Einkünfte erfordert auch iRd Ermäßigungshöchstbetrags deren StPfl nach EStG und GewSt. Zu Einzelheiten – einschließl der unternehmensbezogenen Ermittlung – s Rz 13 ff. Zur Organschaft s aber Rz 54.

39 **c) Verhältnisrechnung.** Der Ermäßigungshöchstbetrag ist – bei Vorliegen eines positiven zu versteuernden Einkommens (Rz 36) – aufgrund einer Verhältnisrechnung zu bestimmen, die in § 35 I 2 geregelt ist.

Beispiel: Ein zusammenveranlagtes Ehepaar erzielt folgende Einkünfte:

	M (Ehemann)	F (Ehefrau)
Einkünfte nach § 15		
– als Einzelunternehmer/in	60 000 €	50 000 €
– als MUer	–10 000 €	–75 000 €
Einkünfte nach § 16		–10 000 €
Einkünfte nach § 21	25 000 €	
Summe der Einkünfte	40 000 €	

(1) Bis **VZ 2007** war nach BFH X R 25/04 BStBl II 07, 694 zunächst der *horizontale* Verlustausgleich (§ 2 Rz 57; BFH III R 69/10 BStBl II 13, 201: aufgrund Zusammenveranlagung „*Ehegatten-übergreifend*") durchzuführen, sodass sich die gewerbl Einkünfte auf 25 000 € beliefen. Der sich anschließende *vertikale* Ausgleich von Verlusten aus nichtprivilegierten Einkünften, auch bei den zusammenveranlagten Ehegatten, unterlag dem **Meistbegünstigungsprinzip, sodass** Verluste vorrangig mit den iSd § 35 nicht gewerbl (nicht privilegierten) Einkünften zu verrechnen waren. Folge: Verrechnung des § 16-Verlusts (10 000 €) mit den VuV-Einkünften. **Gewerbl Quote** mithin: **62,5 %** (entspricht 25 000 €/40 000 €) Das *BMF* hatte dem zugestimmt (*BMF* BStBl I 07, 701 Rz 12).

Tatbestandsmerkmale 41 § 35

(2) Ab **VZ 2008** gilt nach § 35 I 2 folgende Formel:

$$\frac{\text{Summe der positiven gewerbl Einkünfte}}{\text{Summe aller positiven Einkünfte}} \times \text{geminderte tarifl Steuer}$$

(a) Zwar bedeutet der Begriff der geminderten tarifl Steuer keine Änderung (Rz 5). Auch sollte der horizontale Verlustausgleich (Verrechnung der gewerbl Gewinne und Verluste gem § 15; auch bei Ehegatten; s zu *(1)*) nicht angetastet werden (zust FG Nds EFG 13, 1849, rkr). *Geändert* werden sollte nach dem FinA (BT-Drs 16/7036) aber der sog **vertikale Verlustausgleich, sodass** die Verluste aus nicht privilegierten Einkünften wieder verhältnismäßig auch mit gewerbl Einkünften iSv § 35 verrechnet werden, wie dies die FinVerw ursprüngl vertreten hatte (*BMF* BStBl I 07, 108 Rz 13). Zum Teil wird § 35 I 2 in diesem Sinne ausgelegt mit der Folge, dass sich im Beispiel (zu versteuerndes Einkommen: 40 000 €) gewerbl Einkünfte iHv 20 000 € (50 000 € − 25 000 € [horizontaler Verlustausgleich] − 5000 € [anteiliger vertikaler Ausgleich]) ergeben und die **gewerbl Quote 50 %** beträgt (zB *Hechtner* BB 09, 1556, 1557; *Schmidt* 32. Aufl § 35 Rz 39). − *(b)* Richtigerweise (so ab *Schmidt* 33. Aufl § 35 Rz 39) scheidet hingegen aufgrund des missglückten Gesetzeswortlautes („Summe der *positiven* ... Einkünfte", Summe aller *positiven* Einkünfte) iRd Verhältnisrechnung (zum zu versteuernden Einkommen s aber Rz 35 f) *jegl* Verlustausgleich aus und damit sind grds nur positive Einkünfte anzusetzen (glA *bisher* auch *BMF* BStBl I 09, 440 Rz 16 ff); ebenso bei mehrstöckigen PersGes (Ausnahme: § 20; *BMF* BStBl I 09, 440 Vereinfachung). Im Beispiel würde sich hiernach eine gewerbl Quote iHv **81,48 %** (entspricht 110 000 €/135 000 €) ergeben, ungeachtet dessen, dass auch diese Auslegung das gesetzgeberische Anliegen verfehlt. − *(c)* **Demgegenüber** ist nach **BFH** III R 7/14 BStBl II 16, 871 ein *horizontaler Verlustausgleich* vorzunehmen, allerdings nur bezügl der jeweiligen Einkünfte *des jeweiligen Ehegatten/Lebenspartners* (hier gewerbl Einkünfte des M: 60 000 € − 10 000 € = 50 000 €; der F: 50 000 € − 75 000 € = − 25 000 €). Letzteres gilt auch bei Zusammenveranlagung (arg: Individualbesteuerung; anders zu *(1)* betr Rechtslage bis 2007), sodass der gewerbl Verlust der F nicht mit dem gewerbl Gewinn von M zu verrechnen ist. Auch iÜ sind negative Einkünfte (F: −10 000 €) aus der Berechnung auszuklammern *(kein vertikaler Verlustausgleich)*. Die gewerbl Quote beträgt demnach **66,67 %** (entspricht 50 000 €/75 000 €). Dem hat sich nunmehr das ***BMF* angeschlossen** (s iEinz − unterschiedl Einkunftsbegriffe; gesetzl Verlustverrechnungssperren; Übergangsregelung bis 2015 − *BMF* BStBl I 16, 1187 Rz 16 ff, 34; *Schiffers* DStZ 16, 956; *U. Förster* FS Kessler, 267, 270; *Gragert* NWB 16, 3924; *Staaden* DStR 17, 184).

5. Tatsächlich zu zahlende Gewerbesteuer. Nach § 35 I 5 ist ab VZ 2008 41 der Abzug der StErmäßigung auf die tatsächl zu zahlende GewSt beschränkt; dies kann die Entlastung über den Ermäßigungshöchstbetrag hinaus begrenzen (Rz 11). Die GewSt-Festsetzung durch die Gemeinde ist insoweit Grundlagenbescheid (§ 35 III 2). Der gewstl begründete absolute Höchstbetrag ist *betriebsbezogen* (s dazu auch Rz 14) zu bestimmen; Gleiches gilt bei mehrstöckigen PersGes und SchwesterPersGes (ausführl BFH X R 62/14 BStBl II 19, 244; BFH X R 12/15 BStBl II 19, 249; ebenso nunmehr *BMF* BStBl I 19, 459 Rz 25 ff mit Beispiel und Übergangsregelung bis VZ 2019; *Levedag* DB 17, 2448; *Böwing-Schmalenbrock* DStZ 18, 83; **aA** *Cordes* DStR 10, 1416: gesellschafterbezogen). Zum Feststellungsverfahren s Rz 60 f. Die *FinVerw* veranlagt zunächst nach dem bestehenden GewSt-Hebesätzen und berichtigt dann ggf − auch bei Billigkeitsmaßnahmen (§§ 163, 227 AO) − nach § 175 I 1 Nr 1 u 2 AO (*BMF* BStBl I 16, 1187 Rz 6; zutr). Bei MUerschaften. ist auch die tatsächl zu zahlende GewSt nach dem allg Gewinnverteilungsschlüssel (Rz 24 ff) aufzuteilen (§ 35 II 2 iVm IV), obwohl diese ab VZ 2008 nicht den Gewinn mindert (§ 4 Vb nF; s § 4 Rz 618). Zur früheren Rechtslage s *Schmidt* 26. Aufl § 35 Rz 5 f.

III. Rechtsfolgen

45 **1. Allgemeines.** § 35 ermäßigt als Tarifvorschrift (Rz 5) die ESt. Ab VZ 2020 ist die ESt – vorbehaltl der Begrenzungen durch den Ermäßigungshöchstbetrag und die zu zahlenden GewSt – um das Vierfache (zuvor 3,8-fache) des festgesetzten GewSt-Messbetrag zu vermindern (Rz 4).

Beispiel: Bei einem Gewerbeertrag von 120 000 € nach außerbilanzieller Hinzurechnung der GewSt beträgt der GewSt-Messbetrag 3342 €. Bei einem Hebesatz von 420 ergeben sich 3342 € × 420 % = 14 037 € als tatsächl geschuldete GewSt (absolute Höchstgrenze). Die relative Belastungsgrenze (anteilige ESt) beträgt bei einer Summe aller positiven Einkünfte von 150 000 €, einem zu versteuernden Einkommen von 140 000 € sowie einer tarifl ESt nach Splittingtabelle von 40 872 €: 120 000 × 40 872/150 000 (vgl Rz 39) = 32 697 €. Die ESt-Ermäßigung von 4,0 × 3342 € = 13 368 € ist niedriger als die anteilige ESt von 32 697 € (relativer Höchstbetrag). Sie unterschreitet auch die tatsächl zu zahlende GewSt von 14 037 € (absoluter Höchstbetrag).

46 **2. Anrechnungsüberhänge.** Zu sog Anrechnungsüberhängen (dh nicht ausgenutzten gewst Anrechnungsvolumina) aufgrund von gewstl Hinzurechnungen, der muerschaftl Gewinnverteilung, ESt-Befreiungen oder sonstigen Minderungen des zu versteuernden Einkommens s Rz 27, 36. Der rechtspolitischen Forderung nach einem Anrechnungsvortrag (*Siegel* BB 01, 701) ist der FinA nicht gefolgt (BT-Drs 14/7344, 12); verfrechtl ist dies unbedenkl (Rz 7, 36).

IV. Sonderfälle

50 **1. Anteilige Gewerbesteuermessbeträge; gewerbliche Einkünfte. – a) Partielle Begrenzungen der Gewerbesteuerpflicht.** Ist ein Unternehmen nur teilweise gewstpfl, zB wegen einer partiellen GewStFreiheit nach § 3 GewStG, lässt dies zwar die Betriebseinheit unberührt. Gemindert werden jedoch nicht nur GewSt-Messbetrag und tatsächl zu zahlende GewSt (§ 35 I 5), sondern auch die gewerbl Einkünfte (§ 35 I 3) und damit auch der Entlastungshöchstbetrag (§ 35 I 1, 2). Gleiches gilt, wenn im Kj (VZ, EZ gem § 10 GewStG) Beginn und Ende der gewerbl Tätigkeit estl und gewstl voneinander abweichen (zB wegen gewstl Vorlaufverluste; Rz 18) oder wenn die GewStPfl nicht lediglich iSv § 2 IV GewStG unterbrochen wird, sondern wie zB bei einer Betriebsverpachtung endet, der Betrieb aber estl mangels Aufgabeerklärung fortbesteht (vgl § 14 S 3 GewStG: abgekürzter EZ). Wird nach Beendigung der bisherigen gewerbl Tätigkeit im lfd Kj ein neuer Betrieb gegründet, sind die Voraussetzungen des § 35 I *betriebsbezogen* zu ermitteln. S iEinz bezügl GewSt-Messbetrag Rz 14, 15, 24; bezügl Anrechnungsgrenzen (Ermäßigungshöchstbetrag und zu zahlende GewSt) s Rz 37 ff; 41. Der Begünstigung der gewerbl Einkünfte beider Betriebe (Unternehmen) steht nicht entgegen, dass ein estl VZ mit zwei abgekürzten EZ korrespondiert.

51 **b) Umwandlungen.** Besteht die GewSt-Pflicht für das Unternehmen fort, obwohl der gewstl StSchuldner wechselt (zB **Betriebseinbringung** in PersGes, ergehen mehrere StSchuldnerwechsel berücksichtigende GewSt-Messbescheide (GewStR 11.1; *BMF* BStBl I 16. 1187 Rz 29 f: Aufteilung des einheitl GewSt-Messbetrags). Damit stehen auch hier gem der betriebs-/unternehmensbezogenen Betrachtung den gewerbl Einkünften als Einzelunternehmer und PersGes'ter jeweils getrennte GewSt-Messbetragsanteile ggü (zu den Folgen s Rz 50; *BMF* BStBl I 16, 1187). – Die **Verschmelzung** (oder **Formwechsel**) einer PersGes in KapGes führt zum StSchuldnerwechsel und damit zu einem abgekürzten EZ, für den ein entspr geminderter GewSt-Messbetrag festzusetzen ist; hiermit korrespondiert die estl Gewinnermittlung (gewerbl Einkünfte iSv § 35 I 3). Entspr gilt für **OptionsGes gem § 1a KStG** (Rz 1, 3; *BMF* BStBl I 21, 2212 Rz 85; *Wacker/Krüger* ua DStR-Beih 21, 22). – Der **rechtsformwahrende** (homogene) **Formwechsel** bedeutet dagegen weder einen Wechsel der sachl GewSt-Pflicht noch des gewstl StSchuldners.

Sonderfälle 52–55 § 35

c) Ausscheiden eines Gesellschafters aus Personengesellschaft; Gesell- 52
schafterwechsel. Der auf den Ausscheidenden entfallende Teil des GewSt-Messbetrags iSv § 35 II 1 ist nach dem **allg Gewinnverteilungsschlüssel** (§ 35 II 2) zu bestimmen. Maßgebl sind **mE** die Verhältnisse während des *gesamten* Kj (EZ). Dh ist A zu 50% am Gewinn beteiligt und scheidet er zum 30.6 aus, sind ihm 25% des für das Kj (EZ) ermittelten Messbetrags zuzuweisen; ebenso *bisher BMF* BStBl I 09, 440 Rz 30 (Feinabstimmung gem Abschichtungsbilanz); dies entspricht auch dem Anteil des A an den gewerbl Einkünften (§ 16 II 2; s § 15 Rz 452, 453); **aA** aber **BFH** IV R 5/14 BStBl II 16, 875; BFH IV R 48/12 BFH/NV 16, 1024: GewSt-Messbetrag ist nur auf die Ges´ter/MUer der PersGes am **Ende** des gewstrechtl **EZ** aufzuteilen. Dem hat sich trotz der Kritik (zB *Schrade* FR 17, 862, 870; 1398; *Schiffers* DStZ 16, 956, 960: im Gegensatz zum Einzelunternehmer keine Entlastung des MUerantsveräußerers gem § 35) die Verwaltung mit Übergangsregelung ab VZ 2017 angeschlossen (*BMF* BStBl I 16, 1187 Rz 28, 23, 34; *Gragert* NWB 16, 3924/7: auch bei Erbfolge). Zu etwaigen zT umstr **Ausweichgestaltungen** (zB Veräußerung zum Ende des EZ; Veräußerung aller MUeranteile; MUeranteilseinbringung der verbleibenden Ges'ter; vorgelagerter lfd Gewinne) s *Schrade* FR 17, 862, 872 ff; *Carlé* KÖSDI 19, 21 365; *U. Förster* DB 21, 303. Unberührt hiervon bleibt, dass der Aufteilungsmaßstab des allg Gewinnverteilungsschlüssels (s oben) weder durch den Veräußerungs-/Aufgabegewinn noch durch gesellschaftsvertragl Ausgleichsklauseln (dazu zB *Schrade* FR 17, 862; *Glaeser ua* BB 17, 987: Einlage des Veräußerers) beeinflusst wird (Rz 28 mwN; zutr BFH IV R 5/14 BStBl II 16, 875; *BMF* BStBl I 16, 1187; zu Veräußerungskosten iSv § 16 II 1 s dort Rz 302).

2. Organschaft. Für die im Organkreis verbundenen Betriebe gilt zwar der 54
Grundsatz der getrennten Gewerbeertragsermittlung. GewStl werden aber die OrganGes als Betriebsstätten des Organträgers behandelt (§ 2 II 2 GewStG), so dass die Gewerbeerträge (grds *wie* in einem einheitl Betrieb zusammen zu rechnen sind (GewStR 7.1 V). *Folge:* Die diesbezügliche Gewinnermittlung (s Rz 14 f) wird zugunsten eines horizontalen Verlustausgleichs durchbrochen und hierdurch sowohl die auf die gewerbl Einkünfte entfallende ESt als auch der GewSt-Messbetrag gemindert. Umgekehrt werden auch positive GewStMessbeträge der OrganGes – ggf über zwischengeschaltete Organträger-PersGes – auf die natürl Person durchgereicht (BFH IV R 27/12 BStBl II 15, 837 Rz 23). **Anders** ist dies aber nach BFH IV R 3/10 BStBl II 12, 14 zu beurteilen, *soweit* die **OrganGes** (KapGes) **MUerin** einer PersGes (zB KG, atypisch stille Beteiligung) ist. *Begründung:* OrganGes entfalte abschirmende Wirkung, § 32 II 5 sei mangels MUerstellung des Organträgers (PersGes oder natürl Person) nicht einschlägig (glA *KS* § 35 Rz 30); sachl Billigkeitsgründe lägen nicht vor (BFH IV R 42/09 BFH/NV 12, 236). Die Rspr überzeugt nicht: Entspr dem weitgefassten Wortlaut des § 35 I, II 5 sowie dem Zweck der Vorschrift ist die Entlastung geboten; die Differenzierung zw dem eigenen Betrieb der OrganGes und deren mitunternehmerschaftl Beteiligung ist nicht überzeugend (iEinz *Wacker* JbFSt 12/13, 489 ff; *Schmidt* 30. Aufl § 35 Rz 54; *Prinz ua* StuB 12, 20). Zu Ausweichstrategien s *Kollruss* DStR 07, 378: hybride KGaA; *Prinz ua* StuB 12, 20: Umstrukturierung. Zum tatbestandl anders gefassten **§ 32c aF** s BFH I B 179/10 BFH/NV 11, 2052.

3. Gestaltungen. – *(1)* Sie zielen zum einen darauf sog **Anrechnungsüber-** 55
hänge (s Rz 15, 27 ff, 36, 46) zu verhindern, zB Vermeidung des Verlustausgleichs/-rücktrags bei Ehegatten durch die Wahl der **Einzelveranlagung** (§ 26a). – *(2)* Bei MUerschaften wird für den Fall inkongruenter Entlastungen (zB wegen SBV) die Nutzungsüberlassung durch **SchwesterPersGes** empfohlen (Rz 25). – *(3)* In Fällen der **gewstl Hinzurechnung** nach § 8 Nr 1 Buchst d und e GewStG stellt sich die *umgekehrte BetrAufsp* (§ 15 Rz 803) günstiger dar als die klassische, weil sich der GewSt-Messbetrag der BetriebsPersGes erhöht und nicht der Messbetrag der BesitzKapGes (*Kessler ua* BB 01, 17, 24; *dies* DStR 01, 869; FG Ddorf EFG 07, 685).

Ebenso bei (Besitz-)OptionsGes gem § 1a KStG (Rz 1, 3; § 15 Rz 803a). – *(4)* Eine Kombination des StSatzes für thesaurierte **KapGes-Gewinne** und § 35 weist die Rechtsform der atypisch GmbH & Still auf. – *(5)* Gewerbl **Abfärbung** (§ 15 III Nr 1) kann sich iRv § 35 als günstig erweisen (*Höck* FR 01, 683).

V. Verfahren

60 **1. Einzelunternehmer.** Die StErmäßigung nach § 35 wird iRd ESt-Veranlagung gewährt. Bei Einzelunternehmern ist sowohl der GewSt-Messbescheid für den GewSt-Messbetrag als auch der GewSt-Bescheid für die tatsächl zu zahlende GewSt (§ 35 I 5) bindender Grundlagenbescheid (§§ 182 I, 175 I 1 Nr 1, 171 X AO iVm § 35 III 2). Zur unterbliebenen GewSt-Festsetzung s Rz 61. Im Falle einer gesonderten Feststellung § 180 I 1 Nr 2b AO (BetriebsFA ist nicht Wohnsitz-FA) sind auch die gewerbl Einkünfte iSv § 35 I 3 mit bindender Wirkung für die ESt-Veranlagung festzustellen (glA *BMF* BStBl I 16, 1187 Rz 32). Bei Änderung des ESt-Bescheids oder der gesonderten Feststellung ist der GewSt-Messbescheid ggf nach § 35b GewStG anzupassen. Zur Zugehörigkeit von MUeranteilen zum BV/SBV s Rz 63.

61 **2. Mitunternehmerschaften; KGaA. – a) Allgemeines.** Nach § 35 II 1, IV werden bei MUerschaften (einschließl InnenGes) und KGaA der GewSt-Messbetrag, die tatsächl zu zahlende GewSt sowie die auf die MUer/persönl haftenden Ges'ter entfallenden Anteile wiederum für den ESt-Bescheid bindend gesondert und einheitl festgestellt (Grundlagenbescheid; Rz 60; zum Aufteilungsmaßstab s Rz 25), nicht aber der individuelle StErmäßigungsbetrag. Die Feststellungen nach § 35 II, IV EStG und nach § 180 I 1 Nr 2a AO sind zwar eigenständig, können aber verfahrensrechtl miteinander verbunden werden (BFH IV R 8/09 BStBl II 12, 183); zuständig ist jeweils das BetriebsFA (§ 18 I Nr 2 AO). Die Feststellungen gem § 35 II 2, IV sind auch ggü den nicht nach § 35 I begünstigten MUer (zB KapGes; OptionsGes gem § 1a KStG; Rz 1, 3) zu treffen, allerdings entfällt insoweit die Bindungswirkung nach § 35 III 2 (BFH IV R 8/09 BStBl II 12, 183; *BMF* BStBl I 16, 1187 Rz 24). GewSt-Messbescheid und der GewSt-Bescheid sind **Grundlagenbescheide** für die Feststellungen nach § 35 II 1, IV (GewSt-Messbetrag, zu zahlende GewSt und Anteilen hieran; § 35 III 3 HS 1, IV); gleichwohl kann eine Anpassung nach § 175 AO ausgeschlossen sein, wenn die zunächst nur geschätzte GewSt (§§ 155 II, 162 V AO) später nicht festgesetzt wird (BFH IV R 12/19 BB 22, 294; Ausweg: §§ 164, 165 AO). In dem Verfahren nach § 35 II 2 ist zudem über den sachl Begünstigungsausschluss gem § 18 III 3 UmwStG (Kürzung des Messbetrags) mit Bindungswirkung für die ESt zu entscheiden (Rz 23; BFH IV R 30/13 DStR 15, 2660; BFH IV R 27/11 BStBl II 15, 278 betr § 5a). Die Feststellung der gewerbl Einkünfte iSv § 35 I 3 ist aber dem Feststellungsverfahren nach § 180 I 1 Nr 2b AO vorbehalten (Rz 60).

62 **b) Mehrstöckige Mitunternehmerschaften.** Die § 35-Merkmale der UnterGes werden auf die Ges'ter der OberGes („SchlussGes") durchgereicht; s iEinz Rz 26. Dem entspricht, dass die Feststellungen gem § 35 II 2, IV auf der Stufe der jeweiligen UnterPersGes für die jeweilige OberGes Grundlagenbescheide gem § 182 AO sind. Letzteres betrifft die Feststellungen (missverständl § 35 III 3 HS 2: „Festsetzung") zum Anteil der OberGes am GewSt-Messbetrag der UnterPersGes und – ab VZ 08 – mE auch an der von der UnterPersGes tatsächl zu zahlenden GewSt (§ 35 II 1/5, III, IV). Beide Feststellungen sind in das Feststellungsverfahren der OberGes „einzubeziehen" (§ 35 II 5, IV). Allerdings sind die Messbeträge und GewSt-Zahlungen der jeweiligen PersGes nach BFH X R 12/15 BStBl II 19, 249 zwar *materiell-rechtlich* betriebsbezogen zu bestimmen (zutr; s Rz 41), *verfahrensrechtl* aber *bei der SchlussGes (OberGes)* nicht getrennt, sondern nur zusammengefasst (dh als einheitl Betrag) festzustellen (mE fragl, s oben), sodass iRd ESt-Veranlagung wiederum eine *materiell-rechtliche* (dh betriebsbezogene,

s oben) Aufspaltung geboten ist (glA *BMF* BStBl I 19, 459 Rn 25 ff: nachrichtl, dh *nicht* bindende Mitteilungen; dazu *Weiss* StuB 19, 507; *Böwing-Schmalenbrock* DStZ 18, 83). Anderes (verfahrensrechtl Bindung) dürfte aber für die gestuften Feststellungen der gewerbl Einkünfte gem § 35 I 3 EStG iVm § 180 I 1 Nr 2 b AO (s Rz 61) gelten.

3. Sonderfragen. Gehören **MUeranteile zum SBV** (s § 15 Rz 507), gelten die Grundsätze zu Rz 62 entspr. Gehören MUeranteile zum BV eines **Einzelunternehmens**, ordnet § 35 I 1 Nr 1 letzter HS die entspr Geltung von § 35 II 5 an. Die dort bestimmte „Einbeziehung des GewSt-Messbetrags" dürfte ins Leere gehen, weil für den Einzelunternehmer keine Feststellungen nach § 35 II 1 zu treffen sind. Auch erscheint fragl, ob § 35 I 1 Nr 1 letzter HS für Fälle greifen kann, in denen (wie zB bei Arbeitsgemeinschaften, § 2a GewStG) der Gewerbeertrag mehreren gewstl Schuldner zuzuordnen ist (so bis *Schmidt* 32. Aufl § 35 Rz 63). Jedenfalls ist für **ZebraGes** (§ 15 Rz 201 ff) kein Verfahren nach § 35 II 1 durchzuführen. Sind an der ZebraGes gewerbl PersGes beteiligt, sind in deren Feststellungsverfahren (einschließl § 35 II 1) auch die Ergebnisse aus der Beteiligung an der ZebraGes einzubeziehen. Zu **Organschaften** s Rz 54.

63

4. Steuerermäßigung bei Aufwendungen für haushaltsnahe Beschäftigungsverhältnisse und für die Inanspruchnahme haushaltsnaher Dienstleistungen

§ 35a Steuerermäßigung bei Aufwendungen für haushaltsnahe Beschäftigungsverhältnisse, haushaltsnahe Dienstleistungen und Handwerkerleistungen

(1) **Für haushaltsnahe Beschäftigungsverhältnisse, bei denen es sich um eine geringfügige Beschäftigung im Sinne des § 8a des Vierten Buches Sozialgesetzbuch handelt, ermäßigt sich die tarifliche Einkommensteuer, vermindert um die sonstigen Steuerermäßigungen, auf Antrag um 20 Prozent, höchstens 510 Euro, der Aufwendungen des Steuerpflichtigen.**

(2) ¹**Für andere als in Absatz 1 aufgeführte haushaltsnahe Beschäftigungsverhältnisse oder für die Inanspruchnahme von haushaltsnahen Dienstleistungen, die nicht Dienstleistungen nach Absatz 3 sind, ermäßigt sich die tarifliche Einkommensteuer, vermindert um die sonstigen Steuerermäßigungen, auf Antrag um 20 Prozent, höchstens 4000 Euro, der Aufwendungen des Steuerpflichtigen.** ²**Die Steuerermäßigung kann auch in Anspruch genommen werden für die Inanspruchnahme von Pflege- und Betreuungsleistungen sowie für Aufwendungen, die einem Steuerpflichtigen wegen der Unterbringung in einem Heim oder zur dauernden Pflege erwachsen, soweit darin Kosten für Dienstleistungen enthalten sind, die mit denen einer Hilfe im Haushalt vergleichbar sind.**

(3) ¹**Für die Inanspruchnahme von Handwerkerleistungen für Renovierungs-, Erhaltungs- und Modernisierungsmaßnahmen ermäßigt sich die tarifliche Einkommensteuer, vermindert um die sonstigen Steuerermäßigungen, auf Antrag um 20 Prozent der Aufwendungen des Steuerpflichtigen, höchstens jedoch um 1200 Euro.** ²**Dies gilt nicht für öffentlich geförderte Maßnahmen, für die zinsverbilligte Darlehen oder steuerfreie Zuschüsse in Anspruch genommen werden.**

(4) ¹**Die Steuerermäßigung nach den Absätzen 1 bis 3 kann nur in Anspruch genommen werden, wenn das Beschäftigungsverhältnis, die Dienstleistung oder die Handwerkerleistung in einem in der Europäischen Union oder dem Europäischen Wirtschaftsraum liegenden Haushalt des Steuerpflichtigen oder**

– bei Pflege- und Betreuungsleistungen – der gepflegten oder betreuten Person ausgeübt oder erbracht wird. ²In den Fällen des Absatzes 2 Satz 2 zweiter Halbsatz ist Voraussetzung, dass das Heim oder der Ort der dauernden Pflege in der Europäischen Union oder dem Europäischen Wirtschaftsraum liegt.

(5) ¹Die Steuerermäßigungen nach den Absätzen 1 bis 3 können nur in Anspruch genommen werden, soweit die Aufwendungen nicht Betriebsausgaben oder Werbungskosten darstellen und soweit sie nicht als Sonderausgaben oder außergewöhnliche Belastungen berücksichtigt worden sind; für Aufwendungen, die dem Grunde nach unter § 10 Absatz 1 Nummer 5 fallen, ist eine Inanspruchnahme ebenfalls ausgeschlossen. ²Der Abzug von der tariflichen Einkommensteuer nach den Absätzen 2 und 3 gilt nur für Arbeitskosten. ³Voraussetzung für die Inanspruchnahme der Steuerermäßigung für haushaltsnahe Dienstleistungen nach Absatz 2 oder für Handwerkerleistungen nach Absatz 3 ist, dass der Steuerpflichtige für die Aufwendungen eine Rechnung erhalten hat und die Zahlung auf das Konto des Erbringers der Leistung erfolgt ist. ⁴Leben zwei Alleinstehende in einem Haushalt zusammen, können sie die Höchstbeträge nach den Absätzen 1 bis 3 insgesamt jeweils nur einmal in Anspruch nehmen.

Einkommensteuer-/Lohnsteuer-Richtlinien: EStH 35a; LStH 35a – *Verwaltungsanweisungen:* BMF BStBl I 10, 140; BMF BStBl I 14, 75; BMF BStBl I 16, 1213.

Übersicht

	Rz
1. Inhalt und Bedeutung	1, 2
2. Geringfügige haushaltsnahe Beschäftigungsverhältnisse, § 35a I	5–8
3. Andere haushaltsnahe Beschäftigungsverhältnisse; Pflegeleistungen; Betreuungsleistungen, § 35a II	10–13
4. Handwerkerleistungen, § 35a III	15, 16
5. Haushalt als Ort der Leistung, § 35a IV	20, 21
6. Konkurrenzen; abziehbare Aufwendungen; Nachweis, § 35a V	25–29
7. Verfahren	30

1 1. Inhalt und Bedeutung. – a) Regelungszweck und zeitlicher Anwendungsbereich. § 35a gewährt für bestimmte haushaltsnahe Dienstleistungen auf Antrag eine StErmäßigung durch Abzüge von der tarifl ESt. Die Vorschrift soll der Bekämpfung der Schwarzarbeit dienen und Anreiz für legale Beschäftigungsverhältnisse im Privathaushalt geben (BT-Drs 15/91, 19).

2 b) Übersicht zu haushaltsnahen Dienstleistungen ab 2009

Begünstigte Leistungen im Haushalt	Steuerermäßigung
Geringfügige Beschäftigungsverhältnisse (ArbLohn bis 450 € monatl, Teilnahme am Haushaltsscheckverfahren)	20% der Aufwendungen; Höchstbetrag 510 € bei Aufwendungen von 2550 € (Abs 1)
Sonstige Beschäftigungsverhältnisse (sozialversicherungspflichtig), Dienstleistungen, Pflege- und Betreuungsleistungen; Heim- und Pflegeunterbringung (soweit mit Haushaltshilfe vergleichbar)	20% der Arbeitskosten; Höchstbetrag 4000 € bei Aufwendungen von 20 000 € (Abs 2)
Handwerkerleistungen (nicht öffentl geförderte Renovierungs-, Erhaltungs- und Modernisierungsmaßnahmen)	20% der Arbeitskosten; Höchstbetrag 1200 € bei Aufwendungen von 6000 € (Abs 3)

Die **maximale Begünstigung** aus § 35a beläuft sich somit auf insgesamt 5710 € bei Aufwendungen von 28 550 €.

2. Geringfügige haushaltsnahe Beschäftigungsverhältnisse, § 35a I. – a) Beschäftigungsverhältnis. § 35a I setzt ein ArbVerh voraus (s § 19 Rz 11 ff). Die bloße Vermittlung einer Haushaltshilfe ist kein ArbVerh und daher nicht begünstigt (FG Köln EFG 16, 621, rkr). Das ArbVerh muss steuerl anzuerkennen sein, sodass ArbVerh zw Ehegatten, Lebenspartnern und haushaltsangehörigen Kindern bezügl die zivilrechtl Pflicht zur Mithilfe im Haushalt ausscheiden.

b) Geringfügigkeit. Es muss sich um eine geringfügige Beschäftigung iSv § 8a SGB IV handeln. Eine solche liegt nur vor, wenn der StPfl (= ArbG) am **Haushaltsscheckverfahren** teilnimmt (*BMF* BStBl I 16, 1213 Rz 6; FG Nds EFG 13, 1341, rkr; Auskunft unter *www.minijob-zentrale.de*). Auch Wohnungseigentümer können für geringfügige Beschäftigungsverhältnisse in ihrem Privathaushalt die StErmäßigung nach § 35a I in Anspruch nehmen. Wohnungseigentümergemeinschaften als solche und Vermieter können iRd Vermietertätigkeit hingegen nicht am Haushaltsscheckverfahren teilnehmen (*BMF* BStBl I 16, 1213 Rz 7; *Richter* DStR 13, 1135). Von ihnen eingegangene Beschäftigungsverhältnisse sind daher nicht nach § 35a I, sondern allenfalls nach § 35a II begünstigt.

c) Haushaltsnähe. Eine Beschäftigung ist haushaltsnah, wenn sie einen engen Bezug zu einem Haushalt aufweist (BFH VI R 28/08 BStBl II 10, 166; *BMF* BStBl I 16, 1213 Rz 1). Unter dem Begriff des Haushalts ist die Wirtschaftsführung mehrerer (in einer Familie oder ähnl Gemeinschaft) zusammenlebender Personen oder einer einzelnen Person zu verstehen (BFH VI R 28/08 BStBl II 10, 166). Das Wirtschaften im Haushalt umfasst Tätigkeiten, die gewöhnl durch Mitglieder des Haushalts für den Haushalt oder die anderen Haushaltsmitglieder erbracht werden (BFH VI R 77/05 BStBl II 07, 760). Haushaltsnah sind insb Einkaufen von Verbrauchsgütern, Kochen, Backen, Nähen, Wäschepflege, Reinigung der Räume und Fenster, hauswirtschaftl geprägte Gartenpflege, Umzugsdienstleistungen, Pflege, Versorgung, Betreuung von Kranken sowie alten und pflegebedürftigen Personen und der zum Haushalt gehörenden Kinder und Haustiere (BFH VI R 13/15 BFH/NV 16, 115; FG Mster EFG 12, 1674, rkr; BFH VI B 25/17 BFH/NV 18, 39: Ausführen eines in den Haushalt des StPfl aufgenommenen Hundes; weitere Beispiele s *BMF* BStBl I 16, 1213, Anlage 1). Nicht haushaltsnah sind zB die Unterrichtung von Kindern, sportl und andere Freizeitbetätigungen (*BMF* BStBl I 16, 1213 Rz 5), tierärztl Leistungen für Haustiere (FG Nbg EFG 13, 224, rkr) und Maklerleistungen (FG Hess DStRE 17, 1220, rkr). Hier fehlt der Bezug zur Hauswirtschaft. Das Gleiche gilt für personenbezogene Dienstleistungen (zB Friseur, Fußpflege, s *Nolte* NWB 14, 508, 511), soweit sie nicht zu den Pflegeleistungen gehören und nach § 35a II gefördert sind (*BMF* BStBl I 16, 1213 Rz 12). Handwerkl Leistungen sind ebenfalls nicht haushaltsnah; sie sind nur nach § 35a III begünstigt (BFH VI R 4/09 BStBl II 11, 909).

d) Höhe der Steuerermäßigung. Sie beträgt 20 % der Aufwendungen (einschließl LSt und Sozialabgaben, *BMF* BStBl I 16, 1213 Rz 36), höchstens 510 €. Ergibt sich keine tarifl ESt, geht die Begünstigung ins Leere. Es gibt weder eine **Rücktrags-** oder **Vortragsmöglichkeit** nicht ausgenutzter Begünstigungsbeträge, noch eine StErstattung in Form einer **negativen ESt** (BFH VI R 44/08 BStBl II 09, 411; *BMF* BStBl I 16, 1213 Rz 56). – Nach BFH X R 1/07 BStBl II 08, 520 ist die StErmäßigung nach § 34f vor der des § 35a zu berücksichtigen. Hierdurch geht der Rücktrag/Vortrag iSd § 34f III 3, 4 verloren. Das Urteil wird dem Begünstigungszweck der StErmäßigungen nicht gerecht (zutr daher FG Sachs EFG 07, 933).

3. Andere haushaltsnahe Beschäftigungsverhältnisse; Pflegeleistungen; Betreuungsleistungen, § 35a II. – a) Andere haushaltsnahe Beschäftigungs- und Dienstverhältnisse, § 35a II 1. Die Vorschrift begünstigt haushaltsnahe Beschäftigungsverhältnisse und Dienstleistungen, die weder unter § 35a I noch unter § 35a III fallen. Der Begriff des Beschäftigungsverhältnisses iSv § 35a II 1 umfasst unabhängig von der zivilrechtl Einordnung alle auf vertragl Grundlage erbrachten haushaltsnahen Dienstleistungen (*Frotscher/Geurts* § 35a Rz 39). Zw Ehegatten, LPart sowie Eltern und im Haushalt lebenden Kinder kann wegen der familienrechtl Verpflichtungen idR kein haushaltsnahes DienstVerh begründet werden (*Nolte* NWB 14, 508, 512). Das Beschäftigungsverhältnis darf auch keines iSv § 8a SGB IV sein (s dazu Rz 6). § 35a II 1 gilt also für normale sozialversicherungspflichtige ArbVerh und für solche, bei denen eine Teilnahme am Haushaltsscheckverfahren nicht mögl ist. Zum Beschäftigungsverhältnis s auch Rz 5, zur Haushaltsnähe s Rz 7. Für alle handwerkl Leistungen gilt ab VZ 2006 ausschließl § 35a III (BFH VI R 4/09 BStBl II 11, 909).

11 **b) Pflegeleistungen; Betreuungsleistungen, § 35a II 2 Alt 1.** Die Aufwendungen für solche Leistungen sind unabhängig vom Grad der Pflegebedürftigkeit begünstigt. Es reicht aus, wenn Dienstleistungen zur Grundpflege oder zur Betreuung in Anspruch genommen werden. Zweckgebundene Pflege- und Betreuungsleistungen der Pflegeversicherung sind anzurechnen (*BMF* BStBl I 16, 1213 Rz 42). Anspruchsberechtigt kann nach Auffassung der *FinVerw* auch ein Angehöriger der gepflegten/betreuten Person sein, wenn diese in dessen oder in ihrem eigenen Haushalt gepflegt/betreut wird (*BMF* BStBl I 16, 1213 Rz 10, 43, Beispiel 6; **aA** FG BBg EFG 20, 530, Rev VI R 2/20: Pflege nur im Haushalt des StPfl). Der Begünstigung steht nicht entgegen, wenn ein Angehöriger den Pflege-Pauschbetrag nach § 33b VI in Anspruch nimmt (*Plenker* DB 10, 365, str). Nimmt der Sozialhilfeträger beim StPfl wegen der dem Pflegebedürftigen gewährten Sozialhilfe im Wege des Rückgriffs in Anspruch, kommt die StErmäßigung indes nicht in Betracht, weil es an einer Zahlung an den Erbringer der Pflegeleistung fehlt (FG BaWü EFG 15, 730, rkr).

12 **c) Heimunterbringung und dauernde Pflege, § 35a II 2 Alt 2.** Die StErmäßigung kann der StPfl nur wegen seiner eigenen Heimunterbringung/dauernden Pflege beanspruchen. StPfl, die für die Heimkosten anderer Personen aufkommen, können für diese Aufwendungen § 35 II 2 Alt 2 nicht in Anspruch nehmen (BFH VI R 19/17 BStBl II 19, 445). Auch diese Vorschrift setzt einen Haushalt des StPfl gem Abs 4 voraus (s dazu Rz 20, ebenso FG Hess EFG 17, 1349, rkr; **aA** *BMF* BStBl I 16, 1213 Rz 14, eigener Haushalt im Heim nicht erforderl). Das Pflegeheim selbst ist kein solcher Haushalt (*Frotscher/Geurts* § 35a Rz 55, str). Allerdings kann ein StPfl auch in einem Wohnstift einen eigenen Haushalt führen. Trifft dies zu, kann die StErmäßigung auch für Dienstleistungen in Anspruch genommen werden, die auf Gemeinschaftsräume entfallen (BFH VI R 28/08 BStBl II 10, 166). Begünstigt sind aber stets nur die Teile der Unterbringungskosten, die *Dienstleistungen* abgelten, die mit denen *einer Hilfe im Haushalt vergleichbar sind* (iEinz s *Plenker/Schaffhausen* DB 09, 191, 194; *Csizs/Krane* DStR 14, 873, 875, 877). Zur Anrechnung von Leistungen der Pflegeversicherung s *BMF* BStBl I 16, 1213 Rz 42.

13 **d) Höhe der Steuerermäßigung.** Sie beträgt 20% der begünstigten Aufwendungen, höchstens 4000 € (s auch Rz 8, 26).

15 **4. Handwerkerleistungen, § 35a III. – a) Begriffsbestimmung.** Die Vorschrift erfasst grds alle handwerkl Tätigkeiten einschließl einfacher handwerkl Verrichtungen (BFH VI R 4/09 BStBl II 11, 909). Handwerkl Tätigkeiten sind nur nach § 35a III begünstigt; für sie kommt eine StErmäßigung nach § 35a I oder § 35a II nicht in Betracht (BFH VI R 61/10 BStBl II 12, 232). Handwerkerleistungen setzen nur, wenn sie zum Kernbereich eines handwerkl Berufs gehören (*Frotscher/Geurts* § 35a Rz 69). Begünstigt sind zB der Austausch von Bodenbelägen, Türen und Fenstern oder deren Reparatur, das Streichen oder Tapezieren, aber auch Garten- und Wegebauarbeiten (*BMF* BStBl I 16, 1213 Anlage 1) sowie die Wartung von technischen Anlagen (zB Heizung). Die Eintragung des beauftragten Unternehmens in die Handwerksrolle ist nicht erforderl. Begünstigt sind auch

Prüftätigkeiten, wenn sie von Handwerkern ausgeführt werden (zB Messungen durch Schornsteinfeger, Dichtigkeitsprüfung der Abwasserleitung, BFH VI R 1/13 BStBl II 15, 481; *BMF* BStBl I 16, 1213 Rz 20), nicht aber Sachverständigen-, Architekten- oder Statikerleistungen, auch wenn sie für die Durchführung von Handwerkerleistungen erforderlich sind (FG Sachs EFG 17, 654, rkr; FG BBg DStRE 18, 911, rkr, **aA** FG BaWü DStRE 19, 1517, Rev VI R 29/19). Die Leistungen müssen tatsächl erbrachte (dazu *OFD NRW* DStR 17, 264, m.E. zutr) Renovierungs-, Erhaltungs-/Modernisierungsmaßnahmen betreffen, die in einem Haushalt des StPfl erbracht werden (BFH VI R 4/09 BStBl II 11, 909). Handwerkl Tätigkeiten iRe Neubaumaßnahme, die erst der Errichtung eines Haushalts dienen, sind folgl nicht begünstigt (s *Cziszl/Krane* DStR 14, 873 mit Beispielen auch zur Berechnung der abziehbaren Aufwendungen; *Bruschke* DStZ 15, 313). Ob die Aufwendungen Herstellungsaufwand darstellen, ist demggü unerhebl (BFH VI R 61/10 BStBl II 12, 232; *A Schmidt* NWB 13, 2572; **aA** *Frotscher/Geurts* § 35a Rz 70; *Paus* FR 12, 154; FG RhPf EFG 13, 127, rkr, Begünstigung abgelehnt für Wintergartenanbau, mE zweifelhaft). **Ausgeschlossen** ist die StVergünstigung für nach dem 31.12.10 erbrachte Leistungen bei öffentl Förderung iSv § 35a III 2. Baukindergeld ist keine öffentl Förderung (*FM SchlHol* DStR 19, 1470).

b) Höhe der Steuerermäßigung. Sie beträgt 20% der begünstigten Aufwendungen, höchstens 1200 € (s auch Rz 8, 26). Auftraggeber von Handwerkerleistungen kann auch eine Wohnungseigentümergemeinschaft sein; jedem Wohnungseigentümer steht die StErmäßigung für seinen Haushalt iHd Höchstbetrags ungekürzt zu (FG BaWü EFG 13, 525, rkr). **16**

5. Haushalt als Ort der Leistung, § 35a IV. – a) Gegenwärtiger Haushalt. Die Leistung muss im Haushalt des StPfl oder der gepflegten bzw betreuten Person erbracht werden. Der Haushalt muss sich im Inl, in der EU oder im EWR befinden. In den Fällen des § 35a II 2 Alt 2 (Rz 12) muss das Heim oder der Ort der dauernden Pflege im Inl, in der EU oder im EWR liegen. Zu Beschäftigungsverhältnissen in einem nicht inl Haushalt s *BMF* BStBl I 16, 1213 Rz 8. Es muss sich um einen gegenwärtigen, nicht um einen künftigen Haushalt handeln (FG Mster EFG 10, 1385, rkr). Leistungen, die erst der Errichtung eines Haushalts dienen, sind folgl nicht begünstigt (BFH VI R 61/10 BStBl II 12, 232). Zu Kosten iZm Wohnungswechsel s aber *BMF* BStBl I 16, 1213 Rz 3: hiernach gehört mit Beginn des Mietvertrags bzw Übergang des wirtschaftl Eigentums auch die Wohnung, in die der StPfl in engem zeitl Zusammenhang einzieht, bereits zu dessen gegenwärtigem Haushalt, sodass auch Leistungen in diesem Haushalt begünstigt sind (zB Handwerkerleistungen zur Renovierung vor Einzug; teilw **aA** FG BBg DStRE 18, 1038, Rev VI R 53/17: kein Abzug bei Bauleistungen iZm mit Neubau selbst nach Einzug, mE zweifelhaft). Ein vorübergehend ruhender Haushalt genügt (FG Nds EFG 06, 417, rkr); nicht aber eine (endgültig) beendete oder bevorstehende Haushaltsführung (FG Hess EFG 11, 529, rkr). Bei Vorhandensein mehrerer Wohnungen ist die StErmäßigung nur einmal bis zu den jeweiligen Höchstbeträgen zu gewähren (BFH VI R 60/09 BStBl II 14, 151, zutr). **20**

b) Räumlicher Haushaltsbereich. Der Leistungsort befindet sich im Haushalt, wenn die Leistung in dessen räuml Bereich erbracht wird (BFH VI R 61/10 BStBl II 12, 232). Der Begriff des Haushalts ist räuml-funktional auszulegen (BFH VI B 25/17 BFH/NV 18, 39). Zum Haushalt gehören die private Wohnung nebst Zubehörräumen und Garten, ebenso die eigengenutzte Zweit-, Wochenend- oder Ferienwohnung oder die einem nach § 32 zu berücksichtigenden Kind überlassene Wohnung (*BMF* BStBl I 16, 1213 Rz 1). Zum räuml Haushaltsbereich bei digitalen Dienstleistungen (smart home) s *Heine* NWB 17, 2031. Bei einem Wohnstift zählen auch die Gemeinschaftsflächen zum räuml Bereich des Haushalts (BFH VI R 28/08 BStBl II 10, 166). Leistungen außerhalb des Haushalts sind demggü nicht begünstigt, selbst wenn sie für den Haushalt erbracht werden (zB Tagesmutter **21**

§ 35a Steuerermäßigung bei haushaltsnahe Beschäftigung

BFH III R 80/09 BStBl II 12, 816; Anschluss an eine Notrufzentrale, FG Hbg DStRE 09, 1177, rkr; FG BBg DStRE 18, 1420, rkr; **aA** BFH VI R 18/14 BStBl II 16, 272, mE zu weitgehend; FG BaWü EFG 21, 1548, Rev VI R 14/21; FG Sachs EFG 21, 217, Rev VI R 7/21, mE unzutr; „Essen auf Rädern", FG Mster EFG 12, 126, rkr; Zubereitung des Essens in zentraler Küche eines Wohnstifts, FG BaWü EFG 12, 1266, rkr, **aA** FG BaWü EFG 13, 125, rkr; in einer Werkstatt erbrachte Arbeitsleistungen, BFH VI R 4/18 BStBl II 21, 669, BFH VI R 7/18 BFH/NV 21, 180; FG Mchn EFG 19, 540, rkr, FG RhPf EFG 16, 1350, rkr, FG Nbg EFG 17, 1447, rkr, *Schlenk* DStR 18, 2122; Textilreinigung in Reinigungsfirma, FG Nbg DStRE 06, 599, rkr; Grabpflege, FG Nds EFG 09, 761, rkr; PKW-Reparatur, FG Thür EFG 20, 1619; Müllabfuhr, FG Köln EFG 11, 978, rkr; Hundebetreuung beim Dienstleister, FG Mster EFG 12, 1674, rkr). Zum räuml Bereich des Haushalts rechnen auch Flächen vor der Wohnung, zB Grundstückswege und öffentl Gehwege vor dem Haus, nicht aber die Fahrbahn der öffentl Straße (BFH VI R 4/18 BStBl II 21, 669). Leistungen, die öffentl Flächen betreffen, werden folgl im Haushalt erbracht, wenn sie in unmittelbarem räuml Zusammenhang zum Haushalt durchgeführt werden und dem Haushalt dienen (BFH VI R 56/12 BStBl II 14, 882 Hausanschluss an zentrale Wasserversorgung; BFH VI R 55/12 BStBl II 14, 880, Schneeräumen auf öffentl Gehwegen; BFH VI R 4/18 BStBl II 21, 669, Gehwegreinigung). Dies gilt aber nicht für die Erschließung einer öffentl Straße (BFH VI R 50/17 DStR 20, 2117; *BMF* BStBl I 21, 1494; **aA** FG BBg DStRE 16, 273, rkr; *Koss* BB 17, 2209; *Düll ua* DStR 19, 1677), die Neuverlegung einer Mischwasserleitung als Teil des öffentl Sammelnetzes (BFH VI R 18/16 BStBl II 18, 641) und für Ausbaubeiträge für Gehwege/Straßenbeleuchtung (FG RhPf DStRE 18, 1487, rkr).

25 **6. Konkurrenzen; abziehbare Aufwendungen, Nachweis, § 35a V.** – **a) Ausschluss der Steuerermäßigung, § 35a V 1.** Soweit Aufwendungen **BA** oder **WK** darstellen (zB Reinigung der Wohnung bei doppelter Haushaltsführung) oder als **SA** oder **agB** berücksichtigt werden, ist die StErmäßigung ausgeschlossen. Da der Ausschluss nur eingreift, „soweit" ein vorrangiger Abzug zu berücksichtigen ist, sind gemischte Aufwendungen (wie Reinigung der Wohnung und häusl Arbeitszimmer) im Wege sachgerechter Schätzung aufzuteilen und entspr zB als WK und nach § 35a I abziehbar (*BMF* BStBl I 16, 1213 Rz 31). Für den Teil der Aufwendungen, der iRd zumutbaren Belastung gem § 33 III nicht als agB berücksichtigt wird, kann der StPfl § 35a in Anspruch nehmen (BFH VI R 46/18 BStBl II 21, 476). Dabei sind Aufwendungen, die sowohl als agB als auch nach § 35a berücksichtigt werden können, vorrangig der zumutbaren Belastung zuzuordnen (*BMF* BStBl I 16, 1213 Rz 32). IÜ hat der StPfl ein **Wahlrecht**, ob er die Berücksichtigung von Aufwendungen nach § 33 oder nach § 35a geltend machen (ebenso *Frotscher/Geurts* § 35a Rz 89, 89; *Paus* EStB 04, 201, 204; *Rosenke* EFG 13, 1342; **aA** HHR § 35a Rz 24; *BH/Schießl* § 35a Rz 51; FG Nds EFG 13, 1341, rkr). Denn § 35a V 1 schließt den Abzug nur aus, soweit die Aufwendungen als agB „berücksichtigt worden sind". Die Wahl für § 33 ist aber einer Grenzsteuerbelastung von 20% günstiger (*Plenker* DB 10, 365). Fallen **Kinderbetreuungskosten** dem Grunde nach unter § 10 I Nr 5, scheidet ein Abzug nach § 35a auch insoweit aus, als die Höchstbeträge der genannten Vorschrift überschritten werden (*BMF* BStBl I 16, 1213 Rz 34). Zur Aufteilung der Aufwendungen bei Aufnahme eines Au-pair auf Kinderbetreuung und Hausarbeit s *BMF* BStBl I 16, 1213 Rz 35. – Die Inanspruchnahme des **Behinderten-Pauschbetrags** (§ 33b I 1 iVm III 2 oder III 3) schließt die Berücksichtigung der Pflegeaufwendungen nach § 35a II aus, da ansonsten Aufwendungen, die durch den Pauschbetrag abgegolten werden sollen, nochmals über § 35a Berücksichtigung fänden (BFH VI R 12/12 BFH/NV 14, 1927; *OFD NRW* DB 14, 745; *Heß/Görn* DStR 07, 1804, 1807). Dies gilt indes nicht im Fall der Übertragung des Behinderten-Pauschbetrags nach § 33b V, wenn der StPfl für Pflege- und Betreuungsaufwendungen aufkommt (*BMF* BStBl I 14, 75 Rz 33; *Czisz/Krane* DStR 14, 873, 878). Zum Pflege-Pauschbetrag nach § 33b VI s Rz 11.

b) Abzug der Arbeitskosten, § 35a V 2. Begünstigt sind nur Arbeitskosten **26** einschl darauf entfallender LSt und SV-Beiträge. Materialkosten und Kosten für Waren sind nicht begünstigt (Ausnahme bei Kosten für Verbrauchsmittel wie Schmier-, Reinigungs- oder Spülmittel sowie Maschinen- und Fahrtkosten, *BMF* BStBl I 14, 75 Rz 39). Versicherungsleistungen sind anzurechnen (*BMF* BStBl I 16, 1213 Rz 41–43 auch zur Anrechnung von Leistungen aus der PflV; zu künftigen Ersatzleistungen nach Ablauf des VZ, s *Nolte* NWB 14, 508, 519).

c) Rechnung; Zahlung, § 35a V 3. Der StPfl muss eine Rechnung erhalten **27** haben. Aus ihr müssen sich die wesentl Grundlagen der Leistungsbeziehung entnehmen lassen. Dies beinhaltet den Leistungserbringer als Rechnungsaussteller, den Leistungsempfänger, Art, Zeitpunkt und Inhalt der Leistung sowie das dafür vom StPfl geschuldeten Entgelt (BFH VI R 28/08 BStBl II 10, 166). Der Anteil der berücksichtigungsfähigen Arbeitskosten muss sich aus der Rechnung ermitteln lassen (FG Köln EFG 06, 503, rkr); eine prozentuale Aufteilung des Rechnungsbetrages in Arbeits-/Materialkosten ist zulässig (*BMF* BStBl I 16, 1213 Rz 40). Die *FinVerw* lässt von § 35a V 3 bei Wohnungseigentümern und Mietern sowie bei ArbN, denen eine Dienstwohnung zur Verfügung gestellt wird, Ausnahmen zu (*BMF* BStBl I 16, 1213 Rz 45, 47, 48; *Nolte* NWB 14, 507, 516; FG Nds DStRE 20, 1427, Rev VI R 24/20), da diese StPflicht idR nicht selbst über eine Rechnung verfügen und ihre Zahlung auch nicht unmittelbar an den Leistenden erfolgt. Nach FG Nds (DStRE 13, 1478, rkr) soll auch ein Altenteiler die StErmäßigung ohne Rechnung auf seinen Namen in Anspruch nehmen können, soweit Handwerkerleistungen auf seinen Haushalt entfallen und in der Person des die Leistung erbringenden Altenteilsverpflichteten die Voraussetzungen der StErmäßigung vorliegen. Pauschale Zahlungen des Mieters an Vermieter für Schönheitsreparaturen sind indes nicht begünstigt, wenn sie unabhängig von der tatsächl Durchführung solcher Reparaturen erfolgen (BFH VI R 18/10 BStBl II 13, 14). Eine Abrechnung nach öffentl-rechtl Kriterien insb durch VA soll ebenfalls nicht begünstigt sein (*BMF* BStBl I 16, 1213 Rz 22, mE zweifelhaft). – Die Zahlung muss auf das **Bankkonto** des Leistenden erfolgen (FG BaWü EFG 15, 730, rkr). Abbuchung von einem Ges'ter-Verrechnungskonto reicht nicht (FG Thür DStRE 20, 554, Rev VI R 23/20); der Einzug der Forderung durch ein Inkassobüro/ein Factoring-Unternehmen steht der StErmäßigung aber nicht entgegen (*OFD NRW* DB 14, 745). Barzahlungen sind für haushaltsnahe Dienstleistungen und Handwerkerleistungen indes ausgeschlossen (BFH VI R 14/08 BStBl II 09, 307; BFH VI B 31/13 BFH/NV 13, 1786), für haushaltsnahe Beschäftigungsverhältnisse nach Abs 1 dagegen zulässig (*BMF* BStBl I 16, 1213 Rz 37). Verlangt der Leistende zunächst eine Baranzahlung und wird später nach Rechnungsstellung der Restbetrag auf das Konto des Leistenden überwiesen, ist somit nur der Restbetrag begünstigt.

d) Abzugszeitpunkt. Die StErmäßigung kann entspr § 11 II im **VZ der Zah- 28 lung** in Anspruch genommen werden (*BMF* BStBl I 16, 1213 Rz 44). Bei Wohnungseigentümern und Mietern werden die Aufwendungen zT durch Vorauszahlungen und zT durch Nachzahlungen aufgrund der Jahresabrechnung geleistet. Hier lässt die *FinVerw* bei wiederkehrenden Aufwendungen abw von § 11 zu, dass die gesamten Aufwendungen entweder im VZ der Vorauszahlungen oder insgesamt im VZ der Jahresabrechnung geltend gemacht werden (*BMF* BStBl I 16, 1213 Rz 47–48; s auch *Heß/Görn* DStR 07, 1804, 1806; zu Änderungen bei nachträgl Vorlage der Jahresabrechnung s *OFD Mster* DStR 08, 254). Macht ein Wohnungseigentümer/Mieter Aufwendungen, die aus geleisteten Vorauszahlungen erbracht wurden, im Zahlungsjahr geltend, steht ihm die StErmäßigung bereits im VZ der

§ 35b Steuerermäßigung bei Belastung mit Erbschaftsteuer

Zahlung zu; er muss nicht bis zum VZ der Jahresabrechnung warten (FG BaWü EFG 13, 525, rkr).

29 **e) Haushaltsgemeinschaft, § 35a V 4.** Alleinstehende und Partner einer nichtehel Lebensgemeinschaft, die gemeinsam in einem Haushalt leben, können die Höchstbeträge nach § 35a I–III jeweils nur einmal in Anspruch nehmen (**Höchstbetragsgemeinschaft**). Beansprucht also der eine § 35a I, kann der andere § 35a II wählen, oder die Höchstbeträge werden aufgeteilt. Der Gesetzgeber geht davon aus, dass sich die Alleinstehenden/Partner einigen. Kommt es nicht dazu und ist keine der Veranlagungen bestandskräftig, ist der gemeinsam beanspruchte Höchstbetrag entspr § 26a II 4 hälftig aufzuteilen. Zusammen zur ESt veranlagte Ehegatten und eingetragene Lebenspartner bilden nicht nur eine Höchstbetragsgemeinschaft, sondern sind auch hinsichtl der Aufwendungen einheitl zu behandeln (§ 2 VIII; § 26b Rz 9; *BMF* BStBl I 16, 1213 Rz 53 mit Rechnungsbeispielen). Im Falle der getrennten Veranlagung gilt § 26a II 4.

30 **7. Verfahren.** Die StErmäßigungen gem § 35a I–III, die von der tarifl ESt ohne AbgeltungsSt nach § 32d I vorgenommen werden (BFH VI R 54/17 BStBl II 20, 544), erfolgen nur auf Antrag, der bis zur Bestandskraft der StFestsetzung gestellt werden kann (*Frotscher/Geurts* § 35a Rz 103). Bereits beim LStAbzug kann auf Antrag ein Freibetrag gem § 39a I Nr 5c iHd Vierfachen der StErmäßigung nach § 35a berücksichtigt werden. Bei der Festsetzung der Vorauszahlungen nach § 37 ist die StErmäßigung ebenfalls anzusetzen.

5. Steuerermäßigung bei Belastung mit Erbschaftsteuer

§ 35b Steuerermäßigung bei Belastung mit Erbschaftsteuer

[1] **Sind bei der Ermittlung des Einkommens Einkünfte berücksichtigt worden, die im Veranlagungszeitraum oder in den vorangegangenen vier Veranlagungszeiträumen als Erwerb von Todes wegen der Erbschaftsteuer unterlegen haben, so wird auf Antrag die um sonstige Steuerermäßigungen gekürzte tarifliche Einkommensteuer, die auf diese Einkünfte entfällt, um den in Satz 2 bestimmten Prozentsatz ermäßigt.** [2] **Der Prozentsatz bestimmt sich nach dem Verhältnis, in dem die festgesetzte Erbschaftsteuer zu dem Betrag steht, der sich ergibt, wenn dem steuerpflichtigen Erwerb (§ 10 Absatz 1 des Erbschaftsteuer- und Schenkungsteuergesetzes) die Freibeträge nach den §§ 16 und 17 und der steuerfreie Betrag nach § 5 des Erbschaftsteuer- und Schenkungsteuergesetzes hinzugerechnet werden.**

Übersicht

	Rz
I. Überblick und Voraussetzungen	
1. Überblick	1–4
a) Zweck der Regelung	1
b) Erbschaftsteuerliche Rechtslage	2
c) Persönlicher Anwendungsbereich	4
2. Voraussetzungen	5–15
a) Doppelbelastung der Einkünft mit Einkommen- und Erbschaftsteuer	5–11
b) Fünfjähriger Begünstigungszeitraum	12
c) Beschränkung auf Erwerbe von Todes wegen ...	13
d) Antrag	15
3. Hauptanwendungsfälle	18, 19
a) Einkommensteuerbare, vom Erblasser noch nicht realisierte Wertsteigerungen	18
b) Dem Erblasser noch nicht zugeflossene Forderungen	19

	Rz
II. Rechtsfolgen	21–27
1. Keine Vollanrechnung	21
2. Einkommensteuerbetrag; anzurechnende Steuerermäßigung	22
3. Prozentsatz der Einkommensteuerermäßigung	23–25
4. Berechnungsbeispiel	27

I. Überblick und Voraussetzungen

1. Überblick. – a) Zweck der Regelung. In bestimmten Fällen können Einkünfte mit ESt und mit ErbSt belastet sein. Dies betrifft zum einen Forderungen, die dem Erblasser noch nicht zugeflossen waren, wenn die ESt nach dem Zuflussprinzip ermittelt wird; ferner der ESt unterliegende, aber vom Erblasser noch nicht realisierte Wertsteigerungen (zu diesen Anwendungsfällen des § 35b s ausführl Rz 18 f). Bei der ErbSt wird hierfür kein Ausgleich gewährt (s Rz 2). Bei der ESt bewirkt § 35b einen gewissen Ausgleich, indem die ESt, die auf die doppelt erfassten Einkünfte entfällt, sich um den Betrag ermäßigt, der näherungsweise der fiktiven ErbSt auf diesen ESt-Betrag entspricht (s Rz 21 ff). – **Praktische Bedeutung der Vorschrift.** Sie ist nach den Reformen der letzten Zeit (BV-Begünstigung bei der ErbSt, AbgeltungSt bei der ESt) **sehr gering** geworden, weil die klassischen Anwendungsfälle des § 35b nicht mehr zu einer Doppelbelastung iSd restriktiven Gesetzesfassung führen (s Rz 18 f). – **Zeitl Anwendungsbereich und Vorläuferregelungen.** S *Schmidt* 38. Aufl § 35b Rz 3. 1

b) Erbschaftsteuerliche Rechtslage. Beruhen ESt-Schulden auf Einkünften, die noch dem Erblasser zuzurechnen waren, werden diese **ESt-Schulden des Erblassers** aber erst nach dessen Tod vom Erben bezahlt, sind sie **als Nachlassverbindlichkeiten bei der ErbSt** abziehbar (§ 10 V ErbStG; zB BFH II R 51/14 BStBl II 18, 194 Rz 23: QuellenSt auf die ua vom Erblasser erzielten Einkünfte aus KapVerm, die bei Auszahlung einer LV-Summe an den Erben abgezogen wird). Insoweit kann es daher nicht zu Doppelbelastungen kommen. – Sind hingegen **Einkünfte dem Erben zuzurechnen,** obwohl sie wirtschaftl auf Tätigkeiten des Erblassers beruhen (zB weil sie erst nach dessen Tod zufließen), schuldet nicht der Erblasser, sondern der Erbe die entstehende ESt. Diese fällt daher nicht in den Nachlass und kann bei der ErbSt nicht abgezogen werden. Gleichwohl hat der Sachverhalt, der später zu estpfl Einkünften führt (zB noch nicht zugeflossene Forderung; im BV vorhandene stille Reserven), auch die ErbSt erhöht. Der Gesetzgeber hat diese Doppelbelastung bewusst in Kauf genommen (BT-Drs 7/2180, 21); der für die ErbSt zuständige II. Senat des BFH lehnt es in stRspr ab, hierfür bei der ErbSt-Festsetzung einen Ausgleich zu gewähren (BFH II R 58/67 BStBl II 77, 420: betriebl Versorgungsrente zugunsten der Witwe, die bei der ErbSt mit ihrem Kapitalwert anzusetzen ist; BFH II R 190/81 BStBl II 87, 175 unter II.1.d: noch nicht zugeflossene Erbbauzinsen, die bei der ErbSt mit ihrem Kapitalwert anzusetzen sind; BFH II R 23/09 BStBl II 10, 641, Anm *Leipold* HFR 10, 834: entstandene, aber noch nicht zugeflossene Zinsansprüche im PV). Dies ist **verfgem** (ausführl BVerfG 1 BvR 1432/10 HFR 15, 695; dazu *Birnbaum* BB 15, 2141; krit *Friz* DStR 15, 2409). – **Bei der ESt** ist die **ErbSt grds nicht abziehbar,** da es sich um eine Personensteuer iSd § 12 Nr 3 handelt (s § 12 Rz 39). Auch der früher zugelassene Abzug der nach § 23 ErbStG verrenteten ErbSt auf den Kapitalwert von Renten oder sonst wiederkehrenden Nutzungen oder Leistungen nach § 10 I Nr 1a aF ist spätestens seit der Neufassung dieses Tatbestands ab VZ 2008 nicht mehr mögl (s *Schmidt* 33. Aufl § 35b Rz 16). 2

c) Persönlicher Anwendungsbereich. § 35b ist nur auf natürl Personen anzuwenden, nicht auf KSt-Subjekte (BFH I R 78/94 BStBl II 95, 207 unter II.4.; BFH I R 50/16 BStBl II 17, 324 Rz 19: Erbschaft zugunsten GmbH, die mit ErbSt/KSt belastet wird; krit *Mellinghoff* DStJG 22 (1999), 127, 150; KSM § 35b Rz A 74). 4

§ 35b 5–8   Steuerermäßigung bei Belastung mit Erbschaftsteuer

5   **2. Voraussetzungen. – a) Doppelbelastung der Einkünfte mit Einkommen- und Erbschaftsteuer.** Nach dem Wortlaut des S 1 müssen die Einkünfte zum einen „bei der Ermittlung des Einkommens berücksichtigt worden" sein (zu den estl Voraussetzungen s Rz 6); zum anderen müssen sie „im VZ oder in den vorangegangenen vier VZ als Erwerb von Todes wegen der ErbSt unterlegen haben" (zu den erbstl Voraussetzungen s Rz 8).

6   **aa) Berücksichtigung der Einkünfte bei der Ermittlung des einkommensteuerpflichtigen Einkommens.** Dies ist der Fall, wenn die Einkünfte das Einkommen iSd § 2 IV erhöht haben, dh sie müssen im Gesamtbetrag der Einkünfte enthalten sein. – **(1) Steuerfreie Einkünfte.** Eine Doppelbelastung kann nicht eintreten. Hierzu gehören sowohl die in § 3 genannten Einkünfte als auch nach einem DBA stfreie Auslandseinkünfte. Allein deren Einfluss auf die Höhe des EStSatzes (Progressionsvorbehalt nach § 32b) führt nicht zur Anwendung des § 35b, weil der Gesetzeswortlaut eine Berücksichtigung bei der Ermittlung des *Einkommens* voraussetzt. ME ist dies europarechtl ebenso zulässig wie die in den DBA gewählte Regelungstechnik (Zweifel jedoch bei *HHR* § 35b Rz 7). – **(2) Abgeltungsteuer.** Einnahmen aus KapVerm, die der AbgeltungSt unterliegen, lösen keine StErmäßigung nach § 35b aus, weil diese sich nur auf die *tarifl* ESt bezieht (zutr *BMF* BStBl I 16, 85 Rz 132; FG Mster EFG 21, 957, rkr; ebenso zum insoweit gleichlautenden § 35a BFH VI R 54/17 BStBl II 20, 544). Dies gilt sowohl für lfd Einnahmen aus § 20 I als auch für Veräußerungsgewinne nach § 20 II (zu einem solchen Fall FG Mster EFG 21, 957, rkr; die Veräußerungsgewinne wurden dort unzutr als „Stückzinsen" qualifiziert). Der StPfl kann allerdings beantragen, diese Einkünfte der tarifl ESt zu unterwerfen (§ 32d VI); dann sind sie im Einkommen enthalten, sodass § 35b anwendbar ist (wegen dieses Wahlrechts bestehen mE keine verfrechtl Bedenken gegen die grds Nichtanwendung des § 35b bei AbgeltungSt). Demggü reicht der Antrag nach § 32d IV (Einbeziehung in die EStVeranlagung, aber weiterhin Anwendung des StSatzes von 25 %) oder die Erklärung von nicht der AbgeltungSt unterliegenden KapEinkünften nach § 32d III nicht aus, weil die KapErträge dann weiterhin nach § 32d I behandelt werden und nicht in das Einkommen einzubeziehen sind (so ausdrückl § 2 Vb; **aA** *Gauß/SchwaRz* BB 09, 1387, 1389). – **(3) Verlustausgleich.** Sind (positive) Einkünfte durch negative Einkünfte derselben Einkunftsart ausgeglichen worden, ergibt sich insgesamt aber noch ein positives Einkommen, sind die erstgenannten Einkünfte im Einkommen enthalten (glA *HHR* § 35b Rz 25). – **(4) Einkommensteuerpflicht beim Erben.** § 35b ist nur anwendbar, wenn die Einkünfte beim *Erben* (bzw Vermächtnisnehmer, Pflichtteilsberechtigten) der ESt unterliegen; nicht aber, wenn sie noch vom *Erblasser* zu versteuern sind (BFH IV R 66/92 BStBl II 94, 227: Ausscheiden eines MUers durch Tod, sodass der Veräußerungsgewinn estl noch dem Erblasser zuzurechnen ist, s dazu § 16 Rz 661).

8   **bb) Belastung mit Erbschaftsteuer.** In § 35b heißt es, dass die **„Einkünfte ... der ErbSt unterlegen"** haben müssen. – **(1) Wortlaut.** Terminologisch ist dies unzutr, da nicht „Einkünfte" der ErbSt unterliegen, sondern die „Bereicherung des Erwerbers" (§ 10 I 1 ErbStG) Gegenstand der ErbSt ist. Als Bereicherung gilt der Wert des gesamten Vermögensanfalls, soweit dieser der ErbSt unterliegt, abzügl der Nachlassverbindlichkeiten (§ 10 I 2 ErbStG). Damit unterliegen letztl **einzelne WG** der ErbSt, nicht aber Einkünfte (so auch BFH I R 79/94 BStBl II 95, 321). § 35b bezieht sich daher auf WG, die der ErbSt unterlegen haben und danach beim *Erben* durch Transformation in Geld (zB Einziehung einer Forderung, Veräußerung eines WG mit stillen Reserven) oder durch Überführung ins PV (zB Entnahme, Betriebsaufgabe) mit ihrer *Substanz* zu Einkünften führen (ähnl BFH IX R 23/17 BStBl II 18, 593 Rz 21). – **(2) Erträge, die auf die Zeit nach dem Tod des Erblassers entfallen.** Diese haben nicht der ErbSt unterlegen; § 35b ist daher nicht anwendbar (*Beispiel*: Todesfall am 30.6.; am 31.12. fließen dem Erben

Überblick und Voraussetzungen **9, 10 § 35b**

aus einer geerbten Forderung Zinseinnahmen für die Zeit vom 1.1. bis 31.12. zu. – Die wirtschaftl auf die Zeit bis zum 30.6. entfallende Zinsforderung hat der ErbSt unterlegen und fällt unter § 35b, die Zinsen für die Zeit ab 1.7. nicht). Gleiches gilt für stille Reserven eines nach dem Erbfall veräußerten WG, soweit sie erst nach dem Erwerb entstanden sind. – **Ertragswertverfahren.** Erträge, die rechtl und wirtschaftl die Zeit *nach* dem Erbfall betreffen, haben auch dann nicht iSd § 35b „der ErbSt unterlegen", wenn der erbstl Wertansatz rechentechnisch durch **Kapitalisierung der künftig zu erwartenden Erträge des WG** ermittelt worden ist (zutr BFH I R 79/94 BStBl II 95, 321: vererbt wird ein Urheberrecht, das mit seinem Ertragswert bewertet wird). Gleiches gilt bei Anwendung des erbstl Ertragswertverfahrens für BV und Anteile an KapGes (teilweise **aA** *Littmann* § 35b Rz 30 und *HHR* § 35b Rz 28: nur dann keine Anwendung des § 35b, wenn das erbstl Bewertungsverfahren die latente ESt-Belastung berücksichtigt, was bei IDW S 1 und beim vereinfachten Ertragswertverfahren nach §§ 199ff BewG aber der Fall ist). – **(3) Erbschaftsteuerlicher Stichtagswert.** Er richtet sich gem § 11 ErbStG nach dem BewG. Danach ist grds der **gemeine Wert** der erworbenen Vermögensgegenstände maßgebl (allg § 9 I BewG; für Anteile an KapGes § 11 I 1 BewG; für BV § 109 I BewG; für Grundvermögen § 177 BewG). KapForderungen sind gem § 12 I BewG mit dem Nennwert anzusetzen. – **(4) Erbschaftsteuerliche Begünstigungen.** Die Rspr nimmt eine **konkrete Betrachtungsweise** vor, um den erhebl erbstl Begünstigungen für bestimmte Vermögensarten (zB BV, Anteile an KapGes, Immobilien) Rechnung zu tragen: Ist das WG nicht mit seinem vollen Wert in die erbstl Bemessungsgrundlage eingegangen, wird zur Ermittlung der EStErmäßigung nicht der *tatsächl* Veräußerungsgewinn angesetzt, sondern der Betrag, der sich ergeben würde, wenn nur der erbstl Wert des WG als Veräußerungspreis erzielt worden wäre (ausführl BFH X R 72/89 BStBl II 91, 350; diese Berechnungsweise lag aber schon BFH IV R 226/85 BStBl II 88, 832 zugrunde). ME ist dies zutr, um Überbegünstigungen zu vermeiden (s auch Rz 23; glA *Hechtner* BB 09, 486, 487; *HHR* § 35b Rz 28; *KSM* § 35b Rz B 30; **aA** *Maßbaum* BB 92, 606, 609; *Ley* KÖSDI 94, 9866, 9870). Auch die **persönl Freibeträge des ErbStG** sind hier (ggf anteilig) abzuziehen (s näher BFH IX R 23/17 BStBl II 18, 593 Rz 24 ff).

Beispiel. A erbt von seinem Vater BV (ErbSt-Wert 5 Mio €). KuRz nach dem Erbfall veräußert er ein betriebl WG (keine wesentl Betriebsgrundlage) für 300 000 € (Buchwert 200 000 €). – **Lösung:** Die tatsächl die „Einkünfte" aus der Veräußerung betragen 100 000 €. Weil aber 85 % des BV von der ErbSt befreit war (§ 13a I 1 ErbStG), hat der tatsächl Wert des veräußerten WG (300 000 €) nur iHv 45 000 € der ErbSt unterlegen. Dieser Betrag liegt unterhalb des estl Buchwerts, sodass insoweit keine ESt angefallen ist. § 35b ist daher nicht anwendbar.

(5) Festsetzung von Erbschaftsteuer. Die förml Festsetzung ist für die Anwendung des § 35b erforderl (Wortlaut des S 2; glA *Maßbaum* BB 92, 606, 608). Ist noch offen, ob ErbSt festgesetzt wird, kann (zunächst) keine EStErmäßigung gewährt werden. Hingegen setzt § 35b weder die Bestandskraft des ErbSt-Bescheids noch die Zahlung der ErbSt voraus. Der Erlass, die Aufhebung oder Änderung eines ErbSt-Bescheids führt als rückwirkendes Ereignis auch nach Eintritt der Bestandskraft zur Änderung des ESt-Bescheids, in dem die StErmäßigung zu berücksichtigen ist (§ 175 I 1 Nr 2 AO; glA *KSM* § 35b Rz A 83; **aA** *BH/Schallmoser* § 35b Rz 10; *BoBr* § 35b Rz 15: Grundlagenbescheid iSd § 175 I 1 Nr 1 AO; hierfür fehlt es aber an den gesetzl Anordnung einer Bindungswirkung).

(6) Ausländische Erbschaftsteuer. Eine solche Belastung ist mE ebenfalls zu berücksichtigen (*Littmann* § 35b Rz 25; *Maßbaum* BB 92, 606, 610; *Ley* KÖSDI 94, 9866, 9871; glA für die Vorläufervorschrift des § 16 V aF BFH I R 126/73 BStBl II 75, 110; **aA** *BH/Schallmoser* § 35b Rz 41; *KSM* § 35b Rz B 21 sowie für die Vorläufervorschrift des § 35 aF auch FG Hess EFG 82, 570, rkr). Dem steht die Bezugnahme des § 35b S 2 auf bestimmte Freibeträge des *dt* ErbStG nicht entgegen, da die dort angeordnete Berechnungstechnik ebenfalls auf ausl ErbSt-Systeme übertragen werden kann. Voraussetzung ist allerdings, dass die ausl ErbSt latente EStBelastungen ebenfalls nicht berücksichtigt. Die Gleichbehandlung ausl ErbSt ist mE auch europarechtl geboten. Soweit allerdings ausl ErbSt nach § 21 ErbStG auf die dt ErbSt angerechnet wird, ist der Erwerb mit dt ErbSt belastet, sodass sich kein Auslandsproblem stellt.

11 **(7) Personelle Identität des Steuerpflichtigen nicht erforderlich.** Zur Vorläufervorschrift des § 16 V aF hatte der BFH entschieden, dass der StPfl, der mit der ErbSt belastet war, identisch mit demjenigen sein musste, der später mit der ESt belastet war (BFH IV R 179/73 BStBl II 77, 609). Eine EStErmäßigung war daher ausgeschlossen, wenn das ererbte WG vor der Realisierung der stillen Reserven (und der damit verbundenen EStPflicht) durch Schenkung oder einen weiteren Erbfall auf einen Dritten übertragen wurde, bei dem dann die ESt entstand. § 16 V aF setzte allerdings (anders als die Nachfolgevorschrift des § 35 aF und der heute geltende § 35b) voraus, dass „der StPfl" einen später veräußerten Betrieb erworben und infolge des Erwerbs ErbSt entrichtet hatte. Gleichwohl forderte die FinVerw auch für die (mit § 35b insoweit wortgleiche) Regelung des § 35 aF die personelle Identität (letztmals H 213e EStH 1998 „Frühere Erbfälle"). ME ist dies unzutr; weder dem Wortlaut noch dem Zweck des § 35b lässt sich das Erfordernis einer personellen Identität entnehmen (glA *HHR* § 35b Rz 30; *BH/Schallmoser* § 35b Rz 26; *KSM* § 35b Rz B 51; *BoBr* § 35b Rz 54; *Maßbaum* BB 92, 606, 610; *Dautzenberg/Heyeres* StuW 92, 302, 305; *Herzig/Joisten/Vossel* DB 09, 584, 587).

12 **b) Fünfjähriger Begünstigungszeitraum.** Die EStErmäßigung wird nur für Einkünfte gewährt, die im selben VZ, in dem die EStSchuld beim Erben entsteht, oder in den vorangegangenen vier VZ der ErbSt unterlegen haben. Diese Einschränkung beruht darauf, dass die eine Fallgruppe der Doppelbelastung (Einziehung von Forderungen des Erblassers) nach fünf Jahren im Wesentl abgewickelt sein wird, und es in der anderen Fallgruppe (Realisierung von stillen Reserven, die der Erblasser gelegt hat) mit zunehmendem Zeitablauf immer schwieriger wird, die im Veräußerungszeitpunkt bestehenden stillen Reserven der Besitzzeit des Erblassers bzw des Erben zuzuordnen (*Klotz* DStZ/A 74, 347, 349). Diese Erwägungen können die zeitl Begrenzung mE rechtfertigen (glA wohl *Maßbaum* BB 92, 606, 611; **aA** *Mellinghoff* DStJG 22 (1999), 127, 145). – Der ErbSt haben die „Einkünfte" zu dem Zeitpunkt unterlegen, in dem die ErbSt-Schuld rechtl entstanden ist; das ist beim Erwerb von Todes wegen idR der Zeitpunkt des Todes des Erblassers (§ 9 I Nr 1 ErbStG mit Ausnahmen). Der fünf VZ umfassende Begünstigungszeitraum beginnt mit dem VZ, in dem der Zeitpunkt der Entstehung der ErbSt fällt. Nicht entscheidend ist, wann die ErbSt festgesetzt oder entrichtet worden ist. – Wählt der Erwerber erbstl die 100%-Begünstigung für BV mit der 7-jährigen Haltefrist des § 13a X ErbStG und veräußert er den Betrieb oder wesentl Betriebsgrundlagen im 6. oder 7. Jahr, löst diese Handlung zugleich einen estl Veräußerungsgewinn und die erbstl **rückwirkende Nachversteuerung nach § 13a VI ErbStG** aus. Wegen Ablaufs der Fünf-Jahres-Frist des § 35b ist aber keine EStErmäßigung mehr mögl (krit daher *Herzig/Joisten/Vossel* DB 09, 584, 588; *Hechtner* BB 09, 486, 487). – Bei Einkünften aus GewBetr oder LuF, die nach einem vom Kj **abw Wj** ermittelt werden (§ 4a), kann wegen der zeitl Verschiebung der estl Erfassung die Anwendung des § 35b ggf auch dann ausscheiden, wenn zw Tod des Erblassers und Gewinnrealisierung weniger als fünf Jahre liegen.

Beispiel: Wj 1.7. bis 30.6.; Erbfall eines WG mit stillen Reserven 1.11.17; Veräußerung des WG 1.7.21. Der Gewinn aus der Veräußerung entsteht im Wj 2021/22 und unterliegt im VZ 2022 der ESt. Obwohl zw Erbfall und Veräußerung weniger als vier Jahre liegen, ist der Gewinn nicht nach § 35b begünstigt, weil die stillen Reserven bereits in dem VZ 2017 der ErbSt unterlegen haben, also früher als in den vier vor dem VZ 2022 liegenden VZ.

13 **c) Beschränkung auf Erwerbe von Todes wegen.** Hierzu gehören gem § 3 ErbStG Erwerbe durch Erbanfall, Vermächtnis, Pflichtteilsanspruch oder Schenkung auf den Todesfall, ferner der Vermögensübergang auf eine vom Erblasser angeordnete Stiftung. Erwerbe, die auf den weiteren ErbSt-Tatbeständen beruhen (§ 1 I Nr 2–4 ErbStG: **Schenkungen unter Lebenden,** Zweckzuwendungen, Vermögen von Familienstiftungen in Zeitabständen von 30 Jahren), führen auch dann nicht zur Anwendung des § 35b, wenn der Erwerb zugleich als Einkünfte der ESt unterliegt. Diese Differenzierung (die die vorweggenommene Erbfolge benachteiligt) ist verrechtl noch gerechtfertigt, weil bei Schenkungen wesentl größere StGestaltungsspielräume bestehen als bei Erbfällen (zB rechtzeitiger Wechsel zum BV-Vergleich oder Hebung stiller Reserven noch durch den Schenker; glA iErg BFH IX R 23/17 BStBl II 18, 593 Rz 22). Wird zB eine Beteiligung veräußert, die teilweise durch (Vor-)Schenkung und teilweise durch Erbfall erworben wurde, ist § 35b nur auf den Gewinn aus der Veräußerung der ererbten Anteile anzuwenden (BFH IX R 23/17 BStBl II 18, 593 Rz 23).

d) Antrag. Die Anwendung des § 35b setzt einen Antrag des StPfl voraus. Dieser ist aber nicht an eine bestimmte Form gebunden. Es genügt, wenn der StPfl die entspr Zeile in der EStErklärung ausfüllt. Der Antrag kann bis zum Schluss der mündl Verhandlung vor dem FG gestellt werden.

3. Hauptanwendungsfälle. – a) Einkommensteuerbare, vom Erblasser noch nicht realisierte Wertsteigerungen. Dies betrifft Gewinne aus einer erst vom Erben durchgeführten **Betriebsveräußerung oder -aufgabe** (§ 16 I, III), aus der **Veräußerung oder Entnahme** einzelner **WG des BV**, aus der Veräußerung von Beteiligungen iSd § 17 (BFH IV R 226/85 BStBl II 88, 832 unter II.) sowie von WG iSd § 20 II und § 23. Gleiches gilt für die Auflösung **stiller Reserven,** die in stfreien Rücklagen (§ 6b) bzw dem Investitionsabzugsbetrag (§ 7g) verkörpert sind (glA zur früheren Preissteigerungsrücklage FG Hbg EFG 84, 505, rkr). – Eine Doppelbelastung (und damit die Anwendung des § 35b) setzt allerdings voraus, dass die stillen Reserven sowohl im Zeitpunkt des Erbfalls als auch im Zeitpunkt der späteren Gewinnrealisierung durch den Erben vorhanden waren. – Die **praktische Bedeutung dieser Fallgruppe** ist seit den letzten estl und erbstl Reformen allerdings sehr gering geworden: Weil BV, Anteile an KapGes und Immobilien erbstl stark begünstigt werden, wird sich aufgrund der bei § 35b vorzunehmenden konkreten Betrachtungsweise für diese WG häufig gar kein EStErmäßigungsbetrag mehr ergeben (s Rz 8 unter (4)). Für die Realisierung stiller Reserven aus KapVerm gilt die AbgeltungSt, so dass § 35b ebenfalls nicht anwendbar ist (s Rz 6). – Ob Doppelbelastungen, die in Fällen der **Thesaurierungsbegünstigung** (§ 34a) entstehen können, unter § 35b fallen, ist zweifelhaft (vgl *Herzig/Joisten/Vossel* DB 09, 584, 585 mwN; vern *KSM* § 35b Rz A 30).

b) Dem Erblasser noch nicht zugeflossene Forderungen. Hier kommt es zu Doppelbelastungen, wenn sich bei der ESt die zeitl Zuordnung von Einnahmen nach dem **Zuflussprinzip** des § 11 richtet (dh im BV bei Gewinnermittlung nach § 4 III sowie bei allen Überschusseinkunftsarten): Da beim Erblasser kein Zufluss mehr stattgefunden hatte, unterliegt der Zufluss beim *Erben* der ESt (ggf als nachträgl Einkünfte iSd § 24 Nr 2). Demggü unterliegen der ErbSt nicht nur die bereits dem Erblasser zugeflossenen Geldbeträge, sondern auch alle noch nicht zugeflossenen Kapitalforderungen (§ 10 I 2, § 12 I ErbStG, § 12 I BewG). Die Forderung wird daher sowohl von der ErbSt als auch von der ESt in vollem Umfang erfasst. – Wäre sie hingegen noch dem Erblasser zugeflossen, hätte dieser darauf zwar die volle ESt bezahlen müssen; dieser ESt-Betrag wäre aber nicht mehr in seinem Vermögen vorhanden gewesen, sodass die ErbSt entspr geringer ausgefallen wäre (sofern die für den Erblasser entstandene ESt erst vom Erben bezahlt worden wäre, hätte sie als Nachlassverbindlichkeit die ErbSt gemindert, was zum selben Ergebnis geführt hätte). – Typische Fälle sind die **Honorarforderungen von Freiberuflern** (mit Gewinnermittlung nach § 4 III) oder der Zufluss von wirtschaftl bereits auf die Zeit vor dem Tod des Erblassers entfallenden **Zins- oder Mieteinnahmen** sowie **Gewinnausschüttungen.** – Sind Gegenstand der ErbSt hingegen **wiederkehrende Leistungen in schwankender Höhe,** wird eine Doppelbelastung schon dadurch vermieden, dass der ErbSt nur deren Kapitalwert, der ESt aber nur deren Zinsanteil unterliegt (BFH X R 187/87 BStBl II 93, 298); der Anwendung des § 35b bedarf es hier nicht. – **Hinterbliebenenbezüge**, die auf gesetzl Vorschriften beruhen (zB Renten, Beamtenpensionen), unterliegen nicht der ErbSt (Umkehrschluss aus § 3 I Nr 4 ErbStG, der nur *vertragl* Ansprüche erfasst). Wenn der Hinterbliebene auf solche Bezüge ESt zu entrichten hat, stellt dies daher keine Doppelbelastung dar. – Auch in dieser Fallgruppe ist die **praktische Bedeutung aber gering** geworden: Noch nicht zugeflossene Forderungen des BV werden häufig wegen der erbstl Begünstigungen faktisch nicht der ErbSt unterliegen; Zinsforderungen des PV fallen estl unter die AbgeltungSt und scheiden daher aus dem Anwendungsbereich des § 35b aus (s Rz 6 (2)).

II. Rechtsfolgen

21 **1. Keine Vollanrechnung.** § 35b gewährt keinen vollen Ausgleich der tatsächl ErbStBelastung. Ziel der Regelung ist es vielmehr, denjenigen Betrag von der ESt abzuziehen, um den die ErbStBelastung niedriger gewesen wäre, wenn dort die latente EStBelastung hätte abgezogen werden können (*Herzig/Joisten/Vossel* DB 09, 584, 588; *Maßbaum* BB 92, 606, 611). Dies wäre einfacher im ErbStRecht zu verwirklichen gewesen; der Gesetzgeber hat sich aber entschieden, das dortige strenge Stichtagsprinzip nicht zu durchbrechen. – In einem **1. Schritt** wird der ESt-Betrag ermittelt, der durch die doppelt belasteten Einkünfte hervorgerufen worden ist (§ 35b S 1; s dazu Rz 22). Im **2. Schritt** wird der Prozentsatz für die EStErmäßigung ermittelt; dieser entspricht der durchschnittl ErbSt-Belastung auf den Gesamterwerb (§ 35b S 2; s Rz 23). Die **Höhe der StErmäßigung** ergibt sich schließl daraus, dass der im ersten Schritt ermittelte EStBetrag um den im zweiten Schritt ermittelten Prozentsatz gekürzt wird.

22 **2. Einkommensteuerbetrag und anzuwendende Steuerermäßigung.** Zur Ermittlung dieses Betrags ist nach dem Wortlaut des § 35b S 1 zunächst die sich insgesamt ergebende tarifl ESt um sämtl andere StErmäßigungen (§§ 34a–35a, 35c) zu kürzen. § 35b ist daher im Ablauf der EStBerechnung als letzte der StErmäßigungen zu prüfen. Der so gekürzte EStBetrag ist den im Verhältnis aufzuteilen, in dem die auch mit ErbSt belasteten Einkünfte zur **Summe der Einkünfte** stehen (BFH IX R 23/17 BStBl II 18, 593 Rz 29; wegen der zu § 34c I 1 parallelen Formulierung ist nicht der Gesamtbetrag der Einkünfte maßgebl). Der sich danach ergebende EStBetrag ist derjenige, der auf die mit ErbSt belasteten Einkünfte entfällt, und Basis für die weiteren Berechnungsschritte.

23 **3. Prozentsatz der Einkommensteuerermäßigung.** Hierfür ist gem § 35b S 2 das Verhältnis zw der festgesetzten ErbSt (Rz 24) und dem sog Gesamterwerb (Rz 25) maßgebl. Der danach ermittelte Prozentsatz ist nicht mit dem tatsächl ErbSatz iSd § 19 ErbStG identisch, sondern entspricht dem DurchschnittsErbStSatz auf einen Betrag, der zw dem (niedrigeren) stpfl Erwerb und dem (höheren) wirtschaftl Wert des insgesamt übergegangenen Vermögens liegt.

24 **a) Festzusetzende ErbSt.** Hierzu gehört auch die nach § 23 ErbStG in jährl **Raten** zu entrichtende Steuer. **Ausl ErbSt** ist mE ebenfalls zu berücksichtigen, soweit sie nicht bereits nach § 21 ErbStG angerechnet worden ist (s Rz 10).

25 **b) Gesamterwerb.** Er ergibt sich nach dem klaren Gesetzeswortlaut, wenn dem stpfl Erwerb (§ 10 I 1 ErbStG) die **Freibeträge nach §§ 16, 17 ErbStG** (persönl Freibetrag, besonderer Versorgungsfreibetrag) oder der stfreie Betrag nach § 5 ErbStG (tatsächl Zugewinn bei Zugewinngemeinschaft) hinzugerechnet werden (krit *Paus* NWB 19, 104). Dies führt zu einer erhebl Minderung der EStErmäßigung, sodass nicht der volle Betrag der Doppelbelastung ausgeglichen wird (Zahlenbeispiel bei *Herzig/Joisten/Vossel* DB 09, 584, 589). – **Vorerwerbe iSd § 14 ErbStG.** Die persönl Freibeträge werden aufgrund des klaren Gesetzeswortlauts hier auch dann in *voller* Höhe hinzugerechnet, wenn sie teilweise durch Vorerwerbe

verbraucht wurden. Ist das veräußerte WG allerdings teilweise durch Vorschenkung und teilweise durch Erbfall erworben worden und deshalb nur der letztgenannte Teil des WG begünstigt (s Rz 13), ist der persönl Freibetrag auf die Vorschenkung und den Erwerb durch Erbfall aufzuteilen (BFH IX R 23/17 BStBl II 18, 593 Rz 33 f). – **Freibeträge nach §§ 13–13d ErbStG.** Diese uU sehr hohen Freibeträge (zB für Hausrat, Familienheim, BV, Immobilien) werden nicht hinzugerechnet. Dies wird von Teilen der Literatur als Verstoß gegen das Gebot der Folgerichtigkeit kritisiert (zB *Lang* StuW 74, 293, 317 Fn 244; *Maßbaum* BB 92, 606, 612). Weil aber die Rspr eine konkrete Berechnungsweise vornimmt (s Rz 8 unter (4)), ist für Einkünfte aus solchen WG, die wegen der genannten Freibeträge nicht mit ErbSt belastet worden sind, die StErmäßigung nach § 35b letztl nicht zu gewähren; dieses Ergebnis ist folgerichtig.

4. Berechnungsbeispiel. A erbt von seinem Vater Immobilien des PV (ErbSt-Wert 900 000 €). KuRz nach dem Erbfall zieht er eine rückständige Mietforderung iHv 100 000 € ein. Die Summe der Einkünfte des A möge 200 000 € betragen, die tarifl ESt 60 000 €.

Ermittlung des ESt-Betrags für die StErmäßigung: Die Einkünfte aus der Einziehung der Mietforderung betragen 100 000 €. Der ErbSt hat allerdings nur ein um den anteiligen persönl Freibetrag nach § 16 ErbStG (in diesem Beispiel 10 % von 400 000 € = 40 000 €; siehe unten) geminderter Betrag unterlegen, also 60 000 € (s Rz 8 (4)). Nur in diesem Umfang haben die Einkünfte sowohl der ESt als auch der ErbSt unterlegen. Dies entspricht im Beispiel 30 % der Summe der Einkünfte. Daher sind 30 % der tarifl ESt, dh 20 000 €, begünstigt.

Ermittlung des Prozentsatzes der ESt-Ermäßigung:

ErbSt-Wert der Immobilien	900 000 €
zzgl Wertansatz der Mietforderung	100 000 €
Summe	1 000 000 €
Freibetrag (§ 16 ErbStG)	./. 400 000 €
erbstpfl Erwerb	600 000 €
ErbSt (15 %)	90 000 €
Verhältnis der ErbSt (90 000 €) zum Gesamterwerb (600 000 € + 400 000 €)	9 %

Ermittlung der Höhe der ESt-Ermäßigung: Von der tarifl ESt ist nach § 35b ein Betrag iHv 9 % von 20 000 € abzuziehen, dh 1800 €. Tatsächl hatte die Mietforderung die ErbSt aber um 15 000 € (15 % von 100 000 €) erhöht, so dass in diesem (durchaus repräsentativen) Beispiel nur ca ⅛ der Doppelbelastung ausgeglichen wird.

6. Steuerermäßigung für energetische Maßnahmen bei zu eigenen Wohnzwecken genutzten Gebäuden*

§ 35c Steuerermäßigung für energetische Maßnahmen bei zu eigenen Wohnzwecken genutzten Gebäuden

(1) ¹Für energetische Maßnahmen an einem in der Europäischen Union oder dem Europäischen Wirtschaftsraum belegenen zu eigenen Wohnzwecken genutzten eigenen Gebäude (begünstigtes Objekt) ermäßigt sich auf Antrag die tarifliche Einkommensteuer, vermindert um die sonstigen Steuerermäßigungen, im Kalenderjahr des Abschlusses der energetischen Maßnahme und im nächsten Kalenderjahr um je 7 Prozent der Aufwendungen des Steuerpflichtigen, höchstens jedoch um je 14 000 Euro und im übernächsten Kalenderjahr um 6 Prozent der Aufwendungen des Steuerpflichtigen, höchstens jedoch um 12 000 Euro für das begünstigte Objekt. ²Voraussetzung ist, dass das begünstigte Objekt bei der Durchführung der energetischen Maßnahme älter als zehn Jahre ist; maßgebend hierfür ist der Beginn der Herstellung. ³Energetische Maßnahmen im Sinne des Satzes 1 sind:

---

* Siehe auch **ESanMV** (BGBl I 20, 3) zur Bestimmung von Mindestanforderungen für energetische Maßnahmen bei zu eigenen Wohnzwecken genutzten Gebäuden nach § 35c iVm § 35c VII.

§ 35c Steuerermäßigung für energetische Gebäudemaßnahmen

1. Wärmedämmung von Wänden,
2. Wärmedämmung von Dachflächen,
3. Wärmedämmung von Geschossdecken,
4. Erneuerung der Fenster oder Außentüren,
5. Erneuerung oder Einbau einer Lüftungsanlage,
6. Erneuerung der Heizungsanlage,
7. Einbau von digitalen Systemen zur energetischen Betriebs- und Verbrauchsoptimierung und
8. Optimierung bestehender Heizungsanlagen, sofern diese älter als zwei Jahre sind.

⁴Zu den Aufwendungen für energetische Maßnahmen gehören auch die Kosten für die Erteilung der Bescheinigung nach Satz 7 sowie die Kosten für Energieberater, die vom Bundesamt für Wirtschaft und Ausfuhrkontrolle (BAFA) als fachlich qualifiziert zum Förderprogramm „Energieberatung für Wohngebäude (Vor-Ort-Beratung, individueller Sanierungsfahrplan)" zugelassen sind, wenn der Energieberater durch den Steuerpflichtigen mit der planerischen Begleitung oder Beaufsichtigung der energetischen Maßnahmen nach Satz 3 beauftragt worden ist; die tarifliche Einkommensteuer vermindert sich abweichend von Satz 1 um 50 Prozent der Aufwendungen für den Energieberater. ⁵Die Förderung kann für mehrere Einzelmaßnahmen an einem begünstigten Objekt in Anspruch genommen werden; je begünstigtes Objekt beträgt der Höchstbetrag der Steuerermäßigung 40 000 Euro. ⁶Voraussetzung für die Förderung ist, dass die jeweilige energetische Maßnahme von einem Fachunternehmen ausgeführt wurde und die Anforderungen aus der Rechtsverordnung nach Absatz 7 erfüllt sind. ⁷Die Steuerermäßigungen können nur in Anspruch genommen werden, wenn durch eine nach amtlich vorgeschriebenem Muster erstellte Bescheinigung des ausführenden Fachunternehmens nachgewiesen wird, dass die Voraussetzungen der Sätze 1 bis 3 und die Anforderungen aus der Rechtsverordnung nach Absatz 7 dem Grunde und der Höhe nach erfüllt sind.

(2) ¹Die Steuerermäßigung nach Absatz 1 kann nur in Anspruch genommen werden, wenn der Steuerpflichtige das Gebäude im jeweiligen Kalenderjahr ausschließlich zu eigenen Wohnzwecken nutzt. ²Eine Nutzung zu eigenen Wohnzwecken liegt auch vor, wenn Teile einer zu eigenen Wohnzwecken genutzten Wohnung anderen Personen unentgeltlich zu Wohnzwecken überlassen werden.

(3) ¹Der Steuerpflichtige kann die Steuerermäßigung nach Absatz 1 nicht in Anspruch nehmen, soweit die Aufwendungen als Betriebsausgaben, Werbungskosten, Sonderausgaben oder außergewöhnliche Belastungen berücksichtigt worden sind. ²Die Steuerermäßigung nach Absatz 1 ist ebenfalls nicht zu gewähren, wenn für die energetischen Maßnahmen eine Steuerbegünstigung nach § 10f oder eine Steuerermäßigung nach § 35a in Anspruch genommen wird oder es sich um eine öffentlich geförderte Maßnahme handelt, für die zinsverbilligte Darlehen oder steuerfreie Zuschüsse in Anspruch genommen werden.

(4) Voraussetzung für die Inanspruchnahme der Steuerermäßigung für energetische Maßnahmen ist, dass
1. der Steuerpflichtige für die Aufwendungen eine Rechnung erhalten hat, die die förderungsfähigen energetischen Maßnahmen, die Arbeitsleistung des Fachunternehmens und die Adresse des begünstigten Objekts ausweisen, und die in deutscher Sprache ausgefertigt ist, und
2. die Zahlung auf das Konto des Erbringers der Leistung erfolgt ist.

(5) Die Absätze 1 bis 4 sind auf Gebäudeteile, die selbständige unbewegliche Wirtschaftsgüter sind, und auf Eigentumswohnungen entsprechend anzuwenden.

Begünstigungsvoraussetzungen 1–5 § 35c

(6) ¹Steht das Eigentum am begünstigten Objekt mehreren Personen zu, können die Steuerermäßigungen nach Absatz 1 für das begünstigte Objekt insgesamt nur einmal in Anspruch genommen werden. ²Die der Steuerermäßigung nach Absatz 1 zugrunde liegenden Aufwendungen können einheitlich und gesondert festgestellt werden. ³Die für die gesonderte Feststellung von Einkünften nach § 180 Absatz 1 Nummer 2a der Abgabenordnung geltenden Vorschriften sind entsprechend anzuwenden.

(7) Die Bundesregierung wird ermächtigt, durch Rechtsverordnung mit Zustimmung des Bundestages und des Bundesrates die Mindestanforderungen für die energetischen Maßnahmen nach Absatz 1 Satz 3 sowie die Anforderungen an ein Fachunternehmen nach Absatz 1 Satz 6 festzulegen.

Verwaltungsanweisungen: BMF BStBl I 21, 103 (Einzelfragen); BMF BStBl I 20, 484 (Bescheinigung) mit Ergänzung in *BMF* BStBl I 21, 2026.

Übersicht

	Rz
I. Überblick	1–3
II. Begünstigungsvoraussetzungen, § 35c I–III	5–11
III. Geltendmachung und Abzug des Ermäßigungsbetrags	13–16

I. Überblick

1. Regelungsinhalt. § 35c enthält eine StErmäßigung für Aufwendungen iZm 1 energetischen Sanierungsmaßnahmen an zu eigenen Wohnzwecken genutzten Gebäude und gem Abs 5 an Wohnungen (Gebäudeteilen) und Eigentumswohnungen. Abs 1–4 regeln die Voraussetzungen, die Ermittlung und den Abzug des Ermäßigungsbetrags und Abs 6 die Anwendung bei Mit-, Teil- und Wohneigentum. Abs 7 enthält die VO-Ermächtigung für die bereits erlassene und in Kraft getretene **ESanMV** (BGBl I 20, 3, zuletzt geändert durch ÄndVO BGBl I 21, 1780).

2. Zeitliche Anwendung, § 52 Abs 35a. § 35c ist gem § 52 Abs Abs 35a für 2 Maßnahmen anwendbar, bei denen der Beginn (§ 52 Abs 35a **S 1**) nach dem 31.12.19 liegt und die vor dem 1.1.30 beendet werden. Gem § 52 Abs 35a **S 2** ist der „Beginn" von den baurechtl Genehmigungsanforderungen und Anzeigepflichten für die jeweilige Maßnahme abhängig (bei Genehmigungsbedürftigkeit: Bauantrag; bei Anzeigepflicht Eingang der Anzeige bei der zuständigen Baubehörde; bei verfahrensfreien Vorhaben: Beginn der *Bauausführung*, nicht der Planung). S *BMF* BStBl I 21, 103 Rz 23, nicht dazu gehören Planungs- und Beratungsleistungen. Der StErmäßigungsbetrag kann erstmals für den VZ 20 beantragt werden.

3. Persönliche Anwendung. Die StErmäßigung kann von veranlagten un- 3 beschr StPfl beantragt werden. – Zur Geltendmachung der StErmäßigung iRd LSt-Abzugs s § 39a Rz 5 und *BMF* BStBl I 21, 103 Rz 66, 67. – Für beschr StPfl ist § 35c gem § 50 I 4 ausgeschlossen (s auch § 50 Rz 20).

II. Begünstigungsvoraussetzungen, § 35c I–III

1. Begünstigte Objekte, § 35c I. § 35c liegt eine *personen-* und *objektbezogene* 5 Betrachtungsweise zugrunde (iEinz *BMF* BStBl I 21, 103 Rz 25, 26, 28). – Gefördert werden energetische Maßnahmen an im Inl und EU/EWR belegenen eigenen Gebäuden sowie gem Abs 5 an ebensolchen Wohnungen, Gebäudeteilen und Eigentumswohnungen, einschließl der Zubehörräume des StPfl (*BMF* BStBl I 21, 103 Rz 1, 2, 34, auch iRe doppelten Haushaltsführung und zu Ferienzwecken). Die Begriffe sind trotz der Bezüge zu § 68 I Nr 1, § 74, § 181 IX BewG estl autonom auszulegen (*Urban* FR 21, 359, 360; *Bleschick* EStB 21, 211) – S ferner zu Wohnungseigentum *BMF* BStBl I 21, 103 Rz 35 und zu Wohnungen in ungeteil-

Levedag 2007

ten Gebäuden *BMF* BStBl I 21, 103 Rz 30 (dazu krit *Urban* FR 21, 359, 368: Billigkeitsregelung). – Ein *eigenes Objekt* setzt zivilrechtl (Mit)Eigentum des StPfl voraus; wirtschaftl Eigentum genügt auch und ist vorrangig (etwa bei Gefahrübergang, nicht aber bei Miete/Nießbrauch (zutr *BMF* BStBl I 21, 103 Rz 6–8; glA *Urban* FR 21, 359, 360; *Bleschick* EStB 21, 211, 212; **aA** *Steck* Stbg 21, 145, 146 bei AK/HK – Tragung des Nießbrauchers). – Das begünstigte Objekt muss gem Abs 1 S 2 bei Beginn der Sanierungsmaßnahme (s Rz 2) *älter als 10 Jahre* sein; hierfür kommt es auf den Beginn der Herstellung an (s iEinz *BMF* BStBl I 21, 103 Rz 20 ff: taggenaue Berechnung, krit *Urban* FR 21, 359, 364 f). – Schließl muss das begünstigte Objekt iSd Abs 2 (Rz 10) während der Maßnahme und im dreijährigen Förderzeitraum zu eigenen Wohnzwecken genutzt werden.

6   **2. Begünstigte Aufwendungen, § 35c I.** – *(1)* **Förderfähige Aufwendungen.** Grundlage des Ermäßigungsbetrags gem Abs 1 S 3, S 4 HS 1 sind 20 % (zur Aufteilung Rz 14) der Aufwendungen für begünstigte Maßnahmen am jeweilgen Objekt (*BMF* BStBl I 21, 103 Rz 36 ff Rz 54, 55 auch zu sonstigen Aufwendungen, ausführl *Urban* FR 21, 359, 370 f, 372 ; *Bleschick* EStB 21, 262, 263). – *Zeitl* sind nach *BMF* BStBl I 21, 103 Rz 10 nur Aufwendungen ab Beginn der Eigennutzung (Abs 2, s aber auch Rz 10) begünstigungsfähig. S zur erforderl Aufwandstragung (Zahlung) bei Rz 8. – *(2)* **Energieberatung.** Gem Abs 1 S 4 HS 2 sind auch die Aufwendungen für einen qualifizierten Energieberater und für die Bescheinigung gem Abs 1 S 7 begünstigt; dessen Beauftragung ist aber nicht Voraussetzung der StErmäßigung. Die Aufwendungen sind unabhängig vom Abfluss nur im Jahr des Abschlusses der Maßnahme zu 50 % (nicht 20 %, zutr *Steck* Stbg 21, 145, 152) zu berücksichtigen und durch den Objekthöchstbetrag iHv 40 000 € (Rz 14) mitgedeckelt (s *BMF* BStBl I 21, 103 Rz 47 ff mit Beispiel). Die Kosten sind abw von der Sichtweise des *BMF* auf den Dreijahreszeitraum (17,5 %, 17,5 %, 15 %) zu verteilen (zutr *Urban* FR 21, 359, 372; *Steck* Stbg 21, 145, 153; **aA** *Bleschick* EStB 21, 262, 265: Abzug im Zahlungsj, aber Anrechung auf Objekthöchstbetrag).

7   **3. Begünstigte Maßnahmen, § 35c I 2–6 und Bescheinigung, § 35c I 7.** Dies sind die in Abs 1 S 3 Nr 1–8 abschließend (BT-Drs 19/14338, 22) genannten energetischen Sanierungsmaßnahmen. *BMF* BStBl I 21, 103 Rz 36 ff enthalten iEinz Vorgaben zu den förderfähigen Aufwendungen und eine Anlage mit Beispielen zu den begünstigten Maßnahmen. Mehrere Einzelmaßnahmen an einem begünstigten Objekt können parallel oder nacheinander ausgeführt werden (Abs 1 S 5 HS 1); allerdings können diese als einheitl Maßnahme zu werten sein (*BMF* BStBl I 21, 103 Rz 42). Diese Beurteilung hat Bedeutung (*Steck* Stbg 21, 145, 151 f; *Urban* FR 21, 359, 371) für die Frage, ob für die Maßnahme eine andere Förderung genutzt wurde (Rz 11), für deren Abschluss und die Abgrenzung des Laufs eines oder mehrerer Dreijahreszeiträume (s Rz 13). – Die Maßnahme muss von einem Fachunternehmen ausgeführt werden und den technischen Anforderungen der ESanMV (BGBl I 20, 3) genügen (Abs 1 S 6 iVm Abs 7). Das Fachunternehmen muss dem StPfl hierüber die Konformität der Maßnahme nach amtl Vordruck eine **Bescheinigung** erteilen, die gem Abs 1 S 7 materielle Voraussetzung für den Abzug des StErmäßigungsbetrags ist (*BMF* BStBl I 21, 103 Rz 44 ff, 61; *BMF* BStBl I 20, 484 und BStBl I 21, 2026).

8   **4. Rechnungserteilung; Zahlung, § 35c IV.** Weitere förml und materielle Voraussetzungen sind das Erteilen einer Rechnung, die den Anforderungen gem Abs 4 Nr 1 genügt *und* die nachzuweisende Zahlung. Diese muss laut *BMF* nicht vom Konto des Stpfl erfolgen (*BMF* BStBl I 21, 103 Rz 61, 62); echter Drittaufwand (§ 2 Rz 20 f) genügt jedoch nicht.

10   **5. Nutzung zu eigenen Wohnzwecken, § 35c II.** – *(1)* **Eigene Wohnzwecke; Ausschließlichkeit.** *BMF* BStBl I 21, 103 Rz 19 verlangt zutr eine ausschließl Nutzung zu eigenen Wohnzwecken während des dreijährigen Abzugszeitraums (Rz 13). Diese liegt vor bei Eigennutzung des Objekts durch den StPfl samt

Familie sowie bei unentgeltl alleiniger Überlassung des Objekts an Kinder iSd § 32 IV, für die ein KiGeld-Anspruch besteht (*BMF* BStBl I 21, 103 Rz 9, 10). – Gem *Abs 2 S 2* nuzt der StPfl nicht ausschließl zu eigenen Wohnzwecken, soweit er *Teile* einer auch eigengenutzten Wohnung anderen Personen zu Wohnzwecken überlässt (dh bei entgeltl Untervermietung, Einräumung eines Wohnrechts, s *BMF* BStBl I 21, 103 Rz 16, 17; zur Bagatellgrenze iHv 520 € bei Vermietung *BMF* BStBl I 21, 103 Rz 14), jedoch nicht bei *unentgeltl* Überlassung (zB an Angehörige). – **(2) Beginn; Ende.** *Zeitlich* genügt der *unterjährige Beginn* des Bewohnens des begünstigten Objekts im Kj des Beginns mit der Sanierungsmaßnahme (dh Beginn des Bewohnens also grds mit Einzug oder bei unterjährigem Erwerb mit Gefahrübergang; bei Leerstand mit Maßnahmenbeginn, wenn das Objekt nutzbar gemacht wird; aber nicht bei Vorhalten des Objekts, s *BMF* BStBl I 21, 103 Rz 10, 18). – Die Beendigung der Nutzung im letzten VZ des Förderzeitraums ist grds unschädl, nicht aber bei Auszug mit Vermietungsabsicht (glA *Steck* Stbg 21, 145, 147 f; **aA** *Urban* FR 21, 359, 363 f). – **(3) Gemischte Nutzung; Aufteilung. – *(1)* Wohnungen.** Das Ausschließlichkeitsgebot der Nutzung der Wohnung zu eigenen Wohnzwecken wird durch die gemischte Nutzung von Wohnungsteilen (iRv VuV und zur eigenen Einkünfteerzielung oder bei schädl unentgeltl Überlassung) nicht verletzt (s Abs 3: „soweit" WK/BA), führt aber zur Aufteilung in begünstigte und nicht begünstigte Aufwendungen (*BMF* BStBl I 21, 103 Rz 12, Rz 14, Rz 17). Aufwendungen für die begünstigte(n) Maßnahme(n) sind vorrangig bestimmten Räumen direkt zuzuordnen. Aufwendungen, die als allg Gebäudekosten über den Flächenanteil, zB einem häusl Arbeitszimmer zuzuordnen sind (BFH VIII 16/15 BStBl II 19, 510), sind grds BA/WK und keine begünstigten Aufwendungen iSd § 35c (laut *BMF* BStBl I 21, 103 Rz 13 trotz des Abzugsverbots gem § 4 V 1 Nr 6b, mE zweifelhaft). – **(2) Gebäudeteile.** Bei eigenständigen *Gebäudeteilen* (Abs 5) kann der zu Wohnzwecken genutzte Gebäudeteil voll gefördert werden (40 000 €); die Aufwendungen aus einer Sanierungsmaßnahme für das *Gesamtgebäude* sind jedoch ebenfalls aufzuteilen (Ausnahme: Dachsanierung samt Installation einer Photovoltaikanlage, zutr *BMF* BStBl I 21, 103 Rz 15, 34; s dazu *Stirner/Rösch* DStR 21, 1685).

6. Ausschluss einer Doppelförderung, § 35c III. § 35c muss nicht für alle Objekte des Stpfl genutzt werden (*Steck* Stbg 21,145, 149). – Werden die Aufwendungen für eine Sanierungsmaßnahme in den VZ der Verausgabung tatsächl als *WK/BA* berücksichtigt („worden sind"), kann gem **S 1** *insoweit* keine StErmäßigung gem § 35c beansprucht werden (zB selbstgenutzte Wohnung iRe doppelten Haushaltsführung, s *BMF* BStBl I 21, 103 Rz 57; zu Zweifelsfragen *Steck* Stbg 21, 149, 154 f; *Urban* FR 21, 359, 373). – Gem **S 2** ist die StErmäßigung auch bei Förderung der Maßnahme iRd § 10f, 35a, über verbilligte Darlehen/Zuschüsse (idR KfW), nicht aber im Fall des Baukindergelds ausgeschlossen (s iEinz *BMF* BStBl I 21, 103 Rz 57 ff, auch Rz 63, 64 zu § 33, § 92a).

III. Geltendmachung und Abzug des Ermäßigungsbetrags

1. Antrag, § 35c I 1; Abzugszeitraum. Der StErmäßigungsbetrag ist iRd ESt-Veranlagung zu beantragen. Der Antrag ist für den VZ des *Abschlusses der jeweiligen Maßnahme* (Rz 7) zu stellen, dh wenn die Arbeiten erledigt sind sowie (Rz 8) die Rechnung erteilt und bezahlt ist (*BMF* BStBl I 21, 103 Rz 43). Der Antrag ist nicht fristgebunden. Er kann bis zur materiellen Bestandskraft des ESt-Bescheids für den relevanten VZ gestellt werden (zutr *BMF* BStBl I 21, 103 Rz 65). – Die rechtzeitige erste Antragstellung begründet mE grds die Ausübung der StErmäßigung für alle VZ des dreijährigen **Abzugszeitraums** (s aber Rz 10 zur erforderl Eigennutzung und Rz 15 zum Überhang des Ermäßigungsbetrags). Nach den Billigkeitsregelungen in *BMF* BStBl I 21, 103 Rz 31–33 (glA *Urban* FR 21, 359, 369) kann uU der Erbe in die „Abzugsposition" des Erblassers eintreten; nicht aber der Beschenkte.

§ 36 Entstehung und Tilgung der Einkommensteuer

14 **2. Abzug des Ermäßigungsbetrags von einer modifizierten tariflichen Einkommensteuer. – a) Berechnung und Höhe des Ermäßigungsbetrags. – *(1)* Objektbezogener Höchstbetrag.** Der StErmäßigungsbetrag ist für jedes begünstigte Objekt bei Abschluss der Maßnahme und Antragstellung (Rz 7, Rz 13) aus den förderfähigen Aufwendungen (Rz 6) – unabhängig davon, wann diese abgeflossen sind – zu ermitteln. Gefördert werden je Objekt bis zu 20 % der begünstigten Aufwendungen des StPfl, beschr auf 40 000 € (Abs 1 S 5 HS 2), dh maximal Aufwendungen iHv 200 000 € je Objekt (s iEinz *BMF* BStBl I 21, 103 Rz 25; zum Miteigentum Rz 28; zu Wohneigentum, ungeteilten Gebäuden Rz 30, 31). – Werden Maßnahmen an verschiedenen begünstigten Objekten zeitgleich oder überschneidend ausgeführt, sind die Ermäßigungsbeträge objektbezogen zu ermitteln; die jährl Höchstbeträge je Objekt innerhalb des Förderzeitraums sind einzuhalten; Mehrbeträge verfallen (*BMF* BStBl I 21, 103 Rz 24, 27, iEinz *Bleschick* EStB 21, 211, 217; *Urban* FR 21, 359, 365 f). – ***(2)* Förderzeitraum.** Der Ermäßigungsbetrag je Objekt ist bis zu den jährl Höchstbeträgen zu verteilen (Abs 1 S 1: im Abschlussjahr der Maßnahme 7 % der Aufwendungen, höchstens 14 000 €; im 1. Folgejahr: 7 %, max 14 000 €; im 2. Folgejahr: 7 %, höchstens 12 000 €).

15 **b) Abzugsreihenfolge; Überhang.** Der Ermäßigungsbetrag gem § 35c ist von der *tarifl ESt* iSd § 2 V, *vermindert um die sonstigen StErmäßigungen* (§ 34c, § 34g, § 34f, § 35, § 35a) abzuziehen; die StErmäßigung gem § 35b erst danach (§ 35b Rz 22). – Die Abgeltungs-ESt gem § 32d I erhöht bei gem § 32d III, IV veranlagten KapErträgen das Abzugsvolumen nicht (s auch § 32d Rz 4); anders ist dies iRd Günstigerprüfung gem § 32d VI. – Während des Förderzeitraums (s Rz 13) muss der StPfl in jedem VZ über den erforderl positiven Ausgangsbetrag (tarifl ESt./. sonstige StErmäßigungen) verfügen. Ein „**Überhang**" des Ermäßigungsbetrags verfällt (zutr *BMF* BStBl I 21, 103 Rz 24; s auch *Steck* Stbg 21, 145, 149).

16 **3. Miteigentümer; Feststellung, § 35c VI.** Miteigentümer können die St-Ermäßigung für ein begünstigtes Objekt insgesamt nur einmal in Anspruch nehmen, dh der Höchstbetrag iHv 40 000 € gilt unabhängig von der Eigentümeranzahl (Abs 6 S 1). Die Aufwendungen/der Ermäßigungsbetrag sind grds nicht nach der tatsächl Kostentragung, sondern anhand der Miteigentumsanteile aufzuteilen (s iEinz *BMF* BStBl I 21, 103 Rz 28, 29; krit *Urban* FR 21, 359, 367 f; *Steck* Stbg 21, 145, 150). – Gem Abs 6 S 2, 3 können begünstigte *Aufwendungen*, die mehreren StPfl als Miteigentümern zuzurechnen sind, gesondert/einheitl festgestellt werden. ME muss dies (kein Ermessen) wegen der Bezugnahme in S 3 auf § 180 I Nr 2 Buchst a AO (außer in den Fällen des § 180 III 1 Nr 2 AO) geschehen. Der *StErmäßigungsbetrag* ist vom Miteigentümer iRd ESt-Veranlagung zu beantragen (Rz 13).

VI. Steuererhebung

1. Erhebung der Einkommensteuer

§ 36 Entstehung und Tilgung der Einkommensteuer

(1) **Die Einkommensteuer entsteht, soweit in diesem Gesetz nichts anderes bestimmt ist, mit Ablauf des Veranlagungszeitraums.**

(2) **Auf die Einkommensteuer werden angerechnet:**
1. die für den Veranlagungszeitraum entrichteten Einkommensteuer-Vorauszahlungen (§ 37);
2. die durch Steuerabzug erhobene Einkommensteuer, soweit sie entfällt auf

a) die bei der Veranlagung erfassten Einkünfte oder
b) die nach § 3 Nummer 40 dieses Gesetzes oder nach § 8b Absatz 1, 2 und 6 Satz 2 des Körperschaftsteuergesetzes bei der Ermittlung des Einkommens außer Ansatz bleibenden Bezüge
und keine Erstattung beantragt oder durchgeführt worden ist. ²Die durch Steuerabzug erhobene Einkommensteuer wird nicht angerechnet, wenn die in § 45a Absatz 2 oder Absatz 3 bezeichnete Bescheinigung nicht vorgelegt worden ist oder die Angaben gemäß § 45a Absatz 2a nicht übermittelt worden sind. ³Soweit der Steuerpflichtige einen Antrag nach § 32d Absatz 4 oder Absatz 6 stellt, ist es für die Anrechnung ausreichend, wenn die Bescheinigung auf Verlangen des Finanzamts vorgelegt wird. ⁴In den Fällen des § 8b Satz 6 Satz 2 des Körperschaftsteuergesetzes ist es für die Anrechnung ausreichend, wenn die Bescheinigung nach § 45a Absatz 2 und 3 vorgelegt wird, die dem Gläubiger der Kapitalerträge ausgestellt worden ist. ⁵In den Fällen des § 2 Absatz 7 Satz 3 ist auch die durch Steuerabzug im Kalenderjahr des Wechsels von der unbeschränkten zur beschränkten Einkommensteuerpflicht erhobene Einkommensteuer anzurechnen, die auf Einkünfte entfällt, die weder der unbeschränkten noch der beschränkten Steuerpflicht unterliegen; § 37 Absatz 2 der Abgabenordnung findet insoweit keine Anwendung;
3. die nach § 10 des Forschungszulagengesetzes festgesetzte Forschungszulage. ²Das gilt auch für die gesondert und einheitlich festgestellte Forschungszulage;
4. in den Fällen des § 32c Absatz 1 Satz 2 der nicht zum Abzug gebrachte Unterschiedsbetrag, wenn dieser höher ist als die tarifliche Einkommensteuer des letzten Veranlagungszeitraums im Betrachtungszeitraum.

(3) ¹Die Steuerbeträge nach Absatz 2 Nummer 2 sind auf volle Euro aufzurunden. ²Bei den durch Steuerabzug erhobenen Steuern ist jeweils die Summe der Beträge einer einzelnen Abzugsteuer aufzurunden.

(4) ¹Wenn sich nach der Abrechnung ein Überschuss zuungunsten des Steuerpflichtigen ergibt, hat der Steuerpflichtige (Steuerschuldner) diesen Betrag, soweit er den fällig gewordenen, aber nicht entrichteten Einkommensteuer-Vorauszahlungen entspricht, sofort, im Übrigen innerhalb eines Monats nach Bekanntgabe des Steuerbescheids zu entrichten (Abschlusszahlung). ²Wenn sich nach der Abrechnung ein Überschuss zugunsten des Steuerpflichtigen ergibt, wird dieser dem Steuerpflichtigen nach Bekanntgabe des Steuerbescheids ausgezahlt. ³Bei Ehegatten, die nach den §§ 26, 26b zusammen zur Einkommensteuer veranlagt worden sind, wirkt die Auszahlung an einen Ehegatten auch für und gegen den anderen Ehegatten.

(5) ¹Die festgesetzte Steuer, die auf den Aufgabegewinn nach § 16 Absatz 3a und den durch den Wechsel der Gewinnermittlungsart erzielten Gewinn entfällt, kann auf Antrag des Steuerpflichtigen in fünf gleichen Jahresraten entrichtet werden, wenn die Wirtschaftsgüter einem Betriebsvermögen des Steuerpflichtigen in einem anderen Mitgliedstaat der Europäischen Union oder des Europäischen Wirtschaftsraums zuzuordnen sind, sofern durch diese Staaten Amtshilfe entsprechend oder im Sinne der Amtshilferichtlinie gemäß § 2 Absatz 11 des EU-Amtshilfegesetzes und gegenseitige Unterstützung bei der Beitreibung im Sinne der Beitreibungsrichtlinie einschließlich der in diesem Zusammenhang anzuwendenden Durchführungsbestimmungen in den für den jeweiligen Veranlagungszeitraum geltenden Fassungen oder eines entsprechenden Nachfolgerechtsakts geleistet werden. ²Die erste Jahresrate ist innerhalb eines Monats nach Bekanntgabe des Steuerbescheids zu entrichten; die übrigen Jahresraten sind jeweils am 31. Juli der Folgejahre fällig. ³Die Jahresraten sind nicht zu verzinsen; sie sollen in der Regel nur gegen Sicherheits-

leistung gewährt werden. ⁴Die noch nicht entrichtete Steuer wird innerhalb eines Monats nach Eintritt eines der nachfolgenden Ereignisse fällig,
1. soweit ein Wirtschaftsgut im Sinne des Satzes 1 veräußert, entnommen, in andere als die in Satz 1 genannten Staaten verlagert oder verdeckt in eine Kapitalgesellschaft eingelegt wird,
2. wenn der Betrieb oder Teilbetrieb während dieses Zeitraums eingestellt, veräußert oder in andere als die in Satz 1 genannten Staaten verlegt wird,
3. wenn der Steuerpflichtige aus der inländischen unbeschränkten Steuerpflicht oder der unbeschränkten Steuerpflicht in den in Satz 1 genannten Staaten ausscheidet oder in einem anderen als den in Satz 1 genannten Staaten ansässig wird,
4. wenn der Steuerpflichtige Insolvenz anmeldet oder abgewickelt wird oder
5. wenn der Steuerpflichtige seinen Verpflichtungen im Zusammenhang mit den Ratenzahlungen nicht nachkommt und über einen angemessenen Zeitraum, der zwölf Monate nicht überschreiten darf, keine Abhilfe für seine Situation schafft; Satz 2 bleibt unberührt.

⁵Ändert sich die festgesetzte Steuer, sind die Jahresraten entsprechend anzupassen. ⁶Der Steuerpflichtige hat der zuständigen Finanzbehörde jährlich mit der Steuererklärung oder, sofern keine Pflicht zur Abgabe einer Steuererklärung besteht, zum 31. Juli anzuzeigen, ob die Voraussetzungen für die Ratenzahlung weiterhin erfüllt sind; kommt er dieser Anzeigepflicht oder seinen sonstigen Mitwirkungspflichten im Sinne des § 90 der Abgabenordnung nicht nach, werden die noch nicht entrichteten Jahresraten rückwirkend zum 1. August des vorangegangenen Jahres fällig, frühestens aber einen Monat nach Bekanntgabe des Steuerbescheids. ⁷Unbeschadet des Satzes 6 hat der Steuerpflichtige den Eintritt eines Ereignisses nach Satz 4 der zuständigen Finanzbehörde unverzüglich anzuzeigen. ⁸Unterliegt der Steuerpflichtige einer Erklärungspflicht, kann die Anzeige auf Grund eines Ereignisses nach Satz 4 Nummer 1 abweichend von der in Satz 7 genannten Frist mit der nächsten Steuererklärung erfolgen.

Einkommensteuer-Richtlinien/ EStR 36; EStH 36 – *Verwaltungsanweisungen:* BMF BStBl I 15, 83 (Erstattungsanspruch).

Übersicht

	Rz
1. Allgemeines (Bedeutung; Aufbau etc)	1–5
2. Entstehung der Einkommensteuer, § 36 I	8
3. Anrechnung auf Einkommensteuer, § 36 II	9–21
4. Aufrundungen, § 36 III	23
5. Abrechnung, § 36 IV	24, 26
6. Finale Betriebsaufgabe, § 36 V	28–32
7. Verfahren	36–39

1. Allgemeines. – a) Bedeutung, Aufbau. Die ESt ist gem § 2 VII 1 eine JahresSt; die Grundlagen für ihre Festsetzung werden gem § 2 VII 2 jeweils für ein Kj ermittelt (s § 2 Rz 69). An diese Regelungen knüpft § 36 mit seinen Bestimmungen zur Entstehung und Tilgung der ESt systematisch an. – Gem **§ 36 I** entsteht die ESt grds mit Ablauf des VZ. Gem **§ 36 II, III** sind ESt-Vorauszahlungen und die durch StAbzug erhobenen ESt anzurechnen. **§ 36 IV** regelt Nachzahlung und Erstattung. **§ 36 V** eröffnet die Möglichkeit, die durch Entstrickung gem § 16 IIIa entstandene ESt über fünf Jahre hinweg zu tilgen.

b) Persönlicher Anwendungsbereich. Die Regelung gilt für unbeschr und grds auch für beschr StPfl, wenn sie zur ESt veranlagt werden (s § 50 Rz 1, 6).

c) Neuere Rechtsentwicklung. Mit dem **AbzStEntModG** (BGBl I 21, 1259) ist § 36 II Nr 2 S 2 ergänzt worden (Anpassung an Änderung des § 45a, s BT-

Anrechnung auf die Einkommensteuer 4–9 § 36

Drs 19/27632, 40). – Durch das **ATAD-UmsG** (BGBl I 21, 2035) ist § 36 V mit Wirkung **ab VZ 2021** (Art 7 I ATAD-UmsG iVm § 52 I) neu gefasst worden (s Rz 28). – S iÜ *Schmidt* 40. Aufl § 36 Rz 3 und *BH/Ettlich* § 36 Rz 11 ff.

d) Verfassungsrecht; Unionsrecht. § 36 I–IV sind verfgemäß. Insbes hat die 4 „Doppelbelegung" von § 36 II Nr 3 im VZ 2020 keinen Verstoß gegen den Gesetzesvorbehalt (Art 20 III GG) begründet (s *Schmidt* 39. Aufl § 36 Rz 20: beide Regelungen haben Bestand; glA *HHR* § 36 Rz 4). – **§ 36 V** ist gem § 52 Abs 50d S 3 aF **rückwirkend** in allen Fällen anzuwenden, in denen § 16 IIIa anzuwenden ist. Geht man mit der wohl hA davon aus, dass dies hinsichtl § 16 IIIa unproblematisch ist (s *HHR* § 16 Rz 620 mwN; *BH/Schallmoser* § 16 Rz 495, ergeben sich auch für § 36 V keine Bedenken (vgl zu § 4 I 3 FG Ddorf EFG 16, 209, Rev I R 99/15). Zur Frage der **Folgerichtigkeit** des gesamten Regelungskonzepts s *Gosch* IWB 12, 779 (784). – Zweifel an der **EU-Konformität** der bisherigen § 36 V bestehen nach EuGH C-164/12 DStR 14, 193 – *DMC* und EuGH C-657/13 DStR 15, 1166 – *Verder Lab Tec* wohl nicht mehr (vgl auch BFH VI R 84/14 BStBl II 18, 171 zu § 6b; BFH I B 66/15 BFH/NV 15, 1708 zu § 20 UmwStG 1995); zur Auswirkung von EuGH C-371/10 DStR 11, 2334 – *National Grid indus* s *Prinz* GmbHR 12, 195; *Mitschke* DStR 12, 629; *ders* IStR 13, 393; *Kessler/Philipp* DStR 12, 267. S iÜ auch § 4g Rz 1.

e) Verhältnis zu anderen Vorschriften. An die Entstehung der ESt knüpfen 5 an: §§ 170 I, 169 AO (Festsetzungsfrist, Verjährung), § 45 I AO (Gesamtrechtsnachfolge), §§ 48, 69 ff, 192 AO (Haftung), § 233a II 1 AO (Nachforderungszinsen), § 324 AO (Arrest).

Einfluss ausl ESt auf **Pfändungsfreigrenzen** s EuGH C-224/02 IStR 05, 62 – *Pusa*. Zu **ErbSt** s BFH II R 15/11 BStBl II 12, 790; FG Mster EFG 17, 1746, NZB II B 105/17. Zur entspr Anwendung nach **DBA CHE** s *BMF* BStBl I 18, 270.

2. Entstehung der Einkommensteuer, § 36 I. Die ESt entsteht gem § 36 I 8 (iVm mit § 38 AO) grds **mit Ablauf des VZ.** Gemeint ist die festzusetzende ESt iSv § 2 VI 1. VZ ist gem § 25 I das Kj, in dem der StPfl die jeweiligen Einkünfte erzielt hat (vgl § 25 Rz 3). – **Abweichende Regelungen** („entsteht, soweit …") enthalten § 37 I 2 für EStVorauszahlungen, § 38 II 2 für LSt, § 44 I 2 für KapESt und § 50a V 1 EStG iVm § 73c EStDV für die Abzugsteuer bei beschr StPfl. Zur Fälligkeit der BauabzugSt s § 48a I 2 EStG; zur KSt s § 30 KStG.

Abgrenzungen: Zu trennen von der Entstehung sind die (rechtmäßige) **StFestsetzung,** die nur den StZahlungsanspruch, die Fälligkeit betrifft (zB §§ 36 IV 1, 37 I 1, IV 2, 41a, 44 I 5, 50a V 2), sowie die **Entstehung des StErstattungsanspruchs** (§ 37 II AO – zB §§ 36 IV 2, 44b, 50d I 2; s Rz 26). – Von Bedeutung ist der Entstehungszeitpunkt ua auch für die Frage, ob einer neuen gesetzl Regelung **Rückwirkung** zukommt (vgl etwa BFH VIII R 16/18 BStBl II 21, 814 Rz 27): s iEinz § 2 Rz 4 ff.

3. Anrechnung auf Einkommensteuer, § 36 II. – a) Eigene Vorauszah- 9 **lungen.** Die Anrechnung nach § 36 II Nr 1, 2 betrifft grds Vorauszahlungen auf die ESt des StPfl, die er selbst oder ein Dritter für ihn an das FA gezahlt hat. Überzahlte Beträge werden unabhängig bei der Veranlagung angerechnet oder erstattet (Antragsveranlagung s § 46 II Nr 8). In Fällen der **Steuerfreiheit, Abgeltung** (s § 43 V, § 50 II 1) oder **Pauschalierung** (§§ 40–40b) kein Ansatz der Einkünfte und damit (Wortlaut § 36 II Nr 2) keine Anrechnung (s auch Rz 11). – Durch Steuerabzug **„erhoben"** ist die ESt grds nur, wenn sie als LSt/KapESt vom Ertragschuldner ordnungsgemäß einbehalten worden ist (BGH 1 StR 519/20 DStR 21, 2453; BFH VI R 67/90 BStBl II 94, 182); dass sie ohne Wissen des StPfl nicht an das FA abgeführt wird, ändert daran nichts (§ 38 I, § 42d Rz 19 zu LSt; zu Nettolohnvereinbarung s § 39b Rz 12; zu KapESt BFH VIII R 30/93 BFH/NV 96, 364; zu Abrechnungsverfahren BFH VI R 91/93 BFH/NV 94, 862). Anders, auch bei LStEinbehalt durch Dritte, nur bei positiver Kenntnis des StPfl (ohne Abführung keine Anrechnung, s BFH VII R 51/98 BFH/NV 00, 46).

Loschelder 2013

Zum sog „**Düsseldorfer Verfahren**" (Club-Betreiber führt Beträge als ESt-Vorauszahlung für selbständige Prostituierte an FA ab) s BFH VII R 50/14 BStBl II 16, 730. – Nach **Insolvenzeröffnung** geleistete ESt-Vorauszahlungen dürfen nicht auf Insolvenzforderungen des FA angerechnet werden (BFH VII R 27/14 BStBl II 15, 993; BFH VIII B 143/14 BFH/NV 16, 40; s auch *TK* § 226 AO Rz 43a; krit *Anzinger* EWiR 15, 419). – Keine Anrechnung von **GewSt** (BFH X R 55/06 BFH/NV 09, 379).

10 **b) Einzelfälle nach § 36 II Nr 1, 2. – aa) Einkommensteuervorauszahlungen.** S § 37.

11 **bb) Lohnsteuer.** LSt wird nach § 36 II Nr 2 Buchst a grds nur angerechnet, soweit sie auf tatsächl (zu Recht oder nicht) bei der Veranlagung erfasste Einnahmen entfällt (hM, s BFH B 70/10 BFH/NV 10, 2274; BFH VII R 69/99 BStBl II 01, 353; BFH VII R 28/12 BFH/NV 14, 339; Probleme s *Leu* DStZ 96, *Heuermann* DB 96, 1052 und *ders* DB 97, 400); **aA** zu LStAbzug trotz Ende der unbeschr StPfl: BFH VII R 3/00 BStBl II 00, 581 (fragl, ob nicht ein Erstattungsfall vorlag, s § 50d Rz 35, § 50a Rz 41, BFH I R 64/95 NJW 96, 2815; *Wassermeyer* IStR 00, 688; *Gosch* StBP 00, 374). Die **rechtl Qualifikation der Einkünfte** sollte nicht maßgebl sein, soweit die „Anrechnungseinkünfte" überhaupt erfasst sind, etwa durch Schätzung Gewerbegewinn statt ArbLohn (mE LStAnrechnung für diese Tätigkeitseinkünfte). Außerdem darf nicht die Erstattung beantragt oder durchgeführt sein. Zur Bedeutung der LStBescheinigung s BFH VII B 9/11 BFH/NV 11, 2042 mwN: keine Bindung des FA (nur widerlegbare Vermutung). – Bei **LStAbzug ohne Einkünftebesteuerung** (ArbG führt versehentl LSt ab) besteht nur Erstattungsanspruch des ArbG (BFH VII B 155/99 BFH/NV 00, 547; BFH VI 88/1 U BStBl III 62, 93). Diese Rspr hat BFH VII R 46/07 BStBl II 10, 72 zu Unrecht und in Divergenz zum VII. Senat aufgegeben (zur Fehlerhaftigkeit dieses Vorgehens s auch § 19 Rz 100 „Lohnsteuer"); einschr jetzt aber BFH VI B 1/20 BFH/NV 21/13, mit Anm *Krüger* HFR 21, 117). Vgl zu **§ 7 InvStG 2004** auch FG RhPf EFG 21, 107, Rev VII R 56/20.

Trotz abw Wortlaut sind Einkünfte auch bei **Aufzehrung durch Freibeträge** oder **Ausgleich durch Verluste** „*erfasst*" (hM, auch bei Nacherklärung, s *OFD Rostock* DStR 99, 1989, und *OFD Mchn* DStR 03, 30, zutr nach Sinn des Abzugs- und Anrechnungsverfahrens); nicht aber dann, wenn sie verschwiegen wurden (BFH VII B 42/09 BFH/NV 09, 1988).

12 **cc) Kapitalertragsteuer.** Wahlweise Anrechnung gem § 36 II Nr 2 Buchst a oder Erstattung gem §§ 44a IX, 44b bzw DBA, soweit die Steuer nicht abgegolten ist (§ 43 Rz 3 und 29 ff). S auch § 20 IV REITG. **Bescheinigung** s § 45a II, IIa, III (BFH VIII R 28/07 BStBl II 09, 842: ohne Bescheinigung keine Anrechnung, keine Schätzung). Nach *OFD Mchn* DB 05, 2102, FG Hbg EFG 07, 1556, rkr, und FG Köln EFG 07, 934, rkr, keine Anrechnung bei Nachversteuerung infolge **Amnestieerklärung** nach StraBEG (s auch BFH IX R 23/19 BStBl II 20, 631; **aA** *Milatz/ Tempich* DB 05, 2103; *Randt/Schauf* DStR 06, 537). Anrechnung bei Steuerhinterziehung s Rz 37. Anrechnung von Steuern auf Auslandszinsen s §§ 45e, 50b (ferner FG Hbg IStR 12, 274). Zu § 7 VII InvStG 2004 s FG Mchn EFG 15, 226, rkr.

Zur wirtschaftl **Zurechnung von Aktien** s *BMF* BStBl I 21, 1002 Rz 13. Zu sog **Cum/ Ex-Geschäften** s § 43 Rz 5; BGH 1 StR 519/20 DStR 21, 2453; FG Köln EFG 20, 367, Rev I R 22/20; FG Hess EFG 21, 1400 rkr, und Nachweise in *Schmidt* 39. Aufl § 36 Rz 12 aE; zu sog **Cum/Cum-Geschäften** s § 36a Rz 1 ff, *BMF* BStBl I 21, 995 (Rz 18: Der Empfänger der Aktien aus einer Cum/Cum-Gestaltung ist nicht der steuerlich Anteilseigner gem § 20 V; keine Anrechnung, keine Erstattung) und FG Hess EFG 20, 1160, rkr.

13 **dd) Beschränkte Steuerpflicht.** Grds Abgeltung durch Steuerabzug gem § 50 II 1, evtl Erstattung nach § 50 II 3 oder DBA (s § 50 Rz 40, § 50c Rz 24 ff). **EG-/EU-Problematik** ist gelöst durch § 50 II 2, 7, § 50a III, IV (JStG 2009, BGBl I 08, 2794). Grenzpendler iSv § 1 III, § 1a sind wie andere unbeschr StPfl abzugsberechtigt (s Rz 5). Zu Wechsel zw beschr und unbeschr EStPfl s Rz 19.

14 **ee) Steuerabzug bei Bauleistungen.** § 48c enthält eine besondere Reihenfolge der Anrechnung von Abzugsbeträgen bei dem Bauleistenden (*nach* LSt, Vorauszahlungen auf ESt/KSt, ESt-/KSt-Erstattung; vgl *BMF* BStBl I 02, 1399 und *BMF* BStBl I 03, 431; zu Problemen s *Diebold* DStZ 02, 471; *ders* DStR 02, 1336; *ders* DB 03, 1134).

ff) Teileinkünfteverfahren. § 36 II Nr 2 S 1 HS 2 Buchst b soll sicherstellen, dass bei Weiterausschüttung von nach § 8b KStG ganz oder nach § 3 Nr 40 anteilig stfreien Dividendenerträgen die einbehaltene KapESt nicht definitiv wird (unabhängig von der Steuerfreiheit ist die KapESt nach § 43 I 3 voll einzubehalten und beim Anteilseigner voll anzurechnen). Zum Begriff „Erstattung" s BFH I R 54/09 BFH/NV 11, 641; BFH VII R 49/13 BFH/NV 15, 1683.   15

gg) Solidaritätszuschlag. Der SolZ wird bereits im Vorauszahlungs- und Abzugsverfahren erhoben und auf später festgesetzte SolZ angerechnet (§ 3 I SolZG).   16

hh) Einheitliche Feststellung. Die einheitl Feststellung von Anrechnungsbeträgen erfolgt nach § 180 V Nr 2 AO.   17

c) Abzugsbescheinigung, § 36 II Nr 2 S 2 bis 4. Die **Bescheinigung nach § 45a** ist im Original vorzulegen (EStR 36); sie ist materiell-rechtl Voraussetzung der Anrechnung (s BFH VIII R 28/07 BStBl II 09, 842; FG Mster EFG 16, 1136, rkr). Ob mit ihr der Nachweis geführt werden kann, dass die KapESt auch tatsächl erhoben wurde (Rz 9), ist str (abl FG Hess EFG 16, 761 mwN, rkr: keine Vollbeweisfunktion, mE zutr; glA *BH/Ettlich* § 36 Rz 153 mwN; **aA** *Müller/Schade* BB 17, 1239, 1248 mwN). – In Fällen des § 32d IV, VI wird nach § 36 II Nr 2 S 3 auf die Vorlage von StBescheinigungen verzichtet; auf Verlangen müssen sie aber vorgelegt werden. § 36 II Nr 2 S 4 enthält eine Sonderregelung für § 8b VI 2 KStG. – Zur Datenübermittlung nach **§ 45a IIa** (ab 1.1.25) s § 45a Rz 5.   18

d) Wechsel von unbeschränkter zu beschränkter Steuerpflicht, § 36 II Nr 2 S 5. Besteht während eines Kj sowohl unbeschr als auch beschr EStPfl, sind gem § 2 VII 3 die während der beschr EStPfl erzielten inl Einkünfte in eine Veranlagung zur unbeschr EStPfl einzubeziehen (s § 1 Rz 77, § 2 Rz 69; zum Ausschluss der Abgeltungswirkung s § 50 Rz 33). Auf die ESt anzurechnen werden in diesem Fall gem § 36 II Nr 2 S 5 auch StAbzugsbeträge, die auf stfreie Einkünfte entfallen (s auch BT-Drs 19/22850, 92). Die Regelung gilt gem § 52 Abs 35b S 1 nur für KapErträge, die nach dem 31.12.20 zufließen. Zuständig ist in diesem Fall das WohnsitzFA des StPfl (wegen § 2 VII 3). Eine Erstattung nach § 37 II AO ist ausgeschlossen (§ 36 II Nr 2 S HS 2).   19

e) Forschungszulage, § 36 II Nr 3. Sie wird gem § 10 I 1 FZulG in einem eigenen Bescheid festgesetzt und ist gem § 10 I 2 FZulG **bei der „nächsten erstmaligen" ESt-/KSt-Festsetzung** vollständig auf die festgesetzte Steuer anzurechnen (s auch BT-Drs 19/14 875, 39: „möglichst frühzeitige Anrechnung"; aber nicht bei Änderungsbescheiden, s BT-Drs 19/25160, 230). Übersteigt die Zulage die festgesetzte und ggf um anzurechnende StBeträge oder Vorauszahlungen geminderte ESt/KSt, wird sie insoweit **ausgezahlt** (s auch BT-Drs 19/14 875, 37: bei Verlusten uU Auszahlung zu 100%), und zwar als **StErstattung** (s § 10 I 3 FZulG, BT-Drs 19/25160, 230: keine Einnahme, str; s § 4 Rz 460 „Zulagen/Zuschüsse"). – Bei **MUerschaft** (§ 15 I 1 Nr 2) werden die anzurechnenden Anteile gem § 10 II 2 FZulG gesondert und einheitl ggü den MUern festgestellt (nach dem Gewinnverteilungsschlüssel, § 10 II 3 FZulG). Die Anrechnung erfolgt gem § 10 II 1 FZulG iRd jeweiligen Veranlagung zur ESt/KSt der einzelnen MUer. – Bei **Aufhebung/Änderung** des Forschungszulagenbescheids (und ggf nach Aufhebung/Änderung der gesonderten und einheitl Feststellung, § 10 II 4 FZulG) ist die Anrechnung entspr zu ändern (§ 10 III FZulG). Ein Rückzahlungsanspruch ist nach §§ 238, 239 AO zu verzinsen (§ 11 FZulG).   20

Grund für die Ausgestaltung der **Forschungszulage als Steuererstattung** sind die beihilferechtl Vorgaben der Allgemeinen Gruppenfreistellungsverordnung (AGVO – VO 651/2014 der EU-Kommission, s BT-Drs 19/14 875, 32). – S iÜ auch *Kessler/Spychalski* DStR 19, 2602.

21 **f) Tarifglättung gem § 32c I 2, § 36 II Nr 4.** Zur Anrechnung einer NegativESt bei Einkünften aus LuF für VZ 2016–2022 s § 32c Rz 3 (Regelung ist verfwidrig, s § 32c Rz 12) und *BMF* BStBl I 20, 952 Rz 29, 31 (keine Erstattung von SolZ und KiSt). Die Regelung ist mit Wirkung zum 30.01.20 in Kraft getreten und läuft mit VZ 2022 aus (s § 32c Rz 2).

23 **4. Aufrunden, § 36 III.** Die Regelung gilt (zugunsten des StPfl) nur für die StAbzugsbeträge des § 36 II Nr 2 (S 1) und für die Summe der Beträge der einzelnen Abzugsteuern (S 2). Vorauszahlungen werden in § 36 III nicht genannt und sind daher auch nicht aufzurunden.

24 **5. Abrechnung, § 36 IV. – a) Fälligkeit der Abschlusszahlung, § 36 IV 1.** Fälligkeit (Abgrenzung zur Entstehung der Steuer s Rz 2) tritt grds 1 Monat nach Bekanntgabe des Bescheides (§ 122 II AO; Fristberechnung: § 108 AO) ein, soweit in der Anrechnungsverfügung eine Abschlusszahlung ausgewiesen ist (BFH VII R 32, 33/99 BStBl II 01, 133). **Ausnahme:** Eine vorher fällige **Vorauszahlung (§ 37 I 1)** ist sofort zu entrichten (BFH VIII B 31/80 BStBl II 81, 767). – Zu § 6 AStG s FG BaWü EFG 21, 20, Rev I R 35/20.

Beispiel: Versendung der Bescheide am 2.4., Fiktion der Bekanntgabe am 5.4. (soweit kein Wochenende oder Feiertag); Fristablauf grds mit dem 5.5. (auch Ablauftag der Einspruchsfrist, § 355 I AO). Bei Zahlungseingang nach dem 5.5.: Säumniszuschläge, § 240 AO.

26 **b) Erstattungsanspruch, § 36 IV 2, 3.** Entsteht durch Überzahlung mit Ablauf des VZ (BFH VII R 116/94 BStBl II 96, 557, auch zu Abtretung) und wird bei Bekanntgabe des Bescheides fällig (str, BFH VII R 86/88 BStBl II 90, 523; BFH VII B 82/01 BFH/NV 02, 471 mwN). Keine Erstattung vor (ohne) Veranlagung (FG Nds EFG 94, 302, rkr). Keine Erstattung ausl Quellensteuer ohne DBA-Sonderregelung (FG Brem EFG 03, 1707, rkr). Zum unberechtigten LStAbzug s Rz 11. **Anspruchsberechtigt** für Erstattung und Anrechnung (Rz 5) ist der, für dessen Rechnung die Steuer abgezogen war (BFH VII R 35/06 BStBl II 07, 742). Das gilt grds auch bei **Ehegatten/LPart** (§ 37 II AO, BFH VII R 42/10 BStBl II 11, 607 mwN). Allerdings wirkt gem § 36 IV 3 die Auszahlung an einen Ehegatten/LPart bei Zusammenveranlagung auch für und gegen den anderen. **Ausnahmen:** *(a)* FA erkennt oder musste erkennen, dass der andere Ehegatte/LPart mit dieser Verfahrensweise aus beachtl Gründen nicht einverstanden ist (BFH VII R 2/89 BStBl II 90, 719); *(b)* die Auszahlung ist iRe inzwischen aufgehobenen getrennten Veranlagung erfolgt (BFH VII B 47/15 BFH/NV 16, 1428); zu weiteren Besonderheiten und Grenzen s *Schmidt* 40. Aufl § 36 Rz 28. – S iÜ *BMF* v 14.1.15 BStBl I 15, 83, Anm 2; ferner *Baum* NWB 13, 834.

Verzinsung stets ab 15 Monate nach Ablauf des Entstehungsjahres (§ 233a AO, § 15 IV EGAO). Der Anspruch **verjährt** nach 5 Jahren (§ 228 AO; s auch FG Hbg EFG 16, 1845). **AdV** s Rz 34. Zur zivilrechtl Bewertung in der **Insolvenz** s BGH II ZR 62/15 DStR 16, 1273.

28 **6. Finale Betriebsaufgabe, § 36 V. – a) Ratenzahlung, § 36 V 1.** Im Fall der sog finalen Betriebsaufgabe gem § 16 III a (Verlegung eines Betriebs/Teilbetriebs in einen anderen EU-/EWR-Staat; s § 16 Rz 196f) kann **auf Antrag** des StPfl die festgesetzte Steuer, die auf den Aufgabegewinn und den durch den Wechsel der Gewinnermittlungsart erzielten Gewinn entfällt, **in fünf gleichen Jahresraten** entrichtet werden. Eine Antragsfrist ist nicht vorgesehen. Zur **Berechnung** des in Raten zu zahlenden Betrags ist von der festgesetzten Steuer diejenige Steuer abzuziehen, die sich ergeben würde, wenn der Aufgabegewinn und der Übergangsgewinn unberücksichtigt blieben. Über den Antrag entscheidet das FA; die Entscheidung ist **VA** und kann angefochten werden, sowohl im Fall der Gewährung von Ratenzahlung (zB falsche Berechnung) als auch bei Versagung (str, glA *BH/Ettlich* § 36 Rz 61; **aA** *HHR* § 36 Rz 68; *KS* § 36 Rz 29). – Voraussetzung für die ratierliche Besteuerung ist, dass die WG einem BV des StPfl in einem anderen **EU-/EWR-Staat** zuzuordnen sind (tatsächl-funktional, vgl BFH I R 112/94

BStBl II 96, 563; glA *Beinert/Benecke* FR 10, 1009, 1011; *HHR* § 36 Rz 66; **aA** *KS* § 36 Rz 28) und dass dieser Staat **Amtshilfe** nach der AmtshilfeRL gem § 2 XI des EU-AmtshilfeG und Unterstützung isd BeitrRL leistet (einschließl Durchführungsbestimmungen; s *BMF* BStBl I 19, 480; *Klein* AO § 117 Rz 55 ff und 150 ff). – Die Regelung ist durch das **ATAD-UmsG** (BGBl I 21, 2035) neu gefasst worden (Hintergrund und Quellen: § 4k Rz 1 aE), entspricht aber in Bezug auf § 36 V 1 der bisherigen Regelung. Zur **rückwirkenden Anwendung** der bisherigen Regelung und zur **EU-Konformität** s Rz 4.

Eine **Besteuerung nicht realisierter Gewinne** ist in der ATAD ausdrückl vorgesehen (s Art 5 ATAD und Erwägungsgrund (10) RL (EU) 2016/1164); zur unionsrechtl Zulässigkeit s § 4 Rz 243.

b) Fälligkeit; (keine) Zinsen; Sicherheit, § 36 V 2 und 3. Die erste Jahresrate wird innerhalb eines Monats nach Bekanntgabe (§ 122 II AO; Fristberechnung: § 108 AO) des Bescheids über die festgesetzte Steuer isV § 36 V 1 fällig, die übrigen vier Jahresraten jeweils am 31.7. der Folgejahre (bis VZ 2020: 31.5.). – Wie bisher sind die Jahresraten **nicht zu verzinsen** (§ 36 V 3 HS 1), obwohl Art 5 III 1 ATAD dies zugelassen hätte. Neu ist, dass die Ratenzahlung gem § 36 V 3 HS 2 idR **nur gegen Sicherheitsleistung** (§ 241 AO) gewährt werden soll (Grund: kein unmittelbarer Zugriff der Zwangsvollstreckung im Inl). Die gesetzl Vorgabe „sollen idR" räumt dem FA ein sog gelenktes oder **intendiertes Ermessen** ein; dh, eine Stundung ohne Sicherheitsleistung kommt grds nur bei Vorliegen besonderer Gründe in Betracht (vgl BFH XI R 41/18 DStR 21, 727 Rz 51 mwN).

Allerdings kann gem Art 5 III (2) ATAD der Zahlungsaufschub nur dann von einer Sicherheitsleistung des StPfl abhängige gemacht werden, wenn ein „**nachweisl und tatsächl Risiko**" besteht, dass die Steuer nicht eingezogen werden kann. Das muss das FA mE bei der Ermessensausübung im Anwendungsbereich der ATAD berücksichtigen; denn auch das FA ist zur **RL-konformen Auslegung** verpflichtet (s § 4k Rz 6; ausführl *HHR* § 36 Rz 70; aA wohl *BH/Ettlich* § 36 Rz 271a).

c) Beendigung des Zahlungsaufschubs, § 36 V 4. Die Regelungen zur Beendigung des Zahlungsaufschubs sind entspr Art 5 IV ATAD verschärft worden (mit Verweisungen in § 4g II 2). Tritt eine der in § 36 V 4 genannten Bedingungen ein, ist die noch ausstehende Steuer einen Monat nach dem betr Ereignis fällig.

- **V 4 Nr 1:** Veräußerung, Entnahme oder Verlagerung eines WG iSv § 36 V 1 in einen anderen als die dort genannten Staaten oder verdeckte Einlage in eine KapGes. Die Rechtsfolge des § 36 V 4 bezieht sich mE nur auf die Steuer, die auf das betr WG entfällt (Verhältnismäßigkeit; s auch *HHR* § 36 Rz 71).
- **V 4 Nr 2:** Einstellung, Veräußerung oder Verlegung des Betriebs/Teilbetriebs in einen anderen als die in § 36 V 1 genannten Staaten. Nach dem mE eindeutigen Wortlaut der Regelung löst erst ein Handeln des StPfl (Sitzverlegung) die negative Folge der vorzeitigen Fälligkeit der noch ausstehenden Steuer aus; anders als bei § 6 I 2 Nr 4 AStG, § 4 I 3 EStG und § 12 I KStG gibt es hier keine „passive Entstrickung" (vgl *BMF* BStBl I 18, 1104). Daher ist auch der **Brexit** kein „schädl Ereignis" gewesen, das den Tatbestand des § 36 V 4 aF erfüllt hätte. Entspr hat der Gesetzgeber (anders als etwa bei § 4g) darauf verzichtet, die Regelung mit dem Brexit-StBeglG anzupassen (s BT-Drs 19/7377, 15; ebenso *Bron* BB 19, 664, 666).
- **V 4 Nr 3:** Ausscheiden des StPfl aus der inl unbeschr StPfl oder der unbeschr StPfl in einem der in § 36 V 1 genannten Staaten oder Begründung der Ansässigkeit in einem anderen als den dort genannten Staaten.
- **V 5 Nr 4:** StPfl meldet Insolvenz an (Antragstellung maßgebl, nicht Eröffnungsbeschluss) oder wird abgewickelt (Beschlussfassung der Ges'ter). Der Antrag eines Gläubigers (§ 13 I 2 InsO) führt der gesetzl Regelung zufolge nicht zur Fälligkeit der noch ausstehenden Steuer; insoweit kommt es allein auf § 36 V 5 an.
- **V 5 Nr 5:** StPfl kommt seiner Zahlungsverpflichtung gem § 36 V 2 nicht nach und schafft keine Abhilfe in angemessener Zeit (maximal 12 Monate). An der Fälligkeit der weiteren Raten ändert das gem § 36 V 5 Nr 5 HS 2 nichts (diese Regelung bezieht sich nach Inhalt und Systematik nur auf § 36 V 5 Nr 5 HS 1).

Die Fälligkeit der noch ausstehenden Steuer ist gesetzl vorgegeben; eine Änderung des StBescheids ist nicht erforderl. Gleichwohl wird man mE aus Gründen der Rechtssicherheit eine **Entscheidung des FA** in Form eines (ggf deklaratorischen vgl Rz 36) VA verlangen müssen. Das gilt insb für § 36 V Nr 5: was innerhalb des 12-Monats-Zeitraums eine „angemessene Zeit" ist, steht nicht im Belieben des StPfl; das FA muss eine – gerichtl überprüfbare – Wertung vornehmen und das Ergebnis dem StPfl mitteilen.

31   **d) Anpassung der Jahresraten, § 36 V 5.** Wie bisher sind die Jahresraten anzupassen, wenn sich die festgesetzte Steuer ändert. Die zum Zeitpunkt der Anpassung noch nicht fälligen Vorauszahlungen sind mE durch Anpassungsbescheid (VA, s Rz 28) so festzusetzen, dass sie insgesamt mit den schon fällig gewesenen Zahlungen der festgesetzten (angepassten) Steuer iSv § 36 V 1 entsprechen (wie bei § 37 IV, s § 37 Rz 18; glA *BH/Ettlich* § 36 Rz 274; aA *HHR* § 36 Rz 72). Eine Erstattung bei Herabsetzung der Raten ist nicht vorgesehen.

32   **e) Anzeigepflichten, § 36 V 6–8.** Mit Wirkung ab VZ 2021 sind dem StPfl jährl Anzeigepflichten auferlegt worden (mit der nächsten StErklärung, ansonsten zum 31.7.). Ein Verstoß gegen diese Pflichten oder gegen sonstige Mitwirkungspflichten iSv § 90 AO (insb § 90 II AO: Auslandsbezug) führt zur Fälligkeit der noch nicht entrichteten Steuer iSv § 36 V 1, und zwar rückwirkend zum 1.8. des Vorjahres, frühestens einen Monat nach Bekanntgabe des StBescheids, mit dem die Steuer iSv § 36 V 1 festgesetzt worden ist. Dies gilt mE, soweit die Anzeigepflichten nur einzelne WG betreffen, nur hinsichtl der auf das betr WG entfallenden Steuer.

36   **7. Verfahren. – a) Anrechnung. – aa) Selbständige Verfügung.** S *OFD Nds* DStR 14, 149; *Haunhorst* DStZ 05, 706. Die Anrechnung nach § 36 erfolgt (anders als bei § 34c) nicht im Verfahren der StFestsetzung, sondern der **Steuererhebung**, und zwar durch einen vom Steuerbescheid getrennten VA, wenn auch mit deklaratorischer Wirkung (s BFH I R 2/12 DStR 14, 2012; BFH VII R 55/10 BStBl II 12, 220; BFH VIII R 28/07 BStBl II 09, 842 mwN; § 233a V 1 HS 2 AO). Die **Bindungswirkung** (Änderung nur nach §§ 130, 131 AO) gilt nach Auffassung des für AO-Fragen zuständigen VII. Senats entgegen I. Senat auch für spätere **Abrechnungsbescheide** iSv § 218 II AO (BFH VII R 35/06 BStBl II 07, 742 mwN – keine entscheidungserhebl Abweichung vom I. Senat; zur **Verjährung** vgl BFH VII R 33/06 BStBl II 08, 504; BFH VII R 51/08 BStBl II 10, 382; ferner BFH VII R 3/10 BFH/NV 11, 750; BFH VII R 55/10 BStBl II 12, 220: Rückzahlungsanspruch des FA).

37   **bb) Berichtigung.** Die unterbliebene Anrechnung kann fünf Jahre lang nachgeholt werden (§ 228 AO; zu Anrechnung bei Steuerhinterziehung s BFH VIII R 28/07 BStBl II 09, 842; s auch BFH VIII R 1/07 BStBl II 08, 659). Die Berichtigungsmöglichkeit einer fehlerhaften Anrechnung hängt ab von der Annahme eines selbständigen VA (Rz 36). ME kann die zu niedrige Anrechnung nach § 130 I AO ohne Einschränkung korrigiert werden (vgl – auch zur Grenze der Zahlungsverjährung – BFH VII R 33/06 BStBl II 08, 504; *OFD Hann* DStR 08, 1333), die überhöhte Anrechnung – außer § 129 AO – nur eingeschränkt nach § 130 II AO (glA BFH VII R 35/06 BStBl II 07, 742 mwN mit weiter Auslegung von § 130 II AO; *OFD Mchn* DStR 03, 30, *OFD Ffm* DStR 06, 848, und *OFD Hann* DStR 08, 1333, auch zu § 173 AO – s aber Rz 36). – Bei einer **geänderten StFestsetzung** ist auch die mit dem Änderungsbescheid verbundene Anrechnungsverfügung anzupassen (s BFH VII R 68/11 BStBl II 16, 115: neue Frist nach § 228 AO, mit Anm *H. Schmitt*; bestätigt durch BFH VII R 18/18 BFH/NV 19, 107). Zum Widerruf einer Anrechnungsverfügung nach Änderung des EStBescheids wegen Festsetzungsverjährung s BFH VII R 43/07 BStBl II 09, 344.

b) Rechtsbehelfe. Bei fehlerhafter Anrechnung mE Anfechtung dieses VA **38**
durch Einspruch (s Rz 36, 37). IÜ kann der StPfl (alternativ, s FG Mster EFG 91,
587, rkr) einen Erstattungsanspruch nach § 37 II AO geltend machen (s § 44b V
zu KapESt) bzw **Abrechnungsbescheid** iSv § 218 AO beantragen (s Rz 36;
zum Inhalt BFH VII R 142/84 BFH/NV 90, 69); bei Ablehnung Einspruch
(§ 347 I Nr 1 AO) oder Sprungklage (BFH I R 62/81 BStBl II 86, 565). An der
verfahrensrechtl Vorrangigkeit des Abrechnungsverfahrens hat sich durch
BFH VII R 100/96 BStBl II 97, 787 nichts geändert (BFH VII R 35/06 BStBl II
07, 742; BFH I B 79/06 BFH/NV 07, 207).

d) Aussetzung der Vollziehung. AdV des EStBescheids führt grds dazu, dass **39**
die Steuerfestsetzung in dem Sinne suspendiert ist, dass sich kein Beteiligter darauf
berufen kann; von den Wirkungen darf kein Gebrauch gemacht werden (vgl BFH
VII R 58/94 BStBl II 96, 55). Eine Erstattung von geleisteten Vorauszahlungen
oder durch Steuerabzug erhobene LSt, KapESt und Abzugsteuer nach § 50a sowie
anzurechnende KSt ist allerdings nach § 361 II 4 AO ausgeschlossen (Hintergrund
und Kritik s *Schmidt* 37. Aufl § 36 Rz 34). Die Wirkung der AdV ist daher, soweit
die AdV dieser Abzugsbeträge nicht zur **Abwendung wesentl Nachteile** nötig
erscheint, auf den Nachzahlungsbetrag beschränkt (s *Klein* AO § 361 Rz 40 ff;
ausführl *Birkenfeld* DStZ 99, 349; großzügige Auslegung durch BFH IX B 177/02
BStBl II 04, 367). IdR wird aber ein **Herabsetzungsantrag** Erfolg haben. Zur
Grenze s FG Nds EFG 98, 772, rkr; FG Mchn EFG 98, 1479, rkr, und im Anschluss daran das FA (*Hinweis* in FG Mchn EFG 98, 1479: AdV auch in Höhe
zurückgeforderter Anrechnungs-Erstattungsbeträge nach Bescheidänderung).

§ 36a Beschränkung der Anrechenbarkeit der Kapitalertragsteuer

(1) ¹Bei Kapitalerträgen im Sinne des § 43 Absatz 1 Satz 1 Nummer 1a setzt
die volle Anrechnung der durch Steuerabzug erhobenen Einkommensteuer
ferner voraus, dass der Steuerpflichtige hinsichtlich der diesen Kapitalerträgen
zugrunde liegenden Anteile oder Genussscheine

1. während der Mindesthaltedauer nach Absatz 2 ununterbrochen wirtschaftlicher Eigentümer ist,
2. während der Mindesthaltedauer nach Absatz 2 ununterbrochen das Mindestwertänderungsrisiko nach Absatz 3 trägt und
3. nicht verpflichtet ist, die Kapitalerträge ganz oder überwiegend, unmittelbar oder mittelbar anderen Personen zu vergüten.

²Fehlen die Voraussetzungen des Satzes 1, so sind drei Fünftel der Kapitalertragsteuer nicht anzurechnen. ³Die nach den Sätzen 1 und 2 nicht angerechnete Kapitalertragsteuer ist auf Antrag bei der Ermittlung der Einkünfte
abzuziehen. ⁴Die Sätze 1 bis 3 gelten entsprechend für Anteile oder Genussscheine, die zu inländischen Kapitalerträgen im Sinne des § 43 Absatz 3 Satz 1
führen und einer Wertpapiersammelbank im Ausland zur Verwahrung anvertraut sind.

(2) ¹Die Mindesthaltedauer umfasst 45 Tage und muss innerhalb eines Zeitraums von 45 Tagen vor und 45 Tagen nach der Fälligkeit der Kapitalerträge
erreicht werden. ²Bei Anschaffungen und Veräußerungen ist zu unterstellen,
dass die zuerst angeschafften Anteile oder Genussscheine zuerst veräußert
wurden.

(3) ¹Der Steuerpflichtige muss unter Berücksichtigung von gegenläufigen
Ansprüchen und Ansprüchen nahe stehender Personen das Risiko aus einem
sinkenden Wert der Anteile oder Genussscheine im Umfang von mindestens 70 Prozent tragen (Mindestwertänderungsrisiko). ²Kein hinreichendes
Mindestwertänderungsrisiko liegt insbesondere dann vor, wenn der Steuer-

§ 36a Beschränkung der Anrechenbarkeit der Kapitalertragsteuer

pflichtige oder eine ihm nahe stehende Person Kurssicherungsgeschäfte abgeschlossen hat, die das Wertänderungsrisiko der Anteile oder Genussscheine unmittelbar oder mittelbar um mehr als 30 Prozent mindern.

(4) [1]Einkommen- oder körperschaftsteuerpflichtige Personen, bei denen insbesondere auf Grund einer Steuerbefreiung kein Steuerabzug vorgenommen oder denen ein Steuerabzug erstattet wurde und die die Voraussetzungen für eine Anrechenbarkeit der Kapitalertragsteuer nach den Absätzen 1 bis 3 nicht erfüllen, haben

1. dies gegenüber ihrem zuständigen Finanzamt anzuzeigen,
2. Kapitalertragsteuer in Höhe von 15 Prozent der Kapitalerträge im Sinne des § 43 Absatz 1 Satz 1 Nummer 1a und des Absatzes 1 Satz 4 nach amtlich vorgeschriebenem Vordruck auf elektronischem Weg anzumelden und
3. die angemeldete Steuer zu entrichten.

[2]Die Anzeige, Anmeldung und Entrichtung hat bei Steuerpflichtigen, die ihren Gewinn durch Betriebsvermögensvergleich ermitteln, bis zum 10. Tag des auf den Ablauf des Wirtschaftsjahres folgenden Monats und bei anderen Steuerpflichtigen bis zum 10. Tag des auf den Ablauf des Kalenderjahres folgenden Monats zu erfolgen.

(5) Die Absätze 1 bis 4 sind nicht anzuwenden, wenn

1. die Kapitalerträge im Sinne des § 43 Absatz 1 Satz 1 Nummer 1a und des Absatzes 1 Satz 4 im Veranlagungszeitraum nicht mehr als 20 000 Euro betragen oder
2. der Steuerpflichtige bei Zufluss der Kapitalerträge im Sinne des § 43 Absatz 1 Satz 1 Nummer 1a und des Absatzes 1 Satz 4 seit mindestens einem Jahr ununterbrochen wirtschaftlicher Eigentümer der Aktien oder Genussscheine ist; Absatz 2 Satz 2 gilt entsprechend.

(6) [1]Der Treuhänder und der Treugeber gelten für die Zwecke der vorstehenden Absätze als eine Person, wenn Kapitalerträge im Sinne des § 43 Absatz 1 Satz 1 Nummer 1a und des Absatzes 1 Satz 4 einem Treuhandvermögen zuzurechnen sind, welches ausschließlich der Erfüllung von Altersvorsorgeverpflichtungen dient und dem Zugriff übriger Gläubiger entzogen ist. [2]Entsprechendes gilt für Versicherungsunternehmen und Versicherungsnehmer im Rahmen von fondsgebundenen Lebensversicherungen, wenn die Leistungen aus dem Vertrag an den Wert eines internen Fonds im Sinne des § 124 Absatz 2 Satz 2 Nummer 1 des Versicherungsaufsichtsgesetzes gebunden sind.

(7) [1]§ 42 der Abgabenordnung bleibt unberührt.

Verwaltungsanweisungen: BMF BStBl I 17, 726 (Ergänzung in *BMF* BStBl I 18, 308) – Anwendungsfragen zu § 36a; BMF BStBl I 21, 995 (CumCum-Transaktionen). *BMF* BStBl I 21, 1002 (wirtschaftl Zurechnung strukturierte Wertpapiergeschäfte)

Übersicht

	Rz
1. Allgemeines	1, 2
2. Zusätzliche Voraussetzungen der Kapitalertragsteueranrechnung, § 36a I S 1, 4	3–6
3. Mindesthaltedauerzeitraum; Mindestzeitraum, § 36a II	7
4. Mindestwertveränderungsrisiko, § 36a III	8
5. Anzeigepflicht; Anmeldepflicht; Nachzahlungspflicht, § 36a IV	9, 10
6. Ausnahmen, § 36a V	11
7. Treuhänder und Treugeber als eine Person, § 36a VI	12
8. Geltung des § 42 AO, § 36a VII; Berichtigungspflicht, § 153 AO	13

Zusätzliche Voraussetzungen der KapESt-Anrechnung 1–4 § 36a

Schrifttum: *Hörner/Schreiner,* Neues zu Cum/Cum…, FR 20, 908; *Niederwettberg/Drinhausen/Kraus,* Cum/Cum – Geschäfte…, FR 20, 74; *Spengel,* Steuerrechtliche Behandlung von Cum/Cum …, DB 20, 1919; *Haselmann/Holle,* Geändertes BMF-Schreiben….DStR 21, 2425; *Moritz,* Neues BMF-Schreiben…, DB 21, 2785.

1. Allgemeines. – a) Regelungszweck. § 36a I 1 stellt neben § 45 und § 36 II **1**
Nr 2 ergänzend zusätzl Voraussetzungen für die KapEStAnrechnung auf. – *Fallgruppe 1:* Sie betrifft Gestaltungen, in denen beschr/unbeschr StPfl, die für ihre KapErträge aus (idR) sammelverwahrten Aktien gem § 43 I 1 Nr 1a iVm § 20 I Nr 1 S 1, S 4 einem abgeltenden KapESt-Abzug iHv 25 % (§ 43 V, § 32 I KStG) unterliegen. Die Aktien werden auf einen gem § 36 II Nr 2 zur Anrechnung berechtigten inl StPfl ("Zwischenerwerber") übertragen, an den die KapErträge ausgeschüttet werden. Anschließend rechnet dieser die gem § 45a bescheinigte KapESt an und überträgt die Aktien zurück (Dividendenstripping in Form sog „Cum/Cum-Gestaltungen", vgl BT-Drs 18/8045, 133). § 36a I stellt auf Ebene des inl Zwischenerwerbers für die Anrechnung der KapESt zusätzl anteilsbezogene Voraussetzungen auf (BT-Drs 18/8739, 112). – *Fallgruppe 2:* § 36a IV beinhaltet ferner eine Anzeige-, Amelde- und Nachzahlungspflicht von KapESt für StPfl, ggü denen aufgrund einer sachl/persönl StBefreiung iRd Gewinnausschüttung keine KapESt einbehalten (§ 44a) oder denen die KapESt erstattet (§ 44b) wird. Sind die Voraussetzungen iSd § 36a I–III bei Zufluss der KapErträge nicht erfüllt, ist dies dem FA anzuzeigen, die KapESt anzumelden und zu entrichten (§ 44a Rz 18). Die Voraussetzungen gem § 36a I bis III sind gem § 36a V in beiden Fallgruppen nicht zu erfüllen *(Ausnahme),* wenn die KapErträge iSd § 43 I 1 Nr 1a im VZ 20 000 € nicht übersteigen oder der StPfl die Anteile im Zuflusszeitpunkt als wirtschaftl Eigentümer seit mindestens einem Jahr gehalten hat.

b) Anwendungsbereich. – *(1)* **Zeitlich.** § 36a I 1 ist auf ab dem 1.1.16 zu- **2**
fließende KapErträge anzuwenden (§ 52a Abs 35b S 1; s *BMF* BStBl I 17, 726 Rz 132). Abs 4 in der jetzigen Form gilt gem § 52 Abs 35b S 2 (laut BGBl Abs 35a S 2, mE ein Redaktionsversehen) schon für im VZ 19 zugeflossene KapErträge (s iEinz *Kraus* npoR 19, 111). – *(2)* **Persönlich; Sachlich.** § 36a gilt für alle beschr/unbeschr StPfl iSd EStG und für KSt-Subjekte, bei denen KapErträge iSd § 43 I 1 Nr 1a veranlagt werden (auch für inl Betriebsstätten gem § 50 II 2 Nr 1). Er ist nicht iRd KapESt-Abzugs anzuwenden (*BMF* BStBl I 17, 726 Tz 122). – *(3)* **Abgrenzung zu § 50j.** In den Fällen des § 36a vermittelt der Zwischenerwerber der Aktien die *Anrechnung der KapESt* gegen eine Vergütung. § 50j erfasst Fälle, in denen beschr StPfl für Ausschüttungen auf Anteile iSd § 43 I 1 Nr 1a die Freistellung von inl QuellenSt/ein inl QuellenSt-Abzug < 25 % vermittelt wird.

2. Zusätzliche Voraussetzungen der Kapitalertragsteueranrechnung, **3**
§ 36a I S 1, 4. – a) Kapitalerträge iSd § 43 I 1 Nr 1a. Dies sind Ausschüttungen und sonstige Bezüge gem § 20 I Nr 1 S 2, S 4 aus bei der inl Wertpapiersammelbank (Clearstream Banking AG) sammelverwahrten (vgl § 2, § 5 DepotG) *Aktien* (*BMF* BStBl I 17, 726 Rz 85–87), *Hinterlegungsscheinen* (zB ADRs) und *Genussscheinen* (nicht Genussrechten). § 36a I 4 stellt dem Fälle gleich, in denen Aktien, Genussscheine inl Emittenten bei einem ausl Zentralverwahrer verwahrt werden und zu inl Kapitalerträgen führen (s § 43 III).

b) Anrechnungsvoraussetzungen. – *(1)* **Veranlagung der Kapitalerträge.** **4**
KapErträge iSd § 43 I 1 Nr 1a müssen beim StPfl veranlagt werden, dh es darf für die KapErträge kein abgeltender KapESt-Abzug (vgl § 43 V S 1, 2; zu beschr StPfl s § 50 II 1 EStG ggf iVm § 32 II 1 Nr 2 KStG; zu stbefreiten Körperschaften iSd § 5 KStG s § 5 II Nr 1, 32 II 1 Nr 1 KStG) stattfinden. Der StPfl muss gem § 36 II 2ff eine Bescheinigung (§ 45a II, III) vorlegen (§ 36 Rz 12). – *(2)* **Wirtschaftliches Eigentum.** In der *Fallgruppe 1* (Rz 1) sind denkbare Übertragungswege der Ver- und Rückkauf der Aktien (Kassageschäfte) jeweils mit

Levedag 2021

Dividendenberechtigung („cum"), Wertpapierdarlehen, Wertpapierpensionsgeschäfte und die strukturierte Wertpapierleihe (s iEinz *BMF* BStBl I 21, 986; *BMF* BStBl I 21, 1002). Der die Aktien übernehmende StPfl ist deren rechtl Eigentümer, er muss gem § 36 II Nr 2 (§ 36 Rz 9) im Zeitpunkt des Gewinnverwendungsbeschlusses auch deren wirtschaftl Eigentümer sein (vgl § 20 V S 2, § 20 Rz 231) und zusätzl § 36a I, II, III erfüllen. In *BMF* BStBl I 21, 995 Rz 18 und *BMF* BStBl I 21, 1002 Rz 11–13, 18 hat die *FinVerw* bei Cum-Cum-Transaktionen ihre Rechtsauffassung geändert: der StPfl (Entleiher/Erwerber) ist danach kein wirtschaftl Eigentümer nach § 20 V (s dazu § 20 Rz 231 unter *(3))*. Nicht ihm, sondern dem Verleiher/Verkäufer sind dann die Einkünfte gem § 20 I Nr 1 zuzurechnen. Die KapESt ist nicht bei ihm, sondern ggü dem Verleiher/Veräußerer erhoben, sodass der Entleiher/Erwerber schon nach § 36 II Nr 2 nicht anrechnungsberechtigt ist (s *Moritz* DB 21, 2785, 2788; FG Hess EFG 20, 1167, rkr); auf § 36a EStG; § 42 AO kommt es dann nicht (mehr) an (Rz 13). – **(3) Mindesthaltedauer und Mindestzeitraum (§ 36a I 1 Nr 1, Nr 2).** Der StPfl muss ununterbrochen wirtschaftl Eigentümer der Aktien/Genussscheine während des Mindesthaltezeitraumes sein, dh 45 Tage vor und nach Fälligkeit der Ausschüttung (§ 36a II). Er muss während der Mindesthaltedauer zudem ununterbrochen das Mindestwertänderungsrisiko tragen (§ 36a III). S Rz 7. – **(4) Keine Weitergabe der Kapitalerträge, § 36a I 1 Nr 3.** Schädl ist eine *vertragl Verpflichtung* des StPfl, die erhaltenen KapErträge (nicht den Anrechnungsvorteil) ganz oder überwiegend (zu mehr als 50%) unmittelbar oder mittelbar an andere Personen weiterzureichen. Eine *unmittelbare* Weiterleitungspflicht besteht bei Durchleitung der KapErträge und bei Ausgleichszahlungen/Leihgebühren (s *BMF* BStBl I 17, 726 Tz 83). Eine *mittelbare* Weiterleitungspflicht der erhaltenen KapErträge liegt zB vor, wenn dieser Vorteil (zB im Rückkaufpreis, Optionen, Derivaten) eingepreist wird oder ein gesonderter Ausgleich zw den Vertragspartnern, zB durch Swaps, Repo (Buy and Sell Back)-Geschäfte und Sachdarlehen erfolgt (vgl BT-Drs 18/8739, 113). – **(5) Feststellungslast.** Die zusätzl Anrechnungsvoraussetzungen gem § 36a sind von dem die Anrechnung begehrenden StPfl darzulegen und nachzuweisen.

5 **c) Rechtsfolgen, § 36a I 2, 3.** – **(1) Kürzung der anrechenbaren KSt (S 2).** Sind die Voraussetzungen gem § 36a I 1 nicht erfüllt, sind 3/5 der KapESt (= 15% des KapErtrags) nicht anrechenbar (§ 36a I 2; *BMF* BStBl I 17, 726 Rz 104 ff). 2/5 der KapESt (entspricht 10% der KapErträge) bleiben stets anrechenbar, um eine Benachteiligung inl StPfl ggü beschr StPfl mit einem DBA-Quellensteuersatz von 15% auszuschließen. Der auf die KapESt erhobene SolZ ist in voller Höhe anzurechnen (*BMF* BStBl I 17, 726 Rz 104). – **(2) Abzug nicht angerechneter Kapitalertragsteuer (S 3).** Auf Antrag darf gem S 3 die nach S 2 nicht anrechenbare KapESt als BA/WK abgezogen werden; § 20 IX gilt nicht. S 2 setzt keine Antragsfrist, dh es gelten die Grenzen der Bestandskraft (zur Änderung des StBescheids s *BeckOK EStG* § 36a Rz 115).

Beispiel: Wird auf eine Brutto-Dividende von 100 € KapESt iHv 25 € erhoben und nach § 36a I 1 ein Betrag von 15 € nicht angerechnet, hat der StPfl nach Abzug der nicht anrechenbaren KapESt als BA/WK KapErträge iHv 85 € zu versteuern.

(3) Wirkung. § 36a ist iErg eine Strafsteuer für den inl Zwischenerwerber, der das Cum/Cum-Geschäft durchführt, wenn weder die Anrechnung noch der Abzug als BA/WK gelingen (zur Vereinbarkeit mit Verfassungs- und Unionsrecht s *BeckOK EStG* § 36a Rz 13 ff; krit aus EU-Sicht *Nagler ua* RdF 17, 289; *Lamprecht* Ubg 18, 189). Zur ggf völligen Nichtanrechenbarkeit s Rz 4.

6 **d) Anwendungsfälle.** S *BMF* BStBl I 21, 995. Bei natürl Personen mit Aktien im PV kann § 36a zwar iRd § 32d IV, § 32d VI greifen, nach *BMF* BStBl I 17, 726 Tz 131 ist idR aber von der Prüfung des § 36a I–III abzusehen.

7 **3. Mindesthaltedauerzeitraum; Mindestzeitraum, § 36a II.** – **(1) 91-Tageszeitraum.** S Rz 4. Die Mindesthaltedauer darf jeweils 45 Tage (nicht Handels-

tage) vor und nach der *Fälligkeit* der Ausschüttung nicht unterschreiten (Gesamtzeitraum also idR 91 Tage); Erwerbs- und Veräußerungstag zählen nicht mit. – *(2)* **Fristbeginn:** Gem § 58 IV 1 AktG am 3. Handelstag nach HV-Beschluss; laut *BMF* BStBl I 17, 726 Rz 4 aber auch Berechnung ab 1. Handelstag zulässig; bei früherem Erwerb des wirtschaftl Eigentums dennoch Beginn erst am 45. Tag vor Fälligkeit. – *(3)* **Fristende.** Die Haltedauer verlängert sich laut *BMF* BStBl I 17, 726 Rz 8 bei Fristende an Sonnabenden, Sonntagen, gesetzl Feiertagen gem § 108 III AO bis zum nächsten Werktag (mE unzutr, weil Abs 2 insgesamt nicht auf Handelstage abstellt, str). § 36a II 2 legt die *FIFO-Methode* (First In-First Out) für Anschaffungen/Veräußerungen als Verwendungsreihenfolge fest.

4. Mindestwertveränderungsrisiko, § 36a III. S Rz 4 und Rz 7. Abs 3 konkretisiert das ununterbrochen zu tragende Wertänderungsrisiko von mindestens 70 % (Kursminderungsrisiko) des StPfl für die Aktien/Genussscheine (*BMF* BStBl I 17, 726 Tz 9–82). Verbleibt es beim früheren Eigentümer oder wird es an Dritte weitergereicht, wird die Anrechnung versagt. Schädl sind insb „gegenläufige Ansprüche" zB durch Kurssicherungs- oder Termingeschäfte des StPfl oder mit einer nahe stehenden Person (*BMF* BStBl I 17, 726 Tz 64–82; *Niederwettberg ua*, FR 20, 74 ff). Schädl sind auch die unmittelbare (zu den mögl Instrumenten s *BMF* BStBl I 18, 308) und die mittelbare Absicherung des Risikos (Macro-Hedging; *BMF* BStBl I 17, 726 Tz 58, 59, auch Kurssicherungsgeschäfte über Wert-/Preisindizes).

5. Anzeigepflicht; Anmeldepflicht; Nachzahlungspflicht, § 36a IV. – **a) Regelungsinhalt.** Abs 4 betrifft StPfl, deren KapErträge iSd § 43 I Nr 1a (Rz 2) entweder – *(1)* zB aufgrund einer persönl/sachl StBefreiung keinem StAbzug unterlegen haben oder bei denen – *(2)* der KapESt erstattet wurde (§ 44b; § 32 V KStG); *Ausnahme:* § 36a V greift. Bei ohne StAbzug zugeflossenen/erstatteten KapErträgen unterliegt der StPfl innerhalb der Frist des Abs 4 S 2 einer Anzeigepflicht (Abs 4 S 1 Nr 1), wenn die Voraussetzungen gem Abs 1 bis 3 nicht erfüllt sind. Gem Abs 4a S 1 Nr 2 ist die KapESt iHv 15 % der KapErträge elektronisch anzumelden (§ 168 AO) und zu entrichten. Gem Abs 4 S 2 ist bei StPfl mit Gewinnermittlung gem § 4 I, 5 I Fristablauf am 10. des dem Ende des Wj folgenden Monats (bei WJ = Kj); bei anderen StPfl stets am 10.1.

b) Anwendungsfälle. Bei gemeinnützigen Körperschaften (insb Stiftungen) iSd § 5 I Nr 9 KStG wird die KapESt seit dem VZ 19 gem § 44a X 1 Nr 3 grds iHv $^3/_5$ (= 15 % des KapErtrags) einbehalten, soweit der Freibetrag iHv 20 000 € je VZ überschritten wird und wenn die Aktien nicht ununterbrochen seit einem Jahr gehalten wurden. Die KapESt-Erstattung gem § 44b II ist zu beantragen; hierzu muss die Körperschaft die Voraussetzungen gem § 36a I–III erfüllen (s *Kraus* npOR 19, 257, 259 f; zum VZ 2019 s *Schmidt* 39. Aufl § 36a Rz 10). – Zur Abschaffung des § 44b II iVm § 44a X 1 Nr 2 für Dauerüberzahler s § 44a Rz 11 und *BMF* BStBl I 21, 995 Rz 35. Zur Nachforderung der KapESt bei Dauerüberzahlern ua s *Bindl/Haisch* DStR 21, 1520. - Zu § 36a I–III bei Publikumsfonds s § 8 IV, 10 I 2 InvStG; zu Spezialfonds § 31 III InvStG.

6. Ausnahmen, § 36a V. § 36a I–IV sind nicht anzuwenden, wenn die KapErträge (Rz 2) insgesamt nicht mehr als 20 000 € (Freigrenze) im VZ betragen (Kleinanleger-Privileg, Nr 1) *oder* wenn der StPfl bei Zufluss der KapErträge mindestens 1 Jahr wirtschaftl Eigentümer war (Nr 5 S 2 HS 1; Langfristanlage; *BMF* BStBl I 17, 726 Tz 89–102; zu Sonderfragen s *BeckOK EStG* § 36a Rz 229 ff). Die FIFO-Verwendungsreihenfolge gilt auch für die Jahresfristberechnung (Nr 5, HS 2).

7. Treuhänder und Treugeber als eine Person, § 36a VI. Für die KapEStAnrechnung werden in Pensionstreuhandfällen Treugeber und Treuhänder als eine Person behandelt (*BMF* BStBl I 17, 726 Tz 88). Gem Abs 6 S 2 gilt dies auch, wenn Versicherungsunternehmen für fondsgebundene Versicherungsverträge interne Fonds bilden.

13 **8. Geltung des § 42 AO, 36a VII; Berichtigungspflicht, § 153 AO. –**
(1) **§ 42 AO neben § 36a.** § 36a ist eine spezielle Missbrauchsregelung; gem Abs 7 bleibt § 42 AO daneben anwendbar. Vorrangig ist die Prüfung des wirtschaftl Eigentums (s *BMF* BStBl I 21, 1002: Stufe 1, danach des § 42 AO: Stufe 2, ebenso *BMF* BStBl I 21, 995 Rz 17). Die Kriterien in *BMF* BStBl I 21, 1002 und *BMF* BStBl I 21, 995 sind fragwürdig, da § 36a I–III EStG auf § 42 AO ausstrahlen (BFH I R 2/18 BStBl II 21, 580; zu § 42 AO in Altfällen s FG Hess EFG 20, 1167, rkr; *Schmidt* 39. Aufl § 36a Rz 3, 13 mwN). – *(2)* **Berichtigungspflicht, § 153 AO.** *BMF* BStBl I 21, 995 Rz 39 sieht aufgrund der ggü dem Vorgängerschreiben *BMF* BStBl I 17, 986 geänderten materiellen Auslegung zum wirtschaftl Eigentum gem § 39 II Nr 1 (AO; s Rz 4) *in allen offenen Fällen* eine Anzeige- und Berichtigungspflicht (§ 153 AO). Die „Unrichtigkeit" muss sich für die der StErklärung zugrunde gelegten erhebl Tatsachen beim Entleiher/Käufer ergeben. Sie ist nach unterschiedl Zeitabschnitten auf Grundlage der jeweiligen BMF-Auslegung und der BFH-Rspr (BFH I R 88/13 BStBl II 16, 961) iRe Einzelfallprüfung zu beurteilen (zutr *Moritz* DB 21, 2785, 2791; *Haselmann/Holle* DStR 21, 2425, 2427 ff). StBescheide können uU gem § 173 I Nr 1 AO geändert, die Anrechnungsverfügung uU gem § 130 II Nr 3 AO zurückgenommen werden.

§ 37 Einkommensteuer-Vorauszahlung

(1) ¹**Der Steuerpflichtige hat am 10. März, 10. Juni, 10. September und 10. Dezember Vorauszahlungen auf die Einkommensteuer zu entrichten, die er für den laufenden Veranlagungszeitraum voraussichtlich schulden wird.** ²**Die Einkommensteuer-Vorauszahlung entsteht jeweils mit Beginn des Kalendervierteljahres, in dem die Vorauszahlungen zu entrichten sind, oder, wenn die Steuerpflicht erst im Laufe des Kalendervierteljahres begründet wird, mit Begründung der Steuerpflicht.**

(2) *(weggefallen)*

(3) ¹**Das Finanzamt setzt die Vorauszahlungen durch Vorauszahlungsbescheid fest.** ²**Die Vorauszahlungen bemessen sich grundsätzlich nach der Einkommensteuer, die sich nach Anrechnung der Steuerabzugsbeträge (§ 36 Absatz 2 Nummer 2) bei der letzten Veranlagung ergeben hat.** ³**Das Finanzamt kann bis zum Ablauf des auf den Veranlagungszeitraum folgenden 15. Kalendermonats**[*] **die Vorauszahlungen an die Einkommensteuer anpassen, die sich für den Veranlagungszeitraum voraussichtlich ergeben wird; dieser Zeitraum verlängert sich auf 23 Monate**[*]**, wenn die Einkünfte aus Land- und Forstwirtschaft bei der erstmaligen Steuerfestsetzung die anderen Einkünfte voraussichtlich überwiegen werden.** ⁴**Bei der Anwendung der Sätze 2 und 3 bleiben Aufwendungen im Sinne des § 10 Absatz 1 Nummer 4, 5, 7 und 9 sowie Absatz 1a, der §§ 10b und 33 sowie die abziehbaren Beträge nach § 33a, wenn die Aufwendungen und abziehbaren Beträge insgesamt 600 Euro nicht übersteigen, außer Ansatz.** ⁵**Die Steuerermäßigung nach § 34a bleibt außer Ansatz.** ⁶**Bei der Anwendung der Sätze 2 und 3 bleibt der Sonderausgabenabzug nach § 10a Absatz 1 außer Ansatz.** ⁷**Außer Ansatz bleiben bis zur Anschaffung oder Fertigstellung der Objekte im Sinne des § 10e Absatz 1 und 2 und § 10h auch die Aufwendungen, die nach § 10e Absatz 6 und § 10h Satz 3 wie Sonderausgaben abgezogen werden; Entsprechendes gilt auch für Aufwendungen, die nach § 10i für nach dem Eigenheimzulagengesetz begünstigte Objekte wie Sonderausgaben abgezogen werden.** ⁸**Negative Einkünfte aus der Vermietung oder Verpachtung eines Gebäudes im Sinne des § 21 Absatz 1 Satz 1 Nummer 1 werden bei der Festsetzung der Vorauszahlungen nur für**

---

[*] Zur Verlängerung der Fristen gem § 52 Abs 35d s Rz 3 und 19.

Kalenderjahre berücksichtigt, die nach der Anschaffung oder Fertigstellung dieses Gebäudes beginnen. [9] Wird ein Gebäude vor dem Kalenderjahr seiner Fertigstellung angeschafft, tritt an die Stelle der Anschaffung die Fertigstellung. [10] Satz 8 gilt nicht für negative Einkünfte aus der Vermietung oder Verpachtung eines Gebäudes, für das Sonderabschreibungen nach § 7b dieses Gesetzes oder erhöhte Absetzungen nach den §§ 14a, 14c oder 14d des Berlinförderungsgesetzes in Anspruch genommen werden. [11] Satz 8 gilt für negative Einkünfte aus der Vermietung oder Verpachtung eines anderen Vermögensgegenstands im Sinne des § 21 Absatz 1 Satz 1 Nummer 1 bis 3 entsprechend mit der Maßgabe, dass an die Stelle der Anschaffung oder Fertigstellung die Aufnahme der Nutzung durch den Steuerpflichtigen tritt. [12] In den Fällen des § 31, in denen die gebotene steuerliche Freistellung eines Einkommensbetrags in Höhe des Existenzminimums eines Kindes durch das Kindergeld nicht in vollem Umfang bewirkt wird, bleiben bei der Anwendung der Sätze 2 und 3 Freibeträge nach § 32 Absatz 6 und zu verrechnendes Kindergeld außer Ansatz.

(4) [1] Bei einer nachträglichen Erhöhung der Vorauszahlungen ist die letzte Vorauszahlung für den Veranlagungszeitraum anzupassen. [2] Der Erhöhungsbetrag ist innerhalb eines Monats nach Bekanntgabe des Vorauszahlungsbescheids zu entrichten.

(5) [1] Vorauszahlungen sind nur festzusetzen, wenn sie mindestens 400 Euro im Kalenderjahr und mindestens 100 Euro für einen Vorauszahlungszeitpunkt betragen. [2] Festgesetzte Vorauszahlungen sind nur zu erhöhen, wenn sich der Erhöhungsbetrag im Fall des Absatzes 3 Satz 2 bis 5 für einen Vorauszahlungszeitpunkt auf mindestens 100 Euro, im Fall des Absatzes 4 auf mindestens 5000 Euro beläuft.

(6) *(aufgehoben)*

Einkommensteuer-Richtlinien: EStR 37; EStH 37

Übersicht

	Rz
1. Allgemeines	1–5
2. Entrichtung; Entstehung, § 37 I	6–9
3. Festsetzung; Anpassung, § 37 III	12–29
4. Nachträgliche Erhöhung, § 37 IV	35
5. Mindestbeträge für Festsetzung und Anpassung, § 37 V	36
6. Rechtsbehelfe	40, 41

1. Allgemeines. – a) Bedeutung; Aufbau. Gem § 36 I entsteht die ESt grds mit Ablauf des VZ (§ 25 I: Kj, s § 36 Rz 1). Hierzu enthält § 37 I eine Ausnahme: Vorauszahlungen zur ESt entstehen mit **Beginn des lfd Kalendervierteljahres** und sind dementsprechend vierteljährl bereits im VZ zu entrichten. Dies dient der Sicherung eines stetigen Steueraufkommens (BFH VII R 42/10 BStBl II 11, 607, mwN) und soll eine (annähernde) Gleichstellung der Bezieher von Gewinneinkünften mit denjenigen StPfl bewirken, die ihre Steuer durch Steuerabzug (LSt, KapESt) vorauszahlen (Art 3 GG, s Rz 4). – **§ 37 I** regelt Fälligkeit und Entstehung der Vorauszahlungsschuld, **§ 37 III** ihre Festsetzung und Anpassung. **§ 37 IV** enthält Sonderregelungen für eine nachträgl Erhöhung der Vorauszahlungen. **§ 37 V** bestimmt Mindestbeträge für die Festsetzung und Erhöhung von Vorauszahlungen. 1

b) Anwendungsbereich. § 37 gilt gleichermaßen für unbeschr und beschr StPfl; er gilt über die ESt hinaus über § 51a auch für SolZ und KiSt und über § 31 I KStG für die KSt. 2

c) Neuere Rechtsentwicklung. Die Fristen zur Anpassung der Vorauszahlungen in § 37 III 3 sind gem § 52 Abs 35d idF des **ATADUmsG** (BGBl I 21, 2035) für VZ 2019 und VZ 2020 verlängert worden (s Rz 19). Eine entspr Verlängerung 3 für VZ 2021 ist nach dem Entwurf für ein **CoronaStHG IV** vorgesehen. Zu weiteren Änderungen s *Schmidt* 40. Aufl § 37 Rz 3 und *BH/Ettlich* Rz 6 ff.

4 **d) Verfassungsrecht.** Das geltende Vorauszahlungssystem ist verfgemäß (BFH VIII R 11/09 BStBl II 12, 329). Es nähert die Besteuerung der Bezieher von Gewinneinkünften der Besteuerung von StPfl an, die ihre Steuer durch St-Abzug (LSt, KapESt) vorauszahlen (Art 3 GG; s BFH VI B 38/67 BStBl III 67, 659).

5 **e) Verhältnis zu anderen Vorschriften.** § 37 I setzt für ESt-Vorauszahlungen einen von § 36 I abweichenden, früheren Entstehungszeitpunkt fest. – **LSt** ist bei Bemessung der Vorauszahlungen zu berücksichtigen (§ 37 III 2). Die beiden Erhebungsformen schließen einander nicht aus; für ArbN, deren Lohn dem LSt-Abzug unterliegt, können auch Vorauszahlungen festgesetzt werden (BFH VI R 182/97 BStBl II 05, 358; FG Ddorf DStRE 05, 696, rkr).

6 **2. Entrichtung; Entstehung, § 37 I. – a) Entrichtung der Vorauszahlungen, § 37 I 1.** Die Vorauszahlungstermine 10.3., 10.6., 10.9. und 10.12. sind gesetzl vorgegeben; abweichende Vorauszahlungstermine (§ 37 II aF) werden seit 2009 nicht mehr festgesetzt.

7 **aa) Fälligkeit.** Sie kann erst nach Entstehen der Vorauszahlungsschuld (§ 37 I 2, s Rz 9) eintreten und setzt das Ergehen eines Vorauszahlungsbescheids voraus (§ 37 III 1, s Rz 12; ebenso: *KS* § 37 Rz 26; **aA** *HHR* § 37 Rz 25: Bescheid ist konstitutiv für Fälligkeit *und* Entstehung).

Beispiele: Wird die StPfl am 11. Juni begründet, kann eine an diesem Tag entstehende Vorauszahlungsschuld erst zum 10. September angefordert werden. Dagegen ist es für eine am 1. April entstandene Vorauszahlungsschuld ohne Bedeutung, wenn der StPfl danach (zB am 1. Juni) stirbt. Die Vorauszahlungen zum 10. Juni sind vom Erben für den verstorbenen StPfl zu entrichten. Spätere Vorauszahlungen müssen gegen Erben persönl durch eigene Vorauszahlungsbescheide festgesetzt werden; der an den Erblasser gerichtete Vorauszahlungsbescheid verliert seine Wirksamkeit (wohl **aA** FG Mster EFG 17, 1746, rkr).

8 **bb) Säumnis; Stundung.** Bei nicht rechtzeitiger Zahlung sind **Säumniszuschläge** verwirkt (§ 240 AO); eine Säumnis von bis zu 3 Tagen ist unschädl (§ 240 III AO). Säumniszuschläge bleiben gem § 240 I 4 AO auch dann verwirkt, wenn die Vorauszahlungen im Rechtsbehelfsverfahren herabgesetzt oder später an die zu erwartende niedrigere Jahressteuer angepasst werden (vgl *TK* § 240 AO Rz 43 mwN; s auch Rz 24 aE; BFH GrS 1/75 BStBl II 76, 262, und BFH VI R 152/70 BStBl II 76, 739 sind durch § 240 I 4 AO überholt). – Die Vorauszahlungsschuld kann gestundet werden (§ 222 AO; s auch BFH IV R 161/81 BStBl 78, 449); zur Verrechnungsstundung s BFH II R 71/94 BFH/NV 96, 873. **Stundungszinsen** auf Vorauszahlungen sind herabzusetzen, wenn die spätere EStVeranlagung zu einer niedrigeren ESt führt (FG Köln EFG 96, 575, rkr).

9 **b) Entstehung der Vorauszahlungsschuld, § 37 I 2.** Die Vorauszahlungsschuld entsteht dem Grunde nach regelmäßig am 1. Januar, 1. April, 1. Juli und 1. Oktober (nicht der Höhe nach; s *TK* § 38 AO Rz 18; *Kruse* FS K.Tipke S 285). Wird die obj oder subj StPfl (*HHR* § 37 Rz 15) erst im Laufe eines Kalendervierteljahres begründet, entsteht die Vorauszahlungsschuld mit der StPfl-Begründung.

12 **3. Festsetzung; Anpassung, § 37 III. – a) Vorauszahlungsbescheid, § 37 III 1.** ESt-Vorauszahlungen sind Steuern iSv § 3 I AO (BFH VII R 74/96 BStBl II 97, 600). Der Vorauszahlungsbescheid ist ein StBescheid unter Vorbehalt der Nachprüfung (§ 164 I 2 AO). Er wird idR mit dem EStBescheid für eines der Vorjahre verbunden; es handelt sich aber um zwei verschiedene Bescheide (wichtig für Rechtsbehelfe, s Rz 40).

13 **aa) Wirksamkeit.** Der Vorauszahlungsbescheid bleibt solange **wirksam**, bis er aufgehoben wird oder ein (Jahres-)EStBescheid ergeht. Mit Ergehen des (Jahres-)EStBescheids erledigt sich der Vorauszahlungsbescheid „auf andere Weise" iSv § 124 II AO (s BFH VII R 42/10 BStBl II 11, 607, mwN; BFH I R 43/12 BFH/NV 15,

306). Das gilt auch dann, wenn der EStBescheid erst nach Eintritt der Festsetzungsverjährung ergeht; in diesem Fall erlangt der Vorauszahlungsbescheid seine Rechtswirkungen auch nach Aufhebung des Jahressteuerbescheids nicht mehr zurück, sodass mit Aufhebung des Jahressteuerbescheids die Vorauszahlungen wegen eingetretener Festsetzungsverjährung zu erstatten sind (FG BaWü DStRE 05, 474, rkr).

bb) Bedeutung. Die Vorauszahlungsschuld ist eine durch Festsetzung der ESt auflösend bedingte StSchuld (BFH VII R 42/10 BStBl II 11, 607; ausführl *KSM* § 37 A 10 f; ebenso *TK* § 38 AO Rz 19). Zwar erlischt sie bereits mit Ablauf des VZ, *soweit* keine EStSchuld entstanden ist; daher entsteht ein etwaiger Erstattungsanspruch, der abgetreten und gepfändet werden kann, bereits mit Ablauf des VZ und nicht erst mit Festsetzung der Jahressteuerschuld (s BFH VII R 86/88 BStBl II 90, 523; BFH VII R 109/93 BFH/NV 94, 839; s auch *TK* § 37 AO Rz 45). Doch solange der **Vorauszahlungsbescheid wirksam** ist, kann eine Erstattung überzahlter Vorauszahlungen nicht verlangt werden. Seine Wirksamkeit verliert der Vorauszahlungsbescheid aber nur durch ausdrückl Aufhebung oder durch Erlass des Jahressteuerbescheids (Rz 13). – Nach **Ergehen des Jahressteuerbescheids** kann der Vorauszahlungsbescheid nicht mehr vollzogen werden (*KSM* § 37 A 14); denn der Jahressteuerbescheid nimmt den Vorauszahlungsbescheid in seinen Regelungsgehalt auf (BFH VII R 42/10 BStBl II 11, 607). – Ebenso kann ein Vorauszahlungsbescheid nach Eintritt der **Verjährung der EStJahresschuld** nicht mehr vollzogen werden (*KSM* § 37 A 16). Hat der StPfl allerdings bereits gezahlt, wird der Vorauszahlungsbescheid durch den Verjährungseintritt nicht unwirksam; er wird vielmehr zum endgültigen Bescheid (§ 164 IV 1 AO; str, wie hier: *HHSp* § 37 AO Rz 49; *TK* § 37 AO Rz 45; *BH/Ettlich* § 37 Rz 102; aA FG Nds EFG 10, 538 mwN, rkr; *Koops/Scharfenberg* DStR 95, 552; *HHR* § 37 Rz 30 mwN). Die über den materiellen StAnspruch hinaus geleisteten Vorauszahlungen können wegen der formellen Bescheidlage allenfalls im **Billigkeitswege** erstattet werden (*TK* § 37 AO Rz 45; aA *KSM* § 37 A 19: keine Billigkeitsmaßnahme).

b) Bemessung, § 37 III 2. – aa) Prognose. Bemessungsgrundlage für die Vorauszahlungen ist die für den laufenden VZ voraussichtl anfallende EStSchuld. Die konkrete Höhe der Vorauszahlungen richtet sich grds, wenn keine anderen Anhaltspunkte vorliegen, nach der EStSchuld, die sich **aus der letzten Veranlagung** nach Anrechnung von Steuerabzugsbeträgen und KSt ergeben hat. Kann der StPfl glaubhaft machen, dass die EStSchuld des Vorauszahlungsjahres niedriger sein wird, gilt die niedrigere voraussichtl EStSchuld als Bemessungsgrundlage für die Vorauszahlungen. Andernfalls ist die letzte Veranlagung solange Bemessungsgrundlage, bis die ESt durch einen neuen Bescheid oder eine Rechtsbehelfsentscheidung geändert oder die ESt für ein nachfolgendes Kj festgesetzt wird.

Zur **Hinterziehung** von ESt-Vorauszahlungen durch unrichtige Angaben in der Jahressteuererklärung s BFH VII R 74/96 BStBl II 97, 600, und FG Mster EFG 16, 965, rkr. **Hinterziehungszinsen** für Vorauszahlungen *neben* Hinterziehungszinsen zur ESt sind zulässig, wenn sich die Zinsläufe nicht überschneiden (BFH VIII R 18/18 DStR 21, 2837). – Die Festsetzung **negativer ESt-Vorauszahlungen** ist unzulässig, auch wenn damit LSt-Überzahlungen ausgeglichen werden sollen (s auch BFH VI R 18/15 BStBl II 16, 898); das LSt-Ermäßigungsverfahren (§ 39a) enthält hierfür eine abschließende Regelung (FG BaWü EFG 76, 342, rkr; BVerfG 1 BvR 815/76 HFR 77, 255; ferner FG Nds EFG 94, 302, rkr).

bb) Gleichmäßige Verteilung. Die vier Vorauszahlungen sind, wenn sie vor dem 10.3. festgesetzt worden sind und keine Anpassung im lfd Kj erfolgt (Rz 18), mit jeweils einem Viertel der voraussichtl Jahressteuerschuld anzusetzen. Das gilt auch dann, wenn der StPfl im Wesentlichen **saisonale Einnahmen** erzielt (ausführl: BFH VIII R 11/09 BStBl II 14, 329). Hier kann evtl durch Stundung geholfen werden (dagegen FG Nds EFG 82, 571, rkr).

c) Anpassung von Vorauszahlungen, § 37 III 3. – aa) Von Amts wegen und auf Antrag. Ergeben sich im Nachhinein Anhaltspunkte für eine höhere oder niedrigere voraussichtl EStSchuld des betr Kj, zB durch geänderte StBescheide für den vorangegangenen VZ oder aus anderen Umständen (Umsatzeinbruch etc), kann das **FA** die bereits festgesetzte Vorauszahlungen anpassen (gegen automatische Anpassung *KSM* § 37 A 25); das ist die Grundaussage des § 37 III 3. Da der Vorauszahlungsbescheid ein StBescheid unter Vorbehalt der Nachprüfung ist (§ 164 I 2 AO, s Rz 12), kann gem § 164 II 2 AO auch der **StPfl** eine Anpassung beantragen (zB zur Vermeidung von Nachzahlungszinsen, § 233a). Beantragt er eine Herabsetzung, muss er die Gesamtsituation darlegen, nicht nur die für ihn günstigen Umstände (FG Mster EFG 93, 236, rkr; BFH XI R 17/18 BStBl II 19, 647; zur Glaubhaftmachung s *HHR* § 37 Rz 42). – Nach Ablauf der **Frist** des § 37 III 3 kommt eine Anpassung grds nicht mehr in Betracht, auch nicht, wenn der StPfl selbst eine Anhebung der Vorauszahlungen beantragt (BFH X R 65/96 BFH/NV 02, 1567: allenfalls nach Treu und Glauben).

18 bb) **Noch nicht fällige Vorauszahlungen.** Zum Zeitpunkt der Anpassung noch nicht fällige Vorauszahlungen sind so festzusetzen, dass sie insgesamt mit den schon fällig gewesenen Zahlungen der voraussichtl EStSchuld entsprechen. Die **Monatsfrist** des § 37 IV 2 soll nach wohl überwiegender Auffassung bei kurzfristiger Erhöhung noch ausstehende Vorauszahlungen nicht gelten (BFH IV R 241/80 BStBl II 82, 105; *BH/Ettlich* § 37 Rz 146; EStH 37; zutr **aA** *HHR* § 37 Rz 50: analoge Anwendung des § 37 IV 2; *Friedrich* FR 81, 609; ausführl *Diebold* FR 92, 708). Folgt man dem BFH, hat der StPfl aber einen Anspruch auf **zinslose Stundung,** sodass die Vorauszahlung nicht vor Ablauf eines Monats nach Bekanntgabe des geänderten neuen Vorauszahlungsbescheids fällig wird; das gilt allerdings nicht, wenn die Anpassung auf einer erklärungsgemäß durchgeführten Veranlagung für ein Vorjahr beruht (BFH IV R 241/80 BStBl II 82, 105; *KSM* § 37 Rz B 13). – Zu den **Wertgrenzen** des § 37 V s Rz 36.

19 cc) **Bereits fällige Vorauszahlungen.** – (1) **Erhöhung.** Ohne Zustimmung des StPfl dürfen bereits fällig gewordene Vorauszahlungen im lfd Kj nicht nachträgl erhöht werden. Das gilt allerdings nicht für die **Vorauszahlung zum 10. Dezember.** Diese kann gem § 37 III 3 bis zum Ablauf des auf den VZ folgenden 15./23. Kalendermonat (vgl § 233a AO) mit einer Zahlungsfrist von einem Monat nachträgl erhöht werden. Auch hier sind die **Wertgrenzen** des § 37 V zu berücksichtigen (s Rz 36). Für **VZ 2019/2020** gelten auf Antrag des StPfl die verlängerten Fristen des § 52 Abs 35d, also 21./28. des Kalendermonats (VZ 2019) bzw 18./26. des Kalendermonats (s BT-Drs 19/29848, 64: Folgeänderung zur Verlängerung der Erklärungsfristen des § 149 AO und der zinsfreien Karenzzeit des § 233a AO, Vermeidung von Nachzahlungszinsen). Nach dem Entwurf für ein CoronaStHG IV ist eine weitere Verlängerung der Fristen für **VZ 2019–2022** vorgesehen. – Ein Vorauszahlungsbescheid kann auch noch erteilt oder eine Vorauszahlung angepasst werden, wenn bereits die EStErklärung für den abgelaufenen VZ eingereicht wurde (BFH VIII B 69/75 BStBl II 77, 33).

20 (2) **Herabsetzung.** Eine nachträgl Herabsetzung bereits fällig gewordener Vorauszahlungen ist ohne Einschränkung möglich (dazu *KSM* § 37 E 7), und zwar noch im folgenden VZ für das vergangene Kj. § 37 III 3 spricht nur allg von Anpassung; § 37 IV 1 ist eine Sonderregelung nur für die heraufsetzende Anpassung, aus der nicht das Verbot einer herabsetzenden Anpassung abgeleitet werden kann (glA *HHR* § 37 Rz 51 f; *BH/Ettlich* § 37 Rz 151: Ermessensreduzierung auf Null, wenn die bereits geleisteten Vorauszahlungen die zu erwartende ESt-Schuld übersteigen).

Zur Anpassung der Vorauszahlungen im Hinblick auf einen **Verlustrücktrag** s *Orth* FR 83, 545 und FR 84, 241 ff (unter Berücksichtigung des § 37 III 7–11; hierzu auch mit zT **aA** *Horlemann* BB 84, 1217).

21 dd) **Keine Berichtigungspflicht.** Der StPfl ist nicht verpflichtet, eine Erhöhung der Vorauszahlung zu beantragen, wenn er erkennt, dass die EStSchuld voraussichtl höher als die Summe der Vorauszahlungen sein wird oder wenn

Festsetzung und Anpassung   22–25   § 37

sich nach einer Herabsetzung die Verhältnisse steuererhöhend entwickelt haben (*FM SchlHol* DStR 94, 1085); das FA ist im Einzelfall zu Nachforschungen berechtigt. Unrichtige Auskünfte hat der StPfl zu berichtigen (FG Ddorf EFG 89, 491, rkr).

Zur Frage, ob sich der StPfl bei einem Streit über die **VerfMäßigkeit von Nachzahlungszinsen** (§ 233a AO) vorhalten lassen muss, er hätte die nachträgl Erhebung von Vorauszahlungen beantragen können, s BFH III R 10/16 BStBl II 18, 255, und FG BaWü EFG 18, 341, Rev IX R 24/21.

ee) Entscheidung des Finanzamts. Nach hM soll die Entscheidung des FA 22 über die Anpassung der Vorauszahlungen eine **Ermessensentscheidung** sein (BFH IV R 81/79 BStBl II 82, 446, auch für die erstmalige Festsetzung; BFH IV R 241/80 BStBl II 82, 105; BFH I R 21/74 BStBl II 76, 389; BFH I 65/64 BStBl III 66, 605; s auch FG Hess EFG 81, 632, rkr; FG Hbg EFG 11, 1425), soweit es um Zweifelsfragen bei der Ermittlung der Besteuerungsgrundlagen geht (BFH IX B 121/84 BStBl II 86, 749). Das FA soll nicht ermessensfehlerhaft handeln, wenn es der im Zeitpunkt der Vorauszahlungsentscheidung allg vertretenen Rechtsauffassung folgt. Diese Auffassung ist **zweifelhaft** (überzeugend gegen BFH: *KSM* § 37 Rz D 143; *HHR* § 37 Rz 41, 43). Den Belangen der StPfl wird man nur gerecht, wenn das FG den Vorauszahlungsbescheid entspr den zu § 69 FGO entwickelten Grundsätzen überprüfen kann (s auch Rz 18). Um keine Ermessensentscheidung handelt es sich aber, soweit es um die Auslegung des § 37 selbst geht (BFH IX B 121/84 BStBl II 86, 749). Ein auf der Annahme der Zusammenveranlagung beruhender Vorauszahlungsbescheid soll rechtmäßig bleiben, wenn im Klageverfahren erstmals angekündigt wird, die getrennte Veranlagung zu wählen (FG Nds EFG 10, 1021, rkr).

d) Außer Ansatz bleibende Beträge, § 37 III 4–12. – aa) Sonderausga- 23 **ben; außergewöhnliche Belastungen; nicht entnommene Gewinne, § 37 III 4–7.** Bei der Bemessung und Anpassung der Vorauszahlungen bleiben gem § 37 III 4 die dort genannten SA und agB unberücksichtigt, wenn sie *insgesamt* 600 € nicht übersteigen (getrennte Veranlagung von Ehegatten: s EStR 37). Zur Ermittlung der 600 €-Grenze s § 39a Rz 11. Vorsorgeaufwendungen iSd § 10 I Nr 2 (Versicherungsbeiträge) werden nicht genannt; sie können daher iRd Höchstbeträge (§ 10 III) berücksichtigt werden (anders als bei § 39a, s § 39a Rz 4; glA *BH/Ettlich* § 37 Rz 18). – Auch die Begünstigung nicht entnommener Gewinne (§ 34a) bleibt gem § 37 III 5 im Vorauszahlungsverfahren außer Ansatz. Dasselbe gilt gem § 37 III 6 für SA nach § 10a. Die in § 37 III 7 genannten Vorschriften (§ 10e VI, § 10h S 3 und § 10i) haben keine aktuelle Bedeutung mehr, s *Schmidt* 23. Aufl § 37 Rz 15.

bb) Verluste aus Vermietung und Verpachtung, § 37 III 8–11. – (1) Be- 24 **deutung.** Negative Einkünfte (Verluste) aus VuV eines Gebäudes iSd § 21 I Nr 1 oder eines anderen Vermögensgegenstands iSd § 21 I Nr 1–3 können **während der Bauphase** bis einschließl des Jahres der Fertigstellung oder der Anschaffung bzw des Jahres der Aufnahme der Nutzung nicht im *Vorauszahlungsverfahren* steuermindernd berücksichtigt werden (verfgemäß BFH VI B 154/93 BStBl II 94, 567, AdV; FG Hess BB 95, 2626, rkr, mit abl Anm *Zärban;* **aA** auch *Paus* FR 95, 14). Grund: Einschränkung der Vorfinanzierung von Eigenkapitalleistungen über ersparte EStVorauszahlungen (BT-Drs 10/336 S 37 vor allem bei „Bauherrenmodellen"; s dazu auch *Schmidt* 23. Aufl § 37 Rz 24 aE mwN; BFH IX R 17/06 BStBl II 07, 627: kein Erlass von Säumniszuschlägen).

(2) Sachlicher Anwendungsbereich. Unter die Regelung fallen nur Objekte, 25 die iRd **Einkünfte aus VuV iSv § 21 I 1 Nr 1** vermietet oder verpachtet werden. Gehört das für die Vermietung vorgesehene Objekt zum BV (GewBetr, selbstständige Arbeit, LuF), sind die während der Bauphase anfallenden Verluste in vollem Umfang bei der Festsetzung der Vorauszahlungen zu berücksichtigen (ganz

Loschelder 2029

hM). Damit sind auch *gewerbl* Bauherren- oder Erwerbermodelle von der Einschränkung nicht erfasst (s aber § 15b).

26 **(3) Gebäude, § 37 III 8 und 9.** Bei Gebäuden, die vermietet/verpachtet werden sollen, können die Verluste gem **§ 37 III 8** erstmals bei den Vorauszahlungen des Jahres angesetzt werden, das dem Jahr der Fertigstellung (Abschluss der wesentl Baumaßnahmen, § 6 Rz 156) oder Anschaffung (§ 6 Rz 35) folgt. Darum gilt es, die Fertigstellung, Anschaffung bzw Aufnahme der Nutzung noch vor Jahresende zu erreichen. – Beim Erwerb unfertiger Gebäude tritt gem **§ 37 III 9** an die Stelle der Anschaffung die Fertigstellung. Erwerb eines fertigen Gebäudes in der Absicht, die Wohnungen in Eigentumswohnungen umzuwandeln, ist aber nicht Anschaffung „unfertiger" Eigentumswohnungen. In Fällen des Erwerbs und nachfolgender Altbausanierung ist die Anschaffung maßgebl, wenn ein bewohnbares Gebäude angeschafft wird (*KSM* § 37 Rz D 71).

27 **(4) Sonderabschreibung; BerlinFG, § 37 III 10.** Die Einschränkung der Verlustberücksichtigung gem § 37 III 8 gilt nicht für negative Einkünfte aus VuV eines Gebäudes, für das SonderAfA nach **§ 7b** in Anspruch genommen worden ist (s BT-Drs 19/4949, 15: weiterer Investitionsanreiz; Berücksichtigung bei der LSt-Ermäßigung: § 39a I 1 Nr 5 Buchst b). Die Verweisung auf **§§ 14a, 14c, 14d BerlinFG** ist obsolet (ausgelaufenes Recht, s *Schmidt* 27. Aufl § 37 Rz 14).

28 **(5) Andere Vermögensgegenstände, § 37 III 11.** Andere Vermögensgegenständen iSv § 21 I 1 Nr 1–3 (s § 21 Rz 101) sind insb **Grundstücke** (Grund und Boden) und **Gebäudeteile**, also auch **Eigentumswohnungen** (glA *BH/Ettlich* § 37 Rz 170; aA *HHR* § 37 Rz 79 „Wohneigentum"; *KS* § 37 Rz 21). Gebäudeteile können auch reinstes abschnittsweiser Errichtung eines Gebäudes und bei **Ausbauten/Erweiterungen** (*Puhl* DB 84, 12). Nach *HHR* § 37 Rz 79 zählen Gebäudeteile, Ausbauten und Erweiterungen zu den Gebäuden. Bei diesen anderen Vermögensgegenständen können die Verluste erstmals bei den Vorauszahlungen desjenigen Jahres angesetzt werden, das dem Jahr der **Aufnahme der Nutzung** durch den StPfl folgt. Der StPfl hat mE dann die Nutzung aufgenommen, wenn er den zur VuV bereits geeigneten Vermögensgegenstand ernstl zur VuV anbietet (zB Fälle vergebl Vermietungsbemühungen bei Eigentumswohnungen; *HHR* § 37 Rz 89; so wohl auch *Altehoefer/ua* DStZ 84, 18). Die Aufnahme der Nutzung durch den Mieter oder Pächter ist nicht erforderl (*HHR* § 37 Rz 89; so aber *Bordewin* FR 84, 64; *Puhl* DB 84, 14). – Bei **Gebäudeteilen (zB Eigentumswohnungen)** kommt es auf die Aufnahme der Nutzung nicht an, wenn das gesamte Gebäude fertiggestellt ist (glA *Puhl* DB 84, 14; aA *Bordewin* FR 84, 64; *KS* § 37 Rz 21). – Bei **Grund und Boden** ist die Aufnahme der Nutzung nicht im Baubeginn zu sehen; erforderl ist Aufnahme der Nutzung zur VuV (*HHR* § 37 Rz 89; *KSM* § 37 D 39).

29 **cc) Kinderentlastung, § 37 III 12.** Höhere StEntlastungen, die sich auf Grund der Gewährung von Kinder- und Betreuungsfreibeträgen (§ 32 VI) anstelle des KiGelds ergeben (§ 31 S 4), werden erst im Veranlagungsverfahren berücksichtigt.

35 **4. Nachträgliche Erhöhung, § 37 IV.** Dass eine nachträgl Erhöhung bereits fällig gewordener Vorauszahlungen (befristet) zulässig ist, ergibt sich aus § 37 III 3 (s Rz 19). In diesem Fall gilt gem § 37 IV die erhöhte Vorauszahlungsschuld als am 1.10. entstanden (glA, aber krit *HHR* § 37 Rz 100; aA *KSM* § 37 Rz B 8) und ist innerhalb eines Monats nach Bekanntgabe des (geänderten) Vorauszahlungsbescheids zu entrichten.

36 **5. Mindestbeträge für Festsetzung und Anpassung, § 37 V.** Vorauszahlungen dürfen nur unter Berücksichtigung der in § 37 V genannten Mindestbeträge festgesetzt (400 € im Kj und 100 € im Vierteljahr) und angepasst werden (grds 100 €). Eine nachträgl Erhöhung bereits fällig gewordener Vorauszahlungen (§ 37 IV) ist nur zulässig, wenn sich die Erhöhung auf mindestens 5000 € beläuft (seit

2009). Das soll auch dann gelten, wenn sich eine Erhöhung letztl zugunsten des StPfl auswirkt (BFH III R 243/94 BFH/NV 99, 288: Nachzahlungszinsen; **aA** *von Bornhaupt* DStZ 99, 148).

6. Rechtsbehelfe. – a) Vorauszahlungsbescheid. Gegen erstmalige Voraus- **40** zahlungsbescheide, Anpassungsbescheide und die Herabsetzung ablehnende Bescheide ist der **Einspruch** gegeben. Der Einspruch gegen den EStBescheid erstreckt sich nicht ohne Weiteres auf den mitergangenen Vorauszahlungsbescheid. Ein Antrag auf Anpassung der EStVorauszahlungen kann uU in einen Einspruch gegen den bereits ergangenen EStBescheid umgedeutet werden (FG Köln EFG 02, 1140, rkr). Die Tilgung der Vorauszahlungsschuld kann nur im **Abrechnungsverfahren** gem § 218 II AO geltend gemacht werden. – Bei Anfechtung eines Vorauszahlungsbescheids kann vorläufiger Rechtsschutz durch **AdV des Vorauszahlungsbescheids** gewährt werden (BFH I B 3/78 BStBl II 79, 46, stillschweigend; Anm *Hein* BB 80, 1099; FG Ddorf EFG 76, 350 rkr; FG Bln EFG 78, 438 rkr). Zu Aussetzungszinsen s FG Köln EFG 93, 281, rkr. Hat das FA eine **herabsetzende Anpassung der Vorauszahlungen abgelehnt,** soll gegen diese angefochtene Entscheidung nach § 114 FGO vorläufiger Rechtsschutz gewährt werden, der aber nur in einer vorläufigen Stundung, nicht dagegen in einer Herabsetzung der Vorauszahlungen bestehen kann (BFH I B 7/75 BStBl II 75, 778; zum Anordnungsgrund s BFH VIII B 115/82 BStBl II 84, 492; krit *KSM* § 37 Rz A 65); diese Rspr ist mE überholt; auch in diesem Fall kann AdV gewährt werden (wie bisher aber BFH I B 187/90 BStBl II 91, 643; Zweifel in *Anm* HFR 91, 541). – Ein **EStVorauszahlungsbescheid erledigt** sich mit Ergehen des EStBescheids (s Rz 13). Ein Rechtsstreit ist damit in der Hauptsache erledigt. Gleiches gilt für KiSt-Anmeldung/KiStBescheid (BFH I R 44/96 BStBl II 98, 207). – Ist ein Klageverfahren anhängig, wird der EStBescheid Verfahrensgegenstand (BFH X R 15/07 BStBl II 09, 710); zur Zulässigkeit einer Fortsetzungsfeststellungsklage s BFH X B 58/13 BFH/NV 14, 361. – Eine im Vorauszahlungsverfahren ergangene gerichtl Entscheidung ist im späteren Veranlagungsverfahren nicht bindend (zuletzt BFH IV E 2/80 BStBl II 80, 520 unter Nr 3).

b) Aussetzung der Vollziehung des Einkommensteuerbescheids. Durch **41** Änderung des **§ 361 II AO/§ 69 II FGO** ist die Aussetzung/Aufhebung der Vollziehung nur noch auf die festgesetzte ESt, vermindert um die anzurechnenden StAbzugsbeträge, um die anzurechnende KSt und um die festgesetzten (auf Zahlung kommt es nicht an) Vorauszahlungen, beschränkt. Damit führt die AdV eines EStBescheids idR nicht mehr zur vorläufigen Erstattung, es sei denn, dem StPfl drohen **wesentl Nachteile** (s AEAO zu § 361, 4.6.1, mit Beispielen; *Suhrbier-Hahn* DStR 98, 1705). Geht man davon aus, dass die Entscheidung des FA über die Anpassung der Vorauszahlungen eine Ermessensentscheidung ist (s dazu Rz 6), kann dies gegen **Art 19 IV GG** verstoßen (s auch die zutr Kritik von *Woerner* BB 96, 2649; verfrechtl Bedenken *Siegert* DStZ 97, 222 ff). BFH I B 49/99 BStBl II 00, 57 und BFH X B 99/99 BStBl II 00, 559 (sogar bei früherer Aussetzung der Vollziehung der Vorauszahlungen; zust *KS* § 37 Rz 30) bejahen mE zu Unrecht die VerfMäßigkeit (**aA** FG Nds DStRE 00, 274, rkr, für verfkonforme Auslegung; ebenso *TK* § 69 FGO Rz 183; *Leonard* DB 99, 2280). S aber BFH V R 42/08 BStBl II 10, 955: **Erlass von Säumniszuschlägen** (*TK* § 361 AO Rz 13).

§ 37a Pauschalierung der Einkommensteuer durch Dritte

(1) ¹**Das Finanzamt kann auf Antrag zulassen, dass das Unternehmen, das Sachprämien im Sinne des § 3 Nummer 38 gewährt, die Einkommensteuer für den Teil der Prämien, der nicht steuerfrei ist, pauschal erhebt.** ²**Bemessungsgrundlage der pauschalen Einkommensteuer ist der gesamte Wert der Prämien, die den im Inland ansässigen Steuerpflichtigen zufließen.** ³**Der Pauschsteuersatz beträgt 2,25 Prozent.**

(2) ¹**Auf die pauschale Einkommensteuer ist § 40 Absatz 3 sinngemäß anzuwenden.** ²**Das Unternehmen hat die Prämienempfänger von der Steuerübernahme zu unterrichten.**

(3) ¹**Über den Antrag entscheidet das Betriebsstättenfinanzamt des Unternehmens (§ 41a Absatz 1 Satz 1 Nummer 1).** ²**Hat das Unternehmen mehrere Betriebsstättenfinanzämter, so ist das Finanzamt der Betriebsstätte zuständig, in der die für die pauschale Besteuerung maßgebenden Prämien ermittelt werden.** ³**Die Genehmigung zur Pauschalierung wird mit Wirkung für die Zukunft erteilt und kann zeitlich befristet werden; sie erstreckt sich auf alle im Geltungszeitraum ausgeschütteten Prämien.**

(4) **Die pauschale Einkommensteuer gilt als Lohnsteuer und ist von dem Unternehmen in der Lohnsteuer-Anmeldung der Betriebsstätte im Sinne des Absatzes 3 anzumelden und spätestens am zehnten Tag nach Ablauf des für die Betriebsstätte maßgebenden Lohnsteuer-Anmeldungszeitraums an das Betriebsstättenfinanzamt abzuführen.**

Lohnsteuer-Richtlinien: LStH 37a.

1   1. Allgemeines. Die Regelung über die StFreiheit privater Sachprämien aus Kundenbindungsprogrammen in § 3 Nr 38 (s § 3 Rz 129) wird durch § 37a (bestätigt durch BGBl I 11, 554) dahingehend ergänzt, dass das Unternehmen, das die Sachprämie (Freiflüge, Freiübernachtungen als BE oder Lohn) gewährt, die darauf entfallende ESt in Form einer pauschalen Steuer übernimmt. Damit soll erreicht werden, dass der Kunde, der die Sachprämie erhält, diese in seiner StErklärung nicht angeben muss und damit aus den Kundenbindungsprogrammen steuerl nicht behelligt wird.

Zu europarechtl Bedenken s *BeckOK EStG* § 37a Rz 20; *KSM* § 37a A 42 ff, mwN. Zu **SolZ und KiSt** s § 51a Rz 4 (s auch § 40 Rz 3; *HHR* § 40 Rz 65; *Giloy* BB 98, 720; *GLE* BStBl I 16, 773: Wahl zw vereinfachtem Verfahren und Nachweisverfahren); seit 2009 ist die SV-Pflicht entfallen (§ 1 S 1 Nr 13 SvEV). Zu unionsrechtl Fragen s *Robisch* DStR 11, 9.

3   2. Bonusmeilen; Bonuspunkte. – a) Gewinneinkünfte. Werden einem Unternehmer für eine betriebl veranlasste Flugreise/Hotelübernachtung sog Bonusmeilen oder Bonuspunkte gutgeschrieben, ist der Aufwand für den Flug/die Hotelübernachtung in voller Höhe BA (unabhängig von der Gewinnermittlungsart). Die gutgeschriebenen Bonuspunkte, die aus dieser BA resultieren, sind iHd Wertes (tarifmäßige Flugpreise, gutgeschriebene Hotelübernachtung etc) zu erfassen (für bilanzierende StPfl: **Aktivierung** der Forderung aus dem Bonusprogramm; zT **aA** *HHR* § 37a Rz 7; *KSM* § 37a Rz A 14). Werden die Bonuspunkte später für eine *betriebl* Reise eingesetzt, ist der Wert der im Einsatz erfassten Bonuspunkte nun als **BA** abzusetzen; der Einsatz der Bonuspunkte für *private* Zwecke (zB Ferienreise) ist als **Entnahme** zu erfassen (idS zutr *FB Bln* DB 95, 1310; *HHR* § 37a Rz 7). Verfallen Bonuspunkte, ergibt sich ein außerordentl Verlust. – Bei **4 III-Rechnung** kann es erst im Augenblick der Gewährung der Sachprämie zu BE kommen, wenn die Bonuspunkte für *private* Zwecke verwendet werden. Bei *betriebl* Verwendung der Bonuspunkte ist der Vorgang gewinnneutral (s auch FG Hess EFG 21, 1885 rkr).

4   b) Einkünfte aus nichtselbstständiger Arbeit. – aa) Zahlung durch Arbeitnehmer. Die Behandlung erfolgt entspr der Überschussrechnung bei Gewinneinkünften (s Rz 3): Die **Zahlung** des berufl veranlassten Fluges/der Hotelübernachtung führt in voller Höhe zu WK. Werden die Bonuspunkte später für **berufl Zwecke** eingesetzt, steht einer fiktiven Einnahme iHd Wertes der Bonuspunkte ein fiktiver WK-Abzug ggü, sodass der Vorgang steuerneutral ist; denn die spätere *berufl* Reise unter Einsatz der Bonuspunkte ist durch die früheren berufl Reisen (mit-)finanziert und durch einen WK-Abzug berücksichtigt worden. Werden die Bonuspunkte hingegen für **private Zwecke** verwendet (zB Ferienreise), ist der Wert der Reise als Einnahme iSd § 19 zu erfassen (zum Zufluss s *Thomas* DStR 97, 306); es gilt hier der Gedanke der *zurückgezahlten WK* (s auch § 9 Rz 112; glA *KSM* § 37a A 15; **aA** *HHR* § 37a Rz 7 mwN).

bb) Zahlung durch Arbeitgeber. Zahlt der ArbG die Reisekosten oder erstat- 5 tet er dem ArbN die verauslagten Reisekosten **(Auslagenersatz),** ist der spätere Einsatz der Bonuspunkte für eine Dienstreise steuerneutral (keine Einnahme iSv § 19, da die Bonuspunkte für berufl Zwecke verwendet werden). Anders ist die Rechtslage, wenn die Bonuspunkte, die vom ArbG finanziert worden sind, für **private Zwecke** des ArbN (zB Ferienreise) eingesetzt werden. Hier liegt eine Lohnzuwendung des ArbG in Form des Verzichts auf eine dienstl Verwendung der Bonuspunkte vor (*KSM* § 37a A 16; *HHR* § 37a Rz 7; zweifelnd *Thomas* DStR 97, 308); denn diese Bonuspunkte stehen arbeitsrechtl dem ArbG zu (BAG 9 AZR 500/05 DB 06, 2068; s auch *Kock* DB 07, 462). Die Frage nach der Lohnzuwendung durch Dritte ist mE schon vom Arbeitsrecht her verfehlt (glA *Giloy* BB 98, 718; **aA** *Strömer* BB 93, 705; *Heinze* DB 96, 2490; s auch *von Bornhaupt* FR 93, 326).

cc) Private Bonuspunkte. Bonuspunkte aus *privat* veranlassten Reisen führen 6 bei privater Verwendung weder zu BE noch zu Lohn. Werden solche Bonuspunkte für betriebl/berufl Reisen eingesetzt, ergibt sich iHd Wertes der Bonuspunkte ein BA-/WK-Abzug (glA *KSM* § 37a A 13).

3. Verfahren. Die Pauschalierung erfolgt auf Antrag des die Sachprämie gewäh- 7 renden Unternehmens. Der Besteuerung sollen nur die tatsächl in Anspruch genommenen Prämien und nicht bereits die Gutschriften unterliegen (*FM Hess* DStR 97, 1166; *FM NRW* DStR 98, 1217). Das BetriebsstättenFA (§ 37a III iVm § 41 I Nr 1) trifft eine **Ermessensentscheidung,** bei der das Ermessen idR auf Null reduziert ist. Die für die Zukunft (Ausnahme s § 52 II g aF) auszusprechende Genehmigung (Grundlagenbescheid, s *Thomas* DStR 97, 305, 307; *KS* § 37a Rz 7; **aA** *BH/Ettlich* § 37a Rz 16; *KSM* § 37a B 9; *HHR* § 37a Rz 17) erstreckt sich auf alle ausgeschütteten Prämien; das Unternehmen muss *sämtl* Sachprämien an Inländer (*Giloy* BB 98, 719) in die Pauschalbesteuerung einbeziehen. – Die *pauschale Steuer* soll die stpfl Teile der Sachprämien erfassen. Bemessungsgrundlage ist aber (dadurch erklärt sich der niedrige Steuersatz von 2,25%) der *gesamte* Wert der Sachprämien, gleichgültig ob die Sachprämien stbar/stpfl sind (s dazu die Begründung in BT-Drs 3/5952, 48; *Giloy* BB 98, 717; verfassungsrechtl Bedenken bei *KSM* § 37a Rz A 37).

4. Rechtscharakter der Pauschalsteuer. Die Pauschalsteuer gilt als LSt, auch 8 wenn sie für Unternehmer übernommen wird. Sie ist in der LStAnmeldung des Unternehmens mit aufzunehmen. **Steuerschuldner** ist das Unternehmen, welches die Sachprämie gewährt. Gegen dieses ggf ein Pauschalierungs-Steuerbescheid (nicht Haftungsbescheid) zu erlassen. – Es handelt sich wohl *nicht* um eine Unternehmensteuer eigener Art (str, s *HHR* § 37a Rz 3 mwN; **aA** *KSM* § 37a Rz A 20), sondern um die **ESt des Prämienempfängers,** die lediglich vom Unternehmer übernommen wird (s auch Wortlaut des § 37a II 2; vgl iÜ BFH IV R 13/14 BStBl II 17, 892 Rz 22 zu § 37b). – Die pauschal besteuerte Sachprämie und die pauschale Steuer bleiben bei der Veranlagung des Kunden außer Betracht. Das Unternehmen muss die Kunden von der Steuerübernahme unterrichten. Solange und soweit sie nicht unterrichtet werden, müssen die Kunden die Sachprämien in ihrer Steuererklärung angeben; daher empfiehlt es sich, die Mitteilungen aufzubewahren.

§ 37b Pauschalierung der Einkommensteuer bei Sachzuwendungen

(1) [1] **Steuerpflichtige können die Einkommensteuer einheitlich für alle innerhalb eines Wirtschaftsjahres gewährten**
1. **betrieblich veranlassten Zuwendungen, die zusätzlich zur ohnehin vereinbarten Leistung oder Gegenleistung erbracht werden, und**
2. **Geschenke im Sinne des § 4 Absatz 5 Satz 1 Nummer 1,**

die nicht in Geld bestehen, mit einem Pauschsteuersatz von **30 Prozent** erheben. ²Bemessungsgrundlage der pauschalen Einkommensteuer sind die Aufwendungen des Steuerpflichtigen einschließlich Umsatzsteuer; bei Zuwendungen an Arbeitnehmer verbundener Unternehmen ist Bemessungsgrundlage mindestens der sich nach § 8 Absatz 3 Satz 1 ergebende Wert. ³Die Pauschalierung ist ausgeschlossen,

1. soweit die Aufwendungen je Empfänger und Wirtschaftsjahr oder
2. wenn die Aufwendungen für die einzelne Zuwendung

den Betrag von 10 000 Euro übersteigen.

(2) ¹Absatz 1 gilt auch für betrieblich veranlasste Zuwendungen an Arbeitnehmer des Steuerpflichtigen, soweit sie nicht in Geld bestehen und zusätzlich zum ohnehin geschuldeten Arbeitslohn erbracht werden. ²In den Fällen des § 8 Absatz 2 Satz 2 bis 10, Absatz 3, § 40 Absatz 2 sowie in Fällen, in denen Vermögensbeteiligungen überlassen werden, ist Absatz 1 nicht anzuwenden; Entsprechendes gilt, soweit die Zuwendungen nach § 40 Absatz 1 pauschaliert worden sind. ³§ 37a Absatz 1 bleibt unberührt.

(3) ¹Die pauschal besteuerten Sachzuwendungen bleiben bei der Ermittlung der Einkünfte des Empfängers außer Ansatz. ²Auf die pauschale Einkommensteuer ist § 40 Absatz 3 sinngemäß anzuwenden. ³Der Steuerpflichtige hat den Empfänger von der Steuerübernahme zu unterrichten.

(4) ¹Die pauschale Einkommensteuer gilt als Lohnsteuer und ist von dem die Sachzuwendung gewährenden Steuerpflichtigen in der Lohnsteuer-Anmeldung der Betriebsstätte nach § 41 Absatz 2 anzumelden und spätestens am zehnten Tag nach Ablauf des für die Betriebsstätte maßgebenden Lohnsteuer-Anmeldezeitraums an das Betriebsstättenfinanzamt abzuführen. ²Hat der Steuerpflichtige mehrere Betriebsstätten im Sinne des Satzes 1, so ist das Finanzamt der Betriebsstätte zuständig, in der die für die pauschale Besteuerung maßgebenden Sachbezüge ermittelt werden.

Einkommensteuer-/Lohnsteuer-Richtlinien: EStR 37b; EStH 37b; LStH 37b. – *Verwaltungsanweisungen:* BMF BStBl I 15, 468 (Anwendungsschreiben – gilt in allen noch offenen Verfahren), geändert durch BMF BStBl I 18, 814; GLE BStBl I 16, 773.

Übersicht

	Rz
1. Allgemeines	1, 2
2. Zuwendungen und Geschenke an Dritte, § 37b I	4–16
3. Sachzuwendungen an eigene Arbeitnehmer, § 37b II	20–22
4. Rechtsfolgen der Pauschalierung, § 37b III	23, 24
5. Anmeldung, Abführung der Pauschalsteuer, § 37b IV	25

1 **1. Allgemeines. – a) Gegenstand; Bedeutung.** § 37b ermöglicht (seit 2007) dem zuwendenden StPfl, die ESt/KSt auf Sachzuwendungen an NichtArbN und eigene ArbN pauschal mit **30 %** (zuzügl KiSt, s *GLE* BStBl I 16, 773 und *FM RhPf* 09, 332, und SolZ) des Zuwendungswerts zu erheben. Damit wird die steuerl Erfassung des geldwerten Vorteils beim Zuwendungsempfänger abgegolten; der Zuwendende wird StPfl iSd § 33 AO dieser pauschalen Steuer. Im Interesse der Rechtssicherheit ist der Zuwendungsempfänger von der Pauschalierung zu unterrichten (Rz 14). – Die **Bedeutung** des § 37b erschöpft sich darin, dass die für die Zuwendungsempfänger estpfl Sachzuwendungen nun durch eine vom Zuwendenden zu tragende pauschale Steuer mit befreiender Wirkung für die Zuwendungsempfänger abgegolten wird (s auch *Hey* FR 20, 1, 4). Es handelt sich um eine optionale („können") **besondere pauschalierende Form der ESt** (BFH VI R 25/16 BStBl II 18, 389 mwN: Wortlaut des § 37b, Systematik). § 37b begründet *keine weitere Einkunftsart* (BFH VI R 57/11 BStBl II 15, 457; s auch *Hilbert ua* BB

14, 919) und auch *keine Unternehmenssteuer* (BFH IV R 13/14 BStBl II 17, 892 Rz 21 ff: kein Abzug als BA; s auch § 4 Rz 537). – Zu Zuwendungen durch **Kommunen** s *BMF* BStBl I 15, 468 Rz 1 und *Mohr* DStZ 15, 588.

Hintergrund. Werden zur Pflege des Rufs des Unternehmens, der Geschäftsbeziehungen, des Arbeitsklimas oder zur Belohnung bzw zum Anreiz für erbrachte/zu erbringende Leistungen Sachzuwendungen hingegeben (zB Incentive-Reisen, Einladungen zu sportl oder kulturellen Veranstaltungen, Sachgeschenke aller Art), sind diese idR als **stpfl Einnahmen** bei der Veranlagung des Zuwendungsempfängers steuererhöhend zu erfassen (BE beim Geschäftsfreund oder Kunden, Drittlohn beim ArbN des Geschäftsfreundes, ArbLohn bei eigenen ArbN). In der Praxis waren sich die Zuwendungsempfänger oft nicht im Klaren über die steuerrechtl Bedeutung der Vorgänge. Eine Mitteilung des Zuwendenden an die Zuwendungsempfänger über deren steuerl Pflichten und über den Wert der Zuwendungen würde die beabsichtigte Imagepflege uU ins Gegenteil verkehren (s auch BFH IV R 13/14 BStBl II 17, 892 Rz 20: „vergiftetes" Geschenk).

b) Persönlicher/sachlicher Anwendungsbereich. Die Regelung gilt für sämtl **inl und ausl StPfl** unabhängig von Rechtsform und StPflichtigkeit (*BMF* BStBl I 15, 468 Rz 1), also auch für ArbN, die eigene Unter-ArbN beschäftigen oder in eigener Regie Sachzuwendungen an Kunden des ArbG tätigen. – Pauschalierungsfähig sind **nur Sachzuwendungen**; Barzuwendungen sind stets vom Empfänger zu versteuern (zur Abgrenzung s § 8 Rz 17). Zur Behandlung von **Geldkarten** als Barlohn gem § 8 I 2 nF s § 8 Rz 4 f (zum Hintergrund s *Kanzler* FR 19, 957: „Prepaid-Karten-Modell"). – Da § 37b **keine eigene Einkunftsart** begründet (s Rz 1), werden nur Sachzuwendungen erfasst, die beim Empfänger zu (unbeschr oder beschr) **estpfl Einkünften** führen (BFH VI R 25/16 BStBl II 18, 389; BFH VI R 47/12 BStBl II 15, 490; *BMF* BStBl I 15, 468 Rz 13 f, mit Vereinfachungsregelungen; *Mohr* DStZ 15, 588, 594; *Niermann* DB 15, 1242 II.3.g). Zuwendungen, die diese Voraussetzung nicht erfüllen, sind nicht stpfl, sodass es auch keiner pauschalen Besteuerung bedarf. In Zweifelfällen sollte eine (kostenfreie) **Anrufungsauskunft gem § 42e** eingeholt werden (s § 42e Rz 6).

Beispiele – keine StPfl/keine Pauschalierung: Schifffahrt mit Menü und Weinprobe sowie Golfturnier eines Kreditinstituts als Werbemaßnahme (FG BaWü EFG 21, 1505, Rev VI R 10/21, Anm *Kanzler* FR 21, 1191); Naturalrabatte und „Punkte und Prämien" an **Privatkunden im Einzelhandel,** Blumen an Vermieter und Präsentkorb an Kapitalanleger (s *Geserich* DStR 14, 561, 563; *Schneider* NWB 14, 341, 350; einschr *Niermann* DB 15, 1242 II.1.g); Satz Winterreifen beim (privaten) Autokauf (*Kohlhaas/Neumann* Stbg 14, 395, 397); Zuwendungen an nicht der inl ESt unterliegende **Ausländer** (s BFH VI R 57/11 BStBl II 15, 457). – S auch *Riegler/Riegler* IStR 11, 903; *Niermann* DB 15, 1242 II.1.e; *Hartmann* DStR 08, 1419 [2.2], *Strohner/Sladek* DStR 10, 1966; *Neufang/Hagenloher* StBp 11, 318; *Liess* NWB 11, 913; *Kuhnardt-Junghans* EStB 12, 34.

2. Zuwendungen und Geschenke an Dritte, § 37b I. – a) Zuwendungen, § 37b I 1 Nr 1. Zuwendungen iSd § 37b I 1 Nr 1 müssen betriebl veranlasst sein und zusätzl zur ohnehin vereinbarten Leistung erbracht werden. – Zu Sachzuwendungen an ausl ArbN, die **keiner Besteuerung im Inl** unterliegen s Rz 2.

aa) Betriebliche Veranlassung. Zuwendungen sind betriebl veranlasst, wenn sie als **Belohnung** für ein bestimmtes Verhalten des Zuwendungsempfängers gewährt werden (zB Gewinne aus Händlerwettbewerben, Incentive-Reisen für erfolgreiche Zielerfüllung usw). Es handelt sich um ein eigenständiges Tatbestandsmerkmal, das zunächst voraussetzt, dass der Zuwendende überhaupt einen Betrieb unterhält (BFH VI R 47/12 BStBl II 15, 490: private Zahlung für Jubiläumsfeier einer AG durch Ges'ter). – Zuwendungen aus **gesellschaftsrechtl Veranlassung** (vGA) können nicht nach § 37b pauschaliert werden (*BMF* BStBl I 15, 468 Rz 9). – Zuwendungen aus ausschließl **privaten Gründen** sind beim Empfänger nicht estpfl (s *Rätke* NWB 15, 549 mit Beispielen; evtl schenkungsteuerrechtl Folgen).

bb) Zusätzliche Leistung. Die Sachzuwendung muss *zusätzl* zur ohnehin vereinbarten Leistung oder Gegenleistung des StPfl iRe **synallagmatischen Leistungsaustauschs** erbracht werden; das ist nicht der Fall, wenn eine Zuwendung

§ 37b 7–11   Pauschalierung der Einkommensteuer bei Sachzuwendungen

die *allein* geschuldete Leistung ist (zB Prämie für einen Verkaufserfolg durch Dritte, s BFH VI R 25/16 BStBl II 18, 389: dass die Empfänger „zusätzl" ArbLohn von *ihrem* ArbG erhalten, genügt nicht; s auch Anm *Kanzler* FR 18, 708, 710). Ebenfalls ausgeschlossen sind Entgeltumwandlungen, Sachzuwendungen, die als Teil des Entgelts vereinbart wurden, und Leistungen, die (nur) zur Anbahnung einer vertragl Beziehung erbracht werden (s BFH VI R 47/12 BStBl II 15, 490; *BMF* BStBl I 15, 468 Rz 9a).

7   **cc) Anwendungsfälle. – (1) Bewirtungsaufwendungen.** Da ertragsteuerl Folgen nur ausgelöst werden, wenn die Sachzuwendung beim Empfänger zu einer stpfl Einnahme führt, lässt § 37b bisher bestehende Verwaltungsregelungen unberührt, wonach Bewirtungsaufwendungen anlässl von Geschäftsessen oder aus besonderem Anlass nicht zu stpfl Einnahmen führen (EStR 4.7 (3); LStR 8.1 (8); s *BMF* BStBl I 15, 468 Rz 9c, 10, 18: bis zu 60 €; s auch *OFD NRW* FR 17, 1115; *Niermann* DB 15, 1242 II.3.b).

Die FinVerw wendet die **Aufteilungsgrundsätze aus dem VIP-Logen-Schrb** (BStBl I 05, 845, Rz 14 und 19) mit 40 % für Werbung (= keine Zuwendung), mit 30 % für Bewirtung (= keine Zuwendung) und 30 % für Geschenk (= StPfl Zuwendung) an (*BMF* BStBl I 15, 468 Rz 15 s auch *Hartmann* DStR 08, 1418 Tz 2.1). Die Aufteilung ist in dieser Allgemeinheit zweifelhaft (s Rz 11).

8   **(2) Incentive-Reisen.** Wird dem Kunden iRe Händlerwettbewerbs eine Incentive-Reise zugewendet, sind sämtl Elemente dieser Reise zugewendet; sie führen zu einer Bereicherung des Empfängers, sodass der Wert der Reise mit allen Elementen der Pauschalsteuer unterliegt (*Hartmann* DStR 08, 1418, 2.1; diff *Niermann* DB 15, 1242 II.3.c; *ders* DB 17, 868). Der Zuwendende hat vollen BA-Abzug.

9   **b) Geschenke, § 37b I 1 Nr 2.** Geschenke sind die in § 4 V 1 Nr 1 genannten Zuwendungen, also diejenigen bis zur Freigrenze von 35 € (s auch BFH VI R 52/11 BStBl II 15, 455; *Hartmann* DStR 08, 1418, 1420; **aA** HHR § 37b Rz 14 mwN). Zugaben iSv § 1 I ZugabeVO sind keine Geschenke (BFH I R 99/09 DStRE 11, 466). Die Pauschalierung nach § 37b setzt nicht voraus, dass die Geschenkaufwendungen vom Zuwendenden als BA abgezogen werden können (s auch FG BBg EFG 19, 1565 mwN, rkr). Es muss sich allerdings um **betriebl veranlasste** Geschenke handeln (s § 4 Rz 536).

10   **aa) Abgrenzung zu Zuwendungen iSd Nr 1.** Im Gegensatz zu den in S 1 Nr 1 erwähnten betriebl veranlassten Zuwendungen dienen Geschenke generell dazu, die allg Geschäftsbeziehungen erst anzuknüpfen, zu erhalten oder zu verbessern. Die **Unterscheidung** zw betriebl veranlasster Zuwendung und Geschenk hat zwar für die Pauschalierung nach § 37b keine Bedeutung; der Wert *beider* Zuwendungen kann pauschal besteuert werden. Die Unterscheidung hat aber **Bedeutung für den BA-Abzug** des Zuwendenden. Die Aufwendungen für die betriebl veranlassten Sachzuwendungen und die PauschalSt sind als BA abziehbar, während Aufwendungen für Geschenke an Personen, mit denen nicht eigene ArbN des Zuwendenden sind, bei Überschreiten der Freigrenze von 35 € nicht abziehbar sind (§ 4 V 1 Nr 1), was auch für die **Pauschalsteuer** gilt, denn diese ist Teil der Zuwendung an den Zuwendungsempfänger und damit **ebenfalls Teil des Geschenks** (so auch BFH IV R 13/14 BStBl II 17, 892: Befreiung von der ESt-Schuld, s Rz 13; *BMF* BStBl I 15, 468 Rz 26; *Niermann* DB 15, 1242, II.3.f; **aA** *Kohlhaas* FR 12, 950: PauschalSt ist *immer* abzugsfähige BA; ebenso *Hilbert* ua BB 14, 919, 925 f). Die FinVerw wendet aber weiterhin die **Vereinfachungsregelung** in *BMF* BStBl I 15, 468 Rz 25, an und bezieht die pauschale Steuer nicht in die 35 €-Grenze mit ein (s BFH IV R 13/14 BStBl II 17, 892, Fn 1).

11   **bb) Anwendungsfälle. – (1) Einladungen.** Geschenke sind zB auch **Einladungen** zu sportl oder kulturellen Veranstaltungen (= kein BA-Abzug), es sei denn, die Einladungen sind an die Erfüllung bestimmter Zielvorgaben des Zuwendenden geknüpft; denn dann würde es sich um betriebl veranlasste Zuwendungen iSd § 37 I 1 Nr 1 (= BA-Abzug) handeln. – Allenfalls bei Einladungen (VIP-Logen) könnte in Anlehnung an *BMF* BStBl I 05, 845 eine **Aufteilung** dergestalt in Betracht kommen, dass ein allg Werbeanteil aus der Zuwendung ausgeklammert wird (= BA-Abzug: keine Pauschalierung); iÜ ist die Bewirtung *wesentl Teil des Geschenks* (= kein BA-Abzug; PauschalSt) bzw *der betriebl veranlassten Zuwendung* (= begrenzter BA-Abzug gem § 4 V 1 Nr 2; PauschalSt auf den vollen Zuwendungswert); s auch BFH VI R 52/11 BStBl II 15, 455; **aA** *BMF* BStBl I 15, 468 Rz 10; *Rätke* NWB 15, 549, 553. Für eine abweichende (geschätzte) Aufteilung bei VIP-Logen ohne Bewirtung: FG BBg EFG 21, 1636, Rev VI R 15/21.

(2) Streuwerbeartikel und geringwertige Warenproben sind dem BMF zufolge nicht stbare Zugaben, die damit auch nicht der Pauschalierung nach § 37b unterliegen (*BMF* BStBl I 15, 468 Rz 10; *Mohr* DStZ 15, 588, 592; *Niermann* DB 15, 1242 II.3.e; *Weber* NWB 15, 2136, 2143). Der BFH hat dem widersprochen (BFH VI R 52/11 BStBl II 15, 455: keine rechtl Grundlage; krit *Rätke* NWB 15, 549, 552f: „praxisfern"); vor Gericht hätte diese Wertgrenze also keinen Bestand. Das BMF bleibt aber bei seiner Auffassung (*BMF* BStBl I 15, 468 Rz 10).

c) Zuwendungsempfänger. Empfänger der Zuwendung sind alle Personen (außer Privatkunden, s Rz 2), denen im Hinblick auf betriebl Interessen oder Belange die Sachzuwendung als konkrete Belohnung/konkreter Anreiz gewährt wird *(betriebl veranlasste Zuwendung)* oder die eine Zuwendung im Hinblick auf allg betriebl Klima/Kontaktpflege erhalten *(Geschenk):* Geschäftsfreunde/Kunden, ArbN der Geschäftsfreunde/Kunden, Politiker **(Empfängerkreis 1).** Zuwendungen an Familienangehörige der vorgenannten Personen sind Teil der Zuwendung an die vorgenannten Personen (str, s *HHR* § 37b Rz 12 mwN).

d) Bemessungsgrundlage, § 37b I 2. Die pauschale ESt bemisst sich nach den **Aufwendungen des Zuwendenden** einschließl USt. Die Regelung enthält eine eigenständige Bemessungsgrundlage; sie verdrängt in ihrem Anwendungsbereich § 8 II 1 EStG. (BFH VI R 13/18 BStBl II 21, 395). Das gilt auch für Betriebsveranstaltungen (BFH VI R 13/18 BStBl II 21, 395: ggf Schätzung; FG BBg EFG 19, 1565 mwN, rkr: VIP-Logen, Geschenke iSv § 4 V 1 Nr 1) und bei Herstellung des Zuwendungsgegenstands durch den Zuwendenden (*Niermann* DB 15, 1242, 1246). Es kommt nicht darauf an, ob einzelne Aufwendungen, die der zu bewertenden Zuwendung direkt zurechenbar sind, ihrerseits (isoliert betrachtet) zu einem Vorteil des Zuwendungsempfängers führen würden (BFH VI R 13/18 BStBl II 21, 395: Kosten einer Eventagentur; BFH VI R 4/19 BFH/NV 21, 302 : Aufwendungen für den „äußeren Rahmen" einer Veranstaltung). Die **Einbeziehung der USt** in die Bemessungsgrundlage ist sachgerecht, da die Pauschalierung die Besteuerung des Endverbrauchs abgilt. – Bei Sachzuwendungen an **ArbN eines verbundenen Unternehmens** ist der Wert des § 8 III anzusetzen. Damit soll verhindert werden, dass diese ArbN besser gestellt sind als die eigenen ArbN des zuwendenden Herstellerunternehmens, bei denen im Normalfall (Ausnahme s § 8 Rz 70) die Anwendung des § 8 III gilt (*Niermann* DB 08, 1231 III. 4; krit *Urban* DStR 07, 306f). *BMF* BStBl I 15, 468 Rz 7 erlaubt bei ArbN verbundener Unternehmen auch individuelle Besteuerung (s auch *Niermann* DB 15, 1242, 1244, 1246; *Weber* NWB 15 2136, 2147) und Pauschalierung durch ArbG (*BMF* BStBl I 15, 468 Rz 11; s auch *Mohr* DStZ 15, 588, 593: Handlungsspielraum).

e) Höchstgrenzen, § 37 I 3. Die Regelung soll bei hohen Sachzuwendungen eine Besteuerung mit dem individuellen Steuersatz des Empfängers bei dieser gewährleisten. Daher ist die Pauschalierung bei einer Zuwendung insgesamt ausgeschlossen, *wenn* die Aufwendung (einschließl USt) für die *einzelne Aufwendung* den Betrag von 10 000 € übersteigt (**Luxusgeschenke;** *Freigrenze,* § 37b I 3 Nr 2: „wenn"; *BMF* BStBl I 15, 468 Rz 21). IÜ kommt eine Pauschalierung nicht in Betracht, *soweit mehrere Aufwendungen zusammen* je Empfänger und Wj den Betrag

§ 37b 16–21 Pauschalierung der Einkommensteuer bei Sachzuwendungen

von 10 000 € (einschließl USt) übersteigen (*Freibetrag*, § 37b I 3 Nr 1: „soweit"); hier ist die Pauschalierung ausgeschlossen hinsichtl des den Betrag von 10 000 € übersteigenden Teils: Erhält zB der Zuwendungsempfänger eine einzelne Sachzuwendung im Wert von 12 000 € sowie weitere Sachzuwendungen von insgesamt 15 000 €, scheidet eine Pauschalierung der Einzelaufwendung iHv 12 000 € insgesamt aus, während hinsichtl der weiteren Einzelzuwendungen eine Pauschalierung bis zum Betrag von 10 000 € mögl ist; der darüber hinausgehende Betrag von 5000 € kann nicht pauschaliert werden. **Zuzahlungen des Empfängers** mindern den Wert der Zuwendung (*BMF* BStBl I 15, 468 Rz 9c, 21: nicht bei Zuzahlungen Dritter).

16 **f) Einheitliche Pauschalierung.** Der Zuwendende *kann* (Wahlrecht, Rz 13) für die Pauschalierung der Sachzuwendungen optieren. Dann ist aber zwingend, dass für *alle* betriebl veranlassten Sachzuwendungen und Geschenke, die innerhalb eines Wj erbracht werden, einheitl pauschaliert wird (BFH VI R 14/18 DStR 20, 2864; so auch FG BBg EFG 19, 1565 mwN, rkr; diff für ausl Betriebsstätten inl Unternehmen: *Niermann* DB 17, 868). Der Zuwendende hat somit im jeweiligen Wj nur die Wahl zw dem **völligen Verzicht** auf Pauschalierung (Rechtsfolge: der Wert der Sachzuwendungen ist bei den Veranlagungen der Zuwendungsempfänger als BE/Drittlohn zu erfassen, s Rz 1 aE; evtl Kontrollmitteilungen des FA) und der **Pauschalierung hinsichtl sämtl Sachzuwendungen/Geschenke** an den Empfängerkreis 1 (Ausnahme nur bei Luxuszuwendungen, s Rz 8). – In diese Pauschalierung sind nach *BMF* BStBl I 15, 468 Rz 34 (ebenso *Niermann* DB 08, 1231 II. 2) auch solche Sachzuwendungen einzubeziehen, die unter **BA-Abzugsverbote** wie zB § 4 V 1 Nr 10 (rechtswidrige Handlungen, zB Bestechung; s dazu *Preising/Kiesel* DStR 07, 1108) oder § 160 AO (Nichtbenennung der Zuwendungsempfänger) fallen; dies ist nicht zweifelsfrei, weil das BA-Abzugsverbot bereits eine Versteuerung der Aufwendungen durch den Zuwendenden bedeutet; dann ist kein Grund für die Pauschalierung nach § 37b ersichtl. Zu Ausübung des Pauschalierungswahlrechts und Pauschalisierungszurücknahme s Rz 13.

20 **3. Sachzuwendungen an eigene Arbeitnehmer, § 37b II. – a) Abgrenzung.** Während Abs 1 die Sachzuwendungen an sämtl Personen regelt, die keine ArbN des Zuwendenden sind, betrifft Abs 2 nur die Zuwendungen des ArbG an seine *eigenen ArbN* (**Empfängerkreis 2**); Zuwendungen an ArbN der Geschäftskunden werden bereits von § 37b I erfasst (*Niermann* DB 08, 1231 II. 3). – Es gelten die obigen Ausführungen zur Bemessungsgrundlage (Rz 14) und zu den Höchstgrenzen (Rz 15). – Auch das Gebot der **einheitlichen Pauschalierung** (s Rz 9) gilt innerhalb des Empfängerkreises 2 (dem *BMF* zufolge auch bei ArbN) bezogen auf das Kj, s *BMF* BStBl I 15, 468 Rz 4; *Mohr* DStZ 15, 588, 589 f). Wird also die Sachzuwendung an einen eigenen ArbN pauschaliert, gilt dies für *sämtl* Sachzuwendungen an *sämtl* eigenen ArbN (s auch *BMF* BStBl I 15, 468 Rz 4: alle lohnsteuerl Betriebsstätten iSd § 41 II). – Wegen der unterschiedl Gegebenheiten in den beiden Empfängerkreisen (s zB die zahlreichen Pauschalierungsausschlüsse bei eigenen ArbN, Rz 12, oder die unterschiedl ertragsteuerl Folgen bei Geschenken, Rz 5, 11) gibt es **kein empfängerkreisübergreifendes Pauschalierungsgebot;** vielmehr ist jeweils nur innerhalb des jeweiligen Empfängerkreises einheitl zu verfahren (BFH VI R 14/18 BStBl II 21, 232 Rz 18 mwN: „Firmenfitness-Programm"; *BMF* BStBl I 15, 468 Rz 4).

21 **b) Sachzuwendungen; Geschenke.** Die Unterscheidung zw betriebl veranlassten Sachzuwendungen und Geschenken spielt im Verhältnis zw zuwendendem ArbG und eigenen ArbN keine Rolle. Jede durch das Arbeitsverhältnis veranlasste Zuwendung ist ArbLohn (s § 19 Rz 40), der ohne Einschränkungen als **BA des ArbG** abzusetzen ist; dies gilt auch für Geschenke, da § 4 V 1 Nr 1 nicht für Geschenke an eigene ArbN gilt. Damit ist auch die Pauschalsteuer, falls nach § 37b pauschaliert wird, ohne Einschränkung als BA abziehbar. – Auch bei § 37b II ist die

Lohnumwandlung von Barlohn in Sachlohn zur Vermeidung ungerechtfertigter Steuervorteile ausgeschlossen (§ 37b II 1; zur Auslegung des Tatbestandsmerkmals „zusätzl zum ohnehin geschuldeten ArbLohn" s § 8 Rz 80 ff; *BMF* BStBl I 15, 468 Rz 9b; *BMF* BStBl I 20, 222). – Da § 37b **keinen neuen Einkünftetatbestand** schafft (s Rz 1), können nur Sachzuwendungen der Pauschalierung unterliegen, die **stpfl ArbLohn** darstellen (so jetzt auch BFH VI R 78/12 BStBl II 15, 495: Regattabegleitfahrt, eigenbetriebl Interesse; *Geserich* DStR 14, 561; s aber auch BFH IV R 25/09 BStBl II 12, 824; *Reese/Kahnwald* BB 13, 1634). Die Sachzuwendung ist stets darauf zu untersuchen, ob sie überhaupt den ArbLohnbegriff erfüllt, und wenn ja, ob der ArbLohn stpfl ist. Insb bei der Vorteilsbewertung von Incentivereisen mit Dienstreiseelementen müssen die Kostenteile in Lohn und Nichtlohn aufgeteilt werden (s dazu § 19 Rz 100 „Prämien"); nur hinsichtl der Lohnteile kann es zur Pauschalierung nach § 37b kommen (so auch *BMF* BStBl I 15, 468 Rz 13 f: Aufzeichnungspflicht und ggf Benennung, § 160 AO; krit *Bechthold* BB 15, 2266).

Zur **Überlassung von Elektro-Fahrrädern** durch den ArbG s *BMF* BStBl I 17, 1546 (§ 37b I grds anwendbar; s auch *Seifert* DStZ 18, 145, 157). Zur Behandlung von **Fahrkosten-Zuschüssen des ArbG** im öffentl Personenfern-/-nahverkehr iSd § 3 Nr 15 s *BMF* BStBl I 19, 875 Rz 43 (Fortführung der Pauschalierung bis 31.12.19 wird nicht beanstandet; s aber zutr *Plenker,* DB 19, 2092, 2099: allenfalls wegen des bürokratischen Aufwands in Betracht zu ziehen).

c) Pauschalierungsausschluss, § 37b II 2, 3. Für die Besteuerung von Sachzuwendungen an eigene ArbN gibt es seit langem gesetzl Regelungen, die sich bewährt haben; hier besteht für die Pauschalierung nach § 37b von vornherein kein Bedürfnis. Daher schließt das Gesetz in folgenden Fällen eine Pauschalierung aus: Bei Firmenwagenbesteuerung (§ 8 II 2 bis 5), bei amtl Sachbezügen (§ 8 II 6 bis 8; s auch FG SachsAnh EFG 20, 1122, rkr: Restaurantschecks), bei ArbG-Rabatten (§ 8 III; s *BMF* BStBl I 15, 468 Rz 3: auch bei Bewertung nach § 8 II – s auch *Mohr* DStZ 15, 588), bei Überlassung von Vermögensbeteiligungen (§ 19a bzw nach dessen Aufhebung allg für jegl Überlassung von betriebl und überbetriebl Vermögensbeteiligungen), bei Sachprämien im Rahmen von Kundenbindungsprogrammen (§ 37a; dies gilt auch im Rahmen des Abs 1), bei der Pauschalbesteuerung von Mahlzeiten im Betrieb (§ 40 II 1 Nr 1), bei Betriebsveranstaltungen (§ 40 II 1 Nr 2: hier kann es zur Anwendung des § 37b kommen bei Hingabe von Sachgeschenken *gelegentl* der Betriebsveranstaltung oder wenn es sich gar nicht um eine Betriebsveranstaltung iSd § 40 II Nr 2 handelt, § 40 Rz 13), bei Erholungsbeihilfen (§ 40 II 1 Nr 3), bei Verpflegungsmehraufwendungen anlässl Auswärtstätigkeit über die gesetzl Pauschbeträge hinaus (§ 40 II 1 Nr 4), bei Überlassung von Telekommunikationseinrichtungen (§ 40 II 1 Nr 5) sowie bei Beförderung der ArbN zw Wohnung und Arbeitsstätte (§ 40 II 2). – Der weitere **Ausschlusstatbestand des § 40 I 1** soll sicherstellen, dass das Gebot einheitl Pauschalierung nach § 37b nicht störend in bereits nach § 40 I 1 pauschal besteuerte Sachzuwendungen eingreift und bei Feststellung weiterer Sachzuwendungen zB iRe LStAußenprüfung nur auf die neuen Tatbestände § 37b Anwendung finden kann (*BMF* BStBl I 15, 468 Rz 22). – Konsequent ist, dass **§ 8 II 11** nicht als Ausschlusstatbestand aufgenommen worden ist; denn bei Einhaltung der monatl Freigrenze von 44 € liegt bereits keine stpfl Lohnzuwendung vor (BFH VI R 14/18 BStBl II 21, 232; *BMF* BStBl I 15, 468 Rz 17; zu Gestaltungsmöglichkeiten bei geringwertigen Sachzuwendungen s *Niermann* DB 15, 1242 II.3.j). Dasselbe gilt ab VZ 2015 für (stfreie) Zuwendungen bis zu 110 € je ArbN bei bis zu zwei **Betriebsveranstaltungen** jährl (§ 19 I 1 Nr 1a; s *BMF* BStBl I 15, 468, vor Rz 17; *Niermann* DB 15, 1242, II.4.c; s auch § 19 Rz 77). – Zur Mahlzeitengestellung iRv Auswärtstätigkeit, bei außergewöhnl Arbeitseinsätzen oder bei Aufmerksamkeiten (LStR 19.6 I) ist bei Überschreitung der 60 €-Freigrenze (LStR 8.1 VIII Nr 2) nach § 37b zu pauschalieren (*BMF* BStBl I 15, 468 Rz 18, 19; *Niermann* DB 15, 1242 II.3.k; s auch *Geserich* DStR 561, 564: Blumen, Genussmittel, Bücher, Tonträger).

§ 38 Erhebung der Lohnsteuer

23 **4. Rechtsfolgen der Pauschalierung, § 37b III. – a) Wahlrecht, § 37b III 1 und 2.** Die Regelung gewährt dem Zuwendenden ein Pauschalierungswahlrecht (s auch BFH VI R 54/15 BStBl II 16, 1010). Macht er davon Gebrauch, hat er die Pauschalierung (Entstehungszeitpunkt = Zufluss) zu übernehmen; er wird *Steuerschuldner*. Gleichzeitig wird der Zuwendungsempfänger von seiner ESt-Schuld befreit (vgl BFH IV R 13/14 BStBl II 17, 892 Rz 15); die Sachzuwendungen und die Pauschalsteuer bleiben bei seiner Einkünfteermittlung außer Ansatz (gilt auch für GewSt, KSt des Empfängers). Die Ausübung des Pauschalierungswahlrechts hat **rechtsgestaltenden Charakter.** Wegen § 40 III ist die Abwälzung der Pauschalsteuer auf den ArbN mögl (*Niermann* DB 15, 1242 II.8). – Die **Ausübung des Wahlrechts** geschieht, da die Pauschalsteuer als LSt gilt, durch Abgabe der LStAnmeldung (vgl BFH VI R 54/15 BStBl II 16, 1010; *BMF* BStBl I 15, 468 Rz 7, 8), also grds spätestens bis zum 28.2. des Folgejahres, aber auch noch durch Änderung einer materiell noch nicht bestandskräftigen LSt-Anmeldung (§ 168 S 1 iVm § 164 II 1 AO) und somit **auch iRe LSt-Außenprüfung** (BFH VI R 14/18 DStR 20, 2864: nicht formlos). Das gilt mE für beide Empfängerkreise (s auch *Rätke* NWB 15, 549: „Wahl zw Pest und Colera"; einschr *BMF* BStBl I 15, 468 Rz 8a; *Niermann* DB 15, 1242, 1243; *Mohr* DStZ 15, 588). Mit der erstmaligen Pauschalierung sind alle im Wj vorangegangenen Sachzuwendungen/Geschenke nachträgl in die Pauschalierung einzubeziehen, alle nachfolgenden Sachzuwendungen/Geschenke sind ebenfalls pauschalierungspflichtig. – Der Zuwendende kann die **Pauschalierung widerrufen** (so jetzt auch BFH VI R 54/15 BStBl II 16, 1010; ferner *Urban* DStZ 08, 309; *BH/Ettlich* § 37b Rz 91; **aA** *BMF* BStBl I 15, 468 Rz 4; *Hartmann* DStR 08, 1418, 5.; *Niermann* DB 15, 1242 II.2.c). Der Widerruf erfolgt durch Abgabe einer **geänderten LSt-Anmeldung** (zu § 175 I 1 Nr 2 AO s BFH VI R 54/15 BStBl II 16, 1010 Rz 25; *Niermann* DB 2017, 868). Er ist nur wirksam, wenn er dem Zuwendungsempfänger auch **mitgeteilt** wird (BFH VI R 54/15 BStBl II 16, 1010; s auch Rz 14); daher wird es in der Praxis kaum zu einem Widerruf kommen. – Die Pauschalierung führt nur hinsichtl eigener ArbN und ArbN von verbundenen Unternehmen zur **SV-Pflicht** (§ 1 S 1 Nr 14 SvEV; ab 2009). – Zur Behandlung eines **Nachforderungsbescheids** als Sammelbescheid s FG BBg EFG 19, 1565 mwN, rkr.

24 **b) Unterrichtungspflichten des Zuwendenden, § 37b III 3.** Der Zuwendende hat den Zuwendungsempfänger über die Pauschalierung zu unterrichten. Dazu reicht eine formlose Mitteilung aus, dass hinsichtlich der Sachzuwendung bzw des Geschenks die Steuerübernahme durch den Zuwendenden erfolgt ist; weitere Einzelheiten (zB über die Höhe der Zuwendung) müssen nicht mitgeteilt werden (*Niermann* DB 15, 1242 II.6).

25 **5. Anmeldung; Abführung der Pauschalsteuer, § 37b IV.** S *Niermann* DB 15, 1242 II.2.c und II.8.

2. Steuerabzug vom Arbeitslohn (Lohnsteuer)

§ 38 Erhebung der Lohnsteuer

(1) ¹**Bei Einkünften aus nichtselbständiger Arbeit wird die Einkommensteuer durch Abzug vom Arbeitslohn erhoben (Lohnsteuer), soweit der Arbeitslohn von einem Arbeitgeber gezahlt wird, der**

1. **im Inland einen Wohnsitz, seinen gewöhnlichen Aufenthalt, seine Geschäftsleitung, seinen Sitz, eine Betriebsstätte oder einen ständigen Vertreter im Sinne der §§ 8 bis 13 der Abgabenordnung hat (inländischer Arbeitgeber) oder**

Erhebung der Lohnsteuer   § 38

2. einem Dritten (Entleiher) Arbeitnehmer gewerbsmäßig zur Arbeitsleistung im Inland überlässt, ohne inländischer Arbeitgeber zu sein (ausländischer Verleiher).

²In den Fällen der internationalen Arbeitnehmerentsendung ist das nach Satz 1 Nummer 1 in Deutschland ansässige aufnehmende Unternehmen inländischer Arbeitgeber, wenn es den Arbeitslohn für die ihm geleistete Arbeit wirtschaftlich trägt oder nach dem Fremdvergleichsgrundsatz hätte tragen müssen; Voraussetzung hierfür ist nicht, dass das Unternehmen dem Arbeitnehmer den Arbeitslohn im eigenen Namen und für eigene Rechnung auszahlt. ³Der Lohnsteuer unterliegt auch der im Rahmen des Dienstverhältnisses von einem Dritten gewährte Arbeitslohn, wenn der Arbeitgeber weiß oder erkennen kann, dass derartige Vergütungen erbracht werden; dies ist insbesondere anzunehmen, wenn Arbeitgeber und Dritter verbundene Unternehmen im Sinne von § 15 des Aktiengesetzes sind.

(2) ¹Der Arbeitnehmer ist Schuldner der Lohnsteuer. ²Die Lohnsteuer entsteht in dem Zeitpunkt, in dem der Arbeitslohn dem Arbeitnehmer zufließt.

(3) ¹Der Arbeitgeber hat die Lohnsteuer für Rechnung des Arbeitnehmers bei jeder Lohnzahlung vom Arbeitslohn einzubehalten. ²Bei juristischen Personen des öffentlichen Rechts hat die öffentliche Kasse, die den Arbeitslohn zahlt, die Pflichten des Arbeitgebers. ³In den Fällen der nach § 7f Absatz 1 Satz 1 Nummer 2 des Vierten Buches Sozialgesetzbuch an die Deutsche Rentenversicherung Bund übertragenen Wertguthaben hat die Deutsche Rentenversicherung Bund bei Inanspruchnahme des Wertguthabens die Pflichten des Arbeitgebers.

(3a) ¹Soweit sich aus einem Dienstverhältnis oder einem früheren Dienstverhältnis tarifvertragliche Ansprüche des Arbeitnehmers auf Arbeitslohn unmittelbar gegen einen Dritten mit Wohnsitz, Geschäftsleitung oder Sitz im Inland richten und von diesem durch die Zahlung von Geld erfüllt werden, hat der Dritte die Pflichten des Arbeitgebers. ²In anderen Fällen kann das Finanzamt zulassen, dass ein Dritter mit Wohnsitz, Geschäftsleitung oder Sitz im Inland die Pflichten des Arbeitgebers im eigenen Namen erfüllt. ³Voraussetzung ist, dass der Dritte

1. sich hierzu gegenüber dem Arbeitgeber verpflichtet hat,
2. den Lohn auszahlt oder er nur Arbeitgeberpflichten für von ihm vermittelte Arbeitnehmer übernimmt und
3. die Steuererhebung nicht beeinträchtigt wird.

⁴Die Zustimmung erteilt das Betriebsstättenfinanzamt des Dritten auf dessen Antrag im Einvernehmen mit dem Betriebsstättenfinanzamt des Arbeitgebers; sie darf mit Nebenbestimmungen versehen werden, die die ordnungsgemäße Steuererhebung sicherstellen und die Überprüfung des Lohnsteuerabzugs nach § 42f erleichtern sollen. ⁵Die Zustimmung kann mit Wirkung für die Zukunft widerrufen werden. ⁶In den Fällen der Sätze 1 und 2 sind die das Lohnsteuerverfahren betreffenden Vorschriften mit der Maßgabe anzuwenden, dass an die Stelle des Arbeitgebers der Dritte tritt; der Arbeitgeber ist von seinen Pflichten befreit, soweit der Dritte diese Pflichten erfüllt hat. ⁷Erfüllt der Dritte die Pflichten des Arbeitgebers, kann er den Arbeitslohn, der einem Arbeitnehmer in demselben Lohnabrechnungszeitraum aus mehreren Dienstverhältnissen zufließt, für die Lohnsteuerermittlung und in der Lohnsteuerbescheinigung zusammenrechnen.

(4) ¹Wenn der vom Arbeitgeber geschuldete Barlohn zur Deckung der Lohnsteuer nicht ausreicht, hat der Arbeitnehmer dem Arbeitgeber den Fehlbetrag zur Verfügung zu stellen oder der Arbeitgeber einen entsprechenden

§ 38 1 Erhebung der Lohnsteuer

Teil der anderen Bezüge des Arbeitnehmers zurückzubehalten. ²Soweit der Arbeitnehmer seiner Verpflichtung nicht nachkommt und der Arbeitgeber den Fehlbetrag nicht durch Zurückbehaltung von anderen Bezügen des Arbeitnehmers aufbringen kann, hat der Arbeitgeber dies dem Betriebsstättenfinanzamt (§ 41a Absatz 1 Satz 1 Nummer 1) anzuzeigen. ³Der Arbeitnehmer hat dem Arbeitgeber die von einem Dritten gewährten Bezüge (Absatz 1 Satz 3) am Ende des jeweiligen Lohnzahlungszeitraums anzugeben; wenn der Arbeitnehmer keine Angabe oder eine erkennbar unrichtige Angabe macht, hat der Arbeitgeber dies dem Betriebsstättenfinanzamt anzuzeigen. ⁴Das Finanzamt hat die zu wenig erhobene Lohnsteuer vom Arbeitnehmer nachzufordern.

Lohnsteuer-Richtlinien: LStR 38.1–38.5; LStH 38.1–38.4

Übersicht

	Rz
I. Allgemeines, § 38 I	
1. Rechtscharakter der Lohnsteuer	1
2. Arbeitgeberbegriff	2
3. Inländischer Arbeitgeber, § 38 I 1 Nr 1 und S 2	3
4. Ausländischer Arbeitnehmer-Verleiher, § 38 I 1 Nr 2	4
5. Lohnzahlung durch Dritte, § 38 I 3, IV 3	5–7
II. Steuerschuldner, § 38 II 1; Entstehung der Lohnsteuer, § 38 II 2	10, 11
1. Steuerschuldner	10
2. Entstehung der Lohnsteuer	11
III. Einbehaltungspflichten, § 38 III, IIIa	
1. Einbehaltungspflicht des Arbeitgebers, § 38 III	13
2. Lohnsteuerabzugspflicht Dritter, § 38 IIIa 1	16
3. Übertragung lohnsteuerrechtlicher Pflichten auf Dritte, § 38 IIIa 2 ff	17
IV. Fehlende Barmittel; Anzeigepflichten, § 38 IV	18
V. Billigkeitsmaßnahmen im Lohnsteuerverfahren	20
VI. Rechtsweg	21

Schrifttum: (Auswahl ab 2004) *Heuermann* Systematik und Struktur der Leistungspflichten im LStAbzugsverfahren, Frankfurt am Main/ua, 1998 (Diss); *Drüen* Grenzen der StEntrichtungspflichten – verfassungsrechtl Bestandsaufnahme, FR 04, 1134; *Seer* Reform des (Lohn-)StAbzugs, FR 04, 1037; *ders* (Hrsg) Bochumer LStTag – LSt im Spannungsfeld zw Unternehmerfreiheit und Fiskalinteressen, Frankfurt am Main 2005; *Kirchhof* Die Erfüllungspflichten des ArbG im LSt-Verfahren, Bln, 2005 (Diss); *Drüen* Inanspruchnahme Dritter für den StVollzug, DStJG 31, 167; *Albert* Lohnzahlung durch Dritte, FR 09, 857; *Drüen* Die Indienstnahme Privater für den Vollzug von Steuergesetzen, 2012; *Heuermann* Entrichtungspflicht – Steuerpflicht – Grundpflicht?, FR 13, 354; *Buse* Die Festsetzung und Verjährung der LSt, DB 16, 1712; *Barth* Drittarbeitslohn aus Sonderrechtsbeziehungen zw ArbN und Dritten im Steuerrecht und SV-Recht, DStR 16, 2907; *Drüen,* Verfahrensverschränkungen und Rechtsschutzfolgen im Lohnsteuerverfahren (Teil I und II), FR 19, 1019 und FR 19, 1075.

I. Allgemeines, § 38 I

1. Rechtscharakter der Lohnsteuer. Die im Laufe des Kj einzubehaltende und abzuführende LSt ist keine besondere Steuerart, sondern die **Vorauszahlung** auf die mit Ablauf des Kj entstehende auf die Einkünfte aus nichtselbstständiger Arbeit entfallende EStSchuld (BFH VI R 165/01 BStBl II 05, 890; BFH VI R 64/09 BFH/NV 11, 753; BFH VI R 50/12 BFH/NV 14, 426; BSG B 10 EG 3/19 R DStR 20, 2204; *Drenseck* StuW 00, 452, 453; *Heuermann* FR 13, 354). Das LStVerfahren ist ein reines Vorauszahlungsverfahren. Die LSt wird iRe nach § 46 II durchzuführenden Veranlagung auf die ESt angerechnet (§ 36 II Nr 2, s § 36 Rz 11). Kommt ausnahmsweise keine Veranlagung in Betracht, gilt die auf die Ein-

Allgemeines **2 § 38**

künfte aus nichtselbstständiger Arbeit entfallende EStSchuld allerdings durch den LStAbzug als abgegolten (§ 46 IV, s § 46 Rz 2). – Der ArbG als Dritter ist insoweit in das LStVerfahren einbezogen, als er die Besteuerungsgrundlagen ermitteln, die LSt berechnen, einbehalten und abführen muss (BFH VI R 182/97 BStBl II 05, 358). Der ArbG hat dabei als durch Gesetz Beauftragter sowohl für das FA als auch für seinen ArbN tätig zu werden; er wird nicht etwa als Beliehener hoheitl tätig (*Heuermann* StuW 99, 349, 351 ff; *Lang* RdA 99, 64, 67; **aA** *Kloubert* DStR 00, 231, 232, mwN; zum Verhältnis ArbG-Fiskus s auch *Schick* BB 83, 1041, 1044 f; *BH/Wagner* § 42d Rz 19 ff; grds anderer Ausgangspunkt *Stolterfoht* DStJG 9, 175 ff; s ferner *Trzaskalik* DStJG 12, 157 ff). Die Rechtsbeziehungen des ArbG zum FA sind öffentl-rechtl, während seine Rechtsbeziehungen zum ArbN dem Zivilrecht angehören. Unterlaufen dem ArbG beim LStAbzug Fehler, haftet er uU ggü dem FA (§ 42d). Er kann sich aber auch ggü dem ArbN schadensersatzpflichtig machen (BAG 5 AZR 642/88 NZA 90, 309; BAG 5 AZR 725/07 NZA 08, 884; BFH VI R 57/95 BStBl II 97, 144; **aA** *KSM* § 38 Rz A 39 ff); uU muss er auch ungerechtfertigte Nachversteuerungsansinnen des FA ablehnen (BAG 5 AZR 395/58 BAGE 9, 105). Der Erfüllungseinwand des ArbG ggü dem ArbN bei Abzug und Abführung der LSt gilt grds nur für den abzurechnenden Lohnzahlungszeitraum und den vorherigen (BAG 5 AZR 266/16 DStR 17, 1125). – Der lstrechtl ArbLohnbegriff entspricht § 19 (s § 19 Rz 40 ff). Stfreier ArbLohn unterliegt nicht dem LStAbzug (BFH VI R 18/11 BStBl II 12, 291; *HHR* § 38 Rz 21). Zum pauschal besteuerten ArbLohn s § 40 Rz 1.

2. Arbeitgeberbegriff. Der lstrechtl ArbG-Begriff ist im EStG nicht definiert. **2** Er wird abgeleitet aus den in § 1 LStDV enthaltenen Begriffen ArbN und DienstVerh (s § 19 Rz 32). ArbG ist demgemäß derjenige, zu dem eine bestimmte Person, um deren einzubehaltende LSt es geht, in einem ArbVerh steht (*zivilrechtl ArbG-Begriff*, BFH VI R 84/10 BStBl II 11, 986; BFH VI R 122/00 BStBl II 04, 620; FG Mchen DStRE 18, 468, rkr; *BH/Wackerbeck* § 38 Rz 65). Zum *wirtschaftl ArbG-Begriff* s Rz 3. ArbG können natürl und juristische Personen des privaten sowie döR und nicht rechtsfähige Personenzusammenschlüsse sein (zu ArbGEigenschaft einer GbR s § 19 Rz 32). ArbG ist auch derjenige, der an einen ehem ArbN oder dessen Rechtsnachfolger Bezüge aus dem früheren DienstVerh zahlt. Selbst ein ArbN kann seinerseits ArbG sein (s § 19 Rz 32). Bei verbundenen Unternehmen ist nicht jede Ges Arbeitgeber des für verschiedene Ges tätigen ArbN, sondern nur diejenige, in der er angestellt ist und entlohnt wird. So ist eine GmbH & Co KG nicht ArbG des Geschäftsführers der Komplementär-GmbH (FG Hbg EFG 05, 1268, rkr). In Fällen der Organschaft ist idR die **OrganGes** selbst ArbG der Personen, zu denen sie zivilrechtl ein ArbVerh unterhält. Fehlt ein zivilrechtl ArbVerh zur UnterGes, ist diese auch lstrechtl nicht ArbG des (von der OberGes) entsandten Geschäftsführers (FG Mchn DStRE 18, 468, rkr; zutr). Ein Organträger kann grds für die LStSchulden der ArbN der OrganGes (TochterGes) nicht in Anspruch genommen werden (BFH VI R 9/80 BStBl II 86, 768; BFH IX R 82/98 BStBl II 06, 669; ab VZ 2004 s aber Rz 3, 6). Wird ein ArbN der OberGes iRd ArbVerh vorübergehend zu einer TochterGes entsandt, wird diese nicht ArbG. Eine konzerninterne ArbN-Entsendung kann nur dann zu einem Wechsel der ArbG-Stellung führen, wenn der betr ArbN nicht nur in dem betr Unternehmen, sondern auch für dieses tätig wird (BFH I R 46/03 BStBl II 05, 547, mit Abgrenzung zu BFH VI R 122/00 BStBl II 04, 620; s aber Rz 3, 6; *Weber* BB 05, 1485); wenn also zw entsandtem ArbN und der TochterGes (auch nur konkludent) ein ArbVerh begründet wird (*Bergkemper* HFR 06, 883). – In Fällen der **ArbN-Überlassung** ist derjenige als ArbG anzusehen, der dem ArbN den Lohn im eigenen Namen und für eigene Rechnung (unmittelbar) auszahlt (BFH VI R 34/79 BStBl II 82, 502; BFH I R 64/98 BStBl II 00, 41). Dies ist idR der Verleiher (*Eismann* DStR 11, 2381, 2382). – Ein ArbN kann zu mehreren ArbG in lohnsteuerrechtl anzuerkennenden ArbVerh stehen, instruktiv FG BaWü EFG 10, 1037, rkr. Erklärt der Insolvenzverwalter die Freigabe des Geschäftsbetriebes, ist der Betriebsinhaber ArbG und zum LStAbzug verpflichtet (FG Nds EFG 07, 1272, rkr).

3. Inländischer Arbeitgeber, § 38 I 1 Nr 1 und S 2. Einbehaltungspflichtig ist nur der inl ArbG, also der ArbG, der im Inl einen Wohnsitz (§ 8 AO), seinen gewöhnl Aufenthalt (§ 9 AO), seine Geschäftsleitung (§ 10 AO), seinen Sitz (§ 11 AO), eine Betriebstätte (§ 12 AO) oder einen ständigen Vertreter (§ 13 AO) hat. Der Betriebstättenbegriff des § 41 II 2 ist für die Bestimmung des inl ArbG nicht maßgebend; durch ihn werden nur der Ort der Aufzeichnungspflichten im inl ArbG und die Zuständigkeit des FA bestimmt (allg Meinung). Es gilt der zivilrechtl ArbG-Begriff (s Rz 2). § 38 I 2 schließt bei **grenzüberschreitender ArbN-Entsendung** ins Inl eine Lücke beim LStAbzug: Werden von ausl Unternehmen ArbN ins Inl entsendet, gilt das im Inl ansässige, die ArbN aufnehmende Unternehmen als inl ArbG, wenn es den ArbLohn für die ihm geleistete Arbeit *wirtschaftl* trägt (FG Nbg EFG 12, 1191, rkr; FG Saarl EFG 13, 1706, rkr); ein „Tragenmüssen" reichte bis einschl VZ 19 nicht aus (FG Mchen DStRE 18, 468, rkr; *Hilbert ua* DStR 13, 2433). Dabei kommt es abw vom zivilrechtl ArbG-Begriff (s Rz 2) nicht darauf an, dass das inl Unternehmen dem ArbN den ArbLohn in eigenem Namen und für eigene Rechnung auszahlt. Der Gesetzgeber hat insoweit den **abkommensrechtl wirtschaftl ArbG-Begriff** zugrunde gelegt (dazu BFH I R 64/98 BStBl II 00, 41; *BMF* BStBl I 14, 1467; *Hilbert/Nowotnick* DStR 17, 922). Wirtschaftl ArbG ist, wer einen ArbN in seinen Geschäftsbetrieb integriert, weisungsbefugt ist und den ArbLohn für die ihm geleistete Arbeit wirtschaftl trägt, sei es, dass er den Lohn unmittelbar auszahlt oder dass ein anderes Unternehmen für ihn mit dem Lohn in Vorlage tritt (BFH I R 63/80 BStBl II 86, 4; BFH I R 96/01 BFH/NV 03, 1152; BFH I R 46/03 BStBl II 05, 547). Ab VZ 2020 reicht es aus, dass der inl ArbG den ArbLohn nach dem Fremdvergleichsgrundsatz hätte tragen müssen. Hiernach besteht die Pflicht zum LSt-Abzug auch dann, wenn tatsächl kein finanzieller Ausgleich an das ausl Unternehmen gezahlt wird, aber unter fremden Dritten ein Ausgleich vereinbart worden wäre. Maßgebl ist, in wessen Interesse die ArbN-Entsendung vorrangig liegt (*Hick* DB 19, 2100). Die Regelung soll bei multinationalen Konzernen die Umgehung der inl LSt-Abzugspflicht durch Verzicht auf einen Ausgleichsanspruch verhindern. Das nach § 38 I 2 als inl ArbG geltende aufnehmende Unternehmen ist zum LStAbzug verpflichtet (*BMF* BStBl I 04, 173 Tz III.1). Auch wenn das ausl Unternehmen die Löhne an die im Inl entsendeten ArbN zahlt, ist das inl Unternehmen, das wegen der Rückbelastung die Löhne wirtschaftl trägt, zum LStAbzug insoweit verpflichtet als die Weiterbelastung des ArbLohns reicht (*Niermann/Plenker* DB 03, 2724, unter 4). Da die LSt in dem Zeitpunkt entsteht, in dem der Lohn dem ArbN zufließt (§ 38 II 2), ist dies für den LStAbzug durch das inl Unternehmen auch dann entscheidend, wenn die Weiterbelastung durch den ausl Unternehmer erst später (zB vierteljährl) erfolgt (LStR 38.3 V 4; *Niermann/Plenker* DB 04, 2118, 2122; *Hartmann* INF 04, 903, 907). § 38 I 2 greift aber nicht bei echten **Dienst- oder Werkverträgen** ein, da dort von vornherein keine LSt anfällt, und nicht bei *Umlagen,* die das ausl Unternehmen leistet (*Hofmann/Schubert* BB 04, 1477); ebenso nicht in Fällen ausl ArbN-Verleiher (§ 38 I 1 Nr 2; hier aber ggf Haftung des Entleihers).

4. Ausländischer Arbeitnehmer-Verleiher, § 38 I 1 Nr 2. Ausl ArbN-Verleiher haben, sofern sie ArbG der verliehenen ArbN sind, für ihre im Inl verliehenen ArbN LSt einzubehalten und abzuführen (andere ausl ArbG sind von dieser Regelung nicht betroffen). Für im Inl ansässige ArbN des ausl Verleihers ist ebenfalls LSt einzubehalten. ArbN-Verleih ist auch innerhalb des Konzerns mögl (BFH I R 64/98 BStBl II 00, 41). Diese Regelung ist mit EU-Recht vereinbar (FG BaWü EFG 94, 891, rkr). Keine Verpflichtung zum LStAbzug besteht indes, wenn Deutschland gar kein Besteuerungsrecht für den ArbLohn zusteht, zB bei im

Ausl ansässigen, aber im Inl eingesetzten ArbN, wenn sich der LeihArbN im Laufe des Kj nicht länger als insgesamt 183 Tage im Inl aufgehalten hat (BFH I R 96/01 BFH/NV 03, 1152). Der LStAbzug darf in diesem Fall auch dann unterbleiben, wenn keine Freistellungsmitteilung gem § 39 IV Nr 5 vorliegt (BFH I R 50/85 BStBl II 89, 755; aA *HHR* § 38 Rz 30). Die Einbehaltungspflicht greift nur im Falle *gewerbsmäßiger ArbN-Überlassung* ein. Gewerbsmäßig ist eine ArbN-Überlassung, wenn sie nicht nur gelegentl, sondern auf Dauer und mit dem Ziel, wirtschaftl Vorteile zu erlangen, betrieben wird (*BH/Wackerbeck* § Rz 81; *HHR* § 38 Rz 31, 32). Nicht darunter fallen: Gelegentl Ausleihen von ArbN zw selbstständigen Betrieben zur Deckung eines kurzfristigen Personalmehrbedarfs; Entsendung des ArbN in eine andere Betriebstätte; Freistellung oder Abordnung zu Arbeitsgemeinschaften (hierzu auch *Weisemann* BB 89, 907); Überlassung des ArbN als Nebenleistung, zB im Falle der Vermietung einer Maschine mit Bedienungspersonal; Subunternehmerverhältnisse; werkvertragl Rechtsbeziehungen (*Stenslik/Heine* DStR 13, 2179, 2185). – Ausführl zur steuerl Behandlung des **ArbLohns nach DBA** s *BMF* BStBl I 06, 532; *BMF* BStBl I 13, 980 Tz 2.4. – Zur **Haftung des Entleihers** s § 42d VI–VIII.

5. Lohnzahlung durch Dritte, § 38 I 3, IV 3. Zu unterscheiden ist zw unechter und echter Lohnzahlung durch Dritte. § 38 I 3, IV 3 regelt nur letztere. Eine Ausdehnung des ArbLohnbegriffs ist mit § 38 I 3, IV 3 nicht verbunden; die Vorschrift regelt nur die LStAbzugspflicht. – **a) Unechte Lohnzahlung durch Dritte.** Eine solche liegt vor, wenn der Dritte lediglich als Zahlstelle in die Zahlung des ArbLohns eingeschaltet ist, der Dritte also im Auftrag des ArbG und damit als dessen Leistungsmittler die Lohnauswendung vornimmt (BFH VI R 74/00 BStBl II 03, 496; BFH VI R 123/00 BStBl II 02, 230). Zahlender und LStAbzugsverpflichteter ist in diesem Falle der ArbG. Hier bestehen keine Besonderheiten (s LStR 38.4 I). **Beispiele:** Ein ArbN einer OrganGes erhält den Lohn von der OberGes ausgezahlt; Zahlungen von Unterstützungsleistungen oder Erholungsbeihilfen durch selbstständige Unterstützungskassen, denen die Mittel vom ArbG zur Verfügung gestellt werden (BFH VI 233/56 S BStBl III 58, 268; BFH VI 249/60 U BStBl III 61, 167; s auch § 19 Rz 100 „Lohnersatzleistungen"; *Portner* FR 14, 91); Verzicht des ArbG auf Vermittlungsprovisionen zugunsten eines verbilligten Bezugs von Leistungen durch die ArbN von Vertragspartner (BFH VI R 123/00 BStBl II 02, 230; dazu auch *MIT* DStR 01, 1659; s auch *Lang* StuW 04, 227). – Lohnzahlungen bei einem **verdeckten ArbVerh** sind dem wirkl ArbG zuzurechnen (BFH VII R 51/98 BFH/NV 00, 46).

b) Echte Lohnzahlung durch Dritte. Ist der zahlende Dritte nicht lediglich als Zahlstelle des ArbG anzusehen, liegt eine echte Lohnzahlung durch Dritte vor (s auch § 19 Rz 70). Ein typischer Fall ist die **erlaubte ArbN-Überlassung,** wenn der Entleiher zB Teile des ArbLohns an die ArbN des Verleihers zahlt (s auch *Eismann* DStR 11, 2381). Hierzu gehören auch geldwerte Vorteile, die der LeihArbN durch den Zugang zu Gemeinschaftseinrichtungen und -diensten des Entleihers erhält (LStR 38.4 II 1). Der Verleiher bleibt ArbG, er ist zur Abführung der LSt verpflichtet und haftet auch (BFH VI 158/65 BStBl II 68, 84; BFH V 191/64 BStBl II 68, 791). Nach § 38 I 3 und IV 3 ist der ArbG hinsichtl des iRd DienstVerh von einem Dritten gewährten ArbLohns zum LStAbzug auch dann verpflichtet, wenn er *weiß* (positive Kenntnis) oder *erkennen kann,* dass derartige Lohnzuwendungen erbracht werden. Das Gesetz hat dadurch die Abzugspflicht von der *Herrschaftssphäre* abgekoppelt und auf die *unsichere Erkennbarkeitssphäre* des ArbG ausgedehnt (*Drüen* FR 04, 1134, 1147). Sind ArbG und Dritter **konzernverbundene Unternehmen** (§ 15 AktG), unterstellt das Gesetz (widerlegbar; *Gersch* FR 04, 938, 940) die Kenntnis des ArbG mit der Rechtsfolge der LStAbzugspflicht (Konzernverantwortung, *Drüen* FR 04, 1134, 1146; *Drüen* DStJG 31, 185 f). Diese Unterstellung kann kaum gelten bei Leistungen innerhalb des Kon-

§ 38 7–11

zerns mit Verschwiegenheitspflicht des ArbN ggü jedermann (s *Leuner/Dumser* DStR 06, 2017). – § 38 IV 3 soll die Anordnung in § 38 I 2 flankieren: Dem ArbN wird die Pflicht auferlegt, die von dem Dritten empfangenen Bezüge am Ende des jeweiligen Lohnzahlungszeitraums dem ArbG anzugeben (§ 38 IV 3). Erfüllt der ArbN seine Anmeldepflicht, hat der ArbG diese Drittbezüge dem LStAbzug zu unterwerfen. Macht der ArbN keine Angaben, soll für den ArbG eine Anzeigepflicht ggü dem BetriebsstättenFA darüber bestehen, dass der ArbN keine oder eine erkennbar unrichtige Angabe gemacht hat (§ 38 IV 3, zur Frage der StHinterziehung durch den ArbN bei Nichtangabe des Drittlohns ggü dem ArbG, mE zR abl *Wobst* DStR 16, 2693; *ders* DStR 17, 2203; **aA** *Ebner* DStR 17, 1424; *ders* DStR 17, 2205).

7   **Stellungnahme:** Die gesetzl Regelung in § 38 I 3 und IV 3 ist in der Praxis kaum durchführbar (glA *Albert* DB 04, 1958; *BH/Wackerbeck* § 38 Rz 94; s auch Auflistung der Schwierigkeiten bei *Eismann* DStR 04, 1585; *Eismann* DStR 11, 2381; *Lucas/Hilbert* NWB 12, 886 zu diesbezügl Problemen bei ArbN-Überlassung; **aA** *HHR* § 38 Rz 40). Sanktionen hieraus ggü dem ArbG wären idR ermessenswidrig (**aA** ohne nähere Begr zur Ermessensausübung FG Mchn EFG 12, 456; dieses Urt ist auch im Hinblick auf die Annahme von ArbLohn und das „Erkennen können" der Drittzuwendung unzutr, daher zu Recht aufgehoben durch BFH VI R 62/11 BFH/NV 14, 1431). – Im Einzelnen: Wenn der ArbG in eine konkrete Drittzuwendung eingebunden ist, weiß er von ihr und hat sie dem LStAbzug zu unterwerfen; insoweit bestehen keine Besonderheiten. Ist der ArbG nicht in eine konkrete Drittzuwendung eingebunden, **weiß** er aber von ihr, besteht eine LStAbzugsverpflichtung, wenn der ArbN dem ArbG diese Drittzuwendung bis zum Ende des jeweiligen Lohnzahlungszeitraums anzeigt; macht der ArbN keine Angabe (Steuerverkürzung, § 370 AO), ist der ArbG dem BetriebsstättenFA ggü anzeigepflichtig. – Wann der ArbG eine Drittzuwendung **„erkennen kann"**, ist kaum justitiabel (*Albert* FR 09, 857, 859; **aA** *Hettler* HFR 14, 794: ArbG muss die Möglichkeit haben zu erkennen, dass Dritte ArbLohn zahlen, was in erster Linie eine vom FG zu beantwortende Tatfrage sei; vgl iÜ § 25d UStG, wo von „kennen müssen" die Rede ist). Das FA ist beweispflichtig. Das „Kennenkönnen" muss sich auf eine konkrete Drittzuwendung innerhalb eines bestimmten Lohnzahlungszeitraums beziehen (FG Mchn EFG 09, 1749, aus anderen Gründen bestätigt, BFH VI R 41/09 BStBl II 10, 1022; s aber *ge* DStRE 10, 1004). Dieses Tatbestandsmerkmal wird allenfalls erfüllt sein, wenn der ArbG in sachwidriger Weise die Augen vor einer konkreten Drittleistung verschlossen hat, um der positiven Kenntnis auszuweichen, zB wenn das Drittentgelt die wesentl oder alleinige Entlohnung des ArbN darstellt (FG Mster EFG 03, 1549, rkr). Hier muss der ArbG seiner Anzeigepflicht gem § 38 IV 3 nachzukommen. – IÜ dürfte § 38 I 3, IV 3 selbst für konzernverbundene Unternehmen keine Ausdehnung der lstrechtl ArbG-Pflichten bedeuten; denn es gibt keine gesetzl Pflicht, sich Kenntnis davon zu verschaffen, welche Vorteile im Konzernverbund tatsächl gewährt werden (**aA** *van Lishaut* FR 04, 203 II. 5, 6; *Niermann/Plenker* DB 03, 2724, 2725). Ein Auskunftsanspruch der Konzerntochter ggü ausl MutterGes, ob zB ArbN im Inl Aktienoptionsrechte eingeräumt wurden, ist nicht ersichtl. Zur ArbN-Überlassung im Konzern, s auch BAG DB 11, 1528, unter II.2. Daher ist der ArbG auch nicht verpflichtet, sich die Nichtinanspruchnahme solcher Drittzuwendungen bestätigen zu lassen (**aA** LStR 38.4 II 3; BMF BStBl I 04, 173 Tz III.2; *van Lishaut* FR 04, 203, III. 2; *Niermann/Plenker* DB 04, 2118, Nr 11; *Hartmann* INF 04, 946; Musterschreiben an ArbNschaft *Sprenger* INF 05, 789).

II. Steuerschuldner, § 38 II 1; Entstehung der Lohnsteuer, § 38 II 2

10 **1. Steuerschuldner.** Schuldner der LSt ist der ArbN als der Einkommensbezieher (§ 38 II 1; zum ArbN-Begriff s § 19 Rz 4 ff). Dies gilt auch im Fall der **Nettolohnvereinbarung** (vgl § 39b Rz 12 ff). Ist der ArbLohn **pauschaliert** besteuert (§§ 40–40b), ist Steuerschuldner der ArbG (§§ 40 III, 40a IV, 40b III).

11 **2. Entstehung der Lohnsteuer.** Die LSt entsteht in dem Zeitpunkt, in dem der stpfl ArbLohn dem ArbN iSd § 11 I 1 zufließt (§ 38 II 2). Es handelt sich um die Regelung des Entstehungszeitpunkts der auf den ArbLohn entfallenden **Vorauszahlungsschuld**. Mit Ablauf des Kj entsteht die Jahreseinkommensteuerschuld der ArbN (§ 36). Von der Entstehung der LSt ist deren Abführung durch den ArbG zu unterscheiden (§ 41a). Zum Erlöschen durch Zahlung, Aufrechnung und Verjäh-

rung (§ 170 II Nr 1 AO) s *KSM* § 38 Rz C 6 ff: LSt erlischt nicht bereits im Zeitpunkt der Einbehaltung durch den ArbG, sondern erst im Zeitpunkt der Abführung an das FA (ebenso *Völlmeke* DB 94, 1746, 1748; **aA** *Heuermann* DB 94, 2411 f und die zweifelhafte Entscheidung des FG Mster EFG 94, 107, aufgehoben aus anderen Gründen durch BFH VI R 91/93 BFH/NV 94, 862). Zur Verjährung s § 40 Rz 10.

III. Einbehaltungspflichten, § 38 III, IIIa

1. Einbehaltungspflicht des Arbeitgebers, § 38 III. § 38 III ist verfgemäß (BFH VI 270/62 U BStBl III 63, 468; BVerfG 1 BvR 477/67 DB 64, 204; vgl auch *Drüen* FR 04, 1134; *Drüen* Die Indiensnahme Privater, S 149 ff, Bestandsaufnahme der Rspr). Die Einbehaltungspflicht sowie die Anmeldungs- und Abführungspflichten, die in § 41 geregelt sind, sind öffentl-rechtl Verpflichtungen, die durch Vereinbarungen zwischen ArbN und ArbG nicht außer Kraft gesetzt werden können. Die Einbehaltungspflicht gilt für jede Lohnzahlung, also auch für Vorschüsse, Abschlagszahlungen, ArbLohnpfändungen und bei Verurteilung zur Zahlung von ArbLohn. Eine Lohnzahlung ist erfolgt, wenn dem ArbN der ArbLohn zugeflossen ist, er also über den ArbLohn wirtschaftl verfügen kann. Bei Abschlagszahlungen kann die Einbehaltung der LSt bis zur Lohnabrechnung hinausgeschoben werden (§ 39b V). Die Verpflichtungen des ArbG beziehen sich auch auf die KiSt (verfassungsrechtl Bedenken s *Felix* BB 95, 1929). Der ArbG errechnet unter Zugrundelegung der LStAbzugsmerkmale die auf den stpfl ArbLohn entfallende LSt (s § 39b) und zahlt den um diese LSt gekürzten ArbLohn an den ArbN aus. Reichen die Mittel des ArbG zur Zahlung des vollen Lohns nicht aus, hat er die LSt von dem gezahlten niedrigeren Betrag zu errechnen und einzubehalten. Zum LSt-Abzug nach Beendigung des DienstVerh s *BMF* BStBl I 18, 1137 Rz 56 ff). § 38 III 3 betrifft die Auszahlung von Wertguthaben bei Arbeitszeitkonten. Die DRV ist bei Leistungen aus den auf sie übertragenen Wertguthaben zum LStAbzug verpflichtet.

2. Lohnsteuerabzugspflicht Dritter, § 38 IIIa 1. Inl Dritte, die tarifvertragl Ansprüche von ArbN durch Zahlung von Geldleistungen erfüllen, zB die als gemeinsame Einrichtung der Tarifparteien bestehende Lohnausgleichskasse der Bauwirtschaft (ULAG), werden durch § 38 IIIa 1 zum LStabzug verpflichtet, ohne selbst ArbG zu sein. Die Vorschrift wurde aufgrund der Entscheidung BFH VI R 74/00 BStBl II 03, 496 geschaffen. Zu Folgeänderungen s § 39c III und § 42d IX (Haftung, § 42d Rz 76).

3. Übertragung lohnsteuerrechtlicher Pflichten auf Dritte, § 38 IIIa 2 ff. Das FA kann auf (formlosen schriftl) Antrag zulassen, dass ein Dritter die ArbG-Pflichten im eigenen Namen erfüllt. Die LStAbzugspflicht kann damit vom ArbG auf einen Dritten übertragen werden, wenn dieser sich gg über dem ArbG verpflichtet, den Lohn auszahlen oder die ArbG-Pflichten für von ihm vermittelte ArbN übernimmt und die Steuererhebung nicht beeinträchtigt wird. Die Übertragung der ArbG-Pflichten auf den Dritten bedarf der Zustimmung des BetriebsstättenFA des Dritten und wird nur im Einvernehmen mit dem BetriebsstättenFA des ArbG erteilt. Sie darf mit Nebenbestimmungen versehen werden, die einer Beeinträchtigung der LStErhebung entgegenwirken. – Zu Haftungsfolgen s § 42d IX 4 ff.

IV. Fehlende Barmittel; Anzeigepflichten, § 38 IV

Werden neben Barlohn hohe Sachbezüge gewährt oder hat der ArbG Abschlagszahlungen nach § 39b V geleistet, kann bei der Lohnabrechnung der LStAbzug höher sein als der Barlohn bzw der nach den Abschlagzahlungen noch ausstehende ArbLohn. Gleiches kann eintreten bei Lohnzahlungen durch Dritte (s FG Hbg

EFG 97, 1414, rkr). In diesen Fällen hat der ArbG zunächst die Barmittel (stpfl und stfreie Bezüge, zB Reisekostenersatz) für den LStAbzug zurückzubehalten. Ob bei Abtretung einer Geldforderung ein Fall fehlender Barmittel gegeben ist, hat BFH VI R 112/99 BStBl II 02, 884 offengelassen (dazu *MIT* DStR 02, 2169). Ist die einzubehaltende Steuer immer noch höher als die zurückbehaltenen Beträge, ist der ArbN verpflichtet, dem ArbG den Fehlbetrag zur Verfügung zu stellen. Entzieht sich der ArbN dieser Verpflichtung, hat dies der ArbG dem BetriebsstättenFA anzuzeigen. Durch die Anzeige, die die Erfüllung der Einbehaltungspflichten ersetzt, kann der ArbG seine Haftung vermeiden; bei unterlassener Anzeige haftet er (BFH VI R 112/99 BStBl II 02, 884; dagegen *Eisgruber* DStR 03, 141; *Nacke* DStR 05, 1297, 1298). Das FA fordert die LSt in diesem Falle vom ArbN nach. Die Bagatellgrenze von 10 € (§ 42d V) gilt hier nicht. Zum Inhalt der Anzeige und zum weiteren Verfahren durch das FA vgl LStR 41c. 2. – Zu § 38 IV 3 (Anzeigepflichten) s Rz 6, 7.

V. Billigkeitsmaßnahmen im Lohnsteuerverfahren

20   Solche Maßnahmen (zB Stundung, Erlass; s *von Groll* DStJG 9, 447 ff) kommen **ggü dem ArbG** grds nicht in Betracht (es handelt sich nicht um ArbG-Mittel, *OFD Mbg* DB 93, 814; *KSM* § 38 Rz D 10; offen gelassen BFH VII R 96/79 BStBl II 82, 521; FG Hbg EFG 86, 203, rkr; Stundung erst im Haftungsverfahren, s § 42d Rz 56; zur Ablehnung von Stundungen bei der KapESt s BFH I R 120/97 BStBl II 99, 3; dazu *Gerber* DB 99, 1729). Wohl aber ist eine Stundung **ggü dem ArbN** im Grundsatz mögl. Die Stundung kann in der Weise erfolgen, dass der ArbN seinem WohnsitzFA eine Bescheinigung seines ArbG über die jeweils einbehaltene und für seine Rechnung abgeführte LSt vorlegt und das WohnsitzFA die Steuer gem § 37 II AO erstattet (ausführl BFH VI R 71/90 BStBl II 93, 479). Ermessensfehlerfrei ist aber die Ablehnung einer sog *Verrechnungsstundung* (*FM Thür* DStR 97, 1371; s aber *Carl/Klos* DB 95, 1146, 2039; *Rößler* DB 95, 2038). Damit ist iErg praktisch nur die Stundung aus persönl Härtegründen mögl (s auch *Anm* HFR 93, 366; gegen diese Einschränkung *Schäfer* DB 93, 2205). Soweit § 222 S 3 AO eine Stundung im LStAbzugsverfahren generell und damit auch in Härtefällen ausschließt, ist die Vorschrift verfwidrig (ausführl und überzeugend *T/K* § 222 AO Rz 6). Ein Erlass der Vorauszahlungsschuld scheidet mE aus, da durch Stundung bis zum Ablauf des Kj die Interessen des ArbN gewahrt werden können; erst dann ist über den Erlass der Jahressteuer zu befinden (weitergehend *Schick* BB 84, 733, 736 f; *Schuhmann* BB 85, 184).

VI. Rechtsweg

21   Ein nach Ansicht des ArbN zu hoher LStEinbehalt ist ggü dem FA auf dem Finanzrechtsweg und nicht ggü dem ArbG geltend zu machen (FG MeVo EFG 93, 744, rkr). Für eine Klage des ArbN gegen den ArbG über das Bestehen einer Nettolohnvereinbarung ist der Finanzrechtsweg demggü nicht gegeben (BFH VI B 108/92 BStBl II 93, 760; BFH VI B 108/07 BFH/NV 09, 175); ebenso nicht bei Streitigkeiten mit dem ArbG über den LStAbzug (FG Bdg EFG 97, 358, rkr; FG Hbg DStRE 03, 1390, Verweisungsbeschluss). Nach BAG 5 AZB 1/03 HFR 03, 1209 soll bei Klage auf Berichtigung der LStBescheinigung indes der Finanzrechtsweg gegeben sein (ebenso BAG 10 AZB 8/13 DStR 13, 1345, wenn der Streit von der Anwendung steuerrechtl Vorschriften abhängt; dagegen FG Mchn DStRE 08, 194, rkr; FG Mster EFG 11, 1735). Zu dem insoweit bestehenden negativen Kompetenzkonflikt s BFH VI S 17/05 BFH/NV 06, 329 (Anm *MIT* DStRE 06, 441). – Zur **Anfechtung der LStAnmeldung** durch ArbG und ArbN s § 41a Rz 5.

§ 38a Höhe der Lohnsteuer

(1) ¹Die Jahreslohnsteuer bemisst sich nach dem Arbeitslohn, den der Arbeitnehmer im Kalenderjahr bezieht (Jahresarbeitslohn). ²Laufender Arbeitslohn gilt in dem Kalenderjahr als bezogen, in dem der Lohnzahlungszeitraum endet; in den Fällen des § 39b Absatz 5 Satz 1 tritt der Lohnabrechnungszeitraum an die Stelle des Lohnzahlungszeitraums. ³Arbeitslohn, der nicht als laufender Arbeitslohn gezahlt wird (sonstige Bezüge), wird in dem Kalenderjahr bezogen, in dem er dem Arbeitnehmer zufließt.

(2) Die Jahreslohnsteuer wird nach dem Jahresarbeitslohn so bemessen, dass sie der Einkommensteuer entspricht, die der Arbeitnehmer schuldet, wenn er ausschließlich Einkünfte aus nichtselbständiger Arbeit erzielt.

(3) ¹Vom laufenden Arbeitslohn wird die Lohnsteuer jeweils mit dem auf den Lohnzahlungszeitraum fallenden Teilbetrag der Jahreslohnsteuer erhoben, die sich bei Umrechnung des laufenden Arbeitslohns auf einen Jahresarbeitslohn ergibt. ²Von sonstigen Bezügen wird die Lohnsteuer mit dem Betrag erhoben, der zusammen mit der Lohnsteuer für den laufenden Arbeitslohn des Kalenderjahres und für etwa im Kalenderjahr bereits gezahlte sonstige Bezüge die voraussichtliche Jahreslohnsteuer ergibt.

(4) Bei der Ermittlung der Lohnsteuer werden die Besteuerungsgrundlagen des Einzelfalls durch die Einreihung der Arbeitnehmer in Steuerklassen (§ 38b), Feststellung von Freibeträgen und Hinzurechnungsbeträgen (§ 39a) sowie Bereitstellung von elektronischen Lohnsteuerabzugsmerkmalen (§ 39e) oder Ausstellung von entsprechenden Bescheinigungen für den Lohnsteuerabzug (§ 39 Absatz 3 und § 39e Absatz 7 und 8) berücksichtigt.

1. Jahreslohnsteuer, § 38a I. Der JahresArbLohn umfasst nur den ArbLohn, der bei dem jeweiligen ArbG dem LStAbzug unterliegt (s § 38 Rz 5, 6). Ist der ArbN bei mehreren ArbG tätig, ist der JahresArbLohn für jedes ArbVerh gesondert zu bestimmen. Die Berechnung der LSt iEinz ist in § 39b und § 39c geregelt.

a) Zeitliche Zuordnung des Arbeitslohns, § 38a I 2 und 3. Es ist zu unterscheiden zw **lfd ArbLohn** (der dem ArbN regelmäßig zufließt, s LStR 39b.2 I) und **sonstigen Bezügen** (die nicht als lfd ArbLohn gezahlt werden, s LStR 39b.2 II; zB unregelmäßig gezahlte Gratifikationen, 13. Monatsgehalt; Dezemberlohn, der erst nach dem 21.1. des Folgejahres zufließt, dazu auch *Hartmann* INF 99, 737, 741; Ausgleichszahlungen bei vorzeitiger Beendigung eines Altersteilzeitarbeitsverhältnisses, BFH VI R 26/11 BStBl II 12, 415). BSG B 10 EG 7/17 R DStR 18, 819 nimmt instruktiv eine zutr Abgrenzung zw lfd ArbLohn und sonstigen Bezügen vor; letztere liegen hiernach vor, wenn deren Zahlungszeiträume von dem als Regel vorgesehenen Zahlungsturnus nicht nur unehebl abweichen. Für lfd (regelmäßig zufließenden) ArbLohn durchbricht § 38a I 2 das Zuflussprinzip des § 11. Wird zB lfd ArbLohn am 28.12. für den Lohnzahlungszeitraum Januar gezahlt, gilt der Lohn als erst im folgenden Kj bezogen (der Lohnzahlungszeitraum endet erst im folgenden Kj (s aber FG Mster EFG 91, 567, rkr, zutr). Auch § 38a I 2 setzt aber den tatsächl Zufluss iSv § 11 I voraus (*HHR* § 38a Rz 16). Nur zugeflossener ArbLohn unterliegt der ESt und dem LStAbzug. § 38a I 2 macht davon keine Ausnahme; er dient nur der Vereinfachung des LStAbzugsverfahrens, indem lfd ArbLohn zeitl zugeordnet wird (BFH VI R 57/05 BStBl II 09, 147). Für sonstige Bezüge gilt dagegen weiterhin § 11 I 1, nicht aber § 11 I 2 (BFH VI R 58/15 DStR 17, 2541). § 38a I 2, 3 erfasst nur solche Lohnbestandteile, die zu Lohnzahlungszeiträumen um den Jahreswechsel gehören, nicht aber Lohnnachzahlungen für Lohnzahlungszeiträume bereits abgelaufener oder noch früherer Jahre (BFH VI R 104/92 BStBl II 93, 795; BFH VI B 275/97 BFH/NV 98, 1477).

§ 38b Lohnsteuerklassen, Zahl der Kinderfreibeträge

3   b) **Lohnzahlungszeitraum** ist der Zeitraum, für den der lfd ArbLohn gezahlt wird (zB Tageslohn, Wochenlohn, Monatslohn). Er kann auch in zwei Kj reichen (zB vom 20.12. bis 19.1.; BFH VI R 67/68 BStBl II 70, 664). Die Lohnzahlungszeiträume können wechseln (zB zunächst nach Monaten, anschließend nach Wochen). Wird der ArbLohn für einen bestimmten Zeitraum zwischen ArbN und ArbG abgerechnet und gezahlt, so sind Lohnzahlungszeitraum und **Lohnabrechnungszeitraum** identisch. Sie fallen aber auseinander, wenn der ArbG zunächst nur zB wöchentl Abschlagszahlungen in ungefährer Höhe vorauszahlt und die Lohnabrechnung für einen Lohnabrechnungszeitraum (zB 1 Monat) vorgenommen wird. Voraussetzung hierfür ist, dass der Lohnabrechnungszeitraum 5 Wochen nicht übersteigt und dass die Lohnabrechnung innerhalb von 3 Wochen nach Ablauf des Lohnabrechnungszeitraums erfolgt (§ 39b V). Zum Lohnauszahlungszeitraum bei Beginn der EStPfl im Laufe eines Kalendermonats s BFH VI R 27/99 BFH/NV 04, 1239. Zu unplanmäßigen Lohnzahlungen s *HHR* § 38a Rz 18.

4   **2. Bemessung der Jahreslohnsteuer, § 38a II.** Die Jahreslohnsteuer entspricht der ESt, die der ArbN schuldet, wenn er ausschließl Einkünfte aus nichtselbstständiger Arbeit erzielt (§ 38a II). Die LStAbzugsbeträge sind daher Vorauszahlungen auf die Jahressteuerschuld (§ 38 Rz 1).

5   **3. Erhebung der Lohnsteuer, § 38a III.** Die Vorschrift unterstellt für die Einbehaltung der LSt vom lfd ArbLohn (§ 38a III 1), dass der in dem betr Lohnzahlungszeitraum bezogene ArbLohn in gleicher Höhe auch in den folgenden (gleichlangen) Lohnzahlungszeiträumen des Kj zufließen wird. Daher kommt es bei schwankendem ArbLohn oder Arbeitslosenzeiten zu LStÜberzahlungen. Dies wird beim sog permanenten LStJA vermieden (§ 39b II 12). Bei sonstigen Bezügen ergibt sich die LSt aus der Differenz zw der JahresLSt aus dem (ggf hochgerechneten) lfd ArbLohn des Kj einschließl bereits ausgezahlter sonstiger Bezügen und der wie vor berechneten JahresLSt ohne den sonstigen Bezug, für den die LSt erhoben werden soll (§ 38a III 2).

6   **4. Besteuerungsgrundlagen, § 38a IV.** Die Vorschrift zählt deklaratorisch die Elemente auf, die bei der LSt-Ermittlung im Einzelfall zu berücksichtigen sind.

§ 38b Lohnsteuerklassen, Zahl der Kinderfreibeträge

(1) ¹**Für die Durchführung des Lohnsteuerabzugs werden Arbeitnehmer in Steuerklassen eingereiht.** ²Dabei gilt Folgendes:
1. In die Steuerklasse I gehören Arbeitnehmer, die
    a) unbeschränkt einkommensteuerpflichtig und
       aa) ledig sind, Lohnsteuerklassen, Zahl der Kinderfreibeträge Krüger
       bb) verheiratet, verwitwet oder geschieden sind und bei denen die Voraussetzungen für die Steuerklasse III oder IV nicht erfüllt sind; oder
    b) beschränkt einkommensteuerpflichtig sind;
2. in die Steuerklasse II gehören die unter Nummer 1 Buchstabe a bezeichneten Arbeitnehmer, wenn bei ihnen der Entlastungsbetrag für Alleinerziehende (§ 24b) zu berücksichtigen ist;
3. in die Steuerklasse III gehören Arbeitnehmer,
    a) die verheiratet sind, wenn beide Ehegatten unbeschränkt einkommensteuerpflichtig sind und nicht dauernd getrennt leben und der Ehegatte des Arbeitnehmers auf Antrag beider Ehegatten in die Steuerklasse V eingereiht wird,
    b) die verwitwet sind, wenn sie und ihr verstorbener Ehegatte im Zeitpunkt seines Todes unbeschränkt einkommensteuerpflichtig waren und in diesem Zeitpunkt nicht dauernd getrennt gelebt haben, für das Kalenderjahr, das dem Kalenderjahr folgt, in dem der Ehegatte verstorben ist,

c) deren Ehe aufgelöst worden ist, wenn
   aa) im Kalenderjahr der Auflösung der Ehe beide Ehegatten unbeschränkt einkommensteuerpflichtig waren und nicht dauernd getrennt gelebt haben und
   bb) der andere Ehegatte wieder geheiratet hat, von seinem neuen Ehegatten nicht dauernd getrennt lebt und er und sein neuer Ehegatte unbeschränkt einkommensteuerpflichtig sind,
   für das Kalenderjahr, in dem die Ehe aufgelöst worden ist;
4. in die Steuerklasse IV gehören Arbeitnehmer, die verheiratet sind, wenn beide Ehegatten unbeschränkt einkommensteuerpflichtig sind und nicht dauernd getrennt leben; dies gilt auch, wenn einer der Ehegatten keinen Arbeitslohn bezieht und kein Antrag nach Nummer 3 Buchstabe a gestellt worden ist;
5. in die Steuerklasse V gehören die unter Nummer 4 bezeichneten Arbeitnehmer, wenn der Ehegatte des Arbeitnehmers auf Antrag beider Ehegatten in die Steuerklasse III eingereiht wird;
6. die Steuerklasse VI gilt bei Arbeitnehmern, die nebeneinander von mehreren Arbeitgebern Arbeitslohn beziehen, für die Einbehaltung der Lohnsteuer vom Arbeitslohn aus dem zweiten und einem weiteren Dienstverhältnis sowie in den Fällen des § 39c.

³Als unbeschränkt einkommensteuerpflichtig im Sinne der Nummern 3 und 4 gelten nur Personen, die die Voraussetzungen des § 1 Absatz 1 oder 2 oder des § 1a erfüllen.

(2) ¹Für ein minderjähriges und nach § 1 Absatz 1 unbeschränkt einkommensteuerpflichtiges Kind im Sinne des § 32 Absatz 1 Nummer 1 und Absatz 3 werden bei der Anwendung der Steuerklassen I bis IV die Kinderfreibeträge als Lohnsteuerabzugsmerkmal nach § 39 Absatz 1 wie folgt berücksichtigt:
1. mit Zähler 0,5, wenn dem Arbeitnehmer der Kinderfreibetrag nach § 32 Absatz 6 Satz 1 zusteht, oder
2. mit Zähler 1, wenn dem Arbeitnehmer der Kinderfreibetrag zusteht, weil
   a) die Voraussetzungen des § 32 Absatz 6 Satz 2 vorliegen oder
   b) der andere Elternteil vor dem Beginn des Kalenderjahres verstorben ist oder
   c) der Arbeitnehmer allein das Kind angenommen hat.

²Soweit dem Arbeitnehmer Kinderfreibeträge nach § 32 Absatz 1 bis 6 zustehen, die nicht nach Satz 1 berücksichtigt werden, ist die Zahl der Kinderfreibeträge auf Antrag vorbehaltlich des § 39a Absatz 1 Nummer 6 zu Grunde zu legen. ³In den Fällen des Satzes 2 können die Kinderfreibeträge für mehrere Jahre gelten, wenn nach den tatsächlichen Verhältnissen zu erwarten ist, dass die Voraussetzungen bestehen bleiben. ⁴Bei Anwendung der Steuerklassen III und IV sind auch Kinder des Ehegatten bei der Zahl der Kinderfreibeträge zu berücksichtigen. ⁵Der Antrag kann nur nach amtlich vorgeschriebenem Vordruck gestellt werden.

(3) ¹Auf Antrag des Arbeitnehmers kann abweichend von Absatz 1 oder 2 eine für ihn ungünstigere Steuerklasse oder geringere Zahl der Kinderfreibeträge als Lohnsteuerabzugsmerkmal gebildet werden. ²Der Wechsel von der Steuerklasse III oder V in die Steuerklasse IV ist auch auf Antrag nur eines Ehegatten möglich mit der Folge, dass beide Ehegatten in die Steuerklasse IV eingereiht werden. ³Diese Anträge sind nach amtlich vorgeschriebenem Vordruck zu stellen und vom Antragsteller eigenhändig zu unterschreiben.

Lohnsteuer-Richtlinien: LStH 38b

§ 39 Lohnsteuerabzugsmerkmale

1 1. Steuerklasseneinteilung, § 38b I. Sie gilt sowohl für unbeschr als auch für beschr stpfl ArbN, sodass sämtl Regelungen zur Einreihung der ArbN in Steuerklassen in § 38b I zusammengefasst sind. Von der **Wahl der StKlassen bei arbeitenden Ehegatten** hängt es nach Ablauf des Kj zu LStNachzahlungen oder LStErstattungen kommt. Die **Kombination IV/IV,** die bei verheirateten StPfl die Regel ist, sofern nicht die Kombination III/V oder das Faktorverfahren gewählt wird, unterstellt, dass beide Ehegatten gleichviel verdienen. Bei dieser Wahl kann es nicht zu Nachzahlungen kommen. Hier kommt es zu StÜberzahlungen, wenn die ArbLöhne der Ehegatten unterschiedl hoch sind. Die Überzahlungen sind umso höher, je mehr die ArbLöhne der Ehegatten voneinander abweichen. Die Wahl der StKlassenkombination III/V kann bei Beantragung der getrennten Veranlagung missbräuchl iSv § 42 AO sein, wenn hierdurch die Durchsetzung der ESt vereitelt werden soll (BFH III R 66/98 BFH/NV 05, 186; FG BaWü AO-StB 11, 296). Zum Wechsel der StKlasse als Gestaltungsprinzip s auch LAG RhPf DB 05, 2587. Arbeitslose hatten bis 2017 kein Recht zum Wechsel der LSt-Klasse, da sie keine ArbN sind (FG BBg EFG 17, 840, rkr). Ab 2018 steht das Recht zur Wahl der StKlasse IV gem § 38b III 3 idF StUmgBG (BGBl I 17, 1682) aber jedem Ehegatten zu. LSt-Klassenwechsel zur Erlangung eines höheren Elterngeldes s BSG B 10 EG 3/08 R ua DStR 09, 2263. Zur Wahl einer ungünstigeren LStKlasse in Gläubigerbenachteiligungsabsicht s BGH VII ZB 26/05 DStR 05, 2096. Das Recht der StKlassenwahl geht auch im Insolvenzverfahren nicht auf den Verwalter über (BFH VI R 9/11 BFH/NV 11, 2111, zur StKlassenwahl im Insolvenzverfahren s auch *Kahlert* DB 11, 2516).

2 2. Kinderfreibeträge, § 38b II. Die Vorschrift regelt die Berücksichtigung von Kinderfreibeträgen als LSt-Abzugsmerkmale. Die Kinderfreibeträge sind nur für die Bemessung der Zuschlagsteuern zur LSt (KiSt, SolZ) bedeutsam. Für die Bildung von Kinderfreibeträgen als LSt-Abzugsmerkmal gelten die allg Vorschriften zur Bildung und Bekanntgabe der Merkmale in § 39 I. Die Kinderfreibetragszähler sollen regelmäßig ab der Geburt des Kindes bis zur Vollendung des 18. Lebensjahres automatisiert gebildet und berücksichtigt werden. Der Kinderfreibetragszähler beträgt 0,5 in den Fällen des § 32 VI 1 und des § 32 VI 2, 3. Soweit Kinderfreibeträge nicht automatisiert nach § 38b II 1 berücksichtigt werden (zB bei Pflegekindern), muss der ArbN einen Antrag nach amtl Vordruck stellen, damit die Kinderfreibeträge als LSt-Abzugsmerkmal zu Grunde gelegt werden. Diese Kinderfreibeträge können unter den Voraussetzungen des § 38b II 3 auch für mehrere Jahre gelten (*BMF* BStBl I 18, 1137 Rz 31). Durch die Einführung der ELStAM wird das Jahresprinzip, das sich bisher in jährl Ausstellung der LStKarte ergab, aufgehoben. ELStAM können unverändert jahrelang gelten.

3 3. Wahl der Steuerklasse, § 38b III. Das Gesetz gestattet dem ArbN die Wahl einer für ihn ungünstigeren StKlasse oder einer geringeren Anzahl von Kinderfreibeträgen als LSt-Abzugsmerkmal. Ein solcher Antrag kommt zB für ArbN in Betracht, die dem ArbG ihren Familienstand nicht mitteilen möchten.

§ 39 Lohnsteuerabzugsmerkmale

(1) [1]**Für die Durchführung des Lohnsteuerabzugs werden auf Veranlassung des Arbeitnehmers Lohnsteuerabzugsmerkmale gebildet (§ 39a Absatz 1 und 4, § 39e Absatz 1 in Verbindung mit § 39e Absatz 4 Satz 1 und nach § 39e Absatz 8).** [2]Soweit Lohnsteuerabzugsmerkmale nicht nach § 39e Absatz 1 Satz 2 automatisiert gebildet werden oder davon abweichend zu bilden sind, ist das Finanzamt für die Bildung der Lohnsteuerabzugsmerkmale nach den §§ 38b und 39a und die Bestimmung ihrer Geltungsdauer zuständig. [3]Für die Bildung der Lohnsteuerabzugsmerkmale sind die von den Meldebehörden nach § 39e Absatz 2 Satz 2 mitgeteilten Daten vorbehaltlich

Lohnsteuerabzugsmerkmale § 39

einer nach Satz 2 abweichenden Bildung durch das Finanzamt binden. ⁴Die Bildung der Lohnsteuerabzugsmerkmale ist eine gesonderte Feststellung von Besteuerungsgrundlagen im Sinne des § 179 Absatz 1 der Abgabenordnung, die unter dem Vorbehalt der Nachprüfung steht. ⁵Die Bildung und die Änderung der Lohnsteuerabzugsmerkmale sind dem Arbeitnehmer bekannt zu geben. ⁶Die Bekanntgabe richtet sich nach § 119 Absatz 2 der Abgabenordnung und § 39e Absatz 6. ⁷Der Bekanntgabe braucht keine Belehrung über den zulässigen Rechtsbehelf beigefügt zu werden. ⁸Ein schriftlicher Bescheid mit einer Belehrung über den zulässigen Rechtsbehelf ist jedoch zu erteilen, wenn einem Antrag des Arbeitnehmers auf Bildung oder Änderung der Lohnsteuerabzugsmerkmale nicht oder nicht in vollem Umfang entsprochen wird oder der Arbeitnehmer die Erteilung eines Bescheids beantragt. ⁹Vorbehaltlich des Absatzes 5 ist § 153 Absatz 2 der Abgabenordnung nicht anzuwenden.

(2) ¹Für die Bildung und die Änderung der Lohnsteuerabzugsmerkmale nach Absatz 1 Satz 2 des nach § 1 Absatz 1 unbeschränkt einkommensteuerpflichtigen Arbeitnehmers ist das Wohnsitzfinanzamt im Sinne des § 19 Absatz 1 Satz 1 und 2 der Abgabenordnung und in den Fällen des Absatzes 4 Nummer 5 das Betriebsstättenfinanzamt nach § 41a Absatz 1 Satz 1 Nummer 1 zuständig. ²Ist der Arbeitnehmer nach § 1 Absatz 2 unbeschränkt einkommensteuerpflichtig, nach § 1 Absatz 3 als unbeschränkt einkommensteuerpflichtig zu behandeln oder beschränkt einkommensteuerpflichtig, ist das Betriebsstättenfinanzamt für die Bildung und die Änderung der Lohnsteuerabzugsmerkmale zuständig. ³Ist der nach § 1 Absatz 3 als unbeschränkt einkommensteuerpflichtig zu behandelnde Arbeitnehmer gleichzeitig bei mehreren inländischen Arbeitgebern tätig, ist für die Bildung der weiteren Lohnsteuerabzugsmerkmale das Betriebsstättenfinanzamt zuständig, das erstmals Lohnsteuerabzugsmerkmale gebildet hat. ⁴Bei Ehegatten, die beide Arbeitslohn von inländischen Arbeitgebern beziehen, ist das Betriebsstättenfinanzamt des älteren Ehegatten zuständig.

(3) ¹In den Fällen des Absatzes 2 Satz 1 hat der Arbeitnehmer den Antrag für die erstmalige Zuteilung einer Identifikationsnummer (§ 139b der Abgabenordnung) beim Wohnsitzfinanzamt und in den Fällen des Absatzes 2 Satz 2 beim Betriebsstättenfinanzamt zu stellen. ²Die Zuteilung einer Identifikationsnummer kann auch der Arbeitgeber beantragen, wenn ihn der Arbeitnehmer dazu nach § 80 Absatz 1 der Abgabenordnung bevollmächtigt hat. ³Ist dem Arbeitnehmer in den Fällen des Absatzes 2 Satz 1 und 2 bereits eine Identifikationsnummer zugeteilt worden, teilt das zuständige Finanzamt diese auf Anfrage des Arbeitnehmers mit. ⁴Eine Anfrage nach Satz 3 kann auch der Arbeitgeber im Namen des Arbeitnehmers stellen. ⁵Wird einem Arbeitnehmer in den Fällen des Satzes 1 keine Identifikationsnummer zugeteilt, gilt § 39e Absatz 8 sinngemäß.

(4) Lohnsteuerabzugsmerkmale sind
1. Steuerklasse (§ 38b Absatz 1) und Faktor (§ 39f),
2. Zahl der Kinderfreibeträge bei den Steuerklassen I bis IV (§ 38b Absatz 2),
3. Freibetrag und Hinzurechnungsbetrag (§ 39a),
4. *Höhe der Beiträge für eine private Krankenversicherung und für eine private Pflege-Pflichtversicherung (§ 39b Absatz 2 Satz 5 Nummer 3 Buchstabe d) für die Dauer von zwölf Monaten, wenn der Arbeitnehmer dies beantragt,*
[ab 1.1.2024:
4. Höhe der monatlichen Beiträge
   a) für eine private Krankenversicherung und für eine private Pflege-Pflichtversicherung, wenn die Voraussetzungen für die Gewährung eines nach § 3 Nummer 62 steuerfreien Zuschusses für diese Beiträge vorliegen,

§ 39

b) für eine private Krankenversicherung und für eine private Pflege-Pflichtversicherung im Sinne des § 10 Absatz 1 Nummer 3,]

5. Mitteilung, dass der von einem Arbeitgeber gezahlte Arbeitslohn nach einem Abkommen zur Vermeidung der Doppelbesteuerung von der Lohnsteuer freizustellen ist, wenn der Arbeitnehmer oder der Arbeitgeber dies beantragt.

(4a) [Fassung ab 1.1.2024: [1] Das Versicherungsunternehmen als mitteilungspflichtige Stelle hat dem Bundeszentralamt für Steuern nach Maßgabe des § 93c der Abgabenordnung die in Absatz 4 Nummer 4 genannten Beiträge unter Angabe der Vertrags- oder der Versicherungsdaten zu übermitteln, soweit der Versicherungsnehmer dieser Übermittlung nicht gegenüber dem Versicherungsunternehmen widerspricht. [2] Abweichend von § 93c Absatz 1 Nummer 1 der Abgabenordnung sind die Daten bis zum 20. November des Vorjahres, für das die Beiträge maßgeblich sind, zu übermitteln. [3] Bei unterjährigen Beitragsänderungen sind die Daten dem Bundeszentralamt für Steuern zeitgleich mit der Mitteilung der Beitragsänderung an den Versicherungsnehmer zu übermitteln. [4] Ändern sich die nach Satz 2 übermittelten Daten infolge von Beitragsvorausleistungen, sind die geänderten Daten bis zum letzten Tag des Monats Februar des laufenden Jahres dem Bundeszentralamt für Steuern zu übermitteln.]

(5) [1] Treten bei einem Arbeitnehmer die Voraussetzungen für eine für ihn ungünstigere Steuerklasse oder geringere Zahl der Kinderfreibeträge ein, ist der Arbeitnehmer verpflichtet, dem Finanzamt dies mitzuteilen und die Steuerklasse und die Zahl der Kinderfreibeträge umgehend ändern zu lassen. [2] Dies gilt insbesondere, wenn die Voraussetzungen für die Berücksichtigung des Entlastungsbetrags für Alleinerziehende, für die die Steuerklasse II zur Anwendung kommt, entfallen. [3] Eine Mitteilung ist nicht erforderlich, wenn die Abweichung einen Sachverhalt betrifft, der zu einer Änderung der Daten führt, die nach § 39e Absatz 2 Satz 2 von den Meldebehörden zu übermitteln sind. [4] Kommt der Arbeitnehmer seiner Verpflichtung nicht nach, ändert das Finanzamt die Steuerklasse und die Zahl der Kinderfreibeträge von Amts wegen. [5] Unterbleibt die Änderung der Lohnsteuerabzugsmerkmale, hat das Finanzamt zu wenig erhobene Lohnsteuer vom Arbeitnehmer nachzufordern, wenn diese 10 Euro übersteigt.

(6) [1] Ändern sich die Voraussetzungen für die Steuerklasse oder für die Zahl der Kinderfreibeträge zu Gunsten des Arbeitnehmers, kann dieser beim Finanzamt die Änderung der Lohnsteuerabzugsmerkmale beantragen. [2] Die Änderung ist mit Wirkung von dem ersten Tag des Monats vorzunehmen, in dem erstmals die Voraussetzungen für die Änderung vorlagen. [3] Ehegatten können im Laufe des Kalenderjahres beim Finanzamt die Änderung der Steuerklassen beantragen. [4] Dies gilt unabhängig von der automatisierten Bildung der Steuerklassen nach § 39e Absatz 3 Satz 3 sowie einer von den Ehegatten gewünschten Änderung dieser automatisierten Bildung. [5] Das Finanzamt hat eine Änderung nach Satz 3 mit Wirkung vom Beginn des Kalendermonats vorzunehmen, der auf die Antragstellung folgt. [6] Für eine Berücksichtigung der Änderung im laufenden Kalenderjahr ist der Antrag nach Satz 1 oder 3 spätestens bis zum 30. November zu stellen.

(7) [1] Wird ein unbeschränkt einkommensteuerpflichtiger Arbeitnehmer beschränkt einkommensteuerpflichtig, hat er dies dem Finanzamt unverzüglich mitzuteilen. [2] Das Finanzamt hat die Lohnsteuerabzugsmerkmale vom Zeitpunkt des Eintritts der beschränkten Einkommensteuerpflicht an zu ändern. [3] Absatz 1 Satz 5 bis 8 gilt entsprechend. [4] Unterbleibt die Mitteilung, hat das Finanzamt zu wenig erhobene Lohnsteuer vom Arbeitnehmer nachzufordern, wenn diese 10 Euro übersteigt.

Örtliche Zuständigkeit

(8) Ohne Einwilligung des Arbeitnehmers und soweit gesetzlich nichts anderes zugelassen ist, darf der Arbeitgeber die Lohnsteuerabzugsmerkmale nur für die Einbehaltung der Lohn- und Kirchensteuer verarbeiten.

(9) *(aufgehoben)*

Lohnsteuer-Richtlinien: LStR 39.2–39.4; LStH 39.1, 39.4 – *Verwaltungsanweisungen:* BMF BStBl I 13, 951; *BMF* BStBl I 18, 1137

Übersicht

	Rz
1. Allgemeines	1
2. Bildung der Lohnsteuerabzugsmerkmale, § 39 I	2
3. Örtliche Zuständigkeit, § 39 II	3
4. Arbeitnehmer ohne Identifikations-Nr, § 39 III	4
5. Lohnsteuerabzugsmerkmale, § 39 IV	5
6. Änderung der Lohnsteuerabzugsmerkmale, § 39 V–VII	6
7. Änderung der Lohnsteuerabzugsmerkmale zugunsten des Arbeitnehmers, § 39 VI	7
8. Wechsel zur beschränkten Steuerpflicht, § 39 VII	8
9. Verwendung der Lohnsteuerabzugsmerkmale durch Arbeitgeber, § 39 VIII	9
10. Rechtsbehelfe	10

1. Allgemeines. Die LStKarte wurde von den Gemeinden letztmalig für das Jahr 2010 ausgestellt. Seitdem ist allein die FinVerw für die Bildung der LSt-Abzugsmerkmale zuständig (*BMF* BStBl I 18, 1137 Rz 1). Die LStKarte 2010 galt wegen der Verschiebung des Einsatzes der ELStAM auch in den Jahren 2011–2013. **Ab 2013** kann der LStAbzug aber auch anhand der ELStAM erfolgen.

2. Bildung der Lohnsteuerabzugsmerkmale, § 39 I. Die ELStAM werden auf Veranlassung des ArbN (idR automatisiert) gebildet. Grundlage sind die von den Meldebehörden an die FinVerw übermittelten melderechtl Daten (zB Familienstand, Kinder, Religionszugehörigkeit). Die FinVerw ist grds an diese Daten gebunden. Das FA kann im Einzelfall aber (zB bei entspr substantiiertem Vortrag des ArbN) deren Überprüfung durch die Meldebehörde anregen oder selbst eine Prüfung der melderechtl Daten vornehmen und bei abw Feststellungen eine eigene Entscheidung für Besteuerungszwecke treffen (*Paintner* DStR 12, 105, 108; *BMF* BStBl I 18, 1137 Rz 11). § 39 I 3 gibt dem FA die Möglichkeit, LSt-Abzugsmerkmale abw von der ELStAM-Datenbank selbst zu bilden. Das FA stellt dann eine jahresbezogene Bescheinigung für den LSt-Abzug aus; der Abruf der ELStAM wird zugleich für den Gültigkeitszeitraum der Bescheinigung als gesperrt. Der ArbG hat die Bescheinigung in das ArbN-Lohnkonto zu übernehmen, dem LSt-Abzug zugrunde zu legen und § 39 e VI 8 (LSt-Abzug nach StKlasse VI) nicht anzuwenden (*BMF* BStBl I 18, 1137 Rz 35). Der ArbN kann beim zuständigen FA (Rz 3) einen Antrag stellen, ihm seine ELStAM mitzuteilen; daraufhin werden diese (ggf erstmalig) gebildet und dem ArbN mitgeteilt. Die erstmalige Bildung der ELStAM erfolgt ferner auf Anfrage des ArbG bei der FinVerw. Hierzu muss der ArbN dem ArbG seine IdentifikationsNr und sein Geburtsdatum mitteilen. Falls der ArbG nicht am elektronischen Verfahren teilnehmen kann (§ 39e VII), wird ein Ersatzverfahren in Papierform angewendet. Bildung und Änderung der LSt-Abzugsmerkmale sind gesonderte Feststellungen von Besteuerungsgrundlagen nach § 179 I AO unter Nachprüfungsvorbehalt, deren Bekanntgabe elektronisch, schriftl, mündl oder sonstwie erfolgen kann (s auch *BMF* BStBl I 18, 1137 Rz 119).

3. Örtliche Zuständigkeit, § 39 II. Für die Bildung und Änderung der LSt-Abzugsmerkmale bei nach **§ 1 I unbeschr stpfl ArbN** ist das Wohnsitz-FA (§ 19 I 1 und 2 AO) zuständig (s § 1 Rz 20 ff). Für die Bildung und Änderung der LSt-Abzugsmerkmale der nach anderen Vorschriften unbeschr und **beschr stpfl ArbN**

ist das Betriebsstätten-FA zuständig (iEinz *LfSt Bay* BeckVerw 525218). Die Zuständigkeit richtet sich nach den örtl Verhältnissen zur Zeit der Bildung bzw Änderung der LSt-Abzugsmerkmale. Welcher ArbG den LStAbzug vorzunehmen hat, regelt § 38.

4 4. Arbeitnehmer ohne Identifikations-Nr, § 39 III. Die Vorschrift wurde durch das „JStG 2019" (BGBl I 19, 2451) und das JStG 2020 (BGBl I 20, 3096) neu gefasst (zur aF s *Schmidt* 38. Aufl § 39 Rz 4). Sie beschreibt das Verfahren der Zuteilung einer Identifikations-Nr durch das Wohnsitz-FA bei nach § 1 I unbeschr stpfl ArbN und durch das Betriebsstätten-FA bei nach **§ 1 II unbeschr stpfl ArbN,** nach **§ 1 III als unbeschr stpfl geltenden ArbN** und **beschr stpfl ArbN.** Weil diese Personen im Inl idR nicht meldepflichtig sind, muss der ArbN die Zuteilung einer Identifikations-Nr beim Betriebsstätten-FA des ArbG beantragen. Der ArbN kann den ArbG auch zur Beantragung bevollmächtigen. Ist dem ArbN bereits eine Identifikations-Nr erteilt worden, teilt das zuständige FA diese auf Anfrage des ArbN oder des bevollmächtigten ArbG mit. Kann dem ArbN keine Identifikations-Nr zugeteilt werden, hat das Betriebsstätten-FA auf Antrag des ArbN weiterhin eine Papierbescheinigung entspr § 39e VIII für den LSt-Abzug auszustellen (s § 39e Rz 11).

5 5. Lohnsteuerabzugsmerkmale, § 39 IV. Die LSt-Abzugsmerkmale sind in § 39 IV aufgezählt. Hierzu gehören auch die Beiträge des ArbN zu einer privaten Kranken- und Pflegeversicherung. Diese werden bis 31.12.23 nur auf Antrag des ArbN berücksichtigt (s *OFD NRW* DB 13, 2892). Da die hierzu erforderl Daten nach § 10 II idR erst nach Jahresabschluss übermittelt werden, durchbricht § 39 IV Nr 4 die im LSt-Recht übl Jahresgrenze und lässt es zu, diese Beiträge für die Dauer von 12 Monaten über die Jahresgrenze hinweg zu berücksichtigen. Nach Ablauf dieses Zeitraums ist eine erneute Bescheinigung des Versicherungsunternehmens über die Beiträge erforderl. Erhöhen sich die Beiträge des ArbN in dem 12 Monatszeitraum, zB wegen der Geburt eines Kindes, ist eine Anpassung des LSt-Abzugsmerkmals mögl. Durch das JStG 2020 (BGBl I 20, 3096) wird § 39 IV Nr 4 ab dem 1.1.24 neu gefasst und § 39 IVa eingeführt. Hierdurch soll **ab 1.1.24** ein elektronischer Datenaustausch und die automatisierte Bildung der ELStAM auch bei Beiträgen zur privaten KV/PflV mögl werden. Die auf Antrag von ArbG oder ArbN als ELStAM zu berücksichtigende Mitteilung, dass der ArbLohn nach DBA von der LSt freizustellen ist, wird ebenfalls erst später abrufbar sein. S dazu auch die Anwendungsvorschrift in § 52 Abs 50g; *BMF* BStBl I 19, 1087 und *BMF* BStBl I 18, 1137 Rz 6, 89 ff. Zu den LSt-Abzugsmerkmalen gehören auch die KiSt-Abzugsmerkmale, § 39e III 1.

6 6. Änderung der Lohnsteuerabzugsmerkmale, § 39 V–VII. Der ArbN ist nach § 39 V anzeigepflichtig, wenn die Voraussetzungen für eine ungünstigere StKlasse oder eine geringere Zahl von Kinderfreibeträgen eintreten (zu Meldepflichten des ArbN s auch *BMF* BStBl I 18, 1137 Rz 74 ff). Die Meldepflicht besteht nicht, wenn die Änderung von den Meldebehörden nach § 39e II 2 zu übermittelnde Daten betrifft (Religionszugehörigkeit, Familienstand, Kinder). Anders verhält es sich bei der Änderung von Umständen, die nicht im Melderegister erfasst werden (zB dauerndes Getrenntleben, Entfallen des Entlastungsbetrags für Alleinerziehende, § 24b). Solche Änderungen sind weiterhin dem FA mitzuteilen. Verletzt der ArbN die Anzeigepflicht, muss das FA die LSt-Abzugsmerkmale auch von Amts wegen ändern. Erfolgt dies nicht, hat das FA die vom ArbN zuwenig erhobene LSt nachzufordern, wenn sie eine Bagatellgrenze von 10 € übersteigt.

7 7. Änderung von Lohnsteuerabzugsmerkmalen zugunsten des Arbeitnehmers, § 39 VI. Ändern sich die Voraussetzungen für die StKlasse oder die Kinderfreibeträge zu Gunsten des ArbN, kann er beim zuständigen FA (Rz 3) die Änderung der LSt-Abzugsmerkmale beantragen. Der Antrag kann jederzeit gestellt werden. Die Änderung ist zum ersten Tag des Monats vorzunehmen, in dem erst-

Freibetrag und Hinzurechnungsbetrag § 39a

mals die Voraussetzungen für die Änderung vorlagen, sodass auch Änderungen mit Wirkung für die Vergangenheit beantragt werden können. Für eine Berücksichtigung im lfd Kj muss der Antrag aber bis zum 30.11. gestellt sein. Ehegatten konnten bis VZ 19 im Laufe des Kj beim zuständigen FA (Rz 3) einmal den Wechsel der StKlassen für die Zukunft beantragen (verfgemäß BFH VI S 21/16 (PKH) BFH/NV 17, 904; FG Köln DStRE 18, 349, rkr); ab VZ 20 ist der StKlassenwechsel mehrmals im Kj zulässig. Der StKlassenwechsel ist ab VZ 2018 gem § 39 VI 3 auch mögl, wenn nur ein Ehegatte ArbLohn bezieht (s auch § 38b Rz 1). Dies gilt unabhängig von der automatisierten Bildung der StKlassen nach § 39e III 3 sowie einer von den Ehegatten gewünschten Änderung der automatisiert gebildeten StKlassen. Der Antrag muss bis zum 30.11. gestellt sein, wenn er noch im lfd Kj berücksichtigt werden soll (s auch BFH VI B 16/07 BFH/NV 07, 1649). Das Recht auf StKlassenwechsel wird nicht verbraucht, wenn der Antrag erfolgt, weil ein ArbN keinen ArbLohn mehr bezieht (zB Antrag während der Arbeitslosigkeit; FG Ddorf EFG 03, 1104, rkr) oder weil Ehegatten sich getrennt haben.

8. Wechsel zur beschränkten Steuerpflicht, § 39 VII. Der ArbN muss dem FA auch den Wechsel von der unbeschr zur beschr StPfl unverzügl mitteilen, damit das FA die LSt-Abzugsmerkmale vom Zeitpunkt des Eintritts der beschr StPfl, also auch rückwirkend, ändern kann. Unterbleibt die Mitteilung, hat das FA vom ArbN zuwenig erhobene LSt nachzufordern. Zur LStNachforderung bei irrtüml Annahme der unbeschr StPfl s BFH I R 65/07 BStBl II 09, 666.

9. Verwendung der Lohnsteuerabzugsmerkmale durch Arbeitgeber, § 39 VIII. Die Vorschrift dient dem Schutz des ArbN vor missbräuchl Verwendung der LSt-Abzugsmerkmale durch den ArbG. Dieser darf die LSt-Abzugsmerkmale nur zur Einbehaltung der LSt und KiSt verwenden.

10. Rechtsbehelfe. Bildung und Änderung von LSt-Abzugsmerkmalen sind gem § 39 I 4 gesonderte Feststellungen von Besteuerungsgrundlagen iSd § 179 I AO unter Nachprüfungsvorbehalt. Gegen die Bildung oder die Ablehnung der Bildung/Änderung von LSt-Abzugsmerkmalen ist der Einspruch gegeben. Der Einspruch ist gegen das FA zu richten. Nach § 39 I 7 braucht der Bekanntgabe der LSt-Abzugsmerkmale **keine Belehrung über den zulässigen Rechtsbehelf** beigefügt zu werden. Daher kann der Einspruch binnen eines Jahres seit Bekanntgabe der Eintragung eingelegt werden (§ 356 I AO). Ein schriftl Bescheid mit Rechtsbehelfsbelehrung ist jedoch zu erteilen, wenn der ArbN dies beantragt oder dem Antrag des ArbN auf Bildung oder Änderung von LSt-Abzugsmerkmalen nicht vollständig entsprochen wird. Nach erfolglosem Einspruch kann **Anfechtungsklage** erhoben werden (BFH VI B 116/72 BStBl II 73, 667). Vorläufiger Rechtsschutz erfolgt im AdV-Verfahren jedenfalls bei Änderung von LSt-Abzugsmerkmalen (*BMF* BStBl I 18, 1137 Rz 118; s auch BFH III B 210/10 BFH/NV 11, 1692). Zum Rechtsschutzbedürfnis nach Ablauf des Kj des LStAbzugs s auch § 39a Rz 13.

§ 39a Freibetrag und Hinzurechnungsbetrag

(1) ¹**Auf Antrag des unbeschränkt einkommensteuerpflichtigen Arbeitnehmers ermittelt das Finanzamt die Höhe eines vom Arbeitslohn insgesamt abzuziehenden Freibetrags aus der Summe der folgenden Beträge:**
1. **Werbungskosten, die bei den Einkünften aus nichtselbständiger Arbeit anfallen, soweit sie den Arbeitnehmer-Pauschbetrag (§ 9a Satz 1 Nummer 1 Buchstabe a) oder bei Versorgungsbezügen den Pauschbetrag (§ 9a Satz 1 Nummer 1 Buchstabe b) übersteigen,**
1a. **[Fassung ab 1.1.2024: Sonderausgaben im Sinne des § 10 Absatz 1 Nummer 3 unter den Voraussetzungen des § 10 Absatz 2, wenn die Beiträge an**

Versicherungsunternehmen oder Sozialversicherungsträger geleistet werden, die ihren Sitz oder ihre Geschäftsleitung nicht im Inland haben,]
2. Sonderausgaben im Sinne des § 10 Absatz 1 Nummer 4, 5, 7 und 9 sowie Absatz 1a und des § 10b, soweit sie den Sonderausgaben-Pauschbetrag von 36 Euro übersteigen,
3. der Betrag, der nach den §§ 33, 33a und 33b Absatz 6 wegen außergewöhnlicher Belastungen zu gewähren ist,
4. die Pauschbeträge für Menschen mit Behinderung und Hinterbliebene (§ 33b Absatz 1 bis 5),
4a. der Erhöhungsbetrag nach § 24b Absatz 2 Satz 2,
5. die folgenden Beträge, wie sie nach § 37 Absatz 3 bei der Festsetzung von Einkommensteuer-Vorauszahlungen zu berücksichtigen sind:
   a) die Beträge, die nach § 10d Absatz 2, §§ 10e, 10f, 10g, 10h, 10i, nach § 15b des Berlinförderungsgesetzes abgezogen werden können,
   b) die negative Summe der Einkünfte im Sinne des § 2 Absatz 1 Satz 1 Nummer 1 bis 3, 6 und 7 und der negativen Einkünfte im Sinne des § 2 Absatz 1 Satz 1 Nummer 5,
   c) das Vierfache der Steuerermäßigung nach den §§ 34f, 35a und 35c,
6. die Freibeträge nach § 32 Absatz 6 für jedes Kind im Sinne des § 32 Absatz 1 bis 4, für das kein Anspruch auf Kindergeld besteht. ²Soweit für diese Kinder Kinderfreibeträge nach § 38b Absatz 2 berücksichtigt worden sind, ist die Zahl der Kinderfreibeträge entsprechend zu vermindern. ³Der Arbeitnehmer ist verpflichtet, den nach Satz 1 ermittelten Freibetrag ändern zu lassen, wenn für das Kind ein Kinderfreibetrag nach § 38b Absatz 2 berücksichtigt wird,
7. ein Betrag für ein zweites oder ein weiteres Dienstverhältnis insgesamt bis zur Höhe des auf volle Euro abgerundeten zu versteuernden Jahresbetrags nach § 39b Absatz 2 Satz 5, bis zu dem nach der Steuerklasse des Arbeitnehmers, die für den Lohnsteuerabzug vom Arbeitslohn aus dem ersten Dienstverhältnis anzuwenden ist, Lohnsteuer nicht zu erheben ist. ²Voraussetzung ist, dass
   a) der Jahresarbeitslohn aus dem ersten Dienstverhältnis geringer ist als der nach Satz 1 maßgebende Eingangsbetrag und
   b) in Höhe des Betrags für ein zweites oder ein weiteres Dienstverhältnis zugleich für das erste Dienstverhältnis ein Betrag ermittelt wird, der dem Arbeitslohn hinzuzurechnen ist (Hinzurechnungsbetrag).
   ³Soll für das erste Dienstverhältnis auch ein Freibetrag nach den Nummern 1 bis 6 und 8 ermittelt werden, ist nur der diesen Freibetrag übersteigende Betrag als Hinzurechnungsbetrag zu berücksichtigen. ⁴Ist der Freibetrag höher als der Hinzurechnungsbetrag, ist nur der den Hinzurechnungsbetrag übersteigende Freibetrag zu berücksichtigen,
8. der Entlastungsbetrag für Alleinerziehende (§ 24b) bei Verwitweten, die nicht in Steuerklasse II gehören.

²Der insgesamt abzuziehende Freibetrag und der Hinzurechnungsbetrag gelten mit Ausnahme von Satz 1 Nummer 4 und vorbehaltlich der Sätze 3 bis 5 für die gesamte Dauer eines Kalenderjahres. ³Die Summe der nach Satz 1 Nummer 1 bis 3 sowie 4a bis 8 ermittelten Beträge wird längstens für einen Zeitraum von zwei Kalenderjahren ab Beginn des Kalenderjahres, für das der Freibetrag erstmals gilt oder geändert wird, berücksichtigt. ⁴Der Arbeitnehmer kann eine Änderung des Freibetrags innerhalb dieses Zeitraums beantragen, wenn sich die Verhältnisse zu seinen Gunsten ändern. ⁵Ändern sich die Verhältnisse zu seinen Ungunsten, ist er verpflichtet, dies dem Finanzamt umgehend anzuzeigen.

(2) ¹Der Antrag nach Absatz 1 ist nach amtlich vorgeschriebenem Vordruck zu stellen und vom Arbeitnehmer eigenhändig zu unterschreiben. ²Die Frist für die Antragstellung beginnt am 1. Oktober des Vorjahres, für das der Freibetrag gelten soll. ³Sie endet am 30. November des Kalenderjahres, in dem der Freibetrag gilt. ⁴Der Antrag ist hinsichtlich eines Freibetrags aus der Summe der nach Absatz 1 Satz 1 Nummer 1 bis 3 und 8 in Betracht kommenden Aufwendungen und Beträge unzulässig, wenn die Aufwendungen im Sinne des § 9, soweit sie den Arbeitnehmer-Pauschbetrag übersteigen, die Aufwendungen im Sinne des § 10 Absatz 1 Nummer [ab 1.1.2024: 3,] 4, 5, 7 und 9 sowie Absatz 1a, der §§ 10b und 33 sowie die abziehbaren Beträge nach den §§ 24b, 33a und 33b Absatz 6 insgesamt 600 Euro nicht übersteigen. ⁵Das Finanzamt kann auf nähere Angaben des Arbeitnehmers verzichten, wenn er
1. höchstens den Freibetrag beantragt, der für das vorangegangene Kalenderjahr ermittelt wurde, und
2. versichert, dass sich die maßgebenden Verhältnisse nicht wesentlich geändert haben.

⁶Das Finanzamt hat den Freibetrag durch Aufteilung in Monatsfreibeträge, falls erforderlich in Wochen- und Tagesfreibeträge, jeweils auf die der Antragstellung folgenden Monate des Kalenderjahres gleichmäßig zu verteilen. ⁷Abweichend hiervon darf ein Freibetrag, der im Monat Januar eines Kalenderjahres beantragt wird, mit Wirkung vom 1. Januar dieses Kalenderjahres an berücksichtigt werden. ⁸Ist der Arbeitnehmer beschränkt einkommensteuerpflichtig, hat das Finanzamt den nach Absatz 4 ermittelten Freibetrag durch Aufteilung in Monatsbeträge, falls erforderlich in Wochen- und Tagesbeträge, jeweils auf die voraussichtliche Dauer des Dienstverhältnisses im Kalenderjahr gleichmäßig zu verteilen. ⁹Die Sätze 5 bis 8 gelten für den Hinzurechnungsbetrag nach Absatz 1 Satz 1 Nummer 7 entsprechend.

(3) ¹Für Ehegatten, die beide unbeschränkt einkommensteuerpflichtig sind und nicht dauernd getrennt leben, ist jeweils die Summe der nach Absatz 1 Satz 1 Nummer 2 bis 4 und 5 in Betracht kommenden Beträge gemeinsam zu ermitteln; der in Absatz 1 Satz 1 Nummer 2 genannte Betrag ist zu verdoppeln. ²Für die Anwendung des Absatzes 3 Satz 4 ist die Summe der für beide Ehegatten in Betracht kommenden Aufwendungen im Sinne des § 9, soweit sie jeweils den Arbeitnehmer-Pauschbetrag übersteigen, und der Aufwendungen im Sinne des § 10 Absatz 1 Nummer [ab 1.1.2024: 3,] 4, 5, 7 und 9 sowie Absatz 1a, der §§ 10b und 33 sowie der abziehbaren Beträge nach den §§ 24b, 33a und 33b Absatz 6 maßgebend. ³Die nach Satz 1 ermittelte Summe ist je zur Hälfte auf die Ehegatten aufzuteilen, wenn für jeden Ehegatten Lohnsteuerabzugsmerkmale gebildet werden und die Ehegatten keine andere Aufteilung beantragen. ⁴Für eine andere Aufteilung gilt Absatz 1 Satz 2 entsprechend. ⁵Für einen Arbeitnehmer, dessen Ehe in dem Kalenderjahr, für das der Freibetrag gilt, aufgelöst worden ist und dessen bisheriger Ehegatte in demselben Kalenderjahr wieder geheiratet hat, sind die nach Absatz 1 in Betracht kommenden Beträge ausschließlich auf Grund der in seiner Person erfüllten Voraussetzungen zu ermitteln. ⁶Satz 1 zweiter Halbsatz ist auch anzuwenden, wenn die tarifliche Einkommensteuer nach § 32a Absatz 6 zu ermitteln ist.

(4) ¹Für einen beschränkt einkommensteuerpflichtigen Arbeitnehmer, für den § 50 Absatz 1 Satz 5 anzuwenden ist, ermittelt das Finanzamt auf Antrag einen Freibetrag, der vom Arbeitslohn insgesamt abzuziehen ist, aus der Summe der folgenden Beträge:
1. Werbungskosten, die bei den Einkünften aus nichtselbständiger Arbeit anfallen, soweit sie den Arbeitnehmer-Pauschbetrag (§ 9a Satz 1 Nummer 1

Buchstabe a) oder bei Versorgungsbezügen den Pauschbetrag (§ 9a Satz 1 Nummer 1 Buchstabe b) übersteigen,
[ab 1.1.2024:
1a. **Sonderausgaben im Sinne des § 10 Absatz 1 Nummer 3** unter den Voraussetzungen des § 10 Absatz 2, wenn die Beiträge an Versicherungsunternehmen oder Sozialversicherungsträger geleistet werden, die ihren Sitz oder ihre Geschäftsleitung nicht im Inland haben,]
2. **Sonderausgaben im Sinne des § 10b**, soweit sie den Sonderausgaben-Pauschbetrag (§ 10c) übersteigen, und die wie Sonderausgaben abziehbaren Beträge nach § 10e oder § 10i, jedoch erst nach Fertigstellung oder Anschaffung des begünstigten Objekts oder nach Fertigstellung der begünstigten Maßnahme,
3. den Freibetrag oder den Hinzurechnungsbetrag nach Absatz 1 Satz 1 Nummer 7.

²Der Antrag kann nur nach amtlich vorgeschriebenem Vordruck bis zum Ablauf des Kalenderjahres gestellt werden, für das die Lohnsteuerabzugsmerkmale gelten.

(5) Ist zu wenig Lohnsteuer erhoben worden, weil ein Freibetrag unzutreffend als Lohnsteuerabzugsmerkmal ermittelt worden ist, hat das Finanzamt den Fehlbetrag vom Arbeitnehmer nachzufordern, wenn er 10 Euro übersteigt.

Lohnsteuer-Richtlinien: LStR 39a.1–39.3 und LStH 39a.1–39.3

Übersicht

	Rz
I. Allgemeines	1
II. Abzug des Freibetrags, § 39a I	
1. Kein Freibetrag von Amts wegen	2
2. Abzugspositionen, § 39a I 1 Nr 1–8	3–8
3. Zeitliche Wirksamkeit, § 39a I 2–5	9
III. Antragsverfahren, § 39a II	
1. Form und Frist, § 39a II 1–3	10
2. Abzugsbeträge mit Mindestgrenze, § 39a II 4	11
3. Vereinfachtes Eintragungsverfahren, § 39a II 5	12
4. Zeitliche Aufteilung des Freibetrags, § 39a II 6	13
IV. Besonderheiten bei Ehegatten, § 39a III	15
V. Freibeträge bei beschränkt einkommensteuerpflichtigem Arbeitnehmer, § 39a IV	17
VI. Nachforderung, § 39a V	18
VII. Verfahrensgrundsätze	
1. Rechtsnatur und Änderungsmöglichkeiten	20
2. Rechtsbehelfsverfahren	21
3. Vorläufiger Rechtsschutz	22

I. Allgemeines

1 Die Vorschrift soll den ArbN davor bewahren, dass er im LStAbzug erhöhte Vorauszahlungen leistet, die er erst bei der Veranlagung zurückerhält. ArbN haben im LStAbzugsverfahren hiernach keine wesentl schlechtere Stellung mehr als andere StPfl iRd § 37. Schlechterstellungen ergeben sich vor allem aus dem monatl LSt-Einbehalt ggü der vierteljährl Vorauszahlungspflicht bei § 37. Diese Nachteile sind im Interesse eines praktikablen LStAbzugsverfahrens hinzunehmen.

II. Abzug des Freibetrags, § 39a I

2 **1. Kein Freibetrag von Amts wegen.** Der Freibetrag wird nach § 39a I nur auf Antrag des ArbN berücksichtigt. Der ArbN hat die Richtigkeit der Angaben zur

Berücksichtigung des Freibetrags auf Verlangen glaubhaft zu machen (BFH VI R 284/69 BStBl II 72, 139).

2. Abzugspositionen, § 39a I 1 Nr 1–8. Die einzelnen Abzugspositionen sind in § 39a I 1 Nr 1–8 abschließend aufgeführt.

a) Abzugsbeträge nach § 39a I 1 Nr 1–4a. Auf Antrag des ArbN werden WK, die bei den Einkünften aus nichtselbstständiger Arbeit anfallen (Nr 1), die in Nr 2 genannten SA, sowie agB nach §§ 33, 33a, 33b VI (Nr 3) insoweit als Abzugsbetrag berücksichtigt, als sie den ArbN-Pauschbetrag und SA-Pauschbeträge bzw die zumutbare Eigenbelastung (§ 33) übersteigen. Gem Nr 1 sind auch sog **negative Einnahmen** als werbungskostenähnl Aufwendungen neben dem WK-Pauschbetrag zu berücksichtigen (ebenso *BH/Thürmer* § 39a Rz 35, str). Nach Nr 4 sind die Pauschbeträge für behinderte Menschen und Hinterbliebene sowie nach Nr 4a der Erhöhungsbetrag nach § 24b II 2 als Abzugsbetrag zu berücksichtigen. **Vorsorgeaufwendungen** iSd § 10 I Nr 2 können bei § 39a demggü nicht angesetzt werden, weil ArbN hierfür die Vorsorgepauschale (§ 39b II 5 Nr 3) erhalten (BFH VI R 55/08 BStBl II 17, 715; zur VerfMäßigkeit des Ausschlusses unter Geltung des AlterseinkünfteG BFH X R 28/07 BStBl II 10, 348; BVerfG 2 BvR 323/10 DStR 16, 1731). Zur Geltendmachung von Vorsorgeaufwendungen s iÜ § 39b Rz 3.

b) Abzugsbetrag nach § 39a I 1 Nr 5. ArbN und Vorauszahlungspflichtige iSd § 37 werden nach Nr 5 im Wesentlichen gleich behandelt. Der Abzugsbetrag richtet sich nach den Regeln des § 37 (s § 37 Rz 8 ff). Dies gilt auch bei Eintragung eines Betrages nach § 10f (s FG Sachs EFG 12, 1883). Die Berücksichtigung des Abzugs nach Nr 5 soll eine Ermessensentscheidung des FA sein (FG Hbg EFG 11, 1425, zweifelhaft, Beschwerde aber unbegr BFH IX B 72/11 BFH/NV 11, 1880; s auch § 37 Rz 6). Wird nachträgl festgestellt, dass die negative Summe der Einkünfte zu hoch angesetzt wurde, sind entspr ESt-Vorauszahlungen ergänzend zum LStAbzug festzusetzen. Bei der Berücksichtigung von negativen Einkünften sind auch die Verlustabzugsbeschränkungen (§ 10d II) zu beachten (*OFD Nbg* DB 99, 2387). Vorjahresverluste können angesetzt werden, ohne dass sie nach § 10d IV besonders festgestellt worden sind (FG Saarl EFG 03, 323, aufgehoben aus anderen Gründen durch BFH VIII B 116/03 BFH/NV 05, 1108). Nach Nr 5c kann das Vierfache der StErmäßigung nach § 35a berücksichtigt werden (§ 35a Rz 30; s auch *OFD Rhl* DB 09, 2462).

c) Kinderfreibeträge, § 39a I 1 Nr 6. Die Vorschrift betrifft unbeschr estpfl **Ausländer** mit Kindern im Inl ohne Aufenthaltserlaubnis oder -berechtigung sowie unbeschr EStPfl mit Kindern im Ausl ausschließl eines EU- oder EWR-Staates. Diese StPfl haben keinen Anspruch auf KiGeld. Daher ist es sachgerecht, die St-Belastung durch Berücksichtigung eines Kinderfreibetrages zu senken (Folge: Pflichtveranlagung). Um die doppelte Berücksichtigung von Kinderfreibeträgen beim Solidaritätszuschlag zu vermeiden, ist die bereits berücksichtigte Zahl der Kinderfreibeträge entspr zu mindern (§ 39a I 1 Nr 6 S 2). § 39a I 1 Nr 6 S 3 soll verhindern, dass ein Kind doppelt berücksichtigt wird. Bei der automatischen Bildung des Kinderfreibetrags aufgrund der Übermittlung der Meldedaten durch die Gemeinde (zB bei Zuzug eines Kindes aus dem Ausl) kann nicht geprüft werden, ob für das Kind bereits ein Abzugsbetrag nach 39a I 1 Nr 6 S 1 gebildet und dem ArbG mitgeteilt worden ist. Deshalb ist der ArbN verpflichtet, dem FA eine doppelte Berücksichtigung mitzuteilen.

d) Mehrere Dienstverhältnisse, § 39a I 1 Nr 7. Es soll für geringverdienende ArbN mit mehreren Beschäftigungsverhältnissen die Möglichkeit eröffnet werden, für ein **zweites** oder ein **weiteres DienstVerh** einen Freibetrag bis zu der Höhe zu berücksichtigen, die dem zu versteuernden Jahresbetrag entspricht, bis zu dem für das erste DienstVerh noch keine LSt zu erheben ist. Hierdurch wird vermieden, dass aus den weiteren DienstVerh LSt überzahlt wird. Damit dem ArbN aber keine unberechtigten Vorteile erwachsen, ist ihd Betrags für das zweite oder weitere DienstVerh zugleich für das erste DienstVerh ein entspr **Hinzurechnungsbetrag** zu ermitteln (ggf Saldierung mit bereits berücksichtigten Freibeträgen; *Niermann* DB 00, 108, 109, Rechenbeispiel). Insb Betriebsrentner, bei denen eine StBefreiung für den 450 €-Job nicht in Betracht kommt, und Studenten mit mehreren DienstVerh können damit den LStAbzug für die geringfügige Beschäftigung vermeiden (s auch *Hartmann* INF 01, 1, 5 f).

8 e) **Entlastungsbetrag für Alleinerziehende, § 39a I Nr 8.** Für verwitwete ArbN ist im Kj des Todes des Ehegatten und im Folgejahr die Wahl des Splittingverfahrens mögl (s § 26 Rz 14), womit die StKlasse III gilt. Da hier – anders als bei der StKlasse II – der Entlastungsbetrag für Alleinerziehende (§ 24b) nicht eingearbeitete ist, ist für diese StPfl das Freibetragsverfahren erforderl.

9 **3. Zeitliche Wirksamkeit, § 39a I 2–5.** § 39a I 2 führt die jahresbezogene Betrachtung für den Freibetrag vorbehaltl der S 3–5 fort und begrenzt dessen Geltungsdauer sowie die eines Hinzurechnungsbetrags auf ein Kj. Hiervon sind die Pauschbeträge für Behinderte und Hinterbliebene ausgenommen. Gem § 39a I 3 gelten der Freibetrag und der Hinzurechnungsbetrag zwei Kj. Der ArbN kann aber jederzeit Änderung beantragen, wenn sich die Verhältnisse zu seinen Gunsten ändern (§ 39a I 4). Andererseits trifft ihn eine Anzeigepflicht, wenn sich die Verhältnisse zu seinen Ungunsten ändern (§ 39a I 5). § 39a I 3–5 sind mit Veröffentlichung des StartSchrb im BStBl I 15, 488 im LStErmäßigungsverfahren ab 1.10.15 mit Wirkung ab 1.1.16 anzuwenden. Freibetrag und Hinzurechnungsbetrag gelten mit Ausnahme des Behinderten-/Hinterbliebenen-Pauschbetrags somit ab 2016 längstens für zwei Kj (s auch *Seifert* NWB 15, 2856; *Handor/Bergan* SteuK 16, 31).

III. Antragsverfahren, § 39a II

10 **1. Form und Frist, § 39a II 1–3.** Der Antrag ist vom ArbN nach amtl vorgeschriebenem Vordruck zu stellen. Für die Ermittlung des beim LStAbzug zu berücksichtigenden Freibetrags ist nur das FA zuständig. Zur örtl Zuständigkeit s § 39 II (dort Rz 3). Entscheidend sind die Verhältnisse im Zeitpunkt der Bildung oder Änderung des als LSt-Abzugsmerkmal zu berücksichtigenden Freibetrags bzw der Nachforderung nach § 39a V. Die Zuständigkeit des FA kann sich also mit der Änderung der örtl Verhältnisse des ArbN ändern. Die Aufhebung eines VA, der nicht nichtig ist, kann indes nicht allein auf die Verletzung der Vorschriften über die örtl Zuständigkeit gestützt werden, wenn keine andere Entscheidung in der Sache hätte getroffen werden können (§ 127 AO). § 127 AO findet auf Ermessensentscheidungen, die auch bei § 39a I 1 Nr 5 vorliegen sollen (s Rz 5), aber grds keine Anwendung (BFH I R 157/87 BStBl II 92, 43; V R 77/97 BFH/NV 99, 585); es sei denn, das Ermessen ist auf Null reduziert (FG Mster EFG 92, 107, rkr). Die Antragstellung ist vom 1.10. des Vorjahres bis zum 30.11. des Kj zulässig, in dem der Freibetrag gilt. Sollten LSt-Ermäßigungsanträge schon vor dem 1.10. beim FA eingehen, wird das FA diese Anträge idR aber dennoch bearbeiten und nicht aus formalen Gründen ablehnen. Der ArbN, der die Berücksichtigung eines Freibetrages beantragt, hat die Richtigkeit seiner Angaben auf Verlangen nachzuweisen bzw glaubhaft zu machen (BFH VI R 284/69 BStBl II 72, 139).

11 **2. Abzugsbeträge mit Mindesgrenze, § 39a II 4.** Die Eintragung der in § 39a I 1 Nr 1–3 und Nr 8 genannten Beträge (s Rz 4, 8) kann der ArbN nur begehren, wenn sie insgesamt 600 € übersteigen. Die Grenze ist verfgemäß (FG Mchn EFG 91, 568, rkr); sie ist auch bei § 37 – was SA und agB betrifft – zu beachten. Die Grenze gilt nur für die erstmalige Eintragung, nicht für spätere Änderungen (*KS* § 39a Rz 6). Für die **Berechnung** der 600 €-Grenze sind die tatsächl iRd § 9 (soweit der ArbN-Pauschbetrag überschritten ist) und §§ 10, 24b,

33, 33a, 33b VI abzugsfähiger Aufwendungen anzusetzen. AgB nach § 33 sind *für die Berechnung der 600 €-Grenze* nicht um die zumutbare Belastung zu kürzen. Ist die 600 €-Grenze nach vorstehender Berechnung überschritten, kann ein Freibetrag für die genannten Aufwendungen berücksichtigt werden. Bei der sich nun *anschließenden Berechnung der Höhe* des Freibetrages ist von den tatsächl Aufwendungen bei agB iSd § 33 die zumutbare Eigenbelastung abzuziehen. Der sich dann ergebende Betrag ist zuzügl etwaiger unbegrenzt eintragungsfähiger Aufwendungen als Freibetrag zu berücksichtigen (Einzelheiten zur Berechnung s LStR 39a.1).

3. Vereinfachtes Eintragungsverfahren, § 39a II 5. Das FA kann auf nähere **12** Angaben des ArbN verzichten, wenn er keinen höheren Freibetrag als im Vorjahr beantragt und versichert, dass sich die Verhältnisse nicht wesentl geändert haben. Es hat dann eine Veranlagung von Amts wegen zu erfolgen (§ 46 II Nr 4). Das vereinfachte Verfahren ist auch bei der zweijährigen Geltung des Freibetrags möglich.

4. Zeitliche Aufteilung des Freibetrags, § 39a II 6. Das FA teilt den Jahres- **13** betrag gleichmäßig auf die Zeit vom Beginn des auf die Antragstellung folgenden Monats in Monatsfreibeträge (ggf in Wochen- und Tagesfreibeträge) auf. Für die Berechnungen im LSt-Ermäßigungsverfahren nach § 39a II ist auch bei zweijähriger Geltung des Freibetrags weiterhin eine jährl Betrachtungsweise maßgebl. **Einzelheiten der Aufteilung** (auch bei wiederholter Antragstellung) s LStR 39a.1 VIII. Eine rückwirkende Eintragung (und zwar auf den 1.1.) gibt es nur, wenn der Freibetrag im Monat Januar beantragt worden ist. Das Verbot rückwirkender Eintragung ist verfrechtl bedenkl (FG Mchn EFG 95, 268, bestätigt durch BFH VI B 8/95 BFH/NV 95, 877; s auch *Arnold* DStR 95, 1142). Bei beschr estpfl ArbN ist der Freibetrag durch Aufteilung in Monatsbeträge (ggf in Wochen- und Tagesbeträge) auf die voraussichtl Dauer des DienstVerh im Kj gleichmäßig zu verteilen. Die **Verteilung eines herabgesetzten Freibetrages** ist gesetzl nicht geregelt (zutr *BH/Thürmer* § 39a Rz 74). Um möglichst rückwirkend Änderungen zu vermeiden, sollte die Summe der bereits verbrauchten Freibeträge von dem herabgesetzten Freibetrag abgezogen werden. Der Restbetrag sollte auf die folgenden Monate des Kj gleichmäßig verteilt werden. Eine rückwirkende Änderung kommt somit nur in Betracht, wenn die bereits verbrauchten Freibeträge den neu berechneten Freibetrag übersteigen. In diesem Fall richtet sich das weitere Verfahren nach § 41c I Nr 1.

IV. Besonderheiten bei Ehegatten, § 39a III

Bei Ehegatten, die beide unbeschr StPfl sind und nicht dauernd getrennt leben, **15** ergeben sich Besonderheiten: Es ist unerhebl, in wessen Person die Voraussetzungen der SA und der agB erfüllt sind. Der Freibetrag wird aus der Summe der bei beiden Ehegatten berücksichtigungsfähigen Beträge ermittelt. Nur **WK** bei den Einkünften aus **nichtselbstständiger Arbeit** sind für jeden Ehegatten *gesondert* zu ermitteln; sie dürfen auch nur bei demjenigen Ehegatten berücksichtigt werden, dem sie voraussichtl entstehen werden. IÜ kann der Freibetrag für dessen Geltungsdauer (s dazu Rz 9) auf Antrag beliebig unter den Ehegatten aufgeteilt werden; zB auch, was negative Einkünfte aus anderen Einkunftsarten anbelangt. Die Aufteilung kann später wieder auf Antrag geändert werden; bereits verbrauchte Teile des Freibetrages sind dann aber bei der erneuten Aufteilung abzusetzen. Zur Übertragung der Pauschbeträge für körperbehinderte Kinder s § 33b V.

V. Freibeträge bei beschränkt einkommensteuerpflichtigem Arbeitnehmer, § 39a IV

Andere als die in § 39a IV genannten Freibeträge können für beschr estpfl ArbN **17** nicht als LSt-Abzugsmerkmal berücksichtigt werden. Der Antrag kann bis zum Ablauf des Kj gestellt werden, für das die LSt-Abzugsmerkmale gelten sollen. Zu viel einbehaltene LSt kann gem § 41c I oder durch einen Erstattungsanspruch (§ 37 II AO) ausgeglichen werden. Die Antragsgrenze des § 39a II 4 gilt nicht. Zur FA-Zuständigkeit s *LfSt Bay* BeckVerw 525218.

VI. Nachforderung, § 39a V

18 Das FA hat zuwenig erhobene LSt vom ArbN nachzufordern hat, wenn der zu geringe LStAbzug auf einer unzutr Ermittlung des Freibetrags als LSt-Abzugsmerkmal beruht. Diese Nachforderung ist Teil des Vorauszahlungsverfahrens. Sie ist daher nach Erlass eines Jahressteuerbescheides ohne Bescheidänderung nicht mehr mögl. Im Veranlagungsverfahren gilt die 10 €-Grenze nicht. Der ArbN hat aber keine Anzeigepflicht nach § 153 II AO, wenn die Voraussetzungen, die der Berücksichtigung eines Freibetrages zugrunde lagen, *nachträgl* unrichtig geworden sind (zB der ArbN führt ab einem Stellenwechsel keine Fahrten mehr zw Wohnung und Arbeitsstätte durch, was bei Berücksichtigung des Freibetrages nicht vorhersehbar war; s auch § 37 Rz 5). § 153 I AO ist demggü anwendbar, dh, wenn der ArbN bereits bei Beantragung des Freibetrags die Erklärungen unrichtig oder unvollständig gemacht hat, ist er anzeigepflichtig. Zur Anzeigepflicht nach § 39a I 5 s Rz 9.

VII. Verfahrensgrundsätze

20 **1. Rechtsnatur und Änderungsmöglichkeiten.** Die Bildung des Freibetrags als LSt-Abzugsmerkmal (s § 39 Rz 2) ist **Grundlagenbescheid** für die LStAnmeldung und die LStNachforderung gegen den ArbN während des laufenden Abzugsjahres, hingegen für die *Jahressteuer*festsetzung (*Drenseck* DStJG 9, 384 f). Der Freibetrag kann jederzeit auch rückwirkend geändert werden. Gleiches gilt für die Korrektur des ursprüngl Freibetrages (BFH VI R 64/79 BStBl II 83, 60). Wie nach einer Änderung während des lfd Abzugsjahres zu verfahren ist, s Rz 13. Nach Ablauf des Abzugsjahres kann das FA nur noch mit einem Nachforderungsbescheid (HHR § 39a Rz 66; aA *Nieland* DStZ 83, 230, 232 f) gegen den ArbN vorgehen, sofern die Veranlagung noch nicht durchgeführt ist. Der ArbN kann nach Ablauf des Kj keinen Erstattungsanspruch nach § 37 II AO mehr geltend machen, da die Erstattungsansprüche aus der Veranlagung vorgehen.

21 **2. Rechtsbehelfsverfahren.** S auch § 39 Rz 10. Richtige Klageart ist die Anfechtungsklage (s *KSM* § 39a A 66–71). Auch nach Ablauf des Kj kann über eine bereits anhängige Klage noch entschieden werden. Da sich nach Ablauf des Monats Februar des dem Abzugsjahr folgenden Kj (jedenfalls aber nach Einleitung des LStJA- bzw Veranlagungsverfahrens) die Feststellung eines Freibetrags beim LStAbzug nicht mehr auswirken kann (s § 42b III), ist das Anfechtungsverfahren in die Fortsetzungsfeststellungsklage nach § 100 I 4 FGO überzuleiten (BFH VI R 131/00 BStBl II 02, 300). Es wird dann noch darüber entschieden, ob die Ablehnung der Berücksichtigung des Freibetrags als LSt-Abzugsmerkmal rechtswidrig war, falls der ArbN an dieser Feststellung ein berechtigtes Interesse hat (BFH VI R 21/77 BStBl II 79, 650; BFH III R 4/05 BStBl II 07, 637, mwN). Das berechtigte Interesse besteht nicht, wenn der Veranlagung durchgeführt ist und es wegen geänderter Sach- und Rechtslage auf die im LStAbzugsverfahren streitige Rechtsfrage nicht mehr ankommt (BFH X R 156/97 BFH/NV 01, 476; BFH VI B 66/05 BFH/NV 06, 1335); auch wird der EStBescheid nicht zum Gegenstand des Klageverfahrens wegen der Feststellung eines Freibetrages (FG Nds EFG 08, 1989, rkr).

22 **3. Vorläufiger Rechtsschutz.** Wird die Berücksichtigung eines Freibetrages ganz oder teilweise versagt, kann vorläufiger Rechtsschutz durch AdV gewährt werden (BFH VI B 152/91 BStBl II 92, 752, mwN; BFH X S 20/93 BFH/NV 94, 783; BFH IX B 72/11 BFH/NV 11, 1880). Dies gilt auch bei ernstl verfassungsrechtl Bedenken gegen eine Rechtsnorm (BFH VI B 42/07 BStBl II 07, 799, Eintragung wegen Entfernungspauschale; BFH VI B 69/09 BStBl II 09, 826 für Frei-

Einbehaltung der Lohnsteuer **§ 39b**

beträge wegen des häusl Arbeitszimmers). Hat das FA nach Ablauf des Kj (jedenfalls aber nach Einleitung des Veranlagungsverfahrens) über einen Antrag auf Berücksichtigung eines Freibetrages noch nicht entschieden und kann sich der Freibetrag im LStAbzugsverfahren nicht mehr auswirken, entfällt das **Rechtsschutzbedürfnis** für die Berücksichtigung des Freibetrages und damit auch für den vorläufigen Rechtsschutz (BFH VIII B 36/82 BStBl II 83, 232; BFH X S 20/93 BFH/NV 94, 783). Der ArbN muss seine Rechte dann bei der Veranlagung geltend machen (BFH VI R 36/96 BFH/NV 02, 340).

§ 39b Einbehaltung der Lohnsteuer

(1) **Bei unbeschränkt und beschränkt einkommensteuerpflichtigen Arbeitnehmern hat der Arbeitgeber den Lohnsteuerabzug nach Maßgabe der Absätze 2 bis 6 durchzuführen.**

(2) ¹**Für die Einbehaltung der Lohnsteuer vom laufenden Arbeitslohn hat der Arbeitgeber die Höhe des laufenden Arbeitslohns im Lohnzahlungszeitraum festzustellen und auf einen Jahresarbeitslohn hochzurechnen.** ²Der Arbeitslohn eines monatlichen Lohnzahlungszeitraums ist mit zwölf, der Arbeitslohn eines wöchentlichen Lohnzahlungszeitraums mit $360/7$ und der Arbeitslohn eines täglichen Lohnzahlungszeitraums mit 360 zu vervielfältigen. ³Von dem hochgerechneten Jahresarbeitslohn sind ein etwaiger Versorgungsfreibetrag (§ 19 Absatz 2) und Altersentlastungsbetrag (§ 24a) abzuziehen. ⁴Außerdem ist der hochgerechnete Jahresarbeitslohn um einen etwaigen als Lohnsteuerabzugsmerkmal für den Lohnzahlungszeitraum mitgeteilten Freibetrag (§ 39a Absatz 1) oder Hinzurechnungsbetrag (§ 39a Absatz 1 Satz 1 Nummer 7), vervielfältigt unter sinngemäßer Anwendung von Satz 2, zu vermindern oder zu erhöhen. ⁵Der so verminderte oder erhöhte hochgerechnete Jahresarbeitslohn, vermindert um

1. den Arbeitnehmer-Pauschbetrag (§ 9a Satz 1 Nummer 1 Buchstabe a) oder bei Versorgungsbezügen den Pauschbetrag (§ 9a Satz 1 Nummer 1 Buchstabe b) und den Zuschlag zum Versorgungsfreibetrag (§ 19 Absatz 2) in den Steuerklassen I bis V,
2. den Sonderausgaben-Pauschbetrag (§ 10c Satz 1) in den Steuerklassen I bis V,
3. eine Vorsorgepauschale aus den Teilbeträgen
   a) für die Rentenversicherung bei Arbeitnehmern, die in der gesetzlichen Rentenversicherung pflichtversichert oder von der gesetzlichen Rentenversicherung nach § 6 Absatz 1 Nummer 1 des Sechsten Buches Sozialgesetzbuch befreit sind, in den Steuerklassen I bis VI in Höhe des Betrags, der bezogen auf den Arbeitslohn 50 Prozent des Beitrags in der allgemeinen Rentenversicherung unter Berücksichtigung der jeweiligen Beitragsbemessungsgrenzen entspricht,
   b) für die Krankenversicherung bei Arbeitnehmern, die in der gesetzlichen Krankenversicherung versichert sind, in den Steuerklassen I bis VI in Höhe des Betrags, der bezogen auf den Arbeitslohn unter Berücksichtigung der Beitragsbemessungsgrenze, den ermäßigten Beitragssatz (§ 243 des Fünften Buches Sozialgesetzbuch) und den Zusatzbeitragssatz der Krankenkasse (§ 242 des Fünften Buches Sozialgesetzbuch) dem Arbeitnehmeranteil eines pflichtversicherten Arbeitnehmers entspricht,
   c) für die Pflegeversicherung bei Arbeitnehmern, die in der sozialen Pflegeversicherung versichert sind, in den Steuerklassen I bis VI in Höhe des Betrags, der bezogen auf den Arbeitslohn unter Berücksichtigung der Beitragsbemessungsgrenze und den bundeseinheitlichen Beitragssatz dem Arbeitnehmeranteil eines pflichtversicherten Arbeitnehmers ent-

§ 39b Einbehaltung der Lohnsteuer

spricht, erhöht um den Beitragszuschlag des Arbeitnehmers nach § 55 Absatz 3 des Elften Buches Sozialgesetzbuch, wenn die Voraussetzungen dafür vorliegen,

  d) für die Krankenversicherung und für die private Pflege-Pflichtversicherung bei Arbeitnehmern, die nicht unter Buchstabe b und c fallen, in den Steuerklassen I bis V in Höhe der dem Arbeitgeber mitgeteilten Beiträge im Sinne des § 10 Absatz 1 Nummer 3, etwaig vervielfältigt unter sinngemäßer Anwendung von Satz 2 auf einen Jahresbetrag, vermindert um den Betrag, der bezogen auf den Arbeitslohn unter Berücksichtigung der Beitragsbemessungsgrenze, den ermäßigten Beitragssatz und den durchschnittlichen Zusatzbeitragssatz in der gesetzlichen Krankenversicherung sowie den bundeseinheitlichen Beitragssatz in der sozialen Pflegeversicherung dem Arbeitgeberanteil für einen pflichtversicherten Arbeitnehmer entspricht, wenn der Arbeitgeber gesetzlich verpflichtet ist, Zuschüsse zu den Kranken- und Pflegeversicherungsbeiträgen des Arbeitnehmers zu leisten;

[ab 1.1.2024:
  d) für die Krankenversicherung und für die private Pflege-Pflichtversicherung bei Arbeitnehmern, die nicht unter die Buchstaben b und c fallen, in den Steuerklassen I bis V in Höhe der dem Arbeitgeber als Lohnsteuerabzugsmerkmal bereitgestellten Beiträge nach § 39 Absatz 4 Nummer 4 Buchstabe b, etwaig vervielfältigt unter sinngemäßer Anwendung von Satz 2 auf einen Jahresbetrag, vermindert um die nach § 3 Nummer 62 steuerfreien Zuschüsse, die unter Berücksichtigung der als Lohnsteuerabzugsmerkmal bereitgestellten Beiträge nach § 39 Absatz 4 Nummer 4 Buchstabe a ermittelt wurden;
  e) für die Versicherung gegen Arbeitslosigkeit bei Arbeitnehmern, die in der Arbeitslosenversicherung (Drittes Buch Sozialgesetzbuch) versichert sind, in den Steuerklassen I bis V in Höhe des Betrags, der bezogen auf den Arbeitslohn unter Berücksichtigung der jeweiligen Beitragsbemessungsgrenze und den bundeseinheitlichen Beitragssatz, dem Arbeitnehmeranteil eines pflichtversicherten Arbeitnehmers entspricht; der Teilbetrag ist jedoch nur anzusetzen, soweit er zusammen mit den Teilbeträgen nach den Buchstaben b bis d einen Betrag in Höhe von 1900 Euro nicht übersteigt;]

Entschädigungen im Sinne des § 24 Nummer 1 sind bei Anwendung der Buchstaben a bis c [ab 1.1.2024: und e] nicht zu berücksichtigen; [bis 31.12.2023: *mindestens ist für die Summe der Teilbeträge nach den Buchstaben b und c oder für den Teilbetrag nach Buchstabe d ein Betrag in Höhe von 12 Prozent des Arbeitslohns, höchstens 1900 Euro in den Steuerklassen I, II, IV, V, VI und höchstens 3000 Euro in der Steuerklasse III anzusetzen,*]

4. den Entlastungsbetrag für Alleinerziehende für ein Kind (§ 24b Absatz 2 Satz 1) in der Steuerklasse II,

ergibt den zu versteuernden Jahresbetrag. ⁶Für den zu versteuernden Jahresbetrag ist die Jahreslohnsteuer in den Steuerklassen I, II und IV nach § 32a Absatz 1 sowie in der Steuerklasse III nach § 32a Absatz 5 zu berechnen. ⁷In den Steuerklassen V und VI ist die Jahreslohnsteuer zu berechnen, die sich aus dem Zweifachen des Unterschiedsbetrags zwischen dem Steuerbetrag für das Eineinviertelfache und dem Steuerbetrag für das Dreiviertelfache des zu versteuernden Jahresbetrags nach § 32a Absatz 1 ergibt; die Jahreslohnsteuer beträgt jedoch mindestens 14 Prozent des zu versteuernden Jahresbetrags, für den 11 480 Euro übersteigenden Teil des zu versteuernden Jahresbetrags höchstens 42 Prozent, für den 29 298 Euro übersteigenden Teil des zu versteuernden Jahresbetrags 42 Prozent und für den 222 260 Euro übersteigenden Teil des zu versteuernden Jahresbetrags 45 Prozent. ⁸Für die Lohnsteuerberechnung ist die als Lohnsteuerabzugsmerkmal mitgeteilte oder die nach

§ 39c Absatz 1 oder Absatz 2 oder nach § 39e Absatz 5a oder Absatz 6 Satz 8 anzuwendende Steuerklasse maßgebend. [9]Die monatliche Lohnsteuer ist $^1/_{12}$, die wöchentliche Lohnsteuer sind $^7/_{360}$ und die tägliche Lohnsteuer ist $^1/_{360}$ der Jahreslohnsteuer. [10]Bruchteile eines Cents, die sich bei der Berechnung nach den Sätzen 2 und 9 ergeben, bleiben jeweils außer Ansatz. [11]Die auf den Lohnzahlungszeitraum entfallende Lohnsteuer ist vom Arbeitslohn einzubehalten. [12]Das Betriebsstättenfinanzamt kann allgemein oder auf Antrag zulassen, dass die Lohnsteuer unter den Voraussetzungen des § 42b Absatz 1 nach dem voraussichtlichen Jahresarbeitslohn ermittelt wird, wenn gewährleistet ist, dass die zutreffende Jahreslohnsteuer (§ 38a Absatz 2) nicht unterschritten wird. [13]Darüber hinaus kann das Betriebsstättenfinanzamt auf Antrag zulassen, dass bei nach § 1 Absatz 1 unbeschränkt einkommensteuerpflichtigen Arbeitnehmern mit Steuerklasse VI ohne Freibetrag nach § 39a, die bei dem Arbeitgeber gelegentlich, nicht regelmäßig wiederkehrend beschäftigt werden und deren Dauer der Beschäftigung 24 zusammenhängende Arbeitstage nicht übersteigt, der während der Beschäftigung erzielte Arbeitslohn auf einen Jahresbetrag hochgerechnet und die sich ergebende Lohnsteuer auf den Lohnabrechnungszeitraum zurückgerechnet wird, wobei als Lohnabrechnungszeitraum der Zeitraum vom Beginn des Kalenderjahres bis zum Ende der Beschäftigung gilt. [14]Bei Anwendung des Satzes 13 sind auch der im Kalenderjahr in etwaigen vorangegangenen und beendeten weiteren Dienstverhältnissen in der Steuerklasse VI bezogene Arbeitslohn und die darauf erhobene Lohnsteuer einzubeziehen, soweit dort bereits Satz 13 angewandt wurde. [15]Voraussetzung für die Anwendung des Verfahrens nach Satz 13 ist zudem, dass der Arbeitnehmer vor Aufnahme der Beschäftigung

1. unter Angabe seiner Identifikationsnummer gegenüber dem Arbeitgeber schriftlich zustimmt,
2. mit der Zustimmung den nach Satz 14 einzubeziehenden Arbeitslohn und die darauf erhobene Lohnsteuer erklärt und
3. mit der Zustimmung versichert, dass ihm der Pflichtveranlagungstatbestand nach § 46 Absatz 2 Nummer 2 und 3a bekannt ist.

[16]Die Zustimmungserklärung des Arbeitnehmers ist zum Lohnkonto zu nehmen.

(3) [1]Für die Einbehaltung der Lohnsteuer von einem sonstigen Bezug hat der Arbeitgeber den voraussichtlichen Jahresarbeitslohn ohne den sonstigen Bezug festzustellen. [2]Hat der Arbeitnehmer Lohnsteuerbescheinigungen aus früheren Dienstverhältnissen des Kalenderjahres nicht vorgelegt, so ist bei der Ermittlung des voraussichtlichen Jahresarbeitslohns der Arbeitslohn für Beschäftigungszeiten bei früheren Arbeitgebern mit dem Betrag anzusetzen, der sich ergibt, wenn der laufende Arbeitslohn im Monat der Zahlung des sonstigen Bezugs entsprechend der Beschäftigungsdauer bei früheren Arbeitgebern hochgerechnet wird. [3]Der voraussichtliche Jahresarbeitslohn ist um den Versorgungsfreibetrag (§ 19 Absatz 2) und den Altersentlastungsbetrag (§ 24a), wenn die Voraussetzungen für den Abzug dieser Beträge jeweils erfüllt sind, sowie um einen etwaigen als Lohnsteuerabzugsmerkmal mitgeteilten Jahresfreibetrag zu vermindern und um einen etwaigen Jahreshinzurechnungsbetrag zu erhöhen. [4]Für den so ermittelten Jahresarbeitslohn (maßgebender Jahresarbeitslohn) ist die Lohnsteuer nach Maßgabe des Absatzes 2 Satz 5 bis 7 zu ermitteln. [5]Außerdem ist die Jahreslohnsteuer für den maßgebenden Jahresarbeitlohn unter Einbeziehung des sonstigen Bezugs zu ermitteln. [6]Dabei ist der sonstige Bezug um den Versorgungsfreibetrag und den Altersentlastungsbetrag zu vermindern, wenn die Voraussetzungen für den Abzug dieser Beträge jeweils erfüllt sind und soweit sie nicht bei der Steuer-

berechnung für den maßgebenden Jahresarbeitslohn berücksichtigt worden sind. ⁷Für die Lohnsteuerberechnung ist die als Lohnsteuerabzugsmerkmal mitgeteilte oder die nach § 39c Absatz 1 oder Absatz 2 oder nach § 39e Absatz 5a oder Absatz 6 Satz 8 anzuwendende Steuerklasse maßgebend. ⁸Der Unterschiedsbetrag zwischen den ermittelten Jahreslohnsteuerbeträgen ist die Lohnsteuer, die vom sonstigen Bezug einzubehalten ist. ⁹Die Lohnsteuer ist bei einem sonstigen Bezug im Sinne des § 34 Absatz 1 und 2 Nummer 2 und 4 in der Weise zu ermäßigen, dass der sonstige Bezug bei der Anwendung des Satzes 5 mit einem Fünftel anzusetzen und der Unterschiedsbetrag im Sinne des Satzes 8 zu verfünffachen ist; § 34 Absatz 1 Satz 3 ist sinngemäß anzuwenden. ¹⁰Ein sonstiger Bezug im Sinne des § 34 Absatz 1 und 2 Nummer 4 ist bei der Anwendung des Satzes 4 in die Bemessungsgrundlage für die Vorsorgepauschale nach Absatz 2 Satz 5 Nummer 3 einzubeziehen.

(4) In den Kalenderjahren 2010 bis 2024 ist Absatz 2 Satz 5 Nummer 3 Buchstabe a mit der Maßgabe anzuwenden, dass im Kalenderjahr 2010 der ermittelte Betrag auf 40 Prozent begrenzt und dieser Prozentsatz in jedem folgenden Kalenderjahr um je 4 Prozentpunkte erhöht wird.

(5) ¹Wenn der Arbeitgeber für den Lohnzahlungszeitraum lediglich Abschlagszahlungen leistet und eine Lohnabrechnung für einen längeren Zeitraum (Lohnabrechnungszeitraum) vornimmt, kann er den Lohnabrechnungszeitraum als Lohnzahlungszeitraum behandeln und die Lohnsteuer abweichend von § 38 Absatz 3 bei der Lohnabrechnung einbehalten. ²Satz 1 gilt nicht, wenn der Lohnabrechnungszeitraum fünf Wochen übersteigt oder die Lohnabrechnung nicht innerhalb von drei Wochen nach dessen Ablauf erfolgt. ³Das Betriebsstättenfinanzamt kann anordnen, dass die Lohnsteuer von den Abschlagszahlungen einzubehalten ist, wenn die Erhebung der Lohnsteuer sonst nicht gesichert erscheint. ⁴Wenn wegen einer besonderen Entlohnungsart weder ein Lohnzahlungszeitraum noch ein Lohnabrechnungszeitraum festgestellt werden kann, gilt als Lohnzahlungszeitraum die Summe der tatsächlichen Arbeitstage oder Arbeitswochen.

(6) ¹Das Bundesministerium der Finanzen hat im Einvernehmen mit den obersten Finanzbehörden der Länder auf der Grundlage der Absätze 2 und 3 einen Programmablaufplan für die maschinelle Berechnung der Lohnsteuer aufzustellen und bekannt zu machen. ²Im Programmablaufplan kann von den Regelungen in den Absätzen 2 und 3 abgewichen werden, wenn sich das Ergebnis der maschinellen Berechnung der Lohnsteuer an das Ergebnis einer Veranlagung zur Einkommensteuer anlehnt.

(7) *(weggefallen)*

Lohnsteuer-Richtlinien: LStR 39b.1–39b.10; LStH 39b.5–39b.7, 39b.9, 39b.10.

Übersicht

	Rz
1. Allgemeines, § 39b I	1
2. Lohnsteuerabzug vom Arbeitslohn, § 39b II	2–4
3. Lohnsteuerabzug von sonstigen Bezügen, § 39b III	5–8
4. Wiederaufrollung abgelaufener Lohnzahlungszeiträume	10
5. Nettolohnvereinbarung	12–17
6. Übergangsregelung zur Vorsorgepauschale, § 39b IV	20
7. Abschlagszahlungen, § 39b V; Vorschüsse	22
8. Programmablaufplan, § 39b VI	24
9. Arbeitslohn nach Doppelbesteuerungsabkommen	25

1. Allgemeines, § 39b I. Der ArbG hat den LStAbzug bei **unbeschr** und **beschr stpfl ArbN** nach § 39b II–VI durchzuführen.

2. Lohnsteuerabzug vom Arbeitslohn, § 39b II. Lfd ArbLohn ist der stpfl Lohn, der dem ArbN regelmäßig zufließt, zB Monatsgehalt, Wochen- oder Tageslohn, Überstundenvergütung, lfd gezahlte Zulagen oder Zuschläge, geldwerte Vorteile aus regelmäßigen Sachbezügen. Er kann der Höhe nach schwanken. Nachzahlungen und Vorauszahlungen gehören ebenfalls zum lfd ArbLohn, wenn sie sich ausschließl auf Lohnzahlungszeiträume des lfd Kj beziehen. Sie sind für den LStAbzug den Lohnzahlungszeiträumen hinzuzurechnen, zu denen sie gehören (s hierzu das Beispiel in LStH 39b.5). Neben der Höhe des stpfl lfd ArbLohns hat der ArbG den Lohnzahlungszeitraum (§ 38a Rz 3) festzustellen.

a) Berechnung des Lohnsteuerabzugs. Der stpfl ArbLohn ist ggf zu kürzen um einen anteiligen Versorgungsfreibetrag (§ 19 II EStG; LStR 39b.3) und einen anteiligen Altersentlastungsbetrag (§ 24a EStG; LStR 39b.4). Nach Abzug der vorstehenden Freibeträge ist noch ein als LSt-Abzugsmerkmal mitgeteilter Freibetrag (§ 39a) abzuziehen und ein Hinzurechnungsbetrag (§ 39a I 1 Nr 7) hinzuzurechnen. Der so hochgerechnete ArbLohn ist zu vermindern um die Pauschbeträge des § 9a und den Zuschlag zum Versorgungsfreibetrag (§ 19 II), den SA-Pauschbetrag (§ 10c), den Entlastungsbetrag für Alleinerziehende für ein Kind in StKlasse II (§ 24b II 1) sowie eine **Vorsorgepauschale in sämtl St-Klassen** (§ 39b II 5 Nr 3 und IV, s Rz 20; *Seifert* DStZ 14, 837, 842 zur Änderung von § 39b II 5 Nr 3b durch das Kroat-AnpG). Höhere Aufwendungen und auch die Günstigerprüfung können iRd ESt-Veranlagung geltend gemacht werden. Zur Bildung eines LSt-Abzugsmerkmals für Beiträge zu einer privaten KV und PflV s § 39 Rz 5; *OFD NRW* DB 13, 2892. Zur Untergliederung der Vorsorgepauschale in Teilbeträge für RV, gesetzl KV, soziale PflV; Berücksichtigung der tätsächl Beiträge für die private BasisKV und PflV; *Mindestvorsorgepauschale* für KV und PflV iHv 12% des ArbLohns, höchstens 1900 €/3000 €, s ausführl *BMF* BStBl I 13, 1532; *Harder-Buschner/Jungblut* NWB 09, 2636 mit zahlreichen Rechenbeispielen). Für den so ermittelten stpfl ArbLohn ist unter Beachtung der persönl LSt-Abzugsmerkmale die LSt zu ermitteln. – Zum LSt-Abzug bei Zahlung lfd ArbLohns nach **Beendigung des DienstVerh** s *BMF* BStBl I 18, 1137 Rz 60.

b) Permanenter Lohnsteuerjahresausgleich, § 39b II 12–16. Im Hinblick auf die maschinelle Lohnabrechnung lässt § 39b II 12 den sog permanenten LStJA zu. Dabei wird bei jedem Lohnzahlungszeitraum für den einzelnen ArbN der bisherige ArbLohn auf einen voraussichtl Jahresarbeitslohn hochgerechnet und die darauf entfallende LSt ermittelt. Diese LSt wird sodann auf die bisherigen Lohnzahlungszeiträume umgerechnet. Auf die sich ergebende zeitanteilige Jahres-LSt wird die bisher einbehaltene LSt angerechnet. Der verbleibende Betrag ist die für den Lohnzahlungszeitraum einzubehaltende LSt. Durch dieses in LStR 39b.8 erläuterte und bei jeder LStKlasse anwendbare Verfahren werden bei schwankendem ArbLohn LStÜberzahlungen vermieden, die sonst erst bei der Veranlagung erstattet werden können. Durch § 39b II 13–16 idF StUmgBG (BGBl I 17, 1682) wird ab VZ 2018 die gesetzl Grundlage geschaffen, den permanenten LStJA auch für kurzfristige ArbVerh mit StKlasse VI zu ermöglichen.

3. Lohnsteuerabzug von sonstigen Bezügen, § 39b III. Stpfl ArbLohn, der nicht als lfd ArbLohn gezahlt wird, ist ein sonstiger Bezug (dazu LStR 39b.2 II). Hierzu zählen einmalige neben dem laufenden ArbLohn zugewendete Bezüge, wie zB 13. und 14. Monatsgehälter, einmalige Abfindungen und Entschädigungen, nicht fortlaufend gezahlte Tantiemen und Gratifikationen, Jubiläumszuwendungen, Urlaubs- und Weihnachtszuwendungen, unregelmäßig gezahlte Erfindervergütungen, Nachzahlungen und Vorauszahlungen, die ganz oder teilweise auf Lohnzahlungszeiträume anderer Kj entfallen. Die Unterscheidung zwischen lfd ArbLohn und sonstigem Bezug ist bedeutsam im Hinblick auf den **Zuflusszeitpunkt** (s § 38a Rz 2; wird zB das 13. Gehalt mit dem Dezemberlohn im Januar ausgezahlt, so ist es dem neuen Kj, der Dezemberlohn dagegen dem alten Kj zuzurechnen), im Hinblick auf § 40 I Nr 1 und im Hinblick auf die Art des LStAbzugs.

6 **a) Berechnung des Lohnsteuerabzugs.** Der LStAbzug von sonstigen Bezügen ist anders geregelt als der LStAbzug vom lfd ArbLohn. Zunächst muss der ArbG den voraussichtl Jahresarbeitslohn ohne den sonstigen Bezug feststellen (zur Ermittlung des voraussichtl ArbLohns s LStR 39b.6 II; FG Mster EFG 85, 561, rkr; *Niermann* DB 04, 2118, 2123). Bei Ausscheiden aus dem ArbVerh kann der ArbG eine Arbeitslosigkeit des ArbN beachten. Zur Ermittlung des lfd stpfl ArbLohns bei Bonuszahlungen im Jahr des Zusammentreffens der unbeschr und beschr StPfl s BFH I R 33/08 BStBl II 10, 150; *Gosch* BFH/PR 10, 55. Der voraussichtl Jahresarbeitslohn ist um den Versorgungsfreibetrag (§ 19 II) und den Altersentlastungsbetrag (§ 24a), wenn die Voraussetzungen für den Abzug dieser Beträge erfüllt sind, sowie um einen als LSt-Abzugsmerkmal mitgeteilten Jahresfreibetrag zu vermindern und um einen Hinzurechnungsbetrag zu erhöhen. Für diesen maßgebenden Jahresarbeitslohn ist die LSt zu ermitteln. Anschließend ist die LSt für den maßgebenden Jahresarbeitslohn unter Einbeziehung des sonstigen Bezugs nach § 39b III 5–7 zu ermitteln. Der Unterschiedsbetrag zwischen den so ermittelten LSt-Beträgen ist die LSt, die vom sonstigen Bezug einzubehalten ist.

7 **b) Entlohnung für mehrere Jahre.** Stellt ein sonstiger Bezug eine Entlohnung für mehrere Jahre dar, wird die durch diese geballte Lohnzahlung auftretende Tarifprogression durch die Fünftelungsregelung nach § 39b III 9 gemildert (für Jubiläumszuwendungen s LStH 39b.6 Fünftelungsregelung). Mehrjährige Tätigkeit s § 34 II Nr 4. Die rückwirkende Anordnung der Fünftel-Regelung in § 39b III 9 war verfwidrig (BVerfG 2 BvL 1/03 ua DStR 10, 1736). Zur Tarifermäßigung bei negativem Jahresarbeitslohn s *Niermann/Plenker* DB 03, 2724, 2727. Zur Pflichtveranlagung nach § 46 II Nr 5 s FG Köln EFG 04, 1124, rkr; BFH VI B 62/04 BFH/NV 05, 1073.

8 **c) Ausscheiden aus dem Dienstverhältnis.** Zur Behandlung sonstiger Bezüge, die nach Ausscheiden aus dem DienstVerh gezahlt werden (§ 39b III 2), s LStR 39b.6 III; *BMF* BStBl I 18, 1137 Rz 61; *Schramm/Harder-Buschner* NWB 13, 348, 358; *Plenker* DB 14, 1103, 1107).

10 **4. Wiederaufrollung abgelaufener Lohnzahlungszeiträume.** In den Fällen der §§ 39c I, II, 41c I kann es zu einer Neuberechnung der LSt für abgelaufene Lohnzahlungszeiträume kommen. Das Gleiche gilt, wenn Nachzahlungen von ArbLohn als laufender ArbLohn zu behandeln sind. Eine Neuberechnung eines abgelaufenen Lohnzahlungszeitraums kann auch dann erfolgen, wenn der **ArbN irrtümlich zu hohen Lohn bezogen** hat und diesen Lohn im gleichen Kj an seinen ArbG, bei dem er noch beschäftigt ist, zurückzahlt. Hier kann der Ausgleich aber auch dadurch vorgenommen werden, dass der ArbG im späteren Lohnzahlungszeitraum die Überzahlung (brutto) vom ArbLohn absetzt und den so gekürzten ArbLohn dem Steuerabzug unterwirft (aA *KSM* § 39b Rz 26). Kommt es **nach Ablauf des Kj zur Rückzahlung**, scheidet eine Wiederaufrollung der Lohnzahlungszeiträume des Vorjahres aus (BFH VI R 2/05 BStBl II 07, 315). Hier kann der Rückzahlungsbetrag (brutto) vom laufenden ArbLohn abgesetzt und der LStAbzug vom so verminderten ArbLohn vorgenommen werden. Steht der **ArbN im Zeitpunkt der Rückzahlung in einem anderen DienstVerh**, kann die Rückzahlung nur bei der Veranlagung oder schon durch Ansatz eines Freibetrages („negative Einnahmen") als LSt-Abzugsmerkmal berücksichtigt werden (s auch § 9 Rz 108; § 39a Rz 3).

12 **5. Nettolohnvereinbarung.** Umfassend zu strechtl Fragen iZm Nettolohnvereinbarungen, insb zu EStErstattungen nach Wegfall einer unbeschr StPfl, s *OFD NRW* BeckVerw 439048. – Grds schuldet der ArbG eine Bruttolohnvergütung. Die gesetzl Abgaben wie LSt, KiSt, ArbN-Anteile zur Kranken-, Renten- und Arbeitslosenversicherung hat der ArbN selbst zu tragen. Abw hiervon kann vereinbart werden, dass das Arbeitsentgelt als Nettolohn gezahlt wird, der ArbN also den als Nettolohn vereinbarten Betrag ungekürzt durch sämtl oder bestimmte gesetzl Abgaben erhält, während sich der ArbG verpflichtet, diese Beträge für den ArbN zu tragen (BFH VI R 146/87 BStBl II 92, 733; BFH VI B 144/12 BFH/NV 14, 181; BAG 5 AZR 616/08 BeckRS 2010, 71478). Die vom ArbG übernommenen Abgaben stellen ArbLohn dar. Es wird also ein bestimmter Bruttobetrag mit der Abrede vereinbart, dass dieser so zu bemessen ist, dass dem ArbN der im Voraus festgelegte Nettobetrag verbleibt (**abgeleitete Nettolohnvereinbarung**). Bei der **originären Nettolohnvereinbarung** wird der ausgezahlte Lohn als konstante Größe geschuldet, ohne dass ein Bruttolohn Geschäftsgrundlage der Vereinbarung ist (*Kaiser/Sigrist* DB 94, 178, mwN). Strechtl sind beide Arten gleich zu behandeln. Dieser so vereinbarte bzw heraufgerechnete Bruttolohn bildet das arbeitsvertragl vereinbarte Entgelt (BAG 5 AZR 616/08, BeckRS 2010, 71478) und ist damit auch die Grundlage für den LStAbzug (BFH VI R 29/06 BStBl II 10, 148). Zur **Hochrechnung des Nettolohns** auf den für den LStAbzug maßgebl Bruttobetrag beim lfd ArbLohn und bei sonstigen Bezügen s LStR 39b.9; *Plenker* DB 14, 1103, 1107. Als Ausnahme von der Regel muss die Nettolohnvereinbarung eindeutig getroffen worden sein (BAG 3 AZR 183/73 DB 74, 778, zugleich dazu, dass „steuerfreie Leistung" nicht Nettolohn bedeutet; BGH DStR 87, 164, Entgeltszusage „ohne Abzüge" als Nettolohnvereinbarung). Dazu gehört auch, dass der ArbN dem ArbG die für den vorschriftsmäßigen LStAbzug erforderl Daten (§ 39c I 1) mitteilt (s BFH VI R 146/87 BStBl II 92, 733; Anm *von Bornhaupt* DStZ 92, 536; BFH VI B 30/05 BFH/NV 05, 2046, noch zur alten Rechtslage mit LStKarte). Zur Bezeichnung „netto" im Zivilgerichtsurteil s BFH VI R 67/90 BStBl II 94, 182.

a) Nachweis; Rechtsfolgen. Beruft sich der ArbN auf eine Nettolohnvereinbarung, hat er sie einwandfrei nachzuweisen (BFH VI R 146/87 BStBl II 92, 733; BFH VI B 144/12 BFH/NV 14, 181); denn bei der Nettolohnvereinbarung kommt es regelmäßig dazu, dass die LStBeträge *unabhängig von der Abführung durch den ArbG* bei der Jahressteuerfestsetzung des ArbN angerechnet werden (s dazu weiter unten und § 42d Rz 21). Dies ist die Hauptrechtsfolge der Nettolohnvereinbarung (ausführl BFH VI R 122/89 BStBl II 92, 441), die aber ohne Mitteilung der Daten nach § 39c I 1 für den Abruf der LSt-Abzugsmerkmale nicht eintritt (s BFH VI B 46/07 BFH/NV 07, 2109, noch zur Vorlage einer LStKarte). Erklärt sich ein ausl, nicht zum LStAbzug verpflichteter ArbG ggü einem unbeschr estpfl ArbN bereit, die auf den Lohn entfallende Steuer zu tragen, liegt darin keine Nettolohnvereinbarung. Allein die Zusage des ArbG rechtfertigt auch bei der Veranlagung des ArbN nicht eine Hochrechnung auf einen Bruttolohn (BFH VI R 122/89 BStBl II 92, 441). Die Nettolohnvereinbarung führt dazu, dass im wirtschaftl Ergebnis ESt auf ESt zu entrichten ist (BFH VI R 1/14 BStBl II 16, 31). Sie ist zu unterscheiden von der **Übernahme der LSt bei einer Pauschalbesteuerung** (BAG DB 71, 580; BFH VI R 270/69 BStBl II 73, 128). Bei einer fehlgeschlagenen Pauschalierung nach § 40 II oder § 40a kann keine Nettolohnvereinbarung unterstellt werden (zB BFH VI R 48/94 BStBl II 97, 331); ebenso nicht im Fall späterer Übernahme von LSt durch den ArbG (FG BaWü EFG 90, 620, rkr). **Streitigkeiten zw ArbN und ArbG** aus einer Nettolohnvereinbarung sind vor den Arbeitsgerichten auszutragen, wenn es um die Zahlung zusätzl Nettolöhne geht (BFH VI R 57/04 BStBl II 08, 434, mwN; *Bergkemper* FR 08, 724, mwN; s auch § 41b Rz 1). Durch die Nettolohnvereinbarung wird das Schuldverhältnis zw StGläubiger und StSchuldner nicht berührt (*Giloy* DStJG 9, 215); der ArbN bleibt **Steuerschuldner.** Ihm stehen etwaige **Erstattungsansprüche** zu (BFH IV R 168/68 BStBl II 72, 816). Der Nettolohn ist in die Jahressteuerfestsetzung des ArbN einzubeziehen (Progressionswirkung; Vorteil bei hohen anderweitigen negativen Einkünften); dabei ist der Nettolohn um die vom ArbG übernommenen und einbehaltenen Abzüge zu erhöhen (BFH VI R 123/78 BStBl II 82, 403, mwN; s auch BFH I R 102/99 BStBl II 01, 195), und zwar auch dann, wenn der ArbG die Lohnabzüge nicht abgeführt hatte (BFH VI R 4/84 BFH/NV 88, 566; s auch BFH VI R 137/82 BStBl II 85, 660). Kann der ArbN für die nichtabgeführten LSt nicht in Anspruch genommen werden (s § 42d Rz 20), sind die einbehaltenen LSt im Abrechnungsverfahren dennoch zu seinen Gunsten als abgeführt anzusetzen (BFH VI R 238/80 BStBl II 86, 186).

14 **b) Abtretung von Erstattungsansprüchen.** Hat der ArbN solche Ansprüche an den ArbG abgetreten, wird dadurch der anzusetzende Lohn nicht beeinflusst (BFH VI R 13/77 BStBl II 79, 771). Wird der Erstattungsbetrag in einem späteren Jahr an den ArbG erstattet, kann dies nicht rückwirkend bei der Veranlagung des Jahres des LStAbzugs steuermindernd berücksichtigt werden. Im Jahr der Erstattung ist der Erstattungsbetrag aber als negative Einnahme (oder WK, s § 9 Rz 108) vom Bruttolohn abzusetzen (BFH VI R 29/06 BStBl II 10, 148; *Geserich* HFR 09, 1205; gegen BFH *Paus* DStZ 10, 50). Eine ESt-Nachzahlung ist auf den Bruttolohn hochzurechnen; denn die Übernahme der privaten ESt-Schuld des ArbN durch den ArbG führt iHd nachgezahlten ESt zur ArbLohn, der wie jede andere Lohnzahlung um die LSt zu unterwerfen ist (BFH VI R 1/14 BStBl II 16, 31). Zur Frage der Erstattung von SV-Leistungen bei ausl ArbN s *OFD NRW* BeckVerw 439048 Nr 10 und FG Ddorf EFG 98, 1678, rkr; zur Anwendung des § 10d in vorstehenden Erstattungsfällen s *OFD NRW* BeckVerw 439048. Lässt der ArbG, dem der Erstattungsanspruch abgetreten ist, die EStErklärung des ArbN erstellen, sind die von ihm dafür getragenen StB-Kosten im überwiegend eigenen Interesse aufgewandt und führen **nicht** zum Lohn des ArbN (BFH VI R 28/17 DStR 19, 1742; BFH VI R 2/08 BStBl II 10, 639 ist insoweit überholt).

15 **c) Verabredung von „Schwarzlohnzahlungen".** Sie ist keine Nettolohnvereinbarung; daher ist der Lohn im Zeitpunkt der Lohnzahlung noch nicht um LSt und Gesamtsozialversicherung zu erhöhen; auch die LSt auf die Gesamtsozialversicherung entsteht erst im Zeitpunkt der Inanspruchnahme des ArbG durch die AOK (ausführl BFH VI R 54/03 BStBl II 08, 58). Die Nettolohnfiktion des § 14 II 2 SGB IV gilt im LStR nicht (dazu auch *Geserich* NWB 09, 3649; s aber BGH 1 StR 416/08 BStBl II 09, 934). Eine Nettolohnvereinbarung bei **gemeinsamer Steuerhinterziehung** verneint auch der BGH. Er geht zutr davon aus, dass der lstpfl Vorteil in der Befreiung des ArbN von seiner LStSchuld liegt, was die erfolgreiche Inhaftungnahme des ArbG voraussetzt (BGH 5 StR 38/92 HFR 93, 205 zu II.2; BGH 5 StR 605/92 HFR 94, 40; für das Vorenthalten von Arbeitsentgelt wegen § 14 II 2 SGB IV aufgegeben durch BGH 1 StR 416/08 HFR 09, 412; s auch FG Hbg EFG 92, 689, 691, rkr). Zu beachten ist in diesem Zusammenhang, dass der wirtschaftl Vorteil, der in der Nichteinbehaltung von LSt liegt, dem ArbN *nicht im Zeitpunkt der Lohnzahlung* zufließt. Denn ebenso wie der ArbG nur für den nicht einbehaltenen LStBetrag haftet, kann der ArbN nur für diesen, auf den zugeflossenen Bruttolohn enthaltenen LStBetrag in Anspruch genommen werden (so zutr FG Hbg EFG 92, 689, 691, rkr).

16 **d) Hochrechnung von Lohnsteuer auf Lohnsteuer nur bei Nettolohnvereinbarung.** Außer im Fall der Nettolohnvereinbarung kommt eine Hochrechnung von LSt auf LSt nicht in Betracht; auch nicht bei der Veranlagung des ArbN (BFH VI R 12/96 BFH/NV 97, 656). Auch wenn der ArbG nach einer LSt-Außenprüfung erklärt, seine ArbN nicht für die LSt in Regress zu nehmen, ist die Höhe der Haftungsschuld nicht nach einem höheren NettoStSatz zu berechnen. Das Gleiche gilt, wenn aus anderen Gründen feststeht, dass ein Ausgleichsanspruch nach der LStAbführung nicht geltend gemacht wird. Denn ein Lohnzufluss in Gestalt der vom ArbG getragenen LSt kann erst angenommen werden, wenn der ArbG die LSt, für die er haftet, auch gezahlt hat, weil erst diese Zahlung das Erlöschen der StSchuld des ArbN und das Entstehen eines Ausgleichsanspruchs des

ArbG bewirkt. Erst im Verzicht auf diesen Ausgleichsanspruch kann ein erneuter Lohnzufluss liegen (ausführl BFH VI R 26/92 BStBl II 94, 197; *Anm* HFR 94, 228); dazu ist aber nicht etwa ein Erlassvertrag erforderl (BFH VI B 41/06 BFH/NV 07, 1122). Das FA wird daher nach der Zahlung der Haftungsschuld prüfen müssen, ob es einen weiteren Haftungsbescheid erlässt, weil der ArbG – wie bereits bei der LStAußenprüfung angekündigt – auf Rückbelastung der ArbN verzichtet hat (*OFD Cott* FR 96, 606). Da der Lohnzufluss frühestens mit der Bezahlung der Haftungsschuld durch den ArbG geschehen kann, beginnt auch erst nach diesem Zeitpunkt die Verjährungsfrist zu laufen. Verwehren tarifvertragl Ausschlussklauseln den Rückgriff, ist zweifelhaft, ob im unterlassenen Regress ein Lohnzufluss gesehen werden kann (*MIT* DStR 94, 172; s aber § 42d Rz 82).

e) Anrechnung der Lohnsteuer. Die Frage der Anrechnung der vom ArbG **17** einzubehaltenden LSt berührt die Rechtmäßigkeit der Steuerfestsetzung (Veranlagung) nicht. Über die Anrechnung ist durch Abrechnungsbescheid (§ 218 II AO) und nicht im Anfechtungsverfahren gegen die Steuerfestsetzung zu entscheiden (BFH VI R 123/78 BStBl II 82, 403; *Anm* HFR 82, 306). Behauptet ein ArbN im Veranlagungsverfahren aber eine Nettolohnvereinbarung und begehrt er die Anrechnung der LSt, kann dies nur im Verfahren gegen den StBescheid durch gleichzeitiges Begehren auf Ansatz des um die LSt heraufgerechneten Lohns verfolgt werden (BFH VI R 238/80 BStBl II 86, 186; BFH VI R 4/84 BFH/NV 88, 566). Daher sind auch bei der Änderung eines StBescheides wegen einer nachträgl behaupteten Nettolohnvereinbarung die anzurechnenden Abzugsbeträge im Rahmen der §§ 172, 173 AO zu berücksichtigen (BFH VI R 90/86 BStBl II 90, 610).

6. Übergangsregelung zur Vorsorgepauschale, § 39b IV. Die Vorschrift **20** enthält eine Übergangsregelung zur Berücksichtigung der RV-Beiträge für die Vorsorgepauschale bis 2024. Sie ist bei der Anwendung von § 39b II 5 Nr 3 Buchst a) in den Kj 2010–2024 zu beachten.

7. Abschlagszahlungen, § 39b V; Vorschüsse. S LStR 39b.5 V. Nach § 38 **22** III 1 hat der ArbG die LSt bei jeder Lohnzahlung einzubehalten. Aus Vereinfachungsgründen wird dem ArbG, der mit kurzen Lohnzahlungszeiträumen (Tag, Woche) arbeitet, die Lohnabrechnung aber für einen längeren Zeitraum vornimmt und daher seinen ArbN jeweils Abschlagszahlungen leistet, gestattet, den Lohnabrechnungszeitraum als Lohnzahlungszeitraum zu behandeln und die LSt erst bei der Lohnabrechnung einzubehalten. Der Entstehungszeitpunkt der LSt (§ 38 II 2) wird hierdurch aber nicht berührt. Endet der verlängerte Lohnabrechnungszeitraum im folgenden Kj, ist der ArbLohn dem FolgeKj zuzuordnen (§ 38a I 2). Endet der verlängerte Lohnabrechnungszeitraum dagegen im abgelaufenen Kj, ist der ArbLohn dem abgelaufenen Kj zuzuordnen, wenn die Lohnabrechnung innerhalb von 3 Wochen nach Ablauf des Lohnabrechnungszeitraums vorgenommen wird. § 39b V gilt nicht, wenn der ArbG zB bei monatl Lohnzahlungszeitraum (1.–30.) am 20. einen Abschlag leistet, Anfang des Folgemonats den Rest ausbezahlt und für den Monat abrechnet. Denn hier wird nicht für einen längeren Zeitraum als den Lohnzahlungszeitraum abgerechnet; der ArbG hat hier also schon am 20. die entspr LSt einzubehalten. Die Lohnabrechnung ist erfolgt (§ 39b V 2), wenn die Zahlungsbelege den Bereich des ArbG verlassen haben. § 39b V gilt nicht für sonstige Bezüge. Von den unter § 39b V fallenden Abschlagszahlungen sind **Vorschüsse**, also Zahlungen zu unterscheiden, auf die erst in der Zukunft ein Anspruch des ArbN entsteht. Auch hier entsteht die LSt im Zeitpunkt der Zahlung (§ 38 II 2). Bei kleineren, bald zu verrechnenden Vorschüssen wird es nicht beanstandet, wenn die LSt erst bei der Verrechnung des Vorschusses einbehalten und abgeführt wird. Werden größere Beträge als Vorschüsse gezahlt, ist die LSt bei der Zahlung einzubehalten. Anderes gilt aber, wenn ArbG und ArbN bezügl des Vorschusses eine **Darlehensvereinbarung** getroffen haben. Werden in einem solchen Fall später

§ 39c Einbehaltung der Lohnsteuer ohne LSt-Abzugsmerkmale

Tilgungs- oder Zinsbeträge mit Arbeitslohn verrechnet, ist die LSt vom ungekürzten Arbeitslohn einzubehalten und abzuführen.

24   **8. Programmablaufplan, § 39b VI.** Das *BMF* gibt seit Aufhebung von § 38c aF ab 2001 keine amtl LSt-Tabellen mehr heraus. Es ist aber ermächtigt (§ 51 IV Nr 1a), auf der Grundlage des § 32a und des § 39b einen Programmablauf für LSt-Tabellen zur Berechnung der LSt zu erstellen; Programmablaufpläne für die Erstellung von LSt-Tabellen für 2022 s *BMF* BStBl I 21, 2051. Die Programmablaufpläne dürfen von den Regelungen des § 39b II, III abweichen, wenn die maschinelle Berechnung der LSt dem Ergebnis einer ESt-Veranlagung näher kommt.

25   **9. Arbeitslohn nach Doppelbesteuerungsabkommen.** Zur steuerl Behandlung des ArbLohns nach DBA s *BMF* BStBl I 18, 643; LStR 39b. 10. Durch das BeitrRLUmsG (BGBl I 11, 2592) wurde der bisherige Abs 6 aufgehoben und durch die Regelung in § 39 IV Nr 5 ersetzt. Da das elektronische Mitteilungsverfahren jedoch noch nicht eingesetzt werden kann, werden die Regelungen zur Ausstellung einer Papierbescheinigung als Grundlage für eine stfreie ArbLohn-Zahlung nach DBA so lange fortgeführt, bis das *BMF* Beginn und Zeitpunkt für den erstmaligen automatisierten Abruf dieses LSt-Abzugsmerkmals mitgeteilt hat (§ 52 Abs 37; *BMF* BStBl I 18, 1137 Rz 6, 89 ff) IÜ ist auch für beschr StPfl (§ 1 IV) der Abruf der ELStAM ab 1.1.20 freigeschaltet und vom ArbG vorzunehmen, wenn der ArbN eine Identifikations-Nr besitzt (*BMF* BStBl I 19, 1087).

§ 39c Einbehaltung der Lohnsteuer ohne Lohnsteuerabzugsmerkmale

(1) ¹Solange der Arbeitnehmer dem Arbeitgeber zum Zweck des Abrufs der elektronischen Lohnsteuerabzugsmerkmale (§ 39e Absatz 4 Satz 1) die ihm zugeteilte Identifikationsnummer sowie den Tag der Geburt schuldhaft nicht mitteilt oder das Bundeszentralamt für Steuern die Mitteilung elektronischer Lohnsteuerabzugsmerkmale ablehnt, hat der Arbeitgeber die Lohnsteuer nach Steuerklasse VI zu ermitteln. ²Kann der Arbeitgeber die elektronischen Lohnsteuerabzugsmerkmale wegen technischer Störungen nicht abrufen oder hat der Arbeitnehmer die fehlende Mitteilung der ihm zuzuteilenden Identifikationsnummer nicht zu vertreten, hat der Arbeitgeber für die Lohnsteuerberechnung die voraussichtlichen Lohnsteuerabzugsmerkmale im Sinne des § 38b längstens für die Dauer von drei Kalendermonaten zu Grunde zu legen. ³Hat nach Ablauf der drei Kalendermonate der Arbeitnehmer die Identifikationsnummer sowie den Tag der Geburt nicht mitgeteilt, ist rückwirkend Satz 1 anzuwenden. ⁴Sobald dem Arbeitgeber in den Fällen des Satzes 2 die elektronischen Lohnsteuerabzugsmerkmale vorliegen, sind die Lohnsteuerermittlungen für die vorangegangenen Monate zu überprüfen und, falls erforderlich, zu ändern. ⁵Die zu wenig oder zu viel einbehaltene Lohnsteuer ist jeweils bei der nächsten Lohnabrechnung auszugleichen.

(2) ¹Ist ein Antrag nach § 39 Absatz 3 Satz 1 oder § 39e Absatz 8 nicht gestellt, hat der Arbeitgeber die Lohnsteuer nach Steuerklasse VI zu ermitteln. ²Legt der Arbeitnehmer binnen sechs Wochen nach Eintritt in das Dienstverhältnis oder nach Beginn des Kalenderjahres eine Bescheinigung für den Lohnsteuerabzug vor, ist Absatz 1 Satz 4 und 5 sinngemäß anzuwenden.

(3) ¹In den Fällen des § 38 Absatz 3a Satz 1 kann der Dritte die Lohnsteuer für einen sonstigen Bezug mit 20 Prozent unabhängig von den Lohnsteuerabzugsmerkmalen des Arbeitnehmers ermitteln, wenn der maßgebende Jahresarbeitslohn nach § 39b Absatz 3 zuzüglich des sonstigen Bezugs 10 000 Euro nicht übersteigt. ²Bei der Feststellung des maßgebenden Jahresarbeitslohns sind nur die Lohnzahlungen des Dritten zu berücksichtigen.

Lohnsteuer-Richtlinien: LStR 39c; LStH 39c.

1. Allgemeines. Die Neufassung des § 39c durch das BeitrRLUmsG (BGBl I 1
11, 2592) beinhaltet im Wesentl Folgeänderungen auf Grund des Wegfalls der
LStKarte und deren Ersatz durch die ELStAM.

2. Lohnsteuerabzug nach Steuerklasse VI, § 39c I. – a) Fehlende Mittei- 2
lung der Identifikationsnummer. Die Vorschrift gilt für alle ArbN, bei denen
nicht auf den Abruf von ELStAM oder die Vorlage einer Bescheinigung für
den LStAbzug verzichtet werden kann (also nicht für Teilzeitbeschäftigte bei
LSt-Pauschalierung, s § 40a). Ohne Mitteilung der Identifikationsnummer und des
Geburtstags des ArbN kann der ArbG die ELStAM nicht abrufen, sodass ein zutr
LStAbzug nicht gewährleistet ist. Gleiches gilt, wenn das BZSt die Mitteilung der
ELSt-AM ablehnt, weil zB der ArbN die Übermittlung für den ArbG gesperrt hat
(§ 39e VI 6 Nr 1) oder der ArbN beantragt hat, für ihn keine LSt-Abzugsmerkmale
(mehr) zu bilden (§ 39e VI 6 Nr 2). Daher soll der ArbN durch das Druckmittel
des § 39c – Ermittlung der LSt nach der ungünstigen StKlasse VI – zur Mitteilung
der für den Abruf der ELStAM erforderl Daten angehalten werden. Bei der Veranlagung sind aber die tatsächl Verhältnisse des ArbN zugrunde zu legen. § 39c hat
daher nur Auswirkungen auf den LStAbzug des laufenden Kj. Nach Ablauf des Kj
kann der ArbG aus der Nichtbeachtung des § 39c zwar im Wege der Haftung in
Anspruch genommen werden (BFH VI R 102/98 BStBl II 03, 151; BFH VI B
99/08 BFH/NV 09, 1809; FG BBg DStRE 18, 646, rkr). Der ArbG kann aber
ggü dem Haftungsbescheid nachweisen, dass eine StVerkürzung nicht eingetreten
ist; denn es gilt der Grundsatz der Akzessorietät der Haftung ggü der StSchuld
des ArbN (s § 42d Rz 1; FG BBg DStRE 18, 646, rkr). Während des lfd Kj kann
das FA den ArbG indes ohne Weiteres iHd der Nichtbeachtung des § 39c zu
niedrig einbehaltenen Steuer in Anspruch nehmen.

b) Verschulden des Arbeitnehmers. Voraussetzung für die Besteuerung nach 3
Abs 1 ist, dass den ArbN am Fehlen der LSt-Abzugsmerkmale ein Verschulden
trifft (Vorsatz und Fahrlässigkeit). Gründe für ein unverschuldetes Fehlen der
LSt-Abzugsmerkmale können zB technische Schwierigkeiten bei Anforderung
und Abruf, Bereitstellung oder Übermittlung der ELStAM oder eine verzögerte
Ausstellung der Papierbescheinigung für den LStAbzug durch das FA sein. Kann
der ArbG die LSt-Abzugsmerkmale wegen technischer Störungen nicht abrufen
oder kann der ArbN seine Identifikations-Nr schuldlos nicht angeben, weil ihm zB
noch keine zugeteilt wurde oder es zu vom ArbN nicht zu vertretenden Verzögerungen bei der Vergabe kam, ist der betroffene ArbN zunächst nicht nach StKlasse
VI, sondern nach den voraussichtl LSt-Abzugsmerkmalen zu besteuern (*BMF*
BStBl I 18, 1137 Rz 97, 98). Die *FinVerw* legt den Begriff der technischen Störung
zugunsten der StPfl weit aus. Eine solche soll auch vorliegen, wenn dem ArbG
ohne sein Zutun unzutreffende ELStAM bereitgestellt werden (*BMF* BStBl I 18,
1137 Rz 100). Die Ausnahme ist allerdings auf drei Monate beschränkt. Nach Ablauf der Frist ist der LStAbzug rückwirkend nach StKlasse VI vorzunehmen und die
LSt für die ersten drei Monate zu korrigieren, wenn auch bis dahin die LStAbzugsmerkmale für den ArbG nicht verfügbar sind (s BT-Drs 17/6263, 54; *BMF*
BStBl I 18, 1137 Rz 104). Dem ArbG ist zu raten, Unterlagen zum Lohnkonto zu
nehmen, aus denen sich ergibt, dass der ArbN das Fehlen der LSt-Abzugsmerkmale
nicht zu vertreten hatte. Stehen die LSt-Abzugsmerkmale nach erfolgtem LStAbzug gem § 39c I 2 später doch noch zur Verfügung, ist eine Korrektur der
Lohnabrechnungen für bis zu drei zurückliegende Monate vorgesehen (*Paintner*
DStR 11, 105, 110). IÜ kann die erhöht einbehaltene LSt gem § 41c ausgeglichen
werden.

3. Arbeitnehmer ohne Identifikationsnummer, § 39c II. Die Vorschrift be- 4
trifft Fälle, in denen ein ArbN ohne Identifikations-Nr dem ArbG die vom Betriebsstätten-FA des ArbG auszustellende Bescheinigung für den LStAbzug (s § 39
III 1) schuldhaft nicht vorlegt. Da der ArbG ohne die Bescheinigung den LStAbzug

§ 39e Elektronische Lohnsteuerabzugsmerkmale

nicht korrekt vornehmen kann, hat er den LStAbzug nach StKlasse VI durchzuführen. Die Vorschriften über die Korrektur des LStAbzugs in § 39c I 4 und 5 gelten sinngemäß, wenn der ArbN die Bescheinigung später noch vorlegt.

4. Lohnsteuerabzug durch Dritte, § 39c III. Es handelt sich um eine Folgeänderung zu § 38 IIIa 1 (s dort Rz 16). Die Vorschrift soll den zum LStAbzug **verpflichteten Dritten** (zB Lohnausgleichskasse der Bauwirtschaft – ULAG) den LStAbzug erleichtern. Wenn der von dem Dritten an den einzelnen ArbN gezahlte Jahreslohn nicht mehr als 10 000 € beträgt, kann die LSt für den sonstigen Bezug mit einem festen StSatz von 20 % unabhängig von den LSt-Abzugsmerkmalen erhoben werden (*BMF* BStBl I 04, 173 Tz III.3.1; LStR 39c). Diese pauschale St ist keine PauschalSt iSd §§ 40 ff; der ArbN bleibt StSchuldner der PauschalSt; der ArbLohn ist bei der Veranlagung zu erfassen und die PauschalSt auf die EStSchuld anzurechnen (Pflichtveranlagung, § 46 II Nr 5).

§ 39d *(aufgehoben)*

§ 39e Verfahren zur Bildung und Anwendung der elektronischen Lohnsteuerabzugsmerkmale

(1) ¹Das Bundeszentralamt für Steuern bildet für jeden Arbeitnehmer grundsätzlich automatisiert die Steuerklasse und für die bei den Steuerklassen I bis IV die zu berücksichtigenden Kinder die Zahl der Kinderfreibeträge nach § 38b Absatz 2 Satz 1 als Lohnsteuerabzugsmerkmale (§ 39 Absatz 4 Satz 1 Nummer 1 und 2); für Änderungen gilt § 39 Absatz 2 entsprechend. ²Soweit das Finanzamt Lohnsteuerabzugsmerkmale nach § 39 bildet, teilt es sie dem Bundeszentralamt für Steuern zum Zweck der Bereitstellung für den automatisierten Abruf durch den Arbeitgeber mit. ³Lohnsteuerabzugsmerkmale sind frühestens bereitzustellen mit Wirkung vom Beginn des Kalenderjahres an, für das sie anzuwenden sind, jedoch nicht für einen Zeitpunkt vor Beginn des Dienstverhältnisses.

(2) ¹Das Bundeszentralamt für Steuern speichert zum Zweck der Bereitstellung automatisiert abrufbarer Lohnsteuerabzugsmerkmale für den Arbeitgeber die Lohnsteuerabzugsmerkmale unter Angabe der Identifikationsnummer sowie für jeden Steuerpflichtigen folgende Daten zu den in § 139b Absatz 3 der Abgabenordnung genannten Daten hinzu:

1. rechtliche Zugehörigkeit zu einer steuererhebenden Religionsgemeinschaft sowie Datum des Eintritts und Austritts,
2. melderechtlichen Familienstand sowie den Tag der Begründung oder Auflösung des Familienstands und bei Verheirateten die Identifikationsnummer des Ehegatten,
3. Kinder mit ihrer Identifikationsnummer.

²Die nach Landesrecht für das Meldewesen zuständigen Behörden (Meldebehörden) haben dem Bundeszentralamt für Steuern unter Angabe der Identifikationsnummer und des Tages der Geburt die in Satz 1 Nummer 1 bis 3 bezeichneten Daten und deren Änderungen im Melderegister mitzuteilen. ³In den Fällen des Satzes 1 Nummer 3 besteht die Mitteilungspflicht nur, wenn das Kind mit Hauptwohnsitz oder alleinigem Wohnsitz im Zuständigkeitsbereich der Meldebehörde gemeldet ist und solange das Kind das 18. Lebensjahr noch nicht vollendet hat. ⁴Sofern die Identifikationsnummer noch nicht zugeteilt wurde, teilt die Meldebehörde die Daten unter Angabe des Vorläufigen Bearbeitungsmerkmals nach § 139b Absatz 6 Satz 2 der Abgabenordnung mit. ⁵Für die Datenübermittlung gelten die §§ 2 und 3 der Zweiten Bundesmeldedatenübermittlungsverordnung vom 1. Dezember 2014 (BGBl. I S. 1950) in der jeweils geltenden Fassung entsprechend.

(3) ¹Das Bundeszentralamt für Steuern hält die Identifikationsnummer, den Tag der Geburt, Merkmale für den Kirchensteuerabzug und die Lohnsteuerabzugsmerkmale des Arbeitnehmers nach § 39 Absatz 4 zum unentgeltlichen automatisierten Abruf durch den Arbeitgeber nach amtlich vorgeschriebenem Datensatz bereit (elektronische Lohnsteuerabzugsmerkmale). ²Bezieht ein Arbeitnehmer nebeneinander von mehreren Arbeitgebern Arbeitslohn, sind für jedes weitere Dienstverhältnis elektronische Lohnsteuerabzugsmerkmale zu bilden. ³Bei Eheschließung wird für jeden Ehegatten automatisiert die Steuerklasse IV gebildet, wenn zum Zeitpunkt der Eheschließung die Voraussetzungen des § 38b Absatz 1 Satz 2 Nummer 4 vorliegen. ⁴Das Bundeszentralamt für Steuern führt die elektronischen Lohnsteuerabzugsmerkmale des Arbeitnehmers zum Zweck ihrer Bereitstellung nach Satz 1 mit der Wirtschafts-Identifikationsnummer (§ 139c der Abgabenordnung) des Arbeitgebers zusammen.

(4) ¹Der Arbeitnehmer hat jedem seiner Arbeitgeber bei Eintritt in das Dienstverhältnis zum Zweck des Abrufs der Lohnsteuerabzugsmerkmale mitzuteilen,

1. wie die Identifikationsnummer sowie der Tag der Geburt lauten,
2. ob es sich um das erste oder ein weiteres Dienstverhältnis handelt (§ 38b Absatz 1 Satz 2 Nummer 6) und
3. ob und in welcher Höhe ein nach § 39a Absatz 1 Satz 1 Nummer 7 festgestellter Freibetrag abgerufen werden soll.

²Der Arbeitgeber hat bei Beginn des Dienstverhältnisses die elektronischen Lohnsteuerabzugsmerkmale für den Arbeitnehmer beim Bundeszentralamt für Steuern durch Datenfernübertragung abzurufen und sie in das Lohnkonto für den Arbeitnehmer zu übernehmen. ³Für den Abruf der elektronischen Lohnsteuerabzugsmerkmale hat sich der Arbeitgeber zu authentifizieren und seine Wirtschafts-Identifikationsnummer, die Daten des Arbeitnehmers nach Satz 1 Nummer 1 und 2, den Tag des Beginns des Dienstverhältnisses und etwaige Angaben nach Satz 1 Nummer 3 mitzuteilen. ⁴Zur Plausibilitätsprüfung der Identifikationsnummer hält das Bundeszentralamt für Steuern für den Arbeitgeber entsprechende Regeln bereit. ⁵Der Arbeitgeber hat den Tag der Beendigung des Dienstverhältnisses unverzüglich dem Bundeszentralamt für Steuern durch Datenfernübertragung mitzuteilen. ⁶Beauftragt der Arbeitgeber einen Dritten mit der Durchführung des Lohnsteuerabzugs, hat sich der Dritte für den Datenabruf zu authentifizieren und zusätzlich seine Wirtschafts-Identifikationsnummer mitzuteilen. ⁷Für die Verarbeitung der elektronischen Lohnsteuerabzugsmerkmale gilt § 39 Absatz 8 entsprechend.

(5) ¹Die abgerufenen elektronischen Lohnsteuerabzugsmerkmale sind vom Arbeitgeber für die Durchführung des Lohnsteuerabzugs des Arbeitnehmers anzuwenden, bis

1. ihm das Bundeszentralamt für Steuern geänderte elektronische Lohnsteuerabzugsmerkmale zum Abruf bereitstellt oder
2. der Arbeitgeber dem Bundeszentralamt für Steuern die Beendigung des Dienstverhältnisses mitteilt.

²Sie sind in der üblichen Lohnabrechnung anzugeben. ³Der Arbeitgeber ist verpflichtet, die vom Bundeszentralamt für Steuern bereitgestellten Mitteilungen und elektronischen Lohnsteuerabzugsmerkmale monatlich anzufragen und abzurufen. ⁴Kommt der Arbeitgeber seinen Verpflichtungen nach den Sätzen 1 und 3 sowie nach Absatz 4 Satz 2, 3 und 5 nicht nach, ist das Betriebsstättenfinanzamt für die Aufforderung zum Abruf und zur Anwendung der Lohnsteuerabzugsmerkmale sowie zur Mitteilung der Beendigung des

§ 39e Elektronische Lohnsteuerabzugsmerkmale

Dienstverhältnisses und für die Androhung und Festsetzung von Zwangsmitteln zuständig.

(5a) ¹Zahlt der Arbeitgeber, ein von diesem beauftragter Dritter in dessen Namen oder ein Dritter im Sinne des § 38 Absatz 3a verschiedenartige Bezüge als Arbeitslohn, kann der Arbeitgeber oder der Dritte die Lohnsteuer für den zweiten und jeden weiteren Bezug abweichend von Absatz 5 ohne Abruf weiterer elektronischer Lohnsteuerabzugsmerkmale nach der Steuerklasse VI einbehalten. ²Verschiedenartige Bezüge liegen vor, wenn der Arbeitnehmer vom Arbeitgeber folgenden Arbeitslohn bezieht:
1. neben dem Arbeitslohn für ein aktives Dienstverhältnis auch Versorgungsbezüge,
2. neben Versorgungsbezügen, Bezügen und Vorteilen aus seinem früheren Dienstverhältnis auch andere Versorgungsbezüge oder
3. neben Bezügen und Vorteilen während der Elternzeit oder vergleichbaren Unterbrechungszeiten des aktiven Dienstverhältnisses auch Arbeitslohn für ein weiteres befristetes aktives Dienstverhältnis.

³§ 46 Absatz 2 Nummer 2 ist entsprechend anzuwenden.

(6) ¹Gegenüber dem Arbeitgeber gelten die Lohnsteuerabzugsmerkmale (§ 39 Absatz 4) mit dem Abruf der elektronischen Lohnsteuerabzugsmerkmale als bekannt gegeben. ²Einer Rechtsbehelfsbelehrung bedarf es nicht. ³Die Lohnsteuerabzugsmerkmale gelten gegenüber dem Arbeitnehmer als bekannt gegeben, sobald der Arbeitgeber dem Arbeitnehmer den Ausdruck der Lohnabrechnung mit den nach Absatz 5 Satz 2 darin ausgewiesenen elektronischen Lohnsteuerabzugsmerkmalen ausgehändigt oder elektronisch bereitgestellt hat. ⁴Die elektronischen Lohnsteuerabzugsmerkmale sind dem Steuerpflichtigen auf Antrag vom zuständigen Finanzamt mitzuteilen oder elektronisch bereitzustellen. ⁵Wird dem Arbeitnehmer bekannt, dass die elektronischen Lohnsteuerabzugsmerkmale zu seinen Gunsten von den nach § 39 zu bildenden Lohnsteuerabzugsmerkmalen abweichen, ist er verpflichtet, dies dem Finanzamt unverzüglich mitzuteilen. ⁶Der Steuerpflichtige kann beim zuständigen Finanzamt
1. den Arbeitgeber benennen, der zum Abruf von elektronischen Lohnsteuerabzugsmerkmalen berechtigt ist (Positivliste) oder nicht berechtigt ist (Negativliste). ²Hierfür hat der Arbeitgeber dem Arbeitnehmer seine Wirtschafts-Identifikationsnummer mitzuteilen. ³Für die Verarbeitung der Wirtschafts-Identifikationsnummer gilt § 39 Absatz 8 entsprechend; oder
2. die Bildung oder die Bereitstellung der elektronischen Lohnsteuerabzugsmerkmale allgemein sperren oder allgemein freischalten lassen.

⁷Macht der Steuerpflichtige von seinem Recht nach Satz 6 Gebrauch, hat er die Positivliste, die Negativliste, die allgemeine Sperrung oder die allgemeine Freischaltung in einem bereitgestellten elektronischen Verfahren oder nach amtlich vorgeschriebenem Vordruck dem Finanzamt zu übermitteln. ⁸Werden wegen einer Sperrung nach Satz 6 einem Arbeitgeber, der Daten abrufen möchte, keine elektronischen Lohnsteuerabzugsmerkmale bereitgestellt, wird dem Arbeitgeber die Sperrung mitgeteilt und dieser hat die Lohnsteuer nach Steuerklasse VI zu ermitteln.

(7) ¹Auf Antrag des Arbeitgebers kann das Betriebsstättenfinanzamt zur Vermeidung unbilliger Härten zulassen, dass er nicht am Abrufverfahren teilnimmt. ²Dem Antrag eines Arbeitgebers ohne maschinelle Lohnabrechnung, der ausschließlich Arbeitnehmer im Rahmen einer geringfügigen Beschäftigung in seinem Privathaushalt im Sinne des § 8a des Vierten Buches Sozialgesetzbuch beschäftigt, ist stattzugeben. ³Der Arbeitgeber hat dem Antrag unter Angabe seiner Wirtschafts-Identifikationsnummer ein Verzeichnis der beschäf-

tigten Arbeitnehmer mit Angabe der jeweiligen Identifikationsnummer und des Tages der Geburt des Arbeitnehmers beizufügen. ⁴Der Antrag ist nach amtlich vorgeschriebenem Vordruck jährlich zu stellen und vom Arbeitgeber zu unterschreiben. ⁵Das Betriebsstättenfinanzamt übermittelt dem Arbeitgeber für die Durchführung des Lohnsteuerabzugs für ein Kalenderjahr eine arbeitgeberbezogene Bescheinigung mit den Lohnsteuerabzugsmerkmalen des Arbeitnehmers (Bescheinigung für den Lohnsteuerabzug) sowie etwaige Änderungen. ⁶Diese Bescheinigung sowie die Änderungsmitteilungen sind als Belege zum Lohnkonto zu nehmen und bis zum Ablauf des Kalenderjahres aufzubewahren. ⁷Absatz 5 Satz 1 und 2 sowie Absatz 6 Satz 3 gelten entsprechend. ⁸Der Arbeitgeber hat den Tag der Beendigung des Dienstverhältnisses unverzüglich dem Betriebsstättenfinanzamt mitzuteilen.

(8) ¹Ist einem nach § 1 Absatz 1 unbeschränkt einkommensteuerpflichtigen Arbeitnehmer keine Identifikationsnummer zugeteilt, hat das Wohnsitzfinanzamt auf Antrag eine Bescheinigung für den Lohnsteuerabzug für die Dauer eines Kalenderjahres auszustellen. ²Die Bescheinigung kann auch der Arbeitgeber beantragen, wenn ihn der Arbeitnehmer dazu nach § 80 Absatz 1 der Abgabenordnung bevollmächtigt hat. ³Diese Bescheinigung ersetzt die Verpflichtung und Berechtigung des Arbeitgebers zum Abruf der elektronischen Lohnsteuerabzugsmerkmale (Absätze 4 und 6). ⁴In diesem Fall tritt an die Stelle der Identifikationsnummer das lohnsteuerliche Ordnungsmerkmal nach § 41b Absatz 2 Satz 1 und 2. ⁵Für die Durchführung des Lohnsteuerabzugs hat der Arbeitnehmer seinem Arbeitgeber vor Beginn des Kalenderjahres oder bei Eintritt in das Dienstverhältnis die nach Satz 1 ausgestellte Bescheinigung für den Lohnsteuerabzug vorzulegen. ⁶§ 39c Absatz 1 Satz 2 bis 5 ist sinngemäß anzuwenden. ⁷Der Arbeitgeber hat die Bescheinigung für den Lohnsteuerabzug entgegenzunehmen und während des Dienstverhältnisses, längstens bis zum Ablauf des jeweiligen Kalenderjahres, aufzubewahren.

(9) Ist die Wirtschafts-Identifikationsnummer noch nicht oder nicht vollständig eingeführt, tritt an ihre Stelle die Steuernummer der Betriebsstätte oder des Teils des Betriebs des Arbeitgebers, in dem der für den Lohnsteuerabzug maßgebende Arbeitslohn des Arbeitnehmers ermittelt wird (§ 41 Absatz 2).

(10) Die beim Bundeszentralamt für Steuern nach Absatz 2 Satz 1 gespeicherten Daten können auch zur Prüfung und Durchführung der Einkommensbesteuerung (§ 2) des Steuerpflichtigen für Veranlagungszeiträume ab 2005 und zur Ermittlung des Einkommens nach § 97a des Sechsten Buches Sozialgesetzbuch verarbeitet werden.

Lohnsteuer-Richtlinien: LStR 39e – *Verwaltungsanweisungen:* BMF BStBl I 18, 1137; BMF BStBl I 19, 1087.

Übersicht

	Rz
1. Allgemeines	1
2. Bildung von Lohnsteuerabzugsmerkmalen, § 39e I	2
3. Speicherung der Lohnsteuerabzugsmerkmale, § 39e II	3
4. Bereitstellung der Lohnsteuerabzugsmerkmale, § 39e III	4
5. Abruf der Lohnsteuerabzugsmerkmale, § 39e IV	5, 6
6. Anwendung der Lohnsteuerabzugsmerkmale, § 39e V	7
7. Lohnsteuerabzug bei verschiedenartigen Bezügen, § 39e Va	8
8. Bekanntgabe der Lohnsteuerabzugsmerkmale, § 39e VI	9
9. Härtefallregelung, § 39e VII	10
10. Unbeschränkt steuerpflichtige Arbeitnehmer ohne Identifikationsnummer, § 39e VIII	11
11. Wirtschaftsidentifikationsnummer, § 39e IX	12
12. Datenzugriff, § 39e X	13

§ 39e 1–5   Elektronische Lohnsteuerabzugsmerkmale

1   **1. Allgemeines.** § 39e wurde durch das BeitrRLUmsG (BGBl I 11, 2592) als Einführungsvorschrift für die elektronischen LSt-Abzugsmerkmale neu konzipiert. Die Vorschrift regelt das technische Verfahren, das LSt-Abzugsmerkmale (§ 39) automatisiert bildet und aus ihnen elektronische LSt-Abzugsmerkmale (ELStAM) macht. Der Start der Anwendung der ELStAM erfolgte im Lauf des Kj 2013 (*BMF* BStBl I 13, 951).

2   **2. Bildung von Lohnsteuerabzugsmerkmalen, § 39e I.** Das BZSt hat die StKlasse und die Zahl der Kinderfreibeträge für die StKlassen I bis IV automatisiert als LSt-Abzugsmerkmale zu bilden. Für die Änderung dieser LSt-Abzugsmerkmale sowie die Bildung der übrigen LSt-Abzugsmerkmale ist jedoch das FA zuständig. Das FA hat von ihm nach § 39 gebildete LSt-Abzugsmerkmale dem BZSt mitzuteilen, damit das BZSt auch diese LSt-Abzugsmerkmale dem ArbG zum elektronischen Abruf bereitstellen kann. LSt-Abzugsmerkmale werden für jedes DienstVerh des ArbN gebildet, also für ein erstes DienstVerh und für jedes weitere (s Rz 4).

3   **3. Speicherung der Lohnsteuerabzugsmerkmale, § 39e II.** Die Zuständigkeit für die Speicherung der LSt-Abzugsmerkmale liegt beim BZSt. Die Meldebehörden haben dem BZSt die in § 39e II 1 Nr 1 bis Nr 3 genannten Daten und ihre Änderung mitzuteilen. Die Meldebehörden sind dabei nicht mehr als Finanzbehörden tätig. Die Zuteilung und Speicherung einer Identifikationsnummer des ArbN durch das BZSt ist verfgemäß (BFH II R 49/10 BStBl II 12, 168). Zu datenschutzrechtl Aspekten s *Pospischil* DStZ 14, 393; *BH/Thürmer* § 39e Rz 72).

4   **4. Bereitstellung der Lohnsteuerabzugsmerkmale, § 39e III.** Das BZSt muss die LSt-Abzugsmerkmale zum unentgeltl automatisierten Abruf durch den ArbG bereit stellen. Bezieht ein ArbN nebeneinander von mehreren ArbG ArbLohn, sind LSt-Abzugsmerkmale für jedes DienstVerh zu bilden und zum Abruf bereitzustellen (§ 39e III 2). § 39e III 3 regelt die automatisierte Bildung von LSt-Abzugsmerkmalen im Fall der Heirat von ArbN, um eine familiengerechte Besteuerung im LSt-Abzugsverfahren zu gewährleisten. Ehegatten werden **ab VZ 2018** bei Heirat programmgesteuert stets in die StKlasse IV eingereiht. Sie können aber eine andere als die automatisiert gebildete StKlassen-Kombination beim zuständigen Wohnsitz-FA beantragen. Ein solcher Antrag gilt nicht als Änderung der StKlasse gem § 39 VI 3, sodass das Recht, einmal jährl die StKlasse zu wechseln, durch die Änderung der automatisiert gebildeten StKlassen nicht verloren geht (*BMF* BStBl I 18, 1137 Rz 15, 16).

5   **5. Abruf der Lohnsteuerabzugsmerkmale, § 39e IV. – a) Mitteilungspflichten des Arbeitnehmers.** Der ArbG hat bei Beginn des ArbVerh die ELStAM beim BZSt elektronisch abzurufen und in das Lohnkonto des ArbN zu übernehmen, damit er den LSt-Abzug korrekt durchführen kann (*BMF* BStBl I 18, 1137 Rz 2). Hierzu hat sich der ArbG über die im ElsterOnline-Portal vorgesehenen Wege zu authentifizieren und seine Wirtschaftsidentifikations-Nr anzugeben (s aber Rz 11). Ferner muss für den ArbG bei der FinVerw ein ArbG-Signal angelegt sein (Einzelheiten zur Anmeldung und zum Abruf der ELStAM s *BMF* BStBl I 18, 1137 Rz 38 ff). Da bei mehreren DienstVerh für jedes DienstVerh ELStAM zu bilden sind (s Rz 4), muss der ArbN dem ArbG nach § 39e IV 1 Nr 2 zur Anforderung der zutr LSt-Abzugsmerkmale auch mitteilen, ob es sich um das erste oder ein weiteres DienstVerh handelt. Der ArbN darf dabei selbst festlegen, welches DienstVerh das erste und welches ein weiteres sein soll. Eine obj Einordnung, zB nach Verdienst oder Arbeitszeit, existiert nicht (*Schramm/Harder-Buschner* NWB 13, 348, 356). Macht der ArbN nach § 39 IV 1 Nr 2 keine Angaben, ob es sich um ein erstes oder ein weiteres DienstVerh handelt, wird programmgesteuert letzteres unterstellt (*BMF* BStBl I 18, 1137 Rz 47). Der ArbG darf die ELStAM nur für die bei ihm beschäftigten ArbN abrufen (*BMF* BStBl I 18, 1137 Rz 2). Er hat der FinVerw das Ende des DienstVerh unverzügl mitzuteilen, § 39e IV 5.

b) Abruf des Freibetrags. Der ArbN kann nach § 39e IV 1 Nr 3 entscheiden, 6
ob und in welcher Höhe der ArbG einen nach § 39a I 1 Nr 7 ermittelten Freibetrag abrufen soll, ohne zuvor einen Antrag bei seinem FA stellen zu müssen. Hierdurch kann ArbLohn, der in einem DienstVerh nicht mit LSt belastet ist, auf ein oder mehrere weitere DienstVerh übertragen werden, sodass auch dort keine oder nur eine geringere LSt zu erheben ist. Für das erste DienstVerh wird ein entspr Hinzurechnungsbetrag gebildet (s § 39a Rz 7). Nach Prüfung des übermittelten Betrags hat das BZSt dem ArbG den tatsächl zu berücksichtigenden Freibetrag als LSt-Abzugsmerkmal zum Abruf bereit zu stellen. Für den ArbG ist nur dieser Freibetrag maßgebl und für den LSt-Abzug zu verwenden. Zu Beginn des ELStAM-Verfahrens steht die Möglichkeit, einen vom ArbN gewünschten Freibetrag zu übermitteln, allerdings noch nicht zur Verfügung.

6. Anwendung der Lohnsteuerabzugsmerkmale, § 39e V. Der ArbG hat die 7
ELStAM beim BZSt monatl abzurufen und für den LStAbzug anzuwenden. Der ArbG muss die LSt-Abzugsmerkmale in der Lohnabrechung angeben, damit der ArbN die Berücksichtigung der zutreffenden ELStAM überprüfen kann (s § 39 I 5 und Rz 8). Gerade bei kleineren ArbG werden sich die ELStAM der ArbN nicht monatl ändern. Das BZSt teilt dem ArbG in diesem Fall auf seine Anfrage mit, dass keine neuen oder geänderten ELStAM zum Abruf zur Verfügung stehen. Zur Vermeidung solcher Anfragen hat die FinVerw einen Mitteilungsservice im Elster-Online-Portal eingerichtet, der den ArbG auf Antrag per E-Mail über die Bereitstellung neuer ELStAM informiert, die der ArbG dann abzurufen hat (*BMF* BStBl I 18, 1137 Rz 54). § 39e V 4 (idF des ModBestVerfG, BGBl I 16, 1679) stellt klar, dass für die Aufforderung des ArbG zum Abruf und zur Anwendung der ELStAM, zur Beachtung der weiteren Verpflichtungen aus dem ELStAM-Verfahren und für das Zwangsgeldverfahren das Betriebsstätten-FA zuständig ist.

7. Lohnsteuerabzug bei verschiedenartigen Bezügen, § 39e Va. Die Vor- 8
schrift wurde durch das Gesetz zur Modernisierung des Besteuerungsverfahrens zum 1.1.17 neu eingefügt. Sie lässt eine getrennte Abrechnung verschiedenartiger Bezüge zu. Neben den abgerufenen ELStAM darf der ArbG für die in Nr 1–Nr 3 genannten Bezüge die StKlasse VI anwenden, wenn der ArbN nicht widerspricht. Der ArbG ist jedoch verpflichtet, bei Beendigung des ArbVerh oder am Ende des Kj die verschiedenartigen Bezüge zusammenzufassen und die JahresLSt nach den für den ersten Bezug im Kj zuletzt abgerufenen ELStAM zu erheben. Die so ermittelte LSt ist der insgesamt einbehaltenen LSt gegenüberzustellen. Hat der ArbG zu viel LSt einbehalten, ist sie dem ArbN zu erstatten. War der LSt-Abzug ‚zu gering, ist die LSt nachträgl einzubehalten. Der ArbG wird hiernach auch bei getrennter Abrechnung verschiedenartiger Bezüge während des Kj die LSt im Ergebnis in zutreffender Höhe einbehalten. Für den ArbN entfällt eine besondere Verpflichtung zur Abgabe einer ESt-Erklärung.

8. Bekanntgabe der Lohnsteuerabzugsmerkmale, § 39e VI. Die LSt-Ab- 9
zugsmerkmale gelten ggü dem ArbG mit Abruf beim BZSt und ggü dem ArbN durch Aushändigung oder elektronische Bereitstellung der Lohnabrechung mit den darin ausgewiesenen LSt-Abzugsmerkmalen als bekannt gegeben (s § 39 I 5 und Rz 7). Einer Rechtsbehelfsbelehrung bedarf es nicht, sodass der ArbN die LSt-Abzugsmerkmale innerhalb eines Jahres anfechten kann (s § 39 Rz 10). Der ArbN ist verpflichtet, das FA unverzügl zu informieren, wenn ihm bekannt wird, dass die dem LStAbzug vom ArbG zugrunde gelegten LSt-Abzugsmerkmale von den nach § 39 zu bildenden LSt-Abzugsmerkmalen zu seinen Gunsten abweichen. Diese Mitteilungspflicht des ArbN soll den zutr LStAbzug durch den ArbG sicherstellen. Der ArbN kann über eine Positiv- oder Negativliste selbst entscheiden, welche ArbG zum Abruf seiner ELStAM berechtigt sind (Einzelheiten s *BMF* BStBl I 18, 1137 Rz 79 ff). Die Sperrung des ArbG führt aber zum LStAbzug nach der für den ArbN ungünstigen St-Klasse VI (s 39c Rz 2).

§ 39f Faktorverfahren anstelle Steuerklassenkombination III/V

10 **9. Härtefallregelung, § 39e VII.** Das BetriebsstättenFA kann dem ArbG zur Vermeidung unbilliger Härten gestatten, nicht am Abrufverfahren teilzunehmen (s auch *BMF* BStBl I 18, 1137 Rz 122 ff). § 39e VII 2 enthält eine ermessensleitende Vorschrift für die geringfügige Beschäftigung von ArbN in Privathaushalten. Die Bestimmung verdeutlicht außerdem, welche Fälle der Gesetzgeber bei der Härtefallregelung im Auge hatte, sodass die FinVerw diese Kriterien (zB kleinerer ArbG, keine maschinelle Lohnabrechnung) auch bei der Ermessensausübung nach § 39e VII 1 in ihre Erwägungen einzubeziehen hat. Der ArbG muss auch bei Anwendung der Härtefallregelung die ihm vom Betriebsstätten-FA für ein Kj ausgestellte Bescheinigung für den LSt-Abzug sowie evtl Änderungsmitteilungen zum Lohnkonto nehmen und bis zum Ablauf des Kj aufbewahren. § 39e VII 7 legt durch Verweis auf die entspr Vorschriften des Abrufverfahrens fest, dass der ArbG auch bei Anwendung der Härtefallregelung die LSt-Abzugsmerkmale in der Lohnabrechnung auszuweisen hat, die dem ArbN mit Aushändigung oder Bereitstellung der Abrechnung als bekannt gegeben gelten.

11 **10. Unbeschränkt steuerpflichtige Arbeitnehmer ohne Identifikationsnummer, § 39e VIII.** Solche ArbN benötigen eine vom Wohnsitz-FA auszustellende besondere Bescheinigung mit den LSt-Abzugsmerkmalen. § 39e VIII regelt das Antrags- und Bescheinigungsverfahren sowie die Pflichten des ArbG für den LStAbzug bei Vorlage einer solchen Bescheinigung. Das FA hat dem Antrag des ArbN, dem noch keine Identifikationsnummer zugeteilt wurde, grds stattzugeben. Die Bescheinigung wird nicht arbeitgeberbezogen ausgestellt. Der ArbN muss sie im Falle eines ArbG-Wechsels auch dem neuen ArbG vorlegen. Abw von § 39e VII (Papierverfahren auf Antrag des ArbG) werden die nach § 39e VIII bescheinigten LSt-Abzugsmerkmale nur auf Antrag des ArbN und nicht von Amts wegen geändert.

12 **11. Wirtschaftsidentifikationsnummer, § 39e IX.** Solange die Wirtschaftsidentifikations-Nr noch nicht (vollständig) eingeführt ist, tritt an ihre Stelle für die Abfrage der ELStAM durch den ArbG die StNr der lstl Betriebsstätte.

13 **12. Datenzugriff, § 39e X.** Die beim BZSt für den LStAbzug gespeicherten Daten dürfen auch zur Prüfung und Durchführung der Einkommensbesteuerung der ArbN ab VZ 2005 und nach dem GrundRentG (BGBl I 20, 1879) ab 1.1.21 zur Ermittlung des Einkommens nach § 97a SGB VI verwendet werden.

§ 39f Faktorverfahren anstelle Steuerklassenkombination III/V

(1) ¹**Bei Ehegatten, die in die Steuerklasse IV gehören (§ 38b Absatz 1 Satz 2 Nummer 4 erster Halbsatz), hat das Finanzamt auf Antrag beider Ehegatten nach § 39a anstelle der Steuerklassenkombination III/V (§ 38b Absatz 1 Satz 2 Nummer 5) als Lohnsteuerabzugsmerkmal jeweils die Steuerklasse IV in Verbindung mit einem Faktor zur Ermittlung der Lohnsteuer zu bilden, wenn der Faktor kleiner als 1 ist.** ²**Der Faktor ist Y : X und vom Finanzamt mit drei Nachkommastellen ohne Rundung zu berechnen.** ³„**Y" ist die voraussichtliche Einkommensteuer für beide Ehegatten nach dem Splittingverfahren (§ 32a Absatz 5) unter Berücksichtigung der in § 39b Absatz 2 genannten Abzugsbeträge.** ⁴„**X" ist die Summe der voraussichtlichen Lohnsteuer bei Anwendung der Steuerklasse IV für jeden Ehegatten.** ⁵**Maßgeblich sind die Steuerbeträge des Kalenderjahres, für das der Faktor erstmals gelten soll.** ⁶**In die Bemessungsgrundlage für Y werden jeweils neben den Jahresarbeitslöhnen der ersten Dienstverhältnisse zusätzlich nur Beträge einbezogen, die nach § 39a Absatz 1 Satz 1 Nummer 1 bis 6 als Freibetrag ermittelt und als Lohnsteuerabzugsmerkmal gebildet werden könnten; Freibeträge werden neben dem Faktor nicht als Lohnsteuerabzugsmerkmal gebildet.** ⁷**In den Fällen des § 39a Absatz 1 Satz 1 Nummer 7 sind bei der Ermittlung von Y und X**

die Hinzurechnungsbeträge zu berücksichtigen; die Hinzurechnungsbeträge sind zusätzlich als Lohnsteuerabzugsmerkmal für das erste Dienstverhältnis zu bilden. [8] Arbeitslöhne aus zweiten und weiteren Dienstverhältnissen (Steuerklasse VI) sind im Faktorverfahren nicht zu berücksichtigen. [9] Der nach Satz 1 gebildete Faktor gilt bis zum Ablauf des Kalenderjahres, das auf das Kalenderjahr folgt, in dem der Faktor erstmals gilt oder zuletzt geändert worden ist. [10] Die Ehegatten können eine Änderung des Faktors beantragen, wenn sich die für die Ermittlung des Faktors maßgeblichen Jahresarbeitslöhne im Sinne des Satzes 6 ändern. [11] Besteht eine Anzeigepflicht nach § 39a Absatz 1 Satz 5 oder wird eine Änderung des Freibetrags nach § 39a Absatz 1 Satz 4 beantragt, gilt die Anzeige oder der Antrag auf Änderung des Freibetrags zugleich als Antrag auf Anpassung des Faktors.

(2) **Für die Einbehaltung der Lohnsteuer vom Arbeitslohn hat der Arbeitgeber Steuerklasse IV und den Faktor anzuwenden.**

(3) [1] § 39 Absatz 6 Satz 3 und 5 gilt mit der Maßgabe, dass die Änderungen nach Absatz 1 Satz 10 und 11 keine Änderungen im Sinne des § 39 Absatz 6 Satz 3 sind. [2] § 39a ist anzuwenden mit der Maßgabe, dass ein Antrag nach amtlich vorgeschriebenem Vordruck (§ 39a Absatz 2) nur erforderlich ist, wenn bei der Faktorermittlung zugleich Beträge nach § 39a Absatz 1 Satz 1 Nummer 1 bis 6 berücksichtigt werden sollen.

(4) **Das Faktorverfahren ist im Programmablaufplan für die maschinelle Berechnung der Lohnsteuer (§ 39b Absatz 6) zu berücksichtigen.**

1. Geltungsbereich und Rechtsfolgen, § 39f I 1. Ehegatten und Lebenspartner (§ 2 VIII) können beim LStAbzug nicht nur zw den Steuerklassenkombinationen III/V und IV/IV wählen, sondern sich auf gemeinsamen Antrag auch für das sog Faktorverfahren entscheiden. Das Faktorverfahren führt zu einem genaueren Einbehalt der LSt und damit zu genaueren Vorauszahlungen auf die ESt Jahresschuld, sofern bei der Berechnung des Faktors die zu erwartenden Bruttolöhne und die im Einzelfall in Betracht kommenden StErmäßigungen zutreffend prognostiziert werden. In gewissen Fällen hat das Faktorverfahren für die StPfl auch einen günstigen Einfluss auf die Höhe der Lohnersatzleistungen (zB höheres Arbeitslosengeld; s *Sell/Sommer* DStR 08, 1953; *Beyer-Petz/Ende* DStR 09, 2583). – Das Faktorverfahren führt zu einem Ausschluss des LStJA durch den ArbG (§ 42b I 1 Nr 3b) und zur Amtsveranlagung (§ 46 I 1 Nr 3a). 1

2. Berechnung des Faktors, § 39f I 2–8. Das Faktorverfahren läuft wie folgt ab: (1) Das FA ermittelt die voraussichtl Bruttolöhne der Ehegatten, wobei es grds die Angaben der StPfl zugrunde legt (*HHR* § 39f Rz 9), und die in Betracht kommenden StErmäßigungen für die jeweils erste DienstVerh und berechnet die sich nach der Splittingtabelle für die Ehegatten ergebende Jahres-ESt. Der Faktor wird auf der Grundlage der Einkommensverhältnisse des Kj ermittelt, für das der Faktor erstmals gelten soll. (2) Diese ESt wird ins Verhältnis gesetzt zu der Summe der LSt für beide Ehegatten bei Anwendung der LStKlasse IV. (3) Der sich ergebende Faktor (stets kleiner als eins) wird vom FA als LSt-Abzugsmerkmal beider Ehegatten gebildet (§ 39 I 2, IV Nr 1). – Die Ehegatten können bei der Ermittlung des Faktors über die gesetzl Pauschbeträge hinaus auch nach den Grundsätzen des § 39a steuermindernde Beträge geltend machen, was über den kleineren Faktor zu einem geringeren LStAbzug führt. Um zu vermeiden, dass sich die steuermindernden Beträge doppelt auswirken, ist die Berücksichtigung von Freibeträgen als LSt-Abzugsmerkmal neben dem Faktor ausgeschlossen. 2

3. Geltungsdauer des Faktors, § 39f I 9–11. Die Sätze 9–11 wurden durch das BürokratEntlG (BGBl I 15, 1400) eingefügt. Sie sind **ab VZ 2019** anzuwenden (§ 52 Abs 37a). Der Faktor ist nach der Neuregelung längstens 2 Kj gültig. Eine 3

Anpassung des Faktors ist auf Antrag möglich, sofern sich die Verhältnisse der Ehegatten zu ihren Gunsten oder Ungunsten ändern. Eine Antragspflicht besteht aber nicht. Ändert sich ein Freibetrag, müssen die Ehegatten auch bezügl des Faktors erklären, ob sie eine Änderung beantragen, weil der Freibetrag zwingender Bestandteil der Faktorregelung ist (*FB Hbg* DStR 16, 537). Dasselbe gilt, wenn eine Anpassung des Faktors beantragt wird; hier muss erklärt werden, ob ein Freibetrag mit eingerechnet werden muss bzw ob ein bestehender Freibetrag unverändert fortgelten soll.

4 **4. Berechnung der Lohnsteuer durch Arbeitgeber, § 39f II.** Die ArbG ermitteln für die bei ihnen beschäftigten Ehegatten die LSt (wie bisher) nach der LStKlasse IV und wenden darauf den Faktor an. Bei beiden Ehegatten ergibt sich als LStSumme die voraussichtl JahresEStSchuld (ausführl Beispiel *Niermann* DB 09, 138, 140; *Harder-Buschner* NWB 09, 292, 294; *Schaffhausen/Plenker* DB 09, 2178; *Seifert* DStZ 10, 14, 17; *Beyer-Petz/Ende* DStR 09, 2583, mit sozialrechtl Auswirkungen).

5 **5. Änderung des Faktors, § 39f III.** Die Ehegatten können gem § 39f III 1 gemeinsam einmal im Kj bis zum 30.11. die Anwendung oder Änderung des Faktors mit Wirkung ab Beginn des nächsten Monats beantragen. Dies gilt nicht als Wechsel der StKlasse. § 39f III 2 regelt iEinz des Antragsverfahrens.

6 **6. Programmablaufplan, § 39f IV.** Das *BMF* hat auch für das Faktorverfahren einen Programmablaufplan für die Berechnung der LSt aufzustellen und bekannt zu geben (s § 39b Rz 24).

§ 40 Pauschalierung der Lohnsteuer in besonderen Fällen

(1) ¹Das **Betriebsstättenfinanzamt (§ 41a Absatz 1 Satz 1 Nummer 1) kann auf Antrag des Arbeitgebers zulassen, dass die Lohnsteuer mit einem unter Berücksichtigung der Vorschriften des § 38a zu ermittelnden Pauschsteuersatz erhoben wird,** soweit

1. **von dem Arbeitgeber sonstige Bezüge in einer größeren Zahl von Fällen gewährt werden oder**
2. **in einer größeren Zahl von Fällen Lohnsteuer nachzuerheben ist, weil der Arbeitgeber die Lohnsteuer nicht vorschriftsmäßig einbehalten hat.**

²**Bei der Ermittlung des Pauschsteuersatzes ist zu berücksichtigen, dass die in Absatz 3 vorgeschriebene Übernahme der pauschalen Lohnsteuer durch den Arbeitgeber für den Arbeitnehmer eine in Geldeswert bestehende Einnahme im Sinne des § 8 Absatz 1 darstellt (Nettosteuersatz).** ³**Die Pauschalierung ist in den Fällen des Satzes 1 Nummer 1 ausgeschlossen, soweit der Arbeitgeber einem Arbeitnehmer sonstige Bezüge von mehr als 1000 Euro im Kalenderjahr gewährt.** ⁴**Der Arbeitgeber hat dem Antrag eine Berechnung beizufügen, aus der sich der durchschnittliche Steuersatz unter Zugrundelegung der durchschnittlichen Jahresarbeitslöhne und der durchschnittlichen Jahreslohnsteuer in jeder Steuerklasse für diejenigen Arbeitnehmer ergibt, denen die Bezüge gewährt werden sollen oder gewährt worden sind.**

(2) ¹**Abweichend von Absatz 1 kann der Arbeitgeber die Lohnsteuer mit einem Pauschsteuersatz von 25 Prozent erheben, soweit er**

1. **arbeitstäglich Mahlzeiten im Betrieb an die Arbeitnehmer unentgeltlich oder verbilligt abgibt oder Barzuschüsse an ein anderes Unternehmen leistet, das arbeitstäglich Mahlzeiten an die Arbeitnehmer unentgeltlich oder verbilligt abgibt.** ²**Voraussetzung ist, dass die Mahlzeiten nicht als Lohnbestandteile vereinbart sind,**
1a. **oder auf seine Veranlassung ein Dritter den Arbeitnehmern anlässlich einer beruflichen Tätigkeit außerhalb seiner Wohnung und ersten Tätigkeitsstätte**

Mahlzeiten zur Verfügung stellt, die nach § 8 Absatz 2 Satz 8 und 9 mit dem Sachbezugswert anzusetzen sind,
2. Arbeitslohn aus Anlass von Betriebsveranstaltungen zahlt,
3. Erholungsbeihilfen gewährt, wenn diese zusammen mit Erholungsbeihilfen, die in demselben Kalenderjahr früher gewährt worden sind, 156 Euro für den Arbeitnehmer, 104 Euro für dessen Ehegatten und 52 Euro für jedes Kind nicht übersteigen und der Arbeitgeber sicherstellt, dass die Beihilfen zu Erholungszwecken verwendet werden,
4. Vergütungen für Verpflegungsmehraufwendungen anlässlich einer Tätigkeit im Sinne des § 9 Absatz 4a Satz 2 oder Satz 4 zahlt, soweit die Vergütungen die nach § 9 Absatz 4a Satz 3, 5 und 6 zustehenden Pauschalen um nicht mehr als 100 Prozent übersteigen,
5. den Arbeitnehmern zusätzlich zum ohnehin geschuldeten Arbeitslohn unentgeltlich oder verbilligt Datenverarbeitungsgeräte übereignet; das gilt auch für Zubehör und Internetzugang. ²Das Gleiche gilt für Zuschüsse des Arbeitgebers, die zusätzlich zum ohnehin geschuldeten Arbeitslohn zu den Aufwendungen des Arbeitnehmers für die Internetnutzung gezahlt werden,
6. den Arbeitnehmern zusätzlich zum ohnehin geschuldeten Arbeitslohn unentgeltlich oder verbilligt die Ladevorrichtung für Elektrofahrzeuge oder Hybridelektrofahrzeuge im Sinne des § 6 Absatz 1 Nummer 4 Satz 2 zweiter Halbsatz übereignet. ²Das Gleiche gilt für Zuschüsse des Arbeitgebers, die zusätzlich zum ohnehin geschuldeten Arbeitslohn zu den Aufwendungen des Arbeitnehmers für den Erwerb und die Nutzung dieser Ladevorrichtung gezahlt werden,
7. den Arbeitnehmern zusätzlich zum ohnehin geschuldeten Arbeitslohn unentgeltlich oder verbilligt ein betriebliches Fahrrad, das kein Kraftfahrzeug im Sinne des § 6 Absatz 1 Nummer 4 Satz 2 ist, übereignet.

²Der Arbeitgeber kann die Lohnsteuer mit folgenden Pauschsteuersätzen erheben:
1. mit einem Pauschsteuersatz von 15 Prozent für die nicht nach § 3 Nummer 15 steuerfreien
   a) Sachbezüge in Form einer unentgeltlichen oder verbilligten Beförderung eines Arbeitnehmers zwischen Wohnung und erster Tätigkeitsstätte sowie Fahrten nach § 9 Absatz 1 Satz 3 Nummer 4a Satz 3 oder
   b) Zuschüsse zu den Aufwendungen des Arbeitnehmers für Fahrten zwischen Wohnung und erster Tätigkeitsstätte oder Fahrten nach § 9 Absatz 1 Satz 3 Nummer 4a Satz 3, die zusätzlich zum ohnehin geschuldeten Arbeitslohn geleistet werden,

   soweit die Bezüge den Betrag nicht übersteigen, den der Arbeitnehmer nach § 9 Absatz 1 Satz 3 Nummer 4 und Absatz 2 als Werbungskosten geltend machen könnte, wenn die Bezüge nicht pauschal besteuert würden; diese pauschal besteuerten Bezüge mindern die nach § 9 Absatz 1 Satz 3 Nummer 4 Satz 2 und Absatz 2 abziehbaren Werbungskosten oder
2. mit einem Pauschsteuersatz von 25 Prozent anstelle der Steuerfreiheit nach § 3 Nummer 15 einheitlich für alle dort genannten Bezüge eines Kalenderjahres, auch wenn die Bezüge dem Arbeitnehmer nicht zusätzlich zum ohnehin geschuldeten Arbeitslohn gewährt werden; für diese pauschal besteuerten Bezüge unterbleibt eine Minderung der nach § 9 Absatz 1 Satz 3 Nummer 4 Satz 2 und Absatz 2 abziehbaren Werbungskosten oder
3. mit einem Pauschsteuersatz von 25 Prozent für die Freifahrtberechtigungen, die Soldaten nach § 30 Absatz 6 des Soldatengesetzes erhalten; für diese pauschal besteuerten Bezüge unterbleibt eine Minderung der nach § 9 Absatz 1 Satz 3 Nummer 4 Satz 2 sowie Nummer 5 Satz 6 abziehbaren Werbungskosten.

³Die nach Satz 2 pauschalbesteuerten Bezüge bleiben bei der Anwendung des § 40a Absatz 1 bis 4 außer Ansatz. ⁴Bemessungsgrundlage der pauschalen Lohnsteuer sind in den Fällen des Satzes 2 Nummer 2 und 3 die Aufwendungen des Arbeitgebers einschließlich Umsatzsteuer.

(3) ¹Der Arbeitgeber hat die pauschale Lohnsteuer zu übernehmen. ²Er ist Schuldner der pauschalen Lohnsteuer; auf den Arbeitnehmer abgewälzte pauschale Lohnsteuer gilt als zugeflossener Arbeitslohn und mindert nicht die Bemessungsgrundlage. ³Der pauschal besteuerte Arbeitslohn und die pauschale Lohnsteuer bleiben bei einer Veranlagung zur Einkommensteuer und beim Lohnsteuer-Jahresausgleich außer Ansatz. ⁴Die pauschale Lohnsteuer ist weder auf die Einkommensteuer noch auf die Jahreslohnsteuer anzurechnen.

Lohnsteuer-Richtlinien: LStR 40.1, 40.2; LStH 40.1, 40.2.

Übersicht

	Rz
I. Allgemeines	
1. Besonderes Besteuerungsverfahren	1
2. Schuldner der pauschalen Lohnsteuer	2
3. Zuschlagsteuern; Nebenabgaben	3
II. Pauschalierungsvoraussetzungen	
1. Antragsverfahren	4
2. Pauschalierung steuerpflichtiger sonstiger Bezüge, § 40 I 1 Nr 1	6
3. Nacherhebung von Lohnsteuer, § 40 I 1 Nr 2	7
4. Berechnung des Pauschsteuersatzes	9
5. Entstehung der pauschalen Lohnsteuer	10
6. Pauschalierungen nach § 40 II	11–23
7. Aufzeichnungspflichten	24
III. Rechtsfolgen der Pauschalierung, § 40 III	
1. Übernahme der Lohnsteuer	25
2. Überwälzung der pauschalen Steuer auf Arbeitnehmer	26
3. Festsetzung der pauschalen Lohnsteuer	27–29
4. Haftung für pauschale Lohnsteuer	30

I. Allgemeines

1 **1. Besonderes Besteuerungsverfahren.** Die §§ 40–40b regeln ein Besteuerungsverfahren besonderer Art. Die Vorschriften weisen aber Unterschiede auf. Während § 40 I noch an eine individuelle LSt der *ArbN-Gruppe* anknüpft (s Rz 6), haben die festen Pauschsteuersätze der §§ 40 II, 40a, 40b keinen Bezug zu einer individuellen LSt der ArbN. Auch sind die Bescheide inhaltl unterschiedlich. Während der Bescheid nach § 40 I ein einheitl Bescheid im Hinblick auf die Steuer *der gesamten ArbN-Gruppe* ist, wird im Bescheid nach §§ 40 II, 40a, 40b jeweils eine pauschale Steuer im Hinblick *auf jeden einzelnen ArbN* festgesetzt (Sammelbescheid; Auswirkungen s BFH VI R 21/85 BStBl II 89, 193; s auch Rz 27).

2 **2. Schuldner der pauschalen Lohnsteuer.** Dies ist der ArbG (§ 40 III). Dennoch handelt es sich bei der pauschalen LSt um eine Steuer, die auf Grund einer Tatbestandsverwirklichung durch den ArbN entsteht, also um eine *von der Steuer des ArbN abgeleitete Steuer;* die StSchuldnerschaft des ArbG ist steuertechnischer (formeller) Art (ausführl BFH VI R 47/93 BStBl II 94, 715; s auch Rz 25). Der ArbN ist am Pauschalierungsverfahren selbst aber nicht beteiligt (BFH VI R 270/69 BStBl II 73, 128). Die pauschalbesteuerten Bezüge und die pauschale LSt sind bei der Veranlagung außer Ansatz zu lassen.

3 **3. Zuschlagsteuern; Nebenabgaben.** Wird die LSt pauschaliert, ist auch die **LohnKiSt** nach einem Pauschsteuersatz (idR 1–2% niedriger als die normalen KiSt-Sätze; s dazu auch § 40a Rz 1) zu erheben. Auf eine Kirchenmitgliedschaft des ArbG kommt es nicht an. Die pauschale LohnKiSt kann aber nur für solche ArbN anfallen, die persönl kistpfl sind (vom ArbN abgeleitete Steuer; BFH I R 24/93 BStBl II 95, 507; zust *Wagner* FR 96, 161; *Birk/Jahndorf* StuW 95, 103; *Völlmeke* DStR 94, 1517; abl *Lang/Lemaire* StuW 94, 257; s auch *List* BB 97, 17, 22 ff). Eine pauschale LohnKiSt kann also nicht anfallen für ArbN, die *nachgewiesenermaßen* keiner kisterhebungsberechtigten Körperschaft angehören; dieser Nachweis fällt in den Verantwortungsbereich des ArbG (ausführl BFH I R 14/87 BStBl II 90, 993; s auch OVG Lüneburg BB 91, 1920; dazu *Meyer* FR 93, 119; zum Nachweis *GLE* BStBl I 16, 773: Abruf der ELStAM durch ArbG, Vorlage einer Ersatzbescheinigung durch ArbN oder schriftl Versicherung des ArbN; ausführl zur KiStPauschalierung *Wagner* FR 90, 97; *HHR* § 40 Rz 62 ff; krit *Sterner* DStR 91, 1240). Die FinVerw bietet ein vereinfachtes Verfahren an: Beim Nachweis, dass ein Teil der ArbN nicht zu einer KiSt erhebenden Körperschaft gehört, wird für die übrigen ArbN die KiSt mit dem vollen KiStSatz erhoben; werden sämtl ArbN in die KiStPauschalierung einbezogen, gilt der ermäßigte StSatz (s *GLE* BStBl I 16, 773). Zur formellen Rechtmäßigkeit eines KiStPauschalierungsbescheids s BFH I R 309/82 BStBl II 86, 42: aus dem Bescheid muss sich ergeben, für welche Konfessionszugehörigkeit KiSt erhoben wird. Zur Erhebung des **SolZ** auf pauschale LSt s § 51a Rz 4. Zu **Prozesszinsen** bei Herabsetzung einer pauschalierten LSt s FG Mster, EFG 84, 196, rkr; ferner FG Hbg EFG 87, 222, rkr, Prozesszinsen bei fälschlicherweise durch Haftungsbescheid geltend gemachter StSchuld. Zur Entstehung von **Hinterziehungszinsen** bei Nacherhebung hinterzogener LSt im Wege der LSt-Pauschalierung nach § 40 I 1 Nr 2, wenn ArbG eine GmbH ist, s BFH VI R 16/93 BStBl II 94, 557.

II. Pauschalierungsvoraussetzungen

1. Antragsverfahren. Die Pauschalierung nach § 40 I setzt einen **Antrag** des ArbG und eine **Zulassung** (vorherige Einwilligung oder nachträgl Genehmigung) durch das BetriebsstättenFA voraus (zum Rechtscharakter s *HHR* § 40 Rz 16). Ein Pauschalierungsbescheid ohne Antrag ist zwar rechtswidrig, aber nicht nichtig (BFH VI R 80/00 BStBl II 02, 438). Nach den Regeln der Anscheinsvollmacht ist auch eine für den ArbG auftretende Person zur Antragstellung befugt (BFH VI R 13/01 BStBl II 03, 156). Ein Pauschalierungszwang besteht nicht (FG Nds DStRE 03, 213, rkr). Die Pauschalierung kann dem ArbG vom FA also nicht aufgezwungen werden (BFH VI R 28/73 BStBl II 76, 134; FG Bln EFG 90, 598, rkr). Der ArbG kann einen Pauschalierungsantrag bis zum Abschluss der mündl Verhandlung vor dem FG gegen einen Haftungsbescheid stellen (BFH VI R 88/86 BFH/NV 90, 639; **aA** FG Nbg EFG 15, 732, rkr, nur bis zur Ausschreibung und Übermittlung der LSt-Bescheinigung nach § 41c III, mE unzutr, s auch BFH VI R 10/99 BStBl II 04, 195). Sobald der Pauschalierungsbescheid wirksam wird (§ 124 AO), ist der ArbG an seinen **Antrag gebunden** (BFH VI R 79/91 BStBl II 93, 692; **aA** *Heuermann* DB 94, 2411, 2414). Bis zum Ergehen der Einspruchsentscheidung hat das FA aber iRd Ermessens zu entscheiden, ob es gerechtfertigt ist, den ArbG an seinem Antrag festzuhalten. Es wird idR den Pauschalierungsbescheid aufheben müssen, wenn erkennbar wird, dass sich zB der ArbG über die Pauschalierung nicht im klaren war oder sich von seinem Antrag lösen möchte, sofern die Schuld durch Haftungsbescheid realisiert werden kann (BFH VI R 79/91 BStBl II 93, 692). Sind die Voraussetzungen des § 40 erfüllt, hat das FA die Genehmigung grds zu erteilen (Ermessensreduzierung auf Null; FG Hess EFG 85, 312, rkr; s auch *HHR* § 40 Rz 16; offengelassen BFH VI R 72/82 BStBl II 85, 170; krit *KSM* § 40 B 31 ff, mwN); das FA darf den ArbG gegen dessen Willen dann nicht durch Haftungsbescheid in Anspruch nehmen (FG Hess EFG 85, 312, rkr). Allerdings wird das FA wegen des Ausscheidens der ArbN als StSchuldner die Pauschalierung wegen fehlender Bonität das ArbG ablehnen können (zutr *Littmann* § 40 Rz 66; *HHR* § 40 Rz 16; *BH/Thürmer* § 40 Rz 34); ebenso, wenn entspr BFH VII R

108/88 BStBl II 90, 767 durch die Pauschalierung der Zugriff auf die Personen des § 69 AO versperrt würde (s aber Rz 30). Die Genehmigung ist ein begünstigender VA (zur Unterscheidung zwischen Genehmigung und Durchführung der Pauschalierung s *KSM* § 40 A 50). Sie kann für einmalige und wiederkehrende (dann VA mit Dauerwirkung, *BH/Thürmer* § 40 Rz 32; **aA** *HHR* § 40 Rz 16) gleichgelagerte Sachverhalte erteilt werden. Gegen eine ablehnende Entscheidung ist der **Einspruch** gegeben; ArbN ist aber nicht anfechtungsberechtigt (s *KSM* § 40 Rz A 53 f). – Auch nach einer erteilten Genehmigung kann der ArbG die LSt nach allg Grundsätzen (§§ 39b–39d) erheben (*HHR* § 40 Rz 16). Macht der ArbG von der pauschalen Besteuerung Gebrauch, sind sämtl ArbN, für die der Pauschalsteuersatz ermittelt worden ist, in das pauschale Verfahren einzubeziehen. Es ist unzulässig, einige dieser ArbN individuell, andere dagegen pauschal zu besteuern (s aber § 40a Rz 1).

6   **2. Pauschalierung steuerpflichtiger sonstiger Bezüge, § 40 I 1 Nr 1.** Zum Begriff sonstiger Bezüge s § 39b Rz 5. Eine **größere Zahl** wird stets ab 20 ArbN ohne Prüfung anerkannt; bei weniger als 20 ArbN kommt es für die Entscheidung auf die ArbG-Verhältnisse und den erzielbaren Vereinfachungseffekt an (LStR 40.1 I; s auch FG Mster EFG 98, 822, rkr). Es ist unerhebl, ob die LStErmittlung im normalen Verfahren schwierig ist oder einen unverhältnismäßigen Aufwand erfordert. Die Überschreitung der 1000 €-Grenze (§ 40 I 3) bei einigen ArbN schränkt die Pauschalierungsmöglichkeit bei den anderen ArbN nicht ein, sofern das Tatbestandsmerkmal „größere Zahl" noch gegeben ist. Die Pauschalierung ist nur für den Teil der sonstigen Bezüge unzulässig, der den Betrag von 1000 € übersteigt („soweit"). Die nach anderen Vorschriften (zB § 40 II) besteuerten sonstigen Bezüge zählen für die 1000 €-Grenze nicht mit (LStR 40.2 II).

7   **3. Nacherhebung von Lohnsteuer, § 40 I 1 Nr 2.** Die Pauschalierungsmöglichkeit kommt insb nach LStAußenprüfungen in Betracht. Zum Erfordernis einer größeren Zahl von Fällen s Rz 6. Gleichgültig ist, ob lfd ArbLohn oder sonstige Bezüge unzutreffend besteuert worden sind. Es können auch Bezüge erfasst werden, die nach anderen Vorschriften pauschal besteuert werden könnten (*HHR* § 40 Rz 24); ebenso Bezüge, die unter § 41c I fallen. Die 1000 €-Grenze gilt hier nicht. Hält ein ArbG bewusst vom lfd ArbLohn (zB bei regelmäßigem Sachbezug wie im Fall des FG Mster EFG 81, 416, Hauptsache erledigt) keine LSt ein, um nach einer LStAußenprüfung das Verfahren nach § 40 1 Nr 2 zu beantragen, kann der Antrag abgelehnt werden (**Rechtsmissbrauch**; s auch *FB Hbg* DStR 95, 1676; ebenso *HHR* § 40 Rz 16). Stellt der ArbG in Nacherhebungsfällen den Antrag, ergeht gegen ihn ein Steuerbescheid (§ 40 III), mit dem die LSt iSd § 40 I 1 Nr 2 angefordert wird. Ein **Regress gegen ArbN** scheidet regelmäßig aus.

9   **4. Berechnung des Pauschsteuersatzes.** Sie ist ausführl in LStR 40.1 III dargestellt. Diese Berechnung ist von BFH VI R 106/84 BStBl II 88, 726 (iE ebenso *HHR* § 40 Rz 28; *BH/Thürmer* § 40 Rz 63) weitgehend bestätigt worden. Die pauschale LSt knüpft an die für ArbN im Abzugsverfahren entstehende individuelle LSt an; der Pauschsteuersatz soll weder zu einer geringeren noch zu einer höheren Steuer als die Summe der für jeden ArbN gesondert ermittelten Steuer auf die zusätzl Bezüge führen. Allerdings wird die pauschale LSt niemals der Summe der individuellen LSt der ArbN entsprechen, es ist aber jedes Verfahren zulässig, das dieses Ziel soweit wie mögl verwirklicht. Dies bedeutet u.a., dass die pauschale LSt für jedes Kj getrennt zu ermitteln ist (glA FG Mster EFG 97, 608, rkr; *HHR* § 40 Rz 18). Bei der Pauschalierung sind Kinderfreibeträge nicht zu berücksichtigen (BFH VI R 48/03 BStBl II 07, 844; erläuternd *Bergkemper* FR 07, 1071). Die *FinVerw* lässt es aus Vereinfachungsgründen zu, KiSt und SolZ dem zu versteuernden Betrag nicht hinzuzurechnen (*FM BaWü* DStR 11, 1182).

10   **5. Entstehung der pauschalen Lohnsteuer.** Die pauschale LSt entsteht im Zeitpunkt des Zuflusses des ArbLohns beim ArbN (BFH VI R 47/93 BStBl II 94,

715; dazu *OFD Erf* DStR 96, 670). Da die pauschale LSt eine von der LSt des ArbN abgeleitete Steuer ist, ist auch für die Frage der Verjährung auf die Entstehung der LSt (§ 38 II 2) abzustellen (§ 170 II Nr 1 AO). Aus BFH VI R 47/93 BStBl II 94, 715 folgt indes nicht, dass die Inanspruchnahme des ArbG für jegl LSt regelmäßig später als vier Jahre nach Ende des Zuflussjahres nicht mehr mögl ist und auch eine LStAußenprüfung ggü dem ArbG keine Ablaufhemmung mehr bewirkt. Nach § 171 XV AO endet die Festsetzungsfrist ggü dem Steuerschuldner (ArbN) nicht vor Ablauf der ggü dem Entrichtungspflichtigen (ArbG) geltenden Festsetzungsfrist. – Die Angabe eines **unrichtigen Entstehungszeitraums** macht den Pauschalierungsbescheid nicht rechtswidrig (FG Mchn EFG 93, 195, rkr).

6. Pauschalierungen nach § 40 II. – a) Allgemeines. Die Pauschalierung ist 11 ohne Genehmigung des FA zulässig. Es kommt auch nicht darauf an, dass die zu pauschalierenden Lohnzuwendungen in einer größeren Zahl von Fällen gewährt werden. – Str aber mE zu bejahen ist, ob ein Wahlrecht zwischen § 40 I und § 40 II besteht (ebenso *Littmann* § 40 Rz 17; *BH/Thürmer* § 40 Rz 86; **aA** *KSM* § 40 B 1 und *HHR* § 40 Rz 33, § 40 II als lex specialis). Das Wahlrecht und die Pauschalierung nach § 40 II werden durch die Anmeldung der mit dem Pauschsteuersatz erhobenen LSt ausgeübt (BFH VI R 69/14 BFH/NV 16, 131). Zur Übernahme der pauschalen Steuer durch den ArbN s Rz 26.

b) Mahlzeiten im Betrieb, § 40 II 1 Nr 1. Der Vorteil aus der unentgeltl 12 oder verbilligten Mahlzeitengestellung an ArbN gehört zum ArbLohn (s § 19 Rz 100 „Mahlzeiten" mwN). Die Pauschalierung ist nicht nur bei arbeitstägl verbilligter Mahlzeitenabgabe im Betrieb selbst, sondern auch bei Gewährung von Barzuschüssen an andere Unternehmen zur Mahlzeitengestellung mögl. Letztere kann auch durch Abgabe von Essensmarken an die ArbN zur Einlösung bei anderen Unternehmen erfolgen (*BH/Thürmer* § 40 Rz 87). Zur Bewertung der Mahlzeitengestellung s LStR 8.1 VII; § 8 Rz 61, 63; *Liess* NWB 13, 543. Der ArbG hat die Wahl zw der Bewertung nach § 8 III verbunden mit dem normalen LStAbzug unter Berücksichtigung des Rabattfreibetrages und der Bewertung nach § 8 II (Sachbezugswerte) verbunden mit der Pauschalierung nach § 40 II 1 Nr 1. Der ArbG kann aber auch zunächst bis zur Ausschöpfung des Rabattfreibetrages nach § 8 III verfahren und anschließend für die übersteigenden Zuwendungen das Verfahren nach § 8 II iVm § 40 II 1 Nr 1 anwenden (*Drenseck* FR 89, 266 f; *HHR* § 40 Rz 35, aE). – Weitere Einzelheiten s LStR 40.2 I Nr 1.

c) Mahlzeiten bei Auswärtstätigkeit, § 40 II 1 Nr 1a. Diese durch das 13 StVerG 2013 eingefügte und ab VZ 2014 anzuwendende Vorschrift ermöglicht dem ArbG, die Besteuerung übl Mahlzeiten, die anlässl einer Auswärtstätigkeit unentgeltl oder verbilligt zur Verfügung gestellt werden und deren Besteuerung nicht nach § 8 II 9 idF des StVerfG 2013 (BGBl I 13, 285; s § 8 Rz 63) unterbleiben kann, pauschal durchzuführen. Diese Möglichkeit besteht zB, wenn bei eintägiger Auswärtstätigkeit die Mindestabwesenheitszeit nicht erreicht wird oder vom ArbG nicht aufgezeichnet wird (s auch *Wirfler* DStR 13, 2660, 2668; *Niermann* DB 13, 1015, 1021).

d) Betriebsveranstaltungen, § 40 II 1 Nr 2. Die Vorschrift setzt das Vorliegen 14 einer Betriebsveranstaltung voraus, die zum Lohnzufluss führt (s § 19 Rz 77 ff; *BMF* BStBl I 15, 832). Die Veranstaltung muss allen Betriebsangehörigen offen stehen (FG Mster EFG 20, 682, rkr, s auch § 19 Rz 79). Pauschal besteuert werden kann nicht nur der Wert der Betriebsveranstaltung als solcher, sondern auch der Lohn, der *aus Anlass* der Betriebsveranstaltung zugewendet wird (unübl Zuwendungen). Das sind aber nur solche Zuwendungen, die durch die Betriebsveranstaltung ausgelöst worden sind (zB Gewinn eines PKW aus einer Tombola; nicht aber hohe Reisegewinne bei einer Verlosung ohne „Nieten" FG Mchn EFG 12, 2313, rkr). Nicht pauschal besteuert werden können solche Lohnbestandteile, die nur *bei Gelegenheit* einer Betriebsveranstaltung überreicht werden: zB finanzielle Belohnung für besondere Leistungen, Abfindungszahlungen an ausscheidende Mitarbeiter, Übergabe von Jubiläumsgeldern, Weihnachtsgeldern oder Goldmünzen (BFH VI R 58/04 BStBl II 07, 128), Tantiemen, Prämierung von Verbesserungsvorschlägen (BFH VI R 3/96 BStBl II 97, 365); hier besteht aber die Pauschalierungsmöglichkeit nach § 40 I 1 Nr 1 oder sofern es sich um Sachzuwendungen handelt nach § 37b. Barabfindungen anstelle der Teilnahme an der Betriebsveranstaltung können ebenfalls nicht nach § 40 II 1 Nr 2 pauschaliert werden; gleiches gilt für Wertgutscheine zur Bewirtung als Ersatz für die Nichtteilnahme (FG Mchn EFG 11, 138, rkr). Zur LSt-Pauschalierung bei der Teilnahme von LeihArbN und ArbN konzernangehöriger Unternehmen s *Plenker* DB 15, 2530, 2534.

15 **e) Erholungsbeihilfen, § 40 II 1 Nr 3.** S auch LStR 3.11. Dies sind Leistungen zum Zweck der Erholung. Der ArbG muss überprüfen, ob die ArbN die Leistungen auch tatsächl zu diesem Zweck verwenden (BFH VI R 55/11 BStBl II 13, 398; FG Nds EFG 15, 1257, rkr; FG Köln EFG 97, 110, rkr, auch zur Abgrenzung zum Urlaubsgeld). Nach der *FinVerw* reicht rein zeitl Zusammenhang mit einem Urlaub (LStR 40.2 III; s auch *Seifert* DStZ 15, 199, 210). Übersteigen die Erholungsbeihilfen die Höchstgrenzen (sie sind für ArbN, Ehegatten, Kinder jeweils gesondert zu betrachten), können die Erholungsbeihilfen in voller Höhe nicht mehr nach § 40 II pauschal besteuert werden. Es ist dann nach § 39b III oder § 40 I 1 zu verfahren. Eine Verteilung der Erholungsbeihilfen auf mehrere Kj ist auch dann nicht mögl, wenn dem ArbN nur alle zwei oder mehrere Jahre Beihilfe bekommt (BFH VI 104/57 U BStBl III 58, 257).

16 **f) Verpflegungsmehraufwendungen bei Auswärtstätigkeit, § 40 II 1 Nr 4.** Der ArbG darf in Fällen der Auswärtstätigkeit des ArbN (auch bei Auslandseinsätzen) den von ihm vergüteten Verpflegungsmehraufwand, soweit die Vergütung nicht bereits nach § 3 Nr 13 bzw Nr 16 stfrei ist und die gesetzl Pauschbeträge um nicht mehr als 100 % übersteigt, pauschal versteuern. *Soweit* auch die 100 %-Grenze überschritten wird, ist dieser Lohnteil individuell zu versteuern; hier kommt aber die Pauschalierung nach § 40 I 1 Nr 1 (LStR 40.2 IV 2) in Betracht. Die Pauschalierungsmöglichkeit besteht nicht im Fall der doppelten Haushaltsführung (LStR 40.2 I Nr 4) und auch dann nicht, wenn ein Verpflegungsmehraufwand nach dem Gesetz gar nicht geltend gemacht werden kann (zB Grundabwesenheitszeit von 8 Stunden wird nicht erreicht oder nach Ablauf von 3 Monaten an derselben Tätigkeitsstätte). – FinVerw lässt zur Ermittlung des stfreien Vergütungsbetrages die Zusammenrechnung der einzelnen Aufwendungsarten (Fahrt-, Verpflegungs- und Übernachtungskosten) zu; den stfreien Vergütungsbetrag übersteigende Betrag kann als Vergütung für Verpflegung § 40 II 1 Nr 4 zugeordnet werden (LStH 40.2 „Pauschalversteuerung von Reisekosten").

17 **g) Übereignung von Datenverarbeitungsgeräten; Zubehör und Internetzugang sowie entsprechende Zuschüsse, § 40 II 1 Nr 5.** S auch LStR 40.2 V. *Übereignen* ArbG die genannten WG ihren ArbN, liegt hierin unabhängig davon, ob die WG der privaten Nutzung dienen oder vom ArbN für berufl Zwecke genutzt werden sollen, eine Lohnzuwendung (s § 19 Rz 67, 69; teilweise **aA** *FM MeVo* DStR 14, 1391, keine stbare Einnahme, wenn das Gerät nur berufl genutzt werden darf). Im letzteren Fall kommt ein WK-Abzug über die AfA in Betracht. Der ArbG kann diese Lohnzuwendung pauschal mit 25 % besteuern. Alle Datenverarbeitungsgeräte werden von der Vorschrift erfasst. – Eine pauschale Besteuerung kommt auch für Zuschüsse des ArbG zu den lfd Aufwendungen oder zu den Kosten der Einrichtung für einen Internetzugang des ArbN in Betracht. Bis 50 € monatl kann der Zuschuss des ArbG ohne weiteren Nachweis pauschaliert werden; hier erfolgt keine Anrechnung auf den WK-Abzug des ArbN (LStR 40.2 V 7). Bei höheren Beträgen muss ein Nachweis für einen repräsentativen Zeitraum (drei Monate) geführt werden. Bei betriebl Nutzung der Geräte kommt ein stfreier Auslagenersatz (bis 20 € LStR 3.50 II) neben der Pauschalierung (50 €) in Betracht.

– Voraussetzung für die pauschale Besteuerung ist, dass die Zuwendungen **zusätzl zum ohnehin geschuldeten ArbLohn** geleistet werden (ab VZ 20 s § 8 Rz 80 ff). Ohnehin geschuldeter ArbLohn ist derjenige, den der ArbG verwendungsfrei und ohne bestimmte Zweckbindung ohnehin erbringt. Zusätzl ArbLohn liegt vor, wenn dieser zweckgebunden neben dem ohnehin geschuldeten ArbLohn geleistet wird (BFH VI R 32/18 BStBl II 20, 106). Das Zusätzlichkeitserfordernis ist dabei auf den Zeitpunkt der Lohnzahlung zu beziehen. Es kommt nicht darauf an, ob der ArbN auf den zusätzl Lohn einen arbeitsrechtl Anspruch hat. Die Pauschalierung ist hiernach also auch für ArbLohn-Bestandteile zulässig, zu deren Leistung der ArbG arbeitsrechtl verpflichtet ist (so bereits *Thomas* DStR 18, 1342). Nur eine **Barlohnumwandlung** ist ausgeschlossen. Ob eine solche vorliegt, ist nach der auch zutr BFH-Rspr im Zeitpunkt der Lohnzahlung zu prüfen (BFH VI R 32/18 BStBl II 20, 106; BFH VI R 40/17 BFH/NV 19, 1341; aA LStR 3.33 V 2; *Briese* DStR 19, 2458; *Briese* DStR 21, 83). Ein arbeitsvertragl vor der Lohnzahlung vereinbarter Lohnformwechsel ist daher begünstigungsunschädl. Die gegenteilige Auffassung ist mit dem das LSt-Recht beherrschenden Zuflussprinzip unvereinbar und wird auch den gesetzgeberischen Förderzwecken nicht gerecht. Eine schädl Gehaltsumwandlung liegt daher (nur) vor, wenn eine Leistung auf den (unverändert fortbestehenden) ArbLohnanspruch lediglich angerechnet wird oder eine bloße Umwidmung/Umwandlung des (unverändert) vereinbarten ArbLohns erfolgt (so auch BT-Drs 16/10189, 47). Die *FinVerw* wendet die BFH-Rspr abweichend von ihrer ursprüngl ablehnenden Auffassung bis VZ 2019 nunmehr an (*BMF* BStBl I 22, 61). Ab VZ 2020 gilt § 8 IV (s § 8 Rz 80 ff).

h) Förderung der Elekromobilität, § 40 II 1 Nr 6. Der ArbG kann geldwerte Vorteile aus der unentgeltl oder verbilligten Übereignung der Ladevorrichtung für Elektrofahrzeuge oder Hybridelektrofahrzeuge an den ArbN pauschal lohnversteuern (s auch *BMF* BStBl I 20, 972 Rz 27 ff). Trägt der ArbN die Aufwendungen für den Erwerb und den Betrieb der (privaten) Ladevorrichtung selbst, kann der ArbG diese bezuschussen. Voraussetzung ist, dass die Übereignung und die Zuschüsse zusätzl zum ohnehin geschuldeten ArbLohn erfolgen (s Rz 17).

i) Übereignung betrieblicher (Elektro-)Fahrräder, § 40 II 1 Nr 7. Der ArbG kann nach dieser durch das „JStG 2019" (BGBl I 19, 2451) neu geschaffenen Pauschalierungsmöglichkeit ab VZ 20 geldwerte Vorteile aus der Übereignung betriebl Fahrräder mit 25 % pauschal versteuern. Dies gilt auch für E-Bikes, sofern diese verkehrsrechtl nicht als Kfz einzuordnen sind (Unterstützung bis 25 km/h). Die Übereignung muss zusätzl zum ohnehin geschuldeten ArbLohn erfolgen (s Rz 17).

j) Fahrten zwischen Wohnung und erster Tätigkeitsstätte, § 40 II 2 Nr 1. Die Pauschalierungsmöglichkeit gem § 40 II 2 Nr 1 iHv 15 % gilt nach Nr 1a für *Sachbezüge zur Beförderung* eines ArbN (zB *Gestellung eines Kfz oder Job-Tickets*) und nach Nr 1b bei *Barzuschüssen zu den Fahrtkosten* des ArbN bei Fahrten zw Wohnung und erster Tätigkeitsstätte oder Sammelpunkt/weiträumigem Tätigkeitsgebiet, die bei Nr 1b zusätzl zum ohnehin geschuldeten ArbLohn geleistet werden müssen (s Rz 17); allerdings nur iHd Beträge, die der ArbN nach § 9 I 3 Nr 4, II als WK absetzen könnte. Der darüber hinausgehende Betrag ist dem normalen LStAbzug zu unterwerfen oder nach § 40 I 1 Nr 1 zu pauschalieren (*HHR* § 40 Rz 45 ff). Einzelheiten LStR 40.2 VI; *BMF* BStBl I 21, 2315 Rz 32 ff, 18.11.21). Auch geldwerte Vorteile für den **Unfallkostenersatz** des ArbG können nach § 40 II 2 Nr 1b pauschal besteuert werden (*Offerhaus* BB 91, 257). Gleiches gilt für Zuschüsse zu einem Job-Ticket; zur StFreiheit ab VZ 2019 s § 3 Nr 15.

Zur Kombination von § 40 II und § 8 II 11 s § 8 Rz 68. – **Fahrtkostenzuschüsse** bei **Auswärtstätigkeit** können stfrei nach § 3 Nr 16 erstattet werden; es kommt daher von vornherein nicht zu einer Pauschalierung. – Die pauschal besteuerten Bezüge mindern die nach § 9 I 3 Nr 4, II abziehbaren WK. Zur Pauschalversteuerung als Gestaltungsmittel s *Hüsing* DB 01, 1585; *Nacke* NWB 13, 1645, 1655.

21 k) **Fahrten mit öffentlichen Verkehrsmitteln im Linienverkehr zwischen Wohnung und erster Tätigkeitsstätte, § 40 II 2 Nr 2.** Die Vorschrift schafft eine zusätzl Wahlmöglichkeit des ArbG zur StFreistellung nach § 3 Nr 15. Sie soll die Attraktivität von **Job-Tickets** für ArbN und ArbG erhöhen. Anders als bei § 40 II 2 Nr 1 beträgt der Pauschsteuersatz 25%, allerdings ohne Minderung der beim ArbN als WK abziehbaren Entfernungspauschale. Die nach § 40 II 2 Nr 2 pauschal versteuerten Bezüge müssen deshalb auch nicht in der LSt-Bescheinigung ausgewiesen werden. Eine Zuordnung zum einzelnen ArbN ist ebenfalls nicht erforderlich. Die Pauschalierung setzt anders als § 3 Nr 15 und § 40 II 2 Nr 1b nicht voraus, dass der Vorteil zusätzl zum ohnehin geschuldeten ArbLohn gewährt wird. Wählt der ArbG die Pauschalierung nach § 40 II 2 Nr 2, ist sie einheitl für alle in § 3 Nr 15 genannten Bezüge anzuwenden, die der ArbG dem ArbN innerhalb des Kj gewährt.

22 l) **Freifahrtberechtigungen der Soldaten, § 40 II 2 Nr 3.** Gem § 30 VI SG erhalten Soldaten in Uniform unter bestimmten Voraussetzungen Freifahrtberechtigungen für den Nah- und Fernverkehr der Eisenbahn. Um eine individuelle Versteuerung dieser Freifahrten bei den Soldaten zu vermeiden, ermöglicht § 40 II 2 Nr 3 ab VZ 2021 eine Pauschalbesteuerung durch den Dienstherrn. Eine Minderung der Entfernungspauschale bei den Soldaten ist nicht vorzunehmen. Die pauschal versteuerten Bezüge müssen deshalb auch nicht in der LSt-Bescheinigung ausgewiesen werden.

23 m) **Verhältnis zu § 40a und Bemessungsgrundlage, § 40 II 3, 4.** Satz 3 der Vorschrift bringt eine Vergünstigung in Fällen der Pauschalierungsarbeitsverhältnisse nach § 40a. Der ArbG kann neben den laufenden Lohnzuwendungen auch die Fahrtkostenzuschüsse ohne Anrechnung auf die Pauschalierungsgrenzen des § 40a pauschal besteuern (s auch § 40a Rz 3). – Nach Satz 4 sind Bemessungsgrundlage für die pauschale LSt gem § 40 II 2 Nr 2 und 3 abweichend von den allg Grundsätzen in § 8 die Aufwendungen des ArbG einschl USt. Dies dient der Bewertungsvereinfachung, insb wenn der ArbG Sachbezüge für viele ArbN im Paket zum Pauschalpreis erwirbt.

24 7. **Aufzeichnungspflichten** ergeben sich aus § 41 I 4 EStG iVm § 4 II Nr 8 LStDV; LStR 41.1, s aber zur Pauschalierung nach § 40 II 2 Nr 2 Rz 21.

III. Rechtsfolgen der Pauschalierung, § 40 III

25 1. **Übernahme der Lohnsteuer.** Die pauschale LSt ist eine von der Steuer des ArbN abgeleitete Steuer, die der ArbG zu übernehmen hat (BFH VI R 47/93 BStBl II 94, 715, mwN). Sowohl der pauschal besteuerte ArbLohn als auch die pauschale LSt bleiben bei der Besteuerung des ArbN außer Ansatz. Diese Rechtsfolge tritt aber nur ein, wenn die Pauschalierung tatsächl vorgenommen wurde und dem Gesetz entsprach (BFH VI B 49/15 BFH/NV 16, 38). Bei einer nicht dem Gesetz entspr Pauschalierung kann der ArbN nicht als StSchuldner werden (FG Mster DStRE 21, 1355, rkr). Dies gilt für §§ 40 II, 40a, 40b (s § 40a Rz 12). Nach Aufhebung eines Pauschalierungsbescheids kann der ArbN in Anspruch genommen werden (BFH VI B 140/89 BStBl II 91, 309). Bei **fehlgeschlagener Pauschalierung** ist der ArbLohn in die EStVeranlagung des ArbN einzubeziehen, ohne dass die vom ArbG abgeführte pauschale LSt auf die EStSchuld anzurechnen ist (BFH VII B 230/05 BFH/NV 06, 1292). Dies hat das Wohnsitz-FA des ArbN bei der ESt-Veranlagung eigenständig ohne verfahrensrechtl Bindung zu überprüfen (BFH VI B 9/17 BFH/NV 18, 200). Eine pauschale Steuer kann nicht mehr für solche Sachverhalte entstehen, hinsichtl derer bereits Verjährung eingetreten war; denn ihre Entstehung ist an die Entstehung der LSt gekoppelt (*Kruse* FS K.Tipke S 289). Ein Anspruch auf Erstattung der pauschalen LSt steht dem ArbG zu. Die Festsetzung einer negativen pauschalen LSt kommt aber nicht in Betracht (BFH VI R 18/15 BFH/NV 16, 1631). Zu den Rechtsfolgen einer fehlerhaften Pauschalierung s auch § 40a Rz 12. Da die pauschale LSt nichts anderes als eine besonders berechnete LSt ist, darf sie nur für solche Einkünfte erhoben werden, die dem LSt-Abzug unterlägen, wenn der ArbG keinen Pauschalierungsantrag gestellt hätte (BFH VI R 10/98 BFH/NV 01, 35; s auch BFH VI R 23/02 BStBl II 06, 210; Anm *MIT* in DStRE 06, 271 zum Verhältnis zw Anrufungsauskunft und LSt-Pauschalierung).

2. Überwälzung der pauschalen Steuer auf Arbeitnehmer. Die abgewälzte pauschale LSt gilt als zugeflossener Lohn mit der Folge, dass die pauschale LSt aus diesem vollen Lohn zu berechnen ist (§ 40 III 2). Die Überwälzung auf den ArbN wirkt sich also so aus, dass der ArbN die pauschale LSt wirtschaftl trägt. Keine Abwälzung der pauschalen LSt soll vorliegen, wenn bei Neufestsetzung des künftigen ArbLohns alle rechtl und wirtschaftl Folgen dergestalt gezogen werden, dass der geminderte Lohn zB Bemessungsgrundlage für zukünftige Lohnerhöhungen ist (*BMF* BStBl I 00, 138). Zur zivilrechtl Zulässigkeit der Überwälzung der pauschalen LSt auf den ArbN s BAG 5 AZR 628/04 DB 06, 1059. S auch LStH 40.2.

3. Festsetzung der pauschalen Lohnsteuer. Die pauschale LSt kann durch Pauschalierungsbescheid, aber nicht durch Haftungsbescheid geltend gemacht werden (BFH VI R 69/14 BFH/NV 16, 131). Haftungs- und Pauschalierungsbescheid können indes auf einem Vordruck verbunden werden, wenn die nur rein äußerl Zusammenfassung eindeutig erkennbar ist (BFH VI R 176/82 BStBl II 85, 266). Wird in einem solchen Fall nur der Haftungsbescheid angefochten, erwächst der Pauschalierungsbescheid in Bestandskraft. Gleiches gilt für den umgekehrten Fall (BFH VI R 102/81 BFH/NV 86, 56). Eine unschädl Zusammenfassung zweier Bescheide kann vorliegen, wenn der VA als StBescheid *und* Haftungsbescheid bezeichnet ist und sich aus den Anlagen des Bescheids eindeutig entnehmen lässt, ob und in welcher Höhe eine Steuer- *und* eine Haftungsschuld festgesetzt werden sollte (BFH VI R 28/79 BStBl II 85, 664 zu III 1). Haftungs- und Pauschalierungsschuld dürfen in einem Haftungsbescheid hingegen *nicht als ein* Nachforderungsbetrag festgesetzt werden. Bezügl der Pauschalierungsschuld fehlt es dann an dem erforderl Pauschalierungsbescheid; soweit die Haftungsschuld reicht, hat der Haftungsbescheid Bestand (BFH VI R 35/78 BStBl II 83, 472). Ein Bescheid ist aber insgesamt aufzuheben, wenn der Tenor einen Gesamtbetrag ausweist und nach Bezeichnung und Inhalt des Bescheides unklar ist, ob das FA eine LStHaftungsschuld oder eine pauschale LStSchuld festsetzen wollte (BFH VI R 47/80 BStBl II 84, 362). Zur Auslegung ist auch ein dem Bescheid beigefügter Prüfungsbericht heranzuziehen (BFH VI R 18/82 BFH/NV 86, 308; BFH VI R 146/80 BFH/NV 86, 517); gleiches gilt bei Bezugnahme auf einen bereits bekannt gegebenen Bericht. Ebenso ist ein Bescheid aufzuheben, wenn sich Tenor (LSt-Haftungsschuld) und Begründung des Bescheids (LSt-Pauschalierungsschuld) widersprechen (BFH VI R 30/81 BStBl II 85, 581; Anm HFR 85, 358). Unerhebl soll hingegen sein, was das FA in der Einspruchsentscheidung ausgeführt hat (BFH VI R 22/81 BFH/NV 85, 55, zweifelhaft). – Der **Grundsatz der inhaltl Bestimmtheit** eines LStPauschalierungsbescheids nach § 40 I macht eine Aufgliederung nach ArbN nicht erforderl (*Littmann* § 40 Rz 78); für die Bescheide nach §§ 40 II, 40a, 40b gelten mE aber die zum Haftungsbescheid entwickelten Grundsätze entspr (§ 42d Rz 46 ff). IÜ erfordert die inhaltl Bestimmtheit eines LStPauschalierungsbescheides

§ 40a Pauschalierung der LSt für Teilzeitbeschäftigte

nicht eine Aufteilung nach Jahren; es reicht die Angabe des Sachverhaltskomplexes aus (ausführl BFH VI R 115/87 BStBl II 91, 488). Die Angabe eines falschen Entstehungszeitraums kann unschädl sein (FG Mchn EFG 93, 195, rkr).

28 **a) Umdeutung.** Die Umdeutung eines Nachforderungs- in einen Haftungsbescheid und umgekehrt ist nicht zulässig (BFH VI R 72/82 BStBl II 85, 170; *Drenseck* DStJG 9, 401). – ME kann im Fall der Ersetzung eines LStPauschalierungsbescheids durch einen Haftungsbescheid und umgekehrt **§ 68 FGO** angewendet werden, da es nicht auf die Identität der Streitgegenstände ankommt (BFH IV R 73/06 BStBl II 10, 40; **aA** *Littmann* § 40 Rz 76). S aber FG Hess EFG 89, 608, rkr, zur Frage des Wiederauflebens eines durch Haftungsbescheid ersetzten LSt Pauschalierungsbescheides nach Aufhebung des Haftungsbescheides.

29 **b) Bescheidänderung.** LStPauschalierungsbescheide können nach §§ 172 ff AO (zur Änderungssperre nach § 173 II AO s § 41a Rz 7 und § 42f Rz 9) geändert werden. Wird nach einer LStAußenprüfung eine pauschale LSt in einem Haftungsbescheid (formell unzutr) geltend gemacht und deshalb der Haftungsbescheid aufgehoben, tritt mit der Aufhebung die Unanfechtbarkeit iSd § 171 IV 1 AO und damit das Ende der Hemmung des Ablaufs der Festsetzungsfrist auf Grund der LSt-Ap ein. Das FA darf zur Vermeidung von Rechtsverlusten den (formell inkorrekten) Haftungsbescheid erst aufheben, wenn zuvor der (formell korrekte) Pauschalierungsbescheid erlassen ist (ausführl BFH VI R 47/93 BStBl II 94, 715). – Die LStPauschalierungsschuld kann **gestundet** werden (*Rosenbaum* DStZ 94, 97, 109).

30 **3. Haftung für pauschale Lohnsteuer.** Personen iSd § 69 AO haften im Grundsatz für die pauschale LSt des ArbG nur insoweit, als sie das FA hinsichtl der festgesetzten pauschalen LSt nach deren Fälligkeit ggü anderen Gläubigern des ArbG benachteiligt haben. Haben diese Personen (zB Geschäftsführer einer GmbH) schuldhaft iSd § 69 AO die LSt unzutr einbehalten oder nicht abgeführt, kommt es für ihre Inanspruchnahme hierauf an (**aA** BFH VII R 108/88 BStBl II 90, 767, wo zu Unrecht an die durch BFH VI R 47/93 BStBl II 94, 715 überholten Grundsätze von BFH VI R 219/80 BStBl II 83, 91 angeknüpft wird). Das Gleiche gilt, wenn vorgenannte Personen pauschale LSt iSd §§ 40 II, 40a, 40b nicht ordnungsgemäß abgeführt haben.

§ 40a Pauschalierung der Lohnsteuer für Teilzeitbeschäftigte und geringfügig Beschäftigte

(1) [1] **Der Arbeitgeber kann unter Verzicht auf den Abruf von elektronischen Lohnsteuerabzugsmerkmalen (§ 39e Absatz 4 Satz 2) oder die Vorlage einer Bescheinigung für den Lohnsteuerabzug (§ 39 Absatz 3 oder § 39e Absatz 7 oder Absatz 8) bei Arbeitnehmern, die nur kurzfristig beschäftigt werden, die Lohnsteuer mit einem Pauschsteuersatz von 25 Prozent des Arbeitslohns erheben.** [2] **Eine kurzfristige Beschäftigung liegt vor, wenn der Arbeitnehmer bei dem Arbeitgeber gelegentlich, nicht regelmäßig wiederkehrend beschäftigt wird, die Dauer der Beschäftigung 18 zusammenhängende Arbeitstage nicht übersteigt und**
1. **der Arbeitslohn während der Beschäftigungsdauer 120 Euro durchschnittlich je Arbeitstag nicht übersteigt oder**
2. **die Beschäftigung zu einem unvorhersehbaren Zeitpunkt sofort erforderlich wird.**

(2) **Der Arbeitgeber kann unter Verzicht auf den Abruf von elektronischen Lohnsteuerabzugsmerkmalen (§ 39e Absatz 4 Satz 2) oder die Vorlage einer Bescheinigung für den Lohnsteuerabzug (§ 39 Absatz 3 oder § 39e Absatz 7 oder Absatz 8) die Lohnsteuer einschließlich Solidaritätszuschlag und Kir-**

chensteuern (einheitliche Pauschsteuer) für das Arbeitsentgelt aus geringfügigen Beschäftigungen im Sinne des § 8 Absatz 1 Nummer 1 oder des § 8a des Vierten Buches Sozialgesetzbuch, für das er Beiträge nach § 168 Absatz 1 Nummer 1b oder 1c (geringfügig versicherungspflichtig Beschäftigte) oder nach § 172 Absatz 3 oder 3a (versicherungsfrei oder von der Versicherungspflicht befreite geringfügig Beschäftigte) oder nach § 276a Absatz 1 (versicherungsfrei geringfügig Beschäftigte) des Sechsten Buches Sozialgesetzbuch zu entrichten hat, mit einem einheitlichen Pauschsteuersatz in Höhe von insgesamt 2 Prozent des Arbeitsentgelts erheben.

(2a) Hat der Arbeitgeber in den Fällen des Absatzes 2 keine Beiträge nach § 168 Absatz 1 Nummer 1b oder 1c oder nach § 172 Absatz 3 oder 3a oder nach § 276a Absatz 1 des Sechsten Buches Sozialgesetzbuch zu entrichten, kann er unter Verzicht auf den Abruf von elektronischen Lohnsteuerabzugsmerkmalen (§ 39e Absatz 4 Satz 2) oder die Vorlage einer Bescheinigung für den Lohnsteuerabzug (§ 39 Absatz 3 oder § 39e Absatz 7 oder Absatz 8) die Lohnsteuer mit einem Pauschsteuersatz in Höhe von 20 Prozent des Arbeitsentgelts erheben.

(3) [1] Abweichend von den Absätzen 1 und 2a kann der Arbeitgeber unter Verzicht auf den Abruf von elektronischen Lohnsteuerabzugsmerkmalen (§ 39e Absatz 4 Satz 2) oder die Vorlage einer Bescheinigung für den Lohnsteuerabzug (§ 39 Absatz 3 oder § 39e Absatz 7 oder Absatz 8) bei Aushilfskräften, die in Betrieben der Land- und Forstwirtschaft im Sinne des § 13 Absatz 1 Nummer 1 bis 4 ausschließlich mit typisch land- oder forstwirtschaftlichen Arbeiten beschäftigt werden, die Lohnsteuer mit einem Pauschsteuersatz von 5 Prozent des Arbeitslohns erheben. [2] Aushilfskräfte im Sinne dieser Vorschrift sind Personen, die für die Ausführung und für die Dauer von Arbeiten, die nicht ganzjährig anfallen, beschäftigt werden; eine Beschäftigung mit anderen land- und forstwirtschaftlichen Arbeiten ist unschädlich, wenn deren Dauer 25 Prozent der Gesamtbeschäftigungsdauer nicht überschreitet. [3] Aushilfskräfte sind nicht Arbeitnehmer, die zu den land- und forstwirtschaftlichen Fachkräften gehören oder die der Arbeitgeber mehr als 180 Tage im Kalenderjahr beschäftigt.

(4) Die Pauschalierungen nach den Absätzen 1 und 3 sind unzulässig
1. bei Arbeitnehmern, deren Arbeitslohn während der Beschäftigungsdauer durchschnittlich je Arbeitsstunde 15 Euro übersteigt,
2. bei Arbeitnehmern, die für eine andere Beschäftigung von demselben Arbeitgeber Arbeitslohn beziehen, der nach § 39b oder § 39c dem Lohnsteuerabzug unterworfen wird.

(5) Auf die Pauschalierungen nach den Absätzen 1 bis 3 und 7 ist § 40 Absatz 3 anzuwenden.

(6) [1] Für die Erhebung der einheitlichen Pauschsteuer nach Absatz 2 ist die Deutsche Rentenversicherung Knappschaft-Bahn-See zuständig. [2] Die Regelungen zum Steuerabzug vom Arbeitslohn sind entsprechend anzuwenden. [3] Für die Anmeldung, Abführung und Vollstreckung der einheitlichen Pauschsteuer sowie die Erhebung eines Säumniszuschlags und das Mahnverfahren für die einheitliche Pauschsteuer gelten dabei die Regelungen für die Beiträge nach § 168 Absatz 1 Nummer 1b oder 1c oder nach § 172 Absatz 3 oder 3a oder nach § 276a Absatz 1 des Sechsten Buches Sozialgesetzbuch. [4] Die Deutsche Rentenversicherung Knappschaft-Bahn-See hat die einheitliche Pauschsteuer auf die erhebungsberechtigten Körperschaften aufzuteilen; dabei entfallen aus Vereinfachungsgründen 90 Prozent der einheitlichen Pauschsteuer auf die Lohnsteuer, 5 Prozent auf den Solidaritätszuschlag und 5 Prozent auf die Kirchensteuern. [5] Die erhebungsberechtigten Kirchen haben sich auf eine

Aufteilung des Kirchensteueranteils zu verständigen und diesen der Deutschen Rentenversicherung Knappschaft-Bahn-See mitzuteilen. ⁶ Die Deutsche Rentenversicherung Knappschaft-Bahn-See ist berechtigt, die einheitliche Pauschsteuer nach Absatz 2 zusammen mit den Sozialversicherungsbeiträgen beim Arbeitgeber einzuziehen.

(7) ¹ Der Arbeitgeber kann unter Verzicht auf den Abruf von elektronischen Lohnsteuerabzugsmerkmalen (§ 39e Absatz 4 Satz 2) die Lohnsteuer für Bezüge von kurzfristigen, im Inland ausgeübten Tätigkeiten beschränkt steuerpflichtiger Arbeitnehmer, die einer ausländischen Betriebsstätte dieses Arbeitgebers zugeordnet sind, mit einem Pauschsteuersatz von 30 Prozent des Arbeitslohns erheben. ² Eine kurzfristige Tätigkeit im Sinne des Satzes 1 liegt nur vor, wenn die im Inland ausgeübte Tätigkeit 18 zusammenhängende Arbeitstage nicht übersteigt.

Lohnsteuer-Richtlinien: LStR 40a.1, 40a.2; LStH 40a.1, 40a.2

Übersicht

	Rz
I. Allgemeines	
1. Zielsetzung der Vorschrift und Verfahren	1
2. Bemessungsgrundlage für die Pauschalierung	2
II. Regelungen im Einzelnen	
1. Kurzfristig beschäftigte Arbeitnehmer, § 40a I	3
2. Geringfügig Beschäftigte, § 40a II	4
3. Pauschalsteuersatz von 20 %, § 40a IIa	5
4. Aushilfskräfte in der Land- und Forstwirtschaft, § 40a III	6
5. Unzulässige Pauschalierung, § 40a IV	7
6. Übernahme der pauschalen Lohnsteuer durch den Arbeitgeber, § 40a V	8
7. Zuständige Einzugsstelle, § 40a VI	9
8. Kurzfristige Tätigkeiten im Inland, § 40 VII	10
9. Aufzeichnungspflichten	11
10. Fehlerhafte Pauschalierung	12

I. Allgemeines

1. Zielsetzung der Vorschrift und Verfahren. Die Vorschrift soll die LStErhebung beim ArbG erleichtern. Sie regelt ein Besteuerungsverfahren eigener Art, bei der der ArbG **Steuerschuldner** der LSt ist und bei der sowohl der pauschale Lohn als auch die pauschale LSt bei einer Veranlagung des ArbN außer Betracht bleiben **(§ 40a V iVm § 40 III).** Die Anwendung des § 40a schließt daher auch den WK-Abzug sowie den Abzug von Freibeträgen von der ArbN-Pauschbetrag, die mit diesen Einnahmen zusammenhängen, aus (BFH VI R 157/87 BStBl II 89, 1032; FG Hbg EFG 81, 621, rkr). Die auf den Lohnzahlungszeitraum entfallende LStPauschalierungsschuld entsteht mit Ablauf dieses Lohnzahlungszeitraums, jedoch auflösend bedingt durch eine **Überschreitung der Pauschalierungsgrenzen** (BFH VI R 157/87 BStBl II 89, 1032); dies ist bei späteren Sonderzahlungen zu beachten (s Rz 2). Etwaige **Erstattungsansprüche** stehen dem ArbG und nicht dem ArbN zu (BFH VI R 270/69 BStBl II 73, 128). Die Pauschalierung ist **ohne Antrag und Genehmigung** durch das FA zulässig (BFH VI R 10/99 BStBl II 04, 195). Die Entscheidung, ob pauschaliert werden soll, liegt allein beim ArbG. Hat dieser sich hierfür einmal erklärt, kann nicht pauschaliert werden (*BH/Thürmer* § 40a Rz 36). Der ArbG kann selbst bestimmen, bei welchen ArbN er auf den Abruf der ELStAM oder die Vorlage einer Bescheinigung über den LStAbzug verzichtet. Ein ständiger **Wechsel zwischen Pauschalierung und normalem LStAbzug** während des laufenden Jahres mit dem *alleinigen* Ziel den ArbN-Pauschbetrag auszunutzen, ist jedoch rechtsmissbräuchl (BFH VI R 32/89 BStBl II 92, 695; *HHR* § 40a Rz 6). Kein Gestaltungsmissbrauch liegt hingegen vor, wenn der ArbG nach Ablauf des Jahres die zunächst vorgenommene Pauschalierung rückgängig macht und es damit zur Lohn-Regelbesteuerung kommt (BFH VI R 10/99 BStBl II 04, 195). Nach FG Nbg EFG 15, 732, rkr, soll ein Wechsel zur Pauschalversteuerung nur bis zur Ausschreibung oder Übermittlung der LSt-Bescheinigung nach § 41c III zulässig sein. Dies ist mE unzutr (s auch BFH VI R 88/86 BFH/NV 90, 639, Pauschalierungsantrag noch im Klageverfahren vor dem FG zulässig). – Zur **Abführung der KiSt** ist der ArbG nur verpflichtet, wenn der ArbN einer KiSt-erhebungsberechtigten Religionsgemeinschaft angehört.

2. Bemessungsgrundlage für die Pauschalierung. Dies ist der stpfl Arb- 2 Lohn; die Pauschalsteuer ist nicht hinzuzurechnen. Die Abgrenzung zu stfreien Bezügen (zB Reisekosten, Auslagenersatz usw) richtet sich nach allg Grundsätzen (BFH VI R 146/69 BStBl II 73, 421). **Sachbezüge iSd § 8 II 11** gehören nicht zur Bemessungsgrundlage des § 40a. **Zukunftssicherungsleistungen** iSd § 40b sind bei der Prüfung der Lohngrenzen iRd § 40a zu berücksichtigen (BFH VI R 66/87 BStBl II 89, 1030). **Sonderzahlungen** (zB Weihnachtsgeld) sind auf die Lohnzahlungszeiträume rechnerisch zu verteilen, für die sie erbracht worden sind (BFH VI R 157/87 BStBl II 89, 1032; BFH VI R 57/05 BStBl II 09, 147; FG BaWü EFG 06, 332, rkr). Sonderzahlungen nach Ablauf des Kj sind nach dem Zuflussprinzip aber nicht mehr Lohnzahlungszeiträumen des früheren Kj zuzurechnen. Die für Aushilfskräfte entrichteten SV-Beiträge sind nicht Teil des Arb-Lohns iSd § 40a (§ 19 Rz 100 „Sozialversicherungsbeiträge"; **aA** *HHR* § 40a Rz 22; wohl auch FG Hess EFG 94, 394, rkr).

II. Regelungen im Einzelnen

1. Kurzfristig beschäftigte Arbeitnehmer, § 40a I. Der Pauschbetrag von 3 25% setzt eine gelegentl Tätigkeit voraus. Feste Wiederholungsabsicht steht ihr entgegen (LStR 40a.1 II). Dies gilt zB für eine regelmäßig wiederkehrende Beschäftigung des ArbN jeweils an Wochenenden. Bei der Berechnung des 18-Tages-Zeitraums sind nur die Arbeitstage zu zählen (FG Hbg EFG 78, 335, rkr). Zur Beschäftigung gehören aber auch solche Tage, an denen der ArbLohn wegen Urlaub, Krankheit, gesetzl Feiertage fortgezahlt wird (LStR 40a.1 V 3). Bei **§ 40a I Nr 1** kommt es auf den **durchschnittl Tageslohn** der einzelnen Beschäftigungsperiode an. Arbeitstag kann auch eine sich auf zwei Kalendertage erstreckende Nachtschicht sein (BFH VI R 51/93 BStBl II 94, 421). Der durchschnittl Tageslohn braucht in Fällen des **§ 40a I Nr 2** nicht beachtet zu werden; die Beschäftigung muss aber zu einem **unvorhersehbaren Zeitpunkt** sofort erforderl sein (zB bei krankheitsbedingten Ausfällen; s auch FG Hbg EFG 91, 755, rkr: Gaststättengewerbe; FG BaWü EFG 91, 628, rkr: Bedarf erst in 3 Tagen). Das ist nicht der Fall, wenn der Einsatz von Aushilfskräften schon längere Zeit feststeht (zB bei Messen oder Volksfesten) oder wenn der ArbG regelmäßig mit rufbereiten ArbN arbeitet (FG Nds EFG 93, 344, rkr, Mietwagenunternehmer). Fallen aber bestellte Aushilfskräfte plötzl aus oder ergibt sich plötzl ein größerer Bedarf an Aushilfskräften als angenommen, ist § 40a I Nr 2 insoweit anwendbar. Stets ist zu beachten, dass der **durchschnittl Stundenlohn** während der Beschäftigungsperiode 12 € (15 € ab VZ 2020) nicht überschreiten darf (§ 40a IV Nr 1). Die Überschreitung der Stundenlohngrenze macht die *gesamte* Pauschalierung der Beschäftigungsperiode unwirksam. **Arbeitsstunde** ist die Zeitstunde (BFH VI R 89/88 BStBl II 90, 1092). Maßgebl ist die reine Arbeitszeit ohne *außervertragl* Vorbereitungszeiten (BFH VI R 23/80 BFH/NV 86, 492).

2. Geringfügig Beschäftigte, § 40a II. Der ArbG kann (Wahlrecht, das für je- 4 den ArbN gesondert ausgeübt werden kann, BAG 8 AZR 817/13 DStR 15, 433) in den Fällen des § 8 I Nr 1 SGB IV (geringfügige Beschäftigung, Entgeltgeringfügigkeit) und des § 8a SGB IV (geringfügige Beschäftigung in Privathaushalten) vom LStAbzug unter Zugrundelegung von LSt-Abzugsmerkmalen absehen und eine Pauschalversteuerung iHv 2% vornehmen, mit der auch die KiSt und der SolZ abgegolten ist. Für die Merkmale der geringfügigen Beschäftigung kommt es auf die sozialversicherungsrechtl Maßstäbe an (BFH VI R 57/05 BStBl II 09, 147). Sind die dort genannten Voraussetzungen für eine geringfügige Beschäftigung nicht erfüllt, scheidet auch eine Pauschalierung nach § 40a II aus. Die Pauschalversteuerung setzt also insb ein sozialversicherungspflichtiges ArbVerh voraus. Fehlt dies, zB bei einem Ges'ter-Geschäftsführer, ist die Pauschalierung nicht mögl (FG RhPf EFG 14, 961, rkr; FG BaWü EFG 15, 2074, rkr); dies ist verfrechtl unbedenkl. – **Geringfügige Beschäftigung nach § 8 I Nr 1 SGB IV** liegt vor, wenn das *Arbeitsentgelt* aus dieser Beschäftigung *regelmäßig im Monat 450 €* nicht übersteigt. Weitere Voraussetzungen sind nicht erforderl; insb gilt die Stundenlohngrenze des § 40a IV Nr 1 (12 € je Stunde) nicht. Für das Tatbestandsmerkmal „regelmäßig" ist eine vorausschauende Betrachtung erforderl. Eine nur gelegentl Tätigkeit fällt nicht unter § 8 I Nr 1 SGB IV. Ausreichend ist aber eine auf ständige Wiederholung angelegte Tätigkeit, zB auf Grund einer Rahmenvereinbarung (BSG B 12 KR 16/15 R NZS 18, 591). Auf irgendwelche Zeitgrenzen kommt es nicht an; entscheidend ist die Entgeltgrenze von 450 €. – **Geringfügige Beschäftigung in Privathaushalten nach § 8a SGB IV** ist nur dann gegeben, wenn die Beschäftigung ausschließl im Privathaushalt (also nicht in einer Serviceagentur) ausgeübt wird. Das ist dann der Fall, wenn die Tätigkeit durch einen privaten Haushalt begründet ist und die Tätigkeit sonst gewöhnl durch Mitglieder des privaten Haushalts erledigt wird. Es muss sich um typische Haushaltsarbeit (auch Gartenarbeit) handeln (s auch § 35a Rz 7). – Die Entgeltgrenze von 450 € bezieht sich nur auf das stpfl und sozialversicherungspflichtige *Arbeitsentgelt*. Daher können **stfreie und sozialversicherungsfreie Zusatzleistungen** ohne Beeinträchtigung der 450 €- Grenze gewährt werden, zB Sachleistungen nach § 8 II 11, Rabattfreibetrag nach § 8 III, betriebl Telekommunikationsgeräte/Personalcomputer nach § 3 Nr 45, sog Übungsleiterpauschale gem § 3 Nr 26, 26a (s die Beispiele bei *Plenker/Schaffhausen* DB 03, 957; *Sprenger* INF 03, 586, 589; *Pfeiffer* NWB 13, 2658). – Bemessungsgrundlage ist das sozialversicherungsrechtl Arbeitsentgelt. Lohnbestandteile, die nicht dazu gehören, bleiben also unversteuert Tarifvertragl Urlaubsgeld ist aber in die Geringfügigkeitsgrenze einzubeziehen (BFH VI R 57/05 BStBl II 09, 147).

5 **3. Pauschalsteuersatz von 20%, § 40a IIa.** Wenn der *ArbG* keine *pauschalen* SV-Beiträge für die geringfügig entlohnte Beschäftigung iSv § 8 I Nr 1 und § 8a SGB IV zu zahlen hat (sondern die vollen Sozialabgaben, gilt ein PauschalStSatz von 20% des Arbeitsentgelts. Dieser Fall tritt ein, wenn die Geringfügigkeitsgrenze zB infolge mehrerer geringfügiger Beschäftigungen überschritten wird und damit der ArbG die vollen ArbG-Anteile zur SV zu zahlen hat. SV-Pflicht ist auch hier Voraussetzung für die Pauschalierung (FG RhPf EFG 14, 961, rkr). – § 40a IIa kann auch eingreifen, wenn neben einer Hauptbeschäftigung (normale Besteuerung) mehrere Nebenbeschäftigungen von jeweils *unter 450 €* ausgeübt werden: Dann gilt *eine* Nebenbeschäftigung als geringfügige Beschäftigung (§ 40 II), die weiteren Nebenbeschäftigungen (sozialrechtl volle Abgabenpflicht des ArbG) können – weil jeweils unter 450 € – unter § 40a IIa fallen. Zur Klarstellung: Bei einer Beschäftigung, die über 450 € liegt, greift § 40a IIa nicht, also normaler LStAbzug. – Die pauschale LSt nach § 40 IIa ist nicht an die Stelle des § 40a VI abzuführen, sondern in der LStAnmeldung des ArbG und an das BetriebsstättenFA abzuführen (s auch *Niermann/Plenker* DB 03, 304, 306).

6 **4. Aushilfskräfte in der Land- und Forstwirtschaft, § 40a III.** Der Pauschsteuersatz von 5% berücksichtigt, dass ansonsten oft einkommenslose Kräfte (zB Ferienarbeit von Schülern) in der LuF aushelfen (zu Entwicklung und Hintergrund s *von Twickel* DB 06, Beil 6, S 66). – Die Aushilfskräfte müssen in einem **LuF-Betrieb** iSd § 13 I Nr 1–4 tätig sein; hierzu zählt auch ein Betrieb, der nur wegen seiner Rechtsform als GewBetr gilt (BFH VI R 183/77 BStBl II 81, 76;

BFH VI R 89/98 BStBl II 06, 92, zu § 15 III Nr 1; *Heuermann* StBp 05, 368); anders, wenn der Betrieb (auch Teil- oder Nebenbetrieb) *kraft Tätigkeit* als GewBetr gilt (BFH VI R 22/89 BStBl II 90, 1002). – Die Aushilfskräfte müssen **typische land- und forstwirtschaftl Tätigkeiten** ausführen, wozu auch der Wegebau (BFH VI R 167/83 BStBl II 86, 681), nicht aber das Spargelschälen gehören (BFH VI R 76/04 BStBl II 09, 40, weil geschälter Spargel keine Urproduktion ist). – Die Aushilfsarbeiten dürfen nach § 40a III 2 nicht ganzjährig anfallen **(saisonbedingte Arbeiten);** sie müssen wegen der Abhängigkeit vom Lebensrhythmus der Pflanzen/Tiere einen erkennbaren Abschluss in sich tragen (BFH VI R 60/03 BStBl II 06, 206). Reinigungsarbeiten, die während des ganzen Jahres anfallen, sind keine saisonbedingten Arbeiten (BFH VI R 59/03 BStBl II 06, 204). Die Beschäftigung mit anderen *land- und forstwirtschaftl* Arbeiten *(also ganzjährig anfallende Arbeiten)* ist bei einem Anteil von nicht mehr als 25 % der Gesamttätigkeit unschädl; dann unterliegt die gesamte Tätigkeit der Pauschalierung nach § 40a III. Nicht land- und forstwirtschaftl Arbeiten stehen aber auch bei geringem Anteil (Gesetzeswortlaut: *ausschließl*) einer Pauschalierung nach § 40a III stets entgegen (BFH VI R 60/03 BStBl II 06, 206; *von Twickel* DB 06, Beil 6, 70). – Luf **Fachkräfte** oder ArbN, die der ArbG **mehr als 180 Tage** im Kj beschäftigt, können nicht nach § 40a III besteuert werden (§ 40a III 3). Fachkraft ist sowohl eine Person, die eine entspr Berufsausbildung aufweist, als auch eine angelernte Kraft, die in der Lage ist, ohne weitere Anleitung eine Fachkraft zu ersetzen. Letztere muss aber anstelle einer Fachkraft eingesetzt sein, was in der Regel der Fall ist, wenn mehr als 25 % der zu beurteilenden Tätigkeiten Fachkraft-Kenntnisse erfordern (BFH VI R 77/02 BStBl II 06, 208; BFH VI R 59/03 BStBl II 06, 204, Bedienung eines Traktors als Zugfahrzeug mit landwirtschaftl Maschinen). Ein im Vorjahr als angelernte Fachkraft beschäftigter ArbN wird nicht zwangsläufig zur Fachkraft im Folgejahr; es kommt auch im Folgejahr auf die jeweiligen Tätigkeiten an (*Greite* HFR 06, 476; *von Twickel* DB 06, Beil 6, 71). – Die zeitl und betragsmäßigen Beschränkungen der § 40a I und II gelten bei § 40a III nicht; allerdings darf der **durchschnittl Stundenlohn** des § 40a IV Nr 1 nicht überschritten werden. Liegen die Voraussetzungen des § 40a III nicht vor, kann immer noch eine Pauschalierung nach § 40a I oder II in Frage kommen; der ArbG muss sich aber eindeutig erklären, ob er ggf auch Schuldner einer pauschalen LSt nach § 40a I oder II sein will (BFH VI R 223/80 BStBl II 84, 569).

5. Unzulässige Pauschalierung, § 40a IV. Die Pauschalierung nach § 40a I und III ist unzulässig, wenn der ArbLohn während der Beschäftigung durchschnittl je Arbeitsstunde 15 € übersteigt (§ 40a IV Nr 1). – § 40a IV Nr 2 schließt die LStPauschalierung in den Fällen des § 40a I und III aus, wenn der ArbN für eine andere *Beschäftigung* von demselben ArbG Lohn bezieht, der dem normalen LStAbzug unterworfen wird. Eine einheitl Beschäftigung soll nicht in ein dem normalen LStAbzug und ein der Pauschalierung unterliegendes Beschäftigungsverhältnis aufgespalten werden (BFH VI R 78/91 BFH/NV 94, 22; BFH VI R 94/93 BStBl II 94, 944, aE). § 40a IV Nr 2 soll Gestaltungen verhindern und die schwierige Feststellung vermeiden, ob die Beschäftigung bei einem ArbG in eine Haupt- und Nebentätigkeit aufgeteilt werden kann (BR-Drs 171/95, 138). Bei Beschäftigung eines ArbN in zwei Betrieben desselben Inhabers liegt aber kein einheitl Beschäftigungsverhältnis vor (FG Mster EFG 03, 864, rkr). Auch kann der Teilzeitlohn eines früher beim ArbG beschäftigten Ruheständlers pauschal besteuert werden (BFH VI R 20/89 BStBl II 90, 931 BFH VI R 20/89 BStBl II 90, 931), § 40a IV Nr 2 steht nicht entgegen (s auch *HHR* § 40a Rz 56).

6. Übernahme der pauschalen Lohnsteuer durch den Arbeitgeber, § 40a V. Die Vorschrift verweist für die LStPauschalierung nach § 40a I–III und VII auf § 40 III (s dazu iEinz § 40 Rz 24 ff).

9 **7. Zuständige Einzugsstelle, § 40a VI.** Dies ist für die geringfügig entlohnte Beschäftigung (§ 40a II) die Deutsche Rentenversicherung Knappschaft-Bahn-See. Die Einzugsstelle ist nach § 40a VI 3 neben der Erhebung der Pauschsteuer nach § 40a II auch für die Erhebung des Säumniszuschlags und das Mahnverfahren zuständig. Verfahrensrechtl gilt gem § 40a VI 3 SozR, sodass zB § 168 AO auf die Anmeldung der PauschalSt nicht anwendbar ist (ebenso *Frotscher/Geurts* § 40a Rz 59a; **aA** FG Köln EFG 15, 2086, rkr, mit Anm *Pfützenreuter* EFG 15, 2087). Die Erstattung zu Unrecht gezahlter PauschalSt richtet sich nach § 26 II SGB IV. – Wegen der pauschalen StZahlung hat der ArbG auf dem Beitragsnachweis oder dem für haushaltsnahe Beschäftigungen vorgesehenen Haushaltsscheck auch seine StNummer anzugeben.

10 **8. Kurzfristige Tätigkeiten im Inland, § 40 VII.** Die ab VZ 2020 geltende Regelung soll die LSt-Erhebung bei beschr stpfl ArbN vereinfachen. Nach umstr Auffassung der *FinVerw* steht Deutschland das Besteuerungsrecht bei kurzfristiger Inlandstätigkeit trotz Zuordnung des ArbN zu einer ausl Betriebsstätte zu (*BMF* BStBl I 18, 643 Rz 186). Bei diesen Personen erfolgt die LSt-Erhebung (noch) aufgrund einer Papierbescheinigung des Betriebsstätten-FA. Die als Wahlmöglichkeit ausgestaltete LSt-Pauschalierung vermeidet dies und erleichtert die Übernahme der LSt durch den ArbG. Sie ist aber nur für kurzfristige Inlandstätigkeiten iSv § 40 VII 2 zulässig. Die pauschal besteuerten Bezüge und die pauschale LSt sind im Lohnkonto aufzuzeichnen (§ 4 II Nr 8 LStDV). S iEinz *Hick* DB 20, 23.

11 **9. Aufzeichnungspflichten.** Sie ergeben sich aus § 4 II Nr 8 LStDV (s § 41). Als Beschäftigungsdauer ist jeweils die Zahl der tatsächl Arbeitsstunden in dem jeweiligen Lohnzahlungs- oder Lohnabrechnungszeitraum aufzuzeichnen (BFH VI R 220/75 BStBl II 77, 17). Pauschale Angaben über die im Lohnabrechnungszeitraum geleisteten Arbeitsstunden genügen nicht (FG BaWü EFG 84, 86, rkr; FG RhPf EFG 88, 260, rkr). Es soll nicht erforderl sein, die Dauer der Beschäftigung für jede Woche gesondert aufzuzeichnen (FG RhPf EFG 87, 377, rkr). Bei fehlerhaften Aufzeichnungen ist die Pauschalierung nur zulässig, wenn die Voraussetzungen auf andere Weise nachgewiesen werden (BFH VI R 167/83 BStBl II 86, 681). Ist das nicht mögl (zB bei nach Jahren aus dem Gedächtnis angefertigten Aufzeichnungen, FG Hess EFG 93, 610, rkr), ist die LSt nach allg Grundsätzen zu schätzen (§§ 39b–39d) und durch Haftungsbescheid vom ArbG nachzuerheben (Durchschnittssteuersatz s § 42d Rz 50). Der ArbG kann aber eine Pauschalierung nach § 40 I Nr 2 beantragen.

12 **10. Fehlerhafte Pauschalierung.** Bei fehlerhafter Pauschalierung (zB Nichtbeachtung von Pauschalierungsgrenzen) ist die Nachversteuerung nach §§ 39b–39d (Haftung des ArbG) vorzunehmen; ggf ist zu schätzen (BFH VI R 167/73 BStBl II 75, 297). Bei Haftungsinanspruchnahme ist der Bruttosteuersatz anzuwenden (BFH VI R 84/94 BFH/NV 95, 783; s auch § 39b Rz 14). – Das WohnsitzFA des ArbN ist an Entscheidungen im LStPauschalierungsverfahren nicht gebunden; es hat daher bei der Veranlagung das Recht, die Zulässigkeit der Pauschalierung zu überprüfen, zumindest wenn bisher außer der LStAnmeldung kein gesonderter Pauschalierungssteuerbescheid ergangen ist (BFH III R 232/84 BStBl II 88, 981; BFH VI R 66/87 BStBl II 89, 1030). Ist hingegen ein Pauschalierungssteuerbescheid ergangen, wird das WohnsitzFA die pauschal besteuerten Löhne erst nach Aufhebung des Pauschalierungssteuerbescheides in die Veranlagung einbeziehen dürfen (BFH VI B 140/89 BStBl II 91, 309; FG RhPf EFG 14, 961, rkr).

§ 40b Pauschalierung der Lohnsteuer bei bestimmten Zukunftssicherungsleistungen

(1) Der Arbeitgeber kann die Lohnsteuer von den Zuwendungen zum Aufbau einer nicht kapitalgedeckten betrieblichen Altersversorgung an eine Pensionskasse mit einem Pauschsteuersatz von 20 Prozent der Zuwendungen erheben.

(2) [1] Absatz 1 gilt nicht, soweit die zu besteuernden Zuwendungen des Arbeitgebers für den Arbeitnehmer 1752 Euro im Kalenderjahr übersteigen oder nicht aus seinem ersten Dienstverhältnis bezogen werden. [2] Sind mehrere Arbeitnehmer gemeinsam in der Pensionskasse versichert, so gilt als Zuwendung für den einzelnen Arbeitnehmer der Teilbetrag, der sich bei einer Aufteilung der gesamten Zuwendungen durch die Zahl der begünstigten Arbeitnehmer ergibt, wenn dieser Teilbetrag 1752 Euro nicht übersteigt; hierbei sind Arbeitnehmer, für die Zuwendungen von mehr als 2148 Euro im Kalenderjahr geleistet werden, nicht einzubeziehen. [3] Für Zuwendungen, die der Arbeitgeber für den Arbeitnehmer aus Anlass der Beendigung des Dienstverhältnisses erbracht hat, vervielfältigt sich der Betrag von 1752 Euro mit der Anzahl der Kalenderjahre, in denen das Dienstverhältnis des Arbeitnehmers zu dem Arbeitgeber bestanden hat; in diesem Fall ist Satz 2 nicht anzuwenden. [4] Der vervielfältigte Betrag vermindert sich um die nach Absatz 1 pauschal besteuerten Zuwendungen, die der Arbeitgeber in dem Kalenderjahr, in dem das Dienstverhältnis beendet wird, und in den sechs vorangegangenen Kalenderjahren erbracht hat.

(3) Von den Beiträgen für eine Unfallversicherung des Arbeitnehmers kann der Arbeitgeber die Lohnsteuer mit einem Pauschsteuersatz von 20 Prozent der Beiträge erheben, wenn mehrere Arbeitnehmer gemeinsam in einem Unfallversicherungsvertrag versichert sind und der Teilbetrag, der sich bei einer Aufteilung der gesamten Beiträge nach Abzug der Versicherungsteuer durch die Zahl der begünstigten Arbeitnehmer ergibt, 100 Euro im Kalenderjahr nicht übersteigt.

(4) In den Fällen des § 19 Absatz 1 Satz 1 Nummer 3 Satz 2 hat der Arbeitgeber die Lohnsteuer mit einem Pauschsteuersatz in Höhe von 15 Prozent der Sonderzahlungen zu erheben.

(5) [1] § 40 Absatz 3 ist anzuwenden. [2] Die Anwendung des § 40 Absatz 1 Satz 1 Nummer 1 auf Bezüge im Sinne des Absatzes 1, des Absatzes 3 und des Absatzes 4 ist ausgeschlossen.

Lohnsteuer-Durchführungsverordnung:

§ 5 LStDV *Besondere Aufzeichnungs- und Mitteilungspflichten im Rahmen der betrieblichen Altersversorgung*

(abgedruckt bei § 3 EStG)

Lohnsteuer-Richtlinien: LStR 40b.1, 40b.2/LStH 40b.1, 40b.2

Übersicht

	Rz
1. Allgemeines	1–3
2. Begünstigte Leistungen, § 40b I	5–7
3. Pauschalierungsgrenze, § 40b II	8–10
4. Unfallversicherung, § 40b III	11
5. Pflichtsteuerschuld bei § 19 I 1 Nr 3 S 2, § 40b IV	12
6. Steuerschuldnerschaft; Konkurrenzen, § 40b V	13
7. Aufzeichnungspflichten	14

Schrifttum: S bei § 4b.

§ 40b 1–6 Pauschalierung der LSt bei Zukunftssicherung

1 **1. Allgemeines.** Für nach dem 31.12.04 ausgesprochene Versorgungszusagen *(Neuverträge)* ist eine Pauschalversteuerung mit 20% nur noch bei Zuwendungen an den *Pensionskasse* zum Aufbau einer *umlagefinanzierten* betriebl Altersvorsorge mögl. Neue *kapitaldeckende* Versorgungszusagen können nicht mehr pauschal besteuert werden, da solche Versorgungszusagen nicht in das neue Besteuerungssystem der nachgelagerten Besteuerung passen. Die Abgrenzung von Alt- und Neuzusagen richtet sich danach, zu welchem Zeitpunkt der ArbG die zu einem Rechtsanspruch führende Verpflichtungserklärung abgegeben hat; besteht bereits eine Altzusage, hängt das Vorliegen einer Neuzusage nicht zwingend von der Versicherung eines zusätzl biometrischen Risikos ab (BFH VI R 21/19 DStR 22, 25). Unter die Pauschalierungsmöglichkeit **ab 1.1.05** fallen vor allem die *umlagefinanzierten Zusatzversorgungseinrichtungen des öffentl Dienstes,* wie zB die VBL bzw kommunale oder kirchl Zusatzversorgungskassen (s auch *Niermann* DB 04, 1449, 1453; *Hartman* INF 05, 56, 59 ff; *BMF* BStBl I 10, 270 Rz 304). Zur Übergangsregelung für Altverträge s für VZ bis 2017 *BMF* BStBl I 13, 1022 Rz 349–368; ab VZ 2018 s *BMF* BStBl I 21, 1050 Rz 85–99 zu den vereinfachten Voraussetzungen für die Weiteranwendung des § 40b aF durch § 52 Abs 40 Satz 1 idF BRSG und zum Verhältnis von § 40b aF zu § 3 Nr. 63; s auch *Harder-Buschner* NWB 17, 2417; *Veh* DStR 20, 1101.

2 **a) Steuerfreiheit der Arbeitgeberbeiträge.** Ab 2002 werden ArbG-Beiträge an **Pensionskassen** bis 4% und ab 2018 bis zu 8% der Beitragsbemessungsgrenze zur gesetzl RV stfrei gestellt (§ 3 Nr 63); ferner hat der ArbN einen Rechtsanspruch auf Barlohnumwandlung hinsichtl zukünftiger Gehaltsansprüche und zugleich die Möglichkeit, die StFreiheit „abzuwählen", um statt dessen im Rahmen der privaten Altersvorsorge die Altersvorsorgezulage (§§ 79 ff) bzw den SA-Abzug (§ 10a) in Anspruch zu nehmen. Entrichtet der ArbG über die $^4/_8$%-Grenze hinaus weitere Beiträge an die Pensionskasse, so können diese bis zu 1752 € nach § 40b pauschal besteuert werden; darüber noch hinausgehende Beiträge unterliegen der normalen Besteuerung (*Niermann* DB 01, 1380). – **Direktversicherungsbeiträge** (Altverträge) vor 2005 s *Schmidt* 35. Aufl § 40b Rz 2.

3 **b) Einzelfragen.** Die KiSt ist ebenfalls zu pauschalieren (s § 40 Rz 2). Eine Nachholung der Pauschalierung im Rahmen der Jahresbesteuerung des ArbN ist nicht mögl (BFH VI B 78/88 BStBl II 90, 344; **aA** *KSM* § 40b Rz A 20). § 40b findet auch bei einem steuerl anzuerkennenden **ArbVerh zw Ehegatten** Anwendung, s § 4b Rz 12 ff. Direktversicherungsverträge **mit Kindern** sind bei steuerl anerkanntem ArbVerh idR wie Verträge mit fremden Dritten zu behandeln (BFH I R 135/80 BStBl II 83, 173).

5 **2. Begünstigte Leistungen, § 40b I.** Pauschalierungsfähig sind nur Zuwendungen an eine Pensionskasse. Barzuwendungen des ArbG an den ArbN können nicht nach § 40b besteuert werden, selbst wenn sie der ArbN zu seiner Altersversorgung verwendet. Unschädl ist, wenn der ArbN neben dem ArbG Zahlungen an die Versorgungseinrichtung erbringt, um zB eine höhere Leistung zu erlangen (beim ArbN uU SA nach § 10). Die Eigenanteile des ArbN sind kein Lohn, damit fällt auch insoweit keine PauschalSt an (s auch BFH VI R 57/08 BFH/NV 11, 890; BFH VI R 23/09 BFH/NV 11, 972). – Verlust des durch eine DirektVers eingeräumten Bezugsrechts bei Insolvenz des ArbG löst keine lstrechtl Folgen aus (BFH VI R 58/05 BStBl II 07, 774).

6 **a) Barlohnumwandlung.** Zulässig ist es auch, den stpfl Barlohn vertragl soweit herabzusetzen, dass aus dem Herabsetzungsbetrag Zukunftssicherungsleistungen einschließl pauschaler Steuer bestritten werden können (LStR § 40b.1 V; *OFD NRW* DB 15, 2179; *Niermann* DB 01, 2415, 2418). Zur Barlohnumwandlung bei Leistungen an eine Pensionskasse s BFH VI R 61/88 BStBl II 91, 647 (Anm *Ahrend/Heger* DStR 91, 1008). – Hatte der ArbG die Beiträge für eine Direktversicherung pauschal besteuert und lässt sich später das Deckungskapital auszahlen, liegt nicht etwa eine **Lohnrückzahlung** vor, die dem ArbG einen Anspruch auf Erstattung der pauschalen LSt verschafft; die Kürzung bzw der Entzug der Versicherungsansprüche ist ein neuer Sachverhalt, der die ursprüngl pauschale Besteuerung unberührt lässt; daher hat der ArbG keinen Erstattungsanspruch (ebenso FG Nds EFG 15, 957, rkr). – *Gewinnausschüttungen* einer Versorgungskasse an das Trägerunternehmen (ArbG) sind keine Lohnrückzahlungen (BFH VI R 20/07 BStBl II 10, 845; *Schneider* HFR 10, 373; *Bergkemper* FR 10, 487; krit *Höfer* DB 10, 2360); die FinVerw wendet diese Rspr für nach dem 31.12.10 erfolgte Gewinnausschüttungen an (*BMF* BStBl I 10, 760). Damit kann auch allein der *Verlust eines Bezugsrechts* nicht mehr zu einer ArbLohnrückzahlung führen (s aber LStR 40b.1 XIII). – Zur Rechtslage bei Umstellung der Versorgung von einer mittelbaren zu einer unmittelbaren Versorgungszusage s FG Köln EFG 09, 1394, rkr. – Zu Rückflüssen aus einer DirektVers und Überführung in eine andere betriebl Altersversorgung s FG Mchn EFG 09, 1010, rkr.

b) Pensionskasse. S § 4c und LStR 40b.1 IV. Sie kann auch eine nicht rechtsfähige Zusatzversorgungseinrichtung des öffentl Dienstes sein (BFH VI R 52/95 BStBl II 96, 136; s auch BFH IV R 8/02 BFH/NV 04, 1246). Von einer Pensionskasse unterscheiden sich **Unterstützungskassen** dadurch, dass sie keinen Rechtsanspruch auf Leistungen gewähren. Daher sind auch die Zuführungen zur Unterstützungskasse kein gegenwärtiger ArbLohn (s auch HHR § 19 Rz 471; *Portner* FR 14, 91).

3. Pauschalierungsgrenze, § 40b II. Die Pauschalierung der Leistungen nach § 40b I ist nur iRd **ersten DienstVerh** (nicht bei LStAbzug mit der StKlasse VI, BFH VI R 27/96 BStBl II 97, 143) zulässig. Wechselt der ArbN im Laufe des Jahres das DienstVerh, steht er nacheinander in einem ersten DienstVerh, so dass § 40b anwendbar ist. Zur vollen Ausschöpfung der Pauschalierungsgrenze in diesem Fall s LStR 40b.1 VIII. Ein ArbG darf nach § 40b auch dann noch pauschalieren, soweit er Leistungen iSd § 40b I für einen (zurückliegenden) Zeitraum erbringt, in dem der (inzwischen ausgeschiedene und in einem anderen DienstVerh stehende) ArbN bei ihm in einem ersten DienstVerh stand (BFH VI R 245/80 BStBl II 88, 554). Zur Pauschalierung bei einem ArbVerh iSd § 40a s Rz 13. Pauschaliert werden kann nur im Jahr der Bewirkung der Leistung, rückwirkend erbrachte Zukunftssicherungsleistungen führen nicht zur Vervielfältigung des Grenzbetrages (BFH VI R 171/85 BFH/NV 89, 23). Die Vervielfältigung tritt auch dann nicht ein, wenn Beiträge für zurückliegende Jahre nachzuzahlen sind (BFH VI R 204/83 BStBl II 88, 379; krit *KSM* § 40b Rz C 4). Die für den einzelnen ArbN erbrachte Leistung iSd § 40b I kann höchstens bis zu 1752 € jährlich vom ArbG pauschal besteuert werden. Der diese Grenze übersteigende Teil der Leistung unterliegt dem normalen LStAbzug. Zum Pauschalierungsverfahren bei laufend erbrachten Leistungen s LStR 40b.1 X.

a) Durchschnittsberechnung, § 40b II 2. Sie kommt nur in Betracht, wenn mehrere ArbN gemeinsam in einer Pensionskasse versichert sind (Gruppenversicherung; es genügt ein Rahmenvertrag, in dem die versicherten Personen und ,die versicherten Wagnisse bezeichnet sind; FG Nds EFG 80, 453, rkr). Zur Art der Berechnung s LStR 40b.1 IX. Die Durchschnittsberechnung darf nicht dazu führen, dass auf einen ArbN, für den ein höherer Betrag als 1752 € aufgewendet wird, ein Durchschnittsbetrag von bis zu 1752 € entfällt. Dies ist vom Gesetzgeber beabsichtigt, um die Möglichkeit zu eröffnen, für ältere ArbN höhere Leistungen als 1752 € ohne zusätzl Belastung zu erbringen. Daher ist die Durchschnittsberechnung auch vorzunehmen, wenn zB nur zwei ArbN gemeinsam versichert sind und feststeht oder leicht feststellbar ist, dass der zugunsten eines ArbN gezahlte Betrag zwar 1752 € nicht aber 2148 € übersteigt (FG Nds EFG 80, 453, rkr; s auch FG Mchn EFG 02, 912, rkr, zur Rechtslage bei verdeckter Überschreitung der 2148 €-Grenze). Die 2148 €-Grenze ist nur überschritten, wenn der vom ArbG als Lohn zu qualifizierende Beitrag den Grenzbetrag übersteigt; Eigenanteile des ArbN sind –

§ 40b 10–12   Pauschalierung der LSt bei Zukunftssicherung

da kein Lohn – nicht schädl (BFH VI R 55/05 BStBl II 07, 619, zu ArbG- und ArbN-Anteilen zur Direktversicherung; BFH VI R 57/08 BFH/NV 11, 890). Hierbei bleiben stfrei gezahlte Beiträge des ArbG an eine Pensionskasse (§ 3 Nr 63) unberücksichtigt (LStR 40b.1 IX 4). Gleiches gilt, wenn die Beiträge des ArbG wegen Option des ArbN zur Riester-Rente individuell besteuert werden. Beiträge zu einer Einzeldirektversicherung (Altvertrag) können nicht in die Durchschnittsberechnung einbezogen werden (BFH VI R 9/08 BStBl II 11, 183); es sei denn, die Einzel-Vers wird in einem Rahmenvertrag mit den Gruppenversicherungsvertrag zusammengefasst (*Schneider* BFH/PR 10, 328; *Schwenke* HFR 10, 827).

10 **b) Beendigung des Dienstverhältnisses, § 40b II 3.** Die Vorschrift ermöglicht die Nachholung einer angemessenen Altersversorgung bei Beendigung des DienstVerh (zur Frage der Beendigung bei Weiterbeschäftigung als Berater s BFH VI R 53/05 BStBl II 09, 162; dazu *Schneider* HFR 09, 135); die Vervielfältigungsregelung gilt auch bei Barlohnumwandlung LStR 40b.1 XI 2; ferner *OfD Hann* DB 99, 878). Zur Frage des engen zeitl Zusammenhangs zwischen Beitragsleistung und Beendigung des DienstVerh s LStR 40b.1 XI, keine starre Dreimonatsgrenze mehr (s auch *Hartmann* INF 99, 737, 742, Beisp). Angefangene Jahre zählen voll. Eine Durchschnittsberechnung nach § 40b II 2 ist hier nicht zulässig. Zur Übertragung der Direktversicherung beim Ausscheiden des ArbN s LStR 40b.1 VI 5. § 40b II 3 kann nicht entspr auf eine Nachentrichtung für zurückliegende Jahre angewendet werden (BFH VI R 204/83 BStBl II 88, 379).

11 **4. Unfallversicherung, § 40b III.** Diese Regelung soll verhindern, dass ArbG-Beiträge zur Gruppenunfallversicherung, die keine Direktversicherung ist (BFH VI R 49/89 BFH/NV 92, 242), voll als ArbLohn (s dazu § 19 Rz 100 „Unfallversicherung") versteuert werden müssen. Es handelt sich um eine eigenständige Pauschalierungsregelung, die auf eine durchschnittl Beitragsleistung für die in die Gruppenunfallversicherung versicherten ArbN von 100 € (62 € bis VZ 2019) jährl begrenzt ist.

12 **5. Pflichtsteuerschuld bei § 19 I 1 Nr 3 S 2, § 40b IV.** Der Gesetzgeber hat in § 19 I Nr 3 für Sonderzahlungen des ArbG an betriebl Zusatzversorgungskassen einen fiktiven ArbLohn eingeführt und daran in § 40b IV eine PflichtStSchuld des ArbG geknüpft. Nach der Gesetzesbegründung (s BT-Drs 16/2712 unter II. Besonderer Teil zu Art 1 zu Nr 28) soll diese PflichtStSchuld die Durchführung der Besteuerung wesentl vereinfachen und der Tatsache Rechnung tragen, dass durch die Sonderzahlungen vorrangig die Sicherung der bereits bestehenden, nicht aber der Erwerb neuer Ansprüche finanziert wird und der ArbG die Sonderzahlungen ausgelöst hat. – Dieser Vorgang ist im EStRecht singulär! Die Sonderzahlung stellt materiell-rechtl schon gar keinen steuererhebl Vorgang dar, denn sie ist kein ArbLohn. Sie dient – so auch die Gesetzesbegründung – der Sicherstellung bereits bestehender Ansprüche des ArbN. Eine derartige vom ArbG selbst ausgelöste Finanzierungsmaßnahme ggü der Versorgungskasse kann nicht zum Lohn des ArbN führen (s auch *Bergkemper* HFR 06, 452, unter 3. aE; *ders* FR 07, 974; *ders* FR 11, 1043; § 19 Rz 88). Weder § 19 I 1 Nr 3 S 2 noch § 40b IV können um der materiellen Gerechtigkeit willen eingeführt worden sein, sondern *allein zur Einnahmevermehrung des Fiskus*. Es handelt sich *materiell-rechtl* um eine *im EStG versteckte VerkehrSt* (s auch *Birk/Specker* DB 08, 488). Die Besteuerung unabhängig von der Erhöhung der Leistungsfähigkeit ist verfrechtl äußerst fragwürdig (s auch *Glaser* BB 06, 2217; ferner § 19 Rz 88). Nach auch Ansicht des BFH ist die Vorschrift wegen Verstoßes gegen Art 3 I GG verfwidrig (BFH VI R 49/03 BFH/NV 14, 418; Az BVerfG 2 BvL 7/14; ebenso *Sonnleitner/Engels/Winkelhog* BB 14, 791; *Schneider* DStR 18, 2295). – Die Pflichtpauschalierung gilt für Sonderzahlungen ab 24.8.2006; auch hierin liegt eine unzulässige stbegründete (nicht nur stverschärfende) gesetzl Rückwirkung (s auch § 19 Rz 88). – Das Gesetz ist iÜ im Hinblick auf die eigene Zielsetzung misslungen: die pauschale LSt von 15 % sollte nur für Sonderzahlungen iSd § 19 I 1 Nr 3 S 2

Buchst a und b gelten; nach dem Wortlaut des § 40b IV sind sämtl Sonderzahlungen des § 19 I 1 Nr 3 S 2 und damit auch solche mit 15% zu besteuern, die bei Beendigung des Beschäftigungsverhältnisses gezahlt werden (*Hartmann* INF 07, 20 Tz 1.4).

6. Steuerschuldnerschaft; Konkurrenzen, § 40b V. Zu den Besonderheiten, die sich aus der Anwendung des § 40 III ergeben, s dort Rz 24 ff. Da die Zuwendungen bei der Veranlagung außer Ansatz bleiben, kann sie der ArbN auch nicht als SA absetzen (*HHR* § 40b Rz 10; aA *KSM* § 40b Rz A 4). Nach dem eindeutigen Wortlaut des § 40b V 2 können, auch soweit der Höchstbetrag nach § 40b II überschritten ist, Zuwendungen an Pensionskassen nicht nach § 40 I 1 Nr 1 und 2 pauschal besteuert werden. Sonstige Zukunftssicherungsleistungen können dagegen nach § 40 I 1 Nr 1 pauschal besteuert werden. Hierzu zählen auch die Direktversicherungen, die wegen Fehlens der Altersvoraussetzung oder wegen Verstoßes gegen das Kündigungsverbot des § 40b 1 2 (idF bis 31.12.04) nicht unter § 40b fallen. Zum **Konkurrenzverhältnis zwischen § 40a und § 40b** s zunächst § 40a Rz 3. Eine Pauschalierung nach § 40b ist auch iRe Teilzeitarbeitsverhältnisses zulässig; der ArbG hat aber nachzuweisen, dass dies das einzige ArbVerh des ArbN ist (BFH VI R 165/86 BStBl II 90, 398). 13

7. Aufzeichnungspflichten. Sie folgen aus § 4 II Nr 8 LStDV (s § 41 Rz 1). 14

§ 41 Aufzeichnungspflichten beim Lohnsteuerabzug

(1) ¹Der Arbeitgeber hat am Ort der Betriebsstätte (Absatz 2) für jeden Arbeitnehmer und jedes Kalenderjahr ein Lohnkonto zu führen. ²In das Lohnkonto sind die nach § 39e Absatz 4 Satz 2 und Absatz 5 Satz 3 abgerufenen elektronischen Lohnsteuerabzugsmerkmale sowie die für den Lohnsteuerabzug erforderlichen Merkmale aus der vom Finanzamt ausgestellten Bescheinigung für den Lohnsteuerabzug (§ 39 Absatz 3 oder § 39e Absatz 7 oder Absatz 8) zu übernehmen. ³Bei jeder Lohnzahlung für das Kalenderjahr, für das das Lohnkonto gilt, sind im Lohnkonto die Art und Höhe des gezahlten Arbeitslohns einschließlich der steuerfreien Bezüge sowie die einbehaltene oder übernommene Lohnsteuer einzutragen; an die Stelle der Lohnzahlung tritt in den Fällen des § 39b Absatz 5 Satz 1 die Lohnabrechnung. ⁴Ferner sind das Kurzarbeitergeld, der Zuschuss zum Mutterschaftsgeld nach dem Mutterschutzgesetz, der Zuschuss bei Beschäftigungsverboten für die Zeit vor oder nach einer Entbindung sowie für den Entbindungstag während einer Elternzeit nach beamtenrechtlichen Vorschriften, die Entschädigungen für Verdienstausfall nach dem Infektionsschutzgesetz vom 20. Juli 2000 (BGBl. I S. 1045), die nach § 3 Nummer 28 steuerfreien Aufstockungsbeträge oder Zuschläge und die nach § 3 Nummer 28a steuerfreien Zuschüsse einzutragen. ⁵Ist während der Dauer des Dienstverhältnisses in anderen Fällen als in denen des Satzes 4 der Anspruch auf Arbeitslohn für mindestens fünf aufeinander folgende Arbeitstage im Wesentlichen weggefallen, so ist dies jeweils durch Eintragung des Großbuchstabens U zu vermerken. ⁶Hat der Arbeitgeber die Lohnsteuer von einem sonstigen Bezug im ersten Dienstverhältnis berechnet und ist dabei der Arbeitslohn aus früheren Dienstverhältnissen des Kalenderjahres außer Betracht geblieben, so ist dies durch Eintragung des Großbuchstabens S zu vermerken. ⁷Die Bundesregierung wird ermächtigt, durch Rechtsverordnung mit Zustimmung des Bundesrates vorzuschreiben, welche Einzelangaben im Lohnkonto aufzuzeichnen sind und Einzelheiten für eine elektronische Bereitstellung dieser Daten im Rahmen einer Lohnsteuer-Außenprüfung oder einer Lohnsteuer-Nachschau durch die Einrichtung einer einheitlichen digitalen Schnittstelle zu regeln. ⁸Dabei können für Arbeitnehmer mit geringem Arbeitslohn und für die Fälle der §§ 40 bis 40b Aufzeichnungserleichterungen sowie für steuerfreie Bezüge Aufzeichnungen außerhalb

des Lohnkontos zugelassen werden. ⁹Die Lohnkonten sind bis zum Ablauf des sechsten Kalenderjahres, das auf die zuletzt eingetragene Lohnzahlung folgt, aufzubewahren. ¹⁰Die Aufbewahrungsfrist nach Satz 9 gilt abweichend von § 93c Absatz 1 Nummer 4 der Abgabenordnung auch für die dort genannten Aufzeichnungen und Unterlagen.

(2) ¹Betriebsstätte ist der Betrieb oder Teil des Betriebs des Arbeitgebers, in dem der für die Durchführung des Lohnsteuerabzugs maßgebende Arbeitslohn ermittelt wird. ²Wird der maßgebende Arbeitslohn nicht in dem Betrieb oder einem Teil des Betriebs des Arbeitgebers oder nicht im Inland ermittelt, so gilt als Betriebsstätte der Mittelpunkt der geschäftlichen Leitung des Arbeitgebers im Inland; im Fall des § 38 Absatz 1 Satz 1 Nummer 2 gilt als Betriebsstätte der Ort im Inland, an dem die Arbeitsleistung ganz oder vorwiegend stattfindet. ³Als Betriebsstätte gilt auch der inländische Heimathafen deutscher Handelsschiffe, wenn die Reederei im Inland keine Niederlassung hat.

Lohnsteuer-Durchführungsverordnung:

§ 4 LStDV Lohnkonto

(1) Der Arbeitgeber hat im Lohnkonto des Arbeitnehmers Folgendes aufzuzeichnen:
1. den Vornamen, den Familiennamen, den Tag der Geburt, den Wohnort, die Wohnung sowie die in einer vom Finanzamt ausgestellten Bescheinigung für den Lohnsteuerabzug eingetragenen allgemeinen Besteuerungsmerkmale. ²Ändern sich im Laufe des Jahres die in einer Bescheinigung für den Lohnsteuerabzug eingetragenen allgemeinen Besteuerungsmerkmale, so ist auch der Zeitpunkt anzugeben, von dem an die Änderungen gelten;
2. den Jahresfreibetrag oder den Jahreshinzurechnungsbetrag sowie den Monatsbetrag, Wochenbetrag oder Tagesbetrag, der in einer vom Finanzamt ausgestellten Bescheinigung für den Lohnsteuerabzug eingetragen ist, und den Zeitraum, für den die Eintragungen gelten;
3. bei einem Arbeitnehmer, der dem Arbeitgeber eine Bescheinigung nach § 39b Abs. 6 des Einkommensteuergesetzes in der am 31. Dezember 2010 geltenden Fassung (Freistellungsbescheinigung) vorgelegt hat, einen Hinweis darauf, daß eine Bescheinigung vorliegt, den Zeitraum, für den die Lohnsteuerbefreiung gilt, das Finanzamt, das die Bescheinigung ausgestellt hat, und den Tag der Ausstellung;
4. in den Fällen des § 19 Abs. 2 des Einkommensteuergesetzes die für die zutreffende Berechnung des Versorgungsfreibetrags und des Zuschlags zum Versorgungsfreibetrag erforderlichen Angaben.

(2) Bei jeder Lohnabrechnung ist im Lohnkonto folgendes aufzuzeichnen:
1. der Tag der Lohnzahlung und der Lohnzahlungszeitraum;
2. in den Fällen des § 41 Absatz 1 Satz 5 des Einkommensteuergesetzes jeweils der Großbuchstabe U;
3. der Arbeitslohn, getrennt nach Barlohn und Sachbezügen, und die davon einbehaltene Lohnsteuer. ²Dabei sind die Sachbezüge einzeln zu bezeichnen und – unter Angabe des Abgabetags oder bei laufenden Sachbezügen des Abgabezeitraums, des Abgabeorts und des Entgelts – mit dem nach § 8 Abs. 2 oder 3 des Einkommensteuergesetzes maßgebenden und um das Entgelt geminderten Wert zu erfassen. ³Sachbezüge im Sinne des § 8 Abs. 3 des Einkommensteuergesetzes und Versorgungsbezüge sind jeweils als solche kenntlich zu machen und ohne Kürzung um Freibeträge nach § 8 Abs. 3 oder § 19 Abs. 2 des Einkommensteuergesetzes einzutragen. ⁴Trägt

der Arbeitgeber im Falle der Nettolohnzahlung die auf den Arbeitslohn entfallende Steuer selbst, ist in jedem Fall der Bruttoarbeitslohn einzutragen, die nach den Nummern 4 bis 8 gesondert aufzuzeichnenden Beträge sind nicht mitzuzählen;
4. steuerfreie Bezüge mit Ausnahme der Vorteile im Sinne des § 3 Nummer 37, 45, 46 und 51 des Einkommensteuergesetzes. ²Das Betriebsstättenfinanzamt kann zulassen, daß auch andere nach § 3 des Einkommensteuergesetzes steuerfreie Bezüge nicht angegeben werden, wenn es sich um Fälle von geringer Bedeutung handelt oder wenn die Möglichkeit zur Nachprüfung in anderer Weise sichergestellt ist;
5. Bezüge, die nach einem Abkommen zur Vermeidung der Doppelbesteuerung oder unter Progressionsvorbehalt nach § 34c Abs. 5 des Einkommensteuergesetzes von der Lohnsteuer freigestellt sind;
6. außerordentliche Einkünfte im Sinne des § 34 Abs. 1 und 2 Nr. 2 und 4 des Einkommensteuergesetzes und die davon nach § 39b Abs. 3 Satz 9 des Einkommensteuergesetzes einbehaltene Lohnsteuer;
7. das Vorliegen der Voraussetzungen für den Förderbetrag nach § 100 des Einkommensteuergesetzes;
8. Bezüge, die nach den §§ 40 bis 40b des Einkommensteuergesetzes pauschal besteuert worden sind, und die darauf entfallende Lohnsteuer. ²Lassen sich in den Fällen des § 40 Absatz 1 Satz 1 Nummer 2 und Absatz 2 des Einkommensteuergesetzes die auf den einzelnen Arbeitnehmer entfallenden Beträge nicht ohne weiteres ermitteln, so sind sie in einem Sammelkonto anzuschreiben. ³Das Sammelkonto muß die folgenden Angaben enthalten: Tag der Zahlung, Zahl der bedachten Arbeitnehmer, Summe der insgesamt gezahlten Bezüge, Höhe der Lohnsteuer sowie Hinweise auf die als Belege zum Sammelkonto aufzubewahrenden Unterlagen, insbesondere Zahlungsnachweise, Bestätigung des Finanzamts über die Zulassung der Lohnsteuerpauschalierung. ⁴In den Fällen des § 40a des Einkommensteuergesetzes genügt es, wenn der Arbeitgeber Aufzeichnungen führt, aus denen sich für die einzelnen Arbeitnehmer Name und Anschrift, Dauer der Beschäftigung, Tag der Zahlung, Höhe des Arbeitslohns und in den Fällen des § 40a Abs. 3 des Einkommensteuergesetzes auch die Art der Beschäftigung ergeben. ⁵Sind in den Fällen der Sätze 3 und 4 Bezüge nicht mit dem ermäßigten Kirchensteuersatz besteuert worden, so ist zusätzlich der fehlende Kirchensteuerabzug aufzuzeichnen und auf die als Beleg aufzubewahrende Unterlage hinzuweisen, aus der hervorgeht, daß der Arbeitnehmer keiner Religionsgemeinschaft angehört, für die die Kirchensteuer von den Finanzbehörden erhoben wird.

(2a) ¹Der Arbeitgeber hat die nach den Absätzen 1 und 2 sowie die nach § 41 des Einkommensteuergesetzes aufzuzeichnenden Daten der Finanzbehörde nach einer amtlich vorgeschriebenen einheitlichen Form über eine digitale Schnittstelle elektronisch bereitzustellen. ²Auf Antrag des Arbeitgebers kann das Betriebsstättenfinanzamt zur Vermeidung unbilliger Härten zulassen, dass der Arbeitgeber die in Satz 1 genannten Daten in anderer auswertbarer Form bereitstellt.

(3) ¹Das Betriebsstättenfinanzamt kann bei Arbeitgebern, die für die Lohnabrechnung ein maschinelles Verfahren anwenden, Ausnahmen von den Vorschriften des Absätze 1 und 2 zulassen, wenn die Möglichkeit zur Nachprüfung in anderer Weise sichergestellt ist. ²Das Betriebsstättenfinanzamt soll zulassen, daß Sachbezüge im Sinne des § 8 Absatz 2 Satz 11 und Absatz 3 des Einkommensteuergesetzes für solche Arbeitnehmer nicht aufzuzeichnen sind, für die durch betriebliche Regelungen und entsprechende Überwachungsmaßnahmen gewährleistet ist, daß die in § 8 Absatz 2 Satz 11 oder Ab-

satz 3 des Einkommensteuergesetzes genannten Beträge nicht überschritten werden.

(4) ¹In den Fällen des § 38 Abs. 3a des Einkommensteuergesetzes ist ein **Lohnkonto vom Dritten zu führen.** ²**In den Fällen des § 38 Abs. 3a Satz 2 ist der Arbeitgeber anzugeben und auch der Arbeitslohn einzutragen, der nicht vom Dritten, sondern vom Arbeitgeber selbst gezahlt wird.** ³**In den Fällen des § 38 Abs. 3a Satz 7 ist der Arbeitslohn für jedes Dienstverhältnis gesondert aufzuzeichnen.**

§ 5 LStDV *Besondere Aufzeichnungs- und Mitteilungspflichten im Rahmen der betrieblichen Altersversorgung*

(abgedruckt bei § 3 EStG)

Lohnsteuer-Richtlinien: LStR 41.1–41.3; LStH 41.3.

1 **1. Umfang der Aufzeichnungspflichten.** Zuwendungen, die nicht den Lohnbegriff erfüllen, müssen im Lohnkonto nicht angegeben werden. Das gilt auch für Trinkgelder, für die der ArbG keine LSt einzubehalten hat (s § 19 Rz 70). Auch Leistungen iSd § 41 I 4 sind einzutragen (beachte die Änderungen durch das CoronaStHG I, BGBl I 20, 1385). § 41 I 5 soll im Hinblick auf § 32b sicherstellen, dass bestimmte Lohnersatzleistungen vom FA erkannt werden. Wegen möglstfreie Lohnersatzleistungen (zB Insolvenzgeld, Arbeitslosengeld) ist für Arbeitsunterbrechungen der Großbuchstabe U zu vermerken (LStR 41.2). Die Aufbewahrungsfrist des § 41 I 9 gilt auch für Belege, die zum **Lohnkonto** zu nehmen sind (zB abgerufene ELStAM) und für die in § 93c I Nr 4 AO genannten Unterlagen. Pauschal versteuerte Bezüge iSd § 40a I 1 Nr 1 und Zukunftssicherungsleistungen iSd § 40b dürfen nicht in einem Sammelkonto aufgezeichnet werden (§ 4 II Nr 8 LStDV).

2 **2. Erfüllungsort der Aufzeichnungspflichten.** Das Lohnkonto ist am Ort der Betriebsstätte zu führen. Für das LStVerfahren gilt ein von § 12 AO abweichender Betriebsstättenbegriff. Für die Bestimmung der Betriebsstätte kommt es allein darauf an, wo der maßgebende ArbLohn insgesamt ermittelt wird. Ohne Bedeutung sind der Ort der Berechnung der LSt oder der Aufbewahrung der Bescheinigung über die LSt-Abzugsmerkmale. Der ArbLohn wird dort ermittelt, wo die Teile des ArbLohns zusammengestellt werden, die für den LStAbzug bedeutsam sind; bei maschineller Lohnabrechnung also dort, wo die maßgebenden Eingabewerte zusammengefasst werden (LStR 41.3). Durch die **Betriebsstätte** wird das zuständige FA bestimmt. Es liegt im Ermessen des ArbG, der in mehreren Teilbetrieben ArbN beschäftigt, ob er eine oder mehrere Betriebsstätten iSd § 41 II einrichtet. Zur Betriebsstätte bei Konzernunternehmen s *OFD Mbg* BB 94, 772; bei Wohnungseigentümergemeinschaften s *OFD Brem* DB 97, 1744. § 41 II 2 enthält einen Auffangtatbestand.

3 **3. Ausländischer Arbeitnehmerverleiher.** Für ausl ArbN-Verleiher, die im Inl oft keinen Ort haben, an dem der für den LStAbzug maßgebende ArbLohn ermittelt wird, war eine Betriebsstättenfiktion zur Bestimmung des zuständigen FA erforderl. Die Zuständigkeit richtet sich nach dem Ort, an dem die Arbeitsleistung ganz oder vorwiegend stattfindet (§ 41 II 2, letzter HS). Unklar ist, welcher Ort die Betriebsstätte ist, wenn der Verleiher zB mehrere ArbN-Kolonnen an verschiedenen Orten einsetzt bzw wenn eine Kolonne im Laufe des Jahres den Einsatzort ständig wechselt. ME sollte jedes FA, in dessen Bezirk LeihArbN tätig werden, seine Zuständigkeit zunächst annehmen, damit nicht aus einer Unklarheit unrechtmäßige Vorteile gezogen werden können. Zum ständigen Vertreter bei ausl ArbG s LStR 41.3 S 3. Handelt es sich um ArbG, die Bauleistungen erbringen (§ 48), so gilt die abw Zuständigkeitsregelung des § 20a AO (s auch § 48 Rz 2).

§ 41a Anmeldung und Abführung der Lohnsteuer

(1) [1]Der Arbeitgeber hat spätestens am zehnten Tag nach Ablauf eines jeden Lohnsteuer-Anmeldungszeitraums

1. dem Finanzamt, in dessen Bezirk sich die Betriebsstätte (§ 41 Absatz 2) befindet (Betriebsstättenfinanzamt), eine Steuererklärung einzureichen, in der er die Summen der im Lohnsteueranmeldungszeitraum einzubehaltenden und zu übernehmenden Lohnsteuer, getrennt nach den Kalenderjahren, in denen der Arbeitslohn bezogen wird oder als bezogen gilt, angibt (Lohnsteuer-Anmeldung),
2. die im Lohnsteuer-Anmeldungszeitraum insgesamt einbehaltene und übernommene Lohnsteuer an das Betriebsstättenfinanzamt abzuführen.

[2]Die Lohnsteuer-Anmeldung ist nach amtlich vorgeschriebenem Datensatz durch Datenfernübertragung zu übermitteln. [3]Auf Antrag kann das Finanzamt zur Vermeidung unbilliger Härten auf eine elektronische Übermittlung verzichten; in diesem Fall ist die Lohnsteuer-Anmeldung nach amtlich vorgeschriebenem Vordruck abzugeben und vom Arbeitgeber oder von einer zu seiner Vertretung berechtigten Person zu unterschreiben. [4]Der Arbeitgeber wird von der Verpflichtung zur Abgabe weiterer Lohnsteuer-Anmeldungen befreit, wenn er Arbeitnehmer, für die er Lohnsteuer einzubehalten oder zu übernehmen hat, nicht mehr beschäftigt und das dem Finanzamt mitteilt.

(2) [1]Lohnsteuer-Anmeldungszeitraum ist grundsätzlich der Kalendermonat. [2]Lohnsteuer-Anmeldungszeitraum ist das Kalendervierteljahr, wenn die abzuführende Lohnsteuer für das vorangegangene Kalenderjahr mehr als 1080 Euro, aber nicht mehr als 5000 Euro betragen hat; Lohnsteuer-Anmeldungszeitraum ist das Kalenderjahr, wenn die abzuführende Lohnsteuer für das vorangegangene Kalenderjahr nicht mehr als 1080 Euro betragen hat. [3]Hat die Betriebsstätte nicht während des ganzen vorangegangenen Kalenderjahres bestanden, so ist die für das vorangegangene Kalenderjahr abzuführende Lohnsteuer für die Feststellung des Lohnsteuer-Anmeldungszeitraums auf einen Jahresbetrag umzurechnen. [4]Wenn die Betriebsstätte im vorangegangenen Kalenderjahr noch nicht bestanden hat, ist die auf einen Jahresbetrag umgerechnete für den ersten vollen Kalendermonat nach der Eröffnung der Betriebsstätte abzuführende Lohnsteuer maßgebend.

(3) [1]Die oberste Finanzbehörde des Landes kann bestimmen, dass die Lohnsteuer nicht dem Betriebsstättenfinanzamt, sondern einer anderen öffentlichen Kasse anzumelden und an diese abzuführen ist; die Kasse erhält insoweit die Stellung einer Landesfinanzbehörde. [2]Das Betriebsstättenfinanzamt oder die zuständige andere öffentliche Kasse können anordnen, dass die Lohnsteuer abweichend von dem nach Absatz 1 maßgebenden Zeitpunkt anzumelden und abzuführen ist, wenn die Abführung der Lohnsteuer nicht gesichert erscheint.

(4) [1]Arbeitgeber, die eigene oder gecharterte Handelsschiffe betreiben, dürfen die anzumeldende und abzuführende Lohnsteuer abziehen und einbehalten, die auf den Arbeitslohn entfällt, der an die Besatzungsmitglieder für die Beschäftigungszeiten auf diesen Schiffen gezahlt wird. [2]Die Handelsschiffe müssen in einem inländischen Seeschiffsregister eingetragen sein, die Flagge eines Mitgliedstaates der Europäischen Union oder eines Staates, auf den das Abkommen über den Europäischen Wirtschaftsraum anwendbar ist, führen und zur Beförderung von Personen oder Gütern im Verkehr mit oder zwischen ausländischen Häfen, innerhalb eines ausländischen Hafens oder zwischen einem ausländischen Hafen und der Hohen See betrieben werden. [3]Die Sätze 1 und 2 sind entsprechend anzuwenden, wenn Seeschiffe im

§ 41a 1 Anmeldung und Abführung der Lohnsteuer

Wirtschaftsjahr überwiegend außerhalb der deutschen Hoheitsgewässer zum Schleppen, Bergen oder zur Aufsuchung von Bodenschätzen oder zur Vermessung von Energielagerstätten unter dem Meeresboden eingesetzt werden. ⁴Bei Besatzungsmitgliedern, die auf Schiffen, einschließlich Ro-Ro-Fahrgastschiffen, arbeiten, die im regelmäßigen Personenbeförderungsdienst zwischen Häfen im Hoheitsgebiet der Mitgliedstaaten der Europäischen Union eingesetzt werden, gelten die Sätze 1 und 2 nur, wenn die Besatzungsmitglieder Staatsangehörige eines Mitgliedstaates der Europäischen Union oder eines Staates sind, auf den das Abkommen über den Europäischen Wirtschaftsraum anwendbar ist. ⁵Bei Seeschiffen, die für Schlepp- und Baggerarbeiten genutzt werden, gelten die Sätze 1 und 2 nur, wenn es sich um seetüchtige Schlepper und Baggerschiffe mit Eigenantrieb handelt und die Schiffe während mindestens 50 Prozent ihrer Betriebszeit für Tätigkeiten auf See eingesetzt werden. ⁶Ist für den Lohnsteuerabzug die Lohnsteuer nach der Steuerklasse V oder VI zu ermitteln, bemisst sich der Betrag nach Satz 1 nach der Lohnsteuer der Steuerklasse I.

Lohnsteuer-Richtlinien: LStR 41a.1, 41a.2; LStH 41a.1.

Übersicht

	Rz
1. Rechtsnatur	1
2. Anmeldung, § 41a I	2–5
3. Anmeldungszeitraum, § 41a II	6
4. Abweichende Bestimmung des Anmeldungsempfängers und des Anmeldungszeitpunkts, § 41a III	7
5. Einbehaltung nach § 41a IV; Handelsschiffe	8
6. Rechtsschutz des Arbeitgebers	9
7. Anfechtungsbefugnis des Arbeitnehmers	10

1 **1. Rechtsnatur.** Die LStAnmeldung ist eine StErklärung iSd § 150 I 2 AO, in der der ArbG die Steuer selbst zu berechnen hat. Sie steht einer StFestsetzung unter dem Vorbehalt der Nachprüfung gleich (§§ 167, 168 AO) und kann, solange der Vorbehalt wirksam ist, aufgehoben oder geändert werden (§ 164 II AO; BFH VI R 10/05 BStBl II 09, 354). Ergibt sich auf Grund der LStAnmeldung ein Erstattungsanspruch des ArbG (zB infolge Zahlung von Zulagen), tritt die Wirkung der Vorbehaltsfestsetzung erst nach Zustimmung des FA (zB konkludent durch Auszahlung) ein (§ 168 S 2 AO). Für den Rechtscharakter einer vom FA akzeptierten LStAnmeldung als StFestsetzung unter Nachprüfungsvorbehalt ist unerhebl, dass der ArbG StSchuldner nur bezügl der zu übernehmenden LSt (§§ 40–40b) ist, während er bezügl der einzubehaltenden LSt nur als Haftungs- oder Entrichtungsschuldner in Anspruch genommen werden kann. Kraft gesetzl Anordnung finden die §§ 164, 167, 168 AO Anwendung. ME sind Überlegungen schon im Ansatz verfehlt, nach denen die LStAnmeldung bezügl der einzubehaltenden LSt nicht als eine StFestsetzung, sondern als fiktiver Haftungsbescheid zu qualifizieren sei, weil der ArbG für einzubehaltende LSt nur hafte. Der ArbG begleicht bei Abführung der *angemeldeten* LSt keine Haftungsschuld, sondern seine eigene StSchuld, näml seine Entrichtungssteuerschuld (ausführl *Heuermann* StuW 06, 332; s auch *Drenseck* DStJG 9, 387). Dies hat Auswirkungen auf die Änderungsvorschriften in §§ 172 ff AO und auf die Verjährungsvorschriften (s BFH I B 151/98 BStBl II 01, 556, für die KapESt). – Gibt zB der ArbG die LStAnmeldung nicht ab oder meldet er LSt zu niedrig an, kann ihn das FA nach Schätzung (formell) durch StBescheid in Anspruch nehmen (BFH VI R 171/00 BStBl II 04, 1087; BFH I R 61/99 BStBl II 01, 67, zur KapESt; Anm *Gosch* StBP 01, 113). Da auch materiell kein Haftungs-, sondern ein Entrichtungsanspruch geltend gemacht wird, sind die Grundsätze des Haftungsverfahrens nicht zu beachten (ebenso *Nacke* DStR 05, 1297, 1298; HHR § 41a Rz 6; offen gelassen in BFH VI R 10/05 BStBl II 09, 354; *Schneider* BFH/PR

09, 177; **aA** *Drüen* DB 05, 299; *Heuermann* StuW 06, 332, 334 ff; s auch BFH I R 61/99 BStBl II 01, 67 zur KapESt).

2. Anmeldung, § 41a I. Der ArbG hat die LStAnmeldung dem FA grds auf elektronischem Weg zu übermitteln (Vordruckmuster für 2022 *BMF* BStBl I 21, 1075). Zur Vermeidung von unbilligen Härten kann das FA Ausnahmen zulassen (§ 41a I 3); dies ist eine Ermessensentscheidung. Dem Antrag ist zu entsprechen, wenn dem ArbG die Schaffung technischer Mittel nicht zuzumuten ist, zB kleiner Betrieb, der die technischen Mittel auch sonst nicht benötigt, oder älterer ArbG, der vor der Betriebsaufgabe steht und dem die neue Technik nicht zuzumuten ist (FG Hbg EFG 05, 992, rkr). Ferner kann eine Ausnahme wegen technischer Risiken geboten sein (*Betzwieser* DStR 05, 463).

a) Betriebsstättenbezug; Lohnsteuerarten. Der ArbG hat für jede Betriebsstätte (§ 41 II) und jeden Anmeldungszeitraum eine LStAnmeldung abzugeben; zur Anmeldung/Abführung an ein unzuständiges FA s *FM SchlHol* DB 10, 1207. Anzumelden sind einzubehaltende (dazu zählt auch die bei einer Nettolohnvereinbarung anfallende LSt) und zu übernehmende (§§ 40–40b) LSt; die beiden LStArten sind getrennt auszuweisen. Maßgebend war bis VZ 2019 der Zeitpunkt der Entstehung der LSt (§ 38 II 2); nach der Neufassung der Nr 1 durch das „JStG 2019" (BGBl I 19, 2451) ist ab VZ 2020 die LSt nach dem Kj des Bezugs des ArbLohns (§ 38a I 2 und 3) aufzuschlüsseln. Hierdurch wird ein Gleichlauf von LStAnmeldung und LSt-Bescheinigung erreicht. Solange ein ArbG noch ArbN beschäftigt, für die er LSt einzubehalten/zu übernehmen hat, muss er LStAnmeldungen abgeben. Die gem § 42b erstattete LSt ist gesondert anzugeben (§ 42b III 2).

b) Zeitraumbezogenheit; Sachverhaltsbezogenheit. Die LStAnmeldung hat nach § 41a I Nr 1 alle lstpfl Sachverhalte zeitraumbezogen zu erfassen. Wird ein bislang zu Unrecht nicht erfasster Sachverhalt erstmalig in einem Pauschalierungs-/Haftungsbescheid geregelt, bedeutet dies eine Änderung der LStAnmeldung. Dies gilt auch, wenn das FA ggü dem ArbG sachverhaltsbezogen die Entrichtungsschuld abw von der LStAnmeldung festsetzt (**aA** FG Nds EFG 12, 2015, Rev aus anderen Gründen unbegr: BFH VI R 47/12 BStBl II 15, 490). Diese Bescheide sind keine Ergänzungsbescheide iSd § 179 III AO, weil eine vorhandene StFestsetzung (LStAnmeldung) in ihrer Höhe geändert wird (BFH VI R 183/88 BStBl II 93, 829; BFH VI R 106/88 BStBl II 93, 840). Nach einer LStAnmeldung ergangene Haftungs-/Pauschalierungsbescheide sind daher keine Erst-, sondern Änderungsbescheide, was zum Eingreifen des § 176 II AO führen kann (BFH VI R 65/91 BStBl II 93, 844). – Wird nach einer LStAußenprüfung der Vorbehalt der Nachprüfung für die LStAnmeldung ohne Einschränkung oder Bedingung aufgehoben, greift die Änderungssperre des § 173 II AO zugunsten des ArbG ein (BFH VI R 83/04 BStBl II 09, 703; BFH VI R 52/94 BStBl II 95, 555; FG Mchn EFG 05, 637, rkr; *Drüen* FR 19, 1019, 1025). Ein Haftungsbescheid kann dann auch nicht mehr ergehen, wenn die LSt von dem ArbN hereingeholt werden kann (zu den Folgerungen der *FM Sachs* s DStR 98, 1307). Zur Drittwirkung der LStAnmeldung (§ 166 AO) ggü dem Haftenden s FG Thür EFG 99, 1208, rkr; BFH VII R 50/03 BStBl II 05, 127.

c) Abführung der Lohnsteuer. § 41a I bestimmt den Fälligkeitszeitpunkt. Bei nicht rechtzeitiger Abführung der LSt sind Säumniszuschläge verwirkt (§ 240 AO). Nach § 240 I 3 AO tritt die Säumnis allerdings nicht ein, bevor die LSt angemeldet worden ist. Erst dann beginnt die Schonfrist des § 240 III 1 AO. Verspätete oder unvollständige Abführung kann als Ordnungswidrigkeit geahndet werden (§ 380 AO). Für den Anspruch des ArbN gegen den ArbG auf Abführung der LSt ist der Finanzrechtsweg nicht gegeben (BFH VI B 108/92 BStBl II 93, 760).

3. Anmeldungszeitraum, § 41a II. Dies ist der Kalendermonat, das Kalendervierteljahr oder das Kj. Die Betragsgrenze für den einjährigen Anmeldungsteitraum

(§ 41a II 2) beträgt ab 2015 1080 € (vorher 1000 €). Damit ergibt sich bei einem monatl Pauschalentgelt von 450 € und einer PauschSt von 90 € eine jährl Anmeldung (BT-Drs 18/1529, S 66). Bei den nach § 41a II 2 maßgebenden Beträgen handelt es sich um die Summe der einbehaltenen und übernommenen LSt ohne Kürzung um ausgezahlte Zulagen (zB die Berlinzulage, BFH VI R 39/79 BStBl II 82, 223). Die Anmeldung kann mit **Zwangsmitteln** durchgesetzt werden (§§ 328 ff AO). Bei verspäteter Anmeldung kann ein **Verspätungszuschlag** festgesetzt werden (§ 152 AO), zur Bemessung s BFH VI R 101/84 BStBl II 89, 749. Eine Schonfrist bei verspäteter Abgabe der LSt-Anmeldung gibt es nicht (*BMF* BStBl I 04, 173 Tz III.6).

7 4. Abweichende Bestimmung des Anmeldungsempfängers und des Anmeldungszeitpunkts, § 41a III. Die oberste Landes-FinBeh kann bestimmen, dass die LSt bei einer anderen öffentl Kasse anzumelden und an diese abzuführen ist. Das BetriebsstättenFA oder die andere öffentl Kasse können (nach pflichtgemäßem Ermessen) zur Sicherung der LSt auch einen von Abs 1 abw Anmeldungs- und Abführungszeitpunkt festlegen.

8 5. Einbehaltung nach § 41a IV; Handelsschiffe. Diese Regelung, die durch Gesetz v 12.5.21 (BGBl I 21, 989) für Lohnzahlungszeiträume ab Juni 2021 geändert wurde (beihilferechtl Genehmigung der EU-Kommission v 22.6.21), begünstigt Reeder ggü anderen Transportunternehmen (*HHR* § 41a Rz 21); sie soll aber dennoch verfgemäß sein (FG Nds EFG 04, 1456, rkr). Zu Einzelheiten s LStR 41a.1 V; *Voß/Unbescheid* DB 98, 2341; *BH/Heuermann* § 41a Rz 40 ff. ArbG iSv § 41a IV ist der zum LSt-Einbehalt nach § 38 III Verpflichtete; ein abw ArbG-Begriff kommt nicht in Betracht. Voraussetzung der Begünstigung ist, dass ein ArbN an eigenen oder gecharterten Handelsschiffen des ArbG tätig ist (BFH VI R 84/10 BStBl II 11, 986) und das Schiff im jeweiligen Lohnzahlungszeitraum tatsächl zu den im Gesetz genannten Zwecken eingesetzt war (BFH VI R 30/17 BStBl II 20, 289). Durch § 52 Abs 40a idF des Gesetzes zur Erhöhung des LSt-Einbehalts in der Seeschifffahrt wurde die Begünstigung durch eine vom 1.6.16 auf 60 Monate befristete Erhöhung des LSt-Einbehalts von 40 % auf 100 % und den Entfall der 183-Tage-Regel weiter ausgebaut (BT-Drs 18/6679; *Urbahns* NWB 16, 1578; zu Einschränkungen der EU-Begünstigung in Einzelfällen s *BMF* BGBl I 16, 1248). Sie wurde durch § 52 Abs. 40a idF BGBl I 21, 989 in leicht modifizierter Form um 72 Monate verlängert und auf Handelsschiffe unter der Flagge eines Mitgliedsstaats der EU und des EWR ausgedehnt. Nach der beihilferechtl Genehmigung tritt an die Stelle der Eintragung in einem inl Seeschiffsregister die Eintragung in einem Seeschiffsregister eines EU/EWR-Mitgliedsstaates (s *BMF* BStBl I 21, 854).

9 6. Rechtsschutz des Arbeitgebers. Erkennt der ArbG, dass die LStAnmeldung fehlerhaft ist, bestehen folgende **Änderungsmöglichkeiten:** – *(1)* Änderung des LStAbzugs nach § 41c III. Diese Möglichkeit ist aber zeitl begrenzt (§ 41c III). Ferner greift diese Vorschrift nicht ein, wenn der ArbG irrtümlich für einen nicht mehr bei ihm beschäftigten ArbN LSt angemeldet hat. – *(2)* Der ArbG kann gegen die LStAnmeldung innerhalb der Rechtsbehelfsfrist Einspruch einlegen und AdV beantragen (*Drenseck* DB 83, 2326, mwN; *HHSp* § 168 AO Rz 20; keine Beiladung des ArbN, FG Brem EFG 95, 484 rkr, mE zweifelhaft, s BFH VI B 97/78 BStBl II 80, 210; BFH VI R 165/01 BStBl II 05, 890 und unten Rz 10). – *(3)* Antrag auf Änderung gem § 164 II 2 AO. – *(4)* Abgabe einer berichtigten LStAnmeldung, die ebenfalls die Wirkung des § 168 AO entfalten soll (*Schwarz* DStR 80, 480, 483 f; *HHSp* § 168 Rz 13; *TK* § 168 AO Rz 11). Führt die berichtigte LStAnmeldung aber zu einer Herabsetzung des ursprüngl Anmeldungsbetrages, bedarf sie der Zustimmung des FA (§ 168 S 2 AO). Von der Zustimmung des FA hängt die Fälligkeit des Erstattungsanspruchs und damit die Möglichkeit ab, zB gegen andere StForderungen aufzurechnen (vgl *Schwarz* DStR 80, 480, 484).

7. Anfechtungsbefugnis des Arbeitnehmers. Auch der ArbN ist, da er als 10
StSchuldner die Einbehaltung/Abführung der LSt dulden muss (Drittbetroffener),
zur Anfechtung der LSt-Anmeldung befugt (BFH VI R 165/01 BStBl II 05, 890;
zust *Heuermann* StBP 05, 307, mwN; *ders* StuW 06, 332, 336f, **aA** *KSM* § 41a
Rz A 39) und kann gegen das BetriebsstättenFA einen Erstattungsanspruch geltend
machen (BFH I R 70/08 BFH/NV 10, 350); auch er kann die AdV der LStAnmeldung begehren (*Drenseck* DStJG 9, 389f, mwN; *Schuhmann* BB 85, 187; **aA** FG
BaWü EFG 92, 110, rkr; *Giloy* BB 93, 1410). Der ArbG ist notwendig beizuladen (BFH VI B 66/15 BFH/NV 15, 1600; FG Mchn EFG 02, 629, rkr). Ficht der
ArbN eine LStAnmeldung nicht an, steht dies einem Erstattungsanspruch nach
§ 37 II AO entgegen (BFH I B 183/94 BStBl II 95, 781 zu § 50a IV; BFH I R
39/95 BStBl II 96, 87 zu § 50d). Nach Ergehen des ESt-Bescheides kann ein
Erstattungsanspruch grds nur noch über die Anfechtung dieses Bescheides verfolgt werden (BFH I R 39/95 BStBl II 96, 87); eine Anfechtungsklage des ArbN
gegen die LSt-Anmeldung erledigt sich durch den EStBescheid (BFH VI R 165/01
BStBl II 05, 890, Fortsetzungsfeststellungsklage). Zu beachten ist, dass Entscheidungen im Vorauszahlungsverfahren keine Bindungswirkung für das Veranlagungsverfahren erzeugen. Nach Ablauf des Abzugsjahres kann der ArbN nur noch im
Wege der Veranlagung die Erstattung einbehaltener LSt begehren (s auch § 39a
Rz 12).

§ 41b Abschluss des Lohnsteuerabzugs

(1) ¹**Bei Beendigung eines Dienstverhältnisses oder am Ende des Kalenderjahres hat der Arbeitgeber das Lohnkonto des Arbeitnehmers abzuschließen.**
²**Auf Grund der Aufzeichnungen im Lohnkonto hat der Arbeitgeber nach
Abschluss des Lohnkontos für jeden Arbeitnehmer der für dessen Besteuerung
nach dem Einkommen zuständigen Finanzbehörde nach Maßgabe des § 93c
der Abgabenordnung neben den in § 93c Absatz 1 der Abgabenordnung genannten Daten insbesondere folgende Angaben zu übermitteln (elektronische
Lohnsteuerbescheinigung):**

1. **die abgerufenen elektronischen Lohnsteuerabzugsmerkmale oder die auf
der entsprechenden Bescheinigung für den Lohnsteuerabzug eingetragenen Lohnsteuerabzugsmerkmale sowie die Bezeichnung und die Nummer
des Finanzamts, an das die Lohnsteuer abgeführt worden ist,**
2. **die Dauer des Dienstverhältnisses während des Kalenderjahres sowie die
Anzahl der nach § 41 Absatz 1 Satz 5 vermerkten Großbuchstaben U,**
3. **die Art und Höhe des gezahlten Arbeitslohns sowie nach § 41 Absatz 1 Satz 6 vermerkten Großbuchstaben S,**
4. **die einbehaltene Lohnsteuer, den Solidaritätszuschlag und die Kirchensteuer,**
5. **das Kurzarbeitergeld, den Zuschuss zum Mutterschaftsgeld nach dem
Mutterschutzgesetz, die Entschädigungen für Verdienstausfall nach dem
Infektionsschutzgesetz vom 20. Juli 2000 (BGBl. I S. 1045), zuletzt geändert durch Artikel 11 § 3 des Gesetzes vom 6. August 2002 (BGBl. I
S. 3082), in der jeweils geltenden Fassung, die nach § 3 Nummer 28 steuerfreien Aufstockungsbeträge oder Zuschläge sowie die nach § 3 Nummer 28a steuerfreien Zuschüsse,**
6. **die auf die Entfernungspauschale nach § 3 Nummer 15 Satz 3 und § 9
Absatz 1 Satz 3 Nummer 4 Satz 5 anzurechnenden steuerfreien Arbeitgeberleistungen,**
7. **die auf die Entfernungspauschale nach § 40 Absatz 2 Satz 2 Nummer 1
2. Halbsatz anzurechnenden pauschal besteuerten Arbeitgeberleistungen,**

8. für die dem Arbeitnehmer zur Verfügung gestellten Mahlzeiten nach § 8 Absatz 2 Satz 8 den Großbuchstaben M,
9. für die steuerfreie Sammelbeförderung nach § 3 Nummer 32 den Großbuchstaben F,
10. die nach § 3 Nummer 13 und 16 steuerfrei gezahlten Verpflegungszuschüsse und Vergütungen bei doppelter Haushaltsführung,
11. Beiträge zu den gesetzlichen Rentenversicherungen und an berufsständische Versorgungseinrichtungen, getrennt nach Arbeitgeber- und Arbeitnehmeranteil,
12. die nach § 3 Nummer 62 gezahlten Zuschüsse zur Kranken- und Pflegeversicherung,
13. die Beiträge des Arbeitnehmers zur gesetzlichen Krankenversicherung und zur sozialen Pflegeversicherung,
14. die Beiträge des Arbeitnehmers zur Arbeitslosenversicherung,
15. *[bis 31.12.2023:* den nach § 39b Absatz 2 Satz 5 Nummer 3 Buchstabe d berücksichtigten Teilbetrag der Vorsorgepauschale.]*

³Der Arbeitgeber hat dem Arbeitnehmer die elektronische Lohnsteuerbescheinigung nach amtlich vorgeschriebenem Muster binnen angemessener Frist als Ausdruck auszuhändigen oder elektronisch bereitzustellen. ⁴Soweit der Arbeitgeber nicht zur elektronischen Übermittlung nach Absatz 1 Satz 2 verpflichtet ist, hat er nach Ablauf des Kalenderjahres oder wenn das Dienstverhältnis vor Ablauf des Kalenderjahres beendet wird, eine Lohnsteuerbescheinigung nach amtlich vorgeschriebenem Muster auszustellen und an das Betriebsstättenfinanzamt bis zum letzten Tag des Monats Februar des auf den Abschluss des Lohnkontos folgenden Kalenderjahres zu übersenden. ⁵Er hat dem Arbeitnehmer eine Zweitausfertigung dieser Bescheinigung auszuhändigen. ⁶Nicht ausgehändigte Lohnsteuerbescheinigungen hat der Arbeitgeber dem Betriebsstättenfinanzamt einzureichen.

(2) ¹Ist dem Arbeitgeber die Identifikationsnummer (§ 139b der Abgabenordnung) des Arbeitnehmers nicht bekannt, hat er bis zum Veranlagungszeitraum 2022 für die Datenübermittlung nach Absatz 1 Satz 2 aus dem Namen, Vornamen und Geburtsdatum des Arbeitnehmers ein Ordnungsmerkmal nach amtlich festgelegter Regel für den Arbeitnehmer zu bilden und das Ordnungsmerkmal zu verwenden. ²Er darf das lohnsteuerliche Ordnungsmerkmal nur für die Zuordnung der elektronischen Lohnsteuerbescheinigung oder sonstiger für das Besteuerungsverfahren erforderlicher Daten zu einem bestimmten Steuerpflichtigen und für Zwecke des Besteuerungsverfahrens verarbeiten oder bilden.

(2a) *(aufgehoben)*

(3) ¹Ein Arbeitgeber ohne maschinelle Lohnabrechnung, der ausschließlich Arbeitnehmer im Rahmen einer geringfügigen Beschäftigung in seinem Privathaushalt im Sinne des § 8a des Vierten Buches Sozialgesetzbuch beschäftigt und keine elektronische Lohnsteuerbescheinigung erteilt, hat anstelle der elektronischen Lohnsteuerbescheinigung eine entsprechende Lohnsteuerbescheinigung nach amtlich vorgeschriebenem Muster auszustellen und an das Betriebsstättenfinanzamt bis zum letzten Tag des Monats Februar des auf den Abschluss des Lohnkontos folgenden Kalenderjahres zu übersenden. ²Der Arbeitgeber hat dem Arbeitnehmer nach Ablauf des Kalenderjahres oder nach Beendigung des Dienstverhältnisses, wenn es vor Ablauf des Kalenderjahres beendet wird, eine Zweitausfertigung der Lohnsteuerbescheinigung auszuhändigen. ³Nicht ausgehändigte Lohnsteuerbescheinigungen hat der Arbeitgeber dem Betriebsstättenfinanzamt einzureichen.

---

* § 41b I 2 Nr 15 aufgehoben durch JStG 2020 (BGBl I 20, 3096).

Änderung des Lohnsteuerabzugs § 41c

(4) ¹In den Fällen des Absatzes 1 ist für die Anwendung des § 72a Absatz 4 und des § 93c Absatz 4 Satz 1 der Abgabenordnung sowie für die Anwendung des Absatzes 2a das Betriebsstättenfinanzamt des Arbeitgebers zuständig. ²Sind für einen Arbeitgeber mehrere Betriebsstättenfinanzämter zuständig, so ist das Finanzamt zuständig, in dessen Bezirk sich die Geschäftsleitung des Arbeitgebers im Inland befindet. ³Ist dieses Finanzamt kein Betriebsstättenfinanzamt, so ist das Finanzamt zuständig, in dessen Bezirk sich die Betriebsstätte mit den meisten Arbeitnehmern befindet.

(5) ¹Die nach Absatz 1 übermittelten Daten können durch das nach Absatz 4 zuständige Finanzamt zum Zweck der Anwendung des § 72a Absatz 4 und des § 93c Absatz 4 Satz 1 der Abgabenordnung verarbeitet werden. ²Zur Überprüfung der Ordnungsmäßigkeit der Einbehaltung und Abführung der Lohnsteuer können diese Daten auch von den hierfür zuständigen Finanzbehörden bei den für die Besteuerung der Arbeitnehmer nach dem Einkommen zuständigen Finanzbehörden verarbeitet werden.

(6) Die Absätze 1 bis 5 gelten nicht für Arbeitnehmer, soweit sie Arbeitslohn bezogen haben, der nach den §§ 40 bis 40b pauschal besteuert worden ist.

Lohnsteuer-Richtlinien: LStR 41b/LStH 41b

1. Abschluss des Lohnsteuerabzugs. Bei Abschluss des Lohnkontos (Beendigung des DienstVerh oder Ende des Kj) hat der ArbG spätestens bis zum 28.2. des Folgejahres eine elektronische LSt-Bescheinigung nach amtl vorgeschriebenem Datensatz zu übermitteln. Die erforderl Angaben sind in § 41b I 2 Nr 1 bis 15 geregelt. Die jährl Abrechnung nach § 41b I ist auch unverzichtbar bei Zahlung pauschaler Zuschläge zum ArbLohn für Sonntags-, Feiertags- und Nachtarbeit. Denn die Steuerfreiheit dieser Zuschläge ist nur insoweit gegeben, als sie für tatsächl geleistete Stunden zu den von § 3b begünstigten Zeiten gezahlt wurden. Dies ist durch die Abrechnung nach § 41b I zu belegen (BFH VI R 18/11 BStBl II 12, 291). Soweit der ArbG nicht zur elektronischen Übermittlung verpflichtet ist (Einzelheiten s BMF BStBl I 17, 1339), hat er auf der vom FA ausgestellten Bescheinigung für den LStAbzug eine LSt-Bescheinigung auszustellen und ab VZ 20 bis zum 28.2. des Folgejahres an das Betriebsstätten FA zu übersenden. Dem ArbN ist eine Zweitausfertigung auszuhändigen (Vorjahre s *Schmidt* 38. Aufl § 41b Rz 1). Nach Abschluss des Lohnkontos ist eine Änderung des LStAbzugs unzulässig; etwaige Fehler beim LStAbzug können dann nur noch iRd ESt-Veranlagung berichtigt werden (BFH III R 50/09 BFH/NV 11, 786); für eine Berichtigung der LSt-Bescheinigung besteht nach diesem Zeitpunkt kein Rechtsschutzbedürfnis mehr (BFH III B 30/13 BFH/NV 13, 1625). Über die Eintragungen auf den LStBescheinigungen und sonstige in der Praxis auftretende Fragen s LStR 41b. 1

2. Verfahren. Die in § 41b aufgeführten Pflichten können nach den §§ 328 ff AO erzwungen werden. Der ArbN hat gegen den ArbG einen *vor den Arbeitsgerichten* verfolgbaren Anspruch auf Erteilung, Ergänzung oder Berichtigung der LStBescheinigungen (BFH VI B 108/92 BStBl II 93, 760; BFH VI R 57/04 BStBl II 08, 434; FG Nds EFG 08, 1987, rkr; FG Mster EFG 06, 283, rkr, zum negativen Kompetenzkonflikt s § 38 Rz 1); der Anspruch besteht aber nur bis Ende Februar des dem Abzugsjahr folgenden Jahres (s BFH VI R 36/96 BFH/NV 02, 340). Bei der Veranlagung gibt es keine Bindung an den Inhalt der LStBescheinigung (BFH VII B 205/99 BFH/NV 00, 1080). 2

§ 41c Änderung des Lohnsteuerabzugs

(1) ¹Der Arbeitgeber ist berechtigt, bei der jeweils nächstfolgenden Lohnzahlung bisher erhobene Lohnsteuer zu erstatten oder noch nicht erhobene Lohnsteuer nachträglich einzubehalten,

§ 41c 1 Änderung des Lohnsteuerabzugs

1. wenn ihm elektronische Lohnsteuerabzugsmerkmale zum Abruf zur Verfügung gestellt werden oder ihm der Arbeitnehmer eine Bescheinigung für den Lohnsteuerabzug mit Eintragungen vorlegt, die auf einen Zeitpunkt vor Abruf der Lohnsteuerabzugsmerkmale oder vor Vorlage der Bescheinigung für den Lohnsteuerabzug zurückwirken, oder
2. wenn er erkennt, dass er die Lohnsteuer bisher nicht vorschriftsmäßig einbehalten hat; dies gilt auch bei rückwirkender Gesetzesänderung.
²In den Fällen *[ab 1.1.2024:* des Satzes 1 Nummer 1, wenn es sich um Lohnsteuerabzugsmerkmale nach § 39 Absatz 4 Nummer 4 handelt, und in den Fällen*]** des Satzes 1 Nummer 2 ist der Arbeitgeber jedoch verpflichtet, wenn ihm dies wirtschaftlich zumutbar ist.

(2) ¹Die zu erstattende Lohnsteuer ist dem Betrag zu entnehmen, den der Arbeitgeber für seine Arbeitnehmer insgesamt an Lohnsteuer einbehalten oder übernommen hat. ²Wenn die zu erstattende Lohnsteuer aus dem Betrag nicht gedeckt werden kann, der insgesamt an Lohnsteuer einzubehalten oder zu übernehmen ist, wird der Fehlbetrag dem Arbeitgeber auf Antrag vom Betriebsstättenfinanzamt ersetzt.

(3) ¹Nach Ablauf des Kalenderjahres oder, wenn das Dienstverhältnis vor Ablauf des Kalenderjahres endet, nach Beendigung des Dienstverhältnisses, ist die Änderung des Lohnsteuerabzugs nur bis zur Übermittlung oder Ausschreibung der Lohnsteuerbescheinigung zulässig. ²Bei Änderung des Lohnsteuerabzugs nach Ablauf des Kalenderjahres ist die nachträglich einzubehaltende Lohnsteuer nach dem Jahresarbeitslohn zu ermitteln. ³Eine Erstattung von Lohnsteuer ist nach Ablauf des Kalenderjahres nur im Wege des Lohnsteuer-Jahresausgleichs nach § 42b zulässig. ⁴Eine Minderung der einzubehaltenden und zu übernehmenden Lohnsteuer (§ 41a Absatz 1 Satz 1 Nummer 1) nach § 164 Absatz 2 Satz 1 der Abgabenordnung ist nach der Übermittlung oder Ausschreibung der Lohnsteuerbescheinigung nur dann zulässig, wenn sich der Arbeitnehmer ohne vertraglichen Anspruch und gegen den Willen des Arbeitgebers Beträge verschafft hat, für die Lohnsteuer einbehalten wurde. ⁵In diesem Fall hat der Arbeitgeber die bereits übermittelte oder ausgestellte Lohnsteuerbescheinigung zu berichtigen und sie als geändert gekennzeichnet an die Finanzverwaltung zu übermitteln; § 41b Absatz 1 gilt entsprechend. ⁶Der Arbeitgeber hat seinen Antrag zu begründen und die Lohnsteuer-Anmeldung (§ 41a Absatz 1 Satz 1) zu berichtigen.

(4) ¹Der Arbeitgeber hat die Fälle, in denen er die Lohnsteuer nach Absatz 1 nicht nachträglich einbehält oder die Lohnsteuer nicht nachträglich einbehalten kann, weil
1. der Arbeitnehmer vom Arbeitgeber Arbeitslohn nicht mehr bezieht oder
2. der Arbeitgeber nach Ablauf des Kalenderjahres bereits die Lohnsteuerbescheinigung übermittelt oder ausgeschrieben hat,

dem Betriebsstättenfinanzamt unverzüglich anzuzeigen. ²Das Finanzamt hat die zu wenig erhobene Lohnsteuer vom Arbeitnehmer nachzufordern, wenn der nachzufordernde Betrag 10 Euro übersteigt. ³§ 42d bleibt unberührt.

Lohnsteuer-Richtlinien: LStR 41c.1–41c.3; LStH 41c.1, 41c.3.

1. Änderungsbefugnis des Arbeitgebers, § 41c I. Abs 1 gibt dem ArbG in den dort genannten Fällen ein Recht zur Änderung des LStAbzugs für abgelaufene Lohnzahlungszeiträume. Der ArbG ist zur Änderung des LStAbzugs in den Fällen des § 41c I 1 Nr 2 verpflichtet, wenn ihm dies wirtschaftl zumutbar ist (ArbG mit maschineller Lohnabrechnung, die eine rückwirkende Neuberechnung ermöglicht,

---

* Klammerzusatz eingefügt durch JStG 2020 (BGBl I 20, 3096).

Änderungszeitraum 2–5 § 41c

s BT-Drs 16/11 740, 26). Nimmt der ArbG keine Änderung vor, ist er anzeigepflichtig (§ 41c IV), wenn die Änderung zu einer nachträgl Einbehaltung führen würde. Macht der ArbG im Fall einer sich ergebenden Erstattung von dem Änderungsrecht keinen Gebrauch, kann der ArbN bis zum Ablauf des Kj gegen das BetriebsstättenFA einen Erstattungsanspruch nach § 37 II AO geltend machen (s aber § 41a Rz 10) oder er kann bis zur Veranlagung abwarten. Nach dem Wortlaut des Gesetzes darf die Änderung nur bei der auf die Zurverfügungstellung der ELStAM zum Abruf bzw Vorlage der Bescheinigung zum LStAbzug (§ 41c I 1 Nr 1) oder dem Zeitpunkt des Erkennens (§ 41c I 1 Nr 2) nächstfolgenden Lohnzahlung vorgenommen werden (zu Pfändungsfreigrenzen bei nachträgl Einbehaltung s LStR 41c.1 IV 3; *Niermann/Plenker* DB 10, 2127, 2136). Das Änderungsrecht bezieht sich nach hM nur auf Lohnabrechnungen, die der ArbG selbst vorgenommen hatte. § 41c I kommt nicht zur Anwendung, wenn der ArbG irrtüml für einen nicht mehr bei ihm beschäftigten ArbN LSt abgeführt hat; hier hat der ArbG nur die zu § 41a Rz 9 aufgezeigten Möglichkeiten (Erstattungsanspruch, dessen Geltendmachung die vorherige Beseitigung der LStAnmeldung erfordert). § 41c sollte analoge Anwendung bei zu übernehmender LSt (§§ 40–40b) finden (glA *KSM* § 41c Rz A 5).

2. Rückwirkende Lohnsteuerabzugsmerkmale, § 41c I 1 Nr 1. Nr 1 gilt 2 auch in den Fällen, in denen der ArbN aus irgendwelchen Gründen versäumt hatte, dem ArbG die Bescheinigung für den LStAbzug rechtzeitig vor der Lohnabrechnung vorzulegen. Die Verpflichtung des ArbG im Fall des § 39c II 2 (Änderungspflicht für den Monat Januar) wird durch § 41c nicht berührt.

3. Fehlerhafter Lohnsteuerabzug, § 41c I 1 Nr 2. Nr 2 setzt voraus, dass der 3 ArbG oder Hilfspersonen den nicht vorschriftsgemäßen LStAbzug erkennt, also ursprüngl Unkenntnis vom zutr LSt-Einbehalt bestand. Der ArbG ist zur Änderung nicht befugt, wenn er die LSt bewusst fehlerhaft einbehalten hat (BFH VI R 29/08 BStBl II 10, 833). Wodurch dem ArbG die Kenntnis über den zutr LSt-Einbehalt vermittelt wird, ist ohne Bedeutung (*BH/Heuermann* 41c Rz 13); die Änderung ist daher auch noch mögl, wenn der LSt-Prüfer den ArbG auf den Fehler aufmerksam gemacht hat. Die Verpflichtung gem § 41c I 1 Nr 2 Halbsatz 2 im Fall rückwirkender belastender Gesetzesänderung erscheint bedenkl.

4. Zu erstattende Lohnsteuer, § 41c II. Diese LSt hat der ArbG dem Betrag 4 zu entnehmen, den er insgesamt an LSt einbehalten oder übernommen hat. Den Erstattungsanspruch muss er folgl zunächst aus der abzuführenden LSt des LSt-Anmeldungszeitraums decken, in den die Änderung des LStAbzugs fällt. Ist dies nicht mögl, wird der Fehlbetrag dem ArbG auf Antrag vom Betriebsstätten-FA ersetzt. Hierzu reicht es aus, wenn er in der LStAnmeldung der Erstattungsbetrag kenntl gemacht wird (LStR 41c.1 VI 2).

5. Änderungszeitraum, § 41c III. Abs 3 regelt, bis zu welchem Zeitpunkt der 5 Änderung vorgenommen werden kann. Nach Übermittlung oder Ausschreiben der LStBescheinigung ist jegl Änderung des LStAbzugs unzulässig, da ansonsten der Inhalt der LStBelege unrichtig würde. Daher kann der ArbN nach Übermittlung der LStBescheinigung deren Berichtigung nicht mehr verlangen (BFH VI R 57/04 BStBl II 08, 434); ebenso nicht mehr nach Ablauf des Monats März des Folgejahres (BFH VI B 110/07 BFH/NV 08, 944). Keine Änderung des LStAbzugs liegt aber vor, wenn der ArbG eine LSt-Bescheinigung berichtigt, die weder einbehaltene noch abgeführte LSt unzutreffend als solche ausweist (BFH VII B 9/11 BFH/NV 11, 2042). Nach Ablauf des Kj kann es zu einer Erstattung nur im LStJA durch den ArbG (§ 42b) kommen. Daher kann bei beschr stpfl ArbN nach Ablauf des Kj eine Änderung des LStAbzugs mit Erstattungsfolge nur durch das FA vorgenommen werden (§ 37 II AO; LStR 41c.1 VIII). § 41c III kann nicht zugunsten des ArbG durchbrochen werden, wenn ein ArbN sich in betrügerischer Weise einen höheren Lohn ausweist und zur Verschleierung zu hohe LSt für den ArbG abführt (*Haase* DStZ 05, 602). Indes ist der tatsächl LStAbzug, der durch die LSt-Bescheinigung dokumentiert wird, nicht von Bedeutung, wenn es um die Entrichtungsschuld des ArbG geht, die einen zutreffend zu ermittelnden Sollbetrag zum Gegenstand hat. Dieser wird nicht durch den in der LSt-Bescheinigung dokumentierten Istbetrag bestimmt. Daher konnte eine LSt-Festsetzung gem § 164 II AO auch dann noch geändert werden, wenn eine Änderung des LStAbzugs nach § 41c III ausscheidet (BFH VI R 38/11 BFH/NV 13, 647; FG Ddorf EFG 15, 2093, rkr; FG Ddorf EFG 16, 1094, rkr; FG Ddorf EFG 16, 1791, rkr). § 41c III 4 idF KroatienAnpG (BGBl I 14, 1266) schränkt die Änderung nach § 164 II AO für Lohnzahlungszeiträume nach dem 31.12.13 allerdings ein. Sie ist nur noch zulässig, wenn sich der ArbN ohne vertragl Anspruch gegen den Willen des ArbG Beträge verschafft hat, für die LSt einbehalten wurde (*Seifert* DStZ 14, 837, 842). § 41c III 4 steht einer Änderung der LStAnmeldung nach den allg Korrekturvorschriften der §§ 172 ff AO aber nicht entgegen (BFH VI R 34/18 BStBl II 21, 446). § 41c III 5, 6 regelt näheres zum Verfahren. – Dass der ArbG die LStBescheinigung nicht mehr ändern kann, führt nicht zu einer Bindung im Veranlagungsverfahren oder bei Geltendmachung eines Erstattungsanspruchs, wenn die Bescheinigung fehlerhaft ist (BFH VII B 9/11 BFH/NV 11, 2042). Dies verkennt BFH VI R 46/07 BStBl II 10, 72; denn das FA kann Fehler des LStAbzugs bei der Veranlagung des ArbN oder auch im Nachforderungsverfahren korrigieren (s auch § 36 Rz 11; § 38 Rz 1). Davon zu unterscheiden ist die Haftung des ArbG, falls die unrichtige LStBescheinigung zu nachteiligen Folgen für den StAnspruch geführt hat.

6 6. Anzeigepflicht des Arbeitgebers, § 41c IV. Abs 4 hat in der Praxis erhebl Bedeutung, weil die Anzeige die Haftung des ArbG ausschließt (§ 42d II Nr 1). Der ArbG hat, wenn er von seiner Änderungsbefugnis nach § 41c I keinen Gebrauch macht oder die LSt aus den in § 41c IV Nr 1–2 genannten Gründen nicht einbehalten kann, dem BetriebsstättenFA unverzügl, also ohne schuldhafte Verzögerung, Anzeige zu erstatten. Die Anzeige muss so umfassend sein, dass das FA in der Lage ist, die LSt vom ArbN nachzufordern; sie muss insb die Identifikations-Nr und die LStAbzugsmerkmale des ArbN enthalten (LStR 41c.2 II). Die Anzeige hat auch Bedeutung für die Festsetzungsverjährung. Die Festsetzungsfrist beginnt nach § 170 II 1 Nr 1 AO erst mit Ablauf des Kj, in dem der ArbG die Anzeige erstattet hat (BFH VI R 11/11 BStBl II 13, 190). Noch nicht geklärt ist, ob der Haftungsausschluss auch eingreift, wenn der ArbG den fehlerhaften LStAbzug nicht selbst erkannt hat (s § 42d Rz 7; *Bergkemper* FR 10, 952; *Schick* BB 83, 1041, 1042). Weicht der ArbG von einer ihm erteilten Anrufungsauskunft ab, so kann er nicht dadurch einen Haftungsausschluss bewirken, dass er die Abweichung und die steuerl Daten dem BetriebsstättenFA anzeigt (BFH VI R 95/92 BStBl II 93, 687). – In Fällen rückwirkender Gesetzesänderung (s Rz 3) ergibt sich mE keine Haftung des ArbG bei Versäumung einer unverzügl Anzeige; insb wenn der ArbN bei Inkrafttreten der rückwirkenden Gesetzesänderung bereits ausgeschieden war.

§§ 42, 42a *(weggefallen)*

§ 42b Lohnsteuer-Jahresausgleich durch den Arbeitgeber

(1) ¹**Der Arbeitgeber ist berechtigt, seinen Arbeitnehmern, die während des abgelaufenen Kalenderjahres (Ausgleichsjahr) ständig in einem zu ihm bestehenden Dienstverhältnis gestanden haben, die für das Ausgleichsjahr einbehaltene Lohnsteuer insoweit zu erstatten, als sie die auf den Jahresarbeitslohn entfallende Jahreslohnsteuer übersteigt (Lohnsteuer-Jahresausgleich).** ²**Er ist zur Durchführung des Lohnsteuer-Jahresausgleichs verpflichtet, wenn er am 31. Dezember des Ausgleichsjahres mindestens zehn Arbeitnehmer beschäf-**

tigt. ³Der Arbeitgeber darf den Lohnsteuer-Jahresausgleich nicht durchführen, wenn
1. der Arbeitnehmer es beantragt oder
2. der Arbeitnehmer für das Ausgleichsjahr oder für einen Teil des Ausgleichsjahres nach den Steuerklassen V oder VI zu besteuern war oder
3. der Arbeitnehmer für einen Teil des Ausgleichsjahres nach den Steuerklassen II, III oder IV zu besteuern war oder
3a. bei der Lohnsteuerberechnung ein Freibetrag oder Hinzurechnungsbetrag zu berücksichtigen war oder
3b. das Faktorverfahren angewandt wurde oder
4. der Arbeitnehmer im Ausgleichsjahr Kurzarbeitergeld, Zuschuss zum Mutterschaftsgeld nach dem Mutterschutzgesetz, Zuschuss bei Beschäftigungsverboten für die Zeit vor oder nach einer Entbindung sowie für den Entbindungstag während einer Elternzeit nach beamtenrechtlichen Vorschriften, Entschädigungen für Verdienstausfall nach dem Infektionsschutzgesetz vom 20. Juli 2000 (BGBl. I S. 1045), nach § 3 Nummer 28 steuerfreie Aufstockungsbeträge oder Zuschläge oder nach § 3 Nummer 28a steuerfreie Zuschüsse bezogen hat oder
4a. die Anzahl der im Lohnkonto oder in der Lohnsteuerbescheinigung eingetragenen Großbuchstaben U mindestens eins beträgt oder
5. für den Arbeitnehmer im Ausgleichsjahr im Rahmen der Vorsorgepauschale jeweils nur zeitweise Beträge nach § 39b Absatz 2 Satz 5 Nummer 3 *Buchstabe a bis d [ab 1.1.2024: Buchstabe a bis e]** oder der Beitragszuschlag nach § 39b Absatz 2 Satz 5 Nummer 3 Buchstabe c berücksichtigt wurden oder sich im Ausgleichsjahr der Zusatzbeitragssatz (§ 39b Absatz 2 Satz 5 Nummer 3 Buchstabe b) geändert hat oder
6. der Arbeitnehmer im Ausgleichsjahr ausländische Einkünfte aus nichtselbständiger Arbeit bezogen hat, die nach einem Abkommen zur Vermeidung der Doppelbesteuerung oder unter Progressionsvorbehalt nach § 34c Absatz 5 von der Lohnsteuer freigestellt waren.

(2) ¹Für den Lohnsteuer-Jahresausgleich hat der Arbeitgeber den Jahresarbeitslohn aus dem zu ihm bestehenden Dienstverhältnis festzustellen. ²Dabei bleiben Bezüge im Sinne des § 34 Absatz 1 und 2 Nummer 2 und 4 außer Ansatz, wenn der Arbeitnehmer nicht jeweils die Einbeziehung in den Lohnsteuer-Jahresausgleich beantragt. ³Vom Jahresarbeitslohn sind der etwa in Betracht kommende Versorgungsfreibetrag und Zuschlag zum Versorgungsfreibetrag und der etwa in Betracht kommende Altersentlastungsbetrag abzuziehen. ⁴Für den so geminderten Jahresarbeitslohn ist die Jahreslohnsteuer nach § 39b Absatz 2 Satz 6 und 7 zu ermitteln nach Maßgabe der Steuerklasse, die für den letzten Lohnzahlungszeitraum des Ausgleichsjahres als elektronisches Lohnsteuerabzugsmerkmal abgerufen oder auf der Bescheinigung für den Lohnsteuerabzug oder etwaigen Mitteilungen über Änderungen zuletzt eingetragen wurde. ⁵Den Betrag, um den die sich hiernach ergebende Jahreslohnsteuer die Lohnsteuer unterschreitet, die von dem zugrunde gelegten Jahresarbeitslohn insgesamt erhoben worden ist, hat der Arbeitgeber dem Arbeitnehmer zu erstatten. ⁶Bei der Ermittlung der insgesamt erhobenen Lohnsteuer ist die Lohnsteuer auszuscheiden, die von den nach Satz 2 außer Ansatz gebliebenen Bezügen einbehalten worden ist.

(3) ¹Der Arbeitgeber darf den Lohnsteuer-Jahresausgleich frühestens bei der Lohnabrechnung für den letzten im Ausgleichsjahr endenden Lohnzahlungszeitraum, spätestens bei der Lohnabrechnung für den letzten Lohnzahlungszeitraum, der im Monat Februar des dem Ausgleichsjahr folgenden Kalender-

---

* Klammerzusatz eingefügt durch JStG 2020 (BGBl I 20, 3096).

jahres endet, durchführen. ²Die zu erstattende Lohnsteuer ist dem Betrag zu entnehmen, den der Arbeitgeber für seine Arbeitnehmer für den Lohnzahlungszeitraum insgesamt an Lohnsteuer erhoben hat. ³§ 41c Absatz 2 Satz 2 ist anzuwenden.

(4) ¹Im Lohnkonto für das Ausgleichsjahr ist die im Lohnsteuer-Jahresausgleich erstattete Lohnsteuer gesondert einzutragen. ²In der Lohnsteuerbescheinigung für das Ausgleichsjahr ist der sich nach Verrechnung der erhobenen Lohnsteuer mit der erstatteten Lohnsteuer ergebende Betrag als erhobene Lohnsteuer einzutragen.

Lohnsteuer-Richtlinien: LStR 42b; LStH 42b.

1 **1. Allgemeines.** Der LStJA nach § 42b ist der letzte Akt des LStAbzugsverfahrens und damit dem Vorauszahlungsverfahren zuzurechnen (*HHR* § 42b Rz 3). Er wird ohne Antrag des ArbN durchgeführt und soll bezwecken, dass der ArbN die LSt frühzeitig zurückerhält, die infolge schwankenden ArbLohns oder Änderungen der LSt-Abzugsmerkmale während des Ausgleichsjahres zu viel erhoben worden ist. Der LStJA durch den ArbG ist nichts anderes als eine Änderung des LStAbzugs iSd § 41c (*Drenseck* DStJG 9, 386; *KSM* § 42b Rz A 5; *BH/Heuermann* § 42b Rz 3). Nach BFH VII R 29/77 BStBl II 80, 488 umfasst eine **Gehaltsabtretung** zugleich auch die Abtretung etwaiger LStErstattungsansprüche gegen das FA. Gleiches muss auch für den Erstattungsanspruch aus dem LStJA nach § 42b gelten (*BH/Heuermann* § 42b Rz 33).

2 **2. Berechtigung, Verpflichtung und Verbot zur Durchführung des Lohnsteuerjahresausgleichs, § 42b I.** Beschäftigt der ArbG am 31.12. mindestens 10 ArbN (hierzu zählen auch Teilzeitbeschäftigte und gering entlohnte ArbN, von deren Lohn keine LSt einzubehalten war), ist er zur Durchführung des LStJA verpflichtet. Beschäftigt er weniger als 10 ArbN, ist er zur Durchführung des LStJA berechtigt. Der LStJA darf aber nur für solche ArbN durchgeführt werden, die am 31.12. bei ihm beschäftigt sind und während des Ausgleichsjahres ständig in einem DienstVerh zu ihm gestanden haben. Das Erfordernis der unbeschr StPfl wurde durch das „JStG 2019" (BGBl I 19, 2451) ab VZ 2020 gestrichen. Hat der ArbN nacheinander in mehreren DienstVerh bei verschiedenen ArbG gestanden, ist der LStJA nach § 42b nicht möglich (*BMF* BStBl I 18, 1137 Rz 132). – Ein **LStJA** darf **nicht durchgeführt** werden in den in § 42b I 3 Nr 1–6 genannten Fällen.

3 **3. Durchführung des Lohnsteuerjahresausgleichs, § 42b II.** Der ArbG hat zunächst den Jahresarbeitslohn zu ermitteln. Auf Antrag des ArbN können auch Gehaltsnachzahlungen für mehrere Jahre (§ 34 III 1) einbezogen werden. Zu LStJA bei Vorliegen einer Nettolohnvereinbarung s *OFD Ddorf* FR 94, 440 Tz 2.

4 **4. Erstattung und Abzugspflichten, § 42b III, IV.** Der Zeitpunkt des LStJA ergibt sich aus § 42b III. Die die Jahreslohnsteuer übersteigenden Abzugsbeträge sind dem ArbN zu erstatten. Der ArbG kann ohne Einwilligung seines ArbN gegen dessen Erstattungsanspruch nicht mit einer gegen ihn gerichteten Forderung aufrechnen, da Schuldner des Erstattungsanspruchs nicht der ArbG, sondern der Steuergläubiger ist (BFH VI 301/60 U BStBl III 61, 372; *TK* § 46 AO Rz 36). Die dem ArbN zu erstattenden Beträge kann der ArbG dem Betrag entnehmen, den er für seine ArbN für den Lohnzahlungszeitraum, in dem die Erstattung fällt, insgesamt an LSt erhoben hat. Reicht der Betrag nicht aus, so wird der Fehlbetrag dem ArbG auf Antrag vom BetriebsstättenFA ersetzt (§ 42b III 2 und 3). Der an den ArbN erstattete Betrag muss im Lohnkonto besonders aufgezeichnet werden (§ 42b IV). Die vom ArbG im LStJA zu Unrecht erstattete LSt kann vom ArbN nachgefordert werden (s § 42d Rz 24). Mit der LSt ist auch die **LohnKiSt** auszugleichen. Der ArbG wendet dabei den KiStSatz des Ortes der Betriebstätte an.

§ 42c *(weggefallen)*

§ 42d Haftung des Arbeitgebers und Haftung bei Arbeitnehmerüberlassung

(1) Der Arbeitgeber haftet
1. für die Lohnsteuer, die er einzubehalten und abzuführen hat,
2. für die Lohnsteuer, die er beim Lohnsteuer-Jahresausgleich zu Unrecht erstattet hat,
3. für die Einkommensteuer (Lohnsteuer), die auf Grund fehlerhafter Angaben im Lohnkonto oder in der Lohnsteuerbescheinigung verkürzt wird,
4. für die Lohnsteuer, die in den Fällen des § 38 Absatz 3a der Dritte zu übernehmen hat.

(2) Der Arbeitgeber haftet nicht, soweit Lohnsteuer nach § 39 Absatz 5 oder § 39a Absatz 5 nachzufordern ist und in den vom Arbeitgeber angezeigten Fällen des § 38 Absatz 4 Satz 2 und 3 und des § 41c Absatz 4.

(3) ¹Soweit die Haftung des Arbeitgebers reicht, sind der Arbeitgeber und der Arbeitnehmer Gesamtschuldner. ²Das Betriebsstättenfinanzamt kann die Steuerschuld oder Haftungsschuld nach pflichtgemäßem Ermessen gegenüber jedem Gesamtschuldner geltend machen. ³Der Arbeitgeber kann auch dann in Anspruch genommen werden, wenn der Arbeitnehmer zur Einkommensteuer veranlagt wird. ⁴Der Arbeitnehmer kann im Rahmen der Gesamtschuldnerschaft nur in Anspruch genommen werden,
1. wenn der Arbeitgeber die Lohnsteuer nicht vorschriftsmäßig vom Arbeitslohn einbehalten hat,
2. wenn der Arbeitnehmer weiß, dass der Arbeitgeber die einbehaltene Lohnsteuer nicht vorschriftsmäßig angemeldet hat. ²Dies gilt nicht, wenn der Arbeitnehmer den Sachverhalt dem Finanzamt unverzüglich mitgeteilt hat.

(4) ¹Für die Inanspruchnahme des Arbeitgebers bedarf es keines Haftungsbescheids und keines Leistungsgebots, soweit der Arbeitgeber
1. die einzubehaltende Lohnsteuer angemeldet hat oder
2. nach Abschluss einer Lohnsteuer-Außenprüfung seine Zahlungsverpflichtung schriftlich anerkennt.

²Satz 1 gilt entsprechend für die Nachforderung zu übernehmender pauschaler Lohnsteuer.

(5) Von der Geltendmachung der Steuernachforderung oder Haftungsforderung ist abzusehen, wenn diese insgesamt 10 Euro nicht übersteigt.

(6) ¹Soweit einem Dritten (Entleiher) Arbeitnehmer im Sinne des § 1 Absatz 1 Satz 1 des Arbeitnehmerüberlassungsgesetzes in der Fassung der Bekanntmachung vom 3. Februar 1995 (BGBl. I S. 158), das zuletzt durch Artikel 26 des Gesetzes vom 20. Dezember 2011 (BGBl. I S. 2854) geändert worden ist, zur Arbeitsleistung überlassen werden, haftet er mit Ausnahme der Fälle, in denen eine Arbeitnehmerüberlassung nach § 1 Absatz 3 des Arbeitnehmerüberlassungsgesetzes vorliegt, neben dem Arbeitgeber. ²Der Entleiher haftet nicht, wenn der Überlassung eine Erlaubnis nach § 1 des Arbeitnehmerüberlassungsgesetzes in der jeweils geltenden Fassung zugrunde liegt und soweit er nachweist, dass er den nach § 51 Absatz 1 Nummer 2 Buchstabe d vorgesehenen Mitwirkungspflichten nachgekommen ist. ³Der Entleiher haftet ferner nicht, wenn er über das Vorliegen einer Arbeitnehmerüberlassung ohne Verschulden irrte. ⁴Die Haftung beschränkt sich auf die Lohnsteuer für die Zeit, für die ihm der Arbeitnehmer überlassen worden ist. ⁵Soweit die Haftung des Entleihers reicht, sind der Arbeitgeber, der Entleiher und der Arbeit-

§ 42d — Haftung des Arbeitgebers bei ArbN-Überlassung

nehmer Gesamtschuldner. ⁶Der Entleiher darf auf Zahlung nur in Anspruch genommen werden, soweit die Vollstreckung in das inländische bewegliche Vermögen des Arbeitgebers fehlgeschlagen ist oder keinen Erfolg verspricht; § 219 Satz 2 der Abgabenordnung ist entsprechend anzuwenden. ⁷Ist durch die Umstände der Arbeitnehmerüberlassung die Lohnsteuer schwer zu ermitteln, so ist die Haftungsschuld mit 15 Prozent des zwischen Verleiher und Entleiher vereinbarten Entgelts ohne Umsatzsteuer anzunehmen, solange der Entleiher nicht glaubhaft macht, dass die Lohnsteuer, für die er haftet, niedriger ist. ⁸Die Absätze 1 bis 5 sind entsprechend anzuwenden. ⁹Die Zuständigkeit des Finanzamts richtet sich nach dem Ort der Betriebsstätte des Verleihers.

(7) Soweit der Entleiher Arbeitgeber ist, haftet der Verleiher wie ein Entleiher nach Absatz 6.

(8) ¹Das Finanzamt kann hinsichtlich der Lohnsteuer der Leiharbeitnehmer anordnen, dass der Entleiher einen bestimmten Teil des mit dem Verleiher vereinbarten Entgelts einzubehalten und abzuführen hat, wenn dies zur Sicherung des Steueranspruchs notwendig ist; Absatz 6 Satz 4 ist anzuwenden. ²Der Verwaltungsakt kann auch mündlich erlassen werden. ³Die Höhe des einzubehaltenden und abzuführenden Teils des Entgelts bedarf keiner Begründung, wenn der in Absatz 6 Satz 7 genannte Prozentsatz nicht überschritten wird.

(9) ¹Der Arbeitgeber haftet auch dann, wenn ein Dritter nach § 38 Absatz 3a dessen Pflichten trägt. ²In diesen Fällen haftet der Dritte neben dem Arbeitgeber. ³Soweit die Haftung des Dritten reicht, sind der Arbeitgeber, der Dritte und der Arbeitnehmer Gesamtschuldner. ⁴Absatz 3 Satz 2 bis 4 ist anzuwenden; Absatz 4 gilt auch für die Inanspruchnahme des Dritten. ⁵Im Fall des § 38 Absatz 3a Satz 2 beschränkt sich die Haftung des Dritten auf die Lohnsteuer, die für die Zeit zu erheben ist, für die er sich gegenüber dem Arbeitgeber zur Vornahme des Lohnsteuerabzugs verpflichtet hat; der maßgebende Zeitraum endet nicht, bevor der Dritte seinem Betriebsstättenfinanzamt die Beendigung seiner Verpflichtung gegenüber dem Arbeitgeber angezeigt hat. ⁶In den Fällen des § 38 Absatz 3a Satz 7 ist als Haftungsschuld der Betrag zu ermitteln, um den die Lohnsteuer, die für den gesamten Arbeitslohn des Lohnzahlungszeitraums zu berechnen und einzubehalten ist, die insgesamt tatsächlich einbehaltene Lohnsteuer übersteigt. ⁷Betrifft die Haftungsschuld mehrere Arbeitgeber, so ist sie bei fehlerhafter Lohnsteuerberechnung nach dem Verhältnis der Arbeitslöhne und für nachträglich zu erfassende Arbeitslohnbeträge nach dem Verhältnis dieser Beträge auf die Arbeitgeber aufzuteilen. ⁸In den Fällen des § 38 Absatz 3a ist das Betriebsstättenfinanzamt des Dritten für die Geltendmachung der Steuer- oder Haftungsschuld zuständig.

Lohnsteuer-Richtlinien: LStR 42d.1–42d.3; LStH 42d.1–42d.3.

Übersicht

	Rz
I. Die einzelnen Haftungstatbestände, § 42d I	
1. Zielsetzung der Arbeitgeberhaftung	1
2. Einbehaltung und Abführung der Lohnsteuer, § 42d I Nr 1	3
3. Erstattung der Lohnsteuer beim Lohnsteuerjahresausgleich, § 42d I Nr. 2	4
4. Fehlerhafte Angaben im Lohnkonto, § 42d I Nr 3	5
5. Zu übernehmende Lohnsteuer, § 42d I Nr 4	6
6. Verschuldensunabhängigkeit der Haftung	7
7. Entstehung und Erlöschen des Haftungsanspruchs	10–12
II. Haftungsausschluss, § 42d II	14

Die einzelnen Haftungstatbestände 1 § 42d

Rz

III. Inanspruchnahme des Arbeitnehmers, des Arbeitgebers und anderer Personen, § 42d III
1. Gesamtschuldnerische Haftung und Ermessensentscheidung, § 42d III 1, 2 16
2. Zuständigkeit, § 42d III 2 17
3. Inanspruchnahme des Arbeitgebers bei Veranlagung des Arbeitnehmers, § 42d III 3 18
4. Arbeitnehmerinanspruchnahme während des laufenden Kalenderjahrs, § 42d III 4 19–21
5. Arbeitnehmerinanspruchnahme nach Ablauf des Kalenderjahrs 22–24
6. Arbeitgeberinanspruchnahme; Entschließungsermessen 26–29
7. Arbeitgeberinanspruchnahme; Auswahlermessen 32
8. Haftung anderer Personen 35
9. Umfang der Haftung 40
10. Feststellungslast 42

IV. Haftungsbescheid, § 42d IV
1. Entbehrlichkeit des Haftungsbescheids in Sonderfällen 44
2. Schriftlichkeitserfordernis 45
3. Inhalt 46–51
4. Änderungen 55
5. Sonstiges 56
6. Rechtsbehelfe 58–61

V. Bagatellgrenze, § 42d V 65

VI. Haftung bei Arbeitnehmerüberlassung, § 42d VI–IX und § 38 IIIa
1. Haftung bei Arbeitnehmerüberlassung, § 42d VI–VIII 66–75
2. Haftung in Fällen des § 38 III a, § 42d IX 76

VII. Erstattungsansprüche und Rückgriffsrechte
1. Erstattungsansprüche 80
2. Rückgriffsrecht des Arbeitgebers gegen Arbeitnehmer 82

I. Die einzelnen Haftungstatbestände, § 42d I

1. Zielsetzung der Arbeitgeberhaftung. Durch die Haftung des ArbG soll 1 die Steuerforderung gegen den ArbN abgesichert werden, um Steuerausfälle zu verhindern. Die ArbG-Haftung ist **verfgemäß** (BFH VI 270/62 U BStBl III 63, 468; BFH VI R 82/73 BStBl II 76, 104; BVerfG in BVerfGE 44, 103). Tatbestandsvoraussetzung der Haftung ist eine Steuerschuld des ArbN **(Akzessorietät der Haftung)**. Die Haftung hat **Schadensersatzcharakter;** daher kann nur für gesetzl geschuldete LSt gehaftet werden (BFH VI R 116/90 BStBl II 93, 775). Str ist, ob sich die Haftung auf die *vorläufig entstandene LStSchuld* (so BFH VI R 24/69 BStBl II 74, 756; wohl auch BFH VI R 5/05 BStBl II 08, 597; BFH VI R 3/15 BFH/NV 16, 994) oder auf die *endgültige EStSchuld* des ArbN bezieht (*Fichtelmann* DStR 74, 76 f; *Lang* StuW 75, 130 ff; *Gast-de Haan* DStJG 9, 158 f). Dabei ist Folgendes zu beachten: Die LSt wird grds zum Zweck der Vorauszahlung einbehalten und abgeführt. Sie wird gem § 36 I Nr 2 Buchst a auf die ESt angerechnet, soweit sie auf bei der Veranlagung erfasste Einkünfte entfällt (§ 36 Rz 11). Nur wenn keine EStVeranlagung in Betracht kommt, gilt die ESt, die auf die Einkünfte aus § 19 entfällt, durch den LStAbzug als abgegolten (§ 46 Rz 2). Der ArbG kann nach § 42d III 3 aber auch dann als Haftender in Anspruch genommen werden, wenn der ArbN zur ESt veranlagt wird. Danach ist wie folgt zu differenzieren: Nach § 42d I Nr 1–Nr 4 haftet der ArbG für die LSt und nicht für die veranlagte ESt, die auf die Einkünfte aus § 19 entfällt. Betrifft die Inanspruchnahme des ArbG einen Abführungszeitraum des lfd Kj, kann sich die Haftung folgl nur auf die für diesen Abführungszeitraum entstandene LSt (= Vorauszahlung) erstrecken. *Nach Durchführung der ESt Veranlagung* wird die LSt aber hinfällig. Ebenso wie die ESt-

Krüger 2123

Vorauszahlungen erledigt sich die LSt mit Ergehen des JahresEStBescheids auf sonstige Weise (§ 124 II AO), soweit die Anrechnung reicht (s BFH VII R 42/10, BStBl II 11, 607; BFH I R 43/12 BFH/NV 15, 306; BSG B 10 EG 3/19 R DStR 20, 2204). § 42d III 3 gestattet dessen ungeachtet die Inanspruchnahme des ArbG als Haftender. Diese Inanspruchnahme kann sich allerdings nicht mehr auf die erledigte LStSchuld (Vorauszahlungsschuld) erstrecken, jedenfalls nicht, soweit diese der Höhe nach durch die Jahressteuerschuld nicht gedeckt ist. Mit Erlass des EStBescheids erledigt sich die LSt iSd § 124 II AO auf andere Weise und verliert ihre Wirksamkeit (zutr BSG B 10 EG 3/19 R DStR 20, 2204). Daher ist der Haftungsumfang des ArbG für die LSt nach Ablauf des Kj im Falle der Veranlagung des ArbN auf dessen endgültige EStSchuld zu begrenzen (glA; FG BBg DStRE 18, 646, rkr; *Lang* RdA 99, 64 ff; *HHR* § 42d Rz 22; *KSM* § 42d Rz A 60; *Drenseck* StuW 00, 452, 455; *Drüen* DStJG 31, 189 f; iErg ebenso *BH/Wagner* § 42d Rz 35 ff; aA *Thomas* DStR 95, 273, s auch Rz 60). Allerdings obliegt es dem ArbG substantiiert darzulegen, dass die EStSchuld des ArbN hinter dem Haftungsbetrag zurückbleibt bzw in vollem Umfang beglichen ist (BFH VI R 177/88, BStBl II 92, 696; FG BBg DStRE 18, 646, rkr; ähnl BFH VII B 30/06 BFH/NV 07, 204; *Martens* StuW 70, 310, 314; *Gehm* StBp 16, 315; insoweit einschr *BH/Wagner* § 42d Rz 22). – Kein Fall der Haftung ist die StSchuldnerschaft des ArbG nach §§ 40–40b (Verhältnis zu § 42d s *HHR* § 42d Rz 13; *Bergkemper* FR 09, 624).

3 **2. Einbehaltung und Abführung der Lohnsteuer, § 42d I Nr 1.** Der ArbG behält die LSt richtig ein, wenn er sie nach den gesetzl Vorgaben unter Berücksichtigung der ELStAM ermittelt. Außerdem muss er die LSt bei Fälligkeit abführen. Der Haftungstatbestand ist folgl erfüllt, wenn der ArbG nicht die richtige LSt einbehalten und abgeführt hat. Der ArbG trägt insoweit grds auch die Verantwortung für seine mit der Lohnverwaltung zuständigen ArbN (BFH VI R 29/08 BStBl II 10, 833). Das Haftungsrisiko wird durch § 42e gemildert. Ist der ArbG entspr einer ihm oder dem ArbN erteilten **Anrufungsauskunft** oder entspr einer **verbindl Zusage** (§§ 204 ff AO) verfahren, hat er als „Beauftragter" die Weisungen und Vorschriften des „Auftraggebers" (FA) beachtet und damit die LSt vorschriftsmäßig einbehalten und abgeführt. Der Haftungstatbestand ist in diesen Fällen nicht erfüllt (*BH/Wagner* § 42d Rz 51; s auch BFH VI R 23/02 BStBl II 06, 210 zur LSt-Pauschalierung, und § 42e Rz 9). Die **Nichtabführung** einbehaltener LSt erfüllt stets den Haftungstatbestand.

4 **3. Erstattung der Lohnsteuer beim Lohnsteuerjahresausgleich, § 42d I Nr 2.** Die Vorschrift dient der Klarstellung. Der LStJA durch den ArbG (§ 42b) ist der letzte Akt des LStAbzugs. Die **unrichtige Erstattung** fällt daher auch unter § 42d I Nr 1 (s BFH VI R 121/72 BStBl II 75, 420).

5 **4. Fehlerhafte Angaben im Lohnkonto, § 42d I Nr 3.** Wird auf Grund unrichtiger Angaben im Lohnkonto oder in der LStBescheinigung die ESt vom FA iRd Veranlagung zu niedrig festgesetzt, ist der Haftungstatbestand erfüllt. Die Haftung des ArbG wird durch § 42d I Nr 3 auf das Veranlagungsverfahren ausgedehnt. Die EStVerkürzung ist tatbestandl Voraussetzung der Haftung (BFH VI R 116/90 BStBl II 93, 775).

6 **5. Zu übernehmende Lohnsteuer, § 42d I Nr 4.** Die Vorschrift stellt klar, dass der ArbG auch für die vom Dritten gem § 38 IIIa zu übernehmende LSt haftet.

7 **6. Verschuldensunabhängigkeit der Haftung.** Die Haftung des ArbG setzt kein Verschulden voraus (FG Thür EFG 10, 59, rkr). Der Grad des Verschuldens und ein Mitverschulden des FA können aber iRd Ermessensausübung Bedeutung erlangen (*KSM* § 42d Rz B 13; *BH/Wagner* § 42d Rz 58 ff mwN; *Bruschke* StB 14, 76 und Rspr, s Rz 26, 28).

10 **7. Entstehung und Erlöschen des Haftungsanspruchs.** Der Haftungsanspruch entsteht (§ 38 AO), sobald die einzubehaltene LSt zum Fälligkeitszeitpunkt nicht an das FA abgeführt wird (aA *KSM* § 42d RzA 131; *BH/Wagner* § 42d Rz 69, Entstehung mit fehlerhaftem Steuereinbehalt); es bedarf hierzu nicht des Erlasses eines Haftungsbescheids (BFH VII R 46/96 BStBl II 97, 171; *Rößler* DStZ 97, 575). Die Erlöschensgründe sind in § 47 AO aufgezählt.

a) Erfüllung des Haftungsanspruchs. Gem § 44 II AO wirkt die Erfüllung **11** durch einen Gesamtschuldner auch für die übrigen Schuldner. Andere Tatsachen (zB Verjährung) wirken nur für und gegen den Gesamtschuldner, in dessen Person sie eintreten. Die Zahlung eines Gesamtschuldners verringert somit die StSchuld und damit die Haftungsschuld eines weiteren Gesamtschuldners. Daher hat das FA *bis zum Ergehen der Einspruchsentscheidung* Zahlungen auf die Steuerschuld durch einen anderen Gesamtschuldner zu berücksichtigen (BFH VII R 37/06 BFH/NV 08, 526, mwN; BFH I R 152/83 BFH/NV 88, 5). Zahlungen und Zahlungsverjährung (BFH VII B 295/04 BFH/NV 05, 1748) *nach Ergehen der Einspruchsentscheidung* führen jedoch nicht zur Herabsetzung des Haftungsbetrages (BFH V R 125/76 BStBl II 80, 103; BFH VI R 136/77 BStBl II 81, 138) oder zur Rechtswidrigkeit des Haftungsbescheids (BFH VII R 28/99 BStBl II 02, 267). In diesem Fall kann der Gesamtschuldner aber zur Klärung etwaiger Zahlungen eines Dritten vom FA einen Bescheid nach § 218 II AO oder Widerruf des Haftungsbescheides nach § 131 I AO auch nach Ablauf der Festsetzungsfrist verlangen (BFH VII R 107/96 BStBl II 98, 131). Gleiches gilt bei Teilerlass der Haftungsschuld (BFH VII R 134/81 BFH/NV 87, 205).

b) Verjährung. Es ist zu unterscheiden zw **Festsetzungsverjährung** (§§ 191 **12** III, 169 ff AO) und **Zahlungsverjährung** (§§ 228 ff AO). § 191 III 4 AO verhindert, dass die Festsetzungsfrist für den Haftungsbescheid vor Ablauf der für die LStFestsetzung geltenden Festsetzungsfrist endet. Ein Haftungsbescheid darf nach § 191 V 1 Nr 1 AO nicht mehr ergehen, soweit die LSt gegen den ArbN als StSchuldner nicht festgesetzt worden ist und wegen Ablaufs der Festsetzungsfrist auch nicht mehr festgesetzt werden kann (BFH VI R 3/15 BFH/NV 16, 994). LSt- und Haftungsschuld stehen nicht im Verhältnis von Grundlagen- und Folgebescheid, sodass § 171 X AO nicht gilt (BFH VII R 7/04 BStBl II 06, 343, 1646; *Jatzke* HFR 05, 935). Nach § 171 XV AO idF AmtshilfeRLUmsG (BGBl I 13, 1809) endet die Festsetzungsfrist ggü dem ArbN allerdings nicht vor Ablauf der ggü dem ArbG als Entrichtungspflichtigen geltenden Festsetzungsfrist. Hierdurch soll ein Gleichlauf der Festsetzungsfristen beim Steuerschuldner und beim Entrichtungspflichtigen hergestellt werden (*Buse* DB 16, 1712). Zum Ablauf der Festsetzungsfrist bei *gerichtl* Aufhebung eines Haftungsbescheids und Erlass eines neuen Haftungsbescheides s BFH VII R 38/92 BStBl II 93, 581; zur Aufhebung eines Haftungsbescheides *durch das FA selbst* s BFH VII R 47/93 BStBl II 94, 715; BFH VII B 142/94 BStBl II 95, 227; BFH VII R 77/03 BStBl II 05, 122; s auch BFH VII R 18/03 BStBl II 05, 323 zur Geltung des § 171 IIIa AO im Falle der Rücknahme des angefochtenen Haftungsbescheids und dem *zeitgleich* erfolgten Ersetzung durch einen neuen Haftungsbescheid während des gerichtl Verfahrens. Durch zugunsten des FA ergangenes Sachurteil wird zugleich darüber entschieden, dass Zahlungsverjährung bis zum Tag der Entscheidung des FG nicht eingetreten ist (BFH VII B 24/96 BFH/NV 97, 95; BFH VIII B 42/07 BFH/NV 08, 802).

II. Haftungsausschluss, § 42d II

Die Vorschrift nennt zT deklaratorisch Tatbestände, in denen der ArbG nicht haf- **14** tet. In den Fällen des § 39 V und § 39a V hat der ArbG die LSt gem den ELStAM und somit zutr einzubehalten, selbst wenn die ELStAM materiell unzutr sein sollten. § 42d I ist folgl nicht erfüllt. In den Fällen des § 38 IV 2 und 3 kann der ArbG die LSt mangels hinreichenden Barlohns gar nicht in zutr Höhe einbehalten und haftet deshalb ebenfalls nicht. Haftungsbegründend sind zu diesen Fällen aber das Unterlassen der Anzeige, da diese zum ordnungsgemäßen LStEinbehalt gehört (*BH/Wagner*

§ 42d Rz 75). Ein echter Haftungsausschluss ist in § 42d II im Fall des § 41c IV geregelt. Erkennt der ArbG (s dazu § 41c Rz 3 und *HHR* § 42d Rz 56), dass er die LSt nicht vorschriftsmäßig einbehalten hat und zeigt er dies dem FA unverzügl an, ist seine Haftung ausgeschlossen. Hat sich der ArbG überhaupt nicht über die richtige Einbehaltung der Steuer unterrichtet und ist sein Verhalten völlig willkürl, kann die Berufung auf den Haftungsausschluss eine unzulässige Rechtsausübung sein. Auch nach einer Anrufungsauskunft kann der ArbG durch eine Anzeige gem § 41c IV keinen Haftungsausschluss erreichen, wenn er von der Auskunft abweicht.

III. Inanspruchnahme von Arbeitnehmern, Arbeitgebern und anderen Personen, § 42d III

16 **1. Gesamtschuldnerische Haftung und Ermessensentscheidung, § 42d III 1.**, 2 ArbG und ArbN sind Gesamtschuldner, soweit die ArbG-Haftung reicht (§ 42d III 1). Die Prüfung der Inanspruchnahme eines Haftungsschuldners erfolgt zweigliedrig (BFH X R 36/15 BFH/NV 17, 593; FG Hbg EFG 11, 598, rkr): Zunächst ist zu prüfen, ob und in welcher Höhe der Haftungstatbestand erfüllt ist (voll überprüfbare Rechtsentscheidung; s auch BFH VII R 53/96 BFH/NV 97, 386); sodann ist zu entscheiden, ob und wer als Haftungsschuldner in Anspruch genommen werden soll (Ermessensentscheidung). Das FA kann die Haftungsschuld nach pflichtgemäßem **Ermessen** (§ 5 AO) ggü jedem Gesamtschuldner festsetzen (§ 42d III 2). Das FA muss sein Ermessen spätestens mit der Einspruchsentscheidung ausüben. Im Verfahren vor dem FG kann es seine Ermessenserwägungen nach § 102 S 2 FGO nur noch ergänzen, im Revisionsverfahren können neue Ermessenserwägungen gar nicht mehr berücksichtigt werden (BFH VI R 28/12 BFH/NV 13, 1728). Der ArbN als Steuerschuldner kann bis auf die bei Rz 19 abgehandelten Ausnahmen stets in Anspruch genommen werden, wenn die LSt nicht ordnungsgemäß einbehalten worden ist (BFH VI R 62/09 BFH/NV 11, 751; BFH VI B 14/16 BFH/NV 16, 1540). Seine Inanspruchnahme durch StBescheid ist keine Ermessensentscheidung (BFH VI R 137/82 BStBl II 85, 660; BFH VI B 14/16 BFH/NV 16, 1540). Er kann nicht vortragen, der ArbG als der Haftende sei vorrangig in Anspruch zu nehmen oder er könne deshalb nicht in Anspruch genommen werden, weil die Inanspruchnahme des ArbG gegen Treu und Glauben verstoßen würde (BFH VI R 126/87 BStBl II 91, 720).

17 **2. Zuständigkeit, § 42d III 2.** Das BetriebstättenFA ist zuständig für sämtl Fälle der Inanspruchnahme des ArbG. Für die Inanspruchnahme des ArbN ist das BetriebstättenFA zuständig, wenn die *Vorauszahlungsschuld* durch LStNachforderungsbescheid geltend gemacht wird, selbst wenn dies nach Ablauf des Kj erfolgt (ebenso *von Bornhaupt* FR 91, 365, 366). Gleiches gilt wegen der Abgeltungswirkung des § 50 II 1 in Fällen beschr stpfl ArbN (BFH I R 157/87 BStBl II 92, 43). IÜ ist ggü dem ArbN das WohnsitzFA zuständig (FG Brem EFG 94, 944, rkr; s auch Rz 18 ff, 22 ff), insb wenn die Nachforderung gegen den ArbN die Änderung eines zuvor ergangenen EStBescheides voraussetzt (BFH VI R 141/88 BStBl II 92, 565). § 42d III 2 bezieht sich erkennbar nur auf das laufende LStAbzugsverfahren (BFH VI R 141/88 BStBl II 92, 565; FG Brem EFG 94, 944, rkr). Folgen der Verletzung der Zuständigkeit s § 39a Rz 15.

18 **3. Inanspruchnahme des Arbeitgebers bei Veranlagung des Arbeitnehmers, § 42d III 3.** Der ArbG kann iRd pflichtgemäßen Ermessens (§ 5 AO, s iEinz Rz 26 ff) auch in Anspruch genommen werden, wenn der ArbN zu veranlagen ist. Seine Inanspruchnahme kann aber ermessensfehlerhaft sein, wenn die Steuer vom ArbN ebenso schnell und einfach nacherhoben werden kann, weil er zB zu veranlagen ist (BFH VI 164/65 BStBl III 67, 331; BFH VI R 117/66 BStBl II 68, 324), oder wenn der ArbN aus dem Betrieb ausgeschieden ist (BFH VI R 23/66 BStBl III 67, 469). Dies gilt insb dann, wenn die Berechnung der LSt für den ArbG wegen Fehlens der LSt-Abzugsmerkmale ausgeschiedener ArbN einen höheren Verwaltungsaufwand verursachen würde als der Versand von Kontrollmitteilungen durch das FA (BFH VI B 28/95 BFH/NV 96, 32). Der ArbG, der sich auf die mögl Veranlagung des ArbN beruft, muss aber von sich aus die erforderl Angaben machen (BFH I R 159/76 BStBl II 79, 182, aE). Eine vorrangige Inanspruchnahme des ArbN kann auch dann geboten sein, wenn er im Betrieb des ArbG selbst für den LStAbzug verantwortl war (FG Mster EFG 76, 309, rkr) oder wenn damit gerechnet werden kann, dass die Einkünfte der ArbN unter der stpfl Grenze liegen, vorausgesetzt, die Nachforderung betrifft nur einen oder wenige langfristig Beschäftigte mit ihrer Anschrift bekannte ArbN und das Verhalten des ArbG war nicht grob leichtfertig (BFH VI R 167/73 BStBl II 75, 297; BFH VI R 48/79 BStBl II 82, 710, unter 2b). Eine vorrangige Inanspruchnahme des StPfl kann ferner dann geboten sein, wenn zweifelhaft ist, ob er überhaupt ArbN ist. Hatte das FA es schuldhaft versäumt, den ArbN rechtzeitig vorrangig in Anspruch zu nehmen, kann die spätere Inanspruchnahme des ArbG ebenfalls ermessensfehlerhaft sein. Zur Verwirkung des Haftungsanspruchs bei zögerl Verhalten des FA s BFH II R 34/81 BStBl II 83, 135.

4. Arbeitnehmerinanspruchnahme während des laufenden Kalenderjahrs, § 42d III 4. Die Inanspruchnahme des ArbN erfolgt während des laufenden Kj durch LStNachforderungsbescheid. Sie setzt voraus, dass die LSt nicht vorschriftsmäßig einbehalten wurde (§ 42d III 4 Nr 1). Diese Voraussetzung ist nicht erfüllt, wenn der ArbG eine (materiell unrichtige) Anrufungsauskunft (§ 42e) beachtet hat (BFH VI R 44/12 BFH/NV 14, 229; BFH VI R 43/13 BFH/NV 14, 1150). Die infolgedessen zu niedrig einbehaltene LSt kann *während* des lfd Kj (also während des Vorauszahlungsverfahrens) ggü dem ArbN nicht nachgefordert werden (s § 42e Rz 8, 9). Da die Auskunft aber nur Bindungen für das Vorauszahlungsverfahren erzeugt, kann die materiell richtige Steuer, soweit sie die als Vorauszahlungsschuld „vorschriftsmäßig" einbehaltene und abgeführte LSt übersteigt, *nach Ablauf* des Kj gegen den ArbN im Veranlagungsverfahren geltend gemacht werden (s Rz 24; *Geserich* HFR 14, 133). Der Nachweis über die Begleichung des Nachforderungsbetrages ist bei der Veranlagung als Ergänzung der LSt-Bescheinigung (§ 41b I 2) zu beachten. 19

a) Ausschluss der Inanspruchnahme des Arbeitnehmers. Jegl Inanspruchnahme des ArbN (auch nach Ablauf des Kj) ist ausgeschlossen, wenn der ArbG die LSt materiell vorschriftsmäßig einbehalten hat (so schon BFH IV R 168/68 BStBl II 72, 816). Damit hat der ArbN seine Vorauszahlungspflicht erfüllt; er ist iHd einbehaltenen LSt belastet (*Bruschke* StB 14, 76). Wenn der ArbG als „Beauftragter" des FA ohne Wissen des ArbN die einbehaltene LSt nicht anmeldet, hat das FA das Risiko der Nichtabführung allein zu tragen (**Umkehrung aus § 42d III 4 Nr 2;** dieser Grundsatz gilt aber nicht, wenn der *ArbN* im Wege der Vollstreckung seine titulierten Lohnansprüche gegen den ArbG durchsetzt, s auch BFH VI R 67/90 BStBl II 94, 182). Der ArbN kann weder iRd LStVorauszahlungsverfahrens noch nach Ablauf des Kj für diese einbehaltenen, aber nicht angemeldeten und nicht abgeführten LSt in Anspruch genommen werden. Dies bedeutet aber nicht, dass die Lohnteile, auf die die LSt einbehalten (aber nicht abgeführt) worden ist, in einer Jahressteuerfestsetzung (Veranlagung) erfasst werden dürften; erst bei der der Festsetzung nachfolgenden Abrechnung gelten die einbehaltenen (aber nicht abgeführten) LStBeträge als vorauszahlt (BFH VI R 137/82 BStBl II 85, 660; BFH VI R 61/09 BStBl II 11, 479). Weiß **(positive Kenntnis)** der ArbN aber, dass der ArbG die einbehaltene LSt nicht angemeldet hat, kann er in Anspruch genommen werden (§ 42d III 4 Nr 2). Bei der dem EStBescheid nachfolgenden Abrechnung sind die Beträge dann nicht wie abgeführt zu behandeln (BFH VII R 51/98 BFH/NV 00, 46, zur Rechtslage bei verdecktem ArbVerh), es sei denn, er hat dem BetriebsstättenFA den Sachverhalt unverzügl (ohne schuldhafte Verzögerung) mitgeteilt. Weiß der ArbN hingegen nicht, dass der ArbG die 20 einbehaltene LSt nicht angemeldet hat, weiß er aber, dass die LSt nicht ans FA abgeführt wurde, kann er nicht in Anspruch genommen werden.

21 b) Nettolohnvereinbarung. Auch im Fall der Nettolohnvereinbarung, die klar und eindeutig feststellbar sein muss, hat der ArbG aus der Sicht des ArbN den Bruttoarbeitslohn mit der Auszahlung des Nettolohns vorschriftsmäßig gekürzt. Daher kann der ArbN nur in Anspruch genommen werden, wenn er positive Kenntnis davon hat, dass der ArbG die LSt nicht angemeldet hat (BFH VI R 238/80 BStBl II 86, 186). Da die Nettolohnvereinbarung einen Sonderfall des LStAbzugs darstellt, darf der ArbN von einer vorschriftsmäßigen Einbehaltung der LSt iSv § 42d III 4 Nr 2 aber nur ausgehen, wenn er dem ArbG die für die Anwendung der ELStAM erforderl Angaben macht (§ 39e IV) und den Abruf der ELStAM durch den ArbG nicht sperrt (s BFH VI B 144/12 BFH/NV 14, 181).

22 5. Arbeitnehmerinanspruchnahme nach Ablauf des Kalenderjahrs. Auch nach Ablauf des Kj kann bis zum Ende der Festsetzungsfrist (§ 169 AO) gegen den ArbN ein LSt-Nachforderungsbescheid ergehen. Dieser Bescheid ist ebenfalls ein Vorauszahlungsbescheid, wenn das zuständige BetriebsstättenFA (s Rz 17) *nur die Steuer des fehlerhaften Abführungszeitraums* festsetzt. Der ArbN kann einwenden, dass sich der Fehler des Abführungszeitraumes wegen anderer steuermindernder Merkmale (zB hohe WK) iRd Jahressteuer nicht auswirkt. Das FA wird dann eine Jahressteuerberechnung vornehmen müssen (*Drenseck* DStJG 9, 422 ff). Wird der ArbN aber nicht von Amts wegen veranlagt und ist die Frist für die Beantragung der Veranlagung versäumt, kann der ArbN mit seinen steuermindernden Einwendungen allenfalls die Nachforderung zu Fall bringen. Er kann dann keine Erstattung zu viel einbehaltener LSt verlangen (BFH VI R 136/69 BStBl II 73, 423; s auch FG Hbg EFG 92, 692, rkr).

23 a) Inanspruchnahme im Veranlagungsverfahren. Ist bereits eine Veranlagung durchgeführt worden, kann die Nachforderung nur im Wege der Änderung des EStBescheids geltend gemacht werden (BFH VI R 141/88 BStBl II 92, 565). Ergeht im Verlauf des Veranlagungsverfahrens, aber vor Erlass des EStBescheids ein Nachforderungsbescheid, sollte dieser Bescheid in das Veranlagungsverfahren einbezogen werden (*Martens* StuW 70, 131 f).

24 b) Zulässigkeit der Inanspruchnahme. Verfahrensvorschriften (zB §§ 172 ff AO) dürfen der Inanspruchnahme des ArbN nicht entgegen stehen. Gegen seine uneingeschränkte Inanspruchnahme spricht aber nicht die Verwendung des Wortes „nur" in § 42d III 4. Diese Formulierung ist irreführend und kann sich allenfalls auf Maßnahmen im LStAbzugsverfahren (Vorauszahlungsverfahren) beziehen. Sie gilt nicht, wenn es um die Geltendmachung der *Jahressteuerschuld* geht (BFH VI R 137/82 BStBl II 85, 660; BFH VI R 61/09 BStBl II 11, 479; FG BaWü EFG 86, 23, rkr). Von der Inanspruchnahme des ArbN als Schuldner der LSt gibt es nur die Ausnahme, dass der ArbN *nicht* weiß, dass die einbehaltene LSt nicht angemeldet worden ist (§ 42d III 4 Nr 2; s Rz 20). Aus dem Gleichmäßigkeitsgrundsatz der Besteuerung folgt auch, dass das FA *nach Ablauf* des Kj an eine gegen den ArbN oder dem ArbG erteilte **Anrufungsauskunft** im Veranlagungsverfahren nicht gebunden ist; die Bindung besteht nur während des LStAbzugsverfahrens (BFH VI R 44/12 BFH/NV 14, 229; s auch § 42e Rz 9). Die **vom ArbG im LStJA (§ 42b) zu Unrecht erstattete LSt** kann vom ArbN nachgefordert werden; denn durch die fehlerhafte Erstattung ist die LSt (Vorauszahlungsschuld) iErg nicht vorschriftsmäßig einbehalten worden (*Gast-de Haan* DStJG 9, 168; **aA** *von Bornhaupt* BB 75, 547).

26 6. Arbeitgeberinanspruchnahme; Entschließungsermessen. Ist ein Haftungstatbestand erfüllt (s Rz 3 ff) und greift kein Haftungsausschluss (s Rz 14) ein (dies sind Rechtsentscheidungen, die das FG in vollem Umfang überprüfen muss; BFH V R 109/75 BStBl II 78, 508; BFH I R 193/79 BStBl II 83, 544; BFH X R

36/15 BFH/NV 17, 593, s hierzu auch Rz 16), hat das FA zunächst zu prüfen, ob der ArbG überhaupt in Anspruch genommen werden soll (Entschließungsermessen). Eine Inanspruchnahme des ArbG kann insb dann von vornherein ermessensfehlerhaft sein, wenn die **Ursachen für die fehlerhafte Einbehaltung der LSt** in der Sphäre des FA liegen; der ArbG ist aber beweispflichtig (BFH VI R 177/88 BStBl II 92, 696). So kann die Inanspruchnahme des ArbG unbillig sein, wenn er den LStAbzug gem einer Verwaltungsvorschrift, zB einem BMF-Schrb, vorgenommen hat (BFH VI R 17/12 BStBl II 14, 340), wenn er in einem **entschuldbaren Rechtsirrtum** den Steuerabzug unterlassen hat (zum Verschulden s Rz 7) und er in seinem Rechtsirrtum durch Äußerung eines amtl Prüfers bestärkt worden ist (BFH VI 167/61 U BStBl III 63, 23; Billigung bei früherer LSt-Außenprüfung, FG BaWü EFG 80, 342, rkr), die str Frage Gegenstand wiederholter Prüfungen gewesen ist (BFH VI 259/63 U BStBl III 65, 355), wenn das FA selbst durch seine Sachbehandlung bzw durch eine unklare Auskunft den ArbG in Unklarheit über die Rechtslage versetzt hat (BFH VI 297/61 U BStBl III 62, 284; BFH VI 183/59 S BStBl III 62, 37), den ArbG auf seinen Fehler nicht hingewiesen hat (BFH VI 80/62 U BStBl III 63, 574), der ArbG auf unklare LStR verweisen kann (BFH VI R 44/77 BStBl II 81, 801) oder der ArbG sich entspr einer bisherigen und für ihn nicht erkennbar aufgegebenen Rspr und Verwaltungsauffassung verhalten hatte (FG Nds EFG 92, 365, rkr). Ist der ArbG entspr einer OFD-Vfg oder einer sonstigen amtl Verlautbarung verfahren, ist seine Inanspruchnahme unabhängig davon ermessensfehlerhaft, ob er die Vfg gekannt hat oder nicht (BFH VI R 130/82 BStBl II 86, 98); auch wenn die amtl Verlautbarung erst nach dem Zeitpunkt des LStAbzugs erfolgt ist (BFH VI R 18/96 BStBl II 97, 413). S auch LStH 42d.1 „Ermessensausübung". Ein Rechtsirrtum kann auch dann entschuldbar sein, wenn der ArbG auf die in einem Tarifvertrag geäußerte Auffassung zur Steuerfreiheit bestimmter Bezüge vertraut hat und vertrauen konnte (BFH VI R 44/77 BStBl II 81, 801). Die falsche Auslegung einer eindeutigen Regelung eines Tarifvertrags geht aber zu Lasten des ArbG (BFH VI R 17/83 BFH/NV 86, 372). Ähnliches gilt im Fall eines **Tatsachenirrtums** des ArbG (*Offerhaus* StbJb 83/84, 314).

a) Ermessensausübung; Anrufungsauskunft. Hat der ArbG sich an eine unrichtige Anrufungsauskunft (§ 42e) gehalten, ist schon der Haftungstatbestand nicht erfüllt (s Rz 3). Ist der ArbG entspr einer unrichtigen Anrufungsauskunft eines BetriebsstättenFA auch in anderen Betriebsstätten verfahren, ist in Bezug auf diese anderen Betriebsstätten zwar der Haftungstatbestand erfüllt, der ArbG kann aber nicht in Anspruch genommen werden, da die Ursache für die fehlerhafte Einbehaltung der LSt in der Sphäre der *FinVerw* liegt (§ 42e S 2–4, zentrales AuskunftsFA). Ist der ArbG entspr einer ihm früher erteilten Auskunft oder einer allg Verwaltungsübung verfahren, ist nach einer Änderung des Gesetzes oder der Verw-Anweisung zu prüfen, ob der ArbG einem entschuldbaren Rechtsirrtum erlegen ist. Es ist bei der Ermessensentscheidung auch zu beachten, dass der ArbG idR kein Steuerfachmann ist und bei immer komplizierter werdendem LStRecht im öffentl Interesse unentgeltl ohne für ihn unerhebl Belastung auf sich nehmen muss. Man kann von dem ArbG kein strechtl Wissen verlangen, das selbst der amtl Fachprüfer nicht hat (BFH VI 109/62 U BStBl III 65, 426). Andererseits ist zu beachten, dass der ArbG die Möglichkeit der Anrufungsauskunft hat. Daher kann im Einzelfall eine nicht hinreichende Unterrichtung nicht nur bei nicht rechtl erheblich gelagerten Fällen schädl sein, sondern der Verzicht auf eine Anrufungsauskunft kann gerade in schwierigen Fällen vorwerfbar sein (BFH VI R 11/07 BStBl II 08, 933; BFH VI R 32/03 BStBl II 06, 30). IdR ist die ArbG-Inanspruchnahme bei Nichtbeachtung einer erteilten Anrufungsauskunft ermessensgerecht (FG Thür EFG 10, 59, rkr).

b) Mitverschulden. Im Einzelfall kann es in Anwendung in § 254 BGB (Mitverschulden) zum Ausdruck kommenden Rechtsgrundsatzes auch geboten sein, den Haftungsanspruch nicht in voller Höhe geltend zu machen (fehlerhaftes

§ 42d 29–35 Haftung des Arbeitgebers bei ArbN-Überlassung

Verhalten sowohl in der Sphäre des ArbG als auch des FA; aber nur bei erhebl Fehlverhalten des FA, BFH VII R 61/04 BFH/NV 06, 232; BFH VII B 85/09 BFH/NV 10, 11). Dem FA kann aber nicht vorgehalten werden, es habe über einen längeren Zeitraum von seinen Befugnissen zur Überwachung des LStAbzugs und zur Beitreibung der LStAbzugsbeträge keinen Gebrauch gemacht (BFH VI R 169/75 BStBl II 78, 683) oder es habe nicht in angemessener Zeit über den Einspruch entschieden (BFH VII B 171/97 BFH/NV 99, 3; also **keine Verwirkung** des Haftungsanspruchs). Die Höhe des Haftungsanspruchs hat auf die Ausübung des Ermessens grds keine Einfluss (BFH VII R 61/87 BStBl II 89, 979).

29 **c) Unbilligkeit der Inanspruchnahme.** Die Inanspruchnahme des ArbG ist idR unbillig, wenn die Steuer beim ArbN deshalb nicht nachgefordert werden kann, weil seine Veranlagung zur ESt bestandskräftig ist und die für die Änderung des EStBescheides erforderl Voraussetzungen (§ 173 AO) nicht erfüllt sind (BFH VI R 47/91 BStBl II 93, 169; FG BaWü EFG 93, 411, rkr). – Ist eine Veranlagung bereits durchgeführt, kann aber die Steuerforderung gegen den ArbN nicht durchgesetzt werden, zB weil er vermögenslos ist, kann der ArbG als Haftender in Anspruch genommen werden. – IÜ setzt die Inanspruchnahme des Haftungsschuldners nicht die vorherige Festsetzung der Steuerschuld voraus (BFH V B 212/03 BFH/NV 04, 1368).

32 **7. Arbeitgeberinanspruchnahme; Auswahlermessen.** Wenn grds eine Haftung des ArbG zu bejahen ist, stellt sich die Frage, ob nicht zunächst der ArbN als der Steuerschuldner in Anspruch zu nehmen ist (Auswahlermessen). Ein allg Grundsatz, dass zunächst der ArbN als Steuerschuldner in Anspruch zu nehmen ist, besteht nicht (BFH VI R 183/57 U BStBl III 59, 292; *Bruschke* StB 14, 76). Es kommt vielmehr auf die jeweiligen Umstände des Einzelfalles an. – Hat der ArbG die einbehaltenen **LStAbzugsbeträge nicht** an das FA **abgeführt**, ist seine Inanspruchnahme regelmäßig gerechtfertigt. Gleiches gilt, wenn der Steuerabzug bewusst oder leichtfertig versäumt worden ist (BFH VI R 23/66 BStBl III 67, 469; BFH VI R 40/07 BStBl II 09, 478). Das FA handelt auch dann iRd billigen Ermessens, wenn es zur Vereinfachung des Verfahrens den ArbG in Anspruch nimmt, falls nach einer LStPrüfung viele LStBeträge auf Grund von im wesentl gleich liegenden Sachverhalten nachzuzahlen sind (BFH VI R 65/77 BStBl II 80, 289). Bei LStNachforderung für mehr als 40 ArbN ist die Inanspruchnahme des ArbG regelmäßig gerechtfertigt (BFH VI R 177/88 BStBl II 92, 696). Dies gilt auch dann, wenn die ArbN zu veranlagen sind, aber die sofortige Inanspruchnahme des ArbG für die Vielzahl meist kleiner LStBeträge der Vereinfachung dient (BFH VI R 24/69 BStBl II 74, 756, unter IV), insb wenn die Steuer von den ArbN schwerer zu erlangen wäre (BFH VI R 8/70 BStBl II 74, 8). Zweckmäßigkeitsgesichtspunkte sind aber nur *ein* Ermessenskriterium; insb bei schuldlosem Verhalten des ArbG reichen die Zweckmäßigkeitsgesichtspunkte allein zur Inanspruchnahme des ArbG nicht aus (*Offerhaus* BB 82, 793, 796). Das FA hat in diesen Fällen seine Ermessenserwägungen ausführl darzulegen, insb wenn der ArbG für namentl und anschriftenmäßig bekannte ArbN in Anspruch genommen werden soll (BFH VI R 45/82 BFH/NV 86, 240, 33 ArbN).

35 **8. Haftung anderer Personen.** Neben dem ArbG als dem Haftenden und dem ArbN als dem StSchuldner können insb die in §§ 69, 34, 35, 71, 75 AO genannten Personen als Haftende in Frage kommen, also gesetzl Vertreter natürl oder juristischer Personen, Geschäftsführer nicht rechtsfähiger Personenvereinigungen und Vermögensmassen, faktische Geschäftsführer (FG Nds EFG 09, 1610, rkr), Vermögensverwalter (Insolvenzverwalter, Zwangsverwalter, Nachlassverwalter, Liquidatoren, Testamentsvollstrecker, Sequester s FG Sachs-Anh EFG 09, 302, rkr), Verfügungsberechtigte (BFH VII R 20/89 BStBl II 91, 284; zB Prokurist); Duldungsbevollmächtigte (FG Nds EFG 92, 239, rkr), Steuerhinterzieher, Betriebsübernehmer. Kommt die Haftung solcher Personen in Betracht, muss dass FA die

Inanspruchnahme dieser Personen prüfen und bei seinen Ermessenserwägungen berücksichtigen (BFH VI R 47/18 BFH/NV 22, 99). Zur **Haftung bei Steuern iSd § 40 III** s § 40 Rz 27.

9. Umfang der Haftung. Zur Anknüpfung der Haftung an die vorläufig entstandene LStSchuld oder an die endgültige EStSchuld des ArbN s Rz 1. Der Höhe nach erstreckt sich die Haftung auf die LSt/ESt, die für den ausgezahlten Lohn entsteht. Die Höhe der LSt ist trotz des damit verbundenen Arbeitsaufwands grds individuell zu ermitteln (BFH VI R 120/92 BStBl II 1994, 536). Die Grundsätze der anteiligen Tilgung bei nicht ausreichenden Mitteln gelten iRd § 42d nicht (*BH/Wagner* § 42d Rz 67). LSt als treuhänderisch verwaltete Fremdgelder sind vorrangig vor sonstigen Verbindlichkeiten an das FA abzuführen (BFH VII R 110/99 BStBl II 01, 271, unter II. 3). Wenn die Mittel zur Zahlung des vollen ArbLohns einschließl des StAnteils nicht ausreichen, darf der Lohn nur gekürzt ausgezahlt werden. Aus den restl Mitteln ist die LSt an das FA abführen. Verweigert ein vorläufiger (schwacher) Insolvenzverwalter die Zustimmung zur Abführung der LSt, darf auch der ArbLohn nicht ausgezahlt werden (FG Köln EFG 14, 1350, rkr). Soweit die für die Höhe der LSt-Haftungsschuld maßgebl Besteuerungsgrundlagen nicht ermittelt oder berechnet werden können, hat sie das FA bzw das FG gem § 162 AO zu schätzen (instruktiv BFH VI R 11/07 BStBl II 08, 933).

10. Feststellungslast. Diese trifft für das Entstehen und die Höhe des LSt-Anspruchs und des daran anknüpfenden Haftungsanspruchs grds das FA. Die Feststellungslast kehrt sich aber um, wenn der Haftungsschuldner behauptet, die Löhne seien nicht entspr der LSt-Anmeldung ausgezahlt worden (BFH VII R 3/85 BFH/NV 89, 7; BFH VII B 252/00 BFH/NV 01, 1222). Der in Anspruch genommene Steuerschuldner (Haftungsschuldner) trägt außerdem die Feststellungslast für Tatsachen, die eine StBefreiung oder -ermäßigung (Haftungsbefreiung oder -ermäßigung) begründen.

IV. Haftungsbescheid, § 42d IV

1. Entbehrlichkeit des Hafungsbescheids in Sonderfällen. Grds erfolgt die Inanspruchnahme des Haftungsschuldners durch Haftungsbescheid (s Rz 45 ff). Eines Haftungsbescheides bedarf es ausnahmsweise nicht, soweit der ArbG die einbehaltene LSt angemeldet hat (§ 42d IV 1 Nr 1). Eines Haftungsbescheides bedarf es ferner nicht, soweit der ArbG nach einer LStAußenprüfung seine Zahlungsverpflichtung schriftl anerkennt (§ 42d IV 1 Nr 2). Das Anerkenntnis gilt als StAnmeldung (§ 167 I 3 AO) und steht damit einer StFestsetzung unter dem Vorbehalt der Nachprüfung gleich. Unter den gleichen Voraussetzungen ist auch der Erlass eines Nachforderungsbescheids über pauschale LSt entbehrl (§ 42d IV 2).

2. Schriftlichkeitserfordernis. Der Haftungsbescheid ergeht schriftl (§ 191 I 2 AO). Er muss klar erkennen lassen, dass der Adressat als Haftungsschuldner in Anspruch genommen werden soll (BFH I R 139/85 BFH/NV 91, 497; s auch § 40 Rz 27). Durch einen Haftungsbescheid wird vermieden, dass die früheren LStAnmeldungen einzeln geändert werden müssen; diese Bescheide enthalten sachverhaltsbezogene Berichtigungen der früheren LStAnmeldungen, was zur Folge hat, dass auch nur über diese Sachkomplexe gestritten werden kann (*Thomas* DStR 92, 837, 843). – Der einem LSt-Haftungsbescheid beigefügte Vorläufigkeitsvermerk soll nichtig sein (FG Ddorf EFG 95, 530, rkr). – **Zuständig** für den Haftungsbescheid ist das BetriebsstättenFA.

3. Inhalt. Der Haftungsbescheid, durch den ein ArbG für die LSt mehrerer ArbN in Anspruch genommen wird, ist ein **Sammelbescheid,** in dem die auf den einzelnen ArbN entfallenden Beträge zusammengefasst sind (BFH VI R 182/80 BStBl II 86, 921; ferner *HHR* § 42d Rz 100). Die Haftungsbeträge sind nach Steuerarten (LSt, ev und rk LohnKiSt, SolZ) aufzugliedern. Grds sind die Angaben im Haftungsbescheid auch noch **für jeden ArbN aufzugliedern** (BFH I B 44/96 BStBl II 97, 306; BFH I B 114/96 BFH/NV 97, 826; FG Thür EFG 97, 1417, rkr; ferner Rz 47). Hiervon soll es nach BFH VI R 169/77 BStBl II 80, 669 (zust *von Bornhaupt* BB 82, 1540; **aA** *Offerhaus* BB 82, 794) nur dann eine Ausnahme geben, wenn die Aufgliederung auf die einzelnen ArbN entweder objektiv unmögl ist oder dem FA nach den Grundsätzen von Recht und Billigkeit nicht zumutbar ist. Dies dürfte nur dann der Fall sein, wenn sich auf Grund einer LStAußenprüfung bei einer Vielzahl von ArbN gleichartige Ansprüche von jeweils nur geringer lsteuerrechtl Auswirkung ergeben (vgl demggü die wohl strengere Auffassung in BFH II R 127/77 BStBl II 81, 84; BFH II R 5/04 BStBl II 07, 472, wonach eine Aufgliederung von mehr als 200 bzw 100 Steuertatbeständen verlangt wird; ebenso FG Ddorf EFG 87, 591, rkr, bei 160–180 ArbN Aufteilung zumutbar). Aufteilung der Steuer auf einzelne ArbN ist auch dann nicht erforderl, wenn der ArbG von vornherein bei seinen ArbN keinen Regress nehmen will (BFH VI R 72/82 BStBl II 85, 170; zB bei Nettolohnvereinbarung BFH VI R 237/80 BStBl II 86, 274); ebenfalls nicht, wenn der ArbN dem FA die Namen der ArbN vorenthalten hat (BFH VI R 237/80 BStBl II 86, 274). Ist aber eine Aufteilung für den ArbG von Bedeutung, zB weil er bei allen oder einigen ArbN Rückgriff nehmen will, wird das FA eine Aufgliederung auf die einzelnen ArbN auch bei erhebl zeitl Aufwand vornehmen müssen. Die **Höhe der LSt** ist trotz des damit verbundenen Arbeitsaufwandes grds individuell zu ermitteln und nicht mit einem durchschnittl StSatz zu schätzen. Etwas anderes gilt nur dann, wenn entweder die Voraussetzungen des § 162 AO für eine Schätzung der LSt vorliegen (s Rz 50) oder der ArbG mit der Berechnung der Haftungsschuld mit einem durchschnittlichen Steuersatz einverstanden ist (BFH VI R 120/92 BStBl II 94, 53). Eine tatsächl Verständigung über einen **Durchschnittssteuersatz** ist zulässig. Kommt es nicht zu einer solchen Verständigung, müssen vor Anwendung eines Durchschnittssteuersatzes alle Möglichkeiten einer individuellen Ermittlung der LSt untersucht und ggf. dargelegt werden, weshalb eine wirklichkeitsnähere Abbildung der Verhältnisse nicht zu erreichen war, selbst wenn der ArbG gar keine oder keine ordnungsgemäßen Lohnkonten geführt hat (BFH VI R 11/07 BStBl II 08, 933).

47 **a) Begründung.** Ergeht nach Ablauf des Kj ein LStHaftungsbescheid, ist die **Aufteilung der LStBeträge nach Monaten** nicht erforderl (BFH VI R 208/82 BStBl II 86, 152; wichtige *Anm* HFR 86, 112; BFH VII R 175/82 BFH/NV 86, 313; erforderl ist nur die Angabe des lstpfl Sachverhalts). Auf die Aufgliederung des Haftungsbetrages nach Anmeldungszeiträumen kann auch verzichtet werden, wenn für den Haftungsschuldner keine Zweifel bestehen, für welche Sachverhalte er mit dem in einer Summe ausgewiesenen Betrag als Haftender in Anspruch genommen werden soll; auch eine **Aufgliederung nach Jahren** ist dann nicht erforderl (BFH VII R 6/87 BStBl II 88, 480; *Offerhaus* BB 82, 794f; dagegen ausführl *von Bornhaupt* BB 90, Beil Heft 1 S 12f). Die Aufteilung nach Jahren und grds auch nach ArbN ist eine Frage der Begründung und nicht der inhaltl Bestimmtheit des Haftungsbescheids. Der inhaltl Bestimmtheit ist genügt, wenn erkennbar ist, wofür der ArbG in Anspruch genommen wird (BFH VII R 59/91 BFH/NV 93, 146). Dazu reicht es aus, dass der *Sachkomplex* bezeichnet wird, bezügl dessen der ArbG die LSt fehlerhaft einbehalten und abgeführt haben soll (BFH VI R 120/92 BStBl II 94, 536; konkrete Sachverhalte, die zu Lohnzuflüssen geführt haben, und der Zeitraum der Lohnzuflüsse müssen bezeichnet sein). Ein Haftungsbescheid, der infolge fehlender Aufgliederung des Haftungsbetrages nicht erkennen lässt, in welcher Höhe die als Haftungsschuld festgesetzte LSt dem einzelnen ArbN zugeordnet werden kann, ist daher nicht etwa wegen mangelnder inhaltl Bestimmtheit nichtig, sondern allenfalls materiell-rechtl fehlerhaft (BFH VI R 120/92 BStBl II 94, 536). Nichtigkeit tritt aber bei fehlender Aufteilung der Haftsumme nach StArten ein. Der Haftungsbescheid ist *sachverhalts-* und *nicht* wie der EStBescheid *zeitraumbezogen* (BFH I B 140/04 BStBl II 06, 530; BFH VI R 20/05 BFH/NV 09, 904). Zum Sonderfall eines Haftungsbescheids ohne Angabe des Haftungszeitraums s BFH VII R 114/88 BFH/NV 91, 137. Für inhaltl Bestimmtheit des Haftungsbescheids reicht es aus, wenn auf einen zuvor oder gleichzeitig mit dem Bescheid übersandten Bp-Bericht Bezug genommen wird (BFH VI R 55/87 BFH/NV 91, 600, mwN; *BH/Wagner* § 42d Rz 137). Zum Bestimmtheitserfordernis eines an zwei Personen gerichteten Haftungsbescheides s FG Hbg EFG 83, 210, rkr.

b) Darlegung der Ermessenserwägungen. Der Haftungsbescheid muss ferner die für die Ermessensausübung maßgebl Gründe enthalten (*Ergänzung* bis zum Ende der mündl Verhandlung vor dem FG gem § 102 S 2 FGO mögl, BFH VII R 52/02 BStBl II 04, 579), und zwar grds auch dann, wenn die einzelnen Punkte in der Schlussbesprechung erörtert worden sind (FG BaWü EFG 83, 519, rkr) oder wenn ein Haftungsbescheid nach der Schlussbesprechung erbeten wird (FG BaWü EFG 85, 258, rkr; zur Ermessensdarlegung im Hinblick auf das Steuergeheimnis s FG Hbg EFG 85, 322, rkr). Es genügt nicht, dass die Ermessenserwägungen sonst aus den Akten ersichtl sind; floskelhafte Feststellungen über Billigkeit und Zweckmäßigkeit der Inanspruchnahme eines Haftungsschuldners reichen nicht aus (BFH VI R 44/77 BStBl II 81, 801). S auch § 121 II Nr 2 AO. Ist die einbehaltene LSt nicht abgeführt worden, ist die Inanspruchnahme des ArbG (oder anderer Personen) idR gerechtfertigt. Hier kann davon ausgegangen werden, dass das FA stillschweigend von seinem Ermessen sachgerecht Gebrauch gemacht hat (in derartigen Fällen wird eine Inanspruchnahme des ArbN regelmäßig ausgeschlossen sein; s Rz 20; FG Hbg EFG 86, 364, rkr). Die Ermessensausübung muss überprüfbar sein (BFH VI R 48/79 BStBl II 82, 710 zu 2.). Dies gilt auch, wenn der ArbG leichtfertig oder gar vorsätzl den LStAbzug unterlassen hat (BFH V R 109/75 BStBl II 78, 508; BFH VII R 86/78 BStBl II 81, 493; BFH VII R 3/90 BFH/NV 91, 504) oder der ArbG den Haftungsbescheid selbst beantragt hat (FG Hbg EFG 80, 342, Rev unbegr, s BFH VI R 93/80 BStBl II 85, 644). Dies gilt ferner, wenn der ArbG zum Ausdruck gebracht hat, dass er bei seinen ArbN keinen Regress nehmen will (BFH VI R 72/82 BStBl II 85, 170 zu 2b, dd). Sind die erforderl Ermessenserwägungen aus dem Haftungsbescheid oder der Einspruchsentscheidung nicht erkennbar, ist der Haftungsbescheid (nicht etwa nur die Einspruchsentscheidung, auch wenn das FA spätestens in dieser die Ermessenserwägungen darlegen muss, BFH VII R 48/84 BStBl II 88, 170; BFH VII R 159/84 BFH/NV 88, 139) aufzuheben (BFH VII R 86/78 BStBl II 81, 493); es sei denn, dem Betroffenen war die Auffassung des FA ohne Weiteres erkennbar (BFH I R 248/81 BStBl II 86, 178; BFH I R 61/85 BStBl II 89, 99). Der Haftungsbescheid ist aber nicht nichtig (BFH VI R 44/77 BStBl II 81, 801).

c) Umfassende Sachaufklärung. Eine ordnungsgemäße Ermessensentscheidung erfordert auch eine einwandfreie und vollständige Sachaufklärung (ausführl BFH VII R 53/96 BFH/NV 97, 386; s Rz 16). Die Ermessensentscheidung ist fehlerhaft, wenn das FA Gesichtspunkte tatsächl oder rechtl Art, die nach Sinn und Zweck der Ermessensvorschrift zu berücksichtigen wären, außer Acht lässt. Merkmale des Haftungstatbestands und außertatbestandl Gesichtspunkte müssen aber bei der Ermessensentscheidung nur dann berücksichtigt werden, wenn sie nach Sinn und Zweck der Ermessensvorschrift für die Ermessensausübung von Bedeutung sind (BFH VII R 2/12 BFH/NV 13, 1543). Falls keine Ausnahme eingreift (s Rz 48) müssen die zur Begründung des Haftungsbescheids erforderl Angaben (Steuer, Ermessenserwägungen usw) im Haftungsbescheid selbst enthalten sein; auch der ArbN hat nach hM ein Anfechtungsrecht (s Rz 58). Eine Bezugnahme auf den Prüfungsbericht reicht, wenn es um die Aufgliederung der LStBeträge geht, nicht aus (FG RhPf EFG 83, 505, rkr; FG Köln EFG 85, 213, rkr); es sei denn, er ist Anlage des Haftungsbescheids.

§ 42d 50–58 Haftung des Arbeitgebers bei ArbN-Überlassung

50 **d) Lohnsteuerschätzungsbescheid.** Das FA muss alle für die Schätzung bedeutsamen Umstände beachten (instruktiv BFH VI R 11/07 BStBl II 08, 933). Ausnahmsweise kann auch eine Schätzung der LSt nach einer branchenübl Nettolohnquote in Betracht kommen (BGH 1 StR 283/09 NStZ 10, 635; FG Mster EFG 16, 261, rkr). Der ArbG hat iRd ihm obliegenden Mitwirkungspflichten bei der Ermittlung der LSt aber angemessene und zumutbare Hilfestellung zu leisten (BFH VI R 101/93 BFH/NV 95, 297). Die der Haftung zugrunde gelegte LSt ist nach der **Steuerklasse VI** zu bemessen, wenn dem ArbG die zum Abruf der ELStAM benötigten Angaben nicht mitgeteilt werden (§ 39e I), keine Ersatzbescheinigung vorgelegt wird, der ArbG vom Abruf der ELStAM gesperrt ist oder der ArbG überhaupt keine Lohnversteuerung vorgenommen hat (BFH VI B 9/12 BFH/NV 12, 1961, mwN). Zur Schätzung eines **Durchschnittssteuersatzes** s Rz 46.

51 **e) Haftungsschuld; Pauschalierungsschuld.** Diese müssen getrennt festgesetzt werden (s § 40 Rz 27). Hat das FA einen Haftungsbescheid erlassen, darf das FG im Klageverfahren zwar die Haftungsschuld herabsetzen, diese aber nicht gegen einen Nachforderungsbetrag oder gegen eine Pauschalierungsschuld austauschen (BFH VI R 69/14 BFH/NV 16, 131). – Zur **Umdeutung** eines Haftungsbescheides s § 40 Rz 27.

55 **4. Änderungen.** Sie richten sich nach §§ 130 ff AO, nicht nach §§ 172 ff AO. Ein bestandskräftiger Haftungsbescheid steht dem Erlass eines weiteren den gleichen Haftungsgegenstand betreffenden Haftungsbescheides entgegen (BFH VII R 29/02 BStBl II 05, 3). Ein Ergänzen des Haftungsbescheids ist aber zulässig, wenn die Erhöhung der Schuld auf neuen Tatsachen beruht, die das FA mangels Kenntnis im ersten Haftungsbescheid nicht berücksichtigen konnte (BFH VII R 66/10 BStBl II 11, 534). Infolge der *Sachverhaltsbezogenheit* des Haftungsbescheides kann zu jedem anderen noch nicht erfassten Sachkomplex ein zusätzl Haftungsbescheid ergehen, ohne dass sich die Regelungsinhalte dieser Haftungsbescheide überschnitten (BFH I B 140/04 BStBl II 06, 530); wohl aber greift jeder dieser Haftungsbescheide in den Regelungsinhalt früherer LStAnmeldungen ein (*Thomas* DStR 92, 837, 841). Entsprechendes gilt für Pauschalierungsbescheide. – Ein herabsetzender Änderungsbescheid bedeutet eine Teilrücknahme, die den ursprüngl Haftungsbescheid in dem von der Teilrücknahme nicht betroffenen Umfang nicht berührt (BFH V R 100/80 BStBl II 82, 292; BFH VII B 156/07 BFH/NV 08, 967). Die ersatzlose Aufhebung eines Haftungsbescheids kann uU als Freistellung von der Haftung ausgelegt werden, sodass das FA am Erlass eines erneuten Haftungsbescheides gehindert ist (Empfängerhorizont; BFH VI R 216/83 BStBl II 86, 779; s auch BFH VII R 112/81 BStBl II 85, 562). Dies gilt nicht, wenn das FA einen Haftungsbescheid erkennbar wegen fehlender Begründung der Ermessensentscheidung (BFH VII B 237/91 BFH/NV 92, 639) oder wegen dessen angebl Nichtigkeit aufgehoben hatte (BFH VI R 105/83 BStBl II 86, 775; *Rößler* DStR 86, 714). Es gilt auch nicht, wenn im Aufhebungsbescheid zugleich der neue Haftungsbescheid enthalten ist (BFH VII R 112/81 BStBl II 85, 562 zu II 1b, aa). – Zu Änderungsmöglichkeiten nach Zahlung durch den StSchuldner s Rz 11.

56 **5. Sonstiges.** Der Haftungsanspruch kann **gestundet** werden (*Carl* DB 88, 826). Hat der ArbG die LSt ggü dem ArbN zwar einbehalten, aber nicht an das FA abgeführt, lässt § 222 S 4 AO eine Stundung einbehaltener LStBeträge, für die gehaftet wird, allerdings nicht zu (dagegen mit vertretbaren Gründen *T/K* § 222 AO Rz 6, 9; s ferner *Carl/Klos* DB 95, 1146, 2039; *Rößler* DB 95, 2038). – Auf Haftungsschulden fallen Säumniszuschläge an (§ 240 I 2 AO). – Nach Aufhebung eines Haftungsbescheids erstattete LStHaftungsbeträge sind nicht nach §§ 233a, 236 AO zu verzinsen (FG Nds DStRE 12, 507, rkr).

58 **6. Rechtsbehelfe.** Der Haftungsbescheid kann mit Einspruch (§ 348 I Nr 4 und 1 AO) und Klage angefochten werden.

a) **Anfechtungsberechtigte.** Anfechtungsberechtigt sind die Personen, gegen 59 die sich der Bescheid richtet. Nach hM kann auch der ArbN den gegen den ArbG gerichteten Haftungsbescheid anfechten, wenn er persönl für die nachgeforderte Steuer in Anspruch genommen werden kann (BFH VI R 311/69 BStBl II 73, 780; FG Mster EFG 97, 783, rkr; *BH/Wagner* § 42d Rz 159; *KSM* § 42d Rz A 175, mwN). Hat der ArbN den Haftungsbescheid angefochten, ist der ArbG notwendig beizuladen, § 360 III AO, § 60 III FGO (BFH VI R 311/69 BStBl II 73, 780). Folgt man der hM, muss der ArbN auch die an die Stelle des Haftungsbescheides getretene LStAnmeldung und das Anerkenntnis des ArbG (§ 42d IV) anfechten können. Da dem ArbN der Haftungsbescheid idR nicht bekannt gegeben wird, ist die Anfechtung grds innerhalb der Jahresfrist des § 356 II AO zulässig. Zum Umfang des Rechts eines anfechtenden ArbN auf Akteneinsicht kann auf BFH I R 189/70 BStBl II 73, 119 zurückgegriffen werden. Zu einem Rechtsbehelfsverfahren des ArbG gegen den Haftungsbescheid kann der ArbN beigeladen werden, wenn seine rechtl Interessen berührt werden (aber keine notwendige Beiladung, BFH VI B 97/79 BStBl II 80, 210). Ist der ArbN an einem Rechtsbehelfsverfahren gegen den Haftungsbescheid als Anfechtender oder Beigeladener beteiligt, erstreckt sich die Rechtskraft der Rechtsbehelfsentscheidung auch auf den ArbN, sodass er die gleichen Rechtsfragen nicht in einem Erstattungsverfahren (§ 37 AO) nochmals aufwerfen kann. Eine Bindung für die Veranlagung tritt aber nicht ein. Daher ist mE auch nicht das WohnsitzFA des ArbN an dem Rechtsbehelfsverfahren zu beteiligen.

b) **Einwendungen gegen den Haftungsbescheid.** Der ArbG kann insb ein- 60 wenden, es habe kein ArbVerh bestanden, der LStAbzug sei zutr erfolgt, seine Inanspruchnahme sei ermessensfehlerhaft. Er kann auch einwenden – hat dies aber bis zum Ergehen der Einspruchsentscheidung konkret und unter Darlegung der Einzelheiten darzutun –, dass die der Haftung zugrunde gelegten Löhne bereits bei den Jahressteuerfestsetzungen der ArbN versteuert worden sind (BFH VI R 177/88 BStBl II 92, 696, s auch Rz 1). Str ist, ob der ArbG auch solche materiellen Einwendungen geltend machen kann, die der ArbN im Falle seiner Inanspruchnahme hätte vorbringen können (zB Geltendmachung von WK, SA usw). Nach der Rspr des BFH können die zum LStNachforderungsverfahren gegen den ArbN entwickelten Grundsätze (s BFH VI R 136/69 BStBl II 73, 423) nicht auf das Haftungsverfahren gegen den ArbG übertragen werden. Der BFH betont, dass für die Haftung des ArbG von den LSt-Abzugsmerkmalen auszugehen ist und der ArbG daher keine steuermindernden Umstände des ArbN (höhere WK, SA usw) einwenden kann (BFH VI R 24/69 BStBl II 74, 756; BFH VI R 5/05 BStBl II 08, 597, unter II.2). Eine Ausnahme von diesem Grundsatz hat der BFH nur dann zugelassen, wenn ArbG und ArbN entschuldbar über die Zugehörigkeit von Bezügen zum ArbLohn und damit auch über die Notwendigkeit der Geltendmachung eines entspr Freibetrags als LSt-Abzugsmerkmal hinsichtl der mit diesen Bezügen zusammenhängenden WK irrten. Hier kann sich der ArbG ohne Rücksicht auf etwa abgelaufene Fristen für die Veranlagung auf die höheren WK berufen (BFH VI R 207/68 BStBl II 72, 137, mwN). Die BFH-Rspr ist in der Literatur zu Recht auf Kritik gestoßen (*Fichtelmann* DStR 74, 76 f; *Lang* StuW 75, 131; *Martens* StuW 70, 309 ff; s auch FG BaWü EFG 97, 1193, rkr). Der ArbG muss mE jedenfalls bei Inanspruchnahme nach Ablauf des Kj alle Einwendungen geltend machen können, die nach Ablauf des Kj auch der ArbN hätte geltend machen können. Zu den Ungereimtheiten, die sich auf der Grundlage der BFH-Rspr ergeben, s insb *Fichtelmann* DStR 74, 77. Es obliegt aber dem ArbG, sämtl Tatsachen für die steuermindernden Umstände vorzutragen. Das BetriebsstättenFA muss nicht von sich aus nachforschen (s auch Rz 1). Zu den Einwendungen eines Haftungsschuldners bei Zahlung durch einen anderen Schuldner s Rz 11. – Zur **Feststellungslast** s Rz 42.

c) **Sonstiges.** Wird ein Haftungsbescheid nur bezügl bestimmter Haftungskom- 61 plexe angefochten, so erwachsen die übrigen in Bestandskraft (BFH VI R 182/80

BStBl II 86, 921). Eine überhöhte Haftungsschuld des einen Haftungskomplexes kann nicht mit einer zu niedrigen Haftungsschuld eines anderen Haftungskomplexes saldiert werden (*Drenseck* DStJG 9, 398 f). Ferner kann einem Haftungskomplex nicht ein anderer Sachverhalt unterlegt werden. Während des Einspruchsverfahrens ist die Auswechslung der Haftungsnorm aber zulässig (BFH VII R 1/93 BFH/NV 95, 657, Haftung als Steuerhinterzieher statt als Geschäftsführer), nicht hingegen erst im Klageverfahren (FG Ddorf EFG 01, 754, rkr). – Zur Anwendung des § 68 FGO bei Ersetzen eines Haftungsbescheides durch einen neuen s BFH I R 29/08 BStBl II 09, 539 (zweifelhaft, soweit in dem ersetzenden Haftungsbescheid erstmalige Ermessenserwägungen enthalten sind); zur Teilrücknahme eines Haftungsbescheides s BFH VII R 77/95 BStBl II 97, 79. Zur Ersetzung eines Haftungsbescheids durch einen Nachforderungsbescheid s BFH VIII R 1/18 DStRE 21, 1038: kein Fall des § 68 FGO sondern Hauptsacheerledigung. Bei Rechtsstreitigkeiten über Haftungsbescheide sind keine **Prozesszinsen** zu zahlen (BFH VII R 39/86 BStBl II 89, 821; FG Nds EFG 11, 1587; **aA** *Tannert* NWB 09, 3987). Auch **Aussetzungszinsen** fallen nicht an (FG Nds EFG 11, 504).

V. Bagatellgrenze, § 42d V

65 Sie gilt sowohl bei Nachforderung ggü dem ArbN als auch ggü dem ArbG. Abzustellen ist auf den Gesamtbetrag der geltend zu machenden Nachforderung oder Haftungssumme (*BH/Wagner* § 42d Rz 214). Diese Frage kann erhebl Auswirkung erlangen, wenn auf zahlreiche ArbN nur ein Nachforderungsbetrag von jeweils unter 10 € entfällt. Die hier vertretene Meinung führt in diesen Fällen dazu, dass das FA zwar nicht den einzelnen ArbN, wohl aber den ArbG in Anspruch nehmen darf. Der ArbG wird in diesen Fällen nicht gehindert sein, gegen seine ArbN Ausgleichsansprüche von jeweils unter 10 € geltend zu machen; denn die Bagatellgrenze soll nicht den Interessen des ArbN, sondern denen des FA (Verwaltungsökonomie) dienen. Verzichtet der ArbG auf einen Rückgriff, wird man dies nicht als Lohnzufluss mit der Folge eines Nettosteuersatzes ansehen dürfen (glA *HHR* § 42d Rz 27).

VI. Haftung bei Arbeitnehmerüberlassung, § 42d VI–IX, § 38 IIIa

66 **1. Haftung bei Arbeitnehmerüberlassung, § 42d VI–VIII.** Gem § 9 I Nr 1 AÜG sind Verträge zwischen dem Verleiher und den Leih-ArbN unwirksam, wenn der Verleiher nicht die nach § 1 AÜG erforderl Erlaubnis besitzt. Hierdurch wird der Entleiher strechtl aber noch nicht zum ArbG der entliehenen ArbN. § 42d VI–VIII gehen zur Schließung der sich daraus ergebenden Regelungslücke beim LSt-Abzug von folgendem Grundsatz aus: Sowohl bei der *unerlaubten* wie auch bei der *erlaubten* ArbN-Überlassung besteht die Möglichkeit, den Entleiher als Haftenden in Anspruch zu nehmen. Im Fall der *erlaubten* ArbN-Überlassung haftet der Entleiher aber dann nicht, wenn er bestimmte Mitwirkungspflichten erfüllt (Rz 69 f). Sollte ausnahmsweise bei einer unerlaubten ArbN-Überlassung der Entleiher entspr der BFH-Rspr als ArbG der LeihArbN zu qualifizieren sein (s BFH VI R 34/79 BStBl II 82, 502), kann neben ihm auch der Verleiher als Haftender in Anspruch genommen werden (§ 42d VII). Beachte die Sperrwirkung des § 48 IV Nr 2, wenn die Bauabzugssteuer angemeldet und abgeführt worden ist (keine Haftung mehr nach § 42d VI, VIII).

67 **a) Haftungstatbestand; Entleiher als Haftender, § 42d VI 1.** Die Haftung des Entleihers setzt, da sie akzessorisch ist, eine **Schuld des Verleihers** voraus. Dies kann einmal eine Haftungsschuld des Verleihers sein, die wiederum voraussetzt, dass eine Steuerschuld des ArbN besteht. Dies kann aber auch eine eigene Steuerschuld des Verleihers sein (Fälle der LStPauschalierung, §§ 40–40b; **aA** *BH/Wagner* § 42d Rz 216). Eine gewerbsmäßige ArbN-Überlassung erfordert die Haf-

tung nicht. § 42d VI 1 verweist auf § 1 I 1 AÜG; der von dieser Vorschrift erfasste Personenkreis beschränkt sich nicht auf gewerbsmäßige ArbN-Verleiher. Es werden sämtl natürl und juristischen Personen erfasst, die eine **wirtschaftl Tätigkeit** ausüben, unabhängig davon, sie Erwerbszwecke verfolgen oder nicht.

Vermutung des § 1 II AÜG: Werden ArbN Dritten (Entleiher) überlassen und 68 übernimmt der Verleiher nicht die übl ArbG-Pflichten oder das ArbG-Risiko (§ 3 I Nr 1–3 AÜG), so wird gem § 1 II AÜG vermutet, dass der Überlassende (Verleiher) eine (unerlaubte) Arbeitsvermittlung betreibt. Auch in diesen Fällen ändert sich an der Haftung des Entleihers gem § 42d VI 1 nichts. – Von vornherein keine Haftung besteht aber in **Fällen des § 1 III AÜG.**

b) **Haftungsausschluss, § 42d VI 2, 3.** Satz 2 gilt nur im Fall der **erlaubten** 69 **ArbN-Überlassung.** Der Entleiher muss nachweisen (Glaubhaftmachung reicht nicht aus; Umkehrschluss aus § 42d VI 7), dass er den gesetzl Mitwirkungspflichten nachgekommen ist. Diese Enthaftungsmöglichkeit des Entleihers ist für Fälle gedacht, in denen der Verleiher zwar eine Erlaubnis nach § 1 AÜG besitzt, aber weitere ArbN „schwarz" tätig werden lässt.

aa) **Mitwirkungspflicht nach § 51 I Nr 2 Buchst d.** Diese greift im Hin- 70 blick auf im Ausland ansässige, aber im Inland tätige LeihArbN ein (s *Reinhart* BB 86, 500, 502). Bei diesen ArbN soll sichergestellt sein, dass die ordnungsgemäße Besteuerung im Ausland gewährleistet ist (Verhinderung von Konkurrenzvorteilen bei Einsatz von im Ausland ansässigen ArbN). Die Erfüllung dieser Mitwirkungspflicht als Voraussetzung für den Haftungsausschluss ist praktisch aber noch bedeutungslos. Denn die Einzelheiten des Verfahrens nach § 51 I Nr 2 Buchst d stehen noch nicht fest; eine RVO ist noch nicht erlassen.

bb) **Schuldloser Irrtum über Arbeitnehmerüberlassung, § 42d VI 3.** Die- 71 ser Haftungsausschlusses gilt den *erlaubter* wie *unerlaubter* ArbN-Überlassung. Eine Haftung des Entleihers scheidet aus, wenn dieser über das Vorliegen von ArbN-Überlassung ohne Verschulden irrte. Ein Irrtum führt nicht zum Haftungsausschluss, wenn er auf nur geringem Verschulden beruht; leichte Fahrlässigkeit entschuldigt nicht (*HHR* § 42d Rz 118). Auch das Unterlassen einer gebotenen Erkundigung (beim FA oder Arbeitsamt) ist schuldhaft. Wenn dem Entleiher auch nur die geringsten Zweifel bei der Auslegung des Vertrages kommen mussten, hat er schuldhaft geirrt (strenger Maßstab, s LStR 42d.2 IV 7). Der Entleiher ist **nachweispflichtig.**

c) **Haftsumme, § 42d VI 4, 7.** Der Entleiher haftet nur für die LSt, die auf die 72 Zeit der Überlassung der ArbN entfällt (§ 42d VI 4); also zB nicht für Lohnfortzahlung im Krankheitsfall oder bei Urlaub des ArbN (*Reinhart* BB 86, 500, 504). Oft (insb in Fällen unerlaubter ArbN-Überlassung) lässt sich die LSt nicht mehr genau ermitteln lassen, wenn zB der ArbLohn, der Familienstand der ArbN, die Stpfl der Bezüge oder (bei Einsatz ausl ArbN) das Besteuerungsrecht Deutschlands unklar sind. Ist in diesen Fällen die LSt aus *tatsächl* (nicht dagegen aus rechtl) Gründen schwer zu ermitteln, sieht § 42d VI 7 einen Durchschnittssteuersatz vor. Der Entleiher hat aber die Möglichkeit, glaubhaft zu machen, dass die LSt niedriger ist.

d) **Gesamtschuldnerische Inanspruchnahme, § 42d VI 5, 6.** Entleiher und 73 Verleiher sind Gesamtschuldner. Der Verleiher kann ohne Weiteres durch Haftungsbescheid (ggf Pauschalierungssteuerbescheid in den Fällen der §§ 40–40b) in Anspruch genommen werden (aber Ermessensentscheidung, ob nicht die ArbN vorrangig in Anspruch zu nehmen sind). Auch gegen den Entleiher kann sofort ein Haftungsbescheid ergehen; aus diesem kann er aber erst dann auf Zahlung in Anspruch genommen werden, wenn die Vollstreckung in das *inländische* bewegl Vermögen des Verleihers fehlgeschlagen ist oder keinen Erfolg verspricht. – Diese Subsidiarität der Haftung des Entleihers gilt aber nicht im Verhältnis zum ArbN als dem StSchuldner. Daher muss der Haftungsbescheid auch regelmäßig Ermessenserwägungen darüber enthalten, warum nicht der ArbN als der StSchuldner in Anspruch genommen worden ist.

74 e) Sonderfall: Entleiher als Arbeitgeber der Leiharbeitnehmer, § 42d VII. Dieser Fall kann nach der BFH-Rspr (s BFH VI R 34/79 BStBl II 82, 502) bei *unerlaubter* ArbN-Überlassung eingreifen, wenn der Entleiher die Löhne im eigenen Namen und auf eigene Rechnung an die Leih-ArbN auszahlt (s Rz 66). Voraussetzung wird aber sein, dass entspr Vereinbarungen zw Entleiher und Verleiher bestehen und dies auch den ArbN bewusst geworden ist. – Bei *erlaubter* ArbN-Überlassung wird dieser Fall nicht eintreten; zahlt hier der Entleiher die Löhne aus, handelt es sich regelmäßig um eine echte Lohnzahlung durch Dritte (§ 38 Rz 6). – Ist der Entleiher im Ausnahmefall als ArbG anzusehen, haftet der Verleiher wie der Entleiher nach Abs 6 (s auch *Reinhart* BB 86, 500, 505).

75 f) Sicherungsanordnung, § 42d VIII. Die Anordnung darf (Ermessensentscheidung) nur erfolgen, wenn dies zur Sicherung des StAnspruchs erforderl ist (zB weil der Verleiher ein säumiger Zahler ist). Die Anordnung kann auch auf Anregung des Entleihers erfolgen, zB bei Gefahr, dass für ihn ein Haftungsrisiko entsteht, wenn er das volle vertragl vereinbarte Entgelt an den Verleiher auszahlt. Die Sicherungsanordnung ist, da sie in die Rechtsbeziehungen zw Verleiher und Entleiher gestaltend eingreift (Entleiher wird insoweit von seiner Zahlungspflicht ggü dem Verleiher frei), ein VA mit Drittwirkung. Die Sicherungsanordnung kann daher sowohl vom Entleiher als auch vom Verleiher durch Einspruch angefochten werden (*HHR* § 42d Rz 131).

76 2. Haftung in Fällen des § 38 III a, § 42d IX. S LStR 42d.3. In den Fällen der LStAbzugspflicht Dritter (§ 38 IIIa 1) und der Übertragung lstrechtl Pflichten auf Dritte (§ 38 IIIa 2 ff) haftet der ArbG weiterhin neben dem Dritten. ArbG, Dritter und ArbN sind insoweit Gesamtschuldner. Bei der Ermessensentscheidung, welcher der Gesamtschuldner in Anspruch genommen werden soll, ist zu berücksichtigen, wer den LStFehlbetrag zu vertreten hat. – Die Überprüfung des Dritten obliegt dem BetriebsstättenFA; dieses erlässt den Haftungsbescheid; dieses ist auch zuständig für die Überprüfung des ArbG (ebenso FG Sachs EFG 13, 1524, rkr, offen gelassen von BFH VI R 43/13 BFH/NV 14, 1150). An dessen Mitwirkungspflichten ändert sich nichts.

VII. Erstattungsansprüche und Rückgriffsrechte

80 1. Erstattungsansprüche. Erstattungsberechtigt ist nicht derjenige, der tatsächl gezahlt hat, sondern derjenige, auf dessen Rechnung die Zahlung bewirkt worden ist (§ 37 II AO). Da der **ArbN** StSchuldner ist (Ausnahme: §§ 40–40b) und die LStAbzugsbeträge aus seinem Lohn stammen, steht ihm regelmäßig der Erstattungsanspruch auf überzahlte LSt zu (BFH VI R 46/07 BStBl II 10, 72; BFH VI B 1/20 BFH/NV 21, 13). Dies gilt auch im Fall der Nettolohnvereinbarung (BFH VI R 92/60 U BStBl III 61, 170; vgl auch BFH II 189/56 U BStBl III 60, 180 zur Erstattungsberechtigung bei Scheinverträgen). Dem **ArbG** als dem Entrichtungsverpflichteten steht ausnahmsweise der Erstattungsanspruch zu, wenn er versehentl LSt abgeführt hat. *Beispiele:* Der ArbN war gar nicht mehr beim ArbG beschäftigt; der ArbG hat kein Gehalt bezahlt (BFH VI 88/61 U BStBl III 62, 93; BFH VII B 155/99 BFH/NV 00, 547; BFH VI B 1/20 BFH/NV 21, 13); der ArbG hat die LSt doppelt abgeführt; der ArbG hat bis zur gerichtl Klärung seiner LStAbführungspflicht die LSt ohne Belastung des ArbN vorläufig getragen. Nach BFH VI 3/62 U BStBl III 63, 226 soll der Erstattungsanspruch dem ArbG auch dann zustehen, wenn dieser die Aufhebung eines gegen ihn gerichteten Haftungsbescheides erreicht hat. Dabei muss nicht geprüft werden, ob und in welchem Umfang der ArbG vom ArbN Ersatz für die auf Grund des Haftungsbescheides gezahlte LSt erhalten hat (zweifelhaft). – Zu den Rechtsfolgen nach Einbehaltung und Abführung von LSt, obwohl keine unbeschr StPfl mehr bestand, s BFH VII R 3/00 BStBl II 00, 581 (Anrechnung der LSt auf die festgesetzte ESt aus allg Billigkeitserwägungen; krit *Gosch* StBP 00, 374).

2. Rückgriffsrecht Arbeitgeber gegen Arbeitnehmer. Da den ArbN iErg die LStLast trifft (*Ausnahme:* Nettolohnvereinbarung), steht dem ArbG, wenn er als Haftender in Anspruch genommen wurde, ein Rückgriffsanspruch gegen den ArbN zu (BAG 5 AZR 301/17 DStR 19, 1218). Diese Rechtsbeziehungen sind zivilrechtl Art (BFH IV R 168/68 BStBl II 72, 816; BAG 3 AZR 371/75 BStBl II 77, 581; *BH/Wagner* § 42d Rz 122, mwN). Der ArbN hat keine Einwendungen gegen den Regress des ArbG, er muss seine Rechte ggü dem FA geltend machen (BAG 5 AZR 301/17 DStR 19, 1218). Die Ansprüche des ArbN werden ggf von tarifl Ausschlussfristen erfasst (BAG 5 AZR 301/17 DStR 19, 1218), wobei der Wortlaut der jeweiligen Verfallklausel zu beachten ist (BAG 5 AZR 538/17 DStR 19, 700). **Verzichtet ArbG** (nach Zahlung) **auf die Geltendmachung des Rückgriffsanspruchs,** wird dadurch dem ArbN *im Zeitpunkt des Regressverzichtes* ein Vorteil zugewendet. Kein ArbLohn liegt aber vor, wenn der Rückgriff unmögl oder unwirtschaftl ist, zB wenn die Unterlagen durch höhere Gewalt vernichtet wurden (*Offerhaus* DB 85, 631, 632), der Lohn unpfändbar ist oder wenn auf Grund tarifvertragl Ausschlussfristen oder gewerkschaftl Drucks ein Rückgriff ausgeschlossen ist. Zu diesem Problemkreis s auch § 19 Rz 100 „LSt-Nachforderung" und *HHR* § 42d Rz 27. 82

§ 42e Anrufungsauskunft

¹ Das Betriebsstättenfinanzamt hat auf Anfrage eines Beteiligten darüber Auskunft zu geben, ob und inwieweit im einzelnen Fall die Vorschriften über die Lohnsteuer anzuwenden sind. ² Sind für einen Arbeitgeber mehrere Betriebsstättenfinanzämter zuständig, so erteilt das Finanzamt die Auskunft, in dessen Bezirk sich die Geschäftsleitung (§ 10 der Abgabenordnung) des Arbeitgebers im Inland befindet. ³ Ist dieses Finanzamt kein Betriebsstättenfinanzamt, so ist das Finanzamt zuständig, in dessen Bezirk sich die Betriebsstätte mit den meisten Arbeitnehmern befindet. ⁴ In den Fällen der Sätze 2 und 3 hat der Arbeitgeber sämtliche Betriebsstättenfinanzämter, das Finanzamt der Geschäftsleitung und erforderlichenfalls die Betriebsstätte mit den meisten Arbeitnehmern anzugeben sowie zu erklären, für welche Betriebsstätten die Auskunft von Bedeutung ist.

Lohnsteuer-Richtlinien: LStR 42e; LStH 42e. – *Verwaltungsanweisungen:* BMF BStBl I 17, 1656.

1. Zweck der Vorschrift. Der ArbG steht in einem öffentl-rechtl Auftragsverhältnis (§ 38 Rz 1); ihm droht ständig das Haftungsrisiko. Daher entspricht es der Fürsorgepflicht des öffentl-rechtl Auftraggebers, dem ArbG auf Anfrage verbindl Auskunft über alles mit diesem Pflichten Zusammenhängende zu erteilen (BFH VI R 54/07 BStBl II 10, 996 mwN). Dieser Zweck wird durch die Verbindlichkeit der Auskunft für das LStAbzugsverfahren erfüllt (BFH VI R 61/09 BStBl II 11, 479 mit Anm *Heuermann* StPp 11, 150). Die Anrufungsauskunft bindet auch im LSt-Nachforderungsverfahren als Fortsetzung des LSt-Abzugsverfahrens (BFH VI R 44/12 BFH/NV 14, 229). § 42e hat Haftungsauswirkung (s § 42d Rz 3, 27). 1

2. Beteiligte. Auskunftsberechtigt sind der ArbG, der Dritte iSd § 38 IIIa und alle Personen, die als Haftende in Frage kommen können (s § 42d Rz 35). Nach hM ist auch der ArbN auskunftsberechtigt (BFH VI R 97/90 BStBl II 93, 166 zu 3c, bb mwN; *BMF* BStBl I 17, 1656 Rz 1; *Bruschke* DStZ 11, 491, 492; *Martin* NWB 12, 3700, 3701). Demr ist zuzustimmen, denn das Gesetz spricht von Beteiligten, nicht dagegen von ArbG oder Haftenden (s auch Rz 10). 2

3 3. Zuständigkeit. Die Auskunft kann nur vom BetriebsstättenFA des ArbG oder des Dritten iSd § 38 IIIa (§ 41 II), nicht vom WohnsitzFA des ArbN oder ArbG verlangt werden. Sie wird vom LStInnendienst, nicht vom LStAußenprüfer erteilt (s aber Rz 9 sowie § 42f Rz 10). Das BetriebsstättenFA kann nur für seinen örtl Zuständigkeitsbereich eine verbindl Auskunft erteilten. Für ArbG mit **mehreren Betriebsstätten** ist die Anrufungsauskunft zentralisiert (§ 42e S 2–4; zum Verfahren *BMF* BStBl I 17, 1656 Rz 3); zur Zuständigkeit bei Konzernunternehmen s *BMF* BStBl I 17, 1656 Rz 4. Die vom zuständigen FA erteilte Auskunft bindet auch die FÄ der anderen Betriebsstätten und führt zum Haftungsausschluss.

4 4. Form. Eine Form ist nicht vorgeschrieben. Unklarheiten und Beweisschwierigkeiten gehen aber zu Lasten dessen, der sich auf die Auskunft beruft. Diesem Risiko muss ein Auskunftsberechtigter ausweichen können; daher hat jeder Beteiligte einen Anspruch auf schriftl Auskunft. Ebenso kann das FA eine schriftl Formulierung des Auskunftsbegehrens verlangen (Ermessen).

5 5. Rechtsanspruch. Die Beteiligten haben einen Rechtsanspruch auf Erteilung einer ohne Vorbehalte versehenen verbindl eindeutigen Auskunft. Die Auskunft muss außerdem inhaltl richtig sein (BFH VI R 54/07 BStBl II 10, 996). Soweit der BFH meint, eine Anrufungsauskunft sei nur daraufhin zu überprüfen, ob das FA den Sachverhalt zutr erfasst hat und die rechtl Beurteilung nicht evident fehlerhaft ist (BFH VI R 23/13 BFH/NV 14, 1141; BFH VI R 19/12 BFH/NV 14, 1370; ebenso *BMF* BStBl I 17, 1656 Rz 17; FG Nds EFG 17, 1751, rkr), vermag dies nicht zu überzeugen (so auch *TK* § 89 AO Rz 104; *HHR* § 42e Rz 29; *Prusko* DB 18, 1044; **aA** *Hettler* HFR 14, 620; *Geserich* NWB 14, 1866). Der ArbG hat den LStAbzug ungeachtet des Charakters der LSt als EStVorauszahlung in zutr Höhe vorzunehmen. Dies kann er aber gerade bei zweifelhafter Rechtslage nur, wenn ihm auch eine inhaltl richtige Auskunft erteilt wird. Angesichts der finanziellen Risiken, die der LStAbzug dem ArbG aufbürdet, ist es nicht angemessen, ihn auf das Haftungsverfahren oder auf die Anfechtung der eigenen LStAnmeldung zu verweisen. Die Anrufungsauskunft gibt daher anders als die verbindl Auskunft nach § 89 AO nicht lediglich einen Anspruch auf eine schlüssige und nicht evident rechtsfehlerhafte Auskunft des FA; sie soll den ArbG bei der Wahrnehmung seiner Funktion bei der LStErhebung für den Staat unterstützen (BFH IX R 11/11 BStBl II 12, 651). Auf einen bestimmten Inhalt der Auskunft besteht indes kein Rechtsanspruch (s auch Rz 14).

6 Der **Auskunftsgegenstand** wird bestimmt durch den Zweck des § 42e und durch die Zuständigkeit des FA. Die Anfrage muss auf einen konkreten betriebl Vorgang bezogen sein. Sie kann sich auf alles beziehen, was mit der *Einbehaltung und Abführung der LSt* zusammenhängt (*Bruschke* DStZ 11, 491, 493). *Beispiele:* Sämtl Fragen zu Form und Inhalt der Lohnbuchführung, ArbN-Eigenschaft bestimmter Personen, Behandlung geldwerter Vorteile, Pauschalierungsfragen, Behandlung von Entschädigungen wie Auslösung, Reisekosten, Beihilfen, Zukunftssicherungen usw. – Kein Auskunftsgegenstand kann sein, was nicht mit der Einbehaltung und Abführung der LSt nicht zusammenhängt, zB die Frage, ob bestimmte Aufwendungen der ArbN WK, SA oder agB sind (*Martin* NWB 12, 3700, 3701). Insoweit ist das BetriebsstättenFA nicht zuständig. Diese Entscheidungen werden vom WohnsitzFA bei der Veranlagung oder im Verfahren des § 39a getroffen.

7 6. Rechtsnatur. Die Anrufungsauskunft ist nach zutr Auffassung (BFH VI R 54/07 BStBl II 10, 996) keine Wissenserklärung, sondern ein **feststellender VA** iSd § 118 S 1 AO, der das FA dahingehend bindet, weder durch Nachforderungsbescheid noch durch Haftungsbescheid LSt zu erheben, wenn sich der ArbG der Anrufungsauskunft entspr verhält (BFH VI R 44/12 BFH/NV 14, 229). Diese Selbstbindung folgt aus § 42e. Entspr dem Zweck der Anrufungsauskunft (s Rz 1) trifft der VA nicht nur eine Regelung dahin, wie das FA den dargestellten Sachverhalt gegenwärtig beurteilt (so aber BFH VI R 28/13 BFH/NV 14, 1734; *KSM*

§ 42e Rz B 15). Das FA hat vielmehr festzustellen, wie der Sachverhalt lstrechtl zutr zu beurteilen ist (s auch *Golombek* BB 15, 1946 zur verbindl Auskunft).

7. Rechtswirkungen. Sie sind die gleichen unabhängig davon, ob die Auskunft 8 ggü dem ArbG oder dem ArbN erteilt worden ist.

a) Bindung im Lohnsteuerabzugsverfahren bei einer Auskunft gegen- 9 **über Arbeitgeber.** Das BetriebsstättenFA ist an die Auskunft gebunden (BFH VI R 61/09 BStBl II 11, 479). Der ArbG muss sich nicht daran zu halten (aA *BH/ Heuermann* § 42e Rz 35, Pflicht zur Beachtung); er geht dann aber ein Haftungsrisiko ein. Hält sich der ArbG an die Auskunft, hat er die LSt auch dann vorschriftsmäßig iSv § 42d III 4 Nr 1 einbehalten, wenn die Auskunft unrichtig war. Denn der ArbG ist dem „Auftrag" des „Auftraggebers" entspr verfahren. *Rechtsfolge:* Der ArbG haftet nicht; er kann auch nicht gem § 40 I 1 Nr 2 durch LStPauschalierungsbescheid in Anspruch genommen werden (BFH VI R 23/02 BStBl II 06, 210, Anm *MIT* DStR 06, 271; FG Ddorf EFG 08, 1290, rkr). Das BetriebsstättenFA ist iRd *LStAbzugsverfahrens* (also des Vorauszahlungsverfahrens) einschließl des *LSt-Nachforderungsverfahrens* auch ggü dem ArbN gebunden (*Dißars* INF 03, 862, 865). Dieser kann daher iRd LStAbzugsverfahrens nicht nach § 42d III 4 Nr 1 in Anspruch genommen werden (BFH VI R 44/12 BFH/NV 14, 229, VA mit Drittwirkung; *TK* § 89 AO Rz 109). *Nach Abschluss des LStAbzugsverfahrens* kann das FA vom ArbN die zu niedrig einbehaltene LSt nachfordern (s § 42d Rz 24). Die Bindung des BetriebsstättenFA setzt aber voraus, dass der Sachverhalt wie in der Anfrage geschildert tatsächl verwirklicht wird. Weicht die Wirklichkeit in maßgebl Punkten von dem in der Anfrage dargelegten Sachverhalt ab, besteht keine Bindungswirkung (instruktiv FG Mchn EFG 12, 2313, rkr).

b) Bindung im Lohnsteuerabzugsverfahren bei Auskunft gegenüber 10 **dem Arbeitnehmer.** Erhält der ArbN eine für ihn ungünstige Auskunft, wird er den ArbG wegen dessen Haftungsrisiko kaum veranlassen können, entgegen der Auskunft zu verfahren. Erhält der ArbN eine günstige Auskunft, hat er einen zivilrechtl Anspruch ggü seinem ArbG, entspr der Auskunft zu verfahren (aA *KSM* § 42e Rz A 20). Der ArbG kann sich nicht mit Erfolg weigern, da er wegen der Auskunft des BetriebsstättenFA – auch wenn sie ggü dem ArbN erfolgt ist – kein Haftungsrisiko läuft (Verwaltungsakt mit Drittwirkung; ebenso *BH/Heuermann* § 42e Rz 36; *Martin* NWB 12, 3700, 3705). Diese Rechtsfolge rechtfertigt es, auch dem ArbN einen Anspruch auf Auskunftserteilung zuzubilligen (s Rz 2).

c) Bindung bei der Veranlagung des Arbeitnehmers. Eine dem *ArbG* 11 erteilte Anrufungsauskunft bindet nicht das VeranlagungsFA (BFH VI R 61/09 BStBl II 11, 479; BFH VI B 143/06 BFH/NV 07, 1658; ebenso BFH I R 3/89 BStBl II 92, 107, für LStNachforderung gegen ArbN, unzutr, s BFH VI R 44/12 BFH/NV 14, 229). Nach zutr Rspr (BFH VI R 97/90 BStBl II 93, 166; s auch *Dißars* INF 03, 862, 865; **aA** *von Bornhaupt* FR 93, 57) hat die Anrufungsauskunft in keinem Fall – *auch nicht, wenn sie dem ArbN erteilt worden ist* – irgendwelche Bindungswirkungen im Veranlagungsverfahren des ArbN (*TK* § 89 AO Rz 108; s aber unten Rz 13).

d) Dauer der Wirksamkeit. Die Bindung erstreckt sich auch auf bereits ab- 12 geschlossene Geschehensabläufe. Eine Disposition der Beteiligten ist nicht erforderl. IÜ ist § 207 AO analog anwendbar. Das BetriebsstättenFA kann die Anrufungsauskunft nach pflichtgemäßem Ermessen für die Zukunft aufheben oder ändern, wenn sich Gesetzeslage, Rspr oder Verwaltungsauffassung ändern (BFH VI R 19/19 DStR 21, 2790; *BMF* BStBl I 17, 1656 Rz 11; *BH/Heuermann* § 42e Rz 40). Die Beteiligten sind aber allg nach Treu und Glauben schutzwürdig.

8. Sonstige Zusagen. §§ 89 AO, 204 ff AO und § 42e sind nebeneinander an- 13 wendbar. Eine Bindung kann sich unabhängig von § 42e EStG oder § 204 AO auch aus Treu und Glauben ergeben, wenn zB das WohnsitzFA dem ArbN eine

Auskunft erteilt und diese Auskunft für eine steuererhebl Disposition des ArbN kausal war. Hier kann eine Bindung bis in die Veranlagung reichen.

14 **9. Rechtsbehelfe.** ArbG und ArbN haben einen **Rechtsanspruch auf Erteilung einer verbindl** (gebührenfreien; *TK* § 89 AO Rz 97) **Auskunft** in Form des Erlasses eines feststellenden VA, der ggf nach Einspruch mit der Verpflichtungsklage durchgesetzt werden kann. Dabei tritt das FG in eine *umfassende inhaltl Überprüfung* der erteilten Anrufungsauskunft ein (s aber Rz 5); dies gewährleistet einen effektiven Rechtsschutz durch frühestmögliche Klärung lohnstrechtl Zweifelsfragen (BFH VI R 54/07 BStBl II 10, 996 zu II. 4.; s auch *TK* § 89 AO Rz 104, 106). – Für die **Aufhebung der erteilten Anrufungsauskunft** ist § 207 AO entspr anwendbar. Ebenso wie sich nach einer BP für das FA eine erhöhte Sorgfaltspflicht ggü dem StPfl ergibt, folgt eine solche Fürsorgepflicht bereits aus dem öffentl-rechtl Pflichtverhältnis des ArbG (s Rz 1); § 42e und §§ 204 ff AO weisen somit ähnl Interessenlagen auf. Das *BetriebsstättenFA als Herr des LStAbzugsverfahrens* muss die Anrufungsauskunft widerrufen oder modifizieren können (dazu passen die Korrekturvorschriften der §§ 130 ff AO nicht; insoweit bietet sich die analoge Anwendung des § 207 AO an, *TK* § 89 AO Rz 112). Dem ist BFH VI R 3/09 BStBl II 11, 233 gefolgt (Aufhebung für die Zukunft bei Ausübung des Ermessens). Das BetriebsstättenFA kann die Anrufungsauskunft daher für die Zukunft aufheben oder ändern, wenn sich Gesetzeslage, Rspr oder Verwaltungsauffassung ändern (BFH VI R 19/19 DStR 21, 2790; BMF BStBl I 17, 1656 Rz 11). **Widerruf/Modifizierung** der Anrufungsauskunft stellen **ebenfalls einen VA** dar, der nach Einspruch und Anfechtungsklage in vollem Umfang vom FG auch inhaltl überprüft wird (also insoweit nicht etwa die eingeschränkte Überprüfung einer Ermessensentscheidung; allenfalls insoweit Ermessensentscheidung, als das BetriebsstättenFA auf Aufhebung/Modifizierung der erteilten Anrufungsauskunft verzichten kann; s auch *TK* § 207 AO Rz 10 ff). Da die Anrufungsauskunft ein feststellender VA ist (Rz 7), kommt ggü ihrem Widerruf aber keine AdV in Betracht (BFH VI B 103/14 BStBl II 15, 447).

§ 42f Lohnsteuer-Außenprüfung

(1) Für die Außenprüfung der Einbehaltung oder Übernahme und Abführung der Lohnsteuer ist das Betriebsstättenfinanzamt zuständig.

(2) ¹**Für die Mitwirkungspflicht des Arbeitgebers bei der Außenprüfung gilt § 200 der Abgabenordnung.** ²**Darüber hinaus haben die Arbeitnehmer des Arbeitgebers dem mit der Prüfung Beauftragten jede gewünschte Auskunft über Art und Höhe ihrer Einnahmen zu geben und auf Verlangen die etwa in ihrem Besitz befindlichen Bescheinigungen für den Lohnsteuerabzug sowie die Belege über bereits entrichtete Lohnsteuer vorzulegen.** ³**Dies gilt auch für Personen, bei denen es streitig ist, ob sie Arbeitnehmer des Arbeitgebers sind oder waren.**

(3) ¹**In den Fällen des § 38 Absatz 3a ist für die Außenprüfung das Betriebsstättenfinanzamt des Dritten zuständig; § 195 Satz 2 der Abgabenordnung bleibt unberührt.** ²**Die Außenprüfung ist auch beim Arbeitgeber zulässig; dessen Mitwirkungspflichten bleiben neben den Pflichten des Dritten bestehen.**

(4) Auf Verlangen des Arbeitgebers können die Außenprüfung und die Prüfung durch die Träger der Rentenversicherung (§ 28p des Vierten Buches Sozialgesetzbuch) zur gleichen Zeit durchgeführt werden.

Lohnsteuer-Richtlinien: LStR 42f; LStH 42f.

1 **1. Allgemeines, § 42f I.** Die LStAußenprüfung ist eine Prüfung iSd §§ 193 ff AO und eine abschließende Prüfung iSd § 164 AO. Daher ist nach einer Prüfung der Vorbehalt der Nachprüfung, unter der die LStAnmeldung steht (§ 168 AO), aufzuheben (Haftung des ArbG wird dadurch nicht beeinflusst). Eine Aufhebung des Nachprüfungsvorbehalts erfolgt auch im Falle des § 202 I 3 AO (§ 164 III 3 AO). Die Prüfung erstreckt sich ebenfalls auf KiSt, SolZ, ArbNSparzulage, Berlinzulage, Bergmannsprämien; ebenso auf die Feststellung der ArbG-Eigenschaft (BFH VI R 26/85 BFH/NV 87, 77) und die Pauschalierung nach § 37a und § 37b, die als LSt gelten (§ 37a Rz 8). Auf USt darf sich die LStAußenprüfung indes nicht erstrecken (FG BBg EFG 14, 1077, rkr). Mit der LStAußenprüfung wird oft die Prüfung der KapESt (§ 50b) und des StAbzugs iSv § 50a EStG (§ 73d EStDV) verbunden; dies ist keine Rasterfahndung (BFH VI B 102/04 BFH/NV 05, 1224). Der *Prüfungszeitraum* kann auch mehr als drei Jahre umfassen (FG Thür EFG 98, 984, rkr). Zum *Ort* der LStAußenprüfung s BFH VI B 33/06 BFH/NV 07, 646.

a) Zuständigkeit. Zuständig ist das BetriebsstättenFA (§ 41 II) des ArbG oder des Dritten iSd § 38 IIIa (s § 42f III). 2

b) Geprüfter Personenkreis (§ 193 AO). Geprüft werden kann jede Person, die ArbN beschäftigt oder zu beschäftigten scheint; also auch private Haushalte (diese sollen aber idR nicht geprüft werden, LStR 42 f. III 2). 3

2. Rechte und Pflichten der Beteiligten, § 42f II. – a) Prüfungsanordnung. Die Entscheidung, ob die Prüfung stattfinden soll, ist eine Ermessensentscheidung (BFH VI B 89/05 BFH/NV 06, 964; BFH VIII B 114/08 BFH/NV 09, 887). Zur Begründung der Prüfungsanordnung s BFH IV R 255/82 BStBl II 83, 621 und FG RhPf EFG 84, 9, rkr. Die vor der Prüfung zu erteilende (FG Mchn EFG 82, 336, rkr; FG RhPf EFG 84, 380, rkr) schriftl Prüfungsanordnung (§ 196 AO) bestimmt den Prüfungsumfang, der zeitl und sachl nach pflichtgemäßem Ermessen geändert werden kann (BFH I R 236/70 BStBl II 73, 74; BFH IV R 104/79 BStBl II 83, 286). Der ArbG kann die Prüfungsanordnung anfechten; in diesem Verfahren ist eine Beiladung weder der ArbN noch der RV-Träger notwendig (BFH VI B 13/15 BFH/NV 15, 1672). Die Prüfungsanordnung kann in ihrer Vollziehung ausgesetzt werden (§ 361 AO; keine Verwirkung des Einspruchs durch rügelose Mitwirkung BFH IV R 6/85 BStBl II 86, 435). Nur bei einer für rechtswidrig erklärten Anordnung besteht ein Verwertungsverbot (BFH VIII B 210/08 BFH/NV 09, 1396; s aber auch BFH I R 106/08 BFH/NV 10, 5; BFH IV B 3/82 BStBl II 82, 659, mwN, vorläufiger Rechtsschutz gegen Prüfungsauswertung). Ein trotz Verwertungsverbots ergangener Haftungsbescheid ist nicht nichtig (BFH VI R 143/84 BFH/NV 88, 284). Ein Verwertungsverbot hindert nicht die Inanspruchnahme der ArbN (BFH VI R 157/83 BStBl II 85, 191). Die Duldung der LStAußenprüfung kann erzwungen werden (§ 328 AO). Zur Unterscheidung zwischen Prüfungsunterbrechung und Abschluss der Prüfung s FG Hbg EFG 87, 253, rkr (iE zutr). Zur Wiederholung einer Prüfung nach Aufhebung einer früheren Prüfungsanordnung wegen formeller Mängel s FG Köln EFG 04, 1184, rkr, zutr. 4

b) Mitwirkungspflichten. Der ArbG und der Dritte iSd § 38 IIIa haben umfassende Mitwirkungspflichten (Überblick *Mösbauer* DB 98, 1303). Das Verlangen des Prüfers auf En-bloc-Vorlegung von Akten, die nicht lohnsteuerrechtl Inhalts sind, kann aber ermessensfehlerhaft sein (BFH VII 243/63 BStBl II 68, 592). Auch der ArbN hat Mitwirkungspflichten. Er sollte aber erst dann eingeschaltet werden, wenn dies zur weiteren Aufklärung erforderl ist. Zur Mitwirkungspflicht potentieller ArbN s § 42f II 3. Die Pflichten des ArbN erstrecken sich auch auf den ArbLohn aus einem vorangegangenen DienstVerh (wenn dies iRd § 42b von Bedeutung sein kann) sowie auf ArbLohn iSd § 38 I 2. Die Auskunftspflicht erstreckt sich nicht auf Einnahmen aus anderen Einkunftsarten (Umkehrschluss aus § 193 II Nr 2 AO). 5

c) Schlussbesprechung; Prüfungsbericht. §§ 201, 202 AO enthalten Regelungen über die Schlussbesprechung und den Prüfungsbericht. Gegen den BP-Bericht ist kein Rechtsbehelf gegeben (*TK* § 202 AO Rz 14). 6

7 **3. Lohnsteueraußenprüfung bei Lohnsteuerabzug durch Dritte, § 42f III.** In Fällen des § 38 IIIa kann das BetriebsstättenFA des Dritten auch beim ArbG prüfen; es kann aber auch das BetriebsstättenFA des ArbG mit dieser Prüfung beauftragen, weil zB der zu prüfende ArbG in dessen Bezirk ansässig ist (§ 195 S 2 AO).

8 **4. Lohnsteueraußenprüfung und Prüfung durch Rentenversicherungsträger, § 42f IV.** Auf formlosen Antrag des ArbG können die LStAußenprüfung und die Prüfung des RV-Trägers zeitgleich durchgeführt werden. Die Entscheidung ist eine Ermessensentscheidung. Die zeitgleiche Prüfung ist aber keine einheitl Prüfung. Normzweck ist (nur), die durch zwei zeitl getrennte Prüfungen entstehenden Belastungen des ArbG zu mindern (*BH/Heuermann* § 42f Rz 27).

9 **5. Folgen der Lohnsteueraußenprüfung. – a) Festsetzungsverjährung.** Durch die LStAußenprüfung wird die Festsetzungsfrist in Bezug auf den ESt-Anspruch gegen den ArbN nicht gehemmt (BFH VI R 151/86 BStBl II 90, 526; BFH VI R 87/89 BStBl II 90, 608). Nach § 171 XV AO idF AmtshilfeRL-UmsG (BGBl I 13, 1809) läuft die Festsetzungsfrist ggü dem Steuerschuldner (ArbN) indes nicht vor Ablauf der ggü dem Entrichtungspflichtigen (ArbG) geltenden Festsetzungsfrist ab. Hierdurch wird ein Gleichlauf der Festsetzungsfristen hergestellt.

10 **b) Änderungssperre des § 173 II AO.** LStAußenprüfung durchbricht nicht eine bereits beim ArbN auf Grund einer *bei ihm* durchgeführten Betriebsprüfung eingetretene Änderungssperre (BFH VI R 153/85 BStBl II 89, 447). Ist auf Grund der LStAußenprüfung *gegen den ArbN* ein Bescheid (oder eine Mitteilung nach § 202 I 3 AO) ergangen, kann der Bescheid später nur unter den Voraussetzungen des § 173 II AO geändert werden. Entscheidend für den Umfang der Änderungssperre ist der Inhalt der Prüfungsanordnung, nicht dagegen, worauf sich die Prüfung tatsächl nur erstreckt hat oder was im Betriebsprüfungsbericht abgehandelt worden ist (*TK* § 173 AO Rz 93; ausführl *von Groll* DStJG 9, 440 ff). Ein nachträgl bekannt gewordener Sachverhalt, auf den sich die Prüfung tatsächl nicht erstreckt hat, nach den Prüfungsordnung aber hätte erstrecken können, rechtfertigt daher keine Änderung des auf Grund der Prüfung ergangenen Bescheides. Die gleichen Grundsätze gelten auch, wenn **nach der Außenprüfung** *ggü dem ArbG* ein Bescheid ergangen ist: Wird nach der Prüfung der Vorbehalt der Nachprüfung der den Prüfungszeitraum betr LStAnmeldungen aufgehoben, steht dem späteren Erlass eines Pauschalierungsbescheides oder LStHaftungsbescheides für einen den Prüfungszeitraum betreffenden Sachverhalt die **Änderungssperre des § 173 II AO** entgegen (BFH VI R 83/04 BStBl II 09, 703; s auch § 41a Rz 7). Da der Prüfungsvorbehalt auf Grund einer Außenprüfung entfallen ist, handelt es sich nunmehr bei den vorbehaltlosen LStAnmeldungen um Prüfungsfolgebescheide (BFH VI R 52/94 BStBl II 95, 555). Zur gesamten Problematik der Prüfungsfolgebescheide s *Thomas* DStR 92, 842 f; *Lohmeyer* INF 95, 236. – Die Änderungssperre nach einer LSt-Außenprüfung kann aber nicht auf den Fall ausgedehnt werden, dass im Rahmen der LStAußenprüfung zB ein ArbVerh des ArbG zu seinem Ehegatten unbeanstandet bleibt, bei einer späteren allg Betriebsprüfung aber nicht anerkannt wird (BFH X R 123/94 BFH/NV 97, 161). Denn die Änderungssperre betrifft allein das LSt-Rechtsverhältnis, nicht aber die ESt-Veranlagung. – Zur Änderungssperre des § 173 II AO im Verhältnis LStAußenprüfung und StFahndung s FG RhPf EFG 96, 574, rkr.

11 **c) Folgen für die Zukunft.** Grds soll sich aus dem Verhalten des Prüfers keine unmittelbare Bindung für die Zukunft ergeben (BFH VI 167/61 U BStBl III 63, 23). Eine solche soll nur aus einer Anrufungsauskunft (§ 42e) oder verbindl Zusage (§§ 204 ff AO) folgen. Wenn aber der Prüfer Fehler erkennt, sie nicht beanstandet und der ArbG daher seine Handlungsweise für zutr hält, kann die Inanspruchnahme des ArbG nach späterer Prüfung ermessensfehlerhaft sein (s § 42d Rz 26).

Lohnsteuer-Nachschau 1 § 42g

§ 42g Lohnsteuer-Nachschau

(1) ¹Die Lohnsteuer-Nachschau dient der Sicherstellung einer ordnungsgemäßen Einbehaltung und Abführung der Lohnsteuer. ²Sie ist ein besonderes Verfahren zur zeitnahen Aufklärung steuererheblicher Sachverhalte.

(2) ¹Eine Lohnsteuer-Nachschau findet während der üblichen Geschäfts- und Arbeitszeiten statt. ²Dazu können die mit der Nachschau Beauftragten ohne vorherige Ankündigung und außerhalb einer Lohnsteuer-Außenprüfung Grundstücke und Räume von Personen, die eine gewerbliche oder berufliche Tätigkeit ausüben, betreten. ³Wohnräume dürfen gegen den Willen des Inhabers nur zur Verhütung dringender Gefahren für die öffentliche Sicherheit und Ordnung betreten werden.

(3) ¹Die von der Lohnsteuer-Nachschau betroffenen Personen haben dem mit der Nachschau Beauftragten auf Verlangen Lohn- und Gehaltsunterlagen, Aufzeichnungen, Bücher, Geschäftspapiere und andere Urkunden über die der Lohnsteuer-Nachschau unterliegenden Sachverhalte vorzulegen und Auskünfte zu erteilen, soweit dies zur Feststellung einer steuerlichen Erheblichkeit zweckdienlich ist. ²§ 42f Absatz 2 Satz 2 und 3 gilt sinngemäß.

(4) ¹Wenn die bei der Lohnsteuer-Nachschau getroffenen Feststellungen hierzu Anlass geben, kann ohne vorherige Prüfungsanordnung (§ 196 der Abgabenordnung) zu einer Lohnsteuer-Außenprüfung nach § 42f übergegangen werden. ²Auf den Übergang zur Außenprüfung wird schriftlich hingewiesen.

(5) Werden anlässlich einer Lohnsteuer-Nachschau Verhältnisse festgestellt, die für die Festsetzung und Erhebung anderer Steuern erheblich sein können, so ist die Auswertung der Feststellungen insoweit zulässig, als ihre Kenntnis für die Besteuerung der in Absatz 2 genannten Personen oder anderer Personen von Bedeutung sein kann.

Lohnsteuer-Richtlinien: LStH 42g – *Verwaltungsanweisungen:* BMF BStBl 14, 1408.

Übersicht

	Rz
1. Allgemeines	1
2. Zulässigkeit der Lohnsteuernachschau, § 42g I	3, 4
3. Durchführung der Lohnsteuernachschau, § 42g II	6–13
4. Vorlage von Urkunden; Erteilung von Auskünften, § 42g III	15
5. Übergang zur Lohnsteueraußenprüfung, § 42g IV	17
6. Auswertung der Feststellungen, § 42g V	19
7. Rechtsbehelfe	21

1. Allgemeines. Die Vorschrift wurde durch das AmtshilfeRLUmsG eingefügt. 1 Sie ist am 30.6.13 in Kraft getreten (Art 31 I AmtshilfeRLUmsG) und ab VZ 2013 anzuwenden (§ 52 I). § 42g ist der Regelung über die USt-Nachschau in § 27b UStG nachgebildet, die sich ihrerseits an § 210 AO orientiert. Mögl verfassungsrechtl Bedenken gegen § 42g sind mE iErg unbegründet (s für USt-Nachschau *Bunjes/Leonard* UStG § 27b Rz 7, 10; *Sölch/Ringleb* UStG § 27b Rz 22; s auch BVerfG 1 BvR 280/66 BVerfGE 32, 54 und BFH VII R 59/86 NJW 89, 855). Die LSt-Nachschau soll der Sicherstellung einer ordnungsgemäßen Einbehaltung und Abführung der LSt durch zeitnahe Aufklärung steuererhebl Sachverhalte dienen. Ihr Vorteil für die FinVerw ggü der LSt-Außenprüfung und der allg Außenprüfung besteht darin, ohne Ankündigung Grundstücke und Räume von gewerbl oder berufl Tätigen während der übl Geschäfts- und Arbeitszeiten betreten zu dürfen. Das Betreten ist anders als bei § 99 AO (s § 99 II AO) auch zulässig, um unbekannte Sachverhalte zu erforschen. Die Rechtswirkungen einer (LSt-)Außenprüfung erzeugt die LSt-Nachschau indes nicht (*Apitz* StBp 14, 33; *Bergan/Jahn* NWB 15,

§ 42g 3–8 Lohnsteuer-Nachschau

579). Sie hemmt also nicht den Ablauf der Festsetzungsfrist (§ 171 IV AO) und führt auch nicht zu einer Änderungssperre nach § 173 II AO (s dazu § 42f Rz 8). Die *FinVerw* kann aber gem § 42g IV zu einer LSt-Außenprüfung übergehen mit der Folge, dass zum Zeitpunkt des Übergangs die LSt-Festsetzungsfrist gehemmt ist. Dies führt nach § 171 XV AO idF AmtshilfeRLUmsG (BGBl I 13, 1809) dazu, dass auch die Festsetzungsfrist ggü dem StSchuldner (ArbN) nicht abläuft. Da die LSt-Nachschau keine (LSt-)Außenprüfung ist, finden die §§ 193 ff AO keine Anwendung (*BMF* BStBl I 14, 1408 Rz 2); insb muss weder eine Schlussbesprechung (§ 201 AO) durchgeführt noch ein Prüfungsbericht (§ 202 AO) erstellt werden. Die LSt-Nachschau ist aber eine Prüfung iSv § 371 II Nr 1a AO, sodass mit Erscheinen des Amtsträgers eine Straffreiheit durch Selbstanzeige ausscheidet (ebenso für die USt-Nachschau *Sölch/Ringleb* UStG § 27b Rz 7 mwN, str). Maßgebl für den Umfang der Sperrwirkung ist der Auftrag des Prüfers, wie er sich aus der Anordnung über die LSt-Nachschau ergibt.

3 **2. Zulässigkeit der Lohnsteuernachschau, § 42g I.** Die LSt-Nachschau dient der Sicherstellung einer ordnungsgemäßen Einbehaltung und Abführung der LSt (*Buse* DB 16, 1152). Daraus folgt, dass die *FinVerw* die LSt-Nachschau nicht beliebig durchführen kann. Vielmehr darf sie eine LSt-Nachschau nach pflichtgemäßem Ermessen (§ 5 AO) nur anordnen, wenn dies zur Erreichung des vorgenannten Gesetzeszwecks erforderl und auch iÜ verhältnismäßig ist (Beispiele s *BMF* BStBl I 14, 1408 Rz 4). Ein konkreter Anlass für die LSt-Nachschau ist allerdings nicht notwendig (s auch Rz 1). Aus dem Verweis in § 42g III 2 auf § 42f II 3 ergibt sich, dass die LSt-Nachschau auch zulässig ist, um Ermittlungen darüber anzustellen, ob Personen überhaupt ArbN des ArbG sind oder waren. Eine Beschränkung der LSt-Nachschau auf aktuelle Lohnabrechnungszeiträume enthält § 42g nicht (**aA** *Janssen-Heid/Hilbert* BB 15, 598; *Buse* DB 16, 1152). Da die LSt-Nachschau (nur) der Sicherstellung der ordnungsgemäßen LSt-Abzugs dient, darf sie sich auf die Verhältnisse der ArbN nur insoweit erstrecken, als diese für den LSt-Abzug von Bedeutung sind (*BH/Wagner* § 42g Rz 15).

4 **Anordnung der Lohnsteuernachschau.** Sie muss durch die zuständige Finanzbehörde (idR das BetriebsstättenFA, s § 41a Rz 2) angeordnet werden, auch wenn eine Ankündigung nicht erforderl ist. Die Anordnung kann auch mündl erfolgen (*BMF* BStBl I 14, 1408 Rz 6); der Betroffene hat dann aber Anspruch auf schriftl Bestätigung gem § 119 II 2 AO (*Bergan/Jahn* NWB 15, 579). Die Anordnung muss die wesentl Angaben enthalten, insb Adressat, Prüfungsgegenstand und Begründung. Auf die zu § 196 AO entwickelten Grundsätze kann insoweit zurückgegriffen werden.

6 **3. Durchführung der Lohnsteuernachschau, § 42g II.** Die Vorschrift regelt, bei wem, durch wen, wann und wo eine LSt-Nachschau durchzuführen ist.

7 **a) Betroffene Personen.** Dies sind solche Personen, die eine gewerbl oder berufl Tätigkeit ausüben. Die LSt-Nachschau kann mithin insb ggü ArbG und Dritten (§ 38 IIIa) angeordnet werden, die gewerbl, freiberufl oder land- und forstwirtschaftl tätig sind (*HHR* § 42g Rz 33). Personen, die nur im Privathaushalt ArbN beschäftigen, sind hiernach grds nicht verpflichtet, eine LSt-Nachschau zu dulden (*Janssen-Heid/Hilbert* BB 15, 598). Sie kann auch angeordnet werden, wenn unklar oder str ist, ob die gewerbl oder berufl tätige Person lstrechtl ArbG ist. Der Gesetzeswortlaut verlangt nicht, dass die berufl Tätigkeit selbständig ausgeübt wird. Hiernach kommt eine LSt-Nachschau grds auch ggü ArbN in Betracht, sofern die Voraussetzungen iÜ vorliegen.

8 **b) Betretungsberechtigte Personen.** Dies sind die mit der LSt-Nachschau beauftragten Amtsträger (§ 7 AO) der *FinVerw*. Hierbei wird es sich idR um die LSt-Außenprüfer des BetriebsstättenFA handeln. Die Beauftragung kann durch interne Dienstanweisung erfolgen (*Buse* DB 16, 1152). Die Angabe des Namens des Beauftragten ist nicht notwendiger Bestandteil der Anordnung über die LSt-Nachschau. Die Beauftragten können ohne vorherige Ankündigung tätig werden (*HHR* § 42g Rz 32).

c) Zeitliche Beschränkung. Die LSt-Nachschau ist nur während der übl Geschäfts- und Arbeitszeiten zulässig. Da auch Geschäfts- und Betriebsräume in den Schutzbereich von Art 13 GG einbezogen sind, ist das Betreten und die Vornahme von Besichtigungen und Prüfungen nur zu den Zeiten statthaft, zu denen die Räume normalerweise für die jeweilige geschäftl oder betriebl Nutzung zur Verfügung stehen (BVerfG 1 BvR 280/66 BVerfGE 32, 54; *Bergan/Jahn* NWB 15, 579; *Janssen-Heid/Hilbert* BB 15, 598). Die *FinVerw* vertritt demggü die Auffassung, dass das Betretungsrecht auch außerhalb der übl Geschäftszeiten besteht, wenn in den betreffenden Räumen schon oder noch gearbeitet wird (zust *Bunjes* UStG § 27b Rz 9; *Sölch/Ringleb* UStG § 27b Rz 16; *Apitz* StBp 14, 33). Dieser am Gesetzeszweck orientierten Auffassung ist mE angesichts des eindeutigen Wortlauts von § 42g II für die LSt-Nachschau nicht zu folgen (ebenso *HHR* § 42g Rz 5; *Buse* DB 16, 1152; **aA** *BMF* BStBl I 14, 1408 Rz 10).

d) Ort der Lohnsteuernachschau. Die mit der LSt-Nachschau beauftragten Amtsträger haben das Recht, Grundstücke und Räume von gewerbl oder berufl tätigen Personen zu betreten. Die Grundstücke und Räume müssen den gewerbl oder berufl Zwecken eindeutig dienen (*Dißars* NWB 13, 3210, 3213); sie brauchen aber nicht im (wirtschaftl) Eigentum der betroffenen Personen stehen. Die gewerbl oder berufl tätige Person muss ledigl die tatsächl Verfügungsgewalt, zB aufgrund eines Mietverhältnisses, ausüben (*Koenig* AO § 210 Rz 5). Entscheidend ist, ob die Grundstücke und Räume durch den Verfügungsberechtigten „nach außen geöffnet" wurden (*HHSp* AO § 210 Rz 13). Eine solche Öffnung nach außen wird bei gemischt berufl und privat genutzten Räumen idR nicht vorliegen, sodass eine LSt-Nachschau in solchen Räumen nach § 42g II 1 unzulässig ist (*Janssen-Heid/Hilbert* BB 15, 598). Dies gilt insb für häusl Arbeitszimmer (ebenso *Bergan/Jahn* NWB 15, 579; *Buse* DB 16, 1152; **aA** *BMF* BStBl I 14, 1408 Rz 9; für die USt-Nachschau wie hier *Sölch/Ringleb* UStG § 27b Rz 18). Auch nach Auffassung des BVerfG sind Betretungsrechte bei Wohnräumen, in denen auch eine geschäftl/berufl Tätigkeit ausgeübt wird, grds ausgeschlossen (BVerfG 1 BvR 280/66 BVerfGE 32, 54 zu Art 13 I GG).

aa) Wohnräume. Sie dürfen gegen den Willen des Inhabers nur unter den in § 42g II 2 genannten engen Voraussetzungen betreten werden. Diese Voraussetzungen sind Art 13 VII GG geschuldet. Eine Gefahr für die öffentl Sicherheit ist auch bei einer (drohenden) Verletzung der Steuergesetze gegeben, da zur öffentl Sicherheit die Unversehrtheit der gesamten obj Rechtsordnung gehört. Die Gefahr muss aber dringend sein. Eine solche Gefahr liegt vor, wenn ohne ihre Abwehr wesentl Rechtsgüter verletzt werden. Von Bedeutung sind außerdem die zeitl Nähe und die Wahrscheinlichkeit eines Schadenseintritts sowie die Schwere des drohenden Schadens. Auch wenn die Sicherung des Steueraufkommens ein hohes Rechtsgut darstellt, wird das Betreten von Wohnräumen gegen den Willen des Inhabers im Hinblick auf die prinzipielle Unverletztlichkeit der Wohnung nur in Ausnahmefällen in Betracht kommen (*Bunjes* UStG § 27b Rz 11).

bb) Betretungsrecht; Besichtigungsrecht. § 42g II gibt ledigl ein Recht zum Betreten der Grundstücke und Räume. LSt-Nachschau beschränkt sich deshalb auf die Besichtigung der Räume; Durchsuchungen sind unzulässig (*BMF* BStBl I 14, 1408 Rz 11; *Apitz* StBp 14, 33; s auch BFH VII R 59/86 NJW 89, 855).

cc) Zwangsmittel. Wird das Betreten der Grundstücke und Räume verweigert, dürfen sich die mit der Nachschau beauftragten Amtsträger den Zutritt nicht selbst gewaltsam verschaffen. Das Betretungsrecht kann aber mit Zwangsmitteln (§ 328 AO), insb mit Zwangsgeld und als letztes Mittel mit unmittelbarem

Zwang, durchgesetzt werden (*BMF* BStBl I 14, 1408 Rz 21; *Sölch/Ringleb* UStG § 27b Rz 17; *Bergan/Jahn* NWB 15, 579; *Hentschel* NJW 02, 1703, 1704; **aA** *Dißars* NWB 13, 3210; *Apitz* StBp 14, 33).

15 4. Vorlage von Urkunden; Erteilung von Auskünften, § 42g III. Die von der LSt-Nachschau betroffenen Personen haben dem beauftragten Amtsträger auf Verlangen die im Gesetz bezeichneten Unterlagen und Aufzeichnungen vorzulegen. Außerdem sind sie verpflichtet, Auskünfte zu erteilen, soweit dies zur Feststellung einer steuerl Erheblichkeit zweckdienl ist. Die Zweckdienlichkeit muss sich aus obj Gesichtspunkten ergeben (*HHR* § 42g Rz 42). Ein digitaler Datenzugriff ist iRd LSt-Nachschau ohne Zustimmung des ArbG nicht gestattet (*BMF* BStBl I 14, 1408 Rz 14; *BH/Wagner* § 42g Rz 42; *Apitz* StBp 14, 33). Nach § 42g III 2 iVm § 42f II 2 haben auch die ArbN des von der LSt-Nachschau betroffenen ArbG dem beauftragten Amtsträger Auskunft über Art und Höhe ihrer Einnahmen zu geben und auf Verlangen Bescheinigungen über den LSt-Abzug vorzulegen. Dies gilt ebenso für Personen, bei denen str ist, ob sie überhaupt ArbN des ArbG sind oder waren (§ 42g III 2 iVm § 42f II 3).

17 5. Übergang zur Lohnsteueraußenprüfung, § 42g IV. Die Nachschau kann ohne vorherige Prüfungsanordnung (§ 196 AO) in eine LSt-Außenprüfung übergehen. Ob zu einer LSt-Außenprüfung übergegangen wird, ist eine Ermessensentscheidung (§ 5 AO), die gericht nur eingeschränkt überprüfbar ist (§ 102 FGO; s auch *Bergan/Jahn* NWB 15, 571). Auf den Übergang muss schriftl hingewiesen werden. Der Hinweis, der dem Adressaten bekannt gegeben werden muss (*Apitz* StBp 14, 33), muss Angaben zum zeitl und gegenständl Umfang der LSt-Außenprüfung enthalten. Außerdem ist der Anlass für den Übergang zur LSt-Außenprüfung anzugeben. Nach § 42g IV kann nur auf die Prüfungsanordnung verzichtet werden, iÜ sind die Voraussetzungen und Vorschriften über die LSt-Außenprüfung zu beachten (s § 42f).

19 6. Auswertung der Feststellungen, § 42g V. Die iRd LSt-Nachschau gewonnenen Erkenntnisse darf die FinVerw nicht nur ggü den von der LSt-Nachschau betroffenen Personen (s Rz 7) in Bezug auf die LSt verwenden. § 42g V lässt die Auswertung der Feststellungen auch für die Festsetzung und Erhebung anderer Steuern (zB KiSt, GewSt, USt) und ggü anderen Personen (zB ArbN bei deren ESt-Veranlagung) zu.

21 7. Rechtsbehelfe. Die Anordnung der LSt-Nachschau (Rz 4) sowie Vorlage- und Auskunftsverlangen iRd LSt-Nachschau (Rz 15) sind VAe (s auch FG Nds EFG 12, 1519, rkr; *Buse* DB 16, 1152), die mit Einspruch und Klage angefochten werden können (*BMF* BStBl I 14, 1408 Rz 22; *HHR* § 42g Rz 16; *Apitz* StBp 14, 33; *Bergan/Jahn* NWB 15, 579; **aA** *BH/Wagner* § 42g Rz 55). Aufschiebende Wirkung haben diese Rechtsbehelfe nicht. Durchführung/Fortsetzung der LSt-Nachschau kann nur durch AdV verhindert werden. Nach Abschluss der LSt-Nachschau muss der Betroffene zur Fortsetzungsfeststellungsklage übergehen (*Janssen-Heid/Hilbert* BB 15, 598). Das für diese Klageart erforderl berechtigte Interesse kann zB in der Wiederholungsgefahr oder darin bestehen, die Verwertung der bei der LSt-Nachschau gewonnenen Erkenntnisse zu verhindern.

3. Steuerabzug vom Kapitalertrag (Kapitalertragsteuer)

§ 43 Kapitalerträge mit Steuerabzug

(1) ¹**Bei den folgenden inländischen und in den Fällen der Nummern 5 bis 7 Buchstabe a und Nummern 8 bis 12 sowie Satz 2 auch ausländischen Kapitalerträgen wird die Einkommensteuer durch Abzug vom Kapitalertrag (Kapitalertragsteuer) erhoben:**

1. Kapitalerträgen im Sinne des § 20 Absatz 1 Nummer 1, soweit diese nicht nachfolgend in Nummer 1a gesondert genannt sind, und Kapitalerträgen im Sinne des § 20 Absatz 1 Nummer 2. ²Entsprechendes gilt für Kapitalerträge im Sinne des § 20 Absatz 2 Satz 1 Nummer 2 Buchstabe a und Nummer 2 Satz 2;
1a. Kapitalerträgen im Sinne des § 20 Absatz 1 Nummer 1 aus Aktien und Genussscheinen, die entweder gemäß § 5 des Depotgesetzes zur Sammelverwahrung durch eine Wertpapiersammelbank zugelassen sind und dieser zur Sammelverwahrung im Inland anvertraut wurden, bei denen eine Sonderverwahrung gemäß § 2 Satz 1 des Depotgesetzes erfolgt oder bei denen die Erträge gegen Aushändigung der Dividendenscheine oder sonstigen Erträgnisscheine ausgezahlt oder gutgeschrieben werden;
2. Zinsen aus Teilschuldverschreibungen, bei denen neben der festen Verzinsung ein Recht auf Umtausch in Gesellschaftsanteile (Wandelanleihen) oder eine Zusatzverzinsung, die sich nach der Höhe der Gewinnausschüttungen des Schuldners richtet (Gewinnobligationen), eingeräumt ist, und Zinsen aus Genussrechten, die nicht in § 20 Absatz 1 Nummer 1 genannt sind. ²Zu den Gewinnobligationen gehören nicht solche Teilschuldverschreibungen, bei denen der Zinsfuß nur vorübergehend herabgesetzt und gleichzeitig eine von dem jeweiligen Gewinnergebnis des Unternehmens abhängige Zusatzverzinsung bis zur Höhe des ursprünglichen Zinsfußes festgelegt worden ist. ³Zu den Kapitalerträgen im Sinne des Satzes 1 gehören nicht die Bundesbankgenussrechte im Sinne des § 3 Absatz 1 des Gesetzes über die Liquidation der Deutschen Reichsbank und der Deutschen Golddiskontbank in der im Bundesgesetzblatt Teil III, Gliederungsnummer 7620-6, veröffentlichten bereinigten Fassung, das zuletzt durch das Gesetz vom 17. Dezember 1975 (BGBl. I S. 3123) geändert worden ist. ⁴Beim Steuerabzug auf Kapitalerträge sind die für den Steuerabzug nach Nummer 1a geltenden Vorschriften entsprechend anzuwenden, wenn
   a) die Teilschuldverschreibungen und Genussrechte gemäß § 5 des Depotgesetzes zur Sammelverwahrung durch eine Wertpapiersammelbank zugelassen sind und dieser zur Sammelverwahrung im Inland anvertraut wurden,
   b) die Teilschuldverschreibungen und Genussrechte gemäß § 2 Satz 1 des Depotgesetzes gesondert aufbewahrt werden oder
   c) die Erträge der Teilschuldverschreibungen und Genussrechte gegen Aushändigung der Erträgnisscheine ausgezahlt oder gutgeschrieben werden;
3. Kapitalerträgen im Sinne des § 20 Absatz 1 Nummer 4;
4. Kapitalerträgen im Sinne des § 20 Absatz 1 Nummer 6 Satz 1 bis 6; § 20 Absatz 1 Nummer 6 Satz 2 und 3 in der am 1. Januar 2008 anzuwendenden Fassung bleiben für Zwecke der Kapitalertragsteuer unberücksichtigt. ²Der Steuerabzug vom Kapitalertrag ist in den Fällen des § 20 Absatz 1 Nummer 6 Satz 4 in der am 31. Dezember 2004 geltenden Fassung nur vorzunehmen, wenn das Versicherungsunternehmen auf Grund einer Mitteilung des Finanzamts weiß oder infolge der Verletzung eigener Anzeigeverpflichtungen nicht weiß, dass die Kapitalerträge nach dieser Vorschrift zu den Einkünften aus Kapitalvermögen gehören;
5. Kapitalerträgen im Sinne des § 20 Absatz 1 Nummer 3 mit Ausnahme der Gewinne aus der Veräußerung von Anteilen an Investmentfonds im Sinne des § 16 Absatz 1 Nummer 3 in Verbindung mit § 2 Absatz 13 des Investmentsteuergesetzes;
6. ausländischen Kapitalerträgen im Sinne der Nummern 1 und 1a;
7. Kapitalerträgen im Sinne des § 20 Absatz 1 Nummer 7, außer bei Kapitalerträgen im Sinne der Nummer 2, wenn

§ 43 Kapitalerträge mit Steuerabzug

a) es sich um Zinsen aus Anleihen und Forderungen handelt, die in ein öffentliches Schuldbuch oder in ein ausländisches Register eingetragen oder über die Sammelurkunden im Sinne des § 9a des Depotgesetzes oder Teilschuldverschreibungen ausgegeben sind;
b) der Schuldner der nicht in Buchstabe a genannten Kapitalerträge ein inländisches Kreditinstitut oder ein inländisches Finanzdienstleistungsinstitut im Sinne des Gesetzes über das Kreditwesen oder ein Wertpapierinstitut im Sinne des Wertpapierinstitutsgesetzes ist. ²Kreditinstitut in diesem Sinne ist auch die Kreditanstalt für Wiederaufbau, eine Bausparkasse, ein Versicherungsunternehmen für Erträge aus Kapitalanlagen, die mit Einlagegeschäften bei Kreditinstituten vergleichbar sind, die Deutsche Bundesbank bei Geschäften mit jedermann einschließlich ihrer Betriebsangehörigen im Sinne der §§ 22 und 25 des Gesetzes über die Deutsche Bundesbank und eine inländische Zweigstelle oder Zweigniederlassung eines ausländischen Unternehmens im Sinne der §§ 53 und 53b des Gesetzes über das Kreditwesen, nicht aber eine ausländische Zweigstelle eines inländischen Kreditinstituts, eines inländischen Finanzdienstleistungsinstituts oder einem inländischen Wertpapierinstitut. ³Die inländische Zweigstelle oder Zweigniederlassung gilt anstelle des ausländischen Unternehmens als Schuldner der Kapitalerträge;
c) es sich um Zinsen aus Forderungen handelt, die über eine Internet-Dienstleistungsplattform erworben wurden. ²Eine Internet-Dienstleistungsplattform in diesem Sinne ist ein webbasiertes Medium, das Kauf- und Verkaufsaufträge in Aktien und anderen Finanzinstrumenten sowie Darlehensnehmer und Darlehensgeber zusammenführt und so einen Vertragsabschluss vermittelt;
7a. Kapitalerträgen im Sinne des § 20 Absatz 1 Nummer 9;
7b. Kapitalerträgen im Sinne des § 20 Absatz 1 Nummer 10 Buchstabe a;
7c. Kapitalerträgen im Sinne des § 20 Absatz 1 Nummer 10 Buchstabe b;
8. Kapitalerträgen im Sinne des § 20 Absatz 1 Nummer 11;
9. Kapitalerträgen im Sinne des § 20 Absatz 1 Satz 1 Nummer 1 und Gewinnen aus der Veräußerung von Anteilen an Investmentfonds im Sinne des § 16 Absatz 1 Nummer 3 in Verbindung mit § 2 Absatz 13 des Investmentsteuergesetzes;
10. Kapitalerträgen im Sinne des § 20 Absatz 2 Satz 1 Nummer 2 Buchstabe b und Nummer 7;
11. Kapitalerträgen im Sinne des § 20 Absatz 2 Satz 1 Nummer 3;
12. Kapitalerträgen im Sinne des § 20 Absatz 2 Satz 1 Nummer 8.

²Dem Steuerabzug unterliegen auch Kapitalerträge im Sinne des § 20 Absatz 3, die neben den in den Nummern 1 bis 12 bezeichneten Kapitalerträgen oder an deren Stelle gewährt werden. ³Der Steuerabzug ist ungeachtet des § 3 Nummer 40 und des § 8b des Körperschaftsteuergesetzes vorzunehmen. ⁴Für Zwecke des Kapitalertragsteuerabzugs gilt die Übertragung eines von einer auszahlenden Stelle verwahrten oder verwalteten Wirtschaftsguts im Sinne des § 20 Absatz 2 auf einen anderen Gläubiger als Veräußerung des Wirtschaftsguts. ⁵Satz 4 gilt nicht, wenn der Steuerpflichtige der auszahlenden Stelle unter Benennung der in Satz 6 Nummer 4 bis 6 bezeichneten Daten mitteilt, dass es sich um eine unentgeltliche Übertragung handelt. ⁶Die auszahlende Stelle hat in den Fällen des Satzes 5 folgende Daten dem für sie zuständigen Betriebsstättenfinanzamt bis zum 31. Mai des jeweiligen Folgejahres nach Maßgabe des § 93c der Abgabenordnung mitzuteilen:
1. Bezeichnung der auszahlenden Stelle,
2. das zuständige Betriebsstättenfinanzamt,

§ 43 Kapitalerträge mit Steuerabzug

3. das übertragene Wirtschaftsgut, den Übertragungszeitpunkt, den Wert zum Übertragungszeitpunkt und die Anschaffungskosten des Wirtschaftsguts,
4. Name, Geburtsdatum, Anschrift und Identifikationsnummer des Übertragenden,
5. Name, Geburtsdatum, Anschrift und Identifikationsnummer des Empfängers sowie die Bezeichnung des Kreditinstituts, der Nummer des Depots, des Kontos oder des Schuldbuchkontos. ²Sofern die Identifikationsnummer des Empfängers nicht bereits bekannt ist, kann die auszahlende Stelle diese in einem maschinellen Verfahren nach amtlich vorgeschriebenem Datensatz beim Bundeszentralamt für Steuern erfragen. ³In der Anfrage dürfen nur die in § 139b Absatz 3 der Abgabenordnung genannten Daten der betroffenen Person angegeben werden. ⁴Das Bundeszentralamt für Steuern teilt der auszahlenden Stelle die Identifikationsnummer der betroffenen Person mit, sofern die übermittelten Daten mit den nach § 139b Absatz 3 der Abgabenordnung beim Bundeszentralamt für Steuern gespeicherten Daten übereinstimmen. ⁵Ist eine eindeutige Zuordnung des Empfängers nicht möglich, ist die Depotübertragung als kapitalertragsteuerpflichtiger Vorgang nach Satz 4 dieses Absatzes zu behandeln,
6. soweit bekannt, das persönliche Verhältnis (Verwandtschaftsverhältnis, Ehe, Lebenspartnerschaft) zwischen Übertragendem und Empfänger.

⁷§ 72a Absatz 4, § 93c Absatz 4 und § 203a der Abgabenordnung finden keine Anwendung.

(1a) *(aufgehoben)*

(2) ¹Der Steuerabzug ist außer in den Fällen des Absatzes 1 Satz 1 Nummer 1a und 7c nicht vorzunehmen, wenn Gläubiger und Schuldner der Kapitalerträge (Schuldner) oder die auszahlende Stelle im Zeitpunkt des Zufließens dieselbe Person sind. ²Der Steuerabzug ist außerdem nicht vorzunehmen, wenn in den Fällen des Absatzes 1 Satz 1 Nummer 5 bis 7 und 8 bis 12 Gläubiger der Kapitalerträge ein inländisches Kreditinstitut oder inländisches Finanzdienstleistungsinstitut nach Absatz 1 Satz 1 Nummer 7 Buchstabe b oder eine inländische Kapitalverwaltungsgesellschaft ist. ³Bei Kapitalerträgen im Sinne des Absatzes 1 Satz 1 Nummer 6 und 8 bis 12 ist ebenfalls kein Steuerabzug vorzunehmen, wenn

1. eine unbeschränkt steuerpflichtige Körperschaft, Personenvereinigung oder Vermögensmasse, die nicht unter Satz 2 oder § 44a Absatz 4 Satz 1 fällt, Gläubigerin der Kapitalerträge ist, oder
2. die Kapitalerträge Betriebseinnahmen eines inländischen Betriebs sind und der Gläubiger der Kapitalerträge dies gegenüber der auszahlenden Stelle nach amtlich vorgeschriebenem Muster erklärt; dies gilt entsprechend für Kapitalerträge aus Options- und Termingeschäften im Sinne des Absatzes 1 Satz 1 Nummer 8 und 11, wenn sie zu den Einkünften aus Vermietung und Verpachtung gehören.

⁴Im Fall des § 1 Absatz 1 Nummer 4 und 5 des Körperschaftsteuergesetzes ist Satz 3 Nummer 1 nur anzuwenden, wenn die Körperschaft, Personenvereinigung oder Vermögensmasse durch eine Bescheinigung des für sie zuständigen Finanzamts ihre Zugehörigkeit zu dieser Gruppe von Steuerpflichtigen nachweist. ⁵Die Bescheinigung ist unter dem Vorbehalt des Widerrufs auszustellen. ⁶Die Fälle des Satzes 3 Nummer 2 hat die auszahlende Stelle gesondert aufzuzeichnen und die Erklärung der Zugehörigkeit der Kapitalerträge zu den Betriebseinnahmen und zu den Einnahmen aus Vermietung und Verpachtung sechs Jahre aufzubewahren; die Frist beginnt mit dem Schluss des Kalenderjahres, in dem die Freistellung letztmalig berücksichtigt wird. ⁷Die auszahlende Stelle hat in den Fällen des Satzes 3 Nummer 2 der Finanzbehörde, die für

§ 43 Kapitalerträge mit Steuerabzug

die Besteuerung des Einkommens des Gläubigers der Kapitalerträge zuständig ist, nach Maßgabe des § 93c der Abgabenordnung neben den in § 93c Absatz 1 der Abgabenordnung genannten Angaben auch die Konto- und Depotbezeichnung oder die sonstige Kennzeichnung des Geschäftsvorgangs zu übermitteln. [8] § 72a Absatz 4, § 93c Absatz 1 Nummer 3 und Absatz 4 sowie § 203a der Abgabenordnung finden keine Anwendung.

(3) [1] Kapitalerträge im Sinne des Absatzes 1 Satz 1 Nummer 1 Satz 1 sowie Nummer 1a bis 4 sind inländische, wenn der Schuldner Wohnsitz, Geschäftsleitung oder Sitz im Inland hat; Kapitalerträge im Sinne des Absatzes 1 Satz 1 Nummer 4 sind auch dann inländische, wenn der Schuldner eine Niederlassung im Sinne der §§ 61, 65 oder des § 68 des Versicherungsaufsichtsgesetzes im Inland hat. [2] Kapitalerträge im Sinne des Absatzes 1 Satz 1 Nummer 1 Satz 2 sind inländische, wenn der Schuldner der veräußerten Ansprüche die Voraussetzungen des Satzes 1 erfüllt. [3] Kapitalerträge im Sinne des § 20 Absatz 1 Nummer 1 Satz 4 sind inländische, wenn der Emittent der Aktien Geschäftsleitung oder Sitz im Inland hat. [4] Kapitalerträge im Sinne des Absatzes 1 Satz 1 Nummer 6 sind ausländische, wenn weder die Voraussetzungen nach Satz 1 noch nach Satz 2 vorliegen.

(4) Der Steuerabzug ist auch dann vorzunehmen, wenn die Kapitalerträge beim Gläubiger zu den Einkünften aus Land- und Forstwirtschaft, aus Gewerbebetrieb, aus selbständiger Arbeit oder aus Vermietung und Verpachtung gehören.

(5) [1] Für Kapitalerträge im Sinne des § 20, soweit sie der Kapitalertragsteuer unterlegen haben, ist die Einkommensteuer mit dem Steuerabzug abgegolten; die Abgeltungswirkung des Steuerabzugs tritt nicht ein, wenn der Gläubiger nach § 44 Absatz 1 Satz 10 und 11 und Absatz 5 in Anspruch genommen werden kann. [2] Dies gilt nicht in Fällen des § 32d Absatz 2 und für Kapitalerträge, die zu den Einkünften aus Land- und Forstwirtschaft, aus Gewerbebetrieb, aus selbständiger Arbeit oder aus Vermietung und Verpachtung gehören. [3] Auf Antrag des Gläubigers werden Kapitalerträge im Sinne des Satzes 1 in die besondere Besteuerung von Kapitalerträgen nach § 32d einbezogen. [4] Eine vorläufige Festsetzung der Einkommensteuer im Sinne des § 165 Absatz 1 Satz 2 Nummer 2 bis 4 der Abgabenordnung umfasst auch Einkünfte im Sinne des Satzes 1, für die der Antrag nach Satz 3 nicht gestellt worden ist.

Einkommensteuer-Richtlinien: EStH 43 – *Verwaltungsanweisungen:* BMF BStBl I 16, 85 Tz 151a–183 mit Folgeänderungen; *BMF* BStBl I 18, 13; *BMF* BStBl I 19, 97; *BMF* BStBl I 19, 527 (Investmentfonds) mit Folgeschreiben.

Übersicht

	Rz
I. Allgemeines	
1. Wesen der Kapitalertragsteuer	1–3
2. System des Kapitalertragsteuerabzugs	4
3. Missbräuchliche Kapitalertragsteueranrechnung	5
4. Verhältnis zum Zivilrecht	6
5. Inpflichtnahme Dritter	7
II. Umfang des Kapitalertragsteuerabzugs, § 43 I, § 43 III	
1. Regelungssystem des § 43	8
2. Begriff und Umfang des Kapitalertrags, § 43 I	9
3. Abgrenzung inländischer und ausländischer Kapitalerträge, § 43 I, § 43 III	10
4. Die einzelnen Kapitalertragsteuer-Tatbestände	11, 12
5. Unentgeltliche Depotübertragung von Kapitalanlagen iSd § 20 II zwischen verschiedenen Gläubigern, § 43 I 4–7	15, 16

Allgemeines 1–4 § 43

	Rz
III. Ausnahmen vom Kapitalertragsteuerabzug, § 43 II	
1. Personenidentität, § 43 II 1	19
2. Interbankenprivileg, § 43 II 2	20
3. Kein Steuerabzug bei Kapitalerträgen bestimmter Gläubiger, § 43 II 3–8	21–23
IV. Steuerabzug bei subsidiären Kapitalerträgen, § 43 IV	
1. Erfasste Kapitalerträge	26
2. Rechtsfolgen	27
V. Abgeltungswirkung des Steuerabzugs, § 43 V	
1. Schedulenbildung	29
2. Abgeltungswirkung, § 43 V 1	30–32
3. Gesetzliche Rückausnahmen, § 43 V 1–3	33–35
4. Abgeltender Kapitalertragsteuerabzug auf der Fondseingangsseite bei Investmentfonds	36
5. Geltung vorläufiger Einkommensteuerfestsetzungen für die Kapitalertragsteuer, § 43 V 4	37

I. Allgemeines

1. Wesen der Kapitalertragteuer. – a) Funktion; Objektsteuer. Die Kap- **1**
ESt ist eine besondere Form der Erhebung der ESt/KSt und der ZuschlagSt für
KapErträge. StSchuldner ist der Gläubiger der KapErträge (§ 44 I 1). Der *StEntrichtungspfl* muss die KapESt als fremde StSchuld im maßgebl Entstehungszeitpunkt
(§ 44 I 2) für Rechnung des Gläubigers in der zutr Höhe (idR der Brutto-
KapErtrag, § 43a I 1) einbehalten, abführen (§ 44 I 3, 4), anmelden und (elektronisch) bescheinigen (§ 45a, künftig auch § 45b, § 45c). Die KapESt wird ohne Beachtung subjektiver und sachl StBefreiungen des Gläubigers oder des KapErtrags
ähnl einer ObjektSt erhoben (s § 43 I 3, § 43 IV). – Sie setzt den inl QuellenPfl-
Abzug für stbare KapErträge beschr StPfl iSd § 49 I Nr 2a, 5 (s § 49 Rz 96 ff; § 43b
Rz 1–3) iVm § 45a, 45b, § 50c, § 50d und § 50g, § 50j (iEinz *BMF* BStBl I 16,
85 Rz 312) um.

b) Zuschlagsteuern. Solidaritätszuschlag ist auch auf die KapESt zu er- **2**
heben (§ 3 I Nr 5 EStG, § 4 SolZG) und einzubehalten; die Abgeltungswirkung
gem § 43 V 1 greift auch insoweit. Die **KiSt** wird iRd KapEStAbzugs erhoben
und abgegolten (§ 51a IIb–IIe, § 51a Rz 3); zur Höhe s 43a Rz 1–3 (§ 43a 1). Sie
ist keine SA (§ 10 I Nr 4 HS 2, § 10 Rz 61).

c) Abgeltung; Anrechnung. Im System der AbgeltungSt ist die Bedeutung **3**
der KapESt gestiegen, da sie in vielen Fällen als endgültige StFestsetzung, dh
als Emittenten- und ZahlstellenSt fungiert. § 43 IV, V regeln die Reichweite der
Abgeltungswirkung. Kommt es kraft Gesetzes oder auf Antrag (s § 43 V 1 HS 2,
V 2 und 3) zur Veranlagung der KapErträge, kann die KapESt unter den Voraussetzungen des § 36 II Nr 2 (ggf auch des § 36a) auf die festzusetzende Steuer (ESt/
KSt/SolZ) angerechnet werden.

2. System des Kapitalertragsteuerabzugs. Die in §§ 43 ff verwendeten Be- **4**
griffe **„Schuldner"** und **„Gläubiger"** beziehen sich im Zweifel nicht auf die
KapESt, sondern auf die KapErträge. – § 43 regelt als Grundtatbestand den **StEinbehalt** von bestimmten KapErträgen iSd § 20 I bis III. Er wird durch die Regelungen zur **Bemessung** (§§ 43a f), **Entrichtung** (§ 44; Entstehung, Einbehalt, Abführung) der KapESt ergänzt. Vom KapESt-Abzug ist abzusehen in den Fällen der
Befreiung (§ 43 II), **Abstandnahme** (s § 43 II, § 44a) und **Freistellung/Erstattung** (zu beschr stpfl Gläubigern s § 43b, § 50c II, III und zu unbeschr stpfl
Gläubigern s § 44b V, VI, zum **Erlass** gem § 227 AO s FG Nds EFG 18, 432,
rkr). Zu den Pflichten des StEntrichtungspflichtigen s Rz 1. Haftungsgrundlagen
bei Pflichtverletzungen des StEntrichtungspflichtigen enthalten § 44 V (ggf iVm
§ 167 I 1, Alt 2 AO), § 44 VI 2, § 44b V, § 45a VII (s jeweils dort). Die KapESt

Levedag 2153

§ 43 5–9   Kapitalerträge mit Steuerabzug

kann bei fehlendem Einbehalt uU vom Gläubiger nachgefordert werden (§ 44 V 2). Zur **KapESt-(Sonder)Prüfung** beim Schuldner und Dritten s § 194 I 4 AO; § 50b.

5   **3. Missbräuchliche Kapitalertragsteueranrechnung.** Zur Bekämpfung sog **Cum/Ex-Geschäfte** mit sammelverwahrten Aktien s § 20 I Nr 1 S 4 (Dividendenkompensationszahlung als stpfl KapErtrag), § 44 I 4 Nr 3 (KapEStEinbehalt durch die letzte inl Stelle, die die Beträge an eine ausl Depotbank weiterleitet) sowie § 44 Ia, § 45a III 1 (Abführung/Bescheinigung der KapESt durch die Depotbank), § 45b. Zur Aufarbeitung früherer Cum/Ex-Geschäfte (iZm Leerverkäufen) s *BeckOK EStG* § 43 Rz 43–45, 53–55 mwN; *Rau* DStR 21, 6; BT-Drs 18/12700; zum Zivilrecht § 44 Rz 6 und zum Strafrecht BGH 1 StR 519/20 DStR 21, 2453; *Knauer/Schomburg* NStZ 19, 305. – Zu Bekämpfung von **Cum/Cum-Geschäften** mit sammelverwahrten Aktien s iEinz bei § 36a und § 50j. – Zur KapESt-Erstattung iZm unzutr Bescheinigungen (§ 45a) für tatsächl nicht hinterlegte Aktien **(Depositary Receipts)** s *BMF* BStBl I 13, 718, *BMF* BStBl I 18, 1400 (sog „cum fake", dazu *Westermann* DStZ 19, 467; *Helios/Gieffers* DB 19, 263; *Weber/Krauß* DStR 19, 960) und § 45b III nF.

6   **4. Verhältnis zum Zivilrecht.** Durch Auszahlung des um die einbehaltene KapESt gekürzten KapErtrags erfüllt der Schuldner den Anspruch des Gläubigers iSd § 362 BGB (BGH XI ZR 573/15 NJW 17, 2104; *Hoffmann* DStR 16, 1848). – **Einzelfragen:** Zur Rückabwicklung von LV s *BMF* BeckVerw 319196; zu widerrufenen Kreditverträge in Altfällen s BGH XI ZR 108/16 NJW 17, 2102 (zu Recht krit *Jooß* WM 21, 1212), ab 2014 § 357a BGB; § 20 Rz 118, 190.

7   **5. Inpflichtnahme Dritter.** Die StEntrichtungspflichtigen fungieren iRe Indienstnahmedreiecks als Organe der StErhebung (s § 44 I 3, *BMF* BStBl I 16, 85 Rz 151a). Diese Inpflichtnahme ist grds verfmäßig (BVerfG 1 BvR 175/66 BVerfGE 22, 380), wird aber zutr als unverhältnismäßig angesehen, soweit § 45b II Nr 5–8 nF neue Informationspflichten schafft und § 45a VII nF eine Ausstellerhaftung ohne Exkulpation vorsieht (*Drüen* FR 21, 605; *ders* FR 21, 671 ff mwN). Das Ausfallrisiko für nicht abgeführte KapESt hat der Fiskus zu tragen (BFH VIII R 17/17 BStBl II 21, 468).

II. Umfang des Kapitalertragsteuerabzugs, § 43 I, § 43 III

8   **1. Regelungssystem des § 43.** § 43 I unterwirft in einem abschließenden Katalog bestimmte *inl und ausl KapErträge* ohne vollständige Übereinstimmung mit § 20 I bis III dem KapESt-Abzug. § 43 III regelt, welche KapErträge als inl/ausl Erträge iSd Regelung gelten. § 43 II normiert einzelne Fälle, in denen ein StAbzug nicht vorzunehmen ist (s zur Abstandnahme auch § 44a). § 43 IV und § 43 V regeln die Abgeltungswirkung des KapESt-Abzugs für ESt-pflichtige Personen; § 31, § 32 KStG, § 7 InvStG, § 20 REITG enthalten ergänzende Regelungen.

9   **2. Begriff und Umfang des Kapitalertrags, § 43 I.** – **(1) Steuerpflichtige Kapitalerträge, § 43 I 1.** Der Katalog in § 43 I 1 nennt „abzugspflichtige" KapErträge; dies gilt auch bei materiell vorrangiger Zuordnung zu einer anderen Einkunftsart (§ 20 VIII iVm § 43 IV), da die Einkünftezuordnung beim *Gläubiger* ohne Bedeutung ist (s Rz 1, Rz 26). Erforderl ist aber die materielle StPflicht des KapErtrags (BFH R 77/71 BStBl II 73, 452; BFH I R 97/66 BStBl II 70, 464). KapESt ist überdies nur für stbare inl KapErträge iSd § 49 I Nr 5 einzubehalten (*BMF* BStBl I 16, 85 Rz 313 ff; § 49 Rz 106 zur Erstattung gem § 155 I 3, § 37 II AO), daher erfolgt ggü beschr stpfl Anlegern eines Publikumsfonds grds kein KapEStAbzug gem § 20 I Nr 3 iVm § 43 I Nr 5 (*BMF* BStBl I 16, 85 Rz 312, 313; zu Ausnahmen s § 6 III 1 Nr 2 InvStG, § 32 III iVm § 2 Nr 2 KStG). – **(2) Besondere Entgelte iSd § 20 III, § 43 I 2.** S zu § 20 III bei § 20 Rz 190.

Auch diese unterliegen dem StAbzug. – *(3) Nichtberücksichtigung von Steuerbefreiungen; Abzugsposten.* Die technischen StBefreiungen in § 3 Nr 40, § 8b KStG sind iRd KapESt-Abzugs gem § 43 I 3 nicht anzuwenden. Gleiches (s § 43 I Nr 4 S 1 HS 2) gilt für § 20 I Nr 6 S 2, S 3, dh der LV-Nehmer (StPfl) muss zur Sicherung der StBefreiung gem § 32d II, IV, VI die Veranlagung beantragen (s § 32d Rz 16).

3. Abgrenzung inländischer und ausländischer Kapitalerträge, § 43 I, § 43 III. – *(1) Inländische Kapitalerträge.* Diese unterliegen dem KapEStAbzug in vollem Umfang. Nach § **43 III 1–3** ist für den Inlandsbezug abzustellen: – *(a)* bei KapErträgen iSd Abs 1 S 1 Nr 1 S 1 (§ 20 I Nr 1 und 2: Dividenden, Liquidationsausschüttungen, vGA) sowie iSd Abs 1 Nr 1a bis Nr 4 (sammelverwahrte Aktien, Teilschuldverschreibungen, stille Ges, partiarische Darlehen, LV) auf den *Schuldner* der Erträge. Dieser muss Wohnsitz, Geschäftsleitung, Sitz im Inland haben; KapErträge gem Abs I Nr 4 (§ 20 I Nr 6) sind auch inl, wenn das Versicherungsunternehmen eine inl Niederlassung hat (*BMF* BStBl I 16, 85 Rz 180, 181), – *(b)* bei KapErträgen iSd § 43 I 1 Nr 1 S 2 (Dividendenscheine; Zinsscheine) auf den Schuldner der veräußerten Ansprüche, – *(c)* bei KapErträgen iSd § 20 I Nr 1 S 4 und den Aktienemittenten, s auch § 44 Ia. – *(2) Ausländische Kapitalerträge.* Diese unterliegen dem KapESt-Abzug, wenn es sich um solche nach § 43 I Nr 5 bis Nr 7a, Nr 8 – Nr 12 handelt. KapErträge iSd § 43 I 1 Nr 6 sind ausl (§ 43 III 4), wenn die Voraussetzungen der § 43 III 1, 2 nicht erfüllt sind. Andere KapErträge sind ausl, wenn sie keine inl KapErträge gem Abs 3 S 1, 2 sind (*BeckOK EStG* § 43 Rz 67). – *(3) Zeitpunkt.* Maßgebl ist die Entstehung der KapESt (§ 44 I 2).

4. Die einzelnen Kapitalertragsteuer-Tatbestände. – a) **Einbehaltungspflichtige Kapitalerträge.** Vgl zu den einzelnen Tatbeständen des § 43 I die Kommentierung zu § 20 I, II; *BeckOK EStG* § 43 Rz 81–195; *BeckOK EStG* § 44 Rz 53–84. Legende zur Übersicht: Schuldner = Schuldner der KapErträge; auszahlende Stelle = ein Kredit-, Finanzdienstleistungs- oder Wertpapierinstitut iSd § 44 Abs 3, 4 (s § 44 Rz 9, 10).

Abs 1 Nr	Art des Kapitalertrags	§ 43a II %	Abzugsverpflichteter gem § 44
1	**S 1:** Inl Gewinnausschüttungen iSd § 20 I Nr 1 (auch vGa; *BMF* BStBl I 13, 71); KapErträge iRe Auflösung gem § 20 I Nr 2; KapErträge iSd §1a III KStG. **S 2** aus veräußerten Dividendenscheinen (§ 20 II 1 Nr 2a) und Forderungen (§ 20 II Nr 2 S 2)	25	**S 1:** Schuldner (ausschüttende Körperschaft), **S 2:** die den Verkäufer den Verkaufsauftrag ausführende Stelle (§ 44 I 3).
1a	Inl Bezüge aus sammelverwahrten Papieren (idR Aktien), eigenkapitalähnl Genussscheinen, auch bei Einlösung von Dividenden- und Erträgnisscheinen	25	auszahlende Stelle iSd § 44 I 2, 2 HS, I Nr 3 S 4
2	Inl Zinsen aus Wandelanleihen, Gewinnobligationen, schulrechtl Genussrechten	25	Schuldner (idR der Emittent)
3	Laufende inl Vergütungen aus einer typisch stillen Beteiligung und Unterbeteiligung, partiarischem Darlehen	25	Schuldner (Geschäftsinhaber/Darlehensnehmer)
4	Inl KapErträge aus nach dem 31.12.04 abgeschlossenen RV/LV (ohne Verkaufserlöse); Abzug vom Bruttobetrag ohne StBefreiung, s § 43 I Nr 4 S 1 HS 2; StAbzug bei Alt-RV/LV (Abschluss vor 1.1.05) nur in den Fällen des § 43 I Nr 4 S 2	25	Schuldner (idR das Versicherungsunternehmen)

§ 43 12, 15 Kapitalerträge mit Steuerabzug

Abs 1 Nr	Art des Kapitalertrags	§ 43a II %	Abzugsverpflichteter gem § 44
5	Inl und ausl Investmenterträge iSd § 16 I Nr 1, Nr 2 InvStG (ohne Veräußerungserlöse); kein KapESt-Abzug ggü beschr stpfl Anlegern	25	Inl Institut isD § 44 I 4 Nr 1a; bei Vorabpauschale inl Institut, das die Anteile verwahrt oder verwaltet (§ 44 I 4 Nr 4); gem § 44 I 4 Nr 5 der Fonds selbst bei nicht verwahrten Anteilen
6	ausl Dividenden uä Bezüge isD Nr 1 und Nr 1a	25	Nur inl auszahlende Stelle isD § 43 I 4 Nr 4 Buchst a (Territorialitätsprinzip)
7, Buchst a, b, c	Inl und ausl KapErträge aus sonstigen Forderungen isD § 20 I Nr 7, § 43 I Nr 7 Buchst a und Buchst b (*BMF* BStBl I 16, 85 Rz 159); Buchstc: ab VZ 21 (§ 52 Abs 42) Zinsen aus Crowdlending-Geschäften	25	**Buchst a:** bei Registrierung, Verbriefung auszahlende, isD § 44 I 4 Nr 4a, b; **Buchst b:** auszahlende Stelle isD § 44 I 4 Nr 2; **Buchst c:** s § 44 I 4 Nr 2a (§ 52 Abs 44).
7a	Ausschüttungen gem § 20 I Nr 9 aus KSt-Subjekten gem § 1 I Nr 1 bis 3 KStG	25	Schuldner = ausschüttende Körperschaft
7b	Leistungen eines Betriebe gewerbl Art isD § 20 I Nr 10 Buchst a (*BMF* BStBl I 19, 97 Rz 3, 4, 9–12) ggf Abstandnahme gem § 44a VII	15	Schuldner (der Betriebe gewerbl Art = die TochterGes)
7c	Erträge iSd § 20 I Nr 10 Buchst b (*BMF* BStBl I 19, 97 Rz 3, 4, 59–64)	15	§ 44 VI 1: der Betrieb gewerbl Art (Regiebetrieb) als Schuldner
8	Inl und ausl Stillhalterprämien (§ 20 I Nr 11)	25	auszahlende Stelle isD § 44 I 4 Nr 1a
9	Inl und ausl Erträge aus Anteilen isD § 20 II Nr 1 und aus Investmentanteilen	25	auszahlende Stelle isD § 44 I 4 Nr 1 Buchst a; s auch oben Nr 5 zu § 44 I Nr 4, Nr 5
10	Inl und ausl Erträge aus der Veräußerung sonstiger Kapitalforderungen (§ 20 II 1 und S 2) und aus Zinsscheinen/-forderungen (*BMF* BStBl I 16, 1018)	25	auszahlende Stelle isD § 44 I 4 Nr 1 Buchst a, ggf auch Buchst b
11	Inl und ausl KapErträge aus Termingeschäften/Finanzinstrumenten	25	auszahlende Stelle isD § 44 I 4 Nr 1 Buchst a
12	KapErträge aus der Übertragung von Rechtspositionen iS § 20 I Nr 9 (§ 20 II Nr 8)	25	auszahlende Stelle isD § 44 I 4 Nr 1 Buchst a
§ 44 Ia	Freiwillige Dividendenkompensationszahlung des ausl Leerverkäufers für Dividenden und Zinsen aus Wandelanleihen, Gewinnobligationen	25	Inl Wertpapiersammelbank; einbehalten wird auf den Brutto-KapErtrag

12 **b) Wesentliche Ausnahmen.** KapEinkünfte iSv § 20 I Nr 5, Nr 8, Veräußerungsgewinne gem § 20 II 1 Nr 4, Nr 6, Nr 7, private Zinsen (Umkehrschluss aus § 43 I 1 Nr 7 Buchst b) unterliegen nicht dem KapEStAbzug. Gleiches gilt für Auszahlungen aus einem RV-/LV-Vertrag gem § 22 Nr 5 (§ 22 Rz 170).

15 **5. Unentgeltliche Depotübertragung von Kapitalanlagen iSd § 20 II zwischen verschiedenen Gläubigern, § 43 I 4–7.** *Schrifttum Anemüller* ErbStB

17, 223 ff; 247 ff. – **a) Veräußerungsfiktion.** Die **unentgeltl** Übertragung von KapAnlagen auf einen anderen Gläubiger (Rechtsträgerwechsel) gilt gem § 43 I 4 für Zwecke des KapESt-Einbehalts *als Veräußerung;* für entgeltl Übertragungen bedarf es keiner Fiktion. S iEinz *BMF* BStBl I 16, 85 Rz 162 f. Unterliegt der fingierte KapErtrag dem StAbzug (§ 43 I 1 Nr 1 S 2, § 43 I 1 Nr 9–12), hat der StEntrichtungspflichtige des (fiktiven) *Veräußerers* KapESt einzubehalten (zur Ermittlung des Veräußerungsentgelts s § 43a II 8–13 und § 44 I 7–9 zur Nachforderung der KapESt beim „Veräußerer"). Die Einbuchung der KapAnlage beim *Erwerber/Übernehmer* regeln iEinz § 43a II 4, 5 und 11–13. – Die Veräußerungsfiktion **gilt nicht** für eine *Depotübertragung ohne Gläubigerwechsel,* dh zw verschiedenen Depots desselben StPfl (§ 43a III 6). Zur Spende eines Depots s *Wallenhorst* DStR 16, 111.

b) Ausnahmen, § 43 I 5–7. – *(1)* **Mitteilung des „übertragenden" Gläubigers.** Keine fiktive Veräußerung liegt vor (s § 43 I 5), wenn der übertragende Gläubiger der auszahlenden Stelle unter Angabe der nach Abs 1 S 6 Nr 4-6 erforderl Daten (Gläubiger, Empfänger, persönl Verhältnis) mitteilt, dass eine unentgeltl Übertragung vorliegt (*BMF* BStBl I 18, 624 Rz 166). – Teilt der Übertragende nicht alle erforderl Daten mit oder ist dies unzul (s § 43a II 3–7, zB für Übertragungen aus dem Ausl in das Inl iSd § 43a II 5, dazu *BMF* DB 15, 588 und zu StAusländer-Erblasser *BMF* BStBl I 18, 624 Rz 193), ist eine unentgeltl Übertragung als fiktive Veräußerung iSv § 43 I 4 zu behandeln. Um die Mitteilung zu erleichtern, können die Entrichtungspflichtigen die relevanten Empfängerdaten beim BZSt abfragen (§ 43 I 6 Nr 5 S 2; zur Anwendung bereits ab 1.1.20 s § 52 Abs 42 S 5). – *(2)* **Einzelfragen.** S zu *Ehegatten BMF* BStBl I 16, 85 Tz 168; zu offenen *Treuhandkonten* und Erben *BMF* BStBl I 16, 85 Tz 165. – *(3)* **Mitteilungspflichten des Entrichtungspflichtigen, § 43 I 6, 7.** Die beim Depotwechsel elektronisch zu übermittelnden Daten sind weitergehend als beim Gläubiger und ergeben sich iEinz aus § 43 I 6 Nr 1–5 iVm § 93c AO. Nach § 43 I 7 finden bei Verstößen, Fehlern § 72a IV AO (Haftung), § 93c IV AO (FA-Ermittlung) und § 203 AO (abgekürzte AP) keine Anwendung. – *(4)* **Antrag nach § 32d IV.** Ist wegen einer Veräußerung nach Abs 1 S 4 KapESt einbehalten worden, ist der KapErtrag zu erklären und ein Antrag gem § 32d IV zu stellen, um die KapESt anrechnen zu können, da kein stbarer Vorgang gegeben ist (§ 32d Rz 24).

III. Ausnahmen vom Kapitalertragsteuerabzug, § 43 II

1. Personenidentität, § 43 II 1. Der StAbzug unterbleibt, wenn der StEntrichtungspflichtige und der Gläubiger der KapErträge am Zuflusstag (§ 11, § 44 I 2) dieselbe Person sind (Gläubiger-Zahlstellenidentität). In den Fällen des Abs 1 S 1 Nr 1a (sammelverwahrte Anteile) und Nr 7c (§ 44 VI 1) bleibt es trotz Personengleichheit beim StAbzug. – *Beispiele:* Gläubiger als Erbe des Schuldners; eigene Wertpapiere der Bank; eigene Aktien und Treuhanddepots werden von Abs 2 S 1 nicht erfasst (*BMF* BStBl I 18, 85 Rz 152 ff).

2. Interbankenprivileg, § 43 II 2. KapESt ist gem S 2 nicht einzubehalten, wenn der Gläubiger von KapErträgen gem Abs 1 S 1 Nr 5–7 und Nr 8–12 ein inl Kredit- oder Finanzdienstleistungsinstitut oder eine inl KapitalanlageGes ist (s dort auch zu Bundesbank-/Zweigstellenfällen und *BMF* BStBl I 17, 739 Tz 174 zu *verwahrten* Investmentanteilen sowie *BMF* DStR 17, 937 zu Treuhandmodellen).

3. Kein Steuerabzug bei Kapitalerträgen bestimmter Gläubiger, § 43 II 3–8. Abs 2 S 3–8 gelten für ausl Bezüge iSd § 43 I Nr 1, 1a (§ 43 I Nr 6) und für KapErträge gem § 43 I Nr 8 bis Nr 12. – Die auszahlende Stelle hat die vorzulegenden Nachweise aufzuzeichnen und mitzuteilen (§ 43 II 6–8, iEinz *BMF* BStBl I 13, 1183). Nach Abs 2 S 7 finden § 72a IV AO, § 93c IV Nr 3, IV AO und

§ 203 AO keine Anwendung (s auch Rz 16). Die Anmeldepflicht für die KapErträge bleibt bestehen (§ 45a I 2).

22 **c) Unbeschränkt steuerpflichtige Körperschaftsteuersubjekte iSd § 1 KStG, § 43 II 4 Nr 1.** Der StAbzug darf uU für die unter Rz 21 genannten KapErträge bei bestimmten KSt-Subjekten unterbleiben; für solche gem § 1 I Nr 4, Nr 5 (zB Stiftungen) gilt dies nur, wenn sie eine (widerrufbare) Bescheinigung ihres FA iSd § 43 II 4, S 5 vorlegen.

23 **d) Betriebliche Gläubiger, § 43 II 4 Nr 2.** Der StAbzug kann ferner unterbleiben, wenn betriebl Gläubiger ggü der auszahlenden Stelle auf amtlichen Vordruck erklären, dass die KapErträge BE sind, für die der KapESt-Einbehalt keine Abgeltungswirkung entfaltet (Nr 2 HS 1 iVm § 20 VIII, § 43 V 2); nach HS 2 gilt dies auch für KapErträge iSd § 43 I Nr 8, 11, die gem § 20 VIII den Einkünften gem § 21 zuzuordnen sind (s § 20 Rz 254). Zur besonderen Aufzeichnungs- und Aufbewahrungspflicht der auszahlende Stelle s Abs 2 S 5; zu CTA-Konstruktionen s *BMF* BStBl I 16, 85 Tz 156–158: BV des Treugebers. S zur Abstandnahme vom StAbzug bei betriebl KapErträgen auch § 44a V.

IV. Steuerabzug bei subsidiären Kapitalerträgen, § 43 IV

26 **1. Erfasste Kapitalerträge. – *(1)* Grundaussage.** § 43 IV regelt zur Verfahrensvereinfachung, dass der StAbzug für sämtl KapErträge iSd § 43 I grds auch durchzuführen ist, wenn es sich um KapErträge handelt, die gem § 20 VIII BE oder Einnahmen gem § 21 sind. Die Regelung ist Folge des ObjektSt-Charakters der KapESt (Rz 1). – *(2)* **Ausnahmen.** S Rz 23.

27 **2. Rechtsfolgen. – *(1)* Keine Abgeltung.** Der KapESt-Einbehalt hat bei subsidiären KapErträgen keine abgeltende Wirkung (§ 43 V 2). Für Ausschüttungen iSd § 43 I Nr 1, Nr 1a, die BE sind, erfolgt der StAbzug von den Bruttoeinnahmen (§ 43 I 3, dh keine Anwendung der § 3 Nr 40 EStG/§ 8b KStG, s auch die Übersichten zu § 43b Rz 1, 2). – *(2)* **Unbeschränkte Steuerpflicht.** Subsidiäre KapErträge sind von unbeschr StPfl (natürl Personen; KSt-Subjekten) zu erklären und unter Anrechnung der KapESt zu veranlagen (§ 25 I HS 2, § 36 II Nr 2). – *(3)* **Beschränkte Steuerpflicht.** Bei beschr StPfl ist für die Einordnung als betriebl KapErträge die isolierende Betrachtungsweise zu beachten (§ 49 II, s § 49 Rz 96, 133). Es ist iEinz zu prüfen, ob die KapErträge unter Anrechnung der KapESt zu veranlagen sind oder der KapEStAbzug abgeltende Wirkung hat (§ 50 II 1, s iEinz § 50 Rz 27 ff; § 31, § 32 KStG). In Betracht kommt ferner, dass die KapESt gem § 50c (ggf iVm § 43b, s § 43b Rz 3), § 50g (Zinsen) nicht zu erheben oder zu erstatten ist (s § 44a IX, § 50c, § 32 V KStG) ist.

V. Abgeltungswirkung des Steuerabzugs, § 43 V

29 **1. Schedulenbildung.** § 2 Vb nimmt KapErträge *des PV* iSd § 20 iVm „§ 32d I und § 43 V", die unter die Abgeltungswirkung nach Abs 5 S 1 fallen, materiell aus den Größen gem § 2 II–V und aus dem zu versteuernden Einkommen aus, das die Grundlage der tarifl Besteuerung gem § 32a bildet (s § 20 Rz 8) und von der Veranlagung aus (§ 25 I HS 2). Der KapESt-Einbehalt ist anknüpfend daran als tendenziell endgültige StFestsetzung konzipiert, wobei die Kreditinstitute als Organe der StErhebung fungieren (s Rz 7). Nur soweit die Abgeltungswirkung kraft Gesetzes oder aufgrund eines Veranlagungswahlrechts gem § 32d II Nr 3 IV, VI nicht greift (§ 43 IV, 43 V 2), ist die einbehaltene KapESt eine ESt/KSt-Vorauszahlung für Rechnung des StPfl als Gläubigers der KapErträge (s auch Rz 1–3). Eine Reduzierung der einzubehaltenden KapESt kann iRd des StAbzugs ohne Veranlagung erreicht werden, wenn eine Abstandnahme vom StAbzug oder die Erstattung der KapESt mögl ist (§ 44a, § 44b, s zB für gem § 5 KStG stbefreite KSt-Subjekte § 44a VII, § 44b II iVm § 36a).

2. Abgeltungswirkung, § 43 V 1. – a) Überblick. Ob die Abgeltungswirkung (§ 43 V 1) greift, richtet sich nach der Pflicht zum und der Durchführung des StAbzugs. – **Fallgruppen:** – *(1)* Nicht von der Pflicht zum StAbzug gem § 43 I erfasste KapErträge (s § 43 Rz 12; ausl Erträge, Fälle des § 43 II) sind daher *im PV* (s § 32d III, § 32d Rz 22), *betriebl* KapErträge ohnehin (s Rz 27) zu erklären und zu veranlagen. – *(2)* Handelt es sich um abzugspflichtige KapErträge, kommt es für die Abgeltungswirkung darauf an, ob der KapESt-Abzug tatsächl und in zutr Höhe durchgeführt worden ist (s dazu Rz 31) und ob die Abgeltungswirkung aufgrund einer gesetzl Rückausnahme nicht eintritt (§ 43 V 1 HS 1 oder S 2) oder durch Ausübung eines Veranlagungswahlrechts gem § 32d IV, VI ausgeschlossen wird (Abs 5 S 3). S iEinz Rz 33 ff. 30

b) Unterliegenserfordernis, § 43 V 1. – aa) Positive Kapitalerträge iSd § 20 I–III „unterliegen" dem StAbzug iSd § 43 I, V 1, wenn – *(1)* ein Einbehalt der KapESt gem § 43 ff *tatsächl* erfolgt. Dies ist bei Auszahlung eines vom Bruttobetrag gekürzten Netto-KapErtrags an den Gläubiger der Fall. Die Abführung der einbehaltenen KapESt an das FA, deren Anmeldung und der Besitz einer Bescheinigung (§ 44, § 45a) sind für die Abgeltungswirkung nicht erforderl (BFH VIII R 17/17 BStBl II 21, 468 zum vorgetäuschten StAbzug), denn auch für die Anrechnung ist die KapESt im Fall des tatsächl Einbehalts ohne Abführung „erhoben" (§ 36 Rz 9). Wenn dem Gläubiger ein ungekürzter Netto-KapErtrag gutgeschrieben und der Einbehalt nur bescheinigt wird, unterliegt der KapErtrag dem StAbzug iSd Abs 5 S 1 nicht und wird die KapESt nicht „erhoben" (BGH 1 StR 519/20 DStR 21, 2453 mwN). Ferner muss – *(2)* die iRd KapESt-Einbehalts angewendete Bemessungsgrundlage (§ 43 I, § 43a II) dem Betrag des obj gem § 20 I–III stpfl KapErtrags entsprechen; sonst („soweit") tritt die Abgeltungswirkung nur teilweise ein (*BMF* BStBl I 16, 85 Tz 182 f mit Billigkeitsregelung). Bei *zu niedrigem KapESt-Einbehalt* muss der KapErtrag vom StPfl (Gläubiger) in zutr Höhe erklärt (§ 32d III 1) und veranlagt werden; bei *zu hohem KapESt-Einbehalt* muss der StPfl iRd Veranlagung (ggf punktuell für den KapErtrag) einen Antrag gem § 43 V 2 iVm § 32d IV stellen (s iEinz § 32d Rz 23, *Schmidt* DStR 18, 1201, 1205). 31

bb) Negative Kapitalerträge Negative KapErträge (idR solche gem § 20 II) „unterliegen" nicht iSd § 43 V 1 der KapESt, da ein StAbzug gem § 43a II 1 nur von positiven Einnahmen ist. § 20 II 7 nimmt jedoch auch auf *Verluste, die der KapESt unterliegen,* Bezug. Verluste sind gem § 43a III 2 iRd KapESt-Abzugs zu berücksichtigen, wenn sie aus Sicht des BMF stbar sind (§ 44 I 3), dh als positive KapErträge dem KapESt-Einbehalt zu unterwerfen wären (*HHR* § 20 Rz 621). Sie wirken sich gem § 43a III 2 ff iRd KapESt-Abzugs aus, wenn sie „auf der Depotebene" mit positiven KapErträgen verrechnet oder in einem Verlustverrechnungstopf vorgetragen werden (s auch *Jachmann-Michel* BB 18, 2329, 2332). Werden negative KapErträge iRd § 43a III 2 *tatsächl* berücksichtigt, haben sie eine „Quasi-Abgeltungswirkung", dh sie sind iSd § 2 Vb materiell aus dem zu versteuernden Einkommen ausgeschlossen, nicht gem § 32d III zu erklären und zu veranlagen. Zur Korrektur der Verrechnung iRd KapESt-Einbehalts muss der StPfl die KapErträge gem § 43 V 2 iVm § 32d IV, § 32d VI unter Beifügung der Verlustbescheinigung iSd § 43a III 4 erklären (s § 32d Rz 23, *BMF* BStBl I 21, 723 Rz 118). Dürfen negative KapErträge gem § 44 I 3 iRd KapESt-Einbehalts nicht berücksichtigt werden, müssen sie gem § 43 V 2 iVm § 32d IV, VI erklärt werden. Die Vorlage der Bescheinigungen gem § 43a III 4 iVm § 20 VI 7, § 20 IIIa S 2 kann uU entbehrl sein (s § 32d Rz 23; § 20 Rz 200, 249). 32

3. Gesetzliche Rückausnahmen, § 43 V 1–3. – a) Inanspruchnahme des Gläubigers für die Kapitalertragsteuer, § 43 V 1, HS 2. Die Abgeltungswirkung tritt nicht ein, wenn der Gläubiger dem StEntrichtungspflichtigen die Mittel für den KapESt-Abzug zur Verfügung stellen muss (§ 44 I 7), dies nicht geschieht und die KapESt vom FA gem § 44 I 10, 11 beim StPfl als StSchuldner der KapESt 33

§ 43 34–36 Kapitalerträge mit Steuerabzug

(§ 44 I 1) nachgefordert werden kann (s § 44 Rz 14). Gleiches gilt, wenn der StPfl positive Kenntnis eines ungenügenden StAbzugs hat und dies dem FA nicht unverzügl mitteilt (§ 43 V 1 iVm § 44 V 1, s § 44 Rz 16). Statt die KapESt nachzufordern (§ 155 I 1 AO), kann das zuständige FA den Gläubiger (StSchuldner) unter Anrechnung der KapESt veranlagen (*BeckOK EStG* § 43 Rz 273).

34 **b) Gesetzlicher Ausschluss der Abgeltungswirkung, § 43 V 2.** – *(1)* **Fälle des § 32d II.** Die Abgeltungswirkung tritt gem § 43 V 2 in den Fällen des § 32d II Nr 1–4 (s dazu iEinz § 32d Rz 6–21) nicht ein, iRd Veranlagung der tarifl KapErträge ist die KapESt gem § 36 II Nr 2 anzurechnen. – *(2)* **Subsidiäre Kapitalerträge.** S iEinz Rz 26, 27, 30.

35 **c) Ausübung eines Veranlagungswahlrechts isD § 32d, § 43 V 3.** Schließl durchbricht ein Antrag des StPfl gem § 32d IV, VI die Abgeltungswirkung. Die KapErträge sind zu erklären, die KapESt ist iRd der Veranlagung anzurechnen (s § 36 II Nr 2 S 3 zur Bescheinigung gem § 45a, iÜ § 32d Rz 24).

36 **4. Abgeltender Kapitalertragsteuerabzug auf der Fondseingangsseite bei Investmentfonds.** – *(1)* **Kapitalerträge.** Zu diesen gehören bei *Publikumsfonds* die in § 6 III–V InvStG genannten KapErträge iSd § 43; nach § 6 III 1 Nr 2 InvStG auch Entgelte aus Wertpapierleih- und Wertpapierpensionsgeschäften (s iEinz *BMF* BStBl I 19, 527 Rz 6.5, 6.7, 6.10, 6.35; *Hahne* DStR 17, 2310, 2311f). Soweit KSt/SolZ gem § 7 II InvStG durch den KapESt-Abzug ggü dem Fonds abgegolten sind, schließen § 6 VII 3 InvStG den WK-Abzug und § 6 VII 2 InvStG die Verlustverrechnung aus (*BMF* BStBl I 19, 527 Rz 6.40, 6, 44, 6.48, 6.50). Für die stpfl sonstigen inl KapErträge iSd § 6 V Nr 1 InvStG iVm § 49 I Nr 5 und für die auf der Fondseingangsseite nicht stbaren inl, ausl KapErträge verdrängt § 6 VII InvStG § 20 IX, dh WK iZm nicht abziehbar (*BMF* BStBl I 19, 527 Rz 6.39). – *(2)* **Abgeltender Steuereinbehalt, § 7 InvStG.** S *BMF* BStBl I 19, 527 in Rz 7.1, 7.12, 7.14, 7.19. Den KapESt-Einbehalt ggü dem Fonds als Gläubiger der KapErträge regeln die ggü § 43 spezielleren § 7 I, II InvStG. Wenn diese nicht greifen, ist ggü Investmentfonds keine KapESt zu erheben (§ 7 I 4 InvStG). Der StSatz beträgt statt 25 % nur 15 % (§ 7 I 1); ist SolZ geschuldet, insgesamt 15 % (§ 7 I 3 InvStG). Der KapESt-Einbehalt hat für *inl Beteiligungseinnahmen des Fonds iSd § 6 II, III Nr 1* abgeltende Wirkung (§ 7 II InvStG), dh für diese ist keine KSt-Veranlagung durchzuführen. Eine Erstattung der KapESt ist ausgeschlossen (§ 44a IX 1), da der StSatz 15 % beträgt (§ 7 I 2 InvStG, s auch § 43b Rz 2). Voraussetzung für den niedrigeren Einbehalt ist, dass dem StEntrichtungspflichtigen im Zeitpunkt des Einbehalts eine Statusbescheinigung vorliegt (s iEinz § 7 III, IV InvStG). – *(3)* **Erstattung von Kapitalertragsteuer.** *BMF* BStBl I 19, 527 Rz 7.23 ff – *(a)* durch den *StEntrichtungspflichtigen.* Nach den Änderungen in § 7 IV 3, V InvStG durch das AbzStEntlModG (BGBl I 21, 1259) kann dieser seit dem 1.7.21 (§ 57 III InvStG) nur noch unbeschr stpfl Fonds bei Vorlage der Statusbescheinigung innerhalb von 18 Monaten nach dem Zufluss den Teil der KapESt zu erstatten, der den Einbehalt von 15 % übersteigt. – *(b)* durch das *BZSt/BetriebsstättenFA.* Gem § 11 I 1 Nr 1, Nr 2, Nr 3 InvStG idF des AbzStEntModG (aaO) hat das zuständige Betriebsstätten-FA unbeschr stpfl Fonds seit dem 1.7.21 (§ 57 III InvStG) einbehaltene KapESt zu erstatten, wenn KapESt für KapErträge einbehalten wurde, die nicht gem § 6 II InvStG stpfl sind (Nr 1), der Einbehalt 15 % übersteigt (Nr 2) und (Nr 3) im Umfang der Beteiligung stbegünstigter Anleger (§ 8, § 10 InvStG) nicht vom Einbehalt Abstand genommen wurde (s § 43b Rz 2). *Beschr stpfl Fonds* haben seit dem 1.7.21 unter Vorlage der erforderl StBescheinigung (§ 45a) und Erklärungen den Erstattungsantrag beim BZSt zu stellen (§ 11 I 3 InvStG); ab 2025 bedarf es der Datenübermittlung iSd § 45a IIa (§ 11 I 4 InvStG). § 11 II enthält die relevanten Verfahrensvorschriften. S iEinz *BMF* BStBl I 19, 527 Rz 7.27, 11.2 bis 11.11. – *(4)* **Spezialfonds.** Bei *Spezial-Investmentfonds*, die die Transparenzoption (§ 30 I InvStG) ausüben, richten sich die Folgen nach § 31 InvStG. Die **Anleger** gelten als Gläubiger der KapErträge. Bei unzureichendem KapESt-Einbehalt trifft den *Anleger* eine Anzeige- und Nachzahlungspflicht (§ 31 III 2 InvStG). Die KapESt kann sonst mit einer StBescheinigung (§ 31 I 2 InvStG) unter den Voraussetzungen des § 36a I–III angerechnet werden (§ 31 III 1 InvStG). S ieinz *BMF* BStBl I 21, 156. – **(5) Fondsausgangsseite**. S § 43 I Nr 5, Nr 9 (§ 43 Rn 11) und § 43a Rz 3.

5. Geltung vorläufiger Einkommensteuerfestsetzungen für die Kapitalertragsteuer, § 43 V 4. S 4 nimmt Bezug auf Vorläufigkeitsvermerke gem § 165 I 2 Nr 2–4 AO (§ 165 I 2 Nr 2 AO: Unvereinbarkeitsfeststellung gem § 31 BVerfGG; § 165 I 2 Nr 3 AO: Verfahren vor dem BVerfG/EuGH; § 165 I 2 Nr. 4 AO: Verfahren vor dem BFH) in ESt-Bescheiden. Hat ein Musterverfahren zu nicht veranlagten KapErträgen Erfolg, kann der StPfl gem § 165 II AO iVm einem Antrag gem § 32d IV,VI die Änderung des ESt-Bescheids verlangen (s § 32d Rz 24, 28). 37

§ 43a Bemessung der Kapitalertragsteuer

(1) ¹Die Kapitalertragsteuer beträgt
1. in den Fällen des § 43 Absatz 1 Satz 1 Nummer 1 bis 7a und 8 bis 12 sowie Satz 2:
25 Prozent des Kapitalertrags;
2. in den Fällen des § 43 Absatz 1 Satz 1 Nummer 7b und 7c:
15 Prozent des Kapitalertrags.

²Im Fall einer Kirchensteuerpflicht ermäßigt sich die Kapitalertragsteuer um 25 Prozent der auf die Kapitalerträge entfallenden Kirchensteuer. ³§ 32d Absatz 1 Satz 4 und 5 gilt entsprechend.

(2) ¹Dem Steuerabzug unterliegen die vollen Kapitalerträge ohne Abzug; dies gilt nicht für Erträge aus Investmentfonds im Sinne des § 16 Absatz 1 des Investmentsteuergesetzes, auf die nach § 20 des Investmentsteuergesetzes eine Teilfreistellung anzuwenden ist; § 20 Absatz 1 Satz 2 bis 4 des Investmentsteuergesetzes sind beim Steuerabzug nicht anzuwenden. ²In den Fällen des § 43 Absatz 1 Satz 1 Nummer 9 bis 12 bemisst sich der Steuerabzug
1. bei Gewinnen aus der Veräußerung von Anteilen an Investmentfonds im Sinne des § 16 Absatz 1 Nummer 3 in Verbindung mit § 2 Absatz 13 des Investmentsteuergesetzes nach § 19 des Investmentsteuergesetzes und
2. in allen übrigen Fällen nach § 20 Absatz 4 und 4a,

wenn die Wirtschaftsgüter von der die Kapitalerträge auszahlenden Stelle erworben oder veräußert und seitdem verwahrt oder verwaltet worden sind. ³Überträgt der Steuerpflichtige die Wirtschaftsgüter auf ein anderes Depot, hat die abgebende inländische auszahlende Stelle der übernehmenden inländischen auszahlenden Stelle die Anschaffungsdaten mitzuteilen. ⁴Satz 3 gilt in den Fällen des § 43 Absatz 1 Satz 5 entsprechend. ⁵Handelt es sich bei der abgebenden auszahlenden Stelle um ein Kreditinstitut, ein Finanzdienstleistungsinstitut oder ein Wertpapierinstitut mit Sitz in einem anderen Mitgliedstaat der Europäischen Union, in einem anderen Vertragsstaat des EWR-Abkommens vom 3. Januar 1994 (ABl. EG Nr. L 1 S. 3) in der jeweils geltenden Fassung oder in einem anderen Vertragsstaat nach Artikel 17 Absatz 2 Ziffer i der Richtlinie 2003/48/EG vom 3. Juni 2003 im Bereich der Besteuerung von Zinserträgen (ABl. EU Nr. L 157 S. 38), kann der Steuerpflichtige den Nachweis nur durch eine Bescheinigung des ausländischen Instituts führen; dies gilt entsprechend für eine in diesem Gebiet belegene Zweigstelle eines inländischen Kreditinstituts, Finanzdienstleistungsinstituts oder einem inländischen Wertpapierinstitut.* ⁶In allen anderen Fällen ist ein Nachweis der

---

* Richtig wohl: „eines inländischen Wertpapierinstituts".

§ 43a Bemessung der Kapitalertragsteuer

Anschaffungsdaten nicht zulässig. [7] Sind die Anschaffungsdaten nicht nachgewiesen, bemisst sich der Steuerabzug nach 30 Prozent der Einnahmen aus der Veräußerung oder Einlösung der Wirtschaftsgüter. [8] In den Fällen des § 43 Absatz 1 Satz 4 gelten Ein Börsenpreis zum Zeitpunkt der Übertragung zuzüglich Stückzinsen als Einnahmen aus der Veräußerung und die mit dem Depotübertrag verbundenen Kosten als Veräußerungskosten im Sinne des § 20 Absatz 4 Satz 1. [9] Zur Ermittlung des Börsenpreises ist der niedrigste am Vortag der Übertragung im regulierten Markt notierte Kurs anzusetzen; liegt am Vortag eine Notierung nicht vor, so werden die Wirtschaftsgüter mit dem letzten innerhalb von 30 Tagen vor dem Übertragungstag im regulierten Markt notierten Kurs angesetzt; Entsprechendes gilt für Wertpapiere, die im Inland in den Freiverkehr einbezogen sind oder in einem anderen Staat des Europäischen Wirtschaftsraums zum Handel an einem geregelten Markt im Sinne des Artikels 1 Nummer 13 der Richtlinie 93/22/EWG des Rates vom 10. Mai 1993 über Wertpapierdienstleistungen (ABl. EG Nr. L 141 S. 27) zugelassen sind. [10] Liegt ein Börsenpreis nicht vor, bemisst sich die Steuer nach 30 Prozent der Anschaffungskosten. [11] Die übernehmende auszahlende Stelle hat als Anschaffungskosten den von der abgebenden Stelle angesetzten Börsenpreis anzusetzen und die bei der Übertragung als Einnahmen aus der Veräußerung angesetzten Stückzinsen nach Absatz 3 zu berücksichtigen. [12] Satz 9 gilt entsprechend. [13] Liegt ein Börsenpreis nicht vor, bemisst sich der Steuerabzug nach 30 Prozent der Einnahmen aus der Veräußerung oder Einlösung der Wirtschaftsgüter. [14] Hat die auszahlende Stelle die Wirtschaftsgüter vor dem 1. Januar 1994 erworben oder veräußert und seitdem verwahrt oder verwaltet, kann sie den Steuerabzug nach 30 Prozent der Einnahmen aus der Veräußerung oder Einlösung der Wertpapiere und Kapitalforderungen bemessen. [15] Abweichend von den Sätzen 2 bis 14 bemisst sich der Steuerabzug bei Kapitalerträgen aus nicht für einen marktmäßigen Handel bestimmten schuldbuchfähigen Wertpapieren des Bundes und der Länder oder bei Kapitalerträgen im Sinne des § 43 Absatz 1 Satz 1 Nummer 7 Buchstabe b aus nicht in Inhaber- oder Orderschuldverschreibungen verbrieften Kapitalforderungen nach dem vollen Kapitalertrag ohne jeden Abzug.

(3) [1] Die auszahlende Stelle hat ausländische Steuern auf Kapitalerträge nach Maßgabe des § 32d Absatz 5 zu berücksichtigen. [2] Sie hat unter Berücksichtigung des § 20 Absatz 6 Satz 4 im Kalenderjahr negative Kapitalerträge einschließlich gezahlter Stückzinsen bis zur Höhe der positiven Kapitalerträge auszugleichen; liegt ein gemeinsamer Freistellungsauftrag im Sinne des § 44a Absatz 2 Satz 1 Nummer 1 in Verbindung mit § 20 Absatz 9 Satz 2 vor, erfolgt ein gemeinsamer Ausgleich. [3] Der nicht ausgeglichene Verlust ist auf das nächste Kalenderjahr zu übertragen. [4] Auf Verlangen des Gläubigers der Kapitalerträge hat sie über die Höhe eines nicht ausgeglichenen Verlusts eine Bescheinigung nach amtlich vorgeschriebenem Muster zu erteilen; der Verlustübertrag entfällt in diesem Fall. [5] Der unwiderrufliche Antrag auf Erteilung der Bescheinigung muss bis zum 15. Dezember des laufenden Jahres der auszahlenden Stelle zugehen. [6] Überträgt der Gläubiger der Kapitalerträge seine im Depot befindlichen Wirtschaftsgüter vollständig auf ein anderes Depot, hat die abgebende auszahlende Stelle der übernehmenden auszahlenden Stelle auf Verlangen des Gläubigers der Kapitalerträge die Höhe des nicht ausgeglichenen Verlusts mitzuteilen; eine Bescheinigung nach Satz 4 darf in diesem Fall nicht erteilt werden. [7] Erfährt die auszahlende Stelle nach Ablauf des Kalenderjahres von der Veränderung einer Bemessungsgrundlage oder einer zu erhebenden Kapitalertragsteuer, hat sie die entsprechende Korrektur erst zum Zeitpunkt ihrer Kenntnisnahme vorzunehmen; § 44 Absatz 5 bleibt unberührt. [8] Die vorstehenden Sätze gelten nicht in den Fällen des § 20 Absatz 8 und des

§ 44 Absatz 1 Satz 4 Nummer 1 Buchstabe a Doppelbuchstabe bb sowie bei Körperschaften, Personenvereinigungen oder Vermögensmassen.

(4) ¹Die Absätze 2 und 3 gelten entsprechend für die das Bundesschuldbuch führende Stelle oder eine Landesschuldenverwaltung als auszahlende Stelle. ²Werden die Wertpapiere oder Forderungen von einem Kreditinstitut, Finanzdienstleistungsinstitut oder einem Wertpapierinstitut mit der Maßgabe der Verwahrung und Verwaltung durch die das Bundesschuldbuch führende Stelle oder eine Landesschuldenverwaltung erworben, hat das Kreditinstitut, das Finanzdienstleistungsinstitut oder das Wertpapierinstitut der das Bundesschuldbuch führenden Stelle oder einer Landesschuldenverwaltung zusammen mit den im Schuldbuch einzutragenden Wertpapieren und Forderungen den Erwerbszeitpunkt und die Anschaffungsdaten sowie in Fällen des Absatzes 2 den Erwerbspreis der für einen marktmäßigen Handel bestimmten schuldbuchfähigen Wertpapiere des Bundes oder der Länder und außerdem mitzuteilen, dass es diese Wertpapiere und Forderungen erworben oder veräußert und seitdem verwahrt oder verwaltet hat.

Einkommensteuer-Richtlinien: EStH 43a – *Verwaltungsanweisungen:* s § 43.

1. Steuersatz für den Kapitalertragsteuerabzug und KiSt, § 43a I. – *(1)* **Einbindung in das Kapitalertragsteuersystem.** § 43a I 1 ergänzt § 43 I und bestimmt die iRd StAbzugs maßgebl StSätze für die einzelnen KapESt-Tatbestände. Für *lfd KapErträge* iSd § 43 I Nr 1 bis 7a, Nr 8 und für KapErträge *aus einer Veräußerung* gem § 43 I Nr 9–12 gilt ein einheitl StSatz iHv 25 % des Brutto-KapErtrags. Auf Leistungen bzw den Gewinntransfer von Betrieben gewerbl Art iSd § 43 I 1 Nr 7b, Nr 7c wird ein StSatz von 15 % erhoben. – *(2)* **Ermäßigung um die Kirchensteuer.** Gem Abs 1 S 2 ermäßigt sich bei KiStPfl die KapESt um 25 % der auf die KapErträge entfallenden KiSt; gem § 10 I Nr 4 S 2 kein Abzug mehr als SA iRd Veranlagung (§ 10 Rz 61). S auch § 32d Rz 3. – *(3)* **SolZ.** S § 43 Rz 2; keine Änderung ab VZ 2021.

2. Bemessungsgrundlage, § 43a II. – a) Grundsatz, § 43a II 1 HS 1. Der KapESt unterliegt grds der Bruttoertrag ohne Berücksichtigung von StBefreiungen (§ 43 Rz 9). Ausschüttungen aufgrund der Gutschrift entnahmefähiger Gewinnanteile einer OptionsGes (§ 20 I Nr 1 iVm § 1a III KStG) sind idR BruttoKapErträge iSd § 43a I Nr 1 (s *Wacker/Krüger ua* DStR-Beih 21, 3, 26; *BMF* BStBl I 21, 2212 Rz 76).

b) Ausnahmen. – aa) Investmentfondserträge. – *(1)* **Laufende Erträge iSd § 16 I Nr 1 und I Nr 2 InvStG, § 43a II 1 HS 2.** Ausschüttungen und Vorabpauschalen (§ 20 Rz 80, 83) unterliegen dem KapEStAbzug (§ 43 I Nr 5). Bemessungsgrundlage ist der Bruttoertrag, der für alle Anlegergruppen um den gem § 20 InvStG für die jeweilige Fondsart einschlägigen Teilfreistellungssatz unbeschr stpfl Privatanleger zu kürzen ist. Entfaltet der StAbzug Abgeltungswirkung (§ 43 V 1), ist die KapESt-Belastung definitiv; iRe Veranlagung (§ 43 V 2) ist der zutr Teilfreistellungssatz zu berücksichtigen (*BMF* BStBl I 19, 527 Rz 20.5, 20.6). – *(2)* **Veräußerungsgewinne iSd § 2 XIII iVm 16 I Nr 3 InvStG, § 43a II 2 Nr 1.** Bemessungsgrundlage ist iRd KapESt-Abzugs (§ 43 I Nr 9) der für Privatanleger zu ermittelnde Gewinn gem § 19 1 1 InvStG iVm § 20 IV (*BMF* BStBl I 19, 527 Rz 19.1, 19.2, 19.13). Erforderl ist die durchgehende Verwaltung und Verwahrung der Anteile durch die auszahlende Stelle zw Erwerb und Veräußerung.

bb) Sonstige Veräußerungsgewinne, § 43a II 2 Nr 2. – *(1)* **Bemessungsgrundlage nach § 20 IV, IVa.** § 43a II 2 Nr 2 bestimmt die Bemessungsgrundlage für die KapESt für alle sonstigen kapestpfl Veräußerungsgewinne iSd § 20 II 1, 2. Voraussetzung ist die durchgehende Verwaltung/Verwahrung der KapAnlage durch die auszahlende Stelle zw Erwerb und Veräußerung. Die der auszahlenden Stelle seit dem Erwerb bekannten Anschaffungs- und Veräußerungskosten können berücksichtigt werden; auch § 20 IV 5 (Termingeschäfte) und IV 8 (Währungsgewinn/-verlust) sind anzuwenden. – *(2)* **Übertragung zwischen Depots desselben Steuerpflichtigen, § 43a II 3–6.** S iEinz *Anemüller* ErbStB 17, 223, 247 ff. – *(aa)* **Keine fiktive Veräußerung.** § 43 I 4 fingiert Veräußerungen nur bei Depotübertragungen mit Rechtsträgerwechsel (§ 43 Rz 15). Die *Anschaffungsdaten* sind gem **S 3** von der abgebenden inl an die übernehmende auszahlende inl Stelle zu übermitteln. Der Nachweis der Anschaffungsdaten darf gem **S 5** auch bei einer Übertragung aus dem Depot eines EU/EWR-Instituts in das Inl durch dessen Bescheinigung geführt werden (Erleichterung, s *BMF* BStBl I 18, 624 Rz 193), nicht aber bei Depotübertragungen aus Drittstaaten in das Inl **(S 6)**. – *(bb)* **Ersatzbemessungsgrundlage für spätere Veräußerung, § 43a II 7.** Werden die Anschaffungsdaten nicht übermittelt oder darf dies nach S 6 nicht geschehen, hat die übernehmende auszahlende Stelle bei einer späteren Veräußerung den kapestpfl Veräußerungsgewinn pauschal iHv 30% der Einnahmen aus der Veräußerung/Einlösung anzusetzen. Ist dieser KapErtrag zu niedrig, ist der tatsächl Gewinn gem § 32d III vom StPfl zu erklären; ist er zu hoch, muss ein Antrag gem § 32d IV gestellt werden, um zur zutr Besteuerung zu gelangen (§ 32d Rz 23). – *(3)* **Unentgeltliche Depotübertragung auf anderen Gläubiger, § 43a II 4–6.** Bei einer unentgeltl Übertragung mit Gläubigerwechsel gelten S 3, S 5–6 entspr: Übermittlung der Anschaffungsdaten, soweit zulässig, ansonsten Anwendung der Ersatzbemessungsgrundlage bei späterer Veräußerung und Beachtung der § 32d III, IV. – *(4)* **Bemessungsgrundlage bei fiktiver Veräußerung gem § 43 I 4, § 43a II 8–10.** S *BMF* BStBl I 16, 85 Rz 184–191. Gem **S 8** gilt der *Börsenpreis* zuzügl Stückzinsen **iSd S 9** für den Veräußerer als Gewinn, hilfsweise 30% der AK **(S 10)**. – Zu den AK des Erwerbers s § 43a III 11, 12, dh grds der Börsenpreis. Liegt *kein Börsenpreis* vor, ist für eine spätere Veräußerung des Erwerbers der StAbzug nach **S 13 und S 14** bei ursprüngl vor 1994 erworbenen/veräußerten WG iHv 30% der Einnahmen zu bemessen; gem **S 15** ist bei den dort genannten KapForderungen der volle KapErtrag anzusetzen. – Zur Korrektur iRd Veranlagung s § 32d Rz 23.

3. Abwicklung des Kapitalertragsteuerabzugs, § 43a III. – **a) Berücksichtigung ausländischer Quellensteuer, § 43 III 1.** S *BMF* BStBl I 16, 85 Rz 201 ff, 276 zu anrechenbaren ausl Steuern und Beispielen. Unterliegen ausl KapErträge iSd § 43 III gem § 43 I dem KapEStAbzug, ist nach § 43a III 1 ausl QuellenSt iRd KapEStAbzugs nach den Vorgaben in § 32d I 2, V 1–3 (s § 32d Rz 26) anzurechnen (s iEinz *BMF* BStBl I 16, 85 Rz 241c: Quellensteuertopf; Einstellung von Positiv-/Negativbeträgen; Auflösung am Ende des VZ). Eine *ehegattenübergreifende Anrechnung* ausl QuellenSt bei derselben auszahlenden Stelle erfolgt bei gemeinsamem Freistellungsauftrag *(BMF* BStBl I 16, 85 Rz 266, 276). Zur Nachforderung der KapESt iRd des Verfahrens gem Abs 3 S 7 nach überhöhter Anrechnung im Zuflussjahr s FG BBg EFG 19, 276, Rev VII R 65/18; *BMF* BStBl I 16, 85 Rz 241c). Zur Korrektur der Anrechnung iRd Veranlagung s § 32d Rz 23.

b) Verlustverrechnung, 43a III 2–6. – **aa) Regelungsinhalt; System.** – *(1)* **Inhalt.** Um eine Veranlagung negativer KapErträge und deren gesonderter Feststellung (§ 10d iVm § 20 VI) zu erübrigen, regeln Abs 3 S 2–6 den **Ausgleich** negativer KapErträge mit positiven KapErträgen samt des **Verlustvortrags** iRd StAbzugs auf der Depotebene, die Erteilung einer **Verlustbescheinigung** für die Veranlagung (s Rz 8) und die Fortführung des Verlustverrechnungstopfes im Fall eines sämtl Wertpapiere umfassenden **Depotwechsels** desselben StPfl (Gläubigers) durch das übernehmende Kreditinstitut *(BMF* BStBl I 16, 85 Rz 235, 236). Zur Abgeltungswirkung der Verlustverrechnung iRd StAbzugs s § 43 Rz 32. – *(2)* **System.** Unterjährige Bildung eines Verrechnungskontos für den StPfl mit Verlustverrechnungstöpfen und lfd Verrechnung der KapErträge sowie ggf nachträgl Erteilung einer StGutschrift/Nachbelastung. Zur nur iRd StAbzugs mögl ehegattenübergreifenden Verrechnung, wenn ein gemeinsamer Freistellungsauftrag bei derselben auszahlenden Stelle vorliegt, s *BMF* BStBl I 16, 85 Rz 219, 266).

bb) Verlustverrechnung iEinz. *BMF* BStBl I 16, 85 Rz 212ff, 228. – *(1)* **Verlustkategorien.** IRd StAbzugs sind nach Abs 3 S 2 nur die Verlustverrechnungstöpfe und Verrechnungsmöglichkeiten gem § 20 VI 3 und 4 maßgebl, denn der dortige Verweis erfasst § 20 VI 5, 6 nicht (*BMF* BStBl I 21,723 Rz 118). Bei **zu niedriger Verrechnung iRd StAbzugs** können letztere durch einen Antrag gem § 32d IV in der Veranlagung angewandt werden. Bei **zu hoher Verrechnung** iRd StAbzugs sind die KapErträge gem § 32d III 1 zu erklären (s § 32d Rz 23, 24). IEinz gilt iRd StAbzugs:

	Verlustkategorien/Verlustverrechnungstöpfe
Abs 6 S 4	**Aktienveräußerungsverluste:** IRd StAbzugs nur mit Aktienveräußerungsgewinnen verrechenbar; der Verlust aus der Übertragung einer wertlosen Aktie (§ 20 VI 6, Alt 3) ist idR ein Veräußerungsverlust gem S 4 (§ 20 Rz 248); Ausbuchungs- und Ausfallverluste von Aktien zu buchen (Insolvenz; Liquidation) fallen unter S 6 und sind iRd StAbzugs nicht zu berücksichtigen (§ 20 Rz 247), dh für diese ist ein Antrag gem § 32d IV erforderl.
Abs 6 S 2	Lfde Verluste gem § 20 I (ohne Ausfall-, Übertragungs- und Ausbuchungsverluste iSd § 20 VI 6) und Substanzverluste aus der Veräußerung (§ 20 II 1, 2) einer **KapAnlage** sind ohne Begrenzung auf den Sockelbetrag des § 20 VI 6 und Anwendung von § 20 VI 5 für Termingeschäfte untereinander verrechenbar und vortragsfähig; Verrechenbarkeit weiterhin auch mit Aktienveräußerungs- und Termingeschäftsgewinnen (§ 20 Rz 243). Bei Nichtberücksichtigung eines Verlusts mangels StBarkeit (s § 44 I 3) iRd StAbzugs ist ein Antrag gem § 32d IV zu stellen (§ 32d Rz 23).

– *(2)* **Sparerpauschbetrag.** Er ist gem § 44a I (durch Abstandnahme) erst zu berücksichtigen, wenn nach dem Verlustausgleich ein verbleibender positiver KapErtrag vorhanden ist (*BMF* BStBl I 16, 85 Rz 230ff).

cc) Verlustbescheinigung, § 43 III 4. S zur grds Erforderlichkeit der Bescheinigung für die Veranlagung § 20 VI 7 (§ 20 Rz 249, auch zur Entbehrlichkeit). Sie ist für den nicht ausgeglichenen Verlust iSd Abs 6 S 2 oder S 4 vom StPfl (Gläubiger) bis zum 15.12. des VZ bei der auszahlenden Stelle unwiderrufl zu beantragen (Ausnahmen: eine solche fehlt, s FG Mster BeckRS 2021, 18592, rkr oder automatische Erteilung bei Tod des StPfl, s *BMF* BStBl I 16, 85 Rz 234, 237). Eine vorsorgl Antragstellung für Folgejahre dürfte zul sein. Sie geht ins Leere, wenn kein Verlust entsteht. Die Verlustverrechnungstöpfe sind für den künftigen StAbzug bei der auszahlenden Stelle zu schließen. – Wenn ein Antrag gem § 32d IV, VI gestellt wird, ist der bescheinigte Verlust iRd Veranlagung gem § 20 VI zu verrechnen oder gesondert festzustellen (§ 20 Rz 243ff). IRd Veranlagung besteht keine Bindung an den bescheinigten nicht ausgeglichenen Verlust, dh die Art und Weise der Verrechnung iRd KapESt-Abzugs kann (auch depotübergreifend) korrigiert werden (BFH VIII R 23/15 BStBl II 19, 54; *BMF* BStBl I 19, 51 Rz 119).

c) Korrektur des Kapitalertragsteuerabzugs, § 43a III 7. *Schrifttum: Anemüller* EStB 17, 121ff; 158. Der StEntrichtungspflichtige **ist gem S 7 HS 1** zur Korrektur eines fehlerhaften KapESt-Abzugs, insb aufgrund einer veränderten (Ersatz-) Bemessungsgrundlage (s § 43a II, auch der AK des Erwerbers) oder bei nicht erkannter StBarkeit eines KapErtrags iSd § 43 I verpflichtet. Die Korrektur ist als sog Delta-Korrektur nicht rückwirkend im VZ der Entstehung der KapESt (§ 44 I 2), sondern erst bei Kenntnisnahme vorzunehmen (s § 20 Rz 199, auch zu § 20 IIIa; *BMF* BStBl I 16, 85 Tz 241ff). Eine Haftung gem § 44 V bleibt daneben mögl **(S 7 HS 2).** Zur **Übernahme** der KapESt durch den Schuldner s *BMF* BStBl I 16, 85 Tz 183a.

§ 43b Bemessung der KapESt bei bestimmten Gesellschaften

10 **d) Ausnahmen von § 43a III 2–7, § 43a III 8.** Keine Verpflichtung zur Anrechnung ausl QuellenSt, zur Bildung und Führung eines Verlustverrechnungstopfes iRd KapEStAbzugs und zur Korrektur gem Abs 3 S 7 besteht für zu veranlagende KapErträge ohne Abgeltungswirkung (§ 20 VIII iVm § 43 V 2: Korrektur iRd StFestsetzung), bei KapErträgen, die Körperschaften, Personenvereinigungen, Vermögensmassen als Gläubigern zufließen (*BMF* BStBl I 16, 85 Rz 215, 240, 241a) und für auszahlende Stellen in den Fällen des § 44 I 4 Buchst a Doppelbuchst aa.

11 **4. Bundeswertpapier- und Landesschuldenverwaltung, § 43a IV.** S 1, 2 enthalten Sonderregelungen, wenn die das Bundesschuldbuch führende Stelle oder eine Landesschuldenverwaltung die auszahlende Stelle iSd § 44 ist.

§ 43b Bemessung der Kapitalertragsteuer bei bestimmten Gesellschaften

(1) ¹Auf Antrag wird die Kapitalertragsteuer für Kapitalerträge im Sinne des § 20 Absatz 1 Nummer 1, die einer Muttergesellschaft, die weder ihren Sitz noch ihre Geschäftsleitung im Inland hat, oder einer in einem anderen Mitgliedstaat der Europäischen Union gelegenen Betriebsstätte dieser Muttergesellschaft, aus Ausschüttungen einer Tochtergesellschaft zufließen, nicht erhoben; § 50d Absatz 3 gilt entsprechend. ²Satz 1 gilt auch für Ausschüttungen einer Tochtergesellschaft, die einer in einem anderen Mitgliedstaat der Europäischen Union gelegenen Betriebsstätte einer unbeschränkt steuerpflichtigen Muttergesellschaft zufließen. ³Ein Zufluss an die Betriebsstätte liegt nur vor, wenn die Beteiligung an der Tochtergesellschaft tatsächlich zu dem Betriebsvermögen der Betriebsstätte gehört. ⁴Die Sätze 1 bis 3 gelten nicht für Kapitalerträge im Sinne des § 20 Absatz 1 Nummer 1, die anlässlich der Liquidation oder Umwandlung einer Tochtergesellschaft zufließen.

(2) ¹Muttergesellschaft im Sinne des Absatzes 1 ist jede Gesellschaft, die
1. die in der Anlage 2 zu diesem Gesetz bezeichneten Voraussetzungen erfüllt und
2. nach Artikel 3 Absatz 1 Buchstabe a der Richtlinie 2011/96/EU des Rates vom 30. November 2011 über das gemeinsame Steuersystem der Mutter- und Tochtergesellschaften verschiedener Mitgliedstaaten (ABl. L 345 vom 29.12.2011, S. 8), die zuletzt durch die Richtlinie 2014/86/EU (ABl. L 219 vom 25.7.2014, S. 40) geändert worden ist, zum Zeitpunkt der Entstehung der Kapitalertragsteuer gemäß § 44 Absatz 1 Satz 2 nachweislich mindestens zu 10 Prozent unmittelbar am Kapital der Tochtergesellschaft beteiligt ist (Mindestbeteiligung).

²Ist die Mindestbeteiligung zu diesem Zeitpunkt nicht erfüllt, ist der Zeitpunkt des Gewinnverteilungsbeschlusses maßgeblich. ³Tochtergesellschaft im Sinne des Absatzes 1 sowie des Satzes 1 ist jede unbeschränkt steuerpflichtige Gesellschaft, die die in der Anlage 2 zu diesem Gesetz und in Artikel 3 Absatz 1 Buchstabe b der Richtlinie 2011/96/EU bezeichneten Voraussetzungen erfüllt. ⁴Weitere Voraussetzung ist, dass die Beteiligung nachweislich ununterbrochen zwölf Monate besteht. ⁵Wird dieser Beteiligungszeitraum nach dem Zeitpunkt der Entstehung der Kapitalertragsteuer gemäß § 44 Absatz 1 Satz 2 vollendet, ist die einbehaltene und abgeführte Kapitalertragsteuer nach § 50c Absatz 3 zu erstatten; das Freistellungsverfahren nach § 50c Absatz 2 ist ausgeschlossen.

(2a) Betriebsstätte im Sinne der Absätze 1 und 2 ist eine feste Geschäftseinrichtung in einem anderen Mitgliedstaat der Europäischen Union, durch die die Tätigkeit der Muttergesellschaft ganz oder teilweise ausgeübt wird, wenn das Besteuerungsrecht für die Gewinne dieser Geschäftseinrichtung nach dem jeweils geltenden Abkommen zur Vermeidung der Doppelbesteuerung dem

Staat, in dem sie gelegen ist, zugewiesen wird und diese Gewinne in diesem Staat der Besteuerung unterliegen.

(3) *(aufgehoben)*

Anlage 2 (zu § 43b) *hier nicht abgedruckt;* s hierzu ua Beck'sche Textausgaben „Aktuelle Steuertexte 2022".

Einkommensteuer-Richtlinien: EStH 43b – *Verwaltungsanweisungen:* BMF BStBl I 18, 589. s. auch Hinweise zu § 43.

1. Kapitalertragsteuerabzug bei Gewinnausschüttungen iSd § 43 I Nr 1, Nr 1a zwischen Körperschaften. – **a) Kapitalertragsteuerabzug auf Ebene einer inländischen Tochter-Körperschaft**

Grundfall: Ausschüttung einer inl TochterGes iSd § 1 I Nr 1 bis Nr 3 KStG (KapErträge iSd § 43 I Nr 1)	**StAbzug** iHv 25% des Bruttobetrags [§ 43 I Nr 1, § 43a I 1 Nr 1, II]; keine Anwendung von § 8b I KStG iRd StAbzugs (§ 43 I 3)]; *Ausnahme:* Abstandnahme (§ 44a V). **Entstehung KapESt** gem § 44 II; **Entrichtungspflichtiger:** TochterGes ist zur Anmeldung, Abführung der KapESt (§ 44 I 3) und Ausstellung der Bescheinigung verpfl [§ 45a I, II 1 Nr 1]; ebenso für den **SolZ** (§ 3 I Nr 5, § 4 SolzG – keine Änderung ab VZ 2021)
Ausschüttung einer inl AG mit sammelverwahrten Aktien (KapErträge iSd § 43 I Nr 1a)	**StAbzug** iHv 25% des Bruttobetrags [§ 43 I Nr 1a, § 43a I 1 Nr 1, keine Anwendung des § 8b I KStG iRd StAbzugs (§ 43 I 3)]; **Entstehung KapESt** gem § 44 II; **Entrichtungspflichtiger:** Auszahlende Stelle/Verwahrer (nicht die AG !) ist zur Anmeldung, Abführung der KapESt (§ 44 I 3, 4 Nr 3 Buchst a–c), und Ausstellung der Bescheinigung verpflichtet [§ 45a I, II] 1 Nr 2, III]; ebenso für den **SolZ** (§ 3 I Nr 5, § 4 SolzG – keine Änderung ab VZ 2021)
Besonderheit: Stbegünstigte Körperschaft (§ 5 I Nr 9 KStG) als Anteilseignerin der TochterGes oder AG (KapErträge iSd § 43 I Nr 1, Nr 1a)	*(1)* **Bei Bezügen iSd § 43 I Nr 1:** Grds KapESt-Abzug bei der TochterGes iHv 25% des KapErtrags wie im Grundfall; aber: *Abstandnahme* vom KapESt gem § 44a VII 1 Nr 1, S 2 bei der *TochterGes* und *Erstattung* einbehaltener KapESt gem § 44b VI, § 44b VI 1 Nr 3, § 44b V 1 sind mögl; – *(2)* **Bei Bezügen iSd § 43 I Nr 1a:** KapESt-Abzug durch auszahlende Stelle, Verwahrer iHv 25% des KapErtrags; vollständige **Abstandnahme** vom KapESt-Abzug (§ 44a X 1 Nr 3) ist mögl *[NV-Bescheinigung; KapErträge iSd § 43 I Nr 1a im VZ nicht mehr als 20 000 € oder ununterbrochene Haltedauer mind. 1 Jahr]*; ansonsten KapESt-Abzug iHv ⅗ des KapErtrags und **Erstattung** einbehaltener KapESt (§ 44b II iVm § 36a I–III, s § 36a Rz 9, 10).

b) Behandlung der Kapitalerträge bei inländischen Anteilseigner-Körperschaften

Anteilseigner–Körperschaft	Behandlung
Körperschaft iSd § 1 I Nr 1–3 KStG mit gewerbl Bezügen (§ 8 II KStG iVm § 15 II, 20 VIII EStG)	*(1)* **KapErtrag gem § 43 I Nr 1:** keine Abgeltungswirkung des StAbzugs (§ 43 V 2); Veranlagung; bei Beteiligung von mindestens 10% grds Freistellung des KapErtrags; iHv 5% nichtabzugsfähige BA iRd Einkünfteermittlung [§ 8b I, V; **Ausnahmen:** § 8b VII, VIII, XI KStG: volle StPflicht des KapErtrags]; *Anrechnung* der KapESt auf KSt/SolZ [§ 36 II 2 EStG iVm § 31 I 1 KStG]; s auch § 44a V – (§ 44a Rz 12) zur Abstandnahme bei Dauerüberzahlung – *(2)* **Streubesitz** (= Beteiligung < 10%, § 8b IV KStG): volle StPflicht des KapErtrags; Veranlagung und *Anrechnung* der KapESt auf KSt/SolZ – *(3)* **KapErtrag gem § 43 I Nr 1a:** Einkommensermittlung wie unter *(1), (2);* Veranlagung, aber *Anrechnung* der KapESt auf KSt/SolZ nur, wenn auch § 36a I–III oder V erfüllt sind.

Anteilseigner-Körperschaft	Behandlung
Körperschaft iSd § 1 I Nr 4 KStG mit Einkünften gem § 20 I Nr 1 (zB Stiftung)	*(1)* **KapErtrag gem § 43 I Nr 1, Nr 1a:** Veranlagung und Einkünfteermittlung grds wie oben unter *(1)* und *(2)*, s aber § 8 X 2 KStG (§ 20 Rz 4). – *(2)* **Veranlagung und Anrechnung:** KapESt auf KSt/SolZ gem § 36 II Nr 2; bei KapErträgen gem § 43 I Nr 1a nur, wenn § 36a I–III,V erfüllt sind.
Steuerbegünstigte Körperschaft, § 5 I Nr 9 S 1, 2; § 5 I Nr 9 S 2 KStG:	*(1)* **Abgeltung von KSt/SolZ für die Kapitalerträge:** S § 5 II Nr 1, § 32 II Nr 1 KStG: Abgeltung KSt. – *(2)* **Keine Anrechnung:** Nur Abstandnahme vom KapESt-Abzug oder Erstattung der KapESt (§ 43 I Nr 1, § 44a VII, § 44b: volle Abstandnahme); zu KapErträgen gem § 43 I Nr 1: s Rz 1. – *(3)* **Wirtschaftl Geschäftsbetrieb (§ 5 I Nr 9 S 2 KStG):** Veranlagung, Anrechnung wie oben unbeschr stpfl KapGes. Volle Abstandnahme für Gewinntransfer (§ 20 I Nr 10 Buchst b S 4; § 43 I Nr 7c, § 44a VII).
Inl Investmentfonds (s auch § 43 Rz 36)	*(1)* **Beteiligungseinnahmen** aus inl Körperschaften iSd § 43 I 1 Nr 1, Nr 1a sind Teil des stpfl Einkommens; § 8b I KStG ist ausgeschlossen (§ 6 III 1 Nr 1, § 6 VI InvStG). – *(2)* **Abgeltender Abzug:** Erhebung von 15% KapESt auf den Bruttobetrag ./. SolZ [14,218%] **unter Beachtung der Teilfreistellungen** (§ 43a II 2) gem § 20 InvStG für KSt/SolZ (s iEinz § 7 I–IV InvStG, § 43 Rz 36); ggf Erstattung der KapESt gem § 7 V InvStG; – *(3)* **Steuerbegünstigte Anleger:** anteilige oder volle StBefreiung der KapErträge beim Fonds gem § 8, § 10, § 11 I InvStG iVm § 36a mit Erstattung KapESt (s iEinz *BMF* BStBl 19, 527) – *(4)* **Spezialfonds:** bei Transparenzoption s § 30 I InvStG; zu StAbzug und Anrechnung s § 31 InvStG (§ 43 Rz 36).

3 c) Behandlung der Ausschüttungen bei beschränkt steuerpflichtigen Anteilseigner-Körperschaften

Empfängerin	Behandlung
EU- KapGes mit mindestens 10%-Beteiligung am Kapital der TochterGes	*(1)* **§ 43b:** Zwar grds Abgeltung von KSt/SolZ auf die Dividende (§ 49 I Nr 5 Buchst a, § 49 II) durch KapESt bei Tochter-Ges iHv 25% auf den BruttoKapertrag (§ 43 V, § 32 I Nr 2 KStG), die KapESt darf aber gem § 43b nicht erhoben werden oder wird erstattet (Rz 4 ff); zur Missbrauchsabwehr s § 50d III iVm § 43b I 1 HS 2 (§ 50d Rz 15); – *(2)* **Verfahren:** Durchführung des KapESt-Abzugs bei der Tochter-Ges (§ 50c I 1); bei Erteilung eines Freistellungsbescheids durch das BZSt (§ 50c II Nr 1) kein KapESt-Abzug; sonst KapESt-Einbehalt mit Erstattung der KapESt (§ 43b II 5 iVm § 50c III) für Empfängerin mögl. – S § 50c Rz 10 ff, 24 ff.
EU-Betriebsstätte einer zu mindestens 10% am Kapital beteiligten EU-/EWR- oder einer solchen inl MutterGes;	*(1)* **§ 43b:** keine Abgeltungswirkung des KapESt-Einbehalts der TochterGes, da BE in der Betriebsstätte (§ 32 I Nr 2 KStG); die KapESt darf gem § 43b I 1, 2 nicht erhoben werden (Rz 4 ff) – *(2)* **Verfahren:** S die Ausführungen zu mindestens 10%-beteiligten MutterGes.
MutterGes mit DBA-Schutz gem Art 10 II OECD-MA	*(1)* **Bei DBA Schachtelprivileg** QuellenSt-Befreiung oder -Reduzierung (idR auf 5%); bei niedrigerer Beteiligung durch das DBA **QuellenSt-Reduktion** (idR auf 15%); – *(2)* **Verfahren:** Durchführung des KapESt-Abzugs iHv 25% des Brutto-KapErtrags (§ 50d I 1) bei TochterGes, aber Antrag auf Freistellung (§ 50d II 1 HS 2) oder Erstattung der KapESt (§ 50d I 2) an Empfängerin, s § 50d Rz 14; ggf § 50d V (§ 50d Rz 30). S auch § 50d III.

Empfängerin	Behandlung
MutterGes im Nicht-DBA-Fall	*(1)* Durchführung des KapESt-Abzugs iHv 25% des Brutto-KapErtrags (§ 50d I 1) bei TochterGes, aber **Abstandnahme** gem § 44a IX ihv 2/5 des Bruttobetrags mögl; – *(2)* **Verfahren:** Antrag auf Erstattung (§ 44a IX 2 iVm § 50c III, V und § 50d III). – *(3)* **Dauerüberzahlung.** Abstandnahme gem § 44a V mögl (§ 44 Rz 12).
Sonstige beschr stpfl MutterGes mit Beteiligung < 10%	*(1)* Durchführung des abgeltenden KapESt-Abzugs iHv 25% des Brutto-KapErtrags bei TochterGes (§ 32 I Nr 2 KStG) zu unionsrechtl Zweifeln bei Verlusten der Mutter-Ges s EuGH – C-575/17 DStRE 19, 760; *Leich* IStR 20, 121; *Schaumburg* ISR 21, 131; – *(2)* subsidiäre **Erstattung der KapESt** (§ 32 V KStG) für § 8b I KStG unterfallende Dividenden (zur Erweiterung auf Drittstaaten s FG Kln EFG 21, 123 (anh EuGH C-572/20); – *(3)* **Verfahren:** Freistellungsbescheid des BZSt auf Antrag (§ 32 V 3 KStG iVm § 155 I 3 AO).
Ausländische Fonds	*(1)* Durchführung des KapESt-Abzugs bei inl TochterGes iHv 15% **ohne Teilfreistellungen** (§ 43a II 2, § 20 InvStG, s § 20 Rz 80). – *(2)* Abgeltungswirkung des StAbzugs ohne Abstandnahme/Erstattung. – *(3)* Zu europarechtl Bedenken unter dem InvStG 18 s *Herr/Stiefel* IStR 19, 929. – Zur Rechtslage bis VZ 17 s *Schmidt* 40. Aufl § 43b Rz 3.
Besonderheit bei Ausschüttung auf sammelverwahrte Aktien, § 43 I Nr 1a	KapESt- Reduzierung aufgrund eines DBA im Wege der Erstattung nur, wenn die Voraussetzungen gem § 50j zusätzl erfüllt sind [ausl MutterGes, Körperschaft mit Beteiligung < 10% am Kapital der inl AG]

2. Umsetzung der Mutter/TochterRL (MTRL). – *(1)* **EU-Sekundärrecht.** § 43b setzt die Mutter-/Tochter-RL in dt Recht um. Diese bewirkt, dass Gewinne einer EU-ausl TochterGes nur von dieser (und nicht auch von der MutterGes) besteuert werden. Dies wird durch die kstliche Besteuerung von Gewinnen der TochterGes und die Befreiung der MutterGes vom QuellenSt-Abzug im Ansässigkeitsstaat der TochterGes umgesetzt (s Art 4, 5 MTRL); günstigere DBA-Regelungen gehen vor (s Art 7 II MTRL). S iEinz auch mit Nachweisen zur Rspr des EuGH *Musil/Weber-Grellet* EuropStR, Sekundärrecht [Teil C]. – *(2)* **Brexit.** § 43b II 1 Nr 2 ist nur auf MutterGes in einem „Mitgliedstaat" der EU iSd MTRL anzuwenden. § 43b greift nicht mehr, weil das Vereinigte Königreich diesen Status mit Ablauf des 31.12.20 verloren hat. S *Jordan* StuB 21, 17, 18.

3. Persönliche Voraussetzungen der Quellensteuerbefreiung, § 43b II, IIa. – a) Ausschüttende Tochtergesellschaft. Es muss eine im Inl unbeschr stpfl KapGes iSv § 1 I Nr 1 KStG sein (§ 43b I, II 3, mit Verweis auf Anlage 2) und Ausschüttungen iSd § 20 I Nr 1 tätigen. Sachl begünstigt § 43b nur (Schachtel)Dividenden iSv § 20 I Nr 1 (auch vGA), nicht Ausschüttungen iSv § 20 I Nr 2. – Keine KapGes iS der Anlage 2 ist eine inl OptionsGes iSd § 1a KStG (zutr *BMF* BStBl I 21, 2212 Rz 52, 73). – Zur Erstattung unmittelbar auf Grundlage der Kapitalverkehrsfreiheit s BFH I R 31/18 DStR 21, 2114 mwN.

b) Ausschüttungsempfänger. – *(1)* **Mutterkapitalgesellschaft.** Die MutterGes muss gem § 43b I 1 – *(a)* eine Ges der in Anl 2 zu § 43b aufgeführten Rechtsformen sein (s BFH I R 25/10 DStR, 742) – *(b)* in einem anderen EU-Staat ansässig sein, dh ihre Geschäftsleitung haben, vgl Anl 2 und Art 2b MTRL sowie – *(c)* dort einer der in Anl 2 zu § 43b aufgeführten oder einer entspr Steuer unterliegen (*BMF* DStR, 13, 2762). – *(2)* **Ausländische Betriebsstätte.** Gem § 43b I 2 sind auch Ausschüttungen zwischengeschalteter EU-/EWR-**Betriebsstätten** (zum Begriff s § 43b IIa) einer inl MutterGes iSd Abs 2 begünstigt; § 43b I 1 begünstigt den Fall, dass die Ausschüttung ISd § 20 I Nr 1 einer EU-/EWR-Betriebsstätte zufließt. In beiden Fällen muss die Beteiligung der ausl Betriebsstätte tatsächl zuzuordnen sein (§ 43b I 3).

7 **c) Mindestbeteiligung an der Tochtergesellschaft.** Es muss eine unmittelbare Beteiligung iHv mindestens 10% des Nennkapitals der TochterGes bestehen (§ 43b II). Hierzu gehören auch mittelbare Beteiligungen über eine ausl vermögensverwaltende GbR (BFH I R 77/17 DStR 21, 2193). Diese muss grds im Zeitpunkt der KapEStEntstehung für die Ausschüttung gegeben sein, dh bei Zufluss (§ 44 I 2) oder gem § 43b II 2 im Zeitpunkt des Gewinnverteilungsbeschlusses.

8 **d) Beteiligungsdauer.** § 43b II 4 verlangt, dass die Beteiligung im Zeitpunkt des Entstehens der KapESt ununterbrochen zwölf Monate besteht. Wird diese Haltedauer erst nach Entstehung der KapESt erreicht, kann die KapESt erstattet werden (§ 43b II 5 HS 1 iVm § 50c III).

9 **e) Entlastungsberechtigung.** § 43b I 1, HS 2 idF des AbzStEntModG (BGBl I 21, 1259) verlangt, dass die Voraussetzungen des § 50d III erfüllt sind. Die persönl Entlastungsberechtigung der ausl Empfänger-KapGes erfordert, dass bei einem hypothetischen Direktbezug die Freistellung, Erstattung deren Anteilseigner *nach § 43b* zustünde (hM, s *Grotherr* DStR 21, 1321 f). Zu sachl Entlastungsberechtigung, Gegenbeweis und Börsenklausel s bei § 50d III.

10 **4. Rechtsfolgen und Verfahren.** Die KapESt und der SolZ (§ 3 I Nr 5 SolZG) werden unabhängig von den Vorgaben eines DBA auf Antrag der Mutter-Ges beim BZSt „nicht erhoben". Zum Verfahren (Antragstellung, § 43b I 1, Vorlage einer Freistellungsbescheinigung oder Erstattung) s die Übersicht in Rz 1, 3, und § 50c Rz 10 ff, 24 ff.

§ 44 Entrichtung der Kapitalertragsteuer

(1) ¹Schuldner der Kapitalertragsteuer ist in den Fällen des § 43 Absatz 1 Satz 1 Nummer 1 bis 7b und 8 bis 12 sowie Satz 2 der Gläubiger der Kapitalerträge. ²Die Kapitalertragsteuer entsteht in dem Zeitpunkt, in dem die Kapitalerträge dem Gläubiger zufließen. ³In diesem Zeitpunkt haben in den Fällen des § 43 Absatz 1 Satz 1 Nummer 1, 2 bis 4 sowie 7a und 7b der Schuldner der Kapitalerträge, jedoch in den Fällen des § 43 Absatz 1 Satz 1 Nummer 1 Satz 2 die für den Verkäufer der Wertpapiere den Verkaufsauftrag ausführende Stelle im Sinne des Satzes 4 Nummer 1, und in den Fällen des § 43 Absatz 1 Satz 1 Nummer 1a, 5 bis 7 und 8 bis 12 sowie Satz 2 die die Kapitalerträge auszahlende Stelle den Steuerabzug unter Beachtung der im Bundessteuerblatt veröffentlichten Auslegungsvorschriften der Finanzverwaltung für Rechnung des Gläubigers der Kapitalerträge vorzunehmen. ⁴Die die Kapitalerträge auszahlende Stelle ist

1. in den Fällen des § 43 Absatz 1 Satz 1 Nummer 5 bis 7 Buchstabe a und Nummer 8 bis 12 sowie Satz 2
   a) das inländische Kreditinstitut oder das inländische Finanzdienstleistungsinstitut im Sinne des § 43 Absatz 1 Satz 1 Nummer 7 Buchstabe b, das inländische Wertpapierhandelsunternehmen oder die inländische Wertpapierhandelsbank,
      aa) das die Teilschuldverschreibungen, die Anteile an einer Sammelschuldbuchforderung, die Wertrechte, die Zinsscheine, die Anteile an Investmentfonds im Sinne des Investmentsteuergesetzes oder sonstigen Wirtschaftsgüter verwahrt oder verwaltet oder deren Veräußerung durchführt und die Kapitalerträge auszahlt oder gutschreibt oder in den Fällen des § 43 Absatz 1 Satz 1 Nummer 8 und 11 die Kapitalerträge auszahlt oder gutschreibt,
      bb) das die Kapitalerträge gegen Aushändigung der Zinsscheine oder der Teilschuldverschreibungen einem anderen als einem ausländischen

Kreditinstitut oder einem ausländischen Finanzdienstleistungsinstitut auszahlt oder gutschreibt;
b) der Schuldner der Kapitalerträge in den Fällen des § 43 Absatz 1 Satz 1 Nummer 7 Buchstabe a und Nummer 10 unter den Voraussetzungen des Buchstabens a, wenn kein inländisches Kreditinstitut oder kein inländisches Finanzdienstleistungsinstitut die die Kapitalerträge auszahlende Stelle ist;
2. in den Fällen des § 43 Absatz 1 Satz 1 Nummer 7 Buchstabe b das inländische Kreditinstitut oder das inländische Finanzdienstleistungsinstitut, das die Kapitalerträge als Schuldner auszahlt oder gutschreibt;
2a. in den Fällen des § 43 Absatz 1 Satz 1 Nummer 7 Buchstabe c
a) der inländische Betreiber oder die inländische Zweigniederlassung eines ausländischen Betreibers einer Internet-Dienstleistungsplattform im Sinne des § 43 Absatz 1 Satz 1 Nummer 7 Buchstabe c Satz 2, der die Kapitalerträge an den Gläubiger auszahlt oder gutschreibt,
b) das inländische Kreditinstitut oder das inländische Finanzdienstleistungsinstitut im Sinne des § 43 Absatz 1 Satz 1 Nummer 7 Buchstabe b, das die Kapitalerträge im Auftrag des inländischen oder ausländischen Betreibers einer Internet-Dienstleistungsplattform im Sinne des § 43 Absatz 1 Satz 1 Nummer 7 Buchstabe c Satz 2 an den Gläubiger auszahlt oder gutschreibt,
sofern sich für diese Kapitalerträge kein zum Steuerabzug Verpflichteter nach der Nummer 1 ergibt.
3. in den Fällen des § 43 Absatz 1 Satz 1 Nummer 1a
a) das inländische Kredit- oder Finanzdienstleistungsinstitut oder das inländische Wertpapierinstitut im Sinne des § 43 Absatz 1 Satz 1 Nummer 7 Buchstabe b, welche die Anteile verwahrt oder verwaltet und die Kapitalerträge auszahlt oder gutschreibt oder die Kapitalerträge gegen Aushändigung der Dividendenscheine auszahlt oder gutschreibt oder die Kapitalerträge an eine ausländische Stelle auszahlt,
b) die Wertpapiersammelbank, der die Anteile zur Sammelverwahrung anvertraut wurden, wenn sie die Kapitalerträge an eine ausländische Stelle auszahlt,
c) der Schuldner der Kapitalerträge, soweit die Wertpapiersammelbank, der die Anteile zur Sammelverwahrung anvertraut wurden, keine Dividendenregulierung vornimmt; die Wertpapiersammelbank hat dem Schuldner der Kapitalerträge den Umfang der Bestände ohne Dividendenregulierung mitzuteilen,
4. in den Fällen des § 43 Absatz 1 Satz 1 Nummer 5, soweit es sich um die Vorabpauschale nach § 16 Absatz 1 Nummer 2 des Investmentsteuergesetzes handelt, das inländische Kredit- oder Finanzdienstleistungsinstitut im Sinne des § 43 Absatz 1 Satz 1 Nummer 7 Buchstabe b, das inländische Wertpapierhandelsunternehmen oder die inländische Wertpapierhandelsbank, welches oder welche die Anteile an dem Investmentfonds im Sinne des Investmentsteuergesetzes verwahrt oder verwaltet;
5. in den Fällen des § 43 Absatz 1 Satz 1 Nummer 5 der Investmentfonds, wenn es sich um Kapitalerträge aus Anteilen an inländischen Investmentfonds handelt, die nicht von einem inländischen oder ausländischen Kredit- oder Finanzdienstleistungsinstitut im Sinne des § 43 Absatz 1 Satz 1 Nummer 7 Buchstabe b, einem inländischen oder ausländischen Wertpapierhandelsunternehmen, oder einer inländischen oder ausländischen Wertpapierhandelsbank verwahrt oder verwaltet werden.
[5] Die innerhalb eines Kalendermonats einbehaltene Steuer ist jeweils bis zum zehnten des folgenden Monats an das Finanzamt abzuführen, das für die Besteuerung

§ 44

1. des Schuldners der Kapitalerträge,
2. der den Verkaufsauftrag ausführenden Stelle oder
3. der die Kapitalerträge auszahlenden Stelle

nach dem Einkommen zuständig ist; bei Kapitalerträgen im Sinne des § 43 Absatz 1 Satz 1 Nummer 1 ist die einbehaltene Steuer in dem Zeitpunkt abzuführen, in dem die Kapitalerträge dem Gläubiger zufließen. [6] Dabei ist die Kapitalertragsteuer, die zu demselben Zeitpunkt abzuführen ist, jeweils auf den nächsten vollen Eurobetrag abzurunden. [7] Wenn Kapitalerträge ganz oder teilweise nicht in Geld bestehen (§ 8 Absatz 2) und der in Geld geleistete Kapitalertrag nicht zur Deckung der Kapitalertragsteuer ausreicht, hat der Gläubiger der Kapitalerträge dem zum Steuerabzug Verpflichteten den Fehlbetrag zur Verfügung zu stellen. [8] Zu diesem Zweck kann der zum Steuerabzug Verpflichtete den Fehlbetrag von einem bei ihm unterhaltenen und auf den Namen des Gläubigers der Kapitalerträge lautenden Konto, ohne Einwilligung des Gläubigers, einziehen. [9] Soweit der Gläubiger nicht vor Zufluss der Kapitalerträge widerspricht, darf der zum Steuerabzug Verpflichtete auch insoweit die Geldbeträge von einem auf den Namen des Gläubigers der Kapitalerträge lautenden Konto einziehen, wie ein mit dem Gläubiger vereinbarter Kontokorrentkredit für dieses Konto nicht in Anspruch genommen wurde. [10] Soweit der Gläubiger seiner Verpflichtung nicht nachkommt, hat der zum Steuerabzug Verpflichtete dies dem für ihn zuständigen Betriebsstättenfinanzamt anzuzeigen. [11] Das Finanzamt hat die zu wenig erhobene Kapitalertragsteuer vom Gläubiger der Kapitalerträge nachzufordern.

(1a) [1] Werden inländische Aktien über eine ausländische Stelle mit Dividendenberechtigung erworben, aber ohne Dividendenanspruch geliefert und leitet die ausländische Stelle auf die Erträge im Sinne des § 20 Absatz 1 Nummer 1 Satz 4 einen einbehaltenen Steuerbetrag im Sinne des § 43a Absatz 1 Satz 1 Nummer 1 an eine inländische Wertpapiersammelbank weiter, ist diese zur Abführung der einbehaltenen Steuer verpflichtet. [2] Bei Kapitalerträgen im Sinne des § 43 Absatz 1 Satz 1 Nummer 1 und 2 gilt Satz 1 entsprechend.

(1b) [1] Bei inländischen und ausländischen Investmentfonds ist für die Vorabpauschale nach § 16 Absatz 1 Nummer 2 des Investmentsteuergesetzes Absatz 1 Satz 7 bis 11 entsprechend anzuwenden.

(2) [1] Gewinnanteile (Dividenden) und andere Kapitalerträge im Sinne des § 43 Absatz 1 Satz 1 Nummer 1, deren Ausschüttung von einer Körperschaft beschlossen wird, fließen dem Gläubiger der Kapitalerträge an dem Tag zu (Absatz 1), der im Beschluss als Tag der Auszahlung bestimmt worden ist. [2] Ist die Ausschüttung nur festgesetzt, ohne dass über den Zeitpunkt der Auszahlung ein Beschluss gefasst worden ist, so gilt als Zeitpunkt des Zufließens der Tag nach der Beschlussfassung; ist durch Gesetz eine abweichende Fälligkeit des Auszahlungsanspruchs bestimmt oder lässt das Gesetz eine abweichende Bestimmung der Fälligkeit durch Satzungsregelung zu, gilt als Zeitpunkt des Zufließens der Tag der Fälligkeit. [3] Für Kapitalerträge im Sinne des § 20 Absatz 1 Nummer 1 Satz 4 gelten diese Zuflusszeitpunkte entsprechend.

(3) [1] Ist bei Einnahmen aus der Beteiligung an einem Handelsgewerbe als stiller Gesellschafter in dem Beteiligungsvertrag über den Zeitpunkt der Ausschüttung keine Vereinbarung getroffen, so gilt der Kapitalertrag am Tag nach der Aufstellung der Bilanz oder einer sonstigen Feststellung des Gewinnanteils des stillen Gesellschafters, spätestens jedoch sechs Monate nach Ablauf des Wirtschaftsjahres, für das der Kapitalertrag ausgeschüttet oder gutgeschrieben werden soll, als zugeflossen. [2] Bei Zinsen aus partiarischen Darlehen gilt Satz 1 entsprechend.

§ 44

(4) Haben Gläubiger und Schuldner der Kapitalerträge vor dem Zufließen ausdrücklich Stundung des Kapitalertrags vereinbart, weil der Schuldner vorübergehend zur Zahlung nicht in der Lage ist, so ist der Steuerabzug erst mit Ablauf der Stundungsfrist vorzunehmen.

(5) ¹Die Schuldner der Kapitalerträge, die den Verkaufsauftrag ausführenden Stellen oder die die Kapitalerträge auszahlenden Stellen haften für die Kapitalertragsteuer, die sie einzubehalten und abzuführen haben, es sei denn, sie weisen nach, dass sie die ihnen auferlegten Pflichten weder vorsätzlich noch grob fahrlässig verletzt haben. ²Der Gläubiger der Kapitalerträge wird nur in Anspruch genommen, wenn
1. der Schuldner, die den Verkaufsauftrag ausführende Stelle oder die die Kapitalerträge auszahlende Stelle die Kapitalerträge nicht vorschriftsmäßig gekürzt hat,
2. der Gläubiger weiß, dass der Schuldner, die den Verkaufsauftrag ausführende Stelle oder die die Kapitalerträge auszahlende Stelle die einbehaltene Kapitalertragsteuer nicht vorschriftsmäßig abgeführt hat, und dies dem Finanzamt nicht unverzüglich mitteilt oder
3. das die Kapitalerträge auszahlende inländische Kreditinstitut oder das inländische Finanzdienstleistungsinstitut die Kapitalerträge zu Unrecht ohne Abzug der Kapitalertragsteuer ausgezahlt hat.

³Für die Inanspruchnahme des Schuldners der Kapitalerträge, der den Verkaufsauftrag ausführenden Stelle und der die Kapitalerträge auszahlenden Stelle bedarf es keines Haftungsbescheids, soweit der Schuldner, die den Verkaufsauftrag ausführende Stelle oder die die Kapitalerträge auszahlende Stelle die einbehaltene Kapitalertragsteuer richtig angemeldet hat oder soweit sie ihre Zahlungsverpflichtungen gegenüber dem Finanzamt oder dem Prüfungsbeamten des Finanzamts schriftlich anerkennen.

(6) ¹In den Fällen des § 43 Absatz 1 Satz 1 Nummer 7c gilt die juristische Person des öffentlichen Rechts und die von der Körperschaftsteuer befreite Körperschaft, Personenvereinigung oder Vermögensmasse als Gläubiger und der Betrieb gewerblicher Art und der wirtschaftliche Geschäftsbetrieb als Schuldner der Kapitalerträge. ²Die Kapitalertragsteuer entsteht, auch soweit sie auf verdeckte Gewinnausschüttungen entfällt, die im abgelaufenen Wirtschaftsjahr vorgenommen worden sind, im Zeitpunkt der Bilanzerstellung; sie entsteht spätestens acht Monate nach Ablauf des Wirtschaftsjahres; in den Fällen des § 20 Absatz 1 Nummer 10 Buchstabe b Satz 2 am Tag nach der Beschlussfassung über die Verwendung und in den Fällen des § 22 Absatz 4 des Umwandlungssteuergesetzes am Tag nach der Veräußerung. ³Die Kapitalertragsteuer entsteht in den Fällen des § 20 Absatz 1 Nummer 10 Buchstabe b Satz 3 zum Ende des Wirtschaftsjahres. ⁴Die Absätze 1 bis 4 und 5 Satz 2 sind entsprechend anzuwenden. ⁵Der Schuldner der Kapitalerträge haftet für die Kapitalertragsteuer, soweit sie auf verdeckte Gewinnausschüttungen und auf Veräußerungen im Sinne des § 22 Absatz 4 des Umwandlungssteuergesetzes entfällt.

(7) ¹In den Fällen des § 14 Absatz 3 des Körperschaftsteuergesetzes entsteht die Kapitalertragsteuer in dem Zeitpunkt der Feststellung der Handelsbilanz der Organgesellschaft; sie entsteht spätestens acht Monate nach Ablauf des Wirtschaftsjahres der Organgesellschaft. ²Die entstandene Kapitalertragsteuer ist an dem auf den Entstehungszeitpunkt nachfolgenden Werktag an das Finanzamt abzuführen, das für die Besteuerung des Einkommens der Organgesellschaft nach dem Einkommen zuständig ist. ³Im Übrigen sind die Absätze 1 bis 4 entsprechend anzuwenden.

Einkommensteuer-Richtlinien: EStH 44 − *Verwaltungsanweisungen:*s § 43.

Übersicht

	Rz
1. Überblick	1
2. Steuerschuldner und Entrichtungspflichtiger, § 44 I 1	2–4
3. Entstehungszeitpunkt der Kapitalertragsteuer, § 44 I 2, II–IV	5–8
4. Abzugsverpflichtete, § 44 I 4; Ia, Ib	9–12
5. Technik der Abführung; § 44 I 5–11	13, 14
6. Haftung und Nacherhebung der Kapitalertragsteuer beim Steuerentrichtungspflichtigen, § 44 V 1	15–20
7. Inanspruchnahme des Gläubigers, § 44 V 2	21
8. Entsprechende Anwendung bei Betrieben gewerblicher Art ua, § 44 VI	22–24
9. Entrichtung bei Mehrabführungen, § 44 VII	25

1 **1. Überblick.** § 44 regelt die Entrichtung der KapESt, dh wer wann die KapESt (§ 43) an das FA abzuführen hat. Der Gläubiger der Erträge ist Schuldner der KapESt (§ 44 I 1). § 44 bestimmt auch den Entstehungszeitpunkt der KapESt (§ 44 I 2, II–IV), die Vornahme des StAbzugs, die StEntrichtungspflichtigen (s § 44 I 3, 4, Ia), die Technik der Abführung, den Zeitpunkt (§ 44 I 5, 6) und die Ersatzvornahme (§ 44 Ib). Nach § 44 V 1 haftet der StEntrichtungspflichtige für nicht einbehaltene und abgeführte KapESt. Bei unterlassener Anmeldung kann die KapESt bei ihm nacherhoben werden (§ 167 I 1, Alt 2 AO). Beim Gläubiger kann die KapESt gem § 44 V 2 EStG iVm § 155 I 1 AO und gem § 44 I 7–11 KapESt nachgefordert werden. § 44 VI enthält eine Sonderregelung für Betriebe gewerbl Art, § 44 VII für vororganschaftl Mehrabführungen.

2 **2. Steuerschuldner und Entrichtungspflichtiger, § 44 I 1. – a) Steuerschuldner.** Jeder dem StAbzug unterliegende KapErtrag (s § 43 I) löst KapESt aus. Die KapESt ist von positiven KapErträgen (Ausnahme: § 43a III) einzubehalten, abzuführen und sachverhalts- und zeitraumbezogen anzumelden (BFH I R 275/82 BStBl II 86, 193; BFH I R 108/09 BStBl II 13, 328, § 45a Rz 2; FG Hess EFG 17, 656, rkr). – StSchuldner (§ 37 I AO) ist der Gläubiger der KapErträge. Der Begriff ist steuerrechtl, nicht zivilrechtl auszulegen. Gläubiger ist derjenige, dem die KapErträge steuerl zuzurechnen sind. Bei PersGes sind dies die einzelnen Ges'ter (§ 39 AO) oder MUer (BFH I R 5/94 BStBl II 95, 255; FG Mster EFG 20, 284 rkr; zur Insolvenz s FG Hess EFG 19, 226, rkr). Zivilrechtl ist die für den Pers-Ges'ter anrechenbare KapESt eine Entnahme (BGH II ZR 62/15 DStR 16, 1273; *Kruth* DStR 16, 1871).

3 **b) Entrichtungspflicht.** Der StEntrichtungspflichtige führt die einbehaltene KapESt auf die fremde StSchuld des Gläubigers ab. Die aufgrund der Anmeldung (§ 168 I AO) entstehende StFestsetzung begründet eine Entrichtungs-, aber keine StSchuld iSd § 37 I AO (BFH I R 120/97 BStBl II 99, 3; BFH I R 11/13 BFH/NV 15, 950; BFH VIII R 44/15 BStBl II 19, 306, s auch bei § 44b V). Zur Haftung s Rz 15 ff. Zivilrechtl kann er uU beim Gläubiger (StSchuldner) Rückgriff nehmen (BFH I R 166/72 BStBl II 75, 273).

4 **c) Vornahme des Abzugs, § 44 I 3.** Der StEntrichtungspflichtige hat den Einbehalt nach der im BStBl niedergelegten Auslegung der *FinVerw* auszuführen (wohl nicht bei einer evident rechtswidrigen Auslegung); aber auch bei fehlender Verwäußerung in Zweifelsfällen. Die materielle StPflicht des KapErtrags ist unerhebl. *Einbehalten* (erhoben) ist die KapESt, wenn der KapErtrag den dem Gläubiger geschuldeten Brutto-KapErtrag um die KapESt gekürzt als Netto-KapErtrag ausgezahlt, für die KapESt haftet oder diese nacherhoben wird (s auch § 36 Rz 9, § 43 Rz 4 und 31). Die *Abführung* umfasst die Auszahlung der KapESt an den Fiskus. Zudem sind KapErtrag, KapESt anzumelden (§ 45a).

5 **3. Entstehungszeitpunkt der Kapitalertragsteuer, § 44 I 2, II–IV. – a) Grundregel, § 44 I 2.** Die KapESt entsteht grds in dem Zeitpunkt, in dem die KapErträge iSd § 43 dem Gläubiger zufließen (§ 44 I 2; Sondervorschrift zu

Abzugsverpflichtete 6–10 § 44

§ 36 I 1 s § 36 Rz 8). Dies gilt auch bei Bilanzierenden (*Rogall/Dreßler* DStR 15, 449, 454). Der (kapestrechtl) Zufluss erfolgt grds wie bei § 11; zu Zinsen s *BMF* BStBl I 16, 85 Rz 242.

b) Zuflussfiktion bei Gewinnanteilen, § 44 II. – *(1)* **Ausschüttungen.** Die 6 Fiktion des § 44 II gilt nur für die Entstehung der KapESt, nicht für den Zufluss gem § 11 (BFH VIII R 24/98 BStBl II 99, 223 zum beherrschenden Ges´ter einer KapGes, s auch § 20 Rz 22). Aus dem Verweis in § 44 II 1 auf inl Erträge isd § 43 I 1 Nr 1 folgt, dass nur inl Ausschüttungen, die *gesellschaftsrechtl beschlossen* werden, von Abs 2 erfasst sind (zur Vorabausschüttung BFH I R 21/92 BFH/NV 94, 83, zu Wahldividenden *Schmidtmann* DB 17, 2695). – Maßgebl Entstehungszeitpunkt ist gem § 44 II 1 der im Gewinnverwendungsbeschluss *taggenau* bestimmte Auszahlungstag (BFH I R 13/06 BStBl II 07, 616), auch bei fehlender betragl Festlegung der Höhe (BFH I R 30/02 BFH/NV 03, 1301). Wird kein solcher Zeitpunkt im *Beschluss* festgelegt, gilt gem § 44 II 2 HS 1 der *Tag nach der Beschlussfassung* als Zuflusstag. Ordnet das *Gesetz* (S 2 HS 2 Alt 1) abw von § 271 I BGB keine sofortige Fälligkeit des Auszahlungsanspruchs an (zB § 58 IV 2 AktG: dritter Geschäftstag nach dem Hauptversammlungsbeschluss) oder wird der Fälligkeitszeitpunkt *per Satzung* der ausschüttenden Körperschaft anders bestimmt (S 2 HS 2 Alt 2), ist dieser Fälligkeitstag gem § 44 II 2 HS 2 vorrangig (BT-Drs 18/6094, 83). – Anzumelden und abzuführen ist die KapESt **gem § 44 I 5 HS 2** am Zuflusstag iSd § 44 II (sog Tagesanmeldung). Abs 2 S 2 ist auf Dividendenkompensationszahlungen iSd § 20 I Nr 1 S 4 entspr anzuwenden (§ 44 I 3, s *BeckOK EStG* § 44 Rz 133). – *(2) Einzelfragen.* Bei einer Sachausschüttung aufgrund einer *Abspaltung* gilt § 44 I 2, dh Entstehung der KapESt mit Eintragung (BFH VIII R 59/14 BStBl II 18, 163). Bei *vGA* ist der Zufluss entscheidend (BFH I R 29/07 BStBl II 10, 142); bei vGA wegen eines Dauerverlustes die Verlustentstehung (BFH VIII R 44/15 BStBl II 21, 374), dh § 44 II findet keine Anmeldung. Zur Abgrenzung von Entnahmen iSd § 20 V UmwStG und Ausschüttung*en im Rückwirkungszeitraum* s FG Mster EFG 19, 2015, Rev VIII R 35/19. – Zur zu niedrigen; iHV Null bescheinigten Einlagenrückgewähr s § 20 Rz 67. – Die KapESt auf Ausschüttungen einer OptionsGes (§ 20 I Nr 1 EStG iVm § 1a III 2 Nr 1 KStG) entsteht mit Entnahme oder Entnahmefähigkeit des Gewinnanteils (§ 44 I 2 EStG iVm § 1a III 5 KStG) und ist von der OptionsGes einzubehalten (iEinz *Wacker/Krüger ua* DStR-Beih 21, 26; *BMF* BStBl I 21, 2212 Rz 52, 73; § 43a Rz 2).

c) Zufluss bei stiller Beteiligung, § 44 III. Bei fehlender Vereinbarung gilt 7 der Gewinnanteil am Tag nach der Feststellung, spätestens 6 Monate nach Ablauf des Wj als zugeflossen. S BFH I R 25/09 BFH/NV 10, 620 zur Geltung des Abs 3 nur für die Entstehung der KapESt, iÜ § 20 Rz 93.

d) Stundung der Kapitalerträge, § 44 IV. Diese schiebt die Fälligkeit der 8 KapESt hinaus; zur Stundung der KapESt durch das FA vgl BFH I R 113/98 BFH/NV 00, 1066; idR kein erhebl Härte (BFH I R 107/98 BStBl II 01, 742).

4. Abzugsverpflichtete, § 44 I 4; Ia, Ib. – **a) Grundprinzip.** StEntrich- 9 tungspflichtige für die einzelnen KapESt-Tatbestände sind die in § 44 I 3, I 4, Ia, Ib genannten Personen (s iEinz der § 43 Rz 11). Ist für einen bestimmten KapErtrag der gesetzl vorgesehene StEntrichtungspflichtige nicht vorhanden, unterbleibt der KapESt-Abzug; die KapErträge sind (ggf gem § 32d III) zu erklären (*Beispiele:* private Zinsschuldner, ausl Bank- und Finanzdienstleistungsinstitute und Zweigstellen, s auch BFH I R 85/08 BStBl II 11, 758).

b) Einzelfragen, § 44 I 4 Nr 1–5. – *(1)* **Verwahrketten.** Die Regelungen in 10 § 44 I 4 Nr 1–5 tragen dem Umstand Rechnung, dass für die dort erfassten KapAnlagen eine Heranziehung des Schuldners der KapErträge (Emittent; Anleiheschuldner) idR unpraktikabel wäre. Die entspr KapAnlagen werden von den genannten Instituten (inkl Kredit- und Finanzdienstleistungsinstitute – zur fehlenden Erlaubnis s BFH VIII R 17/17 BStBl II 21, 468, – Wertpapierhandelsunternehmen und -banken, – der Wertpapiersammelbank Clearstream sowie – inl Wertpapierinstituten iSd § 2, § 3 WpIG) verwahrt/verwaltet *und* die KapErträge am Ende der Verwahrkette dem Gläubiger *ausgezahlt/gutgeschrieben*. Gerade sammelverwahrte Aktien/Genussscheine iSd § 43 I Nr 1a werden idR über Verwahrketten gehalten (Grundlagen: Globalurkunde oder Wertrecht, s § 2, § 5, § 6, § 9a, § 22 DepotG, uU unter Verwahrung durch ausl Institute). Der Gläubiger ist Miteigentümer am Sammelbestand und Hinterleger iRe mehrstufigen Besitzmittlungsverhältnisses (BFH IX R 45/12 BStBl II 14, 578); der Miteigentumsanteil/die Mitberichtigung ist in seinem Depot ausgewiesen. – **(2) Auszahlende Stellen.** § 44 I 3, 4 Nr 1–4 bestimmen unter unterschiedl Voraussetzungen die den KapErtrag an den Gläubiger *auszahlende Stellen* zu StEntrichtungspflichtigen (Zahlstellensystem). Bei *Verwahrfällen* ist dies idR diejenige depotführende Stelle, die als letzte inl Stelle die Wertpapiere für den Gläubiger verwahrt oder verwaltet und dessen persönl Verhältnisse (Freistellungsauftag) kennt (*BMF* BStBl I 16, 85 Rz 248). Dies gilt insb bei Ausschüttungen und Kompensationszahlungen (§ 20 I Nr 1 S 4) sowie *Anteilsverkäufen* (auszahlende Stelle ist die den Verkaufsauftrag durchführende Stelle, § 44 I 4 Nr 1 Buchst a). S iEinz *BeckOK EStG* § 44 Rz 29–83. Zu den jüngst eingefügten § 44 I Nr 2a und § 44 I 4 Nr 5 s in der Übersicht zu § 43 Rz 11.

11   c) **Steuerabzug bei bestimmten Cum-/Ex-Geschäften, § 44 Ia.** Bei Lieferung einer Aktie ohne Dividendenberechtigung (ex), trotz Erwerbs mit Dividendenanspruch (cum) über ein *ausl Depot* des inl (Leer)Käufers erhält dieser zur Dividendenregulierung eine Kompensationszahlung des (Leer)Verkäufers (§ 20 I Nr 1 S 4, s § 20 Rz 70). Behält das ausl Institut des inl Käufers hiervon KapESt ein und reicht es die KapESt an die inl Wertpapiersammelbank (Clearstream, s auch Rz 10) weiter, ist diese (§ 44 Ia 1) zur Abführung für Rechnung des inl Käufers verpflichtet (zur StBescheinigung s § 45a II; *Rau* DStR 13, 839; *Geerling/Grauke* DStR 13, 1711). Für KapErträge gem § 43 I 1 Nr 1, Nr 2 gilt dies entspr (§ 44 Ia 2).

12   d) **Vorabpauschale, § 44 Ib.** *BMF* BStBl I 19, 527 Rz 18.1 ff. S auch § 43a Rz 3. Für die Entstehung gilt die Zuflussfiktion gem § 18 III InvStG (1. Werktag des Folgejahrs). KapESt wird trotz des fehlenden Liquiditätszuflusses erhoben. § 44 I 7 ff gelten entspr (Rz 14).

13   **5. Technik der Abführung, § 44 I 5–11.** – a) **Abführung.** Nach § 44 I 5 HS 1 monatl bis zum 10. des Folgemonats an das für den Schuldner bzw die Auszahlungsstelle zuständige FA (§ 19, § 20 AO), bei **Ausschüttungen** von Erträgen iSd § 43 I 1 Nr 1 im Zeitpunkt des Zuflusses beim Gläubiger (§ 44 I 5 HS 2). Der stpfl Betrag ist auf volle Euro abzurunden (s § 44 I 6).

14   b) **Fehlende Deckung.** Bei Sachbezügen oder fehlender Deckung durch die KapErträge hat der Gläubiger (StSchuldner, Rz 3) den Fehlbetrag zur Verfügung zu stellen (§ 44 I 7; s iEinz *Waclawik* BB 03, 1408; *BMF* BStBl I 17, 739 und *BMF* BStBl I 18, 624, Rz 251a–251d). Der StEntrichtungpflichtige kann dessen Konto belasten: – § 44 I 8 ermächtigt das Institut zum Einzug der für den StAbzug erforderl Geldbeträge („widerspruchslose Einziehungsermächtigung"), insb bei unbaren Kapitalmaßnahmen. – § 44 I 9 erlaubt, auch Kontokorrentlinien auszunutzen; ein Widerspruch des Gläubigers im Vorhinein ist aber mögl. Misslingt die Abführung, besteht eine Mitteilungspflicht des StEntrichtungspflichtigen ggü dem FA (Abs 1 S 10). – Dieses kann die KapESt vom Gläubiger nachfordern (§ 44 I 11 iVm § 155 AO). Es tritt keine Abgeltungswirkung ein (§ 43 V 1).

15   **6. Haftung und Nacherhebung der Kapitalertragsteuer beim Steuerentrichtungspflichtigen, § 44 V 1.** – a) **Rechtsgrundlagen.** – *(1)* **Kapitalertragsteuerrecht.** Der StEntrichtungspflichtige haftet iRd § 44 V für den unterlassenen/unzutr Einbehalt und/oder die unterbliebene Abführung der KapESt. Ob eine Einbehaltungs- und Abführungspflicht besteht, richtet sich nach der Auslegung der *FinVerw* (§ 44 I 3, oben Rz 4). Er kann **durch KapESt-Haftungs-**

bescheid (§ 191 I AO iVm § 44 V 1) oder bei unterbliebener Anmeldung durch **KapESt-Nacherhebungsbescheid** (§ 167 I 1 Alt 2 AO) in Anspruch genommen werden (BFH I R 61/99 BStBl II 01, 67; BFH VIII R 59/14 BStBl II 18, 163: Wahlrecht des FA). In beiden Fällen wird vom FA materiell ein Haftungsanspruch geltend gemacht, sodass jeweils die Exkulpation gem § 44 V 1 HS 2 nachgewiesen werden kann (Rz 19). Die **Anmeldung** der einbehaltenen KapESt und **schriftl Anerkennung der Abführungspflicht** ersetzen die Inanspruchnahme (§ 44 V 3). – *(2) Änderung der KapEStAnmeldung.* Kein Fall der Inhaftungnahme ist die sterhöhende **Änderung der KapESt-Festsetzung** (§ 168 AO iVm § 164 II AO) durch das FA für einen *angemeldeten KapErtrag*. § 44 V 1 muss hier nicht erfüllt sein (BFH I R 51/12 BStBl II 14, 982, auch zu § 174 AO). Für die Änderung der KapEStAnmeldung setzt deren Sachverhaltsbezogenheit den zul Rahmen (Rz 2). Der angemeldete KapErtrag umfasst den zugrundeliegenden Lebenssachverhalt, sodass innerhalb dieses Rahmens die KapEStPflicht auf unterschiedl Vorgänge gestützt werden darf (BFH VIII R 43/15 DStR 19, 1145). Unzul ist es aber, einen unzutr angemeldeten KapErtrag saldierend durch einen unzutr nicht angemeldeten KapErtrag für einen anderen Sachverhalt zu ersetzen (BFH I R 108/09 BStBl II 13, 328). – *(3) § 69 AO.* Der GmbH-Ges'terGeschäftsführer haftet bei vorsätzl und grob fahrlässiger Verletzung der Abführungspflicht, auch soweit diese auf KapErträge entfällt, für die er Gläubiger ist (BFH I R 30/02 BFH/NV 03, 1301); uU aber WK-Abzug (s FG Hess EFG 20, 346, Rev VI R 19/20 zur LSt). – *(4) Überhöht ausgewiesene Einlagenrückgewähr, § 27 V 4 KStG.* S FG Thür EFG 21, 312, Rev I R 14/20 mwN; FG Hess EFG 15, 676, rkr. Zur Haftung bei zu niedriger, iHv Null bescheinigter Einlagenrückgewähr s § 20 Rz 67, FG BaWü EFG 16, 1994, Rev VIII R 14/18.

b) Haftungsvoraussetzungen, § 44 V 1. – aa) Pflichtverletzung. Der StEntrichtungspflichtige muss die entstandene gesetzl Einbehaltungs- oder Abführungspflicht schuldhaft verletzen. Es kommt wegen § 44 I 3 nur auf die nach Auffassung der FinVerw entstandene Entrichtungspflicht an. Die materielle StPflicht des KapErtrags kann der StEntrichtungspflichtige erst iRd Anfechtung der KapESt-Anmeldung (§ 45a), iRd Erstattung (§ 44b V 1) oder eines Haftungs-, Nacherhebungsbescheids überprüfen lassen (Rz 18). 16

bb) Bestehende Entrichtungsschuld. Die Entrichtungsschuld darf bei Inanspruchnahme nicht (zB wegen Verjährung) erloschen sein (§ 47, § 191 III AO). Die Verletzung der Anmeldepflicht gem § 45a I führt zur Anlaufhemmung (§ 170 II 1 Nr 1 AO). Zur Ablaufhemmung (§ 171 IV AO) nach einer KapESt-Außenprüfung s BFH I R 66/85 BFH/NV 90, 433; zur Anwendung des § 174 III 3 AO auf die Entrichtungsschuld s BFH VIII R 59/14 BStBl II 18, 163. – Der *Erlass* eines ESt-Bescheids, in dem der KapErtrag enthalten ist, uU dessen StPflicht nach § 32d IV zu prüfen, erledigt iSd des § 124 AO einen zuvor ergangenen Haftungs- oder Nacheerhebungsbescheids (sinngemäß BFH VIII R 45/15 BStBl II 19, 306; glA *Winkler* AO-StB 20, 292, 294; aA *Süß/Ellenrieder* DStR 20, 630, 632: schon die Erklärungsabgabe mit Antrag gem § 32d IV). 17

cc) Bestehender Steueranspruch, § 191 V Nr 1 AO. – *(1) Akzessorietät.* Die KapESt-Schuld des Gläubigers (nicht dessen ESt!) ist die maßgebl StSchuld (Primärschuld). Sie muss bei Erlass des Haftungs- oder Nacherhebungsbescheids entstanden (Rz 15, 16) und darf bei Bescheiderlass nicht erloschen sein (BFH VIII R 59/14 BStBl II 18, 163). Bei Überprüfung des Haftungsbescheids im Einspruchs-, Klageverfahren kommt es trotz § 44 I 3 mE auf die materielle StPflicht des KapErtrags an. Ist der KapErtrag nach einer vorrangigen (s Rz 20) bestandskräftigen Veranlagung des *Gläubigers* nicht stpfl, fehlt die Primärschuld (s auch BFH I R 97/66 BStBl II 70, 464). Das Erlöschen (§ 47 AO) der KapESt-Schuld kann durch Zahlung, Aufrechnung, Ablauf der Festsetzungsfrist, Zahlungsverjährung oder Erlass eintreten – *(2) Festsetzungsverjährung.* S BFH I R 10/02 BStBl II 03, 18

687: Die Nichtabgabe der StAnmeldung bewirkt eine Anlaufhemmung gem § 170 II 1 Nr 1 AO auch für den Gläubiger. S auch § 171 XV AO: kein Eintritt der Festsetzungsverjährung für die KapESt-Schuld, solange diese für die Entrichtungsschuld nicht eintritt.

19 **dd) Verschulden; Exkulpation.** Gehaftet wird bei grob fahrlässiger und vorsätzl Pflichtverletzung (§ 44 V 1). Der unterbliebene Einbehalt, die fehlende Abführung indizieren das Verschulden. Der StEntrichtungspflichtige kann sich durch einen Nachweis fehlenden Verschuldens exkulpieren (§ 44 V 1 Hs 2, zum uU entschuldbaren Rechtsirrtum vgl § 42d Rz 26, § 50a Rz 35). Maßstab und Zeitpunkt für die Prüfung der groben Fahrlässigkeit ist in der Rspr nicht vollständig geklärt, jedenfalls sind bei Ungewissheit und Zweifeln über die KapEStPfl der unterlassene Einbehalt, die fehlende Abführung grob fahrlässig (BFH I R 98/09 BStBl II 11, 416; BFH I R 29/07 BStBl II 10, 142). Bei einer Nacherhebung der KapESt wegen unterbliebener Anmeldung (§ 167 I 1, Alt 2 AO) ist § 44 V 1, HS 2 entspr anzuwenden (BFH VIII R 59/14 BStBl II 18, 163).

20 **c) Ermessen.** Haftungs- und StSchuldner sind grds Gesamtschuldner (§ 44 AO), dies gilt auch hier. IRd § 44 V 2 Nr 1–3 liegt es grds im Ermessen des FA (Auswahlermessen), ob es den StEntrichtungspflichtigen oder den Gläubiger (StSchuldner) in Anspruch nehmen will. Es besteht grds ein *Vorrang* der Inanspruchnahme des Gläubigers (StSchuldners) durch Veranlagung (s auch Rz 15), dies gilt aber nicht, wenn der KapEStAbzug Abgeltungswirkung (§ 43 V) hätte (zutr *BeckOK EStG* § 44 Rz 186 mwN; s auch BFH I R 42/04 BFH/NV 05, 1073). Bei nachträgl erkannten vGA werden die KapErträge grds ohne Nacherhebung der KapESt bei der KapGes vorrangig beim Ges'ter iRd Veranlagung versteuert (BFH I 40/60 BStBl III 62, 107; zur Übernahme der KapESt als weitere vGA s *BMF* BStBl I 16, 85 Rz 183a). – IRd Nacherhebung gem § 167 I 1, Alt 2 AO ist kein Ermessen zu prüfen (BFH I R 61/99 BStBl II 01, 67). – S zu „Cum/Ex" *BeckOK EStG* § 44 Rz 156a mwN; FG Hess EFG 21, 1400, rkr: keine Haftung der Depotbank bei Rücknahme der Anrechnungsverfügung (§ 130 II Nr 3 AO) ggü dem Gläubiger. Zum zivilrechtl Rückgriff LG Ffm BeckRS 2020, 24395; *Florstedt* DStR 19,695.

21 **7. Inanspruchnahme des Gläubigers, § 44 V 2.** Die KapESt kann bei ihm durch Nachforderungsbescheid (§ 155 I 1 AO) erhoben werden – *(1)* gem Abs 5 2 *Nr 1 und Nr 3* bei ungenügendem Einbehalt durch den StEntrichtungspflichtigen (Bruttoauszahlung, ggf nach Erstattung gem § 44b VI); – *(2)* gem *Nr 2* bei Kenntnis, dass der StEntrichtungspflichtige einbehaltene KapESt nicht abgeführt und der Gläubiger seine unverzügl Mitteilungspflicht verletzt hat; und – *(3)* in den Fällen des § 44 I 11 (Rz 14). Zur Abzugspflicht s § 44 I 3 (Rz 4). Auf die materielle StPflicht des KapErtrags kommt es erst iRd Bescheidanfechtung an.

22 **8. Entsprechende Anwendung bei Betrieben gewerblicher Art ua, § 44 VI. – a) Zweck.** Im Fall des § 43 I 1 Nr 7c (Betrieb gewerbl Art ohne eigene Rechtspersönlichkeit) fallen Gläubiger der KapErträge und Entrichtungsschuldner (die Trägerkörperschaft) zusammen, daher durch Abs 6 Fiktion getrennter StPfl und Ausschluss des § 43 II 1, der bei Personenidentität von Gläubiger und Entrichtungsschuldner vom StAbzug befreit (*BMF* BStBl I 19, 97 Rz 62, 64). Der Betrieb gewerbl Art ist StEntrichtungspflichtiger, die Trägerkörperschaft Empfängerin der Leistung gem § 20 I Nr 10 Buchst b und StSchuldnerin. Abs 6 gilt auch für **wirtschaftl Geschäftsbetriebe**.

23 **b) Entsprechende Anwendung von § 44 I–IV. – aa) Entstehung der Kapitalertragsteuer.** Abzuführen ist hier keine einzubehaltende, sondern die (gem § 44 I 3, s oben Rz 4) entstandene KapESt (*BMF* BStBl I 19, 97 Rz 64). **§ 44 VI** regelt deren Entstehung speziell ggü § 44 I 2, II. Die KapESt entsteht für den Gewinn eines Regiebetriebs für das abgelaufene Wj und bei vGA grds *im Zeitpunkt der Bilanzerstellung* (*BMF* BStBl I 19, 97 Rz 59: gemeint ist die Bilanzfeststellung; für Eigenbetriebe nur, wenn die Abführung an die Trägerkörperschaft beschlossen wird), sonst (nicht bilanzierender Betrieb gewerbl Art) entsteht sie *spätestens 8 Monate nach Ende des Wj* (Abs 6 2 HS 1). Beim nicht bilanzierenden MUer-Regiebetrieb kommt es auf den entnahmefähigen Gewinnanteil aus der PersGes im Wj der Gewinnfeststellung an; die KapESt entsteht 8 Monate nach dem Ende des Wj des Regiebetriebs (BFH VIII R 45/15 BFH/NV 19, 1414). Bei *Rücklagenauflösung* entsteht die KapESt am Tage nach der Beschlussfassung über die Verwendung (Abs 6 2 HS 2). Zu § 22 IV UmwStG-Anteilen s § 44 VI 2 HS 2 (*BMF* BStBl I 19, 97 Rz 60) und zu Ausschüttungen isd § 20 I Nr 10b 3 s *BMF* BStBl I 19, 97 Rz 61.

bb) Haftung; Nacherhebung-; Nachforderung. – *(1)* **Entrichtungspflich-** 24
tiger. Der *Betrieb gewerbl Art* kann **nur** für nicht abgeführte KapESt iZm vGA/§ 22 IV UmwStG-Anteilen haften. Die Inhaftungnahme ist auch hier durch Haftungs- (§ 44 VI 4, 5 ivm V 1) oder Nacherhebungsbescheid (§ 167 I 1 AO) mögl (s Rz 15; iEinz zB BFH VIII R 59/14 BStBl II 18, 163). Ist ein KapErtrag nicht zutr angemeldet worden, kann die StAnmeldung gem § 168 ivm § 164 II AO geändert werden (s Rz 15; FG Ddorf EFG 21, 1027, rkr). – *(2)* **Gläubiger.** Bei der *Trägerkörperschaft* als StSchuldnerin kann KapESt gem § 44a VI 4 ivm § 44 I 11, § 44 V 2 durch KapESt-Bescheid (§ 155 I 1 AO) nachgefordert werden (Rz 21, *BMF* BStBl I 19, 97 Rz 64). – *(3)* **Bestimmtheit.** Obwohl als Person stets die Trägerkörschaft in Anspruch genommen wird, ist zu unterscheiden, ob sie als StEntrichtungspflichtiger oder StSchuldnerin betroffen ist (zu Bestimmtheit, Bescheidauslegung, § 68 FGO s BFH VIII R 1/18 BStBl II 21, 655; BFH VIII R 75/13 BStBl II 19, 91).

9. Entrichtung bei Mehrabführungen, § 44 VII. Abs 7 S 1–3 regelt den 25 Zeitpunkt der Entstehung und der Abführung der KapESt bei **vororganschaftl verursachten Mehrabführungen** gem § 14 III KStG und die entspr Anwendung der § 44 I–IV. Entstehung der KapESt bei Feststellung der HB der OrganGes, spätestens 8 Monate nach Ablauf von deren Wj.

§ 44a Abstandnahme vom Steuerabzug

(1) ¹Soweit die Kapitalerträge, die einem unbeschränkt einkommensteuerpflichtigen Gläubiger zufließen, zusammen mit den Kapitalerträgen, für die die Kapitalertragsteuer nach § 44b zu erstatten ist oder nach Absatz 10 kein Steuerabzug vorzunehmen ist, den Sparer-Pauschbetrag nach § 20 Absatz 9 nicht übersteigen, ist ein Steuerabzug nicht vorzunehmen bei Kapitalerträgen im Sinne des

1. § 43 Absatz 1 Satz 1 Nummer 1 und 2 aus Genussrechten oder
2. § 43 Absatz 1 Satz 1 Nummer 1 und 2 aus Anteilen, die von einer Kapitalgesellschaft ihren Arbeitnehmern überlassen worden sind und von ihr, einem von der Kapitalgesellschaft bestellten Treuhänder, einem inländischen Kreditinstitut oder einer inländischen Zweigniederlassung einer in § 53b Absatz 1 oder 7 des Kreditwesengesetzes genannten Unternehmen verwahrt werden, und
3. § 43 Absatz 1 Satz 1 Nummer 3 bis 7 und 8 bis 12 sowie Satz 2.

²Den Arbeitnehmern im Sinne des Satzes 1 stehen Arbeitnehmer eines mit der Kapitalgesellschaft verbundenen Unternehmens nach § 15 des Aktiengesetzes sowie frühere Arbeitnehmer der Kapitalgesellschaft oder eines mit ihr verbundenen Unternehmens gleich. ³Den von der Kapitalgesellschaft überlassenen Anteilen stehen Aktien gleich, die den Arbeitnehmern bei einer Kapitalerhöhung auf Grund ihres Bezugsrechts aus den von der Kapitalgesellschaft überlassenen Aktien zugeteilt worden sind oder die den Arbeitnehmern auf Grund einer Kapitalerhöhung aus Gesellschaftsmitteln gehören. ⁴Bei Kapitalerträgen im Sinne des § 43 Absatz 1 Satz 1 Nummer 1, 2 bis 7 und 8 bis 12 sowie Satz 2, die einem unbeschränkt einkommensteuerpflichtigen Gläubiger zufließen, ist der Steuerabzug nicht vorzunehmen, wenn anzuneh-

§ 44a Abstandnahme vom Steuerabzug

men ist, dass auch für Fälle der Günstigerprüfung nach § 32d Absatz 6 keine Steuer entsteht.

(2) ¹Voraussetzung für die Abstandnahme vom Steuerabzug nach Absatz 1 ist, dass dem nach § 44 Absatz 1 zum Steuerabzug Verpflichteten in den Fällen
1. des Absatzes 1 Satz 1 ein Freistellungsauftrag des Gläubigers der Kapitalerträge nach amtlich vorgeschriebenem Muster oder
2. des Absatzes 1 Satz 4 eine Nichtveranlagungs-Bescheinigung des für den Gläubiger zuständigen Wohnsitzfinanzamts

vorliegt. ²In den Fällen des Satzes 1 Nummer 2 ist die Bescheinigung unter dem Vorbehalt des Widerrufs auszustellen. ³Ihre Geltungsdauer darf höchstens drei Jahre betragen und muss am Schluss eines Kalenderjahres enden. ⁴Fordert das Finanzamt die Bescheinigung zurück oder erkennt der Gläubiger, dass die Voraussetzungen für ihre Erteilung weggefallen sind, so hat er dem Finanzamt die Bescheinigung zurückzugeben.

(2a) ¹Ein Freistellungsauftrag kann nur erteilt werden, wenn der Gläubiger der Kapitalerträge seine Identifikationsnummer (§ 139b der Abgabenordnung) und bei gemeinsamen Freistellungsaufträgen auch die Identifikationsnummer des Ehegatten mitteilt. ²Ein Freistellungsauftrag ist ab dem 1. Januar 2016 unwirksam, wenn der Meldestelle im Sinne des § 45d Absatz 1 Satz 1 keine Identifikationsnummer des Gläubigers der Kapitalerträge und bei gemeinsamen Freistellungsaufträgen auch keine des Ehegatten vorliegen. ³Sofern der Meldestelle im Sinne des § 45d Absatz 1 Satz 1 die Identifikationsnummer nicht bereits bekannt ist, kann sie diese beim Bundeszentralamt für Steuern abfragen. ⁴In der Anfrage dürfen nur die in § 139b Absatz 3 der Abgabenordnung genannten Daten des Gläubigers der Kapitalerträge und bei gemeinsamen Freistellungsaufträgen die des Ehegatten angegeben werden, soweit sie der Meldestelle bekannt sind. ⁵Die Anfrage hat nach amtlich vorgeschriebenem Datensatz durch Datenfernübertragung zu erfolgen. ⁶Das Bundeszentralamt für Steuern teilt der Meldestelle die Identifikationsnummer mit, sofern die übermittelten Daten mit den nach § 139b Absatz 3 der Abgabenordnung beim Bundeszentralamt für Steuern gespeicherten Daten übereinstimmen. ⁷Die Meldestelle darf die Identifikationsnummer nur verarbeiten, soweit dies zur Erfüllung von steuerlichen Pflichten erforderlich ist.

(3) Der nach § 44 Absatz 1 zum Steuerabzug Verpflichtete hat in seinen Unterlagen das Finanzamt, das die Bescheinigung erteilt hat, den Tag der Ausstellung der Bescheinigung und die in der Bescheinigung angegebene Steuer- und Listennummer zu vermerken sowie die Freistellungsaufträge aufzubewahren.

(4) ¹Ist der Gläubiger
1. eine von der Körperschaftsteuer befreite inländische Körperschaft, Personenvereinigung oder Vermögensmasse oder
2. eine inländische juristische Person des öffentlichen Rechts,

so ist der Steuerabzug bei Kapitalerträgen im Sinne des § 43 Absatz 1 Satz 1 Nummer 4 bis 7 und 8 bis 12 sowie Satz 2 nicht vorzunehmen. ²Dies gilt auch, wenn es sich bei den Kapitalerträgen um Bezüge im Sinne des § 20 Absatz 1 Nummer 1 und 2 handelt, die der Gläubiger von einer von der Körperschaftsteuer befreiten Körperschaft bezieht. ³Voraussetzung ist, dass der Gläubiger dem Schuldner, dem die Kapitalerträge auszahlenden inländischen Kreditinstitut, Finanzdienstleistungsinstitut oder der die Kapitalerträge auszahlenden inländischen Wertpapierinstitute durch eine Bescheinigung des für seine Geschäftsleitung oder seinen Sitz zuständigen Finanzamts nachweist, dass er eine Körperschaft, Personenvereinigung oder Vermögensmasse im Sinne des Satzes 1 Nummer 1 oder 2 ist. ⁴Absatz 2 Satz 2 bis 4 und Absatz 3

Abstandnahme vom Steuerabzug § 44a

gelten entsprechend. ⁵Die in Satz 3 bezeichnete Bescheinigung wird nicht erteilt, wenn die Kapitalerträge in den Fällen des Satzes 1 Nummer 1 in einem wirtschaftlichen Geschäftsbetrieb anfallen, für den die Befreiung von der Körperschaftsteuer ausgeschlossen ist, oder wenn sie in den Fällen des Satzes 1 Nummer 2 in einem nicht von der Körperschaftsteuer befreiten Betrieb gewerblicher Art anfallen. ⁶Ein Steuerabzug ist auch nicht vorzunehmen bei Kapitalerträgen im Sinne des § 49 Absatz 1 Nummer 5 Buchstabe c und d, die einem Anleger zufließen, der eine nach den Rechtsvorschriften eines Mitgliedstaates der Europäischen Union oder des Europäischen Wirtschaftsraums gegründete Gesellschaft im Sinne des Artikels 54 des Vertrags über die Arbeitsweise der Europäischen Union oder des Artikels 34 des Abkommens über den Europäischen Wirtschaftsraum mit Sitz und Ort der Geschäftsleitung innerhalb des Hoheitsgebietes eines dieser Staaten ist, und der einer Körperschaft im Sinne des § 5 Absatz 1 Nummer 3 des Körperschaftsteuergesetzes vergleichbar ist; soweit es sich um eine nach den Rechtsvorschriften eines Mitgliedstaates des Europäischen Wirtschaftsraums gegründete Gesellschaft oder eine Gesellschaft mit Ort und Geschäftsleitung in diesem Staat handelt, ist zusätzlich Voraussetzung, dass mit diesem Staat ein Amtshilfeabkommen besteht.

(4a) ¹Absatz 4 ist entsprechend auf Personengesellschaften im Sinne des § 212 Absatz 1 des Fünften Buches Sozialgesetzbuch anzuwenden. ²Dabei tritt die Personengesellschaft an die Stelle des Gläubigers der Kapitalerträge.

(4b) ¹Werden Kapitalerträge im Sinne des § 43 Absatz 1 Satz 1 Nummer 1 von einer Genossenschaft an ihre Mitglieder gezahlt, hat sie den Steuerabzug nicht vorzunehmen, wenn ihr für das jeweilige Mitglied
1. eine Nichtveranlagungs-Bescheinigung nach Absatz 2 Satz 1 Nummer 2,
2. eine Bescheinigung nach Absatz 5 Satz 4,
3. eine Bescheinigung nach Absatz 7 Satz 2 oder
4. eine Bescheinigung nach Absatz 8 Satz 2 vorliegt; in diesen Fällen ist der Steuereinbehalt in Höhe von drei Fünfteln vorzunehmen.

²Eine Genossenschaft hat keinen Steuerabzug vorzunehmen, wenn ihr ein Freistellungsauftrag erteilt wurde, der auch Kapitalerträge im Sinne des Satzes 1 erfasst, soweit die Kapitalerträge zusammen mit den Kapitalerträgen, für die nach Absatz 1 kein Steuerabzug vorzunehmen ist oder für die die Kapitalertragsteuer nach § 44b zu erstatten ist, den mit dem Freistellungsauftrag beantragten Freibetrag nicht übersteigen. ³Dies gilt auch, wenn die Genossenschaft einen Verlustausgleich nach § 43a Absatz 3 Satz 2 unter Einbeziehung von Kapitalerträgen im Sinne des Satzes 1 durchgeführt hat.

(5) ¹Bei Kapitalerträgen im Sinne des § 43 Absatz 1 Satz 1 Nummer 1, 2, 5 bis 7 und 8 bis 12 sowie Satz 2, die einem unbeschränkt oder beschränkt einkommensteuerpflichtigen Gläubiger zufließen, ist der Steuerabzug nicht vorzunehmen, wenn die Kapitalerträge Betriebseinnahmen des Gläubigers sind und die Kapitalertragsteuer bei ihm auf Grund der Art seiner Geschäfte auf Dauer höher wäre als die gesamte festzusetzende Einkommensteuer oder Körperschaftsteuer. ²Ist der Gläubiger ein Lebens- und Krankenversicherungsunternehmen als Organgesellschaft, ist für die Anwendung des Satzes 1 eine bestehende Organschaft im Sinne des § 14 des Körperschaftsteuergesetzes nicht zu berücksichtigen, wenn die beim Organträger anzurechnende Kapitalertragsteuer, einschließlich der Kapitalertragsteuer des Lebens- oder Krankenversicherungsunternehmens, die auf Grund von § 19 Absatz 5 des Körperschaftsteuergesetzes anzurechnen wäre, höher wäre, als die gesamte festzusetzende Körperschaftsteuer. ³Für die Prüfung der Voraussetzung des Satzes 2 ist auf die Verhältnisse der dem Antrag auf Erteilung einer Bescheinigung im Sinne des Satzes 4 vorangehenden drei Veranlagungszeiträume abzustellen. ⁴Die Voraussetzung des Satzes 1 ist durch eine Bescheinigung des für den Gläubiger zu-

ständigen Finanzamts nachzuweisen. ⁵Die Bescheinigung ist unter dem Vorbehalt des Widerrufs auszustellen. ⁶Die Voraussetzung des Satzes 2 ist gegenüber dem für den Gläubiger zuständigen Finanzamt durch eine Bescheinigung des für den Organträger zuständigen Finanzamts nachzuweisen.

(6) ¹Voraussetzung für die Abstandnahme vom Steuerabzug nach den Absätzen 1, 4 und 5 bei Kapitalerträgen im Sinne des § 43 Absatz 1 Satz 1 Nummer 6, 7 und 8 bis 12 sowie Satz 2 ist, dass die Teilschuldverschreibungen, die Anteile an der Sammelschuldbuchforderung, die Wertrechte, die Einlagen und Guthaben oder sonstigen Wirtschaftsgüter im Zeitpunkt des Zufließens der Einnahmen unter dem Namen des Gläubigers der Kapitalerträge bei der die Kapitalerträge auszahlenden Stelle verwahrt oder verwaltet werden. ²Ist dies nicht der Fall, ist die Bescheinigung nach § 45a Absatz 2 durch einen entsprechenden Hinweis zu kennzeichnen. ³Wird bei einem inländischen Kredit- oder Finanzdienstleistungsinstitut oder bei einem inländischen Wertpapierinstitut im Sinne des § 43 Absatz 1 Satz 1 Nummer 7 Buchstabe b ein Konto oder Depot für eine gemäß 5 Absatz 1 Nummer 9 des Körperschaftsteuergesetzes befreite Stiftung im Sinne des § 1 Absatz 1 Nummer 5 des Körperschaftsteuergesetzes auf den Namen eines anderen Berechtigten geführt und ist das Konto oder Depot durch einen Zusatz zur Bezeichnung eindeutig sowohl vom übrigen Vermögen des anderen Berechtigten zu unterscheiden als auch steuerlich der Stiftung zuzuordnen, so gilt es für die Anwendung des Absatzes 4, des Absatzes 7, des Absatzes 10 Satz 1 Nummer 3 und des § 44b Absatz 6 in Verbindung mit Absatz 7 als im Namen der Stiftung geführt.

(7) ¹Ist der Gläubiger eine inländische
1. Körperschaft, Personenvereinigung oder Vermögensmasse im Sinne des § 5 Absatz 1 Nummer 9 des Körperschaftsteuergesetzes oder
2. Stiftung des öffentlichen Rechts, die ausschließlich und unmittelbar gemeinnützigen oder mildtätigen Zwecken dient, oder
3. juristische Person des öffentlichen Rechts, die ausschließlich und unmittelbar kirchlichen Zwecken dient,

so ist der Steuerabzug bei Kapitalerträgen im Sinne des § 43 Absatz 1 Satz 1 Nummer 1, 2, 3 und 7a bis 7c nicht vorzunehmen. ²Voraussetzung für die Anwendung des Satzes 1 ist, dass der Gläubiger durch eine Bescheinigung des für seine Geschäftsleitung oder seinen Sitz zuständigen Finanzamts nachweist, dass er eine Körperschaft, Personenvereinigung oder Vermögensmasse nach Satz 1 ist. ³Absatz 4 gilt entsprechend.

(8) ¹Ist der Gläubiger
1. eine nach § 5 Absatz 1 mit Ausnahme der Nummer 9 des Körperschaftsteuergesetzes oder nach anderen Gesetzen von der Körperschaftsteuer befreite Körperschaft, Personenvereinigung oder Vermögensmasse oder
2. eine inländische juristische Person des öffentlichen Rechts, die nicht in Absatz 7 bezeichnet ist,

so ist der Steuerabzug bei Kapitalerträgen im Sinne des § 43 Absatz 1 Satz 1 Nummer 1, 2, 3 und 7a nur in Höhe von drei Fünfteln vorzunehmen. ²Voraussetzung für die Anwendung des Satzes 1 ist, dass der Gläubiger durch eine Bescheinigung des für seine Geschäftsleitung oder seinen Sitz zuständigen Finanzamts nachweist, dass er eine Körperschaft, Personenvereinigung oder Vermögensmasse im Sinne des Satzes 1 ist. ³Absatz 4 gilt entsprechend.

(8a) ¹Absatz 8 ist entsprechend auf Personengesellschaften im Sinne des § 212 Absatz 1 des Fünften Buches Sozialgesetzbuch anzuwenden. ²Dabei tritt die Personengesellschaft an die Stelle des Gläubigers der Kapitalerträge.

(9) ¹Ist der Gläubiger der Kapitalerträge im Sinne des § 43 Absatz 1 eine beschränkt steuerpflichtige Körperschaft im Sinne des § 2 Nummer 1 des

Körperschaftsteuergesetzes, so werden zwei Fünftel der einbehaltenen und abgeführten Kapitalertragsteuer erstattet. ²§ 50c Absatz 3 und 5 sowie § 50d Absatz 3 sind entsprechend anzuwenden. ³Weitergehende Ansprüche aus § 43b oder § 50g oder einem Abkommen zur Vermeidung der Doppelbesteuerung bleiben unberührt. ⁴Verfahren nach den vorstehenden Sätzen und nach § 50c Absatz 3 soll das Bundeszentralamt für Steuern verbinden.

(10) ¹Werden Kapitalerträge im Sinne des § 43 Absatz 1 Satz 1 Nummer 1a gezahlt, hat die auszahlende Stelle keinen Steuerabzug vorzunehmen, wenn
1. der auszahlenden Stelle eine Nichtveranlagungs-Bescheinigung nach Absatz 2 Satz 1 Nummer 2 für den Gläubiger vorgelegt wird,
2. der auszahlenden Stelle eine Bescheinigung nach Absatz 7 Satz 2 für den Gläubiger vorgelegt wird; soweit die Kapitalerträge einen Betrag von 20 000 Euro übersteigen, ist bei Gläubigern nach Absatz 7 Satz 1 Nummer 1 abweichend vom ersten Halbsatz ein Steuerabzug in Höhe von drei Fünfteln vorzunehmen, wenn der Gläubiger bei Zufluss der Kapitalerträge nicht seit mindestens einem Jahr ununterbrochen wirtschaftlicher Eigentümer der Aktien oder Genussscheine ist oder
3. der auszahlenden Stelle eine Bescheinigung nach Absatz 8 Satz 2 für den Gläubiger vorgelegt wird; in diesen Fällen ist ein Steuereinbehalt in Höhe von drei Fünfteln vorzunehmen.

²Wird der auszahlenden Stelle ein Freistellungsauftrag erteilt, der auch Kapitalerträge im Sinne des Satzes 1 erfasst, oder führt diese einen Verlustausgleich nach § 43a Absatz 3 Satz 2 unter Einbeziehung von Kapitalerträgen im Sinne des Satzes 1 durch, so hat sie den Steuerabzug nicht vorzunehmen, soweit die Kapitalerträge zusammen mit den Kapitalerträgen, für die nach Absatz 1 kein Steuerabzug vorzunehmen ist oder die Kapitalertragsteuer nach § 44b zu erstatten ist, den mit dem Freistellungsauftrag beantragten Freistellungsbetrag nicht übersteigen. ³Absatz 6 ist entsprechend anzuwenden. ⁴Werden Kapitalerträge im Sinne des § 43 Absatz 1 Satz 1 Nummer 1a von einer auszahlenden Stelle im Sinne des § 44 Absatz 1 Satz 4 Nummer 3 an eine ausländische Stelle ausgezahlt, hat diese auszahlende Stelle über den von ihr vor der Zahlung in das Ausland von diesen Kapitalerträgen vorgenommenen Steuerabzug der letzten inländischen auszahlenden Stelle in der Wertpapierverwahrkette, welche die Kapitalerträge auszahlt oder gutschreibt, auf deren Antrag eine Sammel-Steuerbescheinigung für die Summe der eigenen und der für Kunden verwahrten Aktien nach amtlich vorgeschriebenem Muster auszustellen. ⁵Der Antrag darf nur für Aktien gestellt werden, die mit Dividendenberechtigung erworben und mit Dividendenanspruch geliefert wurden. ⁶Wird eine solche Sammel-Steuerbescheinigung beantragt, ist die Ausstellung von Einzel-Steuerbescheinigungen oder die Weiterleitung eines Antrags auf Ausstellung einer Einzel-Steuerbescheinigung über den Steuerabzug von denselben Kapitalerträgen ausgeschlossen; die Sammel-Steuerbescheinigung ist als solche zu kennzeichnen. ⁷Auf die ihr ausgestellte Sammel-Steuerbescheinigung wendet die letzte inländische auszahlende Stelle § 44b Absatz 6 mit der Maßgabe an, dass sie von den ihr nach dieser Vorschrift eingeräumten Möglichkeiten Gebrauch zu machen hat.

Einkommensteuer-Richtlinien: EStH 44a – *Verwaltungsanweisungen:* s § 43.

Übersicht

	Rz
1. Überblick	1
2. Abstandnahme bei unbeschränkt steuerpflichtigen Personen, § 44a I	2–4
3. Abstandnahme bei gem § 5 KStG steuerbefreiten (nicht gemeinnützigen) Gebilden, Einrichtungen und Personengesellschaften, § 44a IV, IVa, VIII, VIIIa	5–9

§ 44a 1–4   Abstandnahme vom Steuerabzug

                                                                                        Rz
    4. Abstandnahme bei Dauerüberzahlern, § 44a V 10–12
    5. Ausnahmen von der Abstandnahme, § 44a VI 13, 14
    6. Abstandnahme bei juristischen Personen des öffentlichen Rechts
       mit steuerbegünstigten Zwecken und gem § 5 I Nr 9 KStG steu-
       erbefreiten Gläubigern, § 44a VII 15, 16
    7. Erstattung der Kapitalertragsteuer an beschränkt steuerpflichtige
       Körperschaften, § 44a IX 17
    8. Besonderheiten bei sammelverwahrten Aktien, § 44a X 18

1 1. Überblick. – *(1) Einbindung in System.* § 44a enthält mehrere unterschiedl Tatbestände, nach denen für bestimmte Gläubiger und bestimmte KapErträge kein StAbzug vorzunehmen ist. Er macht eine spätere Erstattung (§ 44b) und Veranlagung der KapErträge obsolet und steht neben § 43 II sowie den Freistellungsverfahren gem § 50c iVm § 43b (s § 43b Rz 1–3) und iVm § 50g (Zinsen).– ***(2) Regelungsinhalt.*** Abstandnahme vom StAbzug bei: – *(aa)* Freistellungsauftrag, § 44a I 1, II 1 Nr 1 – *(bb)* (fiktiver) Nichtveranlagung (§ 44a I 4, II Nr 2), – *(cc)* KStbefreiten Gebilden iSd § 5 KStG, juristischen Personen döR, die nicht gemeinnützig sind und gleichgestellten PersGes (§ 44a IV, IVa, VIII, VIIIa), – *(dd)* Genossenschaften als Schuldnern des KapErtrags (§ 44a IVb) – *(ee)* Dauerüberzahlern (§ 44a V), – *(ff)* Gemeinnützigen KSt-Subjekten (§ 44a VII), – *(gg)* Beschr stpfl Körperschaft (§ 44a IX), und – *(hh)* v Gläubigern sammelverwahrter Aktien/Genussscheinen (§ 44a X iVm § 43 I Nr 1a). § 44a VI untersagt die Abstandnahme für sog Tafelgeschäfte.

2 2. Abstandnahme bei unbeschränkt steuerpflichtigen Personen, § 44a I. – a) Persönlicher und sachlicher Geltungsbereich. Hierzu gehören natürl Personen und *nicht* gem § 5 KStG stbefreite KSt-Subjekte (*BMF BStBl I 16, 85 Rz 252, 280 ff*), für die § 8 II KStG nicht gilt und die Einkünfte gem § 20 erzielen (§ 20 Rz 4). Eine Abstandnahme ist bei Freistellung, Nichtveranlagung für die in § 44a I 1 Nr 1–3 aufgezählten KapErträge (insb aus ArbN-KapBeteiligungen) mögl; § 44 IVb erweitert dies auf Ausschüttungen von Genossenschaften. Liegen ein Freistellungsauftrag oder eine NV-Bescheinigung vor, erfolgt kein KapEStAbzug (sonst Abzug ohne rechtl Grund). Der StEntrichtungspflichtige hat die KapErträge aber nach § 45a I 2 anzumelden, die gem § 45d II notwendigen Angaben und Aufzeichnungen zu führen und eine Mitteilung an das BZSt gem § 45d I zu machen.

3 b) Freistellungsauftrag, § 44a I 1, II 1 Nr 1, IIa, III. Die Abstandnahme erfordert, dass die gesamten KapErträge des Gläubigers iSd § 44a I Nr 1–3 den Sparer-Pauschbetrag iHv 801 € unter Einbeziehung der KapErträge nach § 44a X und § 44b nicht überschreiten und dem StEntrichtungspflichtigen ein privatschriftl Freistellungsauftrag erteilt wurde. Die **betragsmäßige Begrenzung** auf jeden niedrigeren Betrag ist zul, ebenso die Verteilung des Volumens auf mehrere Banken. *Ehegatten* können derselben auszahlenden Stelle *einen gemeinsamen Freistellungsauftrag* (1602 €) erteilen (*BMF BStBl I 16, 85 Rz 261*, s auch § 43a Rz 5 ff). Zum Verfahren (Verwendung eines Musters; Übermittlung der St-ID; Änderungen) s iEinz § 44a IIa (*BMF BStBl I 18, 624 Rz 257 ff*).

4 c) Nichtveranlagungsbescheinigung, § 44a I 4, II 1 Nr 2, IIa, III. – *(1) Voraussetzungen; Rechtsnatur.* Vom StAbzug ist auch Abstand zu nehmen, wenn anzunehmen ist, dass im Falle der Günstigerprüfung nach § 32d VI keine ESt für die KapErträge entstehen wird (§ 44a I 4). Trotz der Bezugnahme auf § 32d VI können auch stpfl KSt-Gebilde eine NV-Bescheinigung (sog NV 3 B) erhalten, wenn ihnen der Freibetrag gem § 24 KStG zusteht und das Einkommen den Freibetrag von 5000 € nicht übersteigt (*BMF BStBl I 16, 85 Rz 280*). Die **NV-Bescheinigung** ist eine Bescheinigung des Wohnsitz-FA, mit dem Inhalt, dass eine Veranlagung voraussichtlich nicht in Betracht kommt; ist dies nicht der Fall, darf sie nicht erteilt werden (§ 44a II 1 Nr 2). – **Geltungsdauer** bis 3 Jahre (§ 44a II 2, 3; die Anfechtung eines Widerrufs des FA mit dem Einspruch ist mögl); bei Wegfall der Voraussetzungen Rückgabepflicht (§ 44a II 2–4). – **Rechtsnatur:** Nach BFH I R 65/90 BStBl II 92, 322 kein Freistellungsbescheid iSv § 155 I 3 AO, sondern ein sonstiger begünstigender VA (§ 130 II AO; zT **aa** FG Köln EFG 00, 558). – *(2)* **Verfahren.** Die **NV-Bescheinigung** ist vom StPfl zu beantragen (uU mehrfach) und dem Schuldner im Original (oder anderer zulässiger Form, s *BMF* BStBl I 16, 85 Rz 303) vorlegen. Bei minderjährigen **Kindern** Antrag der Eltern als gesetzl Vertreter. Bei **Tod eines Ehegatten** entfällt die Bescheinigungswirkung nur für dessen Konten und Gemeinschaftskonten; im Todesjahr bleiben gemeinsamer Freistellungsauftrag und NV-Bescheinigung noch wirksam; auch ein neuer Freistellungsauftrag ist mögl (*BMF* BStBl I 18, 624 Rz 278). – *(3)* **Frist.** Vorlage bis zur Entstehung der KapESt gem § 44 I 2 (grds Zufluss). Bei verspäteter Vorlage Erstattung nach § 44b V oder Veranlagung gem § 32d IV.

3. Abstandnahme bei nach § 5 KStG steuerbefreiten (nicht gemeinnützigen) Gebilden, Einrichtungen und Personengesellschaften, § 44a IV, IVa, VIII, VIIIa. – *BMF* BStBl I 16, 85 Rz 295–300b mit Rz 297 idF von *BMF* BStBl I 21, 723; Rz 300a idF *BMF* BStBl I 18, 52. – **a) Erfasste Kapitalerträge.** Vom StAbzug für KapErträge gem § 43 I Nr 4–7 und gem Nr 8–12 sowie § Nr 8–12 sowie für Ausschüttungen einer stbefreiten Körperschaft kann eine *vollständige* Abstandnahme (Abs 4 1, 2); für KapErträge gem § 43 I 1 Nr 1 (Ausschüttungen), KapErträge gem Nr 2, Nr 3, Nr 7a; für Ausschüttungen aus sammelverwahrten Aktien, Genussscheinen iSd § 43 I Nr 1a kann eine *teilweise Abstandnahme* durch einen KapEStAbzug iHv 3/5 der KapErträge erfolgen (Abs 8 Nr 1, Abs 10 I Nr 3; zur Erstattung § 44b II iVm § 36a). § 44a sieht die vollständige oder teilw Abstandnahme vor, da der KapESt-Abzug iHv 25% gem § 5 II 1 Nr 1 iVm § 32 I Nr 1 KStG für diese KSt-Subjekte abgeltende Wirkung für die KSt hat; eine Veranlagung mit Anrechnung der KapESt ist ausgeschlossen (zur Verfmäßigkeit s FG Nds EFG 18, 1389, Rev VIII R 2/18).

b) Erfasste Steuersubjekte. § 44a IV gilt für nach § 5 KStG kstbefreite inl 6 KSt-Subjekte gem § 1, 3 KStG mit Einkünften aus § 20 und für alle inl juristischen Personen döR (s *BMF* BStBl I 21, 723 Rz 295a) sowie für spezielle PersGes iSd § 212 I SGB V (§ 44 IVa). S auch die Erweiterung gem § 44a IV 6 auf im EU/EWR-Ausl ansässige Pensions-, Sterbe- und Krankenkassen mit inl KapErträgen gem § 49 I Nr 5 Buchst c, d.

c) Vollständige Abstandnahme mit Bescheinigung nach § 44a IV 3. 7 Hierfür muss der StPfl eine Bescheinigung iSd Abs 4 S 3 (sog NV 3 – Bescheinigung) vorlegen. Für deren Erteilung gelten die formalen Anforderungen, die Befristungsregelung gem Abs 2 S 2– S 4 (s Rz 4) entspr (zu Erleichterungen s *BMF* BStBl I 16, 85 Rz 295 f, *BMF* BStBl I 21, 721 Rz 297) und die Aufbewahrungspflichten gem § 44a III. Die Erteilung der Bescheinigung ist unzul, wenn die Erträge in einem wirtschaftl Geschäftsbetrieb anfallen, für die Befreiung gem § 5 KStG ausgeschlossen ist. Liegt die Bescheinigung bei Vornahme des StAbzugs nicht vor, kann die KapESt auf Antrag außerhalb des § 44b V erstattet werden (s iEinz *BMF* BStBl I 16, 85 Rz 296, Rz 298, Rz 300).

d) Teilweise Abstandnahme mit Bescheinigung nach § 44a VIII 2. S zu 8 den erfassten KapErträgen Rz 5. Erforderl ist nach Abs 4 eine NV 2 – Bescheinigung (s Rz 7).

e) Teilweise Abstandnahme bei sammelverwahrten Anteilen, § 44a X 1 9 **Nr 3.** Wird eine Bescheinigung gem § 44a VIII 2 vorgelegt, kann auch für diese KapErträge vom StAbzug iHv 2/5 der KapErträge beansprucht werden. Zum Verfahren s Rz 4.

4. Abstandnahme bei Dauerüberzahlern, § 44a V. *Schrifttum: Jesse* FR 15, 10 249; *Krauß/Meichelbeck* DStR 15, 333 – **a) Erfasste Kapitalerträge.** Zu diesen gehören KapErträge gem § 43 I 1 Nr 1, 2, 5 bis 7, 8–12 sowie KapErträge § 43 II 2. Die Regelung ist insb für Ausschüttungen auf Anteile und Genussscheine, vGA gem § 20 I Nr 1 und für Zinsen relevant.

§ 44a 11–15 Abstandnahme vom Steuerabzug

11 **b) Dauerüberzahler. – (1) Voraussetzungen.** Ausnahmsweise ist gem § 44a V kein StAbzug vorzunehmen, wenn ein Gläubigerunternehmen (s (2)), das die Kap-Erträge als BE erzielt, durch Vorlage einer Bescheinigung (Rz 12) nachweist, dass bei ihm *auf Grund der Art seiner Geschäfte* (und nicht der individuellen Geschäftsentwicklung, s BFH I R 32/99 BStBl II 00, 95; BFH I R 22/97 BStBl II 97, 817; BFH I R 118/94 BStBl II 96, 199) die KapESt *auf Dauer* höher als die gesamte festzusetzende ESt, KSt (Abs 5 S 1 und Abs 5 S 2 zur Organschaft) wäre. Maßgebl Betrachtungszeitraum sind gem Abs 5 S 3 die letzten drei VZ vor der Antragstellung. Der Begriff der *Überzahlung* erfasst nicht jede Gewinnlosigkeit, sondern nur die Sonderfälle einer vornherein feststehenden strukturellen und dauerhaften Überbesteuerung (vgl BT-Drs 12/2501). – **(2) Gläubiger.** Gläubiger iSd Abs 5, ggü denen eine Abstandnahme erfolgen kann, sind KSt-Subjekte, natürl Personen und (zB Holding-)PersGes (FG Hbg EFG 18, 130, rkr). Sie können unbeschr und beschr Stpfl sein, die KapErträge müssen aber jeweils BE sein (ggf § 49 I Nr 2 Buchst a, zu unionsrechtl Zweifeln s *Kollruss* IStR 21, 470). – **(3) Einzelfragen.** S *OFD Ffm* DStR 19, 2539: zB Weitergabe von Wertpapiererträgen an Dritte mit entspr BA-Abzug, zB Holding-GesellschaftLV-Ges oder UrheberrechtsverwertungsGes (GEMA, VG Wort uÄ); Holding- und OrganGes (dazu FG Mchn EFG 21, 1383, Rev I R 18/21; *Krauß/Meichelbeck* DStR 15, 333; *Jesse* FR 15, 249); keine Anwendung bei kommunalen Verkehrs- und Abwasserbetrieben (FG Hess EFG 13, 1047, rkr; BFH I R 32/99 BStBl II 00, 95) und bei StPfl iSd § 8b VII KStG. Zu Cum-Cum-Transaktionen mit Dauerüberzahlern s *BMF* BStBl I 21, 995 Rz 35 ff. Der bisherige § 44a X 1 Nr 2 wurde für KapErträge iSd § 43 I Nr 1a deshalb ab dem 3.6.21 (Art 1 Nr 8 Buchst b Doppelbuchst aa, Art 15 AbzStEntModG, BGBl I 21, 1259 iVm § 52 I) aufgehoben (s aber *BMF* DStR 21, 2467: Nichtbeanstandung bis zum 31.7.21). Die Abstandnahme ist insoweit nicht mehr mögl (stattdessen Veranlagung mit Anrechnung der KapESt).

12 **c) Bescheinigung des Finanzamts, § 44a V 4, 5.** Die NV-Bescheinigung ist von dem Veranlagungsteilbezirk, der für die jeweilige Körperschaft zuständig ist, unter dem Vorbehalt des Widerrufs auszustellen (*OFD Ffm* DStR 19, 2539). Zur Ausstellung für PersGes s FG Mster EFG 20, 284, rkr. S auch § 44a V 2, 3, 6 zu Versicherungen iZm einer Organschaft. Zum Rechtsschutz s FG Mchn EFG 21, 1383, Rev I R 14/20.

13 **5. Ausnahmen von der Abstandnahme, § 44a VI.** *BMF* BStBl I 16, 85 Rz 300. – **a) Regelungsinhalt.** Bei Erträgen iSd § 43 I Nr 7 und Nr 8 ist die Abstandnahme **nach § 44a I, IV und V** davon abhängig, dass die Einlagen, Wertpapiere oder Kapitalforderungen *unter dem Namen des Gläubigers* bei der auszahlenden Stelle verwahrt oder verwaltet werden, dh Gläubiger und Kontoinhaber müssen identisch sein (*BMF* BStBl I 16, 85 Rz 301 f). **Anonyme Tafelgeschäfte** sind daher von der Abstandnahme ausgeschlossen. Stimmen Gläubiger und Kontoinhaber nicht überein, ist die StBescheinigung nach § 45a II zum Zweck der Nachprüfung im Veranlagungsverfahren besonders zu kennzeichnen (§ 44a VI 2); in diesen Fällen keine Erstattung nach § 44b.

14 **b) Einzelfragen. – (1) Gläubigerbegriff.** Gläubiger der KapErträge bei einem auf den Namen einer PersGes geführten Konto sind die Ges'ter. Zu PersGes, Ges'ter, Insolvenzverwalter s § 44 Rz 2. – **(2) Beispiele zur Kennzeichnungspflicht gem § 44a VI 2:** Gläubigervorbehaltskonten auf den Namen Dritter, Treuhand- und Nießbrauchskonten, Mietkautionskonten, Notarkonten uä Anderkonten; – **(3) Erstattung der Kapitalertragsteuer auf Antrag aus Billigkeitsgründen.** Dies ist mögl bei Erträgen einer juristischen Person döR aus Treuhandkonten (*BMF* BStBl I 16, 475 Rz 402). Zu privaten nichtrechtsfähigen Treuhandstiftungen s *BMF* BStBl I 16, 85 Rz 302.

15 **6. Abstandnahme bei juristischen Personen des öffentlichen Rechts mit steuerbegünstigten Zwecken und bei gem § 5 I Nr 9 KStG steuerbefrei-**

ten Gläubigern, § 44a VII. – **a) Erfasste Kapitalerträge und Gläubiger.** Bei Erträgen iSd *§ 43 I 1 Nr 1, 2, 3, 7a–c* kann für die in Abs 7 genannten Gläubiger (gemeinnützige Körperschaften; inl juristische Personen döR, die kirchl Zwecken dienen), eine **vollständige Abstandnahme** vom StAbzug erfolgen (Abs 7 S 1). – Für KapErträge *gem § 43a I Nr 1a* wird gem § 44a X 1 Nr 3 für gemeinnützige Gläubiger isd § 5 I Nr 9 S 1 KStG die KapESt grds iHv 3/5 (= 15% des KapErtrags) einbehalten **(nur noch teilweise Abstandnahme iHv ²/₅)**, es sei denn, die Aktien wurden seit einem Jahr ununterbrochen gehalten und der KapErtrag überschreitet den Freibetrag iHv 20 000 € je VZ nicht. Um eine vollständige Abstandnahme zu erreichen, muss gem § 44b II die Erstattung der KapESt beantragt werden; hierzu müssen die besonderen Voraussetzungen gem § 36a I–III erfüllt sein (s *BMF* BStBl I 18, 1399; *Kraus* npoR 19, 257, 259; zur Anzeige- und Nachzahlungspflicht s § 36a IV). – Bei stpfl wirtschaftl Geschäftsbetrieben (§ 5 I Nr 9 S 2 KStG) wird die Abstandnahme nur für den Gewinntransfer an den Träger gewährt (s § 43b Rz 2 mwN; *BMF* BStBl I 16, 685).

b) Bescheinigung gem § 44a VII 2, 3. Der Gläubiger muss seinen Status entspr Abs 4 nachweisen (VII 2; Vordruck NV 2 – B oder Freistellungsbescheid, s Rz 4; auch eine amtl beglaubigte Kopie Bescheids gem § 60a AO genügt); Verzicht auf Bescheinigung bei wigB in Fällen des § 5 I Nr 9 S 2 KStG *(BMF* BStBl I 16, 685). Zur Erstattung der KapESt, wenn der Gläubiger als Erbe eingesetzt wurde, aber ein StAbzug mangels Vorlage der Bescheinigung noch ggü dem Erblasser stattgefunden hat, s *BMF* BStBl I 16, 85 Rz 300b.

7. Erstattung der Kapitalertragsteuer an beschränkt steuerpflichtige Körperschaften, § 44a IX. Zur Gleichbehandlung mit inl Körperschaften, Personenvereinigungen und Vermögensmassen, bei denen der KapEStAbzug abgeltende Wirkung hat, wird der StAbzug für die Belastung der ausl Körperschaften mit KapESt im ersten Schritt durch eine Erstattung von ²/₅ von 25% (Rest = 15%) der einbehaltenen und abgeführten KapESt gemindert; weitergehende Entlastungsmöglichkeiten bleiben unberührt (Abs 9 S 3). Zu Voraussetzungen und Verfahren verweisen Abs 9 S 2, 4 auf § 50c, 50d III. Für die persönl Erstattungsberechtigung muss der Anteilseigner der Empfänger-KapGes bei einem hypothetischen Direktbezug auch gem Abs 9 befreit werden (s § 43b Rz 9 mwN, auch zu persönl Entlastungsberechtigung und Gegenbeweis). Abs 9 ist wie § 43b (Rz 7) auch bei mittelbarem Bezug über eine vermögensverwaltende PersGes anwendbar *(Scheuch/Schiefer* Ubg 16, 263, 237). Relevant ist Abs 9 insb im Nicht-DBA-Fall (s die Übersicht bei § 43b Rz 3, dort auch zu ausl Pensionsfonds).

8. Abstandnahme bei Kapitalerträgen iSd § 43 I 1 Nr 1a, § 44a X. – *(1)* Regelungsinhalt. Abs 10 regelt die Abstandnahme vom StAbzug in den Fällen des § 43 I 1 Nr 1a (zB bei sammelverwahrten Aktien; Genussscheinen). Zur Streichung des bisherigen S 1 Nr 2 für Dauerüberzahler s Rn 11. – **(2) Vollständige Abstandnahme.** Diese ist für Gläubiger mögl, die eine NV-Bescheinigung gem § 44a II Nr 2 (Abs 10 S 1 Nr 1) vorlegen oder inl juristische Personen dÖR mit stbegünstigten Zwecken iSd Abs 7 S 1 Nr 2, Nr 3 sind, die über die Bescheinigung gem Abs 7 S 2 verfügen (Abs 10 S 1 Nr 2, HS 1). Für gemeinnützige Gläubiger gem § 5 I Nr 9 KStG stbefreite Gläubiger iSd Abs 7 1 Nr 1, die im Besitz einer Bescheinigung sind, erfolgt eine vollständige Abstandnahme nur noch bei einer ununterbrochenen Haltedauer von mindestens 1 Jahr oder wenn die KapErträge im VZ 20 000 € nicht übersteigen (Abs 10 S 1 Nr 2 HS 2). S auch Abs 10 S 2: die vollständige Abstandnahme ist zul, wenn sämtl Kapitalerträge einschließl der KapErträge iSd § 43 I Nr 1a (ggf nach Durchführung des Verlustausgleichs gem § 43a III 2) bei der auszahlenden Stelle das beantragte Freistellungsvolumen unterschreiten – **(3) Teilweise Abstandnahme. –** *(aa)* **§ 44a VII Nr 1.** Ist bei gemeinnützigen stbefreiten Gläubigern die Haltedauer nicht erfüllt, ist gem Abs 10 S 1 Nr 2, HS 2 KapESt iHv ³/₅ auf den 20 000 € übersteigenden KapErtrag iSd § 43 I Nr 1a einzubehalten (Rz 15); zur Erstattung s § 44b II. –

§ 44b Erstattung der Kapitalertragsteuer

(bb) § 44a VIII. KapEStAbzug ggü diesen Gläubigern iHv 3/5 (Abs 10 S 1 Nr 3, s Rz 9). – *(4)* **Keine Abstandnahme nach § 44a VI** bei fehlender Gläubiger-Konto-Identität (Rz 13). – *(5)* **Verwahrketten.** § 44a X 4–6 erlaubt in Verwahrketten mit ausl Beteiligung eine besonders zu kennzeichnende Sammelsteuerbescheinigung der letzten inl auszahlenden Stelle (s iEinz *BMF* BStBl I 13, 1168, mit Muster); § 44a X 7 verweist auf die Erstattungsmöglichkeit des § 44bVI.

§ 44b Erstattung der Kapitalertragsteuer

(1) Nach Ablauf eines Kalenderjahres hat der zum Steuerabzug Verpflichtete die im vorangegangenen Kalenderjahr abgeführte Steuer auf Ausschüttungen eines Investmentfonds zu erstatten, soweit die Ausschüttungen nach § 17 des Investmentsteuergesetzes nicht als Ertrag gelten.

(2) Ist bei Gläubigern nach § 44a Absatz 7 Satz 1 Nummer 1 gemäß § 44a Absatz 10 Satz 1 Nummer 2 Kapitalertragsteuer einbehalten und abgeführt worden, wird auf Antrag durch das Finanzamt, in dessen Bezirk sich die Geschäftsleitung oder der Sitz des Gläubigers befindet, die Kapitalertragsteuer erstattet, wenn der Gläubiger die Voraussetzungen nach § 36a Absatz 1 bis 3 erfüllt.

(3), (4) *(aufgehoben)*

(5) ¹Ist Kapitalertragsteuer einbehalten oder abgeführt worden, obwohl eine Verpflichtung hierzu nicht bestand, oder hat der Gläubiger dem nach § 44 Absatz 1 zum Steuerabzug Verpflichteten die Bescheinigung nach § 43 Absatz 2 Satz 4, den Freistellungsauftrag, die Nichtveranlagungs-Bescheinigung oder die Bescheinigungen nach § 44a Absatz 4 oder Absatz 5 erst zu einem Zeitpunkt vorgelegt, zu dem die Kapitalertragsteuer bereits abgeführt war, oder nach diesem Zeitpunkt erst die Erklärung nach § 43 Absatz 2 Satz 3 Nummer 2 abgegeben, ist auf Antrag des nach § 44 Absatz 1 zum Steuerabzug Verpflichteten die Steueranmeldung (§ 45a Absatz 1) insoweit zu ändern; stattdessen kann der zum Steuerabzug Verpflichtete bei der folgenden Steueranmeldung die abzuführende Kapitalertragsteuer entsprechend kürzen. ²Erstattungsberechtigt ist der Antragsteller. ³Solange noch keine Steuerbescheinigung nach § 45a erteilt ist, hat der zum Steuerabzug Verpflichtete das Verfahren nach Satz 1 zu betreiben. ⁴Die vorstehenden Sätze sind in den Fällen des Absatzes 6 nicht anzuwenden.

(6) ¹Werden Kapitalerträge im Sinne des § 43 Absatz 1 Satz 1 Nummer 1 und 2 durch ein inländisches Kredit- oder Finanzdienstleistungsinstitut oder einem inländischen Wertpapierinstitut im Sinne des § 43 Absatz 1 Satz 1 Nummer 7 Buchstabe b, das die Wertpapiere, Wertrechte oder sonstigen Wirtschaftsgüter unter dem Namen des Gläubigers verwahrt oder verwaltet, als Schuldner der Kapitalerträge oder für Rechnung des Schuldners gezahlt, kann das Kredit- oder Finanzdienstleistungsinstitut oder das Wertpapierinstitut die einbehaltene und abgeführte Kapitalertragsteuer dem Gläubiger der Kapitalerträge bis zur Ausstellung einer Steuerbescheinigung, längstens bis zum 31. März des auf den Zufluss der Kapitalerträge folgenden Kalenderjahres, unter den folgenden Voraussetzungen erstatten:

1. dem Kredit- oder Finanzdienstleistungsinstitut oder *das** Wertpapierinstitut wird eine Nichtveranlagungs-Bescheinigung nach § 44a Absatz 2 Satz 1 Nummer 2 für den Gläubiger vorgelegt,
2. dem Kredit- oder Finanzdienstleistungsinstitut oder *das** Wertpapierinstitut wird eine Bescheinigung nach § 44a Absatz 5 für den Gläubiger vorgelegt,

---

* Richtig wohl: „dem".

3. dem Kredit- oder Finanzdienstleistungsinstitut oder *das** Wertpapierinstitut wird eine Bescheinigung nach § 44a Absatz 7 Satz 2 für den Gläubiger vorgelegt und eine Abstandnahme war nicht möglich oder

4. dem Kredit- oder Finanzdienstleistungsinstitut oder *das** Wertpapierinstitut wird eine Bescheinigung nach § 44a Absatz 8 Satz 2 für den Gläubiger vorgelegt und die teilweise Abstandnahme war nicht möglich; in diesen Fällen darf die Kapitalertragsteuer nur in Höhe von zwei Fünfteln erstattet werden.

²Das erstattende Kredit- oder Finanzdienstleistungsinstitut oder *das** erstattende Wertpapierinstitut haftet in sinngemäßer Anwendung des § 44 Absatz 5 für zu Unrecht vorgenommene Erstattungen; für die Zahlungsaufforderung gilt § 219 Satz 2 der Abgabenordnung entsprechend. ³Das Kredit- oder Finanzdienstleistungsinstitut oder das Wertpapierinstitut hat die Summe der Erstattungsbeträge in der Steueranmeldung gesondert anzugeben und von der von ihm abzuführenden Kapitalertragsteuer abzusetzen. ⁴Wird dem Kredit- oder Finanzdienstleistungsinstitut oder *das** Wertpapierinstitut ein Freistellungsauftrag erteilt, der auch Kapitalerträge im Sinne des Satzes 1 erfasst, oder führt das Institut oder das Wertpapierinstitut einen Verlustausgleich nach § 43a Absatz 3 Satz 2 unter Einbeziehung von Kapitalerträgen im Sinne des Satzes 1 aus, so hat es bis zur Ausstellung der Steuerbescheinigung, längstens bis zum 31. März des auf den Zufluss der Kapitalerträge folgenden Kalenderjahres, die einbehaltene und abgeführte Kapitalertragsteuer auf diese Kapitalerträge zu erstatten; Satz 2 ist entsprechend anzuwenden.

(7) ¹Eine Gesamthandsgemeinschaft kann für ihre Mitglieder im Sinne des § 44a Absatz 7 oder Absatz 8 eine Erstattung der Kapitalertragsteuer bei dem für die gesonderte Feststellung ihrer Einkünfte zuständigen Finanzamt beantragen. ²Die Erstattung ist unter den Voraussetzungen des § 44a Absatz 4, 7 oder Absatz 8 und in dem dort bestimmten Umfang zu gewähren.

Einkommensteuer-Richtlinien: EStR 44b.1, 44b.2; EStH 44b.1 − *Verwaltungsanweisungen:* s § 43

1. Allgemeines. § 44b regelt die **Erstattung von KapESt** und ergänzt § 44a (Abstandnahme vom StAbzug). Zweck der Norm ist, die Veranlagung und Anrechnung zu erübrigen sowie eine temporäre Überbesteuerung zu vermeiden. Das Erstattungsverfahren ist in den Fällen der Abs 1–6 nur noch auf der Ebene des StEntrichtungspfl mögl, iRd Abs 7 auch durch das FA. Weitere Erstattungsansprüche enthalten § 7, § 11 InvStG (s § 43 Rz 36), § 44a IX und § 43b iVm § 50c (s § 43b Rz 1–3). 1

2. Erstattung in den Fällen des § 17 InvStG, § 44b I. Abs 1 regelt die Erstattung von KapESt, die auf Ausschüttungen eines Investmentfonds in dessen Liquidationsphase einbehalten wird, wenn es sich um KapRückzahlungen handelt, die mit der AK der Anteile zu verrechnen sind. Sind die AK unbekannt, kann nicht iRd StAbzugs erstattet werden (*BMF* BStBl 21, 156 Rz 17.17 f). 2

3. Erstattung bei gemeinnützigen Gläubigern iSd § 44a VII 1 Nr 1, § 44b II. Abs 2 ergänzt § 44a X 1 Nr 2 nF (s § 44a Rz 11, 18). Die auf Ausschüttungen iSd § 43 I Nr 1a einbehaltene KapESt kann erstattet werden, wenn die Voraussetzungen des § 36a I–III erfüllt sind. S § 44a Rz 15, § 36a Rz 9 f. 3

4. Korrektur des rechtsgrundlosen Kapitalertragsteuerabzugs und bei nachträglicher Vorlage bestimmter Bescheinigungen, § 44b V. − *(1) Regelungsinhalt.* § 44b V 1 regelt für sämtl KapErträge die Korrektur des gem § 44 I 3 (s § 44 Rz 3) vorzunehmenden StAbzugs durch den *StEntrichtungspflichtigen* iSv 4

---

* Richtig wohl: „dem".

§ 44 I 4 in **zwei Alternativen:** – **(a)** Fehlende rechtl Verpflichtung zum StAbzug für den KapErtrag (Grund oder Höhe) nach den §§ 43 ff, *Abs 5 S 1, Alt 1;* insoweit materielle Prüfung der StPflicht (§ 44 Rz 4, 16). – **(b)** Nächträgl Vorlage bestimmter Bescheinigungen beim StEntrichtungspflichtigen, *Abs 5 S 1, Alt 2:* NV-Bescheinigung, Freistellungsauftrag (§ 44a II 1 Nr 1, Nr 2, § 44a Rz 2–4), Bescheinigung gem § 43 II 4 (§ 43 Rz 22), Bescheinigungen nach § 44a IV (§ 44a Rz 7, 8) und die Dauerüberzahlerbescheinigung (§ 44a V, § 44a Rz 12). – **(2) Korrekturtechnik.** Der StEntrichtungspflichtige muss bei Kenntnis eines Korrekturgrunds bis zum 31.1. des Folgejahres die Änderung der StAnmeldung des Zuflusszeitraums beantragen (§ 164 II AO; bei Ablehnung negativer Freistellungsbescheid, § 155 I 3 AO); bei späterer Kenntnis muss er bis zur Erteilung der StBescheinigung (§ 45a I) für das Zuflussjahr die folgende StAnmeldung kürzen (§ 44b V 3), danach *kann* er die Folgeanmeldung kürzen (*BMF* BStBl I 16, 85 Rz 307a). IRd Korrektur nach Abs 5 S 1 ist nur er erstattungsberechtigt (Abs 5 S 2) und hat die KapESt an den Gläubiger weiterzuleiten. S iEinz *BeckOK EStG* § 45d Rz 15–22b. – Außerhalb des § 44b V kann der StEntrichtungspflichtige die StAnmeldung unmittelbar mit Einspruch/Klage (ggf auch Adv) anfechten (BFH I B 76/20 (AdV) DStR 21, 2389). – **(3) Erstattung an den Gläubiger.** Wenn der StAbzug nicht nach Abs 5 S 1 (Vorrang!) korrigiert werden kann oder tatsächl nicht wird, kann der *Gläubiger* als StSchuldner (§ 44 I) die Erstattung der KapESt an sich (§ 37 II 1 AO) beim für den StAbzug zuständigen FA beantragen (BFH I R 11/13 BFH/NV 15, 950). Über ihn rechtsgrundlose StErhebung ist von diesem FA iRe Freistellungsbescheids (§ 155 Abs 1 S 3, Alt 1 AO) oder einer geänderten StAnmeldung zu entscheiden (BFH I R 47/05 BFH/NV 07, 2). S auch *BMF* BStBl I 16, 85 Rz 300, 300b, 307 ff; *BMF* BStBl I 18, 52 Rz 300a; *BeckOK EStG* § 45d Rz 21–21.3. Zum Vorrang der Veranlagung des KapErtrags s § 45a Rz 2.

5   **4. Erstattung bei Verwahrung, § 44b VI.** Abs 6 ist ggü Abs 5 vorrangig (Abs 5 S 4). Das verwahrende Institut kann die KapESt unter den sachl Voraussetzungen und Fristen der § 44b VI 1 Nr 1–3, 3, 4 erstatten. Nach § 44b VI 2, 4 haftet es für fehlerhafte Erstattungen. Eine Exkulpation ist in entspr Anwendung von § 44 V mögl. S iEinz *BeckOK EStG* § 44b Rz 23–32g.

6   **5. Gesamthandsgemeinschaft, § 44b VII.** Eine Gesamthand kann für ihre stbegünstigten Mitglieder iSd § 44a VII oder § 44a VIII eine Erstattung der KapESt bei dem für die gesonderte Feststellung der Einkünfte zuständigen FA beantragen. Die Erstattung richtet sich nach dem Umfang der gem § 44a mögl Abstandnahme.

§ 45 Ausschluss der Erstattung von Kapitalertragsteuer

¹In den Fällen, in denen die Dividende an einen anderen als an den Anteilseigner ausgezahlt wird, ist die Erstattung oder Anrechnung von Kapitalertragsteuer für den Zahlungsempfänger ausgeschlossen. ²Satz 1 gilt nicht für den Erwerber eines Dividendenscheines oder sonstigen Anspruches in den Fällen des § 20 Absatz 2 Satz 1 Nummer 2 Buchstabe a Satz 2; beim Erwerber sind drei Fünftel der Kapitalertragsteuer nicht anzurechnen oder zu erstatten. ³In den Fällen des § 20 Absatz 2 Satz 1 Nummer 2 Buchstabe b ist die Erstattung von Kapitalertragsteuer an den Erwerber von Zinsscheinen nach § 37 Absatz 2 der Abgabenordnung ausgeschlossen.

1   **1. Ausschluss der Erstattung; Anrechnung.** § 45 ergänzt § 44b V und § 37 AO. **S 1** enthält die **Grundregel:** Eine Erstattung/Anrechnung von KapESt für eine Ausschüttung/Zinszahlung kann nur der Anteilseigner (§ 20 V) oder Anleiheinhaber verlangen, da er den KapErtrag erzielt (§ 20 Rz 14). Der Erwerber eines Dividenden-/Zinsscheines/Dividendenanspruchs zieht nur Zahlungen ein (BFH I 250/64 BStBl II 69, 188).

2   **2. Dividendenscheine.** § 45 S 2 HS 1 enthält eine Ausnahme von S 1 für Erwerber von Dividendenscheinen und sonstigen Ansprüchen, wenn der den Divi-

dendenanspruch veräußernde Aktionär bei der Veräußerung dem KapEStAbzug gem § 43 I Nr 1 S 2 unterlegen hat (s § 20 Rz 160). Die KapESt wird auf die spätere Ausschüttung gem § 43 I 1 Nr 1 zwar einbehalten, diese ist gem § 20 II Buchst a S 2 für den Anteilseigner aber materiell nicht stpfl. Gem § 45 HS 2 kann der Erwerber des Ausschüttungsanspruchs die Erstattung gem § 37 AO und die Anrechnung (Zweck: keine Umgehung des § 36a, s BT-Drs 19/4455, 42) der KapESt aber nur iHv $^2/_5$ beanspruchen. Ob § 20 II Nr 2 Buchst a für beschr stpfl Erwerber von Dividendenansprüchen gilt, ist str; ist dies nicht der Fall, ist § 45 HS 2 nicht anwendbar (FG Hess EFG 19, 1593, Rev VIII R 21/19; dazu *Heist* BB 21, 1089).

3. Zinsscheine. § 45 S 3 versagt dem *Zinsscheinerwerber* nach § 20 II 1 Nr 2 **3** Buchst b eine Erstattung der einbehaltenen KapESt (§ 43 I 1 Nr 7, 10) gem § 37 II AO, da eine § 20 II 1 Nr 2a S 2 vergleichbare Regelung fehlt. Die Veräußerung des Zinsscheins und die Zinszahlung sind für den *Inhaber* (Veräußerer) der Anleihe stpfl (§ 20 Rz 162). Die Erstattung/Anrechnung der KapESt kann nur er beanspruchen.

§ 45a Anmeldung und Bescheinigung der Kapitalertragsteuer

(1) ¹Die Anmeldung der einbehaltenen Kapitalertragsteuer ist dem Finanzamt innerhalb der in § 44 Absatz 1 oder Absatz 7 bestimmten Frist nach amtlich vorgeschriebenem Vordruck auf elektronischem Weg zu übermitteln; die auszahlende Stelle hat die Kapitalertragsteuer auf die Erträge im Sinne des § 43 Absatz 1 Satz 1 Nummer 1a jeweils gesondert für das Land, in dem sich der Ort der Geschäftsleitung des Schuldners der Kapitalerträge befindet, anzugeben. ²Satz 1 gilt entsprechend, wenn ein Steuerabzug nicht oder nicht in voller Höhe vorzunehmen ist. ³Der Grund für die Nichtabführung ist anzugeben. ⁴Auf Antrag kann das Finanzamt zur Vermeidung unbilliger Härten auf eine elektronische Übermittlung verzichten; in diesem Fall ist die Kapitalertragsteuer-Anmeldung von dem Schuldner, der den Verkaufsauftrag ausführenden Stelle, der auszahlenden Stelle oder einer vertretungsberechtigten Person zu unterschreiben.

(2) ¹Folgende Stellen sind verpflichtet, dem Gläubiger der Kapitalerträge auf Verlangen eine Bescheinigung nach amtlich vorgeschriebenem Muster auszustellen, die die nach § 32d erforderlichen Angaben enthält; bei Vorliegen der Voraussetzungen des

1. § 43 Absatz 1 Satz 1 Nummer 1, 2 bis 4, 7a und 7b der Schuldner der Kapitalerträge,
2. § 43 Absatz 1 Satz 1 Nummer 1a, 5 bis 7 und 8 bis 12 sowie Satz 2 die Kapitalerträge auszahlende Stelle vorbehaltlich des Absatzes 3,
3. § 44 Absatz 1a die zur Abführung der Steuer verpflichtete Stelle und
4. § 44 Absatz 1 Satz 4 Nummer 5 der Investmentfonds.

²Die Bescheinigung kann elektronisch übermittelt werden; auf Anforderung des Gläubigers der Kapitalerträge ist sie auf Papier zu übersenden. ³Die Bescheinigung braucht nicht unterschrieben zu werden, wenn sie in einem maschinellen Verfahren ausgedruckt worden ist und den Aussteller erkennen lässt. ⁴§ 44a Absatz 6 gilt sinngemäß; über die zu kennzeichnenden Bescheinigungen haben die genannten Institute und Unternehmen Aufzeichnungen zu führen. ⁵Diese müssen einen Hinweis auf den Buchungsbeleg über die Auszahlung an den Empfänger der Bescheinigung enthalten.

[ab 1.1.2025:

(2a) Ist der Gläubiger der Kapitalerträge beschränkt steuerpflichtig, tritt in den Fällen des § 43 Absatz 1 Satz 1 Nummer 1a und 2 Satz 4 an die Stelle der

§ 45a Anmeldung und Bescheinigung der Kapitalertragsteuer

Bescheinigung nach Absatz 2 Satz 1 die Übermittlung der Angaben gemäß § 45b Absatz 5.]*

(3) ¹Werden Kapitalerträge für Rechnung des Schuldners durch ein inländisches Kreditinstitut, ein inländisches Finanzdienstleistungsinstitut oder ein inländisches Wertpapierinstitut gezahlt, so hat anstelle des Schuldners das Kreditinstitut, das Finanzdienstleistungsinstitut oder das Wertpapierinstitut die Bescheinigung zu erteilen, sofern nicht die Voraussetzungen des Absatzes 2 Satz 1 erfüllt sind. ²Satz 1 gilt in den Fällen des § 20 Absatz 1 Nummer 1 Satz 4 entsprechend; der Emittent der Aktien gilt insoweit als Schuldner der Kapitalerträge.

(4) ¹Eine Bescheinigung nach Absatz 2 oder Absatz 3 ist auch zu erteilen, wenn in Vertretung des Gläubigers ein Antrag auf Erstattung der Kapitalertragsteuer nach § 44b gestellt worden ist oder gestellt wird. ²Satz 1 gilt entsprechend, wenn nach § 44a Absatz 8 Satz 1 der Steuerabzug nur nicht in voller Höhe vorgenommen worden ist.

(5) ¹Eine Ersatzbescheinigung darf nur ausgestellt werden, wenn die Urschrift oder die elektronisch übermittelten Daten nach den Angaben des Gläubigers abhandengekommen oder vernichtet sind. ²Die Ersatzbescheinigung muss als solche gekennzeichnet sein. ³Über die Ausstellung von Ersatzbescheinigungen hat der Aussteller Aufzeichnungen zu führen.

(6) *¹Eine Bescheinigung, die den Absätzen 2 bis 5 nicht entspricht, hat der Aussteller durch eine berichtigte Bescheinigung zu ersetzen und im Fall der Übermittlung in Papierform zurückzufordern. ²Die berichtigte Bescheinigung ist als solche zu kennzeichnen. ³Wird die zurückgeforderte Bescheinigung nicht innerhalb eines Monats nach Zusendung der berichtigten Bescheinigung an den Aussteller zurückgegeben, hat der Aussteller das nach seinen Unterlagen für den Empfänger zuständige Finanzamt schriftlich zu benachrichtigen.*

[Fassung ab 1. 1. 2023:
(6) ¹Eine Bescheinigung, die den Absätzen 2 bis 5 nicht entspricht, hat der Aussteller unverzüglich durch eine berichtigte Bescheinigung zu ersetzen. ²Die berichtigte Bescheinigung ist als solche zu kennzeichnen. ³Der Aussteller hat dem für ihn zuständigen Betriebsstättenfinanzamt unverzüglich nach Maßgabe des § 93c der Abgabenordnung neben den in § 93c Absatz 1 der Abgabenordnung genannten Angaben folgende Daten zu übermitteln:
1. den Anlass für die Ausstellung der berichtigten Bescheinigung und deren Ausstellungsdatum,
2. die ursprünglichen und die berichtigten Angaben in der Bescheinigung sowie
3. in den Fällen des Gläubigerwechsels die Identifikationsnummer, den Namen und die Anschrift des bisherigen Gläubigers der Kapitalerträge.
⁴Bei Steuerpflichtigen, die nicht unbeschränkt steuerpflichtig sind, findet Satz 3 mit der Maßgabe Anwendung, dass der Aussteller die Daten an das Bundeszentralamt für Steuern zu übermitteln hat.]**

(7) ***¹*Der Aussteller einer Bescheinigung, die den Absätzen 2 bis 5 nicht entspricht, haftet für die auf Grund der Bescheinigung verkürzten Steuern oder zu Unrecht gewährten Steuervorteile.* [ab 1.1.2025: ¹Der Aussteller einer Bescheinigung, die den Absät-

---

* § 45a IIa eingef. mWv 1.1.25 durch AbzStEntModG (BGBl I 21, 1259); zur Anwendung s § 52 Abs 44a S 3.
** § 45a VI neu gef. durch JStG 2020 (BGBl I 20, 3096); zur Anwendung s § 52 Abs 44a S 2.
*** § 45a VII 1 neu gef. mWv 1.1.25, § 45a VII 3 aufgeh. mWv 1.1.24 durch AbzStEntModG (BGBl I 21, 1259); zur Anwendung s § 52 Abs 44a S 3 und 4.

zen 2 bis 5 sowie § 45b Absatz 1 bis 4 nicht entspricht, haftet für die auf Grund dessen verkürzten Steuern oder zu Unrecht gewährten Steuervorteile; dies gilt entsprechend für die die Kapitalerträge auszahlende Stelle im Hinblick auf die nach § 45b Absatz 5 zu übermittelnden Angaben.] ²Ist die Bescheinigung nach Absatz 3 durch ein inländisches Kreditinstitut oder ein inländisches Finanzdienstleistungsinstitut auszustellen, so haftet der Schuldner auch, wenn er zum Zweck der Bescheinigung unrichtige Angaben macht. ³*Der Aussteller haftet nicht*
1. *in den Fällen des Satzes 2,*
2. *wenn er die ihm nach Absatz 6 obliegenden Verpflichtungen erfüllt hat.*

Einkommensteuer-Richtlinien: EStH 45a — *Verwaltungsanweisungen:* BMF BStBl I 18, 13 (StBescheinigungen) geändert ua durch BMF BStBl I 20, 1134; BMF BStBl I 21, 295; BMF BStBl I 21, 686 = BMF BeckVerw 351375; BMF BStBl I 19, 527 mit Folgeschreiben, zuletzt BMF BStBl I 21, 1516.

Schrifttum: *Anemüller,* Aktuelle Änderungen der BMF-Schreiben..., ErbStB 21, 224.

1. Allgemeines. § 45a regelt die **Anmeldung** der KapESt durch die StEntrichtungspflichtigen iSd § 44 I beim **FA** (§ 45a I) und die **Bescheinigung** des KapESt-Einbehalts für den Gläubiger (§ 45a II–VII). Zur Vereinbarkeit des § 45a mit dem Unionsrecht s FG Hess BeckRS 2017, 117984.

2. Anmeldung, § 45a I. – *(1)* **Anmeldung.** Der StEntrichtungspflichtige hat die abzugspflichtigen (dazu § 44 I 3, § 44 Rz 4) KapErträge samt der einbehaltenen KapESt elektronisch anzumelden (§ 45a I 1; bei unbilliger Härte Ausnahme gem Abs 1 S 4), bei den für *seine* Veranlagung zuständigen FA (§ 44 I 5; § 19, 20 AO). – **Fristen** wie bei § 44 I 5 HS 1, HS 2 bzw § 44 VII (§ 44 Rz 6, 13). Die Anmeldung muss die Höhe der einbehaltenen KapErträge, die KapESt, bei KapErträgen iSd § 43 I Nr 1a deren Herkunft (per country des Schuldners, Abs 1 HS 2) und Angaben zum unterbliebenen StAbzug (nach § 43 II, § 43b oder § 44a) umfassen (Abs 1 S 2, 3). – *(2)* **Rechtswirkung.** Die Anmeldung hat die Wirkung einer StFestsetzung unter dem Vorbehalt der Nachprüfung (§ 150 I, § 168 AO). Sie ist sachverhalts- und (nicht zeitraum-) bezogen (s § 44 Rz 3), dh die angemeldeten einzelnen abzugspflichtigen KapErträge sind nicht Besteuerungsgrundlagen einer einheitl Jahressteuer; sondern die fingierte StFestsetzung ist Form eines Sammelbescheid. S zur Änderbarkeit bei § 44 Rz 15 ff. – *(3)* **Behaltensgrund, § 37 II AO.** – *(a)* **StEntrichtungspflichtiger.** Die StAnmeldung ist Behaltensgrund für die Entrichtungsschuld (s § 44 Rz 4). Zur Erstattung muss der StEntrichtungspflichtige die StAnmeldung anfechten (BFH I B 76/20 (AdV), DStR 21, 2389) oder iRd Erstattung gem § 44b V 1, Veranlagung. Zu den Folgen der Veranlagung der KapErträge s § 44 Rz 17, 20. – *(b)* **Gläubiger.** Die StAnmeldung ist auch KapESt-Behaltensgrund ggü dem Gläubiger als StSchuldner. Dessen Drittanfechtung der StAnmeldung ist zwar zul, aber ggü der Veranlagung (insb iVm § 32d IV, § 20 IIIa) nachrangig. Die StFestsetzung in Form der Anmeldung erledigt sich (§ 124 II AO), wenn die KapErträge gem § 32d IV im ESt-Bescheid des Gläubigers veranlagt werden (s BFH VIII R 45/15 BStBl II 19, 306). Dies gilt mE auch, wenn der Gläubiger zur KapESt-Erstattung einen Freistellungsbescheid beantragt hat (s § 44b V Rz 4). Prüfungsmaßstab iRe Drittanfechtung ist nicht die materielle StPflicht des KapErtrags, sondern nur, ob die KapESt gem § 44 I 3 nach der BMF-Auffassung (s § 44 Rz 4) einbehalten werden musste (ist *eindeutig* gesetzwidriger Auslegung, s BFH I R 27/12 BStBl II 13, 682; *Werth* HFR 19, 477).

3. Bescheinigung der Kapitalertragsteuer, § 45a II–VI. S iEinz BMF BStBl I 18, 13 ua mit Änderungen in BMF BStBl I 20, 1134, BMF BStBl I 21, 686 = BeckVerw 351375. – **a) Aussteller; Verfahren.** Aussteller ist idR der StEntrichtungspflichtige für den jeweiligen KapErtrag [(der Schuldner der KapErträge (II 1 Nr 1), die auszahlende Stelle (II 1 Nr 2), die inl Wertpapiersammelbank in den

§ 45a 4–9

Fällen des § 44 Ia (II 1 Nr 3; s auch FG Hess EFG 21, 1400, rkr) und der Investmentfonds (§ 44 I 4 Nr 5 iVm § 44 II 1 Nr 4)]. – Wenn eine depotführende Stelle als auszahlende Stelle StEntrichtungspflichtiger ist (§ 44 I 4, § 44 Rz 10), ist grds sie zuständige Ausstellerin (**§ 45a III 1**). Bei Kompensationszahlungen iSd § 20 I Nr 1 S 4 gilt der Aktienemittent auch als deren Schuldner, sodass die auszahlende Stelle zutr Aussteller ist (**§ 45a III 2, HS 1, 2**) – Dem Gläubiger der KapErträge ist nur *auf Verlangen* eine Bescheinigung nach amtl vorgeschriebenem Muster auszustellen. Sie kann elektronisch, auf Anforderung auch auf Papier an den Gläubiger übermittelt bzw übersandt werden (**§ 45a II 2**). Es sind zu verwenden: **Muster I** für Privatkonten („Jahressteuerbescheinigung" mit den für § 32d erforderl Angaben) und für Verlustbescheinigungen (§ 43a III 4, *BMF* BeckVerw 351375 Rz 9–42); **Muster II**, wenn der Aussteller kein Kredit-, Finanzdienstleistungs- oder Wertpapierinstitut ist (*BMF* BeckVerw 351375 Rz 43–56) und **Muster III** bei betriebl KapErträgen und solchen aus § 21. – § 45a V regelt das Ausstellen von Ersatzbescheinigungen. – Wird vom StEntrichtungspflichtigen die Erstattung der KapESt (§ 44b V 1) betrieben, darf die StBescheinigung dem Gläubiger ausgestellt werden (**§ 45a IV;** s aber auch § 44b V 3).

4 **b) Verhältnis zu anderen Vorschriften.** – *(1)* **§ 45b, § 45c**. Die formellen Pflichten und Mitteilungspflichten iZm StBescheinigungen werden durch das AbzStEntModG (BGBl I 21, 1259) erweitert. S dort und zur Haftung Rz 9. – *(2) Anrechnung,* **§ 36 II Nr 2**. Die Vorlage der StBescheinigung ist materielle Anrechnungsvoraussetzung (§ 36 Rz 12); ebenso die künftige Datenübermittlung gem Abs 2a. Die StBescheinigung erbringt iZm der Gutschrift eines Nettokapitalertrags zwar idR, nicht aber für Leerkäufer bei Erwerben um den Dividendenstichtag den Vollbeweis für die tatsächl Erhebung der KapESt (FG Hess EFG 21, 1400, rkr; FG Hess EFG 16, 761, rkr; BGH 1 StR 519/20 DStR 21, 2453).

5 **c) Datenübermittlung nach Abs 2a**. Durch das AbzStEntModG (BGBl I 21, 1259) sind für **nach dem 31.12.24** (§ 52 Abs 44a S 3) zufließende KapErträge gem § 43 I Nr 1a und gem § 43 I Nr 2 S 4 (Ausschüttungen aus sammelverwahrten Aktien, Genussscheinen, Erträge aus Teilschuldverschreibungen) *beschr stpfl Gläubigern* keine StBescheinigungen mehr auszustellen. Die Daten sind auf Verlangen des Gläubigers (mit den Zusatzangaben gem § 45b V) an das BZSt elektronisch zu übermitteln. Wird keine Übermittlung verlangt, ist dies dem BZSt zu melden (§ 45b V 1).

6 **4. Haftung von Aussteller und Schuldner, § 45a VI, VII**. – **a) Berichtigungspflicht, § 45a VI**. Eine objektiv unrichtige StBescheinigung ist vom Gläubiger zurückzufordern und durch eine zutr, als berichtigt ausgewiesene StBescheinigung zu ersetzen; ein Misserfolg ist dem FA mitzuteilen. **Ab VZ 2023** (s § 52 Abs 44a S 2) werden die Mitteilungspflichten ggü dem FA zeitl und inhaltl deutl verschärft (JStG 2020 BGBl I 20, 3096).

7 **b) Ausstellerhaftung, § 45a VII 1.** Der Aussteller haftet (Haftungsbescheid) bei einer inhaltl fehlerhaften oder zu Unrecht ausgestellten Bescheinigung verschuldensunabhängig, wenn hierdurch (kausal) eine StVerkürzung eintritt oder nicht gerechtfertigte StVorteile (die Anrechnung der KapESt) genutzt werden. Keine Haftung, wenn nur der Schuldner haftet (S 3 Nr 2; Exkulpation durch Rückforderung, Berichtigung nach Abs 6 (S 3 Nr 2).

8 **c) Schuldnerhaftung**. Er haftet allein (S 3 Nr 1) und ohne Exkulpation, wenn die KapESt von einer auszahlenden Stelle für seine Rechnung einbehalten wurde, diese gem § 45 III zuständiger Aussteller (s Rz 3) ist und er der auszahlenden Stelle unrichtige Angaben übermittelt hat.

9 **d) Verschärfung**. S Fn zu Abs 7. Die Haftung des *Ausstellers* wird durch das AbzStEntModG (BGBl I 21, 1259) **ab dem VZ 2025** (§ 52 Abs 44b S 1) verschärft. Er haftet wie bisher bei einer unrichtigen StBescheinigung nach Abs 2–5

Angaben zur Bescheinigung und Abführung der KapESt § 45b

und künftig auch, wenn die StBescheinigung für unbeschr stpfl Gläubiger (Abs 2), die Datenübermittlung für beschr stpfl Gläubiger (Abs 2a) die Angaben gem § 45b I–V nF nicht enthält. Zudem wird Abs 7 S 3 gestrichen, sodass er sich durch eine Berichtigung nach Abs 6 nicht mehr exkulpieren kann („Garantiehaftung") und auch haften muss, wenn die Voraussetzungen für die Haftung des Schuldners (Abs 7 S 2) erfüllt sind. – Die Verfmäßigkeit der neuen Ausstellerhaftung wird zu Recht bezweifelt, da der Aussteller die geforderten Zusatzangaben nach § 45b II zT kaum ermitteln kann (s *Florstedt* BB 21, 1757) und trotz erfüllter Melde- und Berichtigungspflicht nach Abs 6 eine Exkulpation ausgeschlossen ist (s *Drüen* FR 21, 605 und *ders* FR 21, 671, 672 mwN).

§ 45b* **Angaben zur Bescheinigung und Abführung der Kapitalertragsteuer**
[Ab 1.1.2025:]
(1) **Die die Kapitalerträge auszahlende Stelle weist jeder nach Maßgabe des § 45a Absatz 2 zu erteilenden Bescheinigung und jedem nach § 45b Absatz 5 zu übermittelnden Datensatz eine nach amtlichem Muster zu erstellende Ordnungsnummer zu.**

(2) **Bei Kapitalerträgen im Sinne des § 43 Absatz 1 Satz 1 Nummer 1a und 2 Satz 4 ist die Bescheinigung nach § 45a Absatz 2 um folgende Angaben zu ergänzen:**
1. die Identifikationsnummer nach § 139b der Abgabenordnung des Gläubigers der Kapitalerträge; handelt es sich bei dem Gläubiger der Kapitalerträge nicht um eine natürliche Person, so sind dessen Firma oder Name, Anschrift und Wirtschafts-Identifikationsnummer nach § 139c der Abgabenordnung oder, wenn die Wirtschafts-Identifikationsnummer noch nicht vergeben wurde, dessen Steuernummer anzugeben;
2. den Bruttobetrag der vom Gläubiger der Kapitalerträge je Wertpapiergattung und Zahlungstag erzielten Kapitalerträge unter Angabe der Bezeichnung und der Internationalen Wertpapierkennnummer des Wertpapiers;
3. den Betrag, der je Wertpapiergattung und Zahlungstag einbehaltenen und abgeführten Kapitalertragsteuer und den Betrag der einbehaltenen und abgeführten Zuschlagsteuern; die Ermäßigung der Kapitalertragsteuer um die auf die Kapitalerträge entfallende Kirchensteuer ist nicht zu berücksichtigen; sind die Kapitalerträge nach Maßgabe des § 43a Absatz 3 Satz 2 mit negativen Kapitalerträgen auszugleichen, sind statt der Beträge der abgeführten Steuern der Betrag der einbehaltenen und auf die Kapitalerträge entfallenden Kapitalertragsteuer vor Durchführung des Verlustausgleiches und vor Berücksichtigung des Sparer-Pauschbetrages sowie der Betrag der darauf entfallenden Zuschlagsteuern anzugeben;
4. die Höhe des jeweils angewendeten Steuersatzes;
5. die Stückzahl der Wertpapiere je Wertpapiergattung und Zahlungstag sowie davon die Stückzahl der Wertpapiere, die auf der Grundlage einer Wertpapierleihe oder eines Wertpapierpensionsgeschäftes übertragen wurden, verbunden mit der Angabe, ob bei Anschaffung der Aktien die Lieferung von Aktien mit oder ohne Dividendenanspruch vereinbart wurde und ob Aktien mit oder ohne Dividendenanspruch geliefert wurden;
6. zur Anschaffung der Wertpapiere oder zu ihrer Übertragung auf der Grundlage einer Wertpapierleihe oder eines Wertpapierpensionsgeschäftes jeweils das Datum des Handelstags, das Datum des vereinbarten Abwick-

---

* § 45b neu gef. mWv 1.1.25 durch AbzStEntModG (BGBl. I 21, 1259); zur Anwendung siehe § 52 Abs. 44b.

lungstags und das Datum des tatsächlichen Abwicklungstags sowie die jeweilige Stückzahl;
7. zur Veräußerung der Wertpapiere oder zu ihrer Rückübertragung auf der Grundlage einer Wertpapierleihe oder eines Wertpapierpensionsgeschäftes, soweit die Wertpapiere innerhalb von 45 Tagen nach Fälligkeit der Kapitalerträge veräußert oder rückübertragen wurden, jeweils das Datum des Handelstags, das Datum des vereinbarten Abwicklungstags und das Datum des tatsächlichen Abwicklungstags sowie die jeweilige Stückzahl;
8. die Firma, die Rechtsform, die Anschrift und der Legal Entity Identifier der jeweils in die Verwahrkette nacheinander eingebundenen inländischen oder ausländischen Zwischenverwahrstellen der Wertpapiere sowie der Depotbank, die die Wertpapiere für den Gläubiger der Kapitalerträge unmittelbar verwahrt, unter Angabe der jeweiligen Depotnummern der durch die Zwischenverwahrstellen geführten Depots, in denen die Aktien verwahrt werden;
9. die Konto- oder Depotnummer des Gläubigers der Kapitalerträge; werden die Wertpapiere durch einen Treuhänder für den Gläubiger der Kapitalerträge verwahrt, sind die Konto- oder Depotnummer des Treuhänders sowie die Daten nach Nummer 1 auch für den Treuhänder anzugeben.

(3) ¹Soweit die Kapitalerträge im Sinne des Absatzes 2 auf Grund eines Hinterlegungsscheines bezogen wurden, beziehen sich die Angaben nach Absatz 2 auf den Hinterlegungsschein. ²Die Bescheinigung nach § 45a Absatz 2 ist in diesem Fall je Wertpapiergattung und Zahlungstag um folgende Angaben zu ergänzen:
1. die Bezeichnung und die Internationale Wertpapierkennnummer der hinterlegten Wertpapiere;
2. das in den Emissionsbedingungen des Hinterlegungsscheines festgelegte Verhältnis der Hinterlegungsscheine zu den durch die inländische Hinterlegungsstelle verwahrten inländischen Wertpapieren;
3. die Gesamtzahl ausgegebener Hinterlegungsscheine sowie die Gesamtzahl der hinterlegten Wertpapiere, jeweils zum Zeitpunkt des Gewinnverteilungsbeschlusses;
4. die Anzahl der Hinterlegungsscheine des Gläubigers der Kapitalerträge zum Zeitpunkt des Gewinnverteilungsbeschlusses.

³Einem Kredit- oder Finanzdienstleistungsinstitut darf eine Bescheinigung nach § 45a Absatz 2 Satz 1 erster Halbsatz nur erteilt werden, soweit es dem Aussteller schriftlich versichert, dass die Wertpapiere nicht als Deckungsbestand für ausgegebene Hinterlegungsscheine dienen. ⁴Für Kapitalerträge, die auf einem Hinterlegungsschein beruhen, darf dem Inhaber des Hinterlegungsscheines eine Bescheinigung nur erteilt werden, wenn der Emittent des Hinterlegungsscheines dem Aussteller schriftlich versichert, dass die Gesamtzahl ausgegebener Hinterlegungsscheine im gesamten Zeitraum zwischen dem Gewinnverteilungsbeschluss für die bei der inländischen Hinterlegungsstelle hinterlegten Wertpapiere und der Gutschrift der Erträge bei den Inhabern der Hinterlegungsscheine dem Verhältnis nach Satz 2 Nummer 2 entsprochen hat.

(4) ¹Der Aussteller der Bescheinigung hat die nach Absatz 2 und 3 Satz 2 zu ergänzenden Angaben an das Bundeszentralamt für Steuern nach Maßgabe des § 93c Absatz 1 Nummer 1 und 2 der Abgabenordnung elektronisch zu übermitteln; dabei ist die nach Absatz 1 vergebene Ordnungsnummer anzugeben. ²Die Datenübermittlung nach Satz 1 hat abweichend von § 93c Absatz 1 Nummer 1 der Abgabenordnung bis spätestens zum 31. Juli des auf den Zufluss des Kapitalertrages folgenden Kalenderjahres zu erfolgen. ³Sind die Kapitalerträge nach Maßgabe des § 43a Absatz 3 Satz 2 mit negativen Kapi-

talerträgen auszugleichen, so sind neben den Angaben nach Satz 1 der Betrag der auf der nach amtlichem Muster erteilten Bescheinigung für den Gläubiger der Kapitalerträge ausgewiesenen Kapitalertragsteuer und der Betrag der ausgewiesenen Zuschlagsteuern zu übermitteln. ⁴Die nach Maßgabe des § 93c Absatz 1 Nummer 3 der Abgabenordnung dem Steuerpflichtigen zu erteilende Information kann auf der Bescheinigung angegeben werden.

(5) ¹In den Fällen des § 45a Absatz 2a hat die die Kapitalerträge auszahlende Stelle auf Verlangen des Gläubigers der Kapitalerträge dem Bundeszentralamt für Steuern nach Maßgabe des § 93c Absatz 1 Nummer 1 und 2 der Abgabenordnung für jeden Zufluss unverzüglich elektronisch die in den Absätzen 2 und 3 Satz 2 genannten Angaben zu übermitteln; dabei sind die nach Absatz 1 vergebene Ordnungsnummer, das durch den Ansässigkeitsstaat vergebene Steueridentifikationsmerkmal des Gläubigers der Kapitalerträge sowie, sofern der Gläubiger der Kapitalerträge keine natürliche Person ist und eine Wirtschafts-Identifikationsnummer nach § 139c Absatz 1 der Abgabenordnung noch nicht vergeben wurde, die Rechtsform und das Datum des Gründungsaktes der Körperschaft, Personenvereinigung oder Vermögensmasse anzugeben. ²Absatz 3 Satz 3 und 4 gilt entsprechend.

(6) ¹Wurde für Kapitalerträge im Sinne des § 43 Absatz 1 Satz 1 Nummer 1a oder Nummer 2 Satz 4 keine Bescheinigung nach § 45a Absatz 2 erteilt oder wurden keine Angaben gemäß § 45a Absatz 2a übermittelt, hat die die Kapitalerträge auszahlende Stelle dem Bundeszentralamt für Steuern elektronisch nach Maßgabe des § 93c Absatz 1 Nummer 1 und 2 der Abgabenordnung folgende Angaben zu den Zuflüssen des vorangegangenen Kalenderjahres zu übermitteln:

1. die Identifikationsnummer nach § 139b Absatz 1 der Abgabenordnung des Depotinhabers; handelt es sich bei dem Depotinhaber nicht um eine natürliche Person, so sind dessen Firma oder Name, Anschrift und Wirtschafts-Identifikationsnummer nach § 139c Absatz 1 der Abgabenordnung oder, wenn diese noch nicht vergeben wurde, dessen Steuernummer anzugeben; bei im Ausland ansässigen Steuerpflichtigen ist zusätzlich das durch den Ansässigkeitsstaat vergebene Steueridentifikationsmerkmal anzugeben;
2. die Konto- oder Depotnummer;
3. den Bruttobetrag der je Wertpapiergattung und Zahlungstag erzielten Kapitalerträge unter Angabe der Bezeichnung und der Internationalen Wertpapierkennnummer des Wertpapiers sowie die Stückzahl der Wertpapiere und
4. den Betrag der je Wertpapiergattung und Zahlungstag einbehaltenen und abgeführten Kapitalertragsteuer und den Betrag der Zuschlagsteuern sowie den angewendeten Steuersatz.

²Wurde für Kapitalerträge im Sinne des § 43 Absatz 1 Satz 1 Nummer 1a oder Nummer 2 Satz 4 vom Steuerabzug ganz oder teilweise Abstand genommen, so hat die die Kapitalerträge auszahlende Stelle dem Bundeszentralamt für Steuern elektronisch nach Maßgabe des § 93c Absatz 1 Nummer 1 und 2 der Abgabenordnung neben den in den Absätzen 2, 3 Satz 2 und Absatz 5 Satz 1 genannten Angaben folgende Angaben zu den Zuflüssen des vorangegangenen Kalenderjahres zu übermitteln:

1. die Ordnungsnummer, die bei Erteilung einer Bescheinigung nach § 45a Absatz 2 oder Übermittlung von Angaben gemäß § 45a Absatz 2a vergeben wurde, und
2. die Rechtsgrundlage für den reduzierten oder unterlassenen Steuerabzug.

³Die Datenübermittlung nach den Sätzen 1 und 2 hat abweichend von § 93c Absatz 1 Nummer 1 der Abgabenordnung bis spätestens zum 31. Juli des auf den Zufluss des Kapitalertrages folgenden Kalenderjahres zu erfolgen.

(7) ¹Die inländischen und ausländischen Zwischenverwahrstellen sowie die Depotbank und der Treuhänder, die die Wertpapiere für den Gläubiger der Kapitalerträge unmittelbar verwahren, sind für die Zwecke der Absätze 2 bis 5 verpflichtet, ihrer jeweiligen Verwahrstelle die Angaben nach Absatz 2 Nummer 1, 2, 5 bis 9 und Absatz 3 Satz 2 vollständig und richtig mitzuteilen. ²Das Kredit- oder Finanzdienstleistungsinstitut und der Emittent der Hinterlegungsscheine haben die nach § 45b Absatz 3 Satz 3 oder Satz 4 gegenüber dem Aussteller der Steuerbescheinigung zu erteilende schriftliche Versicherung vollständig und richtig abzugeben. ³Die Bescheinigung nach § 45a Absatz 2 darf erst erteilt und die Angaben gemäß § 45a Absatz 2a dürfen erst übermittelt werden, wenn der die Kapitalerträge auszahlenden Stelle die Angaben nach den Absätzen 2 und 3 vollständig vorliegen.

(8) In den Fällen der Absätze 4 bis 6 gilt Folgendes:
1. § 93c Absatz 3 der Abgabenordnung ist mit der Maßgabe anzuwenden, dass der übermittelte Datensatz unabhängig davon zu korrigieren oder zu stornieren ist, wann die die Kapitalerträge auszahlende Stelle die Feststellung im Sinne des § 93c Absatz 3 Satz 1 Nummer 1 oder Nummer 2 der Abgabenordnung trifft; die die Kapitalerträge auszahlende Stelle ist unabhängig von der in § 93c Absatz 3 der Abgabenordnung genannten Frist verpflichtet, einen Datensatz zu übermitteln, wenn sie nachträglich erkennt, dass sie zur Übermittlung eines Datensatzes verpflichtet war und der Datensatz nicht übermittelt wurde;
2. § 171 Absatz 10a der Abgabenordnung ist mit der Maßgabe anzuwenden, dass die Festsetzungsfrist unabhängig vom Zeitpunkt des Zugangs der Daten bei dem Bundeszentralamt für Steuern nicht vor Ablauf von zwei Jahren nach Zugang der Daten endet.

(9) Inländische börsennotierte Gesellschaften haben gemäß § 67d des Aktiengesetzes Informationen über die Identität ihrer Aktionäre zum Zeitpunkt ihres Gewinnverteilungsbeschlusses zu verlangen und die ihnen übermittelten Informationen elektronisch nach Maßgabe des § 93c der Abgabenordnung unverzüglich elektronisch an das Bundeszentralamt für Steuern zu übermitteln.

(10) ¹Das Bundeszentralamt für Steuern speichert die nach den Absätzen 4 bis 6 und 9 übermittelten Daten zur Ermittlung der auf die Kapitalerträge einbehaltenen und abgeführten Kapitalertragsteuer und analysiert diese im Hinblick auf missbräuchliche Steuergestaltungsmodelle, die die Erlangung eines Steuervorteils aus der Erhebung oder Entlastung von Kapitalertragsteuer mit erheblicher Bedeutung zum Gegenstand haben. ²Es darf dazu auch ihm nach Maßgabe dieser Absätze übermittelte personenbezogene Daten verarbeiten, soweit dies zur Erfüllung der Aufgabe nach Satz 1 erforderlich ist.

1 1. Allgemeines; Regelungsinhalt. – a) Inkrafttreten; Verhältnis zu anderen Vorschriften. § 45b wurde durch das **AbzStEntModG** (BGBl I 21, 1259) eingefügt und gilt für nach dem 31.12.24 zufließende KapErträge (§ 52 Abs 44b). Die Regelung ergänzt für die Aussteller von StBescheinigungen die Anforderungen der § 45a II–VII und wirkt damit auf die Anrechnungsvoraussetzungen ein. – Für beschr stpfl Gläubiger ist die Pflicht zur Datenübermittlung auf dessen Verlangen nach § 45a IIa iVm § 45b Voraussetzung des (elektronischen) Erstattungsverfahrens nach § 50c III 3; zudem wurde eine **zentrale Zuständigkeit des BZSt**

für die KapESt-Entlastung von StAusländern geschaffen (s § 5 FVG). – Zur verschärften Haftung des Ausstellers/Datenübermittlers bei fehlenden oder fehlerhaften Angaben gem §§ 45b I–IV s § 45a VII (§ 45a Rz 9). – Neben den in § 45b geregelten einzelnen gläubiger- und depotbezogenen Angaben verlangt § 45c künftig bestimmte zusammenfassende Mitteilungen der auszahlenden Stellen (s § 45c Rz 2). – Die elektronischen Meldungen und die Datenübermittlung durch die auszahlenden Stellen als Dritte haben nach Maßgabe des § 93c I Nr 1, Nr 2 AO (zT mit Abweichungen in § 45b zu den dortigen Fristen) zu erfolgen, sodass grds § 175b AO greift, wenn aufgrund dessen unzutr StBescheide ergehen. IZm § 45a, § 45b betrifft die Korrekturmöglichkeit aber wohl nur Freistellungsbescheide nach § 50c III 1, da Haftungsbescheide keine solchen sind (s § 45a VII). – Zu Bußgeldern s § 50e II.

b) Pflichten für StBescheinigungen unbeschränkt steuerpflichtiger Gläubiger, § 45b I, II bis IV, VI. Die Regelung richtet sich an die *auszahlenden Stellen*, wenn diese Aussteller von StBescheinigungen (§ 45a II 1 Nr 2) für *unbeschr stpfl Gläubiger* sind. Nach Inkrafttreten des § 45b ist für jede StBescheinigung eine eindeutige OrdnungsNr zu vergeben (Abs 1). Soweit diese Gläubiger KapErträge gem § 43 I Nr 1a und § 43 I Nr 2 S 4 (Ausschüttungen aus sammelverwahrten Aktien, Genussscheinen, Erträgen aus Teilschuldverschreibungen) erzielen (s auch § 45a III zur Ausstellereigenschaft), sind bereits jetzt in der StAnmeldung Angaben zur Herkunft der KapErträge zu machen (§ 45a I 1) und müssen künftig die in § 45b II 2 Nr 1 bis Nr 9 gläubiger-, wertpapier- und depotbezogenen Zusatzangaben in der StBescheinigung enthalten sein. Es sind in der StBescheinigung weitere Angaben erforderl, wenn die KapErträge aufgrund eines Hinterlegungsscheins bezogen werden (s § 45b III). Die StBescheinigung darf erst erteilt werden, wenn der auszahlenden Stelle die notwendigen Angaben der Zwischenverwahrer nach Abs 7 vorliegen (s Rz 4). Hinzu treten elektronische Meldepflichten an das BZSt, wenn Angaben nach Abs 2 und Abs 3 zu machen sind und nach Abs 6, von dem Gläubiger keine StBescheinigung ausgestellt wird (Abs 6 S 1: gläubiger-, wertpapier- und kontobezogene Angaben) und zur *Abführung* der KapESt, wenn die KapErträge zT oder vollständig der Abstandnahme unterlegen haben (Abs 6 S 2: OrdnungsNr und Rechtsgrundlage, s auch § 45a Rz 2 zur StAnmeldung). Der Gläubiger ist nach Abs 4 iVm § 93c I Nr 3 AO von der auszahlenden Stelle über die zu meldenden Daten zu informieren.

b) Pflichten zur Datenübermittlung für beschränkt steuerpflichtige Gläubiger, § 45b I, V, VI. Die Übermittlung eines Datensatzes für KapErträge nach § 43 I Nr 1a, § 43 I Nr 2 S 4 gem § 45a IIa auf Verlangen des Gläubigers an das BZSt durch die auszahlenden Stellen ist mit einer OrdnungsNr zu versehen (Abs 1) und muss die Angaben nach § 45b II und III enthalten (Abs 5). Wenn der Gläubiger keine Datenübermittlung verlangt, ist dies dem BZSt gem Abs 6 S 1 elektronisch mit den dort genannten weiteren Angaben zum Gläubiger zu melden. Dem Gläubiger ist nach Abs 5 S 2 iVm § 93c I Nr 3 AO von der auszahlenden Stelle mitzuteilen, welche Daten übermittelt wurden.

c) Angaben von Zwischenverwahrern, § 45b VII und börsennotierten AG, § 45b IX. Inl und ausl Zwischenverwahrer und die übrigen dort genannten Stellen haben nach Abs 7 der auszahlenden Stelle Angaben über die Verwahrkette zu machen, damit diese wiederum Angaben nach § 45b II Nr 8 machen kann. Es handelt sich ggü ausl Instituten aber um eine nicht durchsetzbare Auskunftspflicht (zum Budget s § 50e III Nr 3 Buchst a und b). Börsennotierten AG wird eine Beschaffungspflicht zu den im Zeitpunkt des Gewinnverteilungsbeschlusses (Entstehung der KapESt, s § 44 Rz 6) beteiligten Aktionären auferlegt (§ 67d AktG). Sie müssen diese Angaben zudem an das BZSt elektronisch übermitteln. Zur Kritik an Abs 7 und Abs 9 s *Florstedt* BB 21, 1757, 1759; *Beckert/Schober* RdF 21, 49, 53; *Watzlaw/Lofing* RdF 22, 48, 53).

5 **d) Datenkorrektur und Speicherung beim BZSt, § 45b VIII, X.** § 45b III regelt eine **Korrekturpflicht** (Richtigstellung; Stornierung) der auszahlenden Stellen zu den meldepflichtigen Datensätzen nach Abs 4 bis Abs 6. Die Korrekturfrist endet abw von § 93c III AO nicht sieben Jahren nach dem Zufluss des KapErtrags, sondern gilt unbefristet (Abs 8 Nr 1). Zudem ist die ohnehin schon bedenkl lange Ablaufhemmung des § 171 Xa AO (*Klein* § 171 AO Rz 110) für StBescheide des Gläubigers der KapErträge „quasi" unbefristet, da dem FA nach Korrektur der Daten noch ein Auswertungszeitraum von 2 Jahren bleibt (Abs 8 Nr 2). § 45b X räumt dem BZSt die Befugnis zur Speicherung, Verarbeitung und Datenanalyse ein.

6 **2. Einzelfragen. – a) Pflichtangaben nach § 45b II, III.** Für unbeschr stpfl Gläubiger sind von der auszahlenden Stelle bei KapErträgen nach § 43 I Nr 1a, § 43 I Nr 2 S 4 ab Inkrafttreten in der StBescheinigung zusätzl Gläubiger- und Kontodaten (Abs 2 Nr 1, Nr 9); zusätzl Kapitalertrags- und KapEStdaten (s Abs 2 Nr 2, zur KapESt s Nr 3: KapErtrag vor einer Verlustverrechnung gem § 43a III 2; Höhe des angewendeten StSatzes nach § 43a), zusätzl Wertpapier-, Handelsdaten, auch zu Wertpapierleihen (Abs 2 Nr 5 bis Nr 7) und zusätzl Daten zu Verwahrketten (Abs 2 Nr 8) aufzunehmen und nach § 45b IV an das BZSt elektronisch zu übermitteln. Während nach hM Angaben nach Abs 2 Nr 4 zu ermitteln sind, liegen die für die Angaben nach Abs 2 Nr 5 bis Nr 8 erforderl Daten idR nicht vor und sind nur mit *hohem Aufwand* zu beschaffen (s *Watzlaw/Lofing* RdF 22, 48, 48f mwN sowie das unten zitierte Schrifttum). Die erforderl Angabe zu Verhältnissen bis zu 45 Tage nach dem Zufluss (Abs 2 Nr 7) zielt auf § 36a ab und steht der Erteilung der StBescheinigung/Datenübermittlung mindestens bis zum Ablauf dieser Frist entgegen (s Rz 2). In der Verknüpfung mit der verschärften Haftung ohne Exkulpationsmöglichkeit in § 45a VII (s § 45a Rz 9) für die Richtigkeit der Angaben wird Abs 2 im Schrifttum zu Recht als *überschießende und verfrechlt zweifelhafte Norm* beurteilt (*Hoffmann/Watzlaw* DStR 21, 633, 635; *Schurowski* FR 21, 204; *Beckert/Schober* RdF 21, 49, 53 f; *Florstedt* BB 21, 1757; s auch § 45a Rz 9; **aA** wohl *Anemüller* EStB 21, 436, 439 .

7 Die zusätzl Pflichtangaben zu **Hinterlegungsscheinen** in Abs 3 dienen der Bekämpfung sog cum/fake Gestaltungen (s dazu § 43 Rz 5). Einem Kreditinstitut darf die auszahlende Stelle die StBescheinigung nur erteilen, wenn dieses die erforderl Versicherung nach Abs 3 S 3 abgegeben hat.

8 **b) Zusammenfassende Übersicht zu den elektronischen Meldepflichten nach § 45b IV, VI.** Zusammenfassung der neuen elektronischen Datenübermittlungs- und Meldepflichten für KapErträge gem § 43 I Nr 1a, § 43 I Nr 2 S 4 (nach *Hoffmann/Watzlaw* DStR 21, 633, 643):

	Inhalt	Für wen/was?	Frist
§ 45b IV	Zusatzangaben zur StBescheinigung in Abs 2, 3	unbeschr stpfl Gläubiger	31.7. des Folgejahres des Zuflusses
§ 45b V	Datensatz nach § 45a IIa iVm § 45b II, III	beschr stpfl Gläubiger	unverzügl für jeden Zufluss nach Verlangen des Gläubigers
§ 45b VI 1	Meldung unterbliebener StBescheinigungen, Datenübermittlungen	unbeschr und beschr stpfl Gläubiger	31.7. des Folgejahres des Zuflusses
§ 45b VI 2	Meldung einer Abstandnahme	unbeschr stpfl Gläubiger	31.7. des Folgejahres des Zuflusses

§ 45c* Zusammengefasste Mitteilung zur Bescheinigung und Abführung der Kapitalertragsteuer

[ab 1.1.2025:]

(1) ¹Die die Kapitalerträge auszahlende Stelle hat dem Bundeszentralamt für Steuern bis zum 31. Juli des auf den Zufluss der Kapitalerträge folgenden Kalenderjahres folgende Daten zu übermitteln:
1. die Summe der in einem Kalenderjahr je Wertpapiergattung und Zahlungstag durch die Kapitalerträge auszahlende Stelle berücksichtigten Bruttoerträge im Sinne des § 43 Absatz 1 Satz 1 Nummer 1a und 2 Satz 4;
2. den Betrag der auf diese Kapitalerträge einbehaltenen und abgeführten Kapitalertragsteuer und den Betrag der einbehaltenen und abgeführten Zuschlagsteuern;
3. die für diese Kapitalerträge nach § 45a Absatz 2 bescheinigte oder gemäß § 45a Absatz 2a angegebene Kapitalertragsteuer und Zuschlagsteuern; sind die Kapitalerträge nach Maßgabe des § 43a Absatz 3 Satz 2 mit negativen Kapitalerträgen auszugleichen, sind der Betrag der einbehaltenen und auf die Kapitalerträge entfallenden Kapitalertragsteuer vor Durchführung des Verlustausgleiches und vor Berücksichtigung des Sparer-Pauschbetrages sowie der Betrag der darauf entfallenden Zuschlagsteuern zu übermitteln;
4. die diesen Kapitalerträgen zugrunde liegende Stückzahl der Wertpapiere und
5. die Bezeichnung und die Internationale Wertpapierkennnummer der Wertpapiergattung.

²Satz 1 gilt entsprechend für die Summe der gutgeschriebenen Kapitalerträge, bei denen ein Steuerabzug nicht oder nicht in voller Höhe vorgenommen wurde. ³Die Rechtsgrundlage für die Abstandnahme vom Steuerabzug und die darauf entfallenden Beträge sind anzugeben.

(2) ¹Die inländische Wertpapiersammelbank hat dem Bundeszentralamt für Steuern bis zum 31. Juli des auf den Zufluss der Kapitalerträge folgenden Kalenderjahres folgende Daten je Wertpapiergattung und Kundendepot unter Angabe der Internationalen Wertpapierkennnummer und der Stückzahl der Wertpapiere zu übermitteln:
1. die in § 45b Absatz 2 Nummer 1 genannten Angaben zum Depotinhaber; verfügt der Depotinhaber nicht über eine inländische Steuernummer, so ist die durch seinen Ansässigkeitsstaat vergebene Steueridentifikationsnummer anzugeben;
2. die Konto- oder Depotnummer;
3. die Summe der in einem Kalenderjahr am Zahlungstag gutgeschriebenen Kapitalerträge im Sinne des § 43 Absatz 1 Satz 1 Nummer 1a und 2 Satz 4, die auf Grund eines gebuchten Bestandes am Dividendenstichtag gutgeschrieben wurden;
4. die Summe der in einem Kalenderjahr gutgeschriebenen Kompensationszahlungen;
5. die Summe der in einem Kalenderjahr belasteten Kompensationszahlungen;
6. den Saldo aus der Summe der gutgeschriebenen Kapitalerträge zuzüglich der Summe der gutgeschriebenen Kompensationszahlungen und der Summe der belasteten Kompensationszahlungen;

---

* § 45c neu gef. mWv 1.1.25 durch AbzStEntModG (BGBl. I 21, 1259); zur Anwendung siehe § 52 Abs. 44c.

§ 45c 1–3 Zusammengefasste Mitteilung zur Bescheinigung und Abführung

7. den Betrag der einbehaltenen und abgeführten Kapitalertragsteuer und den Betrag der einbehaltenen und abgeführten Zuschlagsteuern auf die Beträge nach den Nummern 3 und 4;
8. die Stückzahl der Wertpapiere, für die die Wertpapiersammelbank keine Dividendenregulierung vorgenommen hat.

² Die Pflicht zur Datenübermittlung nach Satz 1 mit Ausnahme der Angabe nach Satz 1 Nummer 8 gilt entsprechend für die die Kapitalerträge auszahlenden Stellen nach § 44 Absatz 1 Satz 4 Nummer 3. ³ Dem Bundeszentralamt für Steuern sind bis zum 31. Juli des auf die Abführung des Steuerbetrages folgenden Kalenderjahres der Betrag der nach § 44 Absatz 1a abgeführten Kapitalertragsteuer sowie die nach § 45a Absatz 2 Satz 1 Nummer 3 bescheinigten Angaben zu übermitteln.

(3) ¹ § 93c der Abgabenordnung ist mit Ausnahme von dessen Absatz 1 Nummer 2 Buchstabe c und d und Nummer 3 entsprechend anzuwenden. ² § 45b Absatz 8 gilt entsprechend.

(4) ¹ Das Bundeszentralamt für Steuern speichert die ihm nach den Absätzen 1 und 2 übermittelten Daten zur Ermittlung der auf diese Kapitalerträge einbehaltenen und bescheinigten Kapitalertragsteuer und analysiert diese im Hinblick auf missbräuchliche Steuergestaltungsmodelle, die die Erlangung eines Steuervorteils aus der Erhebung oder Entlastung von Kapitalertragsteuer mit erheblicher Bedeutung zum Gegenstand haben. ² Es darf dazu ihm nach Maßgabe der Absätze 1 und 2 übermittelte personenbezogene Daten verarbeiten, soweit dies zur Erfüllung der Aufgabe nach Satz 1 erforderlich ist.

1 **1. Allgemeines.** § 45c gilt für **nach dem 31.12.24** zufließende KapErträge gem § 43 I Nr 1a, § 43 I Nr 2 S 4 (§ 52 Abs 44c); wegen der Fristen des Abs 1 2, müssen die Mitteilungen erstmals am 31.7.25 vorliegen. Ein Verstoß der auszahlenden Stellen gegen die Pflichten nach § 45c I, II ist bußgeldbewehrt (§ 50e II Nr 2), kann aber keine Haftung nach § 45a VII auslösen. Der Nutzen dieser aufwändig zu ermittelnden Daten, die das BZSt schon nach § 45b und damit iRd § 45c doppelt erhält wird im Schrifttum bezweifelt (*Hoffmann/Watzlaw* DStR 21, 633, 643; *Beckert/Schober* RdF 21, 49, 53, 55; *Schurowski* FR 21, 204, 221).

2 **2. Zusammenfassende Mitteilungen nach § 45c I.** § 45c I regelt für KapErträge gem § 43 I Nr 1a und § 43a I Nr 2 S 4 ergänzend zu den iRd StBescheinigung, Datenübermittlungen gem § 45a II–VII und § 45b I–IV erforderl Angaben zum individuellen Gläubiger/KapErtrag weitergehende meldepflichtige Angaben, die die auszahlenden Stellen (Depotbanken) an das BZSt übermitteln müssen. Es handelt sich um zusammenfassende (aggregierte) und gattungsbezogene Mitteilungen zu den BruttoKapErträgen (Nr 1), zur insges einbehaltenen KapESt/ZuschlagSt (Nr 2), zur insges bescheinigte KapESt/ZuschlagSt (ggf um eine Verlustverrechnung gem § 43a III 2 bereinigt, Nr 3) und die Stückzahl der der Ausschüttung zugrunde liegenden Wertpapiere samt deren Gattung (Abs 2 Nr 3, Nr 4). Die Angaben müssen bis zum 31.7. des Folgejahrs des Zuflusses elektronisch übermittelt werden (Abs 3 S 1 iVm § 93c AO). Fehlerhafte Daten sind fristunabhängig zu korrigieren oder zu stornieren (Abs 3 S 2 iVm § 45b VIII). Sie werden beim BZSt gespeichert und ausgewertet (Abs 4).

3 **3. Zusammenfassende Mitteilungen nach § 45c II.** Die Mitteilungspflichten nach Abs 2 treffen die in Wertpapiersammelbank als auszahlende Stelle (§ 44 I 4 Nr 3 Buchst b, auch iVm § 44 Ia, s *Altvater* DStR 21, 261, 264) und idR auszahlende Stellen nach § 44 I 4 Nr 3 Buchst c. Die erforderl aggregierten Angaben zu Ausschüttungen und Kompensationszahlungen (§ 20 I Nr 1 S 1, S 4) sind im Abs 2 Nr 1 bis Nr 8 angeführt. Die Angaben sind elektronisch an das BZSt bis zum 31.7. des dem Zufluss folgenden Jahres zu übermitteln (Abs. 3 S 1), sind ggf zu korrigieren (Abs 3 S 2 iVm § 45b VIII). Zur Speicherung/Auswertung s Abs 4.

§ 45d Mitteilungen an das Bundeszentralamt für Steuern

(1) ¹Wer nach § 44 Absatz 1 dieses Gesetzes und nach § 7 des Investmentsteuergesetzes zum Steuerabzug verpflichtet ist, hat dem Bundeszentralamt für Steuern nach Maßgabe des § 93c der Abgabenordnung neben den in § 93c Absatz 1 der Abgabenordnung genannten Angaben folgende Daten zu übermitteln:

1. bei den Kapitalerträgen, für die ein Freistellungsauftrag erteilt worden ist,
   a) die Kapitalerträge, bei denen vom Steuerabzug Abstand genommen worden ist oder bei denen Kapitalertragsteuer auf Grund des Freistellungsauftrags gemäß § 44b Absatz 6 Satz 4 dieses Gesetzes oder gemäß § 7 Absatz 5 Satz 1 des Investmentsteuergesetzes erstattet wurde,
   b) die Kapitalerträge, bei denen die Erstattung von Kapitalertragsteuer beim Bundeszentralamt für Steuern beantragt worden ist,
2. die Kapitalerträge, bei denen auf Grund einer Nichtveranlagungs-Bescheinigung einer natürlichen Person nach § 44a Absatz 2 Satz 1 Nummer 2 vom Steuerabzug Abstand genommen oder eine Erstattung vorgenommen wurde.

²Bei einem gemeinsamen Freistellungsauftrag sind die Daten beider Ehegatten zu übermitteln. ³§ 72a Absatz 4, § 93c Absatz 1 Nummer 3 und § 203a der Abgabenordnung finden keine Anwendung.

(2) ¹Das Bundeszentralamt für Steuern darf den Sozialleistungsträgern die Daten nach Absatz 1 mitteilen, soweit dies zur Überprüfung des bei der Sozialleistung zu berücksichtigenden Einkommens oder Vermögens erforderlich ist oder die betroffene Person zustimmt. ²Für Zwecke des Satzes 1 ist das Bundeszentralamt für Steuern berechtigt, die ihm von den Sozialleistungsträgern übermittelten Daten mit den vorhandenen Daten nach Absatz 1 im Wege des automatisierten Datenabgleichs zu überprüfen und das Ergebnis den Sozialleistungsträgern mitzuteilen.

(3) ¹Ein inländischer Versicherungsvermittler im Sinne des § 59 Absatz 1 des Versicherungsvertragsgesetzes hat das Zustandekommen eines Vertrages im Sinne des § 20 Absatz 1 Nummer 6 zwischen einer im Inland ansässigen Person und einem Versicherungsunternehmen mit Sitz und Geschäftsleitung im Ausland nach Maßgabe des § 93c der Abgabenordnung dem Bundeszentralamt für Steuern mitzuteilen. ²Dies gilt nicht, wenn das Versicherungsunternehmen eine Niederlassung im Inland hat oder das Versicherungsunternehmen dem Bundeszentralamt für Steuern bis zu diesem Zeitpunkt das Zustandekommen eines Vertrages angezeigt und den Versicherungsvermittler hierüber in Kenntnis gesetzt hat. ³Neben den in § 93c Absatz 1 der Abgabenordnung genannten Daten sind folgende Daten zu übermitteln:

1. Name und Anschrift des Versicherungsunternehmens sowie Vertragsnummer oder sonstige Kennzeichnung des Vertrages,
2. Laufzeit und garantierte Versicherungssumme oder Beitragssumme für die gesamte Laufzeit,
3. Angabe, ob es sich um einen konventionellen, einen fondsgebundenen oder einen vermögensverwaltenden Versicherungsvertrag handelt.

⁴Ist mitteilungspflichtige Stelle nach Satz 1 das ausländische Versicherungsunternehmen, verfügt dieses weder über ein Identifikationsmerkmal nach den §§ 139a bis 139c der Abgabenordnung noch über eine Steuernummer oder ein sonstiges Ordnungsmerkmal, so kann abweichend von § 93c Absatz 1 Nummer 2 Buchstabe a der Abgabenordnung auf diese Angaben verzichtet werden. ⁵Der Versicherungsnehmer gilt als Steuerpflichtiger im Sinne des § 93c Absatz 1 Nummer 2 Buchstabe c der Abgabenordnung. ⁶§ 72a Absatz 4 und § 203a der Abgabenordnung finden keine Anwendung.

§ 45e 1, 2 Ermächtigung für Zinsinformationsverordnung

1 **1. BZSt-Mitteilungen. – a) Zweck.** § 45d soll den zutr KapEStAbzug sichern (insb iZm dem Sparer-Pauschbetrag und mit NV-Bescheinigungen). Er verlangt, dass StEntrichtungspfl dem BZSt nach amtl vorgeschriebenem Datensatz auf amtl vorgeschriebenen Datenträgern die gesetzl vorgeschriebenen Daten iSd § 93c AO mitteilen. Daneben stehen die Angaben an das BZSt nach § 45b und § 45c idF AbzStEntModG (BGBl I 21, 1259). Zum Auskunftsanspruch des StPfl iVm § 45d aF s BFH VII B 21/99 BFH/NV 00, 1335. Zur Bußgeldern s § 50e.

2 **b) Inhalt der Mitteilung.** Neben den Daten nach § 93c I AO sind bei erteiltem Freistellungsauftrag der Umfang der Inanspruchnahme (§ 45d I 1 Nr 1) und bei erteilter NV-Bescheinigung der Umfang der Abstandnahme (§ 45d I 1 Nr 2) zu melden.

3 **2. Weiterleitung, § 45d II.** Das BZSt ist über § 31 AO hinaus berechtigt, allen Sozialleistungsträgern (nicht nur der Bundesanstalt für Arbeit, sondern auch zB den RV-Trägern) über die ihm nach § 45d I zur Kenntnis gelangten Daten Mitteilung zu machen.

4 **3. Inländische Versicherungsvermittler** treffen Mitteilungspflichten zu neu abgeschlossenen Versicherungen iSd § 20 I Nr 6, s § 45d III.

§ 45e Ermächtigung für Zinsinformationsverordnung

[1] **Die Bundesregierung wird ermächtigt, durch Rechtsverordnung mit Zustimmung des Bundesrates die Richtlinie 2003/48/EG des Rates vom 3. Juni 2003 (ABl. EU Nr. L 157 S. 38) in der jeweils geltenden Fassung im Bereich der Besteuerung von Zinserträgen umzusetzen.** [2] **§ 45d Absatz 1 Satz 2 und Absatz 2 ist entsprechend anzuwenden.**

Einkommensteuer-Richtlinien: EStH 45e – *Verwaltungsanweisungen:* BMF BStBl I 08, 320; BMF BStBl I 17, 704 *(grds Anwendung der ZIV und Fortgeltung für Aruba, Jersey ua).*

Schrifttum: *Anemüller,* Abkommen zum Austausch ..., ErbStB 18, 23.

1 **1. Rechtsgrundlagen der ZIV.** § 45e ist Rechtsgrundlage für die **ZinsinformationsVO – ZIV** – (BGBl I 04, 128), mit der die Umsetzung der RL 2003/48/EG (ZinsRL; ABl EU 2003 Nr L 157 S 38) erfolgt ist. S 2 erlaubt Datenübertragungen und -abgleiche. S auch § 50e.

2 **2. Erweiterung des automatischen Informationsaustausches.** Einzelheiten zur ZIV s *Schmidt* 35. Aufl § 45e Rz 1. Gem § 17 I ZIV idF 3. ÄndVO (BGBl I 16, 1722) gilt die ZIV grds nur noch für Zinszahlungen, die bis 31.12.15 zugeflossen sind (Übergangsregelungen in § 17 II, III ZIV). Die Außerkraftsetzung der ZIV beruht auf der **Aufhebung der ZinsRL**, die durch die RL 2011/16/EU und die (ergänzende) RL 2014/107/EU (automatischer Informationsaustausch) ersetzt wurde. Umgesetzt wurden diese RL durch das FKAustG (BGBl I 15, 2531). Dies gilt für EU-Staaten und Drittstaaten (s iEinz § 1 I FKAustG; *BMF* BStBl I 21, 841 – Staatenaustauschliste). § 3, § 3a FKAustG regeln die Pflichten der Finanzinstitute; Kontoinhaber: § 2, § 5 FKAustG die des BZSt; der Umfang der Meldepflichten ist in §§ 7 ff FKAustG geregelt.

4. Veranlagung von Steuerpflichtigen mit steuerabzugspflichtigen Einkünften

§ 46 Veranlagung bei Bezug von Einkünften aus nichtselbständiger Arbeit

(1) *(weggefallen)*

(2) Besteht das Einkommen ganz oder teilweise aus Einkünften aus nichtselbständiger Arbeit, von denen ein Steuerabzug vorgenommen worden ist, so wird eine Veranlagung nur durchgeführt,

1. wenn die positive Summe der einkommensteuerpflichtigen Einkünfte, die nicht dem Steuerabzug vom Arbeitslohn zu unterwerfen waren, vermindert um die darauf entfallenden Beträge nach § 13 Absatz 3 und § 24a, oder die positive Summe der Einkünfte und Leistungen, die dem Progressionsvorbehalt unterliegen, jeweils mehr als 410 Euro beträgt;
2. wenn der Steuerpflichtige nebeneinander von mehreren Arbeitgebern Arbeitslohn bezogen hat; das gilt nicht, soweit nach § 38 Absatz 3a Satz 7 Arbeitslohn von mehreren Arbeitgebern für den Lohnsteuerabzug zusammengerechnet worden ist;
3.* *wenn bei einem Steuerpflichtigen die Summe der beim Steuerabzug vom Arbeitslohn nach § 39b Absatz 2 Satz 5 Nummer 3 Buchstabe b bis d berücksichtigten Teilbeträge der Vorsorgepauschale größer ist als die abziehbaren Vorsorgeaufwendungen nach § 10 Absatz 1 Nummer 3 und Nummer 3a in Verbindung mit Absatz 4 und der im Kalenderjahr insgesamt erzielte Arbeitslohn 12 550 Euro übersteigt, oder bei Ehegatten, die die Voraussetzungen des § 26 Absatz 1 erfüllen, der im Kalenderjahr von den Ehegatten insgesamt erzielte Arbeitslohn 23 900 Euro übersteigt;*
[ab VZ 2024: 3. wenn Beiträge zu Krankenversicherungen und gesetzlichen Pflegeversicherungen im Sinne des § 10 Absatz 1 Nummer 3 erstattet wurden, die Erstattung mehr als 410 Euro betrug und der im Kalenderjahr erzielte Arbeitslohn 12 550 Euro übersteigt, oder bei Ehegatten, die die Voraussetzungen des § 26 Absatz 1 erfüllen, der im Kalenderjahr von den Ehegatten insgesamt erzielte Arbeitslohn 23 900 Euro übersteigt;]
3a. wenn von Ehegatten, die nach den §§ 26, 26b zusammen zur Einkommensteuer zu veranlagen sind, beide Arbeitslohn bezogen haben und einer für den Veranlagungszeitraum oder einen Teil davon nach der Steuerklasse V oder VI besteuert oder bei Steuerklasse IV der Faktor (§ 39f) eingetragen worden ist;
4. wenn für einen Steuerpflichtigen ein Freibetrag im Sinne des § 39a Absatz 1 Satz 1 Nummer 1 bis 3, 5 oder Nummer 6 ermittelt worden ist und der im Kalenderjahr insgesamt erzielte Arbeitslohn 12 550 Euro übersteigt oder bei Ehegatten, die die Voraussetzungen des § 26 Absatz 1 erfüllen, der im Kalenderjahr von den Ehegatten insgesamt erzielte Arbeitslohn 23 900 Euro übersteigt; dasselbe gilt für einen Steuerpflichtigen, der zum Personenkreis des § 1 Absatz 2 gehört;
4a. [1]wenn bei einem Elternpaar, bei dem die Voraussetzungen des § 26 Absatz 1 Satz 1 nicht vorliegen,
   a) bis c) *(weggefallen)*
   d) im Fall des § 33a Absatz 2 Satz 5 das Elternpaar gemeinsam eine Aufteilung des Abzugsbetrags in einem anderen Verhältnis als je zur Hälfte beantragt oder
   e) im Fall des § 33b Absatz 5 Satz 3 das Elternpaar gemeinsam eine Aufteilung des Pauschbetrags für Menschen mit Behinderung oder des Pausch-

---

* § 46 II Nr. 3 neu gef. mWv VZ 2024 durch JStG 2020 (BGBl I 20, 3096).

§ 46 Veranlagung bei nichtselbständiger Arbeit

betrags für Hinterbliebene in einem anderen Verhältnis als je zur Hälfte beantragt. ²Die Veranlagungspflicht besteht für jeden Elternteil, der Einkünfte aus nichtselbständiger Arbeit bezogen hat;

5. wenn bei einem Steuerpflichtigen die Lohnsteuer für einen sonstigen Bezug im Sinne des § 34 Absatz 1 und 2 Nummer 2 und 4 nach § 39b Absatz 3 Satz 9 oder für einen sonstigen Bezug nach § 39c Absatz 3 ermittelt wurde;
5a. wenn der Arbeitgeber die Lohnsteuer von einem sonstigen Bezug berechnet hat und dabei der Arbeitslohn aus früheren Dienstverhältnissen des Kalenderjahres außer Betracht geblieben ist (§ 39b Absatz 3 Satz 2, § 41 Absatz 1 Satz 6, Großbuchstabe S);
6. wenn die Ehe des Arbeitnehmers im Veranlagungszeitraum durch Tod, Scheidung oder Aufhebung aufgelöst worden ist und er oder sein Ehegatte der aufgelösten Ehe im Veranlagungszeitraum wieder geheiratet hat;
7. wenn
   a) für einen unbeschränkt Steuerpflichtigen im Sinne des § 1 Absatz 1 bei der Bildung der Lohnsteuerabzugsmerkmale (§ 39) ein Ehegatte im Sinne des § 1a Absatz 1 Nummer 2 berücksichtigt worden ist oder
   b) für einen Steuerpflichtigen, der zum Personenkreis des § 1 Absatz 3 oder des § 1a gehört, Lohnsteuerabzugsmerkmale nach § 39 Absatz 2 gebildet worden sind; das nach § 39 Absatz 2 Satz 2 bis 4 zuständige Betriebsstättenfinanzamt ist dann auch für die Veranlagung zuständig;
8. wenn die Veranlagung beantragt wird, insbesondere zur Anrechnung von Lohnsteuer auf die Einkommensteuer. ²Der Antrag ist durch Abgabe einer Einkommensteuererklärung zu stellen;
9. wenn ein Antrag im Sinne der Nummer 8 gestellt wird und daneben beantragt wird, als unbeschränkt Steuerpflichtiger im Sinne des § 1 Absatz 3 behandelt zu werden; die Zuständigkeit liegt beim lohnsteuerlichen Betriebsstättenfinanzamt des Arbeitgebers.

(3) ¹In den Fällen des Absatzes 2 ist ein Betrag in Höhe der einkommensteuerpflichtigen Einkünfte, von denen der Steuerabzug vom Arbeitslohn nicht vorgenommen worden ist und die nicht nach § 32d Absatz 6 der tariflichen Einkommensteuer unterworfen wurden, vom Einkommen abzuziehen, wenn diese Einkünfte insgesamt nicht mehr als 410 Euro betragen. ²Der Betrag nach Satz 1 vermindert sich um den Altersentlastungsbetrag, soweit dieser den unter Verwendung des nach § 24a Satz 5 maßgebenden Prozentsatzes zu ermittelnden Anteil des Arbeitslohns mit Ausnahme der Versorgungsbezüge im Sinne des § 19 Absatz 2 übersteigt, und um den nach § 13 Absatz 3 zu berücksichtigenden Betrag.

(4) ¹Kommt nach Absatz 2 eine Veranlagung zur Einkommensteuer nicht in Betracht, so gilt die Einkommensteuer, die auf die Einkünfte aus nichtselbständiger Arbeit entfällt, für den Steuerpflichtigen durch den Lohnsteuerabzug als abgegolten, soweit er nicht für zuwenig erhobene Lohnsteuer in Anspruch genommen werden kann. ²§ 42b bleibt unberührt.

(5) Durch Rechtsverordnung kann in den Fällen des Absatzes 2 Nummer 1, in denen die einkommensteuerpflichtigen Einkünfte, von denen der Steuerabzug vom Arbeitslohn nicht vorgenommen worden ist und die nicht nach § 32d Absatz 6 der tariflichen Einkommensteuer unterworfen wurden, den Betrag von 410 Euro übersteigen, die Besteuerung so gemildert werden, dass auf die volle Besteuerung dieser Einkünfte stufenweise übergeleitet wird.

Gemeinsame Erläuterungen zu Veranlagungsgründen **1 § 46**

Einkommensteuer-Durchführungsverordnung:

§ 70 *EStDV Ausgleich von Härten in bestimmten Fällen*

¹Betragen in den Fällen des § 46 Absatz 2 Nummer 1 bis 7 des Gesetzes die einkommensteuerpflichtigen Einkünfte, von denen der Steuerabzug vom Arbeitslohn nicht vorgenommen worden ist und die nicht nach § 32d Absatz 6 des Gesetzes der tariflichen Einkommensteuer unterworfen wurden, insgesamt mehr als 410 Euro, so ist vom Einkommen der Betrag abzuziehen, um den die bezeichneten Einkünfte, vermindert um den auf sie entfallenden Altersentlastungsbetrag (§ 24a des Gesetzes) und den nach § 13 Absatz 3 des Gesetzes zu berücksichtigenden Betrag, niedriger als 820 Euro sind (Härteausgleichsbetrag). ²Der Härteausgleichsbetrag darf nicht höher sein als die nach Satz 1 verminderten Einkünfte.

Einkommensteuer-/Lohnsteuer-Richtlinien: EStR 46.1, 46.2; EStH 46.1–46.3; LStH 46

Übersicht

	Rz
I. Gemeinsame Erläuterungen zu Veranlagungsgründen	1–8
1. Stellung des § 46 im System der Steuererhebung	1–3
2. Gemeinsame Voraussetzungen der Veranlagungstatbestände des § 46 II	4–8
II. Besondere Voraussetzungen für eine Veranlagung von Amts wegen, § 46 II Nr 1–7	
1. Positive Summe der Einkünfte ohne Lohnsteuerpflicht oder mit Progressionsvorbehalt über 410 €, § 46 II Nr 1	9–14
2. Mehrere Arbeitsverhältnisse eines Steuerpflichtigen, § 46 II Nr 2	16
3. Vorsorgepauschale, § 46 II Nr 3	17
4. Bezug von Arbeitslohn durch zusammenveranlagte Ehegatten, § 46 II Nr 3a	19
5. Ermittlung von Freibeträgen für den Lohnsteuerabzug, § 46 II Nr 4	20
6. Abweichende Aufteilung bestimmter Freibeträge und Pauschbeträge bei Elternpaaren, § 46 II Nr 4a	21
7. Tarifermäßigung bei Ermittlung der Lohnsteuer für einen sonstigen Bezug, § 46 II Nr 5	22
8. Ermittlung der Lohnsteuer für einen sonstigen Bezug ohne Berücksichtigung früherer Dienstverhältnisse, § 46 II Nr 5a	23
9. Eheauflösung und Wiederheirat im selben Veranlagungszeitraum, § 46 II Nr 6	24
10. Splittingtarif bei EU-/EWR-Ehegatten, § 46 II Nr 7 Buchst a	26
11. Fiktive unbeschränkte Steuerpflicht, § 46 II Nr 7 Buchst b	27
III. Besondere Voraussetzungen für eine Antragsveranlagung, § 46 II Nr 8, 9	30–38
IV. Härteausgleich, § 46 III, V	41–49

I. Gemeinsame Erläuterungen zu Veranlagungsgründen

1. Stellung des § 46 im System der Steuererhebung. – a) Verhältnis zwi- **1** **schen Veranlagungsverfahren und Steuerabzugsverfahren.** Grds wird die ESt im Wege der Veranlagung erhoben (§ 25); ggf sind Vorauszahlungen zu leisten (§ 37). In bestimmten, gesetzl geregelten Fällen erfolgt jedoch ein StAbzug an der Quelle (LSt nach §§ 38–42g; KapESt nach §§ 43–45e; StAbzug bei beschr StPfl nach § 50a). Die **Abgeltungswirkung des Steuerabzugs** ist unterschiedl: Bei beschr StPfl sieht das Gesetz grds eine vollständige Abgeltung der ESt durch die

§ 46 2–6 Veranlagung bei nichtselbständiger Arbeit

verschiedenen Abzugsteuern vor (§ 50 II 1); dann unterbleibt jegl Veranlagung mit diesen Einkünften. Bei Vornahme eines KapEStAbzugs ist die ESt in den meisten Fällen ebenfalls abgegolten; § 43 V enthält aber Ausnahmen.

2 **b) Abgeltungswirkung des Lohnsteuerabzugs, § 46 IV.** Für **ArbN** sieht § 46 IV 1 eine Abgeltung der auf die Einkünfte aus § 19 entfallenden ESt durch den LStAbzug vor, sofern keiner der Veranlagungstatbestände des § 46 II gegeben ist, insb der StPfl keinen Antrag nach § 46 II Nr 8 stellt. Eine Nachforderung beim ArbN (§ 46 IV 1 HS 2) und ein LStjA durch den ArbG (§ 46 IV 2 iVm § 42b) bleiben aber mögl. – **Amts- und Antragsveranlagung.** Die Veranlagungstatbestände des § 46 II Nr 1–7 sind von Amts wegen zu beachten; die zeitl Grenze wird allein durch die Festsetzungsfrist gesetzt. Diese Tatbestände sind dadurch gekennzeichnet, dass die einbehaltene LSt die entstandene ESt möglicherweise nicht in vollem Umfang abdeckt (BFH VI R 43/15 BStBl II 17, 1046 Rz 23). Sie unterliegen häufigen gesetzl Änderungen (zur Rechtsentwicklung ausführl *KSM* § 46 Rz A 56 ff; *HHR* § 46 Rz 2). Darüber hinaus ermöglichen § 46 II Nr 8, 9 die Veranlagung **auf Antrag** des StPfl, der zeitl ebenfalls nur durch die Festsetzungsfrist begrenzt wird. Wenn der StPfl weder von Amts wegen zu veranlagen ist noch einen Antrag auf Veranlagung stellt, besteht nach § 46 IV ein **Veranlagungsverbot.**

3 **c) Verhältnis zwischen § 46 und dem Lohnsteuerverfahren.** Der Gesetzgeber hat das LStVerfahren (StAbzug durch den ArbG nach § 38; Nachforderung vom ArbN nach § 39 V 5, § 39a V; Haftung des ArbG nach § 42d) vom Veranlagungsverfahren getrennt. Die LStErhebung erfolgt unabhängig davon, ob später eine Veranlagung durchzuführen ist; die rechtl Beurteilung in diesem Verfahren hat grds keine Bindungswirkung für ein späteres Veranlagungsverfahren. Umgekehrt berührt die Durchführung oder der Ausschluss des Veranlagungsverfahrens nicht das LStVerfahren, sodass eine LStHaftung des *ArbG* trotz durchgeführter EStVeranlagung mögl bleibt (§ 42d III 3); eine LStNachforderung gegen den *ArbN* ist dann aber im Veranlagungsverfahren geltend zu machen (s § 42d Rz 23). – **Im Veranlagungsfall** ist die tatsächl abgezogene LSt nach § 36 II Nr 2 auf die unter Einbeziehung der ArbN-Einkünfte zu ermittelnde ESt anzurechnen. Dies gilt auch bei Nettolohnvereinbarungen (s § 39b Rz 12, 16), bei nachgeforderter und vom ArbG durch Haftungsbescheid erhobener Steuer; nicht jedoch bei LStPauschalierung (§ 40 III 3; näher s § 40 Rz 24 ff).

4 **2. Gemeinsame Voraussetzungen der Veranlagungstatbestände des § 46 II.** Neben den besonderen Merkmalen der Nrn 1–9 müssen jeweils die folgenden Voraussetzungen erfüllt sein: – **a) Einkünfte aus nichtselbständiger Arbeit.** Der StPfl muss Einkünfte aus § 19 erzielt haben, wobei die materiell-rechtl *zutreffende* Einordnung der Einkünfte maßgebl ist (BFH IV 209/58 U BStBl III 59, 348: nicht bei LStAbzug von der Tätigkeitsvergütung eines MUers; aA *KSM* § 46 Rz A 12). Es kommt weder auf die *Höhe* der Einkünfte aus § 19 noch auf ihr Verhältnis zu den Einkünften aus anderen Einkunftsarten an. Aus dem Begriff „Einkünfte" folgt, dass § 46 II bei ausschließl Bezug von **stfreien Einnahmen** nicht anwendbar ist.

5 **b) Vornahme des Lohnsteuerabzugs.** Ein LStAbzug beim ArbN ist zwingende Voraussetzung für die Anwendung des § 46 II. Die *Abführung* der LSt durch den ArbG an das FA ist hingegen ebenso wenig erforderl wie die Ermittlung eines LStBetrags, der 0 € übersteigt (zB wenn der Lohn unterhalb der zu berücksichtigenden Freibeträge liegt).

6 **aa) Zu Unrecht unterbliebener Lohnsteuerabzug.** In diesen Fällen (zB Schwarzarbeit) ist die LSt zwar grds nachzuerheben (außerhalb des Veranlagungsverfahrens; s ausführl § 42d Rz 16 ff). Der Wortlaut des Einleitungssatzes des § 46 II ist aber nicht erfüllt, weil „Steuerabzug" iSd § 46 II nur der „Abzug vom Arb-Lohn" (§ 38 I 1) ist, nicht aber die LStHaftung und -Nacherhebung iSd § 42d ist.

2208 Kulosa

Daher tritt die Veranlagungssperre des § 46 IV nicht ein, sodass eine Veranlagung nach § 25 vorzunehmen ist (glA *Frotscher/Geurts* § 46 Rz 11; *BH/Brandl* § 46 Rz 40; *BoBr* § 46 Rz 21). – Die **Gegenauffassung** (*HHR* § 46 Rz 22; *KSM* § 46 Rz B 5) beruft sich auf BFH VI R 4/84 BFH/NV 88, 566; dies aber mE zu Unrecht, da diese Entscheidung zu § 46 I aF ergangen ist, der einen anderen Zweck verfolgte als § 46 II (§ 46 I aF bezweckte die *Aufrechterhaltung,* § 46 II, IV die *Einschränkung* des allg Veranlagungsgebots des § 25, vgl die unterschiedl Wortlaute). Zudem ist für eine Privilegierung derartiger (Schwarzarbeits-)Fälle über den Wortlaut des § 46 hinaus kein Grund ersichtl.

bb) Ausländischer Arbeitgeber. Dann ist § 46 nicht anwendbar, weil der LStAbzug einen inl ArbG voraussetzt (§ 38 I). In diesen Fällen ist eine Veranlagung nach § 25 durchzuführen (BFH VI R 165/72 BStBl II 75, 642 zu 1.), bei der aber der Härteausgleich des § 46 III,V entspr anzuwenden ist (s Rz 43 mwN).

c) Anwendung bei beschränkter Steuerpflicht. Unmittelbar gilt § 46 nur für unbeschr StPfl. Bei beschr stpfl ArbN entfaltet der LStAbzug grds Abgeltungswirkung, ohne dass § 46 II zu berücksichtigen ist (§ 50 II 1, der insoweit als lex specialis zu § 46 wirkt; zutr *BoBr* § 46 Rz 29). Wenn beschr StPfl aber einen Freibetrag für den LStAbzug in Anspruch nehmen (§ 39a IV), führt § 50 II 2 Nr 4 Buchst a zur Veranlagung (vergleichbar mit § 46 IV Nr 4); ferner gelten die Veranlagungstatbestände nach § 46 II Nr 2, 5, 5a seit VZ 2020 auch für beschr StPfl (§ 50 II 2 Nr 4 Buchst c; dazu *Kraft/Muscheites* DB 20, 644). Zudem können ArbN aus EU-/EWR-Staaten die Veranlagung nach § 46 II Nr 8 beantragen (§ 50 II 2 Nr 4 Buchst b; s § 50 Rz 34 ff). Zu fiktiv unbeschr StPfl nach § 1 III (zB Grenzgänger) s Rz 27, 38.

II. Besondere Voraussetzungen für eine Veranlagung von Amts wegen, § 46 II Nr 1–7

1. Positive Summe der Einkünfte ohne Lohnsteuerpflicht oder mit Progressionsvorbehalt über 410 €, § 46 II Nr 1. Die Regelung enthält zwei selbständige Tatbestände. Eine Veranlagung ist bereits dann vorzunehmen, wenn die positive Summe der Einkünfte aus *einer* der beiden Gruppen die 410 €-Grenze übersteigt. Ein Vorrang der Nr 1 ggü anderen Veranlagungstatbeständen besteht nicht (BFH X R 36/19 BStBl II 21, 841 Rz 32).

a) Summe der Einkünfte ohne Lohnsteuerpflicht. – aa) Begriff der Einkünfte. Maßgebl ist § 2 II (BFH IV R 8/73 BStBl II 76, 413; BFH VI R 22/11 BStBl II 13, 631). Stfreie Einnahmen sind deshalb nicht anzusetzen; Freibeträge und WK-Pauschbeträge, die bereits die *Einkünfte* mindern, sind abzuziehen. Entscheidend ist die Summe der miteinander *verrechneten* Einkünfte (Verlustausgleich, s Rz 44). Der Freibetrag für LuF ist gem § 13 III nicht bei der Ermittlung der Einkünfte, sondern erst beim Gesamtbetrag der Einkünfte zu berücksichtigen und bleibt daher für § 46 II Nr 1 außer Betracht (BFH IV R 8/73 BStBl II 76, 413). Negative Einkünfte, die einem Verlustausgleichsverbot unterliegen (zB § 23), sind auch für Zwecke der Einkünfteermittlung nach Nr 1 nicht in den Verlustausgleich einzubeziehen (zutr BFH VI R 22/11 BStBl II 13, 631). Ein bestehender einkunftsartbezogener Verlustvortrag (zB bei § 23) ist zunächst mit späteren positiven Einkünften aus dieser Einkunftsart zu verrechnen; erst auf den verbleibenden Betrag ist die in der gesamte Betragsgrenze anzuwenden (zutr FG Köln EFG 15, 1373, rkr). – **Kapitaleinkünfte, die der AbgeltungSt unterliegen**, sind nicht in die Summe der Einkünfte einzubeziehen (§ 2 Vb); allein deren Vorhandensein führt daher nicht zur Pflichtveranlagung, zumal auch der Zweck der Nr 1 nicht erfüllt ist, da die KapErträge bereits besteuert werden. Wird die Einbeziehung in die Veranlagung beantragt (§ 32d IV, VI), kann die 410 €-Grenze zwar überschritten werden; ein solcher Antrag muss aber vor Ablauf der 4-jährigen Festsetzungsfrist gestellt werden; die zusätzl 3-jährige Anlaufhemmung ist hier nicht anzuwenden, weil bis zum Ablauf der 4-jährigen Festsetzungsfrist keine Pflicht zur Abgabe einer EStErklärung bestand (zutr FG BBg EFG 20, 532, rkr, **aA** FG Sachs BeckRS 2017, 133148, rkr). Umgekehrt ist bei KapErträgen, die *nicht* der AbgeltungSt unterlegen haben, ab VZ 2019 eine Pflichtveranlagung auch beim Nichterreichen der 410 €-Grenze der Nr 1 durchzuführen (§ 32d III 3).

11 **bb) Negative Summe der Nebeneinkünfte.** Hier kommt eine Veranlagung nach Nr 1 nicht in Betracht. Diese Regelung ist verfgemäß (BFH VI R 3/13 BFH/NV 14, 1739). Eine Pflichtveranlagung kann auch nicht dadurch erreicht werden, dass ein Feststellungsbescheid über negative Einkünfte ergeht, da § 175 I 1 Nr 1 AO insoweit durch § 46 verdrängt wird (BFH VI R 82/10 BFH/NV 11, 1504 zu II.2.; BFH VI R 34/11 BStBl II 12, 750 Rz 16). Zur früheren, durch das JStG 2007 (BGBl I 06, 2878) rückwirkend geänderten Fassung der Nr 1 s *Schmidt* 38. Aufl § 46 Rz 11.

12 **cc) Nicht dem Lohnsteuerabzug unterworfene Einkünfte.** Gemeint sind Einkünfte aus *anderen* Einkunftsarten als § 19 (jedoch ohne Einnahmen mit *abgeltendem* StAbzug, s Rz 1, 10) sowie solche Einkünfte aus nichtselbständiger Arbeit, die (ausnahmsweise) nicht dem LStAbzug unterliegen (BFH VI R 74/00 BStBl II 03, 496 zu 2.b). Nach dem Wortlaut kommt es nicht darauf an, ob *tatsächl* ein LStAbzug vorgenommen worden ist, sondern nur darauf, ob ein solcher vorzunehmen gewesen *wäre*.

13 **b) Dem Progressionsvorbehalt unterliegende Einkünfte.** S ausführl § 32b Rz 10 ff. Hat ein Ehegatte ausschließl stpfl ArbLohn bezogen und der andere ausschließl Einkünfte, die stfrei sind, aber dem Progressionsvorbehalt unterliegen, kann sich der Antrag auf Einzelveranlagung der Ehegatten (§ 26a) empfehlen, da bei einer Pflichtveranlagung in Form der Zusammenveranlagung der StSatz für die Einkünfte des erstgenannten Ehegatten deutl steigen würde (s BFH I R 181/87 BStBl II 91, 84 zu II.2.b cc).

14 **c) Grenzbetrag von 410 €.** Dieser stellt einen *Jahresbetrag* dar, auch wenn die StPfl nur während eines Teils des Kj besteht. Er soll aus Vereinfachungsgründen Pflichtveranlagungen, die allenfalls zu geringen StNachforderungen führen könnten, vermeiden (BT-Drs 11/2157, 164). – **Ehegatten.** Bei Zusammenveranlagung sind die Einkünfte beider Ehegatten miteinander zu verrechnen; der Grenzbetrag verdoppelt sich aber nicht (BFH VI 193/62 U BStBl III 64, 244; krit *KSM* § 46 Rz B 26). – **Härteausgleich.** Übersteigen die in Nr 1 HS 1 (dh nicht bei Progressionsvorbehalt) genannten Einkünfte den Grenzbetrag *nicht*, ist eine Veranlagung aber aus *anderen* Gründen durchzuführen, wird der entspr Betrag vom Einkommen abgezogen (Abs 3; s Rz 41 ff). Liegen die in Nr 1 HS 1 genannten Einkünfte zw 410 und 820 €, wird die Besteuerung gemildert (Abs 5).

16 **2. Mehrere Arbeitsverhältnisse *eines* Steuerpflichtigen, § 46 II Nr 2.** Sie führen ebenfalls zur Pflichtveranlagung. Allerdings muss der ArbLohn (zu dem auch Versorgungsbezüge gehören) dem LStAbzug unterliegen (ansonsten ist Nr 1 anwendbar); dies ist bei pauschal versteuertem ArbLohn nicht der Fall (FG Köln EFG 05, 1778, rkr). Die Vorschrift soll der Progressionsverschärfung Rechnung tragen, die bei mehreren ArbVerh eintreten, im LStVerfahren aber nicht berücksichtigt werden kann. Sie ist nicht anzuwenden, wenn der ArbLohn aus mehreren Dienstverhältnissen bereits im LStAbzugsverfahren zusammengerechnet wird (§ 38 IIIa 7; s § 38 Rz 17). Umgekehrt soll Nr 2 nach Verwaltungsauffassung aber (über den Wortlaut hinaus, dh analog) gelten, wenn der StPfl zwar nur in *einem* Dienstverhältnis steht, die Bezüge aber von *mehreren* öffentl Kassen mit jeweils gesondertem LStEinbehalt gezahlt werden (EStR 46.1; **aA** *KSM* § 46 Rz B 38).

17 **3. Vorsorgepauschale, § 46 II Nr 3. – Rechtslage bis VZ 2023.** Die Pflichtveranlagung ist durchzuführen, wenn die Vorsorgepauschale für KV- und PflV-Aufwendungen (§ 39b II 5 Nr 3 Buchst b–d, s dazu § 39b Rz 3) höher ist als die nach § 10 I Nr 3, 3a, IV tatsächl abziehbaren Aufwendungen, zB bei Beitragsrückerstattungen (BFH X R 6/14 BStBl II 16, 933 Rz 24). Damit der ArbN erkennen kann, ob er den Veranlagungstatbestand erfüllt, muss die LStBescheinigung die Höhe der berücksichtigten KV- und PflV-Beiträge sowie der entspr Teilbeträge der Vorsorgepauschale enthalten (§ 41b I 2 Nr 13, 15). Es gilt dieselbe **Bagatellgrenze** wie in Nr 4 (ab VZ 2022: 12 550 €, bei Ehegatten iSd § 26 I insgesamt 23 900 €; für frühere VZ geltende Beträge s Rz 20).

Rechtslage ab VZ 2024. Die Regelung wird aufgrund des Wegfalls der Vorsorgepauschale vereinfacht und ist nur dann noch anzuwenden, wenn mehr als 410 € an Beiträgen zu KV oder gesetzl PV erstattet werden und die Bagatellgrenze des ArbLohns überschritten ist.

4. Bezug von Arbeitslohn durch zusammenveranlagte Ehegatten, § 46 II Nr 3a. Dies führt zur Pflichtveranlagung, wenn *beide* Ehegatten ArbLohn bezogen haben (pauschal versteuerter ArbLohn nach §§ 40–40b genügt nicht, s Rz 16) und einer der Ehegatten zumindest während eines *Teils* des VZ entweder in St-Klasse V/VI eingereiht war oder (bei Wahl der StKlassenkombination IV/IV, die ansonsten nicht zur Pflichtveranlagung führt) die Ehegatten das Faktorverfahren nach § 39f gewählt haben. – **Zweck:** Sowohl die StKlassenkombination III/V als auch das Faktorverfahren können in bestimmten Fällen zu einer zu niedrigen Summe der beiden LStTeilbeträge führen. Im Wege der Pflichtveranlagung soll dann die materiell zutr JahresESt festgesetzt werden.

5. Ermittlung von Freibeträgen beim Lohnsteuerabzug, § 46 II Nr 4. Die Pflichtveranlagung ist nur bei Freibeträgen iSd § 39a I 1 Nr 1–3, 5 oder 6 durchzuführen; nicht hingegen bei Freibeträgen nach § 39a I 1 Nr 4, 7, 8 (Einzelheiten s § 39a Rz 3–8). Dem Freibetrag als LSt-Abzugsmerkmal (§ 39a) ist bei StPfl ohne Identifikationsnummer in den Fällen des § 1 II (Deutsche im Ausl mit Arb-Lohn aus einer inl öffentl Kasse) ein Freibetrag auf der Bescheinigung nach § 39 III 1 gleichgestellt (§ 46 II Nr 4 HS 2). Ansonsten ist bei beschr stpfl ArbN mit Freibetrag eine Veranlagung nach § 50 II 2 Nr 4 Buchst a durchzuführen (s Rz 8). – **Bagatellgrenze.** Die Pflichtveranlagung unterbleibt, wenn der ArbLohn bestimmte Grenzen (s BT-Drs 17/2249, 62) nicht übersteigt. Diese betragen: VZ 2018 11 400 € (Ehegatten iSd § 26 I: 21 650 €); VZ 2019 11 600/22 050 €; VZ 2020 11 900/22 600 €; VZ 2021 12 250/23 350 €; ab VZ 2022 12 550/23 900 € (Beträge für frühere VZ s *Schmidt* 38. Aufl § 46 Rz 20). – **Zweck:** Die Pflichtveranlagung soll sicherstellen, dass die Verhältnisse, die im Vorhinein zur Eintragung des Freibetrags geführt haben, nach Ablauf des VZ überprüft werden können. Auch wenn möglicherweise einzelne StPfl der StErklärungspflicht nicht nachkommen, besteht kein verfwidriges strukturelles Vollzugsdefizit (zutr FG Ddorf EFG 10, 878, rkr).

6. Abweichende Aufteilung bestimmter Freibeträge und Pauschbeträge bei Elternpaaren, § 46 II Nr 4a. Unter Nr 4a fallen nur Elternpaare, bei denen die Voraussetzungen des § 26 I 1 *nicht* gegeben sind (dh unverheiratet oder dauernd getrennt lebend). Diese müssen für ein gemeinsames Kind die Verteilung des ihnen zustehenden Ausbildungsfreibetrags (§ 33a II) oder des auf sie übertragenen Behinderten- oder Hinterbliebenen-Pauschbetrags des Kindes (§ 33b V) abw vom gesetzl Regelfall (50/50) beantragt haben. – **Zweck:** Nr 4a stellt sicher, dass derjenige Elternteil, der für den geringere Teil des Frei-/Pauschbetrags erhält, veranlagt wird, zumal die Eintragung des Freibetrags nach § 33b V *nicht* zur Veranlagung nach Nr 4 führt (Nr 4 iVm § 39a I Nr 4). Die Veranlagungspflicht besteht immer für *beide* Elternteile (§ 46 II Nr 4a S 2).

7. Tarifermäßigung bei Ermittlung der Lohnsteuer für einen sonstigen Bezug, § 46 II Nr 5. Die Regelung soll etwaige Fehler beim LStAbzug in EDV korrigieren, in denen ArbN Entschädigungen oder Vergütungen für mehrjährige Tätigkeiten (§ 34 II Nr 2, 4) bezogen haben und die Tarifermäßigung bereits beim LSt-Abzug berücksichtigt worden ist (§ 39b III 9). Der Pflichtveranlagungstatbestand erfasst auch Fälle, in denen die Lohnversteuerung eines sonstigen Bezugs unabhängig von den LSt-Abzugsmerkmalen durch *Dritte* vorgenommen wird (§ 46 II Nr 5 HS 2 iVm § 39c III; s § 39c Rz 5).

23 **8. Ermittlung der Lohnsteuer für einen sonstigen Bezug ohne Berücksichtigung früherer Dienstverhältnisse, § 46 II Nr 5a.** Ist die LSt von einem sonstigen Bezug zu ermitteln, hat der ArbN aber die LStBescheinigung aus einem früheren Dienstverhältnis desselben Kj nicht vorgelegt (§ 39b III 2) und ist im Lohnkonto daher der Großbuchstabe S aufgezeichnet (§ 41 I 6), führt Nr 5a zur Pflichtveranlagung. Dies dient der nachträgl Korrektur der in diesen Fällen ungenauen LStErmittlung.

24 **9. Eheauflösung und Wiederheirat im selben Veranlagungszeitraum, § 46 II Nr 6.** Die Regelung ist anwendbar, wenn ein ArbN im VZ zunächst verheiratet war (die Voraussetzungen des § 26 I müssen allerdings nicht vorliegen; auch Getrenntleben genügt), dann die Ehe aufgelöst wird (durch Tod, Scheidung oder Aufhebung) und noch im selben VZ der ArbN oder sein Ehegatte wieder heiratet. Die Veranlagungspflicht erstreckt sich auf *beide* frühere Ehegatten. Sie soll sicherstellen, dass die Veränderungen, die durch Eheauflösung und Wiederheirat eingetreten sind, berücksichtigt werden. Für den Ehegatten der früheren Ehe kann trotz Einzelveranlagung noch der Splittingtarif in Betracht kommen (§ 32a VI).

26 **10. Splittingtarif bei EU-/EWR-Ehegatten, § 46 II Nr 7 Buchst a.** Die LSt eines unbeschr StPfl kann nach dem Splittingtarif bemessen werden, wenn dessen Ehegatte zwar selbst nicht unbeschr stpfl, aber Staatsangehöriger eines EU-/EWR-Staats ist und die gemeinsamen Einkünfte im Wesentlichen aus dem Inl stammen (§ 1a I Nr 2). Die Pflichtveranlagung stellt sicher, dass unabhängig von der LStVergünstigung das Gesamteinkommen erfasst wird.

27 **11. Fiktive unbeschränkte Steuerpflicht, § 46 II Nr 7 Buchst b.** ArbN, die nach § 1 III als fiktiv unbeschr stpfl gelten (dh weder Wohnsitz noch gewöhnl Aufenthalt im Inl, aber mindestens 90 % inl Einkünfte; zB Grenzgänger aus dem Ausl), können ebenfalls der Bildung von LSt-Abzugsmerkmalen (Freibeträgen) beanspruchen (§ 39 II). Dies führt zur Pflichtveranlagung. Zuständig für die Veranlagung ist dann das BetriebsstättenFA, das die LSt-Abzugsmerkmale gebildet hat. Wird der Antrag nach § 1 III erst nach Abschluss des LSt-Abzugs gestellt, gilt Nr 9 (s Rz 38).

III. Besondere Voraussetzungen für Antragsveranlagung, § 46 II Nr 8, 9

30 **1. Antragsveranlagung nach § 46 II Nr 8.** Auch wenn keiner der Pflichtveranlagungsgründe der Nr 1–7 gegeben ist, kann der StPfl eine Veranlagung beantragen. – **a) Gründe für den Antrag.** Sie sind unbeachtl; das Gesetz nennt ledigl beispielhaft die Anrechnung von LSt (damit entspricht Nr 8 dem früheren LStJA). Gleiches gilt für die Anrechnung von QuellenSt nach DBA. § 50 II 2 Nr 4 Buchst b verweist für die Antragsveranlagung von beschr stpfl ArbN auf § 46 II Nr 8 (s § 50 Rz 35 f). Mit dem Antrag bezweckt der StPfl idR die Erlangung einer StErstattung.

31 **b) Rücknahme des Antrags.** Dies ist mögl (zB im Fall einer StNachzahlung), wenn der Bescheid verfahrensrechtl noch aufgehoben werden kann (rechtzeitiger Einspruch; Vorbehalts- oder Vorläufigkeitsvermerk; s BT-Drs 12/1506, 175; FG Hess EFG 89, 116, rkr; beiläufig auch BFH VII R 114/97 BStBl II 99, 84 zu II.4.). Eine Antragsrücknahme geht jedoch ins Leere, wenn dem FA bekannt geworden ist, dass ein anderer Veranlagungsgrund vorliegt oder eine LStNachforderung durchzuführen ist (s § 42d Rz 16 ff).

32 **c) Verhältnis zum Recht von Ehegatten auf Wahl der Veranlagungsform.** Der Ablauf der Antragsfrist nach § 46 beschränkt die Wahlmöglichkeiten nach § 26 nicht. Auch bei Wahl der Einzelveranlagung von Ehegatten (§ 26a) sind

beide Ehegatten zu veranlagen, wenn für *einen* der Ehegatten ein Veranlagungsgrund vorliegt (BFH VI R 80/04 BStBl II 07, 11, Anm *Bergkemper* FR 07, 149; aA *HHR* § 46 Rz 57). Die Veranlagung für den zweiten Ehegatten ist selbst dann durchzuführen, wenn der erste Ehegatte keinen Pflichtveranlagungsgrund hat, das FA aber auf einen unwirksamen Antrag nach Nr 8 für diesen (obj zu Unrecht) einen EStBescheid erlässt, der bestandskräftig wird (BFH III R 195/86 BStBl II 91, 451).

2. Form. Der Antrag ist nicht formfrei, sondern kann nur durch **Abgabe einer** 33 **ESt-Erklärung** gestellt werden (Nr 8 S 2). Diese muss formal wirksam sein (BFH VI R 82/13 BStBl II 15, 359 Rz 13), was die eigenhändige Unterschrift (§ 25 III 4) und die Erfüllung der Anforderungen des § 150 AO voraussetzt. – Ein fotokopierter oder **privat gedruckter Vordruck** genügt, wenn er dem amtl Muster entspricht (BFH VI R 15/02 BStBl II 07, 2: einseitiger Druck und Verwendung der Vordrucke eines anderen Bundeslandes sind unschädl). – **Unvollständige StErklärung.** Es ist zwar nicht erforderl, dass bereits mit Einreichung der EStErklärung sämtl materiell-rechtl wesentl Angaben gemacht werden; die Einreichung ledigl des **Mantelbogens** ohne die einkunftsartbezogenen Anlagen genügt jedoch nicht (FG Bln EFG 03, 398, rkr; FG Bbg EFG 06, 1759, Erledigung während des Revisionsverfahrens VI R 54/06); ebenso wenig die Ergänzung um eine Anlage N, in der ArbLohn nicht angegeben ist (BFH VI R 49/04 BStBl II 06, 808 zu B. IV.2.b). Es genügt, wenn der StPfl das Deckblatt der ESt-Erklärung unterschreibt und dies dem FA per Telefax übermittelt, auch wenn er dem Rest der (von einem StB erstellten) Erklärung nicht gesehen hat (BFH VI R 82/13 BStBl II 15, 359 Rz 18: der StPfl hat trotzdem die Verantwortung für den gesamten Inhalt der StErklärung übernommen). – **Elektronisch übermittelte StErklärung.** Sie ist grds nur bei Nutzung der qualifizierten elektronischen Signatur oder ähnl sicheren Authentifizierungsverfahren sofort wirksam (§ 87a III AO). Fehlt es daran (zB in einer früheren Version des Elster-Verfahrens, wenn der StPfl sich dort gegen die elektronische Authentifizierung entschied), ist erst der unterschriebene komprimierte Erklärungsvordruck fristwahrend (zutr FG BaWü EFG 15, 1815, rkr; *OFD Mbg* DStR 05, 832; *Frotscher/Geurts* § 46 Rz 67c).

3. Antragsberechtigung. Wegen des Erfordernisses der eigenhändigen Unter- 34 schrift darf den Antrag grds nur der **StPfl persönl** stellen (zur ausnahmsweisen Zulässigkeit der Unterzeichnung durch einen Vertreter bei längerfristigem Auslandsaufenthalt des StPfl s BFH VI R 66/98 BStBl II 02, 455). Ein **Pfändungspfandgläubiger,** der sich den EStErstattungsanspruch hat überweisen lassen, ist nicht antragsberechtigt (BFH VII R 114/97 BStBl II 99, 84). Dieser muss den StPfl vielmehr zivilrechtl auf Abgabe der StErklärung in Anspruch nehmen (so auch BGH VII ZB 70/06 BGHZ 176, 79, unter Aufgabe früherer anderslautender Rspr; krit *KSM* § 46 Rz A 31 ff; *HHR* § 46 Rz 14).

4. Frist. Zu beachten ist nur die allgemeine, **vierjährige Festsetzungsfrist** 35 (ausführl Rspr-Überblick bei *Geserich* NWB 12, 2210). Es genügt, wenn der Antrag am Tag des Ablaufs der Festsetzungsfrist um 24 Uhr beim FA eingeht (BFH VI R 37/17 BStBl II 21, 856 Rz 21). Allerdings muss er im Eingang beim *zuständigen* FA die Frist (BFH VI R 37/17 BStBl II 21, 856 Rz 22ff).

a) Keine Anlaufhemmung. Die in Fällen der Pflichtveranlagung geltende, 36 maximal 3-jährige Anlaufhemmung nach § 170 II AO ist hier mangels gesetzl Steuererklärungspflicht nicht anwendbar, sofern das FA keine individuelle Aufforderung zur Abgabe einer Steuererklärung ausspricht (zutr BFH VI R 53/10 BStBl II 11, 746 Rz 13 ff; BFH X R 35/20 BFH/NV 22, 1 Rz 30; EStR 46.2 II 2; AEAO § 170 Nr 3). Diese Differenzierung hinsichtl der Anlaufhemmung ist verfgemäß (ausführl BVerfG 1 BvR 924/12 HFR 13, 1157); insb betrifft die Versagung der Anlaufhemmung nicht nur ArbN, sondern eine Vielzahl von StPfl, sodass nicht von einer gezielten Diskriminierung von ArbN die Rede sein kann (glA nunmehr

BFH VI R 53/10 BStBl II 11, 746). Wird die EStErklärung erst nach Ablauf der (ohne Anlaufhemmung ermittelten) Festsetzungsfrist abgegeben, gilt die Frist auch dann nicht als rückwirkend gewahrt, wenn in der EStErklärung ein Antrag auf Übertragung des Haushaltsfreibetrags gestellt und damit zugleich ein Veranlagungsgrund (Nr 4a) mit Anlaufhemmung geschaffen wird (BFH VI R 68/10 BStBl II 12, 711). Zur Feststellungsfrist bei „freiwillig" abgegebenen Verlustfeststellungserklärungen (zB Studenten, die der Ansicht sind, ihre Studienkosten seien WK) s § 10d Rz 49. – **Anlaufhemmung bei Verlusten.** Ist der StPfl zur Abgabe einer Verlustfeststellungserklärung verpflichtet, gilt stets die Anlaufhemmung und damit eine 7-jährige Festsetzungsfrist (BFH IX R 90/07 BStBl II 09, 816 zu II.2.a aa). Wenn für das Vorjahr ein Verlustvortrag festgestellt wurde, ist (allerdings nur für das unmittelbare Folgejahr) zwingend eine ESt-Erklärung abzugeben (§ 56 S 2 EStDV), sodass die Anlaufhemmung insoweit ebenfalls gilt (zutr BFH VI R 43/15 BStBl II 17, 1046 Rz 11 ff, 34).

37 **b) Ablaufhemmung.** Die Abgabe einer ESt-Erklärung zur Antragsveranlagung löst (im Gegensatz zu Pflicht-StErklärungen) die Ablaufhemmung nach § 171 III AO aus (zutr BFH VI R 14/15 BStBl II 16, 380 Rz 15). Dies gilt auch für ESt-Erklärungen, für die wegen vorhandener Verlustvorträge (§ 56 S 2 EStDV) eine Abgabepflicht besteht, weil zw der Erklärungspflicht und den Veranlagungstatbeständen des Abs 2 zu differenzieren ist (zutr BFH VI R 43/15 BStBl II 17, 1046 Rz 30 f). – Außerdem bewirkt § 171 XV AO eine Ablaufhemmung bis zum Ende der für den *ArbG* geltenden Festsetzungsfrist.

38 **5. Zusätzlicher Antrag nach § 1 III, § 46 II Nr 9.** Ab VZ 2020 enthält Nr 9 eine Sonderregelung für Fälle, in denen neben dem Antrag auf Veranlagung nach Nr 8 auch noch ein Antrag auf Behandlung als fiktiv unbeschr StPfl nach § 1 III gestellt wird. Zuständig für die Veranlagung ist dann das BetriebsstättenFA des ArbG. Damit gilt dieselbe Zuständigkeit wie in den Fällen der Nr 7 Buchst b (Stellung des Antrags nach § 1 III bereits im LSt-Abzugsverfahren; s BT-Drs 19/13 436, 118). Systematisch gehört die Regelung nicht in § 46, sondern in § 19 AO.

IV. Härteausgleich, § 46 III, V

41 **1. Abzugsbetrag nach § 46 III.** Werden ArbN nach Abs 2 zur ESt veranlagt und belaufen sich die saldierten Nebeneinkünfte insgesamt auf nicht mehr als 410 €, ist ein Betrag in Höhe dieses Saldos vom Einkommen abzuziehen. Der Betrag von 410 € verdoppelt sich bei Zusammenveranlagung von **Ehegatten** nicht (s auch Rz 14). Abs 3 wirkt iErg wie eine **Freigrenze** für Nebeneinkünfte. – Die mit dem RefEntw des StModG noch geplante ersatzlose Abschaffung des Abs 3, 5 zum VZ 2017 ist nicht in das endgültige Gesetz übernommen worden.

42 **a) Zweck.** Die Regelung bewirkt die Gleichbehandlung derjenigen ArbN, die gem Abs 2 Nr 2–7 einer Pflichtveranlagung zu unterwerfen sind (und daher an sich sämtl Nebeneinkünfte zu versteuern hätten), mit ArbN ohne solche Veranlagungsgründe, deren Nebeneinkünfte bis 410 € wegen der Einkunftsgrenze des Abs 2 Nr 1 iErg steuerfrei bleiben (BFH VI R 74/00 BStBl II 03, 496 zu 3.; BFH I R 69/13 BStBl II 15, 793 Rz 10).

43 **b) Anwendungsbereich.** Abs 3 bezieht sich auf **sämtl Veranlagungsgründe des Abs 2** (auch die Antragsveranlagung nach Nr 8, was nicht zwingend geboten gewesen wäre). – § 46 III, V sind aus Gleichbehandlungsgründen **analog** anzuwenden, wenn **kein LSt-Abzug vorzunehmen** war und die Veranlagung daher nicht auf § 46 II, sondern auf der Grundnorm des § 25 beruht. Dies gilt insb für ArbN, die bei einem **ausl ArbG** beschäftigt waren (zB Grenzgänger; BFH VI R 117/90 BStBl II 92, 720 zu 4.; BFH I R 69/13 BStBl II 15, 793 Rz 11), aber auch beim Bezug einer Entschädigungszahlung einer überbetriebl Ausgleichskasse für verfallene Urlaubsansprüche (BFH VI R 74/00 BStBl II 03, 496). – **Einkünfte aus**

Härteausgleich 44–49 § 46

KapVerm. Wurde die AbgeltungsSt oder der 25 %-StSatz nach § 32d I angewendet, sind diese Einkünfte schon wegen § 2 Vb nicht in den Härteausgleich einzubeziehen (zutr FG Nbg EFG 17, 730, rkr). Wurde die Tarifbesteuerung nach § 32d VI beantragt, fallen sie ab VZ 2014 ebenfalls nicht mehr in den Anwendungsbereich des Härteausgleichs. Dies soll verhindern, dass der Antrag nach § 32d VI nur deshalb gestellt wird, um in den Genuss des Härteausgleichs zu kommen (BT-Drs 18/1995, 106; *Hörster* NWB 14, 2243, 2247).

c) Ermittlung des in § 46 III 3 für die „Einkünfte insgesamt" genannten Betrags. Zunächst sind positive und negative Einkünfte miteinander zu verrechnen (Verlustausgleich; BFH VI 246/60 U BStBl III 61, 310). Sind allerdings die positiven Nebeneinkünfte nach § 34 tarifbegünstigt, ist zur Erreichung des für den StPfl günstigsten Ergebnisses die Tarifbegünstigung auf den *Gesamtbetrag* der positiven Nebeneinkünfte (abzügl des Abzugsbetrags nach Abs 3) zu gewähren; die negativen Nebeneinkünfte sind gesondert mit den übrigen tarifbesteuerten Einkünften zu verrechnen (BFH IV R 142/70 BStBl II 72, 278). Um zu sinnvollen Ergebnissen zu gelangen, sind die Beträge nach §§ 13 III, 24a bereits bei der Ermittlung der genannten „Einkünfte" abzuziehen (s Beispiel EStH 46.3), obwohl der (von Abs 2 Nr 1 und § 70 EStDV abw) Wortlaut des Abs 3 eher für das Gegenteil spricht. Das Ergebnis ist mit dem Höchstbetrag von 410 € zu vergleichen. 44

d) Rechtsfolge. Ein Betrag iHd saldierten Nebeneinkünfte ist vom Einkommen abzuziehen; ein Antrag ist nicht erforderl. Einkünfte, die als solche stfrei sind und lediglich dem Progressionsvorbehalt unterliegen, sind nach dem Wortlaut und dem ausdrückl Willen des Gesetzgebers (BT-Drs 11/2157, 164) nicht erfasst; die Rspr lehnt hier eine ausdehnende Auslegung ab (BFH VI R 90/93 BStBl II 94, 654; hätte mE auch gegenteilig entschieden werden können). Soweit die Nebeneinkünfte außerhalb der Ermittlung der Summe der Einkünfte schon durch Abzug des Altersentlastungsbetrags (§ 24a) oder des Freibetrags für LuF (§ 13 III) gemindert worden sind, vermeidet § 46 III 2 eine Doppelbegünstigung. 45

2. Gleitender Übergang nach § 46 V iVm § 70 EStDV. Diese Regelungen sollen den bei einer geringfügigen Überschreitung der Freigrenze des Abs 3 eintretenden *vollen* Steuerzugriff auf die Nebeneinkünfte durch Schaffung einer Übergangszone abmildern. 47

a) Anwendungsbereich. § 70 EStDV erfasst **sämtl Pflichtveranlagungen nach § 46 II Nr 1–7** (dh nicht die Antragsveranlagung nach Nr 8). Die Ermächtigungsgrundlage des § 46 V ist hingegen auf Fälle des Abs 2 *Nr 1* (dh Pflichtveranlagung wegen Nebeneinkünften von mehr als 410 €) beschränkt. Damit geht die VO zwar formal über ihre Ermächtigungsgrundlage hinaus. Materiell liegt darin aber kein Problem, da in den Fällen des Abs 5 (der Nebeneinkünfte von mehr als 410 € voraussetzt) *immer* der Pflichtveranlagungsgrund nach Abs 2 Nr 1 gegeben ist und es daher auf die übrigen Pflichtveranlagungsgründe sowie die Antragsveranlagung nicht mehr ankommt (BFH X R 36/19 BStBl II 21, 841 Rz 32; s auch BT-Drs 12/1506, 175). – Abw von Abs 2 Nr 1 (Einkünfte, die dem LStAbzug „zu unterwerfen waren") erfassen § 46 V und § 70 EStDV alle Einkünfte, von denen kein LStAbzug „vorgenommen worden ist". Bei zutr Auslegung ist der **Abzugsbetrag für nicht der LSt unterworfenen ArbLohn** aber nur zu gewähren, wenn *materiell-rechtl* keine LStPflicht bestand (FG Mster EFG 00, 1330, rkr). – Auch hier sind seit VZ 2014 nach § 32d VI besteuerte **Nebeneinkünfte aus KapVerm** ausgenommen (s Rz 43). 48

b) Rechtsfolge. Der Differenzbetrag zw den saldierten Nebeneinkünften (nach Abzug der Beträge nach §§ 13 III, 24a) und dem Betrag von 820 €, ab dem endgültig die Regelbesteuerung anzuwenden ist, ist vom Einkommen abzuziehen. Der Härteausgleichsbetrag darf die um die Beträge nach §§ 13 III, 24a verminderten Nebeneinkünfte nicht übersteigen (§ 70 S 2 EStDV). 49

§ 48 1 Steuerabzug

Berechnungsbeispiele:

Nebeneinkünfte ./.	Abzugsbetrag	= zu versteuernde Nebeneinkünfte
411	409 (820 ./. 411)	= 2 (411 ./. 409)
500	320 (820 ./. 500)	= 180
820	0	= 820

§ 47 *(weggefallen)*

VII. Steuerabzug bei Bauleistungen

§ 48 Steuerabzug

(1) ¹Erbringt jemand im Inland eine Bauleistung (Leistender) an einen Unternehmer im Sinne des § 2 des Umsatzsteuergesetzes oder an eine juristische Person des öffentlichen Rechts (Leistungsempfänger), ist der Leistungsempfänger verpflichtet, von der Gegenleistung einen Steuerabzug in Höhe von 15 Prozent für Rechnung des Leistenden vorzunehmen. ²Vermietet der Leistungsempfänger Wohnungen, so ist Satz 1 nicht auf Bauleistungen für diese Wohnungen anzuwenden, wenn er nicht mehr als zwei Wohnungen vermietet. ³Bauleistungen sind alle Leistungen, die der Herstellung, Instandsetzung, Instandhaltung, Änderung oder Beseitigung von Bauwerken dienen. ⁴Als Leistender gilt auch derjenige, der über eine Leistung abrechnet, ohne sie erbracht zu haben.

(2) ¹Der Steuerabzug muss nicht vorgenommen werden, wenn der Leistende dem Leistungsempfänger eine im Zeitpunkt der Gegenleistung gültige Freistellungsbescheinigung nach § 48b Absatz 1 Satz 1 vorlegt oder die Gegenleistung im laufenden Kalenderjahr den folgenden Betrag voraussichtlich nicht übersteigen wird:
1. 15 000 Euro, wenn der Leistungsempfänger ausschließlich steuerfreie Umsätze nach § 4 Nummer 12 Satz 1 des Umsatzsteuergesetzes ausführt,
2. 5000 Euro in den übrigen Fällen.

²Für die Ermittlung des Betrags sind die für denselben Leistungsempfänger erbrachten und voraussichtlich zu erbringenden Bauleistungen zusammenzurechnen.

(3) Gegenleistung im Sinne des Absatzes 1 ist das Entgelt zuzüglich Umsatzsteuer.

(4) Wenn der Leistungsempfänger den Steuerabzugsbetrag angemeldet und abgeführt hat,
1. ist § 160 Absatz 1 Satz 1 der Abgabenordnung nicht anzuwenden,
2. sind § 42d Absatz 6 und 8 und § 50a Absatz 7 nicht anzuwenden.

Einkommensteuer-Richtlinien: EStH 48 – *Verwaltungsanweisungen:* OFD Kiel DB 02, 70 (Steuerabzug bei PersGes, insb Arbeitsgemeinschaften); *BMF* BStBl I 02, 1399.

I. Zweck der Bauabzugssteuer

Schrifttum und Materialien: *Ebling,* Das neue BMF-Schreiben vom 27.12.2002 zum Steuerabzug von Vergütungen für im Inland erbrachte Bauleistungen, DStR 03, 402; *Diebold,* Der Verwaltungserlass zum Bausteuerabzug, DB 03, 1134; s auch *Schmidt* 39. Aufl § 48 Rz 1.

1. **Hintergrund; Bedeutung.** Zur Eindämmung der illegalen Beschäftigung ist an die Stelle der Abzugspflicht nach dem früheren 50a VII (aufgehoben wegen eines Vertragsverletzungsverfahrens durch die EU-Kommission, s BT-Drs 14/4658, 8) die Abzugspflicht nach §§ 48–48d getreten, die für **von In- und Auslän-**

dern erbrachte Bauleistungen gilt (FG Ddorf EFG 02, 688, rkr). Die Regelung ist verfgemäß (str – glA: *HHR* § 48 Rz 4; wohl **aA** *KSM* § 48 Rz A48) und unionsrechtskonform (BFH I R 46/17 BStBl II 20, 552 Rz 64 mwN, VerfBeschw BVerfG 2 BvR 1392/20). – Es handelt sich um eine **Entrichtungssteuer** (wie LSt und KapESt; s auch BFH I R 46/17 BStBl II 20, 552 Rz 36; **aA** *Diebold* DStZ 02, 25 ff; offen gelassen in FG Mster EFG 12, 1938, rkr). – Die Abzugspflicht greift erstmals für **nach dem 31.12.01** auf die Bauleistung erbrachte Gegenleistungen; war die Bauleistung vor dem 1.1.02 erbracht worden, erfolgte die Gegenleistung (Zahlung der Baurechnung) aber erst in 2002, ist bereits die Abzugspflicht zu beachten.

2. Zuständigkeit. Die örtl Zuständigkeit für **ausl Bauunternehmer** richtet 2 sich nach § 20a, § 21 I 2 AO iVm § 1 UStZustV (s auch LfSt Nds DB 19, 462; *BMF* BStBl I 02, 1399 Rz 99–104). Für **inl Bauunternehmer** ist wie bisher das Wohnsitz- bzw BetriebsFA zuständig.

II. Tatbestand und Ausnahmen, § 48 I–III

1. Haupttatbestandsmerkmale. Unternehmerisch tätige Empfänger von Bau- 4 leistungen (Leistungsempfänger) im Inland haben einen Steuerabzug von 15 % der Gegenleistung (Leistungsentgelt) für Rechnung des Leistenden (derjenige, der die Bauleistung erbringt) vorzunehmen und an das zuständige FA abzuführen, es sei denn, es liegen Befreiungstatbestände vor.

a) Leistender. – aa) Erbringer von Bauleistungen. Jeder („jemand"), der im 5 Inland eine Bauleistung erbringt, ist Leistender isd § 48 I 1, gleichgültig, ob er In- oder Ausländer ist, ob er regelmäßig oder nur gelegentl Bauleistungen erbringt oder ob er Unternehmer iSd § 2 UStG ist oder nicht (str, wie hier *Korn* § 48 Rz 25; **aA** *BH/Ebling* § 48 Rz 93 mwN). Auch der gelegentl Schwarzarbeiter kann Leistender sein (**aA** *Apitz* FR 02, 10). – Dass der Leistende im Inl stpfl ist, wird nicht vorausgesetzt (BFH I R 46/17 BStBl II 20, 552; das folgt mE bereits aus § 48b II und § 48c II, die insoweit abschließende Regelungen enthalten).

bb) Zusammenschlüsse. Eine PersGes (OHG, KG, GbR) oder Arbeitsge- 6 meinschaft kann ebenso Leistender sein wie eine OrganGes, die Bauleistungen außerhalb des Organkreises erbringt (*BMF* BStBl I 02, 1399 Rz 26, 27).

cc) Abrechnen über Leistungen. Erfasst wird nach § 48 I 4 zB auch ein Ge- 7 neralunternehmer, der nicht selbst als Bauunternehmer tätig wird, aber mit dem Leistungsempfänger die Leistungen des beauftragten Subunternehmer abrechnet (BMF BStBl I 02, 1399 Rz 25). Ob auch eine Domizil-Briefkastenfirma unter § 48 I 4 fällt, ist wegen der Rechtsfolgen des § 48 IV Nr 1 zweifelhaft, s Rz 30.

b) Leistungsgegenstand. – aa) Bauleistung im Inland. Die Bauleistung ist 10 in § 48 I 3 definiert. Die zivilrechtl Einordnung (Werkvertrag, Werklieferungsvertrag) ist unerhebl, ebenso die umsatzsteuerrechtl iZm § 13b I Nr 4 S 1 UStG (BFH I R 46/17 BStBl II 20, 552 Rz 18). Die Definition entspricht der Regelung in § 211 I 2 SGB III aF iVm der BaubetriebeVO (abgedruckt in BStBl I 02, 1411; s auch *OFD Ka* DStR 05, 1736). Ausgehend vom Zweck des BauabzugSt ist der Begriff **„Bauwerk"** weit auszulegen und weder auf Gebäude noch allg auf unbewegl WG beschränkt; auch Scheinbestandteile iSv § 95 BGB, Betriebsvorrichtungen iSv § 68 II 1 Nr 2 BewG und technische Anlagen können demnach „Bauwerke" iSv § 48 I 3 sein (BFH I R 46/17 BStBl II 20, 552 Rz 17: Errichtung einer Freiland Photovoltaikanlage). – Erfasst werden über die Errichtung hinaus auch Tätigkeiten, die im **Zusammenhang mit einem Bauwerk** ausgeführt werden und unmittelbar auf dessen Substanz einwirken. Auch Erhaltungsmaßnahmen und Schönheitsreparaturen zählen dazu, ebenso die Lieferung und der Einbau fest eingebauter Einrichtungsgegenstände (Ladeneinbauten, Schaufensteranlagen, Einbauküchen; s *BMF* BStBl I 02, 1399 Rz 5, 6). Die Rspr orientiert sich an der Bau-

§ 48 11–20

betriebeVO und an der Klassifikation der Wirtschaftszweige des Statistischen Bundesamtes, Abschnitt F (s BFH I R 46/17 BStBl II 20, 552 Rz 24).

11 **bb) Abgrenzung.** Keine **Bauleistungen** sind reine Bodenarbeiten (Gartenanlagen; *Apitz* FR 02, 12), bloße Reinigungsarbeiten (anders bei Abstrahlungen), reine Wartungsarbeiten (zB an der Heizungs- oder Aufzugsanlage) sowie Materiallieferungen (*BMF* BStBl I 02, 1399 Rz 7–12) oder Gewährleistungen (*Hoor ua* BB 03, 709). – Auch **planerische Leistungen** (Architekt, Statiker, Vermessungs-, Bauingenieure) sollen keine Bauleistungen darstellen (*BMF* BStBl I 02, 1399 Rz 7; BGH VII ZR 430/02 DStRE 05, 1333).

12 **cc) Mehrere Leistungen.** Beinhaltet ein Vertragsverhältnis auch Nicht-Bauleistungen (zB Vorplanungen), ist entscheidend, ob die Bauleistung als **Hauptleistung** anzusehen ist (Beispiele bei *BMF* BStBl I 02, 1399 Rz 13). – **ArbN-Überlassung** ist auch dann keine Bauleistung, wenn die überlassenen ArbN für Entleiher Bauleistungen erbringen (*BMF* BStBl I 02, 1399 Rz 9; s auch Rz 30).

15 **c) Leistungsempfänger (Abzugsverpflichteter).** Leistungsempfänger ist derjenige, demgegenüber die Leistung erbracht wird (Bauherr). Dazu zählt jede juristische Person des öffentl Rechts (zB Gemeinde, Land, Bund, Religionsgemeinschaft, Rundfunkanstalten, Sparkassen, Handelskammern usw; s auch *OFD Bln* DStZ 02, 619). Ferner ist abzugsverpflichtet **jeder Unternehmer isd § 2 UStG** (= gewerbl oder berufl Tätigkeit, die selbstständig und nachhaltig zur Erzielung von Einnahmen ausgeübt wird, ohne dass es auf eine Gewinnerzielungsabsicht ankäme), also auch der Kleinunternehmer, der pauschalierende Land- und Forstwirt, derjenige, der strechtl eine Liebhaberei ausübt, und auch derjenige, der stfreie Umsätze (VuV; Einzelvermieter oder Grundstücksgemeinschaft) ausführt, sofern die Bauleistung den **unternehmerischen** Bereich betrifft. Für Bauleistungen, die ausschließl den nichtunternehmerischen Bereich betreffen (zB die selbst bewohnte Wohnung), besteht keine Steuerabzugspflicht.

16 Betreffen die Bauleistungen ein Bauwerk, das unternehmerischen *und* nichtunternehmerischen Zwecken dient (zB Miethaus, in dem der Vermieter eine Wohnung selbst bewohnt/Wohnung, in der ein selbstständig Tätiger – soweit nicht ein ArbN – ein häusl Arbeitszimmer nutzt), besteht die Abzugspflicht für den Teil der Bauleistung, der dem unternehmerischen Teil des Bauwerks zugeordnet werden kann (zB Reparatur betrifft das häusl Arbeitszimmer des freiberufl Tätigen).

17 Kann die Bauleistung nicht allein einem Teilbereich zugeordnet werden, ist sie dem überwiegenden Zweckbereich (Wohn-/Nutzflächenverhältnisse) zuzuordnen (Beispiele: *BMF* BStBl I 02, 1399 Rz 16).

18 Generalunternehmer gilt im Verhältnis zum Auftraggeber als Leistender (s Abs 1 S 4) und im Verhältnis zu den Subunternehmern als Leistungsempfänger (also StAbzugspflicht; *BMF* BStBl I 02, 1399 Rz 17). Zur Rechtslage bei Organschaft s *BMF* BStBl I 02, 1399 Rz 21.

20 **d) Steuerabzug; Bemessungsgrundlage.** Die Steuer entsteht mit dem Abfluss der Gegenleistung (BFH I R 67/17 BFH/NV 20, 681). Der Steuerabzug beträgt 15 % von der **Gegenleistung** (= Entgelt zuzügl USt für die Bauleistung abzügl Skonti; wer die USt gem § 13b UStG schuldet, ist unerhebl (BFH I R 46/17 BStBl II 20, 552 Rz 33). Eine vGA ist nicht Teil der Gegenleistung (*Stickan/ Martin* DB 01, 1446; *Apitz* FR 02, 13). – Ein SolZ wird nicht erhoben (BMF BStBl I 02, 1399 Rz 81). – Wird die Gegenleistung durch **Aufrechnung** oder durch **Tausch** erbracht, entspricht die Bemessungsgrundlage dem Wert des Abzugsbetrags bzw dem Wert des Tauschgegenstandes (s auch *Seifert* INF 01, 579; *BMF* BStBl I 02, 1399 Rz 64, 85): verbleibt in diesen Fällen kein ausreichender Barzahlungsbetrag für den Steuerabzug, muss der Abzugsverpflichtete den Steuerabzugsbetrag zuschießen (**aA** *Stickan/Martin* DB 01, 1446: analoge Anwendung des § 38 IV 1; *Apitz* FR 02, 13; *BH/Ebling* § 48 Rz 147: StAbzug geht „ins Leere").

20, 857 mwN, Rev IV R 4/20). – Zur **Anfechtbarkeit** nach § 131 I Nr 1 InsO s OLG Saarl DStR 12, 2288. Zu **Erstattungsansprüchen** gegen den Erbringer der Bauleistungen bei Überzahlung s BGH VII ZR 2/13 NJW 14, 55.

§ 48a Verfahren

(1) ¹Der Leistungsempfänger hat bis zum 10. Tag nach Ablauf des Monats, in dem die Gegenleistung im Sinne des § 48 erbracht wird, eine Anmeldung nach amtlich vorgeschriebenem Vordruck abzugeben, in der er den Steuerabzug für den Anmeldungszeitraum selbst zu berechnen hat. ²Der Abzugsbetrag ist am 10. Tag nach Ablauf des Anmeldungszeitraums fällig und an das für den Leistenden zuständige Finanzamt für Rechnung des Leistenden abzuführen. ³Die Anmeldung des Abzugsbetrags steht einer Steueranmeldung gleich.

(2) Der Leistungsempfänger hat mit dem Leistenden unter Angabe
1. des Namens und der Anschrift des Leistenden,
2. des Rechnungsbetrags, des Rechnungsdatums und des Zahlungstags,
3. der Höhe des Steuerabzugs und
4. des Finanzamts, bei dem der Abzugsbetrag angemeldet worden ist,

über den Steuerabzug abzurechnen.

(3) ¹Der Leistungsempfänger haftet für einen nicht oder zu niedrig abgeführten Abzugsbetrag. ²Der Leistungsempfänger haftet nicht, wenn ihm im Zeitpunkt der Gegenleistung eine Freistellungsbescheinigung (§ 48b) vorgelegen hat, auf deren Rechtmäßigkeit er vertrauen konnte. ³Er darf insbesondere dann nicht auf eine Freistellungsbescheinigung vertrauen, wenn diese durch unlautere Mittel oder durch falsche Angaben erwirkt wurde und ihm dies bekannt oder infolge grober Fahrlässigkeit nicht bekannt war. ⁴Den Haftungsbescheid erlässt das für den Leistenden zuständige Finanzamt.

(4) § 50b gilt entsprechend.

1. Anmeldung und Abführung, § 48a I. Anmeldungszeitraum ist der **Kalendermonat;** er bestimmt sich nach den Angaben des Leistungsempfängers in der Anmeldung (BFH I R 67/17 BFH/NV 20, 681: keine Umdeutung). Die innerhalb des Monats einbehaltenen Steuerabzugsbeträge sind bis zum 10. des Folgemonats anzumelden und bis zu diesem Tage an das für den Leistenden zuständige FA (§ 48 Rz 2) abzuführen. Es muss für *jeden Leistenden* eine *gesonderte* Anmeldung abgegeben werden. Bei verspäteter Erfüllung der Verpflichtungen können Verspätungszuschläge und/oder Säumniszuschläge verlangt werden. Weitere Einzelheiten s *BMF* BStBl I 02, 1399 Rz 64–69. Die Anmeldung steht einer Steueranmeldung gleich (§§ 167, 168 AO). Die Ausführungen zu § 41a gelten entspr. Die Abführung durch den Leistungsempfänger bewirkt die Erfüllung der zugrunde liegenden Werklohnforderung (BGH VII ZR 97/04 DStRE 05, 1334).

2. Abrechnung gegenüber dem Leistenden, § 48a II. Diese ist für den Leistenden wegen der Anrechnung bzw Erstattung gem § 48c von Bedeutung. Der Leistende hat einen zivilrechtl Anspruch auf die Abrechnung (s auch BGH VII ZR 2/13 NZBau 13, 760); ggf kann auch das FA die Abrechnung mit Zwangsmitteln durchsetzen. Da die FinVerw als Abrechnung auch die Überlassung der Durchschrift der Anmeldung nach Abs 1 betrachtet (*BMF* BStBl I 02, 1399 Rz 71), kann bei beharrl Abrechnungsverweigerung das FA iRd § 48c die ihm eingereichte Steueranmeldung zugunsten des Leistenden verwerten.

3. Haftung, § 48a III. Die Haftung des Abzugsverpflichteten ist begrenzt auf den nicht oder zu niedrig abgeführten Steuerabzug; eine weitergehende Haftung für Steuerausfälle auf Seiten des Leistenden kommt nicht in Betracht (*Apitz* FR 01,

Nachträgl Minderung der Bemessungsgrundlage (zB Gutschrift; Minderung) 21 führt nicht zur Korrektur des früheren StAbzugs (*BMF* BStBl I 02, 1399 Rz 69; s aber *Seifert* INF 01, 579, negative Abzugssteuer). Bei versehentl vollständiger Zahlung besteht ggf Erstattungsanspruch (s BGH VII ZR 2/13 NZBau 13, 760).

Mit dem StAbzug sollen die aus der Bauleistung resultierenden untersten denkbaren StAnsprüche (LSt, ESt, KSt) gesichert werden (BT-Drs 14/4658 S 10f). 22

2. Befreiung vom Steuerabzug, § 48 I 2, II. – a) Kleinvermietung, § 48 25
I 2. Diese Befreiung bezieht sich ausschließl auf Wohnungsvermietung. Vermietet der Leistungsempfänger zB eine Wohnung *und* ein Ladenlokal, besteht Abzugspflicht. Der Befreiungstatbestand greift unabhängig davon ein, ob der Leistungsempfänger wegen VuV oder aus anderen Gründen Unternehmereigenschaft besitzt.

b) Freistellungsbescheinigung, § 48 II 1. Liegt dem Leistungsempfänger 26 zum Zeitpunkt der Begleichung (Zahlung, Aufrechnung) der Gegenleistung eine Freistellungsbescheinigung vor (s dazu § 48b), besteht keine Steuerabzugspflicht. Der Empfänger der Bauleistung sollte zur Vermeidung von Problemen stets auf Vorlage der Freistellungsbescheinigung bestehen (*BMF* BStBl I 02, 1399 Rz 41–47); diese ist unbedingt zu den Akten zu nehmen.

c) Bagatellgrenzen, § 48 II 1, 2. Liegen die Befreiungstatbestände zu a) 27 und b) nicht vor, besteht dann keine StAbzugspflicht, wenn die Gegenleistungen (Zahlungen) im lfd Kj voraussichtl die **Freigrenzen von 15 000 € bzw 5000 €** nicht überschreiten. Die höhere Freigrenze von 15 000 € gilt nur dann, wenn der Leistungsempfänger **ausschließl ustfreie Vermietungsumsätze** (§ 4 Nr 12 UStG) ausführt; für und daneben andere ustfreie/ustpfl Umsätze, gilt – wie in den übrigen Fällen auch – die Freigrenze von 5000 € (*BMF* BStBl I 02, 1399 Rz 48).

Der Leistungsempfänger muss eine **Prognoseentscheidung** treffen, ob die an 28 den konkret Leistenden (nicht an andere Leistende) zu bewirkende Gegenleistung (Zahlung) für Bauleistungen im Kj voraussichtl die Freigrenzen übersteigen wird; trifft dies zu, ist bereits bei der ersten Gegenleistung des Kj auch dann ein Steuerabzug vorzunehmen, wenn die Freigrenzen noch nicht erreicht sind. – Durfte der Leistungsempfänger davon ausgehen, dass die Freigrenzen im Kj nicht überschritten würden, nahm er deshalb zu Recht keinen Steuerabzug vor und führen weitere Bauleistungen zu einem Überschreiten der Freigrenzen, ist mE nur für die spätere Gegenleistung der Steuerabzug vorzunehmen (s auch *BH/Ebling* § 48 Rz 191). Soweit das *BMF* BStBl I 02, 1399 Rz 52, 53 verlangt, dass der früher unterbliebene Steuerabzug iZm der späteren Gegenleistung nachzuerheben ist, ist dies durch das Gesetz nicht gedeckt.

Da die Freigrenzen *Kj-bezogen* sind, kann durch Verschiebung einer Gegenleistung (Zahlung) in das neue Kj uU ein Überschreiten der Freigrenzen im alten Kj vermieden werden. 29

III. Folgen des Steuerabzugs, § 48 IV

Ist der Steuerabzugsbetrag angemeldet und abgeführt worden, greifen § 160 I 1 30 AO (also WK-/BA-Abzug nicht eingeschränkt), § 42d VI, VIII (keine Entleiherhaftung) und § 50a VII nicht ein. Dies gilt auch bei verspäteter Anmeldung/Abführung; denn die Vorschrift ist kein Druckmittel zur Einhaltung der verfahrensrechtl Anforderungen (*KSM* § 48 E 2). Das gilt ferner, wenn der Leistungsempfänger im Haftungswege erfolgreich in Anspruch genommen worden ist; denn damit ist der Sicherungszweck des Abs 4 erfüllt (*KSM*). – Diese Rechtsfolgen treten auch ein, wenn der Steuerabzug wegen einer Freistellungsbescheinigung nicht durchgeführt worden ist (§ 48b V; *BMF* BStBl I 02, 1399 Rz 96–98, mit Sonderheiten bei Entleiherhaftung; s auch *Apitz* FR 02, 20). Ob damit auch Zahlungen an etwaige **DomizilGes/Scheinfirmen** als BA/WK abziehbar sind, ist str (s FG Nds EFG

21). Die Steuer muss entstanden sein und noch bestehen (Akzessorietät der Haftungsschuld); dies bezieht sich auf die geschuldete Bauabzugsteuer (BFH I R 46/17 BStBl II 20, 552 Rz 42: nicht auf die KSt-Schuld des Leistenden). – Lag im Zeitpunkt der Gegenleistung (Zahlung) eine gültige **Freistellungsbescheinigung** vor, scheidet eine Haftung aus (§ 48 II 1; s auch *OFD Mster* DStR 02, 453: keine elektronische Abfrage gem § 48b VI erforderl). Darüber hinaus sind dem BFH zufolge grds **keine besonderen Ermessenserwägungen** im Hinblick auf das Bestehen von StAnsprüchen gegen den Leistenden anzustellen (BFH I R 46/17 BStBl II 20, 552 Rz 45 unter Hinweis auf § 48d I 6). Ob etwas anderes gilt, wenn eine inl StPfl des Leistenden zweifellos ausgeschlossen ist, hat der BFH offen gelassen (s aber *BMF* BStBl I 02, 1399 Rz 73; FG Mchn EFG 10, 147, rkr: Haftung auch bei Insolvenz des Leistenden). – Weitere Einzelheiten s *BMF* BStBl I 02, 1399 Rz 72–78.

Die Inanspruchnahme wird regelmäßig im Wege eines **Haftungsbescheids** gem 4 § 191 AO erfolgen (s auch FG Mster EFG 12, 1938, rkr). Aus dem Haftungsbescheid muss erkennbar sein, für welchen Leistenden und für welche Gegenleistung der Abführungsverpflichtete in Anspruch genommen wird. Das FA sollte möglichst Sammelhaftungsbescheide vermeiden. Zur Vorprägung des Ermessens s FG Hess EFG 17, 1351, 1354 f. Gegen den Haftungsbescheid ist Einspruch und ggf Klage zum FA gegeben. – Daneben ist auch eine Inanspruchnahme durch **Nachforderungsbescheid** mögl; die tatbestandl Voraussetzungen des § 48a III sind dabei zu berücksichtigen (BFH I R 46/17 BStBl II 20, 552 Rz 37 mwN: Wahlrecht; s aber auch FG RhPf EFG 20, 785, rkr: Bindung an den gewählten Verfahrensweg). Zur Möglichkeit eines **Billigkeitserlasses** s allg BVerfG 1 BvR 891/13 HFR 14, 440 Rz 8 mwN. – Zum **zuständigen FA** s § 48 Rz 2 und BFH I R 46/17 BStBl II 20, 552 Rz 49.

4. Besonderes Prüfungsrecht, § 48a IV. § 50b gilt entspr und gewährt dem 5 FA weitere Prüfungsrechte als bei einer allgemeinen Außenprüfung (s Anm zu § 50b; *Apitz* FR 02, 20 f).

§ 48b Freistellungsbescheinigung

(1) ¹**Auf Antrag des Leistenden hat das für ihn zuständige Finanzamt, wenn der zu sichernde Steueranspruch nicht gefährdet erscheint und ein inländischer Empfangsbevollmächtigter bestellt ist, eine Bescheinigung nach amtlich vorgeschriebenem Vordruck zu erteilen, die den Leistungsempfänger von der Pflicht zum Steuerabzug befreit.** ²**Eine Gefährdung kommt insbesondere dann in Betracht, wenn der Leistende**
1. **Anzeigepflichten nach § 138 der Abgabenordnung nicht erfüllt,**
2. **seiner Auskunfts- und Mitwirkungspflicht nach § 90 der Abgabenordnung nicht nachkommt,**
3. **den Nachweis der steuerlichen Ansässigkeit durch Bescheinigung der zuständigen ausländischen Steuerbehörde nicht erbringt.**

(2) **Eine Bescheinigung soll erteilt werden, wenn der Leistende glaubhaft macht, dass keine zu sichernden Steueransprüche bestehen.**

(3) ¹**In der Bescheinigung sind anzugeben:**
1. **Name, Anschrift und Steuernummer des Leistenden,**
2. **Geltungsdauer der Bescheinigung,**
3. **Umfang der Freistellung sowie der Leistungsempfänger, wenn sie nur für bestimmte Bauleistungen gilt,**
4. **das ausstellende Finanzamt.**

²**Der Antragsteller ist über die Verarbeitung der in Satz 1 genannten Daten durch das Bundeszentralamt für Steuern gemäß Absatz 6 zu informieren.**

(4) Wird eine Freistellungsbescheinigung aufgehoben, die nur für bestimmte Bauleistungen gilt, ist dies den betroffenen Leistungsempfängern mitzuteilen.

(5) Wenn eine Freistellungsbescheinigung vorliegt, gilt § 48 Absatz 4 entsprechend.

(6) ¹Das Bundeszentralamt für Steuern speichert die Daten nach Absatz 3 Satz 1. ²Es erteilt dem Leistungsempfänger im Sinne des § 48 Absatz 1 Satz 1 im Wege einer elektronischen Abfrage Auskunft über die beim Bundeszentralamt für Steuern gespeicherten Freistellungsbescheinigungen.

1   **1. Keine Gefährdung von Steueransprüchen, § 48b I.** Nach § 48b I ist die Freistellungsbescheinigung dem Leistenden (s § 48 Rz 5–7) zu erteilen, wenn dieser seine steuerl Pflichten zuverlässig erfüllt und daher der Steueranspruch nicht gefährdet erscheint (nicht zu verwechseln mit der Bescheinigung nach § 13b V 2 HS 2 UStG). Die Voraussetzungen sind im Gesetz hinreichend eindeutig genannt (s auch *BMF* BStBl I 02, 1399 Rz 3 ff). Die zu sichernden Steueransprüche ergeben sich mE aus § 48c I 1 Nr 1–3, dazu zählt die LSt (FG Ddorf EFG 02, 688, rkr; zweifelnde Anm *Herlinghaus* mwN), nicht aber die USt (FG Hbg DStRE 03, 928, rkr). Die Aufzählung der **Gefährdungstatbestände** in Abs 1 S 2 ist beispielhaft. Auch das Bestehen nachhaltiger Steuerrückstände oder wiederholte unkorrekte Angaben in Steuererklärungen kann den Gefährdungstatbestand erfüllen (FG Hess DStRE 03, 656, rkr; *BMF* BStBl I 02, 1399 Rz 33), wobei auch vor dem Inkrafttreten des Gesetzes liegendes Verhalten des Leistenden berücksichtigt werden kann (FG Ddorf EFG 02, 1604, rkr; FG Hbg DStRE 03, 928, rkr); ebenso kann das Verhalten eines Einfluss nehmenden Dritten berücksichtigt werden (FG Hbg EFG 10, 1517, rkr). Die Freistellungsbescheinigung darf vom FA nicht als Druckmittel zur Eintreibung noch ausstehender Steuern eingesetzt werden (FG Bln EFG 02, 330, rkr). – Zu § 13b UStG s BFH XI R 21/11 BStBl II 14, 425.

2   Die Benennung eines **inl Empfangsbevollmächtigten** (jede natürl oder juristische Person mit Wohnsitz/Sitz im Inl) soll die Bekanntgabe und Aufhebung der Freistellungsbescheinigung gewährleisten; diese Regelung gilt nur in Fällen, in denen der Leistende im Ausl ansässig ist (BFH I B 147/02 BStBl II 03, 716).

3   Bei **im Ausland ansässigen Leistenden** muss eine Bestätigung der ausl St-Behörde über die steuerl Erfassung des Leistenden im Sitzstaat vorgelegt werden; in Zweifelsfällen kommt auch ein qualifizierten Sitzbescheinigung über den Ort der Geschäftsleitung und die wirtschaftl Aktivitäten in Betracht (*BMF* BStBl I 02, 1399 Rz 32). – Zu Freistellungsbescheinigungen an Arbeitsgemeinschaften *BMF* BStBl I 02, 1399 Rz 33.

4   **2. Existenzgründer (etc); Insolvenz, § 48b II.** Im Fall des § 48b II ist eine Freistellungsbescheinigung zu erteilen (kein Ermessen des FA), zB bei Existenzgründern oder bei nur kurzfristigen Tätigkeiten im Inl (*BMF* BStBl I 02, 1399 Rz 34) oder auch, wenn der Leistende ohne Einkunftserzielungsabsicht tätig wird (offengelassen FG Ddorf EFG 02, 688, rkr). Sie ist ebenfalls zu erteilen, wenn über das Vermögen des Leistenden das **Insolvenzverfahren** eröffnet worden ist, da wegen des Vorrangs der gleichmäßigen Befriedigung der Insolvenzgläubiger aus der Insolvenzmasse der Steueranspruch durch Freistellungsbescheinigung nicht gefährdet wäre (BFH I B 147/02 BStBl II 03, 716; *Buciek* HFR 03, 360; s auch *BMF* BStBl I 03, 431).

5   **3. Inhalt der Bescheinigung, § 48b III.** § 48b III 3 regelt den Inhalt der Bescheinigung. Sie wird auf bestimmte Zeit (längstens für drei Jahre, *BMF* BStBl I 02, 1399 Rz 36) oder auch nur bezogen auf einen bestimmten Auftrag erteilt (zB bei nur vorübergehender Tätigkeit im Inland, *BMF* BStBl I 02, 1399 Rz 37). Eine kürzere Dauer als die Regelzeit von drei Jahren kann auch bei ausl Leistungen in Betracht kommen, wenn nicht ausgeschlossen werden kann, dass der Leistende in das Besteuerungsrecht der BRD eintreten kann (zB Bauzeitverlängerung mit Be-

gründung einer Betriebsstätte; *BMF* BStBl I 02, 1399 Rz 35). Zur Erteilung einer Folgebescheinigung s *BMF* BStBl I 04, 862 und *OFD Mster* DStR 04, 1747. – Zur Ergänzung durch das 2. DSAnpUG-EU s Rz 6 ae.

4. Wirkung und Rechtsschutz, § 48b IV–VI. Die Freistellungsbescheinigung **6** ist kein Steuerbescheid, sondern ein **sonstiger VA;** für ihre Aufhebung gelten die §§ 130, 131 AO. Bei Aufhebung einer auftragsbezogenen Freistellungsbescheinigung ist der Leistungsempfänger zu unterrichten (**§ 48b IV**). Weitere Einzelheiten s *BMF* BStBl I 02, 1399 Rz 79. – Ist eine Bescheinigung erteilt worden, greifen § 160 I 1 AO (also WK-/BA-Abzug nicht eingeschränkt), § 42d VI, VIII (keine Entleiherhaftung) und § 50a VII nicht ein (**§ 48b V** iVm § 48 IV, s § 48 Rz 30). – Gegen die Ablehnung oder die Aufhebung einer Freistellungsbescheinigung sind der Einspruch und ggf die Klage ans FG gegeben. – **Vorläufiger Rechtsschutz** wird durch einstweilige Anordnung (§ 114 FGO) gewährt (s auch *Littmann* § 48b Rz 8 ff: ggf gegen Sicherheitsleistung gegen die Bescheinigung; aA *BH/Ebling* § 48b Rz 97: Vorwegnahme der Hauptsache). Eine unbefristete Freistellungserklärung (s Rz 5) kann nicht begehrt werden, da dadurch das Ergebnis der Hauptverhandlung vorweggenommen würde. Wohl aber kann eine objekt- oder auftragsbezogene Freistellungsbescheinigung in Betracht kommen (FG Bln EFG 02, 330, rkr). Voraussetzung ist aber, dass schlüssig dargelegt wird, dass die Existenz des Leistenden ohne vorläufigen Rechtsschutz ernstl gefährdet wäre. Dazu reichen allg Wettbewerbsnachteile nicht aus (BFH I B 86/02 BFH/NV 03, 166; BFH I B 132/02 BFH/NV 03, 313). Vielmehr muss glaubhaft gemacht werden, wie sich die Kundenstruktur zusammensetzt und dass verschiedene Auftraggeber die Auftragsvergabe von der Vorlage einer Freistellungsbescheinigung abhängig gemacht haben (BFH I B 132/02 BFH/NV 03, 313; FG Bln EFG 02, 330, rkr; FG Nds EFG 02, 1613, rkr). – Gem **§ 48b VI 1** idF des **DSAnpUG-EU** (BGBl I 17, 2097) darf das BZSt (wie bisher) die ihm vom zuständigen FA übermittelten Daten nach § 48b III 1 speichern, um dem Leistungsempfänger Auskunft über die erteilten Freistellungsbescheinigungen geben zu können (§ 48 VI 2 nF = VI 1 aF). Der Leistende ist gem **§ 48b III 2 nF** über die Verarbeitung der Daten durch das BZSt zu informieren und zwar bereits in der ihm vom zuständigen FA erteilten Bescheinigung (s auch BT-Drs 19/4674, S 298: **unionsrechtl Transparenzgebot**).

§ 48c Anrechnung

(1) ¹**Soweit der Abzugsbetrag einbehalten und angemeldet worden ist, wird er vom Leistenden zu entrichtende Steuern nacheinander wie folgt angerechnet:**
1. **die nach § 41a Absatz 1 einbehaltene und angemeldete Lohnsteuer,**
2. **die Vorauszahlungen auf die Einkommen- oder Körperschaftsteuer,**
3. **die Einkommen- oder Körperschaftsteuer des Besteuerungs- oder Veranlagungszeitraums, in dem die Leistung erbracht worden ist, und**
4. **die vom Leistenden im Sinne der §§ 48, 48a anzumeldenden und abzuführenden Abzugsbeträge.**

²Die Anrechnung nach Satz 1 Nummer 2 kann nur für Vorauszahlungszeiträume innerhalb des Besteuerungs- oder Veranlagungszeitraums erfolgen, in dem die Leistung erbracht worden ist. ³Die Anrechnung nach Satz 1 Nummer 2 darf nicht zu einer Erstattung führen.

(2) ¹**Auf Antrag des Leistenden erstattet das nach § 20a Absatz 1 der Abgabenordnung zuständige Finanzamt den Abzugsbetrag.** ²Die Erstattung setzt voraus, dass der Leistende nicht zur Abgabe von Lohnsteueranmeldungen verpflichtet ist und eine Veranlagung zur Einkommen- oder Körperschaftsteuer nicht in Betracht kommt oder der Leistende glaubhaft macht, dass im

Veranlagungszeitraum keine zu sichernden Steueransprüche entstehen werden. ³Der Antrag ist nach amtlich vorgeschriebenem Muster bis zum Ablauf des zweiten Kalenderjahres zu stellen, das auf das Jahr folgt, in dem der Abzugsbetrag angemeldet worden ist; weitergehende Fristen nach einem Abkommen zur Vermeidung der Doppelbesteuerung bleiben unberührt.

(3) Das Finanzamt kann die Anrechnung ablehnen, soweit der angemeldete Abzugsbetrag nicht abgeführt worden ist und Anlass zu der Annahme besteht, dass ein Missbrauch vorliegt.

1 **1. Anrechnung, § 48c I, III.** Hat der Leistungsempfänger (Abzugsverpflichtete) den Abzugsbetrag einbehalten und angemeldet, hat der Leistende seinerseits gegen das FA einen Anspruch auf Anrechnung des Abzugsbetrages auf die **in § 48c I 1 Nr 1–4** genannten eigenen Steuerzahlungspflichten. Die Reihenfolge der Anrechnung ist zwingend. Die **Abführung** durch den Abzugsverpflichteten an das FA ist **nicht Voraussetzung für die Anrechnung.** Dies ist konsequent: Der Abzugsverpflichtete hat ggü dem Leistenden auf dessen Rechnung einbehalten; das FA muss sich an den Abzugsverpflichteten als den Abführungsschuldner halten. Nur wenn ein Missbrauch zu befürchten ist, kann das FA die Anrechnung ablehnen (**§ 48c III**). Liegt ein Missbrauch nicht vor, ist anzurechnen. – Zur Prüfung der Anrechnung sollte der Leistende dem FA die Abrechnungsbelege iSv § 48a II vorlegen.

2 Ist nach Anrechnung auf die LSt gem **§ 48c I 1 Nr 1** ein Guthaben vorhanden, werden als nächstes gem **§ 48c I 1 Nr 2** Vorauszahlungen zur ESt/KSt angerechnet, die für den VZ der Erbringung der Bauleistung festgesetzt worden sind (**§ 48c I 2**). Das danach verbleibende Guthaben wird nicht etwa erstattet (**§ 48c I 3**), sondern kann erst auf das Ergebnis der Veranlagung zur ESt/KSt des Jahres angerechnet werden, in dem die Bauleistung erbracht wird (= Übergabe der fertigen Bauleistung an Leistungsempfänger; denn erst dann ist Gewinnrealisierung eingetreten; s *BMF* BStBl I 02, 1399 Rz 89, mit Hinweisen zu Großbauwerken, die sich über mehrere Jahre hinziehen). – Zur Anrechnung, wenn Leistender eine Personenmehrheit (PersGes) ist, s *BMF* BStBl I 02, 1399 Rz 90. – StAbzugsbeträge, die auf vor Eröffnung des Insolvenzverfahrens ausgeführten Bauleistungen beruhen und nach Insolvenzeröffnung vom Leistungsempfänger an das FA gezahlt werden, sind an die Insolvenzmasse auszukehren (*BMF* BStBl I 03, 431).

3 **2. Erstattungsverfahren, § 48c II.** Es wird auf Antrag (amtl vorgeschriebenes Muster) durchgeführt und setzt voraus, dass der Leistende nicht zur Abgabe von LStAnmeldungen verpflichtet ist und eine ESt/KStVeranlagung nicht in Betracht kommt oder glaubhaft gemacht wird, dass im VZ keine zu sichernden StAnsprüche entstehen werden (*BMF* BStBl I 02, 1399 Rz 93). – Beachte die **Zweijahresfrist** des Abs 2 S 3, die weitergehende Fristen nach DBA aber nicht berührt.

4 **3. Rechtsschutz.** Anrechnung und Erstattung sind Steuerverwaltungsakte, die mit Einspruch und Klage zum FG angefochten werden können.

§ 48d Besonderheiten im Fall von Doppelbesteuerungsabkommen

(1) ¹Können Einkünfte, die dem Steuerabzug nach § 48 unterliegen, nach einem Abkommen zur Vermeidung der Doppelbesteuerung nicht besteuert werden, so sind die Vorschriften über die Einbehaltung, Abführung und Anmeldung der Steuer durch den Schuldner der Gegenleistung ungeachtet des Abkommens anzuwenden. ²Unberührt bleibt der Anspruch des Gläubigers der Gegenleistung auf Erstattung der einbehaltenen und abgeführten Steuer. ³Der Anspruch ist durch Antrag nach § 48c Absatz 2 geltend zu machen. ⁴Der Gläubiger der Gegenleistung hat durch eine Bestätigung der für ihn zuständigen Steuerbehörde des anderen Staates nachzuweisen, dass er dort ansässig ist.

§ 49

⁵ § 48b gilt entsprechend. ⁶ Der Leistungsempfänger kann sich im Haftungsverfahren nicht auf die Rechte des Gläubigers aus dem Abkommen berufen.

(2) Unbeschadet des § 5 Absatz 1 Nummer 2 des Finanzverwaltungsgesetzes liegt die Zuständigkeit für Entlastungsmaßnahmen nach Absatz 1 bei dem nach § 20a der Abgabenordnung zuständigen Finanzamt.

Unterliegt ein ausl Leistender mit Gewinnen aus Bauleistungen der beschr StPfl, kann sich aus DBA ergeben, dass diese Einkünfte im Inl nicht besteuert werden dürfen, zB weil der Leistende im Inl BRD nicht über eine entspr Betriebsstätte verfügt. Dennoch ist vom Leistungsempfänger der Steuerabzug vorzunehmen, sofern der Leistende keine Freistellungsbescheinigung (s Abs 1 S 4 iVm § 48b) vorgelegt hat. Für diesen Fall regelt § 48d ein besonderes Erstattungsverfahren (*BMF* BStBl I 02, 1399 Rz 87; *Apitz* FR 02, 23 f). 1

VIII. Besteuerung beschränkt Steuerpflichtiger

§ 49 Beschränkt steuerpflichtige Einkünfte

(1) Inländische Einkünfte im Sinne der beschränkten Einkommensteuerpflicht (§ 1 Absatz 4) sind
1. Einkünfte aus einer im Inland betriebenen Land- und Forstwirtschaft (§§ 13, 14);
2. Einkünfte aus Gewerbebetrieb (§§ 15 bis 17),
   a) für die im Inland eine Betriebsstätte unterhalten wird oder ein ständiger Vertreter bestellt ist,
   b) die durch den Betrieb eigener oder gecharterter Seeschiffe oder Luftfahrzeuge aus Beförderungen zwischen inländischen und von inländischen zu ausländischen Häfen erzielt werden, einschließlich der Einkünfte aus anderen mit solchen Beförderungen zusammenhängenden, sich auf das Inland erstreckenden Beförderungsleistungen,
   c) die von einem Unternehmen im Rahmen einer internationalen Betriebsgemeinschaft oder eines Pool-Abkommens, bei denen ein Unternehmen mit Sitz oder Geschäftsleitung im Inland die Beförderung durchführt, aus Beförderungen und Beförderungsleistungen nach Buchstabe b erzielt werden,
   d) die, soweit sie nicht zu den Einkünften im Sinne der Nummern 3 und 4 gehören, durch im Inland ausgeübte oder verwertete künstlerische, sportliche, artistische, unterhaltende oder ähnliche Darbietungen erzielt werden, einschließlich der Einkünfte aus anderen mit diesen Leistungen zusammenhängenden Leistungen, unabhängig davon, wem die Einnahmen zufließen,
   e) die unter den Voraussetzungen des § 17 erzielt werden, wenn es sich um Anteile an einer Kapitalgesellschaft handelt,
      aa) die ihren Sitz oder ihre Geschäftsleitung im Inland hat,
      bb) bei deren Erwerb auf Grund eines Antrags nach § 13 Absatz 2 oder § 21 Absatz 2 Satz 3 Nummer 2 des Umwandlungssteuergesetzes nicht der gemeine Wert der eingebrachten Anteile angesetzt worden ist oder auf die § 17 Absatz 5 Satz 2 anzuwenden war oder
      cc) deren Anteilswert zu irgendeinem Zeitpunkt während der 365 Tage vor der Veräußerung unmittelbar oder mittelbar zu mehr als 50 Prozent auf inländischem unbeweglichem Vermögen beruhte und die Anteile dem Veräußerer zu diesem Zeitpunkt zuzurechnen

Loschelder 2225

waren; für die Ermittlung dieser Quote sind die aktiven Wirtschaftsgüter des Betriebsvermögens mit den Buchwerten, die zu diesem Zeitpunkt anzusetzen gewesen wären, zugrunde zu legen,
  f) die, soweit sie nicht zu den Einkünften im Sinne des Buchstaben a gehören, durch
    aa) Vermietung und Verpachtung oder
    bb) Veräußerung
  von inländischem unbeweglichem Vermögen, von Sachinbegriffen oder Rechten, die im Inland belegen oder in ein inländisches öffentliches Buch oder Register eingetragen sind oder deren Verwertung in einer inländischen Betriebsstätte oder anderen Einrichtung erfolgt, erzielt werden. ²§ 23 Absatz 1 Satz 4 gilt entsprechend. ³Als Einkünfte aus Gewerbebetrieb gelten auch die Einkünfte aus Tätigkeiten im Sinne dieses Buchstabens, die von einer Körperschaft im Sinne des § 2 Nummer 1 des Körperschaftsteuergesetzes erzielt werden, die mit einer Kapitalgesellschaft oder sonstigen juristischen Person im Sinne des § 1 Absatz 1 Nummer 1 bis 3 des Körperschaftsteuergesetzes vergleichbar ist. ⁴Zu den Einkünften aus der Veräußerung von inländischem unbeweglichem Vermögen im Sinne dieses Buchstabens gehören auch Wertveränderungen von Wirtschaftsgütern, die mit diesem Vermögen in wirtschaftlichem Zusammenhang stehen, oder
  g) die aus der Verschaffung der Gelegenheit erzielt werden, einen Berufssportler als solchen im Inland vertraglich zu verpflichten; dies gilt nur, wenn die Gesamteinnahmen 10 000 Euro übersteigen;
3. Einkünfte aus selbständiger Arbeit (§ 18), die im Inland ausgeübt oder verwertet wird oder worden ist, oder für die im Inland eine feste Einrichtung oder eine Betriebsstätte unterhalten wird;
4. Einkünfte aus nichtselbständiger Arbeit (§ 19), die
  a) im Inland ausgeübt oder verwertet wird oder worden ist,
  b) aus inländischen öffentlichen Kassen einschließlich der Kassen des Bundeseisenbahnvermögens und der Deutschen Bundesbank mit Rücksicht auf ein gegenwärtiges oder früheres Dienstverhältnis gewährt werden, ohne dass ein Zahlungsanspruch gegenüber der inländischen öffentlichen Kasse bestehen muss; dies gilt nicht, wenn das Dienstverhältnis im Tätigkeitstaat oder einem anderen ausländischen Staat begründet wurde, der Arbeitnehmer keinen inländischen Wohnsitz oder gewöhnlichen Aufenthalt auf Grund des Dienstverhältnisses oder eines vorangegangenen vergleichbaren Dienstverhältnisses aufgegeben hat und mit dem Tätigkeitsstaat kein Abkommen zur Vermeidung der Doppelbesteuerung besteht,
  c) als Vergütung für eine Tätigkeit als Geschäftsführer, Prokurist oder Vorstandsmitglied einer Gesellschaft mit Geschäftsleitung im Inland bezogen werden,
  d) als Entschädigung im Sinne des § 24 Nummer 1 für die Auflösung eines Dienstverhältnisses gezahlt werden, soweit die für die zuvor ausgeübte Tätigkeit bezogenen Einkünfte der inländischen Besteuerung unterlegen haben,
  e) an Bord eines im internationalen Luftverkehr eingesetzten Luftfahrzeugs ausgeübt wird, das von einem Unternehmen mit Geschäftsleitung im Inland betrieben wird;
5. Einkünfte aus Kapitalvermögen im Sinne des
  a) § 20 Absatz 1 Nummer 1, 2, 4, 6 und 9, wenn
    aa) der Schuldner Wohnsitz, Geschäftsleitung oder Sitz im Inland hat,
    bb) in den Fällen des § 20 Absatz 1 Nummer 1 Satz 4 der Emittent der Aktien Geschäftsleitung oder Sitz im Inland hat oder

cc) es sich um Fälle des § 44 Absatz 1 Satz 4 Nummer 1 Buchstabe a Doppelbuchstabe bb handelt;
dies gilt auch für Erträge aus Wandelanleihen und Gewinnobligationen,
b) *(aufgehoben)*
c) § 20 Absatz 1 Nummer 5 und 7, wenn
aa) das Kapitalvermögen durch inländischen Grundbesitz, durch inländische Rechte, die den Vorschriften des bürgerlichen Rechts über Grundstücke unterliegen, oder durch Schiffe, die in ein inländisches Schiffsregister eingetragen sind, unmittelbar oder mittelbar gesichert ist. ²Ausgenommen sind Zinsen aus Anleihen und Forderungen, die in ein öffentliches Schuldbuch eingetragen oder über die Sammelurkunden im Sinne des § 9a des Depotgesetzes oder Teilschuldverschreibungen, soweit es sich nicht um Wandelanleihen oder Gewinnobligationen handelt, ausgegeben sind, oder
bb) das Kapitalvermögen aus Genussrechten besteht, die nicht in § 20 Absatz 1 Nummer 1 genannt sind,
d) § 43 Absatz 1 Satz 1 Nummer 7 Buchstabe a, Nummer 9 und 10 sowie Satz 2, wenn sie von einem Schuldner oder von einem inländischen Kreditinstitut oder einem inländischen Finanzdienstleistungsinstitut oder einem inländischen Wertpapierinstitut im Sinne des § 43 Absatz 1 Satz 1 Nummer 7 Buchstabe b einem anderen als einem ausländischen Kreditinstitut oder einem ausländischen Finanzdienstleistungsinstitut oder einem ausländischen Wertpapierinstitut
aa) gegen Aushändigung der Zinsscheine ausgezahlt oder gutgeschrieben werden und die Teilschuldverschreibungen nicht von dem Schuldner, dem inländischen Kreditinstitut, dem inländischen Finanzdienstleistungsinstitut oder dem inländischen Wertpapierinstitut verwahrt werden oder
bb) gegen Übergabe der Wertpapiere ausgezahlt oder gutgeschrieben werden und diese vom Kreditinstitut weder verwahrt noch verwaltet werden.
² § 20 Absatz 3 gilt entsprechend;
6. Einkünfte aus Vermietung und Verpachtung (§ 21), soweit sie nicht zu den Einkünften im Sinne der Nummern 1 bis 5 gehören, wenn das unbewegliche Vermögen, die Sachinbegriffe oder Rechte im Inland belegen oder in ein inländisches öffentliches Buch oder Register eingetragen sind oder in einer inländischen Betriebsstätte oder in einer anderen Einrichtung verwertet werden;
7. sonstige Einkünfte im Sinne des § 22 Nummer 1 Satz 3 Buchstabe a, die von den inländischen gesetzlichen Rentenversicherungsträgern, der inländischen landwirtschaftlichen Alterskasse, den inländischen berufsständischen Versorgungseinrichtungen, den inländischen Versicherungsunternehmen oder sonstigen inländischen Zahlstellen gewährt werden; dies gilt entsprechend für Leibrenten und andere Leistungen ausländischer Zahlstellen, wenn die Beiträge, die den Leistungen zugrunde liegen, nach § 10 Absatz 1 Nummer 2 ganz oder teilweise bei der Ermittlung der Sonderausgaben berücksichtigt wurden;
8. sonstige Einkünfte im Sinne des § 22 Nummer 2, soweit es sich um private Veräußerungsgeschäfte handelt, mit
a) inländischen Grundstücken oder
b) inländischen Rechten, die den Vorschriften des bürgerlichen Rechts über Grundstücke unterliegen;
8a. sonstige Einkünfte im Sinne des § 22 Nummer 4;

§ 49 Beschränkt steuerpflichtige Einkünfte

9. sonstige Einkünfte im Sinne des § 22 Nummer 3, auch wenn sie bei Anwendung dieser Vorschrift einer anderen Einkunftsart zuzurechnen wären, soweit es sich um Einkünfte aus inländischen unterhaltenden Darbietungen, aus der Nutzung beweglicher Sachen im Inland oder aus der Überlassung der Nutzung oder des Rechts auf Nutzung von gewerblichen, technischen, wissenschaftlichen und ähnlichen Erfahrungen, Kenntnissen und Fertigkeiten, zum Beispiel Plänen, Mustern und Verfahren, handelt, die im Inland genutzt werden oder worden sind; dies gilt nicht, soweit es sich um steuerpflichtige Einkünfte im Sinne der Nummern 1 bis 8 handelt;
10. sonstige Einkünfte im Sinne des § 22 Nummer 5; dies gilt auch für Leistungen ausländischer Zahlstellen, soweit die Leistungen bei einem unbeschränkt Steuerpflichtigen zu Einkünften nach § 22 Nummer 5 Satz 1 führen würden oder wenn die Beiträge, die den Leistungen zugrunde liegen, nach § 10 Absatz 1 Nummer 2 ganz oder teilweise bei der Ermittlung der Sonderausgaben berücksichtigt wurden.
11. Einkünfte aus der Beteiligung an einer Personengesellschaft oder Gemeinschaft, die ihren Sitz oder ihre Geschäftsleitung im Inland hat oder in ein inländisches Register eingetragen ist, soweit diese Einkünfte
    a) in dem Staat, in dem der Beteiligte seinen Wohnsitz oder gewöhnlichen Aufenthalt hat, aufgrund einer vom deutschen Recht abweichenden steuerlichen Behandlung der Personengesellschaft oder Gemeinschaft keiner Besteuerung unterliegen,
    b) nicht bereits als Einkünfte im Sinne der Nummern 1 bis 10 einer Besteuerung unterliegen und
    c) in keinem anderen Staat einer Besteuerung unterliegen.
    ²Satz 1 gilt nur, wenn dem Beteiligten allein oder zusammen mit ihm nahestehenden Personen im Sinne des § 1 Absatz 2 des Außensteuergesetzes, die keiner unbeschränkten Steuerpflicht im Inland nach § 1 Absatz 1 oder nach § 1 des Körperschaftsteuergesetzes unterliegen, mehr als die Hälfte der Stimmrechte oder mehr als die Hälfte der Anteile am Kapital unmittelbar oder mittelbar zuzurechnen sind oder unmittelbar oder mittelbar ein Anspruch auf mehr als die Hälfte des Gewinns oder des Liquidationserlöses der Personengesellschaft oder Gemeinschaft zusteht; eine Beteiligung in diesem Sinne setzt nicht die Stellung als Gesellschafter oder Gemeinschafter voraus. ³Die Sätze 1 und 2 gelten nicht, wenn es sich bei der Personengesellschaft oder Gemeinschaft um einen Altersvorsorgevermögensfonds im Sinne des § 53 des Investmentsteuergesetzes handelt oder die Einkünfte auch bei einer nicht vom deutschen Recht abweichenden Behandlung der Personengesellschaft oder Gemeinschaft im ausländischen Staat keiner Besteuerung unterliegen würden. ⁴Die Besteuerung nach den vorstehenden Sätzen erfolgt ungeachtet der Bestimmungen eines Abkommens zur Vermeidung der Doppelbesteuerung.

(2) Im Ausland gegebene Besteuerungsmerkmale bleiben außer Betracht, soweit bei ihrer Berücksichtigung inländische Einkünfte im Sinne des Absatzes 1 nicht angenommen werden könnten.

(3) ¹Bei Schifffahrt- und Luftfahrtunternehmen sind die Einkünfte im Sinne des Absatzes 1 Nummer 2 Buchstabe b mit 5 Prozent der für diese Beförderungsleistungen vereinbarten Entgelte anzusetzen. ²Das gilt auch, wenn solche Einkünfte durch eine inländische Betriebsstätte oder einen inländischen ständigen Vertreter erzielt werden (Absatz 1 Nummer 2 Buchstabe a). ³Das gilt nicht in den Fällen des Absatzes 1 Nummer 2 Buchstabe c oder soweit das deutsche Besteuerungsrecht nach einem Abkommen zur Vermeidung der Doppelbesteuerung ohne Begrenzung des Steuersatzes aufrechterhalten bleibt.

Allgemeines § 49

(4) ¹ **Abweichend von Absatz 1 Nummer 2 sind Einkünfte steuerfrei, die ein beschränkt Steuerpflichtiger mit Wohnsitz oder gewöhnlichem Aufenthalt in einem ausländischen Staat durch den Betrieb eigener oder gecharterter Schiffe oder Luftfahrzeuge aus einem Unternehmen bezieht, dessen Geschäftsleitung sich in dem ausländischen Staat befindet.** ² **Voraussetzung für die Steuerbefreiung ist, dass dieser ausländische Staat Steuerpflichtigen mit Wohnsitz oder gewöhnlichem Aufenthalt im Geltungsbereich dieses Gesetzes eine entsprechende Steuerbefreiung für derartige Einkünfte gewährt und dass das Bundesministerium für Verkehr und digitale Infrastruktur die Steuerbefreiung nach Satz 1 für verkehrspolitisch unbedenklich erklärt hat.**

Einkommensteuer-Richtlinien: EStR 49.1–49.3/EStH 49.1, 49.2

Übersicht

Rz

I. Allgemeines
1. Bedeutung; Aufbau 1
2. Persönlicher Anwendungsbereich 2
3. Neuere Rechtsentwicklung 3
4. Verfassungsrecht; Unionsrecht 4
5. Verhältnis zu anderen Vorschriften/DBA 5, 6

II. Beschränkt steuerpflichtige Einkünfte, § 49 I
1. Begriff „inländische Einkünfte" 10–15
2. Landwirtschaft und Forstwirtschaft, § 49 I Nr 1 18
3. Gewerbebetrieb, § 49 I Nr 2 20–68
4. Selbständige Arbeit, § 49 I Nr 3 72–83
5. Nichtselbständige Arbeit, § 49 I Nr 4 85–93
6. Kapitalvermögen, § 49 I Nr 5 96–106
7. Vermietung und Verpachtung, § 49 I Nr 6 109–116
8. Leibrenten und andere Leistungen, § 49 I Nr 7 119
9. Private Veräußerungsgeschäfte, § 49 I Nr 8 120
10. Abgeordnetenbezüge, § 49 I Nr 8a 121
11. Sonstige Leistungen, § 49 I Nr 9 122–127
12. Altersversorgung, § 49 I Nr 10 128
13. Umgekehrt hybride Rechtsträger, § 49 I Nr 11 ... 130–136

III. Isolierende Betrachtungsweise, § 49 II
1. Hintergrund 140
2. Außerachtlassung ausländischer Besteuerungsmerkmale 141

IV. Schifffahrtsunternehmen; Luftfahrtunternehmen, § 49 III, IV
1. Pauschale Besteuerung, § 49 III 142
2. Steuerfreistellung, § 49 IV 143

I. Allgemeines

1. Bedeutung; Aufbau. Die §§ 49 ff knüpfen an die in § 1 getroffene Unterscheidung zw unbeschr und beschr StPfl an (s Rz 6 und § 1 Rz 2 f) und regeln die Einzelheiten der beschr StPfl: **§ 49** bestimmt, welche inl Einkünfte eine beschr StPfl iSv § 1 IV begründen. **§ 50** legt Einzelheiten zur Ermittlung der beschr stpfl Einkünfte fest, zu versteuerndes Einkommens sowie den Steuertarif fest und bestimmt den Umfang der Abgeltungswirkung des StAbzugs. **§ 50a und § 50c** regeln als Verfahrensvorschriften die Steuererhebung durch StAbzug (wie § 39d und § 44 für LSt bzw KapESt), die Haftung des Vergütungsschuldners sowie Ausnahmen von der StAbzugspflicht und die Voraussetzungen einer Erstattung. **§ 50d** enthält besondere Regelungen (auch) für das Zusammenspiel von beschr StPfl und DBA. Ergänzende Regelungen finden sich in **§§ 73a ff EStDV**. – Als Ausgangsvorschrift definiert **§ 49 I** in einer abschließenden Aufzählung die einzelnen beschr stpfl (inl) Einkünfte. **§ 49 II** normiert den Grundsatz der sog isolierenden Betrachtungsweise. **§ 49 III und IV** enthalten Sonderregelungen zur Besteuerung von Schifffahrt- und Luftfahrtunternehmen.

§ 49 2–5 Beschränkt steuerpflichtige Einkünfte

Personen ohne Wohnsitz oder gewöhnl Aufenthalt im Inl sind *nur dann* beschr stpfl, wenn sie **bestimmte inl Einkünfte** iSv § 49 erzielen (§ 1 IV). Anknüpfungspunkt der Besteuerung sind weniger persönl Merkmale des Einkommensbeziehers als die inl Quelle, aus der die Einkünfte fließen (zB *inl* Betriebsstätte bei gewerbl Einkünften iSv § 49 I Nr 2 oder *inl* Tätigkeit bei § 49 I Nr 3 und 4 etc; s Rz 12). Das zeigt auch der StAbzug nach § 50a. Persönl Verhältnisse bleiben dementspr gem § 50 grds unberücksichtigt. Abw von der unbeschr StPfl iSv § 1 I–III ist damit der Charakter der ESt als **Personensteuer** bei der beschr StPfl zwar nicht verloren gegangen (s § 50 I 2 Steuerprogression, § 50 I 4, II 2 Nr 4 Besteuerung von beschr stpfl ArbN); dieser wird aber wesentl mitbestimmt durch **objektsteuerartige Züge** (vgl BFH I R 32/10 BStBl II 14, 513, unter II.2.a; s auch *Schaumburg* Rz 6.129 ff). Verstärkt wird diese Tendenz durch die sog isolierende Betrachtungsweise (§ 49 II, s Rz 140). – Zur **Rechtfertigung** der beschr StPfl s *Lüdicke* DStR-Beih 08, 25, 26.

2 **2. Persönlicher Anwendungsbereich.** § 49 gilt grds für alle **natürl Personen** ohne Wohnsitz oder gewöhnl Aufenthalt im Inl (§ 1 IV); Ausnahme: Grenzpendler, die einen Antrag gem § 1 III gestellt haben (s § 1 Rz 41 ff; zu § 2 AStG s Rz 5). Bei **PersGes** sind Steuerschuldner die (ggf ausl) Ges'ter; maßgebl ist der Wohnsitz des jeweiligen Ges'ters, nicht der Sitz der Ges (s Rz 25). Auf beschr stpfl **juristische Personen** (§ 2 KStG) ist § 49 über § 8 I KStG auch anwendbar.

Zu **EU-Bediensteten** s § 1 Rz 38; zu Mitarbeitern der EZB s *Neyer* BB 13, 1244. Zu **Diplomaten/Konsuln** (Art 37 III WüD/Art 49 I WüK: kein inl Wohnsitz) s § 3 Rz 104 und BFH I R 119/95 BFH/NV 97, 664. Zu Angehörigen der **NATO** s BFH I R 47/04 BStBl II 06, 374. – Ob es sich bei einer **ausl Ges** (mit inl Einkünften) um eine PersGes oder um eine KapGes handelt, bestimmt sich nach inl Recht (sog „Typenvergleich", vgl § 17 Rz 104).

3 **3. Neuere Rechtsentwicklung.** Mit **Gesetz v 12.5.21** (BGBl I 21, 990) ist § 49 I Nr 5 Buchst d ergänzt worden (Folgeänderung zu §§ 43, 44). – Mit dem **ATADUmsG** (BGBl I 21, 2035) ist § 49 I Nr 11 neu eingefügt worden (s Rz 130 ff). – S iÜ *Schmidt* 40. Aufl § 49 Rz 3 und *BH/Reimer* § 49 Rz 5 ff.

4 **4. Verfassungsrecht; Unionsrecht.** S auch § 50a Rz 3. Die einzelnen Tatbestandsmerkmale des § 49, die einen Inlandsbezug herstellen und damit die beschr StPfl überhaupt erst begründen (vgl Rz 11), sind sehr unterschiedl ausgeprägt. Insb zw § 49 I Nr 2 (Gewerbebetrieb) und Nr 3 (selbständige Arbeit), aber auch im Hinblick auf Nr 5 (Zinseinkünfte), kommt es aufgrund der unterschiedl gesetzl Anforderungen zu sachl kaum noch erklärbaren **Besteuerungsunterschieden** und zu **Besteuerungslücken**, die die Besteuerung nach § 49 teilweise willkürl erscheinen lassen (Art 3 I GG). – Die Regelung verstößt hingegen nicht gegen **EU-** oder **EWR-Recht** (s iEinz § 1 Rz 4–10).

S auch *Schaumburg* Rz 4.9 ff, 6.150 ff, 5.129; *BH/Reimer* § 49 Rz 25; *KS* § 49 Rz 3; *KSM* § 49 Rz D 318. – **aA:** BVerfG 1 BvR 2328/73 BVerfGE 43, 1 und 1 BvR 228/65 BVerfGE 19, 119; BFH I R 219/82 BStBl II 90, 701 mwN; *BeckOK* § 49 Rz 57; *HHR* § 49 Rz 10 mwN.

5 **5. Verhältnis zu anderen Vorschriften/DBA.** – a) **Unilaterale Bestimmungen.** Während die §§ 49 ff die Besteuerung *inl Einkünfte* von *ausl StPfl* regeln, richtet sich die Erfassung *ausl Einkünfte* von *inl StPfl* iRd StErmäßigung gem § 34c nach § 34d. Welche Vorschriften bei der Veranlagung beschr StPfl *nicht* anzuwenden sind, bestimmt § 50 I 3 (s § 50 Rz 13 ff). Die **§§ 50, 50a** setzen ihrerseits das Vorliegen beschr stpfl Einkünfte nach § 49 voraus (§ 50 Rz 6 und § 50a Rz 1). Zu **§ 4h** s Rz 59; zum Bezug von KiGeld nach **§ 62 I Nr 2 Buchst b** s BFH III R 5/17 BStBl II 18, 482. – Soweit beschr StPfl unterliegen, geht dem SolZ nach **§ 2 Nr 1 SolZG** vor (s auch BFH I R 10/95 BStBl II 95, 868). – **§ 2 AStG** verdrängt als *lex specialis* § 49 (BFH I R 19/06 BStBl II 10, 398, 401; *BMF* BStBl I 10, 368; s § 1 Rz 75); nicht ausl Einkünfte iSd Regelung sind aber auch Einkünfte iSd § 49 (BFH I R 06 BStBl II 10, 343). § 49 I Nr 2 Buchst e bleibt von **§ 6 AStG** unberührt (s *BH/Pohl* AStG § 6 Rz 69f; *Kraft* AStG § 6 Rz 45; s aber auch *Wassermeyer* IStR 13, 1). Die **§§ 7 ff AStG** gelten nur für unbeschr StPfl (§ 7 I AStG; zu ausl Zwi-

Beschränkt steuerpflichtige Einkünfte (LuF)   6–12   § 49

schen-Ges s *Kraft AStG* § 7 Rz 35). Zu § 10 StAbwG s Rz 12 aE. – Bezugnahme auf § 49 in §§ 6, 33 InvStG (bis VZ 2017 s Rz 98). – § 42 AO ist auch auf beschr StPfl anwendbar (BFH I R 65/10 BFH/NV 12, 924 mwN).

b) Doppelbesteuerungsabkommen. Sind die tatbestandl Voraussetzungen des § 49 erfüllt und liegt eine beschr StPfl somit vor, wird die inl Besteuerung häufig durch DBA ausgeschlossen oder beschränkt. DBA haben als *leges speciales,* soweit ihr Regelungsinhalt reicht (und wenn sie nicht durch andere Regelungen überlagert werden, sog *treaty override*), **Vorrang vor** § 49 (s auch § 2 AO; *TK* § 2 AO Tz 5 f; *Klein* § 2 AO Rz 3). Allerdings können sie eine inl StPfl weder begründen noch erweitern, sondern ledigl eine bestehende StPfl durch Freistellung oder Anrechnung überlagern bzw modifizieren (vgl BFH I R 81/07 BStBl II 09, 632 Rz 23; BFH I R 153/77 BStBl II 81, 517); daher ist idR auch nur dann, wenn eine beschr StPfl nach § 49 gegeben ist, das inl Besteuerungsrecht nach DBA zu prüfen (str, s iEinz *Vogel/Lehner* DBA Grundlagen Rz 87 mwN). 6

DBA-Beschränkungen sind **von Amts wegen** zu beachten. Unerhebl ist, ob der ausl Staat *tatsächl* von seinem Besteuerungsrecht Gebrauch macht, es sei denn, es bestehen **Rückfallklauseln** (Subject-to-tax-/switch-over-Klauseln) nach DBA oder innerstaatl Recht (zB § 50d III, VIII, IX und X). – Die Liste der aktuell geltenden DBA wird jährl im BStBl I veröffentlicht (2021: BStBl I 21, 265). Ist mit dem betr Land kein DBA geschlossen worden, richtet sich die Besteuerung allein nach §§ 49 ff. Zur **DBA-Auslegung** s *Vogel/Lehner* DBA Grundlagen Rz 95 ff.

II. Beschränkt steuerpflichtige Einkünfte, § 49 I

1. Begriff „inländische Einkünfte". § 49 I enthält eine Legaldefinition für den in § 1 IV verwendeten Begriff „inl Einkünfte". Die Aufzählung ist abschließend, wird aber durch den Steuergesetzgeber ständig erweitert. 10

a) Tatbestandsmäßigkeit der Besteuerung. Die einzelnen Regelungen in § 49 I knüpfen an bestimmte **Einkunftsarten des § 2 I** an. Eine Besteuerung nach § 49 ist daher nur mögl, wenn zunächst alle tatbestandl Voraussetzungen der jeweils in § 49 I Nr 1 bis 10 in Bezug genommenen Einkunftsarten iSv §§ 13–23 in der Person des StPfl erfüllt sind (vgl BFH I R 192/85 BStBl II 87, 383 unter 3). Ob das der Fall ist, bestimmt sich allein nach **inl Recht** (unter Berücksichtigung des gesamten im Inl und Ausl verwirklichten Sachverhalts). Weder § 49 II noch § 50a I kommt eine darüber hinausgehende steuerbegründende Wirkung zu (BFH I R 217/71 BStBl II 74, 511; s auch Rz 140). 11

Daher muss zB die Frage, ob bestimmte Leistungen der **Einkunftserzielung** dienen oder als „**Liebhaberei**" einzuordnen sind, auch bei beschr StPfl nach denselben Kriterien beurteilt werden wie bei unbeschr StPfl (BFH I R 14/01 BStBl II 02, 861; Nichtanwendungserlass in *BMF* BStBl I 02, 1394 durch *BMF* BStBl I 10, 1350 Rz 118 aufgehoben – s aber dort auch Rz 15: Nachweis).

b) Inlandsbezug. Zusätzl werden in § 49 I für die einzelnen Einkunftsarten weitere tatbestandl Voraussetzungen normiert, die einen Inlandsbezug herstellen und die jeweiligen Einkünfte damit überhaupt erst zu „inländischen" iSd Regelung machen (zB § 49 I Nr 2 Buchst a: Unterhalten einer Betriebsstätte *im Inland;* s auch BFH I R 22/12 BStBl II 13, 728). Ein solcher Inlandsbezug ist notwendig, um den **Besteuerungszugriff** des inl Fiskus zu rechtfertigen; denn nach den allg Regeln des Völkerrechts (Art 25 GG) darf ein Staat nur solche Einkünfte besteuern, die einen besonderen räuml oder persönl Bezug *(genuine link)* zu ihm aufweisen, sog **Territorialitätsprinzip** (vgl BVerfG 2 BvR 475/78 BVerfGE 63, 343 zu B. II.4.b: „sachgerechte Anknüpfungsmomente"; *Schaumburg* Rz 6.1 und 6.126 ff; *Schönfeld/Ellenrieder* IStR 20, 567; s aber auch Rz 54 aE sowie dort auch sog Registerfällen Rz 55). 12

Einen eigenen Inlandsbezug schafft § **10 StAbwG**, der mit Wirkung **ab VZ 2022** über § 49 hinaus eine Art beschr StPfl für Einkünfte aus grenzüberschreitenden Direktgeschäften und gewerbl Dienstleistungen begründet (ohne das Erfordernis einer inl Betriebs-

Loschelder

stätte), wenn ein unbeschr StPfl die **ins Ausl gezahlten Vergütungen** als BA/WK geltend macht (s *Pinkernell/Schlotter* FR 21, 909, 917; *Benz/Böhmer* DB 21, 1630, 1635). Erfasst werden sollen neben Darlehensverhältnissen und Finanzierungsleasing auch Rechts- und Beratungsleistungen sowie Onlinewerbung (s BR-Drs 272/21, 24 f). Die Einkünfte unterliegen dem StAbzug (s § 50a Rz 4).

13 **c) Sachliche Zuordnung.** Wegen des **objektsteuerartigen Charakters** der beschr StPfl (s Rz 1 aE) richtet sich die Zuordnung zu einer der in § 49 I genannten Einkunftsarten nach dem obj Erscheinungsbild der jeweiligen (im Inl verwirklichten und aus dem Inl bezogenen) Einkünfte (BFH I R 32/10 BStBl II 14, 513). Für das **Verhältnis der Tatbestände** des § 49 I zueinander gelten die allg Vorschriften der §§ 13 ff. Während einige sich gegenseitig ausschließen (zB § 49 I Nr 1–4), stehen andere im Verhältnis der **Subsidiarität** zueinander (§ 49 I Nr 5–9, vgl § 20 VIII, § 21 III, § 22 Nr 1 S 1 und Nr 3 S 1, § 23 II, ausdrückl § 49 I Nr 6 und Nr 9 letzter HS). Allerdings kommt im Hinblick auf auslandsbezogene Qualifikationsmerkmale die **isolierende Betrachtungsweise** (§ 49 II, s Rz 140 f) zum Tragen. – Einheitl Leistungen sind ggf **aufzuteilen,** wenn sie zu unterschiedl Einkünften führen, soweit diesen nicht nur untergeordnete Bedeutung zukommt (insb wegen StAbzug gem § 50a, vgl BFH I B 157/10 BStBl II 12, 590: Aufteilung eines Pauschalhonorars für Dienstleistungen und Rechteverwertung; s auch BFH I R 73/02 BStBl II 05, 550: Aufteilung eines einheitl Leistungspakets in Einkünfte und Einkünfte aus VuV; dazu *Gosch* FS Wassermeyer, S 263, 270; krit *Lüdicke* DStR-Beih 08, 25, 29). – Die einzelnen **Tatbestände** sind durch FA und FG grds **austauschbar,** im Haftungsverfahren jedoch nur, soweit die Ermessensentscheidung hiervon nicht berührt wird (s § 50a Rz 37).

14 **d) Zeitliche Zuordnung. – aa) Jahressteuerprinzip.** Auch für beschr stpfl Einkünfte gilt das Jahressteuerprinzip (§ 2 VII 1). Zum **Wechsel der persönl StPfl** im Laufe eines VZ (Verlegung des Wohnsitzes etc) s § 1 Rz 77, § 2 Rz 69 und § 36 Rz 19. Zu **vorab entstandenen/nachträgl BE oder WK** s § 50 Rz 9 (vgl auch § 4 Rz 484 und § 9 Rz 94 ff). Begriff „inländische Einkünfte"

15 **bb) Nachträgliche Einnahmen.** Auch nach Wechsel der persönl StPfl (zB nach Wegzug) können nachträgl Einnahmen aus einer Inlandsquelle (vgl § 24 Nr 1 und 2) unter den Voraussetzungen des § 49 grds iSd die ursprüngl Einnahmen nach inl Recht stpfl sein, sei es als unmittelbarer Ausfluss der bisherigen Tätigkeit (s Wortlaut § 49 I Nr 3 und 4: „... oder worden ist") oder auf Grund eines neuen Besteuerungstatbestandes (zB Verwertung statt bisher Ausübung). Entscheidend für die Zuordnung ist der wirtschaftl Zusammenhang mit der (früheren) inl Einkunftsquelle (vgl BFH I R 28/08 IStR 10, 103/7 mwN: nachträgl Betriebsstätteneinkünfte iSv § 49 I Nr 2 Buchst a). Deshalb können zB auch Veräußerungsgewinne eines ehemal inl Betriebs nach Verlegung von Wohnsitz und Betrieb ins Ausl als inl Einkünfte der beschr StPfl unterfallen, wenn dabei im Inl entstandene stille Reserven realisiert werden (BFH I R 99/08 BStBl II 11, 1019: Aufgabe der sog Theorie der finalen Betriebsaufgabe; krit *Wassermeyer* IStR 10, 461; *ders* IStR 11, 361; *Mitschke* FR 10, 187; s § 4 Rz 241 und § 16 Rz 196). Allerdings ist daneben stets DBA-Recht zu prüfen (s Rz 6; vgl BFH I R 99/08 BStBl II 11, 1019 Rz 27: Zuordnung nach dem Veranlassungsprinzip).

Beispiele: Ruhegelder als **nachträgl Sondervergütung** (BFH I R 5/11 IStR 12, 222 – mit krit Anm *Wassermeyer*); Nachzahlung von **Arbeitslohn** (BFH I R 63/00 BStBl II 03, 302); **Erfindervergütung** nach Beendigung des ArbVerh und Wegzug (BFH I R 70/08 BStBl II 12, 493); nachträgl realisierte Erträge eines nach ArbN aus **Aktienoptionen** (BFH I R 100/98 BStBl II 01, 509; BFH I R 119/98 BStBl II 01, 512: ggf zeitl Aufteilung nach DBA). – **Weitere Beispiele** s *Schmidt* 39. Aufl § 49 Rz 15 aE; zu **Abfindungen** s Rz 90.

18 **2. Landwirtschaft und Forstwirtschaft, § 49 I Nr 1.** Begriff s § 13 Rz 6 ff. Zusätzl muss die LuF **im Inl betrieben** werden, dh nur der inl Teil eines Betriebs unterliegt der beschr StPfl. Auf den Ort der Betriebsleitung kommt es nicht an (vgl BFH I R 95/96 BStBl II 98, 260, Anm *FW* IStR 98, 213), ebenso wenig auf die

Person des Betreibers (Eigentümer, Pächter etc). Erfasst werden auch Veräußerungsgewinne, ggf anteilig (Begünstigung: s § 50 Rz 19), und Gewinne aus Verpachtung der LuF ohne Betriebsaufgabe (§ 13 Rz 112 ff). – Durch **DBA** wird die Besteuerung idR weder ausgeschlossen noch beschränkt (Belegenheitsprinzip, s Art 6 und 13 OECD-MA). Die **Steuererhebung** erfolgt nicht durch StAbzug, sondern durch Veranlagung (§ 50 II 2 Nr 1), uU nach § 13a (s BFH I R 95/96 BStBl II 98, 260: Berücksichtigung nur der inl Verhältnisse). § 32c gilt auch für beschr StPfl (s § 32c Rz 1 aE). S iU auch *Debatin* DB 1988, 1285.

3. Gewerbebetrieb, § 49 I Nr 2. Begriff s § 15 Rz 8 ff; die Verweisung auf §§ 15 ff umfasst alle dort angeführten Einzeltatbestände (BFH I R 58/15 DStR 18, 657: zu § 15 III Nr 2). Die Besteuerung des ausl Unternehmens hängt zusätzl davon ab, ob und in welchem Umfang die ausgeübte Tätigkeit einen der in Nr 2 Buchst a–g aufgeführten **Inlandsbezüge** aufweist. Besteuert wird nur der Gewinnanteil, für den diese Voraussetzungen gegeben sind (ggf Aufteilung nach dem „Quellenprinzip", vgl BFH I R 95/84 BStBl II 88, 663 zu II.2.d; s auch BFH I R 76/14 BStBl II 17, 704). 20

a) Betriebsstätte; ständiger Vertreter, § 49 I Nr 2 Buchst a. Wichtigster und vorrangiger Anknüpfungspunkt für gewerbl Einkünfte eines beschr StPfl ist die im Inl unterhaltene Betriebsstätte. Zum Begriff „Inland" s § 1 Rz 30. Zur Gewinnermittlung (durch Veranlagung) s § 49 Rz 29 und § 50 Rz 28 ff. Zu vorab entstandenen und vergebl BA s § 50 Rz 9 mwN, zu nachträgl BE s Rz 14 f. 21

Verwaltungsanweisungen: BMF BStBl I 10, 354 (PersGes/DBA); *BMF* BStBl I 99, 1076, geändert durch *BMF* BStBl I 00, 1509 und *BMF* BStBl I 09, 888 (Betriebsstätten-Verwaltungsgrundsätze), ergänzt durch *BMF* BStBl I 17, 182; *BMF* BStBl I 98, 268 (Umwandlungssteuererlass aF). – *Literatur:* s *Schmidt* 35. Aufl § 49 Rz 21.

aa) Betriebsstätte. Jede feste Geschäftseinrichtung oder Anlage, die der Tätigkeit eines Unternehmens dient, ist Betriebsstätte iSv § 49 I Nr 2 Buchst a. Die Begriffsbestimmung richtet sich nach § 12 AO (BFH I R 58/15 DStR 18, 657 Rz 20, mwN, nicht nach dem enger gefassten Art 5 OECD-MA (oder § 41 II). Die Aufzählung in § 12 AO ist beispielhaft (s iEinz Kommentierungen zu § 12 AO). Gewerbl Unternehmen müssen wenigstens eine (Geschäftsleitungs-)Betriebsstätte haben (ggf in der Wohnung des Unternehmers); sie können **mehrere Betriebsstätten** haben, aber **nur eine Geschäftsleitung** iSv § 10 AO (str, s BFH I R 19/06 BStBl II 10, 398 Rz 47: keine „betriebsstättenlosen" gewerbl Einkünfte, mwN; s auch *Haase/Brändel* StuW 11, 18; **aA** *Kramer* DB 11, 1882; zu betriebsstättenlosen Einkünften nach § 10 StAbwG s Rz 14 aE). – Zur **Aufteilung** bei mehreren Betriebsstätten im Inl/Ausl s BFH I R 15/93 BStBl II 94, 148; *Wassermeyer* IStR 04, 676, entgegen *Kramer* IStR 04, 672/677. – Einer Empfehlung der OECD vom 3.4.20 zufolge soll eine verstärkte Nutzung des **Homeoffice** wegen **Corona** abkommensrechtl keine Betriebsstätte begründen (s *Höppner/Melkonyan* IStR 20, 735, und ISR 20, 181; *Frank-Fahle* PIStB 20, 150; allg auch *Geils* IWB 19, 433); das gilt auch iZm § 49 I Nr 2 Buchst a (vgl BFH III R 8/00 BStBl II 02, 512; BFH I B 156/58 S BStBl III 62, 227; s auch *Pesch/Busemann* IWB 21, 276, 282). Umgekehrt wird mE allein durch den pandemiebedingten **Lockdown** und die überwiegende Tätigkeit der Belegschaft im Homeoffice die Existenz einer Betriebsstätte nicht in Frage gestellt (s auch Rz 26; iErg wohl ebenso *Pesch/Busemann* IWB 21, 276). 22

Die in § 12 S 2 AO aufgeführten Beispielsfälle setzen nicht notwendig eine feste Geschäftseinrichtung voraus; das gilt insb für die **Geschäftsleitungsbetriebsstätte** gem § 12 S 2 Nr 1, aber auch für die Montagebetriebsstätte gem § 12 S 2 Nr 8 (stRspr, s BFH I R 58/15 DStR 18, 657 Rz 23 mwN; *TK* § 12 AO Rz 23; **aA** *HHR* § 49 Rz 205).

(1) Bezug zum Inland. Die feste Geschäftseinrichtung oder Anlage muss einen nicht nur vorübergehenden **räuml und zeitl** Bezug zum Inl schaffen (BFH I R 80–81/91 BStBl II 93, 462 mwN). Eine feste Verbindung mit der Erdoberfläche 23

§ 49 24 genügt jedenfalls (BFH I R 80–81/91 BStBl II 93, 462), ist aber nicht zwingend (BFH I R 15/93 BStBl II 94, 148: Verkaufswagen; s aber auch BFH I R 12/02 BStBl II 04, 396). Je geringer der räuml Bezug desto wichtiger ist die zeitl Komponente. Bei von Anfang an zeitl begrenzten Tätigkeiten kann auf die 6-Monatsfrist für **Bauausführungen** und **Montagen** (§ 12 S 2 Nr 8 AO) zurückgegriffen werden (str, s *HHR* § 49 Rz 196 mwN). Ob diese eine Betriebsstätte begründen, hängt allein von der Dauer der einzelnen Unternehmung ab; mehrere Unternehmungen sind in zeitl Hinsicht *nicht* zusammenzurechnen (BFH I R 3/02 BStBl II 04, 932 mwN, Anm *KB* IStR 04, 204).

Beispiele für Betriebsstätten: Stätte der Geschäftsleitung, Zweigniederlassung (s BFH I R 5/04 BStBl II 09, 100; BFH I R 54/92 BStBl II 93, 483), Geschäftsstelle (s BFH I B 101/98 BFH/NV 99, 753 mwN), Fabrikations- oder Werkstätte, Warenlager, Ein- oder Verkaufsstelle, Bergwerk, Steinbruch oder andere stehende, örtl fortschreitende oder schwimmende Stätten zur Gewinnung von Bodenschätzen, Bauausführungen oder Montagen (s *iEinz* § 12 AO); weitere Beispiele s *Schmidt* 40. Aufl § 49 Rz 23. – Zu Anfang und Ende eine **Montagebetriebsstätte** s BFH I R 99/97 BStBl II 99, 694 und *Kahle/Kindich* DStZ 15, 751; zu mehreren Bauausführungen s BFH I R 47/00 BStBl II 02, 846; zur Anwendung von § 42 AO bei Aufteilung auf mehrere Bauunternehmungen s BFH I B 113/98 IStR 99, 366: nicht abschließend geklärt; zu Reparaturarbeiten s BFH I R 4/02 BFH/NV 04, 83 (keine Montage); zu Montageüberwachung s *Schieber* IStR 94, 521, und *Münch* RIW 95, 398.

24 **(2) Verfügungsmacht.** Der Unternehmer muss eine **hinreichende**, nicht nur vorübergehende **eigene** Verfügungsmacht über die von ihm genutzte Einrichtung ausüben (BFH I R 30/07 BStBl II 08, 922). Das ist nur dann der Fall, wenn er eine Rechtsposition innehat, die ohne seine Mitwirkung nicht mehr ohne weiteres entzogen oder verändert werden kann (BFH I R 80–81/91 BStBl II 93, 462). Ob sie auf Eigentum oder auf einer entgeltl bzw unentgeltl Nutzungsüberlassung beruht, ist gleichgültig (BFH I R 80–81/91 BStBl II 93, 462). Es kann sich demnach um eigene, gemietete oder unentgeltl überlassene Räumlichkeiten oder Anlagen handeln (BFH I R 189/79 BStBl II 82, 624). Das Verfügungsrecht muss **nicht ausdrückl vereinbart,** rechtl abgesichert oder lokal festgelegt sein (BFH I R 106/03 BFH/NV 05, 154 mwN); es kann auch von Dritten abgeleitet werden (s BFH I R 85/91 BStBl II 92, 937 und I R 165/90 BStBl II 93, 577) oder auf der **Identität der handelnden Organe** von überlassender und nutzender Ges beruhen (BFH I R 58/15 DStR 18, 657 Rz 23). Das **bloßes Tätigwerden** in den Räumlichkeiten des Vertragspartners **genügt** hingegen **nicht** (mehr), auch nicht über mehrere Jahre hinweg (BFH I R 30/07 BStBl II 08, 922, Abgrenzung zu BFH I R 106/03 BFH/NV 05, 154; s auch BFH I B 196/08 BFH/NV 09, 1588; Anm *KB* IStR 08, 703: wer nur „Gast" in einem fremden Unternehmen ist, unterhält keine Betriebsstätte; *Gosch* BFH-PR 08, 524; s auch FG Köln EFG 14, 2115, rkr: unentgeltl Raumnutzung durch Versicherungsvermittler; *Kahle/Schulz* DStZ 08, 784, 788; *Rautenstrauch/Binger* Ubg 09, 619; *Lühn* BB 09, 700). Daher werden idR auch ausl selbständige **Pflegekräfte**, die im Haushalt der Pflegeperson untergebracht sind, dort keine Betriebsstätte unterhalten (Verfügungsmacht bleibt beim Auftraggeber).

Beispiele für hinreichende Verfügungsmacht: Räumlichkeiten auf Kasernengelände (BFH I R 106/03 BFH/NV 05, 154: trotz Personenkontrolle) oder einer eingeschalteten ManagementGes (BFH I R 46/10 BStBl II 14, 764, und BFH I R 52/10 BFH/NV 11, 1354; s auch *Kaminski* Stbg 12, 354); Wohnhaus eines fremden Geschäftsleiters (vgl BFH I R 15/93 BStBl II 94, 148: muss nicht BV des Unternehmers sein); Büro eines Angestellten (BFH I R 90/75 BStBl II 78, 205; s aber FG Mchn EFG 97, 1482, rkr: kei bestrittener Verfügungsmacht des ArbG). – **Keine hinreichende Verfügungsmacht:** Nutzung von Räumen und Hallen auf NATO-Flughafen durch Subunternehmer (BFH I R 30/07 BStBl II 08, 922; s auch *Lühn* BB 09, 700; *Korff* IStR 09, 231); Besprechungsräume einer anderen GmbH (BFH I R 77/88 BStBl II 90, 166; s auch BFH IV R 168/72 BStBl II 76, 365). – Ob FG Mster EFG 01, 234, rkr (Arbeitstische auf **Schlachthof**) nach BFH I R 30/07 BStBl II 08, 922 noch Bestand haben kann, ist mE fragl (s auch *Beduhn/Staudler* IStR 15, 937, 942). Allerdings hat FG Thür in einem ähnl Fall das Unterhalten einer Betriebsstätte bejaht (FG Thür EFG 15, 1496, NZB unzul, s BFH I B 99/15 BFH/NV 16, 1168; mE ist fragl, ob hier wirkl eine *eigene* Verfügungsmacht der ungarischen Ges begründet wurde).

(3) Dienende Funktion. Der Tätigkeit des Unternehmens dient eine Einrichtung oder Anlage vor allem dann, wenn der Unternehmer, seine ArbN oder andere weisungsgebundenen Personen **Betriebshandlungen irgendwelcher Art** darin vornehmen. Dabei genügen auch nebensächl oder untergeordnete Betriebshandlungen, solange sie dem Betrieb nur unmittelbar dienen (vgl BFH I R 130/83 BFH/NV 88, 119). – Ein **vermietetes Grundstück**, das zu einem ausl BV gehört, begründet hingegen noch keine Betriebsstätte (vgl BFH VIII R 159/84 BStBl II 88, 653 zu § 3 ZRF; BFH IV R 24/73 BStBl II 79, 18 zu § 14 BerlinFG; s aber § 49 I Nr 2 Buchst f), ebenso wenig die Betriebsstätte einer inl GmbH als Besitz-Ges im Falle einer **BetrAufsp** (BFH I R 196/79 BStBl II 83, 77). 25

Beispiele für hinreichende Tätigkeiten: Aufbewahrung von Kontoauszügen (BFH I R 130/83 BFH/NV 88, 119); feste Trainingseinrichtung eines Berufssportlers und Wettkampfplanung (FG Mster EFG 06, 1677, rkr).

(4) Personaleinsatz. Der Einsatz von Personal ist nicht zwingend erforderl (sehr str). Daher kann zB eine unterirdisch verlaufende Rohrleitung eine feste Geschäftseinrichtung sein und somit eine Betriebsstätte begründen (so BFH II R 12/92 BStBl II 97, 12 zu BewG; BFH I B 26/97 BFH/NV 98, 19 zu DBA; *Buciek* DStZ 03, 142; *Schaumburg* Rz 6.166; aA *FW* IStR 97, 149; *KS* § 49 Rz 13). Für Offshore-Windparks auf dem dt Festlandsockel (§ 1 I 2, s § 1 Rz 34) oÄ gilt das gleichermaßen. 26

Zu **Internet** und **E-Commerce** s iEinz *Heggmair ua* IStR 15, 92; *Pinkernell* Ubg 14, 73, 75 f: nur wenige Geschäftsmodelle werden der beschr StPfl unterliegen; Ubg 12, 331 („Cloud-Computing", „B2B- und B2C-Geschäfte"); *ders* Internationale StGestaltung im Electronic Commerce (2014), *Heinsen/Voß* DB 12, 1231 („Cloud-Computing", Server als Betriebsstätte); *Tappe* IStR 11, 870 (Server, „Cloud"); *Findeis/Eickmann* DStZ 08, 139 (Server); *Portner* IStR 98, 554. Zu OECD-MA-Entwurf Art 5 (E-Commerce) s *Kußmaul/Peter* BB 00, 1545 und *dies* IStR 01, 238; *Steimel* IStR 00, 490; *Kanzler* FR 00, 1152. Zu **Softwareüberlassung** s Rz 56 und *BMF* BStBl I 17, 1448; ferner *Lüdemann* FR 00, 83, *Kessler* IStR 00, 70 und 98; *Hecht/Lampert* FR 09, 1127 und *ders* FR 10, 68. S iÜ *Schmidt* 27. Aufl § 49 Rz 41 ff.

(5) Unterhalten. Eine Betriebsstätte wird unabhängig vom Ort der Geschäftsleitung (§§ 10, 12 Nr 1 AO) am Belegenheitsort, der Ausübung der Tätigkeit oder der Erbringung der Leistung unterhalten (wie § 18 I Nr 2 AO, § 2a I Nr 2). Beginn/Ende durch Tätigkeitsaufnahme/Einstellung der Betriebsstätte (vgl BGH 5 StR 134/94 HFR 95, 476). Die **Verlegung** des Betriebs führt nicht zur Betriebsaufgabe, auch nicht bei vorübergehender Betriebseinstellung; das gilt insb bei Verlegung ins Ausl (keine Besteuerung der im Inl entstandenen stillen Reserven, s Rz 15; zur Gewinnrealisierung durch „Steuerentstrickung" s aber § 4 Rz 244 ff). 27

(6) Personengesellschaft. Bei einer PersGes werden die Betriebsstätte und die darauf entfallenden Einkünfte einem ausl Ges'ter anteilig zugerechnet, ohne dass der Ges'ter weitere Voraussetzungen erfüllen muss (vgl BFH I R 74/09 BStBl II 14, 788 mwN). Das gilt jedoch nicht für *ehemalige* Ges'ter (BFH I R 106/09 BStBl II 14, 759; *Kessler/Moritz* IStR 11, 158 mwN). WG und Gewinne sind nach dem **Erwirtschaftungsprinzip** zuzuordnen (s § 50 Rz 28 ff; BFH I B 47/05 BStBl II 09, 766 mwN). – **Sondervergütungen** s § 15 Rz 565. – Ist an einer inl PersGes mit **ausl Betriebsstätte** ein ausl Ges'ter beteiligt, wird dessen Gewinnanteil, soweit dieser auf die ausl Betriebsstätte entfällt, nicht erfasst (BFH I R 95/84 BStBl II 88, 663: keine inl Quelle). 28

S iÜ § 15 Rz 173 und Rz 353 (atypische stille Beteiligung); *BMF* BStBl I 14, 1258; *Lüdicke* PersGes im Internationalen StRecht, GS Knobbe-Keuk S 95 ff (2011); *WRS* Rz 6.86 ff. – Weitere Beispiele s *Schmidt* 39. Aufl § 49 Rz 28 aE.

(7) Gewinnermittlung. Sie richtet sich nach den allg Vorschriften (s § 50 Rz 29 ff). Der Gewinn aus der **Veräußerung** oder **Aufgabe** der inl Betriebsstätte eines inl ausl GewBetr führt ebenfalls zu beschr Einkünften iSd § 49 I Nr 2 29

Buchst a, ebenso die Veräußerung des Anteils an einer inl PersGes oder einer inl Betriebsstätte. §§ 16 und 34 gelten auch bei beschr StPfl (Ausnahme: § 16 IV, vgl § 50 I 3; s auch § 16 Rz 6, § 34 Rz 4 und § 50 Rz 14 und 19). – **Sonstige Gewinnrealisierungen** werden wie auch sonst nach § 4 erfasst, s § 4 Rz 50 ff. Zu **Buchführungspflichten** aufgrund ausl Rechts s BFH IV R 3/20 DStR 21, 1806 (aA *Drüen* IStR 19, 833); BFH I R 81/16 BStBl II 19, 390 mwN. Übt der **ausl Ges'ter einer inl PersGes** im Ausl eine eigene unternehmerische Tätigkeit aus, sind WG nach dem Veranlassungsprinzip zuzuordnen (BFH I R 58/15 DStR 18, 657 Rz 26 ff; Anm *Wacker* FR 18, 558, 564; *Meretzki* ISR 18, 271). **Sonder-BA** eines Ges'ters (§ 15 I 1 Nr 2), die der inl Betriebsstätte zuzurechnen sind, gehen in die Bemessungsgrundlage der beschr stpfl Einkünfte ein (BFH I R 92/12 DStR 17, 589). Zur Behandlung von **Dotationskapital** s BFH I B 169/10 BFH/NV 11, 2119 mwN. Zu **StEntstrickung** s § 4 Rz 246 (Überführung von WG ins Ausl) und § 16 Rz 175 (Verlegung einer inl Betriebsstätte ins Ausl). Zu § 5a s BFH I R 67/12 BStBl II 14, 172, und BFH I R 67/12 BStBl II 14, 172.

30 **bb) Ständiger Vertreter.** Zum Begriff s § 13 AO. Die Prüfung ist nur dann vorzunehmen, wenn keine inl Betriebsstätte vorliegt. Der Vertreter muss **nachhaltig,** also nicht nur gelegentl oder vorübergehend tätig werden (BFH I R 54/16 BStBl II 19, 365 Rz 22: über einen längeren Zeitraum hinweg jede Woche oder mehrmals im Monat; BFH I R 87/04 BStBl II 06, 220: 6 Monate); er muss **Geschäfte des Unternehmens** besorgen. Es kann sich um einen ArbN oder um einen selbständigen Gewerbetreibenden handeln (vgl BFH I R 152/73 BStBl II 75, 626; s auch BFH X R 82/89 BStBl II 91, 395: nicht bei eigenen Geschäften), auch um das **Organ einer KapGes** (BFH I R 54/16 BStBl II 19, 365 mwN; *Höpfner/ Stahnke* IStR 20, 539) oder um eine **juristische Person** (zB Tochtergesellschaft, s BFH I R 116/93 BStBl II 95, 238). Der Vertreter muss seinerseits über eine Betriebsstätte oder feste Einrichtung im Inl verfügen, der die Einkünfte zuzurechnen sind (str, s *KS* § 49 Rz 14; **aA** *HHR* § 49 Rz 226). Zur Gewinnzuordnung s *Griemla* IStR 05, 857. – **Beispiele** s 13 AO, EStR 49.1 I (zutr krit *Schaumburg* Rz 6.180) und *Schmidt* 39. Aufl § 49 Rz 30 aE.

31 **cc) DBA-Beschränkungen.** Das Besteuerungsrecht (einschließl Betriebsveräußerung) ist gem Art 7 OECD-MA idR dem Staat der Betriebsstätte zugewiesen, sodass § 49 I Nr 2 Buchst a hier nur ausnahmsweise eingeschränkt wird; das gilt allerdings nicht für ständige Vertreter (s iEinz *Vogel/Lehner* Art 5 Rz 112 ff und 146 ff), wobei dem BFH zufolge auch abkommensrechtl das Organ einer KapGes eine sog Vertreterbetriebsstätte begründen kann (str, s BFH I R 54/16 BStBl II 19, 365 Rz 26 mwN). – Auch abkommensrechtl (vgl Rz 25) sind **Betriebsstätten einer PersGes** den Ges'tern als eigene zuzurechnen (BFH I R 74/09 BStBl II 14, 788; BFH I R 17/01 BStBl II 03, 631 mwN: gilt auch für doppelstöckige PersGes).

Verwaltungsanweisungen: BMF BStBl I 14, 1258 Tz 5. – *Literatur: Hruschka* DStR 10, 1357; *Schmitt-Homann* DStR 10, 2545; *Wassermeyer* IStR 07, 413; *Lang* IStR 07, 606; *Hoheisel* IWB F 10 Gr 2, 2009. – Zur abkommensrechtl Behandlung von **Sondervergütungen** s § 50d Rz 60 ff.

32 **dd) Verfahren.** StErhebung erfolgt grds durch Veranlagung (§ 50 I, II 2 Nr 1).

33 **b) Seeschiffe; Luftfahrzeuge, § 49 I Nr 2 Buchst b.** Der Betrieb von Seeschiffen oder Luftfahrzeugen im Inl begründet für den ausl Unternehmer keine inl Betriebsstätte iSd Buchst a (s *BMF* BStBl I 99, 1076 Tz 4.5 mwN), kann aber gleichwohl zu beschr stpfl Einkünften nach Buchst b führen. – Erfasst werden Einkünfte durch den Betrieb **eigener oder gecharterter Seeschiffe oder Luftfahrzeuge** zur **Beförderung von Personen und Sachen.** Den Aufzählungen in § 3 SchiffRegO und § 1 LuftVG und ebenso der Eintragung in des See- oder Binnenschiffsregister kommt ledigl indizielle Wirkung zu; entscheidend ist, wie das jeweilige Gefährt tatsächl genutzt wird und ob die Einkünfte durch den Beförderungsbetrieb erzielt werden. „**Durch den Betrieb**" erzielt werden praktisch alle Gewinne, die durch den Einsatz des Schiffes/Luftfahrzeugs anfallen (vgl BFH IV R 59/70 BStBl II 73, 610). Der erforderl **Inlandsbezug** wird durch die Beschränkung auf Beförderungen zw inl (vgl FG Berlin IStR 00, 688, rkr, mit Anm *Hensel*) oder von inl zu ausl Häfen hergestellt (s auch BFH I R 57/84 BStBl II 88, 596: Aufteilung einheitl Beförderungsleistung; FG Hbg EFG 84, 354, rkr: Durchfrachtbeförderung zw ausl Häfen; FG Bln EFG 93, 83, rkr: Rettungsflug). – Daneben werden mit solchen Beförderungen **zusammenhängende Beförderungsleistungen** erfasst, wenn und soweit sie sich auf das Inl erstrecken. Es muss sich in Bezug auf die eigentl Beförderung um „dienende", also vorbereitende oder unterstützende Leistungen handeln (insb Zubringertransport, Anschlussbeförderung).

Zu **Pauschalierung/Freistellung** gem § 49 III und IV s Rz 142. Zur **Geschäftsleitung** s *BMF* BStBl I 99, 1076 und BFH IV R 58/95 BStBl II 98, 86; vgl auch EStR 49.1 II. Besteuerung von **Seeleuten** s Rz 59; § 1 Rz 24; zu DBA s BFH I R 42/94 BStBl II 95, 405.

c) Internationale Betriebsgemeinschaften; Pool-Abkommen, § 49 I 34 **Nr 2 Buchst c.** Besteuert werden auch Unternehmen, die nicht selbst die Voraussetzungen des § 49 erfüllen, aber über internationale Vertragsbeziehungen an Beförderungserträgen eines inl Unternehmens beteiligt sind, ohne dass es darauf ankommt, ob das die Beförderung durchführende inl Unternehmen als ständiger Vertreter des ausl Unternehmens anzusehen ist (ansonsten Buchst a, vgl auch EStR 49.1 II 2).

d) Darbietungen, § 49 I Nr 2 Buchst d. Erfasst werden die **gewerbl Ausübung** 36 **und Verwertung** bestimmter Tätigkeiten von Künstlern, Berufssportlern, Artisten etc und damit **zusammenhängende Leistungen**. Sämtl tatbestandl Merkmale des § 15 müssen vorliegen (s Rz 11; vgl auch BFH I B 99/98 BStBl II 00, 254). Die Betätigung darf nicht unter § 49 I Nr 3 oder 4 fallen. Die Regelung gilt auch für ausl Unternehmen, die ohne inl Betriebsstätte oder ständigen Vertreter (ansonsten: Buchst a) – ausl oder inl – Künstler, Sportler und Artisten etc vermitteln (zB Künstlerverleih, Konzertdirektion, Promotion-Agentur) oder Rechte iZm entspr Veranstaltungen vermarkten (vgl BFH I R 41/11 BStBl II 12, 880). Wem die Einnahmen zufließen, ist unerhebl; der StPfl muss nicht der Darbietende sein. Es kann sich um Einzel- oder Gemeinschaftsdarbietungen handeln, unabhängig von der Rechtsform des Darbietenden (s auch FG Ddorf EFG 13, 1132 rkr, mwN).

Zum **Hintergrund** s *Schmidt* 39. Aufl § 49 Rz 36 aE. – *Verwaltungsanweisungen: BMF* BStBl I 96, 89 (allg, mit Beispielen, bis 2008), *BMF* BStBl I 09, 362 (ausl Fotomodelle) und *BMF* BStBl I 10, 1350 (StAbzug); *BfF* BStBl I 02, 904 (Merkblatt).

aa) Begriff. Darbietung ist die **unterhaltende Präsentation** eigener oder 37 fremder Werke, Kenntnisse oder Fähigkeiten vor oder für Publikum. Es kann sich um öffentl (zB Konzerte, Theateraufführungen, Shows, Turniere und Wettkämpfe, s *BMF* BStBl I 96, 89 Tz 2.2.1) und nichtöffentl Präsentationen handeln, um Live-Auftritte (auch unter Playback-Einsatz) oder um Rundfunk-, Film- und Fernsehaufzeichnungen etc. Nur die unter Buchst d aufgeführten Darbietungen werden erfasst (abschließende Aufzählung), nicht wie nach einzelnen DBA jedwede (zB auch die unterrichtende) Tätigkeit eines Künstlers, Sportlers etc; ggf ist aber zu prüfen, ob eine mit den genannten Darbietungen zusammenhängende Leistung vorliegt (s Rz 43). Rein **sachl Darbietungen** ohne persönl Aktivitäten (zB Verkaufsvernissage eines Malers durch KapGes) fallen ebenfalls unter Buchst d.

Werbung unter Ausnutzung des Bekanntheitsgrads eines Künstlers, Sportlers etc ist idR *keine* künstlerische oder sportl Darbietung iSd § 49 I Nr 2 Buchst d; Ausnahme s Rz 43 („zusammenhängende Leistung", vgl auch BFH I R 73/02 BStBl II 05, 550 Rz 15). Bei Rechteüberlassung greift uU § 49 I Nr 6 ein (s BFH I R 73/02 BStBl II 05, 550).

(1) Künstlerisch. Eine Darbietung ist künstlerisch, wenn sie eine **eigenschöpferische** 38 **Leistung** darstellt (iEinz § 18 Rz 66). Der Begriff ist eng auszulegen (wie bei Art 17 OECD-MA): Nur *darbietende* Künstler fallen darunter, also vor allem Bühnen-, Film-, Rundfunk-, Fernsehkünstler (zB Schauspieler, Sänger, Bal-

§ 49 39–41 Beschränkt steuerpflichtige Einkünfte

letttänzer uÄ, Musiker, Dirigent etc), nicht hingegen *schaffende* Künstler (zB Maler, Bildhauer, Komponist, Schriftsteller, Kunsthandwerker, Fotograf), es sei denn, sie bieten ihre Werke selbst künstlerisch dar (zB Musikvortrag durch Komponisten, Dichterlesung etc; aber Vorrang von § 49 I Nr 3, s auch § 18 Rz 77 f) oder lassen dies durch Dritte tun (zB ausl KapGes).

Künstlerische Darbietung bejaht: Feuerwerksshow mit Musikuntermalung (FG BBg EFG 17, 665, rkr; krit *Holthaus* IWB 17, 540). – **Nicht erfasst werden:** Tänzerinnen, die „sich zu Musik ... entkleiden", s aber Rz 41 (BFH I R 81, 82/06 BFH/NV 08, 356); Regisseure und Bühnenbildner (vgl BFH I R 26/01 BStBl II 02, 410 zu Art 17 OECD-MA; vgl auch BFH I R 51/96 BStBl II 97, 679); ebenso Kameramann, Cutter, Tontechniker, Choreograph und Produzent; „Bühnenshow" eines Technikerteams (BFH I R 20/04 BFH/NV 05, 892: keine „unabhängige" Darbietung; BFH I R 65/10 BFH/NV 12, 924); unterrichtender Tänzer (FG Bbg EFG 01, 1284, rkr); Fotomodell (FG Nbg EFG 98, 951, rkr). – Zu Diskjockeys s *Grams* FR 99, 747. Zu technischen Hilfskräften s Rz 43.

39 **(2) Sportlich.** Eine Darbietung ist sportl, wenn sie auf **körperl Bewegung** in Form von Spiel, Einzel- oder Wettkampfleistungen und auf eine über den alltägl Rahmen hinausgehenden **körperl Anstrengungen** der beteiligten Menschen ausgerichtet ist. Zw Berufssportler und Amateur wird nicht unterschieden; Startgelder, die nicht nur Aufwandsersatz sind, indizieren Gewinnerzielungsabsicht (*Schaumburg* Rz 6.197). Ob auch **geistige Tätigkeiten** unter den Begriff „sportlich" fallen („Denksport"), ist str (abl FG Mchn IStR 95, 537 für Berufsschachspieler; aA **KS** § 49 Rz 26 – zu DBA s *Vogel/Lehner* Art 17 Rz 32). Jedenfalls wird man bei „geistigen Wettkämpfen" uÄ vor oder für Publikum ab VZ 2009 eine unterhaltende Darbietung (Rz 37, 41) annehmen können.

Berufssportler erzielen gewerbl Einkünfte (stRspr, s BFH I R 44–51/99 BStBl II 02, 271 mwN), wenn sie nicht ArbN sind (vgl FG BaWü EFG 07, 1879, rkr). – **Nicht erfasst:** Teilnahme an Pferderennen (BFH I R 14/01 BStBl II 02, 861: keine Gewinnerzielungsabsicht; aA FG Hbg EFG 00, 14, rkr); Schiedsrichter (vgl FG Nds EFG 05, 766, rkr); Fußballtrainer (FG Köln EFG 98, 744, rkr); Sportlehrgänge (*FW* IStR 93, 69); nicht eingesetzte Ersatzspieler (*Killius* FR 95, 721/4). – Zu **Werbung** s Rz 37. Zu Steuererlass für **Mannschaftssport** s § 50 Rz 43.

40 **(3) Artistisch.** Darunter fallen Darbietungen im Zirkus, im Varieté uä Veranstaltungen, die ein besonderes körperl Geschick erfordern, zB durch Jongleure, Dompteure, Seiltänzer, Fakire, Zauberer, Clowns, Bauchredner und Film-Stuntmen; nicht hingegen Wahrsager und Hellseher (s aber Rz 41). Zur gewerbl Tätigkeit selbständiger Artisten s auch BFH I R 96/92 BFH/NV 93, 716.

41 **(4) Unterhaltend.** Auch Darbietungen ohne spezifisch künstlerischen, sportl oder artistischen Gehalt begründen eine beschr StPfl, wenn sie „unterhaltend" sind. Im Grunde handelt es sich um eine Tautologie, da der unterhaltende Charakter bereits zum Begriff „Darbietung" gehört (s Rz 37). Erfasst werden sollen mit dem **ab VZ 2009** geltenden Auffangtatbestand Veranstaltungen auch jenseits der von BFH I R 81, 82/06 BFH/NV 08, 356 aufgezeigten Grenze eigenschöpferischer Gestaltung (s BT-Drs 16/10189, 58: Anpassung an DBA-Regelungen). – Dem Begriff **„ähnl Darbietung"** kommt mE daneben keine eigenständige Bedeutung mehr zu (s aber auch *HHR* § 49 Rz 536: Auslegungsregel für einen weiten Darbietungsbegriff). Auf die Vergleichbarkeit mit künstlerischen etc Darbietungen kommt es nicht (mehr) an.

Beispiele: Tänzerinnen, die „sich zu Musik ... entkleiden" (BFH I R 81, 82/06 BFH/NV 08, 356); **Gang über den „roten Teppich"** mit Posieren und (kleinen) Interviews gegen ein *appearance-fee* (s FG Köln IStR 19, 421, rkr; diff *Holthaus* IStR 19, 423); **Ritterspiele** und mittelalterl **Handwerksmarkt** (FG Thür EFG 01, 74, rkr); Auftritte von **Prominenten** (nicht nur Künstler und Sportler) auf Benefizveranstaltungen uÄ mit Unterhaltungscharakter; **Teilnahme an Talkshows** (abl zum alten Recht noch BFH I B 99/98 BStBl II 00, 254), ebenso an **Casting-Shows,** Quizsendungen, Interviews oder sog Homestories; Hellseher, Astrologen und Wahrsager; Büttenredner. Zu sog **Influencern** und **Bloggern** s *Scheerer/Wionzeck* DStR 21, 1449; *Pinkernell/Schlotter,* FR 2020, 681; *Höppner* PIStB 21, 22. – Nach wie vor **nicht erfasst** werden: Vorträge und Seminare (es sei denn, der unterhaltende Charakter überwiegt, zB „Wissenschaftsshow"); Werbeaufnahmen von Fotomodellen etc (FG Nbg EFG 98, 951, rkr).

bb) Inlandsbezug. Eine Tätigkeit wird im Inl **ausgeübt**, wenn sich der beschr StPfl dort physisch aufhält und persönl etwas vorführt bzw an einer unterhaltenden Darbietung teilnimmt (s auch Rz 73). – **Verwertet** wird die Tätigkeit, wenn durch zusätzl Handlungen finanzieller Nutzen daraus gezogen wird (vgl Rz 74), zB durch die Überlassung von (Nutzungs-)Rechten (s BFH I R 6/07 BStBl II 09, 625: Vermarktung). Die Verwertungshandlung muss einen unmittelbaren sachl Zusammenhang zur Darbietung aufweisen (BFH I R 6/07 BStBl II 09, 625; s auch BFH I R 64/99 BStBl II 03, 641). Fehlt es daran, ist zu prüfen, ob Einkünfte aus „zusammenhängenden Leistungen" vorliegen (s unten). Ob es sich um eine „**Auslands- oder Inlandsdarbietung**" handelt, ist seit 1999 unerhebl, wenn nur die Verwertung im Inl erfolgt (zur früheren Rechtslage: BFH I R 18/97 BStBl II 98, 440; s auch *Wassermeyer* IStR 98, 372; *Kumpf/Roth* DB 99, 1132; *Schmidt* 23. Aufl § 49 Rz 32 mwN). Wann das der Fall ist, ist nach wie vor nicht abschließend geklärt, bei Nutzung von überlassenen Rechten im Inl aber wohl jedenfalls zu bejahen (vgl BFH I R 6/07 BStBl II 09, 625 Rz 29 mwN).

Beispiele: Überlassung von **Fernsehübertragungsrechten** zu inl Sportveranstaltungen durch ausl Verein an inl Rundfunkanstalt (BFH I R 6/07 BStBl II 09, 625; s auch BFH I R 41/11 BStBl II 12, 880; ferner *Schauhoff/Schlotter* IStR 09, 751, auch zu Konzertveranstaltungen); (Neben-)Leistungen zu **Inlandstournee** ausl Musiker (BFH I R 19/04 BStBl II 08, 228). – **Nicht erfasst:** die von einer zwischengeschalteten ausl Ges eingeräumte Möglichkeit der **Bandenwerbung** bei Sportveranstaltung (BFH I R 64/99 BStBl II 03, 641, Anm *FW* IStR 01, 782). – Änderung der Rspr zu **Sportler-Werbeverträgen:** BFH I R 19/06 BStBl II 10, 398 mwN (Abgrenzung zu BFH I R 73/02 BStBl II 05, 550), Anm *Schauhoff/Idler* IStR 08, 341; *Gosch* BFH-PR 08, 234.

cc) Zusammenhängende Leistungen. Darüber hinaus werden auch Leistungen erfasst, die selbst keine künstlerische, sportl etc Darbietung darstellen, diese aber vorbereiten, unterstützen oder nachbereiten (gesamte technische und kfm Organisation wie Vermittlung, Transport, Hotelbuchung, Aufbau, Materialbeschaffung, Kartenverkauf, Werbung für die Veranstaltung und Merchandising, Künstlerbetreuung, Bühnenbild, Tontechnik, Beleuchtung, Abrechnung etc); gleichermaßen erfasst werden „begleitende" Leistungen wie Ausrüstungsverträge (Sponsoring), Werbeverträge, Vergütungen für Autogrammstunden und Interviews (vgl *BMF* BStBl I 10, 1350 Rz 31 ff). Erforderl ist ein **tatsächl konkreter und untrennbarer Zusammenhang** mit der Darbietung (s auch BFH I R 93/09 IStR 11, 37 mwN: „Konnexitätsklausel"). Verhindert werden soll, dass durch Aufteilung ein zusammenhängender Leistungen auf jeweils gesonderte Verträge einzelne Bereiche eines einheitl Leistungsgefüges (teilweise) der beschr StPfl entzogen werden (vgl BT-Drs 10/1636, 64). – Die Rspr setzt zudem **personelle Identität** voraus: Derselbe Anbieter muss zugleich eine dem § 49 I Nr 2 Buchst d unterfallende Hauptleistung erbringen (BFH I R 93/09 BFH/NV 10, 2263 mwN: „aus einer Hand"; BFH I R 65/10 BFH/NV 12, 924: „Gesamtleistung" des Darbietenden, enge Auslegung hinsichtlich der Funktion des Abzugsverfahrens nach § 50a; s auch *Lamprecht* IStR 12, 378; *Ehlig* IStR 10, 504). Trennbare Leistungen (unabhängiger) Dritter aufgrund besonderer Verträge werden nicht erfasst, auch nicht bei Beteiligung des Darbietenden oder nahestehender Personen am Unternehmen, das die weiteren Leistungen erbringt. Dass der Darbietende „unmittelbaren Einfluss auf Wahl und Umfang der Leistungen des Dritten ausüben kann", genügt nicht (so *BMF* BStBl I 10, 1350 Rz 34; so wie hier: *KS* § 49 Rz 30).

Weiteres Beispiel: Werbung auf Helmen und Anzügen eines ausl Motorsportteams (BFH I R 3/11 BFH/NV 12, 2038: Einheit von sportl Darbietung und Werbeleistung, eigenständige Darbietung des „Rennteams"; s Anm *Gosels* BFH/PR 13, 13). – **Nicht erfasst werden:** Bereitstellung von **Musikanlage und Transportfahrzeugen** durch GmbH der Ehefrauen (BFH I R 93/09 BFH/NV 10, 2263: Ausgliederung technischer Dienstleistungen, keine missbräuchl Gestaltung; tendenziell eher weiter wohl FG Köln EFG 09, 255, rkr: „wirtschaftl Betrachtungsweise"; s auch FG Mchn EFG 02, 835, rkr); **„Bühnenshow"** eines **Technikerteams** (BFH I R 65/10 BFH/NV 12, 924: selbständige, unabhängige Ges mit eigenem Personal; s auch BFH I R 20/04 BFH/NV 05, 892); **Werbung durch unabhängige Dritte** während oder anlässl von Sportveranstaltungen (BFH I R 64/99 BStBl II 03, 641); **Überlassung von Rechten** (Bild und Namen) an der Person eines Sportlers (BFH I R 73/02 BStBl II 05, 550: § 49 I Nr 6, jetzt § 49 I Nr 2 Buchst f; s auch *BMF* BStBl I 05, 844). – Das Erfordernis personeller Identität schließt es mE aus, Regisseure, Choreographen, Komponisten, Bühnenbildner, Autoren etc, die selbst keine künstlerische Darbietung erbringen, über das Tatbestandsmerkmal der „zusammenhängenden Leistung" der beschr StPfl zu unterwerfen (so aber *Krabbe* FR 86, 425/6; *Kessler* BB 86, 1890, 1897; HHR § 49 Rz 549; KS § 49 Rz 30).

44 **dd) Zufluss der Einnahmen.** Ob die Einnahmen dem Darbietenden oder Verwertenden selbst oder aber einem Dritten zufließen, ist unerhebl (s letzter HS der Regelung); die jeweilige Zahlung muss lediglich in einem kausalen Zusammenhang zu der Ausübung oder Verwertung einer Darbietung im Inl stehen (BFH I B 143/93 BFH/NV 94, 864: „durch").

45 **ee) DBA-Beschränkungen.** Nach Art 17 OECD-MA keine Beschränkung bei inl Darbietung für (persönl) Ausübungseinkünfte; vorausgesetzt wird ein (unmittelbarer oder mittelbarer) Zusammenhang mit einer konkreten öffentl Darbietung (s iEinz *Vogel/Lehner* Art. 17 Rz 6). Dagegen können Verwertungseinkünfte idR nur im Ansässigkeitsstaat besteuert werden (Art. 12 OECD-MA; zur Abgrenzung s BFH I R 41/11 BStBl II 12, 880; ferner *Vogel/Lehner* Art 17 Rz 13 und 43). Mit der Darbietung zusammenhängende organisatorische oder technische etc Leistungen (s Rz 43) werden idR nicht erfasst (s BFH I R 59/15 BStBl II 18, 624 Rz 30: ggf Aufteilung: zu DBA Österreich).

46 **ff) Verfahren.** Die Steuererhebung erfolgt gem § 50a und § 50 II 1 im Wege des **Brutto-StAbzugs** durch den inl Vergütungsschuldner, grds mit abgeltender Wirkung ohne BA-Abzug (s § 50 Rz 27, § 50a Rz 10ff; Ausnahmen: § 50 II 2 Nr 4b und 5, erweiterte beschr StPfl gem § 2 V AStG), oder durch **Nachforderungsbescheid** an den beschr StPfl (§ 50a V 6, s § 50a Rz 38). Veranlagung nur für EU-/EWR-Staatsangehörige mit Ansässigkeit im EU-/EWR-Raum (§ 50 Rz 35 ff, 39). Kontrollmeldeverfahren bei stfreien Einkünften s § 50d V (§ 50d Rz 28). Zur mangelnden Abstimmung mit § 50a s dort Rz 10. – **Höhe des StAbzugs** ab 2009 (s § 50a Rz 2): **15 %** (Geringfügigkeitsgrenze: 250 €, § 50a II) oder **Nettosteuerabzug von 30 %** (§ 50a III).

48 **e) Veräußerung von Kapitalgesellschaftsanteilen, § 49 I Nr 2 Buchst e.** Was Anteile an einer KapGes sind, regelt § 17 I 3 (s § 17 Rz 101 ff); zu sonstigen Anteilen s Rz 102 (§ 49 I Nr 5 Buchst d iVm § 43 I Nr 9). Auch die übrigen tatbestandl Voraussetzungen des § 17 müssen erfüllt sein. Gehören die Anteile zum BV einer inl Betriebsstätte, gilt Buchst a (vgl § 17 Rz 10). Dagegen ist unerhebl, ob die Anteile im Ausl im **BV oder PV** gehalten werden (Folge der isolierenden Betrachtungsweise, Rz 140 f; s auch BFH I 35/64 BStBl III 67, 45 und § 17 Rz 6).

Gehören die Anteile zum Gesamthandsvermögen einer **vermögensverwaltenden Pers-Ges**, fällt die Veräußerung von Anteiler am Gesamthandsvermögen ebenfalls unter Buchst e (wegen Zurechnung gem § 39 II Nr 2 AO, s § 17 Rz 82). – Zur **Zuständigkeit** der FÄ s *Füllbier/Beckert* NWB 11, 2396, 2405.

49 **aa) Inlandsbezug (allgemein).** Die KapGes, deren Anteile veräußert werden, muss grds **Sitz oder Geschäftsleitung im Inl** haben **(Buchst e/aa).** Dies genügt für die Begründung der beschr StPfl. Die Veräußerung kann im Inl oder Ausl und an einen inl oder ausl Erwerber erfolgen. Erfasst werden alle Vorgänge, die § 17 unterfallen, also neben Veräußerung von Anteilen und verdeckter Einlage (§ 17 I 2) auch Auflösung einer KapGes, KapHerabsetzung etc (s iEinz § 17 Rz 211 ff).

Zum **Wegzug** ins Ausl s § 17 Rz 13 mwN (ab VZ 22) und (bis VZ 21) § 6 I 5 AStG aF (Kürzung des Veräußerungsgewinns um die bereits bestehenden stillen Reserven, s EStR 49.1

IV). Bei einer beschr stpfl KapGes ohne inl Betriebsstätte oder ständigen Vertreter greift die **Schachtelstrafe gem § 8b III 1 KStG** nicht (BFH I R 37/15 BStBl II 18, 144 mwN). Zur **Zurechnung** der Einkünfte bei einer ausl Stiftung s BFH I R 55/14 BFH/NV 17, 1588, und Folgeurteil FG Mster EFG 19, 1705, Rev I R 47/19 (Tochter-Ges verzichtet auf KapErhöhung). Zu § 23 s BFH I R 25/86 BStBl II 90, 1056. Zu ausl **FondsGes** s *Stoll/Schuh* BB 11, 2330.

bb) Nachversteuerung stiller Reserven (Buchst e/bb). Mit Wirkung ab VZ 2006 (§ 52 Abs 57 aF) soll die Regelung eine Nachversteuerung eingefrorener stiller Reserven **bei späterer Veräußerung** durch Anteilseigner ohne Wohnsitz/ Sitz im Inl (Anzeigepflicht gem § 54 IV EStDV) in folgenden Fällen sichern: *(1)* Buchwertansatz bei **Verschmelzung** aufgrund eines Antrags nach **§ 13 II UmwStG** (keine Gewinnrealisierung trotz Veräußerungsfiktion des § 13 I UmwStG, wenn das dt Besteuerungsrecht hinsichtl der Anteile nicht beschr wird oder der Vorgang nach Art 8 FusionsRiLi nicht besteuert werden darf). – *(2)* Buch- oder Zwischenwertansatz bei **qualifiziertem Anteiltausch** aufgrund eines Antrags nach **§ 21 II 3 Nr 2 UmwStG** (Anteilstausch darf wiederum gem Art 8 Fusions-RiLi nicht besteuert werden). – *(3)* Ausnahme von der Veräußerungsfiktion des § 17 V 1 bei **Sitzverlegung einer EG-Ges** gem **§ 17 V 2** (s § 17 Rz 240 f). **50**

cc) Inländisches Grundvermögen (Buchst e/cc). Werden Anteile an einer KapGes **ohne Sitz oder Geschäftsleitung im Inl** (ansonsten Buchst e/aa, s Rz 49) veräußert und fällt die Veräußerung unter § 17 (alle Tatbestandsalternativen, vgl Rz 49), führt dies ebenfalls zu beschr stpfl Einkünften, wenn der **Wert der Anteile** *unmittelbar oder mittelbar* **zu mehr als 50 % auf inl unbewegl Vermögen** beruht. Dabei genügt es, wenn diese Voraussetzung zu irgendeinem Zeitpunkt während eines Zeitraums von **365 Tagen** vor der Veräußerung erfüllt war *und* dem Veräußerer die Anteile an der Ges zu diesem Zeitpunkt zuzurechnen waren (§ 39 AO); eine bestimmte Dauer setzt die Regelung hierfür nicht voraus. Ebenfalls nicht vorausgesetzt wird, dass der Veräußerer *zu diesem Zeitpunkt* zu mindestens 1 % (unmittelbar oder mittelbar, s § 17 Rz 51 ff) an der KapGes beteiligt war; eine Veräußerung von Anteilen unterhalb dieser Quote wird nicht erfasst. Es müssen *zwei* zeitraum-bezogene Prüfungen durchgeführt werden („365 Tage": die inl unbewegl Vermögens am Gesamtwert der veräußerten Anteile; und „5 Jahre": relevante Beteiligung nach § 17 I 1, 4). – **Wertvergleich:** Der Wert des inl unbewegl Vermögens (Begriff s § 21 Rz 101) ist ins Verhältnis zu setzen zum gesamten Vermögen der KapGes. Die Quote ist gem § 49 I Nr 2 Buchst e Doppelbuchst bb HS 2 **anhand der Buchwerte** der aktiven WG zu ermitteln; Passivposten bleiben unberücksichtigt. Ist die KapGes ihrerseits an einer (oder mehreren) Ges mit inl unbewegl Vermögen beteiligt, muss eine **Gesamtquote** aller aktiven WG gebildet werden. – Die Regelung gilt gem § 52 Abs 45a S 1 erstmals für Gewinne aus Veräußerungen **nach dem 31.12.18**; die Gewinne werden nur insoweit erfasst, als ihnen nach dem 31.12.18 entstandene **Wertveränderungen** zugrunde liegen. **51**

Die Regelung soll das dt Besteuerungsrecht in Anlehnung an die Neufassung von **Art 13 IV OECD-MA** erweitern; mit dem 365-Tage-Prüfungszeitraum soll **Gestaltungen** kurz vor Anteilsveräußerung entgegengewirkt werden (s BT-Drs 19/4455, S 48). Im Ergebnis wird der Anteilsveräußerung so besteuert, als wäre in allen Grundvermögen veräußert worden. Zu der (abkommensrechtl) Problematik der Berücksichtigung von **technischen Anlagen und Maschinen** eines produzierenden Gewerbebetriebs als unbewegl Vermögen s *Plewka/Beck* IStR 07, 125. Krit hinsichtl Prüfungsaufwand relativ hohen Konzernen mit inl Grundbesitz, auf ein strukturelles Erhebungsdefizit und mögl Mehrfachbesteuerung: *Kempf ua* IStR 18, 527; *Weiss/ Brühl* BB 18, 2135. Zu Remittance-Base-Klauseln s *Meier/Weider* ISR 20, 386.

dd) DBA-Beschränkungen. Gem Art 13 V OECD-MA Besteuerung im Ansässigkeitsstaat des Veräußerers; s iEinz *Vogel/Lehner* Art 13 Rz 190 ff und 199 ff (Wegzugsfälle). Vgl iÜ auch BFH I R 39/87 und 40/87 BStBl II 90, 379 und 381. **52**

Loschelder

53 **ee) Verfahren.** Die **Steuererhebung** erfolgt durch Veranlagung unter Berücksichtigung von § 17 II (Veräußerungsgewinn) und III (Freibetrag) sowie § 34 I (Tarifermäßigung); s § 50 Rz 19.

54 **f) Sonstige gewerbliche Einkünfte, § 49 I Nr 2 Buchst f.** Auch hier müssen zunächst sämtl Merkmale des § 15 vorliegen (s Rz 56). Ferner darf der Tatbestand von Nr 2 Buchst a nicht erfüllt sein (Rz 57). Zu den Begriffen **unbewegl Vermögen, Sachinbegriffe, Rechte** s Rz 109. Die Veräußerung von Anteilen an einer PersGes mit inl Grundbesitz wurde bislang nicht erfasst (so zutr FG Mchn EFG 13, 1852, rkr, mwN; s auch *Haase* IStR 14, 170; *Podewils* jurisPR-SteuerR 46/2013 Anm 3). Mit Wirkung **ab VZ 2017** werden mit Buchst f S 2 über die Verweisung auf § 23 I 4 auch **mittelbare Veräußerungsvorgänge** erfasst (bruchteilsmäßiger Durchgriff durch die vermögensverwaltende PersGes, § 23 Rz 47 mwN; s auch BT-Drs 18/8739, 116 f). Zur Neuregelung in **Buchst f S 3** s Rz 59. – Zum Hintergrund der Regelung s *Schmidt* 39. Aufl § 49 Rz 54 aE.

Verwaltungsanweisungen: BMF BStBl I 11, 530 (Buchführungspflichten, Gewinnermittlung, Besteuerung); BMF BStBl I 09, 362 (Fotomodelle). – *Literatur:* s *Schmidt* 35. Aufl § 49 Rz 54.

55 **aa) Inlandsbezug.** Dieser wird bei Grundstücken etc und Sachinbegriffen durch die **Belegenheit im Inl** und bei Rechten durch **Eintragung** in inl öffentl Bücher oder Register (zB Patent-, Markenschutz- oder Gebrauchsmusterregister) hergestellt, ferner durch Verwertung von vermieteten, verpachteten oder veräußerten Sachinbegriffen oder Rechten in der **inl Betriebsstätte/Einrichtung eines Dritten** (s BFH I R 69/18 BStBl II 19, 401 mwN: Ort der Geschäftsleitung maßgebl; bei Verwertung in *eigener* inl Betriebsstätte des beschr StPfl: Buchst a); zu Verwertung in öffentl-rechtl Rundfunkanstalt s EStR 50a.1. – Dem BMF zufolge ist in den sog **Registerfällen**, also bei Überlassung von Rechten, die in inl Register eingetragen sind, kein weiterer Inlandsbezug erforderl (*BMF* BStBl I 20, 1060). Das ist in dieser Allgemeinheit unzutr, hätte es doch zur Folge, dass weltweit Rechteüberlassungen zu einer beschr StPfl im Inl führen könnten, ohne dass, in welcher Form auch immer, eine inl Verwertung oder Wertschöpfung stattgefunden hätte; auch hätte das FA im Zweifel keine Möglichkeit, einen solchen StAnspruch effektiv zu vollziehen (so zutr *Altenburg* IStR 20, 561; s auch *Andresen* ua IStR 20, 833; *Frey/Schmidt/Schwarz* IStR 21, 427 und 464; **aA** *Gosch* DK 20, 344; *Cloer/Heckeroth* FR 21, 709; zu den verf- und unionsrechtl Fragen s *Schönfeld/Ellenrieder* IStR 21, 831, und *dies* IStR 20, 567; *Pinkernell/Schlotter* FR 21, 909). Die Problematik wird durch die Rspr geklärt werden müssen.

Zeitweise sah es so aus, als würde der Gesetzgeber hier korrigierend eingreifen; doch ist eine entspr Änderung durch das **AbzStEntlModG** (BGBl I 21, 1259) unterblieben (vgl *Rasch/Richter/Keppler* ISR 21, 75; *Altenburg* IStR 20, 965). – Das BMF hat für Vergütungen, die vor dem 1.7.22 zufließen, unter bestimmten Voraussetzungen **„Vereinfachungsregelungen"** geschaffen; entspr Anträge „auf Freistellung vom Steuerabzug analog" § 50d II 1 bzw § 50c II 1 Nr 1 sind **bis zum 30.6.22** beim BZSt zu stellen (BMF BStBl I 21, 301, auch zur Rechteveräußerung, und BMF BStBl I 21, 1005; *Schulz-Trieglaff* Ubg 21, 231; krit insb hinsichtl der Ermittlung der Bemessungsgrundlage und dem Umgang mit Veräußerungsfällen: *Kraft* IWB 21, 228; *Schönfeld/Korff/Ellenrieder* IStR 21, 299, 306 f). Folgt man dem Standpunkt des BMF, gibt es **keine rechtl Grundlage** für diese Vorgehensweise; man könnte dies allenfalls als eine Art Erlass iSv § 227 AO mit Wirkung auch ggü den Vergütungsgläubiger verstehen – oder eben als Beleg dafür ansehen, dass der vom BMF behauptete globale StAnspruch letztl **nicht administrierbar** ist (s auch *Martini* Ubg 21, 230).

56 **bb) Vermietung; Verpachtung; Veräußerung.** Vermietung und Verpachtung ist die zeitl begrenzte Überlassung eines WG gegen Entgelt (s § 21 Rz 4). Veräußerung ist die entgeltl Übertragung auf einen anderen Rechtsträger (vgl § 6b Rz 26 ff; s auch BFH I R 81/00 BStBl II 04, 344 mwN: verdeckte Einlage in KapGes ist keine Veräußerung). – Soweit nicht die Gewerblichkeitsfiktion Anwendung findet, muss nach inl Maßstäben eine **gewerbl Tätigkeit** vorliegen (s Rz 10), zB gewerbl Grundstückshandel oder gewerbl Vermietung (s § 15 Rz 47 und 80 ff).

Bei der Prüfung, ob ein **gewerbl Grundstückshandel** vorliegt, sind auch ausl Grundstücksverkäufe zu berücksichtigen; § 49 II steht dem nicht entgegen (so zutr *Bornheim* DStR 98, 1773; *Schaumburg* Rz 6.215). Natürl Personen, die ein inl Grundstück vermieten, erzielen nach wie vor Einkünfte aus § 49 I Nr 6 (vgl *Wassermeyer* IStR 09, 238; *Bron* DB 09, 592). – Einschr zur Überlassung von **Software und Datenbanken** *BMF* BStBl I 17, 1448: nur die Einräumung umfassender Nutzungsrechte („insb Vervielfältigungs-, Bearbeitungs-, Verbreitungs- oder Veröffentlichungsrechte") zur wirtschaftl Weiterverwertung begründet inl Einkünfte, nicht die schlichte „Überlassung zum bestimmungsgemäßen Gebrauch" (einschließl Installation, Herunterladen in Arbeitsspeicher, Anwendung und Anpassung), ohne Unterscheidung zw Standard- und Individualsoftware (*Roder-Hießerich* CR 21, 374; weiterführend auch *Schnitger/Oskamp* IStR 17, 616; *Pinkernell* Ubg 17, 497; *Maßbaum/Imhof* FR 18, 6; krit *Holthaus* IStR 17, 729; *ders* DStZ 18, 68; ferner *Behnes ua* CR 16, 281). – Zu **„BetrAufsp über die Grenze"** s § 15 Rz 862; zu **Forderungsverzicht** *Schmid/Renner* FR 12, 463.

Während früher nur die zeitl begrenzte Rechtsüberlassung nach § 49 I Nr 6 erfasst wurde (vgl BFH I R 19/06 BStBl II 10, 398), ist mit Wirkung ab 2007 die Besteuerung auf Rechtsverkäufe, vor allem auf veranstaltungsbezogene **verbrauchende Rechteüberlassungen** ausgedehnt worden, die sich zB in der ausschließl, einmaligen oder wiederholenden Nutzung zu Werbezwecken erschöpfen (exklusive Nutzungs- und Werberechtsverkäufe an inl Unternehmen gegen Einmalzahlung zur Bandenwerbung bei Sportveranstaltung oder Fernsehwerbung uÄ, vgl *Dörr* IStR 06, 583; *Cordewener/Dörr* GRUR Int 05, 674, auch zu fortbestehenden DBA-rechtl Problemen).

cc) Keine inländische Betriebsstätte. Die Einkünfte aus VuV/Veräußerung dürfen keiner Betriebsstätte oder einem ständigen Vertreter im Inl zuzurechnen sein (ausdrückl Vorrang von Buchst a). Dementspr können allein der Umstand einer VuV oder Veräußerung im Inl für sich genommen (noch) keine inl Betriebsstätte begründen (Umkehrschluss), auch nicht bei langfristiger VuV (s auch BFH I R 84/05 BStBl II 07, 94: verpachtetes Betrieb keine Betriebsstätte des Verpächters; BFH VIII R 271/84 BStBl II 91, 126).

dd) Gewerblichkeitsfiktion, § 49 I Nr 2 Buchst f S 3. Die Regelung fingiert für den Regelungsbereich (entgegen § 49 II) gewerbl Einkünfte, wenn es sich um entspr Einkünfte einer beschr stpfl Körperschaft handelt, die mit einer KapGes iSd § 1 I Nr 1–3 KStG vergleichbar ist (Typenvergleich, s § 17 Rz 104; Umqualifizierung bislang als Überschusseinkünfte iSv § 49 I Nr 6 erfasster Einkünfte). Betroffen sind davon insb Immobilienvermögen verwaltende ausl KapGes (zB niederländische B. V., vgl BFH I R 6/06 BStBl II 07, 163). Die Fiktion hat nicht zur Folge, dass eine (fiktive) inl Betriebsstätte angenommen wird (BFH I R 76/14 BStBl II 17, 704 mwN; s auch *Wassermeyer* IStR 09, 238).

Zum nach § 42 AO missbräuchl Einsatz einer ausl BasisGes s BFH I R 8/97 BStBl II 98, 163, und BFH I R 35/96 BStBl II 04, 235 (Folgeurteil: FG Köln EFG 03, 1705, rkr; vgl auch *Jegzentis/Kahl* IStR 01, 131).

ee) Gewinnermittlung. Sie erfolgt für beide Alternativen nach §§ 4 ff (BFH I R 76/14 BStBl II 17, 704; BFH I R 81/00 BStBl II 04, 344; Anm *Lüdicke* IStR 02, 673, auch zu § 2 III aF), aber **jeweils gesondert**, da es sich wegen des **objektsteuerartigen Charakters** des § 49 (s Rz 13) um jeweils eigenständige Einkünfte-Tatbestände handelt (str, offen gelassen in BFH I R 76/14 BStBl II 17, 704 mwN; **aA** *BMF* IStR I 11, 530 Rz 8 f); dafür spricht auch Buchst f S 4 (s Rz 60), der mE eine Trennung zw Veräußerungseinkünften und VuV-Einkünften voraussetzt. – Für **Einkünfte aus VuV** ist ein Vermögensvergleich zw Anfangs- und Endbestand eines fiktiven BV durchzuführen (s iEinz BFH I R 76/14 BStBl II 17, 704 Rz 24 f mwN). Ausgangsgröße für den **Veräußerungsgewinn** ist der Veräußerungspreis; von diesem werden die AK/HK und die Veräußerungskosten abgezogen. Im Inl in Anspruch genommene AfA mindert die AK/HK (BFH I R 105/00 IStR 02, 596). Bei Anschaffung vor 1994 ist vom TW zum 1.1.94 auszugehen (BFH I R

§ 49 60–64 Beschränkt steuerpflichtige Einkünfte

6/06 BStBl II 07, 163: „Quasi-Einlage"; FG Ddorf EFG 03, 1388 rkr). Zu Buchführungs-/Anzeigepflichten und AfA s iÜ *BMF* BStBl I 11, 530, hinsichtl der **Buchführungspflicht** aufgrund ausl Rechts jetzt bestätigt durch BFH I R 81/16 BStBl II 19, 390 mwN; s auch *Drüen* IStR 19, 833.

Ein Ertrag aus **Darlehensverzicht** wird bis einschließl 31.12.2018 (s Rz 60) von § 49 I Nr 2 Buchst f nicht erfasst (BFH I R 76/14 BStBl II 17, 704; s auch Rz 20 „Quellenprinzip"). Spezielle **betriebsbezogene Regelungen** wie § 4h sind nicht anwendbar (kein Betrieb, vgl *Huschke/Hartwig*, IStR 08, 745, 749; *Bron* IStR 08, 14, 18; *Schaumburg* Rz 6.217; aA *Kröner/Bolik* DStR 08, 1309; ebenso, jedenfalls für ausl KapGes, *BMF* BStBl I 11, 530 Rz 9; s dazu auch *Schuck/Faller* DB 12, 1893). Die §§ **17 II, 23 III** sind ebenfalls nicht (auch nicht entspr) anwendbar (so zutr *KS* § 49 Rz 45; aA *HHR* § 49 Rz 602; *Hendricks* IStR 97, 229).

60   ff) **Wertveränderungen von Wirtschaftsgütern**, § 49 I Nr 2 Buchst f S 4. Kommt es zu einer Veräußerung von **inl unbewegl Vermögen** und führt diese zu beschr stpfl Einkünften nach Nr 2 Buchst f S 1–3, gehören zu diesen Einkünften nach der mit „JStG 2018" (BGBl I 18, 2338) neu geschaffenen Regelung in Nr 2 Buchst f S 4 auch Wertveränderungen von WG, die mit dem veräußerten Vermögen in wirtschaftl Zusammenhang (s § 50 I 1) stehen; maßgebl ist der Zeitpunkt der Veräußerung (zutr *Cloer ua* BB 18, 1751, 1754). Die Regelung zielt vor allem auf die estl Erfassung von Erträgen ab, die aus dem gläubigerseitigen **Verzicht auf Rückzahlung von Darlehen** resultieren, mit denen der Erwerb des veräußerten Vermögens finanziert worden ist (s BT-Drs 19/4455, S 49 f: Gleichstellung mit inl StPfl). Es werden aber grds auch sonstige Wertveränderungen an anderen aktiven/passiven WG erfasst (Nr 2 Buchst f S 4 enthält anders als Nr 2 Buchst e/cc nF keine Beschränkung auf aktive WG; s auch *Wagner* DB 18, 2659, 2662), aber **nur iZm Veräußerungseinkünften**, nicht iZm VuV-Einkünften (jeweils gesonderte, objektbezogene Gewinnermittlung, s Rz 59) und auch nicht bezogen auf das veräußerte inl unbewegl Vermögen (zutr *Cloer ua* BB 18, 1751, 1754). Die Regelung ist eine Reaktion auf BFH I R 76/14 BStBl II 17, 704 (s Rz 59). Sie gilt gem § 52 Abs 45a S 2 für Wertveränderungen **nach dem 31.12.18**. – Kritik s *Cloer ua* BB 18, 1751, 1755 f (mangelnde Folgerichtigkeit, Doppelbesteuerungsrisiken); *Wagner* DB 18, 2659, 2663 f („abstrakte" Rspr-Korrektur ohne wirkl Ertrag).

61   gg) **DBA-Beschränkungen**. VuV und Veräußerung von inl Grundvermögen werden im Inl besteuert („Belegenheitsprinzip", s Art. 6 I und 13 I OECD-MA); § 49 I Nr 2 Buchst f wird insoweit nicht eingeschränkt. Dagegen unterliegen die Gewinne aus der Veräußerung von Schiffen und Luftfahrzeugen (Art 13 III OECD-MA), sonstige Veräußerungsgewinne (Art 13 II OECD-MA) und Einkünfte aus VuV von Sachinbegriffen und Rechten idR nicht der inl Besteuerung.

62   hh) **Verfahren**. Die Einkünfte unterliegen grds nicht iRd § 50a I 1 Nr 3 dem **StAbzug** (s § 50a Rz 13), ggf auch nach § 50a VII. Verpflichtung zur Abgabe von StAnmeldung/StErklärung: s *BMF* BStBl I 20, 1060.

63   g) **Vermittlung von Berufssportlern**, § 49 I Nr 2 Buchst g. Sog **Transferleistungen** eines inl Sportvereins an einen nicht im Inl ansässigen Verein für die vertragl Verpflichtung eines Sportlers unterliegen (erst) mit Wirkung ab VZ 2010 der beschr StPfl. Beschr StPfl ist der **Empfänger** der Transferleistung. Zu den rechtl Grundlagen von „Spielerleihe/-transfer" s *Schlotter/Degenhart* IStR 11, 457. Zur Aktivierung von Transferleistungen s BFH I R 24/91 BStBl II 92, 977. Zum Hintergrund der Regelung s *Schmidt* 39. Aufl § 49 Rz 118 (mit Literaturhinweisen).

64   aa) **Verpflichtung eines Berufssportlers**. Die gesetzl Regelung knüpft an die vertragl Verpflichtung eines Berufssportlers an. Dieser kann gewerbl oder als ArbN tätig sein (s § 15 Rz 150 „Berufssportler", § 18 Rz 132 und § 19 Rz 35 „Sportler"). Die Abgrenzung zum Amateursportler richtet sich mE *nicht* nach den Statuten der Sportverbände; Berufssportler idS ist vielmehr, wer entweder nachhaltig und mit Gewinnerzielungsabsicht (etc) iSd § 15 tätig ist oder aber als ArbN iSd § 19 beschäftigt wird. Maßgebl wird hier iErg letztl die Freigrenze von 10 000 € (Rz 66) sein. – Die Regelung stellt nicht auf eine bestimmte Form/Dauer der **vertragl Verpflichtung** des Sportlers ab. Sie gilt für die zeitl begrenzte „Spielerleihe" und für den endgültigen Spielertransfer. – Die adverbiale Bestimmung **„im Inland"** bezieht sich mE nicht auf den Ort des Vertragsschlusses bzw der Verschaffung der Gelegenheit dazu (so wohl *KS* § 49 Rz 49d; *Schlotter/Degenhart* IStR 11, 457/62), sondern auf den Gegenstand der vertragl Verpflichtung, näml die Verpflichtung des Sportlers, *für* einen inl Sportverein oder Veranstalter zu spielen bzw anzutreten; auch die Entstehungsgeschichte der Norm legt mE einen solchen Schluss nahe (ebenso *BH/Reimer* § 49 Rz 197; *HHR* § 49 Rz 638b; krit *Kraft* IStR 11, 486, 490 f: kein hinreichender Inlandsbezug – mE unzutr, s zum Territorialitätsprinzip als „völkerrechtl Minimalschranke" *Schaumburg* Rz 6.128). – Der Sportler muss **„als solcher"** verpflichtet werden; dh der Vertrag muss auf die Erbringung sportl Leistungen gerichtet sein. Die Vermittlung von Werbeverträgen uÄ fällt nicht darunter.

bb) Verschaffung der Gelegenheit. Besteuert werden Einkünfte aus der 65 „Verschaffung der Gelegenheit", einen Berufssportler im Inl vertragl zu verpflichten. Die Regelung lässt offen, wer Empfänger der Transferleistung ist. Sie knüpft nicht an die Übertragung oder Überlassung von Rechten durch den abgebenden Sportverein an. Daher werden mE auch Leistungen an Spielervermittler oder -berater etc erfasst.

Der Gesetzentwurf bezieht sich auf „Spielertransfers im allgemeinen Sinne"; jedoch ist dort auch die Rede von „Entschädigungszahlungen an den abgebenden Verein" (BT-Drs 17/2249, 62 f). Dem Wortlaut der Regelung lässt sich eine entspr Beschränkung allerdings nicht entnehmen; die Möglichkeit von Umgehungsgestaltungen spricht mE gegen eine enge Auslegung (str – wie hier: *Kraft* IStR 11, 486, 488; *BH/Reimer* § 49 Rz 197; aA *Schlotter/Degenhart* IStR 11, 457, 461; *HHR* § 49 Rz 638a).

cc) Freigrenze. Der Betrag von 10 000 € in HS 2 ist eine Freigrenze (s BT- 66 Drs 17/2249, 63: „zugunsten des Amateursports"; gilt aber tatbestandl für Berufssportler, s Rz 64). Auch bei nur geringfügigem Überschreiten unterliegt die gesamte Transferleistung der beschr StPfl.

dd) DBA-Beschränkungen. Da die Vermittlungsleistungen eines Dritten tat- 67 bestandl nicht unter Art 17 OECD-MA fallen, wird Art 7 OECD-MA eine Besteuerung im Inl idR ausschließen (vgl iEinz *Schlotter/Degenhart* IStR 11, 457, 463 f; diff *Kraft* IStR 11, 486, 490). Zu Freistellung und Erstattung s § 50d.

ee) Verfahren. Nur die „Spielerleihe" unterliegt gem § 50a I Nr 3 dem **StAb-** 68 **zug**, nicht dagegen die Verschaffung der Gelegenheit zu einer zeitl unbegrenzten vertragl Verpflichtung (also insoweit Veranlagung); zur Abgrenzung s *Schlotter/ Degenhart* IStR 11, 457, 462 f.

4. Selbständige Arbeit, § 49 I Nr 3. – a) Begriff. Sämtl tatbestandl Merk- 72 male des § 18 müssen vorliegen (§ 18 Rz 5 f). Die Abgrenzung zu nichtselbständiger Arbeit (§ 18 Rz 7 ff) und zu gewerbl Tätigkeit (§ 18 Rz 15 ff) erfolgt nach inl Recht (s Rz 10). Zusätzl muss der Berufsträger die Arbeit **im Inl** (§ 1 Rz 30) ausüben oder verwerten oder dort eine feste Einrichtung oder Betriebsstätte unterhalten. Nur der Teil der Einkünfte, die einen solchen Inlandsbezug aufweist, unterliegt der beschr StPfl. Zu nachträgl Einkünften s Rz 74. – Nur **natürl Personen** fallen unter die Regelung; **ausl KapGes** können *per se* keine freiberufl Einkünfte erzielen (trotz § 49 II, s BFH I R 238/81 BStBl II 83, 213 mwN).

Zur **Aufteilung** verschiedenartiger Leistungen bei einheitl Vergütung s EStR 49.3 III (mit Vereinfachungsregelung). – Kritik zur Ungleichbehandlung von freiberufl/gewerbl Einkünften s *Schaumburg* Rz 6.224 (gleichheitswidrige Differenzierung) und *Schmidt* 39. Aufl § 49 Rz 72 aE).

b) Ausübung. Eine selbständige Tätigkeit wird vor allem dann im Inl ausgeübt, 73 wenn sich der beschr stpfl Berufsträger dort physisch aufhält und die Arbeitsleistung persönl erbringt. Die Tätigkeit kann allerdings auch durch **fachl vorgebilde-**

te Arbeitskräfte (vgl § 18 I 3) im Inl ausgeübt werden, ohne dass sich der Berufsträger selbst dort aufhalten muss (vgl § 18 Rz 23; s aber BFH VIII R 32/75 BStBl II 81, 170: grds engere Grenzen bei künstlerischer Tätigkeit). – Das für die Auslegung von (älteren) DBA entwickelte **Arbeitsortsprinzip** gilt auch iRd § 49 I Nr 3 (vgl BFH I R 268/83 BStBl II 87, 372 unter 3.; BFH I R 82/86 BFH/NV 91, 143: Arbeitsort eines Erfinders). Bei der Bestimmung des Arbeitsorts muss die Eigenart der jeweiligen Tätigkeit berücksichtigt werden. Bei rein geistigen oder künstlerischen Tätigkeiten kommt es darauf an, wo sich der eigentl „schöpferische" Akt vollzieht, nicht darauf, wo er vorbereitet wird. Vorübergehende oder gelegentl Ausübung im Inl genügt (anders als bei § 49 I Nr 2 Buchst a), eine nur „virtuelle Präsenz" per Videokonferenz oÄ hingegen nicht (vgl *HHR* § 49 Rz 670). Passive Tätigkeit (Sich-zur-Verfügung-Halten) wird idR am Aufenthaltsort erbracht (BFH I R 19/69 BStBl II 70, 867); zu Unterlassen (Konkurrenz-/Wettbewerbsverbot) s *BMF* BStBl I 14, 1467 Rz 268 und *BMF* BStBl I 18, 643 Rz 322. – Bei nur **teilweiser Ausübung im Inl** unterliegt nur der auf die inl Tätigkeit entfallende Anteil der beschr StPfl.

Beispiele: Inlandsauftritt eines ausl **Künstlers** (zB Musiker, vgl BFH I R 104/08 BFH/NV 10, 1814; s auch BFH I R 22/81 BFH/NV 85, 17: Orchesterleiter mit angestellten Ensemblemitgliedern) oder **Amateursportlers**; inl Operation des ausl **Arztes**; inl Prozessvertretung oder Beratung durch ausl **Anwalt**; ausl **Dozent** hält Vortrag im Inl (EStR 49.2); ausl **Komponist** schreibt Musikstück oder ausl **Schriftsteller** einen Text oder ein Gedicht im Inl (vgl auch BFH I R 268/83 BStBl II 87, 372, und I R 145/70 BStBl II 73, 660); **Beirat** einer KG (BFH I R 34/02 BStBl II 04, 773).

74 **c) Verwertung.** Eine selbständige Tätigkeit wird im Inl verwertet, wenn der beschr stpfl Berufsträger durch zusätzl Handlungen finanziellen Nutzen aus seiner Arbeit zieht, zB durch Einräumung von Nutzungsrechten (vgl BFH I R 6/07 BStBl II 09, 625 zu § 49 I Nr 2 mwN: „Vermarktung"). § 49 I Nr 3 (und Nr 4) enthält keine gesetzl Definition und abw von § 49 I Nr 2 auch keine tatbestandl Beschränkungen (s Rz 45). Erfasst werden insb Verwertungshandlungen iSv § 15 UrhG (Vervielfältigung, Verbreitung, Ausstellung etc) und § 22 KunstUrhG (Bildveröffentlichung). – **Personengleichheit:** Verwerten iSv § 49 I Nr 3 (und Nr 4) kann nur derjenige, der die verwertete Leistung *selbst* erbracht hat, nicht ein Dritter, der seinerseits das Ergebnis einer selbständigen Tätigkeit erworben hat. Der Berufsträger muss daher selbst durch einen über die Arbeitsleistung hinausgehenden Vorgang ein körperl oder geistiges Arbeitsprodukt dem Inl zuführen (so BFH I R 38/83 BStBl II 87, 377 zu § 49 I Nr 4). Dass die Vergütung von einem inl Auftraggeber gezahlt wird (vgl § 49 I Nr 4 Buchst b), genügt nicht.

Beispiele: Lizenzeinnahmen eines im Ausl lebenden **Erfinders** von inl Lizenznehmern (BFH I R 99/08 BStBl II 11, 1019; s auch BFH I R 41/92 BStBl II 93, 407: bei vom Erfinder fremder Erfindungen VuV, § 49 I Nr 6); Verkauf im Ausl gemalter **Bilder** im Inl (*OFD Ffm* BB 04, 1016 mit Abgrenzung zu Verkauf im Ausl an inl Galerie); Verwertung von **Autorenrechten** (BFH I R 174/85 BStBl II 89, 87: idR am Ort der Geschäftsleitung des Verlags); s iÜ *Schmidt* 39. Aufl § 49 Rz 74 aE.

75 **d) Abgrenzung.** Die bloße Arbeitsleistung ist keiner Verwertung zugängl; das gilt nicht nur bei körperl Leistungen. So erschöpft sich zB die Tätigkeit eines Bauingenieurs grds in der Ausübung (vgl BFH I R 192/85 BStBl II 87, 383 zu § 49 I Nr 4). Unterschieden wird wie folgt:

76 **aa) Ausübung als Grundtatbestand.** Stammen Einkünfte aus einer selbständigen Arbeit, die **im Inl sowohl ausgeübt als auch verwertet** wird oder worden ist, bleibt für den Verwertungstatbestand kein Raum. Jede Art der späteren Verwertung der im Inl ausgeübten Tätigkeit führt zu Ausübungseinkünften, unabhängig von Art und Zeitpunkt der Verwertung oder ihrer Vorausehbarkeit. Das gilt auch bei Ausübung als unbeschr StPfl und Verwertung als beschr StPfl (BFH I R 268/83 BStBl II 87, 372: Vergabe von Filmrechten an einem Buch, das ein Schriftsteller vor 13 Jahren im Inl geschrieben hatte).

bb) Subsidiarität der Verwertung. Der Verwertungstatbestand hat nur dann 77
eine eigenständige Bedeutung, wenn eine **im Ausl ausgeübte Tätigkeit** durch
eine zusätzl Handlung **im Inl verwertet** wird (BFH I R 268/83 BStBl II 87, 372).
– Weder Ausübung noch Verwertung: Talkshowteilnahme eines Künstlers oder
Schriftstellers (BFH I B 99/98 BStBl II 00, 254 – s aber ab VZ 2009 Rz 42).

e) Feste Einrichtung; Betriebsstätte. Da eine gesetzl Definition fehlt, ist in 78
Anlehnung an DBA-Recht von einer **festen Einrichtung** auszugehen, wenn die
selbständige Tätigkeit durch eine Geschäftseinrichtung mit fester örtl Bindung und
von gewisser Dauer ausgeübt wird (vgl BFH I R 92/05 BStBl II 07, 100 mwN:
mehr als 6 Monate „verfügbar"; **aA** *Vogel/Lehner* Art 14 Rz 24: kein Mindestzeitraum). Zum Begriff **Betriebsstätte** s § 12 AO und Rz 20 ff. Beide Begriffe
entsprechen einander weitgehend (s iEinz *Vogel/Lehner* Art 14 Rz 21 ff, auch zu
den Unterschieden). In beiden Fällen werden nur diejenigen Einkünfte erfasst, die
der festen Einrichtung/Betriebsstätte auch tatsächl zugerechnet werden können
(s § 49 I Nr 3: „für die"); ihr kommt **keine Attraktivkraft** für andere inl Einkünfte zu.

Beispiele: inl Zweigniederlassung eines ausl Anwalts (BFH I R 63/10 BStBl II 11, 747),
Praxisraum eines Arztes, Büro eines Architekten oder Ingenieurs, Studio eines Fotografen.

f) Freiberufliche Personengesellschaft. S zunächst § 18 Rz 39 ff. Die ausl 79
Ges'ter unterliegen mit ihren Gewinnanteilen, soweit diese der festen Einrichtung/
Betriebsstätte im Inl zuzurechnen sind, der beschr StPfl. Ob sie selbst im Inl tätig
geworden sind, ist unerhebl. Zu Einzelheiten s *WRS* Rz 7.33 ff.

g) Aufgabe; Veräußerung. Die Aufgabe einer selbständigen Tätigkeit im Inl 80
und die Veräußerung einer inl festen Einrichtung (zB Praxis) werden ebenfalls von
§ 49 I Nr 3 erfasst. Die Besteuerung beruht dabei jeweils auf der Ausübung, nicht
auf der Verwertung der Tätigkeit (vgl BFH I R 69/75 BStBl II 79, 64).

h) Nachträgliche Einkünfte. Beruhen die Einkünfte auf einer im Inl aus- 81
geübten selbständigen Arbeit, unterliegen sie im Jahr des Zuflusses ebenfalls der
beschr StPfl (Wortlaut: „... oder worden ist"). Das gilt auch bei *späterer* Veräußerung eines Betriebs durch einen ursprüngl unbeschr stpfl Betriebsinhaber, soweit
mit der Veräußerung im Inl gebildete stille Reserve realisiert werden (so BFH I
R 99/08 BStBl II 11, 1019 mwN: Veräußerungsgewinn eines Erfinders nach Verlegung von Betrieb und Wohnsitz ins Ausl; Rspr-Änderung, s Rz 15).

Weitere Beispiele: Erfinder veräußert Lizenzrechte gegen Leibrente (BFH I R 126/88
BStBl II 90, 377); Veräußerung inl Praxis gegen Beteiligung an künftigen Honorareinnahmen
(BFH I R 69/75 BStBl II 79, 64).

i) DBA-Beschränkungen. Gem Art 14 OECD-MA (aF) erfolgt die Be- 82
steuerung grds durch den **Wohnsitzstaat,** wenn nicht der beschr StPfl über eine
feste Einrichtung im Inl verfügt. Ältere (dt) DBA folgen allerdings dem Arbeitsortsprinzip; eine inl Besteuerung nach § 49 I Nr 3 ist (nun dann) ausgeschlossen, wenn
sich der beschr StPfl lediglich für eine bestimmte Zeit im Inl aufhält (idR nicht
mehr als 183 Tage). – Für **Aufsichts- und Verwaltungsräte** sowie für **Künstler**
und **Sportler** gelten (vorrangige) Sonderregelungen (Art 16 und 17 OECD-MA),
ebenso für **Lizenzgebühren** (Art. 12 OECD-MA).

j) Verfahren. Die Steuererhebung erfolgt in den Fällen des § 50a I, VII durch 83
StAbzug an der Quelle (Steuersatz ab VZ 2009 15 %, § 50a II 1; s iEinz § 50a
Rz 14 und 16); iÜ Veranlagung des beschr StPfl nach § 25.

5. Nichtselbständige Arbeit, § 49 I Nr 4. Begriff s § 19 Rz 1, 10 ff; die Ab- 85
grenzung zu selbständiger Arbeit (§ 18 Rz 7 ff) erfolgt nach inl Recht (Rz 11).
Zusätzl muss die Tätigkeit des ArbN einen der in Buchst a bis e aufgeführten Inlandsbezüge aufweisen. Erfasst werden (wie auch sonst) **alle Güter in Geld** oder
Geldeswert, die durch das individuelle DienstVerh veranlasst sind (§ 19 Rz 10,
40 ff).

86 **a) Ausübung/Verwertung im Inland, § 49 I Nr 4 Buchst a.** Die Tatbestandsmerkmale „ausgeübt" und „verwertet" stimmen mit § 49 I Nr 3 überein (s dort Rz 73 ff, auch zur Abgrenzung der beiden Begriffe), wobei der ArbN das Ergebnis seiner nichtselbständigen Arbeit dann und dort verwertet, wenn und wo er es seinem ArbG zuführt (BFH I R 69/83 BStBl II 87, 379). Verwerten kann iÜ nur der ArbN selbst (BFH I R 38/83 BStBl II 87, 377). Es kommt nicht darauf an, ob der ArbLohn zu Lasten eines inl ArbG gezahlt wird (LStR 39d I). Zum **Inl** s § 1 Rz 30. – Kurzfristige oder vorübergehende Tätigkeit im Inl genügt (vgl BFH I R 22/85 BStBl II 86, 479, zu § 34d). Wird eine Tätigkeit im Ausl *und* im Inl ausgeübt, sind die Einnahmen entspr aufzuteilen; maßgebl ist der Veranlassungszusammenhang (ggf Aufteilung nach Tagen oder Stunden, s BFH I R 22/85 BStBl II 86, 479). **Nachträgl Einkünfte** werden auch hier erfasst („worden ist", s Beispiele), ebenso **vor Arbeitsvertragschluss geleistete** Handgelder und Antrittsprämien (s BFH I R 5/16 BStBl II 18, 761 Rz 21; s aber § 50 Rz 9). – Zu **Steuererlass** und **Pauschalierung** s § 50 Rz 43, LStR 39d II und *BMF* BStBl I 83, 470 („Auslandstätigkeitserlass" bei inl Verwertung der im Ausl ausgeübten Tätigkeit).

Beispiele für **„Ausübung"**: Bauingenieur (BFH I R 192/85 BStBl II 87, 383, s auch Rz 48); Kapitän (BFH I R 38/83 BStBl II 87, 377). – **„Verwertung"**: Lieferung von Marktanalyse-/Forschungsberichten (BFH I R 69/83 BStBl II 87, 379; BFH I R 144/80 BFH/NV 87, 761). – **Nachträgl Einkünfte:** Aktienoptionen (BFH I R 68/10 BFH/NV 11, 737); Erfindervergütung (BFH I R 70/08 BStBl II 12, 493); Lohnfortzahlung im Krankheitsfall (FG Köln EFG 07, 1446). – Weitere Beispiele s *Schmidt* 39. Aufl § 49 Rz 86 aE.

87 **b) Zahlung inl öffentlichen Kassen, § 49 I Nr 4 Buchst b. – aa) Kassenstaatsprinzip.** Bezüge, die den inl Haushalt belasten (zB von Diplomaten), sollen grds unabhängig vom Ort der Ausübung der nichtselbständigen Tätigkeit im Inl besteuert werden (sog Kassenstaatsprinzip, unionsrechtl bedenkl). Die Regelung gilt nicht für andere Einkunftsarten (gleichheitsrechtl bedenkl). Zum Begriff „öffentl Kasse" s *BMF* BStBl I 19, 1082 Rz 4: zB auch GIZ, DAAD, Goethe-Institut etc (vgl auch BFH IV R 228/82 BStBl II 86, 848; FG Ddorf EFG 12, 1167, rkr, s dazu auch *Gosch* IWB 13, 179; FG Ddorf EFG 21, 1127: Kirche, Rev NV I R 13/21; ferner *Bublitz* IStR 14, 140; *ders* IStR 07, 77/79); zum Begriff DienstVerh s § 19 Rz 3. – Es muss sich (anders als bei § 1 II 1 Nr 2) nicht zwingend um ein DienstVerh *zum* inl Kassenträger handeln (BFH I R 65/95 BStBl II 98, 21: dt Schule in Spanien als ausl ArbG; BFH I B 53/98 BFH/NV 99, 458). Ferner muss kein (unmittelbarer) Zahlungsanspruch ggü der inl öffentl Kassen bestehen (Wortlaut: „ohne dass ..."; BT-Drs 13/5952, 49: Klarstellung); zB ins Ausl entsandte Bedienstete des Goethe-Instituts oder des DAAD (vgl BFH I R 60/05 BStBl II 07, 106; s auch *BMF* BStBl I 19, 1082 Rz 8 ff: mittelbare Zahlungen). Gleichwohl setzt die Regelung voraus, dass *„Einkünfte … aus inl öffentl Kassen … gewährt"* werden; es muss also ein **konkreter Bezug** zw den Einkünften des StPfl und der öffentl Kasse bestehen (s auch *HHR* § 49 Rz 761: „enger Zusammenhang" zw Auszahlung und Erstattung; Beispiele s *BMF* BStBl I 19, 1082 Rz 5 ff). Das ist der Fall, wenn das DienstVerh auslösendes Moment für die Gewährung der Zahlung ist; eine betragsmäßige Übereinstimmung ist nicht erforderl (BFH I R 42/16 BStBl II 19, 671: nachträgl Erstattung von Projektmitteln eines privaten Unternehmens; Anm *Kempermann* FR 18, 968, 971). – Werden die Bezüge **anteilig aus anderen Kassen** finanziert, kommt nur *insoweit* eine Besteuerung nicht in Betracht (BFH I R 42/16 BStBl II 19, 671: EU-Mittel).

Zur **unbeschr StPfl** nach § 1 II und III s § 1 Rz 35 ff. Zur Steuerfreistellung von Zuschlägen etc gem § 3 Nr 64 S 2 s § 3 Rz 218. Zu § 50d VII s 50d Rz 50. – Kommt es bei Beschäftigten in Staaten ohne DBA zu einer tatsächl Doppelbesteuerung der Einkünfte, kann **StErlass gem § 227 AO** beantragt werden (vgl *BMF* BStBl I 19, 1082 Rz 17).

88 **bb) Lokal Beschäftigte.** Um Doppelbesteuerung zu vermeiden, unterliegen sog lokal Beschäftigte (zB Bedienstete von Auslandsvertretungen oder iRd Entwicklungszusammenarbeit) in Tätigkeitsstaaten, mit denen **kein DBA** besteht, nicht der beschr StPfl (Einschränkung des Kassenstaatsprinzips, BT-Drs 19/13 436, 119; s auch *BMF* BStBl I 19, 1082 Rz 14 ff). Die Regelung gilt **ab VZ 2020** für alle ArbN, die vor Ort oder aus der Region des Tätigkeitsstaats (oder aus einem anderen Land) gewonnen worden sind und somit im Gegensatz zu den aus Deutschland entsandten Beschäftigten keinen Wohnsitz oder gewöhnl Aufenthalt in Deutschland wegen dieser oder einer vergleichbaren vorangegangenen Beschäftigung aufgegeben haben (krit *Holthaus* IStR 20, 341). Die Besteuerung bleibt in solchen Fällen dem Wohnsitz- oder Tätigkeitsstaat überlassen. – Soweit mit dem Tätigkeitsstaat ein DBA besteht, bedarf es keiner Ausnahme von der beschr StPfl; die Doppelbesteuerung wird durch das DBA vermieden.

c) Geschäftsführer; Prokurist; Vorstandsmitglied, § 49 I Nr 4 Buchst c. 89
Die Regelung begründet eine **Fiktion des Tätigkeitsorts** (vgl BFH I R 81/04 BStBl II 10, 778 zu DBA Schweiz) und beruht auf der Vorstellung, dass Tätigkeiten, die typischerweise in der Erteilung von Weisungen bestehen, letztl dort ausgeübt werden, wo die Weisungen empfangen und umgesetzt werden. Ob bzw wie lange sich die jeweilige Person tatsächl im Inl aufhält, ist unerhebl. Betroffen sind (seit VZ 2002) alle im Ausl ansässigen und tätigen (sonst Nr 1 oder Nr 4 Buchst a) Geschäftsführer, Prokuristen und Vorstandsmitglieder einer Ges mit Geschäftsleitung (§ 10 AO, nicht Sitz!) im Inl. Von wem die Vergütung gezahlt wird (zB innerhalb eines Konzerns), ist unerhebl. § 34c/§ 34d Nr 5 enthalten keine entspr Regelung.

Beispiele: Geschäftsführer einer GmbH (§ 35 GmbHG); Vorstand einer AG (§ 76 AktG); Prokurist (§ 48 HGB) einer KapGes oder PersGes (ebenso *BH/Reimer* § 49 Rz 227; aA *Frotscher/Geurts* § 49 Rz 263). Bei einer PersGes darf der Geschäftsführer/Prokurist allerdings nicht zugleich Ges'ter sein, da er als solcher keine Einkünfte aus nichtselbständiger Arbeit erzielt (§ 15 I 1 Nr 2 und 3/§ 49 I Nr 2). – **Nicht erfasst:** Aufsichts- und Verwaltungsräte (vgl *BMF* BStBl I 18, 643 Rz 309); Stiftungs- oder Vereinsvorstand (vgl BFH I R 93/06 BFH/NV 08, 206 zu Art 16 DBA Türkei). – **Literatur:** *Cordes/Kraft* FR 20, 885; s iÜ *Schmidt* 35. Aufl § 49 Rz 89.

d) Entschädigungen, § 49 I Nr 4 Buchst d. Erfasst werden Ausgleichszahlungen iSv § 24 Nr 1 (zu Voraussetzungen s iEinz § 24 Rz 4 ff), soweit sie **für die Auflösung** eines DienstVerh mit im Inl unbeschr oder beschr stpfl ArbLohn gezahlt werden (nicht erfasst daher: Wettbewerbsverbote etc, str). Das soll nach der Gesetzesbegründung die frühere Rspr zu nachträgl Lohnzahlungen kodifizieren, hat aber tatsächl (erstmals mit Wirkung ab VZ 2004) einen neuen Besteuerungstatbestand geschaffen (vgl auch BFH I R 81/07 BStBl II 09, 632, Anm *Kempermann* FR 09, 475). Problematisch ist der **Aufteilungsmaßstab** („soweit ..."; s auch FG BaWü EFG 18, 1470, rkr; *Neyer* IStR 04, 403); mE sollte eine Aufteilung anhand der **tatsächl Arbeitstage** erfolgen (entspr *BMF* BStBl I 18, 643 Rz 204 ff; str, s FG BaWü EFG 20, 1469: monatsweise mwN, Rev I R 30/20). – Auf die tatsächl Besteuerung kommt es nicht an (so zutr FG BaWü EFG 20, 1469, Rev I R 30/20, und EFG 18, 1470, rkr). Das Besteuerungsrecht ist abkommensrechtl häufig anderen Staaten zugewiesen; mit Wirkung **ab VZ 2017** gilt hier allerdings § 50d XII (s § 50d Rz 70 f). Nach Streichung von § 50 I 3 aF ist die Fünftelregelung nach § 34 anwendbar (JStG 2008; s auch § 34 Rz 4). – **Literatur:** *Neyer/Schlepper* FR 11, 648 (auch zu Konsultationsvereinbarungen iS § 2 II 1 AO); *Günkel* IStR 09, 889; *Portner* IStR 08, 584. 90

e) Bordpersonal von Luftfahrzeugen, § 49 I Nr 4 Buchst e. Im Ausl ansässiges Bordpersonal (Piloten, Stewardessen etc) unterlag bis 2006 nur mit dem sog Inlandsanteil der beschr StPfl, während die übrigen Einkünfte wegen Art 15 III OECD-MA bzw entspr DBA-Regelungen im Ansässigkeitsstaat stfrei blieben. Diese Lücke ist mit Wirkung ab VZ 2007 geschlossen, gleichzeitig aber auf im internationalen Luftverkehr eingesetzte Luftfahrzeuge beschränkt worden (Einsatz nur im Ansässigkeitsstaat begründete keine DBA-Verlagerung des Besteuerungsrechts). – **Inlandsbezug:** Das Flugzeug muss von einem Unternehmen mit **inl Geschäftsleitung** betrieben werden (Geschäftsleitung is § 10 AO). 91

"Stand-by-Wohnungen" von Flugpersonal sind grds Wohnsitz iSd § 1 I und führen zu unbeschr StPfl (FG Hess EFG 11, 133, rkr; FG Hbg BeckRS 2008, 26026186, rkr; s auch *Eich* EStB 11, 269); zu gemeinsamer Nutzung mit weiteren ArbN s BFH I R 50/12 BFH/NV 13, 1909.

92 **f) DBA-Beschränkungen.** Für die Ausübung nichtselbständiger Tätigkeiten gilt grds das durch die 183-Tage Regel modifizierte **„Arbeitsortprinzip"** (§ 15 I, II OECD-MA), für öffentl Dienst das **„Kassenstaatsprinzip"** (§ 19 OECD-MA; allerdings *treaty override* durch § 50d VII, s § 50d Rz 50). Ebenso wird die Besteuerung von Flugpersonal idR nicht durch DBA beschränkt (Art 15 III OECD-MA). Dagegen erfolgt die Besteuerung von **Verwertungseinkünften** idR durch den Wohnsitzstaat, ebenso die Besteuerung von **Grenzgängern** (zB Art 15a DBA-Schweiz; s auch BFH I R 84/08 BStBl II 10, 390; BFH I R 69/08 BFH/NV 10, 1634). Für letztere soll eine erhöhte Anzahl von **Homeoffice-Tagen** wegen **Corona** zu keiner Änderung des Besteuerungsrechts führen (zu entspr Vereinbarungen mit Nachbarstaaten s *Höppner/Melkonyan* IStR 20, 735; *Mick/Dyckmans/Klein* COVuR 20, 235, 240; *Bruns* ISR 20, 228; *Steinhauser/Höppner* FR 20, 500). – Zu **Entschädigungen/Abfindungen** s § 50d Rz 70f und BFH I R 76/17 BStBl II 21, 275 („bevollmächtigter Vertreter" nach DBA-Polen).

Verwaltungsanweisungen: BMF BStBl I 19, 1082 Rz 18 ff (Entwicklungshilfeklauseln); BMF BStBl I 14, 1467 bzw BStBl I 18, 643. – *Literatur:* Wällisch/Näth IStR 05, 433; Niermann IWB F 3, Gr 2, 1345. – Zu **Aktienoptionen** s *Hasbergen* ua IStR 07, 380. Zu **Abfindungen** s BFH I R 76/17 BStBl II 21, 275 (DBA Polen). Zum Verhältnis zw **LStAbzug** und DBA s BFH I R 93/06 BFH/NV 08, 206. Zur sog **Entwicklungshelferklausel** s BFH I R 17/18 BeckRS 2021, 45933; FG Hess EFG 18, 1200, rkr.

93 **g) Verfahren.** Die Steuererhebung erfolgt durch **StAbzug** (§ 39d iVm § 38) mit WK-Eintrag (grds abgeltend gem § 50 II 1, Veranlagung nach § 50 I 4 und 5, II 2 Nr 4 nur für EU-ArbN; problematisch, s § 50 Rz 39). Verpflichtung des ArbG zum LSt-Einbehalt gem § 38 I 1 iVm III 1; **Haftung** gem § 42d I Nr 1. Nachforderung beim ArbN gem § 42d III 1 und 4 (s auch BFH I R 68/10 BFH/NV 11, 737: keine Verzinsung bei späterer Erstattung). S auch LStR 39.4; Artisten s LStR 39d VI. – Zu **Erlass** und **Pauschalierung** s § 50 Rz 43 (zB kurzfristig beschäftigte „Auslandskünstler").

96 **6. Kapitalvermögen, § 49 I Nr 5.** Begriff s § 20 Rz 14. Die Regelung ist sehr unübersichtl. Teils knüpft sie an Tatbestände des § 20 an, teils an die der §§ 43, 44. Der erforderl **Inlandsbezug** wird zT durch die Person des Schuldners der KapErträge und zT durch sachl Anknüpfungspunkte hergestellt. Maßgebl ist jeweils der Zeitpunkt, zu dem die Einkünfte zu erfassen sind (BFH I R 129/79 BStBl II 84, 620; BFH I R 87/84 BFH/NV 85, 104). Die **Subsidiaritätsklausel** des § 20 VIII gilt auch hier (ohne ausdrückl Verweisung); dh § 49 I Nr 1–3 und 6 sind vorrangig zu prüfen. Einschränkungen ergeben sich aufgrund der isolierenden Betrachtungsweise (§ 49 II, s Rz 140f).

Auch für beschr StPfl gelten grds **§ 3 Nr 40 EStG und § 8b KStG** (s § 3 Rz 135). Der Gleichbehandlung mit unbeschr StPfl steht jedoch der abgeltende StAbzug nach § 50 II 1 bei Fehlen einer inl Betriebsstätte entgegen (vgl ausführl *Fock* FR 06, 369; *Dautzenberg* BB 01, 2137: EU-rechtswidrig). – **Nicht erfasst** werden Diskontbeträge von Wechseln uÄ iSv § 20 I Nr 8 (s § 20 Rz 125) und Leistungen nach § 20 I Nr 10 (Betriebe gewerbl Art uÄ, s § 20 Rz 135 ff; zur Erstattung von KapESt im letztgenannten Fall s *Wassermeyer* IStR 03, 94; **aA** *Ramackers* IStR 03, 383). Zur Behandlung eines StPfl bei **Wegzug** s Ausl s *BMF* BStBl I 12, 953 Rz 314 bzw BMF BStBl I 16, 85 Rz 312.

97 **a) Inländischer Schuldner, § 49 I Nr 5 S 1 Buchst a.** KapEinkünfte iSv § 20 I Nr 1, 2, 4, 6 und 9 unterliegen der beschr StPfl grds dann, wenn der Schuldner (nicht notwendig der Zahlende) der KapErträge Wohnsitz (§ 1 Rz 20, § 8 AO), Geschäftsleitung oder Sitz (§§ 10, 11 AO) im Inl hat. Kompensationszahlungen nach § 20 I Nr 1 S 4 (§ 20 Rz 70) werden erfasst, wenn sich Geschäftsleitung oder

Sitz des Emittenten der Anteile, auf die sich die Kompensationszahlung bezieht, im Inl befindet (wie bei § 43 III 3); auf Wohnsitz, Geschäftsleitung oder Sitz des Schuldners kommt es insoweit nicht an (s auch BT-Drs 19/14909, 46). Bei sog anonymen Tafelgeschäften isd § 44 I 4 Nr 1 Buchst a/bb schließl ergibt sich der Inlandsbezug durch die inl Zahlstelle (s § 44 Rz 2). – Erfasst werden neben offenen Gewinnausschüttungen (vgl etwa BFH I R 30/10 BFH/NV 12, 105) auch vGA (§ 20 I Nr 1 S 2), nicht hingegen zurückgewährte Einlagen (vgl § 20 I Nr 1 S 3). Ausdrückl ausgenommen sind bislang Investmentanteile iSd § 2 InvStG (s Rz 98).
– Gem HS 2 richtet sich die beschr StPfl von Erträgen aus **Wandelanleihen und Gewinnobligationen** ebenfalls allein nach § 49 I Nr 5 S 1 Buchst a (str bis VZ 2019, s *Schmidt* 38. Aufl § 49 Rz 99 mwN; jetzt bestätigt durch BFH I R 6/18 BStBl II 22, 24). – S iÜ *Schmidt* 39. Aufl § 49 Rz 97 aE.

b) Investmenterträge, § 49 I Nr 5 S 1 Buchst b. Bei den genannten Erträ- 98 gen isd § 2 InvStG wird kein zusätzl Inlandsbezug verlangt, da sich dieser bereits aus den aufgeführten Vorschriften ergibt (§ 7 III InvStG: inl Investmentvermögen iSd §§ 2 und 6 InvStG; § 7 I, II und IV InvStG iVm § 44 I 4 Nr 1 Buchst a Doppelbuchst bb: inl Zahlstelle). Andere Investmenterträge (zB aus Zinsen) unterliegen nicht der beschr StPfl; gleichwohl einbehaltene KapESt ist nach § 7 VI InvStG zu erstatten. S auch *Rohde/Neumann* FR 12, 247. – **Ab VZ 2018** fallen Investmenterträge unter § 20 I Nr 3 und Nr 3a (s § 20 Rz 77 ff); § 49 I Nr 5 S 1 Buchst a ist entspr geändert und Buchst b ist gestrichen worden; beides gilt für KapErträge, die **ab dem 1.1.18** zufließen (§ 52 Abs 45a).

Die von § 49 I Nr 5 S 1 Buchst b aF erfassten Erträge werden ab VZ 2018 entweder bereits auf der Ebene der Investmentfonds besteuert oder sollen im Fall von Spezialfonds bei unmittelbarer Zurechnung der Erträge auf Anlegerebene von Nr 5 S 1 Buchst a erfasst werden (vgl BR-Drs 119/16, 160).

c) Grundpfandrechte; sonstige Kapitalerträge, § 49 I Nr 5 S 1 Buchst c. 99 Zinseinkünfte und sonstige Erträge iSv § 20 I Nr 5 und 7, die nicht unter Nr 5 Buchst a oder Buchst b fallen, brauchen einen **zusätzl sachl Inlandsbezug**. Sie unterliegen nur in den abschließend in Buchst c und (ab 2009) d aufgeführten Fällen der beschr StPfl. – Ausgenommen sind hiervon **Wandelanleihen** und **Gewinnobligationen**; die Besteuerung richtet sich allein nach § 49 I Nr 5 S 1 Buchst a (s Rz 97).

aa) Dingliche Sicherung. Das beschr stpfl KapVerm muss nach Nr 5 Buchst c 100 Doppelbuchst aa **im Inl** dingl gesichert sein (Eintragung der Sicherheit im Grundbuch oder Schiffsregister; nicht in öffentl Schuldbuch, s § 49 I Nr 5c Doppelbuchstaa S 2). Die Sicherung muss im Zeitpunkt des Zuflusses bestehen (BFH I R 129/79 BStBl II 84, 620; I R 87/84 BFH/NV 85, 104). Eine Absicherung im wirtschaftl Sinne genügt (BFH I R 97/93 BStBl II 94, 743; s auch BFH I R 11/99 BStBl II 01, 822: mittelbare Besicherung). Betroffen sind Zinsen aus Hypotheken/Grundschulden sowie Renten aus Rentenschulden (§ 20 Rz 175). Auf die dingl Sicherung *der Zinsen* kommt es nicht an (vgl BFH I R 129/79 BStBl II 84, 620). Krit *Haase/Dorn* IStR 12, 180.

bb) Nicht verbriefte Genussrechte. Diese werden gem Nr 5 Buchst c Dop- 101 pelbuchst bb nur erfasst, wenn der Schuldner Wohnsitz, Geschäftsleitung oder Sitz im Inl hat (Analogie zu Nr 5 Buchst a wegen planwidriger Regelungslücke, s auch *BH/Reimer* § 49 Rz 271; **aA** *Jahn* IStR 21, 396: verfwidrig).

d) Tafelgeschäfte, § 49 I Nr 5 S 1 Buchst d. Erfasst werden Erträge aus ver- 102 brieften und registrierten KapForderungen (§ 20 I Nr 7/§ 43 1 1 Nr 7 Buchst a, s § 43 Rz 36), Gewinne aus Anteilsveräußerungen (§ 20 II 1 Nr 1/§ 43 1 1 Nr 9, s § 20 Rz 156 f), Gewinne aus der Veräußerung von Dividendenscheinen und sonstigen KapForderungen iSv § 20 I Nr 7 (§ 20 II 1 Nr 2 Buchst b und Nr 7/ § 43 1 1 Nr 10, s § 20 Rz 160 und 182) und besondere Entgelte oder Vorteile (§ 20 III/§ 43 I 2; zu § 20 II 1 Nr 2 Buchst u s *BMF* BStBl I 13, 939).

Der Anwendungsbereich der Regelung ist durch das JStG 2009 (BGBl I 08, 2794) **ab VZ 2009** auf Schaltergeschäfte beschränkt worden, bei denen die Erträge einem nicht nach § 154 AO legitimierten (unbekannten) Depotinhaber ausgezahlt werden (vgl BT-Drs 16/11108, 28; s auch *Kahle/Schulz* DStZ 08, 784, 794). Der erforderl Inlandsbezug besteht darin, dass die Erträge von einer inl Zahlstelle ausgezahlt oder gutgeschrieben worden sein müssen; dass auch der Schuldner im Inl ansässig ist, wird *nicht* verlangt. Nicht erfasst werden Auszahlungen und Gutschriften an ausl Kredit- oder Finanzdienstleistungsinstitute.

103   **e) Besondere Entgelte und Vorteile, § 49 I Nr 5 S 2.** Ohne weitere sachl Voraussetzungen unterliegen auch Einkünfte iSd § 20 III der beschr StPfl. Die Regelung enthält keinen selbständigen Besteuerungstatbestand, sondern ergänzt nur die übrigen Tatbestände (vgl § 20 Rz 190 mit Beispielen). Dementspr wird auch kein eigenständiger Inlandsbezug verlangt; dieser ergibt sich vielmehr daraus, dass die Entgelte und Vorteile gem § 20 III iVm § 49 Nr 5 S 2 *neben* einem der übrigen in § 49 Nr 5 S 1 genannten beschr stpfl KapErträge gewährt sein müssen, also über den jeweils dort normierten Inlandsbezug.

104   **f) Einkünfteermittlung.** Der Abzug von WK ist seit VZ 2009 ausgeschlossen; das gilt für unbeschr wie für beschr StPfl (§ 20 IX 1; zu beschr StPfl KapGes s *HHR* Rz 865). Der Sparer-Pauschbetrag wird grds auch beschr StPfl gewährt (ebenfalls seit VZ 2009, § 50 Rz 14); s aber Rz 106.

105   **g) DBA-Beschränkungen.** Das Besteuerungsrecht ist grds dem Wohnsitzstaat des Empfängers der KapEinkünfte zugewiesen, häufig verbunden mit einer der Höhe nach begrenzten Quellenbesteuerung im Ansässigkeitsstaat des Leistenden (bei Dividenden idR bis zu 15 %, s Art 10 OECD-MA; bei Zinsen idR bis zu 10 %, s Art 11 OECD-MA; s *Vogel/Lehner* Vor Art 10–12 Rz 55 ff). Die Ermäßigung erfolgt im Wege der Erstattung der zunächst voll abzuziehenden KapESt durch das *BfF/BZSt* (§ 50d I). Eine verbleibende Doppelbesteuerung wird idR durch Steueranrechnung ausgeglichen. Für Zinsen hat Deutschland weitgehend auf eine Besteuerung als Quellenstaat verzichtet (s *Vogel/Lehner* Art 11 Rz 48 ff; BFH I R 48/12 IStR 13, 880, zu DBA USA).

106   **h) Steuererhebung.** Die KapEinkünfte unterliegen gem §§ 43 ff dem **KapEStAbzug** und zwar gem § 50 II 1 grds mit abgeltender Wirkung (zur Problematik der Überbesteuerung s *Schaumburg* Rz 6.139 ff, 6.247), es sei denn, die Einkünfte sind einer inl Betriebsstätte zuzuordnen, § 50 II 2 (vgl § 50 Rz 26 ff; s iEinz auch *BMF* BStBl I 16, 85 Rz 312 ff). Unterliegen KapEinkünfte **nicht** der **beschr StPfl**, ist von der auszahlenden Stelle keine KapESt einzubehalten (*BMF* BStBl I 16, 85 Rz 313); gleichwohl einbehaltene KapESt ist nach § 37 II AO zu erstatten (vgl *HHR* Rz 810: formloser Antrag). S iU auch *Helios/Hierstetter* Ubg 12, 505 mit Beisp.

109   **7. Vermietung und Verpachtung, § 49 I Nr 6. – a) Begriff.** Zu VuV s § 21 Rz 4 ff. Unter die Regelung fallen VuV von unbewegl Vermögen (§ 21 I 1 Nr 1: Grundstücke, Gebäude, Gebäudeteile, im Register eingetragene Schiffe und grundstücksgleiche Rechte), von Sachinbegriffen (§ 21 I 1 Nr 2) und Rechten (§ 21 I 1 Nr 3) und von Miet- und Pachtzinsforderungen (§ 21 I 1 Nr 4); s iEinz § 21 Rz 101 ff. Der erforderl **Inlandsbezug** wird entweder durch die Belegenheit im Inl (Grundstücke etc und Sachinbegriffe) oder durch Eintragung in inl öffentl Bücher und Register wie Grundbuch, Schiffsregister, Patent-, Markenschutz- oder Gebrauchsmusterregister (Schiffe und Rechte) oder durch Verwertung in einer inl Betriebsstätte oder Einrichtung eines Dritten hergestellt. Zu den sog **Registerfällen** s Rz 55.

110   **aa) Abgrenzung.** Einzelne **bewegl Sachen** fallen nicht unter § 49 I Nr 6, sondern unter § 49 I Nr 9 (subsidiärer Auffangtatbestand); ebenso **Know-how** (s Rz 125). – **Rechte** iSd § 21 I Nr 3 sind insb die dort genannten schriftstelleri-

schen, künstlerischen und gewerbl Urheberrechte und gewerbl Erfahrungen etc (s § 21 Rz 103); die Aufzählung ist nicht abschließend (BFH I R 86/07 BStBl II 10, 120). Erfasst wird auch die Überlassung von Persönlichkeitsrechten am eigenen Namen und Bild durch den Rechteinhaber (BFH I R 19/06 BStBl II 10, 398).

bb) Inländische Verwertung. Zu **Betriebsstätte** s Rz 22. **Einrichtung** meint 111 eine feste Geschäftseinrichtung oder Anlage, s Rz 78. Zu **Verwertung** s Rz 42 und 74 (vgl auch BFH I R 19/06 BStBl II 10, 398 Rz 49 f mwN: Selbstvermarktung eines Berufssportlers; ferner *Schmidt-Heß* IStR 06, 690). Es muss sich nicht unbedingt um eine Betriebsstätte/Einrichtung des Vergütungsschuldners handeln (wird in der Praxis aber häufig der Fall sein, vgl BFH I R 76/10 BFH/NV 12, 1444); ob der Inhaber der Betriebsstätte/Einrichtung unbeschr oder beschr stpfl ist, ist unerhebl. Die Verwertung in einer *eigenen* Betriebsstätte/Einrichtung des beschr StPfl (Vergütungsgläubiger) fällt dagegen schon tatbestandl nicht unter § 49 I Nr 6, sondern ggf unter § 49 I Nr 2 Buchst a oder Nr 3.

cc) Subsidiarität. Die Regelung ist nur anzuwenden, soweit Einkünfte nicht 112 § 49 I Nr 1 bis 5 zugeordnet werden können; insb im Anwendungsbereich des § 49 I Nr 2 Buchst f ist dieser vorrangig (ab VZ 2009, s Rz 54). Zur Abgrenzung zw § 49 I Nr 3 und Nr 6 s BFH I R 41/92 BStBl II 93, 407.

b) Nutzungseinkünfte. § 49 I Nr 6 betrifft (anders als Nr 2 und 3) nur Ein- 113 künfte aus der Nutzung durch **zeitl begrenzte Überlassung** eines WG, nicht solche aus der Veräußerung der Vermögenssubstanz bzw der endgültigen Rechteübertragung. Das Nutzungsverhältnis kann dingl oder obligatorischer Art sein (BFH I R 54/75 BStBl II 78, 355). Vorausgesetzt wird der Fortbestand einer eigenständigen Rechtsposition beim Überlassenden (BFH I R 86/07 BStBl II 10, 120). An einer zeitl begrenzten Überlassung von Rechten iSd § 49 I Nr 6 fehlt es, wenn eine Rückübertragung oder ein Rückfall des Rechts bei Vertragsbeginn praktisch ausgeschlossen ist, weil sich der wirtschaftl Wert des überlassenen Rechts während der Nutzungsdauer erschöpft (zu Sport-Bandenwerbung s BFH I R 64/99 BStBl II 03, 641: „verbrauchende Rechteüberlassung"). Die **Dauer** der Überlassung braucht nicht festzustehen, soweit eine zeitl Begrenzung *mögl* ist. Auch eine langfristige, uU zeitl unbegrenzte Rechtebestellung kann ein Nutzungsverhältnis begründen. Die zeitl Begrenzung des gesetzl Rechtsschutzes schließt andererseits die Möglichkeit der Übertragung des Vollrechts nicht aus (Veräußerung statt Nutzung, s zu Patentrecht FG Mchn EFG 83, 353, rkr, str).

Beispiele: – *(1)* Einkünfte aus VuV bejaht für: Webeaktivitäten eines Berufssportlers (BFH I R 19/06 BStBl II 10, 398, mwN und mit Abgrenzung zu BFH I R 73/02 BStBl II 05, 550; *BMF* BStBl I 05, 844; EStH 50 a.1; krit *Schauhoff/Idler* IStR 08, 341; *Schmidt-Heß* IStR 06, 690); Lizenzzahlungen für **Standardsoftware** (BFH I R 62/01 BFH/NV 02, 1142); **Filmverwertungsrechte** (FG Mchn EFG 01, 571, rkr; s aber auch BFH I B 11/82 BStBl II 83, 367 mwN); **Lizenzen** für Arzneimittelrezepturen (BFH I R 41/92 BStBl II 93, 407); **Patente und Warenzeichen** (BFH I R 54/75 BStBl II 78, 355); **Know-how** (BFH I R 211/74 BStBl II 77, 623; offen gelassen in BFH I B 210/08 BFH/NV 09, 1237; s auch Rz 125); **Entschädigungen** gem § 7 VII VermG (FG BBg EFG 10, 1107, rkr). – *(2)* **Einkünfte aus VuV verneint für:** „Spielerleihe" (BFH I R 86/07 BStBl II 10, 120; s jetzt Rz 63); Überlassung eines **Satellitentransponders** (BFH I R 130/97 BFH/NV 00, 1182; s auch *Kessler ua* IStR 00, 425; *Rabe* RIW 92, 135). – **Weitere Beispiele** s *Schmidt* 39. Aufl § 49 Rz 113 aE.

c) Einkünfteermittlung. Zu Bemessung von AfA, Bewertung des Vermögens 114 und Zuständigkeit im Falle der Veranlagung s *BMF* BStBl I 11, 530 Rz 10 ff.

d) Verfahren. Steuererhebung in Fällen des § 50a I Nr 3 durch StAbzug idR 115 mit abgeltender Wirkung (§ 50 II 1, s § 50 Rz 27 ff), sonst durch Veranlagung.

e) DBA. Bei unbewegl Vermögen wird das Besteuerungsrecht grds dem Bele- 116 genheitsstaat zugewiesen (Art 6 I OECD-MA). Einkünfte aus VuV von Sachinbegriffen werden abkommensrechtl den Lizenzgebühren zugeordnet; das Besteuerungsrecht steht idR dem Wohnsitzstaat des Lizenzgebers zu (Art 12 OECD-MA; s auch § 50a Rz 13). Zu betriebl Nutzung über PersGes (DBA Schweiz) s BFH I R 71/92 BStBl II 94, 91 Rz 40.

119   8. Leibrenten und andere Leistungen, § 49 I Nr 7. Erfasst werden nach **Nr 7 HS 1** (seit VZ 2005) alle im Ausl lebenden Rentner, die Leibrenten und andere Leistungen iSv § 22 Nr 1 S 3 Buchst a von einer der genannten **inl Versicherungen und Einrichtungen** beziehen (§ 22 Rz 88 ff; s auch BFH I B 159/11 BFH/NV 12, 417). – Mit Wirkung ab VZ 2010 ist die beschr StPfl gem § 49 I Nr 7 HS 2 auf entspr Leistungen **ausl Zahlstellen** ausgedehnt worden, wenn die Leistungen auf Beiträgen nach § 10 I Nr 2 beruhen, die ganz oder teilweise bei der Ermittlung der SA berücksichtigt wurden (Förderstaatsprinzip); dem Wortlaut nach kommt es allein auf die *tatsächl* Berücksichtigung („wurden") bei der Ermittlung der SA und auf den rechtl Zusammenhang („zugrunde liegen") zw den berücksichtigten Beiträgen und den Rentenzahlungen an; ob und in welcher Höhe sich der SA-Abzug steuerl ausgewirkt hat, soll unerhebl sein (s BT-Drs 17/506, 33). – Ein StAbzug ist für beide Fälle nicht vorgesehen; die Betroffenen müssen gem § 25 III eine **Erklärung** zur beschr StPfl nach § 50 I oder ggf einen Antrag nach §§ 1 III, 1a abgeben (vgl etwa FG Köln EFG 09, 1911, rkr). **Zuständigkeit**, soweit ausschließl Einkünfte iSd § 49 I Nr 7 und 10 zu veranlagen sind: FA Neubrandenburg (§ 1 EStZustVO; zu den Folgen des Zuständigkeitswechsels s BFH I R 43/12 BFH/NV 15, 306). – Nach **DBA** wird das Besteuerungsrecht idR entfallen, weil es grds dem Wohnsitzstaat zugewiesen ist, während der Quellenstaat die Einkünfte freizustellen hat (vgl Art 18 und 21 OECD-MA; zutr daher die Kritik von *Lüdicke*, Überlegungen zur dt DBA-Politik, 2008, S 153 ff; einschr allerdings Art 17 der dt DBA-Verhandlungsgrundlage; s auch BFH I R 9/16 BStBl II 18, 439: dt Quellenbesteuerungsrecht nach DBA Kanada, VerfBeschw 2 BvR 1745/18). Zur Quellenbesteuerung für Sozialversicherungsleistungen s auch *Vogel/Lehner* Art 18 Rz 82 ff.

Beamtenpensionen sind als ArbLohn nach § 49 I Nr 4 stbar. Zur Gleichbehandlung von Ruhegehalt und aktiven Lohnbezügen s EuGH C-520/04 IWB F 11A S 1123 – *Turpeinen* mit Anm *Wilke*. – S iÜ *Hensel* PISTB 10, 83; *Decker/Looser* IStR 09, 652, 655.

120   9. Private Veräußerungsgeschäfte, § 49 I Nr 8. Der beschr StPfl unterliegt auch die private Veräußerung von inl Grundstücken oder grundstücksgleichen Rechten iSv §§ 22 Nr 2, 23 I 1 Nr 1, wenn zw Anschaffung und Veräußerung nicht mehr als 10 Jahre liegen (s iEinz § 23 Rz 12 und § 23 Rz 16 ff); zum Begriff Veräußerung s § 23 Rz 50. – Die Veräußerung von KapGesAnteilen fällt seit VZ 2009 nicht mehr unter § 49 I Nr 8 (ggf § 49 I Nr 2 Buchst e oder Nr 5 Buchst d). Bei Zuordnung zu einer inl Betriebsstätte richtet sich die beschr StPfl (nur) nach § 49 I Nr 2 Buchst e und f (§ 23 II; s auch *HHR* § 49 Rz 1029; **aA** FG Hbg EFG 98, 39, rkr); ebenfalls nicht von § 49 I Nr 8 erfasst werden gewerbl Grundstückshandel und BetrAufsp über die Grenze (s Rz 56). – Die **Einkünfteermittlung** erfolgt nach § 23 III 1; die Freigrenze des § 23 III 5 gilt auch für beschr StPfl (str, glA *BH/Reimer* § 49 Rz 303; **aA** *HHR* § 49 Rz 1029). – **DBA-Beschränkungen** ergeben sich nicht (vgl Art 13 I OECD-MA: Besteuerung durch den Belegenheitsstaat). – **Steuererhebung** durch Veranlagung (Steuererklärungspflicht s BFH I R 45/96 BFH/NV 98, 14).

121   10. Abgeordnetenbezüge, § 49 I Nr 8a. Abgeordnetenbezüge fallen als sonstige Einkünfte iSd § 22 Nr 4 ohne weitere Voraussetzung unter die beschr StPfl nach § 49 I Nr 8a. **Steuererhebung** durch Veranlagung. **DBA-Beschränkungen:** Die Besteuerung erfolgt idR durch den Wohnsitzstaat (vgl Art 21 OECD-MA).

122   11. Sonstige Leistungen, § 49 I Nr 9. – a) Begriff. Leistung iSd § 22 Nr 3 ist jedes Tun, Dulden oder Unterlassen, das weder eine Veräußerung noch einen veräußerungsähnl Vorgang im privaten Bereich betrifft, das Gegenstand eines entgeltl Vertrages sein kann und eine Gegenleistung auslöst (vgl BFH IX R 39/06

BStBl II 08, 469: Teilnahme an einer Fernsehshow; s auch § 22 Rz 130 ff). Der beschr StPfl unterliegen allerdings gem § 49 I Nr 9 **nur bestimmte Leistungen** iSd § 22 Nr 3. Das bedeutet einerseits, dass nicht alle Vorgänge, die unter § 22 Nr 3 fallen, eine beschr StPfl nach § 49 I Nr 9 auslösen, sondern nur die hier genannten; andererseits können aber Vorgänge, die tatbestandl nicht unter § 22 Nr 3 fallen, auch nicht von § 49 I Nr 9 erfasst werden (s Rz 11; glA *Frotscher/Geurts* § 49 Rz 407; **aA** *KS* § 49 Rz 94). Letzteres gilt insb auch für Veräußerungsvorgänge (s auch FG Mchn EFG 13, 1412, rkr).

aa) Unterhaltende Darbietungen. S Rz 41; § 49 I Nr 2 Buchst d geht vor. Eine Beschränkung auf Künstler (vgl BT-Drs 16/10189, 59) lässt sich dem Wortlaut der Regelung nicht entnehmen; entscheidend ist allein der unterhaltende Charakter der Darbietung (so auch *BMF* BStBl I 10, 1350 Rz 17; **aA** *HHR* § 49 Rz 1100). **Inländisch** ist die Darbietung mE, wenn sich der Darbietende physisch im Inl aufhält. Die Tatbestandsalternative gilt ab VZ 2009.

bb) Nutzung beweglicher Sachen. Sachen sind nur körperl Gegenstände (§ 90 BGB); die Regelung gilt für Einzelgegenstände, nicht für Sachinbegriffe (s Rz 110). Erfasst werden zudem nur Entgelte für die Gebrauchsüberlassung zur Nutzung, den Verzicht auf eine Nutzungsmöglichkeit oder deren Beschränkung, nicht aber Entgelte, die als Ausgleich für den endgültigen Verlust eines WG gezahlt werden; maßgebl ist der wirtschaftl Gehalt der zugrunde liegenden Vereinbarung (vgl § 22 Rz 136).

Zu **Nutzung durch Vermietung** s BFH I R 22/12 BStBl II 13, 728, mwN: beschr stpfl Einkünfte nur insoweit, als die bewegl Sache *tatsächl* im Inl genutzt wird (Anm *Klein/Jacob* FR 13, 958; krit s *Schmidt* 39. Aufl § 49 Rz 124 aE und *Haberland* DStR 12, 1115). – Ob das **Leasing** von Einzelgegenständen aus dem Ausl erfasst wird, ist Tatfrage (zur Einordnung s § 5 Rz 721 ff; abl für verkaufsähnl Vergütung FG Mchn EFG 90, 242, rkr; *Roser* RIW 90, 393). **Wertpapierleihe** fällt im Zweifel nicht unter § 49 I Nr 9 (vgl § 5 Rz 270 „Wertpapierleihe"). Zu **Satellitendienst**, Überlassung von **Standard-Software** und **Internetgeschäften** s *Kessler* IStR 00, 70 und 98 (grds weder § 49 I Nr 2 f noch Nr 6 oder 9); zu Ausnahmen nach § 49 I Nr 6 s BFH I R 62/01 BFH/NV 02, 1142; vgl auch *Kessler/Maywald/Peter* IStR 00, 425/6 (Lösung vom engen Wortlaut des § 49 I Nr 9).

cc) Überlassung von Know-how. Unter diese Tatbestandsalternative fällt die Überlassung nicht nur von Spezialwissen als Ergebnis erfinderischer Tätigkeit, sondern auch von sonstigem Erfahrungswissen, dessen Wert darin besteht, einem Dritten, dem es vermittelt wird, Zeit und Kosten zu ersparen (so BFH I R 90/01 BStBl II 03, 249 mwN; vgl auch zu § 22 Nr 3 BFH IX R 53/02 BStBl II 05, 167: „werthaltige Tipps"; ferner FG BBg EFG 13, 934, rkr, mit Anm *Bozza-Bodden:* Abgrenzung zum Rechtskauf). Handelt es sich um Wissen, dass urheberrechtl Schutz genießt, ist § 49 I Nr 6 einschlägig (s aber BFH I R 81/11 BFH/NV 13, 698 Rz 12: „jedenfalls" Nr 9). Anders als § 21 I Nr 3 iVm § 49 I Nr 6 setzt § 49 I Nr 9 tatbestandl **keine zeitl Begrenzung** der Überlassung voraus. – Der Wortlaut des § 49 I Nr 9 („im Inland genutzt werden oder worden ist") setzt mE eine **tatsächl Nutzung** im Inl voraus. Erst durch diese wird überhaupt der erforderl Inlandsbezug hergestellt (**aA** FG Mchn EFG 18, 1184: Bestimmung zur Nutzung im Inl genügt, Rev I R 18/18; offen gelassen in BFH I R 112/04 BFH/NV 05, 1756, unter II.5.b, zu § 49 I Nr 4). Dementspr lehnt etwa die hA auch eine Berücksichtigung vergebl Aufwendungen ab (s *BH/Reimer* § 49 Rz 66; *HHR* § 49 Rz 53; § 50 Rz 9 aE; **aA** *KS* § 49 Rz 107). Zu den mögl Folgen des Schutzes von Know-how durch das Gesetz zum Schutz von Geschäftsgeheimnissen s *Petersen/Herbst* IStR 21, 745.

Keine Überlassung von Know-how: Durchführung einer **klinischen Studie** durch ausl Ärzte (FG Mchn EFG 13, 1412, rkr); Transfervereinbarung zw inl und ausl Sportvereinen (BFH I R 86/07 BStBl II 10, 120 aE: **„Spielerleihe"**, s jetzt aber § 49 I Nr 2 g, Rz 63); Nutzungsüberlassung „selektierter" **Kundenadressen** (BFH I R 90/01 BStBl II 03, 249); Übertragung eines **Alleinvertriebsrechts** (BFH I R 130/84 BStBl II 89, 101; Abgrenzung zum FG

§ 49 126–131 Beschränkt steuerpflichtige Einkünfte

Köln EFG 98, 881, rkr); Überlassung von **Autorenrechten** (BFH I R 174/85 BStBl II 89, 87); Beiträge zur Förderung allg zugängl **Grundlagenforschung** (FG Hbg EFG 01, 289, rkr: keine gezielte Überlassung). – Zu Lizenzgebühren für Nutzungsrechte an Software und erotischen Filmen s FG BBg EFG 12, 1352, rkr.

126 **b) Subsidiarität.** § 49 I Nr 9 ist eine subsidiäre **Auffangklausel.** Sie gilt gem § 49 I Nr 9 HS 2 nur dann nicht, wenn *stpfl* Einkünfte iSv § 49 I Nr 1–8 vorliegen. Zur Aufteilung einer gemischten Vergütung s EStR 49.3 III (mit Vereinfachungsregelung). Dass die Einkünfte bei unbeschr StPfl unter eine ggü § 22 Nr 3 vorrangige Einkunftsart fallen würden, steht der (subsidiären) Besteuerung nach § 49 I Nr 9 nicht entgegen (s Wortlaut in HS 1: „auch wenn ..."). Damit zielt die Regelung insb auf die estl Erfassung von Einkünften aus der Nutzung bewegl Sachen und aus Know-how-Überlassung ohne inl Betriebsstätte.

127 **c) Verfahren; DBA.** Die **Freigrenze** des § 22 Nr 3 ist mE mangels Ausschluss in § 50 zu beachten (str), zwar nicht beim StAbzug, aber durch Erstattung (§ 50a Rz 41; glA *BH/Reimer* § 49 Rz 313); aus § 50a I Nr 3, II 1 ergibt sich nichts anderes, da diese Regelungen als Verfahrensvorschriften keine beschr StPfl begründen können (s Rz 11). – Die **Steuererhebung** erfolgt durch StAbzug gem § 50a I Nr 3. – Die meisten **DBA** beschränken die Besteuerung von Vergütungen für die Überlassung von Lizenzen oder Know-how auf den Staat, in dem der Vergütungsgläubiger ansässig ist (Art 12 OECD-MA).

128 **12. Altersversorgung, § 49 I Nr 10.** Die Regelung ist durch das JStG 2009 (BGBl I 08, 2794) mit Wirkung ab VZ 2009 eingefügt und durch das **EU-VorgUmsG** (BGBl I 10, 386) mit Wirkung ab VZ 2010 in Bezug auf Zahlstellen (HS 2) erweitert worden. Betroffen sind hiervon (wie bei § 49 I Nr 7) ArbN, die nach Eintritt in den Ruhestand ins Ausl ziehen und damit nicht mehr unbeschr estpfl sind („Auslandsrentner"). Erfasst werden Leistungen aus **Altersvorsorgeverträgen, Pensionsfonds, Pensionskassen und Direktversicherungen** (zB Riesterrente), die in der Ansparphase im Inl stfrei gestellt oder bei der Ermittlung der SA nach § 10 I Nr 2 berücksichtigt worden sind (Förderstaatsprinzip, s auch BT-Drs 17/506, 33). Der Umfang der Besteuerung richtet sich nach dem Umfang der Steuerfreistellung bzw der Förderung (vgl § 22 Rz 125). – **Zuständigkeit** soweit ausschließl Einkünfte iSd § 49 I Nr 7 und 10 zu veranlagen sind: FA Neu-Brandenburg (§ 1 EStZustVO). – Nach **DBA-Recht,** können die Leistungen idR nur im Ansässigkeitsstaat des Leistungsempfängers besteuert werden (Art. 18 OECD-MA; vgl *Vogel/Lehner* Art. 18 Rz 30; s auch insoweit zutr Kritik von *Lüdicke,* Überlegungen zur dt DBA-Politik, 2008, S 153 ff).

130 **13. Umgekehrt hybride Rechtsträger, § 49 I Nr 11.** Die mit dem ATADUmsG (BGBl I 21, 2035) geschaffene Regelung richtet sich gegen sog umgekehrt hybride Gestaltungen (*reverse hybrids*), dh gegen Unternehmen, die im Staat ihrer Errichtung als *transparent* (s § 15 Rz 160) und im Staat der unmittelbar oder mittelbar beteiligten Personen als *intransparent* behandelt werden (vgl § 4k Rz 1 und 26). Die Einkünfte, die ein solches Unternehmen erzielt, werden im Ansässigkeitsstaat des Unternehmens den Anteilseignern zugerechnet, im Ansässigkeitsstaat der Anteilseigner hingegen dem Unternehmen selbst. Das kann dazu führen, dass die Einkünfte **in keinem Staat estl berücksichtigt** werden. Dies soll § 49 I Nr 11 verhindern (BT-Drs 19/29848, 58; s auch *Zinowsky/Jochimsen* ISR 17, 325; *Köhler* ISR 18, 250; *Schaumburg/Englisch* Rz 17.100 f; *Kofler/Schnitger* BEPS-Handbuch Rz C.17 128 ff).

131 **a) Beteiligungseinkünfte, § 49 I Nr 11 S 1. – aa) Inländische Einkünfte.** Anders als die übrigen Regelungen des § 49 I Nr 1–10 knüpft § 49 I Nr 11 dem Wortlaut nach an keine bestimmte Einkunftsart des § 2 I an. Aus der Funktion der Regelung (Rz 130) und aus der systematischen Bezugnahme auf die „Einkünfte iSd Nr 1–10" in § 49 I Nr 11 S 1 Buchst b (Rz 133 *(2)*) folgt aber mE, dass auch im Fall § 49 I Nr 11 eine Besteuerung nur mögl ist, wenn zunächst alle tatbestandl Voraussetzungen einer (gesellschaftl/gemeinschaftl erzielten) Einkunftsart iSv §§ 13–23 in der Person des StPfl erfüllt sind, sog **Tatbestandsmäßigkeit der Besteuerung** (s Rz 11). § 49 I Nr 11 schafft keine *neue* Einkunftsart.

bb) Inlandsbezug; Rechtsfolge. Im Fall einer PersGes oder Gemeinschaft mit Sitz oder Geschäftsleitung im Inl oder mit Eintragung in ein inl Register unterliegen Beteiligungseinkünfte (im weitesten Sinne, s Rz 134) unter den in § 49 I Nr 11 S 1 genannten Voraussetzungen der beschr StPfl iSv § 1 IV. Dies gilt erstmals für Einkünfte, die **nach dem 31.12.21** zufließen (§ 52 Abs 45a S 4). – Die Registereintragung muss die PersGes/Gemeinschaft als solche betreffen (zB Eintragung einer inl Zweigniederlassung); dass sie als Rechtsinhaberin eingetragen ist (zB Grundbuch, Patent-/Markenregister etc) genügt mE nicht (zutr *BH/Reimer* § 49 Rz 317b). – Zum **persönl Anwendungsbereich** der Regelung s Rz 134. Die Einkünfte einer PersGes, die gem § 1a KStG zur KSt optiert hat, sind keine Beteiligungseinkünfte iSv § 49 I Nr 11. 132

In den **Gesetzesmaterialien** heißt es, die Regelung setze Art 9a ATAD um (BT-Drs 19/29848, 58). Das ist mE unzutr; denn Art 9a ATAD sieht für umgekehrt hybride Rechtsträger „ledigl" eine Ansässigkeitsfiktion vor (s auch *Kofler/Schnitger* BEPS-Handbuch Rz C.17 143 f; *Musil/Weber-Grelle* Europäisches Steuerrecht Art 9a ATAD Rz 6), aber keine Begründung einer beschr StPfl der Anteilseigner (str, s *Krechel/Strüder* FR 21, 884, 855 mwN). Bei der Auslegung von § 49 I Nr 11 kann daher mE auch nicht auf die ATAD zurückgegriffen werden (keine RL-konforme Auslegung, s dazu § 4k Rz 6).

cc) Besteuerungsvorbehalte. Die beschr StPfl nach § 49 I Nr 11 S 1 steht unter einem dreifachen negativen Vorbehalt, der durch „und" verknüpft ist; dh, nur wenn alle (negativen) Voraussetzungen erfüllt sind, die Beteiligungseinkünfte beschr stpfl. Der dreifache Vorbehalt wird mit „*soweit*" eingeleitet; dies erfordert mE eine **auf den jeweiligen Ges'ter** bezogene Prüfung (glA *Krechel/Strüder* FR 21, 884, 889; **aA** *BH/Reimer* § 49 Rz 317b: abstellen auf einzelne Einkunftsbestandteile iSe *itemization*). – **(1)** Die Beteiligungseinkünfte dürfen gem § 49 I Nr 11 S 1 Buchst a in dem Staat, in dem der Beteiligte seinen Wohnsitz (§ 8 AO) oder seinen gewöhnl Aufenthalt (§ 9 AO) hat **keiner Besteuerung** unterliegen und dieser Umstand **muss** in der abw steuerl Behandlung der PersGes/Gemeinschaft begründet sein (Wortlaut: „aufgrund"). Beruht die Nichtbesteuerung auf anderen Gründen (StFreistellung, Verlustvortrag etc), greift die Rechtsfolge des § 49 I Nr 11 S 1 nicht ein; dh, die Beteiligungseinkünfte unterliegen nicht der beschr StPfl. – **(2)** Es handelt sich um eine **subsidiäre Auffangklausel.** Gem § 49 I Nr 11 S 1 Buchst b greift die Regelung nur ein, wenn die Beteiligungseinkünfte nicht bereits als Einkünfte iSv Nr 1 bis 10 einer Besteuerung unterliegen. Die Anwendung des § 49 I Nr 11 S 1 ist damit auch dann ausgeschlossen, wenn die Einkünfte von § 49 I Nr 1–10 erfasst werden, die Besteuerung im Inl aber durch ein DBA beschränkt oder ausgeschlossen wird (vgl BT-Drs 19/29848, 58 f). Unter der Berücksichtigung der Tatbestandsmäßigkeit der Besteuerung (Rz 131) kann also § 49 I Nr 11 nur dann zur Anwendung kommen, wenn zwar Einkünfte iSd §§ 13 ff vorliegen, aber keine Einkünfte iSv § 49 I Nr 1–10. – **(3)** Die Beteiligungseinkünfte sind gem § 49 I Nr 11 S 1 Buchst c dann nicht beschr stpfl, wenn sie in irgendeinem anderen Staat der Besteuerung unterliegen (zB im Staat eines mittelbar beteiligten Ges'ters). 133

b) Persönlicher Anwendungsbereich, § 49 I Nr 11 S 2. Die in § 49 I Nr 11 S 1 vorgesehene Rechtsfolge tritt nach § 49 I Nr 11 S 2 HS 1 **nicht** voraus, dass dem StPfl selbst die Beteiligung" setzt gem § 49 I Nr 11 S 2 HS 2 **nicht** voraus, dass dem StPfl selbst die **Stellung eines Ges'ters/Gemeinschafters** zukommt. Es genügt gem § 49 I Nr 11 S 2 HS 1, dass ihm, entweder allein oder zusammen mit einer ebenfalls nicht unbeschr estpfl/kstpfl nahestehenden Person (§ 1 II AStG), mehr als die Hälfte der **Stimmrechte** oder der **Anteile am Kapital** der PersGes/Gemeinschaft unmittelbar oder mittelbar zuzurechnen sind oder dass ihm mehr als die 134

Hälfte des **Gewinns oder Liquidationserlöses** der PersGes/Gemeinschaft unmittelbar oder mittelbar zustehen. Unbeschr estpfl/kstpfl Personen bleiben unberücksichtigt.

135 c) Altersvorsorgevermögensfonds; Kausalitätserfordernis, § 49 I Nr 11 S 3. Einkünfte aus der Beteiligung an einem Altersvorsorgevermögensfonds iSv § 53 InvStG sind von der Regelung ausgenommen (BT-Drs 19/29848, 59: Umsetzung von Art 9a II ATAD; s aber Rz 130 ae). – Die weitere Einschränkung in § 49 I Nr 11 S 3 HS 2, derzufolge die vorgenannten Regelungen nicht gelten (also: keine Begründung einer beschr StPfl), wenn die Einkünfte auch bei einer nicht vom dt Recht abw Behandlung der PersGes/Gemeinschaft im ausl Staat keiner Besteuerung unterliegen würden, ist mE redundant; denn dies ergibt sich bereits aus dem „aufgrund" in § 49 I Nr 1 S 1 Buchst a (s Rz 133 *(1)*).

136 d) Treaty override, § 49 I Nr 11 S 4. Die Anwendung der genannten Regelungen erfolgt ohne Rücksicht auf ein DBA. Dies gilt mE auch für DBA, die nach Inkrafttreten des § 49 I Nr 11 geschlossen werden (vgl BFH I R 64/13 BStBl II 17, 1185; **aA** BH/*Reimer* § 49 Rz 319).

III. Isolierende Betrachtungsweise, § 49 II

140 1. Hintergrund. Die Rspr hatte den Grundsatz der isolierenden Betrachtungsweise über den früheren Gesetzeswortlaut hinaus in Anknüpfung an den objektsteuerartigen Charakter der beschr StPfl (s Rz 1) entwickelt. Er besagte, dass die Zuordnung von Einkünften gem § 49 I grds nach den Verhältnissen im Inl zu beurteilen ist (grundlegend BFH I R 140/66 BStBl II 70, 428; ausführl *HHR* § 49 Rz 1200 ff: § 49 II als Korrektur der BFH-Rspr). – Der BFH hatte es zur stets abgelehnt, eine *wesensmäßige Einkünfteveränderung* (§ 2 II Nr 1) auf die isolierende Betrachtungsweise zu stützen und etwa ihrer Art nach gewerbl Einkünfte iSv § 15 in selbständige Einkünfte iSv §§ 18/49 I Nr 3 umzuqualifizieren, bloß weil die Voraussetzungen des § 49 I Nr 2 nicht vorlagen (glA *BH/Reimer* § 49 Rz 323 mwN).

141 2. Außerachtlassung ausl Besteuerungsmerkmale. Die Bedeutung des § 49 II ist nach wie vor nicht abschließend geklärt (vgl *Lüdicke* DStR-Beih 08, 25, 29; *Gosch* FS Wassermeyer, S 263), aber seit 1986 lfd durch **Sonderregelungen** abgeschwächt worden (zB § **49 I Nr 2d, g** und **Nr 9**). Die Prüfung, ob beschr stpfl Einkünfte iSd § 49 I vorliegen erfolgt – und nur dann – allein anhand des im Inl verwirklichten Sachverhalts, wenn sich dieser „isoliert betrachtet" einer im dort aufgeführten Regelungen zuordnen lässt und nur bei Berücksichtigung der im Ausl gegebenen Umstände eine beschr StPfl an sich zu verneinen wäre (BFH I B 11/82 BStBl II 83, 367: Priorität des inl Sachverhalts bei der Bestimmung der Einkunftsart; s auch BFH I R 14/01 BStBl II 02, 861). So sind etwa Dividendenzahlungen einer inl KapGes an einen im Ausl gewerbl tätigen StPfl ohne inl Betriebsstätte gem § 49 II als Einkünfte iSd § 49 I Nr 5 Buchst a beschr stpfl; der Umstand, dass an sich gewerbl Einkünfte vorliegen, die mangels einer Betriebsstätte im Inl von § 49 I Nr 2 Buchst a nicht erfasst würden, bleibt außer Betracht (s *Frotscher* Internationales Steuerrecht, 5. Aufl Rz 196: zweistufige Prüfung). Im Erg lässt damit das Gesetz den Inlandsbezug, der sich aus dem im Inl verwirklichten Sachverhalt ergibt, zur Begründung einer beschr StPfl genügen. § 49 II ist somit nicht auf die in § 49 I und §§ 13 ff geregelten Rechtsfolgen ausgerichtet, sondern auf die der Subsumtion zugrunde zu legenden Sachverhalt (s auch *Schaumburg* Rz 6.154 f: iErg Suspendierung der Subsidiaritätsklauseln). Das bedeutet jedoch nicht, dass im Ausl verwirklichte Sachverhalte generell vernachlässigt werden könnten; § 49 II gilt nicht, wenn bereits bei Berücksichtigung der ausl Besteuerungsmerkmale inl Einkünfte iSv § 49 I vorliegen (vgl BFH I R 73/02 BStBl II 05, 550). Darüber hinaus kommt § 49 II keine Bedeutung zu; die Regelung lässt insb keine von §§ 13 ff abw

Besteuerung zu. Deshalb ist § 49 I Nr 2 ohne Gewinnerzielungsabsicht nicht anwendbar (s unten und Rz 11); deshalb waren die früheren Verwaltungsanweisungen zur Überlassung von Künstlern durch ausl KapGes bis zur Gesetzesänderung durch § 49 I Nr 2d oder zur Erfassung von Veräußerungsvorgängen nach **§ 49 I Nr 9** bedenklich (glA BFH I R 64/99 BStBl II 03, 641). Selbst die als solche nicht steuerbegründenden Gesetzesmotive rechtfertigen keine abw Auslegung (s Wortlaut der Gesetzesbegründung in FG Mchn EFG 82, 351, insoweit bestätigt durch BFH I B 11/82 BStBl II 83, 367).

Beispiele: Einkünfte einer **ausl KapGes** aus der **Überlassung von Rechten** in Form von Lizenzgebühren sind in VZ 1995–1997 Einkünfte aus VuV iSd § 49 I Nr 6; der Umstand, dass es sich bei dem Ausl Gläubiger der Lizenzgebühren um eine gewerbl tätige KapGes handelt, bleibt als im Ausl verwirklichtes Besteuerungsmerkmal außer Betracht (BFH I R 32/10 BStBl II 14, 513; s aber auch BFH I R 73/02 BStBl II 05, 550, und dazu *Lüdicke* DStR-Beih 08, 25, 29). Bei der Frage nach der **Einkunftserzielungsabsicht** ist eine isolierte Betrachtung der inl Tätigkeit grds unzulässig (BFH I R 14/01 BStBl II 02, 861, zu Preisgeld für Teilnahme an einem inl Pferdeturnier; Anm *Kempermann* FR 02, 637; *Gosch* und *Lüdicke* DStR 02, 671; *KB* IStR 02, 310; *Haase* IStR 20, 287; zu Feststellungslast und Mitwirkungspflicht *Hruschka* IStR 02, 753; Nichtanwendungserlass in BMF BStBl I 02, 1394 durch *BMF* BStBl I 10, 1350 Rz 118 aufgehoben). – Weitere Beispiele: HHR § 49 Rz 1245 ff.

IV. Schifffahrtunternehmen; Luftfahrtunternehmen, § 49 III, IV

1. Pauschale Besteuerung, § 49 III. Die Regelung knüpft an die Besteuerung 142 von beschr stpfl Einkünften aus dem Betrieb von Seeschiffen und Luftfahrzeugen nach § 49 I Nr 2 Buchst b an (s Rz 33). Diese Einkünfte werden grds mit 5 % der für die betr Beförderungsleistungen vereinbarten Entgelte pauschal besteuert; BA (und damit auch Verluste) werden nicht berücksichtigt. Dies ist der Rspr zufolge verfgemäß (s FG Hbg EFG 99, 1230, BVerfG 1 BvR 722/01 StEd 01, 738; **aA** *HHR* § 49 Rz 1302 vor allem für Verlustfälle; zu abkommensrechtl Grenzen (Verstoß gegen Diskriminierungsverbot) s BFH I R 54/96 DStRE 98, 590 (Anm *Wassermeyer* IStR 98, 504). Die Pauschalierung gilt gem § 49 III 3 nicht für Einkünfte iSd § 49 I Nr 2 Buchst c und ferner dann nicht, wenn das dt Besteuerungsrecht durch ein DBA weder ausgeschlossen noch beschränkt wird.

2. Steuerfreistellung, § 49 IV. Teilweise sind die Einkünfte stfrei; das setzt 143 aber Gegenseitigkeit voraus (vgl etwa *BMF* BStBl I 18, 1036, Freistellung für Luft- und Schifffahrtunternehmen mit Oman).

§ 50 Sondervorschriften für beschränkt Steuerpflichtige

(1) ¹**Beschränkt Steuerpflichtige dürfen Betriebsausgaben (§ 4 Absatz 4 bis 8) oder Werbungskosten (§ 9) nur insoweit abziehen, als sie mit inländischen Einkünften in wirtschaftlichem Zusammenhang stehen.** ² § 32a Absatz 1 ist mit der Maßgabe anzuwenden, dass das zu versteuernde Einkommen um den Grundfreibetrag des § 32a Absatz 1 Satz 2 Nummer 1 erhöht wird; dies gilt bei Einkünften nach § 49 Absatz 1 Nummer 4 nur in Höhe des diese Einkünfte abzüglich der nach Satz 5 abzuziehenden Aufwendungen übersteigenden Teils der Grundfreibetrags. ³ Wenn für das um den Grundfreibetrag erhöhte zu versteuernde Einkommen ein besonderer Steuersatz nach § 32b Absatz 2 oder nach § 2 Absatz 5 des Außensteuergesetzes gilt, ist dieser auf das zu versteuernde Einkommen anzuwenden. ⁴ § 10 Absatz 1, 1a Nummer 1, 3 und 4, Absatz 2 bis 6, die §§ 10a, 10c, 16 Absatz 4, §§ 24b, 32, 32a Absatz 6, die §§ 33, 33a, 33b, 35a und 35c sind nicht anzuwenden. ⁵ Hiervon abweichend sind bei Arbeitnehmern, die Einkünfte aus nichtselbständiger Arbeit im Sinne des § 49 Absatz 1 Nummer 4 beziehen, § 10 Absatz 1 Nummer 2 Buchstabe a, Nummer 3 und Absatz 3 sowie § 10c anzuwenden, soweit die Aufwendungen auf die Zeit entfallen, in der die Einkünfte im Sinne des § 49 Absatz 1 Nummer 4

§ 50 Sondervorschriften für beschränkt Steuerpflichtige

erzielt wurden* und die Einkünfte nach § 49 Absatz 1 Nummer 4 nicht übersteigen. ⁶Die Jahres- und Monatsbeträge der Pauschalen nach § 9a Satz 1 Nummer 1 und § 10c ermäßigen sich zeitanteilig, wenn Einkünfte im Sinne des § 49 Absatz 1 Nummer 4 nicht während eines vollen Kalenderjahres oder Kalendermonats zugeflossen sind.

(1a) ¹Abweichend von Absatz 1 Satz 4 ist § 10 Absatz 1 Nummer 2 Buchstabe a sowie Absatz 2 und 3 auf Beiträge an berufsständische Versorgungseinrichtungen anzuwenden, wenn eine gesetzliche Pflichtmitgliedschaft in der Versorgungseinrichtung besteht, die auf einer für die inländische Berufsausübung erforderlichen Zulassung beruht. ²Dies gilt nur für Staatsangehörige
1. eines Mitgliedstaates der Europäischen Union oder eines Staates, auf den das Abkommen über den Europäischen Wirtschaftsraum Anwendung findet, und die im Hoheitsgebiet eines dieser Staaten oder der Schweiz ihren Wohnsitz oder gewöhnlichen Aufenthalt haben, sowie
2. der Schweizerischen Eidgenossenschaft, die ihren Wohnsitz oder gewöhnlichen Aufenthalt im Hoheitsgebiet eines Mitgliedstaates der Europäischen Union oder der Schweiz haben.

³Die Beiträge können nur als Sonderausgaben abgezogen werden, soweit sie in unmittelbarem wirtschaftlichem Zusammenhang mit inländischen Einkünften nach § 49 Absatz 1 Nummer 2 oder 3 stehen, die aus der durch die Zulassung ermöglichten Berufsausübung erzielt werden. ⁴Der Abzug der Beiträge erfolgt entsprechend dem Anteil der inländischen Einkünfte im Sinne des Satzes 3 an dem Gesamtbetrag der positiven in- und ausländischen Einkünfte aus der durch die Zulassung ermöglichten Berufsausübung. ⁵Der Abzug der Beiträge ist ausgeschlossen, soweit sie im Rahmen der Einkommensbesteuerung des Steuerpflichtigen in einem Staat, in dem er seinen Wohnsitz oder gewöhnlichen Aufenthalt hat, abgezogen worden sind oder sie die Einkünfte nach Satz 3 übersteigen.

(2) ¹Die Einkommensteuer für Einkünfte, die dem Steuerabzug vom Arbeitslohn oder vom Kapitalertrag oder dem Steuerabzug auf Grund des § 50a unterliegen, gilt bei beschränkt Steuerpflichtigen durch den Steuerabzug als abgegolten. ²Satz 1 gilt nicht
1. für Einkünfte eines inländischen Betriebs;
2. wenn nachträglich festgestellt wird, dass die Voraussetzungen der unbeschränkten Einkommensteuerpflicht im Sinne des § 1 Absatz 2 oder Absatz 3 oder des § 1a nicht vorgelegen haben; § 39 Absatz 7 ist sinngemäß anzuwenden;
3. in Fällen des § 2 Absatz 7 Satz 3;
4. für Einkünfte aus nichtselbständiger Arbeit im Sinne des § 49 Absatz 1 Nummer 4,
   a) wenn als Lohnsteuerabzugsmerkmal ein Freibetrag nach § 39a Absatz 4 gebildet worden ist und der im Kalenderjahr insgesamt erzielte Arbeitslohn 12 550 Euro übersteigt,
   b) wenn die Veranlagung zur Einkommensteuer beantragt wird (§ 46 Absatz 2 Nummer 8) oder
   c) in den Fällen des § 46 Absatz 2 Nummer 2, 5 und 5a;
5. für Einkünfte im Sinne des § 50a Absatz 1 Nummer 1, 2 und 4, wenn die Veranlagung zur Einkommensteuer beantragt wird;
6. für Einkünfte aus Kapitalvermögen im Sinne des § 49 Absatz 1 Nummer 5 Satz 1 Buchstabe a, auf die § 20 Absatz 1 Nummer 6 Satz 2 anzuwenden ist, wenn die Veranlagung zur Einkommensteuer beantragt wird.

---

* Redaktionelles Versehen des Gesetzgebers: Hier fehlt ein Komma.

Übersicht § 50

³ In den Fällen des Satzes 2 Nummer 4 erfolgt die Veranlagung durch das Betriebsstättenfinanzamt, das nach § 39 Absatz 2 Satz 2 oder Satz 4 für die Bildung und die Änderung der Lohnsteuerabzugsmerkmale zuständig ist. ⁴ Bei mehreren Betriebsstättenfinanzämtern ist das Betriebsstättenfinanzamt zuständig, in dessen Bezirk der Arbeitnehmer zuletzt beschäftigt war. ⁵ Bei Arbeitnehmern mit Steuerklasse VI ist das Betriebsstättenfinanzamt zuständig, in dessen Bezirk der Arbeitnehmer zuletzt unter Anwendung der Steuerklasse I beschäftigt war. ⁶ Hat der Arbeitgeber für den Arbeitnehmer keine elektronischen Lohnsteuerabzugsmerkmale (§ 39e Absatz 4 Satz 2) abgerufen und wurde keine Bescheinigung für den Lohnsteuerabzug nach § 39 Absatz 3 oder § 39e Absatz 7 Satz 5 ausgestellt, ist das Betriebsstättenfinanzamt zuständig, in dessen Bezirk der Arbeitnehmer zuletzt beschäftigt war. ⁷ Satz 2 Nummer 4 Buchstabe b und Nummer 5 gilt nur für Staatsangehörige eines Mitgliedstaats der Europäischen Union oder eines anderen Staates, auf den das Abkommen über den Europäischen Wirtschaftsraum Anwendung findet, die im Hoheitsgebiet eines dieser Staaten ihren Wohnsitz oder gewöhnlichen Aufenthalt haben. ⁸ In den Fällen des Satzes 2 Nummer 5 erfolgt die Veranlagung durch das Bundeszentralamt für Steuern. ⁹ In den Fällen des Satzes 2 Nummer 6 ist für die Besteuerung des Gläubigers nach dem Einkommen das Finanzamt zuständig, das auch für die Besteuerung des Schuldners nach dem Einkommen zuständig ist; bei mehreren Schuldnern ist das Finanzamt zuständig, das für den Schuldner, dessen Leistung dem Gläubiger im Veranlagungszeitraum zuerst zufloss, zuständig ist. ¹⁰ Werden im Rahmen einer Veranlagung Einkünfte aus nichtselbständiger Arbeit im Sinne des § 49 Absatz 1 Nummer 4 bei der Ermittlung des zu versteuernden Einkommens berücksichtigt, gilt § 46 Absatz 3 und 5 entsprechend.

(3) § 34c Absatz 1 bis 3 ist bei Einkünften aus Land- und Forstwirtschaft, Gewerbebetrieb oder selbständiger Arbeit, für die im Inland ein Betrieb unterhalten wird, entsprechend anzuwenden, soweit darin nicht Einkünfte aus einem ausländischen Staat enthalten sind, mit denen der beschränkt Steuerpflichtige dort in einem der unbeschränkten Steuerpflicht ähnlichen Umfang zu einer Steuer vom Einkommen herangezogen wird.

(4) Die obersten Finanzbehörden der Länder oder die von ihnen beauftragten Finanzbehörden können mit Zustimmung des Bundesministeriums der Finanzen die Einkommensteuer bei beschränkt Steuerpflichtigen ganz oder zum Teil erlassen oder in einem Pauschbetrag festsetzen, wenn dies im besonderen öffentlichen Interesse liegt; ein besonderes öffentliches Interesse besteht

1. an der inländischen Veranstaltung international bedeutsamer kultureller und sportlicher Ereignisse, um deren Ausrichtung ein internationaler Wettbewerb stattfindet, oder
2. am inländischen Auftritt einer ausländischen Kulturvereinigung, wenn ihr Auftritt wesentlich aus öffentlichen Mitteln gefördert wird.

Einkommensteuer-Richtlinien: EStR 50; EStH 50

Übersicht

	Rz
I. Allgemeines	
1. Bedeutung, Aufbau	1
2. Neue Rechtsentwicklung	2
3. Verfassungsrecht, Unionsrecht	3
4. Verhältnis zu anderen Vorschriften	4
II. Veranlagung beschränkt Steuerpflichtiger, § 50 I	
1. Überblick	6
2. Betriebsausgaben; Werbungskosten, § 50 I 1	7–9

§ 50 1–4 Sondervorschriften für beschränkt Steuerpflichtige

Rz
3. Steuertarif; Steuersatz, § 50 I 2 und 3 10–12
4. Nicht anzuwendende Vorschriften, § 50 I 4 13–20
5. Beschränkt steuerpflichtige Arbeitnehmer, § 50 I 5 21
6. Zeitanteilige Kürzung, § 50 I 6 22
III. **Pflichtbeiträge an Versorgungseinrichtungen, § 50 Ia** 24
IV. **Steuerabzug mit abgeltender Wirkung, § 50 II**
1. Persönlicher und sachlicher Anwendungsbereich 26
2. Grundsatz: keine Veranlagung, § 50 II 1 27
3. Ausnahmen, § 50 II 2 28–39
4. Zuständigkeit für Arbeitnehmer, § 50 II 3–6 40
5. EU-/EWR-Staatsangehörige, § 50 II 7 41
6. Zuständigkeit bei Antragsveranlagung, § 50 II 8 und 9 42
7. Geringfügige Einkünfte, § 50 II 10 43
V. **Anrechnung und Abzug ausländischer Steuern, § 50 III** 46
VI. **Steuererlass; Steuerpauschalierung, § 50 IV** 47

I. Allgemeines

1 **1. Bedeutung; Aufbau.** Zur Systematik s § 49 Rz 1. Die Sondervorschriften der §§ 50, 50a bestimmen, ob und in welcher Weise beschr StPfl mit ihren inl Einkünften iSd § 49 zu veranlagen sind. § 50 I legt durch Ausschluss und Modifikation einzelner Regelungen fest, wie die festzusetzende ESt auf beschr stpfl Einkünfte zu ermitteln ist. § 50 II normiert, in welchem Umfang dem in anderen Vorschriften geregelten StAbzugsverfahren abgeltende Wirkung zukommt (mit der Folge, dass eine Veranlagung nach § 50 I ausscheidet). § 50 III behandelt die Anrechnung und den Abzug ausl Steuern bei inl Gewinneinkünften. § 50 IV ermächtigt die FinVerw, die ESt unter bestimmten Voraussetzungen zu pauschalieren oder ganz oder teilweise zu erlassen.

2 **2. Neue Rechtsentwicklung.** Mit dem **AbzStEntModG** (BGBl I 21, 1259) ist die Verweisung in § 50 I 2 auf die Regelung zu den Abzügen für beschr stpfl ArbN in § 50 I 5 redaktionell angepasst worden.
Bereits mit dem *JStG 2020* (BGBl I 20, 3096) sind § 50 I 3 (Steuersatz bei Progressionseinkünften, Rz 12), Ia (Pflichtbeiträge an berufsständische Versorgungseinrichtungen, Rz 24) und § 50 II 9 und 10 (Härteausgleich bei geringfügigen Einkünften, Rz 42 f) neu eingefügt worden. – Mit dem *2. FamEntlastG* (BGBl I 20, 2616) ist die Arbeitslohngrenze in § 50 II 2 Nr 4 Buchst a für VZ 2021 und VZ 2022 an die Tarifänderungen in § 32a angepasst worden. – S iÜ *BH/Reimer* § 50 Rz 5 ff.

3 **3. Verfassungsrecht; Unionsrecht.** Mit der Neufassung des § 50 durch das JStG 2009 (BGBl I 08, 2794) haben sich die meisten verfassungs- und gemeinschafts-/unionsrechtl Bedenken ggü den bisherigen Regelungen erübrigt (s *Lüdicke* DStR-Beih 08, 25, 30); zu weiterhin bestehenden Bedenken s *Schaumburg* ISR 21, 135; *BH/Reimer* § 50 Rz 15 ff; *HHR* § 50 Rz 6 f. Zur generellen Vereinbarkeit des StAbzugsverfahrens in seiner jetzigen Form mit Verfassungsrecht/Unionsrecht s § 50a Rz 3; zu § 50 I 2 s FG BaWü EFG 12, 1932, rkr (weder verfwidrig noch unionsrechtswidrig). Der Ausschluss des SA-Abzugs gem § 50 I 3 ist europarechtswidrig (s Rz 16). Die unterschiedl Behandlung von beschr stpfl ArbN und sonstigen beschr StPfl ist verfrechtl gerechtfertigt (BVerfG 2 BvR 1178/07 IStR 10, 327). Zur Gleichstellung Drittstaatsangehöriger nach DBA (Art 24 OECD MA) s *Vogel/Lehner* Art 24 Rz 53 f.

4 **4. Verhältnis zu anderen Vorschriften.** Zu Grenzpendlern (§ 1 III) s § 1 Rz 41 ff; zu erweiterter beschr StPfl nach § 2 AStG nach Wegzug s § 2 V 2 AStG und § 1 Rz 75 (*Ditz/Quallitzsch* DStR 13, 1917). Ein Sonderfall des (vorläufigen) Sicherungsabzugs ist die BauabzugSt nach §§ 48 ff, die auch für beschr StPfl gilt (BMF BStBl I 02, 1399; zur Problematik *Diebold* DStZ 02, 252 und 471; DB 03, 1134). S iÜ § 50a Rz 4.

II. Veranlagung beschränkt Steuerpflichtiger, § 50 I

1. Überblick. Die Anwendung der Sonderregelungen in § 50 I setzt zweierlei 6
voraus: das Vorliegen beschr stpfl Einkünfte nach § 49 und eine Veranlagung des
beschr StPfl. Das bedeutet, nur in den Fällen, in denen beschr stpfl Einkünfte **nicht
dem StAbzug mit Abgeltungswirkung** nach § 50 II 1 unterliegen oder aber
(trotz Abgeltungswirkung) eine der Ausnahmen des § 50 II 2 eingreift (Rz 28 ff), ist
ein **Veranlagungsverfahren** durchzuführen, bei dem die materiellen Bestimmungen des § 50 I zur Anwendung kommen. Welche Einkünfte dabei anzusetzen sind, ergibt sich (nur) aus § 49. Zum Sonderfall der StPfl (§ 102; s auch *Schober* FR 21, 482). Die **Mobilitätsprämie** gilt auch für beschr StPfl (§ 102; s auch *Schober* FR 21, 482).
Nachträgl Einnahmen aus inl Quellen werden dabei idR erfasst (s § 49 Rz 15); zu vorweggenommenen/nachträgl BA/WK s Rz 10. StBefreiungen gem § 3 sind auch bei beschr StPfl
zu berücksichtigen; zum Abzugsverfahren trotz Steuerfreiheit s § 50d.

2. Betriebsausgaben; Werbungskosten, § 50 I 1. – a) Objektives Netto- 7
prinzip; Veranlassungsprinzip. Für die Veranlagung beschr StPfl gelten grds **das
obj Nettoprinzip** (§ 2 Rz 10) und das Veranlassungsprinzip (§ 4 Rz 480 ff, § 9
Rz 40 ff). BA und WK sind abzuziehen, soweit sie in **wirtschaftl Zusammenhang** mit den jeweiligen inl Einkünften isd § 49 stehen (s dagegen § 3c und § 50
V 2 Nr 3 aF, die einen *unmittelbaren* wirtschaftl Zusammenhang voraussetzen). Dies
muss der beschr StPfl hinreichend konkret darlegen und ggf anhand obj Tatsachen
nachweisen; Zweifel gehen zu seinen Lasten (vgl § 4 Rz 31). Unerhebl ist, ob
die Aufwendungen im Inl oder Ausl anfallen (BFH I R 49/84 BStBl II 89, 140).
Unterlagen über BA/WK müssen nicht im Inl aufbewahrt werden; § 90 II AO ist
aber zu beachten. Aufwendungen, die gleichermaßen in wirtschaftl Zusammenhang
mit Einkünften isd § 49 und solchen ohne Inlandsbezug stehen, sind (ggf im
Schätzungswege) aufzuteilen und anteilig abzuziehen. Vorrangiger Zusammenhang
mit stpfl Einkünften schließt eine Berücksichtigung aus (vgl BFH I R 59/05
BStBl II 07, 756, auch zu § 32b). Tritt die **Abgeltungswirkung** (§ 50 II 1) ein,
bleiben BA und WK ebenfalls unberücksichtigt. – Zu BA einer inl Betriebsstätte
s Rz 28 ff; zu BA/WK iZm stfreien Auslandseinkünften s § 3c Rz 15.

b) Abzugsverbote; Abzugsbeschränkungen. Die §§ 3c, 4 IV a–VI, 4h, 4i und 8
4j, 9 II, V sowie § 12 gelten auch für beschr StPfl. Zu **Pausch-/Freibeträgen** etc
(§ 9a, § 20 IV aF bzw § 20 IX nF, § 24a) s Rz 14. **§ 4g** ist auf beschr StPfl nicht
anwendbar (§ 4g I 1). **Verluste** s Rz 27.

c) Vorweggenommene und nachträgliche Betriebsausgaben/Werbungs- 9
kosten. Sowohl vorweggenommene als auch nachträgl BA oder WK (vgl § 4
Rz 484, § 9 Rz 94 ff) sind grds abziehbar, soweit sie mit Einkünften isd § 49
in einem (nachweisbaren) wirtschaftl Zusammenhang stehen. Das setzt auch hier
einen **konkreten Bezug** der Aufwendungen zu einer *bestimmten* Tätigkeit voraus.
Es genügt nicht, dass der StPfl im Zeitpunkt der Aufwendungen eine im Inl stpfl
Tätigkeit ausübt, wenn die Aufwendungen im Hinblick auf eine spätere Tätigkeit
ohne Inlandsbezug entstanden sind (vgl FG Hbg EFG 89, 225; zur mögl Berücksichtigung iRd § 32b s BFH I R 59/05 BStBl II 07, 756). An einem konkreten
Zusammenhang fehlt es ferner, wenn nur die *allg* im Ausl lebende Absicht besteht, zu einem späteren Zeitpunkt Einkünfte isd § 49 zu erzielen, und zwar auch dann, wenn in der
Folgezeit tatsächl solche Einkünfte erzielt werden (vgl BFH I R 112/04 BFH/NV
05, 1756; FG Hbg EFG 07, 1440, rkr, nunmehr auch FG Hbg EFG 06, 1565, rkr). – Zur Bedeutung des Grundsatzes der Abschnittsbesteuerung in diesem Zusammenhang
s auch *Schmidt* 39. Aufl § 50 Rz 9 aE mwN. Zu **§ 2 VII 3** s Rz 33.

3. Steuertarif; Steuersatz, § 50 I 2 und 3. Die Steuer auf beschr stpfl Ein- 10
künfte richtet sich (seit VZ 2009) gem § 50 I 2 nach **§ 32a I,** jedoch grds ohne
Berücksichtigung des Grundfreibetrags. Die Anwendung des Splittingtarifs (§ 32a V,
VI) bleibt ausgeschlossen (s Rz 18). Zum Progressionsvorbehalt s § 32b Rz 12. Vgl
iÜ *Schön* IStR 04, 289, 293.

11 **a) Grundfreibetrag, § 50 I 2.** Die Veranlagung beschr StPfl erfolgt gem § 50 I 2 HS 1 vom **Grundsatz** her ohne Berücksichtigung eines Grundfreibetrags. Dies ist unionsrechtskonform (vgl EuGH C-234/01 BStBl II 03, 859 – *Gerritse* Rz 47 ff; EuGH C-169/03 IStR 04, 688 – *Wallentin* Rz 16 f; ggf Besteuerung nach § 1 III, s auch Rz 14). Technisch erfolgt die Nicht-Berücksichtigung dadurch, dass das zu versteuernde Einkommen des beschr StPfl um den Grundfreibetrag gem § 32a I 2 Nr 1 erhöht wird. Dies wirkt sich *nur* auf den Steuersatz aus. Es führt *nicht* zu einer Besteuerung tatsächl nicht erzielter Einkünfte; denn die Erhöhung wird iRd Steuerberechnung „intern" wieder korrigiert durch die in § 32a I 3 und 4 bzw I 2 Nr 4 und 5 vorgesehenen Abzugsbeträge (FG BaWü EFG 12, 1932, rkr; krit *Grams/Schön* IStR 08, 656, 659). Die Erhöhung ist auch dann vorzunehmen, wenn die beschr stpfl Einkünfte unterhalb des Grundfreibetrags liegen (s hierzu die Beispiele in *Schmidt* 39. Aufl § 50 Rz 11 aE). – Bei **beschr stpfl ArbN** ist seit VZ 2011 das zu versteuernde Einkommen gem § 50 I 2 HS 2 nur um den Betrag zu erhöhen, um den der Grundfreibetrag die um die Abzüge nach § 50 I 5 verminderten Einkünfte iSd § 49 I Nr 4 übersteigt (s BT-Drs 17/6263, 59: Verhinderung missbräuchl Gestaltungen).

12 **b) Besonderer Steuersatz, § 50 I 3.** Die Regelung soll eine Übermaßbesteuerung in Fällen vermeiden, in denen ein beschr StPfl neben inl Einkünften auch Einkünfte erzielt, die dem Progressionsvorbehalt unterliegen (s BT-Drs 19/22850, 86). Zu diesem Zweck ist der sich aus § 32b II EStG oder § 2 V AStG besondere StSatz (nur) auf das zu versteuernde Einkommen anzuwenden, also ohne Erhöhung um den Grundfreibetrag (s auch FG Mster BeckRS 2021, 28375 rkr). Die Regelung ist gem § 52 Abs 46 S 1 in allen offen Fällen anzuwenden.

13 **4. Nicht anzuwendende Vorschriften, § 50 I 4.** Der Anwendungsausschluss erfasst Vorschriften, die sich (mehr oder weniger) auf **persönl Verhältnisse** des StPfl beziehen. Die Berücksichtigung solcher Verhältnisse ist nach allg Verständnis grds Aufgabe des Wohnsitzstaates, nicht des Quellenstaates (vgl EuGH C-391/97 BStBl II 99, 841 – *Gschwind*; s auch *Lüdicke* DStR-Beih 08, 25, 30 mwN). Gleichwohl kann der Ausschluss im Einzelfall unionsrechtl problematisch sein (vgl etwa zu § 10 I Nr 1a aF und Nr 6 aF Rz 16). Soweit eine Berücksichtigung im Wohnsitzstaat mangels dort stpfl Einkünften ausscheidet, ist die Möglichkeit einer Veranlagung nach §§ **1 III, 1a** zu prüfen (vgl § 1 Rz 42). **Nicht ausgeschlossene Vorschriften** sind grds anzuwenden. Für beschr stpfl ArbN wird der Anwendungsausschluss in § 50 I 5 mit Wirkung ab VZ 2010 teilweise wieder zurückgenommen (s Rz 21).

14 **a) Pauschbeträge; Freibeträge; Freigrenzen.** Nicht abziehbar ist der Freibetrag nach § **16 IV** (ggf iVm § 18 III; s auch FG Ddorf EFG 09, 2024, rkr: kein Verstoß gegen EU-Recht). Der ab VZ 2009 geltende Sparer-Pauschbetrag nach § **20 IX** ist hingegen zu berücksichtigen (anders als bis VZ 2008 der Sparerfreibetrag nach § 20 IV; zu einem mögl Verstoß gegen Unionsrecht s BFH I R 71/10 BStBl II 15, 361 unter II.4.d). – Die WK-Pauschbeträge des § **9a** sind seit VZ 2009 von der Anwendung **nicht mehr ausgeschlossen** und somit zu berücksichtigen. Zur zeitanteiligen Kürzung dieser Beträge gem § 50 I 6 s Rz 22. Zu § 22 Nr 3 s § 49 Rz 127.

15 **b) Entlastungsbeträge.** Der Entlastungsbetrag für **Alleinerziehende** nach § **24b** ist nicht anzuwenden. Dagegen ist der in § 50 I 3 aF noch enthaltene Ausschluss des **Altersentlastungsbetrags** nach § **24a** ab VZ 2009 entfallen.

16 **c) Sonderausgaben.** SA gem § 10, § 10a und § 10c sollen grds nicht berücksichtigt werden (Ausnahmen für ArbN s Rz 21). Anwendbar sind dagegen § 10b und grds auch §§ 10e–10g (wie bei allen beschr StPfl, s FG Köln EFG 95, 71, rkr), die jedoch Eigennutzung von Inlandsobjekten und damit idR unbeschr StPfl voraussetzen. – Der Ausschluss des SA-Abzugs **verstößt gegen Unionsrecht,** soweit er über den eng zu fassenden Kreis personen- und familienbezogener Besteuerungsmerkmale hinaus Wirkung entfaltet (s *Schön* IStR 04, 289, 292 mwN). Das hat der EuGH bereits wiederholt zu § 10 I Nr 1a aF (jetzt: § 10 Ia Nr 2) entschieden (EuGH C-559/13 DStR 15, 474 – *Grünewald*: **unmittelbarer Zusammenhang mit der Einkünfteerzielung;** EuGH C-450/09 DStR 11, 664 – *Schröder;* krit Anm *P. Fischer* FR 11, 535; s auch *Stein* DStR 11, 1165; *Krumm* IWB 11, 456). Diese Rspr ist in allen noch offenen Verfahren zu berücksichtigen, auch bei beschr StPfl aus Drittstaaten (s *BMF* BStBl I 15, 1088: beim Empfänger aber trotzdem nicht stpfl). „Minimalinvasiv" hat der Gesetzgeber reagiert und den SA-Abzug für Versorgungsleistungen zugelassen, die nach dem 31.12.16 geleistet werden (s § 52 Abs 46 S 1, s auch Rz 2). – Zu § 10 I Nr 2 hat der **EuGH** seine Rspr fortgeführt und entschieden, dass die Abzugsbeschränkung in Bezug auf **Pflichtbeiträge** zu einer berufsständischen Altersversorgungseinrichtung (hier: Versorgungswerk der Rechtsanwälte NRW) **EU-rechtswidrig** ist; für *freiwillige* Beiträge gilt dies nicht (EuGH C-480/17 IStR 19, 27 – *Frank Montag*). Der SA-Abzug ist entspr auch beschr StPfl aus EU-/EWR-Mitgliedstaaten und der Schweiz zu gewähren (s iEinz *BMF* BStBl I 19, 624); für nach dem 31.12.20 geleistete Beiträge s § **50 Ia** (Rz 24). – Weitere Nachweise s *Schmidt* 39. Aufl § 50 Rz 16 aE.

d) Außergewöhnliche Belastungen sind gem §§ **33, 33a, 33b** nicht abziehbar. **17**

e) Familienleistungsausgleich; Ehegattensplitting. Die Freibeträge für Kinder gem § 32 bleiben unberücksichtigt. Zu KiGeld s § 62 Rz 5. Das Ehegattensplitting (§ 32a V) ist unanwendbar, weil es über §§ 26, 26b die unbeschr StPfl beider Ehegatten/LPartner voraussetzt (s aber zum Freizügigkeitsabkommen mit der Schweiz EuGH C-425/11 BStBl II 13, 896; zu Erlass der Steuer nach §§ 163, 227 AO s BFH I R 219/82 BStBl II 90, 701; vgl auch *Schaumburg* Rz 6.278). Die Anwendung von § 32a VI (Verwitwetensplitting) ist nach § 50 I 3 ausdrückl ausgeschlossen. **18**

f) Tarifvergünstigungen. Zu berücksichtigen sind alle Regelungen, die weder nach § 50 I 3 noch durch norminterne Beschränkung auf unbeschr StPfl von der Anwendung ausgeschlossen sind. So gilt die Fünftelregelung des § 34 I auch für beschr stpfl Abfindungen. Anwendbar ist ferner die Begünstigung nicht entnommener Gewinne nach § **34a** (s § 34a Rz 38); ebenfalls § **34b** und § **32c.** Zu § **34c** s Rz 42. **19**

g) Steuerermäßigungen. Der Ausschluss des § **35a** gilt seit VZ 2009. Der Gesetzgeber will den Anwendungsbereich der Vorschrift beschränken, nachdem das Tatbestandsmerkmals „inl Haushalt" in § 35a durch das JStG 2008 aufgegeben worden ist (BT-Drs 16/10189, 59). Eine Berücksichtigung ist nur noch iRd § 1 III mögl. Der Ausschluss könnte im Hinblick auf EuGH C-209/01 DStRE 03, 1437 (zu § 10 I Nr 8 aF) problematisch sein. Ebenfalls ausgeschlossen ist jetzt der neue § **35c.** – **34g** und § **35** sind anwendbar (s § 34g Rz 4, § 35 Rz 3). **20**

5. Beschränkt steuerpflichtige Arbeitnehmer, 50 I 5. Seit VZ 2011 steht beschr stpfl ArbN grds ein **SA-Abzug** für (tatsächl angefallene/nachgewiesene) **Altersvorsorgeaufwendungen** gem § 10 I Nr 2 Buchst a und **KV-/PflV-Beiträge** gem § 10 I Nr 3 (nach Maßgabe von § 10 III) zu, soweit diese auf die **Beschäftigungszeit im Inl** entfallen. Ebenfalls zu berücksichtigen sind Zuwendungen gem § 10b (kein Ausschluss nach § 50 I 3). Alternativ kann der SA-Pauschbetrag § 10c geltend gemacht werden. Die genannten Aufwendungen dürfen aber die nach § 49 I Nr 4 beschr stpfl Einkünfte nicht überstiegen (s BT-Drs 17/6263, 59: Verhinderung missbräuchl Gestaltungen). Diese Regelung gilt (wie § 50 I 2 HS 2) für **alle beschr stpfl ArbN,** nicht nur für solche aus EU-/EWR-Staaten; § 50 II 7 bezieht sich nur auf § 50 II 2 Nr 4 Buchst b und Nr 5. **21**

§ 50 22–28 Sondervorschriften für beschränkt Steuerpflichtige

22 **6. Zeitanteilige Kürzung, § 50 I 6.** Die **Pauschbeträge** nach § 9a I Nr 1 und § 10c stehen beschr stpfl ArbN nur für Zeiträume zu, in denen sie Einkünfte iSd § 49 I Nr 4 bezogen haben. Die nach § 50 I 5 vorgegebene Kürzung muss nach dem Gesetzeswortlaut nicht nur monatsweise, sondern **taggenau** vorgenommen werden („nicht während eines vollen ... Kalendermonats zugeflossen").

III. Pflichtbeiträge an Versorgungseinrichtungen, § 50 Ia

24 **Berufsständische Versorgungseinrichtungen.** Pflichtbeiträge an berufsständische Versorgungseinrichtungen iSv § 10 I Nr 2 Buchst a, II und III (s § 10 Rz 34) sind gem § 50 Ia als SA abzugsfähig, wenn und soweit sie in einem **unmittelbaren wirtschaftl Zusammenhang** (§ 50a I 3) mit inl Einkünften iSv § 49 I Nr 2 oder 3 stehen (für § 49 I Nr 4: § 50 I 5); für entspr freiwillige Beiträge gilt dies nicht (zum Hintergrund: Rz 16 und BT-Drs 19/22850, 94 f). Zum Erfordernis des unmittelbaren wirtschaftl Zusammenhangs auch EuGH C-480/17 IStR 19, 27 – *Frank Montag* (Rz 32 f und 40 ff), und BFH X R 62/09 BStBl II 12, 721 (Rz 17: „durch dasselbe Ereignis veranlasst"). Persönl Anwendungsbereich (§ 50 Ia 2): EU-/EWR-Angehörige und Schweizer mit Wohnsitz/gewöhnl Aufenthalt in der EU/Schweiz. – Der Abzug erfolgt ggf **anteilig** im Verhältnis der inl Einkünfte zum Gesamtbetrag der positiven inl und ausl Einkünfte, die mit den Pflichtbeiträgen in einem unmittelbaren wirtschaftl Zusammenhang stehen (§ 50 Ia 4; s EuGH C-480/17 IStR 19, 27 Rz 46 ff). Ein Abzug ist ausgeschlossen, soweit die Beiträge bereits bei der Besteuerung des beschr StPfl im Staat des Wohnsitzes/gewöhnl Aufenthalts berücksichtigt worden sind; außerdem ist ein Abzug der danach grds zu berücksichtigenden Beiträge nur bis zur Höhe der im Inl beschr stpfl Einkünfte mögl (§ 50 Ia 5). – Die Regelungen gelten gem § 52 Abs 46 S 2 erstmals für **nach dem 31.12.20 geleistete Beiträge;** davor: *BMF* BStBl I 19, 624 (s Rz 16).

IV. Steuerabzug mit abgeltender Wirkung, § 50 II

26 **1. Persönlicher und sachlicher Anwendungsbereich.** Die Regelung gilt für beschr StPfl mit Einkünften iSd § 49, (nur) soweit diese Einkünfte dem StAbzug vom **Arbeitslohn** (§§ 38 ff) oder **Kapitalertrag** (§§ 43 ff) oder nach § **50a** unterliegen. Sie erfasst über § 3 I Nr 6 SolZG auch den **SolZuschlag**. Zur Beschränkung von § 50 II 2 Nr 4 Buchst b und Nr 5 auf EU-/EWR-Staatsangehörige s Rz 39. – Nicht erfasst werden Einkünfte, für die ein Sicherungsabzug nach § 50a VII angeordnet worden ist (§ 50a VII 4), ebenso wenig sonstige Einkünfte, für die Vorauszahlungen iSd § 37 geleistet worden sind. § **2 V 2 AStG** hebt für erweitert beschr StPfl die Abgeltungswirkung des StAbzugs gem § 50a auf (s *BH/Lampert* § 2 AStG Rz 42).

27 **2. Grundsatz: keine Veranlagung, § 50 II 1.** Die angeordnete abgeltende Wirkung des StAbzugs bedeutet, dass die betroffenen Einkünfte keine Veranlagung des beschr StPfl auslösen können und im Falle einer aus anderen Gründen durchzuführenden Veranlagung dort nicht berücksichtigt werden. Das gilt auch dann, wenn der StAbzug tatsächl nicht vorgenommen wurde (BFH I R 97/76 BStBl II 78, 628) und bei Ergehen eines Nachforderungsbescheids, da die Nachforderung dem StAbzug gleichsteht (BFH I R 21/93 BStBl II 94, 697). Ein LStJA wird nicht durchgeführt (§ 42b I 1). BA/WK, SA und agB bleiben unberücksichtigt. **Verluste** können mit Einkünften, die nicht dem StAbzug unterliegen, nicht verrechnet werden (krit *Cordewener* DStJG 28 [2005], 255, 275 f mwN; *Lüdicke* Verluste im Steuerrecht [2010], 266 ff). Eine Anrechnung von Steuern, die im Wege des StAbzugs einbehalten worden sind (§ 36), ist ausgeschlossen.

28 **3. Ausnahmen, § 50 II 2. – a) Veranlagung inländischer Betriebe, § 50 II 2 Nr 1. – aa) Anwendungsbereich.** Einkünfte, die nach § 49 einem inl Betrieb zuzuordnen sind, werden gem § 50 II 2 Nr 1 durch Veranlagung nach § 50 I

ermittelt. Soweit KapESt (Anteile im BV, § 43 IV), ESt nach § 50a oder Steuer bei Bauleistungen nach §§ 48 ff abgezogen worden ist, wird diese bei der Veranlagung angerechnet (§ 36 II Nr 2, § 48c, § 50a VII 4); Ausnahme: § 2 V 2 AStG. – „**Inl Betrieb**" können sein: luf Betrieb, inl Betriebsstätte oder ständiger Vertreter iSd § 49 I Nr 2a (s BFH I R 86/89 BStBl II 92, 185) sowie die feste Einrichtung eines Freiberuflers (§ 49 I Nr 3; FG Köln EFG 03, 1013, rkr). Schon dem Wortlaut nach ist der sachl Anwendungsbereich der Regelung nicht auf gewerbl Betriebe beschränkt (s auch *Korn* § 50 Rz 47). Nicht erfasst werden die bloße Ausübung/ Darbietung iSv § 49 I Nr 2d oder Veräußerungen iSv § 49 I Nr 2e, f. Im Fall der Gewinnermittlung nach § 4 III muss ein inl Betrieb im Zeitpunkt des Zuflusses der beschr stpfl Einnahmen vorgelegen haben, damit der Ausschluss der Abgeltungswirkung eingreift (FG Köln EFG 03, 1013, rkr).

bb) Gewinnermittlung. Für die Gewinnermittlung gelten neben § 50 I die **29** allg Vorschriften (zB §§ 4, 5, 13a EStG und §§ 140 ff AO; vgl BFH I R 95/96 BStBl II 98, 260; ausführl *Schaumburg* Rz 21.3 ff; *HHR* § 49 Rz 240 ff; zu **Buchführungspflichten** aufgrund ausl Rechts s BFH I R 81/16 BStBl II 19, 390 mwN; BFH IV R 3/20 DStR 21, 1806 (**aA** *Drüen* IStR 19, 833). Das **BMF** hat hierzu **Betriebsstätten-Verwaltungsgrundsätze** erlassen (*BMF* BStBl I 99, 1076; geändert durch *BMF* BStBl I 00, 1509, *BMF* BStBl I 09, 888, *BMF* BStBl I 10, 354 Tz 7, *BMF* BStBl I 13, 980, *BMF* BStBl I 14, 1258 Tz 7 und *BMF* BStBl I 17, 182; krit *Ditz/Schneider* DStR 10, 81), die auch auf selbständig Tätige angewendet werden (*BMF* BStBl I 99, 1076 Tz 6.1). Welche Gewinne dabei dem inl Betrieb und welche ggf dem ausl Stammhaus zugerechnet werden, richtet sich auch hier (s Rz 7) nach dem **wirtschaftl Zusammenhang**. Ob Gewinne/Verluste im Inl oder im Ausl angefallen sind, ist ebenso unerhebl wie die Frage, wer sie getragen hat (s iEinz BFH I R 59/95 IStR 97, 145 unter II.2.a; BFH I R 49/84 BStBl II 89, 140; s auch BFH I R 19/06 BStBl II 10, 398: keine „betriebsstättenlosen" gewerbl Einkünfte, mwN).

Zur Erfassung von „Geschäftsvorfällen" zw Unternehmen und Betriebsstätte gem § 1 IV 1 Nr 2 und V AStG und BsGAV s *Kraft* AStG § 1 Rz 564, 580 ff; *BH/Reimer* § 49 Rz 117 ff und *BH/Pohl* § 1 AStG Rz 191, 195 ff; *BMF* BStBl I 17, 182 und *BMF* BStBl I 20, 84 (Betriebsstätten ohne Personalfunktion; s dazu auch *Ditz/Tcherveniachki* ISR 20, 145); *BMF* BStBl I 14, 1258 (Anwendung der DBA auf PersGes) Tz 2.2.4.1. Diese Regelungen beziehen sich unmittelbar nur auf § 1 I AStG, können aber ggf in DBA-Fällen in die Beurteilung der Zuordnung mit einfließen (s *KS* § 50 Rz 19a, keine allg Gewinnermittlungsregelung).

(1) Direkte Methode. Soweit nicht ein DBA besondere Ermittlungsmethoden **30** vorschreibt, ist der Gewinn möglichst nach der sog direkten Methode zu ermitteln (*separate accounting;* vgl FG Hess EFG 03, 1191 mwN, rkr; *Schaumburg* Rz 21.37 ff mwN). Das Gesamtergebnis eines Unternehmens (bzw eines StPfl) soll dem inl Betrieb insoweit zugerechnet werden, als es durch diesen erwirtschaftet worden ist (BFH I R 49/84 BStBl II 89, 140). Zu diesem Zweck wird der inl Betrieb wirtschaftl **wie ein eigenständiges Unternehmen** mit eigener Buchführung behandelt (vgl Art 7 II OECD-MA; BFH II R 107/97 BFH/NV 00, 688: Abgrenzung nach dem *dealing at arm's length*-Prinzip). Fehlt eine eigene Buchführung, muss der Gewinn so geschätzt werden, wie er sich aus eigener Buchführung ergäbe (*Debatin* DB 89, 1692/8). Die jeweiligen Geschäftsvorfälle werden dabei einzeln (transaktionsbezogen) erfasst und den Betrieben/Betriebsteilen zugeordnet (vgl BFH I R 92/01 IStR 03, 388). Bei Verstoß gegen § 90 II AO ist von dem Sachverhalt auszugehen, für den die größte Wahrscheinlichkeit spricht (BFH I R 92/01 IStR 03, 388). Gewinnverteilungsabreden bleiben unberücksichtigt. – Zur dt **Verhandlungsgrundlage** für DBA s *Lüdicke* IStR 13, Beil zu Heft 10, S 26 (28); *ders* ifst-Schrift 11, 492, S 107 f. – S iÜ *Vogel/Lehner* DBA Art 7 Rz 73 ff, 101 ff; *Wassermeyer* OECD-MA Art 7 Rz 190 ff; *Ditz/Schneider* DStR 10, 81 mwN.

Bei Prüfung eines entspr Sachverhalts, lautet die übergeordnete Frage (vgl auch Art 7 II OECD-MA): Welchen Gewinn hätte im Inl der Betrieb erzielt, wenn die gleiche Tätigkeit unter gleichen Bedingungen in Form eines selbständigen Unternehmens ausgeübt worden wäre? Hinsichtl der einzelnen Geschäftsvorfälle ist zu fragen: Auf welche Tätigkeiten bzw WG sind BE/BA zurückzuführen? Wer hat die Tätigkeit ausgeübt? Sind die Tätigkeiten/WG dem inl Betrieb zuzuordnen? – Vgl BFH I R 92/01 IStR 03, 388 Rz 21. – Nachweise zu Einzelfragen s *Schmidt* 34. Aufl § 50 Rz 30.

31 (2) **Indirekte Methode.** Dagegen sieht die indirekte Methode – hilfsweise – eine Aufteilung des Gesamtgewinns eines Unternehmens **im Schätzungswege** vor (vgl *BMF* BStBl I 99, 1076 Rz 2.3.2; zB bei reiner Geschäftsleitungs-Betriebsstätte im Ausl, s *FW* IStR 94, 28 zu BFH I R 15/93 BStBl II 94, 148; zu fehlenden Aufzeichnungen für direkte Methode s FG Bln IStR 00, 688, rkr, Anm *Hensel* IStR 00, 692).

32 b) **Nachträgliche Feststellung beschränkter Steuerpflicht, § 50 II 2 Nr 2.** Ist ein beschr StPfl iRd StAbzugs unzutr als unbeschr stpfl gem § 1 II, III oder § 1a behandelt worden und stellt sich dies nach Ablauf des VZ (vgl FG Ddorf EFG 03, 979) heraus, wird die Abgeltungswirkung gem § 50 II 2 Nr 2 (bis VZ 2008: V 2 Nr 1) aufgehoben. Dies betrifft vor allem **beschr stpfl ArbN**, bei denen die LSt zu Unrecht nicht nach § 39d aF bzw § 39a IV, sondern insb unter Berücksichtigung des Ehegattensplittings (§ 39b II 6) einbehalten worden ist (ggf Anzeigepflicht des ArbN: § 39 VII 1). Stellt dies das FA nachträgl fest, kann es die LSt bei Vorliegen der tatbestandl Voraussetzungen des § 39 VII nachfordern, wenn eine Korrektur im LStAbzugsverfahren nicht mehr mögl ist oder tatsächl nicht erfolgt ist (BFH I R 65/07 BStBl II 09, 666: Rechtsgrundverweisung). Die Nachforderung setzt weder voraus, dass sich die tatsächl Verhältnisse nachträgl geändert haben, noch dass der ArbN die Anzeige vorsätzl oder fahrlässig unterlassen hat (BFH I R 65/07 BStBl II 09, 666; aA *Wüllenkemper* EFG 07, 1852). Wird eine Veranlagung durchgeführt, kann die Korrektur iRd Veranlagung erfolgen; eine Nachforderung erübrigt sich (s auch BFH I R 63/14 BFH/NV 16, 161). – Die Vorschrift hebt nur die Abgeltungswirkung des StAbzugs auf. Sie ermöglicht *keine* Korrektur, wenn ein beschr StPfl unzutr wie ein unbeschr StPfl *veranlagt* worden ist.

33 c) **Wechsel unbeschränkte/beschränkte Steuerpflicht, § 50 II 2 Nr 3.** Bei einem Statuswechsel während des Kj sind die während der beschr StPfl erzielten inl Einkünfte gem § 2 VII 3 in die Veranlagung zur unbeschr EStPfl einzubeziehen (§ 2 Rz 69; § 36 Rz 19).

Diese Regelung schloss schon nach früherem Verständnis die Abgeltungswirkung des § 50 II 1 aus (vgl BT-Drs 13/5952, 44; *Jakob* FR 02, 1113). Der durch das JStG 2009 (BGBl I 08, 2794; Rz 2) eingefügte § 50 V 2 Nr 3 hat lediglich klarstellende Bedeutung.

34 d) **Veranlagung beschränkt steuerpflichtiger Arbeitnehmer, § 50 II 2 Nr 4. – aa) Pflichtveranlagung, § 50 II 2 Nr 4 Buchst a.** Sind bei einem beschr stpfl ArbN Eintragungen nach § 39a IV vorgenommen worden (WK, bestimmte SA, Frei-/Hinzurechnungsbetrag nach § 39a I Nr 7) und betragen die nach § 49 I Nr 4 beschr stpfl Einkünfte **mehr als 12 550 €** (VZ 2020: 12 250 €), ist zwingend eine Veranlagung vorzunehmen (Annäherung an die Veranlagung unbeschr StPfl nach § 46 II Nr 4 iVm § 39a I, vgl BT-Drs 16/10 189, 60).

Die **ab VZ 2020** geltende „**Bagatellgrenze**" von zunächst 11 900 € ist aus § 46 II Nr 4 übernommen worden (BT-Drs 19/13436, 119); für zukünftige Anpassungen der VZ richtet sich die Grenze nach § 46 II Nr 4 in der jeweiligen Fassung (zu den Beträgen s *Schmidt* 38. Aufl § 46 Rz 20). Krit zu den Folgen s *Holthaus* IStR 20, 341.

35 bb) **Antragsveranlagung, § 50 II 2 Nr 4 Buchst b.** Beschr stpfl ArbN steht es zudem frei, die Abgeltungswirkung des § 50 II 1 durch einen Antrag auf Veranlagung nach § 50 II 2 Nr 4 Buchst b auszuschließen (zum historischen Hintergrund s *Schmidt* 27. Aufl § 50 Rz 12). Auf die Höhe der inl Einkünfte kommt es (anders als nach § 1 III) nicht an. Die früher schon nach § 50 V 2 Nr 2 aF geltende Beschränkung des Antragsrechts auf **EU-/EWR-Staatsangehörige** gilt gem § 50 II 7 weiterhin (s Rz 41). Im Revisionsverfahren kann der Antrag auf Veranlagung nicht mehr gestellt werden (vgl BFH I R 65/95 BStBl II 98, 21).

cc) **Pflichtveranlagung in sonstigen Fällen, § 50 II 2 Nr 4 Buchst c.** Mit 36
dem „JStG 2019" (BGBl I 19, 2451) ist die Pflichtveranlagung auch auf die Fälle
des § 46 II Nr 2, 5 und 5a erstreckt worden. Betroffen sind hiervon ArbN mit
mehreren ArbVerh (s § 46 Rz 16), die zu beschr stpfl Einkünften isV § 49 I Nr 4
führen, und mit sonstigen Bezügen in Form von **außerordentl Einkünften** wie
Entschädigungen und Vergütungen für mehrjährige Tätigkeiten (§ 46 Rz 22 f),
soweit diese der beschr StPfl nach § 49 I Nr 4 unterliegen (zu den Folgen insb für
sog Expats s *Kraft/Muscheites* DB 20, 644). Die neue Regelung gilt ab VZ 2020 (s
BT-Drs 19/13436, 120 f: „zur Berücksichtigung der Steuerprogression", „Gleichbehandlung mit unbeschr stpfl ArbN").

dd) **Verfahren.** Die Veranlagung erfolgt in allen drei Fällen nach den Grund- 37
sätzen des § 50 I (Rz 7 ff). Die **Frist** nach § 50 V 2 Nr 2 S 2 aF iVm § 46 II Nr 8
ist entfallen. – Zur **Zuständigkeit** s Rz 40. – Eine dem § 50 V 2 Nr 2 S 6 aF entsprechende
Regelung, derzufolge Einkünfte, die dem **KapEStAbzug** oder dem **StAbzug
nach § 50a IV** unterliegen, von der Veranlagung ausgeschlossen sind, ist in § 50
II 2 Nr 4 nicht enthalten. Der Ausschluss dieser Einkünfte von der Veranlagung
ergibt sich aber mE schon aus § 50 II 1 (s Rz 27) iVm dem Wortlaut des § 50 II 2
Nr 4: Ausschluss der Abgeltungswirkung (nur) für ArbN-Einkünfte. Andere dem
StAbzug unterliegende Einkünfte können daher (unabhängig von DBA-Regelungen) nur über den Progressionsvorbehalt berücksichtigt werden (§ 32b I, Einleitungssatz).

e) **Veranlagung in sonstigen Fällen, § 50 II 2 Nr 5.** Beschr StPfl, die mit ih- 38
ren Einkünften nach § 50a I Nr 1, 2 und 4 dem StAbzug unterliegen, können ab
VZ 2009 die Abgeltungswirkung des StAbzugs dadurch ausschließen, dass sie die
Veranlagung zur ESt beantragen. Wie bei § 50 II 2 Nr 4 Buchst b gilt dies nur
für **EU-/EWR-Staatsangehörige.** – S iÜ auch *BMF* BStBl I 10, 1350 Rz 72 f
(für beschr StPfl mit Einkünften aus künstlerischen, sportl, artistischen, unterhaltenden oder ähnl Darbietungen; ergänzt durch *BMF* BStBl I 14, 887).

f) **Einkünfte aus Kapitalvermögen, § 50 II 2 Nr 6.** KapErträge aus LV und 39
RV iSv § 20 I Nr 6 (nach dem 31.12.04 abgeschlossene Verträge, s § 20 Rz 102 ff)
sind gem § 49 I Nr 5 S 1 Buchst a beschr stpfl, wenn der Schuldner Wohnsitz, Geschäftsleitung oder Sitz im Inland hat. Da unter den Voraussetzungen des § 20 I
Nr 6 S 2 **nur die hälftige Bemessungsgrundlage** anzusetzen ist („technische"
StBefreiung, vgl § 20 Rz 108), die ESt aber durch den KapEStAbzug (§ 43 I Nr 4)
gem § 50 II 1 als abgegolten gilt und eine Freistellung für die Bemessung der
KapESt unberücksichtigt bleibt (§ 43 I Nr 4 S 1 HS 2), gibt § 50 II Nr 6 dem
beschr StPfl die Möglichkeit, im Wege der Antragsveranlagung in den Genuss
der hälftigen Freistellung gem § 20 I Nr 6 S 2 zu kommen. Die Regelung gilt für
KapErträge, die nach dem 31.12.16 zufließen (§ 52 Abs 45 S 3).

4. Zuständigkeit für Arbeitnehmer, § 50 II 3–6. Beschr stpfl ArbN werden 40
gem § 50 II 3 grds durch das nach § 39 II 2 oder 4 zuständige **BetriebsstättenFA**
veranlagt (§ 39 Rz 3), ansonsten durch das BetriebsstättenFA, in dessen Bezirk der
ArbN zuletzt beschäftigt war (§ 50 II 4–6; s auch *LfSt Bayern* DStR 19, 1310).

5. EU-/EWR-Staatsangehörige, § 50 II 7. Wie bereits nach § 50 V 2 Nr 2 41
aF (vgl FG Ddorf EFG 05, 1783, rkr: verfgemäß und mit EU-Recht vereinbar) ist
der Kreis der StPfl, die durch einen Antrag auf Veranlagung zur ESt die Abgeltungswirkung des § 50 II 1 bei Einkünften im Fall des § 50 II 2 Nr 4 Buchst b und
Nr 5 ausschließen können, auf EU-/EWR-Staatsangehörige mit Wohnsitz oder
gewöhnl Aufenthalt in einem EU-/EWR-Mitgliedstaat beschränkt. **Angehörigen
von Drittstaaten** bzw dort Ansässigen bleibt nur die Möglichkeit der sog Grenzpendlerbesteuerung, soweit sie die Voraussetzungen des §§ 1 III, 1a erfüllen (s § 1
Rz 41). Das ist im Hinblick auf das abkommensrechtl **Diskriminierungsverbot** (s
Art 24 OECD-MA) problematisch (vgl *Lüdicke* IStR 17, 289; *Gosch* DStR 07,

1553, 1560) und müsste ggf durch Billigkeitsmaßnahmen abgemildert werden (so zutr *Schaumburg* Rz 6.241; *ders* ISR 21, 135, 138); **aA** aber BFH I R 80/16 BStBl II 21, 237 Rz 27 ff mwN (mit zust Anm *Wacker* DStR 20, 2853 – VerfBeschw BVerfG 2 BvR 148/21).

42 **6. Zuständigkeit bei Antragsveranlagung, § 50 II 8 und 9.** Für die Veranlagung nach § 50 II 2 Nr 5 ist gem § 50 II 8 das **BZSt** zuständig (seit VZ 2014, s *Schmidt* 39. Aufl § 50 Rz 38). Für die Veranlagung nach § 50 II 2 Nr 6 ist gem § 50 II 9 das **FA des Schuldners** der KapErträge auch zuständig für den beschr stpfl Gläubiger (entspr § 44 I 5 Nr 1).

43 **7. Geringfügige Einkünfte, § 50 II 10.** Der Härteausgleich gem § 46 III und V gilt auch für beschr stpfl ArbN (s iEinz § 46 Rz 41 ff); das entspricht der bisherigen Verwaltungspraxis (s auch BT-Drs 19/22850, 96).

V. Anrechnung und Abzug ausländischer Steuern, § 50 III

46 **Entspr Anwendung von § 34c I–III.** Die Anrechnung eigener inl Abzugsteuer iSv § 36 II Nr 2 entfällt bei Vorrangigkeit des abgeltenden Abzugsverfahrens (§ 50 II 1, s Rz 27 ff). Ausnahmen: Bei Veranlagung sind diese Abzugsbeträge und ggf geleistete ESt Vorauszahlungen iSv §§ 36 II Nr 1, 37 anzurechnen. S auch § 48c. § 50 III sieht unter bestimmten Voraussetzungen (Einkünfte aus LuF, Gewerbebetrieb oder selbständiger Arbeit mit inl Betrieb, s Rz 28) auch bei beschr StPfl Steuerermäßigungen um entspr Auslandsteuern nach § 34c I–III vor (s § 34c Rz 6 ff, und EStR 50.2; vgl auch *Haase* IStR 10, 45).

VI. Steuererlass; Steuerpauschalierung, § 50 IV

47 Erlass und Pauschalierung nach § 50 IV knüpfen nicht mehr (wie § 50 VII aF) an die volkswirtschaftl Zweckmäßigkeit der Maßnahmen oder an besondere Schwierigkeiten bei der „gesonderten Berechnung der Einkünfte" an, sondern setzen (nur noch) ein **besonderes öffentl Interesse** voraus. Mit der durch das JStG 2010 (BGBl I 10, 1768) geänderten Formulierung soll klargestellt werden, dass ein besonderes öffentl Interesse *an der Veranstaltung selbst* vorliegen muss (BT-Drs 17/3549, 26). Der Begriff des „besonderen öffentl Interesses" wird in zwei Tatbestandsalternativen konkretisiert: – *(1)* international bedeutsame kulturelle und sportl Ereignisse, um deren Ausrichtung ein internationaler Wettbewerb stattfindet (zB Fußball-EM 2024, s BT-Drs 19/2323, 3), und – *(2)* inl Auftritt ausl Kulturvereinigung, der wesentl aus öffentl Mitteln gefördert wird (als wesentl wurde bislang die Deckung wenigstens eines Drittels der Kosten des inl Auftritts verstanden, vgl *BMF* BStBl I 83, 382). Eine Konkretisierung ist durch Streichung des Adverbs „insbesondere" (s Rz 25) *abschließend,* sodass sich die bislang geäußerten Bedenken hinsichtl der Frage nach der **hinreichenden Bestimmtheit** der Rechtsgrundlage (vgl *Anzinger* FR 06, 857; s auch BVerfG 2 BvL 2/75 BStBl II 78, 548 zu § 34c V) erübrigt haben (zur Auslegung von § 50 IV Nr 1 s auch BT-Drs 17/13499). – Erlass und Pauschalierung sind **Billigkeitsmaßnahmen** (s *Gosch* DStZ 88, 136). Sie stehen im Ermessen der zuständigen Behörde (§ 5 AO). Das Ermessen ist allerdings nur eröffnet, wenn die tatbestandl Voraussetzungen des § 50 IV erfüllt sind (BFH I R 98/05 BStBl II 08, 186). – **Zuständigkeit:** Oberste LandesFinBeh mit Delegationsmöglichkeit auf die FÄ; die Zustimmung des BMF ist erforderl. – **Verfahren:** Die Entscheidung über Erlass und Pauschalierung ist VA und kann mit Einspruch und Klage angefochten werden, allerdings nur durch den Vergütungsgläubiger, uU durch drittbetroffene Wettbewerber (zutr *KS* § 50 Rz 32); Rechte des Vergütungsschuldners werden nicht berührt (vgl BFH I B 124/06 BFH/NV 07, 1905). Bei Ensembles sind die Mitglieder klagebefugt (BFH I R 80/03 BFH/NV 05, 26; BFH I R 98/05 BStBl II 08, 186 mwN; abl *Holthaus* IWB F 3 Gr 3, 1479). Die Gerichte können die behördl Entscheidung nur in dem eingeschränkten Rahmen des § 102 FGO überprüfen (tatbestandl Voraussetzungen des § 50 IV, Ermessensüberschreitung/-fehlgebrauch; s auch BFH I R 98/05 BStBl II 08, 186/8, unter III.3.d). Zur Anfechtung des Widerrufs s BFH I R 22/80 BStBl II 85, 5.

§ 50a Steuerabzug bei beschränkt Steuerpflichtigen

(1) Die Einkommensteuer wird bei beschränkt Steuerpflichtigen im Wege des Steuerabzugs erhoben
1. bei Einkünften, die durch im Inland ausgeübte künstlerische, sportliche, artistische, unterhaltende oder ähnliche Darbietungen erzielt werden, einschließlich der Einkünfte aus anderen mit diesen Leistungen zusammenhängenden Leistungen, unabhängig davon, wem die Einkünfte zufließen (§ 49 Absatz 1 Nummer 2 bis 4 und 9), es sei denn, es handelt sich um Einkünfte aus nichtselbständiger Arbeit, die bereits dem Steuerabzug vom Arbeitslohn nach § 38 Absatz 1 Satz 1 Nummer 1 unterliegen,
2. bei Einkünften aus der inländischen Verwertung von Darbietungen im Sinne der Nummer 1 (§ 49 Absatz 1 Nummer 2 bis 4 und 6),
3. bei Einkünften, die aus Vergütungen für die Überlassung der Nutzung oder des Rechts auf Nutzung von Rechten, insbesondere von Urheberrechten und gewerblichen Schutzrechten, von gewerblichen, technischen, wissenschaftlichen und ähnlichen Erfahrungen, Kenntnissen und Fertigkeiten, zum Beispiel Plänen, Mustern und Verfahren, herrühren, sowie bei Einkünften, die aus der Verschaffung der Gelegenheit erzielt werden, einen Berufssportler über einen begrenzten Zeitraum vertraglich zu verpflichten (§ 49 Absatz 1 Nummer 2, 3, 6 und 9),
4. bei Einkünften, die Mitgliedern des Aufsichtsrats, Verwaltungsrats oder anderen mit der Überwachung der Geschäftsführung von Körperschaften, Personenvereinigungen und Vermögensmassen im Sinne des § 1 des Körperschaftsteuergesetzes beauftragten Personen sowie von anderen inländischen Personenvereinigungen des privaten und öffentlichen Rechts, bei denen die Gesellschafter nicht als Unternehmer (Mitunternehmer) anzusehen sind, für die Überwachung der Geschäftsführung gewährt werden (§ 49 Absatz 1 Nummer 3).

(2) [1] Der Steuerabzug beträgt 15 Prozent, in den Fällen des Absatzes 1 Nummer 4 beträgt er 30 Prozent der gesamten Einnahmen. [2] Vom Schuldner der Vergütung ersetzte oder übernommene Reisekosten gehören nur insoweit zu den Einnahmen, als die Fahrt- und Übernachtungsauslagen die tatsächlichen Kosten und die Vergütungen für Verpflegungsmehraufwand die Pauschbeträge nach § 4 Absatz 5 Satz 1 Nummer 5 übersteigen. [3] Bei Einkünften im Sinne des Absatzes 1 Nummer 1 wird ein Steuerabzug nicht erhoben, wenn die Einnahmen je Darbietung 250 Euro nicht übersteigen.

(3) [1] Der Schuldner der Vergütung kann von den Einnahmen in den Fällen des Absatzes 1 Nummer 1, 2 und 4 mit ihnen in unmittelbarem wirtschaftlichem Zusammenhang stehende Betriebsausgaben oder Werbungskosten abziehen, die ihm ein beschränkt Steuerpflichtiger in einer für das Bundeszentralamt für Steuern nachprüfbaren Form nachgewiesen hat oder die vom Schuldner der Vergütung übernommen worden sind. [2] Das gilt nur, wenn der beschränkt Steuerpflichtige Staatsangehöriger eines Mitgliedstaats der Europäischen Union oder eines anderen Staates ist, auf den das Abkommen über den Europäischen Wirtschaftsraum Anwendung findet, und im Hoheitsgebiet eines dieser Staaten seinen Wohnsitz oder gewöhnlichen Aufenthalt hat. [3] Es gilt entsprechend bei einer beschränkt steuerpflichtigen Körperschaft, Personenvereinigung oder Vermögensmasse im Sinne des § 32 Absatz 4 des Körperschaftsteuergesetzes. [4] In diesen Fällen beträgt der Steuerabzug von den nach

§ 50a Steuerabzug bei beschränkt Steuerpflichtigen

Abzug der Betriebsausgaben oder Werbungskosten verbleibenden Einnahmen (Nettoeinnahmen), wenn
1. Gläubiger der Vergütung eine natürliche Person ist, 30 Prozent,
2. Gläubiger der Vergütung eine Körperschaft, Personenvereinigung oder Vermögensmasse ist, 15 Prozent.

(4) [1]Hat der Gläubiger einer Vergütung seinerseits Steuern für Rechnung eines anderen beschränkt steuerpflichtigen Gläubigers einzubehalten (zweite Stufe), kann er vom Steuerabzug absehen, wenn seine Einnahmen bereits dem Steuerabzug nach Absatz 2 unterlegen haben. [2]Wenn der Schuldner der Vergütung auf zweiter Stufe Betriebsausgaben oder Werbungskosten nach Absatz 3 geltend macht, die Veranlagung nach § 50 Absatz 2 Satz 2 Nummer 5 beantragt oder die Erstattung der Abzugsteuer nach § 50c Absatz 3 oder einer anderen Vorschrift beantragt, hat er die sich nach Absatz 2 oder Absatz 3 ergebende Steuer zu diesem Zeitpunkt zu entrichten; Absatz 5 gilt entsprechend.

(5) [1]Die Steuer entsteht in dem Zeitpunkt, in dem die Vergütung dem Gläubiger zufließt. [2]In diesem Zeitpunkt hat der Schuldner der Vergütung den Steuerabzug für Rechnung des Gläubigers (Steuerschuldner) vorzunehmen. [3]Er hat die innerhalb eines Kalendervierteljahres einzubehaltende Steuer jeweils bis zum zehnten des dem Kalendervierteljahr folgenden Monats beim Bundeszentralamt für Steuern anzumelden und die einbehaltene Steuer an das Bundeszentralamt für Steuern abzuführen. [4]Eine Anmeldungsverpflichtung beim Bundeszentralamt für Steuern besteht auch, wenn ein Steuerabzug auf Grund des Absatzes 2 Satz 3 oder des Absatzes 4 Satz 1 nicht vorzunehmen ist oder auf Grund des § 50c Absatz 2 nicht oder nicht in voller Höhe vorzunehmen ist; Satz 3 gilt insoweit entsprechend. [5]Der Schuldner der Vergütung haftet für die Einbehaltung und Abführung der Steuer. [6]Der Steuerschuldner kann in Anspruch genommen werden, wenn der Schuldner der Vergütung den Steuerabzug nicht vorschriftsmäßig vorgenommen hat. [7]Der Schuldner der Vergütung ist verpflichtet, dem Gläubiger auf Verlangen die folgenden Angaben nach amtlich vorgeschriebenem Muster zu bescheinigen:
1. den Namen und die Anschrift des Gläubigers,
2. die Art der Tätigkeit und Höhe der Vergütung in Euro,
3. den Zahlungstag,
4. den Betrag der einbehaltenen und abgeführten Steuer nach Absatz 2 oder Absatz 3.

(6) Die Bundesregierung kann durch Rechtsverordnung mit Zustimmung des Bundesrates bestimmen, dass bei Vergütungen für die Nutzung oder das Recht auf Nutzung von Urheberrechten (Absatz 1 Nummer 3), die nicht unmittelbar an den Gläubiger, sondern an einen Beauftragten geleistet werden, anstelle des Schuldners der Vergütung der Beauftragte die Steuer einzubehalten und abzuführen hat und für die Einbehaltung und Abführung haftet.

(7) [1]Das Finanzamt des Vergütungsgläubigers kann anordnen, dass der Schuldner der Vergütung für Rechnung des Gläubigers (Steuerschuldner) die Einkommensteuer von beschränkt steuerpflichtigen Einkünften, soweit diese nicht bereits dem Steuerabzug unterliegen, im Wege des Steuerabzugs einzubehalten und abzuführen hat, wenn dies zur Sicherung des Steueranspruchs zweckmäßig ist. [2]Der Steuerabzug beträgt 25 Prozent der gesamten Einnahmen, bei Körperschaften, Personenvereinigungen oder Vermögensmassen 15 Prozent der gesamten Einnahmen; das Finanzamt kann die Höhe des Steuerabzugs hiervon abweichend an die voraussichtlich geschuldete Steuer anpassen. [3]Absatz 5 gilt entsprechend mit der Maßgabe, dass die Steuer bei dem Finanzamt anzumelden und abzuführen ist, das den Steuerabzug ange-

ordnet hat; das Finanzamt kann anordnen, dass die innerhalb eines Monats einbehaltene Steuer jeweils bis zum zehnten des Folgemonats anzumelden und abzuführen ist. [4] § 50 Absatz 2 Satz 1 ist nicht anzuwenden. [5] Ist für Einkünfte im Sinne des § 49 Absatz 1 Nummer 7 und 10 der Steuerabzug einbehalten und abgeführt worden, obwohl eine Verpflichtung hierzu nicht bestand, ist auf Antrag des Schuldners der Vergütung die Anmeldung über den Steuerabzug insoweit zu ändern; stattdessen kann der Schuldner der Vergütung, sobald er erkennt, dass er den Steuerabzug ohne Verpflichtung einbehalten und abgeführt hat, bei der folgenden Steueranmeldung den abzuführenden Steuerabzug entsprechend kürzen; erstattungsberechtigt ist der Schuldner der Vergütung; die nach Absatz 5 Satz 6 erteilte Bescheinigung ist durch eine berichtigte Bescheinigung zu ersetzen und im Fall der Übermittlung in Papierform zurückzufordern. [6] Die Anrechnung der durch Steuerabzug erhobenen Einkommensteuer nach § 36 Absatz 2 Nummer 2 Buchstabe a richtet sich nach der Höhe der in der Rentenbezugsmitteilung nach § 22a ausgewiesenen einbehaltenen Steuerabzugsbeträge. [7] Wird eine Rentenbezugsmitteilung wegen einbehaltener Steuerabzugsbeträge korrigiert, ist die Anrechnung insoweit nachzuholen oder zu ändern.

Einkommensteuer-Durchführungsverordnung:

§ 73a EStDV *Begriffsbestimmungen*

(1) Inländisch im Sinne des § 50a Abs. 1 Nr. 4 des Gesetzes sind solche Personenvereinigungen, die ihre Geschäftsleitung oder ihren Sitz im Geltungsbereich des Gesetzes haben.

(2) Urheberrechte im Sinne des § 50a Abs. 1 Nr. 3 des Gesetzes sind Rechte, die nach Maßgabe des Urheberrechtsgesetzes geschützt sind.

(3) Gewerbliche Schutzrechte im Sinne des § 50a Absatz 1 Nummer 3 des Gesetzes sind Rechte, die nach Maßgabe
1. des Designgesetzes,
2. des Patentgesetzes,
3. des Gebrauchsmustergesetzes oder
4. des Markengesetzes
geschützt sind.

§ 73b EStDV *(weggefallen)*

§ 73c EStDV *Zeitpunkt des Zufließens im Sinne des § 50a Abs. 5 Satz 1 des Gesetzes*

Die Vergütungen im Sinne des § 50a Abs. 1 des Gesetzes fließen dem Gläubiger zu
1. im Fall der Zahlung, Verrechnung oder Gutschrift:
   bei Zahlung, Verrechnung oder Gutschrift;
2. im Fall der Hinausschiebung der Zahlung wegen vorübergehender Zahlungsunfähigkeit des Schuldners:
   bei Zahlung, Verrechnung oder Gutschrift;
3. im Fall der Gewährung von Vorschüssen:
   bei Zahlung, Verrechnung oder Gutschrift der Vorschüsse.

§ 73d EStDV *Aufzeichnungen, Aufbewahrungspflichten, Steueraufsicht*

(1) [1] Der Schuldner der Vergütungen im Sinne des § 50a Abs. 1 des Gesetzes (Schuldner) hat besondere Aufzeichnungen zu führen. [2] Aus den Aufzeichnungen müssen ersichtlich sein:

§ 50a   Steuerabzug bei beschränkt Steuerpflichtigen

1. Name und Wohnung des beschränkt steuerpflichtigen Gläubigers (Steuerschuldners),
2. Höhe der Vergütungen in Euro,
3. Höhe und Art der von der Bemessungsgrundlage des Steuerabzugs abgezogenen Betriebsausgaben oder Werbungskosten,
4. Tag, an dem die Vergütungen dem Steuerschuldner zugeflossen sind,
5. Höhe und Zeitpunkt der Abführung der einbehaltenen Steuer.

[3] Er hat in Fällen des § 50a Abs. 3 des Gesetzes die von der Bemessungsgrundlage des Steuerabzugs abgezogenen Betriebsausgaben oder Werbungskosten und die Staatsangehörigkeit des beschränkt steuerpflichtigen Gläubigers in einer für das Bundeszentralamt für Steuern nachprüfbaren Form zu dokumentieren.

(2) Bei der Veranlagung des Schuldners zur Einkommensteuer (Körperschaftsteuer) und bei Außenprüfungen, die bei dem Schuldner vorgenommen werden, ist auch zu prüfen, ob die Steuern ordnungsmäßig einbehalten und abgeführt worden sind.

§ 73e EStDV *Einbehaltung, Abführung und Anmeldung der Steuer von Vergütungen im Sinne des § 50a Abs. 1 und 7 des Gesetzes (§ 50a Abs. 5 des Gesetzes)*

[1] Der Schuldner hat die innerhalb eines Kalendervierteljahrs einbehaltene Steuer von Vergütungen im Sinne des § 50a Absatz 1 des Gesetzes unter der Bezeichnung „Steuerabzug von Vergütungen im Sinne des § 50a Absatz 1 des Einkommensteuergesetzes" jeweils bis zum zehnten des dem Kalendervierteljahr folgenden Monats an das Bundeszentralamt für Steuern abzuführen. [2] Bis zum gleichen Zeitpunkt hat der Schuldner dem Bundeszentralamt für Steuern eine Steueranmeldung über den Gläubiger, die Höhe der Vergütungen im Sinne des § 50a Absatz 1 des Gesetzes, die Höhe und Art der von der Bemessungsgrundlage des Steuerabzugs abgezogenen Betriebsausgaben oder Werbungskosten und die Höhe des Steuerabzugs zu übersenden. [3] Satz 2 gilt entsprechend, wenn ein Steuerabzug auf Grund des § 50a Absatz 2 Satz 3 oder Absatz 4 Satz 1 des Gesetzes nicht vorzunehmen ist oder auf Grund des § 50c Absatz 2 des Gesetzes nicht oder nicht in voller Höhe vorzunehmen ist. [4] Die Steueranmeldung ist nach amtlich vorgeschriebenem Datensatz durch Datenfernübertragung zu übermitteln. [5] Auf Antrag kann das Bundeszentralamt für Steuern zur Vermeidung unbilliger Härten auf eine elektronische Übermittlung verzichten; in diesem Fall ist die Steueranmeldung vom Schuldner oder von einem zu seiner Vertretung Berechtigten zu unterschreiben. [6] Ist es zweifelhaft, ob der Gläubiger beschränkt oder unbeschränkt steuerpflichtig ist, so darf der Schuldner die Einbehaltung der Steuer nur dann unterlassen, wenn der Gläubiger durch eine Bescheinigung des nach den abgabenrechtlichen Vorschriften für die Besteuerung seines Einkommens zuständigen Finanzamts nachweist, dass er unbeschränkt steuerpflichtig ist. [7] Die Sätze 1, 2, 4 und 5 gelten entsprechend für die Steuer nach § 50a Absatz 7 des Gesetzes mit der Maßgabe, dass

1. die Steuer an das Finanzamt abzuführen und bei dem Finanzamt anzumelden ist, das den Steuerabzug angeordnet hat, und
2. bei entsprechender Anordnung die innerhalb eines Monats einbehaltene Steuer jeweils bis zum zehnten des Folgemonats anzumelden und abzuführen ist.

§ 73f EStDV *Steuerabzug in den Fällen des § 50a Abs. 6 des Gesetzes*

[1] Der Schuldner der Vergütungen für die Nutzung oder das Recht auf Nutzung von Urheberrechten im Sinne des § 50a Abs. 1 Nr. 3 des Gesetzes

Übersicht § 50a

braucht den Steuerabzug nicht vorzunehmen, wenn er diese Vergütungen auf Grund eines Übereinkommens nicht an den beschränkt steuerpflichtigen Gläubiger (Steuerschuldner), sondern an die Gesellschaft für musikalische Aufführungs- und mechanische Vervielfältigungsrechte (Gema) oder an einen anderen Rechtsträger abführt und die obersten Finanzbehörden der Länder mit Zustimmung des Bundesministeriums der Finanzen einwilligen, dass dieser andere Rechtsträger an die Stelle des Schuldners tritt. [2]In diesem Fall hat die Gema oder der andere Rechtsträger den Steuerabzug vorzunehmen; § 50a Abs. 5 des Gesetzes sowie die §§ 73d und 73e gelten entsprechend.

§ 73g EStDV *Haftungsbescheid*

(1) Ist die Steuer nicht ordnungsmäßig einbehalten oder abgeführt, so hat das Bundeszentralamt für Steuern oder das zuständige Finanzamt die Steuer von dem Schuldner, in den Fällen des § 73f von dem dort bezeichneten Rechtsträger, durch Haftungsbescheid oder von dem Steuerschuldner durch Steuerbescheid anzufordern.

(2) Der Zustellung des Haftungsbescheids an den Schuldner bedarf es nicht, wenn der Schuldner die einbehaltene Steuer dem Bundeszentralamt für Steuern oder dem Finanzamt ordnungsmäßig angemeldet hat (§ 73e) oder wenn er vor dem Bundeszentralamt für Steuern oder dem Finanzamt oder einem Prüfungsbeamten des Bundeszentralamts für Steuern oder des Finanzamts seine Verpflichtung zur Zahlung der Steuer schriftlich anerkannt hat.

Einkommensteuer-Richtlinien: EStR 50a.1; EStH 50a.1, 50a.2 – *Verwaltungsanweisungen:* *BMF* BStBl I 14, 887 (BA-/WK-Abzug bei § 50a I Nr 3); *BMF* BStBl I 10, 1350 (St-Abzug bei künstlerischen, sportl, artistischen, unterhaltenden u ähnl Darbietungen – mit Beispielen); *BMF* BStBl I 09, 362 (Fotomodelle); *OFD Ka* DStR 14, 1554 (Fotomodelle, Regisseure, Journalisten und Bildberichterstatter).

Übersicht

	Rz
I. Allgemeines	
1. Bedeutung; Aufbau	1
2. Neue Rechtsentwicklung	2
3. Verfassungsrecht; Unionsrecht	3
4. Verhältnis zu anderen Vorschriften	4
II. Voraussetzungen und Durchführung des Steuerabzugs	
1. Persönlicher Anwendungsbereich	6
2. Steuerschuldner; Abzugsverpflichteter	7–9
3. Sachlicher Anwendungsbereich, § 50a I	10
a) Darbietungen, § 50a I Nr 1	11
b) Verwertung von Darbietungen, § 50a I Nr 2	12
c) Nutzungsvergütungen, § 50a I Nr 3	13
d) Aufsichtsratsvergütungen, § 50a I Nr 4	14
4. Grundsatz: Bruttobesteuerung, § 50a II	
a) Steuersatz, § 50a II 1	16
b) Bemessungsgrundlage, § 50a II 2	17
c) Geringfügigkeitsgrenze, § 50a II 3	18
5. Ausnahme: Nettobesteuerung, § 50a III	22
a) Betriebsausgaben; Werbungskosten, § 50a III 1	23, 24
b) Beschränkung auf EU/EWR, § 50a III 2, 3	25
c) Steuersatz, § 50a III 4	26
6. Steuerabzug auf der „zweiten Stufe", § 50a IV	28
a) Absehen vom Steuerabzug, § 50a IV 1	29
b) Betriebsausgaben; Werbungskosten, § 50a IV 2	30
7. Verfahren, § 50a V	31
a) Entstehung; Einbehaltung, § 50a V 1, 2	32
b) Abführung; Anmeldung, § 50a V 3, 4	33
c) Haftung des Vergütungsschuldners, § 50a V 5	34–37

	Rz
d) Nachforderung beim Steuerschuldner, § 50a V 6	38
e) Bescheinigung, § 50a V 7	39
f) Rechtsschutz	40
g) Erstattung	41
8. Vergütung an Beauftragte, § 50a VI	42
9. Anordnung des Steuerabzugs, § 50a VII 1–4	43–48

I. Allgemeines

1 **1. Bedeutung; Aufbau.** Zur Systematik s § 49 Rz 1. § 50a sichert in bestimmten Fällen die Besteuerung beschr StPfl durch das Verfahren des StAbzugs. Die Vorschrift betrifft die StErhebung einschließl Nachforderung und Haftung (Verhältnis zur Veranlagung s § 50 Rz 6). Sie begründet keine StPfl, sondern setzt diese voraus (s § 49 Rz 11). – § 50a I bestimmt, welche Einkünfte dem StAbzug unterliegenden. § 50a II legt die Bemessungsgrundlage, den StSatz und eine Geringfügigkeitsgrenze fest (Bruttobesteuerung). § 50a III lässt unter bestimmten Voraussetzungen den Abzug von BA/WK bei einem erhöhten StSatz zu (Nettobesteuerung). § 50a IV regelt den StAbzug bei mehreren Vergütungsschuldnern („StAbzug auf der zweiten Stufe"). § 50a V enthält Verfahrensvorschriften. § 50a VI eröffnet die Möglichkeit der Abstandnahme vom StAbzug bei Vergütungen, die an einen Beauftragten (zB Gema) geleistet werden. § 50a VII ermächtigt das FA, den StAbzug in weiteren Fällen anzuordnen.

2 **2. Neue Rechtsentwicklung.** Mit dem **AbzStEntModG** (BGBl I 21, 1259) ist § 50a IV 2 redaktionell angepasst worden (Verweisung auf § 50c nF); darüber hinaus sind die Regelungen zur Vornahme des StAbzugs in § 50a V 3 und 4 (nF) verschärft worden (s Rz 33). Die neuen Regelungen sind **am 9.6.21** in Kraft getreten (Art 15 I AbzStEntModG). – S iÜ *Schmidt* 40. Aufl § 50a Rz 2; *BH/Reimer* § 50a Rz 4 ff.

3 **3. Verfassungsrecht; Unionsrecht.** Die Vereinbarkeit des StAbzugsverfahrens nach § 50a mit Verfassungs- und Unionsrecht ist umstr, auch nach Neufassung der Vorschrift durch das JStG 2009, BGBl I 08, 2794 (vgl auch *Nacke* NWB 11, 607 f). Die Regelungen sind mE gleichwohl **verfassungs- und unionsrechtskonform**. Die Ungleichbehandlung (Art 3 I GG) beschr StPfl im Verhältnis zu anderen StPfl hinsichtl der dem StAbzug unterliegenden Einkünfte ist durch die besonderen Schwierigkeiten einer Steuererhebung bei Personen gerechtfertigt, die sich idR nur gelegentlich oder nur für kurze Zeit, uU auch nur für einen Tag, im Inl aufhalten (s EuGH C-498/10 IStR 13, 26 – *X*: StAbzug als geeignetes Mittel zur Gewährleistung der Beitreibung der geschuldeten Steuer; vgl auch BFH I R 104/08 BFH/NV 10, 1814 Rz 29 ff, unter Hinweis auf EuGH C-282/07 IStR 09, 135 – *Truck Center*; BFH I B 91/13 BFH/NV 15, 204: auch nach Vorlagebeschluss des BFH zum *treaty override*, BFH I R 66/09 DStR 12, 949, s jetzt § 50d Rz 38; ferner *Kempermann* FR 08, 591/6; *BH/Reimer* § 50a Rz 13 ff; krit *HHR* § 50a Rz 4). Die Belange des Unionsrechts werden durch die mit §§ 50, 50a geschaffenen Alternativen zur früheren Bruttobesteuerung (Nettobesteuerung zu 30 %, Antragsveranlagung gem § 50 II 2 Nr 4b und Nr 5 nF) und durch die Modifizierung der Brutto-StAbzugs (Berücksichtigung bestimmter Aufwendungen, Steuersatz von 15 %) hinreichend berücksichtigt.

Zum **Hintergrund** s zunächst *Schmidt* 39. Aufl § 50a Rz 3 aE. – Die Regelungen über die **zwischenstaatl Amtshilfe** zur Beitreibung steuerl Forderungen stellen die Unionsrechtmäßigkeit des StAbzugsverfahrens nicht in Frage. Das hat der BFH jedenfalls für das Jahr 2007 so entschieden (BFH I R 104/08 BFH/NV 10, 1814, und BFH I R 105/08 BFH/NV 10, 2043; BFH I B 181/07 BStBl II 08, 195; BFH I R 76/10 BFH/NV 12, 1444; für 2004–2006 s FG Ddorf EFG 12, 127, rkr; zust: *-sch* DStR 08, 44; *Kempermann* FR 08, 595, der allerdings auf die Notwendigkeit eines erneuten Vorabentscheidungsersuchens hinweist; s auch *Holthaus* DStZ 08, 741; **aA** etwa *Grams* IStR 08, 114, 115; *Rüping* IStR 08, 575, 578; *Grams/Schön* IStR 08,

656). Der **EuGH** hat dies bestätigt: Die **EG-BeitreibungsRL** sei nicht dazu bestimmt, an die Stelle des StAbzugs an der Quelle als Erhebungstechnik zu treten; ob der gebietsfremde Dienstleistungserbringer die einbehaltene Steuer seinerseits von der Steuer, die er in seinem Niederlassungsmitgliedstaat zu entrichten habe, abziehen könne, sei unerhebl (EuGH C-498/10 IStR 13, 26 – X Rz 47 und 56; zust FG Mchn EFG 18, 738, Rev I R 8/18; krit *Müller* IWB 12, 843). – Zu verfrechtl Zweifel an der **Nacherhebung** nicht entrichteter AbzugSt, die den Vergütungsschuldner endgültig belasten, s aber BVerfG 1 BvR 891/13 HFR 14, 440.

4. Verhältnis zu anderen Vorschriften. S § 49 Rz 1; zur Abgeltungswirkung   4
des StAbzugs s § 50 Rz 27. – **LStAbzug:** Bei beschr stpfl ArbN richtet sich der StAbzug vorrangig nach §§ 38 ff (s Rz 11). **KapESt** und **BauabzugSt** werden neben dem StAbzug gem § 50a erhoben (keine Konkurrenz); zur Möglichkeit eines Sicherungseinbehalts gem § 50a VII s § 48 Rz 30. **Solidaritätszuschlag** ist auf Abzugsteuern für Vergütungszahlungen zusätzl einzubehalten (§ 3 I Nr 6 und §§ 4, 5 SolZG, s Anhang § 51a; ggf Abgeltung, s § 1 III SolZG). Freistellung nach **DBA** schließt StAbzug nicht aus (s iEinz § 50d Rz 4 und BFH I R 39/04 BStBl II 08, 95, 98; FG Mchn EFG 18, 738, Rev I R 8/18; *BMF* BStBl I 10, 1350 Rz 74 ff). § 10 StAbwG unterwirft weitere Einkünfte aus grenzüberschreitenden Direktgeschäften und gewerbl Dienstleistungen dem StAbzug, ohne das Erfordernis einer Betriebsstätte und ohne Bagatellgrenze (*Euler/Maier/Schanz* DStR 21, 1257, 1264; s auch *Pinkernell/Schlotter* FR 21, 909, 917).

II. Voraussetzungen und Durchführung des Steuerabzugs

1. Persönlicher Anwendungsbereich. Dem StAbzug unterliegen gem § 50a I   6
beschr StPfl. Das können natürl Personen (§ 1 IV), über §§ 8, 31 KStG auch beschr stpfl Körperschaften sein. Erfasst werden nach § 1 III fiktiv unbeschr (s § 1 III 6) und erweitert beschr StPfl iSd § 2 AStG (vgl § 2 V 2 AStG).

2. Steuerschuldner; Abzugsverpflichteter. Das Gesetz unterscheidet zw dem   7
Steuerschuldner, der als Künstler, Sportler, Aufsichtsratmitglied (etc) beschr stpfl Einkünfte erzielt, und dem Abzugsverpflichteten, von dem diese Einkünfte stammen (idR der Veranstalter, der den beschr StPfl engagiert hat und die Darbietung organisatorisch und finanziell trägt bzw die Körperschaft, zu der der Aufsichtsrat gehört). Zu **mehreren Abzugsverpflichteten** (sog StAbzug auf der zweiten Stufe) s Rz 28 f.

a) Steuerschuldner. Steuerschuldner ist der beschr StPfl. Er ist idR auch der   8
zivilrechtl „Gläubiger der Vergütung", auf den sich das Gesetz in § 50a III–V bezieht (s § 50a V 2); zu Ausnahmen s BFH I R 35/96 BStBl II 98, 235 (§ 42 AO). Zu **Zweifeln** hinsichtl des beschr StPfl des Steuerschuldners s Rz 32. Zum Steuerschuldner als „Eigenveranstalter" s *BMF* BStBl I 10, 1350 Rz 42 (Nachforderungsbescheid); krit *Nacke* NWB 11, 607, 612.

b) Abzugsverpflichteter. Das ist der Schuldner der Vergütungen (§ 50a V 2).   9
Er kann als **Haftungsschuldner** in Anspruch genommen werden (§ 50a V 5). Die Rechtslage entspricht insoweit der beim LSt-/KapEStAbzug. Vergütungsschuldner kann **jede (teil-)rechtsfähige Person** sein (vgl § 38 Rz 4 zu ArbG, zur OHG/KG s BFH I R 174/85 BStBl II 89, 87; zu BGB-Ges als ArbG/LStHaftungsschuldner s BFH VI R 41/92 BStBl II 95, 390; s auch *BMF* BStBl I 10, 1350 Rz 41; ferner BFH I R 174/85 BStBl II 89, 87), uU auch ein Sponsor (*BMF* BStBl I 10, 1350 Tz 6, Beispiel 2). Zur Zwischenschaltung eines Vermittlers s FG Köln EFG 02, 1457, rkr; vgl auch BFH I R 93/09 BFH/NV 10, 2263: wirtschaftl Gründe (Verhinderung von Unregelmäßigkeiten iRd StAbzugs). – Der Schuldner braucht nicht im Inl stpfl zu sein; die Beschränkung auf inl ArbG in § 38 I gilt nicht für § 50a I. Der erforderl **Inlandsbezug** (§ 49 Rz 12) wird über die beschr StPfl des Steuerschuldners hergestellt (dies war lange str: BFH I R 46/02 BStBl II 08, 190 mwN, VerfBeschw nicht angenommen; ebenso FG Mchn EFG 18, 738, Rev I R 8/18; einschr BVerfG 1 BvR 891/13, HFR 14, 440, für den Fall,

dass der Vergütungsschuldner einen Erstattungsanspruch nicht mehr erlangen kann). Die **Einschaltung eines inl Vertreters** schließt die Verpflichtung zum StAbzug nicht aus (BFH I B 157/10 BStBl II 12, 590). Zum StAbzug beim **Beauftragten** s Rz 42. – Zu (begrenzten) **Aufklärungspflichten** des Abzugsverpflichteten ggü dem Steuerschuldner vgl BGH III ZR 165/07 DB 08, 860 (ggf Haftung, Schadensersatz).

10 3. **Sachlicher Anwendungsbereich, § 50a I.** Die dem StAbzug unterliegenden Einkünfte sind durch das JStG 2009 (BGBl I 08, 2794) in § 50a I zusammengefasst worden (vgl BT-Drs 16/10189, 62: Angleichung des StAbzugs an DBA-Recht). Unterliegen Leistungen nur teilweise dem StAbzug, muss eine (einheitl) Vergütung **aufgeteilt** werden, ggf im Schätzungswege (BFH I R 73/02 BStBl II 05, 550; BFH I R 3/11 BStBl II 13, 430 Rz 20). Bei **Liebhaberei** muss kein StAbzug vorgenommen werden (vgl BFH I R 14/01 BStBl II 02, 861; BFH I B 191/09 BStBl II 11, 156 mwN; s aber auch *BMF* BStBl I 10, 1350 Rz 14 ff). **Zuständigkeit:** *BMF* BStBl I 10, 1350 Rz 59 ff. – Zur Kritik s *Schmidt* 39. Aufl § 50a Rz 10 sowie *Lüdicke* IStR 09, 206, und *Grams/Schön* IStR 08, 656.

11 a) **Darbietungen, § 50a I Nr 1.** Die Regelung knüpft an die in § 49 I Nr 2 Buchst d genannten Tätigkeiten an. Sie unterwirft künstlerische, sportl, artistische und ähnl Darbietungen, die im Inl erbracht werden, dem StAbzug (s ieinz § 49 Rz 36 ff); dasselbe gilt für unterhaltende Darbietungen iSd § 49 I Nr 2 Buchst d und Nr 9, dh Darbietungen ohne spezifisch künstlerischen, sportl etc Gehalt (zB Teilnahme an Talkshow, Quizsendung, Interview, Homestory uÄ; s § 49 Rz 41). Neben gewerbl Darbietungen werden auch solche erfasst, die in Form einer freiberufl oder nichtselbständigen Tätigkeit oder als sonstige Leistung iSd § 22 Nr 3 erbracht werden. – Unterliegen die Einkünfte dem **LStAbzug** (§ 38 I, vor allem: inl ArbG), wird der StAbzug *nur* nach §§ 38 ff vorgenommen (**Subsidiarität** des StAbzugs nach § 50a I Nr 1; s auch *BMF* BStBl I 10, 1350 Rz 38 f). – **Nebenleistungen** unterliegen ebenfalls dem StAbzug (zB Transport-, Ton- und Bühnentechnik, vgl BFH I R 93/09 BFH/NV 10, 2263: sachl und personeller Zusammenhang, Leistungen „aus einer Hand", nicht bei Nebenleistungen aufgrund besonderer Verträge; BFH I R 19/04 BStBl II 08, 228 mwN: nicht bei Leistungen durch unabhängige Dritte; BFH I R 65/10 BFH/NV 12, 924: enge Auslegung zur Entlastung des Vergütungsschuldners, auch zu § 42 AO; BFH I B 178/10 BFH/NV 11, 1132: Probe und Auftritt als einheitl Gesamtleistung; s iÜ auch § 49 Rz 43, und *Kudert/ Jarzynska* RIW 12, 380; *Grams/Ulbricht* IStR 11, 40; *Ehlig* IStR 10, 504; *Nacke* NWB 11, 607, 610; gegen „Vertragssplitting": *BMF* BStBl I 10, 1350 Rz 34). Unerhebl ist, wem die Einnahmen als **Empfänger** zufließen (zB einer KapGes für Künstlervermittlung; vgl FG Köln EFG 09, 255, rkr). – **Nicht mehr dem StAbzug** unterliegen sog werkschaffende Künstler (zB Verkauf eines Bildes im Inl) und die übrigen in § 50a I Nr 2 aF aufgeführten Berufe (Schriftsteller, Journalisten, Bildberichterstatter), soweit die betr Tätigkeit nicht einem anderen Tatbestand des § 50a I unterfällt (zB Darbietung oder Nr 3). – Zu Abgrenzungsschwierigkeiten s *Holthaus* IWB 13, 303; *ders* IWB 17, 540 (entgegen *BMF* BStBl I 10, 1350 Rz 17).

12 b) **Verwertung von Darbietungen, § 50a I 1 Nr 2.** Die Regelung bezieht sich auf die Verwertung von Darbietungen iSd Nr 1, also auf die finanzielle Ausnutzung der Darbietungsleistung in grds jeder Form (Abgrenzung s § 49 Rz 42: unmittelbarer sachl Zusammenhang; vgl auch BFH I R 6/07 BStBl II 09, 625). Sie setzt einen **doppelten Inlandsbezug** voraus: Es muss sich um die *inl* Verwertung einer im *Inl* erbrachten Darbietungen handeln. Die Verwertung ausl Darbietungen unterliegt nicht mehr (bei Zufluss der Vergütung nach dem 31.12.2008, s *Schmidt* 32. Aufl § 50a Rz 2) dem StAbzug. – Fragl ist, ob die Regelung nur die eigene Verwertung durch den beschr stpfl Künstler, Sportler etc dem StAbzug unterwirf oder auch die Verwertung **durch Dritte** (zB eine zwischengeschaltete KünstlerverleihGes). Den Gesetzesmaterialien zufolge scheint eine diesbezügl Einschränkung mit der Übernahme der Verwertungseinkünfte in § 50a I 1 Nr 2 (wohl) nicht beabsichtigt gewesen zu sein (vgl BR-Drs 16/10189, 62: „... auch künftig ..."). Ebenso sprechen die Bezugnahme auf § 50a I 1 Nr 1 und der Regelungszusammenhang zw den beiden Tatbestandsalternativen dafür, den Anwendungsbereich des § 50a I 1 Nr 2 weit aufzufassen und Verwertungshandlungen Dritter einzubeziehen (so auch *BMF* BStBl I 10, 1350 Rz 20); das gilt aber nur für Verwertungseinkünfte iSd § 49 I Nr 2 und Nr 6 (s § 49 Rz 42), nicht hingegen für solche iSd § 49 I Nr 3 und 4 (ebenso *HHR* § 50 Rz 47; s auch § 49 Rz 74).

c) Nutzungsvergütungen, § 50a I Nr 3. Bestimmte Einkünfte iSv § 49 I 2, 3, 6 und 9, die aus der (zeitl befristeten) Überlassung von **Rechten** und sog **Knowhow** herrühren, unterliegen (wie nach § 50a IV 1 Nr 3 aF) dem StAbzug. Entfallen ist dagegen der StAbzug für Einkünfte aus der Überlassung von bewegl Sachen und Sachgesamtheiten (Vermietung, Leasing; vgl *Böhl ua* IStR 08, 651) sowie aus der Veräußerung von Rechten. Dies gilt für Vergütungen, die nach dem 31.12.08 zufließen. – **(1) Immaterialgüterrechte.** Unter die Regelung fallen zum einen **geschützte Rechte** wie schriftstellerische, künstlerische und gewerbl (vgl § 21 I Nr 3) Urheberrechte nach dem UrhG (§ 73a II EStDV) und gewerbl Schutzrechte nach dem GeschmMG, GebrMG, MarkenG oder PatG (§ 73a III EStDV) und zum anderen **ungeschützte Rechte** wie Erfahrungen, Kenntnisse, Fertigkeiten (Pläne, Muster, Verfahren etc; s auch § 49 Rz 125 „Know-how"). Die Aufzählung ist nicht abschließend („insbesondere", vgl BFH I R 86/07 BStBl II 10, 120). Sie gilt auch für die Überlassung von Persönlichkeitsrechten (Recht am eigenen Bild, §§ 22 ff KunstUrhG) und Namensrechten (§ 12 BGB; vgl BFH I R 19/06 BStBl II 10, 398); s auch § 21 Rz 103. Dagegen werden Vergütungen an ausl Plattformbetreiber und Internetdienstleister für **Online-Werbung** nicht erfasst (*BMF* BStBl I 19, 256: keine Verpflichtung zum StAbzug; zum Hintergrund s *Haase* DStR 19, 761; ausführl auch *Pinkernell/Schlotter* FR 20, 681, 687 f mwN). – **(2) Überlassung.** Erfasst wird nur (noch) die **zeitl begrenzte Nutzungsüberlassung.** Bei Rechteveräußerung hingegen liegt keine „Überlassung" iS vor; ebenso wenig, wenn das überlassene Recht während der eingeräumten Nutzung wirtschaftl vollständig verbraucht wird (vgl BFH I R 64/99 BStBl II 03, 641, s auch § 49 Rz 113; zur Abgrenzung s auch BFH I R 73/02 BStBl II 05, 550, zu Prominenten-Werbeverwertungsrechten; Anm *Wild ua* DB 03, 1867; *Wild ua* IStR 06, 181; ebenso *BMF* BStBl I 10, 1350 Rz 23). Die Überlassung kann allerdings auch dann „zeitl begrenzt" sein, wenn bei Vertragsschluss noch ungewiss ist, ob und wann sie endet, wie zB bei unbefristeten Lizenzierungsverträgen (BFH IX R 57/99 BFH/NV 03, 1311, unter II.1.a.aa mwN; s auch § 21 Rz 104); das trifft auch im Fall eines sog **„total buy out"** gegen einmalige Pauschalvergütung zu (s BFH I R 69/16 BStBl II 19, 401: Verpflichtung zum StAbzug bejaht, krit *Pinkernell/Schlotter* FR 20, 681, 684 f; BFH I R 83/16 BFH/NV 19, 522; zust *Wehmhörner* ISR 20, 35; krit Anm *Pohl* IStR 19, 425, 428 – s jetzt auch § 40a II 1 UrhG: Begrenzung auf 10 Jahre). Zu **Software-Überlassung** s *BMF* BStBl I 17, 1448 Rz 9 ff; diff und zT **aA** *Pinkernell/Schlotter* FR 20, 681, 685 ff mwN; zu sog **Influencern** und **Bloggern** s *Busemann/Gilson* DStR 19, 2178; *Pinkernell/Schlotter* FR 20, 681, 689; *Scheerer/Wionzeck* DStR 21, 1449. Zum Grundsatz der Subsidiarität § 49 Rz 13, 112 und 126. – **(3) Transferleistungen.** Ebenfalls erfasst werden (ab VZ 2010) sog Transferleistungen für die vertragl Verpflichtung von Berufssportlern (§ 49 I Nr 2 Buchst g); dies betrifft hier aber nur die „Spielerleihe" (s auch § 49 Rz 63).

Kein Steuerabzug: Durchführung einer **klinischen Studie** durch ausl Ärzte (FG Mchn EFG 13, 1412, rkr); **Bandenwerbung** bei Sportveranstaltung (BFH I R 64/99 BStBl II 03, 641); Überlassung von **Kundenadressen** (BFH I R 90/01 BStBl II 03, 249); **Forschungsgelder** aufgrund eines Forschungsvertrags (FG Hbg EFG 01, 289); Überlassung von **Autorenrechten** (BFH I R 174/85 BStBl II 89, 87); **Beratungsleistungen,** selbst wenn sie auf eigenem „Know-how" beruhen (FG Hess EFG 73, 496, rkr; *Bendixen* DB 83, 203). – Zu

§ 50a 14–17 Steuerabzug bei beschränkt Steuerpflichtigen

Lizenzgebühren (§§ 50g, 50h) s *Cordewener/Dörr* GRUR Int 06, 447; zur Abzugsverpflichtung inl Nutzer **ausl Datenbanken** s *Holthaus/Volkmann* DStZ 15, 550 und *Maßbaum/Müller* BB 15, 3031; zu **Unterlizenzverträgen** s BFH I R 32/10 BStBl II 14, 513; zur Abgrenzung ggü **konzerninterner Weiterbelastung** (sog Recharge) s *Haase* IStR 13, 61. Zu Leistungen an die Gema s Rz 42. Zu **Rundfunk-/Fernsehübertragungen** *BMF* BStBl I 10, 1350 Rz 26 ff. Zu IT-Leistungen mittels **Cloud-Computing** s *Heinsen/Voß* DB 12, 1231.

14 **d) Aufsichtsratsvergütungen, § 50a I Nr 4.** Vergütungen, die eine der in § 50a I aufgezählten inl (nicht unbedingt persönl stpfl) Körperschaften beschr stpfl Mitgliedern des Aufsichtsrates (auch ArbN-Aufsichtsrat) oder des Verwaltungsrates für die Überwachung der Geschäftsführung gewährt, unterliegen als selbständige Einkünfte der beschr StPfl nach §§ 18 I Nr 3, 49 I Nr 3. Zu „inländisch" s § 73a I EStDV. Der **Begriff** Aufsichtsratsvergütungen entspricht dem des § 10 Nr 4 KStG (*Gosch* KStG § 10 Rz 41 f); die Zahlung kann auch an einen Dritten geleistet werden (FG Mster EFG 21, 1171 Rz 56, rkr; s auch *BH/Reimer* § 50a Rz 56). Die Tätigkeit wird uU – je nach DBA – im Inl am Sitz der Körperschaft ausgeübt (vgl § 49 Rz 73 und 89 – § 49 I Nr 4c ist nicht auf Aufsichtsräte übertragbar). Andere als Überwachungstätigkeiten werden nicht erfasst (zB nicht Beratung, Geschäftsführung durch GmbH-Angestellte oder AG-Vorstand; s BFH IV R 1/03 BStBl II 04, 112); bei Doppeltätigkeit Vergütungsaufteilung (BFH I 265/62 BStBl III 66, 688). Zu Wegzug/Zuzug s *Strothenke* IStR 10, 350.

16 **4. Grundsatz: Bruttobesteuerung, § 50a II. – a) Steuersatz, § 50a II 1.** Die Abzugsteuer, die der Vergütungsschuldner gem § 50a V einzubehalten und abzuführen hat, ist grds eine Bruttosteuer. Der Steuersatz beträgt 15 % für Einkünfte aus Darbietungen, Verwertungen und der Überlassung von Rechten iSd § 50a I Nr 1 bis 3 und 30 % für Aufsichtsratsvergütungen iSd § 50a I Nr 4. Der Steuersatz von 15 % soll pauschal die Nichtberücksichtigung von BA und WK kompensieren. Er gilt für alle Vergütungen, die dem beschr StPfl nach dem 31.12.08 zufließen (s Rz 2). **Alternativen:** Nettobesteuerung (Rz 22) und Antragsveranlagung (§ 50 Rz 35 und 37).

17 **b) Bemessungsgrundlage, § 50a II 2.** Bemessungsgrundlage sind die **Bruttoeinnahmen** abzgl der vom Vergütungsschuldner ersetzten oder übernommenen Reisekosten. Der Abzug der **Reisekosten** ist der Höhe nach begrenzt: auf die tatsächl Kosten im Fall von Fahrt- und Übernachtungsauslagen und auf die Pauschbeträge des § 4 V 1 Nr 5 im Fall von Vergütungen für Verpflegungsmehraufwand. Zu den Reisekosten gehören Fahrt- und Flugkosten (ggf auch für Zwischenheimfahrten), Übernachtungskosten, Reiseneben- und Transportkosten sowie Verpflegungsmehraufwendungen (s § 4 Rz 574; zur Rechtslage **ab VZ 2014** s § 9 Rz 311; zu unentgeltl Verpflegung durch Veranstalter s *Holthaus* IWB 13, 303, 306). Berücksichtigt werden „**ersetzte**" und „**übernommene**" Reisekosten, also Kosten, die zunächst der beschr StPfl getragen hat und die ihm vom Vergütungsschuldner erstattet worden sind, ebenso wie Kosten, die der Vergütungsschuldner unmittelbar selbst für den beschr StPfl getragen hat (vgl auch *Holthaus* DStZ 08, 741, 744 mit Beispielen; *ders* IWB 13, 303, auch zu Reisekosten Dritter, entgegen *BMF* BStBl I 10, 1350 Rz 44). Aufwendungen, die der Vergütungsschuldner im **überwiegend eigenbetriebl Interesse** tätigt (zB für „Tourbegleiter"), gehören nicht zu den Einnahmen des Vergütungsgläubigers (BFH I R 104/08 BFH/NV 10, 1814 mwN). – Die **USt** gehört zur Bemessungsgrundlage (BFH I R 39/04 BStBl II 08, 95, 97 mwN; BFH I R 104/08 BFH/NV 10, 1814, und BFH I R 105/08 BFH/NV 10, 2043; s auch BFH XI R 40/09 BFH/NV 12, 798), es sei denn, sie wird nach § 13b UStG vom Vergütungsschuldner als inl Leistungsempfänger getragen (sog „Reverse-Charge-Verfahren", vgl *BMF* BStBl I 10, 1350 Rz 45; *Lüdicke* IStR 02, 18; zu Bedenken *Hidien* RIW 02, 208; *Dautzenberg* StuB 02, 469; *Kahl* DB 02, 13). Zur Ausgliederung von Kosten für technische Nebenleistungen durch Übertragung auf eine KapGes vgl BFH I B 69/02 BStBl II 03, 189.

Voraussetzungen und Durchführung des Steuerabzugs   18–23   § 50a

c) Geringfügigkeitsgrenze, § 50a II 3. Die Geringfügigkeitsgrenze von 18
250 € gilt nur für Einkünfte iSd § 50a I Nr 1 und zwar „je Darbietung", dh
bezogen auf den einzelnen Auftritt. Das muss mE dem Wortlaut nach auch bei
mehreren Darbietungen (nicht: Probe; vgl auch BFH I B 178/10 BFH/NV 11,
1132) an einem Tag gelten, selbst wenn diese durch denselben Veranstalter organisiert werden (so auch *HHR* § 50a Rz 98; *BMF* I 10, 1350 Rz 55). Auf die Verwertung von Darbietungen isd § 50a I Nr 2 ist die Regelung nicht anwendbar.
Der Betrag könnte großzügiger bemessen sein (zutr *Kempermann* FR 08, 597). – Da
der StAbzug den Charakter der ESt als Personensteuer (§ 1 Rz 1) unberührt lässt
und somit auch der Freibetrag des § 50a II 3 personenbezogen gewährt wird, ist die
Gesamtvergütung bei **mehreren Personen** idR nach Köpfen aufzuteilen, wenn
kein anderer Aufteilungsmaßstab dargelegt wird (so auch *BMF* BStBl I 10, 1350
Rz 54). Das gilt jedoch nicht, wenn der Steuerschuldner eine beschr stpfl Körperschaft ist (zB ein Fußballverein oder ein entspr organisierter Chor, ein Orchester,
eine Künstlerverleihfirma etc; s auch FG Mchn EFG 18, 738, Rev I R 8/18, zu
kommunalen und staatl Ensembles). – Die Geringfügigkeitsgrenze gilt nur für die
Bruttobesteuerung nach § 50a II. Sie ist weder im Fall der Nettobesteuerung nach
§ 50a III 3, noch bei einer Veranlagung nach § 50 II 2 anwendbar. – Die vorgesehene Rechtsfolge ist, dass **kein StAbzug** erhoben wird. Das bedeutet mE, dass
die Einkünfte *überhaupt nicht erfasst* werden; es findet also auch keine Veranlagung
statt (s *HHR* § 50a Rz 102: Abgeltung ohne StAbzug, Verwaltungsvereinfachung;
aA *Lüdicke* IStR 09, 206).

5. Ausnahme: Nettobesteuerung, § 50a III. Abweichend von § 50a II kann 22
der Vergütungsschuldner die nach § 50aV einzubehaltende und abzuführende
Abzugsteuer auch auf der Grundlage eines Nettobetrags ermitteln. **Sachl** gilt die
Nettobesteuerung nur für Einkünfte iSd § 50a I Nr 1, 2 und 4; allerdings ist die
Regelung aus unionsrechtl Gründen auch auf § 50a I Nr 3 anzuwenden (*BMF*
BStBl I 14, 887 Rz 7; s auch BFH I R 32/10 BStBl II 14, 513 mwN; krit *Lüdicke*
IStR 17, 289, 298). **Persönl** ist der Anwendungsbereich (gleichheitsrechtl problematisch) auf EU-/EWR-Staatsangehörige innerhalb der EU bzw des EWR sowie
auf bestimmte (beschr stpfl) KSt-Subjekte beschränkt. Des Weiteren werden nur BA
und WK berücksichtigt, die in einem *unmittelbaren* wirtschaftl Zusammenhang mit
den betr Einkünften stehen. Die Kehrseite der Nettobesteuerung ist zudem ein für
natürl Personen **erhöhter Steuersatz** von 30 %.

a) Betriebsausgaben; Werbungskosten, § 50a III 1. – aa) Unmittelbarer 23
wirtschaftlicher Zusammenhang. BA/WK stehen nach der Rspr in einem
unmittelbaren wirtschaftl Zusammenhang mit beschr stpfl Einnahmen, wenn sie
von diesen nicht getrennt werden können bzw ohne diese nicht angefallen wären.
Es muss mögl sein, die einzelnen Aufwendungen (etwa wie bei Reise-/Transport-/
Unterkunftskosten) bestimmten Bezügen konkret zuzuordnen; der bloße Veranlassungszusammenhang genügt nicht. Auf die Rspr zu § 3c kann insoweit zurückgegriffen werden (so ausdrückl BFH I R 93/03 BStBl II 08, 132 Rz 19 mwN;
vgl auch EuGH C-345/04 IStR 07, 212 Rz 25 und 27). Sind diese Voraussetzungen erfüllt, ist allein der (konkrete) Sachzusammenhang maßgebl. Es kommt oder
auf den Ort noch den Zeitpunkt der Kostenentstehung an (so BFH I R 93/03
BStBl II 08, 132; EuGH C-345/04 IStR 07, 212). Demnach sind gleichermaßen
inl wie **ausl** und mE auch **vorweggenommene** und **nachträgl** Aufwendungen zu berücksichtigen (s Rz 24; ebenso *HHR* § 50a Rz 106; enger dagegen *BMF*
BStBl I 10, 1350 Rz 48: bei nachträgl BA/WK Berücksichtigung erst im Abflusszeitpunkt durch Korrektur der Anmeldung oder Veranlagung).

Beispiele – konkreter Sachzusammenhang im Zweifel zu bejahen: Reise-, Transport- und Unterkunftskosten (s. o.); Aufwendungen für Ton- und Lichtanlage und Bühne, ggf
auch *konkret zurechenbare* Aufwendungen für Telefon und Personal (vgl *Cordewener* ua IStR 06,
739/41); Lizenzgebühren, die der Vergütungsgläubiger an (inl) Rechteinhaber zahlt (BFH I R

Loschelder 2281

76/10 BFH/NV 12, 1444; ebenso für Unterlizenzen: BFH I R 32/10 BStBl II 14, 513). **Nicht hingegen:** allg Personal- und Verwaltungskosten, lfd Unterhaltskosten, AfA („Sowieso"-Kosten, vgl BFH I R 93/03 BStBl II 08, 132/4).

24 **bb) Nachweis; Übernahme durch den Vergütungsschuldner.** Der Vergütungsschuldner darf nur solche BA und WK von den Einnahmen abziehen, die ihm der beschr StPfl in einer für das BZSt (vor dem 31.12.13: FA, s Rz 2) **„nachvollziehbaren Form"** nachgewiesen hat (vgl § 73d I 3 EStDV). Die Regelung ist verunglückt; denn der Vergütungsschuldner muss bei Vornahme des StAbzugs entscheiden, was für das BZSt nachvollziehbar ist und was nicht (mit dem Risiko der Haftung). ME begründet das jedenfalls keine zusätzl Anforderungen an den Nachweis von BA/WK, die über die regulären Nachweiserfordernisse hinausgehen (so auch *Nacke* DB 08, 799, 800; *HHR* § 50a Rz 107). Daher schließt die Formulierung mE auch nicht die Möglichkeit aus, Aufwendungen **der Höhe nach zu schätzen**, wenn sie vom Vergütungsschuldner *dem Grunde nach* (nachvollziehbar) nachgewiesen und der Höhe nach nur (nachvollziehbar) mitgeteilt worden sind (**aA** *BH/Reimer* § 50a Rz 72). – Ungeachtet dessen können BA und WK jedenfalls dann berücksichtigt werden, wenn sie **vom Vergütungsschuldner übernommen** worden sind. Im Zweifelsfall ist dies der sicherste Weg.

Allerdings kommt dem BFH zufolge eine **Schätzung** von BA im Abzugsverfahren nicht in Betracht (BFH I R 105/08 BFH/NV 10, 2043 Rz 17; s auch BMF BStBl I 10, 1350 Rz 48; s aber auch FG Ddorf EFG 04, 995: Schätzung im AdV-Verfahren). Gleichzeitig hat der BFH jedoch darauf hingewiesen, dass nach der EuGH-Rspr (s Rz 3) im Abzugsverfahren die von dem Vergütungsgläubiger „mitgeteilten" BA berücksichtigt werden müssen (bei unmittelbarem Zusammenhang, s BFH I R 105/08 BFH/NV 10, 2043). Das zusätzl gesetzl Erfordernis eines Nachweises geht über diese Rspr hinaus und könnte einen Verstoß gegen Unionsrecht begründen. Allerdings wird die Problematik durch das Wahlrecht nach § 50 II 2 Nr 5 entschärft (s auch *KS* § 50a Rz 22). – Zu **Vorauszahlungen** iRd Netto-StAbzugs gem § 50a III s *Cordewener ua* IStR 06, 739, 741.

25 **b) Beschränkung auf EU/EWR, § 50a III 2, 3.** Ist der beschr StPfl eine **natürl Person**, muss es sich beim § 50a III 2 um den Angehörigen eines EU-/EWR-Staats mit Wohnsitz *oder* gewöhnl Aufenthalt innerhalb von EU/EWR handeln. Angehörige von Drittstaaten sind unabhängig von Wohnsitz und gewöhnl Aufenthalt von der Möglichkeit der Nettobesteuerung ausgeschlossen, ebenso EU-/EWR-Staatsangehörige mit Wohnsitz und gewöhnl Aufenthalt in Drittstaaten. – Beschr stpfl **Körperschaften** (etc) iSd § 32 IV KStG sind solche, bei denen sich Sitz und Ort der Geschäftsleitung in einem EU-/EWR-Staat befinden. – **Dokumentation** s § 73d I 3 EStDV.

26 **c) Steuersatz, § 50a III 4.** Ist der beschr StPfl eine natürl Person, gilt ein erhöhter Steuersatz von 30 %. Für beschr stpfl Körperschaft bleibt es beim Steuersatz von 15 %. Rechtsfertigung der unterschiedl Steuersätze: BT-Drs 16/10 189, 63.

28 **6. Steuerabzug auf der „zweiten Stufe", § 50a IV.** Die Bestimmung enthält Sonderregelungen für den Fall, dass das Dreiecksverhältnis „FA-Steuerschuldner-Vergütungsgläubiger" um eine (oder mehrere) Personen erweitert wird. Grds unterliegt jede Zahlung einer Vergütung, die tatbestandl § 50a I unterfällt, in einer solchen Leistungskette dem StAbzug (vgl etwa FG Hess EFG 10, 1323 rkr), auch zur Berücksichtigung der jeweiligen Aufwendungen). Soweit dies nach früherem Recht zu einer Überbesteuerung („Kaskadeneffekt") führte, kamen (allenfalls) Billigkeitsmaßnahmen in Betracht (s *Schmidt* 40. Aufl § 50a Rz 28 mwN).

Beispiel: Die österr Konzertdirektion Ö schließt mit dem im Konzertveranstalter *K* einen Werkvertrag über den Auftritt des ausl Gitarristen *G*. Auf der **ersten Stufe** ist *K* Vergütungsschuldner und Ö Vergütungsgläubiger. Ö erhält von *K* die vereinbarte, um den StAbzug nach § 50a II gekürzte Vergütung. Auf der **zweiten Stufe** ist Ö Vergütungsschuldner und *G* Vergütungsgläubiger. Zahlt Ö an *G* die diesem zugesagte Vergütung aus, ist Ö nach früher geltendem Recht ebenfalls zur Vornahme des StAbzugs verpflichtet gewesen (vgl BFH I R 46/02 BStBl II 08, 190).

a) Absehen vom Steuerabzug, § 50a IV 1.
Für diesen Fall gestattet § 50a IV 1 dem Vergütungs*gläubiger* der ersten Stufe (im Beispiel Ö), in seiner Funktion als Vergütungs*schuldner* der zweiten Stufe vom StAbzug dann abzusehen, wenn auf der ersten Stufe die Abzugsteuer gem § 50a II von den Bruttoeinnahmen erhoben worden ist. Das gilt ggf auch für jede weitere Stufe. Da die Regelung an die Person des Vergütungsgläubigers der ersten Stufe anknüpft, dabei aber seine Pflichten als Vergütungsschuldner der zweiten Stufe modifiziert, ist sie mE auf alle Vergütungen anzuwenden, die dem Vergütungsgläubiger der zweiten (bzw jeder weiteren) Stufe zufließen.

b) Betriebsausgaben; Werbungskosten, § 50a IV 2.
Gem § 50a IV 2 lebt die Verpflichtung des Vergütungsschuldners auf der zweiten Stufe (im Beispiel Ö) zur Vornahme des StAbzugs in drei Fällen wieder auf: wenn er *(1)* im Rahmen des Netto-StAbzugs gem § 50a III BA oder WK geltend macht, *(2)* die Veranlagung nach § 50 II 2 Nr 5 beantragt (nur als EU-/EWR-Angehöriger, s § 50 Rz 37) oder *(3)* die Erstattung der Abzugsteuer nach § 50d I oder einer anderen Vorschrift beantragt. Die erste Alternative ist missverständl formuliert, kann sich mE aber nur auf das Verfahren der ersten Stufe beziehen, da bei Wegfall des StAbzugs auf der zweiten Stufe gem § 50a IV 1 keine Notwendigkeit besteht, in diesem Verfahren BA oder WK geltend zu machen (so iErg wohl auch *Holthaus* DStR 08, 741, 745 mit Beispiel, auch zu der Gefahr einer höheren Gesamtsteuerbelastung). – Lebt die Verpflichtung zum StAbzug nach § 50a IV 2 wieder auf, richtet sich gem Halbsatz 2 das Verfahren nach § 50a V.

7. Verfahren, § 50a V.
Die Abzugsteuer muss durch den Vergütungsschuldner einbehalten *und* abgeführt werden. Hat dieser keine oder eine zu geringe Abzugsteuer einbehalten und/oder abgeführt, gibt es (nur) drei Möglichkeiten: **Haftung** des Vergütungsschuldners oder **Nacherhebung** bei diesem (s Rz 34 ff, auch zur Ermessensausübung) oder **Nachforderung** beim Steuerschuldner (s Rz 38). Das Unterlassen des StAbzugs führt (jenseits des § 50 II 2) *nicht* zur Veranlagung. Rechtsschutz s Rz 40. – **Zuständigkeit:** BZSt (§ 16 AO iVm § 5 I 1 Nr 12 FVG; bis 31.12.13: FA); ob den FÄ daneben eine eigene Prüfungskompetenz zukommt, zB iRe **LSt-Außenprüfung**, ist str (mE zutr verneint durch FG Nds EFG 21, 1161: Prüfungsanordnung durch FA ist teil-nichtig, Rev I R 21/21, mit zust Anm *Grams* IStR 21, 481, 485; glA *Pinkernell/Schlotter* FR 21, 909, 917; *TK* § 5 FVG Rz 13).

a) Entstehung; Einbehaltung, § 50a V 1, 2.
Die Steuer entsteht abw von § 38 AO (wie LSt § 38 II 2, KapESt § 44 I) im Zeitpunkt des Zuflusses der Vergütung (§ 73c EStDV: Zahlung, Verrechnung, Gutschrift). Sie muss mit der Entstehung einbehalten werden (keine Stundung, s § 222 S 3 AO); der Vergütungsschuldner darf nur den Nettobetrag an den beschr StPfl auszahlen. Zum SolZ s Rz 4. Aufzeichnungs- und Aufbewahrungspflichten s § 73d EStDV (Rechtsgrundlage: § 51 I Nr 1 Buchst d). – Hat der Vergütungsschuldner **Zweifel,** ob der Vergütungsgläubiger beschr stpfl (dann StAbzug) oder unbeschr stpfl (dann kein StAbzug) ist, muss er den StAbzug gem § 73e S 6 EStDV gleichwohl vornehmen, es sei denn, der Vergütungsschuldner legt eine amtl Bescheinigung vor, aus der sich seine unbeschr StPfl ergibt (s auch BFH I R 19/04 BStBl II 08, 228, unter III.1 – aber kein StAbzug bei **Liebhaberei,** s Rz 10; zur Vereinbarung einer sog Nettoklausel s *Pinkernell/Schlotter* FR 20, 681, 691). Sind die Vergütungen nach einem **DBA** nicht oder nach einem niedrigeren Steuersatz zu besteuern, darf der Vergütungsschuldner den StAbzug nur dann unterlassen bzw nach dem geringeren Steuersatz vornehmen, wenn eine **Bescheinigung des BZSt** nach § 50d II aF bzw § 50c II 1 Nr 1 vorliegt (§ 50d I 1 aF bzw § 50c I 1; s auch FG BBg EFG 12, 1352 Rz 16, rkr). – Durch **privatrechtl Vereinbarungen** kann die Pflicht zum StAbzug nicht suspendiert werden (BFH I R 81/11 BFH/NV 13, 698; BFH I B 210/08 BFH/NV 09, 1237).

33 b) Abführung; Anmeldung, § 50a V 3, 4. Abführungszeitraum ist das Kalendervierteljahr, Abführungszeitpunkt (spätestens) der 10. des Monats, der dem Kalendervierteljahr folgt. Die Vergütungen sind **an das BZSt** abzuführen (§ 73e S 1 EStDV, § 224 AO; s auch *BMF* BStBl I 10, 1350 Rz 59 ff). – **Anmeldung.** Binnen gleicher Frist hat der Vergütungsschuldner die Steuer beim **BZSt** unter Angabe des Gläubigers, der Höhe der Vergütung, der Höhe und Art der ggf abgezogenen BA/WK und der Höhe des StAbzugs anzumelden (§ 73e S 2 EStDV); idR elektronische Anmeldung (§ 73e S 4 und 5 EStDV). Diese Pflicht besteht (nur bei Zufluss, Rz 32) unabhängig von der Vornahme des StAbzugs (§ 73e S 3 EStDV). Anzumelden war bislang nicht die Soll-Steuer, sondern die abgeführte **Ist-Steuer** (BFH I B 69/02 BStBl I 03, 189; abl *Grams* DStR 03, 1245). Allerdings sind die Regelungen durch das **AbzStEntlModG** (BGBl I 21, 1259) verschärft worden, mit Wirkung für alle Vergütungen, die ab dem 9.6.21 zufließen (s Rz 2). Anzumelden und abzuführen ist nunmehr die **Soll-Steuer** (zu den Folgen s *Pinkernell/Schlotter* FR 21, 909 f: Verspätungszuschlag, bei Selbstanzeige kein Vollständigkeitsprinzip). Die Anmeldepflicht gilt gem **§ 50a V 4 nF** auch dann, wenn ein StAbzug bei geringfügigen Einkünften aus Darbietungen iSv § 50a I 1 Nr 1, II 3 (Rz 18) oder beim StAbzug auf der 2. Stufe iSv § 50a IV 1 (Rz 29) nicht vorzunehmen ist; dasselbe gilt, wenn der StAbzug aufgrund § 50c II nF nicht oder nicht in voller Höhe vorzunehmen ist. – Die Anmeldung steht einer **StFestsetzung** unter Vorbehalt der Nachprüfung gleich, uU erst nach (formloser) Zustimmung des BZSt (§ 168 AO; zu Zustimmung durch Abrechnung vgl BFHV R 42/01 BStBl II 02, 642; zu fehlender Rechtsbehelfsbelehrung BFHV R 29/02 BStBl I 03, 904; s aber Rz 40).

34 c) Haftung des Vergütungsschuldners, § 50a V 5. Wenn der Vergütungsschuldner die Abzugsteuer nicht oder nicht vollständig einbehält und abführt, haftet er gem § 50a V 5, § 73g I EStDV, und zwar unmittelbar (§ 219 S 2 AO). Das gilt sowohl für die Bruttobesteuerung gem § 50a II als auch für die Nettobesteuerung gem § 50a III. Die Haftung verstößt nicht gegen Unionsrecht (vgl BFH I R 46/02 BStBl II 08, 190). – S auch *BMF* BStBl I 10, 1350 Rz 56 ff. Krit *Haase* IStR 21, 614.

35 aa) Inanspruchnahme. Die Inanspruchnahme erfolgt idR durch **Haftungsbescheid** (§ 191 AO), uU auch gem § 167 I 1 AO durch Nachforderungs- bzw **Nacherhebungsbescheid** (vgl BFH I R 61/99 BStBl II 01, 67 zur KapESt; BFH VI R 171/00 BStBl II 04, 1087 zur LSt; s auch BFH I B 210/08 BFH/NV 09, 1237, mwN: Wahlrecht, beim Nacherhebungsbescheid sind keine besonderen Ermessenserwägungen erforderl; ebenso: BFH I R 81/11 BFH/NV 13, 698, Verf-Beschw nicht angenommen; s aber BVerfG 1 BvR 891/13, HFR 14, 440 zu verfrechtl Zweifeln, wenn der Vergütungsschuldner auf der Steuer „sitzen bleibt"; – iEinz str, wie hier: *Krabbe* DB 88, 1719; *KS* § 50a Rz 56; *ders* StBp 01, 113; *sch* DStR 03, 1296; **aA** *Kempf/Schmidt* DStR 03, 190; *Drüen* DB 05, 299). Wie in § 42d IV, § 44 V 3 ersetzen die **Anmeldung oder schriftl Anerkennung** einen weiteren Bescheid (s § 167 I 3 AO; glA zu StAbzug OFD *Rhl* DB 07, 772). Grds entfällt die Haftung nur, wenn Einkünfte vorbehaltlos **stfrei** sind (BFH I R 261/82 BStBl II 87, 171), der Steueranspruch oder der Zahlungsanspruch bei Erlass des Haftungsbescheides **verjährt** sind (s § 44 Rz 13, BFHVII R 28/99 BStBl II 02, 267; anders bei Haftungsverjährung, s BFH VII R 7/04 BStBl II 06, 343; StAbzug und § 170 II 1 Nr 1 AO s *OFD Nbg* DStR 00, 248) oder wenn der Schuldner den Abzug wegen entschuldbaren **Rechtsirrtums** unterlassen hat (BFH I R 61/85 BStBl II 89, 99 unter 5c; s auch aber BFH I B 157/10 BStBl II 12, 590 Rz 28: FA muss Irrtum hervorgerufen haben; ferner FG Mchn EFG 90, 245; Unkenntnis der beschr StPfl des Gläubigers: FG Mchn EFG 92, 276, rkr; vgl ausdrückl § 44 V 1 zu KapESt). Dagegen schließt die Veranlagung des Vergütungsgläubigers eine Haftung des Vergütungsschuldners nicht aus (BFH I B 157/10 BStBl II 12, 590 Rz 27).

bb) Formelle Anforderungen. Das Verfahren richtet sich nach § 73g EStDV, 36
die Bestimmtheit und Form des Bescheides nach §§ 191, 119 AO. **Bezeichnung:**
Der Gläubiger und die einzelnen Vergütungen sind für den Haftungsschuldner
erkennbar zu bezeichnen (vgl § 42d Rz 46, 60, FG Mchn EFG 83, 129, rkr, mehrere **Streitgegenstände;** FG Mchn EFG 09, 119, bestätigt durch BFH I R 93/09
BFH/NV 10, 2263, Anm *Michow/Ulbricht* IStR 09, 400: fehlende Angabe des
Steuerschuldners; s auch BFH VI R 31/86 BStBl II 89, 909 mwN; zum **Austausch**
der Besteuerungsgrundlagen Rz 37 aE). Die Bezeichnung als Haftungsbescheide
„für ESt" statt KSt oder „für Abzugsteuer § 50a" genügte früher uU nicht (FG
Mchn EFG 90, 244, rkr). BFH I B 114/96 BFH/NV 97, 826 lässt dagegen „Haftung für Steuer vom Ertrag" genügen; noch weiter bei Künstlerabzugsteuer FG
Nbg EFG 98, 1412, rkr. Für die Haftung gelten iÜ die zur LSt- und KapEStHaftung entwickelten Grundsätze (s § 42d, 44 V mit Anm). **Haftungsakzessorietät** mit Ausnahmen s § 42d Rz 1, § 44 Rz 18, § 50c Rz 9 (Haftung trotz DBA-Steuerfreiheit). – Die **Angabe des Vergütungsgläubigers (Steuerschuldner)** ist
nicht zwingend erforderl, solange die Haftungsschuld in tatsächl und rechtl Hinsicht in anderer Weise ausreichend konkretisiert werden kann (s BFH I R 104/08
BFH/NV 10, 1814: Identifizierbarkeit genügt; ferner: BFH I B 44/96 BStBl II 97,
306; FG Köln EFG 99, 655, rkr).

cc) Ermessen. Das BZSt (s Rz 31) trifft wie bei § 42d und § 44 V eine Ermes- 37
sensentscheidung in mehrfacher Hinsicht (Nachprüfung: § 102 FGO). Zur Begründung des **Auswahlermessens** (weshalb Haftung des Vergütungsschuldners
und nicht Nachforderung beim StSchuldner/Vergütungsgläubiger?) genügt anders
als bei LSt und KapESt (vgl § 42d Rz 32, § 44 Rz 20) idR der Hinweis auf die
beschr StPfl des Vergütungsgläubigers (Schwierigkeiten bei Zustellung und Beitreibung im Ausl, s BFH I R 46/02 BStBl II 08, 190 Rz 15 mwN). In Zweifelsfällen sind persönl und sachl Voraussetzungen für die Inanspruchnahme darzulegen
(Entschließungsermessen): zB Kenntnis der Voraussetzungen des § 50a V 6 Nr 2
aF; Vorliegen des Inlandsbezugs beim Haftungsschuldner (s Rz 31 – aber uU auch
bei ausl Haftungsschuldner, s BFH I R 46/02 BStBl II 08, 190); ggf Verschulden,
s BFH I R 61/85 BStBl II 89, 99; vgl auch FG Mchn EFG 87, 250, rkr (Aufhebung bei unvollständiger Prüfung) und EFG 90, 245, rkr (Prüfung einzelner
Tatbestandsmerkmale des § 49 I Nr 1–9 führt zu begrenzter Austauschmöglichkeit im Haftungsverfahren). Zur Ermessensausübung s ausl Vergütungsschuldner
s *Käshammer/Kindler* ISR 20, 344.

d) Nachforderung beim Steuerschuldner, § 50a V 6. Hat der Vergütungs- 38
schuldner die Abzugsteuer nicht oder nicht vollständig einbehalten und abgeführt,
kann das BZSt den beschr StPfl als StSchuldner in Anspruch nehmen, den Gesetzesmaterialien zufolge in gleicher Weise wie den Vergütungsschuldner (seit 1.1.09, s
BR-Drs 16/10 189, 63). Dies wird man wohl einschränken müssen: Hat der Vergütungsschuldner die AbzugSt zwar einbehalten, aber nicht an das BZSt abgeführt,
wird eine Inanspruchnahme des StSchuldners, der iHd StAbzugs bereits belastet ist,
idR ermessensmissbräuchl sein. Zur Ermessensausübung s iÜ Rz 37. – Die Inanspruchnahme des StSchuldners erfolgt durch **Nachforderungsbescheid,** nicht
durch Veranlagung (abw vom LStAbzug). Für den Bescheid gelten die §§ 155 ff AO;
Fälligkeit und Leistungsgebot s §§ 220, 254 AO. Zuständig ist das **BZSt** (Rz 33).
Zur Frage der Aufrechnung s *Käshammer/Kindler* ISR 20, 344. – Bei einer **PersGes**
sind grds die Ges'ter StSchuldner. Die Adressierung an die Ges ist mE nach Sinn
und Zweck des Abzugsverfahrens gleichwohl unschädl, wenn die Ges beim Veranstaltung und Anmeldung als solche ohne Benennung der Ges'ter auftritt (zweifelnd
BFH I B 200/94 BFH/NV 96, 311; wie hier *KS* § 50a Rz 44).

e) Bescheinigung, § 50a V 7. Der Vergütungsschuldner muss dem beschr 39
stpfl Vergütungsgläubiger, wenn dieser es verlangt, die Einzelheiten des StAbzugs
auf amtl Vordruck bescheinigen (Formular: *BfF* BStBl I 02, 904, Anlage; s auch

40 **f) Rechtsschutz.** Die **Steueranmeldung** steht einer StFestsetzung gleich (s Rz 33). Sie kann durch Einspruch und Klage angefochten werden, sowohl durch den abzugsverpflichteten **Vergütungsschuldner,** der das Bestehen seiner eigenen StEntrichtungsschuld überprüfen lassen will (vgl BFH I R 69/16 BStBl II 19, 401 Rz 10 mwN), als auch durch den beschr stpfl **Vergütungsgläubiger/StSchuldner** (nur) als Drittbetroffenen (nur) zur Überprüfung der Abzugsberechtigung des Vergütungsschuldners (BFH I R 19/04 BStBl II 08, 228; BFH I B 30/97 BStBl II 97, 700: keine Prüfung, ob tatsächl beschr StPfl vorliegt, s auch Rz 32 unter „Zweifel"; vgl FG Ddorf EFG 13, 1132, NZB unzulässig; *Dörr* BB 08, 599; krit *Cordewener* IStR 06, 158, 161 f). Zur **Hinzuziehung/Beiladung** des Vergütungsschuldners bei Anfechtung durch den Vergütungsgläubiger s FG Mchn EFG 02, 629, rkr (zu LSt). Die **Frist** des § 355 I 2 AO läuft grds ohne Rechtsbehelfsbelehrung; nur eine schriftl Zustimmung des FA in den Fällen des § 168 S 2, § 355 I 2 AO muss eine Belehrung enthalten (vgl zu USt BFH V R 29/02 BStBl II 03, 904, § 356 AO). **AdV** können ebenfalls Vergütungsschuldner und -gläubiger beantragen (s aber BFH I B 30/97 BStBl II 97, 700 mwN: Erstattung aufgrund AdV nur an den Vergütungsschuldner). – Der **Haftungsbescheid** kann durch Einspruch und Klage angefochten werden, entspr LStRspr auch durch den StSchuldner (BFH I R 39/04 BStBl II 08, 95 mwN; BFH I B 157/10 BStBl II 12, 590). Ebenso können beide einen **AdV-Antrag** stellen (BFH I B 75/20 BFH/NV 21, 1489: Vergütungsgläubiger; BFH I B 157/10 BStBl II 12, 590 Rz 11: Gleichlauf von AdV-Verfahren und Hauptsacheverfahren; einschr für Aufhebung der Vollziehung: nur unter besonderen Voraussetzungen, zB bei Rückforderung durch den Haftungsschuldner, da dem StSchuldner ansonsten die Beschwer fehle; str, **aA** FG BaWü EFG 95, 812, rkr; ebenso *Ehlig* DStZ 11, 647, 653; offen gelassen in BFH I B 157/10 BStBl II 12, 590). Der Vergütungsgläubiger ist im Haftungsverfahren gegen den Vergütungsschuldner **nicht notwendig beizuladen** (BFH I R 39/04 BStBl II 08, 95, 97 mwN).

Die **Aufforderung zur Anmeldung** ist idR kein anfechtbarer/aussetzbarer VA (FG Mchn EFG 95, 752, rkr; s aber FG Bbg EFG 96, 1107, rkr; BFH I R 72/96 BStBl II 97, 660; BFH I R 45/96 BFH/NV 98, 14). **Betriebsprüfungen** beim Vergütungsschuldner beschweren den Vergütungsgläubiger nur mittelbar (keine Bekanntgabe der Anordnung an ihn, keine Anfechtung durch ihn, vgl FG Mchn EFG 97, 1286, rkr); Zuständigkeit s Rz 31. Im Ausl ansässige **Zeugen** müssen vom Haftungsverfahren zur mündl Verhandlung vor dem FG mitgebracht werden: s BFH I B 124/14 BFH/NV 16, 207: erhöhte Mitwirkungspflicht bei AuslSachverhalten).

41 **g) Erstattung.** Ist die Abzugsteuer zu Unrecht einbehalten und abgeführt worden, hat der beschr stpfl Vergütungsgläubiger gem **§ 37 II AO** für Zahlungen, die vor dem 1.1.14 geflossen sind, gegen das FA und für Zahlungen, die nach dem 31.12.13 zufließen (s auch Rz 31), gegen das BZSt einen Anspruch auf Erstattung des gezahlten Betrags (zB keine Einkünfte iSv § 49, 50a I, vgl BFH I R 283/81 BStBl II 84, 828). Dieser Anspruch ist nicht nach **§ 233a AO** zu verzinsen (s iEinz BFH I R 17/05 BStBl II 08, 332, mwN, VerfBeschw nicht angenommen: BVerfG 1 BvR 1098/08 BFH/NV 09, 2115). Zur Abtretung des Vergütungsanspruchs s BFH I R 64/81 BStBl II 85, 330; zur Abtretung des Erstattungsanspruchs s BFH I R 62/81 BStBl II 86, 565. Der Erstattungsanspruch besteht unabhängig davon, ob der Vergütungsgläubiger die StAnmeldung durch den Vergütungsschuldner angefochten hat oder nicht (vgl auch BFH I R 19/04 BStBl II 08, 228: StAnmeldung ist keine StFestsetzung gegen den Vergütungsgläubiger und nur begrenzt überprüfbar, eigenständiges Freistellungs- oder Erstattungsverfahren ggf analog § 50d I, II; s auch BFH I B 28/10 BFH/NV 11, 971). **Antragsfrist: 4 Jahre** (§ 169 II Nr 2 AO). Das BZSt entscheidet durch Freistellungsbescheid (§ 157 AO) oder durch Abrechnungsbescheid (§ 218 II AO). Abw von § 44b V hat der Vergütungs*schuldner* keinen eigenen Erstattungsanspruch. **Anfechtung im An-/Abrechnungsverfahren** s § 36 Rz 32. Zu Erstattung wegen DBA-Befreiung s § 50d I 2 ff aF bzw § 50c III.

8. Vergütung an Beauftragte, § 50a VI. Im Fall des § 50a I Nr 3 trifft den 42 Vergütungsschuldner keine Verpflichtung zum StAbzug, wenn Vergütungen an die **Gema** oä beauftragte (inl oder ausl) Rechtsträger abgeführt werden (Ausnahme zu § 50a V). Einzelheiten regelt § 73f EStDV. Der Beauftragte ist seinerseits zum StAbzug verpflichtet. Bemessungsgrundlage sind die nach Verteilungsplan zu zahlenden Beträge (BFH I 166/61 U BStBl III 64, 544).

9. Anordnung des Steuerabzugs, § 50a VII 1–4. – a) Sicherungseinbehalt, 43 **§ 50a VII 1.** Der StAbzug kann über § 50a I hinaus *im Einzelfall* (konkret) für weitere Einkünfte iSd § 49 angeordnet werden. Zuständig ist das FA des beschr stpfl Vergütungsgläubigers (§§ 19 II 2, 20 IV AO). Die Entscheidung über die Anordnung ist ein VA (§ 118 ff AO; kein Steuerbescheid iSd § 155 AO), der im Ermessen des FA steht („kann"; krit *Streck* BB 84, 846). Die Anordnung hat sich am Zweck der Vorschrift **„Sicherung des Steueranspruchs"** zu orientieren (§ 5 AO) und ist entspr zu begründen. Nicht ermessensgerecht wird es idR sein, einen StAbzug anzuordnen, wenn nach DBA kein dt Besteuerungsrecht besteht (zutr *KS* § 50a Rz 50; *HHR* § 50a Rz 185 mwN; einschr FG Mster EFG 04, 1777, rkr; offen gelassen in FG MeVo EFG 20, 124, rkr). Für bereits gezahlte Vergütungen darf der StAbzug nicht mehr angeordnet werden, für noch ausstehende Teilzahlungen hingegen schon (s auch *BH/Reimer* § 50a Rz 146 und Rz 148: zeitl Grenze).

b) Höhe des Steuerabzugs, § 50a VII 2. Der **Steuersatz** beträgt unverändert 44 25 % (keine Anpassung), für beschr stpfl Körperschaften seit VZ 2008 15 %. **Bemessungsgrundlage** sind die gesamten Einnahmen (einschließl USt, s Rz 17) ohne Abzüge. Der Vergütungsgläubiger konnte bislang eine voraussichtl niedrigere Steuer glaubhaft machen (überwiegende Wahrscheinlichkeit genügt, vgl etwa *Gräber* FGO § 56 Rz 45 mwN). Nach der Neufassung der Regelung (s Rz 2: bei Anordnung des StAbzugs nach dem 31.12.14) „kann" das FA die Höhe des StAbzugs an die voraussichtl geschuldete Steuer anpassen (Ermessensentscheidung; s auch BT-Drs 18/1529, S 59 f: Flexibilisierung und Erleichterung für den StPfl). Bei Nachweis einer voraussichtl niedrigeren Steuer reduziert sich dieses Ermessen mE auf Null, sodass die Steuer anzupassen ist.

c) Zuständigkeit, § 50a VII 3. Das den StAbzug anordnende FA ist auch 45 für die Anmeldung und Abführung der Abzugsteuer zuständig. Beides richtet sich ebenso wie Haftung und Nachforderung nach § 50a V EStG iVm § 73e EStDV (§ 73e S 6 EStDV). Bei regelmäßigen monatl Zahlungen kann der StAbzug gem § 50a VII 3 HS 2 EStG (iVm § 73e S 7 Nr 2 EStDV) ab 2015 (s Rz 2) an den jeweiligen Zahlungsrhythmus angepasst werden; auch dies soll der Vereinfachung des Verfahrens dienen (s BT-Drs 18/1529, S 60).

d) Keine Abgeltungswirkung, § 50a VII 4. Die Anordnung des StAbzugs 46 nach § 50a VII ist eine vorläufige Maßnahmen; ihr kommt keine Abgeltungswirkung nach § 50 II 1 zu. Die Steuer ist gem § 36 II Nr 2 auf die ESt anzurechnen.

e) Rechtsschutz. Durch Einspruch und Anfechtungsklage; einspruchs- und 47 klagebefugt ist nicht nur der Vergütungsschuldner als Adressat der Anordnung, sondern auch der beschr StPfl (Steuerschuldner/Vergütungsgläubiger) als beschwerter Dritter (Hinzuziehung/Beiladung gem §§ 360 III 1 AO, 60 III FGO; vgl auch BFH I B 113/98 BFH/NV 99, 1314 mwN). AdV wird idR nur gegen Sicherheitsleistung gewährt (vgl BFH I B 113/98 BFH/NV 99, 1314 Rz 22 ff).

f) Alterseinkünfte, § 50a VII 5–7. Kommt es bei Einkünften nach § 49 I 48 Nr 7 und 10 in Bezug auf StAbzugsbeträge, die im sog **Sammelanmeldeverfah-**

§ 50c Prüfungsrecht

ren nach § 50a VII einbehalten worden sind, zu Überzahlungen (zB weil der RV-Träger nicht rechtzeitig vom Tod des beschr stpfl Rentenempfängers erfahren hat), ermöglicht § 50a VII 5 dem **RV-Träger** als Vergütungsschuldner und Abzugsverpflichtetem die Überzahlung durch Verrechnung mit der nächsten Sammelanmeldung zu korrigieren; eine ggf nach § 50a V 7 erteilte Bescheinigung (s Rz 39) muss zurückgefordert und berichtigt werden. – Für die **Anrechnung nach § 36 II Nr 2 Buchst a** ist gem § 50a VII 6 allein die Rentenbezugsmitteilung nach § 22a maßgebl, nicht die Bescheinigung nach § 50a V 7. Für Rentenbezugsmitteilung nach § 22a enthält § 50a VII 7 eine spezielle **Korrekturvorschrift**, die §§ 130, 131 AO vorgeht.

IX. Sonstige Vorschriften, Bußgeld-, Ermächtigungs- und Schlussvorschriften

§ 50b Prüfungsrecht

[1] Die Finanzbehörden sind berechtigt, Verhältnisse, die für die Anrechnung oder Vergütung von Körperschaftsteuer, für die Anrechnung oder Erstattung von Kapitalertragsteuer, für die Nichtvornahme des Steuerabzugs, für die Ausstellung der Jahresbescheinigung nach § 24c oder für die Mitteilungen an das Bundeszentralamt für Steuern nach § 45e von Bedeutung sind oder der Aufklärung bedürfen, bei den am Verfahren Beteiligten zu prüfen. [2] Die §§ 193 bis 203 der Abgabenordnung gelten sinngemäß.

1 **Anmerkung:** – *(1) Prüfungsgegenstände*, **§ 50b S 1**. Das Prüfungsrecht der FinVerw nach S 1 umfasst die Anrechnung/Vergütung von KSt (überholt), sowie die „Verhältnisse", die iRd des „KapESt-Verfahrens" zugrunde gelegt wurden, dh iEinz bei der Anrechnung von KapESt (**§ 36 II Nr 2, § 36a**), der Erstattung von KapESt (**§ 44b EStG, § 7 InvStG**), der Abstandnahme vom KapEStAbzug (**§ 44a EStG, § 11 II InvStG**), zu ausgestellten Jahresbescheinigungen nach dem aufgehobenen **§ 24c** und bei Bescheinigungen gem **§ 45a II, III** (s zu „Cum/Ex" *Asmus/Werneburg* DStR 18, 1527) samt der ergänzenden Angaben in **§ 45b, § 45c** und schließl die Verhältnisse zu Mitteilungen an das BZSt gem **§ 45d** und gem **§ 45e**. – Beteiligte sind über § 78 AO hinaus der StSchuldner der KapESt (Gläubiger), der StEntrichtungspflichtige iSd § 44 und andere unmittelbar, mittelbar an einem Verfahren iSd § 50b S 1 beteiligte Personen (FG Hess BeckRS 2012, 96025 (AdV) zum Aussteller der StBescheinigung, krit dazu *Desens* FR 12, 946). – *(2)* **Verweis auf §§ 193 ff AO, § 50b S 2**. Die Außenprüfung ist iÜ unter entspr Anwendung der § 193 ff AO anzuordnen, durchzuführen (zu Kontrollmitteilungen s § 194 III AO) und abzuschließen. S iEinz BeckOK EStG § 50b Rz 20. § 50b ist lex specialis ggü § 30a AO und ermöglicht den Zugriff auf einzelne Kundendaten (FG Hess BeckRS 2014, 95053, rkr; krit *Herzberg* DStR 14, 1535, 1537). – Statt auf § 50b kann die KapESt-Prüfung auch auf §§ 193, 194 I 4 AO gestützt werden (s *Findeis* DB 09, 2397; *Schmitt/Eck* BB 11, 1751; zum Datenzugriff gem § 147 VI AO FG Hess BeckRS 2014, 95053, rkr).

§ 50c Entlastung vom Steuerabzug in bestimmten Fällen

(1) [1] Soweit der Besteuerung von Einkünften, die der Kapitalertragsteuer oder dem Steuerabzug nach § 50a unterliegen, der § 43b, der § 50g oder ein Abkommen zur Vermeidung der Doppelbesteuerung entgegenstehen, sind dessen ungeachtet die Vorschriften zur Einbehaltung, Abführung und Anmeldung der Steuer anzuwenden. [2] Der zum Steuerabzug Verpflichtete kann sich vorbehaltlich des Absatzes 2 nicht auf die Rechte des Gläubigers der

Entlastung vom Steuerabzug in bestimmten Fällen § 50c

Kapitalerträge oder Vergütungen aus § 43b, § 50g oder dem Abkommen berufen.

(2) ¹Der Schuldner der Kapitalerträge oder Vergütungen ist zur Einbehaltung und Abführung der Steuer nicht verpflichtet,

1. soweit dem Gläubiger der Kapitalerträge oder Vergütungen auf dessen Antrag (Freistellungsantrag) vom Bundeszentralamt für Steuern bescheinigt wird, dass § 43b, § 50g oder ein Abkommen zur Vermeidung der Doppelbesteuerung der Besteuerung der Einkünfte entgegensteht (Freistellungsbescheinigung), oder

2. soweit es sich um Einkünfte eines beschränkt Steuerpflichtigen im Sinne des § 50a Absatz 1 Nummer 3 handelt und soweit der Besteuerung der Einkünfte ein Abkommen zur Vermeidung der Doppelbesteuerung entgegensteht; dies gilt nur, wenn die Vergütung zuzüglich der dem beschränkt Steuerpflichtigen in demselben Kalenderjahr vom Schuldner bereits zugeflossenen Vergütungen 5 000 Euro nicht übersteigt.

²Der Schuldner ist zur Steueranmeldung auch dann verpflichtet, wenn er gemäß Satz 1 keine Steuer einzubehalten und abzuführen hat. ³Eine Steueranmeldung kann auf der Grundlage des Satzes 1 nicht geändert werden, es sei denn, die Freistellungsbescheinigung ist zum Zeitpunkt der Anmeldung der Steuer noch nicht erteilt worden. ⁴Eine Freistellungsbescheinigung ist auf einen Zeitraum von höchstens drei Jahren frühestens ab dem Tag, an dem der Antrag beim Bundeszentralamt für Steuern eingeht, zu befristen und von der Einhaltung der Voraussetzungen ihrer Erteilung während ihrer Geltung abhängig zu machen; sie kann mit weiteren Nebenbestimmungen gemäß § 120 Absatz 2 der Abgabenordnung versehen werden. ⁵Eine Freistellungsbescheinigung für die Kapitalertragsteuer auf Grund eines Abkommens zur Vermeidung der Doppelbesteuerung ist nur zu erteilen, wenn der Gläubiger der Kapitalerträge eine Kapitalgesellschaft ist, die im Staat ihrer Ansässigkeit den Steuern vom Einkommen oder Gewinn unterliegt, ohne davon befreit zu sein, und soweit dem Gläubiger Kapitalerträge von einer unbeschränkt steuerpflichtigen Kapitalgesellschaft im Sinne des § 1 Absatz 1 Nummer 1 des Körperschaftsteuergesetzes zufließen, an deren Nennkapital der Gläubiger zu mindestens einem Zehntel unmittelbar beteiligt ist. ⁶Über einen Freistellungsantrag ist innerhalb von drei Monaten nach Vorlage aller erforderlichen Nachweise zu entscheiden.

(3) ¹Dem beschränkt steuerpflichtigen Gläubiger der Kapitalerträge oder Vergütungen wird auf seinen fristgemäßen Antrag beim Bundeszentralamt für Steuern (Erstattungsantrag) auf der Grundlage eines Freistellungsbescheides die gemäß Absatz 1 Satz 1 einbehaltene und abgeführte oder auf Grund eines Haftungsbescheids oder Nachforderungsbescheids entrichtete Steuer erstattet, wenn die Steuer nicht nach § 36 Absatz 2 Nummer 2 auf die Einkommensteuer oder die Körperschaftsteuer des Gläubigers angerechnet werden kann. ²Die Frist für einen Erstattungsantrag beträgt vier Jahre und beginnt mit Ablauf des Kalenderjahres, in dem die Kapitalerträge oder Vergütungen bezogen worden sind; sie endet nicht vor Ablauf eines Jahres seit dem Zeitpunkt der Entrichtung der Steuer und nicht vor Ablauf der im Abkommen zur Vermeidung der Doppelbesteuerung vorgesehenen Frist. ³Ein Freistellungsbescheid für Kapitalertragsteuer wird nur erteilt, wenn die in § 45a Absatz 2 oder Absatz 3 bezeichnete Bescheinigung vorgelegt wurde oder die Angaben gemäß § 45a Absatz 2a übermittelt wurden; einem Antrag auf Erstattung der nach § 50a entrichteten Steuer ist die Bescheinigung nach § 50a Absatz 5 Satz 6 beizufügen. ⁴Hat der Gläubiger nach § 50a Absatz 5 Steuern für Rechnung anderer beschränkt steuerpflichtiger Gläubiger einzubehalten, kann die Auszahlung des Erstattungsanspruchs davon abhängig gemacht wer-

§ 50c Entlastung vom Steuerabzug in bestimmten Fällen

den, dass er die Zahlung der von ihm einzubehaltenden Steuer nachweist, hierfür Sicherheit leistet oder unwiderruflich die Zustimmung zur Verrechnung seines Erstattungsanspruchs mit dem Steueranspruch nach § 50a Absatz 5 Satz 3 erklärt.

(4) [1] Ein nach Absatz 3 in Verbindung mit § 50g zu erstattender Betrag ist nach Maßgabe der §§ 238 und 239 der Abgabenordnung zu verzinsen. [2] Die Festsetzungsfrist beginnt mit Ablauf des Kalenderjahres, in dem der Freistellungsbescheid erlassen, aufgehoben oder nach § 129 der Abgabenordnung berichtigt worden ist. [3] Der Zinslauf beginnt zwölf Monate nach Ablauf des Monats, in dem der Erstattungsantrag und alle für die Entscheidung erforderlichen Nachweise vorliegen, frühestens am Tag der Entrichtung der Steuer. [4] Der Zinslauf endet mit Ablauf des Tages, an dem der Freistellungsbescheid wirksam wird. [5] § 233a Absatz 5 der Abgabenordnung gilt sinngemäß.

(5) [1] Der Freistellungsantrag und der Erstattungsantrag sind nach amtlich vorgeschriebenem Datensatz über die amtlich bestimmte Schnittstelle zu übermitteln. [2] Der Antragsteller hat durch eine Bestätigung der für ihn zuständigen Steuerbehörde des anderen Staates nachzuweisen, dass er dort ansässig ist oder in den Fällen des § 43b Absatz 1 Satz 1 zweite Alternative oder des § 50g Absatz 1 Satz 1 letzte Alternative dort eine Betriebsstätte hat. [3] Zur Vermeidung unbilliger Härten kann das Bundeszentralamt für Steuern auf Antrag auf eine Übermittlung gemäß Satz 1 verzichten; in diesem Fall ist der Freistellungsantrag oder der Erstattungsantrag nach amtlich vorgeschriebenem Vordruck zu stellen. [4] Die Entscheidung über einen Freistellungsantrag und die Entscheidung über einen Erstattungsantrag werden zum Datenabruf über die amtlich bestimmte Schnittstelle bereitgestellt, es sei denn, der Antrag war nach amtlich vorgeschriebenem Vordruck zu stellen; § 122a Absatz 3 und 4 der Abgabenordnung ist entsprechend anzuwenden.

Verwaltung: S auch Erläut des *BZSt* auf www.bzst.de (unter: Unternehmen − Abzugsteuern).

Übersicht

	Rz
1. Allgemeines	
a) Bedeutung; Aufbau	1
b) Persönlicher Anwendungsbereich	2
c) Rechtsentwicklung; zeitlicher Anwendungsbereich	3
d) Verfassungsrecht; Europarecht	4
e) Verhältnis zu anderen Vorschriften	5
2. Verpflichtung zum Steuerabzug, § 50c I	
a) Gesetzliche Anordnung	8
b) Folgen eines Verstoßes	9
3. Abstandnahme vom Steuerabzug, § 50c II	10–20
a) Freistellung, § 50c II 1 Nr 1	11
b) Vergütung für Rechteüberlassung, § 50c II 1 Nr 2	12
c) Verpflichtung zur Steueranmeldung, § 50c II 2	13
d) (Keine) Änderung der Steueranmeldung, § 50c II 3	14
e) Erteilung der Freistellungsbescheinigung, § 50c II 4–6	15–19
4. Steuererstattung, § 50c III	
a) Anspruchsgrundlage; Voraussetzungen, § 50c III 1	24
b) Erstattungsverfahren, § 50c III 2–4	25–27
5. Verzinsung des Erstattungsbetrags, § 50c IV	30–32
6. Allgemeine Verfahrensvorschriften, § 50c V	34–36
7. Rechtsschutz	37

Schrifttum: *Hörster*, Abzugsteuerentlastungsmodernisierungsgesetz − Teil 1, NWB 21, 1586; *Pinkernell/Schlotter*, Auswirkungen des AbzStEntModG und weitere aktuelle Entwicklungen beim Steuerabzug gem. § 50a EStG, FR 21, 909.

Entlastung vom Steuerabzug in bestimmten Fällen   1–4   § 50c

1. Allgemeines. – a) Bedeutung; Aufbau. § 50c I knüpft systematisch an § 44   **1**
I 2 und § 50a V 1 an, nach denen die dem StAbzug unterliegenden Steuern in dem
Zeitpunkt entstehen, in dem die KapErträge bzw Vergütungen dem Gläubiger
zufließen. Zu diesem Zeitpunkt hat der Abzugsverpflichtete (s Rz 2) gem § 44 I 3
bzw § 50a V 2 den StAbzug für Rechnung des Steuerschuldners (des Gläubigers
der KapErträge oder Vergütungen) vorzunehmen. – Gem § **50c I** besteht die Verpflichtung zum StAbzug auch dann, wenn es sich um Einkünfte handelt, sie nach
§ 43b, § 50g, oder einem DBA ganz oder teilweise steuerfrei sind. § **50c II** sieht
zwei Ausnahmen von dieser Verpflichtung vor (Freistellung vom StAbzug). § **50c
III** bestimmt, unter welchen Voraussetzungen der Gläubiger der KapErträge oder
Vergütungen die Erstattung der einbehaltenen und abgeführten Steuer beantragen
kann. § **50c IV** regelt die (teilweise) Verzinsung des zu erstattenden Betrags und
§ **50c V** das (zT künftige, s Rz 3) Verfahren der Antragstellung. – Unterschieden
wird nach wie vor zw der zeitl begrenzten **Freistellungsbescheinigung** zur Vermeidung der StAbzugspflicht *vor* Auszahlung der KapErträge oder Vergütungen
(§ 50c II 1 Nr 1) und dem **Freistellungsbescheid** als Grundlage für die Steuererstattung *nach* Auszahlung unter Vornahme des StAbzugs (§ 50c III 3).

Mit dem **AbzStEntlModG** (BGBl I 21, 1259) hat der Gesetzgeber das bislang in § 50d I,
Ia, II, IV, V und VI geregelte Entlastungsverfahren in modifizierter Form in den neuen § 50c
übernommen (s Rz 3). Das **zweistufige Verfahren** ist beibehalten worden (erst StAbzug,
dann – ggf – Erstattung). Die Neuregelung soll der Vereinfachung des Verfahrens, der Verhinderung von Missbräuchen und der Vorbereitung einer vollständig digitalisierten Antrags-
bearbeitung ab 2024 dienen (s BT-Drs 19/27632, 28, 48 ff). – Eine synoptische Übersicht
zur Überführung der alten Regelungen in die des § 50c findet sich in BT-Drs 19/27632,
49 f.

b) Persönlicher Anwendungsbereich. Die Regelungen unterscheiden zw   **2**
dem **Abzugsverpflichteten**, also dem *Schuldner* der KapErträge oder Vergütungen, und dem **StSchuldner**, also dem *Gläubiger* der KapErträge und Vergütungen
(s auch § 43 Rz 1, § 50a Rz 7 ff). Der Abzugsverpflichtete kann unbeschr oder
beschr stpfl sein (vgl § 43b Rz 1 ff, § 50a Rz 9). StSchuldner können eine Mutter-
Ges iSv § 43b (§ 43b Rz 6), ein Unternehmen iSv § 50g I 1 oder eine nach DBA
abkommensberechtigte Person sein; ob es sich um einen beschr StPfl (etwa
bei Doppelansässigkeit) einen unbeschr StPfl handelt, ist für die Verpflichtung zum
StAbzug unerhebl.

c) Rechtsentwicklung; zeitlicher Anwendungsbereich. § 50c ist durch das   **3**
AbzStEntlModG (BGBl I 21, 1259) neu geschaffen worden. Die Regelungen
sind grds am 9.6.21 in Kraft getreten und somit von diesem Zeitpunkt an anzuwenden. Abweichend dazu bestimmt § 52 Abs 47a S 1, dass **50c II 1 Nr 2**
erstmals auf Einkünfte anzuwenden ist, die dem beschr stpfl Vergütungsgläubiger
iSv § 50a Nr 3 **nach dem 31.12.21** zufließen; Ermächtigungen gem § **50d V
und VI aF**, die vor dem 9.6.21 erteilt worden sind, hatten noch bis zum 31.12.21
Geltung. Gem § 52 Abs 47a S 2 ist **50c V 1, 3 und 4** erstmals auf Anträge anzuwenden, die **nach dem 31.12.22** gestellt werden; für Freistellungs- und Erstattungsanträge nach § 50c II und III, die bis zu diesem Zeitpunkt gestellt werden,
gilt das bisherige Verfahren fort (s Rz 34). – Die Regelung zur Korrektur der StAnmeldung in § 50c II 3 ist durch das **ATADUmsG** (BGBl I 21, 2035) geändert
worden (Rz 14).

d) Verfassungsrecht; Europarecht. Die Ungleichbehandlung (Art 3 I GG)   **4**
beschr StPfl durch das zweistufige Verfahren von StAbzug und StErstattung ist
verfgemäß (s § 50a Rz 3). Das gilt grds auch für die Einbindung Dritter als Abzugsverpflichtete (krit in Bezug auf die KapESt *Drüen* FR 21, 605 und *ders* FR 21,
671). Dass nur Erstattungsansprüche aus § 50g verzinst werden, verstößt ebenfalls
nicht gegen Art. 3 I GG (vgl BFH I R 15/05 BStBl II 08, 332: Freistellungsverfahren als Möglichkeit der alternativen Sachverhaltsgestaltung, VerfBeschw nicht
angenommen). – Der **EuGH** hat das Verfahren des StAbzugs mit Erstattungsmög-

§ 50c 5–11 Entlastung vom Steuerabzug in bestimmten Fällen

lichkeit trotz StFreiheit ausdrückl gebilligt (EuGH C-115/16, C-118/16, C-119/16, C-299/16 IStR 19, 308 Rz 160 mwN: „legitimes und geeignetes Mittel"; s auch § 50a Rz 3 mwN).

5 **e) Verhältnis zu anderen Vorschriften.** **§ 43b, § 50g EStG und DBA** schließen den StAbzug nicht aus (Rz 8); zu **§ 44 I 2, 3 und § 50a V 1, 2** s Rz 1. **§ 50d III** schränkt den Entlastungsanspruch ein. Zur Einschränkung durch **§ 50j** s § 50j Rz 1. § 50c gilt auch für den **SolZ** (s § 50a Rz 4).

8 **2. Verpflichtung zum Steuerabzug, § 50c I. – a) Gesetzliche Anordnung.** Der Schuldner der KapErträge oder Vergütungen muss gem der gesetzl Anordnung des § 50c I 1 als Abzugsverpflichteter (Rz 2) die Steuer für Einkünfte, die der **KapESt** oder dem **StAbzug nach § 50a** unterliegen, auch dann einbehalten, abführen und anmelden, wenn die Erträge beim Gläubiger gem § 43b, § 50g oder nach einem DBA ganz bzw zT stfrei sind. Auf die sich aus diesen Regelungen ergebenden **Entlastungsansprüche** des Gläubigers (StSchuldners) kann er sich nicht berufen, auch wenn sie unstreitig sein mögen. Ausnahmen von dieser Verpflichtung ergeben sich allein aus § 50c II. – Die Verpflichtung zum StAbzug gem § 50c I setzt allerdings voraus, dass tatsächl Einkünfte vorliegen, die der KapESt bzw dem StAbzug nach § 50a unterliegen (vgl auch *BMF* BStBl I 16, 85 Rz 313 ff zu § 50d aF).

Die Steuerfreiheit der betr Einkünfte wird durch § 50c I nicht in Frage gestellt, lässt sich jedoch in den dort genannten Fällen nur durch Vorlage einer **Freistellungsbescheinigung** im Abzugsverfahren (§ 50c II) oder durch **Freistellungsbescheid** im Erstattungsverfahren (§ 50c III) durchsetzen. § 50c I 1 und 2 entsprechen im Wesentlichen § 50d I 1 und 13 aF. – Zur zivilrechtl Erfüllungswirkung des StAbzugs s BGH X ZR 13/99 BB 01, 2024.

9 **b) Folgen eines Verstoßes.** Der Abzugsverpflichtete **haftet** gem § 44 V 1 (§ 44 Rz 15 ff) bzw § 50 V 5 (§ 50a Rz 34 ff). Auch im Haftungsverfahren kann er sich nicht auf die Freistellung der Einkünfte berufen; der Grundsatz der Akzessorietät der Haftung (§ 44 Rz 18; § 50a Rz 36) wird durch § 50c durchbrochen (krit dazu, wegen der Vereinfachungsregeln des BMF in den sog Registerfällen [s § 49 Rz 55], *Pinkernell/Schlotter* FR 21, 909). Eine Inanspruchnahme durch **Nacherhebungsbescheid** ist ebenfalls mögl (s § 50a Rz 35). In Zweifelfällen kann nur der StSchuldner die Voraussetzungen für eine StBefreiung nachweisen; ihn trifft daher eine besondere **Mitwirkungspflicht** (§ 90 II AO, § 76 I 4 FGO). – Unter bestimmten Voraussetzungen kann auch der StSchuldner durch **Nachforderungsbescheid** in Anspruch genommen werden (s § 44 Rz 21; § 50a Rz 38).

10 **3. Abstandnahme vom Steuerabzug, § 50c II.** Die Befreiung von der Verpflichtung zum StAbzug ist auf die in § 50c II genannten Fälle beschränkt (für LSt: § 39 IV Nr 5). Sie gilt nur für den **Schuldner** der KapErträge oder Vergütungen; ist ein Dritter zum StAbzug verpflichtet (zB bei sammelverwahrten Aktien, § 44 Rz 10), ist eine Freistellung ausgeschlossen (wie bisher). – Die Befreiung betrifft nur die Pflicht zur Einbehaltung und Abführung der Steuer; die **Anmeldepflicht** bleibt gem § 50c II 2 bestehen (Rz 13).

§ 50c II ersetzt § 50d II, V und VI aF. An die Stelle des *Kontrollmeldeverfahrens* (§ 50d V, VI aF) tritt die Freistellung nach § 50c II 1 Nr 2, allerdings beschränkt auf Einkünfte iSv § 50a I Nr 3.

11 **a) Freistellung, § 50c II 1 Nr 1.** Der Abzugsverpflichtete kann auf eine Einbehaltung und Abführung der Steuer ganz oder teilweise verzichten, wenn und soweit das BZSt eine **Freistellungsbescheinigung** erteilt hat. Dies setzt einen **Antrag** des Gläubigers der KapErträge oder Vergütungen voraus; der Abzugsverpflichtete selbst ist nicht aus eigenem Recht antragsberechtigt (vgl auch BFH I R 6/07 BStBl II 09, 625, zu § 50d II 1 aF). Gegenstand der Bescheinigung kann eine vollständige Freistellung oder eine Besteuerung mit einem ggü dem regulären StAbzug (nur) verringerten StSatz sein; im zweiten Fall wird die Abzugsverpflichtung (Rz 8) entspr reduziert. – Die Bescheinigung ist zu erteilen, wenn die betr

KapErträge oder Vergütungen nach § 43b, § 50g oder einem DBA ganz oder teilweise stbefreit sind. – Ob die Einkünfte dem StAbzug nach § 50a unterliegen, muss nicht mehr geprüft werden (s BT-Drs 19/27632, 50 aE; *Pinkernell/Schlotter* FR 21, 909, 912).

Zur erforderl **Ansässigkeitsbescheinigung** s Rz 35; zu einer entspr Anwendung in den sog **Registerfällen** s *BMF* BStBl I 21, 1005 (Kritik s § 49 Rz 55). – Maßgebl ist die **tatsächl Erteilung** der Bescheinigung durch das BZSt; dass die tatbestandl Voraussetzungen für die Erteilung vorliegen, genügt nicht (vgl FG BBg DStRE 12, 1518, AdV, zu § 50d aF; s auch Anm *Hoffmann* EFG 12, 1354).

b) Vergütung für Rechteüberlassung, § 50c II 1 Nr 2. Eine weitere Ausnahme ist für Nutzungsvergütungen iSv § 50a I Nr 3 vorgesehen (§ 50a Rz 13). Die Befreiung bezieht sich nur auf **beschr StPfl** und nur auf (vollständige oder teilweise) Entlastungen aufgrund eines **DBA**. Die Prüfung nimmt der Abzugsverpflichtete selbst vor (ohne Antrag); eine Bescheinigung durch das BZSt ist nicht erforderl (Grund: Massenverfahren, zB bei der Überlassung von Bildrechten, s BT-Drs 19/27632, 51). – Weitere Voraussetzung für die Freistellung ist, dass die Vergütung zuzügl der dem beschr stpfl Vergütungsgläubiger bereits in demselben Kj von *diesem* Vergütungsschuldner gezahlten Vergütungen **5000 €** nicht übersteigen (Verhinderung künstl Aufteilung). 12

Ob es sich hierbei um einen Freibetrag oder eine Freigrenze handelt, ist nicht ganz klar; die Gesetzesmaterialien lassen dies offen (s BT-Drs 19/27632, 51). ME handelt es sich um eine **Freigrenze**; denn die Ausnahme („dies gilt nur") bezieht sich auf „die" Vergütung, also die aktuell zum StAbzug anzumeldende (§ 50c II 2) Vergütung. Dh, wird mit dieser Anmeldung der Betrag von 5000 € überschritten, so gibt es *hierfür* keine gesetzl Steuerbefreiung; die Befreiung für die bereits zuvor gezahlten und angemeldeten Vergütungen (um die Summe weniger als 5000 €) wird davon nicht berührt (str, gIA *BeckOK EStG* § 50c Rz 62; aA *Holthaus* IStR 21, 383, 385). Die Annahme eines Freibetrags widerspräche auch dem Vereinfachungszweck des § 50c II Nr 2. – Die Regelung ersetzt das **Kontrollmeldeverfahren** gem § 50d V aF. Eine jährl Kontrollmitt (§ 50d V 4 aF) gibt es nicht mehr. Eine Überprüfung ist aber aufgrund der gem § 50a V 3 iVm § 50c II 2 in jedem Fall abzugebenden StAnmeldung mögl.

c) Verpflichtung zur Steueranmeldung, § 50c II 2. § 50c II 1 befreit nur von der Verpflichtung zum Einbehalt und zur Abführung der Steuer. Eine StAnmeldung (§ 45a I 1, § 50a V 3 nF) muss der Abzugsverpflichtete gleichwohl abgeben, in beiden Fällen (§ 50c II 1 Nr 1 und 2). Das gilt nicht nur dann, wenn der StAbzug nach einem verringerten StSatz erfolgen darf, sondern auch bei gänzlicher Freistellung (Anmeldung von 0 €). 13

d) (Keine) Änderung der Steueranmeldung, § 50c II 3. Hat der Abzugsverpflichtete die Steuer angemeldet, obwohl zum Zeitpunkt der Anmeldung bereits eine Freistellungsbescheinigung vorlag, kann die Anmeldung **nicht mehr geändert** werden. Das ist die Grundaussage der Regelung (s BT-Drs 19/27632, 52: Verhinderung von Doppelerstattungen). Ob der Abzugsverpflichtete zum Zeitpunkt der Anmeldung von der bereits erteilten Bescheinigung wusste, ist unerhebl. Eine Berücksichtigung der StBefreiung ist dann nur noch im Wege der Erstattung (§ 50c III) oder Anrechnung (§ 36 II 2) mögl. – Dagegen ist eine **Änderung ausnahmsweise zulässig**, wenn zum Zeitpunkt der StAnmeldung eine Freistellungsbescheinigung bereits beantragt worden ist und die Erteilung zwar erst nach der Anmeldung, aber gem § 50 II 4 HS 1 rückwirkend auf den Tag der Antragstellung erfolgt. Die Ausnahme in § 50c II 3 HS 2 („es sei denn …") bezieht sich dagegen nicht auf den Zeitraum zw Antragstellung und Erteilung der Bescheinigung iSv § 50 II 4 HS 1 (s BT-Drs 19/28925, 84, und 19/29848, 63; *Hörster* NWB 21, 1586, 1596). 14

e) Erteilung der Freistellungsbescheinigung, § 50c II 4–6. Im Gegensatz zum Freistellungsbescheid (§ 50c III) ist die Freistellungsbescheinigung kein StBescheid, aber VA iSv § 118 AO. Es gelten die §§ 130 II, 131 II AO; nicht anwendbar sind (ua) § 164, § 169 S 1 und §§ 172 ff AO (vgl BFH I R 34/99 BStBl II 01, 291, zu § 50d aF). Adressat der Bescheinigung ist der Vergütungsgläubiger; zur **Be-** 15

§ 50c 17–25 Entlastung vom Steuerabzug in bestimmten Fällen

kanntgabe s Rz 36. Zuständig ist das **BZSt** (§ 4 II FVG iVm § 50c II 1 Nr 1). Zu weiteren Voraussetzungen (insb Ansässigkeitsbescheinigung) s **§ 50c V** (Rz 34 ff).

17   **aa) Geltungsdauer; Nebenbestimmungen, § 50c II 4.** Die Freistellungsbescheinigung ist gem § 50c II 4 HS 1 mit Nebenbestimmungen (§ 120 AO) zu versehen. Sie wird nur befristet erteilt, für **höchstens drei Jahre** (keine Mindestdauer mehr); eine rückwirkende Erteilung frühestens auf den Tag der Antragstellung ist zulässig. Die Bescheinigung steht unter der **auflösenden Bedingung**, dass die Voraussetzungen der Freistellung während der gesamten Geltungsdauer erfüllt sind (zB § 50c V 2: Ansässigkeit; s auch *Hörster* NWB 21, 1586, 1594). – Gem § 50c II 4 HS 2 kann die Bescheinigung mit weiteren Nebenbestimmungen versehen werden, zB mit **Auflagen** (zB die Verpflichtung, den Wegfall der Freistellungsvoraussetzungen unverzügl mitzuteilen, vgl § 50d II 4 HS 3 aF), **Bedingungen** (zB Einhaltung der Beteiligungsvoraussetzungen gem § 43b II 1 Nr 2) oder einem **Widerrufsvorbehalt**.

Zu **Anfechtbarkeit von Nebenbestimmungen** s *Klein* § 121 AO Rz 11. Ein Widerruf gilt nur für die Zukunft (§ 131 II AO) und ist ermessensfehlerhaft (§ 5 AO), wenn sogleich wieder eine Bescheinigung erteilt werden müsste (vgl BFH I R 6/07 BStBl II 09, 625).

18   **bb) Freistellung von Kapitalerträgen außerhalb der EU, § 50c II 5.** Entlastungsansprüche für KapESt, die nicht auf § 43b, 50g, sondern auf einem **DBA** beruhen, unterliegen besonderen Voraussetzungen: *(1)* Die **TochterGes** muss eine unbeschr stpfl inl KapGes iSv § 1 I Nr 1 KStG sein (keine Bezugnahme auf § 43b II 3 mit Anl 2). – *(2)* Die **MutterGes** muss in einem DBA-Staat ansässige (Geschäftsleitung) KapGes sein. Sie muss dort StBefreiung einer der KSt entspr Steuer unterliegen. – *(3)* **Unmittelbare Mindestbeteiligung** von 10 % im Zeitpunkt der KapEStEntstehung (keine Mindestzeit entspr § 43b II 4). – *(4)* **Rechtsfolge:** Begünstigt sind „Kapitalerträge" (keine Einschränkung), also alle KapErträge iSv § 43 I Nr 1 einschließl Liquidationsraten (str).

19   **cc) Entscheidungsfrist, § 50c II 6.** Das BZSt muss innerhalb von **drei Monaten** über den Freistellungsantrag (§ 50c II 1 Nr 1) entscheiden. Die Frist beginnt nicht notwendig mit der Antragstellung, sondern erst dann, wenn alle erforderl Nachweise vorliegen (zum Einschätzungsermessen des BZSt s Rz 31 aE; zur Möglichkeit des Untätigkeitseinspruchs s Rz 37).

24   **4. Steuererstattung, § 50c III. – a) Anspruchsgrundlage; Voraussetzungen, § 50c III 1.** Rechtsfolge des StAbzugs trotz StFreiheit (Rz 8) ist materiellrechtl ein Erstattungsanspruch des Gläubigers. Verfahrensrechtl setzt die Geltendmachung dieses Anspruchs *zwingend* die Erteilung eines **Freistellungsbescheids** voraus (§ 218 I 1 HS 1 iVm § 155 I 3 AO; vgl auch BFH I R 33/04 BStBl II 06, 489, zu § 50d I 3 aF). – Erstattet werden kann nur eine Steuer, die **tatsächl entrichtet** worden ist (vgl BFH I R 85/10 BFH/NV 12, 559; BFH I R 18/11 BFH/NV 13, 499), entweder durch Einbehalt und Abführung oder aufgrund eines Haftungs-/Nachforderungsbescheids (s Rz 9). Die Möglichkeit einer **Anrechnung** auf ESt/KSt im Wege der Veranlagung nach § 36 II Nr 2 (zuständig: FA; BT-Drs 19/27632, 54: größere Sachnähe) schließt eine Erstattung nach § 50c III aus. **Antragsberechtigt** ist der beschr stpfl Gläubiger. Dieser muss nicht notwendig zivilrechtl Gläubiger der KapErträge sein (s BT-Drs 19/27632, 54).

Zu weiteren Voraussetzungen s **§ 50c V** (Rz 34 ff) und **§ 50d III**. – Die Regelung ersetzt § 50d I 2 und 3 aF. – Zur **entspr Anwendung** von § 50d I 2 aF in vergleichbaren Fällen, wenn die Einbehaltung und Abführung von Abzugsteuern gegen unionsrechtliche Grundfreiheiten verstößt s BFH I R 31/18 BFH/NV 21, 1349 mwN (s auch *Schmidt* 40. Aufl § 50d Rz 35 und 37).

25   **b) Erstattungsverfahren, § 50c III 2–4. – aa) Antragsfrist, § 50c III 2.** Der Antrag muss gem § 50c III 2 HS 1 grds innerhalb von **vier Jahren** nach Ablauf Kj gestellt werden, in dem die KapErträge oder Vergütungen bezogen worden sind (vgl § 169 II Nr 1 AO; krit noch zu § 50d aF *Haase* DStZ 19, 240: unionsrechtl begründete Anlauf-/Ablaufhemmung; **aa** *Grieser/Faller* DB 12, 1296, 1298f; zur Freistellungsfrist vor 2002 s BFH I R 10/02 BStBl II 03, 687: Ablaufhemmung für StSchuldner bei Nichteinreichung der StAnmeldung durch Vergütungsschuldner, Anm *sch* DStR 03, 1296). – Gem § 50c III 2 HS 2 endet die Frist nicht vor Ablauf **eines Jahres nach StEntrichtung** (= Abführung an das BZSt; vgl auch FG Köln EFG 17, 842 rkr: auf StFestsetzung oder Bestandskraft kommt es nicht an). Wichtig ist dies in Fällen, in denen eine Abzugsverpflichtung erst nachträgl bekannt wird (zB nach Außenprüfung). – Sieht ein **DBA** eine längere Erstattungsfrist vor, ist diese maßgebl; beträgt die Erstattungsfrist nach DBA weniger als vier Jahre, bleibt es bei der vierjährigen Antragsfrist des § 50c III 2 HS 1.

bb) Freistellungsbescheid, § 50c III 3. Die Erteilung des Freistellungsbescheids für **KapESt** setzt gem § 50c III 3 HS 1 die Vorlage einer Bescheinigung nach § 45a II oder III (im Original) oder gem § 11.1.25, s § 45a Rz 5) die Übermittlung der Angaben gem § 45a IIa voraus. Die Vorlage ist materiell-rechtl Voraussetzung der Erstattung (wie bei § 36 II Nr 2, vgl § 36 Rz 18 mwN; s auch BT-Drs 19/27632, 54: „unabdingbar"). – Beantragt der beschr StPfl eine Erstattung der nach **§ 50a entrichteten Steuer**, muss er gem § 50c III 3 HS 2 die Bescheinigung nach § 50a V 7 vorlegen (die Verweisung auf § 50a V 6 aF ist unzutr). – Zur **Bekanntgabe** des Bescheids s Rz 36.

Den **Gesetzesmaterialien** zufolge soll § 50c III 3 HS 2 eine „bloße Vorlagepflicht" begründen (s BT-Drs 19/27632, 54) und somit (wohl) keine „unabdingbare Voraussetzung" für die Erstattung sein. Aus dem Wortlaut der Regelung erschließt sich diese Unterscheidung mE nicht. Die Formulierung „wird nur erteilt, wenn …" in HS 1 ist nicht weniger direktiv als „ist … beizufügen" in HS 2 (keine Soll-Vorschrift).

cc) Auszahlungsauflagen, § 50c III 4. Das BZSt kann die Erstattung davon abhängig machen, dass der Gläubiger die Erfüllung *eigener* Abzugspflichten nach § 50a V nachweist, für diese **Sicherheit** leistet (§§ 241 ff AO) oder unwiderrufl einer **Verrechnung** zustimmt. Es handelt sich um eine Ermessensentscheidung („kann"; Folge: § 105 FGO).

5. Verzinsung des Erstattungsbetrags, § 50c IV. – **a) Voraussetzungen, § 50c IV 1.** Verzinst werden nur Erstattungsansprüche, die auf § 50c III iVm § 50g beruhen (wegen Art 1 Abs 16 RL 2003/49/EG; s *Schmidt* 40. Aufl § 50d Rz 40). In den anderen Fällen der Erstattung nach § 50c III ist keine Verzinsung vorgesehen (vgl § 233a I 2 AO). – Die Verzinsung ist an den Erstattungsanspruch nach § 50c III geknüpft; dh, die Steuer muss tatsächl entrichtet worden sein und es darf keine Möglichkeit der Anrechnung nach § 36 II Nr 2 geben (in diesem Fall Verzinsung gem § 233a AO; s auch § 50g I 2). – **Höhe und Berechnung** der Zinsen erfolgen nach § 238 AO. Die Zinsen betragen für jeden vollen Monat 0,5 % des auf den nächsten durch 50 € teilbaren abgerundeten Erstattungsbetrags (ggf nach Zusammenrechnung gleichartiger Beträge für denselben Zinszeitraum, vgl *Klein* § 239 AO Rz 4: entgegen AEAO zu § 238 Nr 2; für Zinsen ab 1.8.22: BVerfG 1 BvR 2237/14, DStR 21, 1934). – Die Zinsfestsetzung richtet sich nach § 239 AO. Sie erfolgt von Amts wegen (ohne Antrag) durch **Zinsbescheid** (mit Rechtsbehelfsbelehrung); dieser muss die Zinsen nach Art und Höhe ausweisen und den Schuldner bezeichnen (§ 239 I 1 iVm § 155 I, 157 I AO).

b) Festsetzungsfrist und Zinslauf, § 50c IV 2–4. Die Festsetzungsfrist beträgt gem § 239 I 1 ein Jahr und beginnt gem § 50c IV 2 mit Ablauf des Kj, in dem der Freistellungsbescheid gem § 50c III erlassen, aufgehoben oder nach § 129 AO berichtigt worden ist. – Da die Erstattung angtragsgebunden ist (§ 50c III 1), beginnt gem § 50c IV 3 der Zinslauf **12 Monate nach Ablauf des Antragsmonats**, wenn bis dahin alle erforderl Nachweise erbracht worden sind und die Abzugsteuer entrichtet worden ist (frühester Zeitpunkt). – Der Zinslauf endet mit Ablauf des Tages, an dem der Freistellungsbescheid wirksam wird, also mit Ablauf des Tages der Bekanntgabe (§ 122 AO).

Loschelder 2295

Dass der Zinslauf erst nach 12 Monaten beginnt, entspr den Vorgaben des Art 1 Abs 16 RL 2003/49/EG. – Was **„alle erforderl Nachweise"** sind, lässt § 50c IV 3 offen (Beispielhafte Aufzählung in BT-Drs. 15/3679, 19 zu § 50d Ia aF: Lizenz-/Oberlizenzverträge, Ansässigkeitsbestätigungen, Handelsregisterauszüge, Bilanzen, GuV, Mietverträge, Rechnungen als Belege für mündl geschlossene Verträge, Telefonabrechnungen). Dies wird von Fall zu Fall unterschiedl sein und unterliegt zunächst der Einschätzung des BZSt. Allerdings stellt Art 1 Abs 16 RL 2003/49/EG auf die Angaben ab, die der Quellenstaat **„billigerweise verlangen kann"**. Das gilt mE auch für § 50c IV 2 (RL-konforme Auslegung, s allg § 4k Rz 6) und schränkt das Einschätzungsermessen des BZSt ein (glA *BeckOK EStG* § 50c Rz 89.1).

32 c) **Änderung des Freistellungsbescheids, § 50c IV 3.** Die spezielle Änderungsregelung des § 233a V AO gilt auch für die Zinsfestsetzung nach § 50c IV. Wird der Freistellungsbescheid aufgehoben, geändert oder nach § 129 AO berichtigt, ist auch die Zinsfestsetzung entspr zu ändern.

34 **6. Allgemeine Verfahrensvorschriften, § 50c V.** – a) **Elektronische Antragstellung, § 50c V 1 und 3.** Für Freistellungsanträge (§ 50c II 1 Nr 1) und Erstattungsanträge (§ 50c III 1), die **bis zum 31.12.**22 gestellt werden, ist der amtl vorgeschriebene Vordruck zu verwenden und es gelten § 50d I 7 und 8 (Datenträgerverfahren für Dividendeneinkünfte, s *Schmidt* 40. Aufl § 50d Rz 37) in der bisherigen Fassung fort (§ 52 Abs 47a S 2 HS 2). Anträge, die **nach dem 31.12.**22 gestellt werden, sind grds zwingend in elektronischer Form zu stellen (§ 52 Abs 47a S 2 HS 1). Zur Vermeidung unbilliger Härten (§ 150 VIII AO) kann das BZSt Ausnahmen zulassen (zur gerichtl Überprüfung vgl BFH VII R 14/17 BFH/NV 18, 1137 Rz 19 ff); in diesem Fall ist weiterhin der amtl vorgeschriebene Vordruck zu verwenden.

35 b) **Ansässigkeitsbescheinigung, § 50c V 2.** Mit den Anträgen nach § 50c II 1 Nr 1 und § 50c III 1 muss der Antragsteller seine steuerl Ansässigkeit bzw den Sitz seiner Betriebsstätte (§ 43b I) durch eine Bestätigung der zuständigen ausl Steuerbehörde nachweisen; eine Bestätigung durch andere Behörden genügt nicht. Ein dt amtl Vordruck muss hierfür nicht mehr verwendet werden (anders noch § 50d IV 1 aF).

36 c) **Elektronische Bereitstellung der Bescheide, § 50c V 4.** Freistellungsbescheid und Freistellungsbescheinigung werden mit Wirkung **ab 1.1.23** (§ 52 Abs 47a S 2 HS 1) grds nur noch elektronisch bereitgestellt. Die Regelung verdrängt § 122a I AO; eine Einwilligung des Antragstellers ist nicht erforderl (s BT-Drs 19/27632, 55: Erleichterung der Bekanntgabe im Ausl). Ist ein Antrag noch auf amtl Vordruck gestellt worden, erfolgt die Bekanntgabe durch regulären Bescheid (§ 122 AO).

37 **7. Rechtsschutz.** Das BZSt ist keine oberste Finanzbehörde des Bundes iSv § 348 Nr 3 AO. Gegen die **Ablehnung** eines Freistellungs- oder Erstattungsantrags sind Einspruch und Verpflichtungsklage gegeben; vorläufiger Rechtsschutz: einstweilige Anordnung (§ 114 FGO). Zum Rechtsschutzbedürfnis vgl BFH I R 59/15 BStBl II 18, 624 mwN. – Eine Erteilung **in abweichender Höhe** kann mit Einspruch und Anfechtungsklage angefochten werden, ebenso eine **Änderung oder Aufhebung** der Freistellungsbescheinigung oder des Freistellungsbescheids; vorläufiger Rechtsschutz: AdV (§ 69 III, IV FGO). – Der **Untätigkeitseinspruch** (§ 347 I 2 AO) ist gegeben, wenn das BZSt nicht innerhalb der durch § 50c IV 6 vorgegebenen Frist von drei Monaten entscheidet; eine Überschreitung dieser Frist ist unangemessen iSv § 347 I 2 AO. S iÜ *Klein* AO § 347 Rz 20 ff. – Gegen den **Zinsbescheid** (Rz 30) sind Einspruch und Anfechtungsklage gegeben; bei Ablehnung der Zinsfestsetzung: Einspruch und Verpflichtungsklage. – Zuständig für Klagen gegen das BZSt ist das **FG Köln** (§§ 35, 38 I FGO).

Den Widerruf einer zuvor erteilten Bescheinigung (s Rz 17) kann auch der Vergütungsschuldner anfechten (vgl BFH I R 6/07 BStBl II 09, 625). Ob dieser zusätzl die Versagung einer Bescheinigung anfechten könnte, hat der BFH offengelassen; mE ist er durch die Versagung und eine nur *potentielle* spätere Haftung nicht beschwert (aA zu § 50d aF KS § 50d Rz 20).

§ 50d Anwendung von Abkommen zur Vermeidung der Doppelbesteuerung

(1) und (2) *(aufgehoben)*

(3) ¹Eine Körperschaft, Personenvereinigung oder Vermögensmasse hat auf der Grundlage eines Abkommens zur Vermeidung der Doppelbesteuerung keinen Anspruch auf Entlastung von der Kapitalertragsteuer und vom Steuerabzug nach § 50a, soweit

1. Personen an ihr beteiligt oder durch die Satzung, das Stiftungsgeschäft oder die sonstige Verfassung begünstigt sind, denen dieser Anspruch nicht zustünde, wenn sie die Einkünfte unmittelbar erzielten, und
2. die Einkunftsquelle keinen wesentlichen Zusammenhang mit einer Wirtschaftstätigkeit dieser Körperschaft, Personenvereinigung oder Vermögensmasse aufweist; das Erzielen der Einkünfte, deren Weiterleitung an beteiligte oder begünstigte Personen sowie eine Tätigkeit, soweit sie mit einem für den Geschäftszweck nicht angemessen eingerichteten Geschäftsbetrieb ausgeübt wird, gelten nicht als Wirtschaftstätigkeit.

²Satz 1 findet keine Anwendung, soweit die Körperschaft, Personenvereinigung oder Vermögensmasse nachweist, dass keiner der Hauptzwecke ihrer Einschaltung die Erlangung eines steuerlichen Vorteils ist, oder wenn mit der Hauptgattung der Anteile an ihr ein wesentlicher und regelmäßiger Handel an einer anerkannten Börse stattfindet. ³§ 42 der Abgabenordnung bleibt unberührt.

(4) bis (6) *(aufgehoben)*

(7) Werden Einkünfte im Sinne des § 49 Absatz 1 Nummer 4 aus einer Kasse einer juristischen Person des öffentlichen Rechts im Sinne der Vorschrift eines Abkommens zur Vermeidung der Doppelbesteuerung über den öffentlichen Dienst gewährt, so ist diese Vorschrift bei Bestehen eines Dienstverhältnisses mit einer anderen Person in der Weise auszulegen, dass die Vergütungen für der erstgenannten Person geleistete Dienste gezahlt werden, wenn sie ganz oder im Wesentlichen aus öffentlichen Mitteln aufgebracht werden.

(8) ¹Sind Einkünfte eines unbeschränkt Steuerpflichtigen aus nichtselbständiger Arbeit (§ 19) nach einem Abkommen zur Vermeidung der Doppelbesteuerung von der Bemessungsgrundlage der deutschen Steuer auszunehmen, wird die Freistellung bei der Veranlagung ungeachtet des Abkommens nur gewährt, soweit der Steuerpflichtige nachweist, dass der Staat, dem nach dem Abkommen das Besteuerungsrecht zusteht, auf dieses Besteuerungsrecht verzichtet hat oder dass die in diesem Staat auf die Einkünfte festgesetzten Steuern entrichtet wurden. ²Wird ein solcher Nachweis erst geführt, nachdem die Einkünfte in eine Veranlagung zur Einkommensteuer einbezogen wurden, ist der Steuerbescheid insoweit zu ändern. ³§ 175 Absatz 1 Satz 2 der Abgabenordnung ist entsprechend anzuwenden.

(9) ¹Sind Einkünfte eines unbeschränkt Steuerpflichtigen nach einem Abkommen zur Vermeidung der Doppelbesteuerung von der Bemessungsgrundlage der deutschen Steuer auszunehmen, so wird die Freistellung der Einkünfte ungeachtet des Abkommens nicht gewährt, soweit

1. der andere Staat die Bestimmungen des Abkommens so anwendet, dass die Einkünfte in diesem Staat von der Besteuerung auszunehmen sind oder nur zu einem durch das Abkommen begrenzten Steuersatz besteuert werden können,
2. die Einkünfte in dem anderen Staat nur deshalb nicht steuerpflichtig sind, weil sie von einer Person bezogen werden, die in diesem Staat nicht auf Grund ihres Wohnsitzes, ständigen Aufenthalts, des Ortes ihrer Geschäftslei-

§ 50d   Anwendung von DBA

tung, des Sitzes oder eines ähnlichen Merkmals unbeschränkt steuerpflichtig ist, oder
3. die Einkünfte in dem anderen Staat nur deshalb nicht steuerpflichtig sind, weil sie einer Betriebsstätte in einem anderen Staat zugeordnet werden oder auf Grund einer anzunehmenden schuldrechtlichen Beziehung die steuerliche Bemessungsgrundlage in dem anderen Staat gemindert wird.

[2]Nummer 2 gilt nicht für Dividenden, die nach einem Abkommen zur Vermeidung der Doppelbesteuerung von der Bemessungsgrundlage der deutschen Steuer auszunehmen sind, es sei denn, die Dividenden sind bei der Ermittlung des Gewinns der ausschüttenden Gesellschaft abgezogen worden. [3]Bestimmungen eines Abkommens zur Vermeidung der Doppelbesteuerung sowie Absatz 8 und § 20 Absatz 2 des Außensteuergesetzes bleiben unberührt, soweit sie jeweils die Freistellung von Einkünften in einem weitergehenden Umfang einschränken. [4]Bestimmungen eines Abkommens zur Vermeidung der Doppelbesteuerung, nach denen Einkünfte aufgrund ihrer Behandlung im anderen Vertragsstaat nicht von der Bemessungsgrundlage der deutschen Steuer ausgenommen werden, sind auch auf Teile von Einkünften anzuwenden, soweit die Voraussetzungen der jeweiligen Bestimmung des Abkommens hinsichtlich dieser Einkunftsteile erfüllt sind.

(10) [1]Sind auf eine Vergütung im Sinne des § 15 Absatz 1 Satz 1 Nummer 2 Satz 1 zweiter Halbsatz und Nummer 3 zweiter Halbsatz die Vorschriften eines Abkommens zur Vermeidung der Doppelbesteuerung anzuwenden und enthält das Abkommen keine solche Vergütungen betreffende ausdrückliche Regelung, gilt die Vergütung für Zwecke der Anwendung des Abkommens zur Vermeidung der Doppelbesteuerung ausschließlich als Teil des Unternehmensgewinns des vergütungsberechtigten Gesellschafters. [2]Satz 1 gilt auch für die durch das Sonderbetriebsvermögen veranlassten Erträge und Aufwendungen. [3]Die Vergütung des Gesellschafters ist ungeachtet der Vorschriften eines Abkommens zur Vermeidung der Doppelbesteuerung über die Zuordnung von Vermögenswerten zu einer Betriebsstätte derjenigen Betriebsstätte der Gesellschaft zuzurechnen, der der Aufwand für die der Vergütung zugrunde liegende Leistung zuzuordnen ist; die in Satz 2 genannten Erträge und Aufwendungen sind der Betriebsstätte zuzurechnen, der die Vergütung zuzuordnen ist. [4]Die Sätze 1 bis 3 gelten auch in den Fällen des § 15 Absatz 1 Satz 1 Nummer 2 Satz 2 sowie in den Fällen des § 15 Absatz 1 Satz 2 entsprechend. [5]Sind Einkünfte im Sinne der Sätze 1 bis 4 einer Person zuzurechnen, die nach einem Abkommen zur Vermeidung der Doppelbesteuerung als in dem anderen Staat ansässig gilt, und weist der Steuerpflichtige nach, dass der andere Staat die Einkünfte besteuert, ohne die darauf entfallende deutsche Steuer anzurechnen, ist die in diesem Staat nachweislich auf diese Einkünfte festgesetzte und gezahlte und um einen entstandenen Ermäßigungsanspruch gekürzte, der deutschen Einkommensteuer entsprechende, anteilige ausländische Steuer bis zur Höhe der anteilig auf diese Einkünfte entfallenden deutschen Einkommensteuer anzurechnen. [6]Satz 5 gilt nicht, wenn das Abkommen zur Vermeidung der Doppelbesteuerung eine ausdrückliche Regelung für solche Einkünfte enthält. [7]Die Sätze 1 bis 6
1. sind nicht auf Gesellschaften im Sinne des § 15 Absatz 3 Nummer 2 anzuwenden;
2. gelten entsprechend, wenn die Einkünfte zu den Einkünften aus selbständiger Arbeit im Sinne des § 18 gehören; dabei tritt der Artikel über die selbständige Arbeit an die Stelle des Artikels über die Unternehmenseinkünfte, wenn das Abkommen zur Vermeidung der Doppelbesteuerung einen solchen Artikel enthält.

[8]Absatz 9 Satz 1 Nummer 1 bleibt unberührt.

Übersicht § 50d

(11) ¹Sind Dividenden bei einem unbeschränkt steuerpflichtigen Zahlungsempfänger nach einem Abkommen zur Vermeidung der Doppelbesteuerung von der Bemessungsgrundlage der deutschen Steuer auszunehmen, wird die Freistellung ungeachtet des Abkommens nur insoweit gewährt, als die Dividenden nach deutschem Steuerrecht nicht einer anderen Person zuzurechnen sind. ²Soweit die Dividenden nach deutschem Steuerrecht einer anderen Person zuzurechnen sind, werden sie bei dieser Person freigestellt, wenn sie bei ihr als Zahlungsempfänger nach Maßgabe des Abkommens freigestellt würden.

(11a) Ist der Gläubiger der Kapitalerträge oder Vergütungen eine Person, der die Kapitalerträge oder Vergütungen nach diesem Gesetz oder nach dem Steuerrecht des anderen Vertragsstaats nicht zugerechnet werden, steht der Anspruch auf völlige oder teilweise Erstattung des Steuerabzugs vom Kapitalertrag oder nach § 50a auf Grund eines Abkommens zur Vermeidung der Doppelbesteuerung nur der Person zu, der die Kapitalerträge oder Vergütungen nach den Steuergesetzen des anderen Vertragsstaats als Einkünfte oder Gewinne einer ansässigen Person zugerechnet werden.

(12) ¹Abfindungen, die anlässlich der Beendigung eines Dienstverhältnisses gezahlt werden, gelten für Zwecke der Anwendung eines Abkommens zur Vermeidung der Doppelbesteuerung als für frühere Tätigkeit geleistetes zusätzliches Entgelt. ²Dies gilt nicht, soweit das Abkommen in einer gesonderten, ausdrücklich solche Abfindungen betreffenden Vorschrift eine abweichende Regelung trifft. ³Absatz 9 Satz 1 Nummer 1 sowie Rechtsverordnungen gemäß § 2 Absatz 2 Satz 1 der Abgabenordnung bleiben unberührt.

(13) Werden Aktien einer Gesellschaft mit Sitz oder Geschäftsleitung im Inland mit Dividendenberechtigung erworben, aber ohne Dividendenanspruch geliefert, sind vom Erwerber an Stelle von Dividenden erhaltene sonstige Bezüge für Zwecke der Anwendung eines Abkommens zur Vermeidung der Doppelbesteuerung den Dividenden, die von dieser Gesellschaft gezahlt werden, gleichgestellt.

(14) ¹Dem Gläubiger der Kapitalerträge im Sinne des § 20 Absatz 1 Nummer 1 und 2 aus Anteilen an einer optierenden Gesellschaft im Sinne des § 1a des Körperschaftsteuergesetzes steht ungeachtet der Bestimmungen eines Abkommens zur Vermeidung der Doppelbesteuerung kein Anspruch auf Entlastung von der Kapitalertragsteuer zu, wenn die Kapitalerträge im anderen Staat aufgrund einer vom deutschen Recht abweichenden steuerlichen Behandlung der optierenden Gesellschaft nicht der Besteuerung unterliegen. ²Gewinne aus der Veräußerung von Anteilen an einer optierenden Gesellschaft im Sinne des § 1a des Körperschaftsteuergesetzes sind ungeachtet der Bestimmungen eines Abkommens zur Vermeidung der Doppelbesteuerung zu versteuern, wenn sie im anderen Staat aufgrund einer vom deutschen Recht abweichenden steuerlichen Behandlung der optierenden Gesellschaft nicht der Besteuerung unterliegen.

Einkommensteuer-Richtlinien: EStH 50d – *Verwaltungsanweisungen:* BMF BStBl I 18, 643 (ArbLohn, § 50d VIII); *BMF* BStBl I 17, 473 (ArbLohn, § 50d VIII und IX); *BMF* BStBl I 14, 1258 (PersGes und DBA); *BMF* BStBl I 21, 2212 (OptionsGes gem § 1a KStG, § 50d XIV).

Übersicht

	Rz
1. Allgemeines	
a) Bedeutung; Aufbau	1
b) Rechtsentwicklung; zeitlicher Anwendungsbereich	2
c) Verfassungsrecht; Europarecht	3

	Rz
2. Entlastung vom Steuerabzug, § 50d I, Ia, II, IV–VI aF	
a) Ersetzung der alten Regelungen durch § 50c	8
b) Zeitweise Fortgeltung der alten Regelungen	9
3. Missbrauchsausschluss *(Treaty Shopping)*, § 50d III	
a) Hintergrund; Bedeutung	15–18
b) Entlastungsanspruchs, § 50d III 1	19–25
c) Erhalt des Entlastungsausschluss, § 50d III 2	26–31
d) Allgemeine Missbrauchsklausel (§ 42 AO), § 50d III 3	32
4. DBA-Kassenstaatsklauseln, § 50d VII	36
5. Unilaterale Rückfallklausel, § 50d VIII	
a) Hintergrund; Bedeutung	38–40
b) Voraussetzungen der Freistellung, § 50d VIII 1	41
c) Verfahren, § 50d VIII 2 und 3	42
6. Ausschluss doppelter DBA-Steuerbefreiung, § 50d IX	
a) Hintergrund; Bedeutung	44–47
b) Switch-Over-Klausel, § 50d IX 1 und 4	48–52
d) Ausnahmen für Dividenden, § 50d IX 2	53
e) Verhältnis zu sonstigen Regelungen, § 50d IX 3	54
7. Sondervergütungen als Unternehmensgewinne, § 50d X	
a) Hintergrund; Bedeutung	60
b) Bisherige Regelung, § 50d X 1, 2 aF	61, 62
c) Neufassung durch das AmtshilfeRL-UmsG, § 50d X 1–7	63–65
d) Outbound-Fälle, § 50d X 8	66
e) Gewerbesteuer; Zinsschranke	67
8. Ausschluss des DBA-Schachtelprivilegs, § 50d XI	68
9. Hybride Gesellschaften, § 50d XIa	69
10. Abfindungen, § 50d XII	
a) Bedeutung	70
b) Zusätzliches Entgelt für frühere Tätigkeit	71
11. Dividendenkompensationszahlungen, § 50d XIII	72
12. Entlastungsausschluss bei Optionsgesellschaften (§ 1a KStG), § 50d XIV	
a) Hintergrund; Bedeutung	74
b) Entlastungsausschluss für Dividenden, § 50d XIV 1	75
c) Besteuerung von Veräußerungsgewinnen, § 50d XIV 2	76

1. Allgemeines. – a) Bedeutung; Aufbau. Das Verfahren zur Entlastung beschr StPfl von der KapESt und vom StAbzug nach § 50a, das bislang in § 50d I, Ia, II und IV-VI geregelt war, findet sich nunmehr in modifizierter Form in § 50c (s dort; zur teilweisen Fortgeltung der bisherigen Regelungen s Rz 9). – Die verbleibenden Regelungen enthalten materielle Vorschriften zur Anwendung von DBA: **§ 50d III** ist eine spezielle Missbrauchsvorschrift zum Ausschluss internationaler Umgehungsgestaltungen in Form des sog *Treaty Shopping* durch Zwischenschaltung einer ausl Ges. **§ 50d VII** fingiert ein Dienstverhältnis für Dienste, die im Wesentl aus öffentl Mitteln aufgebracht werden, um auf diese Weise die beschr StPfl in DBA-Fällen zu erhalten. **§ 50d VIII** soll in Form einer *Subject-to-Tax*-Klausel die einmalige Besteuerung für nach DBA stfreie Lohneinkünfte eines unbeschr StPfl sicherstellen (Verhinderung „weißer Einkünfte"). In ähnl Weise soll **§ 50d IX** als sog *Schwitch-over*-Klausel generell die Einmalbesteuerung von Einkünften unbeschr StPfl gewährleisten. **§ 50d X** ordnet im Wege der gesetzl Fiktion und in Form eines *Treaty Override* Sondervergütungen (§ 15 I 1 Nr 2) für Abkommenszwecke den Unternehmensgewinnen zu. **§ 50d XI** schließt das DBA-Schachtelprivileg aus, soweit die Dividenden letztl natürl Personen zuzurechnen sind. **§ 50d XIa** soll im Fall sog hybrider Gesellschaften gewährleisten, dass der Entlastungsanspruch aufgrund eines DBA demjenigen zukommt, dem die KapErträge oder Vergütungen nach dem Recht des anderen Staates auch tatsächl zugerechnet werden. Nach **§ 50d XII** können Abfindungen für eine ehemals im Inl ausgeübte Tätigkeit in Deutschland als vormaligem Tätigkeitsstaat besteuert werden. **§ 50d**

XIII stellt Kompensations- und Ausgleichszahlungen, die vor allem bei Leerverkäufen als Ersatz für entgehende Dividendenerträge gezahlt werden, im Wege der gesetzl Fiktion für Zwecke der Anwendung von DBA einer Dividende gleich. § **50d XIV** schließl soll für OptionsGes nach § 1a KStG im Wege eines weiteren *Treaty Override* die Besteuerung von Gewinnausschüttungen und Anteilsveräußerungsgewinnen sicherstellen.

b) Rechtsentwicklung; zeitlicher Anwendungsbereich. Durch das **AbzSt- 2 EntlModG** (BGBl I 21, 1259) sind § **50d I, Ia, II und IV–VI** mit Wirkung zum 9.6.21 aufgehoben worden (s Rz 8); das bisherige Antragsverfahren gem § 50d I 7 und 8 gilt noch bis zum 31.12.22 fort (s Rz 9). § **50d III** ist neu gefasst worden (Rz 15 ff); die Neufassung soll in allen noch offenen Fällen angewendet werden, soweit sich nicht bereits aus den bisherigen Fassungen ein Entlastungsanspruch ergibt (§ 52 Abs 47b). § **50d XI 1** ist redaktionell ergänzt worden (Rz 68). Die bisherige Regelung des § 50d I 11 ist wortgleich in einen neuen § **50d XIa** übernommen worden (Rz 69). § **50d XII 3** ist ebenfalls redaktionell geändert worden. – Durch das **ATADUmsG** (BGBl I 21, 2035) ist § **50d IX 1** um eine Nr 3 ergänzt worden (mit Wirkung ab 1.7.21; s Rz 51). – Durch das **KöMoG** (BGBl I 21, 2050) ist § **50d XIV** angefügt worden; die Regelung ist zum 1.1.22 in Kraft getreten. – S iÜ *BH/Wagner* § 50d Rz 2 ff.

c) Verfassungsrecht; Europarecht. In seiner gegenwärtigen Fassung ist § **50d 3 III** bei entspr Auslegung unionsrechtskonform (str, s Rz 16); die bisherigen Fassungen waren hingegen unionsrechtswidrig (s *Schmidt* 40. Aufl § 50d Rz 50 mwN). – Der Überschreibung eines DBA durch ein sog *Treaty Override,* wie es sich in § 50d III und VIII ff findet, verstößt weder gegen den ungeschriebenen verfrechtl Grundsatz der Völkerrechtsfreundlichkeit noch gegen das Rechtsstaatsprinzip (BVerfG 2 BvL 1/12 DStR 16, 359, zu § **50d VIII**; noch offen: BFH I R 86/13 BStBl II 15, 18, VerfBeschw BVerfG 2 BvL 21/14 zu § **50d IX**; BFH I R 4/13 BStBl II 14, 791, VerfBeschw BVerfG 2 BvL 15/14, zu § **50d X**); auch ein Verstoß gegen Art 3 I GG liegt nicht vor (BFH I R 66/09 BFH/NV 16, 1688).

2. Entlastung vom Steuerabzug, § 50d I, Ia, II, IV–VI aF. – **a) Ersetzung 8 der alten Regelungen durch § 50c.** Mit dem AbzStEntlModG (s Rz 2) hat der Gesetzgeber das Verfahren zur Entlastung von KapESt und vom StAbzug nach § 50a auf der Grundlage der §§ 43b, 50g oder eines DBA (außerhalb des Veranlagungsverfahrens) in § 50c neu geregelt (s § 50c Rz 1). § 50d I, Ia, II und IV–VI sind mit Wirkung **zum 9.6.21 aufgehoben** worden.

Die Anordnung des StAbzugs gem **50d I 1 aF** findet sich nun in § 50c I 1. Das Erstattungsverfahren gem § 50d I 2–4 und 6 aF ist jetzt in § 50c III geregelt (§ 50d I 5, 7, 8 und 12 aF sind ersatzlos weggefallen). Die Regelungen zur Verzinsung von Erstattungsansprüchen, die auf § 50g beruhen, sind in § **50d Ia aF** sind im wesentl unverändert nach § 50c IV übernommen worden. Die Freistellung im StAbzugsverfahren gem § **50d II 1 aF** findet sich jetzt in § 50c II 1 Nr 1. Das Kontrollmeldeverfahren gem § **50d V aF** ist durch die Befreiungsregelung zum Entlastungsanspruch für Rechteüberlassung in § 50c II 1 Nr 2 ersetzt worden. – Eine **synoptische Übersicht** zu § 50d I, Ia, II und IV–VI aF und § 50c nF findet sich in BT-Drs 19/27632, 49 f. Hinsichtlich der **bis zum 9.6.21** geltenden Bestimmungen wird auf die Vorauflage verwiesen (s *Schmidt* 40. Aufl § 50d Rz 1–44).

b) Zeitweise Fortgeltung der alten Regelungen. Für Freistellungsanträge 9 (§ 50c II 1 Nr 1) und Erstattungsanträge (§ 50c III 1), die **bis zum 31.12.22** gestellt werden, ist wie bisher der amtl vorgeschriebene Vordruck zu verwenden; daneben gelten § 50d I 7 und 8 (Datenträgerverfahren für Dividendeneinkünfte, s *Schmidt* 40. Aufl § 50d Rz 37) in der bisherigen Fassung fort (§ 52 Abs 47a S 2 HS 2). Für Anträge, die **nach dem 31.12.22** gestellt werden, s § 50c Rz 34. – Ermächtigungen nach § **50d V und VI**, die vor dem 9.6.21 erteilt worden sind, hatten gem § 52 Abs 47a S 1 HS 2 noch bis zum 31.12.21 Geltung. Von diesem Zeitpunkt an richtet sich die Befreiung nach § 50c II 1 Nr 2 (s § 50c Rz 3).

15 3. Missbrauchsausschluss *(Treaty Shopping)*, § 50d III. − a) Hintergrund; Bedeutung. Die Zwischenschaltung eines ausl Rechtsträgers zur Erlangung abkommensrechtl Vorteile, die den hinter diesem Rechtsträger stehenden Personen an sich nicht zukommen, bezeichnet man als *Treaty Shopping* (s iEinz *Wassermeyer* Art 1 OECD-MA Rz 65; *Schaumburg* Rz 19.127 ff). Hiergegen richtet sich § 50d III als unilaterale sog *Anti-Treaty-Shopping*-Klausel (s auch *Gosch* DStJG 36 [2013], S 214 f). Die Regelung soll verhindern, dass StPfl, denen selbst kein Anspruch auf Entlastung (durch Freistellung und Erstattung nach § 50c II und III) von der KapESt oder vom StAbzug gem § 50a nach einem DBA zusteht, sich diese Entlastung dadurch verschaffen, dass sie *nur zu diesem Zweck* einen ausl Rechtsträger zwischenschalten.

16 aa) Neufassung der Regelung. Die bisherigen Fassungen des § 50d III verstießen gegen Unionsrecht (s EuGH C-440/17 DStR 18, 1479 − *GS*; BFH I B 60/20 BFH/NV 21, 1481; zur Vorgängerregelung: EuGH C-504/16 und C-613/16 DStR 18, 119 − *Deister Holding*; s auch *Schmidt* 40. Aufl § 50d Rz 45 und 50 mwN). Mit der **Neufassung durch das AbzStEntlModG** (BGBl I 21, 2035) verfolgt der Gesetzgeber vor allem drei Ziele: Anpassung an die durch die EuGH-Rspr konkretisierten unionsrechtl Vorgaben, ergänzende (dh zusätzl zu § 42 AO) spezialgesetzl Umsetzung von Art 6 iVm Art 1 I ATAD und Erfüllung der Mindeststandards zur Bekämpfung von Durchlauffinanzierungsstrukturen iSv Aktionspunkt 6 des BEPS-Aktionsplans von OECD und G20 (s BT-Drs 19/27632, 56 f; zur ATAD und zur BEPS-Kampagne s auch § 4k Rz 1 aE). Insb soll einem ausl Rechtsträger nun ermöglicht werden, die Vermutung eines Gestaltungsmissbrauchs durch den **Nachweis der Gründe** für seine Einschaltung zu widerlegen (Einzelfallwürdigung, s Rz 26); außerdem ist (wie bisher) eine Ausnahme für **börsennotierte Gesellschaften** vorgesehen (s Rz 27). − ME lässt § 50d III dem Rechtsanwender in seiner gegenwärtigen Fassung genügend Spielräume für eine **unionsrechtskonforme Auslegung** (s insb Rz 22 und 29; str, **aA** *Haase/Blank* Ubg 21, 78, 82 f; *Jochimsen/Gsödl* IStR 21, 83; zweifelnd *Hölscher/Voß/Zöller* ISR 21, 156).

Der Gesetzentwurf der BReg (BT-Drs 19/27632, 57) nimmt ausdrückl (und ausführl) Bezug auf **Art 6 ATAD** und das **unionsrechtl Missbrauchsverbot** (unter Hinweise auf EuGH C-115/16, C-118/16, C-119/16, C-229/16 IStR 19, 308 − *N Luxembury 1 ua*, und EuGH C-116/16, C-117/16 IStR 19, 266 − *T Danmark ua*). Eine steuerl Gestaltung ist danach rechtsmissbräuchl und daher nicht zu berücksichtigen, soweit sie nicht aus „**triftigen wirtschaftl Gründen**" erfolgt (Art 6 II ATAD) und einer der wesentl Zwecke die Erlangung eines steuerl Vorteils ist, der dem „**Zweck des geltenden StRechts**" zuwiderläuft (Art 6 I ATAD). Das wird man bei der Auslegung von Art 50d III berücksichtigen müssen (vgl § 4k Rz 6).

17 bb) Zeitlicher Anwendungsbereich. Die Neufassung ist gem § 52 Abs 47b grds in allen noch offenen Fällen anzuwenden, es sei denn, ein Entlastungsanspruch ergibt sich bereits aus der jeweils maßgebl Vorgängerregelung. Auf die Vorkommentierung wird insoweit Bezug genommen (s *Schmidt* 40. Aufl § 50d Rz 45 ff).

18 cc) Persönlicher und sachlicher Anwendungsbereich. Der Entlastungsausschluss betrifft grds alle Körperschaften, Personenvereinigungen und Vermögensmassen (auch Stiftungen, Trusts etc) als **ZwischenGes**; zu börsennotierten Ges s Rz 31. Die Beschränkung auf „ausl" Gesellschaften ist entfallen; allerdings folgt aus der sachl Beschränkung auf **Entlastungsansprüche aus DBA**, dass inl Körperschaften idR nicht betroffen sind (Ausnahme: abkommensberechtigte doppelt ansässige Körperschaften, s *Schnitger/Gebhardt* IStR 21, 289). − Gem **§ 43b I 1 HS 2, § 44a IX 2, § 50g IV EStG** sowie **§ 32 V 2 Nr 4 KStG** gilt § 50d III für die dort vorgesehene Entlastung vom StAbzug jeweils entspr.

§ 50d III soll auch dann anzuwenden sein, wenn das betr **DBA** eine **eigene Regelung zur Missbrauchsvermeidung** enthält oder seinerseits nationale Regelungen zur Missbrauchsvermeidung einschränkt (eventueller *Treaty Override*, BT-Drs 19/27632, 58; mE zweifelhaft; s auch *BeckOK EStG* § 50d Rz 110 ff). Das wird wohl jedenfalls dann nicht gelten, wenn ein DBA seinerseits die Anwendung von § 50d III konkret ausschließt (vgl zB Ziff XV (3) des Protokolls zum DBA Niederlande, s auch *Grotherr* DStR 21, 140, 149 f; zu § 50d III aF: BFH I R 21/07 BStBl II 08, 619).

b) Entlastungsausschluss, § 50d III 1. – aa) Gesetzliche Konstruktion. **19**
§ 50d III 1 knüpft die Versagung des Entlastungsanspruchs an zwei tatbestandl Voraussetzungen (Nr 1 und 2), die durch *„und"* verknüpft sind. Daraus folgt, dass beide Voraussetzungen erfüllt sein müssen, damit es zum Entlastungsausschluss kommt. Positiv gewendet bedeutet das: *(1.)* Wären die an der ZwischenGes beteiligten bzw durch sie begünstigten Personen selbst entlastungsberechtigt, wenn ihnen die KapErträge oder Vergütungen unmittelbar zuflössen **(hypothetischer Entlastungsanspruch)**, so ist auch die ZwischenGes entlastungsberechtigt; auf § 50d III 1 Nr 2 kommt es dann nicht mehr an. *(2.)* Ebenso ist die ZwischenGes entlastungsberechtigt, wenn die Einkünfte, die der KapESt oder dem StAbzug nach § 50a unterliegen, aus einer Einkunftsquelle stammen, die einen wesentl Zusammenhang mit der eigenen Wirtschaftstätigkeit der ZwischenGes etc aufweisen; auf § 50d III 1 Nr 2 kommt es dann nicht mehr an. – Sind diese Voraussetzungen nur teilweise erfüllt, ergibt sich aus dem einleitenden „soweit", dass eine **Quote** ermittelt werden muss, nach der die Höhe des anteiligen Entlastungsausschlusses bestimmt wird (s Rz 25). Das setzt allerdings voraus, dass die Anwendung von § 50d III 1 nicht durch **§ 50d III 2** ausgeschlossen ist (s Rz 26 ff). – Maßgebl **Prüfungszeitpunkt** ist die Entstehung der Steuer (§ 44 I 2 und § 50a V 1, s § 50c Rz 1; ausführl *Grotherr* DStZ 21, 87, 91).

Die **Beweislast** trifft zwar grds das FA, wenn es sich auf den Entlastungsausschluss § 50d III 1 beruft. Allerdings muss die ausl Ges ihre Beteiligungsverhältnisse darlegen und ggf nachweisen; ihr kommt wegen des Auslandssachverhalts eine erhöhte **Mitwirkungspflicht** zu und sie trägt die Feststellungslast, soweit die Beteiligungsverhältnisse nicht aufklärbar sind (§ 90 II AO, § 76 I FGO). Zu den Besonderheiten des **Motivtests** (Negativbeweis) und den ggf erforderl **Ermittlungen zum ausl Recht** s Rz 27.

bb) Hypothetischer Entlastungsanspruch, § 50d III 1 Nr 1. – (1) Beteiligte oder begünstigte Person. Zu berücksichtigen sind zunächst der oder Anteilseigner; es kann sich um natürl oder um juristische Personen handeln. Eine Mindestbeteiligung wird nicht verlangt (krit *Grotherr* DStR 21, 1321, 1322). – Darüber hinaus muss in ein hypothetischer Entlastungsanspruch sonstiger **begünstigter Personen** geprüft werden. Das sind gem § 50d III 1 Nr 1 Alt 2 alle Personen, denen die Einkünfte der ZwischenGes aufgrund ihrer Statuten letztl zugutekommen. Der Wortlaut ist sehr weit gefasst und verlangt lediglich eine statutarische Grundlage der Begünstigung (s *Grotherr* DStR 21, 1321, 1323: stille Beteiligung, Genussrechte, nicht aber Ges'ter-Darlehen etc). – Die Prüfung erfolgt **für jeden Beteiligten/Begünstigten gesondert**. Ist ein Ges'ter über seinen Anteil an der ZwischenGes hinaus auch idS begünstigt, muss dies ebenfalls berücksichtigt werden. Die Beteiligungen der übrigen Ges'ter sind dann entspr zu korrigieren (die Summe aus allen Anteilen und Begünstigungen kann auch in diesem Fall immer nur 1 bzw 100 % betragen).

(2) Mehrstufige Beteiligungsketten. Sind an der ZwischenGes weitere **21** Körperschaften, Personenvereinigungen oder Vermögensmassen beteiligt, ist bei der Prüfung des hypothetischen Entlastungsanspruchs des jeweiligen Beteiligten/ Begünstigten ebenfalls § 50d III zu berücksichtigen (BT-Drs 19/27632, 58; s auch *Schönfeld/Erdem* IStR 21, 189, 193 f: „verschachtelte Prüfung", nebst Beispiel). Kommt danach einer beteiligten/begünstigten Körperschaft etc kein hypothetischer Entlastungsanspruch nach § 50d III 1 Nr 1 zu, ist ein hypothetischer Entlastungsanspruch an dieser Körperschaft etc beteiligten oder durch sie begünstigten Personen nicht mehr zu berücksichtigen (kein „Durchgriff", s *Schönfeld/Erdem* IStR 21, 189, 194).

22 **(3) Maßgeblicher Anspruch.** Der Gesetzesbegründung zufolge muss es sich um einen Entlastungsanspruch nach *derselben* Anspruchsnorm handeln (s BT-Drs 19/27632, 58). Ein vergleichbarer Entlastungsanspruch, etwa nach einem anderen DBA oder aufgrund von § 43b, soll nicht genügen (s BT-Drs 19/27632, 58 f). – **Stellungnahme:** Fragl ist allerdings, ob diese Ansicht auch tatsächl Gesetz geworden ist. Unterschieden werden muss mE zw *Anspruch* und *Anspruchsgrundlage*. Grammatikalisch bezieht sich der Satzteil „dieser Anspruch" in § 50d III 1 Nr 1 auf den im Einleitungssatz bezeichneten „Anspruch auf Entlastung von der KapESt und vom StAbzug nach § 50a". Eine Bezugnahme auf die Anspruchsgrundlagen, aus denen sich ein solcher Entlastungsanspruch ergeben kann, findet sich im Wortlaut der Regelung nicht. Anspruchsgrundlagen sind aber auswechselbar, ohne dass dies notwendig den Anspruch als solchen berührt. Sinn und Zweck der Regelung ist zudem die **Vermeidung eines Missbrauchs**; verhindert werden soll die Inanspruchnahme einer Entlastung, die einem Beteiligten/Begünstigten an sich nicht zusteht (s Rz 16). Steht aber dem Beteiligten/Begünstigten die Entlastung von der KapESt oder vom StAbzug nach § 50a tatsächl zu, egal aufgrund welcher Regelung, geht der Vorwurf des Missbrauchs ins Leere. Der Betreffende erlangt gerade keinen steuerl Vorteil, der iSv Art 6 I ATAD „dem Ziel oder Zweck des geltenden StRechts" zuwiderliefe. Nach dem objektivierten Willen des § 50d III 1 Nr 1 genügt daher mE ein **vergleichbarer Entlastungsanspruch** (zweifelnd auch *Haase/Blank* Ubg 21, 78, 81; **aA** *Grotherr* DStR 21, 1321, 1323 ff; *Hörster* NWB 21, 1586, 1598; *BH/Wagner* § 50d Rz 64c; offen gelassen in *BeckOK EStG* § 50d Rz 151 ff). Dieser führt in der jeweils maßgebl Höhe zu einem (ggf anteiligen) Entlastungsanspruch der ZwischenGes. – Dementspr ist eine persönl Entlastungsberechtigung mE auch bei sog **Mäanderstrukturen** nicht von vornherein ausgeschlossen, also bei Beteiligung/Begünstigung einer im Inl ansässigen Person an der ausl ZwischenGes (**aA** *Grotherr* DStR 21, 1321, 1326; *ders* DStZ 21, 140, 142 ff).

Demnach wäre das Gesetz hier „klüger als der Gesetzgeber"; das ist weder ausgeschlossen noch ungewöhnl. Soweit in der Gesetzesbegründung zur Rechtfertigung der Verengung der Regelung auf einen Entlastungsanspruch nach *derselben* Anspruchsnorm auf die Ausführungen des EuGH (C-116/16, C-117/16 IStR 19, 266 Rz 107 ff – *T Danmark ua*) Bezug genommen wird (s BT-Drs 19/27632, 59: „zwingende Folge der Rspr des EuGH"), ist dies nicht nachvollziehbar; denn dem EuGH zufolge (aaO unter Rz 110) ist es gerade „durchaus denkbar", dass entspr Gestaltungen „**in keiner Weise rechtsmissbräuchl**" sind. Auch das Argument, die Zwischenschaltung widerspreche „offensichtl dem Ziel des Abkommens", die darin begründeten Vorteile nur den im jeweiligen Vertragsstaat Ansässigen zu gewähren (BT-Drs 19/27632, 58), ist mE nicht stichhaltig; denn Art 6 I ATAD stellt auf den „**Zweck des geltenden StRechts**" ab, nicht auf die Zwecke eines einzelnen DBA. Allein der Umstand, dass der Entlastungsanspruch des Beteiligten/Begünstigten auf einer anderen Anspruchsgrundlage beruht, rechtfertigt daher gerade nicht den Missbrauchsvorwurf (s insoweit auch die zutr Kritik von *Schönfeld/Erdem* IStR 21, 189, 191 f; *Schnitger/Gebhardt* IStR 21, 289, 291 f). – Folgt man dieser Ansicht, würde sich damit auch die ansonsten zentrale **Bedeutung des Motivtests (*Principal Purpose Test*)** gem § 50d III 2 (s Rz 26 ff) relativieren.

23 **cc) Sachliche Entlastungsberechtigung, § 50d III 1 Nr 2.** – (1) **Wesentlicher Zusammenhang.** Der Begriff „Einkunftsquelle" bezieht sich auf die Beteiligungen, Lizenzen oÄ, die den KapErträgen oder Vergütungen iSv § 50a zugrunde liegen. Diese Einkunftsquelle muss einen wesentl Zusammenhang mit der Wirtschaftstätigkeit *dieser* ZwischenGes aufweisen, also derjenigen, die den Entlastungsanspruch geltend macht. Das setzt zunächst voraus, dass die ZwischenGes die überhaupt eine **eigene operative Wirtschaftstätigkeit** konkret vorbereitet, ausübt oder ausgeübt hat (s BT-Drs 19/27632, 60: Zusammenhang mit früherer Wirtschaftstätigkeit kann genügen). Eine räuml Beschränkung sieht § 50d III 1 Nr 2 nicht vor (s auch *Schnitger/Gebhardt* IStR 21, 289, 293 f; *Schönfeld/Erdem* IStR 21, 189194 f: tätigkeitsspezifische Prüfung). – Hinsichtl dieser Wirtschaftstätigkeit muss der Einkunftsquelle eine **wesentl Funktion** zukommen. Aus § 50d III 1 Nr 2 HS 2 folgt, dass jedenfalls der Bezug und die Weiterleitung der Einkünfte keine Wirtschaftstätigkeit idS begründen (passive Beteiligungsverwaltung oder „Weiterleitungsgesellschaft", s auch EuGH C-116/16, C-117/16 IStR 19, 266 Rz 104 – *T Danmark ua*). Andererseits kann bei einer ZwischenGes, die in Form der **aktiven Beteiligungsverwaltung** als HoldingGes in geschäftsleitender Funktion die Geschicke ihrer TochterGes „planmäßig steuert", auch dann noch ein wesentl Zusammenhang mit der eigenen Wirtschaftstätigkeit bestehen, wenn die Einkünfte der ZwischenGes allein aus den Dividenden der TochterGes bestehen (s BT-Drs 19/27632, 60).

Der Gesetzesbegründung zufolge soll das jedenfalls dann gelten, wenn es um die Verwaltung mehrerer Beteiligungen geht; mE schließt das nicht aus, dass auch bei **Verwaltung nur einer Beteiligung** eine hinreichende Wirtschaftstätigkeit vorliegt (s zu § 50d III aF insoweit *Schmidt* 40. Aufl § 50d Rz 47 (2) mwN); gIA *Grotherr* GmbHR 21, 478, ausführl auch zur Abgrenzung zw aktiver und passiver Beteiligungsverwaltung; krit hinsichtl des kategorischen Ausschlusses einer passiven Beteiligungsverwaltung *Schnitger/Gebhardt* IStR 21, 289, 293 (unter Hinweis auf EuGH C-384/93 NJW 95, 2541 – *Alpine Investments*). – Die **Ausübung der wesentl Geschäftstätigkeit durch Dritte** ist nicht notwendig schädl (keine Übernahme von § 50d III 3 aF; gIA *Schnitger/Gebhardt* IStR 21, 289, 293 f); zur steuerl **Zurechnung unternehmerischer Tätigkeit** vgl auch BFH I R 61/09 BStBl II 11, 249 zu § 8 I Nr 3 AStG (Übertragung der Betriebsführung durch sog „Managementverträge"). – S iÜ zum Begriff der Wirtschaftstätigkeit *Grotherr* DStZ 21, 87 (94): Erbringung von Lieferungen und Leistungen, einschließl Dienstleistungen (zB Beratung).

(2) Angemessen eingerichteter Geschäftsbetrieb. Tätigkeiten, die mit einem bezogen auf den Geschäftszweck nicht angemessen eingerichteten Geschäftsbetrieb ausgeübt werden, bleiben insoweit unberücksichtigt. Maßgebl Kriterien werden insb das Vorhandensein ausreichender Geschäftsräume, die Anwesenheit von entspr ausgebildetem Personal (in ausreichender Stärke) und die Verfügbarkeit der nötigen technischen Kommunikationsmittel sein (vgl BFH I R 38/00 BStBl II 02, 819; s auch BFH I R 61/09 BStBl II 11, 249 zu § 8 I Nr 3 AStG: „personelle und sachl Mindestausstattung"; zur Berücksichtigung der Ausstattung einer weiteren KonzernGes in demselben Staat s FG Köln EFG 19, 1764, Rev I R 27/19).

dd) Quotaler Entlastungsausschluss. Da die Ausschlussgründe in § 50d III 1 Nr 1 und 2 mit „soweit" eingeleitet werden, muss die Entlastungsberechtigung in Bezug auf jeden (unmittelbar oder mittelbar, s Rz 21) Beteiligten/Begünstigten gesondert geprüft werden. Fällt das Ergebnis dieser Prüfung bei den einzelnen Beteiligten/Begünstigten unterschiedl aus, müssen Quoten anhand der Beteiligungs-/Begünstigungsverhältnisse gebildet werden (auch hier gilt: die Summe der Quoten kann nicht größer als 1 bzw 100% sein). Die Höhe des Entlastungsanspruchs der ZwischenGes ergibt sich aus der Summe der hypothetischen Entlastungsansprüche der Beteiligten/Begünstigten (s iEinz *Grotherr* DStZ 21, 140, 147 f, mit Beispiel).

c) Erhalt des Entlastungsanspruchs, § 50d III 2. – aa) Motivtest, § 50d III 2 Alt 1. Gem § 50d III 2 HS 1 bleibt der Entlastungsanspruch erhalten, soweit die ZwischenGes durch einen **umgekehrten** *Principal Purpose Test* nachweist, dass „*keiner* der Hauptzwecke ihrer Einschaltung die Erlangung eines steuerl Vorteils" ist.

(1) Negativbeweise. Da ein solcher Negativbeweis denknotwendig niemals lückenlos geführt werden kann (s zB BFH X B 160/18, X B 3-10/19 BFH/NV 20, 5 Rz 28), wird man hier mE wie folgt vorgehen müssen: Es ist zunächst Aufgabe der ZwischenGes, die außersteuerl Gründe für ihre Zwischenschaltung substantiiert darzulegen. Hat sie dies getan, muss das FA substantiiert darlegen, warum es entweder diese Gründe für nicht stichhaltig hält oder warum es der Auffassung ist, dass schädl (s Rz 29) steuerl Gründe überwiegen (s allg auch BFH IV R 2/12 BFH/NV 15, 1331 Rz 26 mwN).

Das ist wohl auch nach der **Gesetzesbegründung** so angelegt; denn es heißt dort, die sich aus § 50d III 1 ergebende Missbrauchsvermutung könne die ZwischenGes durch Nachweis

§ 50d 28–36 Anwendung von DBA

der Gründe für ihre Einschaltung widerlegen (s BT-Drs 19/27632, 60 aE). Dabei wird auch zu berücksichtigen sein, dass **Ermittlungen zum ausl Recht** dem FA (und ggf dem FG) obliegen (von Amts wegen, s BFH IV R 37/16 BFH/NV 18, 440 Rz 59); den StPfl trifft insoweit keine Darlegungs- oder Mitwirkungspflicht, insb auch nicht aus § 90 II AO (BFH I R 33/16 BFH/NV 20, 201; s auch § 4k Rz 8).

28 **(2) Außersteuerliche Zwecke.** Diese können rechtl, wirtschaftl, politischer oder religiöser Art sein (zB Standortvorteil, Tradition etc; s *BMF* BStBl I 12, 171 Tz 6 zu § 50d III aF). Zu berücksichtigen sind auch (entgegen § 50d III 2 aF) organisatorische, wirtschaftl oder sonst beachtl **Merkmale der Unternehmensgruppe**, zu der die ZwischenGes gehört, sowie Strukturen und Strategien dieser Gruppe (s BT-Drs 19/27632, 60, wegen EuGH C-440/17 DStR 18, 1479 Rz 57 – *GS*). Was der/die Hauptzweck/-e für die Zwischenschaltung einer ZwischenGes sind, kann nur im Wege einer umfassenden Würdigung sämtl rechtl und tatsächl Umstände des Einzelfalls ermittelt werden. Bei dieser Wertung wird man mE der ZwischenGes auch **unternehmerische Beurteilungsspielräume** zugestehen müssen.

29 **(3) Steuerliche Vorteile.** Schädl ist gem § 50d III 2 die Erlangung „*eines* steuerl Vorteils"; es geht demzufolge nicht allein um den Vorteil, der sich aus dem Entlastungsanspruch der ZwischenGes ergibt (krit *Grotherr* DStZ 21, 140, 145 f). Es wird auch nicht zw **inl und ausl steuerl Vorteilen** unterschieden (hinsichtl der Darlegungserfordernisse zum ausl Recht s Rz 27 aE). Allerdings darf mE nicht jeder steuerl Vorteil *per se* negativ gewichtet werden. Denn der ATAD (s Rz 16) zufolge, hat jeder StPfl das Recht, die „steuereffizienteste Struktur für seine geschäftl Angelegenheiten zu wählen" (s Erwägungsgrund (11) zur RL (EU) 2016/1164); daher sind nur solche steuerl Vorteile schädl, die dem „**Zweck des geltenden StRechts**" zuwiderlaufen (vgl Art 6 I ATAD; iErg ebenso für Beteiligungsaufstockung zur Erlangung einer abkommensrechtl Schachteldividende *Grotherr* DStR 21, 140, 146 f). Man wird also den sehr weit gefassten Wortlaut des § 50d III 2 im Wege der **RL-konformen Auslegung** (s § 4k Rz 6) teleologisch reduzieren und eine Wertung vornehmen müssen, um zw schädl und unschädl steuerl Vorteilen zu unterscheiden.

30 **(4) Quotale Betrachtung.** Auch § 50d III 2 Alt 1 wird mit „soweit" eingeleitet, so dass auch hier eine nur quotale Berücksichtigung mögl ist (zB: für den Erwerb einer Beteiligung werden außersteuerl Gründe nachgewiesen, nicht aber für ihre Aufstockung, vgl BT-Drs 19/27632, 60 aE).

31 **bb) Börsennotierte Gesellschaften, § 50d III 2 Alt 2.** Handelt es sich bei der ZwischenGes um eine börsennotierte Ges, ist § 50d III 2 nicht anwendbar, wenn mit der Hauptgattung ihrer Anteile an einer anerkannten Börse **wesentl und regelmäßig gehandelt** wird. Erfüllt eine der beteiligten/begünstigten Personen (s Rz 20) die Voraussetzungen des § 50d III 2 Alt 2, soll iRd der Prüfung einer hypothetischen Entlastungsberechtigung § 50d III keine Anwendung finden (s BT-Drs 19/27632, 61). – Für **Investmentgesellschaften** gilt keine Ausnahme mehr (anders als nach § 50d IIII 5 aF).

Hinsichtl des Begriffs „**anerkannte Börse**" verweist BStBl I 12, 171 Rz 9.1 auf den Begriff des „organisierten Marktes" iSv § 2V WpHG aF, jetzt: **§ 2 XI WpHG**.

32 **c) Allgemeine Missbrauchsklausel (§ 42 AO), § 50d III 3.** § 42 AO wird als allgemeine Missbrauchsklausel durch die spezielle Missbrauchsregelungen des § 50d III nicht verdrängt. Grund für diese Regelung sind die in den Vorlagebeschlüssen des FG Köln EFG 16, 1801, und FG Köln EFG 17, 51, geäußerten diesbezügl Zweifel (s BT-Drs 19/27632, 61).

36 **4. DBA-Kassenstaatsklauseln, § 50d VII.** Die Regelung enthält ein *Treaty Override* (BFH I R 17/18 BeckRS 2021, 45933 Rz 21 ff) in Form einer gesetzl verbindl Interpretation von DBA-Kassenstaatsklauseln iSd Art 19 OECD-MA (entspr § 49 I Nr 4 Buchst b) für privatrechtl organisierte, aus inl öffentl Kassen einer juristischen Person des öffentl Rechts finanzierte ArbVerh (zB Goethe-Institute, Auslandsschulen, s § 1 Rz 35, § 49 Rz 56; zur Bedeutung für § 1 II s FG Ddorf EFG 98, 1069, rkr). Für diese soll das dt Besteuerungsrecht erhalten bleiben, wenn zwar die Dienste nicht dem Kassenstaat oder der Gebietskörperschaft geleistet werden, aber die Vergütungen „ganz oder im Wesentlichen aus öffentl Mitteln" aufgebracht werden (gesetzl Fiktion, s *HHR* § 50d Rz 103); letzteres ist bei einem inl Finanzierungsanteil von 75 % der Fall (BFH I R 42/16 BStBl I 19, 671; krit *Danz/Reichenberger* ISR 19, 92; s aber jetzt § 49 I Nr 4 Buchst b HS 2). Die Regelung ist grds auch auf **später geschlossene DBA** anwendbar (BFH I R 17/18 BeckRS 2021, 45933 Rz 25; s auch Rz 38 mwN).

Die Änderung von § 49 I Nr 4 zur Inlandsbesteuerung und die Einfügung in § 50d VII (IV aF) zum StAbzug erfolgten als Reaktion auf abw BFH-Rspr (s *Schmidt* 23. Aufl § 49 Rz 56; *Bublitz* IStR 07, 77 – Entwicklungszusammenarbeit). Die betr Einkünfte sind im Rahmen des Kaufkraftausgleichs steuerbefreit (§ 3 Nr 64 S 2 idF StÄndG 2001).

5. Unilaterale Rückfallklausel, § 50d VIII. – a) Hintergrund; Bedeutung. 38
Die Regelung soll (seit VZ 2004) in Form eines unilateralen *Treaty Override* die einmalige Besteuerung für nach DBA stfreie Lohneinkünfte bei unbeschr StPfl sicherstellen (Verhinderung „weißer Einkünfte"). Dies ist **verfgemäß** (BVerfG 2 BvL 1/12 DStR 16, 359, abw Meinung *König* DStR 16, 372; BFH I R 66/09 BFH/NV 16, 1688: auch kein Verstoß gegen Art 3 I GG; weitere Nachweise s *Schmidt* 40. Aufl § 50d Rz 52). Durch die Regelungen eines **später erlassenen DBA** wird § 50d VIII nicht verdrängt (BFH I R 64/13 BStBl II 17, 1185 mwN: lex-posterior-Grundsatz kommt nicht zum Tragen; zust *Kempermann* ISR 2016, 361; *Mitschke* IStR 16, 773; diff *TK* § 2 AO Rz 6b).

aa) Sachlicher und persönlicher Anwendungsbereich. § 50d VIII hat einen 39
eng begrenzten Anwendungsbereich und gilt *nur* für **Einkünfte aus nichtselbständiger Arbeit** (wohl weil deren tatsächl Besteuerung besonders schwer nachzuvollziehen ist), *nur* für **DBA-Staaten** (für Nicht-DBA-Staaten gilt der Auslandstätigkeitserlass, vgl § 34c Rz 23 mwN) und *nur* für **unbeschr StPfl** (s auch BFH I R 90/08 BStBl II 10, 394 zu § 50d IX: keine Erstreckung auf § 1 III; BFH I B 139/11 BH/NV 16, 1453: abkommensrechtl Ansässigkeit wird nicht verlangt; zust *BMF* BStBl I 18, 643 Rz 46; krit *KS* § 50d Rz 35). **Ausnahme von § 50d VIII:** Stfreie Vergütungen von Ortskräften ausl Vertretungen im Inl (*OFD Rhl* IStR 07, 520). – Zur Anwendung s *BMF* BStBl I 18, 643 Rz 45 ff; zum LSt-Abzugsverfahren s Rz 42.

§ 50d VIII hatte nach ursprüngl hM **als speziellere Norm § 50d IX verdrängt;** dh, hat der StPfl den Nachweis gem § 50d VIII 1 erbracht, konnte eine Versagung der Freistellung nicht auf § 50d IX gestützt werden (BFH I R 27/11 DStR 12, 689, mwN; zu dem sich daraus ergebenden Wettbewerbsnachteil für dt Unternehmen s Anm *Sedemund/Hegner* IStR 12, 315). Dies ist durch § 50d IX 3 korrigiert worden (s Rz 54).

bb) Funktion der Regelung. Systematisch gehört die Regelung zu §§ 34c, 40
34d. Sie soll grds die einmalige Besteuerung sicherstellen, insb verhindern, dass der StPfl seine Einkünfte pflichtwidrig im anderen Staat nicht deklariert (vgl BFH I B 119/09 BFH/NV 10, 2055; s aber auch BFH I R 66/09 IStR 15, 627 Rz 6: nur „vorgetäuschtes" und „nicht stringent umgesetztes" Motiv des Gesetzgebers). Sie ist eine Reaktion des Gesetzgebers auf die unsichere Rechtslage, ob, in welchen DBA und in welchem Umfang die Inlandsbesteuerung davon abhängig ist, ob der ausl Staat tatsächl von seinem Besteuerungsrecht Gebrauch gemacht hat (**subject-to-tax-Klausel;** vgl etwa *OFD Ddorf* DB 05, 1598; *OFD Ffm* RIW 06, 719; *Vogel/Lehner* Art 1 Rz 135e ff mwN; offen BFH I R 127/95 BStBl II 98, 58; s auch Rz 55 zu § 50d IX). Die Einschränkung der DBA-Steuerfreiheit in Fällen ohne Rückfallklausel durch die Besteuerungsnachweispflicht hat der BFH gebilligt (vgl BFH I R 38/00 BStBl II 02, 819; oben Rz 6). Vgl auch die Ergänzungen zur Anrechnung von Auslandsteuer durch § 34c I 3, VI 3 idF StVergAbG (BGBl I 03, 660) ab 2003.

41 b) Voraussetzungen der Freistellung, § 50d VIII 1. Im Ausl erzielter ArbLohn von im Inl ansässigen und daher **unbeschr stpfl** ArbN ist unter bestimmten, je nach DBA unterschiedl Voraussetzungen im Inl stfrei und nur in den Progressionsvorbehalt einzubeziehen. Die Ermittlung erfolgt grds nach dt Recht (*BMF* BStBl I 05, 821). Gem § 50d VIII 1 wird eine Freistellung im Inl (seit 2004) unabhängig von DBA-Rückfallklauseln nur noch dann gewährt, wenn der StPfl entweder nachweist, dass er die auf die freigestellten Einkünfte entfallende Auslandsteuer **tatsächl gezahlt** hat oder dass der Staat, dem die Besteuerung nach DBA zusteht, effektiv auf sein Besteuerungsrecht **verzichtet** (s *Rüsch* ISR 19, 350, 354). Auf die Ausgestaltung der Besteuerung in dem anderen Staat kommt es nicht an (vgl FG Mster EFG 19, 958, rkr; s auch *BMF* BStBl I 18, 643 Rz 53 aE: PauschalSt). Der Nachweis, dass Steuern in einem *dritten* Staat gezahlt worden sind, genügt nicht; Festsetzungsverjährung im Tätigkeitsstaat ist kein Verzicht iSd § 50d VIII 1 (zu beidem s BFH I R 67/16 BFH/NV 19, 394 Rz 25: Tätigkeit als ArbN in Frankreich, Wohnsitz in der Schweiz vorgetäuscht; Anm *Hagemann* IStR 19, 387).

Beispiele: Erlass, ausl Steuerbefreiung, völkerrechtl Vertrag, auch genereller Verzicht auf die Erhebung von ESt; s auch BFH I R 54, 55/07 BFH/NV 08, 1487: **Nachweis** durch Vorlage einer belgischen StBescheinigung und eines Schrb des belgischen FM; FG Köln EFG 16, 1711, rkr: betragsmäßiger Nachweis erforderl, Nettolohnvereinbarung genügt nicht, krit Anm *Hagemann* IWB 17, 34; FG Bremen EFG 19, 1431, rkr: Bescheinigung einer Steuerberaterin genügt nicht – **aA** allerdings FG Mster EFG 20, 1084, rkr; FG BaWü EFG 11, 1629, rkr (zu Frankreich und Neukaledonien); s auch *BMF* BStBl I 05, 821 mit Sonderfällen, und *BMF* BStBl I 14, 1467 Tz 2.4: **Nachweis** durch Vorlage des ausl St-Bescheids mit ausl Zahlungsbelegen und ausl Gehaltsabrechnungen; *BMF* BStBl I 18, 643 Rz 53: ggf auch durch ArbGBescheinigung. – Zu **praktischen Schwierigkeiten,** entspr Nachweise zu erlangen, s FG Ddorf EFG 17, 1356 mwN, rkr: Plausibilitätsprüfung ersetzt nicht Nachweis. – Beträgt der nach dt Recht ermittelte ArbLohn **nicht mehr als 10 000 €** (pro VZ, nicht pro Staat), verzichtet die FinVerw auf Nachweise (s *BMF* BStBl I 18, 643 Rz 62; krit *Rüsch* ISR 19, 350).

Was ohnehin feststeht, muss dabei nicht gesondert nachgewiesen werden (BFH I R 27/11 DStR 12, 689 Rz 12; s auch FG Hbg EFG 17, 1176, Rev I R 30/17; im Prinzip auch BStBl I 18, 643 Rz 55). Nur **vorübergehender LSt-Einbehalt** schließt die Anwendung des § 50d VIII 1 nicht aus (BFH I R 86/13 BStBl II 15, 18 Rz 13). Zur Ermittlungspflicht des FG s BFH I R 27/13 BStBl II 15, 448.

42 c) Verfahren, § 50d VIII 2 und 3. § 50d VIII greift nur im **Veranlagungsverfahren** und beschneidet nicht die Steuerfreiheit im LStAbzugsverfahren bei Freistellungsnachweis (s *BMF* BStBl I 04, 173 Tz III.10; *BMF* BStBl I 17, 473 Rz 27). Erbringt der StPfl den Nachweis erst nach Bestandskraft der Inlandsveranlagung, ist diese Veranlagung zu ändern, um eine Doppelbesteuerung zu vermeiden (§ 50d VIII 2; eigenständige Korrekturvorschrift, s zutr *Rüsch* ISR 19, 350, 355). Dies hat zur Folge, dass die Festsetzungsfrist erst mit Ablauf des Kj beginnt, in dem der Nachweis erbracht wird (§ 50d VIII 3 iVm § 175 I 2 AO). Zur Verzinsung nach § 233a I, II s FG Sachs EFG 17, 712, rkr.

44 6. Ausschluss doppelter DBA-Steuerbefreiung, § 50d IX. – a) Hintergrund; Bedeutung. Die DBA-Freistellungsmethode soll eine Doppelbesteuerung verhindern. Die Einkünfte werden in einem Staat freigestellt, weil sie grds im anderen Staat besteuert werden. Entfällt die Besteuerung im anderen Staat, entfällt auch der Freistellungsgrund im ersten Staat (vgl Kommentar zum OECD-MA Tz 32.6 zu Art 23; s auch Rz 38 zu § 50d VIII). Gleichwohl ist die Einmalbesteuerung nicht in allen DBA sichergestellt und war ursprüngl nicht Voraussetzung für die Freistellung (vgl *Suchanek* IStR 07, 654). Diese Lücke soll § 50d IX vor allem für gezielte Doppelfreistellungen schließen (s Rz 57). StBefreiungen nach inl StRecht bleiben unberührt (zB § 3 Nr 40 EStG; § 8b I KStG).

45 aa) Persönlicher und sachlicher Anwendungsbereich. § 50d IX erfasst wie § 50d VIII nur unbeschr StPfl (BFH I R 90/08 BStBl II 10, 394: nicht bei § 1 III).

Sonderfälle (Ausschluss doppelter DBA-StBefreiung)   46–49   § 50d

– Betroffen sind Fälle der Nicht- oder Minderbesteuerung positiver wie negativer (s BFH I R 52/16 BStBl II 19, 105, Anm *Kahlenberg* ISR 19, 129) nach DBA im Inl stfreier Einkünfte aller Einkunftsarten und zwar für ESt, KSt (§ 8 I 1 KStG) und GewSt (§ 7 GewStG); Konkurrenz zu § 50d VIII s Rz 54. Im Ausl nicht abziehbare **Verluste** werden trotz Freistellung im Inl unabhängig von § 2a abziehbar, wohl nach § 50d IX 1 Nr 1 und Nr 2. Dagegen ist § 50d IX nicht anwendbar, wenn positive Einkünfte im anderen Staat nur wegen Verlustverrechnung nicht besteuert oder gar nicht erst erklärt werden (vgl BFH I B 119/09 BFH/NV 10, 2055; aber ggf § 50d VIII prüfen). Str war zunächst, ob Einkünfte einer im Ausl nur *teilweise* besteuerten Einkunftsart (nach DBA) unter § 50d IX fallen; allerdings ist § 50d IX mit Wirkung ab 1.1.2017 geändert worden (s Rz 52). Zu LSt-Abzugsverfahren s *BMF* BStBl I 17, 473 Rz 27: grds keine Anwendung.

bb) Zeitlicher Anwendungsbereich. Die Neuregelung gilt grds **ab 2007.** Allerdings sollte § 50d IX 1 Nr 1 auf alle noch nicht bestandskräftigen Steuerbescheide anzuwenden sein (§ 52 Abs 59a S 6 aF). Grund: Bei Qualifikationskonflikten sollte § 50d IX nur klarstellender Natur sein, weil Nr 1 nur Sinn und Zweck der DBA-Freistellungsmethode verdeutlicht (so BT-Drs 16/2712); mE fragl, da es sich um eine (wenn auch DBA-rechtl gerechtfertigte) nationale Neuregelung gehandelt hat.   46

cc) Verfassungsmäßigkeit. Der BFH hat die Regelung für **verfwidrig** gehalten (BFH I R 86/13 BStBl II 15, 18, BVerfG 2 BvL 21/14; s auch *Gosch* BFH/PR 15, 36; *Oellerich* ISR 15, 337; **aA** *Mitschke* FR 15, 94). Das BVerfG ist dem allerdings hinsichtl § 50d VIII nicht gefolgt (s Rz 38). Einen Verstoß gegen das Rückwirkungsverbot in Bezug auf § 50d IX 1 Nr 1 hat der BFH hingegen verneint (BFH I R 52/16 BStBl II 19, 105).   47

b) Switch-Over-Klausel, § 50d IX 1 und 4. DBA-Freistellungen werden nicht gewährt, wenn *eine* der in Nr 1–3 genannten Voraussetzungen vorliegt (s auch BFH I R 46/10 BStBl II 14, 764: unilateral angeordneter Wechsel von der Freistellungs- zur Anrechnungsmethode; vgl BT-Drs 16/2712, 61). Den StPfl treffen anders als nach § 50d VIII **keine Nachweispflichten** (Amtsermittlung der ausl Besteuerung durch die FinVerw unter Mitwirkungspflicht des StPfl nach **§ 90 II AO**; zur Reichweite s FG BBg EFG 18, 1993 rkr, mit Anm *Weinschütz*).   48

aa) Qualifikationskonflikte iwS, § 50d IX 1 Nr 1. Zum Begriff s *Vogel/ Lehner* Grundlagen Rz 96bff. Zur Nichtbesteuerung kann es kommen, wenn DBA-Staaten Einkünfte unterschiedl zuordnen oder DBA-Bestimmungen bzw Abkommensbegriffe nach nationalem Recht unterschiedl auslegen. Dann ist die Besteuerung im Inl trotz Freistellung unabhängig von Art 23 OECD-MA mögl (Switch-over von der Freistellung zur Anrechnung; s zu § 20 II, III AStG EuGH C-298/05 DStR 07, 2308 – *Columbus* mit Anm *Rainer* IStR 08, 63; *Thömmes* IWB F 11 A, 1169; *Cloer/Lavrelashvili* EWS 07, 221; zu Anrechnung bei Minderbesteuerung gem § 34c VI 5 s § 34c Rz 29).   49

Beispiele: Unterschiedl GesQualifikation (s § 15 Rz 173); unterschiedl Besteuerung von Anteilsveräußerungsgewinnen, Zinsen, Lizenzgebühren; unterschiedl Auslegung des Betriebsstättenbegriffs; Beurteilung von Unternehmenseinkünften als Einkünfte der Vermögensverwaltung. Das gilt für Nr 1 ausdrückl auch, soweit die Einkünfte im anderen Staat nur zu einem durch das DBA begrenzten Steuersatz besteuert werden.

Unschädl ist hingegen eine **Steuerfreistellung nach innerstaatl Recht** des anderen Staates, sofern sie beruht nicht auf der Anwendung von „Bestimmungen des Abkommens" (vgl BFH I R 61/17 DStRE 21, 1153 Rz 54 mwN: Verzicht auf das DBA-rechtl zugewiesene Besteuerungsrecht; BFH I R 6, 8/11 BStBl II 13, 111; BFH I R 46/10 BStBl II 14, 764 mwN). Unschädl ist ferner ein Vollzugsdefizit (FG Mster EFG 09, 1222, rkr; FG RhPf EFG 16, 1594 rkr). Zum **Vertrauensschutz** nach § 176 II AO s BFH I R 49/09 BStBl II 11, 482; Anm *Gosch*

§ 50d 50–52   Anwendung von DBA

BFH/PR 11, 206; zur Rückwirkung gem § 52 Abs 59a S 6 aF s FG Mster EFG 14, 2043.

50 bb) Ausfall mangels persönlicher Steuerpflicht, § 50d IX 1 Nr 2. Einkünfte können auch deshalb unbesteuert bleiben, weil sie im Inl nach DBA stfrei und im Ausl zwar grds stpfl sind (sonst allenfalls Nr 1), dort die Besteuerung aber an der fehlenden unbeschr StPfl scheitert (zB keine DBA-Ansässigkeit) und die Einkünfte bei beschr StPfl nicht erfasst werden. In solchen Fällen soll § 50d IX 1 Nr 2 bewirken, dass das Besteuerungsrecht an Deutschland zurückfällt (s auch BFH I B 109/13 DStR 14, 363 Rz 9; FG Hbg EFG 17, 1176, Rev I R 30/17: Einkünfte unterhalb des ausl Grundfreibetrags; FG Hbg EFG 19, 1366, Rev I R 28/19: Schiffspersonal eines in Zypern nicht registrierten Schiffs; krit Anm *Hagemann* IStR 19, 870). Zu Grenzgängerregelung mit Drittstaat s FG Mster EFG 18, 1663, Rev I R 30/18; *Kudert/Höppner* IWB 19, 185. – Die Einkünfte sind auch dann isV § 50d IX 1 Nr 2 „nicht stpfl", wenn sie zunächst dem StAbzug unterworfen werden, aber ein **Erstattungsanspruch** besteht, auch wenn die Erstattung antragsgebunden ist (BFH I R 86/13 BStBl II 15, 18: Abstellen auf die abstrakte StPfl, anders bei StAbzug mit abgeltender Wirkung); BFH I B 121/15 BFH/NV 16, 376: auch bei Erstattung in einem späteren VZ). Die sich hier ergebende temporäre (durch den StAbzug) oder ggf auch finale (bei nicht gestelltem Erstattungsantrag) doppelte Besteuerung hindert die Anwendung des § 50d IX 1 Nr 2 nicht (s auch BFH I R 27/11 DStR 12, 689; ebenso: *BMF* BStBl I 08, 988, und *BMF* BStBl I 14, 1467 Tz 2.4).

51 cc) Hybride Betriebsstätten; anzunehmende schuldrechtliche Beziehungen, § 50d IX 1 Nr 3. Die Regelung entspricht der Empfehlung 1.1 des OECD-Berichts zur Neutralisierung der Effekte sog **„hybrid branches"** (s BT-Drs 19/28652, 41; zu hybriden Gestaltungen s allg § 4k Rz 1). Darunter versteht man feste Geschäftseinrichtungen, die aus Sicht des Staates des Stammhauses als steuerl Betriebsstätte angesehen und von der Besteuerung freigestellt werden, während der Staat, in dem sich die feste Geschäftseinrichtung befindet, die Einrichtung nicht als steuerl Betriebsstätte betrachtet und die Einkünfte daher ebenfalls nicht besteuert (s *Kahlenberg* IStR 18, 93; *Köhler* ISR 18, 250, 259; *Kofler/Schnitger* BEPS-Handbuch Rz C.229 ff; *Schaumburg/Englisch* Europäisches Steuerrecht, 2. Aufl, Rz 17.83 ff; *Wassermeyer/Andresen/Ditz*, Betriebsstätten Handbuch, 2. Aufl, Rz 14.35). Für diesen Fall bestimmt § 50d IX 1 Nr 3 Alt 1, dass die Freistellung zu versagen ist, wenn Deutschland der Stammhausstaat ist. – Dasselbe gilt gem § 50d IX 1 Nr 3 Alt 2, wenn aufgrund einer **anzunehmenden schuldrechtl Beziehung** (vgl § 4k Rz 20) der Betriebsstättenstaat fiktive Aufwendungen annimmt, die die steuerl Bemessungsgrundlage mindern. – Die Regelung ist zum 1.7.21 in Kraft getreten.

52 cc) Einkunftsteile. Dass Einkünfte **nur teilweise besteuert** werden, genügte zunächst für die Anwendung der Regelung nicht (s *Schmidt* 39. Aufl § 50d Rz 57 mwN). Mit Wirkung **ab VZ 2017** ist § 50d IX 1 geändert worden; das „wenn" ist durch ein „soweit" ersetzt worden. Entspr der Auffassung des *BMF* schließt damit § 50d IX 1 künftig eine Anwendung der Freistellungsmethode auch dann aus, wenn die Einkünfte im anderen Staat nur **teilweise nicht oder nur gering besteuert** werden (vgl BT-Drs 18/9536, 56). In die gleiche Richtung zielt der neu eingefügte **§ 50d IX 4** für *abkommensrechtl* Einschränkungen der Freistellungsmethode in Form von Subject-to-tax- oder Switch-over-Klauseln, soweit diese an die Behandlung der Einkünfte in dem anderen Vertragsstaat anknüpfen (BT-Drs 18/9536, 57). Der Ausschluss der Freistellungsmethode gilt aber nur für die unbesteuerten Einkunftsteile, nicht für die betroffenen Einkünfte insgesamt. Was „Teile von Einkünften" sind, lässt die Regelung allerdings offen; die gesetzl Formulierung ist denkbar weit und erschwert die Anwendung der Regelung erhebl (zutr krit *Schnitger* IStR 16, 637: „exakte Nachvollziehung" der Einkünfteermittlung nach ausl Recht erforderl; s auch *Lüdicke* IStR-Beihefter 2013, 26, 38 f; *Bärsch/ Böhmer* DB 17, 567, 571). Die administrativen Vorteile des Freistellungsverfahrens gehen damit verloren.

c) Ausnahme für Dividenden, § 50d IX 2. S 1 Nr 2 bezieht sich nicht auf **53** Dividenden, die nach DBA (Schachtelprivileg) von der dt KSt/GewSt auszunehmen sind. Grund: Besteuerung auf Ebene der ausschüttenden Ges. Darunter fallen auch **vGA**. Hier bleibt die DBA-StBefreiung (und nicht nur die nach § 8b I KStG) grds erhalten. Ausnahme: § 50d IX 1 Nr 2 ist anwendbar, soweit Dividenden bei der Gewinnermittlung der ausschüttenden Ges abgezogen wurden (zB als BA abziehbare Vergütungen stiller Ges'ter); s auch § 8b I 3 KStG.

d) Verhältnis zu sonstigen Regelungen, § 50d IX 3. Entspr Rückfall- bzw **54** Subject-to-tax- oder Switch-over-Klauseln können sich aus DBA, aus § 50d VIII oder § 20 II AStG ergeben (Bezug von Zwischeneinkünften durch ausl DBA-Betriebsstätte). Diese – uU weitergehenden – Regelungen werden durch § 50d IX nicht in Frage gestellt. Daraus hat der BFH geschlossen, dass § 50d VIII in seinem Anwendungsbereich als speziellere und somit vorrangige Vorschrift **§ 50d IX verdrängt** (BFH I R 27/11 DStR 12, 689 Rz 13: unbeschr stpfl Pilot einer irischen Fluggesellschaft); soweit der BFH einen verbleibenden Anwendungsbereich für § 50d IX 1 Nr 2 für Fälle gesehen hat, in denen ein Besteuerungsverzicht des anderen Staates nur einen Teil der betr Einkünfte erfasst, ist das FG Köln (14 K 584/13) dem nicht gefolgt (offen gelassen in BFH I B 109/13 DStR 14, 363 Rz 11). – Vor diesem Hintergrund ist **§ 50d IX 3** mit dem **AmtshilfeRLUmsG** (BGBl I 13, 1809) neu gefasst worden mit dem Ziel, dass § 50d IX **neben** § 50d VIII und § 20 II AStG anwendbar bleibt (vgl BR-Drs 302/12, S 49 f zum JStG 2013). Dies ist mE trotz der umständl Formulierung, die sich an die Entscheidungsgründe des BFH (BFH I R 27/11 DStR 12, 689) anlehnt, letztl gelungen (so auch BFH I R 86/13 BStBl II 15, 18, mwN; glA *Schnitger* in: ifst-Schrift Nr 492, S 79; **aA** *HHR* § 50d Rz 124; *Hagena/Klein* ISR 13, 267/73); dh, soweit eine Freistellung nach den letztgenannten Vorschriften nicht ausgeschlossen wird, muss nunmehr ergänzend geprüft werden, ob ein Ausschluss nach § 50d IX greift (so auch bereits *BMF* BStBl I 08, 988, und *BMF* BStBl I 14, 1467 Tz 2.4, mit Beispiel). Die Änderung soll allerdings gem § 52 Abs 59a S 9 aF für als noch offenen Verfahren gelten. Dies ist ein Verstoß gegen das **Verbot der echten Rückwirkung** (so zutr BFH I R 86/13 BStBl II 15, 18 Rz 37 ff); der BFH hat hierzu das BVerfG angerufen (BVerfG 2 BvL 21/14; s auch BFH I R 68/13 DStR 15, 1966; FG Köln EFG 14, 204; **aA** FG BBg EFG 14, 1278, Anm *Weinschütz* IStR 14, 534, allerdings aufgehoben durch BFH I R 41/14 BFH/NV 16, 570). Zur geänderten Rechtslage in Irland/Großbritannien ab VZ 2011 s *BMF* BStBl I 12, 1248.

7. Sondervergütungen als Unternehmensgewinne, § 50d X
Verwaltungsanweisungen: BMF BStBl I 14, 1258 (DBA-Anwendung PersGes). *Schrifttum:* s *Schmidt* 35. Aufl § 50d Rz 60.

a) Hintergrund; Bedeutung. Es handelt sich um eine sog rechtsprechungs- **60** brechende Regelung (s iEinz auch *Brandenberg* DStZ 15, 393; *Kammeter* IStR 10, 35; *Schmidt* DStR 10, 2436); die in einer Art Wettlauf gegen die BFH-Rspr fortgeschrieben worden ist.

Dem BFH zufolge fallen Zinsen, die ein im Ausl ansässiger Ges'ter von einer inl PersGes erhält, abkommensrechtl grds nicht unter Art 7 OECD-MA, sondern unter Art 11 OECD-MA; die Zinsen mindern zwar den im Inl zu versteuernden Gewinn der Ges, dürfen jedoch als Einkünfte des ausl Ges'ters im Inl nicht besteuert werden (BFH I R 5/06 BStBl II 09, 356 mwN, s auch Anm *Gosch* BFH-PR 08, 237; zur entspr *Outbound*-Gestaltung s BFH II R 59/05 DStR 09, 758; *Chr. Schmidt* IStR 08, 290). Die gegenteilige Auffassung der Fin-Verw (*BMF* BStBl I 99, 1076 Tz 1.2.3) sollte mit § 50d X durch das **JStG 2009** (BGBl I 08, 2794) gesetzl festgeschrieben werden (s auch *BMF* BStBl I 10, 354 Tz 5.1). Im Schrifttum war aber str, ob der Gesetzgeber das angestrebte Ziel, Sondervergütungen als Unternehmensgewinne zu erfassen, erreicht hat (abl: *Boller ua* IStR 09, 109, 113; *Günkel/Lieber* Ubg 09,

§ 50d 61, 62   Anwendung von DBA

301/4; *Hils* DStR 09, 888; *Lohbeck/Wagner* DB 09, 423; *Meretzki* IStR 09, 217; *Müller* BB 09, 751 – bej: *Frotscher* IStR 09, 593, 595 f; *Mitschke* DB 10, 303). Der **BFH** hat dies zwischenzeitl verneint (BFH I R 74/09 BStBl II 14, 788: Fiktion greift zu kurz, s Rz 62).

Mit dem **Amtshilfe-UmsG** (BGBl I 13, 1809) hat der Gesetzgeber § 50d X neu gefasst und die Anwendung der Neuregelung in allen noch offenen Verfahren angeordnet (§ 52 Abs 59a S 10 aF). Soweit es damit zu einer echten Rückwirkung kommt, soll dies ausnahmsweise zulässig sein: Für den Zeitraum bis zum Ergehen von BFH I R 74/09 BStBl II 14, 788 habe angesichts der „klar zu Ausdruck gebrachten gesetzgeberischen Zielsetzung" zu § 50d X aF kein schutzwürdiges Vertrauen bestanden; und für die Zeiträume nach Ergehen des Urteils habe es an der erforderl gefestigten, langjährigen höchstrichterl Rspr gefehlt (so BR-Drs 139/13, S 148, unter Hinweis auf BT-Drs 16/11108, S 23; zust *Mitschke* FR 13, 694 [696]). Das trifft mE nicht zu; denn die BFH-Rspr zur abkommensrechtl Qualifikation grenzüberschreitenden Sonderbetriebseinnahmen reicht in sog *Outbound-Fällen* bis ins Jahr 1991 zurück (BFH I R 15/89 BStBl II 91, 444), die Übertragung dieser Rspr auf sog *Inbound-Fälle* immerhin bis ins Jahr 2007 (BFH I R 5/06 BStBl II 09, 356; s auch *Pinkernell* IStR 13, 47 [52]: „mittlerweile gefestigte Rspr-Grundsätze"; ebenso *Schmidt* DStR 13, 1704; *Kudert/Kahlenberg* IStR 13, 801, 802; *Micker* IWB 13, 6, 9; ferner FG Mster EFG 13, 1418; s auch *Schmidt* DStR 13, 1704; zweifelnd auch *Pohl* DB 13, 1572; HHR § 50d Anm 131). Dementspr hat auch der BFH einen **Verstoß gegen das Rückwirkungsverbot** bejaht (Vorlagebeschluss BFH I R 4/13 BStBl II 14, 791 Rz 49 ff, BVerfG 2 BvL 15/14; offen gelassen in BFH I R 49/14 BStBl II 17, 107; und BFH I R 92/12 DStR 17, 589). Außerdem ist der BFH der Auffassung, dass § 50d X in beiden Fassungen als abkommensverdrängendes *Treaty Override* völkerrechts- und verfwidrig ist und hat auch in Bezug auf diese Regelung (s bereits Rz 52 und 56) das BVerfG angerufen (BVerfG 2 BvL 15/14; dagegen **aA** offenbar der *FinA*, s BT-Drs 16/11108, 29; ferner *Mitschke* DB 10, 303, 305 und *ders* DStR 11, 2221). Allerdings hat das BVerfG die **verfrechtl Zulässigkeit des Treaty Override** bejaht (BVerfG 2 BvL 1/12 DStR 16, 359, s Rz 52). – Wegen der Rückwirkungsproblematik werden im Folgenden weiterhin beide Fassungen des § 50d X dargestellt.

61   **b) Bisherige Regelung, § 50d X 1, 2 aF. – aa) Anwendungsbereich. Persönl** fallen sowohl im Inl ansässige Ges'ter einer ausl PersGes als auch im Ausl ansässige Ges'ter einer inl PersGes unter § 50d X. – **Sachl** werden (grenzüberschreitende) Sondervergütungen iSd § 15 I 1 Nr 2 S 1 und Nr 3 erfasst, wenn auf diese ein DBA anzuwenden ist, das *keine* ausdrückl Bestimmungen zu Sondervergütungen enthält (solche Bestimmungen sind eher selten und finden sich zB im DBA Schweiz, Österreich und Singapur; s iEinz *Vogel/Lehner* Art 7 Rz 61; vgl auch *Pohl* DB 13, 1572 [1573] mit Fn 15). **Nachträgl Einkünfte** iSd § 15 I 2 iVm § 24 Nr 2 fielen bislang nicht unter die Regelung (BFH I R 106/09 BStBl II 14, 759, Ruhegelder als nachträgl Sondervergütung; ebenso BFH I R 5/11 IStR 12, 222: keine analoge Anwendung; krit Anm *Pohl* IStR 12, 225); für Sondervergütungen an (nur) mittelbar beteiligten MUer iSv § 15 I 1 Nr 2 S 2 galt dies wohl ebenso (vgl auch *Kirchhof* 12. Aufl, § 50d Rz 46). S aber § 50d X 4 Rz 63.

62   **bb) Rechtsfolge.** Sondervergütungen gelten (Fiktion) gem **§ 50d X 1 aF** im Hinblick auf das jeweilige DBA als Unternehmensgewinne und zwar **rückwirkend** in allen noch nicht bestandskräftigen Fällen (§ 52 Abs 59a S 8 aF; FG Mchn EFG 09, 1954, rkr: verfrechtl zulässige echte Rückwirkung, kein schutzwürdiges Vertrauen – mE zweifelhaft; offen gelassen in BFH I R 5/11 IStR 12, 222); die Subsidiaritätsklausel des Art 7 VII OECD MA soll damit verdrängt werden (latent ab BFH I R 74/09 BStBl II 14, 788 Rz 18: „Zirkelschluss"; s jetzt aber BFH I R 4/13 BStBl II 14, 791 Rz 22: „letztl formal-strikte Spitzfindigkeit"). Unberührt von der Fiktion bleibt jedenfalls die Frage der Betriebsordnung; diese richtet sich nach allg Verursachungs-/ Veranlassungskriterien (s BFH I R 74/09 BStBl II 14, 788 Rz 14 und 19: autonome Abkommensauslegung, wirtschaftl-tatsächl Zuordnung, Ansatz als Aktivposten; bestätigt durch BFH I R 4/13 BStBl II 14, 791 Rz 18; zust auch *Schmidt* DStR 10, 2436; *Häck* IStR 11, 71; *Wassermeyer* IStR 11, 85, 89; abl *Kammeter* IStR 11, 35; *Mitschke* FR 11, 182). Der BFH hat es bisher zutr abgelehnt, Lizenzzahlungen an eine ausl KapGes als Ges'ter der (Inlands-)Betriebsstätte der PersGes zuzuordnen. Im Falle einer natürl Person als Ges'ter wird man dies im Zweifel ebenso sehen müssen (vgl *Wassermeyer* IStR 10, 37, 40).

Sonderfälle (Sondervergütungen als Unternehmensgewinne) 63–65 § 50d

c) Neufassung durch das AmtshilfeRL-UmsG, § 50d X 1–7. – aa) An- 63 wendungsbereich. Auch die geänderte Regelung erfasst **persönl** sowohl im Inl ansässige Ges'ter einer ausl PersGes als auch im Ausl ansässige Ges'ter einer inl PersGes. – Der **sachl** Anwendungsbereich ist erweitert worden: **S 1** bezieht sich wie die bisherige Regelung auf grenzüberschreitende Sondervergütungen iSd § 15 I 1 Nr 2 S 1 und Nr 3 (S 1). **S 2** erstreckt den Anwendungsbereich auch auf durch das Sonder-BV veranlasste Erträge und Aufwendungen (s BFH I R 4/13 BStBl II 14, 791 Rz 26: zB Darlehensverbindlichkeit ggü Ges'ter); zu Veräußerungseinkünften s allerdings auch BFH I R 63/06 BStBl II 09, 414, mwN (wirtschaftl Zugehörigkeit). Zu Mitveranlassung s *Schmidt* DStR 13, 1704 (1706); zu Sonder-BV II s FG Ddorf IStR 15, 828, mit Anm *Kahlenberg,* und *Gebhardt* IStR 15, 808; zu Gestaltungen, die zu einem doppelten Abzug von Sonder-BA führen können, s *Lüdicke* StbJb 97/98, 449 (477), *Menck* StBp 97, 173, 177 und *M. Müller* IStR 05, 181. Gem **S 4** werden nun auch mittelbare Beteiligungen iSd § 15 I 1 Nr 2 S 2 (doppel-/mehrstöckige PersGes) sowie nachträgl Einkünfte iSd § 15 I 2 erfasst (Reaktion des Gesetzgebers auf BFH I R 106/09 BStBl II 14, 759, und BFH I R 5/11 IStR 12, 222). Zu § 50d I 10 is insoweit *Schmidt* DStR 13, 1704, 1707: Wertungswiderspruch. Nach **S 7 Nr 1** sind Sondervergütungen und Erträge/Aufwendungen von gewerbl geprägten PersGes vom Anwendungsbereich des § 50d X ausgeschlossen (zu Altfällen s den neu eingefügten § 50i). Einkünfte aus selbständiger Arbeit werden hingegen gem **S 7 Nr 2** ebenfalls von der Fiktion erfasst (s aber zu Problemen *Pohl* DB 13, 1572, 1577). – Ebenso wie die bisherige Regelung steht auch § 50d X unter dem Vorbehalt, dass das betr DBA **keine eigene Sonderregelung** zu Sondervergütungen enthält (s Rz 61; krit *Schnitger* ifst-Schrift Nr 492, S 81).

bb) Rechtsfolge. Die Sondervergütungen werden nach der **gesetzl Fiktion** 64 des § **50d X 1** für Zwecke des DBA in einen „**Teil des Unternehmensgewinns**" des betreffenden Ges'ters umqualifiziert (also Art 7 OECD-MA); welche Bedeutung dem zukommt, wenn ein DBA nur Regelungen zu „gewerblichen Gewinnen", nicht aber zu „Unternehmensgewinnen" enthält, hat der BFH ausdrückl offen gelassen (BFH I R 74/09 BStBl II 14, 788 Rz 17; dasselbe gilt für den Begriff „selbständige Arbeit" in S 7 Nr 2). Ergänzend knüpft § **50d X 3** an die Kritik des BFH (BFH I R 74/09 BStBl II 14, 788 Rz 19) zu der bisherigen Regelung an und ordnet sowohl die Vergütung (HS 1) als auch die Erträge und Aufwendungen des Sonder-BV (HS 2), wiederum im Wege einer gesetzl Fiktion, derjenigen **Betriebsstätte** zu, in welcher der entspr Aufwand (zB Zinsaufwand für ein Ges'ter-Darlehen) anfällt, also idR der Geschäftsleitungsbetriebsstätte; dies soll ohne Rücksicht auf die *abkommensrechtl* Betriebsstättenzurechnung erfolgen. – Damit erreicht die Regelung (jedenfalls) in der geänderten Fassung vom Grundsatz her den angestrebten Zweck, an ausl Ges'ter gezahlte Sondervergütungen im Inl als Unternehmensgewinne zu erfassen (s auch BFH I R 4/13 BStBl II 14, 791 Rz 21 ff).

cc) Steueranrechnung, § 50d X 5, 6. Aufgrund der gesetzl vorgesehenen 65 fiktiven Zuordnung werden die an den ausl Ges'ter einer inl PersGes gezahlten Sondervergütungen sowohl im Ausl (zB als Zinsen iSd Art 11 DBA-MA) als auch im Inl (als Unternehmensgewinne iSd Art 7 DBA-MA) besteuert. Gem § **50d X 5** ist die im Ausl „nachweislich" festgesetzte und gezahlte Steuer auf die dt Steuer anzurechnen; den Nachweis muss der StPfl führen (s aber BFH I R 4/13 BStBl II 14, 791 Rz 43: ändert nichts am Völkerrechtsverstoß). Der Wortlaut der Regelung entspricht im Wesentl § 34c I 1, enthält aber zB keine Verweisung auf § 34c I 2 (zu den mögl Folgen s *Schmidt* DStR 13, 1704, 1707 f; *BMF* BStBl I 14, 1258 Rz 5.1.3.1). Zur gebotenen, aber fehlenden Anrechnung auf die GewSt s *Schnitger* ifst-Schrift Nr 492, S 82 (mwN in Fn 169). – Die Funktion von § **50d X 6** ist nicht ganz klar, da im Falle von ausdrückl Regelungen für Sondervergütungen

Loschelder 2313

§ 50d 66–69   Anwendung von DBA

wegen des Vorbehalts in § 50d X 1 die gesamte Regelung ohnehin nicht anwendbar ist (s auch *Pohl* DB 13, 1572, 1576; **aA** *Salzmann* IWB 13, 405).

66   **d) Outbound-Fälle, § 50d X 8.** Im Fall von Sondervergütungen, die eine ausl PersGes an einen im Inl ansässigen Ges'ter zahlt, soll § 50d X 8 (wie S 2 aF) das Entstehen sog „weißer Einkünfte" (doppelte Nichtbesteuerung) verhindern. § 50d IX 1 Nr 1 bleibt in diesen Fällen neben § 50d X anwendbar mit der Folge, dass ggf die Freistellung versagt wird (s Rz 57).

67   **e) Gewerbesteuer; Zinsschranke.** Bei Ermittlung des Gewerbeertrags ist § 50d X entspr anzuwenden (§ 7 S 6 GewStG, ebenfalls rückwirkend: § 36 V 2 GewStG). Zinsschranke s *Boller ua* IStR 09, 109/13; *Lohbeck/Wagner* DB 09, 423.

68   **8. Ausschluss des DBA-Schachtelprivilegs, § 50d XI.** Eine weitere Reaktion des Gesetzgebers auf die Rspr des BFH ist der mit dem **GemFinRefG** (BGBl I 12, 1030) und mit Wirkung **ab VZ 2012** geschaffene § 50d XI. Der BFH hatte 2010 entschieden, dass es für die Anwendung des DBA-Schachtelprivilegs nach Art 20 DBA Frankreich allein auf die zivilrechtl Einordnung von KGaA als juristische Person ankommt, nicht auf die innergesellschaftl Organisationsstruktur bzw die wirtschaftl oder strechtl Zurechnung der Dividendenzahlung (BFH I R 62/09 DStR 10, 1712; zum Hintergrund s auch *Drüen/von Heek* DStR 12, 541, mwN; *Breuninger* JbFSt 2012/2013, S 361 ff, mwN). Zur abkommensrechtl Verankerung s *Lüdicke* DStR-Beih 13, 26 ff, 35. – **Zweck des § 50d XI** ist es, das abkommensrechtl Schachtelprivileg der unbeschr stpfl KapGes als Zahlungsempfängerin der Dividenden nur insoweit zukommen zu lassen, als ihr die Dividenden nach dt Steuerrecht auch tatsächl zuzurechnen sind; soweit die Dividenden hingegen natürl Personen zugerechnet werden, soll die Anwendung des Schachtelprivileg ausgeschlossen sein (BT-Drs 17/8867, S 13: Verhinderung von Steuerausfällen; krit *Kollruss/Weißert* IStR 20, 402; zur Einordnung der Regelung s auch *Lehner* IStR 12, 389, 396). Betroffen sind sog „hybride" (Misch-)Gesellschaftsformen wie die KGaA oder die GmbH & atypisch Still, in denen sich Elemente von PersGes und KapGes vereinen (zum Begriff: § 4i Rz 1; s auch *Rüsch* ISR 19, 419, 422 mwN). – Dass es sich um **im Inl ansässige StPfl** handeln muss, so von ihnen im Ausl ansässige Ges Dividendeneinkünfte erhalten, ist mit der Änderung von § 50d XI 1 durch das **AbzStEntlModG** (BGBl I 21, 1259) klargestellt worden (s BT-Drs 19/27632, 61). – Weitere Nachweise s *Schmidt* 39. Aufl § 50d Rz 68 aE.

69   **9. Hybride Gesellschaften, § 50d XIa.** Die Regelung wurde zunächst mit dem AhRLUmsG als § 50d I 11 eingefügt und durch das AbzStEntModG (BGBl I 21, 1259) inhaltl unverändert nach § 50d XIa übernommen. Sie enthält eine Ausnahmeregelung für **hybride Ges**, also für Rechtsgebilde, die nach dt und ausl StRecht jeweils unterschiedl als transparent oder intransparent behandelt werden (zu US-amerikanische „S-Corporation" s BFH I R 48/12 BStBl II 14, 367; ferner *Schnitger* in *EJGK* DBA Deutschland/USA Art 1 Rz 54 ff; zu DBA-NL: *Jochum* IStR 14, 1; *Eilers* ISR 12, 10, 14; zur fehlenden Berücksichtigung in der neuen Verhandlungsgrundlage des BMF für DBA s *Lüdicke* DStR-Beih 13, 26 ff, 43 f). Die Regelung soll verhindern, dass der Erstattungsanspruch aufgrund der unterschiedl Qualifikation des Vergütungsgläubigers ins Leere läuft (so BT-Drs 17/10 000, S 59, zum JStG 2013). Sie bestimmt für Zahlungen, die nach dem 30.6.13 erfolgen (§ 52 Abs 59a S 7 aF), dass der Erstattungsanspruch „nur" der Person zusteht, der die Zahlungen (KapErträge oder Vergütungen) nach dem **Recht des anderen Staates** „als Einkünfte oder Gewinn einer ansässigen Person zugerechnet" werden. Die Regelung geht von dem **Bestehen eines abkommensrechtl Erstattungsanspruchs** aus (s Rechtsfolge im Hauptsatz: „steht *der* Anspruch … zu"); sie begründet somit keinen eigenen, zusätzl Erstattungsanspruch, sondern bewirkt ledigl, dass ein bestehender Anspruch auf eine andere Person übergeht (s auch *Viebrock ua* Ubg 14, 765: nur verfahrensrechtl Wirkung). „Person" in diesem Sinne ist auch eine PersGes (nach dt Verständnis), wenn sie nach dem Recht des anderen Staates als intransparent behandelt wird. Der Erstattungsanspruch des an sich erstattungsberechtigten Ges'ters wird in diesem Fall ausgeschlossen; seine StSchuldnerschaft bleibt davon unberührt. Da die Regelung explizit nur für das Erstattungsverfahren gilt, nicht auch für das Freistellungsverfahren (s auch BT-Drs 17/10 000, S 72; tendenziell **aA** *Vierbrock ua* Ubg 13, 485, 492), kann der ausgeschlossene Ges'ter weiterhin einen Freistellungsantrag stellen (zutr allerdings die Kritik von *Schnitger* ifst-Schrift Nr 492, S 90: „Fußangel"). Vorausgesetzt wird eine **unterschiedl Qualifikation des Vergütungsgläubigers** durch die beteiligten Staaten; das „oder" im (ersten) Relativsatz des § 50d XIa ist mE *disjunktiv* (ausschließend, so zutr *Lüdicke* ifst-Schrift Nr 480, S 57); der Tatbestand ist somit nicht erfüllt, wenn Wohnsitz- *und* Ansässigkeitsstaat eine Ges einheitl als transparent bzw intransparent behandeln (ebenso *Schnitger* ifst-Schrift Nr 492, S 90; *Viebrock ua* Ubg 13, 485, 487; **aA**: *Hagena/Klein* ISR 13, 267/70: analoge Anwendung). Bei **Dreistaatensachverhalten** müssen daher die tatbestandl Voraussetzungen des § 50d XIa für jedes DBA gesondert geprüft werden, also „streng" bilateral; das kann uU zu einem Nebeneinander von Erstattungsansprüchen führen (so mE zutr *Schnitger* ifst-Schrift Nr 492, S 90 f; s zu dieser Problematik auch *Vierbrock ua* Ubg 13, 485, 489 f; *dies* Ubg 14, 765; allg auch *Schönfeld/Ditz* DBA, Art 1 Rz 64; ferner *BMF* BStBl I 14, 1258 Tz 2.1.2.).

10. Abfindungen, § 50d XII. – a) Bedeutung. Mit § 50d XII korrigiert der **70** StGesetzgeber ein weiteres Mal die höchstrichterl Rspr und schafft mit Wirkung **ab VZ 2017** (s auch FG Hess EFG 20, 1251, rkr: Zeitpunkt des Zuflusses; einschr für früher vereinbarte Abfindung: *Neyer* DStR 17, 1632) die gesetzl Grundlage dafür, dass Abfindungen für eine ehemals im Inl ausgeübte Tätigkeit auch in Deutschland als vormaligem Tätigkeitsstaat besteuert werden können (BT-Drs 18/10 506, 86: Erhalt des inl StSubstrats und Vermeidung der „vollständigen Nichtbesteuerung"). – Zum Hintergrund (Rechtslage bis VZ 2016) s *Schmidt* 39. Aufl § 50d Rz 70.

b) Zusätzliches Entgelt für frühere Tätigkeit. Im Wege der gesetzl Fiktion **71** und in Form eines *Treaty Override* werden Abfindungen, die *anlässl* der Beendigung eines DienstVerh gezahlt worden sind, nach **§ 50d XII 1** abkommensrechtl als „für frühere Tätigkeit geleistetes zusätzl Entgelt" behandelt (s auch Nr. 2.7 des Musterkommentars zu Art 15 OECD-MA 2014). Damit wird das Besteuerungsrecht dem (früheren) Tätigkeitsstaat zugewiesen (krit *Kraft/Muscheites* DStR 19, 544: im Inbound-Fall wegen Art 15 I OECD-MA idR nicht anwendbar). Bei Tätigkeit in mehreren Staaten ist die Abfindung entspr der jeweiligen **Tätigkeitsdauer** aufzuteilen (anderer Austeilungsmaßstab: FG Hess EFG 20, 1251, rkr, mit Anm *Wackerbeck*). Abfindungen, die aus anderem Anlass gezahlt werden (zB Wettbewerbsverbot oder Abfindungen mit Versorgungscharakter, s auch *BMF* BStBl I 14, 1467 Rz 180), fallen nicht unter die Regelung. In Zweifelfällen sollte eine (kostenfreie) **Anrufungsauskunft gem § 42e** eingeholt werden (s § 42e Rz 6). – Sind in dem einschlägigen DBA Sonderregelungen für Abfindungen anlässl der Beendigung eines DienstVerh enthalten, gehen diese gem **§ 50d XII 2** vor; § 50d XII 1 ist nicht anzuwenden. – Gem **§ 50d XII 3** bleiben § 50d IX 1 Nr 1 und RVO nach § 2 II 1 AO „unberührt", dh im Falle eines negative Qualifikationskonflikts (s Rz 49) muss geprüft werden, ob die tatbestandl Voraussetzungen des § 50d IX 1 Nr 1 bzw der RVO iVm § 2 II 1 AO erfüllt sind (krit *Mroz/Schade* IStR 19, 207 wmN). Trifft dies zu, so richtet sich die Rechtsfolge nach diesen Bestimmungen, nicht nach § 50d XII 1.

11. Dividendenkompensationszahlungen, § 50d XIII. Entgelte, die vor al- **72** lem bei Leerverkäufen als Ersatz für entgehende Dividendenerträge gezahlt werden (sog Kompensations- oder Ausgleichszahlungen, s § 20 Rz 70), unterliegen gem § 49 I Nr 5 Buchst a Doppelbuchst bb iVm § 20 I Nr 1 S 4 der beschr StPfl, wenn die Gesellschaft, die Aktien ausgegeben hat, Geschäftsleitung oder Sitz im Inland hat (Neuregelung durch „JStG 2019" mit Wirkung ab VZ 2020, s § 49 Rz 3). Diese Ausgleichszahlungen werden in Fällen des Erwerbs *mit* Dividendenberechtigung („cum"), aber Lieferung *ohne* Dividendenanspruch („ex") gem § 50d XIII für Zwecke der Anwendung von DBA den von dieser Gesellschaft gezahlten Dividenden gleichgestellt (Dividendenfiktion), unabhängig davon, wer die Ausgleichszahlung geleistet hat und wo der Zahlende seine Geschäftsleitung oder seinen Sitz hat. Ziel der Regelung ist es, die Besteuerung der Ausgleichszahlungen auch in DBA-Fällen sicherzustellen (s BT-Drs 19/14 909, 46 – wohl unabhängig von der Existenz und/oder dem Verständnis einer Regelung zur verbindl Dividendenqualifikation durch den Quellenstaat wie in Art 10 III OECD-MA; s dazu *Schönfeld/Ditz* DBA, 2. Aufl, Art 10 Rz 179; *Wassermeyer* Art 10 Rz 149; *Schaumburg* Rz 19.341).

74 **12. Entlastungsausschluss für Optionsgesellschaften (§ 1a KStG), § 50d XIV. – a) Hintergrund; Bedeutung.** Sog OptionsGes werden gem § 1a KStG im Wege der ertragsteuerl Fiktion als eigenständige StSubjekte der KSt unterworfen (s iEinz *Wacker/Krüger* ua DStR-Beih 21, 3). Sie sind damit nach dt Verständnis auch abkommensberechtigt (s *Brühl/Weiss* DStR 21, 1617, 1620; *Lüdicke/ Eiling* BB 21, 1439, 1440; *Haase* Ubg 21, 193, 196; ebenso: BMF BStBl I 21, 2212 Rz 54). Im Fall einer inl OptionsGes mit ausl Ges'tern, die aufgrund eines **Qualifikationskonflikts** (zum Begriff s *Vogel/Lehner* Grundlagen Rz 96b ff) im Ansässigkeitsstaat der Ges'ter weiterhin als transparent behandelt wird, besteht die Gefahr, dass Einkünfte der ausl Ges'ter weder der vollständig regulären Besteuerung unterliegen, noch vollständig unversteuert bleiben. Dies soll § 50d XIV im Wege eines *Treaty Override* verhindern (s BT-Drs 19/29843, 44).

75 **b) Entlastungsausschluss für Dividenden, § 50d XIV 1.** Für Ausschüttungen einer inl OptionsGes an ihre ausl Ges'ter sehen Art 10 II 1 Buchst a und b OECD-MA eine **Reduzierung des Quellensteuerabzugs** vor. Behandelt nun der Ansässigkeitsstaat eines ausl Ges'ters die OptionsGes weiterhin als transparent und verzichtet er daher selbst auf eine Besteuerung der Ausschüttung, weil nach seinem Verständnis die Besteuerung der Gewinne der OptionsGes nach dem Betriebsstättenprinzip (Art. 7 OECD-MA) Deutschland zusteht, unterläge die Ausschüttung letztl nur teilweise, iHd des verbleibenden Quellensteuerabzugs, der Besteuerung. Für diesen Fall schließt § 50d XIV 1 den abkommensrechtl Entlastungsanspruch des ausl Ges'ters aus (s *BMF* BStBl I 21, 2212 Rz 79: Entlastungsanspruch nach § 44a IX wird davon nicht berührt). – Die Regelung greift aber nur dann ein, wenn die Nichtbesteuerung auf einer „vom dt Recht abweichenden steuerl Behandlung" beruht. Dieses Tatbestandsmerkmal bezieht sich ausgehend vom Sinn und Zweck des § 50d Abs XIV 1 allein auf die **Behandlung der OptionsGes als „intransparent"** nach § 1a KStG (glA *Böhmer/Schewe* FR 22, 69, 74). Hat die Nichtbesteuerung im Ansässigkeitsstaat andere Gründe, ist der Tatbestand des § 50d XIV 1 EStG nicht erfüllt; es kommt nicht zum Entlastungsausschluss (s auch *Brühl/Weiss* DStR 21, 1617, 1620 f).

76 **c) Besteuerung von Veräußerungsgewinnen, § 50d XIV 2.** Gewinne aus der Veräußerung von Anteilen an einer inl KapGes können abkommensrechtl idR nur im Ansässigkeitsstaat des veräußernden Ges'ters besteuert werden (vgl Art 13 V OECD-MA; s *Wassermeyer* OECD-MA Art 13 Rz 135). Behandelt der Ansässigkeitsstaat des ausl Ges'ters die inl OptionsGes weiterhin als transparent, steht aus seiner Sicht das Besteuerungsrecht für eine Veräußerung des Ges'ter-Anteils dem Betriebsstättenstaat zu (Art 13 II OECD-MA), bei einer inl OptionsGes also Deutschland. Der Veräußerungsgewinn bliebe somit unversteuert. Um dies zu verhindern, wird mit § 50d XIV 2 die abkommensrechtl Rechtsfolge des Art. 13 V OECD-MA überschrieben und eine Versteuerung im Inland (§ 49 I Nr 2 Buchst e) angeordnet. – Auch diese Regelung greift nur dann ein, wenn die Nichtbesteuerung auf einer „vom dt Recht abweichenden steuerl Behandlung" beruht (s dazu Rz 75).

§ **50e*** Bußgeldvorschriften; Nichtverfolgung von Steuerstraftaten bei geringfügiger Beschäftigung in Privathaushalten

(1) Ordnungswidrig handelt, wer vorsätzlich oder leichtfertig entgegen § 45d Absatz 1 Satz 1, § 45d Absatz 3 Satz 1, der nach § 45e erlassenen Rechtsverordnung oder den unmittelbar geltenden Verträgen mit den in Artikel 17 der Richtlinie 2003/48/EG genannten Staaten und Gebieten eine Mitteilung nicht, nicht richtig, nicht vollständig oder nicht rechtzeitig abgibt.

[Fassung von Abs. 2 bis 5 ab 1.1.2025:]
(2) Ordnungswidrig handelt, wer vorsätzlich oder leichtfertig
1. entgegen § 45b Absatz 3 Satz 3 oder 4, jeweils auch in Verbindung mit Absatz 5 Satz 2, eine Bescheinigung erteilt,
2. entgegen § 45b Absatz 4 Satz 1 erster Halbsatz, Absatz 5 Satz 1 erster Halbsatz oder Absatz 6 Satz 1 oder 2, § 45c Absatz 1 Satz 1, auch in Verbindung mit Satz 2, oder § 45c Absatz 2 Satz 1, auch in Verbindung mit Satz 2, eine dort genannte Angabe oder dort genannte Daten nicht richtig oder nicht vollständig übermittelt oder
3. entgegen
   a) § 45b Absatz 7 Satz 1 eine Mitteilung nicht richtig oder nicht vollständig macht oder
   b) § 45b Absatz 7 Satz 2 eine schriftliche Versicherung nicht richtig oder nicht vollständig abgibt
und dadurch ermöglicht, Steuern zu verkürzen oder nicht gerechtfertigte Steuervorteile zu erlangen.

(3) In den Fällen des Absatzes 2 Nummer 2 kann die Ordnungswidrigkeit auch dann geahndet werden, wenn sie nicht im Geltungsbereich dieses Gesetzes begangen wird.

(4) Die Ordnungswidrigkeit kann in den Fällen des Absatzes 2 mit einer Geldbuße bis zu zwanzigtausend Euro, in den Fällen des Absatzes 1 mit einer Geldbuße bis zu fünftausend Euro geahndet werden.

(5) Verwaltungsbehörde im Sinne des § 36 Absatz 1 Nummer 1 des Gesetzes über Ordnungswidrigkeiten ist das Bundeszentralamt für Steuern.

[bis 3.12.2024: (2), ab 1.1.2025: (6)] [1] Liegen die Voraussetzungen des § 40a Absatz 2 vor, werden Steuerstraftaten (§§ 369 bis 376 der Abgabenordnung) als solche nicht verfolgt, wenn der Arbeitgeber in den Fällen des § 8a des Vierten Buches Sozialgesetzbuch entgegen § 41a Absatz 1 Nummer 1, auch in Verbindung mit Absatz 2 und 3 und § 51a, und § 40a Absatz 6 Satz 3 dieses Gesetzes in Verbindung mit § 28a Absatz 7 Satz 1 des Vierten Buches Sozialgesetzbuch für das Arbeitsentgelt die Lohnsteuer-Anmeldung und die Anmeldung der einheitlichen Pauschsteuer nicht oder nicht rechtzeitig durchführt und dadurch Steuern verkürzt oder für sich oder einen anderen nicht gerechtfertigte Steuervorteile erlangt. [2] Die Freistellung von der Verfolgung nach Satz 1 gilt auch für den Arbeitnehmer einer in Satz 1 genannten Beschäftigung, der die Finanzbehörde pflichtwidrig über steuerlich erhebliche Tatsachen aus dieser Beschäftigung in Unkenntnis lässt. [3] Die Bußgeldvorschriften der §§ 377 bis 384 der Abgabenordnung bleiben mit der Maßgabe anwendbar, dass § 378 der Abgabenordnung auch bei vorsätzlichem Handeln anwendbar ist.

---

1. Bußgeld bei Nichtbefolgung von §§ 45d und 45e. § 50e I iVm IV Alt 2 ahndet (wie bisher) eine unterlassene, unvollständige oder verspätete Mitteilung

---

* § 50e Ia aufgeh, II aF wird VI und II bis V eingef **ab 1.1.25** durch Gesetz v. 2.6.21 (BGBl. I S. 1259).

§ 50f 1 Bußgeldvorschriften

nach § 45d, der ZIV nach § 45e bzw der RL 2003/48/EG mit einer **Geldbuße von bis zu 5000 €**. Auf die Erläut zu § 45d, § 45e und BMF BStBl I 08, 320 und BMF BStBl I 13, 1182 wird verwiesen. Die die KapErträge auszahlenden Stellen sollen angehalten werden, die Freistellungsanträge aufzubewahren und die geforderten Mitteilungen nach § 45d, § 45e an das BZSt abzugeben. Betroffen werden idR die für die Geschäftsführung verantwortl Personen sein. Durch das JStG 2009 (BGBl I 08, 2794) ist die Regelung um den Verweis auf § 45d III 1 (Mitteilungspflichten inl Versicherungsvermittler) erweitert worden. Sachl zuständig für die Verfolgung der Steuerordnungswidrigkeiten nach 50e I ist gem § 50e V das *BZSt;* die FinVerw hatte dies auch bisher schon angenommen (sinngemäße Anwendung von § 36 I Nr 1 OWiG iVm § 409 S 1, § 387 I AO, s BT-Drs 18/1529, S 60).

2 **2. Erweiterte Informations- und Übermittlungspflichten gem §§ 45b und 45c.** Verstöße gegen die sich aus den neu eingefügten §§ 45b und 45c ergebenden erweiterten Informations- und Übermittlungspflichten (s § 45b Rz 1 und § 45c Rz 1) können mit einer **Geldbuße von bis zu 20 000 €** geahndet werden. Auch ausl Depotbanken und Zwischenverwaltungsstellen sind hiervon betroffen (§ 50e III iVm II Nr 2). Dies gilt erstmals für Daten und Mitteilungen, die **nach dem 31.12.24** nicht oder nicht vollständig übermittelt werden (§ 52 Abs 47c S 2).

3 **3. Nichtverfolgung von Steuerstraftaten bei geringfügiger Beschäftigung in Privathaushalten.** § 50e VI soll verhindern, dass die Strafbewehrung nach dem **SchwarzArbG** (BGBl I 04, 1842; dazu *Spatschek/Wulf/Fraedrich DStR* 05, 129) auf geringfügig Privathaushaltsbeschäftigte iSv § 8a SGB IV, für die eine Pauschalierung nach § 40a II mögl ist, durchschlägt (vgl auch § 35a Rz 5 ff). Das gilt für ArbG und ArbN. Die Bußgeldvorschriften der §§ 377–384 AO bleiben grds anwendbar.

§ 50f Bußgeldvorschriften

(1) Ordnungswidrig handelt, wer vorsätzlich oder leichtfertig entgegen § 22a Absatz 1 Satz 1 dort genannte Daten nicht, nicht vollständig oder nicht rechtzeitig übermittelt oder eine dort genannte Mitteilung nicht, nicht vollständig oder nicht rechtzeitig macht.

(2) Die Ordnungswidrigkeit kann mit einer Geldbuße bis zu fünfzigtausend Euro geahndet werden.

(3) Verwaltungsbehörde im Sinne des § 36 Absatz 1 Nummer 1 des Gesetzes über Ordnungswidrigkeiten ist die zentrale Stelle nach § 81.

1 **Bußgeldtatbestand.** Die Regelung (nunmehr idF des 2. DSAnpUG-EU, BGBl I 19, 1626) belegt ab dem VZ 2019 Mängel iZm der Übermittlung von Rentenbezugsmitteilungen mit einem Bußgeld. Tatbestandsmäßig sind die in Abs 1 genannten vorsätzl/leichtfertigen Handlungen in Bezug auf „Daten" und auf (Rentenbezugs-) „Mitteilungen" iSd § 22a I 1. **§ 50f II** sieht eine **Ermessensentscheidung** in Bezug auf das „Ob" und die Höhe des Bußgeldes vor; dabei sind das vorwerfbare Verhalten und der Grad der Mangelhaftigkeit der übermittelten Rentenbezugsmitteilungen zu berücksichtigen (s iEinz BFH X R 28/17 BStBl II 19, 430). **Zuständig** ist die **DRV Bund** (§ 81 iVm § 50f III). § 50f soll als Bußgeldtatbestand die mitteilungspflichtigen Stellen anhalten, die erforderl Daten/Mitteilungen gesetzeskonform an die *FinVerw* zu übermitteln (BT-Drs 19/4674, 298f). Er ist neben dem Verspätungsgeld gem § 22a V aber von Bedeutung, da die mitteilungspflichtigen Stellen bei Verstößen nicht vorsätzl/leichtfertig, sondern idR nur fahrlässig handeln; auch könnte die kumulative Ahndung desselben Verstoßes durch § 50f und ein Verspätungsgeld gegen das *„Doppelbestrafungsverbot"* verstoßen.

§ 50g Entlastung vom Steuerabzug bei Zahlungen von Zinsen und Lizenzgebühren zwischen verbundenen Unternehmen verschiedener Mitgliedstaaten der Europäischen Union

(1) [1]Auf Antrag werden die Kapitalertragsteuer für Zinsen und die Steuer auf Grund des § 50a für Lizenzgebühren, die von einem Unternehmen der Bundesrepublik Deutschland oder einer dort gelegenen Betriebsstätte eines Unternehmens eines anderen Mitgliedstaates der Europäischen Union als Schuldner an ein Unternehmen eines anderen Mitgliedstaates der Europäischen Union oder an eine in einem anderen Mitgliedstaat der Europäischen Union gelegene Betriebsstätte eines Unternehmens eines Mitgliedstaates der Europäischen Union als Gläubiger gezahlt werden, nicht erhoben. [2]Erfolgt die Besteuerung durch Veranlagung, werden die Zinsen und Lizenzgebühren bei der Ermittlung der Einkünfte nicht erfasst. [3]Voraussetzung für die Anwendung der Sätze 1 und 2 ist, dass der Gläubiger der Zinsen oder Lizenzgebühren ein mit dem Schuldner verbundenes Unternehmen oder dessen Betriebsstätte ist. [4]Die Sätze 1 bis 3 sind nicht anzuwenden, wenn die Zinsen oder Lizenzgebühren an eine Betriebsstätte eines Unternehmens eines Mitgliedstaates der Europäischen Union als Gläubiger gezahlt werden, die in einem Staat außerhalb der Europäischen Union oder im Inland gelegen ist und in der die Tätigkeit des Unternehmens ganz oder teilweise ausgeübt wird.

(2) Absatz 1 ist nicht anzuwenden auf die Zahlung von
1. Zinsen,
   a) die nach deutschem Recht als Gewinnausschüttung behandelt werden (§ 20 Absatz 1 Nummer 1 Satz 2) oder
   b) die auf Forderungen beruhen, die einen Anspruch auf Beteiligung am Gewinn des Schuldners begründen;
2. Zinsen oder Lizenzgebühren, die den Betrag übersteigen, den der Schuldner und der Gläubiger ohne besondere Beziehungen, die zwischen den beiden oder einem von ihnen und einem Dritten auf Grund von Absatz 3 Nummer 5 Buchstabe b bestehen, vereinbart hätten.

(3) Für die Anwendung der Absätze 1 und 2 gelten die folgenden Begriffsbestimmungen und Beschränkungen:
1. [1]Der Gläubiger muss der Nutzungsberechtigte sein. [2]Nutzungsberechtigter ist
   a) ein Unternehmen, wenn es die Einkünfte im Sinne von § 2 Absatz 1 erzielt;
   b) eine Betriebsstätte, wenn
      aa) die Forderung, das Recht oder der Gebrauch von Informationen, auf Grund derer/dessen Zahlungen von Zinsen oder Lizenzgebühren geleistet werden, tatsächlich zu der Betriebsstätte gehört und
      bb) die Zahlungen der Zinsen oder Lizenzgebühren Einkünfte darstellen, auf Grund derer die Gewinne der Betriebsstätte in dem Mitgliedstaat der Europäischen Union, in dem sie gelegen ist, zu einer der in Nummer 5 Satz 1 Buchstabe a Doppelbuchstabe cc genannten Steuer beziehungsweise im Fall Belgiens dem „impôt des non-résidents/belasting der nietverblijfhouders" beziehungsweise im Fall Spaniens dem „Impuesto sobre la Renta de no Residentes" oder zu einer mit diesen Steuern identischen oder weitgehend ähnlichen Steuer herangezogen werden, die nach dem jeweiligen Zeitpunkt des Inkrafttretens der Richtlinie 2003/49/EG des Rates vom 3. Juni 2003 über eine gemeinsame Steuerregelung für Zahlungen von Zinsen und Lizenzgebühren zwischen verbundenen Unternehmen verschiedener Mitgliedstaaten (ABl. L 157 vom 26.6.2003, S. 49), die zuletzt

§ 50g Steuerabzug bei Zinsen und Lizenzgebühren

durch die Richtlinie 2013/13/EU (ABl. L 141 vom 28.5.2013, S. 30) geändert worden ist, anstelle der bestehenden Steuern oder ergänzend zu ihnen eingeführt wird.

2. Eine Betriebsstätte gilt nur dann als Schuldner der Zinsen oder Lizenzgebühren, wenn die Zahlung bei der Ermittlung des Gewinns der Betriebsstätte eine steuerlich abzugsfähige Betriebsausgabe ist.

3. Gilt eine Betriebsstätte eines Unternehmens eines Mitgliedstaates der Europäischen Union als Schuldner oder Gläubiger von Zinsen oder Lizenzgebühren, so wird kein anderer Teil des Unternehmens als Schuldner oder Gläubiger der Zinsen oder Lizenzgebühren angesehen.

4. Im Sinne des Absatzes 1 sind
   a) „Zinsen" Einkünfte aus Forderungen jeder Art, auch wenn die Forderungen durch Pfandrechte an Grundstücken gesichert sind, insbesondere Einkünfte aus öffentlichen Anleihen und aus Obligationen einschließlich der damit verbundenen Aufgelder und der Gewinne aus Losanleihen; Zuschläge für verspätete Zahlung und die Rückzahlung von Kapital gelten nicht als Zinsen;
   b) „Lizenzgebühren" Vergütungen jeder Art, die für die Nutzung oder für das Recht auf Nutzung von Urheberrechten an literarischen, künstlerischen oder wissenschaftlichen Werken, einschließlich kinematografischer Filme und Software, von Patenten, Marken, Mustern oder Modellen, Plänen, geheimen Formeln oder Verfahren oder für die Mitteilung gewerblicher, kaufmännischer oder wissenschaftlicher Erfahrungen gezahlt werden; Zahlungen für die Nutzung oder das Recht auf Nutzung gewerblicher, kaufmännischer oder wissenschaftlicher Ausrüstungen gelten als Lizenzgebühren.

5. Die Ausdrücke „Unternehmen eines Mitgliedstaates der Europäischen Union", „verbundenes Unternehmen" und „Betriebsstätte" bedeuten:
   a) „Unternehmen eines Mitgliedstaates der Europäischen Union" jedes Unternehmen, das
      aa) eine der in Anlage 3 Nummer 1 zu diesem Gesetz aufgeführten Rechtsformen aufweist und
      bb) nach dem Steuerrecht eines Mitgliedstaates in diesem Mitgliedstaat ansässig ist und nicht nach einem zwischen dem betreffenden Staat und einem Staat außerhalb der Europäischen Union geschlossenen Abkommen zur Vermeidung der Doppelbesteuerung von Einkünften für steuerliche Zwecke als außerhalb der Gemeinschaft ansässig gilt und
      cc) einer der in Anlage 3 Nummer 2 zu diesem Gesetz aufgeführten Steuern unterliegt und nicht von ihr befreit ist. [2]Entsprechendes gilt für eine mit diesen Steuern identische oder weitgehend ähnliche Steuer, die nach dem jeweiligen Zeitpunkt des Inkrafttretens der Richtlinie 2003/49/EG des Rates vom 3. Juni 2003 (ABl. L 157 vom 26.6.2003, S. 49), zuletzt geändert durch die Richtlinie 2013/13/EU des Rates (ABl. L 141 vom 28.5.2013, S. 30) anstelle der bestehenden Steuern oder ergänzend zu ihnen eingeführt wird.
      [2]Ein Unternehmen ist im Sinne von Doppelbuchstabe bb in einem Mitgliedstaat der Europäischen Union ansässig, wenn es der unbeschränkten Steuerpflicht im Inland oder einer vergleichbaren Besteuerung in einem anderen Mitgliedstaat der Europäischen Union nach dessen Rechtsvorschriften unterliegt.
   b) „Verbundenes Unternehmen" jedes Unternehmen, das dadurch mit einem zweiten Unternehmen verbunden ist, dass
      aa) das erste Unternehmen unmittelbar mindestens zu 25 Prozent an dem Kapital des zweiten Unternehmens beteiligt ist oder

bb) das zweite Unternehmen unmittelbar mindestens zu 25 Prozent an dem Kapital des ersten Unternehmens beteiligt ist oder

cc) ein drittes Unternehmen unmittelbar mindestens zu 25 Prozent an dem Kapital des ersten Unternehmens und dem Kapital des zweiten Unternehmens beteiligt ist.

²Die Beteiligungen dürfen nur zwischen Unternehmen bestehen, die in einem Mitgliedstaat der Europäischen Union ansässig sind.

c) „Betriebsstätte" eine feste Geschäftseinrichtung in einem Mitgliedstaat der Europäischen Union, in der die Tätigkeit eines Unternehmens eines anderen Mitgliedstaates der Europäischen Union ganz oder teilweise ausgeübt wird.

(4) § 50d Absatz 3 gilt entsprechend.

(5) Entlastungen von der Kapitalertragsteuer für Zinsen und der Steuer auf Grund des § 50a nach einem Abkommen zur Vermeidung der Doppelbesteuerung, die weiter gehen als die nach Absatz 1 gewährten, werden durch Absatz 1 nicht eingeschränkt.

(6) ¹Ist im Fall des Absatzes 1 Satz 1 eines der Unternehmen ein Unternehmen der Schweizerischen Eidgenossenschaft oder ist eine in der Schweizerischen Eidgenossenschaft gelegene Betriebsstätte eines Unternehmens eines anderen Mitgliedstaats der Europäischen Union Gläubiger der Zinsen oder Lizenzgebühren, gelten die Absätze 1 bis 5 entsprechend mit der Maßgabe, dass die Schweizerische Eidgenossenschaft insoweit einem Mitgliedstaat der Europäischen Union gleichgestellt ist. ²Absatz 3 Nummer 5 Buchstabe a gilt entsprechend mit der Maßgabe, dass ein Unternehmen der Schweizerischen Eidgenossenschaft jedes Unternehmen ist, das

1. eine der folgenden Rechtsformen aufweist:
   – Aktiengesellschaft/société anonyme/società anonima;
   – Gesellschaft mit beschränkter Haftung/société à responsabilité limitée/società á responsabilità limitata;
   – Kommanditaktiengesellschaft/société en commandite par actions/società in accomandita per azioni, und
2. nach dem Steuerrecht der Schweizerischen Eidgenossenschaft dort ansässig ist und nicht nach einem zwischen der Schweizerischen Eidgenossenschaft und einem Staat außerhalb der Europäischen Union geschlossenen Abkommen zur Vermeidung der Doppelbesteuerung von Einkünften für steuerliche Zwecke als außerhalb der Gemeinschaft oder der Schweizerischen Eidgenossenschaft ansässig gilt, und
3. unbeschränkt der schweizerischen Körperschaftsteuer unterliegt, ohne von ihr befreit zu sein.

Anlage 3 (zu § 50g) *hier nicht abgedruckt;* s hierzu Beck'sche Textausgabe „Aktuelle Steuergesetze 2022".

1. Nichterhebung von Quellensteuern auf Zinsen und Lizenzeinnahmen, § 50g I. – a) Norminhalt. – *(1) Steuerbefreiungstatbestand.* § 50g regelt die Empfängerseite beschr stpfl Zinsen/Lizenzeinnahmen (s § 4j zum inl Lizenznehmer). Gem **Abs 1** sind nach den Vorgaben der im Gesetz genannten Richtlinien konzerninterne Zins- und Lizenzzahlungen iRd vom inl StAbzug gem § 43 I 1 Nr 7 *(Zinsen)* und gem § 50a I Nr 3 *(Lizenznahmen)* befreit, allerdings enthält Abs 3 Nr 4 eine normspezifische Legaldefinition dieser Einnahmen. Zu den unionsrechtl und DBA-Streitfragen iRd Art 11, 12 OECD-MA und zur Bedeutung des § 50g s *BeckOK EStG* § 50g Rz 3a, Rz 13–15, 91, Rz 103. – **Abs 3** enthält die für die Anwendung der Abs 1, 2 (Gläubiger, Nutzungsberechtigter, Schuldner, Zinsen, Lizenzgebühren, verbundene Unternehmen, Betriebsstätte)

Levedag

§ 50h 1, 2   Bestätigung für Zwecke der Entlastung von Quellensteuern

notwendigen Definitionen. – **Anlage 3/3a** listen diejenigen EU-Unternehmen/ Steuern auf, denen diese im Ansässigkeitsstaat unterliegen müssen. – **Abs 4** idF des AbzStEntModG (BGBl I 21, 1259) regelt Anforderungen an die persönl und sachl Erstattungsberechtigung. – **Abs 5** bestimmt, dass weitergehenden Entlastungen nach einem DBA Vorrang haben. – **Abs 6** dehnt die Befreiung auf Zins- und Lizenzzahlungen an schweiz Unternehmen und Betriebsstätten aus. – *(2)* **Verfahrensrecht.** Der StAbzug ist gem § 50c I 1 grds ungeachtet der StBefreiung in § 50g durchzuführen. Die StBefreiung ist entweder nachträgl im Wege der *Erstattung* (§ 50c III mit Verzinsung gem § 50c IV, vgl § 50c Rz 24) oder durch *Freistellung* iRd StAbzugs (§ 50d II, s § 50c Rz 10 ff) durchzusetzen. S auch § 50c V zur elektronischen Übermittlung und dessen S 2 zu den erforderl Ansässigkeitsbescheinigungen für Betriebsstätten.

2   **b) Befreiungsvoraussetzungen; Rechtsfolgen, § 50g I.** Erforderl ist ein Antrag des Gläubigers beim BZSt iRd Erstattungs- oder Freistellungsverfahrens gem § 50c (Rz 1). Er muss ein verbundenes Unternehmen des Schuldners oder dessen Betriebsstätte iSd Abs 3 sein (zu Rückausnahmen s § 50g I 4). Greift § 50g, ist die einbehaltene QuellenSt gem § 50c III, IV verzinsl zu erstatten oder hat der StAbzug aufgrund eines Freistellungsbescheids gem § 50c II 1 Nr 1 zu unterbleiben. IRe Veranlagung der beschr stPfl Empfängers werden die Zins-/Lizenz-Einkünfte nicht angesetzt (Abs 1 S 2).

3   **2. Ausnahmen, § 50g II.** Nicht stfrei gestellt werden *Zinsen,* die nach innerstaatl Verständnis als vGA zu qualifizieren sind (Abs 2 Nr 1 Buchst a), „gewinnabhängige" Zinsen (Abs 2 Nr 1 Buchst b) oder nicht fremdübl *Zinsen/Lizenzen* sind (Abs 2 Nr 2). S iEinz *BeckOK EStG* § 50g Rz 31 ff.

4   **3. Steuervermeidung; Missbrauch, § 50g IV.** § 50g IV verweist mit Wirkung ab 3.6.21. auf § 50d III idF des AbzStEntModG (BGBl I 21, 1259). Der Anteilseigner der die Zins- oder Lizenzzahlung beziehenden Empfänger-KapGes muss iRd persönl Erstattungsberechtigung bei einem hypothetischen Direktbezug selbst die Voraussetzungen des § 50g erfüllen (*Grotherr* DStR 21, 1321, 1322 f, 1325 mit Beispiel). Für die sachl Erstattungsberechtigung und den Gegenbeweis s § 50d Rz 15 ff.

§ 50h Bestätigung für Zwecke der Entlastung von Quellensteuern in einem anderen Mitgliedstaat der Europäischen Union oder der Schweizerischen Eidgenossenschaft

Auf Antrag hat das Finanzamt, das für die Besteuerung eines Unternehmens der Bundesrepublik Deutschland oder einer dort gelegenen Betriebsstätte eines Unternehmens eines anderen Mitgliedstaats der Europäischen Union im Sinne des § 50g Absatz 3 Nummer 5 oder eines Unternehmens der Schweizerischen Eidgenossenschaft im Sinne des § 50g Absatz 6 Satz 2 zuständig ist, für die Entlastung von der Quellensteuer dieses Staats auf Zinsen oder Lizenzgebühren im Sinne des § 50g zu bescheinigen, dass das empfangende Unternehmen steuerlich im Inland ansässig ist oder die Betriebsstätte im Inland gelegen ist.

1   **1. Zweck der Ansässigkeitsbescheinigung.** § 50h räumt inl *und* EU-/ schweiz Unternehmen mit einer inl Betriebsstätte einen gebundenen Anspruch (kein Ermessen) auf Erteilung einer Ansässigkeitsbescheinigung ein (s auch § 50c V 2 und § 50g Rz 1).

2   **2. Voraussetzungen.** Die Bescheinigung ist kein feststellender VA (s iEinz *BeckOK EStG* § 50h Rz 6–8); zum Verfahren *OFD NRW* IStR 20, 435.

§ 50i Besteuerung bestimmter Einkünfte und Anwendung von Doppelbesteuerungsabkommen

(1) ¹Sind Wirtschaftsgüter des Betriebsvermögens oder sind Anteile im Sinne des § 17

1. vor dem 29. Juni 2013 in das Betriebsvermögen einer Personengesellschaft im Sinne des § 15 Absatz 3 übertragen oder überführt worden,
2. ist eine Besteuerung der stillen Reserven im Zeitpunkt der Übertragung oder Überführung unterblieben, und
3. ist das Recht der Bundesrepublik Deutschland hinsichtlich der Besteuerung des Gewinns aus der Veräußerung oder Entnahme dieser Wirtschaftsgüter oder Anteile ungeachtet der Anwendung dieses Absatzes vor dem 1. Januar 2017 ausgeschlossen oder beschränkt worden,

so ist der Gewinn, den ein Steuerpflichtiger, der im Sinne eines Abkommens zur Vermeidung der Doppelbesteuerung im anderen Vertragsstaat ansässig ist, aus der späteren Veräußerung oder Entnahme dieser Wirtschaftsgüter oder Anteile erzielt, ungeachtet entgegenstehender Bestimmungen des Abkommens zur Vermeidung der Doppelbesteuerung zu versteuern. ²Als Übertragung oder Überführung von Anteilen im Sinne des § 17 in das Betriebsvermögen einer Personengesellschaft gilt auch die Gewährung neuer Anteile an eine Personengesellschaft, die bisher auch eine Tätigkeit im Sinne des § 15 Absatz 1 Satz 1 Nummer 1 ausgeübt hat oder gewerbliche Einkünfte im Sinne des § 15 Absatz 1 Satz 1 Nummer 2 bezogen hat, im Rahmen der Einbringung eines Betriebs oder Teilbetriebs oder eines Mitunternehmeranteils dieser Personengesellschaft in eine Körperschaft nach § 20 des Umwandlungssteuergesetzes, wenn

1. der Einbringungszeitpunkt vor dem 29. Juni 2013 liegt,
2. die Personengesellschaft nach der Einbringung als Personengesellschaft im Sinne des § 15 Absatz 3 fortbesteht und
3. das Recht der Bundesrepublik Deutschland hinsichtlich der Besteuerung des Gewinns aus der Veräußerung oder Entnahme der neuen Anteile ungeachtet der Anwendung dieses Absatzes bereits im Einbringungszeitpunkt ausgeschlossen oder beschränkt worden ist oder vor dem 1. Januar 2017 ausgeschlossen oder beschränkt worden ist.

³Auch die laufenden Einkünfte aus der Beteiligung an der Personengesellschaft, auf die die in Satz 1 genannten Wirtschaftsgüter oder Anteile übertragen oder überführt oder der im Sinne des Satzes 2 neue Anteile gewährt wurden, sind ungeachtet entgegenstehender Bestimmungen des Abkommens zur Vermeidung der Doppelbesteuerung zu versteuern. ⁴Die Sätze 1 und 3 gelten sinngemäß, wenn Wirtschaftsgüter vor dem 29. Juni 2013 Betriebsvermögen eines Einzelunternehmens oder einer Personengesellschaft geworden sind, die deswegen Einkünfte aus Gewerbebetrieb erzielen, weil der Steuerpflichtige sowohl im überlassenden Betrieb als auch im nutzenden Betrieb allein oder zusammen mit anderen Gesellschaftern einen einheitlichen geschäftlichen Betätigungswillen durchsetzen kann und dem nutzenden Betrieb eine wesentliche Betriebsgrundlage zur Nutzung überlässt.

(2) Bei Einbringung nach § 20 des Umwandlungssteuergesetzes sind die Wirtschaftsgüter und Anteile im Sinne des Absatzes 1 abweichend von § 20 Absatz 2 Satz 2 des Umwandlungssteuergesetzes stets mit dem gemeinen Wert anzusetzen, soweit das Recht der Bundesrepublik Deutschland hinsichtlich der Besteuerung des Gewinns der erhaltenen Anteile oder hinsichtlich der mit diesen im Zusammenhang stehenden Anteile im Sinne des § 22 Absatz 7 des Umwandlungssteuergesetzes ausgeschlossen oder beschränkt ist.

§ 50i 1, 2 Besteuerung bestimmter Einkünfte und DBA-Anwendung

ESt-Richtlinien: EStH 50i – *Verwaltungsanweisungen:* BMF BStBl I 17, 32 (Neufassung); BMF BStBl I 16, 7 (Anwendung des § 50i II – aufgehoben); BMF BStBl I 14, 1258 Rz 2.3.3 (Anwendung der DBA auf PersGes).

Übersicht

	Rz
1. Allgemeines	1–4
2. Persönlicher Anwendungsbereich	5
3. Veräußerung und Entnahme, § 50i I 1	6–8
4. Einbringung nach § 20 UmwStG, § 50i I 2	9
5. Laufende Einkünfte, § 50i I 3	10
6. Betriebsaufspaltung, § 50i I 4	11
7. Einbringung nach § 20 UmwStG, § 50i II	12

1 **1. Allgemeines. – a) Bedeutung; Hintergrund.** Mit § 50i hat der Gesetzgeber weitere Regelungen geschaffen, die ein *treaty override* enthalten (s Rz 3). Sie dienen vor allem der steuerl Erfassung von Veräußerungs- und Entnahmegewinnen sowie von lfd Einkünften aus der Beteiligung eines in einem anderen DBA-Staat ansässigen Ges'ters an einer gewerbl geprägten oder infizierten PersGes (zB GmbH & Co. KG), wenn **vor dem 29.6.13** (Tag der Gesetzesverkündung) WG des BV oder Anteile iSd § 17 in das BV der Ges eingelegt worden sind und wenn dadurch **bis einschließl 31.12.16** ein inl Besteuerungsrecht ausgeschlossen oder beschränkt worden ist. § 50i soll inl StSubstrat sichern und „Steuerausfälle in Mrd-Höhe" verhindern (BR-Drs 139/13, 142). Allerdings war, was die Auslegung und Anwendung der ursprüngl Regelungen anging, vieles unklar (zutr *Lüdicke* FR 15, 132; zu der durchaus unterschiedl Bewertung durch die BReg s BT Plenarprotokoll 18/73, 6967). Außerdem ging insb § 50i II aF weit über das hinaus, was fiskalisch notwendig gewesen wäre (s *Rödder* DB 15, 1422: existenzgefährdende Kollateralschäden). Zu dem Versuch, die „überschießende Wirkung" der Regelung zunächst durch ein BMF-Schreiben zu korrigieren, s *Schmidt* 35. Aufl § 50i Rz 16. Der Gesetzgeber hat erneut nachgebessert (s Rz 2); das genannte BMF-Schreiben ist aufgehoben worden (s BMF BStBl I 17, 32).

Zum **Hintergrund** s *Schmidt* 39. Aufl § 50i Rz 1 aE; ausführl auch *Kraft/Ungemach* DStR 20, 440, 453; *WRS* Rz 14.1 ff; *Prinz* DB 13, 1378; *Liekenbrock* IStR 13, 690; *Mitschke* FR 13, 694 (697 ff); *Kudert/Kahlenberg/Mroz* ISR 13, 365; *Thöben* IStR 13, 682.

2 **b) Rechtsentwicklung; zeitlicher Anwendungsbereich.** § 50i ist in seiner ursprüngl Form (jetzt § 50i I 1, 3 und 4) mit dem **AmtshilfeRLUmsG** (BGBl I 13, 1809) geschaffen worden. Durch das **Kroat-AnpG** (BGBl I 14, 1266) sind § 50i I 2 eingefügt und II 1–4 angefügt worden (zur Verhinderung von ausweichenden StGestaltungen, s BT-Drs 18/1995, 106 f). Mit BEPS-UmsG (BGBl I 16, 3000) sind sowohl § 50i I 1 und 2 als auch II neu gefasst worden. – Gem § 52 Abs 48 S 1 gelten § 50i I 1, 2 für alle Veräußerungen und Entnahmen von WG oder Anteilen, die **nach dem 29.6.13** erfolgen (einschr in Bezug auf § 50i I 2 *HHR* § 50i Rz 4). § 50i I 3 gilt für lfd Einkünfte in allen noch offenen Verfahren (§ 52 Abs 48 S 2; krit *HHR* § 50i Rz 4). § 50i I 4 erfasst Vorgänge, die sich nach dem 31.12.13 ereignen (§ 52 Abs 48 S 2). Der neu gefasste § 50i II ersetzt rückwirkend die bisherige Fassung und gilt für alle Einbringungen, bei denen Einbringungsverträge nach dem 31.12.13 geschlossen wurden (§ 52 Abs 48 S 4 nF – zugunsten des StPfl und damit verfrechtl unproblematisch). – In allen Fällen bezieht sich die **Neufassung** des § 50i nur (noch) auf Sachverhalte, bei denen ein Ausschluss oder eine Beschränkung des inl Besteuerungsrecht **vor dem 1.1.2017** eingetreten ist. Auf spätere Vorgänge ist § 50i nicht mehr anwendbar; die Besteuerung richtet sich dann nach allg Regeln (§§ 4 I 3; 16 IIIa EStG; § 12 I KStG; Wegfall des *„Entstrickungsschutzes"*, s *Liekenbrock* DStR 17, 177; s auch BT-Drs 18/9956, 6). Ergänzende Anpassung von § 6 III s § 6 Rz 524.

Problematisch bleibt die Gefahr der Doppelbesteuerung: Auch die geänderten Regelungen erfassen weiterhin stille Reserven, die erst nach dem Verlust des inl Besteuerungsrecht entstanden und damit in einem anderen Staat steuerl verhaftet sind (s Rz 7). Auch werden nach wie vor mit § 50i I 3 lfd Beteiligungseinkünfte erfasst (s Rz 10). Diesen Missstand hätte der Gesetzgeber gleich mit beseitigen sollen (s auch Stellungnahme der *BStBK* vom 14.10.2016; zur dort ebenfalls angesprochenen Problematik des Rückzugs ins Inl s Rz 8 und 10).

c) Verfassungsrecht; Europarecht. Ebenso wie bei § 50d VIII, IX und X bestanden auch in Bezug auf § 50i erhebl Zweifel an der Völkerrechts- und VerfMäßigkeit des **treaty override** (so *Prinz* DB 13, 1378, 1382; *Liekerbrock* IStR 13, 690, 697; **aA** *Mitschke* FR 13, 694/698); allerdings hat das BVerfG die verfrechtl Zulässigkeit grds bejaht (BVerfG 2 BvL 1/12 DStR 16, 359). Darüber hinaus wirft die steuerl Erfassung ursprüngl stfrei realisierbarer Wertzuwächse die Frage nach einem Verstoß gegen das **Rückwirkungsverbot** auf (s *FWBS* § 50i Rz 16 ff und 33 ff; einschr *HHR* § 50i Rz 4: nur bezügl der Erfassung lfd Einkünfte; glA *BH/Pohl* § 50i Rz 7; zu § 50i I 2 s Rz 9). Allerdings spricht einiges dafür, dass das Vertrauen der StPfl auf eine stfreie Realisierung von Wertzuwächsen im Hinblick auf die von ihnen gewählten Gestaltungen und die damit intendierten Rechtsfolgen (s Rz 1) **nicht schützenswert** ist (s auch *KS* § 50i Rz 4a). – Die geänderten Regelungen sind mE jedenfalls insoweit **nicht unionsrechtswidrig**, als sie eine an sich zulässige, aber unterlassene Besteuerung stiller Reserven nachholen (s Rz 1; **aA** *Müller* DB 17, 96 unter Berufung auf EuGH C-503/14 IStR 17, 69, mit Anm *Mitschke*). Zu unionsrechtl Zweifeln hinsichtl ursprüngl Regelung s *Schmidt* 35. Aufl § 50i Rz 3 mwN.

d) Verhältnis zu anderen Vorschriften. Zu § 4 I 3, § 16 IIIa EStG und § 12 KStG s Rz 6. Zu § 1 AStG und § 50d X EStG s *Prinz* DB 13, 1378, 1381 f („harmonisches Gesamtbild nicht erkennbar"). Ggü DBA-Vorschriften ist § 50i als *treaty override* vorrangig (zur Frage der VerfMäßigkeit s Rz 3).

2. Persönlicher Anwendungsbereich. § 50i gilt für (beschr und unbeschr) StPfl, die abkommensrechtl in einem anderen DBA-Staat ansässig (Art 4 OECD-MA) und Ges'ter einer PersGes iSd § 15 III (S 1–3) oder einer Besitz-PersGes iRe BetrAufsp sind (S 4). Es kann sich um **natürl Personen** oder (über § 8 I KStG) um **juristische Personen** handeln. Wann die abkommensrechtl Ansässigkeit in einem anderen DBA-Staat begründet wurde/wird bzw ob der Ges'ter überhaupt jemals im Inl ansässig gewesen ist, ist nach der ursprüngl Fassung unerhebl und ein „Wegzug" aus dem Inl ist nach wie vor *kein* Tatbestandsmerkmal der Regelung (was im Hinblick auf die erklärten Regelungsziele verwunderl war, so zutr *WRS* Rz 14.12 und 14.38). Allerdings geht mit der 2016 eingefügten sachl Beschränkung in § 50i I 1 Nr 3 und S 2 Nr 3 (Verlust des Besteuerungsrechts) eine persönl Beschränkung auf Wegzugfälle einher (s auch Rz 6). – Die **Regelung des § 50i II** ist zwar so formuliert, dass, geht man nur vom Wortlaut aus, sich keine entspr Einschränkung des persönl Anwendungsbereichs ergibt. Allerdings folgt mE sowohl aus dem systematischen Zusammenhang der beiden Absätze des § 50i als auch aus der Bezugnahme auf „WG und Anteile iSd Abs 1" sowie schließl aus dem Regelungszweck der Vorschrift (s Rz 1), dass sich § 50i I und II hinsichtl des persönl Anwendungsbereichs decken (so bisheriger Regelung auch *Bodden* DB 14, 2371, 2374; *WRS* Rz 14.56 f, auch zu den sich daraus ergebenden unionsrechtl und verfrechtl Problemen; *Rödder* DB 15, 1422, 1424; *HHR* § 50i Rz 27: insb keine Anwendung auf Rückzugsfälle; **aA** *BH/Nitzschke* § 20 UmwStG Rz 85b).

3. Veräußerung und Entnahme, § 50i I 1. – a) Keine Besteuerung stiller Reserven. § 50i I 1 setzt dreierlei voraus: – *(Nr 1)* WG des BV oder Anteile iSd § 17 (s § 17 Rz 12 ff) müssen **vor dem 29.6.13** in das BV (auch SBV) einer PersGes iSd § 15 III (gewerbl infiziert oder gewerbl geprägt, s § 15 Rz 185 ff, 211 ff) übertragen oder überführt worden sein. – *(Nr 2)* Im Zeitpunkt der Übertragung

(Rechtsträgerwechsel, ohne Rücksicht auf Entgeltlichkeit) bzw Überführung (kein Rechtsträgerwechsel) ist *keine* Besteuerung der stillen Reserven erfolgt (zur Folge einer Besteuerung stiller Reserven im Ausl s *WRS* Rz 14.12 Fn 34). – *(Nr 3)* Das Recht zur inl Besteuerung des Gewinns aus der Veräußerung/Entnahme der WG oder Anteile muss vor dem 1.1.17 ausgeschlossen oder beschränkt worden sein, wobei § 50i I insoweit unberücksichtigt bleibt. Alle drei Voraussetzungen müssen erfüllt sein (Verknüpfung mit „und"). – Ausschließl gewerbl tätige PersGes werden von der Regelung nicht erfasst. Bei Doppel-/Mehrstöckigen PersGes ist § 50i auf jeder Ebene gesondert zu prüfen (s ieinz *FWBS* § 50i Rz 64 ff; *WRS* Rz 14.25). Warum eine Besteuerung der stillen Reserven unterblieben ist, ist unerhebl; die Regelung stellt nur auf das Ergebnis ab. – Der FinVerw zufolge sollen auch alteinbringungsgeborene Anteile unter die Regelung fallen (so *BMF* BStBl I 14, 1258 Rz 2.3.3); dagegen mit guten Gründen *Liekenbrock* IStR 13, 690, 693: kein Anteil iSd § 17).

7   **b) Steuerliche Erfassung des Gewinns.** Im Falle einer **späteren Veräußerung oder Entnahme** des WG oder der Anteile (dh nach dem 29.6.13, s § 52 Abs 48 S 1; str, wie hier: *WRS* Rz 14.13) ist der daraus resultierende Gewinn im Inl zu versteuern; auf die Zuweisung des Besteuerungsrechts nach DBA kommt es nicht an *(treaty override;* aA *KS* § 50i Rz 10: fehlende „Doppelfiktion" bezüglich Betriebsstätte iSv Art 5 OECD-MA und Zuordnung zu dieser Betriebsstätte, wie bei § 50d X aF; s aber *WRS* Rz 14.43: § 50i suspendiert DBA-Anwendung schon dem Grunde nach, ggf Prüfung von § 12 AO). Für die Veräußerung eines MUeranteils wird dies wegen des Transparenzprinzips ebenfalls gelten *(BMF* BStBl I 14, 1258 Rz 2.3.3.3; *BH/Pohl* § 50i Rz 29; *Hruschka* IStR 14, 785, 787; einschr *Liekenbrock* IStR 13, 690, 696; **aA** *KS* § 50i Rz 14). – Der **Begriff „Gewinn"** ist im allg Sinne zu verstehen und umfasst auch Verluste (s § 4 Rz 2 aE und § 17 Rz 131; ebenso: *Pohl* IStR 13, 699, 701; *Prinz* DB 13, 1378, 1380; *WRS* Rz 14.48; iErg ebenso *HHR* § 50i Rz 17; **aA** *KS* § 50i Rz 22). – Stille Reserven, die uU erst **nach dem Wegzug** des Ges'ters entstehen, werden, da dem Gesetz insoweit keine Differenzierung zu entnehmen ist, in die Besteuerung einbezogen (zu Recht krit *Liekenbrock* IStR 13, 690, 697); dies gilt bedauerlicherweise auch noch nach der geänderten Fassung des § 50i I. Während es allerdings nach dem Wortlaut der ursprüngl Regelung nicht darauf ankam, ob für die Gewinne, die damit steuerl erfasst werden, überhaupt jemals ein **inl Besteuerungsrecht** bestanden hat (s *FWBS* § 50i EStG Rz 57; keine teleologische Reduktion, str, s *Schmidt* 35. Aufl Rz 7; ebenso: *KS* § 50i Rz 3; *WRS* Rz 14.12 und 14.38; **aA** – für eine einschr Auslegung – *Pohl* IStR 13, 699, 702; *Bron* DStR 14, 1849, 1852; *HHR* § 50i Anm 16; s auch *Töben* IStR 13, 682, 684), ist dieser Missstand mit § 50i I 1 Nr 3 behoben worden. – Zum **Verständigungsverfahren** bei Doppelbesteuerung s *BMF* BStBl I 14, 1258 Rz 2.3.3.6.

8   **c) Keine Anwendung des § 50i I 1.** Sind WG/Anteile nach dem 28.6.13 in das BV einer PersGes iSd § 15 III übertragen oder überführt worden, ist der Tatbestand des § 50i I 1 nicht erfüllt; in diesem Fall muss allerdings geprüft werden, ob allg Entstrickungsregeln (§ 4 I 3, 4; § 6 V 1 HS 2; § 12 KStG; § 6 AStG) zum Tragen kommen. Darüber hinaus ist § 50i I 1 auch dann nicht anwendbar, wenn die Veräußerung oder Entnahmen von WG oder Anteilen vor dem 30.6.13 erfolgt ist (§ 52 Abs 48 S 1, s Rz 2); in diesem Fall sind auch nach Auffassung der FinVerw die Rechtsgrundsätze der BFH-Rspr (BFH I R 81/09 BStBl II 14, 754) anzuwenden (s *BMF* BStBl I 14, 1258 Rz 2.3.3.7, auch zur Erfassung nach § 4 I 3, 4 bei noch nicht bestandskräftiger Veranlagung). Schließl ist § 50i I 1 nach der geänderten Fassung nicht anwendbar, wenn bzw soweit es zu keinem Verlust inl Besteuerungsrechte vor dem 1.1.2017 gekommen ist. Die letztgenannte Regelung bietet mE auch einen Ansatz für die Beantwortung der Frage, was passiert, wenn der StPfl vor einer Veräußerung oder Entnahme des WG bzw Anteils zurück ins Inl zieht;

denn mit dem Rückzug wird der inl Steuerzugriff wieder eröffnet (*actus contrarius* zu § 50i I 1 Nr 3 und S 2 Nr 3), sodass man den Anwendungsbereich der Vorschrift insoweit einschränken sollte.

4. Einbringung nach § 20 UmwStG, § 50i I 2. Im Wege einer **gesetzl Fiktion** werden Buchwerteinbringungen iSd § 20 UmwStG in die Regelung des S 1 mit einbezogen. Eine Einbringung nach § 20 UmwStG liegt mE auch in den Fällen der §§ 24, 25 UmwStG vor (str, s *Rödder/Kuhr/Heimig* Ubg 14, 477, 483 f; *Bron* DStR 14, 1849). Der Einbringungszeitpunkt muss vor dem 29.6.13 liegen und es muss sich um eine PersGes handeln, die zuvor zumindest „auch" eine originär gewerbl Tätigkeit iSd § 15 I 1 Nr 1 ausgeübt hat oder MUerin gewesen ist (§ 50i I 2 Nr 1 und 2). Als weitere Voraussetzung kommt hinzu, dass auch hier (s Rz 6) gem § 50i I 2 Nr 3 das Recht zur inl Besteuerung des Gewinns aus der Veräußerung oder Entnahme der neuen Anteile entweder bereits im Einbringungszeitpunkt oder zu einem späteren Zeitpunkt bis einschließl 31.12.16 ausgeschlossen oder beschränkt worden sein muss, wobei wiederum § 50i I insoweit unberücksichtigt bleibt. Rechtsfolge ist auch in diesem Fall die steuerl Erfassung stiller Reserven bei einer späteren Veräußerung (S 1); darüber hinaus sind auch die lfd Einkünfte zu versteuern (S 3). 9

Nach den Gesetzesmaterialien zur ursprüngl Fassung der Regelung sollte es sich lediglich um eine Klarstellung handeln (s BT-Drs 18/1995, 107 f); dagegen mit guten Gründen *FWBS* § 50i Rz 28 ff mwN und ebenso *Prinz* GmbHR 14, R 241 (unter Hinweis auf BVerfG 1 BvL 5/08, NJW 14, 1581).

5. Laufende Einkünfte, § 50i I 3. § 50i I 3 knüpft an den Tatbestand des S 1 an; die dort aufgeführten tatbestandl Voraussetzungen müssen also allesamt erfüllt sein. Die Regelung bestimmt als **weitere Rechtsfolge**, dass auch die lfd Einkünfte, die der nach abkommensrechtl Maßstäben in einem anderen DBA-Staat ansässige Ges'ter aus der gewerbl infizierten oder geprägten PersGes erzielt, im Inl versteuert werden müssen; auf die Zuweisung des Besteuerungsrechts nach DBA kommt es auch hier nicht an. Die Rechtsfolge „sind ... zu versteuern" bezieht sich nach wie vor **ohne Differenzierung** auf „die" lfd Einkünfte aus der Beteiligung; dh es erfolgt keine Beschränkung auf Einkünfte, die iZm dem übertragenen WG oder Anteil stehen (str, glA *WRS* Rz 14.50; *KS* § 50i Rz 15; **aA** – für eine teleologische Reduktion – *Pohl* IStR 14, 699, 702; *Korn* § 50i Rz 63; *Bodden* DStR 15, 150, 156; *HHR* § 50i Anm 21). Allerdings ist aufgrund des systematischen Zusammenhangs mit S 1 von einer **zeitl Begrenzung** dergestalt auszugehen, dass eine Besteuerung lfd Einkünfte nicht mehr in Betracht kommt, wenn die nach S 1 maßgebl WG oder Anteile dem BV der PersGes ausgeschieden sind oder die PersGes keine originär gewerbl Tätigkeit aufnimmt (so zutr *Liekenbrock* IStR 13, 690, 698; grds ebenso *BMF* BStBl I 14, 1258 Rz 2.3.3.5, einschr hinsichtl § 21 UmwStG). Das Gleiche gilt mE bei **Rückzug des StPfl** vor Veräußerung Entnahme der WG oder Anteile (der Rückzug kehrt den Tatbestand des § 50i I 1 Nr 3 um, s Rz 8). – Erfasst werden von S 3 alle noch **nicht bestandskräftigen** StFestsetzungen (§ 52 Abs 48 S 2; krit *HHR* § 50i Rz 4). 10

6. Betriebsaufspaltung, § 50i I 4. Die Regelung beschreibt erstmals gesetzl den Tatbestand einer BetrAufsp (s iEinz § 15 Rz 800 ff) und legt fest, dass S 1 und 3 in diesen Fällen entspr gelten, wenn WG vor dem 29.6.13 BV einer PersGes oder (ab VZ 2014, s § 52 Abs 48 S 3) eines Einzelunternehmers geworden sind. Das „gelten sinngemäß" setzt mE auch für S 4 voraus, dass im Zeitpunkt der Übertragung oder Überführung der WG eine **Besteuerung der stillen Reserven unterblieben** ist (ebenso: *Korn* § 50i Rz 68.3) und es muss es vor dem 1.1.2017 zu einem **Verlust des inl Besteuerungsrechts** gekommen sein muss (geänderte Fassung von § 50i I 1, s Rz 6); ferner muss auch die Betriebsaufspaltung vor dem 29.6.13 begründet worden sein. Es handelt sich also um eine **Rechtsgrundverweisung** (*HHR* § 50i Rz 26). – Rechtsfolge ist auch hier die steuerl Erfas- 11

§ 50j Versagung der Entlastung von Kapitalertragsteuern

sung eines Veräußerungs-/Entnahmegewinns im Wege des *treaty override*. Wegen der Verweisung auf S 3 werden in diesem Fall ebenfalls die **lfd Einkünfte** eines im Ausl ansässigen Ges'ters erfasst.

12   **7. Einbringung nach § 20 UmwStG, § 50i II.** Mit der geänderten Fassung des § 50i II ist die stark überschießende Wirkung der ursprüngl Regelungen (s *Schmidt* 35. Aufl § 50i Rz 12 ff mwN) beseitigt worden und zwar **rückwirkend** (s auch *BMF* BStBl I 17, 32) sowie hinsichtl der eigenen Anwendung **zeitl beschränkt** (s Rz 2). Tatbestand und Rechtsfolge sind auf den eigentl Sinn und Zweck der Bestimmung begrenzt worden, steuergestalterische Umgehungen des § 50i I über § 20 UmwStG auszuschließen (s BT-Drs 18/9956, 6). – Zum **persönl Anwendungsbereich** s Rz 5 (einschr *HHR* § 50i Rz 27: auf Rückzugsfälle nicht anwendbar; mE zutr, s Rz 8 aE). – In den **sachl Anwendungsbereich** der geänderten Regelung fallen Einbringungen iSv § 20 UmwStG (Einbringung von Betrieben, Teilbetrieben und MUeranteilen in eine KapGes oder eine Genossenschaft). Aus der Bezugnahme auf „WG und Anteile iSd Abs 1" folgt zum einen, dass es sich um einen Betrieb, Teilbetrieb oder MUeranteil handeln muss, in dem WG oder Anteile iSd § 50i I enthalten sind. Zum andern gilt damit auch § 50i II nF nur für solche Fälle, in denen zuvor das inl Besteuerungsrecht durch einen der in § 50i I 1 und 2 genannten Vorgänge ausgeschlossen oder beschränkt worden ist (s § 50i I 1 Nr 3 bzw S 2 Nr 3; s auch *Liekenbrock* DStR 17, 177, 181; unionsrechtl Bedenken: *Bärsch/Böhmer* DB 17, 567, 569). – Rechtsfolge ist der Ausschluss von § 20 II 2 UmwStG und damit der **Ansatz mit dem gemeinen Wert.** Diese Rechtsfolge bezieht sich anders als die vorherige Fassung des § 50i II nur noch auf „die WG und Anteile iSd Abs 1", also nicht mehr auf die eingebrachte Sachgesamtheit als solche (zum Streit um die frühere Regelung s *Schmidt* 35. Aufl § 50i Rz 12); und sie bezieht sich nur auf den im DBA-Ausl ansässigen Ges'ter (insoweit). IÜ gelten die allg Entstrickungsregelungen; zu § 6 III 1 nF s § 6 Rz 724. – Mit der Einbringung **endet die § 50i-Verhaftung** der betroffenen WG/Anteile, da nunmehr eine Besteuerung der darin enthaltenen stillen Reserven erfolgt ist (vgl *FWBS* § 50i Rz 173; *Korn* § 50i Rz 82). Das gilt mE auch für die Erfassung lfd Einkünfte nach § 50i I 3.

§ 50j Versagung der Entlastung von Kapitalertragsteuern in bestimmten Fällen

(1) ¹**Ein Gläubiger von Kapitalerträgen im Sinne des § 43 Absatz 1 Satz 1 Nummer 1a, die nach einem Abkommen zur Vermeidung der Doppelbesteuerung nicht oder nur nach einem Steuersatz unterhalb des Steuersatzes des § 43a Absatz 1 Satz 1 Nummer 1 besteuert werden, hat ungeachtet dieses Abkommens nur dann Anspruch auf völlige oder teilweise Entlastung nach § 50c Absatz 3, wenn er**

1. während der Mindesthaltedauer nach Absatz 2 hinsichtlich der diesen Kapitalerträgen zugrunde liegenden Anteile oder Genussscheine ununterbrochen wirtschaftlicher Eigentümer ist,
2. während der Mindesthaltedauer nach Absatz 2 ununterbrochen das Mindestwertänderungsrisiko nach Absatz 3 trägt und
3. nicht verpflichtet ist, die Kapitalerträge im Sinne des § 43 Absatz 1 Satz 1 Nummer 1a ganz oder überwiegend, unmittelbar oder mittelbar anderen Personen zu vergüten.

²Satz 1 gilt entsprechend für Anteile oder Genussscheine, die zu inländischen Kapitalerträgen im Sinne des § 43 Absatz 3 Satz 1 führen und einer Wertpapiersammelbank im Ausland zur Verwahrung anvertraut sind.

(2) ¹**Die Mindesthaltedauer umfasst 45 Tage und muss innerhalb eines Zeitraums von 45 Tagen vor und 45 Tagen nach der Fälligkeit der Kapitalerträge**

erreicht werden. ²Bei Anschaffungen und Veräußerungen ist zu unterstellen, dass die zuerst angeschafften Anteile oder Genussscheine zuerst veräußert wurden.

(3) ¹Der Gläubiger der Kapitalerträge muss unter Berücksichtigung von gegenläufigen Ansprüchen und Ansprüchen nahe stehender Personen das Risiko aus einem sinkenden Wert der Anteile oder Genussscheine im Umfang von mindestens 70 Prozent tragen (Mindestwertänderungsrisiko). ²Kein hinreichendes Mindestwertänderungsrisiko liegt insbesondere dann vor, wenn der Gläubiger der Kapitalerträge oder eine ihm nahe stehende Person Kurssicherungsgeschäfte abgeschlossen hat, die das Wertänderungsrisiko der Anteile oder Genussscheine unmittelbar oder mittelbar um mehr als 30 Prozent mindern.

(4) ¹Die Absätze 1 bis 3 sind nur anzuwenden, wenn
1. die Steuer auf die dem Antrag zu Grunde liegenden Kapitalerträge nach einem Abkommen zur Vermeidung der Doppelbesteuerung 15 Prozent des Bruttobetrags der Kapitalerträge im Sinne des § 43 Absatz 1 Satz 1 Nummer 1a und des Absatzes 1 Satz 2 unterschreitet und
2. es sich nicht um Kapitalerträge handelt, die einer beschränkt steuerpflichtigen Kapitalgesellschaft, die am Nennkapital einer unbeschränkt steuerpflichtigen Kapitalgesellschaft im Sinne des § 1 Absatz 1 Nummer 1 des Körperschaftsteuergesetzes zu mindestens einem Zehntel unmittelbar beteiligt ist und im Staat ihrer Ansässigkeit den Steuern vom Einkommen oder Gewinn unterliegt, ohne davon befreit zu sein, von der unbeschränkt steuerpflichtigen Kapitalgesellschaft zufließen.

²Die Absätze 1 bis 3 sind nicht anzuwenden, wenn der Gläubiger der Kapitalerträge im Sinne des § 43 Absatz 1 Satz 1 Nummer 1a und des Absatzes 1 Satz 2 bei Zufluss seit mindestens einem Jahr ununterbrochen wirtschaftlicher Eigentümer der Aktien oder Genussscheine ist; Absatz 2 Satz 2 gilt entsprechend.

(5) Bestimmungen eines Abkommens zur Vermeidung der Doppelbesteuerung, § 42 der Abgabenordnung und andere steuerliche Vorschriften bleiben unberührt, soweit sie jeweils die Entlastung in einem weitergehenden Umfang einschränken.

1. Anwendungsbereich. § 50j beschr die Erstattung inl QuellenSt gem § 50c III nF. Er soll Gestaltungen entgegenwirken, in denen sich ein im Inl oder Ausl ansässiger Empfänger einer aus Deutschland fließenden Dividende aus sammelverwahrten Aktien/Genussscheinen (§ 43 I 1 Nr 1a) den Ansatz eines niedrigeren DBA-QuellenStSatzes „verschaffen" will und hierzu die Anteile auf einen Zwischenerwerber überträgt, der gegen eine Vergütung auf Basis eines günstigeren DBA die Erstattung gem § 50c III nF beantragt („Vermittlung einer QuellenSt-Reduktion"; „Cum/Cum Treaty Shopping", vgl BT-Drs 18/8735, 90; *Höring* DStZ 16, 727, 732; § 36a Rz 2). 1

2. Zusätzliche Voraussetzungen für die Kapitalertragsteuerentlastung, § 50j I. – a) Voraussetzungen; Verfahren. – *(1)* **Betroffene Anteile/Ausschüttungen/gleichgestellte Bezüge,** § 43 I 1 Nr 1a. § 50j gilt für Ausschüttungen aus sammelverwahrten Anteilen/Genussscheinen und gleichgestellten Bezügen. S iEinz 36a Rz 3. – *(2)* **Zusätzliche Voraussetzungen iRd Erstattungsverfahrens; § 50j I 1.** S zu den Erstattungsvoraussetzungen aufgrund eines DBA gem § 50c III bei § 50c Rz 24ff (§ 50j ist für das Freistellungsverfahren gem § 50c III nF unbeachtl). – *S 1 Nr 1, Nr 2:* Der Gläubiger der KapErträge (Zwischenerwerber) muss während der Mindesthaltedauer gem Abs 2 nach innerstaatl Maßstäben ununterbrochen wirtschaftl Eigentümer der Anteile (s § 36a 2

§ 51 Ermächtigungen

Rz 4 mwN) sein; eine abkommensrechtl Stellung als Nutzungsberechtigter ist unbeachtl. Zudem muss er während dieses Zeitraums ununterbrochen das Mindestwertänderungsrisiko isd Abs 3 zu mindestens 70% tragen. – *S 3 Nr 3:* Ferner darf der Gläubiger nicht verpflichtet sein, die KapErträge isd Nr 3 einer anderen Person zu vergüten oder an diese weiterzuleiten (vgl § 36a Rz 4). – *(3)* **Weitere Voraussetzungen, § 50j IV 1.** Der laut DBA des Sitzstaats des Zwischenerwerbers anzuwendende QuellenSt-Satz muss < 26,375% (Abs 1 S 1) und < 15% der *Brutto-KapErträge* sein (IV 1 Nr 1). Gem Abs 4 S 1 Nr 2 darf der Zwischenerwerber keine beschr stpfl KapGes sein, die zu mindestens 10% an einer ausschüttenden unbeschr stpfl KapGes isd § 1 I Nr 1 KStG beteiligt und in ihrem Ansässigkeitsstaat stpfl ist. – *(4)* **Verfahren.** Die Voraussetzungen sind im Antragsverfahren gem § 50c III beim BZSt nachzuweisen (s iEinz *BeckOK EStG* § 50j Rz 217 ff).

3 **b) Rechtsfolgen.** Greift § 50j, ist die Erstattung der QuellenSt nach § 50c III vollständig (auch iHd des Anspruchs laut DBA) ausgeschlossen. Erstattungen gem § 43b, § 44 IX können ohne die Voraussetzungen des § 50j beantragt werden. S iEinz *BeckOK EStG* § 50j Rz 174, 185 ff.

4 **3. Mindesthaltedauer; Mindesthaltezeitraum, § 50j II; Mindestwertänderungsrisiko, § 50j III.** S § 36a Rz 4, 7, 8.

5 **4. Ausnahmen, § 50j IV 2.** Abs 4 S 2 HS 1 enthält Ausnahmen zu § 50j I–III, die denen des § 36a V nachgebildet sind. Der geänderte Verweis auf Abs 1 S 2 (AbzStEntModG, BGBl I 21, 1259) beseitigt einen Fehlverweis (BT-Drs. 19/27632, 62). S auch bei § 36a Rz 7.

6 **5. Konkurrenzen.** Gem Abs 5 sind neben § 50j weitergehende DBA-Missbrauchsregelungen anwendbar. Gleiches gilt für andere steuerl Vorschriften wie § 50d III nF und § 42 AO. S zu § 42 AO bei § 36a Rz 13.

§ 51 Ermächtigungen

(1) **Die Bundesregierung wird ermächtigt, mit Zustimmung des Bundesrates**

1. zur Durchführung dieses Gesetzes Rechtsverordnungen zu erlassen, soweit dies zur Wahrung der Gleichmäßigkeit bei der Besteuerung, zur Beseitigung von Unbilligkeiten in Härtefällen, zur Steuerfreistellung des Existenzminimums oder zur Vereinfachung des Besteuerungsverfahrens erforderlich ist, und zwar:
   a) über die Abgrenzung der Steuerpflicht, die Beschränkung der Steuererklärungspflicht auf die Fälle, in denen eine Veranlagung in Betracht kommt, über die den Einkommensteuererklärungen beizufügenden Unterlagen und über die Beistandspflichten Dritter;
   b) über die Ermittlung der Einkünfte und die Feststellung des Einkommens einschließlich der abzugsfähigen Beträge;
   c) über die Höhe von besonderen Betriebsausgaben-Pauschbeträgen für Gruppen von Betrieben, bei denen hinsichtlich der Besteuerungsgrundlagen annähernd gleiche Verhältnisse vorliegen, wenn der Steuerpflichtige Einkünfte aus Gewerbebetrieb (§ 15) oder selbständiger Arbeit (§ 18) erzielt, in Höhe eines Hundertsatzes der Umsätze im Sinne des § 1 Absatz 1 Nummer 1 des Umsatzsteuergesetzes; Umsätze aus der Veräußerung von Wirtschaftsgütern des Anlagevermögens sind nicht zu berücksichtigen. ²Einen besonderen Betriebsausgaben-Pauschbetrag dürfen nur Steuerpflichtige in Anspruch nehmen, die ihren Gewinn im Wege der Einnahme-Überschussrechnung nach § 4 Absatz 3 ermitteln. ³Bei der Festlegung der Höhe des besonderen Betriebsausgaben-Pauschbetrags ist der Zuordnung der Betriebe entsprechend der Klassifikation

Ermächtigungen § 51

der Wirtschaftszweige, Fassung für Steuerstatistiken, Rechnung zu tragen. ⁴Bei der Ermittlung der besonderen Betriebsausgaben-Pauschbeträge sind alle Betriebsausgaben mit Ausnahme der an das Finanzamt gezahlten Umsatzsteuer zu berücksichtigen. ⁵Bei der Veräußerung oder Entnahme von Wirtschaftsgütern des Anlagevermögens sind die Anschaffungs- oder Herstellungskosten, vermindert um die Absetzungen für Abnutzung nach § 7 Absatz 1 oder 4 sowie die Veräußerungskosten neben dem besonderen Betriebsausgaben-Pauschbetrag abzugsfähig. ⁶Der Steuerpflichtige kann im folgenden Veranlagungszeitraum zur Ermittlung der tatsächlichen Betriebsausgaben übergehen. ⁷Wechselt der Steuerpflichtige zur Ermittlung der tatsächlichen Betriebsausgaben, sind die abnutzbaren Wirtschaftsgüter des Anlagevermögens mit ihren Anschaffungs- oder Herstellungskosten, vermindert um die Absetzungen für Abnutzung nach § 7 Absatz 1 oder 4, in ein laufend zu führendes Verzeichnis aufzunehmen. ⁸§ 4 Absatz 3 Satz 5 bleibt unberührt. ⁹Nach dem Wechsel zur Ermittlung der tatsächlichen Betriebsausgaben ist eine erneute Inanspruchnahme des besonderen Betriebsausgaben-Pauschbetrags erst nach Ablauf der folgenden vier Veranlagungszeiträume zulässig; die §§ 140 und 141 der Abgabenordnung bleiben unberührt;
d) über die Veranlagung, die Anwendung der Tarifvorschriften und die Regelung der Steuerentrichtung einschließlich der Steuerabzüge;
e) über die Besteuerung der beschränkt Steuerpflichtigen einschließlich eines Steuerabzugs;
f) *(aufgehoben)*
2. Vorschriften durch Rechtsverordnung zu erlassen
a) über die sich aus der Aufhebung oder Änderung von Vorschriften dieses Gesetzes ergebenden Rechtsfolgen, soweit dies zur Wahrung der Gleichmäßigkeit bei der Besteuerung oder zur Beseitigung von Unbilligkeiten in Härtefällen erforderlich ist;
b) *(weggefallen)*
c) über den Nachweis von Zuwendungen im Sinne des § 10b einschließlich erleichterter Nachweisanforderungen;
d) über Verfahren, die in den Fällen des § 38 Absatz 1 Satz 1 Nummer 2 den Steueranspruch der Bundesrepublik Deutschland sichern oder die sicherstellen, dass bei Befreiungen im Ausland ansässiger Leiharbeitnehmer von der Steuer der Bundesrepublik Deutschland auf Grund von Abkommen zur Vermeidung der Doppelbesteuerung die ordnungsgemäße Besteuerung im Ausland gewährleistet ist. ²Hierzu kann nach Maßgabe zwischenstaatlicher Regelungen bestimmt werden, dass
aa) der Entleiher in dem hierzu notwendigen Umfang an derartigen Verfahren mitwirkt,
bb) er sich im Haftungsverfahren nicht auf die Freistellungsbestimmungen des Abkommens berufen kann, wenn er seine Mitwirkungspflichten verletzt;
e) bis m) *(weggefallen)*
n) über Sonderabschreibungen
aa) im Tiefbaubetrieb des Steinkohlen-, Pechkohlen-, Braunkohlen- und Erzbergbaues bei Wirtschaftsgütern des Anlagevermögens unter Tage und bei den bestimmten mit dem Grubenbetrieb unter Tage in unmittelbarem Zusammenhang stehenden, der Förderung, Seilfahrt, Wasserhaltung und Wetterführung sowie der Aufbereitung des Minerals dienenden Wirtschaftsgütern des Anlagevermögens über Tage, soweit die Wirtschaftsgüter für die Errichtung von neuen Förderschachtanlagen, auch in Form von Anschlussschachtanlagen,

§ 51 Ermächtigungen

für die Errichtung neuer Schächte sowie die Erweiterung des Grubengebäudes und den durch Wasserzuflüsse aus stillliegenden Anlagen bedingten Ausbau der Wasserhaltung bestehender Schachtanlagen,
für Rationalisierungsmaßnahmen in der Hauptschacht-, Blindschacht-, Strecken- und Abbauförderung, im Streckenvortrieb, in der Gewinnung, Versatzwirtschaft, Seilfahrt, Wetterführung und Wasserhaltung sowie in der Aufbereitung,
für die Zusammenfassung von mehreren Förderschachtanlagen zu einer einheitlichen Förderschachtanlage und
für den Wiederaufschluss stillliegender Grubenfelder und Feldesteile,
bb) im Tagebaubetrieb des Braunkohlen- und Erzbergbaues bei bestimmten Wirtschaftsgütern des beweglichen Anlagevermögens (Grubenaufschluss, Entwässerungsanlagen, Großgeräte sowie Einrichtungen des Grubenrettungswesens und der Ersten Hilfe und im Erzbergbau auch Aufbereitungsanlagen), die
für die Erschließung neuer Tagebaue, auch in Form von Anschlusstagebauen, für Rationalisierungsmaßnahmen bei laufenden Tagebauen,
beim Übergang zum Tieftagebau für die Freilegung und Gewinnung der Lagerstätte und
für die Wiederinbetriebnahme stillgelegter Tagebaue
von Steuerpflichtigen, die den Gewinn nach § 5 ermitteln, vor dem 1. Januar 1990 angeschafft oder hergestellt werden. ²Die Sonderabschreibungen können bereits für Anzahlungen auf Anschaffungskosten und für Teilherstellungskosten zugelassen werden. ³Hat der Steuerpflichtige vor dem 1. Januar 1990 die Wirtschaftsgüter bestellt oder mit ihrer Herstellung begonnen, so können die Sonderabschreibungen auch für nach dem 31. Dezember 1989 und vor dem 1. Januar 1991 angeschaffte oder hergestellte Wirtschaftsgüter sowie für vor dem 1. Januar 1991 geleistete Anzahlungen auf Anschaffungskosten und entstandene Teilherstellungskosten in Anspruch genommen werden. ⁴Voraussetzung für die Inanspruchnahme der Sonderabschreibungen ist, dass die Förderungswürdigkeit der bezeichneten Vorhaben von der obersten Landesbehörde für Wirtschaft im Einvernehmen mit dem Bundesministerium für Wirtschaft und Energie bescheinigt worden ist. ⁵Die Sonderabschreibungen können im Wirtschaftsjahr der Anschaffung oder Herstellung und in den vier folgenden Wirtschaftsjahren in Anspruch genommen werden, und zwar bei beweglichen Wirtschaftsgütern des Anlagevermögens bis zu insgesamt 50 Prozent, bei unbeweglichen Wirtschaftsgütern des Anlagevermögens bis zu insgesamt 30 Prozent der Anschaffungs- oder Herstellungskosten. ⁶Bei den begünstigten Vorhaben im Tagebaubetrieb des Braunkohlen- und Erzbergbaues kann außerdem zugelassen werden, dass die vor dem 1. Januar 1991 aufgewendeten Kosten für den Vorabraum bis zu 50 Prozent als sofort abzugsfähige Betriebsausgaben behandelt werden;
o) *(weggefallen)*
p) über die Bemessung der Absetzungen für Abnutzung oder Substanzverringerung bei nicht zu einem Betriebsvermögen gehörenden Wirtschaftsgütern, die vor dem 21. Juni 1948 angeschafft oder hergestellt oder die unentgeltlich erworben sind. ²Hierbei kann bestimmt werden, dass die Absetzungen für Abnutzung oder Substanzverringerung nicht nach den Anschaffungs- oder Herstellungskosten, sondern nach Hilfswerten (am 21. Juni 1948 maßgebender Einheitswert, Anschaffungs-

Ermächtigungen § 51

oder Herstellungskosten des Rechtsvorgängers abzüglich der von ihm vorgenommenen Absetzungen, fiktive Anschaffungskosten an einem noch zu bestimmenden Stichtag) zu bemessen sind. ³Zur Vermeidung von Härten kann zugelassen werden, dass anstelle der Absetzungen für Abnutzung, die nach dem am 21. Juni 1948 maßgebenden Einheitswert zu bemessen sind, der Betrag abgezogen wird, der für das Wirtschaftsgut in dem Veranlagungszeitraum 1947 als Absetzung für Abnutzung geltend gemacht werden konnte. ⁴Für das Land Berlin tritt in den Sätzen 1 bis 3 an die Stelle des 21. Juni 1948 jeweils der 1. April 1949;
q) über erhöhte Absetzungen bei Herstellungskosten
  aa) für Maßnahmen, die für den Anschluss eines im Inland belegenen Gebäudes an eine Fernwärmeversorgung einschließlich der Anbindung an das Heizsystem erforderlich sind, wenn die Fernwärmeversorgung überwiegend aus Anlagen der Kraft-Wärme-Kopplung, zur Verbrennung von Müll oder zur Verwertung von Abwärme gespeist wird,
  bb) für den Einbau von Wärmepumpenanlagen, Solaranlagen und Anlagen zur Wärmerückgewinnung in einem im Inland belegenen Gebäude einschließlich der Anbindung an das Heizsystem,
  cc) für die Errichtung von Windkraftanlagen, wenn die mit diesen Anlagen erzeugte Energie überwiegend entweder unmittelbar oder durch Verrechnung mit Elektrizitätsbezügen des Steuerpflichtigen von einem Elektrizitätsversorgungsunternehmen zur Versorgung eines im Inland belegenen Gebäudes des Steuerpflichtigen verwendet wird, einschließlich der Anbindung an das Versorgungssystem des Gebäudes,
  dd) für die Errichtung von Anlagen zur Gewinnung von Gas, das aus pflanzlichen oder tierischen Abfallstoffen durch Gärung unter Sauerstoffabschluss entsteht, wenn dieses Gas zur Beheizung eines im Inland belegenen Gebäudes des Steuerpflichtigen oder zur Warmwasserbereitung in einem solchen Gebäude des Steuerpflichtigen verwendet wird, einschließlich der Anbindung an das Versorgungssystem des Gebäudes,
  ee) für den Einbau einer Warmwasseranlage zur Versorgung von mehr als einer Zapfstelle und einer zentralen Heizungsanlage oder bei einer zentralen Heizungs- und Warmwasseranlage für den Einbau eines Heizkessels, eines Brenners, einer zentralen Steuerungseinrichtung, einer Wärmeabgabeeinrichtung und eine Änderung der Abgasanlage in einem im Inland belegenen Gebäude oder in einer im Inland belegenen Eigentumswohnung, wenn mit dem Einbau nicht vor Ablauf von zehn Jahren seit Fertigstellung dieses Gebäudes begonnen worden ist und der Einbau nach dem 30. Juni 1985 fertiggestellt worden ist; Entsprechendes gilt bei Anschaffungskosten für neue Einzelöfen, wenn keine Zentralheizung vorhanden ist.
²Voraussetzung für die Gewährung der erhöhten Absetzungen ist, dass die Maßnahmen vor dem 1. Januar 1992 fertiggestellt worden sind; in den Fällen des Satzes 1 Doppelbuchstabe aa müssen die Gebäude vor dem 1. Juli 1983 fertiggestellt worden sein, es sei denn, dass der Anschluss nicht schon im Zusammenhang mit der Errichtung des Gebäudes möglich war. ³Die erhöhten Absetzungen dürfen jährlich 10 Prozent der Aufwendungen nicht übersteigen. ⁴Sie dürfen nicht gewährt werden, wenn für dieselbe Maßnahme eine Investitionszulage in Anspruch genommen wird. ⁵Sind die Aufwendungen Erhaltungsaufwand und entstehen sie bei einer zu eigenen Wohnzwecken genutzten Wohnung im eigenen Haus, für die der Nutzungswert nicht mehr besteuert

§ 51 Ermächtigungen

wird, und liegen in den Fällen des Satzes 1 Doppelbuchstabe aa die Voraussetzungen des Satzes 2 zweiter Halbsatz vor, so kann der Abzug dieser Aufwendungen wie Sonderausgaben mit gleichmäßiger Verteilung auf das Kalenderjahr, in dem die Arbeiten abgeschlossen worden sind, und die neun folgenden Kalenderjahre zugelassen werden, wenn die Maßnahme vor dem 1. Januar 1992 abgeschlossen worden ist;

r) nach denen Steuerpflichtige größere Aufwendungen
   aa) für die Erhaltung von nicht zu einem Betriebsvermögen gehörenden Gebäuden, die überwiegend Wohnzwecken dienen,
   bb) zur Erhaltung eines Gebäudes in einem förmlich festgelegten Sanierungsgebiet oder städtebaulichen Entwicklungsbereich, die für Maßnahmen im Sinne des § 177 des Baugesetzbuchs sowie für bestimmte Maßnahmen, die der Erhaltung, Erneuerung und funktionsgerechten Verwendung eines Gebäudes dienen, das wegen seiner geschichtlichen, künstlerischen oder städtebaulichen Bedeutung erhalten bleiben soll, und zu deren Durchführung sich der Eigentümer neben bestimmten Modernisierungsmaßnahmen gegenüber der Gemeinde verpflichtet hat, aufgewendet worden sind,
   cc) zur Erhaltung von Gebäuden, die nach den jeweiligen landesrechtlichen Vorschriften Baudenkmale sind, soweit die Aufwendungen nach Art und Umfang zur Erhaltung des Gebäudes als Baudenkmal und zu seiner sinnvollen Nutzung erforderlich sind,
   auf zwei bis fünf Jahre gleichmäßig verteilen können. ²In den Fällen der Doppelbuchstaben bb und cc ist Voraussetzung, dass der Erhaltungsaufwand vor dem 1. Januar 1990 entstanden ist. ³In den Fällen von Doppelbuchstabe cc sind die Denkmaleigenschaft des Gebäudes und die Voraussetzung, dass die Aufwendungen nach Art und Umfang zur Erhaltung des Gebäudes als Baudenkmal und zu seiner sinnvollen Nutzung erforderlich sind, durch eine Bescheinigung der nach Landesrecht zuständigen oder von der Landesregierung bestimmten Stelle nachzuweisen;

s) nach denen bei Anschaffung oder Herstellung von abnutzbaren beweglichen und bei Herstellung von abnutzbaren unbeweglichen Wirtschaftsgütern des Anlagevermögens auf Antrag ein Abzug von der Einkommensteuer für den Veranlagungszeitraum der Anschaffung oder Herstellung bis zur Höhe von 7,5 Prozent der Anschaffungs- oder Herstellungskosten dieser Wirtschaftsgüter vorgenommen werden kann, wenn eine Störung des gesamtwirtschaftlichen Gleichgewichts eingetreten ist oder sich abzeichnet, die eine nachhaltige Verringerung der Umsätze oder der Beschäftigung zur Folge hatte oder erwarten lässt, insbesondere bei einem erheblichen Rückgang der Nachfrage nach Investitionsgütern oder Bauleistungen. ²Bei der Bemessung des von der Einkommensteuer abzugsfähigen Betrags dürfen nur berücksichtigt werden
   aa) die Anschaffungs- oder Herstellungskosten von beweglichen Wirtschaftsgütern, die innerhalb eines jeweils festzusetzenden Zeitraums, der ein Jahr nicht übersteigen darf (Begünstigungszeitraum), angeschafft oder hergestellt werden,
   bb) die Anschaffungs- oder Herstellungskosten von beweglichen Wirtschaftsgütern, die innerhalb des Begünstigungszeitraums bestellt und angezahlt werden oder mit deren Herstellung innerhalb des Begünstigungszeitraums begonnen wird, wenn sie innerhalb eines Jahres, bei Schiffen innerhalb zweier Jahre nach Ablauf des Begünstigungszeitraums geliefert oder fertiggestellt werden. ²Soweit bewegliche Wirtschaftsgüter im Sinne des Satzes 1 mit Ausnahme

von Schiffen nach Ablauf eines Jahres, aber vor Ablauf zweier Jahre nach dem Ende des Begünstigungszeitraums geliefert oder fertiggestellt werden, dürfen bei Bemessung des Abzugs von der Einkommensteuer die bis zum Ablauf eines Jahres nach dem Ende des Begünstigungszeitraums aufgewendeten Anzahlungen und Teilherstellungskosten berücksichtigt werden,
cc) die Herstellungskosten von Gebäuden, bei denen innerhalb des Begünstigungszeitraums der Antrag auf Baugenehmigung gestellt wird, wenn sie bis zum Ablauf von zwei Jahren nach dem Ende des Begünstigungszeitraums fertiggestellt werden;
dabei scheiden geringwertige Wirtschaftsgüter im Sinne des § 6 Absatz 2 und Wirtschaftsgüter, die in gebrauchtem Zustand erworben werden, aus. [3]Von der Begünstigung können außerdem Wirtschaftsgüter ausgeschlossen werden, für die Sonderabschreibungen, erhöhte Absetzungen oder die Investitionszulage nach § 19 des Berlinförderungsgesetzes in Anspruch genommen werden. [4]In den Fällen des Satzes 2 Doppelbuchstabe bb und cc können bei Bemessung des von der Einkommensteuer abzugsfähigen Betrags bereits die im Begünstigungszeitraum, im Fall des Satzes 2 Doppelbuchstabe bb Satz 2 auch die bis zum Ablauf eines Jahres nach dem Ende des Begünstigungszeitraums aufgewendeten Anzahlungen und Teilherstellungskosten berücksichtigt werden; der Abzug von der Einkommensteuer kann insoweit schon für den Veranlagungszeitraum vorgenommen werden, in dem die Anzahlungen oder Teilherstellungskosten aufgewendet worden sind. [5]Übersteigt der von der Einkommensteuer abzugsfähige Betrag die für den Veranlagungszeitraum der Anschaffung oder Herstellung geschuldete Einkommensteuer, so kann der übersteigende Betrag von der Einkommensteuer für den darauf folgenden Veranlagungszeitraum abgezogen werden. [6]Entsprechendes gilt, wenn in den Fällen des Satzes 2 Doppelbuchstabe bb und cc der Abzug von der Einkommensteuer bereits für Anzahlungen oder Teilherstellungskosten geltend gemacht wird. [7]Der Abzug von der Einkommensteuer darf jedoch die für den Veranlagungszeitraum der Anschaffung oder Herstellung und den folgenden Veranlagungszeitraum insgesamt zu entrichtende Einkommensteuer nicht übersteigen. [8]In den Fällen des Satzes 2 Doppelbuchstabe bb Satz 2 gilt dies mit der Maßgabe, dass an die Stelle des Veranlagungszeitraums der Anschaffung oder Herstellung der Veranlagungszeitraum tritt, in dem zuletzt Anzahlungen oder Teilherstellungskosten aufgewendet worden sind. [9]Werden begünstigte Wirtschaftsgüter von Gesellschaften im Sinne des § 15 Absatz 1 Satz 1 Nummer 2 und 3 angeschafft oder hergestellt, so ist der abzugsfähige Betrag nach dem Verhältnis der Gewinnanteile einschließlich der Vergütungen aufzuteilen. [10]Die Anschaffungs- oder Herstellungskosten der Wirtschaftsgüter, die bei Bemessung des von der Einkommensteuer abzugsfähigen Betrags berücksichtigt worden sind, werden durch den Abzug von der Einkommensteuer nicht gemindert. [11]Rechtsverordnungen auf Grund dieser Ermächtigung bedürfen der Zustimmung des Bundestages. [12]Die Zustimmung gilt als erteilt, wenn der Bundestag nicht binnen vier Wochen nach Eingang der Vorlage der Bundesregierung die Zustimmung verweigert hat;
t) *(weggefallen)*
u) über Sonderabschreibungen bei abnutzbaren Wirtschaftsgütern des Anlagevermögens, die der Forschung oder Entwicklung dienen und nach dem 18. Mai 1983 und vor dem 1. Januar 1990 angeschafft oder hergestellt werden. [2]Voraussetzung für die Inanspruchnahme der Sonderab-

§ 51 Ermächtigungen

schreibungen ist, dass die beweglichen Wirtschaftsgüter ausschließlich und die unbeweglichen Wirtschaftsgüter zu mehr als 33$^1/_3$ Prozent der Forschung oder Entwicklung dienen. ³Die Sonderabschreibungen können auch für Ausbauten und Erweiterungen an bestehenden Gebäuden, Gebäudeteilen, Eigentumswohnungen oder im Teileigentum stehenden Räumen zugelassen werden, wenn die ausgebauten oder neu hergestellten Gebäudeteile zu mehr als 33$^1/_3$ Prozent der Forschung oder Entwicklung dienen. ⁴Die Wirtschaftsgüter dienen der Forschung oder Entwicklung, wenn sie verwendet werden

aa) zur Gewinnung von neuen wissenschaftlichen oder technischen Erkenntnissen und Erfahrungen allgemeiner Art (Grundlagenforschung) oder

bb) zur Neuentwicklung von Erzeugnissen oder Herstellungsverfahren oder

cc) zur Weiterentwicklung von Erzeugnissen oder Herstellungsverfahren, soweit wesentliche Änderungen dieser Erzeugnisse oder Verfahren entwickelt werden.

⁵Die Sonderabschreibungen können im Wirtschaftsjahr der Anschaffung oder Herstellung und in den vier folgenden Wirtschaftsjahren in Anspruch genommen werden, und zwar

aa) bei beweglichen Wirtschaftsgütern des Anlagevermögens bis zu insgesamt 40 Prozent,

bb) bei unbeweglichen Wirtschaftsgütern des Anlagevermögens, die zu mehr als 66$^2/_3$ Prozent der Forschung oder Entwicklung dienen, bis zu insgesamt 15 Prozent, die nicht zu mehr als 66$^2/_3$ Prozent, aber zu mehr als 33$^1/_3$ Prozent der Forschung oder Entwicklung dienen, bis zu insgesamt 10 Prozent,

cc) bei Ausbauten und Erweiterungen an bestehenden Gebäuden, Gebäudeteilen, Eigentumswohnungen oder im Teileigentum stehenden Räumen, wenn die ausgebauten oder neu hergestellten Gebäudeteile zu mehr als 66$^2/_3$ Prozent der Forschung oder Entwicklung dienen, bis zu insgesamt 15 Prozent, zu nicht mehr als 66$^2/_3$ Prozent, aber zu mehr als 33$^1/_3$ Prozent der Forschung oder Entwicklung dienen, bis zu insgesamt 10 Prozent

der Anschaffungs- oder Herstellungskosten. ⁶Sie können bereits für Anzahlungen auf Anschaffungskosten und für Teilherstellungskosten zugelassen werden. ⁷Die Sonderabschreibungen sind nur unter der Bedingung zuzulassen, dass die Wirtschaftsgüter und die ausgebauten oder neu hergestellten Gebäudeteile mindestens drei Jahre nach ihrer Anschaffung oder Herstellung in dem erforderlichen Umfang der Forschung oder Entwicklung in einer inländischen Betriebsstätte des Steuerpflichtigen dienen;

v) *(weggefallen)*

w) über Sonderabschreibungen bei Handelsschiffen, die auf Grund eines vor dem 25. April 1996 abgeschlossenen Schiffbauvertrags hergestellt, in einem inländischen Seeschiffsregister eingetragen und vor dem 1. Januar 1999 von Steuerpflichtigen angeschafft oder hergestellt worden sind, die den Gewinn nach § 5 ermitteln. ²Im Fall der Anschaffung eines Handelsschiffes ist weitere Voraussetzung, dass das Schiff vor dem 1. Januar 1996 in ungebrauchtem Zustand vom Hersteller oder nach dem 31. Dezember 1995 auf Grund eines vor dem 25. April 1996 abgeschlossenen Kaufvertrags bis zum Ablauf des vierten auf das Jahr der Fertigstellung folgenden Jahres erworben worden ist. ³Bei Steuerpflichtigen, die in eine Gesellschaft im Sinne des § 15 Absatz 1 Satz 1 Nummer 2 und Absatz 3 nach Abschluss des Schiffbauvertrags (Unterzeichnung des

Hauptvertrags) eingetreten sind, dürfen Sonderabschreibungen nur zugelassen werden, wenn sie der Gesellschaft vor dem 1. Januar 1999 beitreten. ⁴Die Sonderabschreibungen können im Wirtschaftsjahr der Anschaffung oder Herstellung und in den vier folgenden Wirtschaftsjahren bis zu insgesamt 40 Prozent der Anschaffungs- oder Herstellungskosten in Anspruch genommen werden. ⁵Sie können bereits für Anzahlungen auf Anschaffungskosten und für Teilherstellungskosten zugelassen werden. ⁶Die Sonderabschreibungen sind nur unter der Bedingung zuzulassen, dass die Handelsschiffe innerhalb eines Zeitraums von acht Jahren nach ihrer Anschaffung oder Herstellung nicht veräußert werden; für Anteile an einem Handelsschiff gilt dies entsprechend. ⁷Die Sätze 1 bis 6 gelten für Schiffe, die der Seefischerei dienen, entsprechend. ⁸Für Luftfahrzeuge, die vom Steuerpflichtigen hergestellt oder in ungebrauchtem Zustand vom Hersteller erworben worden sind und die zur gewerbsmäßigen Beförderung von Personen oder Sachen im internationalen Luftverkehr oder zur Verwendung zu sonstigen gewerblichen Zwecken im Ausland bestimmt sind, gelten die Sätze 1 bis 4 und 6 mit der Maßgabe entsprechend, dass an die Stelle der Eintragung in ein inländisches Seeschiffsregister die Eintragung in die deutsche Luftfahrzeugrolle, an die Stelle des Höchstsatzes von 40 Prozent ein Höchstsatz von 30 Prozent und bei der Vorschrift des Satzes 6 an die Stelle des Zeitraums von acht Jahren ein Zeitraum von sechs Jahren treten;

x) über erhöhte Absetzungen bei Herstellungskosten für Modernisierungs- und Instandsetzungsmaßnahmen im Sinne des § 177 des Baugesetzbuchs sowie für bestimmte Maßnahmen, die der Erhaltung, Erneuerung und funktionsgerechten Verwendung eines Gebäudes dienen, das wegen seiner geschichtlichen, künstlerischen oder städtebaulichen Bedeutung erhalten bleiben soll, und zu deren Durchführung sich der Eigentümer neben bestimmten Modernisierungsmaßnahmen gegenüber der Gemeinde verpflichtet hat, die für Gebäude in einem förmlich festgelegten Sanierungsgebiet oder städtebaulichen Entwicklungsbereich aufgewendet worden sind; Voraussetzung ist, dass die Maßnahmen vor dem 1. Januar 1991 abgeschlossen worden sind. ²Die erhöhten Absetzungen dürfen jährlich 10 Prozent der Aufwendungen nicht übersteigen;

y) über erhöhte Absetzungen für Herstellungskosten an Gebäuden, die nach den jeweiligen landesrechtlichen Vorschriften Baudenkmale sind, soweit die Aufwendungen nach Art und Umfang zur Erhaltung des Gebäudes als Baudenkmal und zu seiner sinnvollen Nutzung erforderlich sind; Voraussetzung ist, dass die Maßnahmen vor dem 1. Januar 1991 abgeschlossen worden sind. ²Die Denkmaleigenschaft des Gebäudes und die Voraussetzung, dass die Aufwendungen nach Art und Umfang zur Erhaltung des Gebäudes als Baudenkmal und zu seiner sinnvollen Nutzung erforderlich sind, sind durch eine Bescheinigung der nach Landesrecht zuständigen oder von der Landesregierung bestimmten Stelle nachzuweisen. ³Die erhöhten Absetzungen dürfen jährlich 10 Prozent der Aufwendungen nicht übersteigen;

3. die in § 4a Absatz 1 Satz 2 Nummer 1, § 10 Absatz 5, § 22 Nummer 1 Satz 3 Buchstabe a, § 26a Absatz 3, § 34c Absatz 7, § 46 Absatz 5 und § 50a Absatz 6 vorgesehenen Rechtsverordnungen zu erlassen.

(2) ¹Die Bundesregierung wird ermächtigt, durch Rechtsverordnung Vorschriften zu erlassen, nach denen die Inanspruchnahme von Sonderabschreibungen und erhöhten Absetzungen sowie die Bemessung der Absetzung für Abnutzung in fallenden Jahresbeträgen ganz oder teilweise ausgeschlossen werden können, wenn eine Störung des gesamtwirtschaftlichen Gleichge-

§ 51 Ermächtigungen

wichts eingetreten ist oder sich abzeichnet, die erhebliche Preissteigerungen mit sich gebracht hat oder erwarten lässt, insbesondere, wenn die Inlandsnachfrage nach Investitionsgütern oder Bauleistungen das Angebot wesentlich übersteigt. ²Die Inanspruchnahme von Sonderabschreibungen und erhöhten Absetzungen sowie die Bemessung der Absetzung für Abnutzung in fallenden Jahresbeträgen darf nur ausgeschlossen werden

1. für bewegliche Wirtschaftsgüter, die innerhalb eines jeweils festzusetzenden Zeitraums, der frühestens mit dem Tage beginnt, an dem die Bundesregierung ihren Beschluss über die Verordnung bekannt gibt, und der ein Jahr nicht übersteigen darf, angeschafft oder hergestellt werden. ²Für bewegliche Wirtschaftsgüter, die vor Beginn dieses Zeitraums bestellt und angezahlt worden sind oder mit deren Herstellung vor Beginn dieses Zeitraums angefangen worden ist, darf jedoch die Inanspruchnahme von Sonderabschreibungen und erhöhten Absetzungen sowie die Bemessung der Absetzung für Abnutzung in fallenden Jahresbeträgen nicht ausgeschlossen werden;
2. für bewegliche Wirtschaftsgüter und für Gebäude, die in dem in Nummer 1 bezeichneten Zeitraum bestellt werden oder mit deren Herstellung in diesem Zeitraum begonnen wird. ²Als Beginn der Herstellung gilt bei Gebäuden der Zeitpunkt, in dem der Antrag auf Baugenehmigung gestellt wird.

³Rechtsverordnungen auf Grund dieser Ermächtigung bedürfen der Zustimmung des Bundestages und des Bundesrates. ⁴Die Zustimmung gilt als erteilt, wenn der Bundesrat nicht binnen drei Wochen, der Bundestag nicht binnen vier Wochen nach Eingang der Vorlage der Bundesregierung die Zustimmung verweigert hat.

(3) ¹Die Bundesregierung wird ermächtigt, durch Rechtsverordnung mit Zustimmung des Bundesrates Vorschriften zu erlassen, nach denen die Einkommensteuer einschließlich des Steuerabzugs vom Arbeitslohn, des Steuerabzugs vom Kapitalertrag und des Steuerabzugs bei beschränkt Steuerpflichtigen

1. um höchstens 10 Prozent herabgesetzt werden kann. ²Der Zeitraum, für den die Herabsetzung gilt, darf ein Jahr nicht übersteigen; er soll sich mit dem Kalenderjahr decken. ³Voraussetzung ist, dass eine Störung des gesamtwirtschaftlichen Gleichgewichts eingetreten ist oder sich abzeichnet, die eine nachhaltige Verringerung der Umsätze oder der Beschäftigung zur Folge hatte oder erwarten lässt, insbesondere bei einem erheblichen Rückgang der Nachfrage nach Investitionsgütern und Bauleistungen oder Verbrauchsgütern;
2. um höchstens 10 Prozent erhöht werden kann. ²Der Zeitraum, für die Erhöhung gilt, darf ein Jahr nicht übersteigen; er soll sich mit dem Kalenderjahr decken. ³Voraussetzung ist, dass eine Störung des gesamtwirtschaftlichen Gleichgewichts eingetreten ist oder sich abzeichnet, die erhebliche Preissteigerungen mit sich gebracht hat oder erwarten lässt, insbesondere, wenn die Nachfrage nach Investitionsgütern und Bauleistungen oder Verbrauchsgütern das Angebot wesentlich übersteigt.

²Rechtsverordnungen auf Grund dieser Ermächtigung bedürfen der Zustimmung des Bundestages.

(4) Das Bundesministerium der Finanzen wird ermächtigt,
1. im Einvernehmen mit den obersten Finanzbehörden der Länder die Vordrucke für
    a) *(weggefallen)*
    b) die Erklärungen zur Einkommensbesteuerung,

Ermächtigungen § 51

c) die Anträge nach § 38b Absatz 2, nach § 39a Absatz 2, in dessen Vordrucke der Antrag nach § 39f einzubeziehen ist, die Anträge nach § 39a Absatz 4 sowie die Anträge zu den elektronischen Lohnsteuerabzugsmerkmalen (§ 38b Absatz 3 und § 39e Absatz 6 Satz 7),
d) die Lohnsteuer-Anmeldung (§ 41a Absatz 1),
e) die Anmeldung der Kapitalertragsteuer (§ 45a Absatz 1) und den Freistellungsauftrag nach § 44a Absatz 2 Satz 1 Nummer 1,
f) die Anmeldung des Abzugsbetrags (§ 48a),
g) die Erteilung der Freistellungsbescheinigung (§ 48b),
h) die Anmeldung der Abzugsteuer (§ 50a Absatz 7),
[bis 31.12.2023:
i) *die Entlastung von der Kapitalertragsteuer und vom Steuerabzug nach § 50a auf Grund von Abkommen zur Vermeidung der Doppelbesteuerung]**
und die Muster der Bescheinigungen für den Lohnsteuerabzug nach § 39 Absatz 3 und § 39e Absatz 7 Satz 5, des Ausdrucks der elektronischen Lohnsteuerbescheinigung (§ 41b Absatz 1), das Muster der Lohnsteuerbescheinigung nach § 41b Absatz 3 Satz 1, der Anträge auf Erteilung Bescheinigung für den Lohnsteuerabzug nach § 39 Absatz 3 und § 39e Absatz 7 Satz 1 sowie der in § 45a Absatz 2 und 3 und § 50a Absatz 5 Satz 6 vorgesehenen Bescheinigungen zu bestimmen;
1a. im Einvernehmen mit den obersten Finanzbehörden der Länder auf der Basis der §§ 32a und 39b einen Programmablaufplan für die Herstellung von Lohnsteuertabellen zur manuellen Berechnung der Lohnsteuer aufzustellen und bekannt zu machen. ²Der Lohnstufenabstand beträgt bei den Jahrestabellen 36. ³Die in den Tabellenstufen auszuweisende Lohnsteuer ist aus der Obergrenze der Tabellenstufen zu berechnen und muss an der Obergrenze mit der maschinell berechneten Lohnsteuer übereinstimmen. ⁴Die Monats-, Wochen- und Tagestabellen sind aus den Jahrestabellen abzuleiten;
1b. im Einvernehmen mit den obersten Finanzbehörden der Länder den Mindestumfang der nach § 5b elektronisch zu übermittelnden Bilanz und Gewinn- und Verlustrechnung zu bestimmen;
1c. durch Rechtsverordnung zur Durchführung dieses Gesetzes mit Zustimmung des Bundesrates Vorschriften über einen von dem vorgesehenen erstmaligen Anwendungszeitpunkt gemäß § 52 Absatz 15a in der Fassung des Artikels 1 des Gesetzes vom 20. Dezember 2008 (BGBl. I S. 2850) abweichenden späteren Anwendungszeitpunkt zu erlassen, wenn bis zum 31. Dezember 2010 erkennbar ist, dass die technischen oder organisatorischen Voraussetzungen für eine Umsetzung der in § 5b Absatz 1 in der Fassung des Artikels 1 des Gesetzes vom 20. Dezember 2008 (BGBl. I S. 2850) vorgesehenen Verpflichtung nicht ausreichen;
1d. die Vordrucke für die Anmeldung des Steuerabzugs von Vergütungen im Sinne des § 50a Absatz 1 zu bestimmen;
[ab 1.1.2024:
1e. im Einvernehmen mit den obersten Finanzbehörden der Länder die Vorgaben für die Zuweisung der Ordnungsnummer nach § 45b Absatz 1 zu bestimmen;]**
2. den Wortlaut dieses Gesetzes und der zu diesem Gesetz erlassenen Rechtsverordnungen in der jeweils geltenden Fassung satzweise nummeriert mit

---

* § 51 IV Nr. 1 Buchst i aufgeh. mWv 1.1.24 durch AbzStEntModG (BGBl. I 21, 1259); zur Anwendung s § 52 Abs 48a.
** § 51 IV Nr 1e eingef. mWv 1.1.24 durch AbzStEntModG (BGBl. I 21, 1259); zur Anwendung s § 52 Abs 48a.

§ 51a Festsetzung und Erhebung von Zuschlagsteuern

neuem Datum und in neuer Paragraphenfolge bekannt zu machen und dabei Unstimmigkeiten im Wortlaut zu beseitigen.

§ 81 EStDV *(hier nicht abgedruckt, da ohne aktuelle Bedeutung)*

1 Anmerkung: § 51 enthält zahlreiche Ermächtigungen zum Erlass von Rechtsverordnungen (Abs 1–3), zur Herausgabe von Vordrucken und Mustern (Abs 4 Nr 1) und zur Neubekanntmachung des Gesetzestextes (Abs 4 Nr 2). Soweit von diesen Ermächtigungen Gebrauch gemacht wurde, insb in der EStDV, und die einschlägigen Normen allg Bedeutung haben, sind diese im jeweiligen Sachzusammenhang abgedruckt.

§ 51a Festsetzung und Erhebung von Zuschlagsteuern

(1) ¹Auf die Festsetzung und Erhebung von Steuern, die nach der Einkommensteuer bemessen werden (Zuschlagsteuern), sind die Vorschriften dieses Gesetzes mit Ausnahme des § 36a entsprechend anzuwenden. ²Wird Einkommensteuer im Wege des Steuerabzugs erhoben, dürfen die zu diesem Zweck verarbeiteten personenbezogenen Daten auch für die Erhebung einer Zuschlagsteuer im Wege des Steuerabzugs verarbeitet werden.

(2) ¹Bemessungsgrundlage ist die Einkommensteuer, die abweichend von § 2 Absatz 6 unter Berücksichtigung von Freibeträgen nach § 32 Absatz 6 in allen Fällen des § 32 festzusetzen wäre. ²Zur Ermittlung der Einkommensteuer im Sinne des Satzes 1 ist das zu versteuernde Einkommen um die nach § 3 Nummer 40 steuerfreien Beträge zu erhöhen und um die nach § 3c Absatz 2 nicht abziehbaren Beträge zu mindern. ³§ 35 ist bei der Ermittlung der festzusetzenden Einkommensteuer nach Satz 1 nicht anzuwenden.

(2a) ¹Vorbehaltlich des § 40a Absatz 2 ist beim Steuerabzug vom Arbeitslohn Bemessungsgrundlage die Lohnsteuer; beim Steuerabzug vom laufenden Arbeitslohn und beim Jahresausgleich ist die Lohnsteuer maßgebend, die sich ergibt, wenn der nach § 39b Absatz 2 Satz 5 zu versteuernde Jahresbetrag für die Steuerklassen I, II und III um den doppelten Kinderfreibetrag sowie den doppelten Freibetrag für den Betreuungs- und Erziehungs- oder Ausbildungsbedarf und für die Steuerklasse IV um den Kinderfreibetrag sowie den Freibetrag für den Betreuungs- und Erziehungs- oder Ausbildungsbedarf (§ 32 Absatz 6 Satz 1) für jedes Kind vermindert wird, für das eine Kürzung der Freibeträge für Kinder nach § 32 Absatz 6 Satz 4 nicht in Betracht kommt. ²Bei der Anwendung des § 39b für die Ermittlung der Zuschlagsteuern ist die als Lohnsteuerabzugsmerkmal gebildete Zahl der Kinderfreibeträge maßgebend. ³Bei Anwendung des § 39f ist beim Steuerabzug vom laufenden Arbeitslohn die Lohnsteuer maßgebend, die sich bei Anwendung des nach § 39f Absatz 1 ermittelten Faktors auf den nach den Sätzen 1 und 2 ermittelten Betrag ergibt.

(2b) ¹Wird die Einkommensteuer nach § 43 Absatz 1 durch Abzug vom Kapitalertrag (Kapitalertragsteuer) erhoben, wird die darauf entfallende Kirchensteuer nach dem Kirchensteuersatz der Religionsgemeinschaft, der der Kirchensteuerpflichtige angehört, als Zuschlag zur Kapitalertragsteuer erhoben. *[ab VZ 2023:* ²Satz 1 ist nicht anzuwenden, wenn die Kapitalerträge zu den Einkünften aus Land- und Forstwirtschaft, aus Gewerbebetrieb, aus selbständiger Arbeit oder aus Vermietung und Verpachtung gehören.*]*

(2c) ¹Der zur Vornahme des Steuerabzugs vom Kapitalertrag Verpflichtete (Kirchensteuerabzugsverpflichteter) hat die auf die Kapitalertragsteuer nach Absatz 2b entfallende Kirchensteuer nach folgenden Maßgaben einzubehalten:

Festsetzung und Erhebung von Zuschlagsteuern § 51a

1. ¹Das Bundeszentralamt für Steuern speichert unabhängig von und zusätzlich zu den in § 139b Absatz 3 der Abgabenordnung genannten und nach § 39e gespeicherten Daten des Steuerpflichtigen den Kirchensteuersatz der steuererhebenden Religionsgemeinschaft des Kirchensteuerpflichtigen sowie die ortsbezogenen Daten, mit deren Hilfe der Kirchensteuerpflichtige seiner Religionsgemeinschaft zugeordnet werden kann. ²Die Daten werden als automatisiert abrufbares Merkmal für den Kirchensteuerabzug bereitgestellt;
2. sofern dem Kirchensteuerabzugsverpflichteten die Identifikationsnummer des Schuldners der Kapitalertragsteuer nicht bereits bekannt ist, kann er sie beim Bundeszentralamt für Steuern anfragen. ²In der Anfrage dürfen nur die in § 139b Absatz 3 der Abgabenordnung genannten Daten des Schuldners der Kapitalertragsteuer angegeben werden, soweit sie dem Kirchensteuerabzugsverpflichteten bekannt sind. ³Die Anfrage hat nach amtlich vorgeschriebenem Datensatz durch Datenfernübertragung zu erfolgen. ⁴Das Bundeszentralamt für Steuern teilt dem Kirchensteuerabzugsverpflichteten die Identifikationsnummer mit, sofern die übermittelten Daten mit den nach § 139b Absatz 3 der Abgabenordnung beim Bundeszentralamt für Steuern gespeicherten Daten übereinstimmen;
3. der Kirchensteuerabzugsverpflichtete hat unter Angabe der Identifikationsnummer und des Geburtsdatums des Schuldners der Kapitalertragsteuer bei Begründung einer rechtlichen Verbindung beim Bundeszentralamt für Steuern anzufragen, ob der Schuldner der Kapitalertragsteuer kirchensteuerpflichtig ist (Anlassabfrage), und einmal jährlich im Zeitraum vom 1. September bis 31. Oktober beim Bundeszentralamt für Steuern anzufragen, ob der Schuldner der Kapitalertragsteuer am 31. August des betreffenden Jahres (Stichtag) kirchensteuerpflichtig ist (Regelabfrage). ²Für Kapitalerträge im Sinne des § 43 Absatz 1 Nummer 4 aus Versicherungsverträgen hat der Kirchensteuerabzugsverpflichtete eine auf den Zuflusszeitpunkt der Kapitalerträge bezogene Abfrage (Anlassabfrage) an das Bundeszentralamt für Steuern zu richten. ³Im Übrigen kann der Kirchensteuerabzugsverpflichtete eine Anlassabfrage auf Veranlassung des Schuldners der Kapitalertragsteuer an das Bundeszentralamt für Steuern richten. ⁴Auf die Anfrage hin teilt das Bundeszentralamt für Steuern dem Kirchensteuerabzugsverpflichteten die rechtliche Zugehörigkeit zu einer steuererhebenden Religionsgemeinschaft und den für die Religionsgemeinschaft geltenden Kirchensteuersatz zum Zeitpunkt der Anfrage als automatisiert abrufbares Merkmal nach Nummer 1 mit. ⁵Bei Begründung einer rechtlichen Verbindung ist der Schuldner der Kapitalertragsteuer vom Kirchensteuerabzugsverpflichteten auf die Datenabfrage sowie das Antragsrecht nach Absatz 2e Satz 1 in geeigneter Form hinzuweisen. ⁶Anträge auf das Setzen des Sperrvermerks, die im aktuellen Kalenderjahr für eine Regelabfrage berücksichtigt werden sollen, müssen bis zum 30. Juni beim Bundeszentralamt für Steuern eingegangen sein. ⁷Alle übrigen Sperrvermerke können nur berücksichtigt werden, wenn sie spätestens zwei Monate vor der Abfrage des Kirchensteuerabzugsverpflichteten eingegangen sind. ⁸Dies gilt für den Widerruf entsprechend. ⁹Gehört der Schuldner der Kapitalertragsteuer keiner steuererhebenden Religionsgemeinschaft an oder hat er dem Abruf von Daten zur Religionszugehörigkeit widersprochen (Sperrvermerk), so teilt das Bundeszentralamt für Steuern dem Kirchensteuerabzugsverpflichteten zur Religionszugehörigkeit einen neutralen Wert (Nullwert) mit. ¹⁰Der Kirchensteuerabzugsverpflichtete hat die vorhandenen Daten zur Religionszugehörigkeit unverzüglich zu löschen, wenn ein Nullwert übermittelt wurde;
4. im Falle einer am Stichtag oder im Zuflusszeitpunkt bestehenden Kirchensteuerpflicht hat der Kirchensteuerabzugsverpflichtete den Kirchensteuer-

§ 51a

abzug für die steuererhebende Religionsgemeinschaft durchzuführen und den Kirchensteuerbetrag an das für ihn zuständige Finanzamt abzuführen. ²§ 45a Absatz 1 gilt entsprechend; in der Steueranmeldung sind die nach Satz 1 einbehaltenen Kirchensteuerbeträge für jede steuererhebende Religionsgemeinschaft jeweils als Summe anzumelden. ³Die auf Grund der Regelabfrage vom Bundeszentralamt für Steuern bestätigte Kirchensteuerpflicht hat der Kirchensteuerabzugsverpflichtete dem Kirchensteuerabzug des auf den Stichtag folgenden Kalenderjahres zu Grunde zu legen. ⁴Das Ergebnis einer Anlassabfrage wirkt anlassbezogen.

²Die Daten gemäß Nummer 3 sind nach amtlich vorgeschriebenem Datensatz durch Datenfernübertragung zu übermitteln. ³Die Verbindung der Anfrage nach Nummer 2 mit der Anfrage nach Nummer 3 zu einer Anfrage ist zulässig. ⁴Auf Antrag kann das Bundeszentralamt für Steuern zur Vermeidung unbilliger Härten auf eine elektronische Übermittlung verzichten. ⁵§ 44 Absatz 5 ist mit der Maßgabe anzuwenden, dass der Haftungsbescheid von dem für den Kirchensteuerabzugsverpflichteten zuständigen Finanzamt erlassen wird. ⁶§ 45a Absatz 2 ist mit der Maßgabe anzuwenden, dass die steuererhebende Religionsgemeinschaft angegeben wird. ⁷Sind an den Kapitalerträgen ausschließlich Ehegatten beteiligt, wird der Anteil an der Kapitalertragsteuer hälftig ermittelt. ⁸Der Kirchensteuerabzugsverpflichtete darf die von ihm für die Durchführung des Kirchensteuerabzugs erhobenen Daten ausschließlich für diesen Zweck verarbeiten. ⁹Er hat organisatorisch dafür Sorge zu tragen, dass ein Zugriff auf diese Daten für andere Zwecke gesperrt ist. ¹⁰Ohne Einwilligung der oder des Kirchensteuerpflichtigen und soweit gesetzlich nichts anderes zugelassen ist, dürfen der Kirchensteuerabzugsverpflichtete und die beteiligte Finanzbehörde die Daten nach Satz 8 nicht für andere Zwecke verarbeiten.

(2d) ¹Wird die nach Absatz 2b zu erhebende Kirchensteuer nicht nach Absatz 2c als Kirchensteuerabzug vom Kirchensteuerabzugsverpflichteten einbehalten, wird sie nach Ablauf des Kalenderjahres nach dem Kapitalertragsteuerbetrag veranlagt, der sich ergibt, wenn die Steuer auf Kapitalerträge nach § 32d Absatz 1 Satz 4 und 5 errechnet wird; wenn Kirchensteuer als Kirchensteuerabzug nach Absatz 2c erhoben wurde, wird eine Veranlagung auf Antrag des Steuerpflichtigen durchgeführt. ²Der Abzugsverpflichtete hat dem Kirchensteuerpflichtigen auf dessen Verlangen hin eine Bescheinigung über die einbehaltene Kapitalertragsteuer zu erteilen. ³Der Kirchensteuerpflichtige hat die erhobene Kapitalertragsteuer zu erklären und die Bescheinigung nach Satz 2 oder nach § 45a Absatz 2 oder 3 vorzulegen.

(2e) ¹Der Schuldner der Kapitalertragsteuer kann unter Angabe seiner Identifikationsnummer nach amtlich vorgeschriebenem Vordruck schriftlich beim Bundeszentralamt für Steuern beantragen, dass der automatisierte Datenabruf seiner rechtlichen Zugehörigkeit zu einer steuererhebenden Religionsgemeinschaft bis auf schriftlichen Widerruf unterbleibt (Sperrvermerk). ²Das Bundeszentralamt für Steuern kann für die Abgabe der Erklärungen nach Satz 1 ein anderes sicheres Verfahren zur Verfügung stellen. ³Der Sperrvermerk verpflichtet den Kirchensteuerpflichtigen für jeden Veranlagungszeitraum, in dem die Kapitalertragsteuer einbehalten worden ist, zur Abgabe einer Steuererklärung zum Zwecke der Veranlagung nach Absatz 2d Satz 1. ⁴Das Bundeszentralamt für Steuern übermittelt für jeden Veranlagungszeitraum, für den ein Sperrvermerk abgerufen worden ist, an das Wohnsitzfinanzamt des Schuldners der Kapitalertragsteuer Name und Anschrift des Kirchensteuerabzugsverpflichteten, dem im Fall des Absatzes 2c Satz 1 Nummer 3 auf Grund des Sperrvermerks ein Nullwert im Sinne des Absatzes 2c Satz 1 Nummer 3 Satz 9 mitgeteilt worden ist. ⁵Das Wohnsitzfinanzamt fordert den Kirchensteuerpflichtigen zur Abgabe einer Steuererklärung nach § 149 Absatz 1 Satz 1 und 2 der Abgabenordnung auf.

(3) Ist die Einkommensteuer für Einkünfte, die dem Steuerabzug unterliegen, durch den Steuerabzug abgegolten oder werden solche Einkünfte bei der Veranlagung zur Einkommensteuer oder beim Lohnsteuer-Jahresausgleich nicht erfasst, gilt dies für die Zuschlagsteuer entsprechend.

(4) ¹ Die Vorauszahlungen auf Zuschlagsteuern sind gleichzeitig mit den festgesetzten Vorauszahlungen auf die Einkommensteuer zu entrichten; § 37 Absatz 5 ist nicht anzuwenden. ² Solange ein Bescheid über die Vorauszahlungen auf Zuschlagsteuern nicht erteilt worden ist, sind die Vorauszahlungen ohne besondere Aufforderung nach Maßgabe der für die Zuschlagsteuern geltenden Vorschriften zu entrichten. ³ § 240 Absatz 1 Satz 3 der Abgabenordnung ist insoweit nicht anzuwenden; § 254 Absatz 2 der Abgabenordnung gilt insoweit sinngemäß.

(5) ¹ Mit einem Rechtsbehelf gegen die Zuschlagsteuer kann weder die Bemessungsgrundlage noch die Höhe des zu versteuernden Einkommens angegriffen werden. ² Wird die Bemessungsgrundlage geändert, ändert sich die Zuschlagsteuer entsprechend.

(6) Die Absätze 1 bis 5 gelten für die Kirchensteuern nach Maßgabe landesrechtlicher Vorschriften.

I. Zuschlagsteuern

1. Allgemeines. § 51a schafft die verfahrensrechtl Voraussetzungen für Ergänzungsabgaben (s Rz 2 ff). Mittelbare Bedeutung (weil dem Bund insoweit keine Gesetzgebungskompetenz zusteht, Rz 7) hat § 51a für die KiSt der Länder, die die Regelung des § 51a übernommen haben; zum elektronischen KiStAbzugsverfahren (§ 51 IIc und IIe) s unten, (Rz 3). Personenbezogene Daten, die zur Erhebung von ESt/KSt durch StAbzug verarbeitet werden, dürfen gem § 51a I 2 idF des 2. DS-AnpUG-EU (BGBl I 19, 1626) auch für die Erhebung der KiSt durch StAbzug verarbeitet werden (wie bisher).

Das gilt gem § **51a IIc 8** aber nur für Zwecke des KiStAbzugs bzw für andere Zwecke gem § **51a IIc Pfl** nur mit Einwilligung des KiStPfl (s auch BT-Drs 19/4674, S 298: Anpassung an das **unionsrechtl Transparenzgebot** *ohne* Erweiterung der Verarbeitungsbefugnisse). S iÜ auch Rz 3.

2. Bemessungsgrundlage, § 51a II, IIa. Die Zuschlagsteuern (KiSt, SolZ) werden auf der Grundlage der ESt/LSt bemessen, die sich nach Abzug von *Kinderfreibeträgen* und *Betreuungsfreibeträgen* (§ 32 VI 1) ergäbe; dh, beide Freibeträge mindern in der jeweils maßgebl Höhe die Bemessungsgrundlage für die Zuschlagsteuern (s auch *Giloy* FR 96, 409). – Auch bei den Vorauszahlungen und beim LStAbzug für ZuschlagSt werden Kinderfreibeträge und Betreuungsfreibeträge berücksichtigt. Durch § 51a II 2 und 3 soll sichergestellt werden, dass die erhebungsberechtigten Kirchengemeinden durch das Teileinkünfteverfahren und die Anrechnung der GewSt auf die EStSchuld keine StEinbußen erleiden (zur Kritik s *Schmidt* 39. Aufl § 51a Rz 2). – Die Hinzurechnung zur Bemessungsgrundlage von nach dem Halbeinkünfteverfahren stfreien Einkünften kann nicht durch Verrechnung mit in der vor VZ nicht verbrauchten Verlustvorträgen neutralisiert werden (BFH I R 76/08 BStBl II 10, 1061; BFH I R 53/10 BFH/NV 12, 23; BVerwG 9 C 9.07 DStRE 09, 483; s auch *Homburg* DStR 09, 2179). Die Berücksichtigung von Veräußerungsgewinnen und Übergangsgewinnen bei der KiSt-Festsetzung ist nicht unbillig (BFH I R 81/08 BStBl II 11, 379). Bei Streit ist nicht das FA, sondern die Kirchenbehörde zuständig (BFH I R 99/06 BStBl II 11, 40, für NRW).

3. Kapitalerträge, § 51a IIb–IIe. § 51a IIb-IIe regeln die Einbehaltung und Abführung der KiSt zusammen mit der KapESt durch die auszahlende Stelle (bis

§ 51a 4–6   Festsetzung und Erhebung von Zuschlagsteuern

2014 nur auf schriftl Antrag des StPfl, § 51a IIc 1 und IId 1 aF). – Für betriebl Konten wird gem § 51a IIb 2 nF mit Wirkung **ab VZ 2023** auf die Vornahme des KiStAbzugs dauerhaft verzichtet (s auch BR-Drs 433/20, 18). IÜ werden **nach dem 31.12.14** zufließende KapErträge (§ 52 Abs 49) obligatorisch iRe **elektronischen KiSt-Abzugsverfahrens** erfasst und einbehalten (mit Abgeltungswirkung, § 43 V). – Die KiSt-Abzugsverpflichteten (Banken, Kreditinstitute, Versicherung etc, vgl § 44 I 3) haben iRe jährl **Regelabfrage** unter Angabe der Identifikationsnummer und des Geburtsdatums der kapestpfl Kunden beim BZSt anzufragen, ob eine KiSt-Pflicht besteht (Stichtag: 31.8., § 51a IIc 1 Nr 3 S 1). Mit Wirkung **ab VZ 2022** ist die Regelabfrage um eine obligatorische Anlassabfrage bei Begründung der Geschäftsbeziehung erweitert worden (Nr 3 S 1 und 3 nF). Daneben besteht die Möglichkeit von **Anlassabfragen** (für KapErträge aus Versicherungsleistungen und auf Veranlassung des Kunden, § 51a IIc 1 Nr 3 S 2 und 3). Die Kunden müssen bei Begründung der Geschäftsbeziehung über die bevorstehende Datenabfrage und ihr **Widerspruchsrecht** ggü dem BZSt informiert werden (§ 51a IIc 1 Nr 3 S 5 nF; s auch BR-Drs 433/20, 18 f). Ist ein Sperrvermerk rechtzeitig (bis zum 30.6., s § 51a IIc 1 Nr 3 S 6) beantragt worden, wird keine KiSt einbehalten; der KiStPflichtige ist aber zur **Abgabe einer StErklärung** verpflichtet (§ 51a IIe 3). Weitere Einzelheiten s *BMF* BStBl I 21, 1014; *Anemüller* EStB 17, 368.

4 4. **Abgeltungswirkung, § 51a III.** Eine im Wege des StAbzugs (LSt, KapESt) **überzahlte Ergänzungsabgabe** kann nur über die Veranlagung zurückerlangt werden (FG BaWü EFG 92, 245, rkr; s auch *Baum* DB 92, 1600; *Giloy* DB 92, 1602). Zum anderen ist aus § 51a III abzuleiten, dass auch auf **pauschale LSt** eine Ergänzungsabgabe erhoben werden kann (Anknüpfung an § 40 III 3; BFH VI R 171/98 BStBl II 02, 440; ebenso *HHR* § 51a Rz 41).

5 5. **Vorauszahlungen, § 51a IV.** Vorauszahlungen auf die Ergänzungsabgabe knüpfen an einen Vorauszahlungsbescheid zur ESt an. Dieser ist Grundlagenbescheid (BFH I R 123/95 BStBl II 96, 619, für KStVorauszahlungsbescheid). Solange ein solcher noch nicht ergangen ist, muss auch eine Ergänzungsabgabe nicht gezahlt werden (glA *BH/Ettlich* § 51a Rz 117; *HHR* § 51a Rz 47). Ist ein EStVorauszahlungsbescheid ergangen, ist kraft Gesetzes die auf die EStVorauszahlung entfallende Ergänzungsabgabe (=Vorauszahlung zur Ergänzungsabgabe) zu zahlen, ohne dass es eines Vorauszahlungsbescheides zur Ergänzungsabgabe bedarf; ein solcher ist aber sinnvoll (s *HHR* § 51a Rz 47: systemwidrige Selbstberechnung). Säumnisfolgen treten ohne Ergehen eines entsprechenden Vorauszahlungsbescheids zur Ergänzungsabgabe ein (Ausschluss des § 240 I 3 AO; mE unangemessene gesetzgeberische Entscheidung); die vorauszuzahlende Ergänzungsabgabe kann zusammen mit dem EStVorauszahlungsbescheid beigetrieben werden (analoge Anwendung des § 254 II AO). Wird die EStVorauszahlung herabgesetzt und führt dies zu einer entsprechenden Erstattung der ESt-Vorauszahlungen, ist die ebenfalls überzahlte Vorauszahlung zur Ergänzungsabgabe zu erstatten, ohne dass insoweit ein besonderer Bescheid ergehen muss. – Die **Jahres-Ergänzungsabgabe** ist aber nur nach Ergehen eines entsprechenden Ergänzungsabgabebescheids zu zahlen; die Erstattung zu viel vorausgezahlter Ergänzungsabgabe setzt einen Bescheid über die Jahres-Ergänzungsabgabe mit der entsprechenden Abrechnung der Vorauszahlungen zur Ergänzungsabgabe voraus.

6 6. **Grundlagenbescheide, § 51a V.** EStVorauszahlungsbescheid und EStJahresbescheid sind Grundlagenbescheide für die Ergänzungsabgabe (s auch BFH I R 67/94 BStBl II 95, 305, und BFH I R 123/95 BStBl II 96, 619), allerdings nur hinsicht solcher Besteuerungsgrundlagen, die für die Festsetzung der ESt als Maßstabsteuer relevant sind (vgl BFH I R 53/10 BFH/NV 12, 23 mwN). Dies gilt auch im Falle der Nichtberücksichtigung von Kinderfreibeträgen bei der Festsetzung der Zuschlagsteuern (FG Ddorf EFG 00, 439, rkr).

7. Kirchensteuer, § 51a VI. § 51a hat wegen der fehlenden Gesetzgebungskompetenz des Bundes keine unmittelbare Geltung für die von den Ländern erlassenen KiSt-Gesetze. Soweit diese vorsehen, dass die KiSt auch als Zuschlag zur ESt erhoben werden kann, bedienen sie sich jedoch dieser Vorschrift durch Verweise (s BT-Drs 17/2865, 5: Mustervorschrift für die Landesgesetzgeber; s auch BT-Drs 18/4876, 2, zu Erhebung und Einzug der KiSt).

8. Verfahrensrecht. Streitet sich der StPfl mit dem FA über die Höhe der festzusetzenden Steuer (ESt, KapESt, KSt), muss er darauf achten, den **Klageantrag** entspr zu formulieren. Wird im Klageantrag der *SolZ ausdrückl genannt*, ist die Klage insoweit **unzulässig**; denn gem § 51a V 1 bzw § 1 V 1 SolZG kann mit einem Rechtsbehelf gegen die Zuschlagsteuer weder die Bemessungsgrundlage noch die Höhe des zu versteuernden Einkommens angegriffen werden. Eine entspr einschr Auslegung des Klageantrags lehnt die Rspr jedenfalls bei fachkundig vertretenen StPfl ab (s BFH VIII R 42/15 BStBl II 19, 96 Rz 41; BFH I R 37/15 BStBl II 18, 144 Rz 22).

II. Solidaritätszuschlag

1. Rückführung. Mit **Gesetz zur Rückführung SolZ** (BGBl I 19, 2115) sind mit Wirkung **ab VZ 2021** (s § 6 Abs 21 SolZG) die Freigrenzen in § 3 III 1 SolZG für die Einzelveranlagung von 972 € auf **16 956 €** und für die Zusammenveranlagung von 1944 € auf **33 912 €** angehoben worden; die Beträge für den LSt-Abzug in § 3 IV 1 Nr 1–3 SolZG wurden entspr angepasst. Damit sollen künftig **90 % der Zahler vollständig vom SolZ entlastet** werden (s BT-Drs 19/14103, 7). Vollständig entlastet werden nach Auskunft des *BMF* im VZ 2021 Alleinstehende mit einem Bruttojahreslohn von bis zu 73 874 € und (zB) Familien mit zwei Kindern mit einem Bruttojahreslohn von bis zu 151 990 €. Für weitere 6,5 % der Zahler entfällt der SolZ zumindest teilweise durch Schaffung einer sog **Milderungszone**, in der die für den Fall des Überschreitens der Freigrenzen die Durchschnittsbelastung durch den SolZ (erst) allmähl an die **Normalbelastung von 5,5 %** der Bemessungsgrundlage herangeführt wird (§ 4 S 2 SolZG). – Zu den damit verbundenen **verfrechtl Problemen** s *Bundesrechnungshof* BR-Drs 19/5500, 98 f (Wegfall der Rechtfertigung für die Fortführung des SolZ nach 2019, sozialpolitisch motivierte Beschränkung auf „Besserverdiener"); ferner *G. Kirchhof* DB 21, 1039; *Kube* FR 18, 408; *Hoch* DStR 18, 2410; *Wernsmann* NJW 18, 916; **aA** *Tappe* NVwZ 20, 517. Zur mögl „Umwidmung" im Hinblick auf die finanziellen Auswirkungen der Pandemie *Woitok* StuW 21, 17.

Hinsichtl der Weitergeltung des SolZ für **KapGes** s BT-Drs 19/13785, 2, BT-Drs 19/16715 und *Beznoska/Hentze* DB 19, 1397; zur Weitergeltung bei der **AbgeltungSt** s BT-Drs 19/14585. Zu den Auswirkungen auf **Gewerbetreibende** s BT-Drs 19/16628.

2. Verfassungsmäßigkeit. Der SolZ wird seit 1995 wieder erhoben (BVerfG 2 BvL 3/10 DStR 10, 1982: verfgemäß). Die sorgfältig begründete Vorlage des FG Nds EFG 10, 1071 wurde durch Kammerbeschluss als *unzulässig* behandelt (s Kritik von *Birk* FR 10, 1002), ebenso jetzt die Vorlage des BFH zu § 3 SolZG in Bezug auf die Auszahlung des KStGuthabens nach § 37 V KStG 2002 (BVerfG 2 BvL 12/11 DStR 21, 2888 – Rev I R 49/21). Das FG Nds hatte für **VZ 2007** das BVerfG erneut angerufen (FG Nds DStRE 14, 534, VerfBeschw BVerfG 2 BvL 6/14) und zwischenzeitl wegen **VZ 2012** AdV gewährt (FG Nds EFG 16, 63, Anm *Kreft* DB 15, 2973), ist aber vom BFH aufgehoben worden (BFH II B 91/15 BStBl II 16, 846, Anm *Meßbacher-Hönsch* HFR 16, 815). Der BFH hat die Verfassungsmäßigkeit auch für **VZ 2011** bejaht (BFH II R 64/15 BStBl II 19, 289; s auch BFH II R 52/10 BStBl II 12, 43, unter Hinweis auf den noch **bis 2019** lfd Solidarpakt II; FG Nbg EFG 15, 1389, Rev II R 27/15; FG Mster EFG 10, 588, rkr; s auch *HHR* Anhang zu § 51a Rz 3); AdV wird überwiegend abgelehnt (FG Nds EFG 10, 1438, rkr; FG Hbg EFG 10, 1532, rkr, Anm *Siegers* zu Recht sehr krit). Die FÄ veranlagen den SolZ ab VZ 05 vorläufig gem § 165 I 2 Nr 3 AO (*BMF* BStBl I 21, 680). Dass die Bemessungsgrundlage ohne Berücksichtigung von § 35 zu ermitteln ist, ist verfgemäß (BFH II R 63/15 BStBl II 21, 184, Verf-Beschw 2 BvR 1421/19); dasselbe gilt für die Erhöhung durch die Nachsteuer iSv § 34a IV 2 (BFH IX R 34/18 BStBl II 21, 455). Eine Klage wegen Vorauszahlungen **für VZ 2020** hat FG Nbg EFG 20, 1771 (Rev IX R 15/20) abgewiesen (s auch FG Nbg EFG 21, 1 rkr: keine AdV). – Gegen die **Fortführung des SolZ** ist ebenfalls VerfBeschw eingelegt worden (BVerfG 2 BvR 1505/20).

§ 52 Anwendungsvorschriften

(1) ¹Diese Fassung des Gesetzes ist, soweit in den folgenden Absätzen nichts anderes bestimmt ist, erstmals für den Veranlagungszeitraum 2022 [ab 1.1.2024: 2024] anzuwenden. ²Beim Steuerabzug vom Arbeitslohn gilt Satz 1 mit der Maßgabe, dass diese Fassung erstmals auf den laufenden Arbeitslohn anzuwenden ist, der für einen nach dem 31. Dezember 2021 [ab 1.1.2024: 2023] endenden Lohnzahlungszeitraum gezahlt wird, und auf sonstige Bezüge, die nach dem 31. Dezember 2021 [ab 1.1.2024: 2023] zufließen. ³Beim Steuerabzug vom Kapitalertrag gilt Satz 1 mit der Maßgabe, dass diese Fassung des Gesetzes erstmals auf Kapitalerträge anzuwenden ist, die dem Gläubiger nach dem 31. Dezember 2021 [ab 1.1.2024: 2023] zufließen.

(2) ¹§ 2a Absatz 1 Satz 1 Nummer 6 Buchstabe b in der am 1. Januar 2000 geltenden Fassung ist erstmals auf negative Einkünfte eines Steuerpflichtigen anzuwenden, die er aus einer entgeltlichen Überlassung von Schiffen auf Grund eines nach dem 31. Dezember 1999 rechtswirksam abgeschlossenen obligatorischen Vertrags oder gleichstehenden Rechtsakts erzielt. ²Für negative Einkünfte im Sinne des § 2a Absatz 1 und 2 in der am 24. Dezember 2008 geltenden Fassung, die vor dem 25. Dezember 2008 nach § 2a Absatz 1 Satz 5 bestandskräftig gesondert festgestellt wurden, ist § 2a Absatz 1 Satz 3 bis 5 in der am 24. Dezember 2008 geltenden Fassung weiter anzuwenden. ³§ 2a Absatz 3 Satz 3, 5 und 6 in der am 29. April 1997 geltenden Fassung ist für Veranlagungszeiträume ab 1999 weiter anzuwenden, soweit sich ein positiver Betrag im Sinne des § 2a Absatz 3 Satz 3 in der am 29. April 1997 geltenden Fassung ergibt oder soweit eine in einem ausländischen Staat belegene Betriebsstätte im Sinne des § 2a Absatz 4 in der Fassung des § 52 Absatz 3 Satz 8 in der am 30. Juli 2014 geltenden Fassung in eine Kapitalgesellschaft umgewandelt, übertragen oder aufgegeben wird. ⁴Insoweit ist in § 2a Absatz 3 Satz 5 letzter Halbsatz in der am 29. April 1997 geltenden Fassung die Angabe „§ 10d Absatz 3" durch die Angabe „§ 10d Absatz 4" zu ersetzen.

(3) § 2b in der Fassung der Bekanntmachung vom 19. Oktober 2002 (BGBl. I S. 4210; 2003 I S. 179) ist weiterhin für Einkünfte aus einer Einkunftsquelle im Sinne des § 2b anzuwenden, die der Steuerpflichtige nach dem 4. März 1999 und vor dem 11. November 2005 rechtswirksam erworben oder begründet hat.

(4) ¹§ 3 Nummer 5 in der am 30. Juni 2013 geltenden Fassung ist vorbehaltlich des Satzes 2 erstmals für den Veranlagungszeitraum 2013 anzuwenden. ²§ 3 Nummer 5 in der am 29. Juni 2013 geltenden Fassung ist weiterhin anzuwenden für freiwillig Wehrdienst Leistende, die das Dienstverhältnis vor dem 1. Januar 2014 begonnen haben. ³§ 3 Nummer 10 in der am 31. Dezember 2005 geltenden Fassung ist weiter anzuwenden für ausgezahlte Übergangsbeihilfen an Soldatinnen auf Zeit und Soldaten auf Zeit, wenn das Dienstverhältnis vor dem 1. Januar 2006 begründet worden ist. ⁴Auf fortlaufende Leistungen nach dem Gesetz über die Heimkehrerstiftung vom 21. Dezember 1992 (BGBl. I S. 2094, 2101), das zuletzt durch Artikel 1 des

Anwendungsvorschriften § 52

Gesetzes vom 10. Dezember 2007 (BGBl. I S. 2830) geändert worden ist, in der jeweils geltenden Fassung ist § 3 Nummer 19 in der am 31. Dezember 2010 geltenden Fassung weiter anzuwenden. ⁵ § 3 Nummer 26 und 26a in der Fassung des Artikels 2 des Gesetzes vom 11. Dezember 2018 (BGBl. I S. 2338) ist in allen offenen Fällen anzuwenden. ⁶ Für die Anwendung des § 3 Nummer 34 in der Fassung des Artikels 3 des Gesetzes vom 11. Dezember 2018 (BGBl. I S. 2338) ist das Zertifizierungserfordernis nach § 20 Absatz 2 Satz 2 in Verbindung mit § 20 Absatz 5 des Fünften Buches Sozialgesetzbuch für bereits vor dem 1. Januar 2019 begonnene unzertifizierte Gesundheitsmaßnahmen erstmals maßgeblich für Sachbezüge, die nach dem 31. Dezember 2019 gewährt werden. ⁷ § 3 Nummer 37 in der Fassung des Artikels 3 des Gesetzes vom 11. Dezember 2018 (BGBl. I S. 2338) ist letztmals für den Veranlagungszeitraum 2030 anzuwenden, sowie beim Steuerabzug vom Arbeitslohn auf Vorteile, die in einem vor dem 1. Januar 2031 endenden Lohnzahlungszeitraum oder als sonstige Bezüge vor dem 1. Januar 2031 zugewendet werden. ⁸ § 3 Nummer 40 ist erstmals anzuwenden für

1. Gewinnausschüttungen, auf die bei der ausschüttenden Körperschaft der nach Artikel 3 des Gesetzes vom 23. Oktober 2000 (BGBl. I S. 1433) aufgehobene Vierte Teil des Körperschaftsteuergesetzes nicht mehr anzuwenden ist; für die übrigen in § 3 Nummer 40 genannten Erträge im Sinne des § 20 gilt Entsprechendes;
2. Erträge im Sinne des § 3 Nummer 40 Satz 1 Buchstabe a, b, c und j nach Ablauf des ersten Wirtschaftsjahres der Gesellschaft, an der die Anteile bestehen, für das das Körperschaftsteuergesetz in der Fassung des Artikels 3 des Gesetzes vom 23. Oktober 2000 (BGBl. I S. 1433) erstmals anzuwenden ist.

⁹ § 3 Nummer 40 Satz 1 Buchstabe d Satz 3 in der Fassung des Artikels 1 des Gesetzes vom 25. Juni 2021 (BGBl. I S. 2035) ist erstmals für Bezüge anzuwenden, die nach dem 31. Dezember 2019 zufließen. ¹⁰ § 3 Nummer 40 Satz 3 und 4 in der am 12. Dezember 2006 geltenden Fassung ist für Anteile, die einbringungsgeboren im Sinne des § 21 des Umwandlungssteuergesetzes in der am 12. Dezember 2006 geltenden Fassung sind, weiter anzuwenden. ¹¹ § 3 Nummer 40 Satz 3 erster Halbsatz in der am 1. Januar 2017 geltenden Fassung ist erstmals für den Veranlagungszeitraum 2017 anzuwenden; der zweite Halbsatz ist erstmals auf Anteile, die nach dem 31. Dezember 2016 dem Betriebsvermögen zugehen. ¹² Bei vom Kalenderjahr abweichenden Wirtschaftsjahren ist § 3 Nummer 40 Buchstabe d Satz 2 in der am 30. Juni 2013 geltenden Fassung erstmals für den Veranlagungszeitraum anzuwenden, in dem das Wirtschaftsjahr endet, das nach dem 31. Dezember 2013 begonnen hat. ¹³ § 3 Nummer 40a in der am 6. August 2004 geltenden Fassung ist auf Vergütungen im Sinne des § 18 Absatz 1 Nummer 4 anzuwenden, wenn die vermögensverwaltende Gesellschaft oder Gemeinschaft nach dem 31. März 2002 und vor dem 1. Januar 2009 gegründet worden ist oder soweit die Vergütungen in Zusammenhang mit der Veräußerung von Anteilen an Kapitalgesellschaften stehen, die nach dem 7. November 2003 und vor dem 1. Januar 2009 erworben worden sind. ¹⁴ § 3 Nummer 40a in der am 19. August 2008 geltenden Fassung ist erstmals auf Vergütungen im Sinne des § 18 Absatz 1 Nummer 4 anzuwenden, wenn die vermögensverwaltende Gesellschaft oder Gemeinschaft nach dem 31. Dezember 2008 gegründet worden ist. ¹⁵ § 3 Nummer 41 in der am 30. Juni 2021 geltenden Fassung ist letztmals für den Veranlagungszeitraum 2021 anzuwenden. ¹⁶ § 3 Nummer 46 in der am 17. November 2016 geltenden Fassung ist erstmals anzuwenden auf Vorteile, die in einem nach dem 31. Dezember 2016 endenden Lohnzahlungszeitraum oder als sonstige Bezüge nach dem 31. Dezember 2016 zugewendet werden, und

§ 52

Anwendungsvorschriften

letztmals anzuwenden auf Vorteile, die in einem vor dem 1. Januar 2031 endenden Lohnzahlungszeitraum oder als sonstige Bezüge vor dem 1. Januar 2031 zugewendet werden. [17] § 3 Nummer 60 in der am 13. August 2020 geltenden Fassung ist weiterhin anzuwenden für Anpassungsgelder an Arbeitnehmer im Steinkohlenbergbau bis zum Auslaufen dieser öffentlichen Mittel im Jahr 2027. [18] Der Höchstbetrag nach § 3 Nummer 63 Satz 1 verringert sich um Zuwendungen, auf die § 40b Absatz 1 und 2 Satz 1 und 2 in der am 31. Dezember 2004 geltenden Fassung angewendet wird. [19] § 3 Nummer 63 Satz 3 in der ab dem 1. Januar 2018 geltenden Fassung ist nicht anzuwenden, soweit § 40b Absatz 1 und 2 Satz 3 und 4 in der am 31. Dezember 2004 geltenden Fassung angewendet wird. [20] § 3 Nummer 71 in der am 31. Dezember 2014 geltenden Fassung ist erstmals für den Veranlagungszeitraum 2013 anzuwenden. [21] § 3 Nummer 71 in der Fassung des Artikels 1 des Gesetzes vom 27. Juni 2017 (BGBl. I S. 2074) ist erstmals für den Veranlagungszeitraum 2017 anzuwenden.

(4a) [1] § 3a in der Fassung des Artikels 2 des Gesetzes vom 27. Juni 2017 (BGBl. I S. 2074) ist erstmals in den Fällen anzuwenden, in denen die Schulden ganz oder teilweise nach dem 8. Februar 2017 erlassen wurden. [2] Satz 1 gilt bei einem Schuldenerlass nach dem 8. Februar 2017 nicht, wenn dem Steuerpflichtigen auf Antrag Billigkeitsmaßnahmen aus Gründen des Vertrauensschutzes für einen Sanierungsertrag auf Grundlage von § 163 Absatz 1 Satz 2 und den §§ 222, 227 der Abgabenordnung zu gewähren sind. [3] Auf Antrag des Steuerpflichtigen ist § 3a auch in den Fällen anzuwenden, in denen die Schulden vor dem 9. Februar 2017 erlassen wurden. [4] Satz 1 gilt auch für § 3a Absatz 3a in der Fassung des Artikels 1 des Gesetzes vom 12. Dezember 2019 (BGBl. I S. 2451).

(5) [1] § 3c Absatz 2 Satz 3 und 4 in der am 12. Dezember 2006 geltenden Fassung ist für Anteile, die einbringungsgeboren im Sinne des § 21 des Umwandlungssteuergesetzes in der am 12. Dezember 2006 geltenden Fassung sind, weiter anzuwenden. [2] § 3c Absatz 2 in der am 31. Dezember 2014 geltenden Fassung ist erstmals für Wirtschaftsjahre anzuwenden, die nach dem 31. Dezember 2014 beginnen. [3] § 3c Absatz 4 in der Fassung des Artikels 2 des Gesetzes vom 27. Juni 2017 (BGBl. I S. 2074) ist für Betriebsvermögensminderungen oder Betriebsausgaben in unmittelbarem wirtschaftlichem Zusammenhang mit einem Schuldenerlass nach dem 8. Februar 2017 anzuwenden, für den § 3a angewendet wird. [4] § 3c Absatz 4 ist auch in den Fällen anzuwenden, in denen dem Steuerpflichtigen die Steuerbefreiung des § 3a auf Grund eines Antrags nach Absatz 4a Satz 3 gewährt wird.

(6) [1] § 4 Absatz 1 Satz 3 in der Fassung des Artikels 1 des Gesetzes vom 25. Juni 2021 (BGBl. I S. 2035) ist erstmals für nach dem 31. Dezember 2019 endende Wirtschaftsjahre anzuwenden. [2] § 4 Absatz 1 Satz 4 in der Fassung des Artikels 1 des Gesetzes vom 8. Dezember 2010 (BGBl. I S. 1768) gilt in allen Fällen, in denen § 4 Absatz 1 Satz 3 anzuwenden ist. [3] § 4 Absatz 1 Satz 9 in der Fassung des Artikels 1 des Gesetzes vom 25. Juni 2021 (BGBl. I S 2035) ist erstmals für nach dem 31. Dezember 2019 endende Wirtschaftsjahre anzuwenden. [4] § 4 Absatz 3 Satz 4 ist nicht anzuwenden, soweit die Anschaffungs- oder Herstellungskosten vor dem 1. Januar 1971 als Betriebsausgaben abgesetzt worden sind. [5] § 4 Absatz 3 Satz 4 und 5 in der Fassung des Artikels 1 des Gesetzes vom 28. April 2006 (BGBl. I S. 1095) ist erstmals für Wirtschaftsgüter anzuwenden, die nach dem 5. Mai 2006 angeschafft, hergestellt oder in das Betriebsvermögen eingelegt werden. [6] Die Anschaffungs- oder Herstellungskosten für nicht abnutzbare Wirtschaftsgüter des Anlagevermögens, die vor dem 5. Mai 2006 angeschafft, hergestellt oder in das Betriebsvermögen eingelegt wurden, sind erst im Zeitpunkt des Zuflusses des Veräußerungserlöses

Anwendungsvorschriften § 52

oder im Zeitpunkt der Entnahme als Betriebsausgaben zu berücksichtigen. [7] § 4 Absatz 4a in der Fassung des Gesetzes vom 22. Dezember 1999 (BGBl. I S. 2601) ist erstmals für das Wirtschaftsjahr anzuwenden, das nach dem 31. Dezember 1998 endet. [8] Über- und Unterentnahmen vorangegangener Wirtschaftsjahre bleiben unberücksichtigt. [9] Bei vor dem 1. Januar 1999 eröffneten Betrieben sind im Fall der Betriebsaufgabe bei der Überführung von Wirtschaftsgütern aus dem Betriebsvermögen in das Privatvermögen die Buchwerte nicht als Entnahme anzusetzen; im Fall der Betriebsveräußerung ist nur der Veräußerungsgewinn als Entnahme anzusetzen. [10] § 4 Absatz 5 Satz 1 Nummer 5 in der Fassung des Artikels 1 des Gesetzes vom 20. Februar 2013 (BGBl. I S. 285) ist erstmals ab dem 1. Januar 2014 anzuwenden. [11] § 4 Absatz 5 Satz 1 Nummer 6a in der Fassung des Artikels 1 des Gesetzes vom 20. Februar 2013 (BGBl. I S. 285) ist erstmals ab dem 1. Januar 2014 anzuwenden. [12] § 4 Absatz 5 Satz 1 Nummer 8 in der Fassung des Artikels 1 des Gesetzes vom 12. Dezember 2019 (BGBl. I S. 2451) ist erstmals anzuwenden auf nach dem 31. Dezember 2018 festgesetzte Geldbußen, Ordnungsgelder und Verwarnungsgelder sowie auf nach dem 31. Dezember 2018 entstandene mit der Geldbuße, dem Ordnungsgeld oder dem Verwarnungsgeld zusammenhängende Aufwendungen. [13] § 4 Absatz 5 Satz 1 Nummer 8a in der Fassung des Artikels 1 des Gesetzes vom 12. Dezember 2019 (BGBl. I S. 2451) ist erstmals anzuwenden auf nach dem 31. Dezember 2018 festgesetzte Zinsen im Sinne der Vorschrift. [14] § 4 Absatz 10 in der Fassung des Artikels 2 des Gesetzes vom 12. Dezember 2019 (BGBl. I S. 2451) ist erstmals anzuwenden auf nach dem 31. Dezember 2019 durchgeführte Übernachtungen im Sinne der Vorschrift. [15] § 4 Absatz 5 Satz 1 Nummer 6b Satz 4 in der Fassung des Artikels 1 des Gesetzes vom 21. Dezember 2020 (BGBl. I S. 3096) ist für nach dem 31. Dezember 2019 und vor dem 1. Januar 2022 in der häuslichen Wohnung ausgeübte Tätigkeiten anzuwenden.

(7) *(aufgehoben)*

(8) [1] § 4f in der Fassung des Gesetzes vom 18. Dezember 2013 (BGBl. I S. 4318) ist erstmals für Wirtschaftsjahre anzuwenden, die nach dem 28. November 2013 enden. [2] § 4f Absatz 1 Satz 3 in der Fassung des Artikels 1 des Gesetzes vom 21. Dezember 2020 (BGBl. I S. 3096) ist erstmals für Wirtschaftsjahre anzuwenden, die nach dem 31. Dezember 2019 enden; bei nach § 4a vom Kalenderjahr abweichenden Wirtschaftsjahren ist § 4f Absatz 1 Satz 3 spätestens für Wirtschaftsjahre anzuwenden, die nach dem 17. Juli 2020 enden.

(8a) § 4g Absatz 1 in der Fassung des Artikels 1 des Gesetzes vom 25. Juni 2021 (BGBl. I S. 2035) ist in allen offenen Fällen anzuwenden.

(8b) § 4j in der Fassung des Artikels 1 des Gesetzes vom 27. Juni 2017 (BGBl. I S. 2074) ist erstmals für Aufwendungen anzuwenden, die nach dem 31. Dezember 2017 entstehen.

(8c) [1] § 4k in der Fassung des Artikels 1 des Gesetzes vom 25. Juni 2021 (BGBl. I S. 2035) ist erstmals für Aufwendungen anzuwenden, die nach dem 31. Dezember 2019 entstehen. [2] Aufwendungen, die rechtlich bereits vor dem 1. Januar 2020 verursacht wurden, gelten bei der Anwendung des Satzes 1 nur insoweit als nach dem 31. Dezember 2019 entstanden, als ihnen ein Dauerschuldverhältnis zugrunde liegt und sie ab diesem Zeitpunkt ohne wesentliche Nachteile hätten vermieden werden können. [3] Ein Nachteil ist insbesondere dann wesentlich im Sinne des Satzes 2, wenn sämtliche mit der Vermeidung der Aufwendungen verbundenen Kosten den steuerlichen Vorteil infolge der Besteuerungsinkongruenz übersteigen. [4] Satz 2 gilt nicht, wenn das Dauerschuldverhältnis nach dem 31. Dezember 2019 wesentlich geändert wurde.

§ 52

(9) [1] § 5 Absatz 7 in der Fassung des Gesetzes vom 18. Dezember 2013 (BGBl. I S. 4318) ist erstmals für Wirtschaftsjahre anzuwenden, die nach dem 28. November 2013 enden. [2] Auf Antrag kann § 5 Absatz 7 auch für frühere Wirtschaftsjahre angewendet werden. [3] Bei Schuldübertragungen, Schuldbeitritten und Erfüllungsübernahmen, die vor dem 14. Dezember 2011 vereinbart wurden, ist § 5 Absatz 7 Satz 5 mit der Maßgabe anzuwenden, dass für einen Gewinn, der sich aus der Anwendung von § 5 Absatz 7 Satz 1 bis 3 ergibt, jeweils in Höhe von 19 Zwanzigsteln eine gewinnmindernde Rücklage gebildet werden kann, die in den folgenden 19 Wirtschaftsjahren jeweils mit mindestens einem Neunzehntel gewinnerhöhend aufzulösen ist.

(10) [1] § 5a Absatz 3 in der Fassung des Artikels 9 des Gesetzes vom 29. Dezember 2003 (BGBl. I S. 3076) ist erstmals für das Wirtschaftsjahr anzuwenden, das nach dem 31. Dezember 2005 endet. [2] § 5a Absatz 3 Satz 1 in der am 31. Dezember 2003 geltenden Fassung ist weiterhin anzuwenden, wenn der Steuerpflichtige im Fall der Anschaffung das Handelsschiff auf Grund eines vor dem 1. Januar 2006 rechtswirksam abgeschlossenen schuldrechtlichen Vertrags oder gleichgestellten Rechtsakts angeschafft oder im Fall der Herstellung mit der Herstellung des Handelsschiffs vor dem 1. Januar 2006 begonnen hat. [3] In Fällen des Satzes 2 muss der Antrag auf Anwendung des § 5a Absatz 1 spätestens bis zum Ablauf des Wirtschaftsjahres gestellt werden, das vor dem 1. Januar 2008 endet. [4] § 5a Absatz 4 Satz 5 bis 7 in der Fassung des Artikels 1 des Gesetzes vom 2. Juni 2021 (BGBl. I S. 1259) ist erstmals auf Wirtschaftsjahre anzuwenden, die nach dem 31. Dezember 1998 beginnen. [5] Soweit Ansparabschreibungen im Sinne des § 7g Absatz 3 in der am 17. August 2007 geltenden Fassung zum Zeitpunkt des Übergangs zur Gewinnermittlung nach § 5a Absatz 1 noch nicht gewinnerhöhend aufgelöst worden sind, ist § 5a Absatz 5 Satz 3 in der am 17. August 2007 geltenden Fassung anzuwenden. [6] § 5a Absatz 6 in der durch Artikel 1 des Gesetzes vom 12. Dezember 2019 (BGBl. I S. 2451) geänderten Fassung ist erstmals für Wirtschaftsjahre anzuwenden, die nach dem 31. Dezember 2018 beginnen.

(11) § 5b in der Fassung des Artikels 1 des Gesetzes vom 20. Dezember 2008 (BGBl. I S. 2850) ist erstmals für Wirtschaftsjahre anzuwenden, die nach dem 31. Dezember 2010 beginnen.

(12) [1] § 6 Absatz 1 Nummer 1b kann auch für Wirtschaftsjahre angewendet werden, die vor dem 23. Juli 2016 enden. [2] § 6 Absatz 1 Nummer 4 Satz 2 Nummer 3 und Satz 3 Nummer 3 in der Fassung des Artikels 1 des Gesetzes vom 29. Juni 2020 (BGBl. I S. 1512) ist bereits ab dem 1. Januar 2020 anzuwenden. [3] § 6 Absatz 1 Nummer 4 Satz 6 ist bis zum 31. Dezember 2030 anzuwenden. [4] § 6 Absatz 1 Nummer 5 Satz 1 Buchstabe c in der Fassung des Artikels 2 des Gesetzes vom 11. Dezember 2018 (BGBl. I S. 2338) ist erstmals bei Wirtschaftsgütern anzuwenden, die nach dem 31. Dezember 2017 in ein Betriebsvermögen eingelegt werden. [5] § 6 Absatz 2 Satz 4 in der Fassung des Artikels 4 des Gesetzes vom 30. Juni 2017 (BGBl. I S. 2143) ist erstmals bei Wirtschaftsgütern anzuwenden, die nach dem 31. Dezember 2017 angeschafft, hergestellt oder in das Betriebsvermögen eingelegt werden. [6] § 6 Absatz 2 Satz 1 in der Fassung des Artikels 1 des Gesetzes vom 27. Juni 2017 (BGBl. I S. 2074) ist erstmals bei Wirtschaftsgütern anzuwenden, die nach dem 31. Dezember 2017 angeschafft, hergestellt oder in das Betriebsvermögen eingelegt werden. [7] § 6 Absatz 5 Satz 1 zweiter Halbsatz in der am 14. Dezember 2010 geltenden Fassung gilt in allen Fällen, in denen § 4 Absatz 1 Satz 3 anzuwenden ist. [8] § 6 Absatz 2a in der Fassung des Artikels 1 des Gesetzes vom 27. Juni 2017 (BGBl. I S. 2074) ist erstmals bei Wirtschaftsgütern anzuwenden, die nach dem 31. Dezember 2017 angeschafft, hergestellt oder in das Betriebsvermögen eingelegt werden. [9] § 6 Absatz 1 Nummer 4 Satz 1 zweiter Halbsatz,

Nummer 5a zweiter Halbsatz und Nummer 5b in der Fassung des Artikels 1 des Gesetzes vom 25. Juni 2021 (BGBl. I S. 2035) ist erstmals für nach dem 31. Dezember 2019 endende Wirtschaftsjahre anzuwenden.

(13) *(aufgehoben)*

(14) [1] § 6b Absatz 2a in der am 6. November 2015 geltenden Fassung ist auch auf Gewinne im Sinne des § 6b Absatz 2 anzuwenden, die vor dem 6. November 2015 entstanden sind. [2] § 6b Absatz 10 Satz 11 in der am 12. Dezember 2006 geltenden Fassung ist für Anteile, die einbringungsgeboren im Sinne des § 21 des Umwandlungssteuergesetzes in der am 12. Dezember 2006 geltenden Fassung sind, weiter anzuwenden. [3] § 6b Absatz 2a in der Fassung des Artikels 1 des Gesetzes vom 11. Dezember 2018 (BGBl. I S. 2338) ist erstmals auf Gewinne im Sinne des § 6b Absatz 2 anzuwenden, die in nach dem 31. Dezember 2017 beginnenden Wirtschaftsjahren entstanden sind. [4] Die Fristen des § 6b Absatz 3 Satz 2, 3 und 5, Absatz 8 Satz 1 Nummer 1 sowie Absatz 10 Satz 1 und 8 verlängern sich jeweils um zwei Jahre, wenn die Rücklage wegen § 6b Absatz 3 Satz 5, Absatz 8 Satz 1 Nummer 1 in Verbindung mit Absatz 3 Satz 5 oder Absatz 10 Satz 8 am Schluss des nach dem 29. Februar 2020 und vor dem 1. Januar 2021 endenden Wirtschaftsjahres aufzulösen wäre. [5] Die in Satz 4 genannten Fristen verlängern sich um ein Jahr, wenn die Rücklage wegen § 6b Absatz 3 Satz 5, Absatz 8 Satz 1 Nummer 1 in Verbindung mit Absatz 3 Satz 5 oder Absatz 10 Satz 8 am Schluss des nach dem 31. Dezember 2020 und vor dem 1. Januar 2022 endenden Wirtschaftsjahres aufzulösen wäre.

(14a) § 6e in der Fassung des Artikels 1 des Gesetzes vom 12. Dezember 2019 (BGBl. I S. 2451) ist auch in Wirtschaftsjahren anzuwenden, die vor dem 18. Dezember 2019 enden.

(15) [1] Bei Wirtschaftsgütern, die vor dem 1. Januar 2001 angeschafft oder hergestellt worden sind, ist § 7 Absatz 2 Satz 2 in der Fassung des Gesetzes vom 22. Dezember 1999 (BGBl. I S. 2601) weiter anzuwenden. [2] Bei Gebäuden, soweit sie zu einem Betriebsvermögen gehören und nicht Wohnzwecken dienen, ist § 7 Absatz 4 Satz 1 und 2 in der am 31. Dezember 2000 geltenden Fassung weiter anzuwenden, wenn der Steuerpflichtige im Fall der Herstellung vor dem 1. Januar 2001 mit der Herstellung des Gebäudes begonnen hat oder im Fall der Anschaffung das Objekt auf Grund eines vor dem 1. Januar 2001 rechtswirksam abgeschlossenen obligatorischen Vertrags oder gleichstehenden Rechtsakts angeschafft hat. [3] Als Beginn der Herstellung gilt bei Gebäuden, für die eine Baugenehmigung erforderlich ist, der Zeitpunkt, in dem der Bauantrag gestellt wird; bei baugenehmigungsfreien Gebäuden, für die Bauunterlagen einzureichen sind, der Zeitpunkt, in dem die Bauunterlagen eingereicht werden.

(15a) [1] Die Inanspruchnahme der Sonderabschreibungen nach § 7b in der Fassung des Artikels 1 des Gesetzes vom 4. August 2019 (BGBl. I S. 1122) kann erstmalig für den Veranlagungszeitraum 2018 und letztmalig für den Veranlagungszeitraum 2026, in den Fällen des § 4a letztmalig für Wirtschaftsjahre, die vor dem 1. Januar 2027 enden, geltend gemacht werden. [2] Das gilt auch dann, wenn der Abschreibungszeitraum nach § 7b Absatz 1 noch nicht abgelaufen ist.

(15b) § 7c in der Fassung des Artikels 2 des Gesetzes vom 12. Dezember 2019 (BGBl. I S. 2451) ist für nach dem 31. Dezember 2019 und vor dem 1. Januar 2031 angeschaffte neue Elektrolieferfahrzeuge anzuwenden.

(16) [1] § 7g Absatz 1 Satz 1, 2 Nummer 1, Absatz 2 Satz 1 und 3, Absatz 4 Satz 1 sowie Absatz 6 in der Fassung des Artikels 1 des Gesetzes vom 21. Dezember 2020 (BGBl. I S. 3096) ist erstmals für Investitionsabzugsbeträge und

§ 52 Anwendungsvorschriften

Sonderabschreibungen anzuwenden, die in nach dem 31. Dezember 2019 endenden Wirtschaftsjahren in Anspruch genommen werden; bei nach § 4a vom Kalenderjahr abweichenden Wirtschaftsjahren ist § 7g Absatz 1 Satz 2 Nummer 1 und Absatz 6 Nummer 1 spätestens für Investitionsabzugsbeträge und Sonderabschreibungen anzuwenden, die in nach dem 17. Juli 2020 endenden Wirtschaftsjahren in Anspruch genommen werden. ²§ 7g Absatz 2 Satz 2 und Absatz 7 in der Fassung des Artikels 1 des Gesetzes vom 21. Dezember 2020 (BGBl. I S. 3096) ist erstmals für Investitionsabzugsbeträge anzuwenden, die in nach dem 31. Dezember 2020 endenden Wirtschaftsjahren in Anspruch genommen werden. ³Bei in nach dem 31. Dezember 2016 und vor dem 1. Januar 2018 endenden Wirtschaftsjahren beanspruchten Investitionsabzugsbeträgen endet die Investitionsfrist abweichend von § 7g Absatz 3 Satz 1 erst zum Ende des fünften auf das Wirtschaftsjahr des Abzugs folgenden Wirtschaftsjahres. ⁴Bei in nach dem 31. Dezember 2017 und vor dem 1. Januar 2019 endenden Wirtschaftsjahren beanspruchten Investitionsabzugsbeträgen endet die Investitionsfrist abweichend von § 7g Absatz 3 Satz 1 erst zum Ende des vierten auf das Wirtschaftsjahr des Abzugs folgenden Wirtschaftsjahres.

(16a) ¹§ 7h Absatz 1a in der Fassung des Artikels 1 des Gesetzes vom 12. Dezember 2019 (BGBl. I S. 2451) ist erstmals auf Baumaßnahmen anzuwenden, mit denen nach dem 31. Dezember 2018 begonnen wurde. ²Als Beginn der Baumaßnahmen am Gebäude, für die eine Baugenehmigung erforderlich ist, gilt der Zeitpunkt, in dem der Bauantrag gestellt wurde. ³Bei baugenehmigungsfreien Baumaßnahmen, für die Bauunterlagen einzureichen sind, gilt als Beginn der Baumaßnahmen der Zeitpunkt, in dem die Bauunterlagen eingereicht werden. ⁴§ 7h Absatz 2 Satz 1 in der Fassung des Artikels 1 des Gesetzes vom 21. Dezember 2020 (BGBl. I S. 3096) ist erstmals anzuwenden auf Bescheinigungen der zuständigen Gemeindebehörde, die nach dem 31. Dezember 2020 erteilt werden. ⁵§ 7h Absatz 2 Satz 1 letzter Halbsatz in der Fassung des Artikels 1 des Gesetzes vom 12. Dezember 2019 (BGBl. I S. 2451) ist erstmals anzuwenden auf Bescheinigungen der zuständigen Gemeindebehörde, die nach dem 31. Dezember 2018 erteilt werden. ⁶§ 7h Absatz 3 in der Fassung des Artikels 1 des Gesetzes vom 12. Dezember 2019 (BGBl. I S. 2451) ist erstmals anzuwenden auf Baumaßnahmen, mit denen nach dem 31. Dezember 2018 begonnen wurde sowie auf Bescheinigungen, die nach dem 31. Dezember 2018 erteilt werden. ⁷§ 7i Absatz 2 Satz 1 in der Fassung des Artikels 1 des Gesetzes vom 21. Dezember 2020 (BGBl. I S. 3096) ist erstmals anzuwenden auf Bescheinigungen der nach Landesrecht zuständigen oder von der Landesregierung bestimmten Stelle, die nach dem 31. Dezember 2020 erteilt werden.

(16b) ¹§ 9 Absatz 1 Satz 3 Nummer 7 Satz 1 in der Fassung des Artikels 1 des Gesetzes vom 12. Dezember 2019 (BGBl. I S. 2451) ist erstmals anzuwenden auf Sonderabschreibungen nach § 7b in der Fassung des Artikels 1 des Gesetzes vom 4. August 2019 (BGBl. I S. 1122). ²§ 9 Absatz 5 Satz 2 in der Fassung des Artikels 1 des Gesetzes vom 27. Juni 2017 (BGBl. I S. 2074) ist erstmals für Aufwendungen im Sinne des § 4j in der Fassung des Artikels 1 des Gesetzes vom 27. Juni 2017 (BGBl. I S. 2074) anzuwenden, die nach dem 31. Dezember 2017 entstehen. ³§ 9 Absatz 5 Satz 2 in der Fassung des Artikels 1 des Gesetzes vom 12. Dezember 2019 (BGBl. I S. 2451) ist auch für Veranlagungszeiträume vor 2019 anzuwenden. ⁴§ 9 Absatz 5 Satz 2 in der Fassung des Artikels 1 des Gesetzes vom 25. Juni 2021 (BGBl. I S. 2035) ist erstmals für Aufwendungen im Sinne des § 4k anzuwenden, die nach dem 31. Dezember 2019 entstehen.

(17) § 9b Absatz 2 in der Fassung des Artikels 11 des Gesetzes vom 18. Dezember 2013 (BGBl. I S. 4318) ist auf Mehr- und Minderbeträge infolge von

Anwendungsvorschriften § 52

Änderungen der Verhältnisse im Sinne von § 15a des Umsatzsteuergesetzes anzuwenden, die nach dem 28. November 2013 eingetreten sind.

(18) ¹ § 10 Absatz 1a Nummer 2 in der am 1. Januar 2015 geltenden Fassung ist auf alle Versorgungsleistungen anzuwenden, die auf Vermögensübertragungen beruhen, die nach dem 31. Dezember 2007 vereinbart worden sind. ² Für Versorgungsleistungen, die auf Vermögensübertragungen beruhen, die vor dem 1. Januar 2008 vereinbart worden sind, gilt dies nur, wenn das übertragene Vermögen nur deshalb einen ausreichenden Ertrag bringt, weil ersparte Aufwendungen, mit Ausnahme des Nutzungsvorteils eines vom Vermögensübernehmer zu eigenen Zwecken genutzten Grundstücks, zu den Erträgen des Vermögens gerechnet werden. ³ § 10 Absatz 1 Nummer 5 in der am 1. Januar 2012 geltenden Fassung gilt auch für Kinder, die wegen einer vor dem 1. Januar 2007 in der Zeit ab Vollendung des 25. Lebensjahres und vor Vollendung des 27. Lebensjahres eingetretenen körperlichen, geistigen oder seelischen Behinderung außerstande sind, sich selbst zu unterhalten. ⁴ § 10 Absatz 2 Satz 1 Nummer 1 in der Fassung des Artikels 1 des Gesetzes vom 21. Dezember 2020 (BGBl. I S. 3096) ist in allen offenen Fällen anzuwenden. ⁵ § 10 Absatz 4b Satz 4 bis 6 in der am 30. Juni 2013 geltenden Fassung ist erstmals für die Übermittlung der Daten des Veranlagungszeitraums 2016 anzuwenden. ⁶ § 10 Absatz 5 in der am 31. Dezember 2009 geltenden Fassung ist auf Beiträge zu Versicherungen im Sinne des § 10 Absatz 1 Nummer 2 Buchstabe b Doppelbuchstabe bb bis dd in der am 31. Dezember 2004 geltenden Fassung weiterhin anzuwenden, wenn die Laufzeit dieser Versicherungen vor dem 1. Januar 2005 begonnen hat und ein Versicherungsbeitrag bis zum 31. Dezember 2004 entrichtet wurde.

(18a) § 10b Absatz 1 Satz 8 in der Fassung des Artikels 2 des Gesetzes vom 12. Dezember 2019 (BGBl. I S. 2451) ist erstmals auf Mitgliedsbeiträge anzuwenden, die nach dem 31. Dezember 2019 gezahlt werden.

(18b) ¹ § 10d Absatz 1 Satz 1 in der Fassung des Artikels 1 des Gesetzes vom 10. März 2021 (BGBl. I S. 330) ist für die Veranlagungszeiträume 2020 und 2021 anzuwenden. ² § 10d Absatz 1 Satz 1 in der Fassung des Artikels 2 des Gesetzes vom 10. März 2021 (BGBl. I S. 330) ist erstmals für den Veranlagungszeitraum 2022 anzuwenden.

(19) ¹ Für nach dem 31. Dezember 1986 und vor dem 1. Januar 1991 hergestellte oder angeschaffte Wohnungen im eigenen Haus oder Eigentumswohnungen sowie in diesem Zeitraum fertiggestellte Ausbauten oder Erweiterungen ist § 10e in der am 30. Dezember 1989 geltenden Fassung weiter anzuwenden. ² Für nach dem 31. Dezember 1990 hergestellte oder angeschaffte Wohnungen im eigenen Haus oder Eigentumswohnungen sowie in diesem Zeitraum fertiggestellte Ausbauten oder Erweiterungen ist § 10e in der am 28. Juni 1991 geltenden Fassung weiter anzuwenden. ³ Abweichend von Satz 2 ist § 10e Absatz 1 bis 5 und 6 bis 7 in der am 28. Juni 1991 geltenden Fassung erstmals für den Veranlagungszeitraum 1991 bei Objekten im Sinne des § 10e Absatz 1 und 2 anzuwenden, wenn im Fall der Herstellung der Steuerpflichtige nach dem 30. September 1991 den Bauantrag gestellt hat oder mit der Herstellung des Objekts begonnen hat oder im Fall der Anschaffung der Steuerpflichtige das Objekt nach dem 30. September 1991 auf Grund eines nach diesem Zeitpunkt rechtswirksam abgeschlossenen obligatorischen Vertrags oder gleichstehenden Rechtsakts angeschafft hat oder mit der Herstellung des Objekts nach dem 30. September 1991 begonnen worden ist. ⁴ § 10e Absatz 5a ist erstmals bei den in § 10e Absatz 1 und 2 bezeichneten Objekten anzuwenden, wenn im Fall der Herstellung der Steuerpflichtige den Bauantrag nach dem 31. Dezember 1991 gestellt oder, falls ein solcher nicht erforderlich ist,

§ 52 Anwendungsvorschriften

mit der Herstellung nach diesem Zeitpunkt begonnen hat, oder im Fall der Anschaffung der Steuerpflichtige das Objekt auf Grund eines nach dem 31. Dezember 1991 rechtswirksam abgeschlossenen obligatorischen Vertrags oder gleichstehenden Rechtsakts angeschafft hat. [5] § 10e Absatz 1 Satz 4 in der am 27. Juni 1993 geltenden Fassung und § 10e Absatz 6 Satz 3 in der am 30. Dezember 1993 geltenden Fassung sind erstmals anzuwenden, wenn der Steuerpflichtige das Objekt auf Grund eines nach dem 31. Dezember 1993 rechtswirksam abgeschlossenen obligatorischen Vertrags oder gleichstehenden Rechtsakts angeschafft hat. [6] § 10e ist letztmals anzuwenden, wenn der Steuerpflichtige im Fall der Herstellung vor dem 1. Januar 1996 mit der Herstellung des Objekts begonnen hat oder im Fall der Anschaffung das Objekt auf Grund eines vor dem 1. Januar 1996 rechtswirksam abgeschlossenen obligatorischen Vertrags oder gleichstehenden Rechtsakts angeschafft hat. [7] Als Beginn der Herstellung gilt bei Objekten, für die eine Baugenehmigung erforderlich ist, der Zeitpunkt, in dem der Bauantrag gestellt wird; bei baugenehmigungsfreien Objekten, für die Bauunterlagen einzureichen sind, gilt als Beginn der Herstellung der Zeitpunkt, in dem die Bauunterlagen eingereicht werden.

(20) § 12 Nummer 4 in der Fassung des Artikels 1 des Gesetzes vom 12. Dezember 2019 (BGBl. I. S. 2451) ist erstmals anzuwenden auf nach dem 31. Dezember 2018 festgesetzte Geldstrafen, sonstige Rechtsfolgen vermögensrechtlicher Art, bei denen der Strafcharakter überwiegt, und Leistungen zur Erfüllung von Auflagen oder Weisungen, soweit die Auflagen oder Weisungen nicht lediglich der Wiedergutmachung des durch die Tat verursachten Schadens dienen, sowie auf nach dem 31. Dezember 2018 entstandene damit zusammenhängende Aufwendungen.

(21) *(aufgehoben)*

(22) Für die Anwendung des § 13 Absatz 7 in der am 31. Dezember 2005 geltenden Fassung gilt Absatz 25 entsprechend.

(22a) [1] § 13a in der am 31. Dezember 2014 geltenden Fassung ist letztmals für das Wirtschaftsjahr anzuwenden, das vor dem 31. Dezember 2015 endet. [2] § 13a in der am 1. Januar 2015 geltenden Fassung ist erstmals für das Wirtschaftsjahr anzuwenden, das nach dem 30. Dezember 2015 endet. [3] Die Bindungsfrist auf Grund des § 13a Absatz 2 Satz 1 in der am 31. Dezember 2014 geltenden Fassung bleibt bestehen.

(22b) [1] § 13b in der Fassung des Artikels 5 des Gesetzes vom 12. Dezember 2019 (BGBl. I S. 2451) ist erstmals für das Wirtschaftsjahr anzuwenden, das nach dem 31. Dezember 2024 beginnt. [2] Für gemeinschaftliche Tierhaltungen gemäß § 51a des Bewertungsgesetzes gelten für einkommensteuerrechtliche Zwecke die zu Beginn des Wirtschaftsjahres 2024/2025 noch gültigen Vorschriften der §§ 51, 51a des Bewertungsgesetzes bis zum Ablauf des Wirtschaftsjahres 2024/2025 fort.

(22c) [1] § 14 Absatz 3 ist erstmals auf Fälle anzuwenden, in denen die Übertragung oder Überführung der Grundstücke nach dem 16. Dezember 2020 stattgefunden hat. [2] Auf unwiderruflichen Antrag des jeweiligen Mitunternehmers ist § 14 Absatz 3 auch für Übertragungen oder Überführungen vor dem 17. Dezember 2020 anzuwenden. [3] Der Antrag ist bei dem Finanzamt zu stellen, das für die einheitliche und gesonderte Feststellung der Einkünfte der Mitunternehmerschaft zuständig ist.

(23) [1] § 15 Absatz 3 Nummer 1 Satz 2 ist auch für Veranlagungszeiträume vor 2019 anzuwenden. [2] § 15 Absatz 4 Satz 2 und 7 in der am 30. Juni 2013 geltenden Fassung ist in allen Fällen anzuwenden, in denen am 30. Juni 2013 die Feststellungsfrist noch nicht abgelaufen ist.

Anwendungsvorschriften § 52

(24) ¹ § 15a ist nicht auf Verluste anzuwenden, soweit sie
1. durch Sonderabschreibungen nach § 82f der Einkommensteuer-Durchführungsverordnung,
2. durch Absetzungen für Abnutzung in fallenden Jahresbeträgen nach § 7 Absatz 2 von den Herstellungskosten oder von den Anschaffungskosten von in ungebrauchtem Zustand vom Hersteller erworbenen Seeschiffen, die in einem inländischen Seeschiffsregister eingetragen sind,

entstehen; Nummer 1 gilt nur bei Schiffen, deren Anschaffungs- oder Herstellungskosten zu mindestens 30 Prozent durch Mittel finanziert werden, die weder unmittelbar noch mittelbar in wirtschaftlichem Zusammenhang mit der Aufnahme von Krediten durch den Gewerbebetrieb stehen, zu dessen Betriebsvermögen das Schiff gehört. ² § 15a ist in diesen Fällen erstmals anzuwenden auf Verluste, die in nach dem 31. Dezember 1999 beginnenden Wirtschaftsjahren entstehen, wenn der Schiffbauvertrag vor dem 25. April 1996 abgeschlossen worden ist und der Gesellschafter der Gesellschaft vor dem 1. Januar 1999 beigetreten ist; soweit Verluste, die in dem Betrieb der Gesellschaft entstehen und nach Satz 1 oder nach § 15a Absatz 1 Satz 1 ausgleichsfähig oder abzugsfähig sind, zusammen das Eineinviertelfache der insgesamt geleisteten Einlage übersteigen, ist § 15a auf Verluste anzuwenden, die in nach dem 31. Dezember 1994 beginnenden Wirtschaftsjahren entstehen. ³ Scheidet ein Kommanditist oder ein anderer Mitunternehmer, dessen Haftung der eines Kommanditisten vergleichbar ist und dessen Kapitalkonto in der Steuerbilanz der Gesellschaft auf Grund von ausgleichs- oder abzugsfähigen Verlusten negativ geworden ist, aus der Gesellschaft aus oder wird in einem solchen Fall die Gesellschaft aufgelöst, so gilt der Betrag, den der Mitunternehmer nicht ausgleichen muss, als Veräußerungsgewinn im Sinne des § 16. ⁴ In Höhe der nach Satz 3 als Gewinn zuzurechnenden Beträge sind bei den anderen Mitunternehmern unter Berücksichtigung der für die Zurechnung von Verlusten geltenden Grundsätze Verlustanteile anzusetzen. ⁵ Bei der Anwendung des § 15a Absatz 3 sind nur Verluste zu berücksichtigen, auf die § 15a Absatz 1 anzuwenden ist.

(25) ¹ § 15b in der Fassung des Artikels 1 des Gesetzes vom 22. Dezember 2005 (BGBl. I S. 3683) ist nur auf Verluste der dort bezeichneten Steuerstundungsmodelle anzuwenden, denen der Steuerpflichtige nach dem 10. November 2005 beigetreten ist oder für die nach dem 10. November 2005 mit dem Außenvertrieb begonnen wurde. ² Der Außenvertrieb beginnt in dem Zeitpunkt, in dem die Voraussetzungen für die Veräußerung der konkret bestimmbaren Fondsanteile erfüllt sind und die Gesellschaft selbst oder über ein Vertriebsunternehmen mit Außenwirkung an den Markt herangetreten ist. ³ Dem Beginn des Außenvertriebs stehen der Beschluss von Kapitalerhöhungen und die Reinvestition von Erlösen in neue Projekte gleich. ⁴ Besteht das Steuerstundungsmodell nicht im Erwerb eines Anteils an einem geschlossenen Fonds, ist § 15b in der Fassung des Artikels 1 des Gesetzes vom 22. Dezember 2005 (BGBl. I S. 3683) anzuwenden, wenn die Investition nach dem 10. November 2005 rechtsverbindlich getätigt wurde. ⁵ § 15b Absatz 3a ist erstmals auf Verluste der dort bezeichneten Steuerstundungsmodelle anzuwenden, bei denen Wirtschaftsgüter des Umlaufvermögens nach dem 28. November 2013 angeschafft, hergestellt oder in das Betriebsvermögen eingelegt werden.

(25a) ¹ § 17 Absatz 2a in der Fassung des Artikels 2 des Gesetzes vom 12. Dezember 2019 (BGBl. I S. 2451) ist erstmals für Veräußerungen im Sinne von § 17 Absatz 1, 4 oder 5 nach dem 31. Juli 2019 anzuwenden. ² Auf Antrag des Steuerpflichtigen ist § 17 Absatz 2a Satz 1 bis 4 auch für Veräußerungen im Sinne des § 17 Absatz 1, 4 oder 5 vor dem 31. Juli 2019 anzuwenden.

§ 52 Anwendungsvorschriften

(26) Für die Anwendung des § 18 Absatz 4 Satz 2 in der Fassung des Artikels 1 des Gesetzes vom 22. Dezember 2005 (BGBl. I S. 3683) gilt Absatz 25 entsprechend.

(26a) § 19 Absatz 1 Satz 1 Nummer 3 Satz 2 und 3 in der am 31. Dezember 2014 geltenden Fassung gilt für alle Zahlungen des Arbeitgebers nach dem 30. Dezember 2014.

(27) § 19a in der Fassung des Artikels 3 des Gesetzes vom 3. Juni 2021 (BGBl. I S. 1498) ist erstmals anzuwenden auf Vermögensbeteiligungen, die nach dem 30. Juni 2021 übertragen werden.

(28) [1] Für die Anwendung des § 20 Absatz 1 Nummer 4 Satz 2 in der am 31. Dezember 2005 geltenden Fassung gilt Absatz 25 entsprechend. [2] Für die Anwendung von § 20 Absatz 1 Nummer 4 Satz 2 und Absatz 2b in der am 1. Januar 2007 geltenden Fassung gilt Absatz 25 entsprechend. [3] § 20 Absatz 1 Nummer 6 in der Fassung des Gesetzes vom 7. September 1990 (BGBl. I S. 1898) ist erstmals auf nach dem 31. Dezember 1974 zugeflossene Zinsen aus Versicherungsverträgen anzuwenden, die nach dem 31. Dezember 1973 abgeschlossen worden sind. [4] § 20 Absatz 1 Nummer 6 in der Fassung des Gesetzes vom 20. Dezember 1996 (BGBl. I S. 2049) ist erstmals auf Zinsen aus Versicherungsverträgen anzuwenden, bei denen die Ansprüche nach dem 31. Dezember 1996 entgeltlich erworben worden sind. [5] Für Kapitalerträge aus Versicherungsverträgen, die vor dem 1. Januar 2005 abgeschlossen worden sind, ist § 20 Absatz 1 Nummer 6 in der am 31. Dezember 2004 geltenden Fassung mit der Maßgabe weiterhin anzuwenden, dass in Satz 3 die Wörter „§ 10 Absatz 1 Nummer 2 Buchstabe b Satz 5" durch die Wörter „§ 10 Absatz 1 Nummer 2 Buchstabe b Satz 6" ersetzt werden. [6] § 20 Absatz 1 Nummer 6 Satz 3 in der Fassung des Artikels 1 des Gesetzes vom 13. Dezember 2006 (BGBl. I S. 2878) ist erstmals anzuwenden auf Versicherungsleistungen im Erlebensfall bei Versicherungsverträgen, die nach dem 31. Dezember 2006 abgeschlossen werden, und auf Versicherungsleistungen bei Rückkauf eines Vertrages nach dem 31. Dezember 2006. [7] § 20 Absatz 1 Nummer 6 Satz 2 ist für Vertragsabschlüsse nach dem 31. Dezember 2011 mit der Maßgabe anzuwenden, dass die Versicherungsleistung nach Vollendung des 62. Lebensjahres des Steuerpflichtigen ausgezahlt wird. [8] § 20 Absatz 1 Nummer 6 Satz 6 in der Fassung des Artikels 1 des Gesetzes vom 19. Dezember 2008 (BGBl. I S. 2794) ist für alle Versicherungsverträge anzuwenden, die nach dem 31. März 2009 abgeschlossen werden oder bei denen die erstmalige Beitragsleistung nach dem 31. März 2009 erfolgt. [9] Wird auf Grund einer internen Teilung nach § 10 des Versorgungsausgleichsgesetzes oder einer externen Teilung nach § 14 des Versorgungsausgleichsgesetzes ein Anrecht in Form eines Versicherungsvertrags zugunsten der ausgleichsberechtigten Person begründet, so gilt dieser Vertrag insoweit zu dem gleichen Zeitpunkt als abgeschlossen wie derjenige der ausgleichspflichtigen Person. [10] § 20 Absatz 1 Nummer 6 Satz 7 und 8 ist auf Versicherungsleistungen anzuwenden, die auf Grund eines nach dem 31. Dezember 2014 eingetretenen Versicherungsfalles ausgezahlt werden. [11] § 20 Absatz 2 Satz 1 Nummer 1 in der am 18. August 2007 geltenden Fassung ist erstmals auf Gewinne aus der Veräußerung von Anteilen anzuwenden, die nach dem 31. Dezember 2008 erworben wurden. [12] § 20 Absatz 2 Satz 1 Nummer 3 in der am 18. August 2007 geltenden Fassung ist erstmals auf Gewinne aus Termingeschäften anzuwenden, bei denen der Rechtserwerb nach dem 31. Dezember 2008 stattgefunden hat. [13] § 20 Absatz 2 Satz 1 Nummer 4, 5 und 8 in der am 18. August 2007 geltenden Fassung ist erstmals auf Gewinne anzuwenden, bei denen die zugrunde liegenden Wirtschaftsgüter, Rechte oder Rechtspositionen nach dem 31. Dezember 2008 erworben oder geschaffen wurden. [14] § 20 Absatz 2 Satz 1 Nummer 6 in der am 18. August 2007 gel-

tenden Fassung ist erstmals auf die Veräußerung von Ansprüchen nach dem 31. Dezember 2008 anzuwenden, bei denen der Versicherungsvertrag nach dem 31. Dezember 2004 abgeschlossen wurde; dies gilt auch für Versicherungsverträge, die vor dem 1. Januar 2005 abgeschlossen wurden, sofern bei einem Rückkauf zum Veräußerungszeitpunkt die Erträge nach § 20 Absatz 1 Nummer 6 in der am 31. Dezember 2004 geltenden Fassung steuerpflichtig wären. [15] § 20 Absatz 2 Satz 1 Nummer 7 in der Fassung des Artikels 1 des Gesetzes vom 14. August 2007 (BGBl. I S. 1912) ist erstmals auf nach dem 31. Dezember 2008 zufließende Kapitalerträge aus der Veräußerung sonstiger Kapitalforderungen anzuwenden. [16] Für Kapitalerträge aus Kapitalforderungen, die zum Zeitpunkt des vor dem 1. Januar 2009 erfolgten Erwerbs zwar Kapitalforderungen im Sinne des § 20 Absatz 1 Nummer 7 in der am 31. Dezember 2008 anzuwendenden Fassung, aber nicht Kapitalforderungen im Sinne des § 20 Absatz 2 Satz 1 Nummer 4 in der am 31. Dezember 2008 anzuwendenden Fassung sind, ist § 20 Absatz 2 Satz 1 Nummer 7 nicht anzuwenden; für die bei der Veräußerung in Rechnung gestellten Stückzinsen ist Satz 15 anzuwenden; Kapitalforderungen im Sinne des § 20 Absatz 2 Satz 1 Nummer 4 in der am 31. Dezember 2008 anzuwendenden Fassung liegen auch vor, wenn die Rückzahlung nur teilweise garantiert ist oder wenn eine Trennung zwischen Ertrags- und Vermögensebene möglich erscheint. [17] Bei Kapitalforderungen, die zwar nicht die Voraussetzungen von § 20 Absatz 1 Nummer 7 in der am 31. Dezember 2008 geltenden Fassung, aber die Voraussetzungen von § 20 Absatz 1 Nummer 7 in der am 18. August 2007 geltenden Fassung erfüllen, ist § 20 Absatz 2 Satz 1 Nummer 7 in Verbindung mit § 20 Absatz 1 Nummer 7 vorbehaltlich der Regelung in Absatz 31 Satz 2 und 3 auf alle nach dem 30. Juni 2009 zufließenden Kapitalerträge anzuwenden, es sei denn, die Kapitalforderung wurde vor dem 15. März 2007 angeschafft. [18] § 20 Absatz 4a Satz 3 in der Fassung des Artikels 1 des Gesetzes vom 8. Dezember 2010 (BGBl. I S. 1768) ist erstmals für Wertpapiere anzuwenden, die nach dem 31. Dezember 2009 geliefert wurden, sofern für die Lieferung § 20 Absatz 4 anzuwenden ist. [19] § 20 Absatz 4a Satz 3 in der Fassung des Artikels 1 des Gesetzes vom 21. Dezember 2020 (BGBl. I S. 3096) ist für die Andienung von Wertpapieren anzuwenden, wenn diese nach dem 31. Dezember 2020 erfolgt. [20] § 20 Absatz 4a Satz 5 in der Fassung des Artikels 1 des Gesetzes vom 21. Dezember 2020 (BGBl. I S. 3096) ist für die Zuteilung von Anteilen anzuwenden, wenn diese nach dem 31. Dezember 2020 erfolgt und die die Zuteilung begründenden Anteile nach dem 31. Dezember 2008 angeschafft worden sind. [21] § 20 Absatz 2 und 4 in der am 27. Juli 2016 geltenden Fassung ist erstmals ab dem 1. Januar 2017 anzuwenden. [22] § 20 Absatz 1 in der am 27. Juli 2016 geltenden Fassung ist erstmals ab dem 1. Januar 2018 anzuwenden. [23] Investmenterträge nach § 20 Absatz 1 Nummer 6 Satz 9 sind

1. die nach dem 31. Dezember 2017 zugeflossenen Ausschüttungen nach § 2 Absatz 11 des Investmentsteuergesetzes,
2. die realisierten oder unrealisierten Wertveränderungen aus Investmentanteilen nach § 2 Absatz 4 Satz 1 des Investmentsteuergesetzes, die das Versicherungsunternehmen nach dem 31. Dezember 2017 dem Sicherungsvermögen zur Sicherung der Ansprüche des Steuerpflichtigen zugeführt hat, und
3. die realisierten oder unrealisierten Wertveränderungen aus Investmentanteilen nach § 2 Absatz 4 Satz 1 des Investmentsteuergesetzes, die das Versicherungsunternehmen vor dem 1. Januar 2018 dem Sicherungsvermögen zur Sicherung der Ansprüche des Steuerpflichtigen zugeführt hat, soweit Wertveränderungen gegenüber dem letzten im Kalenderjahr 2017 festgesetzten Rücknahmepreis des Investmentanteils eingetreten sind.

§ 52 Anwendungsvorschriften

[24] Wird kein Rücknahmepreis festgesetzt, tritt der Börsen- oder Marktpreis an die Stelle des Rücknahmepreises. [25] § 20 Absatz 6 Satz 5 in der Fassung des Artikels 1 des Gesetzes vom 21. Dezember 2020 (BGBl. I S. 3096) ist auf Verluste anzuwenden, die nach dem 31. Dezember 2020 entstehen. [26] § 20 Absatz 6 Satz 6 in der Fassung des Artikels 1 des Gesetzes vom 21. Dezember 2020 (BGBl. I S. 3096) ist auf Verluste anzuwenden, die nach dem 31. Dezember 2019 entstehen.

(29) Für die Anwendung des § 21 Absatz 1 Satz 2 in der am 31. Dezember 2005 geltenden Fassung gilt Absatz 25 entsprechend.

(30) Für die Anwendung des § 22 Nummer 1 Satz 1 zweiter Halbsatz in der am 31. Dezember 2005 geltenden Fassung gilt Absatz 25 entsprechend.

(30a) § 22a Absatz 2 Satz 2 in der am 1. Januar 2017 geltenden Fassung ist erstmals für die Übermittlung von Daten ab dem 1. Januar 2019 anzuwenden.

[*ab 1.7.2022*: (30b) [1] Die mitteilungspflichtige Stelle nach § 22a Absatz 1 kann die Identifikationsnummer im Sinne des § 139b der Abgabenordnung ihrer Kunden, bei denen das Versicherungs- oder Vertragsverhältnis vor dem Stichtag bestand, der in der Rechtsverordnung nach § 13 Absatz 3 des Rentenübersichtsgesetzes festgelegt wird, abweichend von § 22a Absatz 2 Satz 1 und 2 zur Durchführung des Rentenübersichtsgesetzes beim Bundeszentralamt für Steuern bereits vor dem Leistungsbezug erheben. [2] Das Bundeszentralamt für Steuern teilt der mitteilungspflichtigen Stelle die Identifikationsnummer des Versicherten nur mit, wenn die von der mitteilungspflichtigen Stelle übermittelten Daten mit den nach § 139b Absatz 3 der Abgabenordnung beim Bundeszentralamt für Steuern gespeicherten Daten im maschinellen Datenabgleich übereinstimmen.]

(31) [1] § 23 Absatz 1 Satz 1 Nummer 2 in der am 18. August 2007 geltenden Fassung ist erstmals auf Veräußerungsgeschäfte anzuwenden, bei denen die Wirtschaftsgüter nach dem 31. Dezember 2008 auf Grund eines nach diesem Zeitpunkt rechtswirksam abgeschlossenen obligatorischen Vertrags oder gleichstehenden Rechtsakts angeschafft wurden; § 23 Absatz 1 Satz 1 Nummer 2 Satz 2 in der am 14. Dezember 2010 geltenden Fassung ist erstmals auf Veräußerungsgeschäfte anzuwenden, bei denen die Gegenstände des täglichen Gebrauchs auf Grund eines nach dem 13. Dezember 2010 rechtskräftig abgeschlossenen Vertrags oder gleichstehenden Rechtsakts angeschafft wurden. [2] § 23 Absatz 1 Satz 1 Nummer 2 in der am 1. Januar 1999 geltenden Fassung ist letztmals auf Veräußerungsgeschäfte anzuwenden, bei denen die Wirtschaftsgüter vor dem 1. Januar 2009 erworben wurden. [3] § 23 Absatz 1 Satz 1 Nummer 3 in der Fassung des Artikels 7 des Gesetzes vom 20. Dezember 2016 (BGBl. I S. 3000) ist erstmals auf Veräußerungsgeschäfte anzuwenden, bei denen die Veräußerung auf einem nach dem 23. Dezember 2016 rechtswirksam abgeschlossenen obligatorischen Vertrag oder gleichstehenden Rechtsakt beruht. [4] § 23 Absatz 1 Satz 1 Nummer 4 ist auf Termingeschäfte anzuwenden, bei denen der Erwerb des Rechts auf einen Differenzausgleich, Geldbetrag oder Vorteil nach dem 31. Dezember 1998 und vor dem 1. Januar 2009 erfolgt. [5] § 23 Absatz 3 Satz 4 in der am 1. Januar 2000 geltenden Fassung ist auf Veräußerungsgeschäfte anzuwenden, bei denen der Steuerpflichtige das Wirtschaftsgut nach dem 31. Juli 1995 und vor dem 1. Januar 2009 angeschafft oder nach dem 31. Dezember 1998 und vor dem 1. Januar 2009 fertiggestellt hat; § 23 Absatz 3 Satz 4 in der am 1. Januar 2009 geltenden Fassung ist auf Veräußerungsgeschäfte anzuwenden, bei denen der Steuerpflichtige das Wirtschaftsgut nach dem 31. Dezember 2008 angeschafft oder fertiggestellt hat. [6] § 23 Absatz 1 Satz 2 und 3 sowie Absatz 3 Satz 3 in der am 12. Dezember 2006 geltenden Fassung sind für Anteile, die einbringungsgeboren im Sinne

Anwendungsvorschriften **§ 52**

des § 21 des Umwandlungssteuergesetzes in der am 12. Dezember 2006 geltenden Fassung sind, weiter anzuwenden.

(32) ¹ § 32 Absatz 4 Satz 1 Nummer 3 in der Fassung des Artikels 1 des Gesetzes vom 19. Juli 2006 (BGBl. I S. 1652) ist erstmals für Kinder anzuwenden, die im Veranlagungszeitraum 2007 wegen einer vor Vollendung des 25. Lebensjahres eingetretenen körperlichen, geistigen oder seelischen Behinderung außerstande sind, sich selbst zu unterhalten; für Kinder, die wegen einer vor dem 1. Januar 2007 in der Zeit ab der Vollendung des 25. Lebensjahres und vor Vollendung des 27. Lebensjahres eingetretenen körperlichen, geistigen oder seelischen Behinderung außerstande sind, sich selbst zu unterhalten, ist § 32 Absatz 4 Satz 1 Nummer 3 weiterhin in der bis zum 31. Dezember 2006 geltenden Fassung anzuwenden. ² § 32 Absatz 5 ist nur noch anzuwenden, wenn das Kind den Dienst oder die Tätigkeit vor dem 1. Juli 2011 angetreten hat. ³ Für die nach § 10 Absatz 1 Nummer 2 Buchstabe b und den §§ 10a, 82 begünstigten Verträge, die vor dem 1. Januar 2007 abgeschlossen wurden, gelten für das Vorliegen einer begünstigten Hinterbliebenenversorgung die Altersgrenzen des § 32 in der am 31. Dezember 2006 geltenden Fassung. ⁴ Dies gilt entsprechend für die Anwendung des § 93 Absatz 1 Satz 3 Buchstabe b.

(32a) ¹ § 32a Absatz 1 und § 51a Absatz 2a Satz 1 in der am 23. Juli 2015 geltenden Fassung sind beim Steuerabzug vom Arbeitslohn erstmals anzuwenden auf laufenden Arbeitslohn, der für einen nach dem 30. November 2015 endenden Lohnzahlungszeitraum gezahlt wird, und auf sonstige Bezüge, die nach dem 30. November 2015 zufließen. ² Bei der Lohnsteuerberechnung auf laufenden Arbeitslohn, der für einen nach dem 30. November 2015, aber vor dem 1. Januar 2016 endenden täglichen, wöchentlichen und monatlichen Lohnzahlungszeitraum gezahlt wird, ist zu berücksichtigen, dass § 32a Absatz 1 und § 51a Absatz 2a Satz 1 in der am 23. Juli 2015 geltenden Fassung bis zum 30. November 2015 nicht angewandt wurden (Nachholung). ³ Das Bundesministerium der Finanzen hat im Einvernehmen mit den obersten Finanzbehörden der Länder entsprechende Programmablaufpläne aufzustellen und bekannt zu machen (§ 39b Absatz 6 und § 51 Absatz 4 Nummer 1a).

(33) ¹ § 32b Absatz 2 Satz 1 Nummer 2 Satz 2 Buchstabe c ist erstmals auf Wirtschaftsgüter des Umlaufvermögens anzuwenden, die nach dem 28. Februar 2013 angeschafft, hergestellt oder in das Betriebsvermögen eingelegt werden. ² § 32b Absatz 1 Satz 3 in der Fassung des Artikels 11 des Gesetzes vom 18. Dezember 2013 (BGBl. I S. 4318) ist in allen offenen Fällen anzuwenden. ³ § 32b Absatz 3 bis 5 in der am 1. Januar 2017 geltenden Fassung ist erstmals für ab dem 1. Januar 2018 gewährte Leistungen anzuwenden.

(33a) ¹ § 32c in der Fassung des Artikels 4 des Gesetzes vom 12. Dezember 2019 (BGBl. I S. 2451) ist erstmals für den Veranlagungszeitraum 2016 anzuwenden. ² § 32c ist im Veranlagungszeitraum 2016 mit der Maßgabe anzuwenden, dass der erste Betrachtungszeitraum die Veranlagungszeiträume 2014 bis 2016 umfasst. ³ Die weiteren Betrachtungszeiträume umfassen die Veranlagungszeiträume 2017 bis 2019 und 2020 bis 2022. ⁴ § 32c ist letztmalig für den Veranlagungszeitraum 2022 anzuwenden.

(33b) ¹ § 32d Absatz 2 Nummer 1 Buchstabe b in der Fassung des Artikels 1 des Gesetzes vom 21. Dezember 2020 (BGBl. I S. 3096) ist auf Kapitalerträge anzuwenden, die nach dem 31. Dezember 2020 erzielt werden. ² Auf Kapitalerträge aus Darlehen an die Kapitalgesellschaft oder Genossenschaft, deren rechtliche Grundlage vor dem 1. Januar 2021 begründet wurde, ist § 32d Absatz 2 Nummer 1 Buchstabe b in der Fassung des Artikels 1 des Gesetzes vom 21. Dezember 2020 (BGBl. I S. 3096) ab dem Veranlagungszeitraum 2024 anzuwenden. ³ § 32d Absatz 2 Satz 1 Buchstabe b in der Fassung des Artikels 7 des Gesetzes vom 20. Dezember 2016 (BGBl. I S. 3000) ist erstmals auf Anträge für den Veranlagungszeitraum 2017 anzuwenden.

(33c) Die §§ 33 und 33b in der Fassung des Artikels 1 des Gesetzes vom 9. Dezember 2020 (BGBl. I S. 2770) sind erstmals für den Veranlagungszeitraum 2021 anzuwenden.

(34) ¹ § 34a in der Fassung des Artikels 1 des Gesetzes vom 19. Dezember 2008 (BGBl. I S. 2794) ist erstmals für den Veranlagungszeitraum 2008 anzuwenden. ² § 34a Absatz 6 Satz 1 Nummer 3 und Satz 2 in der Fassung des Artikels 1 des Gesetzes vom 27. Juni 2017 (BGBl. I S. 2074) ist erstmals für unentgeltliche Übertragungen nach dem 5. Juli 2017 anzuwenden.

(34a) Für Veranlagungszeiträume bis einschließlich 2014 ist § 34c Absatz 1 Satz 2 in der bis zum 31. Dezember 2014 geltenden Fassung in allen Fällen, in denen die Einkommensteuer noch nicht bestandskräftig festgesetzt ist, mit der Maßgabe anzuwenden, dass an die Stelle der Wörter „Summe der Einkünfte" die Wörter „Summe der Einkünfte abzüglich des Altersentlastungsbetrages (§ 24a), des Entlastungsbetrages für Alleinerziehende (§ 24b), der Sonderausgaben (§§ 10, 10a, 10b, 10c), der außergewöhnlichen Belastungen (§§ 33 bis 33b), der berücksichtigten Freibeträge für Kinder (§§ 31, 32 Absatz 6) und des Grundfreibetrages (§ 32a Absatz 1 Satz 2 Nummer 1)" treten.

(34b) ¹ § 34d Nummer 4 Buchstabe b Doppelbuchstabe bb in der Fassung des Artikels 3 des Gesetzes vom 11. Dezember 2018 (BGBl. I S. 2338) ist erstmals auf Gewinne aus der Veräußerung von Anteilen anzuwenden, bei denen die Veräußerung nach dem 31. Dezember 2018 erfolgt, und nur soweit den Gewinnen nach dem 31. Dezember 2018 eingetretene Wertveränderungen zugrunde liegen. ² § 34d Nummer 7 in der Fassung des Artikels 3 des Gesetzes vom 11. Dezember 2018 (BGBl. I S. 2338) ist erstmals auf Wertveränderungen anzuwenden, die nach dem 31. Dezember 2018 eintreten.

(35) ¹ § 34f Absatz 3 und 4 Satz 2 in der Fassung des Gesetzes vom 25. Februar 1992 (BGBl. I S. 297) ist erstmals anzuwenden bei Inanspruchnahme der Steuerbegünstigung nach § 10e Absatz 1 bis 5 in der Fassung des Gesetzes vom 25. Februar 1992 (BGBl. I S. 297). ² § 34f Absatz 4 Satz 1 ist erstmals anzuwenden bei Inanspruchnahme der Steuerbegünstigung nach § 10e Absatz 1 bis 5 oder nach § 15b des Berlinförderungsgesetzes für nach dem 31. Dezember 1991 hergestellte oder angeschaffte Objekte.

(35a) ¹ § 35c ist erstmals auf energetische Maßnahmen anzuwenden, mit deren Durchführung nach dem 31. Dezember 2019 begonnen wurde und die vor dem 1. Januar 2030 abgeschlossen sind. ² Als Beginn gilt bei energetischen Maßnahmen, für die eine Baugenehmigung erforderlich ist, der Zeitpunkt, in dem der Bauantrag gestellt wird. ³ Bei nicht genehmigungsbedürftigen Vorhaben für solche Vorhaben, die nach Maßgabe des Bauordnungsrechts der zuständigen Behörde zur Kenntnis zu geben sind, gilt als Beginn der Zeitpunkt des Eingangs der Kenntnisgabe bei der zuständigen Behörde und für sonstige nicht genehmigungsbedürftige, insbesondere genehmigungs-, anzeige- und verfahrensfreie Vorhaben, der Zeitpunkt des Beginns der Bauausführung.

(35b) ¹ § 36 Absatz 2 Nummer 2 Satz 5 in der Fassung des Artikels 2 des Gesetzes vom 21. Dezember 2020 (BGBl. I S. 3096) ist erstmals auf Kapitalerträge anzuwenden, die nach dem 31. Dezember 2020 zufließen. ² § 36 Absatz 2 Nummer 4 in der Fassung des Artikels 2 des Gesetzes vom 21. Dezember 2020 (BGBl. I S. 3096) ist erstmals für den Veranlagungszeitraum 2016 und letztmalig für den Veranlagungszeitraum 2022 anzuwenden.

Anwendungsvorschriften **§ 52**

(35c) [1] § 36a in der am 27. Juli 2016 geltenden Fassung ist erstmals auf Kapitalerträge anzuwenden, die ab dem 1. Januar 2016 zufließen. [2] § 36a in der Fassung des Artikels 1 des Gesetzes vom 12. Dezember 2019 (BGBl. I S. 2451) ist erstmals auf Kapitalerträge anzuwenden, die ab dem 1. Januar 2019 zufließen.

(35d) § 37 Absatz 3 Satz 3 ist auf Antrag des Steuerpflichtigen mit der Maßgabe anzuwenden, dass für den Veranlagungszeitraum 2019 an die Stelle des 15. Kalendermonats der 21. Kalendermonat und an die Stelle des 23. Kalendermonats der 28. Kalendermonat tritt sowie dass für den Veranlagungszeitraum 2020 an die Stelle des 15. Kalendermonats der 18. Kalendermonat und an die Stelle des 23. Kalendermonats der 26. Kalendermonat tritt.

(36) [1] Das Bundesministerium der Finanzen kann im Einvernehmen mit den obersten Finanzbehörden der Länder in einem Schreiben mitteilen, wann die in *§ 39 Absatz 4 Nummer 4 und 5 genannten Lohnsteuerabzugsmerkmale abgerufen werden können [ab 1.1.2023:* das in *§ 39 Absatz 4 Nummer 5 genannte Lohnsteuerabzugsmerkmal erstmals abgerufen werden kann]* (§ 39e Absatz 3 Satz 1). [2] Dieses Schreiben ist im Bundessteuerblatt zu veröffentlichen. *[Ab 1.1.2023:* [3] § 39 in der Fassung des Artikels 4 des Gesetzes vom 21. Dezember 2020 (BGBl. I S. 3096) ist erstmals ab dem 1. Januar 2024 anzuwenden; er kann im Rahmen eines Pilotprojekts mit Echtdaten bereits ab dem 1. Januar 2023 angewendet werden.]

(37) [1] Das Bundesministerium der Finanzen kann im Einvernehmen mit den obersten Finanzbehörden der Länder in einem Schreiben mitteilen, ab wann die Regelungen in § 39a Absatz 1 Satz 3 bis 5 erstmals anzuwenden sind. [2] Dieses Schreiben ist im Bundessteuerblatt zu veröffentlichen.

(37a) § 39f Absatz 1 Satz 9 bis 11 und Absatz 3 Satz 1 ist erstmals für den Veranlagungszeitraum 2019 anzuwenden.

(37b) [1] § 39b Absatz 2 Satz 5 Nummer 4 in der am 23. Juli 2015 geltenden Fassung ist erstmals anzuwenden auf laufenden Arbeitslohn, der für einen nach dem 30. November 2015 endenden Lohnzahlungszeitraum gezahlt wird, und auf sonstige Bezüge, die nach dem 30. November 2015 zufließen. [2] Bei der Lohnsteuerberechnung auf laufenden Arbeitslohn, der für einen nach dem 30. November 2015, aber vor dem 1. Januar 2016 endenden täglichen, wöchentlichen und monatlichen Lohnzahlungszeitraum gezahlt wird, ist zu berücksichtigen, dass § 39b Absatz 2 Satz 5 Nummer 4 in der am 23. Juli 2015 geltenden Fassung bis zum 30. November 2015 nicht angewandt wurde (Nachholung). [3] Das Bundesministerium der Finanzen hat dies im Einvernehmen mit den obersten Finanzbehörden der Länder bei der Aufstellung und Bekanntmachung der geänderten Programmablaufpläne für 2015 zu berücksichtigen (§ 39b Absatz 6 und § 51 Absatz 4 Nummer 1a). [4] In den Fällen des § 24b Absatz 4 ist für das Kalenderjahr 2015 eine Veranlagung durchzuführen, wenn die Nachholung nach Satz 2 durchgeführt wurde.

(37c) [1] § 40 Absatz 2 Satz 1 Nummer 6 in der am 17. November 2016 geltenden Fassung ist erstmals anzuwenden auf Vorteile, die in einem nach dem 31. Dezember 2016 endenden Lohnzahlungszeitraum oder als sonstige Bezüge nach dem 31. Dezember 2016 zugewendet werden, und letztmals anzuwenden auf Vorteile, die in einem vor dem 1. Januar 2031 endenden Lohnzahlungszeitraum oder als sonstige Bezüge vor dem 1. Januar 2031 zugewendet werden. [2] § 40 Absatz 2 Satz 2 Nummer 3 und Satz 4 in der Fassung des Artikels 2 des Gesetzes vom 21. Dezember 2020 (BGBl. I S. 3096) ist erstmals auf Freifahrtberechtigungen anzuwenden, die nach dem 31. Dezember 2020 gewährt werden.

§ 52 Anwendungsvorschriften

(38) § 40a Absatz 2, 2a und 6 in der am 31. Juli 2014 geltenden Fassung ist erstmals ab dem Kalenderjahr 2013 anzuwenden.

(39) *(aufgehoben)*

(40) § 40b Absatz 1 und 2 in der am 31. Dezember 2004 geltenden Fassung ist weiter anzuwenden auf Beiträge für eine Direktversicherung des Arbeitnehmers und Zuwendungen an eine Pensionskasse, wenn vor dem 1. Januar 2018 mindestens ein Beitrag nach § 40b Absatz 1 und 2 in einer vor dem 1. Januar 2005 geltenden Fassung pauschal besteuert wurde.

(40a) ¹ § 41a Absatz 1 Satz 1 Nummer 1 in der Fassung des Artikels 2 des Gesetzes vom 12. Dezember 2019 (BGBl. I S. 2451) ist erstmals für Lohnzahlungszeiträume anzuwenden, die nach dem 31. Dezember 2020 enden. ² § 41a Absatz 4 Satz 1 in der Fassung des Artikels 1 des Gesetzes vom 24. Februar 2016 (BGBl. I S. 310) gilt für eine Dauer von 60 Monaten und ist erstmals für laufenden Arbeitslohn anzuwenden, der für den Lohnzahlungszeitraum gezahlt wird, der nach dem Kalendermonat folgt, in dem die Europäische Kommission die Genehmigung zu diesem Gesetz erteilt hat; die Regelung ist erstmals für sonstige Bezüge anzuwenden, die nach dem Monat zufließen, in dem die Europäische Kommission die Genehmigung zu diesem Änderungsgesetz erteilt hat. ³ § 41a Absatz 4 in der Fassung des Artikels 1 des Gesetzes vom 12. Mai 2021 (BGBl. I S. 989) gilt für eine Dauer von 72 Monaten und ist erstmals für laufenden Arbeitslohn anzuwenden, der für den Lohnzahlungszeitraum gezahlt wird, der nach dem Kalendermonat folgt, in dem die Europäische Kommission die beihilferechtliche Genehmigung zu diesem Gesetz erteilt hat, aber nicht vor dem 1. Juni 2021; die Regelung ist erstmals für sonstige Bezüge anzuwenden, die nach dem Monat zufließen, in dem die Europäische Kommission die Genehmigung zu diesem Gesetz erteilt hat, aber nicht vor dem 1. Juni 2021. ⁴ Das Bundesministerium der Finanzen gibt den Beschluss der Europäischen Kommission über die Vereinbarkeit mit dem Beihilferecht sowie den Tag der erstmaligen Anwendung im Bundesgesetzblatt bekannt.

(41) Bei der Veräußerung oder Einlösung von Wertpapieren und Kapitalforderungen, die von der das Bundesschuldbuch führenden Stelle oder einer Landesschuldenverwaltung verwahrt oder verwaltet werden können, bemisst sich der Steuerabzug nach den bis zum 31. Dezember 1993 geltenden Vorschriften, wenn die Wertpapier- und Kapitalforderungen vor dem 1. Januar 1994 emittiert worden sind; dies gilt nicht für besonders in Rechnung gestellte Stückzinsen.

(42) ¹ § 43 Absatz 1 Satz 1 Nummer 7 Buchstabe b Satz 2 in der Fassung des Artikels 1 des Gesetzes vom 13. Dezember 2006 (BGBl. I S. 2878) ist erstmals auf Verträge anzuwenden, die nach dem 31. Dezember 2006 abgeschlossen werden. ² § 43 Absatz 1 Satz 1 Nummer 7 Buchstabe c in der Fassung des Artikels 2 des Gesetzes vom 12. Dezember 2019 (BGBl. I S. 2451) ist erstmals auf Kapitalerträge anzuwenden, die dem Gläubiger nach dem 31. Dezember 2020 zufließen. ³ § 43 Absatz 1 Satz 6 und Absatz 2 Satz 7 und 8 in der am 1. Januar 2017 geltenden Fassung ist erstmals anzuwenden auf Kapitalerträge, die dem Gläubiger nach dem 31. Dezember 2016 zufließen. ⁴ § 43 in der Fassung des Artikels 3 des Gesetzes vom 19. Juli 2016 (BGBl. I S. 1730) ist erstmals ab dem 1. Januar 2018 anzuwenden. ⁵ § 43 Absatz 1 Satz 6 Nummer 5 in der Fassung des Artikels 1 des Gesetzes vom 2. Juni 2021 (BGBl. I S. 1259) ist erstmals auf Kapitalerträge anzuwenden, die nach dem 31. Dezember 2019 zufließen.

(42a) § 43a in der Fassung des Artikels 3 des Gesetzes vom 19. Juli 2016 (BGBl. I S. 1730) ist erstmals ab dem 1. Januar 2018 anzuwenden.

Anwendungsvorschriften § 52

(42b) § 43b und Anlage 2 (zu § 43b) in der am 1. Januar 2016 geltenden Fassung sind erstmals auf Ausschüttungen anzuwenden, die nach dem 31. Dezember 2015 zufließen.

(43) ¹Ist ein Freistellungsauftrag im Sinne des § 44a vor dem 1. Januar 2007 unter Beachtung des § 20 Absatz 4 in der bis dahin geltenden Fassung erteilt worden, darf der nach § 44 Absatz 1 zum Steuerabzug Verpflichtete den angegebenen Freistellungsbetrag nur zu 56,37 Prozent berücksichtigen. ²Sind in dem Freistellungsauftrag der gesamte Sparer-Freibetrag nach § 20 Absatz 4 in der Fassung des Artikels 1 des Gesetzes vom 19. Juli 2006 (BGBl. I S. 1652) und der gesamte Werbungskosten-Pauschbetrag nach § 9a Satz 1 Nummer 2 in der Fassung des Artikels 1 des Gesetzes vom 19. Juli 2006 (BGBl. I S. 1652) angegeben, ist der Werbungskosten-Pauschbetrag in voller Höhe zu berücksichtigen.

(44) ¹§ 44 Absatz 1 Satz 4 Nummer 2a in der Fassung des Artikels 2 des Gesetzes vom 12. Dezember 2019 (BGBl. I S. 2451) ist erstmals auf Kapitalerträge anzuwenden, die dem Gläubiger nach dem 31. Dezember 2020 zufließen. ²§ 44 Absatz 6 Satz 2 und 5 in der am 12. Dezember 2006 geltenden Fassung ist für Anteile, die einbringungsgeboren im Sinne des § 21 des Umwandlungssteuergesetzes in der am 12. Dezember 2006 geltenden Fassung sind, weiter anzuwenden. ³§ 44 in der Fassung des Artikels 3 des Gesetzes vom 19. Juli 2016 (BGBl. I S. 1730) ist erstmals ab dem 1. Januar 2018 anzuwenden. ⁴§ 44 Absatz 1 in der Fassung des Artikels 1 des Gesetzes vom 21. Dezember 2020 (BGBl. I S. 3096) ist erstmals auf Kapitalerträge anzuwenden, die dem Gläubiger nach dem 29. Dezember 2020 zufließen.

(44a) ¹§ 45a Absatz 2 Satz 1 in der Fassung des Artikels 1 des Gesetzes vom 21. Dezember 2020 (BGBl. I S. 3096) ist erstmals auf Kapitalerträge anzuwenden, die dem Gläubiger nach dem 29. Dezember 2020 zufließen. ²§ 45a Absatz 6 in der Fassung des Artikels 2 des Gesetzes vom 21. Dezember 2020 (BGBl. I S. 3096) ist erstmals auf Kapitalerträge anzuwenden, die nach dem 31. Dezember 2022 zufließen. ³§ 45a Absatz 2a und 7 Satz 1 in der Fassung des Artikels 1 des Gesetzes vom 2. Juni 2021 (BGBl. I S. 1259) ist erstmals auf Kapitalerträge anzuwenden, die dem Gläubiger nach dem 31. Dezember 2024 zufließen. ⁴§ 45a Absatz 7 Satz 3 in der am 8. Juni 2021 geltenden Fassung ist letztmals anzuwenden für Kapitalerträge, die vor dem 1. Januar 2024 zufließen.

(44b) § 45b in der Fassung des Artikels 1 des Gesetzes vom 2. Juni 2021 (BGBl. I S. 1259) ist erstmals auf Kapitalerträge anzuwenden, die dem Gläubiger nach dem 31. Dezember 2024 zufließen.

(44c) § 45c in der Fassung des Artikels 1 des Gesetzes vom 2. Juni 2021 (BGBl. I S. 1259) ist erstmals auf Kapitalerträge anzuwenden, die dem Gläubiger nach dem 31. Dezember 2024 zufließen.

(45) ¹§ 45d Absatz 1 in der am 14. Dezember 2010 geltenden Fassung ist erstmals für Kapitalerträge anzuwenden, die ab dem 1. Januar 2013 zufließen; eine Übermittlung der Identifikationsnummer hat für Kapitalerträge, die vor dem 1. Januar 2016 zufließen, nur zu erfolgen, wenn die Identifikationsnummer der Meldestelle vorliegt. ²§ 45d Absatz 1 in der am 1. Januar 2017 geltenden Fassung ist erstmals anzuwenden auf Kapitalerträge, die dem Gläubiger nach dem 31. Dezember 2016 zufließen. ³§ 45d Absatz 3 in der am 1. Januar 2017 geltenden Fassung ist für Versicherungsverträge anzuwenden, die nach dem 31. Dezember 2016 abgeschlossen werden.

(45a) ¹§ 49 Absatz 1 Nummer 2 Buchstabe e Doppelbuchstabe cc in der Fassung des Artikels 3 des Gesetzes vom 11. Dezember 2018 (BGBl. I S. 2338) ist erstmals auf Gewinne aus der Veräußerung von Anteilen anzuwenden, bei

§ 52 Anwendungsvorschriften

denen die Veräußerung nach dem 31. Dezember 2018 erfolgt, und nur soweit den Gewinnen nach dem 31. Dezember 2018 eingetretene Wertveränderungen zugrunde liegen. ² § 49 Absatz 1 Nummer 2 Buchstabe f in der Fassung des Artikels 3 des Gesetzes vom 11. Dezember 2018 (BGBl. I S. 2338) ist erstmals auf Wertveränderungen anzuwenden, die nach dem 31. Dezember 2018 eintreten. ³ § 49 Absatz 1 Nummer 5 in der am 27. Juli 2016 geltenden Fassung ist erstmals auf Kapitalerträge anzuwenden, die ab dem 1. Januar 2018 zufließen. ⁴ § 49 Absatz 1 Nummer 11 in der am 1. Juli 2021 geltenden Fassung ist erstmals auf Einkünfte anzuwenden, die nach dem 31. Dezember 2021 zufließen.

(46) ¹ § 50 Absatz 1 Satz 3 in der Fassung des Artikels 1 des Gesetzes vom 21. Dezember 2020 (BGBl. I S. 3096) ist in allen offenen Fällen anzuwenden. ² § 50 Absatz 1a in der Fassung des Artikels 2 des Gesetzes vom 21. Dezember 2020 (BGBl. I S. 3096) ist erstmals auf Beiträge an berufsständische Versorgungseinrichtungen anzuwenden, die nach dem 31. Dezember 2020 geleistet werden. ³ § 50 Absatz 2 Satz 2 Nummer 6 in der Fassung des Artikels 1 des Gesetzes vom 12. Dezember 2019 (BGBl. I S. 2451) ist erstmals auf Kapitalerträge anzuwenden, die nach dem 31. Dezember 2016 zufließen. ⁴ § 50 Absatz 4 in der am 1. Januar 2016 geltenden Fassung ist in allen offenen Fällen anzuwenden. ⁵ § 50 Absatz 1 Satz 2 in der Fassung des Artikels 1 des Gesetzes vom 2. Juni 2021 (BGBl. I S. 1259) ist in allen offenen Fällen anzuwenden.

(47) ¹ Der Zeitpunkt der erstmaligen Anwendung des § 50a Absatz 3 und 5 in der am 18. August 2009 geltenden Fassung wird durch eine Rechtsverordnung der Bundesregierung bestimmt, die der Zustimmung des Bundesrates bedarf; dieser Zeitpunkt darf nicht vor dem 31. Dezember 2011 liegen. ² § 50a Absatz 7 in der am 31. Juli 2014 geltenden Fassung ist erstmals auf Vergütungen anzuwenden, für die der Steuerabzug nach dem 31. Dezember 2014 angeordnet worden ist.

(47a) ¹ § 50c Absatz 2 Satz 1 Nummer 2 in der Fassung des Artikels 1 des Gesetzes vom 2. Juni 2021 (BGBl. I S. 1259) ist erstmals auf Einkünfte anzuwenden, die dem beschränkt Steuerpflichtigen nach dem 31. Dezember 2021 zufließen; die Geltung von Ermächtigungen nach § 50d Absatz 5 und 6 des Gesetzes in der Fassung, die vor dem Inkrafttreten des Artikels 1 des Gesetzes vom 2. Juni 2021 (BGBl. I S. 1259) galt, endet spätestens zu diesem Zeitpunkt. ² § 50c Absatz 5 Satz 1, 3 und 4 in der Fassung des Artikels 1 des Gesetzes vom 2. Juni 2021 (BGBl. I S. 1259) ist erstmals auf Anträge anzuwenden, die nach dem 31. Dezember 2022 gestellt werden; für Anträge, die gemäß § 50c Absatz 2 oder 3 bis zu diesem Zeitpunkt gestellt werden, ist der amtlich vorgeschriebene Vordruck zu verwenden und § 50d Absatz 1 Satz 7 und 8 des Gesetzes in der Fassung anzuwenden, die vor dem Inkrafttreten des Artikels 1 des Gesetzes vom 2. Juni 2021 (BGBl. I S. 1259) galt.

(47b) § 50d Absatz 3 in der Fassung des Artikels 1 des Gesetzes vom 2. Juni 2021 (BGBl. I S. 1259) ist in allen offenen Fällen anzuwenden, es sei denn, § 50d Absatz 3 in der Fassung, die zu diesem Zeitpunkt galt, in dem die Einkünfte zugeflossen sind, steht dem Anspruch auf Entlastung nicht entgegen.

(47c) ¹ § 50e Absatz 1 und 4 bis 6 in der Fassung des Artikels 1 des Gesetzes vom 2. Juni 2021 (BGBl. I S. 1259) ist ab dem 1. Januar 2022 anzuwenden. ² § 50e Absatz 2 und 3 in der Fassung des Artikels 1 des Gesetzes vom 2. Juni 2021 (BGBl. I S. 1259) ist erstmals auf die nach dem 31. Dezember 2024 nicht oder nicht vollständig erfolgte Übermittlung von Daten oder Mitteilungen anzuwenden.

(48) ¹ § 50i Absatz 1 Satz 1 und 2 ist auf die Veräußerung oder Entnahme von Wirtschaftsgütern oder Anteilen anzuwenden, die nach dem 29. Juni

Anwendungsvorschriften § 52

2013 stattfindet. ²Hinsichtlich der laufenden Einkünfte aus der Beteiligung an der Personengesellschaft ist die Vorschrift in allen Fällen anzuwenden, in denen die Einkommensteuer noch nicht bestandskräftig festgesetzt worden ist. ³ § 50i Absatz 1 Satz 4 in der am 31. Juli 2014 geltenden Fassung ist erstmals auf die Veräußerung oder Entnahme von Wirtschaftsgütern oder Anteilen anzuwenden, die nach dem 31. Dezember 2013 stattfindet. ⁴ § 50i Absatz 2 in der Fassung des Artikels 7 des Gesetzes vom 20. Dezember 2016 (BGBl. I S. 3000) ist erstmals für Einbringungen anzuwenden, bei denen der Einbringungsvertrag nach dem 31. Dezember 2013 geschlossen worden ist.

(48a) ¹ § 51 in der Fassung des Artikels 1 des Gesetzes vom 2. Juni 2021 (BGBl. I S. 1259) gilt erstmals für die Vergabe von Ordnungsnummern zu Steuerbescheinigungen für Kapitalerträge, die nach dem 31. Dezember 2023 zufließen.

(49) § 51a Absatz 2c und 2e in der am 30. Juni 2013 geltenden Fassung ist erstmals auf nach dem 31. Dezember 2014 zufließende Kapitalerträge anzuwenden.

(49a) ¹ § 62 Absatz 1a in der am 18. Juli 2019 geltenden Fassung ist für Kindergeldfestsetzungen anzuwenden, die Zeiträume betreffen, die nach dem 31. Juli 2019 beginnen. ² § 62 Absatz 2 Nummer 1 bis 4 in der Fassung des Artikels 3 des Gesetzes vom 12. Dezember 2019 (BGBl. I S. 2451) ist für Kindergeldfestsetzungen anzuwenden, die Zeiträume betreffen, die nach dem 29. Februar 2020 beginnen. ³ § 62 Absatz 2 Nummer 5 in der Fassung des Artikels 3 des Gesetzes vom 12. Dezember 2019 (BGBl. I S. 2451) ist für Kindergeldfestsetzungen anzuwenden, die Zeiträume betreffen, die nach dem 31. Dezember 2019 beginnen. ⁴Die §§ 62, 63 und 67 in der am 9. Dezember 2014 geltenden Fassung sind für Kindergeldfestsetzungen anzuwenden, die Zeiträume betreffen, die nach dem 31. Dezember 2015 beginnen. ⁵Die §§ 62, 63 und 67 in der am 9. Dezember 2014 geltenden Fassung sind auch für Kindergeldfestsetzungen anzuwenden, die vor dem 1. Januar 2016 liegen, der Antrag auf Kindergeld aber erst nach dem 31. Dezember 2015 gestellt wird. ⁶ § 66 Absatz 1 in der am 23. Juli 2015 geltenden Fassung ist für Kindergeldfestsetzungen anzuwenden, die Zeiträume betreffen, die nach dem 31. Dezember 2014 beginnen. ⁷ § 66 Absatz 1 in der am 1. Januar 2016 geltenden Fassung ist für Kindergeldfestsetzungen anzuwenden, die Zeiträume betreffen, die nach dem 31. Dezember 2015 beginnen. ⁸ § 66 Absatz 1 in der am 1. Januar 2017 geltenden Fassung ist für Kindergeldfestsetzungen anzuwenden, die Zeiträume betreffen, die nach dem 31. Dezember 2016 beginnen. ⁹ § 66 Absatz 1 in der am 1. Januar 2018 geltenden Fassung ist für Kindergeldfestsetzungen anzuwenden, die Zeiträume betreffen, die nach dem 31. Dezember 2017 beginnen. ¹⁰ § 66 Absatz 3 ist auf Anträge anzuwenden, die nach dem 31. Dezember 2017 und vor dem 18. Juli 2019 eingehen. ¹¹ § 69 in der am 1. Januar 2019 geltenden Fassung ist erstmals am 1. November 2019 anzuwenden. ¹² § 66 Absatz 1 in der Fassung des Artikels 2 des Gesetzes vom 29. November 2018 (BGBl. I S. 2210) ist für Kindergeldfestsetzungen anzuwenden, die Zeiträume betreffen, die nach dem 30. Juni 2019 beginnen. ¹³ § 66 Absatz 1 in der Fassung des Artikels 1 des Gesetzes vom 1. Dezember 2020 (BGBl. I S. 2616) ist für Kindergeldfestsetzungen anzuwenden, die Zeiträume betreffen, die nach dem 31. Dezember 2020 beginnen.

(50) ¹ § 70 Absatz 1 Satz 2 ist auf Anträge anzuwenden, die nach dem 18. Juli 2019 eingehen. ² § 70 Absatz 4 in der am 31. Dezember 2011 geltenden Fassung ist weiter für Kindergeldfestsetzungen anzuwenden, die Zeiträume betreffen, die vor dem 1. Januar 2012 enden.

§ 52 Anwendungsvorschriften

(51) ¹§ 89 Absatz 2 Satz 1 in der am 1. Januar 2017 geltenden Fassung ist erstmals für die Übermittlung von Daten ab dem 1. Januar 2017 anzuwenden. ²§ 89 Absatz 2 Satz 1 in der Fassung des Artikels 3 des Gesetzes vom 11. Dezember 2018 (BGBl. I S. 2338) ist erstmals für die Übermittlung von Daten ab dem 1. Januar 2020 anzuwenden.

(52) § 110 in der Fassung des Artikels 1 des Gesetzes vom 10. März 2021 (BGBl. I S. 330) ist für den Veranlagungszeitraum 2019 anzuwenden.

(53) § 111 in der Fassung des Artikels 1 des Gesetzes vom 10. März 2021 (BGBl. I S. 330) ist für die Veranlagungszeiträume 2019 und 2020 anzuwenden.

[bis 31.12.2024: (54) Für Personen, die Leistungen nach dem Soldatenversorgungsgesetz in der Fassung der Bekanntmachung vom 16. September 2009 (BGBl. I S. 3054), das zuletzt durch Artikel 19 des Gesetzes vom 4. August 2019 (BGBl. I S. 1147) geändert worden ist, in Verbindung mit dem Bundesversorgungsgesetz in der Fassung der Bekanntmachung vom 22. Januar 1982 (BGBl. I S. 21), das zuletzt durch Artikel 1 der Verordnung vom 13. Juni 2019 (BGBl. I S. 793) geändert worden ist, erhalten, gelten die Vorschriften des § 3 Nummer 6 Satz 2, des § 32b Absatz 1 Satz 1 Nummer 1 Buchstabe f und des § 33b Absatz 4 Satz 1 Nummer 1 in der am 31. Dezember 2023 geltenden Fassung weiter.]

Einkommensteuer-Durchführungsverordnung:

§ 84 EStDV Anwendungsvorschriften

(1) Die vorstehende Fassung dieser Verordnung ist, soweit in den folgenden Absätzen nichts anderes bestimmt ist, erstmals für den Veranlagungszeitraum 2020 anzuwenden.

(1a) § 1 in der Fassung des Artikels 2 des Gesetzes vom 18. Juli 2014 (BGBl. I S. 1042) ist in allen Fällen anzuwenden, in denen die Einkommensteuer noch nicht bestandskräftig festgesetzt ist.

(1b) § 7 der Einkommensteuer-Durchführungsverordnung 1997 in der Fassung der Bekanntmachung vom 18. Juni 1997 (BGBl. I S. 1558) ist letztmals für das Wirtschaftsjahr anzuwenden, das vor dem 1. Januar 1999 endet.

(1c) Die §§ 8 und 8a der Einkommensteuer-Durchführungsverordnung 1986 in der Fassung der Bekanntmachung vom 24. Juli 1986 (BGBl. I S. 1239) sind letztmals für das Wirtschaftsjahr anzuwenden, das vor dem 1. Januar 1990 endet.

(2) § 8c Absatz 2 Satz 1 in der Fassung des Artikels 1 der Verordnung vom 25. Juni 2020 (BGBl. I S. 1495) kann erstmals für Wirtschaftsjahre angewendet werden, die nach dem 31. Dezember 2018 beginnen.

(2a) § 11c Abs. 2 Satz 3 ist erstmals für das nach dem 31. Dezember 1998 endende Wirtschaftsjahr anzuwenden.

(2b) § 29 Abs. 1 ist auch für Veranlagungszeiträume vor 1996 anzuwenden, soweit die Fälle, in denen Ansprüche aus Versicherungsverträgen nach dem 13. Februar 1992 zur Tilgung oder Sicherung von Darlehen eingesetzt wurden, noch nicht angezeigt worden sind.

(2c) § 50 in der am 1. Januar 2020 geltenden Fassung ist erstmals auf Zuwendungen anzuwenden, die dem Zuwendungsempfänger nach dem 31. Dezember 2019 zufließen.

(2d) § 50 in der Fassung des Artikels 7 des Gesetzes vom 21. Dezember 2020 (BGBl. I S. 3096) ist erstmals auf Zuwendungen anzuwenden, die dem Zuwendungsempfänger nach dem 31. Dezember 2024 zufließen.

Anwendungsvorschriften § 52

(3) § 29 Abs. 3 bis 6, §§ 31 und 32 sind in der vor dem 1. Januar 1996 geltenden Fassung für vor diesem Zeitpunkt an Bausparkassen geleistete Beiträge letztmals für den Veranlagungszeitraum 2005 anzuwenden.

(3a) § 51 in der Fassung des Artikels 2 des Gesetzes vom 1. November 2011 (BGBl. I S. 2131) ist erstmals für das Wirtschaftsjahr anzuwenden, das nach dem 31. Dezember 2011 beginnt.

(3b) [1]§ 52 ist erstmals für den übernächsten Veranlagungszeitraum anzuwenden, der auf den Veranlagungszeitraum folgt, in dem die für die Anwendung erforderlichen technischen und organisatorischen Voraussetzungen in der Finanzverwaltung für eine Umsetzung der Regelung vorliegen. [2]Das Bundesministerium der Finanzen gibt im Einvernehmen mit dem Bundesministerium für Ernährung und Landwirtschaft sowie den obersten Finanzbehörden der Länder im Bundessteuerblatt den Veranlagungszeitraum bekannt, ab dem die Regelung des § 52 erstmals anzuwenden ist. [3]Bisher schon bestehende Mitteilungspflichten sind für die Veranlagungszeiträume vor erstmaliger Anwendung des § 52 weiter zu erfüllen.

(3c) [1]§ 54 Abs. 1 Satz 2 in der Fassung des Artikels 1a des Gesetzes vom 20. Dezember 2007 (BGBl. I S. 3150) ist erstmals für Vorgänge nach dem 31. Dezember 2007 anzuwenden. [2]§ 54 Abs. 4 in der Fassung des Artikels 2 des Gesetzes vom 7. Dezember 2006 (BGBl. I S. 2782) ist erstmals auf Verfügungen über Anteile an Kapitalgesellschaften anzuwenden, die nach dem 31. Dezember 2006 beurkundet werden.

(3d) § 56 in der Fassung des Artikels 10 des Gesetzes vom 29. Dezember 2003 (BGBl. I S. 3076) ist erstmals für den Veranlagungszeitraum 2004 anzuwenden.

(3e) § 60 Abs. 1 und 4 in der Fassung des Artikels 2 des Gesetzes vom 20. Dezember 2008 (BGBl. I S. 2850) ist erstmals für Wirtschaftsjahre (Gewinnermittlungszeiträume) anzuwenden, die nach dem 31. Dezember 2010 beginnen.

(3f) § 62d Abs. 2 Satz 2 in der Fassung des Artikels 2 des Gesetzes vom 22. Dezember 2003 (BGBl. I S. 2840) ist erstmals auf Verluste anzuwenden, die aus dem Veranlagungszeitraum 2004 in den Veranlagungszeitraum 2003 zurückgetragen werden.

(3g) [1]§ 65 Absatz 1 in der Fassung des Artikels 10 des Gesetzes vom 2. Juni 2021 (BGBl. I S. 1259) ist erstmals für den Veranlagungszeitraum 2021 anzuwenden. [2]§ 65 Absatz 3a ist erstmals für den Veranlagungszeitraum anzuwenden, der auf den Veranlagungszeitraum folgt, in dem die für die Anwendung erforderlichen Programmierarbeiten für das elektronische Datenübermittlungsverfahren abgeschlossen sind. [3]Das Bundesministerium der Finanzen gibt im Einvernehmen mit den obersten Finanzbehörden der Länder im Bundessteuerblatt Teil I den Veranlagungszeitraum bekannt, ab dem die Regelung des § 65 Absatz 3a erstmals anzuwenden ist. [4]Mit der Anwendung von § 65 Absatz 3a ist § 65 Absatz 1 Nummer 1 und 2 Buchstabe a, Absatz 2 Satz 1 und 2 zweiter Halbsatz nicht weiter anzuwenden. [5]Der Anwendungsbereich des § 65 Absatz 3 wird auf die Fälle des § 65 Absatz 1 Nummer 2 Buchstabe b beschränkt. [6]Zu diesem Zeitpunkt noch gültige und dem Finanzamt vorliegende Feststellungen über eine Behinderung werden bis zum Ende ihrer Gültigkeit weiter berücksichtigt, es sei denn, die Feststellungen ändern sich vor Ablauf der Gültigkeit.

(3h) § 70 in der Fassung des Artikels 24 des Gesetzes vom 25. Juli 2014 (BGBl. I S. 1266) ist erstmals ab dem Veranlagungszeitraum 2014 anzuwenden.

§ 52 Anwendungsvorschriften

(3i) ¹ Die §§ 73a, 73c, 73d Abs. 1 sowie die §§ 73e und 73f Satz 1 in der Fassung des Artikels 2 des Gesetzes vom 19. Dezember 2008 (BGBl. I S. 2794) sind erstmals auf Vergütungen anzuwenden, die nach dem 31. Dezember 2008 zufließen. ² Abweichend von Satz 1 ist § 73e Satz 4 und 5 in der Fassung des Artikels 2 des Gesetzes vom 19. Dezember 2008 (BGBl. I S. 2794) erstmals auf Vergütungen anzuwenden, die nach dem 31. Dezember 2009 zufließen. ³ § 73e Satz 4 in der Fassung der Bekanntmachung vom 10. Mai 2000 (BGBl. I S. 717) ist letztmals auf Vergütungen anzuwenden, die vor dem 1. Januar 2010 zufließen. ⁴ § 73d Absatz 1 Satz 3, § 73e Satz 1, 2 und 5 sowie § 73g Absatz 1 und 2 in der Fassung des Artikels 9 des Gesetzes vom 10. August 2009 (BGBl. I S. 2702) sind erstmals auf Vergütungen anzuwenden, die nach dem 31. Dezember 2013 zufließen. ⁵ § 73e Satz 7 in der am 31. Juli 2014 geltenden Fassung ist erstmals auf Vergütungen anzuwenden, für die der Steuerabzug nach dem 31. Dezember 2014 angeordnet worden ist. ⁶ § 73a Absatz 3 in der am 30. Dezember 2014 geltenden Fassung ist erstmals ab dem 1. Januar 2014 anzuwenden.

(3j) § 80 der Einkommensteuer-Durchführungsverordnung 1997 in der Fassung der Bekanntmachung vom 18. Juni 1997 (BGBl. I S. 1558) ist letztmals für das Wirtschaftsjahr anzuwenden, das vor dem 1. Januar 1999 endet.

(4) ¹ § 82a ist auf Tatbestände anzuwenden, die in dem in Artikel 3 des Einigungsvertrages genannten Gebiet nach dem 31. Dezember 1990 und vor dem 1. Januar 1992 verwirklicht worden sind. ² Auf Tatbestände, die im Geltungsbereich dieser Verordnung ausschließlich des in Artikel 3 des Einigungsvertrages genannten Gebiets verwirklicht worden sind, ist

1. § 82a Abs. 1 und 2 bei Herstellungskosten für Einbauten von Anlagen und Einrichtungen im Sinne von dessen Absatz 1 Nr. 1 bis 5 anzuwenden, die nach dem 30. Juni 1985 und vor dem 1. Januar 1992 fertiggestellt worden sind,
2. § 82a Abs. 3 Satz 1 ab dem Veranlagungszeitraum 1987 bei Erhaltungsaufwand für Arbeiten anzuwenden, die vor dem 1. Januar 1992 abgeschlossen worden sind,
3. § 82a Abs. 3 Satz 2 ab dem Veranlagungszeitraum 1987 bei Aufwendungen für Einzelöfen anzuwenden, die vor dem 1. Januar 1992 angeschafft worden sind,
4. § 82a Abs. 3 Satz 1 in der Fassung der Bekanntmachung vom 24. Juli 1986 für Veranlagungszeiträume vor 1987 bei Erhaltungsaufwand für Arbeiten anzuwenden, die nach dem 30. Juni 1985 abgeschlossen worden sind,
5. § 82a Abs. 3 Satz 2 in der Fassung der Bekanntmachung vom 24. Juli 1986 für Veranlagungszeiträume vor 1987 bei Aufwendungen für Einzelöfen anzuwenden, die nach dem 30. Juni 1985 angeschafft worden sind,
6. § 82a bei Aufwendungen für vor dem 1. Juli 1985 fertiggestellte Anlagen und Einrichtungen in den vor diesem Zeitpunkt geltenden Fassungen weiter anzuwenden.

(4a) ¹ § 82b der Einkommensteuer-Durchführungsverordnung 1997 in der Fassung der Bekanntmachung vom 18. Juni 1997 (BGBl. I S. 1558) ist letztmals auf Erhaltungsaufwand anzuwenden, der vor dem 1. Januar 1999 entstanden ist. ² § 82b in der Fassung des Artikels 10 des Gesetzes vom 29. Dezember 2003 (BGBl. I S. 3076) ist erstmals auf Erhaltungsaufwand anzuwenden, der nach dem 31. Dezember 2003 entstanden ist.

(4b) § 82d der Einkommensteuer-Durchführungsverordnung 1986 ist auf Wirtschaftsgüter sowie auf ausgebaute und neu hergestellte Gebäudeteile anzuwenden, die im Geltungsbereich dieser Verordnung ausschließlich des in Artikel 3 des Einigungsvertrages genannten Gebiets nach dem 18. Mai 1983 und vor dem 1. Januar 1990 hergestellt oder angeschafft worden sind.

(5) § 82f Abs. 5 und Abs. 7 Satz 1 der Einkommensteuer-Durchführungsverordnung 1979 in der Fassung der Bekanntmachung vom 24. September 1980 (BGBl. I S. 1801) ist letztmals für das Wirtschaftsjahr anzuwenden, das dem Wirtschaftsjahr vorangeht, für das § 15a des Gesetzes erstmals anzuwenden ist.

(6) [1] § 82g ist auf Maßnahmen anzuwenden, die nach dem 30. Juni 1987 und vor dem 1. Januar 1991 in dem Geltungsbereich dieser Verordnung ausschließlich des in Artikel 3 des Einigungsvertrages genannten Gebiets abgeschlossen worden sind. [2] Auf Maßnahmen, die vor dem 1. Juli 1987 in dem Geltungsbereich dieser Verordnung ausschließlich des in Artikel 3 des Einigungsvertrages genannten Gebiets abgeschlossen worden sind, ist § 82g in der vor diesem Zeitpunkt geltenden Fassung weiter anzuwenden.

(7) [1] § 82h in der durch die Verordnung vom 19. Dezember 1988 (BGBl. I S. 2301) geänderten Fassung ist erstmals auf Maßnahmen, die nach dem 30. Juni 1987 in dem Geltungsbereich dieser Verordnung ausschließlich des in Artikel 3 des Einigungsvertrages genannten Gebiets abgeschlossen worden sind, und letztmals auf Erhaltungsaufwand, der vor dem 1. Januar 1990 in dem Geltungsbereich dieser Verordnung ausschließlich des in Artikel 3 des Einigungsvertrages genannten Gebiets entstanden ist, mit der Maßgabe anzuwenden, dass der noch nicht berücksichtigte Teil des Erhaltungsaufwands in dem Jahr, in dem das Gebäude letztmals zur Einkunftserzielung genutzt wird, als Betriebsausgaben oder Werbungskosten abzusetzen ist. [2] Auf Maßnahmen, die vor dem 1. Juli 1987 in dem Geltungsbereich dieser Verordnung ausschließlich des in Artikel 3 des Einigungsvertrages genannten Gebiets abgeschlossen worden sind, ist § 82h in der vor diesem Zeitpunkt geltenden Fassung weiter anzuwenden.

(8) § 82i ist auf Herstellungskosten für Baumaßnahmen anzuwenden, die nach dem 31. Dezember 1977 und vor dem 1. Januar 1991 in dem Geltungsbereich dieser Verordnung ausschließlich des in Artikel 3 des Einigungsvertrages genannten Gebiets abgeschlossen worden sind.

(9) § 82k der Einkommensteuer-Durchführungsverordnung 1986 ist auf Erhaltungsaufwand, der vor dem 1. Januar 1990 in dem Geltungsbereich dieser Verordnung ausschließlich des in Artikel 3 des Einigungsvertrages genannten Gebiets entstanden ist, mit der Maßgabe anzuwenden, dass der noch nicht berücksichtigte Teil des Erhaltungsaufwands in dem Jahr, in dem das Gebäude letztmals zur Einkunftserzielung genutzt wird, als Betriebsausgaben oder Werbungskosten abzusetzen ist.

(10) [1] In Anlage 3 (zu § 80 Abs. 1) ist die Nummer 26 erstmals für das Wirtschaftsjahr anzuwenden, das nach dem 31. Dezember 1990 beginnt. [2] Für Wirtschaftsjahre, die vor dem 1. Januar 1991 beginnen, ist die Nummer 26 in Anlage 3 in der vor diesem Zeitpunkt geltenden Fassung anzuwenden.

(11) § 56 Satz 1 Nummer 1, die §§ 61 und 62d in der Fassung des Artikels 2 des Gesetzes vom 1. November 2011 (BGBl. I S. 2131) sind erstmals für den Veranlagungszeitraum 2013 anzuwenden.

§ 85 *EStDV (gegenstandslos)*

Lohnsteuer-Durchführungsverordnung:

§ 8 *LStDV Anwendungszeitraum*

(1) Die Vorschriften dieser Verordnung in der Fassung des Artikels 2 des Gesetzes vom 13. Dezember 2006 (BGBl. I S. 2878) sind erstmals anzuwenden auf laufenden Arbeitslohn, der für einen nach dem 31. Dezember 2006 enden-

§ 52a 1 Anwendungsvorschriften zur Einführung einer Abgeltungsteuer

den Lohnzahlungszeitraum gezahlt wird, und auf sonstige Bezüge, die nach dem 31. Dezember 2006 zufließen. (2) ¹§ 6 Abs. 3 und 4 sowie § 7 in der am 31. Dezember 2001 geltenden Fassung sind weiter anzuwenden im Falle einer schädlichen Verfügung vor dem 1. Januar 2002. ²Die Nachversteuerung nach § 7 Abs. 1 Satz 1 unterbleibt, wenn der nachzufordernde Betrag 10 Euro nicht übersteigt. (3) § 4 Absatz 2a ist für ab dem 1. Januar 2018 im Lohnkonto aufzuzeichnende Daten anzuwenden.

Anmerkungen zu § 52 EStG, § 84 EStDV, § 8 LStDV

1 **1. Anwendung in zeitlicher Hinsicht.** § 52 regelt – entspr Art 82 II GG – primär in zeitl Hinsicht, für welche VZ die einzelnen Normen der EStG in der jeweiligen Fassung erstmals oder letztmals anzuwenden sind (VZ-bezogene Betrachtungsweise, BFH IV R 53/09 DStR 11, 2091; BR-Drs 171/95, 141; *HHR* Rz 3). § 52 muss daher sicherstellen, dass die Anwendung nicht zu einer echten Rückwirkung führt (vgl BFH XI B 151/00 BStBl II 01, 552). Die Grundregel (§ 52 I) bestimmt, dass das Gesetz erstmals für den lfd VZ anzuwenden ist, soweit in den folgenden Absätzen nichts anderes bestimmt ist (vgl etwa FinA BT-Drs 16/11108, 9 f). – § 52, 52a sind durch das Kroat-AnpG (BGBl I 14, 1266) bereinigt worden (s § 52a Rz 1); etl Übergangsvorschriften sind in der neuen Fassung nicht mehr enthalten (dazu s Rz 2), zT in die Stammvorschrift überführt worden (etwa § 10a). Im Ergebnis enthält § 52 nun auch die erforderl Regelungen aus dem bisherigen § 52a. – Zu unterscheiden ist das **Inkrafttreten** von Normen (vgl zB Art 11 Gesetz v 8.12.16, BGBl I 16, 2835 zur Beendigung der Sonderzuständigkeit der öffentl-rechtl Bundes-FamKassen) von der (zeitl) Anwendung von Normen (§ 52).

2 **2. Grundsätze.** Die Neufassung folgt folgenden Grundsätzen (BT-Drs 18/1529, 60): – *(1)* Die allg Anwendungsregelung des § 52 I wird auf den VZ 2024 bzw. nach dem 31.12.23 endende Lohnzahlungszeiträume fortgeschrieben. Nach § 52 I 3 ist diese Fassung des Gesetzes – vorbehaltl der besonderen Regelungen in den folgenden Absätzen – erstmals auf KapErträge anzuwenden, die dem Gläubiger nach dem 31.12.23 zufließen. – *(2)* Regelungen, die durch Zeitablauf erledigt sind, werden gestrichen, insb iZm erstmaliger Anwendung. – *(3)* Noch erforderl Regelungen, die nicht die zeitl Anwendung betreffen, werden grds in die jeweilige Stammvorschrift übernommen (ohne inhaltl Änderungen). – *(4)* Noch erforderl Regelungen zur zeitl Anwendung werden in der Neufassung des § 52 fortgeführt. Alle für eine Vorschrift maßgebl Übergangsregelungen sind in einem einzigen Absatz enthalten (s zB § 52 VI für § 4). – *(5)* Die noch erforderl Regelungen des § 52a (s Rz 1) wurden in § 52 in der Gesetzesreihenfolge übernommen.

3 **3. Rückwirkung.** Rückwirkende (Steuer-)Gesetze sind grds unzulässig (iEinz § 2 Rz 41; *HHR* Rz 3). Die Anwendungsvorschriften gelten auch dann weiter, wenn sie in späteren Gesetzesfassungen nicht mehr enthalten sind (BFH XI R 36/89 BStBl II 92, 26).

4 **4. Verweisung.** Der jeweilige zeitl Anwendungsbereich einer Norm ist, soweit von allg Bedeutung, iRd Erläut der jeweiligen Norm berücksichtigt. – Soweit § 52 auch (systemwidrig) Regelungen mit allg materiellen Inhalt enthält, sind diese im jeweiligen Sachzusammenhang erläutert.

§ 52a *Anwendungsvorschriften zur Einführung einer Abgeltungsteuer auf Kapitalerträge und Veräußerungsgewinne*

1 **Hinweis:** § 52a ist durch das Kroat-AnpG (BGBl I 14, 1266) mit Wirkung ab VZ 2014 **aufgehoben** worden. § 52a enthielt Anwendungsvorschriften zur Einführung der Abgel-

Besondere Anwendungsregeln aus Anlass der Herstellung der Einheit   § 57

tungSt auf KapErträge und Veräußerungsgewinne, die zu einem relativ komplizierten Nebeneinander von Alt- und Neuregelungen führten, um verfrechtl Rückwirkungsprobleme zu vermeiden (*Helios/Link* DStR 08, 386). *Abs 1* bestimmte, dass die in den §§ 43–45e enthaltenen überarbeiteten Regelungen zum Einbehalt von KapESt iRd AbgeltungSt grds auf ab 1.1.09 zufließende Kapitalerträge anzuwenden sind (BR-Drs 220/07, 119). *Abs 2 bis 7* enthielten Änderungen zu den §§ 2–10. *Abs 8* bezog sich auf § 20 I Nr 7; *Abs 9* betraf § 20 I Nr 11 und *Abs 10* vor allem die Anwendung des § 20 II (Veräußerungstatbestände; s *Schmidt* 33. Aufl § 52a Rz 4–7). *Abs 11 bis 16b* regeln insb die Anwendung der §§ 23, 24c, 32d (s *Schmidt* 33. Aufl § 52a Rz 8–10).

§§ 52b, 53, 54 *(weggefallen)*

§ 55 *Schlussvorschriften (Sondervorschriften für die Gewinnermittlung nach § 4 oder nach Durchschnittssätzen bei vor dem 1. Juli 1970 angeschafftem Grund und Boden)*

Hinweis: § 55 I–IV regelten in einem pauschalierenden Verfahren die erstmalige Bewertung des luf GuB zum 30.6.70, der bis dahin nicht steuerverstrickt war. Nach § 55 V konnte bis 31.12.75 ein Antrag auf Feststellung des höheren TW gestellt werden. Verluste, die bei der Veräußerung oder Entnahme von pauschal bewertetem GuB (nicht bei Einzelfeststellung des TW) entstehen, können nicht abgezogen werden (§ 55 VI). Da es sich bei § 55 (mit Ausnahme der Verlustklausel des Abs 6) um **ausgelaufenes Recht** handelt, wird auf einen Abdruck des Gesetzestextes verzichtet und auf *Schmidt* 39. Aufl § 55 Rz 1 ff verwiesen.

1

§ 56 Sondervorschriften für Steuerpflichtige in dem in Artikel 3 des Einigungsvertrages genannten Gebiet

Bei Steuerpflichtigen, die am 31. Dezember 1990 einen Wohnsitz oder ihren gewöhnlichen Aufenthalt in dem in Artikel 3 des Einigungsvertrages genannten Gebiet und im Jahre 1990 keinen Wohnsitz oder gewöhnlichen Aufenthalt im bisherigen Geltungsbereich dieses Gesetzes hatten, gilt Folgendes:
§ 7 Absatz 5 ist auf Gebäude anzuwenden, die in dem in Artikel 3 des Einigungsvertrages genannten Gebiet nach dem 31. Dezember 1990 angeschafft oder hergestellt worden sind.

Hinweis: Erläut s zuletzt *Schmidt* 25. Aufl § 56 Rz 1 ff.

§ 57 Besondere Anwendungsregeln aus Anlass der Herstellung der Einheit Deutschlands

(1) Die §§ 7c, 7f, 7g, 7k und 10e dieses Gesetzes, die §§ 76, 78, 82a und 82f der Einkommensteuer-Durchführungsverordnung sowie die §§ 7 und 12 Absatz 3 des Schutzbaugesetzes sind auf Tatbestände anzuwenden, die in dem in Artikel 3 des Einigungsvertrages genannten Gebiet nach dem 31. Dezember 1990 verwirklicht worden sind.

(2) Die §§ 7b und 7d dieses Gesetzes sowie die §§ 81, 82d, 82g und 82i der Einkommensteuer-Durchführungsverordnung sind nicht auf Tatbestände anzuwenden, die in dem in Artikel 3 des Einigungsvertrages genannten Gebiet verwirklicht worden sind.

(3)* *[bis 31.12.2024: Bei der Anwendung des § 7g Absatz 2 Nummer 1 und des § 14a Absatz 1 ist in dem in Artikel 3 des Einigungsvertrages genannten Gebiet anstatt vom*

---

* Abs. 3 wird ab 1.1.25 aufgehoben (GrStRefG, BGBl I 19, 1794).

§ 58 Anwendung von Rechtsvorschriften zur Einheit

maßgebenden Einheitswert des Betriebs der Land- und Forstwirtschaft und den darin ausgewiesenen Werten vom Ersatzwirtschaftswert nach § 125 des Bewertungsgesetzes auszugehen.]

(4) ¹ § 10d Absatz 1 ist mit der Maßgabe anzuwenden, dass der Sonderausgabenabzug erstmals von dem für die zweite Hälfte des Veranlagungszeitraums 1990 ermittelten Gesamtbetrag der Einkünfte vorzunehmen ist. ² § 10d Absatz 2 und 3 ist auch für Verluste anzuwenden, die in dem in Artikel 3 des Einigungsvertrages genannten Gebiet im Veranlagungszeitraum 1990 entstanden sind.

(5) § 22 Nummer 4 ist auf vergleichbare Bezüge anzuwenden, die auf Grund des Gesetzes über Rechtsverhältnisse der Abgeordneten der Volkskammer der Deutschen Demokratischen Republik vom 31. Mai 1990 (GBl. I Nr. 30 S. 274) gezahlt worden sind.

(6) § 34f Absatz 3 Satz 3 ist erstmals auf die in dem in Artikel 3 des Einigungsvertrags genannten Gebiet für die zweite Hälfte des Veranlagungszeitraums 1990 festgesetzte Einkommensteuer anzuwenden.

Hinweis: Erläuterungen s zuletzt *Schmidt* 25. Aufl § 57 Rz 1 ff.

§ 58 Weitere Anwendung von Rechtsvorschriften, die vor Herstellung der Einheit Deutschlands in dem in Artikel 3 des Einigungsvertrages genannten Gebiet gegolten haben

(1) Die Vorschriften über Sonderabschreibungen nach § 3 Absatz 1 des Steueränderungsgesetzes vom 6. März 1990 (GBl. I Nr. 17 S. 136) in Verbindung mit § 7 der Durchführungsbestimmung zum Gesetz zur Änderung der Rechtsvorschriften über die Einkommen-, Körperschaft- und Vermögensteuer – Steueränderungsgesetz – vom 16. März 1990 (GBl. I Nr. 21 S. 195) sind auf Wirtschaftsgüter weiter anzuwenden, die nach dem 31. Dezember 1989 und vor dem 1. Januar 1991 in dem in Artikel 3 des Einigungsvertrages genannten Gebiet angeschafft oder hergestellt worden sind.

(2) ¹ Rücklagen nach § 3 Absatz 2 des Steueränderungsgesetzes vom 6. März 1990 (GBl. I Nr. 17 S. 136) in Verbindung mit § 8 der Durchführungsbestimmung zum Gesetz zur Änderung der Rechtsvorschriften über die Einkommen-, Körperschaft- und Vermögensteuer – Steueränderungsgesetz – vom 16. März 1990 (GBl. I Nr. 21 S. 195) dürfen, soweit sie zum 31. Dezember 1990 zulässigerweise gebildet worden sind, auch nach diesem Zeitpunkt fortgeführt werden. ² Sie sind spätestens im Veranlagungszeitraum 1995 gewinn- oder sonst einkünfteerhöhend aufzulösen. ³ Sind vor dieser Auflösung begünstigte Wirtschaftsgüter angeschafft oder hergestellt worden, sind die in Rücklage eingestellten Beträge von den Anschaffungs- oder Herstellungskosten abzuziehen; die Rücklage ist in Höhe des abgezogenen Betrags im Veranlagungszeitraum der Anschaffung oder Herstellung gewinn- oder sonst einkünfteerhöhend aufzulösen.

(3) Die Vorschrift über den Steuerabzugsbetrag nach § 9 Absatz 1 der Durchführungsbestimmung zum Gesetz zur Änderung der Rechtsvorschriften über die Einkommen-, Körperschaft- und Vermögensteuer – Steueränderungsgesetz – vom 16. März 1990 (GBl. I Nr. 21 S. 195) ist für Steuerpflichtige weiter anzuwenden, die vor dem 1. Januar 1991 in dem in Artikel 3 des Einigungsvertrages genannten Gebiet eine Betriebsstätte begründet haben, wenn sie von dem Tag der Begründung der Betriebsstätte an zwei Jahre lang die Tätigkeit ausüben, die Gegenstand der Betriebsstätte ist.

Anwendung von Rechtsvorschriften zur Einheit § 58

Gesetz zur Änderung der Rechtsvorschriften über die Einkommen-, Körperschaft- und Vermögensteuer (Steueränderungsgesetz)

Vom 6. März 1990 (GBl. I Nr. 17 S. 136). Geändert durch Steueranpassungsgesetz vom 22. Juni 1990 (GBl. Sonderdruck Nr. 1427 S. 3)

– Auszug –

§ 3 Steuervergünstigungen. (1) Für Investitionen, die für die wirtschaftliche Entwicklung besonderen Vorrang haben, können Sonderabschreibungen gewährt werden.

(2) Steuerpflichtige, die Einkommen bzw. Gewinn aus den im § 1 Abs. 1 Ziff. 1 bis 3 genannten Betrieben bzw. Tätigkeiten erzielen, können für Zwecke der Akkumulation eine steuerfreie Rücklage in Höhe von 20 % des jährlichen Einkommens bzw. Gewinns, höchstens 50 000 M, bilden.

Durchführungsbestimmung zum Gesetz zur Änderung der Rechtsvorschriften über die Einkommen-, Körperschaft- und Vermögensteuer

Vom 16. März 1990 (DDR-GBl. I Nr. 21 S. 195). Geändert durch Steueranpassungsgesetz vom 22. Juni 1990 (GBl. Sonderdruck Nr. 1427 S. 3) – Auszug –

Zu § 3 des Steueränderungsgesetzes:

§ 7 Sonderabschreibungen. (1) Sonderabschreibungen werden gewährt für Grundmittel, die
– der Entwicklung und Einführung von Verfahren und Erzeugnissen auf hohem wissenschaftlich-technischen Niveau dienen;
– zu höheren Lieferungen und Leistungen für den Export führen;
– der Schaffung neuer Arbeitsplätze in bestehenden Betrieben oder Unternehmen dienen oder
– zur Realisierung von Umweltschutzmaßnahmen angeschafft oder hergestellt werden.

(2) Sonderabschreibungen können im
– ersten Jahr bis 50 vom Hundert,
– zweiten Jahr bis 30 vom Hundert,
– dritten Jahr 20 vom Hundert
der Anschaffungs- oder Herstellungskosten betragen.

(3) Werden die im Abs. 1 genannten Grundmittelanschaffungen über einen aufgenommenen Kredit finanziert, können die Sonderabschreibungen in Höhe der jährlichen Kredittilgungsrate in Anspruch genommen werden.

§ 8 Steuerfreie Rücklage. (1) [1] Die steuerfreie Rücklage und ihre Verwendung sind im Rechnungswesen gesondert auszuweisen. [2] Nicht für die Akkumulation verbrauchte Rücklagen sind nach Ablauf von 5 Jahren gewinnerhöhend aufzulösen.

(2) Der Anteil der Investitionsfinanzierung aus der Rücklage ist im Anlagennachweis als Verschleiß zu behandeln.

§ 9 Gewährung von Steuervergünstigungen und Ausgleichszahlungen. (1) [1] Bei Neueröffnung eines Handwerks-, Handels- oder Gewerbebetriebes wird dem Inhaber eine einmalige Steuerbefreiung für 2 Jahre höchstens bis 10 000 Mark gewährt. [2] Sind mehrere Inhaber vorhanden, kann die Steuerbefreiung nur einmal in Anspruch genommen werden. [3] Die einmalige Steuerbefreiung wird auch bei Aufnahme einer hauptberuflichen selbständigen oder freiberuflichen Tätigkeit gewährt.

(2) [1] Inhaber von Handwerks-, Handels- oder Gewerbebetrieben, die ihre Einnahmen zu staatlich festgelegten Preisen realisieren, in denen die zw den Tarifpartnern vereinbarten Lohn- und Gehaltserhöhungen für die Beschäftigten noch nicht enthalten sind, können Ausgleichszahlungen beantragen, wenn die Einkünfte (Gewinne) aus dem Betrieb 50 000 Mark im Veranlagungsjahr nicht übersteigen. [2] Die Ausgleichszahlungen sind im Rechnungswesen als Einnahmen zu verbuchen. [3] Das gilt auch für hauptberuflich selbständig bzw. freiberuflich Tätige.

(3) Mit der Einführung günstiger steuerlicher Regelungen nach dem Steueränderungsgesetz entfallen leistungsbezogene Steuervergünstigungen bzw. Prämien, die bisher
– zur Anwendung des § 3 Abs. 4 des PGH-Steuergesetzes vom 30. November 1962 (GBl. I Nr. 13 S. 119),

§ 62 Anspruchsberechtigte

– zur Förderung der Reparatur-, Dienst- und Versorgungsleistungen des genossenschaftlichen und privaten Handwerks sowie anderer Gewerbebetriebe gegenüber der Bevölkerung und
– zur weiteren Steigerung des Leistungsvermögens privater Einzelhändler und Gastwirte und zur Erhöhung ihrer Versorgungsleistungen für die Bevölkerung

gewährt wurden.

(4) Soweit in Einzelfällen durch den Wegfall bisheriger Steuervergünstigungen unter Berücksichtigung der Steuerminderung nach dem Steueränderungsgesetz sich eine Nettoeinkommensminderung ergibt, ist der Differenzbetrag personengebunden bis zum 31. Dezember 1990 als Steuerermäßigung durch die Abteilung Finanzen des Rates des Kreises weiter zu gewähren.

Hinweis: Erläuterungen s *Schmidt* 25. Aufl § 58 Rz 1 ff.

§§ 59–61 *(weggefallen)*

X. Kindergeld

Verwaltungsanweisungen: *BZSt* BStBl I 21, 273, *BZSt* BStBl I 21, 688 (Auflistung der § 72 I 3-Fälle); *BZSt* BStBl I 21, 1598 (DA-KG 2021), *BZSt* KiGeld-Merkblatt 2021 (Beck-Verw 550672).

§ 62 Anspruchsberechtigte

(1) ¹**Für Kinder im Sinne des § 63 hat Anspruch auf Kindergeld nach diesem Gesetz, wer**
1. im Inland einen Wohnsitz oder seinen gewöhnlichen Aufenthalt hat oder
2. ohne Wohnsitz oder gewöhnlichen Aufenthalt im Inland
   a) nach § 1 Absatz 2 unbeschränkt einkommensteuerpflichtig ist oder
   b) nach § 1 Absatz 3 als unbeschränkt einkommensteuerpflichtig behandelt wird.

²Voraussetzung für den Anspruch nach Satz 1 ist, dass der Berechtigte durch die an ihn vergebene Identifikationsnummer (§ 139b der Abgabenordnung) identifiziert wird. ³Die nachträgliche Vergabe der Identifikationsnummer wirkt auf Monate zurück, in denen die Voraussetzungen des Satzes 1 vorliegen.

(1a) ¹**Begründet ein Staatsangehöriger eines anderen Mitgliedstaates der Europäischen Union oder eines Staates, auf den das Abkommen über den Europäischen Wirtschaftsraum Anwendung findet, im Inland einen Wohnsitz oder gewöhnlichen Aufenthalt, so hat er für die ersten drei Monate ab Begründung des Wohnsitzes oder des gewöhnlichen Aufenthalts keinen Anspruch auf Kindergeld.** ²Dies gilt nicht, wenn er nachweist, dass er inländische Einkünfte im Sinne des § 2 Absatz 1 Satz 1 Nummer 1 bis 4 mit Ausnahme von Einkünften nach § 19 Absatz 1 Satz 1 Nummer 2 erzielt. ³Nach Ablauf des in Satz 1 genannten Zeitraums hat er Anspruch auf Kindergeld, es sei denn, die Voraussetzungen des § 2 Absatz 2 oder Absatz 3 des Freizügigkeitsgesetzes/EU liegen nicht vor oder es sind nur die Voraussetzungen des § 2 Absatz 2 Nummer 1a des Freizügigkeitsgesetzes/EU erfüllt, ohne dass vorher eine andere der in § 2 Absatz 2 des Freizügigkeitsgesetzes/EU genannten Voraussetzungen erfüllt war. ⁴Die Prüfung, ob die Voraussetzungen für einen Anspruch auf Kindergeld gemäß Satz 2 vorliegen oder gemäß Satz 3 nicht gegeben sind, führt die Familienkasse in eigener Zuständigkeit durch. ⁵Lehnt die Familienkasse eine Kindergeldfestsetzung in diesem Fall ab, hat sie ihre Entscheidung der zuständigen Ausländerbehörde mitzuteilen. ⁶Wurde das Vorliegen der Anspruchsvoraussetzungen durch die Verwendung gefälschter oder verfälschter Dokumente oder durch Vorspiegelung falscher Tatsachen vorgetäuscht, hat die Familienkasse die zuständige Ausländerbehörde unverzüglich zu unterrichten.

(2) Ein nicht freizügigkeitsberechtigter Ausländer erhält Kindergeld nur, wenn er
1. eine Niederlassungserlaubnis oder eine Erlaubnis zum Daueraufenthalt-EU besitzt,
2. eine Blaue Karte EU, eine ICT-Karte, eine Mobiler-ICT-Karte oder eine Aufenthaltserlaubnis besitzt, die für einen Zeitraum von mindestens sechs Monaten zur Ausübung einer Erwerbstätigkeit berechtigen oder berechtigt haben oder diese erlauben, es sei denn, die Aufenthaltserlaubnis wurde
   a) nach § 16e des Aufenthaltsgesetzes zu Ausbildungszwecken, nach § 19c Absatz 1 des Aufenthaltsgesetzes zum Zweck der Beschäftigung als Au-Pair oder zum Zweck der Saisonbeschäftigung, nach § 19e des Aufenthaltsgesetzes zum Zweck der Teilnahme an einem Europäischen Freiwilligendienst oder nach § 20 Absatz 1 und 2 des Aufenthaltsgesetzes zur Arbeitsplatzsuche erteilt,
   b) nach § 16b des Aufenthaltsgesetzes zum Zweck eines Studiums, nach § 16d des Aufenthaltsgesetzes für Maßnahmen zur Anerkennung ausländischer Berufsqualifikationen oder nach § 20 Absatz 3 des Aufenthaltsgesetzes zur Arbeitsplatzsuche erteilt und er ist weder erwerbstätig noch nimmt er Elternzeit nach § 15 des Bundeselterngeld- und Elternzeitgesetzes oder laufende Geldleistungen nach dem Dritten Buch Sozialgesetzbuch in Anspruch,
   c) nach § 23 Absatz 1 des Aufenthaltsgesetzes wegen eines Krieges in seinem Heimatland oder nach den §§ 23a, 24 oder § 25 Absatz 3 bis 5 des Aufenthaltsgesetzes erteilt,
3. eine in Nummer 2 Buchstabe c genannte Aufenthaltserlaubnis besitzt und im Bundesgebiet berechtigt erwerbstätig ist oder Elternzeit nach § 15 des Bundeselterngeld- und Elternzeitgesetzes oder laufende Geldleistungen nach dem Dritten Buch Sozialgesetzbuch in Anspruch nimmt,
4. eine in Nummer 2 Buchstabe c genannte Aufenthaltserlaubnis besitzt und sich seit mindestens 15 Monaten erlaubt, gestattet oder geduldet im Bundesgebiet aufhält oder
5. eine Beschäftigungsduldung gemäß § 60d in Verbindung mit § 60a Absatz 2 Satz 3 des Aufenthaltsgesetzes besitzt.

Einkommensteuer-Richtlinien / Verwaltungsschreiben: EStH 62; A1–A6 DA-KG 2021.

Übersicht

	Rz
1. Grundaussage	1–4
2. KiGeldberechtigung deutscher Staatsangehöriger, § 62 I	5–7
3. KiGeldberechtigung von EU-/EWR-Ausländern, § 62 Ia	8–12
4. KiGeldberechtigung bei Sozialabkommen	13
5. KiGeldberechtigung von anderen Ausländern mit Aufenthaltstitel, § 62 II	14–19
6. Ausländische Organisationen	20
7. Rückforderung	21

1. Grundaussage. – a) Struktur. Die im X. Abschnitt enthaltenen §§ 62–78 sind den KiGeld-Regelungen des BKGG idF bis VZ 1995 nachgebildet (die Gesetzgebungskompetenz ergibt sich mE aus Art 105 II GG); §§ 62–66 enthalten materiellrechtl, §§ 67–78 verfahrensrechtl Regelungen. Im Jahr 2020 wurden durch

§ 62   2–5   Anspruchsberechtigte

die 14 Familienkassen der BA fast 45 Mrd € KiGeld für ca 17,5 Mio Kinder gezahlt; der öffentl Dienst hat (noch) zahlreiche eigene Familienkassen (*BZSt* BStBl I 21, 2169); bereits Verzicht mögl (§ 72 Rz 1). – Berechtigte, die nach § 1 EStG in Deutschland **unbeschr stpfl** sind (§ 1 I–III; BFH III R 21/12 BStBl II 15, 135), erhalten für Kinder iSd § 63 ab 1.1.96 KiGeld nach dem EStG; diese Anknüpfung ist nicht verfwidrig (BVerfG 1 BvR 1765/09 HFR 11, 812; *HHR* Vorb v §§ 62–78 Rz 11) und verstößt nicht gegen EU-Recht (BFH III B 17/08 BFH/NV 09, 380). Im BKGG ist nur noch das sog Rest-KiGeld geregelt. – Das *BZSt* hat eine einheitl DA erlassen – DA-KG 2021 (BStBl I 21, 1598).

2   b) Gesetzestechnik. KiGeld und Kinderfreibetrag (**duales System**) können ab 1996 nur noch **alternativ** in Anspruch genommen werden (§ 2 V, VI; § 31); infolge der monatl Auszahlung des KiGeldes geht dieses dem Kinderfreibetrag zunächst vor. Die Voraussetzungen sind unterschiedl (vgl zB § 63 Rz 4 und § 32 Rz 17, 57). Nach § 31 wird die steuerl Freistellung durch den Kinderfreibetrag nach § 32 oder durch das KiGeld nach §§ 62 ff bewirkt (zum Verhältnis von § 32 und §§ 62 ff vgl iEinz § 31 Rz 10 f; BFH VI R 182/98 DStRE 00, 80). Im lfd Kj wird zunächst das KiGeld als StVergütung gezahlt. Das FA prüft bei der EStVeranlagung von Amts wegen, ob das KiGeld die steuerl Wirkung des Kinderfreibetrags ausgleicht (*BMF* BStBl I 1995, 805 Tz 1); ggf wird das zustehende KiGeld mit der EStSchuld des KiGeld-Berechtigten verrechnet. Dies gilt selbst dann, wenn kein KiGeld beantragt wurde. Der EStBescheid des Kindes ist kein Grundlagenbescheid für die KiGeldfestsetzung (BFH XI R 26/12 BFH/NV 14, 313).

3   c) Aufbau. Kern des KiGeld-Rechts sind die §§ **62 und 63**, sie regeln die Anspruchsvoraussetzungen. Die §§ **64, 65** enthalten Ausschlusstatbestände, § **66** bestimmt die Höhe und die §§ **67–78** regeln das Verfahren und bestimmte Auszahlungsmodalitäten. Vereinfacht lautet die **Grundregel:** Wer im Inl wohnt, erhält für abhängige Kinder KiGeld. – Das KiGeld wird zur StFreistellung des elterl Einkommens iHd Existenzminimums eines Kindes gewährt; es dient ggf auch der **Förderung der Familie** (BFH III B 58/12 BFH/NV 12, 1977).

4   d) Festsetzung. Das KiGeld wird durch **selbstständigen Bescheid** festgesetzt (§ 70 I), auf den (nur) die für die Steuerfestsetzung geltenden Vorschriften der AO sinngemäß anwendbar sind (§ 155 IV AO; BFH III R 108/06 BFH/NV 09, 357), ebenso die Verjährungsvorschriften, §§ 169 f AO (BFH V R 13/15 BFH/NV 16, 534) und das Recht auf Akteneinsicht (BFH III R 59/19 BStBl II 21, 467). Die unionsrechtl Familienbetrachtung gilt auch für die Festsetzungsverjährung (BFH III R 10/20, DStRE 22, 99). Zuständig für die Festsetzung sind die Familienkassen (§§ 70, 72). Die BA stellt dem BZSt zur Durchführung dieser Aufgaben ihre Behörden (**Arbeitsagenturen**) als Familienkassen zur Verfügung (Organleihe); die Fachaufsicht obliegt dem BZSt (§ 5 I Nr 11 FVG); der (regionale) „Inkasso-Service" war für die Stundung einer KiGeldrückforderung sachl unzuständig (BFH III R 36/19 DStRE 21, 922; BFH III R 21/18 BFH/NV 21, 1457); das gilt auch für einen Erlass (FG Hbg EFG 21, 1164, Rev III R 10/21). Gegen die KiGeld-Festsetzung (bzw Nichtfestsetzung) ist der Einspruch gegeben (§ 77). Klage ist vor dem FG zu erheben (§ 33 I Nr 1 FGO; BFH VIII R 60/99 BFH/NV 04, 320); Klagegegner ist die jeweilige Familienkasse (§ 63 I FGO). Ausgezahlt wird das KiGeld im öffentl Dienst durch den ArbG (§ 72). – Der KiGeldanspruch wird nicht nach § 233a AO verzinst (BFH III R 64/04 BStBl II 07, 240); zu Prozesszinsen BFH III R 85/06 BStBl II 07, 598.

5   2. Kindergeldberechtigung deutscher Staatsangehöriger, § 62 I. – § 62 legt den Personenkreis fest, der KiGeld erhält *(Anspruchsberechtigte)*. Den Kindern selbst steht der Anspruch auf KiGeld nicht zu. – Anspruchsvoraussetzung ist auch die Angabe der jeweiligen steuerl Identifikationsmerkmale des Antragstellers (und der Kinder; § 63 I 3) zur Verhinderung ungerechtfertigter Doppelzahlungen (§ 62 I 2, 3; A 22 DA-KG 2021).

a) Anspruchsberechtigung bei inländischem Wohnsitz/inländischem **6**
gewöhnlichen Aufenthalt. § 62 I knüpft die Anspruchsberechtigung für dt Staatsangehörige und Ausländer (unter den zusätzl Voraussetzungen des Abs 2) an einen inl Wohnsitz oder inl gewöhnl Aufenthalt (**§ 62 I 1 Nr 1;** §§ 8, 9 AO; BFH III R 6/20 BFH/NV 21, 646; A 2.1 DA-KG 2021); das Territorialitätsprinzip ist sachgerecht und verfgemäß (BFH III R 77/09 BFH/NV 11, 1351). Zum Merkmal ‚Wohnsitz' vgl § 1 Rz 20 f (BFH VIII R 62/00 BFH/NV 02, 1146; Einzelfallentscheidung (BFH III R 46/18 BFH/NV 20, 208). Kein Anspruch bei unklarem Wohnsitz/gewöhnl Aufenthalt im Inl (BFH XI R 37/11 BStBl II 14, 831). Bei **Zweitwohnsitz** besteht Anspruch auf DifferenzKiGeld (BFH III R 44/12 BStBl II 15, 143; § 65 Rz 6). – Zum **gewöhnl Aufenthalt** im Inl s § 1 Rz 27 f. Mehrere Entsendungen können gewöhnl Aufenthalt begründen (BFH III B 143/14 BFH/NV 15, 1386) – Bei fehlendem Wohnsitz oder gewöhnl Aufenthalt im Inl kann einen KiGeld-Anspruch haben, *(1)* wer nach § 1 II (bei Dienst-Verh zu inl öffentl Kasse; dazu § 1 Rz 35 f) unbeschr estpfl ist (§ **62 I 1 Nr 2 Buchst a**) oder *(2)* wer nach § 1 III (dazu § 1 Rz 41 f) als estpfl behandelt wird (**62 I 1 Nr 2 Buchst b**; BFH III R 11/20 DStR 21, 1814); Buchst b verlangt inl Einkünfte iSd § 49 (BFH III R 23/20 BFH/NV 21, 1344). – Auch sog **Ortskraft** kann KiGeld-Anspruch haben (BFH XI R 9/12 BFH/NV 13, 1077 [Anm *Schießl* HFR 13, 605]), nicht unechte Ortskraft, da nicht in das dt SV-System eingegliedert (BFH III R 20/12 BFH/NV 14, 684). – KiGeld kann nur für die Monate des Bestehens des Wohnsitzes und des Bezugs inl Einkünfte verlangt werden (BFH XI R 8/12 BFH/NV 14, 495).

b) Weitere Voraussetzungen. Welche Kinder berücksichtigt werden, regelt **7** § 63 (s § 63 Rz 4). – Die Anspruchsvoraussetzungen für minderjährige (§§ 62, 63, 32 III) und für volljährige Kinder (§§ 62, 63, 32 IV) sind getrennt voneinander zu beurteilen (BFH VI R 162/98 BStBl II 00, 459; vgl § 32 Rz 19, 21 ff). – Juristische Personen sind (mangels Kindschaftsverhältnisses) nicht anspruchsberechtigt. Dies gilt selbst dann, wenn sie ausschließlich oder überwiegend für den Unterhalt eines Kindes sorgen.

3. Kindergeldberechtigung von EU-/EWR-Ausländern, § 62 Ia. *(Freizü-* **8** *gigkeitsberechtigte)* EU- und EWR-Ausländer nebst Angehörigen erhalten KiGeld nur, sofern die Voraussetzungen des § 62 Ia erfüllt sind. – **a) EU-Rechtslage.** VO (EWG) 1408/71 wurde ab 1.5.10 ersetzt durch **VO (EG) 883/04 (ABl EU 2004 L 166, 1** – VO zur Koordinierung der Sozialsysteme; iVm VO (EG) 987/09 (ABl EU 2009 L 284, 1 – DurchführungsVO; BFH III R 10/11 BStBl II 14, 706; iEinz *HHR* Vorb v §§ 62–78 Rz 16 ff). Nach Art 11 I 1 VO (EG) 883/04 unterliegen Personen den Rechtsvorschriften nur eines Mitgliedstaates. Welcher Mitgliedstaat dies ist, wird durch Art 11 III iVm Art 12 bis 16 VO (EG) 883/04 geregelt. – Art 67 VO (EG) 883/04 begrenzt den Anspruch auf KiGeld nicht auf ArbN (EuGH C-322/17 FamRZ 19, 653 – *Bogatu*). Kindergeldberechtigung von EU-/EWR-Ausländern.

b) Nationale Rechtslage. § 62 Ia regelt, unter welchen Voraussetzungen für **9** EU-/EWR-Ausländer, die im Inl einen Wohnsitz oder ihren gewöhnl Aufenthalt begründen, ein KiGeldanspruch besteht. Die Neuregelung (G v 11.7.19, BGBl I 19, 1066; *HHR* § 62 Rz 10) verlangt wirtschaftl Aktivitäten; sie ist mit der EuGH-Rspr vereinbar (BT-Drs 19/8691, 63). – *(1)* **Erste 3 Monate.** Für die ersten 3 Monate nach Begründung des Wohnsitzes bzw des gewöhnl Aufenthalts im Inl schließt § 62 Ia 1 einen KiGeldanspruch für die genannten zugezogenen Personen grundsätzl aus. Von diesem Grundsatz wird in § 62 Ia 2 eine Ausnahme für zugezogene Personen geregelt, die inl Einkünfte nach §§ 13–19 erzielen (FG Brem IStR 20, 799: EuGH-Vorlage (EuGH C-411/20) wegen Diskriminierung. – *(2)* **Ab dem 4. Monat.** Für Zeiträume ab dem 4. Monat macht § 62 Ia 3 den KiGeldanspruch von einem hierfür ausreichenden Aufenthaltsrecht abhängig (Anknüp-

§ 62 **10, 11** Anspruchsberechtigte

fung an § 2 FreizügG/EU; BT-Drs 19/8691, 63). Eine freizügigkeitsberechtigte Person hat danach einen KiGeldanspruch, wenn sie (inl) **ArbN** (§ 2 II Nr 1 FreizügG/EU), selbständiger Erwerbstätiger (§ 2 II Nr 2, 3 FreizügG/EU) oder Empfänger von Dienstleistungen (§ 2 II Nr 4 FreizügG/EU) ist, bei ausreichendem Krankenversicherungsschutz und eigenen Mitteln (§ 2 II Nr 5 FreizügG/EU), als Familienangehörige (§ 2 II Nr 6 FreizügG/EU), mit Daueraufenthaltsrecht (§ 2 II Nr 7 FreizügG/EU). Bestimmte **Hindernisse** (vorübergehende Erwerbsminderung, unfreiwillige Arbeitslosigkeit, Berufsausbildung) sind unschädl (§ 2 III FreizügG/EU); Arbeitssuche allein reicht nicht (§ 62 Ia 3 HS 2). – *(3)* **Prüfungskompetenz der Familienkasse.** § 62 Ia 4 räumt der Familienkasse die Prüfungskompetenz hinsichtl des Vorliegens der Voraussetzungen des § 2 II, III FreizügG/EU ein (BT-Drs 19/8691, 63). Die Familienkasse trifft jedoch keine Entscheidung über das Bestehen des Freizügigkeitsrechts selbst. – *(4)* **Information der Ausl-Behörde (§ 62 Ia 5).** Die Familienkasse hat die zuständige AuslBehörde (im Hinblick auf etwaige aufenthaltsrechtl Auswirkungen) über die ablehnende Entscheidung zu informieren. – *(5)* **Anwendung.** § 62 Ia ist für KiGeldfestsetzungen anzuwenden, die Zeiträume betreffen, die nach dem 31.7.19 beginnen.

10 **c) Fiktion des Wohnsitzes.** Der EU-Wohnsitz (aller Beteiligter) wird als inl fingiert (= inl Wohnsituation) und führt (bei Aufnahme des Kindes) zu einem **vorrangigen KiGeld-Anspruch** des in einem anderen EU-Mitgliedstaat wohnenden Elternteils (EuGH C-378-14 DStRE 15, 1501 – *Trapkowski*: Auslegung des Art 60 I VO (EG) 987/09; BFH III R 17/13 BStBl II 16, 612; BFH III R 71/18 BFH/NV 21, 884 [Familienbetrachtung]; *Selder* jurisPR-StR 29/16 Anm 5; und zahlreiche weitere inhaltsgleiche Entscheidungen (s auch A 4.2 DA-KG 2021). Diese **weitgehende Fiktion** führt zu erhebl Vereinfachung (zur früheren Situation s *Schmidt* 35. Aufl § 62 Rz 6 f). Zwar ist der Deutschland lebende (geschiedene) Vater (Mutter und Kind in Polen) KiGeld-berechtigt (etwa BFH III R 17/16 BFH/NV 18, 201); Zahlung aber nur bei entspr Haushaltsaufnahme (§ 64 Rz 3). – Eine fehlende arbeitsrechtl Genehmigung führte (bis 2013) nicht eo ipso zum Verlust der Freizügigkeitsberechtigung; die Feststellung der fehlenden Freizügigkeit obliegt allein der Ausländerbehörde (BFH III R 32/15 BStBl II 17, 963). Zu Nicht-Freizügigkeitsberechtigten s Rz 14 f.

Beispiele: Fall 1: Eltern und Kinder leben in Polen: kein dt KiGeld, da kein Bezug zum dt Sozialsystem. – **Fall 2:** Vater arbeitet in BRD; (geschiedene) Ehefrau (oder Mutter) lebt mit Kind in Polen: kein KiGeldanspruch des Vaters, selbst wenn Frau keinen Antrag gestellt hat; wenn Frau Antrag stellt, ggf Anrechnung des polnischen KiGeldes (BFH III R 12/19 BFH/NV 21, 940); anders wenn in Polen (vorrangiger Staat) kein Anspruch besteht; dann voller KiGeldanspruch des Vaters in BRD (BFH III R 27/19 BFH/NV 21, 886; BFH III R 60/19 BFH/NV 21, 942; BFH III R 2/20 BFH/NV 21, 1105 [Mutter und Kind in Italien, Vater in BRD]); zur Anspruchskonkurrenz (auch wegen sog Familienbetrachtung) BFH III R 71/18 BFH/NV 21, 884; *Wendl* HFR 21, 675. – **Fall 3:** Kläger lebt in BRD, Töchter bei Großmutter in Griechenland: KiGeldanspruch der Großmutter.

11 **d) Wanderarbeitnehmer/Entsendung.** Nach EuGH C-611/10 DStRE 12, 999 können auch „WanderArbN" (zB Handwerker, Kraftfahrer, Saisonarbeiter) grds KiGeld beziehen (Art 67 VO (EG) 883/04 ABl 04 L 166, 1; Art 60 I VO (EG) 987/2009 ABl 09 L 284, 1; EuGH C-378/14 NJW 16, 1147). Deutschland muss **KiGeld an polnische Saisonarbeiter** zahlen; das in Polen gezahlte KiGeld ist anzurechnen (EuGH C-611/10 DStRE 12, 999; so auch zahlreiche FG-Entscheidungen; s *Schmidt* 34. Aufl § 62 Rz 8). Dieser Auffassung hat sich der BFH angeschlossen (BFH V R 38/11 BFH/NV 14, 837): VO (EWG) 1408/71 steht der Anwendung des Rechts (§ 62 I 1 Nr 2 Buchst b) nicht entgegen; Mitgliedschaft in der KRUS reicht (BFH III R 50/11 BFH/NV 14, 1191). Die Anspruchsberechtigung richtet sich insoweit allein nach dt Recht. § 65 I 1 Nr 2 führt ggf zur Kürzung. – Demnach begründen die Regelungen des Titels II der VO (EWG) 1408/71 als Kollisionsregeln selbst keinen unmittelbaren Anspruch auf KiGeld nach Unionsrecht (BFH V B 1/15 BFH/NV 15, 1682). Der EU-WanderArbN ohne Wohnsitz und gewöhnl Aufenthalt im Inl muss mE nicht § 1 III erfüllen (iEinz *Weber-Grellet* FR 18, 761 [Bestätigung mE durch EuGH C-322/17 FamRZ 19, 653 – *Bogatu*]; **aA** BFH III R 5/17 BStBl II 18, 482; *HHR* § 62 Rz 7). Ein **Grenzgänger** hat auch Anspruch auf KiGeld für ein Kind des Ehepartners (EuGH C-802/18 DStRE 20, 600). – Ein (aus Polen) entsandter ArbN kann einen vor – oder nachrangigen KiGeldanspruch haben (BFH III R 22/19 DStRE 20, 1486; BFH III R 39/18 BFH/NV 21, 451[dazu *Wendl* HFR 20, 1161, 21, 391]), da er nach Art 12 VO (EG) 883/04 weiterhin den Vorschriften des Entsendestaats unterliegt (*Görke* BFH/PR 21, 69); der Anspruch kann auch dem anderen Elternteil zustehen (BFH III R 13/19 BFH/NV 21, 453); zu DifferenzKiGeld s § 65 Rz 6. Besteht kein ausl Anspruch, ist der Anspruch im nachrangigen Staat nicht nach Art 68 II 3 VO (EG) 883/04 ausgeschlossen (BFH III R 27/19 BFH/NV 21, 886).

d) Kindergeld bei Assoziierung. Wie Freizügigkeitsberechtigte zu behandeln sind auch – zT – **schweizer und britische ArbN** (A 4.2 I, II DA-KG 2021); türkische ArbN auf Grund EU-Assoziierungsrecht (A 4.5 II DA-KG 2021); zu sog Abkommenstaaten s Rz 13; *Görke* BFH/PR 21, 69). **12**

4. Kindergeldberechtigung bei Sozialabkommen. Der Besitz eines in § 62 II genannten Aufenthaltstitels (Rz 14f) ist nicht erforderl bei ArbN aus Staaten, mit denen zwischenstaatl Abkommen bestehen (vgl BFH III R 61/04 BFH/NV 08, 769; *HHR* § 62 Rz 22); den Abkommen liegt ein enger ArbN-Begriff zugrunde (BFH V R 61/10 BStBl II 14, 475). Abkommenstaaten sind Bosnien und Herzegowina, Kosovo, Marokko, Montenegro, Serbien, Türkei und Tunesien (Abkommen über soziale Sicherheit und andere zwischenstaatl Abkommen; dokumentiert in BArbBl 04, 11; A 4.5 I DA-KG 2021). Diese Abkommen sehen ein sog (geringeres) Vertrags-KiGeld für AuslKinder vor (Abkommens-KiGeld) und sollen die Kumulierung von Rechten und Pflichten verhindern (*BMF* BStBl I 95, 805; BFH III R 6/08 BStBl II 12, 883). Die Assoziations-Abkommen gelten auch für **Asylfälle** (BFH III R 42/09 BStBl II 18, 392 für türkischen Asylbewerber). Kein KiGeld für Rentner nach Türkei-Sozialabkommen (BFH III B 113/07 BFH/NV 09, 146); kein KiGeld für Türken mit türkischem öffentl ArbGeb (FG Mster EFG 15, 490). – Art 33 SozSichAbk Türkei ist nicht auf in Deutschland lebende türkische ArbN beschränkt (BFH III R 55/10 BStBl II 14, 473). **13**

5. Kindergeldberechtigung von anderen Ausländern mit Aufenthaltstitel, § 62 II. – a) Regelungsinhalt und Entwicklung. § 62 II wurde durch Art 3 „JStG 2019" (BGBl I 19, 2451) geändert (*BZSt* BStBl I 20, 661; *HHR* § 62 Rz 20; zur bisherigen Regelung s *Schmidt* 38. Aufl § 62 Rz 13f; zur Anwendung s § 52 Abs 49a). Ein Leistungsanspruch ist weiterhin für Familien vorgesehen, die sich voraussichtl dauerhaft in Deutschland aufhalten. Daneben soll ein Anspruch bestehen, wenn es zur Gewinnung von Arbeitskräften in betroffenen Bereichen sinnvoll erscheint (Erleichterung der Fachkräftegewinnung, Anreiz zur Aufnahme einer Erwerbstätigkeit. Für kurzfristig befristete Aufenthalte sind Leistungen ausgeschlossen (BT-Drs 19/13436, 123). **14**

b) Niederlassungserlaubnis, § 62 II Nr 1. Neben der Niederlassungserlaubnis berechtigt nunmehr auch die Erlaubnis zum Daueraufenthalt-EU zum KiGeldbezug. Die Erlaubnis zum DaueraufenthaltEU ist ein unbefristeter Aufenthaltstitel, der zur Ausübung einer Erwerbstätigkeit berechtigt und nach § 9a AufenthG der Niederlassungserlaubnis gleichgestellt ist, soweit es um die Inanspruchnahme von Familienleistungen geht. **15**

c) Weitere Aufenthalterlaubnisse, § 62 II Nr 2. – aa) Berechtigung zur Ausübung einer Erwerbstätigkeit. Auch die Blaue Karte EU, die ICT-Karte und die Mobiler-ICT-Karte berechtigen grds zum KiGeldbezug (iEinz *BZSt* **16**

BStBl I 20, 661). Die Klarstellung war erforderl, da es sich bei den hinzugefügten Aufenthaltstiteln nicht um Aufenthaltserlaubnisse handelt (BT-Drs 19/13436, 124). Mit der Maßnahme wird Art 12 I Buchst e RL 2011/98/EU umgesetzt. Bei Inhabern einer Mobiler-ICT-Karte als Aufenthaltstitel und einer Aufenthaltserlaubnis für mobile Forscher nach § 18f AufenthaltsG ist ein doppelter Leistungsanspruch in dem anderen Mitgliedstaat der EU und im Inl ausgeschlossen. – **bb) Ausschlusstatbestände.** – *(1)* **II Nr 2 Buchst a.** Bei den genannten Aufenthaltstiteln ist davon auszugehen, dass sich die Inhaber in der Regel nicht dauerhaft in Deutschland aufhalten und deshalb ein KiGeldanspruch nicht angezeigt ist, zB bei einem Aufenthalt zu Ausbildungszwecken, zur Arbeitsplatzsuche, zum Zweck der Teilnahme an Sprachkursen und Schulbesuch (BFH III R 51/19 BStBl II 21, 23 zum Freiwilligendienst ‚Erasmus+'. Da diese Aufenthaltstitel nicht zur Erwerbstätigkeit berechtigen, fallen sie nicht in den Katalog der begünstigten Aufenthaltsberechtigungen. – *(2)* **II Nr 2 Buchst b.** Die Regelung sieht einen Ausschluss vom Ki-Geldbezug für Personen vor bei einer Aufenthaltsberechtigung zum Zweck des Vollzeitstudiums an einer staatl Hochschule oder vergleichbaren Ausbildungseinrichtungen. Zusätzl Voraussetzung für den Ausschluss ist, dass die Person weder erwerbstätig ist noch Elternzeit oder laufende Geldleistungen nach dem SGB III in Anspruch nimmt (BT-Drs 19/13436, 124). – *(3)* **II Nr 2 Buchst c.** Personen, die aus völkerrechtl oder humanitären Gründen eine Aufenthaltserlaubnis besitzen, haben grds keinen Anspruch auf KiGeld.

17 **d) Rückausnahme bei berechtigter Erwerbstätigkeit, § 62 II Nr 3.** Für die hier genannte Personengruppe wird die Mindestaufenthaltsdauer von bisher drei Jahren gestrichen. IdR ergeben sich aus der Erwerbstätigkeit Beiträge zu SozVers und Steuern, sodass eine Wartezeit als zusätzl Anspruchsvoraussetzung nicht angezeigt ist (BT-Drs 19/13436, 125).

18 **e) Rückausnahme bei mindestens 15 Monaten Aufenthalt, § 62 II Nr 4.** Ausnahmsweise erhalten Drittstaatsangehörige, die eine in II Nr 2 Buchst c genannte Aufenthaltserlaubnis besitzen, aus verfrechtl Gründen (BVerfG 1 BvL 2/10 ua, BVerfGE 132, 72) einen Anspruch auf KiGeld, wenn sie sich 15 Monate erlaubt, gestattet oder geduldet im Bundesgebiet aufhalten. Die Mindestaufenthaltsdauer von 15 Monaten entspricht den Regelungen für Drittstaatsangehörige in anderen Gesetzen. Der Aufenthalt der betroffenen Drittstaatsangehörigen ist häufig nicht nur vorübergehender Natur (BT-Drs 19/13436, 125).

19 **f) Beschäftigungsduldung, § 62 II Nr 5.** Personen, denen eine Beschäftigungsduldung erteilt wurde, erhalten ebenfalls einen KiGeldanspruch, da eine Beschäftigungsduldung nur unter engen Voraussetzungen gewährt wird. Die Beschäftigungsduldung führt perspektivisch zu einer Aufenthaltserlaubnis und damit zu einer erleichterten Fachkräftegewinnung geeignet (BT-Drs 19/13436, 125).

20 **6. Ausländische Organisationen.** Für Personen, die ausl Organisationen (NATO; diplomatische Missionen, konsularische Vertretungen, internationale Organisationen) angehören, gelten die allg Grundsätze; sie können im Einzelfall (ggf nach Wiener Übereinkommen und VO (EWG) 1408/71) von der KiGeldberechtigung ausgeschlossen sein (vgl A 5 DA-KG 2021; FG Köln EFG 09, 939). – Hauspersonal einer Botschaft mit „gelbem Ausweis" ist KiGeld-berechtigt (BFH III R 55/02 BStBl II 08, 758).

21 **7. Rückforderung.** Die Rückforderung von KiGeld richtet sich nur nach der AO (§ 37 II AO; BFH III R 1/20 BStBl II 21, 700); ferner § 64 Rz 5; § 68 Rz 1; § 70 Rz 9; § 74 Rz 3, 7). Das KiGeld kann auch bei Auszahlung an ein Kind vom Berechtigten rückgefordert werden (BFH III R 29/15 BFH/NV 16, 1278).

§ 63 Kinder

(1) ¹Als Kinder werden berücksichtigt
1. Kinder im Sinne des § 32 Absatz 1,
2. vom Berechtigten in seinen Haushalt aufgenommene Kinder seines Ehegatten,
3. vom Berechtigten in seinen Haushalt aufgenommene Enkel.

²§ 32 Absatz 3 bis 5 gilt entsprechend. ³Voraussetzung für die Berücksichtigung ist die Identifizierung des Kindes durch die an dieses Kind vergebene Identifikationsnummer (§ 139b der Abgabenordnung). ⁴Ist das Kind nicht nach einem Steuergesetz steuerpflichtig (§ 139a Absatz 2 der Abgabenordnung), ist es in anderer geeigneter Weise zu identifizieren. ⁵Die nachträgliche Identifizierung oder nachträgliche Vergabe der Identifikationsnummer wirkt auf Monate zurück, in denen die Voraussetzungen der Sätze 1 bis 4 vorliegen.
⁶Kinder, die weder einen Wohnsitz noch ihren gewöhnlichen Aufenthalt im Inland, in einem Mitgliedstaat der Europäischen Union oder in einem Staat, auf den das Abkommen über den Europäischen Wirtschaftsraum Anwendung findet, haben, werden nicht berücksichtigt, es sei denn, sie leben im Haushalt eines Berechtigten im Sinne des § 62 Absatz 1 Satz 1 Nummer 2 Buchstabe a.
⁷Kinder im Sinne von § 2 Absatz 4 Satz 2 des Bundeskindergeldgesetzes werden nicht berücksichtigt.

(2) Die Bundesregierung wird ermächtigt, durch Rechtsverordnung, die nicht der Zustimmung des Bundesrates bedarf, zu bestimmen, dass einem Berechtigten, der im Inland erwerbstätig ist oder sonst seine hauptsächlichen Einkünfte erzielt, für seine in Absatz 1 Satz 3 erster Halbsatz bezeichneten Kinder Kindergeld ganz oder teilweise zu leisten ist, soweit dies mit Rücksicht auf die durchschnittlichen Lebenshaltungskosten für Kinder in deren Wohnsitzstaat und auf die dort gewährten dem Kindergeld vergleichbaren Leistungen geboten ist.

Einkommensteuer-Richtlinien/Verwaltungsschreiben: EStH 63; A7–A 23 DA-KG 2021.

1. Zu berücksichtigende Kinder. § 63 I regelt, für welche Kinder der Berechtigte (§ 62 I) KiGeld erhalten kann. Der **weite Kindbegriff** bewirkt, dass dasselbe Kind im Verhältnis zu mehreren Personen Zählkind (im Unterschied zum Zahlkind) sein kann. Die Zählkindeigenschaft (vom Monat der Geburt an) ist eine notwendige, aber nicht hinreichende Bedingung für die Auszahlung des KiGeldes (vgl § 64 II, III; § 65; § 64 Rz 1); sie führt iÜ zur Erhöhung des Anspruchs für jüngere Zahlkinder (§ 66 Rz 1), kein Zählkindvorteil für einen in nichtehel Lebensgemeinschaft lebenden Elternteil (BFH III R 24/17 BStBl II 18, 721). § 63 I 4 stellt sicher, dass Ansprüche nach dem EStG bei Bezug von KiGeld nach § 2 IV 2 BKGG ausgeschlossen sind. Das Kind muss durch seine IdNr oder ggf in anderer Weise (zB durch Ausweisdokumente, ausl Urkunden oder der Angabe eines ausl Personenkennzeichens) identifiziert werden können (§ 63 I 3–5; BR-Drs 394/14, 25; *BZSt* BStBl I 16, 12, 801 mit Beispielen; BFH III R 22/19 DStRE 20, 1486; § 62 Rz 4). Die nachträgl Identifikation wirkt zurück (§ 63 I 5). 1

2. Kinder im Sinne des § 63 I. Das sind die **leibl Kinder** und die **Pflegekinder** (§ 32 I Nr 1, 2; BFH XI R 1/16 BFH/NV 17, 298; A 10, A 11 DA-KG 2021; *HHR* § 63 Rz 5f), die im Haushalt aufgenommenen Kinder des Ehegatten (§ 63 I Nr 2), die im Haushalt aufgenommenen Enkel (§ 63 I Nr 3); kein Pflegekindschaftsverhältnis besteht bei fortbestehendem Kontakt zur leibl Mutter (FG Mster EFG 07, 1180). Zur gleichgeschlechtl Ehe s § 2 Rz 71. Vermisste Kinder werden bis zum 18. Lebensjahr berücksichtigt (A 7 IV DA-KG 2021). Geschwister können – wie schon bisher im Steuerrecht – nur noch dann berücksichtigt werden, wenn sie zugleich Pflegekinder sind. 2

3 a) Alter. Altersmäßig werden Kinder vom Monat der Geburt an bis zu dem Monat berücksichtigt, in dem das 18. **Lebensjahr** noch nicht vollendet ist (Monatsprinzip; § 63 I 2 iVm § 32 III; BT-Drs 13/1558, 161; BFH XI R 7/12 BStBl II 14, 37; § 32 Rz 20). Unter den Voraussetzungen des § 63 I 2 iVm **§ 32 IV, V** können Kinder über die Vollendung des 18. Lebensjahres hinaus berücksichtigt werden (dazu iEinz **§ 32 Rz 21 ff;** *HHR* § 63 Rz 12 f; A 14 – A 21 DA-KG 2021).

4 b) Aufenthaltsort. – aa) Wohnsitzprinzip. Grds werden nur Kinder, die im Inl, in der EU oder in einem EWR-Staat leben (§ 63 I 6; BFH III R 73/07 BFH/NV 10, 1429; BFH III B 123/20 DStRE21, 1243; A 23 DA-KG 2021; *HHR* § 63 Rz 17 f), berücksichtigt (sog **doppeltes Wohnsitzprinzip:** der Anspruchsberechtigte [§ 62 I] und das Kind [§ 63 I 6]); die Regelung ist verfgemäß (BFH V R 13/15 BFH/NV 16, 534; FG Mchn IStR 15, 179; *KSM* § 63 Rz C 1). Minderjährige teilen grds den Wohnsitz ihrer Eltern (FG BaWü EFG 15, 1615). Kinder, die im EU-Ausl leben, sind Kindern mit inl Wohnsitz gleichgestellt (BFH III R 27/13 BFH/NV 17, 299). Ggf kommt der Kinderfreibetrag in Betracht (§ 32 Rz 76, 80). Kinder teilen den Wohnsitz der Eltern, solange sie sich noch nicht vom Elternhaus getrennt haben (FG Ddorf EFG 99, 716). Daher zB kein KiGeld bei Wohnsitz in USA (BFH XI R 8/15 BStBl II 16, 952) oder bei längerem ausl Studienaufenthalt (BFH III B 92/16 BFH/NV 17, 1179). – **Ausnahmen** (A 23.2 DA-KG 2021): – *(1)* Kinder, die im Haushalt eines erweitert unbeschr Stpfl (§ 1 II) leben, – *(2)* ggf aufgrund von Sozialabkommen (s § 62 Rz 13; *Korn* § 63 Rz 18), nicht bei kroatischem Sozialabkommen (BFH V B 36/13 BFH/NV 14, 680). – Keine Ausnahme bei § 1 III (FG BaWü EFG 14, 852).

5 bb) Faktische Bestimmung. Wohnsitz und gewöhnl Aufenthalt (§§ 8, 9 AO; § 62 Rz 6 f) sollen rein tatsächl zu bestimmen sein (BFH III B 92/16 BFH/NV 17, 1179). Der Wohnsitz ist im Heimatland, wenn der InlAufenthalt (wegen fehlender Mittel) unterbleibt (FG Köln EFG 07, 1174) oder nur Ferienbesuch im Inl (BFH VI R 165/99 BStBl II 01, 279; FG Mchn EFG 07, 857); er bleibt aber im Inl be begrenztem AusbAufenthalt im Heimatland (FG Nds EFG 01, 514; Rz 7). Bei (neuer) dt Staatsangehörigkeit (auch) kein § 62-KiGeld (für in Türkei lebende Kinder) nach Sozial- oder Assoziierungsabkommen, nur Abkommens-KiGeld (BFH V R 13/15 BFH/NV 16, 534). – Die territoriale Anknüpfung nach § 63 I 6 ist irrelevant für die Freibeträge nach § 32 VI (*Dürr* jurisPR-StR 7/15 Rz 2).

6 3. Stiefkinder; Enkel, § 63 I Nr 2, Nr 3. – a) Haushaltsaufnahme. Stiefkinder und Enkel sind nur dann (als Zahl- oder Zählkind) zu berücksichtigen, wenn sie der Berechtigte in seinen Haushalt aufgenommen hat (§ 63 I Nr 2, 3; BFH V R 41/11 BStBl II 14, 34); auch der mehrmonatige Aufenthalt eines Enkels kann noch Besuchscharakter haben (BFH VI B 13/12 BFH/NV 12, 1599). – Eine Haushaltsaufnahme liegt vor, wenn das (auch volljährige; BFH III B 69/07 BFH/NV 08, 948) Kind bewusst in die Obhut der Familiengemeinschaft mit einem auf längere Dauer gerichteten Betreuungs- und Erziehungsverhältnis familienhafter Art aufgenommen wird (Lebensmittelpunkt; BFH V R 41/11 BStBl II 14, 34); das Sorgerecht ist nicht entscheidend (BFH III B 192/10 BFH/NV 11, 2043; A 9 DA-KG 2021); ein bloßes Dulden des Mitlebens reicht nicht aus, wohl aber ein Aufenthalt von mehr als 3 Monaten bei offener Rückkehr (BFH V B 130/11 BFH/NV 12, 1136). Obj Beweislast bei Antragsteller (FG Mchn EFG 14, 216). – Der Widerspruch der Sorgeberechtigten ist unerhebl (FG Nds EFG 00, 796). Aus Besuchs- kann Daueraufenthalt werden (FG Mster EFG 04, 1226). Bei *mehrfacher Haushaltsaufnahme* (zB bei getrennt lebenden Eltern) ist die auf die überwiegende Betreuung und auf den Lebensmittelpunkt abzustellen oder – besser – § 64 II 2–4 entspr anzuwenden (so wohl auch BFH V R 41/11 BStBl II 14, 34).

7 b) Voraussetzungen. Die Haushaltsaufnahme, die materielle, immaterielle und örtl Elemente umfasst, umfasst den Unterhalt und die Versorgung des Kindes; eine wesentl Unterhaltsgewährung ist nicht erforderl (vgl § 32 I Nr 2; BSG 12 RJ 90/74 BSGE 39, 207). Der Berechtigte muss dem Kind seine Fürsorge durch Erziehung, Beaufsichtigung und Pflege zukommen lassen.

c) Lebensmittelpunkt. Der Haushalt muss den örtl Mittelpunkt der Lebensinteressen bilden; das Kind muss jedoch nicht ständig in dem Haushalt leben. Eine vorübergehende anderweitige Unterbringung des Kindes (zB bei den Großeltern; dazu FG Mster EFG 10, 1796) ändert an der Haushaltsaufnahme dann nichts, wenn der Zusammenhang mit dem Haushalt nicht unterbrochen wird (zB iRd Schul- oder Berufsausbildung oder beim vorübergehenden Aufenthalt in einer Erziehungsanstalt; vgl FG Köln EFG 02, 1181; *KSM* § 63 Rz C 9). Anders verhält es sich zB bei einer dauernden Heimunterbringung oder Fürsorgeerziehung auf Kosten Dritter. − Wiederholte Inhaftierung ist schädl (FG SachsAnh EFG 08, 1393), nicht aber kurzfristige (FG RhPf EFG 13, 868). 8

d) Haushalt des Antragstellers. Auf die Eigentums- und Besitzverhältnisse an der Wohnung oder dem Hausrat oder auf die Kostentragung kommt es nicht entscheidend an (BFH VI B 236/97 BFH/NV 99, 177). Ein gemeinsamer Haushalt (zB von den Großeltern und einem Elternteil) kann genügen (vgl § 64 II 2, 5). 9

e) Beendigung. Bei **Ehescheidung** und Auflösung des gemeinsamen Haushalts verliert der Elternteil, der keinen eigenen Haushalt mehr hat, in den das Kind aufgenommen wird, den Anspruch auf KiGeld; bei Trennung von „Tisch und Bett" besteht mE weiterhin ein Haushalt (iErg ähnl FG Köln EFG 02, 1183). Trennt sich die Mutter vom Stiefvater, ist eine Aufnahme in dessen Haushalt nicht mehr gegeben (FG BaWü EFG 00, 795). 10

f) Haushaltswechsel. Die Festsetzung des KiGeldes ist auf den Zeitpunkt der Veränderung aufzuheben (§ 64 Rz 4) und das KiGeld − ggf unter Berücksichtigung des Zählkindervorteils − zurückzufordern (BFH VI B 256/00 BFH/NV 01, 1117; § 64 Rz 4; § 70 Rz 6). 11

4. Verordnungsermächtigung, § 63 II. Abs 2 enthält eine an die BReg gerichtete (und noch nicht genutzte) VO-Ermächtigung in Bezug auf die Berücksichtigung von im Ausl lebenden Kindern (dazu BT-Drs 7/2032, 9; Rz 4). 12

§ 64 Zusammentreffen mehrerer Ansprüche

(1) **Für jedes Kind wird nur einem Berechtigten Kindergeld gezahlt.**

(2) [1]**Bei mehreren Berechtigten wird das Kindergeld demjenigen gezahlt, der das Kind in seinen Haushalt aufgenommen hat.** [2]**Ist ein Kind in den gemeinsamen Haushalt von Eltern, einem Elternteil und dessen Ehegatten, Pflegeeltern oder Großeltern aufgenommen worden, so bestimmen diese untereinander den Berechtigten.** [3]**Wird eine Bestimmung nicht getroffen, so bestimmt das Familiengericht auf Antrag den Berechtigten.** [4]**Den Antrag kann stellen, wer ein berechtigtes Interesse an der Zahlung des Kindergeldes hat.** [5]**Lebt ein Kind im gemeinsamen Haushalt von Eltern und Großeltern, so wird das Kindergeld vorrangig einem Elternteil gezahlt; es wird an einen Großelternteil gezahlt, wenn der Elternteil gegenüber der zuständigen Stelle auf seinen Vorrang schriftlich verzichtet hat.**

(3) [1]**Ist das Kind nicht in den Haushalt eines Berechtigten aufgenommen, so erhält das Kindergeld derjenige, der dem Kind eine Unterhaltsrente zahlt.** [2]**Zahlen mehrere Berechtigte dem Kind Unterhaltsrenten, so erhält das Kindergeld derjenige, der dem Kind die höchste Unterhaltsrente zahlt.** [3]**Werden gleich hohe Unterhaltsrenten gezahlt oder zahlt keiner der Berechtigten dem Kind Unterhalt, so bestimmen die Berechtigten untereinander, wer das Kindergeld erhalten soll.** [4]**Wird eine Bestimmung nicht getroffen, so gilt Absatz 2 Satz 3 und 4 entsprechend.**

§ 64 1–5 Zusammentreffen mehrerer Ansprüche

Einkommensteuer-Richtlinien: /EStH 64; – *Verwaltungsanweisungen:* A 24–A 27; V 35–V 37 DA-KG 2021.

1 **1. Verbot der Doppelleistung, § 64 I.** Für jedes Kind wird nur einer Person KiGeld gewährt (**Zahlkind;** BT-Drs 13/1558, 161; keine Aufteilung); nicht verfwidrig (BFH XI S 25/11 (PKH) BFH/NV 12, 1133). § 64 I schließt nicht aus, dass ein Kind bei nachrangig Berechtigten Zählkind (§ 63 Rz 1) ist.

2 **2. Mehrere Berechtigte, § 64 II 1. – a) Obhutsprinzip.** § 64 II 1 greift ein, wenn zwei inl KiGeldansprüche konkurrieren (BFH III R 43/14 BFH/NV 16, 1713). Bei mehreren Berechtigten ist die **Haushaltsaufnahme** (§ 63 Rz 6f) Anspruchsvoraussetzung und Konkurrenzlösung (Obhutsprinzip; zur VerfMäßigkeit BFH VIII R 106/03 BStBl II 08, 762); der Aufnehmende trägt den Hauptteil der kindbezogenen Belastungen. Das gilt auch, wenn die Berechtigten zivilrechtl etwas anderes vereinbart haben (BFH V R 19/15 BStBl II 16, 958). Der Wechsel im lfd Monat ist im Folgemonat zu berücksichtigen (FG Mster EFG 12, 1561). Mehrere Berechtigte sind zB getrennt lebende Eltern (BFH VI B 259/98 BFH/NV 99, 1331); zweifelhaft bei vorübergehender Unterkunft in der Wohnung der Großeltern (BFH VI R 175/00 BFH/NV 01, 1253). Auf die konkrete Antragstellung des vorrangig Berechtigten kommt es nicht an (FG Brem EFG 00, 879). Eine Aufteilung des KiGeldes ist nicht zul (BFH VIII R 106/03 BStBl II 08, 762). Bei gleichwertiger Aufnahme in getrennten Haushalten ist die Berechtigtenbestimmung maßgebl (BFH V R 41/11 BStBl II 14, 34). – Eine vormalige Berechtigtenbestimmung wird (und bleibt) mit der Auflösung des vormals gemeinsamen Haushalts gegenstandslos (BFH V R 31/13 BFH/NV 14, 522), auch bei erneutem Zusammenziehen (BFH III R 11/15 BStBl II 17, 1199).

3 **b) Haushaltsaufnahme in Kindergeldfällen mit Auslandsbezug.** Es besteht ein Vorrang des im EU-Ausl lebenden (Groß-)Elternteils, wenn das Kind in deren Haushalt aufgenommen ist (Art 60 I 2 VO (EG) 987/09); nunmehr einheitl Rspr (statt vieler BFH III R 17/16 BFH/NV 18, 201; BFH III R 12/19 BFH/NV 21, 940; s auch § 62 Rz 10, 65 Rz 6); das gilt auch für Pflegeeltern (BFH III R 60/12 BStBl II 16, 889; § 63 Rz 2).

4 **3. Gemeinsamer Haushalt, § 64 II 2. – a) Bestimmungsrecht.** Bei einem gemeinsamen Haushalt (§ 63 Rz 6f) mehrerer Berechtigter können diese den Empfänger durch (formfrei empfangsbedürftige rechtsgestaltende) Willenserklärung ggü der Familienkasse bestimmen (BFH V R 41/11 BStBl II 14, 34; *KSM* § 64 Rz C 21; A 25.1 II DA-KG 2021 verlangt Unterschrift; auch elektronisch mögl, s *BZSt* BStBl I 20, 959); anderenfalls Entscheidung durch das Familiengericht (Amtsgericht, § 35 FGG), aber grds Vorrang der Eltern ggü den Großeltern (II 3–5; schriftl Verzicht mögl); gemeinsamer Haushalt trotz familienrechtl Trennung mögl (FG RhPf EFG 00, 631). Änderung ist mögl, solange noch kein KiGeld festsetzt ist (BFH III R 42/10 BStBl II 13, 21). – Bei Heimaufenthalt eines Kindes bleibt Zugehörigkeit zum Elternhaushalt erhalten, wenn die Betreuung im Haushalt einen zeitl bedeutsamen Umfang hat (BFH VIII R 91/98 BFH/NV 04, 324). Bei Wechsel der Haushaltszugehörigkeit gilt Entsprechendes (*Korn* § 64 Rz 14), ggf Umstände des Einzelfalls maßgebl (FG Köln EFG 10, 337). Änderungen im Laufe eines Monats sind vom Beginn des Folgemonats an zu berücksichtigen (§ 66 II; BFH VIII R 76/99 BFH/NV 04, 933). In Trennungsfällen kann ein gemeinsamer Haushalt noch mögl sein (FG SchlHol EFG 02, 337); erst die Beendigung der Haushaltszugehörigkeit führt zum Anspruchsverlust des ausziehenden Elternteils (FG Hess EFG 00, 2). Kein Obhutsverhältnis nach widerrechtl Kindesentziehung (FG Ddorf DStRE 04, 1459; ähnl FG BaWü EFG 07, 778). Die obj Beweislast trägt der KiGeld-Berechtigte (BFH V S 10/12 (PKH) BFH/NV 12, 1774).

5 **b) Wechsel der Obhutsverhältnisse.** In diesem Fall ist das KiGeld rückwirkend zurückzufordern (BFH VI B 271/00 BFH/NV 01, 1254); zur **Rückfor-**

derung ferner BFH VIII R 64/00 BFH/NV 02, 1425 (bei Mitwirkungspflichtverletzung); s iEinz (auch zum Weiterleitungseinwand) § 70 Rz 6, 8, 9, 10.

c) Widerruf der Bestimmung. Die einvernehml Bestimmung kann widerrufen werden (*KSM* § 64 Rz C 24). Die Berechtigtenbestimmung kann nicht rückwirkend geändert werden (BFH V R 21/15 BFH/NV 16, 1274).

d) Berechtigtenwechsel. Dieser kann sich ergeben durch Änderung der familiären Verhältnisse, durch abw Berechtigtenbestimmung und durch Verzicht auf Vorrang. Die entspr Festsetzungen sind zu ändern; ggf auch Weiterleitung (V 35–37 DA-KG 2021). Bestimmung durch das Familiengericht

4. Bestimmung durch das Familiengericht, § 64 II 3, 4; III 4. Ggf muss das Familiengericht entscheiden (Vorrangbestimmungsverfahren; A 25.1 V, VI DA-KG 2021); grds bindet die Gerichtsentscheidung die Familienkasse (nicht bei Verstoß gegen die Verfahrensgrundordnung; BFH III R 3/13 BStBl II 14, 576) für die Zukunft (FG BaWü EFG 09, 350). Die Entscheidung wird gegenstandslos, wenn sich die Grundlagen verändern, zB die Anspruchsberechtigung nachträgl entfällt. Die Familienkasse hat mitzuwirken (BFH III R 3/13 BStBl II 14, 576). Zum Verfahren vgl FG RhPf DStRE 01, 134; A 26 III DA-KG 2021; *KSM* § 64 Rz D 9 ff.

5. Keine Haushaltsaufnahme, § 64 III. Ist das Kind nicht im Haushalt eines Berechtigten aufgenommen, erhält das KiGeld der, der eine (ggf die höhere) Unterhaltsrente zahlt; zur Unterhaltsrente iSd § 64 III 1 gehören nur regelmäßige monatl Zahlungen (BFH III R 45/17 BStBl II 19, 323). Werden gleich hohe Unterhaltsrenten gezahlt oder zahlt keiner der Berechtigten dem Kind Unterhalt, können die Berechtigten untereinander bestimmen, wer das KiGeld erhalten soll. – Nachzahlungen sind nicht zu berücksichtigen (BFH III R 30/15 BFH/NV 16, 1272).

§ 65 Andere Leistungen für Kinder

(1) ¹Kindergeld wird nicht für ein Kind gezahlt, für das eine der folgenden Leistungen zu zahlen ist oder bei entsprechender Antragstellung zu zahlen wäre:
1. Kinderzulagen aus der gesetzlichen Unfallversicherung oder Kinderzuschüsse aus den gesetzlichen Rentenversicherungen,
2. Leistungen für Kinder, die im Ausland gewährt werden und dem Kindergeld oder einer der unter Nummer 1 genannten Leistungen vergleichbar sind,
3. Leistungen für Kinder, die von einer zwischen- oder überstaatlichen Einrichtung gewährt werden und dem Kindergeld vergleichbar sind.

²Soweit es für die Anwendung von Vorschriften dieses Gesetzes auf den Erhalt von Kindergeld ankommt, stehen die Leistungen nach Satz 1 dem Kindergeld gleich. ³Steht ein Berechtigter in einem Versicherungspflichtverhältnis zur Bundesagentur für Arbeit nach § 24 des Dritten Buches Sozialgesetzbuch oder ist er versicherungsfrei nach § 28 Absatz 1 Nummer 1 des Dritten Buches Sozialgesetzbuch oder steht er im Inland in einem öffentlich-rechtlichen Dienst- oder Amtsverhältnis, so wird sein Anspruch auf Kindergeld für ein Kind nicht nach Satz 1 Nummer 3 mit Rücksicht darauf ausgeschlossen, dass sein Ehegatte als Beamter, Ruhestandsbeamter oder sonstiger Bediensteter der Europäischen Union für das Kind Anspruch auf Kinderzulage hat.

(2) Ist in den Fällen des Absatzes 1 Satz 1 Nummer 1 der Bruttobetrag der anderen Leistung niedriger als das Kindergeld nach § 66, wird Kindergeld in Höhe des Unterschiedsbetrags gezahlt, wenn er mindestens 5 Euro beträgt.

Einkommensteuer-Richtlinien: EStH 65; *Verwaltungsanweisungen:* A 28–A 29 DA-KG 2021.

1. 1. Ausschluss von Kindergeld. § 65 I regelt die Anspruchskonkurrenz von KiGeld zu kindergeldähnl Leistungen (**Kumulationsverbot; Vermeidung kindbezogener Doppelleistungen;** *BH/Treiber* § 65 Rz 4). Werden für ein Kind die abschließend aufgezählten Leistungen nach § 65 I 1 Nr 1–3 gewährt, ist der Anspruch auf KiGeld ausgeschlossen (**Subsidiarität** des Familienleistungsausgleichs; zB FG Hess EFG 07, 1527); die materiellrechtl Richtigkeit ist irrelevant (BFH VI R 18/99 BStBl II 02, 81); kein Ausschluss zB bei Waisenrente, bei nicht staatl Leistungen, beim Familienzuschlag der Beamten (*KSM* § 65 Rz B 53 f). Der Ausschluss wirkt nicht nur ggü derjenigen Person, der die Leistung selbst zusteht, sondern auch ggü anderen Personen, zu denen das Kind in einem Kindschaftsverhältnis nach § 63 I steht (BFH III R 56/08 BFH/NV 12, 395); die Zählkindeigenschaft bleibt unberührt. Beim Anspruchsausschluss kommt es nicht darauf an, ob die andere Leistung tatsächl gezahlt worden ist (§ 65 I 1: ... ist ... oder zu zahlen wäre ...), sondern nur darauf, ob der Rechtsanspruch auf die andere Leistung besteht und dieser in zumutbarer Weise auch realisiert werden kann.

2. 2. Kein Kindergeld bei Kinderzulagen/Kinderzuschüssen, § 65 I 1 Nr 1. Die Regelung über Kinderzulagen aus der gesetzl UnfallVers oder Kinderzuschüsse aus den gesetzl RV betrifft nur noch die Kinderzulagen bzw Kinderzuschüsse, die auf Grund der vor dem 1.1.1984 herrschenden Rechtslage begründet worden sind (iEinz s *Schmidt* 32. Aufl § 65 Rz 2 f; *BH/Treiber* § 65 Rz 15). Seit 1.1.1984 werden bei Neurenten keine Kinderzulage bzw kein Kinderzuschuss mehr geleistet.

3. 3. Vorrang ausländischer Leistungen, § 65 I 1 Nr 2. – a) Grundsatz. Die Regelung bezweckt – ebenso wie Art 76 II VO (EWG) 1408/71 – eine „**Antikumulierung**" (BFH III R 87/09 BStBl II 13, 1030; FG Köln EFG 13, 801; § 62 Rz 8). Bei Anspruch auf ausl Leistungen besteht kein Anspruch auf KiGeld (Prioritätsregel); das folgt auch bereits aus dem sog doppelten Wohnsitzprinzip (§ 63 Rz 4). § 65 II ist nicht entspr (auf § 65 I 1 Nr 2, 3) anzuwenden (BFH III R 51/09 BStBl II 16, 947). Das gilt auch, wenn der Anspruchsteller wegen Nichtversicherung in einem SozVers-System nicht von der VO (EWG) Nr. 1408/71 erfasst wird (BFH III R 1/13 BStBl II 18, 394).

4. b) Vergleichbarkeit. Die ausl Leistungen müssen dem KiGeld oder den Kinderzulagen aus der gesetzl Unfallversicherung bzw den Kinderzuschüssen aus den gesetzl RV (nur) vergleichbar sein (BFH III R 97/08 BStBl II 13, 24; Aufstellung vergleichbarer Leistungen in *BZSt* BStBl I 17, 151). US-childbenefit (BFH VIII R 104/01 BFH/NV 05, 341) und US Child Tax Credit (*BMF* BStBl I 21, 2274) sind vergleichbare Leistungen.

6. c) Keine Geltung für EU/EWR-Staaten, aber Anrechnung. § 65 I 1 Nr 2 gilt nicht für EU- und EWR-Staaten (EuGH C-352/06 HFR 08, 877 – *Bosmann;* EuGH C-611/10 DStRE 12, 999 – *Hudzinski;* BFH VI R 68/11 BStBl II 16, 945; *HHR* § 63 Rz 9); Koordinierung nach Art 68 VO (EG) 883/04 (bei konkurrierenden Ansprüchen; *Wendl* DStR 19, 2685; *Görke* BFH/PR 21, 272). **Vorrangig** verpflichtet ist der Staat, in dem ein Elternteil eine Erwerbstätigkeit ausübt, **nachrangig** der Staat, in dem der KiGeldberechtigte wohnt (BFH III R 73/18 DStR 21, 1047). Auf einen inl KiGeld-Anspruch (FG Ddorf EFG 14, 53; *BH/Treiber* § 65 Rz 7, 41 f) ist die EU-/EWR- Leistung anzurechnen (BFH III R 54/11 BFH/NV 15, 477; BFH VI R 68/11 BStBl II 16, 945), sodass im Ergebnis nur ein **Differenz**KiGeld gezahlt wird; eine doppelte Leistung ist (natürl) ausgeschlossen.

Der Anspruch auf Familienleistungen ruht, wenn im Wohnmitgliedstaat kein Antrag gestellt wurde (BFH III R 40/09 BStBl II 17, 118, im Anschluss an EuGH C-4/13). Art 68 I der VO (EG) 883/04 regelt die Prioritäten beim Zusammentreffen von Ansprüchen (BFH III R 10/17 BStBl II 18, 717; instruktiv BFH III R 71/18 BFH/NV 21, 884); ggf Vorrang der Entscheidung einer ausl Behörde (BFH III R 18/16 BStBl II 17, 1237; *Selder* jurisPR-StR 50/17 Anm 5). Kein Anspruch auf Differenz-KiGeld bei ausschl durch Wohnort (nicht durch inl Tätigkeit) ausgelöstem KiGeld-Anspruch (Art 68 II 3 VO (EG) 883/04; BFH III R 10/17

BStBl II 18, 717). – Nicht im Auslandsstaat beantragte und bezogene Familienleistungen sind auf das deutsche KiGeld (nachträgl) anzurechnen (BFH III R 31/18 BFH/NV 21, 771).

Die einzelnen Konstellationen sind von dem Beschäftigungsstatus der Kindseltern und dem Wohnstaat des Kindes abhängig (BFH III R 71/18 BFH/NV 21, 884; *Wendl* DStRE 21, 178). Die Berechnung hat **kindbezogen** (nicht familienbezogen) zu erfolgen (BFH III R 9/15 BStBl II 17, 121). Dem Umstand, dass kein Antrag gestellt wurde, steht der Anrechnung nicht entgegen (EuGH C-378/14 DStRE 15, 1501; der Antrag im vorrangig zuständigen Staat wird nach Art 68 III Buchst b VO (EG) 883/04 fingiert (BFH III R 73/18 DStR 21, 1047). – Die ausl Leistungen sind in € umzurechnen (zum amtl **Wechselkurs** am Zahlungstag; EuGH C-250/13 BeckRS 2014, 80755).

Bei der Berechnung des Differenzbetrags sind nur gleichartige Familienleistungen zu berücksichtigen (EuGH C-347/12 StEd 14, 306); die **Antikumulierung** war bisher in der VO (EWG) 1408/71 (Leistungen wegen Erwerbstätigkeit; dazu BFH III R 39/13 BStBl II 18, 396) und VO 574/12 (Leistungen wegen Wohnsitzes) geregelt, nunmehr in VO (EG) 883/04 und VO (EG) 987/2009 (EuGH C-347/12 StE 14, 306).

Entsprechendes gilt mE für **Sozialabkommen** (§ 62 Rz 13; *BH/Treiber* § 65 Rz 9; *Korn* § 65 Rz 10 (16) und für EU-Freizügigkeitsabkommen mit Schweiz (FG Hbg EFG 13, 1056). – **DifferenzKiGeld** auch gegeben, wenn beide Eltern Schweizer Grenzgänger sind (BFH III R 32/11 BStBl II 16, 1005, unter Aufgabe der bish Rspr; *Selder* jurisPR-StR 6/14 Anm 3; *Wd* DStRE 14, 211); kein KiGeld bei in der Schweiz arbeitenden Drittstaatsangehörigen (FG BaWü EFG 11, 1266). – Ab 1.3.99 Abkommen Deutschland/Schweiz (*BfF* BStBl I 99, 452; A 29 II DA-KG 2021; *Korn* § 65 Rz 15); zur Berechnung FG BaWü EFG 06, 54. – Schweizer Kinderrente ist anzurechnen (BFH III R 3/17 BFH/NV 18, 726).

d) Einzelfälle (zur Anrechnung). – Niederländisches KiGeld (BFH XI R 52/10 BFH/NV 14, 33); slowakisches KiGeld (FG Mchn EFG 13, 460); polnisches KiGeld (BFH III R 16/14 BFH/NV 16, 911; auch Zulage für Alleinerziehende, BFH XI R 10/13 BFH/NV 16, 543); österreichisches KiGeld (BFH III R 87/09 BStBl II 13, 1030); griechisches KiGeld (BFH III R 76/10 BStBl II 13, 1033); niederländisches KiGeld (BFH III R 71/11 BFH/NV 14, 24); polnisches KiGeld (BFH III R 6/14 BFH/NV 15, 1237; BFH III R 34/18 BStBl II 21, 20, sog 500+; *Selder* jurisPR-StR 6/20 Anm 3).

e) Verfahrensrecht. Das FG hat das maßgebende ausl Recht zu ermitteln (BFH III R 6/14 BFH/NV 15, 1237; *Selder* jurisPR-StR 45/13Anm 5); der Kläger ist nicht zu dessen Darlegung verpflichtet (BFH III R 10/11 BStBl II 14, 706). – Für Anspruchsteller besteht eine erhöhte Mitwirkungspflicht (§ 90 II AO; FG Mster EFG 11, 552, für polnischen Selbständigen), ggf auch zur Antragstellung (*BH/Treiber* § 65 Rz 13, 50f). – Die Entscheidung der ausl Behörde ist grds zu beachten (BFH III R 55/08 BStBl II 13, 619). Die Familienkasse ist nicht an die ESt-Feststellungen gebunden (BFH III R 9/09 BStBl II 14, 802).

4. Vorrang zwischenstaatlicher/überstaatlicher Einrichtungen, § 65 I 1 Nr 3. Kein KiGeldanspruch besteht bei vergleichbaren Leistungen für Kinder von einer zwischen-/überstaatl Einrichtung (§ 65 I 1 Nr 3; A 28.3 II DA-KG 2021; *BH/Treiber* § 65 Rz 26). Hierzu zählen etwa die *Kinderzulagen* nach Art 67 Ib des Statuts der Beamten der EG (nicht jedoch die Kinderzulagen zum Waisengeld nach Art 80 I, II des Statuts); die *Unterhaltsberechtigtenzulagen* nach Art 69 des Statuts der Beamten des Europäischen Patentamtes; die einem zivilen NATO-Angestellten auf Grund Art 29 der NATO-Sicherheits-/Personalvorschriften zustehenden *Beihilfen* für unterhaltsberechtigte Kinder (vgl ferner *KSM* § 65 Rz B 39), auch Zahlungen nach dem (das Familienbudget entlastenden) NL-TOG 2000 (BFH III R 36/05 BStBl II 09, 201), ebenso UN-Leistungen (FG Köln EFG 12, 1077). Nicht vergleichbar sind Rentenzahlungen aus NATO-Gruppenversicherung (BFH VIII R 91/01 BFH/NV 02, 1431).

5. Ergänzende Regelungen. § 65 I 2 stellt die Leistungen nach S 1 dem KiGeld gleich, sodass sie auch im Rahmen anderer Vorschriften (zB §§ 31, 36 II 1; § 33 III 2) zu beachten sind. Nach § 65 I 3 darf die KiGeldzahlung für bestimmte Fallgruppen nicht mit Rücksicht auf erhaltene EU-Familienzulagen ausgeschlossen

§ 66 1, 2   Höhe des Kindergeldes, Zahlungszeitraum

werden, auch nicht wenn die Eltern unverheiratet oder geschieden sind (dazu BFH XI R 16/15 BStBl II 16, 955; *BH/Treiber* § 65 Rz 32).

11   **6. Teilkindergeld, § 65 II.** IHd Unterschiedsbetrages zu der anderen Leistung isd § 65 I 1 Nr 1 wird TeilKiGeld gewährt, sofern der Bruttobetrag der anderen Leistung niedriger ist als das KiGeld nach § 66 (A 29 DA-KG 2021) und der Unterschiedsbetrag mindestens 5 € beträgt (*Hillmoth* Inf 02, 424; *HHR* § 65 Rz 14). – Für die Berechnung des TeilKiGeld zu Kinderzulagen aus der gesetzl UV ist derjenige KiGeldsatz heranzuziehen, der sich für das jeweilige Kind entspr seiner Ordnungszahl ergibt. Das TeilKiGeld ist mE vom DifferenzKiGeld (Rz 6), das sich aus einer Einschränkung des § 65 I 1 Nr 2 ergibt, zu unterscheiden.

§ 66 Höhe des Kindergeldes, Zahlungszeitraum

(1) [1] Das Kindergeld beträgt monatlich für das erste und zweite Kind jeweils 219 Euro, für das dritte Kind 225 Euro und für das vierte und jedes weitere Kind jeweils 250 Euro. [2] Darüber hinaus wird für jedes Kind, für das für den Monat Mai 2021 ein Anspruch auf Kindergeld besteht, für den Monat Mai 2021 ein Einmalbetrag in Höhe von 150 Euro gezahlt. [3] Ein Anspruch in Höhe des Einmalbetrags von 150 Euro für das Kalenderjahr 2021 besteht auch für ein Kind, für das nicht für den Monat Mai 2021, jedoch für mindestens einen anderen Kalendermonat im Kalenderjahr 2021 ein Anspruch auf Kindergeld besteht. [4] Der Einmalbetrag nach den Sätzen 2 und 3 wird als Kindergeld im Rahmen der Vergleichsberechnung nach § 31 Satz 4 berücksichtigt.

(2) Das Kindergeld wird monatlich vom Beginn des Monats an gezahlt, in dem die Anspruchsvoraussetzungen erfüllt sind, bis zum Ende des Monats, in dem die Anspruchsvoraussetzungen wegfallen.

(3) *(aufgehoben)*

Einkommensteuer-Richtlinien: EStH 66   – *Verwaltungsanweisungen:* A 30–A 31 DA-KG 2021.

1   **1. Bemessung, § 66 I.** Die Höhe der KiGeldbeträge bemisst sich nach der **Ordnungszahl** der Kinder (erstes, zweites usw Kind). Das (nach der Geburt; FG Mchn EFG 07, 943) älteste Kind ist stets das erste Kind. In der Reihe der Kinder werden auch die **Zählkinder** (§ 63 Rz 1) mitgezählt, für die der Berechtigte nur deshalb keinen Anspruch auf KiGeld hat, weil dieser vorrangig einem anderen Elternteil zusteht oder nach § 65 oder entspr Vorschriften ausgeschlossen ist (A 30 DA-KG 2021; *HHR* § 66 Rz 10). Die Regelung bezweckt die Freistellung des Existenzminimums (§ 31 EStG) und ist verfgemäß (FG Nds EFG 07, 1785). – Es besteht kein verfrechtl Anspruch auf bestimmte Höhe (BFH III B 105/09 BFH/NV 10, 884). – Darüber hinaus wurde für jedes im Jahr 2020 KiGeldberechtigte Kind ein einmaliger **Kinderbonus** von 300 Euro gewährt (§ 66 I 2–4 idF CoronaStHG II; s iEinz *BZSt* BStBl I 20, 657), der einen zusätzl Nachfrageimpuls durch Familien bewirken sollte (BT-Drs 19/20058, 24). Grds gelten die allg Regelungen; der Kinderbonus wird nicht auf Sozialleistungen angerechnet (BT-Drs 19/20058, 24). Die Einmalbeträge sind bei der Vergleichsberechnung nach § 31 S 4 zu berücksichtigen (§ 66 I 4). – Nach § 66 I 2–4 idF CoronaStHG III (BGBl I 21, 330) wird für das Jahr 2021 ein **Kinderbonus** von 150 Euro gewährt (dazu *BZSt* BStBl I 21, 350; *HHR* § 66 Rz 12f).

2   **2. Höhe.** Die Höhe des KiGeldes wird regelmäßig angepasst (zuletzt durch das 2. FamLeistG, BGBl I 20, 2616). – Nach Aufhebung des früheren § 32 VI 2 steht **behinderten Kindern** das volle KiGeld zu (BT-Drs 14/6160, 22). Zur KiGeldhöhe in den einzelnen Jahren s Tabelle (in €):

Rückwirkende Antragstellung § 67

Zeitraum	1. und 2. Kind	3. Kind	4. und jedes weitere Kind
Ab 1.1.2018	194	200	225
Ab 1.7.2019	204	210	235
Ab 1.1.2021	219	225	250

3. Kinder im Ausland (§ 62 Rz 7). Die gleichen Beträge gelten für Personen aus EU-Mitgliedstaaten, aus Island, Norwegen, Schweiz (BGBl II 90, 199), deren Kinder in einem dieser Staaten wohnen (*BH/Treiber* § 66 Rz 13). ArbN aus Staaten, mit denen Sozialabkommen bestehen (s § 62 Rz 13), erhalten für Kinder, die sich im Heimatland aufhalten, ein erhebl geringeres KiGeld (BFH III B 103/12 BFH/NV 13, 552; *OFD Bln* FR 97, 501; *HHR* § 66 Rz 11). Für den Kinderbonus soll der Aufenthaltstatus irrelevant sein (*BMF* FAQ zum Kinderbonus 2021, https://www.bundesfinanzministerium.de). 3

4. Leistungszeitraum, § 66 II. Der Leistungszeitraum für das KiGeld ist nach Monaten bemessen, **Monatsprinzip** (BFH XI R 7/12 BStBl II 14, 37; *Selder* jurisPR-StR 50/13 Anm 4; *HHR* § 66 Rz 16). Es wird für jeden Monat gewährt, in dem wenigstens an einem Tage die Anspruchsvoraussetzungen vorgelegen haben (BFH VIII B 185/01 BFH/NV 02, 1289; *HHR* § 66 Rz 15); gezahlt wird monatl. Für die Berechnung und Bestimmung von Fristen und Terminen gelten gem § 108 I AO die einschlägigen BGB-Vorschriften (§§ 187–193 BGB). 4

Wenn ein Kind, für das bisher KiGeld in der durch ein Sozialabkommen bestimmten Höhe gezahlt worden ist, im Bundesgebiet seinen gewöhnl Aufenthalt begründet, ist KiGeld von dem Einreisemonat an zu zahlen (A 31 II DA-KG 2021). Das Gleiche gilt für ein Kind, das im Laufe eines Monats seinen gewöhnl Aufenthalt im Bundesgebiet aufgibt, für den Ausreisemonat.

Ein gem § 1 III unbeschr estpfl polnischer Saisonarbeiter hat Anspruch auf KiGeld nur für die Monate des Jahres, in denen er Einkünfte i. S. des § 49 erzielt hat (BFH III R 63/10 BFH/NV 14, 12; BFH XI R 8/12 BFH/NV 14, 495; BFH R 14/14 BStBl II 15, 850); abzustellen ist – jedenfalls bei § 15-Einkünften – auf den Zeitpunkt der Tätigkeit (BFH III R 5/17 BStBl II 18, 482; monatsbezogene Betrachtung).

5. Altersgrenze. Kinder, die am ersten Tag eines Monats geboren sind, vollenden ihr 18. (bzw 25. Lebensjahr; § 32 III, IV) mit Ablauf des dem Geburtsmonat vorangehenden Monats (BFH V B 147/16 HFR 17, 732). 5

6. Rückwirkende Antragstellung. § 66 III ist durch G v. 11.7.19, BGBl I 19, 1066) aufgehoben und (als Teil des Erhebungsverfahrens) in § 70 I aufgenommen worden (BT-Drs 19/8691, 65; *HHR* § 66 Rz 17); frühere Rspr zT **aA** (BFH III R 66/18 BStBl II 20, 704; BFH III R 70/18 BStBl II 20, 707; BFH III R 33/19 BFH/NV 21, 350; BFH III R 37/19 BFH/NV 21, 449). Wird ein noch nicht festsetzungsverjährter KiGeldanspruch nach § 66 III aF ausgeschlossen, ist er auch bei § 31 S 4 nur iHv 0 € zu berücksichtigen (BFH III R 50/19 BFH/NV 22, 68; *Wendl* DStRK 22, 4). 6

§ 67 Antrag

[1] Das Kindergeld ist bei der zuständigen Familienkasse schriftlich zu beantragen; eine elektronische Antragstellung nach amtlich vorgeschriebenem Datensatz über die amtlich vorgeschriebene Schnittstelle ist zulässig, soweit der Zugang eröffnet wurde. [2] Den Antrag kann außer dem Berechtigten auch stellen, wer ein berechtigtes Interesse an der Leistung des Kindergeldes hat. [3] In Fällen des Satzes 2 ist § 62 Absatz 1 Satz 2 bis 3 anzuwenden. [4] Der Berechtigte ist zu diesem Zweck verpflichtet, demjenigen, der ein berechtigtes Interesse an der Leistung des Kindergeldes hat, seine an ihn vergebene

Identifikationsnummer (§ 139b der Abgabenordnung) mitzuteilen. [5] Kommt der Berechtigte dieser Verpflichtung nicht nach, teilt die zuständige Familienkasse demjenigen, der ein berechtigtes Interesse an der Leistung des Kindergeldes hat, auf seine Anfrage die Identifikationsnummer des Berechtigten mit.

Einkommensteuer-Richtlinien: EStH 67 – *Verwaltungsanweisungen:* V 5.2 DA-KG 2021.

1. Antragsabhängigkeit des Kindergelds. § 67 sieht für die erstmalige Zahlung von steuerl KiGeld einen Antrag bei der Familienkasse (auch Außenstelle; BFH III R 25/13 BStBl II 15, 847) vor; verfrechtl unbedenkl (*KSM* § 62 Rz A 24; § 66 Rz A 11). Ohne Antrag gibt es kein KiGeld (*HHR* § 67 Rz 8). Ein zeitl nicht beschränkter Antrag ist weit auszulegen (BFH V R 56/10 BFH/NV 12, 1775). Die Antragstellung zählt nicht zu den materiellrechtl Voraussetzungen des KiGeldanspruchs, sodass KiGeld, wenn die Voraussetzungen vorliegen, auch rückwirkend zu gewähren ist. Bei einem Wechsel der Zuständigkeit vom öffentl ArbG auf die Familienkasse der Arbeitsagentur (§ 62 Rz 4) ist kein Neuantrag notwendig (V 5.2 IV DA-KG 2021). Ein neuer Antrag ist zu stellen, wenn die Anspruchsvoraussetzungen für KiGeld wenigstens für einen vollen Kalendermonat weggefallen sind und danach erneut KiGeld begehrt wird *HHR* § 67 Rz 7). Ein bestandskräftiger Ablehnungsbescheid kann Sperrwirkung entfalten (FG Köln EFG 04, 1227), bis zum Ende des Monats seiner Bekanntgabe (BFH VI R 35/14 BFH/NV 16, 178); das gilt auch bei Fehlen einer Einspruchsentscheidung (BFH III R 25/15 DStRE 18, 724). Ein „wiederholender VA" hat keinen eigenen Regelungsgehalt (BFH III R 14/14 BStBl II 15, 850). Mit Vollendung des 18. Lebensjahres muss ein schriftl Neuantrag gestellt werden (V 5.4 DA-KG 2021). – Der Antrag ist **schriftl** zu stellen (§ 67 S 1; V 5.2 I DA-KG 2021; *HHR* § 67 Rz 6); er kann auch elektronisch (nach amtl vorgeschriebenem Datensatz) gestellt werden (§ 67 S 1 HS 2; *BZSt* BStBl I 21, 819). In der Regel soll der entspr Vordruck verwendet werden. Außerdem ist ggf eine Haushaltsbescheinigung oder eine Lebensbescheinigung vorzulegen. – KiGeldanspruch ist nicht ausgeschlossen bei unterbliebener Antragstellung im Mitgliedstaat der Beschäftigung (BFH XI R 52/10 BFH/NV 14, 33).

2. Örtliche Zuständigkeit der Familienkasse. Diese bestimmt sich nach den Vorschriften der AO (BT-Drs 13/1558, 161), also dem Wohnsitz (§ 19 AO); iEinz V 2 DA-KG 2021; § 70 Rz 2). Für den Antrag auf KiGeld bei Angehörigen des öffentl Dienstes gilt § 72.

3. Berechtigung. Antragsberechtigt (§ 67 S 2) ist der KiGeld-Berechtigte und auch der, der ein berechtigtes Interesse an der Leistung des KiGeldes hat (*HHR* § 67 Rz 9). Dazu gehört insb, wer dem Kind ggü unterhaltsverpflichtet ist oder zu dessen Gunsten eine Auszahlung erfolgen könnte, zB der Ehegatte des Anspruchsberechtigten und die Sozialleistungsträger sowie Pfandgläubiger und Abtretungsempfänger, §§ 74, 76 EStG; § 46 AO (BFH III R 31/13 BStBl II 15, 1017; BFH III R 28/1 7 BFH/NV 20, 1135; §§ 48 ff SGB I; V 5.3 DA-KG 2021). – Antragsberechtigt ist ggf auch ein abzweigungsberechtigtes Kind, aber nicht nach rkr abgelehntem Antrag (BFH III R 67/07 BStBl II 10, 476). – Der eigentl Berechtigte ist verpflichtet, seine erhaltene IdNr nach § 139b AO demjenigen mitzuteilen, der stattdessen den Anspruch geltend macht; ggf hat die Familienkasse dessen IdNr mitzuteilen (§ 67 S 3–5; § 62 Rz 4).

4. Rückwirkende Antragstellung. Verjährung ist mögl (§ 62 Rz 4). Der Antrag wird idR auch für die Vergangenheit bis zur Grenze der Festsetzungsverjährung gestellt (BFH III B 94/10 BFH/NV 12, 1147). Bei befristeter Festsetzung muss rechtzeitig neuer Antrag gestellt werden (BFH III R 6/13 BStBl II 15, 149).

§ 68 Besondere Mitwirkungspflichten und Offenbarungsbefugnis

(1) [1]Wer Kindergeld beantragt oder erhält, hat Änderungen in den Verhältnissen, die für die Leistung erheblich sind oder über die im Zusammenhang mit der Leistung Erklärungen abgegeben worden sind, unverzüglich der zuständigen Familienkasse mitzuteilen. [2]Ein Kind, das das 18. Lebensjahr vollendet hat, ist auf Verlangen der Familienkasse verpflichtet, an der Aufklärung des für die Kindergeldzahlung maßgebenden Sachverhalts mitzuwirken; § 101 der Abgabenordnung findet insoweit keine Anwendung.

(2) *(weggefallen)*

(3) Auf Antrag des Berechtigten erteilt die das Kindergeld auszahlende Stelle eine Bescheinigung über das für das Kalenderjahr ausgezahlte Kindergeld.

(4) [1]Die Familienkassen dürfen den Stellen, die die Bezüge im öffentlichen Dienst anweisen, den für die jeweilige Kindergeldzahlung maßgebenden Sachverhalt durch automatisierte Abrufverfahren bereitstellen oder Auskunft über diesen Sachverhalt erteilen. [2]Das Bundesministerium der Finanzen wird ermächtigt, durch Rechtsverordnung ohne Zustimmung des Bundesrates zur Durchführung von automatisierten Abrufen nach Satz 1 die Voraussetzungen, unter denen ein Datenabruf erfolgen darf, festzulegen.

(5) [1]Zur Erfüllung der in § 31a Absatz 2 der Abgabenordnung genannten Mitteilungspflichten dürfen die Familienkassen den Leistungsträgern, die für Leistungen der Arbeitsförderung nach § 19 Absatz 2, für Leistungen der Grundsicherung für Arbeitsuchende nach § 19a Absatz 2, für Kindergeld, Kinderzuschlag, Leistungen für Bildung und Teilhabe und Elterngeld nach § 25 Absatz 3 oder für Leistungen der Sozialhilfe nach § 28 Absatz 2 des Ersten Buches Sozialgesetzbuch zuständig sind, und den nach § 9 Absatz 1 Satz 2 des Unterhaltsvorschussgesetzes zuständigen Stellen den für die jeweilige Kindergeldzahlung maßgebenden Sachverhalt durch automatisierte Abrufverfahren bereitstellen. [2]Das Bundesministerium der Finanzen wird ermächtigt, durch Rechtsverordnung mit Zustimmung des Bundesrates zur Durchführung von automatisierten Abrufen nach Satz 1 die Voraussetzungen, unter denen ein Datenabruf erfolgen darf, festzulegen.

(6) [1]Zur Prüfung und Bemessung der in Artikel 3 Absatz 1 Buchstabe j in Verbindung mit Artikel 1 Buchstabe z der Verordnung (EG) Nr. 883/2004 des Europäischen Parlaments und des Rates vom 29. April 2004 zur Koordinierung der Systeme der sozialen Sicherheit (ABl. L 166 vom 30.4.2004, S. 1), die zuletzt durch die Verordnung (EU) 2017/492 (ABl. L 76 vom 22.3.2017, S. 13) geändert worden ist, genannten Familienleistungen dürfen die Familienkassen den zuständigen öffentlichen Stellen eines Mitgliedstaates der Europäischen Union den für die jeweilige Kindergeldzahlung maßgebenden Sachverhalt durch automatisierte Abrufverfahren bereitstellen. [2]Das Bundesministerium der Finanzen wird ermächtigt, durch Rechtsverordnung ohne Zustimmung des Bundesrates zur Durchführung von automatisierten Abrufen nach Satz 1 die Voraussetzungen, unter denen ein Datenabruf erfolgen darf, festzulegen.

(7) [1]Die Datenstelle der Rentenversicherung darf den Familienkassen in einem automatisierten Abrufverfahren die zur Überprüfung des Anspruchs auf Kindergeld nach § 62 Absatz 1a und 2 erforderlichen Daten übermitteln; § 79 Absatz 2 bis 4 des Zehnten Buches Sozialgesetzbuch gilt entsprechend. [2]Die Träger der Leistungen nach dem Zweiten und Dritten Buch Sozialgesetzbuch dürfen den Familienkassen in einem automatisierten Abrufverfahren die zur Überprüfung des Anspruchs auf Kindergeld nach § 62 erforderlichen Daten übermitteln. [3]Das Bundesministerium für Arbeit und Soziales wird ermächtigt, durch Rechtsverordnung mit Zustimmung des Bundesrates die

Voraussetzungen für das Abrufverfahren und Regelungen zu den Kosten des Verfahrens nach Satz 2 festzulegen.

Einkommensteuer-Richtlinien: EStH 68; *Verwaltungsanweisungen:* V 7.1 DA-KG 2021.

1. Pflicht zur Mitteilung von Änderungen. § 68 I normiert eine ggü § 153 AO selbstständige Verpflichtung zur **Mitteilung geänderter Verhältnisse** (BT-Drs 13/1558, 161; BFH III B 163/11 BFH/NV 12, 1118; V 7.1.4 DA-KG 2021). Die sich aus § 88 AO ergebende Aufklärungspflicht der Familienkassen wird durch die Mitwirkungspflicht des KiGeldberechtigten begrenzt (BFH III B 33/16 BFH/NV 16, 1750). Die Verletzung dieser Verpflichtung kann zu einer Steuerhinterziehung (§ 370 I, IV 2 AO) führen (*Helmke/Bauer,* Familienleistungsausgleich – im Folgenden *Helmke* – § 68 Rz 18) und steht einem Billigkeitserlass regelmäßig entgegen (BFH III R 45/19 DStRE 21, 282); eine Berufung auf Vertrauensschutz ist ausgeschlossen (BFH VIII R 77/01 BFH/NV 04, 14). § 68 I 2 stellt die (detaillierte) Mitwirkungspflicht des Kindes sicher (BFH VI S 2/00 BStBl II 01, 439; V 7.2 DA-KG 2021); kein Zeugnisverweigerungsrecht vor dem FG (BFH III R 58/18 BFH/NV 20, 1286). Hauptanwendungsfall der Regelung ist die Änderung der tatsächl Verhältnisse, zB Haushaltswechsel eines Kindes. Die Verletzung der Mitwirkungspflicht kann eine Rückforderung nach § 37 II AO (BFH III B 108/08 BFH/NV 10, 641), eine rückwirkende Korrektur der KiGeldfestsetzung (FG Ddorf EFG 09, 1519), strafrechtl Konsequenzen und Schadenersatzpflicht (§ 823 II BGB) zur Folge haben (V 7.1.4 DA-KG 2021; *KSM* § 68 Rz B 17 f). Die Mitteilung führt nicht zur Anlaufhemmung (BFH III R 80/04 BStBl II 08, 371). Die Verpflichtung betrifft auch den Abzweigungsempfänger gem § 74 I (FG Hbg DStRE 04, 323). – Eine nach § 32 IV 1 Nr 3 ggf erforderl Untersuchung wird von § 68 I nicht erfasst (§ 32 Rz 39).

2. Antrag, § 68 III. Eine **Bescheinigung** über das ausgezahlte KiGeld soll nur auf Antrag ausgestellt werden, da die Höhe des ausgezahlten KiGeldes nur in wenigen Fällen im Besteuerungsverfahren von Bedeutung ist (O 4.3 DA-KG 2021); grds KiGeldberechtigung reicht, also auch nachrangig Berechtigter (BFH III R 40/13 BStBl II 14, 783; *Bauhaus* EFG 13, 1867). – Die KiGeldakte eines anderen Berechtigten ist nicht vorzulegen (BFH III S 38/11 BFH/NV 13, 701).

3. Weitergabe von Daten. § 68 IV entbindet von der Wahrung des StGeheimnisses und ermöglicht eine umfassende **Weitergabe von Daten** durch die Familienkassen an die Stellen, die die Bezüge im öffentl Dienst anweisen (BT-Drs 13/3084, 72; BT-Drs 18/9441, 16; O 4.4 DA-KG 2021). Zu den Voraussetzungen der Weitergabe (Berechtigung, Verfahren) s VO BStBl I 18, 1022.

4. Weitere Fälle befugter Offenbarung von Daten, § 68 V–VII. Nach § 68 V 1 (Gesetz v 11.7.19, BGBl I 19, 1066; BT-Drs 19/8691, 66; *HHR* § 68 Rz 18) dürfen die Familienkassen bestimmten Leistungsträgern zur Erfüllung der in § 31a II AO genannten Mitteilungspflichten den für die jeweilige KiGeldzahlung maßgebenden Sachverhalt durch automatisierte Abrufverfahren bereitstellen (VO-Ermächtigung für BMF, § 68 V 2). – Den Familienkassen dürfen nach § 68 VI 1 zur Prüfung von Familienleistungen den zuständigen öffentl Stellen eines Mitgliedstaats der EU den für die jeweilige KiGeldzahlung maßgebenden Sachverhalt durch automatisierte Abrufverfahren bereitstellen (VO-Ermächtigung für BMF, § 68 VI 2). – Die Datenstelle der RV und die Träger der Leistungen nach dem SGB II und SGB III dürfen nach § 68 VII 1, 2 den Familienkassen in einem automatisierten Abrufverfahren die zur Überprüfung des Anspruchs auf KiGeld nach § 62 Ia, II erforderl Daten übermitteln (VO-Ermächtigung für BMAS, § 68 VII 3).

§ 69 Datenübermittlung an die Familienkassen

Erfährt das Bundeszentralamt für Steuern, dass ein Kind, für das Kindergeld gezahlt wird, ins Ausland verzogen ist oder von Amts wegen von der Meldebehörde abgemeldet wurde, hat es der zuständigen Familienkasse unverzüglich die in § 139b Absatz 3 Nummer 1, 3, 5, 8 und 14 der Abgabenordnung genannten Daten zum Zweck der Prüfung der Rechtmäßigkeit des Bezugs von Kindergeld zu übermitteln.

Verpflichtung des Bundeszentralamts für Steuern. Die Regelung stellt sicher, dass die Familienkasse schnellstmögl Kenntnis von der Änderung erhält (*HHR* § 69 Rz 3). Das BZSt erhält die Daten von den Meldebehörden übermittelt und hat IdNr, Familienname, Vornamen, Tag und Ort der Geburt sowie Tag des Auszugs an die zuständige Familienkasse zu übermitteln. Die zu übermittelnden Daten sind wegen der Anbindung an die IdNr auf das Kind bezogen. Damit kann die Familienkasse beurteilen, ob der KiGeldanspruch weiterbesteht. Auskunftssperren nach dem Bundesmeldegesetz (BMG) sind bereits nach § 139b V AO zu übermitteln (BT-Drs 18/12127, 62).   1

§ 70 Festsetzung und Zahlung des Kindergeldes

(1) ¹Das Kindergeld nach § 62 wird von den Familienkassen durch Bescheid festgesetzt und ausgezahlt. ²Die Auszahlung von festgesetztem Kindergeld erfolgt rückwirkend nur für die letzten sechs Monate vor Beginn des Monats, in dem der Antrag auf Kindergeld eingegangen ist. ³Der Anspruch auf Kindergeld nach § 62 bleibt von dieser Auszahlungsbeschränkung unberührt.

(2) ¹Soweit in den Verhältnissen, die für den Anspruch auf Kindergeld erheblich sind, Änderungen eintreten, ist die Festsetzung des Kindergeldes mit Wirkung vom Zeitpunkt der Änderung der Verhältnisse aufzuheben oder zu ändern. ²Ist die Änderung einer Kindergeldfestsetzung nur wegen einer Anhebung der in § 66 Absatz 1 genannten Kindergeldbeträge erforderlich, kann von der Erteilung eines schriftlichen Änderungsbescheides abgesehen werden.

(3) ¹Materielle Fehler der letzten Festsetzung können durch Aufhebung oder Änderung der Festsetzung mit Wirkung ab dem auf die Bekanntgabe der Aufhebung oder Änderung der Festsetzung folgenden Monat beseitigt werden. ²Bei der Aufhebung oder Änderung der Festsetzung nach Satz 1 ist § 176 der Abgabenordnung entsprechend anzuwenden; dies gilt nicht für Monate, die nach der Verkündung der maßgeblichen Entscheidung eines obersten Bundesgerichts beginnen.

Verwaltungsanweisungen: V 10 DA-KG 2021.

Übersicht

	Rz
1. Grundaussage	1
2. Festsetzung; Monatsprinzip; schriftlicher Bescheid	2, 3
3. Zuständigkeit	4
4. Änderung der Festsetzung	5–12
a) Änderung der Verhältnisse, § 70 II	6
b) Materielle Fehler, § 70 III	7
c) Änderung nach §§ 172 ff AO	8
d) Rückforderung	9
e) Weiterleitungseinwand	10

§ 70 1–3　Festsetzung und Zahlung des Kindergeldes

　　　　　　　　　　　　　　　　　　　　　　　　　　　　Rz
　　f) Verwirkung 11
　　g) Ausschluss der Änderungsmöglichkeit 12
　5. Auswirkung auf bestandskräftige Einkommensteuerbescheide 13

1　**1. Grundaussage.** § 70 ist die zentrale verfahrensrechtl Regelung für die Festsetzung von KiGeld. Neben der Festsetzung und Auszahlung enthält § 70 auch – über §§ 172 ff AO hinaus – spezielle Änderungstatbestände (Rz 5 f).

2　**2. Festsetzung; Monatsprinzip; schriftlicher Bescheid. – a) Dauerverwaltungsakt.** Das KiGeld wird jeweils für einzelne Monate (§ 31 S 3, § 66; BFH III R 10/12 BFH/NV 14, 491) durch selbstständigen begünstigenden DauerVA festgesetzt (§ 73 I 2; V 10 I DA-KG 2021; *Görke* BFH/PR 14, 132); die Voraussetzungen sind nach Maßgabe des einzelnen Monats zu prüfen (§ 63 I 2). Die KiGeldfestsetzung ist ein DauerVA, der monatl Einzelregelungen umfasst (zB BFH III B 189/04 BFH/NV 05, 1305); auch bei Ablehnung (BFH III B 107/05 BFH/NV 06, 549). Klagegegenstand reicht bis zur Einspruchsentscheidung (BFH XI R 24/12 BFH/NV 13, 1920); Überschreiten verstößt gegen § 96 I 2 FGO (BFH III R 36/12 BStBl II 15, 286). Klageerweiterung ist grds unzul (FG RhPf EFG 13, 880). Bindungswirkung für die Zukunft haben nur positive KiGeld-Festsetzungen (BFH III R 54/09 BFH/NV 11, 1858), Ablehnung nur bis zum Ende des Monats der Bekanntgabe (BFH VI R 35/14 BFH/NV 16, 178). – Nur bei KiGeldanhebung ist ein schriftl Bescheid nicht erforderl (§ 70 II 2). Einsicht in KiGeld-Akten ist mögl (BFH III R 59/19 BStBl II 21, 467).

Die KiGeldfestsetzung ist nicht Teil des EStBescheides. Im Hinblick auf die Anwendung des § 31 (alternative Gewährung des Kinderfreibetrags) und des § 36 II 1 (Hinzurechnung des KiGeldes) hat der Bescheid bezügl der Höhe des KiGeldes Grundlagenfunktion (§ 171 X AO; *HHR* § 70 Rz 6); s Rz 7. Da das KiGeld eine StVergütung (!) ist (§ 31 S 3), finden nach § 155 IV AO die für die StFestsetzung geltenden Vorschriften sinngemäß Anwendung, also zB auch §§ 164, 165 AO (BFH VI R 125/00 BStBl II 02, 296).

Bei (teilweiser) **Ablehnung** sind Einspruch (§ 347 I 1 Nr 1 AO) und Verpflichtungsklage vor dem **FG** (§ 40 FGO) statthaft; grds keine notwendige Beiladung im KiGeld-Verfahren (BFH VIII R 91/98 BFH/NV 04, 324); Ausnahme bei Abzweigungsbegehren (BFH III R 71/09 BFH/NV 10, 1291), bei Klage des Kindes (BFH III R 105/07 BFH/NV 09, 193), § 74 Rz 7. Klagegegner ist die jeweilige Familienkasse (§ 63 I FGO). – Einstweiliger Rechtsschutz nur nach § 114 FGO (BFH VIII R 142/00 FR 02, 1318). Die Ablehnung bzw die (entbehrl) Nullfestsetzung nach Aufhebung **bindet** nur bis zum Ende des Monats der Bescheid-Bekanntgabe (stRspr; BFH V R 58/10 BFH/NV 12, 1953), ggf der Einspruchsentscheidung (BFH III R 56/13 BFH/NV 15, 206); für die Zeit danach kann KiGeld wieder – auch rückwirkend – bewilligt werden. Der **zeitl Regelungsumfang eines Aufhebungsbescheids** ist auf die Monate der Aufhebung beschränkt; die Familienkasse kann eine abw zeitl Regelung treffen (BFH III R 87/07 BStBl II 10, 429; *Selder* jurisPR-StR 15/10 Anm 1). Die Zahlung für künftigen Zeitraum kann konkludente Ablehnung für früheren Zeitraum bedeuten (BFH V R 56/10 BFH/NV 12, 1775); Auslegung erforderl (BFH III R 45/10 BStBl II 13, 1028). – **Keine Bindung** durch „wichtigen Hinweis" (BFH III R 39/06 BFH/NV 07, 1459) oder KiGeldbewilligung anderer Behörden (FG Bln EFG 00, 748). – Auch der Leistungsträger ist zur Anfechtung des KiGeldbescheides befugt (BFH VI R 181/97 BStBl II 01, 443; BFH III R 28/17 BStBl II 21, 807); zur Klagebefugnis in Erstattungsfällen s § 74 Rz 12. – Keine Klagebefugnis des anderen Ehegatten gegen positiven KiGeldbescheid (BFH III B 149/12 BFH/NV 13, 1602).

3　**b) Auszahlung.** Das KiGeld wird von der Familienkasse ausgezahlt, soweit nicht anderes (zB in §§ 72, 73 I) bestimmt ist. Die bisher in § 66 III geregelte **Auszahlungsbeschränkung** wurde aufgehoben und aus Gründen der Klarstellung

Änderung der Festsetzung 4–6 § 70

(Erhebungsverfahren) in § 70 I 2, 3 aufgenommen (BT-Drs 19/8691, 65/67; *BZSt* BStBl I 19, 846). Grds sollen die bisherigen VerwAnweisungen weitergelten. § 70 I 2, 3 ist auf Anträge anzuwenden, die nach dem 18.7.2019 eingehen (*BZSt* BStBl I 19, 846). Die Regelung soll verhindern, dass für einen mehrjährigen Zeitraum in der Vergangenheit rückwirkend KiGeld ausgezahlt wird. Abw von der regulären 4-jährigen Festsetzungsfrist kann KiGeld nur noch sechs Monate rückwirkend ausgezahlt werden (iEinz *Wendl* DStR 18, 2065, insb auch im Hinblick auf § 31; § 31 Rz 11). Das KiGeld soll von seiner Zwecksetzung her im lfd Kj die steuerl Freistellung des Existenzminimums eines Kindes sicherstellen. Der materiell-rechtl Anspruch wird nicht berührt (§ 70 I 3), was insb für an das KiGeld anknüpfende Annexleistungen im außersteuerl Bereich von Bedeutung ist (BT-Drs 18/12127, 62); iEinz *BZSt* BStBl I 17, 1540, auch zur Auswirkung auf Berechtigtenwechsel und jüngere Zahlkinder. Bei Neuanträgen ist das KiGeld stets für den gesamten beantragten Zeitraum (ggf auch über den Sechs-Monats-Zeitraum hinaus) festzusetzen (*BZSt* BStBl I 19, 846). Änderung der Festsetzung

3. Zuständigkeit. Das KiGeld ist bei der örtl zuständigen Familienkasse zu 4 beantragen. Die BA stellt dem BZSt ihre Behörden (die bisherigen KiGeldkassen) als Familienkassen zur Verfügung (O 2 DA-KG 2021). Die örtl zuständige Familienkasse (Arbeitsagentur oder juristische Person döR gem § 72 I 2) setzt das KiGeld durch Bescheid fest (zu Fragen der sachl Zuständigkeit BFH III R 36/19 BStBl II 21, 712; BFH III R 28/20 BFH/NV 21, 1100). Die früheren 102 selbständigen Familienkassen der Bundesagentur sind ab 1.5.13 in 14 Familienkassen zusammengefasst (ggf gesetzl Beteiligtenwechsel; BFH V B 36/13 BFH/NV 14, 680). Auslandsfälle sind auf bestimmte Familienkassen konzentriert (BFH III R 31/15 BStBl II 17, 642).

4. Änderung der Festsetzung. Das Korrektursystem der AO ist nicht auf 5 DauerVAe zugeschnitten (BT-Drs 13/3084, 73); daher enthalten **§ 70 II, III für die Zukunft** (ab Änderung der Verhältnisse bzw ab dem der Änderung folgenden Monat) unbeschr Änderungsmöglichkeiten. Bereits getroffene Festsetzungen sind nach §§ 172 ff AO zu ändern. Bei Doppelzahlung (zB durch öffentl ArbG und Familienkasse) Aufhebung mögl (ggf gem § 70 II, §§ 172, 174 AO; s BFH III R 33/15 BStBl II 17, 997). Sog Null-Festsetzungen (der Sache nach Ablehnung) und abgelehnte Festsetzungen sind keine negativen (Dauer-)Festsetzungen; die Ablehnung erstreckt sich auf die Vergangenheit und den Monat der Bekanntgabe (BFH VI R 35/14 BFH/NV 16, 178; *BfF* BStBl I 01, 615); zur Billigkeits-Änderung bei fehlerhafter Null-Festsetzung s *BfF* BStBl I 00, 1555); § 155 I 3 AO gilt nicht für Dauer-VA; zur rückwirkenden Antragstellung s § 67 Rz 4. – Keine Änderung nach § 70 II, IV bei **Änderung der Rechtsauffassung** (BFH III R 74/09 BFH/NV 11, 250); keine Aufhebung nach Festsetzungsverjährung (BFH XI R 9/14 BFH/NV 16, 166).

a) Änderung der Verhältnisse, § 70 II. (wie auch Abs 3) enthält eine eigen- 6 ständige Änderungsnorm iSd § 172 I 1 Nr 2 Buchst d AO (BFH III R 13/06 BStBl II 07, 714), nach der die Festsetzung des jeweiligen monatl KiGeldes mit **Wirkung vom Zeitpunkt der Änderung** an (also auch rückwirkend, aber in den Grenzen der Verjährung; BFH III R 11/08 BStBl II 11, 722; *HHR* § 70 Rz 13) aufgehoben/geändert wird.

Beispiele: Bei Zuständigkeitswechsel (BFH III R 33/15 BStBl II 17, 997; *Selder* jurisPR-StR 44/17 Anm 6), bei vorgreifl Entscheidung einer anderen Behörde (BFH VI R 18/99 BStBl II 02, 81; BFH IIII R 34/18 BStBl II 21, 20), bei Änderung der gesetzl Voraussetzungen (*Korn* § 70 Rz 15), zB bei doppelter Haushaltsführung (*BfF* BStBl I 04, 431), bei Aufgabe des inl Wohnsitzes (BFH III R 53/05 BFH/NV 09, 564). – Die Behörde trägt die Feststellungslast (FG Bbg EFG 02, 479).

Nachträgl Erkenntnisse (zB wegen unterlassener Mitwirkung) werden nicht erfasst (*Felix* FR 01, 674). § 70 II erfasst nur Änderungen, die nach Ergehen des (ursprüngl) Bescheids eintreten („neue Tatsachen"; FinA BT-Drs 13/1558, 161, § 155 IV AO BFH VI B 251/99 BFH/NV 00, 1204). – Zur Änderung bei Überschreitung der Einkommensgrenze s Rz 7, 8. – Bei späterer Kenntnis ist nicht notwendig, die Änderung für die Vergangenheit und die Zukunft in einem Bescheid zusammenzufassen (so aber FG Köln EFG 01, 1224). – Treu und Glauben kann Rückforderung entgegenstehen (BFH VI R 67/11 BFH/NV 14, 20).

7 **b) Materielle Fehler, § 70 III.** (Nur) Für die **Zukunft** (§ 70 III; BFH III R 13/06 BStBl II 07, 714; *KSM* § 70 Rz D 1) müssen (kein Ermessen, BFH III R 14/17 BStBl II 18, 481) erkannte **materielle Fehler** (zB Rechtsfehler; aber auch falsche Sachverhalte) gem § **70 III** (zugunsten und zulasten) durch Aufhebung oder Änderung der Festsetzung beseitigt werden (*KSM* § 70 Rz D 23); die sog Null-Festsetzung steht der Aufhebung gleich (BFH VI R 78/98 BStBl II 02, 88). – Vertrauensschutz nach § 176 AO ist nur dem Monatsprinzip entspr zu gewähren (I-II 2). Bei einer bestehenden Festsetzung, die einen materiellen Fehler enthält, erfolgt keine Neufestsetzung (doppelte Festsetzung), sondern die bestehende Festsetzung wird geändert (BReg BR-Drs 432/14, 58).

8 **c) Änderung nach §§ 172 ff AO.** Daneben kann ein ergangener KiGeld-Bescheid (unter Beachtung des Monatsprinzips; § 66 Rz 4) ggf nach §§ 172 ff AO geändert werden (BFH VIII R 67/01 BFH/NV 02, 1294; BFH XI R 9/14 BFH/NV 16, 166; so auch V 16–V 21 DA-KG 2021; *Helmle* aaO § 70 Rz 19 f). Eine bestandskräftig aufgehobene KiGeldfestsetzung kann nach § **173 AO** geändert werden (zB bei nachträgl Zweifeln an der Vaterschaft, FG Mster EFG 08, 764); eine Änderung nach § 175 I Nr 1 AO scheidet aus; der EStBescheid ist kein Grundlagenbescheid für das KiGeld (BFH III R 8/05 BFH/NV 06, 1055). Rechtsfehler sind kein rückwirkendes Ereignis (FG Ddorf DStRE 00, 317), wohl aber der Umstand des Überschreitens von Einkommensgrenzen (FG SachsAnh EFG 00, 797). Der aufgrund fehlerhafter Einkunftsprognose ergangene KiGeldbescheid kann gem § 175 I Nr 2 AO rückwirkend geändert werden (FG Köln EFG 05, 415). Auch eine „etappenweise" Änderung ist zul (BFH VI R 102/99 BFH/NV 02, 178).

9 **d) Rückforderung.** Rechtsgrundlos gezahltes KiGeld (auch „aufgedrängtes") ist vom KiGeld-Berechtigten nach § 37 II AO zurückzufordern (BFH V B 133/11 BFH/NV 13, 933; BFH III R 1/20 20 BStBl II 21, 700); auch die Änderung berechtigt grds zur Rückforderung gem § 37 II AO (BFH III B 177/10 BFH/NV 11, 1507; Rz 5 aE); das KiGeld kann auch nach Geltendmachung des Erstattungsanspruchs durch Sozialbehörde rückgefordert werden (FG Hess EFG 04, 1783); kein besonderer Vertrauensschutz (BFH VIII R 64/01 BFH/NV 03, 905). Das KiGeld kann bei Auszahlung an Kind vom Berechtigten rückgefordert werden (BFH III R 29/15 BFH/NV 16, 1278). Rückzahlungsverpflichtung auch bei bloßer Abzweigungslage (keine Veränderung der Empfangsberechtigung; BFH III R 1/20 BStBl II 21, 700). – Bei (EU-) grenzüberschreitendem Sachverhalt steht ein Erstattungsanspruch gegen den ausl Leistungsträger der Rückforderung nicht entgegen (BFH III R 36/20 BFH/NV 21, 1305). – Bei **Doppelfestsetzung** (zB durch öffentl ArbG und Familienkasse) ist Aufhebung mögl (ggf gem § 172 AO, § 70 II, 174 AO; s BFH III R 13/14 BFH/NV 15, 948). Die Zahlungsverjährung (§ 228 AO) des Rückforderungsanspruchs beginnt nicht vor Ablauf des Kj, in dem die Aufhebung wirksam geworden ist (BFH XI R 42/11 BStBl II 14, 840).

10 **e) Weiterleitungseinwand.** Der Erstattungsanspruch der Familienkasse wird nicht durch eine zivilrechtl Unterhaltsregelung zw den Eltern berührt (BFH VII R 93/99 BFH/NV 01, 33), auch nicht durch bisherige BSHG-Anrechnung (BFH III R 54/05 BFH/NV 07, 1298). Der Rückforderung kann aber die *sog (förml) Weiterleitung an den Berechtigten* entgegenstehen (BFH III B 94/09 BFH/NV 10, 2062); Bescheinigung des Berechtigten ist erforderl, „faktische Weiterleitung" reicht nicht (BFH III S 68/08 BFH/NV 10, 874). – Vor Verzicht auf die Rückforderung (im Billigkeitsweg; BFH III B 41/14 BFH/NV 15, 658) kann die Familienkasse eine Erklärung des vorrangig Berechtigten verlangen, dass er das KiGeld durch Weiterleitung erlangt hat und seinen Anspruch als erfüllt ansieht (BFH III B 192/10 BFH/NV 11, 2043). Die Abhebung von Geld durch den Berechtigten von einem Konto, auf das KiGeld gezahlt wurde, ist keine Weiterleitung (BFH VI B 308/00 BFH/NV 01, 1387). Der Nachweis der Weiterleitung obliegt dem, der sich darauf beruft (FG Nds EFG 03, 471). IÜ es nicht Sache der Familienkasse, im sog Weiterleitungsverfahren Vereinbarungen und Zahlungen zu prüfen (BFH VIII B 172/01 BFH/NV 03, 306). Die Weiterleitungsbestätigung ist nicht widerrufl (FG Mchn EFG 06, 790).

f) Verwirkung. Sie kommt nur bei Vorliegen besonderer Umstände in Betracht **11** (BFH III R 1/20 20 BStBl II 21, 700); Weiterzahlung reicht nicht (BFH VI B 147/11 BFH/NV 12, 944). Ein Billigkeitserlass der Rückforderung ist nach § 227 AO zu beurteilen (BFH III R 19/17 BStBl II 19, 187, BFH III R 48/17 BStBl II 19, 189; BFH III R 28/18 BFH/NV 19, 825; BFH III R 16/19 BFH/NV 20, 926), insb bei Versäumnissen der Familienkasse (BFH III R 31/17, nv); Erlass bei vorgehender Anrechnung auf Sozialleistung und fehlender Mitwirkungspflichtverletzung.

g) Ausschluss der Änderungsmöglichkeit. Auch wenn trotz Anzeige der **12** Änderung der Verhältnisse weiter KiGeld gezahlt wird, entfällt die rückwirkende Änderungsbefugnis (der Anspruch auf Rückforderung) nur bei besonderen Umständen (BFH VIII R 93/03 BFH/NV 05, 153), zB bei Verwirkung (BFH III B 1/06 BFH/NV 07, 1120). Dagegen hielt BFH VI R 163/00 BStBl II 02, 174 eine Rückforderung des KiGeldes nach Treu und Glauben für unzul, wenn die Familienkasse „zu lange zuwartet"; mE problematisch, es gelten die Verjährungsvorschriften (vgl iÜ zu den Voraussetzungen von Treu und Glauben *TK* § 4 AO Rz 138 ff; FG Bbg EFG 04, 314).

5. Auswirkung auf bestandskräftige Einkommensteuerbescheide. Diese **13** sind wegen rückwirkender KiGeld-Gewährung nicht zu ändern (BFH I R 29/11 BFH/NV 12, 921).

§ 71 Vorläufige Einstellung der Zahlung des Kindergeldes

(1) **Die Familienkasse kann die Zahlung des Kindergeldes ohne Erteilung eines Bescheides vorläufig einstellen, wenn**

1. **sie Kenntnis von Tatsachen erhält, die kraft Gesetzes zum Ruhen oder zum Wegfall des Anspruchs führen, und**
2. **die Festsetzung, aus der sich der Anspruch ergibt, deshalb mit Wirkung für die Vergangenheit aufzuheben ist.**

(2) ¹Soweit die Kenntnis der Familienkasse nicht auf Angaben des Berechtigten beruht, der das Kindergeld erhält, sind dem Berechtigten unverzüglich die vorläufige Einstellung der Zahlung des Kindergeldes sowie die dafür maßgeblichen Gründe mitzuteilen. ²Ihm ist Gelegenheit zu geben, sich zu äußern.

(3) **Die Familienkasse hat die vorläufig eingestellte Zahlung des Kindergeldes unverzüglich nachzuholen, soweit die Festsetzung, aus der sich der Anspruch ergibt, zwei Monate nach der vorläufigen Einstellung der Zahlung nicht mit Wirkung für die Vergangenheit aufgehoben oder geändert wird.**

1. Grundaussage. § 71 (eingefügt durch Gesetz v 15.8.19, BStBl I 19, 814, **1** BGBl I 19, 1066) ermöglicht, lfd KiGeldzahlungen bei Bekanntwerden entscheidungserhebl Änderungen vorläufig einzustellen; es handelt sich um ein zeitl begrenztes Zurückbehaltungsrecht, das insb Leistungsmissbrauch (Überzahlungen) verhindern soll (BT-Drs 19/8691, 67; *HHR* § 71 Rz 3).

§ 72 Festsetzung und Zahlung des KiGelds im öffentl Dienst

2 **2. Vorläufige Zahlungseinstellung.** Diese kommt in Betracht, wenn die Familienkasse Kenntnis von Tatsachen erhält, die zu einer rückwirkenden Aufhebung der KiGeldfestsetzung führen (§ 71 I), insb wenn die Familienkasse erfährt, dass die bisherigen Anspruchsvoraussetzungen nicht mehr erfüllt sind, aber weitere Unklarheiten bestehen (Zeitpunkt des Wegfalls, Anspruch aus anderen Gründen), zB wenn der Berechtigte unter der angegebenen inl Adresse tatsächl nicht wohnt oder wenn die Ausländerbehörde mitteilt, dass dem Berechtigten das Freizügigkeitsrecht aberkannt wurde. – Unzul ist die Einstellung bei fehlender Mitwirkung (bei fehlenden Unterlagen), sofern keine konkreten (positiven) Hinweise auf das Nichtbestehen des KiGeldanspruchs bestehen oder bei entscheidungsreifem Sachverhalt.

3 **3. Mitteilung der maßgeblichen Gründe, § 71 II 1.** Dem Berechtigten sind unverzügl die vorläufige Zahlungseinstellung sowie die dafür maßgebl Gründe mitzuteilen, soweit die Kenntnis der Familienkasse nicht auf Angaben des Berechtigten beruht; auch in allen anderen Fällen sollte der Berechtigte informiert werden. Dem Berechtigten ist Gelegenheit zu geben, sich zu den entscheidungserhebl Tatsachen zu äußern (§ 71 II 2).

4 **4. Nachholung der Zahlung, § 71 III.** Innerhalb von 2 Monaten nach der vorläufigen Zahlungseinstellung ist die zugrundeliegende Festsetzung zu ändern bzw aufzuheben oder die ausstehende KiGeldzahlung unverzügl nachzuholen. Als Zeitpunkt der vorläufigen Zahlungseinstellung ist der Tag anzusehen, an dem erstmals eine Auszahlung zu einem turnusmäßigen Auszahlungstermin nicht erfolgt. Sofern die Familienkasse die zugrundeliegende Festsetzung nicht innerhalb der Zweimonatsfrist aufhebt oder ändert, hat sie die ausstehende KiGeldzahlung unverzügl (spätestens an dem nach Fristablauf nächstmögl Auszahlungstermin) nachzuholen (*BZSt* BStBl I 19, 846).

5 **5. Anwendung.** Die Regelung ist ab dem 18.7.19 anzuwenden (*BZSt* BStBl I 19, 846).

§ 72 Festsetzung und Zahlung des Kindergeldes an Angehörige des öffentlichen Dienstes

[1] Steht Personen, die

1. in einem öffentlich-rechtlichen Dienst-, Amts- oder Ausbildungsverhältnis stehen, mit Ausnahme der Ehrenbeamten,
2. Versorgungsbezüge nach beamten- oder soldatenrechtlichen Vorschriften oder Grundsätzen erhalten oder
3. Arbeitnehmer einer Körperschaft, einer Anstalt oder einer Stiftung des öffentlichen Rechts sind, einschließlich der zu ihrer Berufsausbildung Beschäftigten,

Kindergeld nach Maßgabe dieses Gesetzes zu, wird es von den Körperschaften, Anstalten oder Stiftungen des öffentlichen Rechts als Familienkassen festgesetzt und ausgezahlt. [2] Das Bundeszentralamt für Steuern erteilt den Familienkassen ein Merkmal zu ihrer Identifizierung (Familienkassenschlüssel). [3] Satz 1 ist nicht anzuwenden, wenn die Körperschaften, Anstalten oder Stiftungen des öffentlichen Rechts gegenüber dem Bundeszentralamt für Steuern auf ihre Zuständigkeit zur Festsetzung und Auszahlung des Kindergeldes schriftlich oder elektronisch verzichtet haben und dieser Verzicht vom Bundeszentralamt für Steuern schriftlich oder elektronisch bestätigt worden ist. [4] Die Bestätigung des Bundeszentralamts für Steuern darf erst erfolgen, wenn die haushalterischen Voraussetzungen für die Übernahme der Festsetzung und Auszahlung des Kindergeldes durch die Bundesagentur für Arbeit vorliegen. ⁵ Das Bundeszentralamt für Steuern veröffentlicht die Namen und die Anschriften der Körperschaften, Anstalten oder Stiftungen des öffentlichen Rechts, die nach Satz 3 auf die Zuständigkeit verzichtet haben, sowie den jeweiligen Zeitpunkt, zu dem der Verzicht wirksam geworden ist, im Bundessteuerblatt. ⁶ Hat eine Körperschaft, Anstalt oder Stiftung des öffentlichen Rechts die Festsetzung des Kindergeldes auf eine Bundes- oder Landesfamilienkasse im Sinne des § 5 Absatz 1 Nummer 11 Satz 6 bis 9 des Finanzverwaltungsgesetzes übertragen, kann ein Verzicht nach Satz 3 nur durch die Bundes- oder Landesfamilienkasse im Einvernehmen mit der auftraggebenden Körperschaft, Anstalt oder Stiftung wirksam erklärt werden. ⁷ Satz 1 ist nicht anzuwenden, wenn die Körperschaften, Anstalten oder Stiftungen des öffentlichen Rechts nach dem 31. Dezember 2018 errichtet wurden; das Bundeszentralamt für Steuern kann auf Antrag eine Ausnahmegenehmigung erteilen, wenn das Kindergeld durch eine Landesfamilienkasse im Sinne des § 5 Absatz 1 Nummer 11 Satz 8 bis 10 des Finanzverwaltungsgesetzes festgesetzt und ausgezahlt wird und kein Verzicht nach Satz 3 vorliegt.

(2) *(aufgehoben)*

(3) Absatz 1 gilt nicht für Personen, die ihre Bezüge oder ihr Arbeitsentgelt

1. von einem Dienstherrn oder Arbeitgeber im Bereich der Religionsgesellschaften des öffentlichen Rechts,
2. von einem Spitzenverband der Freien Wohlfahrtspflege, einem diesem unmittelbar oder mittelbar angeschlossenen Mitgliedsverband oder einer einem solchen Verband angeschlossenen Einrichtung oder Anstalt oder
3. von einem Dienstherrn oder Arbeitgeber im Bereich des Bundes mit Ausnahme der Nachrichtendienste des Bundes, des Bundesverwaltungsamtes sowie derjenigen Behörden, Körperschaften, Anstalten und Stiftungen des öffentlichen Rechts, die die Festsetzung und Auszahlung des Kindergeldes auf das Bundesverwaltungsamt übertragen haben,

erhalten.

(4) Absatz 1 gilt nicht für Personen, die voraussichtlich nicht länger als sechs Monate in den Kreis der in Absatz 1 Satz 1 Nummer 1 bis 3 Bezeichneten eintreten.

(5) Obliegt mehreren Rechtsträgern die Zahlung von Bezügen oder Arbeitsentgelt (Absatz 1 Satz 1) gegenüber einem Berechtigten, so ist für die Durchführung dieses Gesetzes zuständig:

1. bei Zusammentreffen von Versorgungsbezügen mit anderen Bezügen oder Arbeitsentgelt der Rechtsträger, dem die Zahlung der anderen Bezüge oder des Arbeitsentgelts obliegt;
2. bei Zusammentreffen mehrerer Versorgungsbezüge der Rechtsträger, dem die Zahlung der neuen Versorgungsbezüge im Sinne der beamtenrechtlichen Ruhensvorschriften obliegt;
3. bei Zusammentreffen von Arbeitsentgelt (Absatz 1 Satz 1 Nummer 3) mit Bezügen aus einem der in Absatz 1 Satz 1 Nummer 1 bezeichneten Rechtsverhältnisse der Rechtsträger, dem die Zahlung dieser Bezüge obliegt;
4. bei Zusammentreffen mehrerer Arbeitsentgelte (Absatz 1 Satz 1 Nummer 3) der Rechtsträger, dem die Zahlung des höheren Arbeitsentgelts obliegt oder – falls die Arbeitsentgelte gleich hoch sind – der Rechtsträger, zu dem das zuerst begründete Arbeitsverhältnis besteht.

(6) ¹ Scheidet ein Berechtigter im Laufe eines Monats aus dem Kreis der in Absatz 1 Satz 1 Nummer 1 bis 3 Bezeichneten aus oder tritt er im Laufe

eines Monats in diesen Kreis ein, so wird das Kindergeld für diesen Monat von der Stelle gezahlt, die bis zum Ausscheiden oder Eintritt des Berechtigten zuständig war. ²Dies gilt nicht, soweit die Zahlung von Kindergeld für ein Kind in Betracht kommt, das erst nach dem Ausscheiden oder Eintritt bei dem Berechtigten nach § 63 zu berücksichtigen ist. ³Ist in einem Fall des Satzes 1 das Kindergeld bereits für einen folgenden Monat gezahlt worden, so muss der für diesen Monat Berechtigte die Zahlung gegen sich gelten lassen.

(7) ¹In den Abrechnungen der Bezüge und des Arbeitsentgelts ist das Kindergeld gesondert auszuweisen, wenn es zusammen mit den Bezügen oder dem Arbeitsentgelt ausgezahlt wird. ²Der Rechtsträger hat die Summe des von ihm für alle Berechtigten ausgezahlten Kindergeldes dem Betrag, den er insgesamt an Lohnsteuer einzubehalten hat, zu entnehmen und unter Angabe des in Absatz 1 genannten Familienkassenschlüssels bei der nächsten Lohnsteuer-Anmeldung gesondert abzusetzen. ³Übersteigt das insgesamt ausgezahlte Kindergeld den Betrag, der insgesamt an Lohnsteuer abzuführen ist, so wird der übersteigende Betrag dem Rechtsträger auf Antrag von dem Finanzamt, an das die Lohnsteuer abzuführen ist, aus den Einnahmen der Lohnsteuer ersetzt.

(8) ¹Abweichend von Absatz 1 Satz 1 werden Kindergeldansprüche auf Grund über- oder zwischenstaatlicher Rechtsvorschriften durch die Familienkassen der Bundesagentur für Arbeit festgesetzt und ausgezahlt. ²Dies gilt auch für Fälle, in denen Kindergeldansprüche sowohl nach Maßgabe dieses Gesetzes als auch auf Grund über- oder zwischenstaatlicher Rechtsvorschriften bestehen. ³Die Sätze 1 und 2 sind auf Kindergeldansprüche von Angehörigen der Nachrichtendienste des Bundes nicht anzuwenden.

Einkommensteuer-Richtlinien: EStH 72; Verwaltungsanweisungen: V 1.2 DA-KG 2021; *BZSt* BStBl I 16, 1429 (Familienkassenreform).

1 **1. Auszahlung durch den öffentlich-rechtlichen Dienstherrn.** Die Vorschrift regelt die Zahlung von KiGeld an Angehörige des öffentl Dienstes. Für diesen Personenkreis ist für die Festsetzung (mit Ausnahme des EU- und sog VertragsKiGeld, Abs 8; dazu BT-Drs 13/3084, 73) und Zahlung des KiGeldes der Diensther zuständig (§ 72 I 1, VII), im Bereich des BMF das BZSt. Für die Anwendung des § 72 kommt es weder auf den Umfang der Beschäftigung noch darauf an, dass Dienstbezüge oder Arbeitsentgelt gezahlt werden.

Nicht erfasst werden ArbN von privatrechtl organisierten Vereinigungen, wenn diese öffentl Aufgaben erfüllen und die Tarifverträge für ArbN des Bundes oder eines Landes oä anwenden. Auch ehem ArbN des öffentl Dienstes, denen aufgrund tarifvertragl Vereinbarung Geld nach dem VorruhestandsG gezahlt wird, sind von der Vorschrift nicht erfasst. Schließlich nicht erfasst sind Versorgungsempfänger, deren Bezüge zwar nach beamtenrechtl Grundsätzen gezahlt werden, die Regelung der Versorgung aber auf ein Dienst- oder ein ArbVerh mit einem privaten Rechtsträger zurückgeht.

Die Sonderzuständigkeit der öffentl-rechtl ArbG hat sich nicht bewährt und wird deshalb auf Bundesebene mit Ablauf des Jahres 2021 beendet. Bereits vor Beendigung der Sonderzuständigkeit konnten auf Bundesebene Körperschaften, Anstalten oder Stiftungen des öffentl Rechts, die als öffentl ArbG das KiGeld für ihre jeweiligen Bediensteten festsetzen und auszahlen, auf ihre Sonderzuständigkeit verzichten (*BZSt* BStBl I 21. 273 mit Auflistung für II/20) oder ihre Aufgabe als Familienkasse auf das Bundesverwaltungsamt übertragen (§ 72 I; BT-Drs 18/9441, 16). – Für den Bereich von **Ländern und Kommunen** haben die öffentl ArbG die Möglichkeit, auf ihre Zuständigkeit für die KiGeldbearbeitung zu verzichten (ohne festen Endtermin). Der Verzicht hat zur Folge, dass die im FinVerwG angeordnete allg Zuständigkeit der Familienkassen der Bundesagentur für Arbeit für die KiGeldbearbeitung eintritt; die Übertragung der Aufgabe auf Landesfamilienkassen soll weiterhin mögl sein (BT-Drs 18/9441, 12/28).

2. Personenkreis, § 72 I (vgl *KSM* § 72 Rz B 3 ff; V 1.3 DA-KG 2021). – **a) Aktive Beamte (und Richter).** Zum Personenkreis nach § 72 I 1 **Nr 1** gehören: (aktive) Beamte von Bund, Ländern, Gemeinden, Gemeindeverbänden sowie sonstigen Körperschaften, Anstalten und Stiftungen döR mit Ausnahme der Ehrenbeamten (zB Wahlkonsuln); Richter des Bundes und der Länder mit Ausnahme der ehrenamtl Richter; Berufssoldaten und Soldaten auf Zeit; Praktikanten und Dienstanfänger in einem öffentl-rechtl Ausbildungsverhältnis; Beamte auf Widerruf; Mitglieder der Bundesregierung oder einer Landesregierung, Parlamentarische Staatssekretäre.

b) Pensionäre. Zum Personenkreis nach § 72 I 1 **Nr 2** zählen insb Personen, die folgende Versorgungsbezüge erhalten (V 1.3 II DA-KG 2021): Ruhegehälter, besondere Versorgungsbezüge nach dem Gesetz zu Art 131 GG, Emeritenbezüge, Witwen-/Witwergelder, Unterhaltsbeiträge, Bezüge nach § 11a und § 21a BEG, Übergangsgebührnisse nach § 17 BPolBG und § 11 SVG, Übergangsgeld nach § 47 BeamtVG.

c) Arbeitnehmer des öffentlichen Dienstes. Zum Personenkreis nach § 72 I 1 **Nr 3** gehören hauptsächl Arbeiter/Angestellte des öffentl Dienstes, ferner nebenberufl oder gegen Gebührenanteile tätige ArbN (etwa Fleischkontrolleure; V 1.3 III DA-KG 2021). Nicht als ArbN idS gelten ausl Stipendiaten, die als Lehrer, Wissenschaftler etc an dt Lehranstalten tätig werden (V 1.3 IV DA-KG 2021).

3. Familienkasse. Das ist die jeweilige juristische Person (§ 72 I 2; ähnl wie § 39 VI; V 1.2 DA-KG 2021; BT-Drs 13/1558, 161); eine Übertragung auf fremde Körperschaften ist unzul (*BfF* BStBl I 04, 296). Die öffentl-rechtl Einrichtungen können nach § 72 I 3–6 auf ihre Zuständigkeiten verzichten (Auflistung in *BZSt* BStBl I 21, 273). Nach dem 31.12.18 errichtete öffentl Einrichtungen können grds nicht als Familienkasse fungieren (§ 72 I 7).

4. Nicht erfasster Personenkreis, § 72 III. – **a) Kirchen-ArbN.** ArbN bei ReligionsGes döR (§ 72 III Nr 1); auch bei regionalen Untergliederungen der Kirchen einschließlich der Ordensgemeinschaften, ebenso bei Einrichtungen der Kirchen, mit denen diese tätig werden (Krankenhäuser, Schulen, Kindergärten etc).

b) Wohlfahrtspflege-Arbeitnehmer und Angehörige des Bundes. Zu den Spitzenverbänden der Freien Wohlfahrtspflege (§ 72 III Nr 2) zählen: Arbeiterwohlfahrt-Hauptausschuss; Diakonisches Werk der Evangelischen Kirchen Deutschland; Dt Caritas-Verband; Dt Paritätischer Wohlfahrtsverband; Dt Rotes Kreuz; Zentralwohlfahrtsstelle der Juden in Deutschland. – Die Sonderzuständigkeit des Bundes endet grds zum 1.1.22 (§ 72 III Nr 3).

5. Vorübergehend Beschäftigte. Durch § 72 IV wird vermieden, dass mit der Aufnahme und Beendigung einer kurzfristigen Beschäftigung im öffentl Dienst die Zuständigkeit für die KiGeldfestsetzung und -Zahlung wechselt. Maßgebl ist die voraussichtl Dauer.

6. Konkurrenzen. § 72 V regelt Fälle, in denen die Zahlung von Bezügen/ Arbeitsentgelt mehreren Rechtsträgern obliegt.

7. Ausscheiden. Zuständig bei Ausscheiden/Eintritt ist (§ 72 VI) ist grds die zu Beginn des Monats zuständige Stelle im Verlauf eines Monats.

8. Gesonderter Ausweis; Auszahlung. § 72 VII sieht den gesonderten Ausweis des KiGeldes in der Lohnabrechnung für den ArbN und in der LStAnmeldung des ArbG vor, (nur) wenn es zusammen mit den Bezügen ausgezahlt wird (dazu BT-Drs 16/1368, 10: Konzentration der Familienkassen). Der ArbG hat das **ausgezahlte KiGeld** bei der nächsten LStAnmeldung gesondert abzusetzen. Ist das KiGeld höher als die insgesamt abzuführende LSt, muss der ArbG

§ 74 1, 2 Zahlung des Kindergeldes in Sonderfällen

den Unterschiedsbetrag zunächst vorleisten; **Ersetzung** auf Antrag (*Helmke* aaO § 72 Rz 29).

12 **9. Kinder im Ausland, § 72 VIII.** Hat ein zum Personenkreis des § 62 gehörender Angehöriger des öffentl Dienstes Anspruch auf KiGeld für in einem anderen EU/EWR-Staat/einem anderen Vertragsstaat (§ 62 Rz 5) lebende Kinder, ist für die Festsetzung des KiGeldes (und ab 1999 auch für die Auszahlung) die Familienkasse der BA zuständig (BT-Drs 14/29, 189; V 1.5.2 DA-KG 2021; *BfF* BStBl I 01, 329; *HHR* § 72 Rz 40; BFH III R 31/15 BStBl II 17, 642; § 70 Rz 4).Kinder im Ausland

§ 73 *(weggefallen)*

§ 74 Zahlung des Kindergeldes in Sonderfällen

(1) ¹**Das für ein Kind festgesetzte Kindergeld nach § 66 Absatz 1 kann an das Kind ausgezahlt werden, wenn der Kindergeldberechtigte ihm gegenüber seiner gesetzlichen Unterhaltspflicht nicht nachkommt.** ²**Kindergeld kann an Kinder, die bei der Festsetzung des Kindergeldes berücksichtigt werden, bis zur Höhe des Betrags, der sich bei entsprechender Anwendung des § 76 ergibt, ausgezahlt werden.** ³**Dies gilt auch, wenn der Kindergeldberechtigte mangels Leistungsfähigkeit nicht unterhaltspflichtig ist oder nur Unterhalt in Höhe eines Betrags zu leisten braucht, der geringer ist als das für die Auszahlung in Betracht kommende Kindergeld.** ⁴**Die Auszahlung kann auch an die Person oder Stelle erfolgen, die dem Kind Unterhalt gewährt.**

(2) **Für Erstattungsansprüche der Träger von Sozialleistungen gegen die Familienkasse gelten die §§ 102 bis 109 und 111 bis 113 des Zehnten Buches Sozialgesetzbuch entsprechend.**

Einkommensteuer-Richtlinien: EStH 74; *Verwaltungsanweisungen:* V 33, 34 DA-KG 2021.

Übersicht

	Rz
1. Grundaussage	1
2. Abzweigung, § 74 I	2–4
3. Auszahlung an unterhaltsgewährende Stelle, § 74 I 4	5–7
4. Erstattungsansprüche gegen die Familienkasse, § 74 II	10–12
5. Finanzrechtsweg	13

1 **1. Grundaussage.** Das KiGeld soll direkt in die richtigen Hände kommen (*KSM* § 74 Rz B 2); daher eröffnet die **Abzweigung** (§ 74 I) die Möglichkeit, das KiGeld nicht an die KiGeldberechtigten (idR die Eltern) auszuzahlen, sondern an das Kind selbst (§ 74 I 2, 3) oder an den tatsächl Unterhaltsgewährenden (§ 74 I 4: Person oder Stelle), und zwar **(1)** bei Nichterfüllung der Unterhaltspflicht (§ 74 I 1) oder **(2)** bei Fehlen einer Unterhaltsverpflichtung (§ 74 I 3 Alt 1) oder **(3)** bei betragsmäßigem Zurückbleiben der Unterhaltsverpflichtung (§ 74 I 3 Alt 2; *Reuß* EFG 09, 494). § 74 II regelt die **Erstattung** an Sozialleistungsträger (BT-Drs 13/1558, 162). – (Vorherige) Abzweigung und (nachträgl) Erstattung stehen nebeneinander (BFH VI B 272/99 BFH/NV 01, 898); eine Abzweigung kann ggf auch noch nach einer Erstattung (gem § 74 II) nachgeholt werden (BFH V R 25/12 BFH/NV 14, 322).Abzweigung

2 **2. Abzweigung, § 74 I. – a) Unterhaltspflichtverletzung.** Nach § 74 I 1 kann bei Verletzung der Unterhaltspflicht (§§ 1360 ff, 1601 ff BGB; V 33.2 DA-KG 2021; BFH III B 135/05 BFH/NV 06, 1285) das KiGeld an das **Kind** bzw an den **tatsächl Unterhalt Gewährenden** ausgezahlt werden ("Auszahlungskorrektur": zB BFH III R 31/13 BStBl II 15, 1017); abzustellen ist auf den Monat (FG Mchn

EFG 08, 698), auch bei Vormundschaft (FG Ddorf EFG 08, 1983). Die Auszahlung betrifft nicht die Anspruchs-, sondern die Empfangsberechtigung (BFH III R 3/13 BStBl II 14, 576). Die Abzweigung ist eine Soforthilfemaßnahme, um die Auswirkungen einer Unterhaltspflichtverletzung zu begrenzen (*Löcher* TuP 10, 94). Betreuer/Pflegeeltern sind nicht gesetzl unterhaltsverpflichtet (FG BaWü EFG 12, 2027). – Das Anbieten von Natural- statt Geldleistungen genügt idR nicht (BFH III B 135/05 BFH/NV 06, 1285; iEinz *Reuß* EFG 09, 494). Eine einmalige oder unwesentl Pflichtverletzung genügt nicht. Hintergrund der Regelung ist der Gedanke, dem Kind des Berechtigten das KiGeld zugutekommen zu lassen, ohne dass dieses den Zivilrechtsweg beschreiten muss; zum (berechtigten) Weiterleitungseinwand FG Köln EFG 03, 101; § 70 Rz 10. Nach FG Mster (EFG 09, 266) Pflichtabzweigung bei mittellosen Eltern (krit *Hollatz* EFG 09, 267); Abzweigung auch bei Unterbringung in betreuter Wohnform (BFH III R 89/09 BStBl II 13, 695). Die Abzweigung wirkt bis zur KiGeld-Aufhebung (BFH III R 29/15 BFH/NV 16, 1278); KiGeldanspruch erlischt erst bei Bestandskraft des Abzweigungsbescheides (BFH V R 18/15 BStBl II 16, 960). – **Keine Abzweigung** bereits ausgezahlten KiGeldes (BFH III R 21/08 BStBl II 13, 583); mE kommt es auch auf die Bestandskraft der KiGeldfestsetzung an (so auch FG SachsAnh EFG 12, 1483). Keine Abzweigung bei erhebl Betreuungsaufwand der Unterhaltspflichtigen (FG Mster EFG 11, 1327; FG Mster EFG 11, 1727); die diese glaubhaft machen müssen (FG BBg EFG 11, 159). Abzweigung mögl bei Übergehen eines Abzweigungsantrags (FG BBg EFG 09, 1305). – Keine Abzweigung des Kinderbonus (BFH III R 2/11 BStBl II 13, 584). – Bei KiGeld-Erhöhung erhält ggf Kind den Unterschiedsbetrag.

b) Ermessensentscheidung. Die Abzweigung (und auch die Entscheidung über deren Höhe) ist eine Ermessensentscheidung (BFH III R 89/09 BStBl II 13, 695; die Unterhaltsleistungen sind vollständig zu erfassen (BFH III R 41/12 DStRE 15, 84). Geringe Leistungen der Eltern und auch rückwirkend gezahlter Unterhalt sind zu berücksichtigen (BFH III R 16/08 BStBl II 13, 617); sind die Leistungen mdst so hoch wie das KiGeld, ist eine Abzweigung nicht ermessensgerecht (BFH III R 23/13 DStRE 14, 339); das Ermessen ist vorgeprägt bei Haushaltsaufnahme des behinderten Kindes (FG Mchn EFG 12, 2029). – Ohne Weiterleitungserklärung kann das KiGeld vom vorrangig Berechtigten zurückgefordert werden (BFH III R 82/08 BStBl II 12, 734); zum Widerruf FG Nds EFG 12, 853. – § 74 I 2 bezweckt eine gleichmäßige Verteilung des KiGeldes und des Zählkindervorteils (BFH III R 9/15 BStBl II 17, 121).

Beispiel: A hat vier Kinder. Das dritte Kind ist Zählkind, das im Haushalt der Großeltern lebt. A steht (für VZ 18) 613 € KiGeld zu (2 × 194 und 225). Ohne das Zählkind wären es 588 € (2 × 194 und 200). Der Zählkindervorteil (Erhöhungsbetrag) beträgt 25 € und ist mit je 6,25 € auf alle drei Kinder zu verteilen.

c) Mangelnde Leistungsfähigkeit, § 74 I 3. Abzweigung ist auch mögl, wenn der KiGeldberechtigte nicht leistet und nicht verpflichtet ist (BFH III B 131/11 BFH/NV 11, 1129; FG Mster EFG 12, 2228 bei Wohngemeinschaft behinderter Erwachsener). Die Regelung entspricht § 48 SGB I (BT-Drs 13/1558, 162). § 74 I 3 berücksichtigt die fehlende Leistungsfähigkeit des Unterhaltsverpflichteten (BFH III B 124/14 BFH/NV 15, 837).

3. Auszahlung an unterhaltsgewährende Stelle. – a) Abzweigung bei Unterhaltsgewährung. Nach § 74 I 4 kann das KiGeld – auch ohne Pflichtverletzung (FG Mchn EFG 03, 1023: Unterbringung von Mutter und Kind in betreuter Wohnform; FG Bln EFG 05, 1219) – an die **unterhaltsgewährende Stelle ausgezahlt** werden, zB an Sozialleistungsträger (BFH VIII R 58/03 BStBl II 06, 130), aber auch an den Ehegatten, an Verwandte, Nachbarn; Abzweigung evtl auch bei Internatsunterbringung (BFH VI B 57/01 BFH/NV 02, 482), bei mehreren Kindern nach Kopfteilen (FG Thür EFG 02, 1463), ggf Ermessensreduzierung

§ 74 6–11 Zahlung des Kindergeldes in Sonderfällen

(FG Bbg EFG 04, 1635), zB bei gänzl fehlenden Kontaktpflege-Kosten; Aufteilung mögl (FG SachsAnh EFG 12, 1570; mit Anm *Siegers* EFG 12, 1574), auch bei vollstationärer Unterbringung (FG Thür EFG 08, 865), ggf zu trennen zw KiGeld nach § 66 und nach dt-türkischem DBA (BFH III R 44/08 BStBl II 13, 580). Abzweigung bei Unterhaltsbeitrag von 26 € (FG Mchn EFG 07, 1179).

6 **b) Abzweigung an das Sozialamt.** Diese kommt in Betracht, wenn die Eltern keine oder nur noch geringe Aufwendungen für ihr grundsicherungsberechtigtes Kind haben; eine Abzweigung an den Grundsicherungsträgerträger ist nicht zul, wenn die Leistungen der Eltern KiGeldhöhe erreichen (BFH III R 37/07 BStBl II 09, 928; gegen „kleinliche" Abzweigung ausführl FG SachsAnh DStRE 12, 159). Abzweigung an den Sozialleistungsträger aber, wenn der KiGeldberechtigte nicht zum Unterhalt eines volljährigen behinderten Kindes verpflichtet ist (und auch nicht beiträgt), weil es Grundsicherung nach §§ 41 ff SGB VIII bezieht (BFH III B 124/14 BFH/NV 15, 837); hingegen keine Abzweigung bei Erbringung eigener Unterhaltsleistungen über KiGeld (BFH V R 48/11 BStBl II 13, 697); keine Abzweigung bei teilstationärer Unterbringung eines behinderten Kindes (BFH III R 24/13 BFH/NV 14, 504); auch keine Abzweigung von an Pflegeeltern gezahltes KiGeld (FG BaWü DStRE 13, 347), da keine gesetzl Unterhaltspflicht besteht).

7 **c) Verfahren.** Bei der Abzweigung (von Amts wegen) bleibt der Inhaber des Anspruchs der Berechtigte, aber nicht Leistungsempfänger; er ist mithin nicht Adressat eines mögl **Rückforderungsanspruchs** (BFH III R 29/15 BFH/NV 16, 1278). Abzweigung von Amts wegen (BFH III R 16/06 BFH/NV 09, 164); der Abzweigungsberechtigte ist antragsbefugt (BFH VI B 310/00 BFH/NV 01, 896); Beiladung des KiGeldberechtigten bzw des Sozialleistungsträgers notwendig (BFH XI B 145/13 BFH/NV 14, 1223); zum Verfahren *Helmke* aaO § 74 Rz 22 f. – Keine rückwirkende Abzweigung nach KiGeldauszahlung (BFH V R 25/12 BFH/NV 14, 322). Unterbliebene Abzweigung soll allerdings nach Erstattung nachgeholt werden können (BFH V S 29/12 (PKH) BFH/NV 13, 1414). – Zur Nicht-Aufhebung einer Abzweigungsentscheidung FG Mster EFG 08, 922; Bekanntgabe der Aufhebung an den KiGeldberechtigten erforderl (FG SachsAnh EFG 10, 1800).

10 **4. Erstattungsansprüche gegen Familienkasse, § 74 II.** Abs 2 bezieht die KiGeldzahlung in das Ausgleichssystem der verschiedenen Leistungsträger ein (Ausgleich zw Leistungsträgern: keine Überleitung nach §§ 90 f SGB XII; FG Bbg EFG 02, 1315); die §§ 102 ff SGB X sind nur rechtstechnische Vorschriften, die den Ausgleich zw Leistungsträgern regeln; ob die Merkmale der Gleichartigkeit und des Vor- und Nachrangs der Leistungsverpflichtung erfüllt sind, ergibt sich ausschließl aus dem SGB und den KiGeld-rechtl Vorschriften im EStG.

Das **Jugendamt** kann in bestimmten Fällen bei der Bundesagentur für Arbeit einen Erstattungsanspruch nach § 74 II EStG geltend machen und sich das KiGeld für ein Kind als Mindestkostenbeitrag der Eltern von der Bundesagentur erstatten lassen. Rechtsgrundlage ist § 94 III 2 SGB VIII, der den Erstattungsanspruch des Jugendamtes jedoch an folgende Voraussetzungen knüpft: (1) Unterbringung „über Tag und Nacht" außerhalb des Elternhauses (§ 94 III 1 SGB VIII); (2) KiGeldanspruch eines leibl Elternteils (§ 94 III 1 SGB VIII); (3) keine Zahlungsbereitschaft des leibl Elternteils (§ 94 III 2 SGB VIII).

11 **a) Erstattungsanspruch des nachrangigen Leistungsträgers.** § 104 SGB X verpflichtet die Familienkasse als vorrangigen Leistungsträger bei **Gleichartigkeit** der Leistung zur Erstattung (BFH V R 25/12 BFH/NV 14, 322; iEinz V R 34 DA-KG 2021; *Helmke* aaO § 74 Rz 35 f); die Familienkasse hat kein Ermessen (BFH III B 133/12 BFH/NV 13, 921). Besteht ein Erstattungsanspruch, gilt der KiGeldanspruch der Eltern etc durch Zahlung an den Leistungsträger als erfüllt (§ 107 SGB X; BFH III R 37/05 BFH/NV 07, 1160 [Beiladung des Sozialamts]); der Erstattungsanspruch besteht auch bei nachträgl KiGeld-Festsetzung (BFH VI R 15/12 BStBl II 15, 145). Auch wenn das Kind im eigenen Haushalt lebt, hat der

Sozialleistungsträger einen Erstattungsanspruch, wenn auch der KiGeld-berechtigte Elternteil (nachrangige) Sozialleistungen nach SGB II bezieht (BFH III R 24/11 BStBl II 14, 32). Der Erstattungsanspruch des Jugendhilfeträgers ist auf Kostenbeitrag begrenzt (BFH III R 43/08 BStBl II 10, 1014). Es besteht kein Anspruch des Leistungsträgers auf Erstattung von rückwirkend festgesetztem KiGeld, wenn dem Kind das KiGeld nicht ausgezahlt/zugeflossen ist (BFH III R 89/07 BFH/NV 08, 1995). – Zur Beiladung des Sozialamts bei Rückforderung durch Familienkasse BFH III R 37/05 BFH/NV 07, 1160. Der Erstattungsanspruch muss konkretisiert werden (FG Köln EFG 02, 1181; FG Ddorf EFG 04, 1380); der Erstattungsanteil bemisst sich nach Kopfteilen (FG Köln EFG 00, 1393). – § 76 S 2 Nr 1 ist entspr anwendbar (§ 74 I 2; BFH III R 44/08 BStBl II 13, 580; § 76 Rz 1). – Handhabung bei KiGeld-Erhöhung s Rz 2 aE.

b) Kostenbeitragsbescheid. Ein Erstattungsanspruch des Sozialleistungsträgers nach § 104 I 4 SGB X setzt einen Kostenbeitragsbescheid voraus, den der KiGeld-Berechtigte ganz oder zT nicht erfüllt hat (BFH III R 85/09 BStBl II 13, 19). – Der Grundsicherungsträger hat keinen Erstattungsanspruch (FG Ddorf EFG 05, 55). Heimerziehung-Sachleistungen sind nicht gleichartig (BFH VIII R 57/04 BFH/NV 05, 862). – Erstattungsansprüche (des Leistungsträgers) hängen von der Erfüllung der §§ 102 ff SGB X ab (BFH III R 88/09 BFH/NV 11, 1326).

5. Finanzrechtsweg. Für Klagen des Sozialleistungsträgers (zB Jugendamt) auf Erstattung ist der Finanzrechtsweg gegeben (FG Ddorf EFG 00, 225; *Korn* § 74 Rz 13). Im Erstattungsverfahren besteht eine Bindung an die ggü dem nachrangig verpflichteten Leistungsträger ergangene Entscheidung über den KiGeldanspruch (BFH VIII R 88/01 BFH/NV 02, 1156). Eine Rückforderung nach § 112 SGB X ist nicht durch VA, sondern durch allg Leistungsklage geltend zu machen (BFH III R 89/03 BStBl II 06, 544).

§ 75 Aufrechnung

(1) **Mit Ansprüchen auf Erstattung von Kindergeld kann die Familienkasse gegen Ansprüche auf Kindergeld bis zu deren Hälfte aufrechnen, wenn der Leistungsberechtigte nicht nachweist, dass er dadurch hilfebedürftig im Sinne der Vorschriften des Zwölften Buches Sozialgesetzbuch über die Hilfe zum Lebensunterhalt oder im Sinne der Vorschriften des Zweiten Buches Sozialgesetzbuch über die Leistungen zur Sicherung des Lebensunterhalts wird.**

(2) **Absatz 1 gilt für die Aufrechnung eines Anspruchs auf Erstattung von Kindergeld gegen einen späteren Kindergeldanspruch eines mit dem Erstattungspflichtigen in Haushaltsgemeinschaft lebenden Berechtigten entsprechend, soweit es sich um laufendes Kindergeld für ein Kind handelt, das bei beiden berücksichtigt werden kann oder konnte.**

Einkommensteuer-Richtlinien: EStH 75; *Verwaltungsanweisungen:* V 28 DA-KG 2021.

1. Begrenzte Aufrechnungsbefugnis der Familienkasse. § 75 I (angepasst an § 12 BKGG iVm § 51 SGB I) durchbricht das grds Aufrechnungsverbot zugunsten der Familienkassen (*Helmke* aaO § 75 Rz 2). Die Hauptforderung ist der Anspruch auf das KiGeld, die Gegenforderung, mit der die Familienkasse aufrechnen kann, ein Erstattungsanspruch (zB bei Doppelzahlung; FG Nds EFG 01, 197); zw altem und neuem KiGeldberechtigten besteht keine Aufrechnungslage. Die Aufrechnung ist von vornherein auf die Hälfte des Anspruchs auf das KiGeld begrenzt und scheidet ganz aus bei Hilfsbedürftigkeit iSd §§ 1 ff SGB XII. Aufrechnung auch mit EStNachforderungen aus Wegfall von Kinderfreibeträgen (FG Ddorf EFG 02, 1351). – Anwendung auch bei Aufrechnung gegen KiGeld-*nach*zahlungen (FG Sachs BeckRS 2011, 96005; *HHR* § 75 Rz 4 aE; **aA** FG Hbg

EFG 05, 1250). Aufrechnung ist eine Ermessensentscheidung (FG Sachs BeckRS 2011, 96005). Zur Vollstreckung einer Erstattungsforderung V 32.2 DA-KG 2021.

2. Erweiterung. § 75 II enthält eine (eng begrenzte) Ausnahme vom Prinzip der Gegenseitigkeit (V 28.1 II 2020); die Regelung soll verhindern, dass sich Eltern der Realisierung eines Erstattungsanspruchs missbräuchl entziehen.

§ 76 Pfändung

¹Der Anspruch auf Kindergeld kann nur wegen gesetzlicher Unterhaltsansprüche eines Kindes, das bei der Festsetzung des Kindergeldes berücksichtigt wird, gepfändet werden. ²Für die Höhe des pfändbaren Betrags gilt:
1. ¹Gehört das unterhaltsberechtigte Kind zum Kreis der Kinder, für die dem Leistungsberechtigten Kindergeld gezahlt wird, so ist eine Pfändung bis zu dem Betrag möglich, der bei gleichmäßiger Verteilung des Kindergeldes auf jedes dieser Kinder entfällt. ²Ist das Kindergeld durch die Berücksichtigung eines weiteren Kindes erhöht, für das einer dritten Person Kindergeld oder dieser oder dem Leistungsberechtigten eine andere Geldleistung für Kinder zusteht, so bleibt der Erhöhungsbetrag bei der Bestimmung des pfändbaren Betrags des Kindergeldes außer Betracht;
2. der Erhöhungsbetrag nach Nummer 1 Satz 2 ist zugunsten jedes bei der Festsetzung des Kindergeldes berücksichtigten unterhaltsberechtigten Kindes zu dem Anteil pfändbar, der sich bei gleichmäßiger Verteilung auf alle Kinder, die bei der Festsetzung des Kindergeldes zugunsten des Leistungsberechtigten berücksichtigt werden, ergibt.

Einkommensteuer-Richtlinien: EStH 76; *Verwaltungsanweisungen:* V 24 DA-KG 2021.

1. Pfändung. § 76 erlaubt die Pfändung des idR den Eltern (§ 64 II) zustehenden steuerl KiGeldes nur wegen gesetzl Unterhaltsansprüche der gesetzl unterhaltsberechtigten Kinder (BT-Drs 13/1558, 162). Die Regelung bewirkt (ähnl wie § 74), dass das Kind in den Genuss der ihm zugedachten Leistung kommt (*HHR* § 76 Rz 3). Die Finanzbehörden können den KiGeldanspruch nicht pfänden. Dies ergibt sich aus § 76 EStG iVm § 319 AO. Die Regelung entspricht § 54 V SGB I; iEinz V 24 DA-KG 2021. Die Höhe des pfändbaren Teils des KiGeldes hängt davon ab, ob die Pfändung zugunsten eines Zahl- oder eines Zählkindes erfolgt; Zahlkinder können den auf sie entfallenden Anteil des gleichmäßig verteilten KiGeldes pfänden (Nr 1; familienbezogene Betrachtung; BFH III R 9/15 BStBl II 17, 121), Zählkinder den (aufgeteilten) Erhöhungsbetrag (Nr 2).

2. Abtretung; Verpfändung. Ein KiGeldanspruch kann an einen Dritten abgetreten werden (§ 46 AO; §§ 398 ff BGB), soweit er der Pfändung unterliegt (§ 400 BGB; zur Höhe des pfändbaren Einkommens *Helmke* aaO § 76 Rz 10f). Der Anspruch auf KiGeld als StVergütung (§ 31 S 3 EStG) kann unter bestimmten Voraussetzungen abgetreten werden (vgl. § 46 AO); übertragen werden kann nur der Zahlungsanspruch im Auszahlungs-, nicht die Antragsberechtigung im Festsetzungsverfahren (BFH V R 19/15 BStBl II 16, 958).

§ 76a *(aufgehoben)*

§ 77 Erstattung von Kosten im Vorverfahren

(1) ¹Soweit der Einspruch gegen die Kindergeldfestsetzung erfolgreich ist, hat die Familienkasse demjenigen, der den Einspruch erhoben hat, die zur zweckentsprechenden Rechtsverfolgung oder Rechtsverteidigung notwendigen Aufwendungen zu erstatten. ²Dies gilt auch, wenn der Einspruch nur deshalb keinen Erfolg hat, weil die Verletzung einer Verfahrens- oder Form-

Übergangsregelungen

vorschrift nach § 126 der Abgabenordnung unbeachtlich ist. ³ Aufwendungen, die durch das Verschulden eines Erstattungsberechtigten entstanden sind, hat dieser selbst zu tragen; das Verschulden eines Vertreters ist dem Vertretenen zuzurechnen.

(2) Die Gebühren und Auslagen eines Bevollmächtigten oder Beistandes, der nach den Vorschriften des Steuerberatungsgesetzes zur geschäftsmäßigen Hilfeleistung in Steuersachen befugt ist, sind erstattungsfähig, wenn dessen Zuziehung notwendig war.

(3) ¹ Die Familienkasse setzt auf Antrag den Betrag der zu erstattenden Aufwendungen fest. ² Die Kostenentscheidung bestimmt auch, ob die Zuziehung eines Bevollmächtigten oder Beistandes im Sinne des Absatzes 2 notwendig war.

Einkommensteuer-Richtlinien / Verwaltungsschreiben: EStH 77; R 6.5 DA-KG 2021.

Anmerkung: Anders als das außergerichtl Rechtsbehelfsverfahren nach der AO sieht § 77 bei **erfolgreichem Einspruch** (auch gegen Aufhebung einer KiGeldfestsetzung; BFH VIII R 73/00 BFH/NV 03, 25, auch zu § 77 II) und in den Fällen des § 77 I 2 grds eine **Erstattung von Kosten** im außergerichtl Rechtsbehelfsverfahren vor (FG Nds EFG 99, 905); Erfolg auch bei Tätigwerden nach Untätigkeitseinspruch (FG Ddorf EFG 12, 529), auch (analog) für Fälle der Abzweigung (BFH XI R 24–25/14 BFH/NV 16, 418) und für Abrechnungsbescheide (BFH III R 31/14 BStBl II 16, 26). Keine Erstattung wird gewährt bei Verletzung der Mitwirkungspflicht (BFH XI B 2/14 BFH/NV 14, 1049), bei Billigkeitsentscheidungen (FG Mster EFG 07, 1533), in Weiterleitungsfällen (BFH III B 115/09 BFH/NV 11, 434) und bei Festsetzung von Hinterziehungszinsen wegen unberechtigt erhaltener KiGeldzahlungen (BFH III R 18/21 BFH/NV 22, 66). Erforderl ist ein erkennbares Tätigwerden des Bevollmächtigten (FG Köln EFG 10, 1446). – Mit der Regelung wird eine Schlechterstellung ggü dem bisherigen Recht vermieden (BT-Drs 13/1558, 162). Die Regelung entspricht § 63 SGB X. – Die in einer Einspruchsentscheidung enthaltene Kostenentscheidung ist nur mit der Klage anfechtbar (BFH III R 24/15 BFH/NV 16, 1284); zur Streitwertberechnung s BFH III S 2/14 DStRE 15, 118, bei Untätigkeit s BFH III R 46/17 BFH/NV 20, 690. – Abtretung mögl (FG Hess EFG 15, 1616). – Zur Zuständigkeit s FG Thür EFG 15, 1549.

§ 78 Übergangsregelungen

(1) bis (4) *(weggefallen)*

(5) ¹ **Abweichend von § 64 Absatz 2 und 3 steht Berechtigten, die für Dezember 1990 für ihre Kinder Kindergeld in dem in Artikel 3 des Einigungsvertrages genannten Gebiet bezogen haben, das Kindergeld für diese Kinder auch für die folgende Zeit zu, solange sie ihren Wohnsitz oder gewöhnlichen Aufenthalt in diesem Gebiet beibehalten und die Kinder die Voraussetzungen ihrer Berücksichtigung weiterhin erfüllen.** ² **§ 64 Absatz 2 und 3 ist insoweit erst für die Zeit vom Beginn des Monats an anzuwenden, in dem ein hierauf gerichteter Antrag bei der zuständigen Stelle eingegangen ist; der hiernach Berechtigte muss die nach Satz 1 geleisteten Zahlungen gegen sich gelten lassen.**

Einkommensteuer-Richtlinien: EStH 78; *Verwaltungsanweisungen:* A 27 DA-KG 2021

Anmerkung: § 78 I–IV sind **aufgehoben** worden (zur alten Rechtslage s *Schmidt* 34. Aufl § 78 Rz 1). – § 78 V entspricht § 44d II des BKGG aF; er enthält eine Sonderregelung für Berechtigte in den „neuen" Bundesländern; § 78 V ist nur solange anwendbar, als sich die tatsächl Verhältnisse nicht ändern.

XI. Altersvorsorgezulage

§ 79 Zulageberechtigte

¹Die in § 10a Absatz 1 genannten Personen haben Anspruch auf eine Altersvorsorgezulage (Zulage). ²Ist nur ein Ehegatte nach Satz 1 begünstigt, so ist auch der andere Ehegatte zulageberechtigt, wenn
1. beide Ehegatten nicht dauernd getrennt leben (§ 26 Absatz 1),
2. beide Ehegatten ihren Wohnsitz oder gewöhnlichen Aufenthalt in einem Mitgliedstaat der Europäischen Union oder einem Staat haben, auf den das Abkommen über den Europäischen Wirtschaftsraum anwendbar ist,
3. ein auf den Namen des anderen Ehegatten lautender Altersvorsorgevertrag besteht,
4. der andere Ehegatte zugunsten des Altersvorsorgevertrags nach Nummer 3 im jeweiligen Beitragsjahr mindestens 60 Euro geleistet hat und
5. die Auszahlungsphase des Altersvorsorgevertrags nach Nummer 3 noch nicht begonnen hat.

³Satz 1 gilt entsprechend für die in § 10a Absatz 6 Satz 1 und 2 genannten Personen, sofern sie unbeschränkt steuerpflichtig sind oder für das Beitragsjahr nach § 1 Absatz 3 als unbeschränkt steuerpflichtig behandelt werden.

Einkommensteuer-Richtlinien: EStH 79 − *Verwaltungsanweisungen:* BMF BStBl I 18, 93 (private Altersvorsorge); *BMF* BStBl 21, 1050 (betriebl Altersvorsorge).

Schrifttum: S § 10a vor Rz 1.

1. Allgemeines. §§ 10a und 79 ff regeln die steuerl Förderung für eine zusätzl **private Altersvorsorge** als Ausgleich für die schrittweise Absenkung des Rentenniveaus aus der gesetzl RV. Die steuerl Förderung der privaten Altersvorsorge erfolgt durch Kombination einer progressionsunabhängigen **Altersvorsorgezulage** (§§ 79 ff) und durch einen **SA-Abzug**, sofern dieser günstiger ist (Prüfung von Amts wegen durch das FA). Die Inanspruchnahme der steuerl Förderung führt dazu, dass die späteren Rentenleistungen aus dem Altersvorsorgevertrag in voller Höhe − also nicht nur mit dem Ertragsanteil − **zu versteuern** sind (§ 22 Nr 5); das Gleiche gilt für den **Verminderungsbetrag** nach § 92a II 5 und den **Auflösungsbetrag** nach § 92a III 5 (§ 22 Nr 5 S 4). Personenkreis

2. Personenkreis. − a) Grundsätze. Begünstigt sind vor allem StPfl, die von der Absenkung des Rentenniveaus aus der gesetzl RV betroffen sind. Zum Personenkreis s iEinz § 10a Rz 8 ff. Die Beschränkung ist verfgemäß (BFH X R 37/17 BFH/NV 19, 199). Soweit § 79 S 1 an die unbeschr StPfl anknüpfte, war die Regelung europarechtswidrig; dies ist nun bereinigt (FG BBg EFG 16, 1694, rkr: rückwirkend). Zur Nichtbegünstigung ausl RV-Systeme s BFH X R 11/15 BFH/NV 17, 300 (Schweiz); BFH X R 33, 34/18 BFH/NV 20, 678 (Österreich); zum Bestandsschutz bei ausl Alterssicherungssystemen s § 52 Abs 63a aF; § 79 S 3 nF; *BMF* BStBl I 18, 93 Rz 18 ff.

b) Ehegatten; Lebenspartner. Gehören *beide* Ehegatten zum begünstigten Personenkreis, steht beiden die Förderung zu. Gehört nur *ein* zu diesem Personenkreis (vgl BFH X R 20/14 BStBl II 15, 709; BFH X R 33, 34/18 BFH/NV 20, 678; BFH X R 24/18 BFH/NV 18, 1148 zur Einwilligung in die Datenübermittlung), eröffnet § 79 S 2 (ab VZ 2013) dem anderen (**mittelbar** zulagenberechtigten) Ehegatten durch Abschluss eines *eigenen* Altersvorsorgevertrags die steuerl Förderung; hierzu zählt jedoch nicht die eigene betriebl Altersversorgung des anderen Ehegatten (BFH X R 33/07 BStBl II 09, 995; *Risthaus* DB 09, 2185). Durch § 2 VIII sind *Lebenspartner* (iSd LPartG) den Ehegatten rückwirkend (§ 52 Abs 2a aF) gleichgestellt worden; zur Umwandlung der LPart in eine Ehe s § 17a LPartG nF. Die mittelbare Förderung greift mE auch, wenn der zum begünstigten Personenkreis gehörende Ehegatte/LPart für sich keinen Altersvorsorgevertrag abgeschlossen hat (aA *BMF* BStBl I 18, 93 Rz 26; nicht eindeutig BFH X B 24/18 BFH/NV 18, 1148; zum Mindesteigenbeitrag s BFH X R 49/14 BFH/NV 16, 1152; *Nöcker* HFR 16, 790). Ist zB der Ehemann Selbstständiger (also nicht begünstigt) und die Ehefrau geringfügig mit Verzicht auf die Versicherungsfreiheit beschäftigt, kann der Ehemann durch Abschluss eines eigenen Vorsorgevertrages in die Zulagebegünstigung eintreten. Voraussetzung für den abgeleiteten Zulagenanspruch ist ua, dass der Ehegatte/Lebenspartner einer versicherungspflichtigen Tätigkeit nachgeht und die Ehegatten/LPart nicht dauernd getrennt leben, ab VZ 13 zudem, dass der Altersvorsorgevertrag des mittelbar Begünstigten sich noch nicht in der Auszahlungsphase befindet (§ 79 S 2 Nr 5).

3. Mindestbeitrag. Abw von der früheren Rechtslage wurde mit dem Beitr- **4** RLUmsG ab 2012 ein – dem Sockelbetrag gem § 86 I 4 entspr – Mindestbeitrag iHv 60 € je Beitragsjahr eingeführt (jetzt § 79 S 2 Nr 4), um dann, wenn die *unmittelbare* Zulagenberechtigung zB des kindererziehenden Ehegatten *verkannt* wird, eine Rückforderung der Zulagen zu vermeiden (BT-Drs 17/6263). Der Anbieter hatte hierüber seinen Vertragspartner bis zum 31.7.12 zu informieren (§ 52 Abs 63a S 2 aF). Im Zusammenhang hiermit steht die Möglichkeit der Beitragsnachentrichtung für Beitragsjahre bis 2011 gem § 82 Abs 5. *Folge:* rückwirkende Zulage iVm nachgelagerter Besteuerung, jedoch keine Berücksichtigung iRd §§ 10a, 2 VI. Zu Einzelheiten – einschließl verfahrensrechtl Fragen – s *Myßen* ua NWB 11, 4390.

§ 80 Anbieter

Anbieter im Sinne dieses Gesetzes sind Anbieter von Altersvorsorgeverträgen gemäß § 1 Absatz 2 des Altersvorsorgeverträge-Zertifizierungsgesetzes sowie die in § 82 Absatz 2 genannten Versorgungseinrichtungen.

Zertifizierungsfähige Zusagen. Sie können nur abgegeben werden von Le- **1** bensversicherungsunternehmen, Kreditinstituten, Bausparkassen, externe KapitalverwaltungsGes und Genossenschaften, sofern sie die in § 1 I AltZertG geforderten Voraussetzungen erfüllen. Dies braucht der Anleger nicht zu prüfen. Die Anbieter unterliegen einer besonderen staatl Aufsicht. Die Zertifizierung ist ua daran gebunden, dass zu Beginn der Auszahlungsphase zumindest die eingezahlten Altersvorsorgebeiträge zur Verfügung stehen und für die Leistungserbringung genutzt werden (§ 1 I 1 Nr 3 AltZertG; Ausnahme: Absicherung von Erwerbs-/Dienstunfähigkeit oder Hinterbliebenenversorgung ab VZ 2014 iHv 20 %, zuvor: 15 %). Wird die Zertifizierung erteilt (§ 1 III AltZertG), kann der Anleger davon ausgehen, dass die gesetzl Anforderungen erfüllt sind (s auch § 82 I 2).

§ 81 Zentrale Stelle

Zentrale Stelle im Sinne dieses Gesetzes ist die Deutsche Rentenversicherung Bund.

Die DRV Bund (Zentrale Zulagenstelle für Altersvermögen – ZfA) ermittelt im **1** Wege der Organleihe (§ 5 I Nr 18 S 2 FVG; BFH X R 2/19 DStRE 21, 604; BFH X R 41/13 BStBl II 16, 525 verfgem) den Zulagenanspruch (§ 90 I); sie veranlasst die Auszahlung der Zulage an den Anbieter (§ 90 II), überwacht die Zulageberechtigung (§§ 90 III, 91) und setzt ggf die Zulage fest (§ 90 IV). Bei ihr ist die Verwendung von Kapital für eine eigene Wohnzwecken dienende Wohnung im eigenen Haus zu beantragen (§ 92b); sie leitet das Verfahren im Falle schädl Verwendung von Altersvorsorgevermögen (§ 94).

§ 81a Zuständige Stelle

¹Zuständige Stelle ist bei einem
1. Empfänger von Besoldung nach dem Bundesbesoldungsgesetz oder einem Landesbesoldungsgesetz die die Besoldung anordnende Stelle,
2. Empfänger von Amtsbezügen im Sinne des § 10a Absatz 1 Satz 1 Nummer 2 die die Amtsbezüge anordnende Stelle,
3. versicherungsfrei Beschäftigten sowie bei einem von der Versicherungspflicht befreiten Beschäftigten im Sinne des § 10a Absatz 1 Satz 1 Nummer 3 der die Versorgung gewährleistende Arbeitgeber der rentenversicherungsfreien Beschäftigung,
4. Beamten, Richter, Berufssoldaten und Soldaten auf Zeit im Sinne des § 10a Absatz 1 Satz 1 Nummer 4 der zur Zahlung des Arbeitsentgelts verpflichtete Arbeitgeber und
5. Empfänger einer Versorgung im Sinne des § 10a Absatz 1 Satz 4 die die Versorgung anordnende Stelle.

²Für die in § 10a Absatz 1 Satz 1 Nummer 5 genannten Steuerpflichtigen gilt Satz 1 entsprechend.

§ 82 Altersvorsorgebeiträge

(1) ¹Geförderte Altersvorsorgebeiträge sind im Rahmen des in § 10a Absatz 1 Satz 1 genannten Höchstbetrags
1. Beiträge,
2. Tilgungsleistungen,

die der Zulageberechtigte (§ 79) bis zum Beginn der Auszahlungsphase zugunsten eines auf seinen Namen lautenden Vertrags leistet, der nach § 5 des Altersvorsorgeverträge-Zertifizierungsgesetzes zertifiziert ist (Altersvorsorgevertrag). ²Die Zertifizierung ist Grundlagenbescheid im Sinne des § 171 Absatz 10 der Abgabenordnung. ³Als Tilgungsleistungen gelten auch Beiträge, die vom Zulageberechtigten zugunsten eines auf seinen Namen lautenden Altersvorsorgevertrags im Sinne des § 1 Absatz 1a Satz 1 Nummer 3 des Altersvorsorgeverträge-Zertifizierungsgesetzes erbracht wurden und die zur Tilgung eines im Rahmen des Altersvorsorgevertrags abgeschlossenen Darlehens abgetreten wurden. ⁴Im Fall der Übertragung von gefördertem Altersvorsorgevermögen nach § 1 Absatz 1 Satz 1 Nummer 10 Buchstabe b des Altersvorsorgeverträge-Zertifizierungsgesetzes in einen Altersvorsorgevertrag im Sinne des § 1 Absatz 1a Satz 1 Nummer 3 des Altersvorsorgeverträge-Zertifizierungsgesetzes gelten die Beiträge nach Satz 1 Nummer 1 ab dem Zeitpunkt der Übertragung als Tilgungsleistungen nach Satz 3; eine erneute Förderung nach § 10a oder Abschnitt XI erfolgt insoweit nicht. ⁵Tilgungsleistungen nach den Sätzen 1 und 3 werden nur berücksichtigt, wenn das zugrunde liegende Darlehen für eine nach dem 31. Dezember 2007 vorgenommene wohnungswirtschaftliche Verwendung im Sinne des § 92a Absatz 1 Satz 1 eingesetzt wurde. ⁶Bei einer Aufgabe der Selbstnutzung nach § 92a Absatz 3 Satz 1 gelten im Beitragsjahr der Aufgabe der Selbstnutzung auch die nach der Aufgabe der Selbstnutzung geleisteten Beiträge oder Tilgungsleistungen als Altersvorsorgebeiträge nach Satz 1. ⁷Bei einer Reinvestition nach § 92a Absatz 3 Satz 9 Nummer 1 gelten im Beitragsjahr der Reinvestition auch die davor geleisteten Beiträge oder Tilgungsleistungen als Altersvorsorgebeiträge nach Satz 1. ⁸Bei einem beruflich bedingten Umzug nach § 92a Absatz 4 gelten
1. im Beitragsjahr des Wegzugs auch die nach dem Wegzug und
2. im Beitragsjahr des Wiedereinzugs auch die vor dem Wiedereinzug

… § 82

geleisteten Beiträge und Tilgungsleistungen als Altersvorsorgebeiträge nach Satz 1.

(2) ¹Zu den Altersvorsorgebeiträgen gehören auch
a) die aus dem individuell versteuerten Arbeitslohn des Arbeitnehmers geleisteten Beiträge an einen Pensionsfonds, eine Pensionskasse oder eine Direktversicherung zum Aufbau einer kapitalgedeckten betrieblichen Altersversorgung und
b) Beiträge des Arbeitnehmers und des ausgeschiedenen Arbeitnehmers, die dieser im Fall der zunächst durch Entgeltumwandlung (§ 1a des Betriebsrentengesetzes) finanzierten und nach § 3 Nummer 63 oder § 10a und diesem Abschnitt geförderten kapitalgedeckten betrieblichen Altersversorgung nach Maßgabe des § 1a Absatz 4, des § 1b Absatz 5 Satz 1 Nummer 2 und des § 22 Absatz 3 Nummer 1 Buchstabe a des Betriebsrentengesetzes selbst erbringt.
²Satz 1 gilt nur, wenn
1. a) vereinbart ist, dass die zugesagten Altersversorgungsleistungen als monatliche Leistungen in Form einer lebenslangen Leibrente oder als Ratenzahlungen im Rahmen eines Auszahlungsplans mit einer anschließenden Teilkapitalverrentung ab spätestens dem 85. Lebensjahr ausgezahlt werden und die Leistungen während der gesamten Auszahlungsphase gleich bleiben oder steigen; dabei können bis zu zwölf Monatsleistungen in einer Auszahlung zusammengefasst und bis zu 30 Prozent des zu Beginn der Auszahlungsphase zur Verfügung stehenden Kapitals außerhalb der monatlichen Leistungen ausgezahlt werden, und
b) ein vereinbartes Kapitalwahlrecht nicht oder nicht außerhalb des letzten Jahres vor dem vertraglich vorgesehenen Beginn der Altersversorgungsleistung ausgeübt wurde, oder
2. bei einer reinen Beitragszusage nach § 1 Absatz 2 Nummer 2a des Betriebsrentengesetzes der Pensionsfonds, die Pensionskasse oder die Direktversicherung eine lebenslange Zahlung als Altersversorgungsleistung zu erbringen hat.
³Die §§ 3 und 4 des Betriebsrentengesetzes stehen dem vorbehaltlich des § 93 nicht entgegen.

(3) Zu den Altersvorsorgebeiträgen gehören auch die Beitragsanteile, die zur Absicherung der verminderten Erwerbsfähigkeit des Zulageberechtigten und zur Hinterbliebenenversorgung verwendet werden, wenn in der Leistungsphase die Auszahlung in Form einer Rente erfolgt.

(4) Nicht zu den Altersvorsorgebeiträgen zählen
1. Aufwendungen, die vermögenswirksame Leistungen nach dem Fünften Vermögensbildungsgesetz in der jeweils geltenden Fassung darstellen,
2. prämienbegünstigte Aufwendungen nach dem Wohnungsbau-Prämiengesetz in der Fassung der Bekanntmachung vom 30. Oktober 1997 (BGBl. I S. 2678), zuletzt geändert durch Artikel 5 des Gesetzes vom 29. Juli 2008 (BGBl. I S. 1509), in der jeweils geltenden Fassung,
3. Aufwendungen, die im Rahmen des § 10 als Sonderausgaben geltend gemacht werden,
4. Zahlungen nach § 92a Absatz 2 Satz 4 Nummer 1 und Absatz 3 Satz 9 Nummer 2 oder
5. Übertragungen im Sinne des § 3 Nummer 55 bis 55c.

(5) ¹Der Zulageberechtigte kann für ein abgelaufenes Beitragsjahr bis zum Beitragsjahr 2011 Altersvorsorgebeiträge auf einen auf seinen Namen laufenden Altersvorsorgevertrag leisten, wenn

§ 82 1 Altersvorsorgebeiträge

1. der Anbieter des Altersvorsorgevertrags davon Kenntnis erhält, in welcher Höhe und für welches Beitragsjahr die Altersvorsorgebeiträge berücksichtigt werden sollen,
2. in dem Beitragsjahr, für das die Altersvorsorgebeiträge berücksichtigt werden sollen, ein Altersvorsorgevertrag bestanden hat,
3. im fristgerechten Antrag auf Zulage für dieses Beitragsjahr eine Zulageberechtigung nach § 79 Satz 2 angegeben wurde, aber tatsächlich eine Zulageberechtigung nach § 79 Satz 1 vorliegt,
4. die Zahlung der Altersvorsorgebeiträge für abgelaufene Beitragsjahre bis zum Ablauf von zwei Jahren nach Erteilung der Bescheinigung nach § 92, mit der zuletzt Ermittlungsergebnisse für dieses Beitragsjahr bescheinigt wurden, längstens jedoch bis zum Beginn der Auszahlungsphase des Altersvorsorgevertrages erfolgt und
5. der Zulageberechtigte vom Anbieter in hervorgehobener Weise darüber informiert wurde oder dem Anbieter seine Kenntnis darüber versichert, dass die Leistungen aus diesen Altersvorsorgebeiträgen der vollen nachgelagerten Besteuerung nach § 22 Nummer 5 Satz 1 unterliegen.

²Wurden die Altersvorsorgebeiträge dem Altersvorsorgevertrag gutgeschrieben und sind die Voraussetzungen nach Satz 1 erfüllt, so hat der Anbieter der zentralen Stelle (§ 81) die entsprechenden Daten nach § 89 Absatz 2 Satz 1 für das zurückliegende Beitragsjahr nach einem mit der zentralen Stelle abgestimmten Verfahren mitzuteilen. ³Die Beträge nach Satz 1 gelten für die Ermittlung der zu zahlenden Altersvorsorgezulage nach § 83 als Altersvorsorgebeiträge für das Beitragsjahr, für das sie gezahlt wurden. ⁴Für die Anwendung des § 10a Absatz 1 Satz 1 sowie bei der Ermittlung der dem Steuerpflichtigen zustehenden Zulage im Rahmen des § 2 Absatz 6 und des § 10a sind die nach Satz 1 gezahlten Altersvorsorgebeiträge weder für das Beitragsjahr nach Satz 1 Nummer 2 noch für das Beitragsjahr der Zahlung zu berücksichtigen.

Verwaltungsanweisungen: BMF BStBl I 18, 93; BMF BStBl I 21, 1050.

1 **1. Altersvorsorgebeiträge.** Dies sind die lfd freiwillige Zahlungen **(Beiträge)**, die auf einen zertifizierten Altersvorsorgevertrag geleistet werden; ferner **Tilgungsleistungen** auf Darlehen (einschließl Kombi-Verträge gem § 1 Abs 1a S 1 Nr 3 AltZertG iVm § 82 I 3: Darlehens- und Sparvertrag) für eine nach dem 31.12.2007 vorgenommene wohnwirtschaftl Verwendung iSv § 92a I 1. Nicht jedoch die dem Altersvorsorgevertrag festgeschriebenen Anlagezinsen (BFH X R 41/13 BStBl II 16, 525; *Myßen* DB 15, 2967). – Nach dem mit AltvVerbG (BGBl I 13, 1667) eingeführten § 82 I 6 werden **ab VZ 2014** (§ 52 Abs 23h) aus Vereinfachungsgründen (BT-Drs 17/12219, 17) bei Aufgabe der Selbstnutzung einer Wohnung oder der Reinvestition auch die im Beitragsjahr der Aufgabe der Selbstnutzung oder Reinvestition geleistete Beiträge gefördert; sie werden zugleich auf dem Wohnförderkonto erfasst (§ 92a II 3). Entspr gilt ab VZ 14 nach § 82 I 8 bei berufl bedingtem Umzug. – Altersvorsorgebeiträge nach Beginn der Auszahlungsphase sind ab 2010 nicht mehr steuerl begünstigt (*BMF* BStBl I 18, 93 Rz 42). – Die Beträge können im abgekürzten Zahlungsweg auch von einem Dritten gezahlt werden (*FM SchlHol* DStR 03, 2020). Zur Zurechnung um den Jahreswechsel s *FM SchlHol* DStR 03, 2020 (es gilt § 11; Zahlungen bis zum 10.1. des Folgejahres werden dem Vorjahr zugerechnet). – Zur Sicherung der Anleger werden die Produkte (RV, Bankensparpläne etc) auf Antrag des Anbieters vom BZSt (Zertifizierungsstelle, Art 4 AltZertG) darauf geprüft (und zertifiziert), ob sie den Anforderungen des AltZertG entsprechen. Der Anleger kann hierauf vertrauen; die Zertifizierung ist **Grundlagenbescheid** (I 2).

§ 82 V idF KroatienAnpG   2–9   § 82

Hinweis: Die Zertifizierung besagt nichts darüber aus, ob der Altersvorsorgevertrag wirtschaftl sinnvoll ist, insb ob die zugesagten Renditen gesichert sind; dieses Risiko trägt der Anleger allein. Gesichert ist aber, dass zu Beginn der späteren Auszahlungsphase das eingezahlte Kapital zur Auszahlung der Altersversorgung in Form einer lebenslangen gleich bleibenden oder steigenden monatl Leibrente zur Verfügung steht. Zur Produktinformation s *BMF* BStBl I 17, 355; 365. Leibrentenzahlung als Voraussetzung für staatliche Förderung   2

2. Leibrentenzahlung als Voraussetzung für staatliche Förderung. Auch bereits vor dem 1.1.2002 abgeschlossene **Altverträge** können förderfähig sein, wenn sie an die Bedingungen des § 1 I AltZertG angepasst werden. In der späteren Auszahlungsphase sind die Leistungen aus dem Vertrag aber in zwei unterschiedl zu behandelnde Teile zu zerlegen und unterschiedl zu besteuern (§ 22 Rz 172; *Risthaus* DB 01, 1276).   3

3. Betriebliche Altersvorsorge, § 82 II. Abs 2 ermöglicht auch die Förderung von Zahlungen in Pensionsfonds, Pensionskasse oder DirektVers als Altersvorsorgebeiträge, wenn die Zahlungen aus individuell versteuertem ArbLohn des ArbN geleistet werden und wenn eine lebenslange Altersversorgung durch Rentenzahlungen gewährleistet ist. Begünstigt sind gem Abs 2 S 1 Buchst b ua Beiträge aus Entgeltumwandlungen; nach Änderung durch das „JStG 2018" (BGBl I 18, 2338; Art 1 iVm Art 20 II: ab 1.1.18) bei Beendigung des ArbVerh auch die Fortsetzung einer reinen Beitragszusage durch eigene ArbN-Beiträge (§ 22 III Nr 1a BetrAVG; BT-Drs 19/4455, 38). Zugleich wurden mit dem „JStG 2018" die Anforderungen an die ratierliche Auszahlung in § 82 II 2 neu gefasst und die bisherige Verwaltungsansicht (*BMF* BStBl I 18, 147 Rz 68) zum vertragl Recht auf Einmalkapitalauszahlung (Nr 1 Buchst b) sowie der Förderung reiner ArbG-Beitragszusagen (Nr 2) gesetzlich festgeschrieben (iEinz BT-Drs 19/4455, 45; *BMF* BStBl I 21, 1050 Rz 68; *Hörster* NWB 18, 2393; *Briese* DStR 20, 521).   4

a) Pensionsfonds; Pensionskassen; Direktversicherung. Soweit Beiträge des ArbG hierzu gem § 3 Nr 63 stfrei geleistet oder (bei kapitalgedeckten Pensionskassen) nach § 40b aF pauschal besteuert werden, muss aus der StFreiheit bzw der Pauschalbesteuerung in die individuelle Besteuerung optiert werden (§ 82 II 1 Buchst a). Zu Einzelheiten s *BMF* BStBl I 21, 1050 Rz 66 ff. Zu Alt-Direktversicherungen/Zuwendungen an Pensionskassen s *Schmidt* 36. Aufl § 82 Rz 5.   5

b) Abfindung. Wird bei Beendigung eines DienstVerh ein unverfallbarer Anspruch des ArbN auf betriebl Altersversorgung abgefunden, bleiben die steuerl Vergünstigungen erhalten, wenn der Abfindungsbetrag zum Aufbau einer vergleichbaren Altersversorgung verwendet oder der Barwert zur Versorgungsanwartschaft auf den neuen ArbG oder dessen Versorgungswerk übertragen wird (§ 4 IV BetrAVG iVm § 93 II).   6

4. Verminderte Erwerbsfähigkeit, § 82 III. Abs. 3 lässt es zu, dass ein Teil der Beiträge zur Absicherung der verminderten Erwerbsfähigkeit des Anlegers oder zur Hinterbliebenenversorgung verwendet wird. Voraussetzung für die StVergünstigungen ist auch hier die Auszahlung einer Rente in der Leistungsphase.   7

5. Doppelbegünstigungsausschluss, § 82 IV. Abs 4 verhindert eine Förderung der in Nr 1–5 aufgeführten Aufwendungen. Dadurch soll eine Doppelbegünstigung ausgeschlossen werden (BFH X R 41/13 BStBl II 16, 525). Ab VZ 2005 kommt es bei Nr 1 und Nr 2 nicht mehr darauf an, ob eine ArbN-Sparzulage oder eine WoP *gewährt* wird. § 82 IV Nr 5 ist durch BeitrRLUmsG (BGBl I 11, 2592) eingefügt worden und bereits am 14.12.11 in Kraft getreten (Art 25 IV BeitrRLUmsG). Die Regelung knüpft an die StFreistellung aus der Übertragung von Altersvorsorgevermögen gem § 3 Nr 55 bis 55c (s § 3 Rz 180 ff) mit der Folge, dass eine steuerl Förderung des übertragenen Betrags ausgeschlossen wird (BT-Drs 17/7524; *Myßen ua* NWB 11, 4390, 4403).   8

6. § 82 V idF KroatienAnpG (BGBl I 14, 1266) übernimmt unverändert § 52 Abs 63b aF (Beitragsentrichtung für Jahre bis einschl 2011). S dazu § 79 Rz 4; *BH/Lindberg* § 82 Rz 12 f.   9

§ 83 Altersvorsorgezulage

In Abhängigkeit von den geleisteten Altersvorsorgebeiträgen wird eine Zulage gezahlt, die sich aus einer Grundzulage (§ 84) und einer Kinderzulage (§ 85) zusammensetzt.

§ 84 Grundzulage

¹Jeder Zulageberechtigte erhält eine Grundzulage; diese beträgt ab dem Beitragsjahr 2018 jährlich 175 Euro. ²Für Zulageberechtigte nach § 79 Satz 1, die zu Beginn des Beitragsjahres (§ 88) das 25. Lebensjahr noch nicht vollendet haben, erhöht sich die Grundzulage nach Satz 1 um einmalig 200 Euro. ³Die Erhöhung nach Satz 2 ist für das erste nach dem 31. Dezember 2007 beginnende Beitragsjahr zu gewähren, für das eine Altersvorsorgezulage beantragt wird.

§ 85 Kinderzulage

(1) ¹Die Kinderzulage beträgt für jedes Kind, für das gegenüber dem Zulageberechtigten Kindergeld festgesetzt wird, jährlich 185 Euro. ²Für ein nach dem 31. Dezember 2007 geborenes Kind erhöht sich die Kinderzulage nach Satz 1 auf 300 Euro. ³Der Anspruch auf Kinderzulage entfällt für den Veranlagungszeitraum, für den das Kindergeld insgesamt zurückgefordert wird. ⁴Erhalten mehrere Zulageberechtigte für dasselbe Kind Kindergeld, steht die Kinderzulage demjenigen zu, dem gegenüber für den ersten Anspruchszeitraum (§ 66 Absatz 2) im Kalenderjahr Kindergeld festgesetzt worden ist.

(2) ¹Bei Eltern verschiedenen Geschlechts, die miteinander verheiratet sind, nicht dauernd getrennt leben (§ 26 Absatz 1) und ihren Wohnsitz oder gewöhnlichen Aufenthalt in einem Mitgliedstaat der Europäischen Union oder einem Staat haben, auf den das Abkommen über den Europäischen Wirtschaftsraum (EWR-Abkommen) anwendbar ist, wird die Kinderzulage der Mutter zugeordnet, auf Antrag beider Eltern dem Vater. ²Bei Eltern gleichen Geschlechts, die miteinander verheiratet sind oder eine Lebenspartnerschaft führen, nicht dauernd getrennt leben (§ 26 Absatz 1) und ihren Wohnsitz oder gewöhnlichen Aufenthalt in einem Mitgliedstaat der Europäischen Union oder einem Staat haben, auf den das EWR-Abkommen anwendbar ist, ist die Kinderzulage dem Elternteil zuzuordnen, dem gegenüber das Kindergeld festgesetzt wird, auf Antrag beider Eltern dem anderen Elternteil. ³Der Antrag kann für ein abgelaufenes Beitragsjahr nicht zurückgenommen werden.

Verwaltungsanweisungen: BMF BStBl I 18, 93.

Anmerkungen zu §§ 83–85

1. Altersvorsorgezulage. Jeder, der die Förderungsvoraussetzungen erfüllt, erhält die Altersvorsorgezulage, die aus **Grundzulage** (§ 84) und **Kinderzulage** (§ 85) besteht. Zu beachten ist die Öffnungsklausel zur sog mittelbaren Zulagenberechtigung (s § 79 Rz 3). Die Grundzulage wurde durch das BetrRentStG (BGBl I 17, 3214; BT-Drs 18/12612: Anreiz für Geringverdiener) ab 2018 auf 175 € jährl (bisher: 154 €) erhöht. Für **Berufseinsteiger** (= Zulageberechtigte bis zum 25. Lebensjahr) erhöht sich die Zulage *einmalig* um weitere 200 € (§ 84 S 2). Die Zulagen werden von der DRV Bund (§ 81) direkt an den Anbieter überwiesen und von diesem auf den Altersvorsorgevertrag verbucht. Sie gelten als Altersvorsorgebeiträge, für die – sofern dies günstiger ist – der SA-Abzug in Betracht kommt (§ 10a; *BMF* BStBl I 18, 93 Rz 92 ff).

2. Kinderzulage. Durch das BetrRentStG (Rz 1) wurde in § 85 ab 2018 ferner 2
geregelt, dass es im Einklang mit bisheriger Verwaltungspraxis und Rspr (iEinz
BFH X R 25/16 BFH/NV 18, 723; **aA** *Schmidt* 36. Aufl § 83–85 Rz 2) auf die
KiGeldFestsetzung ankommt.

a) Ehegatten verschiedenen Geschlechts (§ 26). Auch in diesem Fall (jetzt 3
§ 82 II 1 idF „JStG 2018", BGBl I 18, 2338) erhält nur *ein* Ehegatte die Kinderzulage; dies ist die Mutter und nur auf gemeinsamen, nicht zurücknehmbaren und für jedes Beitragsjahr zu erneuernden Antrag der Vater (§ 85 II 1). Ist nur ein Elternteil zulagebegünstigt, muss darauf geachtet werden, dass dieser Elternteil kindergeldberechtigt ist (§ 64 I). Bei *zwei* oder mehr *Kindern* kann die Kinderzulage für ein Kind bei der Mutter verbleiben und die Kinderzulage für ein anderes Kind dem Vater zugeordnet werden (glA *Risthaus* DB 01, 1273; **aA** *Lindberg* DStR 01, 2059). Es wird näml eine Kinderzulage für jedes Kind gewährt; dies hat Auswirkungen für die Berechnung des Mindesteigenbeitrages (§ 86).

b) Gleichgeschlechtliche Ehegatten/Lebenspartner (iSd LPartG). Letztere 4
sind durch § 2 VIII idF Gesetzes v 15.7.13 (BGBl I 13, 2397) rückwirkend (§ 52
Abs 2a aF) den Ehegatten gleichgestellt worden. Zur Umwandlung der LPart in
eine Ehe s § 17a LPartG (*OFD NRW* DB 18, 606: keine Rückwirkung). Durch
G v 18.7.14 (BGBl I 14, 1042; präzisiert durch „JStG 2018", BGBl I 18, 2338)
wurde in § 85 II 2 eine den Grundsätzen zu Rz 3 entspr Zulage-Zuordnungsregel
eingefügt.

c) Rückforderung. Wird das KiGeld für den gesamten VZ zurückgefordert, 5
entfällt die Zulage (§ 90 III).

§ 86 Mindesteigenbeitrag

(1) ¹**Die Zulage nach den §§ 84 und 85 wird gekürzt, wenn der Zulageberechtigte nicht den Mindesteigenbeitrag leistet.** ²**Dieser beträgt jährlich 4 Prozent der Summe der in dem dem Kalenderjahr vorangegangenen Kalenderjahr**
1. **erzielten beitragspflichtigen Einnahmen im Sinne des Sechsten Buches Sozialgesetzbuch,**
2. **bezogenen Besoldung und Amtsbezüge,**
3. **in den Fällen des § 10a Absatz 1 Satz 1 Nummer 3 und Nummer 4 erzielten Einnahmen, die beitragspflichtig wären, wenn die Versicherungsfreiheit in der gesetzlichen Rentenversicherung nicht bestehen würde und**
4. **bezogenen Rente wegen voller Erwerbsminderung oder Erwerbsunfähigkeit oder bezogenen Versorgungsbezüge wegen Dienstunfähigkeit in den Fällen des § 10a Absatz 1 Satz 4,**

jedoch nicht mehr als der in § 10a Absatz 1 Satz 1 genannte Höchstbetrag, vermindert um die Zulage nach den §§ 84 und 85; gehört der Ehegatte zum Personenkreis nach § 79 Satz 2, berechnet sich der Mindesteigenbeitrag des nach § 79 Satz 1 Begünstigten unter Berücksichtigung der den Ehegatten insgesamt zustehenden Zulagen. ³Auslandsbezogene Bestandteile nach den §§ 52 ff. des Bundesbesoldungsgesetzes oder entsprechender Regelungen eines Landesbesoldungsgesetzes bleiben unberücksichtigt. ⁴Als Sockelbetrag sind ab dem Jahr 2005 jährlich 60 Euro zu leisten. ⁵Ist der Sockelbetrag höher als der Mindesteigenbeitrag nach Satz 2, so ist der Sockelbetrag als Mindesteigenbeitrag zu leisten. ⁶Die Kürzung der Zulage ermittelt sich nach dem Verhältnis der Altersvorsorgebeiträge zum Mindesteigenbeitrag.

(2) ¹Ein nach § 79 Satz 2 begünstigter Ehegatte hat Anspruch auf eine ungekürzte Zulage, wenn der zum begünstigten Personenkreis nach § 79 Satz 1

§ 86 1–3 Mindesteigenbeitrag

gehörende Ehegatte seinen geförderten Mindesteigenbeitrag unter Berücksichtigung der den Ehegatten insgesamt zustehenden Zulagen erbracht hat. ²Werden bei einer in der gesetzlichen Rentenversicherung pflichtversicherten Person beitragspflichtige Einnahmen zu Grunde gelegt, die höher sind als das tatsächlich erzielte Entgelt oder die Entgeltersatzleistung, ist das tatsächlich erzielte Entgelt oder der Zahlbetrag der Entgeltersatzleistung für die Berechnung des Mindesteigenbeitrags zu berücksichtigen. ³Für die nicht erwerbsmäßig ausgeübte Pflegetätigkeit einer nach § 3 Satz 1 Nummer 1a des Sechsten Buches Sozialgesetzbuch rentenversicherungspflichtigen Person ist für die Berechnung des Mindesteigenbeitrags ein tatsächlich erzieltes Entgelt von 0 Euro zu berücksichtigen.

(3) ¹Für Versicherungspflichtige nach dem Gesetz über die Alterssicherung der Landwirte ist Absatz 1 mit der Maßgabe anzuwenden, dass auch die Einkünfte aus Land- und Forstwirtschaft im Sinne des § 13 des zweiten dem Beitragsjahr vorangegangenen Veranlagungszeitraums als beitragspflichtige Einnahmen des vorangegangenen Kalenderjahres gelten. ²Negative Einkünfte im Sinne des Satzes 1 bleiben unberücksichtigt, wenn weitere nach Absatz 1 oder Absatz 2 zu berücksichtigende Einnahmen erzielt werden.

(4) Wird nach Ablauf des Beitragsjahres festgestellt, dass die Voraussetzungen für die Gewährung einer Kinderzulage nicht vorgelegen haben, ändert sich dadurch die Berechnung des Mindesteigenbeitrags für dieses Beitragsjahr nicht.

(5) Bei den in § 10a Absatz 6 Satz 1 und 2 genannten Personen ist der Summe nach Absatz 1 Satz 2 die Summe folgender Einnahmen und Leistungen aus dem dem Kalenderjahr vorangegangenen Kalenderjahr hinzuzurechnen:
1. die erzielten Einnahmen aus der Tätigkeit, die die Zugehörigkeit zum Personenkreis des § 10a Absatz 6 Satz 1 begründet, und
2. die bezogenen Leistungen im Sinne des § 10a Absatz 6 Satz 2 Nummer 1.

Verwaltungsschreiben: BMF BStBl I 18, 93.

1 **1. Allgemeines.** Um die volle Zulage (Grund-/Kinderzulage) zu erhalten, muss der Anleger einen gewissen **Mindesteigenbeitrag** leisten. Dies wird verlangt, weil eine Privatvorsorge gefördert, aber nicht eine staatl finanzierte Grundrente eingeführt werden soll. Beteiligt sich der Berechtigte nicht in ausreichendem Maße durch den Mindesteigenbeitrag bzw mindestens durch den Sockelbetrag (s Rz 2), lässt dies zwar die Zulagenberechtigung dem Grunde nach unberührt (BFH X R 3/15 BFH/NV 17, 270), die Zulagen werden aber im Verhältnis der Altersvorsorgebeiträge zum Mindesteigenbeitrag gekürzt (§ 86 I 6; BFH X R 33, 34/18 BFH/NV 20, 678).

2 **2. Mindesteigenbeitragsbemessung.** Er bemisst sich nach dem im Gesetz genannten Prozentsatz, in den dem Beitragsjahr vorangegangenen Kj erzielten beitragspflichtigen Einnahmen iSd SGB VI, **höchstens** (also Begrenzung nach oben hin) nach den in § 10a I 1 genannten Beträgen abzügl der Grund- und Kinderzulage. Zu Einnahmen-Hinzurechnungen s § 86 V. Wurden im Vorjahr keine oder keine beitragspflichtigen Einnahmen bezogen (zB noch kein ArbVerh), ist der Sockelbetrag als Mindesteigenbeitrag anzusetzen (Rz 3). Bei *pflichtversicherten Landwirten* sind die Einkünfte aus LuF des zweiten dem Beitragsjahr vorangegangenen VZ einzubeziehen (§ 86 III). Bei einem Nebenerwerbslandwirt, der zusätzl ArbLohn bezieht, sind Einkünfte nach § 13 und § 19 (hier aber Vorjahr) zusammenzurechnen.

3 **a) Sockelbetrag.** Es ist stets *mindestens* der **Sockelbetrag** nach § 86 I 4 zu leisten, auch wenn er im Einzelfall höher sein sollte als der Mindesteigenbeitrag (§ 86

I 5). Der Sockelbetrag gilt dann als Mindesteigenbeitrag. Der Sockelbetrag soll verhindern, dass bei Zulageberechtigten mit geringen beitragspflichtigen Einnahmen und einer großen Anzahl von Kindern die Vorsorgeleistung überwiegend durch die Zulagen erbracht wird (Berechnungsbeispiele s *BH/Lindberg* § 86 Rz 6 ff). **Ab VZ 2005** gilt ein einheitl Sockelbetrag von 60 €; damit entfällt die bisherige Differenzierung beim Sockelbetrag nach der Zahl der zustehenden Kinderzulagen.

b) Behinderung. § 86 II 2, 3 trifft eine Sonderregelung für **behinderte Menschen**, die in anerkannten Werkstätten/Blindenheimen arbeiten, für Bezieher von Lohnersatzleistungen und für Wehr-/Zivildienstleistende. Nach § 86 II 3 ist **ab VZ 2013** für Personen, die Pflegebedürftige nicht erwerbsmäßig pflegen, bei der Berechnung des Mindesteigenbeitrags ein tatsächl Entgelt von 0 € anzusetzen, sodass sie vorbehaltl anderer relevanter Einnahme den Sockelbetrag (60 €; Rz 3) zu leisten haben. S iEinz *BH/Lindberg* § 86 Rz 12 ff.

c) Land- und Forstwirtschaft. Negative LuF-Einkünfte können gem § 86 III 2 von anderen bei Berechnung des Mindesteigenbetrags zugrunde zu legenden Einnahmen nicht abgezogen werden.

d) Kinderzulage. § 86 IV soll nachträgl Zulagenkürzungen wegen Unterschreitung des Mindesteigenbeitrages verhindern, wenn nach Ablauf des Beitragsjahres festgestellt wird, dass eine Kinderzulage nicht gewährt werden durfte. Hierdurch wird die Rückforderung der Kinderzulage nach § 85 I 3 aber nicht berührt.

e) Ehegatten. Gehören *beide* Ehegatten zum begünstigten Personenkreis (§ 79 Rz 2), ist für beide Ehegatten die Berechnung des Mindesteigenbeitrages getrennt durchzuführen. Gleiches gilt nach § 2 VIII für **Lebenspartner** (iSd LPartG); zur Umwandlung der LPart in eine Ehe s § 17a LPartG nF. Wegen der Zuordnung der Kinderzulagen können sich für die Ehegatten unterschiedl Sockelbeträge ergeben; s §§ 83–85 Rz 3 ff auch zu Lebenspartnern. Bezügl der Kinderzulage ist stets auf die Verhältnisse des Beitragsjahres abzustellen (s aber Rz 6 aE ab VZ 2005). – Gehört *nur ein* Ehegatte zum begünstigten Personenkreis, ist die Öffnungsklausel nach § 79 S 2 zu beachten. – Der Ehegatte mit dem **abgeleiteten Zulagenspruch** (§ 79 S 2) hatte nach *früherer Rechtslage* (§ 86 I 2 HS 2, II 1) bereits dann einen Anspruch auf ungekürzte Zulage, wenn der Ehegatte iSd § 79 S 1 seinen Mindesteigenbeitrag unter Berücksichtigung der Ehegatten insgesamt zustehenden Zulagen erbracht hatte (BFH X R 49/14 BFH/NV 16, 1152). Nach *neuer Rechtslage* (§ 79 S 2, letzter HS idF BeitrRlUmsG, BGBl I 11, 2592; jetzt S 2 Nr 4 idF AltvVerbG, BGBl I 13, 1667) muss hingegen ab 2012 auch der nur mittelbar Zulageberechtigte einen Mindestbeitrag von jährl 60 € leisten (s einschließl Beitragsnachentrichtung § 79 Rz 4). Entsprechendes gilt für **Lebenspartner** (§ 2 VIII; s oben).

§ 87 Zusammentreffen mehrerer Verträge

(1) ¹**Zahlt der nach § 79 Satz 1 Zulageberechtigte Altersvorsorgebeiträge zugunsten mehrerer Verträge, so wird die Zulage nur für zwei dieser Verträge gewährt.** ²**Der insgesamt nach § 86 zu leistende Mindesteigenbeitrag muss zugunsten dieser Verträge geleistet worden sein.** ³**Die Zulage ist entsprechend dem Verhältnis der auf diese Verträge geleisteten Beiträge zu verteilen.**

(2) ¹**Der nach § 79 Satz 2 Zulageberechtigte kann die Zulage für das jeweilige Beitragsjahr nicht auf mehrere Altersvorsorgeverträge verteilen.** ²**Es ist nur der Altersvorsorgevertrag begünstigt, für den zuerst die Zulage beantragt wird.**

Verwaltungsanweisungen: BMF BStBl I 18, 93.

§ 89 Antrag

1 Die Zulage wird **maximal für zwei Altersvorsorgeverträge** gewährt und ist entspr der auf diese Verträge geleisteten Beiträge zu verteilen. Beantragt der Zulageberechtigte die Zulage für mehr als zwei Verträge, so bestimmt die DRV Bund, dass die Zulage für die beiden Verträge mit den höchsten Altersvorsorgebeiträgen gewährt wird (§ 89 I 3). Zu beachten ist, dass auf die beiden Altersvorsorgeverträge insgesamt der nach § 86 zu erbringende Mindesteigenbeitrag zugunsten dieser beiden Verträge geleistet worden ist; andernfalls tritt eine Kürzung der Zulage ein.

§ 88 Entstehung des Anspruchs auf Zulage

Der Anspruch auf die Zulage entsteht mit Ablauf des Kalenderjahres, in dem die Altersvorsorgebeiträge geleistet worden sind (Beitragsjahr).

1 Der Zulagenanspruch entsteht jeweils mit Ablauf jeden Beitragsjahres (31.12.). Zur Beitragsleistung – einschließl § 11 II – s § 82 Rz 1.

§ 89 Antrag

(1) ¹Der Zulageberechtigte hat den Antrag auf Zulage nach amtlich vorgeschriebenem Vordruck bis zum Ablauf des zweiten Kalenderjahres, das auf das Beitragsjahr (§ 88) folgt, bei dem Anbieter seines Vertrages einzureichen. ²Hat der Zulageberechtigte im Beitragsjahr Altersvorsorgebeiträge für mehrere Verträge gezahlt, so hat er mit dem Zulageantrag zu bestimmen, auf welche Verträge die Zulage überwiesen werden soll. ³Beantragt der Zulageberechtigte die Zulage für mehr als zwei Verträge, so wird die Zulage nur für die zwei Verträge mit den höchsten Altersvorsorgebeiträgen gewährt. ⁴Sofern eine Zulagennummer (§ 90 Absatz 1 Satz 2) durch die zentrale Stelle (§ 81) oder eine Versicherungsnummer nach § 147 des Sechsten Buches Sozialgesetzbuch für den nach § 79 Satz 2 berechtigten Ehegatten noch nicht vergeben ist, hat dieser über seinen Anbieter eine Zulagennummer bei der zentralen Stelle zu beantragen. ⁵Der Antragsteller ist verpflichtet, dem Anbieter unverzüglich eine Änderung der Verhältnisse mitzuteilen, die zu einer Minderung oder zum Wegfall des Zulageanspruchs führt.

(1a) ¹Der Zulageberechtigte kann den Anbieter seines Vertrages schriftlich bevollmächtigen, für ihn abweichend von Absatz 1 die Zulage für jedes Beitragsjahr zu beantragen. ²Absatz 1 Satz 5 gilt mit Ausnahme der Mitteilung geänderter beitragspflichtiger Einnahmen im Sinne des Sechsten Buches Sozialgesetzbuch entsprechend. ³Ein Widerruf der Vollmacht ist bis zum Ablauf des Beitragsjahres, für das der Anbieter keinen Antrag auf Zulage stellen soll, gegenüber dem Anbieter zu erklären.

(2) ¹Der Anbieter ist verpflichtet,
a) die Vertragsdaten,
b) die Identifikationsnummer, die Versicherungsnummer nach § 147 des Sechsten Buches Sozialgesetzbuch, die Zulagennummer des Zulageberechtigten und dessen Ehegatten oder einen Antrag auf Vergabe einer Zulagenummer eines nach § 79 Satz 2 berechtigten Ehegatten,
c) die vom Zulageberechtigten mitgeteilten Angaben zur Ermittlung des Mindesteigenbeitrags (§ 86),
d) die Identifikationsnummer des Kindes sowie die weiteren für die Gewährung der Kinderzulage erforderlichen Daten,
e) die Höhe der geleisteten Altersvorsorgebeiträge und
f) das Vorliegen einer nach Absatz 1a erteilten Vollmacht
als die für die Ermittlung und Überprüfung des Zulageanspruchs und Durchführung des Zulageverfahrens erforderlichen Daten zu erfassen. ²Er hat die

Verfahren **§ 90**

Daten der bei ihm im Laufe eines Kalendervierteljahres eingegangenen Anträge bis zum Ende des folgenden Monats nach amtlich vorgeschriebenem Datensatz durch amtlich bestimmte Datenfernübertragung an die zentrale Stelle zu übermitteln. ³Dies gilt auch im Fall des Absatzes 1 Satz 5. ⁴§ 22a Absatz 2 gilt entsprechend.

(3) ¹Ist der Anbieter nach Absatz 1a Satz 1 bevollmächtigt worden, hat er der zentralen Stelle die nach Absatz 2 Satz 1 erforderlichen Angaben für jedes Kalenderjahr bis zum Ablauf des auf das Beitragsjahr folgenden Kalenderjahres zu übermitteln. ²Liegt die Bevollmächtigung erst nach dem in Satz 1 genannten Meldetermin vor, hat der Anbieter die Angaben bis zum Ende des folgenden Kalendervierteljahres nach der Bevollmächtigung, spätestens jedoch bis zum Ablauf der in Absatz 1 Satz 1 genannten Antragsfrist, zu übermitteln. ³Absatz 2 Satz 2 und 3 gilt sinngemäß.

Die Zulage ist für jedes Beitragsjahr zu beantragen (Vordruckmuster für 2021 s BMF BStBl I 21, 2042). Die **Zweijahresfrist** des § 89 I 1 ist eine nicht verlängerbare Ausschlussfrist, bei deren Versäumung Wiedereinsetzung in den vorigen Stand gewährt werden kann. Der Antrag ist bei dem/den Anbieter(n) einzureichen, bei dem/denen der Vorsorgevertrag/die Vorsorgeverträge abgeschlossen worden ist/sind (Versicherungsunternehmen, Bank, etc; sog **Anbieterverfahren**). Der SA-Abzug ist dagegen bei der Veranlagung vom FA zu prüfen. Der Antragsteller hat die Mitteilungspflichten aus § 89 I 5. Die Pflichten des Anbieters folgen aus § 89 II; zu den Ergänzungen ab 1.1.19 durch das „JStG 2018" (BGBl I 18, 2338) betr IdentifikationsNr des Kindes s BT-Drs 19/4455, 51. Die Daten sind an die DRV Bund zu übermitteln, damit diese nach § 90 verfahren kann. Nach dem durch das „JStG 2019" (BGBl I 19, 2451) präzisierten Abs 1a kann der Anbieter schriftl **bevollmächtigt** werden, in Zukunft die Zulage für den Zulageberechtigten dauerhaft zu beantragen. 1

§ 90 Verfahren

(1) ¹Die zentrale Stelle ermittelt auf Grund der von ihr erhobenen oder der ihr übermittelten Daten, ob und in welcher Höhe ein Zulageanspruch besteht. ²Soweit der zuständige Träger der Rentenversicherung keine Versicherungsnummer vergeben hat, vergibt die zentrale Stelle zur Erfüllung der ihr nach diesem Abschnitt zugewiesenen Aufgaben eine Zulagenummer. ³Die zentrale Stelle teilt im Fall eines Antrags nach § 10a Absatz 1a der zuständigen Stelle, im Fall eines Antrags nach § 89 Absatz 1 Satz 4 dem Anbieter die Zulagenummer mit; von dort wird sie an den Antragsteller weitergeleitet.

(2) ¹Die zentrale Stelle veranlasst die Auszahlung an den Anbieter zugunsten der Zulageberechtigten durch die zuständige Kasse. ²Ein gesonderter Zulagenbescheid ergeht vorbehaltlich des Absatzes 4 nicht. ³Der Anbieter hat die erhaltenen Zulagen unverzüglich den begünstigten Verträgen gutzuschreiben. ⁴Zulagen, die nach Beginn der Auszahlungsphase für das Altersvorsorgevermögen von der zentralen Stelle an den Anbieter überwiesen werden, können vom Anbieter an den Anleger ausgezahlt werden. ⁵Besteht kein Zulageanspruch, so teilt die zentrale Stelle dies dem Anbieter durch Datensatz mit. ⁶Die zentrale Stelle teilt dem Anbieter die Altersvorsorgebeiträge im Sinne des § 82, auf die § 10a oder dieser Abschnitt angewendet wurde, durch Datensatz mit.

(3) ¹Erkennt die zentrale Stelle bis zum Ende des Zweiten auf die Ermittlung der Zulage folgenden Jahres nachträglich, dass der Zulageanspruch ganz oder teilweise nicht besteht oder weggefallen ist, so hat sie zu Unrecht gutgeschriebene oder ausgezahlte Zulagen bis zum Ablauf eines Jahres nach

der Erkenntnis zurückzufordern und dies dem Anbieter durch Datensatz mitzuteilen. ²Bei bestehendem Vertragsverhältnis hat der Anbieter das Konto zu belasten. ³Die ihm im Kalendervierteljahr mitgeteilten Rückforderungsbeträge hat er bis zum zehnten Tag des dem Kalendervierteljahr folgenden Monats in einem Betrag bei der zentralen Stelle anzumelden und an diese abzuführen. ⁴Die Anmeldung nach Satz 3 ist nach amtlich vorgeschriebenem Vordruck abzugeben. ⁵Sie gilt als Steueranmeldung im Sinne der Abgabenordnung.

(3a) ¹Erfolgt nach der Durchführung einer versorgungsrechtlichen Teilung eine Rückforderung von zu Unrecht gezahlten Zulagen, setzt die zentrale Stelle den Rückforderungsbetrag nach Absatz 3 unter Anrechnung bereits vom Anbieter einbehaltener und abgeführter Beträge gegenüber dem Zulageberechtigten fest, soweit

1. das Guthaben auf dem Vertrag des Zulageberechtigten zur Zahlung des Rückforderungsbetrags nach § 90 Absatz 3 Satz 1 nicht ausreicht und
2. im Rückforderungsbetrag ein Zulagebetrag enthalten ist, der in der Ehe- oder Lebenspartnerschaftszeit ausgezahlt wurde.

²Erfolgt nach einer Inanspruchnahme eines Altersvorsorge-Eigenheimbetrags im Sinne des § 92a Absatz 1 oder während einer Darlehenstilgung bei Altersvorsorgeverträgen nach § 1 Absatz 1a des Altersvorsorgeverträge-Zertifizierungsgesetzes eine Rückforderung zu Unrecht gezahlter Zulagen, setzt die zentrale Stelle den Rückforderungsbetrag nach Absatz 3 unter Anrechnung bereits von Anbieter einbehaltener und abgeführter Beträge gegenüber dem Zulageberechtigten fest, soweit das Guthaben auf dem Altersvorsorgevertrag des Zulageberechtigten zur Zahlung des Rückforderungsbetrags nicht ausreicht. ³Der Anbieter hat in diesen Fällen der zentralen Stelle die nach Absatz 3 einbehaltenen und abgeführten Beträge nach amtlich vorgeschriebenem Datensatz durch amtlich bestimmte Datenfernübertragung mitzuteilen.

(4) ¹Eine Festsetzung der Zulage erfolgt nur auf besonderen Antrag des Zulageberechtigten. ²Der Antrag ist schriftlich innerhalb eines Jahres vom Antragsteller an den Anbieter zu richten; die Frist beginnt mit der Erteilung der Bescheinigung nach § 92, die die Ermittlungsergebnisse für das Beitragsjahr enthält, für das eine Festsetzung der Zulage erfolgen soll. ³Der Anbieter leitet den Antrag der zentralen Stelle zur Festsetzung zu. ⁴Er hat dem Antrag eine Stellungnahme und die zur Festsetzung erforderlichen Unterlagen beizufügen. ⁵Die zentrale Stelle teilt die Festsetzung auch dem Anbieter mit. ⁶Im Übrigen gilt Absatz 3 entsprechend.

(5) ¹Im Rahmen des Festsetzungsverfahrens kann der Zulageberechtigte bis zum rechtskräftigen Abschluss des Festsetzungsverfahrens eine nicht fristgerecht abgegebene Einwilligung nach § 10a Absatz 1 Satz 1 Halbsatz 2 gegenüber der zuständigen Stelle nachholen. ²Über die Nachholung hat er die zentrale Stelle unter Angabe des Datums der Erteilung der Einwilligung unmittelbar zu informieren. ³Hat der Zulageberechtigte im Rahmen des Festsetzungsverfahrens eine wirksame Einwilligung gegenüber der zuständigen Stelle erteilt, wird er so gestellt, als hätte er die Einwilligung innerhalb der Frist nach § 10a Absatz 1 Satz 1 Halbsatz 2 wirksam gestellt.

Verwaltungsanweisungen: BMF BStBl I 18, 93.

1 **Allgemeines.** Die DRV Bund **ermittelt** die Höhe der Zulage, veranlasst deren Auszahlung, fordert zu Unrecht gewährte Zulagen zurück und setzt ggf die Zulage (nur bei Antrag) durch Bescheid fest. Zu diesem dreistufigen Verfahrens s einschließl VerfMäßigkeit BFH X R 18/14 BStBl II, 15, 371; FG Mster EFG 20, 649, rkr.

Auszahlung der Zulage. Sie erfolgt an den Anbieter, der die Zulage dem Altersvorsorgevertrag des Anlegers gutschreibt (§ 90 II 3); es handelt sich nicht um einen VA, sondern um schlichtes Verwaltungshandeln (§ 90 II 2). 2

Keine Anspruchsberechtigung; Festsetzungsbescheid. Besteht kein Anspruch auf Zulage, teilt die DRV Bund dies dem Anbieter mit. Auch diese Mitteilung ist kein VA; eine Korrektur nach § 129 AO ist mithin ausgeschlossen (BFH X B 50/20 BFH/NV 21, 290). Zu einem VA kommt es erst dann, wenn der Antragsteller die Festsetzung der Zulage über den Anbieter beantragt. Nach § 90 IV 2 idF AltvVerbG (BGBl I 13, 1667) ist für den Beginn der Antragsfrist (ein Jahr) auf die Erteilung der Bescheinigung gem § 92 für das jeweilige Beitragsjahr abzustellen (BT-Drs 17/10818: Klarstellung). Durch das **BetrRentStG** (BGBl I 17, 3214) wurde in § 90 V nF iZm der Verkürzung der Einwilligungsfrist in § 10a I 1 HS 2 ab 2019 die Möglichkeit zu ihrer Nachholung eingeräumt (s iEinz BT-Drs 18/12612, 35). Gegen den von der DRV Bund erlassen Festsetzungsbescheid (§ 90 IV) ist Einspruch und Klage ans FG gegeben (§ 98). 3

Rückforderung der Zulage. Sie erfolgt nach § 90 III, wenn die DRV Bund nachträgl erkennt, dass die Zulage zu Unrecht ausgezahlt worden war; hier belastet der Anbieter grds das Konto des Anlegers entspr (§ 90 III 2) und zahlt die Rückforderungsbeträge nach vierteljähr Anmeldung (= StAnmeldung isD §§ 167, 168 AO) an die DRV Bund zurück (§ 90 III 3–5). Durch das **BetrRent-StG** (Rz 3) wurde zum einen erstmals ab 2019 eine Frist zur Überprüfung der Zulagenberechtigung (90 III 1 nF) eingeführt und zum anderen (ab 2018) die Möglichkeit eröffnet, in bestimmten Fällen (zB scheidungsbedingte Teilung der Anwartschaften) die Zulagen direkt vom Berechtigten zurückzufordern (BT-Drs 18/12612; BR-Drs 780/16). Dies geschieht durch einen **Rückforderungsbescheid** (§ 37 AO) der DRV Bund (s hierzu BFH X R 35/17 BStBl II 19, 668; § 96 Rz 1). 4

§ 91 Datenerhebung und Datenabgleich

(1) ¹Für die Berechnung und Überprüfung der Zulage sowie der Überprüfung des Vorliegens der Voraussetzungen des Sonderausgabenabzugs nach § 10a übermitteln die Träger der gesetzlichen Rentenversicherung, die landwirtschaftliche Alterskasse, die Bundesagentur für Arbeit, die Meldebehörden, die Familienkassen und die Finanzämter der zentralen Stelle auf Anforderung unter Angabe der Identifikationsnummer (§ 139b der Abgabenordnung) des Steuerpflichtigen die bei ihnen vorhandenen Daten nach § 89 Absatz 2 durch Datenfernübertragung; für Zwecke der Berechnung des Mindesteigenbeitrags für ein Beitragsjahr darf die zentrale Stelle bei den Trägern der gesetzlichen Rentenversicherung und der landwirtschaftlichen Alterskasse die bei ihnen vorhandenen Daten zu den beitragspflichtigen Einnahmen sowie in den Fällen des § 10a Absatz 1 Satz 4 zur Höhe der bezogenen Rente wegen voller Erwerbsminderung oder Erwerbsunfähigkeit erheben, sofern diese nicht vom Anbieter nach § 89 übermittelt worden sind; im Datenabgleich mit den Familienkassen sind auch die Identifikationsnummern des Kindergeldberechtigten und des Kindes anzugeben. ²Für Zwecke der Überprüfung nach Satz 1 darf die zentrale Stelle die ihr übermittelten Daten mit den ihr nach § 89 Absatz 2 übermittelten Daten automatisiert abgleichen. ³Führt die Überprüfung zu einer Änderung der ermittelten oder festgesetzten Zulage, ist dies dem Anbieter mitzuteilen. ⁴Ergibt die Überprüfung eine Abweichung von dem in der Steuerfestsetzung berücksichtigten Sonderausgabenabzug nach § 10a Absatz 4, ist dies dem Finanzamt mitzuteilen; die Steuerfestsetzung oder die gesonderte Feststellung ist insoweit zu ändern.

(2) ¹Die zuständige Stelle hat der zentralen Stelle die Daten nach § 10a Absatz 1 Satz 1 zweiter Halbsatz bis zum 31. März des dem Beitragsjahr folgenden Kalenderjahres durch Datenfernübertragung zu übermitteln. ²Liegt

§ 92 1

die Einwilligung nach § 10a Absatz 1 Satz 1 zweiter Halbsatz erst nach dem in Satz 1 genannten Meldetermin vor, hat die zuständige Stelle die Daten spätestens bis zum Ende des folgenden Kalendervierteljahres nach Erteilung der Einwilligung nach Maßgabe von Satz 1 zu übermitteln.

1   Damit die DRV Bund die erforderl Überprüfungen vornehmen kann, sind sämtl beteiligten Behörden zur Datenübermittlung an die DRV Bund **verpflichtet.** Trägerin der Altersicherung der Landwirte ist nach der Neuordnung durch das LSV-NOG (BGBl I 13, 579) ab 1.1.13 die SV für Landwirtschaft, Forsten und Gartenbau (Bundesträger), die für Altersicherungsangelegenheiten die Bezeichnung „landwirtschaftl Alterskasse" trägt. Führt die Überprüfung zu einer Änderung der Zulage oder des SA-Abzugs, so ist dies nicht nur dem Anbieter zur weiteren Veranlassung, sondern ggf auch dem FA allerdings ohne Bindungswirkung zur Überprüfung des SA-Abzugs mitzuteilen (iEinz BFH X R 2/19 DStRE 21, 604; BFH X R 16/19 BFH/NV 21, 628).

§ 92 Bescheinigung

¹ **Der Anbieter hat dem Zulageberechtigten jährlich bis zum Ablauf des auf das Beitragsjahr folgenden Jahres eine Bescheinigung nach amtlich vorgeschriebenem Muster zu erteilen über**
1. **die Höhe der im abgelaufenen Beitragsjahr geleisteten Altersvorsorgebeiträge (Beiträge und Tilgungsleistungen),**
2. **die im abgelaufenen Beitragsjahr getroffenen, aufgehobenen oder geänderten Ermittlungsergebnisse (§ 90),**
3. **die Summe der bis zum Ende des abgelaufenen Beitragsjahres dem Vertrag gutgeschriebenen Zulagen,**
4. **die Summe der bis zum Ende des abgelaufenen Beitragsjahres geleisteten Altersvorsorgebeiträge (Beiträge und Tilgungsleistungen),**
5. **den Stand des Altersvorsorgevermögens,**
6. **den Stand des Wohnförderkontos (§ 92a Absatz 2 Satz 1), sofern er diesen von der zentralen Stelle mitgeteilt bekommen hat, und**
7. **die Bestätigung der durch den Anbieter erfolgten Datenübermittlung an die zentrale Stelle im Fall des § 10a Absatz 5 Satz 1.**

² Einer jährlichen Bescheinigung bedarf es nicht, wenn zu Satz 1 Nummer 1, 2, 6 und 7 keine Angaben erforderlich sind und sich zu Satz 1 Nummer 3 bis 5 keine Änderungen gegenüber der zuletzt erteilten Bescheinigung ergeben. ³ Liegen die Voraussetzungen des Satzes 2 nur hinsichtlich der Angabe nach Satz 1 Nummer 6 nicht vor und wurde die Geschäftsbeziehung im Hinblick auf den jeweiligen Altersvorsorgevertrag zwischen Zulageberechtigtem und Anbieter beendet, weil
1. das angesparte Kapital vollständig aus dem Altersvorsorgevertrag entnommen wurde oder
2. das gewährte Darlehen vollständig getilgt wurde,

bedarf es keiner jährlichen Bescheinigung, wenn der Anbieter dem Zulageberechtigten in einer Bescheinigung im Sinne dieser Vorschrift Folgendes mitteilt: „Das Wohnförderkonto erhöht sich bis zum Beginn der Auszahlungsphase jährlich um 2 Prozent, solange Sie keine Zahlungen zur Minderung des Wohnförderkontos leisten." ⁴ Der Anbieter kann dem Zulageberechtigten mit dessen Einverständnis die Bescheinigung auch elektronisch bereitstellen.

1   Damit der Anleger stets über den aktuellen Stand seines Vorsorgevertrages unterrichtet ist, *hat* ihm der Anbieter jährl und ab 2018 bis zum Ablauf des Beitragsfolgejahres (§ 92 S 1 idF BetrRentStG, BGBl I 17, 3214) die Bescheinigung nach § 92 zu erteilen (Vordruckmuster ab 1.1.12: *BMF* BStBl I 11, 964 iVm *BMF* BStBl I 13,

Wacker

Verwendung für eine selbst genutzte Wohnung § 92a

1507). Durch § 92 S 2 und 3 idF AltvVerbG (BGBl I 13, 1667) wurden ab VZ 2014 die Fälle des Verzichts auf die Erteilung der Bescheinigung an die Neuregelung in § 92a II (Führung des Wohnförderkontos durch die zentrale Stelle) angepasst (BT-Drs. 17/12219, 56 f). Bei der Prozentangabe in S 3 (zunächst 1%) handelte es sich um ein Versehen (s § 92a II 3), das durch das KroatienAnpG (BGBl I 14, 1266) bereinigt wurde (2%).

§ 92a Verwendung für eine selbst genutzte Wohnung

(1) ¹Der Zulageberechtigte kann das in einem Altersvorsorgevertrag gebildete und nach § 10a oder nach diesem Abschnitt geförderte Kapital in vollem Umfang oder, wenn das verbleibende geförderte Restkapital mindestens 3000 Euro beträgt, teilweise wie folgt verwenden (Altersvorsorge-Eigenheimbetrag):

1. bis zum Beginn der Auszahlungsphase unmittelbar für die Anschaffung oder Herstellung einer Wohnung oder zur Tilgung eines zu diesem Zweck aufgenommenen Darlehens, wenn das dafür entnommene Kapital mindestens 3000 Euro beträgt, oder
2. bis zum Beginn der Auszahlungsphase unmittelbar für den Erwerb von Pflicht-Geschäftsanteilen an einer eingetragenen Genossenschaft für die Selbstnutzung einer Genossenschaftswohnung oder zur Tilgung eines zu diesem Zweck aufgenommenen Darlehens, wenn das dafür entnommene Kapital mindestens 3000 Euro beträgt, oder
3. bis zum Beginn der Auszahlungsphase unmittelbar für die Finanzierung eines Umbaus einer Wohnung, wenn
   a) das dafür entnommene Kapital
      aa) mindestens 6000 Euro beträgt und für einen innerhalb eines Zeitraums von drei Jahren nach der Anschaffung oder Herstellung der Wohnung vorgenommenen Umbau verwendet wird oder
      bb) mindestens 20 000 Euro beträgt,
   b) das dafür entnommene Kapital zu mindestens 50 Prozent auf Maßnahmen entfällt, die die Vorgaben der DIN 18040 Teil 2, Ausgabe September 2011, soweit baustrukturell möglich, erfüllen, und der verbleibende Teil der Kosten der Reduzierung von Barrieren in oder an der Wohnung dient; die zweckgerechte Verwendung ist durch einen Sachverständigen zu bestätigen; und
   c) der Zulageberechtigte oder ein Mitnutzer der Wohnung für die Umbaukosten weder eine Förderung durch Zuschüsse noch eine Steuerermäßigung nach § 35a in Anspruch nimmt oder nehmen wird noch die Berücksichtigung als außergewöhnliche Belastung nach § 33 beantragt hat oder beantragen wird und dies schriftlich bestätigt. ²Diese Bestätigung ist bei der Antragstellung nach § 92b Absatz 1 Satz 1 gegenüber der zentralen Stelle abzugeben. ³Bei der Inanspruchnahme eines Darlehens im Rahmen eines Altersvorsorgevertrags nach § 1 Absatz 1a des Altersvorsorgeverträge-Zertifizierungsgesetzes hat der Zulageberechtigte die Bestätigung gegenüber seinem Anbieter abzugeben.

²Die DIN 18040 ist im Beuth-Verlag GmbH, Berlin und Köln, erschienen und beim Deutschen Patent- und Markenamt in München archivmäßig gesichert niedergelegt. ³Die technischen Mindestanforderungen für die Reduzierung von Barrieren in oder an der Wohnung nach Satz 1 Nummer 3 Buchstabe b werden durch das Bundesministerium des Innern, für Bau und Heimat im Einvernehmen mit dem Bundesministerium der Finanzen festgelegt und im Bundesbaublatt veröffentlicht. ⁴Sachverständige im Sinne dieser Vorschrift sind nach Landesrecht Bauvorlageberechtigte sowie nach § 91 Absatz 1

§ 92a   Verwendung für eine selbst genutzte Wohnung

Nummer 8 der Handwerksordnung öffentlich bestellte und vereidigte Sachverständige, die für ein Sachgebiet bestellt sind, das die Barrierefreiheit und Barrierereduzierung in Wohngebäuden umfasst, und die eine besondere Sachkunde oder ergänzende Fortbildung auf diesem Gebiet nachweisen. ⁵Eine nach Satz 1 begünstigte Wohnung ist
1. eine Wohnung in einem eigenen Haus oder
2. eine eigene Eigentumswohnung oder
3. eine Genossenschaftswohnung einer eingetragenen Genossenschaft,

wenn diese Wohnung in einem Mitgliedstaat der Europäischen Union oder in einem Staat, auf den das Abkommen über den Europäischen Wirtschaftsraum (EWR-Abkommen) anwendbar ist, belegen ist und die Hauptwohnung oder den Mittelpunkt der Lebensinteressen des Zulageberechtigten darstellt; dies gilt auch für eine im Vereinigten Königreich Großbritannien und Nordirland gelegene Wohnung, die vor dem Zeitpunkt, ab dem das Vereinigte Königreich Großbritannien und Nordirland nicht mehr Mitgliedstaat der Europäischen Union ist und auch nicht wie ein solcher zu behandeln ist, bereits begünstigt war, soweit für diese Wohnung bereits vor diesem Zeitpunkt eine Verwendung nach Satz 1 erfolgt ist und keine erneute beantragt wird. ⁶Einer Wohnung im Sinne des Satzes 5 steht ein eigentumsähnliches oder lebenslanges Dauerwohnrecht nach § 33 des Wohnungseigentumsgesetzes gleich, soweit Vereinbarungen nach § 39 des Wohnungseigentumsgesetzes getroffen werden. ⁷Bei der Ermittlung des Restkapitals nach Satz 1 ist auf den Stand des geförderten Altersvorsorgevermögens zum Ablauf des Tages abzustellen, an dem die zentrale Stelle den Bescheid nach § 92b ausgestellt hat. ⁸Der Altersvorsorge-Eigenheimbetrag gilt nicht als Leistung aus einem Altersvorsorgevertrag, die dem Zulageberechtigten im Zeitpunkt der Auszahlung zufließt.

(2) ¹Der Altersvorsorge-Eigenheimbetrag, die Tilgungsleistungen im Sinne des § 82 Absatz 1 Satz 1 Nummer 2 und die hierfür gewährten Zulagen sind durch die zentrale Stelle in Bezug auf den zugrunde liegenden Altersvorsorgevertrag gesondert zu erfassen (Wohnförderkonto); die zentrale Stelle teilt für jeden Altersvorsorgevertrag, für den sie ein Wohnförderkonto (Altersvorsorgevertrag mit Wohnförderkonto) führt, dem Anbieter jährlich den Stand des Wohnförderkontos nach amtlich vorgeschriebenem Datensatz durch Datenfernübertragung mit. ²Beiträge, die nach § 82 Absatz 1 Satz 3 wie Tilgungsleistungen behandelt wurden, sind im Zeitpunkt der unmittelbaren Darlehenstilgung einschließlich der zur Tilgung eingesetzten Zulagen und Erträge in das Wohnförderkonto aufzunehmen; zur Tilgung eingesetzte ungeförderte Beiträge einschließlich der darauf entfallenden Erträge fließen dem Zulageberechtigten in diesem Zeitpunkt zu. ³Nach Ablauf eines Beitragsjahres, letztmals für das Beitragsjahr des Beginns der Auszahlungsphase, ist der sich aus dem Wohnförderkonto ergebende Gesamtbetrag um 2 Prozent zu erhöhen. ⁴Das Wohnförderkonto ist zu vermindern um
1. Zahlungen des Zulageberechtigten auf einen auf seinen Namen lautenden zertifizierten Altersvorsorgevertrag nach § 1 Absatz 1 des Altersvorsorgeverträge-Zertifizierungsgesetzes bis zum Beginn der Auszahlungsphase zur Minderung der in das Wohnförderkonto eingestellten Beträge; der Anbieter, bei dem die Einzahlung erfolgt, hat die Einzahlung der zentralen Stelle nach amtlich vorgeschriebenem Datensatz durch Datenfernübertragung mitzuteilen; erfolgt die Einzahlung nicht auf den Altersvorsorgevertrag mit Wohnförderkonto, hat der Zulageberechtigte dem Anbieter, bei dem die Einzahlung erfolgt, die Vertragsdaten des Altersvorsorgevertrags mit Wohnförderkonto mitzuteilen; diese hat der Anbieter der zentralen Stelle zusätzlich mitzuteilen;
2. den Verminderungsbetrag nach Satz 5.

§ 92a

⁵ Verminderungsbetrag ist der sich mit Ablauf des Kalenderjahres des Beginns der Auszahlungsphase ergebende Stand des Wohnförderkontos dividiert durch die Anzahl der Jahre bis zur Vollendung des 85. Lebensjahres des Zulageberechtigten; als Beginn der Auszahlungsphase gilt der vom Zulageberechtigten und Anbieter vereinbarte Zeitpunkt, der zwischen der Vollendung des 60. Lebensjahres und des 68. Lebensjahres des Zulageberechtigten liegen muss; ist ein Auszahlungszeitpunkt nicht vereinbart, so gilt die Vollendung des 67. Lebensjahres als Beginn der Auszahlungsphase; die Verschiebung des Beginns der Auszahlungsphase über das 68. Lebensjahr des Zulageberechtigten hinaus ist unschädlich, sofern es sich um eine Verschiebung im Zusammenhang mit der Abfindung einer Kleinbetragsrente auf Grund des § 1 Absatz 1 Satz 1 Nummer 4 Buchstabe a des Altersvorsorgeverträge-Zertifizierungsgesetzes handelt. ⁶ Anstelle einer Verminderung nach Satz 5 kann der Zulageberechtigte jederzeit in der Auszahlungsphase von der zentralen Stelle die Auflösung des Wohnförderkontos verlangen (Auflösungsbetrag). ⁷ Der Anbieter hat im Zeitpunkt der unmittelbaren Darlehenstilgung die Beträge nach Satz 2 erster Halbsatz und der Anbieter eines Altersvorsorgevertrags mit Wohnförderkonto hat zu Beginn der Auszahlungsphase der zentralen Stelle nach amtlich vorgeschriebenem Datensatz durch Datenfernübertragung spätestens bis zum Ablauf des zweiten Monats, der auf den Monat der unmittelbaren Darlehenstilgung oder des Beginns der Auszahlungsphase folgt, mitzuteilen. ⁸ Wird gefördertes Altersvorsorgevermögen nach § 93 Absatz 2 Satz 1 von einem Anbieter auf einen anderen auf den Namen des Zulageberechtigten lautenden Altersvorsorgevertrag vollständig übertragen und hat die zentrale Stelle für den bisherigen Altersvorsorgevertrag ein Wohnförderkonto geführt, so schließt sie das Wohnförderkonto des bisherigen Vertrags und führt es in dem neuen Altersvorsorgevertrag fort. ⁹ Erfolgt eine Zahlung nach Satz 4 Nummer 1 oder nach Absatz 3 Satz 9 Nummer 2 auf einen anderen Altersvorsorgevertrag als auf den Altersvorsorgevertrag mit Wohnförderkonto, schließt die zentrale Stelle das Wohnförderkonto des bisherigen Vertrags und führt es ab dem Zeitpunkt der Einzahlung für den Altersvorsorgevertrag fort, auf den die Einzahlung erfolgt ist. ¹⁰ Die zentrale Stelle teilt die Schließung des Wohnförderkontos dem Anbieter des bisherigen Altersvorsorgevertrags mit Wohnförderkonto mit.

(2a) ¹ Geht im Rahmen der Regelung von Scheidungsfolgen der Eigentumsanteil des Zulageberechtigten an der Wohnung im Sinne des Absatzes 1 Satz 5 ganz oder teilweise auf den anderen Ehegatten über, geht das Wohnförderkonto in Höhe des Anteils, der dem Verhältnis des übergegangenen Eigentumsanteils zum ursprünglichen Eigentumsanteil entspricht, mit allen Rechten und Pflichten auf den anderen Ehegatten über; dabei ist auf das Lebensalter des anderen Ehegatten abzustellen. ² Hat der andere Ehegatte das Lebensalter für den vertraglich vereinbarten Beginn der Auszahlungsphase oder, soweit kein Beginn der Auszahlungsphase vereinbart wurde, das 67. Lebensjahr im Zeitpunkt des Übergangs des Wohnförderkontos bereits überschritten, so gilt als Beginn der Auszahlungsphase der Zeitpunkt des Übergangs des Wohnförderkontos. ³ Der Zulageberechtigte hat den Übergang des Eigentumsanteils der zentralen Stelle nachzuweisen. ⁴ Dazu hat er die für die Anlage eines Wohnförderkontos erforderlichen Daten des anderen Ehegatten mitzuteilen. ⁵ Die Sätze 1 bis 4 gelten entsprechend für Ehegatten, die im Zeitpunkt des Todes des Zulageberechtigten

1. nicht dauernd getrennt gelebt haben (§ 26 Absatz 1) und
2. ihren Wohnsitz oder gewöhnlichen Aufenthalt in einem Mitgliedstaat der Europäischen Union oder einem Staat hatten, auf den das Abkommen über den Europäischen Wirtschaftsraum anwendbar ist; dies gilt auch, wenn die

§ 92a

Ehegatten ihren vor dem Zeitpunkt, ab dem das Vereinigte Königreich Großbritannien und Nordirland nicht mehr Mitgliedstaat der Europäischen Union ist und auch nicht wie ein solcher zu behandeln ist, begründeten Wohnsitz oder gewöhnlichen Aufenthalt im Vereinigte Königreich Großbritannien und Nordirland hatten und der Altersvorsorgevertrag vor dem 23. Juni 2016 abgeschlossen worden ist.

(3) ¹Nutzt der Zulageberechtigte die Wohnung im Sinne des Absatzes 1 Satz 5, für die ein Altersvorsorge-Eigenheimbetrag verwendet oder für die eine Tilgungsförderung im Sinne des § 82 Absatz 1 in Anspruch genommen worden ist, nicht nur vorübergehend nicht mehr zu eigenen Wohnzwecken, hat er dies dem Anbieter, in der Auszahlungsphase der zentralen Stelle, unter Angabe des Zeitpunkts der Aufgabe der Selbstnutzung anzuzeigen. ²Eine Aufgabe der Selbstnutzung liegt auch vor, soweit der Zulageberechtigte das Eigentum an der Wohnung aufgibt. ³Die Anzeigepflicht gilt entsprechend für den Rechtsnachfolger der begünstigten Wohnung, wenn der Zulageberechtigte stirbt. ⁴Die Anzeigepflicht entfällt, wenn das Wohnförderkonto vollständig zurückgeführt worden ist, es sei denn, es liegt ein Fall des § 22 Nummer 5 Satz 6 vor. ⁵Im Fall des Satzes 1 gelten die im Wohnförderkonto erfassten Beträge als Leistungen aus einem Altersvorsorgevertrag, die dem Zulageberechtigten nach letztmaliger Erhöhung des Wohnförderkontos nach Absatz 2 Satz 3 zum Ende des Veranlagungszeitraums, in dem die Selbstnutzung aufgegeben wurde, zufließen; das Wohnförderkonto ist aufzulösen (Auflösungsbetrag). ⁶Verstirbt der Zulageberechtigte, ist der Auflösungsbetrag ihm noch zuzurechnen. ⁷Der Anbieter hat den Zeitpunkt der Aufgabe nach amtlich vorgeschriebenem Datensatz durch Datenfernübertragung spätestens bis zum Ablauf des zweiten Monats, der auf den Monat der Anzeige des Zulagenberechtigten folgt, mitzuteilen. ⁸Wurde im Fall des Satzes 1 eine Tilgungsförderung nach § 82 Absatz 3 in Anspruch genommen und erfolgte keine Einstellung in das Wohnförderkonto nach Absatz 2 Satz 2, sind die Beiträge, die nach § 82 Absatz 1 Satz 3 wie Tilgungsleistungen behandelt wurden, sowie die darauf entfallenden Zulagen und Erträge in ein Wohnförderkonto aufzunehmen und anschließend die weiteren Regelungen dieses Absatzes anzuwenden; Absatz 2 Satz 2 zweiter Halbsatz und Satz 7 gilt entsprechend. ⁹Die Sätze 5 bis 7 sowie § 20 sind nicht anzuwenden, wenn

1. der Zulageberechtigte einen Betrag in Höhe des noch nicht zurückgeführten Betrags im Wohnförderkonto innerhalb von zwei Jahren vor dem Veranlagungszeitraum und von fünf Jahren nach Ablauf des Veranlagungszeitraums, in dem er die Wohnung letztmals zu eigenen Wohnzwecken genutzt hat, für eine weitere Wohnung im Sinne des Absatzes 1 Satz 5 verwendet,
2. der Zulageberechtigte einen Betrag in Höhe des noch nicht zurückgeführten Betrags im Wohnförderkonto innerhalb eines Jahres nach Ablauf des Veranlagungszeitraums, in dem er die Wohnung letztmals zu eigenen Wohnzwecken genutzt hat, auf einen auf seinen Namen lautenden zertifizierten Altersvorsorgevertrag zahlt; Absatz 2 Satz 4 Nummer 1 ist entsprechend anzuwenden,
3. die Ehewohnung auf Grund einer richterlichen Entscheidung nach § 1361b des Bürgerlichen Gesetzbuchs oder nach der Verordnung über die Behandlung der Ehewohnung und des Hausrats dem anderen Ehegatten zugewiesen wird,
4. der Zulageberechtigte krankheits- oder pflegebedingt die Wohnung nicht mehr bewohnt, sofern er Eigentümer dieser Wohnung bleibt, sie ihm weiterhin zur Selbstnutzung zur Verfügung steht und sie nicht von Dritten, mit Ausnahme seines Ehegatten, genutzt wird oder

[10] Satz 9 Nummer 1 und 2 setzt voraus, dass der Zulageberechtigte dem Anbieter, in der Auszahlungsphase der zentralen Stelle, die fristgemäße Reinvestitionsabsicht im Rahmen der Anzeige nach Satz 1 und den Zeitpunkt der Reinvestition oder die Aufgabe der Reinvestitionsabsicht anzeigt; in den Fällen des Absatzes 2a und des Satzes 9 Nummer 3 gelten die Sätze 1 bis 9 entsprechend für den anderen, geschiedenen oder überlebenden Ehegatten, wenn er die Wohnung nicht nur vorübergehend nicht mehr zu eigenen Wohnzwecken nutzt. [11] Satz 5 ist mit der Maßgabe anzuwenden, dass der Eingang der Anzeige der aufgegebenen Reinvestitionsabsicht, spätestens jedoch der 1. Januar

1. des sechsten Jahres nach dem Jahr der Aufgabe der Selbstnutzung bei einer Reinvestitionsabsicht nach Satz 9 Nummer 1 oder
2. des zweiten Jahres nach dem Jahr der Aufgabe der Selbstnutzung bei einer Reinvestitionsabsicht nach Satz 9 Nummer 2

als Zeitpunkt der Aufgabe gilt. [12] Satz 9 Nummer 5 setzt voraus, dass bei einer beabsichtigten Wiederaufnahme der Selbstnutzung der Zulageberechtigte dem Anbieter, in der Auszahlungsphase der zentralen Stelle, die Absicht der fristgemäßen Wiederaufnahme der Selbstnutzung im Rahmen der Anzeige nach Satz 1 und den Zeitpunkt oder die Aufgabe der Reinvestitionsabsicht nach Satz 10 angezeigt. [13] Satz 10 zweiter Halbsatz und Satz 11 gelten für die Anzeige der Absicht der fristgemäßen Wiederaufnahme der Selbstnutzung entsprechend.

(4) [1] Absatz 3 sowie § 20 sind auf Antrag des Steuerpflichtigen nicht anzuwenden, wenn er

1. die Wohnung im Sinne des Absatzes 1 Satz 5 auf Grund eines beruflich bedingten Umzugs für die Dauer der beruflich bedingten Abwesenheit nicht selbst nutzt; wird während dieser Zeit mit einer anderen Person ein Nutzungsrecht für diese Wohnung vereinbart, ist diese Vereinbarung von vorneherein entsprechend zu befristen,
2. beabsichtigt, die Selbstnutzung wieder aufzunehmen und
3. die Selbstnutzung spätestens mit der Vollendung seines 67. Lebensjahres aufnimmt.

[2] Der Steuerpflichtige hat den Antrag bei der zentralen Stelle zu stellen und dabei die notwendigen Nachweise zu erbringen. [3] Die zentrale Stelle erteilt dem Steuerpflichtigen einen Bescheid über die Bewilligung des Antrags und informiert den Anbieter des Altersvorsorgevertrags mit Wohnförderkonto des Zulageberechtigten über die Bewilligung, eine Wiederaufnahme der Selbstnutzung nach einem beruflich bedingten Umzug und den Wegfall der Voraussetzungen nach diesem Absatz; die Information hat nach amtlich vorgeschriebenem Datensatz durch Datenfernübertragung zu erfolgen. [4] Entfällt eine der in Satz 1 genannten Voraussetzungen, ist Absatz 3 mit der Maßgabe anzuwenden, dass bei einem Wegfall der Voraussetzung nach Satz 1 Nummer 1 als Zeitpunkt der Aufgabe der Zeitpunkt des Wegfalls der Voraussetzung und bei einem Wegfall der Voraussetzung nach Satz 1 Nummer 2 oder Nummer 3 der Eingang der Mitteilung des Steuerpflichtigen nach Absatz 3 als Zeitpunkt der Aufgabe gilt, spätestens jedoch die Vollendung des 67. Lebensjahres des Steuerpflichtigen.

Verwaltungsanweisungen: BMF BStBl I 18, 93.

Schrifttum (Rechtslage ab VZ 2014/AltvVerbG; zuvor s *Schmidt* 32. Aufl § 92a vor Rz 1): *Myßen* ua NWB 13, 1977; *Franz* DB 13, 1988; *Schrehardt,* DStR 13, 1240.

§ 92a 1–3 Verwendung für eine selbst genutzte Wohnung

1 **1. Grundsätze.** Durch das EigRentG (BGBl I 08, 1509) hat der Gesetzgeber ab VZ 2008 die Möglichkeit eröffnet, das in einem Riester-Vertrag angesparte Kapital zu entnehmen und für eine selbstgenutzte Wohnung („wohnungswirtschaftlich") zu verwenden (§ 92a Abs 1: Altersvorsorge-Eigenheimbetrag). Die Förderung des Wohneigentums in der **Ansparphase** (Zulagen gem §§ 84, 85 oder SA-Abzug gem § 10a) geht einher mit der nachgelagerten Besteuerung des sog Wohnförderkontos in der **(fiktiven) Auszahlungsphase** (nachgelagerte Besteuerung gem § 22 Nr 5). Letzteres gilt auch, wenn die Förderung für die Darlehenstilgung nach § 82 I 1 Nr 2 in Anspruch genommen wurde. Die Vorschrift wurde mit Wirkung **ab VZ 2014** durch das AltvVerbG (BGBl I 13, 1667) vor allem mit dem Ziel neu gefasst, die förderunschädl Verwendung zu erweitern und die Besteuerung des Wohnförderkonto zu vereinfachen. Zu berücksichtigen ist ferner, dass die Ehegattenregelungen nach § 2 VIII ggf rückwirkend (§ 52 Abs 2a aF) auch für **Lebenspartner** (iSd LPartG) anzuwenden sind; zur Umwandlung der LPart in eine Ehe s § 17a LPartG nF.

Hinweis: Den folgenden Erläuterungen liegt die **Rechtslage ab 2014** einschließl der Änderung durch das BetrRentStG (BGBl I 17, 3214; ab 2018) zugrunde (zu früheren Fassungen s Schmidt 32. Aufl § 92a Rz 1ff).

2 **a) Verwendung.** Das entnommene Altersvorsorgevermögen kann in vollem Umfang oder, wenn ein Mindestrestkapital von 3000 € verbleibt (*Grund:* Vermeidung von Kleinst-Rentenansprüchen), auch teilweise bis zum Beginn der vertragl zu vereinbarenden Auszahlungsphase (vgl § 92a II 5: ansonsten Vollendung des 67. Lebensjahres; s unten) entweder *(1)* unmittelbar zur **Anschaffung/Herstellung** einer **selbstgenutzten Wohnung** (BFH X R 29/14 BFH/NV 16, 1541: einschließl nachträgl AK für GuB; BFH X R 4/18 BFH/NV 19, 808: nicht jedoch für Wohnungserweiterung; aA *Schmidt* 38. Aufl § 92a Rz 2) oder Genossenschaftswohnung (Erwerb von Geschäftsanteilen) oder *(2)* **ab VZ 2014** jederzeit (zB bei Ablauf von Zinsbindungen) bis zum Auszahlungsbeginn und unter Beachtung eines Mindestentnahmebetrag von 3000 € zur **Umschuldung von Darlehen** verwendet werden, die für die vorgenannte Zwecke aufgenommen worden sind; nicht hierzu gehört jedoch die Einzahlung auf einem nicht zertifizierten Bausparvertrag (iEinz BFH X R 28/18 BStBl II 20, 496; zutr). Zur **Unmittelbarkeit** s betr AK/HK der Wohnung FG Bbg EFG 14, 206; betr Kredittilgung FG Bbg EFG 21, 847 Rev X R 26/20: entbehrl; mE fragl. – Die **eigene Wohnung** (Einfamilienhaus, Eigentumswohnung, Wohnung eG; Dauerwohnrecht; § 92a I 5 f; BFH X R 23/14 BFH/NV 16, 1018: einschließl Anteil an PersGes, wenn Wohnung zu deren PV gehört) muss in einem **EU-EWR-Staat** belegen sein und als Hauptwohnsitz oder als Mittelpunkt der Lebensinteressen des Zulagenberechtigten dienen. Da eine Wohnung im Vereinigten Königreich mit dem Ausscheiden Großbritanniens und Nordirlands aus der EU (**„Brexit"**) nicht mehr begünstigt ist, schützt § 92a I 5 idF Brexit-StBG, BGBl I 19, 357 „Altfälle" wohnungswirtschaftl Verwendung iSv Abs 1 vor den Folgen des § 93 (ua Rückzahlung der Zulagen; iEinz s BR-Drs 4/19). Nach dem Ausscheiden aus der EU ist eine Begünstigung iSd § 92 I (Neufälle) jedoch ausgeschlossen. – Ab 2014 ist auch die unmittelbare (S 1) Finanzierung eines **barrierereduzierenden Umbaus** einer solchen Wohnung begünstigt. Das dafür entnommene Kapital muss bei Umbau innerhalb von 3 Jahren nach Wohnungsanschaffung/-herstellung mindestens 6000 €, ansonsten mindestens 20 000 € betragen. Darüber hinaus sind baul Mindestanforderungen (gem DIN 18040 Teil 2; Reduzierung von Barrieren) zu wahren, die zweckgerechte Mittelverwendung durch einen Sachverständigen sowie durch den Zulageberechtigten zu bestätigen, dass er keine andere Begünstigung (zB Zuschüsse, §§ 35a, 33) in Anspruch nimmt (iEinz BMF BStBl I 18, 93 Rz 259 ff; *Myßen* DB 14, 617).

3 **b) Auszahlungsphase.** Auf dem ab 2014 von der zentralen Stelle (DRV Bund) geführten Wohnförderkonto (§ 92a II) werden die in der selbstbewohnten Immobilie gebundenen steuerl geförderten Beträge erfasst (Entnahmebeträge, Tilgungsleistungen, Zulagen und – ab 2014 unverändert – jährl 2% Zinsen). Diese Beträge sind – abzügl der Zahlungen auf einem anderen Altersvorsorge-Vertrag (§ 92a II 4 Nr 1) – die Grundlage für die nachgelagerte Besteuerung in der fiktiven Auszahlungsphase. Deren **Beginn** darf vereinbarungsgemäß zw der Vollendung des 60. und 68. Lebensjahres des StPfl liegen (Ausnahme: § 92a II 5 idF BetrRentStG BGBl I 17, 3214 (iVm „JStG 2018", BGBl I 18, 2338: redaktionelle Korrektur) bei Abfindung für Kleinbetragsrenten); zur verschärften Mitteilungspflicht des Anbieters s § 92a II 7 idF BetrRentStG, BGBl I 17, 3214. Die Auszahlungsphase endet definitiv mit Vollendung des 85. Lebensjahres und umfasst soweit einen Zeitraum von maximal 25 Jahren; das Wohnförderkonto ist um den jährl gleich hohen und nach § 22 Nr 5 zu versteuernden Verminderungsbetrag zu verringern, sodass es bis zur Vollendung des 85. Lebensjahres auf 0 € zurückgeführt ist. Alternativ kann (ab 2014 *jederzeit*) die **Sofortbesteuerung** des Kontobestandes mit einem Abschlag von 30% (§ 22 Nr 5 S 5) beansprucht werden (§ 92a II 6).

2. Einzelfragen, § 92a IIa (ab 2018 S 1 idF BetrRentStG BGBl I 17, 3214; 4 BR-Drs 480/16: Klarstellung zur Vermeidung einer Überbesteuerung des Wohnförderkontos) regelt den Übergang eines Objekts iRe **Scheidungsfolgenregelung** und den **Übergang des Wohnförderkontos** auf den anderen Ehegatten mit allen Rechten und Pflichten; sie gilt im Falle der Aufhebung einer Lebenspartnerschaft (§ 2 VIII). Nach § 92a IIa 5 gilt ab VZ 2014 Entsprechendes bei **Tod** des Ehegatten/Lebenspartners. Nr 5 idF Brexit-StBG (BGBl I 19, 357) enthält eine Vertrauensschutzregelung bei Wohnsitz/gewöhnlichem Aufenthalt im Vereinigten Königreich Großbritannien oder Nordirland *vor* dem Brexit für *vor* dem **Brexit-Referendum** (23.6.16) abgeschlossene („Alt"-)Altersvorsorgeverträge (s iEinz BT-Drs 19/7959: „Vertrauensschutz"). – Bei nicht nur vorübergehender Selbstnutzungsaufgabe ist nach **§ 92a III 5** das **Wohnförderkonto** grds **aufzulösen** (ab VZ 2014 zum Ende des betr VZ einschließl Erhöhung um 2%) und der Auflösungsbetrag zu versteuern (§ 22 Nr 5 S 4). Ebenso gem § 92a III 8 ab VZ 2014 bei Förderung sog Kombiverträge nach § 82 I 3 vor Darlehenstilgung (BT-Drs 17/10818, 20: Gleichstellung aller Eigenheimprodukte, dh Nachversteuerung anstelle Vorteilsrückforderung; *Ausnahme:* Übertragung auf anderen Altersvorsorgevertrag). – **Ausnahmen:** § 92a III ff regeln die Fälle, in denen das Wohnförderkonto **nicht aufzulösen** ist und auch Zinseinkünfte nicht anfallen (*zB* Reinvestition mit ab VZ 2014 verlängerten Fristen; Einzahlung auf anderen Altersvorsorgevertrag). Hierzu gehört ab 2018 nach § 92a III 9 Nr 5 iVm S 12 idF BetrRentStG (BGBl I 13, 3214) auch der Sachverhalt, dass die Selbstnutzung zwar – unabhängig von berufl Gründen – aufgegeben, aber unter Beachtung entspr Anzeigepflichten innerhalb von 3 Jahren seit dem Ende des VZ der letzten Wohnnutzung wieder aufgenommen wird. Darüber hinaus kann nach **§ 92a IV** auf Antrag eine schädl Verwendung im Falle eines berufsbedingten Umzugs vermieden werden.

§ 92b Verfahren bei Verwendung für eine selbst genutzte Wohnung

(1) ¹Der Zulageberechtigte hat die Verwendung des Kapitals nach § 92a Absatz 1 Satz 1 spätestens zehn Monate vor dem Beginn der Auszahlungsphase des Altersvorsorgevertrags im Sinne des § 1 Absatz 1 Nummer 2 des Altersvorsorgeverträge-Zertifizierungsgesetzes bei der zentralen Stelle zu beantragen und dabei die notwendigen Nachweise zu erbringen. ²Er hat zu bestimmen, aus welchen Altersvorsorgeverträgen der Altersvorsorge-Eigenheimbetrag ausgezahlt werden soll. ³Die zentrale Stelle teilt dem Zulageberechtigten durch Bescheid und den Anbietern der in Satz 2 genannten Altersvorsorgeverträge nach amtlich vorgeschriebenem Datensatz durch Datenfernübertragung mit, bis zu welcher Höhe eine wohnungswirtschaftliche Verwendung im Sinne des § 92a Absatz 1 Satz 1 vorliegen kann.

§ 93 Schädliche Verwendung

(2) ¹Die Anbieter der in Absatz 1 Satz 2 genannten Altersvorsorgeverträge dürfen den Altersvorsorge-Eigenheimbetrag auszahlen, sobald sie die Mitteilung nach Absatz 1 Satz 3 erhalten haben. ²Sie haben der zentralen Stelle nach amtlich vorgeschriebenem Datensatz durch Datenfernübertragung Folgendes spätestens bis zum Ablauf des zweiten Monats, der auf den Monat der Auszahlung folgt, anzuzeigen:
1. den Auszahlungszeitpunkt und den Auszahlungsbetrag,
2. die Summe der bis zum Auszahlungszeitpunkt dem Altersvorsorgevertrag gutgeschriebenen Zulagen,
3. die Summe der bis zum Auszahlungszeitpunkt geleisteten Altersvorsorgebeiträge und
4. den Stand des geförderten Altersvorsorgevermögens im Zeitpunkt der Auszahlung.

(3) ¹Die zentrale Stelle stellt zu Beginn der Auszahlungsphase und in den Fällen des § 92a Absatz 2a und 3 Satz 5 den Stand des Wohnförderkontos, soweit für die Besteuerung erforderlich, den Verminderungsbetrag und den Auflösungsbetrag von Amts wegen gesondert fest. ²Die zentrale Stelle teilt die Feststellung dem Zulageberechtigten, in den Fällen des § 92a Absatz 2a Satz 1 auch dem anderen Ehegatten, durch Bescheid und dem Anbieter nach amtlich vorgeschriebenem Datensatz durch Datenfernübertragung mit. ³Der Anbieter hat auf Anforderung der zentralen Stelle die zur Feststellung erforderlichen Unterlagen vorzulegen. ⁴Auf Antrag des Zulageberechtigten stellt die zentrale Stelle den Stand des Wohnförderkontos gesondert fest. ⁵§ 90 Absatz 4 Satz 2 bis 5 gilt entsprechend.

1 Das Verfahren zur Inanspruchnahme des Altersvorsorge-Eigenheimbetrages ist in § 92b ausführl geregelt. **Ab VZ 2014** ist die wohnungswirtschaftl Verwendung spätestens 10 Monate vor Beginn der Auszahlungsphase bei der zentralen Stelle zu beantragen. Die Anzeigepflichten der Anbieter (§ 92b II 2) sind durch das BetrRentStG (BGBl I 17, 3214) **ab 2018 verschärft** worden.

§ 93 Schädliche Verwendung

(1) ¹Wird gefördertes Altersvorsorgevermögen nicht unter den in § 1 Absatz 1 Satz 1 Nummer 4 und 10 Buchstabe c des Altersvorsorgeverträge-Zertifizierungsgesetzes oder § 1 Absatz 1 Satz 1 Nummer 4, 5 und 10 Buchstabe c des Altersvorsorgeverträge-Zertifizierungsgesetzes in der bis zum 31. Dezember 2004 geltenden Fassung genannten Voraussetzungen an den Zulageberechtigten ausgezahlt (schädliche Verwendung), sind die auf das ausgezahlte geförderte Altersvorsorgevermögen entfallenden Zulagen und die nach § 10a Absatz 4 gesondert festgestellten Beträge (Rückzahlungsbetrag) zurückzuzahlen. ²Dies gilt auch bei einer Auszahlung nach Beginn der Auszahlungsphase (§ 1 Absatz 1 Satz 1 Nummer 2 des Altersvorsorgeverträge-Zertifizierungsgesetzes) und bei Auszahlungen im Fall des Todes des Zulageberechtigten. ³Hat der Zulageberechtigte Zahlungen im Sinne des § 92a Absatz 2 Satz 4 Nummer 1 oder § 92a Absatz 3 Satz 9 Nummer 2 geleistet, dann handelt es sich bei dem hierauf beruhenden Altersvorsorgevermögen um gefördertes Altersvorsorgevermögen im Sinne des Satzes 1; der Rückzahlungsbetrag bestimmt sich insoweit nach der für die in das Wohnförderkonto eingestellten Beträge gewährten Förderung. ⁴Eine Rückzahlungsverpflichtung besteht nicht für den Teil der Zulagen und der Steuerermäßigung,
a) der auf nach § 1 Absatz 1 Satz 1 Nummer 2 des Altersvorsorgeverträge-Zertifizierungsgesetzes angespartes gefördertes Altersvorsorgevermögen entfällt, wenn es in Form einer Hinterbliebenenrente an die dort genann-

ten Hinterbliebenen ausgezahlt wird; dies gilt auch für Leistungen im Sinne des § 82 Absatz 3 an Hinterbliebene des Steuerpflichtigen;
b) der den Beitragsanteilen zuzuordnen ist, die für die zusätzliche Absicherung der verminderten Erwerbsfähigkeit und eine zusätzliche Hinterbliebenenabsicherung ohne Kapitalbildung verwendet worden sind;
c) der auf gefördertes Altersvorsorgevermögen entfällt, das im Fall des Todes des Zulageberechtigten auf einen auf den Namen des Ehegatten lautenden Altersvorsorgevertrag übertragen wird, wenn die Ehegatten im Zeitpunkt des Todes des Zulageberechtigten nicht dauernd getrennt gelebt haben (§ 26 Absatz 1) und ihren Wohnsitz oder gewöhnlichen Aufenthalt in einem Mitgliedstaat der Europäischen Union oder einem Staat hatten, auf das den Abkommen über den Europäischen Wirtschaftsraum (EWR-Abkommen) anwendbar ist; dies gilt auch, wenn die Ehegatten ihren vor dem Zeitpunkt, ab dem das Vereinigte Königreich Großbritannien und Nordirland nicht mehr Mitgliedstaat der Europäischen Union ist und auch nicht wie ein solcher zu behandeln ist, begründeten Wohnsitz oder gewöhnlichen Aufenthalt im Vereinigten Königreich Großbritannien und Nordirland hatten und der Vertrag vor dem 23. Juni 2016 abgeschlossen worden ist;
d) der auf den Altersvorsorge-Eigenheimbetrag entfällt.

(1a) ¹Eine schädliche Verwendung liegt nicht vor, wenn gefördertes Altersvorsorgevermögen auf Grund einer internen Teilung nach § 10 des Versorgungsausgleichsgesetzes oder auf Grund einer externen Teilung nach § 14 des Versorgungsausgleichsgesetzes auf einen zertifizierten Altersvorsorgevertrag oder eine nach § 82 Absatz 2 begünstigte betriebliche Altersversorgung übertragen wird; die auf das übertragene Anrecht entfallende steuerliche Förderung geht mit allen Rechten und Pflichten auf die ausgleichsberechtigte Person über. ²Eine schädliche Verwendung liegt ebenfalls nicht vor, wenn gefördertes Altersvorsorgevermögen auf Grund einer externen Teilung nach § 14 des Versorgungsausgleichsgesetzes auf die Versorgungsausgleichskasse oder die gesetzliche Rentenversicherung übertragen wird; die Rechte und Pflichten der ausgleichspflichtigen Person aus der steuerlichen Förderung des übertragenen Anteils entfallen. ³In den Fällen der Sätze 1 und 2 teilt die zentrale Stelle der ausgleichspflichtigen Person die Höhe der auf die Ehezeit im Sinne des § 3 Absatz 1 des Versorgungsausgleichsgesetzes oder die Lebenspartnerschaftszeit im Sinne des § 20 Absatz 2 des Lebenspartnerschaftsgesetzes entfallenden gesondert festgestellten Beträge nach § 10a Absatz 4 und die ermittelten Zulagen mit. ⁴Die entsprechenden Beträge sind monatsweise zuzuordnen. ⁵Die zentrale Stelle teilt die geänderte Zuordnung der gesondert festgestellten Beträge nach § 10a Absatz 4 sowie der ermittelten Zulagen der ausgleichspflichtigen und in Fällen des Satzes 1 auch der ausgleichsberechtigten Person durch Feststellungsbescheid mit. ⁶Nach Eintritt der Unanfechtbarkeit dieses Feststellungsbescheids informiert die zentrale Stelle den Anbieter durch einen Datensatz über die geänderte Zuordnung.

(2) ¹Die Übertragung von gefördertem Altersvorsorgevermögen auf einen anderen auf den Namen des Zulageberechtigten lautenden Altersvorsorgevertrag (§ 1 Absatz 1 Satz 1 Nummer 10 Buchstabe b des Altersvorsorgeverträge-Zertifizierungsgesetzes) stellt keine schädliche Verwendung dar. ²Dies gilt sinngemäß in den Fällen des § 4 Absatz 2 und 3 des Betriebsrentengesetzes, wenn das gefördertes Altersvorsorgevermögen auf eine der in § 82 Absatz 2 Buchstabe a genannten Einrichtungen der betrieblichen Altersversorgung zum Aufbau einer kapitalgedeckten betrieblichen Altersversorgung übertragen und eine lebenslange Altersversorgung entsprechend § 82 Absatz 2 Satz 2 vorgesehen ist, wie auch in den Fällen einer Übertragung nach § 3 Nummer 55c Satz 2 Buchstabe a. ³In den übrigen Fällen der Abfindung von

Anwartschaften der betrieblichen Altersversorgung gilt dies, soweit das geförderte Altersvorsorgevermögen zugunsten eines auf den Namen des Zulageberechtigten lautenden Altersvorsorgevertrages geleistet wird. [4]Auch keine schädliche Verwendung sind der gesetzliche Forderungs- und Vermögensübergang nach § 9 des Betriebsrentengesetzes und die gesetzlich vorgesehene schuldbefreiende Übertragung nach § 8 Absatz 1 des Betriebsrentengesetzes.

(3) [1]Auszahlungen zur Abfindung einer Kleinbetragsrente zu Beginn der Auszahlungsphase oder im darauffolgenden Jahr gelten nicht als schädliche Verwendung. [2]Eine Kleinbetragsrente ist eine Rente, die bei gleichmäßiger Verrentung des gesamten zu Beginn der Auszahlungsphase zur Verfügung stehenden Kapitals eine monatliche Rente ergibt, die 1 Prozent der monatlichen Bezugsgröße nach § 18 des Vierten Buches Sozialgesetzbuch nicht übersteigt. [3]Bei der Berechnung dieses Betrags sind alle bei einem Anbieter bestehenden Verträge des Zulageberechtigten insgesamt zu berücksichtigen, auf die nach diesem Abschnitt geförderte Altersvorsorgebeiträge geleistet wurden. [4]Die Sätze 1 bis 3 gelten entsprechend, wenn
1. nach dem Beginn der Auszahlungsphase ein Versorgungsausgleich durchgeführt wird und
2. sich dadurch die Rente verringert.

(4) [1]Wird bei einem einheitlichen Vertrag nach § 1 Absatz 1a Satz 1 Nummer 2 zweiter Halbsatz des Altersvorsorgeverträge-Zertifizierungsgesetzes das Darlehen nicht wohnungswirtschaftlich im Sinne des § 92a Absatz 1 Satz 1 verwendet, liegt zum Zeitpunkt der Darlehensauszahlung eine schädliche Verwendung des geförderten Altersvorsorgevermögens vor, es sei denn, das geförderte Altersvorsorgevermögen wird innerhalb eines Jahres nach Ablauf des Veranlagungszeitraums, in dem das Darlehen ausgezahlt wurde, auf einen anderen zertifizierten Altersvorsorgevertrag übertragen, der auf den Namen des Zulageberechtigten lautet. [2]Der Zulageberechtigte hat dem Anbieter die Absicht zur Kapitalübertragung, den Zeitpunkt der Kapitalübertragung bis zum Zeitpunkt der Darlehensauszahlung und die Aufgabe der Absicht zur Kapitalübertragung mitzuteilen. [3]Wird die Absicht zur Kapitalübertragung aufgegeben, tritt die schädliche Verwendung zu dem Zeitpunkt ein, zu dem die Mitteilung des Zulageberechtigten hierzu beim Anbieter eingeht, spätestens aber am 1. Januar des zweiten Jahres nach dem Jahr, in dem das Darlehen ausgezahlt wurde.

Verwaltungsschreiben: BMF BStBl I 18, 93.

1 **1. Grundsätze.** Das mit staatl Förderung während der Ansparphase angesammelte Kapital soll **zwingend** im Alter für eine **Rentenzahlung** eingesetzt werden. **Rechtsfolge:** Jede Verfügung über das staatl geförderte Altersvorsorgevermögen während der Anspar- und auch während der Auszahlungsphase (§ 93 I 2) ist daher grds eine schädl Verwendung, die zur Rückzahlung der gewährten StVorteile (Zulagen, SA-Abzug) und nach § 22 Nr 5 zur Versteuerung der auf das geförderte Altersvermögen entfallenden Zuwächse (Zinserträge, Kursgewinne usw) führt. Gleiches gilt bei Fehlern des Anbieters (BFH X R 11/19 BStBl II 20, 276).

2 **a) Ausnahmen.** Keine schädl Verwendung liegt vor bei Einsatz des Kapitals iRd Zwischenentnahmemodells (§ 92a) oder wenn das Kapital auf einen anderen Altersvorsorgevertrag des Anlegers übertragen wird (s dazu iEinz § 93 II EStG 2018). Ebenso wenig bei Rentenzahlungen in Fällen der Erwerbsminderung und bei Hinterbliebenenversorgung (§ 93 I 4).

3 **b) Erbfall.** Auch die Auszahlung des Kapitals im Todesfall des **Zulageberechtigten** an dessen Erben ist eine schädl Verwendung; die Rechtsfolgen richten sich gegen den Erben. Eine Ausnahme gilt für den **überlebenden Ehegatten,** wenn im

Todeszeitpunkt die Zusammenveranlagungsvoraussetzungen (§ 26 I) vorgelegen haben, die Ehegatten ihren Wohnsitz/gewöhnl Aufenthalt in einem EU/EWR-Staat hatten und der überlebende Ehegatte das ererbte geförderte Altersvorsorgevermögen auf einen eigenen Altersvorsorgevertrag überträgt (§ 93 I 4 Buchst c; s BFH X R 11/18 BFH/NV 19, 683). Mit der Ergänzung durch das **Brexit-StBG** (BGBl I 19, 357) soll für Altfälle (Wohnsitz/gewöhnl Aufenthalt im Vereinigten Königreich Großbritannien oder Nordirland vor dem Brexit *und* Vertragsabschluss *vor* dem Brexit-Referendum am 23.6.16) das Recht zur förderunschädl Kapitalübertragung erhalten bleiben (s iEinz BR-Drs 4/19:Vertrauensschutz).

2. Einzelfragen – § 93 Ia. Die Zulagen sind nicht zurückzuzahlen, wenn iRe 4 Scheidungsfolgenregelung das geförderte Altersvorsorgevermögen zugunsten zB eines Altersvorsorgevertrages des ausgleichsberechtigten Ehegatten aufgeteilt wird. Entspr gilt bei Aufhebung einer LPart (S 3). Auch die Übertragung von gefördertem Altersvorsorgevermögen auf die Vorsorgeausgleichskasse oder die gesetzl RV ist keine schädl Verwendung. – § 93 III enthält eine Regelung zur unschädl Abfindung von Kleinbetragsrenten (zum Begriff vgl *Emser ua* NWB 17, 2490; § 1 I 1 Nr 4a AltZertG). Die Begünstigung wurde durch das BetrRentStG (BGBl I 17, 3214) ausgedehnt (§ 93 III 1 und 4) und ab 2018 um die ermäßigte Besteuerung auch bei vertragl vereinbarter Abfindung (§ 22 Nr 5 S 13 iVm § 34 I: Fünftelregelung) ergänzt (BR-Drs 780/16; *BMF* BStBl I 20, 213); zur Rechtslage bis 2017 s BFH X R 7/18 BStBl II 19, 583; BFH X R 39/17 BStBl II 20, 217; *Kulosa* HFR 19, 880; s § 34 II Nr 4 nur bei „Atypik" der Abfindung; verneinend FG BBg EFG 21, 275 rkr). – **§ 93 IV** (ab VZ 2010). Die nicht wohnungswirtschaftl Verwendung eines Darlehens aus dem Altersvorsorgevertrag ist eine schädl Verwendung; hier kann aber innerhalb Jahresfrist das Kapital förderunschädl auf einen anderen zertifizierten Altersvorsorgevertrag übertragen werden. Da sog Kombiverträge durch das AltvVerbG der Neuregelung des § 92a III 8 unterstehen (s § 92a Rz 4: Erfassung iRd Wohnförderkontos), sind sie nunmehr von § 93 IV ausgenommen.

§ 94 Verfahren bei schädlicher Verwendung

(1) ¹In den Fällen des § 93 Absatz 1 hat der Anbieter der zentralen Stelle vor der Auszahlung des geförderten Altersvorsorgevermögens die schädliche Verwendung nach amtlich vorgeschriebenem Datensatz durch amtlich bestimmte Datenfernübertragung anzuzeigen. ²Die zentrale Stelle ermittelt den Rückzahlungsbetrag und teilt diesen dem Anbieter durch Datensatz mit. ³Der Anbieter hat den Rückzahlungsbetrag einzubehalten, mit der nächsten Anmeldung nach § 90 Absatz 3 anzumelden und an die zentrale Stelle abzuführen. ⁴Der Anbieter hat die einbehaltenen und abgeführten Beträge der zentralen Stelle nach amtlich vorgeschriebenem Datensatz durch amtlich bestimmte Datenfernübertragung mitzuteilen und diese Beträge dem Zulageberechtigten zu bescheinigen; mit Einverständnis des Zulageberechtigten kann die Bescheinigung elektronisch bereitgestellt werden. ⁵In den Fällen des § 93 Absatz 3 gilt Satz 1 entsprechend.

(2) ¹Eine Festsetzung des Rückzahlungsbetrags erfolgt durch die zentrale Stelle auf besonderen Antrag des Zulageberechtigten oder sofern die Rückzahlung nach Absatz 1 ganz oder teilweise nicht möglich ist oder nicht erfolgt ist. ²§ 90 Absatz 4 Satz 2 bis 6 gilt entsprechend; § 90 Absatz 4 Satz 5 gilt nicht, wenn die Geschäftsbeziehung im Hinblick auf den jeweiligen Altersvorsorgevertrag zwischen dem Zulageberechtigten und dem Anbieter beendet wurde. ³Im Rückforderungsbescheid sind auf den Rückzahlungsbetrag die vom Anbieter bereits einbehaltenen und abgeführten Beträge nach Maßgabe der Bescheinigung nach Absatz 1 Satz 4 anzurechnen. ⁴Der Zulageberechtigte hat den verbleibenden Rückzahlungsbetrag innerhalb eines Mo-

nats nach Bekanntgabe des Rückforderungsbescheids an die zuständige Kasse zu entrichten. ⁵Die Frist für die Festsetzung des Rückzahlungsbetrags beträgt vier Jahre und beginnt mit Ablauf des Kalenderjahres, in dem die Auszahlung im Sinne des § 93 Absatz 1 erfolgt ist.

(3) ¹Sofern der zentralen Stelle für den Zulageberechtigten im Zeitpunkt der schädlichen Verwendung eine Meldung nach § 118 Absatz 1a des Zwölften Buches Sozialgesetzbuch zum erstmaligen Bezug von Hilfe zum Lebensunterhalt und von Grundsicherung im Alter und bei Erwerbsminderung vorliegt, teilt die zentrale Stelle zum Zeitpunkt der Mitteilung nach Absatz 1 Satz 2 der Datenstelle der Rentenversicherungsträger als Vermittlungsstelle die schädliche Verwendung durch Datenfernübertragung mit. ²Dies gilt nicht, wenn das Ausscheiden aus diesem Hilfebezug nach § 118 Absatz 1a des Zwölften Buches Sozialgesetzbuch angezeigt wurde.

1 Der Anbieter hat die DRV Bund vor der Auszahlung des Kapitals an den Anleger über die schädl Verwendung des Altersvorsorgevermögens zu unterrichten (§ 94 I). Die DRV Bund ermittelt den Rückforderungsbetrag (Zulagen, Vorteile aus dem SA-Abzug) und teilt diesen dem Anbieter mit, der dem Anleger nur das um den Rückforderungsbetrag verminderte Kapital auszahlen darf. Die DRV Bund unterrichtet das FA wegen der Versteuerung nach § 22 Nr 5. In der dem Zulageberechtigten vom Anbieter zu erteilenden ggf elektronischen Bescheinigung sind **ab VZ 2014** die Erträge mit nach auszuweisen (§ 94 I 4; *BMF* BStBl I 14, 810).
– Ein Rückforderungsbescheid ergeht nur auf Antrag des Anbieters oder wenn (wohl nur im Falle des § 92a) die Rückzahlung allein durch den Einbehalt ganz oder teilweise nicht mögl ist. Gegen den Rückforderungsbescheid sind Einspruch und Klage an FG (§ 98) gegeben. Zu beachten ist die vierjährige Verjährungsfrist nach § 94 II 5 (dazu BFH X R 11/18 BFH/NV 19, 683 betr Erbfall). § 94 III idF BetrRentStG (BGBl I 17, 3214) stellt ab 2019 in Fällen des Sozialleistungsbezugs den Datenaustausch mit dem Sozialleistungsträger über die schädl Verwendung sicher.

§ 95 Sonderfälle der Rückzahlung

(1) ¹Die §§ 93 und 94 gelten entsprechend, wenn

1. sich der Wohnsitz oder gewöhnliche Aufenthalt des Zulageberechtigten außerhalb der Mitgliedstaaten der Europäischen Union und der Staaten befindet, auf die das Abkommen über den Europäischen Wirtschaftsraum (EWR-Abkommen) anwendbar ist, oder wenn der Zulageberechtigte ungeachtet eines Wohnsitzes oder gewöhnlichen Aufenthaltes in einem dieser Staaten nach einem Abkommen zur Vermeidung der Doppelbesteuerung mit einem dritten Staat als außerhalb des Hoheitsgebiets dieser Staaten ansässig gilt und

2. entweder keine Zulageberechtigung besteht oder der Vertrag in der Auszahlungsphase ist.

²Satz 1 gilt nicht, sofern sich der Wohnsitz oder gewöhnliche Aufenthalt des Zulageberechtigten bereits seit dem 22. Juni 2016 ununterbrochen im Vereinigten Königreich Großbritannien und Nordirland befindet und der Vertrag vor dem 23. Juni 2016 abgeschlossen worden ist.

(2) ¹Auf Antrag des Zulageberechtigten ist der Rückzahlungsbetrag im Sinne des § 93 Absatz 1 Satz 1 zunächst bis zum Beginn der Auszahlung zu stunden. ²Die Stundung ist zu verlängern, wenn der Rückzahlungsbetrag mit mindestens 15 Prozent der Leistungen aus dem Vertrag getilgt wird. ³Die Stundung endet, wenn das geförderte Altersvorsorgevermögen nicht unter den in § 1 Absatz 1 Satz 1 Nummer 4 des Altersvorsorgeverträge-Zertifizie-

rungsgesetzes genannten Voraussetzungen an den Zulageberechtigten ausgezahlt wird. ⁴Der Stundungsantrag ist über den Anbieter an die zentrale Stelle zu richten. ⁵Der Anbieter hat dem Zulageberechtigten den Stundungsantrag bereitzustellen; mit Einverständnis des Zulageberechtigten kann der Antrag elektronisch bereitgestellt werden. ⁶Die zentrale Stelle teilt ihre Entscheidung auch dem Anbieter mit.

(3) Wurde der Rückzahlungsbetrag nach Absatz 2 gestundet und
1. verlegt der ehemals Zulageberechtigte seinen ausschließlichen Wohnsitz oder gewöhnlichen Aufenthalt in einen Mitgliedstaat der Europäischen Union oder einen Staat, auf den das Abkommen über den Europäischen Wirtschaftsraum (EWR-Abkommen) anwendbar ist, oder
2. wird der ehemals Zulageberechtigte erneut zulageberechtigt,

sind der Rückzahlungsbetrag und die bereits entstandenen Stundungszinsen von der zentralen Stelle zu erlassen.

Verwaltungsanweisungen: BMF BStBl I 18, 93.

1. Wohnsitz. Der Wegzug ins Ausl ist grds auch dann ein Fall der schädl Verwendung, wenn die Zulageberechtigung bereits geendet oder die Auszahlungsphase bereits begonnen hat (§ 95 I Nr 2 idF AltvVerbG, BGBl I 13, 1667; BT-Drs 17/10818, 21: Klarstellung). Davon sind jedoch Wegzugsfälle innerhalb der EU oder in einen EWR-Staat ausgenommen. Nach der Sonderregelung des § 95 I 2 idF **Brexit-StBG** (BGBl I 19, 357) bleiben ferner „UK"-Altfälle (Vertragsschluss *vor* 23.6.16 [Brexit-Referendum] und ununterbrochener Wohnsitz/gewöhnl Aufenthalt im Vereinigten Königreich Großbritannien und Nordirland *seit* 22.6.16) vor einer schädl Verwendung geschützt (iEinz BR-Drs 4/19: Vertrauensschutz). Die begünstigte Immobilie muss aber selbst genutzt werden und die Hauptwohnung oder den Mittelpunkt der Lebensinteressen des Förderberechtigten darstellen. Wird das Altersvorsorgevermögen ausgezahlt, kommt es zudem zur Besteuerung nach § 22 Nr 5. 1

2. Stundung, § 95 II. Wird das Altersvorsorgevermögen aber nicht ausgezahlt, kann der Rückzahlungsbetrag bis zum Beginn der Auszahlungsphase (Beginn der Rentenzahlungen) zinslos gestundet werden. Die Stundung kann darüber hinaus verlängert werden, wenn mindestens 15 % der dann zufließenden Rentenzahlungen zur Tilgung des Rückforderungsbetrages verwendet werden. Kommt es jedoch während der Stundungsphase zur Auszahlung des Altersvorsorgekapitals, endet die Stundung und der gesamte Rückzahlungsbetrag wird fällig (Abs 2 S 3). Durch EU-VorgabenG (BGBl I 10, 386) ist die Zinsfreistellung weggefallen, um die durch die Herbeiführung des EU-konformen Rechtszustandes verursachten Mindereinnahmen etwas abzumildern. Aufgrund der Änderung durch das AltvVerbG (BGBl I 13, 1667) finden die Stundungsregeln (§ 95 II) auch auf Verträge der betriebl Altersversorgung Anwendung (BT-Drs 17/10818, 21). 2

3. Erlass, § 95 III. Der gestundete Rückzahlungsbetrag und die Stundungszinsen sind von der zentralen Stelle zu erlassen, wenn eine Zulagenberechtigung erneut begründet wird oder der ausschließl Wohnsitz/gewöhnl Aufenthalt wieder in den EU-/EWR-Raum verlegt wird. 3

§ 96 Anwendung der Abgabenordnung, allgemeine Vorschriften

(1) ¹Auf die Zulagen und die Rückzahlungsbeträge sind die für Steuervergütungen geltenden Vorschriften der Abgabenordnung entsprechend anzuwenden. ²Dies gilt nicht für § 163 der Abgabenordnung.

(2) ¹Hat der Anbieter vorsätzlich oder grob fahrlässig
1. unrichtige oder unvollständige Daten übermittelt oder
2. Daten pflichtwidrig nicht übermittelt,

§ 98 1 Rechtsweg

obwohl der Zulageberechtigte seiner Informationspflicht gegenüber dem Anbieter zutreffend und rechtzeitig nachgekommen ist, haftet der Anbieter für die entgangene Steuer und die zu Unrecht gewährte Steuervergünstigung. ²Dies gilt auch, wenn im Verhältnis zum Zulageberechtigten Festsetzungsverjährung eingetreten ist. ³Der Zulageberechtigte haftet als Gesamtschuldner neben dem Anbieter, wenn er weiß, dass der Anbieter unrichtige oder unvolständige Daten übermittelt oder Daten pflichtwidrig nicht übermittelt hat. ⁴Für die Inanspruchnahme des Anbieters ist die zentrale Stelle zuständig.

(3) Die zentrale Stelle hat auf Anfrage des Anbieters Auskunft über die Anwendung des Abschnitts XI zu geben.

(4) ¹Die zentrale Stelle kann beim Anbieter ermitteln, ob er seine Pflichten erfüllt hat. ²Die §§ 193 bis 203 der Abgabenordnung gelten sinngemäß. ³Auf Verlangen der zentralen Stelle hat der Anbieter ihr Unterlagen, soweit sie im Ausland geführt und aufbewahrt werden, verfügbar zu machen.

(5) Der Anbieter erhält vom Bund oder den Ländern keinen Ersatz für die ihm aus diesem Verfahren entstehenden Kosten.

(6) ¹Der Anbieter darf die im Zulageverfahren bekannt gewordenen Verhältnisse der Beteiligten nur für das Verfahren verwerten. ²Er darf sie ohne Zustimmung der Beteiligten nur offenbaren, soweit dies gesetzlich zugelassen ist.

(7) ¹Für die Zulage gelten die Strafvorschriften des § 370 Absatz 1 bis 4, der §§ 371, 375 Absatz 1 und des § 376 sowie die Bußgeldvorschriften der §§ 378, 379 Absatz 1 und 4 und der §§ 383 und 384 der Abgabenordnung entsprechend. ²Für das Strafverfahren wegen einer Straftat nach Satz 1 sowie der Begünstigung einer Person, die eine solche Tat begangen hat, gelten die §§ 385 bis 408, für das Bußgeldverfahren wegen einer Ordnungswidrigkeit nach Satz 1 die §§ 409 bis 412 der Abgabenordnung entsprechend.

1 Es gelten sämtl AO-Vorschriften entspr (Ausnahme: § 96 I 2). Zur Rückforderung nach Vertragsende s § 37 II AO s BFH X R 35/17 BStBl II 19, 668; FG BBg EFG 21, 2040, Rev X R 9/21. Die Haftung des Anbieters wurde durch das BetrRentStG (BGBl I 17, 3214) ab 2018 zur Verbesserung des Datenaustausches und zur Minimierung von Steuerausfällen verschärft (BR-Drs 780/16; *Emser ua* NWB 17, 2490, 2493).

§ 97 Übertragbarkeit

¹Das nach § 10a oder Abschnitt XI geförderte Altersvorsorgevermögen einschließlich seiner Erträge, die geförderten laufenden Altersvorsorgebeiträge und der Anspruch auf die Zulage sind nicht übertragbar. ² § 93 Absatz 1a und § 4 des Betriebsrentengesetzes bleiben unberührt.

1 Das angesammelte Kapital, soweit es der steuerl Förderung unterliegt, die damit zusammenhängenden Erträge, die lfd Altersvorsorgebeiträge und der Anspruch auf Zulage sind geschützt, also nicht übertragbar, nicht pfändbar und nicht verpfändbar (*BMF* BStBl I 18, 93 Tz 282ff; BGH IX ZR 21/17 DB 18, 116). Das darüber hinaus angesammelte Kapital und die darüber hinaus geleisteten Beiträge werden hingegen von § 97 nicht erfasst.

§ 98 Rechtsweg

In öffentlich-rechtlichen Streitigkeiten über die auf Grund des Abschnitts XI ergehenden Verwaltungsakte ist der Finanzrechtsweg gegeben.

1 Zuständig ist das FG Bbg (§ 38 I FGO; BFH X R 41/13 BStBl II 16, 525).

Förderbetrag zur betrieblichen Altersversorgung § 100

§ 99 Ermächtigung

(1) Das Bundesministerium der Finanzen wird ermächtigt, die Vordrucke für die Anträge nach § 89, für die Anmeldung nach § 90 Absatz 3 und für die in den §§ 92 und 94 Absatz 1 Satz 4 vorgesehenen Bescheinigungen und im Einvernehmen mit den obersten Finanzbehörden der Länder das Muster für die nach § 22 Nummer 5 Satz 7 vorgesehene Bescheinigung und den Inhalt und Aufbau der für die Durchführung des Zulageverfahrens zu übermittelnden Datensätze zu bestimmen.

(2) ¹Das Bundesministerium der Finanzen wird ermächtigt, im Einvernehmen mit dem Bundesministerium für Arbeit und Soziales und dem Bundesministerium des Innern, für Bau und Heimat durch Rechtsverordnung mit Zustimmung des Bundesrates Vorschriften zur Durchführung dieses Gesetzes über das Verfahren für die Ermittlung, Festsetzung, Auszahlung, Rückzahlung und Rückforderung der Zulage sowie die Rückzahlung und Rückforderung der nach § 10a Absatz 4 festgestellten Beträge zu erlassen. ²Hierzu gehören insbesondere

1. Vorschriften über Aufzeichnungs-, Aufbewahrungs-, Bescheinigungs- und Anzeigepflichten des Anbieters,
2. Grundsätze des vorgesehenen Datenaustausches zwischen den Anbietern, der zentralen Stelle, den Trägern der gesetzlichen Rentenversicherung, der Bundesagentur für Arbeit, den Meldebehörden, den Familienkassen, den zuständigen Stellen und den Finanzämtern und
3. Vorschriften über Mitteilungspflichten, die für die Erteilung der Bescheinigungen nach § 22 Nummer 5 Satz 7 und § 92 erforderlich sind.

Aufgrund von § 99 II EStG ist die Altersvorsorge-Durchführungsverordnung **1**
(AltvDV) erlassen worden.

XII. Förderbetrag zur betrieblichen Altersversorgung

§ 100 Förderbetrag zur betrieblichen Altersversorgung

(1) ¹Arbeitgeber im Sinne des § 38 Absatz 1 dürfen vom Gesamtbetrag der einzubehaltenden Lohnsteuer für jeden Arbeitnehmer mit einem ersten Dienstverhältnis einen Teilbetrag des Arbeitgeberbeitrags zur kapitalgedeckten betrieblichen Altersversorgung (Förderbetrag) entnehmen und bei der nächsten Lohnsteuer-Anmeldung gesondert absetzen. ²Übersteigt der insgesamt zu gewährende Förderbetrag den Betrag, der insgesamt an Lohnsteuer abzuführen ist, so wird der übersteigende Betrag dem Arbeitgeber auf Antrag von dem Finanzamt, an das die Lohnsteuer abzuführen ist, aus den Einnahmen der Lohnsteuer ersetzt.

(2) ¹Der Förderbetrag beträgt im Kalenderjahr 30 Prozent des zusätzlichen Arbeitgeberbeitrags nach Absatz 3, höchstens 288 Euro. ²In Fällen, in denen der Arbeitgeber bereits im Jahr 2016 einen zusätzlichen Arbeitgeberbeitrag an einen Pensionsfonds, eine Pensionskasse oder für eine Direktversicherung geleistet hat, ist der jeweilige Förderbetrag auf den Betrag beschränkt, den der Arbeitgeber darüber hinaus leistet.

(3) Voraussetzung für die Inanspruchnahme des Förderbetrags nach den Absätzen 1 und 2 ist, dass

1. der Arbeitslohn des Arbeitnehmers im Lohnzahlungszeitraum, für den der Förderbetrag geltend gemacht wird, im Inland dem Lohnsteuerabzug unterliegt;

2. der Arbeitgeber für den Arbeitnehmer zusätzlich zum ohnehin geschuldeten Arbeitslohn im Kalenderjahr mindestens einen Betrag in Höhe von 240 Euro an einen Pensionsfonds, eine Pensionskasse oder für eine Direktversicherung zahlt;
3. im Zeitpunkt der Beitragsleistung der laufende Arbeitslohn (§ 39b Absatz 2 Satz 1 und 2), der pauschal besteuerte Arbeitslohn (§ 40a Absatz 1 und 3) oder das pauschal besteuerte Arbeitsentgelt (§ 40a Absatz 2 und 2a) nicht mehr beträgt als
   a) 85,84 Euro bei einem täglichen Lohnzahlungszeitraum,
   b) 600,84 Euro bei einem wöchentlichen Lohnzahlungszeitraum,
   c) 2575 Euro bei einem monatlichen Lohnzahlungszeitraum oder
   d) 30 900 Euro bei einem jährlichen Lohnzahlungszeitraum;
4. eine Auszahlung der zugesagten Alters-, Invaliditäts- oder Hinterbliebenenversorgungsleistungen entsprechend § 82 Absatz 2 Satz 2 vorgesehen ist;
5. sichergestellt ist, dass von den Beiträgen jeweils derselbe prozentuale Anteil zur Deckung der Vertriebskosten herangezogen wird; der Prozentsatz kann angepasst werden, wenn die Kalkulationsgrundlagen geändert werden, darf die ursprüngliche Höhe aber nicht überschreiten.

(4) [1] Für die Inanspruchnahme des Förderbetrags sind die Verhältnisse im Zeitpunkt der Beitragsleistung maßgeblich; spätere Änderungen der Verhältnisse sind unbeachtlich. [2] Abweichend davon sind die für den Arbeitnehmer nach Absatz 1 geltend gemachten Förderbeträge zurückzugewähren, wenn eine Anwartschaft auf Leistungen aus einer nach Absatz 1 geförderten betrieblichen Altersversorgung später verfällt und sich daraus eine Rückzahlung an den Arbeitgeber ergibt. [3] Der Förderbetrag ist nur zurückzugewähren, soweit er auf den Rückzahlungsbetrag entfällt. [4] Der Förderbetrag ist in der Lohnsteuer-Anmeldung für den Lohnzahlungszeitraum, in dem die Rückzahlung zufließt, der an das Betriebsstättenfinanzamt abzuführenden Lohnsteuer hinzuzurechnen.

(5) Für den Förderbetrag gelten entsprechend:
1. die §§ 41, 41a, 42e, 42f und 42g,
2. die für Steuervergütungen geltenden Vorschriften der Abgabenordnung mit Ausnahme des § 163 der Abgabenordnung und
3. die §§ 195 bis 203 der Abgabenordnung, die Strafvorschriften des § 370 Absatz 1 bis 4, der §§ 371, 375 Absatz 1 und des § 376, die Bußgeldvorschriften der §§ 378, 379 Absatz 1 und 4 und der §§ 383 und 384 der Abgabenordnung, die §§ 385 bis 408 für das Strafverfahren und die §§ 409 bis 412 der Abgabenordnung für das Bußgeldverfahren.

(6) [1] Der Arbeitgeberbeitrag im Sinne des Absatzes 3 Nummer 2 ist steuerfrei, soweit er im Kalenderjahr 960 Euro nicht übersteigt. [2] Die Steuerfreistellung des § 3 Nummer 63 bleibt hiervon unberührt.

Lohnsteuer-Richtlinien: LStR 100 – *Verwaltungsanweisungen:* BMF BStBl I 18, 147 Rz 100ff; BMF BStBl I 19, 834; BMF BStBl I 21, 1050 Rz 100ff.

Schrifttum: Briese Arbeitgeber-Förderbeitrag bei der betrieblichen Altersversorgung, DStR 19, 2510

1 **1. Allgemeines.** Durch das BetrRentStG (BGBl I 17, 3214) wurde zum 1.1.18 ein Förderbetrag zur betriebl Altersversorgung eingeführt. Er ist ein staatl Zuschuss zu einem vom ArbG zusätzl zum ohnehin geschuldeten ArbLohn geleisteten Beitrag zur Altersversorgung von ArbN mit geringem ArbLohn. Der Förderbetrag soll den Verbreitungsgrad der Altersversorgung erhöhen. Die Abwicklung erfolgt über die LStAnmeldung.

2. Voraussetzungen und Abwicklung, § 100 I. Die Vorschrift regelt die grds 2
Voraussetzungen der Förderung und Entnahme des Förderbetrags bei der LSt-
Anmeldung.

a) Förderbetrag. Die Förderung setzt einen zum LStAbzug verpflichteten 3
ArbG voraus, also einen inl ArbG, einen ausl Verleiher oder bei Entsendung
von ArbN ein inl aufnehmendes Unternehmen, das den ArbLohn wirtschaftl trägt
oder nach Fremdvergleichsgundsätzen hätte tragen müssen (*BMF* BStBl I 21, 1050
Rz 103). Beim ArbN muss ein erstes DienstVerh vorliegen. Dies soll die mehr-
malige Inanspruchnahme des Förderbetrags verhindern. Allerdings kann die Förderung bei einem ArbG-Wechsel für jedes erste DienstVerh geltend gemacht werden. Ein solches ist auch ein weiter bestehendes DienstVerh ohne ArbLohnanspruch, zB während der Eltern- oder Pflegezeit und des Bezugs von Krankengeld
(*Harder-Buschner* NWB 17, 2417; BT-Drs 17/11286, 69). Gefördert wird nur eine
kapitalgedeckte Altersversorgung.

b) Absetzung des Förderbetrags bei der Lohnsteueranmeldung. Der 4
ArbG kann den Förderbetrag der von ihm einzubehaltenden LSt entnehmen und
bei der nächsten LStAnmeldung gesondert absetzen. Ist keine LSt einzubehalten
(zB bei stfreiem ArbLohn) oder ist die vom ArbG einzubehaltende LSt geringer
als der Förderbetrag, kommt es mit der LSt-Anmeldung zu einer Erstattung durch
das BetriebsstättenFA (*BMF* BStBl I 21, 1050 Rz 102; *Meissner* DStR 17, 2633).

3. Höhe des Förderbetrags, § 100 II. Die Vorschrift regelt die Höhe des 5
BAV-Förderbetrags. Es handelt sich um einen Jahresbetrag (*BMF* BStBl I,21, 1050
Rz 119), der ab 19.8.2020 durch das Grundrentengesetz von 144 € auf 288 € erhöht wurde. Auf die Zahlungsweise kommt es aber nicht an. Für die Begrenzung der Förderung bei bereits bestehenden Versorgungsvereinbarungen wird auf
das Referenzjahr 2016 abgestellt. Abs 2 soll gewährleisten, dass es bei bereits
bestehenden Versorgungsvereinbarungen durch den Zuschuss nicht zu einer Entlastung des ArbG kommt, ohne dass zusätzl Mittel mindestens iHd Zuschusses für
die Altersversorgung des ArbN zur Verfügung gestellt werden (BT-Drs 17/12612,
35f).

4. Inanspruchnahme des Förderbetrags, § 100 III. Die weiteren Vorausset- 6
zungen der Förderung sind in Abs 3 geregelt.

a) Lohnsteuerabzug im Inland, § 100 III Nr 1. Der ArbLohn muss im Inl 7
der LStAbzug unterliegen. Unerhebl ist, ob beschr oder unbeschr StPflicht vorliegt
oder ob der LStAbzug nach DBA im Inl begrenzt ist (BT-Drs 17/11286, 70; *Meissner*
DStR 17, 2633).

b) Beitrag zusätzlich zum ohnehin geschuldeten Arbeitslohn, § 100 III 8
Nr 2. Erforderl ist ein vom ArbG zusätzl zum ohnehin geschuldeten ArbLohn
(s dazu auch § 40 Rz 17 und § 8 Rz 80 ff) zu erbringender Beitrag iHv mindestens 240 € zu einer der im Gesetz genannten Wege der betriebl Altersversorgung.
Barlohnumwandlungen sind daher ausgeschlossen. Ob eine solche vorliegt, ist im
Zeitpunkt der Lohnzahlung zu prüfen (BFH VI R 32/18 DStR 19, 2247; BFH VI
R 40/17 BFH/NV 19, 1341; aA *BMF* BStBl I 19, 834; *Briese* DStR 19, 2510). Ein
arbeitsvertragl vor der Lohnzahlung vereinbarter Lohnformwechsel ist daher begünstigungsunschädl. Ab VZ 20 ist aber § 8 IV zu beachten (s § 8 Rz 80ff). Die
zusätzl Beträge können (nach mE) zutr Auffassung des *FinVerw* tarif-, einzelvertragl
oder durch Betriebsvereinbarung geregelt werden (*BMF* BStBl I 21, 1050 Rz 111;
Harder-Buschner NWB 17, 2417).

c) Einkommensgrenzen, § 100 III Nr 3. Die Vorschrift legt die Einkom- 9
mensgrenzen fest, bis zu denen die Förderung gewährt wird. Diese wurden ab
19.8.2020 durch das Grundrentengesetz erhöht. Maßgebl ist jeweils der Zeitpunkt
der Beitragsleistung (*Meissner* DStR 18, 99). Stfreier ArbLohn, sonstige Bezüge
(§ 39b II), unter die Freigrenze des § 8 III 11 fallende Sachbezüge oder nach

§§ 37a, 37b, 40, 40b pauschal besteuerter ArbLohn bleiben unberücksichtigt (BT-Drs 17/11286, 71; *BMF* BStBl I 21. 1050 Rz 108).

10 **d) Auszahlung der Versorgungsleistungen, § 100 III Nr 4.** Die Vorschrift verweist auf § 82 II 2. Hiernach muss die Auszahlung in Form einer Rente oder eines Auszahlungsplans vorgesehen sein. Davon ist auch bei einer betriebl Altersversorgung in Form der reinen Beitragszusage (§§ 21 ff BetrAVG) auszugehen (BT-Drs 19/4455, 45). Die Möglichkeit, anstelle lebenslanger Altersversorgungsleistungen eine Kapitalauszahlung zu wählen, steht der Förderung nicht entgegen (*BMF* BStBl I 21, 1050 Rz 136; *Briese* DStR 17, 2347) klargestellt hat. Entscheidet sich der ArbN allerdings für eine Einmalkapitalauszahlung, sind von diesem Zeitpunkt an die Voraussetzungen des § 100 nicht mehr erfüllt. Die Förderung entfällt und die Beitragsleistungen sind zu besteuern.

11 **e) Keine „Zillmerung", § 100 III Nr 5.** Die Abschluss- und Vertriebskosten der Altersversorgung dürfen nur als fester Anteil der lfd Beiträge einbehalten werden. Die Finanzierung dieser Kosten zulasten der ersten Beiträge („Zillmerung") ist förderschädl (*Plenker* DB 18, 81). Steuerfreiheit des Arbeitgeberbeitrags

12 **5. Verhältnisse bei Beitragszahlung, § 100 IV.** Maßgebl für die Förderung sind nach Abs 4 S 1 grds die Verhältnisse im Zeitpunkt der Beitragsleistung. Abs 4 S 2–4 regeln Ausnahmen. Verfällt die Anwartschaft auf Leistungen aus einer geförderten Altersversorgung, zB durch das DienstVerh vor Ablauf der Unverfallbarkeit endet (§ 1b I BetrAVG), und ergibt sich daraus eine Beitragsrückzahlung an den ArbG, sind die entspr Förderbeträge ebenfalls zurück zu gewähren, soweit sie auf diesen Rückzahlungsbetrag entfallen. Die Rückgewährung des Förderbetrages erfolgt über die LStAnmeldung für den Lohnzahlungszeitraum, in dem die Rückzahlung zufließt. Der zurück zu gewährende Förderbetrag ist der an das BetriebsstättenFA abzuführenden LSt hinzuzurechnen (*BMF* BStBl I 21, 1050 Rz 140).

13 **6. Anwendbarkeit anderer Vorschriften, § 100 V.** Die Regelung erklärt verschiedene Vorschriften für entspr anwendbar. Dies gilt insb für die LSt-Außenprüfung und die Anrufungsauskunft sowie die Vorschriften der AO über StVergütungen und das Straf- und Bußgeldverfahren.

14 **7. Steuerfreiheit des Arbeitgeberbeitrags, § 100 VI.** Der zusätzl ArbG-Beitrag zur Altersversorgung des ArbN ist iHv maximal 480 € (ab 19.8.2020: 960 €) pro Jahr stfrei, wenn die Fördervoraussetzungen vorliegen. Die Dokumentation im Lohnkonto muss ebenfalls gewährleistet sein (*Meissner* DStR 18, 99). Diese StFreiheit hat Vorrang vor § 3 Nr 63. Ein über den Höchstbetrag hinaus gezahlter zusätzl ArbG-Beitrag ist daher nach § 3 Nr 63 stfrei, sofern das entspr Volumen des § 3 Nr. 63 noch nicht anderweitig ausgeschöpft wurde (*BMF* BStBl I 21, 1050 Rz 144).

XIII. Mobilitätsprämie

Vorbemerkung: Die ab VZ 2021 geltenden Vorschriften zur Mobilitätspramie (§§ 101–109) wurden durch das KlimaSG (BGBl I 19, 2886) eingefügt. Die Regelungen sind ein Fremdkörper im EStG; sie sind kompliziert und schwer administrierbar. Sie sollten nicht als Vorbild für weitere Prämienregelungen innerhalb des EStG dienen.

§ 101 Bemessungsgrundlage und Höhe der Mobilitätsprämie

[1] Steuerpflichtige können für die Veranlagungszeiträume 2021 bis 2026 neben der Berücksichtigung der Entfernungspauschalen ab dem 21. vollen Entfernungskilometer gemäß § 9 Absatz 1 Satz 3 Nummer 4 Satz 8 Buchstabe a

und b, Nummer 5 Satz 9 Buchstabe a und b und § 4 Absatz 5 Satz 1 Nummer 6 Satz 4 als Werbungskosten oder Betriebsausgaben eine Mobilitätsprämie beanspruchen. ²Bemessungsgrundlage der Mobilitätsprämie sind die berücksichtigten Entfernungspauschalen im Sinne des Satzes 1, begrenzt auf den Betrag, um den das zu versteuernde Einkommen den Grundfreibetrag im Sinne des § 32a Absatz 1 Satz 2 Nummer 1 unterschreitet; bei Ehegatten, die nach den §§ 26, 26b zusammen zur Einkommensteuer veranlagt werden, sind das gemeinsame zu versteuernde Einkommen und der doppelte Grundfreibetrag maßgebend. ³Bei Steuerpflichtigen mit Einkünften aus nichtselbständiger Arbeit gilt dies nur, soweit die Entfernungspauschalen im Sinne des Satzes 1 zusammen mit den übrigen zu berücksichtigenden Werbungskosten im Zusammenhang mit den Einnahmen aus nichtselbständiger Arbeit den Arbeitnehmer-Pauschbetrag nach § 9a Satz 1 Nummer 1 Buchstabe a übersteigen. ⁴Die Mobilitätsprämie beträgt 14 Prozent dieser Bemessungsgrundlage.

1. Allgemeines. Für Personen, deren zu versteuerndes Einkommen den Grundfreibetrag nicht überschreitet und die daher keine ESt zahlen, wird die Möglichkeit geschaffen, anstelle der erhöhten Entfernungspauschale (s § 9 Rz 205 und § 9 Rz 248) eine Mobilitätsprämie iHv 14 % der erhöhten Pauschale zu erhalten. Ein Anspruch besteht nur, soweit das zu versteuernde Einkommen, das sich unter Berücksichtigung der erhöhten Entfernungspauschale ergibt, unterhalb des Grundfreibetrags liegt. Bei zusammen veranlagten Ehegatten sind das gemeinsame zu versteuernde Einkommen und der doppelte Grundfreibetrag maßgebl.

2. Bemessungsgrundlage. Die Prämie wird für die Wege zw Wohnung und erster Tätigkeitsstätte/Betriebsstätte sowie für eine wöchentl Familienheimfahrt iRe doppelten Haushaltsführung gewährt. Bemessungsgrundlage sind grds die erhöhten Entfernungspauschalen von 0,35 € (2021–2023)/0,38 € (2024–2026) ab dem 21. Entfernungskilometer. Bei ArbN gilt dies wegen des ArbN-Pauschbetrags (§ 9a 1 Nr 1a) nur, soweit die erhöhten Pauschalen zusammen mit den übrigen WK iZm § 19 den Pauschbetrag überschreiten.

3. Höhe der Prämie. Sie beträgt 14 % der Bemessungsgrundlage. Dies entspricht dem Eingangssteuersatz (Berechnungsbeispiele s BT-Drs 19/14 338, 26).

§ 102 Anspruchsberechtigung

Anspruchsberechtigt sind unbeschränkt oder beschränkt Steuerpflichtige im Sinne des § 1.

Anspruch auf die Mobilitätsprämie haben sowohl unbeschr als auch beschr StPfl.

§ 103 Entstehung der Mobilitätsprämie

Der Anspruch auf die Mobilitätsprämie entsteht mit Ablauf des Kalenderjahres, in dem der Anspruchsberechtigte die erste Tätigkeitsstätte im Sinne des § 9 Absatz 4 oder eine Betriebsstätte im Sinne des § 4 Absatz 5 Satz 1 Nummer 6 aufgesucht oder Familienheimfahrten im Rahmen einer doppelten Haushaltsführung im Sinne des § 9 Absatz 1 Satz 3 Nummer 5 Satz 5 sowie des § 4 Absatz 5 Satz 1 Nummer 6 durchgeführt hat.

Die Prämie entsteht mit Ablauf des Kj, in dem die begünstigten Fahrten durchgeführt worden sind.

§ 104 Antrag auf die Mobilitätsprämie

(1) **Die Mobilitätsprämie wird auf Antrag gewährt.**

(2) ¹Der Anspruchsberechtigte hat den Antrag auf die Mobilitätsprämie bis zum Ablauf des vierten Kalenderjahres, das auf das Kalenderjahr folgt, in dem nach § 103 die Mobilitätsprämie entsteht, zu stellen. ²Der Antrag ist nach amtlich vorgeschriebenem Vordruck bei dem Finanzamt zu stellen, das für die Besteuerung des Anspruchsberechtigten nach dem Einkommen zuständig ist.

1   Die Mobilitätsprämie ist **antragsgebunden.** Der Antrag muss bis zum Ablauf des vierten Kj gestellt werden, das auf das Kj der Entstehung der Prämie (s § 103 Rz 1) folgt. Der Antrag ist bei unbeschr StPfl beim zuständigen Wohnsitz-FA zu stellen; bei beschr StPfl idR bei dem FA, in dessen Bezirk der StPfl seine Tätigkeit vorwiegend ausübt (s § 19 AO). Für den Antrag ist ein amtl Vordruck zu verwenden. Dort werden insb Angaben zu den Einnahmen und den WK/BA für die Fahrten zw Wohnung und erster Tätigkeitsstätte/Betriebsstätte sowie für die Familienheimfahrten bei doppelter Haushaltsführung verlangt.

§ 105 Festsetzung und Auszahlung der Mobilitätsprämie

(1) ¹Die Mobilitätsprämie ist nach Ablauf des Kalenderjahres im Rahmen einer Einkommensteuerveranlagung festzusetzen. ²Eine Festsetzung erfolgt nur, wenn die Mobilitätsprämie mindestens 10 Euro beträgt. ³Die festgesetzte Mobilitätsprämie mindert die festgesetzte Einkommensteuer im Wege der Anrechnung. ⁴Sie gilt insoweit als Steuervergütung. ⁵Die Auszahlung erfolgt aus den Einnahmen an Einkommensteuer.

(2) ¹Besteht das Einkommen ganz oder teilweise aus Einkünften aus nichtselbständiger Arbeit, die dem Steuerabzug unterlegen haben, gilt der Antrag auf Mobilitätsprämie zugleich als ein Antrag auf Einkommensteuerveranlagung. ²Besteht nach § 46 keine Pflicht zur Durchführung einer Veranlagung und wird keine Veranlagung, insbesondere zur Anrechnung von Lohnsteuer auf die Einkommensteuer nach § 46 Absatz 2 Nummer 8 beantragt, ist für die Festsetzung der Mobilitätsprämie die im Rahmen der Einkommensteuerveranlagung festgesetzte Einkommensteuer, die sich auf Grund des Antrags auf Mobilitätsprämie ergibt, mit Null Euro anzusetzen. ³Auch in den Fällen des § 25 gilt, ungeachtet des § 56 Satz 1 der Einkommensteuer-Durchführungsverordnung, der Antrag auf Mobilitätsprämie zugleich als Abgabe einer Einkommensteuererklärung.

1   **1. Festsetzung der Prämie, Abs. 1.** Die Vorschrift wurde durch das JStG 2020 (BGBl I 20, 3096) neu gefasst. § 105 I ermöglicht es, die Mobilitätsprämie durch ESt-Bescheid festzusetzen. Dies soll die Umsetzung vereinfachen, weil die Festsetzung in das Verfahren der ESt-Festsetzung integriert wird. Dies Mobilitätsprämie erfordert eine Schattenveranlagung, die insb bei estl bisher nicht geführten Personen mit einem erhebl Verwaltungsaufwand verbunden ist. Die Prämie wird nur festgesetzt, wenn sie mindestens 10 € beträgt.

2   **2. Antragsverfahren, Abs. 2.** Der Antrag auf die Mobilitätsprämie gilt zugleich als Antrag auf ESt-Veranlagung. Ist keine Pflichtveranlagung durchzuführen, ist die ESt iRd Festsetzung der Mobilitätsprämie auch dann mit 0 € anzusetzen, wenn sich im Einzelfall eine positive ESt ergeben würde. Dies gilt zB in Fällen, in denen das zu versteuernde Einkommen geringfügig unter dem Grundfreibetrag liegt und sich durch Lohnersatzleistungen eine festzusetzende ESt von mehr 0 € ergeben würde.

§ 106 Ertragsteuerliche Behandlung der Mobilitätsprämie

Die Mobilitätsprämie gehört nicht zu den steuerpflichtigen Einnahmen im Sinne des Einkommensteuergesetzes.

Die Mobilitätsprämie ist nicht steuerpflichtig. 1

§ 107 Anwendung der Abgabenordnung

Auf die Mobilitätsprämie sind die für Steuervergütungen geltenden Vorschriften der Abgabenordnung mit Ausnahme des § 163 der Abgabenordnung entsprechend anzuwenden.

Die Mobilitätsprämie wird verfahrensrechtl einer Steuervergütung gleichgestellt. Die diesbezügl Vorschriften der AO mit Ausnahme des § 163 AO (abweichende Steuerfestsetzung aus Billigkeitsgründen) gelten entspr. Bei Streitigkeiten über die Mobilitätsprämie ist der Finanzrechtsweg eröffnet. 1

§ 108 Anwendung von Straf- und Bußgeldvorschriften der Abgabenordnung

[1] Für die Mobilitätsprämie gelten die Strafvorschriften des § 370 Absatz 1 bis 4, der §§ 371, 375 Absatz 1 und des § 376 der Abgabenordnung sowie die Bußgeldvorschriften der §§ 378 und 379 Absatz 1 und 4 sowie der §§ 383 und 384 der Abgabenordnung entsprechend. [2] Für das Strafverfahren wegen einer Straftat nach Satz 1 sowie der Begünstigung einer Person, die eine solche Tat begangen hat, gelten die §§ 385 bis 408 der Abgabenordnung, für das Bußgeldverfahren wegen einer Ordnungswidrigkeit nach Satz 1 die §§ 409 bis 412 der Abgabenordnung entsprechend.

Die Straf- und Bußgeldvorschriften der AO sind auch auf die Mobilitätsprämie entspr anwendbar. 1

§ 109 Verordnungsermächtigung

Die Bundesregierung wird ermächtigt, durch Rechtsverordnung mit Zustimmung des Bundesrates das Verfahren bei der Festsetzung und der Auszahlung der Mobilitätsprämie näher zu regeln.

Das nähere Verfahren der Festsetzung und Auszahlung der Mobilitätsprämie soll durch eine noch zu erlassende RVO geregelt werden. 1

XIV. Sondervorschriften zur Bewältigung der Corona-Pandemie

§ 110 Anpassung von Vorauszahlungen für den Veranlagungszeitraum 2019

(1) [1] Auf Antrag wird der für die Bemessung der Vorauszahlungen für den Veranlagungszeitraum 2019 zugrunde gelegte Gesamtbetrag der Einkünfte pauschal um 30 Prozent gemindert. [2] Das gilt nicht, soweit in dem Gesamtbetrag der Einkünfte Einkünfte aus nichtselbständiger Arbeit (§ 19) enthalten sind. [3] Voraussetzung für die Anwendung des Satzes 1 ist, dass die Vorauszahlungen für 2020 auf 0 Euro herabgesetzt wurden.

(2) Abweichend von Absatz 1 wird der für die Bemessung der Vorauszahlungen für den Veranlagungszeitraum 2019 zugrunde gelegte Gesamtbetrag der Einkünfte um einen höheren Betrag als 30 Prozent gemindert, wenn der Steuerpflichtige einen voraussichtlichen Verlustrücktrag im Sinne des § 10d Absatz 1 Satz 1 für 2020 in dieser Höhe nachweisen kann.

§ 110 1–5 Anpassung von Vorauszahlungen für den VZ 2019

(3) ¹Die Minderungen nach den Absätzen 1 und 2 dürfen insgesamt 10 000 000 Euro, bei Ehegatten, die nach den §§ 26 und 26b zusammenveranlagt werden, 20 000 000 Euro nicht überschreiten. ²§ 37 Absatz 3, 5 und 6 ist entsprechend anzuwenden.

1 **1. Hintergrund der Neuregelungen §§ 110, 111.** Vgl *Hey DStR* 20, 2041; *Weiss* DB 20, 1531; *Bergan/Horlemann DStR* 20, 1401; *Hechtner* NWB 2020, 2374, *Dellner* NWB 21, 878; *Lentz* FR 21, 739. Auf Grund der Corona-Krise verringern sich viele Einkünfte im Vergleich zu VZ 2019 so erheblich, dass auf StPfl für den VZ 2020 hohe, nach § 10d I 1 rücktragbare Verluste zukommen. Um dem Rechnung zu tragen hat der Gesetzgeber zur Liquiditätserhöhung zunächst die Höchstbetragsgrenzen beim Verlustrücktrag für Verluste der VZ **2020 und 2021** vorübergehend von 1 Mio auf 10 Mio bzw bei Zusammenveranlagung von 2 Mio auf 20 Mio Euro angehoben (**§ 10d I 1** idF CoronaStHG III, BGBl I 21, 330, § 110 III). **§ 110** ermöglicht nun über § 37 III hinaus – insoweit konstitutiv – bereits vor Feststehen solcher Verluste **2020** eine zeitnahe *pauschale* Inanspruchnahme der erhöhten Beträge für eine rückwirkende Anpassung der *Vorauszahlungen* 2019; **§ 111** regelt dies für das *Veranlagungsverfahren 2019*. Ein höherer Verlustnachweis ist durch diese Pauschalabzugsregelungen nicht ausgeschlossen (**§ 100 II**). Für Verluste aus **2021** (Rücktrag nur auf 2020) gelten diese Pauschalregelungen entgegen § 111 IX nicht (wohl aber ein Nachweisrücktrag gem § 37 III 3, s Rz 2).

2 **2. Verlustrücktrag im Vorauszahlungsverfahren (§ 37).** Vorauszahlungsbescheide sind Grundlage für die ESt-Festsetzung bis zum Erlass des Jahressteuerbescheides. Die Höhe richtet sich grds nach der ESt des Vorjahres unter Berücksichtigung vorhersehbarer Verlustrückträge aus dem Folgejahr. Verluste, die erst nachträgl bekannt werden, können auch nach Ablauf des Veranlagungszeitraums noch bis zum Erlass des Jahressteuerbescheides durch Anpassung der letzten Vorauszahlungsbescheide und StErstattung unabhängig von § 110 nachgewiesen werden (§ 37 III 3, s zur vereinfachten Anpassung bis 30.6.22 *BMF* BStBl I 21, 2228 Tz 3).

3 **3. Regelungsinhalt § 100 I. – a) Pauschalverlustrücktrag, § 110 I 1.** Besonderheit der Regelung ist, dass der StPfl nach Beginn der Coronakrise 2020 ohne Nachweise für das Vorauszahlungsverfahren 2019 einen vorläufigen *pauschalen* Verlustrücktrag aus 2020 iHv 30 % des der Veranlagung 2019 zugrunde gelegte Gesamtbetrages der Einkünfte beantragen kann. Vorher getätigte Verlustrückträge können pauschal aufgestockt, höhere nachgewiesen werden (§ 100 II).

4 **b) Verfahren.** Der **Antrag** ist schriftl oder elektronisch (zB per Elster) beim VeranlagungsFA zu stellen und mit einem Herabsetzungsantrag der Vorauszahlungen *2020* auf Null zu verbinden (Voraussetzung **§ 110 I 3**, s Rz 6). **Antragsberechtigt** sind primär StPfl mit Gewinneinkünften § 2 I 1 Nr 1–3 oder Einkünften aus VuV, die besonders von der Coronakrise betroffen sein können, auch Körperschaften (§ 31 I 1 KStG). Anders als im *BMF-Schr* BStBl I 20, 496 enthält § 110 I 2 jedoch als Ausnahmen nur ArbLohn (s Rz 5) – Lohnempfänger sind damit auch nicht antragsberechtigt. Alle anderen Antragsteller sollten nach Sinn und Zweck des Gesetzes und Art der Einkünfte wie bei Herabsetzungsanträgen nach § 37 einen Verlusteintritt 2020 zumindest mögl erscheinen lassen (wobei § 110 entgg *BMF* BStBl I 20, 496 *Coronaursache unterstellt*). Die Korrektur später unbegründeter Anträge erfolgt durch Nachversteuerung im Veranlagungsverfahren, § 111 (s § 111 Rz 12). Die Wirkung der Vorauszahlungsbescheide und damit die **Frist** für einen Antrag nach § 110 endet mit Erlass des Jahressteuerbescheides 2019 (vgl § 37 III 3, § 37 Rz 13, 17), also spätestens 31.3.21, bei LuF 30.11.21.

5 **c) Ausnahme von Arbeitslohn, § 110 I 2.** Im Gesamtbetrag der Einkünfte enthaltene Lohneinkünfte iSv § 19 sind nicht *in die Berechnung des Pauschalrücktrags*

einzubeziehen, da bei diesen typischerweise keine Verluste entstehen, was später nur zu Nachzahlungen führen würde. Alle anderen Einkünfte werden berücksichtigt (s auch Rz 4). Zur Problematik für ArbN ohne Vorauszahlungen 2019 mit Gewerbeverlusten 2020 s Rz 8.

d) Verhältnis zu Vorauszahlungen 2020, § 110 I 3. Verluste aus 2020 sind bis zur Veranlagung primär bei den Vorauszahlungen für 2020 zu berücksichtigen. Daher kommt ein Verlustrücktrag in 2019 nur in Frage, wenn zunächst die Vorauszahlungen für *2020* auf Null „herabgesetzt" wurden (bzw 0 € betragen, glA *BeckOK EStG* § 110 Rz 51; str; s auch § 111 Rz 4 zu § 111 I 3). § 110 gilt zwar auch iZm erstmaliger Festsetzung von Vorauszahlungen 2019 (s Rz 8); ohne Vorauszahlungen und ohne positiven Gesamtbetrag der Einkünfte *2019* gilt jedoch nur § 111. 6

4. Wahlrecht, § 110 II. § 110 II stellt ausdrückl klar, dass der Nachweis *höherer* als der 30% Pauschalverluste durch § 110 I nicht eingeschränkt wird. So können ArbN ohne Vorauszahlungen 2019 zB erstmalige Gewerbeverluste 2020 zwar nicht pauschal, aber in nachgewiesener Höhe zurücktragen, und zwar über und wohl auch unter 30% (vgl § 37 III 3, Rz 2). 8

5. Berechnung der Vorauszahlungen, § 110 I 1, 2, III 2. Ausgangsbetrag ist der Gesamtbetrag der Einkünfte *des VZ 2019,* ggf gekürzt um ArbLohn iSv § 19. 30% dieser Bemessungsgrundlage sind iRv § 10d – selbst bei tatsächl niedrigeren Verlusten – pauschal als Verlustrücktrag abzusetzen, wodurch bisherige niedrigere Verlustrückträge ersetzt werden. Die Berechnung erfolgt nach den Grundsätzen des § 37 III, V, VI (§ 100 III 2). Der ggf gekürzte Gesamtbetrag der Einkünfte wird um den pauschalen Verlustrücktrag gemindert (§ 37 III) mit der Folge einer StErstattung. Herabsetzungen auf eine Jahresschuld unter 400 € führen zu einer Herabsetzung auf 0 € (§ 37 V 1 – § 37 V 2 ist iZm § 110 V 1 gegenstandslos). Noch nicht übermittelte KV-/PflV-Beiträge sind ggf nach § 37 VI anzusetzen. 10

6. Höchstbetrag, § 110 III 1. Klarstellung, dass auch für den Pauschalrücktrag im Vorauszahlungsverfahren 2019 die für 2020 erhöhten Höchstbeträge nach § 10d I 1 gelten. Die Verdoppelung gilt für Ehegatten und Lebenspartner (§ 2 VIII). 12

§ 111 Vorläufiger Verlustrücktrag für 2020 und 2021*

(1) ¹**Auf Antrag wird bei der Steuerfestsetzung für den Veranlagungszeitraum 2019 pauschal ein Betrag in Höhe von 30 Prozent des Gesamtbetrags der Einkünfte des Veranlagungszeitraums 2019 als Verlustrücktrag aus 2020 abgezogen (vorläufiger Verlustrücktrag für 2020).** ²**Bei der Berechnung des vorläufigen Verlustrücktrags für 2020 sind Einkünfte aus nichtselbständiger Arbeit (§ 19) nicht zu berücksichtigen, die im Gesamtbetrag der Einkünfte enthalten sind.** ³**Voraussetzung für die Anwendung des Satzes 1 ist, dass die Vorauszahlungen für den Veranlagungszeitraum 2020 auf 0 Euro herabgesetzt wurden.** ⁴**Soweit bei der Steuerfestsetzung für den Veranlagungszeitraum 2019 der vorläufige Verlustrücktrag für 2020 abgezogen wird, ist § 233a Absatz 2a der Abgabenordnung entsprechend anzuwenden.**

(2) **Abweichend von Absatz 1 wird ein höherer Betrag als 30 Prozent vom Gesamtbetrag der Einkünfte abgezogen, wenn der Steuerpflichtige einen voraussichtlichen Verlustrücktrag im Sinne des § 10d Absatz 1 Satz 1 für 2020 in dieser Höhe nachweisen kann.**

(3) **Der vorläufige Verlustrücktrag für 2020 nach den Absätzen 1 und 2 kann insgesamt bis zu 10 000 000 Euro, bei Ehegatten, die nach den §§ 26 und 26b zusammenveranlagt werden, bis zu 20 000 000 Euro betragen.**

---
* Keine Ausdehnung auf 2022 und keine Rücktragsverlängerung auf 2 Jahre wie in § 10d I.

§ 111 1–4 Vorläufiger Verlustrücktrag für 2020 und 2021

(4) ¹Führt die Herabsetzung von Vorauszahlungen für den Veranlagungszeitraum 2019 auf Grund eines voraussichtlich erwarteten Verlustrücktrags für 2020 zu einer Nachzahlung bei der Steuerfestsetzung für den Veranlagungszeitraum 2019, so wird diese auf Antrag des Steuerpflichtigen bis zum Ablauf eines Monats nach Bekanntgabe der Steuerfestsetzung für den Veranlagungszeitraum 2020 gestundet. ²Stundungszinsen werden nicht erhoben.

(5) Für den Veranlagungszeitraum 2020 ist bei Anwendung von Absaz 1 oder 2 eine Einkommensteuererklärung abzugeben.

(6) ¹Mit der Veranlagung für 2020 ist die Steuerfestsetzung für den Veranlagungszeitraum 2019 zu ändern; hierbei ist der bislang berücksichtigte vorläufige Verlustrücktrag für 2020 dem Gesamtbetrag der Einkünfte hinzuzurechnen. ²Dies gilt auch dann, wenn der Steuerbescheid für den Veranlagungszeitraum 2019 bestandskräftig geworden ist; die Festsetzungsfrist endet insoweit nicht, bevor die Festsetzungsfrist für den Veranlagungszeitraum 2020 abgelaufen ist. ³Soweit die Änderung der Steuerfestsetzung für den Veranlagungszeitraum 2019 auf der Hinzurechnung des vorläufigen Verlustrücktrags für 2020 beruht, ist § 233a Absatz 2a der Abgabenordnung entsprechend anzuwenden.

(7) Die Absätze 1 bis 3 sind nicht anzuwenden, wenn die Veranlagung für den Veranlagungszeitraum 2020 vor der Veranlagung für den Veranlagungszeitraum 2019 durchgeführt wird.

(8) ¹Wird der Einkommensteuerbescheid für 2019 vor dem 1. April 2021 bestandskräftig, kann bis zum 17. April 2021 nachträglich ein erstmaliger oder geänderter Antrag auf Berücksichtigung des vorläufigen Verlustrücktrags für 2020 gestellt werden. ²Der Einkommensteuerbescheid für 2019 ist insoweit zu ändern.

(9) Die Absätze 1 bis 7 gelten für die Steuerfestsetzung für den Veranlagungszeitraum 2020 und die Berücksichtigung des Verlustrücktrags für 2021 entsprechend.

1   **1. Hintergrund der Neuregelungen §§ 110, 111.** S § 110 Rz 1, mit Schrifttum.

2   **2. Pauschaler vorläufiger Verlustrücktrag „für" 2020 und 2021 in die Veranlagung 2019 und 2020, § 111 I–V, VII, VIII. – a) Regelungsinhalt § 111 I.** – Wie nach § 110 bereits im Vorauszahlungsverfahren kann auch im *Veranlagungsverfahren 2019* abw von § 10d I vor der Veranlagung 2020 liquiditätswirksam ohne Nachweis vorläufig ein *pauschaler* Verlustrücktrag 2020 iHv 30 % des Gesamtbetrags der Einkünfte des VZ 2019 einkommensmindernd abgesetzt werden. Das gilt entspr für pauschale Verlustrückträge aus 2021 in 2020 **(§ 111 IX).**

3   **b) Verfahren.** Der dafür erforderl **Antrag** ist schriftl oder elektronisch (zB per Elster) zu stellen. **Antragsberechtigt** sind alle StPfl auch mit Lohnempfängern (vgl § 111 I 2), Ehegatten wie bei Veranlagung § 26b gemeinsam. Allerdings sollte die mögl Verlustentstehung glaubhaft sein (s § 110 Rz 4). **Zeitl Grenze** für die nachträgl Stellung ist die Bestandskraft des StBescheids des Vorjahres (dann gilt § 10d I); § 111 VI 2 betrifft nur Folgeänderungen, keine Erstanträge, s Rz 13.

4   **c) Verhältnis zur ESt-Veranlagung 2020/2021 (§ 111 I 3, V, VII).** Das Gesetz macht deutl, dass der Pauschalrücktrag in 2019/2020 nur eine *vorläufige* Regelung darstellt und die steuerl Behandlung im Folgejahr vorrangig bleibt. Zunächst ist Voraussetzung für den Rücktrag, dass die Vorauszahlungen 2020/2021 auf 0 € „herabgesetzt" wurden **(§ 111 I 3)** bzw keine festgesetzt wurden (sehr str nach Wortlaut, aA *BH/Vogel* § 111 Rz 63 – aber die Nichtberücksichtigung des entspr Änderungsvorschlags BR-Drs 329/1/20 könnte darauf beruhen, dass es sich nur um eine Klarstellung handeln sollte, s § 110 Rz 6 zu § 110 I 3, zu Auswirkungen

auf § 111 IX Rz 18). Sodann ist eine spätere ESt-Veranlagung 2020/2021 zur Sicherstellung der Korrektur 2019/2020 ausdrückl vorgeschrieben (§ 111 V), ggf durch Schätzung. Außerdem entfällt die Pauschalierung, sobald die Veranlagung 2020/2021 vor der Veranlagung 2019/2020 durchgeführt (§ 111 VII) – dann wird das Verlustergebnis 2020 auf die Veranlagung 2019 übertragen (§ 111 VI, IX).

d) Berechnung des vorläufigen pauschalen Verlustrücktrags, § 111 I. – **5**
(1) Pauschalierung iHv 30 % des – positiven – Gesamtbetrags der Einkünfte *des Vorjahres* (§ 111 I 1, Rz 2); eine Verlusterhöhung scheidet aus. – **(2) Korrektur** dieses Gesamtbetrags der Einkünfte um Arbeitslohn (§ **111 I 2**): Verluste entstehen idR bei Gewinneinkünften oder Einkünften aus VuV, uU bei KapEink. Grds sind alle Einkünfte in die Pauschalierungsberechnung einzubeziehen außer Lohneinkünfte iSv § 19, bei denen mangels Verlusten idR nur spätere Nachforderungen entstehen würden.

3. Wahlrecht eines höheren Verlustabzugs, § 111 II. Die Vorschrift stellt klar, **7** dass Abs 1 den *Nachweis* eines höheren Verlustrücktrags nicht ausschließt. IÜ kann der StPfl sein Wahlrecht nach § 10d I 4, 5 weiterhin ausüben (s Rz 17) und auch niedrigere Rückträge beantragen. Vgl § 110 Rz 8.

4. Höchstbetrag, § 111 III. Die Vorschrift stellt klar, dass auch beim vorläufi- **8** gen Verlustrücktrag nach Abs 1 in 2019/2020 die für 2020/2021 heraufgesetzten Höchstbeträge anzuwenden sind.

5. Stundung, § 111 IV. Besonderheiten können sich ergeben, wenn in Vor- **9** auszahlungsverfahren 2019/2020 höhere Verluste nachgewiesen wurden, die den Folgeveranlagungsverfahren zunächst nicht abgesetzt wurden, weil sie die Pauschalbeträge § 111 I überstiegen bzw weil die Folgeänderung § 111 VI noch nicht erfolgt ist. Dadurch etwa anfallende Nachzahlungszinsen können auf Antrag zunächst zinslos gestundet werden bis 1 Monat nach Bekanntgabe der St-Bescheide 2020/2021. Nach Schätzung der Besteuerungsgrundlagen 2020/2021 sind nachträgl Stundungszinsen festzusetzen (vgl *BMF* BStBl I 20, 496 Tz 2).

6. Endgültige Verlustberücksichtigung, 111 VI. – **a) Verlustabzug 2020/** **11** **2021.** Bei den vorrangigen Veranlagungen 2020/2021 (s Rz 4) ist zunächst der zutr Verlust dieser VZ zu ermitteln.

b) Folgeänderung der Veranlagung 2019/2020, § 111 VI 1. Der für 2020/ **12** 2021 ermittelte Verlust ist als zutr Verlustrücktrag im Vorjahr anzusetzen. Zur Vermeidung eines doppelten Abzugs ist im Gegenzug der bisher angesetzte Pauschalrücktrag dem Gesamtbetrag der Einkünfte wieder hinzuzurechnen. Je nach Ausnutzung der Wahlmöglichkeiten (s Rz 17) kann sich dabei eine höhere oder niedrigere zB bei Ausschöpfung der Höchstbeträge die gleiche ESt ergeben (vgl *BMF* BStBl I 20, 496). Nachzahlungen sind binnen – 1 Monats nach Bekanntgabe des Bescheides für 2019/2020 zu entrichten.

c) Zeitl Grenzen, § 111 VI 2. Die Folgeänderung nach § 111 VI 1/§ 10d I 3 **13** erfasst auch **bestandskräftige Veranlagungen 2019/2020** (§ 111 VI 2 **HS 1**). **Zeitl Grenze** ist der Ablauf der Festsetzungsfrist *für das Folgejahr* (§ 111 VI 2 **HS 2**). Vgl § 10d Rz 25. Besonderheiten können sich aber beim **Wahlrecht** ergeben (s Rz 17).

d) Verzinsung, § 111 I 4, VI 3. Der Zinslauf für etwaige Nachzahlungen und **14** Erstattungen durch den Abzug nach § 111 I und für spätere Hinzurechnungen beginnt wie beim Verlustrücktrag gem § 10d 15 Monate nach Ablauf *des Verlustjahres* (§ 111 I 4, VI 3 iVm § 233a IIa AO).

7. Vorrangigkeit der Veranlagung des Verlustjahres, § 111 VII. S Rz 4. **16** ME ist dabei nach Wortlaut und Sinn des Gesetzes auf die tatsächl *Durchführung* der Veranlagung abzustellen (glA *BeckOK EStG* § 111 Rz 121.1; **aA** – Abgabe der StErkl – *BH/Vogel* § 111 Rz 100).

17 8. **Wahlrecht, § 111 VI, VIII, § 10d I 4, 5.** Der StPfl kann bestimmen, ob und in welcher Höhe er einen Verlustrücktrag oder einen Verlustvortrag in Anspruch nimmt. Er kann daher auch im Korrekturverfahren nach **§ 111 VI** seine bisherige Wahl noch ändern, um ggf einen vorteilhafteren Verlustabzug zu erreichen, dies allerdings grds nur bis zur Bestandskraft des Vorjahresänderungsbescheids, in dem sich der Antrag auswirkt, soweit keine sonstigen Änderungsmöglichkeiten zB nach §§ 129, 164, 165, 172 ff AO bestehen (vgl Nr. 8 des Anwendungserlasses vor §§ 172 ff AO). Eine solche Änderungsmöglichkeit enthielt **§ 111 VIII** für Anträge auf pauschalen Verlustrücktrag 2020 nach § 111 I, die grds nur bis zur Bestandskraft 2019 gestellt werden konnten. Um den StPfl auch nach Inkrafttreten dieses Gesetzes noch 1 Monat Frist einzuräumen, war die Antragsfrist für 2019 bis 1 Monat nach Verkündung von Corona StHG III am 17.3.2021 bis 17.4.2021 verlängert. Entspr Verlängerung für 2020 war nicht erforderl.

18 9. **CoronaStHG III, BGBl I 21, 330 – VZ 2021 (§ 111 IX):** Auf Vorschlag des FinA wurde die Anwendung von § 111 I-VII erweitert auf die Berücksichtigung vorläufiger Verlustrückträge 2021 bei der Veranlagung 2020. Diese – sinnvolle – Ergänzung läuft allerdings angesichts der Coronaverluste ab 2020 leer, wenn § 111 I 3 nicht auch für Verluste ohne *Herabsetzung* von Vorauszahlungen ab 2021 gilt (s Rz 4, § 110 Rz 6, *BH/Ettlich* 110 Rz 108).

Sachverzeichnis

Die fettgedruckten Zahlen bezeichnen die Paragraphen, die mageren Zahlen die Randziffern.

Abbaubetriebe 13 70
Abbauvertrag 5 270 „Boden"
Abbruch 5 550
Abbruchabsicht, Gebäude **6** 214 ff.
Abbruchkosten 5 270
Herstellungskosten **6** 214
ABC-Darstellungen
ag Belastungen **33** 90
Aktivierungen **5** 270
Anschaffungskosten **6** 140
Arbeitnehmereigenschaft **19** 35
Arbeitsmittel **9** 270
Ausgabenabfluss **11** 50
Aus-/Weiterbildungskosten **10** 90
Betriebsausgaben **4** 520
Betriebseinnahmen **4** 460
Einlagen **4** 270
– Bewertung **6** 625
Einnahmen **19** 100
– Vermietung/Verpachtung **21** 117
– Zufluss **11** 50
Entnahmen **4** 270
– Bewertung **6** 585
Entschädigungen
– an Arbeitnehmer **24** 27
– bei Gewinneinkünften **24** 15
Gewerbebetrieb **15** 150
Gewinnrealisierung **5** 680
Herstellungskosten **6** 220
nicht abzugsfähige Aufwendungen **12** 32
Passivierungen **5** 550
Renten und dauernde Lasten **10** 120
Sonstige Leistungen **22** 150
Teilbetriebe **16** 130
Teilwert **6** 330
Versorgungsleistungen **10** 120
Werbungskosten
– nichtselbständige Arbeit **19** 110
– Vermietung/Verpachtung **21** 148
Abfallrückstellung 5 550 „Umwelt"
Abfallwirtschaftsberater 18 155
Abfärbetheorie 15 185 ff., 196; **18** 4, 43
Abfindungen 5 270
Ablösung wiederkehr Leistungen **10** 120
Anschaffungskosten **6** 140
Arbeitslohn **19** 100
Arbeitsverhältnis/Ruhegeld **24** 27
außergewöhnliche Belastungen **33** 90

Betriebsausgaben **4** 520
Betriebseinnahmen **4** 460
Erbauseinandersetzung **16** 637 f., 646 ff.
Kapitalabfindungen stfreie **3** 23
Kündigung **24** 27
Mieterabfindungen **22** 150
Passivierung **5** 550
Pensions-/Ruhegehaltsabfindung **24** 27
Pensionszusage **6a** 69
Sondervergütungen PersGes **15** 584
Steuerabzug bei DBA **50d** 70 f.
stiller Gesellschafter **24** 29
Teilbetrieb **16** 130
Ver-/Umsetzung im Konzern **24** 27
Abfluss
ABC der Ausgaben **11** 50
Ausgaben **11** 4 ff.
Barzahlung **11** 36
Gestaltungsmöglichkeiten/§ 42 AO **11** 10
Abflussprinzip
Abweichungen bei EÜR **4** 406 ff.
außergewöhn Belastungen **33** 20
Vor-/Nachteile **11** 8
Abgaben 33 90
öffentliche A. als WK **9** 170 ff.
Abgabeort, Sachzuwendungen **8** 25
Abgeltungsteuer
Kapitaleinkünfte **20** 8 ff.
Kapitalertragsteuer **2** 64; **43** 3
Steuerabzugswirkung **43** 29 ff.
Abgeordnete 18 144
Abgeordnetenbezüge 22 160 ff.
beschränkte Steuerpflicht **49** 121
Werbungskosten **22** 163
Ablösezahlungen
Herstellungskosten **6** 212
Sportler **5** 270
– AfA-Nutzungsdauer **7** 169
– Stellplatzverpflichtungen **21** 148
steuerfreie **3** 23
Ablösungsdarlehen 4 142
Abraumrückstellung 5 550
Abraumvorrat 5 270
Abrechnungsverpflichtung, Passivierung **5** 550
Abriss eines Gebäudes
Abbruchverpflichtungszurechnung **5** 155
AfaA **7** 184

2449

Abschlagszahlungen

Fette Zahlen = §§

Abschlagszahlungen
Lohnsteuerabzug **39b** 22
Zufluss **18** 177
Abschlusspflichten
 s Bilanzierungspflichten
Abschnittsbesteuerung 2 69 f.
abweichendes Wirtschaftsjahr **2** 70
Dispositionsschutz **25** 2
Liebhaberei **25** 12
Veranlagung **25** 2
Abschreibung *s* Absetzung für Abnutzung
Abschreibungstabellen, Nutzungsdauerschätzung **7** 164 ff.
Absetzung für Abnutzung 7 1 ff.
Abgrenzung zur TeilwertAfA **7** 5
abnutzbare WG **7** 27
abschreibungsfähige WG **7** 25 ff.
Abschreibungszeitraum **7** 152 ff.
– Nutzungsdauer *s unten*
Absetzg für außergewöhnl Abnutzg *s dort*
Absetzung für Substanzverringerung *s dort*
Änderung der Bemessungsgrundlage
– AfaA bei Gebäuden **7** 131
– Ermäßigung der AK/HK **7** 137
– nachträgliche AK/HK **7** 133 f.
– Teilwert-AfA bei bewegl WG **7** 131
– Teilwert-AfA bei Gebäuden **7** 131
Arzneimittelzulassung **7** 41
Auftragsbestand **7** 41
Baudenkmäler *s unter* Erhöhte Absetzung für Abnutzung
bedingter/befristeter Kaufpreis **7** 106
Beförderungsverträge **7** 41
Beginn **7** 141 ff.
– Errichtung in Bauabschnitten **7** 143
– Fertigstellung **7** 142
Bemessungsgrundlage **7** 105 ff.
– Anschaffungskosten/HK **7** 105 ff.
– Aufgabegewinn stfreier **7** 118 f.
– Einlagen/Entnahmen **7** 117 ff.
– Erweiterungs-/Umbauten **7** 132
– nachträgliche AK/HK **7** 132
– Rücklagenübertragung **7** 107
– Schrottwert **7** 115
– Verkaufserlöse **7** 116
– Zuschüsse **7** 107
Berechtigung
– Ehegatten als Miteigentümer **7** 92
– Ehegatten-Arbeitszimmer **7** 93
– eigener Aufwand auf fremdes WG **7** 81 ff.
– Einkunftserzielung **7** 51 f.
– entgeltlicher Nießbrauch **7** 69 ff.
– Leasing **7** 78
– Miete oder Pacht **7** 77
– Nießbrauch **7** 60 ff.
– persönl Berechtigung **7** 51 ff.
– Tragung der AK/HK **7** 54
– unentgeltl/teilentgeltl Nutzg durch Dritten **7** 53
Betriebsprämien **7** 41
bewegliche Wirtschaftsgüter
– Betriebsvorrichtungen **7** 34
– Flugzeuge **7** 34
– Scheinbestandteile **7** 34
– Schiffe **7** 34
– Zubehör **7** 34
bewegl/unbewegl WG **7** 34
Bewertungsstetigkeit **7** 23
Blockheizkraftwerk **7** 38
Brennrechte **7** 41
Darlehen für fremdes WG **7** 91
degressive AfA **7** 195 ff.
– Ausschluss der AfA **7** 198
– bewegliche Wirtschaftsgüter **7** 195 f.
– Gebäude **7** 211
– Höhe **7** 197
– Wechsel degressive/lineare AfA **7** 199
Domain-Adresse **7** 43
DrittaufwandsAfA **7** 101 f.
– Betriebsausgaben **4** 506
– Ehegatten **7** 101 f.
– kurzfristige Überlassung **7** 102
– Miteigentümer **7** 102
Eigentumswechsel **7** 203
Eigentumswohnung als selbständiges WG **7** 36 „Gebäude"
Einlage ins BV **7** 121
Einlagen nach § 4 III-Verwendg **7** 123 ff.
Einzelbewertungsgrundsatz **7** 22
Einzelfälle **7** 169
einzelnes WG als AfA-Objekt **7** 25
Ende **7** 146
– Nutzungsbefugnis **7** 96
Erbauseinandersetzung **7** 109 ff.
Erbfall **7** 109 ff.
erhöhte Absetzung für Abnutzung *s dort*
Erinnerungswert **7** 114
Festwertbehandlung **7** 22
Formen kundengebundene **7** 41
Fotovoltaikanlage **7** 38
Garagen **7** 38
Gartenbaubetriebe **13** 29
Gebäude-AfA **7** 201 ff.
Gebäudebegriff **7** 36
Gebäude(teile) **7** 36, 215
– AfA tatsächl Nutzungsdauer/Beweislast **7** 208

2450

Magere Zahlen = Rz
Gebietsschutzvereinbarung **7** 41
Geltungsbereich **7** 3
Geschäftswert **5** 227; **7** 41
immaterielle WG **7** 40
Jahr der Anschaffung/Herstellung **7** 145
Kaufpreisstundung **7** 106
keine AfA auf WG des UV **7** 29
Konkurrenz zu anderen Vorschriften **7** 3
Konzessionen **7** 41
Korrektur überhöhter AfA **7** 14 ff.
Kostenbeteiligung des Nutzenden **7** 91
Kunden-/Lieferantenbeziehung **7** 41
Leistungs-AfA **7** 175
Lieferrechte **7** 41
lineare AfA
– Gebäude nach typisierten Abschreibungssätzen **7** 203 ff.
– Gebäude-AfA **7** 201 ff.
– Wirtschaftsgüter **7** 151 ff.
Marke **7** 41
Maßgeblichkeitsgrundsatz **7** 21
mehr als einjährige Verwendung oder Nutzung **7** 28
Mietereinbauten/-umbauten **7** 34, 39, 77
Milchquote **7** 41
Miteigentümer **7** 56 f., 88 ff.
Miteigentümer/Mieter/Nichteigentümer **7** 88
Nachholung unterlassener AfA **7** 8 ff.
– Technik der Nachholung **7** 9
– unzulässige Nachholung **7** 11
– zulässige Nachholung **7** 9
Nutzungsdauer
– AfA-Tabellen **7** 164 ff.
– Änderung der N. **7** 163
– betriebsgewöhnliche N. **7** 152 f.
– Einheitlichkeit der WG **7** 161
– Einzelfälle **7** 167, 169
– Geschäfts-/Firmenwert **7** 171 f.
– rechtliche N. **7** 155 ff.
– Schätzung **7** 163 f.
– technische N. **7** 155 ff.
– wirtschaftliche N. **7** 155 ff.
Nutzungsrechte **7** 41, 60 ff.
objektives Nettoprinzip **7** 82
Pflicht zur Absetzung **7** 8 ff.
Poolabschreibung **7** 22
Praxiserwerb **7** 44
Praxiswert **18** 202
Rückgängigmachung der Anschaffung **7** 137
Schätzfehlerberichtigung **7** 163
Schenkung **7** 109 ff.
Schlachtwert **7** 115

Absetzung

Sofortabschreibung für GWG **6** 652 ff.;
s *iEinz* Geringwertige WG
Tabaklieferrechte **7** 41
Teile eines WG **7** 25
teilentgeltl Erwerb von PV **7** 112
unbewegliche Wirtschaftsgüter **7** 39
– Außenanlagen **7** 39
– Gebäude auf fremdem GuB **7** 39
unentgeltl Erwerb von BV/PV **7** 110 f.
Veräußerungsgewinnermittlung **23** 84
Verlagswert **7** 41
Vertragsarztzulassung **7** 44
Vertreterrecht **7** 41
Vorbehaltsnießbrauch **7** 60 ff.
vorweggenommene Erbfolge **7** 109 ff.
Werbungskosten **9** 275 ff.
– geschenkte Wirtschaftsgüter **9** 276
– auf umgewidmete WG **9** 278 f.
– unentgeltlich genutzte WG **9** 280
Werkzeug **7** 41
Windkraftanlagen **7** 34
Wirtschaftsgut
– außerhalb Gebäude **7** 151 ff.
– Einkünfteerzielungsabsicht **7** 6
Zuckerrübenlieferrechte **7** 41
Absetzung für außergewöhnliche Abnutzung 7 181 ff.
Abbruch eines Gebäudes **7** 183 f.
Abgrenzung AfaA/TeilwertAfA **7** 182
Anwendungsbereich **7** 181
Baumängel **7** 189
Beendigung der Überschusseinkünfteerzielung **7** 188
Bemessung und Höhe **7** 191
Kfz-Totalschaden **7** 191
merkantiler Minderwert **7** 191
nicht abnutzbare WG **7** 181
technische AfA **7** 183 f.
Voraussetzungen **7** 182 ff.
Wahlrecht **7** 192
Wertaufholung nach AfaA **7** 194
wirtschaftl Abnutzung (mit Einzelfällen) **7** 186 ff.
Zeitpunkt **7** 193
Absetzung erhöhte *s* Erhöhte Absetzung für Abschreibung
Absetzung für Substanzverringerung 7 221 ff.
Absetzungsberechtigter **7** 221
Bemessungsgrundlage **7** 231
Bodenschätze **7** 222 ff.
– entgeltl/unentgeltl erworbene **7** 231
– Wirtschaftsgüter **7** 227 f.
Grund und Boden **5** 225
Methoden der AfS **7** 222

2451

Abspaltung

Fette Zahlen = §§

Sonderabschreibungen s dort
Werbungskosten **9** 275 ff.
Abspaltung
von Anschaffungskosten/HK **5** 270
Kapitalmaßnahmen **20** 225 f.
Abspaltungstheorie 2 54
Abstandszahlungen 5 270; **21** 117, 148
Entschädigungen **24** 31
vorweggenommene Erbfolge **16** 52
Abtretung
Arbeitslohn **19** 100
Direktversicherungsanspruch **4b** 30
Kindergeldanspruch **76** 2
Mietverhältnisanspruch **22** 150
Zeitpunkt **11** 50
Abwasserbeseitigung, Aktivierung der Beiträge **5** 270
Abwehraufwendungen
Betriebsausgaben **4** 520
Werbungskosten **9** 84
Abwehrkosten 12 32
Abweichendes Wirtschaftsjahr 4a 3
Abschnittsbesteuerung **2** 70
Einzelfälle **4a** 3
Gewerbetreibende **4a** 4 ff., 13
Steuerermäßigung bei GewBetr-Einkünften **35** 24
Thesaurierungsbegünstigung **34a** 28
Veranlagung **25** 16
Abzinsung
Abzinsungstechnik **6** 455
Rückstellungen **6** 492 ff.
Verbindlichkeiten **6** 453 ff.
Zinssatz verfassungsrechtl **6** 454
Abzüge anteilige s Abzugsverbot
Abzugsbeschränkung
s Abzugsverbot
abgeleitete Rechte **4j** 13
Aufwendungen (Begriff) **4j** 7
Grundregel; Reichweite **4j** 6
Kaskadeneffekte **4j** 14
Kettenüberlassung **4j** 12
Rechteüberlassungen **4j** 1 ff.
– abweichende Zurechnung **4j** 23
– abweichende/niedrige Besteuerung **4j** 9
– Anwendung persönl/zeitl **4j** 2 f.
– Arten **4j** 8
– Ausnahme vom Abzugsverbot **4j** 17 ff.
– Betriebsstätte **4j** 16
– Beweislast **4j** 21
– Hinzurechnungsbesteuerung **4j** 20
– keine Bagatellgrenze **4j** 22
– nahestehende Person **4j** 10, 15

– Nexusansatz der OECD **4j** 18 f.
– nicht abziehbare Aufwendungen **4j** 25
– niedrige Besteuerung **4j** 21
– Sonderfälle **4j** 24
– treaty override **4j** 11
– Verfassungs-/Europarecht **4j** 4
– Verhältnis zu anderen Vorschriften **4j** 5
WK-Pauschbeträge **9a** 7
Zwischenschaltung Dritter **4j** 12 ff.
Abzugsteuer, Bauabzugsteuer s dort
Abzugsverbot
anteilige A. **3c** 1 ff.
Ausgabebegriff **3c** 3
Bestechungsgelder/Schmiergelder **4** 610
hälftige StBefreiungen **3c** 21
nicht abzugsfähige Ausgaben **12** 10
Normzweck **3c** 1
Rechtsfolgen **3c** 9
Sanierungsaufwendungen **3c** 24 ff.; s iEinz dort
Sonderbetriebsausgaben bei Auslandsbezug **4i** 1 ff.
– Ausnahme **4i** 14 ff.
– Minderung der StBemessung in anderem Staat **4i** 13
– Rechtsfolge **4i** 20
steuerfreie Einnahmen **3c** 4 f.
– Abgrenzung zu stfreien Einkünften **3c** 4
– Begriff **3c** 4
– DBA-Freistellung **3c** 5
– Einzelfälle **3c** 8
– Konkretisierung der Zuordnung **3c** 7
– wirtschaftl Zusammenhang **3c** 6 ff.
Teileinkünfteverfahren **3c** 11 ff.; s iEinz dort
Verhältnis zu anderen Vorschriften **3c** 2
Ackerprämien/Ackerquote 5 270
Adoption 33 90
Adoptivkinder
Minderjährigenadoption **32** 11
Volljährigenadoption **32** 11
AfA
s Absetzung für Abnutzung
s Absetzung für außergewöhnliche Abnutzung
AfS s Absetzung für Substanzverringerung
Agenturvermittlungskosten 5 270
Ähnliche Beteiligungen s unter Beteiligungen
Aktentasche 9 270
Aktien
Überlassung an Arbeitnehmer **19** 100
Veräußerung **17** 102
Aktienoptionen 19 100 Ankaufsrecht

Magere Zahlen = Rz

Aktienoptionsprogramme, Rückstellung **5** 550
Aktionsleiter, Bausparkasse **15** 150
Aktive Rechnungsabgrenzung
s Rechnungsabgrenzung
Aktivierung 5 90 ff.
ABC der Aktivierung **5** 270
Gliederung der Aktivseite **5** 92
Voraussetzungen positive/negative **5** 90
Voraussetzungen/Wirkung **5** 90 ff.
Zeitpunkt **5** 91
Aktivierungsgebote
immaterielle WG **5** 161 f.
– entgeltlich erworbene WG **5** 190 ff.
Aktivierungsprinzip 5 78
Aktivierungsverbote
Direktversicherung **4b** 25
immaterielle Wirtschaftsgüter **5** 161 f.
Wertbewegungen Ges/Ges'ter **5** 165
Aktivierungswahlrechte, GWG **5** 118
Aktivitätsklausel *s* Produktivitätsklausel
Aktivtausch/Passivtausch 4 83
Alarmanlage
12 32 „Persönliche Sicherheit"
Herstellungskosten **6** 173
Alkoholgenuss, Unfall mit PKW
4 520 „Verlust"
Alleinerziehende
Entlastungsbetrag **24b** 1 ff.; *s i*Einz dort
kein Splittingtarif **32a** 9
Allergiker, ag Belastungen **33** 90
Allgemeinbildungskosten, SA **10** 83
Allgemeine Verwaltungskosten
5 550; **6** 199
Alltagsgegenstände, BA **4** 520
Altenpflege 18 155 „Krankenpflege"
Altenteilslasten 10 120
Altersentlastungsbetrag 24a 1 ff.
Anwendungsbereich **24a** 2
Bemessungsgrundlage **24a** 3 ff.
beschränkte Steuerpflicht **24a** 2
Ehegattenzusammenveranlagung **26b** 5
Insolvenzfall **24a** 2
Verhältnis zu anderen Vorschriften **24a** 7
Zusammenveranlagung **24a** 2
Altersheim, Kosten als agB **33** 90
Altersrente, Entschädigungen **24** 27
Altersruhegeld 22 42
Alterssteilzeitrückstellungen
Abzinsung **6** 499
Bewertung (mit Beispielen) **6** 484
Alterssteilzeitleistungen 3 102;
19 100
Entschädigungen **24** 22
Passivierung **5** 550; **6a** 6

Altersversorgung

**Altersversorgung/Altersvorsorge
(beiträge/bezüge)**
s auch Altersvorsorgezulage
s auch Förderbetrag Altersversorgung
Abgrenzung lfd Zahlungen/Sonderzahlungen **19** 93
Altersversorgungsbeiträge (betriebl Umfang) **10a** 16
Altersvorsorgeaufwendungen
– Günstigerprüfung **10a** 25 f.
– private kapitalgedeckte **10a** 15
Altersvorsorgezulage *s dort*
Antrag auf ZulageNr/Einwilligung **10a** 13
ArbG-Beiträge aus erstem DienstVerh
3 210
ArbG-Zusatzbeiträge **3** 216
Aufwendungsbegriff **10a** 18 f.
außerordentliche Einkünfte **34** 41, 45
begünstigte Aufwendungen **10a** 14 ff.
begünstigte Durchführungswege **3** 209
begünstigter Personenkreis **10a** 8 ff.
Beiträge als Arbeitslohn **19** 91 ff.
Beiträge/Tilgungsleistungen **82** 1 ff.
beschränkte Steuerpflicht **49** 128; **50** 21
Besoldungs-/Amtsbezügeempfänger
10a 12
Besteuerung nachgelagerte **22** 170 ff.
– Abweichungen **22** 172
– Einmalzahlungen **22** 170
– Einzelfälle **22** 173
– Verfassungsmäßigkeit **22** 170
– Verlustausgleich **22** 170
beurlaubte Beamte **10a** 12
Doppelbegünstigungsausschluss **10a** 17
Eigenbeiträge überschließende **10a** 20
Entschädigung bei Kapitalisierung (mit Beispielen) **24** 24 ff.
erfasste Leistungen **22** 171
Förderbetrag Altersversorgung *s dort*
Höchstabzugsbeträge bei SA **10** 153 ff.
Höchstbeträge **10a** 20
Höhe des Steuerfreibetrags **3** 212
Kapitaldeckung und Auszahlung **3** 211
Mindestbeitrag bei Ehegatten **10a** 39
nachgelagerte Besteuerung **4b** 1
Nachzahlungen **3** 215
Nichtpflichtversicherte **10a** 11
Pensionsfonds *s dort*
Pensionskassen *s dort*
Pensionsrückstellungen *s dort*
Pensionszusagen
s Pensionsrückstellungen/-zusagen
Pflichtversicherte **10a** 10
ruhegehaltsfähige Dienstzeiten **10a** 12
Sonderausgaben **10** 31 ff.; *s i*Einz dort

2453

Altersvorsorge

Fette Zahlen = §§

Sonderausgabenabzug **10a** 1 ff.
- Datenerhebung/-übermittlung **10a** 24
- Datenübermittlung/-einwilligung **10a** 23
- Ehegatten **10a** 35 ff.
- Geltendmachg bei Veranlagung **10a** 3
- gesonderte Feststellung **10a** 3, 30 f.
- mehrere Verträge **10a** 31
- Wahlrecht **10a** 22
Sonderzahlungen an Vorsorgeeinrichtungen **19** 92
StBefreiung bei DienstVerh-Ende **3** 214
steuerfreie ArbG-Beiträge **3** 208
stfreie Übertragung von Altersvorsorgevermögen **3** 183, 185
Überblick **4b** 1 ff.
Unterstützungskassen *s dort*
Versicherungsprinzip **4b** 2
Versorgungszusage **19** 100
Verzicht auf Steuerbefreiung **3** 213
Werbungskosten-Pauschbetrag **22** 174
Zufluss **11** 50 „Zukunftssicherung ..."
Zukunftssicherungsleistungen *s dort*
Zulageanspruch **10a** 19
Altersvorsorgevermögensfonds,
umgekehrte hybride Rechtsträger
49 135
Altersvorsorgezulage 79 1 ff.
Abfindungsregelungen **82** 6
Altersvorsorge-Eigenheimbetrag **92a** 1 ff.
- Auszahlungsphase **92a** 3
- Scheidungsfolgenregelung **92a** 4
- Verwendung **92a** 2
- Verwendung für selbst genutzte Wohnzwecke **92b** 1
- Wohnförderkonto-Übergang **92a** 4
Anbieter **80** 1
Anbieterverfahren **89** 1
Antrag **89** 1
Anwendungsregelungen **96** 1
Ausschluss der Doppelbegünstigung **82** 8
Auszahlung **90** 2
begünstigter Personenkreis **79** 2
Beiträge/Tilgungsleistungen **82** 1 ff.
Bescheidfestsetzung **90** 3
Bescheinigung **92** 1
Datenabgleich/Datenerhebung **91** 1
Direktversicherung **82** 5
Ehegatten/Lebenspartner **79** 3
Eigenheimbetrag **92a** 1 ff.
Entstehung des Anspruchs **88** 1
Ermächtigung **99** 1
Förderung der betriebl A. **82** 4
Grundzulage **83–85** 1 ff.
Kinderzulage **83–85** 1 ff.
- Ehegatte/LPart **83–85** 3 ff.
Leibrentenzahlung **82** 3
mehrere Verträge **87** 1
Mindestbeitrag **79** 4
Mindesteigenbeitrag **86** 1 f.
- behinderte Menschen **86** 4
- Berechnung bei Ehegatten/LPart **86** 7
- Kinderzulage **86** 6
- Land- und Forstwirtschaft **86** 5
Pensionsfonds **82** 5
Pensionskassen **82** 5
Rechtsweg **98** 1
Rentenversicherung Bund als zentrale Zulagenstelle **81** 1
Rückforderung **90** 4
Rückzahlungsfälle **95** 1 ff.
schädliche Verwendung
- Regelungen **93** 1 ff.
- Verfahren **94** 1 f.
Sockelbetrag **86** 1, 3
Übertragbarkeit **97** 1
verminderte Erwerbsfähigkeit **82** 7
Zertifizierung
- Grundlagenbescheid **82** 1
- zertifizierungsfähige Zusagen **80** 1
Zulagenberechtigte **79** 1 ff.
Zulagenverfahren **90** 1 ff.
zuständige Stelle **81a**
Altfahrzeuge, Rücknahmepflichtig **5** 550
Altgeräte, Rückstellung **5** 550
Altgold 18 162, 171
Betriebseinnahmen **4** 428
Altlasten 5 550 „Umwelt"
Altreifen, Rückstellung **5** 550
Altschulden, Rückstellung **5** 550
Amateurmusiker
22 150 „Tätigkeitsvergütungen"
Amateursportler 19 35
Amortisationsverträge 5 727
Amtshilfe, Auslandsspenden **10b** 15
Amtsveranlagung 46 2, 9 ff.
Anbau
Herstellungskosten **6** 171
selbständige WG **6** 162
Anbauverzeichnis in der LuF **13** 201
Anbieterverfahren, Altersvorsorge **89** 1
Änderungssperre, Konkurrenz ArbG/LStAußenprüfung **42f** 10
Andienungsrecht 22 150
Anfechtung, LSt-Anmeldung **41a** 10
Angehörige 19 35
s auch Familienangehörige
außergewöhnliche Belastungen **33** 90

2454

Magere Zahlen = Rz

Betriebsausgaben *s* Verträge unter Angehörigen
Einkünftezurechnung bei Nießbrauch **21** 72
fiktive unbeschränkte StPflicht *s dort*
Kapitaleinkünfte **20** 19
LuF-Verpachtung **13** 113
Mietverträge zw A. *s dort*
Angehörigenverträge
Fremdüblichkeit bei Vereinbarung/Durchführung **12** 26
– einzelne Verträge **12** 27 ff.
Fremdvergleich **12** 21
Gesamtwürdigung **12** 22
nahestehende Personen **12** 23 ff.
nicht abzugsfähige Ausgaben **12** 20 ff.
zivilrechtl Wirksamkeit **12** 25
Angemessenheit
außergewöhnl Belastung **33** 39, 41
Betriebsausgaben **4** 483
Bewirtungskosten **4** 550
Gewinnverteilung bei FamilienPersGes **15** 776 ff.
Pensionsrückstellungen **6a** 21, 39
Repräsentationsaufwendungen **4** 602
Ankaufsrecht 5 270; **21** 148
Arbeitnehmer **19** 100
– Sachzuwendung **19** 100
– Vorteilsrealisierungen **19** 100
– Zuflusszeitpunkt **19** 100
Anlageberater 18 155
Anlagen, Beseitigungskosten **5** 550
Anlagevermögen
Abgrenzung AV/UV **6** 343
abnutzbares Anlagevermögen
– 15%-Grenze **6** 385 f., 389
– Abgrenzung AV/UV **6** 343 ff.
– anschaffungsnahe HK **6** 381 ff.
– Aufwendungen vor Anschaffung **6** 387
– Begriff **6** 344
– Bewertung **6** 341 ff.
– Bewertungsgrundsätze **6** 341
– Drei-Jahres-Frist **6** 387
– Einzelfälle **6** 346
– Erweiterungen **6** 389
– Ingangsetzungsaufwendungen **6** 382
– jährliche Erhaltungsarbeiten **6** 390
– Modernisierungsaufwand **6** 382
– Schönheitsreparaturen **6** 382
– Teilwertabschreibung **6** 359 ff.
– Überschussrechnung **4** 408
– Umlaufvermögen **6** 348 ff.
– Umwidmung eines WG **6** 345
nichtabnutzbares AV

Anrufungsauskunft

– Beteiligungen **6** 404
– Bewertungsgrundsätze **6** 401
– Finanzinstrumente **6** 427 f.
– Forderungen **6** 405
– LiFo-Verfahren **6** 411 ff.; *s iEinz dort*
– Teilwertabschreibung **6** 367
– Überschussrechnung **4** 409
– Wertpapiere **6** 405
teilweise Wertaufholung **6** 379
Anlaufkosten *s* Ingangsetzungskosten
Anlaufverluste
Gewinnerzielungsabsicht **15** 33 f.
LuF **13** 97
Anleihen
Aktivierung **5** 270
Kapitalertragsteuer **20** 117
Anliegerbeiträge 5 142
s auch Erschließungsbeiträge/-kosten
Anschaffungskosten **6** 59
Grundstückszuordnung **4** 111
Anmeldung
Kapitalertragsteuer **45a** 1 f.
Lohnsteuer **41a** 1 f.
Annehmlichkeiten 19 100
Annexsteuern, Abzugsverbot **12** 38
Anpassungsverpflichtung 5 550
Anrechnung
ausländische Steuern **50** 46
Beschränkung bei KapESt **36a** 1 ff.
eigene Vorauszahlungen **36** 9
Kapitalertragsteuer **36** 12; **43** 3
Lohnsteuer **36** 11
Quellensteuer **1** 82
– auf ausl Kapitalerträge **32d** 26 f.
StAbzug bei Bauleistungen **36** 14
Anrechnungsüberhänge, StErmäßigung bei GewBetr-Einkünften **35** 46
Anrechnungsverfahren, Doppelbesteuerung **1** 82
Anrufungsauskunft 42e 1 ff.
Anrufungsgegenstand **42e** 6
Arbeitgeberhaftung **42d** 3, 27
Beteiligte **42e** 2
Bindung bei ArbN-Veranlagung **42e** 11
Bindung im LStAbzugsverfahren
– Auskunft ggü Arbeitgeber **42e** 9
– Auskunft ggü Arbeitnehmer **42e** 10
Dauer der Wirksamkeit **42e** 12
Form **42e** 4
Rechtsanspruch **42e** 5
Rechtsbehelfe **42e** 14
Rechtswirkungen **42e** 8 ff.
sonstige Zusagen **42e** 13
verbindliche Zusage **42d** 3
Vermögensbeteiligungsfragen **19a** 19

2455

Ansammlungsrückstellung

Fette Zahlen = §§

Verwaltungsakt **42e** 7
Zuständigkeit **42e** 3
Ansammlungsrückstellung
Bewertung **6** 486 f.
Kernkraftwerke **6** 489
Übergang für Rücknahmepflichten **6** 488
Ansässigkeit 1 20
Ansässigkeitsbescheinigung, KapESt bei beschr StPfl **50c** 35
Ansatzvorschriften, Maßgeblichkeitsgrundsatz **5** 30 ff.
Anschaffung
betriebliche Veranlassung **4** 520
Rechte-/Gefahr-/Nutzenübergang **6** 35
vGA bei A. unter/über Wert **20** 60
wirtschaftl Verfügungsmacht **6** 35
Zeitpunkt (Beginn) **6** 35
Anschaffungskosten
ABC der Anschaffungskosten **6** 140
Abfindungen **6** 140
Abgrenzung zu HK **6** 34
Abspaltung von AK (Einzelfälle) **6** 37
Abzugsverbot unangemessener AK **6** 41
AfA-Bemessungsgrundlage **7** 105
anschaffungsnahe Gebäude-HK **6** 381 ff.
Anschaffungspreisminderungen **6** 65 f.
– Einzelfälle **6** 67
Anwendungsbereich sachl **6** 32
Anzahlungen **6** 41, 140
Aufteilung bei Gesamtkaufpreis (mit Einzelfällen) **6** 118 ff.
Aufwendungen *vor* Anschaffung **6** 51
Aufwendungszweck **6** 33
Ausschluss negativer AK **6** 65
Ausstattungsstandard **6** 45
Begriff **6** 31
– finale Auslegung **6** 33
Beteiligung an KapGes **6** 140
Beteiligung an PersGes **6** 140
Betriebsbereitschaftskosten (mit Einzelfällen) **6** 44
Bodenschätze **6** 140
Buchung bei ungewissen AK **5** 550
dauernde Lasten **6** 82
dingliche Lasten **6** 84 ff.
Einzelkosten/Gemeinkosten **6** 48
Emissionsberechtigungen **6** 140
Entgeltlichkeit als Voraussetzung **6** 42
Erbauseinandersetzung **6** 132
Erbbaurecht **6** 89 ff.; *s iEinz dort*
Erbfall **6** 131
Ermäßigung/AfA-Bemessung **7** 137
Ertragszuschüsse **6** 79
Erwerbsaufwendungen **6** 41 f.
Finalitätsgedanke **6** 50

Finanzierungskosten **6** 140
Fondsetablierungskosten **6e** 1 ff.; *s iEinz dort*
Forderungen **6** 140
Formen kundengebundene **6** 140
Gebäudeanschaffungskosten **6** 45
Investitionszuschüsse **6** 72 ff.
– öffentliche (mit Einzelfällen) **6** 75 f.
– private **6** 78
Investmentanteile **6** 140
Lebensversicherungserwerb **6** 140
nachträgl Minderung erhöhter AfA und SonderAfA **7a** 2
nachträgliche AK
– Ablösung dingl Nutzungsrechte **6** 86
– Änderung der AfA-Bemessung **7** 133 f.
– Anlieger-/Erschließungsbeiträge **6** 59
– Ansatz bei AfA **7** 132
– Einzelfälle **6** 57
– Erhaltungsaufwand (Einzelfälle) **6** 62
– erhöhte AfA und SonderAfA **7a** 2
– Gebäude-HK **6** 61
– sofortiger betriebl Aufwand **6** 63
Nebenkosten **6** 50; *s iEinz* Anschaffungsnebenkosten
negative AK in Ergänzungsbilanzen **15** 463, 465
Nutzungsrechte dingliche **6** 85 f.
Optionen **6** 140
Optionsanleihen **6** 140
Pfandgeld **6** 140
private Veräußerungsgeschäfte **23** 75 ff.
Prozesskosten **6** 140
Räumungskosten **6** 140
Rückdeckungsversicherung **6** 140
Rückfluss von Aufwendungen **6** 41
Schenkung **6** 134
Sicherungsrechte dingliche **6** 84
Software **6** 140
Sollprinzip **6** 35
stille Reserven nach Ersatzbeschaffung **6** 101 ff.
teilentgeltl Erwerb **6** 130 ff., 137
TST-System **6** 140
Umfang **6** 41
unentgeltlicher Erwerb **6** 130 ff.
ungewisse AK **5** 270
Veräußerung von Anteilen **17** 171 ff.; *s iEinz dort*
Verbindlichkeiten
– aufschiebend bedingte V. **6** 82
– Eingehung von V. **6** 81
– Passivierungsbeschränkungen **6** 82
– Übernahme von V. **6** 81
– umsatz-/gewinnabhängiges Entgelt **6** 82

Magere Zahlen = Rz

– unverzinsliche V. **6** 82
– Wertveränderungen **6** 81
Vermietung und Verpachtung **21** 122
Vermittlungsprovisionen **6** 140
Vorsteuer **6** 140; **9b** 2, 6
vorweggenommene Erbfolge **6** 135 f.
Wechselforderung **6** 140
Wiederherstellung der Funktionstüchtigkeit **6** 45
Wirtschaftsgut gegen Rentenleistungen **6** 140
Zeitpunkt (Beginn) der Anschaffung **6** 35
Zerobonds **6** 140
Zugewinnausgleichszahlung **6** 140
Zuschüsse **6** 71
Zwangsversteigerung **6** 140
Anschaffungsnahe Gebäudeherstellungskosten 6 381 ff.
Anschaffungsnebenkosten
Begriff **6** 50
zur Begründung von Dauerschuldverhältnissen **6** 52
Einzelfälle **6** 54
Erwerbskausalität **6** 33
Gesamtrechtsnachfolge **6** 53
Grundstücke **6** 54
KapGes-Beteiligungen **6** 54
Kapitalanlagen **6** 54
Reisekosten **6** 54
Schenkung **6** 53
teilentgeltlicher Erwerb **6** 53
unentgeltlicher Erwerb **6** 53
Anschaffungspreisminderung
6 65 ff.
Anscheinsbeweis
Gewinnerzielungsabsicht **15** 35
Kfz-Privatnutzung **6** 535 f.
Anteile an MUerschaft **16** 382; *s iEinz*
Veräußerung eines MUeranteils
Anteile an Kapitalgesellschaften
5 270 „Beteiligung an KapGes"
Aktivierung **5** 270 „Eigene Anteile"
Anteilstausch **20** 212
Teilwertschätzung **6** 278 ff.; *s iEinz dort*
Wertaufholung **6** 378
Anteilige Abzüge *s Abzugsverbot*
Anti-D-HilfeG-Leistungen 3 228
Antrag
außergewöhnl Belastung **33** 23; **33a** 5
Kindergeld **67** 1 ff.
Lohnsteuerpauschalierung **40** 4
LSt-Abzugsfreibetrag **39a** 1, 10 ff.
StErmäßigung bei ErbStbelastung **35b** 15
Antragsveranlagung 46 2
beschränkte Steuerpflicht **50** 35

Arbeitnehmer

Kapitalvermögenseinkünfte **32d** 24
Voraussetzungen **46** 30 ff.
Anwachsung, unentgeltl Übertragung
6 716
Anwachsungsmodell,
Ges'terausscheiden ohne Abfindung
16 503 f.
Anwaltsvertreter 19 35 Assessor
Anwartschaften, Veräußerung von
Anteilen **17** 108
Anwartschaftsdeckung 4d 16
Unterstützungskassen **4d** 1
Anwartschaftsdynamik 6a 8
Anwartschaftszeit, Pensionskasse **4c** 5
Anwendungsvorschriften 52 1 ff.
Anzahlungen
Aktivierung **5** 270
Anschaffungskosten **6** 41, 140
erhaltene A. **5** 316
erhöhte AfA und SonderAfA **7a** 3
Rückstellung **5** 550
Umsatzsteuer auf A. **5** 261
Verhältnis zu aktiven RAP **5** 244
Anzeigepflichten *s* Meldepflichten
Apothekeninventurbüro 15 150
Apotheke 15 150; **18** 155
Apparategemeinschaften 15 327
selbständige Tätigkeit **18** 40
Arbeitgeber
Begriff **19** 32; **38** 2
Haftung des A. für Lohnsteuer *s dort*
Zusatzbeiträge steuerfreie **3** 216
Arbeitgeberbeiträge
ArbG-Anteil an SozialVers **19** 100
RentenVers und Sonderausgaben **10** 40 f.
Arbeitgeberdarlehen/Arbeitnehmerdarlehen 11 50 „Darlehen"
Sachbezugsbewertung **8** 27
Zinsvorteile **8** 65
Arbeitnehmer
s auch Nichtselbständige Arbeit
ABC der ArbN-Eigenschaft **19** 35
Altersvorsorge beamtenähnl ArbN
10a 12
Anteil an SozialVers **19** 100
Begriff **19** 20 ff.
– gemischte Tätigkeit **19** 28
– Gesamtbild der Verhältnisse **19** 27
– Schulden der Arbeitskraft **19** 25
– tatrichterliche Würdigung **19** 27
– Unternehmerrisiko/-initiative **19** 24
– Weisungsgebundenheit/Eingliederung
19 26
– Wille der Vertragsparteien **19** 23
erste Tätigkeitsstätte **9** 302 ff.; *s iEinz dort*

2457

Arbeitnehmeraufsichtsräte

Fette Zahlen = §§

ESt-Pauschalierung von Sachzuwendungen **37b** 20 ff.
mehrere Leistungen für ArbG **19** 29
Mehrfacharbeitsverträge **19** 28
Merkmale für
– ArbN-Eigenschaft **19** 22
– Selbständigkeit **19** 22
MUer-Sondervergütungen **15** 590
Nebentätigkeiten **19** 28
Risikorückstellungen **5** 550
Typusmerkmale **19** 21 ff.
Vermögensbeteiligungen **19a** 1 ff.; *s iEinz dort*
Arbeitnehmeraufsichtsräte 18 151
Arbeitnehmerehegatte
Direktversicherung **4b** 12 ff.
Pensionszusage **6a** 34 ff.
Arbeitnehmerentsendung, LSt-Erhebung **38** 3
Arbeitnehmererfindung, Aktivierung **5** 270
Arbeitnehmerpauschbetrag 9a 3
Arbeitnehmerüberlassung
Entleiherhaftung *s dort*
Lohnsteuererhebung **38** 6
Arbeitnehmerverleiher ausländischer
Betriebsstättenfiktion **41** 3
Lohnsteuerabzug **38** 4
Arbeitnehmervertreter, Aufwendung für Gewerkschaft/Aufsichtsrat **19** 110
Arbeitnehmerwohnung 21 117
Arbeitnehmerzuschüsse, Kfz-Gestellung **8** 37
Arbeitsförderung, stfreie **3** 17
Arbeitsgemeinschaften 15 329
Gewinnrealisierung **5** 680
Arbeitskraft/Arbeitsleistung eigene
Bewertung bei Entnahmen **6** 519
Einlage/Entnahme **4** 229
Entnahmebewertung **6** 585
Sonderausgaben **10** 120
Veräußerungsgeschäft privates **23** 78
Werbungskostenabzug **9** 17
wiederkehrende Bezüge **22** 12
Arbeitslohn 19 40 ff.
ABC der Einnahmen **19** 100
Abtretung **19** 100
Arbeitsentgelt iSd SozialVers **19** 100
Arbeitsmittelkostenersatz **19** 69
ArbN-Beitragsleistungen **19** 64
Auslagenersatz **19** 65
Aussperrungsunterstützungen **19** 72
Begriff **19** 10
– laufender ArbLohn **39b** 2

Beiträge zur betriebl Altersversorgung **19** 91 ff.
Beitragsleistungen des ArbG **19** 68
betriebliche Auswirkungen **4** 520
Betriebsveranstaltg **19** 77 ff.; *s iEinz dort*
Bezüge aus früheren DienstVerh **19** 86 ff.
Diebstahl/Unterschlagung **19** 46
vom DienstVerh losgelöste Vorteile *(Beispiele)* **19** 56
Direktversicherungsbeiträge **4b** 36
Einnahmen **19** 41 ff.
– Aufteilung berufl/privat **19** 51
– Bereicherungsvoraussetzung **19** 41 ff.
– durchlaufende Gelder **19** 43
– ersparte Aufwendungen **19** 42
– Geld/sonstige Vorteile **19** 41
– Konnexität WK/Arbeitslohn **19** 50
– mehrere Einkunftsarten **19** 51
– Vorteile aus Arbeitsplatz **19** 49
Korrespondenz Einnahmen/Ausgaben **19** 43
Leistungen Dritter **19** 70 ff.
Mitarbeiterfortbildung **19** 56
Pensionskassenzuweisungen und Besteuerung **4c** 9
Personalrabatt **19** 57
Rechtsnachfolge **24** 60
Rückzahlungen **19** 100
Ruhegelder **19** 87
Sachbezüge als zusätzl A. **8** 80 ff.
Sonderzahlungen **19** 61
steuerfreie A. *s auch* Zuschläge zum A.
Streikunterstützungen **19** 72
überwiegend eigenbetriebl Interesse **19** 55 ff.
Umlagezahlungen **19** 63
VBL-Austrittsausgleich **19** 62
Veranlassung
– arbeitsrechtlicher Anspruch **19** 46
– Dienstverhältnis **19** 45 ff.
– geldwerter Vorteil aus Verlosung **19** 47
– Nicht-Dienstverhältnisse **19** 52
– aus öffentl-rechtl Verpflichtung **19** 48
– Versicherungsprämien **19** 46
Verfassungswidrigkeit der ArbLohnfiktion **19** 94
Versorgungsausgleichsleistungen **19** 89
Versorgungszusagen **19** 63
Verzicht **11** 50
Waisen-/Witwengelder **19** 88
Wartegelder **19** 87
Werbungskostenersatz **19** 66 f.
Zahlungen an Dritte **19** 73
Zufluss **19** 76

2458

Magere Zahlen = Rz

Zukunftssicherungsleistungen 11 50; 19 60
Zuschüsse als zusätzl A. 8 80 ff.
Arbeitslosengeld, Progressionsvorbehalt 32b 12
Arbeitslosenhilfe/-beihilfe
Progressionsvorbehalt 32b 12
Steuerfreiheit 3 19
Arbeitsmittel 9 265 ff.; 19 100
ABC der Arbeitsmittel 9 270
ArbG-Ersatz als ArbLohn 19 69
Betriebsausgaben 4 520
Diebstahl als WK 9 80
Werbungskostenaufteilung 9 63
Arbeitsplatzsicherung 19 110
Arbeitsschutzleistungen 3 162
Arbeitsverhältnis
Begriff 19 11; s ibinz Dienstverhältnis
Einkünfte aus ehemaliger A. 24 60
Arbeitsverträge
fremdübl Vereinbarung 12 27
Mehrfacharbeitsvertrag 19 28
Teilabfindung bei Änderung 24 27
Arbeitszeit, Verlustrückstellungen 5 550
Arbeitszeitkonten 19 100
Arbeitszeitwert, Guthabenzufluss 11 50
Arbeitszimmer 4 590 ff.
abziehbare BA/Ausstattungskosten 4 591
Abzugsbeschränkungen 4 592 ff.
Abzugsverbot als Regelfall 4 591
Auftraggebervermietung 4 591
Außer-Haus-Berufe (Beispiele) 4 597
Ausübung
– Berufe außer Haus 4 597
– einer Tätigkeit 4 595
– mehrerer Tätigkeiten 4 596
Begrenzung der Abzugshöhe 4 593 ff., 598
Begriff des A. 4 591
Drittaufwand als WK 9 28 ff.
Ehegatten und AfA-Nutzung 7 93
Fallgruppenübersicht 4 590
Häuslichkeitsbegriff 4 591
Höhe des BA-Abzugs 4 598
Homeoffice-Pauschale 4 600
Mittelpunktsbegriff 4 594
nichtabziehbare WK 9 326
private Mitbenutzung 4 591
Rechtsfolgen 4 599
Tätigkeitsmerkmale 4 592
Veräußerungsgeschäft privates 23 20
Werbungskosten 21 148
zeitanteilige Nutzung 4 594
Architekt 18 155
freiberufliche Tätigkeit 18 108 ff.
Honorarentschädigungen 24 15
Artisten 15 150

Auffüllungsverpflichtung

Artistenvermittler 15 150
Artistische Darbietungen
Begriff **49** 40
beschränkte Steuerpflicht **49** 40
Arzneimittelhersteller 5 550
Arzneimittelzulassungen 5 270
Abschreibung **7** 41
Ärzte 19 35
freiberufliche Tätigkeit 18 87
Gutachtertätigkeit 18 9
nachträgliche Einnahmen 24 58
Röntgensilber als BE 18 171
selbständige Tätigkeit 18 29
Vertragsarzt 18 91
Ärztehonorar, Zufluss 11 50
Ärztemuster 5 270
Ärztepropagandist 18 155
Ärztevertreter 18 155
AStA-Mitglieder 19 35
Astrologe 15 150
Asylberechtigter/-bewerber
außergewöhnliche Belastung 33 90
Steuerpflicht 1 27
Atomare Entsorgung 5 550
Atypisch stille Gesellschaft
einheitl Gewinnfeststellung 15 352
Einkünfte des Stillen 15 358
GewBetr kraft Rechtsform 15 359
Gewerbesteuer 15 351
gewerbliche Tätigkeit 15 187
grenzüberschreitende Ges 15 353
MUerschaft 15 169, 340 ff., 353
– Beteiligung an stillen Reserven und Geschäftswert 15 343 ff.
– Betriebsvermögen 15 348
– tätiger Inhaber 15 354
– verdeckte Gewinnausschüttung 15 357
Rücklage nach § 6b **6b** 47
Steuerpflichtige **1** 13
Steuerrechtssubjekt 15 347
Umfang der Geschäftsbereiche 15 360
Umgestaltungen 15 350
Atypisch stille Unterbeteiligung
s Unterbeteiligung
Auditor 18 155
Aufbaustudium 10 90
Aufbauteilbetrieb 16 130
Aufbewahrungspflichten
Rückstellung 5 550
Spendennachweise **10b** 47
Aufenthaltsort, KiGeld-Auszahlung **63** 4
Auffüllungsverpflichtung
5 550 „Rekultivierung"
Rückstellung **6** 484

2459

Aufgabe

Aufgabe
Entschädigung bei A. von Gewinnbeteiligung/Anwartschaft **24** 35 ff.
LuF-Betrieb **14** 11 ff.
– einheitlicher Vorgang **14** 15
– Einstellung der Tätigkeit **14** 12
– wesentl Betriebsgrundlagen ins PV **14** 14
Tätigkeit/Beteiligung/Anwartschaft **18** 253 ff.
Aufgabe eines Anteils, persönl haftender KGaG-Ges'ter **16** 560 f.
Aufgabe eines Betriebs 16 150 ff.
allmähliche Abwicklung **16** 200 ff.
Aufgabehandlung/Grundtatbestand **16** 150
ausländische Betriebsstätten **16** 197
Betriebsaufspaltung/-unterbrechung/-verpachtung **16** 155
Betriebsunterbrechung **16** 160
Einkommensteuer **36** 28 ff.; *s iEinz dort*
Einlagen/Entnahmen **4** 270 „BetrAufg"
finale Aufgabe **16** 196 f.
Finanzamtskenntnis **16** 164
freiberufliche Tätigkeit **18** 253 ff.
Gewinnrealisierung **4** 90; **16** 205
Insolvenzverfahren **16** 157
keine Betriebsaufgabe/Einzelfälle **16** 152 f.
Liebhabereibetrieb **16** 156
LuF-Betrieb unter Zwang **13** 132 ff.
nachträgliche Betriebsausgaben **24** 72
Rechtsirrtum **16** 153
Strukturwandel **16** 154
substituierender Rechtsvorgang **16** 151, 196
Teilbetriebsaufgabe **16** 220 f.
Übertragung der wesentl. Betriebsgrundlagen **16** 205
Umstrukturierung in KapGes **16** 215 ff.
unentgeltliche Rechtsnachfolge **16** 218
unerkannte Betriebsaufgabe **16** 163
unterbrochener Betrieb **16** 161 ff.
Veräußerungsgeschäft privates **23** 33
Verpflichtungsübernahmen **4f** f
Wechsel der Gewinnermittlung **4** 668
Zeitpunkt **16** 236
Zeitraum/einheitl Vorgang **16** 208 ff.
Zerschlagung betriebl Einheiten **6** 706 ff.
Zuordnung Gewinne/Aufwendungen **16** 212
Zwangsbetriebsaufgabe **5** 701
Aufgabe eines Mitunternehmeranteils 16 435
Rechtsfolgen **16** 440 ff.

Aufgabegewinn
Abgrenzung zu lfd/nachträgl Einkünften **16** 325 ff.
Begriff **16** 230
nachträgl gewerbl Einkünfte bei Personengesellschaft **16** 368 ff.
Aufgabekosten, Betriebsveräußerung **16** 300 f.
Aufgeld für LAG-Darlehen **3** 72
Auflösung
Bezüge **20** 72 f.
KG mit neg KapKto **15a** 181 ff.
Pensionsrückstellungen **6a** 66 ff.
Teilbetriebs-KapGes **16** 140
Auflösungsgewinn/-verlust 17 220 ff.
zeitlicher Ansatz **17** 223 f.
Aufmerksamkeiten 19 100
Aufrechnung, Zeitpunkt **11** 50
Aufrundungsbeträge als BE/BA **4** 460
Aufsichtsratsmitglied 19 35
selbständige Tätigkeit **18** 150 ff.
Aufsichtsratstätigkeit 18 140
Aufsichtsratsvergütungen
Betriebsausgaben **4** 520
Steuerabzug bei beschr StPfl **50a** 14
weitergegebene A. als Einnahme **19** 100
Aufstockung, Herstellungskosten **6** 171
Aufstockungsbeiträge, Steuerfreiheit **3** 102 f.
Aufstockungsbeträge, Progressionsvorbehalt **32b** 12
Aufstockungszahlungen 19 100
Aufteilung, gemischt genutzter Gebäude **4** 116
Aufteilungsverbot, nicht abzugsfähige Ausgaben **12** 10
Auftragsbestand, AfA **7** 41
Aufwandseinlagen, Bewertung **6** 595, 605
Aufwandsentnahmen
Mitunternehmer **15** 627
Mitunternehmerschaft **15** 435
Aufwandsentschädigungen 18 216; **24** 10, 34
steuerfreie A. **3** 98
– öffentliche A. **3** 50 ff.
Aufwandsrückstellungen 5 351, 461
Aufwandsspenden 10b 3
Aufwandsverteilung, Verpflichtungsübernahmen **4f** 2 f.
Aufwendungen
Abzugsbeschränkung für Rechteüberlassung **4j** 1 ff.; *s iEinz dort*
Arbeitsmittel **9** 265 ff.
Ausgaben iSv § 11 *s* Ausgaben

Magere Zahlen = Rz

außergewöhnliche Belastungen **33** 8
Begriff bei Rechteüberlassungen **4j** 7
Betriebsausgaben **4** 471 ff.
 eigene A. **2** 20
 – AfA auf fremde WG **7** 82 ff.
 – Betriebsausgaben **4** 501
 ersparte A. bei Betriebseinnahmen **4** 431
 gemischt veranlasste A. **9** 54 ff.
 nichtabziehbare Betriebsausgaben *s dort*
 Rechtscharakter
 – des aktivierten Aufwands **7** 87
 Rückfluss von A. und AK **6** 41
 Sonderausgaben **10** 3 ff.
 soziale A. als HK **6** 201
 unangemessene A. **9** 327
 unnötige **6** 208
 vergebliche A. **6** 207
 Werbungskostenbegriff **9** 12 ff.; *s iEinz
 unter* Werbungskosten
Aufwuchs auf Grund und Boden
 Bewertung **13** 238 ff.
 Rücklage nach § 6b **6b** 17 f.
Aufzeichnungen
 nach § 4 VII EStG **4** 620 ff.
 Belegsammlung **4** 415
 Betriebseinnahmen **4** 452
 Bewirtungskosten **4** 554, 556
 Eigenbelege **4** 416
 eigene Nutzungsaufzeichnungen **4** 416
 Fahrtenbuch **4** 416
 Geschenke **4** 538
 Jagd-/Fischereiaufwendungen **4** 568
 Sachbezüge **8** 78
Aufzeichnungspflichten
 Ausgleichsposten **4g** 16
 erhöhte AfA und SonderAfA **7a** 15
 Lohnkonto **41** 1 f.
 Lohnsteuerabzug **41** 1 ff.
 LohnStPauschalierung **40** 24; **40a** 11;
  40b 14
 Überschussrechnung **4** 412 ff.
Auktionator 18 155
Au-pair-Mädchen 19 35 Hausgehilfin
Ausbeutevertrag, Bodenschätze **21** 19 f.
Ausbildung, Katalogberufe **18** 127 ff.
Ausbildungsdienstverhältnis 10 90
Ausbildungsförderung, steuerfreie
 Bezüge/Beihilfen **3** 44
Ausbildungshilfen, Kürzung der agB
 33a 55
Ausbildungskosten 12 32
 ABC Aus-/Weiterbildungskosten **10** 90
 ag Belastungen **33** 90
 Erstausbildungskosten **4** 625
 Rückstellung **5** 550

Ausgleichsposten

Ausbuchung, falsch bilanziertes WG
 15 495
Ausbuchungsverluste, Kapitaleinkünfte
 20 247
Ausfallverluste, Kapitaleinkünfte **20** 247
Ausfallversicherung, Betrieb/Praxis
 4 187
Ausgaben
 ABC des Ausgabenzuflusses **11** 50
 Abfluss
 – Begriff **11** 35
 – Billigkeitsregelungen **11** 7
 – Einschaltung Dritter **11** 37
 – Erstattungen/Rückzahlungen **11** 38
 – gesetzl Sonderregelungen **11** 4 ff.
 – Gestaltungsmöglichkeiten/§ **42** AO
  11 10, 46
 – regelmäßig wiederkehrende **11** 40
 – Verteilung von Vorauszahlungen **11** 42
 Abzugsverbot **3c** 3
 Anwendungsbereich **11** 2 f.
 Ausnahmen zu § **11** 11 3
 Korrespondenzprinzip **11** 9
 nachträgliche A. **11** 4; **24** 50 ff.
 Regelungsinhalt **11** 1 ff.
 Veranlassungszusammenhang **2** 15
 vorab entstandene A. **11** 4
 vorausgezahlte A. als BA **4** 472
Ausgleichsanspruch, Handelsvertreter
 5 270
Ausgleichsbeiträge als WK **21** 148
Ausgleichsgelder 19 100
 LuF **3** 100
Ausgleichsleistungen
 steuerfreie Leistungen **3** 30
 unbeschr StPfl **1a** 18
 Versorgungsausgleich **10** 126 ff.
Ausgleichsposten 4g 1 ff.
 Anwendungsbereich **4g** 2 ff.
 Anzeigepflichten **4g** 17
 Auflösung **4g** 10 ff.
 – Brexit-Sonderregelung **4g** 19
 – Gewinnerhöhung sukzessive **4g** 10
 – Mitwirkungspflichtenverstoß **4g** 12
 – vorzeitige A. **4g** 11
 Bilanzierungshilfe **4g** 6 f.
 Bildung **4g** 6
 Fremdvergleichspreis **4g** 7
 Gewinnaufschub **4g** 6
 Höhe **4g** 7
 Passivierung **5** 550
 Rückführung von WG in inl BV **4g** 13
 Verfahrensfragen **4g** 20 ff.
 – Antrag **4g** 15
 – Aufzeichnungspflichten **4g** 16

2461

Ausgleichsverpflichtungen

Fette Zahlen = §§

Ausgleichsverpflichtungen 5 550
Ausgleichszahlungen
s *auch* Gleichstellungsgelder
Entschädigung 24 27
Erbauseinandersetzung 16 618 ff., 626 ff., 640
Handelsvertreter 24 44 ff.
– Betriebsrente 24 48
Miterbe mit Nutzungsrecht 16 627
Organschaft 4 609
Steuerfreiheit 3 23
Versorgungsausgleich 10 130 ff.
Ausgliederungsmodell 15 193; 18 55
Ausgliederungsrechtsprechnung 16 11
Aushilfskräfte, LSt-Pauschalierung in der LuF 40a 6
Aushilfsmusiker 18 155
Aushilfstätigkeit 19 35
Auskehrungen 22 150
Auslagen, durchlaufende Posten 4 404
Auslagenersatz
Arbeitslohn 19 65
Steuerfreiheit 3 167
Auslagerung, Pensionszusage 6a 69
Ausländer
außergewöhnl Belastungen 33a 39 f.
Ehegattenveranlagung 26 8
Kindergeld 62 14 ff.
– Beschäftigungsduldung 62 17 f.
Ausländische Beteiligungsverluste,
negative Einkünfte mit Drittstaatenbezug s *dort*
Ausländische Einkünfte 34d 1 ff.
Art und Höhe 34d 4
Begriff Ausland 34d 2
Steuerermäßigung bei ausl E. 34c 1 ff.;
s *iEinz dort*
Steuerpflicht/Steuerfreiheit 1 56 f.
Steuertatbestände 34d 3
Ausländische Gesellschaft
Anteilsveräußerung 17 106
Personengesellschaft 15 169
Ausländisches Recht, Anwendung/ Ermittlung 4k 8
Auslandsbedienstete 1 35
Auslandsbeteiligungen, Teilwertabschreibung 6 287
Auslandsbezug
Abzugsverbot von SonderBA 4i 1 ff.
Mitwirkungspflichten 4k 7
Auslandskinder
Angehörige des öffentl Dienstes 72 12
Kinder-/Betreuungsfreibetrag 32 80
Kindergeldhöhe 66 3

Auslandslehrer 1 35
Auslandsreisen 4 520 „Geschäftsreise"; 12 32; 19 100
Pauschbetrag für Verpflegungsmehraufwendungen 4 575
Auslandsspenden 10b 15
Amtshilfe/Beitreibungsunterstützung 10b 15
Inlandsbezug 10b 15
Nachweiserbringung 10b 15
zeitl Anwendung 10b 15
Auslandstätigkeit(serlass) 34c 23
Auslandsverlagerungen 4 270
Auslandszuschläge 3 218
Auslegung eines Tatbestands 2 33 ff.
Auslobungen 22 150
Ausscheiden eines Gesellschafters
s *unter* Gesellschafter
Ausschließungsklausel 16 661 ff.
Ausschüttungen, Zufluss von A. einer KapGes 11 50
Außenanlagen
Absetzung für Abnutzung 7 39
Herstellungskosten 6 213
Außengesellschaft, GbR 15 324
Außenhaftung, K'tist 15a 11
Außenprüfung
s Betriebsprüfung
s Lohnsteuer-Außenprüfung
Außergewöhnliche Abschreibung
s Absetzung für außergewöhnl A.
Außergewöhnliche Aufwendungen
Abzugsbeschränkung und zumutbare Belastung 33 70
Nachweis
– einzelne Aufwendungen 33 75 ff.
– Krankheitskosten 33 76 ff.
Außergewöhnliche Belastungen 33 1 ff.; 33a 1 ff.
ABC der ag Belastungen 33 90
Abflussprinzip/Zeitpunkt 33 20 f.
Ablösung künftiger Unterhaltsleistungen 33a 57
Abzugsbetrag 33 19
Angehörige/Nahestehende 33 37
Angemessenheit 33 39, 41
Anstandspflichten 33 36
Antragserfordernis 33 23; 33a 5
Anwendungsbereich 33 3; 33a 5
Aufwendungen
– Begriff 33 8; 33a 8
– zugunsten Dritter 33 33
– existenzerhaltende Aufwendungen (mit Beispielen) 33 63

2462

Magere Zahlen = Rz

Außergewöhnliche Belastungen

Aufwendungen ausgeschlossene
- BA, WK und SA 33 60
- Diätverpflegung 33 61
- Prozesskosten 33 62 ff.
Ausländer
- Bedürftigkeitsnachweis 33a 40
- Zahlungen im Ausland 33a 39
Außergewöhnlichkeit
- auslösendes Ereignis 33 12
- Begriff 33 9 ff.
- Belastung des StPfl 33 13 ff.
- Nichtbegrenzung der Höhe 33 11
- Vergleichsbetrachtungen 33 10
begünstigter Steuersatz 34 52
Behinderungskosten 33 56 ff.
- Bau-/Umbaumaßnahmen 33 57
- Fahrtkosten 33 59 ff.
- Heimunterbringung 33 58
Belastungsprinzip im VZ 33 17 f.
Berufsausbildungsaufwendungen
- Anwendung persönl 33a 43
- im Ausland lebende Kinder 33a 51
- auswärtige Unterbringung 33a 47
- Begriff 33a 11
- berücksichtigungsfähige Kinder 33a 45
- Berufsausbildung (Begriff) 33a 46
- Freibetrag 33a 48
- Kürzung von Einkünften/Bezügen 33a 54
- Kürzung um Ausbildungshilfen 33a 55
- Ländergruppeneinteilung 33a 51
- mehrere Unterstützende 33a 52
- volljähriges Kind 33a 44 f.
beschränkte StPflicht 33 3; 50 17
dritte Personen 33 58
Einzelveranlagung 26a 7
Ersatzleistungen 33 17 f.
fahrlässiges Verhalten 33 29
Fremdwährung 33a 38
Gegenwerttheorie 33 14 ff.
Geldbußen und Geldstrafen 33 30
Grundtatbestand 33a 7
Heilbehandlungen 33 42 ff.
Heilkuren 33 47 ff.
Heimunterbringung 33 51 ff.
Höchstbetrag 33a 7
Identifikations-Nr 33a 38
Kausalität 33 26 f.
keine Billigkeitsmaßnahmen 33 22
Konkurrenz zu anderen Vorschriften 33 6
Krankheitskosten 33 40 ff.
- Fallgruppen einzelne 33 42 ff.
- notwendige u. angemessene K. 33 41
Kreditfinanzierung/Beleihung 33 33

künstliche Befruchtung 33 55
Kürzung (zeitanteilige) der Beträge 33a 53 ff.
Monatsprinzip 33a 53
Nachweiserfordernis 33a 38
- Banküberweisungen 33a 41
- Bargeldübergaben 33a 42
Notwendigkeit 33 39, 41
rechtliche Gründe 33 34
Rechtsfolgen 33 19 ff.
schuldhaftes Verhalten 33 28 ff.
sittenwidriges Verhalten 33 30
sittliche Gründe (mit Beispielen) 33 36 ff.
strafbares Verhalten 33 30
subjektives Nettoprinzip 33a 1
tatsächliche Gründe 33 35
Unterhaltsaufwendungen 33 90
- Begriff 33a 9 f.
- Höchstbetrag 33a 18
- Kürzung von Einkünften/Bezügen 33a 54
- laufender Unterhalt 33a 10
- Prüfung von Amts wegen 33 22
- typische/atypische 33a 9
- Versicherungsbetragerhöhung 33a 19
Unterhaltsberechtigte 33a 12
- Anrechnung eigener Einkünfte/Bezüge 33a 25 ff.
- im Ausl lebende Angehörige 33a 32 f.
- Bedürftigkeit 33a 14 f.
- Bezüge (Abzüge) 33a 30
- Bezüge (Begriff) 33a 27
- Bezüge (Einzelfälle) 33a 28 f.
- Einkünfte (Begriff) 33a 26
- Einkünfteberechnung 33a 31
- gleichgestellte Personen 33a 20
- Haushaltsgemeinschaft mit KiGeld-Kindern 33a 36
- kein Anspruch auf Freibetrag/KiGeld 33a 23
- kein/nur geringes Vermögen 33a 24
- mehrere Unterhaltene 33a 35
- mehrere Unterhaltsleistende 33a 34
- Opfergrenze bei Haushaltsgemeinschaft 33a 37
unterhaltsbestimmte öffentl Mittel 33a 21
Unterhaltsverpflichtete 33a 13
- dritte Personen 33a 17
- Leistungsfähigkeit 33a 16
Verfassungs-/EU-Recht 33 5
Verfassungsmäßigkeit 33a 3
Verhältnis zu anderen Vorschriften 33a 4
Vermögensstammverwertung 33 33
Vermögensübertragung frühere 33 33

2463

Aussetzung der Vollziehung

Versicherungsabschluss **33** 32
Verteilung auf mehrere Jahre **33** 21
Verzicht auf Ersatzanspruch **33** 31
Vorrang § 33a ggü § 33b **33a** 56
vorsätzliches Verhalten **33** 29
Vorteilsanrechnung **33** 18
zumutbare Belastung/Berechnung **33** 71 ff.
Zwangsläufigkeit
– Begriff **33** 25 ff., 40
– Krankheitskosten **33** 40
Aussetzung der Vollziehung, ESt-Bescheid **36** 39
Aussperrungsunterstützungen 24 27
Arbeitslohn **19** 72
Ausstellerhaftung
KapESt **45a** 6 f.
– Haftungsverschärfung **45a** 9
Ausstellungsstücke, SofortAfA **6** 660
Aussteuer 33 90
Auswanderung 33 90
Auswärtstätigkeit
Fahrtkostenzuschüsse **40** 20
LSt-Pauschalierung bei Mahlzeiten **40** 13
Übernachtungskosten **9** 260 f.
Verpflegungsmehraufwendungen **9** 310; **40** 16
Auszubildende 19 35; s auch Berufsausbildung
Auto s Kfz
Automaten, Teilbetrieb **16** 130
Autotelefon, Sofortabschreibung **6** 660
Avalhaftung, Rückstellung **5** 550
Avalprovisionen 5 550
Sondervergütungen **15** 594
sonstige Leistung **22** 150

Back-to-back-Finanzierung, Tarif **32d** 15
Badeanstalt 18 155
Bagatellgrenze
Bauabzugsteuer **48** 27
Einlagen und Entnahmen **4** 270
Lohnsteuerhaftung des ArbG **42d** 65
Personenhandelsgesellschaft **15** 188
Teilwertabschreibung **6** 369
Baggersee, Bewertung **5** 270
BahnCard
Arbeitslohn **19** 100
steuerfreie Gestellung **3** 63, 69
Balkon, Herstellungskosten **6** 171
Bank-BiRiLiG 5 56
Bankkonto 4 151
Bankverbindlichkeiten 4 150
Barablösungen, steuerfreie **3** 108

Fette Zahlen = §§

Bargeschäfte, BA **4** 504
Barlohnumwandlung
s Entgeltumwandlung
Bartergeschäfte 5 680
Barunterhalt 32 85 ff.
Barwert, Pensionsleistungen **6a** 51
Barwertprinzip 5 82
Barzahlungen, Abfluss **11** 36
Barzuwendungen, Abgrenzung von Sachzuwendungen **8** 17
Basisrenten
Rentenverträge und SA-Abzug **10** 35
steuerfreie Anrechteübertragung **3** 184
Bastler 15 150
Batterierücknahmepflicht 5 550
Bauabzugsteuer 48 1 ff.
Abrechnung ggü Leistenden **48** 2
Abzugsverpflichteter **48** 15 ff.
Anmeldung und Abführung **48a** 1
Anrechnung der AbzugSt **48c** 1 ff.
ausländischer Bauunternehmer **48** 1 f.
Doppelbesteuerungsfälle **48d** 1
Erstattungsverfahren **48c** 3
Freistellungsbescheinigung **48** 26; **48b** 1 ff.
– ausländischer Bauunternehmer **48b** 3
– Existenzgründer **48b** 4
– Haftungsausschluss **48a** 3
– Inhalt **48b** 5
– Insolvenzverfahren **48b** 4
– Rechtscharakter **48b** 6
Haftung **48a** 3 f.
Haftungsbescheid **48a** 4
Leistender (Begriff) **48** 5 ff.
Leistungsabrechnung **48** 7
Leistungsempfänger **48** 15 ff.
Leistungsgegenstand **48** 10 ff.
Prognoseentscheidung **48** 28
Prüfungsrecht **48a** 5
Steuerabzug
– Bagatellgrenzen **48** 27
– Befreiung **48** 25 f.
– Bemessungsgrundlage **48** 20 ff.
– Kleinvermietung **48** 25
– Rechtsfolgen **48** 30
vorläufiger Rechtsschutz **48b** 6
zuständiges Finanzamt **48** 2
Bauarbeitsgemeinschaften, Gewinnrealisierung **5** 680
Baubetreuer 15 150
Baudenkmäler
erhöhte Absetzung für Abnutzung s dort
Steuerbegünstigung durch SA-Abzug
s Wohnungsnutzung Baudenkmale ...
Verteilung und Sofortabzug des Erhaltungsaufwands **11a/11b** 1 f.

2464

Magere Zahlen = Rz

Bauherrengemeinschaft 15 326
Bauingenieur, beratender 18 155
Baukostenzuschüsse 5 550
Zeitpunkt 11 50
Baulast, Eintragungskosten als HK 6 212
Bauleistungen, Bauabzugsteuer s dort
Bauleiter 18 155
Baumängel 5 550
agB 33 90
Bauschätzer 18 155
Bauschuttaufbereitung 5 550
Bausparbeitrag, Abschlussgebühren
– Passivierung 5 550
– Sachbezug 8 18
Bauspardarlehen 5 270
Bausparkassen
Aktionsleiter 18 155
Ausgleichszahlung für Vertreter 24 45
Bausparvertrag 21 148
Forderungen 4 136
Baustatiker 18 155
Beteiligung an GmbH 18 165
Bauten auf fremdem GuB, Aktivierung 5 270
Bauunternehmer, Entschädigung 24 15
Bauwerke, verbundene 5 135
Bauwesenversicherung, HK 6 220
Bauzeitzinsen 5 270
Beamte, selbständige Nebentätigkeit
18 152
Beamtenanwärter 10 90; 19 35
Beamtenprivileg, fiktive unbeschr
Steuerpflicht 1a 25 ff.
Beamtenversorgungszuschläge
3 226
Bearbeitungsbetriebe, LuF 13 66
Bearbeitungsgebühren 5 270
Bebauung, Einlage/Entnahme 4 270
Bedingung
Eintritt der B.
– Forderungen 5 270
– Haftungsverhältnisse 5 550
– Verbindlichkeiten 5 314 f., 367
Rückwirkung bei Rechtshandlungen
2 43 ff.
Beerdigungskosten 12 32; 33 90
Sonderausgaben 10 120
Beförderung/Beförderungsverträge
Abschreibung 7 41
Entschädigung 24 27
Zuschuss 24 15
Begründung des dt Steuerrechts,
Wertansatz 6 631
Begünstigung des nicht entnommenen
Gewinns s Thesaurierungsbegünstigung

Beleihung

Behaltefrist
Realteilung 16 549 ff.
Übertragung von MUeranteils-Teilen
6 742 ff.
Behindertenpauschbetrag 33 69;
33b 1 ff.
Anspruchsberechtigung 33b 12
Anspruchshöhe
– Blindheit/Hilflosigkeit 33b 16 f.
– gesundheitliche Merkmale 33b 15
– Staffelung 33b 14
Anwendungsbereich 33b 6
einheitliche Ausübung 33b 11
Feststellungsverfahren 33b 13
Hinterbliebenenpauschbetrag 33b 22
Identifikationsnummer 33b 31
inhaltliche Abgrenzung 33b 9 f.
Konkurrenz mehrerer Elternteile
33b 28 ff.
– Aufteilung 33b 29
– Rechtsfolge 33b 30
mehrere Pauschbeträge 33b 1
Menschen mit Behinderung s dort
Pflegepauschbetrag 33b 33 ff.; s iEinz dort
typischer Mehraufwand 33b 8 ff.
Übertragung
– Antragsrecht 33b 26
– Pauschbetrag des Kindes 33b 24
– Rechtsfolge 33b 27
– Übertragungsempfänger 33b 25
Verfassungsmäßigkeit 33b 3
Verhältnis zu anderen Vorschriften 33b 4,
32
Wahlrecht zum Einzelnachweis 33b 10
Beihilfen/Beihilfeleistungen 19 100
Beihilfeverpflichtungen 5 550
Beiträge
s auch Spenden
Aktivierung 5 270
Berufsverbände 4 520
Parteien 4 520
Vereine 4 520
Beitragserstattungen, stfreie 3 23, 35
Beitragsgedanke, MUerschaft 15 562
Beitragsrückerstattungen, Bewertung
6 478
Belastingadviseur 18 155
Belastungen 22 150
belastete WG als Einlage/Entnahme 4 270
zumutbare B. s dort
Belastungsprinzip 5 80; 33 17 f.
Belegsammlung 4 415
Belegschaftsaktien, Zufluss 11 50
Beleihung
Direktversicherung 4b 30

2465

Beleuchtungskörperbauer

Einlagen/Entnahmen 4 270 „Belastung"
Verbot der B. bei Unterstützungskassen
   4d 16
Beleuchtungskörperbauer 18 155
Belieferungsrechte 5 270
Belohnungen 22 150
Benzingutscheine 9 195
Berater (Sport) *s* Sportler
Beratervertrag, Entschädigung 24 15
Bereederung 5a 16
Bereicherung aufgedrängte als Arbeitslohn 19 42
Bereitstellungszinsen, WK 9 135
Bergbauwagnisse 5 550
Bergführer 18 155
Berichtigung
Schätzungsfehler bei der AfA 7 163
Vorsteuerabzug 9b 8
Berufsaktionär, sonstige Leistung 22 150
Berufsausbildung
abziehbare Aufwendungen 10 85
Allgemeinbildungskosten 10 83
Arbeitsmittel-AK 10 87
Arbeitszimmer häusliches 10 87
Aufwendungen als agB 33a 11; *s iEinz unter* ag Belastungen
Aufwendungen Ehegatten/LPart 10 86
Aufwendungen für eigene B. 10 81 f.
Ausbildungsaufwendungen (Begriff) 10 82
Einzelfälle 32 27 f.
Fachaufwendungen 10 87
Fahrtkosten 10 87
Kindergeldanspruch 32 26 ff.
Kostenaufteilung bei gemischter Veranlassung 10 84
Sonderausgaben einzelne 10 87
Unterbringungskosten 10 87
Verpflegungsmehraufwendungen 10 87
Werbungskosten 9 340 ff.
– Abzugsbeschränkung 9 343
– Ausbildung außerhalb DienstVerh 9 344
– Erstausbildungskosten 9 346
– Fortbildungskosten 9 345
– Verfassungsmäßigkeit 9 341
Berufsgenossenschaft, künftige Beiträge 5 550
Berufs(karten)spieler 15 150
Berufskleidung 9 266; 19 100
steuerfreie Überlassung 3 108
Berufskraftfahrer, Übernachtungspauschale 4 626
Berufskrankheit, Aufwendungen 19 110

Fette Zahlen = §§

Berufsrisikoversicherung 4 187
Berufssoldaten, stfreie Leistungen 3 25
Berufssportler 15 150
Berufssportlervermittlung
beschränkte Steuerpflicht 49 63 ff.
Freigrenze 49 66
BerufsunfähigkeitsVers, SA 10 36
Berufsverbandsbeiträge 9 174; 18 190; 19 110
Berwertung, Fahrrad-Gestellung 6 583
Beschäftigungsverhältnisse
Begriff bei Kindern 32 23 ff.
haushaltsnahe Beschäftigungen/Leistungen *s dort*
Bescheinigung
Baudenkmäler-AfA 7i 13 ff.
energetische Baumaßnahmen 35c 7
Kapitalertragsteuer 45a 3
– nachträgliche Vorlage bei B. 44b 4
Kindergeldauszahlung 68 2
Sanierungs- und Städtebauentwicklungsmaßnahmen 7h 13 ff.
Beschränkte Steuerpflicht 1 2 f., 74 f.; 49 1 ff.
Abgeordnetenbezüge 49 121
Altersentlastungsbetrag 24a 2
Altersversorgungsbezüge 49 128
Anknüpfungspunkt der Besteuerung 49 1
Anrechnung/Abzug ausl Steuern 50 46
Anwendungsbereich 49 2
außergewöhnl Belastungen 33 3; 33a 6
Begriff Inlandseinkünfte 49 12
Berufssportlervermittlung 49 63 ff.
Betriebsstätte, DBA-Beschränkung 49 31
bewegliche Sachen 49 124
Darbietungen 49 36 ff., 123
DBA-Beschränkungen 49 61
EinkommenSt-Anrechnung 36 13
Einkünfte steuerpflichtige 49 10 ff.
Gelegenheitsverschaffung 49 65
Gewerbebetrieb
– Datenbanküberlassung 49 56
– Inlandsbezug 49 55
– Veräußerungen 49 56
– Vermietung und Verpachtung 49 56 f.
gewerbliche Einkünfte 49 20 ff.
– Betriebsgemeinschaften internationale 49 34
– Betriebsstätten 49 21 ff.; *s iEinz dort*
– Darbietungen 49 36 ff.; *s iEinz dort*
– sonstige E. 49 54 ff.
– ständige Vertreter (Beispiele) 49 30
– Veräußerung von Anteilen 49 48 ff.
Gewerblichkeitsfiktion 49 58

Magere Zahlen = Rz

Gewinnermittlung **49** 59
hybride Rechtsträger umgekehrte **49** 130;
  s iEinz dort
isolierende Betrachtungsweise **49** 140 f.
Kapitalvermögenseinkünfte **49** 96 ff.;
  s iEinz dort
Know-how-Überlassung **49** 125
Land- und Forstwirtschaft **49** 18
Leibrenten ua Leistungen **49** 119
Luftfahrtunternehmen **49** 142 f.
– gewerbliche Einkünfte **49** 33
nachträgl Inlandseinnahmen (mit Beispielen) **49** 15
nicht selbständige Arbeit **49** 85 ff.; *s iEinz dort*
Poolabkommen **49** 34
private Veräußerungsgeschäfte **49** 120
Rückfallklausel **49** 6
sachliche Zuordnung **49** 13
Schifffahrtunternehmen **49** 142 f.
– gewerbliche Einkünfte **49** 33
selbständige Arbeit **49** 72 ff.; *s iEinz dort*
„Sonstige Bezüge" **49** 122
ständiger Vertreter **49** 30
Steuererhebungsverfahren **49** 32
Steuererlass **50** 47
Steuerpauschalierung **50** 47
Tarif **32a** 2
Tatbestandsmäßigkeit der Besteuerung **49** 11
Unterschiede zur unbeschr StPfl **1** 3 f.
Veranlagung beschr StPfl *s dort*
Veranlagungsverfahren **25** 3
Verfassungs-/EU-Recht **49** 4
Verhältnis zu
– anderen Steuern **49** 5
– Doppelbesteuerungsabkommen **49** 6
Verlustausgleich **2** 59
Vermietung und Verpachtung **49** 109 ff.;
  s iEinz dort
VuV-Einkünfte **21** 2
– aus Rechteüberlassung **21** 106
Wechsel der StPfl **2** 69
WG-Wertveränderungen **49** 60
zeitliche Zuordnung **49** 14
Beseitigungskosten, Anlagen **5** 550
Besitzunternehmen, Teilbetrieb **16** 130
Besserungsabrede, verbindliche **5** 315
Besserungsscheine
5 550 „Gesellschafterfinanzierung"
Aktivierung **5** 270
Bestandspflege 5 550
Bestandteile eines Gebäudes als Wirtschaftsgüter **5** 135

Besteuerungsinkongruenzen

Bestandteile einer Sache, wesentliche
B. als Wirtschaftsgut **5** 133
Bestechungsgelder/Schmiergelder
4 610 ff.; **19** 100; **22** 150
Abzugsverbot **4** 610
Arbeitslohn **19** 100 Schmiergeld
Betriebsausgaben **4** 520
Betriebseinnahmen **4** 460
Geber/Empfänger **4** 611
Korruptionsbekämpfung **4** 610
Mitteilungspflichten **4** 612
nichtabziehbare WK **9** 329
rechtswidrige Handlung **4** 611
Werbungskosten **19** 110
Bestecke, Sofortabschreibung **6** 660
Besteuerung nachgelagerte
Altersvorsorgeleistungen **22** 170 ff.
Leibrenten **22** 88
Renten **22** 4
Besteuerungsinkongruenzen 4k 1 ff.
Anwendungsbereich **4k** 2 f.
– Einschränkung **4k** 36 ff.
– nahestehende Personen **4k** 37
– strukturierte Gestaltung **4k** 38
Betriebsausgabenabzug **4k** 1 ff.
Betriebsstätten **4k** 18 ff.
Beweislast; ausl Recht **4k** 7 f.
hybride Gestaltungen **4k** 1, 18 ff.
hybride Rechtsträger
– Abzugsverbot **4k** 18 ff.
– Aufwendungen **4k** 19
– doppelte Ertragsberücksichtigung **4k** 23
– Gewinnabgrenzung **4k** 20
– keine Bruchteilsbetrachtung **4k** 22
– Leistungsbeziehungen **4k** 19
– Qualifikationskonflikt **4k** 20
– Rechtsfolgen **4k** 21
– weitere Zuordnungs-/Zurechnungskonflikte **4k** 26
importierte Inkongruenzen
– Abzugsverbot **4k** 34
– Ausnahme **4k** 35
Kapitalvermögen **4k** 10 ff.
– Aufwendungen **4k** 11
– Ausnahme **4k** 14
– Qualifikationskonflikt **4k** 12
– Rechtsfolge **4k** 13
– Zurechnungskonflikt **4k** 12
mehrfach erklärte Aufwendungen
– Abzugsverbot **4k** 28
– doppelt besteuerte Erträge **4k** 30
– Rangfolge **4k** 29
– Steueranrechnung **4k** 31
richtlinienkonforme Auslegung **4k** 6
treaty override **4k** 39

2467

Besteuerungsumfang

Verfassungs-/Europarecht **4k** 4
Vorschriftenkongruenz **4k** 5
Werbungskosten **9** 333
Besteuerungsumfang **2** 1 ff.
wirtschaftliche Betrachtungsweise **2** 38
Besuchsreisen 33 90
Beteiligungen
Abgrenzung zu Wertpapieren **6** 404
Aufwendungen und Verluste als BA **4** 520 „Wertpapiere"
Begrenzung des Einlagenwerts **6** 615 ff.
Begriff **4** 160
Betriebsvermögen **4** 160 ff.
– Gewinnzurechnungszeitpunkt **4** 165 f.
– Rechtsfolgen **4** 165 f.
Bewertungseinheit **6** 404
Einzelfälle des notwendigen BV **4** 163
gewillkürtes Betriebsvermögen **4** 164
Gewinnermittlung **4** 160 ff.
Kapitalgesellschaft **4** 162; **5** 270
– Anschaffungskosten **6** 140
nichtabnutzbares AV **6** 404
notwendiges Betriebsvermögen **4** 163
PersonenGes **4** 161; **5** 270; **15** 690
– Anschaffungskosten **6** 140
Privatvermögen **4** 166
relevante B. *s unter* Veräußerung von Anteilen
selbständige Tätigkeit **18** 164
Teilbetrieb **16** 135 ff.
Veräußerung
– ähnliche B. **17** 104 ff.
– Anwartschaften auf B. **17** 108
Zebragesellschaft **4** 161
Beteiligungserträge/-bezüge
Bezüge stbare aus KapGes **20** 29 ff.
Einnahmenbegriff **20** 34
Genossenschaftsausschüttungen **20** 33
Genussrechte **20** 32
Gewinnanteile **20** 31
Kapitalertragsteuer **20** 28 ff.
umgekehrte hybride Rechtsträger **49** 131 ff.
Verhältnis zu speziellen Regelungen **20** 34
Beteiligungsverluste, negative Drittstaateneinkünfte **2a** 23, 28 f.
Betonherstellung, Teilbetrieb **16** 130
Betreiberpflichten, Rückstellung **5** 550
Betreuer 18 141, 155
Betreutes Wohnen, steuerfreie Einnahmen **3** 38
Betreuungsfreibetrag 32 76
Antrag **32** 98
Auslandskinder **32** 80
doppelter **32** 78 f.

Fette Zahlen = §§

einfacher **32** 77
Ermäßigung **32** 81
Haushaltsaufnahme **32** 96
Lohnsteuerabzug **32** 100
Maßstabsteuern **51a** 2
Meldung der Übertragung **32** 93
Übertragung **32** 92 ff.
– auf anderen Elternteil **32** 83, 92 ff.
– Anspruch auf Ü. **32** 97
– auf Minderjährige **32** 94
– auf Stief- oder Großeltern **32** 95 ff.
Betreuungskosten 33 90
Betreuungsleistungen
Kinderbetreuungskosten **10** 71 ff.
Steuerermäßigung **35a** 11
Betreuungsunterhalt 32 85 ff.
Betreuungszuschüsse des ArbG **3** 118
Betrieb
Begriff **4** 26
Eröffnung **4** 71
Gewinnermittlungsobjekt **4** 27
unentgeltl Übertragung von Einheiten **6** 694 ff.
Wertansatz bei entgeltl Erwerb **6** 638 ff.
– Buchwerte des Veräußerers **6** 644
– ertragsschwache Betriebe **6** 640
– passivierungsverbotene Verpflichtungen **6** 643
– profitable Betriebe **6** 639
– Zuzahlungen des Verkäufers **6** 641
Betrieb gewerblicher Art
Einlagen **6** 607
KapESt auf Gewinntransfers **20** 135 ff.
Betriebliche Altersversorgung
Altersversorgung/Altersvorsorge *s dort*
Förderbetrag zur betriebl Altersversorgung *s dort*
Pensionsfonds *s dort*
Pensionsrückstellungen/-zusagen *s dort*
Unterstützungskassen *s dort*
Zukunftssicherungsleistungen *s dort*
Betriebliche Veranlassung
anteilige betriebliche V. **4** 488
Betriebsausgaben (Einzelfälle) **4** 480 ff.
Betriebseinnahmen (Einzelfälle/Beispiele) **4** 440 ff.
Beweislast **4** 480
Bewirtungskosten **4** 546
Definition **4** 30
DirektVers **4b** 15
gemischte V. (mit Beispielen) **4** 489
Kontokorrentkonto **4** 152
mittelbare betriebl Veranlassung **4** 487
Pensionsverpflichtung **6a** 16, 20 ff., 34
Versicherungen im BV **4** 178

2468

Magere Zahlen = Rz

Zuordnungskriterien 4 31
- Abgrenzung zu § 4V 4 32
- Mittelherkunft 4 33
- objektiver Zusammenhang 4 31
Betriebliche Weiterbildung 19 100
Betriebs- und Geschäftsaustattung,
abnutzbares AV 6 346
Betriebsanlagen, AfA-Nutzungsdauer
7 167
Betriebsaufgabe
s Aufgabe eines Betriebs
Betriebsaufspaltung 15 800 ff.
Anteils-/Entnahmegewinnbesteuerung
trotz DBA **50i** 11
Beendigung der B. **15** 865 ff.
- Geschäftswert **15** 878
begünstigter Steuersatz **34** 13
Beherrschungsidentität **15** 821
Besitzunternehmen
- Anteilsübertragung/Einlage **15** 876
- gewillkürtes BV **15** 875
- notwendiges BV **15** 873 ff.
- Vergütungen für Tätigkeit des Besitzunternehmers **15** 873
Betätigungswille einheitlicher **15** 820
Beteiligung
- Angehörige **15** 845 ff.
- elterliche Vermögenssorge **15** 849
- mittelbare Beteiligung **15** 835
- Nur-Besitzges'ter **15** 825 ff., 834
- Nur-Betriebsges'ter **15** 827 ff., 834
- PersGes als Besitz-PersGes **15** 872
- Stimmbindung/Treuhand **15** 829
Beteiligungsidentität **15** 820
Betriebsaufteilung **15** 877
Betriebs-Personengesellschaft **15** 833
Betriebsunterbrechung **15** 868
Betriebsunternehmen **15** 855 ff.
- notwendiges Betriebsvermögen **15** 874
- Rechtsform **15** 858
Betriebsvermögen notwendiges **4** 163
DoppelGes-Theorie **15** 821
echte und unechte B. **15** 802
Einheitsbetriebsaufspaltung **15** 803
Einstimmigkeitsprinzip **15** 825, 830
Entflechtung der B. **15** 865
Erscheinungsformen **15** 802 ff.
faktische Beherrschung **15** 836 ff.
freiberufliche PersGes **18** 55
- Ausgliederungsmodell **18** 55
Gewerbesteuer **15** 871
gewerblich geprägte B. **15** 855
Gewerblichkeit **15** 800 f.
gezielte Beendigung **15** 867
grenzüberschreitende B. **15** 862

Betriebsausgaben

Grundstück/Gebäude **15** 811 ff.
Gruppentheorie **15** 823
Insolvenzeröffnung **15** 842
Investitionszulage bei BetrAufsp **15** 879
kapitalistische B. **15** 803
Leistungen einer Schwester-PersGes
15 604 f.
Mehrheitsprinzip **15** 823
- qualifizierte M. **15** 825
mitunternehmerische B. **15** 803, 855 ff.
Nutzungsüberlassung **15** 809 f.
- Angemessenheit der Entgelte **15** 819
- KapGes an KapGes **15** 863
- nachträgliche N. **15** 866
Option nach § 1a KStG **15** 803a
Organschaft **15** 871
PersGes als Betriebsunternehmen **15** 858
personelle Verflechtung **15** 820 ff.
qualifizierte B. **15** 803
Rechtsfolgen einer B. **15** 869 ff.
Rechtsform
- Besitzunternehmen **15** 861 ff.
- Betriebsunternehmen **15** 855 ff.
Rücklage nach § 6b **6b** 3
sachliche Verflechtung **15** 808 ff.
selbständige Unternehmen **15** 870
Selbst-/Doppelvertretungsverbot **15** 823
Steuerpflichtige **1** 12
steuerrechtl. Grundlage/VerfMäßigkeit
15 807
Stimmrechtsverbot MitGes'ter **15** 824, 828
Testamentsvollstreckung **15** 841
überlagerte B. **15** 803
umgekehrte B. **15** 803
verunglückte B. **15** 868
Vor- und Nachteile **15** 804
wesentliche Betriebsgrundlagen **15** 808 ff.
Wiesbadener Modell **15** 846
Zinsschrankenregelung **4h** 29
zivilrechtliche Aspekte **15** 805
Betriebsausflug, ArbN-Aufwendungen
19 110
Betriebsausgaben 4 470 ff.
ABC der Betriebsausgaben **4** 520
Abzug
- Besteuerungsinkongruenzen s dort
- Abzug bei beschr StPfl **50a** 23
- Abzug bei Ersatzanspruch **4** 476
Aktivierung **4** 498
Angemessenheit **4** 483
Arbeitslohn als BA **4** 520
Aufwendungen als BA **4** 471 ff.
Begriff **4** 470
beschränkte StPfl **50** 7 ff.
Besteuerung beim Empfänger **4** 477

2469

Betriebsbeendigung

Fette Zahlen = §§

Besteuerungsinkongruenzen *s dort*
Betätigung mit Gewinnaussicht **4** 616
betriebliche Sachaufwendungen **4** 478
betriebliche Veranlassung **4** 480 ff.
nach Betriebsbeendigung **4** 486
vor Betriebseröffnung **4** 484
Direktversicherung **4b** 26
Drittaufwand **4** 500 ff.; *s iEinz dort*
eigene Aufwendungen **4** 501
Empfängerbenennung **4** 630
entgehende BE **4** 473
ersparte Betriebsausgaben **4** 473
Erstattung von BA **24** 15
Geldschenkung als BA **4** 502
gemischte Veranlassung (mit Beispielen) **4** 489
Gesetzes-/Sitten-/Standeswidrigkeit **4** 492
Höhe **4** 494 ff.
– Einschränkungen **4** 494
hybride Gestaltungen **4** 490;
 s Besteuerungsinkongruenzen
Kausalität **4** 481
mittelbare betriebl Veranlassung **4** 487
nachträgliche BA **24** 72 ff.
– Beispiele **4** 486
nichtabziehbare BA *s dort*
Notwendigkeit **4** 483
Pauschbeträge **4** 496 f., 520
– Forstwirtschaft **13** 18 f.
– freie Berufe **18** 216
Pensionsfondsbeiträge **4e** 4 ff.
Policendarlehenszinsen **4** 520
Rechtspflicht zur Zahlung **4** 482
Rückfluss von BA als BE **4** 475
Schuldzinsen *s dort*
selbständige Arbeit **18** 185 f.
steuerl Nebenleistungen **4** 520
Üblichkeit **4** 483
Umschuldungen **4** 486
vergebliche BA **4** 484
Verhältnis zu
– Besteuerung beim Empfänger **4** 490
– Betriebseinnahmen **4** 490
– eigenen BA/BE **4** 490
– Einlagen und Entnahmen **4** 493
Vertragswegabkürzung **4** 504
vorab entstandene BA (mit Beispielen) **4** 484
vorweggenommene/vorab entstandene BA (mit Beispielen) **4** 484
Wertabgänge ohne Zahlung **4** 473
WG-Funktion im Betrieb **4** 481
gegen Willen des StPfl **4** 481
Zahlungswegabkürzung **4** 503
Zeitpunkt des Abzugs **4** 499

Zinsaufwendungen *s* Zinsschranke
Zuordnung des WG zum BV **4** 481
Zurechnung persönliche **4** 500 ff.
zurückgezahlte BE **4** 475
Zuwendungsgedanke **4** 502
Zweckmäßigkeit **4** 483
Betriebsbeendigung
Betriebsausgaben nach B. **4** 486
Betriebseinnahmen nach B. **4** 446
Betriebsbeginn, 4 III-Rechnung **4** 398
Betriebsbereitschaftskosten, Begriff und Einzelfälle **6** 44
Betriebseinnahmen 4 420 ff.
ABC der Betriebseinnahmen **4** 460
Aufwendungen ersparte **4** 431
Aufzeichnungen **4** 452
Begriff **4** 420
betriebliche Veranlassung **4** 440 ff.
nach Betriebsbeendigung **4** 446
Erstattung zugeflossener BE **4** 424
fiktive BE **4** 432
freie Berufe **18** 170 ff.
Geldzuwendungen **4** 422 ff.
Gesetzes-/Sittenwidrigkeit **4** 448
Gewinnänderung nachträgl **24** 54
Höhe/Zuschlagschätzung **4** 452
Konfusion **4** 460
Nebentätigkeiten **4** 445
negative BE **4** 475
Preise errungene **4** 460
Rechtsunwirksamkeit **4** 448
Risikogeschäfte **4** 445
Rückfluss von BA **4** 475
Sachwerteinsatz **4** 435
Sachzuwendungen in Geldwert **4** 427 ff.
Schmiergelder **4** 460
Standeswidrigkeit **4** 448
steuerfreie Einnahmen **4** 447
unentgeltliche Zuwendungen **4** 460
Veräußerungsvorgänge **4** 460
Verhältnis zu Einlage/Entnahme **4** 450
Versicherungsentschädigung **4** 460
Verwendung der BE **4** 444
Verzicht auf Einnahmen **4** 433 ff.
Wertpapiererträge **4** 460
Wertzugänge **4** 421 ff.
Wohnung **4** 460
Zeitpunkt der Besteuerung **4** 454
Zinsen **4** 460
Zulagen **4** 460
Zurechnung persönliche **4** 456
Zuschüsse **4** 460
Zuwendungen Dritter **4** 430, 442
Betriebseröffnung 4 71
Betriebsausgaben vor B. **4** 484

Magere Zahlen = Rz

ledigl betriebl Veränderungen **6** 635
Wertansatz **6** 633 ff.
– Einzelfälle **6** 634
Betriebserwerb 4 71
Überschussrechnung **4** 398
Betriebsfahrt als BA **4** 520 „Fahrt ..."
Betriebsgemeinschaften, beschränkte Steuerpflicht **49** 34
Betriebs-/Geschäftsausstattung, AfA-Nutzungsdauer **7** 167
Betriebsgrundlagen wesentliche Anlagevermögen **16** 88
Bestandteil von Anteilen **16** 390
Betriebsvermögen/SonderBV **16** 87
Gewerbebetrieb einer PersGes **16** 96 f.
immaterielle Wirtschaftsgüter **16** 89
Rücklage nach § 6b **16** 91
Teilbetrieb **16** 116
Übertragung bei Betriebsaufgabe **16** 205
Umlaufvermögen **16** 90
Veräußerung **16** 85 ff.
– einheitliche V. **16** 100 f.
– Praxis **18** 223
– Teilbetrieb **16** 125
Betriebsgutachten 34b 26
Betriebskosten 21 148
VuV-Einkünfte **21** 112 ff.
Betriebsmahlzeiten, Lohnsteuerpauschalierung **40** 12
Betriebsprämien, Abschreibung **7** 41
Betriebsprüfung
Bericht über LSt-Außenprüfung **42f** 6 ff.
Rückstellung für StNachforderg **5** 550
Übergang der Nachschau **42g** 17
Betriebsrenten 19 100
Aktivierung der Anwartschaft **18** 175
Betriebssport 19 100, 110
Betriebsstätten
s auch Internationale MUerschaften
Abzugsbeschränkung bei Rechteüberlassung **4j** 16
Aufgabe ausländischer B. **16** 197
Ausgleichsposten **4g** 1 ff.; s i Einz dort
Begriff **49** 22
begünstigter Veräußergsgewinn **34** 26
Beispiele **49** 23
beschränkte Steuerpflicht **49** 21 ff.
– DBA-Beschränkungen **49** 31
– selbständige Arbeit **49** 78
Besteuerungsinkongruenzen **4k** 18 ff.;
s i Einz dort
dienende Funktion **49** 25
feste Geschäftseinrichtung **49** 23
Gewinnermittlung **49** 29
Homeoffice wegen Corona **49** 22

Betriebsvermögen

Inlandsbezug **49** 22
– Berufssportlervermittlung **49** 64
– Darbietungen **49** 42
Investitionsabzugsbetrag **7g** 10 ff.
Mitunternehmerschaft **15** 421
Montagen **49** 23
negative Drittstaateneinkünfte **2a** 12
Personaleinsatz **49** 26
regelmäßige/erste B. **4** 520 „Geschäftsreise"
Sondervergütungen **49** 28
Steuerentstrickung bei ausl. B. **4** 249
Unterhalten der B. (Begriff) **49** 27
Verfügungsmacht (mit Beispielen) **49** 24
Verlegung als Betriebsaufgabe **49** 27
Verlustabzug/Hinzurechnungen **2a** 63 f.
Zinsschranke **4h** 8
Zurechnung an ausl PersGes **49** 28
Betriebssteuern 5 270
Betriebsstoffe 5 270
s Roh-, Hilfs- und Betriebsstoffe
Betriebsübertragung
Fortführung GWG-Sammelposten **6** 676
Überschussrechnung **4** 399
unentgeltl. und Wechsel der Gewinnermittlungsart **4** 669
Betriebsunterbrechung 16 160
Versicherung **5** 550
Betriebsunternehmen s unter Betriebsaufspaltung
Betriebsveranstaltungen
Arbeitslohn **19** 77 ff.
Begriff **19** 77 ff.
Bewertung **19** 84
ESt-Pauschalierung **37b** 22
Freibetragsberechnung **19** 82
Gestaltungsmöglichkeiten **19** 83
Häufigkeit/Dauer **19** 80
Höhe der Zuwendung **19** 81
Lohnsteuerpauschalierung **40** 14
Sachbezugsbewertung **8** 27
Teilnehmerkreis **19** 79
Betriebsveräußerung s Veräußerung eines Betriebs
Betriebsverlegung, Entschädigungszahlungen **24** 38
Betriebsvermögen
Ausscheiden von WG **4** 75 ff.
Bankverbindlichkeiten **4** 150
bebaute Grundstücke **4** 112
Begriff und Bedeutung **4** 24
Begründung von BV **4** 70 ff.
Beteiligungen **4** 160 ff.
betriebliche Funktion **4** 26
betriebliche Veranlassung **4** 30; s i Einz dort

2471

Betriebsvermögensvergleich Fette Zahlen = §§

Betriebszusammenhang **4** 75 ff.
Einlagen **4** 74
Erwerb **4** 72
Forderungen **4** 130
Gebäude **4** 115
geduldetes BV **4** 270
Geldbestände **4** 150 ff.
gemischt genutzte WG **4** 47 ff.
– bewegl WG/Aufteilung **4** 48
– bewegl WG/Auswirkungen **4** 50 ff.
– bewegl WG/Zuordnung **4** 49
– unbewegliche WG **4** 47
gewillkürtes Betriebsvermögen **4** 42 ff.
– Begriff **4** 42 ff.
– betriebsschädliche WG **4** 46
– Einkunftsartbetätigung **4** 45
– Einlagen/Entnahmen **4** 233
– Land- und Forstwirtschaft **13** 243 ff.
– Risikogeschäfte **4** 46
– Widmung/Dokumentation **4** 44
gewillkürtes Betriebsvermögen „fördern"
4 43
Grund und Boden **4** 110 ff.
Herstellung **4** 73
immaterielle Wirtschaftsgüter **4** 172 ff.
Kapitalgesellschaften **4** 55
Lösung des Betriebszusammenhangs
4 76 ff.
Mitunternehmerschaft s dort
notwendiges Betriebsvermögen **4** 35 ff.
– aktuelle betriebl Nutzung **4** 38
– Begriff **4** 35 ff.
– berufs-/branchentypische Geschäfte
4 40
– „bestimmt sein" **4** 37
– betriebl Anschaffungsvorgang **4** 39
– „unmittelbar dienen" **4** 36
Personengesellschaften **4** 54
Privatvermögen **4** 41
Rechtsfolgen
– Ausscheiden von WG **4** 80
– Begründung von BV **4** 79 ff.
– Gewinnrealisierungsverzicht **4** 81
selbständige Tätigkeit **18** 157 ff.
Umschichtungen erfolgsneutrale **4** 83
unbebaute Grundstücke **4** 111 ff.
unteilbare WG **4** 180 f.
Veränderungen im BV **4** 70 ff.
Verbindlichkeiten **4** 140
Versicherungen **4** 178 ff.
Vorbehaltsnießbrauch/AfA-Befugnis
7 64 ff.
Wertpapiere **4** 170
Wirtschaftsgüter aller Art **4** 25
Zurechnung persönliche **4** 60 ff.

– Betriebsinhaber **4** 60
– zivilrechtl/wirtschaftl Eigentum **4** 61
Zurechnung persönliche Ehepartner/LPart
4 63 ff.
Zurechnung persönliche Miteigentum
4 62
Betriebsvermögensvergleich 4 20 ff.;
5 22
Anwendung von § 11 **11** 33, 48
Anwendungsbereich **4** 21
Bestandsvergleich stichtagsbezogen **4** 20
Betriebsvermögen **4** 24 ff.; s iEinz dort
Differenzrechnung **4** 23
Gewinnermittlung **5** 21 ff.
Korrekturen **4** 23
Land- und Forstwirtschaft **13** 193 ff.
Vermögensbegriff **4** 22
Betriebsverpachtung s Verpachtung
eines Betriebs
Betriebsversammlung 19 100
Betriebsvorrichtungen
AfA **7** 34
Herstellungskosten **6** 173
Rücklage nach § 6b **6b** 21
selbständige WG **4** 117
Betriebswerk 34b 25
Betriebswirt, beratender **18** 107
Betriebszusammenhang 4 75 ff.
Betrugsverluste 33 90
Bevollmächtigung, Zusammenveranlagung **26b** 16
Bewegliche WG s Wirtschaftsgut
Beweislast/Feststellungslast
Abzugsbeschränkung bei Rechtsüberlassungen **4j** 21
AfA Nutzungsdauer **7** 208
ag Belastungen **33a** 38
Auslandsspenden **10b** 15
BA/WK bei beschr StPfl **50a** 24
Behinderung **9** 296
Besteuerungsinkongruenzen **4k** 7 f.
betriebl Veranlassung von BA **4** 480
Betriebsausgabenabzug **4** 416
Bewirtungskosten **4** 554
Fahrtenbuch **8** 53
Festsetzung/Zahlung ausl Steuern **34c** 33
Gesellschaftergeschäftsführer als Pensionsberechtigter **6a** 17
Gewinnerzielungsabsicht **15** 35
Grenzpendlerbesteuerung **1** 57
Informationsreisen **4** 520
Kinder
– mit Behinderung **32** 47
– in Berufsausbildung **32** 39
Kinderbetreuungskosten **10** 77

2472

Magere Zahlen = Rz

Kindschaftsverhältnis **32** 9
Lebensführungskosten **12** 12
Lohnsteuerhaftung **42d** 42
Mehrkontenmodell **4** 156
negative Drittstaateneinkünfte **2a** 16
Nettolohnvereinbarung **39b** 13
Pensionsanspruchsnachweis **6a** 60
Pflegepauschbetrag **33b** 42 ff.
Progressionsvorbehalt **32b** 24
Schuldzinsen **9** 150
Sonderausgaben **10** 24
Spenden **10b** 47
Spendenwert **10b** 2
Sprachkurse/WK-Aufteilung **9** 69
Tatbestand **2** 36
technische Berufe als selbständige Tätigkeit **18** 109
Teilwertabschreibung **6** 365
Teilwertvermutungen **6** 245 f.
Unterhaltsleistungen/SA-Abzug **10** 108
verdeckte Gewinnausschüttung **20** 49
vorab entstandene WK **9** 96
Werbungskosten
– Abzug von WK **9** 122
– Veranlassung **9** 62
Wertaufholung **6** 376
Zuwendungen **10b** 41
Bewertung 6 1 ff.
Anlagevermögen abnutzbares **6** 341 ff.;
  s iEinz unter Anlagevermögen
Anwendungsbereich **6** 2
Einlagen **6** 251, 591 ff.
Einlagen-ABC **6** 625
Einzelbewertung **6** 7
Entnahmen **6** 251, 511 ff.
Entnahmen-ABC **6** 585
Folgebewertung **6** 9
Fremdwährungen **6** 22
Grund und Boden **55** 1
immaterielle WG **6** 511
Kfz-Gestellung **6** 525 ff.; *s iEinz dort*
Kryptowährungen **6** 22
Mahlzeitengestellung **8** 63
Maßgeblichkeitsgrundsatz **6** 5
nachträgliche Wertänderungen **6** 9
Nominalwertprinzip **6** 21
Privatfahrt bei Kfz-Gestellung **8** 31 ff.
Rechtsentwicklung **6** 3
Rentenverbindlichkeit **6** 443 f.; *s iEinz dort*
Sachbezüge **8** 60 ff.
– Durchschnittswerte **8** 60, 64
– Einzelfälle **8** 65
– nicht rentenversicherungspflichtige ArbN **8** 62
– SV-EntgeltVO (SvEV) **8** 61

Bewirtungskosten

Sachspenden **10b** 2
Sachzuwendung *s* Bewertung von S.
Tausch **6** 851 ff.; *s iEinz dort*
Tierbestände **13** 45 ff.
Umlaufvermögen **6** 348
unentgeltliche Übertragungen **6** 691 ff.;
  s iEinz dort
verdeckte Einlagen **6** 861 ff.; *s iEinz dort*
verdeckte Gewinnausschüttungen **20** 50
Verhältnis zum Handelsrecht **6** 5
Vermögensbeteiligungen **19a** 6
Vorratsvermögen **6** 407
Zugangsbewertung **6** 9
Bewertung von Sachzuwendungen 8 15 ff.
Abgabeort **8** 25
Abgrenzung Bar-/Sachzuwendung **8** 17
Bewertungseinzelfälle **8** 27
Bewertungszeitpunkt **8** 26
Einzelbewertungsgrundsatz **8** 16
Endpreis **8** 20 ff.; *s iEinz dort*
Preisnachlässe **8** 23
Sachbezugsbeispiele **8** 18
Bewertungseinheit(en) 5 70 ff., 131;
  6 7
Beteiligungen **6** 404
Teilwertbeurteilung **6** 232
Bewertungsgegenstand 6 7 ff.
Bewertungsmaßstab 6 1
Bewertungsstetigkeit 6 12 ff.
Absetzung für Abnutzung **6** 14
Abweichungen **6** 17
Ansatzwahlrechte **6** 14
Anwendungsbereiche persönl/sachl **6** 13 f.
Bewertungsvereinfachungsvorschriften **6** 14
Wahl der AfA-Methode **7** 23
Bewertungsstichtag 6 9
Teilwertvermutung **6** 242
Bewertungsvereinfachung 6 7, 651 ff.;
  s iEinz Geringwertige WG
Bewertungsvorschriften, Maßgeblichkeitsgrundsatz **5** 33
Bewirtschaftungsverträge, LuF **13** 176
Bewirtungskosten/Bewirtungsspesen 4 540 ff.; **12** 32
Angemessenheitsprüfung **4** 550
Arbeitnehmer **19** 100, 110
Aufmerksamkeiten **4** 544
Aufteilung **4** 547, 551
Aufzeichnungen **4** 554, 556
Begriff und Umfang **4** 545
betriebl Anlass/private Lebensführung **4** 546

2473

Bezirkslotterievertreter Fette Zahlen = §§

Betriebsausgaben 18 190
- Abzugsbeschränkung 4 540 ff.
bewirtende Person 4 541
bewirtete Person 4 542
Bewirtungsbegriff 4 544
Bewirtungsort 4 544
Dritt-Sachzuwendungen 37b 7
Eigenbewirtungskosten 4 542
Ermittlung 4 549
ESt-Pauschalierung 37b 7
Geschäftsfreundebewirtung 4 542; 19 100, 110
Höhe der Angemessenheit 4 548
Kostenermittlung 4 549
Nachweise 4 554
nichtabziehbare WK 9 323
persönl Bewirtung 4 541
Rechnung 4 555
Rechtsfolgen 4 557
Vordruck/Aufzeichnungen 4 554, 556
Bezirkslotterievertreter 18 135
Bezirksschornsteinkehrer 18 155
Bezüge, Wiederkehrende Bezüge s dort
Bezugsrechte
selbständiges Wirtschaftsgut 5 270
Veräußerung 17 32, 108
BGB-Gesellschaft s Gesellschaft bürgerlichen Rechts
Bibliothekar 18 155 „Dokumentar"
Bierlieferungsrecht
5 270 „Belieferungsrechte"
Bilanz
elektronische Übermittlung 5b 1 ff.
Zweischneidigkeit der B. 4 297
Bilanzänderung
Begriff 4 350
Bilanzberichtigungsabgrenzung 4 280
Rechtsfolgen 4 352
zeitliche Grenzen 4 351
Bilanzansatz, fehlerhafter B. 4 281
Bilanzberichtigung 4 280 ff.
Auswirkung der Veranlagung 4 289
Auswirkungsvorbehalt 4 291
Begriff 4 280
Berichtigungsbeispiele 4 315
Beurteilung
- bilanzielle Rechtsfragen 4 282
- tatsächl Umstände 4 283
Bilanzierungsfehler
- Auswirkung auf Veranlagungsberichtigung 4 287 f.
- mit Gewinnauswirkung 4 315
- ohne Gewinnauswirkung 4 325
Bilanzzusammenhang 4 306

- Grenzen 4 300 ff.
Bindung an Veranlagungsbilanz 4 289
Einlage-/Entnahme(willen) 4 235, 270
Fehlerjahr; Folgejahre 4 287 f.
Fehlerquelle 4 306 ff., 312
Gegenstand 4 296
Gesetzesvorbehalt 4 293
Gewinnauswirkung 4 308 ff.
gewinnneutrale Bilanzansätze 4 313
Grundsatz
- Bilanzzusammenhang 4 295 ff.
- Treu und Glauben 4 292
Korrektur fehlerhafter Bilanzansätze 4 309
Nachholung
- Fehlerberichtigung 4 312
- und Korrektur 4 326
rückwirkende Korrektur 4 290 ff.
sachliche Grenze 4 285
technische Durchführung 4 311 ff.
Veranlagungsfehler und Gewinnauswirkung 4 310
Verhältnis zu Bilanz-/Veranlagungsberichtigung 4 286 ff.
zeitliche Grenzen 4 284
Bilanzidentität 4 297
Bilanzierung
freiwillige B. 5 17
Gewinnermittlung 5 21 ff.
Spezialfragen 5 691 ff.
Bilanzierungsfehler 4 280
Auswirkungen auf
- Folgejahre 4 287 f.
- Veranlagungsberichtigung 4 287 f.
Gewinnauswirkung 4 315
Bilanzierungshilfen
Ausgleichsposten 4g 6 f.
Begriff 5 102
Maßgeblichkeitsgrundsatz 5 31
Bilanzierungspflichten 5 12 ff.
ausländische 5 16
besondere Anlässe 5 15
handelsrechtliche B. 5 13 ff.
steuerrechtliche B. 5 14
Bilanzkorrektur 4 280 ff., 311 ff.
Bilanzrichtlinie-Gesetz 5 55 f.
Bilanzsteuerrecht s Steuerbilanzrecht
Bilanzverschönerung 4 140
Bilanzwahrheit/-richtigkeit 5 67 ff.
Bilanzzusammenhang 4 295 ff.
Bilanzberichtigung 4 306
Grenzen 4 300 ff.
Überführung von WG ins PV 4 304
Verhältnis zu bestandskräftiger Festsetzung 4 300 ff.

2474

Magere Zahlen = Rz

Bilanzzweischneidigkeit 4 295 ff.
Bildberichterstatter 18 122
selbständige Tätigkeit **18** 29
Bilder 9 270
Bildhauer 18 155
Bindungsentschädigung 22 150
Binnenschifferei 13 51
Rücklage nach § 6b **6b** 23
Biologe 18 155
Bitcoin 4 158; **5** 270
s auch Kryptowährung
Bewertung **6** 22
Blindenhund 9 270; **18** 190
Blockheizkraftwerk 5 270
Abschreibung **7** 38
AfA-Nutzungsdauer **7** 169
Blutgruppengutachter 18 155
Blutspenden 10b 3
Bodenschätze 5 270;
22 150 „Belastungen"
Absetzung für Substanzverringerung **7** 222 ff.
Anschaffungskosten **6** 140
Ausbeute als VuV-Einkünfte **21** 18 ff.
Einlagenbewertung **6** 625
Grundstückszuordnung **4** 113
Nebenbetriebe LuF **13** 70
negative Drittstaateneinkünfte **2a** 20
Veräußerungsgeschäft privates **23** 21
Verkauf **15** 91
Wirtschaftsgut **5** 140; **7** 227 f.
Bonus, AK-Minderungen **6** 67
Bonusaktien, Zufluss **11** 50
Bonusansprüche 5 270
Bonusmeilen/Bonuspunkte, ESt-Pauschalierung **37a** 3 ff., 6
Bonusschuld 5 550 „Prämienschuld"
Bonussparen, Bewertung **6** 448
Bordell 15 150
Bordpersonal der Luftfahrt, beschr StPfl **49** 91
Börsentermingeschäfte
22 150 „Risikogeschäfte"
Brauereigaststätte, Teilbetrieb **16** 130
Break-Fee 22 150
Brennrechte, Abschreibung **7** 41
Briefmarkenrestaurator 18 155
Briefmarkensammler 15 150
Brille 9 270; **12** 32
Bruchteilseigentum an WG **5** 132
Bruchteilsgemeinschaft/Bruchteilsgesellschaft
gewerbl Grundstückshandel **15** 71
Zufluss/Abfluss **11** 50

Buchwertübertragungen

Bruttobesteuerung/Bruttosteuerabzug 50a 16 ff.
Bücher 9 270
Sofortabschreibung **6** 660
Werbungskosten **19** 110
Bücherregal/-schrank 9 270
Buchführung
freiwillige B. **5** 17
Indiz für Teilbetrieb **16** 130
ordnungsgemäße Buchführung **5** 18
Buchführungsarbeiten 18 105
Buchführungshilfe 15 150
Buchführungspflichten 5 12 ff.
ausländische **5** 16
Beginn und Ende **5** 13 ff.
handelsrechtliche B. **5** 13 ff.
Land- und Forstwirtschaft **13** 193 ff.;
s iEinz dort
steuerrechtliche B. **5** 14
Buchgewinne als BE **4** 460
Buchhalter 18 141, 155
Buchmacher 15 150; **18** 141
Buchprüfer/Buchrevisoren 18 105
Buchstelle, selbständige Tätigkeit **18** 29
Buchung, Einfluss auf Einlagen/Entnahmen **4** 270
Buchungstechnik 4 82 ff.
Buchwertentnahme, Sachspende **6** 581
Buchwertminderung, Forstwirtschaft **13** 15
Buchwertübertragungen
MUerschaft *ohne* Rechtsträgerwechsel **6** 769 ff.
MUerschaft *mit* Rechtsträgerwechsel **6** 775 ff.
– Buchwertfortführung **6** 806 ff.
– entgeltliche Geschäfte **6** 784 ff.
– Ergänzungsbilanzen **6** 815
– gegen Gewährung oder Minderung von GesRechten **6** 797
– Gewinnrealisierungshöhe **6** 789 ff.
– von MUer auf MUerschaft **6** 779
– zw MUer-BV und GesamthandelsBV **6** 778
– MUerschaft auf MUer **6** 780
– Rechtsfolge der Buchwertfortführung **6** 813 ff.
– zw SchwesterPersGes **6** 805 ff.
– zw SonderBV und GesamthandsBV **6** 799 ff.
– zw SonderBV verschiedener MUer **6** 803
– Trennungstheorie **6** 790
– unentgeltliche Übertragungen **6** 782
– Teilwertansatz bei Körperschaften **6** 835 ff.

2475

Bühnenarbeiter

Fette Zahlen = §§

Veräußerung/Entnahme innerhalb Sperrfrist **6** 825 ff.
WG zw verschiedenen BV eines StPfl **6** 761 ff.
bei WG-Übertragungen **6** 765 f.
Bühnenarbeiter 18 155
Bundespräsident, Zuwendungen **3** 77
Bundestagsabgeordnetenbezüge 22 161
Bundesverfassungsgericht, Zulässigkeit von Vorlagen **2** 12
Bundeszentralamt für Steuern
KapEStAbzug-Mitteilungen **45d** 1 ff.
Zinsabschlagsmitteilungen und Bußgeldbewehrung **50e** 1 f.
Bürgermeister 18 144; **19** 35
Bürgschaft
außergewöhnliche Belastungen **33** 90
Gesellschafter für PersGes **15** 547
Rückstellung **5** 550
sonstige Leistung **22** 150
Übernahme einer B. **15** 150
Verbindlichkeiten **4** 146
Verlust als WK **9** 83
Werbungskosten **19** 110
Büro in ArbN-Wohnung **19** 100
Bürogemeinschaften 15 327
selbständige Tätigkeit **18** 40
Bußgeldverfahren
Einstellung **10b** 6
Rentenidentifikations-Nr **50f** 1
Büttenredner 18 155
Buy-out-Vergütung 24 15

Café als Teilbetrieb **16** 130
Campingplatz 15 150
Carried Interest 17 165; **18** 280
Steuerfreiheit **3** 146
Casting-Direktor 18 155
CD-ROM 5 270 „Software"
Chemiker, klinischer **18** 155
Choreograph 18 155
Cloud-Computing 5 270
Computer 9 270
Hardware-Nutzungsdauer **7** 169
keine SofortAfA **6** 661
LSt-Pauschalierung bei ArbG-Überlassung **40** 17
Corona
Besteuerungsauswirkung **49** 92
Homeoffice/Betriebsstätte **49** 22
Coronabeihilfen
Arbeitgeberbeihilfen steuerfreie **3** 48
Soforthilfen als Betriebseinnahmen **4** 460

Steuerfreiheit **3** 5
Zuschusscharakter **6** 79
Coronakosten als agB **33** 90
Coronaverluste, Verlustrücktrag **10d** 29
Credit Link Notes, Rückstellung **5** 550
Cum/Cum-Treaty-Shopping,
KapESt-Entlastungsversagung **50j** 1 ff.
Cum/Ex-Geschäfte, KapErtragStAbzug **44** 11
Cutter 18 155

Dachausbau, Herstellungskosten **6** 171
Dacherneuerung, HK **6** 220
Dachgauben, Herstellungskosten **6** 171
Damnum/Disagio 5 270; **21** 117
Abfluss **11** 44
Betriebsausgabe **4** 520
Bewertung bei Disagioeinbehalt **6** 448
Emissionsdisagio **5** 270
Werbungskosten **9** 135
Zeitpunkt der Zahlung **11** 50
Darbietungen
artistische **49** 40
Begriff **49** 37
– Ausübung einer Tätigkeit **49** 42
– Verwertung einer Tätigkeit **49** 42
– zusammenhängende Leistungen (mit Beispielen) **49** 43
beschränkte Steuerpflicht **49** 36 ff.
– DBA-Beschränkungen **49** 45
– Steuererhebungsverfahren **49** 46
Einnahmenzufluss **49** 44
künstlerische D. **49** 38
sportliche **49** 39
Steuerabzug **50a** 1 f.
unterhaltende D. **49** 41, 123
Darlehen 5 270
Abzinsung unverzinsl D.
– Gesellschaftsverhältnisse **6** 456 ff.
Angehörigendarlehen unverzinsl **6** 458
Arbeitgeber an ArbN **11** 50; **19** 100
Arbeitnehmer an ArbG **11** 50
außergewöhnl Belastungen **33** 90
Gesellschafterdarlehen **4** 134
haftungslose D. **5** 550 „Haftungslose D."
kapitalersetzende Darlehen *s dort*
Personengesellschaft an Ges'ter **15** 629 ff.
Policendarlehen **4** 520
Rückstellung **5** 550
Sachwertdarlehen **5** 703
Sondervergütungen **15** 594
sonstige Leistungen **22** 150
Überschussrechnung **4** 383

Magere Zahlen = Rz

verdeckte Gewinnausschüttungen **20** 59
Verlust als WK **9** 83
Werbungskosten **19** 110
zinsloses D. als BE **4** 436
Zufluss/Abfluss **11** 50
– Einnahmen **8** 8
Darlehensforderungen 4 134
Gesellschafter gegen PersGes **15** 540 ff.
Darlehensgebühren, Aktivierung **5** 270
Darlehensgeschäfte, Überschussrechnung **4** 376 ff.
Darlehensverbindlichkeiten 4 147
Familienangehörige **4** 147
Darlehensverträge, Fremdüblichkeit **12** 28
Darlehenszinsen
Betriebseinnahmen **4** 460
Sondervergütungen **15** 594
Datenfernübertragung
Aufbewahrung **10b** 48
Sozialleistungen/Progressionsvorbehalt **32b** 45 ff.
Steuererklärung **25** 5 f.
Datenschutzbeauftragter 15 150; **18** 141, 155
Datenübermittlung
Altersversorgung/Altersvorsorge **10a** 23 f.
Investitionsabzugsbetrag **7g** 45
Kindergeld **69** 1
Sonderausgabenabzug **10** 143 ff.
Datenverarbeitungsgeräte
LSt-Pauschalierung **40** 17
private Nutzung **3** 157
Datenzugriff 5 550
Dauernde Lasten
s auch Renten
s auch Versorgungsleistungen
Besteuerung (mit Einzelfällen) **22** 81
Taschengeldnebenleistungen **22** 30
ungleichmäßige Leistungen **22** 47
Werbungskosten **9** 131, 161, 161
Wohnrecht **22** 48
Dauernde Pflege, StErmäßigung **35a** 12
Dauernde Wertminderung, TW-AfA **6** 364
Dauerpfleger, Familien-KG **15** 749
Dauerschuldverhältnis
Gewinnrealisierung **5** 618
Werbungskostenabzug **9** 20
Dauerwartungsvertrag 5 550
Daytrader 15 150
DBA *s* Doppelbesteuerung
Debt-Equity-Swap 3a 14, 16

Dienstverhältnis

Deckungskapital, Unterstützungskassen **4d** 2, 8
Degressive Abschreibung *s unter* Absetzung für Abschreibung
De-minimis-Beihilfen, Mietwohnungsbau **7b** 22 ff.
Dentalgold 18 162, 171
Dentallabor, Teilbetrieb **16** 130
Dentisten 18 95
Deponien
AfA-Nutzungsdauer **7** 169
Passivierung **5** 550
Depotzahlungen 11 50
Derivate 5 270 „Finanzprodukte"
Designer 18 155
Designschutzrückstellung 5 398
Detektiv 15 150
Deutschkurskosten 19 110
Devisentermingeschäft 22 150
Diätassistent 18 155
Diätverpflegung, keine agB **33** 61
Diebstahl 4 520 „Verlust"
s auch Unterschlagungen
Arbeitnehmer **19** 100
Betriebsausgaben **4** 520
Diebstahlsicherung **33** 90
Ersatz als Lohn **19** 100
Erträge aus D. **22** 150
Verlust **33** 90
Diensterfindung, Sondervergütung **15** 591
Diensthund 9 270
Dienstleistungen
Gewinnrealisierung **5** 618
haushaltsnahe Beschäftigungen/Leistungen *s dort*
immaterielle WG **5** 187
Personalrabatt **8** 71
Dienstleistungsgutscheine, Rückstellung **5** 550
Dienstleistungsunternehmen als Teilbetrieb **16** 130
Dienstleistungsverbindlichkeiten 5 331
Bewertung **6** 447
Dienstreiseversicherung, Prämienzahlungen **19** 100
Dienststrafverfahren 19 110
Dienstverhältnis
Abgrenzung zu anderen Beschäftigungen **19** 14
Begriff **19** 11
Bezüge aus früheren D. **19** 86 ff.
bloße Gefälligkeiten **19** 14
Entstehung **19** 12

2477

Dienstwagen

familiäre/nachbarl Hilfen **19** 14
kein schriftl Vertrag **19** 12
keine Freiwilligkeit **19** 12
LSt-Pauschalierung bei Beendigung
  40b 10
Typusbegriff **19** 11
Vermögensbeteiligungen **19a** 1 ff.; *s i Einz*
  dort
Dienstwagen **19** 100; *s i Einz* Kfz-
  Gestellung
Dienstwohnung
Abstandszahlungen **24** 27
Lohnzuwendung **19** 100
Dienstzimmer *s* Arbeitszimmer
Differenzgeschäfte 22 150
Dingliche Lasten 21 148
Anschaffungskosten **6** 84 ff.
Teilwert **6** 330
Diplomaten 1 39
steuerfreie Bezüge **3** 104
Diplominformatiker 18 155
Directors & Officers-Versicherung
  4 185; **19** 100
Direkte Methode
beschränkte Steuerpflicht **50** 30
Geschäftswertschätzung **6** 316
Direktversicherung
Abgrenzung anderer Versicherungen **4b** 5
Abtretung **4b** 30
Aktivierungsverbot **4b** 25
Altersversorgung/Altersvorsorge **82** 5
Anspruch kein ArbG-BV **4b** 3
Arbeitgeberwechsel **4b** 9
Arbeitnehmerehegatte **4b** 12 ff.
Arbeitslohncharakter der Beiträge **4b** 36
ArbVerh eindeutiges **4b** 13
Art der Versicherungsleistung **4b** 8
begünstigte Zwecke **4b** 5 ff.
Beleihung **4b** 30
Besteuerung der ArbG-Beiträge **4b** 35 ff.
betriebliche Veranlassung **4b** 15
Betriebsausgabenabzug **4b** 26
Durchführung beim ArbG **4b** 33
Einmalbetrag **4b** 26
Entgeltumwandlung bei ArbN-Ehegatten
  4b 16, 19
Insolvenzsicherung **4b** 30
Mitunternehmer zugleich ArbN **4b** 11
Pensionsrückstellungsauflösung **6a** 67
Policendarlehen **4b** 30
Rechnungsabgrenzung **4b** 26
Regelaltersgrenze **4b** 14
Rückstellung **4b** 27
spätere ArbG-Übernahme **4b** 5
Teilung des Versicherungsanspruchs **4b** 25

Fette Zahlen = §§

Überversorgung bei ArbN-Ehegatten
  4b 19
versicherte Personen **4b** 10 ff.
Versicherungsbegriff **4b** 5
Versorgungsausgleich **4b** 25
Versorgungszusage **4b** 14
Vertrag ArbG/ArbN **4b** 3
Dirigent 18 155 „Musiker"
Dirnen
Dirnenlohn **22** 150
Zimmervermietung **15** 85
Disability Manager 18 155
Disagio *s* Damnum
Discjockey 18 155
Diskontbeträge, KapEinkünfte **20** 125
Diskontgeschäfte 5 270 „Wechsel …"
Diskriminierungsverbot, EuGH **1** 8
Dispacheur 15 150; **18** 155
Dispositionsschutz 25 2
Dividenden
Anspruch **5** 270
– Gewinnrealisierung **5** 677
KapEink bei Veräußerung **20** 160
Kompensationszahlungen **20** 70
**Dividendenkompensationszahlun-
  gen,** Steuerabzug bei DBA **50d** 72
Dividendenscheine, Ausschluss der
KapESt-Erstattung **45** 2
Doktortitel 10 90 „Promotion"; **19** 110;
  33 90
Werbungskostenabzug **19** 110
Dokumentar 18 155
Dolmetscher 18 123
Domain-Adresse
Abschreibung **7** 43
immaterielles WG **5** 270
Doppelbesteuerung 1 80
Anrechnungsverfahren **1** 82
Bauabzugsteuer **48d** 1
Betriebsstätten **49** 31
DBA-Anrechnung bei § 34c EStG
  34c 25 ff.
DBA-Klauseln **1** 83
Drittstaatenverluste *s* Negative Einkünfte
  mit Drittstaatenbezug
Einlagen und Entnahmen **4** 270
EU/EWR-Einschränkung **32b** 17
Freistellung stfreier Einkünfte **3c** 5
Freistellung stfreier Einnahmen **3** 3
gewöhnlicher Aufenthalt **1** 27
KapVerm, beschr StPfl **49** 105
Kassenstaatsklauseln **50d** 36
Lohnsteuerbehandlung **39b** 25
nicht selbständige Arbeit **49** 92
Progressionsvorbehalt **1** 81; **32b** 16

2478

selbständige Arbeit **49** 82
SonderBA-Abzugsverbot **4i** 3
Verhältnis zu
- § 2a EStG **2a** 7
- § 49 EStG **49** 6
Verlustausgleich **2** 59
Zuteilungsverfahren mit Freistellung **1** 81
Doppelstöckige Personengesellschaft s unter Mitunternehmerschaft
Doppelte Haushaltsführung 4 584, 588; **9** 220 ff.
alleinstehende ArbN **9** 234
außergewöhnl Belastungen **33** 90
Beendigung **9** 240
Begriff **9** 221
berufl Veranlassung **9** 221
Ehegatten/LPart **9** 230
Familienheimfahrten **9** 248 ff.
- Kfz-Gestellung **9** 250
- kürzeste Straßenverbindung **9** 249
- umgekehrte F. **9** 251
Familienwohnsitz **9** 230, 233
finanzielle Beteiligung **9** 227
Garage; Stellplatz **9** 254
gesetzl Abgrenzungsfragen **9** 256
Haushalt
- eigener Hausstand **9** 223
- Eingliederung in fremden H. **9** 237
- getrennte Haushalte **9** 232
- Haupthaushalt **9** 222 f.
- Mehrgenerationenhaushalt **9** 238
Heimfahrten **9** 235
„Innehaben" **9** 225 f.
Lebensmittelpunkt
- dauerhafter L. **9** 224
- Verlagerung des L. **9** 231
Mehraufwendungen **9** 245 ff.
- steuerfreier Ersatz **3** 66 ff.
Umzugs- und Maklerkosten **9** 255
Unterkunftskosten **9** 246 f.
Verpflegungsmehraufwendungen **4** 576; **9** 314
Wegverlegung/Umzug **9** 239
weitere Fahrtkosten **9** 253
weitere Kosten **9** 252 ff.
Wohnen am Ort der ersten Tätigkeitsstätte **9** 228 f.
Wohnungsbeschaffenheit **9** 236
Wohnungseinrichtung **9** 254
Zweitwohnung **9** 222
D & O-Versicherung 4 185; **19** 100
Drehbuchautor 18 155
Drei-Jahres-Frist
abnutzbares AV **6** 387
verdeckte Einlage **6** 874

Drei-Konten-Modell
s Mehrkontenmodell
Drei-Objekt-Grenze 15 47 ff.
Drei-Schichten-Modell 22 3
Drittaufwand 4 500 ff.
Angehörige/Nahestehende **4** 510
Betriebsausgaben **4** 500 ff.
Dritt-AfA **7** 101 f.
DrittAfA
- Nutzungsberechtigter **5** 101
Ehegatten **7** 101 f.
- Gebäudeabschreibung **4** 506
Miteigentümer **7** 102
ohne Mittelzuwendung **4** 505
Personengesellschaft **15** 436
Werbungskostenabzug **9** 21 ff.
Zurechnung **2** 21
Zuwendungsnießbrauch **7** 102
Drittbezug, Gewinnrealisierung **55** 680
Drittstaaten
Beteiligungsverluste s unter Negative Einkünfte mit Drittstaatenbezug
negative Einkünfte **2a** 6
Drittstaateneinkünfte 1 57
Steuerermäßigung **34c** 30
Drittstaatenverluste s Negative Einkünfte mit Drittstaatenbezug
Drittzahlungen, Zu-/Abfluss **11** 17, 37
Drittzuwendung
zu Lebzeiten **8** 11
im Todesfall **8** 12
Drohverlustrückstellungen 5 450 f.
Druckbeihilfen 5 550
Druckerei, Teilbetrieb **16** 130
Druckvorlagen, keine SofortAfA **6** 661
Duales System, Kindergeld/Kinderfreibetrag **62** 2
Duldung 22 150
Durchforstungskosten, LuF **13** 15
Durchgriff, Einkünfteerzielung **2** 39
Durchlaufende Gelder/Posten 3 167
Aktivierung **5** 270
Arbeitslohn **19** 43
Einnahmen **8** 8
Überschussrechnung **4** 404
Durchlaufspenden 10b 22
Durchschnittsatzgewinnermittlung
s unter Land- und Forstwirtschaft
Durchschnittswerte, Sachbezügebewertung **8** 60, 64

Ebayverkauf 15 150
EBITDA
Begriff **4h** 10
Untergang **4h** 32

Edelmetallbestände

Fette Zahlen = §§

Verrechenbarkeit bei Zinsschranke **4h** 10
Vortrag **4h** 12
– gesonderte Feststellung **4h** 31
Zinsschrankenregelung **4h** 10
Edelmetallbestände 23 25
Edelmetallhandel 15 91
EDV-Berater/-Entwickler/
–Projektleiter 18 107, 155
EDV-Programme 5 270 „Software"
EG ... s EU ...
Eheähnliche Lebensgemeinschaft
s Lebenspartnerschaft
Eheauflösung
Tarifsplitting **32a** 15
Veranlagung bei E. im VZ **46** 24
Ehegatten
Abzugsberechtigung von Altersvorsorgeaufwendungen **10a** 35 ff.
Altersversorgung **6a** 34 ff.
Altersvorsorgezulage **79** 3
– Kinderzulage **83–85** 3 ff.
Arbeits-/Darlehensverhältnis **15** 426 ff.
Ausbildungsaufwendungen **10** 86
außergewöhnl Belastungen **33** 90
außerordentliche Einkünfte **34** 4
Betriebsaufspaltung **15** 845 ff.
Dauernd-Getrenntlebenden (mit Einzelfällen) **26** 12 f.
Direktversicherung **4b** 12 ff.
Einkünfteerzielung **2** 30
fiktive unbeschr StPflicht **1a** 13
Nicht-dauernd-Getrenntleben (mit Einzelfällen) **26** 11 ff.
Pensionszusage **6a** 34 ff.
Splittingverfahren s dort
typisch stille Beteiligungen **15** 428
Ehegattenarbeitsverträge
Lohnsteuerpauschalierung bei Zukunftsicherungsleistungen **40b** 3
Veranlagung **26a** 5; **26b** 6
Ehegattensplitting s Splitting/Splittingverfahren
Ehegattenveranlagung
Einzelveranlagung von E. s dort
Splittingverfahren s dort
Veranlagung von E. s dort
Zusammenveranlagung von E. s dort
Eheliche Güterstände, MUerschaft **15** 375 ff.
Ehescheidung
außergewöhnliche Belastungen **33** 90
Folgekosten **12** 32
Kindergeldanspruch **63** 10
Ehevermittler 5 270; **15** 150
Ehrenämter 12 32; **33** 90

Aufwendungen **19** 110
selbständige Tätigkeit **18** 144
Ehrenamtliche Tätigkeiten 19 35
keine Entschädigung **24** 27
Ehrensold für Künstler **3** 152
Eichkosten, Passivierung **5** 550
Eigenbelege 4 416
Eigenbetriebe, Abgrenzung zu Sonderbetrieb **15** 534 ff.
Eigenbetriebliches Interesse (Beispiele) **19** 55 ff.
Eigene Anteile an Kapitalgesellschaften, Veräußerung **17** 30
Eigenhändler, Ausgleichszahlung **24** 45
Eigenheimförderung, Altersvorsorgebetrag **92a** 1 ff.; s iEinz unter Altersvorsorgezulage
Eigenkapital
Passivierung **5** 550
verdecktes E. s Ges'terfinanzierung
Vermittlungsprovisionen **5** 270
Eigenkapitalersatz
s Ges'terfinanzierung
Eigentümer, wirtschaftl E. s dort
Eigentümergemeinschaft, VuV-Einkünftezurechnung **21** 64 ff.
Eigentumsvorbehalt an WG **5** 154
Eigentumswohnungen
Gewinnrealisierung **5** 680
selbständiges WG **7** 36 „Gebäude"
Eigenverbrauch, Entnahmen **4** 270
Einbauküche/Einbauspüle 21 148
AfA-Nutzungsdauer **7** 169
Herstellungskosten **6** 213
keine SofortAfA **6** 661
Einbringung
Besteuerung nach E. **17** 245
Betrieb/Teilbetrieb/MUeranteil, begünstigter Steuersatz **34** 13
Einzelpraxis in GmbH **18** 213
Einzelpraxis in Sozietät **18** 230 ff.
Einzelunternehmen in PersGes **16** 514
– doppelstöckige PersGes **16** 515
Inlandsbesteuerung trotz DBA **50i** 9, 12
KG-Anteil in PersGes **15a** 176
Mitunternehmeranteil **16** 510
(Teil)Betrieb, MUeranteil **15** 472
verbundene Anteile **17** 11
Einbuchung
Aktivierung **5** 270
Verbindlichkeiten **5** 550
Einbürgerung 4 520; **12** 32; **33** 90
Einfuhrumsatzsteuerabzug 9b 4
Eingetragene Lebenspartnerschaft
s Lebenspartnerschaft

Magere Zahlen = Rz

Eingliederungszuschüsse, StFreiheit 3 19
Einheitliche Feststellung, beschränktes Verlustabzugsverbot **15b** 21
Einheits-GmbH & Co KG, gewerbl geprägte PersGes **15** 223
Einheitstheorie
Praxiswert **18** 203
teilentgeltl Betriebsübertragung **16** 66
Einkommen
s auch Einkünfte
Abgeltungssteuer **2** 64
außersteuerliche Zwecke **2** 63
Begriff **2** 61
zu versteuerndes E. **2** 62
– Schema zur Ermittlung **2** 66
Einkommensgrenzen 2 68
Einkommensteuer
Abrechnung **36** 24 ff.
– Erstattungsanspruch **36** 26
– Fälligkeit/Abschlusszahlung **36** 24 f.
Anrechnung
– Abzugsbescheinigung **36** 18
– beschränkte StPfl **36** 13
– eigene Vorauszahlungen **36** 9
– einheitliche Feststellung **36** 17
– Forschungszulage **36** 20
– Kapitalertragsteuer **36** 12
– Lohnsteuer **36** 11
– Solidaritätszuschlag **36** 16
– StAbzug bei Bauleistungen **36** 14
– Tarifglättung **36** 21
– Teileinkünfteverfahren **36** 15
– Wechsel beschr/unbeschr StPflicht **36** 19
Aufrundung **36** 23
Berechnung der festzusetzenden ESt **2** 65
Betriebsaufgabe **36** 28 ff.
– Anzeigepflichten **36** 32
– Aussetzung der Vollziehung **36** 39
– Ende des Zahlungsaufschubs **36** 30
– Fälligkeit/Zinsen **36** 29
– Jahresratenanpassung **36** 31
– Ratenzahlung **36** 28
– Rechtsbehelfe **36** 38
– Steueranrechnung **36** 36 f.
Entrichtung bei Betriebsaufgabe **36** 28 ff.
Entstehung
– Anwendungsbereich **36** 2
– Begriff **36** 8
– Verfassungs-/Europarecht **36** 4
– Verhältnis anderer Vorschriften **36** 5
ESt-Pflicht bei Insolvenz **2** 67
Maßstabsteuer **51a** 1 ff.

Einkünfte

Passivierung von ESt-Schulden **5** 550
Pauschalierung der ESt s dort
Einkommensteuererklärung
Antragsberechtigung **46** 34
Antragsveranlagung **46** 33
Frist **46** 35
Einkommensteuertarif s dort
Einkommensteuervorauszahlungen
Anpassung der Vorauszahlungen **37** 17 ff.
– von Amts wegen **37** 17
– FA-Entscheidung **37** 22
– bereits fällige V. **37** 19 f.
– keine Berichtspflicht **37** 21
– noch nicht fällige V. **37** 18
Anwendungsbereich **37** 2
außer Ansatz bleibende Beträge **37** 23 ff.
– Gewinne nicht entnommene **37** 23
– Kinderentlastung **37** 29
– Sonderausgaben/ag Belastungen **37** 23
– VuV-Verluste **37** 24 ff.
Bemessung **37** 15 f.
– gleichmäßige Verteilung **37** 16
– Prognose **37** 15
Entrichtung **37** 6
Entstehung der Schuld **37** 9
Erhöhung nachträgliche **37** 35
Fälligkeit **37** 7
Festsetzung/Anpassung **37** 12 ff.
– Mindestbeträge **37** 36
– Rechtsbehelfe **37** 40 f.
– AdV eines ESt-Bescheids **37** 41
– Vorauszahlungsbescheid **37** 40
Säumniszuschläge **37** 8
Stundung **37** 8
Verfassungsmäßigkeit **37** 4
Verhältnis zu anderen Vorschriften **37** 5
Vorauszahlungsbescheid **37** 12 ff.
Einkünfte
s auch Einkommen
außerordentliche Einkünfte
– Steuersätze bei ao Einkünften s dort
– Tarifermäßigung **34** 1 ff.
ehemalige Tätigkeit **24** 53 ff.
ehemalige Rechtsverhältnis **24** 63 f.
Entstehung von E. **2** 18
Ereignisse rückwirkende **2** 18
Erkenntnisse spätere **2** 18
Existenzminimum **2** 11
gemischte Tätigkeiten **15** 88, 97; **18** 50 f.
– Arbeitnehmerbegriff **19** 28
Gesamtbetrag der E. **2** 60
Halbteilungsgrundsatz **2** 8
Inlandsbesteuerung trotz DBA **50i** 1 f.
nachträgliche E. **18** 271; **24** 50 ff.

2481

Einkünfte

Fette Zahlen = §§

negative Einkünfte mit beschr Verlustabzugsverbot **15b** 8
Nettoprinzip
– objektives N. **2** 10
– subjektives N. **2** 11
durch Nutzungsüberlassung **2** 22
Saldierung der E. **2** 58 ff.
Steuerbefreiungen sachliche **2** 16
steuerfreie Einnahmen *s dort*
subjektiver Tatbestand **2** 18
Summe der Einkünfte **2** 58 ff.
Vermögensmehrungen nicht stbare **2** 14
Vermögensminderungen nichtabziehbare **2** 15
Werbungskostenvoraussetzung **9** 36
Werbungskostenzuordnung **9** 120
Zufluss an Rechtsnachfolger **24** 66 ff.
Einkünfte aus Einzelunternehmen 15 5 ff.
Einkünfte aus Forstwirtschaft
s Land- und Forstwirtschaft
Einkünfte aus Gewerbebetrieb
s Gewerbebetrieb
s auch Mitunternehmerschaft
Einkünfte aus Kapitalvermögen
s Kapitaleinkünfte/Kapitalvermögen
Einkünfte aus nichtselbständiger Arbeit *s* Nichtselbständige Arbeit
Einkünfte aus selbständiger Arbeit
s Selbständige Arbeit
Einkünfte aus VuV *s* Vermietung und Verpachtung
Einkünfteermittlung 2 7
nicht selbständige Arbeit **19** 8
Einkünfteerzielung
Angehörigenverträge **2** 56
bis/nach Todesfall **1** 14 f.
Durchgriff **2** 39
Ehegatten **2** 30
EU-Aspekte **2** 37
Gestaltungsmissbrauch **2** 40
Minderjährige **2** 55 f.
Rückwirkung **2** 41 ff.
wirtschaftliche Betrachtungsweise **2** 38 f.
Zivilrechtsanknüpfung **2** 39
Einkünfteerzielungsabsicht 15 24 ff.
s auch Gewinnerzielungsabsicht
Feststellungskriterien **2** 23 ff.
gewerblich geprägte PersGes **15** 225
Kapitaleinkünfte **20** 20
Land- und Forstwirtschaft **13** 91 ff.
– Anlaufverluste **13** 97
– persönliches Verlustmotiv **13** 98 f.
– Totalgewinnprognose **13** 94 f.

– Verlustverursachung vorhersehbare **13** 96
Liebhaberei **2** 23
Sonstige Einkünfte **22** 2
Steuertatbestand **2** 18 f.
subjektiver Tatbestand **2** 23 ff.
teils gewerbl tätige PersGes **15** 185 ff.
Veräußerungsgeschäfte private **23** 3
Vermietung und Verpachtung **21** 24 ff.;
s iEinz dort
Wirtschaftsgutabschreibung **7** 6
Zurechnung der Einkünfte **2** 19
Einkünftermittlung, Nominalwertprinzip **2** 6
Einkünftezurechnung 2 19
s unter Zurechnung
Einkünftezusammenballung 34 15 ff.
Einkunftsarten 2 3 ff.
Abgrenzung **2** 27 f.
Entschädigungen **24** 2
Fremdwährungseinkünfte **2** 5
Welteinkommen **2** 4
Einkunftserzielungsvermögen 9 277
Einkunftsgrenzen 2 68
Einkunftsquelle
Ertragsgrundlagen **2** 54
Übertragung einer E. **2** 54 ff.
Verlustabzugsmodell beschr **15b** 2
Einkunftssphäre 2 3
Einladungen, ESt-Pauschalierung **37b** 11
Einlagen 4 220 ff.
s auch Sacheinlagen
nach § 4 III-Verwendung **7** 123 ff.
ABC der Bewertung **6** 625
ABC der Einlagen **4** 270
AfA-Bemessungsgrundlage **7** 117 ff.
Anschaffung/Herstellung
– AfA-Minderung **6** 613
– Ansatz früheren Entnahmewerts **6** 622
– letzte 3 Jahre **6** 612
Aufwandseinlagen **6** 595, 605
Auslandseinlagen **6** 592
Begrenzung des Werts **6** 611 ff.
– Beteiligungen **6** 615 ff.
Begriff **4** 221 f., 226
Betrieb gewerbl Art **6** 607
betriebl Veranlassung **4** 233
ins Betriebsvermögen **4** 74
Betriebsverpachtung **4** 248
Bewertung **6** 251, 591 ff.
– Anwendungsbereich **6** 592
– Begriff **6** 591
– Teilwert **6** 594
– Überschussrechnung **6** 592

2482

Magere Zahlen = Rz

Buchung 4 270
BV-Mehrung/-Minderung 4 221
BV-Veränderungen 4 84 f.
eigene Arbeitskraft 4 229
Einlagefiktion bei Verstrickung 4 254
Einlagehandlung/-willen 4 234 f.
Einlagensicherungsfonds 5 550
Erklärung gegenüber Finanzamt 4 270
Folgewirkungen 4 258
Forderungen 4 133
Formlosigkeit 4 270
Fremdleistungen 4 230
Gefälligkeitsleistungen Dritter 4 230
Gegenstand von E. 6 591
gegen Gewährung von GesRechten
 6 598 ff.
Gewinnauswirkung 4 256
Hinderung bei negativem KapKto
 15a 91 ff.; s iEinz unter neg KapKto
immaterielle WG 5 164
Kapitalgesellschaften 4 232
– verdeckte Einlagen 6 605
Kontenverwendung 20 65 ff.
Korrektur des BV-Vergleichs 4 220
Leistungen 4 229
Mitunternehmerschaft
– Besonderheiten 6 597
Nießbrauch 4 270
Nutzungen 4 270
– laufende N. 15 436
Nutzungsrechte 4 224 ff.
offene Einlagen 6 606
– in Kapitalgesellschaft 6 855
Personengesellschaften 4 231
– Anwendungsbereich 6 603
persönliche Zurechnung 4 262
Rechtsfolgen 4 256 ff.
Rückgängigmachung 4 270
schlüssiges Verhalten 4 270
technische Durchführung 4 257
Teilwert 6 237
Thesaurierungsbegünstigung 34a 31 f.
Überschussrechnung 4 386 ff., 417
– abnutzbare Wirtschaftsgüter 4 390
– Forderungen 4 394
– Geld 4 393
– geringwertige WG 4 391
– nicht abnutzbare Wirtschaftsgüter 4 392
– Verbindlichkeiten 4 395
unentgeltliche Übertragung 6 755 f.
unentgeltlicher Erwerb 6 612
Veräußerung von Anteilen 17 38 f.
Veräußerungsgeschäft privates 23 52, 72
Verbindlichkeiten 4 143 f.
verdeckte Einlagen 6 861 ff.; s iEinz dort

Einnahmen

Verhältnis zu Betriebsausgaben 4 493
Verhältnis zu Betriebseinnahmen 4 450
Wirtschaftsgut 4 270 „Nutzung"
– iSv § 20 II 6 621
zeitliche Wirkung 4 260
Einlösungsverpflichtung, Passivierung
 5 550
Einmalbetrag/Einmalzahlung
Direktversicherung 4b 26
VuV-Einkünfte 21 111
Einmann-GmbH & Co KG, gewerbl
geprägte PersGes 15 223
Einnahmen
ABC des Einnahmezuflusses 11 50
Abfluss bei nichtselbständiger Arbeit 11 32
Abgrenzungsfragen bei Einnahmenzu-
 rechnung 8 8 f.
Anwendungsbereich 11 2 f.
Ausnahmen zu § 11 11 3
Begriff und Bedeutung 8 1
Bewertung von Sachzuwendungen 8 15 ff.;
 s iEinz dort
Darlehenszufluss/-abfluss 8 8
Drittzuwendung
– zu Lebzeiten 8 11
– im Todesfall 8 12
durchlaufende Posten 8 8
fiktive Betriebseinnahmen 4 432
Geldkarten 8 5
Güter in Geld 8 2
Güter in Geldeswert 8 3
Gutscheine 8 5
Kapital(rück)zahlungen 8 8
Kfz-Gestellung 8 30 ff.; s iEinz dort
Korrespondenzprinzip 11 9
– Einnahmen/Ausgabe (Beispiele) 8 7
Mietforderungsabtretung 24 64
nachträgliche E. 11 4
negative E. 22 143
– Werbungskostenpauschbetrag 9a 8
Personalrabatte 8 70 ff.; s iEinz dort
Regelungsinhalt 11 1 ff.
Rückzahlungen 8 9
– Werbungskosten 8 9
Sachbezüge zusätzl 8 80 ff.
Sachbezugsbewertung 8 60 ff.; s iEinz dort
Schadensersatzleistungen 8 8
sonstige Geldleistungen 8 4
steuerbarer Einkünftebereich 8 6
steuerfreie Einnahmen s dort
– Begriff 3c 4
– wirtschaftl Zusammenhang 3c 6 ff.
Vermietung und Verpachtung 21 111 ff.
– ABC der Einnahmen aus VuV 21 117
Verzicht als BE 4 433 ff.

2483

Ein-Objekt-Investitionen   Fette Zahlen = §§

vorab entstandene E. **11** 4
Vorteile aus PV-Veräußerung **8** 8
Zufluss
- von außen **8** 13
- Begriff **11** 15 f.
- Begriff „kurze Zeit" **11** 27
- Billigkeitsregelungen **11** 7
- gesetzl Sonderregelungen **11** 4 ff.
- Gestaltungsmöglichkeiten/ § 42 AO **11** 10, 46
- Nutzungsentgeltverteilung **11** 30
- regelmäßig wiederkehrende **11** 25 ff.
- Verfügungsbefugnisverlust **11** 18
- Verfügungsmacht wirtschaftl **11** 15 f.
- Verfügungs-/Nutzungsbeschränkung **11** 19
- Zahlung an Dritte **11** 17, 37
Zurechnung
- persönliche Z. **8** 10 ff.
- sachliche Z. **8** 6 ff.
Zuschüsse zusätzl **8** 80 ff.
Ein-Objekt-Investitionen, Verlustabzugsverbot **15b** 12
Einsatzwechseltätigkeit 19 110
Einspruch, LSt-Anmeldung **41a** 10
Eintrittsklausel
Erben/Miterben **16** 677 ff.
Nichterben **16** 679
Einzelbewertung 5 69; **6** 7
Absetzung für Abnutzung **7** 22
Grundsatz **5** 131
Sachzuwendungen **8** 16
Einzelhandelsfiliale, TeilBetr **16** 130
Einzelhandelsgebäude, AfA-Nutzungsdauer **7** 169
Einzelkosten
Anschaffungskosten **6** 48
für Material und Fertigung **6** 192
Einzelunternehmen(er)
Einbringung in PersGes **16** 514
Erbauseinandersetzung **16** 590 ff.
Erbfall **16** 590 ff.
Todesfall **16** 590 ff.
Zinsschrankenregelung **4h** 8
Einzelveranlagung von Ehegatten
außergewöhnl Belastungen **26a** 7
Bedeutung **26a** 1 ff.
Einfluss des ehel Güterrechts **26a** 6
haushaltsnahe Dienstleistungen **26a** 7
Individualbesteuerungsgrundsatz **26a** 2
Sonderausgaben **26a** 7
Verfassungsmäßigkeit **26a** 2
Verteilung und Antrag **26a** 8
Einzelveräußerungspreis, Teilwertschätzung **6** 263

Einzelwertberichtigung, Teilwertschätzung **6** 300 ff.
Einziehung von Anteilen
Passivierung **5** 550
Veräußerung **17** 29
Eisdiele, Teilbetrieb **16** 130 „Gastwirtschaft"
Elektroanlagenplaner/-techniker 18 155
Elektrofahrräder
Entfernungspauschale **9** 204 f.
LSt-Pauschalierung bei betriebl E. **40** 19
Sonderabschreibungen für Lastenfahrräder **7c** 1 ff.; *s iEinz dort*
Überlassung als Sachbezug **8** 65
Elektrofahrzeuge
Aufladung steuerfreie **3** 160
Aufwendungen **8** 52
Batteriefahrzeuge/Herausnahme **6** 551
Begünstigung **6** 547 ff.
Fahrtenbuch **6** 570
Listenpreis 25% **6** 549
Listenpreis 50% **6** 550
Lohnsteuer-Pauschalierung **40** 18
Sonderabschreibungen **7c** 1 ff.; *s iEinz dort*
technische Anforderungen **6** 548
Elektroinstallation, HK **6** 183
Elektronische Antragstellung,
KapESt-Anträge **50c** 34
Elektronische Bescheide, KapESt-Bescheinigungen **50c** 36
Elektronische Bilanz/GuV-Übermittlung 5b 1 ff.
Anwendungsfragen **5b** 7
Eröffnungsbilanz **5b** 4
Handelsbilanz **5b** 2
Härtefallregelung **5b** 5
Rechtsfolgen bei Verstoß **5b** 6
Steuerbilanz **5b** 3
Elektronische LSt-Abzugsmerkmale 39e 1 f.; *s iEinz*
LSt-Abzugsmerkmale
ELSTAM-Verfahren 39e 1 f.; *s iEinz unter* Lohnsteuerabzugsmerkmale
Elterngeld
Progressionsvorbehalt **32b** 12
Steuerfreiheit **3** 226
Emballagen 5 270
Emissionsrechte
Aktivierung **5** 270
Anschaffungskosten **6** 140
Endpreis bei Sachbezug
Definition des E. **8** 20
Marktpreis **8** 21
maßgebliche Handelsstufe **8** 22

2484

Magere Zahlen = Rz

Energieberater 18 155
Energieentnahmen 4 270
Energieversorgung, GewBetr/LuF 13 69f.
Enteignungen
Entschädigung 24 81
sonstige Leistung 22 150
Veräußerungsgeschäft privates 23 57
Entfernungspauschale 4 580 ff.; 9 180 ff.
s auch Fahrtkosten
Abgeltungswirkung 9 290 ff.
– Behindertenwegekosten 9 294 ff.
– öffentl Verkehrsmittel 9 293
– Umfang 9 291
– Umwegfahrten 9 292
Arbeitstag/erste Tätigkeitsstätte 9 185
Aufwandsunabhängigkeit 9 181 ff.
Benzingutschein/Tankkarte 9 195
Elektrofahrräder 9 204 f.
Entfernung maßgebliche 9 192
Fahrgemeinschaften 9 188 f.
Flugzeugnutzung 9 190
Freifahrtberechtigung 9 196
gelegentliches Aufsuchen 9 203
Gewinnzurechnung 4 585 f.
günstigere Straßenverbindung 9 193
Heimfahrten zusätzliche 9 186
Höchstbetrag/Jahresgrenze 9 187
Kfz-Überlassung/Jobticket 9 198
Kostendeckelung 9 189
kürzeste Fahrstrecke 9 192
Lebensmittelpunkt 9 200 ff.
– Ledige 9 202
– Verheiratete/LPart 9 201
mehrere Strecken 9 199
mehrere Wohnungen 9 199 ff.
Mobilitätsprämie 101 2; s iEinz dort
Pauschalierung 9 184 ff., 197
Sachzuwendungen 9 194 ff.
Sammelbeförderung 9 190
Wegstreckebegriff 9 182
Wohnungsbegriff 9 183
Entfernungsverpflichtung 5 550
Entführungen s Lösegeld
Entgelt besonderes, beschr StPfl 49 103
Entgeltersatzleistungen, Steuerfreiheit 3 16
Entgeltrahmenabkommen, Anpassungsfonds 5 550
Entgeltumwandlung
Direktversicherung von ArbN-Ehegatten 4b 16, 19
Pensionsfonds 4e 2

Pensionskassen 4c 1
Pensionszusagen 6a 16, 44
Unterstützungskassen 4d 3
Vorteile als Sachbezug 8 19
Zukunftssicherungsleistungen 40b 6
Entlassungsentschädigung 24 16 ff.
begünstigter Steuersatz 34 17
Schadenausgleich 24 17
Entlastungsbetrag
Alleinerziehende 24b 1 ff.; 39a 8
Anwendungsbereich 24b 2 f.
Begriff 24b 7
Begriff „allein stehend" 24b 16
begünstigte StPfl 24b 18
zu berücksichtigende Kinder 24b 8
beschränkte Steuerpflicht 50 15
Ermäßigung 24b 25
Haushaltsgemeinschaft 24b 20 ff.
– finanzielle/tatsächl Beteiligung 24b 21
– Vermutungsregelung 24b 23
Haushaltszugehörigkeit des Kindes 24b 9 ff.
Höhe 24b 15
Identifizierung des Kindes 24b 13
kein Ehegattensplitting 24b 17 ff.
Konkurrenzklausel 24b 12
Lebenspartnerschaft 24b 21, 23
mehrfache Haushaltsaufnahme 24b 12
Obhutstatbestand 24b 10
Rechtsfolge 24b 14
Verfahren 24b 26
Verfassungsmäßigkeit 24b 4
Verhältnis zu anderen Vorschriften 24b 5
Vermutungsregelung 24b 11, 23
Verwitwetensplitting 24b 19
volljährige Kinder 24b 22
Wechselmodell 24b 12
Entleiherhaftung 42d 66 ff.
Entleiher als ArbG des LeihArbN 42d 74
Gesamtschuldnerschaft 42d 73
Haftsumme 42d 72
Haftungsausschluss 42d 69 ff.
Haftungstatbestand
– Vermutung des § 11 AÜG 42d 68
– Verschulden 42d 67
Irrtum schuldloser 42d 71
Melde-/Mitwirkungspflichten 42d 70
Sicherungsanordnung 42d 75
Entlohnung für mehrere Jahre, Lohnsteuerabzug 39b 7
Entnahmen 4 220 ff.; 6 511 ff.
ABC der Bewertung 6 585
ABC der Entnahmen 4 270
AfA-Bemessungsgrundlage 7 117 ff.

Entschädigungen

Fette Zahlen = §§

Änderung ab bestimmtem Zeitpunkt 4 238
Begriff 4 221 f., 226
betriebl Veranlassung 4 233
Betriebsverpachtung 4 270
Bewertung 6 251, 511 ff.
– Beschränkung des dt Rechts 6 515
– Nutzungen und Leistungen 6 517 f.
– private Kfz-Nutzung 6 525 ff.; s *iEinz*
Kfz-Gestellung
– Teilwert 6 514
– Überschussrechnung 6 512
Bewertungsgrundsatz 6 514
Buchung 4 270
BV-Mehrung/-Minderung 4 221
BV-Veränderungen 4 84 f.
eigene Arbeitskraft 4 229
Eigenverbrauch 4 270
Einlagehandlung/-willen 4 253
Energieentnahmen 4 270
Entnahmefinanzierung 4 153 f.
Entnahmehandlung/-willen 4 234 f.
Erbbaurechtsbelastung 4 270
Erklärung ggü Finanzamt 4 270
Folgewirkungen 4 258
Forderungen 4 132
Formlosigkeit 4 270
Fremdleistungen 4 230
geduldetes BV 4 270
Gesetzes- und Rspr-Änderungen 4 238
Gewinnauswirkung 4 256
Gewinnermittlungsübergänge 4 252
Gewinnrealisierung 4 89; 5 651 ff.
– Höhe einer späteren G. 4 259
Grund und Boden bei LuF 13 217 ff.
Grundstücksbelastung 5 655
immaterielle WG 5 164
Inlandsbesteuerung trotz DBA 50i 1 ff., 6
Irrtum über Folgewirkung 4 235
Irrtum über Rechtsfolgen 4 261
Kapitalgesellschaften 4 232
Kfz-Gestellung 6 525 ff.; s *iEinz* dort
Korrektur des BV-Vergleichs 4 220
Leistungen 4 229
mittelbare Entnahmevorgänge 4 236
Motive und Absichten 4 235
Nießbrauch 4 270
Nutzungen/Nutzungsrechte 4 224 ff., 270
– Mitunternehmerschaft 15 435
Nutzungsänderung 5 652
Nutzungsvorbehalt/-rückbehalt 5 653
Personengesellschaften 4 231
persönliche Zurechnung 4 262
Pfändung/Verpfändung 4 236
private Mitbenutzung 4 256

Privatnutzung durch Dritte 4 262
reale und ideelle Anteile 4 223
Rechtsfolgen 4 256 ff.
Rechtsprechungsänderung 4 235
Rechtsvorgang als E. (Beispiele) 4 236
Rückabwicklung 5 656
Rückgängigmachung 4 270
Rückübertragungsverpflichtung 4 261
rückwirkende BV-Klarstellungen 4 240
Sachentnahmen 4 270
Sachspenden-Buchwertentnahmen 6 581
Schenkung 4 270
schlüssiges Verhalten 4 270
Steuerentstrickung 4 244
– Begründung inl Besteuerungsrechts 6b 97
– Beschränkung dt Besteuerungsrechts 6 515, 631
steuerfreie E. 6 522
– bei Grundstücken 18 161
steuerneutrale Ausbuchung 4 238
technische Durchführung 4 257
Teilwert 6 237
Thesaurierungsbegünstigung 34a 31 f.
Über- und Unterentnahmen 4 524
Überschussrechnung 4 386 ff., 417
– abnutzbare Wirtschaftsgüter 4 390
– Forderungen 4 394
– Geld 4 393
– geringwertige Wirtschaftsgüter 4 391
– nicht abnutzbare WG 4 392
– Verbindlichkeiten 4 395
Umwandlungen 4 270
Veräußerungsgeschäfte private 23 33
Verbindlichkeiten 4 143 f.
Verhältnis zu
– Betriebsausgaben 4 493
– Betriebseinnahmen 4 450
Verstrickungsannahme 4 248
Verzicht auf Sofortbesteuerung 4 237
Vorbereitungshandlungen 4 270
WG-Überführung in inl Betrieb 5 657
Wirtschaftsgut 4 270 „Nutzung"
Wohnungen 15 496
zeitliche Wirkung 4 260
Entschädigungen 4 520; 22 150; 24 1 ff.
s auch Schadensersatzleistungen
ABC der Entschädigungen
– an Arbeitnehmer 24 27
– bei Gewinneinkünften 24 15
Abfindungen 24 7
Abgrenzungsfragen 24 36
– Erfüllung/Ersatzleistung 24 8
– zu Veräußerungsgewinnen 24 42
Abstandszahlungen 24 31

2486

Magere Zahlen = Rz

abzugsfähige Aufwendungen **24** 13
Altersversorgungsabfindungen **24** 7
Altersversorgungskapitalisierung **24** 24 ff.
Änderungskündigung **24** 22
Arbeitsplatzwechsel **24** 20
Arbeitsverhältnis **24** 17 f.
– Dauer **24** 18
– Fortsetzung veränderte **24** 18
Aufgabe einer Gewinnbeteiligung/
 Anwartschaft **24** 35 ff.
Aufwandsentschädigungen **24** 10, 34
Ausgleichszahlungen **24** 44 ff.
außerordentl Einkünfte **24** 3
Beendigung
– bisherige Rechtslage **24** 7
– wegen Eheschließung **24** 20
Begriff **24** 4 ff.
begünstigter Steuersatz **34** 17, 35
beschränkte Steuerpflicht **49** 90
Betriebseinnahmen **4** 460 „Abfindung"
Betriebsverlegung **24** 38
Drittleistungen **24** 10
Einkünfte aus
– Kapitalvermögen **24** 28 ff.
– nichtselbständiger Arbeit **24** 16 ff.
Einkunftsart **24** 2
Enteignungen **24** 81
Entlassungsentschädigungen **24** 16 ff.
Ergänzungsfunktion des § 24 Nr. 2 **24** 52
Ersatz für Einnahmeverluste **24** 5
Freiaktien **24** 29
Gewinneinkünfte **24** 14
Grundstücksersatzerwerb **24** 23
Hilfsgeschäfte **24** 14
Höhe **24** 11
Kapitalvermögen **24** 41
Konkurrenzverzicht **24** 42
Land- und Forstwirtschaft **13** 251 f.
laufende Geschäftstätigkeit **24** 14
Milchlieferrecht **24** 42
nichtsteuerbare Einkünfte **24** 2
Pauschalabfindung bei Entschädigung
 24 17
Pensionsabfindungen **24** 20
Pensionsrückkauf **24** 7
Rationalisierungsgründe **24** 40
Rechtsgrundlage **24** 5 ff.
– Beispiele **24** 9
Rechtsnachfolger **24** 51
Renten **24** 32
Rücklage für Ersatzbeschaffung **6** 109
in Sachleistungen **24** 11
Schadensersatz wg Nichterfüllung **24** 6
soziale Zusatzleistungen **24** 6
steuerfreie E. nach InfektionsschutzG **3** 88

Erbauseinandersetzung

Steuerfreiheit von Zinsen **3** 177
stiller Gesellschafter **24** 29
Streikunterstützungen **24** 10
Tantiemeabfindung **24** 7
Übergangsgelder **24** 22, 43
Verbindlichkeitscharakter **5** 550
Verdienstausfallentschädigung **24** 34
Vermietung und Verpachtung **24** 31
Verzugs-/Prozesszinsen **24** 29
Vorfälligkeitsentschädigungen **5** 270
Wettbewerbsverbot **24** 39, 42, 47, 42
– Karenzentschädigung **24** 39, 42, 47
Zusammenballung von **24** 12
Zwangslage/außergewöhnl Vorgang **24** 6
Zweckrichtung **24** 36
Entsorgung, Passivierung **5** 550
Entstrickung *s* Steuerentstrickung
Entwicklgskosten *s* Forschungskosten
Entwicklungshelfer, Leistungen **3** 198
Erbauseinandersetzung
s auch Erbfall
Abfindung
– Aufteilung **16** 628
– in Geld **16** 637 f.
– mit WG des Nachlasses **16** 646 ff.
AfA-Bemessung **7** 109 ff.
Anschaffungskosten **6** 132
Ausgleichszahlung **16** 618 ff., 626 ff., 640
Betriebsvermögensfall **16** 610 ff.
– *und* Privatvermögen **16** 636 ff.
Einkünftequalifikation beim Erben
 18 242
Einzelunternehmen **16** 590 ff.; *s auch unter*
 Erbfall
Fallgruppen/Überblick **16** 608
Fortsetzungsklausel **18** 244
Freiberuflerpraxis **18** 240 ff.
Gesamtauseinandersetzung **16** 637 f., 646
– Geldabfindung **16** 610
„Kauf"-Auseinandersetzung **16** 609
Kosten und Zinsen **21** 148
– Kosten der E. als BA **4** 520
Land- und Forstwirtschaftsbetrieb
 14 22
Leistung/Gegenleistung **22** 77
liquide Mittel im Nachlass **16** 629
Mischnachlass **16** 636 ff.
Miterbe angeblicher **16** 609
Nachfolgeklausel **18** 245 f.
Nachlassschuldenübernahme **16** 641
Privatvermögensfall **16** 625 ff.
Realteilung *ohne* Ausgleich **16** 625, 639
Realteilung *mit* Ausgleich **16** 626, 640
Realteilung
– mit Ausgleich **16** 618 ff.

2487

Erbbaurechte

- ohne Ausgleich 16 614 ff.
- Buchwertfortführung 16 615 f.
- Realteilungsregeln 18 243
Rückbeziehung der E. 16 634
Rückbeziehung auf Erbfall 16 623 f.
Rücklage nach § 6b **6b** 33
Sachwertabfindung 16 613
Saldothese 16 630
Steuerpflicht 1 16
Teilauseinandersetzung
- gegenständliche T. 16 622, 632, 648
- personelle T. 16 612, 631, 638, 638, 647, 647
Teilungsanordnung 16 610
Teilungsversteigerung 16 609
Übernahme von Nachlassverbindlichkeiten 16 630
Veräußerung von Anteilen 17 35 f.
Veräußerungsgeschäft privates 23 43
Zeitpunkt der E. 16 623
Zuteilung liquider Mittel 16 642
Erbbaurechte 5 270
Ablösung durch GuB-Eigentümer 6 93
Abschreibung 6 92
Anschaffungskosten 6 89 ff.
als Arbeitslohn 11 50; 19 100
Bestellung als Entnahme 4 270
Erbbauzins-Vorauszahlungen 6 90
Erwerb bestehender E. 6 91
Gewinnrealisierung 5 680
GuB-Erwerb durch Erbbauberechtigten/ Dritten 6 94
Passivierung 5 550
VuV-Einkünfte 21 7
wirtschaftliches Eigentum 5 157
Zinsen als Sondervergütungen 15 593
Erbe
SA-Abzugsberechtigung 10 15
Verlustausgleich 2 58
Vorerbe als Unternehmer 15 140
Erbenabfindung bei Selbständigen 18 47
Erbengemeinschaft 16 601 ff.
einkommensteuerl Betrachtung 16 603
fortgesetzte E. 16 602 ff.
Freiberufler 18 45 f.
freiberufliche Praxis 16 607
Gesamthandsvermögen 15 482
Land- und Fortwirtschaft 16 607
Mitunternehmerschaft 15 383
- geborene MUerschaft 16 606
schlichte E. 16 605
selbständige Arbeit 18 240 ff.
Steuerpflicht 1 16
Erbensucher 15 150; 18 155

Erbfall
s auch Erbauseinandersetzung
Abfindungsausschluss 16 663
AfA-Bemessung 7 109 ff.
Anschaffungskosten 6 131
Auflösung der Gesellschaft 16 680 ff.
Ausscheiden aller Erben aus Ges 16 671
Betriebsausgaben 4 520
Einigung auf einen Miterben als Ges'ter 16 670
Eintrittsklausel für Erben/Miterben 16 677 ff.
Einzelunternehmen 16 590 ff.
- Alleinerbe 16 590
- Ausschlagung der Erbschaft 16 591
- Erbengemeinschaft 16 601 ff.; s iEinz dort
- Erbfallschulden 16 592 ff.
- Kaufrechtsvermächtnis 16 598
- Rentenvermächtnis 16 600
- Sachvermächtnis 16 597 ff.
- Scheinerbschaft 16 591
- Vorausvermächtnis 16 597
Entnahmen 4 270
Erbfallschulden 16 667
Fortsetzungsklausel 16 661 ff.
LuF-Betrieb 14 20
Nachfolgeklausel einfache / qualifizierte 16 665 ff., 672 f.
negative Einkünfte mit Drittstaatenbezug 2a 45
Nießbrauchseinräumung 16 600
Sachvermächtnis 16 668
Steuerpflicht 1 14
Teilnachfolgeklausel 16 676
Tod eines Einzel- oder MUers 16 660 ff.
Übereignung an Erfüllungs Statt 16 599
Übernahmeklausel 16 664
Umwandlungsklausel 16 666
Veräußerungsgeschäft privates 23 42
Verlustabzug 10d 14
Erbfallschulden 16 592 ff.
Betriebsausgaben 4 520
Erbfolge vorweggenommene
Abstandszahlungen 16 52
AfA-Bemessung 7 109 ff.
Anschaffungskosten 6 135 f.
Anteilsveräußerung 17 33
Betriebsübertragung 16 50 ff.
Geldleistungen 16 53 ff.
Gleichstellungsgelder 16 52
Höfeordnung 14 21
LuF-Betrieb 14 23 ff.
Sachleistungen 16 53 ff.
Schuldenübernahme 16 57 ff.

Magere Zahlen = Rz

selbständige Arbeit 18 221
Steuerpflicht 1 17
Übertragung GewBetr *und* Privatvermögen 16 62
Veräußerungsgeschäft privates 23 41
Verfügungen über erhaltenes Vermögen 16 60 f.
Versorgungsleistungen 16 51
Versorgungsleistungscharakter 22 77
Erblasser, Verlustabzug durch Ehegatten/LPart 10d 15
Erbschaftsteuer
Abzugsverbot 12 39
Einkommensteuerermäßigung 35b 1 ff.
Sonderausgaben 10 120
Erbschaftszahlungen 10 120
Erdarbeiten, Herstellungskosten 6 212
Erdienbarkeit/Erdienungszeitraum, Pensionsrückstellungen 6a 22 f.
Erfahrungen gewerbliche, VuV-Einkünfte aus zeitl Überlassung 21 103
Erfindertätigkeit 18 9, 64
Vergütung 19 100; 24 27
Erfindungen 4 174; 5 270; 7 169
Wirtschaftsgut 5 143
Erfolgsabhängige Verpflichtung 5 550
Erfolgsbeteiligungen 22 150
Erfolgskonto 4 84
Erfolgswirksamkeit von Geschäftsvorfällen (mit Beispielen) 4 84
Erfüllungsrückstände 5 550, 691
Abzinsung 6 499
Verbindlichkeiten 5 317
Erfüllungsübernahmen 4f 8 f.
Ergänzungsbeiträge 5 142
Ergänzungsbilanzen 15 401, 460 ff.
Abschreibungen 15 465 ff.
doppel-/mehrstöckige PersGes 15 471 ff.
Fortschreibung 15 464
– Aufwand und Ertrag 15 642
GWG-Abschreibung 15 468
immaterielle WG 15 466
negative AK 15 463, 465
negative E. 15 463
negativer Kaufpreis 15 463
positive E. 15 462
Teilwertabschreibung 15 467
Ergänzungspfleger, Familien-KG 15 747
Ergotherapeut 18 155
Erhaltungsaufwand
Aufwandsverteilung bei größerem E. 21 124 f.
Bewertung bei Entnahmen 6 519

Erinnerungswert

Herstellungskosten 6 188
Sofortabzug des restlichen E. 11a/11b 2
Verteilung auf mehrere Jahre 11a/11b 1
Wohnungsnutzung von Baudenkmalen sowie Gebäuden in Sanierungs- und städtebaul Entwicklungsbereichen *s dort*
Erhebung der LSt *s* LSt-Erhebung
Erhebungsbeauftragter 18 155
Erhöhte Absetzung für Abnutzung 7a 1 ff.
Anschaffungskostenbegünstigung 7h 10
Anzahlungen auf AK 7a 3
Aufzeichnungspflichten 7a 15
Baudenkmäler 7i 1 ff.
– begünstigte Bemessung 7i 4 ff.
– begünstigte WG 7i 2
– Bescheinigungsverfahren 7i 13 ff.
– Denkmalbehördenabstimmung 7i 10
– Höhe der AfA 7i 12
– Neubaumaßnahmen 7i 6 ff.
– unzutreffende Bescheinigung 7i 8
– zeitlicher Geltungsbereich 7i 1
– Zuschüsse 7i 11
Buchführungsgrenzen 7a 11
gemeinsame Vorschriften für erhöhte AfA 7a 1 ff.
Herstellungskosten
– Modernisierung/Ingangsetzung 7h 4
– Neubau 7h 6 ff.
Kumulationsverbot 7a 10
mehrere Beteiligte 7a 14
Mindestabschreibung 7a 8
nachträgliche AK/HK 7a 2
– nachträgl Minderung 7a 2
Restwertabschreibung 7a 16 ff.
Sanierungs- und Städtebauentwicklungsmaßnahmen 7h 1 ff.
– Anwendungszeitraum 7h 1
– begünstigte Bemessungsgrundlage 7h 4 ff.
– begünstigte Wirtschaftsgüter 7h 2
– Bescheinigung der Gemeinde 7h 13 ff.
– Grundlagenbescheid 7h 13 ff.
– Höhe der AfA 7h 18
– Objektbezogenheit 7h 16
– Reichweite/Fehlen der Bindungswirkung 7h 14 f.
– RestwertAfA-Behandlung 7h 19
– Verteilung und Sofortabzug des Erhaltungsaufwands 11a/11b 1 f.
– Zuschüsse 7h 12
Teilherstellungskosten 7a 3
Erholungsbeihilfen, Lohnsteuerpauschalierung 40 15
Erinnerungswert, AfA 7 114

… Erlass Fette Zahlen = §§

Erlass
Forderungserlass **4** 383
– Passivierung
 5 550 „Ges'terfinanzierung"
Schulden **4** 384
Verbindlichkeitenerlass **4** 384
Ermäßigungsbetrag
Höchstbetrag bei GewBetr-Einkünften
 35 35 ff.
Veräußerung eines Betriebs **16** 581 f.
Ernährungsberater 18 155
Erneuerbare Energien, GewBetr/LuF
 13 69 f.
Erneuerungsrückstellung 5 702
Ernsthaftigkeit
Angehörigen-Mietverträge **21** 87 ff.
Pensionsrückstellungen **6a** 20
Ernte stehende s Stehende Ernte
Ernteteilungsverträge 13 176
Erpressung s Lösegeld
Ersatzansprüche
Betriebsausgabenabzug **4** 476
Werbungskostenabzug **9** 32
Ersatzleistungen, Betriebseinnahmen
 4 460 „Abfindung"
Ersatzwirtschaftsgut
s auch Übertragung stiller Reserven
Anschaffungskosten **6** 111
Rücklage für Ersatzbeschaffung s dort
**Erschließungsbeiträge/Erschlie-
ßungskosten 5** 142, 270
Anschaffungskosten **6** 59
Grundstückszuordnung **4** 111
Erschwerniszuschläge 19 100
Ersparte Aufwendungen
Betriebseinnahmen **4** 431
Werbungskosten **9** 15
Ersparte Ausgaben, Arbeitslohn **19** 42
Erstattungen
beschränkte Steuerpflicht **50a** 41
Betriebsausgaben **24** 15
Verrechnung von Überhängen **10** 169 ff.
Verzinsung des KapESt-Betrags **50c** 30 ff.
Zeitpunkt **11** 50
Erstattungsanspruch
Lohnsteuerhaftung **42d** 80
Nettolohnvereinbarungen **39b** 13 f.
Zusammenveranlagung **26** 21; **26b** 21
Erstattungsleistungen als BE
 4 460 „Abfindungen"
Erstattungsverfahren, BauabzugSt
 48c 3
Erstattungszinsen
ESt **4** 460 „Zinsen"
Kapitaleinkünfte **20** 120

Erstausbildung
Berufsausbildungskosten **9** 346
Sonderausgaben **10** 90
Erste Tätigkeitsstätte
Begriff **9** 302
Bildungseinrichtungen **9** 305
dauerhafte Zuordnung **9** 303
Lohnsteuerpauschalierung **40** 20 f.
mehrere Tätigkeitsstätten **9** 304
ortsfeste betriebl Einrichtung (mit Beispielen) **9** 302
Erstinnovationszuwendung 5 550
Ststudium, Sonderausgaben **10** 90
Ertragsausfall, Entschädigung **24** 15
Ertragsgrundlagen, Übertragung **2** 54
Ertragsnießbrauch 15 143, 308
Ertragsprognose, objektive **15** 25 ff.
Ertragszuschüsse, AK **6** 79
Erweiterte beschr StPfl 1 75; **25** 3
Erweiterte unbeschr StPfl 1 35 ff.
**Erweiterungen/Erweiterungs-
bauten/Erweiterungskosten**
s auch Ingangsetzungskosten
AfA-Bemessung **7** 132
HK **6** 171
Erwerb
AfA bei unentgeltl/teilentgeltl E. **7** 110 f.
Anteile an freiberuflicher KapGes **18** 214
Betrieb **4** 71
Betrieb von Todes wegen **16** 40 ff.
Betriebsvermögen **4** 72
entgeltlicher Wertansatz **6** 638 ff.
fehlgeschlagener Betriebserwerb **16** 145
Erwerb teilentgeltlicher
Anschaffungskosten **6** 130 ff., 137
Anschaffungsnebenkosten **6** 53
Erwerb unentgeltlicher
AfA-Bemessung **7** 110 f.
Anschaffungskosten **6** 130 ff.
Anschaffungsnebenkosten **6** 53
unentgeltl erworbene WG **5** 270
Veräußerung von Anteilen **17** 114 ff.
Erwerbsaufwendungen 6 41 f.
Erwerbsminderungsrente 22 42 f.
Erwerbssphäre, Lebensführung **12** 11
Erwerbstätigkeit, Kinder **32** 60 ff.
**Erwerbsunfähigkeits-/Erwerbs-
minderungsrente,** Begriff **22** 43
ErwerbsunfähigkeitsVers, SA **10** 36
Erwerbszuschuss, steuerfreier **3** 235
Erwirtschaftungsprinzip 49 28
Erzeugnisse unfertige 5 270
Erzieherische Tätigkeit 18 84 f.
Erziehung, stfreie Bezüge/Beihilfe
 3 43 f.

Magere Zahlen = Rz

Erziehungsgeld, Steuerfreiheit 3 226
Escapeklausel 4 582
Kfz-Gestellung **8** 50
Zinsschranke **4h** 17
Essensfreibetrag 19 100
EU-Bedienstete 1 38
Werbungskosten **19** 110
EU/EWR-Angehörige
Besteuerung der Familienangehörigen
s Fiktive unbeschr Steuerpflicht
Grenzpendlerbesteuerung s dort
Kindergeldberechtigung **62** 8 ff.
Splittingtarif **46** 26
Veranlagung **50** 41
EU/EWR-Reinvestition, Rücklage nach § 6b **6b** 52
EuGH-Rechtsprechung
Diskriminierungsverbot **1** 8
EG-Recht und ESt-Recht **1** 7 ff.
Grenzen der Steuersouveränität **1** 8
Grundfreiheitsrechte **1** 8
Rechtfertigungsgründe **1** 9
Rechtsfolgen bei Verstoß **1** 10
EU-Parlament, Abgeordnetenbezüge **22** 161
EU-Recht
Einkommensteuer **1** 6
Einkünfteerzielung **2** 37
finale Verluste **2a** 9
Europäische Gesellschaft (SE)
Entstrickung bei Sitzverlegung **4** 250
Veräußerungsgewinne **15** 155 f.
Europäische Wirtschaftl Vereinigung, GesForm/Besteuerung **15** 333
EU-Steuerrecht 1 5 ff.
Eventualitätsverbindlichkeit, Passivierung **5** 550
EWIV, Gesellschaftsform **15** 333
EWR-Staaten, Negativeinkünfte **2a** 6
Existenzminimum 2 11
Familienleistungsausgleich **31** 7
Kinder **32** 4
Tarif/Bericht zum E. **32a** 4
Exitzuschuss, steuerfreier **3** 235
Explorationsaufwendungen 5 270
Exportberater 15 150

Fachärzte 18 87
Fachkongress 12 32
Fachliteratur
Betriebsausgaben **4** 520
Werbungskosten **9** 270
Factoring 5 270; **15** 150
Fahrergestellung 19 100 „Kfz-Gestellung"

Fahrtkosten

Fahrgemeinschaften 15 326
Entfernungspauschale **9** 188 f.
Fahrkostenzuschüsse, Pauschalierung durch ArbG **37b** 22
Fahrlehrer/Fahrschule
Filiale als Teilbetrieb **16** 130
gewerbliche Tätigkeit **18** 155
selbständige Tätigkeit **18** 29
Fahrräder
s auch Elektrofahrräder
Arbeitsmittel **9** 270
ArbG-Überlassung **3** 126
betriebliche Gestellung **6** 583
Fahrstuhl 33 90
Herstellungskosten **6** 173
Fahrtätigkeit, Übernachtungskosten **9** 263
Fahrten mit öffentl Verkehrsmitteln
s auch Öffentl Verkehrsmittel
Entfernungspauschale **9** 293
Freifahrten für Soldaten **40** 22
Jobticket **40** 21
Fahrten Wohnung/Arbeitsstätte
Entfernungspauschale **9** 180 ff.; s iEinz dort
Kfz-Gestellung **8** 45 ff.; s iEinz dort
Fahrtenbuch 6 558 ff.
Aufwendungen für Kfz-Nutzung **6** 568
Belegnachweis **8** 53
Elektrofahrzeuge **6** 570
Escape-Klausel **4** 582
formelle Anforderungen **6** 565
formelle Ordnungsmäßigkeit **6** 559 ff.
inhaltliche Mängel **6** 566
Kfz-Anwendungen **8** 52
Kfz-Gestellung **8** 37, 50
Kfz-Nutzung für betriebl Zwecke **4** 582
ordnungsgemäße Führung **8** 51
Pflichtangaben/Erleichterungen **6** 562 f.
Überschussrechnung **4** 416
Wahlrechtsausübung **8** 54
Fahrtkosten
außergewöhnliche Belastungen **33** 90
behinderungsbedingte F. **33** 65 ff.
– Abgeltungswirkung **33** 67
– Behindertenpauschbetrag **33** 69
– Fahrtkostenpauschale **33** 65
– Höhe **33** 66
– zumutbare Belastung **33** 68
Betriebsausgaben **4** 520
Doppelte Haushaltsführung s dort
Ersatz als Arbeitslohn **19** 100
Fahrten zw Wohnung/Betriebsstätte **4** 580 ff.
Fahrtenbuchführung **4** 582
Familienheimfahrten **4** 580 ff.

2491

Fahrtkostenzuschüsse

Fette Zahlen = §§

Fernpendler **4** 583
Herstellungskosten **6** 212
pauschale Km-Sätze **9** 213
Rechtsfolgen **4** 587
sonstige Fahrtkosten **9** 210 ff.
– auswärtige Tätigkeit **9** 211 ff.
– Sammelpunkte **9** 214 f.
Tätigkeitsgebiete weiträumige **9** 214, 216
Fahrtkostenzuschüsse
Auswärtstätigkeit **40** 20
stfreie durch ArbG **3** 63
Fahrvergünstigung, Sachbezug **8** 65
Fahrzeuge, AfA-Nutzungsdauer **7** 167
Fahrzeugsammler 15 150
Fair-Value-Prinzip 6 428
Fakir 18 155
Faktorverfahren bei Steuerklassenkombination **39f** 1 ff.
Familienangehörige
s auch Angehörige
Darlehensverbindlichkeiten **4** 147
Familienförderung, KiGeld **31** 8
Familiengerichtliche Genehmigung,
Familien-KG **15** 747
Familien-GmbH & Co KG
15 766 ff.
angemessene Gewinnverteilung **15** 783 f.
Familienheimfahrten 4 580 ff.;
9 248 ff.
Kfz-Gestellung **8** 55
Familienhelfer 18 155
stfreie Bezüge/Beihilfe **3** 43 f.
Familienkasse
Aufrechnungsbefugnis **75** 1 f.
Ausschluss der Änderung **70** 12
Datenübermittung **69** 1
Erstattungsansprüche **74** 10 ff.
Kindergeldantrag **67** 1 ff.
Kindergeldfestsetzung **70** 1 ff.
– Änderung der Verhältnisse **70** 6 ff.
– Angehörige des öffentl Dienstes **72** 4
– Anzahlung **70** 3
– Monatsprinzip **70** 2
– Zuständigkeit **70** 4
Kostenerstattung im Vorverfahren **77** 1
Rückforderung des KiGelds **70** 9
Weiterleitungseinwand **70** 10
Familien-KG s unter Familien-PerGes
Familienleistungsausgleich 31 1 ff.
Anwendungsbereich **31** 2
Existenzminimum **31** 7
Günstigerprüfung **31** 10 ff.; s iEinz dort
Kinderfreibetrag s dort
Kindergeld s dort
Steuervergütung monatl **31** 9

Verfassungsmäßigkeit **31** 4
Verhältnis zu anderen Vorschriften **31** 5
Familien(personen)gesellschaften
15 740 ff.
atypisch stille Beteiligung **15** 770 ff.
atypische Unterbeteiligung **15** 770 ff.
befristete Mitgliedschaft **15** 752
Erscheinungsformen **15** 740 ff.
„erwünschte" MUerschaft **15** 740
Familien-GmbH & Co KG **15** 766 ff.
Familien-KG
– angemessene Gewinnverteilung
15 776 ff.
– Dauerpfleger **15** 749
– entgeltl K'tistanteilserwerb **15** 765
– Erbfall **15** 764
– Ergänzungspfleger **15** 747
– familiengerichtl Genehmigung **15** 747
– Gründung **15** 745 ff.
– notarielle Beurkundung **15** 747
– steuerl Anerkennung **15** 745 f.
– Vollzug des KG-Vertrags **15** 749
– zivilrechtliche Rückbeziehung **15** 763
– zivilrechtliche Wirksamkeit **15** 747 f.
Familien-OHG **15** 769
Fremdvergleich **15** 742
Ges'terrechte gemäß HGB **15** 750 ff.
GesVertragsänderung für Kinder **15** 752
Gewinnverteilung **15** 776 ff.
Hinauskündigungsklausel **15** 752
Mitunternehmerstellung **15** 741
Rechtsgrundlagen **15** 740 ff.
Schenkungswiderruf **15** 752
typische stille Beteiligung **15** 774
typische Unterbeteiligung **15** 774
„unerwünschte" MUerschaft **15** 744
Weiterleitungsklauseln **15** 752
Familienpflegegeld, ArbLohn **19** 100
Fehlgeldentschädigung 19 100
Fehlgelder 19 110
Fehlmaßnahmen
Erwerb eines Betriebs **16** 145
Teilwert (mit Beispielen) **6** 246
vergebl Aufwendungen **6** 208
Feiern, Werbungskostenaufteilung **9** 65
Feingold 18 162
Feldinventar
Grundstückszuordnung **4** 113
Wirtschaftsgut **5** 141
Ferienaufenthalt, Wohnsitz **1** 23
Ferienwohnung/Ferienzimmer
Einkünfteerzielungsabsicht **21** 37 ff.
LuF-Nebenbetrieb **13** 77
Teilbetrieb **16** 130
Vermietung **15** 84

Magere Zahlen = Rz

Fernpendler, Fahrtkosten 4 583
Fernsehansagerin 18 155
Fernsehgerät
Sachbezugswert 8 65
SofortAfA 6 660
Fernwärmeversorgung 5 270
Fertigerzeugnisse 5 270
Umlaufvermögen 6 349
Fertigung langfristige
5 270 „Langfristige Fertigung"
Fertigungsbetrieb
16 130 „Produktionsbetrieb"
Fertigungsgemeinkosten 6 194
Feste Geschäftseinrichtung
beschr StPfl 49 23
beschränkte Steuerpflicht 49 78
Festgeldguthaben, Sondervergütungen 15 594
Festlandsockel, Hoheitsgebietszuordnung 1 34
Festsetzungsverjährung
Lohnsteuer-Außenprüfung 42f 9
Verlustrücktrag 10d 25
Feststellungsverfahren bei negativem KapKto 15a 121 f.
Fiktive unbeschr Steuerpflicht
1 41 ff.
s auch Grenzpendlerbesteuerung; 1a 1 ff.
Assoziationsabkommensstaaten 1a 6
Ausgleichsleistungen 1a 18
Beamtenprivileg 1a 25 ff.
Ehegatten/LPart 1a 13
EU/EWR-Angehörige 1a 4 f.
Gastarbeiterangehörige 1a 10
Identifikations-Nr 1a 16
persönliche Voraussetzungen 1a 10
regionale Voraussetzungen 1a 3
Staatsangehörigkeit/Ansässigkeit 1a 11
Unterhaltszahlungen an Ehegatten/LPart 1a 16
Veranlagung 46 27
Vergünstigungen familienbezogene 1a 15
Versorgungs(ausgleichs)zahlungen als SA 1a 19
Versorgungsempfänger 1a 14
Wirkung 1 70
zeitliche Voraussetzungen 1a 7
Zusammenveranlagung 1a 20 ff.
Filme, AfA-Nutzungsdauer 7 169
Filmhersteller 15 150; 18 155
Filmrechte 5 270
Filmschauspieler 19 35
Finanzanlagen
abnutzbares AV 6 346

Fondsetablierungskosten

Kurserholung nach Bilanzstichtag 6 369
TW-AfA bei börsennotierten F. 6 369
Finanzierungskosten
Anschaffungskosten 6 140
Betriebsausgaben 4 520
steigende F. bei VuV 21 49
Finanzierungsleasing 5 722
Finanzinstrumente
Anwendungsbereiche zeitl 6 427
Fair-Value-Prinzip 6 428
nichtabnutzbares AV 6 427 f.
Wertsteigerungen 6 428
Zeitwert 6 428
Finanz-/Kreditberater 15 150; 18 155
Finanzprodukte
Aktivierung 5 270
Kapitaleinkünfte 20 184
Finderlohn *s* Belohnungen
Firmenwert *s* Geschäftswert
Fischereiaufwendungen als nichtabziehbare BA 4 567 ff.
Fischzucht 13 51
Fitness-Studio 15 150; 18 155
Sachbezugsbewertung 8 27
selbständige Tätigkeit 18 29
Flächenabhängige Prämien 13 262 f.
Flächenerweiterung, HK 6 171
Flachpaletten, SofortAfA 6 660
Fleischbeschauer 18 155
Fluchthilfekosten 33 90
Flugscheinkosten 10 90
Flugverbilligung, Sachbezug 8 65
Flugzeug
AfA 7 34
Entfernungspauschale 9 190
Hoheitsgebietszuordnung 1 30
VuV-Einkünfte 21 101
Flugzeug(lizenz)kosten 12 32
Flurbereinigungsverfahren, Gewinnverwirklichung 5 635
Flüssige Mittel, Umlaufvermögen 6 349
Folgerichtigkeitsgebot 2 9
Fonds 18 280
AfA-Nutzungsdauer 7 169
beschr Verlustabzugsverbot 15b 8
verbilligte Anteile als Sachbezug 8 18
Fondsetablierungskosten 6e 1 ff.
Abgrenzung Anschaffung/Herstellung 6e 6
Begriff 6e 7 ff.
Projektabwicklung in Investitionsphase 6e 8
rückwirkende Anwendung 6e 2
vergleichbare Kosten 6e 10
Voraussetzungen/Rechtsfolge 6e 4 f.

2493

Fondsverwalter

Fette Zahlen = §§

Fondsverwalter, selbständiger **18** 141
Förderbetrag zur betrieblichen Altersversorgung 100 1 ff.
Absetzung bei LStAnmeldung **100** 4
Altersversorgung/Altersvorsorge *s dort*
Anwendbarkeit anderer Vorschriften **100** 13
ArbG-Beitrag zum ArbLohn **100** 8
Auszahlung der Versorgungsleistg **100** 10
Begriff **100** 3
Beitragszahlungsverhältnisse **100** 12
Einkommensgrenzen **100** 9
Höhe **100** 5
Inanspruchnahme **100** 6 ff.
keine Zillmerung **100** 11
LStAbzug im Inland **100** 7
StFreiheit ArbG-Beitrag **100** 14
Förderung kleiner und mittlerer Betriebe 7g 1 ff.; *s iEinz unter* Sonderabschreibungen
Forderungen 4 130 ff.
Aktivierung **5** 270
Anschaffungskosten **6** 140
Bausparverträge **4** 136
Bedingungseintritt **5** 270
Begründung **4** 130
Bewertung **4** 130 ff.
Darlehensforderungen **4** 134
Einlagen und Entnahmen **4** 132 f.
festverzinsl F./KapESt **20** 117
zwischen Ges/G'ter **4** 135
Gewinnermittlung **4** 130 ff.
Gewinnrealisierung **5** 607
Leibrentenansatz **6** 140
nichtabnutzbares AV **6** 405
Teilwertschätzung **6** 291 ff.; *s iEinz dort*
Überschussrechnung **4** 383
Umlaufvermögen **6** 349
Veränderungen spätere **4** 131
Verpfändung **4** 131
Zeitpunkt der Erbringung **11** 50
Forderungsausfälle, BA-Abzug **4** 520
Forderungserlass
durch ArbG **19** 100 Erlass einer Forderung betriebliche Gründe **4** 383
Forderungsrechte als WG **5** 97
Forderungsübergang auf Sozialleistungsträger **19** 100
Forderungsverzicht
Arbeitgeber ggü Arbeitnehmer **19** 100
Gesellschafter ggü Ges **15** 550
Passivierung **5** 550 „Ges'terfinanzierung"
verdeckte Einlage **6** 879
Forfaitierung 5 270, 732
Formeinhaltung für SA-Abzug **10** 120

Formen 5 270
AfA kundengebundener F. **7** 41
AK kundengebundener F. **6** 140
Formwechsel, Anteilsvereinbarung **17** 14
Forschungs- und Entwicklungskosten 5 270; **6** 202
Forschungszulage
als BE **4** 460
ESt-Anrechnung **36** 20
Forstgenossenschaften 13 58
Forstwirtschaft *s* Land- und Forstwirtschaft
Fortbildungskosten
Betriebsausgaben **4** 520; **18** 190
Werbungskosten **9** 345
Fortbildungsveranstaltungen
Arbeitslohn **19** 56
Betriebsausgaben **4** 520 „InfoReisen"
Betriebseinnahmen **4** 428
Fortgesetzte Gütergemeinschaft 28 1 f.
Mitunternehmerschaft **15** 377
Fortsetzungsklausel 16 661 ff.; **18** 244
Fotograf/Fotoarrangeur 18 155
Fotomodell 15 150; **19** 35
Fotovoltaikanlage
Abschreibung **7** 38
Stromeinspeisung **15** 150 „Photo ..."
WG-Charakter **7g** 7
Frachtenführer 19 35
Frachtenprüfer 18 155
Fraktionsbeiträge als WK **22** 163
Franchising 5 270, 550
Franchisenehmer **19** 35
Frauenbeauftragte 18 155
Freiaktien, Entschädigung **24** 29
Freianteile 5 270
Freiberufler-KapGes 18 52 f.
Freiberufliche Tätigkeit
s Selbständige Arbeit
abweichendes Wj **4a** 13
Freibeträge
Aufgabe- und Veräußerungsgewinne einer Praxis **18** 264 ff.
Berufsausbildungsaufwendung **33a** 48
beschränkte Steuerpflicht **50** 14
Entlastungsbetrag **24b** 1 ff.
Lohnsteuerabzug-Freibetrag *s dort*
nebenberufliche Tätigkeit **3** 96
Veräußerung
– LuF-Betrieb **14** 31
Veräußerung von Anteilen **17** 201 f.
Veräußerung eines Betriebs **16** 572 ff.
– Antrag **16** 579

Magere Zahlen = Rz

- Ausschluss der Begünstigung **16** 574
- Ermäßigungsbetrag **16** 581 f.
- Freibetragsgrenze **16** 581 f.
- Objektbeschränkung **16** 578
- persönliche Voraussetzungen **16** 575
- Veräußerungs-/Aufgabegewinn **16** 576 f.
- Verfahrensrecht **16** 583
Veräußerungsgewinne **34** 50
Vermögensbeteiligungen **19a** 5
Zusammenveranlagung **26b** 7; **46** 21
Freie Berufe *s* Selbständige Arbeit
Freifahrtberechtigung, Entfernungspauschale **9** 196
Freiflüge, Sachbezugsbewertung **8** 27
Freigänger 19 110
Freigrenze
beschränkte Steuerpflicht **50** 14
Nebeneinkünfte bis 410 Euro **46** 41 ff.
- gleitender Übergang **46** 47 ff.
Sachbezüge **8** 68
sonstige Einkünfte **22** 147
Veräußerungsgeschäft privates **23** 90
Zinsschrankenregelung **4h** 15
Freistellung, Lohnsteuer nach DBA **39b** 25
Freistellungsauftrag, KapESt **44a** 3
Freistellungsbescheinigung
Bauabzugsteuer *s dort*
Kapitalertragsteuer
- Abzug bei beschr StPfl **50c** 15 ff.
Freistellungsverpflichtung, Erfüllungsübernahme und Schuldbeitritt **4f** 8
Freiwillig Versicherte, Altersvorsorge **10a** 11
Freiwilligendienst, stfreie Leistung **3** 27
Freizügigkeitsberechtigung, Kindergeld **62** 8 ff.
Fremdenführer 15 150; **18** 155
Fremdenverkehrsanlagen 2a 24
Fremdkapitalzinsen, HK **6** 206
Fremdstiftung, Zuwendungen **10b** 31
Fremdüblichkeit, Angehörigenverträge **21** 94
Fremdvergleich
Angehörigenverträge **12** 21
Ausgleichsposten **4g** 7
Mietverträge zw Angehörigen **21** 86; *s iEinz dort*
Schuldzinsen **9** 145
Fremdwährungen
außergewöhnliche Belastungen **33a** 38
Bewertung **6** 22
virtuelle Währungen **4** 158
Fremdwährungsdarlehen 21 148

Gästehäuser

Fremdwährungseinkünfte 2 5
Fremdwährungsforderungen, Aktivierung **5** 270
Fremdwährungsverbindlichkeiten, Teilwert-AfA **6** 375
Friedhofsgärtner 15 150
Frisierstuhl, Sofortabschreibung **6** 660
Frisör, Teilbetrieb **16** 130
Frühstückskosten
4 520 „Geschäftsreise"
Führerscheinkosten 10 90
Übernahme als Einnahmen **19** 100
Werbungskosten **19** 110
Fulbright-Stipendium 3 151
Fünftelregelung, ao Einkünfte **34** 56
Funktionszusammenhang, WG-Herstellung **6** 166
Fußgängerzone 5 270
Fußpfleger 18 155
Fußreflexzonenmasseur 18 155
Futures 5 270 „Finanzprodukte"

Garagen
doppelte Haushaltsführung **9** 254
Gebäudeteil **7** 38
Herstellungskosten **6** 171, 212
Garantiegebühren 5 550
Garantierückstellungsbewertung 6 479
Garantieverpflichtungen 5 550
Gartenanlagen 21 148
Herstellungskosten **6** 213
selbständige WG **4** 117
Gartenarchitekt 18 155
Gartenbaubetrieb
Abgrenzung zu GewBetr **13** 28
Abschreibung für Abnutzung **13** 29
Aktivierung mehrjähriger Kulturen **13** 29
Begriff **13** 27
Gewinnermittlungsbesonderheiten **13** 29
Handelswaren zugekaufte **13** 29
Gärtner/Gärtnereien 18 155
Gastarbeiter
Besteuerung der Familienangehörigen *s* Fiktive unbeschr Steuerpflicht
fiktive unbeschr StPfl **1a** 10
gewöhnlicher Aufenthalt **1** 27
Steuerpflicht **1** 11, 23
Wohnung **1** 23
Gästehäuser
Aufwendungen **4** 562
Aufzeichnungen **4** 563
nichtabziehbare BA **4** 560 ff.
nichtabziehbare WK **9** 324

2495

Gastfamilien

Ort des Betriebes **4** 561
Rechtsfolgen **4** 564
Gastfamilien, stfreie Einnahmen **3** 38
Gaststätteneinbauten 5 138
Gastwirte, Bewirtungskosten **4** 541
Gastwirtschaft, Teilbetrieb **16** 130
Gasversorgung 5 270
GbR *s* Gesellschaft bürgerlichen Rechts
Gebäude
Abbruchkosten **6** 214
AfA bei Sanierungs- und Städtebauentwicklungsmaßnahmen *s unter* Erhöhte Absetzung für Abnutzung
AfA nach tatsächl Nutzungsdauer **7** 208
AfA-Aufteilung **4** 124
anschaffungsnahe HK **6** 381
Aufteilung gemischter Nutzung **4** 116
  − Rechtsfolgen **4** 123
  − Wahlrecht **4** 126
Aufteilung unterschiedlicher Nutzung **4** 119
Begriff **4** 115
Bestandteile wesentliche **4** 117
Betriebsvermögen **4** 115
Betriebsvorrichtungen **4** 117
Bewertung **6** 351
degressive AfA **7** 211
Erhaltungsaufwandsverteilung **4** 624
Gebäude als BV **4** 115
Gebäudeeinheit **4** 115
Gebäudeteile, sachl Zuordnung **4** 120 ff.
Gewinnermittlung **4** 115 ff.
größerer Erhaltungsaufwand **21** 124 f.
Grundstücke und Gebäude *s unter* Grundstücke
Herstellungskosten (Einzelfälle) **6** 212
Nutzungs-/Funktionszusammenhang (mit Beispielen) **4** 115 f.
Nutzungskosten als BA **4** 520
Rücklage nach § 6b **6b** 19 ff.
  − Erweiterung/Ausbau/Umbau **6b** 42
Teilbetrieb **16** 130 „Grundstück"
Teilwertschätzung (Einzelfälle) **6** 275 f.
Veräußerungsgeschäft privates **23** 17
VuV-Einkünfte **21** 101
Gebäude auf fremdem GuB
Absetzung für Abnutzung **7** 39
VuV-Einkünfte **21** 114
Wirtschaftsgutcharakter **5** 114
Gebäude in Sanierungsgebieten
AfA bei Sanierungs- und Städtebauentwicklungsmaßnahmen *s unter* Erhöhte Absetzung für Abnutzung
StBegünstigung durch SA-Abzug *s* Wohnungsnutzung Baudenkmale ...

Verteilung und Sofortabzug des Erhaltungsaufwands **11a/11b** 1 f.
Gebäude in städtebaulichen Entwicklungsbereichen
AfA bei Sanierungs- und Städtebauentwicklungsmaßnahmen *s unter* Erhöhte Absetzung für Abnutzung
Steuerbegünstigung durch SA-Abzugsbetrag *s* Wohnungsnutzung Baudenkmale ...
Verteilung und Sofortabzug des Erhaltungsaufwands **11a/11b** 1 f.
Gebäudeteile
AfA **7** 36, 215
Betriebsvermögen **4** 115 ff.
Funktionszusammenhang **5** 136
Gewinnermittlung **4** 115 ff.
selbständige/unselbständige G. (Beispiele) **7** 36 f.
unselbständige G. **4** 122
VuV-Einkünfte **21** 101
als Wirtschaftsgüter **5** 135
Gebietsschutzvereinbarung, AfA **7** 41
Gebrauchskunst 18 70
Gebrauchsmuster, Schadensersatzzahlungen **21** 103
Gebrauchsmusterrückstellung 5 398
Gebrauchswerterhöhung, Herstellungskosten **6** 182 ff., 187
Gebrauchtwagen, Sachbezug **8** 27
Geburtskosten 33 90
Geburtstag, Einnahmen **19** 100
Geburtstagskosten 12 32; **18** 190
Gefälle, VuV-Einkünfte aus zeitl Überlassung **21** 103
Gegenleistung bei wiederkehrenden Zahlungen **10** 120
Gegenwerttheorie, agB **33** 14 ff.
Gehaltskürzungen 19 100
Gehaltsnachzahlungen 24 27
Gehaltsumwandlung
s Entgeltumwandlung
Gehaltsverzicht 19 100
Geigenbaumeister 18 155
Geld
Diebstahl als WK **9** 81
Einlagen und Entnahmen **4** 270
Einnahmen **8** 2
Geldansprüche als Wirtschaftsgut **5** 97
Geldbeschaffungskosten
Aktivierung **5** 270
Betriebsausgaben **4** 520 „Finanzierung"
Geldbestände 4 150
Gewinnermittlung **4** 150 ff.
Geldbußen 4 520; **33** 90

2496

Magere Zahlen = Rz

Abzugsverbot **4** 604 ff.
Auflagen/Weisungen **4** 605
außergewöhnl Belastung **33** 30
nichtabziehbare WK **9** 328
Rückstellung **5** 550
Rückzahlungen **4** 606
Vorteilsabschöpfung **4** 607
Zahlung durch ArbG **19** 100
Geldforderungen, Lieferungen/Leistungen **5** 270 „Forderung"
Geldleistungen
Einnahmen **8** 4
vorweggenommene Erbfolge **16** 53 ff.
Geldschenkungen bei Überschussrechnung **4** 379 f.
Geldstrafen 33 90
Abzugsverbot **12** 42 f.
außergewöhnl Belastung **33** 30
Betriebsausgaben **4** 520 „Strafen"
Geldverbindlichkeiten 5 326 ff.
Geldverluste, 4 III-Rechnung **4** 375
Geldwerter Vorteil
19 100 Ankaufsrecht
betriebl Verlosung **19** 47
Bewertung **6** 519
Einnahmen **8** 3
Zufluss **11** 50
Geldzuwendungen als BE **4** 422 ff.
Gelegenheitsgeschenke 19 100
Gelegenheitsgesellschaft, GbR **15** 328
Gelegenheitsverschaffung, beschr StPfl **49** 65
GEMA, Außendienstvermittler **19** 35
Gemälde, Sachbezugsbewertung **8** 27
Gemeinderat, Selbständigkeit **18** 144
Gemeiner Wert
Sachspenden **10b** 2
Teilwert (Unterschied) **6** 235
Gemeinkosten
angemessene Kostenteile **6** 196
Anschaffungskosten **6** 48
Begriff **6** 195
Gemeinschaften
6b-Rücklage **6b** 4
Investitionsabzugsbetrag **7g** 81 ff.
Gemeinschafter, Begriff **15** 257 ff.
Gemeinschaftliche Tierhaltung
13b 1 f.
Gemeinschuldner, StPfl **1** 11
Gemischte Tätigkeit s unter Einkünfte
Genehmigung
GesVertrag mit Kindern **15** 747
Veräußerungsgeschäft privates **23** 48
Genossenschaftsanteile
Anteilsveräußerung **17** 102, 247

Gesamtrechtsnachfolge

Kapitalertragsteuer **20** 33
Veräußerungsgewinne **15** 155 f.
Genussrechte/-scheine 5 270, 550
beschränkte Steuerpflicht **49** 101
Kapitalertragsteuer **20** 32, 117
Mitarbeiter-G. als Sachbezug **8** 18
Veräußerung **17** 103
Gepäckträger 19 35
Geprägerechtsprechung 15 211 f.
Gerechtigkeiten, VuV-Einkünfte aus zeitl Überlassung **21** 103
Gerichtskosten 4 520
Gerichtskostenvorschuss als durchlaufender Posten **4** 404
Geringfügige Beschäftigung
s auch Haushaltsnahe Beschäftigungen/ Leistungen
Lohnsteuerpauschalierung **40a** 1 ff.; s ifEinz dort
Geringwertige Wirtschaftsgüter
Abschreibung als WK **9** 276
Aktivierungswahlrecht **5** 118
Bewertungsvereinfachung **6** 651 ff.
Höchstbetrag **6** 663
Sammelposten **4** 407; **6** 671 ff.
– Auflösung **6** 673
– Betriebsübertragung **6** 676
– Fortführungsfragen **6** 675
– Verhältnis zur HB **6** 679
– Wahlrecht **6** 672
selbständige WG-Nutzungsfähigkeit (Einzelfälle) **6** 660 f.
Sofortabschreibung **6** 652 ff.
– abnutzbare bewegl WG des AV **6** 657
– Anwendungsbereich persönl **6** 654
– besonderes Verzeichnis **6** 665
– selbständige WG-Nutzung **6** 658
– Überschussseinkünfte **6** 654
– Zuführungen zum BV **6** 655
Überschussrechnung **4** 407
– Einlagen **4** 391
– Entnahmen **4** 391
Vorsteuerberücksichtigung **9b** 11
Gerüstbauvertrag, Gewinnrealisierung **5** 608
Gerüstteile, keine SofortAfA **6** 661
Gesamtbetrag der Einkünfte 2 60
Gesamtbilanz der MUerschaft
15 401
Gesamthandsgemeinschaft 28 1 f.
KapESt-Erstattung **44b** 6
Gesamthandsvermögen, Zurechnung **5** 157
Gesamtrechtsnachfolge, Anschaffungsnebenkosten **6** 53

2497

Gesamtschuldner

Fette Zahlen = §§

Gesamtschuldner
Entleiher-/Verleiherhaftung **42d** 73
Zusammenveranlagung **26b** 19 ff.
Gesamtvollstreckungsverwalter
18 141
Geschädigte, stfreie Leistung **3** 29 f.
Geschäftseinrichtung feste, beschr
  StPfl **49** 23
Geschäftsfreundebewirtung 4 542
Geschäftsführer
beschränkte Steuerpflicht **49** 89
gewerbliche Tätigkeit **18** 155
Vergütungen
– Komplementär-GmbH **15** 717 ff.
– verdeckte Gewinnausschüttung **20** 56
Geschäftsreisen
betriebliche Veranlassung **4** 520
Betriebsausgaben **4** 520
regelmäßige/erste Betriebsstätte **4** 520
Geschäftsrisiko 5 550
Geschäftsverlegung 5 550
Geschäftswagen 6 525 ff.
Geschäftswert 4 173; **5** 221 ff.
Abgrenzung zu
– abnutzbaren immat EinzelWG **5** 223
– Praxiswert **5** 221; **18** 200 ff.
abnutzbares Wirtschaftsgut **5** 222
Abschreibung **5** 227; **7** 41
Aktivierungsgebot/-verbot **5** 222
Begriff **5** 221; **6** 311; **18** 200 ff.
BetrAufsp-Beendigung **15** 878
Betriebsverpachtung **4** 173
Erwerb zwecks Stilllegung **5** 222
geschäftswertähnliche WG **5** 233
negativer G. **5** 226; **6** 320
– Ergänzungsbilanzen **15** 463
Nutzungsdauer **7** 171 f.
Teilbetrieb **5** 221; **16** 130
Teilwertschätzung **6** 311 ff.; s *iEinz* dort
unselbständige geschäftswertbildende Faktoren **5** 223
Geschäftswertähnliche WG 5 233
Geschenke
Abgrenzung zu Zuwendungen **37b** 10
Abzugsvoraussetzungen **4** 538 f.
Anwendungsbereich **4** 536
von Arbeitnehmern als WK **19** 110
Berücksichtigung der Vorsteuer bei
  35-Euro-Grenze **9b** 311
Betriebseinnahmen **4** 460; **18** 170
ESt-Pauschalierung **37b** 9, 21
Freigrenze von 35 Euro **4** 538
Lose als Sachbezug **8** 18
nichtabziehbare Betriebsausgaben
– Begriff **4** 537

– Rechtsfolgen **4** 539
nichtabziehbare Werbungskosten **9** 322
Pauschalbesteuerung **4** 537
Wertbestimmung **4** 538
Gesellschaft bürgerl Rechts
15 324 ff.
Gesamthandsvermögen **15** 482
gewerbl geprägte GbR **15** 230
Hilfsgesellschaften **15** 327
Innengesellschaft **15** 361
Mitunternehmerschaft **15** 169
selbständige Arbeit **18** 41
Vermögensverwaltung **15** 326 ff.
Gesellschafter
Arbeitnehmerstellung **19** 35
Ausscheiden
– StErmäßigung bei GewBetr-Einkünften
  35 52
– Veräußerung **17** 31
Ausscheiden gegen Abfindung **16** 480 ff.
Ausscheiden gegen Geld **16** 481 ff.
– Besteuerung beim Ausscheidenden
  16 481 ff.
– Gesamthandschulden/Haftung **16** 483
– negatives Kapitalkonto **16** 484 f.
– Veräußerngspreis/-kosten, Buchwert
  16 482
Ausscheiden eines Gesellschafters
– Anwachsungsmodell **16** 503 f.
– Ausscheiden ohne Abfindung **16** 503 f.
– Besteuerung des Erwerbers **16** 490 ff.
– Besteuerung der Mitgesellschafter
  16 490 ff.
– unter Buchwert **16** 488
– Ereignisse nach Ausscheiden **16** 487
– Innengesellschaften **16** 495
– lästiger Gesellschafter **16** 463
– Sachwertabfindung ins BV **16** 500 f.
– Sachwertabfindungen ins PV **16** 498
Begriff **15** 251 ff., 257 ff.
negatives Kapitalkonto **15a** 134 ff., 138
Gesellschafterbeitritt in MUerschaft
16 511 ff.
Gesellschafterdarlehen 4 134
s *auch* Kapitalersetzende Darlehen
Abzinsung unverzinsl **6** 456 ff.
Kapitaleinkünfte **20** 183
Kapitalertragsteuer **20** 117
Teilwertschätzung **6** 309
Gesellschafterfinanzierung, Passivierung **5** 550
Gesellschafterforderungen, Teilwertschätzung **6** 310
Gesellschafterfremdfinanzierung
Zinsschrankenregelung **4h** 18 ff.

Magere Zahlen = Rz
- keine Konzernzugehörigkeit **4h** 19 f.
- Konzernzugehörigkeit **4h** 21
Gesellschaftergeschäftsführer
Pensionsabfindungsverzicht **24** 27
Pensionsdirektzusageübertragung **6a** 33
Pensionsrückstellg **6a** 17 ff.; *s iEinz dort*
Pensions-Unverfallbarkeitszusage **6a** 45
Gesellschaftl Veranstaltungen 12 32
Gesellschaftsrechl Veranlassung,
Veräußerung von Anteilen **17** 196
Gesellschaftsverträge, Ehegattenveranlagung **26a** 5
Gesetzeswidrigkeit
Betriebsausgaben **4** 492
Betriebseinnahmen **4** 448
Gesetzliche Vertreter, Arbeitnehmerstellung **19** 35
Gesonderte Feststellung
Altersvorsorge-SA-Abzug **10a** 3, 30 f.
Tonnagebesteuerung **5a** 7
Gestaltungsmissbrauch 2 40
Mietverträge zw Angehörigen **21** 88
Gesundheitsförderung, stfreie ArbG-Leistungen **3** 115
Gesundheitsfürsorge 19 100
Gesundheitskosten 12 32
Getränkehandel/Großhandel, Teilbetrieb **16** 130
Getrennt lebende Ehegatten 26 11 ff.
Getrennte Veranlagung von Ehegatten *s* Einzelveranlagung von E.
Gewährleistungsrückstellung 5 550
Bewertung **6** 479
Gewährträgerhaftung, Rückstellung **5** 550
Gewerbebetrieb 15 1 ff.
ABC gewerbl Unternehmen **15** 150
Abgrenzung
- Beispiele gemischter Tätigkeit **15** 100
- sachlich, zeitlich, persönlich **15** 125 ff.
Abgrenzung ggü LuF **15** 105 f.
Abgrenzung ggü selbständiger Arbeit **15** 95 ff.; **18** 6, 18
Abgrenzung ggü Vermögensverwaltung **15** 46 ff.
- Beispiele für GewBetr **15** 82
- Errichtung von Häusern zwecks Vermietung **15** 81
- gemischte Tätigkeit **15** 88
- häufiger Mieterwechsel **15** 82
- Kreditgewährung **15** 92
- Untervermietung möblierter Zimmer **15** 83
- Veräußerung beweglicher Sachen und Rechte **15** 89

Gewerbebetrieb

- Vermietung bewegl Sachen (mit Beispielen) **15** 86
- Vermietung Ferienwohnung **15** 84
- Vermietung leerer Räume, Flächen, Plätze **15** 81 f.
- Vermietung möblierter Zimmer **15** 83
- Vermietung unbewegl Vermögens **15** 80 ff.
- Vermietung von Zimmern an Dirnen **15** 85
Abgrenzung ggü Wertpapierhandel **15** 91
abweichendes Wirtschaftsjahr **4a** 4 ff., 13
- Gewinnfeststellung **4a** 8
Anwendungsbereich **15** 3
Beginn
- Gewerbebetrieb **15** 129
- gewerbl Grundstückshandel **15** 131
- Strukturwandel **15** 132
- vorbereitende Maßnahmen **15** 129
Begriff **15** 8 f.
- in anderen Gesetzen **15** 9
Begriff gewerbl Tätigkeit **15** 90
beschränkte StPfl **49** 20 ff., 54 f.; *s iEinz dort*
einheitl gewerbl Betätigung **15** 99
einheitl gewerbl Betrieb **15** 125
Einkünfte aus
- Einzelunternehmen **15** 5 ff.
- gewerbl Mitunternehmerschaft *s* Mitunternehmerschaft
Einkünftezurechnung ohne Relevanz **15** 148
Einkünftezurechnung subjektive **15** 135 ff.
Ende **15** 133
- letzte Abwicklung **15** 133
Erbfall *s dort*
gemischte Tätigkeiten **15** 88, 97
Gesamtbild der Verhältnisse **15** 11
gewerbesteuerl Begriff **15** 130
Gewinnerzielungsabsicht **15** 24 ff.
inl/ausl GewBetr **5** 10
mehrere selbständige G. **15** 125
negative Drittstaateneinkünfte **2a** 12 ff.
Selbständigkeitskriterium **15** 11 ff.
Selb-/Unselbständigkeitsmerkmale **15** 11 ff.
Steuerermäßigung bei Einkünften aus GewBetr **35** 1 ff.; *s iEinz dort*
Strukturwandel LuF in GewBetr **15** 108
Tätigkeiten beispielhafte **15** 15
Tätigkeiten nachhaltige **15** 17 ff.
Teilnahme am allg Wirtschaftsverkehr **15** 20 f.

2499

Gewerbesteuer

Treuhandverhältnis **15** 138
Umfang eines gewerbl Unternehmens
  15 126
Unternehmer(en)
– Begriff **15** 136
– Erbe/Vermächtnis **15** 140
– Insolvenzverwalter **15** 141
– Nießbraucher **15** 143 ff.
– Pächter **15** 143 ff.
– Stellvertretung **15** 137
– Testamentsvollstrecker **15** 141
– Zurechnungsmissbrauch **15** 142
verbotene/unsittliche Betätigung
– (mit Beispielen) **15** 45
Verlustabzugsverbot beschränktes **15b** 1 ff.;
  s iEinz dort
verschleierte Marktteilnahme **15** 138
Gewerbesteuer
Betriebsaufspaltung **15** 871
Mindesthebesatz bei § 35-Fällen **35** 24
Nichtabziehbarkeit **4** 618
Rückstellung(sformel) **5** 550
Verfassungsmäßigkeit **18** 4
Gewerbesteuermessbetrag
Steuerermäßigung bei GewBetr-
  Einkünften **35** 24
– anteiliger Messbetrag und gewerbl Ein-
  künfte **35** 50 ff.
– Aufteilung des GewSt-Messbetrags
  35 25 ff.
Gewerbetreibender, Begriff **5** 6 ff.
Gewerblich geprägte BetrAufsp
  s Betriebsaufspaltung
Gewerblich geprägte PersGes *s unter*
  Personen(handels)gesellschaft
Gewerbliche Erfahrungen, VuV-
  Einkünfte aus zeitl Überlassung
  21 103 ff.
Gewerbliche Tierhaltung/Tierzucht
Ausgleichs- und Abzugsverbot für Verluste
  15 895 f.
außergewöhnl Belastungen **33** 90
Begriff **15** 896
Verluste **2** 59
Gewerblicher Grundstückshandel
  s Grundstückshandel gewerbl
Gewerkschaft, ArbN-Vertreteraufwen-
  dungen **19** 110
Gewinn
Begriff allgemein **4** 1 ff.
Ermittlung *s* Gewinnermittlung
Schätzung **5** 19
Verzicht auf Gewinnrealisierung **4** 98
Gewinn aus der Veräußerung nach
  § 6c *s* Rücklage nach § 6c

Fette Zahlen = §§

Gewinn aus der Veräußerung be-
  stimmter Anlagegüter *s* Rücklage
  nach § 6b
Gewinn- und Verlustrechnung, elekt-
  ronische Übermittlung **5b** 1 ff.
Gewinnabhängige Verbindlichkeiten
  5 550
Gewinnabhängige Vergütungen
  5 270
Gewinnabsichtbetätigung, Be-
  triebsausgabenabzug **4** 616
Gewinnansprüche 5 270
Gewinnanteile
Kapitalertragsteuer **20** 31
Sondervergütungen **15** 594
Zufluss **11** 50
Gewinnausschüttungen, Steuerfreiheit
  3 147
Gewinnbegriff 4 20
Gewinnbeteiligung, GmbH & atypisch
  Still **15** 355 ff.
Gewinnbezugsrecht 5 270
Gewinneinkünfte 2 7
außerordentl Einkünfte **34** 38, 46
Entschädigungen **24** 14
ESt-Pauschalierung **37a** 3
Gewinnermittlung
Anwendungsbereiche **4** 2; **5** 7 ff., 11
Arten **4** 9
beschränkte Steuerpflicht **50** 29 ff.
Betriebsvermögen **4** 160 ff.
Betriebsvermögensvergleich **4** 20 ff.;
  s iEinz dort
bilanzsteuerrechtl G. **5** 21 f.
Forderungen **4** 130 ff.; *s iEinz dort*
Gartenbaubetriebe **13** 29
Gebäude/Gebäudeteile **4** 115 ff.; *s iEinz*
  dort
Geldbestände **4** 150 ff.
Gewerbetreibender (Begriff) **5** 6 ff.
Gleichheit des Gesamtgewinns **4** 11
Grund und Boden **4** 110 ff.; *s iEinz dort*
immaterielle Wirtschaftsgüter **4** 172 ff.
Kaufleute und Gewerbetreibende **5** 1 ff.
laufende Gewinnauswirkung **4** 82 ff.
laufender Gewinn **5** 11
selbständige Tätigkeit **18** 156
Systematik der G. **4** 8 ff.
Tonnagebesteuerung **4** 613
Tonnagegewinnermittlung **5a** 17 ff.
Veräußerungsfälle **20** 203 ff.
Veräußerungsgeschäfte private **23** 70 ff.
Verbindlichkeiten **4** 140; *s iEinz dort*
Versicherungen **4** 178 ff.; *s iEinz dort*
Wahlrecht des StPfl **4** 10

2500

Magere Zahlen = Rz

Wertpapiere 4 170 ff.
wiederkehrende Bezüge 4 192 ff.
Gewinnermittlung nach § 4 III
s Überschussrechnung
Gewinnermittlung nach Durchschnittsätzen bei LuF s unter Land- und Forstwirtschaft
Gewinnermittlungsarten
Land-/Forstwirtschaft 13 191; s iEinz dort
Wechsel der G. s dort
Gewinnermittlungszeitraum 4a 1 ff.
Gewinnerzielungsabsicht
15 24 ff., 29 ff.
s auch Einkünfteerzielungsabsicht
Änderung der Verhältnisse 15 37
Anlaufverluste
– (mit Beispielen) 15 33 f.
Anscheinsbeweis 15 35
Definition der Absicht 15 29 ff.
Ertragsprognose 15 25 ff.
– Segmentierung 15 26
Fallgruppen/Vermutungen 15 30 ff.
Feststellungslast 15 35
langjährige Verluste 15 31 ff.
Liebhabereiabgrenzung 15 24
Liebhaberübergang 15 42
Mitunternehmer 15 182 f., 265
Rechtsanwalt 18 99
Rechtsfolgen bei Fehlen 15 42
schädliche Verluste 15 31
selbständige Arbeit 18 75, 78, 99
Strukturwandel 15 42
Tonnagebesteuerung 5a 5
Totalgewinn abgeschlossener mit Beispielen 15 32
Totalperiode 15 27
Totalprognose negative 15 31
Überschusseinkünfte 2 24
Veräußerung von Anteilen 17 17
Verfahren 15 36
Gewinngemeinschaften 15 331
Gewinnobligationen, KapESt **20** 117
Gewinnrealisierung 4 86 ff.; **5** 601 ff.
ABC der Gewinnverwirklichung **5** 680
andere Rechtsgründe **5** 676
Betriebsaufgabe **4** 90
Betriebsverpachtung **4** 91
Dauerschuldverhältnisse **5** 618
Dienstleistungen **5** 618
Dividendenspruch **5** 677
Einbringung in PersGes **5** 637
Einlagen **4** 256
Entnahmen **4** 89, 256; **5** 651 ff.
Entstrickung **5** 661
Forderungen **5** 607

GmbH & Co GbR

forstwirtschaftl Gewinnrealisierung 13 15
Gerüstbauvertrag 5 608
Höhe des Gewinns 5 633
KapGes-Anteile 5 634
Kapitalherabsetzung 5 640
Leistung an Erfüllungs Statt 5 641
Lieferungen und Leistungen 5 602 ff.
Liquidation 5 672
Preisgefahrübergang 5 609
Provisionsforderungen 5 608
Regressanspruch 5 609
Rentenschuldminderung 5 673
Rückabwicklung 5 616
Sacheinlagen 5 636
Schulderlass/-wegfall 5 671 ff.
Schuldübernahme befreiende 5 674
Schuldwegfall durch Konfusion 5 672
Steuerentstrickung 4 92
Tausch 4 94; 5 631 ff.
tauschähnliche Vorgänge 5 636 f.
Teilgewinnrealisierung 5 611
Umlegungs-/Flurbereinigungsverfahren 5 635
Umwandlungen 5 640
unentgeltliche Übertragungen 4 93, 95
Veräußerung eines Betriebs 16 230 ff.; s iEinz dort
Veräußerungen 4 88
verbundene Unternehmen 5 675
verdeckte Einlagen/Entnahmen 5 639
Verkauf/Veräußerung 5 608
Verzicht 5 671
Werkvertrag 5 608
Zeitpunkt 5 607
Gewinnverteilung
angemessene G. bei FamilienPersGes 15 776 ff.
GmbH & Co KG 15 722 ff.
Mitunternehmerschaft 15 443 ff.
unrichtige G. 24 53
Gewöhnlicher Aufenthalt
Begriff und Merkmale 1 27
Gastarbeiter/Grenzgänger 1 27
vorübergehender Aufenthalt 1 27
Giroguthaben, Sondervergütung 15 594
Gleichgeschlechtl Lebenspartnerschaft s Eheähnl Lebensgemeinschaft
Gleichheitssatz der Besteuerung 2 8
Gleichstellungsgelder, vorweggenommene Erbfolge 16 52; s auch Ausgleichszahlungen
Gleitzeit, Rückstellung 5 550
GmbH & atypisch Still 15 355 ff.
GmbH & Co GbR, gewerbl geprägte PersGes 15 227

2501

GmbH & Co KG

Fette Zahlen = §§

GmbH & Co KG
Ausscheiden der Ges'ter 15 730
Begriff 15 700
Erscheinungsformen 15 700 ff.
Familien-GmbH & Co KG 15 766 ff.
Gewerbebetrieb 15 708
gewerblich geprägte PersGes 15 708
Gewinnverteilung
– Änderung der Abrede 15 729
– angemessene G. 15 722 ff.
Komplementär-GmbH
– Geschäftsführer-Tätigkeitsvergütungen 15 717 ff.
– K'tisten gehörige Anteile 15 714 ff.
– Mitunternehmerschaft 15 709
– Sonderbetriebsvermögen 15 712 f.
– verdeckte Gewinnausschüttung 15 724
Pensionsrückstellung für Ges'tergeschäftsführer 6a 29
Steuerbilanzgewinn 15 711 ff.
StPfl der GmbH & Co KG 1 13
verdeckte Einlage 15 725
Verlustzurechnung 15 722 ff.
Zivilrecht/Steuerrecht 15 701 f.
GmbH & Co KG & Still, gewerbl geprägte PersGes 15 228
GmbH & Still 15 703
gewerbl geprägte PersGes 15 228
GmbH-Anteile, Veräußerung 17 102
GoB s Grundsätze ordnungsmäßiger Buchführung
Grabpflegekosten 10 120
Graphiker 18 155
Grasnarbe, Grundstückszuordnung 4 113
Gratifikationen 5 550
Grenzbetrag, Veranlagung 46 14
Grenzgänger, Kindergeld 62 11
Grenzpendlerbesteuerung 1 2 ff., 41 ff.
s auch Fiktive unbeschränkte StPfl
Antragstellung 1 66
Auslandseinkünfte 1 56 f.
Drittstaateneinkünfte 1 57
Einkünfteaufteilung 1 59
Einkünfteermittlung 1 55
Einkünftegrenzen 1 53 f.
Erhebungsverfahren 1 67
gewöhnlicher Aufenthalt 1 27
Nachweis 1 57
nichteinbeziehbare Einkünfte 1 58
Nullbescheinigung 1 57
persönlicher Geltungsbereich 1 51
Rechtsfolgen 1 70 f.
sachliche Voraussetzungen 1 52 ff.

Sonderzuweisungen 1 60
Steuerabzug 1 71
Veranlagung 25 13
zeitliche Anwendung 1 65
Zielsetzung 1 50
Großreparaturen, Rückstellung 5 550
Grünanlagen, HK 6 213
Grund und Boden
Absetzung für Substanzverringerung 7 225
Aktivierung 5 270
Aufteilung in mehrere WG (mit Beispielen) 4 113
Aufwendungen auf GuB 13 234
Betriebsvermögen 4 110 ff.
Bewertung 55 1
Gewinnermittlung 4 110 ff.
Land- und Forstwirtschaft s dort
nichtabnutzbares AV 6 403
Rücklage nach § 6b 6b 15 ff.
Teilwert-AfA nicht abnutzbares AV 6 368
Teilwertschätzung 6 271 f.
– Vergleichspreise 6 272 f.
Wohnentnahmen steuerfreie 13 218
Grundfreibetrag
Mobilitätsprämie-Grenze 101 1
Tarif 32a 1
Tarif bei beschr StPfl 50 11
Grundfreiheitsrechte, EG-Vertrag 1 8
Grundlagenbescheid, Altersvorsorgezulage 82 1
Grundpfandrechte
beschränkte Steuerpflicht 49 99 ff.
KapESt auf Übertragungen 20 175
Rückstellung 5 550
Zinsen 20 99
Grundsätze ordnungsmäßiger Buchführung (GoB) 5 28 f., 58 ff.
Barwertprinzip 5 82
Belastungsprinzip 5 80
Bewertungseinheit(en) 5 67
Bewertungseinheiten 5 70 ff.
Einzelbewertung 5 69
kodifizierte GoB 5 58
materielle GoB 5 67 ff.
Nominalwertprinzip 5 82
Objektivierungsprinzip 5 67
Pauschalbewertung 5 69
Realisationsprinzip 5 78 ff.
schwebende Geschäfte 5 76
steuerbilanzielle Abweichungen 5 62
Stichtagsprinzip 5 81
true and fair view 5 83
ungeschriebene GoB 5 58
Verrechnungsverbot 5 68
Vollständigkeitsgebot 5 67

2502

Magere Zahlen = Rz

Vorsichtsprinzip **5** 77
Wesentlichkeitsgrundsatz **5** 84
wirtschaftliche Betrachtungsweise **5** 59
Grundschuldrealisierung 22 150
Grundstücke
Anlagevermögen **6** 346
Aufteilung gemischt genutzte G.
4 116
Einlagen **4** 270
Entnahmebewertung **6** 585
Entnahmen **4** 270
Grundstücke und Gebäude
– Einheitlichkeitsgrundsatz **5** 134
– wirtschaftl Betrachtung **5** 133 ff.
Grundstücksteile von untergeordnetem Wert **4** 126
Teilbetrieb **16** 130
Veräußerungsgeschäft privates **23** 16 ff.
Veräußerungszurechnung **5** 155
VuV-Einkünfte **21** 101
Grundstücke bebaute, BV-Zuordnung **4** 111
Grundstücke unbebaute, BV-Zuordnung **4** 111 ff.
Grundstückseinrichtungen, AfA-Nutzungsdauer **7** 167
Grundstücksgleiche Rechte
Veräußerungsgeschäft privates **23** 16 ff.
VuV-Einkünfte **21** 101
Grundstückshandel gewerblicher
15 47 ff.
Abgrenzung ggü Vermögensverwaltung **15** 46 ff.; *s auch* Vermögensverwaltung
Abgrenzung zu LuF **13** 215
Anschaffung/Herstellung **15** 52
Anteilsveräußerungen **15** 74
Beginn **15** 131
Bruchteilsgemeinschaften **15** 71
Drei-Objekt-Grenze **15** 47 ff.
Gebäudemodernisierung **15** 54
Gebäudesanierung **15** 54
Gebäudeveräußerung nach Anschaffung/Herstellung **15** 50 ff.
Gesellschafter-/Gemeinschafterebene **15** 73 ff.
getrennte Ehegattengeschäfte **15** 64
Gewerblichkeit
– ohne Drei-Objekt-Grenze **15** 62
– gemäß Drei-Objekt-Grenze **15** 50 ff.
Gewinnermittlung nach § 4 III **15** 67
Grundstücksrechteübertragung **15** 51
Kapitalgesellschaftsbeteiligungen **15** 76
Mindestbeteiligung **15** 75
Missbrauchsfälle **15** 65
Nachhaltigkeit **15** 18 f.
Objektbegriff **15** 48

Gutscheine

Personenmehrheiten **15** 70 ff.
Realteilung **15** 72
Umfang **15** 77
Veräußerung
– durch Landwirt **15** 59
– unbebaute Grundstücke **15** 57 ff.
Veräußerungsgewinne **15** 78
verfahrensrechtliche Fragen **15** 68
Wirtschaftsverkehrteilnahme **15** 20 f.
zeitliche Zusammenhänge/Indizien **15** 53
Grundstücksteile, Wirtschaftsgut selbständiges **5** 141
Grundstücksüberlassung, verbilligte durch Arbeitgeber **19** 100
Grundstücksverwaltung als Teilbetrieb **16** 130
Gründungskosten 4 520 Anlaufkosten
Gründungstheorie 34c 4
Gründungszuschüsse, Progressionsvorbehalt **32b** 12
Grundzulage, Altersvorsorge **83–85** 1 ff.
Gruppenreisen
4 520 „Informationsreisen"; **12** 32
Gruppentheorie, BetrAufsp **15** 823
Günstigerprüfung
Höchstbetrag bei Vorsorge **10** 164 f.
Kindergeld/Kinderfreibetrag 31 10 ff.
– Freibeträgeübertragung **31** 16
– Jahresprinzip **31** 14
– KiGeld-Anspruch **31** 11
– mehrere Kinder **31** 13
– nicht ausgezahltes KiGeld **31** 17
– Umfang des Kinderfreibetrags **31** 15
– Verfahren **31** 19
– vergleichbare Leistungen **31** 18
– Vergleichsrechnung **31** 12
Tarif für KapVermEinkünfte **32d** 28 ff.
bei zusätzl Altersversorgung **10a** 2 f.
Gutachten, VuV-Werbungskosten
21 148
Gutachtertätigkeit 18 9, 63, 70
Arbeitnehmerstellung **19** 35
Güter in Geld oder Geldeswert **8** 2 ff.
Güterfernverkehr 16 130 „Transportunternehmen"
Güterfernverkehrskonzession, AfA
7 41
Gütergemeinschaft 2 30
fortgesetzte Gütergemeinschaft *s dort*
Mitunternehmerschaft **15** 376 ff.
Güterrecht eheliches 2 30
Mitunternehmerschaft **15** 375 ff.
Gütertrennung, MUerschaft **15** 375
Gutscheine
Einnahmen **8** 5

2503

Gutschrift

Fette Zahlen = §§

Passivierung **5** 550
Sachbezug **8** 18
Gutschrift, Abfluss **11** 50

Haartransplantation 33 90
Habilitationskosten 10 90; **19** 110
Haftpflichtverbindlichkeit 5 550
Haftpflichtversicherung, SA-Abzug bei Elternübernahme **10** 14
Haftung
Ausstellerhaftung **45a** 6 f.
Bauabzugsteuer **48a** 3 f.
Entleiherhaftung *s dort*
Schuldnerhaftung **45a** 6, 8
Steuerabzug
– beschränkte StPflicht **50a** 35 ff.
Verbindlichkeiten haftungslose **5** 550
Vorbelastungshaftung **5** 270
Zuwendungsbestätigungen *s dort*
Haftung des Arbeitgebers für Lohnsteuer 42d 1 ff.
Akzessorietät der Haftung **42d** 1
Anrufungsauskunft **42d** 3
– Ermessensausübung **42d** 27
Ausschluss der ArbN-Haftung **42d** 20
Bagatellgrenze **42d** 65
Einbehaltung und Abführung **42b** 3
Entleiherhaftung *s dort*
Entstehen/Erlöschen des Haftungsanspruchs **42d** 10 ff.
Erfüllung des Haftungsanspruchs **42d** 11
Ermessen
– Auswahlermessen **42d** 32
– Entschließungsermessen **42d** 26 ff.
Erstattungsansprüche **42d** 80
fehlerhafte Lohnkontoangaben **42d** 5
Feststellungslast **42d** 42
gesamtschuldnerische Haftung **42d** 16
Haftung
– anderer Personen (Beispiele) **42d** 35
– bei Dritt-LStÜbernahme **42d** 6
Haftungsausschluss **42d** 14
Haftungsbescheid **42d** 44 ff.
– Änderung(ssperre) **42d** 55
– Begründung **42d** 47
– Einwendungen **42d** 60
– Entbehrlichkeit des H. **42d** 44
– Ermessenserwägungen **42d** 48
– Inhalt **42d** 46 ff.
– Prozess-/Aussetzungszinsen **42d** 61
– Sachaufklärung **42d** 49
– Sammelbescheid **42d** 46
– Schätzungsbescheid der LSt **42d** 50
– Schriftlichkeit **42d** 45

– Trennung Haftungs-/Passivierungsschuld **42d** 51
Haftungstatbestände **42d** 1
– Ermessensentscheidung **42d** 16
Haftungsumfang **42d** 40
Inanspruchnahme
– ArbG **42d** 26 ff., 32
– ArbG bei ArbN-Veranlagung **42d** 18
– ArbN nach Ablauf des Kj **42d** 22 ff.
– ArbN während lfd Kj **42d** 19
– Unbilligkeit der I. **42d** 29
– im Veranlagungsverfahren **42d** 23
– Zulässigkeit **42d** 23
– zuständiges Finanzamt **42d** 17
Irrtum des Arbeitgebers **42d** 26
Mitverschulden/Verwirkung **42d** 28
Nettolohnvereinbarung **42d** 21
Nichtabführung einbehaltener LSt **42d** 3
Pauschalierungsfestsetzung **40** 30
Rechtsbehelfe **42d** 58 ff.
– Anfechtungsberechtigte **42d** 59
– Einwendungen **42d** 60
Rückgriffsrecht ArbG gg ArbN **42d** 82
Stundung des Haftungsanspruchs **42d** 56
unrichtige Erstattung **42d** 4
verbindliche Zusage **42d** 3
Verjährung **42d** 12
Verschuldensunabhängigkeit **42d** 7
Haftungsbescheid, Haftung des ArbG für LSt **42d** 44 ff.; *s iEinz dort*
Haftungsbeschränkung, Zusammenveranlagung **26b** 19 ff.
Haftungserweiterung bei negativem KapKto **15a** 119
Haftungsminderung bei negativem KapKto **15a** 101 ff.; *s iEinz dort*
Haftungsschulden als WK **19** 110
Haftungsverhältnisse, bedingte **5** 550
Halbfertige Bauten
5 270 „Unfertige Erzeugnisse"
Halbleiterschutzrechte, Rückstellungen **5** 398
Halbteilungsgrundsatz 2 8
Handaufleger 18 155
Handelsbilanzrecht 5 55 f.
Handelschemiker 18 113
Handelsregistereintragung, Mitunternehmerschaft **15** 181
Handelsschiffe, LStAbzug **41a** 8
Handelsschiffe im internationalen Verkehr 5a 1 ff.
Anwendungsfragen **5a** 32
Ausscheiden aus Tonnagebesteuerung/Antrag **5a** 24
Beendigung Tonnagebesteuerung **5a** 30

Magere Zahlen = Rz

Bereederung **5a** 16
Betriebsformen **5a** 11 ff.
  – sonstige B. **5a** 13
Geschäftsleitung **5a** 16
Gewinnermittlungsantrag auf Anwendung **5a** 22
GewSt und StErmäßigung nach § 35 **5a** 29
kein gesonderter BA-Abzug **5a** 15
Neben- und Hilfsgeschäfte **5a** 12
Staffeltarif **5a** 19
Steuerermäßigungen **5a** 20
Teilwertfeststellung **5a** 30
Tonnagebesteuerung **5a** 1 ff.
Tonnagegewinnermittlung **5a** 17 f.; *s iEinz dort*
Unterschiedsbetrag **5a** 20
  – Auflösung **5a** 27
  – Bildung **5a** 25
  – stille Reserven **5a** 25
  – Verlustbehandlung **5a** 25 ff.
  – Wertermittlung **5a** 26
Veräußerungsgewinne **5a** 20
Vercharterung **5a** 12
Verluste nach §§ 15a, 15b **5a** 31
Handelsvertreter 5 270; **15** 150; **18** 155
Arbeitnehmerstellung **19** 35
Ausgleichsanspruch **5** 270
Ausgleichszahlungen **24** 44 ff.
  – Wettbewerbsverbot **24** 47
Betriebsveräußerung **16** 310
Entschädigungen **24** 15
Provisionsansprüche **5** 550
Teilbetrieb **16** 130
Versorgungsanwartschaften **24** 55
Handwerkerleistungen 35a 1,11; *s iEinz* Haushaltsnahe Beschäftigungen/ Leistungen
Handwerkskurse 10 90
Härteausgleich, Veranlagung **46** 41
Härtefallregelung, elektronische Bilanz/GuV-Übermittlung **5b** 5
Hauberggenossenschaften 13 58
Hausabriss als agB **33** 90
Hausboot, Nutzungsdauer **7** 169
Hausgewerbetreibende 15 150; **19** 35 Heimarbeiter
ArbG-Übernahme als SA **10** 14
Haushälterin 19 110
Haushaltsaufnahme Kindergeld **64** 9
Kindergeldberücksichtigung **63** 6 ff.
Haushaltsaufwendungen, nicht abzugsfähige **12** 8

Heileurythmie

Haushaltsführung doppelte
  s Doppelte Haushaltsführung
Haushaltsgehilfin/Haushaltshilfe 19 35
Aufteilungsverbot **12** 32
betriebliche und private Veranlassung **4** 520 „Arbeitslohn"
Haushaltsgemeinschaft, Entlastungsbetrag **24b** 20 ff.
Haushaltsnahe Beschäftigungen/ haushaltsnahe Leistungen
Abzugszeitpunkt **35a** 28
Antragsverfahren **35a** 30
Anwendungsbereich **35a** 1
Arbeitskostenabzug **35a** 26
Beschäftigungsverhältnisse
  – andere B. und DienstVerh **35a** 10 ff.
  – Begriff **35a** 5
  – Geringfügigkeit **35a** 5 ff.
Dienstleistungen (Übersicht **35a** 2
Einzelveranlagung **26a** 7
Handwerkerleistungen **35a** 15 f.
Haushalt gegenwärtiger **35a** 20
Haushaltsbereich räumlicher **35a** 21
Haushaltsgemeinschaft **35a** 29
Haushaltsnähe (Begriff) **35a** 7
Haushaltsscheckverfahren **35a** 6
Heimunterbringung/dauernde Pflege **35a** 12
Höchstbetragsgemeinschaft **35a** 29
maximale Begünstigung **35a** 2
Pflege- und Betreuungsleistungen **35a** 11
Rechnung und Zahlung **35a** 27
Steuerermäßigung
  – Ausschluss **35a** 25
  – Höhe **35a** 8, 13, 16
Haushaltsscheckverfahren 35a 6
Haushaltswechsel, Kindergeld **63** 11
Haushaltszugehörigkeit
Entlastungsbetrag **24b** 9 ff.
Kinderbetreuungskosten **10** 68
Häusl Arbeitszimmer *s* Arbeitszimmer
Hausmeister 19 35
Hausrat 33 90
Haustrum 19 100
Hausverwalter 15 150; **18** 155; **19** 35
selbständige Tätigkeit **18** 141
Teilbetrieb **16** 130 „Dienstleistung …"
Hauswirtschaft, Ausbildungskosten/ Weiterbildungskosten **10** 90
Havariesachverständiger 15 150
Hebamme 18 155
Hedging, Bewertung **5** 70 f.
Heilberufe 18 87 ff.
Heileurythmie 18 155

Heilmittelverkauf

Fette Zahlen = §§

Heilmittelverkauf 15 150
Heilpraktiker 18 95
Heimarbeiter 19 35
Werbungskosten **19** 110
Heimfahrten, doppelte Haushaltsführung **9** 235
Heimfallverpflichtung 5 550
Heimunterbringung
außergewöhnl Belastung **33** 90
Steuerermäßigung **35a** 12
Heizungsanlagen, selbständige WG **4** 117
Heizungsinstallation, HK **6** 183
Heizungskosten 33 90
Hellseher 15 150;
18 155 „Parapsychologe"
Herrenabend, BA **18** 190
Herstellerleasing 5 722
Herstellung
im Betrieb **4** 73
betriebliche Veranlassung **4** 520
Herstellungskosten
Abbruchabsicht bei Gebäuden **6** 214 ff.
Abbruchkosten **6** 214
ABC der Herstellungskosten **6** 220
Abgrenzung zu AK **6** 34
AfA-Bemessungsgrundlage **7** 105
Anbau als selbständige WG **6** 162
anschaffungsnahe Gebäude-HK **6** 381
anschaffungsnahe HK als WK **9** 334
Bauwesenversicherung **6** 220
Beginn der Herstellung **6** 155
Begriff **6** 151
betriebl genutzte Gebäude(teile) **6** 187
Dacherneuerung **6** 220
Einbau in vorhandene Installationen **6** 175
Einzelkosten für Material/Fertigung **6** 192
Ende der Herstellung **6** 156
Ermäßigung/AfA-Bemessung **7** 137
Erweiterung der Nutzungsmöglichkeit **6** 174
Fertigstellung des WG **6** 156
Gebäude (Einzelfälle) **6** 212
Gemeinkostenbegriff **6** 195 f.
Herstellung
 – Einbau neuer Bestandteile (mit Beispielen) **6** 173
 – Erhaltungsaufwand **6** 188
 – Erstherstellung **6** 162
 – Erweiterungen (mit Beispielen) **6** 167 ff.
 – Gebrauchswerterhöhung **6** 182 ff., 187
 – Herstellungsvorgänge **6** 161
 – mehrere Maßnahmen **6** 189
 – Nutzungs- und Funktionszusammenhang neuer **6** 166

 – Verbesserung wesentliche **6** 181
 – Vollverschleiß **6** 164
 – Zweitherstellung **6** 162
Material-/Fertigungsgemeinkosten **6** 194
nachträgliche AK **6** 61
nachträgliche HK
 – Änderung der AfA-Bemessungsgrundlage **7** 133 f.
 – Ansatz bei AfA **7** 132
 – erhöhte AfA und SonderAfA **7a** 2
nachträgliche Minderung, erhöhte AfA und SonderAfA **7a** 2
Planungsänderungen spätere **6** 209
private Veräußerungsgeschäfte **23** 78
Prozesskosten **6** 210
soziale Aufwendungen **6** 201
Standardanhebung **6** 183
Umfang der HK **6** 191 ff.
 – Ausfuhrversicherung **6** 203
 – Forschungskosten eigene **6** 202
 – Fremdkapitalzinsen/Bauzeitzinsen **6** 206
 – Material- und Fertigungsgemeinkosten **6** 194 ff.
 – vergebliche Aufwendungen **6** 207
 – Vertriebskosten **6** 203
 – Verwaltungskosten allgemeine **6** 199
 – Wertverzehr für AV-Fertigung **6** 198
Vermietung und Verpachtung **21** 122
Versicherungskosten **6** 203
Vorsteuer **6** 220; **9b** 2, 6
Hilfsbedürftigkeit, steuerfreie Bezüge und Beihilfen **3** 41 ff.
Hilfsgesellschaft, GbR **15** 327
Hilfskräfte, qualifizierte **18** 147
Hilfsstoffe s Roh-, Hilfs-, Betriebsstoffe
Hinauskündigungsklausel 15 752
Hinterbliebenenpauschbetrag 33b 2
Hinterbliebenenrente 3 33; **22** 42
Hinterbliebenenversorgung 24 55
Hinterlegung, Erfüllungssurrogat **11** 50
Hinterziehungszinsen 4 608
Lohnsteuer-Pauschalierung **40** 3
nichtabziehbare WK **9** 328
Hinzurechnung
Beweislast bei Rechteüberlassungen **4j** 21
beim Verlustabzug **2a** 55 ff.; s *iEinz* Negative Einkünfte mit Drittstaatenbezug
Hippotherapie 18 155
HIV-HilfeG-Leistungen 3 229
Hochbautechniker 18 155
Hochspannungsleitung, Entgelt **21** 14
Höchstbetragsgrenzen, Vorsorgeaufwendungen **10** 151 ff.; s *iEinz* dort

Magere Zahlen = Rz

Hochwasserschhäden als agB **33** 90
Hochzeitsaufwendungen 33 90
Höfeordnung
Erbfolge **14** 21
Vermächtnisnießbrauch **13** 158
Hofübergabe gegen Versorgungsleistungen **13** 181 ff.
Hoheitsgebiet, Inlandsbegriff **1** 31
Homeoffice
Büro des ArbG **19** 100
Pauschale **4** 600
Honorarsonderfonds 18 90
Honorarverteilung, nachträgl eines Arztes **24** 58
Hörapparat/-gerät 12 32; **19** 110
Hörgeräteakustiker 5 550 „Optiker"
Hotel als Teilbetrieb **16** 130
Hufbeschlagschmied 18 155
Hund, Diensthund **9** 270
Hybride Gesellschaften, Steuerabzug bei DBA **50d** 69
Hybride Gestaltungen, Betriebsausgaben *s* Besteuerungsinkongruenzen
Hybride Rechtsträger umgekehrte **49** 130 ff.
Altersvorsorgevermögensfonds **49** 135
Beteiligungseinkünfte **49** 130 ff.
persönlicher Anwendungsbereich **49** 134
treaty override **49** 136
Hypnosetherapeut 18 155

Ideelle Anteile, Einlagen/Entnahmen **4** 223
Identifikationsnummer
außergewöhnl Belastung **33a** 38
Behindertenpauschbetrag **33b** 31
elektronische LStAbzug **39e** 11
fiktive unbeschr StPfl **1a** 16
Pflegepauschbetrag **33b** 39
Imbiss, Teilbetrieb **16** 130 „Gast ..."
Imkerei 13 52
Immaterialgüterrechte, Steuerabzug bei beschr StPfl **50a** 13
Immaterielle Wirtschaftsgüter **4** 172 ff.; **5** 113, 171 ff.
Abgrenzung zu materiellen WG **5** 113
abnutzbare/nichtabnutzbare WG **5** 188
abnutzbares AV **6** 346
Abschreibung (Einzelfälle) **7** 41
Aktivierung **5** 161 ff.
Aktivierungsgebot für entgeltlich erworbene WG **5** 190 ff.
Begriff **4** 172
Begriff und Beispiele **5** 171

Informationsdienst

Bewertung selbst geschaffener WG **6** 511
Dienstleistungen **5** 187
Drittnutzung fremder WG **5** 185
Einlagen/Entnahmen **5** 164 ff.
Erfindungen **4** 174
Erwerb
– Einzelfälle **5** 200
– Entgeltcharakter **5** 190 ff.
– Gegenseitigkeitscharakter **5** 193
– unentgeltlicher Erwerb **5** 196 ff.
Gewinnermittlung **4** 172 ff.
Gewinnermittlung § **4** I/§ **4** III **5** 167
Herstellung **5** 198
Konzerntransaktionen **5** 199
Lizenzrechte **4** 174
Marktwert **6** 322
Nichtabnutzbarkeit **7** 40
Nutzungsrechte **5** 176 ff.
– Erwerb von N. **5** 195
Patente **4** 174
Rechte auf Dienstleistung **5** 183
durch Sacheinlage erworbene WG **5** 202
Tauschvorgang **5** 194
Teilwertschätzung **6** 322
Übertragung unentgeltliche **5** 181
Umlaufvermögen **6** 354
durch verdeckte Einlage erworbene WG **5** 204 ff.
Verhältnis zu aktiven RAP **5** 244
Verzehr **5** 188
durch vGA erworbene WG **5** 201
vorbehaltene Nutzungsrechte **5** 180
wesentliche Betriebsgrundlagen **16** 89
Zurechnung **5** 161 ff.
Immissionsschäden 34b 7
Immobilienfonds, Rücklage nach § **6b 47**
Immobilienmakler, Entschädigung **24** 15
Incentivereisen
Betriebseinnahmen **4** 427
Einnahmen **19** 100
ESt-Pauschalierung **37b** 8
Sachbezugsbewertung **8** 27
Indirekte Methode
beschränkte Steuerpflicht **50** 31
Geschäftswertschätzung **6** 316
Individualbesteuerungsgrundsatz **2** 18; **26a** 2; **26b** 2
Infektionstheorie 15 185 ff.
Influencer 18 155
Informationsaustausch, automatischer **45e** 2
Informationsdienst, Herausgabe als gewerbl Tätigkeit **18** 155

2507

Informationsveranstaltungen

Fette Zahlen = §§

Informationsveranstaltungen
Betriebsausgaben **4** 520
Betriebseinnahmen **4** 428
Informationsweitergabe
22 150
konzerninterne Lizenz- und Zinszahlungen **50h** 1 f.
Ingangsetzungsaufwendungen
abnutzbares AV **6** 382
Aktivierung **5** 270
Betriebsausgaben **4** 520 Anlaufkosten
Ingenieur **18** 108 ff.
selbständige Tätigkeit **18** 29
Inhaberklauseln bei Pensionsrückstellungen **6a** 11
Inkassobüro 15 150
Inkassotätigkeit 18 155
Inland
Begriff **1** 30 ff.
UN-Seerechtsübereinkommen **1** 31
Inlandsreisen, Pauschbetrag für Verpflegungsmehraufwand **4** 574
Innenarchitekt 18 155
Innengesellschaft
faktische MUerschaft **15** 280
– Verlustausgleich **2** 59
GbR **15** 324, 361
Unterbeteiligungsgesellschaft **15** 366
Verlustausgleichs-/Verlustabzugsverbot **15** 906 ff.
Innovationen 5 270
Insassenunfallversicherung, Entschädigungszahlungen **24** 27
Inseratskosten, WK **21** 148
Insolvenz 11 50
Altersentlastungsbetrag **24a** 2
Einkommensteuerpflicht **2** 67
Erträge als BE **4** 460
LSt-Relevanz **19** 100
Sanierungserträge **3a** 8
Verlustausgleich **2** 58
Zusammenveranlagung **26** 17
Insolvenzgeld
Progressionsvorbehalt **32b** 12
Steuerfreiheit **3** 18 ff.
Insolvenzkosten
4 520 „Rechtsverfolgungskosten"
Insolvenzverfahren
Aufgabe eines Betriebs **16** 157
Betriebsveräußerung **16** 78
Kosten
– außergewöhnl Belastung **33** 90
– Werbungskosten **19** 110
Veräußerung von Anteilen **17** 225
Verlustabzug **10d** 16

Insolvenzversicherung
Direktversicherung **4b** 30
Leistungen der I. **3** 220
Insolvenzverwalter 18 141, 155
gewerbliche Tätigkeit **15** 150
selbständige Tätigkeit **18** 31
Unternehmer **15** 141
Instandhaltungen 5 692
Anspruch auf I. **5** 270
Rückstellungen **5** 550
Instandhaltungsrücklage 5 270;
21 117, 148
Instrumentenbauer 18 155
Instrumentengeld 19 100
Intensivlohn 19 100
Internat 15 150 „Schule"
Kosten **33** 90
selbständige Tätigkeit **18** 85
Internationale MUerschaft 15 173
Sondervergütungen **15** 565
Internet
AfA-Nutzungsdauer **7** 169
Domain-Adresse *s dort*
LSt-Pauschalierung bei ArbG-Überlassung **40** 17
Webseiten **5** 270
Internetdienst als Teilbetrieb **16** 130
Internethandel *s* Ebay-Verkauf
Internetnutzung 19 100
Interviewer 18 155
Invalidenversorgung von Arbeitnehmerehegatten **6a** 34
Inventurbüro 18 155
Investitionsabzug, Anwendung zeitliche **7g** 2
Investitionsabzugsbetrag 7g 1 ff.
Abzug von 50% **7g** 55
Anteilserwerb/-veräußerung **7g** 85
Anwendung auf PersGes/Gemeinschaften **7g** 81 ff.
Auflösung im begünstigten Investitionsjahr **7g** 53
Auswirkung auf Kapitalkonto **7g** 84
begünstigte Wirtschaftsgüter
– Ausscheiden vor Mindestdauerablauf **7g** 16
– Beschränkung auf inl Betriebsstätten **7g** 18
– Betriebsveräußerung/-übertragung **7g** 14
– inl Betriebsstättennutzung **7g** 10 ff.
– (Nicht)Betriebsbeziehung **7g** 11 f.
– Vermietung von WG **7g** 24
begünstigte/nichtbegünstigte WG **7g** 6 f.
Betriebe mit § 4 III-Rechnung **7g** 35

2508

Magere Zahlen = Rz

Betriebe mit BV-Vergleich **7g** 33
Betriebe der LuF **7g** 34
Betriebsbezogenheit **7g** 25 ff., 83
– Abzugsbetrag **7g** 28
– Gewinngrenze **7g** 31
– WG mit fast ausschließl betriebl Nutzung **7g** 19 ff.
Bindung an Vermögensphären **7g** 83
Europarecht **7g** 3
Geltendmachung durch Datenfernübertragung **7g** 45
Gestaltungsmöglichkeiten **7g** 4
Gewinnermittlungsart **7g** 27
Größenmerkmale **7g** 32 ff.
Hinzurechnung früherer Abzüge **7g** 53
Höchstbetrag relativer/absoluter **7g** 48 f.
Höhe des Abzugsbetrags **7g** 47 ff.
Investitionsabsicht **7g** 40
Mindestanforderungen an Betrieb **7g** 26
nachträgl Geltendmachung **7g** 54
Rückgängigmachung des Abzugs
– Anzeige des StPfl **7g** 58
– Fehlerkorrektur **7g** 64
– Gründe für Rückgängigmachung **7g** 60 ff.
– Nichterfüllung der Nutzungsvoraussetzungen **7g** 67 f.
– überhöhter Abzug **7g** 61
– unterbliebene Hinzurechnung **7g** 57 ff.
– unterbliebene Investition **7g** 60
– Verfahren der R. **7g** 65 f.
– vorzeitige Rückgängimachung **7g** 62
unentgeltl Betriebsübergabe **7g** 29
Verlustentstehung **7g** 50
Voraussetzungen/Rechtsfolgen **7g** 1
Investitionszulagen/-zuschüsse
Anschaffungskosten **6** 72 ff.
Betriebsaufspaltung **15** 879
Betriebseinnahmen **4** 460
öffentl I. als AK **6** 75
– Einzelfälle **6** 76
private I. als AK **6** 78
Investmentanteile 5 270
Anschaffungskosten **6** 140
Veräußerungsgeschäfte private **23** 23
Investmenterträge
beschr stpfl Anleger **20** 83
beschränkte Steuerpflicht **49** 98
Besteuerung der Anleger **20** 86
Publikumsfonds **20** 77 ff.
Spezialinvestmentfonds **20** 85
Investmentfonds
Kapitalertragsteuer **20** 6
Spezialinvestmentfonds **20** 85

Kapitaleinkünfte

TW-AfA **6** 370
Inzahlungnahme als BE **4** 460
iPad, Betriebsausgabe **4** 520
Isolierende Betrachtg 17 6; **49** 140 f.

Jagdaufwendungen
nichtabziehbare BA **4** 567 ff.
nichtabziehbare WK **9** 324
Jagdkosten 12 32
Jagdpacht 13 55 ff.
Jagdscheinkosten 19 110
Jahresabschlussaufstellung
ordnungsgemäße Buchführung **5** 18
Rückstellungen **5** 550
Jahreslohnsteuer *s* Lohnsteuer
Jahreswagen 19 100
Sachbezugsbewertung **8** 27
Jalousien, Herstellungskosten **6** 212
Jobticket
Arbeitslohn **19** 100
Entfernungspauschale **9** 198
Lohnsteuerpauschalierung **40** 20 f.
Sachbezugsbewertung **8** 27
Joint Venture 5 270; **15** 330
Journalist 18 120 ff., 155; **19** 35
Beteiligung an GmbH **18** 165
Jubiläumszuwendungen
begünstigter Steuersatz **34** 40
Passivierung **5** 550 „Jubiläums..."; **6a** 6
– Voraussetzung **5** 415
Rückstellungen **5** 406 ff.
Juristische Person *s* Person juristische

Kabelanschluss, Herstellungskosten **6** 174
Kachelofen, Herstellungskosten **6** 174
Kalamitätsholz 13 21
Kalamitätsnutzungen, Folgehiebeschäden **34b** 8
Kameramann 18 155
Kammerbeiträge, Rückstellung **5** 550
Kanalisation 5 270 „Abwasser"
Kapitalabfindungen
(Nicht)Steuerfreiheit ausl K. **3** 23
Kapitalanlagen, Veräußerung von K. **20** 145 ff.; *s iEinz* dort
Kapitaldeckung(sverfahren)
Altersversorgung **10a** 15 f.
Pensionsfonds **4e** 5
Unterstützungskassen **4d** 1, 16
Kapitaleinkünfte, Besteuerungsinkongruenzen **4k** 10 ff.; *s iEinz* dort
Kapitaleinkünfte/Kapitalvermögen 20 1 ff.

2509

Kapitaleinkünfte

Abgeltungsteuer **20** 8 ff.; s *iEinz unter* Kapitalertragsteuer
Angehörigenfälle **20** 19
Auflösungsbezüge **20** 72 f.
außerordentliche Einkünfte **34** 38
beschränkte Steuerpflicht **49** 96 ff.
– besondere Entgelte/Vorteile **49** 103
– DBA-beschränkungen **49** 105
– Einkünfteermittlung **49** 104
– Grundpfandrechte **49** 99 ff.
– inländischer Schuldner **49** 97
– Investmenterträge **49** 98
– Steuererhebung **49** 106
– Tafelgeschäfte **49** 102
besondere Entgelte/Vorteile **20** 190
Besteuerungszeitpunkt **20** 22 f.
– Rückzahlung als Einnahmen/WK **20** 23
– Zufluss/Abfluss **20** 22
Beteiligungsbezüge **20** 28 ff.; s *iEinz dort*
Bezüge/Leistungen von KSt-Subjekten **20** 129 f., 132
Diskontbeträge von Wechseln **20** 125
Dividendenkompensationszahlungen **20** 70
Dividenden-/Zinsscheinveräußerung **20** 160
Einkünfteerzielungsabsicht **20** 20
Einkünfteerzielungstatbestand **20** 14 ff.
– Kapitalerträge **20** 14
– Rechtsnachfolge **20** 18
– Treuhand/Nießbrauch **20** 17
– Zurechnung **20** 16
Einlagekontenverwendung **20** 65 ff.
Entschädigungen **24** 28, 41
Geltungsbereich persönl **20** 2
gesonderter Steuertarif s Tarif für Kapitalvermögenseinkünfte
Gewinntransfer von Betrieben gewerbl Art **20** 135 ff.
Gewinn-/Verlustermittlung **20** 203 ff.
Grundpfandrechtsübertragungen **20** 175
Grundpfandrechtszinsen **20** 99
Investmenterträge
– Besteuerung der Anleger **20** 86
– Spezialinvestmentfonds **20** 85
Investmentfonds **20** 6
Kapitalerträge
– Absehen von Korrekturen **20** 199 f.
– laufende K. **20** 28 ff.
– LuF-Durchschnittsatzgewinnermittlung **13a** 55
– Nutzungsentgelt **20** 118
– Zinsanteile **20** 119

Fette Zahlen = §§

Kapitalertragsteuer *s dort*
Kapitalforderungen
– Erstattungszinsen **20** 120
– Erträge **20** 114 ff.
– sonstige Kapitalforderungen **20** 182 ff.
Kapitalherabsetzungsbezüge **20** 74
Kapitalmaßnahmen **20** 209 ff.; s *iEinz dort*
Konkurrenzfragen **20** 260 f.
Körperschaften
– inländische K. **20** 3 ff.
Korrektur des StAbzugs **20** 193 ff.
Lebensversicherungserträge (Alt-/Neuverträge) **20** 102 ff., 106 ff.
Optionen **20** 169
partiarisches Darlehen **20** 96
Publikumsfonds-Investmenterträge **20** 77 ff.
Rentenversicherungserträge (Alt-/Neuverträge) **20** 102 ff., 106 ff.
Sparer-Pauschbetrag **20** 264 ff.
Steuerabzug bei beschr StPfl **50** 39
Stiftungen **20** 131
Stille Beteiligungen **20** 173
stille Gesellschaft **20** 90 ff.
Stillhalterprämien **20** 141 f.
Stückzinsen **20** 184
Subsidiarität ggü anderen Einkunftsarten **20** 253 ff.
Substanzgewinne/Substanzverluste **20** 145 ff.
Termingeschäfte **20** 165 ff.
Umtausch von Kapitalanlagen **20** 184
Veräußerung von Kapitalanlagen **20** 145 ff.; s *iEinz dort*
Veräußerung von Körperschaftsanteilen **20** 156 f.
verdeckte Gewinnausschüttungen **20** 37 ff.; s *iEinz dort*
Verlustberechnung **10d** 18 f.
Verlustberücksichtigung eingeschränkte **20** 250 f.
vermögensverwaltende PersGes **20** 153
Verrechnung von Verlusten **20** 239 ff.
Versicherungsansprücheveräußerung **20** 177 ff.
WG-Veräußerungen **20** 172
Zinsansprücheveräußerung **20** 162
Zurechnung bei Ausschüttungen **20** 230 ff.
– Anteilseignerbegriff **20** 231
– Bezüge nach § 20 I Nr 2 **20** 235
– Nießbraucher/Pfandgläubiger **20** 236
– offene Gewinnausschüttungen **20** 233
– verdeckte Gewinnausschüttungen **20** 234

Magere Zahlen = Rz

Zurechnungen
– Beteiligungserträge beim Anteilseigner
  20 230 ff.
– Gewinnverteilungsbeschluss 20 232
  Zuschlagsteuern 51a 3 f.
Kapitalentwertungskonto 5 270
Kapitalersetzende Darlehen
  Aktivierung 5 270
  Passivierung 5 550 „Ges'terfinanzierung"
Kapitalersetzende Nutzungsüberlassung 5 550 „Ges'terfinanzierung"
Kapitalerträge
  s unter Kapitaleinkünfte
  s Kapitaleinkünfte/Kapitalvermögen
Kapitalertragsteuer 43 ff.
  Abführungstechnik 44 13 ff.
  – fehlende Deckung 44 14
  – monatliche Abführung 44 13
Abgeltungssteuer 2 64
Abgeltungsteuer 20 8 ff.; 43 3
  – Schedulenbesteuerung 20 8 f.
Abgrenzung inl/ausl Erträge 43 10
Abzug s Kapitalertragsteuerabzug
Abzugsverpflichtete 44 9 ff.
Angaben
  – KapESt-Abführung 45b 1 ff.
  – KapESt-Bescheinigung 45b 1 ff.
Anmeldung 45a 1 f.
Anrechenbarkeitsbeschränkung 36a 1 ff.
  – Anrechnungsvoraussetzungen 36a 3 ff.
  – Anwendungsbereich 36a 2
  – Anwendungsfälle 36a 6, 10
  – Anzeige-/Anmeldepflicht 36a 9 f.
  – Ausnahmeregelungen 36a 11
  – Berichtspflicht 36a 13
  – Mindesthaltedauer/-zeitraum 36a 7
  – Mindestwertveränderungsrisiko 36a 8
  – Nachzahlungspflicht 36a 9 f.
  – Treuhänderschaft 36a 12
Anrechnung auf ESt/KSt 43 3
  ausländische KapESt 20 12
Ausschüttung an beschr stpfl Ges 43b 3
Aussteller-/Schuldnerhaftung 45a 6 f.
Behandlung bei inl TochterGes 43b 2
Bescheinigung 45a 3
Beteiligungsbezüge 20 28 ff.; s iEinz dort
Betrieb gewerbl Art 44 22 ff.
einbehaltungspflichtige Erträge (Schaubild)
  43 11
Entlastungsversagung in Cum/Cum-Treaty shopping-Fällen 50j 1 ff.
Entrichtung 44 1 ff.
Entrichtung bei Mehrabführungen 44 25
Entrichtungspflichtschuld 44 3
Entstehungszeitpunkt 44 5 ff.

Kapitalertragsteuerabzug

Erstattung s Kapitalertragsteuererstattung
Gewinnanteile/Zuflussfiktion 44 6
Haftung des Entrichtungsschuldners
  44 15 ff., 24
Inanspruchnahme des Gläubigers 44 21
Inpflichtnahme Dritter 43 7
Kapitalanlagenübertragung unentgeltl
  43 15 f.
Kapitalerträge 20 1 ff.
missbräuchliche Anrechnung 43 5
Mitteilungen an das Bundesamt für Finanzen 45d 1 ff.
Mutter/Tochter-RL 43b 4
Nacherhebung beim Entrichtungspflichtigen 44 15 ff., 24
Objektsteuercharakter 43 1
Quellensteuerbefreiung
  – inländische TochterGes 43b 1 ff.
  – persönliche Voraussetzungen 43b 5 ff.
  – Rechtsfolgen und Verfahren 43b 10
Schuldnerhaftung 45a 6, 8
Steuerschuldner/Entrichtungspflichtiger
  44 2
stille Beteiligung/Zufluss 44 7
Stundung der KapErträge 44 8
System des KapESt-Abzugs 43 4
Tatbestände der KapESt 43 11
Veranlagung
  – Antragsveranlagung 20 10
  – zum Regelsteuersatz 20 9
Veräußerungsfiktion 43 15
Verhältnis zu Zivilrecht 43 6
Verzinsung des Erstattungsbetrags
  50c 30 ff.
Vorabpauschale 44 12
Zinsschlag, Bußgeldbewehrung
  50e 1 f.
ZinsinformationsVO 45e 1 f.
zusammenfassende Mitteilungen 45c 1 ff.
Zuschlagsteuer 43 2
Kapitalertragsteuerabzug
Abgeltungswirkung 43 29 ff.
– Fallgruppen 43 30
– gesetzl Ausschluss 43 34
– Gläubigerinanspruchnahme 43 33
– bei Investmentfonds 43 36
– negative KapErträge 43 32
– positive KapErträge 43 31
– Rückausnahmen 43 33 ff.
– Unterliegenserfordernis 43 31 f.
– Veranlagungswahlrecht 43 35
– vorläufige ESt-Festsetzung 43 37
Abstandnahme 44a 1 f.
– Ausnahmen 44a 13 f.
– Dauerüberzahler 44a 10 ff.

2511

Kapitalertragsteuererstattung
- jurist Personen **44a** 15 f.
- steuerbefreite Gebilde **44a** 5 ff.
  Abstandnahme bei Kapitalerträgen **44a** 18
  Abwicklung
- ausl Quellensteuer **43a** 5
- Ausnahmen **43a** 10
- Korrektur des KapESt-Abzugs **43a** 9
- Verlustbescheinigung **43a** 8
- Verlustverrechnung **43a** 6 f.
  Ausnahmen **43** 12, 15, 19 ff.
  Ausschüttung bei inl TochterGes **43b** 1
  Begriff **43** 9
  Bemessungsgrundlage **43a** 2 ff.
- Investmentfondserträge **43a** 3
- Veräuerungsbgewinne **43a** 4
  Cum/Ex-Geschäfte **44** 11
  Erstattung der KapESt an beschr stpfl Körp. **44a** 17
  Fälle ohne KapESt-Abzug **43** 21 ff.
  Freistellungsauftrag **44a** 3
  Nichtveranlagungsbescheinigung **44a** 4
  Personenidentität **43** 19
  Personenidentität **43** 20
  Steuerabzug bei DBA *s dort*
  Steuersatz **43a** 1
  subsidiäre Kapitalerträge **43** 26 f.
  Umfang **43** 8 ff.
  Vornahme des Abzugs **44** 4
  Wertpapierverwaltungen **43a** 11
  Kapitalertragsteuererstattung 44b 1 ff.
  Ausschluss der Erstattung **45** 1 ff.
- Anrechnung **45** 1
- Dividendenscheine **45** 2
- Zinsscheine **45** 3
  bei gemeinnützigen Gläubigern **44b** 3
  Gesamthandsgemeinschaft **44b** 6
  InvStG (§ 17)-Fälle **44b** 2
  Korrektur bei rechtsgrundloser KapESt **44b** 4
  nachträgl Bescheinigung **44b** 4
  bei Verwahrung **44b** 5
  Kapitalforderungen
  einzelne Kapitalforderungen **20** 117
  Erstattungszinsen **20** 120
  Finanzprodukte **20** 184
  Gesellschafterdarlehen **20** 183
  Kapitaleinkünfte **20** 114 ff.
- sonstige Kapitalforderungen **20** 182 ff.
  private Kapitalforderungen **20** 183
  Rechtspositionsgewinn **20** 187
  Zertifikate **20** 184
  Kapitalgesellschaften
  Auflösung **17** 211 ff.
  Beteiligungen **4** 162

Fette Zahlen = §§

Beteiligungserträge **20** 29 ff.
Betriebsunternehmen **15** 855
Betriebsvermögen **4** 55
Drittstaatenbeteiligungsverluste **2a** 26 ff.
Freiberufler als Anteilseigner **18** 54
gewerbl Grundstückshandel **15** 76
gewerblich geprägte PersGes **15** 216
Kfz-Gestellung **6** 574
mittelbare PersGes-Beteiligung **15** 624
unentgeltl Übertragg auf KapGes **6** 714
verdeckte/offene Einlagen **6** 605 f.
Zinsschrankenregelung **4h** 8
Kapitalherabsetzung 17 211 ff.
Bezüge **20** 74
Gewinnrealisierung **5** 640
Teilbetrieb **16** 141
Veräußerung von Anteilen **17** 230 ff.
Kapitalisierungszinssatz, Geschäftswertschätzung **6** 319
Kapitalkonten, negatives KapKto *s dort*
Kapitalmaßnahmen
Abspaltungen **20** 225 f.
Anteilstausch **20** 212
Anwendungsbereich persönlicher **20** 210
Barkomponente bei Anteilstausch **20** 215
Besteuerungszeitpunkt **20** 211
Bezugsrechte Ausübung/Veräußerung **20** 219 ff.
Kapitalerhöhung aus GesMitteln **20** 221
Umwandlungen **20** 213 f.
Wertpapierwandlung bei KapForderungen **20** 217
Zuteilung von Anteilen **20** 223
Kapitalrücklagen 5 496
Kapital(rück)zahlungen 17 230 ff.; **22** 14
Einnahmen **8** 8
Kapitalüberlassung, erzwungene **9** 154
Kapitalvermögen *s* Kapitaleinkünfte
Karenzentschädigung 24 39, 42, 47
Karnevalskosten 12 32
Kartellverstoß, Rückstellung **5** 550
Kartograph 18 155
Kaskadeneffekte, Abzugsbeschränkung bei Rechteüberlassung **4j** 14
Kassenärztliche Vereinigungen
Abschlagszahlungen **18** 177
erweiterte Honorarverteilung **24** 58
Kassenfehlbeträge, Lohn **19** 100
Kassenvermögen, Unterstützungskassen
- Berechnung **4d** 14 ff.
- zulässiges K. **4d** 13 ff., 21
Katalogberufe 18 125 ff.
Kataloge 5 270
Katastrophenschäden 21 148; **33** 90

Magere Zahlen = Rz

Katastrophenspenden 10b 3
Kauf auf Probe
Aktivierung der Kaufpreisforderung **5** 270
Gewinnrealisierung **5** 680
Kauf mit Rücktrittsrecht, Aktivierung der Kaufpreisforderung **5** 270
Kaufkraftausgleich 3 218
Kaufpreis, negativer K. **15** 463
Kaufpreisanspruch, Stundung und Abzinsung **7** 106
Kaufpreisminderung 21 117
Kaufpreisraten 10 120; **21** 117, 148 „Ratenkauf"; **22** 14
Besteuerung **22** 84
Gegenleistung **10** 120 (1)
Kaufpreisrenten 5 550
Kaufrechtsvermächtnis 16 598
Kaufverträge 5 694
Fremdüblichkeit **12** 29
Kausalität, Sekundärkausalität bei BA **4** 481
Kautionen 21 117
Kosten als Werbungskosten **19** 110
Zurechnung **11** 50
Kernkraftwerke, Ansammlungsrückstellung **6** 489
Kettenüberlassung, Abzugsbeschränkung bei Rechteüberlassung **4j** 12
KfW-Darlehen 5 270
Kfz 9 270
AfaA bei Totalschaden **7** 191
AfA-Nutzungsdauer **7** 169
Altautorücknahmeverpflichtung **5** 550
Begriff und Abgrenzungsfragen **6** 528 ff.
Betriebsausgaben **4** 520 „Auto"
Bewertung privater Nutzung **6** 525 ff.; *s ieinz* Kfz-Gestellung
Unfall als WK **9** 80
Werbungskosten **19** 110
Kfz-Gestellung 19 100
Abgeltungswirkung **6** 552 f.
ArbG-Garagenüberlassung **8** 36
ArbG-Unfallkostenverzicht **8** 36
ArbN-Zuschüsse **8** 37
Begriff betriebl Kfz **8** 32
betriebl Nutzung mehr als 50% **6** 532
Bewertung von Privatfahrten **8** 31 ff.
Drei-Promille (0,03%)-Regelung **8** 45 ff.
Einnahmen **8** 30 ff.
Ein-Prozent-Regelung **8** 33
– Abgeltungswirkung **8** 36
Escapeklausel **8** 50; *s ieinz dort*
Fahrergestellung **19** 100
Fahrten zw Wohnung und Arbeitsstätte **8** 45 ff.

Kinder

– erste Tätigkeitsstätte **8** 46
– Listenpreis und maßgebl Entfernung **8** 47
– tatsächliche Kfz-Nutzung **8** 48
Fahrten Wohnung/Betriebsstätten und Familienheimfahrten *s* Fahrtkosten
Fahrtenbuch **6** 558 ff.; **8** 37, 50; *s ieinz dort*
Familienarbeitsverhältnis **12** 32
Familienheimfahrten **8** 55; **9** 250
Gestaltungsmöglichkeiten **6** 572
KapGes-Verhältnis **6** 574
Kostendeckelung **8** 38
Listenpreis **8** 35
– Kostendeckelung/Billigkeitsregelung **6** 546
– mehrere Kfz/Kfz-Nutzer **6** 545
Nutzungsvergütungen durch ArbG **8** 37
Pauschalbesteuerung mit 1% **6** 525 f.
– Anscheinsbeweis **6** 535 f.
– Listenpreisansatz **6** 538 ff.
– Neu-/Gebrauchtfahrzeug **6** 539
– Privatnutzungsvoraussetzung **6** 535
– Sonderausstattungen **6** 541
– Umsatzsteuerverhältnis **6** 544
PersGes-Verhältnis **6** 573
Pool-Kfz **8** 39
private Nutzung **8** 33
Privatfahrten
– Unfall auf P. **6** 553
– Zerstörung auf P. **6** 519
Privatnutzungsverbot **8** 34
steuerfreie Einnahmen **3** 69
Überlassung mehrere Kfz/an mehrere ArbN **8** 39
Vereinfachungsregelung **6** 545
Verfassungsmäßigkeit **6** 554
Kfz-Händler, Garantierückstellung **5** 550
Kfz-Kosten
außergewöhnliche Belastungen **33** 90
Betriebsausgaben **4** 520
Kfz-Nutzung *s* Kfz-Gestellung
Kfz-Sachverständiger 18 155
Kfz-Stellplätze, HK **6** 212
Kfz-Überlassung, Entfernungspauschale **9** 198
Kfz-Unfallkosten, BA **4** 520 „Verlust"
Kfz-Vertragshändler, Entschädigung **24** 45
KG *s* Kommanditgesellschaft
Kick-Back-Zahlungen 22 150
Kiesausbeute 22 150 „Belastungen"
Kinder 32 1 ff.
zw 18 und 25 Jahren **32** 21 ff.
unter 18 Jahren **32** 19

2513

Kinder mit Behinderung

Fette Zahlen = §§

bis 21 Jahre/auf Arbeitssuche **32** 22 ff.
Adoption Minder-/Volljähriger **32** 11
Altersgrenze **32** 41
– berücksichtigungsfähige K. **63** 3
außergewöhnliche Belastungen **33** 90
Begriff **32** 8 ff.
Beihilfen stpfl **3** 46
Berufsausbildung
– Beginn/Unterbrechung **32** 32
– *im Beruf* **32** 31
– Einzelfälle **32** 27 f.
– Ende **32** 33
– ernsthaftes Bemühen **32** 38
– Fristüberschreitung **32** 35
– kein Ausbildungsplatz **32** 36 ff.
– mehraktige B. **32** 29
– Nachweise **32** 39
– *neben* dem Beruf **32** 30
– Übergangszeiten **32** 34
– Wartezeiten **32** 37
in Berufsausbildung **32** 26 ff.
Berufsausbildungsaufwendungen
33a 43 ff.; *s iEinz unter* ag Belastung
Beschäftigungsverhältnis (Begriff) **32** 23 ff.
Betriebsaufspaltung **15** 845 ff.
Direktversicherung **40b** 3
Doppelberücksichtigung **32** 18
eigene/angenommene K. **32** 8
Einkünfteerzielung **2** 55 f.
erstmalige Berufsausbildung **32** 62
Erststudium **32** 63
Erwerbstätigkeit **32** 60 ff.
– Ausbildung mehraktige (Schwerpunkt/Anwendungsfälle) **32** 65 ff.
– Begriff **32** 64
– bis Erstausbildungsabschluss **32** 60
– nach Erstausbildungsabschluss **32** 61 ff.
– unschädliche E. **32** 70
freiwillige Dienste **32** 40
Grundwehr-/Zivildienst **32** 74
Indentifizierung **24b** 13
Kindergeld *s dort*
Kostkinder **32** 17
mehrere Berechtigte **64** 2
Monatsprinzip **32** 20
Nachweis Kindschaftsverhältnis **32** 9
Pflegekinder **32** 12 ff.; *s iEinz dort*
Steuerpflicht **1** 11
Unterhaltspflicht/-beitrag **32** 86 ff.
zivilrechtliche Zuordnung **32** 10
Kinder mit Behinderung
Altersgrenze **32** 57
Begriff der Behinderung **32** 46
eigene finanzielle Mittel **32** 52
existenzieller Lebensbedarf **32** 48

Mehrbedarf/Mehraufwand **32** 49
– Ermittlung/Schätzung **32** 50
– teil-/vollstationäre Unterbringung **32** 51
Nachweis **32** 47
Ursächlichkeit **32** 54 ff.
Vergleichsrechnung **32** 53
Kinderbetreuungskosten 12 32
Abzug als Sonderausgaben **10** 62 ff.
Abzugshöhe **10** 76
Abzugsvoraussetzungen beim Kind **10** 66
Altersgrenzen der Kinder **10** 67
Anwendung persönliche **10** 65
ausgeschlossene Aufwendungen **10** 74
Betreuungsdienstleistungen **10** 71 ff.
gemischte Aufwendungen **10** 75
Haushaltszugehörigkeit **10** 68
Nachweise **10** 77
stfreie ArbG-Leistungen **3** 112
Verfassungsmäßigkeit **10** 64
Verhältnis zu anderen Vorschriften **10** 63
Kindererholungsheim 18 85
Kindererziehung, Ruhegehaltszuschüsse **3** 226
Kinderfreibetrag 32 1 ff., 76 ff.
Antrag **32** 98
Anwendungsbereich **32** 2
Auslandskinder **32** 80
Barunterhalt **32** 85 ff.
beschränkte Steuerpflicht **50** 18
Betreuungsunterhalt **32** 85 ff.
doppelter **32** 78 f.
einfacher **32** 77
Erfassung des Barbedarfs **32** 4
Ermäßigung **32** 81
Existenzminimum **32** 4
Günstigerprüfung **31** 10 ff.; *s iEinz dort*
Haushaltsaufnahme **32** 96
Lohnsteuerabzug **32** 100
– Freibetrag **39a** 6
Lohnsteuerkarteneintrag **31** 19
Lohnsteuerklasse **38b** 2
Maßstabsteuern **51a** 2
Übertragung auf
– anderen Elternteil **32** 83 ff.
– Stief- oder Großeltern **32** 95 ff.
Umfang **31** 15
Verfahren bei Übertragung **32** 91
Verfassungsmäßigkeit **32** 4
Verhältnis zu anderen Vorschriften **32** 5
Kindergarten 19 100
Kindergeld 62 ff.
Abtretung, Verpfändung **76** 2
Altersgrenze **66** 5
Angehörige des öffentl Dienstes **72** 1 ff.

Magere Zahlen = Rz

- Auslandskinder **72** 12
- Auszahlung **72** 1, 11
- Familienkasse **72** 5
- gesonderter Ausweis **72** 11
- Kirchenarbeitnehmer **72** 6
- Konkurrenzen **72** 9
- Personenkreis **72** 2 ff.
- vorübergehend Beschäftigte **72** 8
- Wohlfahrtspflege-ArbN **72** 7
- Zuständigkeit bei Ausscheiden **72** 10
Anspruch auf K. **31** 11
Anspruchsberechtigte **62** 5 ff.
- Aufenthaltserlaubnis **62** 16
- ausländische Organisationen **62** 20
- Familiengerichtbestimmung **64** 8
- mehrere A. **64** 1 ff.
- bei Niederlassungserlaubnis **62** 15
- Sozialabkommenstaaten **62** 13
- Widerruf der Bestimmung **64** 6
Antrag/Antragsverfahren **67** 1 ff.
- Antragsberechtigung **67** 3
- Bescheinigung **68** 2
- Datenschutz **68** 3 f.
- Familienkasse **67** 1
- örtliche Zuständigkeit **67** 2
- rückwirkender Antrag **67** 4
- Schriftform **67** 1
ArbG-Mitwirkungspflichten **68** 1 ff.
Aufrechnung durch Familienkasse **75** 1 f.
Ausländer **62** 14 ff.
- Rückausnahmen **62** 17 f.
Ausschluss von K. **65** 1
Auszahlung/Zahlung
- Abzweigg an Unterhaltsperson **74** 1 ff.
- an Angehörige des öff Dienstes **72** 11
- Erstattungsansprüche gegen Familienkasse **74** 10 ff.
- mangelnde Leistungsfähigkeit **74** 4
- an das Sozialamt **74** 6
- an unterhaltsgewährende Stelle **74** 5 ff.
- bei Unterhaltspflichtverletzung **74** 2 f.
Berechtigung von EU-/EWR-Bürgern **62** 8 ff.
Berechtigungswechsel **64** 7
berücksichtigungsfähige Kinder **63** 1 ff.
- Aufenthaltsortdefinition **63** 4 f.
- bei Ehescheidung **63** 10
- Haushalt des Antragstellers **63** 9
- Haushaltsaufnahmeerfordernis **63** 6 ff.; **64** 3
- leibliche Kinder **63** 2
- Pflegekinder **63** 2
Bescheidfestsetzung/Verhältnis zu ESt-Bescheid **70** 13
Bescheinigung über Auszahlung **68** 2

Kindergeld

Datenübermittlung an Familienkasse **69** 1
Doppelfunktion Steuervergütung/Sozialleistung **31** 1
duales System **62** 2
Enkel **63** 6
Erstattungsansprüche
- Finanzrechtsweg **74** 13
- Kostenbeitragsbescheid **74** 12
Familienleistungsausgleich **31** 1 f.; s *iEinz dort*
Festsetzung **70** 1 ff.
- Änderung der F. **70** 5
- Bescheid **62** 4
- Monatsprinzip **70** 2
Freizügigkeitsberechtigte **62** 8 ff.
Grenzgänger **62** 11
Günstigerprüfung **31** 10 ff.; s *iEinz dort*
Haushalt gemeinsamer **64** 4
Haushaltswechsel **63** 11
Höhe **66** 1 ff.
- Auslandskinder **66** 3
- Bemessung **66** 2
Kinderzulage **65** 2; s *iEinz dort*
Kinderzuschuss **65** 2
Kostenerstattung im Vorverfahren **77** 1
Kumulationsverbot **65** 1
Lebensmittelpunkt **63** 8
Leistungen
- ergänzende Regelungen **65** 10
- Monatsprinzip **66** 4 f.
Mitteilungspflichten des ArbG **68** 1 ff.
nationale Rechtslage **62** 9
Obhutsprinzip **64** 2
Obhutsverhältnisse **64** 5
Pfändung **76** 1
Rückforderung **62** 21
rückwirkende Antragstellung **66** 6
schweizer ArbN (Assoziierungsfall) **62** 12
Steuerfreiheit gesetzl Leistungen **3** 87
Stiefkinder **63** 6
Subsidiarität des Familienleistungsausgleichs **65** 1
Teilkindergeld **65** 11
Übergangsregelungen **78** 1 f.
unbeschränkte Steuerpflicht **62** 1
Verbot der Doppelleistung **64** 1
Verwirkung **70** 11
Vorrang
- ausländische Leistungen **65** 3 ff.
- zwischen-/überstaatl Einrichtungen **65** 9
Wanderarbeiter/Entsendungen **62** 11
Wohnsitz/Aufenthaltsort **62** 6 f.
Wohnsitzfiktion **62** 10
Wohnsitzprinzip **63** 4 f.

2515

Kinderheim

Zählkinder **63** 1
Zahlkinder **64** 1
Zahlungseinstellung
– Mitteilung der Gründe **71** 3
– vorläufige **71** 1 ff.
Zahlungsnachholung **71** 4
Zufluss **11** 50
Kinderheim 15 150; **18** 155
Kinderpflegerin, teils private Veranlassung **4** 520 „Arbeitslohn"
**Kindertagespflege/-vollzeitpflege
18** 155
Betriebsausgaben **4** 520
Kinderzulage
Altersvorsorgezulage **83–85** 1 ff.
Mindesteigenbeitrag **86** 6
Verhältnis zum Kindergeld **65** 2
Kinderzuschläge, StPflichtigkeit **3** 46
Kinderzuschüsse
Steuerfreiheit **3** 9
Verhältnis zum Kindergeld **65** 2
Kirchenangehöriger 19 35
Kirchenbeamte 19 100
Kirchensteuer
KapESt-Abgeltung **20** 11
Lohnsteuerpauschalierung **40** 3; **40b** 3
LStJA durch ArbG **42b** 4
Maßstabsteuer **51a** 7
Sonderausgaben **10** 60 f.
Tarif für KapVerm-Einkünfte **32d** 3
Kläranlage 5 270 „Abwasser"
Klarheit, Angehörigen-Mietverträge
21 86
Klassenfahrtaufwendungen 19 110
Klavierstimmer 15 150; **18** 155
Kleiderspenden 10b 3
Kleidungskosten 12 32; **33** 90
Berufskleidung typische (mit Beispielen)
9 266
Betriebsausgaben **4** 520
bürgerl Kleidung als WK **19** 110
Kleinbetriebsklausel bei Zinsschranke
4h 15
Kleinunternehmer, VorStAbzug **9b** 6
Klimaanlage, Herstellungskosten **6** 174
Klinik 15 150
freiberufliche Tätigkeit **18** 92
Klinischer Arzneimittelprüfer
18 155
Klinischer Chemiker 18 155
Klischeekosten 5 270
Know-how-Überlassung, beschränkte
Steuerpflicht **49** 125
Kohleausstiegsanpassungselder
3 196

Fette Zahlen = §§

Kohortenprinzip, Abschaffung des
Versorgungsfreibetrags **19** 95
Kommanditgesellschaft aA (KGaA)
Begriff **15** 890
Geschäftsführer-Pensionsrückstellg **6a** 29
Komplementär-Einkünfteermittlung
15 891
Sonderbetriebsausgaben bei Auslandsbezug
4i 11
Steuerermäßigung bei GewBetr-
Einkünften **35** 22
– GewSt-Messbetrag **35** 32
Veräußerung/Aufgabe persönl haftender
Ges'ter **16** 560 f.
Zinsschranke und EBITDA **4h** 11
Kommanditgesellschaft (KG)
s auch Mitunternehmerschaft
Familien-KG **15** 745 ff.
gewerblich geprägte PersGes **15** 230
Kommanditist 15 320 ff.
angemessene Gewinnverteilung bei Familien-KG **15** 776 ff.
Treugeber-Kommanditist **15** 709
Kommissionsagent, Ausgleichszahlungen **24** 45
Kommissionsgut, Zurechnung **5** 154
Kommunalabgaben, WK-Abzug **9** 172
Kommunale Vertretungen 22 161
Kommunikationsberater 18 155
Kompasskompensierer 18 155
Konfusion
Forderung/Schuld **4** 460
Untergang einer Schuld **5** 672
Konkurrenzklausel, Veräußerungsgeschäft privates **23** 65
Konkurrenzverzicht, Entschädigungen
24 42
Konsortium 15 328
Konstrukteur 18 155
Konsulatsbeamte
steuerfreie Bezüge **3** 104
Steuerpflicht **26** 10
Konto, gemischtes **9** 142
Konto(führungs)gebühren 19 100,
110; **21** 148
Kontokorrentkonto
gemischtes K. **4** 152; *s iEinz* Mehrkonten
Rückstellung **5** 550
Kontokorrentzinsen 12 32 „Zinsen"
Konzept vorgefertigtes, beschränktes
Verlustabzugsverbot **15b** 10
Konzeptionskosten 5 270
Konzern
Lizenz-/Zinszahlungen **50g** 1 ff.
Versetzungsabfindungen **24** 27

Magere Zahlen = Rz

Konzernhaftung, Rückstellung 5 550
Konzernklausel, Zinsschranke **4h** 16
Konzernleistungen, Personalrabatte
  8 73
Konzertbesuche 19 110
Konzessionen, AfA **7** 41
Körperschaften
  Anteilsveräußerungen **20** 156 f.
  Buchwertübertragungen **6** 835 ff.
  Kapitalerträge stpfl **20** 3 ff.
Körperschaftsteuer
  Pensionsfonds **4e** 6
  Rückstellungen **5** 550
Körperschaftsteuererstattung, Prüfungsrecht der FinBeh **50b** 1
Korrektur des StAbzugs **20** 193 ff.
Korrespondenzprinzip
  Einnahmen/Ausgaben **11** 9; **19** 43
  – Beispiele **8** 7
  Schuldwegfall **5** 671
  Sonderausgaben **10** 101
Korruptionsbekämpfung, Bestechungs-/Schmiergelder **4** 610
Kosmetikerin 18 155
Kosmetikkosten 12 32
Kosmetische Operationen 33 90
Kostendeckelung
  Entfernungspauschale **9** 189
  bei Kfz-Gestellung **8** 38
Kostentragungsprinzip bei WK **9** 14 ff.
Kostenüberdeckung, Rückstellung
  5 550
Kostenübernahme, VuV-Einkünfte
  21 113
Kostkinder 32 17
Kraftwerke als Teilbetrieb **16** 130
Krankengeld, Steuerfreiheit **3** 6
Krankengymnast 18 95
Krankenhausberater 18 155
Krankenhausträger, Zuschüsse **5** 550
Krankenpfleger 18 155
Krankentagegeld
  StFreiheit **3** 6
  Versicherung als BA **18** 190
Krankenversicherungsbeiträge 33 90
  beschränkte Steuerpflicht **50** 21
  Sonderausgabenabzug **10** 46 ff.
Krankenversicherungsleistungen,
  Steuerfreiheit **3** 6
Krankenversicherungszuschüsse,
  Steuerfreiheit **3** 61
Krankheitskosten 12 32
  außergewöhnl Belastungen **33** 40 ff.;
  s *iEinz* dort
  Betriebsausgaben **4** 520

Kuren

Krankheitspflege 10b 6
Kreditberater 18 155
  s Finanzberater
Kreditgewährung 15 92
Kreditkarte
  Gebührenübernahme **19** 100
  Werbungskosten **19** 110
  Zufluss **11** 50
Kreuzfahrten, Sachbezug **8** 27
Kryptowährungen 4 158; **5** 270;
  15 150; **23** 26
  s *auch* Bitcoin
  Bewertung **6** 22
  kein Fremdkapital **4h** 24
Küchenplaner 18 155
Kühlkanäle, keine SofortAfA **6** 661
Kükensortierer 18 155
Kulanzrückstellung 5 550
Kulturgüter, StBegünstigung **10g** 1 ff.;
  s *iEinz* Wohnungsnutzung von K.
Kulturwissenschaftler 18 155
Kumulierungsverbot
  erhöhte AfA und SonderAfA **7a** 10
  kindergeldähnliche Leistung **65** 1
Kundenbeziehungen, AfA **7** 41
Kundendienst 5 550
Kundensachprämien 3 129
Kündigungsabfindung 24 27
Kundschaftsessen/Kundschaftstrinken, BA **4** 520; **19** 110
Kunst, Begriff **18** 66
Kunstförderung, Steuerfreiheit **3** 45
Kunstgegenstände, AfA-
  Nutzungsdauer **7** 169
Kunsthandwerk/-gewerbe 18 155
  sachkundige Beurteilung **18** 70
  Verkauf **18** 72
Künstler 19 35
  Serienproduktion **18** 67
  Tod des K. **18** 74
Künstleragent 15 150
Künstlerehrensold 3 152
Künstlerische Darbietungen
  Begriff **49** 38
  beschränkte Steuerpflicht **49** 38
Künstlerische Tätigkeit 18 66 ff.
  Abgrenzungsfragen **18** 67
  Liebhaberei **18** 75
  Mitarbeitermitwirkung **18** 71
Künstlermanager 18 155
Künstlersozialkasse, Leistungen **3** 190
Kunstmaler 18 155 „Maler"
Kurberater 18 155
Kuren 33 90 „Heilkuren"
  Arbeitslohn **19** 100 „Gesundheits ..."

2517

Kursmakler

Kursmakler 15 150; **18** 155
Kurzarbeitergeld
Aufstockungsbeträge steuerfreie **3** 103
Progressionsvorbehalt **32b** 12
Kurzfristige Beschäftigung,
 Lohnsteuerpauschalierung **40a** 1 ff.;
 s i*Einz dort*
Küstenmeer, Inlandsbegriff **1** 32

Laboratorien, Selbständigkeit **18** 29
Laborgemeinschaften 15 327
selbständige Tätigkeit **18** 40
Ladeneinbauten/Ladenumbauten,
 selbständiges WG **4** 117; **5** 138
Ladestation, Nutzungsdauer **7** 169
Ladungssachverständiger 18 155
Ladungsträger 5 550
Lagerkosten 6 203
Land- und Forstwirtschaft 13 1 ff.
Abgrenzung zu GewBetr **15** 105 f.
Anwendungsbereich persönl **13** 1
Auslandsbetrieb **13** 3
Begriff **13** 6, 11 ff.
− Forstwirtschaft **13** 11 ff.
− Gartenbaubetrieb **13** 27
− LuF-Betrieb **13** 1 ff.
− mehrere Betriebe **13** 9
− Stückländereien **13** 7
− Teilung eines einheitl Betriebs **13** 9
− Tierzucht und Tierhaltung **13** 31 ff.
− Weinbau **13** 24 f.
begünstigter Veräußergsgewinn **34** 32
Beitragszuschüsse stfreie zur Alterssicherung **3** 71
beschränkte Steuerpflicht **49** 18
Betriebsvermögen
− BV-Vergleich **13** 193 ff.
− BV-Vergleich bei Übergangsbilanz
 13 202
Betriebsverpachtung **13** 112 ff.
Bewirtschaftungsverträge **13** 176
Binnenfischerei **13** 51
Buchführungspflicht **13** 193 ff.
− Anbauverzeichnis **13** 201
− Buchführungsanforderungen **13** 201
− Erleichterungen **13** 201
− Warenausgangsbuch **13** 201
Dienstleistungen
− Absatz eigener luf Produkte **13** 74
− Ausschank von Eigenprodukten **13** 75
− Ferienwohnungen/-zimmer **13** 77
− Lohnarbeiten **13** 76
− Maschinenringe **13** 76
− WG-Verwendung außerhalb des Betriebs **13** 76

Fette Zahlen = §§

Einkünfte sonstiger LuF-Nutzung **13** 50
Einkünfteerzielungsabsicht **13** 91 ff.;
 s i*Einz dort*
Einkünftezurechnung **13** 111 ff.
− Pacht **13** 112 f.
Entnahme selbstgenutzter Wohnungen
 13 102 f.
Entschädigungen **24** 15
Entschädigungen etc **13** 251 f.
Fischzucht **13** 51
flächenabhängige Prämien ua **13** 262
Forstwirtschaft
− Aktivierung des Wertzuwachses **13** 14
− Aktivierungen **13** 14
− Aufforstung erstmalige **13** 14
− Aufzeichnungen bei Forstwirten **13** 14
− Betätigungsmerkmale **13** 12
− Betriebsausgaben-Pauschsatz **13** 18 f.
− Bodenurbarmachung **13** 14
− Durchforstungen **13** 15
− Einschlag/Buchwertminderung **13** 15
− Forstschädenausgleichsgesetz **13** 20
− Gewinnermittlungssonderheiten **13** 14
− Gewinnrealisierungszeitpunkt **13** 15
− Kalamitätsholz **13** 21
− Überschussrechnung **13** 15
− Waldgrundstücksverkauf **13** 16
− Wiederaufforstungskosten **13** 15
Freibeträge **13** 101
Gartenbetriebe **13** 27 f.; *s* i*Einz dort*
gemischte Tätigkeiten **15** 107
Gewinnermittlung nach Durchschnittssätzen **13a** 1 ff.
− Abgeltungswirkung **13a** 30
− Auflösungen von Rücklagen **13a** 42
− im Ausl belegene Flächen **13a** 3
− elektronische Übermittlung **13a** 25
− Entschädigungen **13a** 40
− FA-Hinweis auf Voraussetzungswegfall
 und Mitteilungspflicht **13a** 13 f.
− forstwirtschaftliche Nutzung **13a** 9
− gewerbliche Tätigkeit **13a** 44 f.
− Gewinn aus forstwirtschaftl Nutzung
 13a 32
− Gewinn aus landwirtschaftl Nutzung
 13a 26 f.
− Größenmerkmale **13a** 5 ff.
− Grundsätze der pauschalen Ermittlung
 13a 21 ff.
− Kapitalerträge **13a** 55
− kein Betriebsausgabenabzug **13a** 23
− kein Verlust/keine Liebhaberei **13a** 23
− Rechtsentwicklung/Bedeutung **13a** 1 f.
− Rückvergütung gem § 22 KStG
 13a 48

Magere Zahlen = Rz
- Selbstbewirtschaftung/Höchstgrenze 13a 5f.
- Sondergewinne 13a 37 ff.
- Sondernutzungen 13a 10, 33 ff.
- Tierbestände 13a 8
- Veräußerung/Entnahme von WG 13a 38 f.
- Vermietung und Verpachtung 13a 51 ff.
- Voraussetzungen 13a 3
- VorSt-Abzugsberichtigung 13a 43
- Wahlrecht zw § 4 III/§ 4 I/Form und Antrag 13a 18 ff.
- Wegfall der Buchführungspflicht 13a 4
- Zuflußprinzip 13a 21
Gewinnermittlungsarten 13 191 ff.
Gewinnermittlungssonderfälle 4 653
Gewinnermittlungszeitraum 13 208
Gewinnschätzung 13 206
Grund und Boden s dort
- Abgrenzung zum Grundstückshandel 13 215
- Bewertung des Aufwuchses 13 238 ff.
- BV-Eigenschaft bei Flurbereinigung/ Umlegung 13 214
- BV-Zugehörigkeit 13 212 f.
- Entnahmen 13 217 ff.
- gewillkürtes Betriebsvermögen 13 243 ff.
- Gewinnermittlung 13 212 ff.
- von GuB unterscheidbare WG 13 233
- Nutzungsänderungen 13 218 ff., 225 ff.
- Teilwertabschreibung 13 235
Hofübergabe gegen Versorgungsleistungen 13 181 ff.
Imkerei 13 52
Jagdeinkünfte 13 55 ff.
Kleinbetriebe 13 7
LSt-Pauschalierung bei Aushilfskräften 40a 6
Marktordnungsregeln 13 251 f.
Milchlieferrechte 13 252
Mitunternehmerschaft 13 161 ff.
- Anwendung allg Regelungen 13 161
- Ehegatten-MUerschaft 13 166 ff.
- Ehegatten-MUerschaft stillschweigende 13 164 ff.
- Eltern/Kinder 13 175
- Ernteteilungsverträge 13 176
- faktische/verdeckte MUerschaft 13 164
- Gesellschaften/Gemeinschaften 13 163
- Hofeigentümer/Nießbrauchsberechtigter 13 175
- MUerinitiative 13 171
- MUerrisiko 13 172
- Rechtsfolgen 13 173

Land- und Forstwirtschaft
Nebenbetriebe 13 61 ff.
- Abbaubetriebe 13 70
- Abgrenzung zum GewBetr/Nebenbetriebe 13 61 ff.
- Be- und Verarbeitungsbetriebe 13 66 ff.
- Bodenschätze 13 70
- Erzeugung erneuerbarer Energien 13 69 f.
- getrennte/einheitl Betrachtung 13 63
- Strukturwandel 13 64 f.
- Typisierung 13 62
negative Drittstaateneinkünfte 2a 11
Nießbrauch 13 151 ff.
Nutzungsberechtigung nach HöfeO 13 158
Nutzungswert der Wohnung 13 81
Objektbeschränkung bei Wohnungsnutzung 13 106
Privatwälder kleine 13 13
Ratenzahlung bei WG-Übertragung 13 108
Realgemeinden 13 58
Saatzucht 13 53
Standarddeckungsbeiträge 13 206
Steuersätze bei ao Einkünften aus Holznutzungen 34b 1 ff.
- Anwendungsbereich 34b 1
- Ermittlung begünstigter Einkünfte 34b 11
- Immissionsschäden 34b 7
- infolge höherer Gewalt 34b 6 ff.
- Kalamitätsfolgehiebe 34b 8
- Kleinbetriebe 34b 27
- mengenmäßiger Nachweis 34b 21
- menschl Einwirkungsschäden 34b 7
- Nutzungssatz; Betriebswerk/-gutachten 34b 24 ff.
- Rotfäuleschäden 34b 9
- Schadensmeldung an FA 34b 22
- Steuersätze 34b 15 ff.
- aus wirtschaftl Gründen 34b 4
- zusätzl RVO-Begünstigungen 34b 29
Strukturwandel in GewBetr 15 108
Stückländereien 13 7
Tarifermäßigung
- Antrag 32c 6
- Anwendungsbereiche 32c 1 f.
- begünstigte LuF-Einkünfte 32c 5
- Betrachtungszeitraum 32c 13
- Einkünfte in mehreren VZ 32c 7
- EU-Rechtsvoraussetzungen 32c 9
- Höhe 32c 12 ff.
- Steuervergütung 32c 14
- Verfahrensrecht 32c 16
- Verfassungsmäßigkeit 32c 3

2519

Ländergruppeneinteilung Fette Zahlen = §§

- Verlustrücktragswahlrecht **32c** 8
- Voraussetzungen **32c** 5 ff.
Tarifglättung **32c** 1 ff.
Teichwirtschaft **13** 51
Tierzucht und Tierhaltung **13** 31 ff.;
 s *iEinz* dort
Veräußerung eines LuF-Betriebs *s dort*
Vergünstigung bei Veräußerung bestimmter luf-Betriebe **14a** 1
Wanderschäferei **13** 52
Weinbau **13** 24 f.
Wirtschaftserschwernisse **13** 251 f.
Wirtschaftsjahr **4a** 3; **13** 208
Wirtschaftsüberlassungsverträge **13** 141 ff.;
 s *iEinz* dort
Zuschüsse **13** 251 f.
Ländergruppeneinteilung, Berufsausbildungsaufwendungen **33a** 51
Landtagsabgeordnetenbezüge 22 161
Langfristige Fertigung 5 270
Laptop, Betriebsausgabe **4** 520
Lärmschutzkosten als agB **33** 90
Lastenausgleichsdarlehen, stfreie Aufgelder **3** 72
Lastenverteilungsrecht, objektives **2** 18
Lästiger Gesellschafter, Ausscheiden **16** 463
Lastschrift, Abgangszeitpunkt **11** 50
Latente Steuern, Aktivierung **5** 270
Laubgenossenschaften 13 58
Layouter 18 155
Leasing 5 721 ff.; **15** 150
abnutzbares AV **6** 346
Abschreibungsberechtigung **7** 78
Arten **5** 722
bilanzsteuerrechtl Behandlung **5** 724 ff.
Buy-back-Verpflichtung **5** 734
degressive/progressive Leasingraten **5** 735
Forfaitierung-Restwert **5** 733
Herstellerleasing **5** 743
Leasingvertragsdefinition **5** 721
Rechtsfolgen beim
- Leasinggeber **5** 731 ff.
- Leasingnehmer **5** 741 ff.
Refinanzierung **5** 732
Sachbezugsbewertung bei verbilligtem L. **8** 27
Sale-and-lease-back **5** 722, 724
Teilamortisationsverträge **5** 727
Vormieten **5** 736
zivilrechtl Einordnung **5** 723
Zurechnung **5** 725 ff.
- Leasinggeber **5** 731 ff., 741 ff.

Leasingfonds GmbH & Co KG 15 707
Lebensführungskosten/Lebenshaltungskosten
s *auch* Nichtabzugsfähige Ausgaben
Nichtabziehbarkeit **12** 8 ff.
Veranlassungsprinzip **12** 11
Lebensgemeinschaften 33 90
Lebensmittel als agB **33** 90
Lebensmittelpunkt
doppelte Haushaltsführung **9** 224, 231
Entfernungspauschale **9** 200 ff.
Lebenspartner/Lebenspartnerschaft 2 71 ff.; **33** 90 „Lebensgemeinschaft"
Altersvorsorgezulage **79** 3
- Kinderzulage **83**–**85** 3 ff.
Arbeits-/Gesellschaftsvertrag **26a** 5
Ausbildungsaufwendungen **10** 86
Entlastungsbetrag **24b** 21, 23
fiktive unbeschr StPflicht **1a** 13
gesetzl Regelung **2** 71 ff.
Mitunternehmerschaft **15** 381 f.
Splittingtarif **32a** 9
Tarifsplitting bei Auflösung **32a** 15
Unterhaltsleistungen **10** 104
Lebensversicherungen
AK bei Erwerb **6** 140
Aktivierung **5** 270
Arten der Direktversicherung **4b** 7 ff.
beschr Verlustabzugsverbot **15b** 17
Betriebsvermögen **18** 161
Kapitaleinkünfte (Alt-/Neuverträge) **20** 102 ff., 106 ff.
Lebensversicherungsrente 22 42
Prämie als BA **18** 190
Rückstellung **5** 550
Tarif für KapVerm-Einkünfte **32d** 16
Verkauf **15** 92
Leergut 5 270
Leerrohre, Herstellungskosten **6** 173
Leerstehendes Haus/Wohnung, WK aus VuV **21** 128 ff.
Legasthenieaufwendungen 33 90
Lehrtätigkeit 19 35
Leibrenten
abgekürzte L. **22** 43
- Besteuerung **22** 100
Aktivierung mit Barwert **5** 270
Altersvorsorgezulage **82** 3
Begriff **22** 41 ff.
begünstigter Steuersatz **34** 20
beschränkte Steuerpflicht **49** 119
Besteuerung **22** 88 ff.
Forderungsansatz **6** 140
Gewinnrealisierung **5** 680

2520

Magere Zahlen = Rz

nachgelagerte Besteuerung **22** 88
Nachzahlungen/ao Einkünfte **34** 45
Veräußerung eines Betriebs **16** 242 ff.
Veräußerungsgeschäft privates **23** 94
Veräußerungsgewinn **22** 98
Veräußerungs*leib*renten betriebl **4** 193 ff.
verlängerte L. **22** 46
– Besteuerung **22** 102
Leichenfrau 18 155
Leihgeschäfte/Leihvertrag 22 150
Leistungen
Dienstleistungen als ArbLohn **19** 70 ff.
an Erfüllungs Statt **5** 641
nichtabgerechnete L. **5** 270
unfertige Leistungen **5** 270
Leistungsabschreibung 7 175
Leistungseinlagen 4 229
Leistungsentnahmen 4 229
Bewertung zu Selbstkosten **6** 517 f.
Leistungsfähigkeitsprinzip 2 9
Werbungskosten **9** 1
Leistungsprämien 5 550
Leistungsschutzrechte 5 399
Leistungszuwendungen als BE
4 430
Leitungsnetz
Aktivierung **5** 270
Wirtschaftsgut **5** 141
Lernmittel als agB **33** 90
Lichtspieltheater, Teilbetrieb **16** 130
Liebhaberei
Abgrenzung Aus-/Weiterbildung **10** 90
Aufgabe eines Betriebs **16** 156
Begriff zweigliedriger **2** 23
Gewinnerzielungsabsicht **15** 24
Kapitaleinkünfte **2** 24
künstlerische Tätigkeit **18** 75
nicht abzugsfähige Ausgaben **12** 16
Übergangsgewinn bei Betriebsaufgabe/
 -veräußerung **4** 670
VuV-Einkünfte **21** 24 ff.
WK-Aufwendungen **9** 106
Lieferantenbeziehungen, AfA **7** 41
Lieferrechte, Abschreibung **7** 41
Lieferungen und Leistungen
ArbG-Personalrabatte **8** 72
nichtabgerechnete **5** 270
LiFo-Verfahren 6 411 ff.
andere Verbrauchsfolgeverfahren **6** 420
annähernde Preisgleichheit **6** 414
Gleichartigkeitskriterium **6** 414
handelsrechtliche GoB **6** 416
Rechtsfolge **6** 418
Übergang zum LiFo **6** 422
Übergang zur Regelbewertung **6** 423

Lohnsteuer

Vorratsvermögen **6** 412
Wahlrecht je Gruppe **6** 419
Lineare Abschreibung
AfA-Sätze **7** 203
Gebäude nach typisierten AfA-Sätzen
 7 203 ff.
Gebäude-AfA **7** 201 ff.
Wirtschaftsgüter **7** 151 ff.
Liquidation
Gewinnrealisierung **5** 672, 680
KG mit neg KapKto **15a** 181 ff.
Listenpreis, Kfz-Gestellung **6** 538 ff.;
 8 35
– maßgebliche Entfernung **8** 47
Lithographie, keine SofortAfA **6** 661
Lizenzen/Lizenzrechte 4 174;
 5 270
Rückstellung **5** 398, 550
Lizenzgebühren, Sondervergütungen
 15 593
Lizenzverträge 5 691 ff.
Lizenzverwertung 22 150 „Patente"
Lizenzzahlungen
EU-Informationsaustausch **50h** 1 f.
konzerninterne **50g** 1 ff.
Logopäde 18 155
Logopädiekosten 33 90
Lohn s Arbeitslohn
Lohnabrechnungszeitraum 38a 3
Lohnarbeiten, LuF **13** 76
Lohnersatzleistungen 19 100
Progressionsvorbehalt **32b** 12
Lohnfortzahlung 19 100
Rückstellung **5** 550
Lohngutschrift gewinnabhängige,
 Zufluss **11** 50 „Zukunftssicherung..."
Lohnkirchensteuer s Kirchensteuer
Lohnkonto 41 1 ff.
Arbeitnehmerverleiher **41** 3
Aufzeichnungspflichten **41** 1 f.
fehlerhafte Angaben **42d** 5
Vermögensbeteiligungsaufzeichnungen
 19a 21
Lohnnachzahlung 19 100
Lohnnebenkosten 19 100
Lohnsteuer
Erhebung s Lohnsteuererhebung
Höhe **38a** 1 ff.
Jahreslohnsteuer
– Bemessung **38a** 4
– Umfang **38a** 1
Lohnabrechnungszeitraum **38a** 3
Lohnzahlungszeitraum **38a** 3
Lohnzuordnung zeitliche **38a** 2
zu Unrecht abgeführte LSt **19** 100

2521

Lohnsteuerabführung

Fette Zahlen = §§

Lohnsteuerabführung
s Lohnsteuerabzug
Lohnsteuerabzug 39b 1 ff.
Abschlagszahlungen **39b** 22
Abschluss **41b** 1
Änderung **41c** 1 ff.
– Änderungsbefugnis des ArbG **41c** 1
– Anzeigepflichten des ArbG **41c** 6
– zu erstattende LSt **41c** 4
– fehlerhafter LSt-Abzug **41c** 3
– rückwirkende Abzugsmerkmale **41c** 2
Änderungszeitraum **41c** 5
Anrechnung des LSt-Einbehalts **39b** 17
Anrufungsauskunft s dort
Arbeitslohn nach DBA **39b** 25
Arbeitslohn laufender **39b** 2
ArbN ohne Identifikations-Nr **39c** 2, 4
Aufzeichnungspflichten **41** 1 ff.
Ausscheiden aus DienstVerh **39b** 8
Berechnung **39b** 3, 6
Darlehensvereinbarung **39b** 22
Dritter als Verpflichteter **39c** 5
Einbehaltung der LSt ohne LSt-
  Abzugsmerkmale **39c** 1 ff.
ELSTAM-Verfahren **39e** 1 f.; s iEinz unter
  Lohnsteuerabzugsmerkmale
Entlohnung für mehrere Jahre **39b** 7
Erstattungsansprüche, Abtretung **39b** 14 f.
Haftung des ArbG für LSt s dort
Hochrechnung LSt auf LSt **39b** 16
Kinder-/Betreuungsfreibeitrag **32** 100
Lohnkonto **41** 1 ff.
Lohnsteueranmeldg **41a** 1 f.; s iEinz dort
Lohnsteuererhebung s dort
  ohne LSt-Abzugsmerkmale **39c** 1 ff.
Nettolohnvereinbarung **39b** 12 ff.
permanenter LSt-Jahresausgleich **39b** 4
Programmablaufbahn **39b** 24
Schwarzlohnzahlungen **39b** 15
sonstige Bezüge **39b** 5 ff.
Steuerhinterziehung **39b** 15
Steuerklasse VI **39c** 2 f.
Steuersätze bei ao Einkünften **34** 66
Übergangsregelung zur Vorsorgepauschale
  39b 20
unrechtmäßig abgeführte LSt **19** 100
Verfahren **41b** 2
Verhältnis zur Veranlagung **46** 3
Verschulden bei Fehlen der LSt-
  Abzugsmerkmale **39c** 3
Vorschüsse **39b** 22
Wiederaufrollung abgelaufener Lohnzah-
  lungszeiträume **39b** 10
Lohnsteuerabzugsfreibetrag 39a 1 ff.
Abzugspositionen/-beträge **39a** 3 ff.

Änderungsmöglichkeiten **39a** 20
Antragserfordernis **39a** 1
Antragsverfahren **39a** 10 ff.
– Antrag mit Mindestgrenze **39a** 11
– vereinfachtes Eintragungsverfahren
  39a 12
– zeitl Freibetragsaufteilung **39a** 13
beschränkt estpfl ArbN **39a** 17
Besonderheiten bei Ehegatten **39a** 15
Entlastungsbetrag Alleinerziehender **39a** 8
Form und Frist **39a** 10 ff.
Kinderfreibetrag **39a** 6
mehrere Dienstverhältnisse **39a** 7
Nachforderung **39a** 18
Rechtsbehelfsverfahren **39a** 21 f.
Voraussetzungen **39a** 1 ff.
zeitliche Wirksamkeit **39a** 9
Lohnsteuerabzugsmerkmale
  39 1 ff., 5
Änderung **39** 6
– zugunsten des ArbN **39** 7
ArbN ohne Identifikations-Nr **39** 4
Bildung der Abzugsmerkmale **39** 2
Definition **39** 5
elektronische Merkmale **39e** 1 f.
– Abruf **39e** 5 f.
– Anwendung **39e** 7
– ArbN ohne IdentifikationsNr **39e** 11
– ArbN-Mitteilungspflichten **39e** 5
– Bekanntgabe **39e** 9
– Bereitstellung **39e** 4
– Bildung **39e** 2
– Datenzugriff **39e** 13
– Freibetragsabruf **39e** 6
– Härtefallregelung **39e** 10
– Speicherung **39e** 3
– verschiedenartige Bezüge **39e** 8
Rechtsbehelfe **39** 10
Verwendung durch ArbG **39** 9
Wechsel zur beschr StPfl **39** 11
WirtschaftsidentifikationsNr **39e** 12
Zuständigkeit örtliche **39** 3
Lohnsteueranmeldung 41a 1 f.
s auch Lohnsteuerabzug
Abführung der Lohnsteuer **41a** 5
abw Anmeldeempfänger/-zeitpunkt **41a** 7
Änderungsmöglichkeiten **41a** 9
Anfechtung durch ArbN **41a** 10
Anmeldungsvorgang **41a** 2
Anmeldungszeitraum **41a** 6
Betriebsstättenbezug **41a** 3
Handelsschiffe **41a** 8
Lohnsteuerarten **41a** 3
Rechtsnatur **41a** 1
Rechtsschutz des ArbG **41a** 9

Magere Zahlen = Rz

Verspätungszuschlag **41a** 6
Zeitraum-/Sachverhaltsbezogenheit **41a** 4
Zwangsmitteldurchsetzung **41a** 6
Lohnsteueraußenprüfung 42f 1 ff.
Änderungssperre **42f** 10
Festsetzungsverjährung **42f** 9
Folgen **42f** 9, 11
geprüfter Personenkreis **42f** 3
LSt-Abzug durch Dritte **42f** 7
Mitwirkungspflichten
– Arbeitgeber/Dritte **42f** 5
– Arbeitnehmer **42f** 5
Prüfung durch RV-Träger **42f** 8
Rechte/Pflichten der Beteiligten **42f** 4 ff.
Schlussbesprechung/BP-Bericht **42f** 6 ff.
Zukunftsfolgen **42f** 11
Lohnsteuereinbehaltung 39b 1 ff.
Lohnsteuererhebung 38 1 ff.; **38a** 5
Arbeitgeber
– Begriff **38** 2
– inländischer **38** 3
Arbeitnehmerüberlassung **38** 6
ausl Arbeitnehmerverleiher **38** 4
Besteuerungsgrundlagen **38a** 6
Billigkeitsmaßnahmen **38** 20
Einbehaltungspflichten **38** 13 f.
fehlende Barmittel **38** 18
grenzüberschreitender ArbN-Entsendung **38** 3
Konzernunternehmen **38** 6
laufender Arbeitslohn **38a** 2
Lohnzahlung durch Dritte **38** 5 ff.
– echte L. **38** 6 f.
– unechte L. **38** 5
LSt-Abzugpflicht Dritter **38** 16
LSt-Entstehung **38** 11
LSt-Pflichtübertragung auf Dritte **38** 17
Nettolohnvereinbarung **38** 10
Rechtsweg **38** 21
sonstige Bezüge **38a** 2
Steuerschuldner **38** 10
Vorauszahlungsschuld **38** 11
Lohnsteuerhaftung
Arbeitgeber s Haftung des ArbG für LSt
Arbeitslohn **19** 100
Lohnsteuerhilfeverein 18 155
Lohnsteuer-Jahresausgleich durch Arbeitgeber 42b 1 ff.
Abzugspflichten **42b** 4
Durchführung **42b** 2 f.
Erstattung der Mehrabzugsbeträge **42b** 4
Gehaltsabtretung und LStErstattungsanspruch **42b** 1
Kirchenlohnsteuer **42b** 4
permanenter LSt-Ausgleich **39b** 4

Lohnsteuerpauschalierung

Lohnsteuerklassen **38b** 1 ff.
Faktorverfahren **39f** 1 ff.
Kombination bei Ehegatten **38b** 1
Steuerklassenwahl **38b** 3
Zahl der Kinderfreibeträge **38b** 2
Lohnsteuernachforderung 19 100
Lohnsteuernachschau 42g 1 ff.
Anordnung **42g** 4
Auskunftserteilung **42g** 15
Auswertung der Feststellungen **42g** 19
betretungsberechtigte Personen **42g** 8
betroffene Personen **42g** 7
Durchführung **42g** 6 ff.
Ort **42g** 10 ff.
Rechtsbehelfe **42g** 21
Übergang zu LSt-Außenprüfung **42g** 17
Urkundenvorlage **42g** 15
zeitliche Beschränkung **42g** 9
Zulässigkeit **42g** 3 ff.
Lohnsteuerpauschalierung 37b 1 ff.
s iEinz Pauschalierung der ESt bei Sachzuwendungen; **40** 1 ff.
Antragsverfahren **40** 4
ArbG-Übereignung von Datenverarbeitungsgeräten **40** 17
Aufzeichnungspflichten **40a** 11
Bemessungsgrundlage **40** 23; **40a** 2
Berechnung des PauschStSatzes **40** 9 ff.
Bescheidänderung **40** 29
Bescheidumdeutung **40** 28
Betriebsveranstaltungen **40** 14
Datenverarbeitungsgeräte **40** 17
Dienstverhältnisbeendigung **40b** 10
DirektVers-Verträge mit Kindern **40b** 3
Durchschnittsberechnung **40b** 9
Ehegattenarbeitsverhältnis **40b** 3
einzelne Pauschalierungen **40** 11 ff.
Einzugsstelle **40a** 9
Elektrofahrräder betriebliche **40** 19
Elektromobilitätsförderung **40** 18
Entgeltumwandlungen **40b** 6
Entstehung der Lohnsteuer **40** 10
Erholungsbeihilfen **40** 15
Fahrten Wohnung/erste Tätigkeitsstätte **40** 20 f.
fehlerhafte Pauschalierung **40a** 12
fehlgeschlagene Pauschalierung **40** 25
Festsetzung der LSt **40** 27
geringfügig Beschäftigte **40a** 1 ff.
Haftung **40** 30
Hinterziehungs-/Prozesszinsen **40** 3
Jobticket **40** 20 f.
Kirchensteuer **40** 3
Konkurrenz § **40a**/§ **40b 40b** 13

2523

Lohnsteuerschuldner Fette Zahlen = §§

kurzfristig Beschäftigte **40a** 1 ff.
– beschränkt stpfl ArbN **40a** 10
LSt-Übernahme durch ArbG **40a** 8
LuF-Aushilfskräfte **40a** 6
Mahlzeiten
– bei Auswärtstätigkeit **40** 13
– im Betrieb **40** 12
Nacherhebung von Lohnsteuer **40** 7
Pauschalsteuersatz **40a** 5
Pflichtsteuerschuld **40b** 12
Rechtsbehelf gegen Versagung **40** 4
Rechtsfolgen **40** 25 ff.
Rechtsmissbrauch **40** 7
Regress gegen Arbeitnehmer **40** 7
Schuldner der Lohnsteuer **40** 2
sonstige Bezüge **40** 6
Steuerüberwälzung auf ArbN **40** 26
Unfallkostenersatz **40** 20
Unfallversicherungsbeiträge **40b** 11
Unternehmensteuercharakter **40** 25
unzulässige Pauschalierung **40a** 7
Verhältnis zu § 40a **40** 23
Verpflegungsmehraufwendungen **40** 16
Voraussetzungen **40** 4
Zukunftsicherungsleistungen **40b** 1 ff.
– Aufzeichnungspflichten **40b** 14
– begünstigte Leistungen **40b** 5 ff.
– Konkurrenzen **40b** 13
– Pauschalierungsgrenze **40b** 8 f.
– Pensionskasse **40b** 2, 7
– Steuerschuldnerschaft **40b** 13
– Unterstützungskassen **40b** 7
Lohnsteuerschuldner
LSt-Pauschalierung **40** 2
Zukunftssicherungsleistung **40b** 13
Lohntierhaltung 13 39
Lohnverwendungsabrede 19 73
Lohnverzicht 19 100 „Gehaltsverzicht"
Lohnzahlungszeitraum 38a 3
Lösegeld/Entführungen
außergewöhnliche Belastung **33** 90
Betriebsausgaben **4** 520
sonstige Leistung **22** 150
Werbungskosten **19** 110
Lotsen 18 114, 155
Lotterieauszahlung, Rückstellg **5** 550
Lotterieeinnehmer 18 135
Lotteriegewinne s Spielgewinne
Lottoannahmestelle 15 150
Lottobezirksstellenleiter
15 150 „Bezirks..."
Luftfahrt
beschränkte Steuerpflicht **49** 33
– Bordpersonal **49** 91
beschränkte StPfl/StFreistellung **49** 142 f.

Luxusgeschenke, Pauschalierungshöchstgrenze **37b** 15

Macrohedging, Bewertung **5** 70 f.
Magier 18 155
Mahlzeiten
Gestellung durch ArbG **8** 63
Gestellung an ArbN **9** 313
Lohnsteuerpauschalierung **40** 12 f.
Makler 15 150; 18 141
doppelte Haushaltsführung **9** 255
Makleranspruch 5 270
Maklergebühren/Maklerprovision
19 110 Umzug ...; 21 148
außergewöhnliche Belastungen **33** 90
Betriebsausgaben **18** 190
Maler 18 155
Management-buy-out, Entschädigung **24** 27
Management-Investments 19 100
Managementtrainer 18 155
Manager 18 155
Mandantenstamm 5 270
Einbringung **18** 203
Verpachtung **18** 200
Mannequin 15 150; 19 35
Marke
Abschreibung **7** 41
Aktivierung **5** 270
Markenrechte 22 150 „Patente"
Entschädigungen **24** 15
Rückstellung wegen Verletzung **5** 398
Marketingberater 18 155
Markise, Herstellungskosten **6** 173
Markscheider 18 155
Markt-/Meinungsforscher 18 155
Marktmiete, Betriebskosten/Mietspiegel
21 160
Marktordnungsregelungen, LuF
13 251 f.
Marktwert, immaterielle WG **6** 322
Maschinenbautechniker 18 155
Maschinenfabrik, Teilbetrieb **16** 130
Maschinen/maschinelle Anlagen,
abnutzbares AV **6** 346
Maschinenringe 13 76
Masseur 18 155
Maßgeblichkeitsgrundsatz 5 26 ff.
Absetzung für Abnutzung **7** 21
Ansatzvorschriften **5** 30 ff.
Bewertungsvorschriften **5** 33
Bilanzierungshilfen **5** 31
Durchbrechungen **5** 34
handelsrechtliche GoB **5** 28 f.
materielle Maßgeblichkeit **5** 28 f.; **6** 5

Magere Zahlen = Rz
Passivierung **5** 305
Steuerbilanzzweck **5** 27
Maßstabsteuer 51a 1 ff.
Bemessungsgrundlage **51a** 2
Grundlagenbescheide **51a** 6
Kirchensteuer **51a** 7
– KapESt-Abgeltung **20** 11
Verfahrensrecht **51a** 8
Vorauszahlungen **51a** 5
Zuschlagsteuern **51a** 1 ff.
Mastenstreicherei, Teilbetrieb **16** 130
Materialgemeinkosten 6 194
Medienberufe 18 120 ff.
Medienfonds, GmbH & Co **15** 707
Medikamentenabgabe 18 51
Medikamentenerprobung 18 155
Medikamentengestellung 19 100
Medizinisch-diagnostische Assistentin 18 155
Medizinischer Fußpfleger 18 155
Mehraufwendungen für Verpflegung *s* Verpflegungsmehraufwendungen
Mehrbedarfsrenten 24 32
Mehrerlösabschöpfung 5 550
Mehrjährige Tätigkeit, StSatz **34** 40 f.
Mehrkomponentengeschäft 5 550
Mehrkontenmodell 4 152 ff.
Aufteilung in Unterkonten **4** 155
Aufteilungs-/Zuordnungsproblem **4** 155
Feststellungslast **4** 156
Fremdfinanzierungswahlrecht **4** 152
gemischtes Kontokorrentkonto **4** 152 ff.
Habenbuchungen **4** 153 f.
Mitunternehmerschaft **15** 486
Schätzungen **4** 156
Umschuldungen **4** 153 f.
Zinszahlenstaffelmethode **4** 155
Mehrstöckige PersGes *s unter* MUerschaft „doppel-/mehrstöckige PersGes"
Meinungsforscher *s* Marktforscher
Meistbegünstigung, Tarifglättung **34** 56
Meisterbonus 19 100
Meisterbrief, sonstige Leistung **22** 150
Meisterkurse 10 90
Meldepflichten
ArbN-Überlassung **42d** 70
Ausgleichsposten **4g** 17
Betriebsaufgabe **36** 32
Lohnsteuererhebung **38** 18
Zuschüsse/Erstattungen bei Vorsorgeaufwendungen **10** 171
Menschen mit Behinderung 5 550
Behinderungspauschbetrag *s* dort

Mietwohnungsbau

Entfernungspauschale **9** 294 ff.
Fahrtkosten **33** 65 ff.
Nachweis der Behinderung **9** 296
schwerbehinderte M. **5** 550
stfreie Einnahmen aus betreutem Wohnen **3** 38
Merkantiler Minderwert
AfaA **7** 191
Werbungskosten **19** 110 Unfall
Meta-Verbindungen 15 328
Metergeld 19 100
Mietaufwendungen, Umzugskosten **19** 110
Mietausfallentschädigung 18 190
Mietausfallversicherung, Werbungskosten **21** 148
Miete, Abschreibungsberechtigung **7** 77
Miete-/Pachtverhältnis, Rückstellung **5** 550
Mieterabfindungen 22 150
Mietereinbauten/Mieterumbauten
Abschreibung **7** 34, 39, 77
Aktivierung **5** 270
selbständige WG **4** 117
VuV-Einkünfte **21** 114
Wirtschaftsgutcharakter **5** 114
Mieterzuschüsse 23 76
Mietfreistellung 5 550
Mietkaufvertrag 5 550
Zurechnung von WG **5** 154
Mietkosten
ArbG-Zuschuss **19** 100
außergewöhnliche Belastung **33** 90
Mietnachlass, Sachbezug **8** 18
Mietpreiszusicherung 5 550
Mietverträge 5 691 ff.
Fremdüblichkeit **12** 30
Mietverträge zwischen Angehörigen 21 81 ff.
Ernsthaftigkeit **21** 87 ff.
Fremdüblichkeit des Vertragsinhalts **21** 94
Fremdvergleich **21** 86
Gestaltungen zulässige **21** 93
Gestaltungsmissbrauch **21** 88
Klarheit/Eindeutigkeit **21** 86
Nichtanerkennung gegenläufiger Zahlungen **21** 90 f.
Stuttgarter Modell **21** 92
tatsächl Vertragsdurchführung **21** 95 ff.
zivilrechtl Wirksamkeit/Schriftform **21** 84
Mietwert, Sachbezugswert **8** 65
Mietwohnungsbau
De-minimis-Beihilfen **7b** 22 ff.
Sonder-Abschreibungen **7b** 1 ff.; *s* iEinz dort

2525

Mietzinsen

Fette Zahlen = §§

Mietzinsen, Sondervergütungen **15** 593
Mietzinsforderungen 5 692 ff.
Veräußerung **21** 107
Mietzinsvorauszahlungen 5 692 f.
Milchlieferrechte 13 252
Entschädigung **24** 42
Milchquote, Abschreibung **7** 41
Milchreferenzmenge 5 270
Millenium Bug 5 550
Minderjährige, Einkünfteerzielg **2** 55 f.
Mindestbeitrag bei Altersversorgung **10a** 39
Mindestbesteuerung, Verlustvortrag **10d** 31
Mindesteigenbeitrag, Altersvorsorgezulage **86** 1 f.
Mindestzeitrenten 22 84
Minister 19 35
Missbrauchausschluss, Steuerausschluss bei DBA **50d** 15 ff.; s *iEinz* dort
Mitarbeiterbeteiligung, ArbG-Beitrag **3** 132 f.
Mitarbeiterdarlehen/Mitarbeitergenussrechte, Sachbezug **8** 18
Miteigentum, Aktivierung **5** 270
Miteigentümer
AfA-Berechtigung **7** 88 ff.
– Wahlrechte **7** 56 f.
Drittaufwands-AfA **7** 102
Mitgliederwerber 15 150
Mitgliedsbeiträge
an Parteien und unabhängige Wählervereinigungen s Zuwendungen; s auch Beiträge
Spenden **10b** 5
Mitnahmevergütungen 22 150
Mittelstandsabschreibung 7g 1 ff.;
s *iEinz* unter Sonderabschreibung
Mittelstandsförderung, Investitionsabzugsbetrag **7g** 1 ff.; s *iEinz* dort
Mittelwertmethode, Geschäftswertschätzung **6** 316
Mitunternehmer
s *auch* Mitunternehmerschaft
anteilige GuV-Zurechnung **15** 441 ff.
Anteilsübertragung unentgeltl **6** 704, 732
atypisch stiller Gesellschafter **15** 341
Ausscheiden eines Gesellschafters s unter Gesellschafter
Befristung der Beteiligung **15** 265
Begriff **15** 250 ff.
begünstigte Anteilsveräußerung **34** 26
Beteiligung an stillen Reserven und Geschäftswert **15** 270 f.
DirektVers bei ArbN-Eigenschaft **4b** 11

estpfl Gewinnanteile **15** 167
fehlende MUerstellung **15** 275
Forderungen ggü PersGes **15** 540 ff.
Forderungsverzicht **15** 550
Freiberufler **18** 42 f.
Gemeinschafterstellung **15** 276
Gesellschaftsvertrag **15** 280 ff.
Gewinnabsicht **15** 265
Kommanditist **15** 322
Mitberechtigung am BV **15** 274
Pensionszusage **6a** 35
persönl haftender OHG-Ges'ter **15** 321
Regelstatut des HGB **15** 266 ff.
Sondervergütungen s *unter* Mitunternehmerschaft
Stimmenrechtsanschluss **15** 272 f.
Tod eines MUers **16** 660 ff.
– Auflösung der Gesellschaft **16** 680 ff.
– einfache Nachfolgeklausel **16** 665 ff.
– Eintrittsklausel für Erben/Miterben **16** 677 f.
– Eintrittsklausel für Nichterben **16** 679
– Fortsetzungs-/Ausschließungsklausel **16** 661 ff.
– Gestaltungsmöglichkeiten **16** 675
– qualifizierte Nachfolgeklausel **16** 672 ff.
– Sachvermächtnis **16** 668 f.
– SonderBV des Erblassers **16** 662, 674
– Teilnachfolgeklausel **16** 676
– Übernahmeklausel **16** 664
– Umwandlungsklausel **16** 666
– Wertausgleichsschuld **16** 673
Treuhandverhältnis **15** 295 ff.
Typusbegriff **15** 261
unmittelbar beteiligter Ges'ter **15** 251 ff.
Unternehmerinitiative **15** 263
Unternehmerrisiko **15** 264
Veräußerung eines Mitunternehmeranteils **16** 380 ff.; s *iEinz* dort
Vergütungen/Gewinnvorab **15** 440
Verlustbeteiligung **15** 271
vermögensverwaltende KG **15** 323
zivilrechtl Ges'terstellung **15** 266 ff., 280
Zusammenveranlagung **26b** 6
Mitunternehmeranteil
Aufgabe eines MUeranteils **16** 435
Einbringung **16** 510
Tausch **16** 475
Veräußerung eines MUeranteils s dort
Mitunternehmerschaft 15 160 ff.
s *auch* Gewerbebetrieb
s *auch* Mitunternehmer
s *auch unter* Personengesellschaft
additive Gewinnermittlung **15** 403 ff.
„andere Gesellschaften" **15** 169

Magere Zahlen = Rz

Änderung der Beteiligungsverhältnisse 16 516
Anteile an KapGes 15 438
anteilige GuV-Zurechnung 15 443 ff.
Arbeits-/DarlehensVerh mit Ehegatten/ Mehrheits-Ges'ter 15 426 ff.
Arten 15 320 ff.
atypisch stille Gesellschaft 15 340 ff., 353; s i Einz dort
atypisch stille Unterbeteiligung 15 365 ff.; s i Einz Unterbeteiligung
Aufwandsentnahmen 15 435
Ausscheiden eines Gesellschafters s unter Gesellschafter
Austritt von Gesellschaftern 15 452 ff.
Beginn 15 195
Beitragsgedanke 15 562
Beteiligungen 15 690
Betreiben eines GewBetr 15 180
betriebl veranlasste Aufwendungen 15 425
Betriebsaufspaltung s dort
Betriebs-/Privatschuld 15 486
Betriebsstätte 15 421
Betriebsvermögen 15 480 ff.
– Abgrenzung zum PV 15 484 ff.
– Ausbuchung eines WG 15 495
– Darlehnsforderung wertlose 15 492
– fälschl nicht ausgewiesene WG 15 481
– fehlender betriebl Anlass 15 491 ff.
– gewillkürtes 15 481
– Goldtermingeschäfte 15 492
– lfd Geschäftsverkehr 15 535
– notwendiges 15 481
– private Lebensführung 15 496
– Sonderbetriebsvermögen s dort
– Subsidiaritätsthese 15 534
– Versicherungsverträge 15 493
– Wertpapiergeschäfte 15 492
– Wirtschaftsgut des MUers 15 534
– Wohnungsentnahme 15 496
Bilanzierung der Beteiligung 15 690
doppel- oder mehrstöckige Personengesellschaften 15 189, 196, 218, 253
– atypisch stille Unterbeteiligung 15 623
– Beteiligung Ober-/UnterGes 15 622
– durch Einbringungsfälle 15 515
– Ergänzungsbilanzen 15 471 ff.
– Gesamtgewinn der OberGes 15 620
– Gesamtgewinn der UnterGes 15 619
– Geschäftsführervergütung 15 721
– Komplementär-GmbH-Anteile 15 716
– mittelbare Beteiligung über KapGes 15 624
– Sonderbetriebsausgaben 15 644

Mitunternehmerschaft

– Sonderbetriebseinnahmen 15 650
– unmittelbare Leistungen 15 610 ff.
Drittaufwand 15 436
duales System 15 163 ff.
eheähnliche Lebensgemeinschaft 15 381
eheliche Güterstände 15 375 ff.
– Vorbehalts- oder Sondergut 15 377
Eigenkapitalbeschaffung 15 421
Einbringung
– Betrieb/Teilbetrieb/Anteil 15 472
– Wirtschaftsgüter für GesRechte 15 473
Einkünftefeststellung 15 160
Einlagenfälle 6 597
Eintritt von Ges'tern 15 452 ff.
Ende 15 197
Entnahmen der Ges'ter 15 488 f.
Entnahmen aus PersGes
– Zurechnung 15 443 ff.
Erbengemeinschaft 15 171, 383
Ergänzungsbilanzen 15 401, 460 ff.; s i Einz dort
Ermittlung gewerbl Einkünfte 15 400 ff.
Erwerb eines MUeranteils 15 461 ff.
faktische MUerschaft 15 171
Familien-KG s unter FamilienPersGes
Familien(personen)gesellschaften s dort
fehlerhafte Gesellschaft 15 171, 280
Forderung PersGes/Ges'ter 4 135; 15 540 ff.
Forderungsverzicht 15 550
fortgesetzte Gütergemeinschaft 15 377
Geldstrafen eines Ges'ters 15 433
Gemeinschaften 15 171
Gesamtbilanz 15 401
– additive G. 15 403 ff.
Gesamthandsvermögen 15 480 f.
Gesellschaft bürgerl Rechts 15 324 ff.
Gesellschafterbeitritt 16 511 ff.
Gewerbeertragermittlung 15 402
gewerblich geprägte OHG 15 230
Gewinnerzielungsabsicht 15 182 f.
Gewinnverteilungsabrede
– Änderung 15 452 ff.
– Rückbeziehung/-datierung 15 452 ff.
– Vorabanteile 15 452 ff.
Gleichstellungsthese 15 161
Gleichwertigkeit verschiedener MUerschaften 15 174
GmbH & atypisch Still 15 355 ff.
GmbH & Still 15 340 ff.
Gütergemeinschaft 15 171, 376 ff.
Gütertrennung 15 375
Handelsregistereintragung 15 181
Innengesellschaft 15 280, 361
Insolvenzeröffnung 15 197

2527

Mitunternehmerschaft

internationale M. 15 173
- Sondervergütungen 15 565
Kapitalgesellschaft als Ges'ter 15 439
Kommanditgesellschaft 15 170, 320 ff.
- Verlustzurechnung 15 449
Kommanditist *s dort*
Komplementär-GmbH 15 709
Konkurrenz Eigen-/Sonderbetrieb 15 534 ff.
Konzeptionskosten 15 421
Land- und Forstwirtschaft 13 161 ff.; *s iEinz dort*
Maßgeblichkeit der MUermerkmale 15 165
mehrere zivilrechtl Ges/Einheit des Betriebs 15 194
Miete/Pacht mit Angehörigen 15 429
Miteigentümer zu Bruchteilen 15 171
mittelbare Beteiligung 15 610 ff.
Mitunternehmer *s dort*
mitunternehmerische BetrAufsp 15 855 ff.
negatives Kapitalkonto 15 449
Nießbrauch 15 305 ff.
- Anteil an PersGes 15 171
- einkommenstl Einordnung 15 306
- Ertragsnießbrauch 15 308
- GesAnteil in Vorwegerbfolge 15 313
- Gewinnanteile 15 307
- Gewinnstammrecht 15 314
- Verpachtung 15 315
- zivilrechtl Einordnung 15 305
Nießbrauchsbesteller
- Gewinnanteil 15 310
- Mitunternehmereigenschaft 15 309 ff.
- Sonderbetriebsvermögen 15 312
- Sondervergütungen 15 312
- Verlustanteil 15 311
Nutzungsüberlassung zw Schwester-PersGes 15 536
Offene HandelsGes 15 170, 320 ff.
- Familien-OHG 15 769
- gewerbl geprägte PersGes 15 230
Option nach § 1a KStG 15 160a–d
Parallelwertung 15 161
Partenreederei 15 374
Personen(handels)Ges 15 320 ff.
- als Mitunternehmerschaft 15 169 f.
- Verbindlichkeiten 15 485 ff.
Policendarlehen 15 431
Privatvermögen 15 481, 484
Realteilung 16 520 ff.; *s iEinz dort*
- LuF-Betrieb 14 38
Rückfallklausel 15 300
Rücklage nach § 6b 6b 43 ff.; *s iEinz dort*
Scheidungsklausel 15 300

Fette Zahlen = §§

SonderBA bei Auslandsbezug 4i 10
SonderBE/SonderBA und Verfahrensfragen 15 651
Sonderbetriebsvermögen 15 506 ff.
- begünstigter BetrAufsp-StSatz 34 13
- Bürgschaftschulden 15 524
- Darlehens-/Rentenschulden 15 522
- Erbersatzschulden 15 523
- Erbfallschulden 15 523
- Forderungen eines Ges'ters 15 519
- Geldvermächtnisschulden 15 523
- Gesamthandsvermögen vermögensverwaltender PersGes 15 532
- gewillkürtes SonderBV 15 527 ff.
- Gewinnrealisierung 15 538
- Komplementär-GmbH 15 712 f.
- Miteigentum mehrerer PersGes 15 532
- notwendiges 15 513 ff., 517 f.
- notwendiges passives 15 521 ff.
- Pflichtteilsschulden 15 523
- SonderBV I/II 15 509, 513 ff., 517 f.
- Unterbeteiligung 15 522
- Zinsschrankenregelung 4h 9
Sonderbetriebsvermögen Teilbetrieb 16 130
Sonderbilanzen 15 401, 475
- Aufwand und Ertrag aus Ergänzungsbilanzfortschreibung 15 642
Sondervergütungen
- Abfindungen 15 584
- Abgrenzung bei eigenem GewBetr des Ges'ters 15 568 ff.
- ArbN-Pensionszusage und MUer-Stellung 15 590
- Aufwandsentnahmen 15 627
- beschränkte StPfl 49 28
- Darlehensgewährung 15 594, 629 ff.
- Diensterfindungen 15 591
- Einzelunternehmervergütungen 15 573
- Entgelt in Bar-/Sachwerten 15 584
- Erbbauzinsen 15 593
- Gesellschafter 15 560 ff., 625 ff.
- Gewerbesteuer 15 566
- gewerbl SchwesterPersGes 15 600 ff.
- Lebensversicherungszuschuss 15 584
- Leistungen einer ges'teridentischen PersGes 15 569
- Leistungen/Dienstleistungen an MUer 15 625 ff.
- Lizenzgebühren 15 593
- Mietzinsen 15 593
- Missverhältnis Leistung/Gegenleistung 15 627
- mittelbare KapGes-Beteiligung 15 624

2528

Magere Zahlen = Rz
- mittelbare Leistungen bei unmittelbarer Beteiligung 15 600 ff.
- Mitunternehmer 15 440; 18 153
- nachträgliche Vergütungen 15 572
- Negativabgrenzung 15 575
- nicht betriebl Einkünfte 15 567
- Nutzungsentnahmen 15 627
- Pensionsrückstellungen 15 585 ff.
- Pensionszahlungen 15 585 ff.
- Pensionszusagen 15 585 ff.
- Positiv-/Negativformel 15 562
- PSV-Zahlungen für Ges'ter 15 589
- Rückdeckungsversicherungsbeiträge 15 588
- Rückstellungsbildung für S. 15 572
- sachliche Abgrenzung 15 568
- Sozialversicherungszuschuss 15 584
- Tätigkeitsvergütungen an Ehegatten 15 592
- Überlassung von WG 15 593
- unmittelbare Leistungen bei mittelbarer Beteiligung 15 610 ff.
- Veräußerungsgeschäfte 15 575
- verdeckte Gewinnausschüttung 15 628
- Vergütungen für Ges-Tätigkeiten 15 580 ff.
- Vorsorgeaufwendungen an Ehegatten 15 592
- zeitliche Abgrenzung 15 571 ff.
- Zeitpunkt der Besteuerung 15 576 ff.
- Zufluss/Vorteil 15 578
- zugeflossene Vergütungen 15 578
- Zurechnung subjektive 15 576 ff.
Sondervergütungen mittelbare
- Drittleistungen 15 607
sonstige Rechtsverhältnisse 15 171
Spendenabzug 15 432
Steuerbilanz 15 407 ff.
- Abschreibungen 15 413
- Ansatz-/Bewertungswahlrechte 15 410 ff.
- Einlage und Entnahme lfd Nutzungen 15 435 f.
- Gewinn und Verlust 15 441 ff.
- Rücklage nach § 6b 15 416
- Steuervergünstigungen personenbezogene 15 411
Steuerermäßigung bei GewBetr-Einkünften 35 20
- Aufteilung des GewSt-Messbetrags 35 25 ff.
Steuervergünstigungen persönl 15 474
tätiger Inhaber 15 354
Teileinkünfteverfahren 15 438
Teilrechtsfähigkeit 15 164

Mobilitätsprämie

Testamentsvollstreckr an Anteil 15 301
Thesaurierungsbegünstigung 34a 1 ff.;
  s iEinz dort
Tod eines Mitunternehmers 16 660 ff.
Treuhandmodell 15 170
Überentnahmen 15 430
Übertragung von WG zw MUer und Ges 15 660
Umfang der gewerbl Einkünfte 15 400 ff.
Unterbeteiligung 15 297
Veräußerung eines Mitunternehmeranteils 16 380 ff.; s iEinz dort
Veräußerungen
- Gesellschafter und PersGes 15 575
verdeckte (faktische) MUerschaft 15 171, 280 ff.
Vergütungen an Gesellschafter s oben unter Sondervergütungen
Verluste aus MUer-InnenGes 15 906 f.
Versicherungen eines Ges'ters 15 431
Vertragsrückbeziehung 15 195
Vorabverlustanteile 15 455
Voraussetzungen 15 180 ff.
Vor(gründungs)gesellschaft 15 169
wirtschaftl Eigentum 15 483
wirtschaftlich vergleichbare Gemeinschaftsverhältnisse 15 276
wirtschaftlicher Eigentümer 15 300
Wohnungsentnahme 15 496
Zinsschranke
- Anwendung 4h 20
- verrechenbares EBITDA 4h 11
Zugewinngemeinschaft 15 375
Zurechnung von Einkünften 15 250 ff.
Zwei- und Mehrkontenmodell 15 486
zweistufige Gewinnermittlung 15 401
Mitwirkungspflichten
Arbeitnehmerüberlassung 42d 70
Ausgleichspostenauflösung 4g 12
Lohnsteuer-Außenprüfung 42f 5 f.
Steuererklärung 25 5 f.
Möbel, Sofortabschreibung 6 660
Möbeleinlagerung, BA 18 190
Mobilitätsprämie 101 ff.
Anspruchsberechtigte 102 1
Antrag/Antragsfrist 104 1
AO-Anwendung 107 1
Auszahlung 105 1
Entfernungspauschale-Bemessung 101 2
Entstehung 103 1
Festsetzung 105 1
Grundfreibetragsgrenze 101 1
Höhe der Prämie 101 3
Schattenveranlagung 106 1

2529

Modellhafte Gestaltung

Straf-/Bußgeldregelung **108** 1
Verordnungsermächtigung **109** 1
Modellhafte Gestaltung, beschränktes Verlustabzugsverbot **15b** 8 ff.
Moderator 18 155
Modernisierungsaufwendungen
abnutzbares AV **6** 382
Herstellungskosten **6** 188
Modeschöpfer 18 155
Monatsprinzip
außergewöhnl Belastungen **33a** 53
Kindergeld **66** 4; **70** 2
Montage-Betriebsstätte 49 23
Montage-Erlass s Auslandstätigkeit
Motopädagoge 18 155
Münzsammler 15 150
Museumsführer 19 35
Musikanlage 9 270
Musiker 15 150; **18** 155, 155 „Aushilfsmusiker"
Arbeitnehmerstellung **19** 35
Musikinstrumente 9 270
Musikkapellen 15 150
Musiktherapeut 18 155
Musterbücher 5 270
Musterhäuser, AV **5** 117
Mustervorbehalte, Pensionsrückstellung **6a** 11
Mutterschaftsgeld, Progressionsvorbehalt **32b** 12
Mutterschaftsleistungen, stfreie **3** 11
Mutterschutz, Rückstellung **5** 550 „Soziallasten"

Nachbetreuungsleistung 5 550
Abzinsung **6** 499
Nachbezugsrecht 5 270
Nachfolgeklausel 16 665 ff.; **18** 245 f.
qualifizierte N. **16** 672 ff.
Teilnachfolgeklausel **16** 676
Nachforderung, ESt bei beschr StPfl **50a** 38
Nachgelagerte Besteuerung
s Besteuerung nachgelagerte
Nachhilfeunterricht 33 90
Nachholung
unterlassene AfA **7** 8 ff.
Verbot bei Pensionsrückstellung **6a** 61 ff.
Nachlass
Kosten als BA
4 520 „Rechtsverfolgungskosten"
Mischnachlass **16** 636 ff.
Nachlasspflegeschaft, VuV-Einkünftezurechnung **21** 63

Nachlassverbindlichkeiten 33 90
Erbauseinandersetzung **16** 630
Nachlassverwalter 18 141
Nachrangdarlehen 5 550
Nachschau, Lohnsteuer-Nachschau s dort
Nachschlagewerk, Herausgabe als Schriftstellerei **18** 155
Nachteilsausgleich 22 150
Nachträgliche Einkünfte/Ausgaben 24 50 ff.
beschränkte Steuerpflicht **49** 15, 81
Nachversicherte, Altersvorsorge **10a** 10
Nachversteuerung, Thesaurierungsbegünstigung **34a** 60 ff.; s iEinz dort
Nachzahlungen
außerordentl Einkünfte **34** 40 f.
Nachzahlungszinsen **12** 38
Verbot bei Pensionszusagen **6a** 41
Nahe Angehörige/nahe Personen 12 23
klare/eindeutige Vereinbarungen **12** 24
Naturallasten 10 120
Naturalobligationen 5 550
Natürliche Personen s Personen natürl
Nebenberufliche Tätigkeiten
Freibeträge **3** 96
steuerfreie Einnahmen **3** 91 ff.
Nebenbetriebe
Dienstleistungen **13** 73 ff.
Handelsgeschäfte und Zukauf **13** 68
Land- und Forstwirtschaft **13** 61 ff.; s iEinz dort
Nebenkosten, Geschäftsreise **4** 520
Nebenleistungen, steuerl **12** 41
Nebentätigkeiten
Arbeitnehmerbegriff **19** 28
Arbeitnehmereigenschaft **19** 35
Betriebseinnahmen **4** 445
freiberufl selbständige N. **18** 9, 88
Negative Einkünfte mit Drittstaatenbezug 2a 1 ff.
Aktivitäts-/Produktivitätsklausel **2a** 14, 30
− Beteiligungsverluste ausl **2a** 30
Anwendungsbereiche **2a** 3 ff.
Begünstigungsumfang **2a** 19
beschränkter Verlustausgleich **2a** 43 f.
Beteiligungsproblematik **2a** 42
Beteiligungsverluste **2a** 23
− im inländischen BV **2a** 28
− im Privatvermögen **2a** 29
Betriebsstättenverluste **2a** 12
Bodenschatzgewinnung **2a** 20
Drittstaatenbegriff **2a** 6 f.
Drittstaaten-Körperschaften **2a** 26 ff.

Magere Zahlen = Rz
Drittstaatenverluste 2a 26 ff.
– mittelbare D. 2a 37 ff.
Erbfall 2a 45
„finale Verluste" 2a 9
Fremdenverkehrsanlagen 2a 24
gewerbliche Einkünfte 2a 12 ff.
gewerbliche Leistungen 2a 22
Hinzurechnung bei Verlustabzug 2a 55 ff.
– Art der Hinzurechnungsbeträge 2a 56
– Betriebsstätten 2a 63 f.
– Feststellung der H. 2a 59
– Grundsatz 2a 55
– Hinzurechnungen sonstige 2a 60 ff.
– Hinzurechnungsausnahmen 2a 58
– Höhe und Begrenzung 2a 57
– Rechtsfolgen 2a 66
– Verlustkorrekturposten 2a 57
Land- und Forstwirtschaft 2a 11
Progressionsvorbehalt negativer 2a 46
Rechtsfolgen 2a 41 ff.
Schiffsüberlassung 2a 34
sonstige Verluste 2a 36
Stille Ges/partiarisches Darlehn 2a 32
Symetriebehandlung 2a 8
unbewegliches Vermögen 2a 33
Verhältnis zu Doppelbesteuerungsabkommen 2a 7
Verlustabzug
– Beschränkungen 2a 1 ff.
– Hinzurechnung beim V. 2a 55 ff.
– Umwandlungen 2a 61
Verlustausgleich beschränkter 2a 41 f.
Verluststaat 2a 41
Vermietung/Verpachtung 2a 24, 33 ff.
Waffen 2a 18
Warengeschäfte 2a 17 ff.
Wegfall der unbeschr StPfl 2a 65

Negatives Kapitalkonto
Anwendung
– bei anderen Einkunftsarten 15a 6
– auf Ges'ter als MUer 15a 134 ff., 138
– auf haftungslose Unternehmer 15a 139
– auf stille Ges'ter als MUer 15a 132 f.
– auf Unterbeteiligungen 15a 137
– auf vergleichbare Unternehmen 15a 131
– VuV-Einkünfte 21 151 ff.
– zeitliche A. 15a 5
Auflösung, Liquidation, Beendigung der KG 15a 181 ff.
– ausgleichsfähige Verluste 15a 182
– Außenhaftung 15a 184
– verbleibendes neg KapKto 15a 182
– verrechenbare Verluste 15a 184

Negatives Kapitalkonto
Ausscheiden eines Ges'ters 16 484 f.
Außenhaftung überschießende A.
15a 72 ff.; s iEinz unten Verlustausgleich
Binnensystematik 15a 3
doppelstöckige PersG/Anteilsveräußerung
15a 169
Einbringung KG-Anteil in PersGes
15a 176
Einlageminderung 15a 91 ff.
– Nachversteuerung 15a 92 ff.
– Rechtsfolgen 15a 96 ff.
– Voraussetzungen 15a 93 ff.
Einlagen nachträgliche 15a 111 ff.
– ausgleichsfähige spätere Verluste
15a 113 ff.
– nicht ausgleichsfähige spätere Verluste
15a 115 ff.
– Umpolung früherer Verluste 15a 112
entgeltl Anteilsveräußerung 15a 151 ff.
– Anschaffungskosten 15a 155
– Anwendung zeitliche 15a 153
– ausgleichsfähige Verlustanteile
15a 152 ff.
– Begünstigung 15a 154
– Behandlung stiller Reserven 15a 159
– keine weitere Entgeltzahlung 15a 158
– Veräußerungsgewinn 15a 152
– verrechenbare Verlustanteile
15a 160 ff.
Feststellungsverfahren 15a 121 f.
Haftungsminderung
– Minderung des Haftungsbetrags
15a 102
– Rechtsfolgen 15a 101 ff., 106 ff.
– vorangegangener Verlustausgleich
15a 103
– Voraussetzungen 15a 102 ff.
Normüberblick 15a 2
Normzweck 15a 1
Realteilung einer KG 15a 177
Strukturwandel 15a 186
Tonnagebesteuerung 5a 31
Umwandlung KG in KapGes 15a 171 ff.
– Anteilseinbringung 15a 172
– Betriebseinbringung 15a 171
unentgeltl KG-Anteilsübergang
15a 166 ff.
– ausgleichsfähige Verlustanteile
15a 166 ff.
– verrechenbare Verlustanteile 15a 168
unentgeltl MUeranteilsübertragung
16 423
Verhältnis zu
– anderen Vorschriften 15a 4
– Verfassungsrecht/EU-Recht 15a 7

2531

Nennkapital

Verlustausgleich aufgrund Einlagen
- abw Haftungsregelungen 15a 57 f.
- Aktiva/Passiva 15a 42
- „Anteil am Verlust der KG" (Begriff Ermittlung) 15a 34 f.
- Beteiligungsgewinne 15a 61 ff.
- doppelstöckige PersGes 15a 33
- Einlage durch Forderungsverzicht 15a 45
- Einlagenabgrenzung 15a 43
- Einlagenleistung 15a 44
- Entstehung/Erhöhung eines neg KapKto 15a 50 f.
- Gesellschafterforderungen 15a 47 f.
- Gewerbebetriebeinnahmen 15a 31 ff.
- Kapitalkonto (Funktion, Grundsätze) 15a 41
- kein Komplementärverlust 15a 59
- Kommanditist 15a 32
- Komponenten des KapKto 15a 42 ff.
- Leistung an Gläubiger 15a 77
- mehrere Konten 15a 46
- Nichteinbeziehung ausgleichsfähiger Verluste 15a 60
- persönliche Voraussetzungen 15a 32 f.
- Rechtsfolgen 15a 56 ff.
- Subjekt- und Anteilsidentität 15a 64 ff.
- Umstrukturierungen 15a 65 f.
- verrechenbarer Verlust 15a 56
- Verrechnungszeitpunkt 15a 67
Verlustausgleich bei überschießender Außenhaftung 15a 71 ff.
- Ausschlusstatbestände 15a 81 ff.
- Einlagenrückzahlung 15a 76
- Eintrag am Bilanzstichtag 15a 74
- Haftung nach Handelsrecht 15a 75
- kein erweiterter Verlustausgleich 15a 78
- kein Haftungsnachweis 15a 81
- kein Vermögensminderungsausschluss 15a 82
- namentl HReg-Eintragung 15a 73
- Rechtsfolgen 15a 86 f.
- unwahrscheinl Vermögensminderung 15a 83 ff.
Verlustzurechnung 15 449
- Anerkennung des neg KapKto 15a 15
- Außenhaftung 15a 11
- Bedeutung des § 15a 15a 16 ff.
- Bürgschaft/Nachschusspflicht 15a 23
- einkommensteuerrechtl V. 15a 15 ff.
- „Feststehen" (Begriff) 15a 22
- HB-Jahresabschluss 15a 13

2532

Fette Zahlen = §§

- Kommanditistenstellung 15a 11 ff.
- „künftiger Gewinnanteil" (Begriff) 15a 21
- Liquidationsschlussbilanz 15a 14
- Nachholung 15a 24
- Rechtsfolgen 15a 24
- Rückstellung 15a 24
- Verlustverteilung 15a 12
- Wegfall des neg KapKto mangels Gewinnanteil 15a 20 ff.
Verschmelzung
- Gesellschafter einer KG 15a 176
- KG mit anderer PersGes 15a 176
Wegfall des neg KapKto 15a 151 ff.
Nennkapital, Herabsetzung 17 211 ff.
Nettolohnvereinbarung
Arbeitgeberhaftung 42d 21
Durchführung des LStAbzugs 39b 12 ff.
Hochrechnung LSt auf LSt 39b 16
Lohnsteuererhebung 38 10
Nachweis und Rechtsfolgen 39b 13
Steuerschuldner 39b 13
Nettoprinzip
objektives N. 2 10; 9 1, 4
- Absetzung für Abnutzung 7 82
- Begriff 2 1
- typisierende Regelungen 2 10
- Veranlagung beschr StPfl 50 7
- Werbungskosten 9 4
subjektives N. 2 1, 11
- außergewöhnl Belastungen 33a 1
verfassungsrechtl Grundsatz 2 9
Nettosteuersatz bei beschr StPfl 50a 22 ff.
Netzbetreiber, Rückstellungsbildung 5 550
Netzplantechniker 18 155
Neue Bundesländer, Sondervorschriften 56 ff.
Nexusansatz, Abzugsbeschränkungsausnahme 4j 18 f.
Nicht abgerechnete Lieferungen und Leistungen 5 270
Nicht abziehbare Betriebsausgaben 4 491, 521 ff.
Aufzeichnungen gesonderte 4 620 ff.
Ausgleichszahlung an OrganGes 4 609
Bewirtungskosten 4 540 ff.
Empfängerbenennung *(mit Beispielen)* 4 630
Gästehäuser 4 560 ff.
Geldbußen, Ordnungs-/Verwarnungsgelder 4 604 ff.
Geschenke 4 536 ff.
Gewerbesteuer 4 618

Jagd-, Fischerei- und ähnliche Aufwendungen **4** 567 ff.
Privataufwendungen **4** 617
Repräsentationsaufwendungen unangemessene **4** 601 ff.
Restrukturierungsfondbeiträge **4** 615
Sanktionszuschläge **4** 614
Schuldzinsen *s dort*
steuerliche Zinsen **12** 41
Verpflegungsmehraufwendungen **4** 570 ff.
Vorsteuer bei 35-Euro-Grenze **9b** 11
Nicht abzugsfähige Ausgaben
ABC nicht abzugsfähiger Aufwendungen **12** 32
Abgrenzung Erwerbs-/Privatsphäre **12** 11 ff.
Angehörigenverträge **12** 20 ff.
Anwendungsbereich **12** 2 f.
Aufteilungs-/Abzugsverbot **12** 10
Erbschaft- und Schenkungsteuer **12** 39
Geldstrafen uÄ **12** 42 f.
Haushalt/Unterhalt (mit Beispielen) **12** 8
Lebensführungskosten **12** 8 ff.
– Abgrenzung Erwerbs-/Privatsphäre **12** 11
– Nachweispflicht **12** 12
– tatsächliche Verwendung **12** 13
– Veranlassungsprinzip **12** 11
– vermutete Verwendung (mit Beispielen) **12** 14
Liebhabereitätigkeiten **12** 16
Personensteuern **12** 38
Rechteüberlassungen **4j** 25
Rechtsverfolgungskosten **12** 38
Repräsentationsaufwendungen **12** 9
steuerliche Nebenleistungen **12** 41
Steuern nicht abzugsfähige **12** 38 ff.
Umqualifizierung von Aufwendungen **12** 15
Umsatzsteuer **12** 40
Verfassungsrecht **12** 4
Verhältnis zu anderen Vorschriften **12** 5
vermögensrechtl Rechtsfolgen **12** 43
Zuwendungen freiwillige **10** 120
Nicht abzugsfähige Zuwendungen
Bedeutungsverlust des Abzugsverbots **12** 34
keine Zurechnung von Einkünften und Aufwendungen **12** 36
Zuwendungsbegriff **12** 35
Nicht entnommener Gewinn
s Thesaurierungsbegünstigung
Nicht selbständige Arbeit 19 1 ff.
ABC der ArbN-Eigenschaft **19** 35
ABC der Einnahmen **19** 100
ABC der Werbungskosten **19** 110
Abgrenzungsfragen
– betriebl Einkunftsarten/Abgrenzungsfragen **19** 3
– Lohnsteuerabzug **19** 5
– Rechtsbeziehungen sonstige **19** 4
– Selbständigkeit **18** 7 ff.
Altersvorsorge **10a** 10
Anwendungsbereich persönl **19** 2
Arbeitgeberbegriff **19** 32
Arbeitnehmer **19** 20 ff.; *s iEinz dort*
Arbeitslohn **19** 40 ff.; *s iEinz dort*
außerordentliche Einkünfte **34** 38, 41
– Sondertätigkeiten **34** 44 ff.
Begriffe Arbeits-/Dienstverhältnis **19** 11
beschränkte Steuerpflicht **49** 85 ff.
– Ausübungsbegriff (Beispiele) **49** 86 ff.
– DBA-Beschränkungen **49** 92
– Entschädigungen **49** 90
– Geschäftsführer **49** 89
– lokal Beschäftigte **49** 88
– Luftfahrt-/Bodenpersonal **49** 91
– Prokurist **49** 89
– Steuererhebungsverfahren **49** 93
– Verwertungsbegriff (Beispiele) **49** 86
– Vorstandsmitglied **49** 89
– Zahlungen in öffentl Kassen **49** 87
Dienstverhältnis **19** 11 ff.; *s iEinz dort*
Einkünfte-/Einnahmetatbestand **19** 10
Einkünfteermittlung **19** 8
Einkünftezurechnung **19** 7
Entschädigungen **24** 16 ff.
ESt-Pauschalierung **37a** 4 ff.
Veranlagung **46** 1 ff.; *s iEinz dort*
Vermögensbeteiligungen **19a** 1 ff.; *s iEinz dort*
Versorgungsfreibetrag **19** 95 ff.
Werbungskostenpauschbetrag **9a** 3
Nichtabziehbare Werbungskosten
s unter Werbungskosten
Nichteisen-Metallvorräte 5 270
Nichtpflichtversicherte, Altersvorsorge **10a** 11
Nichtveranlagungsbescheinigung, Kapitalertragsteuer **44a** 4
Nießbrauch
Ablösezahlungen als Einkünfte **22** 150
Abschreibungsberechtigung **7** 60 ff.
– entgeltlicher Nießbrauch **7** 69 ff.
Aktivierung **5** 270
Bestellung
– entgeltliche **13** 152
– unentgeltliche **13** 153
Betriebsverpachtungsfall **5** 704
Einkünftezielung **2** 22

2533

NLP-Kurse

Fette Zahlen = §§

entgeltl bestellter N. **21** 8, 73
Entnahmen **4** 270
Ertragsnießbrauch **15** 143, 308
Gewinnstammrecht **15** 314
Kapitaleinkünfte **20** 17
Land- und Forstwirtschaft **13** 151 ff.
Mitunternehmerschaft *s dort*
Nießbraucher als Unternehmer **15** 143 ff.
Passivierung **5** 550
Unternehmensnießbrauch **15** 143
Vermächtnisnießbrauch **13** 156, 158
Vorbehalt am übergebenen BV **6** 700 ff.
Vorbehaltsnießbrauch **13** 154; *s dort*
VuV-Einkünftezurechnung **21** 71 ff.
Zuwendungsnießbrauch **13** 156
NLP-Kurse, WK **19** 110
Nominalwertprinzip 5 82; **6** 21
Einkünfteermittlung **2** 6
Nonrecourse-Finanzierung 5 550
Notar 18 97
Praxisaufgabe **18** 260
Notaranderkonto, Abfluss/Zufluss **11** 50
Notenschreiber 18 155
Notfallkoffer, Sofort-AfA **6** 660
Notstands-/Notfallleistungen von Unterstützungskassen **4d** 18, 21
Notwendigkeit
außergewöhnl Belastung **33** 39, 41
Betriebsausgaben **4** 483
Novation 11 50 „Schuldumwandlung"
Zufluss **11** 16
Nullbescheinigung, Grenzpendler **1** 57
Null-Koupon-Anleihen 5 550
Nutzungen/Nutzungsrechte
Abschreibung **7** 41, 60 ff.
– Befugnis **7** 53
– Drittaufwand **5** 101
Aktivierung **5** 270
Anschaffungskosten **6** 85 f.
Begriff **5** 176 ff.
beschr StPfl (Beispiele) **49** 113
Besteuerungsgrundsätze **4** 226
Drittnutzung eines fremden WG **5** 185
Ehegatten **26b** 6
Entnahme bei Übertragung unter Vor-/Rückbehalt **5** 653
Gewinnrealisierung **5** 680
immaterielle Wirtschaftsgüter **5** 176 ff.
Rückstellung wegen Verletzung **5** 398
Sanierungsmaßnahmen zu eigenen Wohnzwecken **35c** 10
selbständiges Wirtschaftsgut **5** 101
Sonderbetriebsvermögen **15** 514 ff.

Sondernutzungsrechte **4** 270
sonstiger Nutzungsaufwand **4** 228
verdeckte Einlagefähigkeit **6** 862
VuV-Einkünftezurechnung **21** 71 ff., 77
Wirtschaftsgut als Entnahme **4** 270
Zurechnung von WG **5** 156
Nutzungsänderungen, Einlage/Entnahme **4** 270 „Nutzung"
Nutzungsaufwand
Einlagen **4** 224 ff.
Entnahmen **4** 224 ff.
Nutzungsbereich, Abgrenzung zum Vermögensbereich **22** 136 ff.
Nutzungsdauer
Computerhardware **7** 169
Wirtschaftsgut bei unterjähriger N. **5** 270
Nutzungseinlagen 4 224 ff.
laufende Nutzungen **15** 436
Nutzung des eigenen PV **5** 186
Nutzungsentnahmen 4 224 ff.
Bewertung zu Selbstkosten **6** 517 f.
Mitunternehmer **15** 627
Nutzungsüberlassungen 10 120
Begriff **22** 139
Entgelt als Betriebseinnahmen **4** 441
Gewinnrealisierung **5** 618
Gewinnrealisierungszeitpunkt **5** 607
Vermietung und Verpachtung **21** 5 ff.; *s iEinz dort*
Verteilung von Vorauszahlungen **11** 42
Vorteil als Sachbezug **8** 18
Nutzungsvergütungen
begünstigter Steuersatz **34** 36
Inanspruchnahme von Grundstücken **24** 80 f.
Steuerabzug bei beschr StPfl **50a** 13
Nutzungsverpflichtungen, Bilanzierung **5** 321
Nutzungsvorbehalte, Gegenleistung **10** 120 (5)
Nutzungsvorteile 4 225
Rechtscharakter **5** 100
Nutzungswert, Wohnungsaltfälle **13** 81
Nutzungszusammenhang, WG-Herstellung **6** 166

Obhut eines Kindes **24b** 10
Obhutsprinzip beim Kindergeld **64** 2, 5
Objektbegriff, gewerbl Grundstückshandel **15** 48
Objektbeschränkung, Wohnungsnutzung bei Baudenkmalen/Gebäuden in Sanierungsgebieten **10f** 14
Objektives Nettoprinzip
s Nettoprinzip

Magere Zahlen = Rz

Objektivierungsprinzip 5 67
Objektsteuer, KapErtragSt 43 1
Objektversicherungen, Unteilbarkeit nach § 12 4 182
Obstbauanlage/Obstplantage als Teilbetrieb 16 130
Offene Handelsgesellschaft (OHG)
 s unter Mitunternehmerschaft
Öffentliche Private Partnerschaften, Aktivierung 5 270
Öffentliche Verkehrsmittel, Fahrten mit öffentl Verkehrsmitteln *s dort*
Öffentlich-rechtliche Ansprüche, Gewinnrealisierung 5 680
Omnibusunternehmen
 Entschädigungen 24 15
 Teilbetrie 16 130
Optiker, Rückstellung 5 550
Optionen/Optionsrechte 19 100 Ankaufsrecht
 Aktivierung 5 270
 Anschaffungskosten 6 140
 Betriebsaufspaltung 15 803a
 Fristverlängerung keine Entschädigung 24 27
 Kapitalertragsteuer 20 169
 MUerschaft-Option nach § 10 KStG 15 160a–d
 Option nach § 1a KStG 34a 8
 Sachbezugsbewertung 8 27
 Steuersatz bei ao Einkünften 34 40
 Veräußerung 17 110
 Zahlungsansprüche der Witwe eines Arbeitnehmers 24 60
 Zufluss 11 50
Optionsanleihen 5 270, 550
 Anschaffungskosten 6 140
 Aufgeldzahlung 4 460
 KapESt 20 117
Optionsgeschäfte 5 270 „Finanz ..."
 selbständiges immaterielles WG 5 144
 sonstige Leistungen 22 150
 Zweivertragstheorie 5 144
Optionsgesellschaften, Entlastungsausschluss 50d 74 ff.
Optionsscheine, KapESt 20 117
Ordnungsgelder, Abzugsverbot 4 604 ff.
Ordnungsmäßigkeit der Buchführung *s* Grundsätze ordnungsmäßiger Buchführung
Organerträge, Progressionsvorbehalt 32b 126
Organisationsaufwendungen 5 270
Organist/Orgelbauer 18 155

Passive Rechnungsabgrenzung

Organschaft
 Ausgleichszahlungen 4 609
 Betriebsaufspaltung 15 871
 notwendige Anteile im BV 4 163
 PersGes als Organträger 15 175
 Rücklage nach § 6b **6b** 3
 Steuerermäßigung bei GewBetr-Einkünften 35 54
 Steuerpflichtige 1 12
 Teilwertschätzung 6 285
 Wertminderung/Teilwert-AfA 3c 19
 Zinsschrankenregelung **4h** 8
 – und EBITDA **4h** 11
Orthoptist 18 155
Ostdeutschland, Sondervorschriften 56 ff.
Outplacementberatung 15 150; 18 155; 19 100

Pacht
 Abschreibungsberechtigung 7 77
 Abstandszahlungen 24 15
Pachtaufhebungsentschädigung 5 550
Pächter als Unternehmer 15 143 ff.
Pachterneuerung 5 270, 550
Pachtverträge 5 691 ff.
 Fremdüblichkeit 12 30
Pachtzinsforderung, Veräußerung 21 107
Paketzuschlag, Anteile an KapGes 6 278
Palettentausch 5 550
Papierkorb 9 270
Parapsychologe 18 155
Parkplatzgestellung 19 100
Parlamentsstenograph 18 155
Parteien
 Begriff **10b** 18
 Beiträge als Werbungskosten 22 163
 StErmäßigung von Zuwendungen 34g 1 ff.; *s iEinz unter* Spenden
Parteispenden
 s Spenden
 nichtabziehbare WK 9 331
Partenreederei 15 374
 Mitunternehmerschaft 15 169
Partiarisches Darlehen
 Kapitaleinkünfte 20 96
 negative Drittstaateneinkünfte **2a** 32
PartnerschaftsGes 15 160 ff., 334
 abweichendes Wj **4a** 7
 Freiberufler 18 41
Passive Rechnungsabgrenzung
 s Rechnungsabgrenzung

2535

Passivierung

Fette Zahlen = §§

Passivierung 5 301 ff.
ABC der Passivierung **5** 550
einredebehaftete Verbindlichkeiten
  5 313
erfolgsneutrale/-wirksame P. **5** 302
Gegenstand/Voraussetzungen **5** 301 ff.
Maßgeblichkeitsgrundsatz **5** 305
Postengliederung **5** 306
Schulden **5** 302
Verpflichtungsübernahme **5** 503 f.
Wertberichtigung **5** 304
Passivierungsgebote
passive RAP (Funktion) **5** 245
Rückstellungen **5** 352
Verbindlichkeiten **5** 310 f.
Passivierungspflicht, Pensionsrückstellungen **6a** 2 f.
Passivierungsprinzip 5 78
Passivierungsverbote
Rückstellungen **5** 352
Schutzrechtsverletzungen **5** 391 ff.
Verbindlichkeiten **5** 312
Passivierungswahlrechte, Rückstellungen **5** 353
Passivtausch 4 83
Patentanwalt, Freiberuflichkeit **18** 97
Patentberichterstatter 18 155
Patente 4 174
Abschreibungszeitraum **7** 169
Aktivierung **5** 270
Rückstellungen **5** 391 ff., 398
Verwertungen **22** 150
Wirtschaftsgut **5** 143
Patronatserklärungen 5 550
Pauschalbewertung 5 69
Pauschalierung
Entfernungspauschale *s dort*
Verpflegungsmehraufwendungen **9** 311
Pauschalierung der ESt 37a 1 ff.
Auslagenersatz **37a** 5
Bonusmeilen/Bonuspunkte **37a** 3 ff., 6
Gewinneinkünfte **37a** 3
nichtselbständige Arbeit **37a** 4 ff.
Rechtscharakter der PauschalSt **37a** 8
Steuersatz **37a** 7
Verfahren **37a** 7
Pauschalierung der ESt bei Sachzuwendungen 37b 1 ff.
Anmeldung/Abführung **37b** 25
Anwendungsbereich **37b** 2
Bemessungsgrundlage **37b** 14
Betriebsveranstaltungen **37b** 22
Dritt-Sachzuwendungen **37b** 4 ff.
– betriebl Veranlassung **37b** 5
– Bewirtungsaufwendungen **37b** 7

– Incentivreisen **37b** 8
– zusätzliche Leistung **37b** 6
an eigene Arbeitnehmer **37b** 20 ff.
einheitliche Pauschalierung **37b** 16
Einladungen **37b** 11
Geschenke **37b** 9, 21
– Abgrenzung zu Zuwendungen **37b** 10
Höchstgrenzen **37b** 15
Pauschalierungsausschluss **37b** 22
Rechtsfolgen **37b** 23
Streuwerbeartikel **37b** 12
Unterrichtspflichten des Zuwendenden
  37b 24
Zuwendungsempfänger **37b** 13
Pauschalierung der LSt
s Lohnsteuerpauschalierung
Pauschalwertberichtigungen, Teilwertschätzung **6** 304
Pauschbeträge/Pauschsätze
Aufteilung bei Veranlagung **46** 21
Behindertenpauschbetrag **33** 69
beschränkte Steuerpflicht **50** 14, 22
Betriebsausgaben **4** 496, 520
– Forstwirtschaft **13** 18 f.
Finanzverwaltungssätze **9a** 9 ff.
selbständige Tätigkeit **18** 216
Sonderausgaben-Pauschbetrag **10c** 1 ff.
unentgeltliche Wertabgaben **6** 585
Verpflegungsmehraufwand **4** 574 f.
Versorgungsbezüge **9a** 4
wiederkehrende Bezüge **9a** 6
Zusammenveranlagung **26b** 7
Pausch-/Pauschalbesteuerung
ArbG-LohnSt-Übernahme **39b** 13
Geschenke **4** 537
Kfz-Gestellung *s dort*
Schiff-/Luftfahrtunternehmen **49** 142 f.
Pay-TV-Aufwendungen 19 110
Pendlerbesteuerung *s* Grenzpendler …
Pensionsabfindung 24 15
Entschädigung **24** 27
Pensionsanspruch 6a 7 f.
Pensionsanwartschaften 5 270
begünstigter Steuersatz **34** 41
Pensionsberechtigter *s* unter Pensionsrückstellungen
Pensionsfonds 4e 1 ff.
Altersvorsorgezulage **82** 5
Auswirkungen beim ArbN **4e** 10
begrenzter BA-Abzug der Beiträge **4e** 4 ff.
Beitragspflicht zum PSV **4e** 1, 7
Besteuerung der Leistungen beim ArbN
  4e 11
Differenz Auflösung/Zuwendung **4e** 9
Entgeltumwandlung **4e** 2

Magere Zahlen = Rz

Kapitaldeckungsverfahren **4e** 5
Körperschaftsteuer **4e** 6
Mindestleistungspflicht **4e** 7
stfreie ArbG-Leistungen **3** 223
Übernahme von Versorgungsverpflichtungen durch Pensionsfonds **4e** 8 ff.
Übertragung von Versorgungsverpflichtungen **4d** 26
Versicherungsaufsicht/Leistungsarten **4e** 7
Versorgungsrechtsanspruch **4e** 2
Verteilung des BA-Abzugs **4e** 8
Pensionsgeschäfte
Aktivierung **5** 270
Gewinnrealisierung **5** 680
sonstige Leistung **22** 150
Pensionskassen 4c 1 ff.
s auch Unterstützungskassen
Abgrenzung zu Unterstützungskasse **4c** 4
Abzug von Zahlungen **4c** 1
Altersvorsorgezulage **82** 5
Anwartschaftszeit **4c** 5
ArbN-Besteuerung **4c** 9 ff.
Begriff **4c** 2
beschr Abzug von Zuwendungen **4c** 6
Besteuerung
– kapitalgedeckte P. **4c** 10
– umlagefinanzierte P. **4c** 11
Entgeltumwandlung **4c** 1
Gruppen-/Konzernpensionskassen **4c** 3
Kassenzuweisung als Arbeitslohn **4c** 9 ff.
Lohnsteuerpauschalierung **40b** 2
Nichtabzug
– Zuwendungen darüber hinaus **4c** 7
– Zuwendungen an sich selbst **4c** 8
Rechtsanspruch auf Leistung **4c** 4
Stfreiheit von ArbG-Zuwendungen **3** 188
Trägerunternehmen **4c** 5
– Rückzahlung an T. **4c** 7
versicherte Arbeitnehmer **4c** 5
Zahlungszufluss **11** 50 „Zukunft …"
Zukunftsicherungsleistungen **40b** 2
Pensionsrückstellungen/Pensionszusagen 6a 1 ff.
Abfindung/Auslagerung **6a** 69
„ähnliche" Verpflichtungen **6a** 6
Aktivierung **5** 270
Altersgrenze **6a** 42
– variable **6a** 58
Altzusagen/Neuzusagen **6a** 3
„anderes Rechtsverhältnis" **6a** 75
Anpassungen an Kaufkraft **6a** 63 f.
Anpassungsverpflichtung **6a** 57
Anrechnung von Vordienstzeiten **6a** 54
Anwartschaftsdynamik **6a** 8
Auflösung **6a** 66 ff.

Pensionsrückstellungen

Barwert **6a** 51
Beginn des DienstVerh **6a** 54
Berechnungs-/‚Buchungsfehler, Rechtsirrtum **6a** 61
Berücksichtigung von SV-Renten **6a** 56
Bewertung **6a** 51 ff.
Direktversicherungsabschluss **6a** 67
Ehegatten **6a** 34 ff.
– Angemessenheit **6a** 39
– Eindeutigkeit der Zusage **6a** 38
– Gleichbehandlungsgebot **6a** 39
– Nachweis/Fremdvergleich **6a** 37 ff.
– Nachzahlungsverbot **6a** 41
– Schriftform **6a** 38
– Sicherstellung **6a** 40
– Überversorgung **6a** 39
Eindeutigkeitsgebot **6a** 15
Einmann-GmbH & Co KG **6a** 35
Entgeltumwandlung **6a** 16, 44
Entstehungsgrund **6a** 8
Erhöhungen **6a** 61 ff.
Gesellschaftergeschäftsführer **6a** 17 ff.
– Altersgrenze **6a** 23
– Angemessenheit **6a** 21, 39
– beherrschende Stellung **6a** 19
– betriebliche Veranlassung **6a** 20 ff.
– Beweis-/Feststellungslast **6a** 17
– Erdienbarkeit/Erdienungszeitraum **6a** 22 f.
– Ernsthaftigkeit **6a** 20
– Finanzierbarkeit **6a** 26
– Fremdvergleich **6a** 17, 21 f.
– GmbH & Co KG/KGaA **6a** 29
– Invaliditäts- und Hinterbliebenenversorgung **6a** 25
– Invaliditätszusage/Anwartschaftsbarwert **6a** 26
– Nachzahlungen **6a** 27
– Pensionsalter **6a** 18
– Rückdeckungsversicherung **6a** 20
– Trennungsprinzip **6a** 17
– Überversorgungsgrenze **6a** 21
– Unverfallbarkeitszusage **6a** 45
– Verpflichtungsübertragung auf anderen Träger **6a** 9
– Versorgungslücke **6a** 24
– Weiterbeschäftigung nach Pensionierung **6a** 27 f.
– Witwenrente **6a** 36
– Zinsen/Zeitvorgaben **6a** 22 f.
Gleichbehandlungsgrundsatz **6a** 15
Höchstgrenze **6a** 51
Inhaberklauseln **6a** 11
Jubiläumszuwendungen **6a** 6
künftige Bezüge **6a** 10

2537

Pensionssicherungsverein

Fette Zahlen = §§

Mehrfacherhöhungen **6a** 57
Mindestalter des Berechtigten **6a** 43
mittelbare Verpflichtungen **6a** 5
Mustervorbehalte **6a** 11
Nachholverbot **6a** 42, 61 ff.
Nachweis des Pensionsanspruchs **6a** 60
Passivierungspflicht **6a** 2 f.
Passivierungsverbot steuerliches **6a** 5
Pensionsanspruch **6a** 7 f.
Pensionsberechtigter **6a** 16
– Arbeitnehmerehegatte **6a** 34 ff.
– betriebliche Veranlassung **6a** 16
– Ges'tergeschäftsführer **6a** 17 ff.
– Mitunternehmer **6a** 35
– Umwandlung KapGes/PersGes **6a** 30
– Umwandlung PersGes/KapGes **6a** 31
Pensionsverpflichtung **6a** 7 f.
Pensionszahlungen als Sondervergütungen **15** 585 ff.
Rechenzinsfuß **6a** 51
Rentendynamik **6a** 8
Rückdeckungsversicherung **6a** 12
– Abschluss **6a** 67
Rückstellungsvoraussetzungen **6a** 7 f.
Rückstellungszeitraum/Wahlrechte **6a** 58
Schriftform **6a** 15
Schuldbeitritt **6a** 55
Stichtagsprinzip **6a** 60, 64
technischer Rentner **6a** 58
Teilrente **6a** 9
Teilwert
– Differenzbegrenzung **6a** 61
– Einmalbetrag **6a** 53
– Ermittlung **6a** 53
Treueprämien **6a** 6
Übernahme Pensionsverpflichtung **6a** 55
Überversorgung **6a** 56
– Nur-Pension **6a** 57
Umwandlungsfälle **6a** 54
Unternehmenskauf **6a** 32
Unternehmensveräußerung **6a** 68
Unverfallbarkeit **6a** 44
verdeckte Gewinnausschüttungen **20** 58
Versorgungsausgleich **6a** 16
Verteilung von Einmalbeträgen **6a** 65
Verteilungswahlrechte **6a** 4
Verzicht **6a** 70 ff.
– auf „Future Service" **6a** 72
– mit Gegenleistung **6a** 73
– Gesellschaftergeschäftsführer **6a** 71
– auf verfallbare Anwartschaft **6a** 74
Vorruhestandsleistungen **6a** 6
vorzeitiger Versorgungsfall **6a** 46
Widerrufsvorbehalte **6a** 11

Zeitpunkt der erstmaligen Bildung **6a** 42 ff.
Pensionssicherungsverein
künftige Beitragsverpflichtung **5** 550
Pensionsfonds **4e** 1, 7
Pensionstierhaltung 13 39
Pensionsverpflichtungen 6a 7 f.
Betriebsveräußerung **16** 315
Personalberater/Personalvermittler 15 150; **18** 155
Personalcomputer
s Computer
BA **4** 520
Personalrabatte 8 70 ff.; **19** 110
angebotener Endpreis **8** 76
Arbeitslohn **19** 57
ArbG-Aufzeichnungen **8** 78
ArbG-Lieferungs-/Leistungspalette **8** 72
Freibetrag **8** 77
keine Pauschalierung **8** 75
Konzernleistungen **8** 73
Marktvertrieb/ArbN-Bedarf **8** 74
Rabattfreibetrag **8** 77
Waren und Dienstleistungen **8** 71
Wertermittlung **8** 76
Personalsachbearbeiter 18 155
Personen juristische, Steuerpflicht **1** 12
Personen natürliche, Steuerpflicht **1** 11
Personenbeförderungsgenehmigung 5 270
Personengesellschafter, SozialVers-Beiträge als SA **10** 14
Personen(handels)gesellschaften
s auch Gewerbebetrieb
s auch Mitunternehmerschaft
Abfärbe-/Infektionstheorie **15** 185 ff., 196
atypisch stille Gesellschaft **15** 187
Ausgliederungsmodell **15** 193
ausländisches Recht
– Mitunternehmerschaft **15** 169
Beteiligungen **4** 161
Betriebsaufspaltung *s dort*
Betriebsstätten **19** 28
Betriebsunternehmen **15** 855
Betriebsvermögen **4** 54
doppelstöckige Personengesellschaft *s unter* Mitunternehmerschaft
Drittstaatenbeteiligungsverluste **2a** 25
Entnahmen und Gewinnzurechnung **6** 585
Familien(personen)gesellschaften *s dort*
freiberuflich tätige PersGes **15** 190
– beschränkte Steuerpflicht **49** 79

Magere Zahlen = Rz

geringfügige Tätigkeit (Bagatellgrenze) 15 188
Gesamthandsvermögen 15 480 f.
gewerblich geprägte Personengesellschaft 15 211 ff., 212 ff.
– Anwendungsbereich zeitl 15 234
– Begriff KapGes 15 216
– Begriff PersGes 15 215
– doppelstöckige PersGes 15 216
– Einkünfteerzielungsabsicht 15 225
– Einzelfälle 15 227 ff.
– Fiktion der einheitl gewerbl Tätigkeit 15 231
– Geprägetheorie 15 211 f.
– Geschäftsführungsbefugnis 15 221 ff.
– Gewerbesteuerpflicht 15 232
– GmbH & CoKG 15 216
– Nicht-Ges'ter als Geschäftsführer 15 224
– persönlich haftende Ges'ter 15 218
– Rechtsfolgen 15 231
– Rückwirkung 15 234
– Sonderfälle 15 533
– Tatbestandsänderungen 15 233
Gewinnrealisierung durch Einbringung 5 637
Investitionsabzugsbetrag 7g 81 ff.
Kfz-Gestellung 6 573
Mitunternehmerschaft 15 169 f.
nichtgewerbliche PersGes 15 200 ff.
– anteilige Einkünfteermittlung 15 206
– Einkünftefeststellung 15 202 ff.
– KapGes als K'tist 15 201
– Nur-Kapitalgesellschaft 15 229
Organträger 15 175
Rücklage nach § 6b 6b 4
SchwesterPersGes/Sondervergütungen 15 600 ff.
Steuerpflichtige 1 13
teils gewerblich tätige PersGes
– Ausweichgestaltungen 15 193
– einheitliche Beurteilung 15 185 ff.
– Einkünfteerzielungsabsicht 15 185 ff., 192
– Voraussetzungen 15 185 ff.
Teilwertabschreibung 6 330
Thesaurierungsbegünstigung 34a 1 ff.;
  s iEinz dort
Tonnagegewinnbesteuerung 5a 21
Veräußerung von Anteilen 17 41 ff.
vermögensverwaltende OberGes 15 189
VuV-Zurechnung PersGes/Ges'ter 21 69 ff.
Zebragesellschaft 15 201
Zinsschrankenregelung 4h 8 f.

Pflegekosten

Personenidentität, KapGes bei Verlustabzug 10d 13
Personenmehrheiten, VuV-Einkünfte 21 64 ff.
Personenschutz 33 90
Personensteuern, Abzugsverbot 12 38
Personenverkehrskonzession, AfA 7 41
Personenversicherungen
betriebliche/private 4 184 f.
– Beispiele 4 187 ff.
Unteilbarkeit nach § 12 EStG 4 183
Personenzusammenschlüsse 18 39 ff.
Persönliche Sicherheitskosten 12 32
Persönliche Steuerpflicht 1 1 ff.
Arten 1 2
Persönlichkeitsbildung/Persönlichkeitsentfaltung 10 90; **12** 32
Aufwendungen als ag Belastung 33 90
Persönlichkeitsrechte, VuV-Einkünfte aus zeitl Überlassung 21 103
Pfandflaschenrückgabe 22 150
Pfandgeld
Anschaffungskosten 6 140
Rückstellung 5 550
Pfandrechte
Wirtschaftsgutzurechnung 5 154
Zurechnung bei Veräußerung 17 79
Pfändung
s auch Verpfändung
Kindergeldanspruch 76 1
Zu- und Abfluss 11 50
Zusammenveranlagung 26 17
Pfarrer 19 35 Kirche
Werbungskosten 19 110
Pferdezucht/Pferdehaltung 13 34
Deckhengsthaltung 13 34
Pferderennen 13 34
Reiterhof 13 34
Pflanzenanlage, keine SofortAfA 6 661
Pflege 33 90
Pflegedienst, Selbständigkeit 18 29
Pflegegeld 22 150
Pflegeheim 33 90 „Altersheim"
Pflegekinder 32 12 ff.
Berechnung längere Dauer 32 14
Erwerbszweckverbot 32 17
familienähnl Band 32 13
Haushaltsaufnahme 32 15
Kindergeld 63 2
Konkurrenzregelung 32 18
Personensorge 32 16
Pflegekosten 10 120

2539

Pflegeleistungen

Fette Zahlen = §§

Pflegeleistungen
Steuerermäßigung **35a** 11
steuerfreie Leistungen **3** 123
Pflegepauschbetrag 33b 33ff., 38
Bindungswirkg der Bescheinigg **33b** 43
Evaluation **33b** 45
häusliche Pflege **33b** 35
Identifikationsnummer **33b** 39
keine eigenen Einnahmen **33b** 36
Konkurrenzfragen **33b** 41
mehrere Pflegepersonen **33b** 40
Nachweisanforderungen **33b** 42 ff.
persönliche Pflege **33b** 34
Versorgung Pflegebedürftiger **33b** 34 ff.
Zwangsläufigkeit (mit Beispielen) **33b** 37
Pflegepersonen, steuerfreie Beitragserstattungen **3** 35
Pfleger 18 141, 155
Pflegetätigkeit, Pflegeversicherung **19** 35
Pflegeversicherungsbeiträge, Sonderausgabenabzug **10** 46 ff.
Pflegeversicherungsleistung, stfreie **3** 7
Pflichtteilsverzicht 22 150
Pflichtversicherte, Altersvorsorge **10a** 10
Pharmaberater 15 150
Pharmacosmetologe 18 155
Photo ... s Foto ...
Physiotherapeut 18 155
Pilgerfahrt 33 90
Pilot 15 150; **18** 155
Pilotenschein 12 32 „Flugzeugkosten"
Pkw s Kfz
Planungsberater 18 155
Planungskosten, spätere und HK **6** 209
Podologe 18 155
Poker 15 150
Policendarlehen
Darlehenssicherung bei PersGes **15** 431
Direktversicherung **4b** 30
Zinsen als Betriebsausgaben **4** 520
Politikberater 18 155
Politische Parteien s Parteien
Poolabkommen, beschr StPfl **49** 34
Poolabschreibung, gleichartige WG **7** 22
Pool-Kfz 8 39
Pornographie 18 155
Portfolio-Hedging, Bewertung **5** 70 f.
Postbeamte, Steuerbefreiung für ehemalige P. **3** 120
Prämien 19 100
Mobilitätsprämie s dort

Prämienanspruch, Aktivierung **5** 270
Prämienschuld 5 550
Praxisaufgabe 18 253 ff.
Praxisausfallversicherung, BA **18** 190
Praxiserwerb, Abschreibung **7** 44
Praxiswert
Abgrenzung gegenüber
– Geschäftswert **18** 200 ff.
– Verpachtung/Veräußerung **18** 215
Abschreibung **5** 228; **18** 202
Aktivierung **5** 270
Anteilsveräußerung **18** 209
Begriff **18** 200 ff.
Einheitstheorie **18** 203
Einzelfälle **18** 208
Erwerb von KapGes **18** 214
Fortführung durch Berufsfremde **18** 210
Nutzungsdauer **18** 202
Praxiseinbringung in GmbH **18** 213
Sozietätspraxiswert **18** 208
Umwandlung in Geschäftswert **18** 213
Verpachtung einer Praxis **18** 215
Vertragsarztzulassung **18** 200, 202
PR-Berater 18 155 „Werbe-..."
Preisausschreiben 22 150 „Preise"
Preise
Arbeitslohn **19** 100
Einnahmen **4** 460
Geldpreise **18** 174
sonstige Leistungen **22** 150
Wettbewerbpreise **18** 174
Preisgefahrübergang, Gewinnrealisierung **5** 609
Preisnachlass 5 550
AK-Minderungen **6** 67
Sachbezugsbewertung **8** 23
Prepaidvertrag, Aktivierung **5** 270
Privataufwendungen 4 617
Private Equity Fonds/Pools 15 90; **18** 280 ff.
Private Lebensführung
Bewirtungskosten **4** 546
Mitunternehmerschaft **15** 496
Private Veräußerungsgeschäfte
s Veräußerungsgeschäfte private
Privatfahrt, Unfall mit BetriebsPKW **4** 520 „Verlust"
Privatkredit 4 140
Privatschulen
Kosten **33** 90
selbständige Tätigkeit **18** 29
Privatsphäre, Lebensführung **12** 11
Privatunterrichtslehrer 19 35
Privatvermögen, Begriff **4** 41
Probandenhonorare 22 150

Magere Zahlen = Rz

Probennehmer 18 155
Produkthaftung, Rückstellung 5 550
Produktionsabgaberückstellung
5 550
Produktionsaufgaberente 3 100
Produktionsbetrieb, TeilBetr 16 130
Produktionseinstellung, Entschädigungen 24 15
Produktivitätsklausel 2a 14, 30
ausl Beteiligungsverluste 2a 30
Professor, WK-Abzug bei Emeritierung
19 110
Programmablaufplan für LStAbzug
39b 24
Progressionsvorbehalt 32b 1 ff.
nach anderen Vorschriften 32b 22 ff.
Anwendungsbereich 32b 5 f.
ao Einkünfte 34 56 f.
ArbN-Pauschbetrag 32b 41
Doppelbesteuerung 1 81
einzelne Leistungen 32b 12
einzelne Tatbestände 32b 10 ff.
Nachweise 32b 24
negativer P. 2a 46
– und Verlustausgleich 2 59
– Verluste 32b 40
– Organerträge 32b 26
Sozialleistungen
– Datenfernübertragung 32b 45 ff.
– steuerfreie S. 32b 10
steuerfreie Einnahmen 3 3
Steuerfreiheit nach DBA 32b 16
Steuersatzberechnung 32b 30 f.
– Abzüge 32b 34
– Einkünfte außerordentl 32b 39
– Einkünfte steuerbare 32b 37
– Einkünfte steuerfreie 32b 38
– Einkünfte/Leistungen steuerfreie
32b 31
– Einnahmen 32b 33
– Leistungsrückzahlungen spätere 32b 35
– Progressionseinkünfteberechnung
32b 37 ff.
– Progressionsleistungen 32b 33 ff.
– Verluste 32b 40
– Zwei-Stufenberechnung 32b 30
Steuerstundungsmodelle 32b 18
Streikunterstützungen 32b 11
Tarifprogression (Begriff) 32b 1
Veranlagung 32b 3; 46 13
Verfahrensfragen 32b 3
Verlustausschluss 32b 42
wechselnde/zeitl begrenzte StPfl 32b 14
Zusammenveranlagung 26b 9
zwischenstaatl Übereinkommen 32b 20

Quellensteuer

Progressive Methode, TW-Schätzung
6 252
Projektmanager/Projektierer 15 150;
18 155 „Elektroanlagenplaner"
Prokurist, beschr StPfl 49 89
Promotion s Doktortitel
Promotionsberater 18 155
Prospekthaftung 5 550
Prospektverteiler 19 35
Prostitution 19 35; 22 150
Provisionen
Bilanzierung 5 270
Entschädigungen 24 45
Gewinnrealisierung 5 608, 680
Herstellungskosten 6 203
sonstige Leistungen 22 150
Provisionsanspruch 5 680
Provisionsnachlass 19 100
Prozesskosten 12 32
Anschaffungskosten 6 140
außergewöhnl Belastungen 33 90
Herstellungskosten 6 210
keine ag Belastungen 33 62 ff.
Rückstellung 5 550
selbständige Tätigkeit 18 190
Vermietung und Verpachtung 21 148
Werbungskosten 19 110
Zuschuss 22 150
Prozesszinsen, LStPauschalierung 40 3
Prüfungsrecht
Bauabzugsteuer 48a 5
Finanzverwaltung 50b 1
Prüfungsgegenstände/Verfahrensbeteiligte
50b 1
Prüfungstätigkeit 18 155;
19 35 Nebentätigkeit
Psychologe 18 155
Psycho-Physiognomik-Kosten als
WK 19 110
Psychotherapeut 18 155
Public-Relation-Berater 15 150
Publikumsfonds
Besteuerung
– inl Fondsanleger 20 80 ff.
– Publikumsfonds 20 78 f.
Investmenterträge 20 77 ff.
Publikumsgesellschaften, StPfl 1 13
Publikums-GmbH & Co KG
15 705 ff.

Quellensteuer
Befreiung inl TochterGes 43b 1 ff.
Informationsweitergabe 50h 1 f.
Lizenz-/Zinsbesteuerungsverzicht
50g 1 ff.

2541

Rabatte

Rabatte 19 100
Betriebseinnahmen 4 460
Freibetrag bei Personalrabatten 8 77
Rabattmarken 5 550
Radioüberlassung, Sachbezugswert
 8 65
Rahmenvertrag, Entschädigung 24 15
Rangrücktritt
Aktivierung 5 270
Passivierung 5 550 „GesFinanzierung"
Ratenkauf 21 148; *s auch* Kaufpreisraten
Ratenkaufverträge 5 724
Ratenverkauf 23 94
Rationalisierungen, Entschädigung
 24 40
Rätselhersteller 18 155
Räume, Aufteilung/Zuordnung BV/PV
 4 121
Raumgestalter 18 155
Rauminhalterweiterung, HK **6** 171
Räumungskosten 21 148
Anschaffungskosten **6** 140
VuV-Einkünfte **21** 143
Rauschgifthandel/-händler 15 150
Reale Anteile/reale Teile
Einlagen/Entnahmen **4** 223
Wirtschaftsgüter **5** 135
Realgemeinden 13 58
Rücklage nach § 6b **6b** 3
Realisationsprinzip 5 78 ff.
Entstrickung als Ersatztatbestand **4** 240
realisierter Aufwand **5** 80
realisierter Ertrag **5** 79
stille Reserven **4** 87
Verbindlichkeiten **5** 381 f.
Realisationszeitpunkt
 s Gewinnrealisierung
Realsplitting 10 102 ff.; **22** 103
Sonderausgabenabzug **10** 50, 102 ff.
Unterhaltsleistungen **10** 103
 – Antrag/Frist/Form/Wirkung **10** 106
 – begünstigte Empfänger **10** 104
 – Empfängerzustimmung **10** 107
 – Höchstbetrag der SA **10** 105
 – Lebenspartner **10** 104
 – Rechtsfolgen von Antrag/Zustimmung
 10 109
 – Voraussetzungen/Nachweise **10** 108
Realteilung
Erbauseinandersetzg **16** 614 ff., 625 f., 639
gewerbl Grundstückshandel **15** 72
LuF-Betrieb **14** 38
Veräußerung von Anteilen **17** 35
Realteilung einer KG bei negativem
 KapKto **15a** 177

Fette Zahlen = §§

**Realteilung einer Mitunternehmer-
 schaft 16** 520 ff.
Abgrenzung zur Sachwertabfindung
 16 531
Begriff der MUerschaft **16** 534
Begriff der Realteilung **16** 530
begünstigter Veräußerungsgewinn **34** 26
betriebliches Zielvermögen **16** 538 f.
Buchwertfortführung **16** 520
ertragsteuerliche Fallgruppe **16** 521
gewinnneutrale Realteilung **16** 530 ff.
gewinnrealisierende Realteilung **16** 548 ff.
 – Behaltefrist **16** 549 ff.
 – Entstrickung **16** 548
 – Körperschaftsteuerklausel I und II
 16 553 ff.
Kapitalkontenanpassung **16** 520
keine Realteilung/Missbrauch **16** 532
Realteilungsgegenstände **16** 535 ff.
Rechtsentwicklung **16** 523
Rechtsfolgen **16** 541 ff.
 – Realteilung ohne Wertausgleich
 16 541
 – Realteilung mit Wertausgleich
 16 542 ff.
Rücklage nach § 6b **6b** 33
Schwester-Personengesellschaft **16** 539
Verhältnis zu anderen Vorschriften
 16 524 f.
Rechenzinsfuß
Deckungskapital **4d** 8
Pensionsrückstellungen **6a** 51
Rechnungsabgrenzung 5 241 ff.
Abwicklung der RAP **5** 253
aktive RAP
 – Begriff **5** 242 f.
 – Direktversicherung **4b** 26
 – Rspr-Beispiele **5** 255 f.
 – Unterstützungskassen **4d** 24
 – Verhältnis andere Aktivposten **5** 244
antizipative RAP **5** 244
Auflösung der RAP **5** 253 f.
Aufwand nach Bilanzstichtag **5** 248
Begriff **5** 241
„bestimmte Zeit" **5** 250 ff.
Ertrag nach Bilanzstichtag **5** 249
geleistete/erhaltene Anzahlungen **5** 244
Nachholung unterbliebener RAP **5** 241
passive RAP
 – Anwendungsbereich **5** 246
 – Begriff **5** 245 f., 481
 – Rspr-Beispiele **5** 257 f.
transitorische RAP **5** 241
vorausgezahlte Ausgaben/Einnahmen
 5 247

Magere Zahlen = Rz

Rechteüberlassung
Abzugsbeschränkung **4j** 1 ff.; *s* i*Einz* dort
Werbungskosten **9** 332
Rechteverkauf 5 695
Rechtsanwalt
Entschädigungen **24** 15 „Rahmenvertrag"
freiberufliche Tätigkeit **18** 97 f.
Gewinnerzielungsabsicht **18** 99
Sozietät **18** 8
Vertreter **19** 35
Rechtsanwendung 2 32 ff.
Rechtsbehelfe
Anrufungsauskunft **42e** 14
Haftungsbescheid **42d** 58 ff.
Rechtsbeistand 18 155
Rechtsberatende Berufe 18 97 ff.
Rechtshandlungen
Rückstellung für anfechtbare R. **5** 550
Rückwirkung **2** 43 ff.
Rechtsnachfolge
Einkünfte aus ehem Tätigkeit (mit Beispielen) **24** 66 ff.
Kapitaleinkünfte **20** 18
unentgeltl R. bei Betriebsaufgabe **16** 218
Verpflichtungsübernahmen **4f** 5
Rechtsposition, KapEinkünfte **20** 187
Rechtsprechungsänderung, fehlerhafter Bilanzansatz **4** 281
Rechtsschutzversicherung 4 189
Rechtsverfolgungskosten, Betriebsausgaben **4** 520
Rechtsverhältnis, Einkünfte aus ehemaligem R. **24** 63 f.
Rechtsverordnung, Ermächtigung **51** 1
Recycling
Aktivierung **5** 270
Rückstellungen **5** 550
Redakteur 19 35
technischer R. **18** 155
Redaktionskosten 5 270
Referendar 18 8; **19** 35
Ausbildung **10** 90 „Staatsprüfung"
Regelaltersgrenze, DirektVers **4b** 14
Regelmäßig wiederkehrende Einnahmen, Zufluss **11** 25 ff.
Regelzuwendungen, Unterstützungskassen **4d** 19
Regisseur/Regieassistent 18 155
Reinigungsarbeiten 19 35
Reinvestitionen *s* Rücklage nach § 6b bzw § 6c
Reiseberichte 22 150 „Tätigkeit …"
Reisebüro als Teilbetrieb **16** 130
Reisegepäckversicherung 4 190; **19** 100

Renten

Reisekoffer 9 270
Reisekosten
s Entfernungspauschale; Fahrtkosten
Anschaffungsnebenkosten **6** 54
außergewöhnl Belastung **33** 90 „Besuch"
Betriebsausgaben **4** 520; **18** 190
Erstattung **3** 54 ff., 66 ff.; **19** 100
ESt-Pauschalierung **37a** 5
Vermietung und Verpachtung **21** 148
Werbungskostenaufteilung **9** 66
Reiseleiter 18 155; **19** 35, 110 Studienreisen
Reisepasskosten 19 110
REIT-Einkünfte, Besteuerung **3** 230
Reiterhof 13 34; **15** 150
Reitpferd 9 270
Reklamekosten *s* Werbung
Rekultivierungsrückstellung 5 550
Abzinsung **6** 499
Bewertung **6** 484
Relevante Beteiligung
s unter Veräußerung von Anteilen
s Veräußerung von Anteilen
Renovierungskosten
Aufteilungsverbot **12** 32
VuV-Einkünfte **21** 146
Renten
s auch Dauernde Lasten
s auch Versorgungsleistungen
ABC Renten/dauernde Lasten **10** 120
Abfindungen stfreie **3** 23
andere Renteneinkünfte **22** 94
Änderungsmöglichkeiten
– nach § 323 ZPO **22** 27
Änderungsmöglichkeiten
– schädliche **22** 26
– unschädliche **22** 24
– Vermögensübergabeverträge **22** 27
Aufspaltung wiederkehr Bezüge **22** 30
ausländische R. **22** 92
Begriff **22** 20 ff.
Besteuerungsanteil **22** 90
Einmalzahlung/Wertsicherung **6** 444
Entschädigungen **24** 32
Ertragsanteilsermittlung **22** 96
Finanzierungskosten als WK **22** 125
Gleichmäßigkeit der Leistungen **22** 23
Leibrenten *s* dort
Mindestdauer/-laufzeit **10** 120
nachgelagerte Besteuerung **22** 88
nachträgl Versorgungszahlungen **24** 55
Nutzungsüberlassung **10** 120
steuerfreier Teil (mit Beispielen) **22** 93
Systematisierung der R. **22** 51
Überbeiträge **22** 95

2543

Rentenarten

Fette Zahlen = §§

Unterhaltsrenten 10 120
Verpflichtungsinhalt 22 22
Werbungskosten 9 131, 160
Wertsicherungsklauseln 22 25
Zeitrenten s dort
Zufluss und Besteuerung 11 50
Rentenarten 22 21, 91
Besteuerung (Einzelfälle) 22 52
Rürup-Rente 22 91
Rentenbarwert 6 443
Rentenberater 18 155
Rentenbesteuerung
Altersvorsorge/betriebl Altersversorgung 22 6
Besteuerung nach Vorbelastung 22 5
betriebliche Renten 4 192 ff.
Drei-Schichten-Modell 22 3
Grundsätze der R. 22 4 ff.
Leibrenten 22 88 ff.
nachgelagerte Besteuerung 22 4
Übersicht 22 3 ff.
Verfassungsmäßigkeit 22 10, 89
Rentenbezüge, BE 4 460
Rentenbezugsmitteilungen 22a 1 ff.
an Leistungsempfänger 22a 3 f.
durch Versorgungsträger 22a 2
Verspätungsgeld 22a 5
Rentendynamik 6a 8
Rentenhändler 15 150
Renten-Identifikations-Nr 22a 3
Bußgeldverfahren 50f 1
Rentenleistungen, AK zum Erwerb eines WG 6 140
Rentenpflichtversicherte, Altersvorsorge **10a** 10
Rentenschulden, Gewinnrealisierung bei Minderung 5 673
Rentenstammrecht 22 20
Rentenverbindlichkeiten 5 329
Bewertung 6 443 f.
Rentenbarwert 6 443
Sonderfälle der Barwertermittlung 6 444
Rentenverhältnis 16 600
Rentenverpflichtung, AK 6 82
Rentenversicherung
außergewöhnliche Belastungen 33 90
Beiträge als Sonderausgaben 10 34
beschr Verlustabzugsverbot 15b 13
Kapitaleinkünfte (Alt-/Neuverträge) 20 102 ff., 106 ff.
Steuerfreiheit von Leistungen 3 9
zentrale Zulagenstelle 81 1
Reparaturbetrieb 16 130 „Maschinen"
Reparaturen, BA 4 520 „Verlust"

Repräsentationsaufwand/-kosten 4 601 ff.; 19 110
Angemessenheitsprüfung 4 602
als Arbeitslohn 19 100
Höhe und Grund des R. 4 601
nicht abzugsfähige 12 9
Rechtsfolgen 4 603
Reproduktionswert, TW-Schätzung 6 255
Reservedienstunterhalt, Progressionsvorbehalt 32b 12
Reservepolster, Unterstützungskassen 4d 1 f., 9 ff.
Restaurant, Teilbetrieb 16 130
Restaurator 18 155
Restrukturierungsfondsbeiträge 4 615
Restrukturierungsrückstellung 5 550
Bewertung 6 484
Restwert-AfA 7a 16 ff.; 7b 3; 7h 19; 7i 12
Retrograde Methode, Teilwertschätzung 6 252
Rettungsassistent 18 155
Rettungstätigkeit, sonstige Leistungen 22 150
Reugeld 22 150
Rezeptabrechner 15 150 „Apothekeninventurbüro"
Richtfest, Herstellungskosten 6 212
Richtlinienkonforme Auslegung, Besteuerungsinkongruenzen 4k 6
Risikogeschäfte 22 150
Betriebseinnahmen 4 445
Risikolebensversicherung
Beiträge keine WK 21 148
Erwerb als gewerbl 15 150
Roh-/Hilfs-/Betriebsstoffe, UV 6 349
Rollläden, HK 6 173
Röntgensilber 18 171
Rotfäuleschäden 34b 9
Rückabwicklung, Einnahmen 21 117
Rückdeckungsversicherung 5 270
Anschaffungskosten 6 140
Gesellschaftergeschäftsführer 6a 20
Pensionsrückstellungen 6a 12
Pensionsrückstellungsauflösung 6a 67
Unterstützungskassen 4d 7, 14 f., 16, 14 ff.
Zufluss 11 50 „Zukunftsicherungs ..."
Rückfallklausel
DBA/§ 49-Besteuerung 49 6
Mitunternehmerschaft 15 300
Steuerabzug bei DBA 50d 38 ff.

Magere Zahlen = Rz

Rückforderungsanspruch 5 270
Werbungskostenabzug 9 32
Rückgängigmachung, Betriebsveräußerung 16 145
Rückgriffsmöglichkeiten 5 550
Rückkaufverpflichtung 5 550
Bewertung 6 447
Rücklage nach § 6b 6b 1 ff.
Abzug von AK/HK im Veräußerungsjahr 6b 14 ff.
– Anschaffungskosten/HK 6b 40
– Aufwuchs auf GuB 6b 17 f.
– begünstigte Wirtschaftsgüter 6b 15
– bilanzielle Behandlung 6b 39 f.
– Erweiterung/Ausbau/Umbau von Gebäuden 6b 42
– Grund und Boden 6b 15 ff.
Anschaffungsbegriff 6b 37
Anwendungsbereich persönl 6b 2
atypisch stille Gesellschaft 6b 47
Auflösung
– Fristablauf 6b 63
– Schätzung 6b 64
begünstigter Veräußerungsgewinn 34 27
Billigkeitsmaßnahmen 6b 9
Binnenschiffe 6b 23
Buchnachweis 6b 80
Eigenschaften des veräußerten WG
– WG-Zugehörigkeit 6-jährige 6b 70
– Wirtschaftsgüter des AV 6b 67 f.
– Zugehörigkeit zu inl Betriebsstätte 6b 69
Erbgang 6b 3
EU/EWR-Reinvestition 6b 52
europarechtliche Einordnung 6b 6
Gebäude 6b 19 ff.
– Abgrenzung zu Grundstück 6b 20
Gemeinschaften 6b 4
GewBetr als Voraussetzung 6b 81
Gewinnermittlung nach § 4 I/§ 5 6b 66
gewinnmindernde Rücklage 6b 55 ff.
– Auflösung 6b 61 f.
– Form der Rücklagenbildung 6b 57
– neu hergestellte Gebäude 6b 60
– Reinvestitionsabsicht 6b 56
– Rücklagenbildung 6b 56
– Übertragung; Frist 6b 59
– Zeitpunkt; Bindung 6b 58
Gewinnzuschlag 6b 87 f.
Immobilienfonds geschlossene 6b 47
Korrektur der AK/HK 6b 84 f.
Mitunternehmerschaft 6b 43 ff.; 15 416
personenbezogene StVergünstigung 6b 3
Personengesellschaft 6b 4

Rücklage nach § 6b

Rechtsentwicklung 6b 5
Reinvestition 6b 35 ff.
– Gebäude 6b 85
– Herstellungsbegriff 6b 38
– vorgezogene Reinvestition 6b 83
– Wirtschaftsgüter 6b 78
– Zeitpunkt 6b 36
Schenkung 6b 3
städtebaul Sanierg/Entwicklung 6b 90 f.
Stundung des Veräußerungsgewinns 6b 53
Übertragung 6b 14 ff.
Übertragungsverbot 6b 65 ff., 81
Veräußerung 6b 26 ff.
– Abgrenzungsfragen 6b 28 ff.
– Begriff 6b 26
– Betrieb 6b 31
– betriebl Geschäftsvorfall 6b 27
– durch Mitunternehmer 6b 44
– Mitunternehmeranteil 6b 31 f., 46
– durch Personengesellschaft 6b 45
– teilentgeltl Übertragung von EinzelWG 6b 30
– Vermögensauseinandersetzg 6b 33
– Zebragesellschaft 6b 47
Veräußerung von KapGes-Anteilen 6b 93 ff.
– Abzug von AK/WK im Veräußerungsjahr 6b 95
– Anwendungsbereich persönl 6b 94
– Beteiligung von Körperschaften; Personenvereinigungen; Vermögensmassen 6b 110
– Eigenschaften des Reinvestitions-WG 6b 104
– Eigenschaften des veräußerten WG 6b 103
– Gewinnermittlung nach § 4 I/§ 5 6b 102
– Gewinnzuschlag 6b 109
– Rechtsfolge 6b 98
– Reinvestitions-WG 6b 96
– Rücklagenbildung 6b 106
– Übertragung; Auflösung 6b 107
– Übertragung auf Gebäude/bewegl WG 6b 99
– Übertragung auf KapGes-Anteile 6b 100
– Zeitpunkt 6b 97
– Zwangsauflösung 6b 108
Veräußerung steuerpflichtiger 6b 79
Veräußerungsgewinne 6b 8
Veräußerungsgewinnermittlung 6b 48 ff.
– Buchwert 6b 51

2545

Rücklage nach § 6c

Fette Zahlen = §§

- Veräußerungskosten (mit Beispielen) **6b** 50
- Veräußerungspreis **6b** 49
  verfassungsrechtl Beurteilung **6b** 6
  Verhältnis zu anderen Vorschriften **6b** 7, 10
- Rücklage für Ersatzbeschaffg **6b** 7, 10
- Tarifermäßigg nach § 34 EStG **6b** 8
  WG-Zugehörigkeit 6-jährige **6b** 70 ff.
- Betriebsaufspaltung **6b** 75
- entgeltl Übertragung **6b** 74
- Fristbeginn **6b** 71
- Mitunternehmerschaft **6b** 76
- nachträgl HK **6b** 72
- Umwandlung/Verschmelzung **6b** 77
- unentgeltl WG-Erwerb **6b** 72
- WG-Ersetzung **6b** 73
- WG-Neuherstellung **6b** 72
  Zinspflicht **6b** 54
- Brexitfall **6b** 54
Rücklage nach § 6c 6c 1 ff.
Abzug von den AK/HK **6c** 4 ff.
- Anwendung entspr § 6b **6c** 5
- Gewinnzuschlag **6c** 11
- Reinvestition in späterem Wj **6c** 8
- Rücklagenauflösung **6c** 9
- Übertragung aufgedeckter stiller Reserven **6c** 7
- Veräußerungsgewinnermittlung **6c** 6
- Wechsel der Gewinnermittlung **6c** 10
- Zuschlag als BE in späterem Wj **6c** 9
Anwendungsbereich persönl **6c** 2
begünstigter Veräußerungsgewinn **34** 27
Dokumentation **6c** 12 f.
- besondere Verzeichnisse **6c** 12
- notwendige Angaben **6c** 13
Verhältnis zu anderen Vorschriften **6c** 3
Rücklage für Ersatzbeschaffung 5 501; **6** 101 ff.
Anwendung bei Überschussrechnung **6** 115
behördlicher Eingriff **6** 105
Beschädigung eines WG **6** 107
Enteignungen **6** 105
Entschädigungen **6** 109
Ersatzwirtschaftsgut **6** 111
höhere Gewalt **6** 103 f.
Investitionsfrist **6** 113
Verhältnis zu § 6b **6b** 7, 10
Verhältnis zu HB und § 6b **6** 102
Wahlrecht **6** 102
Rücklagen
AfA-Bemessung bei Übertragung **7** 107
Auflösungsgewinne aus LuF **13a** 42
Begriff **5** 496

nach Forstschädenausgleichsgesetz **13** 20
Gewinnrealisierung **5** 680
Instandhaltungsrücklage **21** 148
Kapitalrücklage **5** 496
steuerfreie Rücklagen **5** 497
Rücknahmeverpflichtung 5 550
Rückspenden 10b 3
Rückstellungen 5 350 ff.
ABC der R. s ABC der Passivierung
Abzinsung **6** 492 ff.
- Einzelfälle **6** 499
anfechtbare Rechtshandlung **5** 550
Ansammlungsrückstellung s iEinz dort
Anspruchskenntnis des Gläubigers **5** 379
Arten von R. **5** 351
Auflösung gewinnerhöhende **5** 423
Aufwandsrückstellungen **5** 461 ff.
Ausweispflicht **5** 352
Belastungsprinzip **5** 382
Betriebsveräußerung **5** 355
Bewertung **6** 471 ff.
- allg Grundsätze (mit Einzelfällen) **6** 474 f.
- Bilanzstichtagsbewertung **6** 501
- erfolgsabhängige Beitragsrückerstattungen **6** 478
- Kompensation künftiger Vorteile **6** 483
Direktversicherung **4b** 27
drohende Verluste aus schwebenden Geschäften **5** 450 f.
Erneuerungsrückstellung **5** 702
Gebrauchsmuster-/Designschutzrechtsverletzung **5** 398
Gewerbesteuer **5** 550
Halbleiterschutzrechte **5** 398
HB-Abweichungen **5** 353
Höhe **5** 421
Jubiläumszuwendungen **5** 406 ff.
Kriterien wirtschaftl Verursachung **5** 386 f.
künftiger Aufwand **5** 383
Lizenzen **5** 398
Markenrechte **5** 398
Nachholung **5** 422
für Nebenpflichten **5** 370
niedrigerer Wertansatz **6** 472
Nutzungsrechtsverletzung **5** 398
öffentl-rechtl Verpflichtung **5** 363 ff.
Passivierungsgebot/-verbot **5** 352 f.
Patentrechtsverletzungen **5** 391 ff., 398
Realisationsprinzip **5** 381 f.
realisierter Aufwand **5** 382
rechtliche Entstehung **5** 384
rückstellungsfähige Verpflichtung **5** 363 ff.
Schutzrechte
- ausländische **5** 398

Magere Zahlen = Rz
- Bewertung **5** 400
- Verletzungen **5** 391 ff., 398
unausweisliche Verpflichtung **5** 385
Unterstützungskassen **4d** 23
Urheberrechtsverletzung **5** 391 ff., 399
Verbindlichkeitsrückstellung **5** 351, 361 ff., 421 ff.
Verpflichtungsüberschuss **5** 451
Voraussetzungen **5** 350
Vorsichtsprinzip **5** 381
Wahrscheinlichkeit
- Bestehen der Verbindlichkeit **5** 376 ff.
- Inanspruchnahme aus Verbindlichkeiten **5** 376 ff.
wirtschaftliche Verursachung **5** 381 ff.
Rückübertragungsanspruch 5 270
Rückversicherung, betriebl **4** 178
Rückwirkung
Ausnahmen vom Verbot der R. **2** 52
echte/unechte R. **2** 41
Einkünftebesteuerung **2** 41 ff.
Einzelfälle **2** 46
Rechtsprechungsänderung **2** 53
Verträge **15** 452
- Aufnahme in Familien-KG **15** 763
Rückzahlungen
Abfluss/Zufluss **11** 38, 50
Arbeitslohn **19** 100
Einnahmen **8** 9
Verpflichtung zur R. **5** 550
Rufschädigungskosten
12 32 „Abwehrkosten"
Ruhegehaltszuschüsse für Kindererziehung **3** 226
Ruhegelder 19 100 Früheres DienstVerh
Arbeitslohn **19** 87
Rumpfwirtschaftsjahr 4a 2
Rundfunkanstaltmitarbeiter 19 35
Rundfunkbeauftragter 18 155
Rundfunkberater 18 155
Rundfunkermittler 15 150; **19** 35
Rüruprente 22 91
Rutengänger 18 155

Saatzucht **13** 53
Sachanlagen
abnutzbares AV **6** 346
bewegliche als UV **6** 252
Sachaufwendungen 4 520
Betriebsausgaben **4** 478
Sachbezüge
Beispiele **8** 18
Elektrofahrrad-Überlassung **8** 65
Fahrvergünstigung **8** 65
Fernsehgeräteüberlassung **8** 65

Sammelposten

Flugverbilligung **8** 65
Freigrenze **8** 68
Mietwert **8** 65
Radioüberlassung **8** 65
Wohnungsüberlassung verbilligte **8** 69
Zinsvorteile bei ArbG-Darlehn **8** 65
zusätzlicher Arbeitslohn **8** 80 ff.
Sache, Begriff **5** 132
Sacheinlagen 5 202
Gewinnrealisierung **5** 636
tauschähnlicher Vorgang **5** 636
Veräußerung von Anteilen **17** 39
Sachhaftungs-/-duldungsanspruch,
Aktivierung **5** 270
Sachinbegriffe, VuV **21** 102
Sachleistungen 21 117
Rückstellungsbewertung **6** 481
vorweggenommene Erbfolge **16** 53 ff.
Sachleistungsverpflichtungen 5 331
Bewertung **6** 447
Sachprämien für Kunden **3** 129
Sachspenden
Bewertung **10b** 2
Buchwertentnahmen **6** 581
gemeiner Wert **10b** 2
Sachvermächtnis
Gewerbebetrieb **16** 597 ff.
Tod eines MUers **16** 668 f.
Sachversicherung
Betriebsvermögen **4** 178
gemischt genutzte WG **4** 179 ff.
Sachverständiger 15 150; **18** 155
selbständige Tätigkeit **18** 141
Sachwertabfindungen, Teilauseinandersetzung **16** 647 f.
Sachwertdarlehen 5 703
Gewinnrealisierung **5** 680
Sachwerteveräußerung, MUeranteile **16** 475
Sachzuwendungen
Abgrenzung zu Barzuwendungen **8** 17
Arbeitslohn **4** 520
Betriebseinnahmen **4** 427 ff., 460
Bewertung von S. *s* dort
Entfernungspauschale-Minderung **9** 194 ff.
ESt-Pauschalierung **37b** 1 ff.; *s iEinz* Pauschalierung der ESt bei Sachzuwendungen
Sachbezüge *s* dort
Saldierungsverbot 5 68
Saldothese 16 630
Sale-and-lease-back 5 722, 724
Sammelbeförderung 3 110; **19** 100
Entfernungspauschale **9** 190
Sammelposten
geringwertige WG **4** 407

2547

Sammelpunkte

Fette Zahlen = §§

GWG-Abschreibung **6** 671 ff.; *s iEinz* Geringwertige WG
Sammelpunkte, Fahrtkostenerstattung **9** 214 f.
Sanatorium 15 150 „Klinik"
Sanierungsaufwendungen
Abzugsverbot **3c** 24 ff.
– Anwendungsbereiche **3c** 25 f.
– Betriebsvermögensminderungen/ Betriebsausgaben **3c** 27
– kausale stfreie Sanierungserträge **3c** 28
– Korrekturvorschriften **3c** 32
– Rechtsfolgen **3c** 31
– Rückausnahmen **3c** 30
Aktivierung **5** 270
außergewöhnl Belastung **33** 90
Sanierungserträge 3a 1 ff.
Anwendungsbereich
– persönlicher A. **3a** 4
– zeitlicher A. **3a** 2 f.
Begriff **3a** 8 ff.
Debt-Equity-Swap **3a** 14
Dept-Equity-Swap **3a** 16
Ehegatteneinbeziehung **3a** 40
gewinnmindernde Wahlrechtsausübung
– steuerfreier Sanierungsbetrag **3a** 32
– steuerl Wahlrechte **3a** 33 f.
Insolvenz-/Restrukturierungsplan **3a** 12
Legaldefinition **3a** 9
nicht erfasste Maßnahmen **3a** 17
Rangrücktritt **3a** 13
Sanierungsvergleich **3a** 12
Schuldenerlass **3a** 2 f., 10
– Gesellschafter/MUer **3a** 25 ff.
– gewinnmindernde Wahlrechte **3a** 18
– Schuldnernachweis **3a** 29
Schulduntergang **3a** 11
Steuerbefreiung
– BV-Mehrungen/BE **3a** 8
– Rechtsfolgen **3a** 31 ff.
– Voraussetzungen **3a** 8 ff.
Unternehmenssanierung **3a** 20 ff.
– Begriff **3a** 20
– Sanierungsabsicht **3a** 24
– Sanierungsbedürftigkeit **3a** 21 f.
– Sanierungseignung/-fähigkeit **3a** 23
unternehmerbezogene Sanierung **3a** 45 ff.
verfahrensrechtl Regelungen **3a** 41 f.
Verhältnis zum Insolvenzrecht **3a** 8
Verluste, Verlustvorträge, Steuerminderungen **3a** 35 ff.
Sanierungsgebiete, AfA bei Sanierung und Städtebauentwicklung *s unter* Erhöhte Absetzung für Abnutzung
Sanierungsgelder 5 350

Sanierungsgewinne, BE **4** 460
Sanierungsmaßnahmen 5 550
Sanierungszuschüsse, verdeckte Einlage **6** 884
Sanitärinstallation 6 183 f.
Sanktionszuschläge 4 614
nichtabziehbare WK **9** 330
Sargträger 19 35
Satzungsklauseln 2 45; **5** 270
Saucendesigner 18 155
Säuglingsheim 18 155
Säumniszuschlag, ESt-Vorauszahlungen **37** 8
Schachtelprivileg, Steuerabzug bei DBA **50d** 68
Schadenersatzleistungen 12 32
s auch Entschädigungen
Arbeitslohn **19** 100
außergewöhnliche Belastungen **33** 90
Betriebsausgaben **4** 520
Betriebseinnahmen **4** 460 „Abfindung"
Einnahmen **8** 8
Mietverhältnis **21** 117
Verpflichtung zur Sch. **5** 550
Werbungskosten **19** 110
Schadenregulierer 15 150
Schadenrenten 4 208 ff.
Schadenrückstellung 5 550
Abzinsung **6** 499
Schadenschätzer 18 155 „Bauschätzer"
Schadenversicherung, BV **4** 178
Schadstoffbelastung 5 550
Schalldämmfenster 33 90 „Lärm ..."
Schallplattenherstellung 5 270
Schalterhallen 5 138
Schalungsteile, keine SofortAfA **6** 661
Schattenveranlagung, Mobilitätsprämie **106** 1
Schätzer 15 150
Schätzung
Arbeitslohn **19** 100
Betriebseinnahmen **4** 452
Gewinn **5** 19
LuF-Gewinn **13** 206
Wechsel der Gewinnermittlung **4** 654 f.
Schaufensteranlagen, selbst. WG **5** 138
Schauspieler 15 150 „Künstler"; **18** 155
Produktwerbung **18** 73
Schausteller als Teilbetrieb **16** 130
Scheck, Leistungszeitpunkt **11** 50
Scheckkarte 19 100
Schedulenbesteuerung, Kapitalerträge **20** 8 f.
Scheidung *s* Ehescheidung

Magere Zahlen = Rz

Scheidungsklausel, Mitunternehmerschaft **15** 300
Scheidungssplitting 26 15
Scheinbestandteile 5 139
AfA **7** 34
selbständige WG **4** 117
Scheinerbschaft 16 591
Scheinselbständigkeit 18 7
Schema ESt-Ermittlung 2 66
Schenkung
AfA-Bemessung **7** 109 ff.
Anschaffungskosten **6** 134
Aufwendungen als WK **9** 88
Betrieb **16** 37 f.
Entnahmen **4** 270
Geldschenkung als BA **4** 502
Leistung/Gegenleistung **22** 77
Notbedarf für Schenker **21** 148
SA-Abzug des Schenkers **10** 14
sonstige Leistung **22** 150
Teilbetriebsübertragung **16** 130
Veräußerungsgeschäft privates **23** 40
Zurechnung geschenkter Anteile **17** 80
Schenkungsteuer *s* Erbschaftsteuer
Schiedsrichter
Fußballschiedsrichter **22** 150
gewerbl **15** 150; **18** 155
selbständige Tätigkeit **18** 141; **19** 35
Schiffe
AfA **7** 34
Hoheitsgebietszuordnung **1** 30
negative Drittstaateneinkünfte aus Überlassung **2a** 34
Rücklage nach § 6b **6b** 23
Teilbetrieb **16** 130
VuV-Einkünfte **21** 101
Schifffahrt
beschr StPfl **49** 33
beschr StPfl/StFreistellung **49** 142 f.
Schiffsminiaturenherstellung 18 155
Schiffssachverständiger 15 150; **18** 155
Schikaneverbot, Ehegattenveranlagung **26** 22
Schlachtwert, Ansatz bei AfA **7** 115
Schlossbesichtigung 15 150
Schlussbesprechung, LSt-BP **42f** 6 ff.
Schlüssiges Verhalten als Einlage- oder Entnahmehandlung **4** 270
Schmerzensgeld, Arbeitslohn **19** 100
Schmiergelder *s* Bestechungsgelder
Schneeballsysteme, Zufluss **11** 50
Schnittmustererstellung 18 155
Schöffenentschädigung 22 150

Schuldzinsen

Schönheitsreparaturen
abnutzbares AV **6** 382
Werbungskosten **21** 148
Schornsteinfeger 15 150 „Bezirks..."
Schreibtisch 9 270
Schriftstellerische Tätigkeit 18 77 ff.
Schrottwert, Ansatz bei AfA **7** 115
Schuldanerkenntnis 19 110
Schuldbeitritt 4f 8 f.; **5** 550
Pensionsrückstellungen **6a** 55
Schulden
Passivierung **5** 302
Tilgung als ag Belastung **33** 90
Schulderlass/Schuldwegfall 5 671 ff.
Altfälle **3a** 2 f.
betriebliche Gründe **4** 384
Gewinnrealisierung **5** 671
Sanierungseignung/-fähigkeit **3a** 23
Schuldnerhaftung, KapESt **45a** 6, 8
Schuldrechtliche Ansprüche, Veräußerung **17** 109
Schuldübernahme 11 50
Gewinnrealisierung **5** 674
vorweggenommene Erbfolge **16** 57 ff.
Schuldumwandlung 4 143; **11** 50
Zufluss **11** 50
Schuldverschreibung, KapESt **20** 117
Schuldzinsen 4 522 ff.
Anwendungsbereich **4** 530, 535
Ausnahmen **4** 527
− Investitionskredite **4** 533
außergewöhnliche Belastungen **33** 90
Begriff **4** 523 ff.; **9** 132 ff.
Bereitstellungszinsen **9** 135
Betragsbegrenzung **4** 532
Betriebsausgaben **4** 520
Damnum/Disagio **9** 135
Eigenkapitalentwicklung **4** 529
Entnahmen **4** 525
Entnahmenbegriff **4** 525
Finanzierungskosten (Beispiele) **9** 141
Fremdvergleich **9** 145
gemischt genutzte WG **9** 143
gemischtes Konto **9** 142
Gestaltungsalternativen **9** 144
Gewinnbegriff **4** 525
Höhe der Nichtabziehbarkeit **4** 528
Kapitalüberlassung erzwungene **9** 154
Kredit- und Nebenkosten **9** 134
nachträgliche Schuldzinsen **9** 151 ff.
− Veräußerungserlös-Verwendung **9** 152
Nachweisvoraussetzungen **9** 150
steuerfreie Einnahmen **9** 146
Tilgungsstreckendarlehen **9** 136
Über- und Unternehmen **4** 524

2549

Schule

Fette Zahlen = §§

Überschussrechnung **4** 534
Umwidmung/Umschuldung (mit Beispielen) **9** 147 ff.
Veranlassungszusammenhang/Lösung des V. **9** 155
Verluste **4** 526
Vorfälligkeitsentschädigung **9** 137
VuV-Objektveräußerung **21** 144
wirtschaftl Gehalt **9** 133
wirtschaftl Zusammenhang **9** 140, 147 ff.
Zeitpunkt der Abziehbarkeit und Versteuerung **11** 50
Schule 15 150
Schüler als ArbN **19** 35
Schulgeldzahlungen 10b 6
begünstigte Kinder/Schulen **10** 92 f.
gleiche Bildungseinrichtungen **10** 94
Höhe **10** 97
Nachweise **10** 96
Schulen in Drittstaaten **10** 95
Sonderausgaben **10** 91 ff.
Sonderausgabenabzug **10** 14
Schulkosten 10 90
Schulung, Steuerpflicht **1** 17
Schutzrechte
Rückstellung für ausl Sch. **5** 398
Rückstellung für Verletzung **5** 391 ff., 398
Schwangerschaftsabbruch 33 90
Schwankungsrückstellungen 5 550
Schwarzarbeiter 19 35
Schwarzlohnzahlungen 39b 15
Schwebende Geschäfte/schwebende Verträge 5 270, 691 ff.
Bilanzierung **5** 550
Drohverlustrückstellungen **5** 450 f.
Nichtbilanzierungsgrundsatz **5** 76
Teilwertabschreibung **5** 451
Schwester-Personengesellschaft,
Sondervergütungen **15** 600 ff.
Schwimmbad/-becken/-halle
Aufteilungs- und Abzugsverbot **12** 32
Betrieb durch Grundstücksbus **15** 150
selbständige WG **4** 117
Schwimmende Ware 5 270
Seerechtsübereinkommen, Inlandsbegriff **1** 31
Segmentierung, Gewinnerzielungsabsicht **15** 26
Selbständige Arbeit 18 1 ff.
ABC der selbständigen Arbeit **18** 155
Abfärberegelung **18** 4, 43
Abgrenzung zu
– ähnlichen Berufen **18** 125 ff.
– gewerbl Tätigkeit **15** 95 ff.; **18** 6, 18
– nichtselbständiger Arbeit **18** 7 ff.

Abgrenzungsfragen **49** 75 ff.
Abschlagszahlungen **18** 177
ähnl Berufe/Vergleichbarkeit **18** 125 ff.
ähnliche Tätigkeiten **18** 16
Altersvorsorge **10a** 10
Anderkontenverwaltung **18** 51
Anwartschaft auf Betriebsrente **18** 175
Apparategemeinschaften **18** 40
Arzt nebenberuflicher **18** 9
Aufgabe **18** 253 ff.
– nachträgl Einkünfte **18** 254, 271
Aufsichtsratsmitglieder **18** 150 ff.
außerordentliche Einkünfte **34** 38
– Sondertätigkeiten **34** 46
Bedeutung/Rechtsfolgen **18** 3
Begriff **18** 5
– sonstige Selbständigkeit **18** 140 ff.
beratender Betriebs-/Volkswirt **18** 107
Beraterberufe (Einzelfälle) **18** 107
Berufskammerentschädigungen **18** 170
beschränkte Steuerpflicht **49** 72 ff.
– Aufgabe/Veräußerung **49** 80
– Ausübungsbegriff (mit Beispielen) **49** 73
– Betriebsstätte **49** 78
– DBA-Beschränkungen **49** 82
– feste Einrichtung **49** 78
– freiberufliche PersGes **49** 79
– nachträgl Einkünfte **49** 81
– Verwertungsbegriff (Beispiele) **49** 74
Betriebsaufgabegewinn **18** 264 ff.
Betriebsaufspaltung **18** 55
– Ausgliederungsmodell **18** 55
Betriebsausgaben **18** 185 f.
– Arbeitsmittel **18** 190
– Aus-/Fortbildungskosten **18** 190
– Bewirtungsspesen **18** 190
– Kfz-Nutzung **18** 190
– Krankentagegeldversicherung **18** 190
– Lebensversicherungsprämien **18** 190
– Maklergebühren **18** 190
– Pauschbeträge **18** 216
– Reisekosten **18** 190
– Umzugskosten **18** 190
– Weihnachtsgeschenke **18** 190
Betriebseinnahmen **18** 170 ff.
Betriebsvermögen **18** 157 ff.
– Aktivierungsverbot für Versorgungsanwartschaftsrechte **18** 166
– Beteiligungen **18** 165
– Darlehen **18** 165
– Dentalgoldvorrat **18** 162, 171
– Forderungen **18** 166
– gewillkürtes BV **18** 159
– Lebensversicherungsverträge **18** 161

Magere Zahlen = Rz

- Urheberrechte **18** 166
- Vorschüsse **18** 166
- Wertpapiere **18** 164 f.
Buchführungsarbeiten **18** 105
Bürgschaft **18** 165
Bürogemeinschaften **18** 40
EDV-Entwickler **18** 107
Eigenverantwortlichkeit **18** 26 ff., 32
- Berufsgruppen unterschiedl **18** 28
- Einzelfälle **18** 29
- medizinische Berufe **18** 29
- sonstige selbst. Einkünfte **18** 30
- sonstige Tätigkeiten **18** 29
Einbringung Einzelpraxis in Sozietät **18** 230 ff.
- Ausgleichsleistungen ins PV **18** 233
- in Kapitalgesellschaft **18** 235
Einstellung (zeitweilige) der Berufstätigkeit **18** 225 ff.
Einzelfälle **18** 11
Erbauseinandersetzung **18** 240 ff.
Erbenabfindung **18** 47
Erbengemeinschaft **18** 45 f., 240 ff.
Erfindertätigkeit **18** 64
Erfolgshonorar
- Indizwirkung **18** 60
- standeswidriges E. **18** 165
Erlaubnisberufe **18** 130
Ermittlung der Einkünfte **18** 156 ff.
erzieherische Tätigkeit **18** 84 f.
fachliche Vorbildung **18** 23 f.
Festentgelt **18** 8
Freiberufler-KapGes **18** 52 f.
freiberufliche Tätigkeit **18** 23 ff., 60
Freibetrag
- Aufgabe- und Veräußerungsgewinne **18** 264 ff.
- dauernde Berufsunfähigkeit **18** 272
freie Berufe **18** 60 ff.
freier Mitarbeiter **18** 227
GbR **18** 41
Geburtstagsfeier **18** 190
Geldpreis als Betriebseinnahmen **18** 174
gemischte Tätigkeiten **18** 17 f., 50 f., 112
Gerichtsreferendar **18** 8
Gesellschaften/Gemeinschaften **18** 41
Gesundheitsfachberufe **18** 130
GewerbeSt/VerfMäßigkeit **18** 4
gewerbl Tätigkeiten **18** 18
Gewinnermittlung **18** 156
Gewinnerzielungsabsicht **18** 75, 78, 99
Grundstücksentnahme stfreie **18** 161
Gutachtertätigkeit **18** 9, 63, 70
Haupt- und Nebentätigkeit **18** 9
Heilberufe **18** 87 ff.

Selbständige Arbeit

Heilhilfsberufe **18** 130
Hilfs- und Nebentätigkeit **18** 170
Hilfskräfte qualifizierte **18** 147
Honorarrückzahlungen **18** 179
Insolvenzverwalter **18** 31
KapGes-Zusammenschluss **18** 54
Katalogberufe **18** 125 ff.
künstlerische Tätigkeit **18** 66 ff.
Laborgemeinschaften **18** 40
leitende Tätigkeit **18** 25
Liebhaberei **18** 75
Medienberufe **18** 120 ff.
Medikamentenabgabe **18** 51
Mietausfallentschädigungen **18** 190
Mitarbeit **18** 147
Mithilfe anderer Personen **18** 23 ff.
Mitunternehmerstellung **18** 42 f.
Möbeleinlagerung als BA **18** 190
Notarpraxisaufgabe **18** 260
Partnerschaft **18** 41
Pauschbeträge **18** 216
Personengesellschaft
- Beteiligung an PersGes **18** 54
- Gewinnverteilung **18** 217
Personenzusammenschlüsse **18** 39 ff.
persönl Qualifikationsmerkmale **18** 15 ff.
Praxisverwaltung durch Erben **18** 256
Praxiswert erworbener **18** 200 ff.
Prozesskosten **18** 190
Prüfungstätigkeit **18** 9
rechts-/wirtschaftsberatende Berufe **18** 97 ff.
Rentenzahlungen **18** 175
Scheinselbständigkeit **18** 7
schriftstellerische Tätigkeit **18** 77 ff.
Selbständigkeitsmerkmale **18** 5 f.
sonstige Fälle **18** 44
sonstige selbständige Arbeit **18** 135
Sozietät **18** 41
Sozius in Einzelpraxis **18** 230 ff.
Sportler **18** 132
standeswidrige Geschäfte **18** 100, 163
tatsächliche Tätigkeit **18** 111
technische Berufe **18** 108 ff.
Testamentsvollstreckerhonorar **18** 170
Tod des Freiberuflers **18** 256
- Schriftsteller **18** 256
Treuhänder **18** 35
treuhänderische Verwaltungen **18** 51
Trinkgelder **18** 170
Überschussrechnung **18** 266
Unselbständigkeit (Abgrenzung) **18** 7 ff.
unterrichtende Tätigkeit **18** 83
Urheberrechtsüberlassung **18** 78
Veräußerung **18** 221 ff.

2551

Selbstgenutzte Wohnung

- Geringfügigkeitsgrenze **18** 223
- Sonderbetriebsvermögen **18** 224
- Vermögensanteile selbständige **18** 250 ff.
- wesentliche Grundlagen **18** 223
- Zeitpunkt **18** 221
Veräußerungsgewinn **18** 220 ff.
- Berechnung **18** 264 ff.
- gemischte Schenkung **18** 267
- Kaufpreisänderung **18** 265
- Verrentung **18** 270
- Wohnsitzverlegung ins Ausl **18** 271
Verfassungsfragen **18** 4
Verlegung ins Ausland **18** 254
Vertretung **18** 35
- vorübergehende V. **18** 89
Vervielfältigungstheorie **18** 30
vorweggenommene Erbfolge **18** 221
Wagniskapitalgesellschaften **18** 280 ff.
wissenschaftliche Tätigkeit **18** 62 ff.
Zusammenarbeit mit gewerbl Unternehmen **18** 54 f.
Selbstgenutzte Wohnung
Altersvorsorgebetrag **92b** 1
Mietzahlungen als WK **21** 148
VuV-Einkünfte **21** 10 f., 38 ff.
Selbstkostenansatz, Nutzungs- und Leistungsentnahmen **6** 519
Selbstverlag, selbständ. Tätigkeit **18** 78
Seminare, selbständige Tätigkeit **18** 29
Serienproduktion 18 67
Sicherheiten als BA **4** 520
Sicherheitsbeauftragter 15 150
Sicherheitsleistungen, Passivierung **5** 550
Sicherheitsmaßnahmen 19 100
Sicherungsanordnung bei Entleiherhaftung **42d** 75
Sicherungsmaßnahmen 12 32
Sicherungsübereignung eines WG **5** 154
Signing Fee 5 550
Silber, Röntgensilber als BE **18** 171
Sittenwidrigkeit
Betriebsausgaben **4** 492
Betriebseinnahmen **4** 448
Sitztheorie 34c 4
Sitzungsgelder 18 144
Sitzverlegung
Entnahmeproblematik bei SE **4** 250
als Veräußerung **17** 240 f.
Skisport 12 32
Skonti, AK-Minderungen **6** 67
Sockelbetrag, Altersvorsorgezulage **86** 1, 3

Fette Zahlen = §§

Sofortabschreibung, GWG **6** 652 ff.; s iEinz Geringwertige WG
Software
Aktivierung **5** 270
Anschaffungskosten **6** 140
Nutzungsdauer **7** 169
private Nutzung **3** 157
Solarkraftanlagen, gewerbl **13** 69
Soldaten, Freifahrten **40** 22
Solidaritätszuschlag 51a 10 f.
Tarif für KapVerm-Einkünfte **32d** 4
Sollprinzip, Anschaffungszeitpunkt **6** 35
Sonderabschreibungen
Anwendungsbereich **7a** 1
Aufzeichnungspflichten **7a** 15
Begünstigungszeitraum **7a** 2 ff.
Buchführungsgrenzen **7a** 11
Elektrofahrzeuge
- elektronische Übermittlung **7c** 5
Elektrofahrzeuge/-lastenfahrräder
- Lastenfahrräder (Begriff) **7c** 4
- Nutzfahrzeuge (Begriff) **7c** 3
- Rechtsfolge **7c** 2
- Voraussetzungen **7c** 1 ff.
Förderung kleiner und mittlerer Betriebe
- begünstigte Wirtschaftsgüter **7g** 71
- Einzelfragen **7g** 82 ff.
- gewinnabhängige Voraussetzungen **7g** 72
- Höhe der SonderAfA **7g** 75
- Nutzungsvoraussetzungen **7g** 75
- Vornahme der SonderAfA **7g** 75
Investitionsabzugsbetrag s dort
Kumulationsverbot **7a** 10
mehrere Beteiligte **7a** 14
Mietwohnungsbau
- Anwendungsbereich persönl **7b** 1
- Anwendungsbereich zeitl **7b** 10
- Bemessungsgrundlage **7b** 3
- entgeltl/unentgeltl Überlassung **7b** 14
- Grenze De-minimis-Beihilfen **7b** 22 f.
- Höhe **7b** 2
- Kostengrenze-Überschreitung **7b** 19
- Kostenobergrenze **7b** 11
- Restwert-AfA **7b** 3
- Rückgängigmachung rückwirkende **7b** 17 ff.
- Rückgängigmachungsverfahren **7b** 20
- Überlassung zu Wohnzwecken **7b** 12 ff.
- Veräußerung in Zehn-Jahres-Frist **7b** 18
- vorübergehende Beherbergungen **7b** 15
- Wohnfläche (Begriff) **7b** 7
- Wohnungsanschaffung **7b** 6
- Wohnungsbegriff **7b** 4

Magere Zahlen = Rz
- Wohnungsbelegenheit in der EU **7b** 6
- Wohnungsherstellung **7b** 5
Mietwohnungsbau-Sonderabschreibungen *s dort*
Mittelstandsabschreibung *s oben* Förderung kleiner/mittlerer Betriebe
nachträgliche AK/HK **7a** 2
- Minderung **7a** 2
Restwertabschreibung **7a** 16 ff.
Verhältnis zur degressiven AfA **7a** 9
Sonderausgaben 10 1 ff.
Abzugsberechtigung persönliche **10** 12 f.
Abzugsvoraussetzungen
- allgemeine A. **10** 136 ff.
- besondere A. **10** 141 ff.
- bestimmte Zahlungsempfänger **10** 138
- Datenübermittlungen **10** 143 ff.
- Information/Korrekturen/Bescheidänderung **10** 145
- Sonderregelung für KV/PflV **10** 137
- Zusammenhang mit stfreien Einnahmen **10** 136
Abzugszeitpunkt **10** 11
Altersversorgung/Altersvorsorge **10a** 1 ff.; *s iEinz dort*
Altersvorsorgeaufwendungen **10** 31 ff.
- Abzugsvoraussetzungen **10** 37 ff.
- Auszahlungsmodalitäten **10** 38
- Basisrentenverträge **10** 35
- Beiträge begünstigte **10** 33
- Beitragsbegriff **10** 33
- Beleihungsverbot **10** 38
- BerufsunfähigkeitsVers **10** 36
- ErwerbsminderungsVers **10** 36
- Kapitalisierungsverbot **10** 38
- nachgelagerte Besteuerung **10** 31
- RentenVers-Beiträge **10** 34
- Übertragungsverbot **10** 38
- Zurechnung von ArbG-Beiträgen **10** 40 f.
Antragsabhängigkeit **10** 24
ArbG-Anteile für Hausgewerbetreibende **10** 14
ArbN-Zukunftssicherungsleistungen **10** 14
Aufwendungen
- Begriff **10** 3
- kein Drittaufwandsabzug **10** 4
- Nebenkosten/Fremdfinanzierung **10** 5
- wirtschaftliche Belastung **10** 4
ausländische SA **10** 21
Auslandsempfänger **10** 22
Begriff **10** 1
begünstigter Steuersatz **34** 52
Berufsausbildungskosten **10** 81 ff.; *s iEinz* Berufsausbildung

Sonderbetriebsausgaben

beschränkte Steuerpflicht **50** 16
beschränkt/unbeschränkte StPfl **10** 18
Beweis-/Feststellungslast **10** 24
Erbenabzugsberechtigung **10** 15
Erstattung von SA
- im Zahlungsjahr **10** 6
- nach Zahlungsjahr **10** 7
Geldschenkung als SA-Abzug **10** 14
getrennte Veranlagung **26a** 7
Kinderbetreuung **10** 60 f.; *s iEinz dort*
Kirchensteuer **10** 60 f.
Korrespondenzbesteuerung **10** 101
Krankenversicherungsbeiträge **10** 46 ff.
Pauschbetrag **10c** 1 ff.
persönliche Steuerpflicht **10** 18
Pflegeversicherungsbeiträge **10** 46 ff.
PKW-Haftpflichtübernahme für Kind **10** 14
Realsplitting **10** 50; *s iEinz dort*, 102 ff.
Schulgeld **10** 91 ff.; *s iEinz dort*
Schulgeld als SA **10** 14
SozialVers-Beiträge für PersGes'ter **10** 14
Verfahrensvorschriften **10** 141 ff.
Versorgungsausgleichsleistung **10** 126 ff.
Versorgungsleistung **10** 111 ff.; *s iEinz dort*
VGA als Sonderausgaben **10** 14
Vorauszahlungsbeschränkung **10** 51
Vorsorgeleistungen sonstige **10** 56 ff.
- Abgrenzung WK/BA **10** 57
Wohnungsnutzung von Baudenkmalen sowie Gebäuden in Sanierungs-/städtebaul Entwicklungsgebieten *s dort*
Wohnungsnutzung von Kulturgütern *s dort*
Zahlungen *durch* Dritte **10** 14
Zahlungen *zugunsten* Dritter **10** 13
Zuschüsse/Erstattungen **10** 167 ff.
Sonderausstattungen, Kfz-Gestellung **6** 541
Sonderbeiträge, Passivierung **5** 550
Sonderbetriebe, Abgrenzung zu Eigenbetrieb **15** 534 ff.
Sonderbetriebsausgaben 15 640 ff.
Abzugsverbot bei Auslandsbezug **4i** 1 ff.
- Anwendungsbereich **4i** 5
- Aufwendungsumfang **4i** 12
- Ausnahme **4i** 14 ff.
- DBA-Recht **4i** 3
- Gewerbesteuer **4i** 4
- Minderung der StBemessung in anderem Staat **4i** 13
- MUerschaft/KGaA **4i** 10 f.
- Rechtsfolge **4i** 20
- Verhältnis zu GG/EU-Vertrag **4i** 6 f.
Beispiele **15** 645 ff.

2553

Sonderbetriebseinnahmen

Sonderbetriebseinnahmen 15 640 ff.
Beispiele **15** 648 f.
Sonderbetriebsvermögen *s unter* Mitunternehmerschaft
Sonderbilanzen
einzelne Mitunternehmer **15** 401, 475
Teilwertabschreibung **6** 330
Sondervergütungen an Mitunternehmer *s unter* MUerschaft
Sondervergütungen als Unternehmensgewinne 50d 60 ff.
Sonstige Einkünfte und Leistungen
22 1 ff., 130 ff.
ABC der sonstigen Leistungen **22** 150
Abgrenzung Vermögens-/Nutzungsbereich **22** 136 ff.
Aufteilung/Änderung **22** 140
Begriff Leistung **22** 131 f.
beschränkte Steuerpflicht **49** 119, 122 ff.
– Freigrenze/DBA-Regelung **49** 127
– Subsidiaritätsklausel **49** 126
Besteuerungsgegenstand **22** 1
Einkünfteerzielungsabsicht **22** 2
Freigrenze **22** 147
Leistungsentgelt **22** 142
negative Einnahmen **22** 143
Subsidiaritätsprinzip **22** 8
Verhältnis Leistung/Entgelt **22** 133
Verlustausgleich **22** 146
Werbungskosten
– Begriff **22** 145
– nachträgl (entstandene) WK **22** 143
– vorab entstandene **22** 143
wiederkehrende Bezüge *s dort*
zeitliche Voraussetzungen **22** 134
Zeitpunkt der Versteuerung **22** 143
Sonstige Kapitalerträge
beschränkte Steuerpflicht **49** 99 ff.
– Wandelanleihen/Gewinnobligationen **49** 99
Sonstige Leistungen *s* Sonstige Einkünfte und Leistungen
Sortenschutzrechte 5 398
Soziale Aufwendungen, HK **6** 201
Sozialfondsbeiträge 18 177
Soziallastenrückstellung 5 550
Sozialleistungen
Progressionsvorbehalt **32b** 10
– Datenfernübertragung **32b** 45 ff.
Sozialplanrückstellung 5 550
Sozialplanzahlungen 19 100
SozialVers-EntgeltVO (SvEV) 8 61
Sozialversicherung
Antragskosten als WK **19** 110
Pauschalbeiträge für Aushilfen **19** 100

Fette Zahlen = §§

Sozialversicherungsrente 22 42
Sozietät
Einbringung in PersGes **18** 230 ff.
Erweiterung **18** 230 ff.
gewerbliche Tätigkeiten **18** 51
Gründung **18** 230 ff.
selbständige Tätigkeit **18** 8, 41
Soziusaufnahme **18** 230 ff.
Teilwert des Praxiswerts **18** 203
Sparer-Pauschbetrag, Kapitaleinkünfte **20** 264 ff.
Sparguthaben, Sondervergütungen **15** 594
Sparprämienverpflichtung 5 550
Sparzinsen, Zufluss **11** 50
Spekulationsgeschäfte
s Veräußerungsgeschäfte private
Spenden
s auch Mitgliedsbeiträge
s auch Zuwendungen
Abzugsvoraussetzungen **10b** 10 ff.
Abzugszeitpunkt/Spendenvortrag **10b** 28
Annahme durch Hilfsperson **10b** 20
Arbeitsleistung persönliche **10b** 3
Arbeitslohnverzichtspenden **10b** 3
Aufwandsspenden **10b** 3
Auslandsspenden **10b** 15
Ausschluss extremistischer Körperschaften **10b** 14
Begriffe **10b** 2
Beispiele **10b** 3
Betriebsausgaben **4** 520
aus Betriebsvermögen **10b** 3
Bewertung **10b** 2 ff.
Blutspenden **10b** 3
Datenfernübertragung **10b** 48
Drittspenden **10b** 10
Durchlaufspenden **10b** 22
Eintrittsspenden **10b** 8
Empfängerkreis **10b** 17
Fahrtkosten **10b** 3
Förderung der Allgemeinheit **10b** 12
Freiwilligkeit **10b** 8
Fremdnützigkeit **10b** 5
Gegenleistung **10b** 5
– Beispiele schädlicher G. **10b** 6
Investitionsumlagen **10b** 8
kirchliche Zwecke **10b** 12
Kleiderspenden **10b** 3
mildtätige **10b** 12
Nachweisverfahren **10b** 47
Nutzungen und Leistungen **10b** 2
Nutzungsüberlassung eines WG **10b** 3
Parteispenden über Dritte **10b** 20
Person des Zahlenden **10b** 10

Magere Zahlen = Rz

persönl begünstigte Zwecke **10b** 12
PKW-AfA **10b** 3
politische Zuwendungen **10b** 36 ff.
– Abzugsbeschränkung **10b** 37
– Verhältnis zu § **34g** 10 38
religiöse Zwecke **10b** 12
Rückspenden **10b** 3
sachl Abzugsbeschränkung **10b** 16
Sachspenden **10b** 2
Sammelvereine/Mittelweitergaben **10b** 20
selbsthergestellte WG **10b** 3
sonstige Zuwendungen **10b** 13
staatspolitische Zwecke **10b** 12
Steuerermäßigung von Zuwendungen **34g** 1 ff.
– Anwendungsbereich **34g** 2
– begünstigte Wahlen **34g** 2
– begünstigte Zahlungsempfänger **34g** 2
– besondere Voraussetzungen **34g** 3
– Höhe **34g** 5
– Person des Zahlenden **34g** 4
– Rechtsbehelfe **34g** 7
– Vertrauensschutz/Haftung **34g** 6
– Zuwendungsbegriff **34g** 2
Unentgeltlichkeit **10b** 5
unmittelbare Zahlung **10b** 20
verbilligte Warenüberlassung **10b** 3
Verpflichtungsübernahmen **10b** 3
Verteilung auf Jahre **11** 50
Verwaltungshandeln **10b** 6
Verzicht auf Geldanspruch **10b** 3
Wertnachweis **10b** 2
wissenschaftliche Zwecke **10b** 12
Spendenbestätigung
s Zuwendungsbestätigung
Sperrfrist bei Buchwertübertragung **6** 825 ff.
Sperrkonto, Überweisung als Zufluss **11** 50
Spesensphäre eines WG **5** 119
Sphärenvorrang, Einlagen/Entnahmen **5** 164
Spielerberater/Spielervermittler **15** 150; **18** 155
Spielerlaubnis 5 270
Spielerwert, Aktivierung **5** 270
Spielgewinne 22 150
Spielhalle als Teilbetrieb **16** 130
Spielplätze, Herstellungskosten **6** 213
Splitting/Splittingverfahren
beschränkte Steuerpflicht **50** 18
nach Ehe-/LPart-Auflösung **32a** 15
Einzelveranlagung **32a** 16
Entlastungsbetrag **24b** 17 ff.
EU/EWR-Ehegatten **46** 26

Steuerabgrenzung

fiktive unbeschränkte StPfl **1a** 20 ff.
Splitting nach Ehe-/LPart-Auflösung **32a** 15
Verwitwetensplitting **32a** 14
Voraussetzungen **26** 6
Zusammenveranlagung **32a** 9 ff.
Sponsoring
Betriebsausgaben **4** 520; **18** 190
Betriebseinnahmen **4** 460
Verträge **5** 550
Sport 10 90 „Liebhaberei"
Sportausbildungskosten 12 32
Sportberater 18 155 „Berater"
Sportgewinne 22 150
Sportkleidung/Sportgeräte 9 270
Sportler 18 155; **19** 35
selbständige Tätigkeit **18** 132
Sportliche Darbietungen
Begriff **49** 39
beschränkte Steuerpflicht **49** 39
Sportmedizinkosten 12 32
Sportschulleiter, Selbständigkeit **18** 29
Sport(übertragungs)rechte, Aktivierung **5** 270
Sprachheilpädagoge 18 155
Sprachkurse 10 90; **33** 90
Betriebsausgaben **4** 520
Einnahmen **19** 100
Inland/Ausland **12** 32
Werbungskostenaufteilung **9** 67 ff.
Staatliche Lotterieeinnehmer 18 135
Staatsprüfungskosten 10 90
Städtebauentwicklung, AfA bei Sanierung/Städtebauentwicklung s unter Erhöhte Absetzung für Abnutzung
Stammkapital
verdecktes St. s Gesellschafterfinanzierung
Werbungskosten **19** 110
Standanhebung, HK **6** 183
Standarddeckungsbeiträge, LuF **13** 206
Standeswidrigkeit
Betriebsausgaben **4** 492
Geschäfte **18** 100, 163
Ständiger Vertreter
Begriff **49** 30
beschränkte Steuerpflicht **49** 30
Statist 18 155
Stehende Ernte
Grundstückszuordnung **4** 113
Wirtschaftsgut **5** 141
Stellplatz, doppelter Haushalt **9** 254
Stellplatzverpflichtung 21 148
Stellwände, keine SofortAfA **6** 661
Steuerabgrenzung s Latente Steuern

2555

Steuerabzug

Fette Zahlen = §§

Steuerabzug
Arbeitslohn *s* Lohnsteuerabzug
Bauabzugsteuer *s* dort
Verlustausgleich **2** 59
Steuerabzug bei beschr StPflicht 50a 1 ff.
Abstandnahme vom StAbzug **50c** 10 ff.
– Antragstellung elektronische **50c** 34
– Freistellung **50c** 11
– Freistellungsbescheinigung **50c** 15 ff.
– Steueranmeldung **50c** 13 f.
– Steuererstattung **50c** 24 ff.
– Vergütungen für Rechteüberlassung **50c** 12
Abzug von BA/WK **50a** 23
– EU-/EWR-Angehöriger **50a** 25
– Nachweis/Übernahme durch Vergütungsschuldner **50a** 24
Abzugsverpflichteter **50a** 9
Alterseinkünfte **50a** 48
Anordnung des Steuerabzugs **50a** 43 ff.
Ansässigkeitsbescheinigung **50c** 35
Antragsveranlagung **50** 35
– Zuständigkeit **50** 42
Anwendung **50** 26; **50a** 6, 10 ff.
Aufsichtsratsvergütungen **50a** 14
Bescheid elektronischer **50c** 36
Bescheinigung **50a** 39
Bruttobesteuerung **50a** 16 ff.
Darbietungen **50a** 11 f.
Entlastung vom StAbzug **50c** 1 ff.
– Anwendungsbereiche **50c** 2 f.
– Verfassungsrecht/Europarecht **50c** 4
– Verhältnis zu anderen Vorschriften **50c** 5
Erstattungsansprüche **50a** 41
EU-/EWR-Staatsangehörige **50** 41
geringfügige Einkünfte **50** 43
Gewinnermittlung bei direkter/indirekter Methode **50** 30 f.
Gewinnermittlungsgrundsätze **50** 29 ff.
Haftung des Vergütungsschuldners **50a** 34 ff.
Haftungsbescheid **50a** 35 ff.
Immaterialgüterrechte **50a** 13
KapVerm-Einkünfte **50** 39
Nachforderung bei StSchuldner **50a** 38
nachträgl Feststellg bei beschr StPfl **50** 32
Nettobesteuerung **50a** 22 ff.
Nutzungsvergütungen **50a** 13
Pflichtveranlagung **50** 34, 36
Rechtsschutz **50a** 40
Rechtsschutzmöglichkeiten **50c** 37
Steuerabzug **50a** 28 ff.

– Absehen vom Abzug **50a** 29
– BA/WK-Berücksichtigung **50a** 30
– „zweiter Stufe" **50a** 28 ff.
Steuerabzugsverfahren **50a** 31 ff.
– Abführung/Anmeldung **50a** 33
– Entstehung/Einbehaltung **50a** 32
Steuersatz **50a** 16, 26
– Bemessungsgrundlage **50a** 17
– Geringfügigkeitsgrenze **50a** 18
Steuerschuldner **50a** 7 f.
Transferleistungen **50a** 13
Veranlagung/keine Veranlagung **50** 27 f.
Verfahren bei Veranlagung **50** 37 f.
Verfassungs-/EU-Recht **50a** 3
Vergütung an Beauftragte **50a** 42
Verhältnis zu anderen Vorschriften **50a** 4
Verpflichtung zum StAbzug **50c** 8 ff.
– Rechtsfolgen bei Verstoß **50c** 9
Verzinsung des KapESt-Betrags **50c** 30 ff.
Wechsel unbeschr/beschr StPfl **50** 33
Zuständigkeit bei ArbN-Veranlagg **50** 40
Steuerabzug bei DBA 50d 1 ff.
s auch Doppelbesteuerung
Abfindungen **50d** 70 f.
Anschluss des Schachtelprivilegs **50d** 68
Anwendungsbereich zeitl **50d** 2
Ausschluss doppelter DBA-Steuerbefreiung **50d** 44 ff.
DB A-Kassenstaatsklauseln **50d** 36
Dividendenkompensationszahlungen **50d** 72
Entlastung vom StAbzug **50d** 8
Entlastungsausschluss bei Optionsgesellschaften **50d** 74 ff.
hybride Gesellschaften **50d** 69
Missbrauchsausschluss **50d** 15 ff.
– Anwendungsbereiche **50d** 17 f.
– Entlastungsausschluss **50d** 19 ff.
SonderBA bei Auslandsbezug **4i** 3
Sondervergütungen als Unternehmensgewinne **50d** 60 ff.
Switch-over-Klauseln **50d** 48 ff.
treaty shopping **50d** 15 ff.
unilaterale Rückfallklauseln **50d** 38 ff.
Verfassungs-/Europarecht **50d** 3
Steueranrechnung *s* Anrechnung
Steueranrechnung bei ausländischen Einkünften, Begrenzung der Steueranrechnung **34c** 14
Steuerbefreiungen, sachliche **2** 16
Steuerbegünstigte Zwecke
s Spenden
Steuerbegünstigung
Baudenkmale *s* Wohnungsnutzung Baudenkmale ...

Magere Zahlen = Rz

Gebäude in Sanierungsgebieten
  s Wohnungsnutzung Baudenkmale ...
Gebäude in städtebaulichen Entwicklungsgebieten s Wohnungsnutzung
  Baudenkmale ...
Kulturgüter **10g** 1 ff.; s iEinz Wohnungsnutzung von K.
Steuerbegünstigung bei energetischen Maßnahmen 35c 1 ff.
Antrag/Abzugszeitraum **35c** 13
Anwendungsbereiche **35c** 2 f.
begünstigte Aufwendungen **35c** 6
begünstigte Maßnahmen **35c** 7
begünstigte Objekte **35c** 5
Bescheinigung des Fachunternehmens **35c** 7
Doppelförderungsausschluss **35c** 11
Energieberatungskosten **35c** 6
Ermäßigungsbeitrag
– Abzugszeitraum **35c** 13
– Antrag **35c** 13
Ermäßigungsbetrag
– Abzugsreihenfolge/Überhang **35c** 15
– Berechnung und Höhe **35c** 14
Feststellung bei Miteigentümern **35c** 16
Geltendmachung **35c** 13 ff.
Nutzung zu eigenen Wohnzwecken
– gemischte Nutzung **35c** 10
– Umfang **35c** 10
Rechnungserteilung/Zahlung **35c** 8
Steuerberater
Beteiligung an GmbH **18** 165
freiberufliche Tätigkeit **18** 105
Steuerberaterkosten 19 110
außergewöhnl Belastung **33** 90
Rechtsverfolgungskosten als BA **4** 520
Vermietung und Verpachtung **21** 148
Steuerberaterprüfung 10 90 „Schule"
Steuerbilanz
elektronische Übermittlung **5b** 3
Tonnagebesteuerung **5a** 6
Steuerbilanzrecht
europäisches **5** 3
steuerliche Wahlrechte **5** 64
Verzeichnis der Abweichungen ggü
  HandelsbilanzR **5** 61
Vorrang steuerl Wahlrechte **5** 60 ff.
Steuerentstrickung 4 240 ff.; **5** 661
Anwendungsfälle **4** 245 ff.
ausländische Betriebsstätte **4** 249
Begründung dt Besteuerungsrechts
  6 515, 631
Begründung inl Besteuerungsrechts **6b** 97
Entnahmefiktion **4** 244
Entnahmefiktion bei Verstrickung **4** 248

Steuerermäßigung

Entstrickung und Realisationsprinzip
  4 240
Entstrickungsbesteuerung **4** 244 ff.
EU-rechtliche Beurteilung **4** 243
Europäische Gesellschaft/Genossenschaft
  4 250
Gewinnrealisierung **4** 92
Nutzungsüberlassungen im Ausl **4** 247
Realteilung einer MUerschaft **16** 548
sachliche Veränderungen **4** 246
Systematik der Entstrickung **4** 242
Theorie der finalen Entnahme **4** 241
Thesaurierungsbegünstigung **34a** 33
Verstrickung s dort
Steuererklärung
Datenfernübertragung **25** 5 f.
Ehegatten **25** 6
Folgen bei Nichtabgabe **25** 9
Form **25** 6
Fristen **25** 8
Lebenspartner **25** 6
Mitwirkungspflichtpflicht **25** 5 f.
Rückstellung für StErklKosten **5** 550
Steuererklärungspflicht **25** 5 f.
Unterschrift **25** 7
Steuererlass
ausländische Einkünfte **34c** 23
beschränkte Steuerpflicht **50** 47
Steuerermäßigung
beschränkte Steuerpflicht **50** 20
haushaltsnahe Beschäftigungen/Leistungen
  35a 8, 13, 16
Zuwendungen an Parteien/Wählervereinigungen **34g** 1 ff.
Steuerermäßigung bei ausländischen Einkünften 34c 1 ff.
Abzugsverfahren **34c** 25
Abzugswahlrecht **34c** 15 ff.
Anrechnung
– mit DBA **34c** 25 ff.
– ohne DBA **34c** 28
Anrechnungsverfahren **34c** 10
Antrag/Veranlagung **34c** 31 f.
Anwendungsbereich **34c** 6
Auslandstätigkeitserlass **34c** 23
Berichtigungen/Rechtsbehelf **34c** 34 f.
Doppelbelastung als Voraussetzung **34c** 6
Drittstaateneinkünfte **34c** 30
„entsprechende Steuern" **34c** 7
ESt-Mitteilung mit Aufschlüsselung der
– Begriff ausl Einkünfte **34c** 11 ff.
– Besonderheiten/Ausnahmen **34c** 12
– deutsche EinkommenSt **34c** 13
Freistellung mit DBA **34c** 27
Gesellschafts-/Ges'tersitz **34c** 4

2557

Steuerermäßigung

Fette Zahlen = §§

Gründungs-/Sitztheorie **34c** 4
Nachweis ausl Steuern **34c** 33
Personenidentität **34c** 5
Steuererlass **34c** 23
Switch-over-Klauseln **34c** 29
Steuerermäßigung bei ErbSt-Belastung 35b 1 ff.
Antrag des StPfl **35b** 15
Anwendungsbereich **35b** 4
ausländische ErbSt **35b** 10
Begünstigungszeitraum **35b** 12
Doppelbelastung ESt/ErbSt **35b** 5 ff.
– nichtrealisierte Wertsteigerungen **35b** 18
Einkünfteberücksichtigung **35b** 6
Erblasser nicht zugeflossene Forderungen **35b** 19
ErbSt-Festsetzung **35b** 9
ErbSt-unterlegene Einkünfte **35b** 8 ff.
Ermittlung
– ESt-Betrag/StErmäßigung **35b** 22
– Prozentsatz der ESt-Ermäßigung (mit Beispiel) **35b** 23 ff.
Erwerb von Todes wegen **35b** 13
Hauptanwendungsfälle **35b** 18 f.
Identität des StPfl **35b** 11
keine Vollanrechnung **35b** 21
Rechtsfolgen **35b** 21 ff.
Regelungszweck **35b** 1 f.
Voraussetzungen **35b** 5 ff.
Steuerermäßigung bei Gewerbebetriebeinkünften 35 1 ff.
abweichende Wj **35** 24
Anrechnungsüberhänge **35** 46
Anrechnungsvolumen **35** 12 ff.
Anwendungsbereich **35** 3
Begrenzung der GewStPflicht **35** 50
begünstigte Einkünfte **35** 13 ff., 38
Entlastungssystematik **35** 11
Erben-/Bruchteils-/Gütergemeinschaften **35** 31
Ermäßigungshöchstbetrag **35** 35 ff.
ESt-Minderungen **35** 36 ff.
Gestaltungen **35** 55
Ges'terausscheiden/-wechsel **35** 52
Gewerbesteuer zu zahlende **35** 41
gewerbliche Einkünfte **35** 10
Gewinnermittlung
– ausgenommene Gewinne **35** 23
– gewerbesteuerl Kürzungen **35** 18
– keine Verluste/Verlustanteile **35** 15
– KGaA-Regelung **35** 22
– laufende Gewinne **35** 18
– MUerschaft-Besonderheiten **35** 20
– Steuerschuldnerzuordnung **35** 17

– Tonnagegewinn **35** 23
– Umwandlungsgewinne **35** 23
– Unternehmensbezogenheit **35** 14 ff.
– Unternehmensreichweite **35** 16
– Veräußerungsgewinne **35** 18
GewSt-Messbetrag
– Anrechnungsüberhänge **35** 27 ff.
– anteilige/gewerbl Einkünfte **35** 50 ff.
– Aufteilung bei MUerschaften **35** 25 f., 29 ff.
– festgesetzter Messbetrag **35** 24
– Sonderbetriebsvermögen/-vergütungen **35** 27
– Veräußerungsgewinne **35** 28
GewSt-Mindesthebesatz **35** 24
KGaA-Regelung/GewSt-Messbetrag **35** 32
Mitunternehmerschaften **35** 29
Organschaft **35** 54
Rechtsfolgen **35** 45 f.
Teileinkünfteverfahren **35** 36
typisch stille Gesellschaft **35** 30
Umwandlungen **35** 51
Verfahren **35** 60 ff.
– Einzelunternehmer **35** 60
– MUerschaft/KGaA **35** 61 ff.
Verfassungsmäßigkeit **35** 7
Verhältnis zu anderen
– Anrechnungen **35** 5
– Ermäßigungen **35** 5
– Steuern **35** 6
– Vorschriften **35** 6
Verhältnisrechnung **35** 39
Verluste/Verlustanteile **35** 37
Steuerermäßigung bei haushaltsnahen Beschäftigung/Leistungen
s Haushaltsnahe Beschäftigungen/L.
Steuererstattung
als BE **4** 460
Kapitalertragsteuer bei beschr StPfl **50c** 24 ff.
Steuererstattungsanspruch 5 270
Steuerfestsetzung
Bemessungsgrundlage **25** 4
Zusammenveranlagung **26b** 11 ff.
Steuerfreie Einnahmen 3 1 ff.
ABC Einnahmenbegriff **3** 1
Ablösezahlungen **3** 23
Altersteilzeitförderung **3** 102
Altersvorsorge-Vermögensübertragungen **3** 183, 185
Anrechteübertragung
– Basisrenten **3** 184
– zwischen-/überstaatl Altersversorgungseinrichtungen **3** 185

2558

Magere Zahlen = Rz

Arbeitgeber-Zusatzbeiträge **3** 216
Arbeitsförderungsleistungen **3** 17
Arbeitslosenleistungen **3** 19
ArbG-Zuwendungen an Pensionskassen
  3 188
ArbSchutzG-Leistungen **3** 162
Aufgelder für Lastenausgleichsdarlehen
  3 72
Aufwandsentschädigungen **3** 98
– öffentliche A. **3** 50 ff.
Aufwendungsersatz
– ehrenamtliche Tätigkeiten **3** 91 ff.
– nebenberufliche Tätigkeiten **3** 91 ff.
Ausgleichsgelder in der LuF **3** 100
Ausgleichsleistungen **3** 30
Ausgleichszahlungen **3** 23
Auslagenersatz **3** 167
Auslandsleistungen **3** 20 f.
Auslandszuschläge **3** 218
Auslegungsfragen **3** 4
BahnCard-Gestellung **3** 63, 69
Barablösungen **3** 108
Beamtenversorgungszuschläge **3** 226
Beitragserstattungen **3** 23
Beitragszuschüsse für LuF-Alterssicherung
  3 71
Berufskleidungsüberlassung **3** 108
Berufssoldaten-Leistungen **3** 25
Betreuungszuschüsse des ArbG **3** 118
betriebl Altersvorsorge des ArbG für ArbN
  3 208 ff.
Bezüge und Beihilfen
– Erziehung, Familie und Ausbildung
  3 43 f.
– Hilfsbedürftigkeit **3** 41 ff.
– Wissenschafts- und Kunstförderung
  3 45
Bundespräsidentenzuwendungen **3** 77
Coronabeihilfen **3** 5
– Arbeitgeber **3** 48
DBA-Freistellung **3** 3
Diplomaten-/Konsulatsbezüge **3** 104
doppelte Haushaltsführung/Aufwendungs-
  ersatz **3** 66 ff.
durchlaufende Gelder **3** 167
Elektrofahrzeuge stfreie Aufladung **3** 160
Eltern-/Erziehungsgeld **3** 226
Entgeltersatzleistungen **3** 16
Entschädigungsansprüche/Zinsen **3** 177
Entwicklungshelferleistungen **3** 198
Fahrradüberlassung **3** 126
Freibetrag für Nebenberuflichkeit **3** 96
Freiwilligendienstleistungen **3** 27
Fulbright-Stipendium **3** 151
Gastfamilieneinnahmen **3** 38

Steuerfreie Einnahmen

Geltungsbereich **3** 2
Geschädigtenleistungen **3** 29 f.
Gesundheitsförderung durch ArbG **3** 115
Gewinnausschüttungen **3** 147
Hilfen nach Anti-D-HilfeG und HIV-
  HilfeG **3** 228 f.
Hinterbliebenenrenten **3** 33
InfektionsschutzG-Entschädigungen **3** 88
Insolvenzgeld uÄ **3** 18 ff.
Insolvenzversicherungsleistungen **3** 220
Kapitalabfindungen ausl **3** 23
Kaufkraftausgleich **3** 218
Kfz-Gestellung **3** 69
KiGeldG-Leistungen **3** 87
Kinderbetreuung durch ArbG **3** 112
Kinderzuschüsse aus RV **3** 9
Kohleausstiegsanpassungselder **3** 196
Krankengelder uÄ **3** 6
Krankenversicherung **3** 6
Krankenversicherungszuschüsse **3** 61
Kundenbindungs-Sachprämien **3** 129
Künstler-Ehrensold **3** 152
Künstlersozialkasse-Leistungen **3** 190
Kurzarbeitergeld-Aufstockungsbeträge
  3 103
Mutterschaftsleistungen **3** 11
nebenberufliche Tätigkeiten **3** 91 ff.
Pensionsfondsleistungen **3** 223
Pflege- und Versorgungsleistungen **3** 123
Pflegeperson-Beitragserstattung **3** 35
Pflegeversicherung **3** 7
Postbeamte ehemalige **3** 120
private Nutzung betriebl Geräte **3** 157
Produktionsaufgaberente **3** 100
Progressionsvorbehalt **3** 3
Reisekostenvergütungen **3** 54 ff., 66 ff.
REIT-Einkünfte **3** 230
Rentenabfindungen **3** 23
Rentenversicherung **3** 9
Ruhegehaltszuschüsse für Kindererziehung
  3 226
Sachleistungen aus RV **3** 9
Sammelbeförderung durch ArbG **3** 110
Schuldzinsenabzug **9** 146
Stipendien **3** 154
Teileinkünfteverfahren **3** 135 ff.; *s iEinz
  dort*
Trennungsgeld **3** 54 f., 58
Trinkgelder **3** 170
Übergangsgeld uÄ **3** 10
Umzugskostenvergütungen
  3 54 f., 57, 66 ff.
Unfallversicherung **3** 8
UnterhaltssicherungsG-Leistungen **3** 164
Veräußerungsgewinne **3** 147

Steuerfreie Zuschläge

Fette Zahlen = §§

Verfolgtenleistungen **3** 86
Verfolgtenrenten **3** 33
Verhältnis zu anderen Vorschriften **3** 3
Vermögensbeteiligung für Mitarbeiter **3** 132 f.
Versicherungsleistungen **3** 6 ff.
Versorgungsanwartschafts-Übertragungen **3** 180
Versorgungsausgleich
– externe Teilung **3** 182
– interne Teilung **3** 181
Versorgungsleistungen
– berufsständische **3** 23
Wagniskapital/Carried Interest **3** 146
Wagniskapitalzuschüsse **3** 235
Wehrdienstleistungen **3** 27 f.
Weiterbildungskosten **3** 74
Werkzeuggeld **3** 106
Wertguthaben-Übertragung **3** 175
Wiedergutmachungsleistungen **3** 31
Wohngeldleistungen **3** 192
Wohnungsbauförderung **3** 194
Zivildienstleistungen **3** 27
Zukunftssicherungsleistungen **3** 200 ff.; *s i Einz* dort
Steuerfreie Zuschläge zum Arbeitslohn *s* Zuschläge zum A.
Steuerfreistellung, Schiff-/Luftfahrtunternehmen **49** 143
Steuergerechtigkeitsprinzip 2 9
Steuerhinterziehung, Lohnsteuer **39b** 15
Steuerklassenkombination III/IV 39f 1 ff.
Steuerklassenwechsel zur beschr StPfl **39** 8
Steuerklauseln 2 45; **5** 270 „Satzungsklauseln"
Steuerliche Nebenleistungen 12 41
Betriebsausgaben **4** 520
Steuern
Betriebsausgaben **4** 520
GrundSt/KirchenSt als WK **9** 171
latente Steuern *s* dort
nichtabzugsfähige Steuern vom Einkommen **12** 38 ff.
Steuernachforderungen 5 550
Steuerpauschalierung bei beschr StPfl **50** 47
Steuerpflicht
Abschnittsbesteuerung **2** 69 f.
Begriff **1** 1 ff.
beschränkte Steuerpflicht *s* dort
EG-Verträge **1** 5
Erbfall **1** 14

erweiterte beschränkte StPfl **1** 2, 75
erweiterte unbeschr StPfl **1** 2, 35 ff.
fiktive unbeschr StPfl **1** 2
Gastarbeiter **1** 23
persönliche StPfl **1** 1 ff.
unbeschränkte StPfl *s* dort
Wechsel der StPfl **1** 77; **2** 69
Steuerpflichtige
Betriebsaufspaltung **1** 12
juristische Personen **1** 12
natürliche Personen **1** 11
Organschaft **1** 12
Personengesellschaften **1** 13
Steuerprozesskosten als BA **4** 520 „Rechtsverfolgungskosten"
Steuersätze *s* Tarif
Steuersätze bei ao Einkünften
Abgrenzung zu lfd Einkünften **34** 10
alternative Tarifermäßigung **34** 55
Altersgrenze **34** 61
Altersversorgungsansprüche **34** 41, 45
Antrag **34** 5, 55 f.
Anwendungsbereich **34** 4
Ausschluss teilstfreier Gewinnbestandteile **34** 28 ff.
außergewöhnliche Belastung **34** 52
Außerordentlichkeitsbegriff **34** 12 f.
Bedeutung der Einkunftsart **34** 6
begünstigte Einkünfte **34** 12 f.
Berufsunfähigkeit **34** 61
Betragsgrenze **34** 60
Betriebsveräußerung/Wahlrecht **34** 20
Bilanzierung **34** 18
Doppelbegünstigungsausschluss **34** 6
Ehegatten **34** 4
Einkünfte aus nichtselbst. Arbeit *s unter* Nichtselbständige Arbeit
Einkünfte aus selbst. Arbeit *s unter* Selbständige Arbeit
Einkünftezusammenballung **34** 15 ff.
Einkunftsarten **34** 38
Entlohnung mehrjähriger Tätigkeit **34** 40 f.
Entschädigungen **34** 17
– begünstigungsfähige **34** 35
Erben **34** 4
ermäßigter Steuersatz **34** 58
Ermittlung der begünstigten Einkünfte **34** 50 ff.
Firmenjubiläum **34** 40
Forstwirtschaft *s unter* Land- und Forstwirtschaft
Freibeträge **34** 50
Fünftelregelung **34** 56
Gewinneinkünfte **34** 38, 46

2560

Magere Zahlen = Rz

Gewinnfeststellungsverfahren **34** 65
Gewinnübertragung nach §§ 6b, 6c **34** 27
Lohnsteuerregelung **34** 66
mehrjährige Tätigkeit
– Lohnsteuerabzug **34** 66
– Vergütung **34** 37 ff.
Meistbegünstigungsklausel **34** 56
nachträgl. Rentenzahlungen **34** 45
Nachzahlungen **34** 40 f.
negatives Einkommen **34** 56
Nutzungsvergütungen **34** 36
Objektgrenze/Objektverbrauch **34** 55
Pensionsanwartschaften **34** 41
Progressionsvorbehalt **34** 56 f.
Progressionswirkung **34** 1, 15
Sonderausgaben **34** 52
Steuersatz ermäßigter **34** 55 ff.
Tarifglättung **34** 5, 56
Teileinkünfteverfahren **34** 25, 28 f.
Überführung von SonderBV **34** 13
Veranlagungsverfahren **34** 65 f.
Veräußerungsgewinne **34** 25 ff.
– nachträgliche Erhöhung **34** 19
Verfassungsfragen **34** 3
Verlustausgleich **34** 51
Verlustberücksichtigung **34** 6
Voraus-/Nachzahlungen **34** 41
Wahlrecht **34** 55
wechselseitige Tarifermäßigung **34** 59
Zeitpunkt der Zahlung **34** 42 f.
Zinsen **34** 36
Zufluss in *einem* VZ **34** 16
Steuerschulden 5 550
Vermögensübertragung **10** 120
Steuerschuldner
Lohnsteuererhebung **38** 10
Lohnsteuerpauschalierung
– Zukunftssicherungsleistung **40b** 13
Nettolohnvereinbarung **39b** 13
Steuerschuldverhältnis 15 2
Steuerstundungsmodelle
Anwendung des § 21 **21** 155
Begriff **15b** 8 ff.
Progressionsvorbehalt **32b** 18
Verlustabzugsverbot beschränktes **15b** 1 ff.;
s iEinz dort
Steuertarif *s* Tarif
Steuervergünstigungen, LuF-
Betriebsveräußerung **14** 31
Steuervergütung, KiGeld **31** 1, 9
Stichtagsprinzip 5 81
Pensionsrückstellungen **6a** 60, 64
Stiftung & Co 15 704
gewerblich geprägte PersGes **15** 230
Stiftungen, Kapitalertragsteuer **20** 131

Straßenanliegerbeiträge

Stiftungsförderung
Empfängerkreiserweiterung **10b** 34
Feststellung verbleibender Abzugsbeträge
10b 33
Fremdstiftungszuwendungen **10b** 31
Höhe der Begünstigung **10b** 32
persönliche Begünstigung **10b** 32
Stiftung von Todes wegen **10b** 32
Stiftungsspenden **10b** 30
Vermögensstockspenden **10b** 31
Stiftungsspenden 10b 30 ff.; *s iEinz*
Stiftungsförderung
Stille Beteiligungen 5 550
Aktivierung **5** 270
atypisch stille Beteiligungen
– angemessene Gewinnverteilung
15 782 f.
– Familienangehörige **15** 770 ff.
Aufgabe **24** 41
Kapitalertragsteuer **20** 173
Teilwert **6** 330
typisch stille Beteiligungen **15** 774
Stille Gesellschaft
Einnahmezufluss **11** 50
Kapitaleinkünfte **20** 90 ff.
negative Drittstaateneinkünfte **2a** 32
stille Ges'ter und negatives KapKto
15a 132 f.
Verluste **20** 94
– als Werbungskosten **19** 110
Stille Reserven
Aufdeckung; Realisationsprinzip **4** 86 ff.
Betriebseinnahme **4** 460 „Buchgewinne"
Gewährleistung der Besteuerung **4** 234
Übertragung nach § 6c EStG **6c** 7
Stiller Gesellschafter, Abfindungen
24 29
Stillhalterprämien 22 150
Kapitaleinkünfte **20** 141 f.
Stipendien 3 154; **19** 100; **22** 150
Stock Options 5 550; **19** 100 Ankauf
Stornorückstellung 5 550
Strafbare Handlungen 12 32
Strafen
außergewöhnl. Belastungen **33** 90
Betriebsausgaben **4** 520
Strafgefangener
Leistungen **33** 90
Wohnsitz **1** 22
Strafverfahren 4 520
Einstellung des St. **10b** 6
Strafverteidigungskosten, Betriebs-
ausgaben
4 520 „Rechtsverfolgungskosten"
Straßenanliegerbeiträge 5 270

2561

Straßenleuchten

Straßenleuchten, SofortAfA **6** 660
Streikunterstützungen 22 150; **24** 27
Arbeitgeberverbandsleistungen **4** 460
Arbeitslohn **19** 72
Entschädigung **24** 10
Progressionsvorbehalt **32b** 11
Streitkräfte, ausländische **1** 39
Streuwerbeartikel, ESt-Pauschalierung **37b** 12
Stromableser 15 150; **19** 35
Stromanschluss 5 270
Stromentnahmen 4 270
Stromnetz als Teilbetrieb **16** 130
Strukturwandel
Aufgabe eines Betriebs **16** 154
Entnahmen **4** 270
Gewinnerzielungsabsicht **15** 42
LuF-Betrieb in GewBetr **15** 108, 132
LuF-Nebenbetrieb **13** 64 f.
negatives Kapitalkonto **15a** 186
Personengesellschaften in KapGes **16** 215 ff.
Stückländereien, Begriff **13** 7
Stückzinsen, Kapitaleinkünfte **20** 184
Studienkosten 10 90; **33** 90
Übernahme als ArbLohn **19** 100
Studienreisen 12 32
Arbeitnehmer **19** 110
Betriebsausgaben **4** 520
Stundenbuchhalter 15 150
Stundung
ESt-Vorauszahlungen **37** 8
Kaufpreisanspruch und AfA **7** 106
Veräußerungsgeschäft privates **23** 93
Veräußerungsgewinnbesteuerung **6b** 53
Zinsen als Sondervergütungen **15** 594
Zufluss/Abfluss **11** 50
Stuntman 18 155
Sturmschäden 33 90
Stuttgarter Modell 21 92
Subidiarität, Kapitaleinkünfte **20** 253 ff.
Subjektives Nettoprinzip
s Nettoprinzip
Subjektsteuerprinzip 2 19
Subsidiaritätsprinzip
beschränkte Steuerpflicht **49** 126
Kindergeldleistungen **65** 1
sonstige Bezüge **22** 8
Veräußerungsgeschäfte private **23** 65
VuV-Einkünfte **21** 162 ff.
Substanzausbeutevertrag
5 270 „Bodenschätze"
Substanzerhaltungsanspruch 5 270
Substanzerhaltungspflicht 5 702
Substanzerhaltungsrücklage 5 550

Fette Zahlen = §§

Substanzverluste als WK **9** 78 ff.
Substanzverringerung *s unter* Absetzung für Substanzverringerung
Substanzwert, Teilwert **6** 234
Subunternehmer 19 35
Subventionen *s* Zuschüsse
Sukzessivlieferungsvertrag, Entschädigung **24** 15
Supervision 18 155
Surfbrett/Surflehrgang 9 270
Swap-Geschäfte
5 270 „Finanzprodukte"
Switch-over-Klauseln
StErmäßigung bei ausl Einkünften **34c** 29
Steuerabzug bei DBA **50d** 48 ff.
Synchronsprecher
18 155 „Schauspieler"; **19** 35
Syndikusanwalt 18 98

Tabaklieferrechte, Abschreibung **7** 41
Tabakquote, immaterielles WG **5** 270
Tafelgeschäfte, beschr StPfl **49** 102
Tagesmutter 18 155
Tageszeitung 9 270
Talkshow 18 155
Tankkarten 9 195
Tankstelle als Teilbetrieb **16** 130
Tantiemen 19 100
BE aus Zweitverwertung **18** 170
verdeckte Gewinnausschüttungen **20** 57
Tanzkurs 12 32
Tanzlehrer 18 155
Tarif 32a 1 ff.
Alleinerziehende **32a** 9
Anwendungsbereich **32a** 2 f.
Aufbau **32a** 8
Bemessungsgrundlage **32a** 8
beschränkte StPflicht **32a** 2; **50** 10; **50a** 16 ff., 26
Einkünfte aus KapVerm *s* Tarif für Kapitalmarktvermögenseinkünfte
Existenzminimum **32a** 4
Grundfreibetrag **32a** 1
Lebenspartnerschaft **32a** 9
Nullzone **32a** 8
Progressionszonen **32a** 8
Proportionalzonen **32a** 8
Splitting
– nach Auflösung der Ehe/LPart **32a** 15
– Verwitwetensplitting **32a** 14
Splittingverfahren **32a** 9 ff.
Staffeltarif bei Handelsschiffen **5a** 19
Steuersätze bei
– ao Einkünften *s unter* Einkünfte
– ESt-Pauschalierung **37a** 7

Magere Zahlen = Rz

unbeschränkte Steuerpflicht **32a** 2
Verfassungsmäßigkeit **32a** 4
Verhältnis zu anderen Vorschriften **32a** 5
Tarif für Kapitalvermögens-Einkünfte 32d 1 ff.
Antragsveranlagung **32d** 24
Ausschluss von gesondertem Tarif
– auf Antrag/kraft Gesetz **32d** 17 ff.
– Back-to-back-Finanzierungen **32d** 15
– Beteiligungsbezüge **32d** 21 f.
– Gesellschafterbeteiligung **32d** 10 ff.
– gesetzlicher A. **32d** 6
– Lebensversicherungsleistungen **32d** 16
– nahe stehende Personen **32d** 7 ff.
– Option Teileinkünfteverfahren **32d** 18 ff.
Einkommensteuerberechnung **32d** 2
gesonderter Steuertarif **32d** 1
Günstigerprüfung **32d** 28 ff.
Kirchensteuer **32d** 3
Pflichtveranlagung **32d** 23
Solidaritätszuschlag **32d** 4
Steueranrechnung **32d** 26 f.
Steuerermäßigung **32d** 4
Tarifermäßigung
Land-/Forstwirtschaft **32c** 1 ff.; s *iEinz dort*
LSt-Ermittlung bei sonstigen Bezügen **46** 22
Tarifglättung
ESt-Anrechnung **36** 21
Steuersätze ao Einkünfte **34** 5, 56
Tarifmodell des nicht entnommenen Gewinns **34a** 4
Tarifprogression 32b 1; s *auch* Progressionsvorbehalt
Tarifvergünstigung, beschr StPfl **50** 19
Taschengeld, Nebenleistungen **22** 30
Tatbestand, Auslegung/Anwendung **2** 33 ff.
Tätiger Inhaber 15 354
Tätigkeitsgebiete, Fahrtkosten bei weiträumigen T. **9** 214, 216
Tätigkeitsstätte erste *s* Erste Tätigkeitsstätte
Tätigkeitsvergütungen 22 150
GmbH-Geschäftsführer **15** 717 ff.
Sondervergütungen an Ehegatten **15** 592
Tausch
Bewertung **6** 851 ff.
– Anwendungsbereich **6** 853
– Gewinnrealisierungsausnahmen **6** 854
– offene Einlage in KapGes **6** 855
– offene Sacheinlage als Tausch **6** 855
Gewinnrealisierung **4** 94; **5** 631 ff.

Teileinkünfteverfahren

Mitunternehmeranteile **16** 475
Veräußerung eines Teilbetriebs **16** 139
Tauschähnliche Vorgänge
Gewinnrealisierung **5** 636 f.
Sacheinlagen **5** 636
Tauschgutachten 5 634
Taxibetrieb, Teilbetrieb **16** 130
Teambildungsmaßnahmen 19 100
Technische Anlagen, abnutzbares AV **6** 346
Technische Berufe 18 108 ff.
Ausbildung **18** 109, 127 f.
Technischer Rentner 6a 58
Teichwirtschaft 13 51
Teilbetrieb 16 115 ff.
Agrenzungen/FusionsRL **16** 115
Aufgabe des T. **16** 220 f.
Begriff **16** 116
begünstigter Veräußerungsgewinn **34** 26
Beteiligung 100%ige **16** 135 ff.
Gesamtbetriebsmerkmale **16** 118 ff.
Geschäftswert **5** 221
Teileinkünfteverfahren **16** 135
unentgeltliche Übertragung **6** 703
Veräußerung eines T. **16** 115 ff.; s *iEinz dort*
wesentliche Betriebsgrundlagen **16** 116
Teilbetriebsaufgabe *s* Aufgabe eines Teilbetriebs
Teilbetriebsveräußerung
s Veräußerung eines Teilbetriebs
Teileinkünfteverfahren
Abzugsbeschränkungen **3c** 11 ff.
– Abzugsverbote **3c** 13 f.
– Anwendungsbereich **3c** 12
– Komplementärfunktion **3c** 11
– Verfahrensrecht **3c** 11
– Verfassungsmäßigkeit **3c** 11
– Verhältnis zu anderen Vorschriften **3c** 11
Abzugsverbot
– Organgesellschaftsanteile **3c** 19
– Wertpapieranleihe **3c** 20
begünstigter Veräußerungsgewinn **34** 25, 28 f.
Darlehensforderung in GesVerhältnis **6** 309
ESt-Anrechnung **36** 15
Kapitalvermögenseinkünfte **32d** 18 ff.
Konkurrenzen **17** 12 f.
lfd Bezüge/Einnahmen **3** 142 ff.
Mitunternehmerschaft **15** 438
Steuerbefreiung **3** 135 ff.
– Anteilsveräußerungen/-entnahme/-aufgabe **3** 138 ff.
– Anwendungsbereich persönlicher/zeitlicher **3** 135, 137

2563

Teilentgelt

Fette Zahlen = §§

- Entlastung des Anteilseigners **3** 135
- Verhältnis zu anderen Vorschriften **3** 136
- Steuerermäßigung bei GewBetr **35** 36
- Substanzverluste
- Anwendungsbereich **3c** 15
- Beteiligungserfordernis/Gegenbeweis **3c** 17
- Darlehen und andere Forderungen **3c** 14 ff.
- Wertaufholung **3c** 16

Teilbetrieb **16** 135

Verlustabzugsverbot bei verbilligter WG-Überlassung **3c** 18

Teilentgeltliche Anteilsveräußerung 17 33

Teilentgeltliche Veräußerung, Gewinnrealisierung **5** 680

Teilentgeltlicher Erwerb, AfA-Bemessung **7** 112

Teilhaberversicherung, Aktivierung des Anspruchs **5** 270

Teilherstellungskosten, erhöhte AfA und SonderAfA **7a** 3

Teilleistungen 5 270

Teilnachfolgeklausel 16 676

Teilungsanordnung 16 610

Teilungsversteigerung 16 609

Teilwert 6 231 ff.

ABC des Teilwerts **6** 330

Begriff **6** 231 ff.

Bewertungseinheit **6** 232

dingliche Lasten **6** 330

Einlagen und Entnahmen **6** 237

Einlagenbewertung **6** 594

Ertragsaussichten eines EinzelWG **6** 234

Fehlmaßnahmen (mit Beispielen) **6** 246

Forderungseinlage verdeckte **6** 881

„gedachter" Erwerber **6** 233

gemeiner Wert (Unterschied) **6** 235

Geschäftswert **6** 311 ff.; s *iEinz unter Teil*-wertschätzung

Pensionsverpflichtung **6a** 53

- Differenzbegrenzung **6a** 61

Schätzungsmaßstäbe/-rahmen **6** 250 ff.

- Absatz/Beschaffungsmarkt **6** 252
- Anschaffungsnebenkosten **6** 254
- Einzelveräußerungspreis **6** 252, 263
- Methodenwahl **6** 252
- progressive Methode **6** 252
- Reproduktionswert **6** 255
- retrograde Methode **6** 252
- Verkaufspreis voraussichtlicher **6** 257
- Verlustantizipation **6** 258, 262
- Vollkosten **6** 255

- Wiederbeschaffungskosten **6** 254
- Zeitpunkt **6** 250

steuerliche Bedeutung **6** 237

stille Beteiligung **6** 330

Substanzwert **6** 234

Tonnagebesteuerungsfeststellung **5a** 30

Überpreise **6** 330

Verbindlichkeiten **6** 451

Vorsteuerabzug **9b** 11

Werbemittel **6** 330

Teilwertabschreibung 6 260 ff.

Abgrenzung zur AfA **7** 5

abnutzbares AV **6** 359 ff.

- Anwendungsbereich persönl **6** 360
- dauernde Wertminderung **6** 364, 366
- Gestaltungsmöglichkeiten **6** 362
- steuerrechtliches Wahlrecht **6** 361
- Verhältnis zur Handelsbilanz **6** 361
- Vorrang von § 6 EStG **6** 363

Anteile an KapGes **6** 281 ff.

- Substanzwert **6** 283
- Verluste **6** 282

Auslandsbeteiligungen **6** 287

ausschüttungsbedingte TW-AfA **6** 286

Bagatellgrenze **6** 369

börsennotierte Finanzanlagen **6** 369

auf eigene Anteile **6** 288

Forderungen **6** 296

Fremdwährungsverbindlichkeit **6** 375

Geschäftswertfähigen für eine TW-AfA (mit Einzelfällen) **6** 315

Grund und Boden **13** 235

Höhe der Abschreibung **6** 260

- halbfertige Erzeugnisse/Bauten **6** 261
- Handelswaren **6** 260

Investmentfondsanteile **6** 370

Körperschaft als Anteilseigner **6** 288

Nachweisfragen **6** 365

nichtabnutzbares AV **6** 367

Personengesellschaften **6** 330

schwebende Geschäfte **5** 451

Sonderbilanzen **6** 330

Verbindlichkeiten **6** 374 f.

Wertaufholungsgebot **6** 376

Wertpapiere festverzinsl **6** 371, 373

Wertpapiere des UV **6** 373

Teilwertschätzung

Anteile an KapGes **6** 278 ff.

- börsennotierte Anteile **6** 278
- nicht börsennotierte Anteile **6** 279
- Paketzuschlag **6** 278
- Teilwertabschreibung **6** 281 ff.
- Vergleichswert **6** 279

Darlehen an ausl TochterGes **6** 308

Darlehen Ges'ter an KapGes **6** 305

Magere Zahlen = Rz

Darlehen KapGes an Ges'ter **6** 309
Darlehensforderung in GesVerh **6** 305 ff.
– Bewertungsmaßstab **6** 305
Einzelwertberichtigung **6** 300 ff.
Forderungen **6** 291 ff.
– Ges'ter an PersGes **6** 310
– unverzinsl/niedrig verzinsl **6** 296
Gebäude (mit Einzelfällen) **6** 275 f.
Geschäftswert
– Anlässe für eine TW-AfA (mit Einzelfällen) **6** 315
– Begriff **6** 311 ff.
– direkte/indirekte Methode **6** 316
– Kapitalisierungszinssatz **6** 319
– Komponenten der Schätzung **6** 317
– Mittelwertmethode **6** 316
– nachhaltiger Jahresgewinn **6** 318
– negativer Geschäftswert **6** 320
– Schätzungsmethoden **6** 316 ff.
– steuerbilanzielle Behandlung **6** 312
– Teilbetrieb **6** 311
– Unternehmerlohn **6** 318
– Verflüchtigung des G. **6** 313
Grund und Boden **6** 271 f.
– Vergleichspreise **6** 272 f.
immaterielle EinzelWG **6** 322
Organschaft **6** 285
Pauschalwertberichtigungen **6** 305
Sicherungs-/Rückgriffsrechte des Gläubigers **6** 303
Teileinkünfteverfahren **6** 307 ff.
Unternehmensbewertungsverfahren **6** 280
Teilwertvermutungen 6 241 ff.
Bewertungsstichtage spätere **6** 242
Erwerbszeitpunkt **6** 241
Fertigstellungszeitpunkt **6** 241
Feststellungslast **6** 245
Nachweis einer Fehlmaßnahme **6** 246
Unrentabilität des Gesamt- oder Teilbetriebs **6** 248
Widerlegung **6** 244 ff.
Zuschüsse **6** 241
Teilwertzuschreibung, Gewinnrealisierung **4** 87
Teilzahlungsbank 5 550
Teilzeitbeschäftigte, Werbungskostenpauschbetrag **9a** 3
Telearbeit 19 235
Telefonanschluss s Internet
Telefoninterviewer 19 35
Telefonkosten, Betriebsausgaben **4** 520
Telefonsex 15 150
Telekommunikationsberater 18 155
Telekommunikationsgeräte, private Nutzung **3** 157

Thesaurierungsbegünstigung

Telekommunikationskosten 19 110
Teleskop 9 270
Termingeschäfte 5 270 „Finanz...",
550 „Finanz..."; **15** 900 ff.
Absicherung **15** 904
Begriff **15** 902
betriebl Veranlassung **15** 901
gewöhnl Geschäftsbetrieb **15** 904
KapESt auf Veräußerungen **20** 165 ff.
Veräußerungen **23** 30
Verlustausgleich **2** 59
Verluste **15** 903; **20** 246
Testamentskosten 4 520 „Erbfall..."
Testamentsvollstrecker 18 140; **22** 150
Kosten des T. **12** 32
– Betriebsausgabe
4 520 „Rechtsverfolgungskosten"
Mitunternehmeranteil **15** 301
Unternehmer **15** 141
VuV-Einkünfte **21** 148
Textilentwerfer 18 155
Theaterproduzent, selbständige Tätigkeit **18** 29
Therapiekosten 33 90
**Thesaurierungsbegünstigung
34a** 1 ff.
Antragsänderung/-rücknahme **34a** 11
Anwendungsbereich zeitlicher **34a** 13
Begünstigungsbetrag **34a** 50
Begünstigungstatbestand **34a** 20
– Betriebs-/Anteilsbezug **34a** 21
– Betriebsmehrungen **34a** 26
– divergierende Folgen **34a** 23
– doppel-/mehrstöckige PersGes **34a** 22
– MUerbetrachtung **34a** 21, 32
Belastungs-/Rechtsformneutralität **34a** 2
Bemessung ESt-Vorauszahlung **34a** 11
beschränkt Steuerpflichtige **34a** 11
Einlagen und Entnahmen **34a** 31
Entstrickungstatbestände **34a** 30
Gegenstand der ESt-Sondertarifs **34a** 10
gesonderte Feststellung **34a** 91 ff.
– Besteuerungsgrundlagen **34a** 95 ff.
Gewinn begünstigungsfähiger **34a** 35
Gewinndefinition **34a** 20
Gewinnermittlung **34a** 24
– abweichendes Wj **34a** 28
– außerbilanzielle Korrekturen **34a** 25
– Mitunternehmeranteile **34a** 24
– zeitliche Zuordnung **34a** 28
Nachversteuerung **34a** 60 ff.
– Antrag **34a** 70, 81
– Ausnahmen **34a** 65 ff.
– Betrieb/MUeranteil **34a** 68
– Buchwertfortführung **34a** 68

2565

Tierärzte

- Buchwertübertragung **34a** 66 ff.
- Einbringung; Umwandlung **34a** 77 f.
- aufgrund von Entnahmen **34a** 61
- entnahmeunabhängige Tatbestände **34a** 75 ff.
- Entnahmezuordnung **34a** 62
- Erbauseinandersetzung **34a** 87
- ErbSt/SchenkSt **34a** 65
- Fallgruppen **34a** 68
- Feststellung des Betrags **34a** 91 ff.
- Fortführung des nachversteuerungspflichtigen Betrags **34a** 85
- kein BV-Vergleich **34a** 80
- Konsequenzen **34a** 63
- Realteilung **34a** 87
- Rechtsfolgen **34a** 64, 71, 82
- Rechtsnachfolge unentgeltl **34a** 85
- steuerpflichtiger VZ-Betrag **34a** 51 ff.
- Stundung **34a** 82
- Tatbestandsmerkmale **34a** 62
- Teilbetriebe/MUerteilanteile **34a** 86
- Übertragung unentgeltl an KSt-Pflichtige **34a** 79
- Veräußerung; Aufgabe **34a** 76
nicht entnommener Gewinn **34a** 30
Option nach § 1a KStG **34a** 8
Rechtsfolgen **34a** 50 ff.
Regelbesteuerung **34a** 7
- im Vergleich **34a** 3
Regelungszweck **34a** 1
Sondertarif **34a** 50
Steuerbelastungsvergleich KapGes/PersGes **34a** 6
Steuerpflichtigerbegriff **34a** 38
Tarifermäßigung des Gewinns **34a** 4
Tarifmodell/T-Modell **34a** 4
Verfahrensfragen **34a** 90 ff.
Verfassungsfragen **34a** 12
Verhältnis andere Vorschriften **34a** 11
Verlustausgleich/-abzug **34a** 36 f.
Wahlrecht
- Einzelbetrieb **34a** 39
- Mitunternehmeranteil **34a** 40
Wahlrechtsparameter **34a** 7
zeitliche Grenzen **34a** 41
Tierärzte, Selbständigkeit **18** 87
Tierhaltung/Tierzucht
Begriff **13** 31 ff.
Bewertung von Tierbeständen **13** 45 ff.
- Bewertungsmethoden **13** 46, 49
- Einzelbewertung **13** 46
- Gruppenbewertung **13** 48
gemeinschaftliche Tierhaltung **13** 42; **13b** 1 f.
Gewerbliche Tierhaltung *s dort*

Pensions-/Lohntierhaltung **13** 39
Pferdezucht und Pferdehaltung **13** 34
Reiterhof **13** 34
Tierarten/Tierbegriff **13** 32 f.
Tierbestand
- AfA-Nutzungsdauer **7** 169
- Nutzungsfläche **13** 36 ff.
Tierbeständeumrechnung in VE **13** 39
- Aufteilung bei Überschreitung **13** 41
- nachhaltige Überschreitung **13** 40
Tiere ohne Futterbedarf **13** 39
Werbungskosten/Lebensführung *(mit Beispielen)* **12** 32
Tilgungsstreckung 5 270
Darlehen als WK **9** 136
Timesharing
11 50 „Geldwerter Vorteil"
Tippgemeinschaften 15 326
Tod
Einkünftezurechnung **1** 14 f.
Einzelunternehmer **16** 590 ff.; *s iEinz unter* Erbfall
Mitunternehmer **16** 660 ff.
Wahl der Veranlagungsart **26** 16
Token 4 158; **23** 26
Tonnagebesteuerung 5a 1 ff.
Ausscheiden aus T. **5a** 24
Einkünfte vor Indienststellung **5a** 23
gesonderte Gewinnfeststellung **5a** 7
Gewinnermittlung **4** 613
Gewinnerzielungsabsicht **5a** 5
Personengesellschaften **5a** 21
Regelungsinhalt **5a** 2
Schiffseinsatz **5a** 11
Steuerbilanzen **5a** 6
Unterschiedsbetrag **5a** 20
Verfassungsmäßigkeit **5a** 3
Voraussetzungen **5a** 10
Weiterveräußerungen **5a** 23
Tonnagegewinnermittlung 5a 1 ff., 17 ff.; *s auch* Handelsschiffe im internationalen Verkehr
Abgeltungsumfang **5a** 18
Gewinnbestandteile **5a** 18
Tonstudio 18 155
Tontechniker 18 155
Totalgewinn/Totalgewinnprognose 18 75
Ergebnisprognose der Steuerermäßigung bei GewBetr-Einkünften **35** 23
Gewinnabsicht **2** 18
Land- und Forstwirtschaft **13** 94 f.
Totoannahmestelle 15 150 „Lotto"
Totobezirksstellenleiter
15 150 „Bezirks ..."

Magere Zahlen = Rz

Trabrennstall 15 150
Trainer 18 155; **19** 35
Transferentschädigung 5 270
Transferleistungen, Steuerabzug bei beschr StPfl **50a** 13
Transferpaket 5 270
Transportunternehmen, Teilbetrieb **16** 130
Trauerredner 18 155
Treaty override
Abzugsbeschränkung bei Rechteüberlassung **4j** 11
Anteils-/Entnahmegewinnbesteuerung trotz DBA **50i** 1 ff., 6
Besteuerungsinkongruenzen **4k** 39
umgekehrte hybride Rechtsträger **49** 136
Treaty shopping
KapESt-Entlastungsversagung **50j** 1 ff.
Steuerabzug bei DBA **50d** 15 ff.
Trennungsgeld, Steuerfreiheit **3** 54 f., 58; **19** 100
Trennungsprinzip
Buchwertübertrag MUerschaft **6** 790
Veräußerung von Anteilen **17** 33
Treppenhausreinigung 19 35
Treueprämien, Passivierung **6a** 6
Treuhänder 18 155
selbständige Tätigkeit **18** 141
Übereignung eines WG **5** 154
Vertreter von Selbständigen **18** 35
Treuhandkonto, Zu-/Abfluss **11** 50
Treuhandverhältnis
Betriebsübertragung zw Angehörigen **15** 139
Feststellungsbescheide **15** 299
Gewerbebetrieb **15** 138
Immobilienfonds **15** 150
Kapitaleinkünfte **20** 17
Mitunternehmerschaft **15** 295 ff.
VuV-Einkünftezurechnung **21** 62 f.
Zurechnung bei Veräußerung **17** 77
Trinkgelder 33 90
selbständige Arbeit **18** 170
steuerfreie Einnahmen **3** 170
True and fair view 5 83
TST-System, AK **6** 140
Tutor 18 155

Überdotierung, Unterstützungskassen **4d** 7, 13
Übergangsgelder/Überbrückungsgelder/Überbrückungshilfen
Entschädigungen **24** 22, 43
Passivierung **5** 550

Überschussrechnung

Progressionsvorbehalt **32b** 12
steuerfreie Einnahmen **3** 10
Überkreuzarbeitsverhältnis zwischen Angehörigen **19** 35
Übernachtungskosten
4 520 „Geschäftsreise"; **9** 260 ff.
Auswärtstätigkeit **9** 260 f.
Fahrtätigkeit **9** 263
Übernachtungspauschale, Berufskraftfahrer **4** 626
Übernahmeklausel 16 664
Überpreise, Teilwert **6** 330
Überschusseinkünfte 2 7
AfA-Tabellen **7** 165
Aufwendungen *nach* Tätigkeit **24** 75
Beendigung und AfaA **7** 188
Betriebsausgaben **4** 474
Bewertung **6** 2
Gewinnerzielungsabsicht **2** 24
Werbungskosten **9** 300
Überschussprognose, VuV-Einkünfte **21** 24, 51 ff.
Überschussrechnung 4 370 ff.
Abflussabweichungen **4** 406 ff.
AfA bei Vorbehaltsnießbrauch **7** 60
Anlagevermögen abnutzbares **4** 408
Anwendung von § 6 **6** 890
Anwendungsbereich **4** 371
Aufzeichnungsgrenzen **4** 418
Aufzeichnungspflichten **4** 412 ff.
Bedeutung des Geldes **4** 374 ff.
Betriebsaufgabe **4** 399
Betriebsbeginn **4** 398
Betriebsende **4** 399
Betriebserwerb **4** 398
Betriebsübertragung unentgeltl **4** 399
Betriebsveräußerung **4** 383
Darlehensgeschäfte **4** 376 ff., 383
durchlaufende Posten **4** 404
Einlagen nach Verwendung in Ü. **7** 123 ff.
Einlagen/Entnahmen **4** 386 ff., 389 ff., 417
Einnahmen/Ausgaben **11** 4 f.
Forderungen **4** 383
Geldschenkungen **4** 379 f.
Geldverluste **4** 375
geringwertige WG **4** 383, 407
gewerbl Grundstückshandel **15** 67
Gewinnbegriff **4** 370
Investitionsabzugsbetrag **7g** 35
Land- und Forstwirtschaft **13** 15
laufender Geschäftsvorfall **4** 383
nichtabnutzbare WG des AV (Einzelfälle) **4** 409
Rechtsfolgen fehl. Aufzeichnungen **4** 415
Rücklage für Ersatzbeschaffung **6** 115

2567

Übersetzer

Fette Zahlen = §§

Schuldzinsenabzug **4** 534
Sofortabschreibung von GWG **6** 654
Umlaufvermögen **4** 382
Unterschlagungen **4** 375
Veräußerung eines Betriebs **16** 306
Veräußerung-Forderungsverluste **4** 383
Verbindlichkeiten **4** 384
Vor- und Nachteile **4** 372
Vorsteuerabzug **9b** 1
wiederkehr. Bezüge/Zahlungen **4** 400 ff.
Übersetzer 18 123
selbständige Tätigkeit **18** 29
Übersetzungsbüroinhaber 15 150
Überstunden, Rückstellung **5** 550
Übertragung
Einkunftsquellen **2** 54 ff.
Vermögensbeteiligungen **19a** 1 ff.; s *iEinz dort*
Übertragung stiller Reserven
s Rücklage nach § 6b
s Rücklage nach § 6c
s Rücklage für Ersatzbeschaffung
Übertragungen teilentgeltiche
Abgrenzungen **16** 71
Buchwertgrenze **16** 68
Einheitstheorie **16** 66
Nebenkosten **16** 67
Rechtsfolge **16** 65 ff.
wiederkehrende Leistungen **16** 69
Übertragungen unentgeltliche
6 691 ff.
Anwachsung **6** 716
Anwendungsbereich **6** 692
Aufnahme in Einzelunternehmen **6** 731 ff.
Auswirkungen auf Vortrag/Rücklage
6 725
BetrAufsp mitunternehmerische **6** 741
Betrieb **6** 697 ff.
– Nießbrauchsvorbehalt **6** 700
betriebl Einheiten **6** 694 ff.
– Ges'terausscheiden gegen Sachwertabfindung **6** 716
Betriebsaufgabe bei Zerschlagung betriebl Einheiten **6** 706 ff.
Buchwertfortführung **6** 723
Einzelfragen zur Unentgeltlichkeit **6** 721
einzelne Wirtschaftsgüter **6** 751 ff.
evtl stille Reservenbesteuerung **6** 724
fünfjährige Behaltefrist **6** 742 f.
Gewinnrealisierung **4** 95
KapGes als Übertragungsempfänger **6** 714
Mitunternehmeranteil **6** 704, 732; **16** 420 ff.
Mitunternehmerschaft als Übertragungsempfänger **6** 716

nicht alle wesentl Betriebsgrundlagen
6 706 ff.
quotale Übertragung **6** 737 ff.
Rechtsfolgen **6** 755 f.
Rückschenkung **6** 721
Teilanteilsübertragung **6** 731, 735
Teilbetrieb **6** 703
Teilbetriebe **16** 128
Trennung GesAnteil/SonderBV **6** 710
Unentgeltlichkeit **6** 718, 721
Verbindlichkeitenübernahme **6** 719
Vereinbarungstreuhand **6** 716
Verhältnis zu § 24 UmwStG **6** 727
Versorgungsleistungen **6** 720
Übertragungstreuhand 15 296
Überversorgung
ArbN-Ehegatten-DirektVers **4b** 19
Pensionsrückstellungen **6a** 56
Überweisungen, Zu-/Abfluss **11** 50
Üblichkeit, Betriebsausgaben **4** 483
Umbauten
Herstellungskosten **6** 166
selbständige WG **4** 118
Umbuchungen, Zeitpunkt **11** 50
Umgekehrte hybride Rechtsträger
s Hybride Rechtsträger
Umlagezahlungen, ArbLohn **19** 63
Umlaufvermögen
Begriff **6** 348
Bewertung **6** 348, 407
Einzelfälle **6** 349
keine WG-AfA **7** 29
Überschussrechnung **4** 382
Umsatzprämien 5 270
Umsatzsteuer
Aktivierung **5** 270
Anzahlungen **5** 261
Betriebsausgaben **4** 520
Eigenverbrauch/Abzugsverbot **12** 40
Entnahmen **4** 270
Entnahmenbewertung **6** 585
Erstattung bei VuV-Einkünften **21** 117
Listenpreis bei Kfz-Gestellung **6** 544
Rückstellung **5** 550
Vorsteuerabzug s *dort*
Zu- und Abfluss **11** 50
Umschuldungen
Betriebsausgaben/WK **4** 486
Schuldzinsen **9** 149
Umschulungskosten 10 90
Umtauschanleihe, Aktivierung **5** 270
Umwandlungen
Anteilsveräußerung **17** 14
Betriebsausgaben **4** 520
Entnahmen **4** 270

Magere Zahlen = Rz

Gewinnrealisierung **5** 640
KapGes mit neg KapKto **15a** 171 ff.
Pensionsrückstellungen **6a** 54
Pensionsrückstellungsbehandlung **6a** 30 f.
Steuerermäßigung bei GewBetr-
Einkünften **35** 23, 51
Veräußerung von Anteilen **17** 214
Verlustabzug/Hinzurechnungen **2a** 61
Umwandlungsklausel 16 666
Umwandlungskosten 5 270
Umwegfahrt/Umwegstrecke, Entfernungspauschale **9** 292
Umweltbeeinträchtigungen (mit Einzelfällen) **33** 90
Umweltberater 18 155
Umweltschutzeinrichtungen 5 270
Umweltschutz/Umweltschäden
Herstellungskosten **6** 174
Rückstellung **5** 550
Umwidmung
AfA auf umgewidmete WG **9** 278 f.
Schuldzinsen (mit Beispielen) **9** 147 f.
WG vom AV ins UV **6** 345
Umzäunung, HK **6** 213
Umzugskosten 19 110; **33** 90
Betriebsausgaben **4** 520; **18** 190
doppelte Haushaltsführung **9** 255
Erstattung als ArbLohn **19** 100
Rückgängigmachung der Versetzung **19** 110
steuerfreie Vergütungen **3** 54 f., 57, 66 ff.
Unbeschränkte StPfl 1 2 f., 19 ff.
Beginn und Ende **1** 77
erweiterte unbeschränkte St. **1** 35 ff.
fiktive unbeschränkte StPfl *s* dort
Kindergeld **62** 1
Personenkreis **1** 19
Tarif **32a** 2
Verlustausgleich **2** 59
Wechsel **1** 77
− Steuerpflicht **2** 69
Unentgeltl Erwerb *s* Erwerb unentgeltl
Unentgeltliche Übertragungen
s Übertragungen unentgeltliche
Unentgeltliche Zuwendungen, BA **4** 460
Unfall
Aufwendungen als BA **4** 520 „Verlust"
Verlust durch U. **4** 520 „Verlust"
Unfallentschädigungen 24 27, 32
Unfallkosten 19 110; **33** 90
Erstattung **19** 100
Privatunfall **4** 78
Unfallverhütungsprämien 19 100
Unfallversicherung 4 183

Unternehmen

Unfallversicherungsbeiträge,
Lohnsteuerpauschalierung **40b** 11
Unfallversicherungsleistungen 19 100
Steuerfreiheit **3** 8
Unfallversicherungsrente 22 42
Unfertige Erzeugnisse 5 270
Umlaufvermögen **6** 349
Unfertige Leistungen 5 270
Umlaufvermögen **6** 349
UN-Seerechtsübereinkommen,
Inlandsbegriff **1** 31
Unselbständige Arbeit
s Nichtselbständige Arbeit
Unsittliche Betätigung als GewBetr **15** 45
Unterbeteiligung
angemessene Gewinnverteilung **15** 782 ff.
atypische Unterbeteiligung **15** 365 ff.
− Familienangehörige **15** 770 ff.
− Sondervergütungen **15** 623
Ermittlung der lfd Einkünfte **15** 371
gesonderte Einkünftefeststellung **15** 370
Mitunternehmerinitiative **15** 369
Mitunternehmerrisiko **15** 369
Mitunternehmerschaft **15** 297
− Unterbeteiligter kein MUer **15** 372
negatives Kapitalkonto **15a** 137
typische U. bei Angehörigen **15** 774
VuV-Einkünftezurechnung **21** 63
Zurechnung bei Veräußerung **17** 78
Unterhaltende Darbietungen
Begriff **49** 41
beschränkte Steuerpflicht **49** 41
Unterhaltsaufwendungen
ag Belastung **33** 90; **33a** 9 f.; *s iEinz* dort
nicht abzugsfähige **12** 8
Unterhaltsleistungen, Realsplitting **10** 103 ff.; *s iEinz* dort
Unterhaltspflicht/Unterhaltsbeitrag
Freistellung **32** 89
Kinder minderjährige/volljährige **32** 87 f.
maßgeblicher Zeitraum **32** 90
Unterhaltsrenten 10 120
Unterhaltssicherungsleistung 3 164
Unterhaltszuschüsse 19 100
Unterkunftskosten, doppelte Haushaltsführung **9** 246 f.
Unterlassung 22 150
Unternehmen
ABC der gewerblichen U. **15** 150
Beginn **15** 129
Ende **15** 133
Gewinnrealisierung verbundener U. **5** 675

2569

Unternehmensberater

Fette Zahlen = §§

Unternehmensberater 18 155
Unternehmenskauf, Pensionsanspruchbehandlung **6a** 32
Unternehmensnießbrauch 15 143
Unternehmenssanierung 3a 20 ff.
s *iEinz dort,* 45 ff.
Unternehmer
Begriff **15** 257 ff., 262
private Personenversicherung **4** 184
Rechtsbegriff des U. **15** 136
Unternehmerinitiative 15 263
Arbeitnehmer **19** 24
Unterbeteiligung **15** 369
Unternehmerlohn, Geschäftswertschätzung **6** 318
Unternehmerrisiko 15 264
Arbeitnehmer **19** 24
Unterbeteiligung **15** 369
Unterrichtende Tätigkeit 18 83
Unterschiedsbetrag, Tonnagebesteuerung **5a** 20 ff.; s *iEinz dort*
Unterschlagungen 22 150
s auch Diebstahl
Betriebsausgaben **4** 375, 520
Zufluss von Einnahmen **11** 50
Unterstützungskassen 4d 1 ff.
s auch Pensionskassen
Abfindung von Versorgungsverpflichtungen **4d** 17
Ablösungs-/Abfindungsbeträge **4d** 2
Abzugsbegrenzungen (Übersicht) **4d** 1
aktive Rechnungsabgrenzung **4d** 24
Anwartschaftsdeckungsverfahren **4d** 1, 16
ArbN-Besteuerung der Leistungen **4d** 27
Begriff **4d** 3 ff.
begünstigter Personenkreis **4d** 4
Beitragszusage mit Mindestleistung **4d** 1
beschränkter BA-Abzug **4d** 2
Deckungskapital **4d** 2
Durchschnittsbetrag als Bemessung **4d** 10
Entgeltumwandlung **4d** 3
Ersatz der Leistungen **4d** 20
Höhe der Zuwendungen **4d** 11
Kapitaldeckungsverfahren **4d** 1, 16
Kassenvermögen
– Berechnung **4d** 14 ff.
– vorhandenes K. **4d** 15
– zulässiges K. **4d** 13 ff., 21, 21
Leistungen
– lebenslänglich laufende **4d** 7
– nicht lebenslängl laufende **4d** 18 ff.
Leistungsanwärter **4d** 12
– Durchschnittsbetrag **4d** 10
– Zuwendungen **4d** 16

Leistungsempfänger **4d** 8
– Zuwendungen **4d** 16
Notfallleistungen **4d** 21
Notstandsleistungen **4d** 18
partielle StPfl überdotierter U. **4d** 25
Rechenzinsfuß **4d** 8
Rechtsform und Ausgestaltung **4d** 3
Regelzuwendungen **4d** 19
Reservepolster für Leistungsanwartschaft **4d** 2, 9 ff.
RückdeckungsVers **4d** 7, 14 f., 16
– Beiträge **4d** 16
– Jahresprämie **4d** 2
rückgedeckte U. **4d** 1
Rückstellung **4d** 23
Schriftform der Zusage **4d** 9
Überdotierung **4d** 7, 13
Übernahme von Versorgungsverpflichtungen **4d** 17
Übertragung von Pensionsverpflichtungen auf Pensionsfonds **4d** 26
Verwaltungskostenübernahme **4d** 2, 7
Zufluss der Einzahlungen **11** 50 „Zukunftssicherungsleistungen"
Zukunftssicherungsleistungen **40b** 7
Zuwendungen
– abziehbare Z. **4d** 18 ff.
– Abzug **4d** 7 ff.
– Beleihungsverbot **4d** 16
– Deckungskapital **4d** 8
– Ermittlungszeitpunkt **4d** 7
– Leistungsanwärter **4d** 16
– Leistungsempfänger **4d** 16
– an mehrere/an gemischte Kassen **4d** 22
– Nachholung von Z. **4d** 23
– Reservepolster **4d** 9 ff.
– Rückdeckungsversicherung **4d** 16
– Voraussetzungen **4d** 16
Untervermietung 15 83
Untreue, sonstige Leistung **22** 150
Urbarmachung, LuF **13** 14
Urheberrechte
Entschädigungen **19** 100
Rückstellung wegen Verletzung **5** 391 ff., 399
Überlassung von U. **18** 78
VuV aus zeitl Überlassung **21** 103 ff.
Urlaub
Aktivierung **5** 270
Rückstellung **5** 550
Werbungskosten **19** 110
Urlaubsabgeltungen 24 27
Urlaubsgelder 19 100
Urlaubskosten 33 90
Urlaubsvertreter 19 35

Magere Zahlen = Rz

VBL-Austrittsausgleich 19 62
Veranlagung 25 1 ff.; **46** 1 ff.
s auch Einzelveranlagung von E.
s auch Veranlagung von E.
s auch Zusammenveranlagung von E.
Ablaufhemmung **46** 37
Abschnittsbesteuerung **25** 2
Altersvorsorge-SA-Abzug **10a** 3
Amts-/Antragsveranlagung **46** 2, 9 ff.
– beschränkte StPfl **50** 35
Anlaufhemmung **46** 36
Antrag
– Einkommensteuererklärung **46** 33
– zusätzlicher A. **46** 38
Antragsgründe **46** 31
Antragsrücknahme **46** 32
Arbeitslohn des Ehegatten **46** 19
ArbN-Veranlagung/Zuständigkeit **50** 40
Bemessungsgrundlage **25** 4
beschr StPfl s Veranlagung beschr StPfl
Eheauflösung/Wiederheirat im VZ **46** 24
Einkünfte ohne LSt-Abzug **46** 12
Einkünfte ohne LSt-Pflicht **46** 10
Einkünfte aus nichtselbständiger Arbeit
46 1 ff.; s iEinz dort
Einkünfte mit Progressionsvorbehalt
46 13
Einkunftsgrenzen **25** 3
erweitert beschr StPfl **25** 3
fiktive unbeschr StPfl **46** 27
Freibeträge
– Aufteilung bei Elternpaaren **46** 21
– Ermittlung **46** 20
Freigrenze **46** 41 ff.
– gleitender Übergang **46** 47 ff.
Frist **46** 35
Grenzbetrag von 410 Euro **46** 14
Grenzpendler **25** 13
Härteausgleich **46** 41
LSt-Abzugswirkung **46** 2
LSt-Ermittlung sonstiger Bezüge **46** 23
mehrere Arbeitsverhältnisse **46** 16
Nebeneinkünftesumme negative **46** 11
Pauschbetragsaufteilung **46** 21
Pflichtveranlagung **25** 10
– beschränkte StPfl **50** 36
Schattenveranlagung bei Mobilitätsprämie
106 1
Splittingtarif EU/EWR-Ehegatten **46** 26
Steuererklärung s dort
Tarifermäßigung für sonstigen Bezug
46 22
Tatbestandsvoraussetzungen **46** 4, 9 ff.
unbeschränkte Steuerpflicht **25** 3
Verfahren des Finanzamts **25** 11 ff.

Veranlagung

Verhältnis zu
– Bilanz-/Veranlagungsberichtigung
4 286 ff.
– Ehegattenwahlrecht **46** 32
– Lohnsteuerverfahren **46** 3
Verlustabzug bei Wechsel der Veranlagungsart **10d** 15
Vornahme des LSt-Abzugs **46** 5 ff.
– ausländischer ArbG **46** 7
– zu Unrecht unterbliebener **46** 5
Vorsorgepauschale **46** 17 f.
Veranlagung beschränkt Steuerpflichtiger 50 1 ff.
Abzugsverbote/-beschränkungen **50** 8
Altersvorsorgeaufwendungen **50** 21
Arbeitnehmer **46** 8
außergewöhnl Belastungen **50** 17
Betriebsausgaben/WK **50** 7
– vorweggenommene/nachträgl **50** 9
Ehegattensplitting **50** 18
Entlastungsbeträge **50** 15
Frei- und Pauschbeträge **50** 8
Grundfreibetrag **50** 11
Kinderfreibeträge **50** 18
KV-/PflV-Beiträge **50** 21
objektives Nettoprinzip **50** 7
Pauschbeträge **50** 14, 22
– nach § 9a EStG **50** 22
Pflichtveranlagung **50** 34
Sonderausgaben **50** 16
StErklärungsverpflichtung **25** 3
Steuerabzug bei beschr StPfl s dort
Steuerermäßigungen **50** 20
Steuersatz/Steuertarif **50** 10
– besonderer St. **50** 12
Tarifvergünstigungen **50** 19
Überblick **50** 6
Verfassungs-/EU-Recht **50** 3
Verhältnis zu anderen Vorschriften **50** 4
Versorgungspflichtbeiträge **50** 24
Verwitwetensplitting **50** 18
Vorschriften nicht anzuwendende **50** 13
Veranlagung von Ehegatten 26 1 ff.
Ausländer **26** 8
beschr mit unbeschr StPfl **26** 27
Deutsche **26** 8
Ehebeendigung **26** 9
Ehegatten/LPart als Einzelpersonen **26** 28
Einbeziehung von Einkünften vor Ehe/
LPart **26** 26
Einzelveranlagung von E. s dort
Erstattungsansprüche **26** 21
Grenzgänger **26** 10
gültige Ehe/LPart **26** 7 ff.
Insolvenzfall **26** 17

2571

Veranlagung

Fette Zahlen = §§

Konsulatsbeamte **26** 10
nicht dauernd getrennt **26** 11 ff.
Pfändungsfall **26** 17
Scheidungssplitting **26** 15
Splitting aus Billigkeit **26** 15
Splittingbesteuerung **26** 2
– und Zusammenveranlagung **26** 2
Splittingtarifvoraussetzungen **26** 6
Todesfall **26** 16
unbeschränkte Steuerpflicht **26** 10
Veranlagung von Lebenspartnern **26** 2
Veranlagungsarten **26** 5
Veranlagungswahl
– Missbrauch **26** 22
– Schikaneverbot **26** 22
VerfMäßigkeit/Rechtsentwicklung **26** 1
Verhältnis zu ag Belastungen **26** 3
Vorauszahlungen **26** 20
Wahl der Veranlagungsart **26** 23 f.
– Änderung in der Revision **26** 24
Wahlrechte **26** 14 ff.
Witwensplitting **26** 15
Zusammenveranlagung von E. *s dort*
Zustimmungsverpflichtung **26** 22
Veranlagung von Lebenspartnern
26 2; *s iEinz unter* Veranlagung von
Ehegatten
Veranlagungszeitraum 25 14 ff.
abweichendes Wj **25** 16
Beendigung der StPfl **25** 15 f.
Wechsel der Art der StPfl **25** 14
Veranlassungszusammenhang
Ausgaben **2** 15
Lebensführungskosten **12** 11
Zusammenhang WK-Abfluss/-Rückfluss
9 109, 112
Verarbeitungsbetriebe in der LuF
13 66
Veräußerung
Anteile an EU-Ges/Genossenschaft
15 155 f.
Ausübung von Rechten **15** 89
beschränkte Steuerpflicht **49** 56, 80
bewegliche Sachen **15** 89
Gewinnrealisierung **4** 88; **5** 608
Leibrente betriebl **4** 193 ff.
Leistung an Erfüllungs Statt **5** 641
Miet-/Pachtzinsforderungen **21** 107
Rücklage nach § 6b **6b** 26 ff.; *s iEinz dort*
Veräußerung eines MUeranteils *s dort*
vGA bei Anteilen unter/über Wert **20** 60
Vorteile bei V. von PV **8** 8
Veräußerung von Anteilen 17 1 ff.;
24 27 „Anteilsveräußerung"
Aktien **17** 202

Anschaffungskosten **17** 171 ff.
– Auflösungskosten **17** 222
– Ausfallkosten **17** 190 ff.
– Begriff **17** 172
– Bezugsrechte **17** 176
– durch Darlehensverluste **17** 189 f.
– Drittaufwand **17** 177
– Einlagen **17** 183
– bei Erwerb **17** 174
– bei Gründung **17** 173
– Maßgeblichkeit historischer AK **17** 178
– nachträgliche AK **17** 181 ff.
– in Sonderfällen **17** 175
– Zuzug des StPfl **17** 152
Anschaffungsnebenkosten **17** 179
Anteile im PV/BV **17** 10
Anteilsbegriff **17** 101
Anteilsrotation **17** 4
Anwendungsbereiche **17** 6 ff., 10 ff.
Anzeigepflicht **17** 19
Auflösung einer KapGes **17** 211 ff.
– Auflösungsgewinn/-verlust **17** 220 ff.
Auflösungsfälle gesellschaftsrechtl **17** 212 f.
Aufwendungen nach Abwicklung/Veräußerung **17** 198
ausländische Gesellschaften **17** 106
Ausschüttung von Einlagen **17** 211 ff.
beschränkte Steuerpflicht **17** 6; **49** 48 ff.
– inl Grundvermögen **49** 51
– Inlandsbezug **49** 49
– Nachversteuerung stiller Reserven
49 50
Besteuerung nach Einbringung **17** 245
Beteiligungen
– ähnliche B. **17** 104 ff.
– verdeckte Einlage **17** 151
Bezugsrechte **17** 108
Carried Interest **17** 165
einbringungsverbundene Anteile **17** 11
Einzahlungen nachträgliche **17** 197
Einziehungsfälle **17** 215
erweiterte StPfl bei unentgeltl Erwerb
17 114 ff.
Erwerb unentgelt **17** 154
Formwechsel **17** 14
Freibetrag **17** 201 f.
freiwillige Tilgungszahlungen **17** 226
Genossenschaftsanteile **17** 102, 247
Genussscheine **17** 103
gesellschaftsrechtliche Veranlassung **17** 196
gewerbl Einkünfte **17** 16
Gewinnerzielungsabsicht **17** 17
GmbH-Anteile **17** 102
Inlandsbesteuerung trotz DBA **50i** 1 ff., 6
Insolvenzverfahren **17** 225

Magere Zahlen = Rz

isolierende Betrachtungsweise 17 6
KapGes bei relevanter Beteiligung
  s Veräußerung von Anteilen
  Kapitalherabsetzung 17 211 ff., 230 ff.
  Kapitalrückzahlung 17 230 ff.
– Gewinnausschüttung 17 235 f.
  missbräuchliche Anwendung 17 4
  nachträgl BA (Beispiele) 24 73
  Optionsgesellschaften 17 102
  Optionsrechte 17 110
  persönl haftender KGaG-Ges'ter
  16 560 f.
  Rechtsfolgen
– Teileinkünfte 17 48
– Vollabzug 17 49
  relevante Beteiligung 17 51 ff.
– Anschaffungskosten 17 36
– Berechnung 17 54 ff.
– eigene Anteile 17 57 f.
– Fünfjahreszeitraum 17 66 ff.
– Relevanzschwelle 17 52
– Sonderrechte 17 61 ff.
– unentgeltl Anteilserweb 17 53
  Rückgewähr von Einlagen 17 234
  Rücklage nach § 6b 6b 93 ff.; s iEinz dort
  Rückzahlung von Einlagen 17 211 ff.
  schuldrechtliche Ansprüche 17 109
  Selbständigkeit der Anteile 17 112
  Sitzverlegung als Veräußerung 17 240 f.
  Teileinkünfteverfahren 3 138 ff.
  Übertragung durch PersGes 17 41 ff.
  Umwandlungen 17 14
  Umwandlungsvorgänge 17 214
  unentgeltl Anteilserwerb 17 114 ff.
  Veräußerung
– Ausscheiden aus Gesellschaft 17 31
– Begriff 17 21 ff.
– Bezugsrechte 17 32
– eigene Anteile 17 30
– Einlagen 17 38 f.
– Einziehung von Anteilen 17 29
– gegen Entgelt 17 27 ff.
– Erbauseinandersetzung 17 35 f.
– KapGes als Veräußerer 17 7
– PersGes als Veräußerer 17 8
– Realteilung 17 35
– relevante Beteiligung 17 36
– Tatbestand 17 21 ff.
– teilentgeltliche V. 17 33
– typische Fälle 17 24 f.
– wertlose Anteile 17 28
  Veräußerungsgewinn 17 131 ff.
– Definition 17 131
– Ermittlung 17 132 ff.
– Ermittlungssystematik 17 137 ff.

Veräußerung eines Betriebs

– Fremdwährungsfälle 17 138
– bei wiederkehr Bezügen 17 162 ff.
  veräußerungsgleiche Tatbestände 17 211
  Veräußerungskosten 17 148 ff.
  Veräußerungspreis 17 139 ff., 221; s auch
    oben Gegenleistung
– Kapitalherabsetzung 17 233
  Veräußerungsverluste 17 156 ff.
– wiederkehrende Bezüge 17 162 ff.
  verdeckte Einlage 17 96 ff.
  Verfahren 17 18
  Verschmelzungen 17 14
  Wiederherstellung der unbeschr StPfl
  17 153
  Zurechnung
– anteilige Zurechnung 17 82 ff.
– geschenkte Anteile 17 80
  Zurechnung subjektive
– Eigentumsart 17 76
– Pfandrechte 17 79
– Treuhand 17 77
– Unterbeteiligung 17 78
  Veräußerung eines Betriebs 16 1 ff.
  s auch Veräußerung eines LuF-Betriebs
  s auch Veräußerung eines Teilbetriebs
  Abgrenzungen
– Schenkung/Zuwendung 16 37 f.
– vollentgeltl/teilentgeltl V. 16 35
  Anwendungsbereiche 16 6 ff., 10 ff.
  ArbVerh-Entschädigungen 24 27
  Aufgabegewinn
– Personengesellschaft 16 368 ff.
  Aufgabegewinn (Begriff) 16 230
  Aufgabekosten 16 300 f.
  „Aufgabepreis"
– Aufgabebilanz 16 291
– Entnahme/gemeiner Wert/Buchwert
  16 293 ff.
– Komponenten 16 290
– sonstige Erträge 16 295
– Veräußerungspreis 16 292
  Ausgliederungsrechtsprechung 16 11
  Begriff der Veräußerung 16 25 ff.
  Betriebsschulden 16 312 ff.
  Betriebsvermögensarten 16 305 ff.
  Entgeltlichkeit der V. 16 26
  Erbfall 16 590 ff.; s iEinz dort
  Erbfolge vorweggenommene 16 50 ff.;
    s iEinz dort
  Erträge während Veräußerung/Aufgabe
  16 326 ff.
  Erwerb von Todes wegen 16 40 ff.
  Fortführung GWG-Sammelposten
  6 676
  Freibetrag 16 572 ff.; s iEinz dort

2573

Veräußerung von Kapitalanlagen   Fette Zahlen = §§

ganzer Betrieb **16** 75 ff.
– Begriff **16** 76
– Ende der gewerbl Tätigkeit **16** 80 ff.
– Insolvenzverfahren **16** 78
– mehrere Erwerber **16** 77
– wesentliche Betriebsgrundlagen **16** 85 ff.
Gewinnrealisierung **4** 88; **16** 230 ff.
– Rückbeziehungsvereinbarung **16** 231 ff.
– Teilbetriebsveräußerung **16** 235
– Zeitpunkt **16** 231 f.
gewinn-/umsatzabhängiges Entgelt **16** 250
Handelsvertreter **16** 310
Herabsetzung/Rückzahlung des Nennkapitals **17** 211 ff.
gegen Kaufpreis und Leibrente **24** 57
Korrekturen nachträgliche **16** 318
Leibrenten-/Zeitrentenbasis **16** 242 ff.
nachträgl BA (mit Beispielen) **24** 73
nachträgl gewerbl Einkünfte
– Einzelfälle **16** 349 ff.
– Gewinnermittlung **16** 359
– Grundsätze **16** 348
– Personengesellschaft **16** 365 f., 368 ff.
Pensionsverpflichtungen **6a** 68; **16** 315
durch Personengesellschaft **16** 93 ff.
– SchwesterPersGes/Ges'ter **16** 95
– Sonderbetriebsvermögen **16** 96 f.
Privatvermögen **16** 316
Rechtsfolgen **16** 230 ff.
Rechtsfolgen teilentgeltl Übertragung **16** 65 ff.
Rückbehalt wesentl WG **16** 103 ff.
Rückbehalt von WG **16** 277 f.
Rücklage nach § 6b **6b** 31
rückwirkende Ereignisse
– Kaufpreis/Veräußerungspreis **16** 337 f.
– sonstige betriebl Forderungen **16** 340 ff.
– Veräußerungs-/Aufgabekosten **16** 345
Schlussbilanzwert **16** 305 ff.
Schuldübernahme/-freistellung **16** 272 f., 313
Sonderregelungen im UmwStG **16** 29 ff.
Steuerbarkeit/Steuerfreiheit **16** 570
Systematik/Zweck des § **16 16** 3 ff.
Teilbetriebsveräußerung *s* Veräußerung eines Teilbetriebs
Überschussrechnung **4** 383, 399; **16** 306
unentgeltl Übertragung iSv § 6 III **16** 10 ff.
Veräußerung eines Teilbetriebs **16** 115 ff.; *s iEinz* dort
Veräußerungsgewinn
– Begriff **16** 230
– Personengesellschaft **16** 365 f.

– Rechengrößen **16** 270 ff.
– Spaltung **16** 331 f.
Veräußerungskosten **16** 300
Veräußerungspreis **16** 271 ff., 276 ff.
– Wert des V. **16** 280 ff.
Veräußerungsrente betriebliche **16** 249
Verhältnis zu anderen Vorschriften **16** 15 ff.
Vermächtnis **16** 42 ff.
Wechsel der Gewinnermittlung **4** 668
gegen wiederkehrende Bezüge **16** 240 ff.
– Erwerberrechtsfolgen **16** 264
– Veräußererrechtsfolgen **16** 255 ff.
Zeitpunkt der V. **16** 27
Veräußerung von Kapitalanlagen
20 145 ff.
Abtretung **20** 146
Forderungseinlösung **20** 149
Rückzahlung/Ausfall von KapForderungen **20** 147
Veräußerung
– Begriff **20** 146
– Ersatztatbestände **20** 147
verdeckte KapGes-Einlage **20** 150
Veräußerung eines LuF-Betriebs
14 1 ff.
s auch Veräußerung eines Betriebs
allmähliche Abwicklung **14** 15
Begriff
– Betrieb **14** 3
– forstwirtschaftl Teilbetrieb **14** 8
– landwirtschaftl Teilbetrieb **14** 6 f.
– Mitunternehmeranteil **14** 9
– Veräußerung **14** 2
Betriebsaufgabe **14** 11 ff.; *s iEinz unter*
Aufgabe
Betriebsverkleinerung **14** 36
Buchwertermittlung
– Betriebsvermögen nach § 4 I **14** 28
– Feldinventar/stehende Ernte **14** 28
– Grund und Boden **14** 28
– stehendes Holz **14** 28
BV-Umfang/wesentl Betriebsgrundlagen **14** 4
Erbengemeinschaft-Auseinandersetzung **14** 22
Erbfall **14** 20
– Erbfolge nach HöfeO **14** 21
Ermittlung des Veräußerungs-/Aufgabegewinns **14** 26 ff.
Freibeträge **14** 31
Realteilung von MUerschaften **14** 38
Rückbehalt Teilfläche/Rückpacht **14** 5
Steuervergünstigungen **14** 31
Veräußerungspreis-Einzelfragen **14** 27

2574

Magere Zahlen = Rz
Vergünstigung bei Veräußerung bestimmter luf-Betriebe **14a** 1
vorweggenommene Erbfolge **14** 23 ff.
zeitliche Erfassung **14** 33
Veräußerung eines Mitunternehmeranteils 16 380 ff.
Abgrenzung zu Betriebsveräußerung/ Betriebsaufgabe **16** 413
Anteilsbegriff/-umfang **16** 382
Aufgabe eines MUeranteils **16** 435
Einzelfälle MUeranteile **16** 383 ff.
Formwechsel **16** 401 f.
Gesamthandsgemeinschaften **16** 398
Innengesellschaften **16** 399
Personengesellschaften **16** 395 ff.
Rechtsfolgen **16** 440 ff.
Rücklage nach § 6b **6b** 31 f.
Sachwerteveräußerung **16** 475
Sonderbetriebsvermögen bei Veräußerung von MUeranteilen **16** 406 ff.
Tausch von MUeranteilen **16** 475
Teil eines MUeranteils **16** 415 ff.
Übertragung gegen Bargeld **16** 441 ff.
– Bargeld unter Buchwert **16** 470 f.
– Erwerbsbesteuerung **16** 460 ff.
– Veräußerungsbesteuerung **16** 442 ff.
Umfang des MUeranteils **16** 390
– wesentl Betriebsgrundlage **16** 390
unentgeltliche Übertragung **16** 420 ff.
– negatives Kapitalkonto **16** 423
Vorabausgliederung von Gesamthandvermögen **16** 405
Zeitpunkt der V. **16** 428 ff.
Veräußerung eines Teilbetriebs 16 115 ff., 125 ff.
s auch Aufgabe eines Teilbetriebs
s auch Veräußerung eines Betriebs
ABC des Teilbetriebs **16** 130
Auflösung einer KapGes **16** 140
begünstigte V./Aufgabe **16** 138
Beteiligung 100%ige **16** 135 ff.
einheitlicher Vorgang **16** 125
Erwerb fehlgeschlagener **16** 145
Kapitalherabsetzung **16** 141
Rückgängigmachung der V. **16** 145
Rücklage nach § 6b **6b** 31
Tausch **16** 139
Teilbetrieb **16** 115 ff.; *s iEinz dort*
unentgeltliche Übertragung **16** 128
Veräußerung
– Einstellung der Tätigkeit **16** 126
Verpflichtungsübernahmen **4f** 4
Verschmelzung **16** 142
wesentliche Betriebsgrundlagen **16** 125
Zeitpunkt **16** 235

Veräußerungsgeschäfte

Veräußerungsgeschäfte private 23 1 ff.
Abschreibungen **23** 84
andere Wirtschaftsgüter **23** 12, 23
anschaffungsgleiche Vorgänge **23** 31 ff.
Anschaffungskosten **23** 75 ff.
Ausnahmen **23** 14
Begriff „andere Wirtschaftsgüter" **23** 23 f.
beschränkte Steuerpflicht **49** 120
Betriebsaufgabe **23** 33, 77
Bodenschätze/Grundstücksrechte **23** 21
Edelmetallbestände **23** 25
eigene Arbeitsleistung **23** 78
Einkünfteerzielungsabsicht **23** 3
Einlagen **23** 52
– Veräußerungspreis **23** 72
einzelne Tatbestände **23** 16 ff.
Enteignungen **23** 57
Entnahmen **23** 77
Entnahme als Anschaffung **23** 33
Entstehung neuer WG **23** 36
Erbauseinandersetzung **23** 43
Erbbaurechtsbestellung **23** 36
Erbersatzschulden **23** 44
Erbfall **23** 42
Erbfolge vorweggenommene **23** 41
Erfüllung Vermächtnisschuld u Ä **23** 44
Erwerb kraft Gesetzes **23** 36
Freigrenze **23** 90
Fremdwährungsguthaben **23** 27
Gebäude **23** 17
Geltungsbereich persönlicher **23** 8
Genehmigungsbedürftigkeit eines Rechtsgeschäfts **23** 48
gesellschaftsrechtl Vorgänge **23** 46
Gewinnermittlung **23** 70 ff.
Grundstücke **23** 12 f., 16 ff.
grundstücksgleiche Rechte **23** 16 ff.
Herstellungskosten **23** 78
Höhe der Einkünfte **23** 70 ff.
Investmentanteile **23** 23
isolierte Herstellung **23** 36
Kapitalherabsetzung **23** 36
keine Veräußerungen **23** 54
Konkurrenzklausel **23** 65
Kryptowährungen **23** 26
Leibrentenverkauf **23** 94
Mieterzuschüsse **23** 76
Nämlichkeit bei Grundstücken **23** 15
Nämlichkeit des Objekts **23** 2
PersGes-Anteile **23** 47
Personenidentität **23** 8
Pflichtteilsschulden **23** 44
Ratenverkauf **23** 93

2575

Veräußerungsgewinn

Schenkung **23** 40
selbst genutztes Wohneigentum **23** 18 ff.
Sonderfälle **23** 37
Stundung **23** 93
subjektive Voraussetzungen **23** 55 ff.
Subsidiaritätsprinzip **23** 65
Termingeschäfte **23** 30
Token **23** 26
Umlegungsverfahren **23** 56
unentgeltlicher Erwerb **23** 40 ff.
Veräußerung
– Begriff/Beispiele **23** 50 ff.
– vor Erwerb **23** 29
Veräußerungsfristen **23** 9
– Grundstücke **23** 22
Veräußerungspreis **23** 71 f.
Veräußerungsrente **23** 94
Veräußerungstatbestände **23** 12 ff.
Verfassungsmäßigkeit **23** 10
Verlustausgleich **2** 59; **23** 97 f.
Vertragsrücktritt(rückabwicklung) **23** 49
Weiterübertragungen **23** 44
Werbungskosten **23** 82
Werbungskostenabzug **23** 95
Wertgegenstände private **23** 27
Wertpapiere **23** 23
Wertpapierumtausch **23** 36
WG zur Einkünfteerzielung **23** 28
Zeitpunkt maßgebender **23** 32
Zeitpunkt der Versteuerung **23** 92 ff.
Zufluss **11** 50
Zugewinnausgleichsschulden **23** 44
Zwangstausch **23** 56
Veräußerungsgewinn
Abgrenzung zu Entschädigungen **24** 42
Abgrenzung zu lfd/nachträgl Einkünften **16** 325 ff.
Begriff **16** 230
begünstigter Steuersatz **34** 12 f., 25 ff.
freiberufliche Praxen **18** 220 ff.
nachträgl gewerbl Einkünfte einer Personengesellschaft **16** 365 f.
Rechengrößen bei Betriebsveräußerung **16** 270 ff.
Rücklage nach § 6b **6b** 8
– Ermittlung des Gewinns **6b** 48 ff.
Spaltung von V. **16** 331 f.
Steuerermäßigung bei GewBetr-Einkünften **35** 18
Steuerfreiheit **3** 147
Tonnagebesteuerung **5a** 20
Veräußerung von Anteilen **17** 131 ff.;
s *iEinz dort*
Veräußerungskosten, Betriebsveräußerung **16** 300

Fette Zahlen = §§

Veräußerungsrenten
Betriebsveräußerung **16** 249
Betriebsveräußerungsrente **22** 72
Entgeltzerlegung in Kapital-/Zinsanteil **22** 76
Gegenleistung **10** 120 (2)
Passivierung **5** 550
Veräußerungsgeschäft privates **23** 94
wiederkehrende Bezüge **22** 70 ff.
Veräußerungsverluste
Verlustabzug **10d** 19
Werbungskosten **9** 85
Veräußerungsvorgänge, sonstige Leistungen **22** 150
Veräußerungszeitrenten, betriebl **4** 198 ff.
Verbandsgeschäftsführer 18 155
Verbesserungen wesentliche als HK **6** 181
Verbesserungsvorschläge 19 100
Verbilligte Sachzuwendungen, Bewertung **8** 27
Verbindliche Zusage 42d 3
Anrufungsauskunft *s dort*
Verbindlichkeiten 4 140; **5** 310 ff.
Abzinsung **6** 453 ff.
– Anzahlungs-/Vorleistungsverbindlichkeiten **6** 463
– Ausnahmen **6** 459 ff.
– Restlaufzeit unter 12 Monaten **6** 460
– verzinsliche V. **6** 461
Anzahlungen erhaltene **5** 316
Ausbuchung **5** 313
Bankverbindlichkeiten **4** 150
bedingte V. **5** 314 f., 367
Belastung wirtschaftl **5** 311
Besserungsabrede **5** 315
Bestehensgründe überwiegende **5** 377
betriebliche Veranlassung **5** 311
Betriebsvermögen **4** 140
Bewertung
– Ansatz mit höherem Teilwert **6** 451
– Disagio **6** 448
– Erfahrungswerte bei gleichartigen Verpflichtungen **6** 479
– Rückzahlung höher als Auszahlung **6** 448
Bewertungsansatz
– mit Nennwert **6** 441
Bürgschaftsverbindlichkeiten **4** 146
Darlehen **4** 147
Dienstleistungsverbindlichkeiten **5** 331
dingliche Lasten **5** 319
Drittverpflichtung **5** 362

2576

Magere Zahlen = Rz

Durchschnittswerte
– dem Grunde nach **6** 442
Eingehung von V. als AK **6** 81
Einlagen/Entnahmen **4** 143 f.
Entstehung **4** 140
Erfüllungsrückstände **5** 317
Erlass aus betrieblichen Gründen **4** 384
Geldverbindlichkeiten **5** 326 ff.
gemischte Nutzung eines WG **4** 140
gewinnabhängige V. **5** 550
Gewinnermittlung **4** 140 ff.
Gewissheit der V. **5** 311
haftungslose V. **5** 550
Haupt-/Nebenpflicht **5** 317
Inanspruchnahme **5** 376 ff.
Kenntnis am Bilanzstichtag **5** 311
Nutzungsverpflichtungen **5** 321
Passivierungsgebot/-verbot **5** 310 f.
– abhängige Verbindlichkeit **5** 315
Rentenverbindlichkeiten **5** 329
Sachleistungsverbindlichkeiten **5** 331
Schuldumwandlung **4** 143
Teilwertabschreibung **6** 374 f.
Übernahme als AK **5** 322; **6** 81
Überschussrechnung **4** 384
– Einlagen/Entnahmen **4** 395
ungewisse Verbindlichkeiten
– Begriff der Ungewissheit **5** 367
– betriebliche Veranlassung **5** 368
– Gegenstand der Verpflichtung **5** 366
– künftige/nachträgl Aufwendg **5** 369
– rechtliche Verpflichtung **5** 362 ff.
– Rückstellung **5** 361 ff.
– Wahrscheinlichkeit der Inanspruchnahme **5** 378
– wirtschaftliche Belastung **5** 361
unverzinsliche V. **5** 550
– Geldschulden **5** 327
Veränderungen spätere **4** 142 ff.
Veräußerung kreditfinanzierter V. **4** 145
wertgesicherte V. **5** 330
Verbindlichkeitsrückstellung 5 351, 421 ff.
Geldleistungen **5** 421
Preisverhältnisse am Bilanzstichtag **5** 421
Verbotene Betätigung als GewBetr **15** 45
Verbrauchsteuern 5 259
Verbundene Unternehmen, Gewinnrealisierung **5** 675
Vercharterung 5a 12
Verdeckte Einlagen 4 134, 270; **6** 605
Anforderungen an Ziel-BV **6** 867
Begriff **5** 203; **6** 861
Beschränkung auf WG des BV **6** 864 f.

Verdeckte Gewinnausschüttungen

Beteiligungen **17** 151
betriebliche Einheiten **6** 867
Bewertung **6** 861 ff.
Dienstleistungen **5** 206
Einzelfälle **6** 884
Forderungsverzicht **6** 879
– Abgrenzung zu betriebl F. **6** 882
– nicht werthaltige Forderung **6** 880
– auf werthaltige Forderung **6** 879
Gegenstand **6** 862
Gewinnrealisierung **5** 639
immaterielles WG **5** 204 ff.
Kapitaleinkünfte **20** 150
Nutzung(srechte) **5** 206 f.
Nutzungsrechte **6** 862
Rechtsfolgen
– Anteile an KapGes **6** 872
– Drei-Jahres-Frist **6** 874
– beim Einlegenden **6** 871
– nachträgliche AK **6** 871
– Teilentgeltleistung **6** 873
– Teilwertansatz **6** 877
Teilwertansatz **7** 121
Teilwertermittlung der Forderung **6** 881
Veräußerung von Anteilen **17** 96 ff.
Verdeckte Gewinnausschüttungen
4 270 „Verdeckte Einlagen"; **11** 50; **20** 37 ff.
Anschaffung; Veräußerung unter/über Wert **20** 60
Anwendungsbereich persönl **20** 41
Anwendungsfälle der vGA **20** 56 ff.
atypisch stille Gesellschaft **15** 357
Besteuerungsfolgen **20** 52
Beweis-/Feststellungslast **20** 49
Bewertung **20** 50
Darlehensgewährung **20** 59
Dreieckssachverhalte **20** 43
Ebene des KSt-Subjekts **20** 38
Geschäftsführervergütungen **20** 56
KapGes als MUnterh **15** 628
Ketten-VGA **20** 43
Komplementär-GmbH **15** 724
Passivierung **5** 550
Pensions-/Versorgungszusagen **20** 58
Rechtsfolgen **20** 51 ff.
Rechtshandlung der GesOrgane **20** 46
Sonderausgaben des Ges'ters **10** 14
Tantiemen **20** 57
Übernahme von Aufwendungen **20** 61
Veranlassung durch GesVerh (Einzelfragen) **20** 44 f.
Verbot der Rückgängigmachung **20** 48
Verhältnis § 8 III KStG/§ 20 I EStG **20** 39
Voraussetzungen bei Ges'ter **20** 42

2577

Verdecktes Stammkapital   Fette Zahlen = §§

Vorteil an Nahestehende **20** 43
Zufluss beim Ges'ter **20** 47
Verdecktes Stammkapital
  s Gesellschafterfinanzierung
Verdienstausfallentschädigung
  24 34
Verdienstsicherungsklausel 5 550
Vereinbarungstreuhand 15 296
unentgeltl Übertragung **6** 716
Vereinnahmung und Verausgabung
  s Einnahmen; *s* Ausgaben
Verfahrenspfleger 18 141
Verfassungsmaßstäbe im StRecht **2** 8
Verfolgtenleistungen, Steuerfreiheit
  3 86
Verfolgtenrenten, Entschädigungsrenten stfreie **3** 33
Verfügungsbeschränkungen, Einnahmenzufluss **11** 19, 50 „Gutschrift"
Verfügungsmacht, wirtschaftl V. *s dort*
Vergebliche Aufwendungen
  s Fehlmaßnahmen
Vergleichspreise, Teilwert GuB
  6 272 f.
Vergleichsrechnung, Ki-Geld/Kinderfreibetrag **31** 12
Vergleichsverwalter 18 141
Vergleichswert, KapGes-Anteil **6** 279
Vergünstigungen bei Veräußerung,
  luf-Betriebe **14a** 1
Vergütungsvorschuss, Gewinnrealisierung **5** 680
Verjährung, ArbG-Haftung **42d** 12
Verkaufserlöse, Ansatz bei AfA **7** 116
Verkaufsprämien 24 27
Verlag, Teilbetrieb **16** 130
Verlagsrechte 22 150 „Patente"
  Aktivierung **5** 270
Verlagswert, Abschreibung **7** 41
Verlobungsaufwendungen 33 90
Verlosung als Arbeitslohn **19** 47
Verlust
Abzugsverbot
  – Darlehenssubstanzverluste **3c** 14
  – verbilligte WG-Überlassung an KapGes **3c** 18
bei beschr Haftung *s* Negatives KapKto
Betriebsausgaben **4** 520
Betriebsvermögen **4** 78
  – privater Verlust **4** 520
Drittstaatenverluste *s* Negative Einkünfte mit Drittstaatenbezug
„finale Verluste" **2a** 9
Geld bei Überschussrechnung **4** 375
gewerbl Tierhaltung/-zucht **2** 59; **15** 895 f.

Investitionsabzugsbetrag **7g** 50
neg Einkünfte mit Drittstaatenbezug *s dort*
Privatvermögen als betriebl Aufwand
  4 520 „Verlust"
Progressionsvorbehalt negativer **32b** 40
stiller Gesellschafter **20** 94
Wertpapiere **4** 170
WG als Einlage/Entnahme **4** 270
Zeitpunkt des Abflusses **11** 50
Verlustabzug 10d 1 ff.
Altverlustfeststellung **10d** 5
Ehegatten/LPart **10d** 15
Erbfälle **10d** 14
Geltungsbereich
  – persönlicher **10d** 12
  – sachlicher **10d** 11
Insolvenz(verfahren) **10d** 16
Kapitalvermögensverluste **10d** 19
negative Einkünfte **10d** 17 ff.
nicht entnommene Gewinne **10d** 19
Personenidentität bei KapGes **10d** 13
Rechtsentwicklung **10d** 2, 4
Sonderfälle **10d** 19
Übertragungen **10d** 14
Verfassungsmäßigkeit **10d** 10
Verlustabzugsverbot
  – V. beschränktes *s dort*
  – bei Innengesellschaft **15** 906 ff.
Verlustrücktrag *s dort*
Wechsel der Veranlagungsart **10d** 15
Zusammenveranlagung **26b** 10
Verlustabzugsverbot beschränktes 15b 1 ff.
Ansprüche aus RV/LV **15b** 13
Anwendungsbeginn/Rückwirkung **15b** 1
Anwendungsbereich **15b** 7
doppelstöckige Strukturen **15b** 11
Einkunftsquelle **15b** 2
Einzelinvestor **15b** 5
Modellkonzeptänderung nachträgl **15b** 19
Rechtsnachfolge **15b** 18
Regelungszweck **15b** 3
Steuerstundungsmodell
  – Begriff **15b** 8 ff.
  – Ein-Objekt-Investitionen **15b** 12
  – Erzielung negativer Einkünfte **15b** 8
  – Fondsbeteiligungen **15b** 10
  – Fondsmodelle **15b** 8
  – modellhafte Gestaltung **15b** 8 ff.
  – Renten-/Lebensversicherung **15b** 13
  – vorgefertigtes Konzept **15b** 10
Tatbestandsmerkmale **15b** 4
Tonnagebesteuerung **5a** 31
Verhältnis andere Vorschriften **15b** 6

Magere Zahlen = Rz

Verlustfeststellungsverfahren **15b** 21
Verlustgrenze
– schädliche V. **15b** 16 f.
– Verlustverrechnung **15b** 17
Verrechenbarkeit § 4 III-Verluste **15b** 20
VuV-Einkünfte **21** 151 ff.
Zebragesellschaft **15b** 14
Verlustantizipation bei Teilwertschätzung **6** 258, 262
Verlustausgleich
begünstigter Steuersatz **34** 51
beschränkte Steuerpflicht **2** 59
Einschränkungen **2** 59
Erbe **2** 58
horizontaler V. **2** 58
Insolvenzverluste **2** 58
negative Einkünfte mit Drittstaatenbezug **2a** 41 f.
Progressionsvorbehalt negativer **2** 59
sonstige Einkünfte **22** 146
unbeschränkte Steuerpflicht **2** 59
Veräußerungsgeschäft privates **2** 59; **23** 97 f.
Verbot bei InnenGes **15** 906 ff.
vertikaler V. **2** 58 f.
Zusammenveranlagung **2** 58
Verlustberechnung 10d 17 ff.
Ermittlung des Verlusts **10d** 18
KapEinkünfte mit AbgeltungsSt **10d** 18 f.
KapVerm-Verluste **10d** 18 f.
Rechtsfolgen **10d** 17
Summe der Einzeleinkünfte **10d** 18
Verlustfeststellungsverfahren
10d 36 ff.
Rechtsfolgen **10d** 41
Verhältnis zur ESt-Veranlagung **10d** 42 ff.
– Verlustverbrauch **10d** 45 ff.
Verlustfortschreibung **10d** 37
Verlustrückträge **10d** 38, 47
zeitl Begrenzung der Feststellungsfrist
10d 48 ff.
Verlustrückstellung 5 351, 450 f.
angeschaffte V. **5** 451
Verlustrücktrag 10d 20 ff.
Abzugszeitraum **10d** 23
Auftrag/zeitliche Grenzen **10d** 27 ff.
Coronaverluste **10d** 29
Festsetzungsverjährung **10d** 25
Höchstbetrag **10d** 21 f.
Personenbezogenheit **10d** 22
Verfahrensfragen **10d** 24 f.
vorläufiger V. für VZ 2020/2021 **111** 1 ff.
Wahlrecht Rücktrag/Vortrag **10d** 26 ff.
Wechsel der Steuerpflicht **10d** 23
Verluststaat, Begriff **2a** 41 f.

Vermietung und Verpachtung

Verlustübernahme
verdeckte Einlage **6** 884
Verpflichtung zur V. **5** 550
Verlustverrechnung bei Kapitalvermögen 20 239 ff.
Aktienveräußerungsverluste **20** 245
Ausfall-/Ausbuchungsbeschränkung
20 247
Bescheinigungspflicht **20** 249
Termingeschäftsverluste **20** 246
Verhältnis zu § 20 VI 4 **20** 248
Verluste/Verlustvortrag **20** 243 f.
Verlustkategorien/Verrechnungen *(Übersicht)* **20** 242
Verrechnungsverbot mit anderen Einkünften **20** 241
Wertlosigkeit der Kapitalanlage **20** 248
Verlustvortrag 10d 30 ff.
Abzugsvoraussetzungen **10d** 34
Höhe des Vertrags **10d** 32
Kapitalvermögensverluste **20** 243 f.
Mindestbesteuerung **10d** 31
Verlustermittlung **10d** 33
Vermächtnis
Arbeitslohn **19** 100
Betrieb als Sachvermächtnis **16** 42 ff.
Gegenleistungscharakter **22** 77
Zurechnung von GewBetr-Einkünften
15 140
Vermächtnisnießbrauch, LuF
13 156, 158
Vermächtnisrenten 22 66
Vermietung und Verpachtung
21 1 ff.
s auch Verpachtung
ABC der Einnahmen aus VuV **21** 117
ABC der Werbungskosten **21** 148
Anschaffungskosten/HK **21** 122
Außenverhältnis zu Mieter/Pächter **21** 61
außerordentliche Einkünfte **34** 38
Begriff **21** 4 ff.
beschr Verlustabzugsverbot **21** 151 ff.
beschränkte StPfl **21** 2; **49** 56 f., 109 ff.
– Abgrenzungsfragen **49** 110
– Begriff VuV **49** 109
– DBA-Regelung **49** 116
– Einkünfteermittlung **49** 114
– inländische Verwertung **49** 111
– Nutzungseinkünfte (mit Beispielen)
49 113
– Steuererhebung **49** 115
– Subsidiarität **49** 112
Betriebs-/sonstige Kosten **21** 112 ff.
bewegliche Sachen **22** 150
– (mit Beispielen) **15** 86

2579

Vermittlungsprovision   Fette Zahlen = §§

dingliche Belastung **21** 148
Eigentümergemeinschaft **21** 64 ff.
Einkünfteermittlung **21** 64 ff.
Einkünfteerzielungsabsicht **21** 24 ff.
– Änderung der Vermietungsform **21** 26
– aufwändig gestaltete Objekte **21** 47
– Dauervermietung **21** 29 ff.
– Einzelfallprüfung **21** 29 ff.
– Fallkonstellationen **21** 36 ff.
– Ferienwohnungen **21** 37 ff.
– Finanzierung mit steigenden Schulden **21** 49
– Indizien **21** 33 f.
– Objektbezogenheit **21** 25
– Überschussprognose **21** 51 ff.
Einkünftetatbestände **21** 101 ff.
Einkünftezurechnung **21** 61 ff.
– Angehörige **21** 72
– Nießbrauch/Nutzungsrechte **21** 71 ff.
– Unterbeteiligungen **21** 63
Einkünftezurechnung Ges'ter/PersGes **21** 69 ff.
Einmalzahlungen **21** 111
Einnahmen **21** 111 ff.
einzelne Räume **21** 11
Entschädigungen **24** 31
Ferienwohnung **15** 84
Flugzeuge eingetragene **21** 101
Gebäude auf fremdem GuB **21** 114
Gebäude und Gebäudeteile **21** 101
Gebäudeentnahme bei VuV in PV **4** 270
größerer Erhaltungsaufwand **21** 124 f.
Grundstück uÄ **21** 101
grundstücksgleiche Rechte **21** 101
Kostenübernahme **21** 113
Liebhaberei **21** 24 ff.
Mietereinbauten **21** 114
möblierte Zimmer **15** 83
Nachlasspfleger **21** 63
negative Einkünfte mit Drittstaatenbezug **2a** 24, 33 f.
negatives Kapitalkonto **21** 151 ff.
Nießbrauchsentgelt **21** 7
Nutzungsüberlassung
– Begrenzung (mit Beispielen) **21** 16
– Bodenschätzeausbeute **21** 18 ff.
– Einnahme ohne N. (Beispiele) **21** 14
– Erbbaurechtsbestellung **21** 7
– PersGes an Ges'ter **21** 69 ff.
– Selbstnutzung **21** 10 f., 38 ff.
– StPfl mit Angehörigen **21** 10
– Unterhaltsverpflichtung **21** 13
– Vertragsinhalt **21** 5
– zwangsweise N. **21** 8
Personenmehrheiten **21** 64 ff.

Räumungskosten **21** 143
Rechteüberlassg zeitl begrenzte **21** 103 ff.
Renovierungskosten **21** 146
Sachinbegriffe **21** 102
Schiffe eingetragene **21** 101
Schuldzinsen **21** 144
Steuerstundungsmodelle **21** 155
Subsidiarität der Einkünfte **21** 162 ff.
Treuhandverhältnis **21** 62 f.
Überschussprognose **21** 24
unbewegl Vermögen **15** 80 ff.
Veräußerung von Miet- und Pachtzinsforderungen **21** 107
Verhältnis zu §§ 13, 19, 20 **21** 163 ff.
Vermutung auf Dauer angelegter VuV **21** 24 ff.
Verzicht auf Mieteinnahmen **21** 117
Vorfälligkeitsentschädigungen **21** 142
Werbungskosten **9** 22 ff.; s *iEinz dort*; **21** 121 ff.
– Leerstand vor Erstvermietung (mit Einzelfällen) **21** 128 f.
– Leerstand *nach* Vermietung (mit Einzelfällen) **21** 134 f.
– Leerstand/vorab entstandene WK **21** 128 ff.
– nachträgliche WK **21** 141 ff.
– Nebenkosten **21** 148 „Betriebskosten"
Wohnungsüberlassung verbilligte **21** 158 ff.
– Einkünfteerzielungsabsicht **21** 46
– ortsübliche Marktmiete **21** 159
Zuschüsse **21** 111
Zwangsverwaltung **21** 63
Vermittlungsprovision/Vermittlungstätigkeit 19 35; **22** 150
Aktivierung **5** 270 „Provision"
Anschaffungskosten **6** 140
Vermögensanlagevermittlung, Tätigkeitsqualifizierung **18** 100
Vermögensaufwendung, WK **9** 75 ff.
Vermögensbereich, Abgrenzung zu Nutzungsbereich **22** 136 ff.
Vermögensbeteiligungen
Anrufungsauskunft ArbG/ArbN **19a** 19
Arbeitgeberanforderungen **19a** 11
Arbeitnehmer **19a** 1 ff.
ArbG-Beitrag **3** 132 f.
ArbN-Zustimmung zu LSt-Abzug **19a** 9
Besteuerung durch Zeitablauf **19a** 15
Besteuerungsaufschub **19a** 3 ff.
Besteuerungsnachholung **19a** 13 ff.
– Beteiligungsübertragung **19a** 14
Bewertung **19a** 6
Dienstverhältnisbeendigung **19a** 16
Freibetrag **19a** 5

Magere Zahlen = Rz

Lohnkontoaufzeichnungen **19a** 21
Sachbezug **8** 18
Wertminderungen **19a** 17
Vermögensgegenstand
s auch Wirtschaftsgut
Aktivierung **5** 93
Begriff/Abgrenzung zum WG **5** 93 ff.
Vermögensmehrung, nicht stbare **2** 14
Vermögensminderung, nichtabziehbare **2** 15
Vermögensopfer als WK **9** 78, 82 ff.
Vermögensschaden, Arbeitgeberhaftung für ArbN **19** 100
Vermögensstockspenden 10b 31
Vermögensübertragung
sonstige Einkünfte **22** 137
teilentgeltliche V. **22** 30
Versorgungsleistung **10** 111 ff.; *s iEinz dort*
Versorgungsleistungsverträge **22** 105
Vermögensverluste
außergewöhnliche Belastungen **33** 90
Werbungskosten **19** 110;
22 150 „Risikogeschäfte"
Vermögensverwaltende Personengesellschaft 15 323
Anteilserwerbskosten **6** 43
Kapitaleinkünfte **20** 153
Veräußerungsgeschäft privates **23** 47
Vermögensverwaltung 18 140
s auch Grundstückshandel gewerblicher
Abgrenzung ggü gewerbl Grundstückshandel **15** 46 ff.; *s iEinz unter* GewBetr
Drei-Objekt-Grenze **15** 47 ff.
gemischte Tätigkeit **15** 88
Vermögenswerte, Zufluss als sonstige Einkünfte **22** 12
Vermutung auf Dauer angelegter VuV **21** 24 ff.
Verpachtung eines Betriebs 16 166 ff.
Abgrenzung zu Betriebsführungs-/Betriebsüberlassungsverträgen **16** 167 ff.
abnutzbares Anlagevermögen **5** 702
Entnahmen und Einlagen **4** 270 „Betriebsverpachtung"
Fortführungsabsicht **16** 181
Geschäftswert **4** 173
Gewinnrealisierung **4** 91
– Vermeidung der G. **5** 701
Mandantenstamm **18** 200
persönliche Voraussetzungen **16** 176 ff.
Praxis **18** 215
Rechtsfolgen **16** 186 ff.

Verpflegungsmehraufwendungen

Rechtsgrundlage **16** 166 ff.
Rücklage nach § 6b **6b** 3
Unternehmensfortführung **5** 701 ff.
Verpachtung eines LuF-Betriebs *s dort*
Wahlrechtsvoraussetzungen zur Aufgabe
– ganzer Betrieb **16** 169
– Mitunternehmeranteil **16** 171
– Nutzungsüberlassungen **16** 175
– Teilbetrieb **16** 170
– wesentl Betriebsgrundlagen **16** 173 ff.
wesentliche Betriebsgrundlagen **13** 125
Zwangsbetriebsaufgabe **5** 701
Verpachtung eines LuF-Betriebs 13 112 ff.
Aufgabeerklärung **13** 136
Eigentumsbetriebe **13** 126
einheitl Beurteilung **13** 128
mit eisernem Inventar **13** 114
Fortführungsmöglichkeit durch Verpächter **13** 132
im Ganzen **13** 123 f.
Gewinnermittlung
– Bilanzierung **13** 115 f.
– Erhaltungsaufwendungen **13** 116
– Substanzerhaltung **13** 116
– Überschussrechnung **13** 118
– Umlaufvermögen **13** 117
Pachtbetriebe **13** 127
Pachtverträge mit Angehörigen **13** 113
parzellenweise Verpachtung **13** 124
Rechtsnachfolge **13** 135
Restflächenverpachtung nach Betriebsübertragung **13** 129
unentgeltliche Betriebsüberlassung auf Pächter **13** 119
Vereinfachungsregelung **13** 120
Verpachtung nach Betriebserwerb **13** 130
wesentl Betriebsgrundlagen **13** 124 ff.
Zerstörung der Wirtschaftsgebäude **13** 133
Zwangsbetriebsaufgabe **13** 132 ff.
Verpackungskosten 6 203
VerpackungsVO, Rückstellung **5** 550
Verpfändung
s auch Pfändung
Forderungen **4** 131
Kindergeldanspruch **76** 2
Wirtschaftsgut, Einlagen und Entnahmen **4** 270 „Belastung"
Verpflegungskosten 12 32
Verpflegungsmehraufwendungen
9 310 ff.; **19** 110
Arbeitnehmer **9** 310 ff.
Aufwandserstattung **4** 577
auswärtige Tätigkeit **4** 572

2581

Verpflichtungsübernahmen

Fette Zahlen = §§

Auswärtstätigkeit **9** 310; **40** 16
doppelte Haushaltsführg **4** 576; **9** 314
Dreimonatsgrenze **4** 573; **9** 312
Lohnsteuerpauschalierung **40** 16
Mahlzeitgestellung **9** 313
nichtabziehbare BA **4** 570 ff.
Pauschbeträge
– Auslandsreisen **4** 575
– Inlandsreisen **4** 574
zweistufige Pauschalierung **9** 311
Verpflichtungsübernahmen 4f 1 ff.
Anwendung erstmalige **4f** 10
Aufwandsverteilung **4f** 2 f.
Betriebsaufgabe **4f** 4
Freistellungsverpflichtung **4f** 8
Rechtsnachfolge **4f** 5
Rückstellung **5** 503 f., 550
Teilbetriebsveräußerung **4f** 4
Verrechnung, Erstattungsüberhänge bei SA **10** 169 ff.
Verrechnungspreisdokumentation, Rückstellung **5** 550
Verrechnungsverbot
  s Saldierungsverbot
Verrechnungsverpflichtung 5 550
Verrechnungszeitpunkt 11 50
Verschleiß eines WG, HK **6** 164
Verschmelzung
BA-Abzug **4** 520
Gesellschafter einer KG **15a** 176
KG mit anderer PersGes **15a** 176
Teilbetrieb **16** 142
Veräußerung von Anteilen **17** 14
Versendungskauf *s* Schwimmende Ware
Versicherungen
außergewöhnliche Belastungen **33** 90
Betriebsvermögen **4** 178 ff.
– betriebliche Veranlassung **4** 178
D & O-Versicherung **4** 185
Entschädigungen als BE **4** 460
gemischt genutzte WG **4** 179 ff.
Gewinnermittlung **4** 178 ff.
KapESt auf Veräußerungsansprüche **20** 177 ff.
Mitversicherung anderer Personen **4** 188
Personenversicherungen
– betrieblich/privat veranlasste (Beispiele) **4** 187 ff.
– private für Unternehmer **4** 184
Sachbezugsbewertung bei verbilligten V. **8** 27
zugunsten Unternehmer **4** 186
Zahlungen durch Arbeitgeber **19** 100
Versicherungsbeiträge 12 32
Werbungskosten **9** 173; **19** 110

Versicherungsberater 15 150; **18** 155
Versicherungsbetrug 4 520 „Verlust"
Versicherungs-BiRiLiG 5 56
Versicherungsleistungen
steuerfreie Leistungen **3** 6 ff.
Zufluss **11** 50 „Zukunftssicherung ..."
Versicherungsmathematiker 18 155
Versicherungsprämien, BA **4** 520
Versicherungstechnische Rückstellungen 5 550
Versicherungsübernahme, Sachbezug **8** 18
Versicherungsvertreter
Ausgleichszahlungen **24** 45
Entschädigungen **24** 15
Provisionsanspruch **5** 270
Rückstellung **5** 550
selbständige Tätigkeit **18** 141
Versorgungsanlagen 5 270
Versorgungsanschlüsse, AK **6** 60
Versorgungsanwartschaften
Aktivierungsverbot **18** 166
steuerfreie Übertragungen **3** 180
Versorgungsausgleich
Arbeitslohn **19** 89
Ausgleichsleistungen **10** 126 ff., 130 ff.
– Abgrenzung zu Wiederauffüllungszahlungen **10** 128
– zur Vermeidung eines V. **10** 127
Ausgleichszahlungen **22** 115
außergewöhnliche Belastungen **33** 90
Besteuerung beim Ausgleichsverpflichteten **10** 132
gesetzl Regelung **22** 115
Leistungen als SA **10** 126 ff.
– fiktiv unbeschr StPfl **1a** 19
Pensionszusage **6a** 16
schuldrechtlicher V. **10** 131
Steuerfreiheit
– externe Teilung **3** 182
– interne Teilung **3** 181
Steuerpflicht unbeschr des Ausgleichsberechtigten **10** 133
Versorgungsbezüge
Begriff **19** 96
Bemessungsgrundlage **19** 97
Pauschbetrag **9a** 4
Versorgungsfreibetrag 19 95 ff.
Kohortenprinzip **19** 95
Versorgungsleistungen 10 111 ff.
ABC der Versorgungsleistungen **10** 120
Abgrenzungsfragen **10** 118
Abzugsvoraussetzungen für SA **10** 113
Begriff **10** 112

Magere Zahlen = Rz

begünstigte Übertragungen
- Begrenzung der Wirtschaftseinheiten
  10 115
- vertragl Vereinbarungen **10** 114
Empfänger **10** 120
Ertragsprognose **10** 116
Hofübergabe gegen V. **13** 181 ff.
Höhe der absetzbaren SA **10** 119
Lebenslange wiederkehr. V. **10** 112
nachträgliche Veränderungen **10** 117
SA-Abzug fiktiver unbeschr StPfl
  1a 17 ff.
Sonderausgaben **10** 111 ff.
Steuerfreiheit
- berufsständische V. **3** 23
Vermögensübergabe gegen V. **22** 105
vorweggenommene Erbfolge **16** 51
Versorgungspauschale, Pflichtveranlagung **46** 17, 19
Versorgungsrenten/Versorgungszuwendungen 5 550
Ablösungszahlung **24** 15
betriebl **4** 203 ff.
Betriebsveräußerung **16** 249
Versorgungsverträge, Gegenleistung
  10 120 (3)
Versorgungszusagen
Altersversorgung/Altersvorsorge *s dort*
Arbeitslohn **19** 63
Direktversicherung *s dort*
Pensionsfonds *s dort*
Pensionsrückstellungen *s dort*
Pensionszusagen *s* Pensionsrückstellungen/-zusagen
verdeckte Gewinnausschüttungen **20** 58
Zukunftssicherungsleistungen *s dort*
Verspätungszuschläge, Lohnsteueranmeldung **41a** 6
Versteigerer 18 155
Verstrickung
Einlagefiktion/Wertverknüpfung **4** 254 f.
Entnahmefiktion **4** 248
Verträge unter Angehörigen
Ehegattenarbeitsverträge *s dort*
Einkünfteerzielung **2** 56
Überkreuzarbeitsverträge **19** 35
Verträge mit Rückwirkung,
  Familien-KG **15** 763
Vertragsarztzulassung, AfA **7** 44
Vertragsbeendigung, vorzeitige V.
  24 27
Vertragsrücktritt/-rückabwicklung,
Veräußerungsgeschäft privates **23** 49
Vertragsstrafen 21 117
Betriebsausgaben **4** 520

Vorbehalte

Entschädigung **24** 15
Werbungskosten **19** 110
Vertragswegabkürzung, WK-Abzug
  9 19 f.
Vertragszulassung, immat WG **5** 270
Vertreter, selbständiger **18** 35
Vertreterrecht, Abschreibung **7** 41
Vertriebskosten 6 203
Veruntreuungskosten 33 90
Vervielfältigungstheorie, selbständige
  Tätigkeit **18** 30
Verwaltungskosten 5 550; **6** 199
Verwarnungsgelder 19 100
Abzugsverbot **4** 604 ff.
Verwertungsrechte 22 150 „Patente"
Verwitwetensplitting 24b 19; **26** 15;
  32a 14; **50** 18
Verzeichnis besonderes, GWG
  6 665
Verzicht
Besteuerung realisierter Gewinne **4** 98
Gewinnrealisierung **5** 671
Leistungen für V. **19** 100; **22** 150
Mieteinnahmen/-erhöhungen **21** 117
Pensionszusagen **6a** 70 ff.
Zu- und Abfluss von Leistungen **11** 50
Verzugszinsen 21 117
Entschädigungen **24** 15
Vetorechte, Aktivierung **5** 270
Vieheinheiten, Umrechnung Tierbestände/VE **13** 39
Viehkastrierer/Viehklauenpfleger
  18 155
VIP-Logen 19 100
Geschenke als BE **4** 428
Virtuelle Währungen 4 158
Visagist 18 155
Vitalogie 18 155
Volkshochschulkosten 10 90
Volkswirt, beratender **18** 107
Vollkosten, TW-Schätzung **6** 255
Vollständigkeitsgebot 5 67
Vorausvermächtnis 16 597
Vorauszahlungen 5 550
Abfluss **11** 42
Aktivierung **5** 270 „Anzahlungen"
Anpassung für VZ 2019 **110** 1 ff.
Beschränkung bei Sonderausgaben **10** 51
Betriebsausgaben **4** 472
Einkommensteuervorauszahlungen *s dort*
Maßstabsteuern **51a** 5
verlorene **6** 207
Zugang **11** 50
Zusammenveranlagung **26** 20
Vorbehalte 5 270

2583

Vorbehaltsnießbrauch

Vorbehaltsnießbrauch
Abschreibungsberechtigung **7** 60 ff.
Aufwendungen des Nießbrauchs als Zuwendung **4** 504
im BV/AfA-Befugnis **7** 64 ff.
Ehegatte **7** 61
Einlagenbewertung **6** 625
Entnahmebewertung **6** 585
Land- und Forstwirtschaft **13** 154
Rechtsfolgen bei Neu-Eigentümer **7** 62
Überschusseinkünfte **7** 60
VuV-Einkünftezurechnung **21** 75
Vorbelastungshaftung 5 270
Vorbereitungshandlung als Einlage-/ Entnahmehandlung **4** 270
Vorfälligkeitsentschädigung 5 270
Schuldzinsen/WK **9** 137
VuV-Einkünfte **21** 142
Vor(gründungs)gesellschaft 15 169
Vorkaufsrecht
Aktivierung **5** 270
sonstige Leistungen **22** 150
Vorleistungen
Bilanzierung **5** 76
Dauerschuldverhältnisse **5** 691
Vormund 18 141
Vormundschaftskosten 33 90
Vorräte
Aktivierung **5** 270
Umlaufvermögen **6** 349
Vorratsvermögen
Bewertung **6** 407
LiFo-Verfahren **6** 412
Vorruhestandsleistungen *s* Altersteilzeitleistungen
Vorsatzschale, HK **6** 173
Vorschüsse 5 550
Betriebseinnahmen **4** 460; **18** 179
Lohnsteuerabzug **39b** 22
Vorsichtsprinzip 5 77, 381
Vorsorgeaufwendungen
Höchstbetragsgrenzen **10** 151 ff.
– Altersvorsorgebeiträge **10** 153 ff.
– Anpassungsregelung **10** 158
– Basis-Kv/Basis-Pflv-Beiträge **10** 162
– Ehegattenzusammenveranlagung **10** 154
– Günstigerprüfung **10** 164 f.
– Kürzung des Höchstbetrags **10** 155 ff.
– Meldepflichten **10** 171
– sonstiger Versorgeaufwand **10** 161 f.
– steuerfreie Zuschüsse **10** 168, 171
– Verfassungsmäßigkeit **10** 152
– Verrechnung von Erstattungsüberhängen **10** 169, 169 ff.
Sonderausgaben bei sonstiger V. **10** 56 ff.

Fette Zahlen = §§

Sondervergütungen an Ehegatten **15** 592
Übergangsregelung für Altersbegrenzung **10** 175
VO-Ermächtigung für KV-Beitragsabschläge **10** 173
Vorsorgepauschale
Sonderausgaben-Pauschbetrag **10c** 1 ff.
Vermögensbeteiligungen **19a** 5
Vorsorgeuntersuchung 19 100
Vorstandsmitglied, beschr StPflicht **49** 89
Vorsteuer
Aktivierung des Anspruchs **5** 270
Anschaffungskosten **6** 140; **9b** 2, 6
Gewinnrealisierung des Anspruchs **5** 680
Herstellungskosten **6** 220
Zu- und Abfluss **11** 50 „Umsatzsteuer"
Vorsteuerabzug 9b 1 ff.
abziehbare Vorsteuerbeträge **9b** 3 ff.
Änderung der Bemessung **9b** 10
Ausschlussverbot **9b** 5
Berichtigung **9b** 8
Durchschnittssätze **9b** 6
Einfuhr-USt **9b** 4
Einschränkung **9b** 9
geringwertige Wirtschaftsgüter **9b** 11
Geschenke (35-Euro-Grenze) **9b** 11
gesonderter Vorsteuerausweis **9b** 4
Kleinunternehmer **9b** 6
Option unwirksame **9b** 6
pauschalierte Vorsteuer **9b** 6
teilweise Abziehbarkeit **9b** 7
Teilwertbemessung **9b** 11
Überschussrechnung **9b** 1
Unternehmer **9b** 1
Vereinfachungsregelung **9b** 8
Vorteile, Veräußerung von PV **8** 8
Vorteilsanrechnung bei agB **33** 18
Vorweggenommene Erbfolge
s Erbfolge vorweggenommene

Waffen, negative Einkünfte mit Drittstaatenbezug **2a** 18
Wagniskapital
Beteiligungsgesellschaft **18** 282
Gesellschaften **18** 280 ff.
Steuerfreiheit **3** 146
Zuschüsse stfreie **3** 235
Wahlbeamte
Arbeitnehmereigenschaft **19** 35
kommunale **22** 161
Wählervereinigung, StErmäßigung von Zuwendungen **34g** 1 ff.; *s iEinz dort*
Wahlkampfkosten 4 520; **18** 144; **19** 110; **22** 163

Währung s Fremdwährungen
Waisengeld, Arbeitslohn **19** 88
Waisenversorgung 6a 34
Wald, Grundstückszuordnung **4** 113
Waldgenossenschaften 13 58
**Wandelschuldverschreibungen
19** 100 Ankaufsrecht
Passivierung **5** 550
Wanderarbeiter, Kindergeld **62** 11
Wanderschäferei 13 52
Waren
Personalrabatt **8** 71
Umlaufvermögen **6** 349
Warenausgangsbuch, LuF **13** 201
Warenbestand als Teilbetrieb **16** 130
Warengeschäfte, negative Einkünfte mit Drittstaatenbezug **2a** 17 ff.
Warenproben 5 550
Warenrückvergütungen 5 270
Warenzeichen(recht) 5 270; **22** 150 „Patente"
Wärmeenergie 5 270
Wartegelder, Arbeitslohn **19** 87
Wartungsaufwand 5 550
**Wasserentnahmerecht
22** 150 „Belastungen"
Wasserkraftanlage, gewerbliche **13** 69
Wassernutzungsrecht 5 270
Wasserversorgung 5 270
Webdesigner 18 155
Webseiten 5 270 „Internet"
Wechsel, Zeitpunkt der Leistung **11** 50
**Wechsel der Gewinnermittlung
4** 650 ff.
Auswirkung auf stille Reserven **4** 651
Behandlung des lfd Gewinns **4** 661
Durchführung **4** 656 f.
Einlagen **4** 270
Entnahmen **4** 270
Fallbeispiele **4** 658
Korrekturen
– bei Schätzung **4** 654 f.
– Veräußerung, Aufgabe und Einbringung von Betrieben **4** 668
Nachholung unterlassener Bilanzpostenkorrekturen **4** 667
Prüfung im Einzelfall **4** 656 f.
Rechtsfolgen fehlerhafter Ermittlung des Übergangsgewinns **4** 666
Rücklage nach § 6c EStG **6c** 10
Sonderfälle **4** 653
Übergang
– von § 4 I/§ 5 auf § 4 III EStG **4** 664
– von § 4 III auf § 4 I/§ 5 EStG **4** 663
– zur Liebhaberei **4** 670

unentgeltl Betriebsübertragung **4** 669
Zeitpunkt der Entscheidung/Versteuerung **4** 663
Zu- und Abrechnungen **4** 652
Wechsel der Steuerpflicht 2 69
Einlagen und Entnahmen **4** 270
im Veranlagungszeitraum **25** 14
Wechseldiskont 5 550
Wechselforderung
Aktivierung **5** 270
Anschaffungskosten **6** 140
Wechselmodell, Entlastungsbetrag **24b** 12
Wechselobligo, Bilanzierung **5** 550
Wehrdienst 12 32; **32** 74; **33** 90
steuerfreie Leistungen **3** 27 f.
Wehrdienstgeschädigte, steuerfreie Leistungen **3** 29
Weihnachtsgeschenke, BA **18** 190
Weihnachtsgratifikation 5 550
Weinbau/Weinberge
Abgrenzung zu GewBetr **13** 25
Begriff **13** 24 f.
Gewinnermittlungssonderheiten **13** 26
Wiederbepflanzungsrechte **7** 41
Weinlabor 18 155
Weiterbildung
ABC Aus-/Weiterbildgskosten **10** 90
steuerfreie Zuschüsse **3** 74
Weiterleitungsklauseln 15 752
Welteinkommen 2 4
Werbeartikel, ESt-Pauschalierung **37b** 12
Werbeberater 18 155
Werbedamen 15 150; **18** 155
Werbefotograf 18 155
Werbegemeinschaften 15 327
Werbemittel, Teilwert **6** 330
Werbeschriftsteller/-texter 18 155
Werbespots, immaterielle WG **5** 270 „Filme"
Werbespots/Werbespot-Sprecher 18 155
**Werbetätigkeiten
22** 150 „Tätigkeitsvergütungen"
Werbeveranstaltung 18 155
Werbung 5 270; **15** 150
Werbungskosten 9 1 ff.
ABC der Werbungskosten
– Arbeitsmittel **9** 270
– nichtselbständige Arbeit **19** 110
– Vermietung und Verpachtung **21** 148
Abschreibung **9** 275 ff.
– geringwertige WG **9** 276
– geschenkte Wirtschaftsgüter **9** 276

Werbungskosten

Fette Zahlen = §§

- auf umgewidmete WG **9** 278 f.
- unentgeltlich genutzte WG **9** 280
Abzug von WK **9** 120 ff.
anschaffungsnahe HK **9** 334
Anwendungsbereich **9** 2
Arbeitskraftzuwendung **9** 17
Arbeitsmittel **9** 265 ff.
- Abschreibung/Verlust **9** 269
Aufteilungsfälle
- typische A. **9** 63 f.
- weitere Fälle **9** 71
Aufteilungsgebot **9** 54
Aufwendungen
- Abwehraufwendungen **9** 84
- Begriff **9** 12 ff.
- ersparte Aufwendungen **9** 15
- auf fremdes WG **9** 90
- gemischte veranlasste A. **9** 54 ff.
- auf geschenktes WG **9** 88
- schuldhafte veranlasste A. **9** 91
- unfreiwillige A. **9** 79 ff.
- vergebliche A. (mit Beispielen) **9** 102
Begriff **9** 10 ff.
Belastungsvoraussetzung **9** 15
Bereitstellungszinsen **9** 135
Berufsausbildung **9** 340 ff.; *s iEinz dort*
Berufskleidung **9** 266
- bürgerl Kleidung (Beispiele) **9** 267
- hoher Verschleiß **9** 268
- Reinigung **9** 266
Berufsverbandsbeiträge **9** 174
beschränkte StPfl **50** 7 ff.; **50a** 23
Besteuerungsinkongruenzen **9** 333
Beweis-/Feststellungslast beim Abzug **9** 122
bürgerliche Kleidung **19** 110
Damnum/Disagio **9** 135
dauernde Lasten **9** 131, 161
Dauerschuldverhältnisse **9** 20
Dispositionsbefugnis des StPfl **8** 46
doppelte Haushaltsführung *s dort*
Drittaufwand
- Arbeitszimmer **9** 28 ff.
- VuV-Einkünfte **9** 21 ff.
Einkünfte
- Abzugsvoraussetzung **9** 36
- Veranlassungszusammenhang **9** 40 ff.
- Zusammenhangsvoraussetzung **9** 42 ff.
Einkunftsartzuordnung **9** 120
Einkunftserzielungsvermögen **9** 277
Einnahmen
- Erzielungsunterbrechung **9** 104
- Rückabwicklung (Beispiele) **9** 108 ff.
emeritierter Professor **19** 110
Entferngspauschale **9** 180 ff.; *s iEinz dort*

Ersatzleistungen
- beim Arbeitslohn **19** 66 f.
- durch Dritte **9** 112 f.
- Verzicht auf E. **9** 116
Erwerbstätigkeitsende **9** 106
gesondert geregelte WK **9** 130 ff.
Grundsteuer **9** 171
Kommunalabgaben **9** 172
Kostentragungsprinzip **9** 14 ff.
Leistungsfähigkeitsprinzip **9** 1
Liebhaberei **9** 106
Mandatsträgeraufwendungen **22** 163
Mittelherkunft **9** 16
nachträgl WK **4** 486; **9** 99 f.; **24** 72 ff.
Nettoprinzip objektives **9** 4
nichtabziehbare WK **9** 320 ff.
- Arbeitszimmer **9** 326
- Aufwendungen unangemessene **9** 327
- Bestechungsgelder **9** 329
- Bewirtungskosten **9** 323
- Geldbußen, Hinterziehungszinsen **9** 328
- Geschenke **9** 322
- Parteispenden **9** 331
- Sanktionszuschläge **9** 330
Nichtarbeitnehmer **9** 300
objektives Nettoprinzip **9** 1, 4
öffentliche Abgaben **9** 170 ff.
Pauschbeträge **9a** 1 ff.
- Abzugsbegrenzung **9a** 7
- für alle Berufsgruppen **9a** 10
- Altersvorsorgebezüge **22** 174
- Anwendungsbereich **9a** 2
- für bestimmte Berufsgruppen **9a** 11
- Einnahmen aus nichtselbständiger Arbeit **9a** 3
- negative Einnahmen **9a** 8
- Teilzeitbeschäftigte **9a** 3
- wiederkehrende Bezüge **9a** 6
- Zusammenveranlagung **9a** 2, 6
Privatsphäreabgrenzung **9** 52
Progressionsvorbehalt **32b** 41
Rechteüberlassungskosten **9** 332
Renten **9** 131, 160
Rückfluss von WK **9** 112 f.
Rückforderungs-/Ersatzansprüche **9** 32
Rückzahlung von Einnahmen **8** 9
Schuldzinsen **9** 131 ff.; *s iEinz dort*
Substanzverluste **9** 78 ff.
Tilgungsstreckendarlehen **9** 136
Übernachtungskosten **9** 260 ff.; *s iEinz dort*
Überschusseinkünfte andere **9** 300
Umschuldungen **4** 486
unfreiwillige Aufwendungen **9** 79 ff.
- Einzelfälle **9** 80 ff.

2586

Magere Zahlen = Rz

Veranlassungsbeiträge geringfügige **9** 55 ff.
– Aufteilung **9** 57 ff.
– untrennbare **9** 56
Veranlassungszusammenhang **9** 40 ff.
– Abfluss **9** 109
– Beweislast **9** 62
– Rückfluss **9** 112
Veräußerungsgeschäfte **23** 82
Veräußerungsverluste **9** 85
Verfassungs-/Gemeinschaftsrecht **9** 4
Verhältnis zu anderen Paragrafen **9** 5
Vermietung und Verpachtung **21** 121 ff.;
  s iEinz dort
Vermögensaufwendungen **9** 75 ff.
Vermögensminderungen/-verluste
  22 150 „Risiko …"
Vermögensopfer **9** 78, 82 ff., 82
Versicherungsbeiträge **9** 173
Vertragswegabkürzung **9** 19 f.
Verzicht auf WK **9** 121
vorab entstandene WK **9** 94 ff.
– Auslandsbezug **9** 98
– Beispiele **9** 95
– Nachweis und Konkretisierung **9** 96
– private Nutzung/Aufteilung **9** 97
Vorfälligkeitsentschädigung **9** 137
VuV-Einkünfte **9** 22 ff.
– Ehegatten als Eigentümer/Nichteigentümer **9** 27
– Ehegattenaufwand **9** 23, 26
– fremder Aufwand **9** 24
– Verwendung eigener Mittel **9** 25
Wahlkampfkosten **22** 163
Wehrdienst **12** 32
wiederkehrende Bezüge **22** 123 ff.
Zahlungswegabkürzung **9** 18
Zeitpunkt der Geltendmachung **9** 13
Zusammenhang mit Einkünfte **9** 42 ff.
Zuwendungswille **9** 19
Werkvertrag/Werklieferung,
  Gewinnrealisierung **5** 608
Werkzeug 5 270
abnutzbares AV **6** 346
Abnutzung **7** 41
keine Sofortabschreibung **6** 661
Werkzeuggeld, steuerfreies **3** 106
Werkzeugkostenbeiträge 5 550
Wertabgänge als BA **4** 473
Wertansatz
Begründung des dt StRechts **6** 631
Betriebseröffnungen **6** 633 ff.
Wertaufhellung, Stichtagsprinzip **5** 81
Wertaufholung(sgebot)
s auch Zuschreibungen
Anteile an KapGes **6** 378

Widerrufsvorbehalte

Bewertungsobergrenze für Zuschreibung
  6 377
Rechtsträgerwechsel **6** 377
teilweise W. bei AV **6** 379
Teilwertabschreibung **6** 376
Zuschreibung **7** 194
Wertausgleichsschuld 16 673
Wertberichtigung, positive/negative W.
  5 304
Wertguthaben 5 270
Rückstellung für Vereinbarung **5** 550
steuerfreie Übertragungen **3** 175
Wertminderung dauernde, TW-AfA
  6 364
Wertpapieranleihe, Abzugsverbot
  3c 20
Wertpapiere
Aktivierung **5** 270
Anschaffungskosten **6** 140
Aufwendungen/Verluste als BA **4** 520
Betriebsvermögen **4** 170
Erträge als BE **4** 460 Betriebseinnahme
Gewinnermittlung **4** 170 ff.
nichtabnutzbares AV **6** 405
Teilwert-AfA bei
– festverzinsl W. **6** 371, 373
– Wertpapieren des UV **6** 373
Veräußerungsgeschäft privates **23** 23
Verluste **4** 170
Wertpapierfonds 5 270
Wertpapiergeschäfte, Sachbezug **8** 18
Wertpapierhandel 15 91
Wertpapierleihe 5 270
Wertpapierleihgebühren 22 150
Wertsicherungsklausel
BA-Abzug bei 4 III-Rechnung **4** 401
Renten **22** 25
Rentenbarwert **6** 444
Wertsteigerung, Beteiligung
  19 100 Ankaufs …
Wertverknüpfung, Verstrickungsfall
  4 254 f.
Wertzugänge/-zuflüsse, BE **4** 421 ff.
Wertzuwachs, LuF **13** 14
Wesentliche Betriebsgrundlagen
s Betriebsgrundlagen wesentliche
Wesentlichkeitsgrundsatz 5 84
Wettbewerbsabrede, sonstige Leistung
  22 150
Wettbewerbsverbot 5 270, 550
Entschädigungen **24** 15, 42
Karenzentschädigung **24** 39, 42, 47
Wettgewinne 22 150
Widerrufsvorbehalte, Pensionsrückstellungen **6a** 11

2587

Wiederaufforstungskosten

Wiederaufforstungskosten, LuF 13 15
Wiederaufforstungspflicht 5 550
Wiederbeschaffungskosten, Teilwertschätzung 6 254
Wiedergutmachung, steuerfreie Leistungen 3 31
Wiederheirat, Veranlagung im VZ der W. 46 24
Wiederkehrende Bezüge 22 50 ff., 65 f.
Abgrenzung zu § 19 EStG 22 53
Ablösung 22 60
Begriff 22 11 ff.
– wiederkehrend 22 13 f.
Beispiele 22 14
Besteuerung 22 50 ff.
– betriebl wiederkehrende B. 4 192 ff.
Besteuerungszeitpunkt 22 59
Bewertung 22 12
eigene Arbeitsleistung 22 12
freiwillige Bezüge 22 66
Gewinnermittlung 4 192 ff.
Gewinnrealisierung 5 680
Hausübertragung gegen Rente 22 77
Kapital(rück)zahlungen 22 14
Kaufpreisraten 22 14, 84
keine betriebl Bezüge 22 53
Körperschaften 22 68
Realsplitting 22 103
Renten 22 20 ff.
sonstige Einkünfte *s dort*
Steuerbarkeit 22 50
steuerfreie Bezüge (Bespiele) 22 58
Systematisierung/Einzelfälle 22 51 f.
Überschussrechnung 4 400 ff.
Übertragung von WG/Vermögen 22 15
Veräußerung eines Betriebs 16 240 ff.
Veräußerungsrenten 22 70 ff.
Vermächtnisrente 22 66
Vermögensübergabe gegen Versorgungsleistung 22 105
vermögenswerte Zuflüsse 22 12
Versorgungsausgleich 22 115
Werbungskosten 22 123 ff.
Werbungskostenpauschbetrag 9a 6
Wiederkehrende Leistungen
Empfängerbesteuerung 4 402
Erwerberbesteuerung 4 401
sonstige Einkünfte *s dort*
Überschussrechnung 4 400 ff.
Wertsicherungsklausel 4 401
Wiesbadener Modell der Betriebsaufspaltung 15 846
Wildtierschäden als agB 33 90

Fette Zahlen = §§

Windkraftanlagen
Abschreibung 7 34
AfA-Nutzungsdauer 7 169
Energieübernahme 5 550
Gewerblichkeit 13 69
Teilbetrieb 16 130
Windowdressing 4 140
Windpark 5 270
Winterbeschäftigungsumlage 19 110
Wintergarten, HK 6 171
Wirtschaftliche Betrachtung 2 38; 5 59, 381 ff.
Wirtschaftliche Verfügung, Einnahmezufluss 11 15 f.
Wirtschaftlicher Eigentümer
Mitunternehmerstellung 15 300
Zurechnungsrechtsprechung 5 152 ff.
Wirtschaftsberatende Berufe 18 97 ff.
Wirtschaftserschwernisse 13 251 f.
Wirtschaftsgebäude(-teil), lineare AfA 7 204 f.
Wirtschaftsgut
s auch Vermögensgegenstand
Abgrenzung
– abnutzbare/nichtabnutzbare 5 116
– Anlagevermögen/UV 5 117; 6 343 ff.
– bewegl/unbewegl (Einzelfälle) 5 115
– materielle/immaterielle 5 111 ff.
– selbständig/unselbständig 5 131 ff.
– Teile eines WG/mehrere WG 5 131 ff.
– Vermögensgegenstand/WG 5 93 ff.
abnutzbare WG 5 116; *s auch unter* Anlagevermögen
abschreibungsfähige WG 7 25 ff.
AfA auf fremdes WG 7 81 ff.
Anlagevermögen 5 117; 6 343 ff.
Arten 5 110 ff.
Aufwendungen als WK 9 90
Ausweiszwang 5 150
Begriff 5 94
bewegliche WG 5 115
– beschränkte Steuerpflicht 49 124
Bewertbarkeit selbständige 5 96
Bewertung selbst geschaffener immat WG 6 511
Bewertungseinheit 5 131
Bodenschätze 5 140
Bruchteilseigentum 5 132
Buchwertüberführg 6 761 ff.; *s iEinz dort*
unter Eigentumsvorbehalt veräußertes WG 5 154
Einlage 4 270 „Nutzung"
Entnahme 4 270 „Nutzung"
Entstehung durch Erweiterung 5 103

2588

Magere Zahlen = Rz

Erfindung **5** 143
Erwerb unentgeltlicher WG **5** 270
Feldinventar **5** 140
Forderungsrechte **5** 97
freistehende Gebäude **5** 135
Fremdbauten **5** 101
Gebäude auf fremdem GuB **5** 114
Gebäudebestandteile als WG **5** 135 ff.
Geldansprüche **5** 97
Grundsatz der Einzelbewertung **5** 131
Grundstücksteile **5** 141
grundstückverbundene Rechte **5** 134
immaterielle Wirtschaftsgüter *s dort*
KapESt auf Veräußerung **20** 172
Kommissionsgutzurechnung **5** 154
Konkretisierung **5** 98
künftige Entstehung **5** 99
kurzlebige WG **5** 118
materielle WG **5** 112
Mietereinbauten **5** 114
nichtabnutzbare WG **5** 116; *s auch unter* Anlagevermögen
Nutzungsrechte(-vorteile) als selbständige WG **5** 101
Patente **5** 143
Pfandrechtbestellung **5** 154
Raumtausch/-verlegung **5** 135
reale Teile **5** 135
Sache (Begriff) **5** 132
selbständige WG **5** 131 ff.
sicherungsübereignetes WG **5** 154
Spesensphäre **5** 119
stehende Ernte **5** 141
treuhänderisch übereignetes WG **5** 154
Übertragbarkeit **5** 95
Umlaufvermögen **5** 117; **6** 343 ff.
unbewegliche WG **5** 115
unentgeltliche Übertragung **6** 751 ff.
unselbständige WG **5** 131 ff.
unteilbare WG außerhalb § **12 4** 180 f.
verbundene Bauwerke **5** 135
Verlustabzugsverbot bei verbilligter WG-Überlassung **3c** 18
Vermögenswert **5** 94
Verzeichnisaufnahme bei EÜR **4** 410
wesentliche Sachbestandteile **5** 133
WG-Überlassung als Sondervergütung **15** 593
Zurechnung
– Gesamthandsvermögen **5** 157
– Grundstücksveräußerungen **5** 155
– handelsrechtlich **5** 151
– Miteigentum **5** 157
– steuerrechtlich **5** 152 ff.
– subjektive **5** 150 ff.

Wohnrecht

Wirtschaftsidentifikations-Nr 39e 12
Wirtschaftsingenieur 18 155
beratender **18** 107, 126
Wirtschaftsjahr 4a 1 ff.
abweichendes Wj **2** 70
Dauer **4a** 2
Gewinnermittlungszeitraum **4a** 1
Land- und Forstwirtschaft **13** 208
Rumpfwirtschaftsjahr **4a** 2
Umstellung des Wirtschaftsjahres
– Berichtigung **4a** 18
– Einvernehmen des FA **4a** 14 ff.
– Einzelfälle **4a** 19
– Freiberufler **4a** 13
– Gewinnumrechnung **4a** 20
– persönl Geltungsbereich **4a** 11 ff.
– sachl Geltungsbereich **4a** 10
– Steuerpause **4a** 24
– Umrechnung GewBetr-Gewinn **4a** 24
– Umrechnung LuF-Gewinn **4a** 21
– Veranlagungsbindung **4a** 22 f.
– Verfahrensfragen **4a** 16
– Zustimmung des FA **4a** 15
Wirtschaftsprüfer
freiberufl Tätigkeit **18** 105
treuhänderische Tätigkeit **18** 51
Wirtschaftsüberlassungsverträge
Einkünfteerzielungsabsicht **2** 22
Land- und Forstwirtschaft **13** 141 ff.
– Behandlung lfd Zahlungen **13** 144
– Einkünftezurechnung **13** 143
– Voraussetzungen **13** 142
Versorgungsleistungen **10** 120
Wirtschaftszone, Hoheitsgebietszuordnung **1** 33
Wissenschaftliche Tätigkeit 18 62 ff.
Wissenschaftsförderung, stfreie **3** 45
Witwen *s* Verwitwete
Witwengeld, Arbeitslohn **19** 88
Witwenrente, Gesellschaftergeschäftsführer **6a** 36
Wohlfahrtsbriefmarken 10b 6
Wohlfahrtslose 10b 6
Wohltätigkeitsveranstaltung 10b 6
Wohneigentum, Rücklage nach § **6b 6b** 22
Wohnflächenerweiterung, HK **6** 171
Wohnförderkonto, Übergang **92a** 4
Wohngeldleistungen 3 192
Wohngemeinschaften 15 326
Wohnheim 15 150
Wohnrecht 10 120
dauernde Last **22** 48
Entgelt als VuV-Einkünfte **21** 117

2589

Wohnsitz

Wohnsitz
Aufgabe des W. **1** 24
Begriff und Merkmale **1** 20 ff.
Ehefrau/Kinder **1** 24
Familienwohnsitz **1** 24
Kindergeld **63** 4 f.
unfreiwilliger Aufenthalt **1** 27
Verlegung als Einlage/Entnahme **4** 270
Vermietung **1** 24
Zweitwohnung **1** 23
Wohnung
Betriebseinnahmen **4** 460
Einlagen **4** 270
Sachbezugsbewertung **8** 27
selbstgenutzte Wohnung s dort
Verfügungsrecht **1** 22
Wohnungsüberlassung unentgeltliche **4** 520 „Arbeitslohn"
Wohnungsbauförderung 3 194
Wohnungsbauunternehmen als Teilbetrieb **16** 130
Wohnungseinrichtung, doppelte Haushaltsführung **9** 254
Wohnungsentnahmen 4 270
Mitunternehmerschaften **15** 496
Wohnungskosten 33 90
(mit Beispielen) **12** 32
Wohnungsnutzung
Baudenkmale s Wohnungsnutzung Baudenkmale ...
Sanierungsgebiete s Wohnungsnutzung Baudenkmale ...
städtebauliche Entwicklungsbereiche s *oben* Sanierungsgebiete
Wohnungsnutzung von Baudenkmalen sowie Gebäuden in Sanierungsgebieten und städtebaulichen Entwicklungsbereichen
Anwendungsbereich **10f** 1
Begünstigung AK/HK **10f** 3 ff.
Erhaltungsaufwandsbegünstigg **10f** 9 ff.
Höhe des Abzugs **10f** 7, 12
Nutzung zu eigenen Wohnzwecken **10f** 4
Objektbeschränkung **10f** 14
Vermeidung der Doppelbeförderung **10f** 6, 11
Voraussetzungen **10f** 5
Wohnungsnutzung von Kulturgütern 10g 1 ff.
begünstigte Maßnahmen **10g** 2
Bescheinigung **10g** 7
Erforderlichkeit der Maßnahmen **10g** 5
Höhe des Abzugs **10g** 8
öffentl Bindung der Maßnahmen **10g** 4

Fette Zahlen = §§

schutzwürdige Kulturgüter **10g** 3
Vermeidung der Doppelbeförderung **10g** 6
Wohnungsnutzungswert, Baudenkmal in Altfällen **13** 81
Wohnungsüberlassung, verbilligte Vermietung **21** 46, 158 ff.
– Einnahmen **8** 69
Wohnungsverwalter 18 155

Yogaschule 18 155

Zahlkind 64 1
Zählkinder 63 1
Kindergeldhöhe **66** 1
Zahlungen in öffentl Kassen, beschr StPfl **49** 87
Zahlungsanspruch, Zufluss **11** 16
Zahlungsanweisung, Zufluss **11** 50
Zahlungsunfähigkeit 11 50
Zahlungswegabkürzung, WK **9** 18
Zahnärzte 18 87
Dentalgoldvorrat als BV **18** 162, 171
Zahnpraktiker/-techniker 18 155
Zäune, selbständige WG **4** 117
Zebragesellschaft 15 201
beschr Verlustabzugsmodell **15b** 14
Beteiligung **4** 161
– Übertragung **6** 704
Rücklage nach § **6b 6b** 47
Zinsschranke und EBITDA **4h** 11
Zeitarbeit, Aktivierung **5** 270
Zeitrenten 10 120
Begriff **22** 40
Besteuerung **22** 84 ff.
unentgeltliche **22** 87
Veräußerung eines Betriebs **16** 242 ff.
Veräußerungs*zeit*rente betriebl **4** 198 ff.
Zeitschriften 9 270
Zeitschriftengroßhändler, Entschädigungen **24** 15
Zeitungsausträger 19 35
Zeitwertkonten, Zufluss **11** 50
Zerobonds 5 270 „Finanz ..."
s auch Finanzprodukte
Anschaffungskosten **6** 140
Bewertung **6** 448
Zerstörungsverluste 4 520 „Verlust"
Zertifikate 19 100 Ankaufsrecht
KapESt **20** 117
Kapitaleinkünfte **20** 184
Zertifizierung
Altersvorsorgezulage s dort
zertifizierungsfähige Zusagen **80** 1
Zeugengebühr 19 100

Magere Zahlen = Rz

Zinsansprücheveräußerung, KapESt
20 162
Zinsaufwendungen s Zinsschranke
Zinsen 5 270
s auch Schuldzinsen
begünstigter Steuersatz **34** 36
Betriebsausgaben **4** 141, 520
Betriebseinnahmen **4** 460
– Erstattungszinsen **4** 460
aus Entschädigungsansprüchen **3** 177
Hinterziehungszinsen s dort
Kontokorrentverhältnis **12** 32
nachträgliche Betriebsausgaben **24** 72
stehengebliebener Arbeitslohn **19** 100
auf Steuernachforderungen **5** 550
Zinsermäßigung, Sachbezug **8** 18
Zinsersparnis 19 100 Darlehn
Zinsinformationsverordnung
45e 1 f.
Zinssatz amtlicher, VerfMäßigkeit
6 454
Zinsscheine
Ausschluss der KapESt-Erstattung **45** 3
KapESt bei Veräußerung **20** 160
Zinsschranke 4h 1 ff.
Abschlüsse/Korrekturen **4h** 17
Abzugsbeschränkung **4h** 7
– Betrieb (Begriff) **4h** 8
– Einzelunternehmer **4h** 8
– Grundregel **4h** 7
– Körperschaften und PersGes **4h** 8 f.
– Organschaft **4h** 8
– Sonderbetriebsvermögen **4h** 9
– verrechenbares EBITDA **4h** 10
– Zinsvortrag **4h** 13
Anwendungsbereich **4h** 2 f.
assoziierte Unternehmen **4h** 28
Auf- und Abzinsungen **4h** 26
Ausnahmeregelungen **4h** 14
Bedeutung **4h** 1
Betriebsaufspaltung **4h** 29
Betriebsstätten **4h** 8
Eigenkapitalquote **4h** 17
Eigenkapitalvergleich **4h** 17
Escape-Klausel **4h** 17
europarechtliche Beurteilung **4h** 4
Freigrenze **4h** 15
Fremdkapitaldefinition **4h** 24
Gesellschafterwechsel **4h** 32
Ges'terfremdfinanzierung **4h** 18 ff.
– keine Konzernzugehörigkeit **4h** 19 f.
– Konzernzugehörigkeit **4h** 21
IFRS-Standards **4h** 17
Kleinbetriebsklausel **4h** 15
Konzernklausel **4h** 16

Zugewinnausgleichszahlung
Konzernzugehörigkeit
– Begriff **4h** 27
– Beherrschung **4h** 29
– maßgebl Zeitpunkt **4h** 30
– Vollkonsolidierung **4h** 28
maßgeblicher Gewinn **4h** 22
MUerschaft-Anwendung **4h** 20
Rechtsentwicklung **4h** 3
Schädlichkeitsgrenze **4h** 19
Sperrfrist **4h** 17
Untergang **4h** 32
Verfassungsmäßigkeit **4h** 4
Verhältnis zu anderen Vorschriften **4h** 5
Vortrag **4h** 13
– gesonderte Feststellung **4h** 31
Zinsaufwendungen **4h** 23 f.
Zinserträge **4h** 23, 25
Zinsvortrag
– gesonderte Feststellung **4h** 31
– Organschaft **4h** 32
– schädl Beteiligungserwerb **4h** 32
– Umwandlungsfälle **4h** 32
– Untergang **4h** 32
Zinszahlenstaffelmethode 4 155
Zinszahlungen
EU-Informationsaustausch **50h** 1 f.
konzerninterne **50g** 1 ff.
Zivildienst 32 74
steuerfreie Leistungen **3** 27
Zivilrechtsanknüpfung 2 39
Zollberater/Zolldeklarant 15 150;
18 155
Zölle 5 259
Zubehör, AfA **7** 34
Zuckerrübenlieferungsrechte 5 270
Abschreibung **7** 41
Zufallserfindung 22 150
Zufluss
ABC der Einnahmen **11** 50
Arbeitslohn **19** 76
Einnahmen **11** 4 ff., 15 ff.
– von außen **8** 13
Gestaltungsmöglichkeiten/§ 42 AO **11** 10
Novation/Schuldumwandlung **11** 16
Veräußerungsgeschäft privates **23** 92 ff.
Vermögenswerte **22** 12
Zuflussfiktion 11 50
Zuflussprinzip
Gewinnermittlung nach Durchschnittsätzen **13a** 21
Vorteile/Nachteile **11** 8
Zugewinnausgleich 33 90
Zugewinnausgleichsschulden 4 140
Zugewinnausgleichszahlung, AK
6 140

2591

Zugewinngemeinschaft

Zugewinngemeinschaft, Mitunternehmerschaft **15** 375
Zukunftssicherungsleistungen
Arbeitslohn **19** 60
ArbG-Leistungen als SA **10** 14
Lohnsteuerpauschalierung *s dort*
Steuerfreiheit **3** 200 ff.
– ArbG-Beiträge gleichgestellte **3** 204
– ArbG-Pflichtbeiträge **3** 201
– Beiträge an ausl SV-Träger **3** 202
– Verhältnis andere Vorschriften **3** 200
– Vorrang anderer Vorschriften **3** 203
Zufluss Arbeitslohn **11** 50
Zufluss Versorgungszusage **11** 50
Zulagen
Altersvorsorgezulage **79** 1 ff.; *s i Einz dort*
Betriebseinnahmen **4** 460
Zulagennummer, Altersversorgung zusätzl **10a** 13
Zulassungskosten 5 550
Zumutbare Belastung, agB **33** 70 ff.
Zurechnung
bei Ausschüttungen **20** 230 ff.
Betriebsausgaben **4** 500 ff.
Betriebseinnahmen **4** 456
Betriebsverpachtungseinkünfte **13** 112
Einkünfte **2** 19
– Land- und Forstwirtschaft **13** 111 ff.
Einnahmen
– persönliche Z. **8** 10 ff.
– sachliche Z. **8** 6 ff.
Kapitaleinkünfte **20** 16
persönl Zurechnung von BV **4** 60 ff.;
s i Einz unter Betriebsvermögen
subjektive Z. eines WG **5** 150 ff.
VuV-Einkünfte **21** 61 ff.
Wohnungsnutzung **1** 23
Zusagen
Anrufungsauskunft *s dort*
Leistungsqualität **22** 150
Zusammenveranlagung Ehegatten
s auch Einzelveranlagung von E.
s auch Veranlagung von E.
Altersentlastungsbetrag **24a** 2; **26b** 5
Anwendungsvoraussetzungen **26b** 1
Ausgleichsansprüche **26b** 20
Bekanntgabe/gemeinsame Anschrift **26b** 12 ff.
Bevollmächtigung **26b** 12, 16
Ehegatten-Vertragsbeziehungen **26b** 6
Einheit des Einkommens **26b** 8 f.
Einkünftezusammenrechnung **26b** 10
fiktive unbeschränkte StPfl **1a** 20 ff.
Freibeträge **26b** 7
Gesamtschuldnerschaft **26b** 19 ff.

Fette Zahlen = §§

gesonderte einheitl Feststellung **26b** 6
Gleichartigkeit der Einkünfte **26b** 3
Haftungsbeschränkung **26b** 19 ff.
Hinzuziehung und Beiladung **26b** 15
Individualbesteuerungsgrundsatz **26b** 2
Mitunternehmerschaft **26b** 6
Pauschbeträge **26b** 7
Progressionsvorbehalt **26b** 9
Rechtsbehelfsverfahren **26b** 15 ff.
– Aufteilung **26b** 18
Schätzungsfälle **26b** 13
Sonderausgabenhöchstbetrag **10** 154
Splittingtarif **32a** 9 f.
StBescheidänderung **26b** 17
StBescheid-Bekanntgabe im Erbfall **26b** 14
Steuererstattungsansprüche **26b** 21
Steuerfestsetzung **26b** 11 ff.
Veranlagung **46** 19
Verlustabzug **26b** 10
Verlustausgleich **2** 58
Verlustverrechnung **26b** 4
Verrechnung **26b** 22
Verschuldenszurechnung **26b** 17
Vorteilhaftigkeit **26** 18
Werbungskostenpauschbetrag **9a** 2, 6
Zusammenrechnung/Zurechnung der Einkünfte **26b** 2 ff.
Zusatzleistung, Entschädigung **24** 27
Zusatzversorgungskasse 5 550
Zuschläge zum Arbeitslohn
Anspruch des ArbN **3b** 3
Auszahlung **3b** 6
begünstigte Tätigkeit **3b** 5
begünstigte Zeiten **3b** 8
Höhe **3b** 5
Nachtarbeit vor 0 Uhr **3b** 9
neben Grundlohn **3b** 2
persönl Geltungsbereich **3b** 1
Progressionsvorbehalt **32b** 12
Rechtsfolgen **3b** 7
Steuerbefreiung/Beitragsfreiheit **3b** 7
Steuerfreiheit **3b** 1 ff.
tatsächl Arbeitsleistung **3b** 4
Verhältnis zu vGA **3b** 1
Zuschlagsteuer
Kapitalertragsteuer **43** 2
Maßstabsteuer *s dort*
Zuschreibungen
s auch Wertaufholung(sgebot)
Teilwertzuschreibung **4** 87
Wertaufholung **7** 194
Zuschüsse
Abschreibung **7** 107
Aktivierung **5** 270

Magere Zahlen = Rz

Anschaffungskosten **6** 71
Arbeitslohn zusätzlicher **8** 80 ff.
BaudenkmälerAfA **7i** 11
Besteuerung wiederkehrender Z. **22** 99
Betriebseinnahmen **4** 460
Bilanzierung **5** 550
Fahrtkosten durch ArbG **3** 63
Investitionszuschüsse **6** 72 ff.
Krankenhäuser **5** 550
Land- und Forstwirtschaft **13** 251 f.
Sonderausgabenhöchstbeträge **10** 168, 171
Teilwerteinfluss **6** 241
VuV-Einkünfte **21** 111, 117
Zuteilungsverfahren, Doppelbesteuerung **1** 81
Zuwendungen
s auch Spenden
abziehbare Z. s Spenden; s auch Mitgliedsbeiträge
Abzugsvoraussetzungen **10b** 26
Begriff **10b** 2; **12** 35
Beispiele **10b** 3
Betrieb **16** 37 f.
Bezeichnung einer Z. **4** 443
Drittzuwendungen als BE **4** 430, 442
freiwillige Z. **10** 120
Höhe der abziehbaren Zuwendungen **10b** 25 ff.
nicht abzugsfähige Z. **12** 34 ff.; s iEinz dort
Pensionskassen s dort
politische Z. **10b** 36 ff.
− Abzugsbeschränkung **10b** 37
Spendenvortrag **10b** 28
unentgeltliche als BA **4** 460
verdeckte Einlage SchwesterGes **6** 884
Zuwendungsbestätigung 10 40 ff.
amtliche Vordrucke **10b** 47
Änderungsvoraussetzungen formelle **10b** 51
begünstigter Personenkreis **10b** 42
Datenfernübertragung/Meldeverfahren **10b** 48
Empfangsbestätigungsnachweis **10b** 42
Erwirkung der Bestätigung **10b** 53
Haftung **10b** 56 ff.
− Ablaufhaftung der Feststellungsverjährung **10b** 63

Zwischenwände

− Ausstellerhaftung **10b** 57
− Personenkreis **10b** 56
− Steuerausfall tatsächl **10b** 60
− Veranlasserhaftung **10b** 58
− Verschulden **10b** 59
Haftungsbetrag **10b** 61
Inhalt **10b** 40 ff.
Rechtsfolgen **10b** 50 ff.
Unrichtigkeitskenntnis **10b** 54
Veranlasserhaftungsbeschränkung **10b** 62
Verhältnis Bestätigung/Verwendung **10b** 50
Vertrauensschutz/guter Glaube **10b** 52 f.
Verwendungsbestätigung **10b** 43
Verzicht auf Z. **10b** 45
Zuwendungsnachweis **10b** 41
Zuwendungsnießbrauch
DrittaufwandsAfA **7** 102
Land- und Forstwirtschaft **13** 156
VuV-Einkünftezurechnung **21** 74
Zwangsarbeiter, BA **4** 520
Zwangsbetriebsaufgabe, LuF **13** 132 ff.
Zwangsgelder, BA **4** 520
Zwangsläufigkeit, agB **33** 25 ff., 40
Zwangsnutzungsüberlassung, VuV **21** 8
Zwangsversteigerung, AK **6** 140
Zwangsverwalter/Zwangsverwaltung 18 141
VuV-Zurechnung **21** 63
Zweckmäßigkeit, BA **4** 483
Zweigniederlassung, Teilbetrieb **16** 130
Zweischneidigkeit der Bilanz **4** 297
Zweitberuf, Ausbildungskosten **10** 90 „Umschulung"
Zweitstudium 10 90
Zweitwohnung
Kosten **33** 90
Wohnsitz **1** 23
Zweitwohnungssteuer 19 110
Zweivertragstheorie 5 144
Zwilling 33 90 „Geburt"
Zwischenwände
Entfernung als HK **6** 171
Herstellungskosten **6** 174

2593